CHILTON / centrum

MANUAL DE REPARACION DE AUTOMOVILES 1980-87

Director Editorial Alan F. Turner
Editor Ejectutivo Kerry A. Freeman, S.A.E.
Editor en Jefe Dean F. Morgantini, S.A.E.
John H. Weise, A.S.E., S.A.E.
David H. Lee, A.S.E., S.A.E.
Richard J. Rivele, S.A.E.
Coordinator de Proyecto W. Calvin Settle Jr., S.A.E.
Tony Molla, S.A.E.
Cuerpo Têchnico Editorial John M. Baxter, S.A.E.
Lawrence C. Braun, S.A.E., A.S.C.
Dennis Carroll
Nick D'Andrea,
Carl Denny, A.S.E.
Wayne Eiffes, A.S.E., S.A.E.
Martin J. Gunther
Robert McAnally
Michael A. Newsome
Richard T. Smith
Ron Webb
Gerente de Production John J. Cantwell
Assistente del Gerente de Production Robin S. Miller
Margaret A. Stoner
Cynthia Fiore
William Gaskins

EJECUTIVOS
Presidente Lawrence A. Fornasieri
Vice Presidente y Gerente General John P. Kushnerick

CHILTON BOOK COMPANY
Chilton Way Radnor, Pa. 19089

Manufactured in USA

ISBN 0-8019-7795-9
Library of Congress Card Catalog No.84-45272

1 2 3 4 5 6 7 8 9 0 6 5 4 3 2 1 0 9 8 7

AVISO

Unas adecuadas instrucciones de mantenimiento y reparación son vitales para la seguridad y el uso fiable de los vehículos de motor, así como para la seguridad personal de los que realizan las reparaciones.
Este manual enfatiza las instrucciones de mantenimiento y reparación de vehículos utilizando métodos efectivos de seguridad. Las instrucciones contienen varias NOTAS, PRECAUCIONES Y AVISOS que deben seguirse junto con los procedimientos de seguridad estándar para eliminar el riesgo de lesiones del personal o servicios incorrectos que puedan dañar al vehículo o comprometer su seguridad.
Es importante observar que las técnicas e instrucciones de reparación, las herramientas y las piezas de recambio utilizadas en las reparaciones de vehículos de motor, así como la destreza y experiencia del individuo que realiza el trabajo pueden variar en gran manera. No es posible prever todas las formas y circunstancias en las que se va a actuar sobre los vehículos, o imaginar medidas de precaución respecto a los posibles peligros que puedan presentarse. Se debe actuar con precaución y utilizar un equipo estándar y homologado cuando se manipulen substancias tóxicas e inflamables, así como utilizar gafas de seguridad u otras protecciones mientras se corta, emplea la muela, se cincela, se utilizan palancas, o se realiza cualquier otro proceso que pueda producir que el material se arranque o sea proyectado.
Algunos trabajos requieren la utilización de herramientas especialmente diseñadas para esta finalidad. Antes de sustituirlas por otras o por otras instrucciones, se debe estar completamente seguro de que ni la seguridad personal ni el rendimiento del vehículo sufrirá ningún daño.

Los números de las piezas de recambio que se encuentran en la referencia no son recomendaciones por parte de Chilton de ningún producto ni marca.Son referencias que pueden utilizarse en los manuales y catálogos de posventa para localizar en cada almacén una pieza en concreto.
Aunque la información de este manual se basa en fuentes de las propias fábricas y está tan completa como nos ha sido posible en el momento de la publicación , existe la posiblilidad de que algún fabricante realice cambios posteriores y por tanto no estar n incluidos. Aunque se ha procurado obtener la más completa precisión,Chilton Book Company no puede asumir la responsabilidad derivada de errores, cambios u omisiones producidos en la compilación de estos datos.

Versión autorizada en español
de la obra original CHILTON'S AUTO
REPAIR MANUAL 1980-1987,
publicada por Chilton Book Company,
Radnor, Pensilvania, EE.UU.

Traducción y revisión de la versión española:

ALFONSO DIEZ SANSA
Ingeniero Técnico

MANUEL FIGUERAS BLANCH
Ingeniero Técnico

ENRIQUE SOKOLOWICZ RESNIK
Periodista especializado en temas del motor
Revista del Automóvil Club

Chevrolet/GMC

Pickups, Vans, Blazer, Jimmy, Suburban, Serie-S

ESPECIFICACIONES GENERALES DEL MOTOR

Año	Nº cilindros motor Cilindrada (pulg. cúb.)	Tipo del carburador	Potencia en caballos @ rpm ■	Par @ rpm (lbs-pie) ■	Diámetro × carrera (pulg.)	Relación de compresión	Presion del aceite @ 2000 rpm
'79	6-250 LD	2 bbl	130 @ 3800	210 @ 2400	3.870 × 3.530	8.3:1	40-60
	6-250 Calif	2 bbl	125 @ 4000	205 @ 2000	3.870 × 3.530	8.3:1	40-60
	6-250 HD	2 bbl	130 @ 4000	205 @ 2000	3.870 × 3.530	8.3:1	40-60
	6-292	1 bbl	115 @ 3400	215 @ 1600	3.870 × 4.120	7.8:1	40-60
	8-305	2 bbl	140 @ 4000	240 @ 2000	3.740 × 3.480	8.4:1	45
	8-350 LD	4 bbl	165 @ 3600	270 @ 2000	4.000 × 3.480	8.2:1	45
	8-350 Hi Alt	4 bbl	155 @ 3600	260 @ 2000	4.000 × 3.480	8.2:1	45
	8-350 HD	4 bbl	165 @ 3800	255 @ 2800	4.000 × 3.480	8.3:1	45
	8-350	Diesel	120 @ 3600	220 @ 1600	4.057 × 3.385	22.5:1	35
	8-400 HD	4 bbl	180 @ 3600	310 @ 2400	4.125 × 3.750	8.2:1	40
	8-454 LD	4 bbl	205 @ 3600	335 @ 2800	4.250 × 4.000	8.0:1	40
	8-454 HD	4 bbl	210 @ 3800	340 @ 2800	4.250 × 4.000	7.9:1	40
'80	6-250	2 bbl	130 @ 4000	210 @ 2000	3.870 × 3.530	8.3:1	40-60
	6-250 Calif	2 bbl	130 @ 4000	205 @ 2000	3.870 × 3.530	8.3:1	40-60
	6-292	1 bbl	115 @ 3400	215 @ 1600	3.870 × 4.120	7.8:1	40-60
	8-305	2 bbl	135 @ 4200	235 @ 2400	3.740 × 3.480	8.5:1	45
	8-350 LD	4 bbl	175 @ 4000	275 @ 2400	4.000 × 3.480	8.2:1	45
	8-350 LD Calif	4 bbl	170 @ 4000	275 @ 2000	4.000 × 3.480	8.2:1	45
	8-350 HD	4 bbl	165 @ 3800	255 @ 2800	4.000 × 3.480	8.3:1	45
	8-350	Diesel	125 @ 3600	225 @ 1600	4.057 × 3.385	22.5:1	35
	8-400 HD	4 bbl	180 @ 3600	310 @ 2400	4.125 × 3.750	8.3:1	40
	8-454 HD	4 bbl	210 @ 3800	340 @ 2800	4.250 × 4.000	7.9:1	40
'81	6-250	2 bbl	130 @ 4000	210 @ 2000	3.870 × 3.530	8.3:1	40-60
	6-250 Calif	2 bbl	130 @ 4000	205 @ 2000	3.870 × 3.530	8.3:1	40-60
	6-292	1 bbl	115 @ 3400	215 @ 1600	3.870 × 4.120	7.8:1	40-60
	8-305	2 bbl	135 @ 4200	235 @ 2400	3.740 × 3.480	8.5:1	45
	8-305	4 bbl	155 @ 4400	252 @ 2400	3.740 × 3.480	9.2:1	45
	8-350 LD	4 bbl	175 @ 4000	275 @ 2000	4.000 × 3.480	8.2:1	45
	8-350 HD	4 bbl	165 @ 3800	255 @ 2800	4.000 × 3.480	8.3:1	45
	8-350	Diesel	125 @ 3600	225 @ 1600	4.057 × 3.385	22.5:1	35
	8-454	4 bbl	210 @ 3800	340 @ 2800	4.250 × 4.000	7.9:1	40

ESPECIFICACIONES GENERALES DEL MOTOR

Año	Nº cilindros motor Cilindrada (pulg. cúb.)	Tipo del carburador	Potencia en caballos @ rpm ■	Par @ rpm (lbs-pie) ■	Diámetro × carrera (pulg.)	Relación de compresión	Presión del aceite @ 2000 rpm
'82	4-119	2 bbl	84 @ 4600	101 @ 3000	3.43 × 3.23	8.4:1	57
	4-121	2 bbl	83 @ 4600	108 @ 2400	3.50 × 3.15	9.3:1	45
	4-137	Diesel	58 @ 4300	93 @ 2200	3.46 × 3.62	21.0:1	55
	6-173	2 bbl	110 @ 4800	148 @ 2000	3.50 × 2.99	8.5:1	45
	6-250	2 bbl	130 @ 4000	210 @ 2000	3.870 × 3.530	8.3:1	40–60
	6-292	1 bbl	115 @ 3400	215 @ 1600	3.870 × 4.120	7.8:1	40–60
	8-305	4 bbl	140 @ 4200	240 @ 2400	3.740 × 3.480	8.5:1	45
	8-305	4 bbl	155 @ 4400	252 @ 2100	3.740 × 3.480	9.2:1	45
	8-350 LD	4 bbl	175 @ 4000	275 @ 2000	4.000 × 3.480	8.2:1	45
	8-350 HD	4 bbl	165 @ 3800	255 @ 2800	4.000 × 3.480	8.3:1	45
	8-379	Diesel	130 @ 3600	240 @ 2000	3.900 × 3.800	21.5:1	45
	8-454	4 bbl	210 @ 3800	340 @ 2800	4.250 × 4.000	7.9:1	40
'83	4-119	2 bbl	84 @ 4600	101 @ 3000	3.43 × 3.23	8.4:1	57
	4-121	2 bbl	83 @ 4600	108 @ 2400	3.50 × 3.15	9.3:1	45
	4-137	Diesel	58 @ 4300	93 @ 2200	3.46 × 3.62	21.0:1	55
	6-173	2 bbl	110 @ 4800	148 @ 2000	3.50 × 2.99	8.5:1	45
	6-250	2 bbl	130 @ 4000	210 @ 2000	3.870 × 3.530	8.3:1	40–60
	6-292	1 bbl	115 @ 3400	215 @ 1600	3.870 × 4.120	7.6:1	40–60
	8-305	4 bbl	140 @ 4200	240 @ 2400	3.740 × 3.480	8.5:1	45
	8-305	4 bbl	155 @ 4400	252 @ 2100	3.740 × 3.480	9.2:1	45
	8-350 LD	4 bbl	175 @ 4000	275 @ 2000	4.000 × 3.480	8.2:1	45
	8-350 HD	4 bbl	165 @ 3800	255 @ 2800	4.000 × 3.480	8.3:1	45
	8-379	Diesel	130 @ 3600	240 @ 2000	3.980 × 3.800	21.5:1	45
	8-454 HD	4 bbl	210 @ 3800	340 @ 2800	4.250 × 4.000	7.9:1	40
'84	4-119	2 bbl	84 @ 4600	101 @ 3000	3.43 × 3.23	8.4:1	57
	4-121	2 bbl	83 @ 4600	108 @ 2400	3.50 × 3.15	9.3:1	45
	4-137	Diesel	58 @ 4300	93 @ 2200	3.46 × 3.62	21.0:1	55
	6-173	2 bbl	110 @ 4800	148 @ 2000	3.50 × 2.99	8.5:1	45
	6-250	2 bbl	130 @ 4000	210 @ 2000	3.870 × 3.530	8.3:1	40–60
	6-292	1 bbl	115 @ 3400	215 @ 1600	3.870 × 4.120	7.8:1	40–60
	8-305	4 bbl	140 @ 4200	240 @ 2400	3.740 × 3.480	8.5:1	45
	8-305	4 bbl	155 @ 4400	252 @ 2100	3.740 × 3.480	9.2:1	45
	8-350 LD	4 bbl	175 @ 4000	275 @ 2000	4.000 × 3.480	8.2:1	45
	8-350 HD	4 bbl	165 @ 3800	255 @ 2800	4.000 × 3.480	8.3:1	45
	8-379	Diesel	130 @ 3600	240 @ 2000	3.980 × 3.800	21.5:1	45
	8-454 HD	4 bbl	210 @ 3800	340 @ 2800	4.250 × 4.000	7.9:1	40
'85	4-119	2bbl	82 @ 4600	101 @ 3000	3.43 × 3.23	8.4:1	57
	4-137	Diesel	62 @ 4300	96 @ 2200	3.46 × 3.26	21.0:1	55
	4-151	TBI	92 @ 4400	132 @ 2800	4.00 × 3.00	9.0:1	40–60
	6-173	2 bbl	110 @ 4800	145 @ 2100	3.50 × 2.99	8.5:1	45
	6-262	4 bbl	150 @ 4000	225 @ 2400	4.00 × 3.480	9.3:1	40–60
	8-305	4 bbl	155 @ 4000	245 @ 1600	3.740 × 3.480	8.6:1	45
	8-305	4 bbl	160 @ 4400	235 @ 2000	3.740 × 3.480	9.2:1	45
	8-350	4 bbl	165 @ 3800	275 @ 1600	4.00 × 3.480	8.2:1	45
	8-379	Diesel	130 @ 3600	240 @ 2000	3.980 × 3.800	21.5:1	45
	8-454	4 bbl	210 @ 3800	340 @ 2800	4.250 × 4.000	8.0:1	40

ESPECIFICACIONES GENERALES DEL MOTOR

Año	Nº cilindros motor Cilindrada † (pulg. cúb.)	Tipo del carburador	Potencia en caballos @ rpm ■	Par @ rpm (lbs-pie) ■	Diámetro × carrera (pulg.)	Relación de compresión	Presión del aceite @ 2000 rpm
'86	4-119	2 bbl	82 @ 4600	101 @ 3000	3.43 × 3.23	8.4:1	57
	4-137	Diesel	62 @ 4300	96 @ 2200	3.46 × 3.62	21.0:1	55
	4-151	TBI	92 @ 4400	134 @ 2800	4.00 × 3.00	9.0:1	40–60
	6-173	2 bbl	110 @ 4800	145 @ 2100	3.50 × 2.99	8.5:1	45
	6-262	4 bbl	150 @ 4000	225 @ 2400	4.00 × 3.480	9.3:1	40–60
	8-305	4 bbl	155 @ 4400	245 @ 1600	4.00 × 3.480	8.6:1	45
	8-305	4 bbl	160 @ 4400	235 @ 2000	4.00 × 3.480	9.2:1	45
	8-350 LD	4 bbl	165 @ 3800	275 @ 1600	4.00 × 3.480	8.2:1	45
	8-350 HD	4 bbl	155 @ 4000	240 @ 2800	4.00 × 3.480	8.3:1	45
	8-379	Diesel	130 @ 3600	240 @ 2600	3.980 × 3.800	21.5:1	45
	8-454	4 bbl	230 @ 3800	360 @ 2800	4.250 × 4.000	8.0:1	40

■ La potencia y el par se indican en valores netos SAE. Han sido medidos en la parte posterior de la transmisión, con todos los accesorios montados y en funcionamiento. Dado que los valores pueden variar según el motor vaya montado en uno u otro modelo, algunos de dichos valores deben considerarse sólo como orientativos y no exactos

FI - Inyección de combustible

TBI - Inyección en la válvula de mariposa

CAPACIDADES
Blazer y Jimmy

Año	Nº cilindros motor Cilindrada (pulg. cúb.)	Cárter del cigüeñal con filtro nuevo (¼ galón)	Transmisión — Pintas de capacidad una vez vaciada: Manual 3 v.	Manual 4 v.	Automática	Caja de transferencia (pintas)	Árbol de transmisión (pintas) D/T	Depósito gasolina (galones)	Sistema refrigeración (¼ galon): Calef.	A/C	Acondicionado HD*
'79	6-250	5	3.0	8.0	5.0	5.0④	5/3.5⑤	25/31	15	15.5	15.5
	8-305	5	3.0	8.0	5.0	5.0④	5/3.5⑤	25/31	17.5	17.5	17.5
	8-350	5	3.0	8.0	5.0	5.0④	5/3.5⑤	25/31	17.5	18	18
	8-400	5	—	—	5.0	5.0④	5/3.5⑤	25/31	18	19	19
'80–'81	6-250	5	3.0	8.0	5.0	5.0	5/3.5⑤	25/31	15	15.5	15.5
	8-305	5	3.0	8.0	5.0	5.0	5/3.5⑤	25/31	17.5	17.5	17.5
	8-350	5	3.0	8.0	5.0	5.0	5/3.5⑤	25/31	17.5	18	18
'82	6-250	5	2.0	8.0	6.0	5.0	5/⑦	25/31	15.0	15.5	—
	8-305	5	2.0	8.0	6.0	5.0	5/⑦	25/31	17.5	18.0	—
	8-350	5	2.0	8.0	6.0⑥	5.0	5/⑦	25/31	17.5	18.0	—
	8-379	7	—	8.0	6.0⑥	5.0	5/⑦	27/32	24.8	24.8	—
'83	6-250	5	3.0	8.0	6.0	5.0	5/⑦	25/31	15.0	15.5	—
	8-305	5	3.0	8.0	6.0	5.0	5/⑦	25/31	17.5	18.0	—
	8-350	5	3.0	8.0	6.0⑥	5.0	5/⑦	25/31	17.5	18.0	—
	8-379	7	—	8.0	6.0⑥	5.0	5/⑦	27/32	24.5	24.5	—
	8-454	7③	—	8.0	6.0⑥	5.0	5/⑦	25/31	23	24.5	—
'84	6-250	5	3.0	8.0	6.0	5.0	5/⑦	25/31	15.0	15.5	—
	8-305	5	3.0	8.0	6.0	5.0	5/⑦	25/31	17.5	18.0	—
	8-350	5	3.0	8.0	6.0⑥	5.0	5/⑦	25/31	17.5	18.0	—
	8-379	8	—	8.0	6.0⑥	5.0	5/⑦	27/32	24.5	24.5	—
	8-454	7③	—	8.0	6.0⑥	5.0	5/⑦	25/31	23	24.5	—

*** HD: Servicio pesado**

CAPACIDADES
Blazer y Jimmy

Año	Nº cilindros motor Cilindrada (pulg. cúb.)	Cárter del cigüeñal con filtro nuevo (¼ galón)	Transmisión – Pintas de capacidad una vez vaciada – Manual 3 v.	Manual 4 v.	Automática	Caja de transferencia (pintas)	Árbol de transmisión (pintas) D/T	Depósito gasolina (galones)	Sistema refrigeración (¼ galón) Calef.	A/C	Acondicionado HD*
'85–'86	8-305, 350	5	3.0	8.0	①	5.0	②③	25/31	17.5	18	—
	8-379	7	3.0	8.0	①	5.0	②③	27/32/41	23	24.5	—
	8-454	6	3.0	8.0	①	5.0	②③	25/31/40	23	24.5	—

* **HD: Servicio pesado**

■ Los modelos con transmisión automática tienen o bien radiador de A/C o de HD; su capacidad puede aumentar en vehículos con relaciones 4.11:1; siempre que haya dos números separados por una raya, el primero hace referencia a los de tracción en 2 ruedas

① Las capacidades para transmisión automática son:
TH350 - 6.3
TH400 - 9.0
700R4 - 10

② Las capacidades del eje delantero son:
Serie 10-20 - 4
Serie 30 - 6

③ Las capacidades del eje trasero son:
8 1/2" - 4 1/4
8 7/8" - 3 1/2
9 3/4" - 6,0
10 1/2" (Chev) - 6 1/2
10 1/2" (Dana) - 7,2
12 1/4" - 26,8

④ 8 1/4 con tracción constante en las 4 ruedas

⑤ 8,5 corona dentada - 4,2

⑥ Con TH-M 400: 7,0

⑦ 8 1/2" corona dentada: 4,25
8 7/8" corona dentada: 3,5
9 3/4" corona dentada (Dana): 6.0
10 1/2" corona dentada (Dana: 7,2)
(Chev): 6.5

CAPACIDADES
Pickup y Suburban

Año	Nº cilindros motor Cilindrada (pulg. cúb.)	Cárter del motor y cigüeñal con filtro (¼ galón)	Transmisión (pintas) Manual 3 v.	Manual 4 v.	Automática	Árbol de transmisión (pintas) Del.	Tras.	Caja de transferencia (pintas)	Depósito combustible (galones)	Sistema refrigeración (¼ galón) sin A/C	con A/C	H D
'79–'81	6-250	5	3.2 ⑦	8.0	②	5 ⑧	⑥	5 ⑤	20 ⑩	15.0	15.6	15.0
	6-292	6	3.2 ⑦	8.0	②	5 ⑧	⑥	5 ⑤	20 ⑩	14.8	15.4	14.8
	8-305	5	3.2 ⑦	8.0	②	5 ⑧	⑥	5 ⑤	20 ⑩	17.6	18.0	18.0
	8-350	5	3.2 ⑦	8.0	②	5 ⑧	⑥	5 ⑤	20 ⑩	17.6	18.0	18.0
	8-350 Diesel	7	—	—	5.0	—	⑥	—	20 ⑩	18.0	18.0	18.0
	8-400	5	3.2 ⑦	8.0	②	5 ⑧	⑥	5 ⑤	20 ⑩	20.4	20.4	20.4
	8-454	5 ⑪	3.2 ⑦	8.0	②	5 ⑧	⑥	5 ⑤	20 ⑩	24.4 ⑨	24.7	24.7
'82	6-250	5	3.0	8.0	6.0	5.0	⑯	5.0 ⑬	⑭	15.0	15.5	—
	6-292	6	3.0	8.0	6.0	5.0	⑯	5.0 ⑬	⑭	15.0	15.5	—
	8-305	5	3.0	8.0	6.0	5.0	⑯	5.0 ⑬	⑭	17.5	18.0	—
	8-350	5	3.0	8.0	⑮	5.0	⑯	5.0 ⑬	⑭	17.5	18.0	—
'83	6-250	5	3.0	8.0	6.0	5.0	⑯	10 ①	⑭	15	15.5	—
	8-305	5	3.0	8.0	6.0	5.0	⑯	10 ①	⑭	17.5	18	—
	8-350	5	3.0	8.0	6.0 ⑥	5.0	⑯	10 ①	⑭	17.5	18	—
	8-379	7	—	8.0	6.0 ⑥	5.0	⑯	10 ①	⑭	23	24.5	—
	8-454	5	—	8.0	6.0 ⑥	5.0	⑯	10 ①	⑭	23	24.5	—
'84	6-250	5	3.0	8.0	6.0	5.0	⑯	10 ①	⑭	15	15.5	—
	8-305	5	3.0	8.0	6.0	5.0	⑯	10 ①	⑭	17.5	18	—
	8-350	5	3.0	8.0	6.0 ⑥	5.0	⑯	10 ①	⑭	17.5	18	—
	8-379	7	—	8.0	6.0 ⑥	5.0	⑯	10 ①	⑭	23	24.5	—
	8-454	5	—	8.0	6.0 ⑥	5.0	⑯	10 ①	⑭	23	24.5	—

CAPACIDADES
Pickup y Suburban

Año	Nº cilindros motor Cilindrada (pulg. cúb.)	Cárter del motor y cigüeñal con filtro (¼ galón)	Transmisión (pintas) Manual 3 v.	4 v.	Automatica	Árbol de transmisión (pintas) Del.	Tras.	Caja de transferencia (pintas)	Depósito combustible (galones)	Sistema refrigeracion (¼ galón) sin A/C	con A/C	H D
'85–'86	6-262	5	3.0	8.0	6.3	⑰	⑯	4.0	⑭	10.9	10.9	—
	6-292	6	3.0	8.0	6.3	⑰	⑯	4.0	⑭	15.5	16	—
	8-305	5	3.0	8.0	6.3	⑰	⑯	4.0	⑭	17.5	18	—
	8-350	5	3.0	8.0	9.0	⑰	⑯	4.0	⑭	17.5	18	—
	8-379	7	3.0	8.0	9.0	⑰	⑯	6.0	⑭	23	24.5	—

① 3 velocidades, trabajo intenso - 3.5 pintas
② Hydra-Matic Turbo 350 - 5.0 pintas
Hydra-Matic Turbo 400 - 7.5 pintas
③ Chevrolet 3,300 y 3,500 lb
Ejes - 4.5 pintas
Chevrolet 5,200 y 7,200 lb
Ejes - 6.5 pintas
Dana 5,500 lb - ejes - 6.0 pintas
Chevrolet 11.000 lb - ejes - 14.0 pintas
④ Serie 20 - 21.0 galones
⑤ Tracción en las 4 ruedas tiempo total - 8.25 pintas
⑥ 8 ½'' corona dentada - 4.2 pintas
8 ⅞'' corona dentada (Chevrolet) - 4,5 pintas (3.5 pintas modelos (1977-78)
10 ½'' corona dentada (Chevrolet) - 5,4 pintas
10 ½'' corona dentada (Dana) - 7.2 pintas
12 ½'' corona dentada (Chevrolet) - 26.8 pintas
⑦ Tremec 3 vel - 4.0 pintas
Muncie 3 vel - 3.0 pintas
⑧ 8 ½'' corona dentada - 4.25 pintas (1977-81)
⑨ 22.8 - 79-81
⑩ 16.0 galones - modelos con distancia entre ejes
⑪ 6 cuartos de galón con filtro, 5 cuartos de galón sin filtro: 1978-81
⑫ OPT.: 20 galones
⑬ Todos los modelos de 1 tonelada: 10,0
⑭ Base corta con un depósito: 16 galones
Base corta con dos depósitos: 32 galones
Base larga con un depósito: 20 galones
Base larga de gasolina con dos depósitos, por debajo de 8600 lb GVWR: 32 galones
Base larga de gasolina con dos depósitos, por encima de 8600 lb GVWR, y todos los modelos diesel con dos depósitos: 40 galones
⑮ TH-M 350: 6.0
TH-M 400: 7.0
TH-M 700-R4: 10.0
⑯

Corona dentada	Capacidad
8 ½''	4.25
8 ⅞''	3.5
9 ¾'' (Dana)	6.0
10 ½'' (Dana)	7.2
10 ½'' (Chevrolet)	6.5
12 ¼'' (Dana)	26.8

⑰ Las capacidades del eje delantero son:
Serie 10-20 - 4
Serie 3: - 6

CAPACIDADES
Serie S, Blazer y Jimmy

Año	Nº cilindros motor Cilindrada (pulg. cúb.)	Cigüeñal (¼ galón)	Transmisión (pintas) Manual 4 v.	5 v.	Automát.	Caja de transferencia (pintas)	Árbol de transmisión (pintas) Del.	Tras.	Depósito gasolina (galones)	Sistema refrigerac. (¼ galón) Manual	Automát.
'82	4-119	4.0	2.7	2.7	7.0 ②	5.2	3.5	1.7	13.0 ①	9.6	9.6
	4-121	4.0	2.7	2.7	7.0 ②	5.2	3.5	1.7	13.0 ①	9.6	9.6
	4-137 Diesel	5.0	2.7	2.7	7.0 ②	5.2	3.5	1.7	13.0 ①	10.0	10.0
	6-173	4.5 ③	2.7	2.7	7.0 ②	5.2	3.5	1.7	13.0 ①	12.4	12.4
'83	4-119	4	2.7	2.7	7	10	3.5	3	13 ①	9.4	9.5
	4-121	4	2.7	2.7	7	10	3.5	3	13 ①	9.6	9.7
	4-137 Diesel	4	2.7	2.7	7	10	3.5	3	13 ①	10	10
	6-173	4.5 ③	2.7	2.7	7	10	3.5	3	13 ①	12	12
'84	4-119	4	2.7	2.7	7	10	3.5	3	13 ①	9.4	9.5
	4-121	4	2.7	2.7	7	10	3.5	3	13 ①	9.6	9.7
	4-137 Diesel	4	2.7	2.7	7	10	3.5	3	13 ①	10	10
	6-173	4.5 ③	2.7	2.7	7	10	3.5	3	13 ①	12	12
'85–'86	4-119	4	2.7	2.7	7	5.2	3.5	2.6	13 ①	9.5	—
	4-137	5.5	2.7	2.7	7	5.2	3.5	2.6	14 ①	11.5	12 ④
	4-151	3	2.7	2.7	7	5.2	3.5	2.6	13 ①	12	12
	6-173	4	2.7	2.7	7	5.2	3.5	2.6	13 ①	12	12

① Opcional: 20,0 galones
② El número indicado sólo es para un desmontaje del cárter. La capacidad total es de 19.0 pintas
③ 4 cuartos de galón sin filtro
④ Los numeros de las transmisiones automáticas y manual son iguales para refrigeración de servicio pesado o refrigeración con aire acondicionado

CAPACIDADES
Furgonetas - Van (salvo Astro)

Año	Modelo	Nº cilindros motor Cilindrada (pulg. cúb.)	Cárter motor y cigüeñal con filtro (¼ galón)	Transmisión (pintas) Manual 3 v.	Manual 4 v.	Automática	Árbol de transmisión (pintas)	Depósito gasolina (galones)	Sistema refrigeración (¼ galón) sin A/C	con A/C
'79–'82	Todos	6-250	5	3.2	—	5 ③	3.5 ④	22/33	17	18.5
	Todos	8-305	5	3.2 ①	—	5 ③	3.5 ④	22/33	19.5	21.0
	10, 20, 1500, 2500	8-350	5	3.2 ①	—	5 ③	3.5 ④	22/33	20	21.5
	30, 3500	8-350	5	3.2 ①	—	5 ③	3.5 ④	22/33	20	21.5
	Todos	8-400	5	3.2 ①	—	5 ③	3.5 ④	22/33	20	21.5
'83	Todos	6-250	5	3	8	③	④	22/33	17	—
	Todos	8-305	5	3	8	③	④	22/33	19	20
	Todos	8-350	5	3	8	③	④	22/33	19	20
	Todos	8-379	7	3	8	③	④	22/33	24	24
'84	Todos	6-250	5	3	8	③	④	22/33	17	—
	Todos	8-305	5	3	8	③	④	22/33	19	20
	Todos	8-350	5	3	8	③	④	22/33	19	20
	Todos	8-379	7	3	8	③	④	22/33	24	24
'85–'86	Todos	6-252	5	3	8	6.3	④	22/23	11.1	11.1
	Todos	8-305	5	3	8	6.3	④	22/23	17	17
	Todos	8-350	5	3	8	⑤	④	22/23	17	17
	Todos	8-379	7	3	8	⑤	④	22/23	24 ⑥	24 ⑥

① 4 pintas en los mod. Tremec y Saginaw de tres velocidades

② 7 pintas en los GVW de 10 000 lb o más

③ TH-M 350 del 82: 6.0
TH-M 400; 7,0
TH-M 700-R4: 10,0

④ 9 3/4'' corona dentada: 6,0
10 1/2'' corona dentada (Dana): 7.2
10 1/2'' corona dentada (Chev): 6.5
12 ½'' corona dentada (Dana): 26.8

⑤ TH350 - 6.3
TH400 - 9.0

⑥ 25,6 con refrigeración HD

CAPACIDADES
Furgonetas Astro

Año	Nº cilindros motor Cilindrada (pulg. cúb.)	Cárter motor y cigüeñal con filtro (¼ galón)	Transmisión (pintas) Manual 3 v.	Manual 4 v.	Automática	Árbol de transmisión (pintas)	Depósito gasolina (galones)	Sistema refrigeración (¼ galón) sin A/C	con A/C
'85–'86	4-151	3	3.0	8.0	6.3	①	17/27	10	10
	6-262	5	3.0	8.0	6.3	①	17/27	13.5	13.5

① Las capacidades varían en función de la corona dentada:
8 1/2'' - 4.5
8 7/8'' - 3.5
9 3/4'' - 6,0
10 1/2'' (Chev) - 6.5
10 1/2'' (Dana) - 7,2

ESPECIFICACIONES DE PUESTA A PUNTO
Pickup y Suburban

Año	Nº cilindros motor Cilindrada (pulg. cúb.)	Bujías Tipo	Bujías Distancia electrodos (pulg.)	Distribuidor	Sincronización del encendido (grados) T.man.	T.aut.	Presión bomba de combustible (lbs/pulg.^{2})	Compresión (lbs/pulg.^{2}) ●	Velocidad al ralentí (rpm)* T.man	T.aut.
'79	6-250 (LD Fed)	R46TS	0.035	Electrónico	10B	10B	4.5-6.0	130	750	600
	6-250 ③	R46TS	0.035	Electrónico	6B	8B	4.5-6.0	130	750	600
	6-292	R44T	0.035	Electrónico	8B	8B	4.5-6.0	130	700	700
	8-305	R45TS	0.045	Electrónico	6B	6B	7.5-9.0	150	600	500
	8-350 (LD)	R45TS	0.045	Electrónico	8B	8B	7.5-9.0	150	700	500
	8-350 (HD)	R44T	0.045	Electrónico	4B	4B	7.5-9.0	150	700	700(N)
	8-400	R45TS	0.045	Electrónico	—	4B	7.5-9.0	150	—	500
	8-454 (LD)	R45TS	0.045	Electrónico	8B	8B	7.5-9.0 ②	150	700	500
	8-454 (HD)	R44T	0.045	Electrónico	—	4B	7.5-9.0 ②	150	—	700(N)

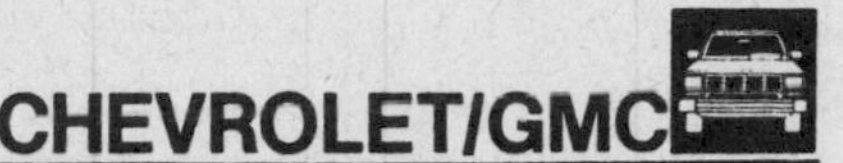

ESPECIFICACIONES DE PUESTA A PUNTO
Pickup y Suburban

Año	Nº cilindros motor Cilindrada (pulg. cúb.)	Bujías Tipo	Bujías Distancia electrodos (pulg.)	Distribuidor	Sincronización del encendido (grados) T.man.	Sincronización del encendido (grados) T.aut.	Presión bomba de combustible (lbs/pulg.^{2})	Compresión (lbs/pulg.^{2}) ●	Velocidad al ralentí (rpm)* T.man.	Velocidad al ralentí (rpm)* T.aut.
'80	6-250 (LD Fed)	R46TS	0.035	Electrónico	10B	10B	4.5-6.0	130	750	650
	6-250 (LD Calif)	R46TS	0.035	Electrónico	10B	10B	4.5-6.0	130	750	600
	6-250 ③	R46TS	0.035	Electrónico	—	8B	4.5-6.0	130	—	600
	6-292	R44T	0.035	Electrónico	8B	8B	4.5-6.0	130	700	700(N)
	8-305	R45TS	0.045	Electrónico	8B	8B	7.5-9.0	150	600	500
	8-350 (LD)	R45TS	0.045	Electrónico	8B	8B	7.5-9.0	150	700	500
	8-350 (HD Fed)	R44T	0.045	Electrónico	4B	4B	7.5-9.0	150	700	700(N)
	8-350 (HD Calif)	R44T	0.045	Electrónico	6B	6B	7.5-9.0	150	700	700(N)
	8-400 (HD Fed)	R44T	0.045	Electrónico	—	4B	7.5-9.0	150	—	700(N)
	8-400 (HD Calif)	R44T	0.045	Electrónico	—	6B	7.5-9.0	150	—	700(N)
	8-454	R44T	0.045	Electrónico	4B	4B	7.5-9.0 ②	150	700	700(N)
'81	6-250 (Fed)	R45TS	0.035	Electrónico	10B	10B	4.5-6.0	130	750	650(D)
	6-250 (Calif)	R46TS	0.035	Electrónico	10B	10B	4.5-6.0	130	750	650(D)
	6-292	R44T	0.035	Electrónico	8B	8B	4.5-6.0	130	700	700(N)
	8-305 2 bbl	R45TS	0.045	Electrónico	8B	8B	7.5-9.0	150	600	500(D)
	8-305 4 bbl	R45TS	0.045	Electrónico	4B	4B ④	7.5-9.0	150	700	500(D)
	8-350 (LD)	R45TS	0.045	Electrónico	8B	8B ⑤	7.5-9.0	150	700	500(D)
	8-350 (HD Fed)	R44T	0.045	Electrónico	4B	4B	7.5-9.0	150	700	700(N)
	8-350 (HD Calif)	R44T	0.045	Electrónico	6B	6B	7.5-9.0	150	700	700(N)
	8-350 Diesel	—	—	Electrónico	—	8B ⑥		450	—	575(D) ⑦
	8-454	R44T	0.045	Electrónico	4B	4B	7.5-9.0	150	700	700(N)
'82	6-250	R45TS	⑧	Electrónico	⑧	⑧	4.5-6	—	⑧	⑧
	6-292	R44T	.035	Electrónico	8	8	4-5	—	700	700
	8-305	R45TS	.045	Electrónico	⑧	⑧	⑧	—	⑧	⑧
	8-350 LD	R45TS	.045	Electrónico	⑧	⑧	⑧	—	⑧	⑧
	8-350 HD	R44T	.045	Electrónico	⑧	⑧	⑧	—	⑧	⑧
	8-379	Diesel	—	—	⑧	⑧	⑧	—	⑧	⑧
	8-454	R44T	.045	Electrónico	⑧	⑧	⑧	—	⑧	⑧
'83	6-250	R45TS	⑧	Electrónico	⑧	⑧	4.5-6	—	⑧	⑧
	6-292	R44T	.035	Electrónico	8	8	4-6	—	700	700
	8-305	R45TS	.045	Electrónico	⑧	⑧	⑧	—	⑧	⑧
	8-350 LD	R45TS	.045	Electrónico	⑧	⑧	⑧	—	⑧	⑧
	8-350 HD	R44T	.045	Electrónico	⑧	⑧	⑧	—	⑧	⑧
	8-379	Diesel	—	—	⑧	⑧	⑧	—	⑧	⑧
	8-454	R44T	.045	Electrónico	⑧	⑧	⑧	—	⑧	⑧
'84	6-250	R45TS	⑧	Electrónico	⑧	⑧	4.5-6	—	⑧	⑧
	6-292	R44T	.035	Electrónico	8	8	4.5-6	—	700	700
	8-305	R45TS	.045	Electrónico	⑧	⑧	⑧	—	⑧	⑧
	8-350 LD	R45TS	.045	Electrónico	⑧	⑧	⑧	—	⑧	⑧
	8-350 HD	R44T	.045	Electrónico	⑧	⑧	⑧	—	⑧	⑧
	8-379	Diesel	—	—	⑧	⑧	⑧	—	⑧	⑧
	8-454	R44T	.045	Electrónico	⑧	⑧	⑧	—	⑧	⑧
'85–'86	6-292	R43CTS	⑧	Electrónico	⑧	⑧	4-6.5	—	⑧	⑧
	6-292	R44T	⑧	Electrónico	⑧	⑧	4-6.5	—	⑧	⑧
	8-305	R45TS	⑧	Electrónico	⑧	⑧	4-6.5	—	⑧	⑧
	8-350	R45TS	⑧	Electrónico	⑧	⑧	4-6.5	—	⑧	⑧
	8-454	R44T	⑧	Electrónico	⑧	⑧	4-6.5	—	⑧	⑧

NOTA: Todos los motores utilizan taqués hidráulicos

NOTA: Los números de pieza de esta tabla no son recomendaciones de Chilton para ninguna marca de producto

NOTA: Con frecuencia, la etiqueta que hay debajo del capó indica cambios de puesta a punto que se han llevado a cabo durante la fabricación. En caso de que no coincidan con las que figuran en esta tabla, deberán utilizarse como válidos los datos de la etiqueta

● Variación máxima entre cilindros - 20 lbs/pulg^2 LD - Ligero

B - Antes del punto muerto superior HD - Pesado

Fed. Federal (49 estados)
Calif. Sólo California
MT - Transmisión manual
AT - Transmisión automática
N - Punto muerto
* Velocidad al ralenti (en vacío) con transmisión automática colocada en «Drive», a no ser que se indique lo contrario

NA - No disponible
- No aplicable
Hyd - Hidráulica
① 700 rpm - California
② 5.5-7.0 sin tubo de retorno de vapores
③ California C-20, C-2500 únicamente
④ Calif.: 8B

Gran altitud: 2B
Código de la etiqueta de salida AAN: 6B
⑤ Calif.: 6B
Calif. con código en etiqueta de salida ADD: 8B
⑥ Calif.: 5B
⑦ Calif.: 600 (D)
⑧ Véase la etiqueta de debajo del capó

ESPECIFICACIONES DE PUESTA A PUNTO
Furgonetas (salvo Astro)

Cuando analice los resultados de la compresión, busque la uniformidad entre cilindros más que las presiones específicas

Año	Nº cilindros motor Cilindrada (pulg. cúb.)	Bujías Tipo orig.	Bujías Distancia electrodos (pulg.)	Distribuidor	Sincronización del encendido ● (grados)▲ T.man.	Sincronización del encendido ● (grados)▲ T.aut.	Presión de la bomba de gasolina (lbs/pulg.²)	Velocidad al ralentí (rpm)● T.man.	Velocidad al ralentí (rpm)● T.aut.
'79	6-250	R46TS	.035	Electrónico	10B ⑥	10B ⑦	4.5-6	750	600
	8-305	R45TS	.045	Electrónico	6B	6B	7.5-9	700	600
	8-350 ⑧	R45TS	.045	Electrónico	8B	8B	7.5-9	700	500
	8-400 ⑧	R45TS	.045	Electrónico	—	4B	7.5-9	—	500
'80-'81	6-250	R46TS	.035	Electrónico	10B	8B ⑨	4-6	750	650(D)
	8-305 (2-bbl)	R45TS	.045	Electrónico	8B	8B	7-9	700	600(D)
	8-305 (4-bbl)	R45TS	.045	Electrónico	6B	4B	7-9	700	500(D)
	8-350	R45TS	.045	Electrónico	8B ⑩	8B ⑪	7-9	700	500(D) ⑫
'82	6-250	R45TS	.045	Electrónico	①	①	4-6	①	①
	8-305	R45TS	.045	Electrónico	①	①	7-9	①	①
	8-350	R45TS	.045	Electrónico	①	①	7-9	①	①
'83	6-250	R45TS	.045	Electrónico	①	①	4-6	①	①
	8-305	R45TS	.045	Electrónico	①	①	7-9	①	①
	8-350	R45TS	.045	Electrónico	①	①	7-9	①	①
	8-379	Diesel	—	—	①	①	—	①	①
'84	6-250	R45TS	.045	Electrónico	①	①	4-6	①	①
	8-305	R45TS	.045	Electrónico	①	①	7-9	①	①
	8-350	R45TS	.045	Electrónico	①	①	7-9	①	①
	8-379	Diesel	—	—	①	①	—	①	①
'85-'86	6-252	R43CTS	①	Electrónico	①	①	4-6.5	③	③
	8-305	R45TS	①	Electrónico	①	①	4-6.5	③	③
	8-350	R45TS	②	Electrónico	①	①	4-6.5	③	③
	8-379	—	—	Diesel	—	—	6.5-9	650	650 ④

NOTA: Con frecuencia, la etiqueta que hay debajo del capó indica variaciones en la puesta a punto que se han llevado a cabo durante la fabricación. En caso de que no coincidan con las que figuran en esta tabla, deberán utilizarse como válidas las de la etiqueta

NOTA: Los números de pieza de esta tabla no constituyen recomendaciones de Chilton para ninguna marca de producto

NOTA: Todos los motores utilizan taqués hidráulicos

● Los números entre paréntesis son válidos para California, indicándose tan sólo cuando difieren de las especificaciones de los otros 49 estados. El ajuste de la velocidad al ralentí (en vacío) en los vehículos con transmisión automática se llevan a cabo con la transmisión en «Drive», a no ser que indique lo contrario

▲ La velocidad al ralentí (en vacío) es con el tubo de vacío del avance desconectado y tapado, a no ser que se indique otra cosa

N - Transmisión en punto muerto
D - Transmisión en «Drive»
HD - Pesado
LD - Ligero
① Vea las especificaciones que figuran en la etiqueta de debajo del capó
② Los vehículos con HD utilizan R44T
③ Si va equipado con ECM (módulo de control electrónico) no se precisa ningún ajuste
④ Ajuste con la transmisión automática en posición de aparcamiento

⑤ Unicamente en California
⑥ Las series G-20, G-30, 2500 y 3500 en California: 6B
⑦ Las series G-20, G-30, 2500 y 3500 en California: 8B
⑧ Algunos camiones de las series G-30:/3500 son diferentes. Vea la etiqueta de debajo del capó
⑨ Para altitud: 10B
⑩ Modelos de 1 tonelada: 4B
Calif. ¾ y 1 tonelada: 6B
⑫ Modelos de 1 tonelada: 700(N)
Modelos Calif: ½ y ⅓ tonelada: 550 (D)

ESPECIFICACIONES DE PUESTA A PUNTO
Furgonetas Astro

Cuando analice los resultados de la compresión, busque la uniformidad entre los cilindros más que las presiones específicas

Año	Nº cilindros motor Cilindrada (pulg. cúb.)	Bujías Tipo orig.	Bujías Distancia electrodos (pulg.)	Distribuidor	Sincronización del encendido ● (grados)▲ T.man.	Sincronización del encendido ● (grados)▲ T.aut.	Presión de la bomba de combustible (lbs/pulg.²)	Velocidad al ralentí (rpm)* ● T.man.	Velocidad al ralentí (rpm)* ● T.aut.
'85–'86	4-151	R43TSX	①	Electrónico	①	①	4-6.5	②	②
	6-262	R43CTS	①	Electrónico	①	①	4-6.5	②	②

① Vea la etiqueta de debaio del capó
② Los modelos controlados por ECM no se ajustan

ESPECIFICACIONES DE PUESTA A PUNTO
Blazer y Jimmy

Cuando analice los resultados de la compresión, busque la uniformidad entre los cilindros más que las presiones específicas

Año	Nº cilindros motor Cilindrada (pulg. cúb.)	Bujías Tipo orig.	Bujías Distancia electrodos (pulg.)	Distribuidor	Sincronización del encendido ● (grados)▲ T.man.	Sincronización del encendido ● (grados)▲ T.aut.	Presión de la bomba de combustible (lbs/pulg.²)	Velocidad al ralentí (rpm)● T.man.	Velocidad al ralentí (rpm)● T.aut.▲
'79	6-250	R46TS	.035	Electrónico	10B	10B	4½-6	750	600
	8-305	R45TS	.045	Electrónico	6B	6B	7-9	600	500
	8-350	R45TS	.045	Electrónico	8B	8B	7-9	700	500
	8-400	R45TS	.060	Electrónico	—	4B	7-9	—	500
'80–'81	6-250	R46TS	.035	Electrónico	10B	10B	3.5-4.5	750	650(D)
	8-305	R45TS	.045	Electrónico	4B	2B	7.0-8.5	700	500(D)
	8-350	R45TS	.045	Electrónico	8B	8B	7.0-8.5	700	500(D)
'82	6-250	R45TS	.045	Electrónico	①	①	4-6	①	①
	8-305	R45TS	.045	Electrónico	①	①	7-9	①	①
	8-350	R45TS	.045	Electrónico	①	①	7-9	①	①
	8-379	Diesel	—	—	①	①	—	①	①
'83	6-250	R45TS	.045	Electrónico	①	①	4-6	①	①
	8-305	R45TS	.045	Electrónico	①	①	7-9	①	①
	8-350	R45TS	.045	Electrónico	①	①	7-9	①	①
	8-379	Diesel	—	—	①	①	—	①	①
	8-454	R44T	.045	Electrónico	①	①	—	①	①
'84	6-250	R45TS	.045	Electrónico	①	①	4-6	①	①
	8-305	R45TS	.045	Electrónico	①	①	7-9	①	①
	8-350	R45TS	.045	Electrónico	①	①	7-9	①	①
	8-379	Diesel	—	—	①	①	—	①	①
	8-454	R44T	.045	Electrónico	①	①	—	①	①
'85–'86	8-305	R45TS	①	Electrónico	①	①	4-6.5	①②	①②
	8-350 LD	R45TS	①	Electrónico	①	①	4-6.5	①②	①②
	8-350 HD	R45TS	①	Electrónico	①	①	4-6.5	①②	①②
	8-379	—	—	Diesel	—	—	6.5-9	①	①
	8-454	R44T	①	Electrónico	①	①	4-6.5	①②	①②

NOTA: Con frecuencia, la etiqueta que hay debajo del capo indica variaciones en la puesta a punto que se ha llevado a cabo durante la fabricación. En caso de que no coincidan con las que figuran en esta tabla, deberán utilizarse como válidas las de la etiqueta. Los números de pieza de esta tabla no constituyen recomendaciones de Chilton para ninguna marca de producto

NOTA: Todos los motores utilizan taqués hidráulicos

● Los números entre paréntesis son válidos para California, indicándose sólo cuando difieren de las especificaciones de los otros 49 estados. Siempre que se indiquen dos velocidades al ralentí (en vacío) separadas por un trazo, la menor es con el solenoide desconectado.

▲ Al ajustar la velocidad al ralentí (en vacío) en las transmisiones automáticas, éstas deben estar colocadas en la posición «Drive», salvo que se indique lo contrario

B - Antes del punto muerto superior

N - Punto muerto
TDC - Punto muerto superior
2WD - Tracción en dos ruedas
4WD - Tracción en las cuatro ruedas

① Vea la etiqueta de debajo del capó
② En algunos modelos está controlado por computadora

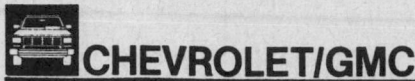

ESPECIFICACIONES DE PUESTA A PUNTO
Series S Blazer y Jimmy

Cuando analice los resultados de la compresión, busque la uniformidad entre los cilindros más que las presiones específicas

Año	Nº cilindros motor Cilindrada (pulg. cúb.)	Bujías		Distribuidor	Sincronización del encendido ● (grados)◄		Presión de bomba de combustible (lbs/pulg²)	Velocidad al ralentí (rpm)	
		Tipo orig.	Distancia electrodos (pulg.)		T.man.	T.aut.		T.man.	T.aut.
'82	4-119	R-42XLS	.040	Electrónico	6B	6B	3.0	800	900
	4-121	R-42CTS	.035	Electrónico	12B	12B	5.0	750	700
	6-173	R-42TS	.040	Electrónico	6B	10B	7.0	1000	750
'83	4-119	R-42XLS	.040	Electrónico	①	①	3.0	①	①
	4-121	R-42CTS	.035	Electrónico	①	①	5.0	①	①
	6-173	R-42TS	.040	Electrónico	①	①	7.0	①	①
'84	4-119	R-42XLS	.040	Electrónico	①	①	3.0	①	①
	4-121	R-42CTS	.035	Electrónico	①	①	5.0	①	①
	6-173	R-42TS	.040	Electrónico	①	①	7.0	①	①
'85–'86	4-119	R42XLS	①	Electrónico	①	①	4–6.5	③	③
	4-137	—	—	Diesel	—	—	—	①	①
	4-151	R43TSX	①	Electrónico	①	①	4–6.5	③	③
	4-173	R43CTS ②	①	Electrónico	①	①	4–6.5	③	③

NOTA: Con frecuencia, la etiqueta que hay debajo del capó indica variaciones en la puesta a punto que se han llevado a cabo durante la fabricación. En caso de que no coincidan con las que figuran en esta tabla, deberán utilizarse como válidas las de la etiqueta

① Vea la etiqueta de debajo del capó
② Si el vehículo trabaja en condiciones muy duras, utilice R42TCS
③ Si está controlado por ECM, no se requiere ningún ajuste

ORDEN DE ENCENDIDO

NOTA: Para evitar confusiones, los cables de las bujías deben sustituirse siempre de uno en uno

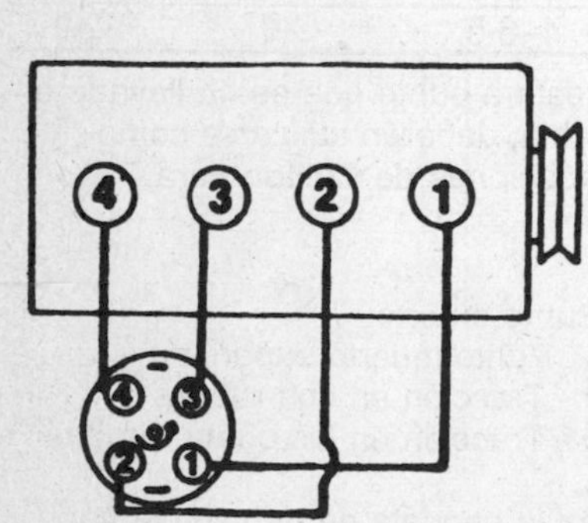

Orden de encendido del motor 4-119

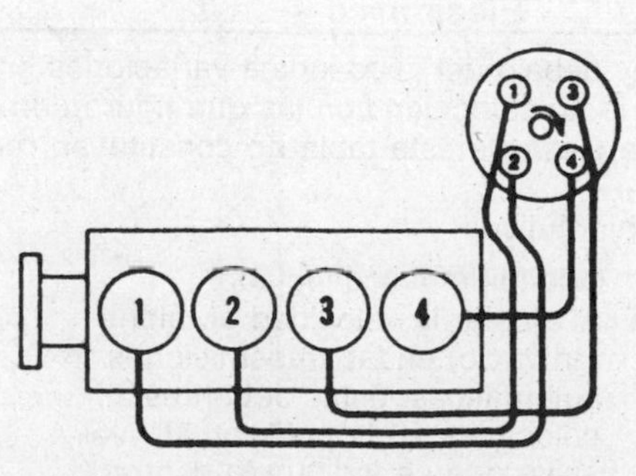

Orden de encendido del motor 4-121

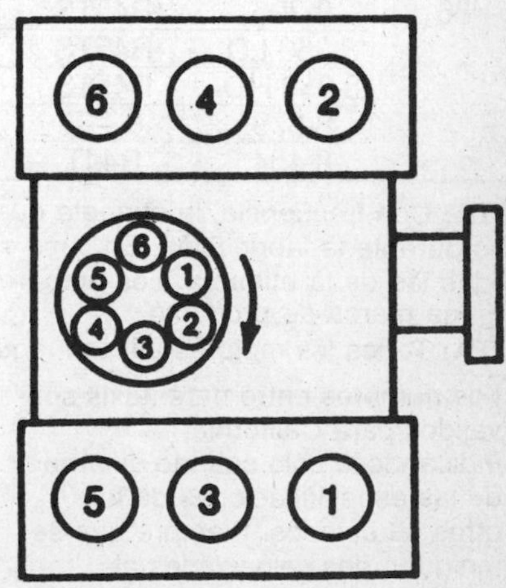

Orden de encendido del motor 6-173

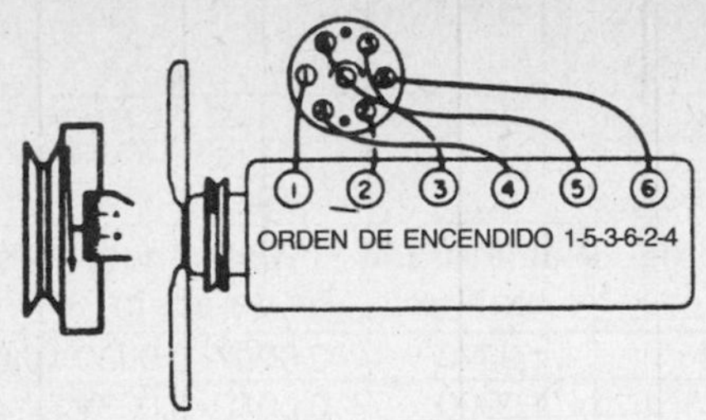

Seis cilindros

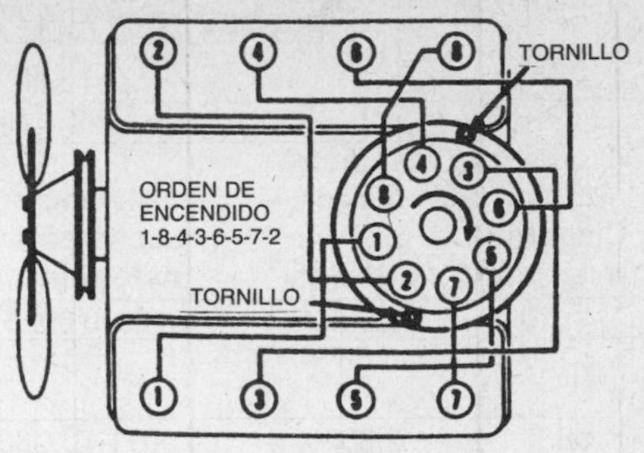

V-8

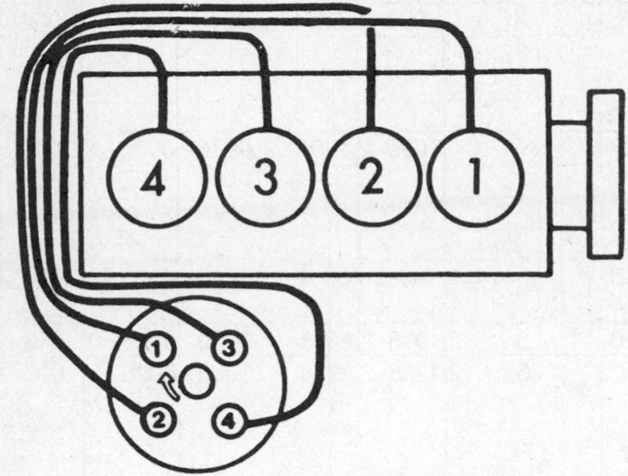

Orden de encendido del motor 2.5 L-4

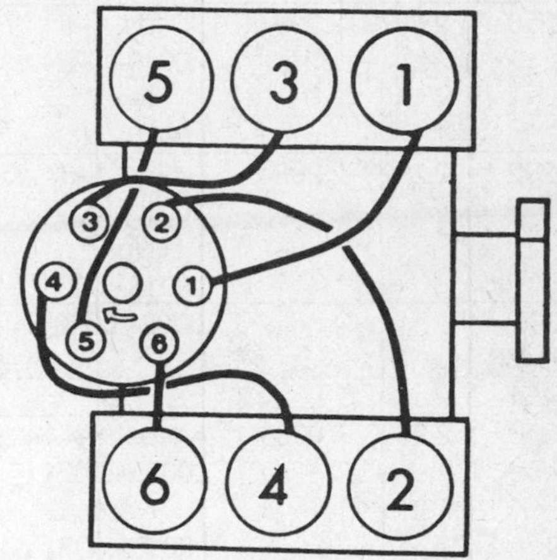

Orden de encendido del motor 4.3 L V6

ESPECIFICACIONES DE LAS VÁLVULAS

Nº cilindros motor Cilindrada (pulg. cúb.)	Ángulo de asiento (grados)	Ángulo de cara (grados)	Presión prueba muelle (lbs @ pulg.)	Altura del muelle montado (pulg.) ①	Tolerancia del vástago a guía (pulg.) Admisión	Escape	Diámetro del vástago (pulg.) Admisión	Escape
4-119	45	45	35 @ 1.614	20 @ 1.515	.0009-.0022	.0015-.0031	.3102 mín.	.3091 mín.
4-121	46	45	182 @ 1.330	—	.0011-.0026	.0014-.0031	.3410-.3416	.3410-.3416
4-137	45	45	145 @ 1.535	44 @ 1.457	.0015-.0027	.0025-.0037	.3150	.3150
4-151	46	45	122-180 @ 1.254	1.66	0.0010-0.0027 ④	0.0010-0.0027 ④	0.3418-0.3425	0.3418-0.3425
6-173	46	45	195 @ 1.180	—	.0010-.0027	.0010-.0027	.3410-.3416	.3410-.3416
6-250	46	45	175 @ 1.26	1.66	0.0010-0.0027	0.0015-0.0032	0.3414	0.3414
6-262	46	45	194-206 @ 1.25	1.70	0.0010-0.0027	0.0010-0.0027	—	—
6-292	46	45	175 @ 1.26	1.66	0.0010-0.0027	0.0015-0.0032	0.3414	0.3414
8-305	46	45	200 @ 1.25	1 23/32	0.0010-0.0027	0.0010-0.0027	0.3414	0.3414
8-350	46	45	200 @ 1.25	1 23/32	0.0010-0.0027	0.0010-0.0027	0.3414	0.3414
8-379 Diesel	46	45	230 @ 1.40	1 13/15	0.0010-0.0027	0.0010-0.0027	0.3414	0.3414
8-400	46	45	200 @ 1.25	—	0.0010-0.0027	0.0012-0.0029	0.3414	0.3414
8-454	46	45	220 @ 1.40	1 51/64	0.0010-0.0027	0.0012-0.0029	0.3719	0.3719
8-350 Diesel	②	③	205 @ 1.00	—	0.0010-0.0027	0.0015-0.0032	0.3429	0.3424

① ± 1/32''
② Admisión - 45°
Escape - 31°
③ Admisión - 44°
Escape - 30°
④ Medido en la parte superior. En el fondo la tolerancia es de 0.0020-0.0037''
⑤ Ángulo de cara 46° en los modelos de 1984 y posteriores

ESPECIFICACIONES DEL CIGÜEÑAL Y BIELAS

(Todas las medidas son en pulgadas)

		Cigüeñal				Bielas		
Año	Nº cilindros motor Cilindrada (pulg. cúb.)	Diámetro muñón cojinete principal	Tolerancia aceite cojinete princ.	Juego axial	Empuje en nº	Diámetro del muñón	Tolerancia de aceite	Tolerancia lateral
'82–'84	4-119	2.2050	0.008–0.0025	0.0117 máx.	3	1.9290	0.0007–0.0030	0.0137 máx.
	4-121	⑪	⑫	0.0020–0.0071	3	1.9990	0.0010–0.0031	0.0039–0.0240
	4-837	2.3590	0.0011–0.0033	0.0018	3	2.0837	0.0016–0.0047	0.0024
	6-173	2.4940	0.0017–0.0030	0.0020–0.0067	3	1.9980	0.0014–0.0032	0.0063–0.0173
'79–'81	6-250	2.2979–2.2994	Nos. 1-6 .0010–.0024 No. 7 .0016–.0035	.002–.006	7	1.999–2.000	.0010–.0026	.006–.017
	6-292	2.2979–2.2994	Nos. 1-6 .0010–.0024 No. 7 .0016–.0035	.002–.006	7	2.099–2.100	.0010–.0026	.006–.017
	8-305, 350, 400	⑤	.0008–.0020 ②	.002–.006	5	2.199–2.200 ⑫	.0013–.0035	.008–.014
	8-454	③	④	.006–.010	5	2.1985–2.1995	.0009–.0025	.013–.023
	8-350 Diesel	2.9993–3.0003	Nos. 1-4 .0005–.0021 No. 5 .0015–.0031	.0035–.0135	5	2.1238–2.1248	.0005–.0026	.006–.020
'82–'84	6-250	2.2979–2.2994	Nos. 1-6 0.0010–0.0024 No. 7 0.0016–0.0025 ⑩	0.002–0.006	7	1.999–2.000	0.0010–0.0026	0.006–0.017
	6-292	2.2979–2.2994	Nos. 1-6 0.0010–0.0024 No. 7 0.0016–0.0025 ⑩	0.002–0.006	7	2.099–2.100	0.0010–0.0026	0.006–0.017
	8-305	⑤	0.008–0.0020 ②	0.002–0.006	5	2.0988–2.0998	0.0013–0.0035	0.008–0.014
	8-350	⑤	0.008–0.0020 ②	0.002–0.006	5	2.0988–2.0998	0.0013–0.0035	0.008–0.014
	8-379 Diesel	⑧	⑨	0.002–0.007	5	2.3981–2.3991	0.0018–0.0039	0.007–0.025
'82–'86	8-454	⑦	④	0.006–0.010	5	2.2000–2.1990	0.0009–0.0025	0.013–0.023
'85–'86	4-151	2.300	0.0005–0.0022	0.0035–0.0085	5	2.000	0.0005–0.0026	0.005–0.022
	6-263	⑬	⑭	0.002–0.006	Trasero	2.2497–2,2487	0.010–0.0032	0.007–0.015
	6-292	2.2979–2.2994	Nos. 1-6 0.0010–0.0024 No. 7 0.0016–0.0025	0.002–0.006	7	2.099–2.100	0.0010–0.0026	0.006–0.017
	8-305, 350	⑤	③	0.002–0.006	5	2.0988–2.0998	0.0013–0.0035	0.008–0.014
	8-379 Diesel	⑧	⑨	0.0039–0.0098	5	2.3981–2.3992	0.0018–0.0039	0.007–0.025

① nº 5 - 2,4479-2,4488
② nº 2-4 - 0,0011-0,0023
nº 5 - 0,0017-0,0033
③ nº 1 - 2,7485-2,7494
nº 2-4 - 2,7481-2,7490
nº 5 - 2,7478-2,7488
④ nº 1-4 - 0,0013-0,0025
nº 5 - 0,0024-0,0040
⑤ Sólo modelos de 1979-84: 305, 350 - nº 1 - 2,4484-2,4493
nº 2-4 - 2,4481-2,4490
nº 5 - 2,4479-2,4488
400 - nº 1-4 - 2,6484-2,6493
nº 5 - 2,6479-2,6488
⑥ Mod. de 1979-81: 2,0988-2,0998
⑦ nº 1-4 - 2,7481-2,7490
nº 5 - 2,7476 - 2.7486
⑧ nº 1-4 - 2.9495-2,9504
nº 5 - 2,9492-2,9502
⑨ nº 1-4 - 0,0018-0,0033
nº 5 - 0,0022-0.0037
⑩ Mod. 1983-84: 0,0016-0,0035
⑪ nº 1-4 - 2,4940-2,4950
nº 5 - 2,4930-2.4950
⑫ nº 1-4 - 0,0006-0,0019
nº 5 - 0,0014-0,0027
⑬ Frontal - 2,4484-2,4493
Int - 2,4481-2,4990
Posterior - 2,4479-2,4488
⑭ Frontal - 0.008-0.0020
Int - 0.0011-0.0023
Posterior - 0.0017-0.0032

ESPECIFICACIONES DE PISTONES Y AROS

Motor	Año	Tolerancia de pistón a cilindro	Tolerancia lateral de aro: Compresión superior	Compresión inferior	Control de aceite	Huelgo entre puntas de aros: Compresión superior	Compresión inferior	Control de aceite
4-119	'82-'84	.0018-.0026	.0059 Máx.	.0059 Máx.	.0059 Máx.	.012-.020	.008-.016	.008-.035
4-121	'82-'84	.0008-.0018	.0012-.0027	.0012-.0038	.0078 Máx.	.010-.020	.010-.020	.020-.055
4-137	'82-'84	.0062-.0070	.0018-.0028	.0012-.0021	.0008-.0021	.008-.016	.008-.016	.008-.016
4-151	'85-'86	0.0017-0.0041	0.0015-0.0030	0.0015-0.0030	Ajustado	0.010-0.022	0.010-0.020	0.015-0.055
6-173	'82-'84	.0017-.0027	.0012-.0028	.0016-.0037	.0078 Máx.	.010-.020	.010-.020	.020-.055
6-250	'77-'84	0.0005-0.0015 ②	0.0012-0.0027	0.0012-0.0032	.005 Máx.	0.010-0.020	0.010-0.020	0.015-0.055
6-263	'85-'86	0.0007-0.0017	0.0012-0.0032	0.0012-0.0032	0.002-0.007	0.010-0.020	0.010-0.025	0.015-0.055
6-292	'77-'84	0.0026-0.0036	0.0020-0.0040	0.0020-0.0040	.005 Máx.	0.010-0.020	0.010-0.020	0.015-0.055
6-292	'85-'86	0.0026-0.0036	0.0020-0.0040	0.0020-0.0040	0.005-0.0055	0.010-0.020	0.010-0.020	0.015-0.055
8-305	'79-'86	0.0007-0.0017	0.0012-0.0032	0.0012-0.0032	0.002-0.007	0.010-0.020	0.010-0.025	0.015-0.055
8-350	'79-'86	0.0007-0.0017	0.0012-0.0032	0.0012-0.0032	0.002-0.007	0.010-0.020	0.010-0.025	0.015-0.055
8-350 Diesel	'79-'81	0.0050-0.0060	0.0040-0.0060	0.0018-0.0038	0.001-0.005	0.015-0.025	0.015-0.025	0.015-0.055
8-379 Diesel	'82-'84	0.0040-0.0050	0.0030-0.0070	0.0015-0.0031	0.0016-0.0038	0.012-0.021	0.030-0.039	0.0098-0.020
8-379 Diesel	'85-'86	0.0035-0.0045 ⑤	0.0030-0.0070	0.0015-0.0031	0.0016-0.0037	0.0118-0.0216	0.0295-0.0393	0.0098-0.020
8-400	'79-'81	0.0014-0.0024	0.0012-0.0032	0.0012-0.0032	0.002-0.007	0.010-0.020	0.010-0.025	0.010-0.055
8-454	'79-'84	0.0014-0.0024 ③	0.0017-0.0032	0.0017-0.0032	0.002-0.007 ④	0.010-0.020	0.010-0.020	0.010-0.055
8-454	'85-'86	0.0030-0.0040	0.0017-0.0032	0.0017-0.0032	0.005-0.0065	0.010-0.020	0.010-0.020	0.015-0.055

① 1978-82 - 0.0010-0.0020
② 1983-84 - 0.0010-0.0020
③ 1983-84 - 0.0030-0.0040
④ 1983-84 - 0.0050-0.0065
⑤ Se refiere a pistones Bohn. En los Zollner - 0.0044-0,0054. El cilindro 7 y 8 debe tener 0.0005" más

PARES DE APRIETE

(Lecturas en libras/pie)

Motor	Tornillos de la culata	Tornillos de cojinetes de biela	Tornillos de los cojinetes principales	Tornillo de polea del cigüeñal	Tornillo del volante	Múltiples: Admisión	Escape
119	72	43	75	87	76	17	16
121	70	37	70	75	50	23	25
137 Diesel	60	65	116-130	125-150	70	15	15
4-151	92	32	70	160	60-75	29	44
173	70	37	70	75	50	23	25
6-250	95	35	65	—	60	—	30 ①
6-263	65	45	70	60	55-75	30	20
6-292	95	35 ⑥	65	60	110 ⑧	35 ⑨	30
8-305	65	45	70	60	60	30	20
8-350	65	45	70	60	60	30	30 ①
8-350 Diesel	130 ②	42	120	200-310	60	40 ②	25
8-379 Diesel	88-103 ⑤	44-52	④	140-162	60	25-37	18-25
8-400	65	45	70	60	60	30	30
8-454	80	50 ③	110	65 ⑦	65	30	20

① Los tornillos de los extremos sólo se aprietan con un par de 20 libras-pie en los modelos hasta 1984; en los modelos posteriores todos los tornillos se aprietan a 20 libras-pie
② Sumergido en aceite
③ Tornillos de 7/16: 70
④ Interior: 105-117
Exterior: 95-105
⑤ Se aplica a los modelos hasta 1984; los modelos de 1985 y posteriores, se aprietan secuencialmente con un par de 20 libras-pie, se vuelven a apretar en secuencia hasta 50 libras-pie y, finalmente, se les da ¼ de vuelta más, secuencialmente
⑥ En modelos de 1985 y posteriores: 40
⑦ En modelos de 1985 y posteriores: 85
⑧ En modelos de 1985 y posteriores: 100
⑨ En modelos de 1985 y posteriores: 40 - escape a admisión: 45 libras-pie

ESPECIFICACIONES SOBRE LA BATERÍA Y EL MOTOR DE ARRANQUE

	Batería			Motor de arranque ③			
					Prueba en vacío		
Año	Capacidad amp/hora	Tensión voltios	Terminal a masa	Identificación	Voltios	Amperios ①	rpm
'79–'82	60	12	Neg	1108778 ②	9	50–80	5500–10,500
	80	12	Neg	1187780 ②	9	50–80	3500–6000
				1109056 ②	9	50–80	5500–10,500
				1109052 ②	9	65–95	7500–10,500
				1108776 ②	9	65–95	7500–10,500
	125	12	Neg	1108776 ②	9	65–95	7500–10,500
'83–'84	—	12	Neg	1109561	9	50–75	6000–11,900
	—	12	Neg	1109535	9	45–70	7000–11,900
	—	12	Neg	1998241	10	65–95	7500–10,500
	—	12	Neg	1998244	10	60–85	6800–10,500
	—	12	Neg	1998211	10	65–95	7500–10,500
	—	12	Neg	1998396	10	70–110	6500–10,700
	—	12	Neg	1998397	10	70–110	6500–10,700
	—	12	Neg	1109563	10	120–210	9000–13,400

① Solenoide incluido
② Terminal «R» cambiado
③ La tensión del muelle de la escobilla es de 35 onzas en todos los motores de arranque. No se recomienda la prueba de bloqueo

ESPECIFICACIONES SOBRE LA BATERÍA Y EL MOTOR DE ARRANQUE

	Batería		Motor de arranque			
				Prueba en vacío		
Año	Identificación	Pruebas bajo carga (amperios)	Identificación	Voltios	Amperios	rpm
'85–'86	1981103	200	1998427	10	50–75	6000–11,900
	1981110	190	1998437	10	60–90	6500–10,500
	1981200	230	1998438	10	70–110	6500–10,700
	1981109	150	1998439	10	70–110	6500–10,700
	1981102	170	1998441	10	70–110	6500–10,700
	1981104	250	1998443	10	70–110	6500–10,700
	1981108	370	1998444	10	—	—

① Todas las baterías son de 12 voltios con toma de negativo a masa

ESPECIFICACIONES DEL ALTERNADOR Y REGULADOR

	Alternador			
Año	Nº de ref. de la pieza o fabric.	Corriente de campo @ 12V	Potencia (amperios)	Regulador
'79–'82	1102394 1102491 1102889	4.0–4.5	37	①
	1102485 1102841, 87	4.0–4.5	42	①
	1102480, 86 1102886, 88	4.0–4.5	61	①
	1101016, 28	4.0–4.5	80	①

ESPECIFICACIONES DEL ALTERNADOR Y REGULADOR

Año	Alternador N.º de ref. de la pieza o fabric.	Corriente de campo @ 12V	Potencia (amperios)	Regulador
'83–'84	1105185	4.0–4.5	37	①
	1100227	4.0–4.5	37	①
	1100204	4.0–4.5	37	①
	1100203	4.0–4.5	37	①
	1100207	4.0–4.5	66	①
	1100249	4.0–4.5	66	①
	1100275	4.0–4.5	66	①
	1100242	4.0–4.5	66	①
	1100208	4.0–4.5	66	①
	1100241	4.0–4.5	66	①
	1100209	4.0–4.5	78	①
	1100273	4.0–4.5	78	①
	1100276	4.0–4.5	78	①
	1100217	4.0–4.5	78	①
	1100259	4.0–4.5	78	①
'85–'86	1100203	4.0–4.5	37	①
	1100209	4.0–4.5	66	①
	1100217	4.0–4.5	78	①
	1100225	4.0–4.5	37	①
	1100241	4.0–4.5	66	①
	1100242	4.0–4.5	66	①
	1100207	4.0–4.5	66	①
	1100204	4.0–4.5	37	①
	1100208	4.0–4.5	66	①
	1101063	4.0–4.5	80	①
	1101064	4.0–4.5	80	①
	1100259	4.0–4.5	78	①
	1100229	4.0–4.5	42	①
	1100231	4.0–4.5	42	①
	1100293	4.0–4.5	85	①

- No disponible
NA - No aplicable
① Todos los alternadores utilizan reguladores integrales

PUESTA A PUNTO

Sistema de encendido de alta potencia (HEI)

La General Motors utiliza un sistema de encendido por descarga inductiva, activado por impulsor y controlado por transistores que denomina HEI (sistema de encendido de alta potencia). Todo el sistema HEI está contenido dentro de la tapa del distribuidor.

El distribuidor, además de alojar los mecanismos de avance mecánico y de vacío, también contiene la bobina de encendido, el módulo electrónico de control y el dispositivo de activación magnética. El grupo transductor magnético lleva un imán permanente, un polo con «diente» interno, y una bobina transductora (que no debe confundirse con la bobina de encendido).

En el sistema HEI, al igual que en otros sistemas electrónicos de encendido, los platinos han sido sustituidos por un interruptor electrónico, y va colocado un transistor dentro del módulo de control. Este transistor de interrupción ejerce la misma función que los platinos en un sistema de encendido convencional; simplemente abre y cierra la corriente primaria de la bobina en el momento justo. Por lo tanto, en esencia, los sistemas de encendido electrónicos y convencionales funcionan según el mismo principio.

El módulo que aloja el transistor de interrupción se controla (es abierto y cerrado) mediante un impulso generado magnéticamente que se induce en la bobina transductora. Cuando el diente del distribuidor giratorio se alinea con el diente de la pieza polar o polo, la tensión inducida en la bobina transductora hace que el módulo electrónico abra el circuito primario de la bobina. Entonces, se reduce la corriente primaria y se induce una alta tensión en los arrollamientos secundarios de la bobina de encendido, pasando la misma a través del rotor y los cables de alta tensión (cables de las bujías) para que salte la chispa en la correspondiente bujía.

Por lo tanto, en esencia, el sistema modular de bobina transductora simplemente viene a sustituir a los platinos y condensador convencionales. El condensador que existe dentro del distribuidor tan sólo tiene por objeto suprimir interferencias parásitas en la radio, sin intervenir para nada en el proceso de encendido. El módulo controla automáticamente el período de detención, aumentándolo a medida que aumenta la velocidad del motor. Dado que el período de detención se controla automáticamente, no puede ajustarse. El módulo en sí no puede ser ajustado ni reparado, por lo que, si se estropea, deberá cambiarse.

PRECAUCIONES CON EL SISTEMA HEI

Empleo de la luz de sincronización

Las luces de sincronización de transducción inductiva son las mejores que puede utilizar si su vehículo está equipado con el sistema HEI. Las luces de sincronización que se conectan entre la bujía y el cable de la misma, algunas veces (no siempre) pueden dar lecturas erróneas.

Cables de las bujías

Los cables de bujía que se utilizan en el sistema HEI son distintos a los que se emplean en los sistemas de encendido convencionales. Cuando deba sustituirlos, asegúrese de que utiliza los cables adecuados, pues los cables convencionales no resistirían las altas tensiones que han de soportar. Asimismo, debe tratarlos con cuidado a fin de no causarles fisuras o hendiduras, y nunca tiene que repararlos.

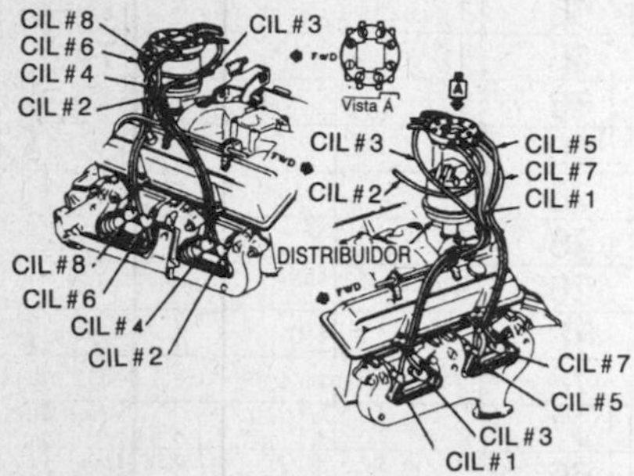

Cableado del sistema HEI del V-8

Empleo del tacómetro

No todos los tacómetros funcionarán o proporcionarán indicaciones correctas cuando se empleen en el sistema HEI. Si bien hay tacómetros que proporcionarán una lectura, ello no significa en modo alguno que dicha lectura sea la correcta. Además, hay tacómetros que se conectan de manera distinta a otros. Si no sabe si su tacómetro va a trabajar correctamente en el vehículo, consulte al fabricante del mismo. Naturalmente, si las lecturas no son correctas no tienen ningún valor.

Comprobadores para el sistema HEI

Muchos fabricantes de herramientas pueden suministrarnos instrumentos adecuados para la comprobación de los sistemas electrónicos de encendido HEI. Incluso hay modelos que permiten comprobar el mismo módulo. Sin embargo, las pruebas que se indican en el apartado siguiente, tan sólo requieren un ohmímetro y un voltímetro para llevarlas a cabo.

Sincronización del encendido

En cada puesta a punto que se realice, hay que comprobar la sincronización del encendido. No es probable que se tengan que efectuar muchos cambios en el sistema HEI. Las marcas de sincronización consisten en una muesca en el borde de la polea del cigüeñal o amortiguador de vibraciones, y una regla graduada fijada en la parte frontal de la tapa del motor (sincronización). Debe hacerse uso de una lámpara estroboscopia (dinámica) de sincronización, ya que una lámpara estática resulta inadecuada para motores de emisión controlada.

Existen dos tipos básicos de lámpara de sincronización. El primero de ellos consiste en una simple bombilla de neón con dos conexiones para los cables. Uno de los cables se conecta al terminal de la bujía y el otro se coloca en el extremo del cable de bujía del cilindro n.º 1, de modo que la lámpara quede conectada en serie con la bujía. Esta clase de luz es bastante débil y deberá mantenerse muy próxima a las marcas de sincronización para poder verlas bien. Hay veces que incluso deberá buscarse un rincón oscuro para poder ver el destello. Es un tipo de lámpara muy económica. El segundo tipo de lámpara trabaja con la misma batería del vehículo: dos pinzas entre la bujía n.º 1 y el cable. Este modelo de lámpara es algo más caro, pero proporciona un claro destello que se puede ver incluso cuando hay luz solar. Es el modelo que suele verse frecuentemente en los talleres profesionales. Existe un tercer tipo que sustituye la alimentación de la batería por una fuente de corriente de 110 voltios.

1. Para comprobar y ajustar la sincronización del encendido haga funcionar el motor hasta que alcance la temperatura normal de marcha. Pare el motor y conecte la lámpara de sincronización al cable de la bujía n.º 1 (el de delante a la izquierda en el motor V-8, y el delantero en los motores de seis y cuatro cilindros), bien sea en la misma bujía o en la tapa del distribuidor. En el adhesivo que figura en el mismo compartimiento motor hallará instrucciones específicas para cualquier combinación de vehículo y motor. En vehículos con sincronización electrónica de la chispa, desconecte las cuatro puntas del conector de dicha sincronización electrónica en el distribuidor, de manera que el motor trabaje con el sistema de sincronización en derivación o *bypass*. En caso contrario, no podrá proceder al ajuste de la sincronización ya que el sistema de sincronización electrónica de la chispa estará compensando continuamente los cambios que se produzcan en la posición del distribuidor.

ATENCIÓN

No debe cortar el aislamiento de los cables de bujía del sistema HEI, pues los estropearía. Hay que hacer uso de una lámpara transductora de sincronización.

2. Limpie las marcas de sincronización y señale con tiza blanca la muesca en la polea o en el amortiguador de vibraciones y en la regla graduada. Desconecte y tape el tubo de vacío del distribuidor. Esto se hace para evitar cualquier tipo de avance del distribuidor por causa del vacío. Compruebe, con ayuda del adhesivo existente debajo del capó, si es preciso desconectar otros tubos o cables.

3. Ponga el motor en marcha y ajuste la velocidad al ralentí (en vacío), tal como figura en la tabla de Especificaciones de puesta a punto. En caso de existir transmisión automática, el ajuste de la velocidad de ralentí (en vacío) se efectúa en la posición «Park» y resultará demasiado alta, ya que normalmente (en la mayoría de casos) se ajusta en la posición «Drive». Puede entonces desconectarse el solenoide de ralentí, si existe, para que baje la velocidad. En caso contrario, proceda al ajuste del tornillo de la velocidad de ralentí (en vacío). Esto se hace para evitar el avance centrífugo (mecánico). El tacómetro se conecta al terminal TACH del distribuidor y también a masa. Algunos tacómetros deben conectarse al terminal TACH y al polo positivo de la batería. Hay tacómetros que no funcionan en el sistema de encendido electrónico HEI.

ATENCIÓN

Jamás debe conectarse a masa el terminal TACH del sistema HEI, puesto que se causarían daños irreparables.

4. Dirija la lámpara de sincronización hacia las marcas. Tenga cuidado de no tocar el ventilador, puesto que puede parecer que esté parado. Si la muesca de la polea o del amortiguador de vibraciones, no está bien alineada con la correspondiente señal de sincronización, deberá ajustarse el encendido.

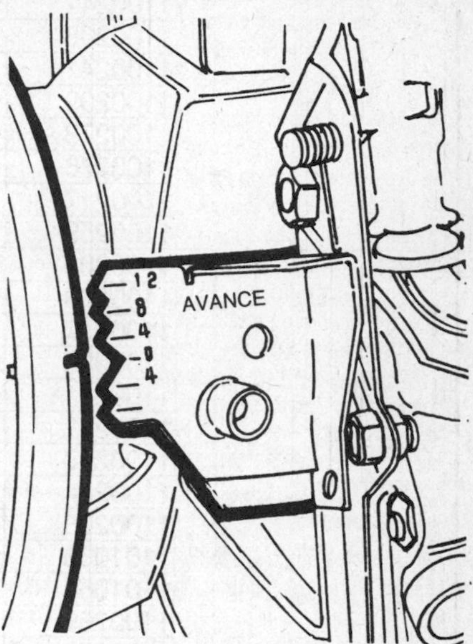

Señales de puesta a punto

5. Aflojar la tuerca de seguridad de la brida de la base del distribuidor. Puede comprar «falsas» llaves, ya que así se facilitará mucho este trabajo en los motores V-8. Para el ajuste de la sincronización, gire poco a poco el distribuidor, sujetándolo por el cuerpo y no por la tapa. Gire el distribuidor en el sentido de giro del rotor si se quiere retrasar el encendido, y contra el sentido de giro para avanzarlo.

6. Apriete la tuerca de seguridad. Vuelva a comprobar la sincronización del encendido, para asegurarse de que el distribuidor no se ha movido mientras lo apretaba.

7. Vuelva a colocar el tubo de vacío. Retoque la velocidad de ralentí (marcha en vacío).

8. Pare el motor y desconecte la lámpara de sincronización.

Carburador

AJUSTE DE LA VELOCIDAD EN VACÍO

Para este trabajo precisará un tacómetro. La conexión del tacómetro ya ha sido explicada en el apartado de Sincronización del encendido, en la fase 3. En algunos casos, el grado de precisión requerido es superior al que se consigue con una unidad sostenida a mano; para poder seguir exactamente las instrucciones es necesario utilizar un tacómetro de taller.

ATENCIÓN

Cuando se lleve a cabo el ajuste de la velocidad de ralentí (en vacío) bloquee las ruedas, coloque el freno de mano y no permanezca delante del vehículo.

Modelos 1979-82

1 BBL

Ponga el motor en marcha y deje que alcance la temperatura normal de funcionamiento. Asegúrese que el estrangulador está completamente abierto y que el sistema articulado se encuentra fuera del punto elevado de la leva (velocidad rápida). Gire la tuerca existente en el extremo del solenoide a fin de obtener las rpm de vacío requeridas. Desconectar el cable conductor en el solenoide y ajustar la velocidad de ralentí básica, volviendo a conectar el cable una vez terminado el ajuste.

2 BBL (SEIS CILINDROS)

Asegúrese que la sincronización del encendido es correcta. Siga las instrucciones que figuran en el adhesivo que hay debajo del capó y prepare el motor para llevar a cabo el ajuste, tal como se indica en dicho adhesivo. Haga girar el motor unos momentos para que salga totalmente el émbolo del solenoide. Gire el tornillo del solenoide para alcanzar la velocidad de ralentí tope que figura en la tabla de Puesta a punto. Desconecte el cable del solenoide y gire el tornillo de velocidad en vacío para proceder al ajuste de la velocidad básica al ralentí. Utilice la tabla de Puesta a punto o el adhesivo que hay debajo del capó. Vuelva a conectar el cable al solenoide.

2 BBL (V-8)

Asegúrese de que la sincronización del motor es correcta. Para proceder a la preparación del vehículo para el ajuste, siga las instrucciones que figuran en la etiqueta adhesiva que hay debajo del capó. Gire el tornillo de la velocidad en vacío para ajustar la velocidad de ralentí tope. Desconecte el cable del solenoide en el compresor de aire acondicionado y ponga el aire acondicionado en marcha. Abra momentáneamente la válvula de mariposa para que salga totalmente el émbolo del solenoide. Ponga el aire acondicionado en posición de marcha «On». Abra momentáneamente la válvula de mariposa para que salga completamente el émbolo del solenoide. Gire el tornillo del solenoide para conseguir la velocidad en vacío básica. Las velocidades correctas son las que figuran en la tabla de Puesta a punto o en el adhesivo que hay debajo del capó.

4 BBL

Compruebe la sincronización del encendido, procediendo a su reajuste si es preciso. En los modelos que no llevan solenoide: asegúrese que el tornillo de la velocidad en vacío se encuentra en el punto bajo de la leva de alta velocidad de ralentí. Gire el tornillo de ajuste para conseguir las rpm de ralentí requeridas. En los modelos provistos de solenoide: gire el tornillo de ajuste hasta conseguir el número de rpm estando desconectado el aire acondicionado. Desconecte el cable conductor del compresor de aire acondicionado, ponga el interruptor del aire acondicionado en la posición de marcha y ajuste el émbolo del solenoide hasta conseguir las rpm de ralentí correctas. Busque en las instrucciones del motor cuál es la marcha requerida para proceder a los ajustes necesarios. Una

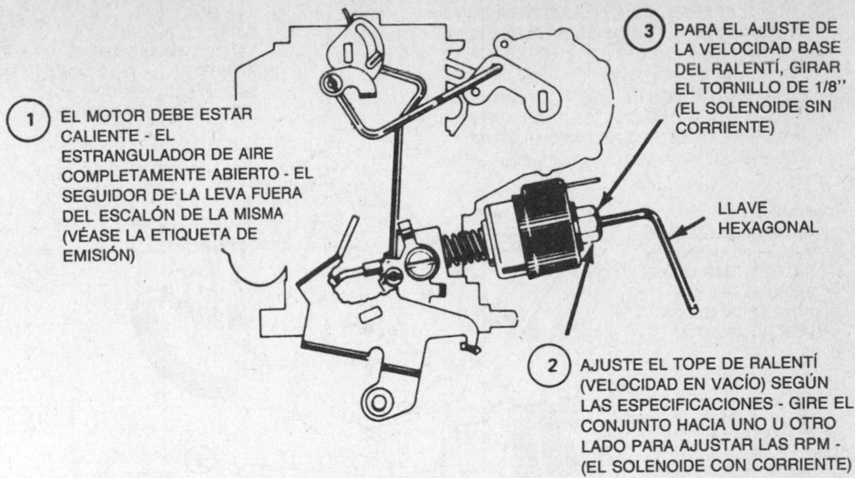

Ajuste de la velocidad de ralentí (en vacío) en el motor 292 (normal)

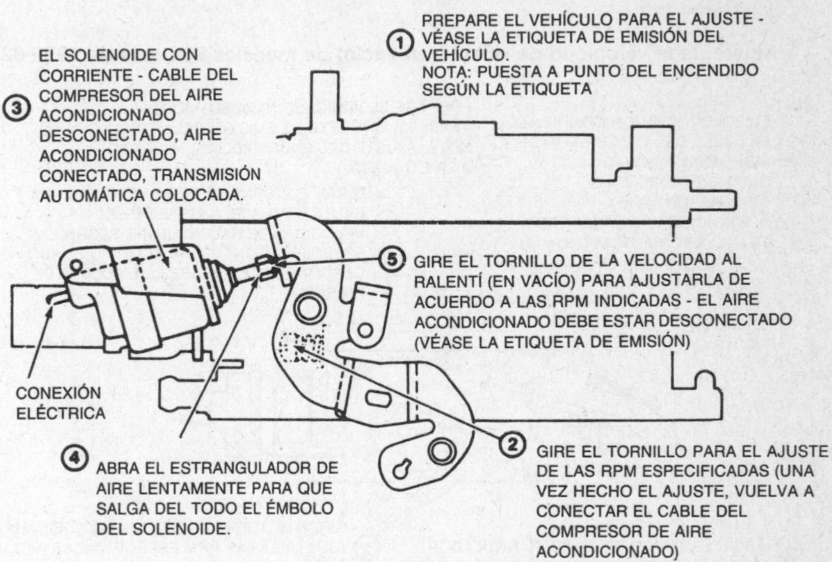

Ajuste de la velocidad de ralentí (en vacío) del modelo V8 2bbl, con solenoide (normal)

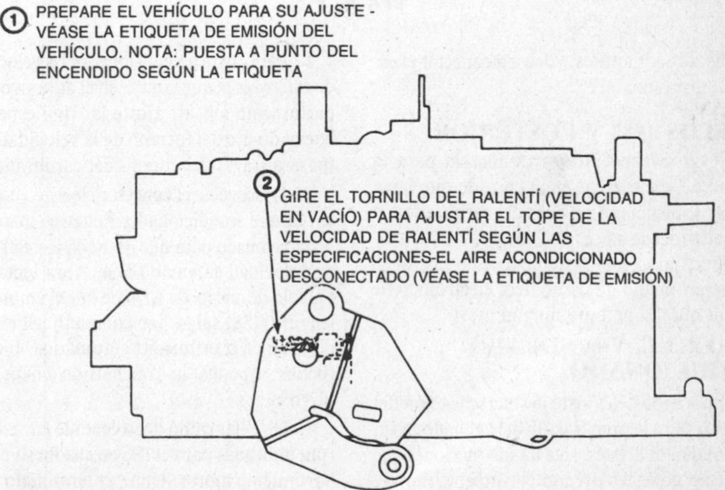

1 PREPARE EL VEHÍCULO PARA SU AJUSTE - VÉASE LA ETIQUETA DE EMISIÓN DEL VEHÍCULO. NOTA: PUESTA A PUNTO DEL ENCENDIDO SEGÚN LA ETIQUETA
2 GIRE EL TORNILLO DEL RALENTÍ (VELOCIDAD EN VACÍO) PARA AJUSTAR EL TOPE DE LA VELOCIDAD DE RALENTÍ SEGÚN LAS ESPECIFICACIONES-EL AIRE ACONDICIONADO DESCONECTADO (VÉASE LA ETIQUETA DE EMISIÓN)

Ajuste de la velocidad de ralentí (en vacío) del modelo 4bbl, sin solenoide (normal)

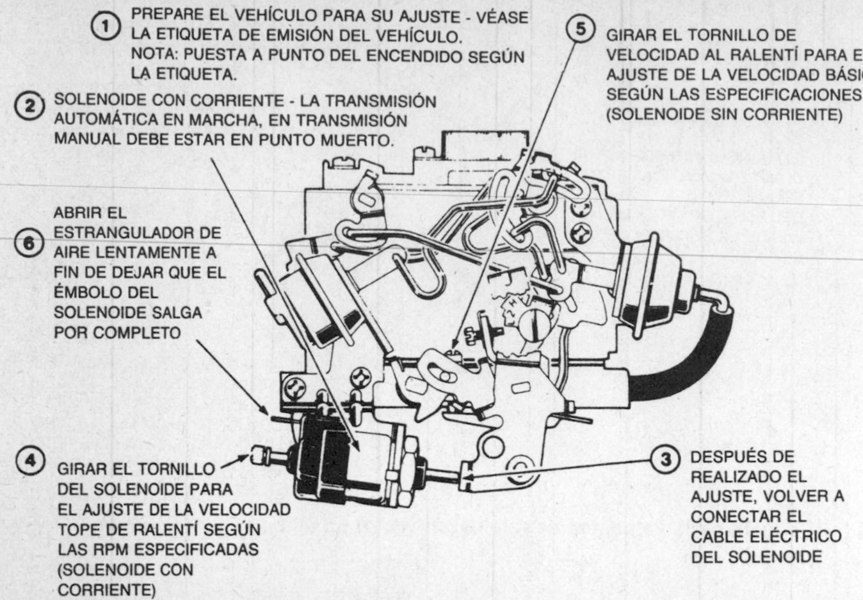

1 PREPARE EL VEHÍCULO PARA SU AJUSTE - VÉASE LA ETIQUETA DE EMISIÓN DEL VEHÍCULO. NOTA: PUESTA A PUNTO DEL ENCENDIDO SEGÚN LA ETIQUETA.
2 SOLENOIDE CON CORRIENTE - LA TRANSMISIÓN AUTOMÁTICA EN MARCHA, EN TRANSMISIÓN MANUAL DEBE ESTAR EN PUNTO MUERTO.
5 GIRAR EL TORNILLO DE VELOCIDAD AL RALENTÍ PARA EL AJUSTE DE LA VELOCIDAD BÁSICA SEGÚN LAS ESPECIFICACIONES (SOLENOIDE SIN CORRIENTE)
6 ABRIR EL ESTRANGULADOR DE AIRE LENTAMENTE A FIN DE DEJAR QUE EL ÉMBOLO DEL SOLENOIDE SALGA POR COMPLETO
4 GIRAR EL TORNILLO DEL SOLENOIDE PARA EL AJUSTE DE LA VELOCIDAD TOPE DE RALENTÍ SEGÚN LAS RPM ESPECIFICADAS (SOLENOIDE CON CORRIENTE)
3 DESPUÉS DE REALIZADO EL AJUSTE, VOLVER A CONECTAR EL CABLE ELÉCTRICO DEL SOLENOIDE

Ajuste de la velocıdad de ralentí (en vacío) de modelos 250 seis de 1979-82

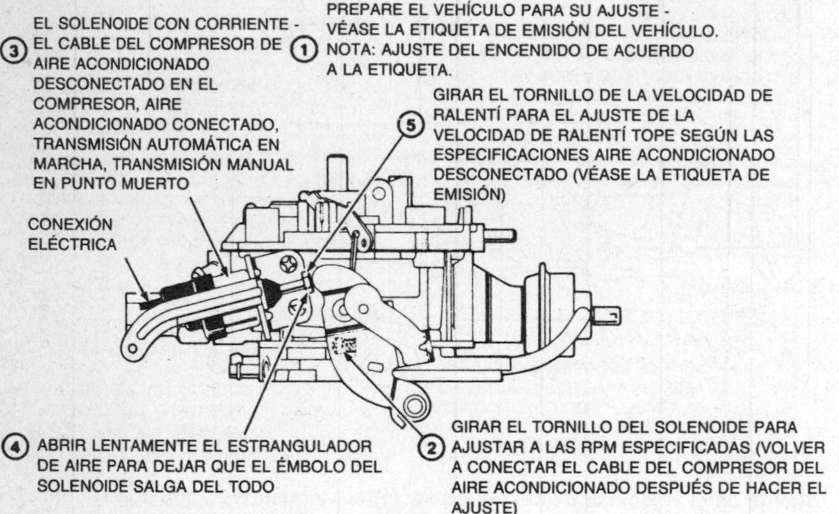

3 EL SOLENOIDE CON CORRIENTE - EL CABLE DEL COMPRESOR DE AIRE ACONDICIONADO DESCONECTADO EN EL COMPRESOR, AIRE ACONDICIONADO CONECTADO, TRANSMISIÓN AUTOMÁTICA EN MARCHA, TRANSMISIÓN MANUAL EN PUNTO MUERTO
1 PREPARE EL VEHÍCULO PARA SU AJUSTE - VÉASE LA ETIQUETA DE EMISIÓN DEL VEHÍCULO. NOTA: AJUSTE DEL ENCENDIDO DE ACUERDO A LA ETIQUETA.
5 GIRAR EL TORNILLO DE LA VELOCIDAD DE RALENTÍ PARA EL AJUSTE DE LA VELOCIDAD DE RALENTÍ TOPE SEGÚN LAS ESPECIFICACIONES AIRE ACONDICIONADO DESCONECTADO (VÉASE LA ETIQUETA DE EMISIÓN)
CONEXIÓN ELÉCTRICA
4 ABRIR LENTAMENTE EL ESTRANGULADOR DE AIRE PARA DEJAR QUE EL ÉMBOLO DEL SOLENOIDE SALGA DEL TODO
2 GIRAR EL TORNILLO DEL SOLENOIDE PARA AJUSTAR A LAS RPM ESPECIFICADAS (VOLVER A CONECTAR EL CABLE DEL COMPRESOR DEL AIRE ACONDICIONADO DESPUÉS DE HACER EL AJUSTE)

Ajuste del solenoide de la velocidad de ralentí (en vacío) en el modelo Astro con el 4.3L V-6

vez terminados los ajustes, vuelva a conectar el cable del compresor.

MODELOS 1983 Y POSTERIORES

No se llevan a cabo ajustes de mezcla para la velocidad de vacío salvo en el caso de que haya mayores problemas con piezas del carburador, o cuando se procede a una revisión general. En algunos de los modelos, la velocidad de ralentí se controla por medio de un control electrónico de velocidad que no permite ningún ajuste.

ASTRO 4.3 L, V-6, SIN AIRE ACONDICIONADO

1. Compruebe y/o ajuste la sincronización del encendido. Para la preparación del vehículo, a fin de realizar dichos ajustes, siga las instrucciones que figuran en el adhesivo del compartimiento motor. Conecte un tacómetro, tal como se indica en las instrucciones de su fabricante.

2. Pare el aire acondicionado. La velocidad tope de ralentí es la que consta en el adhesivo del compartimiento motor; ajuste las rpm especificadas haciendo uso del tornillo de la velocidad de vacío (pasa a través del cuerpo del carburador).

3. Desconecte el conector eléctrico del compresor de aire acondicionado. Ponga en marcha el aire acondicionado para que pase corriente al solenoide de velocidad en vacío (ISS). Abra lentamente la válvula de mariposa a fin de que el émbolo del solenoide (ISS) salga por completo. Si el vehículo dispone de transmisión automática, bloquee las ruedas y ponga la transmisión en la posición «Drive».

4. Gire el tornillo del solenoide para ajustar las rpm indicadas para el ISS en el adhesivo del compartimiento motor. Una vez terminado el ajuste, vuelva a conectar los cables del conector eléctrico del compresor de aire acondicionado.

EQUIPO ELÉCTRICO DEL MOTOR

Distribuidor

DESMONTAJE Y MONTAJE

1. Desconectar el cable negativo de la batería. Desconectar los conectores de cables del lado de la tapa del distribuidor.

2. En los modelos Astro:

a. Sacar la guantera (cajuela).

b. Sacar la tapa del motor.

c. Saque la tuerca de fijación del filtro de aire y todo el filtro, colocándolo aparte.

d. Saque la tapa del distribuidor y déjela a un lado.

3. Desconecte el tubo de avance por vacío.

4. Haga una señal en el motor, a fin de que quede alineada con el rotor y anote la posición aproximada en que se encuentra la unidad de avance por vacío con respecto al motor.

5. Saque la brida y la tuerca de sujeción del distribuidor.

6. Levante el distribuidor del motor.

7. Para montar el distribuidor sin alterar el motor (pase a la fase 11 si el motor ha sido alterado): Vuelva a colocar el distribuidor en su alojamiento, alineándolo de acuerdo a las señales hechas con anterioridad sobre la carcasa y el bloque del motor.

8. Es posible que el rotor tenga que ser girado un poco para conseguir alinearlo con las marcas de la carcasa.

9. Monte la brida y tuerca de fijación. Coloque la tapa del distribuidor, cable primario y tubo de vacío. En el modelo Astro, monte la guantera (cajuela) y el filtro de aire.

10. Ponga el motor en marcha y compruebe la distribución del encendido. En el modelo Astro, monte la tapa del motor.

11. Para montar el distribuidor cuando el motor ha sufrido alteraciones: haga girar el motor de manera que el pistón n.º 1 se sitúe en el punto superior de su carrera de compresión. Esta situación puede determinarse tapando con el pulgar el agujero de la bujía n.º 1 a la vez que se hace girar lentamente el motor. Cuando la señal de distribución de la polea del cigüeñal queda alineada con el punto «0» de la regla graduada de sincronización, su pulgar se alzará por efecto de la compresión. Esto significa que el pistón n.º 1 se encuentra en su punto muerto superior (PMS).

12. Monte el distribuidor en el bloque del motor, de manera que la unidad de avance al vacío señale en la dirección correcta.

13. Gire el rotor de modo que señale hacia el terminal n.º 1 de la tapa.

14. Monte el distribuidor en el bloque del motor. Puede ser preciso girar un poco el rotor en uno u otro sentido a fin de que los engranajes se acoplen.

15. Conecte el motor de arranque un par de veces para asegurarse de que el eje de la bomba de lubricación se acopla con el eje del distribuidor.

16. Vuelva a colocar el motor de manera que el cilindro n.º 1 quede en el punto muerto superior (PMS) y compruebe si realmente el rotor señala hacia al terminal n.º 1 de la tapa.

17. Una vez asegurada la posición correcta, gire la carcasa del distribuidor de manera que vuelva a quedar alineada como estaba antes de su desmontaje. Apriete la brida de fijación. Coloque la tapa y los tubos. En el modelo Astro, montar la guantera y el filtro de aire. Compruebe la sincronización. En el modelo Astro, colocar la tapa del motor.

Alternador

PRECAUCIONES CON EL ALTERNADOR

1. Al montar una batería, asegúrese que el polo de masa de la batería y el del alternador, así como el del regulador, son los mismos.
2. Cuando se conecte una batería externa, asegúrese de que conecta los terminales correctos.
3. Al efectuar la carga de la batería, debe conectar los cables correctos del cargador en los terminales de la batería.
4. Nunca hay que hacer funcionar el alternador en circuito abierto. Compruebe que todas las conexiones del circuito de carga estén bien apretadas.
5. No ponga nunca en cortocircuito o conectado a masa a ninguno de los terminales del alternador o regulador.
6. Jamás debe polarizar una instalación de corriente alterna.

PRUEBAS PRELIMINARES EN EL SISTEMA DE CARGA

1. Si sospecha que algo marcha mal en la instalación de carga, primero lleve a cabo estas comprobaciones generales antes de hacer pruebas más específicas.
2. Verifique el estado de la correa del alternador y, si es preciso, ténsela.
3. Limpie las conexiones de los cables con la batería. Asegúrese que los contactos entre los cables y los bornes de la batería están en buen estado. Vuelva a conectar nuevamente el terminal negativo y pase a la siguiente fase.
4. Con la llave del contacto sin accionar, monte una lámpara de prueba entre el terminal positivo de la batería y la brida desconectada del cable positivo de la misma. Si la lámpara se enciende, significa que hay un cortocircuito en el sistema eléctrico de vehículo. Se debe reparar el cortocircuito antes de seguir adelante. Si la lámpara no se enciende, puede pasar a la siguiente fase.

NOTA: Si el vehículo lleva reloj eléctrico, hay que desconectarlo.

5. Compruebe el cableado de la instalación de carga a fin de determinar si existen roturas o cortocircuitos.
6. Compruebe la batería para asegurarse de que está completamente cargada y en buen estado.

PRUEBA DE FUNCIONAMIENTO DEL SISTEMA DE CARGA

NOTA: Para poder efectuar la prueba requerirá un indicador de corriente. Si dicho indicador ha de dar una lectura exacta, los cables de la batería deben tener el mismo calibre y longitud que los del equipo original.

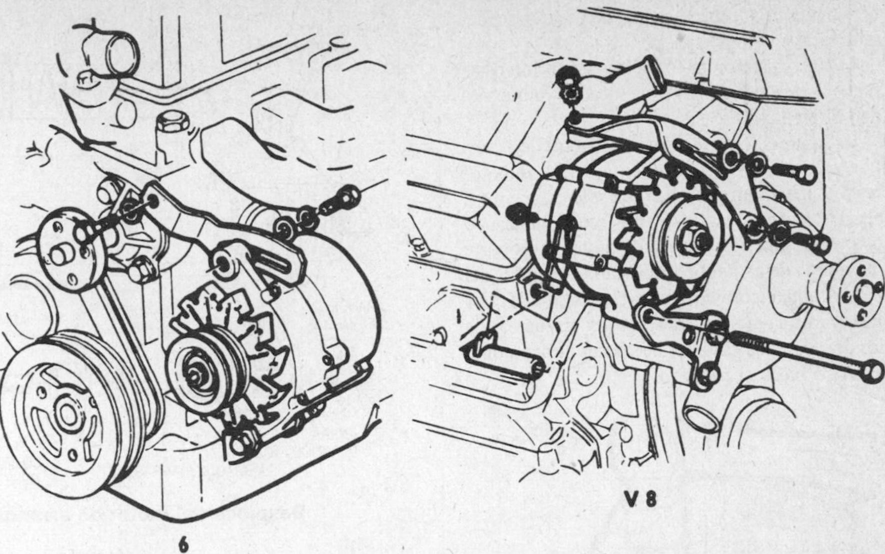

Montaje del alternador normal

1. Con el motor en marcha y todas las instalaciones eléctricas desconectadas, colocar un indicador de corriente en el cable positivo de la batería.
2. Si se registra una carga aproximada de cinco amperios, significa que el sistema de carga trabaja perfectamente. Por contra, si se detecta una salida de cinco amperios, el sistema no funciona. La aguja va hacia la batería cuando se produce la carga y se aleja de la misma cuando sale corriente de ella.
3. En el caso de que sólo salga corriente, hay que seguir haciendo pruebas. Si señala una carga excesiva (10 a 15 amperios) es posible que el regulador esté estropeado.

PRUEBA DE SALIDA

1. Para llevarla a cabo necesitará un amperímetro.
2. Desconecte el cable de masa de la batería.
3. Desconecte el cable del terminal de la batería al alternador.
4. Desconecte el cable del amperímetro en el borne de la batería del que ha sacado el cable en la fase 3, y conecte el cable negativo del aparato al terminal de la batería en el alternador.
5. Vuelva a conectar el cable de masa de la batería y ponga en funcionamiento todos los accesorios eléctricos. Si la batería está cargada del todo, desconecte el cable de la bobina y accione el motor de arranque unas cuantas veces para conseguir descargarla parcialmente.
6. Ponga el motor en marcha y déjelo que funcione hasta conseguir que la lectura del amperímetro señale un máximo de corriente.
7. Si la corriente es de unos diez amperios a la salida del alternador, significa que éste funciona correctamente. En caso de que la corriente no sea de unos diez amperios, introduzca un destornillador en el agujero de comprobación que existe en el extremo del bastidor del alternador y establezca contacto entre el apéndice que hay en el agujero y el lado del mismo, a fin de hacer masa.
8. Ahora, si la corriente es unos diez amperios en la salida, desmonte el alternador y cambie el regulador de tensión. Caso de que aún no se consigan los diez amperios, deberá proceder a la reparación del alternador.

DESMONTAJE Y MONTAJE

1. Desconecte el cable de masa de la batería con el objeto de no estropear el diodo. En el modelo Astro hay que desmontar el protector superior del ventilador del radiador.
2. Desconecte y marque las posiciones de todos los cables del alternador.
3. Saque el tornillo de la abrazadera del alternador.
4. Saque la correa de accionamiento.
5. Sujete el alternador y extraiga los tornillos de montaje. Saque el alternador.
6. Para montar la unidad hay que aplicar el mismo sistema, pero a la inversa de lo indicado. Ajuste la correa de manera que apretando con el pulgar sobre su tramo mayor, se consiga una flexión de 1/2 pulgada.

Regulador

DESMONTAJE Y MONTAJE

En estos modelos, el regulador forma parte integral del alternador. Para poder cambiarlo se debe desmontar el alternador.

AJUSTE DE LA TENSIÓN

Se emplea el Delcotron 10SI, el cual está provisto de un regulador integral que no se puede ajustar.

Motor de arranque

DESMONTAJE Y MONTAJE

El procedimiento que se explica a continuación es de carácter general para todos los vehículos, pero también puede sufrir variantes en función del modelo y la serie.

1. Desconecte el cable de masa de la batería.
2. Levante y apoye el vehículo sobre soportes.
3. Desconecte y anote la posición de todos los cables de los terminales del solenoide. En el modelo Astro, puede resultar más fácil destornillar y bajar el motor de arranque, sosteniéndolo so-

bre un bloque adecuado o gato, desmontando luego los cables.

4. Vuelva a montar todas las tuercas inmediatamente después de haberlas sacado, ya que tienen diferentes roscas.

5. Saque el soporte frontal del motor de arranque y los dos tornillos de montaje. En los motores que llevan un protector del solenoide contra el calor, hay que sacar el soporte frontal, utilizando el tornillo superior, y luego desmontar el soporte del motor de arranque. En el motor de 2.5L del Astro, saque el tornillo que fija el protector de calor posterior a la montura del motor y las tuercas de los dos tornillos pasantes del motor de arranque, sacando luego el protector.

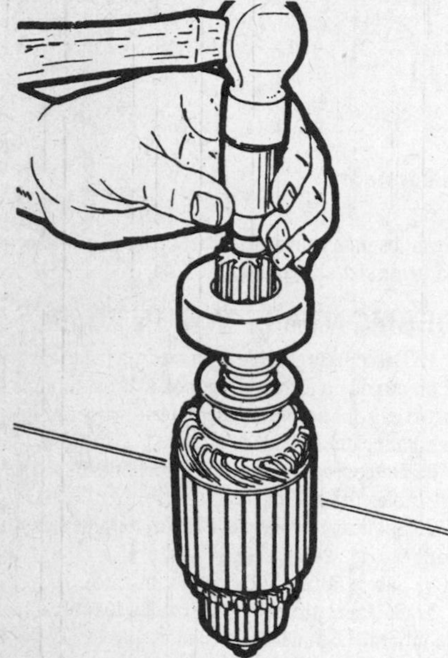

Utilice un tubo para desplazar el retén hacia el anillo elástico

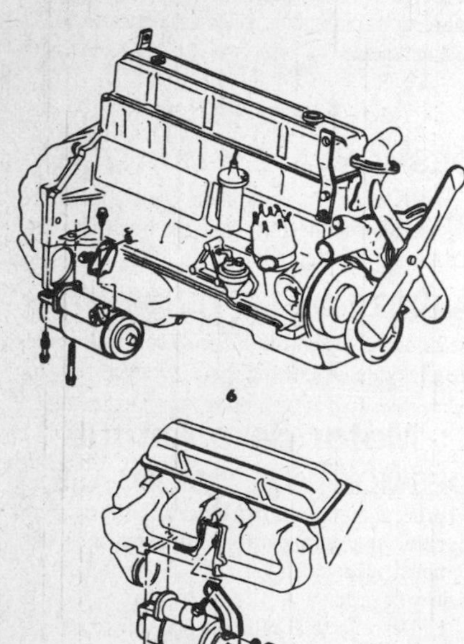

Montaje característico del motor de arranque

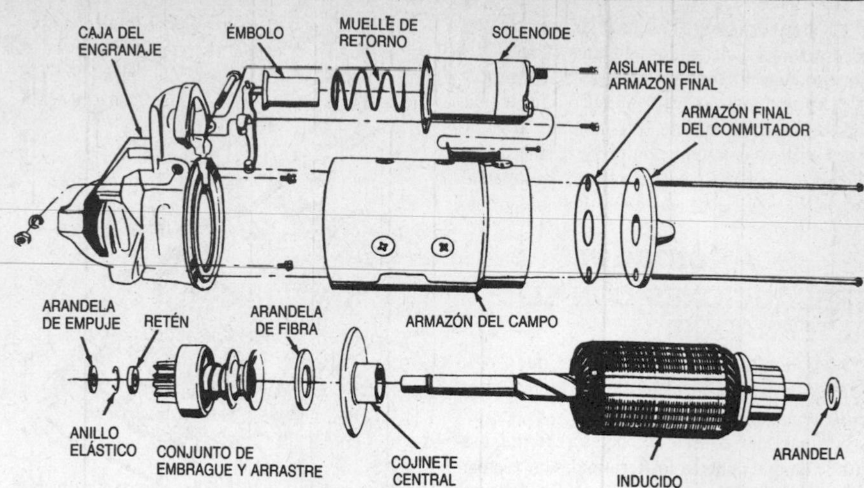

Despiece del motor de arranque 20MT utilizado en los diesel

6. Saque el tornillo o la tuerca del soporte delantero. Baje la parte frontal del motor de arranque, y luego saque la unidad del vehículo. Asegúrese de conservar cualquier suplemento que se encuentre entre el motor de arranque y el bloque del motor, en el extremo del volante.

7. Para el montaje hay que seguir el proceso a la inversa. Los dos tornillos de montaje deben apretarse a 25-35 libras-pie.

MECÁNICA DEL MOTOR

DESMONTAJE Y MONTAJE

Furgonetas (salvo el modelo Astro)

1. Desconecte el cable negativo de la batería y luego el cable positivo de la misma.

2. Vacíe el circuito de refrigeración (enfriamiento).

3. Saque la tapa del motor.

4. Saque el filtro de aire. En los V-8 hay que desmontar el tubo de aire de gran diámetro.

5. Saque la parrilla. En el modelo de seis cilindros hay que sacar también el soporte transversal de la parrilla. En los modelos V-8 se debe sacar el soporte superior del radiador y el dosel de la rejilla inferior.

6. Desconecte los conductos del radiador, en el mismo radiador.

7. En los modelos de V-8, también se debe sacar el recipiente de refrigerante de reserva para el radiador.

8. Si el vehículo está provisto de transmisión automática, saque los tubos del líquido del refrigerador en el lado del radiador.

ATENCIÓN

El vaciado del refrigerante de aire acondicionado tan sólo debe intentarse por parte de aquellos que dispongan de las herramientas adecuadas y la experiencia suficiente para hacerlo, en caso contrario, pueden sufrirse graves daños personales. El refrigerante congela instantáneamente cualquier superficie que entre en contacto con él, ojos incluidos.

9. Vacíe la instalación de aire acondicionado y saque el recipiente del sistema. En los modelos V-8, hay que sacar el condensador de aire acondicionado de delante del radiador. En los modelos de seis cilindros, saque el compresor del acondicionador de aire.

10. Saque el depósito del líquido para limpiar el parabrisas y su soporte.

11. Desconecte las conexiones del acelerador con el carburador y saque el carburador.

12. Saque el soporte del radiador y extraiga el radiador y el protector.

13. En los modelos de seis cilindros, saque el soporte de montaje del compresor de aire acondicionado y coloque el compresor fuera de la zona de trabajo.

14. En los modelos V-8, saque la conexión de cables del motor en el tabique cortafuegos. En los de seis cilindros, desconecte los cables del alternador, distribuidor, conmutadores de presión de aceite y temperatura y el motor de arranque.

15. En los modelos V-8.

a. Desconecte los tubos de calefacción del motor.

b. Saque el alojamiento del termostato.

c. Saque el tubo de llenado de aceite.

d. Saque el control del servo, el servofreno y transductor.

16. Levante el vehículo y purgue el aceite del motor.

17. Desmonte el tubo de combustible que viene del depósito, en el extremo de la bomba de alimentación.

18. Desconecte el tubo de escape del múltiple.

19. Saque el árbol de transmisión y tapone el extremo de la transmisión.

20. Desconecte la palanca de cambio de la transmisión y el cable del velocímetro.

21. Saque los tornillos de fijación de la transmisión.

22. En los modelos de seis cilindros con transmisión manual, hay que desconectar la conexión del embrague y sacar el eje transversal del mismo.

23. En los modelos V-8, hay que sacar los tornillos que fijan el soporte del motor al bastidor.

24. Saque los tornillos pasantes de la montura del motor.

25. En los modelos de seis cilindros:

a. Baje el vehículo y fije un dispositivo de elevación al motor.

b. Levante el motor, poco a poco, y saque la montura de la derecha del motor.

26. En los modelos de V-8:

Baje lentamente el motor y saque las monturas del mismo. Sostenga el motor sobre bloques de madera entre el cárter de aceite y el miembro transversal.

27. Saque el motor y la transmisión juntos.

28. Para el montaje hay que seguir el mismo proceso indicado, pero a la inversa.

Astro 2.5 L (4 cilindros)

1. Desconecte el cable de masa de la batería, tanto en el lado de la batería como en la cabeza de cilindros.

2. Abra el grifo de purga del radiador y luego saque la tapa. Vierta el refrigerante dentro de un recipiente limpio.

3. Saque la tapa del motor.

4. Desmonte el bisel de los faros. Luego saque la parrilla del radiador.

5. Saque el panel inferior de cierre del radiador. Así podrá sacar el soporte del radiador.

6. Saque el tirante inferior. Desmonte la abrazadera transversal.

7. Saque el mecanismo de articulación del capó. Saque luego el soporte del núcleo superior del radiador.

8. Desconecte los tubos del radiador. Saque los panales de llenado del radiador. Luego, saque radiador y protector del ventilador en conjunto.

9. Desconecte los atalajes del motor en el conector del mamparo. Desconecte los atalajes del ECM y sáquelos a través del mamparo.

10. Desconecte los tubos del calefactor en el núcleo.

11. Desmonte el cable del acelerador. Desconecte el tubo de purga del bote.

12. Saque el filtro de aire y su adaptador.

13. Desmonte el cuello del filtro de aceite y la salida del termostato.

14. Levante el vehículo y sosténgalo con seguridad, apoyándolo sobre los puntos de soporte adecuados.

15. Desconecte el tubo de escape del múltiple.

16. Desmonte los atalajes de los cables tanto en la transmisión como en el bastidor.

17. Ponga etiquetas en los cables y desconecte todos los del motor de arranque. Saque el motor de arranque tal como se ha explicado antes.

18. Saque el protector de salpicaduras del volante.

19. Desconecte los tubos de combustible, teniendo sumo cuidado en recoger cualquier combustible que pueda salir de los mismos, utilizando un recipiente metálico para ello.

20. Saque los tornillos pasantes de la montura del motor.

21. Saque los tornillos de fijación del motor al alojamiento del cigüeñal.

22. Baje el vehículo.

23. Monte los cables de elevación del motor y los ganchos de la grúa. La transmisión debe sostenerse por debajo con ayuda de un gato hidráulico. Asegúrese de que el peso queda bien repartido para que no sufra daños el cárter de la transmisión.

24. Levante el motor y sáquelo del vehículo.

25. El montaje se lleva a cabo en orden inverso al indicado para su desmontaje. Vuelva a llenar con los líquidos correspondientes. Ponga el motor en marcha y compruebe si se producen fugas.

Astro 4.3L V-6

1. Desconecte el cable de masa de la batería. Purgar el sistema de refrigeración del motor.

2. Levante el vehículo y asegúrelo mediante soportes colocados en los puntos adecuados de apoyo.

3. Desmontar ambos tubos de escape de los múltiples.

4. Desconecte las varillas de apoyo de la tapa de control del volante. Luego, saque la tapa de control. Saque los tornillos que unen el convertidor de par con el volante, invirtiendo el motor para poder acceder a los tornillos, uno tras otro.

5. Ponga etiquetas identificadoras y saque todos los cables del motor de arranque. Saque el motor de arranque tal como se ha explicado antes.

6. Coloque una cubeta debajo del filtro de aceite y sáquelo. Debe tapar la conexión del filtro de aceite que existe en el bloque del motor para evitar que penetre suciedad en el sistema de lubricación.

7. Desconecte los atalajes de cables, tanto en la transmisión como en el bastidor.

8. Desconecte los tubos de combustible del bastidor.

9. Desconecte los conductos del aceite de refrigeración de la parte inferior de la transmisión y del motor, del extremo que los une al radiador.

10. Saque los tornillos del protector inferior del ventilador.

11. Saque los tornillos del alojamiento de la cigüeña. Extraiga los tornillos pasantes de la montura del motor.

12. Baje el vehículo, apoyándolo sobre el suelo.

13. Saque los biseles de los faros y la rejilla.

14. Saque el panel de cierre inferior del radiador.

15. Desmonte la abrazadera que sirve de soporte al radiador y la abrazadera transversal que soporta el núcleo.

16. Saque el tirante inferior.

17. Desmonte el mecanismo de cierre del capó.

18. Desmonte el cilindro principal, tape todas las aberturas, y sitúe dicho cilindro en un sitio que no impida el trabajo.

19. Saque el protector superior del ventilador. Saque el soporte del núcleo superior.

20. Desconecte los tubos que están unidos al radiador. Desmonte el tubo de refrigeración de la transmisión y el de refrigeración de aceite del motor, ambos superiores. Saque el radiador.

21. Si el vehículo dispone de instalación de aire acondicionado, debe contar con un mecánico que lleve a cabo el vaciado del refrigerante del sistema. A no ser que tenga experiencia en aire acondicionado y el equipo necesario para ello, no debe intentar realizar este trabajo por sí mismo.

22. Saque los paneles de llenado del radiador.

23. Saque la tapa del motor y la abrazadera que hay detrás del compresor de aire acondicionado.

24. Desconecte los tubos del compresor del aire acondicionado, los cuales van al acumulador y al condensador, y tape los extremos que quedan abiertos.

25. Extraiga el condensador del aire acondicionado y el soporte de su montaje.

26. Saque la bomba de la dirección asistida, tal como se explicará más adelante en este mismo apartado.

27. Ponga etiquetas de identificación y desconecte todos los conductos de vacío que van desde el motor a los componentes instalados en el compartimiento del motor.

28. Desconecte el atalaje de los cables del motor que se encuentra en el mamparo.

29. Sacar el panel derecho de protección. Luego, desconecte el atalaje de los cables del módulo ESC haciendo pasar el conjunto a través del mamparo.

30. Desconecte los dos conductos de refrigerante que van al acumulador de aire acondicionado, y tape las aberturas de los mismos. Desconecte las conexiones eléctricas del presostato cíclico. Luego, saque el acumulador.

31. Desconecte el tubo de combustible del carburador y recoja el combustible que pueda verterse en un recipiente metálico.

32. Saque la válvula de derivación.

33. Saque el tubo de nivel de la transmisión (automática).

34. Desconectar los tubos del calefactor del núcleo del mismo.

35. Desconectar y sacar la bocina.

36. Sacar las válvulas de retención de la instalación del reactor de inyección de aire.

37. Colocar un elevador y fijarle el motor para su extracción. La transmisión debe soportarse con un gato hidráulico colocado debajo. Asegúrese de que el peso queda repartido a fin de que el cárter de la transmisión no sufra daños.

38. Saque el motor del vehículo.

39. El montaje se realiza en el orden inverso al indicado para el desmontaje. Vuelva a llenar el cilindro principal y sangre el circuito de frenos. La carga de aceite y refrigerante del sistema de aire acondicionado debe ser hecha por un mecánico especializado. (A no ser que tenga experiencia en aire acondicionado y disponga del equipo necesario, no debe intentar llevar a cabo este trabajo.) Llene las instalaciones con sus respectivos líquidos. Ponga el motor en marcha y compruebe si hay pérdidas.

Pickups y Suburban

La fábrica aconseja que para sacar el motor de los modelos de tracción en dos ruedas, se proceda a sacar motor y transmisión conjuntamente, salvo en el caso de los motores diesel. El motor únicamente puede sacarse en los modelos diesel y en los que tienen tracción en las cuatro ruedas.

1. Desconecte y saque la batería, empezando por el cable negativo. En los motores diesel, hay que sacar los cables negativos de las baterías y los cables a masa del interior del guardabarros.

2. Purgue el sistema de refrigeración.

3. Purgue el aceite del motor.

4. Saque el filtro de aire y los conductos.

5. Trace señales de alineación de las bisagras del capó, y luego desmonte y saque el capó.

6. Saque el radiador y los tubos, así como el protector del ventilador si el modelo lo lleva.

7. Desconecte y ponga etiquetas de identificación en el:

a. Solenoide del motor de arranque.
b. Alternador.
c. Termostato.
d. Presostato del aceite.
e. Solenoide del encendido controlado por la transmisión.
f. Solenoide del sistema CEC (control combinado de emisión).
g. Bobina.
h. Interruptor neutro de seguridad.

8. Desconecte:
a. Varillas del acelerador (horquilla de la palanca angular, válvula de mariposa y cables TV —válvula de mariposa— en los soportes del múltiple de admisión de los diesel. Colocándolos fuera del motor).
b. Cable del estrangulador del carburador (si lo lleva).
c. Tubo de la bomba de combustible.
d. Tubos del calefactor en el motor.
e. Compresor de aire acondicionado con sus tubos. No debe sacar los tubos del compresor de aire acondicionado. Debe sacarse todo junto y ponerse a un lado. Su contenido está sometido a presión y puede congelar los tejidos del cuerpo que toque.
f. Tubo y varilla de nivel en las transmisiones automáticas, salvo en los modelos diesel. Tape el agujero del tubo.
g. Varilla de nivel de aceite y tubo. Tape el agujero.
h. Conductos de vacío.
i. Tubo al manómetro de presión de aceite, si lo lleva.
j. Cable del freno de mano.
k. Bomba de la dirección asistida. Toda ella puede sacarse formando una unidad, y se guarda aparte, sin necesidad de sacar ninguno de los tubos.
l. Tiras de masa del motor.
m. Tubo de escape (también el soporte, si es preciso).

9. Afloje y saque la correa de ventilador, sacando también las palas del ventilador y la polea. Si el vehículo dispone de embrague para el accionamiento del ventilador. con aletas de aluminio viscoso, manténgalo vertical en su posición normal. Si sale el líquido que contiene, deberá cambiarse la unidad.

10. Saque el eje transversal del embrague.

11. Fije una cadena o elevador al motor. En caso de que el motor no disponga de argollas para su levantamiento, las posiciones normales están debajo de los tornillos del múltiple de admisión, en los modelos V-8, o debajo de los tornillos de la cabeza de cilindros, en cada extremo de la misma, en los motores de seis cilindros. Es posible que se vea obligado a sacar el carburador. Descargue el peso del motor de sus monturas y afloje los tornillos de fijación. En todos los modelos, salvo en los de gasolina C10, 1500, C20 y 2500, deberá soportar y desconectar la transmisión. En los modelos con transmisión automática, hay que sacar el cárter inferior del convertidor de par y motor de arranque, desmontar el sistema de accionamiento de la válvula de mariposa y el tubo del modulador del vacío, así como destornillar el motor de la transmisión. Asegúrese de que el convertidor no puede caer. En los modelos con transmisión manual. Separar la carcasa del embrague del motor.

12. En los modelos de tracción en dos ruedas, hay que sacar el árbol de transmisión. Puede optar por purgar la transmisión o por tapar la abertura que deja el árbol de transmisión. Desconecte el cable del velocímetro de la transmisión. Desconecte también la articulación del cambio o la palanca, o bien el sistema de accionamiento del embrague. Desconecte los tubos de refrigeración de la transmisión, si existen. Si tiene un vehículo de transmisión automática o con tracción en las cuatro ruedas, deberá sacar también el miembro transversal posterior. Con la tercera velocidad colocada, debe destornillar la transmisión del miembro transversal. Levante el conjunto formado por el motor y la transmisión y empújelo hacia delante.

13. En los motores diesel, sacar los tres tornillos de la derecha de la transmisión; desconectar los cables del motor de arranque y sacar éste.

14. En los modelos con tracción en las cuatro ruedas, hay que levantar y empujar el motor hacia delante hasta que quede liberado de la transmisión. En los diesel, hay que levantar lentamente la transmisión, sacar los tres tornillos de la izquierda que unen ésta con el motor, y luego sacar el motor.

15. En todos los vehículos el motor debe sacarse poco a poco, asegurándose de que no existe ningún tubo que haya quedado unido entre el motor y el vehículo.

16. Para el montaje se procede del modo siguiente: en los vehículos con tracción en las cuatro ruedas y en los diesel, hay que bajar el motor hasta colocarlo en posición y alinearlo con la transmisión. Empuje suavemente el motor hacia atrás y haga girar el cigüeñal hasta que se acoplen el eje de la transmisión manual y el embrague. En los modelos con transmisión automática, hay que alinear el convertidor con el volante, atornillar la transmisión al motor, fijar el convertidor al volante, volver a montar el cárter y el motor de arranque, conectando luégo los enlaces de accionamiento de la válvula de mariposa y el tubo del modulador de vacío.

17. En los vehículos con tracción en dos ruedas, hay que bajar el conjunto de motor y transmisión hasta colocarlo en su lugar. Si se ha sacado el miembro transversal deberá volver a montarse. Fijar la transmisión de tres velocidades al miembro transversal, utilizando los correspondientes tornillos. Vuelva a montar el árbol de transmisión.

18. Monte los soportes del motor.

19. Vuelva a colocar todas las conexiones de la transmisión y el eje transversal del embrague. Monte el ventilador, la polea y las correas.

20. Vuelva a colocar los elementos sacados antes del motor. Conecte todos los cables que fueron desconectados.

21. Monte nuevamente el radiador y el protector del ventilador, el filtro de aire y los cables de la batería o baterías. Llene de líquido el sistema de refrigeración y compruebe el nivel de combustible de la transmisión automática. Llene el cárter del cigüeñal con aceite. Compruebe si existen pérdidas.

Blazer y Jimmy

1. Desconecte primero el cable negativo y luego el positivo de la batería.

2. Purgue el sistema de refrigeración.

3. Saque el filtro de aire.

4. Haga señales en las bisagras del capó, a fin de conocer luego la posición correcta, y saque el capó.

5. Saque el radiador y el protector del ventilador, tal como se explica más adelante en este mismo apartado.

6. Desconecte y ponga etiquetas de identificación (para evitar posteriores errores) en los cables de los siguientes lugares:
a. Solenoide del motor de arranque.
b. Alternador.
c. Termostato.
d. Presostato del aceite.
e. Bobina.
f. Solenoide de avance de vacío y/o solenoide del sistema CEC.
g. Solenoide del sistema TCS (modelos V-8, si lo llevan).

7. Desconecte:
a. Conexiones del acelerador en el múltiple.
b. Tubo de combustible que va desde el depósito a la bomba de alimentación.
c. Tubos del calefactor, en el bloque del motor.
d. Presostato del aceite y tubos de vacío en el motor.
e. Tubos del sistema de emisión por evaporación en el carburador y, luego, el tubo en el bote de almacenamiento de vapores de combustible.
f. Bomba de la dirección asistida de su soporte (separe la bomba a un lado sin desconectar los tubos de la misma).
g. Tiras de masa en el bloque del motor.
h. Tubo de escape del múltiple (utilice un alambre para colgar el tubo en el bastidor).
i. El conmutador TCS de la transmisión (V-8, si lo llevan).
j. Tubo de vacío para el servofreno, del lado del múltiple.

8. Si el vehículo dispone de aire acondicionado, destornille el compresor de su soporte y apártelo.

ATENCIÓN

No ha de desconectar ninguno de los tubos de refrigerante. El vaciado del sistema de aire acondicionado tan sólo debe ser llevado a cabo por alguien que tenga experiencia para hacerlo, ya que el refrigerante congelaría de inmediato cualquier cosa que tocara, inclusive sus ojos.

9. Levante el vehículo y purge el aceite del motor.

10. Desconecte el tubo de escape del múltiple.

11. Saque el protector de salpicaduras del volante o la tapa de la carcasa del convertidor, si procede.

12. Saque el motor de arranque.

13. En los modelos provistos de transmisión automática, deberá sacar los tornillos de fijación del convertidor al volante.

14. Saque los tornillos pasantes del soporte del motor.

15. En los modelos con tracción en las cuatro ruedas, saque las varillas de apoyo del soporte del motor.

16. Saque los tornillos de fijación del motor al alojamiento del cigüeñal.

17. Baje el vehículo.

18. Utilizando un gato hidráulico, levante poco a poco la transmisión.

19. Fije un dispositivo elevador al motor y álcelo un poco para descargar su peso de los soportes.

20. Saque las ménsulas que unen el soporte al motor.

21. Saque el motor.

22. El montaje se realiza en el orden inverso al utilizado para su desmontaje.

Series-S

MOTORES DE GASOLINA

1. Levante el capó y desconecte los cables de la batería.

2. Saque la placa de protección y purgue tanto el sistema de refrigeración como el cárter de aceite.

3. Saque el grupo del filtro de aire y los tubos de vacío. Marque los tubos de vacío para facilitar su posterior montaje.

4. Desconecte todos los tubos, conductos y cables eléctricos del motor, poniéndoles etiquetas de identificación para su montaje.

5. Saque el conjunto formado por el radiador y la hélice del ventilador.

6. Desconecte el tubo de escape del múltiple.

7. Levante el vehículo y, si está provisto de transmisión manual, saque el muelle de retorno del embrague y el cable.

8. Saque el motor de arranque y fíjelo a un travesaño del bastidor mediante un alambre.

9. Saque la tapa del volante.

10. Saque los tornillos del alojamiento del cigüeñal y sostenga la transmisión.

11. Levante el motor un poco, y saque las tuercas de los soportes del motor.

12. Asegúrese de que todos los tubos, conductos y cables que unían el motor y el bastidor han sido desconectados.

13. Saque el motor del vehículo, procurando que la parte frontal del motor quede algo levantada.

14. El montaje se lleva a cabo en orden inverso al indicado para el desmontaje.

MOTOR DIESEL (2WD) (Tracción en dos ruedas)

1. Levante el capó del motor.

2. Desconecte el cable de masa de la batería.

3. Saque el capó.

4. Saque el conjunto de la batería.

5. Desmonte la tapa inferior y purgue el sistema de refrigeración abriendo los tapones del radiador y del bloque de cilindros.

6. Saque el grupo del filtro de aire del siguiente modo:

a. Saque el silenciador de admisión.

b. Saque los tornillos de fijación del filtro de aire y afloje el tornillo de la brida.

c. Levante un poco el filtro de aire y desconecte el tubo de respiración, después de lo cual podrá sacar todo el conjunto del filtro de aire.

7. Desconecte el conducto de agua que se halla en la parte superior del lado del motor.

8. Soltar las correas de accionamiento del compresor, moviendo la bomba de la dirección asistida o la polea loca (si existe).

9. Saque el ventilador de refrigeración y el protector del mismo.

10. Desconecte el conducto de agua que se halla en la parte inferior del lado del motor.

11. Sacar la parrilla del radiador.

12. Sacar los tornillos que fijan el radiador y retirarlo.

13. Desconectar el cable de control del acelerador del costado de la bomba de inyección.

14. Desconectar el cable de control del compresor de aire acondicionado (si el vehículo dispone de dicha instalación).

15. Desconecte los conductos de combustible de la bomba de inyección.

16. Desconectar el cable de la batería del cuerpo de cilindros.

17. Desconecte los cables eléctricos de la transmisión.

18. Desconecte el tubo de vacío del accionador de la velocidad de ralentí rápida.

19. Desconecte el conector de la electroválvula de interrupción del combustible.

20. Desconecte los cables del compresor de aire acondicionado.

21. Desmontar los tubos del calefactor que van desde la unidad de calefacción al costado del tablero de instrumentos.

22. Desconecte el tubo de la unidad principal de vacío en la bomba de vacío.

23. Desconecte el tubo de la bomba de vacío.

24. Desconecte los cables del generador en el conector.

25. Desmonte el tubo de escape de la brida del múltiple.

26. Saque el soporte del tubo de escape de la placa posterior del motor.

27. Desconecte los cables del motor de arranque.

28. Desconecte el cable de la batería que viene del motor de arranque.

29. Deslice la zapata de la palanca del cambio hacia la parte superior de la misma. Saque los dos tornillos de fijación de la palanca de cambio y extraiga la palanca.

30. Coloque un recipiente debajo de la transmisión para recoger el aceite, desconecte el cable del velocímetro en la transmisión, y luego desconecte el cable de masa.

31. Desconecte el árbol de transmisión por el lado del diferencial.

32. Saque el árbol de transmisión.

33. Saque el muelle de retorno de la horquilla del embrague.

34. Desconecte el cable del embrague de la parte del ensanche de la horquilla y empújelo hacia delante a través del soporte de refuerzo.

35. Saque los dos tornillos y tuercas del soporte posterior de montaje de la transmisión.

36. Levante el motor y la transmisión lo que sea preciso y saque los tornillos del soporte entre el miembro transversal y el bastidor.

37. Saque las tuercas del montaje posterior en la extensión trasera de la transmisión.

38. Desconecte las conexiones eléctricas en el interruptor CRS y en el interruptor de la luz de marcha atrás.

39. Saque el tornillo y la tuerca del soporte del motor. Compruebe que el motor esté un poco levantado antes de sacar el tornillo y las tuercas del soporte.

40. Asegúrese de que todas las piezas que unían el motor con el bastidor han sido desmontadas o desconectadas. Desplace el motor hacia la parte delantera del vehículo accionando el elevador, de modo que la parte frontal del motor esté ligeramente alzada. El montaje se lleva a cabo en orden inverso al indicado.

4WD (Tracción en cuatro ruedas)

1. Levante el capó del motor.

2. Desconecte el cable de masa de la batería.

3. Saque el capó del motor.

4. Saque el conjunto de la batería.

5. Saque la tapa inferior y purgue el sistema de refrigeración abriendo los tapones de sangrado del radiador y del bloque de cilindros.

6. Saque el filtro de aire tal como se indica a continuación:

a. Saque el silenciador de la admisión.

b. Saque los tornillos que fijan el filtro de aire y afloje el tornillo de la brida.

c. Levante un poco el filtro de aire y desconecte el tubo de respiración, luego podrá sacar todo el conjunto del filtro de aire.

7. Desconecte el conducto de agua que se encuentra en la parte alta, al costado del motor.

8. Suelte las correas de accionamiento del compresor, moviendo la bomba de la dirección asistida o la polea/loca (si la hay).

9. Saque el ventilador de la refrigeración y su protector.

10. Desconecte el conducto de agua que se encuentra en la parte baja, al costado del motor.

11. Saque la rejilla del radiador.

12. Saque los tornillos que fijan el radiador y retírelo.

13. Desconecte el cable de control del acelerador, en el costado de la bomba de inyección.

14. Desconecte el cable de control del compresor del aire acondicionado (si el vehículo lleva esta instalación).

15. Desconecte los tubos de combustible de la bomba de inyección.

16. Desconecte el cable de la batería del cuerpo de cilindros.

17. Desconecte los cables eléctricos de la transmisión.

18. Desconecte el tubo de vacío del accionador, de la velocidad rápida al ralentí (en vacío).

19. Desconecte el conector de la electroválvula de interrupción del paso de combustible.

20. Desconecte los cables del compresor de aire acondicionado.

21. Desmonte los tubos del calefactor que van desde la unidad de calefacción, en el costado del tablero de instrumentos.

22. Desconecte el tubo de la unidad de vacío principal, en la bomba de vacío.

23. Desconecte el tubo de la bomba de vacío.

24. Desconecte los cables del generador, por el costado del conector.

25. Desmonte el tubo de escape en la brida del múltiple.

26. Saque el soporte del tubo de escape de la placa posterior del motor.

27. Desconecte los cables del motor de arranque.

28. Desconecte el cable de la batería, en el motor de arranque.

29. Desplace la zapata de la palanca del cam-

bio y transmisión hacia la parte superior de cada palanca, saque los tornillos que fijan la palanca del cambio de velocidades.

30. Saque el muelle de retorno de la palanca del cambio y luego saque las palancas.

31. Saque la transmisión.

32. Saque los tornillos y las tuercas del soporte del motor. Compruebe que el motor esté algo levantado antes de sacar los tornillos y las tuercas de su soporte.

33. Asegúrese de que todas las piezas que unían al motor con el bastidor han sido sacadas o desmontadas. Saque el motor desplazándolo hacia la parte frontal del vehículo, maniobrando con la grúa, de manera que la parte delantera del motor se levante lentamente. El montaje se lleva a cabo en orden inverso al indicado.

Cabeza de cilindros

DESMONTAJE Y MONTAJE

4-119

1. Saque la tapa de las levas.

2. Saque el tornillo de la abrazadera del tubo EGR (recirculación gases escape) que está detrás de la cabeza de cilindros.

3. Levante el vehículo y colóquele soportes debajo.

4. Desconecte el tubo de escape múltiple.

5. Baje el vehículo.

6. Purgue el sistema de refrigeración.

7. Desconecte los tubos del calefactor en el múltiple de admisión y en la parte frontal de la cabeza de cilindros.

8. Saque el compresor de aire acondicionado y/o la bomba de la dirección asistida y colóquelos en un lugar que no interrumpan el trabajo.

9. Desconecte las articulaciones del acelerador en el carburador, el tubo de combustible, también en el carburador, todas las conexiones eléctricas que se precise, cables de las bujías y los conductos de vacío que se requieran.

10. Haga girar el árbol de levas hasta que el cilindro n.º 4 se encuentre en la posición de encendido. Saque la tapa del distribuidor y marque la posición relativa entre el rotor y la caja. Saque el distribuidor.

11. Desmonte la bomba de alimentación de combustible.

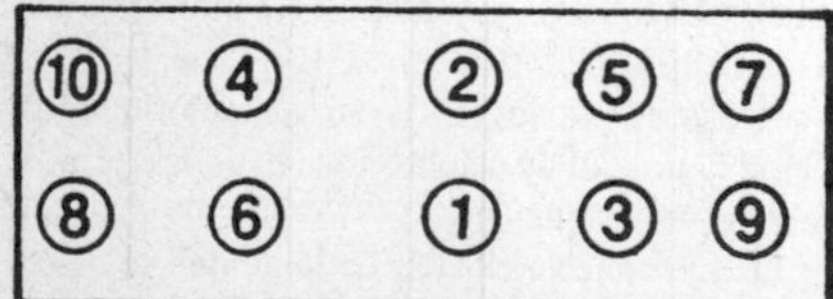

Secuencia de apriete de los tornillos de la cabeza de cilindros

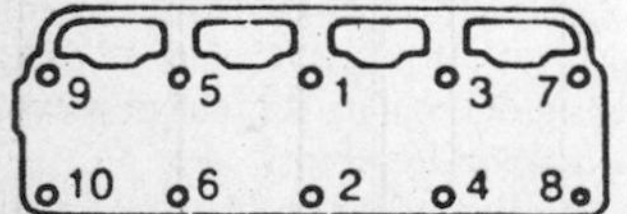

Secuencia de apriete de los tornillos en la cabeza de cilindros del 4-121

12. Fije la zapata del ajustador automático en su posición completamente retrasada, apretando la palanca de bloqueo del ajustador con un destornillador u otra pieza similar, empujando en el sentido que se indica en el dibujo.

13. Saque el tornillo que une el engranaje de sincronización en el árbol de levas y saque dicho engranaje y la leva de accionamiento de la bomba de combustible del árbol de levas. Mantenga el engranaje en el amortiguador de la cadena y tensor —no hay que sacar el engranaje de la cadena.

14. Desconecte el tubo del aire AIR (reactor inyector de aire) y la válvula de retención del múltiple de ventilación.

15. Saque los tornillos que unen la cabeza de cilindros con la tapa de la sincronización.

16. Saque los tornillos de la cabeza de cilindros empleando la llave con palanca extensible J-24239-01; los tornillos deben sacarse en secuencia progresiva, empezando por aquellos que están en la parte de fuera.

17. Saque la cabeza de cilindros, conjuntamente con los múltiples de admisión y de escape.

18. Limpie todos los restos de material de junta que hayan podido quedar en la cabeza de cilindros y en la superficie del bloque.

NOTA: Las superficies de junta, tanto de la cabeza de cilindros como del bloque, deben estar bien limpias de cualquier materia extraña, y no presentar melladuras ni rayas importantes. Las roscas del bloque de cilindros y las de los tornillos han de estar bien limpias (la suciedad influiría en el par de apriete de los tornillos).

19. Coloque una junta sobre las espigas, vigilando que el costado de la junta marcado con «TOP» quede hacia arriba. El montaje de la cabeza de cilindros se lleva a cabo en el orden inverso al que se ha indicado para su desmontaje. El apriete de los tornillos de la cabeza de cilindros debe hacerse en la secuencia que se indica y un poco cada vez. Apriete primero con un par de 60 libras-pie y luego aplique el par especificiado de 72 libras-pie.

4-121

NOTA: El motor debe haber «pasado la noche» en frío, antes de poder sacar la cabeza de cilindros.

1. Desconecte el cable negativo de la batería.

2. Purgue el sistema de refrigeración, vertiendo el contenido en un recipiente limpio; si el refrigerante se halla en buen estado podrá volver a usarse.

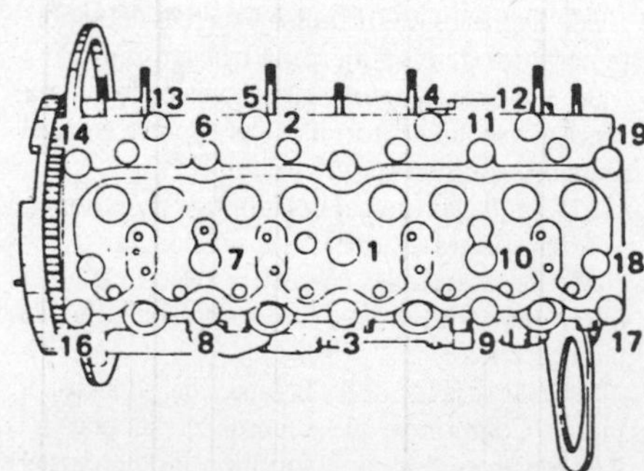

Secuencia de apriete de los tornillos de la cabeza de cilindros del 4-137

3. Saque el filtro de aire. Levante y coloque soportes de apoyo en la parte delantera del vehículo.

4. Saque el protector del escape. Desconecte el tubo de escape.

5. Saque el tubo del calefactor en el lado del múltiple de admisión y luego baje de nuevo el vehículo.

6. Destornille los pernos de montaje y saque la ménsula de levantamiento del motor (incluido el sistema de aire).

7. Saque el distribuidor. Desconecte el múltiple de vacío en el soporte del alternador.

8. Ponga etiquetas y desconecte las conducciones de vacío restantes en el múltiple de admisión y el termostato.

9. Saque el tubo del sistema de aire en la válvula de retención del escape.

10. Desconecte los enlaces del acelerador en el carburador y luego saque la ménsula con las articulaciones.

11. Ponga etiquetas de identificación y desconecte todos los cables que sea preciso. Saque el tubo superior del radiador en el termostato.

12. Saque el tornillo que fija el tubo de la varilla de nivel y el soporte del agua caliente.

13. Saque la polea loca. Saque también las correas de accionamiento del AIR y la bomba de la servodirección.

14. Saque el tornillo que fija el soporte AIR en el múltiple de admisión. Si el vehículo lleva dirección asistida, saque la polea de la bomba neumática, el tornillo del AIR y el soporte de ajuste de la dirección asistida

15. Afloje el tornillo inferior del soporte AIR a fin de que dicho soporte pueda girar.

16. Desconecte y tape el tubo de combustible del carburador.

17. Saque el alternador. Saque la abrazadera del alternador de la cabeza y luego saque el soporte superior.

18. Saque la tapa de la cabeza de cilindros. Saque los balancines y los empujadores.

19. Saque los tornillos de la cabeza de cilindros en el orden que se indica en el dibujo. Saque la cabeza de cilindros junto con el carburador, múltiples de admisión y escape todavía montados. Para proceder al montaje, han de estar bien limpias las superficies de junta de la cabeza y del bloque, sin que existan materias extrañas, melladuras o rayas importantes. También han de estar limpias las roscas del bloque de cilindros y de los tornillos correspondientes.

20. Coloque una nueva junta para cabeza de cilindros en la posición debida sobre las espigas del bloque. Guíe cuidadosamente la cabeza de cilindros hasta colocarla en la posición adecuada.

21. Aplique pasta de cierre en los tornillos y luego colóquelos apretándolos sólo con los dedos.

22. Con una llave torsiométrica, vaya apretando gradualmente los tornillos siguiendo la secuencia correcta.

23. El montaje de los elementos restantes se efectúa en orden inverso al indicado para su desmontaje.

4-137 Diesel

1. Saque los múltiples de admisión y de escape.

2. Saque la junta de los múltiples de admisión y de escape.

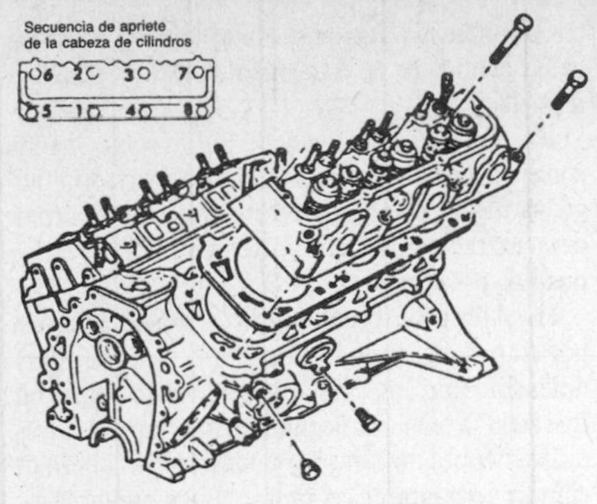
Secuencia de apriete de la cabeza de cilindros

Secuencia de apriete de los tornillos de la cabeza de cilindros del 6-173

3. Purgue el sistema de refrigeración abriendo los tapones de purga del radiador y del bloque de cilindros.

4. Desconecte el tubo de agua superior que hay en el costado del motor.

5. Saque el ventilador de refrigeración y su protector.

6. Saque las tuercas del manguito y desconecte los tubos de inyección.

7. Desmonte las tuercas de fijación del soporte del inyector y saque todo el conjunto.

8. A continuación se desmonta el balancín, el soporte y el conjunto del eje.

9. Saque los empujadores.

10. Saque el tornillo de unión y desconecte el tubo de pérdidas.

11. Saque los 19 tornillos que fijan la cabeza de cilindros, luego saque dicha cabeza de cilindros y la junta.

12. Monte la junta de la cabeza de cilindros con la marca TOP hacia arriba encima del bloque y alinee los agujeros con las espigas de guía.

13. Monte la cabeza de cilindros. Apriete los tornillos de fijación siguiendo la secuencia indicada.

14. Monte el empujador en posición correcta sobre la cabeza de cilindros.

15. Monte el grupo de balancines sobre la cabeza de cilindros. Apriete los tornillos de fijación del soporte según la secuencia correcta, empezando por los que se encuentran en el interior.

16. Seguidamente se montan los múltiples de admisión y de escape.

17. Monte el ventilador de refrigeración y su protector.

18. Conecte el tubo de agua superior en el costado del motor.

19. Llene el sistema de refrigeración del motor.

6-173

LADO IZQUIERDO

1. Levante y coloque el vehículo sobre apoyos.

2. Purgue el refrigerante del bloque y baje el vehículo.

3. Saque el múltiple de admisión.

4. Saque la pieza de traspaso.

5. Saque el alternador y los soportes de la bomba de aire (AIR).

6. Saque el tubo de la varilla de nivel.

7. Afloje los tornillos del balancín y saque los empujadores. Conserve los empujadores en el mismo orden en que han sido sacados.

8. Saque los tornillos de la cabeza de cilindros, por etapas, y en el orden inverso a cómo tienen que apretarse.

9. Saque la cabeza de cilindros. En modo alguno debe apalancarse la cabeza para sacarla.

10. El montaje se efectúa en orden inverso al desmontaje. Las palabras «This side Up» (este lado hacia arriba) que figuran en la nueva junta de la cabeza de cilindros deben quedar arriba. Los tornillos de la cabeza de cilindros se recubren con pasta y se aprietan de acuerdo a las especificaciones que se indican y en el orden que figura en la ilustración. Asegúrese que los empujadores asientan en los elevadores y ajuste las válvulas.

LADO DERECHO

1. Levante y coloque el vehículo sobre soportes. Purgue el refrigerante del bloque.

2. Desconecte el tubo de escape y baje el vehículo.

3. Si existe, debe sacar el soporte de servocontrol de la dirección.

4. Saque la válvula del sistema de aire y el tubo.

5. Saque el múltiple de admisión.

6. Saque el traspase del escape.

7. Afloje las tuercas de los balancines y saque los empujadores. Los empujadores deben guardarse en el orden de su extracción.

8. Saque los tornillos de la cabeza de cilindros, por etapas, y utilizando el orden inverso al que se debe emplear para su apriete.

9. Saque la cabeza de cilindros, en modo alguno tiene que emplear una palanca para soltar dicha cabeza de cilindros.

10. El montaje se lleva a cabo en orden inverso al desmontaje. Las palabras «This side Up» (este lado hacia arriba) que figuran en la nueva junta de la cabeza de cilindros deben quedar arriba. Los tornillos de la cabeza de cilindros se deben recubrir con pasta y apretarse tal como se indica en las especificaciones, y en el orden que figura en la ilustración. Asegúrese que los empujadores asientan en los elevadores y ajuste las válvulas.

2.5 L (4 cilindros)

1. Desconecte el cable negativo de la batería, tanto en la batería como en la cabeza de cilindros, y sáquelo. Saque la tapa de balancines, tal como se explica más adelante en este mismo apartado.

2. Purgue el sistema de refrigeración. Desconecte el tubo superior del radiador en el múltiple de admisión y la caja del termostato, sacando caja y termostato. Desconecte o aparte los conductos del calefactor, si pueden molestar en la extracción de la cabeza de cilindros.

3. Desconecte el cable del acelerador.

4. Desconecte la abrazadera del alternador en el múltiple de admisión. Luego, saque el soporte posterior del alternador y aparte éste a un lado.

5. Saque los tornillos y soportes del compresor de aire acondicionado y aparte el compresor a un lado. No desconecte, dañe o fuerce los conductos del aire acondicionado.

6. Observe atentamente el conjunto de la cabeza de cilindros y determine cuáles son los tubos de vacío que habrá que desconectar. Luego, póngales etiquetas de identificación y desconéctelos.

7. Desconecte los tubos de combustible, recogiendo las pérdidas de combustible en un recipiente metálico.

8. Desconecte y saque la bobina de encendido. Desconecte los cables de las bujías, por el extremo conectado a las mismas.

9. Sostenga el vehículo, apoyándolo con seguridad sobre sus puntos de anclaje. Desconecte el tubo de escape del múltiple.

10. Desconecte el sensor de oxígeno.

11. Baje el vehículo al suelo.

12. Saque los balancines y las piezas relacionadas con ellos, tal como se describirá en este mismo apartado. Luego, saque los empujadores y manténgalos en el mismo orden a fin de poder volver a montarlos en las mismas posiciones.

13. Afloje los tornillos de la cabeza de cilindros, por etapas, dando sólo fracciones de vuelta hasta que ceda la tensión. Luego, saque los tornillos. Monte un elevador y alce la cabeza de cilindros del bloque. En caso necesario, haga oscilar la cabeza de cilindros para que se rompa la junta, pero no la apalanque jamás.

14. Elimine con cuidado cualquier suciedad o

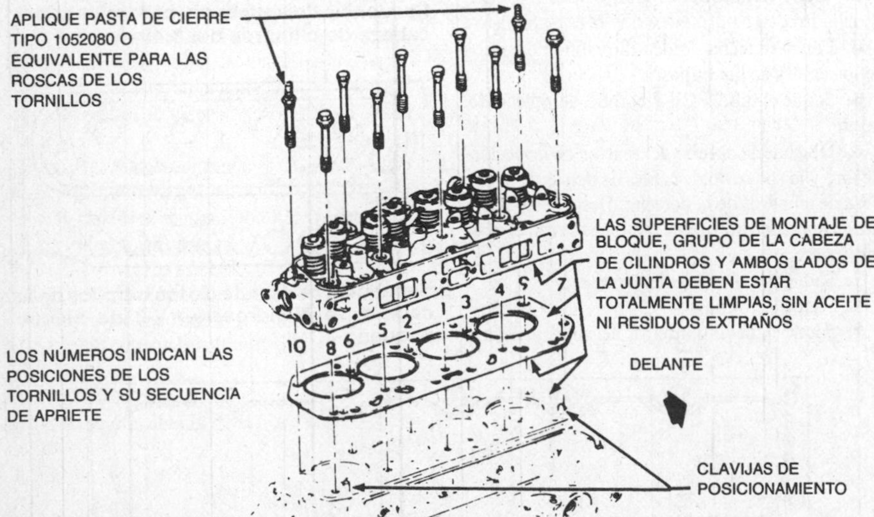
APLIQUE PASTA DE CIERRE TIPO 1052080 O EQUIVALENTE PARA LAS ROSCAS DE LOS TORNILLOS
LAS SUPERFICIES DE MONTAJE DEL BLOQUE, GRUPO DE LA CABEZA DE CILINDROS Y AMBOS LADOS DE LA JUNTA DEBEN ESTAR TOTALMENTE LIMPIAS, SIN ACEITE NI RESIDUOS EXTRAÑOS
LOS NÚMEROS INDICAN LAS POSICIONES DE LOS TORNILLOS Y SU SECUENCIA DE APRIETE
DELANTE
CLAVIJAS DE POSICIONAMIENTO

Apretar los tornillos de la cabeza de cilindros según la secuencia indicada, procediendo en varias etapas (motor 2.5 L)

resto de junta que haya en la superficie del bloque o de la cabeza de cilindros, utilizando una rasqueta roma. Limpie las roscas de los tornillos y de sus alojamientos, debiendo dejarlas perfectamente limpias y secas, pues de lo contrario los tornillos no apretarían como es debido.

15. Monte una nueva junta en su lugar, con el lado correcto hacia arriba, colocándola sobre las espigas de guía del bloque de cilindros. Tenga en cuenta que la junta no quedará bien alineada con los ángulos del bloque si no se monta correctamente.

16. Conduzca la cabeza de cilindros con cuidado hasta colocarla en su posición.

17. Hay que aplicar pasta de cierre en las roscas de la cabeza y de los tornillos, colocándolos apretados sólo con los dedos.

18. Apriete los tornillos utilizando, por lo menos, 3 etapas iguales, en la secuencia que se indica en la figura, terminando con un par de apriete de 92 libras-pie.

19. Siga el orden inverso que se ha señalado para el desmontaje. Monte los empujadores, balancines, cojinetes y tuercas en sus posiciones originales. Las tuercas se aprietan a 20 libras-pie. Vuelva a llenar el sistema de refrigeración, haga funcionar el motor hasta que alcance la temperatura normal y, entonces, verifique el nivel de refrigerante, añadiendo el que sea preciso. Deje el motor en marcha y compruebe si existen pérdidas.

4.3 L-V-6

LADO IZQUIERDO

1. Saque el múltiple de admisión.

2. Desconecte la conexión eléctrica de la tapa de balancines. Luego saque la tapa de balancines.

3. Desmonte los balancines y las piezas relacionadas con ellos, tal como se explicará más adelante en este mismo apartado. Luego, saque los empujadores, conservando el mismo orden para poder volver a montarlos en la misma posición.

4. Levante el vehículo y coloque soportes en los puntos de apoyo correctos. Desconecte el lado izquierdo del tubo de escape en forma de «Y» que hay en el múltiple.

5. Desconecte la bomba de aire de la izquierda de la cabeza de cilindros.

6. Saque el múltiple de admisión de esta cabeza de cilindros, tal como se explicará más adelante.

7. Baje el vehículo al suelo. Desmonte la bomba de la dirección asistida, tal como se explicará más adelante en este mismo apartado.

8. Saque la polea loca del aire acondicionado. Desmonte el soporte de montaje del compresor del aire acondicionado.

9. Tome nota del recorrido y del orden de encendido, desmontando luego los cables de las bujías en el lado de la cabeza de cilindros. Saque las bujías.

10. Afloje los tornillos de la cabeza de cilindros, por etapas, pasando de un tornillo al otro, y dándoles una fracción de vuelta cada vez, hasta que no exista tensión. Luego, saque los tornillos. Coloque un elevador y levante la cabeza de cilindros del bloque. Haga oscilar la cabeza de cilindros para romper la junta, si es preciso, pero no la apalanque en ningún caso.

11. Elimine con cuidado cualquier resto de suciedad o junta que hubiera quedado pegado en las superficies del bloque o de la cabeza de cilindros, utilizando una rasqueta roma. Limpie las roscas de la cabeza de cilindros y de los tornillos. Es preciso que las roscas estén bien limpias y secas puesto que en caso contrario los tornillos no apretarían correctamente.

12. Si la junta es de acero, recubra ambos lados de la nueva junta con pasta de cierre, asegurándose de que la capa es DELGADA y regular. Para hacer este trabajo resulta muy útil un rodillo de pintar. Si la junta es de acero y amianto, NO UTILICE NINGÚN TIPO DE PASTA DE CIERRE.

13. Coloque la junta en la posición correcta sobre el bloque, con el borde hacia arriba, de forma que quede dispuesta sobre las espigas de guía.

14. Conduzca la cabeza de cilindros hasta la posición correcta sobre las espigas de guía y asegúrese de que quede bien puesta sobre dichas espigas y la junta. Coloque los tornillos apretándolos con los dedos.

15. Apriete los tornillos, empleando como mínimo 3 etapas iguales, en la secuencia indicada en la ilustración, ejerciendo un par final del 67 libras-pie.

16. El montaje de las piezas restantes se efectúa en orden inverso al que se ha indicado para su desmontaje. Tenga en cuenta que los empujadores deben montarse en las mismas posiciones que antes. Las válvulas se ajustan tal como se indica más adelante. Vuelva a llenar el sistema de refrigeración, ponga el motor en marcha hasta que alcance la temperatura de funcionamiento, y luego compruebe el nivel de refrigerante, añadiendo la cantidad que haga falta para alcanzar el nivel correcto. Deje funcionar el motor y compruebe si existen pérdidas.

LADO DERECHO

1. Saque el múltiple de admisión tal como se explica en este mismo apartado.

2. Levante el vehículo y colóquelo sobre soportes situados en los puntos de apoyo adecuados. Desmonte el tubo de escape en forma de «Y» que se encuentra en el múltiple. Luego, baje el vehículo.

3. Saque el múltiple de escape de esta cabeza de cilindros, tal como se describe en este apartado.

4. Ponga etiquetas de identificación y desconecte los cables de las bujías.

5. Saque el tubo PCV y el tubo de relleno de aceite.

6. Desconecte el tubo del reactor de inyección de aire y la conexión de cables de detrás de la cabeza de cilindros de la derecha. Desconecte el cable de masa del motor que también está en el mismo lugar.

7. Saque la tapa de balancines.

8. Saque las bujías.

9. Saque el tornillo inferior del soporte del alternador, luego, saque el alternador tal como ya se ha explicado en esta misma sección, y déjelo a un lado.

10. Saque los balancines y piezas relacionadas con ellos, tal como se explica en este apartado. Luego, saque los empujadores, manteniendo el orden de su extracción a fin de volver a montarlos en las mismas posiciones.

11. Afloje los tornillos de la cabeza de cilindros, por etapas, pasando de uno a otro tornillo y dándoles sólo una fracción de vuelta, hasta conseguir que ceda la tensión. Seguidamente, saque los tornillos. Monte un elevador para alzar la cabeza de cilindros del bloque del motor. Haga oscilar la cabeza de cilindros para romper la junta, si es preciso, pero no emplee jamás una palanca.

12. Elimine cuidadosamente cualquier suciedad o resto de junta que haya podido quedar en las superficies de la cabeza de cilindros o del bloque, utilizando para ello una rasqueta roma. Limpie las roscas de la cabeza de cilindros y de los tornillos, puesto que cualquier resto de suciedad o humedad impediría que los tornillos se pudieran apretar como es debido.

13. Siga las fases 12-16 del procedimiento indicado para el lado izquierdo de la cabeza de cilindros, tal como se explican más arriba.

Seis cilindros en línea

1. Purgue el sistema de refrigeración y desmonte el filtro de aire. Desconecte el tubo de PCV. Si existe, desconecte el tubo de inyección de aire.

2. Desconecte la varilla del pedal del acelerador de la palanca angular del múltiple, y los conductos de combustible y de vacío que hay en el carburador.

3. Desconecte el tubo de escape en la brida del

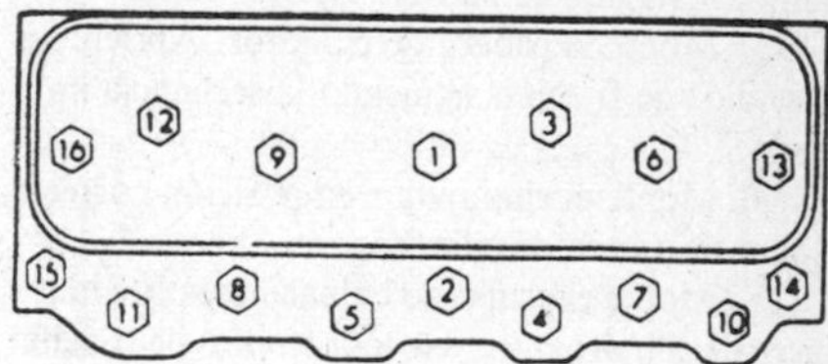

Secuencia de apriete de los tornillos de la cabeza de cilindros del 8,454

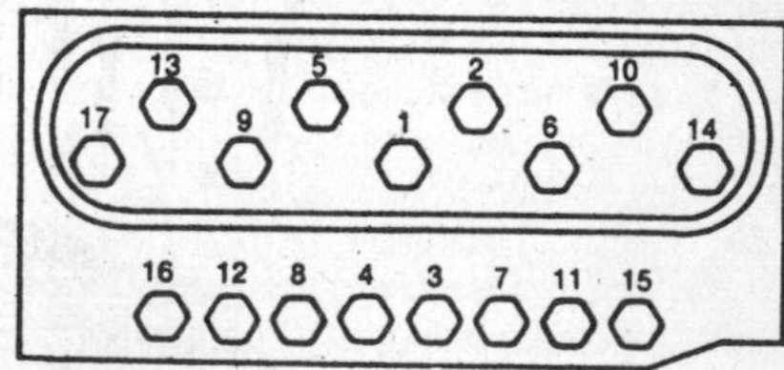

Secuencia de apriete de los tornillos de la cabeza de cilindros del V-8 de bloque pequeño

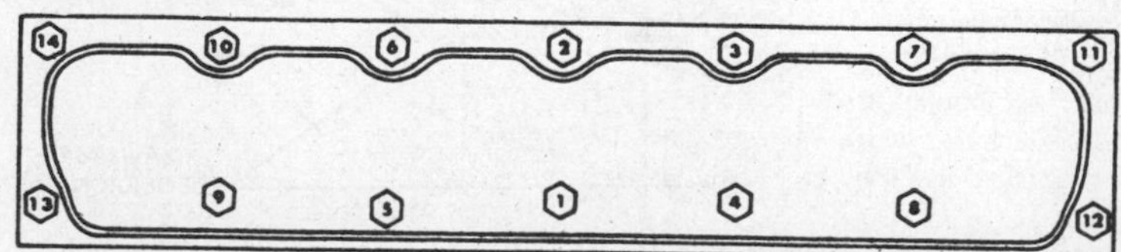

Secuencia de apriete de los tornillos de la cabeza de cilindros de los modelos 6-250 y 292

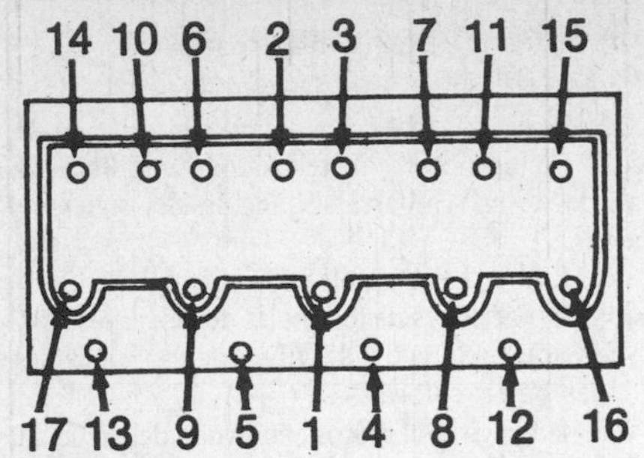

Secuencia de apriete de los tornillos de la cabeza de cilindros del motor diesel 8-379 (6.2L)

Secuencia de apriete de los tornillos de la cabeza de cilindros del motor diesel 8-350 (5.7L)

múltiple, luego saque los tornillos del múltiple, así como las abrazaderas, extrayendo todo el conjunto formado por los múltiples y el carburador.

4. Saque la pinza de fijación del tubo de combustible y de vacío en la entrada de agua. Luego desconecte la conexión de los cables de la unidad de envío de calor y la bobina, dejando el atalaje sin pinzas en la tapa de balancines.

5. Desconecte el tubo del radiador en la caja de salida de agua, y la brida de toma de tierra de la batería que hay en la cabeza de cilindros.

6. Desconecte los cables y saque las bujías. Desconecte el cable primario que va desde la bobina al distribuidor, en el extremo correspondiente a la bobina, y saque la bobina en aquellos vehículos que no disponen del sistema HEI (alta energía) de encendido electrónico.

7. Saque la tapa de balancines. Retire las tuercas de los balancines, haga bascular los balancines para dejar libres a los empujadores y sáquelos.

8. Quite los tornillos de la cabeza de cilindros, la cabeza de cilindros y la junta.

9. Para el montaje: coloque otra junta de la cabeza de cilindros sobre las espigas de guía que hay en el bloque y la cabeza encima. No ha de aplicar ningún tipo de pasta en las juntas hechas a base de acero y amianto.

10. Conduzca y baje la cabeza de cilindros hasta que quede en posición, de manera que quede colocada en las espigas de guía y sobre la junta.

11. Aplique pasta de cierre en los tornillos de la cabeza de cilindros y apriételos un poco.

12. Apriete los tornillos de la cabeza de cilindros, un poco cada vez, en el orden correcto y utilizando una llave torsiométrica. El par de apriete definitivo debe hacerse según se especifica.

13. Monte los empujadores de las válvulas introduciéndolos a través de los agujeros que hay en la cabeza de cilindros y asiéntelos sobre sus elevadores.

14. Monte los balancines, cojinetes y tuercas, apretando las tuercas de los balancines hasta eliminar el juego de todos los empujadores.

15. Monte el termostato, la caja del termostato y la salida de agua, utilizando juntas nuevas. Después instale el tubo del radiador.

16. Monte el termostato.

17. Monte las bujías.

18. Utilice nuevas arandelas para las bujías (si es necesario) y apriételas de acuerdo a las especificaciones.

19. Monte la bobina, conectando a continuación la unidad de envío de calor y los cables primarios de la bobina, así como el cable de masa de la batería en la cabeza de cilindros.

20. Limpie las superficies y coloque una junta nueva en los apoyos del múltiple. Monte el múltiple. Coloque los tornillos y abrazaderas, apretándolos como se indica en las especificaciones.

21. Conecte las articulaciones de la válvula de mariposa.

22. Conecte los tubos PCV de combustible y vacío, asegurando los tubos en la pinza de la salida de agua. Conecte el conducto de inyección de aire.

23. Llene el sistema de refrigeración (enfriamiento) y compruebe que no existan pérdidas.

24. Ajuste la fijación de la válvula tal como se explicará luego.

25. Monte la tapa de los balancines y coloque la conexión de cables en las pinzas.

26. Limpie y monte el filtro de aire.

Motores V-8 de gasolina

1. Saque el múltiple de admisión.

2. Desmonte el múltiple de escape.

3. Si el vehículo dispone de aire acondicionado, saque el compresor y el soporte delantero del montaje, dejando el compresor colocado a un lado. No debe desconectar ninguno de los tubos de refrigerante.

4. Saque las tapas de los balancines. Haga retroceder las tuercas de los balancines y haga bascular a éstos para que no impidan la extracción de los empujadores. Los empujadores deben proveerse de identificaciones para poder volver a montarlos en sus posiciones originales.

5. Saque los tornillos de la cabeza de cilindros y extraiga dicha cabeza.

6. Para el montaje de la cabeza de cilindros hay que utilizar una nueva junta. Las juntas de acero deben recubrirse con pasta de cierre por ambos lados. En caso de emplear una junta compuesta, no se debe emplear ningún tipo de pasta.

7. Limpie los tornillos, aplique pasta de cierre a las roscas y coloque los tornillos apretándolos con la mano.

8. Apriete los tornillos en la secuencia correcta, un poco cada vez. El par de apriete que corresponde a los tornillos de la cabeza de cilindros es el que figura en la tabla de especificaciones.

9. Monte los múltiples de admisión y escape, así como los demás componentes, en el orden inverso al indicado para el desmontaje. Ajuste los balancines y compruebe la sincronización del encendido.

Diesel

1. Saque el múltiple de admisión.

2. Desmonte la tapa o tapas de los balancines, después de haber sacado cualquier soporte adicional que pueda impedir su desmontaje.

3. Desconecte y coloque etiquetas de identificación en los cables de la bujía de incandescencia.

4. En la cabeza de cilindros de la derecha, hay que sacar la brida de toma de masa que hay en la misma.

5. Saque los tornillos de los balancines, los pivotes puente, los balancines y los empujadores, manteniendo todas las piezas en orden para poder volver a montarlas en sus posiciones originales. Es aconsejable numerar o marcar las piezas para evitar posibles cambios.

6. Saque los tubos de combustible de los inyectores.

7. Desmonte el múltiple o los múltiples de escape.

8. Saque el tapón de purga del bloque del motor situado en el lado correspondiente a la cabeza de cilindros que se va a sacar.

9. Saque los pernos de la cabeza de cilindros. En el modelo 379 cid (6.2 L) el tornillo posterior puede tener que quedarse en la cabeza. Saque la cabeza de cilindros.

10. Para el montaje, primero hay que limpiar completamente las superficies en contacto. Monte nuevas juntas sobre el bloque del motor. Las juntas NO DEBEN ser recubiertas con ningún tipo de pasta. Las juntas tienen un tratamiento especial que evita el uso de pasta de cierre. Si se empleara pasta de cierre se perjudicaría el citado tratamiento y ocasionaría pérdidas. Monte la cabeza de cilindros sobre el bloque. En el modelo 379 cid, hay que montar el tornillo posterior antes de colocar la cabeza de cilindros.

11. Limpie perfectamente todos los tornillos de la cabeza de cilindros. En el modelo 350 (5.7 L), los tornillos se sumergirán en aceite de motor que esté limpio y se colocarán en el bloque de cilindros hasta que la cabeza de los tornillos toque ligeramente con la culata. En el modelo 379 cid, las roscas de los tornillos deben recubrirse con pasta de cierre G.

12. Apriete los tornillos en el orden correcto, hasta 100 libras-pie en el modelo 350, y hasta 60 libras-pie en el modelo 379 cid (6.2 L). Cuando hayan sido apretados todos los tornillos hasta el valor indicado, volver a repetir la secuencia de apriete de todos los tornillos, con un valor de 130 libras-pie para el modelo 350 y 96 libras-pie para el modelo 379 cid (6.2 L).

13. Monte el tapón o tapones de purga del bloque del motor, el múltiple o múltiples de escape, los tubos de retorno de combustible, los cables de las bujías de incandescencia y la brida de masa de la cabeza de cilindros de la derecha.

14. Una vez desmontados, limpios y vueltos a montar los elevadores de las válvulas, proceda a su sangrado y colóquelos en el motor. Monte los empujadores y balancines y hágalos oscilar hacia sus posiciones originales.

15. Monte el múltiple de admisión.

16. Coloque la tapa o tapas de los balancines. En estas tapas no se utilizan juntas, pero se les aplica un cordón de pasta de silicona que vulcaniza a temperatura ambiente (RTV). Aplique un cordón de 3/32" de pasta de silicona RTV, GM //1052289 o equivalente encima de la superficie limpia y seca de la tapa de los balancines. Haga que el cordón de pasta de cierre penetre en los agujeros de los tornillos. Monte la tapa sobre la cabeza de cilindros dentro de los 10 minutos siguientes (mientras la pasta todavía está blanda).

Tapa de los balancines

DESMONTAJE Y MONTAJE

Salvo el modelo Astro de 4.3 L

1. Desconecte el cable negativo de la batería.

2. Saque el filtro de aire.

3. Desconecte el tubo de ventilación de la caja del cigüeñal en la tapa de los balancines.

4. Desconecte los cables de las pinzas de la tapa de los balancines. Si el vehículo dispone de él, desconecte los tubos del reactor de inyección de aire en la válvula de derivación. Luego, desmonte el soporte de la válvula de derivación que se encuentra en el múltiple de admisión.

5. Saque el tubo de calefacción del carburador en los modelos que dispongan de él. En los motores diesel hay que sacar los tubos de inyección.

6. Si el vehículo tiene aire acondicionado, sacar la abrazadera posterior del compresor. No debe desconectar ninguno de los tubos de refrigerante.

7. Saque los tornillos de fijación del balancín y extraiga la tapa. Si le resulta difícil sacar la tapa, golpee en la parte frontal de la misma, en dirección hacia atrás, con la mano o un mazo de caucho. En el caso de que con este sistema no se consiga separarla, apalanque con SUMO CUIDADO la tapa. Procure no estropear la superficie de cierre.

8. Para su montaje, aplique un cordón de 3/16" de pasta de cierre sobre la superficie, una vez eliminados todos los restos de la pasta vieja.

9. El montaje se efectúa siguiendo el orden contrario al indicado para el desmontaje.

Astro 4.3 L V-6

LADO DERECHO

1. Desconecte el cable negativo de la batería y saque la tapa del motor.

2. Saque el filtro de aire.

3. Desconecte los tubos del reactor de inyección de aire en la válvula de derivación. Luego, desmonte el soporte de la válvula de derivación que hay en el múltiple de admisión.

4. Desmonte el tubo de llenado de aceite al motor y el tubo de llenado de líquido de la transmisión en el soporte del alternador.

5. Saque la válvula de PCV en la tapa de válvulas.

6. Saque los tornillos que fijan los tubos del reactor de inyección de aire en la parte posterior de la cabeza de cilindros y separe el tubo de la zona de trabajo.

7. Desmonte la tapa del distribuidor y saque los cables. Luego, saque los tornillos de la tapa de balancines y extraiga dicha tapa.

8. Utilizando una rasqueta roma, elimine todos los restos de junta que hubiesen quedado en ambas superficies de contacto. Tome una nueva junta y aplíquele pasta de cierre en ambos lados, y luego móntela junto con la tapa, procurando que queden alineados los orificios de los tornillos.

9. Coloque los tornillos y apriételos alternativamente en varias etapas con un par de 4 libras-pie.

10. Para terminar el montaje, se siguen las mismas fases indicadas para el desmontaje, pero en orden inverso.

LADO IZQUIERDO

1. Desconecte el cable negativo de la batería y saque la tapa del motor.

2. Desconecte el filtro de aire.

3. Desconecte el tubo de vacío del carburador.

4. Desconecte la conexión eléctrica que existe en la tapa de balancines.

5. Desconecte los cables del fiador y aceleración que hay en el carburador. Luego, saque el soporte de dichos cables en el múltiple de admisión.

6. Saque los tornillos de la tapa de balancines. Extraiga la tapa.

7. Con una rasqueta sin filo, rasque todos los restos de junta que hubieran podido quedar en ambas superficies de contacto. Tome una junta nueva y aplíquela con pasta de cierre por ambos costados, montándola junto con la tapa de modo que los orificios de los tornillos queden bien alineados.

8. Coloque los tornillos y apriételos alternativamente en varias etapas, con un par de 4 libras-pie.

9. Para terminar el montaje siga el mismo procedimiento, pero a la inversa, que se ha indicado para el desmontaje. Ajuste los cables del fiador y aceleración.

Instalación de válvulas

AJUSTE DE LAS VÁLVULAS

4-119 y 4-137 Diesel

NOTA: Las válvulas se ajustan estando el motor frío.

1. Asegúrese que los tornillos que fijan la cabeza de los cilindros y el árbol de levas están apretados con el par adecuado.

2. Saque la tapa del lado de arrastre del árbol de levas.

3. Haga girar el cigüeñal con una llave colocada en el tornillo de fijación de la polea frontal o bien con el botón del motor de arranque, hasta que el pistón n.º 1 se encuentre en el PMS (punto muerto superior) de la carrera de compresión. Puede saber cuándo el pistón llega a la parte superior de su carrera de compresión sacando la bujía y tapando el agujero con el pulgar, de manera que notará la presión del aire sobre el dedo hasta el punto que se lo levantará del agujero. No gire más el cigüeñal cuando la señal de sincronización PMS que figura en la polea del mismo quede alineada con la flecha.

4. Estando el pistón n.º 1 en el PMS de su carrera de compresión, compruebe el juego que existe entre el balancín y el árbol de levas, utilizando el calibre adecuado sobre las válvulas de admisión n.º 1 y 2, y sobre las válvulas de escape n.º 1 y 3.

5. Ajuste el juego utilizando una llave de boca para aflojar la tuerca de seguridad, haciendo girar el tornillo de ajuste con un destornillador tipo Phillips y volviendo a apretar la tuerca de seguridad. Si la tolerancia es correcta, el calibre correspondiente debe pasar entre el árbol de levas y el balancín al ejercer una ligera fricción.

6. Haga que el cigüeñal dé una vuelta completa a fin de que el pistón n.º 4 se sitúe en el PMS de su carrera de compresión. Ajuste las válvulas restantes: n.º 2 y 4 de escape y n.º 3 y 4 de admisión, siguiendo el mismo procedimiento que se ha indicado en la fase 5.

7. Monte la tapa del lado de arrastre del árbol de levas.

Motores de gasolina, salvo el 4.3 L

1. Saque las tapas de los balancines y las juntas.

2. En los motores de seis cilindros en línea, el ajuste de las válvulas se efectúa del siguiente modo:

a. Con una tiza señale en la caja del distribuidor las posiciones de los cables de las bujías n.º 1 y 6. Saque la tapa del distribuidor con los cables de las bujías colocados.

b. Haga girar el motor con ayuda del cigüeñal hasta que el rotor del distribuidor señale hacia el cilindro n.º 1 (pistón en el PMS de la carrera de distribución). En esta posición, proceda al ajuste de las válvulas siguientes: n.º 1 de escape y admisión, n.º 2 de admisión, n.º 3, de escape, n.º 4 de admisión, n.º 5 de escape.

c. Afloje la tuerca de ajuste hasta notar que el empujador está suelto y luego vuelva a apretar la tuerca para que desaparezca el juego. Esto se puede determinar comprobando el juego del empujador mientras se hace girar la tuerca de ajuste. Una vez eliminado todo el juego, dé una vuelta más a la tuerca de ajuste.

d. Haga girar el motor hasta que el rotor del distribuidor señale hacia el cilindro n.º 6 (en la posición PMS de la carrera de compresión). Pueden ajustarse las válvulas siguientes: n.º 2 de escape, n.º 3 de admisión, n.º 4 de escape, n.º 5 de admisión, n.º 6 de admisión y escape.

3. El ajuste de las válvulas en los motores V-8 se realiza del siguiente modo:

a. Haga girar el motor hasta que la señal del amortiguador quede alineada con el PMS o la marca 0° del apéndice de sincronización, y el motor tenga el n.º 1 en la posición de encendido. Esto se puede determinar colocando los dedos en las válvulas del cilindro n.º 1 en el momento que las marcas coinciden. Si las válvulas no se mueven, el n.º 1 se halla en posición de encendido. Si las válvulas se mueven, el cilindro n.º 6 es el que se halla en posición de encendido, por lo que el cigüeñal deberá dar otra vuelta completa para que el n.º 1 se encuentre en la posición de encendido.

b. El ajuste se efectúa del mismo modo que el indicado para los motores de 6 cilindros.

c. Con el cilindro n.º 1 del motor en la posición de encendido, pueden ajustarse las siguientes válvulas: de escape los n.º 1, 3, 4 y 8; de admisión los n.º 1, 2, 5, 7.

d. Dé una vuelta completa al cigüeñal hasta que las marcas vuelvan a quedar alineadas. Ahora el cilindro n.º 6 se halla en la posición de encendido. Pueden ajustarse las siguientes válvulas: de escape n.º 2, 5, 6, 7; de admisión n.º 3, 4, 6, 8.

4. Vuelva a montar las tapas de los balancines, empleando nuevas juntas.

5. Monte la tapa del distribuidor y coloque los cables.

4.3 L V-6

1. Saque las tapas de las válvulas. Si hace poco ha terminado el montaje de la serie de válvulas por haber cambiado piezas, vale la pena comprobar que los empujadores están bien asentados en sus elevadores. Haga girar el motor hasta que llegue al centro o señal «0» del apéndice de sincronización que hay en la tapa frontal. Toque con los dedos los dos balancines del cilindro n.º 1 a fin de notar su movimiento mientras hace girar el motor a mano. Si cuando el cigüeñal llega a la marca «0» no nota ningún movimiento en los balancines, significa que el motor se halla en la posición correcta (en el PMS de su carrera de compresión). Por contra, si nota movimiento, dé otra vuelta de 360° al motor, siguiendo el mismo procedimiento, a fin de que el cilindro n.º 1 quede en la posición de encendido.

2. Estando el motor en la posición indicada, proceda al ajuste de las válvulas de escape n.º 1, 5, 6; y las válvulas de admisión n.º 1, 2, 3. Haga retroceder la tuerca de ajuste hasta que note que el empujador queda suelto. Luego vuelva a apretar gradualmente la tuerca hasta que desaparezca el juego. Una manera correcta y exacta de hacerlo consiste en girar el empujador con los dedos. Al desaparecer el juego de la válvula, el esfuerzo que hay que hacer para girar el empujador aumenta notable y repentinamente. Fíjese en la posición que ocupa la tuerca de ajuste en aquel momento. Luego hágala girar (en el sentido de las agujas del reloj) exactamente otra vuelta (360°). Hay que repetir este procedimiento de ajuste para cada una de las válvulas indicadas, mientras el motor se halla en dicha posición.

3. Haga girar el motor una vuelta completa (360°) hasta que la marca de sincronización vuelva a quedar alineada con la señal «0». Ahora el motor se encuentra con el cilindro n.º 4 en la posición de encendido. Se pueden ajustar las válvulas restantes: de escape n.º 2, 3 y 4; de admisión n.º 4, 5 y 6.

4. Vuelva a montar las tapas de las válvulas colocando nuevas juntas, tal como se ha explicado anteriormente.

GUÍAS DE LAS VÁLVULAS

En todos los motores, las guías de las válvulas forman parte integral de la cabeza de cilindros. Los agujeros de las guías de las válvulas pueden escariarse para adaptarlos a válvulas de mayor tamaño. Si el desgaste lo permite, las guías de las válvulas pueden estriarse a fin de retener las válvulas estandarizadas. Las máximas tolerancias permitidas entre el vástago de la válvula y el agujero de guía son las que figuran en la tabla de especificaciones de las válvulas.

Balancines

DESMONTAJE Y MONTAJE

4-119

1. Desmonte la transmisión del árbol de levas, tal como se explica en el apartado Desmontaje de la cabeza de cilindros.

2. Saque el muelle del balancín del pivote y extraiga el balancín de la cabeza de cilindros. Tenga cuidado de no perder la guía del balancín que queda en la parte superior de cada una de las válvulas.

3. El montaje se efectúa en orden inverso al del desmontaje.

4-137 Diesel

1. Saque la tapa de los balancines.

2. Saque los 8 tornillos que fijan los soportes de los balancines, siguiendo una secuencia y empezando por los de fuera.

3. Saque los balancines, el soporte y el conjunto del eje.

4. Para el montaje, siga el procedimiento en sentido inverso al indicado para su desmontaje.

5. El apriete de los tornillos de los soportes se hace secuencialmente, empezando por los tornillos del interior, y con un par de 15 libras-pie.

4-121

1. Desmonte el filtro de aire. Saque la tapa de la cabeza de cilindros.

2. Saque la tuerca y cojinete del balancín. Levante el balancín del pasador. Siempre debe mantener juntos los grupos de los balancines y volver a montarlos en el mismo pasador. Saque los empujadores.

3. Para el montaje: recubra las superficies de los cojinetes de los balancines y los propios cojinetes con Molykote® o una grasa equivalente.

4. Monte los empujadores asegurándose de que se apoyan correctamente en los elevadores.

5. Monte los balancines, cojinetes y tuercas. Apriete las tuercas de los balancines hasta que desaparezca el juego.

6. Ajuste las válvulas cuando el elevador se encuentra en el círculo base del lóbulo del árbol de levas: haga girar el motor hasta que la marca existente en la polea del cigüeñal quede alineada con la señal «0» del apéndice de sincronización. Asegúrese de que el cilindro n.º 1 del motor se halla en la posición de encendido. Toque con los dedos los balancines del cilindro n.º 1 cuando la marca de la polea del cigüeñal se acerque a la marca «0». Si las válvulas no se mueven es que el motor tiene el cilindro n.º 1 en la posición de encendido. Si las válvulas se mueven, el cilindro n.º 4 se halla en la posición de encendido; haga dar otra vuelta completa al motor y el cilindro n.º 1 se encontrará en la posición de encendido.

7. Cuando el motor se halle con el cilindro n.º 1 en la posición de encendido, proceda al ajuste de las siguientes válvulas: de escape n.º 1 y 3; de admisión n.º 1 y 2.

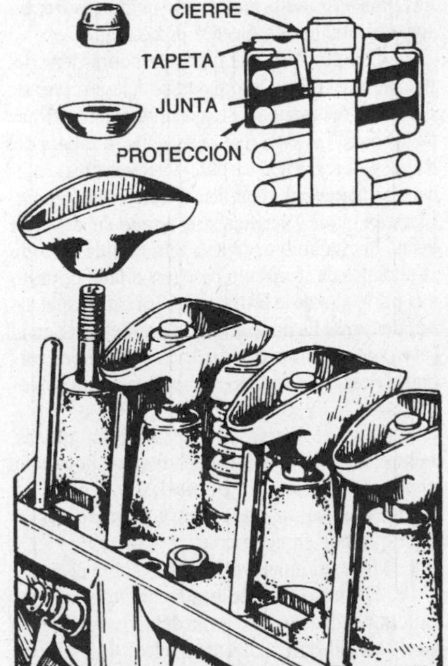

Elementos del balancín

8. Haga retroceder la tuerca de ajuste hasta que note que el empujador queda suelto, luego apriete la tuerca hasta que desaparezca el juego (esto se puede notar haciendo girar el empujador mientras se aprieta la tuerca de ajuste). Una vez eliminado todo el juego existente, dé una vuelta y media más a la tuerca, con lo que se centrará el elevador.

9. Haga dar una vuelta completa al cigüeñal hasta que la señal «0» y el apéndice de sincronización queden alineados. Ahora el motor tiene el cilindro n.º 4 en la posición de encendido; proceda al ajuste de las válvulas siguientes: de escape n.º 2 y 4; de admisión n.º 3 y 4.

10. El montaje de los componentes restantes se lleva a cabo en el orden inverso al que se ha indicado para su desmontaje.

6-137

NOTA: Algunos motores han sido montados utilizando pasta de silicona que vulcaniza a la temperatura ambiente (RTV), en vez de juntas para la tapa de los balancines. Si el motor en que trabaja fue montado con la silicona RTV, jamás debe emplear una junta al volver a montarlo. Por contra, si el motor llevaba de origen una junta para la tapa de los balancines, nunca deberá utilizar silicona RTV. Cuando se aplique RTV, basta con un cordón de 1/8''. Siempre hay que dejar que el cordón penetre dentro de los agujeros de los tornillos.

Los balancines pueden sacarse desmontando la tuerca de ajuste. Asegúrese del ajuste del juego de la válvula una vez colocado el balancín.

NOTA: Cuando cambie un balancín del escape, coloque un viejo balancín de admisión en el lugar del de escape y monte el nuevo balancín en el puesto de admisión.

Las cabezas de cilindros utilizan espárragos roscados para los balancines. Si las roscas de la cabeza de cilindros están estropeados o rayadas, la cabeza de cilindros puede mecanizarse para agrandar los agujeros y colocar en su lugar un complemento de tipo helicoidal.

NOTA: Si el motor lleva un sistema de control de la emisión de los gases de escape (AIR), deberán sacarse aquellos componentes de la instalación que impidan los trabajos. Desconecte los tubos de las toberas de inyección de aire en los múltiples de escape.

Motores de gasolina salvo 4-119, 2.5L y 4.3L

Los balancines se extraen una vez sacada la tuerca de ajuste. Asegúrese de haber ajustado el juego de la válvula una vez sustituidos los balancines. Antes del montaje hay que lubricar el nuevo balancín y el cojinete con aceite de motor.

Los espárragos de los balancines que tengan roscas estropeadas o que no queden fijados en la cabeza de los cilindros, podrán cambiarse procediendo al escariado del agujero y colocando espárragos de mayor diámetro. Las sobredimensiones que existen y pueden suministrarse son de 0,003 y 0,013 pulgadas. También pueden taladrarse los agujeros a un mayor diámetro y montar en ellos espárragos roscados. Existen empresas que fabrican juegos completos de balancines con sus correspondientes útiles para el montaje.

2.5L (4 cilindros)

1. Sacar la tapa de los balancines, tal como se ha explicado antes.

2. Sacar el tornillo del balancín, el cojinete y el mismo balancín. Guárdelo todo en orden para poder volver a montarlos en la misma posición si es que van a servir los mismos componentes. Tenga en cuenta que si sólo cambia el empujador, puede aflojar la tuerca hasta llegar casi a la parte superior del vástago y entonces bastará con hacer oscilar el balancín para poderlo separar, sin que sea necesario desmontarlo. En estas condiciones, el empujador podrá sacarse y colocar el nuevo.

3. Al cambiar el empujador, móntelo en su lugar y compruebe que se asienta sobre el levantador. Luego, recubra las superficies de rozamiento de cualquier nuevo balancín, cojinete o empujador que monte con un lubricante adecuado para piezas de motor (por ejemplo Molykote®).

4. Monte las piezas en el orden correcto, asegurándose de que la parte superior del empujador ajusta en el extremo del balancín que tiene el rebaje. Coloque el tornillo y apriételo con un par de 20 libras-pie. ¡No se debe apretar excesivamente el tornillo!

5. Monte la tapa del balancín.

4.3L V-6

1. Saque las tapas de los balancines.

2. Saque las tuercas de los balancines, y luego los cojinetes, los balancines y empujadores (si es preciso). Consérvelos bien ordenados a fin de poder volver a montarlos en las mismas posiciones si son aprovechables.

3. Cuando se cambie el empujador, móntelo y asegúrese de que ajusta perfectamente sobre el levantador. Luego, recubra las superficies de rozamiento de cualquier nuevo balancín, cojinete o empujador con un lubricante adecuado para piezas del motor (por ejemplo Molykote®).

4. Monte las piezas en el orden correcto, asegurándose de que la parte superior del empujador ajusta en el extremo del balancín que está provisto del rebaje. Apunte la tuerca sobre el pasador, en la próxima fase ya se colocará en su posición definitiva.

5. Ajuste las válvulas (véase los procedimientos a seguir para el ajuste de las válvulas).

6. Monte la tapa de los balancines tal como se ha explicado antes.

Motores diesel, salvo el 4-137

1. Desmonte el filtro de aire, los conductos de alta presión que van a los inyectores y la tapa de los balancines.

2. Saque los tornillos del pivote del balancín y también el pivote o pivotes. Extraiga los balancines. El empleo de pivotes puente hace necesario que los balancines sean sacados a pares.

3. Para el montaje, coloque el juego de balancines en su posición original.

4. Lubrique las superficies de contacto con el pivote y monte el pivote o pivotes.

5. Monte los tornillos de los pivotes. Apriete alternativamente los tornillos con un par de 25 libras-pie, siguiendo el mismo procedimiento que se ha explicado antes bajo el título de Ajuste de las válvulas en los motores diesel.

6. Monte la tapa de los balancines tal como se ha expuesto en la fase 16 del desmontaje y montaje de la cabeza de cilindros del motor diesel. Monte los tubos de combustible y el filtro de aire.

MANTENIMIENTO DE LOS TAQUÉS DE LAS VÁLVULAS

Motores diesel, salvo el 4-137

Siempre que se hayan sacado los balancines y el múltiple de admisión, hay que sacar también los taqués o levantaválvulas, debiendo desmontarlos y montarlos estando sumergidos en gasóleo o queroseno, y purgarlos mediante una prensa especial de contrapeso. Lo mismo hay que hacer siempre que sólo se saquen los taqués. Tenga en cuenta que si se han sacado los balancines, pero no se ha tocado el múltiple de admisión, los taqués pueden purgarse tal como se ha explicado en el apartado Ajuste de las válvulas para motores diesel. El procedimiento que se indica a continuación debe utilizarse para desmontar y montar los taqués, o siempre que tanto los balancines como el múltiple de admisión hayan sido manipulados.

1. Saque el múltiple de admisión.

2. Saque las tapas de los balancines, los balancines mismos y los empujadores. Mantenga las piezas ordenadas a fin de poder volver a montarlas en sus lugares originales.

3. Saque los taqués.

4. Para desmontar los taqués: saque el anillo de seguridad con ayuda de un pequeño destornillador.

5. Saque el asiento del empujador. Saque la válvula dosificadora de aceite. Saque el émbolo y el muelle del émbolo. Saque la válvula de retención y el muelle, una vez extraído el retén.

6. Limpie todas las piezas con un disolvente que no resulte perjudicial. Compruebe si existen rebabas, muescas, deformaciones o un desgaste excesivo, cambiando la pieza si es necesario.

7. Compruebe si la zapata elevadora tiene demasiado desgaste: coloque una regla a través de la zapata del taqué. Sostenga el taqué a la altura de los ojos. Observe si se ve luz entre la zapata del taqué y la regla. En caso de detectarse luz, indicando que hay una superficie cóncava, deberá cambiarse el taqué y verificarse el estado del árbol de levas. Si el lóbulo de la leva está torcido en toda la anchura de su círculo base (en el lado opuesto a la parte alta de la leva), se deberá cambiar el árbol de levas. Es normal que exista desgaste en el centro del círculo base de la leva. También es normal el desgaste a todo lo ancho de la punta del lóbulo.

8. Una vez limpias las piezas de los taqués, monte el muelle y el retén del disco de la válvula dentro del émbolo. Asegúrese de que la brida del retén está bien apretada contra el fondo del rebaje que hay en el émbolo.

9. Monte el muelle del émbolo sobre el retén.

10. Sostenga el émbolo con el muelle encima. Colóquelo dentro del cuerpo del taqué. Mantenga el émbolo vertical mientras hace esto para evitar que salga el muelle.

11. Llene el recipiente del útil J-5790 de la GM con queroseno hasta que esté a media pulgada de su borde superior. Este útil consiste en una prensa especial de contrapeso que permite el giro del recipiente.

12. Coloque todo el conjunto del taqué de la válvula dentro del recipiente. Sitúe la válvula de control de aceite y el asiento del empujador sobre el émbolo.

13. Monte una bola de acero de 1/4" sobre el asiento del empujador. Baje el cilindro de comprobación hasta que entre en contacto con la bola de acero. No presione sobre el cilindro. Deje que el cilindro baje por su propio peso, hasta que desaparezcan las burbujas de aire que salen del conjunto taqué.

14. Levante el cilindro y, luego, deje que vuelva a descender por su propio peso. Vaya repitiendo esta operación hasta que el aire del taqué haya desaparecido por completo. En modo alguno debe intentar acelerar el proceso moviendo el cilindro arriba y abajo.

15. Cuando haya salido todo el aire, deje que el cilindro descienda, sangrando el taqué y dejando que quede a la vista la ranura del anillo de seguridad. Monte el anillo de seguridad.

16. Ajuste el tornillo del cilindro de manera que entre en contacto con la bola de acero del asiento del empujador al mismo tiempo que la aguja se encuentra en la línea inicial.

17. Baje el brazo del comprobador, empezando la prueba de sangrado mientras el cilindro permanece sobre la bola de acero y se pone en marcha el temporizador. Haga girar el recipiente al ritmo de una vuelta cada dos segundos, y ajuste el indicador desde la línea de comienzo a la de paro. El tiempo de sangrado admisible es de 6 segundos como mínimo para los taqués usados y de 9 a 60 segundos para los nuevos.

18. Si la velocidad de sangrado se encuentra dentro de los límites especificados, el taqué puede volver a utilizarse. En caso contrario deberán montarse nuevos taqués en el motor.

19. Cuando se tengan que montar nuevos taqués primero deberán llenarse con queroseno o gasóleo. Monte el taqué en el comprobador. Llene el recipiente hasta que llegue a 1/2" del borde superior, y llene el taqué tal como se ha explicado en las fases 13-15.

20. Para el montaje de los taqués: recubra el pie de taqué con lubricante # 562458 de GM o un producto equivalente.

21. Monte los taqués en sus posiciones originales. Monte los empujadores en sus posiciones primitivas.

22. Monte el múltiple de admisión.

23. Monte los balancines y pivotes.

24. Purgue los taqués tal como se ha explicado en el apartado Ajuste de válvulas para los motores diesel.

25. Monte las tapas de los balancines.

Múltiple de admisión

DESMONTAJE Y MONTAJE

4-119

1. Desconecte el cable de masa de la batería y desmonte el conjunto del filtro de aire.

2. Desmonte el tornillo de la brida del tubo EGR que se encuentra detrás de la cabeza de cilindros.

3. Levante el vehículo y saque el tubo EGR de los múltiples de admisión y escape.

4. Desmonte la válvula EGR y el conjunto soporte que hay en el múltiple de admisión.

5. Baje el vehículo y purgue el sistema de refrigeración del motor.

6. Saque los tubos superiores de refrigerante del múltiple.

7. Desconecte las articulaciones del acelerador, tubos de vacío, cables eléctricos y conducto de combustible del múltiple de admisión.

8. Saque las tuercas de fijación y extraiga el múltiple de la cabeza de cilindros.

9. Saque el tubo inferior del calefactor mientras sostiene el múltiple apartado del motor. Saque el múltiple del vehículo.

10. El montaje se realiza en el orden inverso al indicado para el desmontaje.

4-137 Diesel

1. Levante el capó del motor.

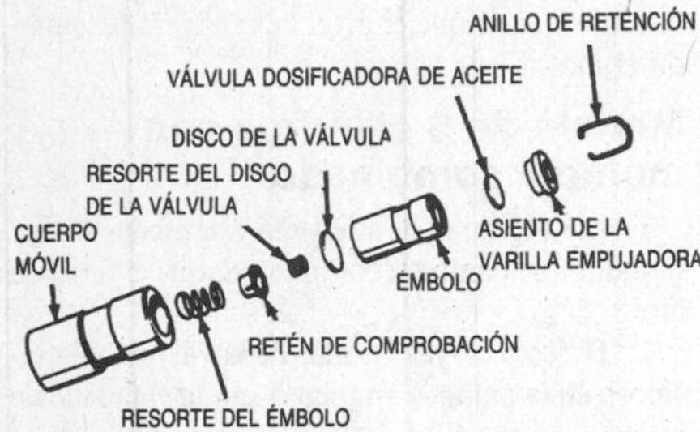

Despiece del elevador de válvulas del motor diesel de 5.7L

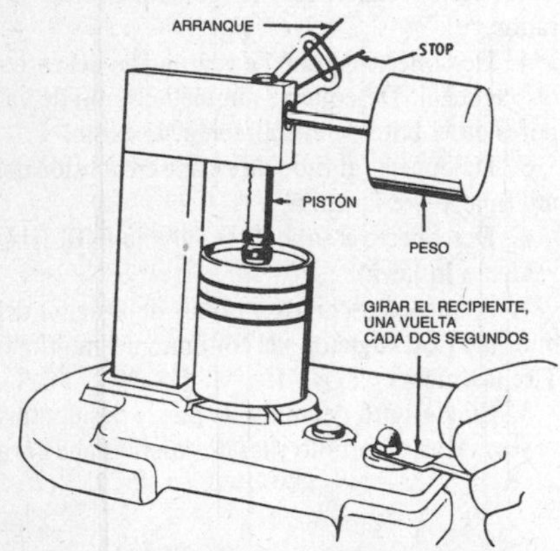

Hay que utilizar una prensa manual especial, con contrapeso, para el montaje de los elevadores de válvulas del motor diesel

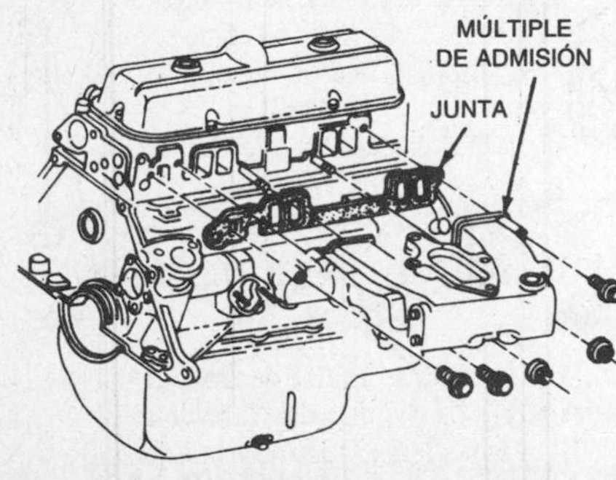

Múltiple de admisión del 4-119

2. Saque los tornillos que fijan el filtro de aire y afloje el tornillo de la abrazadera.

3. Levante despacio el filtro de aire y desconecte el tubo de ventilación, luego saque todo el grupo del filtro de aire.

4. Saque los dos tornillos y las cuatro tuercas que fijan el múltiple de admisión.

5. Saque el múltiple de admisión.

6. El montaje se hace en el orden inverso al indicado para el desmontaje. Los tornillos se aprietan con un par de 15 libras-pie.

4-121

1. Desconecte el cable negativo de la batería.

2. Desmonte el filtro de aire. Purgue el sistema de refrigeración.

3. Ponga etiquetas de identificación y desconecde todos aquellos tubos de vacío y cables que sean necesarios. Saque la polea intermedia.

4. Saque la correa de accionamiento del sistema AIR. Si el vehículo está equipado con dirección asistida, saque la correa de accionamiento y extraiga la bomba con los tubos conectados. Coloque la bomba a un lado para que no estorbe.

5. Saque el tornillo de fijación del soporte del AIR con el múltiple de admisión. Saque la polea de la bomba de aire.

6. Si dispone de dirección asistida, saque el tornillo pasante del AIR y luego el soporte de ajuste de la dirección asistida.

7. Afloje el tornillo inferior del soporte de la bomba de aire de manera que el soporte pueda girar.

8. Desconecte el tubo de combustible del carburador. Desconecte los enlaces del carburador y sáquelo.

9. Extraiga la rejilla de calefacción del sistema de evaporación inicial del combustible (EFE).

10. Saque el distribuidor.

11. Saque los tornillos y tuercas de montaje y extraiga el múltiple de admisión. Asegúrese de haber desconectado el tubo del calefactor y el condensador de la parte inferior del múltiple de admisión antes de sacarlo completamente.

12. Empleando una junta nueva, vuelva a colocar el múltiple, apretando tuercas y tornillos de acuerdo a las especificaciones.

13. El montaje de los elementos que faltan se lleva a cabo en orden inverso al de su desmontaje. Ajuste las correas de accionamiento que sea preciso y compruebe la sincronización del encendido.

2,5L (4 cilindros)

1. Desconecte el cable negativo de la batería. En los vehículos Astro, debe sacar la guantera (cajuela) y la tapa del motor.

2. Saque el grupo del filtro de aire. Purgue el sistema de refrigeración.

3. Desconecte el carril que sostiene los tubos de vacío tanto en la caja del termostato como en el múltiple de escape.

4. Ponga etiquetas de identificación (si es preciso) y luego desconecte todos los conectores eléctricos y de vacío que puedan interferir en la extracción del múltiple. Si dichos tubos están colocados de manera que pasan por encima o cerca del múltiple, también deberá desmontar soportes y atalajes.

5. Desconecte el cable del acelerador en el cuerpo TBI de la válvula de mariposa. Desconecte los tubos de combustible en el cuerpo TBI de la válvula de mariposa y de todos los lugares que puedan estar fijados a partir del múltiple, procurando que todas las pérdidas de combustible vayan a caer dentro de un recipiente metálico colocado exprofeso.

6. Desconecte los conductos de refrigerante en el múltiple de admisión.

7. Desconecte los cables del alternador, saque la correa y, luego, afloje los tornillos de montaje del alternador y separe el mismo.

8. Desenchufe el conector eléctrico de la parte superior de la bobina. La bobina está fijada con su soporte a los dos pernos situados detrás del montaje del múltiple de admisión. Saque las tuercas de fijación de la bobina de encendido en el múltiple de admisión, y separe todo el conjunto de la bobina.

9. Observe las posiciones de los dos tipos diferentes de pernos y tornillos (puede utilizar las ilustraciones como referencia). Luego, saque los pernos, los tornillos y las arandelas. Saque el múltiple y la junta.

10. Con una rasqueta roma, rasque ambas superficies de junta. Si cree que el múltiple sufre pérdidas, compruebe la superficie de unión con una regla. Si descubre que se halla muy deformado, deberá cambiarse.

11. Monte una nueva junta alineando los agujeros y luego coloque el múltiple contra la misma. Coloque los pernos y seguidamente móntelo apretándolo sólo con los dedos.

12. Primero apriete los pernos señalados con el número 1 (en la figura) a 25 libras-pie; luego apriete los señalados con el número 2 a 37 libras-pie; finalmente, apriete los que llevan el número 3 a 28 libras-pie. Para terminar el proceso de montaje, siga el orden inverso al indicado para el desmontaje.

4,3L V6

1. Desconecte el cable negativo de la batería. Saque la tapa del motor.

2. Desmonte el filtro de aire. Purgue el sistema de refrigeración.

3. Señale y después saque la tapa del distribuidor y los cables de las bujías. Desconecte el conector del control electrónico de chispa. Luego, saque el distribuidor (en caso necesario puede consultar el procedimiento de desmontaje que se ha explicado antes en esta misma sección).

4. Desconecte los cables de la transmisión y del acelerador que se encuentran en las articulaciones de la válvula de mariposa.

5. Saque la abrazadera posterior del compresor de aire acondicionado, dejando el compresor y los tubos en su posición.

6. Desconecte tanto los tubos de llenado de aceite de la transmisión y del motor, situados en el soporte del alternador.

7. Desmonte la polea loca del compresor del aire acondicionado que se encuentra en el soporte del alternador.

8. Desconecte el tubo de combustible del carburador, procurando recoger el combustible que salga dentro de un recipiente metálico.

9. Ponga etiquetas de identificación y saque

cualquier tubo de vacío y conector eléctrico del carburador que pueda interferir el desmontaje de dicho carburador y del múltiple.

10. Saque los tubos del reactor de inyección de aire y sus soportes.

11. Desconecte el tubo del calefactor del múltiple.

12. Saque los tornillos del múltiple y extraiga dicho múltiple.

13. Utilizando un producto desengrasante, limpie cualquier resto de silicona de junta y demás materias extrañas que hayan quedado en la junta y superficies de unión del múltiple, bloque y cabeza de cilindros.

14. Monte las juntas sobre las cabezas de cilindros y luego aplique un cordón de 3/16'' de silicona # 1052917 ó equivalente en los bordes frontal y posterior de la caja de los cilindros. El cordón de silicona también debe extenderse 1/2'' sobre cada cabeza de cilindros a fin de sellar las juntas laterales de los múltiples y sostenerlas mientras se lleva a cabo el montaje del múltiple. También hay que aplicar una pasta de cierre apropiada en los conductos de agua.

15. Ponga exacta y cuidadosamente el múltiple en la debida posición, con perfecta alineación entre los agujeros roscados y los pasos. Coloque pernos y tornillos, apretándolos sólo con los dedos. Luego, apriételos primero a 30 libras-pie, en la secuencia que se indica en la figura. Después repita la operación con un apriete de 30 libras-pie en la segunda secuencia.

16. Las fases restantes se deben llevar a cabo en el orden inverso al indicado para el desmontaje. Ponga el motor en marcha y compruebe si existen fugas.

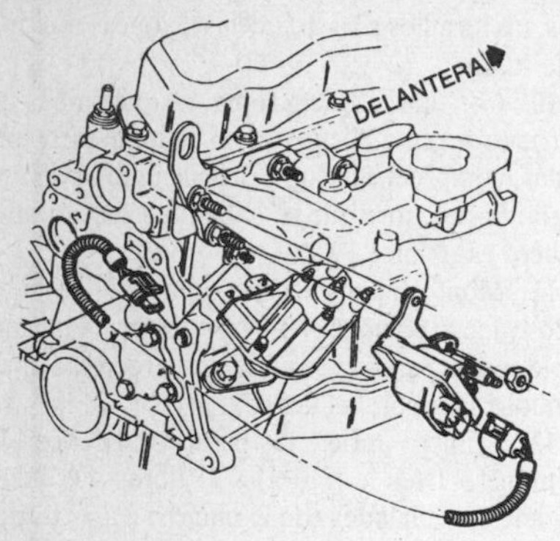

Montaje de la bobina en el motor de cuatro cilindros de 2.5 L

6-173

1. Saque las tapas de los balancines.

2. Purgue el sistema de refrigeración.

3. Si dispone de ella, saque la bomba AIR y su soporte.

4. Saque la tapa del distribuidor. Marque la posición del rotor de encendido con respecto al cuerpo del distribuidor, y luego saque el distribuidor. No debe hacer girar el motor con el distribuidor fuera.

5. Saque los tubos del calefactor y del radiador que se encuentran en el múltiple de admisión.

6. Saque el tubo del servofreno.

7. Desconecte y ponga etiquetas de identificación en los tubos de vacío. Saque el tubo EFE de detrás del múltiple.

8. Desmonte las articulaciones del carburador. Desconecte y tape el tubo de combustible.

9. Saque los tornillos y tuercas que sostienen el múltiple.

10. Saque el múltiple de admisión. Extraiga y tire las juntas, rascando la vieja pasta de silicona de los bordes anterior y posterior.

11. Para el montaje: las juntas vienen marcadas con la indicación de si van montadas a la derecha o a la izquierda; no debe cambiarlas de sitio. Limpie la superficie de contacto del bloque del motor, y aplique un cordón de silicona de 3/16'' en cada borde.

12. Coloque juntas nuevas sobre la cabeza de cilindros. Las juntas deberán cortarse un poco para que ajusten en los empujadores del centro. No corte más material del que sea necesario. Coloque las juntas en su sitio y aguántelas extendiendo un cordón de 1/4'' de silicona en sus extremos.

13. Monte el múltiple de admisión. La zona entre los nervios o bordes y el múltiple debe quedar completamente sellada.

14. Coloque los tornillos y tuercas de fijación, y apriételos de acuerdo a la secuencia indicada con un par de 23 libras-pie. No debe apretarlos excesivamente; el múltiple está hecho de aluminio y puede deformarse o romperse si se ejerce demasiada fuerza.

15. El resto del montaje se realiza siguiendo el orden inverso a su desmontaje. Una vez terminado el montaje compruebe la sincronización del encendido y verifique el nivel de refrigerante cuando el motor esté caliente.

Modelo de 6 cilindros con múltiple combinado

1. Los múltiples de admisión y de escape se desmontan formando un conjunto. Saque el filtro de aire.

2. Desconecte las varillas de la válvula de mariposa en la palanca angular y saque el muelle de retorno de la válvula.

3. Desconecte los tubos de combustible y de vacío del carburador. Tape el tubo de combustible. Desconecte el cable del estrangulador en el carburador.

4. Desconecte el tubo de ventilación del cárter del cigüeñal. Desconecte también el tubo de vapores en el bote de evaporación, si existe.

5. Desconecte el tubo de escape en la brida del múltiple y tire la junta.

6. Desconecte el tubo de la válvula EGR (si el vehículo lo lleva).

7. Saque los tornillos y bridas de fijación del múltiple y extraiga todo el conjunto del múltiple. Tire las juntas viejas.

8. El conjunto del múltiple puede desmontarse si se sacan el tornillo y las dos tuercas que lleva

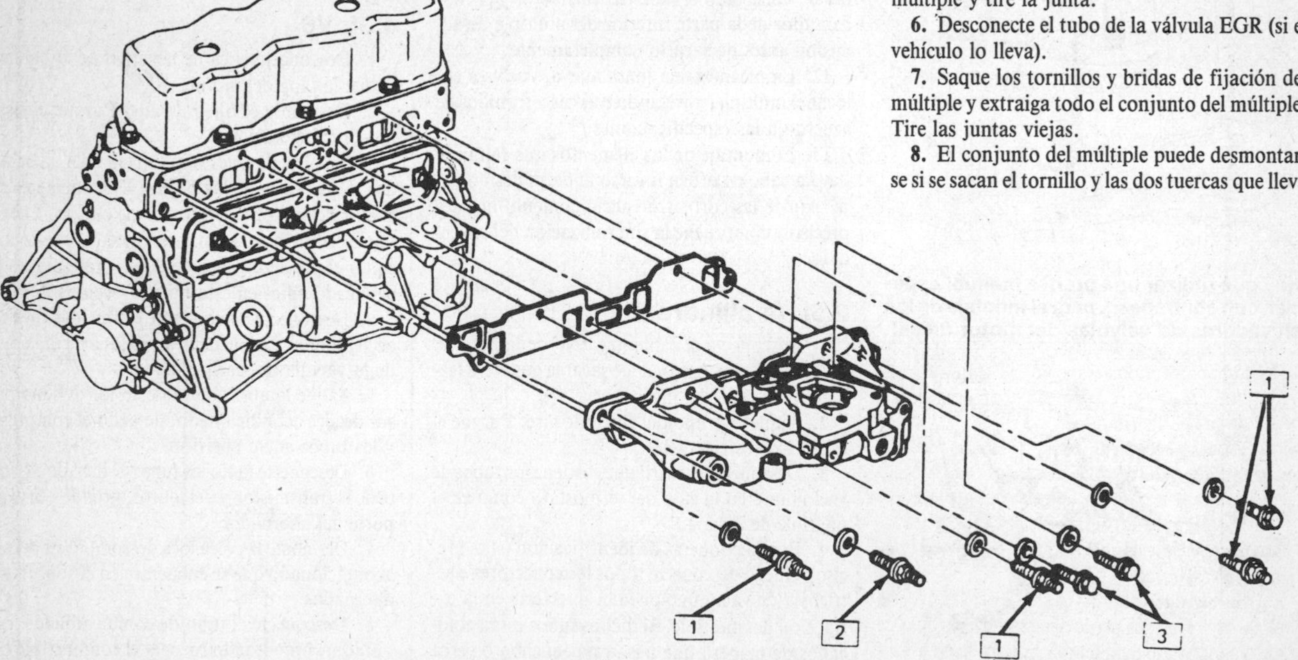

Montaje del múltiple de admisión en el motor de cuatro cilindros de 2.5 L. Los tornillos 1 se aprietan a 25 libras-pie; los 2 a 37 libras-pie; y los 3 a 28 libras-pie

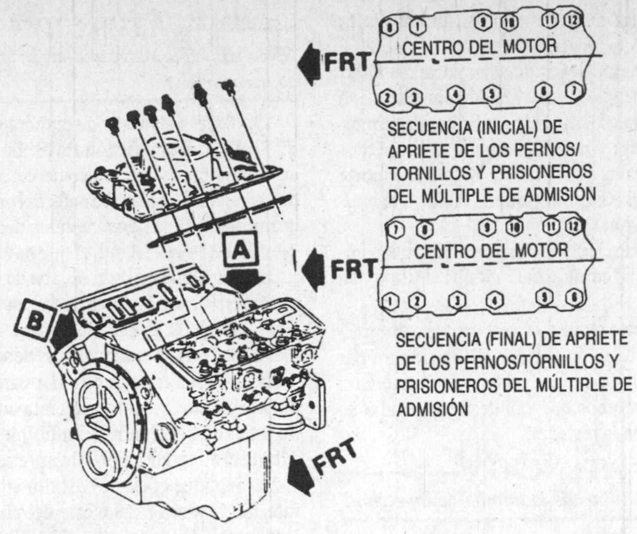

Secuencia de apriete de los tornillos del múltiple sobre el motor 4,3L V-6

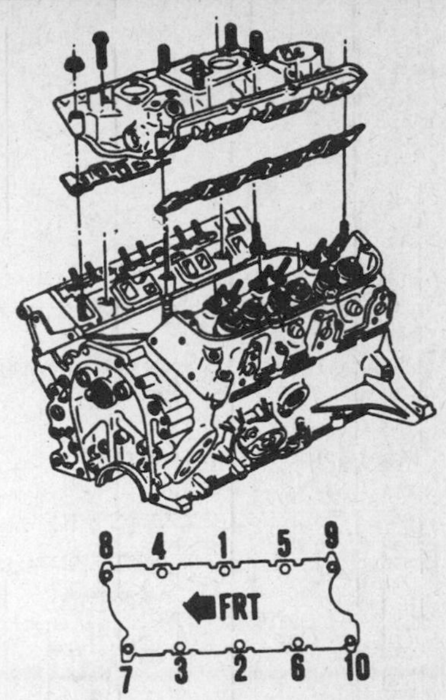

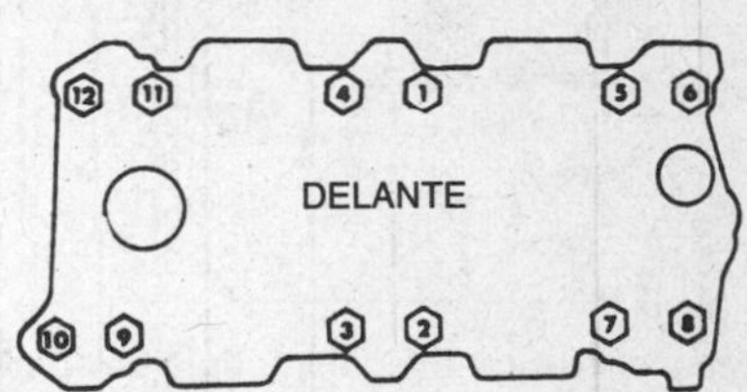

Secuencia de apriete del múltiple de admisión del 6-173

en el centro. No debe aflojarlas mientras el conjunto del múltiple está fijado en el motor.

9. Compruebe el estado del múltiple a lo largo de las lumbreras de escape. Si está deformado más de 0.015", deberá cambiarse. Limpie todas las superficies de unión.

10. El montaje se efectúa en el orden inverso al indicado para su desmontaje. Emplee juntas nuevas en todos los sitios. Los pares de apriete para los tornillos figuran en las especificaciones correspondientes.

V8, excepto diesel

1. Desmonte el filtro de aire.

2. Purgue el radiador.

3. Desconecte:

a. Los cables de la batería, en la misma batería.

b. Tubo superior del radiador y del calefactor, en los múltiples.

c. Tubos de ventilación del cárter del cigüeñal si es preciso.

d. Tubo de combustible y cable del estrangulador en el carburador.

e. Articulaciones del acelerador, en el carburador.

f. Tubo de vacío, en el distribuidor.

g. Tubo del servofreno, en la base del carburador o múltiple, si procede.

h. Cables del termostato.

i. Derivación de la bomba de agua, en la misma bomba. (Sólo en Mark IV.)

4. Saque la tapa del distribuidor y marque la posición del rotor con respecto al cuerpo del distribuidor.

5. Saque el distribuidor.

6. En caso necesario, saque el soporte del filtro de aceite, el del filtro de aire, compresor de aire y el soporte y la palanca angular del acelerador.

7. Extraiga los tornillos de fijación del múltiple a la cabeza de cilindros, y luego saque el múltiple y el carburador juntos.

8. Si hay que cambiar el múltiple, traslade el carburador (con sus pernos de montaje), salida de agua y termostato (emplee una junta nueva), adaptador del tubo del calentador, válvula EGR (utilice una nueva junta) y, si procede, el conmutador TVS y la bobina del estrangulador de aire. Todos los motores utilizan un tubo de calor para el estrangulador, el cual debe pasarse al nuevo múltiple.

9. Antes de montar el múltiple, limpie a fondo la junta y las superficies en contacto con la misma, tanto de la cabeza de cilindros como del múltiple.

10. Monte los cierres extremos del múltiple, doblando los apéndices si es preciso, y las juntas entre el múltiple y la cabeza de cilindros, aplicando una pasta de cierre alrededor de los pasos de agua; en los modelos de 1978 y posteriores hay que utilizar pasta de silicona RTV (vulcanizable a temperatura ambiente) en los nervios anterior y posterior del bloque de cilindros, en lugar de los cierres. En dichos modelos, debe eliminar cualquier resto de silicona RTV que haya quedado suelta en las superficies de unión. Aplique un cordón de 3/16" de pasta de silicona RTV # 1052366 de GM o calidad equivalente en los nervios anterior y posterior, colocando un cordón de 1/2" sobre la cabeza de cilindros a fin de cerrar y sostener las juntas laterales del múltiple de admisión.

11. Cuando monte el múltiple, tenga cuidado de no estropear los cierres del extremo. Es conveniente utilizar una guía en la abertura del distribuidor. Los tornillos del múltiple se aprietan a 30 libras-pie, siguiendo el orden que se indica.

12. Monte el distribuidor con el rotor en su posición original, tal como nos indicará la marca trazada. Si el motor ha sufrido cambios, utilice como referencia el apartado de Desmontajc y montajc del rotor.

13. Si procede, monte el soporte superior del alternador y regule la tensión de la correa.

14. Monte todos los componentes que han sido desmontados en las fases 3 a 6.

15. Llene el sistema de refrigeración, ponga el motor en marcha, compruebe si se producen pérdidas y ajuste la sincronización del encendido y la velocidad en ralentí del carburador, así como la mezcla de combustible.

Diesel

1. Saque el filtro de aire.

2. Purgue el radiador. Afloje la abrazadera superior del tubo de derivación, saque los tornillos de la caja del termostato y extraiga termostato y caja del múltiple de admisión.

3. Saque los tubos de ventilación de las tapas de los balancines y el traspaso de aire. Desmonte el traspaso de aire. Es aconsejable tapar las entradas de aire en el múltiple para impedir que si se sueltan las tuercas y los tornillos puedan caer dentro del motor. Basta con poner cinta adhesiva sobre las entradas de aire.

4. Desconecte la varilla de la válvula de mariposa y el muelle de retorno. Si el vehículo lleva control de velocidad de crucero, desmonte el servo.

5. Saque el pasador en la palanca angular del carburador y desconecte los cables. Desmonte el cable de la válvula de mariposa del soporte que hay en el múltiple; separe el cable del motor. Des-

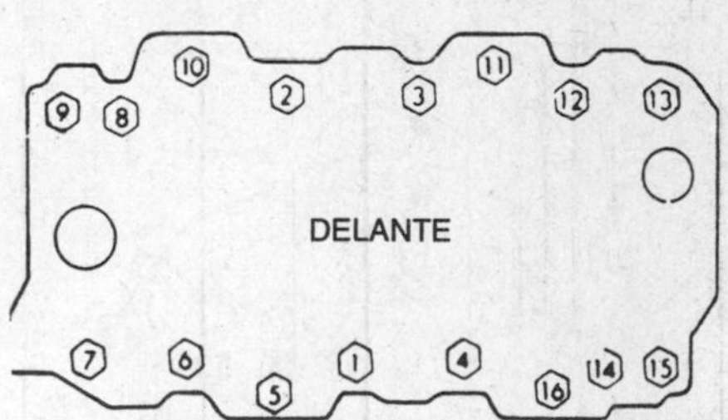

Secuencia de apriete del múltiple de admisión en el pequeño bloque del V-8

Secuencia de apriete del múltiple de admisión del 8-454

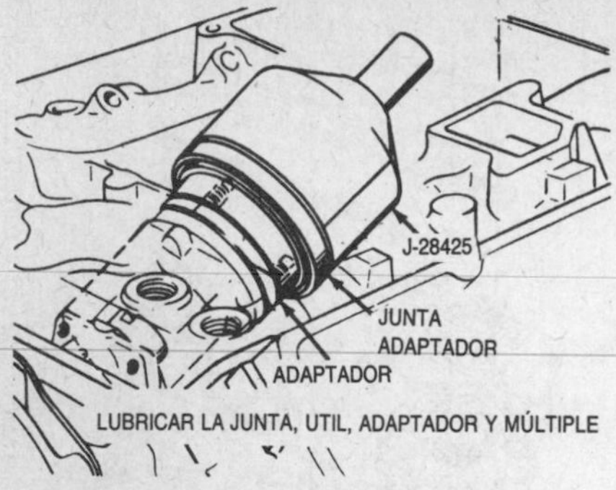

Montaje de la junta adaptador

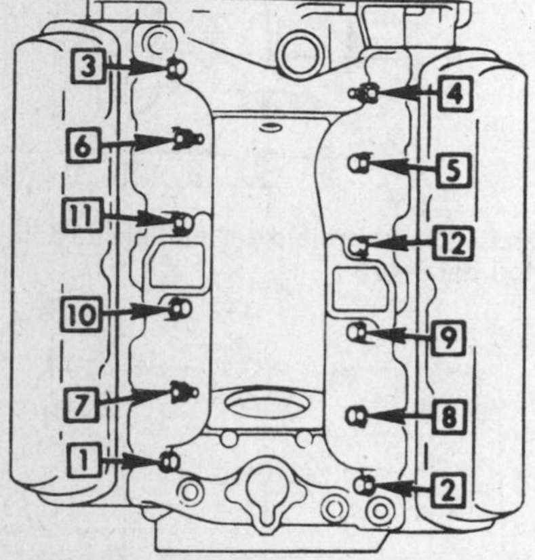

Secuencia de apriete del múltiple de admisión del motor diesel 8-350

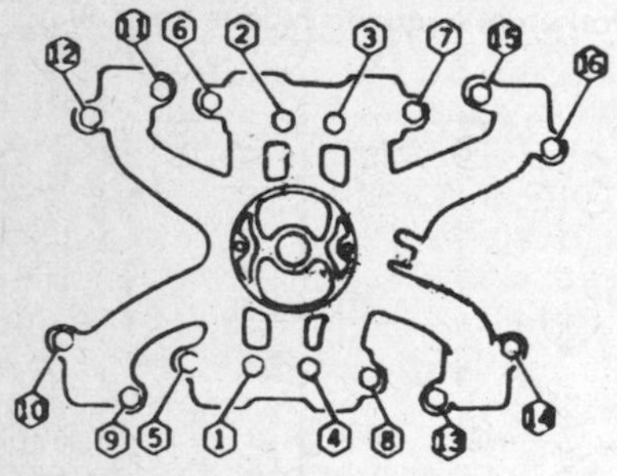

Secuencia de apriete del múltiple de admisión del motor diesel 8-379

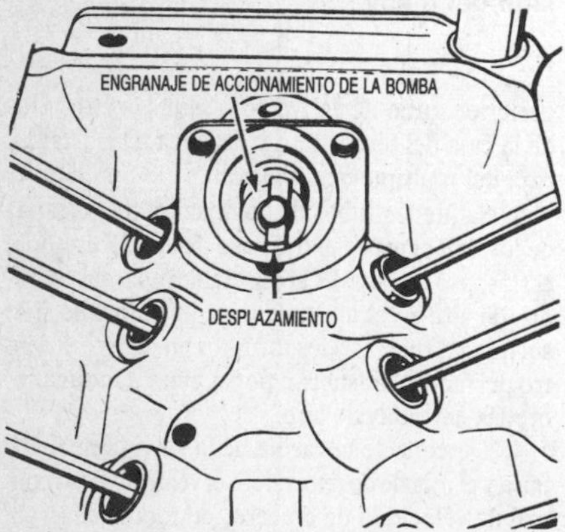

La señal en el engranaje de accionamiento de la bomba de inyección debe estar desplazada hacia la derecha cuando el cilindro n.º 1 se encuentra en PMS

conecte y ponga etiquetas identificadoras en los cables que sea necesario.

6. Si es preciso, desmonte el soporte del alternador. Caso de que el vehículo esté equipado con aire acondicionado, saque los tornillos de montaje del compresor y desplácelo a un lado, sin desconectar ninguno de los tubos. Saque el soporte de montaje del compresor que se halla en el múltiple de admisión.

7. Desconecte el tubo de combustible de la bomba y del filtro de combustible. Saque el filtro y su soporte.

8. Desconecte el tubo de retorno de combustible en la bomba de inyección. Utilizando un par de llaves, a fin de que los tubos no se retuerzan, desconecte los tubos que van desde la bomba de inyección a los inyectores.

ATENCIÓN

¡No doble los tubos de la bomba de inyección!

9. Desmonte las tres tuercas que fijan la bomba de inyección, utilizando para ello la herramienta especial de GM n.º J-26987 ó una equivalente. Saque la bomba y cubra todos los tubos abiertos e inyectores.

10. Desconecte los tubos de la bomba de vacío. Saque el tornillo y el soporte que sostienen la bomba en el bloque del motor, y extraiga dicha bomba.

11. Saque el tubo de purga del múltiple de admisión.

12. Saque los tornillos del múltiple de admisión para poder retirarlo. Saque el cierre del adaptador. Desmonte el adaptador de la bomba de inyección.

13. Limpie las superficies de contacto de las cabezas de cilindros y del múltiple de admisión, empleando una espátula. Proceda con sumo cuidado para no rascar o dañar las superficies. Limpie las superficies con disolvente y déjelas secar.

NOTA: En el caso de que se hayan desmontado los balancines, también hay que sacar los taqués, desmontarlos y volver a montarlos mientras se sumergen en queroseno o gasóleo, luego deben purgarse utilizando la prensa especial con contrapeso (véase el procedimiento en esta misma sección). No monte el múltiple sin haber hecho el mantenimiento de los taqués afectados.

14. Para montar el múltiple: Recubra ambos lados de la superficie de la junta que sirve de cierre al múltiple de admisión con la cabeza de cilindros mediante pasta GM n.º 1050805 ó equivalente. Coloque las juntas del múltiple de admisión sobre la cabeza de cilindros. Monte los cierres extremos, asegurándose de que los extremos se encuentran situados debajo de las cabezas de cilindros.

15. Baje con cuidado el múltiple de admisión hasta colocarlo en su sitio sobre el motor.

16. Limpie completamente los tornillos del múltiple de admisión y luego sumérjalos en aceite de motor limpio. Coloque los tornillos y apriételos con un par de 15 libras-pie, siguiendo el orden indicado. Seguidamente, apriete todos los tornillos a 30 libras-pie, con la secuencia adecuada, y por último, vuélvalos a apretar a 40 libras-pie con la misma secuencia.

17. Monte el tubo de purga y la abrazadera del múltiple de admisión.

18. Lime la marca existente en el adaptador de la bomba de inyección.

ATENCIÓN

No debe limar la marca que hay en la misma bomba de inyección.

19. Mueva el motor de manera que el cilindro n.º 1 quede en la posición PMS. La señal que hay en el equilibrador armónico del cigüeñal debe quedar alineada con la marca «0» del apéndice de sincronización, y las dos válvulas del cilindro n.º 1 estarán cerradas. El índice que hay en el engranaje de accionamiento de la bomba de inyección debe estar desplazado hacia la derecha cuando el cilindro n.º 1 se halla en el PMS. Compruebe si se cumplen todos estos requisitos antes de seguir adelante.

20. Aplique grasa de bastidor para tapar la zona del adaptador, y cubra con cinta adhesiva el borde y la zona de junta del múltiple de admisión. Monte el adaptador pero sin apretar los tornillos.

21. Aplique grasa de bastidor en los diámetros interior y exterior del cierre del adaptador, y en la herramienta de montaje GM J-28425. Monte el cierre en la herramienta.

22. Empuje el cierre sobre el adaptador de la bomba de inyección, empleando la herramienta J-28425 ó equivalente. Saque la herramienta y compruebe si el cierre está bien colocado.

23. Apriete los tornillos del adaptador a 25 libras-pie.

24. Monte una herramienta de sincronización, GM J-26896 ó equivalente, en el adaptador de la bomba de inyección. Apriete la herramienta hacia el cilindro n.º 1, con un par de 50 libras-pie. Mientras mantiene la herramienta y el adaptador bajo este par de apriete, marque el adaptador de la bomba de inyección golpeando el punzón con un martillo. Saque la herramienta.

25. Saque los tapones protectores de los tubos. Alinee la espiga desplazada del eje de la bomba de inyección con el engranaje de accionamiento de la bomba. Monte la bomba.

26. Coloque las tres tuercas de fijación y las arandelas de seguridad en la bomba de inyección, pero sin apretar aún dichas tuercas. Conecte los tubos de la bomba de inyección a los inyectores. Para apretar los tubos utilice dos llaves (25 libras-pie).

ATENCIÓN

No doble o tuerza los tubos de la bomba de inyección.

27. Conecte los tubos de retorno de combustible a la bomba.

28. Alinee la marca de la bomba de inyección con la del adaptador y apriete las tuercas. Utilice una llave de boca de 3/4'' en el saliente de la parte frontal de la bomba de inyección a fin de hacer girar la bomba y poder alinear las marcas. Apriete las tuercas con un par de 18 libras-pie.

29. Ajuste la varilla de la válvula de mariposa y el muelle de retorno.

30. Monte el filtro de combustible y su soporte, conectando el tubo de alimentación de combustible a la bomba y al filtro.

31. Monte la bomba de vacío y los tubos correspondientes. No ponga el motor en marcha sin que esté montada la bomba de vacío, pues sirve para el accionamiento de la bomba de lubricación del motor.

32. Conecte los cables.

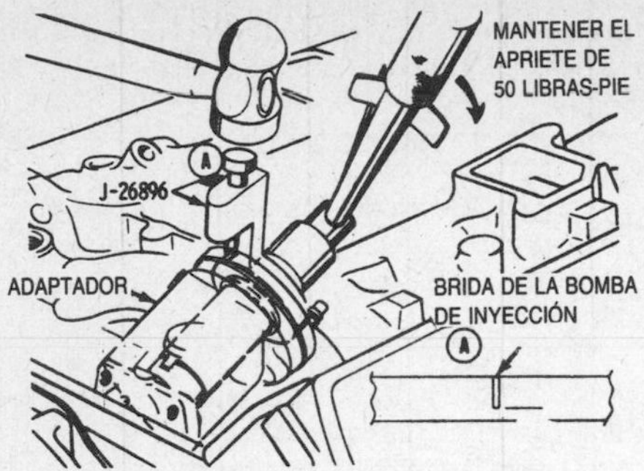

Utilización de la señal para el ajuste de distribución

33. Monte los soportes del alternador y del compresor de aire acondicionado.

34. Monte el cable en el soporte y la cigüeña, para luego montar ésta.

35. Conecte la varilla de la válvula de mariposa y el muelle de retorno.

36. Saque la cinta que cubría las entradas de aire y monte el traspaso del aire. Monte los tubos de ventilación y la válvula de control de caudal en el traspaso del aire. Conecte el tubo superior del radiador y el del calefactor, monte el termostato y su caja, llene el sistema de refrigeración y compruebe si existen fugas.

Múltiples de escape

DESMONTAJE Y MONTAJE

4-119

1. Desconecte el cable de masa de la batería y desmonte el grupo del filtro de aire.

2. Saque el tornillo de la abrazadera del tubo EGR (Recirculación de los gases de escape) situado detrás de la cabeza de cilindros.

3. Levante el vehículo y saque el tubo EGR de los múltiples de admisión y de escape.

4. Separe el tubo de escape dél múltiple.

5. Quite el protector del múltiple y saque el conducto de calor.

6. Saque las tuercas de fijación del múltiple y separe éste del motor.

7. El montaje se lleva a cabo en el orden inverso al indicado.

4-137 Diesel

1. Levante el capó del motor.

2. Saque los tornillos que fijan el filtro de aire y afloje el tornillo de la abrazadera.

3. Levante lentamente el filtro de aire y desconecte el tubo de ventilación, luego saque todo el grupo del filtro de aire.

4. Desconecte el tubo de escape del múltiple de escape por la brida.

5. Afloje las 3 tuercas que fijan el múltiple de escape, y luego saque el soporte del motor y el múltiple de escape.

6. El montaje se realiza siguiendo el orden inverso al indicado. Los tornillos se aprietan con un par de 15 libras-pie.

4-121

1. Desconecte el cable negativo de la batería.

2. Saque el filtro de aire. Desmonte el protector del múltiple de escape. Levante y apoye sobre soportes la parte frontal del vehículo.

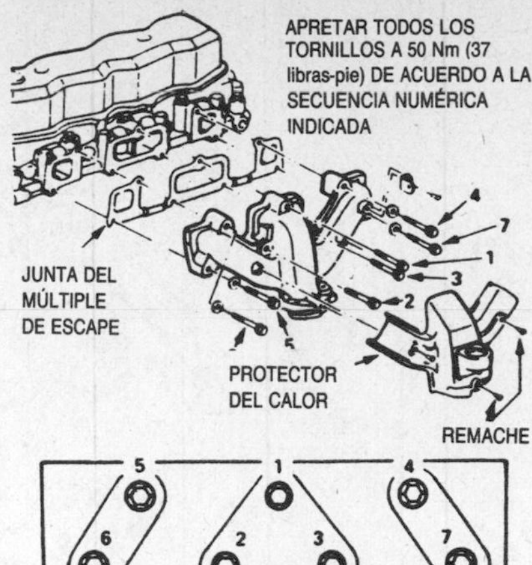

Secuencia de apriete para los tornillos del múltiple de escape en el motor de cuatro cilindros, 2.5L

3. Desconecte el tubo de escape del múltiple y luego vuelva a bajar el vehículo.

4. Desconecte el tubo entre el sistema de aire y la válvula de retención y saque el soporte. Desconecte el cable del sensor de oxígeno.

5. Saque la correa del alternador. Afloje los tornillos de ajuste del alternador, afloje el perno que sirve de pivote y desplace el alternador hacia arriba.

6. Desmonte la abrazadera del alternador y el tornillo de soporte de los tubos del sistema AIR (Reactor inyector de aire).

7. Afloje los tornillos de montaje y saque el múltiple de admisión. El múltiple debe extraerse conjuntamente con los conductos del sistema AIR. Caso de que el múltiple tenga que sustituirse, pase los conductos al nuevo múltiple.

8. Limpie las superficies de contacto del múltiple y la cabeza de cilindros, coloque el múltiple en la debida posición y apriete los tornillos de acuerdo a las especificaciones.

9. El montaje de las piezas que quedan se realiza siguiendo el orden inverso al indicado para su desmontaje.

2,5 L (4 cilindros)

1. Desconecte el cable negativo de la batería. En los vehículos Astro, saque la guantera (cajuela) y la tapa del motor.

2. Saque el conducto de calor del escape en el múltiple. Desconecte el cable del sensor de oxígeno.

3. Levante el vehículo y colóquelo sobre soportes situados en los lugares de apoyo adecuados. Desconecte el tubo de escape en el múltiple.

4. Vuelva a bajar el vehículo y desmonte el soporte trasero del compresor de aire acondicionado, dejando el soporte delantero y el compresor en su sitio.

5. Saque los tornillos y extraiga el múltiple.

6. Utilice una rasqueta sin filo para eliminar los restos de carbonilla o trozos de junta que haya en las superficies de contacto. Si teme que el múltiple pierda a causa de la deformación, compruebe la planitud de la superficie de la junta con una regla; si descubre una deformación importante, debe sustituirlo.

7. Monte una nueva junta, tal como puede verse en la figura. Coloque el múltiple y todos los tornillos, pero apriételos sólo con los dedos.

8. Los tornillos deben apretarse con un par de 44 libras-pie, siguiendo la secuencia indicada en la figura.

9. Para completar el montaje, invierta el orden del proceso que se ha utilizado para el desmontaje. Ponga el motor en marcha y compruebe atentamente si se producen fugas, procediendo a su reparación, si es preciso.

6-173

LADO IZQUIERDO

1. Saque el filtro de aire. Saque el conducto de calor del carburador.

2. Desmonte los tubos de suministro de aire en el múltiple de escape.

3. Levante y soporte el vehículo. Desatornille y extraiga el tubo de escape del múltiple.

4. Desatornille y extraiga el múltiple.

5. Para el montaje: limpie las superficies de contacto entre el múltiple y la cabeza de cilindros. Monte el múltiple en la cabeza de cilindros y coloque los tornillos de fijación, apretándolos sólo con los dedos.

6. Apriete los tornillos del múltiple siguiendo un modelo circular, empezando desde el centro hacia los extremos, en dos etapas y con un par de 25 libras-pie.

7. Conecte el tubo de escape en el múltiple.

8. El resto del montaje se lleva a cabo en orden inverso al indicado para su desmontaje.

LADO DERECHO

1. Levante el vehículo y asegúrelo sobre apoyos.

2. Apriete los tornillos de la brida que unen el tubo de escape al múltiple hasta que se rompan. Saque el tubo del múltiple. Los últimos modelos están provistos de tornillos para la brida.

3. Baje el vehículo. Saque los cables de las bujías, por el lado de éstas. Caso de que no lleven etiqueta de identificación, conviene que primero los numere.

4. Saque los tubos de suministro de aire del múltiple. Quite el tornillo del soporte PULSAIR que hay en la tapa de los balancines, en los modelos que llevan este sistema, y luego saque todo el conjunto del tubo.

5. Saque los tornillos de fijación del múltiple y extraígalo del vehículo.

6. Para el montaje: limpie las superficies de contacto de la cabeza de cilindros y el múltiple. Coloque el múltiple contra la cabeza de cilindros y monte los tornillos, apretándolos sólo con los dedos.

7. El apriete de los tornillos debe hacerse siguiendo un modelo circular, empezando desde el centro hacia los extremos, con un par de 25 libras-pie, aplicado en dos etapas.

8. Monte el sistema de suministro de aire.

9. Coloque los cables de las bujías. Levante el vehículo y colóquelo sobre soportes de apoyo. Conecte el tubo de escape al múltiple y monte nuevos tornillos para la brida.

6 cilindros con cabeza de cilindros integral

1. Saque el filtro de aire. Desconecte el terminal negativo de la batería.

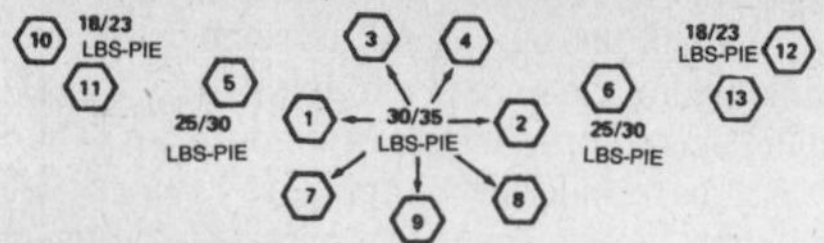

Secuencia de apriete del múltiple integrado en el seis cilindros

2. Quite la bomba de la dirección asistida y, si lo lleva, la bomba del sistema AIR.

3. Saque el EFE (vaporización inicial del combustible) desmontando el soporte de la válvula.

4. Desconecte los mandos de la válvula de mariposa y el muelle de retorno de la misma.

5. Desconecte el tubo de escape de la brida del múltiple. Desmonte el soporte del convertidor en la transmisión, si lo lleva. Caso de que disponga de convertidor de múltiple, desmonte el tubo de escape del convertidor y saque dicho convertidor.

6. Afloje los tornillos del soporte del múltiple y sáquelo. Tire las juntas.

7. Antes de volver a montarlo, compruebe que el múltiple no presenta grietas.

8. Monte una nueva junta en el múltiple de escape.

9. Limpie y lubrique los tornillos antes de montarlos. Luego, apriételos de acuerdo a las especificaciones.

10. Conecte el tubo de escape, los controles de la válvula de mariposa y el muelle de retorno. Monte el filtro de aire, ponga el motor en marcha y compruebe si existen fugas.

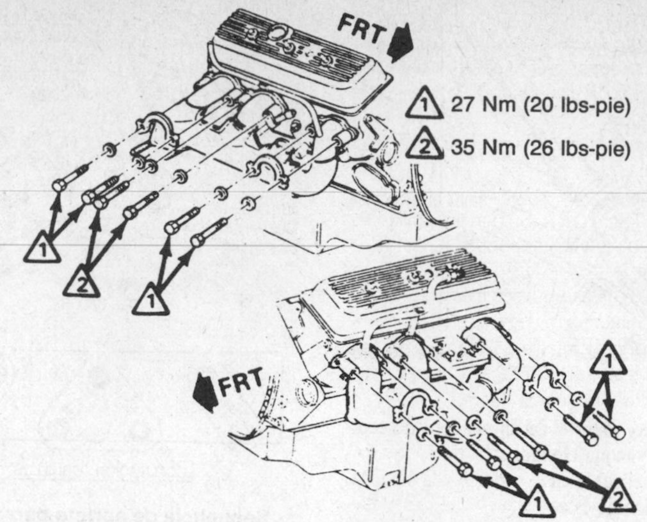

Secuencia de apriete para los tornillos del múltiple de escape en el 4.3L V-6

4,3 L-V6

LADO DERECHO

1. Desconecte el cable negativo de la batería. Levante el vehículo y colóquele soportes debajo de los puntos de apoyo.

2. Desconecte el tubo de escape en el múltiple. Luego, baje el vehículo al suelo.

3. Quite la tapa del motor. Desconecte el tubo del reactor de inyección de aire en la válvula de retención.

4. Saque los tornillos del múltiple de escape. Luego, desconecte el soporte del tubo del sistema AIR en la cabeza de cilindros.

5. Saque el múltiple.

6. Utilizando una rasqueta sin filo, elimine la carbonilla y los restos de junta que haya en las superficies de contacto. Si teme que el múltiple presente pérdidas como consecuencia de deformación, compruebe la planitud de la superficie de junta con una regla; deberá cambiar el múltiple si presenta una deformación importante.

7. Monte una nueva junta en la posición adecuada y luego monte el múltiple sobre la misma, en la debida posición. Coloque los tornillos y apriételos sólo con los dedos.

8. Observe la parte de la figura que tiene aplicación en este caso y apriete los tornillos de acuerdo a las especificaciones que se indican para cada uno de ellos, según la posición que ocupen. El montaje se completa siguiendo el proceso del desmontaje, pero en orden inverso.

LADO IZQUIERDO

1. Desconecte el cable negativo de la batería. Levante el vehículo y colóquelo encima de soportes a fin de que se apoye por los lugares adecuados.

2. Desconecte el tubo de escape del múltiple.

3. Desconecte el tubo del reactor de inyección de aire, en la cabeza de cilindros.

4. Quite los tornillos del múltiple y sáquelo.

5. Utilizando una rasqueta sin filo, elimine la carbonilla y los restos de junta que hubiesen quedado en las superficies en contacto. Si sospecha que el múltiple tiene fugas debidas a deformaciones, compruebe la planitud de las superficies de unión mediante una regla; si se observa una deformación importante, cambie el múltiple.

6. Monte una nueva junta colocándola en la posición correcta y ponga el múltiple encima. Monte los tornillos apretándolos sólo con los dedos.

7. Observe la parte de la figura que tiene aplicación en este caso y apriete los tornillos de acuerdo a las especificaciones indicadas para cada uno, según la posición que ocupe. El montaje se completa siguiendo el mismo proceso que para el desmontaje, pero a la inversa.

V8, salvo diesel

1. Si el vehículo va equipado con el sistema AIR, saque todo el grupo inyector de aire. La rosca del tubo de 1/4" del múltiple es recta; por tanto, no emplee una terraja cónica de 1/4" para limpiarla.

2. Desconecte la batería.

3. Si lo lleva, desmonte el tubo calefactor del carburador.

4. Quite el protector contra el calor del cable de las bujías. En el modelo Mark IV, desmonte las bujías.

5. En el múltiple de escape del lado izquierdo, desconecte y quite el alternador.

6. Desconecte el tubo de escape del múltiple y cuélguelo del bastidor a fin de que no entorpezca los trabajos.

NOTA: Con un manguito hexagonal de 9/16" y paredes delgadas, afilado por el borde de ataque y colocado sobre la cabeza del tornillo, se facilita el doblado de las lengüetas de bloqueo.

8. El montaje se lleva a cabo siguiendo el orden inverso al desmontaje. Limpie todas las superficies de contacto y coloque juntas nuevas. Apriete los tornillos según las especificaciones, empezando por los del interior.

Diesel

LADO IZQUIERDO

1. Desmonte el filtro de aire.

2. Desmonte el soporte inferior del alternador.

3. Levante el vehículo y saque el tubo de escape de la brida del múltiple.

4. Baje el vehículo y enderece las lengüetas de bloqueo de los tornillos de montaje del múltiple. Saque los tornillos y el múltiple por encima. No quite las lengüetas de bloqueo ni las arandelas que van debajo de las mismas, en los tornillos.

5. El montaje se realiza siguiendo el orden inverso. Apriete los tornillos del múltiple con un par de 25 libras-pie, en dos etapas, siguiendo un modelo circular desde el centro a los extremos. Luego, apriete el tornillo frontal a 30 libras-pie.

LADO DERECHO

1. Levante y soporte el vehículo. Saque los tornillos que fijan el tubo de escape en la brida del múltiple.

2. Enderece las lengüetas de bloqueo para separarlas de los tornillos de montaje del múltiple. Saque tornillos y múltiple. No separe las lengüetas y las arandelas de los tornillos que van debajo de dichas lengüetas.

3. El montaje se hace en orden inverso. Apriete los tornillos a 25 libras-pie, en dos etapas progresivas, siguiendo un modelo circular partiendo del centro hacia los extremos.

Tapa de la distribución

DESMONTAJE Y MONTAJE

4-119

1. Desmonte la cabeza de cilindros.

2. Saque el cárter.

3. Saque el tubo captador de aceite de la bomba de lubricación.

4. Quite el equilibrador armónico.

5. Desmonte la correa de accionamiento de la bomba AIR.

6. En los vehículos provistos de aire acondicionado: Saque el compresor, teniendo los tubos conectados, y colóquelo para que no estorbe. Des-

monte los soportes del compresor. Si dispone de dirección asistida, saque la bomba, con los tubos conectados, y su soporte, dejándolos a un lado.

7. Saque la tapa del distribuidor y luego extraiga dicho distribuidor.

8. Saque los tornillos de fijación de la tapa frontal y retire dicha tapa.

9. Saque y tire la junta que se halla entre la tapa frontal y el bloque.

10. Monte una nueva junta sobre el bloque de cilindros.

11. Alinee la marca de punzón que hay en el engranaje de accionamiento de la bomba de lubricación con el lado de la tapa del filtro de aceite; luego, alinee el centro del pasador con la señal existente en la caja de la bomba de lubricación.

12. Mueva el cigüeñal hasta que los cilindros nº 1 y nº 4 se encuentren en el punto muerto superior.

13. Monte la tapa frontal con el piñón acoplado al engranaje de accionamiento de la bomba de lubricación que hay en el cigüeñal.

14. Compruebe que la marca de punzón del engranaje de la bomba de lubricación haya pasado a la parte posterior, lo que podrá verse a través del espacio existente entre la tapa frontal y el bloque de cilindros.

15. Verifique que la ranura que hay en el extremo del eje de la bomba de lubricación quede paralela con la cara frontal del bloque de cilindros y de que está desplazada hacia delante.

16. Una vez todas las piezas debidamente montadas, coloque y apriete los tornillos de la tapa frontal.

17. Invierta las fases 1-7 del procedimiento de desmontaje.

18. Compruebe la sincronización del motor.

19. Compruebe si existen fugas.

4-121

NOTA: El siguiente procedimiento requiere el empleo de una herramienta especial.

1. Desmonte las correas de accionamiento del motor.

2. Aunque no es imprescindible, si se quita el protector del interior del guardabarros derecho, se facilitará el acceso a la tapa frontal.

3. Desatornille el tornillo central de la polea del cigüeñal y saque polea y cubo del cigüeñal.

4. Saque el soporte inferior del alternador.

5. Quite los tornillos que unen el cárter con la tapa frontal.

6. Saque los tornillos que unen la tapa frontal al bloque y luego retire la tapa frontal. Si resulta difícil quitarla, utilice una maza de plástico.

7. Las superficies del bloque y tapa frontal deben estar bien limpias y sin aceite. Aplique un cordón de 1/8" de silicona RTV en la tapa. Al apretar los tornillos, la pasta de silicona debe ser húmeda al tacto.

NOTA: Al aplicar pasta de silicona RTV en la tapa frontal, procure que no entre en los agujeros para los tornillos.

8. Coloque la tapa frontal sobre el bloque haciendo uso de la herramienta J-23042 y apriete los tornillos.

9. El montaje de los componentes restantes se lleva a cabo siguiendo el orden inverso al desmontaje. El retén de aceite puede cambiarse estando la tapa colocada o sin colocar en el motor. Si la tapa se encuentra en el motor, primero debe sacar la polea y el cubo del cigüeñal. Apalanque el retén con un destornillador grande, procurando no deformar la superficie que está en contacto con el retén. Monte el nuevo retén de modo que el lado abierto o helicoidal quede hacia al motor. Apriételo en su posición con un empujador construido para ello. Si se ha sacado el cubo, vuélvalo a montar.

4-137 Diesel

1. Saque el radiador.

2. Quite la correa de accionamiento del compresor, moviendo el depósito de la dirección asistida o la polea loca (si está provisto de ella).

3. Afloje el tornillo de la placa de ajuste del alternador y el tornillo fijo y luego saque la correa del ventilador.

4. Quite los 4 tornillos que sirven para montar la polea del cigüeñal y saque dicha polea.

5. Quite los tornillos de montaje de las tapas de la polea de la distribución, y separe dichas tapas.

6. El montaje se lleva a cabo en el orden inverso al indicado.

2.5L (4 cilindros)

1. Desconecte el cable negativo de la batería.

2. Desmonte el protector del ventilador y el recipiente de la dirección asistida de la tapa de la distribución. Saque el protector del ventilador que se encuentra en la parte superior del radiador.

3. Afloje los tornillos del ventilador y la polea. Suelte las correas de accionamiento. Luego, saque ventilador y polea.

4. Desmonte el alternador, tal como ya se ha indicado antes en esta misma sección. Luego quite la abrazadera del alternador y los soportes anterior y posterior.

5. Saque la polea frontal del cigüeñal. Luego, saque el tornillo del cubo.

6. Extraiga el cubo del cigüeñal con ayuda de un extractor.

7. Purgue el sistema de refrigeración. Desconecte el tubo inferior del radiador que se encuentra en la bomba de agua.

8. Saque los tornillos de la tapa frontal (incluidos los dos que la fijan en el cárter de aceite) y extraiga la tapa.

9. Limpie las superficies de junta en el bloque, tapa y cárter. Luego, aplique un cordón continuo de silicona RTV sobre el bloque y en el costado del cárter de la tapa. Evite que la pasta de silicona penetre en los agujeros de los tornillos.

NOTA: La tapa debe ser montada utilizando una herramienta de centrado J-34995 ó equivalente; en caso contrario, el montaje del cubo cuando la tapa se encuentra en su lugar, dañaría el retén, o, en todo caso, daría como resultado pérdidas de aceite a causa de una mala alineación.

10. Monte la herramienta de centrado sobre el retén frontal. Luego, coloque la tapa al montar la herramienta de centrado sobre la parte frontal del cigüeñal. Coloque los dos tornillos que unen la tapa con el cárter, apretándolos sólo con los dedos. Seguidamente ponga el resto de los tornillos de la tapa, también apretados con los dedos.

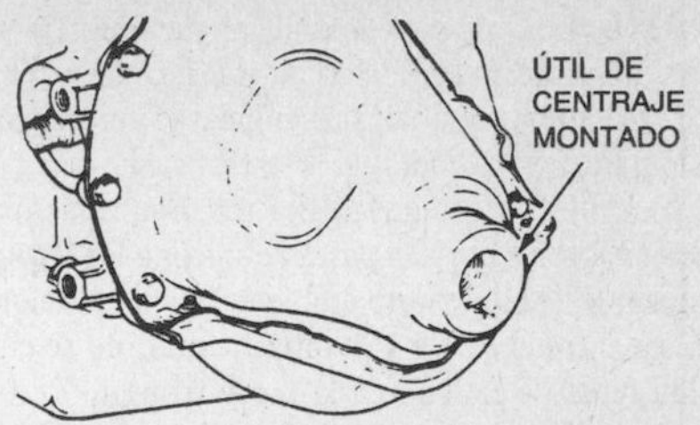

Montaje del útil de centraje para la tapa de los engranajes de distribución del 2.5L de cuatro cilindros

11. Apriete todos los tornillos con un par de 90 libras-pie.

12. Quite la herramienta de centrado.

13. Aplique aceite de motor en la parte de contacto del cubo con el retén de aceite de la tapa frontal. Luego, coloque el cubo sobre el cigüeñal, alineando la chaveta con el chavetero del eje, y deslícelo en la debida posición hasta que toque con el cigüeñal. Monte el tornillo central y apriételo con un par de 160 libras-pie.

14. Termine el montaje siguiendo el orden inverso al del desmontaje.

6-173

1. Saque la bomba de agua.

2. Saque el compresor sin desmontar ninguno de los tubos del aire acondicionado, y colóquelo a un lado.

3. Desmonte el equilibrador armónico, utilizando un extractor.

NOTA: El aro externo (peso) del equilibrador armónico va unido al cubo con goma. El equilibrador debe sacarse con un extractor que sólo actúe sobre el cubo interior. Si se apretara sobre otra parte, el equilibrador rompería la goma o perjudicaría el ajuste del amortiguador de torsión.

4. Desconecte el tubo inferior del radiador y el tubo del calefactor.

5. Saque la tapa del engranaje de la distribución, aflojando los correspondientes tornillos, y también la junta existente.

6. Limpie todas las superficies que están en contacto con la junta, tanto de la tapa frontal como del bloque del motor. Aplique un cordón continuo de pasta de cierre (1052357 ó equivalente) sobre la superficie de cierre de la tapa frontal y alrededor de los pasos de refrigerante y agujeros centrales de los tornillos.

7. Aplique un cordón de pasta de silicona en la junta entre el cárter y el bloque de cilindros.

8. Monte una herramienta de centrado en el agujero de la boca del cigüeñal y coloque la tapa.

9. Monte los tornillos de la tapa frontal, apretándolos sólo con los dedos. Coloque el equilibrador armónico, la polea, la bomba de agua, las correas, el radiador y los demás componentes.

6 cilindros en línea

1. Saque el radiador una vez purgado.

2. Desmonte el ventilador, la polea y la correa. Saque cualquier correa de la dirección asistida y/o del accionamiento de la bomba AIR. Quite todas las abrazaderas de las bombas arriba citadas que pudieran interferir el desmontaje de la tapa, y coloque las bombas fuera de la zona.

3. Saque la polea del cigüeñal y el amortiguador. Para sacar el amortiguador utilice un extractor. No intente apalancar o golpear el amortiguador para sacarlo, ya que lo estropearía.

4. Quite los tornillos de fijación. Saque la tapa. Estos motores utilizan pasta de silicona RTV (vulcanizable a temperatura ambiente) en la unión que existe entre el cárter y la tapa frontal; no se emplea retén de caucho en la parte frontal.

5. Aplique un cordón de 3/16" de pasta de silicona RTV en la superficie de cierre de la tapa.

6. Cubra la junta de la tapa frontal con pasta de cierre y aplique un cordón de 1/8" de pasta de silicona en la unión existente entre el cárter y el bloque de cilindros. Coloque el amortiguador antes de apretar los tornillos de la tapa, de modo que quede alineado el retén de la tapa. El amortiguador debe ser estirado en su lugar. Si se golpea con un martillo se estropeará.

7. Caso de que haya sido sacado, coloque el cárter, y llénelo con aceite.

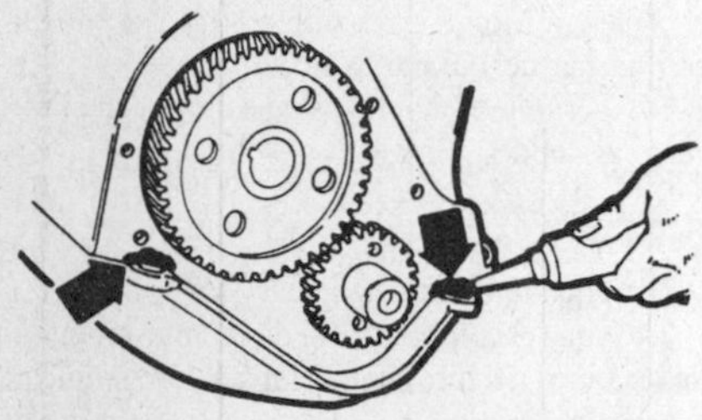

Hay que aplicar pasta de cierre en las zonas que se indican de la tapa de distribución del motor de seis cilindros

4.3 L - V-6

1. Desconecte el cable negativo de la batería.

2. Saque las poleas de accionamiento y la polea delantera.

3. Levante el vehículo y sosténgalo por los correspondientes puntos de apoyo para poder acceder a sus bajos. Luego, monte un extractor de rosca como el J-23523-1 ó equivalente en el cubo frontal. Gire el extractor para sacar el cubo del cigüeñal.

4. Purgue el sistema de refrigeración. Saque la bomba de agua.

5. Quite los tornillos de fijación de la tapa frontal y saque la citada tapa. Retire la junta y tírela. Rasque las superficies de junta con una rasqueta sin filo a fin de eliminar los restos de junta que hubieran podido quedar pegados. Recorte cualquier material de junta que sobresalga entre el cárter y el bloque, utilizando un cuchillo bien afilado.

6. Aplique un cordón de 1/8" de pasta de silicona RTV, tal como la 1052917 ó equivalente, en la junta formada entre el cárter de aceite y el bloque, evitando que la pasta penetre en los agujeros de los tornillos. Recubra una nueva junta con pasta de cierre y colóquela en la tapa con los agujeros alineados.

7. Monte el retén entre la tapa de la distribución y el cárter de aceite. Recubra el fondo de este retén con aceite del motor limpio y luego coloque la tapa de distribución sobre el extremo del cigüeñal. Coloque los tornillos de fijación de la tapa superior, sin apretarlos, únicamente para mantener la tapa en su sitio.

8. Apriete la tapa hacia abajo a fin de que las espigas del bloque penetren en los agujeros de la tapa sin doblarla ni deformarla. Apriete los tornillos de fijación, alternativamente y lo bastante para mantener la tapa en esta posición. Luego, monte los demás tornillos de la tapa, apretándolos sólo con los dedos.

9. Apriete todos los tornillos de fijación de la tapa frontal con un par de 7 libras-pie.

10. Recubra la zona de contacto de la tapa frontal con la parte delantera del cubo mediante aceite de motor limpio. Ponga el cubo en la debida posición sobre el cigüeñal y la chaveta.

NOTA: El cubo delantero y el amortiguador deben montarse utilizando una herramienta diseñada especialmente para ello. Esto se debe a que la sección del peso inercial del amortiguador va fijado al cubo mediante un producto de caucho que no admite ningún tipo de presión.

11. Para colocar el cubo en la debida posición, utilice una herramienta de montaje de amortiguador, tal como la J-23523 ó equivalente. Al situar el extremo roscado de la herramienta en el centro del cigüeñal, asegúrese de que por lo menos se produce un roscado de 1/2" de longitud. Luego, coloque la placa, cojinete de empuje y tuerca, y gire la tuerca para obligar al cubo a colocarse sobre el cigüeñal. Cuando el cubo llega al tope, saque la herramienta y monte el tornillo de fijación del cubo en el centro del cigüeñal. Apriete con un par de 60 libras-pie.

12. Lleve a cabo las etapas restantes del montaje siguiendo el orden inverso al indicado para su desmontaje.

Pequeño bloque V-8

1. Purgue el aceite.

2. Purgue el radiador y sáquelo.

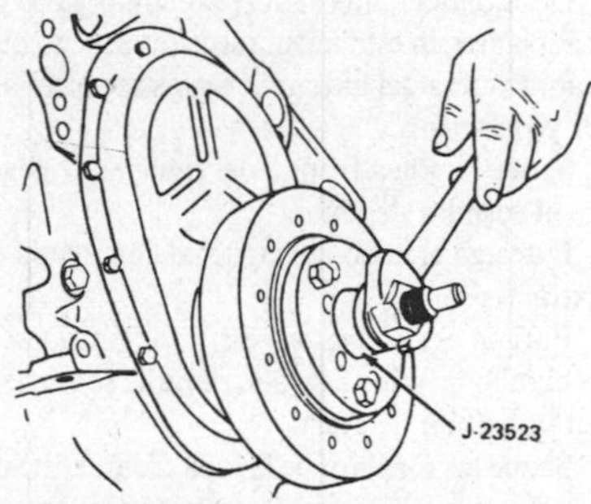

Montar el amortiguador de apriete en el 4,3 L V-6, una vez colocada la tapa de la distribución

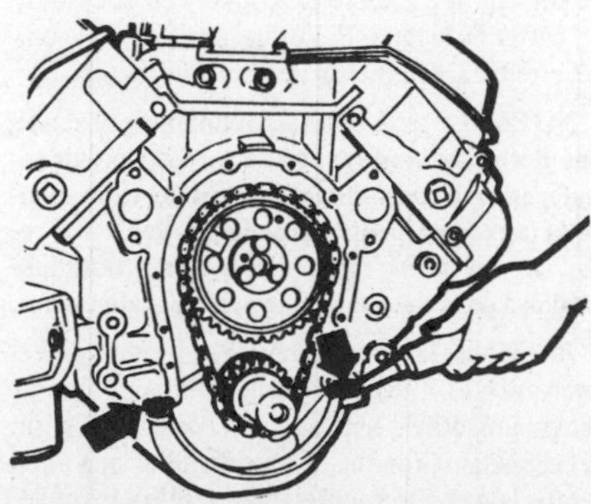

Aplicar selladora en las zonas indicadas de las pestañas de la tapa del V-8

3. Quite el ventilador, la polea y la correa. Saque cualquier correa de la dirección asistida y/o de accionamiento de la bomba AIR. Saque cualquier soporte de dichas bombas que puedan impedir la extracción de la tapa, y coloque las bombas fuera de la zona.

4. Desmonte la bomba de agua.

5. Quite la polea del cigüeñal y el amortiguador. Para sacar el amortiguador, utilice un extractor. No intente apalancar o golpear el amortiguador con un martillo.

6. Gire los tornillos de fijación y saque la tapa de la distribución.

7. Limpie las superficies de la junta del bloque y de la tapa frontal.

8. Utilice un cuchillo afilado para eliminar el exceso de material en la junta del cárter que salga de la unión entre dicho cárter de aceite y el bloque motor.

9. Aplique un cordón de 1/8" de pasta de silicona RTV, tipo GM 1052366 ó equivalente, en la unión entre el cárter y el bloque de cilindros.

10. Recubra la junta de la tapa frontal con pasta de cierre y coloque la junta sobre la tapa.

11. Monte el retén entre la tapa frontal y el cárter de aceite. Recubra ligeramente el fondo del retén con aceite limpio de motor y colóquelo sobre el extremo del cigüeñal, en la posición correcta.

12. Coloque, sin apretarlos, los tornillos superiores de la tapa frontal.

13. Apriete hacia abajo la tapa de manera que las espigas del bloque estén alineadas con los agujeros de la tapa. Mientras mantiene la tapa en posición, apriete los tornillos superiores de fijación, alterna y uniformemente.

14. Coloque el resto de los tornillos y apriételos todos de acuerdo a las especificaciones.

15. Monte el amortiguador de torsión y la bomba de agua.

Mark IV-V8

1. Desmonte el amortiguador de torsión y la bomba de agua.

2. Saque los dos tornillos de fijación del cárter y la tapa frontal.

3. Saque los tornillos de fijación de la tapa frontal al bloque.

4. Tire ligeramente de la tapa hacia delante para poder cortar el retén delantero del cárter de aceite.

5. Utilizando un cuchillo bien afilado, recorte el retén que hay en la parte frontal del cárter, de manera que quede al mismo nivel del bloque por ambos lados de la tapa.

6. Saque la tapa frontal y la porción del retén delantero del cárter. Saque la junta de la tapa frontal.

7. Limpie las superficies en contacto con la junta.

8. Corte los apéndices para un nuevo retén frontal del cárter, empleando un cuchillo afilado para que el corte sea limpio.

9. Monte el retén en la tapa frontal, apretando las puntas dentro de los agujeros de la tapa frontal.

10. Utilice una junta nueva y recúbrala con pasta de cierre, colocando la junta sobre la tapa.

11. Aplique un cordón de 1/8" de pasta de silicona RTV en la unión formada entre el cárter y el bloque de cilindros.

12. Coloque la tapa frontal en la debida posición.

13. Alinee la tapa sobre las espigas del bloque.

14. El resto del montaje se efectúa siguiendo el orden inverso al descrito para el desmontaje.

Diesel

1. Purgue el sistema de refrigeración. Desconecte los tubos del radiador y el de derivación o *bypass*.

2. Saque las correas, el ventilador y su polea, la polea del cigüeñal y el equilibrador armónico, así como los soportes adicionales. Para sacar el equilibrador armónico se debe emplear un extractor que actúe sobre el centro posterior del equilibrador. Otros tipos de extractores, como los tipos universales que se apoyan en el exterior del cubo, pueden estropear el equilibrador. El anillo exterior del equilibrador está pegado con goma al cubo; tirando desde el exterior, puede romperse la unión.

3. Saque los tornillos de fijación de la tapa en el bloque y retire dicha tapa, el indicador de la sincronización y el conjunto de la bomba de agua.

4. Saque la tapa frontal y los pasadores. Puede ser necesario hacer un plano en los pasadores a fin de disponer de una superficie para poder agarrarlos.

5. Para el montaje: bisele con una muela los extremos de cada pasador.

6. Recorte cualquier exceso de material en la parte frontal de las juntas del cárter, en cada lado del bloque del motor.

7. Limpie con disolvente las superficies de contacto del bloque, el cárter de aceite y la tapa frontal.

8. Ajuste aproximadamente 1/8" de cada extremo de un nuevo retén delantero del cárter, utilizando para ello un cuchillo afilado a fin de que el corte sea recto.

9. Monte la nueva junta de la tapa frontal en el bloque del motor y el nuevo retén en la tapa. Aplique pasta de cierre a la junta, alrededor de los agujeros para el refrigerante, y colóquela en posición sobre el bloque.

10. Aplique pasta de silicona en la unión entre el bloque, el cárter y la tapa frontal.

11. Coloque la tapa sobre el bloque y apriétela hacia abajo para comprimir la junta. Gire la tapa a izquierda y a derecha e introduzca el retén del cárter dentro de la cavidad, utilizando para ello un pequeño destornillador.

12. Aplique aceite del motor a los tornillos (roscas y cabezas). Monte dos tornillos, apretándolos sólo con los dedos, para que la tapa permanezca en su lugar.

13. Coloque dos pasadores, introduciendo primero el extremo biselado.

14. Monte el indicador de la sincronización y el grupo de la bomba de agua. Apriete regularmente los tornillos con un par de 13 libras-pie en el caso de la bomba de agua, y con un par de 35 libras-pie en los de la tapa.

15. Aplique lubricante en la superficie de junta del equilibrador. Monte el equilibrador y el tornillo del mismo. Apriételo con un par aproximado de 250 libras-pie.

16. Monte los soportes. Conecte el tubo de derivación y los tubos del radiador. Monte la polea del cigüeñal y los cuatro tornillos de fijación. Apriételos con un par de 20 libras-pie.

17. Monte la polea del ventilador, el ventilador y los cuatro tornillos de fijación. Apriete con un par de 20 libras-pie. Coloque las correas y ajuste su tensión. Llene el radiador. Haga una prueba de marcha y compruebe si existen pérdidas.

Retén de aceite en la tapa de engranajes de la distribución

SUSTITUCIÓN

Todos los motores

El retén puede cambiarse estando la tapa fuera del motor o en el motor.

1. Si la tapa está fuera del motor: apalanque el viejo retén de la tapa mediante un palito de madera o de plástico a fin de evitar dañar el labio de la junta. Sirve estupendamente una aguja de hacer media de material plástico.

2. Lubrique el borde del nuevo retén. Coloque un soporte debajo de la tapa de modo que no sufra daños al montar el retén.

3. Monte el retén de manera que su lado abierto quede hacia al interior de la tapa. El retén se coloca en posición utilizando una herramienta especial para ello (GM J-23042 ó equivalente).

4. El retén también puede cambiarse estando la tapa montada en el motor: Desmonte el amortiguador de torsión. Apalanque el retén viejo de la tapa, tal como se ha explicado en la fase 1.

5. Lubrique el borde del nuevo retén y colóquelo en la debida posición, con el lado abierto dirigido hacia el motor. Introduzca el retén con una herramienta diseñada expresamente para ello (GM J-23042 ó equivalente).

6. Monte el amortiguador.

Cadena de distribución, engranaje o correa

DESMONTAJE Y MONTAJE

4-119

1. Desmonte el conjunto de la tapa frontal.

2. Fije la zapata del ajustador automático de modo que quede en la posición completamente retrasada, apretando la palanca de bloqueo del ajustador en el sentido indicado.

3. Saque la cadena de distribución del engranaje del cigüeñal.

4. Compruebe si los engranajes de la distribución están gastados o estropeados. Si el engranaje del cigüeñal ha de cambiarse, saque tanto la rueda como el piñón del cigüeñal, utilizando el extractor J-25031.

5. Verifique la cadena de distribución a fin de determinar si está desgastada o en mal estado: en caso necesario debe cambiarse. Mida la distancia (L) con la cadena tirante bajo una tensión de aproximadamente 22 libras (98 N). El valor estándar (L) es de 15 pulgadas (381 mm); sustituya la cadena si la distancia (L) es mayor de 15,1 pulgadas (385 mm).

6. Saque el tornillo de fijación y extraiga el ajustador automático de la cadena.

7. Compruebe que la zapata queda bloqueada cuando se empuja con la palanca de bloqueo apretada.

8. Compruebe que el bloqueo está suelto cuando se empuja la zapata. El grupo del ajustador deberá sustituirse si se descubre que los dientes de la cremallera están demasiado deformados.

9. Saque la pinza «E» y el tensor de la cadena. Verifique si el tensor tiene señales de desgaste o está estropeado; en caso necesario sustitúyalo.

10. Compruebe si el pasador del tensor está desgastado o estropeado. Si hay que cambiarlo, saque el pasador del bloque de cilindros utilizando unos alicates de bloque. El NUEVO pasador del tensor debe lubricarse con aceite limpio de motor. Apunte el nuevo pasador en el bloque, coloque el tensor sobre el pasador adecuado. Monte la pinza «E» y luego golpee el pasador para meterlo en el bloque, utilizando un martillo, hasta que la pinza quede justo en el bloque. Compruebe el funcionamiento del tensor y el ajustador para asegurarse de que giran libremente sobre el pasador.

11. Compruebe si la guía muestra señales de desgaste o está estropeada y también el lubricador. Si requiere un cambio o limpieza, saque los pernos de guía, la guía y el lubricador. Monte una guía nueva y el tornillo de fijación superior. Coloque el lubricador inferior y fíjelo de manera que la boca de entrada quede dirigida hacia el cigüeñal, tal como puede verse.

12. Monte el engranaje de la distribución y el piñón (el lado de las ranuras hacia la tapa frontal). Alinee las ranuras de las chavetas con la chaveta del cigüeñal, luego colóquelas en posición utilizando la herramienta de montaje J-26587.

13. Gire el cigüeñal de manera que la chaveta quede dirigida hacia el lado de la cabeza de cilindros (los pistones n.º 1 y 4 en el punto muerto superior).

14. Monte la cadena de distribución alineando la marca en el eslabón de la cadena con la que figura en el engranaje de distribución del cigüeñal. El lado de la cadena con el eslabón marcado corresponde a la parte frontal y el lado de la cadena con la mayoría de eslabones entre las marcas corresponde en el lado de la guía de cadena. Mantenga la cadena de distribución acoplada con el engranaje de distribución del árbol de levas hasta que tenga el engranaje montado.

15. Monte el engranaje de distribución del árbol de levas de modo que el lado marcado del mismo quede hacia delante y que la marca triangular quede alineada con la marca de la cadena.

16. Monte el ajustador automático de la cadena.

17. Suelte el bloqueo apretando la zapata del ajustador con la mano, y compruebe si la cadena está debidamente tensa cuando el bloqueo está libre.

18. Monte el grupo de la tapa.

4-121

1. Saque la tapa frontal, como se ha explicado antes.

2. Sitúe el pistón n.º 1 en el PMS de su carrera de compresión, de modo que las señales en los engranajes del árbol de levas y del cigüeñal queden alineadas (véase la figura).

3. Afloje el tensor de la cadena de distribución, girando la tuerca todo lo que se pueda sin llegar a sacarla.

4. Saque los tornillos del engranaje del árbol de levas y extraiga dicho engranaje junto con la

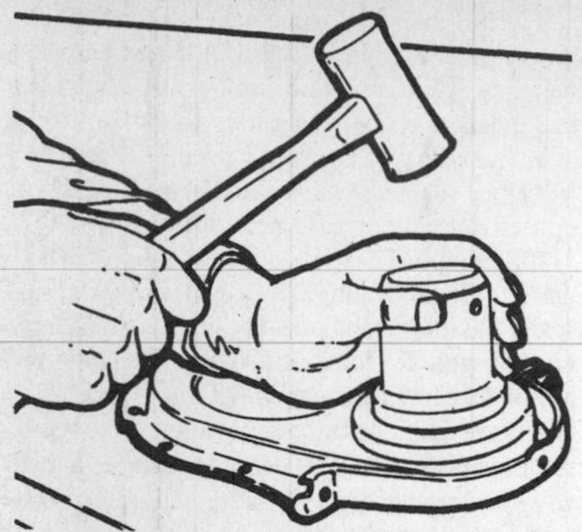
Montaje de la junta de aceite en la tapa frontal (con la tapa sacada)

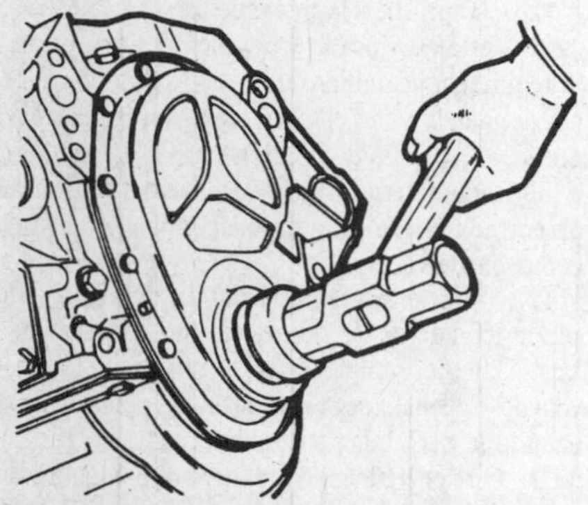
Montaje de la junta de aceite en la tapa frontal (con la tapa colocada)

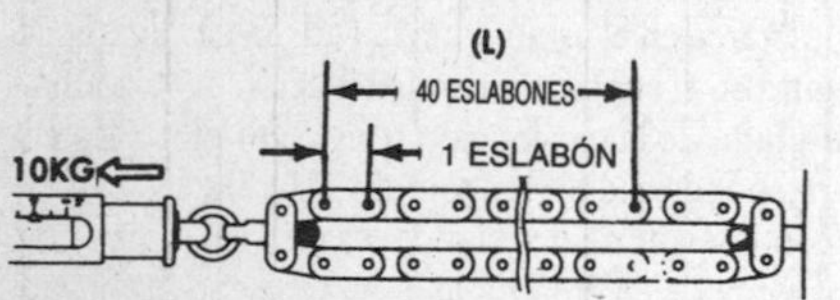

Comprobación del desgaste de la cadena de distribución del 4-119

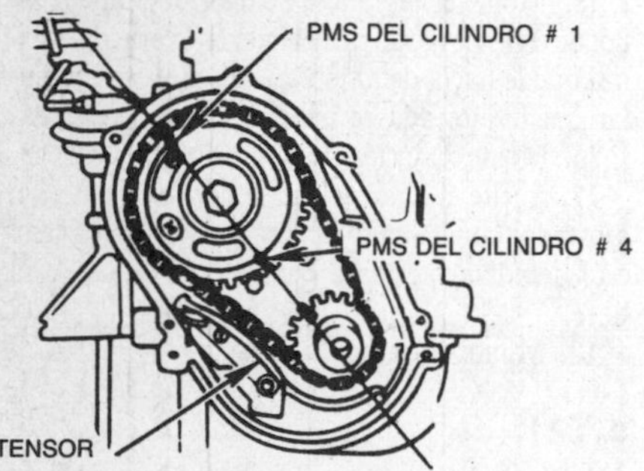

Alineación de la cadena de distribución en el 4-121

cadena. Si resulta difícil sacar el engranaje del árbol de levas, bastará darle un pequeño golpe con un mazo blando en el borde inferior del engranaje.

5. Utilice un extractor de engranajes (J-2288-8-20) y saque el engranaje del árbol de levas.

6. Presione el engranaje del cigüeñal hacia la parte posterior del mismo.

7. Monte la cadena de distribución sobre la rueda del árbol de levas y luego alrededor de la del cigüeñal. Asegúrese de que las marcas en las dos ruedas dentadas estén alineadas (vea la figura). Lubrique la superficie de apoyo con Molykote® o una grasa equivalente.

8. Alinee el pasador del árbol de levas con el agujero para el mismo de la rueda de engranaje, y luego monte la rueda en el árbol de levas. Utilice los tornillos de montaje para colocar la rueda sobre el árbol y luego apriételos a 27-33 libras-pie.

9. Lubrique la cadena de distribución con aceite limpio de motor. Apriete el tensor de la cadena.

10. El montaje de los demás componentes se realiza en el orden inverso al indicado para su desmontaje.

4-137 Diesel

1. Siga las fases para sacar la tapa del alojamiento de la polea de distribución.

2. Saque los tornillos que fijan la brida de la polea de distribución a la bomba de inyección, luego saque la brida.

3. Cuando extraiga el muelle de tensión, procure no ejercer demasiada fuerza, puesto que podría deformar el muelle.

4. Saque la tuerca de fijación de la polea tensora, luego extraiga dicha polea y el centro del tensor.

5. Saque la correa de distribución. Evite doblar o torcer la correa y manténgala lejos del agua, aceite, polvo y otros materiales extraños. No hay que intentar el reajuste de la tensión de la correa. Si la correa se ha aflojado a causa de su trabajo en el sistema de distribución, deberá cambiarse por otra nueva.

6. Compruebe que las marcas de ajuste en la polea del cigüeñal, bomba de inyección y árbol de levas se encuentran todas ellas alineadas, luego monte la correa de distribución por este orden: polea de distribución del cigüeñal, polea de distribución del árbol de levas y polea de distribución de la bomba de inyección. Ajuste de modo que la flojedad de la correa quede compensada por la polea tensora: Al colocar la correa hay que tener cuidado de no estropearla.

7. Monte el centro del tensor y la polea tensora asegurándose de que el extremo del centro del tensor se halla en contacto con los dos pasadores del alojamiento de la polea de distribución.

8. Apriete la tuerca con la mano, de manera que la polea tensora pueda deslizarse libremente.

9. Monte el muelle de tensión, corrigiendo y semiapretando la tuerca de fijación de la polea tensora.

10. Haga dar dos vueltas al cigüeñal, en el sentido normal de giro, a fin de facilitar el asentamiento de la correa. Luego gire el cigüeñal otros 90 grados hacia el punto muerto superior a fin de ajustar la bomba de inyección. Nunca debe girar el cigüeñal en sentido inverso.

11. Afloje completamente la tuerca de fijación de la polea de tensión, de modo que la correa pueda quedar floja. Luego, apriete la tuerca con un par de 75-95 libras-pie.

12. Monte la brida en la polea de la bomba de inyección. El agujero que hay en la circunferencia exterior de la brida debe quedar alineado con

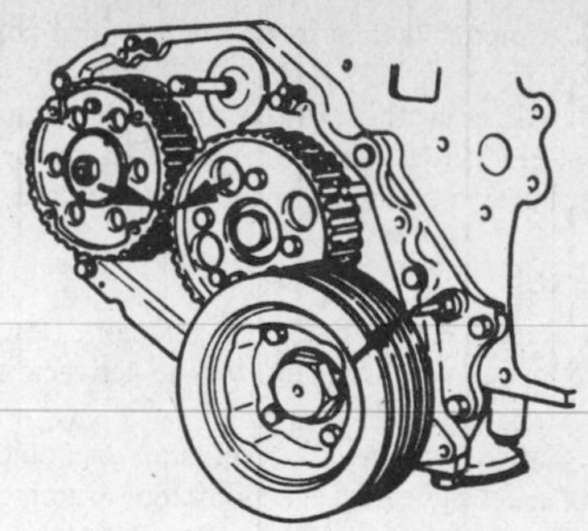
Alineación de las marcas de distribución en el motor diesel

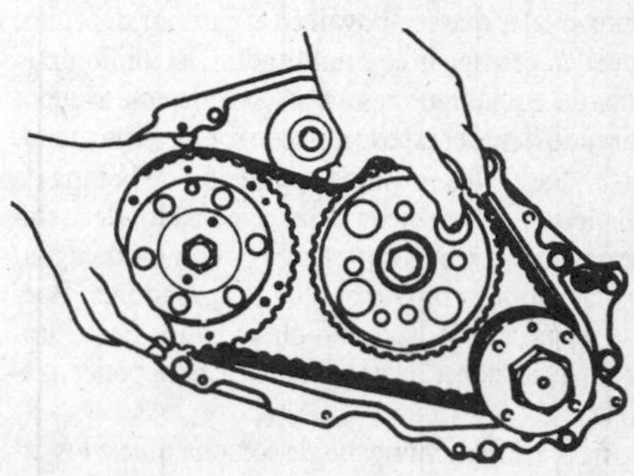
Montaje de la correa de distribución en el motor diesel

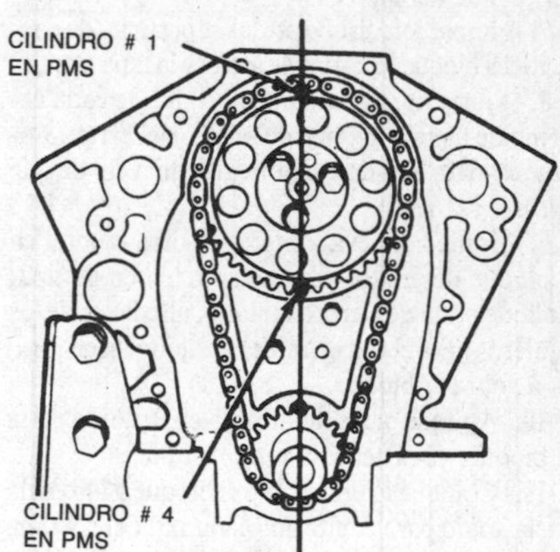

Alineación de la cadena de distribución del 6-173

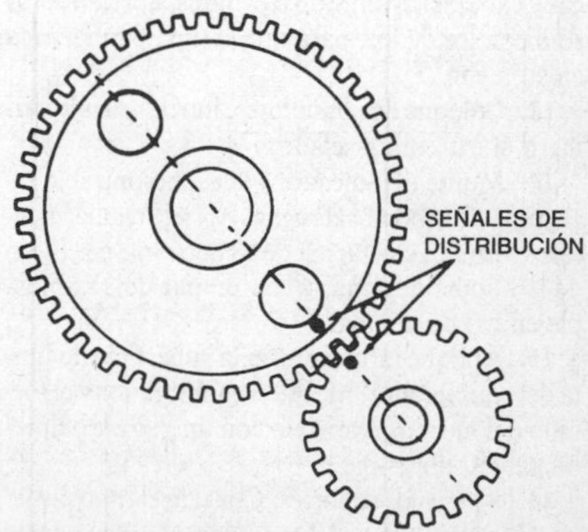

Alineación de los engranajes de distribución en el motor de seis cilindros

la marca de sincronización «Δ» que se encuentra en la polea de la bomba de inyección.

13. Haga dar un par de vueltas al cigüeñal, en el sentido normal de giro, para que el cilindro nº 1 quede en el punto muerto superior de su carrera de compresión, y compruebe que la marca «Δ» de la polea de distribución está alineada con el agujero de la brida.

14. La tensión de la correa debe comprobarse en un punto situado entre la polea de la bomba de inyección y la polea del cigüeñal, utilizando la herramienta J-29771 para ejercer una presión de 35-55 libras.

15. Ajuste las tolerancias de las válvulas.

16. Las piezas restantes se montan en el orden inverso al utilizado para su desmontaje.

2.5 L (4 cilindros)

NOTA: Para poder realizar este trabajo necesitará una prensa, y el adaptador para la placa de la prensa J-971 ó equivalente.

1. Saque la tapa de la distribución. Desmonte el árbol de levas.

2. Puede sacar el engranaje del cigüeñal con sólo deslizarlo fuera del extremo con chaveta del mismo. Si el engranaje resulta difícil de deslizar, utilice un extractor.

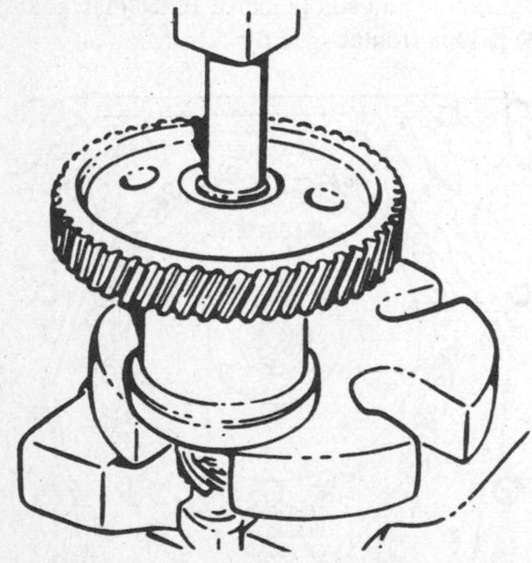

Extracción del eje de levas del engranaje de distribución (motor de cuatro cilindros 2.5 L)

3. Para sacar el engranaje de la distribución que se encuentra en el árbol de levas, sostenga el conjunto formado por el árbol de levas y el engranaje hacia arriba dentro de la ranura del adaptador (J-971 ó equivalente) que se encuentra en el plato de la prensa, de tal modo que la parte posterior del engranaje quede firmemente apoyada. El resto del cigüeñal quedará colgando. Utilice un casquillo u otro objeto cilíndrico parecido que sea un poco más estrecho que el diámetro interior del engranaje del árbol de levas a fin de apretar el citado árbol hacia abajo y sacarlo de engranaje. Coloque el adaptador de modo que la chaveta Woodruff quede apretada hacia abajo y salga del engranaje sin sufrir daños; debe encontrarse encima de la abertura del plato. Aplique presión con la prensa y haga salir el árbol de levas del centro del engranaje.

4. Para el montaje del engranaje de la distribución, deslice el árbol de levas dentro de la ranura del adaptador para que quede soportado con total seguridad por medio del dorso del cojinete frontal de la bancada. Luego, coloque el anillo separador del engranaje y apoye la placa sobre el extremo del eje, y monte la chaveta Woodruff en el chavetero del eje.

5. Coloque el árbol de levas en la debida posición y utilice la herramienta J-21474-13, J-21795-1 o equivalente para repartir la carga sobre la parte superior del engranaje. Presione el engranaje sobre el árbol hasta que haga tope con el anillo separador. Entonces, compruebe la tolerancia que queda en el plato de apoyo. Debe ser de 0,0015 a 0,0050''. Si la tolerancia es inferior a 0,015'', deberá cambiarse el anillo separador.

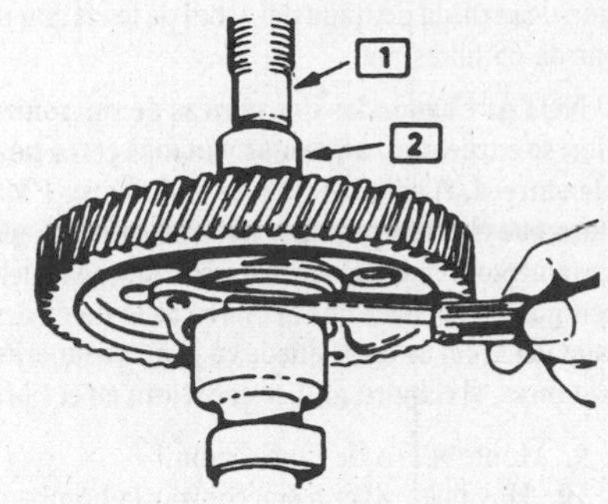

Comprobación de la tolerancia final de la placa de empuje (motor de cuatro cilindros 2.5 L). (1) es la prensa del eje y (2) es el adaptador empleado para repartir la carga sobre la superficie superior del engranaje

6. Monte la rueda dentada del cigüeñal sobre el mismo, con la correspondiente chaveta de Woodruff. Monte el árbol de levas. Monte la tapa de la distribución.

6-173

Para cambiar la cadena, desmonte la tapa frontal del cigüeñal. De este modo se tendrá acceso a la cadena de distribución. Haga girar el motor hasta que las marcas de punzón que figuran en ambas ruedas dentadas se encuentren lo más cerca posible entre sí, y alineadas entre los centros de los ejes. Saque los tres tornillos que fijan la rueda dentada sobre el árbol de levas. Dicha rueda está entrada con suave presión sobre el árbol de levas y resultará fácil de sacar. Se fija la posición por medio de un pasador. La cadena sale conjuntamente con la rueda dentada del árbol de levas. Para poder sacar la rueda dentada se requerirá un extractor.

Sin modificar la posición del motor, monte la nueva rueda en el cigüeñal, luego pase la cadena por encima de la rueda dentada del árbol de levas. Coloque la rueda del árbol de levas de tal modo que las marcas de la distribución queden alineadas entre los centros de los ejes y el pasador de posicionamiento del árbol de levas para que pueda entrar en el agujero destinado al mismo que se encuentra en la rueda del árbol de levas.

Ponga la rueda del árbol de levas, con la cadena ya montada en ella, en la parte frontal del árbol de levas y tire de la misma con ayuda de los tres tornillos que la mantienen sobre el árbol.

Una vez las ruedas dentadas en sus posiciones, haga dar dos vueltas completas al motor, para asegurarse de que las marcas de la distribución están perfectamente alineadas entre los centros de los ejes.

6 cilindros en línea

El árbol de levas del motor de seis cilindros es accionado por engranajes. Para sacar el engranaje hay que desmontar el árbol de levas y utilizar una prensa para extraerlo.

ATENCIÓN

El plato de apoyo debe colocarse de manera que la chaveta de Woodruff del eje no sufra daños cuando se ejerza presión para sacar el eje del engranaje. Soporte el cubo del engranaje o éste sufriría graves daños.

El engranaje del cigüeñal puede sacarse con un extractor mientras está colocado en el bloque.

V6 y V8, salvo diesel

Estos modelos están equipados con una cadena de distribución. Para cambiar la cadena hay que sacar el núcleo del radiador, el equilibrador armónico de la bomba de agua y la tapa frontal del cigüeñal. Así se tendrá acceso a la cadena de distribución. Haga girar el motor hasta que las marcas cero que hay en ambas ruedas de engranaje se encuentren lo más próximas entre sí y alineadas con los centros de los ejes. Entonces, saque los tres tornillos que fijan la rueda de engranaje en el árbol de levas. Esta rueda está entrada con una ligera presión sobre el árbol y no resultará difícil hacerla salir. Si no sale con rapidez, golpee ligeramente el borde inferior de la rueda dentada con un mazo de plástico a fin de que se suelte. Se mantiene en posición gracias a un pasador.

La cadena sale junto con la rueda del árbol de levas. Se requerirá un extractor para sacar la rueda dentada del cigüeñal.

Sin modificar el estado del motor, monte la nueva rueda dentada del cigüeñal y luego ponga la cadena sobre la rueda del árbol de levas. Coloque el engranaje del árbol de levas de tal modo que las marcas de la distribución queden alineadas con los centros de los ejes y el pasador de posicionamiento del árbol de levas entre en el agujero que existe en el engranaje.

Coloque la rueda dentada del árbol de levas, junto con su cadena, en la debida posición ante el árbol y tire de ella con los tres tornillos que sirven para fijarla. El par de apriete para el V6 es de 20 libras-pie.

Una vez las ruedas se encuentran colocadas, haga dar dos vueltas completas al motor para asegurarse de que las marcas de la distribución se hallan perfectamente alineadas con los centros de los ejes.

Diesel

1. Quite la polea del cigüeñal, el equilibrador armónico y la tapa frontal. Asegúrese de que hace uso de la herramienta correcta para la extracción del equilibrador, con objeto de no estropear la pieza.

2. Alinee las marcas de sincronización que existen en las ruedas dentadas del cigüeñal y del árbol de levas, haciendo girar el cigüeñal en el sentido normal de giro del motor. Las marcas deben es-

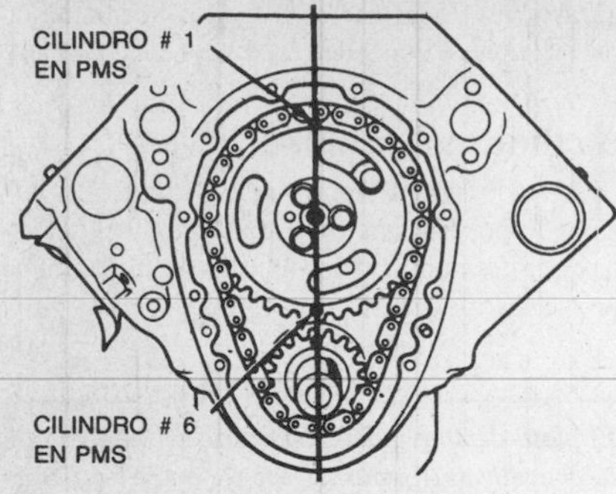

Alineación de los dientes de distribución en los V-8 de 1979-82

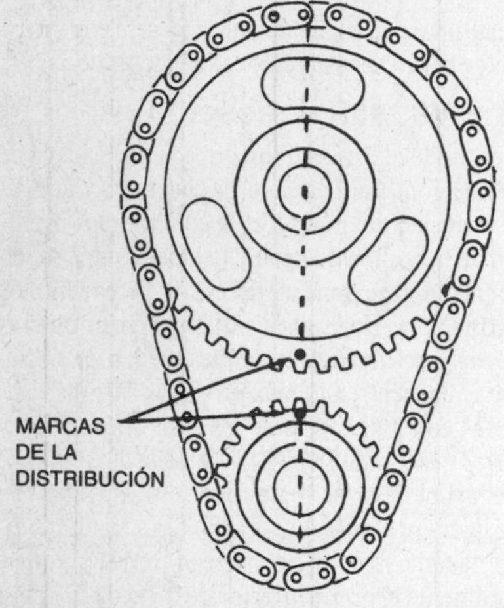

Alineación de las marcas de distribución en el V-8

tar lo más cerca posible una de la otra y debidamente alineadas con los centros de los ejes, tal como puede verse en el dibujo adjunto. No modifique la posición del motor.

3. Saque el aro de lubricación del cigüeñal. Extraiga la tuerca de retención de la rueda dentada del árbol de levas.

4. Saque la rueda dentada del cigüeñal. El ajuste de la rueda con el cigüeñal es de tal índole que puede ser necesario un extractor. Si es posible, debe intentar sacarse la chaveta antes de utilizar el extractor. En caso de que no se consiga, coloque el extractor de manera que los dos dedos de la herramienta no queden encima del extremo de la chaveta cuando se saque la rueda dentada. El chavetero sólo está parcialmente mecanizado en la rueda dentada del cigüeñal, por lo que puede causarse la rotura si no se extrae la rueda como es debido.

5. Quite la cadena de distribución y la rueda correspondiente del árbol de levas.

6. La excéntrica de la bomba de combustible se encuentra detrás de la rueda dentada del cigüeñal; en caso necesario también puede sacarse.

7. Monte la chaveta en el cigüeñal, si se ha sacado. Monte la excéntrica si ha sido sacada.

8. Monte la rueda dentada del árbol de levas, la rueda dentada del cigüeñal y la cadena de distribución conjuntamente, con las marcas de sincronización alineadas. Apriete el tornillo de fijación de la rueda dentada del árbol de levas con un par de 65 libras-pie.

NOTA: Cuando las dos marcas de sincronización se encuentran alineadas y lo más cerca posible entre sí, el cilindro nº 6 se halla en su PMS. Para que el cilindro nº 1 se halle en su PMS, gire lentamente el cigüeñal hasta hacerle dar una vuelta completa. Esto hará que la marca de la rueda dentada del árbol de levas quede en la parte superior. Entonces, el cilindro nº 1 se encuentra en el PMS.

9. Monte el aro de lubricación.

10. Hay que volver a sincronizar la bomba de inyección. Siga las etapas 1-5 y 7-9 del procedimiento de desmontaje y montaje del múltiple de admisión. Saque el adaptador de la bomba de inyección y el retén de dicho adaptador.

11. Siga las fases 18, 30, 32 y 34-36 del procedimiento de desmontaje y montaje del múltiple de admisión.

12. Monte la tapa frontal, el equilibrador armónico y la polea del cigüeñal.

Árbol de levas

DESMONTAJE Y MONTAJE

NOTA: Siempre que se monte un nuevo árbol de levas se recomienda cambiar todos los taqués a fin de asegurar la duración de los lóbulos de las levas y los pies de los taqués.

4-119

1. Saque la tapa de las levas.

2. Haga girar el árbol de levas hasta que el cilindro nº 4 se encuentre en la posición de encendido. Saque la tapa del distribuidor y marque la posición que ocupa el rotor encima de la caja del distribuidor. Extraiga el distribuidor.

3. Quite la bomba de combustible.

4. Bloquee la zapata del ajustador automático en su posición totalmente retrasada, empujando para ello la palanca de fijación del ajustador con un destornillador o equivalente, en la dirección indicada. Una vez el ajustador automático esté bloqueado, compruebe que la cadena queda libre.

5. Saque el tornillo de la rueda dentada de la distribución que corresponde al árbol de levas, y saque dicha rueda y la leva de accionamiento de la bomba de combustible que hay en el árbol de levas. Mantenga la rueda dentada de la sincronización sobre el tensor y amortiguador de la cadena, sin sacar ésta de la rueda.

6. Saque el conjunto formado por balancín, eje y soporte.

7. Saque el grupo del árbol de levas.

8. Aplique una buena cantidad de aceite limpio del motor al árbol de levas y cojinete de la cabeza de cilindros.

9. Monte el grupo del árbol de levas.

10. Monte el balancín, eje y soporte, tal como se ha explicado anteriormente.

11. Compruebe que el soporte del eje del balancín nº 1 está alineado con la marca que hay en el árbol de levas y que la ranura de la polea del cigüeñal lo está con la marca PMS (marca «0») de la tapa frontal.

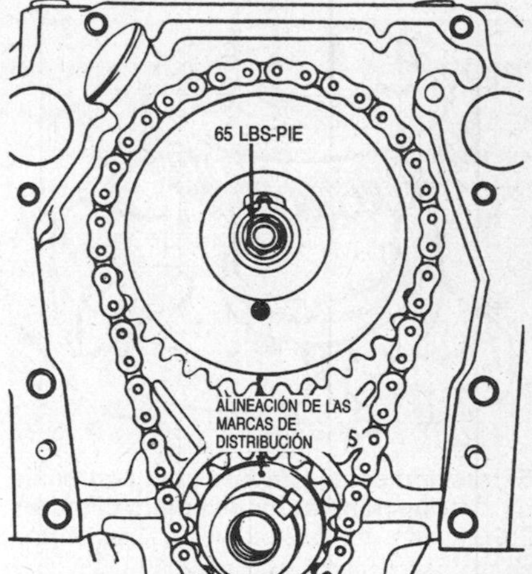

Alineación de las marcas de distribución del motor diesel V-8

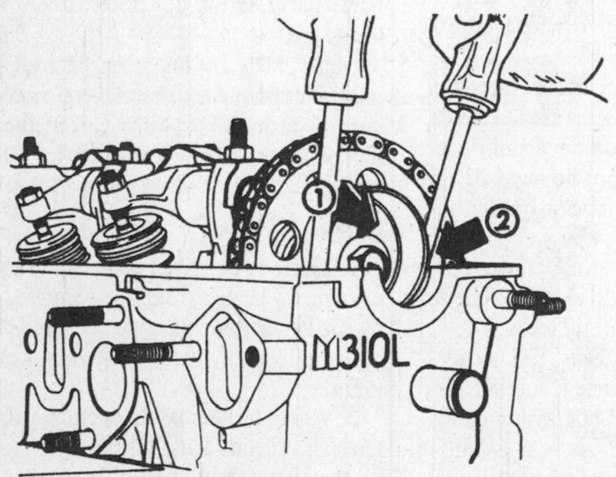

Empuje de la palanca fiadora de ajuste

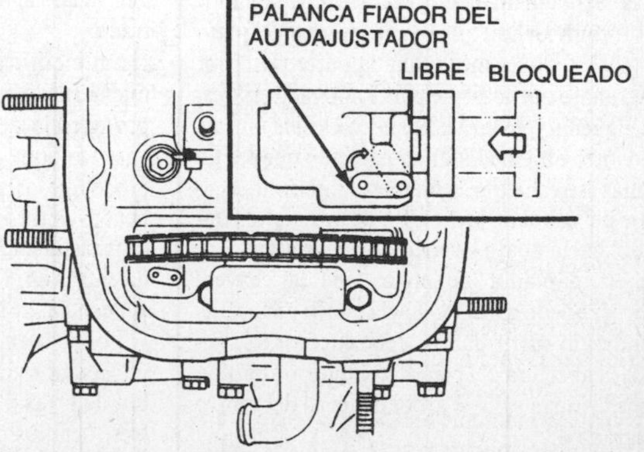

Bloqueo del adaptador de la cadena de distribución

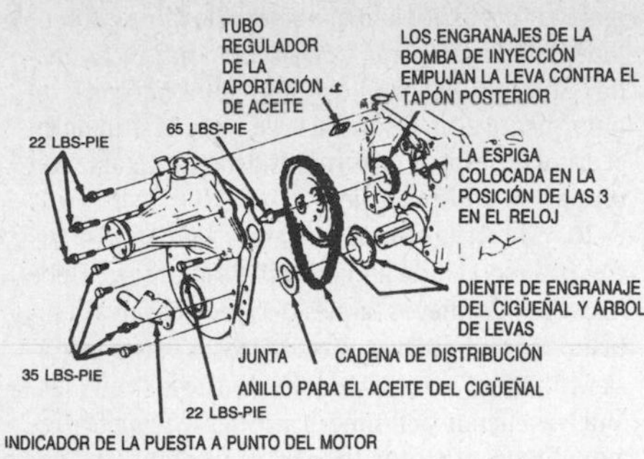

Montaje del engranaje de la bomba de inyección

12. Monte la rueda dentada de la distribución en el árbol de levas alineándola con el pasador que hay en dicho árbol; tenga cuidado de no mover la cadena de la rueda.

13. Monte la leva de accionamiento de la bomba de combustible y coloque el tornillo y la arandela de retención de la rueda dentada. Saque el retén de media luna que hay en el extremo delantero de la cabeza de cilindros; luego utilice la llave dinamométrica y apriete el tornillo con un par de 60 libras-pie; cambie el retén de media luna de la cabeza de cilindros.

14. Monte el distribuidor.

15. Suelte el bloqueo apretando la zapata en el ajustador, utilizando un destornillador o equivalente, comprobando luego si la cadena de la distribución tiene la tensión adecuada.

16. Compruebe la sincronización de las válvulas; el rotor y la marca hecha en la caja del distribuidor deben estar alineados cuando el pistón n.º 4 se encuentra en la posición de encendido. La marca de sincronización de la polea del cigüeñal debe quedar alineada con la marca PMS (marca «0») de la tapa frontal.

17. Monte de nuevo la tapa del distribuidor.

18. Coloque la tapa de las levas.

4-137 diesel

1. Desmonte el mecanismo de arrastre del árbol de levas.

2. Saque los dos tornillos que mantienen la placa de apoyo en la debida posición delante del mecanismo de arrastre del árbol de levas.

3. Extraiga la placa de apoyo y, con mucho cuidado, saque el árbol de levas a través de la parte frontal del mecanismo de arrastre.

4. Monte el árbol de levas en el mecanismo de arrastre siguiendo el proceso inverso al utilizado para su desmontaje, recubriendo con bastante cantidad de aceite limpio del motor todas las piezas antes de colocarlo en su lugar. Tenga cuidado de no estropear los apoyos de los cojinetes del árbol de levas durante el montaje.

4-121

1. Saque el motor.

2. Desmonte el múltiple de admisión.

3. Saque la tapa de la cabeza de cilindros, haga oscilar los balancines a los costados y saque los empujadores, conservando el mismo orden. Saque los taqués, manteniéndolos en el mismo orden. Existen herramientas especiales para facilitar el desmontaje de los taqués.

4. Quite la tapa frontal.

5. Saque el distribuidor.

6. Desmonte la bomba de combustible y su empujador.

7. Saque la cadena de distribución y la rueda de la misma, tal como se ha explicado antes en este apartado.

8. Extraiga con cuidado el árbol de levas del bloque, vigilando que los lóbulos de las levas no toquen con los cojinetes.

9. Para el montaje, lubrique los cojinetes de apoyo del árbol de levas con aceite limpio del motor. Los lóbulos de las levas se deben engrasar con Molykote® o equivalente. Monte el árbol de levas en el motor, procurando que los cojinetes no toquen a los lóbulos de las levas.

10. Monte la cadena de distribución y su rueda. Monte la bomba de combustible y el empujador. Coloque la tapa de la distribución. Monte el distribuidor.

11. Monte los taqués. Si se ha colocado un árbol de levas nuevo, también deberá colocar taqués nuevos para asegurar la duración de los lóbulos de las levas.

12. Monte empujadores, balancines y el múltiple de admisión. Ajuste el juego de las válvulas una vez colocado el motor. Vuelva a colocar la tapa de la cabeza de cilindros.

2.5 L (4 cilindros)

1. Desconecte el cable negativo de la batería. Purgue el sistema de refrigeración.

2. Desmonte el alternador y su soporte, tal como ya se ha explicado antes en este apartado.

3. Saque la abrazadera que une el múltiple de admisión al bloque. Desconecte los tubos inferior del radiador y del calefactor.

4. Saque la unidad de transmisión de la presión de aceite.

5. Saque los soportes de las conexiones de cables de la tapa lateral. Luego, desmonte la tapa lateral una vez sacadas las tuercas de fijación.

6. Saque el recipiente de la dirección asistida que se encuentra en el protector del ventilador.

7. Afloje los tornillos de las poleas de accionamiento del ventilador y de la bomba de agua, y luego saque las correas de la dirección asistida y del compresor de aire acondicionado.

8. Saque el ventilador y la polea.

9. Afloje el tornillo de montaje del cubo del cigüeñal y saque el cubo con ayuda de un extractor.

10. Saque los tornillos de la tapa frontal y retire dicha tapa.

11. Saque el distribuidor tal como se ha explicado antes en esta misma sección.

12. Saque la tapa del eje de accionamiento de la bomba de lubricación, el cojinete y su eje.

6-173

Siga el procedimiento de desmontaje de este motor, y luego saque el árbol de levas tal como se indica a continuación:

1. Saque el múltiple de admisión, los taqués y la tapa de la cadena de distribución. Si el vehículo lleva aire acondicionado, saque el tornillo del condensador y desplácelo a un lado sin tocar ninguno de los tubos.

2. Saque la bomba de combustible y el empujador de la misma.

3. Afloje los tornillos de la rueda dentada del árbol de levas, y luego extraiga dicha rueda y la cadena de distribución. Si está pegada podrá soltarla dando un ligero golpe en su borde inferior (con una maza de plástico).

4. Monte dos tornillos en los agujeros de la leva y sáquela del bloque.

5. Para el montaje siga el proceso en orden inverso, alineando las marcas de sincronización que hay en la rueda dentada.

Seis cilindros en línea

1. Además de sacar la tapa de los engranajes de distribución, saque también la parrilla y el radiador. Si el vehículo dispone de aire acondicionado, deberá mover el condensador para dejar sitio apto para desmontar el árbol de levas. Puede aflojarse el condensador y separarse a un lado de modo que deje espacio suficiente. Si aun así no queda bastante sitio, deberá vaciarse el sistema de aire acondicionado y sacar el condensador. No desconecte ningún tubo del aire acondicionado salvo si tiene mucha experiencia con estas instalaciones y sabe los peligros que ofrecen. Es recomendable que haga vaciar la instalación por un profesional.

ATENCIÓN

El refrigerante comprimido se evapora (hierve) en la atmósfera a una temperatura de —21 ºF o incluso más baja. Por tanto, congelará cualquier superficie que toque, incluida la piel y ojos.

2. Saque la tapa y la junta de las válvulas, todas las tuercas de los balancines y hágalos oscilar para que los empujadores de todas las válvulas queden libres.

3. Saque el distribuidor y la bomba de combustible.

4. Desmonte las tapas laterales y las juntas. Saque los empujadores y los taqués.

5. Alinee las marcas del engranaje de distribución y extraiga los dos tornillos de fijación de la placa de apoyo del árbol de levas, trabajando a través de los agujeros que hay en el engranaje del árbol de levas.

6. Saque el conjunto del árbol con el engranaje, tirando de él por la parte frontal del bloque. Tenga cuidado de no estropear los cojinetes de apoyo del árbol de levas.

NOTA: Si cambia el árbol de levas o el engranaje del mismo, hay que sacar dicho engranaje del árbol mediante una prensa. Coloque los platos de la prensa debajo del engranaje y empuje el árbol fuera del engranaje. La placa de apoyo debe colocarse de tal modo que la chaveta Woodruff del árbol no sufra daños al ser sacada del engranaje. Apoye el cubo del engranaje para no estropearlo. Las piezas sustituidas deberán montarse del mismo modo (con una prensa). Al colocar el engranaje sobre el árbol de levas, apriételo hasta que toque a la arandela separadora del mismo. La tolerancia final de la placa de apoyo debe ser de 0.001 a 0.005".

7. Monte el conjunto del árbol de levas en el motor. Antes lubrique los lóbulos de las levas con grasa para engranajes calidad EOS o SAE 90. No toque los cojinetes de apoyo al montar el árbol de levas.

8. Haga girar el cigüeñal y el árbol de levas para que las marcas de sincronización queden alineadas juntas. Empuje el árbol de levas en su posición alineada.

9. El salto del engranaje del cigüeñal o del árbol de levas no debe sobrepasar las 0.003".

10. El juego entre los dientes de los dos engranajes deberá ser de 0.004 a 0.006".

11. Monte la tapa y la junta de los engranajes de la distribución.

12. Monte el cárter de aceite y las juntas.

13. Monte el equilibrador armónico.

14. Alinee el chavetero con la chaveta del equilibrador en el cigüeñal y coloque el equilibrador en el eje hasta que llegue al tope con el engranaje del cigüeñal.

15. Monte los taqués de las válvulas y los empujadores. Monte las tapas laterales utilizando juntas nuevas. En los modelos más nuevos se emplea pasta de silicona RTV en lugar de las juntas. Fije los cables de la bobina y monte la bomba de combustible.

16. Monte el distribuidor y ajuste la sincronización tal como se ha explicado en el apartado Desmontaje y montaje del distribuidor, al comienzo del capítulo.

17. Haga oscilar los balancines hasta colocarlos sobre los empujadores y ajuste las válvulas.

18. Añada aceite al motor. Monte y ajuste la correa del ventilador.

19. Coloque el radiador o el protector del ventilador.

20. Monte el conjunto de la parrilla.

21. Llene el sistema de refrigeración, ponga el motor en marcha y compruebe si hay pérdidas.

22. Verifique la sincronización y ajústela.

4,3L-V6

1. Desconecte el cable de masa de la batería. Saque la tapa del motor.

2. Desmonte el filtro de aire. Purgue el sistema de refrigeración.

3. Saque el distribuidor y el carburador tal como se ha explicado anteriormente en esta misma sección.

4. Saque la abrazadera posterior del acondicionador de aire.

5. Desconecte los tubos de llenado de aceite de la transmisión y el motor, en el soporte del alternador.

6. Desmonte la polea loca del aire acondicionado.

7. Saque el soporte de ajuste del alternador y colóquelo a un lado.

8. Saque el soporte de la válvula de derivación. Luego desconecte los tubos del reactor de inyección de aire en la válvula de derivación.

9. Saque el múltiple de admisión, empleando el procedimiento que se ha indicado antes.

10. Saque el protector superior del ventilador. Desmonte la bomba de la dirección asistida tal como se explica más adelante en esta misma sección.

11. Saque la bomba de aire y su soporte de montaje.

12. Desmonte el ventilador y la polea del mismo. Luego, saque la bomba de aire tal como se explica en esta misma sección.

13. Desmonte el cubo equilibrador del motor y la tapa de la distribución, tal como se ha explicado antes en esta sección.

13. Desmonte el cubo equilibrador del motor y la tapa de la distribución, tal como se ha explicado antes en esta sección.

14. Haga girar el motor para alinear las marcas de la distribución con la que hay en el árbol de levas en la parte superior, en vez de en la parte inferior. De este modo, el cilindro n.º 1 quedará en el PMS.

15. Saque la cadena de distribución y la rueda dentada del árbol de levas. Saque luego la bomba de combustible.

16. Desconecte los tubos del radiador y los del refrigerador de la transmisión (debe tapar los tubos del refrigerador de la transmisión).

17. Quite el protector de debajo del ventilador. Desconecte los tubos del cilindro principal de frenos, por el extremo de dicho cilindro, y tape todas las aberturas.

18. Saque las tapas de las válvulas. Desmonte los balancines y los empujadores, conservando el orden de todas las piezas.

19. Saque los taqués, conservando el orden para poder volver a montarlos en las mismas posiciones.

20. Coloque dos tornillos de 5/16-18x4" en los agujeros existentes en el extremo del árbol de levas. Luego, saque con cuidado el árbol de levas. Dado que todos los cojinetes de apoyo tienen el mismo diámetro, debe sacar todo el árbol con cuidado, moviéndolo con lentitud para no estropear los bordes de los cojinetes.

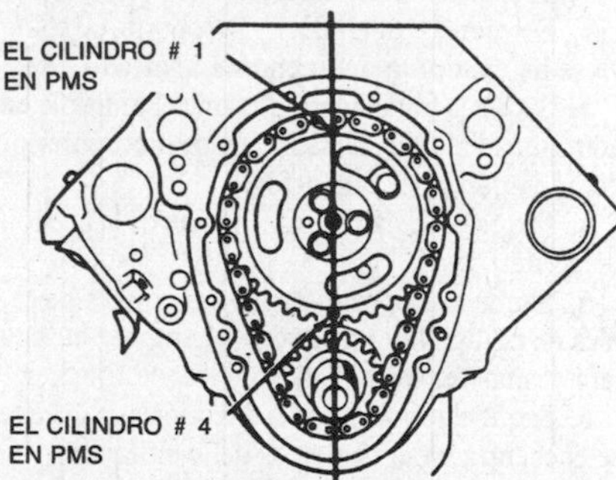

Alineación de las marcas de distribución en los dientes de los engranajes del árbol de levas y del cigüeñal en el 4,3 L V-6

21. Compruebe con un micrómetro si los cojinetes son perfectamente redondos. La mínima diferencia en los diámetros debe ser inferior a 0.001" al diámetro máximo. En caso contrario deberá cambiar el árbol de levas.

22. Aplique un lubricante para el montaje de nuevas piezas (Molykote® o equivalente) en los cojinetes de apoyo del árbol de levas, cuando vuelva a montarlo en el motor.

23. Si ha montado un árbol de levas nuevo, utilice los tornillos empleados como guías durante el desmontaje para el nuevo árbol. Monte el árbol de levas volviendo a tener sumo cuidado en no estropear los cojinetes de apoyo.

24. Saque los dos tornillos montados en el extremo del árbol de levas para guiarlo.

25. Para el montaje de la cadena de distribución y su rueda dentada, siga el procedimiento que ya se ha indicado antes en esta misma sección. Asegúrese que al montar la cadena sobre las ruedas correspondientes, las marcas se hallan debidamente alineadas (el cilindro n.º 1 en el PMS). Alinee el pasador del árbol con el agujero de la rueda dentada de la distribución y entonces monte dicha rueda. Coloque los tornillos y apriételos alterna y regularmente a fin de que la rueda quede situada en el árbol de levas. Los tornillos deben apretarse con un par de 20 libras-pie.

26. Monte las piezas restantes siguiendo el orden inverso al indicado para su desmontaje. Debe hacer uso de nuevos taqués siempre que haya cambiado el árbol de levas. Recubra los taqués con grasa Molykote® o equivalente. Ajuste las válvulas. Vuelva a llenar y elimine el aire del sistema de frenos. Ponga el motor en marcha y compruebe que no existen fugas.

V8, salvo diesel

1. Saque el múltiple de admisión, los taqués y la tapa de la cadena de distribución.

2. Desmonte la rejilla y el radiador. Si el vehículo tiene aire acondicionado, hay que sacar el condensador para dejar sitio para el desmontaje del árbol de levas. Puede ser factible aflojar los tornillos del condensador y desplazarlo lo suficiente para dejar sitio. En caso contrario, deberá vaciarse la instalación de aire acondicionado y sacar todo el condensador. No desconecte ningún tubo del aire acondicionado a no ser que tenga experiencia en esta clase de trabajos y sepa a lo que se expone.

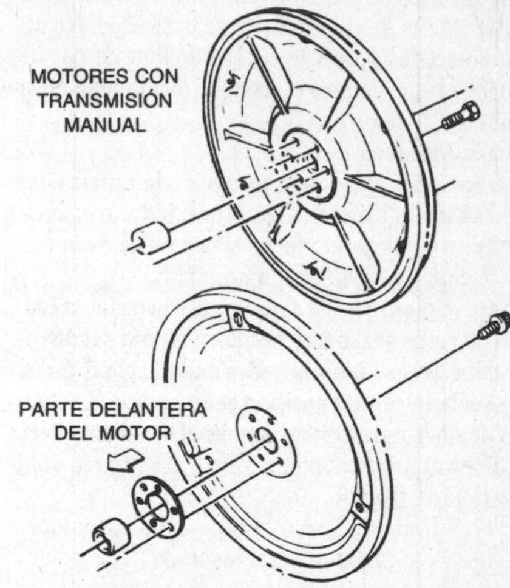

Montaje del volante del motor de 2,5 L de cuatro cilindros

3. Saque la bomba de combustible y el empujador de la misma.

4. Afloje los tornillos de la rueda de engranaje del árbol de levas, sacando luego dicha rueda y la cadena de distribución. Basta dar un golpecito (con un mazo de plástico) en la parte inferior de la rueda de engranaje para que se suelte.

5. Monte dos tornillos de 7/16-18x4" en los agujeros existentes en el árbol de levas y sáquelo del bloque.

6. Para el montaje, proceda en orden inverso, vigilando que las marcas de sincronización queden bien alineadas.

NOTA: Lubrique los lóbulos de las levas con grasa para engranajes EOS o SAE 90. No estropee los cojinetes de apoyo cuando monte el árbol de levas.

350 (5.7L) Diesel

Para poder desmontar el árbol de levas, también hay que sacar el sistema de accionamiento de la bomba de inyección y los engranajes, desmontar el múltiple de admisión, los taqués de las válvulas y volver a reajustar la sincronización de la bomba de inyección.

1. Desconecte el cable negativo de la batería. Purgue el refrigerante. Saque el radiador.

2. Desmonte el múltiple de admisión y la junta del mismo, así como los retenes anterior y posterior del múltiple de admisión. Para ello consulte la sección que trata del Desmontaje y montaje del múltiple de admisión.

3. Saque la polea equilibradora y el equilibrador. Desmonte la tapa frontal del motor.

4. Saque las tapas de las válvulas. Desmonte los balancines, empujadores y taqués. Asegúrese de que mantiene las piezas en el mismo orden a fin de poder volverlas a montar luego en sus posiciones originales.

5. Si el vehículo dispone de aire acondicionado, hay que desplazar el condensador para dejar sitio suficiente para el desmontaje del árbol de levas. Puede ser factible aflojar los tornillos del condensador y desplazarlo lo bastante, pero, en caso contrario, se deberá vaciar el sistema de aire acondicionado y sacar por completo el condensador. No tiene que desconectar ningún tubo del aire acondicionado a no ser que tenga suficiente experiencia con estas instalaciones y sepa a los riesgos a que se expone.

6. Saque el tornillo de fijación de la rueda dentada del árbol de levas, extrayendo luego rueda y cadena de distribución.

7. Coloque el pasador del árbol de levas en la posición de las 3 horas del reloj.

8. Empuje el árbol de levas hacia atrás y sosténgalo en dicho lugar, procurando no estropear el tapón de aceite que hay detrás del motor. Saque el engranaje de accionamiento de la bomba, desplazándolo sobre el árbol de levas, mientras mueve el engranaje de la bomba.

9. Para sacar el engranaje de la bomba, desmonte el adaptador de la bomba de inyección, saque el anillo elástico y extraiga la arandela selectiva. Saque el engranaje con el muelle.

10. Saque el árbol de levas deslizándolo por la parte frontal del motor. Hay que tener sumo cuidado para que los lóbulos de las levas no toquen los cojinetes de apoyo a fin de que no se muevan durante el desmontaje del árbol de levas. En modo alguno tiene que forzar el árbol de levas para sacarlo, pues se producirían problemas con los cojinetes.

11. Recubra el árbol de levas y los cojinetes con lubricante GM 562458 o equivalente.

12. Deslice el árbol de levas, con el mayor cuidado, hasta colocarlo en posición dentro del motor.

13. Monte la rueda dentada y la cadena de distribución debidamente alineadas.

14. Compruebe el casquillo del engranaje de accionamiento de la bomba de inyección y cámbielo si está en mal estado.

15. Monte el engranaje de accionamiento de la bomba de inyección, el muelle, el suplemento y el anillo elástico. Compruebe el juego del engranaje. Si dicho juego no está comprendido entre 0.002 y 0,005", cambie el suplemento a fin de conseguirlo. Puede conseguir suplementos entre 0,080 y 0,115" con incrementos de 0,003".

16. Coloque el pasador del árbol de levas en la posición de las 3 horas del reloj. Alinee las marcas «0» que existen en el engranaje de accionamiento de la bomba. Mantenga el árbol de levas en posición retrasada e introduzca el engranaje de accionamiento de la bomba sobre el árbol.

17. Desmonte, monte y purgue los taqués, empujadores, balancines y pivotes. Monte el adaptador de la bomba de inyección y luego dicha bomba, volviendo a hacer la sincronización del motor tal como se ha explicado en el apartado que trata del Desmontaje y montaje del múltiple de admisión.

18. Monte el múltiple de admisión, tal como se ha descrito antes. Monte las tapas de los balancines.

19. Coloque la tapa frontal del motor, el equilibrador y la polea.

20. Monte el radiador. Instale el condensador del aire acondicionado, si existe. Llene el sistema de refrigeración. Compruebe el nivel del líquido de la transmisión automática. Conecte los cables negativos de la batería.

379 (6.2L) diesel

1. Desconecte la batería.

2. Levante el vehículo.

3. Purgue el radiador y el bloque del motor.

4. Desconecte el tubo de escape del múltiple.

5. Saque los tornillos de fijación del protector inferior del ventilador.

6. Baje el vehículo.

7. Saque los tornillos de fijación del protector del ventilador.

8. Saque el radiador.

9. Saque el ventilador.

10. Desmonte la bomba de vacío.

11. Saque el múltiple de admisión tal como se ha explicado antes.

12. Desmonte los tubos de la bomba de inyección en la bomba y en los inyectores. Tape los inyectores a fin de evitar que pueda penetrar suciedad del combustible (ponga etiquetas en los tubos para poder volver a montarlos debidamente).

13. Saque la bomba de agua.

14. Desmonte el engranaje de la bomba de inyección.

15. Haga una marca en la tapa frontal de manera que quede alineada con la línea de la brida de la bomba de inyección.

16. Saque la bomba de la dirección asistida y el generador, dejándolos separados a un lado.

17. Si el vehículo dispone de aire acondicionado, afloje el compresor y colóquelo a un lado.

18. Saque las tapas de los balancines, tal como se ha explicado antes.

19. Desmonte el grupo del eje de balancines y los empujadores. Coloque las piezas en una cubeta de manera que conserven el mismo orden y puedan volver a instalarse en los mismos lugares.

20. Saque la caja del termostato y el traspaso que hay en las cabezas de cilindros.

21. Saque la cabeza de cilindros tal como se ha indicado anteriormente, junto con los múltiples de escape aún fijados.

22. Sacar las bridas de los taqués, las placas de guía y los taqués. Coloque las piezas en una cubeta a fin de poder volver a montarlas en el mismo orden.

23. Saque la tapa frontal.

24. Desmonte la cadena de distribución.

25. Quite la bomba de combustible.

26. Saque la placa de retén de las levas.

27. Si el vehículo está equipado con aire acondicionado, saque los tornillos de montaje del condensador y, con la colaboración de un ayudante, levante el condensador.

28. Saque el árbol de levas.

NOTA: Siempre que se monte un nuevo árbol de levas, hay que cambiar todos los taqués y el filtro de aceite, siendo recomendable utilizar aceite nuevo para asegurar una mayor duración de los lóbulos del árbol de levas y de los taqués. Al montar un árbol de levas nuevo, lubrique los lóbulos de las levas con grasa Molykote® o equivalente.

29. Lubrique los cojinetes del árbol de levas con aceite del mismo motor y monte el árbol de levas en su lugar.

30. Monte la placa de retención (apriete a 20 libras-pie).

31. Monte la bomba de combustible.

32. Monte la cadena de distribución.

33. Coloque la tapa frontal.

34. Monte los taqués, placas y guía y brida, haciendo girar el cigüeñal para asegurarse de que los taqués pueden moverse libremente.

35. Coloque la cabeza de cilindros.

36. Monte el conjunto de eje de balancines y los empujadores. Hay que vigilar que los empujadores queden bien colocados.

37. Coloque las tapas de los balancines.

38. Monte la bomba de inyección en la tapa frontal, asegurándose de que las líneas de la bomba y la marca hecha en la tapa coinciden.

39. Monte el engranaje de accionamiento de la bomba de inyección, asegurándose de que queda bien alineado. Cada vez que se cambie la cadena de distribución, los engranajes o ruedas dentadas, será necesario volver a llevar a cabo la comprobación de la sincronización.

40. Monte la bomba de agua.

41. Coloque los tubos de inyección.

42. Monte el generador, la dirección asistida y el aire acondicionado.

43. Monte la polea del cigüeñal.

44. Coloque el ventilador.

45. Monte las correas de accionamiento y ajústelas si es preciso.

46. Monte el protector del ventilador.

47. Monte el radiador y llénelo con refrigerante.

48. Conecte los cables y tubos que sean necesarios.

49. Levante el vehículo.

50. Conecte los tubos de escape al múltiple de escape.

51. Baje el vehículo.

52. Monte la bomba de vacío.

53. Conecte los tubos secundarios de combustible (con el adaptador).

54. Monte las tapas de la cabeza de cilindros J-29664-1.

55. Conecte la batería.

56. Ponga el motor en marcha y compruebe si existen pérdidas.

57. Pare el motor.

58. Saque las tapas protectoras.

59. Afloje el sostén de la bomba de vacío y desconecte el filtro secundario (con el adaptador) de los tubos de combustible.

60. Monte el múltiple de admisión.

Pistón y bielas

Consulte la sección de Rectificado del motor, en el apartado de Reparaciones para cualquier detalle al respecto.

Cigüeñal y cojinetes principales

Para detalles al respecto, consulte la sección de Rectificado del motor, en el apartado de Reparaciones.

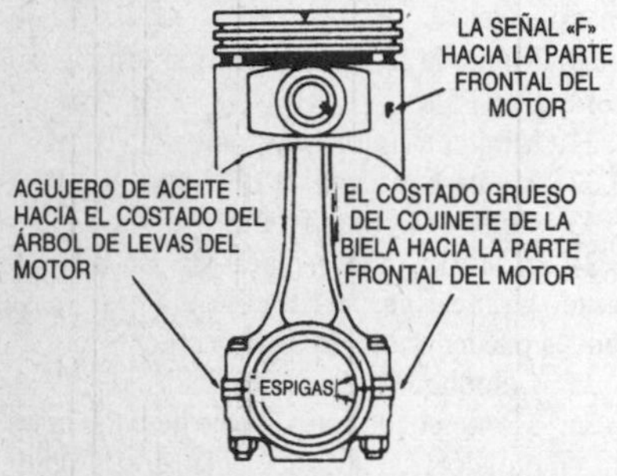

Montaje del pistón y la biela en el 6-250 y 292

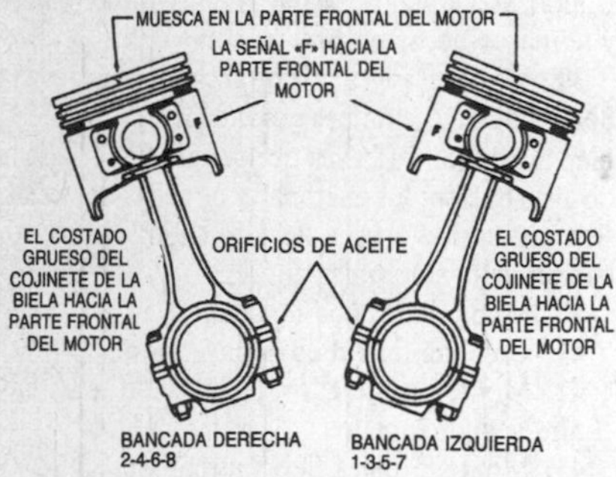

Montaje de pistón y biela en el bloque pequeño del V-8

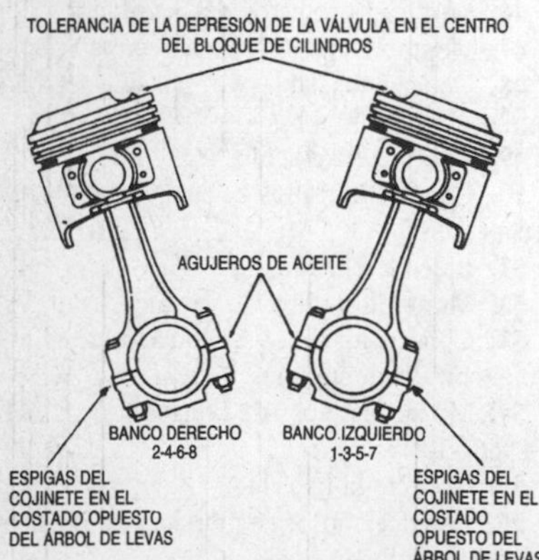

Montaje del pistón y biela del 8-454

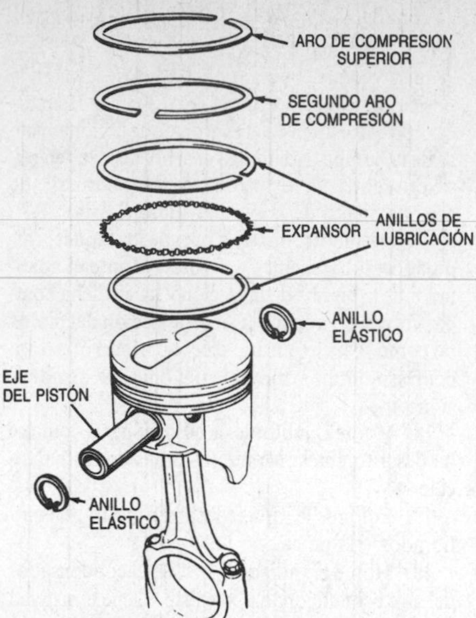

Montaje del pistón en el motor diesel

Volante

DESMONTAJE Y MONTAJE

Todos los motores

1. Desmonte la transmisión y embrague, o el convertidor de par.

2. Destornille y saque el volante.

3. Si hay que cambiar la corona dentada, ábrala con un cortafríos o con un taladro eléctrico y sáquela.

4. Caliente la nueva corona dentada en un horno, hasta unos 450 °F, durante 20 minutos. Utilizando guantes protectores, golpee la corona dentada con un martillo, para dejarla en la posición adecuada, y deje que se enfríe.

5. El montaje se realiza siguiendo el orden inverso al indicado para el desmontaje.

LUBRICACIÓN DEL MOTOR

Cárter

DESMONTAJE Y MONTAJE

Pickups y Suburban

SEIS CILINDROS EN LÍNEA

1. Desconecte el cable de masa de la batería.

2. Levante el vehículo y colóquelo sobre soportes. Desconecte el motor de arranque, dejando los cables unidos a él, y desplácelo a un lugar que no impida el trabajo.

3. Si todavía no existe suficiente espacio, saque los tornillos que fijan el soporte del motor al miembro transversal y levante el motor lo que sea necesario para poder colocar un pedazo de madera de 2×4" entre el soporte del motor y el del miembro transversal.

4. Purgue el aceite del motor.

5. Saque la tapa del volante o del convertidor de par.

6. Desmonte el cárter de aceite.

7. Limpie todas las superficies de junta y monte un nuevo retén en la ranura del cojinete principal y también en la tapa frontal del cigüeñal. Monte nuevas juntas laterales en el bloque, pero no les aplique pasta de cierre. Llene el motor con aceite y póngalo en marcha, comprobando si hay pérdidas.

V8, SALVO DIESEL

1. Purgue el aceite del motor.

2. Quite la varilla del nivel de aceite y el tubo.

3. En caso necesario, saque el transversal de escape. En el modelo 454, saque el filtro de aire, el protector del ventilador y la tapa del distribuidor.

4. Desmonte la tapa del convertidor o volante. Desmonte el motor de arranque. En los modelos 454, quite el tubo de presión de aceite del bloque. En los modelos de tracción en las cuatro ruedas con transmisión automática, desmonte las varillas de los montantes del motor.

5. En los modelos 454, únicamente, saque los tornillos pasantes de montaje del motor y levante el motor.

6. Saque el cárter de aceite y tire las juntas.

7. El montaje se realiza siguiendo el orden inverso al indicado. Limpie las superficies de contacto y emplee nuevas juntas al efectuar el montaje. Utilice pasta de cierre para juntas a fin de aguantar las juntas laterales del bloque de cilindros. Monte un nuevo retén de aceite en la parte posterior del cárter, para la ranura de la tapeta del cojinete principal, de modo que los extremos toquen a las juntas laterales. Monte un nuevo retén delantero en la tapa frontal del cigüeñal, de modo que los extremos toquen a las juntas laterales. Llene de aceite el motor y compruebe si existen pérdidas.

DIESEL

1. Saque la bomba de dirección y vacío.

2. Desconecte los cables de la batería.

3. Quite los tornillos de fijación del protector del ventilador y saque el protector de las pinzas, tirando hacia arriba.

4. Bloquee las ruedas traseras y levante la parte delantera del vehículo. Sangre el aceite.

5. Saque la tapa del volante.

6. Saque el motor de arranque y el solenoide.

7. Saque ambos tornillos pasantes del montante del motor y alce éste. Afloje el soporte de la derecha y sáquelo.

8. Desatornille y saque el cárter de aceite.

NOTA: En el caso de que tengan que hacer más trabajos, hay que volver a colocar los soportes del motor y bajarlo de nuevo sobre los soportes del bastidor.

9. Para montarlo: una vez completamente limpias las superficies de montaje, aplique pasta de cierre a ambos lados de las juntas del cárter y colóquelas sobre el bloque.

10. Monte los retenes de caucho delantero y trasero.

11. Aplique una gruesa capa de grasa de uso múltiple en los retenes, y monte el cárter de aceite. Apriete los tornillos con un par de 10 libras-pie, siguiendo una secuencia circular, desde el centro hacia los extremos.

12. El resto del montaje se realiza en el orden inverso al desmontaje. Llene el motor de aceite y compruebe si existen fugas.

Furgonetas (salvo el Astro)

SEIS CILINDROS EN LÍNEA

1. Desconecte el cable negativo de la batería y saque la tapa del motor.
2. Desmonte el filtro de aire y los pernos pasadores.
3. Quite el protector del ventilador.
4. Quite los soportes superiores del radiador.
5. Levante el vehículo y apóyelo sobre soportes.
6. En los vehículos provistos de transmisión manual: desmonte el eje transversal del embrague del soporte delantero izquierdo. Saque el tornillo superior de la palanca articulada a la transmisión. Saque los tornillos posteriores del soporte de la transmisión y coloque dos tornillos de 7/16x3". Levante la transmisión y coloque un pedazo de madera de 2x4" entre la montura y el miembro transversal.
7. Desmonte el motor de arranque.
8. Purgue el aceite del motor.
9. Saque los tornillos pasantes de la montura del motor.
10. Levante un poco el motor y coloque pequeños pedazos de madera de 2x4" entre la montura y el bloque.
11. Quite el protector de deslizamiento del volante o del convertidor, si procede.
12. Quite los tornillos de fijación del cárter de aceite y extraiga el cárter.
13. Limpie completamente las superficies de contacto y monte una junta nueva.
14. El montaje se hace siguiendo el orden inverso al indicado.

V8

1. Purgue el aceite del motor.
2. Quite la varilla de nivel y el tubo.
3. En caso necesario, saque el traspaso del tubo de escape.
4. Si el vehículo está equipado con transmisión automática, quite el cárter de la caja del convertidor.
5. Saque la abrazadera del motor de arranque y el tornillo, haciendo bascular dicho motor a un lado.
6. Quite el cárter de aceite y tire las juntas.
7. El montaje se efectúa siguiendo el orden inverso al indicado para su desmontaje. Limpie las superficies de unión y emplee juntas nuevas al montar. Para que las juntas se aguanten en el bloque de cilindros, aplique pasta de cierre. Monte un retén nuevo en la ranura del cojinete principal posterior, vigilando que los extremos toquen a las juntas laterales. Coloque un nuevo retén delantero en la tapa frontal del cigüeñal, de modo que los extremos toquen las juntas laterales. Llene el motor con aceite y compruebe si existen pérdidas.

Blazer y Jimmy

SEIS CILINDROS EN LÍNEA

1. Desconecte el cable de masa de la batería.
2. Levante el vehículo y apóyelo sobre soportes. Desconecte el motor de arranque dejando los cables conectados en el mismo, y haciéndolo bascular a un lado para que no estorbe.
3. Saque el volante o la tapa del convertidor.
4. Purgue el aceite del motor.
5. En algunos modelos, puede que exista espacio suficiente para desmontar el cárter de aceite sin necesidad de levantar el motor. Si ello no es posible, saque los tornillos pasantes que unen los montantes del motor a los soportes y levante el motor lo suficiente para colocar un pedazo de madera de 2 x 4" entre los montantes del motor y los soportes.
6. Baje el motor de modo que descanse encima de los bloques, quedando en una posición ligeramente levantada. De este modo dispondrá de espacio suficiente para poder trabajar.
7. Saque los tornillos de fijación del cárter de aceite.
8. Quite el cárter de aceite.
9. Limpie todas las superficies de contacto y coloque un nuevo retén en la ranura posterior del cojinete principal y otro nuevo retén en la tapa frontal del cigüeñal. El montaje se realiza siguiendo el orden inverso al del desmontaje. Monte nuevas juntas laterales en el bloque, pero no emplee pasta de cierre. Llene el motor con aceite y póngalo en marcha, comprobando si existen pérdidas.

V8, SALVO DIESEL

NOTA: El proceso para los motores diesel es igual al indicado para los vehículos Pickup.

1. Purgue el aceite del motor.
2. En caso necesario, saque el traspaso del tubo de escape.
3. Si el vehículo va equipado con transmisión automática, saque el cárter de la caja del convertidor.
4. En los modelos con tracción en las cuatro ruedas, equipados con transmisión automática, hay que sacar las varillas de apoyo en la montura del motor.
5. Saque el cárter de aceite y tire las juntas.
6. El montaje se lleva a cabo siguiendo el orden inverso al del desmontaje. Limpie todas las superficies de contacto y emplee nuevas juntas al efectuar el montaje. Para aguantar las juntas laterales en el bloque de cilindros, utilice pasta de cierre. Monte un nuevo retén posterior en la ranura trasera del cojinete principal, con los extremos tocando a las juntas laterales. Coloque un nuevo retén delantero en la tapa frontal del cigüeñal, de modo que los extremos toquen las juntas laterales. Vuelva a montarlo todo, llene el motor con aceite y compruebe si existen pérdidas.

Serie S

4-119

NOTA: En los vehículos con tracción en las cuatro ruedas, antes de sacar el cárter de aceite es preciso levantar el motor.

1. Desconectar el terminal negativo de la batería.
2. Levante el vehículo y apóyelo sobre soportes.
3. Purgue el aceite.
4. Quite el protector de deslizamiento delantero.
5. Saque el miembro transversal delantero, si es preciso.
6. Desconecte la varilla de conexión al brazo oscilante y baje dicha varilla.
7. Quite el soporte del alojamiento izquierdo de la cigüeña.
8. Desmonte el tubo de vacío del cárter de aceite.
9. Saque los tornillos de fijación del cárter y extráigalo.

NOTA: Puede ser preciso sacar los montantes del motor y levantarlo para poder sacar el cárter de aceite.

10. El montaje se lleva a cabo en el orden inverso al desmontaje. Los tornillos de fijación se aprietan con un par de 43 libras-pie.

4-121

1. Desconecte el cable negativo de la batería.
2. Purgue la caja del cigüeñal. Levante y coloque sobre soportes la parte delantera del vehículo.
3. Quite la abrazadera del aire acondicionado, si dispone de dicha instalación.
4. Quite el protector del escape y desconecte el tubo de escape del múltiple.
5. Desmonte el motor de arranque y colóquelo en una posición que no entorpezca los trabajos.
6. Saque la tapa del volante. Quite el cárter de aceite.

NOTA: Antes del montaje del cárter, compruebe que las superficies de junta en el cárter, bloque de cilindros y tapa frontal, estén limpias y sin restos de aceite. Caso de que vuelva a montarse el cárter viejo, asegúrese de que ha sido eliminado todo residuo de pasta de silicona RTV vieja.

7. Aplique un cordón de 1/8" de silicona RTV en la superficie de junta del cárter. Utilice un nuevo retén posterior para el cárter y coloque dicho cárter en su lugar. Apriete los tornillos con un par de 9-13 libras-pie.
8. El montaje del resto de componentes se realiza siguiendo el orden inverso al que se ha indicado para su desmontaje.

4-137 diesel

Hay que sacar el motor del camión.

1. Con el motor colocado en un soporte de trabajo, afloje los tornillos y saque el cárter del cigüeñal.
2. Tire las juntas viejas y limpie las superficies donde deban ir montadas las nuevas.
3. En este momento, el cigüeñal también puede sacarse del bloque. Tire la junta vieja y limpie las superficies donde deba ir la nueva.
4. Monte el nuevo cárter y/o cigüeñal utilizando nuevas juntas recubiertas con una capa de pasta de cierre. Los tornillos del cárter se aprietan con un par de 5-9 libras-pie; los tornillos del cigüeñal con un par de 15 libras-pie.

6-173

El motor debe sacarse del camión.

1. Con el motor colocado en un soporte de trabajo, afloje los tornillos y saque el cárter.
2. Tire las juntas extraídas y limpie las superficies que deben alojar a las nuevas.
3. El cárter de aceite no emplea una junta preparada, sino que se hace estanco con ayuda de pasta de silicona RTV. Asegúrese de que las superficies de junta estén bien limpias y desprovistas de cualquier resto de antiguo material RTV.
4. Aplique un cordón de 1/8" de pasta de silicona alrededor de toda la superficie de junta del cárter.
5. Coloque el cárter en el motor y apriete los

tornillos de fijación únicamente con los dedos. Apriete los tornillos pequeños con un par de 6,9 libras-pie y los tornillos con un par de 15-22 libras-pie.

Astro

2.5 L (4 cilindros)

1. Desconecte el cable negativo de la batería. Levante el vehículo y apóyelo sobre soportes colocados en los lugares adecuados. Purgue el aceite del motor.

2. Ponga etiquetas de identificación en los cables del motor de arranque y desconéctelos. Saque el protector de salpicaduras del volante. Desatornille y saque el motor de arranque.

3. Desconecte el tubo de escape del múltiple. Desmonte los colgadores del tubo de escape.

4. Saque los tornillos del cárter y extraiga el cárter de aceite.

5. Elimine la pasta RTV y el aceite de las superficies de junta del cárter, caja de cilindro y tapa frontal. Asegúrese de que no hay restos de pasta RTV en los agujeros ciegos de fijación.

6. Aplique un cordón de 1/8" de pasta de silicona RTV encima de toda la brida de junta del cárter. Coloque el cárter correctamente en la debida posición, y luego ponga los tornillos apretándolos solamente con los dedos. Luego, vaya apretándolos alternativamente con un par de 75 libras-pie.

7. Para terminar el montaje, invierta el proceso indicado para su desmontaje.

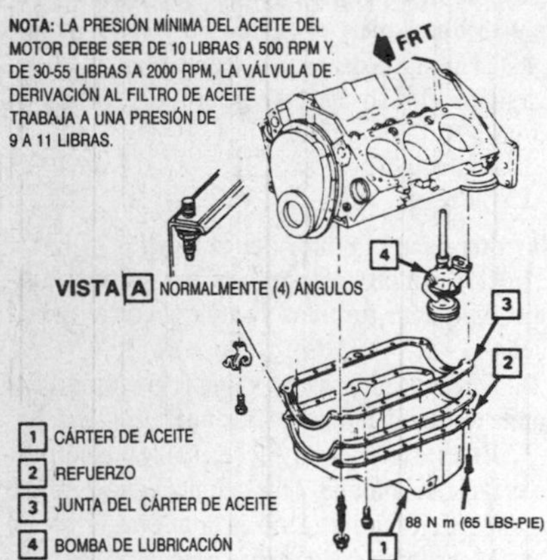

Montaje del cárter de aceite en el 2.5 L V-6

4.3 L-V6

1. Desconecte el cable negativo de la batería. Levante el vehículo y coloque soportes debajo de los correspondientes puntos de apoyo. Purgue el aceite del motor.

2. Desconecte los tubos de escape de los múltiples.

3. Saque las varillas de fijación de la tapa de inspección, y separe dicha tapa.

4. Ponga etiquetas de identificación y desconecte los cables del motor de arranque. Luego desmonte los tornillos de soporte y saque el motor de arranque.

5. Coloque un gato elevador adecuado debajo del motor y apóyelo sobre el mismo. Luego, quite los tornillos de fijación de ambos montantes del motor al bloque. Levante el motor lo que sea necesario para que quede espacio para sacar el cárter de aceite.

6. Quite los tornillos y saque el cárter.

7. Limpie completamente las superficies de junta. Monte el cárter siguiendo el orden inverso y empleando juntas y retenes nuevos. Apriete los 18 tornillos de 5/16" con un par de 14 libras-pie, y los 20 tornillos de 1/2" a 7 libras-pie.

8. Termine el montaje siguiendo el mismo procedimiento que para el desmontaje, pero en orden inverso, apretando los tornillos de fijación de la montura del motor al bloque con un par de 35 libras-pie. Asegúrese de haber llenado el cárter del cigüeñal con aceite limpio, hasta el nivel correcto. Ponga el motor en marcha y compruebe si existen pérdidas.

Bomba de aceite

DESMONTAJE Y MONTAJE

4-119

1. Purgue el aceite y quite el cárter.

2. Desconecte el tubo de alimentación de aceite.

3. Saque los tornillos que fijan la bomba de aceite al bloque de cilindros y retire la bomba de aceite.

4. El montaje se efectúa siguiendo el orden contrario al indicado para su desmontaje.

4-121

1. Quite el cárter del motor.

2. Desmonte los tornillos de fijación y baje con cuidado la bomba.

3. El montaje se realiza en orden inverso. Para asegurar que se alcanzará la presión adecuada del aceite al arrancar, la bomba de aceite debe tener la empaquetadura llena de gel de petróleo. El par de apriete en el montaje debe ser de 26-35 libras-pie.

4-137 diesel

1. Sacar el conjunto motor del vehículo.

2. Quite los 20 tornillos que fijan el cigüeñal y extraiga éste conjuntamente con el cárter de aceite.

NOTA: El cigüeñal se apalanca introduciendo una barra adecuada en las ranuras que existen para ello.

3. Quite el casquillo roscado del tubo de aceite.

4. Saque los dos tornillos que fijan la bomba de aceite y saque la bomba junto con el tubo del aceite.

5. Monte el tubo de aceite y deje las juntas semiapretadas.

6. Apriete del todo los tornillos de fijación de la bomba y luego apriete las juntas del tubo de aceite.

7. Las piezas restantes se montan siguiendo el orden inverso al del desmontaje.

6-173

1. Quite el cárter de aceite.

2. Afloje los tornillos y quite la bomba de aceite y el transductor.

3. El montaje se lleva a cabo siguiendo el orden inverso al indicado. Apriete los tornillos de la bomba con un par de 26-35 libras-pie. Antes de montar la bomba de aceite, llénela con aceite limpio.

2.5 L (4 cilindros)

1. Desmonte el cárter de aceite.

2. Quite el tornillo que retiene el transductor al bloque. Luego saque los tornillos que fijan la brida de colocación de la bomba de aceite al bloque, sacando la brida y la bomba.

3. Si la bomba ha sido desmontada, cambiada o bien el aceite que contiene se ha sacado por un motivo u otro, deberá cebarse. Puede optarse por llenarla de aceite antes de colocar la tapa (y conservar el aceite en su interior mientras se manipula), o bien puede llenarse toda la cavidad de la bomba con gel de petróleo. SI LA BOMBA NO SE CEBA, EL MOTOR PUEDE SUFRIR DAÑOS ANTES DE QUE LE LLEGUE EL ACEITE ADECUADO, CUANDO SE PONGA EN MARCHA.

4. Para montar la bomba, primero alinee la ranura del eje de la bomba con la espiga del árbol de accionamiento en el bloque. Luego, deslice la bomba hasta su posición (debe poder hacerse con facilidad); la brida de colocación de la bomba ajustará sobre el casquillo inferior del árbol (tenga en cuenta que no se requiere ningún tipo de empaquetadura). Coloque los tornillos de montaje y apriételos con un par de 22 libras-pie.

5. Monte el cárter de aceite.

Seis cilindros en línea

1. Purgue el aceite del motor y quite el cárter.

2. Saque los dos tornillos de montaje con brida y también el tornillo del tubo del transductor.

3. Desmonte la bomba y el filtro, como un conjunto.

4. Para el montaje, alinee los ejes de accionamiento de la bomba con la espiga del distribuidor y fije la bomba. La brida se coloca sobre el casquillo inferior del distribuidor sin utilizar ningún tipo de junta. La bomba debe poder deslizarse fácilmente en su posición. En caso contrario, quíte-

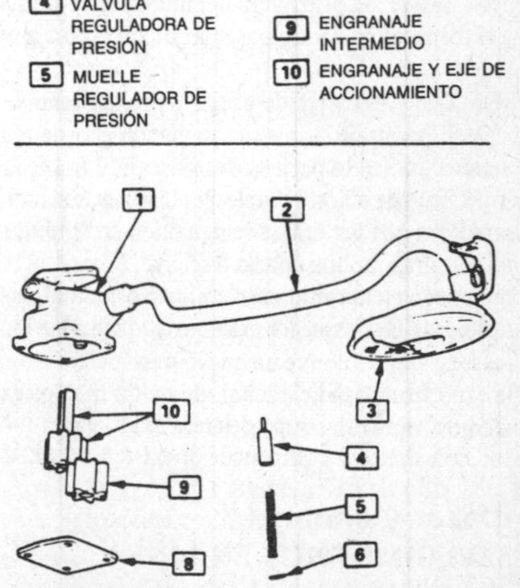

Despiece de la bomba de lubricación para el 2.5 L de cuatro cilindros

la y vuelva a colocarla con la ranura bien alineada con la espiga del distribuidor.

5. Vuelva a montar el cárter y llene de aceite el motor.

4.3 L-V6

1. Desmonte el cárter de aceite.

2. Quite el tornillo que fija la bomba en la tapa del cojinete principal posterior. Saque la bomba y la extensión del eje, la cual seguirá a continuación.

3. Si la bomba ha sido desmontada, cambiada o bien el aceite que contiene se ha sacado por uno y otro motivo, deberá cebarse. Puede optar por llenarla de aceite antes de ponerle la tapa (y conservar el aceite en su interior mientras se manipula) o bien puede llenarse toda la cavidad de la bomba con gel de petróleo. SI LA BOMBA NO SE CEBA, EL MOTOR PUEDE SUFRIR GRAVES DAÑOS CUANDO SE PONGA EN MARCHA, ANTES DE QUE LE LLEGUE EL ACEITE ADECUADO.

4. Acople la extensión del eje en el árbol de la bomba de aceite. Alinee la ranura de la parte superior del eje de extensión con la espiga que hay en el extremo inferior del eje de accionamiento del distribuidor, y luego ponga la bomba en la tapa del cojinete principal posterior de manera que se pueda colocar el tornillo de montaje. Ponga el tornillo y apriételo con un par de 65 libras-pie.

5. Monte el cárter de aceite.

V8 y Diesel

1. Purgue el aceite y desmonte el cárter.

2. Saque el tornillo (dos tornillos en los diesel) que sostiene la bomba en la tapa del cojinete principal posterior. Saque la bomba y extensión del eje.

3. Para el montaje, coloque la bomba y el eje de extensión en la tapa del cojinete principal posterior, alineando la ranura existente en la parte superior de la extensión con la espiga que hay en el eje de accionamiento del distribuidor. Una vez montada, el filtro de la bomba de aceite debe tener su borde inferior paralelo a los bordes del cárter. El resto del montaje se termina siguiendo el orden inverso al desmontaje.

Refrigerador de aceite

DESMONTAJE Y MONTAJE

4-137 diesel

1. Coloque una cubeta de dimensiones adecuadas debajo del filtro de aceite a fin de recoger el aceite y el agua que salgan del filtro.

2. Purgue el sistema de refrigeración abriendo los tapones de purga del radiador y del bloque de cilindros.

3. Saque el tapón de purga de agua del refrigerador del aceite a fin de dejar salir el agua.

4. Desconecte los tubos del refrigerador de aceite, del lado del refrigerador.

5. Saque el cartucho del filtro de aceite utilizando una llave especial.

6. Saque la tuerca que fija el refrigerador de aceite y luego quite todo el conjunto del refrigerador.

7. Monte el refrigerador colocando una nueva junta tórica. Apriete con un par de 55-60 libras-pie.

Retén principal de aceite (posterior)

SUSTITUCIÓN

Todos los motores salvo el Below

Pueden cambiarse ambas mitades del retén principal de aceite, en la parte posterior, sin necesidad de sacar el cigüeñal. Siempre hay que cambiar la parte superior y la inferior del retén al mismo tiempo. El labio debe quedar frente a la parte delantera del motor. Debe procederse con cuidado para no romper la pestaña de junta que hay en el canal, fuera de la parte del retén, mientras se lleva a cabo el montaje. Puede construir una herramienta de montaje con objeto de proteger la pestaña de cierre.

1. Desmonte el cárter, la bomba de aceite y la tapeta del cojinete principal.

2. Quite el retén de aceite de la tapeta del cojinete, utilizando una herramienta adecuada como palanca.

3. La parte superior del retén se sacará con un pequeño punzón. Debe girarla lo bastante como para poder agarrarla con unas pinzas.

4. Limpie el cigüeñal y la tapeta del cojinete.

5. Recubra los labios y la pestaña del retén con aceite del motor que tenga baja viscosidad, dejando aceite en los extremos del retén.

6. Coloque la herramienta especial construida exprofeso entre el cigüeñal y el asiento del retén.

7. Sitúe el retén entre el cigüeñal y la punta de la herramienta, de manera que la pestaña contacte con la punta de la herramienta. El labio del retén de aceite debe quedar hacia delante.

8. Haga dar la vuelta al retén, alrededor del cigüeñal, empleando la herramienta para proteger la pestaña contra los ángulos agudos del cigüeñal.

9. La herramienta de montaje deberá dejarse colocada hasta que el retén quede bien puesto, con ambos extremos al nivel del bloque.

10. Quite la herramienta de montaje.

11. Coloque la otra mitad del retén en la tapeta del cojinete, utilizando la herramienta como se ha indicado. Bastará una ligera presión con el dedo para que el retén quede montado.

12. Monte la tapeta del cojinete aplicando pasta de cierre en las zonas de contacto entre la tapeta y el bloque. Ponga pasta de cierre en los extremos del retén.

13. Los tornillos de fijación de la tapeta del cojinete se aprietan con un par de 10-12 libras-pie. El extremo del cigüeñal debe golpearse con un martillo de plomo, primero hacia atrás y luego hacia delante. De este modo se alinea el cojinete principal posterior y las superficies de apoyo del cigüeñal. Apriete la tapeta del cojinete principal de acuerdo a las especificaciones.

14. El resto del montaje se realiza siguiendo el orden inverso al proceso de desmontaje que se ha indicado.

Diesel

No es necesario desmontar el cigüeñal para corregir pérdidas en el retén del cojinete principal posterior.

1. Purgue el aceite y saque el cárter. Desmonte la tapeta del cojinete principal posterior.

2. Introduzca una herramienta como un destornillador o un punzón en uno de los extremos del retén en el bloque de cilindros, y mueva el viejo retén dentro de la ranura hasta que logre sacarlo entero. Tendrá un espesor de 1/4 a 3/4" según la cantidad de empaquetadura requerida. Tenga cuidado de no dañar el cojinete principal cuando saque el retén.

3. Repita la misma operación en el otro extremo del retén del bloque de cilindros.

4. Mida la cantidad de retén que se sacó de un lado. Añada 1/16" más y luego corte la longitud requerida con una cuchilla de afeitar, utilizando el viejo retén sacado de la tapeta del cojinete. Haga lo mismo en el otro lado.

5. Ponga una gota de pasta de cierre en cada extremo de los trozos de retén cortados.

6. Introduzca estas dos piezas de retén dentro del bloque de cilindros utilizando dos pequeños destornilladores. Colóquelos firmemente dentro del bloque. Ajuste los extremos del retén para que queden al mismo nivel del bloque.

NOTA: Coloque un trozo de palito o tira metálica como suplemento entre el retén y el cigüeñal a fin de proteger la superficie del cojinete en el momento de ajustarlo.

7. Limpie la tapeta del cojinete y las ranuras de cierre.

8. Coloque un nuevo retén dentro de la tapeta del cojinete, apretándolo con la mano.

9. Empleando un colocador de retenes, apriételo firmemente dentro de la ranura. Estos colocadores de retenes suelen poderse adquirir en tiendas de accesorios de automóvil.

10. Corte el retén de manera que quede al mismo nivel de la superficie de la tapeta del cojinete. Las fibras de los extremos del retén deben apretarse hacia al centro del mismo, con ayuda de un destornillador.

11. Limpie el encaje del cojinete y móntelo en la tapeta.

12. Limpie las muñequillas del cigüeñal y las superficies de contacto de la tapeta del cojinete. Aplique un poco de pasta de cierre, como Loctite® 496, en la superficie de contacto de la tapeta. Coloque una pieza de Plastigage® en la superficie del cojinete.

13. Monte la tapeta del cojinete, lubrique las roscas de los tornillos con aceite del motor, y monte el conjunto. Los tornillos se aprietan con un par de 120 libras-pie en el modelo 350 y con 70 libras-pie en el modelo 379. Compruebe la tolerancia del cojinete. Si la tolerancia es excesiva, mire si los bordes del retén están deshilachados. Si la tolerancia es correcta, vuelva a apretar la tapeta.

14. Monte el cárter de aceite.

4-119

1. Desconecte el terminal negativo de la batería.

2. Saque el cárter de aceite.

3. Quite la transmisión.

NOTA: En las transmisiones manuales, debe sacar todo el grupo del embrague.

4. Desatornille el motor de arranque y átelo en un sitio para que no entorpezca los trabajos a realizar.

5. Saque el volante del motor.

6. Saque el retén principal posterior.

7. Saque el retén de aceite y tírelo.

8. Monte el nuevo retén de aceite.

9. El montaje se hace siguiendo el orden inverso al desmontaje. Llene con grasa el espacio que queda entre los labios del retén y lubrique dichos labios con aceite del motor.

4-121

1. Saque el cárter de aceite y la bomba.

2. Desmonte la tapeta del cojinete principal posterior.

3. Apriete bien el retén superior dentro de la ranura, aproximadamente 1/4" por cada lado.

4. Mida la cantidad de retén que penetró en un lado y añádale 1/16" más. Corte la cantidad requerida del retén inferior viejo de la tapeta. Asegúrese de que el corte está bien hecho. Haga lo mismo por el otro lado.

5. Coloque el pedazo de retén cortado dentro de la ranura y apriételo en el bloque. Debe hacer lo mismo en cada lado.

6. Coloque un pedazo de Plastigage® o material equivalente en la muñequilla. Monte la tapeta posterior y apriete con un par de 75 libras-pie. Saque la tapeta y compruebe con el calibre la tolerancia que queda para el cojinete. Si no está de acuerdo con las especificaciones, los extremos del retén deben estar deshilachados o no se encuentran a nivel, con lo cual impiden que la tapeta se asiente bien. Lleve a cabo las correcciones necesarias.

7. Limpie la muñequilla y aplíquele una pequeña película de pasta de cierre en las superficies de contacto de la tapeta, apretándola con un par de 70 libras-pie. Monte el cárter y la bomba.

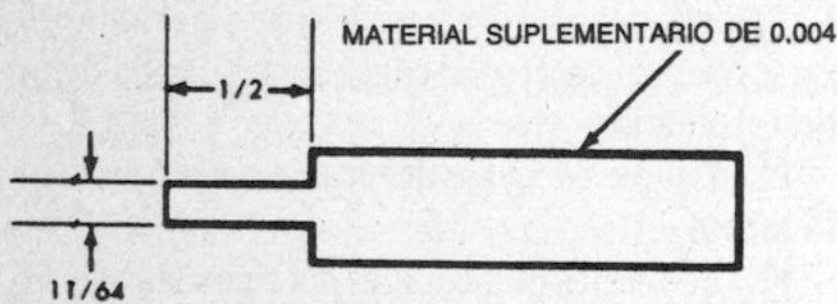

Útil hecho para el montaje de la junta de aceite

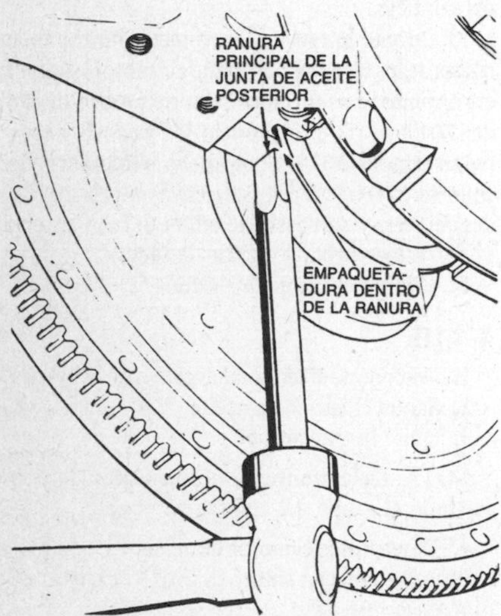

Colocar la junta vieja dentro de la ranura

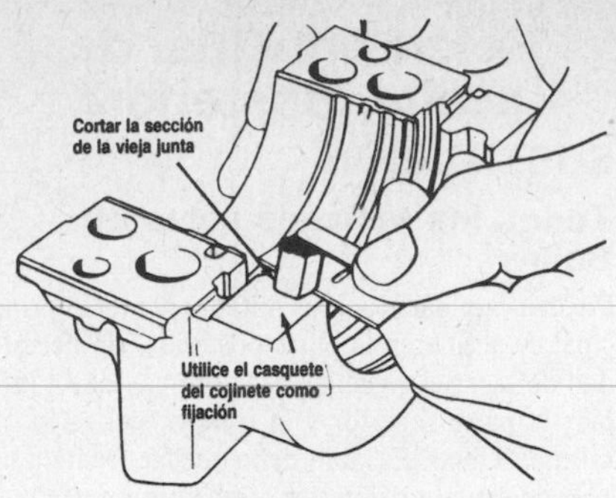

Utilice el casquete del cojinete como fijación para poder cortar la vieja junta

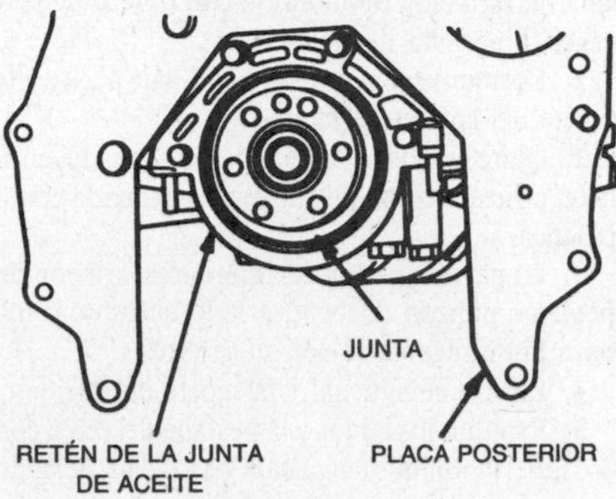

Junta principal posterior en el 4-119

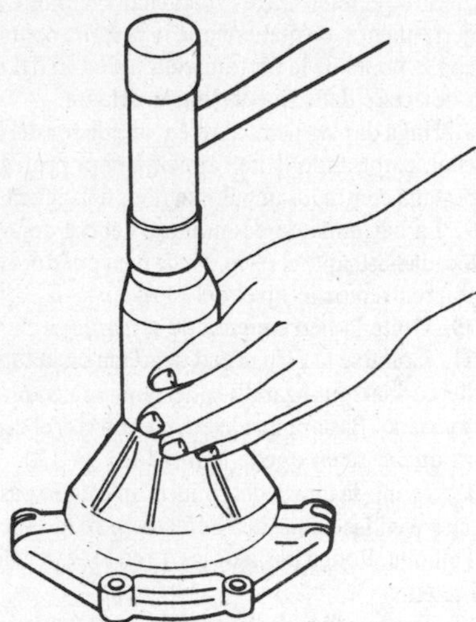

Montaje de la junta principal trasera en el 4-119

4-137 diesel

1. Saque el motor.

2. Quite los 6 tornillos que fijan el volante y saque todo el conjunto del volante del motor. Al aflojar los tornillos del volante, aguante el cigüeñal colocando una llave en el tornillo delantero del mismo, a fin de impedir que gire.

3. Extraiga el retén trasero del cigüeñal.

4. Monte un nuevo retén utilizando el colocador de retenes J-22928 ó equivalente. Para el resto de piezas debe aplicar el mismo procedimiento del desmontaje, pero a la inversa.

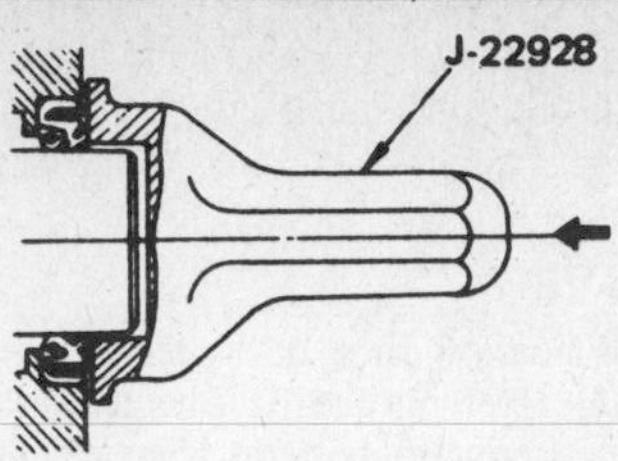

Montaje de la junta principal posterior en el diesel 4-137

2.5 L (4 cilindros)

1. Levante y soporte el vehículo haciendo uso de los puntos de apoyo adecuados. Saque la transmisión tal como se explica en esta misma sección, más adelante.

2. Si el vehículo lleva transmisión manual, vea el procedimiento que debe seguir, más adelante en esta misma sección, y desmonte el plato de presión y el disco de embrague. Luego saque el volante junto con la transmisión manual o automática.

3. Utilizando un destornillador de hoja plana u otra herramienta similar, apalanque el retén para sacarlo de la parte posterior del bloque.

4. Limpie cuidadosamente las superficies de contacto entre el bloque y el retén. Luego, aplique una ligera capa de aceite del motor a la superficie externa de un nuevo retén.

5. Haciendo uso de un colocador de retenes (J-34924 ó equivalente) introduzca el nuevo retén en su posición asegúrese de que el retén queda correctamente colocado.

6. Monte el volante del motor, apretando alternativa y regularmente los tornillos de fijación con un par de 44 libras-pie.

7. En los vehículos con transmisión manual, monte el disco de embrague y el plato de presión.

8. Monte la transmisión.

6-173

1. Desmonte el cárter de aceite y la bomba.

2. Saque la tapeta del cojinete principal posterior.

3. Apriete bien el retén superior dentro de la ranura, aproximadamente 1/4" por cada lado.

4. Mida la cantidad de retén introducido en un lado y añádale 1/16". Corte dicha longitud del retén viejo inferior de la tapeta. Debe asegurarse de que resulta un corte perfecto. Haga lo mismo con el otro lado.

5. Coloque la pieza de retén cortada dentro de la ranura y apriete el retén dentro del bloque. Haga lo mismo en cada lado.

NOTA: La GM dispone de una herramienta de guía (J-29114-1) que se fija en el bloque por medio de un tornillo y el agujero existente en el cárter, así como una herramienta para la colocación que facilita el montaje de las pequeñas piezas de retén. Con ayuda de la herramienta de colocación se introducen las piezas sobre las herramientas guía, y luego se aprietan dentro del bloque mediante la herramienta de colocación misma.

6. Monte un nuevo retén superior en la tapeta principal posterior.

7. Coloque un pedazo de Plastigage® o equivalente en la muñequilla del cojinete. Monte la ta-

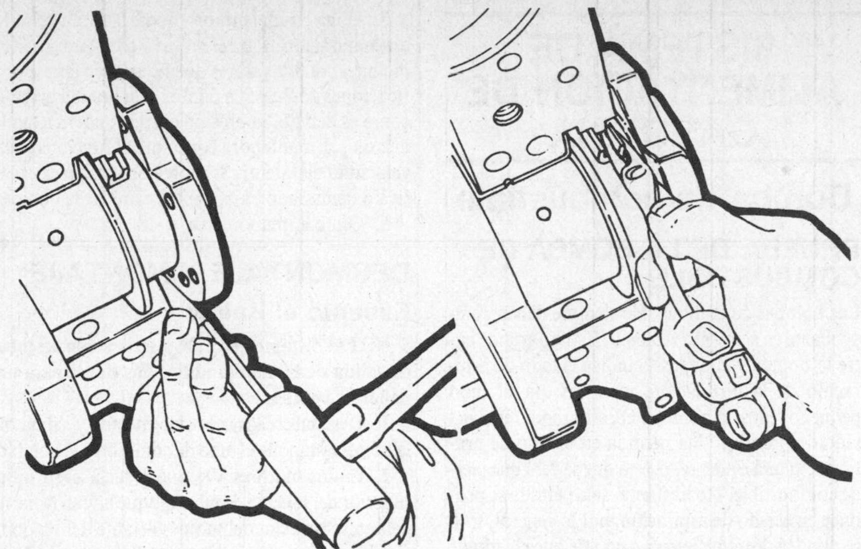

Extracción de la mitad superior de la junta de aceite

peta posterior y apriétela con un par de 70 libras-pie. Saque la tapeta y compruebe la tolerancia que queda con un calibre. Si no está de acuerdo con las especificaciones, puede que el retén esté deshilachado o no se halle a nivel, con lo cual la tapeta no puede cerrar bien. En caso necesario lleve a cabo el reajuste.

8. Limpie la muñequilla y aplique una fina película de pasta de cierre sobre las superficies en contacto entre la tapeta y el bloque. No deje que caiga pasta de cierre sobre la muñequilla o el cojinete. Monte la tapeta del cojinete y apriétela con un par de 70 libras-pie. Coloque el cárter y la bomba.

REFRIGERACIÓN DEL MOTOR

Radiador

DESMONTAJE Y MONTAJE

Todos los modelos salvo el Astro

1. Purgue el refrigerante.

2. Desconecte los conductos y tubos del refrigerador de la transmisión automática (si la hay). Tape los tubos del refrigerador. Los motores diesel llevan refrigerador de la transmisión y tubos de aceite para dicho refrigerador.

3. Desconecte el tubo del sistema de recuperación de refrigerante.

4. Si el vehículo lleva un protector de ventilador, desmonte el protector y cuélguelo encima del ventilador para tener mejor acceso.

5. En los motores de seis cilindros, saque el protector.

6. Saque el panel de montaje del soporte del radiador y retire los forros superiores.

7. Levante el radiador hacia arriba para extraerlo del vehículo. En caso necesario, levante también el protector.

8. El montaje se realiza siguiendo el orden inverso al de desmontaje. Llene el sistema de refrigeración y compruebe el nivel del líquido en la transmisión automática, luego ponga el motor en marcha y observe si existen pérdidas.

Astro

1. Desconecte el cable negativo de la batería. Afloje el grifo de purga del radiador y vierta el contenido del sistema de refrigeración dentro de un recipiente limpio.

2. Desconecte el cilindro principal, desatorníllelo y déjelo a un lado. Tapone todas las aberturas.

3. Saque el protector superior del ventilador. Desconecte los tubos del radiador.

4. Desconecte los tubos superiores del refrigerador de la transmisión y los del refrigerador de aceite del motor.

5. Levante el vehículo y colóquelo sobre soportes situados en los puntos de apoyo adecuados. Desconecte los tubos bajos del refrigerador de la transmisión y del refrigerador de aceite del motor. Saque el protector inferior del ventilador.

6. Desconecte el tubo de rebosadero.

7. Levante el radiador, por encima del protector inferior del ventilador, y sáquelo del vehículo.

8. Monte el radiador siguiendo el orden inverso al indicado para su desmontaje, asegurándose de que el protector superior y el aislamiento quedan bien ajustados sobre el radiador. Una vez rellenado el sistema de frenos, proceda a su purgado para eliminar el posible aire. Vuelva a llenar el sistema de refrigeración con una mezcla de 50/50 agua y anticongelante y luego ponga el motor en marcha y déjelo funcionando hasta que se abra el termostato. En caso necesario, complete el llenado del radiador, monte el tapón y vuelva a poner el motor en marcha, comprobando si existe alguna pérdida.

Bomba de agua

DESMONTAJE Y MONTAJE

Salvo el Below

1. Purgue el radiador y afloje los tornillos de la polea del ventilador.

2. Desconecte el tubo del calefactor y del radiador. Desconecte el tubo inferior del radiador a la bomba de agua.

3. Afloje el tornillo que permite oscilar al alternador y saque la correa del ventilador. Saque los tornillos del ventilador, el ventilador mismo y la polea.

4. Desmonte los tornillos de fijación de la bomba de agua y saque la bomba y su junta del motor. En los motores con los cilindros en línea, saque la bomba de agua directamente en línea recta del bloque a fin de no estropear el impulsor.

NOTA: No disponga los embragues de ventilador de transmisión fluida (termostática) en más posiciones que la que tienen cuando están montados. Hay que apoyarlos de tal manera que el disco de embrague quede vertical; en caso contrario puede verterse el fluido de silicona que contienen.

5. El montaje se realiza en el orden inverso al indicado para el desmontaje. Limpie la superficie de contacto y monte nuevas juntas. La junta debe recubrirse con pasta de cierre. En el modelo 2.5K, recubra los tornillos de la bomba de agua con pasta como la GM referencia 1052080 ó equivalente. Coloque un pasador de guía de 5/16"×24×1 en uno de los agujeros del ventilador, con lo que se facilitará su montaje sobre el cubo. Puede sacarse cuando se hayan apuntado los otros tres tornillos. Llene el sistema de refrigeración y ajuste la tensión de la correa del ventilador.

4-119 y 4-137 diesel

1. Desconecte el cable de masa de la batería. Purgue el sistema de refrigeración.

2. Saque la tapa frontal. Desconecte los tubos de la bomba.

3. En los modelos que no disponen de aire acondicionado, saque el ventilador.

4. En los modelos que lleven aire acondicionado, saque la correa del ventilador, la polea del mismo, el ventilador, la polea de la bomba de aire y la placa de colocación del ventilador.

5. Desatornille y saque la bomba.

6. Limpie bien las superficies de junta.

7. El montaje se realiza siguiendo el orden inverso al desmontaje. Utilice siempre una junta nueva.

4-121

1. Desconecte el cable de masa de la batería.

2. Purgue el sistema de refrigeración.

3. Saque todas las correas de accionamiento. Desconecte los tubos de la bomba.

4. Saque el alternador.

5. Desatornille y extraiga la bomba.

6. Limpie completamente las superficies de junta. Tire la junta vieja.

7. Haciendo uso de una junta nueva, vuelva a montar la bomba y luego monte los demás componentes siguiendo el orden inverso al de desmontaje.

6-173

1. Desconecte el cable de masa de la batería.
2. Purgue el sistema de refrigeración.
3. Desconecte los tubos de la bomba.
4. Afloje los tornillos y saque la bomba.
5. Limpie completamente las superficies de contacto para eliminar cualquier resto de la vieja junta. Este motor utiliza silicona RTV en lugar de junta.
6. Aplique un cordón de 3/32" de pasta de silicona en la superficie de junta de la bomba de agua. Recubra las roscas del tornillo con compuesto para tubos y monte la bomba en el motor.
7. El resto de componentes se montan siguiendo el orden inverso al de desmontaje.

Termostato

El termostato que se monta en fábrica es una unidad que funciona a 195 °F.

NOTA: Con frecuencia, la poca producción de calor y el calentamiento lento se deben a que el termostato está estropeado habiendo quedado en posición abierta; hay veces que al pegarse se produce un súbito sobrecalentamiento. No se esfuerce en solucionar un sobrecalentamiento continuo sacando el termostato. La restricción de caudal por termostato forma parte de la instalación; si no existe pueden producirse sobrecalentamientos en diferentes puntos debidos a las turbulencias.

DESMONTAJE Y MONTAJE

1. Purgue aproximadamente 1/3 del refrigerante. De este modo se reduce el nivel de refrigerante por debajo del alojamiento del termostato.
2. No es preciso sacar el tubo superior del radiador del alojamiento del termostato. Saque los dos tornillos de fijación del alojamiento del termostato (situado en la parte delantera superior en los múltiples de admisión de los motores V8 y directamente frente a la tapa de las válvulas en los motores de seis cilindros), y luego saque el termostato.
3. Para comprobar el funcionamiento del termostato, colóquelo en agua caliente o en una solución que contenga el 33 % de glicol, que se halle 25 C° por encima de la temperatura que figura en la válvula. Sumerja la válvula y agite la solución. La válvula se debe abrir completamente. Saque el termostato e introdúzcalo en la misma solución pero a una temperatura de 10 C° por debajo de la que figura en la válvula. La válvula deberá cerrarse del todo.
4. El montaje se lleva a cabo en orden inverso al desmontaje. Utilice una nueva junta y pasta de cierre. Complete el llenado del sistema de refrigeración, ponga el motor en marcha y compruebe si se producen fugas.

SISTEMA DE ALIMENTACIÓN DE GASOLINA

Bomba de combustible

PRUEBA DE LA BOMBA DE COMBUSTIBLE

Las bombas de combustible siempre deben comprobarse en el mismo vehículo. El tubo grande entre la bomba y el depósito indica el lado de aspiración de la instalación, mientras que el tubo pequeño, entre la bomba y el carburador, es el del lado de presión. Una pérdida en el lado de presión resultará evidente, puesto que se verá que pierde combustible. No obstante, si la pérdida se produce en el lado de aspiración, por lo general, sólo se pondrá de manifiesto a causa de que el lado de presión suministra menor volumen de combustible.

1. Apriete cualquier conexión floja en los tubos y observe si existen dobleces o algo que pueda limitar la llegada de combustible.
2. Desconecte el tubo de combustible del carburador. Desconecte el cable primario del distribuidor a la bobina. Coloque un recipiente en el extremo del tubo de combustible y haga dar unas pocas vueltas al motor. Si del tubo no sale gasolina o tan sólo muy poca, es debido a que la bomba no funciona o bien el tubo está tapado. Desconecte el tubo en la bomba y en el depósito; sople con aire comprimido el tubo y vuelva a intentarlo. Conecte el tubo. Si el problema deriva del depósito, deberá sacarse el depósito y la unidad de nivel, a fin de comprobar el estado del filtro de entrada.

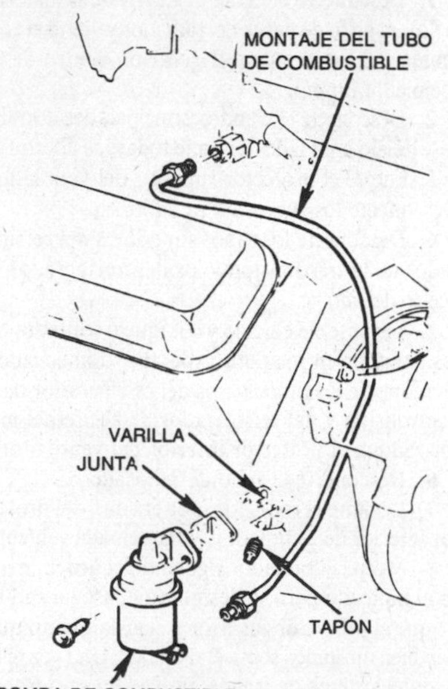

Bomba de gasolina normal

3. Si el combustible sale con el caudal adecuado, deberá comprobar la presión de la bomba.
4. Coloque un manómetro en el lado de presión del tubo de combustible.
5. Haga girar el motor y anote las indicaciones del manómetro. Pare el motor y compare las anotaciones con los valores que figuran en las especificaciones de Puesta a punto. Si la bomba trabaja como es debido, la presión corresponderá a la indicada y se mantendrá constante al funcionar a la velocidad de ralentí. Si la presión varía o es excesiva o demasiado baja, deberá cambiar la bomba.
6. Quite el manómetro.

DESMONTAJE Y MONTAJE

Excepto el Below

NOTA: Siempre que trabaje en la unión del tubo de salida de la bomba utilice dos llaves para no dañar la bomba.

1. Desconecte los tubos de entrada y salida de la bomba y tapone el tubo de admisión a la bomba.
2. En los motores V8, puede sacar el tornillo superior del saliente de montaje que hay en la parte delantera derecha del motor (delante del bloque) y colocar en su lugar un tornillo largo de 3/8-16×2" a fin de sostener el empujador de la bomba de combustible.
3. Saque los dos tornillos de fijación de la bomba y las arandelas de seguridad; extraiga la bomba y su junta.
4. Monte la bomba de combustible con una junta nueva, siguiendo el orden inverso a su desmontaje.

Puede utilizar grasa espesa para sostener el empujador de la bomba de combustible mientras se procede a su montaje, caso de que no haya montado el tornillo largo que se ha indicado en la fase 2. Recubra las superficies de contacto con pasta de cierre.

6. Conecte los tubos de combustible y compruebe que no existen fugas.

4-119

1. Desconecte el cable de masa de la batería.
2. Quite el distribuidor.
3. Desconecte los tubos de combustible que van a la bomba.
4. Saque la argolla de elevación del motor.
5. Desatornille y saque la bomba de combustible. Tire la junta vieja.
6. El montaje se lleva a cabo en el orden inverso al indicado para el desmontaje. Le resultará más fácil si hace girar el motor de manera que el lóbulo de la leva se encuentre en su carrera inferior. Utilice pasta de cierre para la nueva junta. Ajuste la sincronización.

4-121

1. Desconecte el cable negativo de la batería. Levante y soporte el vehículo.
2. Desconecte el tubo de entrada a la bomba. Desconecte el tubo de retorno de vapores, si existe.
3. Afloje el tubo de combustible del carburador, luego desconecte el tubo de salida de la bomba.
4. Saque los dos tornillos de montaje y extraiga la bomba del motor.
5. Para el montaje, coloque una junta nueva en la bomba y fije la bomba al motor. Apriete los dos tornillos de fijación alternativa y regularmente.
6. Monte el tubo de salida de la bomba. Este trabajo será más fácil si el tubo no está fijado en el carburador. Apriete la conexión mientras sos-

tiene la tuerca posterior de la bomba con otra llave. Coloque el tubo en el carburador.

7. Monte los tubos de entrada y de vapores. Baje el vehículo, conecte el cable negativo a la batería, ponga el motor en marcha y compruebe si se producen pérdidas.

6-173

1. Desconecte el cable de masa de la batería.

2. Desconecte los tubos de combustible de la bomba.

3. Afloje y saque la bomba. Tire la junta vieja.

4. El montaje se lleva a cabo siguiendo el orden inverso al del desmontaje. Aplique pasta de cierre sobre la junta nueva. Le resultará más fácil el montaje si mueve el motor de manera que el lóbulo de la leva se halle en su carrera inferior.

Carburador

DESMONTAJE Y MONTAJE

NOTA: El procedimiento que se explica sirve en general para todos los modelos. No obstante, recuerde que cada carburador en particular puede presentar pequeñas diferencias.

1. Quite el filtro de aire y la junta.

2. Desconecte del carburador los tubos de combustible y de vacío.

3. Desconecte la varilla de la bobina del estrangulador de aire o el tubo de forro con aire caliente.

4. Desconecte las conexiones de la válvula de mariposa.

5. En los vehículos con transmisión automática, desconecte las conexiones de la válvula de mariposa.

6. Desmonte el tubo de vacío de la válvula CEC (Control combinado de emisión) y el conector eléctrico.

7. Quite los cables eléctricos del tope de ralentí del solenoide correspondiente, si el vehículo dispone del sistema.

8. Saque los tornillos y/o tuercas de fijación del carburador, la junta o aislante, y extraiga el carburador.

9. Monte el carburador aplicando el orden inverso al indicado para su desmontaje. Utilice una junta nueva y llene la cubeta del flotador con gasolina para facilitar el arranque del motor.

En lo que respecta a las especificaciones del carburador y sus ajustes, consulte la sección de Reparaciones.

Depósito de combustible

DESMONTAJE Y MONTAJE

1. Vacíe el depósito.

2. Levante el vehículo y apóyelo sobre soportes.

3. Desconecte los cables y la toma de tierra del depósito.

4. Desconecte el cuello de llenado y el tubo de ventilador del depósito.

5. Desconecte el tubo de alimentación de combustible y el tubo de vapores del depósito.

6. Sitúe un gato hidráulico debajo del depósito para aguantar su peso.

7. Saque los tornillos de fijación del depósito y sáquelo del vehículo.

8. El montaje se realiza siguiendo el orden inverso al desmontaje.

SISTEMA DE ALIMENTACIÓN DE LOS DIESEL

Bomba de suministro de combustible

DESMONTAJE Y MONTAJE

La bomba de suministro de combustible se repara del mismo modo que las bombas de combustible de los motores a gasolina, ya descritas.

Filtro de combustible

El filtro de combustible es un conjunto cuadrado situado detrás del motor sobre el múltiple de admisión. Desconecte los tubos de combustible y saque el filtro. Vuelva a montar los tubos al nuevo filtro. Ponga el motor en marcha y compruebe si se producen pérdidas.

Bomba de inyección y tubos de combustible

DESMONTAJE Y MONTAJE

Excepto el 4-137

NOTA: Este procedimiento también comprende los ajustes de la varilla de la válvula de mariposa y el cable de la transmisión.

1. Saque el filtro de aire.

2. Quite los filtros y tubos de las tapas de las válvulas y el traspaso de aire.

3. Quite el traspaso de aire y cubra el múltiple de admisión con tapas protectoras (herramientas J-26996-1) o cinta.

4. Desconecte la varilla de la válvula de mariposa y el muelle de retorno.

5. Quite la cigüeña.

6. Quite los cables de la válvula de mariposa y de la transmisión que hay en los soportes del múltiple de admisión.

7. Desconecte los tubos de combustible del filtro y saque éste.

8. Desconecte el tubo de entrada de combustible a la bomba.

9. Quite la abrazadera posterior del compresor de aire acondicionado y saque el tubo de combustible.

10. Desconecte el tubo de retorno de combustible de la bomba de inyección.

11. Saque las bridas y extraiga los tubos de retorno de combustible de cada uno de los inyectores.

12. Empleando dos llaves, desconecte los tubos de alta presión de los inyectores.

13. Saque las tres tuercas de fijación de la bomba de inyección con la herramienta J-26987 ó una equivalente.

14. Saque la bomba y tape todos los tubos e inyectores.

15. Para el montaje: quite las tapas protectoras de los tubos y los inyectores. Coloque el motor de manera que el cilindro nº 1 se halle en su PMS. La marca que existe en el equilibrador armónico del cigüeñal deberá coincidir con la marca cero del apéndice de sincronización, y las dos válvulas del cilindro nº 1 deberán estar cerradas. El índice que figura en el engranaje de accionamiento de la bomba de inyección debe quedar desplazado cuando el cilindro nº 1 se halle en el PMS. Antes de seguir adelante, compruebe si se cumplen todas las condiciones indicadas.

16. Alinee la espiga del eje de la bomba con el engranaje de accionamiento de la misma, y monte dicha bomba.

17. Coloque, sin apretarlas, las tuercas de fijación de la bomba.

18. Conecte los tubos de alta presión en los inyectores.

19. Utilizando dos llaves, apriete las tuercas del tubo de alta presión con un par de 25 libras-pie.

20. Conecte los tubos de retorno de combustible a los inyectores y bomba.

21. Alinee la marca de sincronización de la bomba de inyección con la señal que figura en el adaptador y apriete las tuercas de montaje con un par de 35 libras-pie. Con una llave de boca de 3/4" en el saliente frontal de la bomba de inyección se facilitará la alineación de las marcas.

22. Para ajustar la varilla de la mariposa: saque la pinza de la varilla de control de marcha y extraiga dicha varilla de la cigüeña. Afloje la tuerca de seguridad unas pocas vueltas, luego acorte también varias vueltas la varilla. Gire la cigüeña hasta que llegue al tope de la mariposa, luego alargue la varilla de la mariposa hasta que la palanca de la bomba de inyección toque en el tope de máxima aceleración, luego suelte la cigüeña. Apriete la tuerca de seguridad de la varilla de la válvula de mariposa.

23. Monte el tubo de entrada de combustible entre la bomba de transferencia y el filtro.

24. Monte la abrazadera posterior del compresor de aire acondicionado.

25. Monte la cigüeña y la pinza.

26. Conecte la varilla de la válvula de mariposa y el muelle de retorno.

27. Para el ajuste del cable de la transmisión: empuje el cierre de seguridad hasta que quede abierto. Gire la palanca de la bomba de inyección hasta que llegue al tope de máximo y sosténgala en dicha posición. Empuje el cierre de seguridad hasta que quede a nivel. Suelte la palanca de la bomba de inyección.

28. Ponga el motor en marcha y observe si se producen pérdidas de combustible.

29. Saque las tapas protectoras o las cintas y monte el traspaso de aire.

30. Monte los tubos en la válvula de control del caudal de aire del traspaso y coloque los filtros de ventilación en las tapas de las válvulas.

31. Monte el filtro de aire.

32. Ponga el motor en marcha y déjelo funcionar unos dos minutos. Pare el motor y déjelo así otro par de minutos, luego vuélvalo a poner en marcha. Esto hace que salga el aire de la bomba.

4-137

1. Levante el capó del motor.

2. Desconecte el cable de masa de la batería.

3. Saque la batería.

4. Saque la tapa inferior.
5. Purgue el sistema de refrigeración abriendo los tapones del radiador y del bloque de cilindros.
6. Desconecte el tubo superior de agua del lado del motor.
7. Afloje la correa de accionamiento del compresor, moviendo la bomba de aceite de la dirección asistida o la polea loca. (Caso de que la lleve.)
8. Desmonte el ventilador y su protector.
9. Desconecte el tubo de agua inferior del lado del motor.
10. Saque el compresor de aire acondicionado (si lo lleva).
11. Saque la correa del ventilador.
12. Quite la polea del cigüeñal.
13. Saque las tapas del alojamiento de la polea de la distribución.
14. Saque el muelle tensor y el tornillo de fijación, luego saque el centro del tensor y la polea.
15. Saque la correa de la distribución.
16. Saque el cable de control del motor y las conexiones eléctricas de la válvula de interrupción de combustible.
17. Quite los tubos de combustible y los conductos de la inyección. Cuando afloje las tuercas del manguito, utilice una llave para aguantar el soporte del lado de la bomba de inyección.
18. Coloque un perno de 6 mm (con un paso de 1.25) en el agujero roscado del alojamiento de la polea de distribución, haciéndolo pasar por el agujero de la polea, a fin de evitar que ésta pueda girar. Saque los tornillos de fijación de la polea de distribución de la bomba de inyección, y luego saque la polea empleando un extractor.
19. Saque las tuercas que fijan la brida de la bomba de inyección a los tornillos del soporte trasero, y luego extraiga la bomba.
20. Monte la bomba de inyección alineando la muesca de la brida con la línea que existe en el soporte frontal.
21. Coloque la polea de distribución de la bomba de inyección, alineando la chaveta con el chavetero. Apriete con un par de 42-52 libras-pie.
22. Sitúe el cilindro nº 1 en su punto muerto superior de la carrera de compresión y alinee las marcas de las poleas de distribución.
23. Siga luego las etapas necesarias para la colocación de la correa de distribución.
24. Compruebe la sincronización de la inyección.
25. Para el montaje de las piezas restantes, siga el mismo procedimiento indicado para el desmontaje, pero en orden inverso.

AJUSTE DE LA VELOCIDAD LENTA DE VACÍO

Excepto los modelos 4-137 y 8-379

1. Haga funcionar el motor hasta que alcance la temperatura normal.
2. Introduzca el sensor de un tacómetro de transductor magnético dentro del agujero indicador de la sincronización.
3. Ponga el freno de mano y bloquee las ruedas motrices.
4. Coloque la transmisión en la posición de marcha (Drive) y desconecte el aire acondicionado.
5. Gire lentamente el tornillo de la velocidad de ralentí (en vacıo) en la bomba de inyección a fin de alcanzar las especificaciones que figuran en la etiqueta de control de salida.

4-137

1. Ponga el freno de mano y bloquee las ruedas motrices.
2. Coloque la transmisión en el punto muerto.
3. Ponga en marcha el motor y deje que se normalice. La temperatura del refrigerante del motor debe ser superior a los 80 °C (176 °F).
4. Ajuste el tacómetro del motor.
5. Si la velocidad al ralentí no se halla dentro de la gama especificada de 700 a 800 rpm, afloje la tuerca de seguridad del tornillo de ajuste de la velocidad al vacío.
6. Gire el tornillo de ajuste hacia uno y otro lado hasta que la velocidad de ralentí se halle dentro de los límites especificados. Después apriete la tuerca de seguridad en dicha posición.

Ajuste de la velocidad de ralentí (en vacío)

8-379

1. Todas las velocidades al ralentí deben ajustarse dentro de los límites especificados, con una tolerancia de 25 rpm.

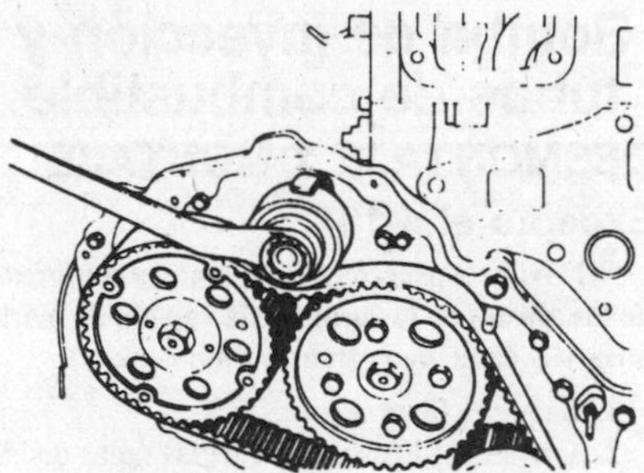

Aflojado de la polea tensora

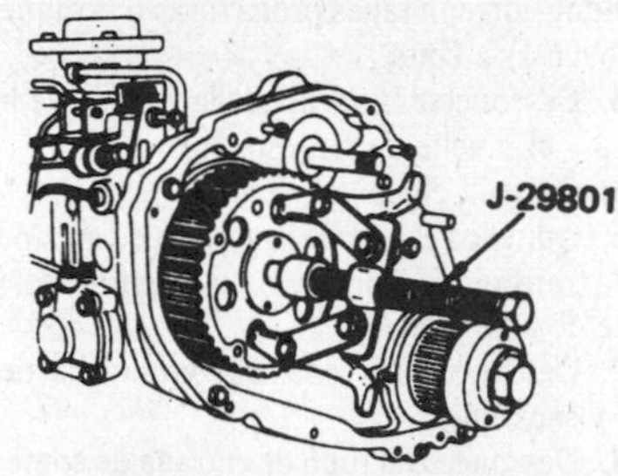

Extracción de la polea de distribución

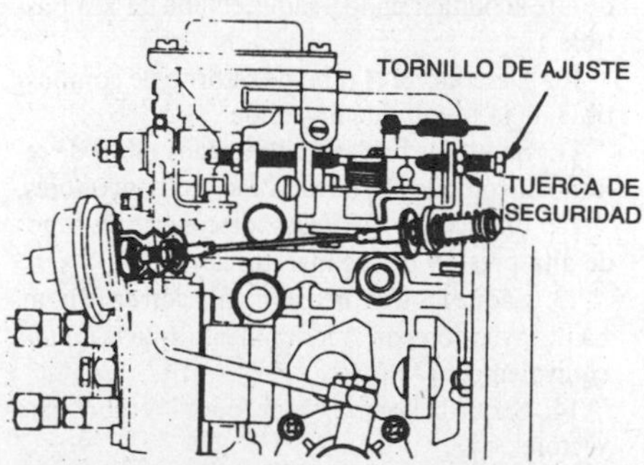

Puntos para el ajuste de la velocidad al ralentí (en vacío) en el diesel 4-137

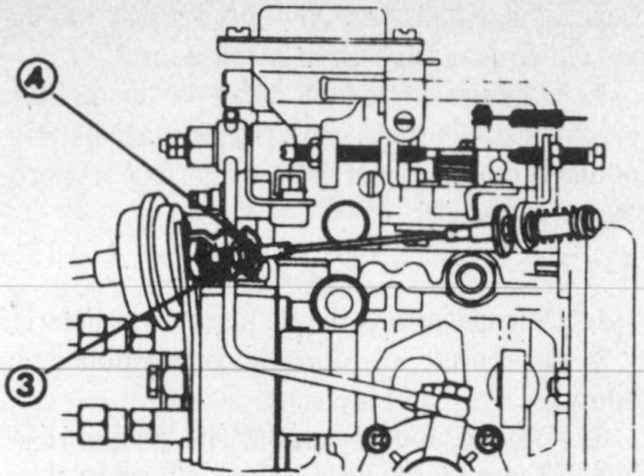

Puntos para el ajuste de la velocidad al ralentí (en vacío) rápida en el diesel 4-137

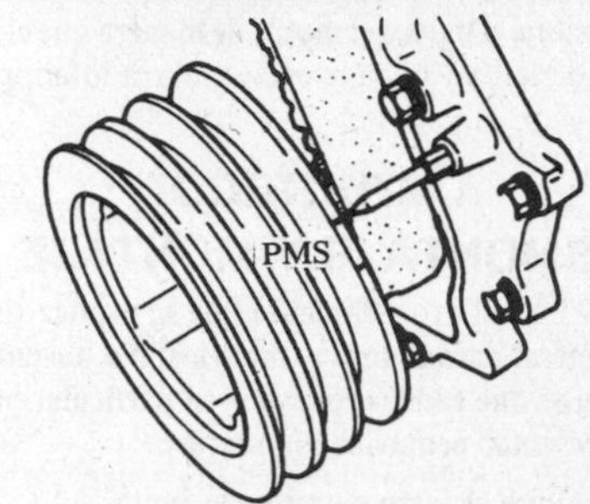

El pistón # 1 en PMS

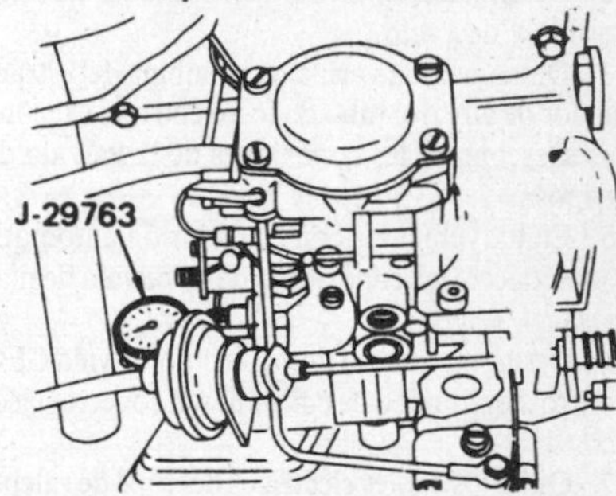

Comprobador instalado para distribución estática

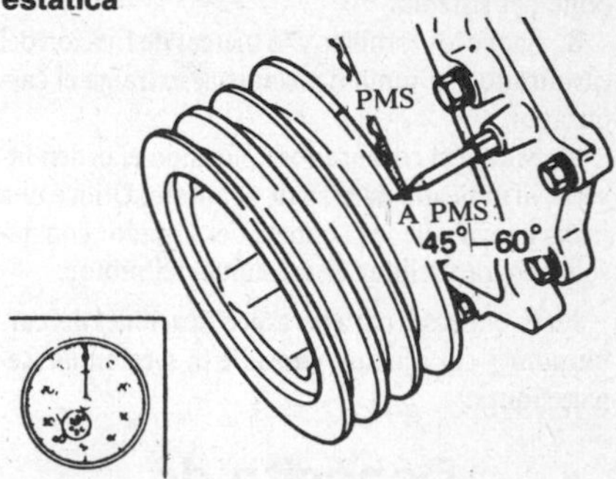

El pistón # 1 situado de 45 a 60 grados delante del PMS

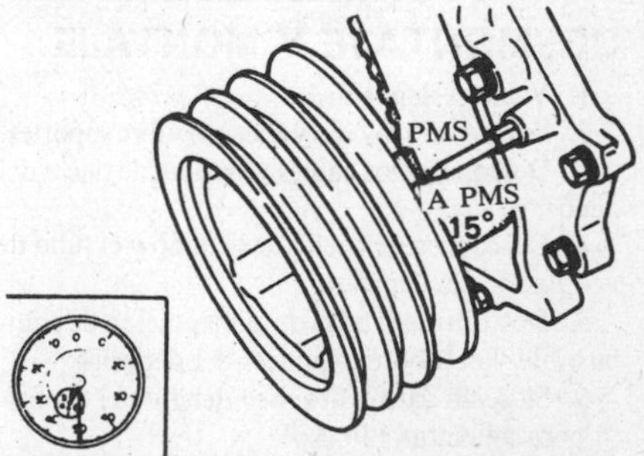

El pistón # 1 situado 15 grados delante del PMS

2. Ponga el freno de mano y bloquee las ruedas motrices.

3. El motor debe haber alcanzado la temperatura normal de funcionamiento. El filtro de aire ha de estar colocado y todos los accesorios tienen que estar desconectados.

4. Monte la herramienta J-26925, un tacómetro para diesel o equivalente, según las instrucciones de su fabricante.

5. Ajuste el tornillo de la velocidad lenta de ralentí en la bomba de inyección de combustible para una velocidad del motor de 650 rpm, estando el cambio en punto muerto o de aparcamiento en las transmisiones automáticas y manuales.

6. Ajuste la velocidad de ralentí rápida como sigue: saque el conector del solenoide de la velocidad de ralentí rápida. Para que el solenoide reciba la corriente, haga uso de un cable aislado conectado entre el borne positivo de la batería y el del solenoide. Abra momentáneamente la válvula de mariposa a fin de estar seguro de que el solenoide de la velocidad de ralentí alta recibe la corriente y el émbolo sale del todo. Ajuste el émbolo salido girando la pieza hexagonal hasta alcanzar una velocidad de ralentí máxima de 800 rpm estando el cambio en punto muerto. Saque el cable de conexión y vuelva a montar el conector al solenoide de velocidad de ralentí rápida.

7. Saque el tacómetro.

AJUSTE DE LA VELOCIDAD RÁPIDA DE VACÍO

Modelos de 1979, salvo el 4-137

1. Ponga el freno de mano y bloquee las ruedas motrices.

2. Haga funcionar el motor hasta que alcance su temperatura de marcha normal.

3. Ponga la transmisión en posición de marcha (Drive) y desconecte el cable de embrague del compresor. Ponga en marcha el aire acondicionado. En los vehículos que no tengan aire acondicionado, desconecte el cable del solenoide y conecte cables provisionales a los terminales del solenoide. Ponga a masa uno de los cables y conecte el otro a una batería de 12 voltios para accionar el solenoide.

4. Ajuste el émbolo del solenoide de la velocidad de ralentí máxima hasta obtener 650 rpm.

Modelos de 1980 y posteriores, salvo los 4-137 y 8-379

1. Con el encendido desconectado, quite el cable verde del relé de velocidad rápida que se encuentra ante el tabique cortafuegos.

2. Ponga el freno de mano y bloquee las ruedas motrices.

3. Arranque el motor y ajuste el solenoide (con corriente) según las especificaciones que figuran en la etiqueta de salida de debajo del capó.

4. Pare el motor y vuelva a conectar el cable verde.

4-137

1. Ponga el motor en marcha y deje que se normalice. La temperatura del refrigerante del motor debe ser superior a 80 °C (176 °F).

2. Coloque el tacómetro del motor.

3. Desconecte los tubos de la válvula conmutadora de vacío, luego conecte un tubo (de 4 mm de diámetro) entre los citados tubos.

4. Afloje la tuerca de ajuste y regule la velocidad a vacío del motor desplazando dicha tuerca. La velocidad al ralentí rápida debe ser de 900 a 950 rpm.

5. Apriete la tuerca.

6. Quite el tacómetro del motor.

AJUSTE DE LA VARILLA DEL SERVOCONTROL DE MARCHA

1. Cierre el contacto del motor.

2. Ajuste la varilla hasta que obtenga la mínima flojedad y luego introduzca la pinza en el primer agujero libre, lo más cerca posible de la cigüeña, pero dentro de la bola del servo.

AJUSTE DE LA SINCRONIZACIÓN DE LA INYECCIÓN

Salvo los modelos 4-137 y 8-379

Para que la sincronización sea correcta, los tubos de la parte superior de la bomba de inyección y la brida de dicha bomba deben estar alineados.

1. Para el reajuste de la sincronización, el motor tiene que estar parado.

2. Afloje las tres tuercas de fijación de la bomba con ayuda de la herramienta J-26987, una llave de múltiple de admisión para la bomba de inyección o su equivalente.

3. Alinee las marcas de sincronización y apriete las tuercas de fijación de la bomba con un par de 35 libras-pie.

NOTA: Utilizando una llave de boca de 3/4" colocada en el saliente que hay delante de la bomba, le resultará más fácil girar la bomba para alinear las marcas.

4. Ajuste la varilla de la mariposa. (Véase la etapa 22 del Desmontaje y montaje de la bomba de inyección de combustible.)

4-137

1. Compruebe que la muesca que hay en la brida de la bomba de inyección se halle alineada con la línea que figura en el soporte delantero.

2. Coloque el pistón del cilindro n.º 1 en el punto muerto superior de su carrera de compresión, haciendo girar el cigüeñal, si es preciso.

3. Una vez sacada la tapa de la polea de distribución, compruebe si la correa está debidamente tensa, y si las marcas de sincronización están alineadas.

4. Desconecte el tubo de inyección de la bomba y saque el tornillo de la cabeza del distribuidor, luego monte un calibre estático de sincronización. El levantador debe estar aproximadamente a 1 mm del émbolo (0,04").

5. Emplee una llave para sostener el soporte cuando afloje las tuercas del manguito del lado de la bomba de inyección.

6. Sitúe el pistón del cilindro n.º 1 en un punto situado entre 45 y 60 grados antes del punto muerto superior, haciendo girar el cigüeñal, después de lo cual ajuste la esfera del indicador de calibre a cero.

7. Gire lentamente la polea del cigüeñal en ambas direcciones y asegúrese que las indicaciones del calibre son estables.

8. Gire el cigüeñal en el sentido normal de marcha, y anote las indicaciones de la esfera del calibre cuando la marca de sincronización (15 grados) de la polea del cigüeñal quede alineada con el índice. La lectura debe ser de 0.020".

9. Si la lectura del calibre es diferente al valor indicado, mantenga el cigüeñal en la posición de 15 grados antes del punto muerto superior y afloje las dos tuercas de la brida de la bomba de inyección.

10. Mueva la bomba de inyección hasta que el calibre indique un valor de 0.020" y entonces vuelva a apretar las tuercas de la brida de la bomba.

8-379

Para que el motor esté bien sincronizado, las marcas existentes en la parte delantera de la tapa del motor y la brida de la bomba de inyección han de estar alineadas. Al reajustar la sincronización el motor debe estar parado. En los modelos federales, hay que alinear las marcas. En los modelos californianos, hay que alinear los semicírculos. En el caso de que las marcas no estén alineadas, es preciso llevar a cabo el ajuste.

1. Afloje las tres tuercas de fijación de la bomba.

2. Alinee la marca de la bomba de inyección con la marca que hay en la tapa frontal y luego apriete las tuercas con un par de 30 libras-pie (40 Nm).

3. Ajuste la varilla de la válvula de mariposa.

4. Coloque el cilindro n.º 1 del motor en la posición PMS (encendido).

5. Monte la fijación de la sincronización J-33042 o un útil equivalente en el sitio de la bomba. No emplee ninguna junta.

6. La ranura del engranaje de la bomba de inyección debe quedar en posición vertical, a las 6 horas del reloj. (En caso contrario, saque la fijación y haga girar el cigüeñal 360°). Las marcas de sincronización de los engranajes estarán alineadas.

7. Fije el engranaje a la fijación, y apriételo.

8. Coloque una tuerca de 10 mm en el perno superior del alojamiento a fin de sostener la tuerca de la brida de la fijación, la cual sólo estará apretada «con los dedos».

9. Apriete el perno grande (18 mm de cabeza) en sentido contrario a las agujas del reloj (hacia el lado izquierdo) con un par de 50 libras-pie. Apriete la tuerca de 10 mm.

10. Asegúrese de que el cigüeñal no ha girado (y que la fijación no ha quedado apretada en la tuerca de 10 mm).

11. Golpee el punzón con un martillo para marcar «PMS» en el alojamiento frontal.

12. Saque la fijación de sincronización.

13. Monte la bomba de inyección de combustible con su junta.

14. Monte un tornillo de 8 mm para fijar el engranaje al cubo de la bomba y apriételo de acuerdo a las especificaciones.

15. Alinee las marcas de sincronización de la bomba de inyección y del alojamiento. Apriete los tornillos de fijación (3) de 10 mm, según las especificaciones.

16. Haga girar el motor y coloque los tornillos restantes (2) para la fijación del engranaje de la bomba, apretándolos según las especificaciones.

Inyector

DESMONTAJE Y MONTAJE

Modelo 8-350 diesel de 1979

1. Saque el tubo de retorno de combustible del inyector.

2. Quite la brida y el separador de fijación del inyector empleando la herramienta J-26952.

3. Tape el tubo de alta presión y proteja la punta del inyector. La punta del inyector está muy expuesta a daños por lo que siempre ha de estar bien protegida.

4. Si hay que volver a montar el viejo inyector, deben colocarse una nueva junta de compresión y protector de carbonilla una vez sacadas las juntas viejas.

5. Saque las protecciones y monte el inyector, el separador y la brida de fijación. Apriete con un par de 25 libras-pie.

6. Coloque el tubo de retorno de combustible, ponga el motor en marcha y compruebe si hay pérdidas.

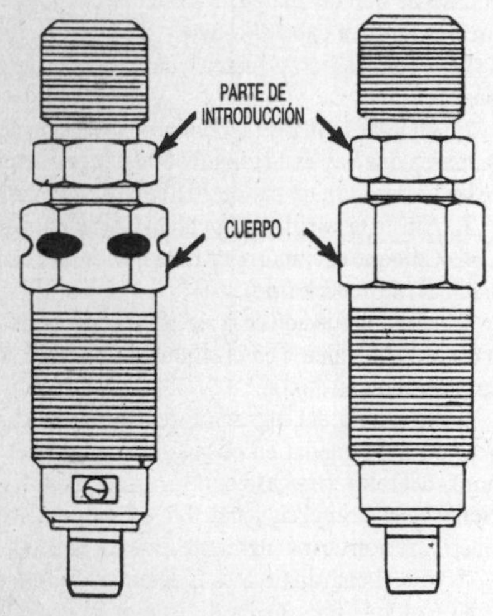

Identificación del inyector diesel (para modelos 1980 y posteriores)

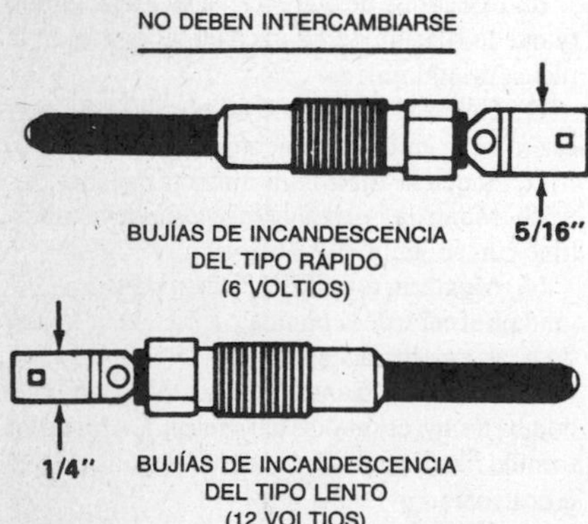

Identificación de las bujías de incandescencia

Modelo 8-350 diesel de 1980 y posteriores

Los inyectores de estos motores pueden sacarse simplemente desenroscándolos de la cabeza de cilindros, una vez sacados los tubos de combustible, de modo parecido a como se sacan las bujías. Procure no dañar el extremo del inyector y asegúrese de que quita la junta de cobre del inyector que haya quedado en la cabeza de cilindros, caso de que no salga conjuntamente con el inyector.

Elimine la carbonilla de la punta del inyector con un cepillo suave de púas de latón y coloque los inyectores junto con sus correspondientes juntas.

NOTA: Los modelos de 1981 y posteriores utilizan dos tipos de inyectores, el CAV Lucas y el Diesel Equipment. Al montar los accesorios de la entrada, debe apretar con un par de 45 libras-pie en el caso del tipo Diesel Equipment, y con un par de 25 libras-pie en el tipo CAV Lucas.

8-379

NOTA: Los inyectores empleados en los Pickup y Blazer son diferentes a los que se utilizan en las furgonetas y no pueden intercambiarse.

1. Desconecte los cables de las baterías.

2. Desconecte la pinza del tubo de combustible.

3. Saque el tubo de retorno de combustible.

4. Quite el tubo de inyección de combustible, tal como se ha explicado antes.

5. Saque el inyector utilizando la herramienta J-29873 ó una equivalente siempre que sea posible.

NOTA: Cuando saque un inyector, utilice la herramienta J-29873 ó una equivalente. Asegúrese de que emplea el hexágono de 30 mm para desmontar el inyector. En caso contrario dañaría el inyector. Siempre debe proteger el inyector y los tubos para evitar que puedan sufrir daños o ensuciarse.

Bomba de inyección, adaptador, retén del adaptador y marca de sincronización del nuevo adaptador

DESMONTAJE Y MONTAJE

NOTA: Sáltese las etapas 4 a 9 si no hay que montar un nuevo adaptador.

1. Quite la bomba de inyección y los tubos.

2. Saque el adaptador de la bomba de inyección.

3. Quite el retén del adaptador.

4. Lime la marca de sincronización del adaptador, pero no toque la que figura en la bomba.

5. Sitúe el cilindro n.º 1 del motor en la posición PMS. Alinee la señal del equilibrador con la marca «0» del indicador. El índice queda desplazado hacia la derecha cuando el cilindro n.º 1 se encuentra en el PMS.

6. Aplique aceite del bastidor en las zonas de cierre. Monte la bomba de inyección, pero sin apretar los tornillos.

7. Monte el nuevo retén en el adaptador, utilizando la herramienta J-28425 ó una equivalente.

8. Apriete los tornillos con un par de 25 libras-pie.

9. Monte la herramienta de sincronización J-26896 en el adaptador de la bomba de inyección. Apriete la herramienta hacia el cilindro n.º 1 con un par de 50 libras-pie. Marque el adaptador de la bomba de inyección. Saque la herramienta y monte la bomba de inyección.

Bomba de inyección

DESMONTAJE Y MONTAJE

Modelos 8-379 Pickup y Blazer

1. Desconecte las baterías.

2. Saque el ventilador.

3. Desmonte el protector del ventilador.

4. Desmonte el múltiple de admisión.

5. Saque los tubos de combustible.

6. Desconecte el cable del acelerador de la bomba de inyección y el cable fijador, si procede.

7. Desconecte todos los cables y tubos que sean necesarios de la bomba de inyección.

8. Desconecte el tubo de retorno de combustible de la parte superior de la bomba de inyección.

9. Desconecte el tubo de alimentación de combustible en la bomba de inyección.

10. Saque el soporte que retiene el tubo del aire acondicionado, si el vehículo dispone de dicha instalación.

11. Quite el tubo de llenado de aceite, incluido el conjunto del tubo de ventilación CDRV (válvula del cárter de regulación por depresión).

12. Saque la arandela aislante.

13. Marque o pinte una señal en la tapa frontal y en la brida de la bomba de inyección.

14. Puede que sea necesario mover el motor para tener acceso al engranaje de accionamiento y a los tornillos de la bomba de inyección a través del agujero del cuello de llenado de aceite.

15. Saque las tuercas de fijación de la bomba de inyección a la tapa frontal.

16. Saque la bomba y tape todos los tubos e inyectores que hayan quedado descubiertos.

17. Monte la bomba del siguiente modo: cambie la junta y alinee el pasador de posicionamiento en el cubo de la bomba, con la ranura en el engranaje de accionamiento de la bomba. Al mismo tiempo, alinee las marcas de sincronización.

18. Fije la bomba de inyección a la tapa frontal, apretando las tuercas con un par de 30 libras-pie. Antes de apretar del todo las tuercas, alinee bien las marcas de sincronización.

19. Monte el engranaje de accionamiento en la bomba de inyección, empleando los correspondientes tornillos, los cuales se aprietan con un par de 20 libras-pie.

20. Monte el tubo de llenado de aceite, incluido el conjunto del tubo de ventilación CDRV.

21. Monte la arandela aislante.

22. Si lo lleva, monte el soporte de retención del tubo del aire acondicionado.

23. Monte el tubo de alimentación de combustible en la bomba de inyección, con un par de 20 libras-pie.

24. Monte el tubo de retorno de combustible en la parte superior de la bomba de inyección.

25. Conecte los cables y tubos que sea preciso.

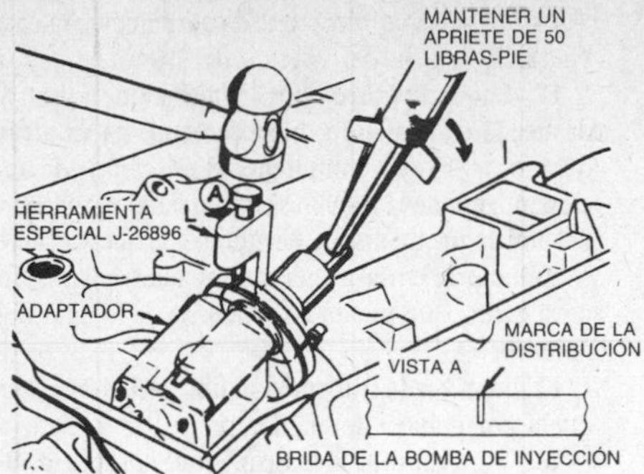

Marcado del adaptador de la bomba de inyección

Desplazamiento en el engranaje de accionamiento de la bomba de inyección diesel

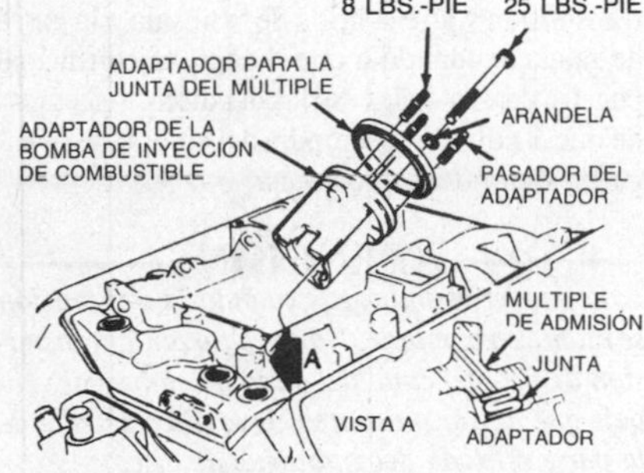

Tornillos del adaptador de la bomba de inyección

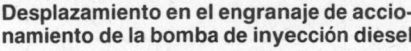

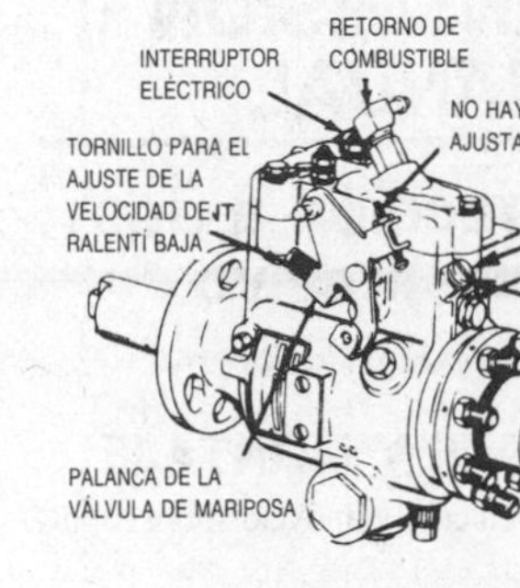

Bomba de inyección

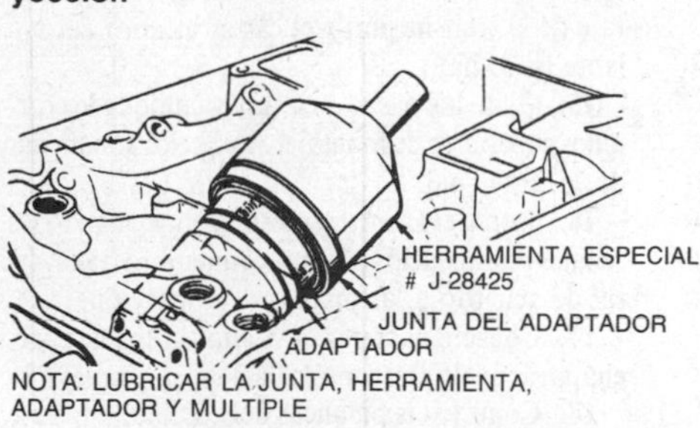

Montaje de la junta del adaptador

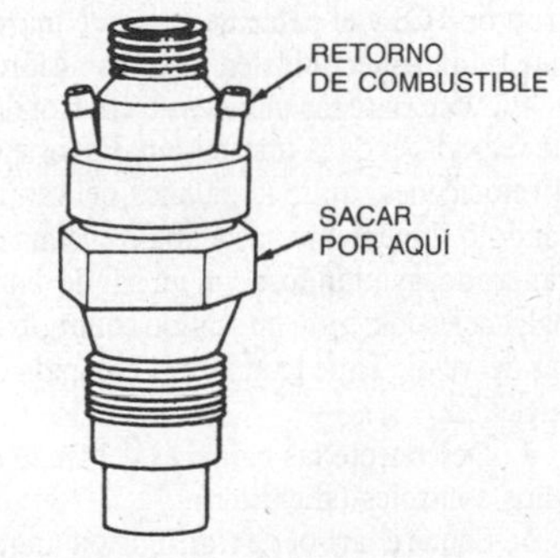

Inyector en el 8-379

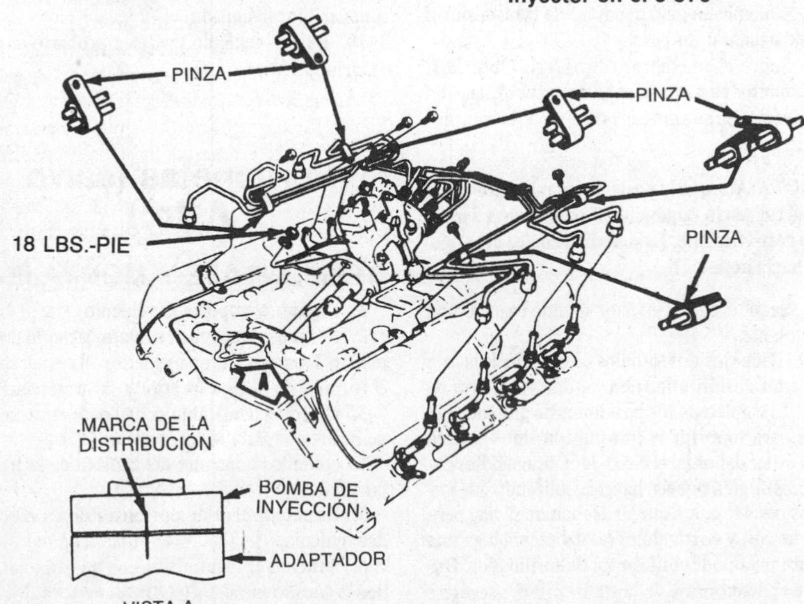

Marcas de la distribución en la bomba de inyección diesel

26. Monte el cable del acelerador.

27. Monte los tubos de inyección.

28. Monte el múltiple de admisión.

29. Monte el ventilador y su protector.

30. Conecte los cables de las baterías. Ponga el motor en marcha y compruebe que no haya fugas.

Furgonetas (Vans)

1. Desmonte el múltiple de admisión.

2. Saque el tubo de admisión del filtro de aire (con la pipa girada hacia arriba).

3. Saque el pestillo del capó, desconectando el cable y desplazándolo a un lado.

4. Saque la botella con el líquido limpiaparabrisas.

5. Saque los tornillos del protector del ventilador.

6. Quite el protector superior.

7. Desconecte el tubo de caucho del conducto de llenado de aceite.

8. Desmonte las tuercas de fijación del conducto de llenado de aceite y saque el citado conducto.

9. Saque la arandela aislante del conducto de llenado de aceite.

10. Mueva el motor, si es preciso, y saque los tornillos del engranaje de accionamiento de la bomba.

11. Saque el filtro de combustible y el soporte —incluya también el tubo hacia la bomba de inyección.

12. Desconecte los tejidos de alambre de los tubos de inyección.

13. Desconecte los tubos de inyección en los soportes. También debe desconectar el tubo de la varilla de aceite del cárter a la izquierda de la cabeza de cilindros.

14. Desconecte las conexiones eléctricas de la bomba de inyección.

15. Si el vehículo lleva transmisión automática, desconecte el cable TV (válvula de mariposa).

16. Desconecte el cable del acelerador.

17. Desconecte los tubos de inyección de los inyectores n.º 2, 4, 5, 6, 7 y 8.

18. Levante el vehículo.

19. Desconecte los tubos de los inyectores n.º 1 y 3.

20. Cubra los inyectores n.º 1, 3, 5 y 7.

21. Baje el vehículo.

22. Cubra los inyectores n.º 2, 4, 6 y 8.

23. Desconecte los tubos de inyección de la bomba y saque los tubos. Ponga etiquetas de identificación en los tubos para facilitar su montaje.

24. Cubra todos los tubos.

25. Desconecte el tubo de retorno de combustible.

26. Haga una marca en la tapa frontal y en la brida de la bomba para facilitar su posterior montaje.

27. Saque las tuercas de fijación de la bomba a la tapa frontal.

28. Extraiga la bomba de inyección y cubra todas las aberturas de descarga.

29. Monte siguiendo el orden que se indica a continuación: cambie la junta. Alinee el pasador de posicionamiento del cubo de la bomba con la ranura que hay en el engranaje de la bomba. Al propio tiempo, alinee las marcas de sincronización.

30. Fije la bomba de inyección a la placa frontal, apretando las tuercas con un par de 30 libras-pie. Antes de apretar por completo las tuercas, compruebe la alineación de las marcas de sincronización.

31. Fije la bomba al engranaje de accionamiento, apretando los tornillos con un par de 20 libras-pie.

32. El resto del montaje se lleva a cabo siguiendo las mismas fases del desmontaje, pero en orden inverso.

Tubo de inyección de combustible

DESMONTAJE Y MONTAJE

Pickup y Blazer

1. Desconecte las baterías.

2. Desconecte el soporte del filtro de aire de la tapa de válvulas.

3. Saque el soporte del ventilador del cigüeñal y sepárelo.

4. Desconecte los tubos del filtro secundario.

5. Saque el adaptador del filtro secundario.

6. Quite la brida de retención de la bomba de vacío y haga girar la bomba a fin de disponer de sitio para acceder al múltiple de admisión.

7. Quite los tornillos del múltiple de admisión. Las pinzas de los tubos de inyección se mantienen en los mismos tornillos.

8. Saque el múltiple de admisión.

9. Monte las tapas protectoras J-29664-1 ó equivalentes.

10. Quite las pinzas del tubo de inyección de los soportes.

11. Saque los tubos de inyección de los inyectores y proteja los citados inyectores con tapas de protección.

12. Saque los tubos de inyección de la bomba y ponga etiquetas de identificación a cada uno de los tubos para poder volver a montarlos.

13. Desconecte el tubo de combustible de la bomba de inyección.

14. El montaje se realiza siguiendo el orden inverso al desmontaje.

Furgonetas (Vans)

1. Desconecte las baterías.

2. Saque la tapa del motor.

3. Desmonte el múltiple de admisión.

4. Coloque tapas protectoras J-29664-1 ó equivalentes.

5. Saque las pinzas del tubo de inyección en el soporte.

6. Levante el vehículo (sólo la parte izquierda).

7. Saque los tubos de inyección de los inyectores y cubra los citados inyectores con tapas protectoras.

8. Baje el vehículo (sólo la parte izquierda).

9. Quite los tubos de inyección de la bomba y ponga etiquetas de identificación a los tubos para su posterior montaje.

10. El montaje se efectúa siguiendo el orden inverso al desmontaje.

BUJÍAS DE INCANDESCENCIA

En los motores diesel de General Motors se utilizan dos tipos de bujías de incandescencia, las de tipo rápido y las de tipo lento. Las bujías de incandescencia de tipo rápido utilizan corriente alterna de 6 voltios, mientras que las de tipo lento reciben corriente continua de 12 voltios.

Una forma segura de identificar las bujías de incandescencia consiste en saber que las de tipo rápido (6 voltios) tienen un conector eléctrico de 5/16" de anchura, mientras que en las de tipo lento (12 voltios) el conector mide 1/4" de ancho. No intente intercambiar ninguna pieza ni componente de estos dos sistemas de bujías de incandescencia.

TRANSMISIÓN MANUAL

2WD (tracción a dos ruedas), salvo furgonetas

DESMONTAJE Y MONTAJE

1. Levante el vehículo y apóyelo sobre soportes hidráulicos.

2. Purgue la transmisión.

3. Desconecte el cable del velocímetro, el interruptor TCS y el cable de la luz de marcha atrás que están conectados en la transmisión.

4. Desmonte las palancas o control de cambio de velocidades de la transmisión. En los modelos de 4 velocidades, quite la palanca del cambio apretándolo firmemente hacia abajo encima del collar ranurado, ayudándose con un par de pinzas de canal, haciéndolo girar en sentido contrario a las agujas del reloj. Tape la abertura e impida que entre suciedad.

5. Desconecte las palancas del freno de mano y los controles (si existen).

6. Saque el árbol de transmisión una vez marcada la posición entre el árbol y la brida.

7. Coloque un gato debajo de la transmisión a fin de aguantar su peso.

8. Saque el miembro transversal. Observe si existen otros elementos, soportes o tubos, que deban desmontarse antes de poder sacar la transmisión.

NOTA: Marque la posición del miembro transversal cuando lo saque a fin de poder volver a montarlo correctamente. La superficie cónica debe quedar hacia atrás.

9. Saque el cárter inferior situado bajo la capa del volante.

10. Saque los dos tornillos de fijación de la caja a la transmisión e introduzca dos pasadores de guía. El empleo de los pasadores de guía no sólo sirve para soportar la transmisión sino también para evitar daños en el disco de embrague. Los pasadores de guía pueden hacerse utilizando dos tornillos, iguales a los que se acaban de sacar, pero más largos, y cortándoles las cabezas. Haga una ranura para poder utilizar un destornillador. Durante el desmontaje de la transmisión, asegúrese de que soporta el cojinete de empuje del embrague, así como el conjunto de sostén del mismo. Así se evitará que el cojinete de empuje pueda caer fuera de la caja del volante del motor.

11. Saque los otros dos tornillos que faltan y deslice la transmisión, bien derecha, hacia atrás del motor. Procure mantener el engranaje de accionamiento de la transmisión alineado con el cubo del embrague de disco. Asegúrese de que sostiene el cojinete de empuje cuando saca la transmisión para evitar que pueda caer dentro de la caja del volante.

12. Una vez la transmisión libre del motor, sáquela por debajo del vehículo.

13. Para montar la transmisión: colóquela sobre los pasadores de guía, deslícela hacia delante, empezando por introducir el engranaje principal de accionamiento dentro de las estrías del disco de embrague. Acople los engranajes de la transmisión y gire la brida de la misma o la garra de salida ayudando a que el engranaje principal penetre dentro de las estrías del disco. Asegúrese de que el cojinete de empuje del embrague se encuentra en posición correcta.

ATENCIÓN

Evite mover el embrague cuando la transmisión se monte en el motor. No debe forzar la transmisión dentro del cubo del disco de embrague. No deje que la transmisión cuelgue directamente de la parte estriada del embrague de disco.

14. Coloque los dos tornillos inferiores del montaje de la transmisión y el cárter inferior del volante (si lo hay).

15. Quite los pasadores guía y coloque los tornillos superiores de montaje. Apriételos con un par de 75 libras-pie.

16. Monte el árbol de transmisión, vigilando las señales de alineación. Monte el miembro transversal de acuerdo a las marcas de alineación.

17. Conecte el freno de mano, la luz de marcha atrás y el interruptor TCS (si se emplea).

18. Conecte las palancas del cambio, o instale el desviador, ajustándolo en caso necesario.

19. Conecte el cable del velocímetro y vuelva a llenar la transmisión.

20. Baje el vehículo y vaya a probarlo en circulación.

Furgonetas (salvo Astro)

DESMONTAJE Y MONTAJE

1. Levante y soporte el vehículo.

2. Purgue la transmisión. Para vaciar la transmisión Tremec con tapa superior, hay que sacar el tornillo de la caja inferior a la prolongación.

3. Desconecte el cable del velocímetro, la luz de marcha atrás y el interruptor TCS.

4. Quite los controles del cambio de la transmisión.

5. Desmonte el árbol de transmisión y sáquelo del vehículo.

6. Sostenga la transmisión con un gato hidráulico colocado en el suelo.

7. Compruebe si han sido sacados o desmontados todos los componentes necesarios.

8. Señale la parte frontal del miembro transversal a fin de estar seguro de volver a montarlo correctamente.

9. Soporte el cojinete de empuje del embrague para evitar que caiga de la caja del volante cuando se saque la transmisión.

10. Saque el cárter de debajo de la caja del volante y la transmisión, desatornillando los correspondientes tornillos.

11. Mueva lentamente la transmisión, separándola del motor, conservando la alineación del árbol principal con el cubo del disco de embrague. Asegúrese de que la transmisión está siendo debidamente aguantada.

12. Saque la transmisión por la parte inferior del vehículo.

13. El montaje se efectúa siguiendo el orden inverso al desmontaje. Aplique una delgada capa de grasa resistente a altas temperaturas en el árbol principal. No debe utilizar excesiva grasa, ya que al trabajar en condiciones normales, la grasa podría caer sobre el embrague y se producirían problemas con el mismo.

14. Los tornillos de fijación de la transmisión a la caja del volante se aprietan con un par de 75 libras-pie. Llene la transmisión con lubricante. Haga una prueba de rodaje de vehículo.

Furgonetas Astro

1. Levante y soporte el vehículo, purgando el fluido de la transmisión. Desmonte y saque el árbol de transmisión, tal como se explica más adelante en esta misma sección. Tape la abertura en la parte posterior de la transmisión, utilizando un trapo limpio.

2. Desconecte el cable del velocímetro. Primero marque y luego desconecte todos los conectores eléctricos de la transmisión.

3. Desconecte la palanca del cambio. Luego, desmonte el soporte del desviador, sacando los tornillos que lo fijan a la transmisión.

4. Saque los tornillos de fijación de la transmisión.

5. Sostenga la transmisión desde la parte inferior, utilizando un sistema seguro. Luego, saque los tornillos de fijación del miembro transversal. Saque el miembro transversal del vehículo.

6. Por último saque los tornillos que fijan la transmisión y retire dicha transmisión del vehículo.

7. Para el montaje, siga el orden inverso al del desmontaje, teniendo en cuenta los siguientes puntos:

a. Aplique una delgada película de grasa de alta temperatura tanto en el cojinete de retención del engranaje principal de accionamiento como en la parte estriada del árbol de transmisión. Esto es muy importante a fin de asegurar un libre deslizamiento del embrague y la transmisión durante el proceso de montaje.

b. Aplique los siguientes pares de apriete: tornillos de fijación de la transmisión a la caja 48 libras-pie; tornillos del miembro transversal al cuerpo 35 libras-pie; tornillos del montante al miembro transversal 25 libras-pie; tornillos del montante a la transmisión 45 libras-pie. Asegúrese de que la palanca de cambio está bien ajustada, y llene la transmisión con el líquido adecuado, hasta alcanzar el nivel correcto.

Modelos 4WD (tracción en las cuatro ruedas)

DESMONTAJE Y MONTAJE

De 3 velocidades

1. Levante el vehículo y sopórtelo colocando apoyos en los lugares adecuados. Saque la placa de deslizamiento, si existe.

2. Purgue la transmisión y la caja de transferencia. Saque el cable del velocímetro y el interruptor TCS del lado de la transmisión.

3. Desconecte los árboles de transmisión y fíjelos en un lugar para que no impidan los trabajos en la zona.

4. Quite la palanca del cambio sacando el perno pasador del conjunto adaptador. Luego podrá desplazar el desviador fuera de la zona.

5. Saque los tornillos que fijan el montante a la derecha de la caja de transferencia y a la parte posterior del motor, y saque el montante.

6. Al tiempo que sostiene con toda seguridad la caja de transferencia, saque los tornillos de fijación del adaptador.

7. Saque los tornillos de seguridad de la caja de transferencia en el bastidor, bajando y sacando dicha caja de transferencia. (La caja está fijada al lado derecho del bastidor.)

8. Desconecte las palancas de cambio de la transmisión.

9. Mientras sostiene la parte posterior del motor con ayuda de un gato hidráulico, extraiga los tornillos de montaje del adaptador.

10. Saque los tornillos superiores de la transmisión e introduzca dos pasadores guía a fin de mantener el conjunto alineado. En el procedimiento de los modelos con tracción en dos ruedas (fase 10) podrá hallar detalles sobre el modo de hacer tales pasadores guía.

11. Saque los tornillos del volante y la parte inferior de la transmisión.

12. Tire de la transmisión y del adaptador, directamente hacia atrás sirviéndose de los pasadores guía, hasta conseguir que el árbol de entrada quede separado del disco de embrague.

13. La transmisión y el adaptador se sacan formando un grupo. El adaptador puede desmontarse una vez el conjunto se ha sacado.

14. El montaje se realiza siguiendo el orden inverso al desmontaje. Coloque la transmisión y haga girar el eje de salida hasta que quede alineado con las estrías del embrague. El par de apriete de los tornillos de la transmisión es de 75 libras-pie. Para los pares de apriete correspondientes al adaptador, vea el apartado de Desmontaje y montaje de la caja de transferencia.

De 4 velocidades

1. Saque la funda del cambio y la esterilla o moqueta del suelo del compartimiento delantero del vehículo.

2. Saque la palanca de cambio de la transmisión. Para el procedimiento a emplear en el trabajo de desmontaje de la palanca, vea la fase 2 de los vehículos con tracción en dos ruedas. Puede ser necesario sacar la salida frontal del calefactor para llevar a cabo la fase siguiente. Si lleva consola central, desmóntela.

3. Saque la tapa de la transmisión una vez soltados los tornillos de fijación. Será necesario hacer girar la tapa 90 grados para que pueda quedar libre la palanca de la caja de transferencia.

4. Desconecte la conexión de la palanca de la caja de transmisión y la palanca del adaptador. Si existe, saque la placa de deslizamiento.

5. Desmonte la luz de marcha atrás, el interruptor TCS y el cable del velocímetro que se hallan en el lado de la transmisión.

6. Levante y soporte el vehículo. Apoye el motor. Purgue la transmisión y la caja de transferencia. Desacople la transmisión y la caja de transferencia. Desmonte ambos árboles de transmisión y colóquelos en un lugar apartado.

7. Saque los tornillos de fijación de la transmisión al bastidor. Para ello, será necesario abrir las lengüetas de seguridad. Saque los tornillos que fijan la caja de transferencia al soporte del bastidor.

8. Mientras soporta la transmisión y la caja de transferencia, desmonte los tornillos del miembro transversal. Para poder sacarlos del bastidor será necesario hacer girar el miembro transversal.

9. Saque la tapa inferior de la caja del embrague.

NOTA: En los motores V8 es necesario desmontar el tubo de traspaso del escape.

10. Retire los tornillos que fijan la transmisión a la caja del embrague. Primero saque los tornillos superiores y coloque pasadores guía. En la fase 10 del procedimiento explicado para los vehículos de tracción en dos ruedas, se dan detalles al respecto.

11. Desplace la transmisión hacia atrás hasta que el engranaje principal quede libre del grupo embrague, y luego baje la unidad.

12. Monte la caja de transferencia en la transmisión, formando un conjunto. Fije el conjunto a la caja de embrague. Engrane la transmisión y haga girar el árbol de salida para que quede alineado con las estrías del embrague. Apriete los tornillos de la transmisión con un par de 75 libras-pie.

13. Monte la tapa de la caja del embrague y, en los modelos de V8, el tubo de escape.

14. Monte el miembro transversal del bastidor, el adaptador y la caja de transferencia.

15. Las tuercas anteriores y posteriores del acople de la caja de transferencia deben apretarse a 150 libras-pie.

16. Monte los árboles de transmisión anterior y posterior.

17. Conecte el cable del velocímetro, las luces de marcha atrás y los interruptores TCS.

18. Llene la transmisión y la caja de transferencia hasta el nivel adecuado.

19. Coloque en posición la palanca de cambio de la caja de transferencia y el enlace de la palanca de cambio en la barra de la guía.

20. Monte la tapa del suelo para la transmisión y el conducto central de calefacción.

21. Monte la consola central, si existe.

22. Monte la palanca de cambio.

Camiones Serie S

DESMONTAJE Y MONTAJE

Modelos de 4 velocidades - 77.5 mm

NOTA: Para los modelos con tracción en las

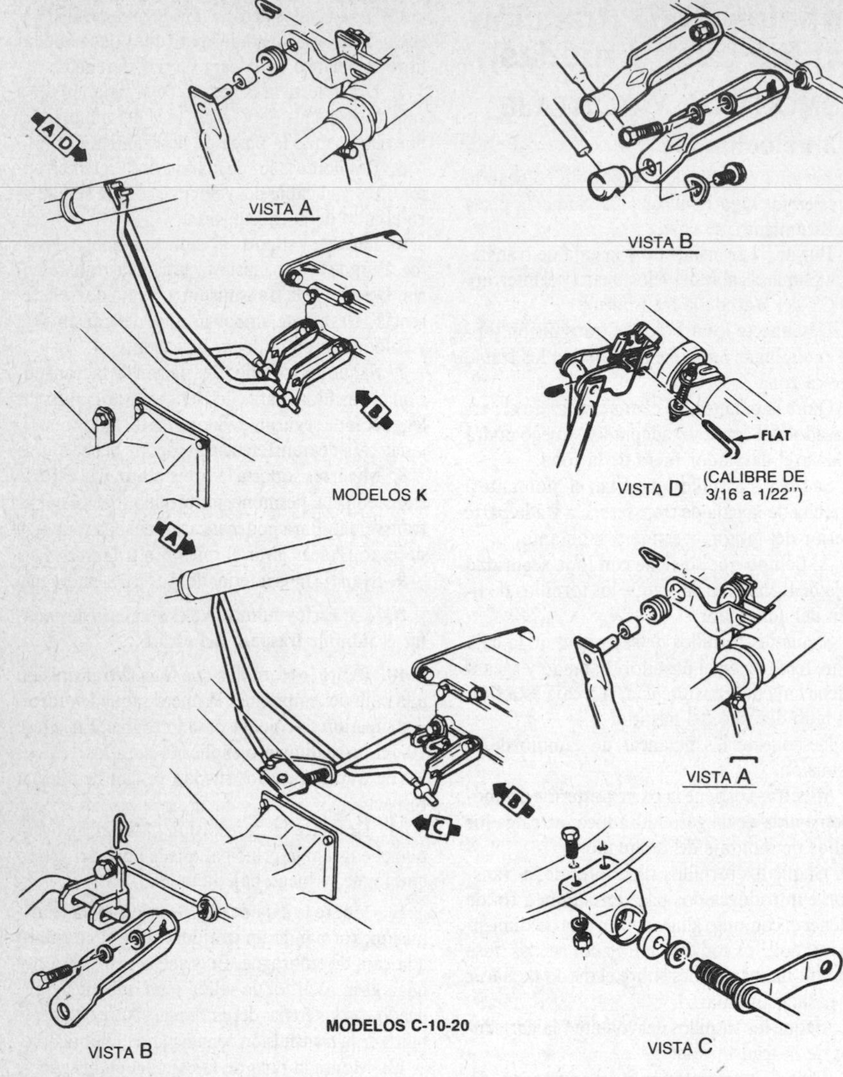

Controles de cambio en columna de tres velocidades (excepto camiones)

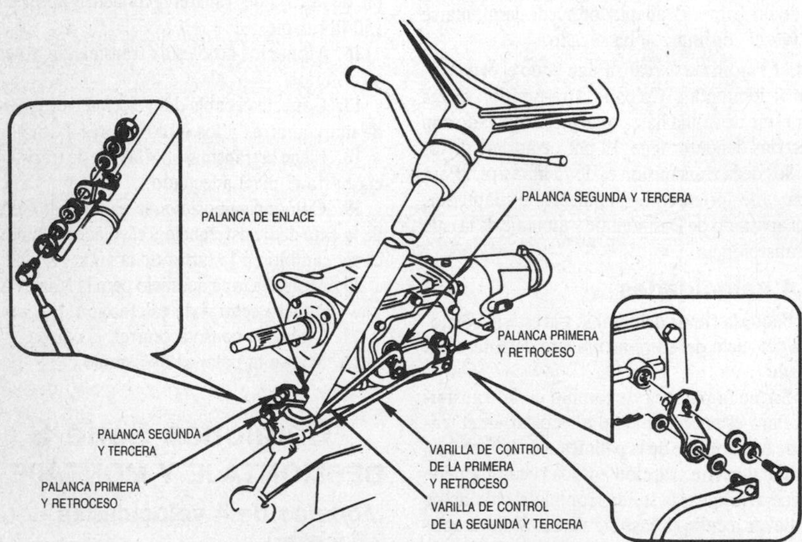

Detalles del cambio de tres velocidades en la columna de camiones

cuatro ruedas, véase el apartado de Desmontaje y montaje de la caja de transferencia.

1. Desconecte el cable de masa de la batería.

2. Saque la tuerca superior de fijación del motor de arranque.

3. Quite los tornillos de fijación de la funda de la palanca de cambio y saque dicha funda deslizándola fuera de la palanca.

4. Desconecte la palanca de cambio de la transmisión.

5. Desconecte el conector eléctrico de la transmisión.

6. Levante y soporte el vehículo sobre apoyos.

7. Desmonte el árbol de transmisión.

8. Desconecte el tubo de escape del múltiple.

9. Desconecte el cable de embrague de la transmisión.

10. Coloque un gato hidráulico debajo de la transmisión a fin de aguantar el peso de la misma.

11. Saque los tornillos de montaje de la transmisión.

12. Saque el suspensor del catalizador.

13. Quite el miembro transversal.

14. Saque los tornillos inferiores de la tapa guardabarros.

15. Saque el tornillo inferior del motor de arranque.

16. Desatornille la transmisión del motor y bájela sobre el gato hidráulico.

17. El montaje se lleva a cabo en el orden inverso al indicado para el desmontaje. Los tornillos que fijan la transmisión al motor se aprietan con un par de 25 libras-pie en los motores de 4 cilindros y de 55 libras-pie en los motores de 6 cilindros. El par de apriete de los tornillos que fijan la montura a la transmisión es de 35 libras-pie; los del miembro transversal al bastidor se aprietan con un par de 25 libras-pie y los tornillos de la tapa guardabarros a 7 libras-pie.

Modelos de 4 y de 5 velocidades

NOTA: Para los modelos con tracción en las cuatro ruedas, véase el apartado de Desmontaje y montaje de la caja de transferencia.

1. Desconecte el cable de masa de la batería.

2. Quite los tornillos de la funda de la palanca del cambio, y saque dicha funda deslizándola fuera de la palanca.

3. Ponga la transmisión en el punto muerto y desmonte la palanca del cambio.

4. Levante y soporte el vehículo encima de apoyos.

5. Saque el árbol de transmisión.

6. Desconecte el cable del velocímetro y las conexiones de la transmisión.

7. Desconecte el cable de embrague de la transmisión.

8. Coloque un gato hidráulico debajo de la transmisión, de manera que soporte todo su peso. Saque los tornillos de montaje de la transmisión.

9. Desmonte el suspensor del catalizador.

10. Quite el miembro transversal.

11. Saque los tornillos de la tapa guardabarros.

12. Desatornille la transmisión de la caja y haga bajar el gato hidráulico. Será preciso hacer retroceder un poco la transmisión para que el embrague quede libre. El montaje se realiza siguiendo el orden inverso al desmontaje. Aplique un poco

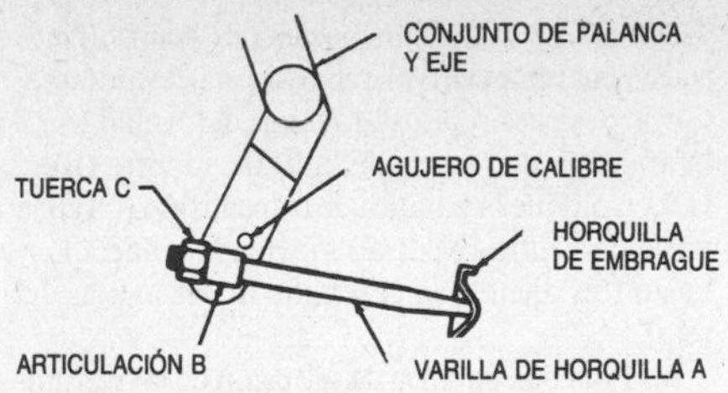

Ajuste de las articulaciones del embrague

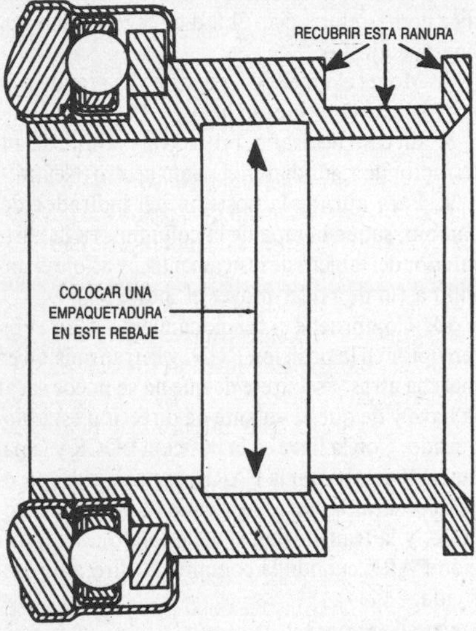

Sacar los puntos con lubricación del cojinete

de grasa en las estrías del eje de entrada con lubricante del utilizado para el bastidor. Los tornillos de montaje de la transmisión se aprietan con un par de 35 libras-pie; los tornillos del miembro transversal a la montura con un par de 25 libras-pie; los tornillos del miembro transversal al bastidor a 25 libras-pie, y los de fijación de la transmisión a la caja se aprietan con un par de 55 libras-pie.

Sistema de articulación

AJUSTES

Salvo en las furgonetas (Vans)

CAMBIO DE COLUMNA DE TRES VELOCIDADES

1. Coloque la palanca de la columna en el punto muerto.
2. Por debajo del camión, afloje las bridas de las varillas del cambio. Se encuentran en el extremo de la transmisión.
3. Asegúrese de que las dos palancas de la transmisión se encuentran en sus posiciones neutrales, en el centro.
4. Monte un pasador de 3/16 - 7/32" o una broca en los ajujeros de alineación de las palancas, en la parte baja de la columna de la dirección. De este modo, dichas palancas se mantienen en su posición neutral.
5. Apriete las bridas de fijación de las varillas del cambio.
6. Extraiga el pasador y compruebe el funcionamiento del cambio.

Furgonetas (Vans)

Las articulaciones del cambio deberán reajustarse cada vez que se cambien o desmonten.

1. Monte las varillas de control en ambas palancas y coloque los cambios en su punto muerto.
2. Alinee ambos tubos de palanca de cambio existentes en la camisa del eje en la posición neutral. Emplee un pasador de 3/16 - 7/16" para mantenerlos en posición. El pasador se introduce en los agujeros de las palancas.
3. Conecte las varillas de control con los tubos de palanca, asegurándose que las bridas y los tubos de palanca se encuentran debidamente situados en la posición neutral.
4. Saque el pasador y mueva la palanca del cambio para comprobar todas las posiciones, asegurándose de que la alineación es la correcta en todas ellas.

Camiones Serie S

NOTA: En estos vehículos no es necesario efectuar ningún tipo de ajuste en los sistemas de articulación.

EMBRAGUE

Sistema de articulación

AJUSTE

Salvo la Serie S

Este ajuste se realiza en el recorrido libre del pedal de embrague, es decir la distancia que se desplaza antes de que el cojinete de empuje entre en contacto con las uñas que disparan el embrague. Debe llevarse a cabo periódicamente a fin de compensar el desgaste del forro del embrague. Si el ajuste no es correcto, pueden producirse desgastes en los engranajes y el embrague puede patinar o gastarse excesivamente.

NOTA: Si se encuentra con algún problema de desgaste al desplazar el engranaje, acorte el tope amortiguador del pedal 3/8" y vuelva a reajustar las articulaciones.

1. Desconecte el muelle de retorno de la horquilla del embrague en su punto de conexión con la caja del embrague.
2. Afloje la tuerca exterior de ajuste (A) y hágala retroceder aproximadamente 1/2" del soporte.
3. Mantenga el empujador de la horquilla del embrague contra dicha horquilla a fin de que el cojinete de empuje se desplace hacia las uñas del embrague. El empujador pasa a través del soporte y del eje transversal.
4. Desplace la tuerca interior de ajuste (B) para conseguir un juego de 1/4" entre la tuerca (B) y el soporte.
5. Suelte el empujador, conecte el muelle de retorno y apriete la tuerca exterior (A) a fin de que el soporte quede apretado contra la tuerca interior (B).
6. Compruebe el recorrido libre del pedal y reajústelo si es necesario. Debe estar comprendido entre 1 1/4 y 1 1/2 pulgadas.

DESMONTAJE Y MONTAJE

Salvo la Serie S

Se emplean dos tipos de platos de presión en el embrague, el de diafragma y el de muelle espiral. Por lo general, los embragues de mayor robustez son del tipo cuyo plato de presión utiliza muelle espiral. La mayor parte de detalles para su desmontaje y montaje son idénticos en ambos tipos.

TIPO DE DIAFRAGMA

1. Saque la transmisión.
2. Desconecte el empujador de horquilla y desmonte la caja del volante. Saque el cojinete de empuje de la horquilla del embrague.
3. Desmonte la horquilla del embrague apretándola a fin de sacarla de la rótula con ayuda de un destornillador hasta que consiga hacerla salir, y luego saque dicha rótula de la caja del embrague.
4. Monte una herramienta de guía (un viejo eje principal sirve perfectamente como herramienta de guía) para sostener el embrague mientras se saca.

NOTA: Antes de sacar el embrague del volante, haga marcas de alineación entre el volante, la tapa del embrague y uno de los anillos del plato de presión. De este modo, las citadas piezas podrán volver a montarse en sus posiciones originales y seguirán equilibradas.

5. Afloje los tornillos de fijación del embrague, una sola vuelta cada vez, para evitar que la tensión de la tapa del embrague pueda deformarla.
6. Saque la herramienta de guía utilizada, y el embrague del vehículo. Compruebe si el volante y la placa de presión presenta decoloración, rayas o señales de desgaste. En caso necesario, el volante puede rectificarse; en caso contrario cambie las piezas dañadas. También debe observar la horquilla del embrague y el cojinete de empuje, determinando si tienen holgura o desgaste. Si existen pruebas evidentes de ello, cambie dichas piezas.
7. Monte la placa de presión en el conjunto de la tapa, alineando la muesca en el plato de presión con la que existe en la brida de la tapa.
8. Monte los muelles de retroceso en el plato de presión, las arandelas de seguridad y los tornillos del collar de accionamiento al plato de presión. Apriételos con un par de 11 libras-pie.
9. Haga girar el volante hasta que la marca X se encuentre en la parte inferior.
10. Monte el disco de embrague, plato de presión y tapa utilizando un eje viejo como herramienta de alineación.
11. Gire el embrague hasta que la marca X de su tapa quede alineada con la marca X del volante.
12. Monte los tornillos de fijación y apriételos un poco cada vez siguiendo un modelo cruzado, hasta que se compense la presión del muelle.
13. Saque la herramienta de alineación.
14. Cubra el asiento de la rótula de la horquilla del embrague con una pequeña cantidad de grasa resistente a elevadas temperaturas. Un exceso de grasa puede hacer patinar el embrague. Monte un nuevo retén en la ranura de la horquilla del embrague, si es preciso. Monte el retén con el lado alto hacia arriba y el extremo abierto en posición horizontal.
15. Si se cambió la rótula de la horquilla del em-

brague, vuelva a montar la caja del embrague e introduzca la horquilla en la rótula.

16. Lubrique el interior del collar del cojinete de empuje y la ranura de la horquilla utilizando un poco de grasa de grafito.

17. Monte el cojinete de empuje.

18. Monte la caja del volante y la transmisión.

19. El resto del montaje se efectúa siguiendo el orden inverso al del desmontaje. Ajuste el sistema articulado del embrague.

TIPO DE MUELLE ESPIRAL

Básicamente, se utiliza el mismo procedimiento para desmontar el embrague de muelle espiral que para desmontar el de diafragma. Cuando afloje los tornillos que fijan el embrague, debe dar una vuelta o dos cada vez a fin de no deformar la tapa. Será de gran ayuda la colocación de separadores de madera o metal, de aproximadamente 3/8" de grueso, entre las palancas del embrague y la tapa, a fin de mantener las palancas hacia abajo cuando se están sacando los tornillos de fijación o cuando el propio embrague está siendo sacado del motor.

Vehículos de la Serie S

AJUSTE

1. Accione el pedal para permitir que el autorregulador ajuste la longitud del cable.

2. Apriete varias veces el pedal para que la rueda dentada se acople con el diente de trinquete.

3. Compruebe si las articulaciones han perdido movimiento, como consecuencia de desgastes o soportes deformados, apoyos de montaje o por estar en mal estado el cable.

DESMONTAJE Y MONTAJE

1. Saque la transmisión.

2. Desmonte la caja del volante.

3. Saque la horquilla del embrague.

4. Introduzca una herramienta para la alineación en el cubo del embrague y en el cojinete de guía del cigüeñal.

5. Compruebe si hay señal X u otra marca pintada en el plato de presión y en el volante. Si no figura ninguna señal, marque el conjunto para facilitar su posterior montaje.

6. Afloje los tornillos del plato de presión, regular y alternativamente, un poco cada vez, a fin de que ceda la presión ejercida por el muelle. Saque el plato de presión y el de accionamiento.

7. Compruebe si el volante presenta fisuras, desgaste, rayas u otros daños. Compruebe también si el cojinete de guía presenta desgaste. Para sacarlo déle un tirón con ayuda de un martillo de deslizamiento, y vuelva a montar uno nuevo colocándolo con un martillo de madera o de plástico.

8. El montaje se lleva a cabo en orden inverso al desmontaje. Para facilitar el montaje haga uso de una herramienta de alineación. El cubo más alto del plato de arrastre quedará hacia la transmisión. Alinee las señales y apriete los tornillos regular y alternativamente hasta un par de 20 libras-pie.

TRANSMISIÓN AUTOMÁTICA

AJUSTES

Articulaciones del cambio

SALVO FURGONETAS (VANS)

1. El conjunto del tubo y palanca de cambio deben quedar libres en la camisa del eje.

2. Levante la palanca del selector hacia el volante de dirección y deje que la palanca quede en la posición de marcha (Drive) con ayuda del trinquete. No debe emplear la aguja de la palanca selectora como referencia.

3. Suelte la palanca de selección. La palanca no debe poder desplazarse hasta baja velocidad (Low) a menos que esté levantada. Con las articulaciones bien ajustadas, la palanca no ha de poder desplazarse más allá de las posiciones neutra (Neutral) y marcha (Drive) salvo si está levantada.

4. Si es preciso ajustar, saque el tornillo (A) y la arandela de resorte de la brida soporte (B).

5. Coloque la palanca de transmisión (C) en la posición neutra (Neutral) moviéndola hacia L_1 y luego tres dientes en el sentido de las agujas del reloj.

6. Ponga la palanca de selección de la transmisión en el punto neutro (Neutral) tal como viene determinado por el tope mecánico que se halla en la columna de la dirección. No debe utilizar el índice como referencia. El índice es lo último que hay que ajustar.

7. Monte el muelle del soporte y la arandela en la palanca (D) y luego fíjelos.

8. En caso necesario, proceda al reajuste del interruptor de seguridad en el punto neutro (Neutral).

9. Para ajustar la posición del indicador del cambio, saque la tapa de la columna, en la parte inferior del tablero de instrumentos, y afloje el tornillo a fin de poder mover el índice.

10. Compruebe el funcionamiento. Con el interruptor en la posición RUN, y la transmisión en marcha atrás, asegúrese de que no se puede sacar la llave y de que el volante de dirección está bloqueado. Con la llave en la posición LOCK y la palanca de cambio en la PARK, asegúrese de que es posible sacar la llave, siguiendo bloqueado el volante, y la transmisión sigue estando en la posición PARK cuando la columna de dirección está fijada.

FURGONETAS (VANS)

ATENCIÓN

Cualquier falta de precisión en este procedimiento puede conllevar un fallo prematuro de la transmisión, debido a que puede trabajar sin que los mandos se encuentren en la posición completamente engranada. Esto conducirá a un funcionamiento con presión de aceite más baja, y por tanto sólo existirá un acoplamiento parcial de los embragues de arrastre. Un acoplamiento parcial de los em-

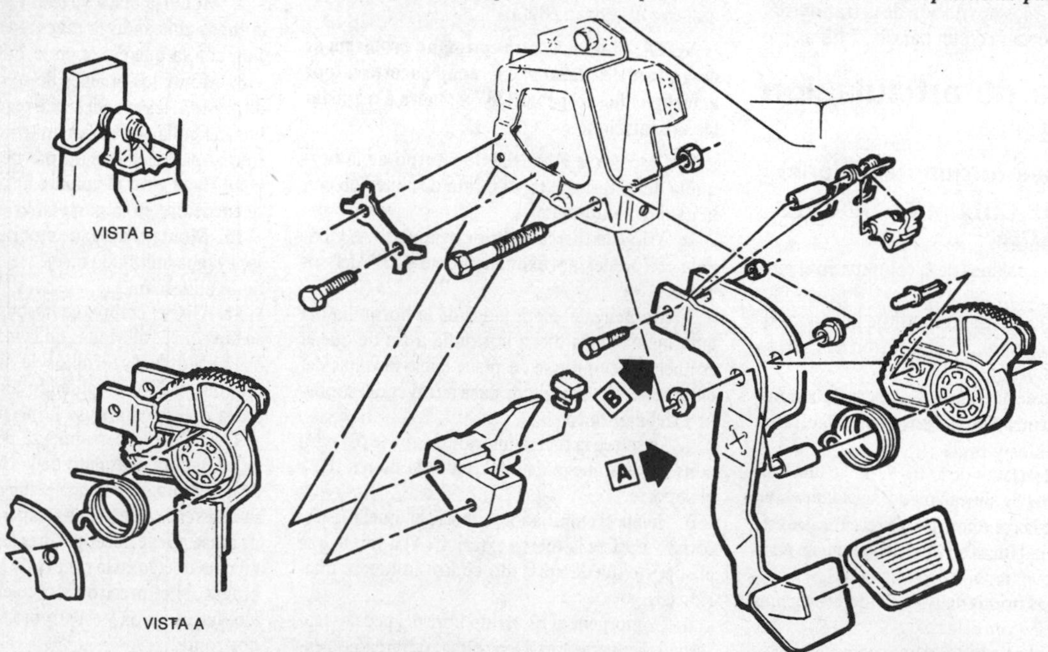

Mecanismo de autoajuste del embrague, en la Serie S

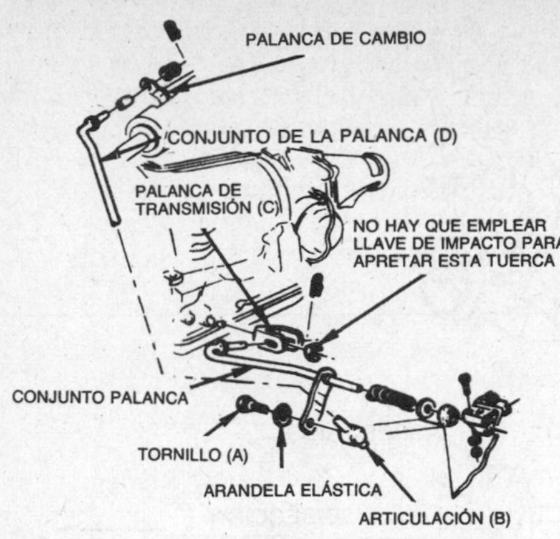

Ajuste de las articulaciones del cambio automático (excepto en los camiones)

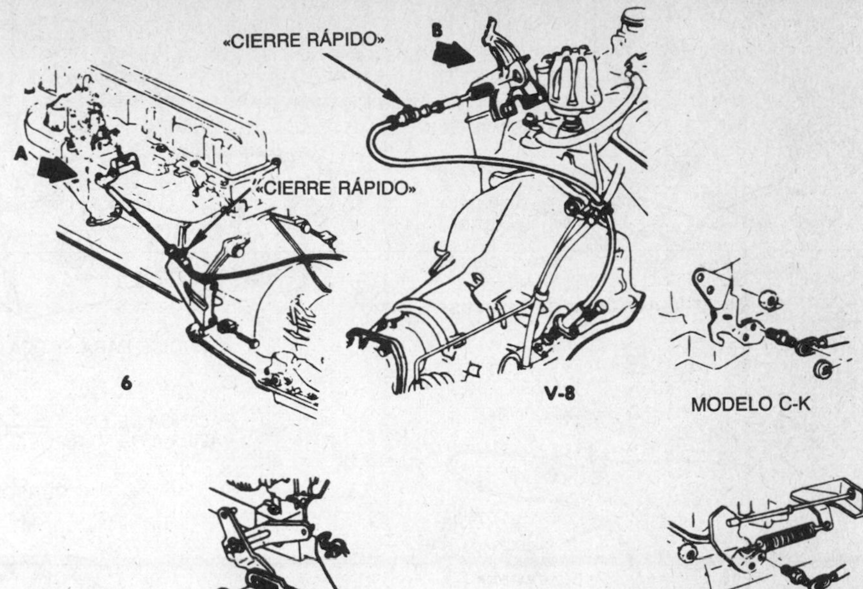

Ajuste del cable fiador (salvo en diesel)

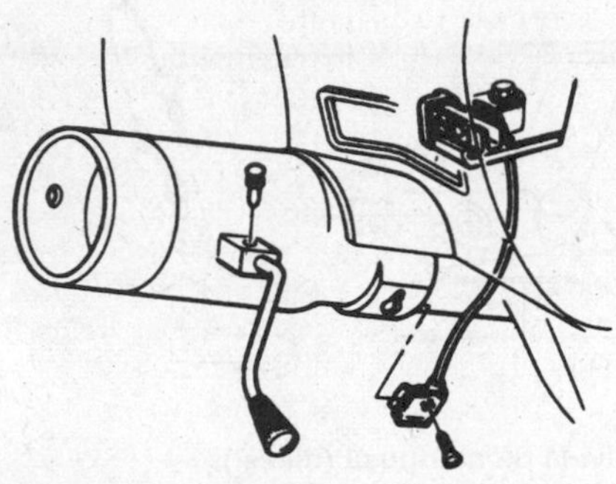

Se puede acceder al lugar de ajuste del indicador de la posición del cambio una vez sacada la tapa inferior de la columna

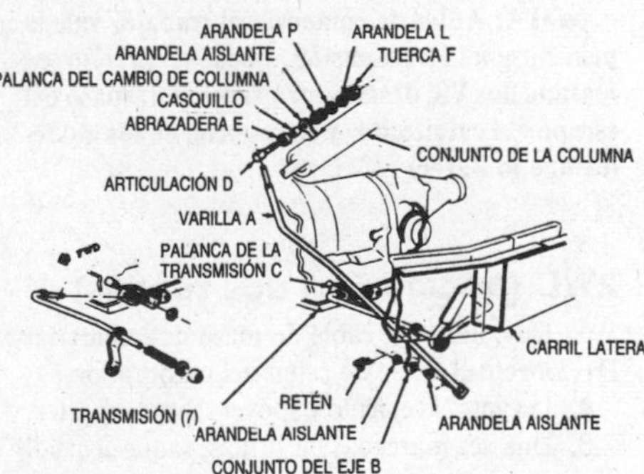

Ajuste de las articulaciones del cambio normal de camión

bragues sin que exista la suficiente presión, dará la sensación de que todo funciona correctamente, pero se producirá una avería en la transmisión a los pocos kilómetros.

1. Quite la tuerca (F) y retire las arandelas, junta aislante, casquillos y brida (E). Desmonte el soporte articulado (D).

2. Saque el retén, arandelas aislantes y palanca de la transmisión (C) del grupo del árbol.

3. Coloque la palanca (C) en la posición neutra (Neutral), bien moviendo a dicha palanca (C) en sentido contrario a las agujas del reloj hacia la posición L_1 y luego en el sentido de las agujas del reloj tres puntos hacia la posición neutra (Neutral), o bien moviendo la palanca (C) en el sentido de las agujas del reloj hacia la posición de aparcamiento (Park) y luego dos puntos en el sentido contrario a las agujas del reloj hacia la posición neutral (Neutral).

4. Coloque la palanca del cambio de la columna en la posición neutra (Neutral) haciendo girar la unidad de la palanca hasta que llegue al tope de la columna. No utilice el índice de selección como referencia al ajustar la palanca de la columna.

5. Fije la varilla (A) al conjunto del eje (B) tal como puede verse.

6. Deslice el soporte articulado (D) y la brida (E) sobre la varilla (A). Alinee la palanca de cambio de la columna y fije el conjunto de un modo suelto.

7. Mantenga la palanca de cambio de la columna contra el tope neutral (Neutral), en el lado de la posición de aparcamiento (Park).

8. Apriete la tuerca (F) con un par de 18 libras-pie.

9. En caso necesario, ajuste la aguja indicadora. También puede ser preciso el ajuste del interruptor de arranque en punto muerto.

Válvula de mariposa

MOTORES DE SEIS CILINDROS

1. Con el acelerador apretado, la cigüeña del motor debe quedar en la posición en que la mariposa esté completamente abierta.

2. La palanca de mezcla debe quedar de 1/64-1/16" desplazada del tope de la palanca y la palanca de la transmisión tiene que estar contra el tope interno de la transmisión.

MOTORES V8

1. Quite el filtro de aire.

2. Desconecte las articulaciones del acelerador que se encuentran en el carburador.

3. Desmonte el muelle de retorno del acelerador y los muelles de retorno de la varilla de la válvula de mariposa.

4. Tire hacia delante de la varilla de la válvula de mariposa hasta que la transmisión haya pasado más allá del trinquete. Mueva la mariposa del carburador hasta su posición más abierta. La posición totalmente abierta debe alcanzarse al mismo tiempo que el perno esférico toca el extremo de la ranura de la varilla superior de la válvula de mariposa.

5. Ajuste el soporte articulado del extremo de la varilla superior de la válvula de mariposa, como en la fase 4. La tolerancia admisible es de aproximadamente 1/32".

6. Conecte y ajuste las articulaciones de enlace del acelerador.

7. Compruebe si el funcionamiento se realiza sin dificultad. Monte el filtro de aire.

Interruptor de puesta en marcha en punto muerto

Este interruptor evita el arranque del motor a no ser que la transmisión se encuentre colocada en la posición neutra (Neutral) o de aparcamiento (Park). Dicho interruptor se encuentra situado en las articulaciones del cambio, en el lado izquierdo de la transmisión. El interruptor también sirve para las luces de marcha atrás.

NOTA: El interruptor de las luces de marcha atrás de la transmisión manual se encuentra en la parte posterior de la transmisión.

1. Afloje los tornillos de montaje del interruptor.

2. Asegúrese de que la transmisión se halla en posición neutra (Neutral).

3. Introduzca un pasador a través del agujero del brazo de accionamiento del interruptor, de

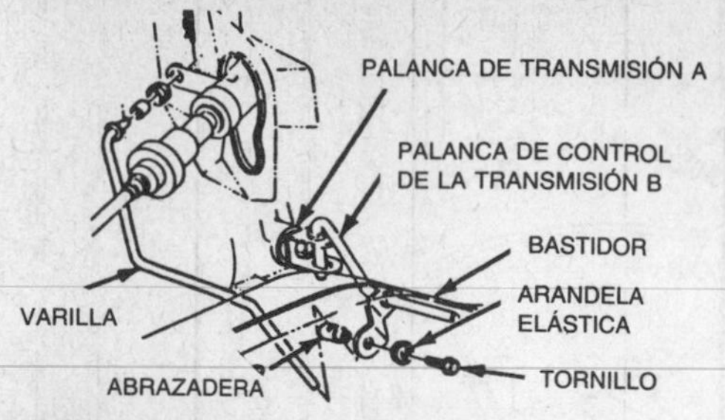

Ajuste de las articulaciones de la transmisión

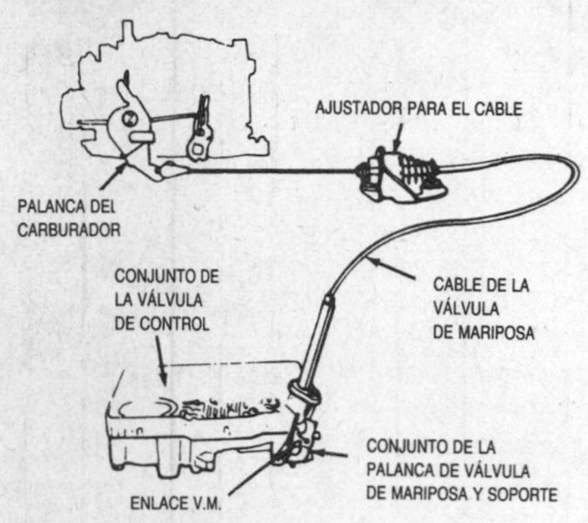

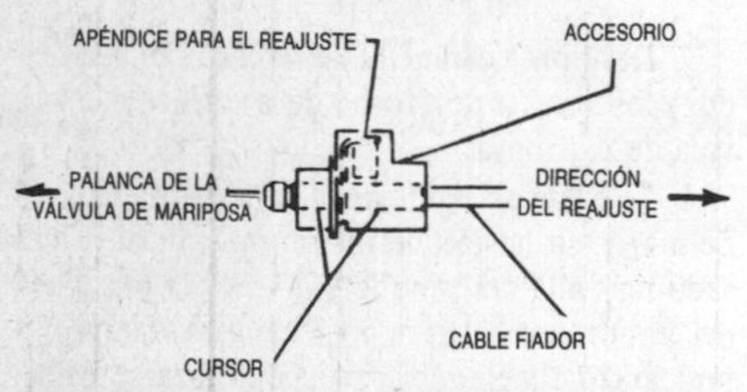

Punto de ajuste del cable de la válvula de mariposa

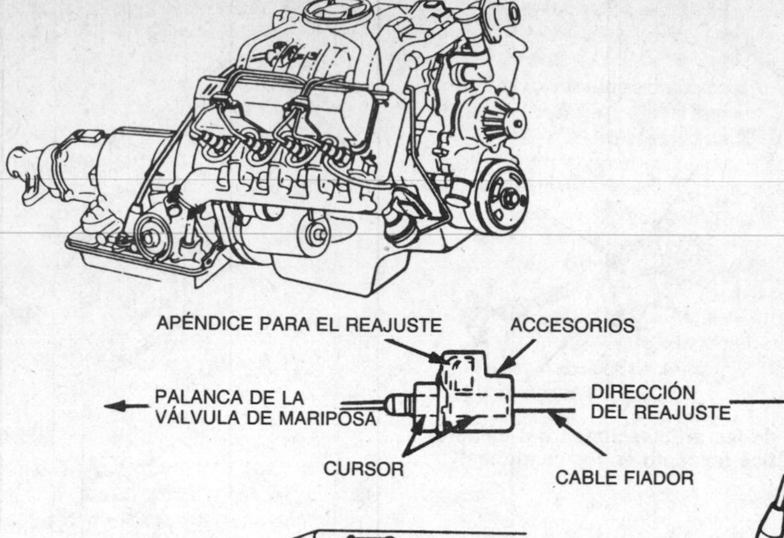

FRT

Ajuste del cable fiador y la válvula de mariposa (diesel)

modo que penetre en el cuerpo del mismo y sostenga al interruptor en posición neutra (Neutral). Para que el pasador quede colocado debidamente es preciso ajustarlo.

4. Apriete el ajuste. Saque el pasador.

5. Compruebe que el motor sólo pueda ponerse en marcha estando la palanca en las posiciones de aparcamiento (Park) o neutral (Neutral), y que las luces de marcha atrás únicamente se encienden estando en la posición de retroceso (Reverse). En caso necesario, reajústelo.

Mecanismo de accionamiento del cambio

HYDRA-MATIC 350 TURBO

El cable accionador va desde las articulaciones del carburador hasta la transmisión. Sirve para ajustar la posición de la mariposa en la que se produce el cambio. Con el cierre rápido desmontado del soporte, coloque la mariposa del carburador en su posición abierta. Empuje hacia abajo el cierre rápido hasta que la parte superior quede al mismo nivel que el resto del cable.

HYDRA-MATIC 400 Y 700 R4 TURBO

Al montar un nuevo interruptor de accionamiento del cambio, empuje el émbolo hacia delante todo lo que pueda. El interruptor se ajustará por sí mismo la primera vez que el acelerador sea apretado a fondo.

SERIE S

Articulación del cambio

Con la palanca de selección colocada en la posición aparcamiento (Park), el trinquete del aparcamiento se acoplará e inmovilizará la transmisión. La aguja del indicador debe quedar alineada debidamente con la posición del cambio, en todas las velocidades. Para ajustar las articulaciones, levante el vehículo y apóyelo sobre soportes. Coloque la palanca de selección en la posición de aparcamiento (Park). Afloje la tuerca que hay en el brazo de la articulación, en la misma transmisión, y asegúrese de que la palanca de transmisión se halla totalmente en la posición de aparcamiento. Luego, vuelva a apretar la tuerca de seguridad.

Válvula de mariposa

1. Estando el motor parado, apriete el apéndice de reajuste.

2. Haga retroceder la corredera por el accesorio de modo que se aleje del cuerpo de la válvula de mariposa, hasta conseguir que dicha corredera choque contra el accesorio. Suelte el apéndice de reajuste.

3. Abra la mariposa del carburador hasta su posición de total abertura. De este modo, el cable se ajusta automáticamente. Suelte la placa de la mariposa.

Transmisión

DESMONTAJE Y MONTAJE

NOTA: Antes de comenzar el trabajo, vale la pena purgar la transmisión. Puede ser preciso, en los modelos V8, desmontar y sacar el traspaso del escape y el catalizador y su soporte, en los modelos que lo lleven.

2WD (tracción en dos ruedas)

1. Desconecte el cable de masa de la batería. Desconecte el cable de retén del carburador.

2. Levante el vehículo y apóyelo sobre soportes.

3. Una vez marcadas las bridas, saque el árbol de transmisión.

4. Desconecte el cable del velocímetro, el del accionamiento del cambio, el tubo modulador de vacío, articulaciones del cambio y los tubos del líquido de refrigeración de la transmisión. Saque el tubo de llenado. Únicamente en el modelo Astro, saque los tornillos del soporte de la transmisión en la tapa del convertidor; y desconecte el tubo de traspaso del escape en los múltiples de escape.

5. Apoye la transmisión y quite los tornillos que unen la montura posterior al miembro transversal. En los modelos Astro, levante muy lentamente la transmisión. Saque el miembro transversal. En los Astro, primero deslice el miembro transversal hacia atrás y luego sáquelo.

6. Saque el subcárter del convertidor de par, marcando la posición en que se encuentran el volante y el convertidor, sacando luego los tornillos del convertidor.

7. Sostenga el motor y baje lentamente la transmisión para tener acceso a los tornillos superiores de la transmisión con el motor.

8. Saque los tornillos que unen la transmisión al motor y empuje la transmisión hacia atrás. Ate una faja o sostenga la parte frontal de la transmisión para que no pueda caer el convertidor.

9. Para el montaje invierta el orden indicado para el desmontaje. Primero atornille la transmisión al motor. El par de apriete de los tornillos es de 30 libras-pie, salvo para los Astro. En los Astro, los tornillos deben apretarse con un par de 35 libras-pie en el V6 y con un par de 60 libras-pie en los cuatro cilindros en línea; luego se aprietan los tornillos que unen el convertidor al volante con un par de 35 libras-pie. Asegúrese de que los anillos de fijación del convertidor están a nivel y de que dicho convertidor puede girar libremente, antes de colocar los tornillos. Apriete los tornillos con los dedos y luego aplique el par que se indica en las especificaciones, a fin de garantizar la correcta alineación del convertidor. Si se ha sacado el tubo de llenado de aceite, móntelo colocando una junta nueva.

NOTA: Lubrique las estrías internas de la horquilla del extremo del árbol de transmisión, empleando una grasa a base de litio. La grasa debe rezumar por el tubo de ventilación.

4WD (tracción en cuatro ruedas)

1. Desconecte el cable de masa de la batería y saque la varilla de nivel de la transmisión. Desconecte el cable de accionamiento del cambio en el carburador. Saque el pomo y la funda de la palanca de la caja de transferencia.

2. Levante el vehículo y apóyelo sobre soportes.

3. Saque la placa de deslizamiento, si la hay. Desmonte la tapa del volante.

4. Señale las posiciones relativas entre el volante y el convertidor de par, saque los tornillos y asegúrese de que el convertidor no cae de la transmisión.

5. Desmonte las conexiones del cambio, cable del velocímetro, tubo modulador de vacío, cable de accionamiento del cambio y tubos de refrigerante a la transmisión. Saque el tubo de llenado.

6. Quite los tornillos que fijan el traspaso del tubo de escape a los múltiples.

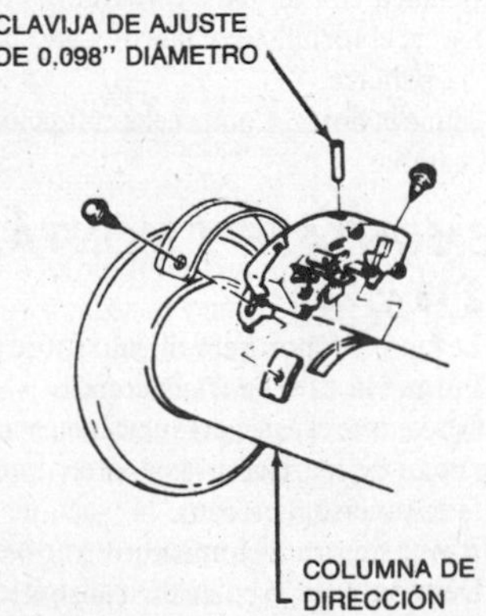

Ajuste del interruptor de arranque en punto muerto

7. Saque los tornillos que fijan el adaptador de la transmisión al miembro transversal. Sostenga la transmisión y la caja de transferencia. Saque el miembro transversal.

8. Separe el sistema de escape. Una vez marcadas las posiciones de las bridas correspondientes, saque los árboles de transmisión. Desconecte el cable del freno de aparcamiento.

9. Desatornille la caja de transferencia del soporte del bastidor. Sostenga el motor. Saque los tornillos que unen la transmisión al motor, tire del conjunto hacia atrás y retírelo del vehículo.

10. Siga el procedimiento a la inversa para el montaje. Primero apriete los tornillos que unen la transmisión al motor con un par de 30 libras-pie, luego los del convertidor al volante con un par de 34 libras-pie. Asegúrese de que los anillos con orejas que sirven para fijar el convertidor no sobresalen y de que el convertidor puede girar libremente, antes de montarlo. Para conocer los pares de apriete de los tornillos, vea el apartado que trata del Desmontaje y montaje de la caja de transferencia.

Cárter y filtro

DESMONTAJE Y MONTAJE

Salvo la Serie S

1. Levante el vehículo y sosténgalo sobre apoyos.

2. Afloje los tornillos que fijan el cárter a la transmisión.

3. Saque todos los tornillos salvo dos o tres de un ángulo.

4. Golpee ligeramente el cárter, usando un mazo de caucho, y vierta el aceite dentro de un recipiente apropiado.

5. Saque el cárter y desmonte el filtro. Limpie el cárter utilizando un trapo que no deje hilachas.

6. Monte un nuevo filtro y junta en el cárter.

7. Añada líquido nuevo de transmisión hasta alcanzar el nivel adecuado. Ponga su vehículo en marcha y compruebe si hay pérdidas.

Vehículos de la Serie S

NOTA: Para los modelos con tracción en las cuatro ruedas, véase el apartado de Desmontaje y montaje de la caja de transferencia.

1. Quite el grupo del filtro de aire.

2. Desconecte el cable de la válvula de mariposa en el carburador.

3. En el motor 4-119, saque el tornillo superior del motor de arranque.

4. Levante el vehículo y sopórtelo sobre apoyos.

5. Quite el árbol de transmisión.

6. Desconecte el cable del velocímetro, las articulaciones y los cables eléctricos de la transmisión.

7. Saque cualquier otro elemento fijado a la caja de la transmisión.

8. Saque el sistema de escape del vehículo.

9. Desmonte la tapa del convertidor de par y marque las posiciones relativas entre el convertidor y el volante.

10. Saque los tornillos de fijación del convertidor al volante.

11. Coloque un gato hidráulico debajo de la transmisión para aguantar su peso.

12. Saque los tornillos que unen la transmisión con sus soportes. Desatornille y saque los soportes.

13. Baje lentamente la transmisión a fin de poder acceder a los tubos del líquido refrigerante. Desconecte y tape dichos tubos.

14. Desconecte el cable de la válvula de mariposa.

15. Coloque un gato hidráulico u otro soporte debajo del motor para sostenerlo.

16. Desatornille la transmisión del motor.

17. Tire hacia atrás de la transmisión para desacoplarla y luego bájela del vehículo.

NOTA: Tenga cuidado en no dejar caer el convertidor.

18. El montaje se realiza siguiendo el orden inverso al del desmontaje. Alinee las marcas de acoplamiento trazadas en el convertidor. Apriete los tornillos de fijación de la transmisión al motor con un par de 25 libras-pie en los modelos de 4 cilindros, y de 5 libras-pie en los modelos de 6 cilindros; los tornillos de fijación del convertidor al volante se aprietan con un par de 35 libras-pie; los de la transmisión a su soporte se aprietan a 35 libras-pie y los tornillos del soporte al bastidor a 25 libras-pie.

CAJA DE TRANSFERENCIA

Se utilizan tres tipos de cajas de transferencia. La New Process 205 se emplea en sistemas desacoplables para todas las transmisiones de 1980 y en las transmisiones manuales de 1979, únicamente. En la parte posterior de la caja lleva un emblema New Process a gran tamaño. El nuevo New Process 203 permanente, se utiliza en todas las transmisiones automáticas de 1979. Puede identificarse gracias a las posiciones H LOC y L LOC que hay detrás de la palanca de cambio.

La nueva caja de aluminio New Process 208 se introdujo en el año 1981 para los modelos K10 y 20. Los camiones de la Serie S utilizan la New Process 207. Se trata de un modelo con caja de aluminio y accionamiento por cadena. El líquido adecuado para esta unidad es el utilizado para transmisiones automáticas Dexron II.

NOTA: Los modelos equipados con la caja de transferencia permanente para tracción en las cuatro ruedas New Process 203, especialmente cuando van montadas con transmisiones manuales, pueden producir una «vibración» en las ruedas anteriores al dar giros bruscos. Esto debe considerarse como una característica de este sistema de transmisión. Si el fenómeno se produce poco después de haber salido de una posición LOC, probablemente se deba a que la caja de transferencia aún está trabada. Se corregirá por sí mismo después de haber recorrido de uno a dos kilómetros, o bien puede reducirse si se da marcha atrás durante un corto tramo.

ATENCIÓN

Los propietarios de vehículos con tracción permanente en las cuatro ruedas (caja de transferencia New Process 203) a veces consideran la posibili-

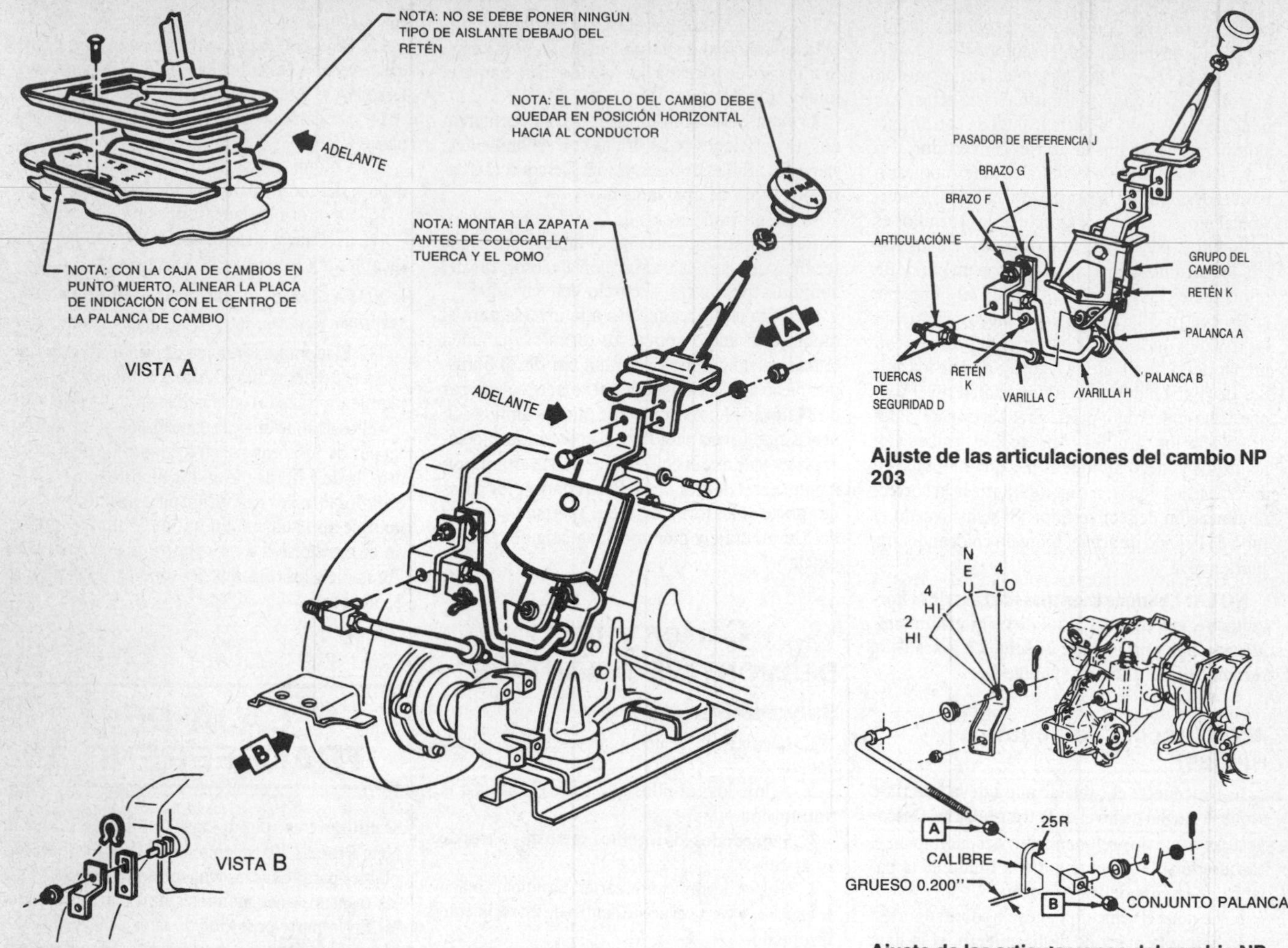

Ajuste de las articulaciones del cambio NP 203

Ajuste de las articulaciones del cambio NP 208

Articulaciones del cambio NP 203

dad de sacar el árbol de transmisión anterior o bien instalar cubos frontales de bloqueo y funcionar en una posición LOC, como medio para mejorar el consumo de gasolina. Esta solución somete a la caja de transferencia a esfuerzos superiores que aquéllos para los que ha sido diseñada, y por lo tanto no entra en la garantía. Tampoco se recomienda el empleo de aditivos en el lubricante de la caja de transferencia.

Articulación del cambio

AJUSTE

New Process 203

1. Coloque la palanca de selección de la cabina en su posición neutra (Neutral).

2. Desmonte los extremos de la varilla ajustable de las palancas de la caja de transferencia.

3. Introduzca una broca de 11/64'' a través de los agujeros de alineación de las palancas del cambio. Así se bloqueará el cambio en su punto muerto quedando verticales los tornillos de las palancas.

4. Coloque la palanca de selección (la palanca exterior) de la caja de transferencia en la posición neutra (Neutral).

5. Coloque la palanca de desbloqueo (la palanca interior) de la caja de transferencia en la posición desbloqueada. Ahora, ambas palancas deben quedar verticales.

6. Ajuste las varillas de manera que las articulaciones se unan. La placa de indicación puede moverse para que coincidan los símbolos correctos.

7. Quite la broca.

New Process 208

1. Coloque la palanca de cambio en la posición 4HI.

2. Empuje la palanca de inferior hacia delante, hasta el tope 4HI.

3. Monte el soporte articulado de la varilla en el agujero de la palanca de cambio.

4. Cuelgue una varilla con un grueso de 0.200'' detrás del soporte articulado.

5. Mueva hacia atrás la tuerca A hasta llegar a la varilla, estando la palanca contra el tope 4HI.

6. Saque la varilla calibre y empuje el soporte articulado hacia atrás, hasta tocar la tuerca A.

7. Gire la tuerca frontal de la varilla B, hasta que dé contra el soporte articulador, y luego apriétela.

New Process 207

1. Afloje el tornillo del interruptor de la caja de transferencia y los pernos pasadores de la palanca de cambio de la caja.

2. Coloque el cambio de la caja de transferencia en la posición 4H.

3. Desmonte la consola y desplace el forro protector de la palanca hacia arriba.

4. Coloque una broca de 5/16'' a través del cambio y el soporte del interruptor.

5. Monte un tornillo en la palanca de la caja para fijarla en la posición.

6. Apriete el tornillo del soporte del interruptor con un par de 30 libras-pie, y el perno pasador de la palanca con un par de 100 libras-pie.

7. Saque el tornillo que ha colocado para bloquear la palanca.

8. Saque la broca. Compruebe el funcionamiento del cambio.

DESMONTAJE Y MONTAJE

NP 203 y 205

1. Levante y soporte el vehículo sobre apoyos.

2. Purgue la caja de transferencia.

3. Desconecte el cable del velocímetro, interruptor de luces de marcha atrás e interruptor TCS.

4. Si es preciso, desmonte la placa de deslizamiento y el soporte del miembro transversal.

5. Desmonte los árboles de transmisión anterior y posterior y manténgalos alejados de la zona de trabajo. En los modelos New Process 205, desconecte la varilla de la palanca de cambio del enlace con el carril. En los modelos New Process 203, desconecte las palancas de cambio de la caja de transferencia.

6. Saque los tornillos de fijación de la caja de transferencia al bastidor.

7. Soporte la caja de transferencia y saque los tornillos que la fijan al adaptador de la transmisión.

8. Desplace la caja de transferencia hacia atrás hasta que el eje de entrada se separe del adaptador y baje la caja de transferencia del vehículo.

9. Para montar la caja de transferencia: levante la caja con el gato hidráulico, fije la caja al adaptador usando tornillos pasantes. Apriete los tornillos de acuerdo a las especificaciones.

10. Saque el gato hidráulico de la transmisión y monte los tornillos de fijación de la caja de transferencia a los travesaños del bastidor. Asegúrese de que, una vez montados, dobla las lengüetas de bloqueo.

11. Conecte la articulación del cambio.

12. Conecte el árbol de transmisión frontal a la parte delantera del eje de entrada de la caja de transferencia y el árbol de transmisión trasero a la parte posterior del eje de entrada de la caja.

Par de apriete de los tornillos de fijación del adaptador a la caja de transferencia

Modelo	Año	Par de apriete (libras-pie)
NP 205	1975-1982	25
NP 203	1975-1979	38

13. Monte el miembro transversal y la placa de deslizamiento, si el vehículo la lleva.

14. Conecte el cable del velocímetro, interruptor de la luz de marcha atrás y TCS.

15. Llene la caja de transferencia con lubricante hasta el nivel adecuado.

16. Baje el vehículo.

NOTA: Compruebe los pares de apriete de todos los tornillos. Al fijar los árboles de transmisión, asegúrese de que las tuercas de seguridad estén apretadas de acuerdo a las especificaciones.

NP 207

1. Coloque el cambio de la caja de transferencia en 4HI.

2. Desconecte el cable negativo de la batería.

3. Levante el vehículo y saque la placa de deslizamiento.

4. Purgue el lubricante de la caja de transferencia.

5. Marque el eje de salida frontal de la caja y el eje de accionamiento para que sirva de referencia para el montaje. Desconecte el eje de accionamiento frontal de la caja de transferencia.

6. Marque la garra del eje trasero y el eje de accionamiento como referencia para el montaje. Saque el eje de accionamiento posterior.

7. Desconecte el cable del velocímetro y las fijaciones de cables eléctricos en la caja de transferencia. Saque la palanca de cambio de la caja.

8. Saque los tornillos de la suspensión del catalizador al convertidor.

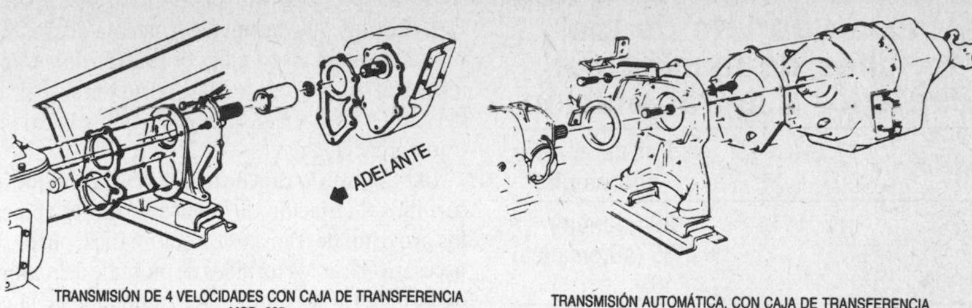
ADELANTE
TRANSMISIÓN DE 4 VELOCIDADES CON CAJA DE TRANSFERENCIA MOD. 205
TRANSMISIÓN AUTOMÁTICA, CON CAJA DE TRANSFERENCIA MOD. 203

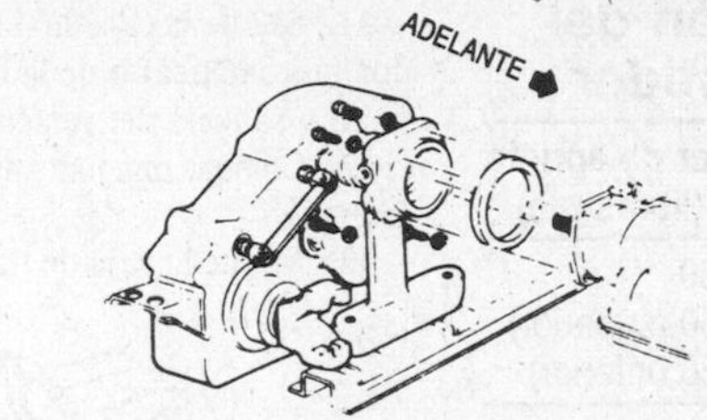
ADELANTE
TRANSMISIÓN AUTOMÁTICA, CON CAJA DE TRANSFERENCIA MOD. 205

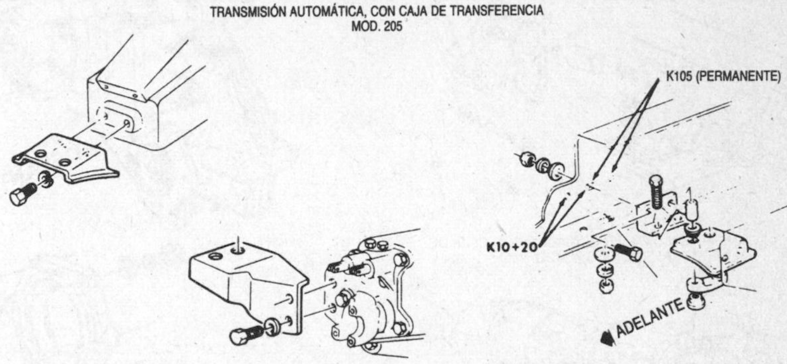
K105 (PERMANENTE)
K10+20
ADELANTE
MONTAJE MÉNSULA Y SOPORTE (TODOS LOS MODELOS)

Instalación de caja de transferencia normal

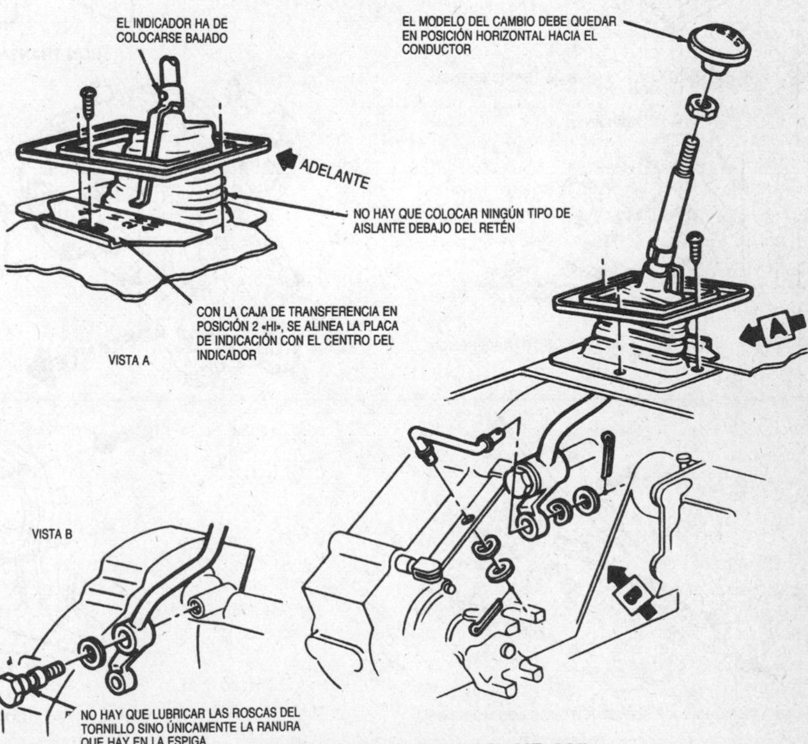
EL INDICADOR HA DE COLOCARSE BAJADO
EL MODELO DEL CAMBIO DEBE QUEDAR EN POSICIÓN HORIZONTAL HACIA EL CONDUCTOR
ADELANTE
NO HAY QUE COLOCAR NINGÚN TIPO DE AISLANTE DEBAJO DEL RETÉN
CON LA CAJA DE TRANSFERENCIA EN POSICIÓN 2 «HI», SE ALINEA LA PLACA DE INDICACIÓN CON EL CENTRO DEL INDICADOR
VISTA A
A
VISTA B
B
NO HAY QUE LUBRICAR LAS ROSCAS DEL TORNILLO SINO ÚNICAMENTE LA RANURA QUE HAY EN LA ESPIGA

Articulaciones del cambio NP 205

Par de apriete de los tornillos de fijación del adaptador a la transmisión

Modelo	Par de apriete (libras-pie)
NP 205	22 (manual) 35 (automática)
NP 203	40

Par de apriete de los tornillos de fijación del adaptador al bastidor

Modelo	Par de apriete (libras-pie)
NP 205	130
NP 203 (soporte al bastidor)	50 (superior) 65 (inferior)

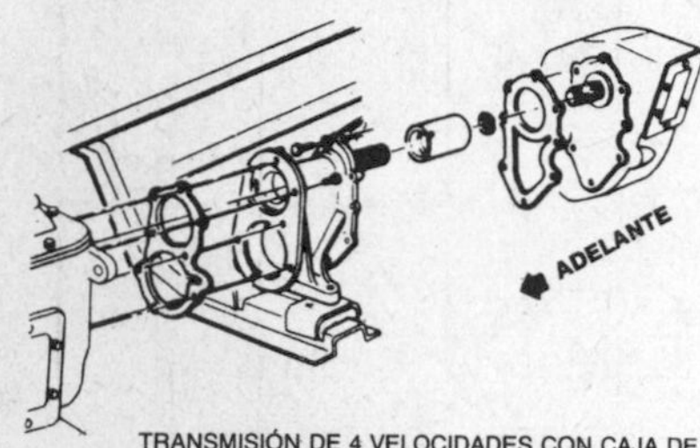

TRANSMISIÓN DE 4 VELOCIDADES CON CAJA DE TRANSFERENCIA MOD. 205

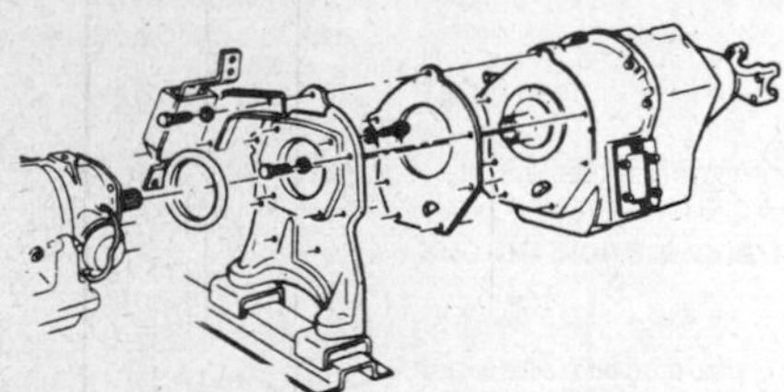

TRANSMISIÓN AUTOMÁTICA, CON CAJA DE TRANSFERENCIA MOD. 203

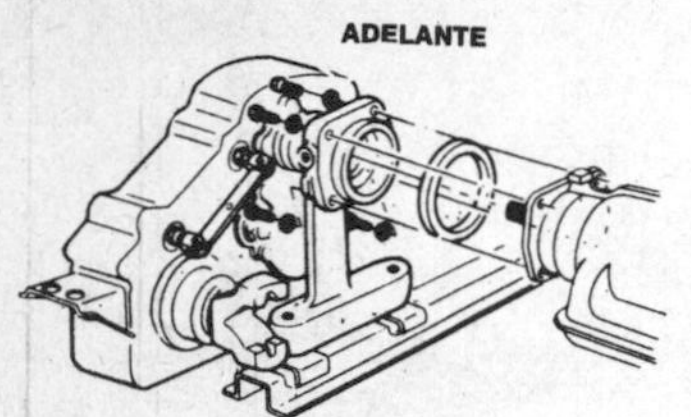

TRANSMISIÓN AUTOMÁTICA, CON CAJA DE TRANSFERENCIA MOD. 205

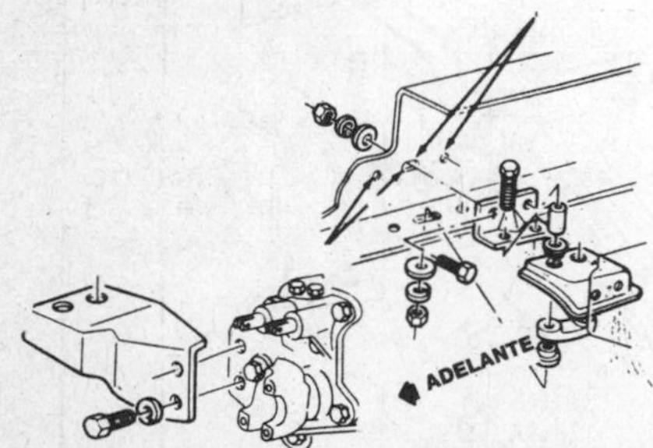

CONJUNTO DE MÉNSULA Y SOPORTE (TODOS LOS MODELOS)

Adaptadores de caja de transferencia

9. Levante la transmisión y la caja de transferencia, sacando los tornillos de fijación de la transmisión al soporte. Saque el soporte y el suspensor del catalizador, y baje la transmisión y la caja de transferencia.

10. Soporte la caja de transferencia y saque los tornillos de fijación de la misma. En los vehículos provistos de transmisión automática, puede ser necesario sacar los tornillos de montaje del soporte de la palanca de cambio del adaptador de la caja de transferencia, a fin de poder aflojar el tornillo superior izquierdo de dicha caja.

11. Separe la caja de transferencia del adaptador (automática) o de la caja de extensión (manual) y sáquela del vehículo.

12. Coloque una junta nueva en la caja de transferencia.

13. Monte la caja de transferencia, alineando las estrías del eje de entrada con la transmisión, y deslice la caja de transferencia hacia al frente hasta que ajuste con la transmisión.

14. Coloque los tornillos de fijación de la caja de transferencia y apriételos de acuerdo a las especificaciones. En los vehículos equipados con transmisión automática, vuelva a montar los tornillos del soporte de la palanca de cambio.

15. Levante la transmisión y la caja de transferencia y coloque el soporte de montaje y el del colgador. Coloque los tornillos de fijación y apriételos de acuerdo a las especificaciones.

16. Coloque los tornillos del colgador del catalizador y apriételos según las especificaciones.

17. Fije la palanca de cambio en la caja de transferencia. Conecte el cable del velocímetro y las conexiones del vacío en la caja de transferencia.

18. Conecte el eje frontal y monte el eje de ac-

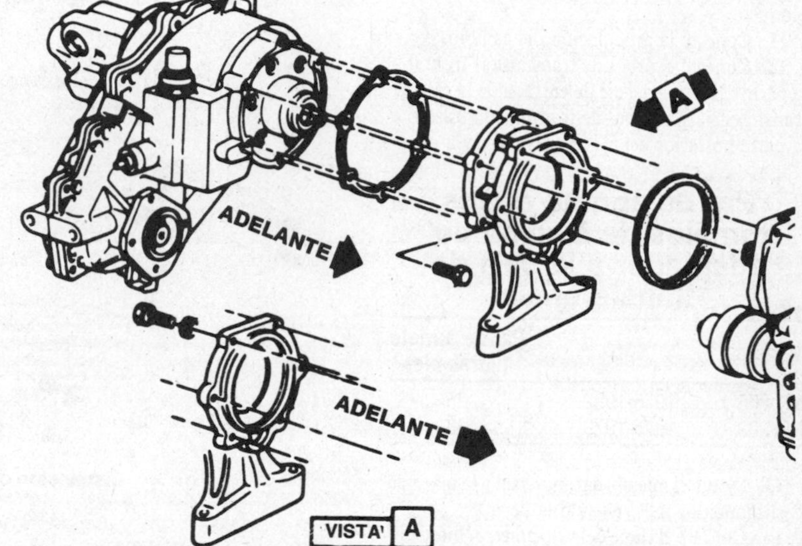

CON TRANSMISIÓN AUTOMÁTICA

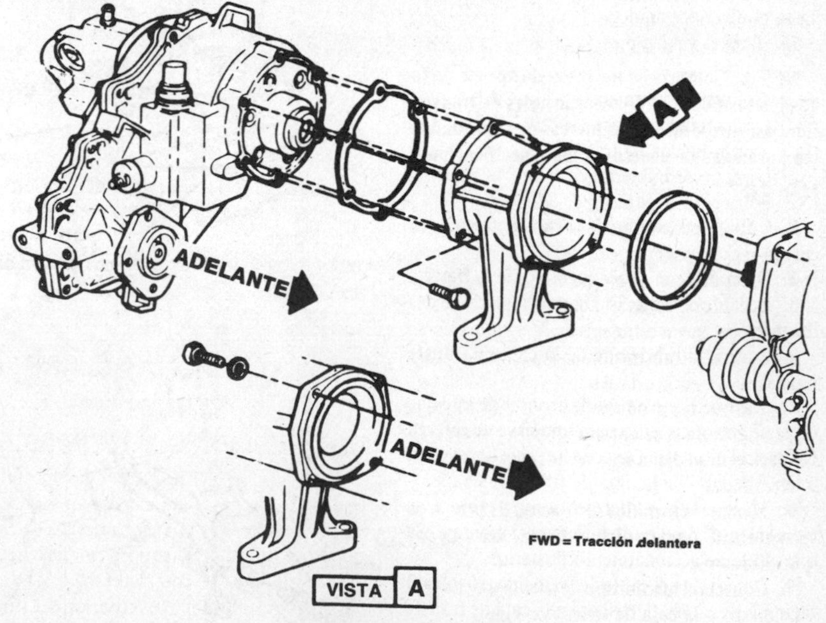

FWD = Tracción delantera

CON TRANSMISIÓN MANUAL

Montaje del NP 208

cionamiento posterior. Asegúrese de alinear correctamente las señales de referencia hechas al desmontarlos.

19. Llene la caja de transferencia con líquido Dextron II.

20. Conecte el cable negativo de la batería.

21. Monte la placa de deslizamiento y baje el vehículo.

22. Haga una prueba de circulación del vehículo, asegurándose de que el cambio funciona correctamente y trabaja en todas las marchas.

NP 208

1. Coloque la caja de transferencia en la posición 4H.

2. Levante el vehículo.

3. Purgue el lubricante de la caja de transferencia.

4. Saque el pasador de aletas del soporte articulador de la palanca de cambio.

5. Marque las horquillas de los ejes de entrada anterior y posterior de la caja de transferencia y de los ejes de accionamiento, a fin de que sirvan de referencia para su alineación durante el montaje.

6. Desconecte el cable del velocímetro y los cables de interruptor del indicador.

7. Desconecte el eje de accionamiento frontal de la horquilla de la caja de transferencia.

8. Desconecte la guía del cable del freno de mano del pivote situado a la derecha del carril, si es preciso.

9. Saque la espiga de apoyo del motor de la caja de transferencia, en los modelos provistos de transmisión automática.

10. Coloque un apoyo debajo de la caja de transferencia y saque los tornillos que fijan la caja al adaptador de la transmisión.

11. Desplace hacia atrás el conjunto de la caja de transferencia hasta que el eje de la transmisión quede libre, y luego saque el conjunto.

12. Elimine cualquier resto de material de junta que haya podido quedar en la parte anterior y posterior de la caja del adaptador de la transmisión.

13. Coloque la junta entre la transmisión y la caja de transferencia, sobre la transmisión.

14. Ponga la caja de transferencia en la posición 4H, si no se hubiera hecho previamente.

15. Haga girar el eje de salida de la caja de transferencia (moviendo la horquilla) hasta conseguir que los engranajes del eje de salida de la transmisión se acoplen con el eje de entrada de la caja de transferencia. Mueva hacia delante la caja de transferencia hasta estar seguro de que la misma ajusta contra la transmisión. Asegúrese de que la caja de transferencia está al mismo nivel de la transmisión. Se pueden producir graves daños a la caja de transferencia si se aprietan los tornillos de fijación mientras dicha caja se encuentra levantada o trabada.

16. Monte los tornillos de fijación de la caja de transferencia. Apriete dichos tornillos con un par de 30 libras-pie.

17. Conecte el mecanismo de accionamiento del velocímetro a la caja de transferencia.

18. Conecte los ejes de accionamiento anterior y posterior a la caja de transferencia. Asegúrese de que los ejes quedan bien alineados con las horquillas, utilizando para ello las señales de referencia hechas durante el desmontaje. Apriete las tuercas de fijación del eje a la horquilla, con un par de 15 libras-pie.

19. Saque el soporte de debajo de la caja de transferencia.

20. Conecte el cable del freno de mano, si ha sido desconectado.

21. Fije el pasador de aletas al soporte articulado de la palanca del cambio.

22. Conecte la espiga del motor a la caja de transferencia, si el vehículo lleva transmisión automática.

23. Llene la caja de transferencia con líquido Dexron® II.

24. Baje el vehículo.

TREN DE LA TRANSMISIÓN

Árbol de transmisión delantero (sólo en los 4WD)

DESMONTAJE Y MONTAJE

1. Levante la parte frontal del vehículo, de manera que las ruedas anteriores queden separadas del suelo. Bloquee las ruedas traseras y asegúrese de que el vehículo queda bien apoyado sobre soportes.

2. Trace señales de alineación en el árbol de transmisión y la brida del piñón, a fin de facilitar su posterior montaje.

3. Saque los tornillos abrazadera o collares del palier del extremo del eje. Comprima ligeramente el eje y asegure los cojinetes en posición por medio de cinta adhesiva, para evitar su pérdida.

4. Quite los tornillos abrazadera o collares del extremo de la caja de transferencia del eje. Asegure los cojinetes en sus posiciones por medio de cinta adhesiva.

5. Saque el árbol de transmisión.

6. Para el montaje siga el mismo procedimiento indicado, pero en orden inverso. Asegúrese de que las señales trazadas previamente quedan bien alineadas, con objeto de evitar posibles desequilibrios. Compruebe que la junta de velocidad constante (la de doble grosor) se encuentra en el extremo de la caja de transferencia.

Árbol de transmisión trasero

DESMONTAJE Y MONTAJE

1. Levante la parte posterior del vehículo y apóyela sobre soportes para una mayor seguridad, si ello es preciso. Existen menos riesgos de que salga lubricante por la parte posterior de la transmisión de los modelos con tracción en las dos ruedas si se levanta la parte posterior del vehículo. Bloquee las ruedas delanteras.

2. Haga marcas de alineación en el árbol de transmisión y en la brida del palier trasero, así

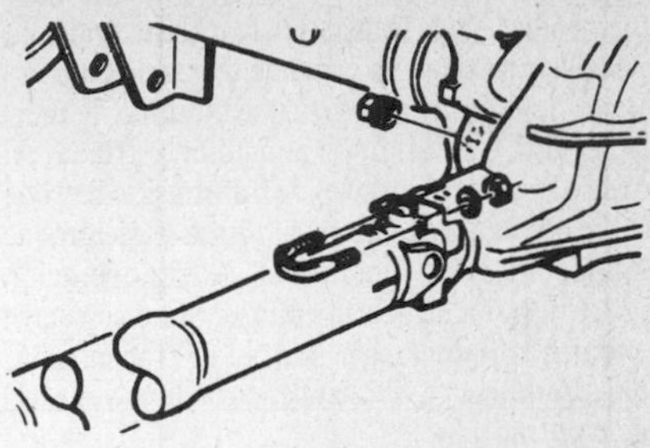

Perno en U para la fijación del árbol de transmisión trasero

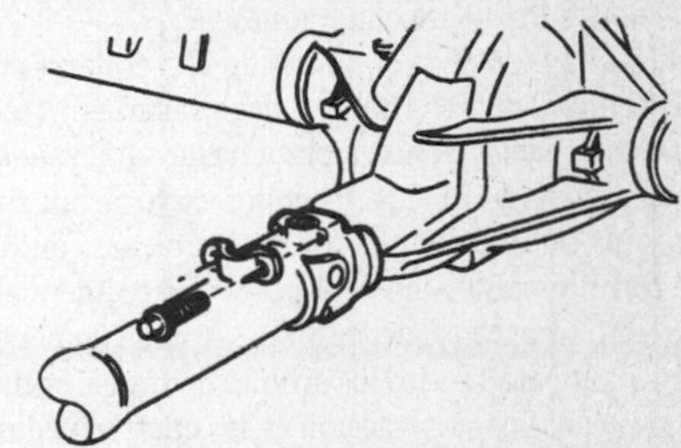

Collar de fijación del árbol de transmisión trasero

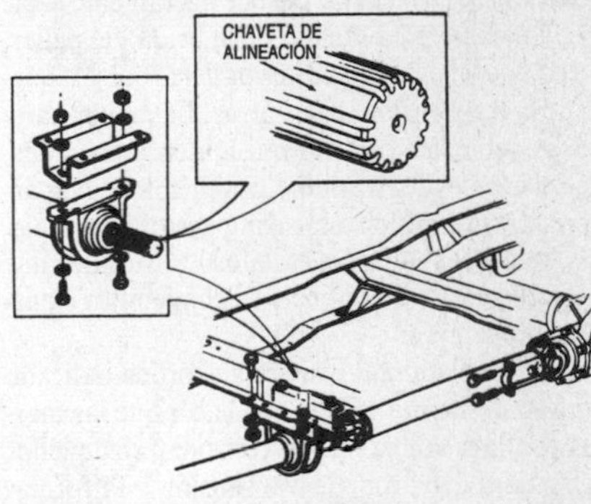

Sistema de alineación por chaveta y junta en U del eje de 32 estrías

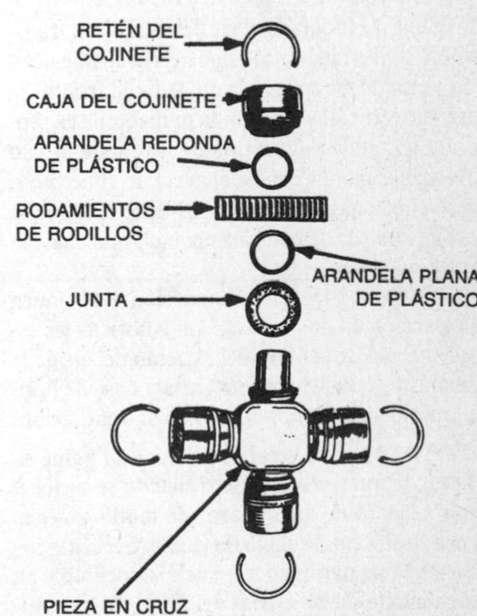

Equipo para la reparación de la junta en U del retén moldeado por inyección

como en la caja de transferencia o la transmisión. Si el vehículo tiene un árbol de transmisión compuesto de dos partes, asegúrese también de marcar la junta central, junto a la unión estriada. Al volver a montar los árboles de transmisión hay que colocarlos exactamente en la misma posición que estaban antes de desmontarlos. A esta operación se la denomina de puesta en fase. Si no se vuelve a montar correctamente el árbol de transmisión, pueden producirse vibraciones en la dirección y reducir la tracción.

3. Desconecte la junta universal trasera, sacando las bridas de fijación o tornillos en forma de U. Para no perder los cojinetes, sujételos en sus posiciones mediante cinta adhesiva.

4. Si hay tornillos en forma de U o collares en el extremo delantero del eje, debe sacarlos. Asegure los cojinetes en sus emplazamientos utilizando cinta adhesiva. En los vehículos cuyo árbol de transmisión esté compuesto de dos piezas, quite los tornillos que fijan el soporte del cojinete al miembro transversal del bastidor. Apriete un poco el eje y sáquelo. Todos los árboles de transmisión de los vehículos con tracción en las cuatro ruedas son de este tipo.

5. Si no existen tornillos en el extremo delantero de la transmisión significa que tan sólo hay un acoplamiento estriado. Deslice ligeramente el eje hacia delante para sacarlo de la brida del palier, luego baje el extremo posterior del árbol y sáquelo de la transmisión, hacia atrás. La mayor parte de los vehículos con transmisión en dos ruedas, llevan árboles de este tipo. Los vehículos cuyos árboles de transmisión están compuestos de dos piezas, requieren que sean sacados los tornillos que fijan el soporte del cojinete en el miembro transversal delantero.

6. Para el montaje, invierta el orden indicado para su desmontaje. Hay que hacer que las marcas de alineación existentes coincidan en aquellos vehículos cuyo árbol de transmisión está formado por dos piezas. Únicamente para dichos modelos, las instrucciones siguientes pueden servir de ayuda. Primero, deslice el tapón de grasa y la junta encima de las estrías del engranaje. En los vehículos con tracción en las cuatro ruedas, con 16 estrías, una vez montado el eje delantero a la transmisión y atornillado el soporte en el miembro transversal, debe colocar la muñequilla frontal en posición vertical, y la segunda muñequilla en sentido horizontal. La mayoría de los modelos con 32 estrías disponen de una chaveta de alineación. No se puede montar incorrectamente el árbol de transmisión. Basta con hacer coincidir la chaveta con el chavetero.

7. En los modelos de transmisión automática con tracción en dos ruedas, debe lubricar las estrías internas de la garra del extremo del eje de la transmisión, utilizando una grasa a base de litio. La grasa debe salir por el agujero de ventilación.

NOTA: Algunas veces se produce un golpe en el árbol de transmisión trasero cuando se suelta el freno después de un frenazo, de modo especial en pendientes cuesta abajo, lo cual es frecuente con transmisiones automáticas. Suele ser debido a un atascamiento de las estrías del árbol de transmisión y puede corregirse desmontando dicho árbol, comprobando si las estrías tienen cantos en mal estado y lubricándolas. Un simple golpe puede deberse a un patinaje limitado de los platos del embrague con los ejes traseros. Si ello se debe al desgaste, puede corregirse purgando y volviendo a llenar el eje trasero con un lubricante especial al que se añade Positraction®, que puede adquirirse en los distribuidores de la marca.

Especificaciones de los pares de apriete de las fijaciones del árbol de transmisión

Al eje trasero (con brida)	12-17 libras-pie
Al eje trasero (con tornillo en U)	18-22 libras-pie
Soporte del cojinete al suspensor	20-30 libras-pie
Suspensor al bastidor	40-50 libras-pie
A la caja de transferencia	70-80 libras-pie

Especificaciones de los pares de apriete de la fijación de la junta universal

Fijaciones con brida	15 libras-pie
Fijaciones con tornillo en U	20 libras-pie

EJE DELANTERO DE TRACCIÓN

Cubo de cierre

DESMONTAJE Y MONTAJE

NOTA: Los cubos de cierre no pueden usarse en los vehículos de tracción permanente en las cuatro ruedas. Los cubos de cierre deberán funcionar en la posición de cierre, por lo menos 10 millas todos los meses a fin de asegurar que existe una lubricación adecuada del diferencial. Para llevar a cabo este procedimiento se necesitan pinzas especiales para anillos de seguridad y una llave especial para tuercas de cubos. No resulta nada fácil trabajar sin estas herramientas. Deberá modificar este procedimiento si los cubos instalados no son originales de fábrica.

1. Sitúe el cubo en la posición de cierre.

2. Saque los tornillos Allen de la placa de retención externa y extraiga dicha placa, junta tórica y pomo de actuación.

3. Saque el anillo grande de seguridad que hay dentro del cubo y extraiga el aro de retención del embrague externo y el cuerpo de la leva de actuación.

4. Reduzca la presión del anillo de seguridad del palier y sáquelo.

5. Extraiga el manguito del palier y el conjunto del anillo del embrague, así como el anillo interno del embrague y el grupo del cojinete. Saque el muelle y la placa de retención.

6. Limpie todos los componentes del cubo utilizando un disolvente no perjudicial y déjelos secar. Lubrique todas las piezas con grasa resistente a las altas temperaturas.

7. Monte el muelle de la placa de retención con el lado de la brida dirigido hacia el cojinete y ajústelo contra la tapeta exterior del cojinete.

8. Monte el muelle con su extremo mayor contra la placa de retención.

NOTA: Una vez el muelle debidamente montado y asentado, deberá salir aproximadamente 7/8" de las tuercas del eje.

9. Coloque el aro interior de embrague y el grupo del cojinete con el manguito del palier y el grupo del aro del embrague. Monte dichos elementos, empújelos en su lugar y monte el anillo de seguridad del palier. Si hay dos ranuras para el anillo de seguridad en el palier, emplee la situada más adentro.

NOTA: Puede colocar un tornillo de 7/16" en el palier y tirar del mismo hacia fuera para facilitar la colocación del anillo de seguridad.

10. Monte el cuerpo de la leva de actuación con las levas hacia fuera. Monte el anillo de retención exterior del embrague y luego el anillo de seguridad interno.

11. Monte una nueva junta tórica, luego coloque el pomo de actuación y la placa de retención en la posición de cierre. Las ranuras del pomo deben ajustarse dentro del cuerpo de la leva del actuador. Monte los tornillos y retenes de la tapa.

Palier

DESMONTAJE Y MONTAJE

NOTA: Para poder llevar a cabo este procedimiento se necesitan unas pinzas especiales para anillos de seguridad y una llave especial para tuercas de cubo. Resulta muy difícil trabajar sin estas herramientas.

1. Quite la rueda y el neumático.

2. Para los modelos K10, K1500, K20 y K2500 con cubos de cierre delantero: bloquee los cubos. Saque los tornillos Allen de la placa de retención exterior y extraiga la placa, la junta tórica y el pomo. Saque el anillo elástico grande del interior del cubo y extraiga el anillo de retención del embrague exterior y el cuerpo de la leva de actuación Para ello le resultará mucho más fácil trabajar con pinzas para anillos de seguridad. Reduzca la presión ejercida sobre el anillo de seguridad del palier y sáquelo. Saque el manguito del palier y el conjunto del aro de embrague, así como el aro de embrague interior y el conjunto del cojinente. Quite el muelle y la placa de retención.

NOTA: Deberá cambiar este procedimiento en los modelos arriba mencionados si los cubos de cierre no son los originales que se han instalado en fábrica.

3. Si no tiene cubos de cierre delantero, saque la tapa del cubo y el anillo de seguridad. Luego desmonte el mecanismo de accionamiento y el muelle de presión. Para impedir que el muelle pueda saltar, coloque una mano sobre el mecanismo de accionamiento y utilice un destornillador para sacar el engranaje hacia fuera. Saque el muelle.

4. Saque la contratuerca exterior del cojinete de la rueda, el anillo de seguridad y la tuerca de ajuste interior del cojinete de la rueda. Será necesario utilizar una llave especial.

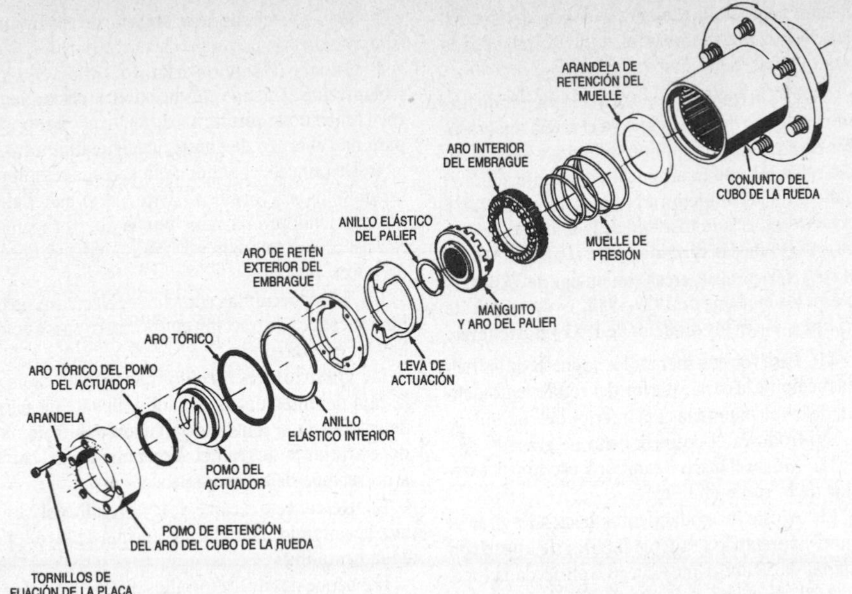

Detalles de cierre de los cubos de rueda libre que se emplean en todos los modelos K-10 y 100, así como en los modelos K-20 y 2500 de 1977 y posteriores

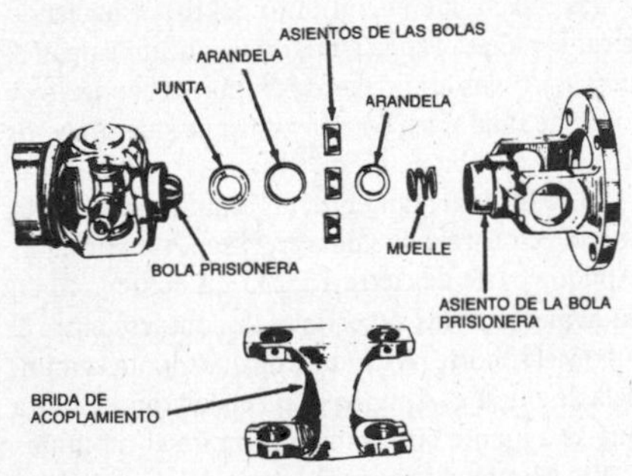

Detalle de una junta de velocidad constante

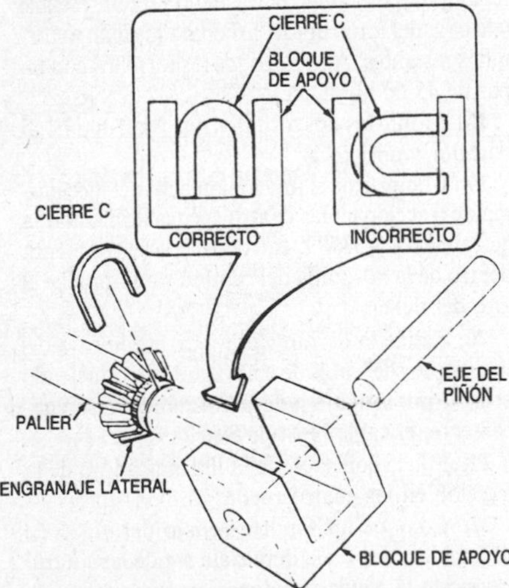

Posición correcta de los cierres C en los diferenciales sincronizados

5. Desmonte el conjunto del freno de disco y el cojinete externo de la rueda. Saque la placa de retención del muelle caso de que no disponga de cubos de cierre. Extraiga el palier y la junta universal. Al montar el eje, hágalo girar despacio para que encaje con las estrías.

6. Quite el retén de aceite y el cono interior del rodamiento que hay en el cubo, utilizando un casquillo de bronce y un martillo. Tire el retén de aceite. Utilice el casquillo de bronce para sacar las cajas interior y exterior del cojinete.

7. Compruebe el estado del cojinete del eje. Si hay montados discos de tambor, saque el retén de grasa, la junta y la placa de apoyo antes de retirar los tornillos. Desatornille el eje y golpéelo con un martillo blando para que se suelte. Saque el eje y compruebe el estado de la arandela de empuje, sustituyéndola si está deformada. Ahora ya puede desmontar el retén de aceite y el rodamiento de rodillos del eje.

NOTA: Los rodamientos del eje deben engrasarse cada vez que se lleve a cabo el mantenimiento de los rodamientos de las ruedas.

8. Limpie todas las piezas con disolvente, séquelas y compruebe si hay señales de desgaste o daños.

9. Recubra ambos rodamientos de la rueda (y cojinetes del eje) utilizando grasa especial para cojinetes de ruedas. Póngase un montón de grasa en la palma de la mano y apriete con ella contra el borde del rodamiento de manera que la grasa llene el interior del mismo. Repita esta operación las veces que sea necesario hasta que todo el rodamiento quede lleno. Existen herramientas especiales para aplicar la grasa de una forma más limpia.

10. Para volver a montar el eje: empuje el rodamiento lleno de grasa dentro del eje y coloque el retén de grasa en el anillo con el labio dirigido hacia el eje. Cada vez que se monte el retén del eje conviene cambiar también el anillo del palier.

NOTA: Si utiliza los retenes mejorados, llene el extremo del eje en que va el retén con grasa. En caso contrario, aplique grasa sólo en el labio del retén. Monte la arandela de empuje sobre el palier. El lado biselado de la arandela de empuje debe quedar digirido hacia el anillo. Vuelva a montar el palier y apriete las tuercas con un par de 33 libras-pie.

11. Para volver a montar los cojinetes de las ruedas: empuje la caja exterior del rodamiento en el cubo, coloque la caja interior del rodamiento e introduzca el cojinete lleno de grasa.

12. Monte el disco o tambor y el cojinete externo de la rueda en el eje.

13. Ajuste los rodamientos haciendo girar el cubo y apretando la tuerca interior de ajuste con un par de 50 libras-pie, par que luego se aflojará y se volverá a apretar hasta 35 libras-pie. Luego, haga retroceder la tuerca 3/8'' o menos. Gire la tuerca hasta llegar al agujero más próximo de la arandela de seguridad. Monte la tuerca de seguridad exterior y apriétela con un par de 80 libras-pie, como mínimo. Debe quedar un juego de 0.001 a 0.010'' en el cojinete. Dicho juego puede comprobarse con un calibre provisto de reloj indicador.

14. Vuelva a montar los componentes del freno.

15. Lubrique los componentes del cubo de cierre con grasa resistente a altas temperaturas. Hay que aplicar grasa para evitar posibles fallos en las piezas. En el caso de los modelos K10, K1500, K20 y K500, hay que montar la placa de retención del muelle con el lado de la brida dirigido hacia el cojinete sobre las tuercas del eje y ajustando contra la caja exterior del rodamiento. Monte el muelle de presión con su extremo mayor contra la placa de retención. El muelle tiene la misión de un ajuste de interferencia; cuando está bien sentado, su extremo sobrepasa aproximadamente 7/8'' a las tuercas del eje. Coloque el aro interior del embrague y el conjunto de cojinete dentro del manguito del palier y el grupo del aro del embrague, montándolo como una unidad sobre el palier. Apriete sobre dicha unidad y monte el anillo de seguridad del palier. Si existen dos ranuras para el anillo de seguridad (1979) emplee la situada más al interior.

NOTA: Puede montar un tornillo de 7/16'' en el extremo del palier y tirar hacia al exterior para facilitar la colocación del anillo de seguridad.

16. Monte el cuerpo de actuación de la leva en las levas, dirigido hacia fuera, el anillo de retención del embrague y el anillo de seguridad interior. Monte una nueva junta tórica en la placa de retención, y luego monte el pomo de actuación en la posición de cierre. Monte la placa de retención. Las ranuras del pomo deben ajustar dentro del cuerpo de la leva. Monte los retenes y los seis tornillos de la tapa, apretándolos con un par de 30 libras-pie. Mueva el pomo hasta situarlo en la posición libre (Free) y compruebe si funciona debidamente.

NOTA: Elimine la cabeza de un tornillo de 3/4'' por 5 pulgadas de longitud, y utilícelo para alinear el conjunto durante su montaje.

17. Coloque el tornillo sin cabeza en uno de los agujeros para tornillos del alojamiento del cubo. Monte una nueva junta en la caja de extensión del manguito exterior, la caja y otra nueva junta en el grupo de tapa de retención del cubo, así como dicho grupo de tapa. Coloque los seis tornillos Allen y sus correspondientes arandelas, apretándolos con un par de 30 libras-pie. Gire el pomo hasta la posición de cierre (Lock) y compruebe el correcto acoplamiento.

18. Sin cubos de cierre, cambie el anillo elástico y la tapeta del cubo. Si hay dos ranuras en el palier para los anillos elásticos (1979) utilice la situada más en el interior.

Cojinetes de la rueda

DESMONTAJE, RELLENADO Y MONTAJE

NOTA: Para poder llevar a cabo el procedimiento se requieren unas pinzas especiales para anillos de seguridad y una llave también especial para las tuercas del cubo. Si no se dispone de estas herramientas, el trabajo será muy difícil. Este procedimiento no se aplica en los camiones de la serie S.

1. Desmonte la rueda y el neumático.

2. En los camiones de 1/2 y 3/4 de tonelada con cubos de cierre frontales, bloquee los cubos. Quite los tornillos Allen que fijan la placa de retención exterior y extraiga dicha placa, la junta tórica y el pomo. Extraiga el anillo de seguridad grande que se encuentra dentro del cubo y saque el anillo de retención del embrague exterior y el actuador del cuerpo. Este trabajo resulta mucho más fácil con ayuda de pinzas para anillos de seguridad. Reduzca la presión ejercida sobre el anillo de seguridad del palier y sáquelo. Extraiga el manguito del palier y el grupo del aro del embrague, así como el aro del embrague interior y el conjunto del cojinete. Saque el muelle y la placa de retención.

3. Si no hay cubos de cierre en la parte frontal, saque la tapa del cubo y el anillo de seguridad. A continuación saque el mecanismo de accionamiento y el muelle de presión. Para impedir que el muelle pueda saltar, coloque una mano sobre el mecanismo de arrastre y apalanque el engranaje con una barra. Saque el muelle.

4. Saque la tuerca de seguridad exterior del cojinete de la rueda, el anillo de seguridad y la tuerca de ajuste interior del cojinete. Es preciso una llave especial para hacer estas operaciones.

5. Desmonte el conjunto del freno de disco y el cojinete exterior de la rueda. Saque la placa de retención del muelle si no tiene cubos de cierre.

6. Desmonte el retén de aceite y el cono interior del rodamiento del cubo, utilizando una pieza de bronce y un martillo. Tire el retén de aceite. Utilice la pieza de bronce para sacar las cajas interior y exterior del rodamiento.

7. Compruebe el estado en que se encuentra el cojinete del eje. Desatornille el eje y déle un golpe con un martillo blando para que se suelte. Saque el eje y verifique el estado de la arandela de empuje, cambiándola si está deformada. Ahora ya puede cambiar el retén de aceite y el rodamiento de rodillos del eje.

NOTA: Los rodamientos del eje deben engrasarse cada vez que se lleve a cabo el mantenimiento de los rodamientos de las ruedas.

8. Limpie todas las piezas con disolvente, déjelas secar y compruebe si están desgastadas o estropeadas.

9. Llene de grasa ambos cojinetes de la rueda (y también los del eje) utilizando un tipo de grasa especial para rodamientos. Póngase un montón de grasa en la palma de la mano y apriétela contra el borde del rodamiento de modo que la grasa penetre en él. Repita esta operación hasta que el rodamiento de la rueda esté totalmente lleno. Existen herramientas apropiadas para aplicar la grasa, con lo que el trabajo resulta más limpio.

10. Para volver a montar el eje: empuje el rodamiento lleno de grasa en el eje y monte el retén de grasa en el anillo con el labio dirigido hacia al eje. Vale la pena cambiar el anillo del palier cada vez que se cambia el retén del eje.

NOTA: Si emplea el tipo de retén mejorado, llene el extremo del eje en que va el retén con grasa. En caso contrario, aplique sólo grasa en el labio del retén. Monte la arandela de empuje sobre el palier. En los modelos de finales del año 1982 y posteriores, el lado biselado de la arandela de empuje debe quedar dirigido hacia el anillo. Monte el eje y apriete las tuercas con un par de 33 libras-pie en los modelos de 1979-1980, y con un par de 65 libras-pie en los modelos de 1981 y posteriores.

11. Para volver a montar los cojinetes de las ruedas: empuje la caja exterior del rodamiento dentro del cubo, monte la caja interior del rodamiento e introduzca el cojinete lleno de grasa.

12. Monte el disco o tambor y el cojinete exterior de la rueda en el eje.

13. Ajuste los rodamientos haciendo girar el cubo y apretando la tuerca interior de ajuste con un par de 50 libras-pie. Luego, retroceda la tuerca 3/8'' de vuelta o menos. Gire la tuerca hasta alcanzar el agujero más próximo de la arandela de seguridad. Monte la tuerca de seguridad exterior y apriétela a 80 libras-pie para los modelos de 1979-1980, y con un par de 160-205 libras-pie para los modelos de 1981 y posteriores, así como en los camiones de 1/2 y 3/4 de tonelada; y con un par de 65 libras-pie en los de 1 tonelada. Debe quedar un juego de 0.001 a 0.010'' en el cojinete. Este juego puede comprobarse con un calibre provisto de reloj indicador.

14. Vuelva a montar los componentes del freno.

15. Lubrique los componentes del cubo de cierre con grasa resistente a altas temperaturas. Es preciso engrasarlos para que no fallen. Monte la placa de retención del muelle con el lado de la brida dirigido hacia las tuercas del rodamiento en el eje, y apóyela contra la caja exterior del rodamiento. Monte el muelle de presión con su extremo mayor dirigido contra la placa de retención. El muelle sirve de ajuste de interferencia: cuando está bien asentado, su extremo sobresale aproximadamente 7/8'' a las tuercas del eje. Coloque el aro interior del embrague y el conjunto del cojinete, y monte el grupo sobre el palier. Apriete sobre dicho grupo y monte el anillo de seguridad del palier. Si existen dos ranuras para el anillo de seguridad en el palier (modelos de 1979), utilice la situada más hacia al interior.

Camiones de la Serie S

DESMONTAJE Y MONTAJE

Montaje del tubo/eje

1. Desconecte el cable negativo de la batería.

2. Desconecte el cable del cambio del actuador de vacío, desmontando el muelle de bloqueo, luego empuje el diafragma del actuador en el cable de liberación.

3. Afloje el volante de dirección respecto a la columna a fin de poder mover libremente las articulaciones.

4. Levante el camión y coloque soportes debajo del bastidor.

5. Saque las ruedas delanteras.

6. Saque el protector de la correa del motor.

7. Saque la placa de deslizamiento del eje frontal (si existe).

8. Coloque un soporte debajo del brazo de control inferior derecho y desmonte el superior derecho, así como la rótula, sacando luego el soporte para que el brazo de control cuelgue libremente.

9. Desconecte el palier de la derecha del tubo, sacando los seis tornillos. Evite que el palier gire introduciendo un pasador por la abertura superior del calibre del freno y el correspondiente hueco del rotor del freno.

10. Desconectar las conexiones eléctricas de la luz indicadora de tracción en las cuatro ruedas que hay en el interruptor.

11. Quite los tres tornillos que fijan el cable y la caja del interruptor, sacando dicha caja para dejar espacio al muelle de fijación del cable; no debe aflojar la tuerca del acoplamiento del cable a no ser que deba cambiarlo.

12. Desconecte el cable de la horquilla del cambio, levantando el muelle por encima de la ranura de la horquilla.

13. Saque dos de los tornillos de fijación del soporte del tubo al bastidor.

14. Saque los dos tornillos superiores restantes que fijan el conjunto del tubo en el soporte.

15. Desmonte el conjunto del tubo, haciendo girar el palier. Tenga cuidado de que no caigan el manguito, las arandelas de empuje, el conector y el eje de salida, así como evitar que sufran daños al sacar el tubo.

16. Monte el manguito, las arandelas de empuje, conector y eje de salida en el soporte portador. Aplique pasta de cierre 1052357, Loctite® 514 ó equivalente en las superficies de contacto entre el tubo y el soporte. Asegúrese de que monta la arandela de empuje. Aplique grasa en la arandela para que se aguante en posición durante el montaje.

17. Monte el tubo y el grupo del eje en el soporte, colocando el tornillo en una posición correspondiente a la una del reloj, pero no lo apriete. Empuje el conjunto hacia abajo y monte el cable y la caja del interruptor, así como los cuatro tornillos restantes. Apriete todos los tornillos con un par de 45-60 libras-pie.

18. Monte los dos tornillos que fijan el tubo al bastidor y apriételos.

19. Compruebe el funcionamiento del mecanismo de tracción en las cuatro ruedas utilizando la herramienta J-33799. Introduzca la herramienta dentro de la horquilla del cambio y compruebe el giro del palier.

20. Saque la herramienta y monte la caja del interruptor del cable de embrague, introduciendo el cable por el agujero de la horquilla. Automáticamente, el cable se situará en su lugar.

21. Fije la conexión de la luz indicadora de la tracción en las cuatro ruedas al interruptor.

22. Coloque un soporte debajo del brazo de control inferior de la derecha a fin de levantarlo y conecte la rótula superior.

23. Monte el eje de la derecha en el tubo colocando, primeramente, un solo tornillo, luego dé vuelta al eje para montar los cinco tornillos restantes. Evite que el eje gire introduciendo un pasador a través del agujero que existe en la parte superior del calibre del freno y por el correspondiente hueco del rotor del freno. Apriete los tornillos con un par de 53-63 libras-pie.

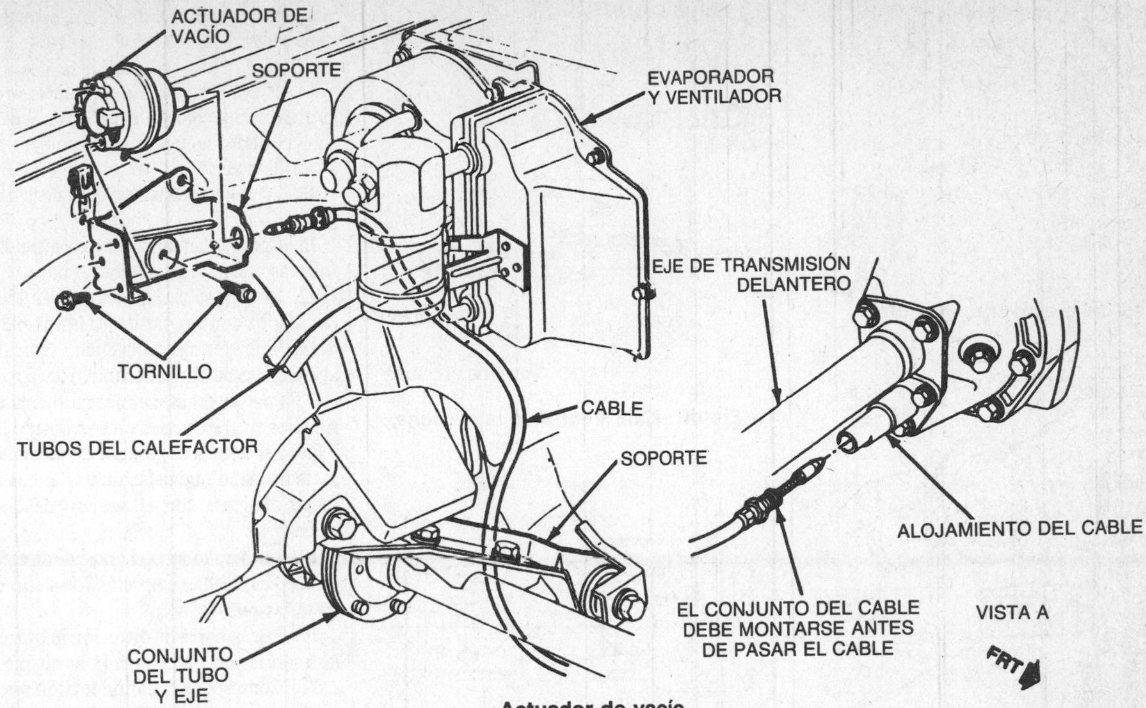

Actuador de vacío

24. Monte la placa de deslizamiento del eje delantero, si existe.

25. Monte el protector de la correa del motor.

26. Monte las ruedas delanteras.

27. Baje el camión.

28. Conecte el cable de cambio en el actuador de vacío, empujando el extremo del cable en el agujero del eje del actuador. El cable quedará colocado automáticamente en su lugar.

29. Conecte el cable negativo de la batería.

Cable de cambio

1. Desenganche el cable de cambio del actuador de vacío, soltando los muelles de bloqueo, luego empuje el diafragma del actuador hacia dentro a fin de aflojar el cable. Con unas pinzas deforme las dos uñas de fijación del cable y saque el cable del agujero del soporte.

2. Levante el camión y saque los tres tornillos de fijación del cable y la caja del interruptor en el soporte portador, y luego tire de la caja para apretarla y poder acceder a los muelles de la fijación del cable. Desconecte el cable de la horquilla levantando dicho cable de la ranura existente en dicha horquilla de cambio.

3. Desatornille el cable de la caja.

4. Saque el cable del vehículo.

5. Monte el cable controlando que quede colocado en el lugar adecuado.

6. Monte el cable y la caja del interruptor en el soporte portador, utilizando tres tornillos para su fijación. Los tornillos se aprietan con un par de 30-40 libras-pie.

7. Pase el cable a través de la caja del interruptor, introduciéndolo en el agujero de la horquilla, y empújelo dentro del mismo. Automáticamente, el cable quedará fijado en posición. Empiece a girar a mano la tuerca del acoplamiento, para evitar que se rosque mal, luego apriete la tuerca con un par de 71-106 libras-pie. No debe apretar excesivamente la tuerca puesto que estropearía la rosca de la caja de plástico.

8. Baje el vehículo.

9. Conecte el cable de cambio en el actuador de vacío empujándolo dentro del agujero del soporte. Cable y caja se alojarán automáticamente en su lugar.

10. Compruebe el funcionamiento del cable.

Mitad derecha del porta-diferencial, eje de salida y tubo

1. Saque el eje de salida de la derecha del tubo, golpeando dentro de la brida con un martillo blando, mientras sostiene el tubo.

2. Saque el retén del eje de salida, apalancando el tubo hacia el exterior.

3. Saque el cojinete del tubo del eje de salida, utilizando la herramienta J-29369-2.

4. Saque la junta de alojamiento del cable del cambio diferencial empujándolo con un punzón u otra herramienta similar.

5. Monte el cojinete del tubo del eje de salida empleando la herramienta J-33844. Si el cojinete está bien montado, la herramienta debe quedar al mismo nivel del tubo.

6. Monte el retén del tubo del eje de salida mediante la herramienta J-33893. La brida del retén debe quedar al mismo nivel de la superficie externa del tubo una vez montado el retén.

7. Monte el eje de salida dentro del tubo y el retén, golpeando la brida con un martillo blando.

8. Monte la junta de alojamiento del cable de cambio diferencial, empleando la herramienta J-33799.

Junta universal del palier

1. Quite el palier.

2. Aplaste los extremos de los cojinetes de la muñequilla en un tornillo de banco a fin de descargar los anillos de seguridad. Luego, saque los anillos.

3. Fije la garra en un tornillo de banco y empuje uno de los extremos del cojinete de muñequilla con una pieza de latón, hasta que salga lo bastante como para empujar el cojinete opuesto de la horquilla.

4. Soporte el otro extremo de la horquilla, y saque el otro cojinete.

5. Saque la muñequilla.

6. Limpie y verifique todas las piezas. Puede comprar equipos de reparación de juntas universales a fin de cambiar todas las piezas desgastadas.

7. Lubrique los cojinetes con la misma grasa que se emplea para los rodamientos de las ruedas.

8. Vuelva a colocar la muñequilla y presione los cojinetes dentro de la horquilla y en los cubos de la muñequilla la distancia suficiente para poder montar los anillos de seguridad.

9. Sostenga la muñequilla en una mano y golpee ligeramente la horquilla a fin de que los cojinetes ajusten contra los anillos de seguridad.

10. Los aros del palier pueden sacarse de los ejes.

NOTA: Siempre que sustituya los retenes del eje debe cambiar los anillos. Puede utilizar el mismo eje para apuntar los anillos en el árbol.

11. Monte el árbol.

Rótula

SUSTITUCIÓN

Las rótulas de la mangueta de la dirección pueden tener que cambiarse cuando existe un excesivo juego en la dirección, ésta resulta dura, hay un desgaste irregular de los neumáticos (especialmente en el borde interior) o se afloja continuamente la barra de dirección. Para llevar a cabo este procedimiento se debe disponer de una prensa de taller. Lo mejor es sacar la mangueta de la dirección y llevarla al taller con las nuevas piezas.

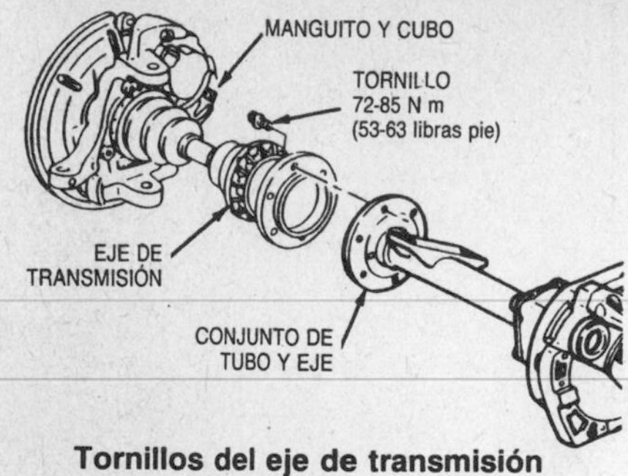

Tornillos del eje de transmisión

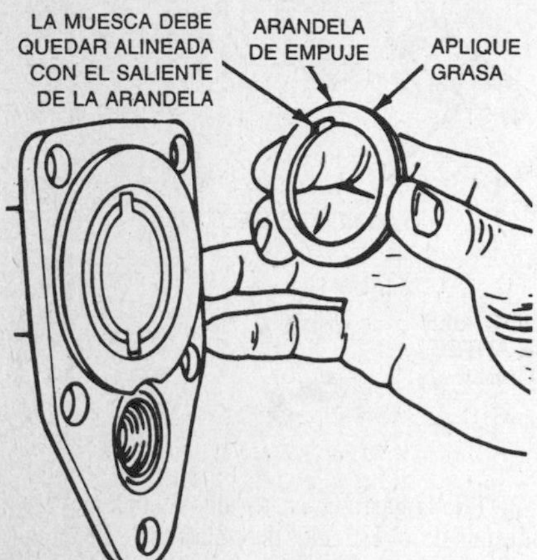

Arandela de empuje

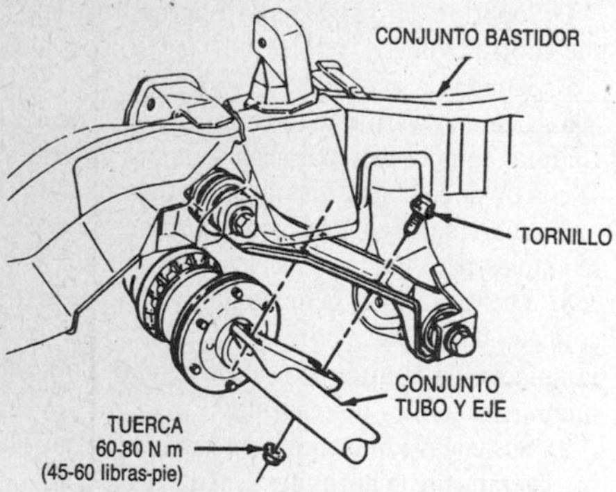

Fijación del tubo al bastidor

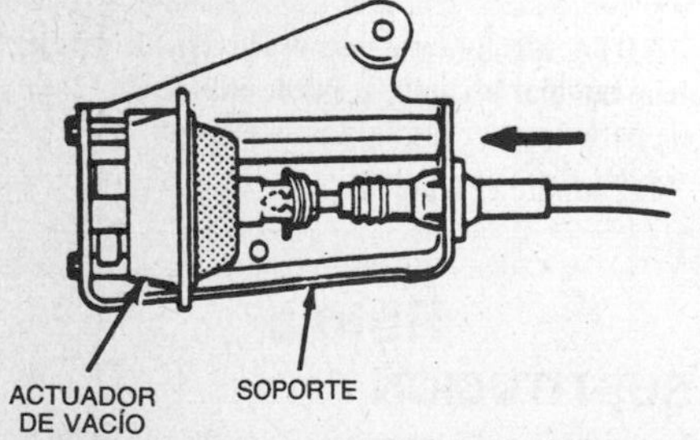

Fijación del cable al actuador de vacío

1. Desmonte el conjunto del cubo, tal como se ha explicado antes.

2. Saque los tornillos de fijación del eje.

3. Golpee ligeramente en el extremo del eje, utilizando una maza de madera (nunca un martillo

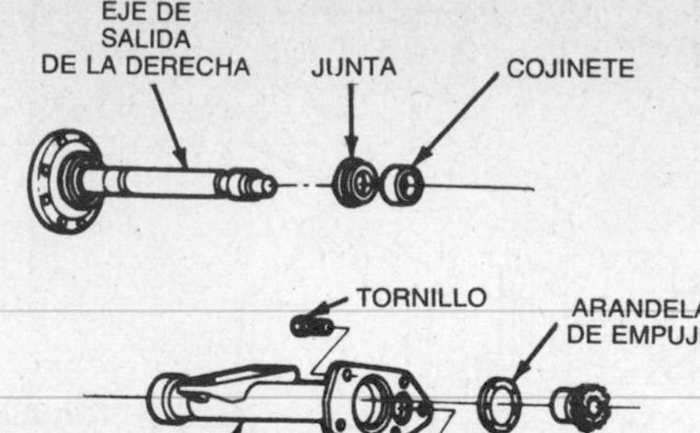

Eje de salida y tubo de la derecha

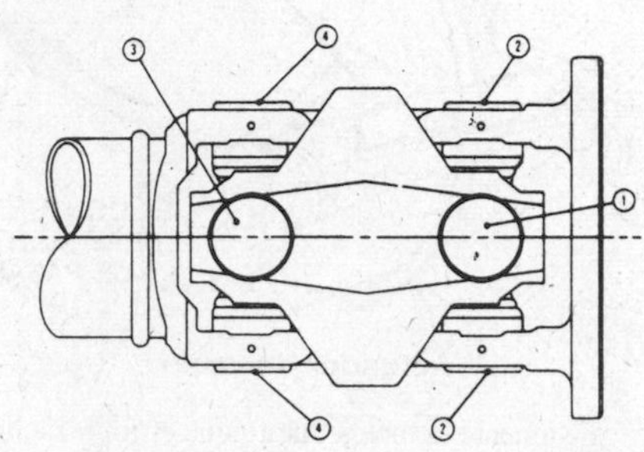

Secuencia de desmontaje de la junta CV

metálico) para que se suelte de la mangueta de la dirección.

4. Saque el eje y la arandela de bronce. Si la arandela ha sufrido daños durante el desmontaje o presenta deformación, deberá sustituirse.

5. Saque el pasador de aletas de la tuerca de la barra de dirección.

6. Afloje la tuerca de la barra de dirección y golpee sobre la misma con una maza de madera a fin de romper su adherencia con la mangueta.

7. Quite las tuercas y desmonte la barra de dirección.

8. Desmonte las tuercas de fijación del brazo de la dirección. Al volver a montarlas utilice tuercas nuevas de autobloqueo.

9. Saque el pasador de aletas de la tuerca de la rótula superior.

10. Quite las tuercas de seguridad de los encastres de las rótulas superior e inferior.

11. Saque la mangueta colocando una cuña entre el apoyo de la rótula inferior y la horquilla, luego entre el apoyo de la rótula superior y la horquilla.

NOTA: Si para sacar la mangueta tiene que aflojar el manguito de ajuste del apoyo de la rótula superior, no lo afloje más de un par de vueltas. La blanda rosca de la horquilla se estropea con suma facilidad.

12. Saque el anillo de seguridad de la rótula inferior.

13. Saque la rótula superior, tal como puede verse en la figura, utilizando la herramienta especial J-9519-10 (o una brida en forma de C), J-23454-1 (un sólido punzón metálico) y J-6383-3 (o un tubo de acero de 2 1/2'' de diámetro exterior, con un grueso de la pared de 3/16'', cortado con una longitud de 2 ½''). La rótula inferior debe sacarse antes de poder trabajar en la rótula superior.

14. Presione la nueva rótula inferior dentro de la mangueta y coloque el anillo de seguridad. La rótula inferior no tiene ningún agujero para el pasador de aletas.

15. Presione la rótula superior dentro de la mangueta.

16. Coloque la mangueta en la horquilla. Monte tuercas nuevas y apriételas a mano.

17. Empuje sobre la mangueta y apriete la tuerca inferior con un par de 70 libras-pie.

18. Utilizando una llave para tuercas, aplique al manguito de ajuste del apoyo de la rótula superior un par de 50 libras-pie. La tuerca del apoyo superior se aprieta con un par de 100 libras-pie, y luego se coloca el pasador de aletas. No afloje la tuerca, sino que debe apretarla más para conseguir alinearla con el agujero del pasador de aletas.

19. Vuelva a montar el brazo de dirección, usando tuercas nuevas y apretándolas con un par de 90 libras-pie.

20. Fije la barra de dirección al brazo. Apriete las tuercas con un par de 45 libras-pie.

21. Compruebe el par de torsión que se ejerce al girar la mangueta utilizando una balanza de resorte fijada en el agujero de la barra del brazo de dirección. Con la mangueta dirigida hacia delante, mida la tensión que ejerce, en ángulo recto, a fin de mantener el giro de la mangueta, una vez iniciado el movimiento, tanto en una como en otra dirección. La tensión debe ser de 25 libras o menos.

22. Monte el palier y demás componentes. Apriete las tuercas del sistema de dirección con un par de 45 libras-pie.

Retén del piñón

SUSTITUCIÓN

1. Marque el eje de dirección y la brida del piñón a fin de poder volverlos a montar en la misma posición.

2. Desmonte el árbol de transmisión de la brida del piñón y sosténgalo encima del túnel de la carrocería atándolo con un alambre en el tubo de escape. Si las juntas de los cojinetes no quedan sostenidas por un collar de retención, coloque una tira de cinta adhesiva para aguantarlas en sus respectivos cojinetes.

3. Marque la posición en que se encuentra la brida del piñón con respecto al árbol y la tuerca a fin de poder mantener la misma carga en el cojinete del piñón.

4. Saque la tuerca y la arandela de la brida del piñón.

5. Desmonte la brida del piñón, colocando un recipiente adecuado debajo para recoger el líquido que pueda salir del eje posterior.

6. Extraiga el retén de aceite utilizando un cincel sin filo para sacarlo de su sitio. No estropee la pieza portadora.

7. Examine la superficie de la junta de la brida del piñón para determinar si hay marcas, rayas u otros daños, tales como ranura deformada del retén. En caso de que existan daños, sustituya la brida.

8. Examine el agujero de la pieza portadora y

elimine cualquier rebaba que pudiera causar fugas en el diámetro externo del retén.

9. El montaje se realiza siguiendo el orden inverso al del desmontaje. Aplique lubricante especial para retenes nº 1050169 ó equivalente en el diámetro exterior de la brida del piñón y en el labio de cierre del nuevo retén.

EJE TRASERO

Hay algunos modelos que están equipados con un eje trasero provisto de un diferencial autobloqueante. Si no sabe con certeza si su vehículo lo lleva, bloquee las ruedas delanteras y levante la parte posterior del vehículo. Con la transmisión en el punto muerto, haga girar una de las ruedas traseras, moviéndola hacia delante, con ayuda de las manos. Si la otra rueda también gira en la misma dirección es que lleva diferencial autobloqueante.

El eje trasero, cojinete y retén

DESMONTAJE Y MONTAJE

Todos los ejes, salvo si llevan diferencial flotante o bloqueante

1. Soporte el eje sobre gatos hidráulicos.

2. Saque las ruedas y los tambores de freno.

3. Limpie la zona de la tapa del diferencial, aflojando la tapa para purgar el lubricante, y quitando seguidamente dicha tapa.

4. Gire el diferencial hasta llegar al tornillo de fijación del eje del piñón del diferencial. Saque dicho tornillo y el eje del piñón.

5. Apriete sobre el extremo del eje. Saque la brida C del extremo interior (botón) del eje.

6. Saque el eje, prestando mucha atención al retén.

7. Puede apalancar el retén de aceite para sacarlo de su alojamiento colocando el extremo interior del palier detrás de la caja de acero del retén, y luego apalancándolo con mucho cuidado.

8. Se necesita un extractor o martillo deslizante para sacar el cojinete de su alojamiento.

9. Llene el cojinete nuevo o usado con grasa de la utilizada para rodamientos de las ruedas y aplique la misma grasa para lubricar la cavidad existente entre los labios del retén.

10. El cojinete debe introducirse en su alojamiento. No utilice un pasador, puesto que podría clavar el cojinete en su agujero. Lo que debe emplear es un trozo de tubo o un casquillo grande. Apriete únicamente sobre la pista de rodadura externa del cojinete. Utilizando el mismo procedimiento, empuje el retén de manera que quede al mismo nivel del extremo del tubo.

11. Introduzca el eje en su lugar, haciéndolo girar lentamente hasta que las estrías queden acopladas con el diferencial. Tenga cuidado con el retén de aceite.

12. Monte la brida C en el extremo del eje interno. Tire del eje de modo que la brida C ajuste en el agujero del engranaje lateral del diferencial.

13. Coloque el eje del piñón del diferencial a través de los engranajes de la caja y del piñón, procurando alinear el agujero del tornillo de fijación. Monte el tornillo.

14. Coloque la tapa, provista de una nueva junta, y apriete regularmente los tornillos siguiendo un modelo cruzado.

15. Llene el eje de lubricante.

16. Vuelva a colocar los tambores de freno y las ruedas.

Ejes con diferencial autobloqueante

Estos ejes utilizan un bloque de empuje sobre el eje del piñón del diferencial.

1. Siga las fases 1-3 del procedimiento anterior.

2. Gire la caja del diferencial de manera que pueda sacar el tornillo de fijación y soporte el eje del piñón de tal manera que no pueda caer dentro de la caja. Saque el tornillo de fijación del eje del piñón del diferencial.

3. Con sumo cuidado, tire del eje del piñón, hasta la mitad del camino de extracción y haga girar la caja del diferencial hasta que el eje toque la parte superior de la caja.

4. Utilice un destornillador para colocar la brida C con su extremo abierto dirigido hacia al interior. No puede empujar el palier hasta haber hecho esto. No fuerce el palier hacia dentro.

5. Empuje el palier hacia al interior y saque la brida C. Saque el palier y repita las fases 4-5 para el otro palier.

6. Siga las fases 7-11 del procedimiento precedente.

7. Mantenga el eje del piñón parcialmente extraído de la caja del diferencial mientras monta la brida C en el palier. Coloque la brida C en el palier y tire con cuidado de dicho palier hasta que la brida C quede separada del bloque de empuje.

8. Siga las fases 13-16 del procedimiento precedente.

Diferenciales flotantes

Algunos de los modelos 20 y 2500, así como todos los modelos 30 y 3500, utilizan ejes de un diseño completamente flotante. Los procedimientos a seguir son idénticos a los utilizados para los ejes de cierre y sin cierre. El mejor modo de sacar los cojinetes del cubo de la rueda consiste en utilizar una prensa de árbol. Con el empleo de una prensa se reducen los peligros de estropear las pistas de rodadura de los cojinetes, clavar los cojinetes en sus agujeros, o rayar las paredes del cubo. Posiblemente, un taller de maquinaria dispondrá de las herramientas necesarias para desmontar y montar los cojinetes y los retenes. Sin embargo, si no se dispone de un taller, podrá utilizar el método del martillo y el punzón que se ha descrito antes.

1. Soporte el eje con gatos hidráulicos.

2. Saque las ruedas.

3. Saque los tornillos y arandelas de seguridad, y luego fije la brida del palier al cubo.

4. Dé un golpe seco a la brida con un martillo blando, a fin de despegarla del eje. Agarre la pestaña del extremo de la brida con unos alicates y hágala girar para iniciar la extracción del eje. Saque el eje del tubo del palicr.

5. Hay que desmontar el conjunto de cubo y tambor para poder sacar los cojinetes y retenes de aceite. Necesitará una llave de cubo grande para poder sacar, y luego volver a colocar, la tuerca del cojinete. También existen herramientas parecidas y utilizadas para ajustar los cojinetes frontales de las ruedas, en los vehículos con tracción en las cuatro ruedas.

6. Saque la pinza de fijación de la tuerca de seguridad de ranura o plana, extrayendo seguidamente la tuerca del tubo, empleando para ello la herramienta antes indicada.

7. Saque la pinza del retén de la tuerca de ajuste de ranura o plana y saque el retén del tubo de alojamiento.

8. Saque la tuerca de ajuste del tubo de alojamiento con la herramienta antes indicada.

9. Quite la arandela de empuje del tubo de alojamiento.

10. Tire del cubo y tambor, sacándolo directamente del alojamiento del eje.

11. Saque el retén de aceite y tírelo.

12. Utilice un martillo y un punzón largo para golpear la caja interior del cojinete y el retén de aceite del cubo.

13. Saque el anillo de seguridad del cojinete exterior, utilizando unas pinzas. Puede que sea preciso dar un golpe en la pista de rodadura externa del cojinete, ligeramente, para poder extraer el anillo de retención.

14. Desplace el cojinete exterior, para sacarlo del cubo, empleando un martillo y el punzón.

15. Para volver a montar los cojinetes, coloque el rodamiento exterior en el cubo. El mayor diámetro externo del rodamiento debe quedar situado cara al extremo exterior del cubo. Empuje el cojinete en el cubo, utilizanto una arandela que cubra tanto la pista interna como externa del cojinete. Coloque un casquillo en la parte superior de la arandela e introduzca el cojinete en su sitio dándole una serie de golpes suaves. Si es posible, utilice una prensa de árbol para hacer este trabajo.

16. Introduzca el cojinete hasta pasar la ranura del anillo elástico y luego colóquelo. Haga girar el conjunto del cubo, empujando el cojinete hacia atrás, hasta que toque con el anillo de seguridad. Vuelva a proteger el cojinete colocando una arandela sobre él. Para este trabajo puede utilizar la arandela de empuje, la cual ajusta entre cojinete y tuerca de ajuste.

17. Coloque el cojinete interior en el cubo. El borde más grueso tiene que quedar hacia el apoyo del cubo. Apriete el cojinete en el cubo hasta que toque en el apoyo, para ello puede hacer uso de la arandela y casquillo, tal como se ha descrito antes. Asegúrese de que el cojinete no está torcido y que se asienta totalmente en el apoyo del cubo.

18. La cavidad entre los labios del retén de aceite debe llenarse con grasa especial para rodamientos, y luego colocarse dentro del agujero del cubo, en la posición adecuada. Apriételos cuidadosamente en su lugar, sobre el cojinete interior.

19. Aplique grasa en los cojinetes de la rueda, con una pequeña capa en el diámetro interior, sobre la superficie de contacto con el cubo, y también sobre el diámetro exterior del tubo de alojamiento del eje.

20. Asegúrese de la correcta colocación del cojinete interior, el retén de aceite, el deflector de aceite del alojamiento del eje y el cojinete exterior. Monte el conjunto de cubo y tambor en el alojamiento del eje, teniendo sumo cuidado de no dañar el retén de aceite o mover otros elementos internos.

21. Monte la arandela de empuje de manera que la pinza que existe en el diámetro interior de la misma se introduzca en la ranura del alojamiento del eje.

22. Monte la tuerca de ajuste. Apriétela con un par de 50 libras-pie al mismo tiempo que hace girar el cubo para estar seguro de que entran en contacto todas las superficies de los cojinetes. Vuelva a aflojar la tuerca y apriétela de nuevo con un par de 35 libras-pie, haciéndola retroceder seguidamente 1/4 vuelta.

23. Monte el retén dentado contra la tuerca interior de ajuste. Alinee la tuerca de ajuste de manera que la pinza corta del retén se acople con la ranura más cercana de la tuerca.

24. Monte la tuerca de seguridad exterior y apriétela con un par de 65 libras-pie. Doble la pinza larga del retén dentro de la ranura de la tuerca exterior. Con este sistema de ajuste se logrará un juego final de 0,001 a 0,010".

25. Coloque una junta nueva sobre el palier y sitúe éste en el alojamiento de manera que las estrías penetren en el engranaje lateral del diferencial. La junta se coloca de manera que los agujeros estén alineados, montando seguidamente los tornillos de fijación de la brida al cubo. Apriételos con un par de 155 libras-pie.

NOTA: Para evitar que el lubricante salga por los agujeros de la brida, aplique pasta no endurecible en las roscas de los tornillos. No abuse de la pasta.

SUSPENSIÓN DELANTERA

Los modelos con tracción en dos ruedas utilizan muelles helicoidales con suspensión delantera independiente. Es opcional el montaje de una barra estabilizadora (de balanceo) para reducir la inclinación de la carrocería y el balanceo en las curvas. En los modelos con tracción en las cuatro ruedas, la suspensión delantera lleva una ballesta no independiente. La barra estabilizadora viene montada de origen y forma parte del equipo estándar. En los últimos modelos, también es estándar un amortiguador de la dirección. La mayor parte de modelos han tenido como opción los amortiguadores de alta resistencia, muelles y barras estabilizadoras. La suspensión delantera de los camiones Serie S (tracción en dos ruedas) es similar a la de los Pickup de tamaños estandarizados. Los modelos con tracción en las cuatro ruedas llevan una suspensión delantera del tipo de barra de torsión.

Muelles

DESMONTAJE Y MONTAJE

NOTA: Los muelles, y de modo especial los muelles helicoidales, se hallan sometidos a tensiones muy elevadas. Por tanto, debe tener mucho cuidado al desmontarlos y montarlos, puesto que dada su fuerza pueden causar daños muy graves.

Modelos 2WD (tracción en dos ruedas)

1. Levante el vehículo y apóyelo por debajo del bastidor, de manera que los brazos de control cuelguen libremente.

2. Saque el tornillo inferior de montaje del amortiguador. Desmonte la barra estabilizadora del brazo de control inferior.

3. Coloque un gato hidráulico debajo del transversal del brazo de control inferior.

NOTA: Como precaución, monte una cadena a través del muelle y del brazo de control inferior.

4. Levante el gato hidráulico. De este modo se eliminará la tensión del brazo de control inferior, de manera que podrán sacarse las bridas en forma de U que fijan el transversal.

5. Baje lentamente el brazo de control, soltando el gato hidráulico situado debajo, hasta un punto en que pueda sacarse el muelle.

6. Quite el muelle.

7. Coloque el muelle en el brazo de control y luego, utilizando el gato hidráulico, vaya subiendo lentamente el brazo de control. Utilice la cadena de seguridad, tal como se ha explicado en la fase 3.

8. Coloque el eje transversal del brazo de control encima del miembro transversal y monte las bridas en U, colocando las tuercas. Asegúrese de que el agujero de alineación del eje transversal está debidamente colocado con respecto al pasador del miembro transversal.

9. Apriete las tuercas de la brida en U, con un par de 85 libras-pie. Saque la cadena de seguridad.

10. Monte la parte inferior del amortiguador y la barra estabilizadora.

11. Baje el vehículo.

Modelos 4WD (tracción en las cuatro ruedas)

1. Levante y soporte el vehículo por debajo del eje delantero y el bastidor, de tal modo que se reduzca la tensión de los muelles.

2. Saque el tornillo de fijación superior de la traba y el tornillo de anillo del muelle delantero.

3. Saque las tuercas de la brida en U que fija el muelle al eje. Tire del muelle, la placa inferior y los tacos del muelle.

4. Desmonte los tornillos de la traba del muelle, los casquillos y la traba. Para cambiar el casquillo, coloque el muelle en una prensa o tornillo de banco, empujando el casquillo hacia el exterior. Introduzca el nuevo casquillo utilizando el mismo sistema. El nuevo casquillo debe sobresalir la misma distancia por ambos lados del muelle.

5. Monte los casquillos de la traba del muelle y luego fije la traba. No debe apretar el tornillo.

6. Coloque el taco superior en el muelle.

7. Coloque la parte delantera del muelle en el bastidor y coloque el tornillo, pero sin apretarlo.

8. Sitúe en la debida posición el casquillo de la traba en el bastidor, y fije la traba posterior, pero no la apriete.

9. Monte el tope inferior del muelle y la placa de retención del muelle. Apriete la brida en U con un par de 150 libras-pie.

10. Apriete los tornillos de la traba posterior del muelle y los tornillos posteriores de anillo con un par de 50 libras-pie, mientras que los tornillos de anillo delanteros se aprietan con un par de 90 libras-pie.

11. Baje el vehículo.

Barra de torsión (Serie S con 4WD)

DESMONTAJE Y MONTAJE

1. Levante el vehículo y colóquelo encima de apoyos para mayor seguridad.

2. Saque el tornillo de ajuste de la barra de torsión.

3. Quite las tuercas y tornillos de fijación del retén de soporte.

4. Deslice la barra de torsión hacia delante, en el brazo de control, hasta que la barra de torsión salga del soporte. Tire de la barra hacia abajo y sáquela del brazo de control.

5. Para facilitar su instalación, cuente el número de vueltas que debe dar la barra de torsión al desmontarla. Aplique lubricantes en la parte superior del brazo y del tornillo de ajuste, con lo que su montaje resultará más fácil. También debe aplicar lubricante en los extremos hexagonales de la barra de torsión. El montaje se lleva a cabo siguiendo el orden inverso al del desmontaje.

Amortiguadores

El procedimiento que suele emplearse para comprobar el estado de los amortiguadores es colocarse encima del parachoques, en el extremo más próximo del amortiguador a comprobar, y empezar a mover el vehículo. Baje: el vehículo debe detenerse al final del recorrido. Otra prueba conveniente consiste en circular con el vehículo por una carretera con baches. Es normal que salte, pero los amortiguadores deben detener la oscilación una vez pasado el bache, tan sólo con uno o dos ciclos.

DESMONTAJE Y MONTAJE

Éste es el procedimiento normal para montar los amortiguadores en los pares de ejes, a fin de que la amortiguación sea regular. Para tener un mayor control, existen amortiguadores de alta resistencia.

1. Levante y apoye el eje delantero, si ello es preciso.

2. Saque la tuerca y el tornillo del extremo inferior del amortiguador.

3. En los amortiguadores originales de los vehículos con tracción en dos ruedas, saque la tuerca superior desde el interior del bastidor. En los amortiguadores de los vehículos con tracción en las cuatro ruedas, saque la tuerca y el tornillo superiores.

4. Elimine el aire del nuevo amortiguador, estirándolo en su posición normal y comprimiéndolo mientras está invertido. Repita la misma operación varias veces. Es normal que ejerza más resistencia al estirarlo que al comprimirlo.

5. Monte el amortiguador. Apriete la tuerca superior (por el interior del bastidor), en los modelos con tracción en dos ruedas, con un par de 8 libras-pie, y del tornillo superior, en los modelos con tracción en las cuatro ruedas, con un par de 65 libras-pie. El tornillo inferior en los 2WD se aprieta con un par de 60 libras-pie, mientras que en los 4WD se aprieta con un par de 65 libras-pie.

Mangueta de dirección (Serie S)

DESMONTAJE Y MONTAJE

1. Levante la parte delantera del vehículo y sopórtelo con gatos hidráulicos situados debajo de los puntos de apoyo frontales. Saque la rueda. Se requiere tensión de muelles para ayudar a separar las rótulas de la mangueta de dirección. No coloque ningún apoyo debajo del brazo de control inferior.
2. Saque la pinza de freno.
3. Desmonte el cubo y el rotor.
4. Saque los tres tornillos que fijan el protector a la mangueta.
5. Saque el extremo de la barra de dirección de la mangueta, utilizando la herramienta J-6627 ó equivalente.
7. Saque los apoyos de las rótulas de la mangueta de dirección, utilizando la herramienta J-23742 ó equivalente.

ATENCIÓN

El gato de apoyo debe permanecer debajo del asiento del muelle del brazo de control durante el desmontaje y montaje, a fin de mantener el muelle y el brazo de control en su posición.

8. Coloque un gato hidráulico debajo del asiento del muelle más cercano del brazo de control inferior y levante el gato hasta que sostenga dicho brazo.
9. Levante el brazo de control para poder sacar el apoyo de la rótula que está montado en la mangueta.
10. Levante la mangueta del apoyo inferior de la rótula y saque dicha mangueta. Observe el agujero que hay en la mangueta de dirección, saque cualquier resto de suciedad, así como si está descentrado, presenta deformación o daños. En tal caso la mangueta TIENE que cambiarse.
11. Coloque los pernos superior e inferior de la rótula en la mangueta y coloque las tuercas.
12. Monte el protector en el retén de la mangueta y el protector de deslizamiento. Apriete los tornillos de fijación con un par de 10 libras-pie.
13. Monte el extremo de la barra de dirección en la mangueta. Monte la herramienta J-29193 ó equivalente y apriétela con un par de 15 libras-pie. Saque la herramienta y monte la tuerca con un par de 40 libras-pie.
14. Coloque los cojinetes de la rueda. Monte el cubo y el disco.
15. Ajuste los cojinetes de la rueda. Monte el calibre.
16. Monte el resto de componentes siguiendo el orden inverso al de su desmontaje.

Mangueta de dirección (Modelos con 2WD)

DESMONTAJE Y MONTAJE

1. Levante el vehículo y coloque apoyos debajo de los brazos inferiores de control.
2. Quite la rueda.
3. Saque la pinza del freno.
4. Saque los tornillos del protector del disco que fijan dicho protector a la mangueta de dirección. Extraiga el protector. Desconecte los extremos de la barra de dirección.
5. Saque los pasadores de aletas de los pernos de apoyo de la rótula inferior, y luego afloje las tuercas correspondientes. Separe la mangueta de dirección de los pernos de las rótulas colocando la herramienta J-23742 ó equivalente. Saque las tuercas del perno de apoyo de la rótula y retire la mangueta.
6. Sitúe la mangueta en posición e introduzca los pernos de apoyo de la rótula superior e inferior dentro de alojamiento de la mangueta. El agujero de la mangueta de dirección, el apoyo de la rótula y la tuerca deben estar completamente limpios y desprovistos de grasa antes de apretar la tuerca.
7. Coloque las tuercas del perno de apoyo de la rótula y apriételas con un par de 80-100 libras-pie. En caso necesario, apriételas algo más para

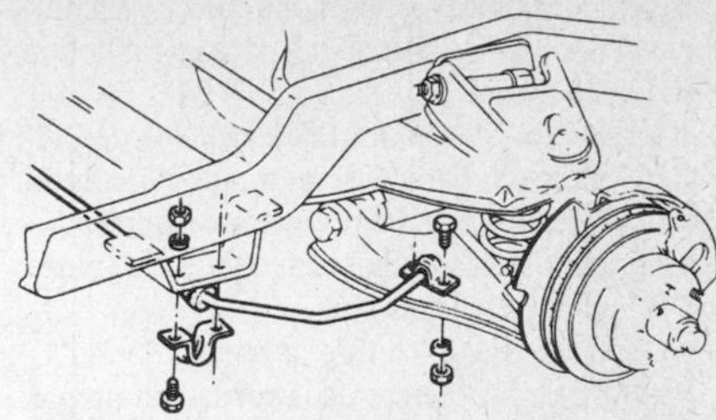

Muelle espiral y estabilizador de los modelos de tracción en dos ruedas

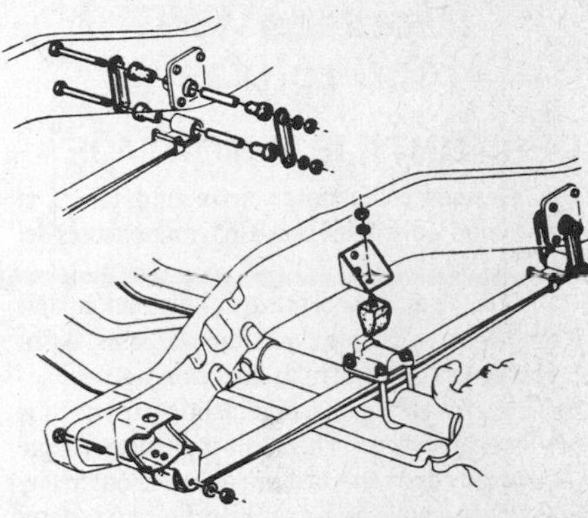

Muelle de ballesta frontal en los modelos de tracción en las cuatro ruedas

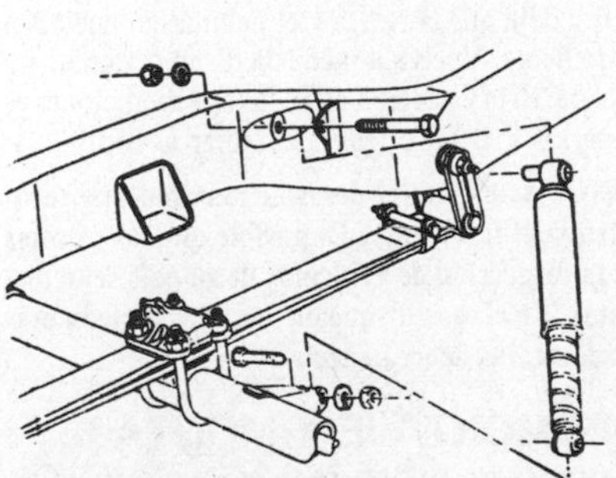

Amortiguación delantero de los modelos con tracción en las cuatro ruedas

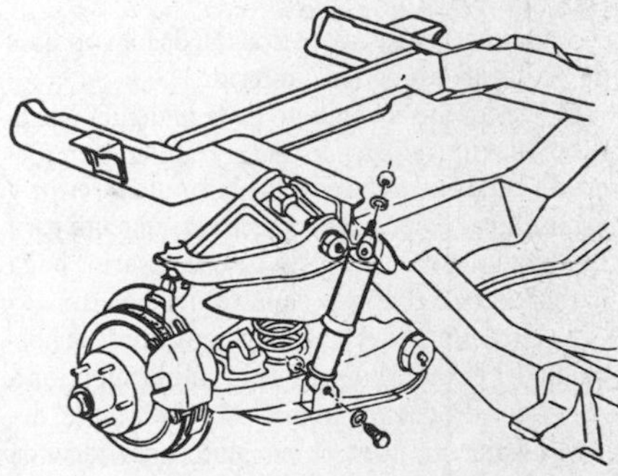

Amortiguador delantero en los modelos de tracción en dos ruedas

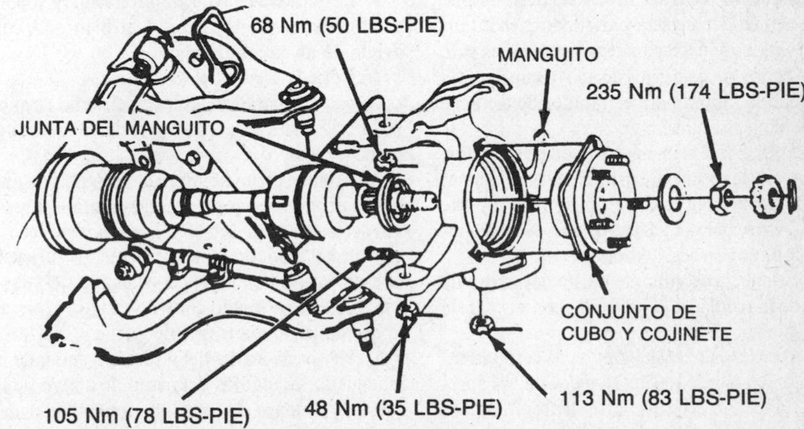

Desmontaje y montaje del cubo, cojinete, manguito y junta de cierre

que se pueda colocar el pasador de aletas. En ningún caso debe aflojar la tuerca para introducir el pasador de aletas.

8. Para efectuar el montaje, siga el orden inverso al indicado para el desmontaje, apretando el tornillo de fijación del protector de salpicaduras. Apriete los dos tornillos de montaje de la pinza con un par de 35 libras-pie.

9. Ajuste los cojinetes de la rueda.

10. Apriete las tuercas de la rueda con un par de 75 libras-pie

Mangueta de dirección (Modelos 4WD con rótulas)

DESMONTAJE Y MONTAJE

1. Desmonte el cubo de cierre automático, el grupo cubo y disco, así como los componentes del eje.

2. Si hay que sacar el brazo de la dirección, desmonte la barra. Saque el pasador de aletas. Afloje las tuercas de la barra de dirección y golpee sobre la tuerca con un martillo blando para que los pernos de apoyo se suelten de la mangueta. Saque las tuercas y desmonte la barra de dirección. Si hay que volver a colocar el brazo de dirección, deseche las tuercas de autobloqueo y utilice otras nuevas.

3. Saque el pasador de aletas de la tuerca del soporte de la rótula superior.

4. Saque las tuercas de fijación de los soportes de las rótulas superior e inferior.

5. Desmonte el conjunto de la mangueta de la horquilla, introduciendo una herramienta en forma de cuña entre el apoyo de la rótula inferior y la horquilla, golpeando sobre la herramienta para sacar todo el conjunto. En caso necesario, haga lo mismo con el apoyo de la rótula superior.

6. No desmonte el manguito de ajuste de la horquilla del perno de apoyo de la rótula superior a no ser que tenga que cambiarlos. No obstante, deberá aflojar un poco el manguito para sacar la mangueta, para lo cual no debe dar más de un par de vueltas. Las roscas sin templar de la horquilla pueden sufrir daños muy fácilmente, a causa de las roscas duras del manguito de ajuste, por lo que debe procederse con sumo cuidado. El montaje se realiza siguiendo el orden inverso al desmontaje.

7. Coloque la mangueta y los soportes en la horquilla. Coloque tuercas nuevas y apriételas sólo con los dedos en los pernos de apoyo superior (la tuerca con la ranura para el pasador de aletas) e inferior de las rótulas.

8. Apriete sobre la mangueta (a fin de evitar que el soporte de la rótula gire dentro de la mangueta) mientras aprieta la tuerca de fijación del soporte inferior. Apriete PARCIALMENTE la tuerca inferior con un par de 30 libras-pie.

9. Apriete el casquillo de ajuste del perno de apoyo de la rótula en la horquilla con un par de 50 libras-pie.

10. Apriete la tuerca del soporte de la rótula superior con un par de 100 libras-pie. Una vez apretada la tuerca, no debe aflojarse en absoluto para poder colocar el pasador de aletas, a fin de alinear el agujero con la ranura de la tuerca.

11. FINALMENTE, apriete la tuerca inferior con un par de 70 libras-pie.

12. Si se hubieran desmontado la barra y el brazo de dirección: monte el brazo de dirección utilizando los tres adaptadores de los pernos de apoyo y tres tuercas nuevas de autobloqueo. Las tuercas se aprietan con un par de 90 libras-pie. Monte la barra de dirección en la mangueta. Apriete las tuercas de la barra de dirección con un par de 45 libras-pie y coloque el pasador de aletas.

Rótulas

Los procedimientos para llevar a cabo el mantenimiento de los modelos con tracción en las cuatro ruedas (4WD) se encontrarán en el apartado de la Mangueta de dirección.

INSPECCIÓN

Cuando existe un desgaste excesivo en las rótulas, por lo general se pone de manifiesto por el desgaste que se produce en la parte inferior de los neumáticos. No saque conclusiones demasiado rápidas; el mismo síntoma también puede deberse a la falta de alineación del extremo delantero.

Rótula superior

1. Levante y apoye el vehículo, dejando que los brazos de control cuelguen libremente.

2. Mida la distancia existente entre la punta de la rótula y la punta del engrasador que está debajo de la rótula.

3. Desplace el soporte hacia al brazo de control y deje que la rueda y el neumático cuelguen libremente. Vuelva a medir la distancia antes indicada. Si la variación entre las dos mediciones es superior a 3/32", deberá cambiar la rótula.

NOTA: Éste es el desgaste máximo que recomienda el fabricante. Es posible que las normas de la inspección de vehículos de su país sean distintas. En el caso de que dichas normas sean más estrictas, las deberá seguir.

DESMONTAJE Y MONTAJE

NOTA: Lea la nota de Atención que figura en el apartado de Desmontaje y montaje del muelle delantero, cuando tenga que trabajar en las rótulas.

Rótula inferior

1. Levante el vehículo y apóyelo sobre soportes. Debe sostener el brazo de control inferior con ayuda de un gato hidráulico.

2. Quite la rueda y el neumático.

3. Saque el pasador de aletas del perno de apoyo inferior y afloje, pero sin sacarla, la tuerca del perno de apoyo.

4. Afloje el perno de apoyo de la rótula con una herramienta especial para su desmontaje. Puede ser necesario sacar también la pinza del freno y el cable del bastidor a fin de disponer de suficiente espacio. No deje la pinza colgando del tubo.

5. Una vez aflojado el perno de apoyo, saque la herramienta y la tuerca del perno.

6. Tire hacia arriba del disco de freno y de la mangueta, sacándolos del perno de apoyo de la rótula, y sostenga el brazo superior con un pedazo de madera.

7. Saque la rótula del brazo de control, utilizando una herramienta especial para desmontar rótulas. Debe apretarse hacia el exterior.

8. Para el montaje: apunte la nueva rótula en el brazo control. Sitúe el tubo de purga dirigido hacia el interior de la funda de caucho.

9. Coloque la rótula dentro del brazo de control. Hay que apretarla hacia al interior.

10. Baje el brazo superior y aparece la mangueta de dirección con perno de apoyo de la rótula inferior.

11. Monte el calibre del freno, si se hubiese desmontado.

12. Coloque la tuerca del perno de la rótula y apriétela con un par de 90 libras-pie, además del par adicional que sea necesario para alinear el agujero del pasador de aletas. No debe exceder de un par de 130 libras-pie, en cuyo caso deberá hacer retroceder la tuerca para la alineación de los agujeros con el pasador.

13. Monte un nuevo engrasador y aplíquele grasa.

14. Monte el neumático y la rueda.

15. Baje el vehículo.

Rótula superior

1. Levante y apoye el vehículo.

2. Sostenga el brazo de control inferior con ayuda de un gato hidráulico.

3. Saque el pasador de aletas del perno de apoyo de la rótula superior y afloje, sin llegar a sacarla, la tuerca del perno de apoyo.

4. Haciendo uso de una herramienta especial para sacar rótulas, afloje el perno de apoyo de la rótula de la mangueta de dirección. Una vez el perno flojo, retire la herramienta y la tuerca del perno. Puede que sea necesario retirar el calibre y el cable del freno para tener suficiente espacio. No deje que el calibre quede colgando del tubo.

5. Saque los roblones con ayuda de un taladro. Desmonte el conjunto de la rótula.

6. Monte la rótula de mantenimiento, utilizando las tuercas suministradas. Apriete las tuercas con un par de 45 libras-pie.

7. Apriete la tuerca del perno de apoyo con un par de 50 libras-pie al que añadirá el par que sea necesario para que pueda quedar alineado el pasador de aletas. De todos modos, no debe exceder de las 90 libras-pie, en cuyo caso debería hacer retroceder la tuerca para la colocación del pasador de aletas.

8. Coloque un nuevo pasador de aletas.

9. Monte un nuevo engrasador y lubrique la nueva rótula.

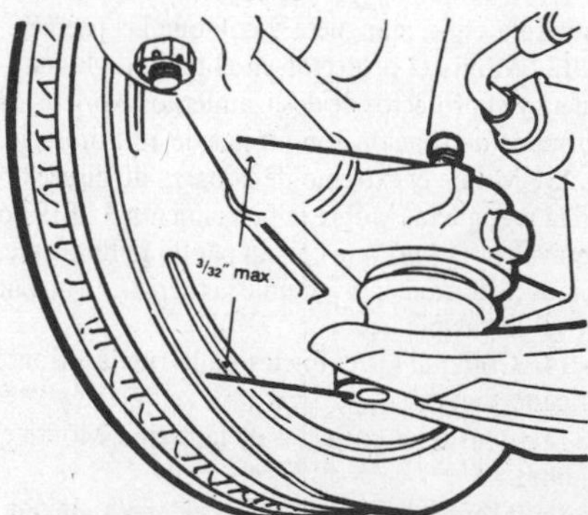

Inspección de la rótula inferior

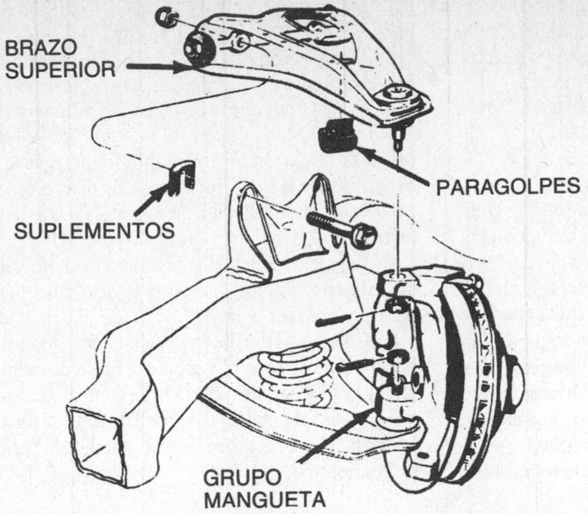

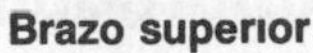

Brazo superior

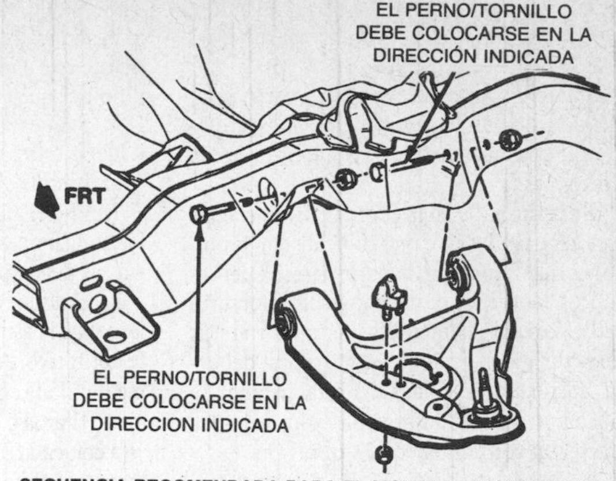

SECUENCIA RECOMENDADA PARA EL MONTAJE: MONTAR LA PATA FRONTAL DEL BRAZO INFERIOR DENTRO DEL MIEMBRO TRANSVERSAL ANTES DE COLOCAR LA PATA POSTERIOR EN EL SOPORTE DEL BASTIDOR

Fijación del brazo inferior

10. Si se ha desmontado, vuelva a montar la pinza del freno.

11. Monte la rueda y el neumático y baje el vehículo.

Brazo de control superior (salvo la Serie S)

DESMONTAJE Y MONTAJE

1. Levante el vehículo y apóyelo sobre soportes.

2. Sostenga el brazo de control inferior con ayuda de un gato hidráulico.

3. Saque la rueda y el neumático.

4. Saque el pasador de aletas del perno de apoyo de la rótula del brazo superior y afloje una vuelta la tuerca del perno.

5. Afloje el perno de apoyo de la rótula del brazo superior, en la mangueta de dirección, utilizando la herramienta especial para desmontar los pernos de las rótulas. Quite la tuerca del perno y levante el brazo superior para separarlo de la mangueta de dirección. Puede que sea necesario desmontar la pinza y el cable del freno, en el bastidor, para disponer de espacio suficiente.

6. Saque las tuercas que fijan el brazo de control al bastidor y retire dicho brazo. Mantenga juntas las arandelas y suplementos, utilizando cinta adhesiva, y póngales etiquetas de identificación a fin de poder volver a montarlo todo en las mismas posiciones.

7. El montaje se realiza siguiendo el orden inverso al desmontaje. Coloque el brazo de control en la debida posición y monte las tuercas. Antes de apretar las tuercas con un par de 70 libras-pie, coloque los suplementos de inclinación y alineación en el mismo orden que se han sacado. Una vez comprobada la alineación delantera, ajústela si resulta necesario.

Brazo control inferior (salvo la Serie S)

DESMONTAJE Y MONTAJE

1. Levante y apoye el vehículo sobre soportes.

2. Saque el muelle. Vea el apartado de Desmontaje y montaje del muelle.

3. Sostenga el extremo interior del brazo de control, una vez sacado del muelle.

4. Saque el pasador de aletas del perno de apoyo de la rótula inferior y afloje la tuerca, una sola vuelta.

5. Afloje el perno de apoyo de la rótula inferior, en la mangueta de dirección, utilizando una herramienta especial de desmontar rótulas. Una vez aflojado el perno, saque la tuerca del perno de apoyo. Puede que tenga que desmontar el calibre y el cable del freno del bastidor, a fin de lograr espacio suficiente.

6. Saque el brazo de control inferior.

7. Para el montaje siga el orden inverso al del desmontaje.

Brazo de control superior (Serie S)

DESMONTAJE Y MONTAJE

1. Anote las posiciones de los suplementos. Los suplementos de la alineación han de montarse en la misma posición que se encontraban antes. Saque tuercas y suplementos. Levante el vehículo y apoye el soporte del brazo de control inferior mediante gatos hidráulicos colocados en el suelo. El gato debe permanecer debajo del asiento del muelle del brazo de control durante el desmontaje y montaje, a fin de que el muelle y el brazo permanezcan en sus posiciones. Dado que se utiliza el propio peso del vehículo para reducir la tensión del muelle en el brazo de control superior, los gatos del suelo deben colocarse entre los asientos del muelle y las rótulas de los brazos de control superiores, a fin de tener un mayor brazo de palanca.

2. Saque la rueda y luego afloje la rótula superior de la mangueta de dirección.

3. Sostenga el conjunto del cubo para evitar que su peso pueda estropear el tubo del freno.

4. Se deben sacar los tornillos de fijación del brazo de control superior para tener espacio suficiente para sacar el conjunto del brazo de control superior.

5. Extraiga el brazo de control superior.

6. Coloque los tornillos de fijación del brazo de control superior en el bastidor, de manera que queden flojos, y luego monte el pasador pivote en dichos tornillos. Tenga en cuenta que los tornillos pivote interiores deben quedar con sus cabezas hacia delante (en el casquillo frontal) y hacia atrás (en el casquillo trasero).

7. Monte los suplementos de alineación en sus posiciones originales entre el pivote y el bastidor, en sus respectivos tornillos. Las tuercas originales se aprietan con un par de 45 libras-pie.

8. Desmonte el soporte provisional de debajo del grupo del cubo, luego monte la rótula en la mangueta de dirección.

9. Monte la rueda, y luego compruebe su alineación, reajustándola si es necesario.

Brazo de control inferior (Serie S)

DESMONTAJE Y MONTAJE

1. Saque el muelle helicoidal.

2. Quite la rótula inferior y el perno de apoyo.

3. Antes de que se suelte el perno, apoye el brazo de control inferior. Saque el brazo de control.

4. Conduzca el brazo de control inferior sacándolo por la abertura del protector de barro, utilizando una espátula o herramienta similar.

5. Monte el perno de apoyo de la rótula inferior en la mangueta y apriete la tuerca.

6. Monte el muelle helicoidal.

7. Compruebe la alineación delantera. Si es necesario, proceda a su reajuste.

Barra estabilizadora (Serie S)

DESMONTAJE Y MONTAJE

1. Levante el vehículo y sosténgalo sobre apoyos.

2. Desmonte los enlaces de cada lado del estabilizador, sacando la tuerca del perno de unión, saque el perno y los retenes, arandelas aislantes y separador.

3. Saque el soporte del bastidor o carrocería, extrayendo los tornillos correspondientes, y quite el eje del estabilizador, los casquillos de goma y las ménsulas.

4. Para el montaje, siga el orden inverso al indicado, asegurándose de que coincide con las indicaciones que figuran en la parte derecha del vehículo. Los casquillos de caucho deben montarse perpendiculares a las ménsulas, con las ranuras existentes dirigidas hacia la parte frontal del vehículo. La tuerca de enlace del estabilizador se aprieta con un par de 13 libras-pie, y los soportes de la ménsula con un par de 24 libras-pie.

SUSPENSIÓN TRASERA

Ballesta (salvo la Serie S)

DESMONTAJE Y MONTAJE

1. Levante el vehículo y apóyelo sobre el bastidor, de manera que los muelles queden colgando. Coloque un gato hidráulico en el suelo de manera que soporte la parte trasera cuando se saque el muelle.

2. Afloje los tornillos de fijación del muelle a la traba. (No debe sacar dichos tornillos.)

3. Saque los tornillos de seguridad que fijan el colgador del muelle.

4. Saque el tornillo y la tuerca que fija el muelle en el colgador delantero.

5. Saque las tuercas de la brida en forma de U, y saque la placa del muelle.

6. Tire del resorte desde el vehículo.

7. Si hay que cambiar los casquillos, deberán sacarse y montarse con una prensa.

8. Coloque el conjunto del muelle sobre el alojamiento del eje. El grupo de traba debe fijarse en la argolla del muelle posterior antes de montar la traba posterior.

9. Coloque en la debida posición la placa de retención del muelle y monte la brida en forma de U (sin apretar las tuercas).

10. Monte el tornillo y la tuerca de la traba posterior, luego coloque el tornillo de argolla frontal y la tuerca. Apriete los tornillos con un par de 110 libras-pie.

Camiones de la Serie S

1. Levante el vehículo y sostenga independientemente la carrocería bastidor y el eje, de manera que se reduzca la carga sobre el muelle.

2. Afloje, sin sacarla, la tuerca de retención de la traba y el muelle.

3. Saque las tuercas de retención de la brida en forma de U, retirando dichas bridas, y haga girar la placa de anclaje del muelle en el amortiguador, a fin de liberar el muelle.

4. Saque la tuerca y el tornillo que fija la traba al bastidor. Tenga cuidado al aguantar el muelle, puesto que ahora puede girar libremente en el tornillo del que cuelga en la parte frontal.

5. Saque tuerca y tornillo del colgador frontal y luego retire el muelle del vehículo.

6. Limpie el apoyo del muelle en el eje.

7. Fije el muelle en el vehículo, en el colgador frontal, montando el tornillo y la tuerca. Todavía no debe apretarlos con el par definitivo.

8. Coloque el tornillo y la tuerca de fijación de la traba al bastidor, pero no ejerza todavía el apriete definitivo. Asegúrese de que la traba está libremente fijada en la argolla posterior del muelle, antes de fijar la traba en el bastidor, y de que la traba está colocada con su extremo abierto hacia la parte delantera del vehículo, así como de que el eje se encuentra en posición sobre el muelle, antes de apretar los tornillos de fijación de la traba al bastidor.

9. Coloque el apoyo del muelle en el eje encima de dicho muelle de manera que la cabeza del tornillo de centraje se encuentre en el agujero de oscilación del asiento del muelle.

10. Haga girar la placa de anclaje sobre el amortiguador, debajo del muelle, y coloque la brida en forma de U. Alinee la placa de anclaje, monte las tuercas de retención (a mano) y luego apriete diagonalmente las tuercas opuestas con un par de 34 libras-pie.

11. Baje el vehículo de manera que su peso quede soportado por la suspensión. Apriete las tuercas de la brida en forma de U, las del tornillo de la argolla del muelle (delantero y trasero) y las de los tornillos de fijación de la traba al bastidor, con un par de 85 libras-pie.

12. Baje el vehículo.

Muelles helicoidales

DESMONTAJE Y MONTAJE

1. Levante el vehículo y apóyelo sobre los raíles del bastidor. Coloque un gato hidráulico debajo del brazo de control y levántelo lo suficiente para apretar ligeramente el muelle.

2. Saque el tornillo inferior del amortiguador que está fijado en el brazo de control inferior.

3. Ponga una cadena de seguridad a través del muelle y del brazo de control inferior. Saque las bridas de retención superior e inferior del muelle. El tornillo de la brida superior se encuentra dentro del mismo muelle, mientras que el de la brida inferior está debajo del brazo de control.

4. Baje lentamente el gato situado debajo del brazo de control, hasta que exista espacio suficiente para poder sacar el muelle.

5. Coloque el muelle en la debida posición sobre el brazo de control y monte la brida de montaje. Levante despacio el brazo de control y coloque la brida superior. El montaje del muelle se lleva a cabo siguiendo el orden inverso al indicado para su desmontaje.

Amortiguadores

DESMONTAJE Y MONTAJE

El procedimiento usual consiste en cambiar los amortiguadores a pares, a fin de lograr una amortiguación equilibrada. Existen modelos de alta resistencia destinados a conseguir un mayor control. Pueden emplearse amortiguadores ajustables de aire a fin de mantener un nivel de conducción según se vaya con cargas pesadas o llevando un remolque.

1. Levante el vehículo y apoye el eje posterior, si es preciso.

2. Si el vehículo lleva montados amortiguadores de aire, debe sacar el aire y desconectar los tubos.

3. Saque la tuerca y la arandela de la parte superior.

4. Saque la tuerca, la arandela y el tornillo del fondo.

5. Purgue el aire del nuevo amortiguador estirándolo hasta su posición normal y comprimiéndolo mientras se mantiene en posición invertida.

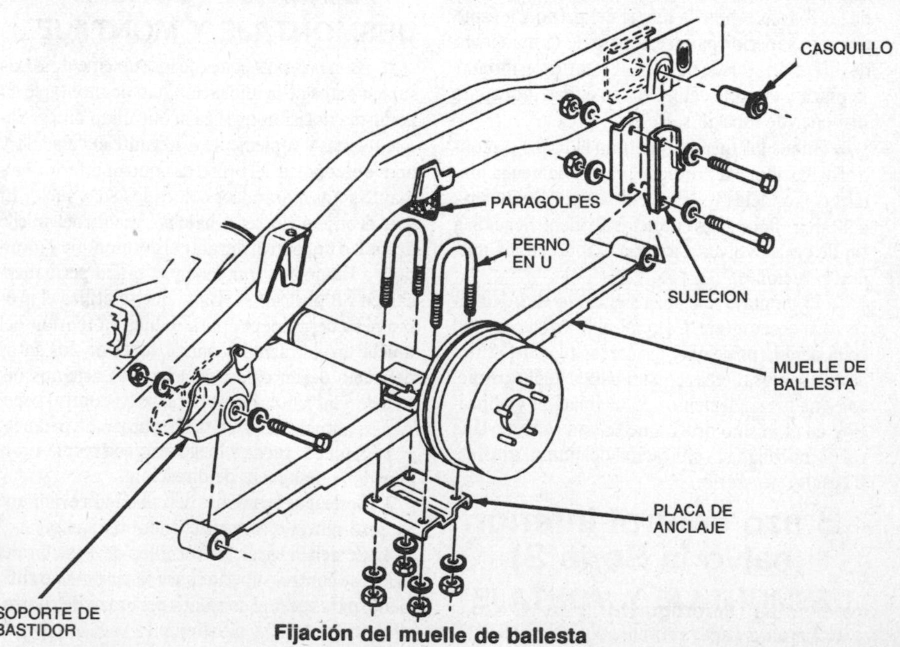

Fijación del muelle de ballesta

Debe repetir la operación varias veces. Es normal que ejerza mayor resistencia al estirado que a la compresión.

6. Monte el amortiguador. En todos los modelos, salvo en la Serie S, hay que apretar las tuercas superiores con un par de 150 libras-pie, y las tuercas inferiores con un par de 114 libras-pie. En los vehículos de la Serie S, las tuercas superiores se aprietan con un par de 15 libras-pie, mientras que las tuercas inferiores se aprietan con un par de 50 libras-pie.

DIRECCIÓN

Una causa frecuente de que estos vehículos presenten un juego excesivo en la dirección es que la caja de dirección se afloja del bastidor. El par de apriete para los tornillos indicados es de 65 libras-pie.

Volante

DESMONTAJE Y MONTAJE

Salvo para la Serie S

1. Desconecte el cable de masa de la batería.

2. Desconecte el pulsador de la bocina (claxon). Saque el vaso de alojamiento, la arandela de adorno y el casquillo (si lo lleva).

3. Señale las posiciones relativas entre el volante y el eje de dirección.

4. Saque el anillo de seguridad del eje de dirección.

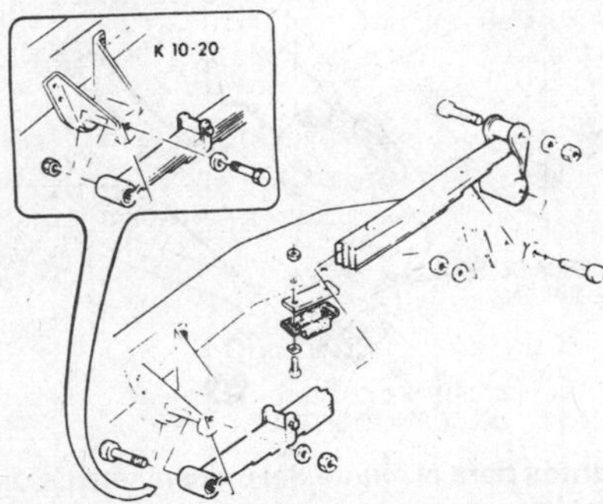

Montaje usual del muelle de ballesta

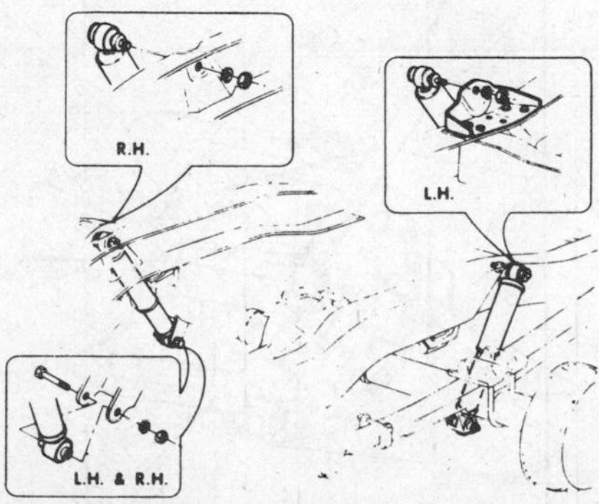

Detalles del amortiguador trasero escalonado

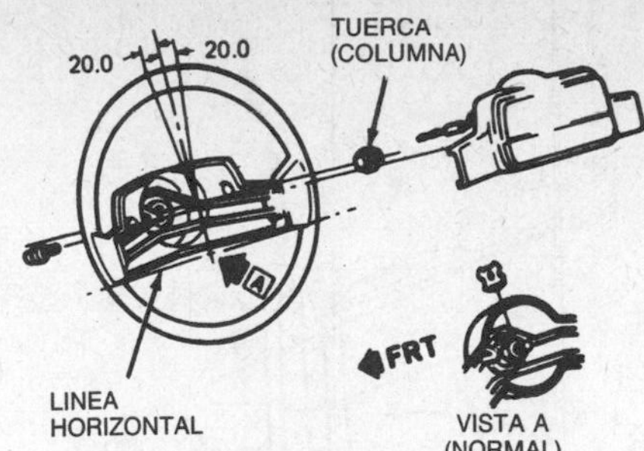

Volante (normal)

5. Quite la tuerca y la arandela del eje de dirección.

6. Con ayuda de un extractor, saque el volante de la dirección.

ATENCIÓN

No golpee sobre el eje de dirección con un martillo.

7. El montaje se lleva a cabo siguiendo el orden inverso al del desmontaje. El conjunto indicador de dirección debe estar situado en la posición neutra a fin de evitar daños en la leva de paro y el conjunto de control. Apriete la tuerca con un par de 30 libras-pie.

Serie S

1. Desconecte el cable negativo de la batería.

2. Saque los tornillos del protector del volante que se encuentran debajo del mismo.

3. Levante el protector del volante y retire el contacto de la bocina (claxon) que se encuentra en dicho volante.

4. Saque el anillo de seguridad.

5. Saque la tuerca del volante.

6. Utilizando la herramienta J-2927, extraiga los anclajes de los tornillos que se encuentran en las roscas del volante. Gire el tornillo central de la herramienta en el mismo sentido de las agujas del reloj (apoyándola contra el eje de dirección) a fin de poder sacar el volante.

NOTA: No debe dar golpes sobre el extractor mientras está girándolo. Los adaptadores para el centrado de la herramienta no es preciso colocarlos.

Interruptor del intermitente

SUSTITUCIÓN

Salvo la Serie S

1. Saque el volante de dirección.

2. Desmonte la tapa de adorno que va de la columna al tablero de instrumentos. Afloje los tres tornillos de la tapa y levante la tapa del eje o bien introduzca un destornillador en la ranura que tiene, a fin de apalancarla y sacarla, según sea el modelo y el año de fabricación.

3. La placa redonda de cierre debe empujarse hacia abajo a fin de sacar el anillo de seguridad de alambre que se encuentra en el eje. Para hacerlo existe una herramienta especial. Consiste en una pieza en forma de U invertida con un agujero para el eje. La tuerca del eje se emplea para empujarla hacia abajo. Apalanque el anillo elástico de alambre para hacerlo salir de la ranura del eje.

4. Saque la herramienta y levante la placa de cierre del eje.

5. Desplace la leva de paro, el muelle del casquillo superior de carga previa y la arandela de empuje, sacándolos del eje.

6. Desmonte el tornillo y la palanca del intermitente. Empuje el mando de destellos y desatorníllelo.

7. Tire del conector del interruptor para sacarlo del enchufe del eje y cubra la parte superior con cinta adhesiva para facilitar la extracción del interruptor. En volantes regulables, coloque la señal de giro y la caja del mando en la posición inferior, sacando la tapa de conexiones.

8. Saque los tres tornillos que fijan el interruptor. Extraiga éste tirando de él hacia arriba, mientras conduce la tapa de la conexión de cables a través de la columna.

9. Monte el interruptor nuevo, haciendo bajar el conector y la tapa a través de la caja y por debajo del soporte. En modelos con volante regulable, el conector se hace bajar a través de la caja, por debajo del soporte, y luego se coloca la tapa sobre la conexión de cables.

10. Monte el tornillo de fijación del interruptor y el conector en el enchufe del eje. Monte la placa de adorno de la columna al tablero de instrumentos.

11. Monte el mando de destellos y gire el intermitente.

12. Con la palanca del intermitente en la posición neutra, y el mando de destellos fuera, deslice la arandela de empuje, el muelle superior del casquillo de carga previa y la leva de paro en el eje.

13. Coloque la placa de bloqueo en el eje y apriétela hacia abajo hasta que exista espacio para poder colocar un nuevo anillo de seguridad en la ranura.

14. Monte la tapa y el volante.

Serie S

1. Saque el volante.

2. Apalanque la tapa de cierre del eje de dirección.

3. Quite el anillo de retención y cierre del eje.

4. Saque la leva de paro y el muelle.

5. Saque el brazo accionador del interruptor, desatornille y saque dicho interruptor y desconecte el conector del cable.

6. El montaje se realiza siguiendo el orden inverso al indicado.

Cerradura y conmutador de arranque

DESMONTAJE Y MONTAJE

Salvo la Serie S

1. Desmonte el volante y el conmutador del intermitente, tal como se ha explicado antes. No es necesario sacar completamente el interruptor del intermitente. Basta con extraerlo lo suficiente para que quede colgando de la columna de dirección. No desconecte los cables.

2. Con la cerradura en la posición «Run», saque el tornillo de fijación del cilindro de la cerradura, y extráigalo.

3. Para su montaje, alinee la llave del cilindro con su boca en la caja y gire la llave todo lo que pueda en el sentido de las agujas del reloj mientras aguanta el cuerpo del cilindro.

4. Introduzca el cilindro en la caja y coloque el tornillo de fijación.

5. Monte el interruptor del intermitente y el volante, tal como se ha descrito anteriormente.

Serie S

1. Desconecte el cable de masa de la batería.
2. Gire la cerradura hasta la posición RUN.
3. Saque el interruptor del intermitente.
4. Quite el tornillo de fijación del cilindro.
5. Extraiga el cilindro.
6. El montaje se efectúa en orden inverso al indicado. Gire el cilindro en la posición STOP mientras lo monta.

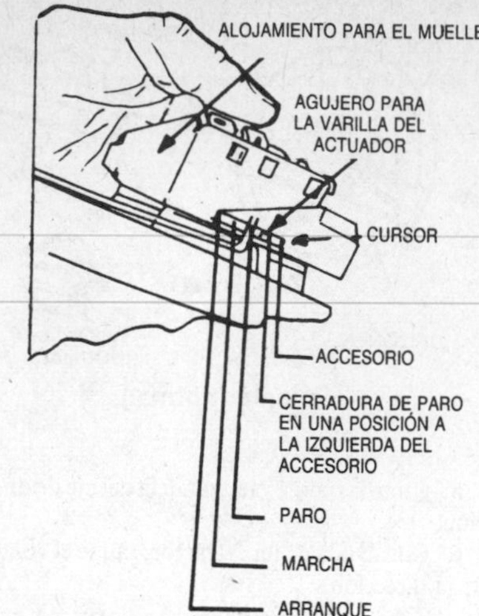

Detalles del interruptor de encendido

Conmutador de encendido

DESMONTAJE Y MONTAJE

Salvo la Serie S

1. El conmutador se encuentra en la columna de dirección, detrás del tablero de instrumentos. Baje la columna de dirección, asegurándose de que queda apoyada. Hay que tener mucho cuidado para evitar que sufra daños la columna deformable.

2. Asegúrese de que el conmutador se halla en la posición LOCK. Si el cilindro de la cerradura no está montado, tire la varilla del conmutador hasta colocarla encima del tope, luego descienda un diente.

3. Saque los dos tornillos y el conmutador.

4. Antes de proceder al montaje, asegúrese de que el conmutador se halla en la posición LOCK. El conmutador puede pasarse a la posición LOCK utilizando un destornillador que se introduce en la ranura de la varilla de bloqueo.

5. Monte el conmutador haciendo uso de los tornillos originales. Si se emplearan tornillos demasiado largos podrían impedir que la columna se deformase al producirse un choque.

6. Vuelva a montar la columna.

Serie S

1. Saque la columna de dirección, el cilindro de la cerradura, el interruptor del intermitente, la palanca de cambio, la copa de la palanca, el protector de la copa y el cojinete inferior de la misma.

2. Desatornille y saque el conmutador de encendido y el interruptor de oscurecimiento de la columna.

3. Para el montaje, en todas las columnas, salvo en las de aplastamiento, desplace el cursor del interruptor hasta su posición extrema izquierda y luego retroceda dos dientes hacia la derecha, es decir, hasta que se halle en su posición OFF-LOCK. En las columnas deformables o de aplastamiento, deje el cursor en la posición extrema de la izquierda, o sea en la posición ACCESORIES. Para ajustar el interruptor de oscurecimiento, apriete un poco el interruptor a fin de permitir la introducción de una broca de 3/32" en el agujero existente sobre la varilla del actuador. Tire del interruptor para eliminar cualquier juego, y luego apriete el tornillo. En las columnas inclinables, la posición ACC del conmutador de encendido es la máxima de la derecha. En estas columnas, mueva el cursor dos dientes hacia la izquierda hasta la posición OFF-LOCK.

Bomba de la dirección asistida

DESMONTAJE Y MONTAJE

1. Desconecte los tubos de la bomba. Una vez desconectados, asegúrese de que sus extremos están levantados para impedir la salida del líquido. Tape los extremos de los tubos para evitar la entrada de polvo.

2. Tape las bocas de la bomba.

3. Afloje las tuercas que fijan la bomba al soporte.

4. Saque la correa de accionamiento de la bomba.

5. Saque los tornillos de fijación de la bomba al soporte, y extraiga la bomba del vehículo.

6. El montaje se realiza siguiendo el orden inverso al utilizado para el desmontaje. Llene el recipiente y purgue la bomba, haciendo girar la polea en sentido contrario a las agujas del reloj (cuando se mira desde el frente), hasta que acaben de desaparecer las burbujas. Purgue toda la instalación. Ajuste la tensión de la correa.

Purga de la instalación

1. Llene el recipiente hasta el nivel correcto y deje el líquido en reposo por lo menos un par de minutos.

2. Ponga el motor en marcha y déjelo funcionar sólo un par de segundos, aproximadamente.

3. Añada líquido si es necesario.

4. Repita las fases 1-3, hasta conseguir que el nivel permanezca estable.

5. Levante la parte frontal del vehículo, de modo que las ruedas delanteras no toquen al suelo. Ponga el freno de mano y bloquee tanto las ruedas delanteras como las traseras. La transmisión manual debe estar en el punto muerto; la transmisión automática debe encontrarse en la posición de aparcamiento (Park).

6. Ponga el motor en marcha y haga que gire a unas 1 500 rpm, aproximadamente.

7. Gire las ruedas (separadas del suelo) a derecha e izquierda, de modo que alcancen ligeramente hasta los topes.

8. En caso necesario, añada líquido.

9. Baje el vehículo y gire las ruedas, a derecha e izquierda, en el suelo.

10. Compruebe el nivel y añada líquido si es preciso.

11. Si el líquido hace mucha espuma, deje el ve-

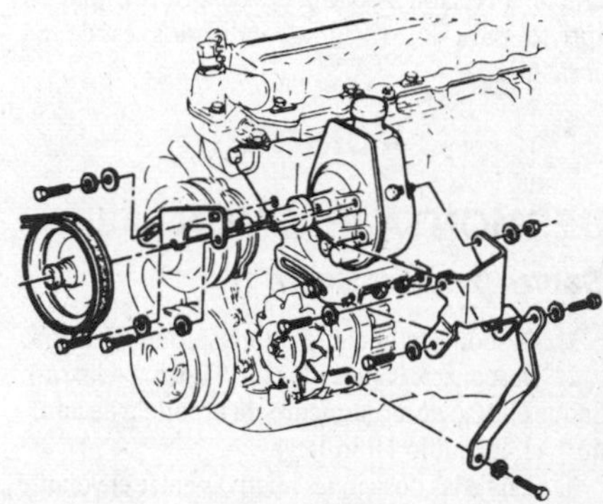

Montaje de la bomba de la dirección asistida 6-250

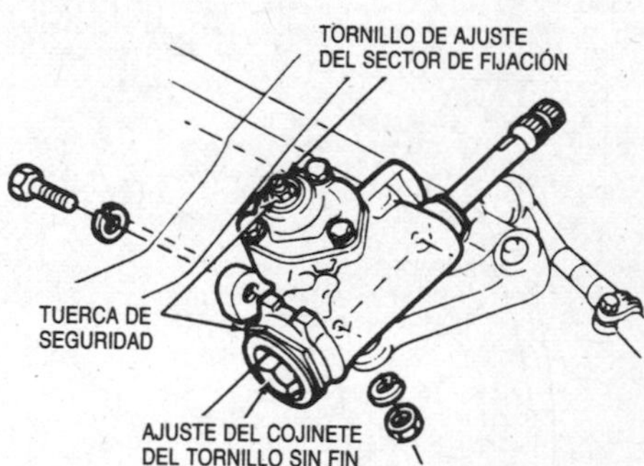

Puntos para el ajuste del mecanismo de dirección

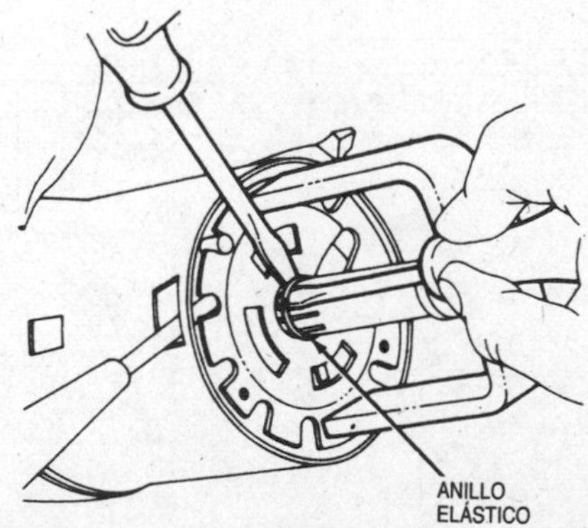

Desmontaje del anillo de retención de la placa de bloqueo

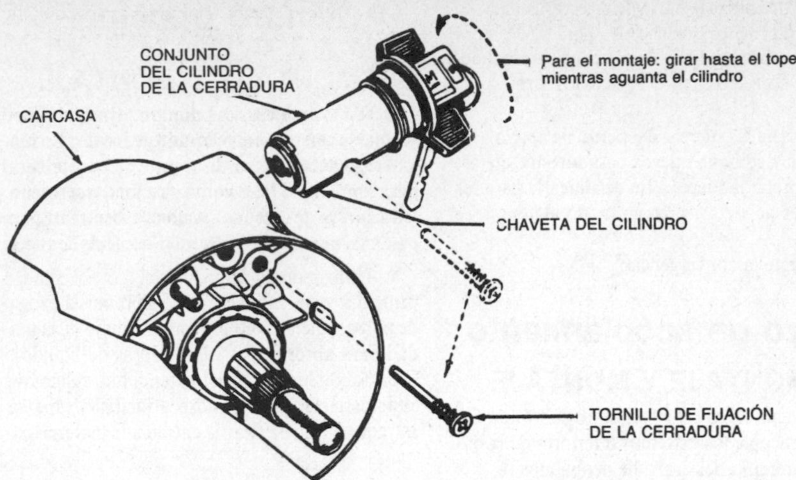

Desmontaje de una cerradura de cilindro normal

hículo por unos minutos, con el motor parado, y vuelva a repetir el mismo procedimiento arriba indicado. Compruebe que la tensión de la correa sea correcta y mire si la polea está floja o torcida. La polea no debe bambolearse estando el motor en marcha.

12. Verifique que no existan tubos tocando otras partes del vehículo, de modo especial planchas metálicas.

13. Compruebe el nivel y añada líquido en caso necesario. Esta fase y la que sigue son muy importantes. Al llenar con líquido, siga las etapas 1-10.

14. Compruebe si el líquido contiene aire. El líquido que contiene aire aparece lechoso. Si existe aire, vuelva a repetir las fases anteriores. Si resulta evidente que la bomba no llega a ser purgada después de varios intentos, deberá hacerse una prueba de presión.

INSTRUCCIONES DE FIJACIÓN
PARA TODAS LAS FURGONETAS

A. Todos los tornillos deben colocarse en la dirección indicada
B. Girar hacia atrás tanto los zócalos interior como exterior de los tirantes, hasta llegar al límite de recorrido de las bolas prisioneras
C. Ponga las bridas con los ángulos indicados
D. Apriete las bridas
E. Con el mismo giro hacia atrás, todos los centros de los tornillos deben encontrarse dentro de los ángulos que se indican

ATENCIÓN: ANTES DE APRETAR LAS BRIDAS HAY QUE ASEGURARSE QUE NO EXISTAN IRREGULARIDADES ENTRE ELLAS

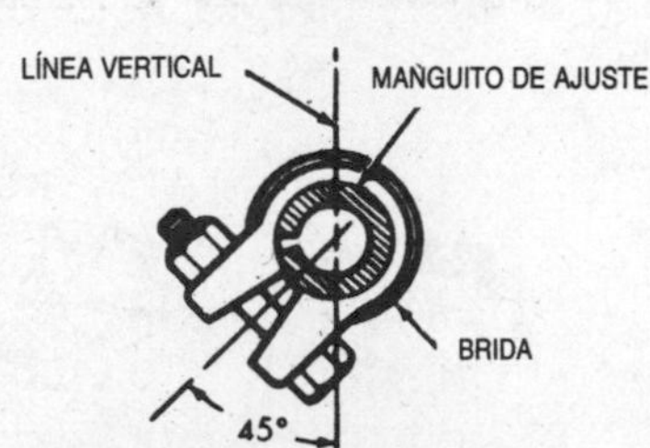

NOTA IMPORTANTE: LA RANURA DEL MANGUITO DE AJUSTE NO DEBE ENCONTRARSE DENTRO DE LA ZONA ABIERTA DE LA BRIDA O A MENOS DE 0,10" DEL BORDE DE LA MORDAZA DE LA BRIDA. HAGA GIRAR LA BRIDA PARA QUE SE CUMPLAN LOS REQUISITOS INDICADOS

ATENCIÓN: LA LÍNEA CENTRAL DE LA RANURA DE LA BRIDA DEBE ENCONTRARSE EN LA POSICIÓN DE AJUSTE INDICADA

Montaje del manguito de la brida del tirante

Mecanismo de la dirección asistida

AJUSTES

Consulte la sección de Reparaciones.

DESMONTAJE Y MONTAJE

1. Desconecte los tubos del mecanismo. Una vez sacados los tubos, asegúrese de que sus extremos queden lo bastante alzados para que no salga aceite por ellos. Tapone o encinte los extremos de los tubos para evitar que entre suciedad.

2. Monte dos tapones en las entradas del mecanismo para evitar la entrada de polvo y suciedad.

3. Saque los tornillos del acoplamiento flexible entre el mecanismo y la brida de la dirección. Señale la posición entre la junta universal y el apoyo del eje.

4. Señale la relación existente entre la biela y el eje. Saque la tuerca del eje de la biela o del brazo utilizando un extractor J-6632.

5. Saque los tornillos del mecanismo de dirección al bastidor y extraiga el mecanismo.

6. En los modelos GC y K, saque el tornillo del acoplamiento flexible y retire el acoplamiento del eje de apoyo del mecanismo de la dirección.

7. Monte el acoplamiento flexible sobre el apoyo del eje del mecanismo de la dirección, alineando la zona plana del acoplamiento con el plano existente en el eje. Empuje el acoplamiento en el eje hasta que el fondo del apoyo del eje descanse en el refuerzo del acoplamiento. Coloque el tornillo de apriete.

NOTA: El tornillo del acoplamiento debe pasar por el corte existente en el eje, pues en caso contrario se pueden dañar los componentes.

8. Sitúe el mecanismo de la dirección en la debida posición, conduciendo el tornillo del acoplamiento en la brida del eje de dirección.

9. Coloque los tornillos del mecanismo de la dirección y el bastidor.

10. Caso de que se utilicen separadores de plástico en el pasador de alineación del acoplamiento flexible, asegúrese de que se hallan fijados en el pasador, apriete las tuercas de los tornillos de la brida y luego saque los separadores de plástico.

11. Si no se utilizan separadores de plástico en el pasador de alineación del acoplamiento flexible, centre los pasadores en las ranuras de la brida del eje de dirección y luego monte y apriete las tuercas del tornillo de la brida.

12. Monte la biela en el eje, alineando las señales hechas al desmontarla. Monte la tuerca del eje de la biela.

13. Saque los tapones y tapetas del mecanismo de la dirección y tubos, volviendo a conectar los tubos en el mecanismo. Apriete las fijaciones de los tubos.

Mecanismo de la dirección manual

AJUSTES

Consulte la sección de Reparaciones.

DESMONTAJE Y MONTAJE

1. Coloque las ruedas delanteras del vehículo

en posición recta, circulando con el vehículo un corto tramo sobre una superficie plana.

2. Saque los tornillos que unen el acoplamiento flexible a la brida del árbol de dirección. Señale las posiciones relativas entre la junta universal y el tornillo sin fin.

3. Marque la posición de la biela con su eje. Saque la tuerca de la biela o el tornillo de su brazo, y luego saque la biela de su eje utilizando el extractor J-6632.

4. Extraiga los tornillos que fijan la caja de dirección al bastidor y saque el conjunto de la caja de dirección.

5. Saque el tornillo de apriete del acoplamiento flexible y retire dicho acoplamiento del tornillo sin fin de la caja de dirección.

6. Monte el acoplamiento flexible en el tornillo sin fin de la dirección, alineando la zona plana del acoplamiento con el plano existente en el eje. Empuje el acoplamiento en el eje hasta que el tornillo sin fin toque en el refuerzo del acoplamiento. Monte el tornillo de apriete y aplíquele un par de 24 libras-pie. El tornillo del acoplamiento debe pasar a través del corte existente en el eje.

7. Coloque la caja de dirección en su debida posición e introduzca el tornillo de acoplamiento en la brida del eje de dirección.

8. Monte los tornillos que unen la caja de dirección al bastidor, y apriételos con un par de 70 libras-pie, o de 55 libras-pie en el caso de los vehículos de la serie S.

9. Si se utilizan separadores de plástico en el pasador de alineación del acoplamiento flexible, asegúrese de que se encuentran en los pasadores, apriete las tuercas del tornillo de la brida con un par de 25 libras-pie y luego saque los separadores de plástico.

10. En el caso de que no se utilicen separadores de plástico en el pasador de alineación del acoplamiento flexible, centre los pasadores en las ranuras de la brida del eje de dirección y luego monte y apriete las tuercas del tornillo de la brida con un par de 25 libras-pie.

11. Monte la biela en el eje de la misma, alineando las marcas hechas en el momento de desmontarlas. Coloque la tuerca del eje de la biela y apriétela con un par de 185 libras-pie.

Extremos de la barra de dirección

DESMONTAJE Y MONTAJE

1. Levante la parte frontal del vehículo y apóyela encima de soportes para que quede segura.

2. Saque la tuerca y el pasador de aletas del extremo de la barra de dirección.

3. Utilice una herramienta para desmontar la rótula del extremo de la barra de dirección para aflojar el perno de apoyo.

4. Saque el perno de apoyo interior utilizando el mismo sistema.

5. Afloje las tuercas del manguito de ajuste de la barra de dirección.

6. Desatornille el extremo de la barra de dirección del manguito roscado. Las roscas pueden ser a derecha o a izquierda. Cuente el número de vueltas que debe dar para desmontarlas.

7. Para el montaje, engrase las roscas y haga girar el extremo de la barra de dirección el mismo número de vueltas que necesitó para su desmontaje. Así conseguirá una convergencia aproximadamente correcta cuando apriete los tornillos de la brida.

8. Apriete las tuercas del perno de apoyo a 45 libras-pie y coloque nuevos pasadores de aletas. Puede apretar la tuerca a fin de alinearla para los pasadores de aletas, pero en modo alguno debe aflojarla.

9. Ajuste la convergencia.

Brazo de acoplamiento

DESMONTAJE Y MONTAJE

1. Levante el vehículo y asegúrelo sobre apoyos.

2. Desacople los extremos interiores de la barra de dirección del brazo de acoplamiento.

3. Saque la tuerca del acoplamiento y del perno de apoyo de la rótula en la biela.

4. Desmonte el brazo de acoplamiento de la biela, utilizando una herramienta como la J-24319-01. Desplace el mecanismo de cambio de dirección lo necesario para separar la biela del brazo intermedio.

5. Saque la tuerca del brazo intermedio y extraiga el acoplamiento del citado brazo.

6. El montaje se realiza siguiendo el orden inverso al indicado. Las tuercas se aprietan con un par de 40 libras-pie. En caso necesario, reajuste la convergencia.

Brazo intermedio

DESMONTAJE Y MONTAJE

1. Levante el vehículo y apóyelo sobre soportes para mayor seguridad.

2. Saque las tuercas que fijan el brazo intermedio al bastidor, sacando también arandelas y tornillos.

3. Desmonte la tuerca del perno de apoyo de la rótula del brazo de acoplamiento al brazo intermedio.

4. Desmonte el brazo de acoplamiento del brazo intermedio, utilizando el extractor J-24319-01 u otro parecido.

5. Saque el brazo intermedio.

6. El montaje se realiza siguiendo el orden inverso al indicado. Las tuercas se aprietan con un par de 30 libras-pie.

SISTEMA DE FRENOS

AJUSTE

Frenos de tambor posteriores

Estos frenos están provistos de un sistema de autoajuste y no requieren ajuste manual, salvo en el caso de que se deban cambiar los forros.

Frenos de disco anteriores

Estos frenos disponen de autoajuste, no siendo necesario ni posible ningún tipo de ajuste.

Cilindro principal

DESMONTAJE Y MONTAJE

NOTA: Las piezas del cilindro principal deben limpiarse con alcohol o líquido de frenos. En ningún caso debe utilizar disolvente de base mineral para limpiarlas, tales como gasolina, queroseno, tetracloruro de carbono, acetona o disolvente para pinturas, puesto que destruirían las piezas de goma.

1. Utilizando un trapo limpio, frote el cilindro principal y sus tubos a fin de eliminar el exceso de polvo, y luego coloque trapos debajo de la unidad para absorber las salpicaduras de líquido.

2. Saque los tubos del sistema hidráulico que están conectados al cilindro principal y tape las entradas a fin de evitar la entrada de materias extrañas.

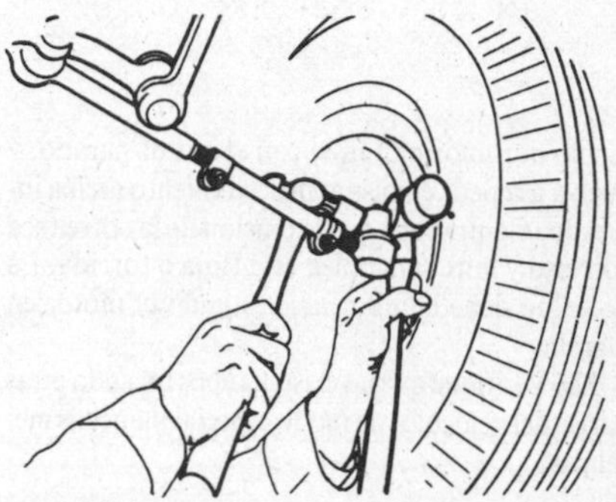

Liberación del extremo del tirante

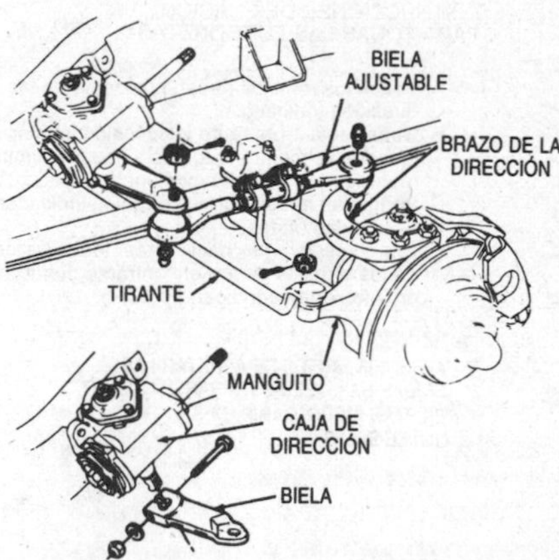

Articulaciones de la dirección en los modelos de tracción en las cuatro ruedas

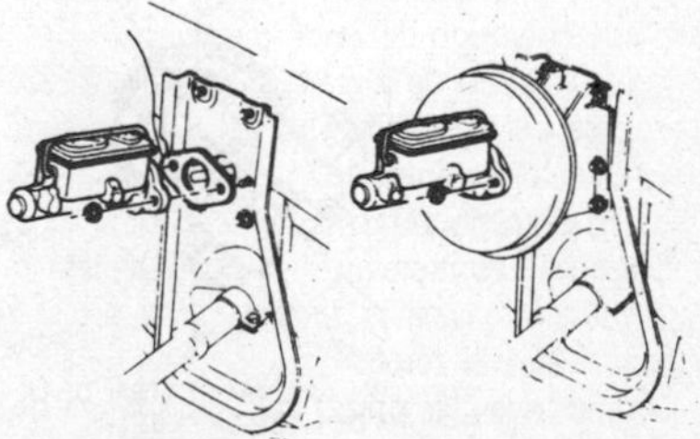

Montajes usuales de cilindros de servofreno

3. Desconecte el empujador del freno del pedal, en el caso de que no exista servofreno.

4. Quite los tornillos de fijación y saque el cilindro principal de la mampara cortafuegos o del servofreno.

5. Para el montaje: conecte el empujador al pedal de freno con su pasador y retén de seguridad.

6. Conecte los tubos del freno y llene los recipientes del cilindro principal hasta los niveles correctos.

7. Purgue el sistema de frenos tal como se explica en la sección de Reparaciones.

Conmutador de la luz de stop

AJUSTE

Con el pedal de freno completamente liberado, el émbolo del conmutador de la luz de stop debe estar deprimido contra el eje del pedal. Ajuste del conmutador moviéndolo hacia dentro o fuera, según convenga.

1. Asegúrese de que la pinza tubular se encuentra en el soporte de montaje del pedal.

2. Con el pedal de freno apretado, introduzca el conmutador dentro de la pinza tubular hasta que el cuerpo del mismo ajuste en la pinza. Se oirán clics cuando la parte roscada del conmutador pase por la pinza hacia el pedal de freno.

3. Tire del pedal de freno completamente aplicado contra el tope del mismo, hasta que ya no se oiga ningún clic más. El conmutador se moverá en la pinza tubular para su ajuste.

4. Suelte el pedal de freno y repita la fase 3, para estar seguro de que no se escucha ningún clic.

Cojinetes de las ruedas

LUBRICACIÓN Y AJUSTE

Tan sólo precisan un mantenimiento periódico los cojinetes de las ruedas delanteras. Hay que emplear una grasa de alto punto de fusión que esté de acuerdo a las especificaciones GM 6013-M. No se debe utilizar grasa del tipo de fibras largas. El mantenimiento es aconsejable que se haga cada 20,000 millas (unos 30,000 km) o cuando el vehículo haya pasado por sitios en que el agua pueda haber entrado en los cubos.

1. Saque el conjunto de rueda y neumático, y luego la pinza del freno o el tambor.

2. Desmonte el cubo y el disco formando un conjunto. Saque los tornillos de fijación de la pinza e introduzca un bloque entre los forros de freno siempre que saque la pinza. Separe el calibre y el cable de la zona de trabajo. No permita que el calibre quede colgando del tubo de freno.

3. Saque la tapeta de la grasa, el pasador de aletas, la tuerca y la arandela, y luego quite el cubo. No deje caer los cojinetes de la rueda.

4. Saque el grupo del cojinete de rodillos exterior del cubo. El cojinete interior permanecerá en el cubo, pudiendo sacarse después de sacar el retén interior. Tire el retén.

5. Limpie todas las piezas con disolvente (dejándolas secar al aire) y compruebe si presentan un desgaste excesivo u otros daños.

6. Utilizando un martillo y un punzón saque las cajas de los cojinetes del cubo. Al montar nuevas cajas, asegúrese de que no quedan inclinadas, sino que ajustan bien contra el apoyo del cubo.

7. Llene ambos cojinetes de la rueda con grasa que tenga un elevado punto de fusión, especial para frenos de disco. La grasa corriente se fundiría y saldría al exterior, estropeando los forros. Colóquese un montón de grasa en la palma de la mano y apriétela contra el borde de cojinete a fin de que quede lleno de grasa. Repita la operación hasta que el cojinete esté completamente lleno. Existen herramientas especiales para hacer este trabajo de una forma más limpia. También hay herramientas que permiten engrasar los cojinetes sin tener que desmontarlos.

8. Coloque el cojinete interior en el cubo y monte un nuevo retén, asegurándose de que la brida del retén queda hacia la caja del cojinete.

9. Monte con cuidado el cubo de la rueda sobre el eje.

10. Apriete fuertemente con sus manos el cojinete exterior en el cubo. Monte la arandela y la tuerca en el eje.

11. Para el ajuste de los cojinetes, haga girar el cubo de la rueda con la mano y apriete la tuerca hasta que quede sólo ajustada (con un par de 12 libras-pie). Vuelva a hacer retroceder la tuerca hasta que quede floja y proceda a apretarla nuevamente, pero sólo con los dedos. Afloje la tuerca hasta que su agujero quede alineado con el del eje e introduzca un nuevo pasador de aletas. Debe quedar un juego de 0.001 a 0.005", el cual puede comprobarse con un calibre provisto de reloj indicador.

12. Vuelva a colocar la tapeta protectora, la rueda y su neumático.

Freno de mano

AJUSTE

Antes de intentar el ajuste del freno de mano, asegúrese de que los frenos de las ruedas traseras están bien ajustados, haciendo varios paros mientras conduce marcha atrás.

Salvo la Serie S

1. Levante y soporte el eje posterior del vehículo. Suelte el freno de mano.

2. Entre cuatro dientes en el pedal del freno.

3. Ajuste el equilibrador de cable, girando la tuerca hasta que note una tensión moderada al intentar girar las ruedas traseras hacia delante.

NOTA: Si cambia el cable del freno de mano, primero deberá estirarlo aplicando el freno de mano con fuerza, durante tres veces consecutivas, antes de intentar su ajuste.

Serie S

Cada vez que se hayan desconectado los cables del freno de mano hay que proceder a un ajuste de la instalación.

1. Coloque el pedal del freno de aparcamiento en el número de dientes especificado: en los Pickups de 2WD, 8 dientes; en los Pickups de 4WD, 10 dientes. En todos los Blazer, 10 dientes.

2. Levante el vehículo y apóyelo sobre soportes.

3. Coloque un calibre adecuado para la tensión adecuada del cable en la parte posterior del mismo, tan cerca del equilibrador como sea posible. Debe colocarse en el cable de mano izquierda en los modelos Pickup de 2WD y en el cable de mano derecha en los modelos Pickup de 4WD. En los modelos Blazer ha de colocarse en el cable de mano derecha.

4. Mueva la tuerca de ajuste hasta que la tensión que aparezca en el calibre sea de 200-220 libras en los Pickups de 2WD, de 140-150 libras en los Pickups de 4WD y de 140-150 libras en los Blazer.

5. No hay que apretar excesivamente los cables, puesto que producirían un frenado prematuro.

6. Saque los soportes y baje el vehículo.

CAMBIO DEL CABLE

Salvo los Serie S

CABLE DELANTERO

1. Levante y soporte el vehículo sobre apoyos.

2. Saque la tuerca de ajuste del equilibrador.

3. Saque la pinza de retención de la parte posterior del cable delantero en el bastidor y del brazo de palanca.

4. Desconecte el cable de freno delantero del pedal o la palanca de freno. En ciertos modelos, puede facilitarse el montaje del nuevo cable si se ata una cuerda resistente al extremo del cable a fin de conducir el nuevo cable por el sitio correcto.

5. Monte el cable siguiendo el procedimiento inverso al indicado para el desmontaje.

6. Ajuste el freno de aparcamiento.

CABLE CENTRAL

1. Levante el vehículo y colóquelo sobre apoyos.

2. Saque la tuerca de ajuste del equilibrador.

3. Desatornille ambos extremos del conector y desmonte ganchos y guías.

4. Monte el nuevo cable siguiendo el procedimiento inverso al del desmontaje.

5. Ajuste el freno de aparcamiento.

6. Utilice tres veces el freno de aparcamiento, ejerciendo mucha presión, y vuelva a repetir el ajuste.

CABLE POSTERIOR

1. Levante el vehículo y apóyelo sobre soportes.

2. Saque la rueda posterior y el tambor de freno.

3. Afloje la tuerca de ajuste en el equilibrador.

4. Desmonte el cable posterior en el conector.

5. Doble las uñas de retención.

6. Desacople el cable en la zapata de la palanca de accionamiento del freno.

7. Monte el nuevo cable invirtiendo el procedimiento seguido para su desmontaje.

Serie S

CABLE DELANTERO

1. Levante el vehículo y apóyelo sobre soportes adecuados.

2. Afloje la tuerca de ajuste y desconecte el cable delantero del conector. Comprima las uñas de retención y suéltelo del bastidor.

3. Saque los soportes y baje el vehículo.

4. Desmonte la botella del líquido limpiaparabrisas.

5. Desconecte el cable del pedal del freno de aparcamiento, comprima las uñas de retención y saque el cable.

6. Monte el cable siguiendo el procedimiento indicado, pero en sentido inverso.

7. Ajuste el freno de aparcamiento.

CABLE CENTRAL

1. Levante el vehículo y apóyelo adecuadamente.
2. Saque la tuerca de ajuste en el equilibrador, y saque el cable de dicho equilibrador.
3. Desconecte cable y retenes.
4. Monte el cable invirtiendo el procedimiento indicado para el desmontaje, y luego ajuste el freno de aparcamiento.

IZQUIERDO/DERECHO POSTERIOR

1. Levante el vehículo y apóyelo sobre soportes.
2. Marque las posiciones relativas entre la rueda y neumático con la brida del eje, y sáquela.
3. Saque el tambor de freno.
4. Afloje el equilibrador y desconecte el cable del retén central.
5. Comprima las uñas del retén de plástico y saque dicho retén de soporte del bastidor.
6. Saque la zapata del freno trasero y desconecte el cable.
7. Saque la zapata del otro freno trasero y desconecte el cable.
8. El montaje del cable se lleva a cabo invirtiendo el procedimiento indicado. Asegúrese de que el cable sigue el recorrido correcto y se halla bien fijado.
9. Ajuste el cable del freno de aparcamiento y baje el vehículo.

EQUIPO ELÉCTRICO DEL BASTIDOR

Ventilador - Salvo las furgonetas (Vans) y la Serie S

DESMONTAJE Y MONTAJE

1. Desconecte los cables de la batería, abra el capó y apóyelo con total seguridad.
2. Marque la posición del motor del ventilador con respecto a su caja. Desmonte la conexión eléctrica al motor.
3. Saque los tornillos de fijación del ventilador y retire el conjunto. Si la junta está pegada, ejerza un poco de palanca sobre la brida.
4. Puede desmontarse la rueda del ventilador del eje del motor, sacando para ello la tuerca central.
5. Monte la rueda del ventilador al motor con el extremo abierto de dicha rueda en el lado apartado del motor, y coloque la unidad dentro de la caja del ventilador. Conecte la brida de masa y la conexión eléctrica.
6. Coloque la bisagra del capó utilizando las marcas realizadas y compruebe la correcta alineación del capó.
7. Conecte los cables de la batería.

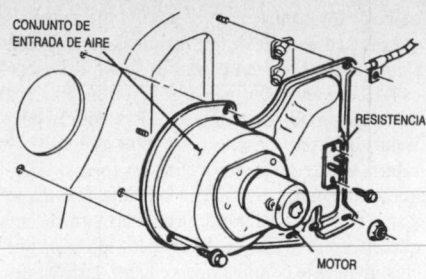

CONJUNTO DE ENTRADA DE AIRE
RESISTENCIA
MOTOR

Conjunto ventilador y calefactor (salvo furgonetas)

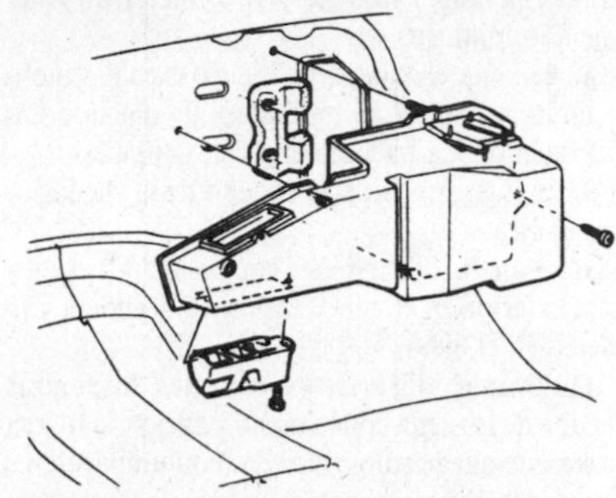

Distribuidor de calefacción (salvo furgonetas)

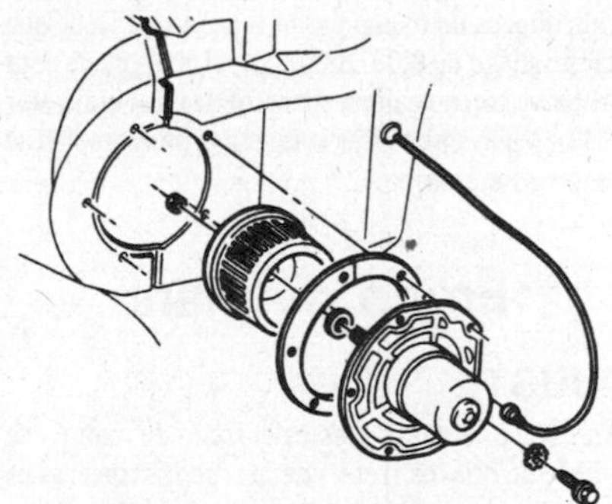

Motor de ventilador para camión

Núcleo del calefactor - Salvo en furgonetas (Vans) y Serie S

DESMONTAJE Y MONTAJE

Sin aire acondicionado

1. Desconecte el cable de masa de la batería.
2. Desconecte los conductos del calefactor de los tubos del núcleo y purgue el refrigerante del motor. Tape los tubos del núcleo para que no se produzcan pérdidas de líquido.
3. Saque las tuercas de los conductos distribuidores de aire, en el compartimento del motor.
4. Saque la guantera (cajuela) y la puerta.
5. Desconecte los cables de «Air-Defrost» y «Temperature» de la puerta.
6. Desmonte la salida del suelo y saque el tornillo que une el conducto del descongelador al distribuidor del calefactor.
7. Saque los tornillos del distribuidor del calefactor al tablero de instrumentos. Tire hacia atrás del conjunto a fin de poder tener acceso a los cables fijados a la unidad.
8. Saque el distribuidor del calefactor del vehículo.
9. Desmonte las tiras que sostienen el núcleo del calefactor y saque dicho núcleo del vehículo.
10. El montaje se realiza siguiendo el orden inverso al indicado. Asegúrese de que la junta entre el núcleo y la caja, así como la junta entre la caja y el tablero de instrumentos, están intactas. Llene el sistema de refrigeración y compruebe si hay pérdidas.

Con aire acondicionado

1. Desconecte el cable de masa de la batería.
2. Purgue el refrigerante.
3. Saque los conductos del calefactor de los tubos del núcleo. Tape los tubos para evitar que pierdan líquido.
4. Saque la guantera (cajuela) y la puerta.
5. Saque los tornillos que fijan el conducto central al conducto del selector y al tablero de instrumentos. Saque los conductos centrales superior e inferior.
6. Desconecte el cable de control de la temperatura de la puerta.
7. Saque las tres tuercas de los pernos del mamparo cortafuegos. Quite el tornillo del conducto del selector al mamparo cortafuegos, dentro del vehículo.
8. Tire hacia atrás el conjunto del conducto del selector hasta que los tubos del núcleo queden separados del mamparo cortafuegos, luego bájelo y desconecte las conexiones de vacío y eléctricas.
9. Saque el conjunto del conducto del selector y extraiga el núcleo del vehículo.
10. Para el montaje sígase el mismo procedimiento, pero en orden inverso.

Ventilador - Furgonetas (Vans)

DESMONTAJE Y MONTAJE

1. Desconecte los cables de la batería. Saque la batería.
2. Desconecte el cable del motor del ventilador.
3. Saque los tornillos de fijación del ventilador.
4. Saque el conjunto del ventilador. Puede ser preciso apalancar un poco la brida del ventilador. Hay veces en que la junta actúa como si fuera un adhesivo.
5. Si hay que cambiar el motor, saque la tuerca que fija la rueda del ventilador al eje del motor y separe ambas piezas.

Núcleo del calefactor - Serie S

DESMONTAJE Y MONTAJE

1. Desconecte el cable de masa de la batería.
2. Purgue el sistema de refrigeración.
3. Quite los conductos del calefactor en los tubos del núcleo.
4. Saque los tornillos que fijan el núcleo.

5. Saque los retenes de cada extremo del núcleo.

6. Levante el núcleo y sáquelo.

7. El montaje se lleva a cabo siguiendo el orden indicado.

Radio

DESMONTAJE Y MONTAJE

Salvo las furgonetas (Vans) y la Serie S

1. Saque el cable negativo de la batería y los mandos y engastes de los ejes de la radio.

2. En las radios con onda AM, saque la tuerca y la arandela de seguridad que soporta la radio.

3. En las radios con ondas AM/FM, saque los tornillos que fijan el soporte del tablero de instrumentos.

4. Levante el borde posterior de la radio, empújela hacia delante hasta que los ejes de los mandos queden separados del tablero de instrumentos. Luego, baje la radio lo suficiente para acceder a la conexión eléctrica y poder desconectarla.

5. Saque el cable de corriente y los cables de la antena, extrayéndola luego de la unidad.

6. Para el montaje de la radio, siga el mismo procedimiento, pero en orden inverso.

Furgonetas (Vans)

1. Desconecte el cable de masa de la batería.

2. Saque la tapa del motor.

3. Saque el filtro de aire del carburador.

4. Quite el perno del carburador que aguanta el filtro de aire.

5. Tape el carburador con un trapo limpio.

6. Saque los botones de mando, arandelas y tuercas de la parte frontal de la radio.

7. Saque el tornillo posterior del soporte y luego dicho soporte de la radio.

8. Extraiga la radio a través de la zona accesible del motor. Baje la radio lo bastante para poder desconectar los cables.

9. Quite la radio.

10. El montaje se lleva a cabo en el orden inverso a su desmontaje.

Vehículos de la Serie S

1. Desconecte el cable de la masa de la batería.

2. Saque el engaste central del tablero de instrumentos.

3. Quite los cuatro tornillos del soporte de la radio y tire de ésta para poder sacarla.

4. Desconecte los cables de corriente y de la antena. Saque la radio.

5. El montaje se lleva a cabo en el orden inverso al indicado para el desmontaje.

Motor del limpiaparabrisas

DESMONTAJE Y MONTAJE

Salvo furgonetas (Vans) y Serie S

1. Asegúrese de que los limpiaparabrisas se encuentran en su posición de reposo.

2. Desconecte el cable de masa de la batería.

3. Desconecte los cables y tubos de la bomba de líquido limpiaparabrisas.

4. Saque la tapa de plástico de la toma de aire y sepárela para poder aflojar los tornillos de las palancas de accionamiento del limpiaparabrisas. Existe un pequeño agujero para llegar a ellos. Saque la palanca de la biela del motor.

5. Desatornille y saque el motor.

6. Para el montaje invierta el orden indicado, asegurándose de que lubrica el eje de la biela del motor.

NOTA: Cuando fallan los limpiaparabrisas o quedan atascados, suele deberse a la acumulación de grasa o suciedad en los contactos electromagnéticos. Basta desconectar el cable y tirar de la tapa de plástico para llegar al lugar preciso. Igualmente, si los limpiaparabrisas no se detienen en el sitio correcto, suele ser debido a grasa o suciedad en los contactos de detención. El interruptor de detención se encuentra debajo de la tapa, detrás de la bomba.

Furgonetas (Vans)

1. Asegúrese de que el motor del limpiaparabrisas se encuentra en la posición de paro (PARK). Los brazos del limpiaparabrisas deben estar en su posición normal (OFF).

2. Abra el capó y desconecte el cable de masa de la batería.

3. Saque los tornillos de la tapa del cubretablero con el capó abierto.

4. Desmonte los brazos del limpiaparabrisas. Esto se consigue tirando de los brazos como apartándolos del cristal y sacando la pinza situada debajo. Los brazos del limpiaparabrisas tienen estrías y pueden sacarse de los ejes.

5. Saque los tornillos restantes que fijan el cubretablero y retírelo.

6. Afloje las tuercas de fijación de las articulaciones del limpiaparabrisas a la biela del motor.

7. Desconecte el cable de corriente de alimentación del limpiaparabrisas, sacando el conector que hay junto a la radio.

8. Saque el tubo flexible del lado izquierdo del descongelador a fin de tener acceso a los tornillos del motor del limpiaparabrisas.

9. Saque el tornillo que fija el conducto izquierdo del calentador al protector del motor, bajando y sacando dicho conducto.

10. Desconecte los tubos de la bomba del líquido limpiaparabrisas.

11. Saque los tres tornillos que fijan el motor del limpiaparabrisas al cubretablero y levante dicho motor sacándolo de debajo del tablero.

12. El montaje se realiza siguiendo el orden inverso al indicado para su desmontaje. Monte el motor del limpiaparabrisas en la posición de paro (PARK).

Serie S

1. Desconecte el cable de masa de la batería.

2. Saque los brazos del limpiaparabrisas.

3. Quite el cubretablero, abertura y rejilla.

4. Afloje, pero sin sacarlas, las tuercas que fijan la varilla de accionamiento a la biela del motor.

5. Desconecte la varilla de accionamiento de la biela del motor.

6. Desconecte los cables del motor.

7. Quite los tornillos de fijación del motor. Gire el motor hacia arriba y al exterior, sacándolo del vehículo.

8. El montaje se realiza en orden inverso al indicado para el desmontaje. Los tornillos de fijación se aprietan con un par de 50-75 libras-pie.

Mecanismo de accionamiento del limpiaparabrisas

DESMONTAJE Y MONTAJE

Serie S

1. Desconecte el cable de masa de la batería.

2. Quite los brazos limpiaparabrisas.

3. Saque la abertura, rejilla y el cubretablero.

4. Saque la tuerca que fija el mecanismo de accionamiento al motor.

5. Saque el tornillo que fija el mecanismo al motor.

6. El montaje se lleva a cabo en el orden inverso al indicado. Apriete los tornillos y tuercas con un par de 50-80 libras-pie.

Tablero de instrumentos

DESMONTAJE Y MONTAJE

Salvo furgonetas (Vans) y Serie S

1. Desconecte el cable de masa de la batería.

2. Desmonte el mando del conmutador de los faros y los mandos de la radio.

3. Quite los ocho tornillos y retire el engaste de los instrumentos.

4. Por debajo del tablero de instrumentos, desconecte el velocímetro, apretando primero la pinza que existe detrás de la caja del velocímetro y luego tirando del cable una vez la pinza apretada.

5. Desconecte el panel de instrumentos lo necesario para poder desconectar el tubo del manómetro de aceite.

7. Saque el tablero.

8. Monte el tablero siguiendo el orden inverso al indicado para su desmontaje.

Furgonetas (Vans)

1. Abra el capó y desconecte el cable de masa de la batería.

2. Por debajo del tablero, desconecte el cable del velocímetro, apretando primero la pinza que hay detrás de la caja del velocímetro y, luego tirando del cable mientras la pinza está apretada.

3. Desenchufe el conector de cables del tablero de instrumentos.

4. Desconecte y tape el tubo del manómetro de aceite (si existe).

5. Saque las dos tuercas de los pernos que hay delante del tablero de instrumentos.

6. Tire de la parte superior del tablero y saque el panel de instrumentos levantándolo del fondo del tablero.

7. Quite el tablero.

8. El montaje se lleva a cabo siguiendo el orden inverso al del desmontaje. Las pinzas que hay

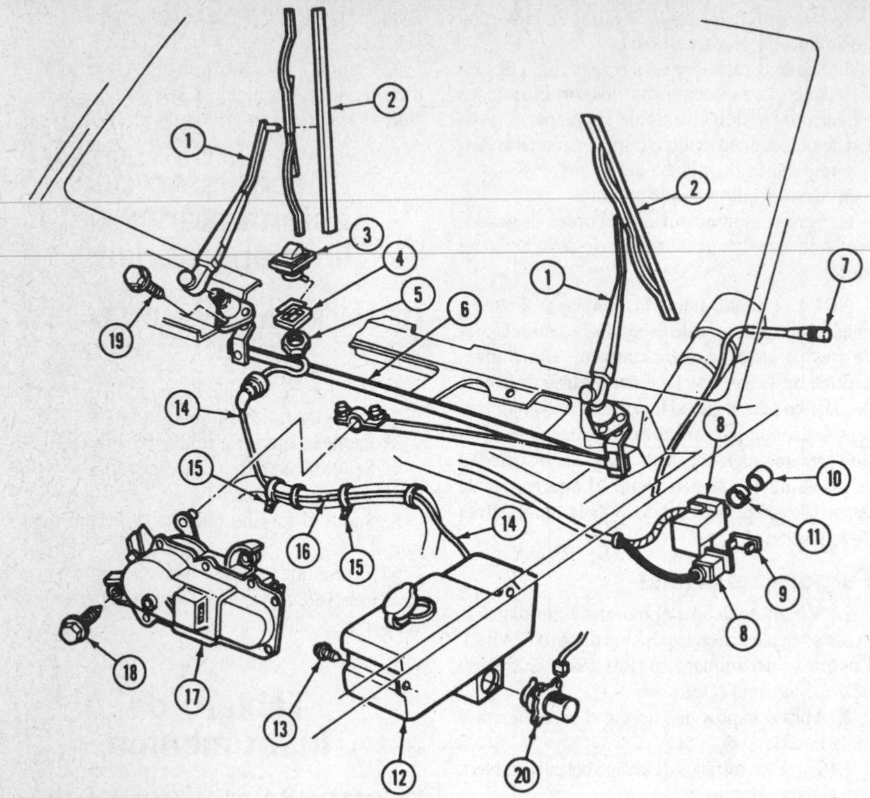

1. Brazo limpiaparabrisas
2. Lámina limpiaparabrisas
3. Tobera
4. Separador de la tobera
5. Tuerca, tipo R estampada (M16)
6. Transmisión de la izquierda, transmisión de la derecha
7. Palanca
8. Módulo
9. Lente, pulsador
10. Botón, pulsador
11. Tuerca de retención del módulo pulsador
12. Recipiente
13. Tornillo (M6 x 1 x 25)
14. Manguito (5/32" diámetro interior)
15. Fijación
16. Conector
17. Grupo motor
18. Tornillo (M5 x 8 x 28)
19. Tornillo (M6 3 x 1. 69 x 20)
20. Bomba

Sistema limpiaparabrisas de la Serie S

Instalación del motor limpiaparabrisas (salvo furgonetas)

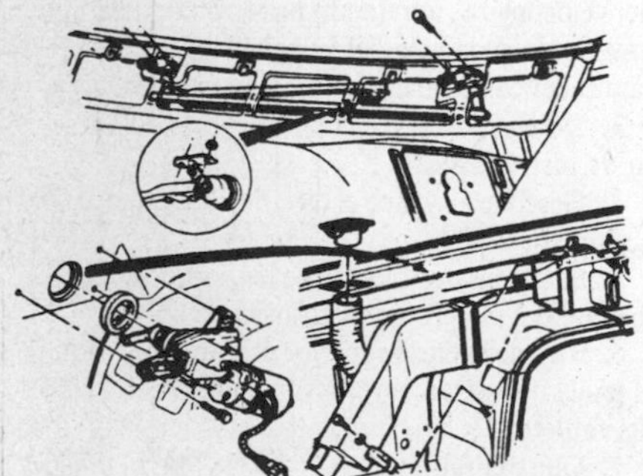

Instalación del motor limpiaparabrisas de furgonetas

en la parte superior del tablero entran en las aberturas del panel de instrumentos una vez colocada la parte inferior del tablero.

Serie S

1. Desconecte el cable de masa de la batería.
2. Saque los cinco tornillos de fijación, la placa de adorno del tablero y levante con cuidado dicha placa.
3. Retire la placa frontal del panel de instrumentos.
4. Saque el cristal del tablero.
5. Desconecte el cable del velocímetro.
6. Desconecte el conector eléctrico del tablero.
7. Saque el tablero, levantando y extrayéndolo.
8. El montaje se realiza siguiendo el orden inverso al indicado para el desmontaje.

Cable del velocímetro

DESMONTAJE Y MONTAJE

1. Desconecte el cable de la parte posterior de la caja del velocímetro.
2. Saque el cable viejo tirando del mismo en el extremo del velocímetro, para sacarlo de su alojamiento. Si el viejo está roto, el cable deberá estar desconectado de la transmisión, sacándolo por el otro extremo.
3. Lubrique unos 3/4" de la parte inferior del nuevo cable, con lubricante especial para ello, y colóquelo en su alojamiento.

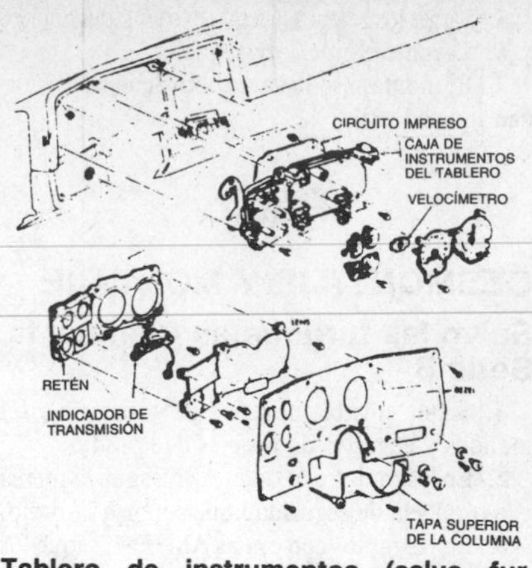

Tablero de instrumentos (salvo furgonetas)

Faros

DESMONTAJE Y MONTAJE

1. Retire el engaste del faro, sacando los tornillos de fijación.
2. Saque el muelle (si existe) del anillo de retención y gire el faro para separarlo de los tornillos de ajuste del mismo.
3. Desconecte la fijación de los cables.

NOTA: No toque los tornillos de ajuste.

4. Saque el anillo de retención y la lámpara.
5. Coloque la nueva unidad hermética en el anillo de retención.
6. Fije la conexión de los cables.
7. Monte el grupo del faro, haciéndolo girar lentamente hasta que se acople con los tornillos de ajuste.
8. Monte el muelle del anillo de retención y compruebe el funcionamiento de la unidad. Vuelva a montar el engaste.

Fusibles

Los fusibles son segmentos de cable, con aislamiento especial, que están calculados para que fundan bajo determinadas cargas eléctricas. En la mayor parte de los casos, basta con proceder a su cambio cuando se hayan fundido.

Disyuntores

Un disyuntor es un conmutador eléctrico que interrumpe el circuito cuando existe una sobrecarga. Todos los modelos disponen de un disyuntor en el interruptor de los faros a fin de proteger la instalación de faros y de luces de aparcamiento. Es posible que una sobrecarga produzca el destello de las luces, encendiéndolas y apagándolas.

Fusibles e intermitentes

La caja de fusibles va montada en el mamparo cortafuegos, dentro del vehículo, a la izquierda de la columna de dirección. Los intermitentes de giro de las luces de emergencia están enchufados en la caja de fusibles. Cada alojamiento de fusible va marcado indicando el circuito que protege y el amperaje correcto. Hay circuitos en los que se utilizan fusibles conectados en línea para su protección.

Ford

Pickups, Vans, Bronco, Bronco II, Ranger

IDENTIFICACIÓN DEL MOTOR

CID	Litros	CID	Litros	CID	Litros
122	2.0	232	3.8	302	5.0
140	2.3	255	4.1	351	5.8
173	2.8	300	4.9	400	6.6
179	2.9			460	7.5

CID (cubic inches displacement) - pulgadas cúbicas de desplazamiento.

ESPECIFICACIONES PARA EL CÓDIGO DEL MOTOR
Códigos de los motores de gasolina

(La letra del código de identificación del motor es el cuarto carácter en el número de identificación del vehículo, para los vehículos Ford. Vea la tabla de debajo con la información sobre las letras del código.)

	Año del modelo y código del motor							
Motores	**'79**	**'80**	**'81**	**'82**	**'83**	**'84**	**'85**	**'86**
122-4	—	—	—	—	K	K	K	K
140-4	—	—	—	—	Z	Z	Z	Z
173-V6	—	—	—	—	S	S	S	—
179-V6	—	—	—	—	—	—	—	④
300—6 Cilindros en V	B	E	E	E ①	Y	Y	Y	Y
232-V6	—	—	—	3	3	3	—	—
255—V8	—	—	D	D	—	—	—	—
302—V8	G	F	F	F	F	F	F	F
351—V8	H	G	G ②	W	G	G	G ③	G
400—V8	S	Z	Z	Z	—	—		
460—V8 Econoline	A	L	L	L	L	L	L	L
Camión ligero	J	L	L	L	L	L	L	L

① 9- Motor de gasolina convertido para LP (licuados de petróleo)

② W = Sólo para el E-100 Windsor y el E-150 con combustible bajo en plomo
G = E-150, E-250 con combustible con plomo, y el E-350

③ 4 bbl (4 carburadores de doble cuerpo)

④ No está disponible en el momento de la publicación

ESPECIFICACIONES GENERALES DEL MOTOR

Cilindrada del motor pulg. cúb.	Año	Diámetro x carrera	Orden de encendido	Caballos de potencia desarrollados @ rpm	Par motor @ rpm	Relación de compresión	Carbu- rador	Empujadores de válvulas tipo	Presión normal del aceite (lib.-pulg³)
CUATRO CILINDROS									
122	'83–'86	3.52 × 3.13	1.3.4.2	73 @ 4000	107 @ 2406	9.0:1	1V	Hid.	40–60
140	'83–'86	3.78 × 3.13	1-3-4-2	79 @ 3800 ⑦	124 @ 2400 ⑧	9.0:1	1V	Hid.	40–60
SEIS CILINDROS									
173-V6	'83–'85	3.66 × 2.70	1-4-2-5-3-6	115 @ 4600	150 @ 2600	8.7:1	2V	Mec.	40–60
179-V6	'86	3.66 × 2.83	1-4-2-5-3-6	140 @ 4600	170 @ 2600	9.3:1	FI	Hid.	40–60
300	'79–'86	4.00 × 3.98	1-5-3-6-2-4	120 @ 3400 ①	229 @ 1400 ②	8.0:1 ③	1V	Hid.	40–60
232-V6	'82–'84	3.81 × 3.39	1-4-2-5-3-6	112 @ 4000	175 @ 2600	8.6:1	2V	Hid.	54–59
OCHO CILINDROS									
255	'81–'82	3.68 × 3.00	1-5-4-2-6-3-7-8	111 @ 3400	194 @ 1600	8.2:1	2V	Hid.	40–60
302	'78–'84	4.00 × 3.00	1-5-4-2-6-3-7-8	④	⑤	8.0:1 ⑥	2V	Hid.	40–60
351W	'79–'86	4.00 × 3.50	1-3-7-2-6-5-4-8	N.D.	N.D.	N.D.	2V	Hid.	40–65
351M	'79	4.00 × 3.50	1-3-7-2-6-5-4-8	N.D.	N.D.	N.D.	2V	Hid.	50–75
351	'83–'85	4.00 × 3.50	1-3-7-2-6-5-4-8	210 @ 4000	305 @ 2800	8.3:1	4V	Hid.	40–65
400	'79–'82	4.00 × 4.00	1-3-7-2-6-5-4-8	N.D.	N.D.	N.D.	2V	Hid.	50–75
460	'79–'86	4.36 × 3.85	1-5-4-2-6-3-7-8	N.D.	N.D.	N.D.	4V	Hid.	40–65

① 79: E-100 excepto Calif., todos los E-150; 117 @ 3000
E-250 transmisión manual 114 @ 3000
E-250 transmisión aut.: 116 @ 3200
E-350; 114 @ 3000
80-81: Bronco, F-100, 250 (49 Estados) - 119 @ 3200
E-100, 250 (49 Estados)-115 @ 3200
todos Calif, 116 @ 3200
82: N.D. (No Disponible)

② 79: E-100, 150: 243 @ 1600
E-250 Transmisión manual: 234 @ 1600
E-250 Transmisión aut.: 247 @ 1000
E-350: 247 @ 1000
80-81: Bronco, F-100 250 (49 Estados)-243 @ 1200
E-100, 250 (49 Estados)-241 @ 1200
Todos Calif, -244 @ 1200
82: N.D.

③ 79-80: E-100, 150, 250-8,9: 1
E-350-8,0:1
81-82: 8,9: 1

④ 79: E-100, 150 excepto Calif.: 135 @ 3400
E-100 Calif.: 129 @ 3200
E-150 Calif.: 137 @ 3400
E-250: 136 @ 3400
80-81: Bronco, F-100, 250 (49 Estados)-137 @ 3600
E-100, 250 (49 Estados) 138 @ 3600
Bronco, F-150 (4 × 4), 250, E-100, 250 Calif.: 136 @ 3600
F-100, 150 (4 × 2) Calif.: 133 @ 3400
82: N.D.

⑤ 79: E-100, 150 excepto Calif.: 243 @ 2000
E-100 Calif.: 238 @ 2400
E-150 Calif.: 245 @ 2000
E-250: 235 @ 2400
80-81: Bronco, F-100, 250 (49 Estados)-239 @ 1800
E-100, 250 (49 Estados)-242 @1800
Bronco, F-150 (4 × 4) Calif, -235 @ 2000
82: N.D.

⑥ 79: E-100, 150, 250: 8, 9: 1
E-350: 8, 4: 1

⑦ Transmisión aut.: 82 @ 4200

⑧ Transmisión aut.: 126 @2200

N.D.— No disponible

ESPECIFICACIONES DE PUESTA A PUNTO
1979-80

(Para las especificaciones de puesta a punto de 1979 y 1980 consulte el rótulo del control de emisiones del mismo, que está localizado en el motor del vehículo. Este reglamento contendrá un número de calibrado que, cuando se usa conjuntamente con la tabla de abajo, producirá la información de puesta a punto requerida. Si la información dada en esta tabla discrepa de la información dada en el reglamento, utilice la del reglamento.)

Calibrado	Distancia electrodos bujía	Distribución encendido	rpm Ralentí rápido		rpm Ralentí lento		rpm con Tsp fuera	
			Leva alta	Kick Down	Acon/aire conct/desconct	Sin acon/aire	Acon/aire	Sin acon/aire
9-51G-RO	.042-.046	6°BTDC	—	1600	700	700	500	500
9-51J-RO	.042-.046	6°BTDC	—	1600	700	700	500	500
9-51K-RO	.042-.046	6°BTDC	—	1600	700	700	500	500
9-51L-RO	.042-.046	6°BTDC	—	1600	700	700	500	500
9-51M-RO	.042-.046	6°BTDC	—	1600	700	700	500	500
9-51S-RO	.042-.046	6°BTDC	—	1600	700	700	500	500
9-51T-RO	.042-.046	6°BTDC	—	1600	700	700	500	500
9-52G-RO	.042-.046	10°BTDC	—	1600	550	550	500	500
9-52J-RO	.042-.046	10°BTDC	—	1600	550	550	500	500
9-52L-RO	.042-.046	10°BTDC	—	1600	550	550	500	500
9-52M-RO	.042-.046	10°BTDC	—	1600	550	550	500	500
9-53G-RO	.042-.046	6°BTDC	2000	—	700	700	—	—
9-53H-RO	.042-.046	4°BTDC	2000	—	700	700	—	—
9-54G-RO	.042-.046	8°BTDC	2000	—	600	600	550	550
9-54H-RO	.042-.046	6°BTDC	2000	—	600	600	550	550
9-54J-RO	.042-.046	6°BTDC	2000	—	600	600	550	550
9-54R-RO	.042-.046	6°BTDC	2000	—	600	600	550	550
9-54S-RO	.042-.046	8°BTDC	2000	—	650	650	550	550
9-54T-RO	.042-.046	6°BTDC	2000	—	600	600	550	550
9-54U-RO	.042-.046	6°BTDC	2000	—	650	650	550	550
9-59H-RO	.042-.046	10°BTDC	2000	—	650	650	—	—
9-59J-RO	.042-.046	10°BTDC	2000	—	650	650	—	—
9-59K-RO	.042-.046	10°BTDC	2000	—	650	650	—	—
9-59S-RO	.042-.046	8°BTDC	2000	—	650	650	—	—
9-59T-RO	.042-.046	10°BTDC	2000	—	650	650	—	—
9-60G-RO	.042-.046	6°BTDC	2000	—	550	550	—	—
9-60H-RO	.042-.046	6°BTDC	2000	—	550	550	—	—
9-60J-RO	.042-.046	6°BTDC	2000	—	550	550	—	—
9-60L-RO	.042-.046	6°BTDC	2000	—	550	550	—	—
9-60M-RO	.042-.046	6°BTDC	2000	—	550	550	—	—
9-60S-RO	.042-.046	10°BTDC	2100	—	550	550	—	—
9-61G-RO	.042-.046	10°BTDC	2000	—	650	650	—	—
9-61H-RO	.042-.046	10°BTDC	2000	—	650	650	—	—
9-62J-RO	.042-.046	6°BTDC	1900	—	550	550	—	—
9-62M-RO	.042-.046	6°BTDC	1900	—	550	550	—	—
9-63H-RO	.042-.046	4°BTDC	—	1500	800	800	500	500
9-64G-RO	.042-.046	10°BTDC	2200	—	600	600	500	500
9-64H-RO	.042-.046	12°BTDC	2200	—	600	600	500	500
9-64S-RO	.042-.046	8°BTDC	2200	—	600	600	500	500
9-66G-RO	.042-.046	14°BTDC	—	1600	650	650	800 ②	800
7-76J-R11	.042-.046	6°BTDC	—	1700	650	650	525 ②	525
7-93J-RO	.042-.046	10°BTDC	2500	—	600	600	—	—
7-95J-RO	.042-.046	10°BTDC	2500	—	600	600	—	—
9-71J-RO	.042-.046	6°BTDC	1750	—	600	600	—	—
9-72J-RO	.042-.046	12°BTDC	2000	—	600	600	500	500
9-73-RO	.042-.046	3°BTDC	1750	—	600	600	—	—
9-74J-RO	.042-.046	3°BTDC	2000	—	600	600	500	500
9-77J-RO	.042-.046	12°BTDC	—	1600	700	700	500	500
9-77M-RO	.042-.046	12°BTDC	2550	—	—	700	—	500
9-78J-RO	.042-.046	12°BTDC	—	1600	550	550	500	500
9-83G-RO	.042-.046	6°BTDC	2200	—	—	600	—	—
9-83H-RO	.042-.046	2°BTDC	2500	—	—	600	—	—

ESPECIFICACIONES DE PUESTA A PUNTO
1979-80

(Para las especificaciones de puesta a punto de 1979 y 1980 consulte el rótulo del control de emisiones del vehículo, que está localizado en el motor del mismo. Este reglamento contendrá un número de calibrado que, cuando se usa conjuntamente con la tabla de abajo, producirá la información de puesta a punto requerida. Si la información dada en esta tabla discrepa de la información dada en el reglamento, utilice la del reglamento.)

Calibrado	Distancia electrodos bujías	Distribución encendido	rpm Ralentí rápido		rpm Ralentí lento		rpm con Tsp fuera	
			Leva alta	Kick Down	Acon/aire conct/desconct	Sin acon/aire		Sin Acon/aire
9-87G-RO	.042–.046	8°BTDC	2700	—	—	600	—	—
9-97J-RO	.042–.046	8°BTDC	—	1600	650	—	—	—
9-97J-R11	.042–.046	8°BTDC	—	1600	650	—	—	—

① Sólo para los equipados con Acon/aire-TSP, con el embrague electromagnético del compresor del Acon/aire desactivado.

BTDC - APMS (antes punto muerto superior)
TSP - Solenoide posicionador de la mariposa

ESPECIFICACIONES DE PUESTA A PUNTO
1981

(Para las especificaciones de puesta a punto de 1981 consulte el rótulo del control de emisiones del vehículo, que está localizado en el motor del mismo. Este reglamento contendrá un número de calibrado que, cuando se usa conjuntamente con la tabla de abajo, producirá la información de puesta a punto requerida. Si la información dada en esta tabla discrepa de la información dada en el reglamento, utilice la del reglamento.)

Número de calibrado	Motor	Distancia electrodos bujías	Distribución encendido APMS	rpm distribución	rpm Ralentí rápido		rpm Ralentí lento		
					Leva alta	Kick Down	Acon/aire conect.	Acon/aire desconec.	Sin Acon/Aire
1-57G-R1	4.1L	.042-.046	4	800	2200	—	—	—	750
1-57G-R10	4.1L	.042-.046	4	800	2050	—	—	—	700
1-58-R0	4.1L	.042-.046	10	800	2000	—	—	—	575
1-51D-R0	4.9L	.042-.046	6	800	—	1400	700	600	600
1-51D-R10	4.9L	.042-.046	6	800	—	1250	650	550	550
1-51D-R12	4.9L	.042-.046	6	800	—	1250	650	550	550
1-51E-R0	4.9L	.042-.046	6	800	—	1400	700	600	600
1-51F-R0	4.9L	.042-.046	6	800	—	1250	650	550	550
1-51G-R0	4.9L	.042-.046	6	800	—	1250	650	550	550
1-51H-R0	4.9L	.042-.046	6	800	—	1250	650	550	550
1-51K-R0	4.9L	.042-.046	6	800	—	1250	650	550	550
1-51L-R0	4.9L	.042-.046	6	800	—	1250	650	550	550
1-51E-R10	4.9L	.042-.046	6	800	—	1400	700	600	600
1-51F-R10	4.9L	.042-.046	6	800	—	1250	650	550	550
1-51G-R10	4.9L	.042-.046	6	800	—	1250	650	550	550
1-51H-R10	4.9L	.042-.046	6	800	—	1250	650	550	550
1-51K-R10	4.9L	.042-.046	6	800	—	1250	650	550	550
1-51L-R10	4.9L	.042-.046	6	800	—	1250	650	550	550
1-51S-R0	4.9L	.042-.046	6	800	—	1400	700	600	600
1-51S-R10	4.9L	.042-.046	6	800	—	1250	650	550	550
1-51T-R0	4.9L	.042-.046	6	800	—	120	650	550	550
1-52G-R0	4.9L	.042-.046	10	800	—	1400	—	—	550
1-52H-R0	4.9L	.042-.046	10	800	—	1250	—	—	500
1-52K-R0	4.9L	.042-.046	10	800	—	1250	—	—	500
1-52L-R0	4.9L	.042-.046	10	800	—	1250	—	—	500
1-52G-R10	4.9L	.042-.046	10	800	—	1400	—	—	550
1-52H-R10	4.9L	.042-.046	10	800	—	1250	—	—	500
1-52K-R10	4.9L	.042-.046	10	800	—	1250	—	—	500
1-52L-R10	4.9L	.042-.046	10	800	—	1250	—	—	500
1-52S-R0	4.9L	.042-.046	10	800	—	1400	—	—	550
1-52T-R0	4.9L	.042-.046	10	800	—	1250	—	—	550
5-77-R1	4.9L	.042-.046	10	800	—	1500	—	—	600(A)
5-78-R1	4.9L	.042-.046	10	800	—	1500	—	—	700(M)
9-77J-R12	4.9L	.042-.046	12	800	1600	—	—	—	700
9-77S-R10	4.9L	.042-.046	10	800	1600	—	—	—	700
9-78J-R0	4.9L	.042-.046	12	800	—	1500	—	—	550

ESPECIFICACIONES DE PUESTA A PUNTO
1981

(Para las especificaciones de puesta a punto de 1981 consulte el rótulo del control de emisiones del vehículo, que está localizado en el motor del mismo. Este reglamento contendrá un número de calibrado que, cuando se usa conjuntamente con la tabla de abajo, producirá la información de puesta a punto requerida. Si la información dada en esta tabla discrepa de la información dada en el reglamento, utilice la del reglamento.)

					rpm Ralentí rápido		rpm Ralentí lento		
Número de calibrado	Motor	Distancia electrodos bujías	Distribución encendido APMS	rpm distribución	Leva alta	Kick Down	Acon/aire conect.	Acon/aire desconec.	Sin Acon/Aire
9-78J-R11	4.9L	.042-.046	12	800	1600	—	—	—	550
1-53D-R0	5.0L	.042-.046	8	800	2200	—	—	—	700
1-53F-R0	5.0L	.042-.046	8	800	2050	—	—	—	650
1-53G-R0	5.0L	.042-.046	8	800	2050	—	—	—	650
1-53H-R0	5.0L	.042-.046	8	800	2050	—	—	—	650
1-53K-R0	5.0L	.042-.046	8	800	2050	—	—	—	650
1-53D-R10	5.0L	.042-.046	8	800	2200	—	—	—	700
1-53G-R10	5.0L	.042-.046	8	800	2050	—	—	—	650
1-53K-R10	5.0L	.042-.046	8	800	2050	—	—	—	650
1-53D-R12	5.0L	.042-.046	8	800	2050	—	—	—	650
1-53F-R11	5.0L	.042-.046	8	800	2050	—	—	—	650
1-53G-R12	5.0L	.042-.046	8	800	2050	—	—	—	650
1-53H-R11	5.0L	.042-.046	8	800	2050	—	—	—	650
1-53K-R13	5.0L	.042-.046	8	800	2050	—	—	—	650
1-54D-R1	5.0L	.042-.046	8	800	2000	—	—	—	575
1-54K-R0	5.0L	.042-.046	8	800	1850	—	—	—	525
1-54F-R0	5.0L	.042-.046	8	800	2000	—	—	—	575
1-54G-R0	5.0L	.042-.046	8	800	2000	—	—	—	575
1-54H-R0	5.0L	.042-.046	8	800	2000	—	—	—	575
1-54L-R2	5.0L	.042-.046	8	800	2000	—	—	—	575
1-54L-R10	5.0L	.042-.046	8	800	1850	—	—	—	525
1-54P-R0	5.0L	.042-.046	—	—	1350	—	—	—	—
1-54R-R0	5.0L	.042-.046	—	—	1350	—	—	—	—
1-54P-R10	5.0L	.042-.046	—	—	1350	—	—	—	—
1-54R-R10	5.0L	.042-.046	—	—	1200	—	—	—	—
7-79-R1	5.0L	.042-.046	6	800	—	1250	—	—	750
7-80-R0	5.0L	.042-.046	6	800	—	1500	—	—	650
1-59A-R0	5.8L	.042-.046	10	800	2000	—	650	—	650
1-59B-R0	5.8L	.042-.046	10	800	2000	—	650	—	650
1-59G-R0	5.8L	.042-.046	10	800	2000	—	650	—	650
1-59H-R0	5.8L	.042-.046	10	800	2000	—	650	—	650
1-59K-R0	5.8L	.042-.046	10	800	2000	—	650	—	650
1-59A-R10	5.8L	.042-.046	10	800	2000	—	650	—	650
1-59B-R10	5.8L	.042-.046	10	800	1850	—	600	—	600
1-59G-R10	5.8L	.042-.046	10	800	1850	—	600	—	600
1-59H-R10	5.8L	.042-.046	10	800	1850	—	600	—	600
1-59K-R10	5.8L	.042-.046	10	800	1850	—	600	—	600
1-60A-R0	5.8L	.042-.046	6	800	2200	—	—	—	—
1-60B-R0	5.8L	.042-.046	6	800	2200	—	—	—	—
1-60H-R1	5.8L	.042-.046	6	800	2000	—	625	550	550
1-60J-R0	5.8L	.042-.046	6	800	2000	—	625	550	550
1-60K-R0	5.8L	.042-.046	6	800	2000	—	625	550	550
1-60A-R10	5.8L	.042-.046	6	800	2000	—	625	550	550
1-60B-R10	5.8L	.042-.046	6	800	1850	—	575	500	500
1-60H-R10	5.8L	.042-.046	6	800	1850	—	575	500	500
1-60J-R10	5.8L	.042-.046	6	800	1850	—	575	500	500
1-60K-R10	5.8L	.042-.046	6	800	1850	—	575	500	500
1-63T-R0	5.8L	.042-.046	—	—	1700	—	—	—	—
1-64A-R0	5.8L	.042-.046	8	800	2000	—	625	550	550
1-64G-R1	5.8L	.042-.046	10	600	2000	—	625	550	550
1-64H-R2	5.8L	.042-.046	10	600	2000	—	625	550	550
1-64R-R1	5.8L	.042-.046	—	—	1650	—	—	—	—

ESPECIFICACIONES DE PUESTA A PUNTO
1981

(Para las especificaciones de puesta a punto de 1981 consulte el rótulo del control de emisiones del vehículo, que está localizado en el motor del mismo. Este reglamento contendrá un número de calibrado que, cuando se usa conjuntamente con la tabla de abajo, producirá la información de puesta a punto requerida. Si la información dada en esta tabla discrepa de la información dada en el reglamento, utilice la del reglamento.)

Número de calibrado	Motor	Distancia electrodos bujías	Distribución encendido APMS	rpm distribución	rpm Ralentí rápido: Leva alta	rpm Ralentí rápido: Kick Down	rpm Ralentí lento: Acon/aire conect.	rpm Ralentí lento: Acon/aire desconec.	rpm Ralentí lento: Sin Acon/Aire
1-64S-R0	5.8L	.042-.046	—	—	1500	—	—	—	—
1-64T-R0	5.8L	.042-.046	—	—	1500	—	—	—	—
7-76J-R11	5.8L	.042-.046	6	800	1700	—	—	—	600
9-71J-R10	5.8L	.042-.046	10	800	1750	—	—	—	600
9-71J-R11	5.8L	.042-.046	10	800	1750	—	—	—	600
9-72J-R11	5.8L	.042-.046	10	800	2000	—	—	—	600
9-72J-R12	5.8L	.042-.046	10	800	2000	—	—	—	600
9-83G-R12	6.1L	.042-.046	6	800	2200	—	—	—	600
9-83H-R11	6.1L	.042-.046	6	800	2500	—	—	—	600
9-83H-R14	6.1L	.042-.046	2	800	2500	—	—	—	600
9-73J-R11	6.6L	.042-.046	6	800	1750	—	—	—	600
9-73J-R12	6.6L	.042-.046	6	800	1750	—	—	—	600
9-74J-R11	6.6L	.042-.046	3	800	2000	—	—	—	600
9-74J-R12	6.6L	.042-.046	6	800	2000	—	—	—	600
9-87G-R11	7.0L	.042-.046	6	800	2700	—	—	—	600
9-97J-R0	7.5L	.042-.046	8	800	1600	—	—	—	650
7-93J-R0	7.8L	.038-.042	10	800	2500	—	—	—	600
7-95J-R0	8.8L	.038-.042	10	800	2500	—	—	—	600

ESPECIFICACIONES DE PUESTA A PUNTO
1982

(Para las especificaciones de puesta a punto de 1982 consulte el rótulo del control de emisiones del vehículo, que está localizado en el motor del mismo. Este reglamento contendrá un número de calibrado que, cuando se usa conjuntamente con la tabla de abajo, producirá la información de puesta a punto requerida. Si la información dada en esta tabla discrepa de la información dada en el reglamento, utilice la del reglamento.)

Calibrado	Motor	Distancia electrodos bujías	Distribución encendido	rpm Ralentí rápido	rpm Ralentí lento
2-54R-R0	5.0L	.042-.046	—	1350	—
2-54X-R1	5.0L	.042-.046	12° BTDC	2100	650
1-63T-R0	5.8L	.042-.046	—	1700	—
1-63T-R10B	5.8L	.042-.046	—	1700	—
1-64H-R2	5.8L	.042-.046	10° BTDC	2000	625
1-64R-R1	5.8L	.042-.046	—	1650	—
1-64S-R0	5.8L	.042-.046	—	1650	—
1-64T-R0	5.8L	.042-.046	—	1650	—
1-64T-R10	5.8L	.042-.046	—	1650	—
2-63Y-R10B	5.8L	.042-.046	—	1700	—
2-64X-R0	5.8L	.042-.046	14° BTDC	2000	625
2-64Y-R10B	5.8L	.042-.046	—	1650	—
9-77J-R12	4.9L	.042-.046	12° BTDC	1600	—
9-77G-R10	4.9L	.042-.046	10° BTDC	1600	—
9-78J-R0	4.9L	.042-.046	12° BTDC	1600	—
9-78J-R11	4.9L	.042-.046	12° BTDC	1600	—
2-75J-R17	5.8L	.042-.046	5° BTDC	1500	700 ④
2-76J-R17	5.8L	.042-.046	5° BTDC	1500	—
7-75J-R14	5.8L	.042-.046	6° BTDC	1500	700 ④
7-76J-R11	5.8L	.042-.046	6° BTDC	1700	—
7-76J-R13	5.8L	.042-.046	12° BTDC	1600	500
7-76J-R14	5.8L	.042-.046	6° BTDC	1700	—
7-76J-R15	5.8L	.042-.046	6° BTDC	1700	—
9-83G-R12	6.1L	.042-.046	6° BTDC	2200	600

ESPECIFICACIONES DE PUESTA A PUNTO
1982

(Para las especificaciones de puesta a punto de 1982 consulte el rótulo del control de emisiones del vehículo, que está localizado en el motor del mismo. Este reglamento contendrá un número de calibrado que, cuando se usa conjuntamente con la tabla de abajo, producirá la información de puesta a punto requerida. Si la información dada en esta tabla discrepa de la información dada en el reglamento, utilice la del reglamento.)

Calibrado	Motor	Distancia electrodos bujías	Distribución encendido	rpm Ralentí rápido	rpm Ralentí lento
9-83H-R11	6.1L	.042-.046	6° BTDC	2500	600
9-83H-R14	6.1L	.042-.046	2° BTDC	2500	600
9-73J-R11	6.6L	.042-.046	6° BTDC	1750	600 ④
9-73J-R12	6.6L	.042-.046	6° BTDC	1750	600 ④
9-73J-R13	6.6L	.042-.046	6° BTDC	1750	600 ④
9-73J-R14	6.6L	.042-.046	6° BTDC	1750	600 ④
9-74J-R11	6.6L	.042-.046	6° BTDC	2000	—
9-74J-R12	6.6L	.042-.046	6° BTDC	2000	—
9-74J-R13	6.6L	.042-.046	3° BTDC	2000	—
9-74J-R14	6.6L	.042-.046	6° BTDC	2000	—
9-87G-R11	7.0L	.042-.046	6° BTDC	—	600
9-97J-R12	7.5L	.042-.046	8° BTDC	—	650

① Acon/aire conectado-50 rpm menos que si NO lo está
② Acon/aire conectado-600 SIN acon/aire
③ 100 rpm menos para los que NO tienen acon/aire o lo tienen desconectado
④ SIN acon/aire
BTDC - APMS (antes punto muerto superior)

ESPECIFICACIONES DE PUESTA A PUNTO
1983

(Para las especificaciones de puesta a punto de 1983 consulte el rótulo del control de emisiones del vehículo, que está localizado en el motor del mismo. Este reglamento contendrá un número de calibrado que, cuando se usa conjuntamente con la tabla de abajo, producirá la información de puesta a punto requerida. Si la información dada en esta tabla discrepa de la información dada en el reglamento, utilice la del reglamento.)

Calibrado	Motor	Distancia electrodos bujías	Distribución encendido	rpm Ralentí rápido	rpm Ralentí lento
3-41D-R01	2.0L	.032-.036	6° BTDC	2000	800
3-41D-R10	2.0L	.032-.036	6° BTDC	2000	800
3-41P-R02	2.0L	.032-.036	6° BTDC	2000	800
3-41P-R11	2.0L	.032-.036	6° BTDC	2000	800
3-41P-R12	2.0L	.032-.036	6° BTDC	2000	800
3-49S-R01	2.3L	.032-.036	6° BTDC	2000	850 ①
3-49S-R10	2.3L	.032-.036	6° BTDC	2000	850 ①
3-49S-R11	2.3L	.032-.036	6° BTDC	2000	850 ①
3-49X-R01	2.3L	.032-.036	10° BTDC	2000	850
3-49X-R11	2.3L	.032-.036	10° BTDC	2000	850
3-50S-R01	2.3L	.032-.036	8° BTDC	2000	750
3-50S-R01	2.3L	.032-.036	8° BTDC	2000	800
3-50X-R10	2.3L	.032-.036	8° BTDC	2000	800
3-50X-R11	2.3L	.032-.036	10° BTDC	2000	800
3-49G-R20	2.3L	.042-.046	6° BTDC	2000	850 ①
3-49H-R17	2.3L	.042-.046	6° BTDC	2000	850 ①
3-49S-R16	2.3L	.042-.046	6° BTDC	2000	850 ①
3-49T-R20	2.3L	.042-.046	6° BTDC	2000	850 ①
3-49T-R20	2.3L	.042-.046	6° BTDC	2000	850 ①
3-49Y-R19	2.3L	.042-.046	10° BTDC	2000	850 ①
3-50S-R18	2.3L	.042-.046	6° BTDC	2000	800
3-50Y-R18	2.3L	.042-.046	10° BTDC	2000	800
4-61F-R00	2.8L	.042-.046	10° BTDC	3000	850-900 ②
4-62D-R00	2.8L	.042-.046	10° BTDC	3000	850-900 ②
4-62S-R01	2.8L	.042-.046	10° BTDC	3000	850-900 ②
4-62S-R10	2.8L	.042-.046	10° BTDC	3000	800-900 ③
3-55D-R00	3.8L	.042-.046	2° BTDC	1300	550
3-56D-R00	3.8L	.042-.046	10° BTDC	2200	550
3-51D-R00	4.9L	.042-.046	6° BTDC	1600	700 ④
3-51E-R01	4.9L	.042-.046	6° BTDC	1600	700 ④

ESPECIFICACIONES DE PUESTA A PUNTO
1983

(Para las especificaciones de puesta a punto de 1983 consulte el rótulo del control de emisiones del vehículo, que está localizado en el motor del mismo. Este reglamento contendrá un número de calibrado que, cuando se usa conjuntamente con la tabla de abajo, producirá la información de puesta a punto requerida. Si la información dada en esta tabla discrepa de la información dada en el reglamento, utilice la del reglamento.)

Calibrado	Motor	Distancia electrodos bujías	Distribución encendido	rpm Ralentí rápido	rpm Ralentí lento
3-51F-R00	4.9L	.042-.046	6° BTDC	1600	700 ④
3-51G-R00	4.9L	.042-.046	6° BTDC	1600	700 ④
3-51H-R00	4.9L	.042-.046	6° BTDC	1600	700 ④
3-51K-R00	4.9L	.042-.046	6° BTDC	1600	700 ④
3-51L-R00	4.9L	.042-.046	6° BTDC	1600	700 ④
3-51P-R00	4.9L	.042-.046	10° BTDC	1600	500
3-51R-R00	4.9L	.042-.046	6° BTDC	1600	700 ④
3-51R-R10	4.9L	.042-.046	6° BTDC	1600	700 ④
3-51S-R00	4.9L	.042-.046	6° BTDC	1600	700 ④
3-51S-R10	4.9L	.042-.046	6° BTDC	1600	700 ④
3-51T-R00	4.9L	.042-.046	6° BTDC	1600	700 ④
3-51T-R10	4.9L	.042-.046	6° BTDC	1600	700 ④
3-51V-R00	4.9L	.042-.046	10° BTDC	1600	700 ④
3-51X-R00	4.9L	.042-.046	10° BTDC	1600	700 ④
3-51Z-R00	4.9L	.042-.046	10° BTDC	1600	700 ④
3-52E-R00	4.9L	.042-.046	10° BTDC	1600	600 ⑤
3-52F-R00	4.9L	.042-.046	10° BTDC	1600	600 ⑤
3-52G-R00	4.9L	.042-.046	10° BTDC	1600	600 ⑤
3-52K-R00	4.9L	.042-.046	10° BTDC	1600	600 ⑤
3-52R-R00	4.9L	.042-.046	10° BTDC	1600	600 ⑤
3-52R-R10	4.9L	.042-.046	10° BTDC	1600	600 ⑤
3-52S-R00	4.9L	.042-.046	10° BTDC	1600	600 ⑤
3-52S-R10	4.9L	.042-.046	10° BTDC	1600	600 ⑤
3-52T-R00	4.9L	.042-.046	10° BTDC	1600	600 ⑤
3-52T-R10	4.9L	.042-.046	10° BTDC	1600	600 ⑤
3-52V-R00	4.9L	.042-.046	14° BTDC	1600	600 ⑤
3-52Y-R00	4.9L	.042-.046	14° BTDC	1600	600 ⑤
3-52Z-R00	4.9L	.042-.046	14° BTDC	1600	600 ⑤
3-53F-R00	5.0L	.042-.046	8° BTDC	2100	700 ⑥
3-53G-R00	5.0L	.042-.046	8° BTDC	2100	700 ⑥
3-531L-R00	5.0L	.042-.046	8° BTDC	2100	700 ⑥
3-53L-R00	5.0L	.042-.046	8° BTDC	2100	700 ⑥
3-53W-R00	5.0L	.042-.046	12° BTDC	2100	700 ⑥
3-53Y-R00	5.0L	.042-.046	12° BTDC	2100	700 ⑥
3-53Z-R00	5.0L	.042-.046	12° BTDC	2100	700 ⑥
3-54E-R00	5.0L	.042-.046	8° BTDC	2250	675 ⑦
3-54F-R00	5.0L	.042-.046	8° BTDC	2250	675 ⑦
3-54J-R00	5.0L	.042-.046	8° BTDC	2250	675 ⑦
3-54L-R00	5.0L	.042-.046	8° BTDC	2250	675 ⑦
3-54P-R00	5.0L	.042-.046	8° BTDC	2250	575
3-54R-R00	5.0L	.042-.046	8° BTDC	2250	575
3-54T-R00	5.0L	.042-.046	8° BTDC	2250	575
3-54W-R00	5.0L	.042-.046	12° BTDC	2250	600 ⑧
3-54Y-R00	5.0L	.042-.046	12° BTDC	2250	675 ⑦
3-54Z-R00	5.0L	.042-.046	12° BTDC	2250	675 ⑦
1-63T-R15B	5.8L	.042-.046	—	2000	1400 ⑨
1-63Y-R14B	5.8L	.042-.046	—	2000	1400 ⑨
2-64Y-R14B	5.8L	.042-.046	—	2000	1400 ⑨
1-63T-R12	5.8L	.042-.046	—	1700	750
1-63T-R13	5.8L	.042-.046	—	1700	750
1-64H-R02	5.8L	.042-.046	10° BTDC	2000	625 ⑩
1-64T-R12	5.8L	.042-.046	—	1650	600
1-64T-R13	5.8L	.042-.046	—	1650	600
2-63Y-R11	5.8L	.042-.046	—	1700	750

ESPECIFICACIONES DE PUESTA A PUNTO 1983

(Para las especificaciones de puesta a punto de 1983 consulte el rótulo del control de emisiones del vehículo, que está localizado en el motor del mismo. Este reglamento contendrá un número de calibrado que, cuando se usa conjuntamente con la tabla de abajo, producirá la información de puesta a punto requerida. Si la información dada en esta tabla discrepa de la información dada en el reglamento, utilice la del reglamento.)

Calibrado	Motor	Distancia electrodos bujías	Distribución encendido	rpm Ralentí rápido	rpm Ralentí lento
2-63Y-R12	5.8L	.042-.046	—	1700	750
2-64X-R00	5.8L	.042-.046	14° BTDC	2000	625 ⑩
2-64Y-R11	5.8L	.042-.046	—	1650	600
2-64Y-R12	5.8L	.042-.046	—	1650	600
5-77-R01	4.9L	.042-.046	10° BTDC	1500	600 ⑪
5-78-R01	4.9L	.042-.046	10° BTDC	1500	600 ⑪
9-77J-R12	4.9L	.042-.046	12° BTDC	1600	700
9-77S-R10	4.9L	.042-.046	10° BTDC	1600	700
9-78J-R00	4.9L	.042-.046	12° BTDC	1600	550
9-78J-R11	4.9L	.042-.046	12° BTDC	1600	550
7-79-R01	5.0L	.042-.046	6° BTDC	1250	750
7-80-R00	5.0L	.042-.046	6° BTDC	1600	650
2-75A-R10	5.8L	.042-.046	8° BTDC	1500	650
2-75J-R20	5.8L	.042-.046	8° BTDC	1500	650
2-76A-R10	5.8L	.042-.046	8° BTDC	1500	650
2-76J-R20	5.8L	.042-.046	8° BTDC	1500	650
9-83G-R12	6.1L	.042-.046	6° BTDC	2200	600
9-83G-R14	6.1L	.042-.046	6° BTDC	1600	600
9-83H-R11	6.1L	.042-.046	6° BTDC	2500	600
9-83H-R14	6.1L	.042-.046	2° BTDC	2500	600
9-87G-R11	7.0L	.042-.046	6° BTDC	2700	600
9-97J-R13	7.5L	.042-.046	8° BTDC	1600	600
9-98S-R00	7.5L	.042-.046	6° BTDC	1500	600

① 800-con/sin dirección asistida
② 750-800-transmisión automática
③ 700-800-transmisión automática
④ 600-SIN acon/aire o desconectado
⑤ 550-SIN acon/aire o desconectado
⑥ 800-acon/aire o desconectado
⑥ 800-acon/aire conectado
⑦ 600-SIN acon/aire o desconectado
⑧ 675-acon/aire conectado
⑨ 900-solenoide de mariposa conectado, 600-solenoide de mariposa desconectado
⑩ 550-600 acon/aire desconectado o SIN acon/aire
⑪ 700-transmisión manual

BTDC - APMS (antes punto muerto superior)

ESPECIFICACIONES DE PUESTA A PUNTO 1984

(Para las especificaciones de puesta a punto de 1984 consulte el rótulo del control de emisiones del vehículo, que está localizado en el motor del mismo. Este reglamento contendrá un número de calibrado que, cuando se usa conjuntamente con la tabla de abajo, producirá la información de puesta a punto requerida. Si la información dada en esta tabla discrepa de la información dada en el reglamento, utilice la del reglamento.)

Calibrado	Motor	Distancia electrodos bujías	Distribución encendido	rpm Ralentí rápido	rpm Ralentí lento
3-41P-R15	2.0L	.032-.036	8° BTDC	2000	800
3-41S-R18	2.0L	.032-.036	9° BTDC	2000	800
3-49G-R20	2.3L	.042-.046	6° BTDC	2000	850 ①
3-49G-R20	2.3L	.042-.046	6° BTDC	2200	850 ①
3-49G-R17	2.3L	.042-.046	6° BTDC	2000	850 ①
3-49S-R16	2.3L	.042-.046	6° BTDC	2000	850 ①
3-49T-R20	2.3L	.042-.046	6° BTDC	2000	850 ①
3-49Y-R20	2.3L	.042-.046	10° BTDC	2000	850 ①
3-50H-R18	2.3L	.042-.046	6° BTDC	2000	800
3-50S-R18	2.3L	.042-.046	6° BTDC	2000	800
3-50Y-R18	2.3L	.042-.046	10° BTDC	2000	800
4-61F-R00	2.8L	.042-.046	10° BTDC	3000	800-900 ②
4-61F-R10	2.8L	.042-.046	10° BTDC	3000	800-900 ②
4-61G-R00	2.8L	.042-.046	10° BTDC	3000	700-800

ESPECIFICACIONES DE PUESTA A PUNTO 1984

(Para las especificaciones de puesta a punto de 1984 consulte el rótulo del control de emisiones del vehículo, que está localizado en el motor del mismo. Este reglamento contendrá un número de calibrado que, cuando se usa conjuntamente con la tabla de abajo, producirá la información de puesta a punto requerida. Si la información dada en esta tabla discrepa de la información dada en el reglamento, utilice la del reglamento.)

Calibrado	Motor	Distancia electrodos bujías	Distribución encendido	rpm Ralentí rápido	rpm Ralentí lento
4-61K-R01	2.8L	.042-.046	10° BTDC	3000	850-950 ②
4-61S-R00	2.8L	.042-.046	10° BTDC	3000	800-900 ②
4-62D-R00	2.8L	.042-.046	10° BTDC	3000	800-900 ②
4-62D-R10	2.8L	.042-.046	10° BTDC	3000	800-900 ②
4-62S-R01	2.8L	.042-.046	10° BTDC	3000	800-900 ②
4-62S-R10	2.8L	.042-.046	10° BTDC	3000	800-900 ②
4-51D-R01	4.9L	.042-.046	10° BTDC	1600	600-700 ③
4-51E-R00	4.9L	.042-.046	10° BTDC	1600	600-700 ③
4-51K-R00	4.9L	.042-.046	10° BTDC	1600	600-700 ③
4-51L-R00	4.9L	.042-.046	10° BTDC	1600	600-700 ③
4-51R-R00	4.9L	.042-.046	10° BTDC	1600	600-700 ③
4-51S-R00	4.9L	.042-.046	10° BTDC	1600	600-700 ③
4-51S-R01	4.9L	.042-.046	10° BTDC	1600	600-700 ③
4-51S-R02	4.9L	.042-.046	10° BTDC	1600	600-700 ③
4-51T-R00	4.9L	.042-.046	10° BTDC	1600	600-700 ③
4-51Z-R00	4.9L	.042-.046	10° BTDC	1600	600-700 ③
4-52L-R00	4.9L	.042-.046	10° BTDC	1600	600-700 ③
4-52R-R00	4.9L	.042-.046	10° BTDC	1600	600-700 ③
4-52S-R00	4.9L	.042-.046	10° BTDC	1600	600-700 ③
4-52T-R00	4.9L	.042-.046	10° BTDC	1600	600-700 ③
4-52W-R00	4.9L	.042-.046	10° BTDC	1600	600-700 ③
4-53F-R00	5.0L	.042-.046	8° BTDC	2100	800 ④
4-53F-R10	5.0L	.042-.046	8° BTDC	2100	800 ④
4-53G-R00	5.0L	.042-.046	8° BTDC	2100	800 ④
4-53G-R10	5.0L	.042-.046	8° BTDC	2100	800 ④
4-53K-R00	5.0L	.042-.046	8° BTDC	2100	800 ④
4-53K-R10	5.0L	.042-.046	8° BTDC	2100	800 ④
4-53Z-R00	5.0L	.042-.046	8° BTDC	2100	800 ④
4-53Z-R10	5.0L	.042-.046	8° BTDC	2100	800 ④
4-54E-R00	5.0L	.042-.046	8° BTDC	2100	800 ④
4-54E-R10	5.0L	.042-.046	8° BTDC	2100	800 ④
4-54J-R00	5.0L	.042-.046	8° BTDC	2100	800 ④
4-54J-R10	5.0L	.042-.046	8° BTDC	2100	800 ④
4-54L-R00	5.0L	.042-.046	8° BTDC	2100	800 ④
4-54L-R10	5.0L	.042-.046	8° BTDC	2100	800 ④
4-54R-R00	5.0L	.042-.046	10° BTDC	2000	575
4-54R-R10	5.0L	.042-.046	10° BTDC	2000	575
4-54T-R00	5.0L	.042-.046	10° BTDC	2000	575
4-54T-R10	5.0L	.042-.046	10° BTDC	2000	575
4-54W-R00	5.0L	.042-.046	12° BTDC	2100	675 ⑤
4-54W-R10	5.0L	.042-.046	12° BTDC	2100	675 ⑤
4-63H-R00	5.8L	.042-.046	10° BTDC	2000	750
4-64H-R00	5.8L	.042-.046	10° BTDC	2000	600
4-64H-R00	5.8L	.042-.046	10° BTDC	2000	600
4-64T-R00	5.8L	.042-.046	10° BTDC	2000	600
4-64T-R00	5.8L	.042-.046	10° BTDC	2000	600
4-64Y-R00	5.8L	.042-.046	10° BTDC	2000	600
5-77-R01	4.9L	.042-.046	10° BTDC	1500	600 ⑥
5-78-R01	4.9L	.042-.046	10° BTDC	1500	600 ⑥
9-77J-R12	4.9L	.042-.046	12° BTDC	1600	700 ⑦
9-78J-R00	4.9L	.042-.046	12° BTDC	1600	550
9-78J-R11	4.9L	.042-.046	12° BTDC	1600	550
7-79-R01	5.0L	.042-.046	6° BTDC	1500	750 ⑧

ESPECIFICACIONES DE PUESTA A PUNTO
1984

(Para las especificaciones de puesta a punto de 1984 consulte el rótulo del control de emisiones del vehículo, que está localizado en el motor del mismo. Este reglamento contendrá un número de calibrado que, cuando se usa conjuntamente con la tabla de abajo, producirá la información de puesta a punto requerida. Si la información dada en esta tabla discrepa de la información dada en el reglamento, utilice la del reglamento.)

Calibrado	Motor	Distancia electrodos bujías	Distribución encendido	rpm Ralentí rápido	rpm Ralentí lento
7-80-R00	5.0L	.042-.046	6° BTDC	1500	750 ⑧
2-75A-R10	5.8L	.042-.046	8° BTDC	1500	800 ⑧
2-75J-R20	5.8L	.042-.046	8° BTDC	1500	700 ⑧
2-76A-R10	5.8L	.042-.046	8° BTDC	1500	800 ⑧
2-76J-R20	5.8L	.042-.046	8° BTDC	1500	700 ⑧
9-83G-R12	6.1L	.042-.046	6° BTDC	2200	600
9-83G-R14	6.1L	.042-.046	6° BTDC	1600	600
9-83H-R11	6.1L	.042-.046	6° BTDC	2500	600
9-87G-R11	7.0L	.042-.046	6° BTDC	2700	600
9-97J-R10	7.5L	.042-.046	8° BTDC	1600	800 ⑨
3-98S-R10	7.5L	.042-.046	8° BTDC	1600	800 ⑨
4-98S-R00	7.5L	.042-.046	8° BTDC	1600	800 ⑨
4-37A-R00	2.0L	—	—	1450	725-775
4-37B-R00	2.0L	—	—	1450	725-775
3-47D-R00	2.2L	—	—	1450	780-830
4-68J-R00	6.9L	—	—	—	650-700
4-68X-R00	6.9L	—	—	—	650-700

① 800 SIN dirección asistida
② 700-800 rpm-con transmisión automática en posición de MARCHA
③ 550-650 rpm-con transmisión automática en posición de MARCHA; 525-TSP desconectado
④ 700-SIN acon/aire o con acon/aire desconectado
⑤ 700-SIN acon/aire o con acon/aire desconectado
⑥ 700-transmisión manual
⑦ 600-TSP desconectado
⑧ 650-transmisión automática en posición de MARCHA; 525-TSP desconectado
⑨ 650-MARCHA

BTDC-APMS (antes punto muerto superior)

ESPECIFICACIONES DE PUESTA A PUNTO
1985-86

(Para las especificaciones de puesta a punto de 1985-6 consulte el rótulo del control de emisiones del vehículo, que está localizado en el motor del mismo. Este reglamento contendrá un número de calibrado que, cuando se usa conjuntamente con la tabla de abajo, producirá la información de puesta a punto requerida. Si la información dada en esta tabla discrepa de la información dada en el reglamento, utilice la del reglamento.)

Calibrado	Motor	Distancia electrodos bujías	Distribución encendido	rpm Ralentí rápido	rpm Ralentí lento
5-41D-R00	2.0L	.042-.046	6°BTDC	1700	775-825
5-41D-R10	2.0L	.042-.046	6°BTDC	1700	775-825
5-49F-R01	2.3L	.042-.046	10°BTDC	—	575-725
5-49S-R01	2.3L	.042-.046	10°BTDC	—	575-725
5-50H-R02	2.3L	.042-.046	10°BTDC	—	625-775
5-50S-R02	2.3L	.042-.046	10°BTDC	—	625-775
5-61F-R01	2.8L	.042-.046	10°BTDC	3000	800-900 ①
5-61S-R01	2.8L	.042-.046	14°BTDC	3200	800-900 ①
5-62E-R01	2.8L	.042-.046	10°BTDC	3000	800-900 ①
5-62R-R01	2.8L	.042-.046	10°BTDC	3000	800-900 ①
4-51R-R00	4.9L	.042-.046	10°BTDC	1600	600-700 ②
4-51S-R02	4.9L	.042-.046	10°BTDC	1600	600-700 ②
4-51T-R00	4.9L	.042-.046	10°BTDC	1600	600-700 ②
4-52G-R00	4.9L	.042-.046	10°BTDC	1600	600-700 ②
4-52G-R10	4.9L	.042-.046	10°BTDC	1600	600-700 ②
4-52L-R00	4.9L	.042-.046	10°BTDC	1600	600-700 ②
4-52L-R10	4.9L	.042-.046	10°BTDC	1600	600-700 ②
4-52R-R00	4.9L	.042-.046	10°BTDC	1600	600-700 ②
4-52S-R00	4.9L	.042-.046	10°BTDC	1600	600-700 ②
4-52S-R10	4.9L	.042-.046	10°BTDC	1600	600-700 ②
4-52T-R00	4.9L	.042-.046	10°BTDC	1600	600-700 ②

ESPECIFICACIONES DE PUESTA A PUNTO
1985-86

(Para las especificaciones de puesta a punto de 1985-86 consulte el rótulo del control de emisiones del vehículo, que está localizado en el motor del mismo. Este reglamento contendrá un número de calibrado que, cuando se usa conjuntamente con la tabla de abajo, producirá la información de puesta a punto requerida. Si la información dada en esta tabla discrepa de la información dada en el reglamento, utilice la del reglamento.)

Calibrado	Motor	Distancia electrodos bujías	Distribución encendido	rpm Ralentí rápido	rpm Ralentí lento
5-51D-R00	4.9L	.042-.046	10°BTDC	1600	600-700 ②
5-51E-R00	4.9L	.042-.046	10°BTDC	1600	600-700 ②
5-51F-R00	4.9L	.042-.046	10°BTDC	1600	600-700 ②
5-51H-R00	4.9L	.042-.046	10°BTDC	1600	600-700 ②
5-51K-R00	4.9L	.042-.046	10°BTDC	1600	600-700 ②
5-51L-R00	4.9L	.042-.046	10°BTDC	1600	600-700 ②
5-51V-R00	4.9L	.042-.046	10°BTDC	1600	600-700 ②
5-51Z-R00	4.9L	.042-.046	10°BTDC	1600	600-700 ②
5-52E-R00	4.9L	.042-.046	10°BTDC	1600	600-700 ②
5-52K-R00	4.9L	.042-.046	10°BTDC	1600	600-700 ②
5-52W-R00	4.9L	.042-.046	10°BTDC	1600	600-700 ②
5-52Y-R00	4.9L	.042-.046	10°BTDC	1600	600-700 ②
4-54R-R12	5.0L	.042-.046	10°BTDC	2000	575D
4-54R-R13	5.0L	.042-.046	10°BTDC	2000	575D
4-54R-R14	5.0L	.042-.046	10°BTDC	2000	575D
5-53D-R00	5.0L	.042-.046	10°BTDC	—	—
5-53D-R01	5.0L	.042-.046	8°BTDC	—	—
5-53F-R00	5.0L	.042-.046	10°BTDC	—	—
5-53F-R01	5.0L	.042-.046	8°BTDC	—	—
5-53H-R00	5.0L	.042-.046	10°BTDC	—	—
5-53H-R01	5.0L	.042-.046	8°BTDC	—	—
5-54Q-R00	5.0L	.042-.046	10°BTDC	—	—
5-54Q-R01	5.0L	.042-.046	10°BTDC	—	—
5-54S-R00	5.0L	.042-.046	10°BTDC	—	—
5-54S-R01	5.0L	.042-.046	10°BTDC	—	—
5-54W-R00	5.0L	.042-.046	10°BTDC	—	—
5-54X-R00	5.0L	.042-.046	10°BTDC	—	—
4-64G-R00	5.8L(F)	.042-.046	10°BTDC	1900	650D
4-64G-R02	5.8L(F)	.042-.046	10°BTDC	1900	650D
4-64G-R02	5.8L(E)	.042-.046	10°BTDC	1900	650D
4-64T-R00	5.8L(F)	.042-.046	10°BTDC	2000	600D
4-64T-R00	5.8L(E)	.042-.046	10°BTDC	2000	600D
4-64Z-R10	5.8L(F)	.042-.046	14°BTDC	1900	650D
4-64Z-R10	5.8L(E)	.042-.046	14°BTDC	1900	650D
5-63H-R00	5.8L	.042-.046	10°BTDC	2000	700
5-63Y-R00	5.8L	.042-.046	10°BTDC	2000	700

① 700-800 transmisión automática en posición de MARCHA
② 550-650 transmisión automática en posición de MARCHA
BTDC-APMS (antes punto muerto superior)

ORDEN DE ENCENDIDO

NOTA: Para evitar confusiones, sustituya siempre los cables de bujías de uno en uno.

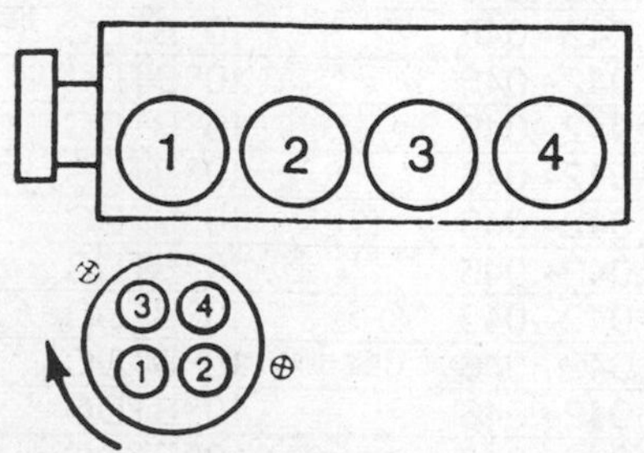

122 (2.OL) y 140 (2.3L) de 4 cilindros

ORDEN DE ENCENDIDO

NOTA: Para evitar confusiones, sustituya siempre los cables de bujías de uno en uno.

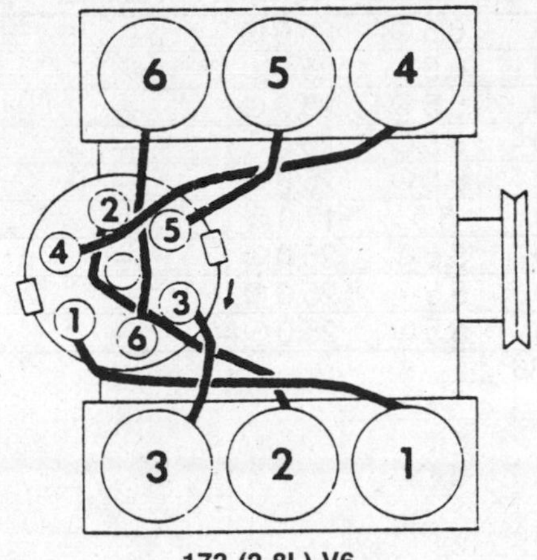

173 (2.8L) V6

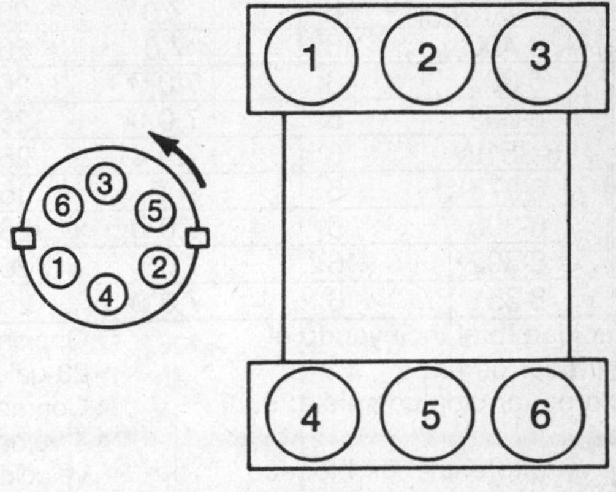

232 (3.8L) V6

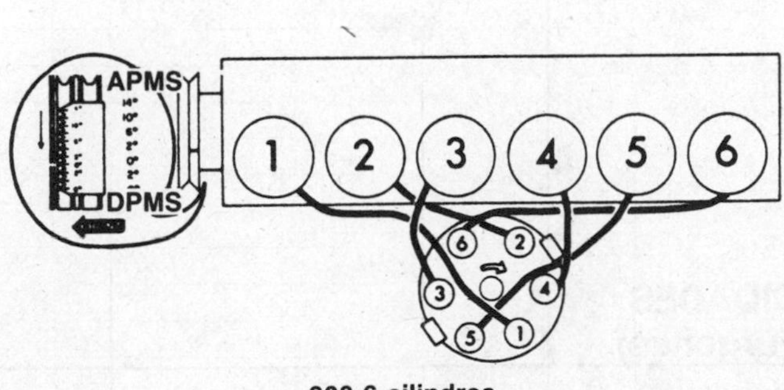

300-6 cilindros

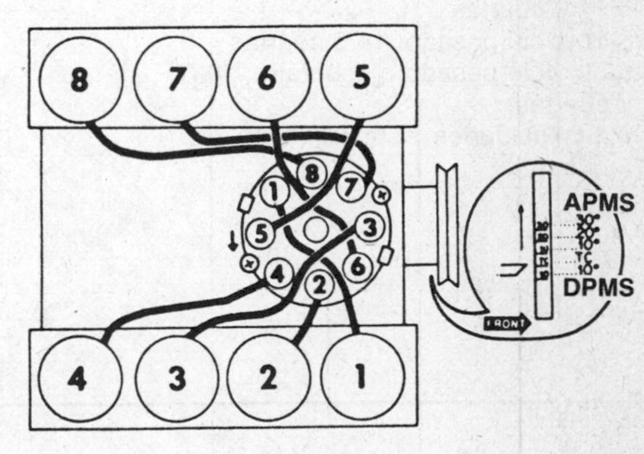

255,302 y 460 V8

Sólo los 351M y 400 con frigorífico y acon/aire: el indicador de distribución está visto desde la izquierda; todas las otras vistas lo son desde la derecha.

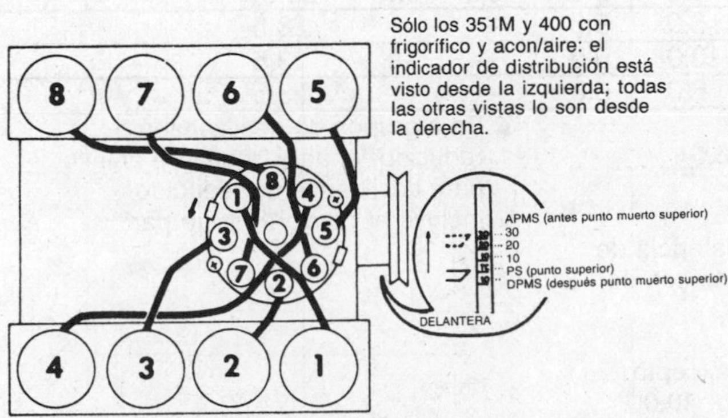

314W. 351M y 400 V8

CAPACIDADES
Bronco y Bronco II

Año	Motor	Cárter del cigüeñal con filtro (cuartas)	Transmisión (pintas) Manual	Transmisión (pintas) Automática ①	Caja de transferencia (pintas)	Diferencial (pintas) Delantero	Diferencial (pintas) Trasero	Depósito de gasolina (galones) Principal	Depósito de gasolina (galones) Auxiliar	Sistema refrigerante (cuartas)
'79	8-351M	6	7.0	26.4	4.0 ②	5.8	6.5 ③	25.0 ④	—	20.0 ⑤
	8-400	6	7.0	26.4	4.0 ②	5.8	6.5 ③	25.0 ④	—	22.0 ⑥
'80–'82	6-300	6	7.0 ⑩	26.8	6.5	4.0	6.5 ③	25.0 ④	—	13.0 ⑦
	8-302	6	7.0 ⑩	26.8	6.5	4.0	6.5 ③	25.0 ④	—	13.0 ⑧
	8-351W	6	7.0 ⑩	26.8	6.5	4.0	6.5 ③	25.0 ④	—	15.0 ⑨
'83–'86	6-173	5	⑬	15.8	3.0	1.0	5.5	17.0 ⑪	—	7.2 ⑫
	6-300	6	7.0 ⑩	26.8	7.0	4.0	5.5 ③	25.0 ④	—	13.0 ⑦
	8-302	6	7.0 ⑩	26.8	7.0	4.0	5.5 ③	25.0 ④	—	13.0 ⑧
	8-351	6	7.0 ⑩	26.8	7.0	4.0	5.5 ③	25.0 ④	—	15.0 ⑨

① Capacidad total incluyendo el convertidor de par
② Grupo de jornada completa: 9.0 pintas
③ Si es un diferencial de bloqueo use el lubricante especial de Ford ESW-MC119A o uno equivalente
④ Depósito opcional; 32 galones
⑤ Servicio pesado; 22.0 cuartas
⑥ Servicio pesado; 24.0 cuartas
⑦ Con acon/aire o servicio pesado; 14.0 cuartas
⑧ Servicio pesado; 14.0 cuartas
⑨ Servicio pesado o acon/aire; 16.0 cuartas
⑩ 4 velocidades y superdirecta; 4.5 pintas
⑪ Opcional; 21.0 galones, 1985-86; 23 galones
⑫ Con acon/aire; 7.8 cuartas
⑬ 4 velocidades; 3 pintas, 5 velocidades: 3.6 pintas

CAPACIDADES
Vans (Furgones)

Año	Desplazamiento motor (pulg. cúb.)	Cárter cigüeñal motor (cuartas) con filt.	Cárter cigüeñal motor (cuartas) sin filt.	Transmisión (pintas) Manual 3 vel.	Transmisión (pintas) Manual 4 vel.	Transmisión (pintas) Automática ■	Diferencial▲ (pintas)	Depósito gasolina (galones)	Sistema refrigerante (cuartas) con ac/aire	Sistema refrigerante (cuartas) sin ac/aire	Sistema refrigerante (cuartas) con refrig. extra
'79–'86	300	6.0	5.0	3.5	5.0	20.0 ①	②	③	20.0	15.0	—
	302	6.0	5.0	3.5	5.0	20.0 ①	②	③	17.5	15.0 ④	17.5
	351W	6.0	5.0	—	—	23.5	②	③	20.0	20.0	21.0
	420 diesel	10.0	9.0	—	—	23.5	②	③	31.0	31.0	—
	460	6.0	5.0	—	—	23.5	②	③	28.0	28.0	—

① C-6: 24.5
② Diferenciales de Ford: 6.5
Modelo Dana 61-1: 5.0
Modelo Dana 70: 5.5
③ E-100 y 150 con una distancia de 124 pulgadas entre las bases de las ruedas; 18.0
Todos los demás: 21.1
Auxiliar opcional: 18.0 excepto el E-350, chasis cortado: 40.0
④ Con transmisión automática: 17.5
▲ Para grupos de deslizamiento reducido, añada 1 onza de aditivo para deslizamiento reducido
■ Incluye el convertidor de par

CAPACIDADES (EN CUARTAS) DEL CÁRTER DEL CIGÜEÑAL Y EL SISTEMA REFRIGERANTE

Pick-ups (Camionetas de reparto)

Año	Motor y modelo	Cambio filtro y aceite cigüeñal	Sistema estándar transmi. manual	Sistema estándar transmi. automát.	Refrigeración extra transmi. manual	Refrigeración extra transmi. automát.	Con acon/aire	Refri-geración superior
79-86	122 (2.01)	5.0	6.5	6.5	—	—	7.2	—
	140 (2.3L)	6.0 ③	6.5	6.5	—	—	7.2	—
	motor 173 (2.8L)	5.0	13.0	13.0	—	—	14.0	—
	motor 300, F-100/250/350	6.0	13.0	14.0	13.0	14.0	17.0	—
	motor 232, 255, 302 F-100/150	6.0	15.0 ①	15.0 ①	15.0 ①	18.0 ①	18.0 ①	—
	motor 351 F-100/150/350	6.0	17.0	—	17.0	—	—	24.0
	motor 400 F-250/350	6.0	18.0	—	18.0	—	18.0	24.0
	diesel 420 todos	10.0	29.0	29.0	29.0	29.0	29.0	29.0
	motor 400 150/250/350	6.0	24.0 ②	24.0 ②	24.0 ②	24.0 ②	24.0 ②	24.0 ②

SRW-Single Rear Wheels = RTS-Ruedas Traseras Sencillas
DRW-Dual Rear Wheels = RTD-Ruedas Traseras Dobles
① 13 Cuartas-1983 y posteriores
15 Cuartas-1983 y posteriores
② 1985 y posteriores: 16.5 transmisión manual
: 17.5 todos los demás
③ Si el cárter es de chapa de acero estampada; 6 cuartas

CAPACIDADES DE LA TRANSMISIÓN Y CAJA DE TRANSFERENCIA

Pick-ups (Camionetas de reparto)

Año	Modelo	Tipo	Capacidad (pintas)
'79–'86	F-100/250	Ford 3.03, 3-sp	3.5
	F-150/250/350	Warner T-18 4-sp	7.0
	F-100/150/250/350	New Process 435 4 vel.	
		con prolongación	7.0
		sin prolongación	6.5
	Todas las series F	Clark 4 vel. superdirecta	5.0
	F-150/350	Warner T19B 4-vel.	7.0
	F-100/150 F-150/350	C-4 automática	20.0
	F-250 4 × 4	C-6 automática	
		motores 351, 400 y 600	26.75
		Todos los demás	23.5
	F-150/250 4 × 4	New Process 205, caja de transferencia de 2 vel.	4.5
	F-150/250/350 4 × 4	New Process 203, caja de transf. de jornada completa	9.0
	F-150/250	New Process 208, caja de transferencia	7.0
	F-250/350	Borg Warner 1345, caja de transferencia	6.5
	F-100/150 F-250/350	C-5 automática	22.0
	Todos los modelos excepto el Ranger	Automática superdirecta (ASD) (Automatic Over Drive) (AOD)	24.0
	Ranger	4 y 5 velocidades	3.0
		C-3	15.4
		C-5 (4 × 2)	15.0
		C-5 (4 × 4)	15.6
		Warner 1350	3.0

CAPACIDADES DE DIFERENCIAL
(Camionetas de reparto)

Año	Modelo	Tipo	Capacidad (pintas)
79-86	F-100/150	Ford	5.5
	F-250, 4×2, F-250/350 4×4	Dana 60-2	7,0
	F-250	Dana 61-2	6.0
	F-350	Dana 70	7.0
	F-150/250 4×4	Dana 44-9 (delantero)	3.5 *
	F-250-350 4×4	Dana 60-7F (delantero)	6.0
	F-250/350 4×4 HD		4.1
	F-250/350 SRW	Dana 61,1 (trasero)	
	F-250 DRW	Dana 70 HD (trasero)	7.4
	F-250 4×2 F-250 4×4	Dana 4§ IFS (delantero)	3.8
	Ranger 4×4	Dana 28 (delantero)	1.0
		6-3/4 (trasero)	3.0
		7,5 RG (trasero)	4.0

* -con New Process 205 de 2 vel., caja de transferencia, SRW-Single Rear Wheels = RTS-Ruedas Traseras Sencillas. DRW-Dual Real Wheels = RTD-Ruedas Traseras Dobles.

CAPACIDADES DEL DEPÓSITO DE COMBUSTIBLE
Camionetas de reparto

Año	Modelo	Estándar	Opcional	
'79-'82	F-100/250/350 4×2 (Reg Cab)	19.2	20.2	
	F-250 4×4 (Reg Cab)	19.2	—	
	F-250/350 4×2, (Crew Cab)	20.2	—	
	Super Cab	19.2	19.5	
	F-340 4×2 (Reg Cab)	20.2	19.0	
	F-250/350 4×4, (Reg Cab)	26.0	29.2	
'83-'86	F-100 4×2 (Reg. Cab)	16.5	19.0	Detrás/palier
	F-150 4×2 (Reg Cab)	16.0	19.0	Detrás/palier
	F-150 4×4 (Reg Cab)	16.5	19.0	Detrás/palier
	F-250 4×2 (Crew Cab)	16.6	19.0	Detrás/palier
	F-150 4×2 (Reg Cab)	19.0	19.0	Detrás/palier
	F-150 4×4 (Reg Cab)	19.0	19.0	Detrás/palier
	F-150 4×2 (Crew Cab)	19.0	19.0	Detrás/palier
	F-150 4×4 (Crew Cab)	19.0	19.0	Detrás/palier
	F-250 4×2 (Reg Cab)	19.0	19.0	Detrás/palier
	F-250 4×2 (Crew Cab)	19.0	19.0	Detrás/palier
	F-250 4×4 (Todos)	19.0	19.0	Detrás/palier
	F-350 4×2 (Reg Cab)	19.0	19.0	Detrás/palier
	F-350 4×2 (Super Cab)	19.0	19.0	Detrás/palier
	F-350 4×2 (Cab Chassis)	19.0 ①	19.0 ①	Detrás/palier
	Ranger 15.2 (SWB) 17.0 (LWb)	—	19.0	Detrás/palier

Detrás/palier-Detrás del palier trasero Son posibles las variaciones, dependiendo del equipo opcional.
① 22.1

ESPECIFICACIONES DE VÁLVULAS

Desplazamiento pul. cú.	Año	Juego (caliente) pulgadas Adm.	Juego (caliente) pulgadas Escap.	Ángulo grados Cara	Ángulo grados Asient.	Diámetro vástago pulgadas Adm.	Diámetro vástago pulgadas Escap.	Holgura vástago Adm.	Holgura vástago Escap.	Válvula elevación pulgadas	Muelle de válvula libras @ pulgadas Abierto	Muelle de válvula libras @ pulgadas Cerrado	Longitud muelle libre pulgadas
CUATRO CILINDROS													
122	'83-'86	Cero		44	45	.3416	.3411	.0010-.0027	.0015-.0032	ND	①	ND	ND
140	'83-'86	Cero		44	45	.3416	.3411	.0010-.0027	.0015-.0032	ND	②	ND	ND

ESPECIFICACIONES DE VÁLVULAS

Desplazamiento pul. cu.	Año	Juego (caliente) pulgadas Adm.	Escap.	Ángulo grados Cara	Asient.	Diámetro vástago pulgadas Adm.	Escap.	Holgura vástago Adm.	Escap	Válvula elevación (pulgadas)	Muelle de válvula libras @ pulgadas Abierto	Cerrado	Longitud muelle libre pulgadas
						SEIS CILINDROS							
173V6	'83-'86	③		44	45	.3159	.3149	.0008-.0025	.0008-.0035	ND	152@1.22	ND	ND
300	'79-'86	Zero		44	45	.3420	.3420	.0010-.0027	.0010-.0027	.249	192@1.18	80@1.58 ④	1.99 ⑤
232V6	'82-'84	Zero		44	45	.3422	.3415	.0010-.0025	.0015-.0032	⑥	⑦	⑧	NA
						OCHO CILINDROS							
255	'81-'82	Zero		46	45	.3420	.3415	.0010-.0027	.0010-.0027	⑨	⑩	⑪	NA
302	'79-'86	Zero		44	45	.3420	.3415	.0010-.0027	.0015-.0032	.2375 ⑫	200@1.36	78@1.78 ⑬	2.04 ⑭
351 W	'79-'86	Zero		44	45	.3420	.3415	.0010-.0027	.0015-.0032	.2600	200@1.36	78@1.78	2.04 ⑭
351 M	'79-'80	Zero		44	45	.3420	.3415	.0010-.0027	.0015-.0032	.2350 ⑭	226@1.39	80@1.82 ⑬	2.06
400	'79-'82	Zero		44	45	.3420	.3415	.0010-.0027	.0015-.0032	.2480	225@1.39	80@1.82 ⑮	2.06
460	'79-'86	Zero		44	45	.3420	.3420	.0010-.0027	.0010-.0027	.2530	252@1.33	80@1.81	2.07

① Admisión: 71-79 @ 1,52
Escape: 142-156 @ 1.12
② Admisión: 71-79 @ 1.56
Escape: 159-175 @ 1.16
③ Ajuste en frío
Admisión: 0.014
Escape: 0.016
④ Abierta: 195 @ 1.30;
Cerrada: 80 @ 1.70
⑤ Escape: 1.87
⑥ Admisión: 0.415 pulgadas
Escape: 0.417 pulgadas
⑦ Cargado: 215 libras @ 1.39 pulgadas
75 libras @, 1.70 pulgadas
⑧ Altura montado 1.70-1.78 pulg
⑨ Admisión: 0.2375 pulgadas
Escape: 0,2474 pulgadas
⑩ Admisión: 74-82 libras @ 1.78 pulgadas
190-212 libras @ 1.36 pulgadas
Escape: 76-84 libras @ 1.60 pulgadas
190-210 libras @ 1,20 pulgadas
⑪ Admisión: 2,04 pulgadas
Escape: 1.85 pulgadas
⑫ Escape: 0.2474 pulgadas
⑬ Escape: Abierta: 200 @ 120
Cerrada: 80 @ 160
⑭ Escape: 1.85 pulgadas
⑮ 79-80: Escape cerrado 84 @ 1.68 pulgadas

ND-No disponible

ESPECIFICACIONES DE LAS MUÑEQUILLAS DE LOS COJINETES DEL CIGÜEÑAL

Desplazamiento pulg. cú.	Año	Cojinete principal muñequillas: Diámetro muñequilla	Holgura para el aceite	Juego axial del árbol	Apoyo de empuje en el Nº	Bielas Cojinetes de las muñequillas: Diámetro muñequilla	Holgura para el aceite (máxima)	Holgura lateral
				CUATRO CILINDROS				
122	'83-'86	2.3982-2.3990	.0008-.0015	.004-.008	3	2.0472	.0008-.0015	.0035-.0105
140	'83-'86	2.3982-2.3990	.0008-.0015	.004-.008	3	2.0472	.0008-.0015	.0035-.0105
				SEIS CILINDROS				
173V6	'83-'85	2.2441	.0008-.0015	.012	3	2.1260	.0006-.0016	.004-.011
300		2.3982-2.3990	.0009-.0028	.004-.008	5	2.1228-2.1236	.0009-.0027	.006-.013
232-V6	'82-'84	2.5190	.0009-.0027	.004-.008	3	2.3107	.0009-.0027	.004-.011
				OCHO CILINDROS				
255	'81-'82	2.2490	.0005-.0024 ①	.004-.008	3	2.1232	.0008-.0025	.010-.020
302	'79-'86	2.2482-2.2490	.0005-.0015 ④	.004-.008	3	2.1228-2.1236	.0010-.0015	.010-.020
351W	'79-'86	2.9994-3.0002	②	.004-.008	3	2.3103-2.3111	.0008-.0026	.010-.020
351M	'79-'80	2.9994-3.0002	.0008-.0025 ③	.004-.008	3	2.3103-2.3111	.0008-.0025	.010-.020
400	'79-'82	2.9994-3.0002	.0008-.0025 ③	.004-.008	3	2.3103-2.3111	.0008-.0025	.010-.020
460	'79-'86	2.9994-3.0002	.0008-.0015 ③	.004-.008	3	2.4992-2.5000	.008-.0015	.010-.020

① Nº 1-0.0001-0.0020
② Nº 1-0.0005-0.0015;
Todos los demás 0.0008-0.0015
③ Máximo
④ Nº 1-0.0001-0.0015

ESPECIFICACIONES DE LOS PISTONES Y SEGMENTOS

Todas las medidas dadas en pulgadas

Año	Motor	Holgura entre pistón cilindro	Holgura lateral del segmento			Abertura de los extremos de los segmentos		
			Superior de compresión	Inferior de compresión	De engrase	Superior de compresión	Inferior de compresión	De engrase
'83-'86	4-122	.0014-.0022	.0020-.0040	.0020-.0040	adaptado	.0100-.0200	.0100-.0200	.015-.055
'83-'86	4-134	.0021-.0031	.0020-.0035	.0016-.0031	0,0012-0,0018	.0157-.0217	.0118-.0157	.0138-.0217
'83-'86	4-140	.0014-.0022	.0020-.0040	.0020-.0040	adaptado	.0100-.0200	.0100-.0200	.015-.055
'83-'86	6-173	.0011-.0019	.0020-.0033	.0020-.0033	adaptado	.0150-.0230	.0150-.0230	.015-.055
'82-'84	6-232	.0014-.0022	.0020-.0040	.0020-.0040	adaptado	.0100-.0200	.0100-.0200	.015-.055
'79-'86	6-300	.0014-.0022	.0019-.0036	.0020-.0040	adaptado	.0100-.0200	.0100-.0200	.010-.035
'82	8-255	.0014-.0024	.0020-.0040	.0020-.0040	adaptado	.0100-.0200	.0100-.0200	.015-.055
'79-'86	8-302	.0018-.0026	.0020-.0040	.0020-.0040	adaptado	.010-.020	.0100-.0200	.015-.035
'79-'80	8-351M	.0014-.0022	.0019-.0036	.0020-.0040	adaptado	.010-.020	.0100-.0200	.010-.035
'79-'86	8-351W	.0022-.0030	.0019-.0036	.0020-.0040	adaptado	.010-.020	.0100-.0200	.015-.035
'79-'82	8-400	.0014-.0022	.0019-.0036	.0020-.0040	adaptado	.0100-.0200	.0100-.0200	.015-.035
'79-'86	8-460	.0022-.0300	.0019-.0036	.0020-.0040	adaptado	.0100-.0200	.0100-.0200	.010-.035
'83-'86	8-420	.0055-.0075	.0020-.0040	.0020-.0040	0,0010-0,0030	.0140-.0240	.0100-.0240	.0600-.0700

① Carriles de acero

ESPECIFICACIONES DEL PAR DE APRIETE

Todas las medidas en libras-pie

Año	Motor	Pernos de la culata	Pernos de los cojinetes de biela	Pernos de los cojinetes principales	Tornillo de la polea del cigüeñal	Tornillo del volante cigüeñal	Colector	
							Admisión	Escape
'83-'86	4-122	①	②	①	100-120	56-64	14-21 ③	16-23 ③
'83-'86	4-134	80-85	50-54	80-85	253-289	95-137	12-17 ③	17-20 ③
'83-'86	4-140	①	②	①	100-120	56-64	14-21 ③	16-23 ③
'83-'86	6-173	④	19-24	65-75	85-96	47-52	15-18 ③	20-30 ③
'82-'84	6-232	⑤	30-36	62-81	85-100	75-85	18	15-22
'79-'86	6-300	70-75	40-45	60-70	130-150	75-85	22-32	28-33
'82	8-255	65-72	19-24	60-70	70-90	75-85	18-20	18-24
'79-'86	8-302	65-70	19-24	60-70	70-90	75-85	23-25	12-16 ⑥
'79-'80	8-351M	95-105	40-45	95-105	70-90	75-85	⑦	18-24
'79-'86	8-351W	105-112	40-45	95-105	70-90	75-85	23-25	18-24
'79-'80	8-400	95-105	40-45	95-105	70-90	75-85	⑦	18-24
'83-'86	420 (diesel)	⑧	46-51 ⑨	95 ⑩	90	44-50 ⑪	24	30
'79-'86	8-460	130-140	40-45	95-105	70-90	75-85	25-30	28-33

① Aplique a los tornillos el par de apriete en dos pasos;
Paso 1: 50-60 libras-pie, Paso 2: 80-90 libras-pie

② Aplique a las tuercas el par de apriete en dos pasos:
Paso 1: 25-30 libras-pie, Paso 2: 30-36 libras-pie

③ Aplique el par de apriete en etapas, vuelva a comprobarlos después de que el motor esté caliente.

④ Aplique el par de apriete a los tornillos en tres pasos;
Paso 1: 29-40 libras pie, Paso 2; 40-51 libras-pie
Paso 3: 70-85 libras-pie

⑤ Aplique el par de apriete en cuatro pasos:
Paso 1: 47 libras-pie, Paso 2: 55 libras-pie
Paso 3: 63 libras-pie, Paso 4: 74 libras-pie
Afloje todos los tornillos 2-3 vueltas, y vuelva a reapretarlos en cuatro pasos.

⑥ 80 y posteriores: 18-24

⑦ 3/8 de pulgada: 22-32
5/16 de pulgada: 17-25

⑧ Consulte el texto para los procedimientos de las secuencias a aplicar

⑨ Dos pasos: 1°-38 libras-pie, luego a 46-51 libras pie

⑩ Dos pasos: 1°-75 libras pie, luego a 95 libras-pie

⑪ Aplique un sellador de seguridad a la rosca de los tornillos

ESPECIFICACIONES DEL ALTERNADOR

Año	Código del color	Salidas amperios	Salidas vatios	Corriente de campo amperios	Corte-conexión rpm	Longitud escobillas pulgadas Nuevas	Longitud escobillas pulgadas Límite
'79–'81	naranja	40	600	2.9	400	1/2	5/16
	verde	60	900	2.9	400	1/2	5/16
	verde ①	60	900	4.0	400	1/2	3/16
'82–'86	naranja	40	600	2.9	900	1/2	5/16
	verde	60	900	6.0	1025	1/2	5/16
	negro	70	1050	6.0	780	1/2	1/4
	rojo	100	1500	6.0	930	1/2	1/4

① Azul tinta sobre la cara de la polea

ESPECIFICACIONES DE LA BATERÍA Y EL MOTOR DE ARRANQUE

		Batería			Motor de arranque						
					Prueba en corto circuito			Prueba en vacío			
Año	Motor	amperios hora capacidad	voltios	masa	amperios	voltios	par motor (libras pies)	amperios	voltios	rpm	Tensión muelle escobillas (onzas)
'79	Todos	41	12	negativo	460	5	9.0	70	12	9500	40
		53	12	negativo	670	5	15.5	80	12	9500	80
		68	12	negativo							
'80–'86	Todos	36	12	negativo	460	5	9.0	70	12	9500	40
		45	12	negativo	670	5	15.5	80	12	9500	80
		63	12	negativo							
		81	12	negativo							

① Modelo Prestolite con motor de 400 pulgadas cúbicas de desplazamiento

ESPECIFICACIONES DE FRENOS
Pick-ups (Camionetas de reparto)

Año	Motor	Diámetro cilindro maestro	Diámetro pistón mordaza	Diámetro cilindro ruedas Delant.	Diámetro cilindro ruedas Tras.	Diámetro disco	Espesor mínimo disco	Corrimiento disco	Diámetro tambor freno Delant.	Diámetro tambor freno Tras.	Sobredimensionado de mecanización Delant.	Sobredimensionado de mecanización Tras.
'79–'80	F&E-100, 150	1.00	2.875	—	.9375	11.54	1.180	.003	—	11.03	—	11.09
	F&E-250	1.062	2.180	—	1.000	12.50	1.120	.003	—	12.0	—	12.06
	F&E-350	1.062	2.180	—	1.062	12.50	1.120	.003	—	12.0	—	12.06
'81	F-100 ①	1.00	2.599	—	.9375	10.97	1.120 ⑧	.003	—	10.0	—	10.09
'82–'86	Ranger 4×2	.9375	2.597	—	.750	10.28	.81	.002	—	9.0	—	9.06
	Ranger 4×4	.9375	2.597	—	.750	10.86	.81	.002	—	9.0	—	9.06
	F-100 ②, F-150 4×2, E-100, E-150 ③	1.00 ④	2.875	—	.9375	11.65	1.120	.003	—	11.03	—	11.09
	F-150 4×4 E-150 ⑤	1.00 ④	2.875	—	.9375	11.65	1.120	.003	—	11.03	—	11.09
	F-250 4×2 ⑥	1.00	2.875	—	.9375	12.59	1.120	.003	—	12.0	—	12.06
	F-250 Super cab, F-200 ⑦4×2, E-250, E-350	1.062	2.180	—	1.062 ⑨	12.56	1.180	.003	—	12.0	—	12.06
	F-350 4×4, F-350 4×4	1.062	2.180	—	1.062 ⑨	12.48	1.180	.003	—	12.0	—	12.06

① con la carga máxima a transportar
② excluida la carga a transportar
③ con el GVWR bajo las 6350 libras
④ E-150: 1,062
⑤ con el GVWR sobre los 6350 libras
⑥ cabina regular con carga por debajo de 8500 libras
⑦ cabina regular con carga por encima de 8500 libras
⑧ 1982; 0.810 en los modelos LD
⑨ 83-84; 1,00

ESPECIFICACIONES DE FRENOS
Bronco y Bronco II

(Todas las medidas en pulgadas)

Año	Diámetro cilindro maestro	Diámetro pistón mordaza	Diámetro cilindro ruedas delant.	Diámetro cilindro ruedas tras.	Diámetro disco	Espesor mínimo disco	Corrimiento disco	Diámetro tambor freno delant.	Diámetro tambor freno tras.	Sobredimensionado de mecanización delant.	Sobredimensionado de mecanización tras.
'79–'81	1.00	2.875	—	.9375	11.72	1.120	.003	—	11.03	—	11.09
'82–'86	1.00	2.875	—	.9375	11.65	1.120	.003	—	11.03	—	11.09
'83–'86 Bronco II (4×2)	.9375	2.597	—	.750	10.28	.81	.002	—	9.0	—	9.06
Bronco II (4×4)	.9375	2.597	—	.750	10.86	.81	.002	—	9.0	—	9.06

PUESTA A PUNTO

Encendido electrónico

Los motores Ford para camión están equipados con alguno de los sistemas siguientes: Dura Spark II, Dura Spark III o Thick Film Integrated (TFI) Universal Distributor (efecto Hall) que se controla por el sistema EEC-IV (control electrónico para motores).

En los distribuidores Dura Spark, el ruptor mecánico y el condensador se sustituyen por un generador de bajo voltaje a imán permanente. El generador consta de una armadura con cuatro, seis u ocho dientes montada en la parte superior del árbol del distribuidor, y una bobina pequeña con un imán permanente en su interior. La bobina está fijada por medio de remaches de modo que se establece un entrehierro de aire precalculado con la armadura. La base del distribuidor, tapa, rotor y avances de chispa por vacío y centrífugo son aproximadamente los mismos del sistema convencional. El distribuidor está conectado eléctricamente a un módulo en estado sólido situado en el compartimiento del motor. En el interior del módulo hay un panel de circuito electrónico que se compone de resistencias, condensadores, transistores y diodos conectados internamente. El módulo recibe una señal del generador magnético para efectuar la función de interrupción del ruptor mecánico convencional y las señales y espacios de control. Salvo que se produzca un mal funcionamiento, o el distribuidor haya sido movido o sustituido, la puesta a punto inicial permanece constante. Debido a que la bobina de bajo voltaje del distribuidor está remachada fijamente en su posición, no es posible el ajuste del entrehierro.

En algunos motores, dependiendo del ajuste, el sistema Dura Spark II puede usar un módulo estándar o un «Universal Ignition Module». El módulo universal de encendido (UIM) es capaz de proporcionar el retardo del encendido en respuesta a sensores barométricos o del motor, o de señales MCU.

Los camiones equipados con EEC-IV usan un módulo de distribución universal que incorpora a su vez un módulo de montaje integral TFI-IV. El distribuidor utiliza un conjunto estático de interruptor de lengüeta por «efecto Hall» y que tiene previsto el ajuste para unos octanos fijados. Para el distribuidor universal, se ha diseñado una nueva tapa adaptadora y un rotor. El módulo Thick Film Integrated (TFI) se halla contenido en un bloque termoplástico moldeado y está montado en la base del distribuidor. El TFI-IV tiene como destacable el modo «pulsador de arranque» que permite, si es preciso, facilitar la puesta en marcha del vehículo. El sistema TFI-VI usa una bobina de encendido «E-Core», que sustituye a los otros sistemas basados en la bobina rellena de aceite.

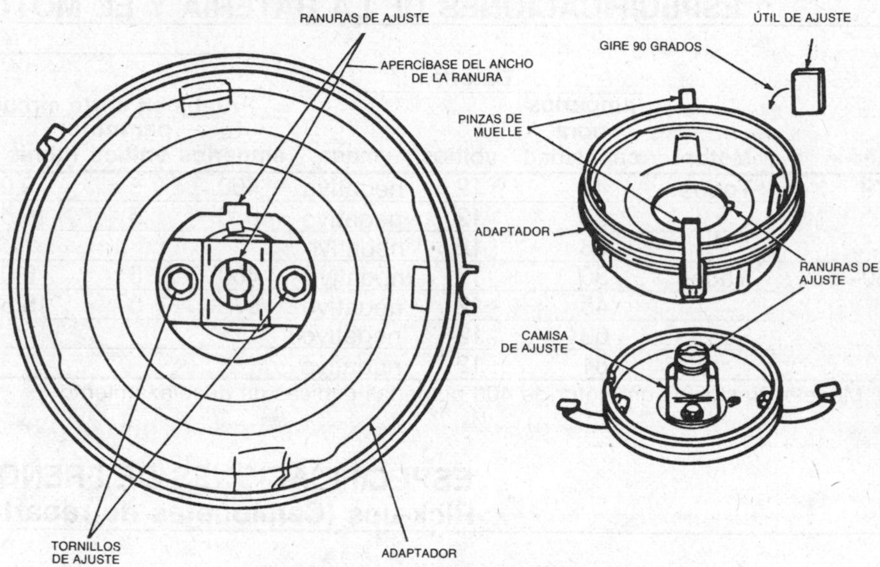

Alineación del rotor del Dura Spark III

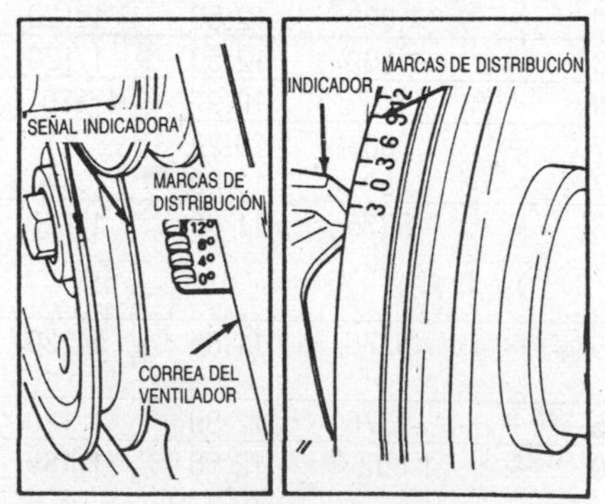

Marcas típicas de distribución; izquierda, bloque montado; derecha, polea montada

ROTOR EEC DE DOS NIVELES Y TAPA DEL DISTRIBUIDOR

Los distribuidores convencionales tienen el avance centrífugo del distribuidor limitado a unos 20°. Con el objeto de permitir una flexibilidad en la elección de los ajustes del motor, totalmente basados en sus necesidades, el sistema EEC se desarrolló de modo que permitiese un avance del distribuidor de 50°.

El rotor del distribuidor y los electrodos de la tapa han sido objeto de nuevo diseño, para lograr con facilidad la capacidad adicional del avance de chispa.

La técnica comprende el uso de niveles separados de distribución del voltaje secundario. El rotor y la tapa tienen un nivel alto y uno bajo de electrodos.

Cuando el rotor gira, uno de los brazos-electrodo de toma de alto voltaje se alinea con uno de los brazos de la platina electrodo del centro de la tapa de distribución, posibilitando la transmisión del alto voltaje desde la platina a través del rotor, tapa del distribuidor y cable de conexión de la bujía, a la bujía apropiada.

Los números situados en la parte superior de la tapa del distribuidor tienen la única finalidad de

identificar el cable de conexión de la bujía y del cilindro.

ATENCIÓN

El orden de encendido del motor no puede deducirse de la lectura de la tapa del distribuidor.

En un distribuidor convencional, el orden de encendido sigue el paso circular del rotor. Sin embargo, en un distribuidor EEC, los electrodos superiores e inferiores encienden alternativamente según una pauta que salta de un lado a otro de la tapa.

NOTA: Para las instrucciones de alineación del rotor consulte la sección Desmontaje y montaje del distribuidor.

Distribución del tiempo del encendido

La distribución del encendido es la medición, en grados de giro del cigüeñal, del punto en el que salta la chispa en la bujía de cada cilindro. Se mide en grados antes o después del PMS (punto muerto superior) de la carrera de compresión. La distribución del encendido se controla girando el cuerpo del distribuidor en el motor.

De una manera ideal, la mezcla aire-combustible en el cilindro deberá ser encendida por la bujía exactamente cuando el pistón pase por el PMS de la carrera de compresión. Si esto tiene lugar, el pistón estará iniciando la carrera de trabajo, justamente cuando la mezcla comprimida e inflamada de aire-combustible comienza a expansionarse. La expansión de la mezcla, de este modo, fuerza hacia abajo el pistón en la carrera de trabajo y hace girar el cigüeñal.

A causa de que la chispa de la bujía se toma una fracción de segundo para inflamar la mezcla en el cilindro, la bujía debe ser encendida un poco antes de que el pistón alcance el PMS. De otro modo la mezcla no estará encendida totalmente cuando el pistón pase por el PMS, y no será aprovechada totalmente por el motor la energía de la explosión.

La medición del tiempo de la distribución viene dada en grados de rotación del cigüeñal antes de que el pistón alcance el PMS (APMS). Si el ajuste de la distribución del encendido es de 5° APMS, cada bujía deberá encender 5° antes de que el pistón alcance el PMS. Sin embargo, esto sólo es cierto cuando el motor marcha a la velocidad de ralentí.

En cuanto a la velocidad del motor se incrementa, el pistón va más rápido. Las bujías tienen que encender el combustible también más pronto puesto que este combustible debe estar completamente inflamado cuando el pistón alcance el PMS. Al objeto de conseguir esto, el distribuidor tiene un dispositivo para avanzar el momento de la chispa a medida que aumenta la velocidad del motor. Esto se realiza por medio de unos contrapesos centrífugos situados en el interior del distribuidor, y un diafragma de vacío montado a un lado del mismo. Frecuentemente es necesario desconectar las canalizaciones de vacío del diafragma en el momento de poner a punto la distribución del encendido, sin embargo esto no es cierto en todos los casos. Consulte siempre el decálogo de emisiones situado en el compartimiento del motor para determinar si las canalizaciones deben ser desconectadas y taponadas.

Si la ignición se ajusta avanzada en exceso (APMS), el encendido y la expansión de la mezcla combustible en el cilindro tendrán lugar demasiado pronto y tenderá a forzar al pistón hacia abajo mientras aún se halla efectuando su desplazamiento hacia arriba. Esto causa el picado del motor. Si la chispa de encendido se ajusta demasiado retardada después del PMS (DPMS), el pistón ya habrá rebasado el PMS y empezado su recorrido hacia abajo cuando la mezcla combustible es inflamada, y esto será causa de que el pistón sea forzado hacia abajo sólo en una parte de su recorrido, y en consecuencia resultará un bajo rendimiento y pérdida de potencia del motor.

La distribución se controla mejor con una lámpara de destello para ajustes de distribución de tipo inductivo. Este dispositivo se conecta en serie con la bujía n.º 1. La corriente que enciende la bujía causa también el destello de la lámpara.

Las marcas de la distribución se localizan en la parte delantera del motor y consisten en un indicador o escala situado en la caja de distribución o en la tapa de la correa, y en la marca o marcas de referencia situadas en la polea del cigüeñal. Hay una escala en grados, bien en la placa del indicador o en la polea, dependiendo del año, modelo y motor. Cuando el motor está en marcha y ajustada la velocidad mínima de ralentí, se enfoca la lámpara estroboscópica de destello sobre la marca de la polea del cigüeñal y la escala.

MONTAJE DEL TACÓMETRO

Los modelos equipados con una bobina de tipo «convencional» tienen un adaptador en la parte superior de la bobina que dispone de un clip marcado «Tach Test». En los modelos (TFI) equipados con una bobina del tipo «E», la conexión del tacómetro se hace en la parte posterior del conector del cableado de conductores. Está equipado con un portafusibles y la pinza de cocodrilo del conductor del tacómetro puede conectarse al hilo conductor punteado de verde oscuro/amarillo del enchufe del montaje.

AJUSTE

NOTA: En los modelos equipados con el EEC-III, toda la distribución del encendido viene controlada por el módulo EEC-III. La distribución inicial del encendido no es ajustable y por lo mismo no debe intentarse el ajuste. Los modelos que van equipados con el sistema de encendido TFI-IV no requieren un mantenimiento rutinario de la distribución del encendido, dado que el sistema se ajusta a sí mismo automáticamente. Se puede efectuar en todo caso, un control inicial. Recurra para ello a los procedimientos de los dos párrafos siguientes:

1. Localice las marcas de la distribución situadas en la polea del cigüeñal y en la parte delantera del motor.
2. Limpie las marcas de modo que pueda verlas.
3. Remarque las señales de distribución con un trozo de tiza o con pintura. Coloree la marca de la escala que indicará la distribución correcta cuando esté alineada con la marca de la polea o del indicador. También será de mucha ayuda que marque la hendidura de la polea o la punta del indicador con una pequeña pincelada de color.

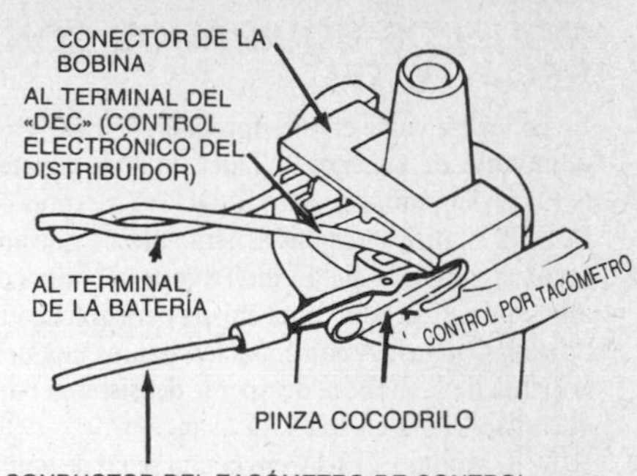

Unión del conductor del tacómetro al conector de la bobina

4. Acople un tacómetro al motor. (Vea las instrucciones para el montaje del tacómetro.)
5. Incorpore también una lámpara estroboscópica de destello, para puestas a punto de distribuciones, según las instrucciones del fabricante. Si la lámpara tiene tres conductores, uno de ellos se conecta a la bujía n.º 1 mediante un adaptador Los otros hilos van conectados a la batería. El hilo conductor rojo se une al terminal positivo de la batería y el negro al negativo.

NOTA: Consulte el decálogo de emisiones situado en el compartimiento del motor para determinar si debe desconectar o no las tuberías de vacío.

6. Desconecte la tubería de vacío al distribuidor por el mismo y tapone la tubería. Resulta muy útil un palito-soporte de pelota de golf.
7. Compruebe asegurándose de que no hay ningún conductor que se cruce con las aspas del ventilador, y luego ponga en marcha el motor.
8. Ajuste la velocidad del ralentí a su punto correcto.
9. Dirija la lámpara estroboscópica sobre las marcas de distribución. Si las marcas que usted puso en el volante o en la polea y en el motor están alineadas cuando la lámpara destella, la distribución es correcta. Pare el motor y retire el tacómetro y la lámpara de destello. Si las marcas no estuvieran alineadas, proceda con arreglo a los siguientes pasos.
10. Pare el motor.
11. Afloje la tuerca de bloqueo del distribuidor justo lo suficiente, para que el distribuidor pueda ser girado con un pequeño esfuerzo.
12. Ponga en marcha el motor. Aparte los conductores de delante de la lámpara y del ventilador.
13. Con la lámpara estroboscópica dirigida hacia la polea y las marcas del motor, gire el distribuidor en la dirección de giro del rotor para retardar la chispa, y en la dirección opuesta para avanzarla. Alinee las marcas de la polea y del motor con los destellos de la lámpara.
14. Cuando las marcas estén alineadas, apriete la tuerca de bloqueo del distribuidor y vuelva a comprobar la distribución mediante la lámpara para asegurarse de que el distribuidor no se movió cuando usted apretaba la tuerca.
15. Pare el motor y retire el tacómetro y la lámpara de destello.

MODELOS EQUIPADOS CON EEC-IV Y TFI

La conexión entre el microprocesador EEC-IV y el módulo de encendido Thick Film Integrated (TFI) se denomina circuito SPOUT. La expresión SPOUT significa «chispa afuera» puesto que una señal enviada por el TFI interrumpe la bobina de alta tensión y produce una chispa para el encendido de las bujías. A continuación damos una descripción de la manera de operar del sistema para el control de la chispa y su avance.

1. El módulo TFI-IV envía una señal de voltaje para el sensor PIP (toma del perfil del encendido), que forma parte del dispositivo de efecto Hall en el interior del distribuidor.

2. Entonces, el sensor PIP se proporciona información sobre la posición del cigüeñal y envía esta señal, atrás, hacia el módulo TFI.

3. El módulo TFI envía, a su vez, la información al módulo EEC-IV y se efectúa el cálculo para la distribución requerida de la chispa.

4. La información requerida de la distribución vuelve atrás, hacia el módulo TFI, a través del circuito eléctrico (el SPOUT), y la bobina de alta tensión abre el circuito primario para el encendido de la chispa en el tiempo preciso.

5. El módulo TFI también determina los espacios de control y limita el circuito primario dentro de unos valores de seguridad. Si hay una apertura en el conductor de la señal SPOUT, el módulo TFI utilizará el sensor PIP para suministrar chispa; pero el motor sólo marchará al tiempo de ajuste básico de distribución.

6. Para controlar la distribución básica deberá conectar la conexión SPOUT. Para ello está previsto un conector en línea en el conductor marcado «amarillo con punto verde», o bien en el conductor «negro» SPOUT. El hilo se localiza entre el distribuidor y el soporte del motor. Con el hilo desconectado, el módulo TFI está bloqueado para que no avance y entonces puede controlarse la distribución básica y, en su caso, ajustarse. Vea el procedimiento en los párrafos anteriores.

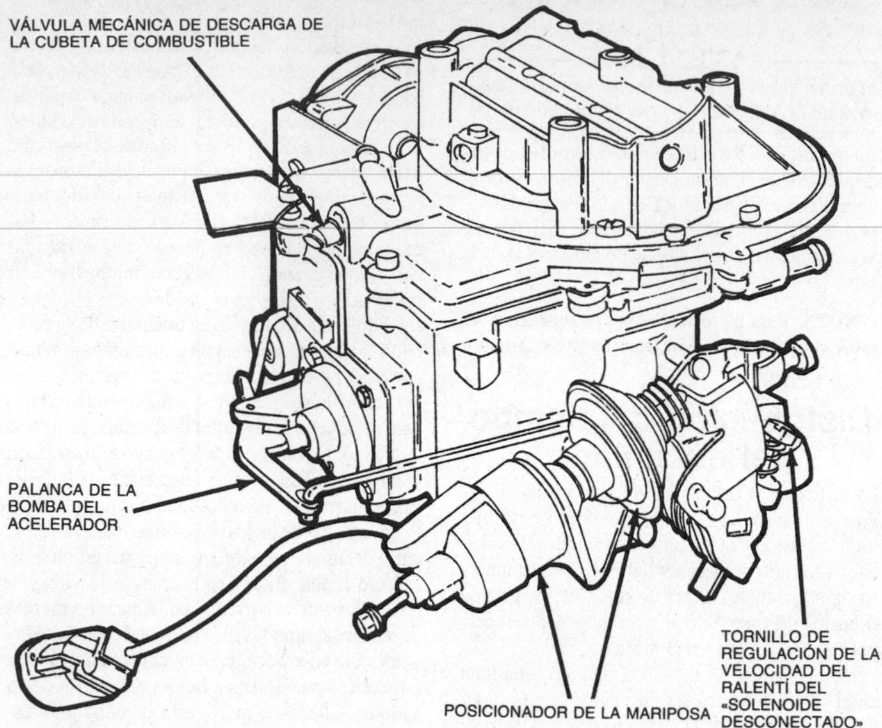

Carburador para motor 2150, con solenoide

Ajuste de la mezcla de ralentí

CARBURADORES

NOTA: Para este procedimiento, Ford recomienda un sistema de enriquecimiento con propano. Esto requiere un equipo especial que no está disponible para la gran mayoría de los usuarios. En lugar de dicho equipo puede utilizarse el siguiente procedimiento para obtener una mezcla de ralentí satisfactoria.

1. Bloquee las ruedas, asegure el freno de mano y ponga en marcha el motor para llevarlo hasta su temperatura de trabajo normal.

2. Desconecte el manguito situado entre el recipiente de emisiones y el filtro del aire.

3. En los motores que van equipados con el sistema de inyección de aire Thermactor, debe cambiarse provisionalmente el recorrido de la canalización de vacío conectada a la válvula de descarga. Márquelas para su identificación antes de desviarlas.

4. Para las válvulas que tienen una o dos canalizaciones de vacío al costado, desconecte y tapone las canalizaciones.

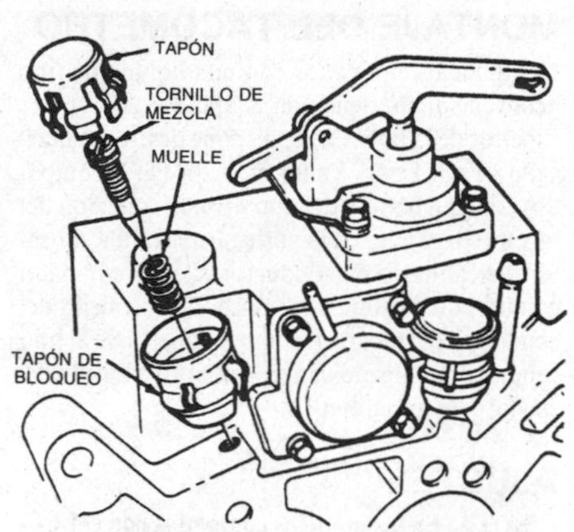

Algunos modelos de 1980 y posteriores llevan tapones metálicos de dos piezas, en lugar de los tapones de plástico, sobre los tornillos de ajuste de mezcla del ralentí. Estos tapones deben ser desmontados con cuidado antes de intentar cualquier ajuste

5. Para las válvulas que tienen una canalización encima, compruebe visualmente si dicha canalización está conectada al colector de admisión, o a una toma de conexión con el colector de admisión, tal como el carburador o un tubo distribuidor de vacío. Si no es así, desmonte y tapone la canalización en la válvula de descarga y conecte provisionalmente un manguito largo desde la boquilla de la carburador de descarga hasta una toma de vacío en el colector de admisión.

6. Retire las tapas limitadoras de los tornillos de mezcla cortándolas CON CUIDADO, utilizando una cuchilla afilada.

7. Coloque la palanca de la transmisión en punto muerto y ponga el motor en marcha durante 15 segundos a 2,500 rpm.

8. Ponga la transmisión automática en la posición de marcha; la palanca manual en punto muerto.

9. Ajuste la velocidad de ralentí al más alto de los dos valores dados en la placa adherida bajo el capó del motor.

10. Gire el tornillo, o tornillos de mezcla, para lograr el más elevado posible número de rpm, dejándolos en la posición más descansada que mantenga estas rpm.

11. Repita los pasos desde el 7 al 10, hasta que posteriores ajustes de los tornillos de mezcla no incrementen las rpm.

12. Gire los tornillos hacia dentro hasta que se alcance el valor más bajo de las dos velocidades de ralentí. Gire los tornillos hacia dentro 1/4 de vuelta más para asegurar una estabilidad.

13. Pare el motor y desconecte el tacómetro. Vuelva a montar todo el equipo.

NOTA: Un ralentí irregular, no corregible por procedimientos normales de mantenimiento, puede tener su causa en fugas que existan entre el cuerpo de la válvula EGR y el diafragma. Para establecer si esto es así: apriete los tornillos de la válvula EGR hasta 15 libras-pie. Conecte un vacuómetro al colector de admisión. Eleve la válvula para ejercer una presión lateral en el alojamiento del diafragma. Si el ralentí cambia, o varía la lectura del vacuómetro, deberá sustituir la válvula EGR.

Ajuste de la velocidad de ralentí

CARBURADORES

Hasta 1982

1. Desmonte el filtro del aire, desconecte y tapone los conductos de vacío.

2. Bloquee las ruedas, aplique el freno de mano, apague todos los accesorios, ponga el motor en marcha y haga que alcance las temperaturas normales del motor bajo el capó.

3. Compruebe que la platina de estrangulación esté totalmente abierta y conecte un tacómetro de acuerdo con las instrucciones de su fabricante.

4. Compruebe la situación del tope posicionador de la válvula de mariposa (TSP) a la velocidad muerta tal como sigue: Hunda el núcleo móvil forzando la palanca de la mariposa contra él. Coloque la palanca de la transmisión en punto muerto y compruebe la velocidad del motor. Si es necesario, ajuste la velocidad muerta TSP con el tornillo de ajuste de la mariposa. Vea los valores en la placa adherida bajo el capó del motor.

5. Ponga la palanca de la transmisión manual en punto muerto; en la automática ponga la posición de marcha y asegúrese de que el núcleo móvil del TSP está retirado.

6. Gire el TSP hasta que se alcance la velocidad de ralentí especificada.

7. Vuelva a montar el filtro del aire y conecte las conducciones de vacío. Compruebe una vez más la velocidad de ralentí. Si es preciso, ajústela una vez montado el filtro del aire.

1983 y posteriores

122 (2,0 L) y 140 (2,3 L) YFA-IV y YFA-IV-FB (RETROALIMENTACIÓN)

1. Bloquee las ruedas y aplique el freno de mano. Coloque la palanca de la transmisión en punto muerto.

2. Ponga el motor en marcha hasta su temperatura normal.

3. Coloque el selector del aire acondicionado en la posición de cerrado.

4. Sitúe la palanca de la transmisión en la posición prescrita por las indicaciones de decálogo de emisiones.

5. Compruebe y ajuste las rpm del ralentí lento. Si se requiere ajustarlas, gire el tornillo de ajuste de cabeza hexagonal situado en la parte posterior del alojamiento del TSP (solenoide posicionador de la mariposa).

6. Coloque la palanca de la transmisión en punto muerto o en posición de aparcamiento. Acelere el motor momentáneamente. Coloque la palanca de la transmisión en la posición especificada y vuelva a controlar las rpm del ralentí lento. Reajústela si es preciso.

7. Gire la llave de encendido a la posición de cerrado.

8. Si fuese necesario, efectuar un ajuste de las rpm del ralentí lento y el carburador está equipado con un pistón amortiguador, ajuste el juego del pistón amortiguador a lo especificado del modo siguiente: gire la llave de contacto a la posición de encendido. Abra la mariposa para permitir que el núcleo móvil del solenoide del TPS se retire hasta la posición de ralentí lento. Hunda el núcleo del pistón amortiguador completamente. Mida el espacio que quede entre el extremo del núcleo y la zapata de la palanca de apertura de la mariposa. Si es preciso, ajústelo a lo especificado. Apriete la contratuerca de bloqueo del amortiguador. Vuelva a comprobar el juego. Gire la llave de contacto a la posición de cerrado.

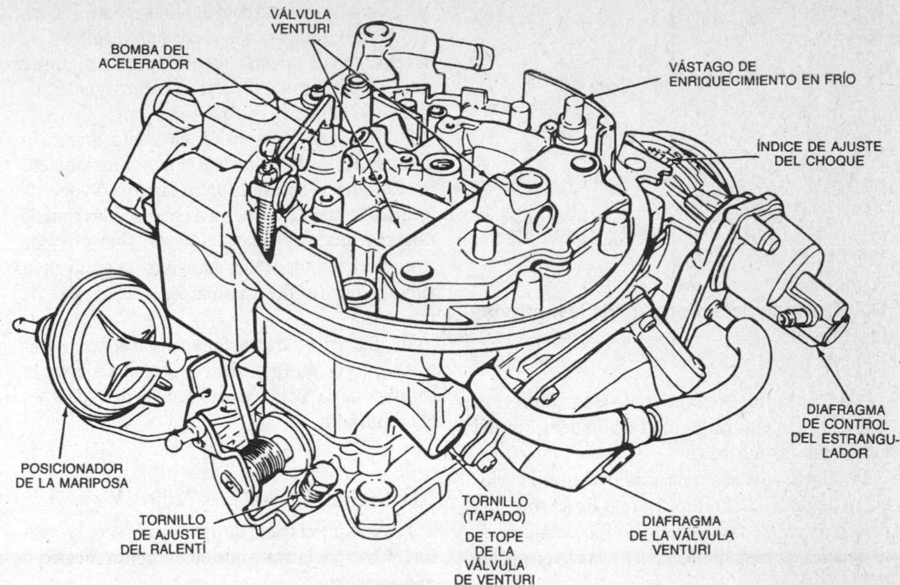

Carburador para motor 7 700 W

9. Si hiciese falta ajustar la velocidad de ralentí lento, compruebe y ajuste el posicionado de la descarga de la cubeta tal como sigue: Gire la llave de contacto a la posición de encendido para activar el TSP (motor no en marcha). Abra la mariposa para que permita al núcleo del solenoide TSP desplazarse hasta la posición de ralentí lento. Asegure la platina de estrangulación en posición de plena abertura. Abra la mariposa de modo que su palanca de apertura no toque el vástago de descarga de la cubeta. Cierre la mariposa hasta la posición de apoyo de ralentí y mida el recorrido del vástago de descarga de combustible de la cubeta desde la posición abierta de la mariposa. El recorrido del vástago de descarga de la cubeta deberá estar dentro de lo especificado (0,100 a 0,150 pulgadas). Si se hallara fuera de normas, doble la palanca de apertura de la mariposa por la ranura, para lograr el recorrido deseado.

10. Retire todo el equipo de control y vuelva a montar en su sitio el conjunto del filtro del aire. Apriete el tornillo de fijación según la norma.

300 (4,9 L) YFA-IV y IFA-IV-FB

1. Bloquee las ruedas y aplique el freno de mano. Sitúe la palanca de la transmisión en posición de punto puerto o aparcamiento.

2. Ponga el motor en marcha hasta alcanzar la temperatura normal.

3. Coloque el selector del calor del aire acondicionado en la posición de cerrado.

4. Sitúe el cambio en el piñón especificado.

5. Compruebe y ajuste las rpm del ralentí lento del modo siguiente: Pistón amortiguador del TSP. Asegúrese de que está activado, utilizando para ello una llave fija de extremo abierto de 3/8 de pulgada, y ajuste las rpm de ralentí lento girando la tuerca situada directamente detrás del alojamiento del amortiguador de pistón. Ajuste las rpm del ralentí rápido girando el tornillo de regulación de las rpm del ralentí rápido. El TSP montado en la parte delantera (idéntico que el botón de pie del aire acondicionado en todos los demás calibrados) asegura que éste está activado. Después de aflojar la tuerca de bloqueo, ajuste las rpm del ralentí lento girando el solenoide TSP hasta que se logren las rpm especificadas. Apriete la contratuerca.

6. Controle y ajuste el antidiesel (TSP cerrado). Hunda con la mano el TSP girando la palanca del árbol de la mariposa del carburador hasta que el tornillo de ajuste del TSP cerrado contacte con el cuerpo del carburador. Si se requieren ajustes, gire el tornillo del TSP cerrado mientras sujeta el tornillo de ajuste de la palanca contra el tope.

7. Coloque la palanca de la transmisión en punto muerto o aparcamiento. Revolucione el motor un momento. Sitúe la palanca en la posición especificada y vuelva a controlar las rpm del ralentí lento. Ajústelo de nuevo, si es preciso.

8. Controle y ajuste el juego del amortiguador entre 0,120 ± 0,030 pulgadas.

9. Si se requiere un ajuste final de la velocidad de ralentí lento, deberá controlar el posicionado de la apertura de la cubeta tal como sigue: Pare el motor y gire la llave de contacto a la posición de encendido, de modo que el amortiguador del TSP o el TSP estén activados pero el motor no esté en marcha (si es que lo lleva montado como equipo). Asegure la platina de estrangulación en la posición de plena abertura. Abra la mariposa de modo que la palanca de apertura no toque al vástago de apertura de la cubeta del combustible. Cierre la mariposa, y mida el recorrido del vástago citado desde la posición de mariposa abierta. La carrera del vástago debe estar entre 0,100 y 0,150 pulgadas. Si estuviese fuera de norma, doble la palanca de apertura de la mariposa para lograr el re-

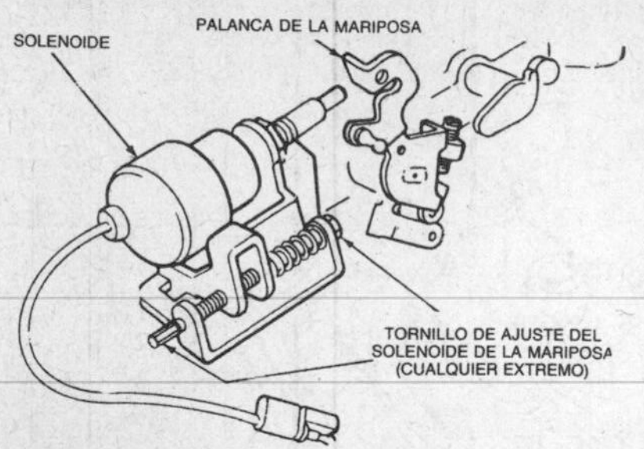

Ajuste típico del solenoide de la mariposa (TSP)

corrido necesario. Desmonte todo el equipo de control y apriete el tornillo de fijación del filtro del aire según las normas.

10. Siempre que sea necesario ajustar la velocidad de ralentí del motor en más de 50 rpm, deberá reajustarse también el tornillo de ajuste de la palanca de reenvío del AOD situada en el carburador.

173 (2.8 L), 232 (3.8 L) y 302 (5.0 L)

2150-2V-FB (FEEDBACK) (REALIMENTACIÓN)

1. Ponga el freno de mano y bloquee las ruedas.

2. Coloque la transmisión en posición de aparcamiento.

3. Lleve el motor, en marcha, hasta la temperatura normal de trabajo.

4. Desacople el conector eléctrico del solenoide de la purga EVAP (control emisión evaporación).

5. Desconecte y tapone el manguito de vacío del retardador VOTM (modulador de mariposa operado por vacío).

6. Sitúe la transmisión en posición de marcha.

7. Compruebe el ajuste de las rpm del ralentí lento. Si se requiere ajustarlas haga lo siguiente: Ajústelas con el tornillo de regulación de la velocidad de ralentí lento o bien con el tornillo de ajuste de la abrazadera soporte abierta, según como vaya equipado.

8. Coloque la transmisión en punto muerto o aparcamiento. Revolucione el motor un momento. Sitúe la transmisión en posición de marcha y vuelva a comprobar las rpm del ralentí lento. Reajústelas, si es preciso.

9. Retire el tapón del manguito de vacío en el retardador VOTM y vuelva a conectarlo en su sitio.

10. Acople de nuevo el conector en el solenoide EVAP, de purga.

302 (5.0 L) 2150-2V (NO REALIMENTADO)

1. Aplique el freno de mano y bloquee las ruedas.

2. Coloque la transmisión en aparcamiento.

3. Ponga el motor en marcha hasta que alcance su temperatura normal.

4. Lleve el selector del acondicionador de aire a la posición de cerrado.

5. Desconecte y tapone el manguito de vacío en la válvula bypass de aire del thermactor.

6. Coloque la transmisión en el piñón especificado.

7. Compruebe las rpm del ralentí lento. Ajústelas a la norma usando el tornillo regulador de la velocidad de ralentí lento o el tornillo de ajuste de la abrazadera de soporte abierta, según el sistema con el que vaya equipado.

8. Ponga la transmisión en punto muerto o aparcamiento. Revolucione el motor un momento. Coloque la transmisión en la posición que especifica la norma, y vuelva a controlar las rpm de ralentí lento. Ajústelas de nuevo, si es preciso.

9. Retire el tapón del manguito de vacío en la válvula bypass del thermactor y conéctelo de nuevo.

10. Siempre que haga falta ajustar el ralentí lento en más de 50 rpm, deberá también ajustar el tornillo de la palanca de reenvío del AOD en el carburador.

351 (5.8 L) 2150-2V o 7200 VV

1. Aplique el freno de mano y bloquee las ruedas. Coloque la transmisión en punto muerto o aparcamiento.

2. Lleve el motor hasta la temperatura normal de trabajo.

3. Desconecte el manguito de purga que va al lado del recipiente del solenoide de la purga del evaporador. Compruebe, para asegurarse, que la purga de vacío está presente (el solenoide ha abierto y necesitará de 3 a 5 minutos de espera, después de puesto en marcha el motor, seguido por un corto lapso de tiempo con la mariposa parcialmente abierta). Vuelva a conectar el manguito de purga.

4. Desconecte y tapone el manguito de vacío al retardador del VOTM.

5. Coloque la transmisión en la posición especificada.

6. Compruebe y ajuste las rpm del ralentí lento. Si es necesario ajustarlas, hágalo con el tornillo de regulación de la velocidad de ralentí lento o con el tornillo de ajuste de la abrazadera de soporte abierto (asegúrese de que el tornillo de la velocidad de ralentí lento no está tocando la palanca del eje de la mariposa).

7. Sitúe la palanca de transmisión en la posición de punto muerto o aparcamiento. Revolucione el motor un momento. Coloque la transmisión en la posición especificada y vuelva a comprobar las rpm del ralentí lento. Reajústelo si es preciso.

8. Compruebe y ajuste el sensor de posición de la mariposa (TPS).

9. Retire el tapón del manguito de vacío al retardador VOTM y vuelva a conectarlo en su sitio.

10. Aplique una ligera presión en la parte superior de la tuerca de nylón, situada en la bomba del acelerador, para ver el juego del reenvío.

11. Gire la tuerca de nylón en la varilla de la bomba del acelerador en el sentido de las agujas del reloj hasta que se obtenga una tolerancia de 0.010 ± 0.005 pulgadas entre la parte superior de la bomba del acelerador y la palanca de la bomba.

12. Gire la tuerca de la varilla de la bomba del acelerador una vuelta en sentido contrario a las agujas del reloj para ajustar precargada la palanca.

13. Si el ajuste del ralentí lento excede de 50 rpm, ajuste el reenvío TV de la transmisión automática.

302 (5.0 L) y 351 (5.8 L) CANADA 2150-2V

1. Ponga la transmisión en punto muerto o aparcamiento.

2. Lleve el motor a su temperatura de trabajo normal.

3. Coloque el selector del calor del acondicionamiento de aire en la posición de cerrado.

4. Sitúe la transmisión en el engranaje especificado.

5. Compruebe las rpm del ralentí lento. Ajústelo a la norma utilizando el tornillo de regulación de la velocidad de ralentí lento, o el tornillo de cabeza hexagonal situado en la parte posterior del solenoide, o el tornillo de ajuste de la abrazadera de soporte abierta, dependiendo de qué sistema es el que lo equipa.

6. Coloque la transmisión en punto muerto o aparcamiento. Revolucione el motor un momento, sitúe la transmisión en la posición especificada y vuelva a controlar las rpm del ralentí lento. Reajústelas si es necesario.

7. TSP desconectado: Con la transmisión en el piñón especificado, hunda el núcleo del solenoide y fije la velocidad especificada de TSP desconectado en el tornillo de velocidad.

8. Desconecte el manguito de vacío del modulador de control de la mariposa de desaceleración (si está equipado con él) y tapónelo.

9. Conecte una conducción auxiliar de vacío desde el colector hasta el modulador de control de la mariposa de desaceleración (si está equipado con él).

10. Controle el ajuste de las rpm del control de la mariposa de desaceleración. Ajústelas, si es preciso.

11. Retire el manguito auxiliar de vacío.

12. Quite el tapón del manguito del modulador de control de la mariposa de desaceleración y vuelva a conectarlo en su sitio.

460 (7.5 L)

1. Bloquee las ruedas y aplique el freno de mano.

2. Haga marchar el motor hasta que alcance su temperatura normal de trabajo.

3. Sitúe la transmisión en punto muerto o aparcamiento y el acondicionamiento de aire en posición de cerrado.

4. Retire el filtro del aire.

5. Desconecte y tapone el manguito de vacío del diafragma del pulsador de pie que controla la desaceleración de la mariposa.

6. Conecte un manguito auxiliar de vacío desde una toma de vacío situada en el colector del motor hasta el retardador del control de desaceleración de la mariposa.

7. Haga marchar el motor a unas 2,500 rpm aproximadamente durante 15 segundos, y entonces suelte la mariposa.

8. Si las rpm del control de desaceleración de la mariposa no se hallan entre ± 50 rpm de lo especificado, ajuste el retardador.

9. Desconecte el manguito auxiliar de vacío y deje que el motor vuelva al ralentí lento.

10. Ajuste el ralentí lento, si es necesario, usando el tornillo de ajuste.

11. Revolucione el motor un momento, vuelva a comprobar el ralentí lento y ajústelo de

nuevo, si es preciso.

12. Vuelva a conectar el manguito de vacío del control de desaceleración de la mariposa al diafragma.

13. Vuelva a montar el filtro del aire.

DIESEL

NOTA: Se precisa un tacómetro especial para el control de las rpm en un motor diesel.

134 (2.2 L)

1. Bloquee las ruedas y aplique el freno de mano.

2. Ponga en marcha el motor hasta que alcance la temperatura normal de trabajo. Pare el motor.

3. Conecte el tacómetro para motores diesel.

4. Ponga en marcha el motor y controle las rpm. Consulte el decálogo de normas sobre emisiones para aplicar las últimas especificaciones. Las rpm se ajustan normalmente en punto muerto para las transmisiones manuales y en marcha para las automáticas.

5. El tornillo de ajuste se encuentra en la palanca angular situada en la parte superior de la bomba de inyección. El tornillo de arriba es para el ralentí lento y el de abajo para la máxima velocidad.

6. Afloje la contratuerca. Gire el tornillo de ajuste en el sentido de las agujas del reloj para incrementar las rpm y en sentido contrario para disminuirlas.

7. Apriete la contratuerca. Eleve la velocidad del motor varias veces y vuelva a controlar el ralentí. Reajústelo, si es necesario.

420 (6.9 L)

1. Bloquee las ruedas y aplique el freno de mano.

2. Lleve el motor a su temperatura normal de trabajo. Pare el motor.

3. Conecte el tacómetro de motores diesel.

4. Ponga en marcha el motor y controle las rpm. Acuda al decálogo de emisiones para aplicar las últimas especificaciones. Las rpm se ajustan normalmente en punto muerto para las transmisiones manuales y en la posición de marcha para las automáticas.

5. Gire el tornillo de ajuste de velocidad de ralentí en la dirección requerida para incrementar o reducir las rpm. El tornillo de ajuste está localizado en la parte superior de la bomba de inyección sobre la válvula de arranque en frío.

6. Coloque el selector de engranajes en punto muerto, si es automático, y eleve la velocidad del motor varias veces. Vuelva a comprobar las rpm del ralentí reajustándola, si es preciso.

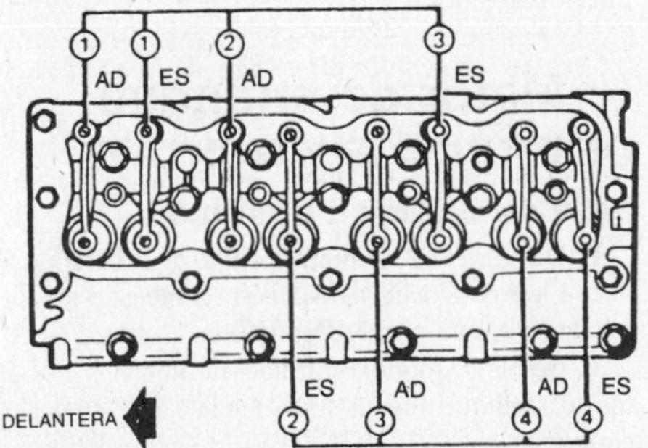

Secuencia de ajuste de las válvulas del motor diesel 134 (2.2L)

Ajuste de válvulas

MOTORES DE GASOLINA

NOTA: Para los procedimientos de ajuste de válvulas del motor 173 (2.8 L) V6 debe consultar la «Sección de balancines, ejes de balancines y espigas».

Todos los motores de gasolina que se usan, excepto el modelo 2.8 L V6, están equipados con empujadores de válvula hidráulicos o ajustadores de juego. Los empujadores de válvula hidráulicos o ajustadores de juego operan con juego 0 en el tren de válvula, y por dicha causa los balancines no son ajustables. El único medio por el cual el sistema de juego de válvulas puede ser alterado es montando empujadores de mayor o menor tamaño, excepto en los modelos OHC (árbol de levas en la culata); debido a la natural capacidad de los empujadores hidráulicos para compensarse por ceder en el tren de la válvula, todos los componentes del sistema deberán ser comprobados sobre desgastes si se observa un excesivo juego. Consulte la sección de Balancines.

MOTORES DIESEL

134 (2,2 L) diesel

1. Caliente el motor hasta que alcance la temperatura normal de trabajo.

2. Desmonte la tapa de válvulas. Compruebe, siguiendo la secuencia de la norma, la tensión de apriete de los tornillos de la culata.

3. Gire el motor para llevar el pistón nº 1 al PMS (punto muerto superior) de la carrera de compresión.

4. Ajuste las válvulas siguientes: nº 1 admisión y escape, nº 2 admisión, nº 3 escape.

5. Gire el cigüeñal 360 grados y lleve el pistón nº 4 al PMS de la carrera de compresión.

6. Ajuste las válvulas siguientes: nº 2 escape, nº 3 admisión, nº 4 admisión y escape.

7. Para ajustar las válvulas afloje la contratuerca del balancín. Gire el tornillo de ajuste en el sentido de las agujas de reloj para reducir el juego, en sentido contrario para aumentarlo. El juego se comprueba con una galga de espesores formada por laminillas calibradas, que se pasa entre el balancín y el vástago de la válvula.

8. Asegúrese de que las contratuercas estén apretadas después de ajustar los juegos. Asimismo, esté bien seguro de la limpieza de todas las superficies de montaje. Monte la tapa de válvulas con una junta nueva.

420 (6,9 L)

El motor diesel de 6,9 L está equipado con empujadores hidráulicos que reducen al mínimo el ruido del motor y que mantienen a cero el juego de los empujadores. Esto elimina la necesidad de ajustes periódicos. Los empujadores hidráulicos también incorporan seguidores de rodillos del árbol de levas para mejorar las características de desgaste.

SISTEMA DE IGNICIÓN

Distribuidor

DESMONTAJE Y MONTAJE

En ciertos modelos equipados con el sistema EEC, el distribuidor está fijado sólidamente en su posición y todos los controles de la distribución se maniobran por medio del módulo EEC. No se requieren ni son posibles ajustes de la distribución. La alineación del rotor es crítica con el sistema de dos niveles y cualquier revisión deberá ser efectuada por alguien familiarizado con el sistema. Vea la sección de Emisiones en el apartado de Reparación de grupos para efectuar la alineación del rotor.

1. Desmonte el filtro del aire en los motores V6 y V8. En los motores de 4 y 6 cilindros en línea, desmonte un tornillo de montaje de la bomba (de aire) del thermactor y la correa de mando, con lo que permitirá desplazar la bomba lateralmente para poder acceder al distribuidor. Si es necesario, desconecte el filtro del aire del thermactor, así como las conducciones.

2. Desmonte la tapa del distribuidor y coloque a un lado la tapa y los cables del encendido.

3. Desacople la clavija de conexión del cableado del conector del distribuidor. Desempalme y

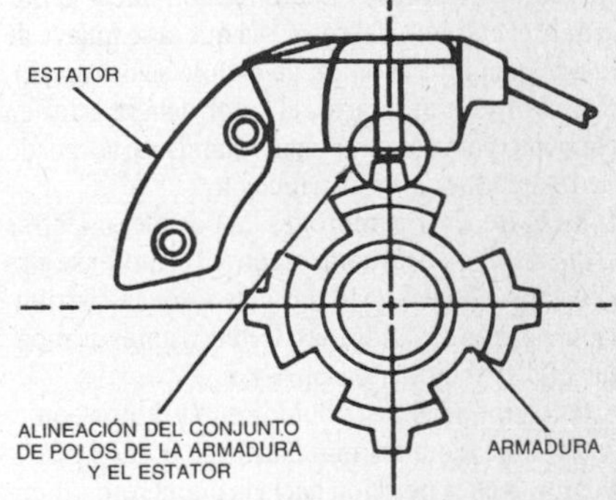

Alineación de armadura y estator (se presenta en 4 cilindros)

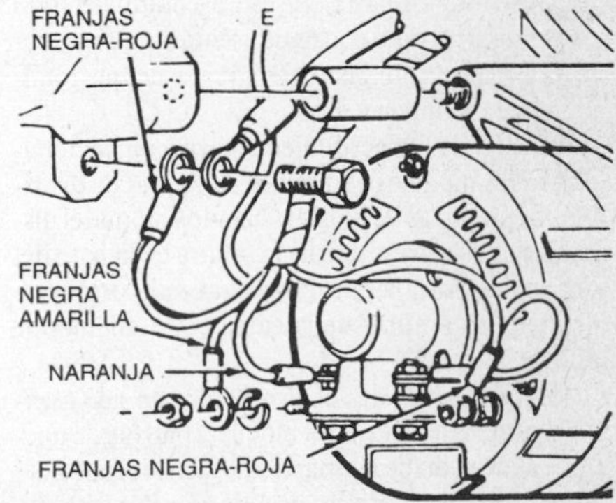

Montaje y conexiones típicas de un alternador (los códigos de color pueden diferir)

tapone los manguitos de vacío de conjunto de diafragma de vacío (si lo lleva).

4. Gire el motor (en el sentido de rotación normal) hasta que el pistón n.º 1 se halle en el PMS de la carrera de compresión. La marca del PMS en la polea del cigüeñal debe quedar alineada con el indicador. El extremo del rotor debe estar apuntando a la posición de la bujía n.º 1 en la tapa del distribuidor.

5. En los Dura Spark I o II gire el motor un poquito más (si es preciso) para alinear el conjunto polar del estator (bobina generadora) con un polo de la armadura (el más próximo). En los Dura Spark III la ranura de la camisa del distribuidor (cuando se mira desde encima) y la hendidura de adaptación de la tapa deberán quedar alineadas. En los modelos equipados con el EEC-IV (del 1984 y posteriores) desmonte el rotor (2 tornillos) y tome nota de la posición del «cuadrado de polarización» y la platina del árbol como referencia al volverlo a montar.

6. Trace una marca en el cuerpo del distribuidor y en el bloqueo del motor para indicar la posición del extremo del rotor y la del distribuidor en el motor. Los distribuidores del sistema Dura Spark III y algunos del EEC-IV están equipados con una base ranurada y sólo admitirán una posición de montaje en el motor.

7. Desmonte el tornillo de fijación y la abrazadera localizada en la base del distribuidor. (Algunos distribuidores del sistema Dura Spark III y EEC-IV están equipados con un tornillo de sujeción especial que requiere una llave de cabeza Torx para su desmontaje.) Retire el distribuidor del motor. Ponga atención en la dirección hacia la que señala el extremo del rotor, ya que si se mueve de la posición n.º 1 el piñón de mando se desacopla. Para volver a montarlo, el rotor deberá estar en ese punto para asegurar un acoplamiento adecuado de los piñones y la distribución.

8. Evite girar el motor, si es posible, mientras el distribuidor esté desmontado. Si el motor se gira de la posición del PMS, las marcas de la distribución deberán ser alineadas de nuevo antes de montar el distribuidor; pasos 4 y 5.

9. Coloque el distribuidor en el motor con el rotor alineado a las marchas hechas en el distribuidor, o en la posición hacia la que el rotor apuntaba cuando el distribuidor se desmontó. También deben alinearse el estator y la armadura o «cuadrado de polarización» y la platina del árbol. Acople el eje intermedio de la bomba de aceite e inserte el distribuidor hasta que esté asentado del todo en el motor, y si no consigue asentarlo plenamente gire el motor un poco para que se acople totalmente el eje intermedio.

10. Siga los procedimientos arriba mencionados en los modelos equipados con bases de distribuidor provistas de índice. Cuando coloque el distribuidor asegúrese de que la ranura en la base del distribuidor encaja en el bloque saliente correspondiente y las ranuras de la camisa y el adaptador están alineadas.

11. Después de que el distribuidor ha sido asentado completamente en el bloque, controle de nuevo la alineación de las marcas de distribución y del rotor. Monte el tornillo de sujeción y la abrazadera. En los modelos equipados con una base provista de índice, apriete el tornillo de montaje. En los otros modelos, apriete el tornillo de montaje de modo que el rotor se pueda girar a efectos del ajuste de la distribución del encendido.

12. El resto del montaje se efectúa en sentido inverso al orden seguido en el desmontaje. Compruebe y vuelva a poner a punto la distribución del encendido.

NOTA: Se usa un compuesto de silicona para los extremos del rotor, contactos de la tapa del distribuidor y en el interior de los conectores, en los cables de las bujías y los acoplamientos de módulos. Siempre debe aplicar el compuesto dieléctrico de silicona después de revisar cualquier componente del sistema de encendido. Varios modelos usan un rotor de varias puntas que no requiere la aplicación del compuesto dieléctrico.

Alternador

PRECAUCIONES

Para evitar posibles daños al alternador y al regulador, deberán tomarse las siguientes precauciones cuando se trabaje con el sistema eléctrico.

1. Nunca invierta las conexiones de la batería.

2. Las baterías de ayuda para el arranque de emergencia deberán conectarse adecuadamente: cable positivo al positivo y cable negativo desde el negativo del equipo de ayuda a un punto de tierra del vehículo.

3. Desconecte los cables de la batería antes de usar un cargador rápido; el cargador rápido tiene una tendencia a forzar la corriente a través de los diodos en la dirección opuesta a aquélla para la que fueron diseñados. Esto quema y destruye los diodos.

4. No use nunca un cargador rápido como ayuda para el arranque del vehículo.

5. No desconecte nunca el regulador de voltaje mientras el motor esté en marcha.

6. Evite tiempos largos de soldadura cuando efectúe la sustitución de diodos o transistores. El calentamiento prolongado es perjudicial para los generadores de corriente alterna.

7. No use lámparas de prueba de más de 12 voltios (V) para controlar la continuidad de los diodos.

8. No cortocircuite en paralelo o a masa ninguno de los terminales en el generador de corriente alterna.

9. Las polaridades de la batería, el generador y el regulador deben ser las mismas y debe tenerlo en cuenta antes de realizar cualquier conexión eléctrica en el sistema.

10. Nunca accione el alternador con el circuito abierto. Asegúrese de que todas las conexiones del circuito estén limpias y apretadas.

11. Desconecte los terminales de la batería cuando efectúe cualquier operación de mantenimiento en el sistema eléctrico. Esto eliminará la posibilidad de una inversión de polaridad accidental.

12. Desconecte el cable de masa de la batería si debe efectuar alguna soldadura por arco voltaico en cualquier parte del vehículo.

DESMONTAJE Y MONTAJE

1. Levante el capó del motor y desconecte el cable de masa de la batería.

2. Desmonte el tornillo del brazo de ajuste.

3. Desmonte el tornillo-pivote del alternador y bájelo.

4. Marque con etiquetas todos los conductores que van al alternador de modo que pueda volver a montarlos correctamente y desconéctelos del alternador.

5. Retire el alternador del vehículo.

6. Para montarlo, proceda de modo inverso al seguido en el desmontaje.

Ajuste de la tensión de la correa

La correa del ventilador manda el alternador y la bomba del agua. Si la correa está demasiado floja resbalará y el alternador no será capaz de producir la corriente estimada. Asimismo, la bomba del agua no actuará con eficiencia y el motor podrá sobrecalentarse. Compruebe la tensión de la correa presionando con el pulgar hacia abajo en el trecho más largo de la correa, a medio camino entre las dos poleas. La deflexión de la correa será aproximadamente de 1/2 pulgada. Para ajustar la tensión de la correa proceda como sigue.

1. Afloje el tornillo de montaje y los del brazo de ajuste del alternador.

2. Aplique la presión solamente en la parte frontal de la carcasa del alternador, moviendo el mismo hacia afuera del motor para tensar la correa. No aplique presión en la parte posterior de la carcasa de aluminio fundido de un alternador; podría resultar dañada la carcasa.

3. Apriete el tornillo de montaje y los del brazo de ajuste cuando haya alcanzado la tensión correcta.

Regulador

El regulador del alternador ha sido diseñado para controlar el régimen de carga. El regulador electromecánico está calibrado en fábrica y no es ajustable.

DESMONTAJE Y MONTAJE

1. Desconecte el terminal negativo de la batería. En algunos modelos puede ser necesario retirar la batería.

2. Desconecte todos los conductores eléctricos (conectores de cableados) del regulador.

3. Desmonte todos los tornillos de fijación y luego retire la unidad de regulación del vehículo.

4. Monte el nuevo regulador de voltaje utilizando los tornillos de fijación del viejo, o nuevos si vienen en el juego de recambio. Apriete los tornillos de fijación.

5. Acople todos los conectores de cableados al nuevo regulador.

Motor de arranque

DESMONTAJE Y MONTAJE

Tipo de engrane positivo

1. Desconecte el terminal positivo de la batería.

2. Eleve el vehículo y desconecte el cable del motor de arranque por su terminal en el motor.

3. Desmonte todos los tornillos de unión del motor de arranque que los sujetan a la campana del embrague.

4. Retire el motor de arranque.

5. Móntelo en el orden inverso a como lo desmontó.

Tipo accionado por solenoide

1. Desconecte el cable de masa de la batería.

2. Eleve el vehículo y desconecte los cables y conductores del solenoide del motor de arranque.

3. Gire las ruedas delanteras hacia la derecha y desmonte los dos torñillos que unen el brazo intermedio de la dirección al bastidor.

4. Retire los tornillos de montaje del motor de arranque y desmonte el motor.

5. Móntelo en orden inverso a como lo desmontó.

Relé del motor de arranque

SUSTITUCIÓN

El relé del motor de arranque se halla situado en el interior del guardabarros de la rueda derecha. Para sustituirlo, desconecte el cable negativo de la batería desde la batería, desconecte todos los conductores eléctricos del relé y retire el relé de la pared del guardabarros. Vuelva a montarlo siguiendo el orden inverso al empleado en desmontarlo.

MECÁNICA DEL MOTOR

Motor

DESMONTAJE Y MONTAJE

Pickups Bronco, Bronco II 122 (2.0 L) y 140 (2,3 L)

1. Levante el capó del motor y coloque unas protecciones para no rayar los guardabarros. Drene el refrigerante del radiador. Desmonte el conjunto del filtro del aire y conducto.

2. Desconecte el cable de masa de la batería desde el motor y desconecte el cable positivo de la batería desde ésta dejándolos a un lado.

3. Marque la situación de las bisagras del capó y desmonte el capó.

4. Desconecte del motor los manguitos superior e inferior del radiador. Desmonte los tornillos de protección del radiador. Desmonte los soportes superiores del radiador.

5. Desmonte el conjunto del ventilador y su protección. Luego desmonte el radiador. Desmonte la tapa de llenado del aceite.

6. Desconecte el hilo de conexión de la bobina primaria desde la bobina. Desconecte los hilos de conexión de los sensores de la presión del aceite y de la temperatura del agua desde dichos sensores.

7. Desconecte el conductor del alternador desde el mismo, el cable del motor de arranque desde el motor y el cable de mando del acelerador desde el carburador. Si lo lleva como equipo, desconecte también el vástago de la transmisión desde el Kick down retardador.

8. Si lo lleva como equipo, desmonte el compresor del acondicionador del aire de la abrazadera de montaje y apártelo a un lado, manteniendo conectados los conductos del refrigerante.

9. Desconecte el manguito de vacío del servofreno. Desconecte el conducto de combustible del chasis desde la bomba de suministro. Desconecte los manguitos del calefactor desde el motor.

10. Desmonte las tuercas de fijación del motor. Eleve el vehículo y déjelo apoyado con seguridad sobre caballetes.

11. Vacíe el aceite del motor del cárter. Desmonte el motor de arranque.

12. Desconecte el tubo de entrada del escape al silencioso desde el colector del escape.

13. Desmonte el guardapolvo (en transmisión manual) o la platina de inspección del convertidor (en transmisión automática).

14. En los vehículos con transmisión manual, desmonte los tornillos de sujeción de la tapa inferior del alojamiento del volante. En los vehículos con transmisión automática, desmonte los tornillos de unión del convertidor al volante, y luego desmonte los tornillos de sujeción de la tapa inferior del alojamiento del convertidor.

15. Desmonte el cilindro de mando hidráulico del embrague (en transmisión manual). Baje el vehículo.

16. Sostenga con un gato la transmisión y el volante o el alojamiento del convertidor.

17. Desmonte el alojamiento del volante o los tornillos de fijación del alojamiento del convertidor.

18. Enganche los soportes de elevación del motor a las eslingas del aparato elevador que disponga. Con cuidado, de modo que no se dañe ningún componente, eleve el motor y sáquelo fuera del vehículo.

19. Para montar el motor: si fue desmontado el embrague, vuelva a montarlo. Con cuidado introduzca el motor dentro del compartimiento. En un vehículo con transmisión automática, ponga el piloto del convertidor dentro del cigüeñal. En un vehículo con transmisión manual, ponga el piñón de mando principal dentro del disco del embrague. Puede ser necesario ajustar la posición de la transmisión en relación con el motor si la salida del árbol no entra bien en el disco de embrague. Si el motor queda retenido después de iniciar la entrada del eje, gire el cigüeñal en el sentido de las agujas del reloj levemente (con el cambio engranado), hasta que las mortajas del eje encajen en las del cubo del disco de embrague.

20. Monte los tornillos de unión del volante o del alojamiento superior del convertidor. Retire los soportes de elevación del motor de las bragas del aparejo elevador.

21. Retire el gato de debajo de la transmisión. Eleve el vehículo y déjelo apoyado con seguridad sobre caballetes.

22. En un vehículo con transmisión manual, monte los tornillos de fijación del alojamiento inferior del volante y apriételos según lo especificado. En un vehículo con transmisión automática, una el convertidor a los tornillos del volante y apriételos según lo especificado. Monte los tornillos de unión del motor al alojamiento del convertidor y apriételos según lo especificado.

23. Instale el cilindro hidráulico del servo del embrague.

24. Coloque la tapa guardapolvos (en la transmisión manual) o la platina de inspección del convertidor (en la transmisión automática). Conecte el tubo de salida del escape al colector de escape.

25. Monte el motor de arranque y conéctele los cables.

26. Baje el vehículo. Coloque las tuercas de montaje del motor y apriételas a 65-85 libras-pie.

27. Conecte los manguitos del calefactor al motor. Conecte la canalización de combustible del chasis a la bomba de suministro. Conecte el manguito de vacío del servofreno.

28. Conecte el cableado del alternador al mismo, y conecte el cable del acelerador al carburador. Si va equipado con él, conecte la varilla de transmisión del kick down. También, si lo lleva como equipo, monte el compresor del acondicionador del aire en la cartela de montaje.

29. Conecte el cableado de la bobina primaria a la bobina. Conecte los cables de los sensores de presión del aceite y temperatura del agua. Coloque el tapón de llenado de aceite.

30. Monte el radiador y asegúrelo con las cartelas-soporte superiores. Monte el conjunto del ventilador y la protección. Conecte los manguitos superior e inferior del radiador.

31. Monte el capó y alinéelo.

32. Monte el conjunto del filtro del aire. Llene y sangre el sistema de refrigeración.

33. Llene el cárter del cigüeñal con el aceite especificado. Conecte el cable de masa de la batería al motor y el cable positivo de la batería al terminal correspondiente.

34. Ponga en marcha el motor y compruebe si existe alguna pérdida de fluidos.

134 (2.2 L) diesel

1. Abra el capó y coloque cubiertas para la protección de los guardabarros. Marque la posición de las bisagras del capó y desmóntelo.

2. Desconecte los cables de masa de las baterías desde las baterías Desconecte los cables de masa de las baterías desde el motor.

3. Drene el refrigerante del radiador.

4. Desconecte el manguito de admisión de aire del filtro de aire y del múltiple de admisión.

5. Desconecte los manguitos superior e inferior del radiador desde el motor. Desmonte los tornillos de la protección del radiador. Desmonte los soportes superiores del radiador y desmonte el radiador y la protección.

6. Desconecte la conexión a masa de la radio, si la lleva.

7. Desmonte el relé de la bujía nº 2 del tabique cortafuegos, junto con el cableado, y déjelo en el motor.

8. Desconecte los cableados de conductores del motor desde el conector principal situado en el delantal del guardabarros izquierdo. Desconecte el cable del motor de arranque por el motor.

9. Desconecte el cable del acelerador y el cable del control de velocidad, si lo lleva, desde la bomba de inyección.

10. Desmonte el cable de arranque en frío de la bomba de inyección.

ATENCIÓN

No desconecte las conducciones del acondicionador de aire, ni vacíe el sistema, a menos que disponga a su alcance del equipo apropiado y conozca bien su utilización. Tenga el sistema descargado por un mecánico especializado antes de proceder a desmontar el motor.

11. Descargue el sistema del aire acondicionado, desmonte las conducciones del refrigerante y

luego apártelo a un lado.

12. Desmonte los manguitos de presión y retorno de la bomba del servo de la dirección, si la lleva como equipo.

13. Desconecte la toma de vacío desde la bomba que lo efectúa y aparte a un lado la toma de vacío y el manguito correspondiente.

14. Desconecte y tapone el conducto de entrada del combustible al calentador de la conducción de combustible y el conducto de retorno de combustible desde la bomba de inyección.

15. Desconecte los manguitos calefactores del motor.

16. Desconecte las tuercas de los silenblocs del motor. Eleve el vehículo y déjelo apoyado seguro sobre caballetes.

17. Drene el aceite del cárter del motor y desmonte el filtro primario del aceite.

18. Desconecte el manguito del sensor de presión del aceite desde el adaptador de montaje del filtro de aceite.

19. Desconecte el tubo de entrada de silencioso al colector de escape.

20. Desmonte las tuercas de los silenblocs de la parte baja del motor. Desmonte los tornillos de la transmisión. Baje el vehículo. Acople la eslinga de elevación del motor y el polipasto de cadena.

21. Eleve el motor del vehículo sacándolo con cuidado para evitar daños a sus componentes.

22. Monte el motor sobre un banco de trabajo, si fuese necesario.

23. Cuando monte el motor: Baje con cuidado el motor dentro del compartimiento correspondiente y evite daños a sus componentes.

24. Monte los 2 tornillos de unión de la parte superior del cambio al motor. Desmonte la eslinga del elevador del motor.

25. Levante el vehículo y apóyelo con seguridad sobre unos caballetes.

26. Monte las tuercas de los silenblocs del motor y apriételas según lo especificado.

27. Monte el resto de los tornillos de unión del cambio al motor y apriételos según la norma prescrita.

28. Conecte el tubo de entrada del silencioso al colector de escape y apriete los tornillos según lo especificado.

29. Instale el manguito del sensor de la presión del aceite y monte el nuevo filtro del aceite tal como se describe en esta misma sección.

30. Baje el vehículo.

31. Apriete las tuercas de fijación de los silenblocs del motor según lo especificado.

32. Conecte los manguitos del calefactor al motor. Conecte el conducto de entrada del combustible al calefactor de la conducción del mismo y la conducción de retorno a la bomba de inyección. Conecte las tomas de vacío y los manguitos a la bomba de vacío. Conecte los manguitos de presión y retorno a la bomba del servo de la dirección, si la lleva como equipo. Compruebe el nivel de fluido del servo de la dirección y en su caso añada.

33. Monte las conducciones del refrigerante del acondicionador del aire y cargue el sistema, si lo lleva como equipo.

NOTA: El sistema puede ser cargado después de haberse realizado el montaje del motor.

34. Conecte el cable de arranque en frío a la bomba de inyección. Conecte el cable del acelerador y el del control de la velocidad a la bomba de inyección, si lo llevan como equipo.

35. Conecte los cableados de conductores del motor a los cableados principales en el faldón del guardabarros izquierdo. Conecte la cinta de conexión a masa de la radio, si la lleva.

36. Sitúe el radiador en el vehículo, monte las cartelas superiores de soporte del radiador y apriételas según lo especificado. Monte la protección del ventilador del radiador y apriétela según lo especificado. Monte el ventilador del radiador y apriételo según lo especificado.

37. Conecte los manguitos superior e inferior del radiador al motor y apriete las abrazaderas según lo especificado. Conecte el manguito de admisión del aire al filtro del aire y al colector de admisión.

38. Llene y sangre el sistema de refrigeración.

39. Llene el cárter del cigüeñal con la cantidad y calidad de aceite fijados en las especificaciones.

40. Conecte los cables de masa de las baterías al motor. Conecte los cables de masa de las baterías a ambas baterías.

41. Ponga en marcha el motor y compruebe si existen pérdida de aceite, combustible o refrigerante. Cierre el capó.

173 (2.8 L) V6 y 179 (2.9 L) V6

1. Desconecte el cable de masa de la batería y drene el sistema de refrigeración.

2. Desmonte el capó después de señalar la posición de las bisagras. Desmonte el conjunto del filtro del aire y conducto de admisión.

3. Desmonte o desconecte las piezas del thermactor que interfieran con el desmontaje o montaje del motor.

4. Desconecte los manguitos superior e inferior del radiador desde el radiador. Desmonte los tornillos que unen la protección del ventilador y coloque la protección sobre el ventilador. Desmonte la protección y el ventilador.

5. Desmonte el alternador y la cartela. Aparte el alternador a un lado. Desconecte el conductor de masa del alternador desde el bloque de cilindros.

6. Desmonte el compresor del acondicionador del aire y el servo de la dirección y póngalos fuera del paso, si los lleva como equipo.

ATENCIÓN

No desconecte los conductos del acondicionador del aire o descargue el sistema a menos que disponga a mano de un equipo adecuado y se halle usted familiarizado con su uso. Tenga el sistema descargado por un mecánico especializado antes de comenzar el desmontaje del motor.

7. Desconecte los manguitos del calefactor desde el bloque y la bomba del agua.

8. Desmonte los conductores de masa del bloque de cilindros.

9. Desconecte el conducto de combustible del tanque a la bomba de alimentación desde la bomba. Tapone el conducto del tanque de combustible.

10. Desconecte la articulación del cable de la mariposa en el carburador y en el colector de admisión.

11. Desconecte los conductores del primario de la bobina de encendido. Desconecte el manguito de vacío del servofreno. Desconecte el cableado de los sensores de presión del aceite y de temperatura del refrigerante del motor.

12. Alce el vehículo y déjelo apoyado, con seguridad, sobre unos caballetes. Desconecte los tubos de entrada del silencioso por el colector de escape.

13. Desconecte el cable del motor de arranque y desmonte dicho motor.

14. Desmonte las tuercas o tornillos pasantes de unión del soporte delantero del motor al bastidor cruzado.

15. Si está equipado con transmisión automática desmonte la tapa de inspección del convertidor y desconecte el volante del convertidor.

16. Desmonte la varilla del kick down. Desmonte los tornillos de unión del alojamiento del convertidor al bloque de cilindros y el tornillo que une el alojamiento del convertidor a la platina del adaptador.

17. En los vehículos equipados con transmisión manual, desmonte el reenvío del embrague y los tornillos de montaje. Baje el vehículo.

18. Ate la eslinga de elevación del motor y el aparato elevador a los soportes que hay en los colectores de escape.

19. Coloque un gato bajo la transmisión. Eleve el motor levemente y con sumo cuidado sáquelo de la transmisión. Con cuidado levante y extraiga el motor fuera de su compartimiento de modo que la placa-tapa posterior no se doble, o resulte dañado algún otro componente.

20. Cuando monte el motor: una la eslinga de elevación del motor y el aparato elevador a las anillas de enganche que hay en los colectores de escape.

21. Descienda e introduzca con sumo cuidado el motor dentro del compartimiento. Cerciórese de que los colectores de escape están correctamente alineados con los conductos de entrada de los silenciosos.

22. En un vehículo con transmisión manual, inicie la introducción del eje principal del cambio dentro del disco del embrague. Puede ser necesario ajustar la posición del cambio en relación con el motor si el eje de salida no termina de entrar en el disco. Si el motor queda retenido después de haber entrado el eje, gire el cigüeñal levemente (cambio engranado) hasta que las mortajas del árbol se encajen en las del disco del embrague. En un vehículo con transmisión automática inicie apuntando el piloto del convertidor dentro del cigüeñal. Monte los tornillos de alojamiento del embrague o de la parte superior del alojamiento del convertidor, asegurándose de que las clavijas que hay en el bloque de cilindros encajan en el alojamiento del volante. Desmonte el gato de debajo de la transmisión. Desmonte la eslinga de elevación.

23. En los vehículos con transmisión automática, coloque la varilla del kick down sobre la transmisión del motor. Eleve el vehículo y descánselo sobre unos caballetes. Posicione la cartela del reenvío del cambio y monte los restantes tornillos del alojamiento del convertidor. Monte el tornillo que une la platina del adaptador al alojamiento del convertidor. Monte las tuercas de unión del convertidor al volante y la tapa de inspección del convertidor. Conecte la varilla del kick down sobre la transmisión.

24. Monte el motor de arranque y conecte el cable.

25. Conecte los tubos de entrada de los silenciosos a los colectores de escape.

26. Monte las tuercas y arandelas o tornillos pasante del soporte delantero del motor que lo unen al bastidor cruzado. Baje el vehículo.

27. Monte el cable de masa de la batería. Conecte los conductores del primario de la bobina de encendido, y luego conecte los sensores de temperatura del refrigerante y de presión del aceite. Conecte el manguito de vacío del servofreno. Monte el reenvío de la mariposa.

28. Conecte el conducto de combustible del tanque a la bomba de suministro. Conecte el cable de masa al bloque de cilindros. Conecte los manguitos del calefactor a la bomba de agua y al bloque de cilindros.

29. Monte el alternador y la cartela. Conecte el conductor de masa del alternador al bloque de cilindros. Monte la correa de mando y ajuste su tensión según lo especificado.

30. Monte el compresor del aire acondicionado y la bomba del servo de la dirección, si la lleva como equipo.

31. Coloque la protección del ventilador sobre él. Monte el radiador y conéctele los manguitos superior e inferior. Monte los tornillos de fijación de la protección del ventilador. Llene y sangre el sistema de refrigeración. Llene el cárter del cigüeñal con la cantidad y el grado apropiados de aceite. Monte las piezas del thermactor que fueron desmontadas o desconectadas. Vuelva a conectar el cable de masa de la batería.

32. Cargue el sistema del aire acondicionado si lo lleva.

NOTA: El sistema puede cargarse una vez completado el montaje del motor.

33. Accione el motor a ralentí rápido hasta que alcance la temperatura normal de trabajo, y compruebe todas las juntas y conexiones de manguitos en busca de posibles pérdidas de fluidos.

300 (4.9 L)

1. Drene el sistema de refrigeración y el cárter del cigüeñal. Desmonte el capó y el filtro del aire. Desconecte el cable negativo de la batería.

2. Desconecte el manguito del calefactor desde la bomba del agua y del alojamiento de salida del refrigerante. Desconecte el conducto flexible de combustible de la bomba de suministro.

3. Desmonte el radiador.

4. Desmonte el ventilador, polea de la bomba de agua y correa del ventilador.

5. Desconecte el cable del acelerador desde el carburador. Desmonte el muelle de retorno de la mariposa. En los camiones equipados con frenos asistidos, desconecte el manguito de vacío del servofreno en el colector de admisión. En los camiones con transmisión automática desconecte la varilla del kick down de la articulación de la palanca angular.

6. Desconecte el conducto de escape desde el colector de escape.

7. Desconecte la trenza de conexión a masa y el cable de masa de la batería del motor.

8. Desconecte el cableado de la bobina de encendido, el sensor de la temperatura del refrigerante y el de la presión del aceite. Aparte a un lado dichos haces de cables.

9. Quite los tornillos de montaje del alternador y retire a un lado el alternador.

10. Si se trata de un camión equipado con dirección asistida, desmonte la bomba del servo de la dirección de sus cartelas de montaje y apártela a un lado, manteniendo todas las conducciones conectadas.

11. Levante y deje apoyado con seguridad el camión. Desmonte el motor de arranque y la sujeción del tubo de llenado de la transmisión, si lo lleva. También, desmonte el tornillo superior derecho de la platina posterior del motor.

12. En los camiones equipados con transmisión manual desmonte los tornillos de unión del alojamiento inferior del volante y desconecte el muelle de retorno del embrague.

13. En los camiones equipados con transmisión automática, desmonte el conjunto de la tapa de acceso del alojamiento del convertidor y luego desmonte las tuercas que unen el volante al convertidor. Asegure el convertidor en el alojamiento. Desmonte las tuberías de refrigeración de la transmisión de la abrazadera que las retiene en el motor. Desmonte los tornillos de unión del alojamiento inferior del convertidor al motor.

14. Desmonte la tuerca de cada uno de los montajes delanteros del motor.

15. Descienda el vehículo y coloque bajo la transmisión un gato sobre el que se apoye. Desmonte los restantes tornillos de retención de la campana al motor.

16. Acople el aparato de elevación al motor y elévelo poco a poco sacándolo con cuidado de la transmisión. Levante el motor fuera del vehículo.

17. Para montar el motor: Coloque una junta nueva en el tubo de entrada del silencioso.

18. Baje con cuidado el motor dentro del vehículo. Asegúrese de que las clavijas situadas en el bloque del motor encajan en los orificios correspondientes que hay en la campana alojamiento.

19. En los camiones equipados con transmisión manual, inicie la entrada del eje de salida de la transmisión dentro del disco de embrague. Puede ser necesario ajustar la posición del motor o de la transmisión con el objeto de facilitar que el eje de salida entre en el disco de embrague. Si es necesario, gire el cigüeñal hasta que las mortajas del eje de salida encajen en las del disco de embrague.

20. En los camiones provistos de transmisión automática, inicie al piloto del convertidor en el cigüeñal. Asegure el convertidor en el alojamiento.

21. Monte los tornillos de unión superiores de la campana de alojamiento. Retire el gato que soporta la transmisión.

22. Baje el motor hasta que descanse sobre los apoyos de montaje del motor. Desmonte el aparato de elevación.

23. Coloque las tuercas de montaje del motor y apriételas hasta 45-55 libras-pie.

24. Coloque la cartela de las conducciones del serpentín de refrigeración de la transmisión automática, si la lleva.

25. Monte los tornillos restantes de unión de la campana de alojamiento.

26. Conecte el muelle de retorno del embrague, si lo lleva.

27. Monte el motor de arranque y conecte el cable. Coloque la cartela de soporte del tubo de llenado del fluido de la transmisión automática, si lo lleva.

28. En los camiones con transmisión automática, monte las conducciones del refrigerante del aceite de la transmisión en los soportes abrazaderas del bloque de cilindros.

29. Conecte el tubo de escape a su colector. Apriete las tuercas hasta 25-35 libras-pie.

30. Conecte la trenza de masa del motor y el cable negativo de la batería.

31. En un camión con transmisión automática conecte la varilla del kick down a la articulación de la palanca angular en el colector de admisión.

32. Conecte el reenvío del acelerador al carburador y monte el muelle de retorno.

33. En un camión con servofreno, conecte el conducto de vacío del servo al colector de admisión.

34. Conecte el cableado de la bobina primaria, el sensor de presión del aceite y el de temperatura del refrigerante, canalizaciones de combustible, manguitos del calefactor y cable positivo de la batería.

35. Monte el alternador sobre su cartela de montaje. Monte en su soporte la bomba del servo de la dirección, si la lleva.

36. Monte la polea de la bomba de agua, espaciador, ventilador y correa del ventilador. Ajuste la tensión de la correa.

37. Monte el radiador y conecte los manguitos superior e inferior al radiador y al motor. Conecte las canalizaciones del refrigerante del aceite de la transmisión, si las lleva como equipo.

38. Monte y ajuste el capó.

39. Llene el sistema de refrigeración. Llene el cárter del cigüeñal.

40. Ponga en marcha el motor y compruebe si tiene pérdidas. Sangre el sistema de refrigeración. Ajuste el recorrido libre del pedal del embrague o el reenvío del control de la transmisión automática. Monte el filtro del aire.

232 (3.8 L) V6 y V8, excepto 420 (6.9 L) diesel y 460 (7.5 L) V8

1. Drene el sistema de refrigeración y el cárter del cigüeñal. Desmonte el capó.

2. Desconecte la batería, primeramente el cable negativo y luego los cables del alternador del bloque de cilindros.

3. Desmonte el filtro del aire y el conducto de admisión, incluido el manguito de ventilación del cárter.

4. Desconecte los manguitos superior e inferior del radiador y, si lo lleva como equipo, los conductos del refrigerador del aceite de la transmisión automática.

5. Desmonte la protección del ventilador y depósitela sobre el ventilador. Desmonte el radiador y el ventilador, la protección, el espaciador, la polea y la correa.

6. Desconecte los cables del alternador y los tornillos de ajuste del mismo. Deje bajar al alternador por su peso y apártelo a un lado.

7. Desconecte el hilo de conexión de la presión de aceite desde el sensor.

8. Desconecte el conducto del combustible del tanque a la bomba por la bomba y tapone el conducto.

9. Desconecte el reenvío del acelerador por el carburador. Desconecte la varilla del kick down desde la transmisión automática y desmonte el muelle de retorno, si lo lleva.

10. Desconecte los manguitos del calefactor de la bomba de agua y del colector de admisión. Desconecte el conductor del sensor de temperatura desde el sensor.

11. Desmonte los tornillos que unen la campana de alojamiento superior al motor.

12. Desconecte los conductores del primario de la bobina. Desconecte el cableado de hilos de la tapa izquierda de balancines y apártelo del paso. Desconecte la trenza de masa por el bloque de cilindros.

13. Levante la tapa delantera del camión y desconecte el cable del motor de arranque desde el motor. Desmonte el motor de arranque.

14. Desconecte el tubo de escape desde los colectores de escape.

15. Desconecte los montajes del motor de las cartelas del bastidor.

16. En los camiones con transmisión automática, desmonte la platina de inspección del convertidor y desmonte los tornillos de acoplamiento del convertidor de par al volante.

17. Desmonte los restantes tornillos del acoplamiento de la campana de alojamiento al motor.

18. Baje el vehículo y apoye la transmisión sobre un gato.

19. Monte un dispositivo de elevación del motor.

NOTA: En el modelo V6, el colector de admisión es de aluminio. Si se sujeta el dispositivo de elevación al colector, deberán montarse todos los tornillos del colector.

20. Eleve el motor poco a poco y tire con cuidado de él sacándolo de la transmisión. Levante el motor y sáquelo fuera del compartimiento.

21. Monte el motor en el orden inverso al empleado para desmontarlo. Asegúrese de que las clavijas de montaje que hay en el bloque del motor encajan en los orificios de la campana de alojamiento a través de la platina de cobertura posterior. Si el motor encuentra dificultad después de que el eje de salida de la transmisión haya iniciado su entrada en el disco de embrague (sólo en la transmisión manual), gire el cigüeñal con la transmisión engranada hasta que las mortajas del eje de salida encajen deslizándose en las del disco de embrague.

22. Apriete las tuercas de unión al tubo de escape a su colector a 25-35 libras-pie, y todas las demás como sigue: 1/4 de pulgada 20; 6-9 libras-pie, 5/16 de pulgada 18; 12-18 libras-pie, 3/8 de pulgada 16; 22-32 libras-pie, 7/16 de pulgada 14; 45-57 libras-pie, 1/2 pulgada 13; 55-80 libras-pie, 9/16 de pulgada; 85-120 libras-pie.

460 (7,5 L) V8

1. Desmonte el capó.

2. Drene el sistema de refrigeración, el radiador y el bloque de cilindros.

3. Desconecte el cable negativo de la batería y desmonte el conjunto del filtro del aire.

4. Desconecte los manguitos superior e inferior del radiador y los conductos de refrigeración del aceite del cambio desde el radiador.

5. Desmonte la protección del ventilador por el radiador y desmonte el ventilador de la bomba de agua. Retire el ventilador y la protección del compartimiento del motor.

6. Desmonte el soporte superior y retire el radiador.

7. Si el camión está equipado con aire acondicionado, desmonte el compresor del motor y apártelo a un lado. Si el compresor se ha de desmontar completamente, afloje con cuidado (desconecte) las válvulas de servicio del acondicionador para descargar el sistema. Desmonte el compresor.

8. Desmonte del motor la bomba del servo de la dirección asistida, si va equipado con ella, y sitúela a un lado. No desconecte las conducciones.

9. Desconecte la tubería de entrada de la bomba de alimentación por la bomba y tapone la conducción.

10. Desmonte las correas de mando del alternador y el alternador del motor, dejándolo a un lado.

11. Desconecte el cable de masa del ángulo frontal derecho del motor.

12. Desconecte los manguitos del calefactor.

13. Desmonte el tornillo de unión del tubo de llenado del fluido de la transmisión desde la tapa de válvula en su lado derecho y ponga el tubo a un lado.

14. Desconecte todas las canalizaciones de vacío de la parte posterior del colector de admisión.

15. Desconecte del carburador el cable de control de la velocidad, si lo lleva. Desconecte la varilla del acelerador y la del kick down desde la transmisión y manténgalos apartados.

16. Desconecte el cableado de conductores del motor desde el conector que hay en el tabique cortafuegos.

17. Eleve el vehículo y desconecte los tubos de escape de los colectores de escape.

18. Desconecte el cable del motor de arranque y retire el motor. Lleve el motor de arranque hacia adelante y gire el solenoide hacia afuera para desmontar el conjunto.

19. Desmonte la tapa de acceso del alojamiento del convertidor y las tuercas de acoplamiento del volante al convertidor. Desmonte los tornillos inferiores que unen el alojamiento del convertidor al motor.

20. Desmonte los tornillos pasantes de montaje del motor que unen los silenblocs a las cartelas del bastidor.

21. Descienda el vehículo y coloque un gato bajo la transmisión para soportarlo.

22. Desmonte los tornillos (del lado izquierdo) de unión del alojamiento del convertidor al bloque motor.

23. Desmonte la conexión de la bobina y retire la bobina y el soporte juntos de encima del colector de admisión.

24. Sujete el aparato de elevación al motor y, con cuidado, elévelo y sáquelo fuera del compartimiento del motor.

25. Monte el motor en el orden inverso al seguido al desmontarlo. Apriete el tornillo pivote del alternador a 45-57 libras-pie y el resto de las tuercas y tornillos tal como se ha descrito en el paso 21 del procedimiento anterior de Montaje y desmontaje del V8, excepto el 460.

420 (6,9 L) diesel

1. Abra el capó. Desconecte los cables de masa de ambas baterías.

2. Marque la posición de alineado de las bisagras del capó y desmóntelo.

3. Drene el sistema de refrigeración.

4. Desmonte el conjunto del filtro de aire y toma de admisión. Coloque una cubierta de protección sobre la abertura de admisión en el colector.

5. Desmonte las dos medias protecciones del ventilador.

6. Desmonte el conjunto del ventilador y embrague. La tuerca de retención está provista de rosca a la izquierda por lo que debe desenroscarse girándola en el sentido de las agujas del reloj.

7. Desconecte los manguitos superior e inferior del radiador.

8. Desconecte las conducciones de refrigeración del aceite de la transmisión desde el radiador, si la lleva.

9. Desmonte el radiador.

10. Afloje el compresor del aire acondicionado, si lo lleva, y desmonte la correa de mando.

11. Desmonte el compresor del aire acondicionado, si lo lleva, y colóquelo sobre el soporte superior del radiador.

ATENCIÓN

Si el compresor no puede sujetarse de forma segura con las tuberías de conexión acopladas, es mejor que no las desconecte si no está familiarizado con la descarga del sistema y no tiene a mano los útiles adecuados. Tenga el sistema descargado antes de comenzar el desmontaje del motor.

12. Afloje la bomba del servo de la dirección y desmonte la correa de mando. Desmonte la bomba del servo y déjela a un lado en la parte izquierda del compartimiento del motor.

13. Desconecte el calefactor de la alimentación de combustible y los conductores del alternador por el alternador. Desconecte el conductor del indicador de presión de aceite desde el sensor. Desmonte el indicador de presión de aceite del salpicadero y déjelo sobre el motor.

14. Desconecte el cable del acelerador de la bomba de inyección. Desconecte el cable de control de la velocidad desde la bomba de inyección, si va equipado con él. Desmonte el soporte de los cables junto con los cables, del colector de admisión y póngalo a un lado.

15. Desconecte la varilla del kick down desde la bomba de inyección, si lo lleva. Desenchufe el conector del cableado de hilos principal desde el lado derecho del motor. Desconecte la trenza de masa del motor desde la parte posterior del motor. Desconecte el manguito de retorno de combustible de la parte posterior del motor.

16. Desconecte los tornillos de unión de la parte superior de la transmisión del motor.

17. Desconecte los manguitos del calefactor de la bomba del agua y de la culata derecha. Desconecte el conductor eléctrico del sensor de temperatura desde el sensor situado en el lado delantero izquierdo del bloque motor. Desconecte el conductor de la luz testigo del sobrecalentamiento de la temperatura del agua desde el interruptor situado en la parte superior delantera izquierda de la culata. Coloque los conductores a un lado.

18. Eleve el vehículo y déjelo apoyado con seguridad sobre caballetes.

19. Desconecte los cables de masa de las baterías desde la parte inferior delantera del motor.

20. Desconecte y tapone la canalización de entrada del combustible en la bomba de suministro.

21. Desconecte los cables del motor de arranque por el motor de arranque.

22. Desconecte los tubos de entrada del silencioso en los colectores de escape.

23. Desconecte los aisladores del motor de la parte del bastidor cruzado n.º 1. Desmonte la platina de inspección del volante. Desenrosque las cuatro tuercas que unen el convertidor al volante, si lo lleva. Baje el vehículo.

24. Soporte la transmisión con un gato apoyado en el suelo. Desenrosque los cuatro tornillos inferiores que unen la transmisión al motor.

25. Sujete el motor con una eslinga y ésta a un polipasto de elevación. Levante el motor hasta una altura suficiente para librar el bastidor cruzado n.º 1 y tire de él hacia adelante.

26. Gire la parte delantera del motor unos 45 grados hacia la izquierda y elévelo fuera del compartimiento del motor.

27. Cuando monte el motor; descienda el motor dentro del compartimiento. Ponga cuidado para que no se dañe el motor del limpiaparabrisas al montar el motor en el vehículo.

28. Inicie la introducción del árbol de transmisión principal en el disco de embrague. Puede ser necesario ajustar la posición de la transmisión en relación con el motor si el árbol principal se agarrota o no entra en el disco de embrague. Si el motor se traba después de que el árbol principal entre en el disco de embrague, gire el cigüeñal poco a poco (con la transmisión engranada) hasta que las mortajas del árbol principal encajen y se deslicen en las del disco de embrague. Alinee las clavijas del convertidor al volante, si lo lleva como equipo.

29. Descienda hacia adentro los soportes cartelas de los aisladores del motor en el bastidor cruzado n.º 1.

30. Monte los cuatro tornillos de unión de la parte baja de la transmisión al motor y apriételos. Desmonte la eslinga de elevación del motor. Eleve el vehículo y déjelo apoyado con seguridad sobre caballetes.

31. Monte las cuatro tuercas que unen el convertidor al volante, si lo lleva. Monte la platina de inspección del volante.

32. Coloque las tuercas y arandelas que unen el soporte aislador del motor a la cartela soporte del bastidor cruzado. Conecte los tubos de entrada del silencioso a los colectores de escape. Conecte ambos cables de masa de las baterías en la parte delantera del motor. Conecte al motor de arranque sus cables. Monte en la bomba de suministro de combustible su conducto de entrada. Descienda el vehículo.

33. Conecte el conductor eléctrico al sensor de temperatura del agua situado en el lado delantero izquierdo del bloque motor. Conecte el conductor al interruptor de la lámpara testigo para el sobrecalentamiento de la temperatura del agua, situado en la parte superior de la culata izquierda. Monte los manguitos del calefactor en la culata derecha y en la bomba y apriete las abrazaderas.

34. Conecte la cinta trenzada metálica de masa del motor a la parte trasera del mismo. Conecte la varilla del kick down, si lo lleva como equipo.

35. Monte la abrazadera-soporte del cable del acelerador sobre el colector de admisión. Conecte el cable del acelerador a la bomba de inyección. Conecte el cable de control de velocidad, si lo lleva, a la bomba de inyección.

36. Monte el indicador de la presión de aceite en el salpicadero. Conecte el cable del indicador de la presión de aceite al sensor de presión.

37. Conecte los cables del calefactor de la conducción de combustible y del alternador al alternador.

38. Monte la bomba del servo de la dirección y la correa de mando. No ajuste la correa en este momento.

39. Monte el compresor del aire acondicionado y la correa de mando. Ajuste las correas del compresor del aire acondicionado y de la bomba del servo de la dirección.

NOTA: El sistema del aire acondicionado puede ser recargado después de que el motor haya sido montado completamente.

40. Monte el radiador. Conecte el radiador a las conducciones del refrigerador del aceite de la transmisión automática si la lleva. Conecte los manguitos superior e inferior del radiador al mismo y apriete las abrazaderas. Llene y sangre el sistema de refrigeración.

41. Monte el conjunto del ventilador y embrague. Recuerde que la rosca de la tuerca de retención es a la izquierda. Gírela en el sentido contrario a las agujas del reloj y apriétela.

42. Monte las dos medias protecciones del ventilador del radiador.

43. Retire la cubierta de protección de la abertura del colector de admisión y monte el filtro del aire. Monte el conjunto del conducto de admisión.

44. Monte el capó utilizando las marcas trazadas en el mismo al desmontarlo.

45. Conecte los cables de masa a ambas baterías. Compruebe el nivel de aceite del motor y complételo, si es necesario, con el tipo y grado especificado. Ponga en marcha el motor y compruebe si hay pérdidas de combustible, aceite o refrigerante.

FURGONES (VANS)

300 (4,9 L)

1. Retire la cubierta del motor, drene el refrigerante, desmonte el filtro del aire y desconecte la batería.

2. Desmonte el parachoques, la parrilla y el deflector de grava.

3. Desacople el manguito superior del radiador en el motor. Desmonte la protección contra el barro del alternador y desacople el manguito inferior del radiador. Desmonte el radiador y la protección si la hay.

4. Desconecte los manguitos del calefactor del motor y los cables del alternador. Desmonte la bomba del servo de la dirección con su soporte.

5. Desconecte y tapone el conducto de combustible por la bomba.

6. Desacople del motor: el distribuidor y los conductores de los sensores a los indicadores, manguito del servofreno, cable del acelerador y soporte del mismo.

7. Desconecte el reenvío del kick down a la transmisión automática por la palanca articulada.

8. Desmonte el deflector del calor en el colector de admisión y desatornille el tubo del colector.

9. Desconecte el tubo de vacío de la transmisión automática desde el colector de admisión y la derivación. Desmonte el tornillo del soporte del tubo de comprobación de nivel de aceite de la transmisión automática en el colector de admisión.

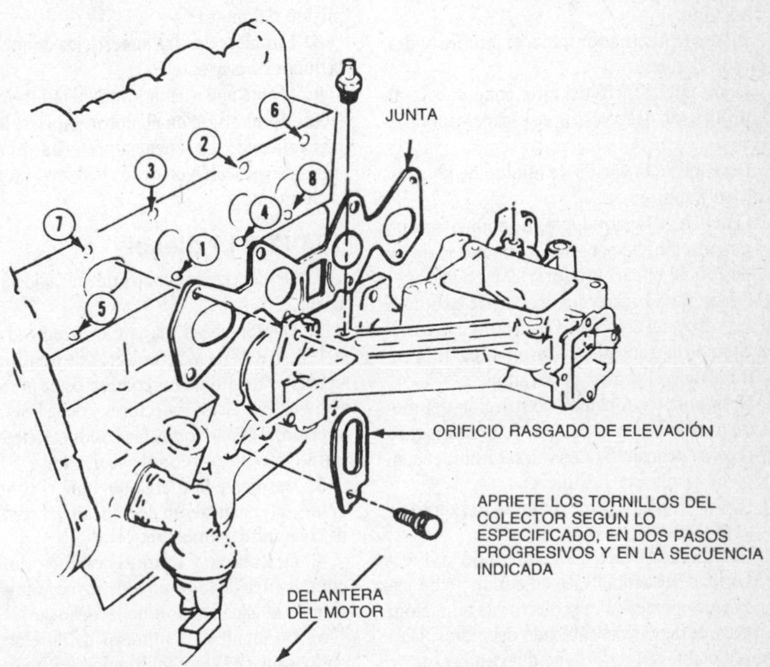

Secuencia de apriete de los tornillos del colector de admisión de los motores 122 (2,0L) y 140 (2,3L)

10. Desmonte los tornillos que unen la parte superior del motor a la transmisión.

11. Desmonte el motor de arranque. Desmonte la tapa de inspección del volante. Desmonte las cuatro tuercas que unen el convertidor a la transmisión automática y después desmonte las tuercas del soporte delantero del motor. Retire el filtro del aceite.

12. Desmonte el resto de las sujeciones de la transmisión al motor y luego eleve y saque el motor de su compartimiento con la ayuda de una grúa portátil.

13. Para volver a colocar el motor, bájelo de su compartimiento y comience el montaje de los tornillos pero sin apretarlos. Monte los tornillos superiores de la transmisión, las tuercas del convertidor y los tornillos inferiores de la transmisión. Apriete los tornillos de montaje. Monte todos los elementos desmontados en los pasos anteriores.

Motores V8

NOTA: Consulte la sección precedente de camionetas de reparto para los detalles de desconexión de grupos en el motor diesel de 6.9 L.

1. Retire la tapa del motor, drene el refrigerante, desmonte el filtro del aire y desconecte la batería. Desmonte el parachoques, la parrilla y el deflector de grava. Desmonte la cartela-soporte superior de la parrilla, soporte de la cerradura del capó y las cartelas de montaje superiores del condensador del acondicionador del aire.

2. Con acondicionador de aire, el sistema debe ser descargado para desmontar el condensador. No intente hacerlo usted mismo, a menos que esté entrenado para ello. Desconecte los conductos en el compresor.

3. Desmonte el soporte del cable del acelerador y los manguitos del calefactor. Desacople los manguitos del radiador y las conducciones de refrigeración de la transmisión automática, si la hay. Desmonte la protección del ventilador, el ventilador y el radiador.

4. Pivote el alternador hacia el interior y desconecte los cables.

5. Desmonte el filtro del aire, conducto y válvula, protección del colector de escape y tubo flexible.

6. Desconecte la varilla de mando de la transmisión automática.

7. Desconecte los conductos de alimentación y de estrangulación, desconecte los conductos de vacío y desmonte el carburador y el espaciador.

8. Desmonte el filtro del aceite. Desacople el tubo de escape del colector. Desatornille la cartela del tubo de la transmisión automática de la culata. Desmonte el motor de arranque.

9. Desmonte los tornillos de sujeción del motor. Con transmisión automática, desmonte la tapa de inspección del convertidor y desatornille el convertidor de la platina flexible.

10. Desatornille el cable de masa del motor y soporte la transmisión con un gato.

11. Desmonte la cartela delantera de la dirección asistida. Desacople sólo un conducto de vacío en la parte posterior del colector de admisión. Desconecte la regleta del cableado del motor. Desconecte el cable del embrague del compresor.

12. Monte una eslinga de elevación y únala a una grúa portátil situada sobre el suelo. Desmonte los tornillos de unión de la transmisión al motor, asegurándose de que la transmisión está soportada por un gato. Desmonte el motor.

13. Para montar el motor, alinee el motor con la platina flexible del convertidor y las clavijas del motor a la transmisión. Con transmisión manual, inicie la introducción del eje principal dentro del disco de embrague. Puede usted tener que girar el cigüeñal con la transmisión engranada. Monte los tornillos de la transmisión y luego los de montaje. Monte todos los elementos que fueron desmontados en los pasos anteriores.

Colector de admisión

DESMONTAJE Y MONTAJE

122 (2.0 L) y 140 (2.3 L)

1. Drene el sistema de refrigeración. Desmonte el conjunto del filtro de aire y su conducto. Desconecte el cable negativo de la batería.

2. Desconecte el cable del acelerador, manguitos de vacío (si es preciso) y el manguito del agua caliente en la toma del colector. Asegúrese de identificar todos los manguitos de vacío al objeto de volver a montarlos correctamente.

3. Desmonte el tubo de control de nivel del aceite del motor. Desconecte el tubo caliente de la válvula del EGR (recirculación de gases de escape). Desconecte el conducto de combustible de la toma del carburador.

4. Desmonte el tornillo de retención del tubo de control de nivel del aceite del colector de admisión.

5. Desconecte y desmonte el PCV en el motor y el colector de admisión.

6. Desmonte la tapa del distribuidor y coloque la tapa y los cables apartados a un lado, después de desmontar el enchufe de conexión, de plástico, de la tapa de válvulas.

7. Desmonte los tornillos de retención del colector de admisión. Desmonte el colector de admisión del motor.

8. Limpie todas las superficies de montaje de la junta de cierre.

9. Monte una nueva junta de montaje y el colector de admisión en el motor. Apriete los tornillos aplicando la secuencia prescrita. El resto del montaje se efectúa en orden inverso al seguido en el desmontaje.

134 (2.2 L) diesel

1. Desconecte los cables de masa de ambas baterías.

2. Desconecte el manguito de entrada de aire del filtro del aire y del colector de admisión. Desconecte y desmonte los conductos de inyección de combustible de los inyectores y de la bomba de inyección. Tapone todas las conducciones y tomas para evitar la entrada de suciedad.

3. Desmonte la tuerca que une el tirante inferior de la canalización de retorno del combustible al colector de admisión.

4. Desconecte y retire el conducto inferior de combustible de la bomba de inyección y el superior de la canalización de retorno.

5. Desmonte el compresor del aire acondicionado junto con sus canalizaciones y apártelo a un lado. Desmonte la bomba del servo de la dirección y el soporte trasero con las canalizaciones conectadas y desvíela a un lado.

6. Desmonte el adaptador de la admisión del aire, la resistencia de caída de tensión (dispositivo de medición eléctrica) y las juntas.

7. Desconecte el conducto de entrada del filtro de aceite, desmonte la silleta de montaje del filtro de aceite de la culata y ponga el conjunto del filtro a un lado.

8. Desmonte las tuercas que unen el conjunto del calefactor de la conducción de combustible al colector de admisión y ponga el calefactor fuera del paso.

9. Desmonte las tuercas que unen el colector de admisión a la culata. Desmonte el colector y la junta.

10. Limpie todas las superficies de montaje de juntas de cierre.

11. Utilice para el montaje del colector una junta nueva. Monte el colector siguiendo el orden inverso al empleado en el desmontaje.

12. No apriete las tuercas de montaje hasta que haya sido puesta la tuerca inferior n.º 3 que sujeta la fijación del conjunto de retorno de combustible. Después de colocar la tuerca n.º 3, apriete todas las tuercas de montaje.

173 (2.8 L) V6

1. Drene el sistema de refrigeración. Desmonte el conjunto del filtro de aire y conducto.

2. Desconecte el cable negativo de la batería. Desconecte el cable del acelerador por la unión del carburador.

3. Desconecte y desmonte el manguito superior del radiador. Desconecte y desmonte el manguito del bypass del colector de admisión y el alojamiento del termostato.

4. Desmonte conjuntamente la tapa del distribuidor y los cables de las bujías. Gire el motor hasta que el pistón n.º 1 esté en el PMS (punto muerto superior) de la carrera de compresión. Desmonte el distribuidor.

5. Desmonte cualquier conducto de vacío y controles que interfieran con el desmontaje del colector de admisión. Etiquete los manguitos para su identificación durante el montaje.

6. Desmonte las dos tapas de válvulas. Desmonte los tornillos y tuercas que unen el colector. Desmonte el colector. Golpee ligeramente con una maza de plástico (si es necesario) para despegar el cierre de la culata.

7. Retire todo el material de la junta vieja y el compuesto adhesivo de sellado de las superficies de montaje.

8. Aplique el compuesto de sellado a las superficies de unión. Coloque en su posición la nueva junta de montaje de la admisión. Asegúrese de que la pestaña que hay en el lado derecho del asiento de la junta de culata encaje con el rebaje de la junta en el colector. Aplique el compuesto de sellado en el ensanchamiento de las cabezas de los tornillos del colector y monte el colector. Apriete las tuercas y los tornillos según la secuencia prescrita.

9. Monte el distribuidor y los restantes componentes desmontados en orden inverso al empleado en el desmontaje.

10. Llene el sistema de refrigeración, ponga en marcha el motor y compruebe si hay pérdidas de refrigerante o aceite.

11. Compruebe las rpm del ralentí y la distribución del encendido. Ajústelas si es necesario.

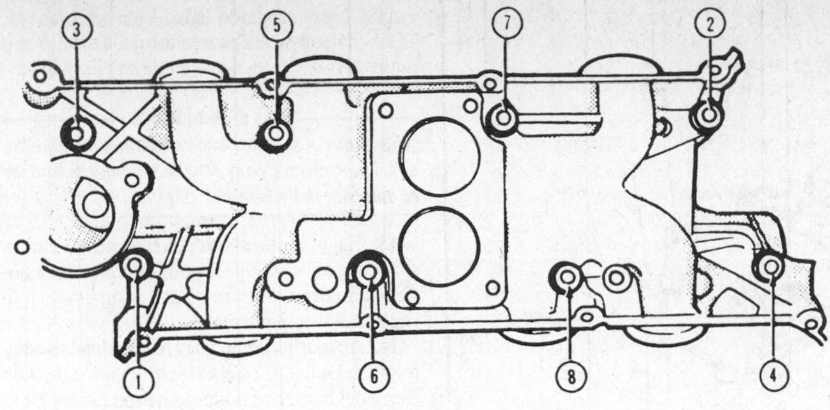

Secuencia de apriete de los tornillos del colector de admisión del motor 173 (2,8L) V6

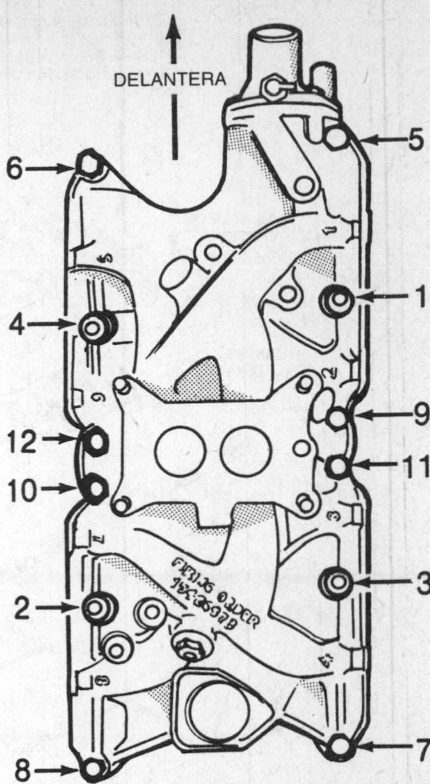

Secuencia de apriete de los tornillos del colector de admisión de los motores 8-255, 302 y 351W

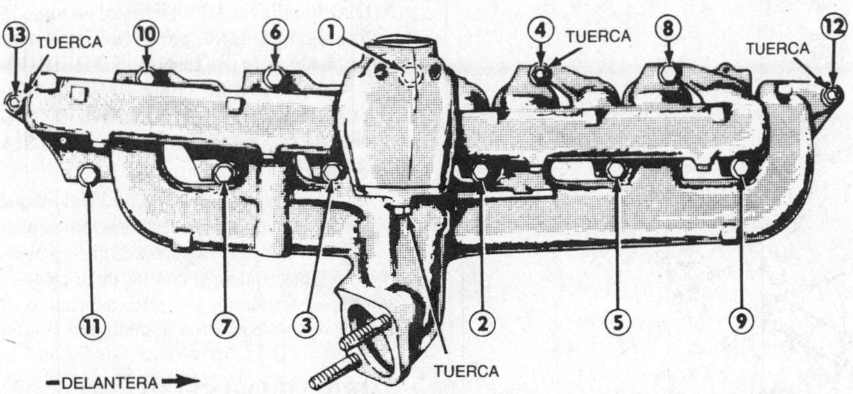

Secuencia de apriete de los tornillos del colector de admisión del motor 6-300

300 (4,9 L)

Los colectores de admisión de escape se conocen como colectores combinados y se suministran como una sola unidad.

1. Desmonte el filtro del aire. Desconecte el cable de estrangulación del carburador. Desconecte el cable del acelerador o la varilla del carburador. Desmonte el muelle de retroceso del acelerador.

2. En un vehículo con transmisión automática, desmonte el muelle de retroceso de la varilla del kick down. Desmonte el conjunto de la articulación de la varilla del acelerador.

3. Desconecte el conducto de entrada del combustible y el del distribuidor de vacío desde el carburador.

4. Desconecte el tubo de entrada del silencioso del colector de escape.

5. Desconecte el conducto de vacío del servofreno, si lo lleva como equipo

6. Desmonte los tornillos y tuercas que unen los colectores a la culata. Levante los conjuntos de las culatas del motor. Desmonte y descarte las juntas.

7. Para separar los colectores, desmonte las tuercas que unen los colectores de admisión y de escape.

8. Limpie las superficies de contacto de la culata y de los colectores.

9. Si se han separado los colectores de admisión y escape, unte con una ligera capa de grasa grafitada la superficie de contacto y coloque el colector de escape sobre las clavijas del colector de admisión. Monte las arandelas y tuercas. Apriételas con la fuerza de los dedos.

10. Monte una junta de colector de admisión nueva.

11. Unte la superficie de contacto con una ligera capa de grafito. Coloque el conjunto de colectores en posición contra la culata. Asegúrese de que las juntas no se han movido de su sitio. Monte las arandelas, tornillos y tuercas de unión. Apriete tuercas y tornillos según la secuencia prescrita a 26 libras-pie. Si los colectores fueron separados, apriete también las tuercas que los unen.

12. Coloque una junta nueva en el tubo de escape y conecte el tubo de entrada del colector de escape.

13. Conecte el manguito de ventilación del cárter del cigüeñal al tubo de entrada del colector de admisión y coloque la abrazadera del manguito.

14. Conecte la canalización de entrada del combustible y la del distribuidor de vacío al carburador.

15. Conecte el cable del acelerador al carburador y monte el muelle de recuperación. Conecte el cable de estrangulación al carburador.

16. En un vehículo con transmisión automática, monte el conjunto de la palanca articulada y el muelle de recuperación de la varilla del kick down. Ajuste el reenvío del control de la transmisión.

17. Monte el filtro del aire.

232 (3,8 L) V6 y V8

1. Drene el sistema de refrigeración y desmonte el conjunto del filtro de aire y conducto de entrada.

2. Desconecte la varilla del acelerador del carburador y desmonte el muelle de recuperación del acelerador. Desconecte la varilla del kick down en la transmisión, si la lleva como equipo.

3. Desconecte el conductor de alta tensión y todos los demás hilos eléctricos de la bobina de encendido.

NOTA: En los motores 3.8 L V6 no es necesario desmontar el distribuidor, por lo que deberá pasar por alto los pasos que explican el desmontaje.

4. Desconecte los cables de las bujías agarrando los capuchones de goma, girando y tirando al mismo tiempo. Desmonte las abrazaderas de los cables que hay en la tapa de balancines. Desmonte la tapa del distribuidor junto con los cables de las bujías.

5. Desmonte la canalización de entrada del combustible al carburador y la del distribuidor de vacío del carburador. (Vea la Nota antes del paso 4.)

6. Desmonte la tuerca de bloqueo del distribuidor y desmonte éste y la canalización de vacío. Vea Desmontaje y montaje del distribuidor.

7. Desconecte el manguito superior del radiador del alojamiento de salida del refrigerante y el cable del sensor de temperatura del agua desde el sensor. Desmonte el manguito del calefactor del colector de admisión.

8. Afloje la abrazadera del manguito del bypass

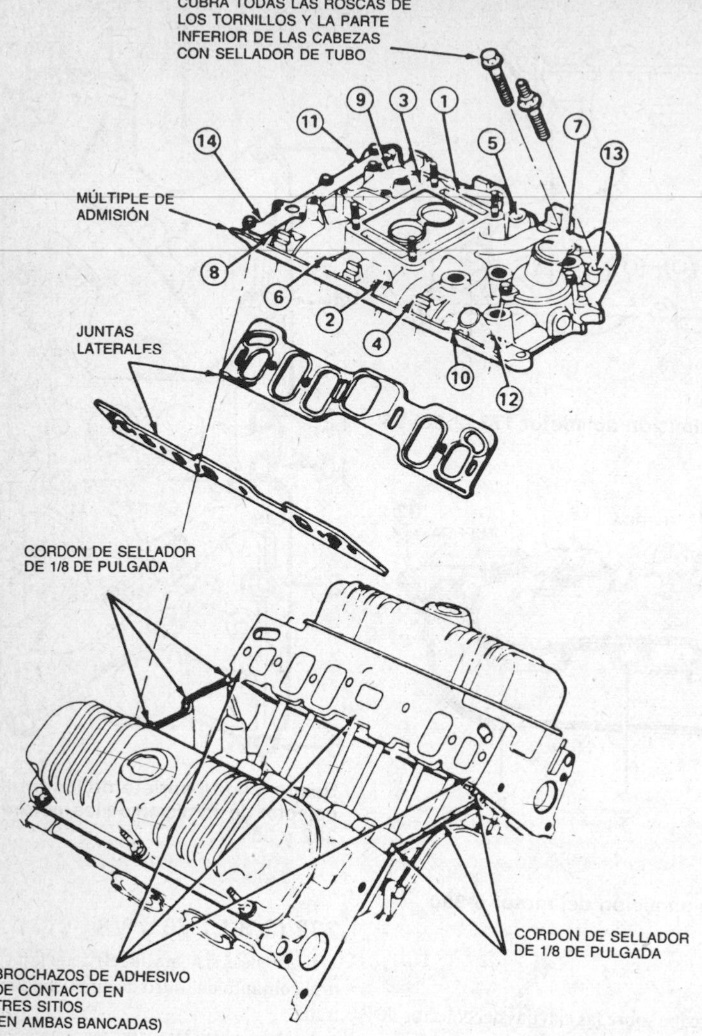

Secuencia de apriete de los tornillos del colector de admisión del motor 232 (3,8L) V6

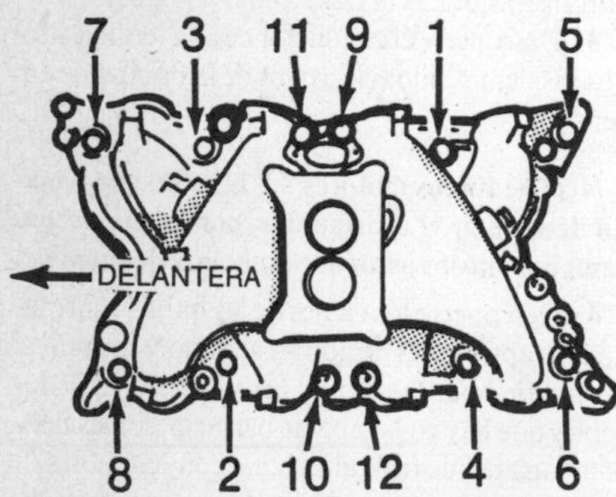

Secuencia de apriete de los tornillos del colector de admisión de los motores 8-351M y 400

de la bomba de agua en el alojamiento de salida del refrigerante y deslice el manguito fuera de dicho alojamiento.

9. Desconecte el manguito del PCV (descarga positiva del cárter) en la tapa de balancines.

10. Si el motor está equipado con el sistema de control de emisiones de escape Thermactor, desmonte el manguito de aire de la bomba a la culata en la bomba y colóquelo a un lado. Desmonte también el manguito de aire en la válvula supresora del retroceso de llama. Desmonte la sujeción del manguito de aire de la tapa de balancines de válvulas y ponga el manguito de aire fuera del paso. En los modelos V6 desmonte el tubo de la válvula EGR.

11. Desmonte como un conjunto el colector de admisión y el carburador. Puede ser necesario despegar el colector de admisión de la culata. Retire todas las trazas de junta entre el colector de admisión y la culata, y los dos cierres extremos de ambas superficies de contacto del colector y del motor. El montaje se realiza como sigue.

12. Limpie las superficies de contacto del colector, culatas y bloque con un diluyente de laca o disolvente similar. En los motores V8; aplique unos cordones de 1/8 de pulgada de diámetro de sellador de caucho-silicona RTV en los puntos que se indican en el diagrama.

NOTA: El motor 3,8 L V6 no usa cierres extremos. El sellador que se utiliza es el RTV. Aplique un cordón de 1/8 de pulgada de diámetro del sellador en cada extremo del bloque motor en los puntos donde descansa el colector de admisión. El montaje debe efectuarse dentro de los 15 minutos después de haberse aplicado el sellador.

ATENCIÓN

No aplique el sellador a las porciones abarquilladas de los cierres pues el sellador podría romper el material del cierre del extremo.

13. En los motores V8: coloque nuevos cierres en el bloque y presione las prolongaciones de posicionado del cierre dentro de los orificios en la superficie de contacto.

14. Aplique un cordón de 1/6 de pulgada de diámetro del sellador en el extremo exterior de cada cierre del colector a lo largo de toda la longitud del cierre (4 sitios). Como antes, no aplique sellador a la porción abarquillada de los cierres de los extremos.

NOTA: El sellador RTV endurece en unos 15 minutos, según la marca, por lo cual usted debe trabajar rápido, pero con cuidado. NO DEJE GOTEAR NADA DE SELLADOR DENTRO DEL COLECTOR. LAS GOTAS AL ENDURECERSE FORMARÍAN TAPONES EN LA GALERÍA DEL ACEITE.

15. Coloque la junta del colector en el bloque y las culatas con las ranuras de alineación bajo las clavijas de las culatas. Asegúrese de que los orificios de la junta coinciden con los de la culata.

16. Monte el colector y el resto del equipo en sentido inverso a como fue desmontado.

COMBUSTIBLE INYECTADO

ATENCIÓN

Descargue la presión del sistema del combustible antes de comenzar cualquier trabajo que implique la desconexión de las conducciones del sistema de suministro. Vea en el capítulo Colector del suministro de combustible los procedimientos de montaje y desmontaje (sección Sistema de alimentación de gasolina).

1. Para desmontar el colector superior; desmonte el filtro del aire. Desacople los conectores eléctricos en la válvula del bypass de aire, sensor de posición de la mariposa y sensor de posición del EGR.

2. Desconecte la articulación de la mariposa por la rótula y la articulación AOD de la transmisión desde el cuerpo de la mariposa. Desmonte los tornillos que aseguran la cartela a la admisión y colóquela junto con los cables fuera del paso.

3. Desconecte las conexiones de las tomas de vacío del colector superior desmontando todas las conducciones de vacío del árbol distribuidor (etiquételas para facilitar el montaje). Desmonte los conductos de vacío de la válvula EGR y del regulador de presión del combustible.

4. Desconecte el sistema PCV mediante la desconexión del manguito de la toma de la parte posterior del colector superior.

5. Desmonte las dos conducciones de purga del recipiente de las tomas que hay en el cuerpo de la mariposa.

6. Desconecte el tubo EGR de la válvula EGR aflojando la tuerca con valona.

7. Desmonte el tornillo de la cartela-soporte de

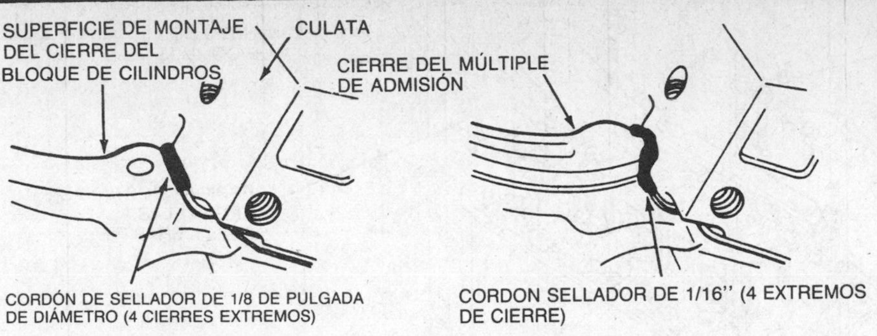

Zona de aplicación del sellador en el colector de admisión de los motores V6 y V8, excepto el 460

la admisión superior al colector superior. Desmonte los tornillos de retención del colector superior y desmonte juntos el colector de admisión superior y el cuerpo de la mariposa.

8. Limpie e inspeccione todas las superficies de montaje de los colectores de admisión superior e inferior.

9. Coloque una nueva junta de montaje en el colector inferior y monte el colector superior en el orden inverso al seguido en el desmontaje. Los tornillos de montaje se aprietan a 12-18 libras-pie.

10. Para desmontar el colector de admisión inferior: deberá desmontar primeramente el colector superior y el cuerpo de la mariposa.

11. Drene el sistema de refrigeración. Desmonte el conjunto de distribuidor, tapa y cables.

12. Desenchufe los conectores eléctricos del sensor de temperatura del refrigerante del motor y del sensor de temperatura del aire de la admisión así como del sensor de golpeteo.

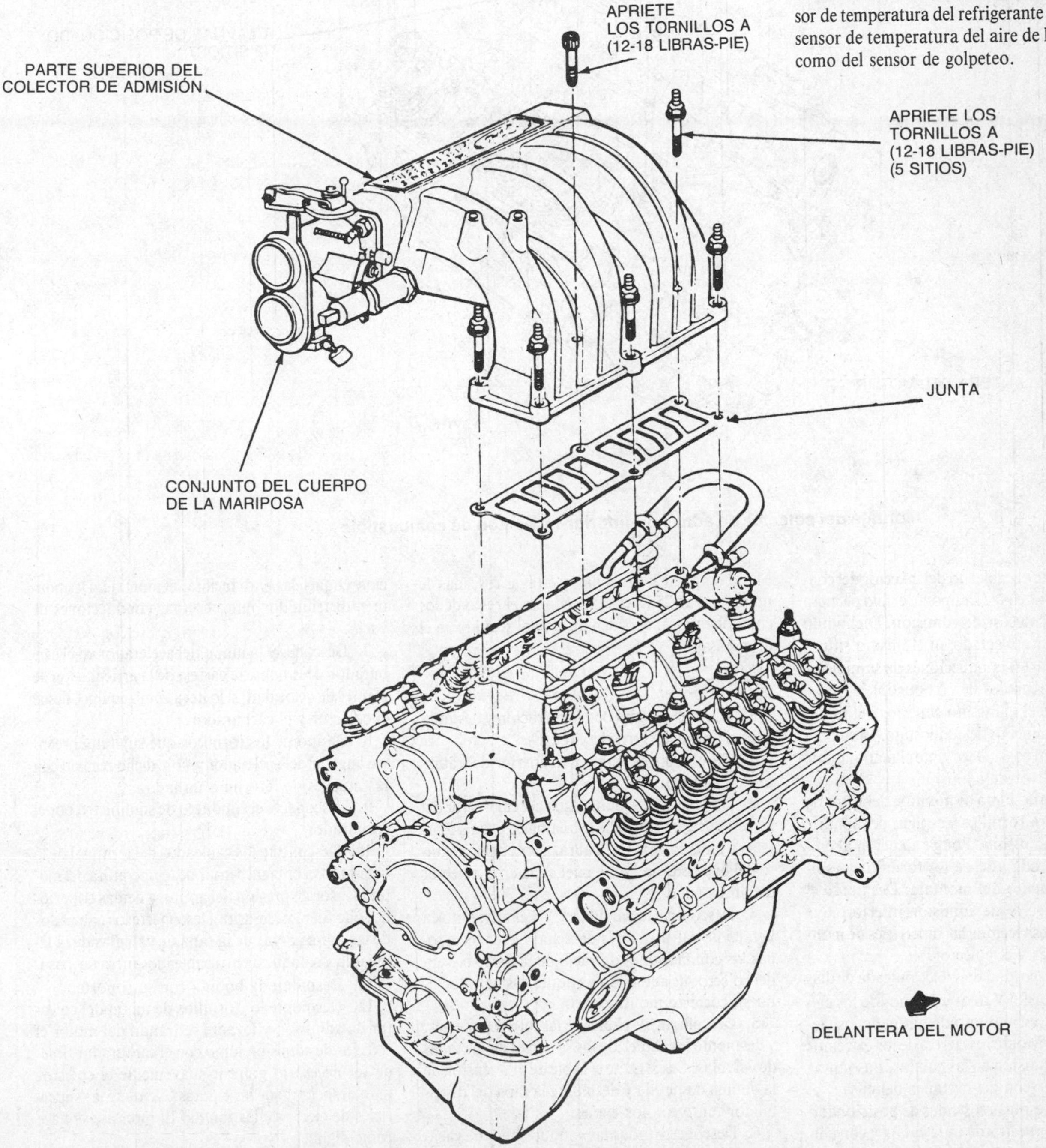

APRIETE LOS TORNILLOS A (12-18 LIBRAS-PIE)

PARTE SUPERIOR DEL COLECTOR DE ADMISIÓN

APRIETE LOS TORNILLOS A (12-18 LIBRAS-PIE) (5 SITIOS)

JUNTA

CONJUNTO DEL CUERPO DE LA MARIPOSA

DELANTERA DEL MOTOR

Montaje del colector de admisión superior-inyección de combustible

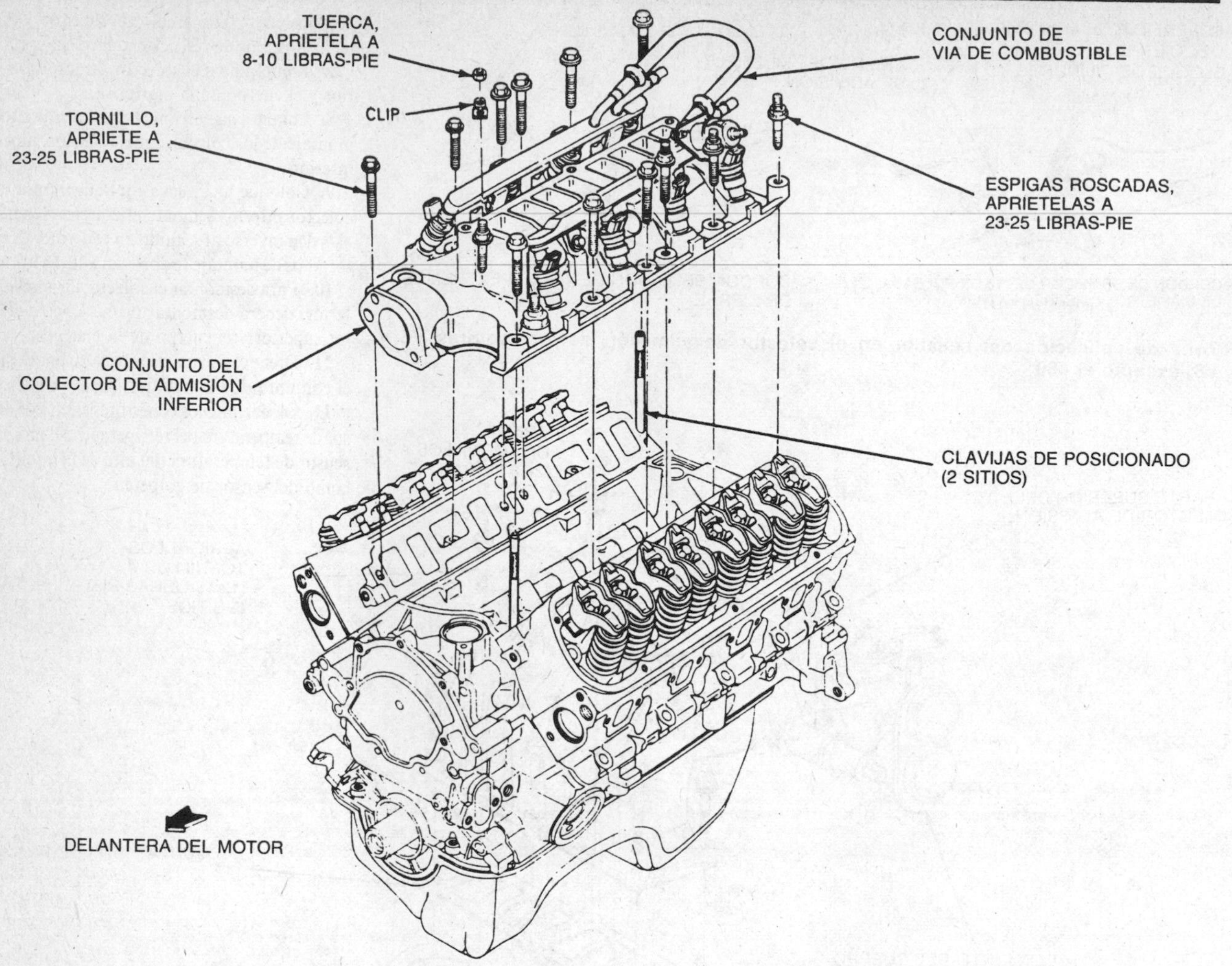

Montaje del colector de admisión inferior-inyección de combustible

13. Desconecte el cableado del inyector del conjunto de cables principal. Desmonte el hilo de masa de la espiga del colector de admisión. Dicho hilo de masa debe ser conectado en el mismo sitio.

14. Desconecte las conducciones de suministro y retorno de los carriles de combustible.

15. Desmonte el manguito superior del radiador desde el alojamiento del termostato. Desmonte el manguito del bypass. Desmonte el manguito de salida del calefactor de admisión.

16. Desmonte la silleta de montaje del filtro de aire. Desmonte los tornillos y espigas de montaje del colector de admisión. Ponga atención al emplazamiento de cada uno de los tornillos y espigas para el momento del montaje. Desmonte el conjunto del colector de admisión inferior.

17. Limpie e inspeccione las superficies de montaje de las culatas y el colector.

18. Aplique un cordón de 1/6 de pulgada de diámetro del sellador RTV a los extremos de los cierres del colector (en el punto de unión de los cierres y las juntas). Monte los cierres de los extremos y las juntas de admisión en las culatas. Las juntas deben entrecerrar con las pestañas del cierre.

19. Monte las espigas roscadas de posicionado en los extremos opuestos de cada culata y con cuidado ponga el colector de admisión en su sitio. Monte y apriete los tornillos y espigas roscadas de montaje a 23-25 libras-pie. Monte el resto de los componentes en el orden inverso al seguido en el desmontaje.

460 (7.5 L)

1. Drene el sistema de refrigeración y desmonte el sistema de filtro de aire.

2. Desconecte el manguito superior del radiador en el motor.

3. Desconecte los manguitos del calefactor del colector de admisión y de la bomba de agua. Apártelos a un lado. Afloje la abrazadera del manguito del bypass de la bomba del agua en el colector de admisión.

4. Desconecte la válvula PCV y el manguito en la tapa de válvulas de la derecha. Desconecte todas las conducciones de vacío de la parte trasera del colector de admisión y etiquételas para facilitar su correcto montaje.

5. Desconecte los cables de las bujías por éstas, y desmonte los cables de los soportes en las tapas de válvulas. Desconecte el cable de alta tensión de la bobina desde ella y desmonte la tapa del distribuidor junto con los cables.

6. Desconecte todas las conducciones de vacío del carburador y de la válvula de control del vacío y etiquételas para facilitar el montaje. Desmonte el distribuidor junto con las conducciones de vacío.

7. Desconecte la unión del acelerador en el carburador. Desmonte la cartela de la articulación de control de velocidad, si lo lleva como equipo, desde el colector y el carburador.

8. Desmonte los tornillos que sujetan el reenvío angular del acelerador y sitúe dicho reenvío con los muelles de retorno a un lado.

9. Desconecte el conducto de suministro por el carburador.

10. Desconecte los cableados del terminal de la batería en la bobina, sensor de temperatura del motor, sensor de presión del aceite, y demás conexiones que fuera necesario. Desconecte los cableados de las abrazaderas de la tapa de válvulas de la izquierda y coloque dichos cableados fuera del paso.

11. Desmonte la bobina con su soporte.

12. Desmonte los tornillos de unión del colector de admisión y levante retirando del motor el colector de admisión junto con el carburador. Puede ser necesario golpear suavemente el colector para despegarlo de las culatas. No dañe las superficies de cierre de las juntas. El montaje se hace como sigue:

13. Limpie las superficies de contacto del co-

lector de admisión, culatas y bloque con disolvente de laca o cualquier otro similar. Aplique un cordón de 1/8 de pulgada de diámetro de sellador de caucho-silicona RTV en los puntos mostrados sobre el diagrama que se acompaña.

ATENCIÓN

No aplique el sellador en las porciones abarquilladas de los cierres pues el sellador romperá el material de los cierres extremos.

14. Coloque nuevos cierres en el bloque y presione las prolongaciones de posicionado del cierre dentro de los orificios que hay en las superficies de contacto.

15. Aplique un cordón de 1/16 de pulgada de diámetro del sellador en el extremo exterior de cada cierre del colector a lo largo de toda la longitud del cierre (4 sitios). Lo mismo que antes, no aplique sellador a la parte abarquillada de los cierres extremos.

NOTA: El sellador RTV se endurece en unos 15 minutos, según la marca, así pues trabaje rápido pero con cuidado. NO DEJE CAER NADA DE SELLADOR EN LA CAVIDAD DEL COLECTOR, SE FOMARÍAN GOTAS QUE AL ENDURECERSE TAPONARÍAN LA GALERÍA DEL ACEITE.

16. Coloque la junta del colector sobre el bloque y las culatas con las ranuras de centrado bajo las clavijas de la culata. Asegure la alineación de los orificios de la junta con los de la culata.

17. Monte el colector y el resto del equipo descrito en el orden inverso al empleado en el desmontaje.

420 (6,9 L) diesel

1. Desconecte los cables de masa de ambas baterías.

2. Desmonte el conjunto de filtro de aire y manguito de conducción. Cubra la entrada del aire en el colector de admisión.

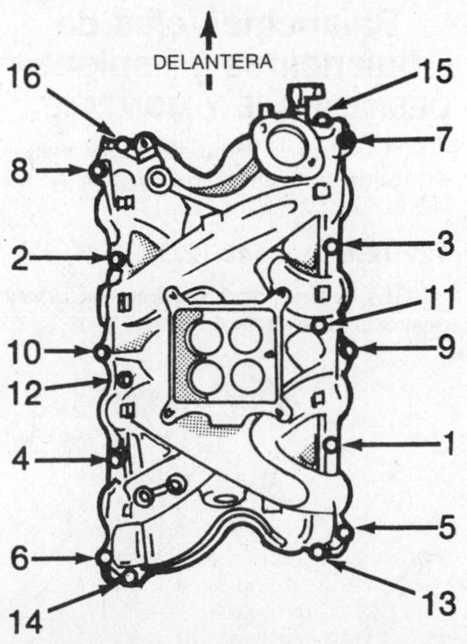

Secuencia de apriete de los tornillos del colector de admisión del motor 8-460

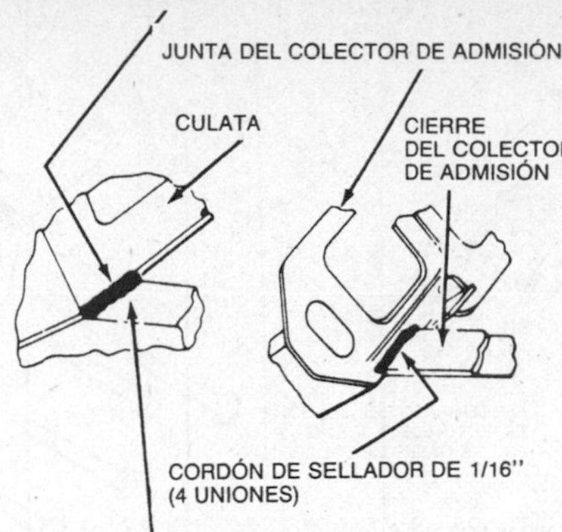

Zona de aplicación del sellado RTV en el colector de admisión del motor 8-460

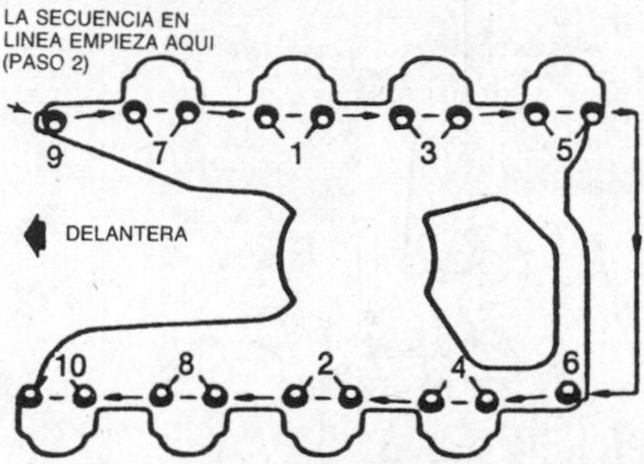

Secuencia de apriete de los tornillos del colector de admisión del motor diesel 420 (6.9 L). Apriete en 2 pasos:

1. Apriete los tornillos a 24 libras-pie siguiendo la secuencia numerada

2. Apriete los tornillos a 24 libras-pie siguiendo la secuencia en línea

3. Desmonte la bomba de inyección. Desconecte y desmonte los manguitos de retorno de combustible y bloques de los inyectores n.º 7 y n.º 8 (detrás). Desmonte el conducto de retorno de combustible al depósito.

4. Desconecte y desmonte los cableados del motor. Asegúrese de desmontar el terminal del cable de masa desde la parte posterior del bloque de cilindros.

5. Desmonte los tornillos que retienen el colector de admisión y desmonte el colector.

6. Si tiene que desmontar la bandeja de la depresión de los taqués; desmonte el tubo de la válvula CDR y el ojete metálico de refuerzo de la bandeja de la depresión.

7. Desmonte el tapón de drenaje de la bandeja y desmonte ésta.

8. Limpie las superficies de montaje. Aplique un cordón de 1/8 de pulgada del sellador RTV a cada extremo del bloque motor.

9. Monte la bandeja de la depresión y el colector de admisión siguiendo el orden inverso al del dcsmontajc.

Colector de escape

DESMONTAJE Y MONTAJE

122 (2,0 L) y 140 (2.3 L)

1. Desmonte conjuntamente el filtro del aire y el conducto. Desconecte el cable negativo de la batería.

2. Desmonte la conducción del EGR por el colector de escape. Afloje el tubo del EGR. Desmonte la válvula de control en el colector de escape y desconecte el manguito del extremo de la válvula de bypass de aire.

3. Desmonte las abrazaderas que unen los manguitos del calefactor a la tapa de válvulas. Desconecte el tubo de escape del colector.

4. Desmonte los tornillos y tuercas del colector de escape y desmonte el colector.

5. Monte el colector de escape en el orden inverso a como fue desmontado.

134 (2,2 L) diesel

1. Desconecte los cables de masa de las dos baterías.

2. Desconecte el tubo de escape del colector.

3. Desmonte el soporte-abrazadera del manguito del calefactor de la tapa de válvula y las espigas del colector de escape.

4. Desmonte el tirante-soporte de la bomba de vacío y cartela. Desmonte el tornillo que une el soporte-silleta del tubo del control de nivel de aceite del motor al colector de escape.

5. Desmonte las tuercas que unen el colector de escape al motor y desmonte el colector.

6. Limpie todas las superficies de montaje de las juntas. Coloque juntas nuevas de montaje y monte el colector de escape y demás componentes en el orden inverso al del desmontaje.

173 (2,8 L) V6 y 179 (2.9 L) V6

1. Desconecte el cable negativo de la batería. Desmonte conjuntamente el filtro del aire y el conducto.

2. Desmonte la protección de la izquierda contra el calor del colector de escape. Desmonte todas las piezas del sistema del thermactor que interfieran con el desmontaje del colector. Desconecte el tubo caliente de la estrangulación en el carburador.

3. Desconecte los tubos de vacío de los colectores de escape. Desmonte las tuercas de montaje de los espárragos en los colectores de escape. Desmonte los colectores.

4. Móntelo todo en el orden inverso utilizando juntas nuevas para el tubo de escape y los colectores.

300 (4.9 L)

Los colectores de admisión y escape de estos motores se conocen como colectores combinados y se sirven como una sola unidad. Vea la sección «Desmontaje y montaje del colector de admisión».

232 (3.8 L) V6 y V8 excepto el 420 (6.9 L) diesel

1. Desmonte el filtro del aire en el caso de que el colector que esté desmontando tenga el calefactor del carburador unido a él. En los modelos 351 y 400 desmonte el filtro del aceite.

2. Desmonte el tornillo o la tuerca del soporte

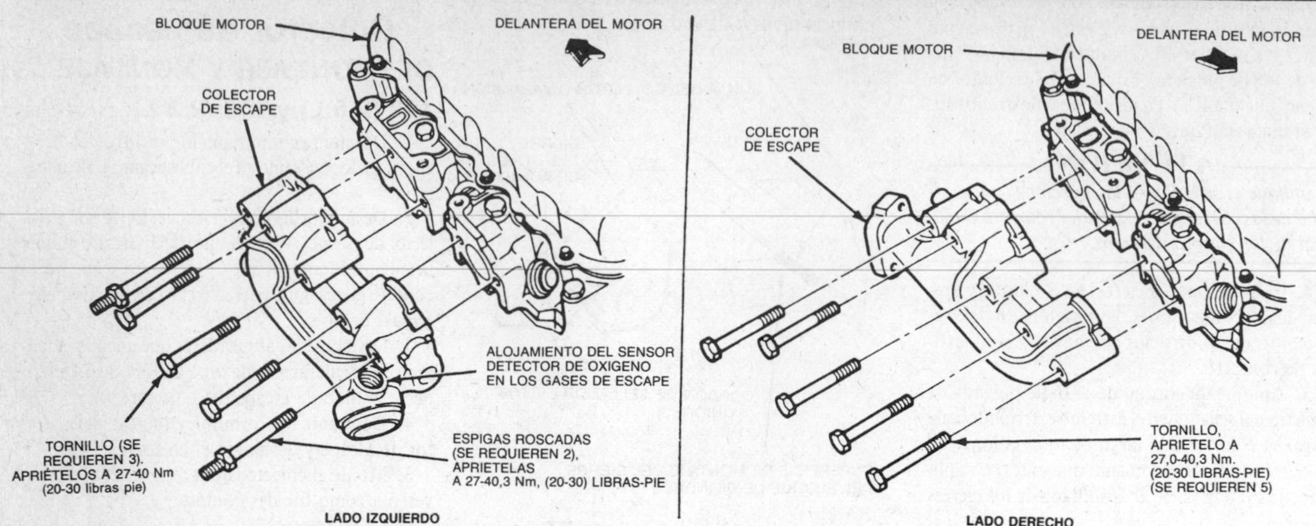

Secuencia de apriete de los tornillos del colector de escape del motor 173 (2.8 L) V6

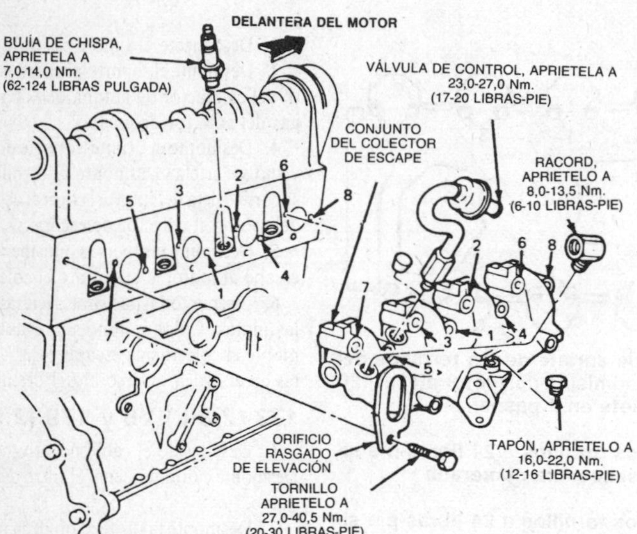

Secuencia de apriete de los tornillos del colector de escape de los motores 122 (2, 0 L) y 140 (2.3 L)

del tubo de control de nivel de aceite en los modelos 302 V8. En los vehículos 351 y 400 V8 que tienen la palanca de la transmisión automática montada en la columna, desconecte el eje cruzado de la palanca del selector para hacer espacio. En los modelos 1981 y posteriores, desconecte el sensor EGO, si va equipado con él.

3. Desmonte cualquier pieza de thermactor que dificulte el desmontaje del colector.

4. Desconecte el tubo de escape o el convertidor catalítico del colector de escape.

5. Desconecte el tubo inferior del EGR. Desmonte los tornillos que unen el tubo de escape y retire éste de la culata.

6. Monte el colector de escape en orden inverso al desmontaje. Aplique una ligera capa de grasa grafitada a la superficie de contacto del colector. Monte y apriete los tornillos de unión empezando desde el centro y continuando la operación hacia ambos extremos alternativamente. Apriételos a la tensión especificada.

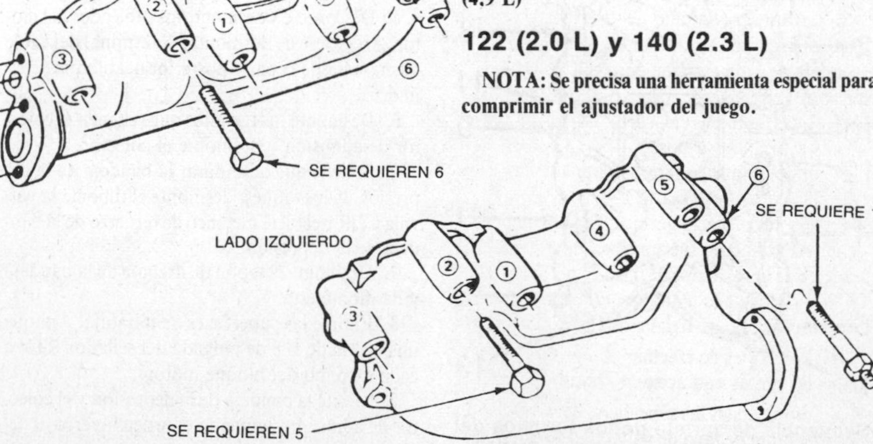

Secuencia de apriete de los tornillos del colector de escape del motor 232 (3.8 L) V6

420 (6.9 L) diesel

1. Desconecte los cables de masa de ambas baterías.

2. Eleve el vehículo y déjelo apoyado firmemente sobre unos caballetes.

3. Desconecte los tubos de escape de los colectores.

4. Si ha de desmontarse el colector del lado derecho, descienda el vehículo. Desmonte el colector del lado izquierdo desde abajo mientras el vehículo está levantado.

5. Los tornillos de unión del colector están inmovilizados por arandelas con pestañas de seguridad. Utilice una herramienta adecuada para enderezar las pestañas hacia afuera de la cabeza de los tornillos.

6. Limpie las superficies de montaje. Aplique un compuesto antigripante a los tornillos de montaje. Utilice juntas nuevas. Para el montaje use el procedimiento inverso al del desmontaje.

Balancines/ejes de balancines y espigas

DESMONTAJE Y MONTAJE

NOTA: Para la sustitución de las espigas de balancines consulte los procedimientos del 300 (4.9 L)

122 (2.0 L) y 140 (2.3 L)

NOTA: Se precisa una herramienta especial para comprimir el ajustador del juego.

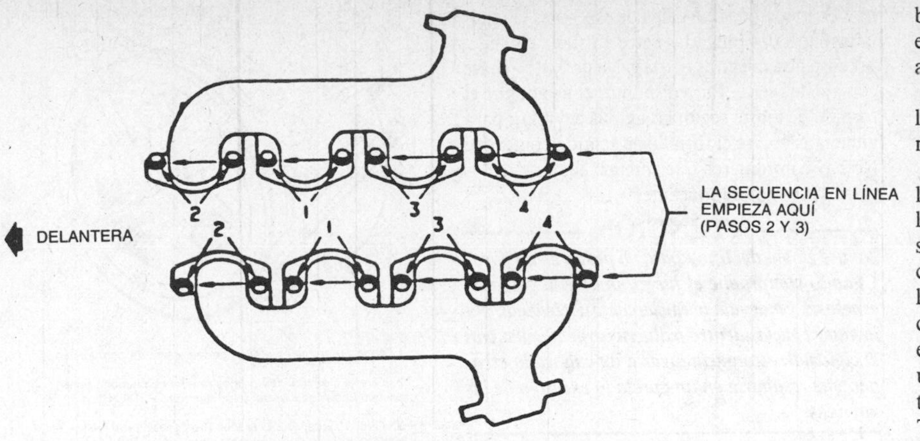

Secuencia de apriete de los tornillos del colector de escape de los motores V8. Apriete en 2 pasos;
1. Apriete a la especificación requerida en la secuencia numerada
2. Apriete a la especificación requerida en la secuencia en línea

1. Desmonte la tapa de válvulas y las piezas que vayan unidas a ella y sea preciso desmontar.

2. Gire el árbol de levas de modo que la base circular de la leva esté apoyada contra el seguidor de la leva que intenta desmontar.

3. Desmonte el muelle de retención del seguidor de leva, si lo lleva como equipo.

4. Utilizando la herramienta especial T74P-6565-B o bien el útil compresor del muelle de válvula, hunda el ajustador del juego y/o depresione el muelle de la válvula, según sea necesario, y deslice el seguidor de leva sobre el ajustador hacia afuera desde debajo del árbol de levas.

5. Monte el seguidor de levas en sentido inverso a como se desmontó. Asegúrese de que el ajustador está hundido y se suelta antes de girar el árbol de levas.

134 (2.2 L) diesel

1. Desmonte la tapa de balancines (válvulas).

2. Desatornille los tornillos de montaje del eje de balancines, dos vueltas cada vez para cada tornillo. Empiece por los extremos del eje de balancines y continúe operando hacia el centro.

3. Levante el conjunto del eje de balancines y balancines del motor. Desmonte el pasador y la arandela de cada extremo del eje. Deslice los balancines, muelles y soportes fuera del eje. Mantenga todas las piezas en orden o bien póngales etiquetas indicando su posición.

4. Limpie e inspeccione todas las piezas y sustitúyalas en caso necesario.

5. Monte las piezas del eje de balancines en orden inverso a como fueron desmontadas. Asegúrese de que los orificios de paso del aceite en el eje están dirigidos hacia abajo. Vuelva a montar el conjunto del eje de balancines en el motor.

NOTA: Antes de efectuar el montaje lubrique todas las piezas con aceite de motor.

6. Limpie todas las superficies de montaje, utilice una junta de tapa de válvulas nueva y la tapa de válvulas.

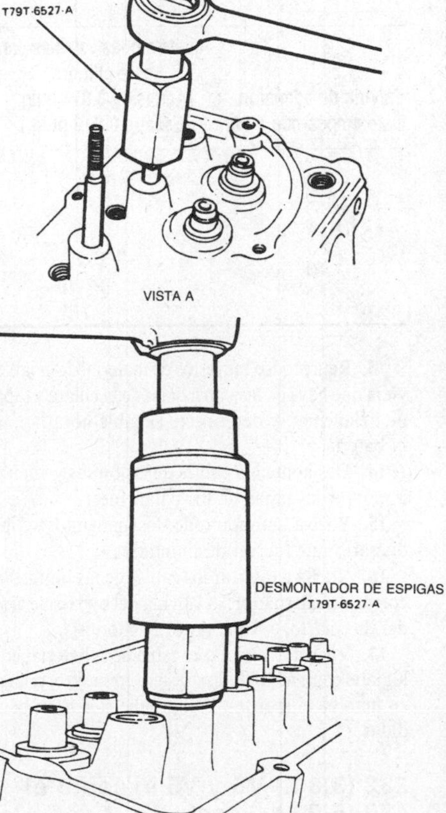

Desmontaje típico de una espiga de balancín

300 (4.9 L)

1. Desconecte el manguito de entrada de aire en el tapón de llenado de aceite.

2. Desconecte el cable del acelerador en el carburador. Desmonte el muelle de retorno del cable. Desmonte el soporte del cable del acelerador en la culata y sitúe el conjunto de cable y soporte a un lado.

3. Desmonte la válvula PCV de la tapa de balancines. Desmonte los tornillos de la tapa y retire la misma.

4. Desmonte la tuerca de la espiga roscada de la tapa de balancines, el soporte asiento y el balancín. Inspeccione los tornillos de la tapa para ver si existen desgastes o daños en los cierres, bajo la cabeza del tornillo y, en caso necesario, sustituirlos. Si se hace preciso desmontar una espiga roscada de balancín, hay disponible la herramienta especial T79T-6527-A. También hay disponibles un escariador, el T62F-6527-B3 o uno equivalente, sobredimensionado en 0.006 pulgadas y el T62F-6527-B5 o su equivalente, sobredimensionado en 0.015 pulgadas. Para espigas sobredimensionadas en 0.010 pulgadas, use el escariador T66P-6527-B o su equivalente. Para introducir a presión las espigas de recambio, use el reemplazador de espigas T79T-6227-B o equivalente para 6-300. Las espigas de balancín rotas o dañadas en su parte roscada pueden sustituirse por otras estándar. Las que vayan flojas en la culata pueden ser sustituidas por espigas sobredimensionadas en 0,010 o 0,015 pulgadas que se encuentran disponibles como recambios para el mantenimiento. Cuando tengamos que pasar una espiga estándar a otra sobredimensionada en 0,010 o 0.015 pulgadas, deberá siempre comenzar pasando un escariador de 0,006 pulgadas para luego acabar con el de 0,010 o el de 0.015 pulgadas.

5. Coloque la camisa del desmontador de espigas sobre la espiga con el extremo de apoyo. Rosque el extractor en el interior de la camisa y sobre la espiga hasta que haya llegado totalmente al fondo. Sujete la camisa con una llave fija; entonces, gire el extractor en el sentido de las agujas del reloj para desmontar la espiga. Si la espiga del balancín estaba totalmente rota a ras con la cabeza de la espiga, utilice una herramienta especial para la extracción fácil de la misma siguiendo las instrucciones del fabricante.

6. Si se halla sustituyendo una espiga de balancín floja, repase con un escariador el taladro de la espiga utilizando la medida adecuada (o las siguientes) para la espiga sobredimensionada que se ha elegido. Asegúrese de que las partículas de metal arrancadas al efectuar el escariado no entren en la zona de la válvula.

7. Cubra el extremo de la espiga con Lubriplate (marca registrada) o su equivalente. Alinee la espiga con su taladro; entonces, golpee suavemente la guía deslizadora hasta que llegue al fondo. Cuando la guía conecte con la cabeza de la espiga, ésta se hallará instalada a su altura correcta.

8. Aplique Lubriplate® o su equivalente al extremo superior del vástago de la válvula y en la guía de la varilla empujadora en la culata.

9. Aplique Lubriplate® o su equivalente al asiento del soporte de balancín y al zócalo del asiento del soporte del balancín. Monte el balancín de la válvula, asiento del soporte y tuerca de la espiga.

10. Limpie la superficie de la junta de la tapa de balancines de válvula y la culata. Coloque la junta nueva en la tapa asegurándose de que las lengüetas de la junta encajan en las ranuras previstas de la tapa.

11. Monte la tapa sobre la culata. Asegúrese de que la junta se asienta niveladamente alrededor de toda la culata. Apriete un poco los tornillos de la tapa siguiendo la secuencia y empezando por los tornillos centrales. Luego apriete los tornillos a 3-5 libras-pie.

12. Monte la válvula PCV en la tapa de balancines. Monte el soporte del cable del acelerador en la culata y conecte el cable al carburador.

13. Conecte el manguito de entrada de aire al tapón de llenado de aceite.

14. Monte el filtro del aire.

AJUSTE DE VÁLVULAS

173 (2,8 L) V6

1. Desmonte el conjunto del filtro del aire y desconecte el cable negativo de la batería.

2. Desmonte la válvula del bypass del thermactor y su soporte de montaje.

3. Desmonte las dos anillas de elevación del motor: desmonte la correa de mando del alternador. Afloje los tornillos de montaje del alternador y gírelo hacia el guardabarros.

4. Desmonte los enchufes de cables y las tapas de balancines.

5. Cuando se desmonten las tapas de balancines, desmonte o cambie de posición cualquier conductor o manguito que dificulte el desmontaje de la tapa de balancines.

6. Apriete los tornillos del soporte de los balancines a 46 libras-pie.

7. Vuelva a conectar el cable de la batería, coloque la transmisión en punto muerto (manual) o en aparcamiento (automática) y aplique el freno de mano.

8. Ponga un dedo sobre el tornillo de ajuste del balancín de la válvula de admisión del cilindro n.º 5. La numeración de los cilindros viene mostrada en los gráficos del «Orden de encendido» al principio de esta sección. La disposición de las válvulas, de delante hacia atrás, en la bancada izquierda es A-E-E-A-E-A; en la derecha es A-E-A-E-E-A, usted deberá ser capaz de sentir el inicio del movimiento del balancín.

9. Utilice un mando a distancia para poner en marcha el motor o medios manuales para girarlo hasta que usted pueda percibir que justamente la válvula está comenzando a abrirse. En este momento el motor está en posición de ajuste de las válvulas de admisión y escape del cilindro n.º 1.

10. Ajuste la válvula de admisión del cilindro n.º 1 de modo que una galga de espesores (a laminillas) de 0,014 pulgadas entre ajustada con ligera resistencia mientras que la galga de 0,015 lo hace con ajuste fuerte. Para disminuir el juego, gire el tornillo de ajuste según las agujas del reloj; para aumentarlo, gire el tornillo en sentido contrario. No hay contratuerca que apretar; el ajuste de los tornillos es autobloqueante.

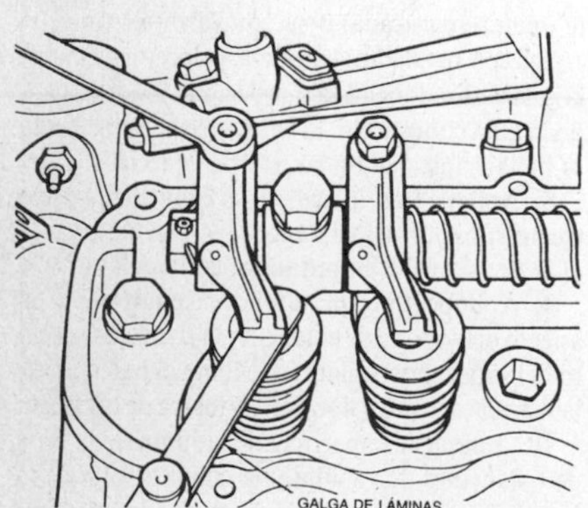

Ajuste de válvulas en los motores 173 (2.8 L) V6

ATENCIÓN

No use galgas del tipo «pasa no pasa» de un paso. Cuando compruebe el juego, inserte la galga de espesores y muévala paralelamente al cigüeñal. No la mueva hacia adentro o afuera perpendicular con el cigüeñal; esto daría lugar a un calibrado erróneo que resultaría en un apretado excesivo de las válvulas.

11. Ajuste la válvula de escape de la misma manera hasta que la galga de lámina de 0,016 pulgadas encuentre al pasar una ligera resistencia, mientras que la de 0,017 pulgadas entre con ajuste fuerte.

12. El resto de las válvulas se ajustan del mismo modo, en su orden de encendido (1-4-2-5-3-6), poniendo en posición el motor de acuerdo con la siguiente tabla:

Válvula de admisión justo empezando a abrir	Ajuste ambas válvulas para este cilindro (Admisión-0,014 pulg.; Escape-0,016 pulg.)
5	1
3	4
6	2
1	5
4	3
2	6

13. Retire todos los restos de material de la junta vieja que haya en las superficies de la culata y tapa de balancines, y desconecte el cable negativo de la batería.

14. Desmonte los cables de las bujías y vuelva a montar las tapas de los balancines.

15. Vuelva a montar todos los manguitos y conductores que fueron desmontados.

16. Vuelta a montar los cables de las bujías, la correa del alternador, la válvula del bypass de aire del thermactor y su soporte de montaje.

17. Vuelva a conectar el cable de la batería, coloque el conjunto del filtro de aire en su sitio, ponga en marcha el motor y compruebe si existen pérdidas.

232 (3,8 L) V6 y V8 excepto el 420 (6,9 L) diesel

Estos motores van equipados con montajes individuales de balancines. Utilice el procedimiento siguiente para el desmontaje de los balancines:

1. Desconecte el manguito de aire de la cámara caliente del estrangulador, el filtro de aire y el conducto de entrada juntos, el tubo caliente del estrangulador, la válvula PCV y el manguito, así como los manguitos del EGR (si los lleva como equipo).

2. En los modelos así equipados, desconecte los manguitos de la válvula bypass del thermactor y del suministro de aire.

3. Etiquete y desconecte los cables de las bujías desde las bujías. Desconecte los enchufes de hilos de las regletas de conexión.

4. Desmonte los tornillos de unión de las tapas de válvulas y retire las tapas.

5. Desmonte la tuerca de la espiga del balancín de la válvula.

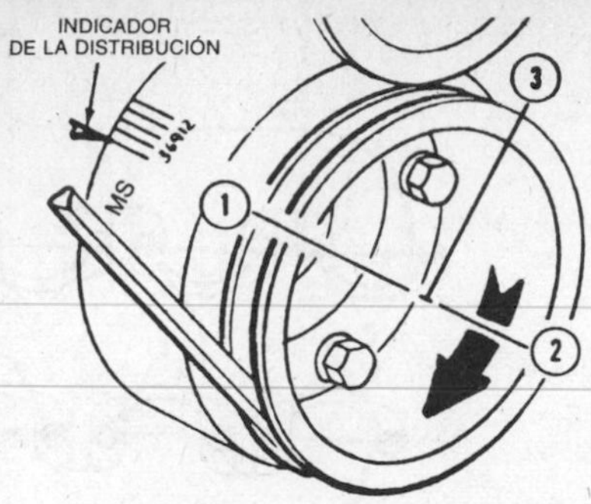

1. N.º 1 en el PMS y el final de la carrera de compresión
2. Gire el cigüeñal 180 grados (media revolución), en el sentido de las saetas del reloj, desde la POSICIÓN 1
3. Gire el cigüeñal 270 grados (tres cuartos de vuelta), en el sentido de las saetas del reloj, desde la POSICIÓN 2

Instrucciones de marcaje de la polea del cigüeñal para el montaje de los balancines del motor V8

AJUSTE

Este ajuste es actualmente parte del procedimiento de montaje de los balancines montados individualmente que se hallan en los motores V6 y V8, y es necesario alcanzar un valor exacto del par de torsión en el apriete de cada una de las tuercas de los balancines.

Por su propia naturaleza, un empujador hidráulico se expansionará cuando no esté bajo carga. Por lo tanto, cuando se desmontan los balancines y se suprime la presión a través de la varilla de empuje, el empujador se expansionará al máximo. Si coincide que el empujador esté en la parte alta del lóbulo de la leva cuando el balancín está montándose de nuevo, será necesario un gran esfuerzo de torsión cuando apriete la tuerca del balancín precisamente para vencer la presión del empujador expandido. Esto hace muy difícil lograr un ajuste exacto del apriete con los balancines montados individualmente. Por esta razón, los balancines se montan según una cierta secuencia que corresponde con los puntos bajos de los lóbulos de las levas.

1. Gire el motor hasta que el cilindro n.º 1 esté en el PMS de la carrera de compresión y el indicador de la distribución esté alineado con la marca que hay en el damper (volante de amortiguación) del cigüeñal.

2. Trace una marca en este punto del volante.

3. Trace dos marcas más en el damper (vea la ilustración).

4. Con el indicador de la distribución alineado a la marca 1 que hay en el damper, apriete las siguientes válvulas al par especificado:

- V6-232 n.º 1 de admisión y escape; n.º 3 de admisión y escape; n.º 4 de escape y n.º 6 de admisión.

• 255, 302 y 460 n.º 1, 7 y 8 de admisión; n.º 1, 5 y 4 de escape.

• 351 y 400 n.º 1, 4 y 8 de admisión; n.º 1, 3 y 7 de escape.

5. Gire el cigüeñal 180 grados hacia el punto 2 y apriete las válvulas siguientes:

• V6-232 n.º 2 de admisión; n.º 3 de escape; n.º 4 de admisión; n.º 5 de admisión y escape; n.º 6 de escape.

• 255, 302 y 460 n.º 5 y 4 de admisión; n.º 2 y 6 de escape.

• 351 y 400 n.º 3 y 7 de admisión; n.º 2 y 6 de escape.

6. Gire el cigüeñal 270 grados hacia el punto 3 y apriete las válvulas siguientes.

• 302 y 460 n.º 2, 3 y 6 de admisión; n.º 7, 3 y 8 de escape.

• 351 y 400 n.º 2, 5 y 6 de admisión; n.º 4, 5 y 8 de escape.

7. En los motores 232, 255, 302 y 351W, apriete la tuerca hasta que contacte con los hombros del balancín, apretándola luego a 18-20 libras-pie; en los motores 351C y 400, apriete el tornillo hasta 18-25 libras-pie; en el motor 460, apriete la tuerca hasta que contacte los hombros del balancín y luego apriételа a 18-22 libras-pie.

420 (6,9 L) diesel

1. Desconecte los cables de masa de ambas baterías.

2. Desmonte los tornillos de retención de la tapa de válvulas y retire la tapa.

3. Desmonte los tornillos de retención de los balancines y las bases. Mantenga los balancines y las bases en orden para identificarlos y volverlos a montar en sus emplazamientos de origen.

4. Gire el motor hasta que la marca de distribución esté en la posición de las 11 del reloj, si se mira desde la parte delantera del motor.

5. Monte todos los balancines, bases y tornillos de retención y apriételos.

6. Limpie todas las superficies de montaje de juntas, monte juntas nuevas de tapa de válvulas, y vuelva a colocar las tapas de válvulas en el motor. Conecte los cables de la batería, ponga en marcha el motor y verifique si hay pérdidas.

INSPECCIÓN DE LOS EMPUJADORES HIDRÁULICOS

NOTA: Los empujadores que se usan en los motores diesel requieren un fluido de comprobación especial, pues el petróleo no es satisfactorio.

Desmonte los empujadores de sus orificios y quíteles la goma y el barniz que puedan tener como consecuencia del aceite envejecido, con un disolvente seguro. Compruebe si el empujador tiene desgastes cóncavos en su zona de empuje. Si el fondo tiene un desgaste cóncavo o plano, reemplace el empujador. Éstos están construidos con un fondo convexo, y el hecho de estar plano indica desgaste. Si se detecta un empujador gastado, controle con cuidado el árbol de levas pues es muy posible que también haya desgastes en la leva.

Para comprobar las pérdidas de bajada del empujador, sumérjalo en una cubeta de petróleo. Sujete en el portabrocas de un taladro vertical con palanca de presión una varilla empujadora usada o algo equivalente. Coloque el recipiente de petróleo de forma que la varilla del empujador actúe sobre el pistón del mismo. Bombee el empujador con la palanca de presión del taladro hasta que la resistencia aumente. Bombee varias veces más para sangrar el aire del empujador. Aplique con firmeza una presión constante sobre el empujador y observe la velocidad a la que sangra el fluido fuera del empujador. Si éste sangra bajando muy rápidamente (que tarde menos de 15 segundos), deberá ser sustituido. Si el tiempo excede de los 60 segundos, es que el empujador se adhiere y debe ser o limpiado o sustituido. Si el empujador actúa adecuadamente (pierde el fluido bajando en un tiempo entre 15-60 segundos) y no está desgastado, lubríquelo y móntelo en el motor.

NOTA: Inspeccione siempre los empujadores de válvulas en cuanto a desgastes, deformaciones en su parte cilíndrica y cierre hermético al aceite. Los empujadores averiados serán causa de que las válvulas actúen de forma irregular.

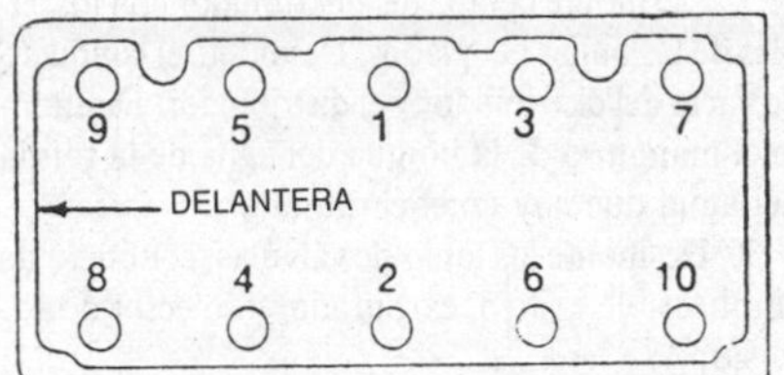

Secuencia de apriete de los tornillos de la culata de los motores de 4 cilindros 122 (2,0 L) y 140 (2,3 L)

Culata

DESMONTAJE Y MONTAJE

122 (2,0 L) y 140 (2,3 L)

1. Drene el sistema de refrigeración. Desconecte el cable negativo de la batería.

2. Desmonte el filtro del aire.

3. Desmonte la tapa de válvulas.

NOTA: En los modelos con aire acondicionado, desmonte los tornillos de sujeción y la correa de mando, y coloque el compresor, con los manguitos conectados, apartado a un lado. Desmonte de la culata la cartela superior de montaje del compresor.

ATENCIÓN

Si las canalizaciones del refrigerante del compresor no tienen libertad de movimientos como para permitir el desplazamiento del compresor sin desconectar antes los conductos del refrigerante, deberá ser evacuado el sistema de aire acondicionado por una persona entrenada debidamente en el mantenimiento de dichos sistemas. Bajo ninguna circunstancia deberá una persona no entrenada intentar desconectar las referidas conducciones

4. Desmonte de la culata los colectores de admisión y escape.

5. Desmonte la tapa de la correa de mando del árbol de levas. Tome nota de la situación de los tornillos de unión de la tapa de la correa que tienen ojetes metálicos con refuerzo de goma.

6. Afloje el tensor de la correa de mando y desmonte el tornillo tensor.

7. Desmonte el codo de salida del agua de la culata con el manguito acoplado.

8. Desmonte los tornillos de unión de la culata.

9. Desmonte la culata del motor.

10. Limpie todo el material de junta y carbonilla de la parte superior del bloque de cilindros y pistones así como del fondo de la culata.

11. Coloque una nueva junta de culata en el motor y coloque la culata sobre el motor.

NOTA: Si usted encuentra dificultades en la colocación de la culata sobre el motor, puede ser necesario que monte espigas de guía en el bloque para poder alinear correctamente la culata y el bloque. Para construirse espigas de guía, consiga dos tornillos nuevos de culata y córteles la cabeza con una sierra. Monte el resto de los tornillos en los orificios del bloque del motor que correspondan con los tornillos de la culata n.º 3 y 4 tal como se identifica en la ilustración de la secuencia de apriete de los tornillos de la culata. Luego, monte la junta de culata y la culata sobre esos dos tornillos. Monte los tornillos de unión de la culata, sustituyendo las dos espigas por los tornillos originales con cabeza.

12. Con una llave de torsión dinamométrica, apriete los tornillos de la culata en la secuencia apropiada.

13. Monte la correa de mando del árbol de levas.

14. Monte los tornillos de sujeción y la tapa de la correa de mando del árbol de levas. Cerciórese de que las arandelas metálicas con refuerzo de caucho se han montado en sus tornillos. Apriete los tornillos a 6-13 libras-pie.

15. Monte el codo de salida del agua y la junta nueva en el motor y apriete los tornillos de unión a 12-15 libras-pie.

16. Monte los colectores de admisión y escape.

17. Monte el resto de los componentes en orden inverso a como fueron desmontados.

134 (2,2 L) diesel

1. Desconecte los cables de masa de ambas baterías.

2. Marque la posición de las bisagras del capó, para su alineación al volver a montarlas, y desmonte el capó. Drene el sistema de refrigeración.

3. Desconecte el manguito de respiración de la tapa de válvulas y desmonte el manguito de admisión y el del respiradero del filtro de aire y del colector de admisión.

4. Desmonte la sujeción del manguito del calefactor de la tapa de válvulas y del colector de admisión. Desconecte el manguito del calefactor de la bomba de agua y del alojamiento del termostato, situando el conjunto a un lado.

5. Desmonte el tirante de soporte de la bomba de vacío de la silleta de la bomba y la culata.

6. Afloje y desmonte las correas del alternador y de la bomba de vacío. Afloje y desmonte la correa de mando del compresor del aire acondicionado y/o del servo de la dirección.

7. Desconecte el manguito de vacío del servofreno y desmonte la bomba de vacío.

8. Desconecte el tubo de escape del colector. Desconecte los cableados de hilos del interruptor térmico y del sensor de temperatura del refrigerante.

9. Desconecte y desmonte los conductos de combustibles de los inyectores y de la bomba de inyección. Cubra todas las canalizaciones y tomas para evitar la entrada de suciedad en el sistema de su-

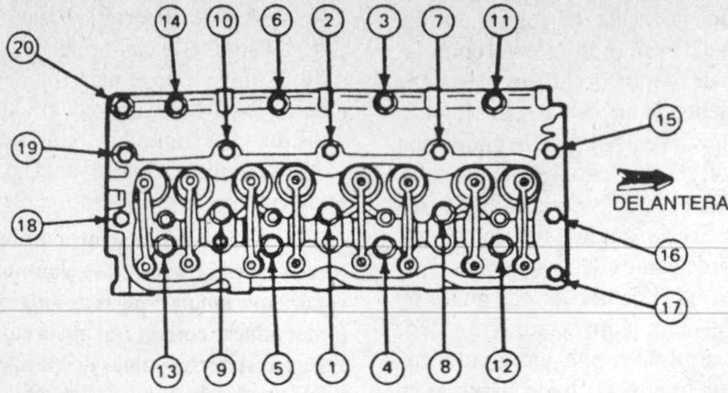

Secuencia de apriete de los tornillos de la culata de los motores diesel 134 (2,2 L)

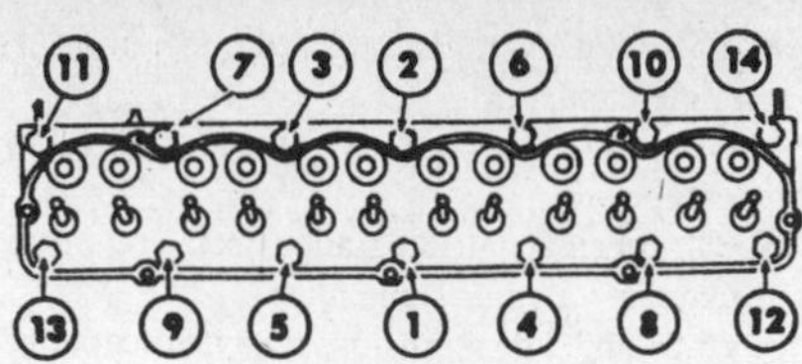

Secuencia de apriete de los tornillos de la culata de los motores 6-300

ministro.

10. Desconecte los cableados del motor del alternador, los cableados de las bujías de precalentamiento y la resistencia de caída de tensión colocando todos los cables fuera del paso.

11. Desconecte las conducciones de suministro desde cada lado del calefactor del combustible. Desmonte el conjunto de filtrado del combustible de su soporte de montaje y sitúelo a un lado con el conducto de suministro acoplado.

12. Afloje la tuerca inferior de la lumbrera de admisión nº 3 y el tornillo en la bomba de inyección; desconecte el conducto inferior de retorno de combustible de la espiga del colector de admisión y el conducto superior de retorno de combustible.

13. Si está equipado con dirección asistida, desmonte el tornillo que une la silleta-soporte posterior de la bomba a la culata.

14. Desmonte el manguito superior del radiador. Desconecte el manguito del bypass del alojamiento del termostato.

15. Desmonte el compresor del aire acondicionado y póngalo a un lado con las conducciones acopladas.

ATENCIÓN

No desconecte las canalizaciones del compresor a menos que disponga de las herramientas adecuadas a su alcance para descargar el sistema y que usted se halle familiarizado con el método.

16. Desmonte la tapa de válvulas, conjunto del árbol de balancines y empujadores. Marque los empujadores y manténgalos en orden para volver a montarlos en sus posiciones originales.

17. Desmonte los tornillos de sujeción de la culata, empezando por los extremos, y trabajando alternativamente hacia el centro de la misma. Desmonte la culata y retírela del camión.

18. Limpie las superficies de montaje de las juntas. Monte la culata en el orden inverso al seguido en el desmontaje. Apriete los tornillos de la culata en la secuencia apropiada.

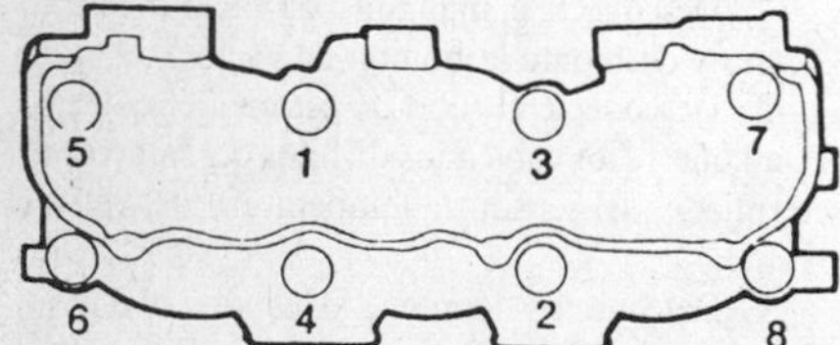

Secuencia de apriete de los tornillos de la culata de los motores 173 (2,8 L)

173 (2,8 L) V6 y 179 (2,9 L) V6

1. Desmonte el conjunto del filtro de aire y desconecte el cable negativo de la batería, así como la unión del cable del acelerador. Drene el sistema de refrigeración.

2. Desmonte la tapa del distribuidor con los cables de las bujías acoplados. Desmonte el conducto de vacío del distribuidor y el distribuidor. Desmonte el manguito de la bomba del agua de la salida del agua que hay en el carburador.

3. Desmonte las tapas de válvulas, conducto de combustible y filtro, carburador y colector de admisión.

4. Desmonte el árbol de balancines y los deflectores de aceite. Desmonte los empujadores, conservándolos ordenados para su montaje posterior.

5. Desmonte el colector de admisión.

6. Desmonte los tornillos de sujeción de las culatas y retire las culatas y las juntas.

7. Limpie y retire todo el material de juntas y carbonilla del bloque motor y culatas.

8. Coloque las juntas de culata sobre el motor. Ponga atención, las juntas de la izquierda y la derecha no son intercambiables.

9. Monte espigas de guía en el bloque motor. Monte los conjuntos de culatas sobre el bloque de una en una. Apriete los tornillos de la culata según la secuencia especificada.

10. Monte los colectores de admisión y escape.

11. Monte los empujadores en la secuencia apropiada. Monte los deflectores de aceite y los conjuntos de árboles de balancines. Ajuste los juegos de válvulas.

12. Monte las tapas de válvulas con juntas nuevas.

13. Monte el distribuidor y ponga a punto la distribución del encendido.

14. Monte el carburador y la tapa del distribuidor con los cables de bujías.

15. Conecte la unión del cable del acelerador, conducto de combustible, con el filtro de combustible instalado, y el conducto de vacío del distribuidor al carburador. Llene el sistema de refrigeración.

300 (4,9 L)

1. Drene el sistema de refrigeración. Desmonte el filtro del aire. Desmonte el tubo del filtro del aceite. Desconecte el cable negativo de la batería.

2. Desconecte el tubo de entrada del silencioso en el colector de escape. Tire hacia abajo del tubo de entrada del silencioso. Desmonte la junta.

3. Desmonte la varilla del acelerador o el muelle de retorno del cable. Desconecte el cable de control de la estrangulación, si la lleva como equipo, y la varilla del acelerador en el carburador.

4. Desconecte la varilla del kick down de la transmisión. Desconecte la unión del acelerador a la palanca angular.

5. Desconecte el conducto de entrada de combustible del manguito del filtro de combustible, y el conductor del distribuidor de vacío del carburador. Desconecte cualquier otra conducción de vacío que sea necesario para tener acceso, e identifíquelas para su posterior conexión.

6. Desmonte el manguito superior del radiador del alojamiento de la salida del refrigerante.

7. Desconecte el conducto de vacío del distribuidor por el distribuidor. Desconecte el conducto de entrada de combustible al carburador por la bomba de combustible. Desmonte juntas todas estas conducciones.

8. Desconecte los cables de las bujías por las bujías y el conductor eléctrico del sensor de temperatura por el sensor.

9. Coja el manguito de descarga del PCV cerca de la válvula PCV y arranque la válvula del ojete metálico con refuerzo de caucho de la tapa de balancines y válvulas. Desconecte el manguito de descarga del PCV por la toma del manguito en el espaciador del colector de admisión y desmonte el manguito de descarga y la válvula PCV.

10. Desconecte el tubo de descarga de aire del carburador y desmonte la tapa de balancines y válvulas.

11. Desmonte el conjunto de balancines. Desmonte los empujadores siguiendo un orden que facilite su identificación y posterior montaje.

12. Desmonte los tornillos de la culata y la culata. No haga palanca (con un destornillador o algo similar) entre la culata y el bloque pues podrían resultar dañadas las superficies de la junta.

13. Para montar la culata: limpie las superficies de la culata y el bloque. Si se desmontó la culata para cambiar la junta, controle la condición de la superficie de la culata y del bloque comprobando si están planas.

14. Aplique compuesto sellador a ambas caras de la nueva junta de culata, dependiendo de la forma de fabricación de la junta, consultando las instrucciones del fabricante. Coloque la junta sobre el bloque.

15. Coloque una junta nueva en la brida del tubo de entrada del silencioso.

16. Levante la culata sobre el bloque de cilindros y deposítela en su posición utilizando como guías dos tornillos de culata montados a través de la misma.

17. Cubra las roscas de los tornillos del nº 1 y nº 6 para el lado derecho de la culata con una ligera cantidad de compuesto sellador resistente al agua. Lubrique con aceite los tornillos restantes.

Monte, pero no apriete, dos tornillos en los extremos opuestos de la culata para sujetarla con la junta en posición.

18. Los tornillos de la culata se aprietan en 3 pasos progresivos. Apriételos (en la secuencia apropiada) a 55 libras-pie, luego a 65 libras-pie, y finalmente a 75 libras-pie.

19. Aplique Lubriplate® en ambos extremos de los empujadores y móntelos en sus posiciones originales.

20. Monte el conjunto del árbol de balancines de válvulas.

21. Ajuste las válvulas, si es necesario.

22. Monte las tuercas de unión y arandelas de seguridad del tubo de entrada del silencioso.

23. Conecte el manguito superior del radiador al alojamiento de salida del refrigerante.

24. Coloque el conducto de vacío del distribuidor y el conducto de entrada de combustible al carburador en el motor. Conecte el conducto de combustible en el manguito del filtro de combustible y monte una abrazadera nueva. Monte el conducto de vacío del distribuidor en el carburador. Conecte la unión del acelerador al conjunto de la palanca angular. Conecte la varilla del kick down a la transmisión.

25. Conecte el muelle de retorno de la varilla del acelerador. Conecte el cable de control de la estrangulación (si está aplicada) y la varilla del acelerador al carburador.

26. Conecte el conducto de vacío al distribuidor en el distribuidor. Conecte el conducto de entrada de combustible al carburador en la bomba de combustible. Conecte todos los demás conductos de vacío utilizando sus identificaciones previas para hacerlo correctamente.

27. Conecte el cable del sensor de temperatura en el sensor. Conecte los cables de bujías. Conecte el cable de masa de la batería en la culata.

28. Llene el sistema de refrigeración.

29. Monte la tapa de balancines de válvulas. Conecte el tubo de descarga de aire del carburador.

30. Conecte el manguito de descarga del PCV en la toma del espaciador del carburador. Introduzca la válvula PCV, con el manguito de descarga acoplado, dentro de la arandela metálica reforzada con caucho de la tapa de balancines de válvulas. Monte el filtro del aire, ponga el motor en marcha y compruebe si hay fugas de líquidos.

232 (3.8 L) V6

1. Drene el sistema de refrigeración.

2. Desconecte el cable del terminal negativo de la batería.

3. Desmonte el conjunto del filtro del aire con el conducto de admisión y el tubo caliente.

4. Afloje el dispositivo intermedio de la correa de mando. Desmonte la correa de mando.

5. Para desmontar la culata izquierda: si va equipado con dirección asistida desmonte los tornillos de unión de los soportes de montaje de la bomba dejando conectados los manguitos, coloque el conjunto de la bomba con su soporte a un lado para evitar posibles pérdidas de fluido. Si está equipado con aire acondicionado, desmonte los tornillos de unión de las cartelas de montaje y conservando los manguitos conectados coloque el compresor a un lado.

6. Para desmontar la culata derecha: desconecte

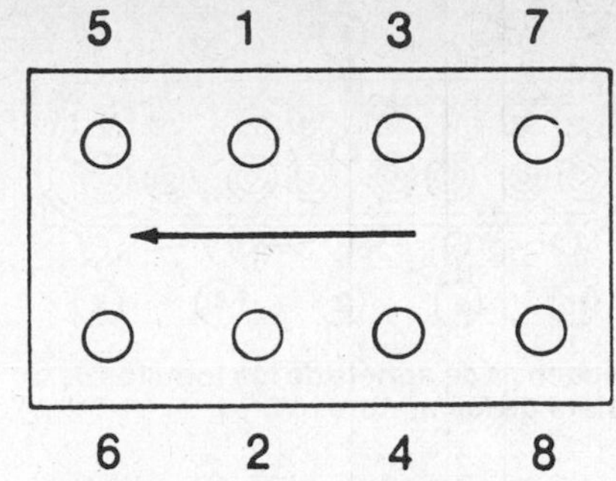

Secuencia de apriete de los tornillos de la culata de los motores 232 (3,8 L) V6

la válvula de desvío del thermactor y el manguito conjuntamente de la válvula bypass y del tubo de aire con el que continúa. Desmonte el conjunto. Desmonte el accesorio intermedio de la correa de mando. Desmonte el alternador. Desmonte la polea de la bomba del thermactor. Desmonte la bomba del thermactor. Desmonte la cartela del alternador. Desmonte la válvula del PCV.

7. Desmonte el colector de admisión.

8. Desmonte los tornillos de unión de la tapa de los balancines de válvulas. Afloje el caucho silicona del material adherente de la junta insertando una espátula de enmasillar bajo el borde de la tapa. Mueva la tapa aflojándola y desmóntela.

ATENCIÓN

Las tapas de plástico de los balancines se romperán si se les aplica un esfuerzo excesivo de palanca.

9. Desmonte el colector o colectores.

10. Afloje los tornillos de unión del soporte de balancines lo suficiente para permitir que el balancín sea levantado de encima del empujador y girado a un lado.

11. Desmonte los empujadores. Cada varilla deberá ser puesta en su sitio original al volver a montarlas.

12. Desmonte los tornillos de unión de las culatas. Desmonte las culatas.

13. Desmonte y deseche las juntas de culata viejas. Deseche también los tornillos de la culata.

14. Lubrique ligeramente con aceite los hilos de rosca de los tornillos y espigas roscadas antes de montarlos excepto aquéllos a los que se les especifique un sellador especial.

15. Limpie la culata, colector de admisión, tapas de los árboles de balancines de válvulas y superficies de las juntas de culata. Si se desmontó la culata para sustituir la junta, compruebe la condición de planitud tanto en la superficie de la culata como en la del bloque.

16. Coloque juntas nuevas sobre los bloques de cilindros usando clavijas de guía para su alineación.

17. Sitúe las culatas sobre los bloques.

18. Aplique una capa fina de sellador para tubos, o uno equivalente, a las roscas de los tornillos cortos de la culata (más próximo al colector de escape). No aplique el sellador a todo lo largo de los tornillos. Lubrique con aceite las arandelas planas de los tornillos de la culata. Monte las arandelas planas y tornillos de las culatas (8 en cada lado).

ATENCIÓN

Use siempre tornillos nuevos de culata para asegurar un montaje hermético a prueba de fugas. El par de torsión de la retención con tornillos usados puede no ser constante y dar lugar a fugas de refrigerante o pérdidas de compresión en la zona de la superficie de contacto de la culata.

19. Apriete los tornillos en cuatro pasos aplicando la secuencia siguiente: paso 1, 47 libras-pie; paso 2, 55 libras-pie; paso 3, 63 libras-pie; paso 4, 74 libras-pie. Desenrosque los tornillos de unión 2-3 vueltas. Repita la secuencia de apriete.

NOTA: Cuando los tornillos de unión de la culata han sido apretados aplicando el procedimiento secuencial antes mencionado, no es necesario volver a apretar los tornillos después de largos períodos de funcionamiento del motor. Sin embargo, si se desea, los tornillos pueden ser controlados para comprobar su resistencia.

20. Sumerja el extremo de cada empujador en aceite pesado de motores. Monte los empujadores en su posición original. Para cada válvula gire el cigüeñal hasta que el empujador descanse en el talón (base circular) de la leva.

21. Sitúe el balancín sobre el empujador, monte los soportes del balancín, y apriete los tornillos de unión del soporte a 61-132 libras-pie.

ATENCIÓN

Los soportes deben estar totalmente asentados en la culata y los empujadores deberán estar asentados en los zócalos de los balancines antes del apriete final.

22. Lubrique todos los conjuntos de balancines con aceite pesado de motor. Finalmente, apriete los tornillos de los soportes a 19-25 libras-pie. Para el apriete final, el árbol de levas puede estar en cualquier posición.

Si deben ser montados los componentes del tren de válvula original, no se requiere una comprobación del juego de válvula. Si, por el contrario, ha sido reemplazado algún componente, efectúe una comprobación y en su caso un ajuste del juego de válvula.

23. Monte los colectores de escape.

24. Aplique un cordón de 1/8-3/16 de pulgada de diámetro de sellador de silicona RTV a los rebordes de la tapa de balancines. Cerciórese de que el sellador rellena el canal que hay en el reborde de la tapa. La tapa debe ser montada antes de que transcurran 15 minutos desde la aplicación del sellador de silicona. Después de este tiempo, el sellador puede empezar a endurecerse, y la efectividad de su cerrado quedar muy reducida.

25. Coloque la tapa sobre la culata y monte los tornillos de unión. Tome nota de la localización de las espigas y tornillos de las abrazaderas del recorrido de los cableados de conductores eléctricos y de la abrazadera de los cables de las bujías. Apriete los tornillos de unión a 36-60 libras-pie.

26. Monte el colector de admisión.

27. Monte las bujías.

28. Conecte los conductores secundarios a las bujías.

29. Monte el tapón de llenado de aceite. Si va equipado con aire acondicionado, monte las cartelas de soporte y montaje del compresor. Monte las piezas restantes en el orden inverso a como fueron desmontadas.

30. Llene el sistema de refrigeración con el fluido especificado.

ATENCIÓN

Este motor tiene una culata de aluminio y requiere una formulación de refrigerante, inhibido a la corrosión, extraordinariamente especial, para evitar daños al radiador.

31. Ponga en marcha el motor y compruebe si existen fugas de refrigerante, combustible y aceite.

32. Compruebe y, si es necesario, ajuste la velocidad de ralentí lento.

33. Monte el conjunto del filtro de aire incluyendo el conducto de admisión y el tubo caliente.

V8 excepto el 420 (6.9 L) diesel y el 460 (7.5 L)

1. Desmonte los colectores de admisión junto con el carburador.

2. Desmonte las tapas de balancines.

3. Si debe desmontar la culata derecha, afloje el tornillo del brazo de ajuste del alternador y desmonte el tornillo de la cartela del alternador y espaciador. Gire hacia abajo el alternador apartándolo del paso. Desmonte el conjunto de filtro de aire y el conducto de entrada de la culata derecha. En los modelos 351 y 400 desmonte la trenza metálica de masa de la parte trasera de la culata. Si desmonta la culata izquierda, desmonte los tornillos de sujeción del montaje del eje del acelerador en la parte delantera de la culata. En los vehículos equipados con aire acondicionado, deberá descargarse el sistema y desmontarse el compresor. Es mejor que la operación la realice un especialista en acondicionadores de aire. Las personas que no estén familiarizadas con dichos sistemas pueden resultar lesionadas manipulando en ellos.

4. Desconecte el colector o colectores de escape del tubo de entrada o de los tubos del silencioso.

5. Afloje las tuercas de las espigas de los balancines de modo que éstos puedan girarse a un lado. Desmonte los empujadores y márquelos, para su identificación de manera que puedan volver a montarse en sus posiciones de origen.

6. Desmonte los tornillos de la culata y levante la culata del bloque.

7. Limpie la culata, colector de admisión y la tapa de válvulas, así como las superficies de la junta de culata.

8. Se utiliza una junta de culata tratada con una composición especial. No aplique sellador a una junta de composición. Coloque la junta nueva sobre las clavijas de posicionado en la culata. Luego sitúe la culata sobre el bloque y monte los tornillos de unión.

9. Los tornillos de la culata se aprietan en tres pasos progresivos. Apriete todos los tornillos en la secuencia apropiada a 50 libras-pie, 60 libras-pie, y finalmente a 70 libras-pie de par de torsión en los modelos 255, 302 y 351W. En los modelos 351M y 400 V8, apriételos a 70, 80 y luego a 95-105 libras-pie.

10. Limpie los empujadores. Sople con aire comprimido, para limpiarlos, los pasos del aceite que hay en los vástagos de empuje. Compruebe si están bien rectos. No pruebe nunca de enderezar un vástago empujador torcido; siempre debe sustituirlo por uno de recambio nuevo.

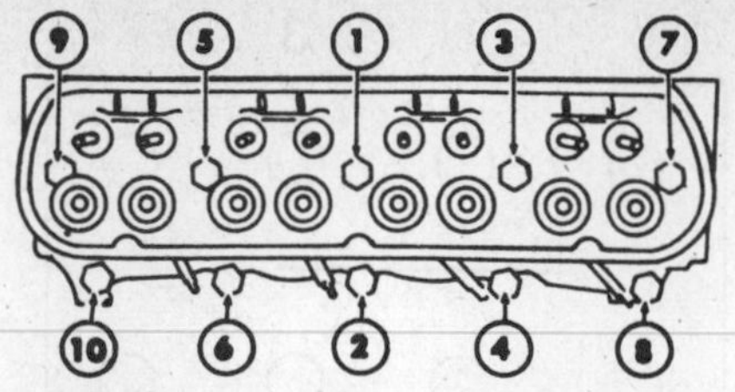

Secuencia de apriete de los tornillos de la culata de los motores V8

11. Aplique Lubriplate® a los extremos de los empujadores y luego móntelos en sus posiciones de origen.

12. Aplique Lubriplate® a los balancines y sus asientos de soporte y monte los balancines. Ajuste las válvulas.

13. Coloque juntas nuevas en las entradas de los silenciosos, si es necesario. Conecte los colectores de escape a la entrada de los tubos silenciosos.

14. Si desmontó la culata derecha, monte el alternador, bobina de encendido y conducto del filtro de aire sobre la culata derecha. Ajuste la correa de mando. Si desmontó la culata izquierda, monte el conjunto del eje del acelerador en la parte superior de la culata.

15. Limpie las superficies de junta de las tapas de balancines y de culatas. Coloque juntas nuevas en las tapas, asegurándose de que las pestañas de las juntas encajan en las ranuras previstas de la tapa. Monte el compresor. Si el sistema ha sido sangrado, podrá efectuar la recarga después de haber finalizado las operaciones de la culata.

16. Monte el colector de admisión y las piezas restantes.

460 (7,5 L) V8

1. Desconecte el cable negativo de la batería. Desmonte el colector de admisión y el carburador juntos.

2. Desconecte el tubo de escape del colector.

3. Afloje la correa de mando del compresor del aire acondicionado, si lo lleva como equipo.

4. Afloje los tornillos de unión del alternador y desmonte el tornillo de unión de la silleta del alternador a la culata derecha.

5. Desconecte el compresor del aire acondicionado del motor y póngalo a un lado.

ATENCIÓN

No desconecte los conductos del compresor si no dispone de las herramientas apropiadas para la descarga del sistema y no está usted familiarizado con el procedimiento.

6. Desmonte los tornillos que aseguran la cartela-soporte del depósito de reserva de la dirección asistida a la culata izquierda. Coloque el depósito y la cartela a un lado.

7. Desmonte las tapas de los balancines de válvulas. Desmonte los tornillos de los balancines, balancines, deflectores de aceite, soportes y empujadores siguiendo un orden de manera que puedan volver a ser montados en sus posiciones originales.

8. Desmonte los tornillos de la culata y levante la culata y el colector de escape fuera del motor. Si es necesario, haga palanca en los ángulos delanteros de la culata contra los salientes de fundición previstos en el bloque de cilindros. No dañe la superficie de contacto de la junta de culata y el bloque por haberse apalancado contra ellos.

9. Desmonte el material de la junta de culata y el bloque. Limpie todo resto de material de la junta de las superficies de contacto del colector. Si desmontó el colector de escape, limpie las superficies de contacto de la culata y el colector. Aplique una capa fina de grasa grafitada a las zonas de los orificios de escape de la culata y monte el colector de escape.

10. Coloque dos tornillos de culata largos en los dos orificios de tornillos de la parte inferior trasera de la culata izquierda. Ponga un tornillo de culata largo en el orificio posterior de debajo de la culata derecha. Utilice bandas de goma para mantener los tornillos en posición hasta que las culatas sean montadas en el bloque de cilindros.

11. Coloque juntas de culata nuevas en las clavijas del bloque de cilindros. No aplique sellador a las juntas, culatas o bloque.

12. Ponga las culatas sobre el bloque, guiando las espigas del colector de escape dentro de las conexiones de los tubos de escape. Monte los restantes tornillos de las culatas. Los tornillos largos en la fila inferior de orificios.

13. Apriete todos los tornillos de unión de las culatas en la secuencia apropiada y en tres pasos: 75 libras-pie, 105 libras-pie, y finalmente a 135 libras-pie. Cuando se utiliza este procedimiento, no es necesario volver a apretar las culatas después de un prolongado funcionamiento del motor.

14. Asegúrese de que los orificios del aceite en los empujadores están abiertos y que los empujadores han sido montados en sus posiciones originales. Ponga unas pinceladas de Lubriplate® a los extremos de las varillas empujadoras antes de montarlas.

15. Lubrique y monte los balancines de válvulas. Cerciórese de que las varillas empujadoras siguen apoyadas en sus taqués.

16. Conecte los tubos de escape a los colectores.

17. Monte el conjunto del colector de admisión y carburador. Apriete los tornillos de unión del colector en la secuencia apropiada a 25-30 libras-pie.

18. Monte el compresor del aire acondicionado en el motor.

19. Monte el depósito de reserva del servo de la dirección en el motor.

20. Aplique un sellador resistente al aceite a una cara de las juntas nuevas de culata y ponga el lado cementado en posición sobre las tapas de válvulas. Monte las tapas.

21. Monte el alternador en la culata derecha y ajuste la tensión de la correa de mando.

22. Ajuste la tensión de la correa de mando del compresor del aire acondicionado.

23. Llene el radiador con refrigerante.

24. Ponga el motor en marcha y compruebe si hay fugas.

420 (6.9 L) V8 diesel

1. Desconecte los cables de masa de ambas baterías. Drene el sistema de refrigeración.

2. Desmonte las dos medias protecciones del radiador. Desmonte el conjunto de ventilador y embrague utilizando la herramienta especial de Ford

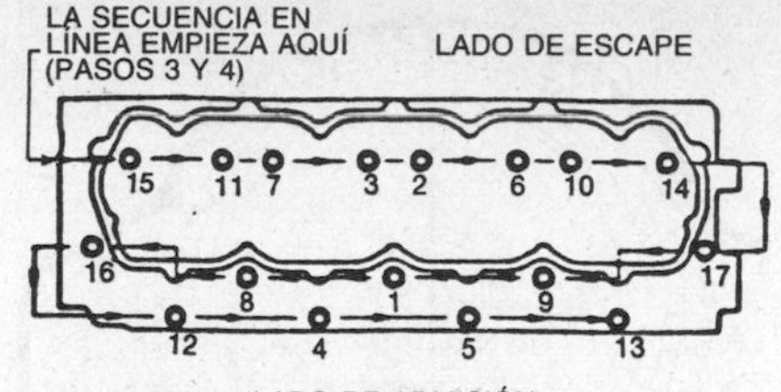

Secuencia de apriete de los tornillos de la culata de los motores diesel 420 (6.9 L). Apriételos en 4 pasos:

1. **Apriete los tornillos a 40 libras-pie en la secuencia numerada.**
2. **Apriete los tornillos a 65 libras-pie en la secuencia numerada.**
3. **Apriete los tornillos a 75 libras-pie en la secuencia en línea.**
4. **Repita el paso 3.**

T83T-6312-A y B o la equivalente. La tuerca de unión tiene el roscado a la izquierda, por lo que se desmonta girándola en el sentido de las agujas del reloj.

3. Desconecte los cableados del alternador y del calefactor de combustible desde el alternador. Desmonte el alternador. Desmonte la bomba de vacío.

4. Desmonte el filtro de aceite, tapone todas las conducciones y tomas para evitar que la suciedad entre en el sistema. Desmonte los soportes de montaje del alternador, bomba de vacío y filtro de combustible, dejando este último acoplado.

5. Desmonte el manguito del calefactor de la culata. Desmonte la bomba de inyección, y tapone todas las canalizaciones y tomas.

6. Desmonte el colector de admisión y la tapa del depresor.

7. Eleve y deje apoyada con seguridad la parte delantera del vehículo sobre unos caballetes.

8. Desconecte los tubos de escape de los colectores.

9. Desmonte la abrazadera que mantiene en posición el tubo de control del nivel de aceite en el lado derecho de la culata. Desmonte el tornillo que asegura el tubo de control del nivel de aceite de la transmisión situado en la parte trasera de la culata.

10. Baje el vehículo. Desmonte el tubo de control del nivel de aceite del motor en el lado derecho.

11. Desmonte las tapas de válvulas, balancines y empujadores. Identifique todas las piezas y manténgalas ordenadas para volver a montarlas en su posición original.

12. Desmonte los inyectores y las bujías de incandescencia.

13. Desmonte los tornillos de unión de la culata. Desmonte las culatas del motor.

ATENCIÓN

Las precamáras pueden caerse al suelo desde la culata cuando se desmonta ésta. Tome medidas de precaución para evitar daños a las mismas.

14. Las precámaras pueden ser desmontadas utilizando un botador de latón y un martillo adecuados.

15. Limpie todas las superficies de montaje de la junta. Limpie e inspeccione las precámaras y lumbreras detectando posibles grietas. Aplique una ligera capa de grasa para servicios extrapesados en el borde de montaje de las precámaras y móntelas en la culata. Golpéelas ligeramente con un martillo de plástico, si es necesario.

16. Monte la culata siguiendo el orden inverso al del desmontaje. Ponga cuidado evitando que las precámaras se caigan dentro del cuerpo de los cilindros al montar las culatas. Apriete los tornillos de montaje siguiendo la secuencia. Paso 1: 40 libras-pie; paso 2: 65 libras-pie; paso 3: 75 libras-pie; paso 4: repetir el paso 3.

17. Si es necesario, purgue de aire las conducciones de alta presión del combustible aflojando el rácor de conexión de 1/2 a 1 vuelta. Gire el motor hasta que fluya la abertura de purga una masa compacta de combustible libre de burbujas de aire.

Tapa de distribución de válvulas y correa

DESMONTAJE Y MONTAJE

122 (2,0 L) y 140 (2.3 L)

El montaje y ajuste correcto de la correa de mando del árbol de levas es imprescindible si quiere que el motor marche muy bien. El árbol de levas controla la apertura de las válvulas del motor a través de la coordinación del movimiento del árbol de levas y del cigüeñal. Cuando el pistón determinado está en su carrera de admisión, la válvula de admisión correspondiente debe abrirse para admitir la mezcla aire-combustible dentro del cilindro. Cuando el mismo pistón está en las carreras de compresión y trabajo, ambas válvulas deben estar cerradas en ese cilindro. Cuando el pistón está en su carrera de escape, la válvula de escape debe estar abierta. Si la apertura y cierre de las válvulas no está coordinada con el movimiento de los pistones, el motor marchará muy mal, si es que marcha.

EL INDICADOR DE DISTRIBUCIÓN DEBERÁ ALINEARSE CON LA MARCA DEL PMS DE LA POLEA

TAPÓN DE ACCESO

EL ROTOR DE LA DISTRIBUCIÓN DEBE ALINEARSE CON LA POSICIÓN DE ENCENDIDO Nº 1

EL INDICADOR DE DISTRIBUCIÓN DEBE INDICARSE CON LA MARCA DE LA DISTRIBUCIÓN EN EL PIÑÓN

Alineación de las marcas de distribución en los motores 122 (2,0 L) y 140 (2.3 L)

La correa de mando del árbol de levas también hace girar el árbol auxiliar del motor. El distribuidor está mandado por el árbol auxiliar. Puesto que el distribuidor controla el tiempo de encendido, el árbol auxiliar debe estar también coordinado con el árbol de levas y el cigüeñal, porque las dos válvulas de cualquier cilindro dado deben estar cerradas y el pistón en este cilindro cerca del punto superior de la carrera de compresión cuando salte la chispa de la bujía.

Debido a esta compleja interrelación entre el árbol de levas, el cigüeñal y el árbol auxiliar, las poleas dentadas de cada uno de dichos árboles deben estar alineadas cuando se monte la correa de mando dentada sobre ambos árboles. Aunque sólo se saltara la correa de distribución uno o dos dientes, el motor podría todavía marchar; pero muy mal. Para comprobar visualmente la puesta a punto correcta de la distribución del cigüeñal, árbol auxiliar y árbol de levas hay previsto un tapón de acceso en la tapa de la correa de mando de la distribución que permite controlar la distribución del árbol de levas sin desmontar la tapa de la correa de mando.

1. Desmonte el tapón de acceso.

2. Gire el cigüeñal hasta que las marcas de distribución del mismo señalen el PMS.

3. Asegúrese de que la marca de distribución que hay en la rueda dentada de mando del árbol de levas está alineada con el indicador que hay en el interior de la tapa de la correa. Además, el rotor del distribuidor debe alinearse con la posición de encendido del cilindro nº 1.

ATENCIÓN

Nunca debe girar el cigüeñal de cualquier tipo de motor con árboles de levas sobre las culatas en sentido opuesto al de rotación normal. La rotación hacia atrás del cigüeñal puede causar el deslizamiento de la correa de distribución sobre los dientes de la polea dentada y alterar el tiempo de la distribución.

4. Para sustituir la correa de la distribución, ponga el motor en el PMS del pistón nº 1 en la carrera de compresión. Las marcas del cigüeñal y del árbol de levas se alinearán con sus respectivos indicadores y el rotor del distribuidor apuntará a la torre de la bujía nº 1.

5. Afloje los tornillos de ajuste del alternador y accesorios, y desmonte las correas de mando. Al objeto de conseguir espacio para el desmontaje de la correa del árbol de levas, desmonte el ventilador y su polea.

6. Desmonte la tapa exterior de la correa.

7. Desmonte la tapa del distribuidor del cuerpo del distribuidor y colóquela a un lado.

8. Afloje los tornillos del ajustador de tensión de la correa y el pivote. Apalanque el tensor apartándolo de la correa y volviendo a apretar el tornillo de ajuste para que se mantenga en esa posición alejada.

9. Desmonte el tornillo y la polea del cigüeñal. Desmonte la guía de la correa de detrás de la polea.

10. Desmonte la correa de mando del árbol de levas.

11. Monte la correa nueva primeramente sobre la polea del cigüeñal y luego en sentido contrario a las agujas del reloj sobre las poleas dentadas del árbol auxiliar y del de levas. Ajuste la correa moviéndola adelante y atrás de modo que quede centrada sobre las poleas dentadas.

12. Afloje el tornillo de ajuste del tensor, permitiendo al muelle que lo empuje hacia atrás contra la correa.

13. Desmonte las bujías y gire el cigüeñal dos vueltas completas en el sentido normal de giro para

eliminar cualquier irregularidad en la tensión de la correa, con zonas flojas o tensas. Gire el cigüeñal hasta que las marcas de control de la distribución estén alineadas arriba. Si la distribución se ha deslizado, desmonte la correa y repita el proceso.

14. Apriete el tornillo de ajuste del tensor a 14-21 libras-pie, y el del pivote a 28-40 libras-pie.

15. Vuelva a montar en su sitio la guía de la correa y la polea del cigüeñal, tapa del distribuidor, tapa exterior de la correa, ventilador y polea, correas de mando y accesorios. Ajuste el accesorio de la tensión de la correa de mando. Ponga el motor en marcha y controle la distribución del encendido.

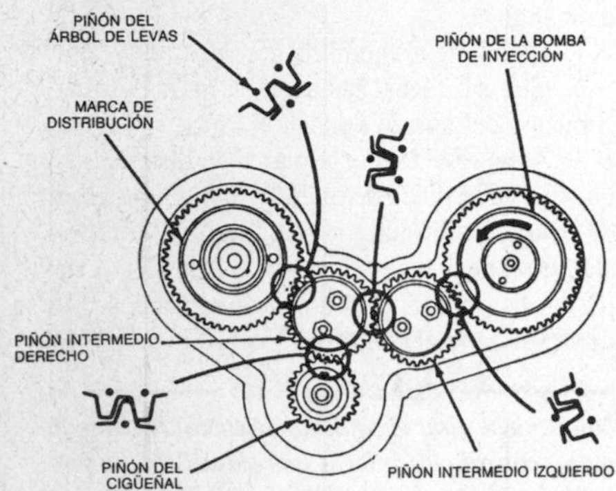

Alineación de las marcas de distribución del motor diesel 134 (2.2 L)

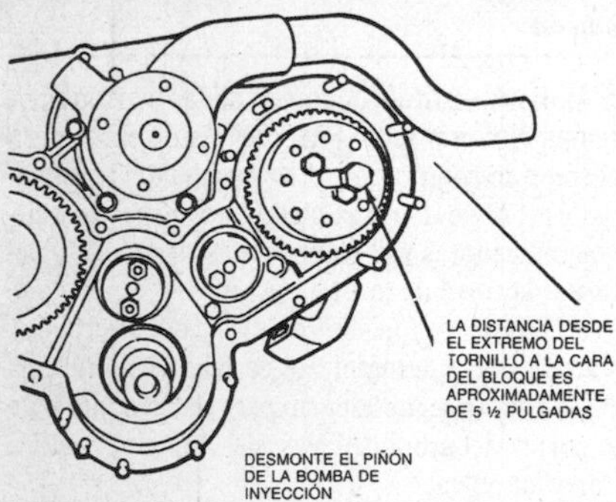

Desmontaje de la bomba de inyección diesel del motor 134 (2.2 L)

Cierre/tapa de la distribución y piñones/cadena de distribución

DESMONTAJE Y MONTAJE

134 (2.2 L) diesel

1. Lleve el pistón nº 1 del motor al PMS de la carrera de compresión.

2. Desconecte los cables de masa de ambas baterías. Drene el sistema de refrigeración.

3. Desmonte la protección del ventilador del radiador y el ventilador. Drene el aceite del motor del cárter del cigüeñal.

4. Afloje la polea intermedia y desmonte la correa de mando del compresor del aire acondicionado. Desmonte la correa del servo de la dirección. Desmonte la bomba de dicho servo y la silleta de montaje colocándolas a un lado con los manguitos conectados.

5. Afloje y desmonte las correas del alternador y de la bomba de vacío.

6. Desmonte la bomba de agua. Desmonte la polea del cigüeñal utilizando un extractor adecuado.

7. Desmonte las tuercas y tornillos que retienen la tapa de la caja de distribución al bloque motor.

8. Desmonte el cárter de aceite del motor.

9. Verifique que todas las marcas de distribución están alineadas. Gire el motor, si es necesario, para alinear las marcas.

10. Desmonte el tornillo de sujeción del piñón del árbol de levas y desmonte la arandela y el engranaje de fricción.

11. Desmonte el tornillo de sujeción del piñón de la bomba de inyección y desmonte la arandela y el engranaje de fricción.

12. Monte la herramienta Ford T83-T-6306-A o su equivalente sobre el piñón de mando del árbol de levas y desmonte el piñón. Acople el extractor al piñón de mando de la bomba de inyección y desmóntelo.

13. Desmonte las tuercas de unión de los piñones intermedios después de marcar puntos de referencia para su posterior montaje. Desmonte el conjunto de piñones intermedios.

14. Desmonte las tuercas de unión de la bomba de inyección a la caja del piñón de distribución. Sostenga la bomba de inyección en su sitio.

15. Desmonte los tornillos que unen la caja del piñón de distribución al bloque del motor y desmonte la caja, si es necesario.

16. Limpie todas las superficies de montaje de las juntas. Limpie todas las piezas y sustitúyalas, si es necesario.

17. Desmonte el retén de aceite viejo de la tapa delantera y sustitúyalo.

18. Coloque la caja-tapa del piñón de distribución con una junta nueva y móntela.

19. Monte los piñones de la distribución como sigue: verifique que las marcas de distribución del cigüeñal y de la polea intermedia derecha se alinean y monte el conjunto del piñón intermedio derecho. Monte el piñón del árbol de levas de modo que las marcas de distribución se alineen con la marca de distribución que hay en el piñón intermedio derecho. Monte el conjunto del piñón intermedio izquierdo de modo que las marcas de distribución se alineen con la marca de distribución que hay en el piñón intermedio derecho. Monte el piñón de la bomba de inyección de manera que las marcas de distribución se alineen con la marca de distribución que hay en el piñón intermedio izquierdo. Monte todos los piñones de fricción, arandelas, tuercas y tornillos en los piñones.

20. Monte las tapas-cajas de distribución utilizando una junta nueva de montaje.

21. Monte los restantes componentes en el orden inverso al empleado en desmontarlos.

173 (2.8 L) V6

TAPA DELANTERA

1. Desconecte el cable negativo de la batería. Desmonte el cárter de aceite.

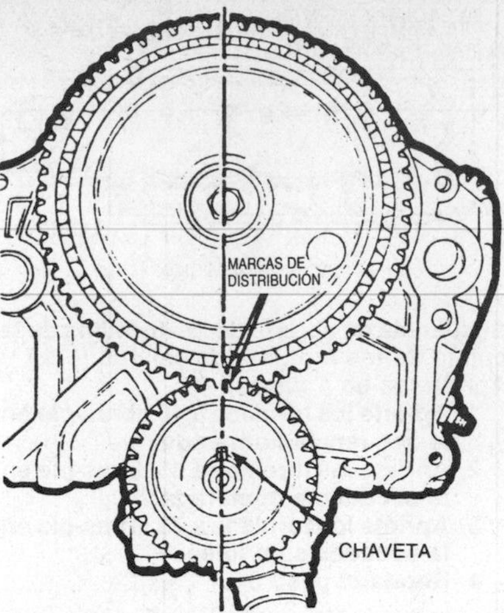

Alineación de las marcas de distribución del motor 173 (2,3 L) V6

2. Drene el refrigerante. Desmonte el radiador y cualquier otra pieza para conseguir el espacio necesario.

3. Si está equipado con aire acondicionado, desatornille el compresor y soporte y apártelo a un lado; no desconecte las conducciones del acondicionador de aire.

4. Desmonte el alternador, thermactor, y la(s) correa(s) de mando.

5. Desmonte el ventilador.

6. Desmonte la polea de mando del cigüeñal.

7. Desmonte los tornillos de retención de la tapa delantera. Si es necesario, golpee la tapa ligeramente con una maza de plástico para despegar la junta del cierre. Desmonte la tapa delantera. Si la junta de la plancha de la tapa delantera necesita ser sustituida, desmonte dos tornillos y retire la plancha. Si es necesario, desmonte las camisas-guía del bloque de cilindros.

8. Limpie las superficies de contacto de todo material de junta. Aplique compuesto sellador a las superficies de junta en el bloque de cilindros y en la parte posterior de la plancha de la tapa delantera. Posicione la junta y la plancha de la tapa delantera sobre el bloque. Provisionalmente, monte cuatro tornillos de la tapa delantera para sujetar la junta y la plancha de la tapa en su sitio. Monte y apriete dos tornillos de unión de la plancha de la tapa, y entonces retire los cuatro tornillos que montó provisionalmente.

9. Si se desmontaron, en su momento, aplique nuevos retenes de junta tórica a las camisas-guía y, sin utilizar sellador alguno, inserte las camisas en el bloque de cilindros con el lado achaflanado de la camisa mirando hacia la tapa delantera.

10. Aplique compuesto sellador a la superficie de la junta de la tapa delantera. Coloque la junta en posición sobre la tapa delantera.

11. Coloque la tapa delantera sobre el motor y rosque un poco todos los tornillos de sujeción, como dos o tres vueltas.

12. Apriete los tornillos de unión de la tapa delantera según las especificaciones.

13. Monte la polea de mando de la correa y apriete los tornillos de unión a los valores especificados.

14. Monte el cárter de aceite.

15. Monte la bomba de agua, manguito, compresor del aire acondicionado, alternador y correa(s) de mando. Ajuste de tensión de la correa a lo especificado.

16. Llene el sistema de refrigeración al nivel adecuado con el refrigerante especificado.

17. Ponga en marcha el motor a velocidad de ralentí rápido y compruebe si hay fugas de refrigerante o aceite.

Si desmontó las camisas-guía, móntelas con retenes de junta tórica nuevos pero no les aplique compuesto sellador.

RETÉN DE LA TAPA DELANTERA

1. Sostenga la tapa delantera para evitar daños mientras se hace salir el retén.

2. Haga salir el retén de la tapa delantera.

3. Sostenga la tapa delantera para evitar daños mientras se monta el retén.

4. Cubra el nuevo retén con una ligera capa de grasa. Móntelo en la tapa delantera.

PIÑONES

1. Drene el sistema de refrigeración y el cárter. Desmonte el cárter de aceite y el radiador.

2. Desmonte la tapa delantera del bloque de cilindros y la bomba de agua, correa de mando y el árbol de levas, siguiendo los procedimientos que se han desarrollado en esta sección.

3. Utilizando un extractor de piñones, desmonte el piñón del cigüeñal. Retire la chaveta del árbol del cigüeñal.

4. Coloque el espaciador y la platina de empuje en el árbol de levas.

5. Monte la chaveta en el árbol de levas. Alinee el chavetero del piñón sobre el árbol asegurándose de que se asienta fuertemente contra el espaciador.

6. Compruebe el juego axial del árbol de levas. Si no se halla dentro de lo especificado, sustituya la platina de empuje.

7. Coloque la chaveta en el árbol del cigüeñal. Alinee el chavetero y monte el piñón.

8. Monte la tapa delantera de los cilindros siguiendo los procedimientos dados en esta sección. Vuelva a colocar el cárter de aceite y el radiador.

9. Llene el sistema de refrigeración y el cárter del cigüeñal.

10. Ponga el motor en marcha y ajuste la distribución del encendido. Haga marchar el motor a la velocidad de ralentí rápido y controle si hay pérdidas por las conexiones de manguitos y juntas de cierre.

300 (4.9 L)

1. Lleve el pistón n.º 1 del motor al PMS (punto muerto superior) de la carrera de compresión. Drene el sistema de refrigeración. Desconecte el cable negativo de la batería.

2. Desmonte el radiador y la protección.

3. Desmonte el tornillo del brazo de ajuste del alternador, afloje la correa de mando y gire el brazo del alternador a un lado. Desmonte el ventilador, correas de mando y poleas

4. Desmonte el tornillo y la arandela del extremo del árbol del cigüeñal y desmonte el damper (volante de absorción de vibraciones) del cigüeñal.

5. Desmonte el cárter delantero del aceite y los tornillos de unión de la tapa delantera.

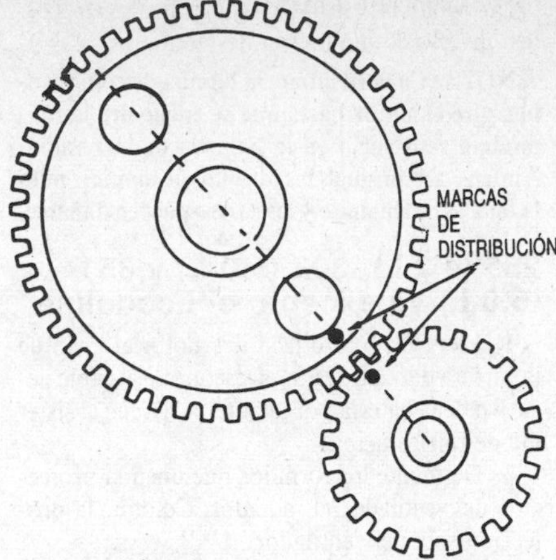

Alineación de las marcas de distribución de las válvulas del motor 6-300

Tenga cuidado de que no se introduzcan materias extrañas en el interior del cárter del cigüeñal cuando efectúa el trabajo de mantenimiento, pues de lo contrario debería cambiarse todo el aceite que contiene el cárter.

6. Desmonte la tapa delantera de cilindros y deseche la junta. Siempre es una buena idea cambiar el retén de aceite del cigüeñal cuando se desmonta la tapa delantera de cilindros.

7. Haga salir el retén de aceite del cigüeñal con un punzón agudo. Limpie el orificio del retén en la tapa.

8. Desmonte los piñones del árbol de levas y del cigüeñal por medio de un extractor adecuado. Monte los piñones nuevos, en primer lugar el del árbol de levas, utilizando la herramienta de Ford T65L-6306-A o equivalente. No golpee con un martillo los piñones. Coloque el piñón del cigüeñal sobre el chavetero y móntelo con la herramienta. Verifique que las marcas de distribución de cada piñón están alineadas. Monte el casquillo de cierre del aceite del árbol del cigüeñal.

9. Cubra con grasa el nuevo retén de aceite del cigüeñal y móntelo en la tapa. Introduzca el retén hasta que quede totalmente asentado en su alojamiento.

10. Corte el retén plano viejo de la bandeja de aceite delantera en la unión de la bandeja al bloque de cilindros y retire todo el material viejo.

11. Limpie todas las superficies de las juntas.

12. Corte y aplique una nueva junta plana de bandeja en la unión del bloque y la bandeja. Use la junta vieja como plantilla.

13. Cubra las superficies de junta del bloque y la tapa con un sellador resistente. Coloque en posición una nueva junta de tapa sobre el bloque de cilindros.

14. Alinee las orejas de posicionado del cierre de la bandeja con los orificios de la misma. Tire de las orejas del cierre hasta que esté totalmente asentado. Aplique un sellador de silicona a la unión del bloque con la bandeja.

15. Ponga el conjunto de la tapa delantera sobre el extremo del árbol del cigüeñal y contra el bloque de cilindros. Apunte el roscado de los tornillos de la tapa y la bandeja. Deslice la herramienta de alineación de la tapa sobre el tetón del árbol del cigüeñal y dentro del alojamiento del cierre de

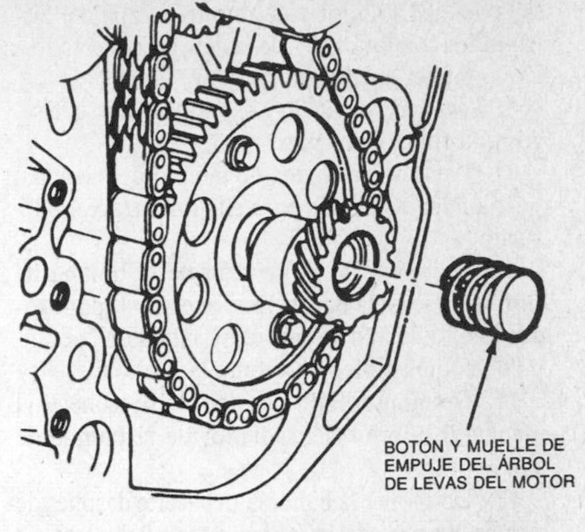

Botón y muelle de empuje del árbol de levas del motor 232 (3.8 L) V6

la tapa. Monte el brazo de ajuste del alternador, y apriete todos los tornillos de unión conforme a las especificaciones.

Apriete primero los tornillos de la bandeja de aceite (comprimiendo el cierre de la bandeja) para lograr la alineación adecuada de la tapa.

16. Lubrique el tetón del árbol del cigüeñal, cubo del damper I.D. y las superficies de fricción de los retenes con Lubriplate®. Alinee el chavetero del damper con la chaveta en el árbol del cigüeñal y monte el damper.

17. Monte las arandelas y los tornillos Allen dentro del damper y apriételos según lo especificado.

18. Monte las poleas, correas de mando, y ventilador. Ajuste las correas a la tensión correcta.

19. Monte el radiador y su protección. Conecte todos los manguitos del sistema de refrigeración.

20. Llene y sangre el sistema de refrigeración. Si no han entrado materias extrañas en el cárter durante el mantenimiento, no es necesario cambiar el aceite.

21. Ponga en marcha el motor al ralentí rápido y compruebe si hay pérdidas de refrigerante o aceite.

232 (3.8 L) V6

1. Lleve el pistón n.º 1 del motor al PMS (punto muerto superior) de la carrera de compresión. Drene el sistema de refrigeración. Desconecte el cable negativo de la batería.

2. Desmonte el filtro del aire y el conducto juntos.

3. Desmonte los tornillos de unión de la protección del ventilador, coloque la protección detrás y desmonte el ventilador y embrague juntos.

4. Desmonte todas las correas de mando. Si está equipado con dirección asistida, desmonte la bomba y las cartelas-soporte conjuntamente. Colóquelas a un lado con los manguitos acoplados.

5. Desmonte la cartela-soporte delantera del compresor del aire acondicionado. Deje el compresor en su sitio.

6. Desconecte el manguito bypass del refrigerante en la bomba del agua. Desconecte el manguito del calefactor en la bomba de agua. Desconecte el manguito superior del radiador del alojamiento del termostato.

7. Desconecte el conducto de la bobina de la

tapa del distribuidor y desmonte la tapa del distribuidor con los cables de las bujías conectados. Desmonte el distribuidor.

8. Levante el vehículo y déjelo apoyado con seguridad sobre caballetes.

9. Desmonte la correa de mando del cigüeñal y el damper utilizando para ello un extractor adecuado.

10. Desmonte la protección de la bomba de combustible (si la lleva). Desconecte y tapone todos los conductos de entrada y salida de la bomba de combustible. Desmonte la bomba.

11. Desmonte el filtro de aceite y desconecte el manguito inferior del radiador de la bomba de agua.

12. Desmonte la bandeja del aceite después de drenar el aceite del motor. La tapa delantera no puede desmontarse sin haber desmontado antes la bandeja del aceite.

13. Baje el vehículo. Desmonte los tornillos de unión de la tapa delantera (no hace falta desmontar la bomba de agua).

ATENCIÓN

Uno de los tornillos de fijación de la tapa delantera se localiza detrás del adaptador de montaje de filtro de aceite, y por ello debe asegurarse de que ha sido desmontado antes de intentar retirar la tapa.

14. Desmonte el indicador de distribución y desmonte la tapa delantera y la bomba de agua juntas.

15. Desmonte el botón empujador del árbol de levas con su muelle del extremo del árbol de levas.

16. Desmonte los tornillos de retención del piñón del árbol de levas.

17. Desmonte el piñón de árbol de levas, piñón del cigüeñal y cadena de distribución. Si se hace difícil la extracción del piñón del cigüeñal haga palanca de manera igualada sobre los lados del piñón con dos palancas pequeñas.

18. Limpie las superficies de montaje de la junta en la tapa, bloque motor y montajes de la bomba de combustible. Monte un retén de aceite del cigüeñal nuevo en la tapa delantera.

19. Verifique que el pistón n.º 1 se halla en el PMS de su carrera de compresión. El chavetero que hay en el cigüeñal debe estar en las 12 en punto del reloj.

20. Lubrique la cadena de distribución con aceite de motor. Monte los dos piñones junto con la cadena.

21. Cerciórese de que las marcas de distribución en los piñones están situadas una frente a la otra. Monte los tornillos de retención del árbol de levas.

22. Monte el botón de empuje y el muelle del árbol de levas. Lubrique el botón de empuje con grasa de polietileno antes de montarlo. El botón de empuje y el muelle deben ser introducidos a fondo en el asiento del árbol de levas sin dejar que se caigan fuera durante el montaje de la tapa.

23. Aplique sellador a las superficies de montaje de la junta, monte una junta nueva en la tapa delantera y coloque la tapa utilizando para la alineación las dos clavijas. Ponga el indicador de la distribución en su sitio.

24. Aplique sellador de tubos a los tornillos de montaje de la tapa antes de colocarlos. Monte los tornillos y apriételos.

25. Monte el resto de los componentes en el orden inverso al que fueron desmontados.

NOTA: Cuando monte la bomba de combustible, gire el motor hasta que se encuentre la más mínima resistencia en la palanca de la bomba. Apriete, por un igual, los tornillos de montaje pues la tapa es de aluminio y las roscas pueden dañarse.

255 (4.2 L), 302 (5.0 L) y 351 (5.8 L) V8 excepto el Econoline

1. Lleve el cilindro n.º 1 del motor al PMS de la carrera de compresión. Desconecte el cable negativo de la batería por la batería. Drene el sistema de refrigeración.

2. Desmonte los tornillos que unen la protección del ventilador al radiador. Coloque la protección sobre el ventilador.

3. Desconecte el manguito inferior del radiador, manguito del calefactor y manguito del bypass en la bomba de agua. Desmonte las correas de mando, ventilador, espaciador del ventilador y polea.

4. Desmonte la protección del ventilador.

5. Afloque el tornillo-pivote del alternador y el tornillo de unión del brazo de ajuste del alternador a la bomba de agua.

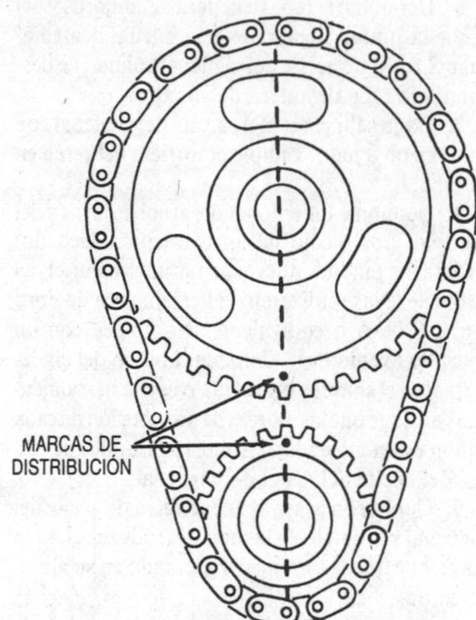

Alineación de las marcas de distribución de válvulas de los motores V6 y V8

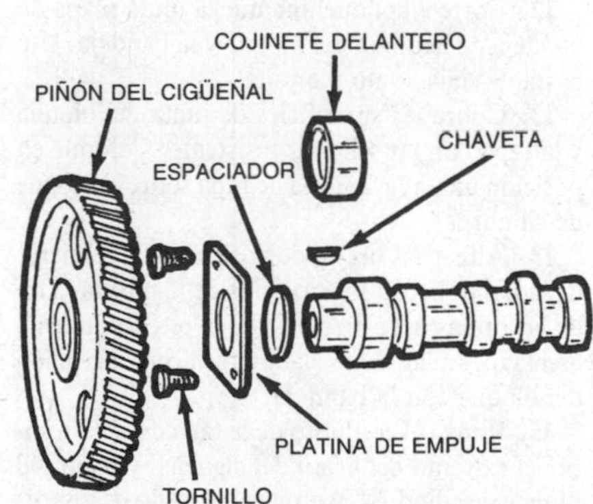

Extremo delantero del árbol de levas y relación de componentes

6. Desmonte la polea del cigüeñal del damper de vibración. Desmonte el tornillo y la arandela de unión del damper. Monte una polea sobre el damper y desmóntelo.

7. Desconecte la conducción de salida de la bomba de suministro desde la bomba. Desmonte la bomba y retírela a un lado con las conducciones flexibles de combustible conectadas.

8. Desmonte el tubo de control del nivel de aceite y el tornillo que sujeta el mismo al colector de escape.

9. Desmonte los tornillos que unen la bandeja de aceite a la tapa delantera. Use un cuchillo de hoja fina para cortar la junta plana de la bandeja con la cara del bloque de cilindros antes de separar la tapa del bloque. Desmonte la tapa delantera de cilindros junto con la bomba de agua.

10. Descarte la junta de la tapa delantera de cilindros. Desmonte el casquillo del cierre del aceite de la parte delantera del cigüeñal.

11. Compruebe la deflexión de la cadena de distribución. El método de comprobación se describe al final de esta sección. Si la deflexión supera lo especificado, sustituya la cadena y los piñones tal como sigue: gire el motor hasta que las marcas de la distribución que hay en los piñones estén correctamente alineadas. Desmonte el tornillo Allen del piñón del árbol de levas, arandelas y excéntrica de mando de la bomba de suministro. Deslice los piñones y la cadena de distribución hacia adelante y desmonte cadena y piñones juntos. Ponga los piñones y la cadena de distribución sobre el árbol de levas. Asegúrese de que las marcas de la distribución se hallan alineadas como debe ser. Monte la bomba de suministro, excéntrica, arandelas y tornillo Allen del piñón del árbol de levas. Apriete el tornillo Allen según lo especificado.

12. Monte el cierre metálico del aceite de la parte delantera del cigüeñal.

13. Limpie las superficies de la tapa delantera de cilindros, bandeja del aceite y junta del bloque. Limpie la superficie de la junta de la bandeja del aceite en la zona en que dicha bandeja y la tapa delantera se cierran.

14. Monte un nuevo retén de aceite delantero del cigüeñal.

15. Lubrique la cadena de distribución y la excéntrica de la bomba de suministro con un aceite pesado de motor.

16. Cubra con sellador la superficie de junta de la bandeja de aceite, corte después y coloque los trozos necesarios de junta nueva en la bandeja de aceite y aplique sellador en las esquinas. Monte el cierre de la bandeja como está requerido. Cubra las superficies de junta del bloque y la tapa con sellador, y coloque una junta nueva en el bloque.

17. Coloque la tapa delantera de cilindros sobre el bloque. Ponga atención cuando monte la tapa para evitar daños al cierre o desplazamientos de la junta.

18. Monte la tapa delantera de cilindros sobre el utillaje de alineación del cierre.

19. Puede ser preciso forzar la tapa hacia abajo para comprimir levemente la junta de la bandeja. Esta operación se hace más fácilmente aplicando una herramienta adecuada en los orificios de unión de la tapa delantera.

20. Unte las roscas de los tornillos de unión con

un sellador resistente al aceite y monte los tornillos. Mientras los introduce sobre el utillaje de alineación, apriete los tornillos que unen la tapa a la bandeja de aceite según lo especificado. Apriete los tornillos de unión de la tapa al bloque conforme a lo especificado. Retire el utillaje de alineación.

21. Aplique Lubriplate®, o su equivalente, a la superficie de fricción del retén de aceite del cubo interior del damper de vibraciones en prevención de daños al retén. Aplique una mezcla de albayalde y aceite a la parte delantera del árbol del cigüeñal para el montaje del damper.

22. Alinee el chavetero del damper del cigüeñal con la chaveta montada sobre el cigüeñal. Monte el damper en el cigüeñal. Monte el tornillo Allen y la arandela y apriételo según lo especificado. Monte la polea del cigüeñal.

23. Lubrique la palanca de la bomba de combustible de la bomba con aceite pesado de motor y monte la bomba aplicando una junta nueva. Conecte el tubo de salida de la bomba.

24. Monte el tornillo pivote del alternador y el tornillo de unión del brazo de ajuste del alternador a la bomba de agua.

25. Coloque la protección del ventilador sobre la bomba de agua. Monte la polea, el espaciador y el ventilador. Monte las correas de mando y ajústelas a la tensión especificada. Conecte los manguitos del radiador, calefactor y bypass. Coloque la protección del ventilador sobre el radiador y monte los tornillos de unión.

26. Llene y sangre el sistema refrigerante.

27. Ponga el motor en marcha al ralentí rápido y compruebe si existen fugas de aceite o refrigerante. Verifique el nivel del refrigerante. Compruebe y, en su caso, ajuste la distribución del encendido.

28. Monte conjuntamente el filtro del aire y el conducto de admisión incluyendo el manguito de respiración del cárter del cigüeñal.

302 (5.0 L) y 351W (5.8 L) V8 Econoline

1. Lleve el cilindro nº 1 del motor al PMS (punto muerto superior) de la carrera de compresión. Desconecte el cable negativo de la batería por la batería. Drene el radiador.

2. Desmonte la polea intermedia del aire acondicionado soporte y correa de mando, si va equipado con él.

3. Desmonte el manguito superior del radiador. Desmonte el ventilador y la protección. Levante el vehículo y déjelo apoyado con seguridad sobre unos caballetes.

4. Afloje las correas de mando del thermactor y del alternador.

5. Desconecte el manguito inferior del radiador de la bomba de agua. Desconecte la conducción de combustible de la bomba y desmonte la bomba. Descienda el vehículo.

6. Desmonte el manguito del bypass. Desmonte la correa de mando del servo de la dirección, si lo lleva. Desmonte la polea de la bomba de agua y desconecte el manguito del calefactor de la bomba de agua.

7. Desmonte la cartela-soporte superior del compresor del aire acondicionado y el montaje de la bomba del servo de la dirección.

8. Desmonte la polea del cigüeñal. Desmonte los tornillos que unen la tapa delantera a la bandeja de aceite. Desmonte la tapa delantera.

9. Compruebe la deflexión de la cadena de distribución, tal como se describe al final de esta sección. Si dicha deflexión excede de lo especificado, reemplace la cadena y los piñones como sigue: gire el motor hasta que las marcas de la distribución en los piñones estén alineadas correctamente. Desmonte el tornillo Allen del piñón del árbol de levas, arandelas y excéntrica de la bomba de combustible. Deslice los dos piñones junto con la cadena de distribución hacia adelante y desmonte la cadena junto con los piñones. Coloque los piñones y la cadena sobre el árbol de levas. Asegúrese de que las marcas de la distribución siguen bien alineadas. Monte la bomba de combustible, excéntrica, arandelas y tornillo del piñón del árbol de levas. Apriete el tornillo Allen según lo especificado.

10. Limpie la tapa delantera, bomba de combustible y damper. Lubrique el retén delantero del cigüeñal. Limpie la superficie de junta en la bandeja y ajuste la junta. Limpie la junta de la tapa delantera en el bloque.

11. Sustituya el retén de aceite en la tapa delantera. Coloque la junta sobre dicha tapa. Aplique el sellador de silicona a la bandeja en la unión con el bloque de cilindros. Corte la junta de la bandeja y colóquela sobre la bandeja y la tapa delantera.

12. Monte la tapa delantera, la bomba de combustible y la polea del cigüeñal.

13. Monte la bomba del servo de la dirección y el manguito del bypass de la bomba del agua. Conecte el manguito del calefactor a la bomba del agua.

14. Monte la cartela superior del soporte del compresor del aire acondicionado, la polea de la bomba del agua y la correa de mando de la dirección asistida.

15. Monte la correa del alternador, la del thermactor y el conjunto ventilador/protección.

16. Ajuste la tensión de la correa de mando de la bomba del servo de la dirección según lo especificado.

17. Monte la polea intermedia de la polea de mando del aire acondicionado y la cartela. Monte la correa de mando del aire acondicionado y apriétela según lo especificado.

18. Monte el manguito superior del radiador.

19. Eleve el vehículo y apóyelo con seguridad sobre caballetes. Monte la bomba de combustible con una junta nueva y conecte la conducción de combustible.

20. Monte el manguito inferior del radiador. Ajuste las correas del alternador y de la bomba de inyección de aire a las tensiones especificadas.

21. Drene el cárter del aceite del cigüeñal y sustituya el filtro de aceite. Baje el vehículo.

22. Llene el cárter del cigüeñal y el sistema de refrigeración. Controle y ajuste la distribución del encendido.

23. Ponga en marcha el motor y manténgalo en ralentí rápido, comprobando si existen fugas de aceite o refrigerante.

351M (5.8 L) y 400 (6.6 L) V8

1. Lleve el cilindro nº 1 del motor al PMS (punto muerto superior) de la carrera de compresión. Drene el sistema de refrigeración y desconecte la batería.

2. Desmonte los tornillos de unión de la protección del ventilador y desplace la protección hacia atrás.

3. Desmonte el ventilador y el espaciador del eje de la bomba del agua.

4. Desmonte la polea intermedia inferior de la correa de mando del compresor del aire acondicionado y el montaje del compresor a la cartela de la bomba del agua.

5. Afloje el alternador y la bomba del servo de la dirección y desmonte las correas de mando.

6. Desmonte la polea de la bomba del agua.

7. Desmonte las cartelas del alternador y de la bomba del servo de la dirección de la bomba del agua y colóquelas a un lado.

8. Desconecte el manguito inferior del radiador y el del calefactor de la bomba del agua.

9. Desmonte la polea del cigüeñal de encima del damper del cigüeñal. Desmonte el tornillo de unión del damper de vibración. Coloque un extractor sobre el damper y desmóntelo.

10. Desmonte el indicador de la distribución.

11. Desmonte los tornillos que unen la tapa delantera al bloque de cilindro. Desmonte juntos la tapa delantera y la bomba del agua.

12. Desconecte la conducción de salida de la bomba de combustible de la bomba. Desmonte los tornillos de unión de la bomba de combustible y deje la bomba a un lado sin desconectar la conducción flexible.

13. Deseche la junta de la tapa delantera de cilindros y el retén de la bandeja de aceite.

14. Compruebe la deflexión de la cadena de la distribución, tal como se describe al final de esta sección.

15. Si la deflexión de la cadena excede de lo especificado, proceda como sigue: gire el motor hasta que las marcas de la distribución que hay en los piñones queden alineadas. Desmonte el tornillo Allen del piñón del árbol de levas, arandela y excéntrica de dos piezas de la bomba de combustible. Deslice los dos piñones y la cadena de la distribución sacándolos hacia adelante y desmontándolos como un conjunto. Coloque los piñones y la cadena sobre el árbol de levas y el cigüeñal. Cerciórese de que las marcas en los piñones están alineadas correctamente. Monte la excéntrica de dos piezas de la bomba de combustible, arandelas y tornillo del piñón del árbol de levas. Apriete el tornillo del árbol de levas a la tensión especificada. Asegúrese de que la camisa excéntrica exterior de la bomba de combustible gira libremente.

16. Cubra una junta nueva de bomba de combustible con sellador resistente al aceite y coloque la bomba y la junta sobre el bloque de cilindros con el brazo de la bomba descansando sobre la camisa exterior de la excéntrica. Monte el tornillo y la tuerca de unión de la bomba y apriételos según lo especificado. Conecte la conducción de salida de la bomba de combustible.

17. Desmonte el retén delantero del cigüeñal de la tapa delantera. Limpie las superficies de junta de la tapa delantera de cilindros y del bloque motor.

18. Cubra las superficies de junta del bloque y la tapa con sellador y coloque una junta nueva sobre las clavijas de guía del bloque de cilindros.

19. Coloque el conjunto de la tapa delantera y la bomba del agua sobre las clavijas de alineación del bloque de cilindros.

20. Cubra la rosca de los tornillos de unión con un sellador resistente al aceite y monte el indicador de la distribución y los tornillos de unión. Apriete los tornillos según lo especificado.

21. Monte el retén de aceite de la tapa delantera dentro de la tapa delantera de cilindros.

22. Aplique Lubriplate® o su equivalente a la superficie de fricción del retén de aceite del cubo interior del damper para evitar que el retén se dañe. Aplique una mezcla de albayalde y aceite a la parte delantera del árbol del cigüeñal para montar el damper.

23. Alinee el chavetero del damper con la chaveta que va montada en el cigüeñal. Monte el damper sobre el cigüeñal presionándolo con la herramienta adecuada. Monte el tornillo Allen y la arandela, apretándolos a la tensión especificada. Monte la polea del cigüeñal.

24. Conecte el manguito del calefactor y el manguito inferior del radiador a la bomba del agua.

25. Monte el compresor del aire acondicionado a la cartela de la bomba del agua y la polea intermedia inferior.

26. Coloque las cartelas del alternador y de la bomba del servo de la dirección sobre la bomba del agua y monte los tornillos.

27. Coloque la polea de la bomba del agua sobre el eje de la bomba y monte las correas de mando.

28. Ponga la protección del ventilador sobre la polea y monte el ventilador y el espaciador.

29. Coloque la protección del ventilador y monte los tornillos de unión.

30. Ajuste las correas de mando según lo especificado.

31. Eleve el vehículo y desmonte el cárter del aceite y monte junta y retenes nuevos tal como se describe en Montaje y desmontaje del cárter del aceite.

33. Baje el vehículo. Llene el cárter del cigüeñal. Llene y sangre el sistema de refrigeración. Conecte el cable de la batería.

32. Ponga en marcha el motor hasta que alcance la temperatura normal y compruebe si hay fugas de refrigerante o aceite.

460 (7,5 L) V8

1. Lleve el cilindro nº 1 del motor al PMS (punto muerto superior) de la carrera de compresión. Drene el sistema de refrigeración y el cárter del cigüeñal.

2. Desmonte la protección del radiador y el ventilador.

3. Desconecte los manguitos superior e inferior del radiador y las conducciones de refrigeración de transmisión automática del radiador.

4. Desmonte el soporte superior del radiador y el radiador.

5. Afloje los tornillos de unión del alternador y la polea intermedia del compresor del aire acondicionado y desmonte las correas de mando junto con la polea de la bomba del agua. Desmonte los tornillos de unión del soporte del compresor a la bomba del agua y desmonte la cartela, si la lleva como equipo.

6. Desmonte la polea del cigüeñal del damper de vibraciones. Desmonte el tornillo y la arandela de unión del damper y desmonte éste con un extractor. Desmonte la chaveta Woodruff (escalonada) del árbol del cigüeñal.

7. Afloje el manguito del bypass de la bomba del agua y desconecte el tubo de retorno del calefactor de la bomba.

8. Desconecte y tapone las conducciones de entrada y salida de combustible de la bomba y desmonte la bomba.

9. Desmonte los tornillos que unen la tapa delantera al bloque de cilindros. Corte el retén del cárter del aceite con la cara del bloque de cilindros con una cuchilla de hoja delgada antes de efectuar la separación de la tapa del bloque de cilindros. Desmonte juntas la tapa y la bomba del agua. Deseche la junta de la tapa delantera y el retén del cárter de aceite.

10. Si se ha de montar una nueva tapa traslade la bomba del agua de la tapa antigua a la nueva. Limpie todas las superficies de cierre de junta en la tapa y bloque de cilindros.

11. Compruebe la deflexión de la cadena de distribución según se describe al final de esta sección. Si esta deflexión excede de lo tolerado, proceda como sigue: gire el motor hasta que las marcas de la distribución situadas en los piñones de los árboles de levas estén alineadas. Desmonte el tornillo Allen del piñón, la arandela y la excéntrica en dos mitades de la bomba de combustible. Deslice hacia afuera los piñones y la cadena y sáquelos juntos. Coloque los piñones y la cadena sobre el árbol de levas y el del cigüeñal. Asegúrese de que las marcas de la distribución de los piñones siguen alineadas correctamente. Monte la excéntrica partida, arandela y tornillo del piñón del árbol de levas. Apriete este tornillo según lo especificado.

12. Cubra con sellador la superficie de la junta y del cárter de aceite. Corte los trozos necesarios de junta nueva y colóquelos sobre el cárter de aceite. Aplique sellador en las esquinas.

13. Cubra con sellador las superficies de junta del bloque de cilindros y tapa y posicione la junta nueva sobre el bloque.

14. Coloque la tapa delantera sobre el bloque de cilindros. Ponga atención en no dañar el retén y la junta o desplazarlos de su posición correcta.

15. Unte con sellador los tornillos de unión de la tapa delantera y móntelos.

Puede ser necesario forzar la tapa delantera hacia abajo para comprimir el retén del cárter de aceite con el objeto de facilitar el montaje de los tornillos que unen dicha tapa delantera. Utilice un punzón para encarar los orificios de los tornillos de la tapa pasándolos a través de ellos y haciendo palanca hacia abajo.

16. Acople y monte las piezas restantes en el sentido inverso al utilizado en el desmontaje. Apriete los tornillos de la tapa delantera a 15-20 libras-pie, los de unión de la bomba del agua a 12-15 libras-pie, del damper del cigüeñal a 70-90 libras-pie, de la polea del cigüeñal a 35-50 libras-pie, de la bomba de combustible a 19-27 libras-pie, del cárter de aceite a 9-11 libras-pie para los tornillos de 5/16 de pulgada, y a 7-9 libras-pie para los de 1/4 de pulgada y para el tornillo-pivote del alternador a 45-50 libras-pie.

420 (6,9 L) diesel

TAPA DELANTERA Y RETÉN DE ACEITE

1. Desconecte los cables de masa de ambas baterías. Drene el sistema de refrigeración. Desmonte el filtro de aire y coloque una protección en la abertura de admisión.

2. Desmonte las dos medias protecciones del radiador. Desmonte juntos el radiador y su embrague con el útil T83T-6312-A y B. La rosca es a la izquierda. Efectúe el desmontaje girando la tuerca en el sentido de las agujas del reloj.

3. Desmonte la bomba de inyección y el adaptador. Desmonte la bomba del agua. Desmonte la bomba del servo de la dirección con su silleta y póngala a un lado con sus manguitos conectados. Desmonte la silleta de montaje delantera del compresor del aire acondicionado. Desmonte el alternador, si es necesario.

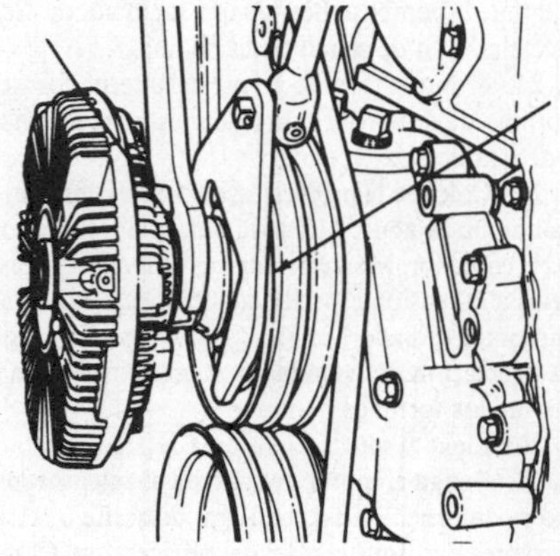

Desmontaje del embrague del ventilador

NOTA: Si el compresor del aire acondicionado estorba, desmóntelo sin desconectar los manguitos y póngalo a un lado.

4. Eleve el vehículo y déjelo apoyado seguro sobre caballetes.

5. Desmonte la polea del cigüeñal y el damper de vibraciones. Desmonte los cables de masa de la parte delantera del motor.

6. Desmonte los cinco tornillos de unión de la tapa delantera al bloque del motor y al cárter de aceite.

7. Baje el vehículo.

8. Desmonte los tornillos que unen la tapa delantera del motor al bloque y desmonte la tapa.

9. Sostenga la tapa delantera del motor, y utilizando una prensa de ejes y un empujador adecuado, extraiga el retén del cigüeñal de la tapa delantera.

10. Retire todo el material de la junta vieja y limpie el bloque del motor, tapa delantera y superficies de cierre del cárter de aceite con un disolvente adecuado secándolo luego minuciosamente.

11. Limpie la superficie de cierre de la bomba de agua.

12. Cubra con grasa de polietileno el retén nuevo del cigüeñal. Monte dicho retén con un cambiador de retenes delanteros de cigüeñal, un espaciador adecuado y una prensa de ejes.

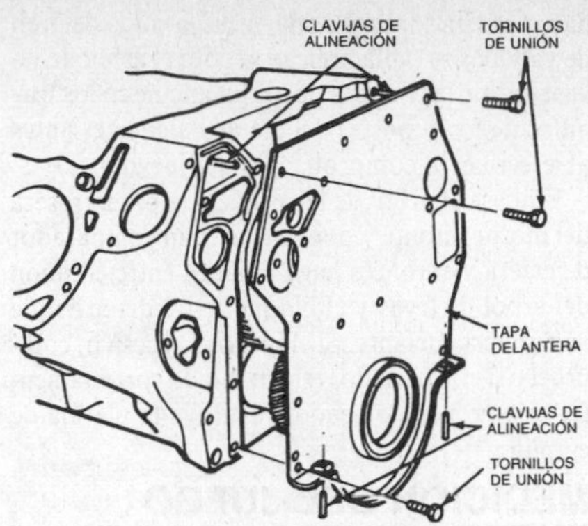

Montaje de la tapa delantera del motor diesel 420 (6,9 L)

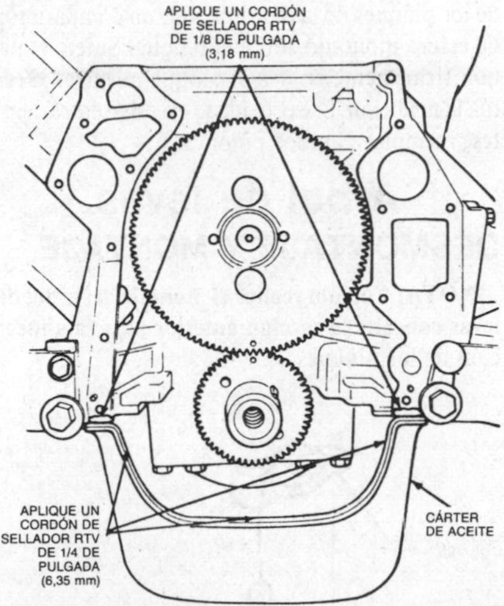

Aplicación del sellador a la tapa delantera del motor diesel 420 (6,9 L)

ATENCIÓN

Soporte la tapa delantera del motor.

13. Introduzca la herramienta hasta el fondo sobre la superficie de la tapa delantera. El retén quedará montado automáticamente a la profundidad adecuada.

14. Monte las clavijas de alineación prefabricadas sobre el bloque motor para centrar la tapa delantera y las juntas. Aplique sellador de juntas en las superficies de cierre del bloque motor. Monte las juntas sobre el bloque.

NOTA: El sellador RTV debe ser aplicado inmediatamente antes de montar la tapa delantera.

15. Aplique un cordón de 1/8 de pulgada de diámetro de sellador RTV en la parte delantera del motor.

16. Aplique un cordón de 1/4 de pulgada de diámetro de sellador RTV a la superficie de montaje del cárter de aceite. Coloque la tapa delantera del motor en posición y monte tres de los tornillos de unión. Desmonte las clavijas de centrado del motor y el cárter y monte y apriete a mano los restantes tornillos de la tapa.

17. Monte las clavijas de alineación prefabricadas en el bloque del motor, si es necesario. Monte la junta de la bomba de agua sobre las clavijas de la tapa delantera del motor. Monte la bomba de agua y apriete a mano los tornillos.

NOTA: Aplique el sellador RTV a los cuatro tornillos. Desmonte las clavijas de alineación y monte los dos tornillos restantes.

ATENCIÓN

Los dos tornillos de la parte superior de la bomba no deben tener la longitud superior a 1 1/4 de pulgada, con el objeto de evitar que lleguen a entrar en contacto con los piñones de mando del motor en el caso de que sobresalieran.

18. Apriete todos los tornillos de la bomba del agua a la tensión especificada. Apriete los tornillos de la tapa delantera del motor según lo especificado. Monte el adaptador de la bomba de inyección y la bomba.

19. Monte la toma del manguito del calefactor en la bomba aplicándole un sellador de tubos. Conecte el manguito del calefactor a la bomba del agua y apriete la abrazadera según lo especificado.

20. Eleve el vehículo y déjelo apoyado sobre caballetes. Lubrique la nariz del retén del damper con aceite limpio de motor y monte el damper de vibración del cigüeñal.

NOTA: Añada sellador al lado del motor de la arandela del tornillo de retención para evitar la posibilidad de fugas de aceite por el chavetero.

21. Monte el tornillo de unión del damper al árbol del cigüeñal y apriételo según lo especificado. Monte la polea del cigüeñal y apriétela a la tensión especificada.

22. Monte los cables de masa de ambas baterías en la parte delantera del motor. Descienda el vehículo.

23. Monte la silleta del brazo de ajuste del alternador y apriétela según normas.

24. Monte la polea de la bomba del agua y apriétela según la norma.

25. Monte la cartela de la bomba del servo de la dirección y apriétela según lo prescrito. Monte la bomba del servo y la correa de mando.

26. Monte la silleta del compresor del acondicionador del aire y apriétela según las especificaciones. Monte la correa del compresor del aire acondicionado.

27. Monte el brazo de ajuste del alternador, el alternador y las correas de mando de la bomba de vacío.

28. Ajuste las correas de mando del alternador, bomba de vacío, bomba del servo de la dirección y del compresor del aire acondicionado.

29. Llene y sangre el sistema de refrigeración.

30. Conecte los cables de masa de ambas baterías.

31. Retire la cubierta de protección del colector de admisión, monte el filtro de aire y apriételo según lo especificado.

32. Ponga en marcha el motor y compruebe si hay pérdidas de refrigerante o aceite.

33. Monte el conjunto del ventilador y embrague. Monte las dos medias protecciones del radiador.

PIÑÓN DE MANDO DEL CIGÜEÑAL

1. Complete el proceso de desmontaje de la tapa delantera.

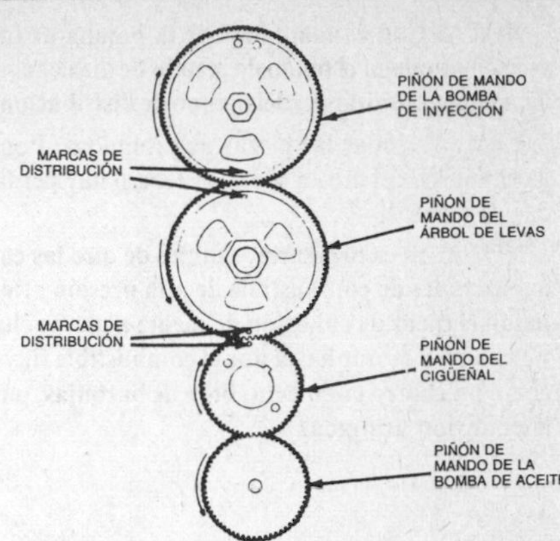

Alineación de las marcas de distribución en el motor diesel 420 (6,9 L)

2. Monte el utillaje de desmontar el piñón de mando del cigüeñal T83T-6316-A, y utilizando una barra atrancadora que evite la rotación del cigüeñal, o bien el utillaje sujetador del volante T74R-6375-A, desmonte el piñón del cigüeñal.

3. Monte el piñón del cigüeñal empleando el útil de alineación T83T-6316-B de la marca de la distribución en el piñón de mando del cigüeñal con la marca correspondiente en dicho piñón.

NOTA: El piñón puede calentarse a 300-350 °F para facilitar el montaje. Caliéntelo en un horno. No lo haga con la llama de un soplete.

4. Complete el proceso de montaje de la tapa delantera.

PIÑÓN DE MANDO DE LA BOMBA DE INYECCIÓN Y ADAPTADOR

1. Desconecte los cables de masa de ambas baterías. Desmonte el filtro de aire y tape la abertura de admisión.

2. Desmonte la bomba de inyección. Desmonte los tornillos de unión de la bomba de inyección al bloque motor y desmonte el adaptador.

3. Desmonte la tapa delantera del motor. Desmonte el piñón de mando.

4. Limpie todas las superficies de cierre y junta de las piezas desmontadas con un disolvente apropiado y séquelo meticulosamente.

5. Monte en su posición el piñón de mando alineando todas las marcas de los piñones de mando.

NOTA: Para determinar si el pistón nº 1 se halla en el PMS de la carrera de compresión, ponga la clavija del piñón de mando de la bomba de inyección en la posición de las cuatro en punto de las saetas del reloj. La línea trazada en el damper de vibración debe estar en el PMS.

ATENCIÓN

Ponga el máximo cuidado en evitar que se mueva de su posición el piñón de mando de la bomba de inyección una vez que esté situado correctamente.

6. Monte la tapa delantera del motor. Aplique un cordón de 1/8 de pulgada de sellador RTV a todo lo largo de la superficie del fondo del adaptador de la bomba de inyección.

NOTA: El sellador RTV deberá aplicarse inmediatamente antes del montaje del adaptador.

7. Monte el adaptador de la bomba de inyección. Aplique el sellador a los hilos de rosca de los tornillos antes del montaje.

NOTA: Con el adaptador de la bomba de inyección montado el piñón de mando de dicha bomba no puede «saltarse» del tiempo de distribución.

8. Monte todas las piezas desmontadas. Ponga en marcha el motor y compruebe si hay pérdidas de fluidos.

NOTA: Si es necesario, purgue de aire las canalizaciones de combustible de alta presión aflojando el rácor de conexión de media a una vuelta y girando el motor hasta que el combustible fluya como un chorro compacto, libre de burbujas, por la conexión aflojada.

PIÑÓN DE MANDO DEL ÁRBOL DE LEVAS, LEVA DE LA BOMBA DE COMBUSTIBLE, ESPACIADOR Y PLATINA DE EMPUJE

1. Efectúe todo el proceso de desmontaje de la tapa delantera.

2. Desmonte el tornillo Allen del árbol de levas.

3. Monte el extractor de piñones, útil T83T-6316-A, y desmonte el piñón. Desmonte, si es preciso, la bomba de alimentación.

4. Monte el extractor de piñones, útil T77E-4220-B y el protector de ejes T83T-6316-A, y desmonte la leva de la bomba de combustible y el espaciador, si es necesario.

5. Desmonte los tornillos de unión de la platina de empuje y desmonte la misma, si es preciso.

6. Monte una nueva platina de empuje, si la desmontó previamente.

7. Monte el espaciador y la leva de mando de la bomba de combustible contra la brida de empuje del árbol de levas, utilizando la camisa de montaje y el útil de sustitución T83T-6316-B, si se desmontó.

8. Monte el piñón de mando del árbol de levas contra la leva de la bomba de combustible, alineando la marca de distribución con la correspondiente en el piñón del árbol del cigüeñal, utilizando la camisa de montaje y el útil reemplazador T83T-6316-B.

9. Monte el tornillo Allen del árbol de levas y apriételo según lo especificado.

10. Monte la bomba, si fue desmontada.

11. Monte la tapa delantera, siguiendo el procedimiento antes descrito.

COMPROBACIÓN DE LA DEFLEXIÓN DE LA CADENA DE DISTRIBUCIÓN EXCEPTO PARA EL MOTOR 232 (3.8 L) V6

Para medir la deflexión de la cadena de distribución gire el cigüeñal en el sentido de las saetas del reloj para tensar el lado izquierdo de la cadena. Establezca un punto de referencia y mida la distancia entre este punto y la cadena. Gire el cigüeñal en el sentido opuesto para tensar el lado derecho de la cadena. Fuerze hacia afuera el lado izquierdo (flojo) de la cadena y mida la distancia al punto de referencia antes establecido. La diferencia entre las dos medidas es la deflexión.

La cadena de distribución debe sustituirse si la deflexión excede del límite especificado. La medida de la flecha no debe exceder de 1/2 pulgada.

DEFLEXIÓN DE LA CADENA DE DISTRIBUCIÓN EN EL MOTOR 232 (3.8 L) V6

1. Desmonte la tapa de los balancines de válvulas del lado derecho.

2. Afloje el balancín de la válvula de escape n.º 3 y gírelo a un lado.

3. Monte un comparador de esfera con el palpador apoyado en el extremo de la varilla empujadora, empleando útiles adaptadores adecuados.

4. Gire el cigüeñal en el sentido de las saetas del reloj hasta que el pistón n.º 1 esté en el PMS. La marca del damper deberá apuntar al PMS en el indicador graduado de la distribución. Esto también tensará el lado derecho de la cadena.

5. Ponga a cero la aguja de la esfera del comparador.

6. Gire el cigüeñal lentamente en sentido contrario a las saetas del reloj hasta que se perciba el menor movimiento de la aguja de la esfera del comparador. Deténgase y observe el número de grados que ha recorrido la marca de distribución del damper desde el PMS.

7. Si la lectura en grados del indicador del distribuidor excede de los 6 grados, sustituya la cadena y los piñones.

MEDICIÓN DEL JUEGO AXIAL DEL ÁRBOL DE LEVAS

Los piñones del árbol de levas que se usan en algunos motores resultan dañados fácilmente si se hace palanca sobre ellos mientras la carga del tren de válvulas se halla aplicada sobre el árbol de levas. Afloje las tuercas de los balancines o los tornillos de los soportes del eje de balancines antes de efectuar la comprobación del juego axial.

Empuje el árbol de levas hacia la parte trasera del motor, monte y ponga a cero un comparador de esfera y entonces haga palanca entre el piñón del árbol de levas y el bloque o tire del árbol de levas hacia adelante. Si el juego es excesivo, compruebe si el espaciador está montado correctamente. Si está bien colocado, sustituya la platina de empuje.

MEDICIÓN DEL JUEGO ENTRE DIENTES DE LOS PIÑONES DE LA DISTRIBUCIÓN

Utilice, para la medición del juego entre dientes de los piñones de la distribución, un comparador de esfera montado sobre el bloque. Sujete el piñón firmemente contra el bloque mientras efectúa la medición. Si existe juego excesivo entre dientes, reemplace ambos piñones.

Árbol de levas

DESMONTAJE Y MONTAJE

NOTA: Cuando realice el montaje del árbol de levas consulte la sección anterior para la alineación de los piñones.

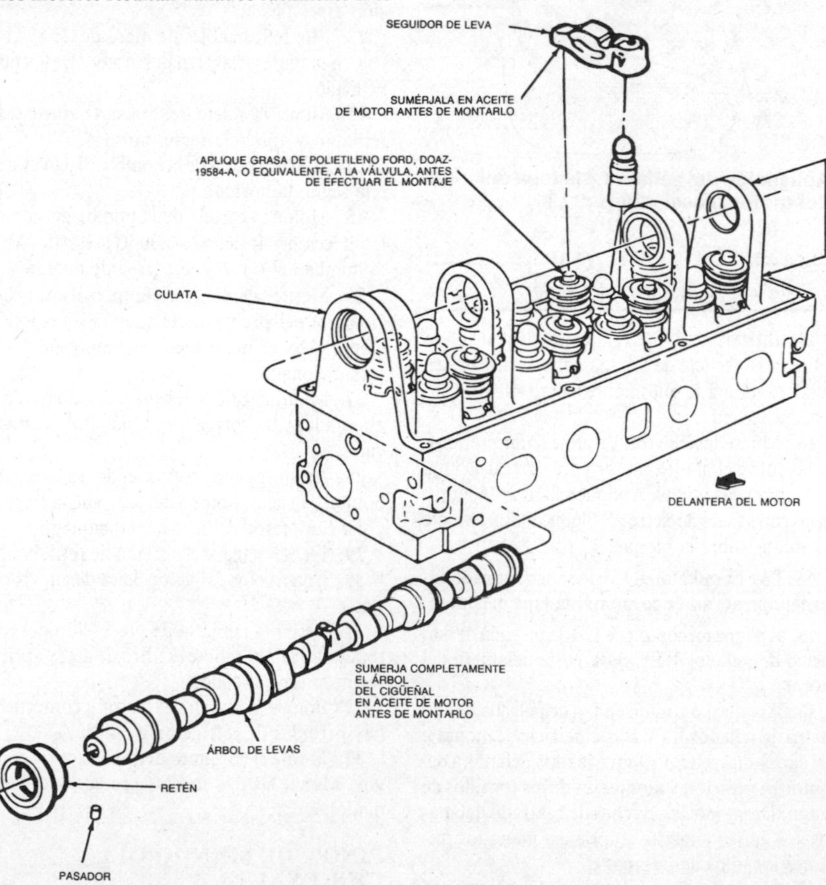

Desmontaje/montaje del árbol de levas de los motores de 4 cilindros 122 (2,0 L) y 140 (2.3 L)

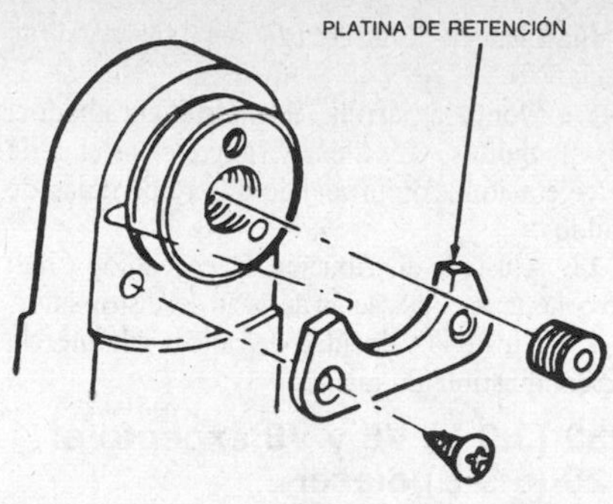

Platina de retención del árbol de levas en los motores 122 (2.0 L) y 140 (2.3 L).

122 (2,0 L) y 140 (2,3 L)

NOTA: El procedimiento que se describe a continuación cubre el desmontaje y montaje del árbol de levas con la culata de cilindros sobre el motor o ya fuera de él. Si la culata fue desmontada antes, el desmontaje comenzará en el paso 9.

1. Drene el sistema de refrigeración. Desmonte el conjunto del filtro del aire y desconecte el cable negativo de la batería.

2. Desmonte de las bujías los cables de encendido, desconecte el retenedor de los cables de la tapa de válvulas y ponga los cables a un lado. Desconecte las conducciones de caucho para el vacío, si es preciso.

3. Desmonte todas las correas de mando. Desmonte los tornillos de montaje de la cartela del alternador a la culata, colocando cartela y alternador fuera del paso.

4. Desconecte y desmonte el manguito superior del radiador. Desconecte la protección del radiador.

5. Desmonte las aspas del ventilador y la polea de la bomba del agua y protección del ventilador. Desmonte la tapa de la correa del árbol de levas y la de las válvulas.

6. Alinee las marcas de distribución del motor para el cilindro nº 1 en el PMS. Desmonte la correa de mando de las levas.

7. Levante con un gato hidráulico la parte delantera del vehículo y déjelo apoyado sobre caballetes. Desmonte los tornillos de sujeción de la parte delantera del motor. Desconecte del radiador su manguito inferior. Desconecte y tapone la canalización de refrigeración de la transmisión automática.

8. Ponga un bloque de madera sobre un gato y con él bajo el motor elévelo con cuidado tanto como pueda. Coloque bloques de madera entre los apoyos de montaje del motor y los soportes con silentblock del bastidor.

9. Desmonte los balancines.

10. Desmonte el piñón de mando del árbol de levas y la guía de la correa utilizando un extractor adecuado. Desmonte el retén de aceite delantero con un tornillo de rosca para plancha metálica aplicando un esfuerzo deslizante.

11. Desmonte la retención del árbol de levas localizada en el dispositivo de montaje posterior, desenroscando los dos tornillos.

12. Desmonte el árbol de levas retirándolo con cuidado hacia la parte delantera del motor. Se debe poner atención en no dañar los cojinetes de las levas, las levas y las muñequillas.

13. Compruebe las muñequillas y levas sobre posibles desgastes. Inspeccione los cojinetes de las levas y si hay desgastes (a menos que tenga a mano la herramienta adecuada para el montaje de cojinetes), la culata deberá ser desmontada para que se efectúe el montaje de nuevos cojinetes por un taller mecánico especializado.

14. El montaje de las levas se efectúa en el orden inverso al del desmontaje. Vea las notas siguientes.

NOTA: Cubra el árbol de levas con aceite pesado SF antes de deslizarlo dentro de la culata de cilindros. Monte un retén delantero nuevo. Aplique una capa de sellador o cinta de teflón al tornillo del piñón de mando del árbol de levas antes de su montaje.

ATENCIÓN

Después de cualquier proceso que haya requerido el desmontaje de los balancines, cada ajustador del juego debe hundirlo totalmente después del montaje y luego soltarlo. Esto debe hacerlo antes de que gire el árbol de levas.

Eje auxiliar

1. Desmonte la tapa de la correa de mando del árbol de levas.

2. Desmonte la correa de mando. Desmonte el piñón del eje auxiliar. Puede ser necesario un extractor para el desmontaje.

3. Desmonte el distribuidor y la bomba de combustible.

4. Desmonte la tapa del eje auxiliar y la platina de empuje.

5. Retire el eje auxiliar del bloque.

NOTA: El piñón de mando del distribuidor y de la excéntrica de la bomba de combustible sobre el eje auxiliar no permiten tocar los cojinetes del eje auxiliar durante el desmontaje y montaje. Cubra el eje completamente con aceite antes de colocarlo en su sitio.

6. Deslice el eje auxiliar dentro de su alojamiento insertándole la platina de empuje que lo sujeta.

7. Monte una junta nueva y la tapa del eje auxiliar.

NOTA: La tapa del eje auxiliar y la delantera de cilindros comparten una misma junta. Corte la junta vieja alrededor de la tapa de cilindros y utilice la mitad de una junta nueva en la tapa del eje auxiliar.

8. Coloque una junta nueva dentro de la bomba de combustible y monte la bomba.

9. Inserte el distribuidor y el piñón del eje auxiliar.

10. Alinee las marcas de distribución y monte la correa de mando.

11. Monte la tapa de la correa de mando.

12. Compruebe la distribución del encendido.

134 (2.2 L) diesel

1. Ford recomienda que el motor se desmonte del vehículo cuando sea necesario sustituir el árbol de levas.

2. Con el motor desmontado; desmonte la tapa de válvulas, balancines y ejes juntos y los empujadores. Desmonte los taqués, identifíquelos y manténgalos en orden si han de volver a usarse.

3. Desmonte la tapa de la caja de distribución delantera y el piñón del árbol de levas.

4. Desmonte el cárter de aceite del motor y la bomba de engrase.

5. Desmonte la platina de empuje del árbol de levas y el árbol. Tenga cuidado al desmontarlo en no dañar levas o cojinetes.

6. Aplique aceite a los cojinetes y muñequillas. Aplique grasa de polietileno a las levas y monte el árbol dentro del motor.

7. Vuelva a montar las piezas en el orden inverso al empleado en el desmontaje.

173 (2,8 L) V6

1. Desconecte el cable negativo de la batería desde ésta. Lleve el cilindro nº 1 del motor al PMS (punto muerto superior) en su carrera de compresión. Drene el refrigerante y desmonte el radiador, ventilador, espaciador, polea de la bomba de agua y correa de mando.

2. Desmonte la tapa del distribuidor junto con los cables de bujías. Desmonte la canalización de vacío del distribuidor, el distribuidor, alternador, thermactor, tapas de balancines, filtro y conductos de combustible, carburador, tubo EGR y colector de admisión. Desmonte los capuchones de los cables de bujías.

3. Drene el cárter del cigüeñal. Desmonte los conjuntos de balancines y ejes. Levante los empujadores y colóquelos en un casillero marcado de manera que puedan luego volver a montarse en su misma posición.

4. Desmonte el cárter de aceite.

5. Desmonte el tornillo de sujeción del piñón de mando y deslice el piñón hacia afuera sacándolo del extremo del eje.

6. Desmonte la tapa delantera del motor junto con la bomba de agua.

7. Desmonte el tornillo de retención del piñón del árbol de levas y deslice el piñón fuera del árbol.

8. Desmonte la platina de empuje del árbol de levas y sus tornillos.

9. Utilice un imán y desmonte los taqués.

10. Saque con cuidado el árbol de levas del bloque evitando dañar los cojinetes. Desmonte la chaveta del piñón del árbol de levas y el anillo espaciador.

11. Unte con aceite de engranajes o un lubricante semejante las muñequillas del árbol de levas y aplíquelo también al perfil de las levas.

12. Monte el árbol de levas en el bloque evitando dañar las superficies de los cojinetes.

13. Monte el anillo espaciador con el lado achaflanado hacia el árbol de levas. Inserte la chaveta del árbol de levas y monte la platina de empuje de modo que tape la galería principal de aceite. Apriete los tornillos de unión a la tensión especificada.

14. Compruebe el juego axial del árbol de levas respecto según lo especificado. El anillo espaciador y la platina de empuje se encuentran disponibles en dos diferentes espesores para permitir el ajuste del juego axial.

15. Gire el árbol de levas y el del cigüeñal lo necesario para alinear las marcas de distribución y monte el árbol de levas. Monte la arandela de retención y el tornillo y apriételo según lo especificado.

16. Monte los taqués en sus posiciones originales.

17. Monte la tapa delantera del motor junto con la bomba de agua.

18. Monte la polea de la correa de mando y asegúrela con la arandela y el tornillo de retención. Apriete el tornillo según lo especificado.

19. Monte el cárter de aceite.

20. Aplique una grasa ligera a los dos extremos de los empujadores. Monte los empujadores de válvulas en sus emplazamientos originales.

21. Monte el colector de admisión.

22. Monte los deflectores de aceite y los conjuntos de balancines y ejes. Apriete los tornillos de los soportes de los balancines según lo especificado. Ajuste las válvulas según lo establecido para hacerlo en frío.

23. Monte la polea de la bomba de agua, espaciador del ventilador, ventilador y correa de mando. Ajuste la tensión de la correa según la norma. Monte el carburador, tubo EGR, conducción de combustible y filtro, alternador, thermactor, distribuidor, conducto de vacío del distribuidor y tapa con los cables. Monte el radiador. Llene el sistema de refrigeración con el fluido especificado al nivel normativo. Ajuste la distribución del encendido.

24. Monte las tapas de balancines.

25. Ponga en marcha el motor y compruebe la velocidad de ralentí.

26. Ponga el motor a la velocidad de ralentí rápido y compruebe las posibles fugas de fluidos.

300 (4.9 L)

1. Drene el sistema de refrigeración. Desconecte el cable negativo de la batería. Desmonte la protección del radiador y el radiador. En algunos modelos puede ser necesario que desmonte la parrilla y el soporte del radiador para lograr el espacio suficiente.

2. Desmonte la tapa delantera siguiendo el procedimiento descrito en Desmontaje y montaje de la tapa delantera.

3. Desmonte el filtro del aire y el tubo de respiración del cárter del cigüeñal de la tapa de balancines.

4. Desconecte el cable del acelerador, el de la estrangulación y el mando manual de la mariposa (si la lleva). Desmonte el muelle de retroceso del cable del acelerador.

5. En caso de llevarlo aplicado, desmonte las correas del compresor de aire y del servo de la dirección.

6. Desconecte el manguito de llenado de aceite de la tapa de balancines.

7. Desmonte la tapa del distribuidor y los cables de las bujías juntos, desconecte luego la conducción de vacío y el conducto eléctrico primario y desmonte el distribuidor.

8. Desmonte la bomba de combustible.

9. Desmonte la tapa de balancines, afloje las tuercas de las espigas de los balancines y aparte los balancines a un lado. Desmonte las varillas empujadoras, identificándolas de modo que puedan volver a montarse en sus lugares de origen.

10. Desmonte la tapa de las varillas empujadoras y los taqués, identificando la posición de cada uno de ellos.

11. Gire el cigüeñal para alinear las marcas de distribución, desmonte los tornillos de la platina

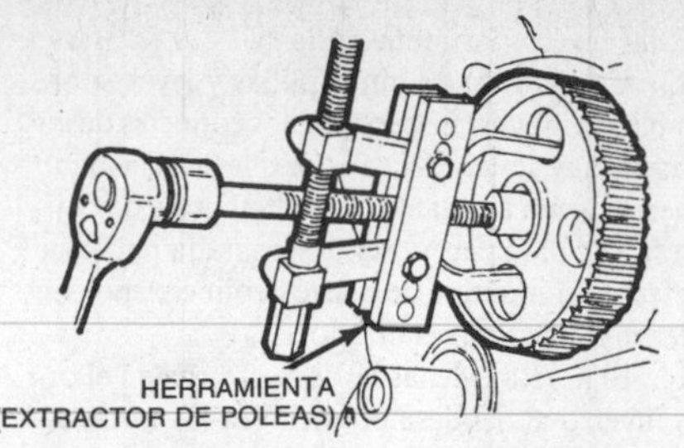

Desmontaje del piñón del árbol de levas del motor 6-300

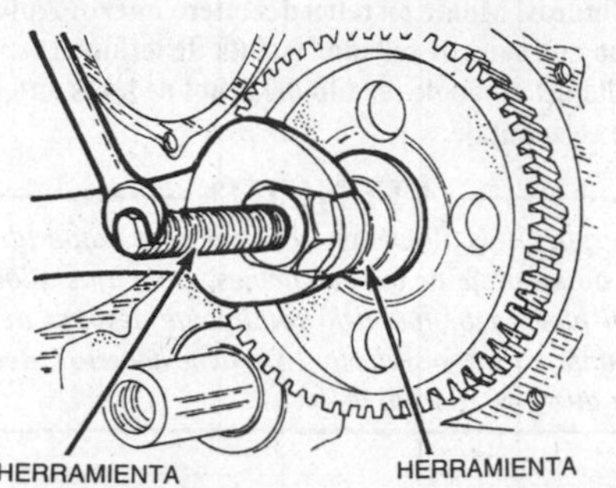

Montaje del piñón del árbol de levas en el motor 6-300

de empuje del árbol de levas y saque con cuidado el árbol de levas y el piñón del bloque. El piñón metálico del árbol de levas (300 HD) está atornillado sobre el árbol de levas y el piñón de fibra (300 LD) está montado a presión y su montaje debe hacerlo con una prensa extractora de ejes.

12. Para montar el árbol de levas, lubrique con aceite las muñequillas y aplique Lubriplate® a los lóbulos de las levas, montando luego con cuidado el árbol de levas, espaciador, platina de empuje y piñón juntos, asegurándose de que las marcas de la distribución estén alineadas, apretando luego los tornillos de la platina de empuje a 19-20 libras-pies. No gire el cigüeñal hasta que esté montado el distribuidor.

13. Monte la tapa frontal consultando para su correcto montaje el procedimiento descrito en Desmontaje y montaje de la tapa delantera.

14. Monte los taqués y luego los empujadores en sus posiciones de origen. Aplique aceite pesado de motor a los taqués y Lubriplate® a los empujadores.

15. Monte por orden los siguientes componentes, consultando, si es necesario, las secciones apropiadas según el tema, para obtener las instrucciones detalladas y utilizando juntas nuevas con sellador: la tapa de empujadores, la de balancines (ajuste primeramente las válvulas), el distribuidor (el rotor en la posición de encendido del cilindro n.º 1), la bomba de combustible, la tapa del distribuidor junto con los cables, la válvula de ventilación del cárter del cigüeñal (en la tapa de balancines), el manguito de llenado de aceite, el cable del acelerador y su muelle de retroceso, el cable de estrangulación, el cable de mando manual de la mariposa, la tapa delantera de cilindros, la polea de la bomba de agua, el ventilador, las correas del compresor de aire y grupo del servo de la dirección, el radiador, el cierre del capó, la parrilla y el filtro de aire.

16. Llene de aceite el cárter del cigüeñal, si fue vaciado.

17. Monte la parrilla, el soporte, el radiador, los manguitos, etc. Llene y sangre el sistema de refrigeración, comprobando si hay pérdidas de fluidos.

18. Ajuste la distribución del encendido y luego conecte la canalización de vacío del distribuidor.

19. Ajuste la velocidad de ralentí y la mezcla de combustible de ralentí.

232 (3.9 L) V6 y V8 excepto el 420 (6.9 L) diesel

1. Desconecte el cable negativo de la batería. Drene el sistema de refrigeración. Lleve el pistón n.º 1 del motor al PMS. Desmonte el colector de admisión y la bandeja de la depresión, si la lleva.

2. Desmonte las tapas de balancines, afloje los balancines en sus pivotes y desmonte los empujadores. Los empujadores deberán montarse de nuevo en sus lugares de origen.

3. Desmonte los taqués con la ayuda de un imán ordenadamente. Deben ser repuestos en sus posiciones originales.

4. Desmonte la tapa del piñón de la distribución y la cadena y piñones.

5. Además del radiador y el condensador del aire acondicionado, si va equipado con él, puede ser necesario que desmonte el conjunto de la parrilla delantera y el de la cerradura del capó para lograr el espacio necesario que le permita deslizar el árbol de levas hacia afuera por la parte delantera del motor.

6. Desmonte los tornillos de unión de la platina de empuje del árbol de levas y, con cuidado, deslice el árbol de levas fuera de los alojamientos de sus cojinetes. Extreme su atención para que no se rayen los alojamientos de los cojinetes con los lóbulos de las levas.

7. Monte el árbol de levas en el orden inverso a como fue desmontado. Antes de efectuar su montaje cubra el árbol de levas con abundante aceite de motor. Deslice el árbol de levas dentro del motor muy cuidadosamente para que no resulten rayados los alojamientos de los cojinetes. Monte la platina de empuje del árbol de levas y apriete los tornillos de unión a 9-12 libras-pie. Mida el juego axial del árbol de levas. Si éste es mayor que 0,009 pulgadas, sustituya la platina de empuje. Monte el resto de las piezas en el orden inverso al seguido en el desmontaje.

420 (6.9 L) diesel

1. Desmonte el motor del vehículo. Sujételo en un soporte o dispositivo adecuado. Desmonte la bomba de inyección y el adaptador, colector de admisión y empujadores, tapa delantera del motor y bomba de combustible.

2. Desmonte el piñón de mando del árbol de levas, leva de la bomba de alimentación, espaciador y platina de empuje del árbol de levas.

3. Con cuidado desmonte el árbol de levas utilizando la herramienta Ford T65L-6250-A y el adaptador 14-0314, tirando hacia la parte delantera del motor. Tenga cuidado en no dañar los cojinetes del árbol de levas.

4. Los lóbulos de las levas debe cubrirlos con grasa de polietileno y las muñequillas con aceite de motor de una calidad recomendada, antes de que proceda a su montaje.

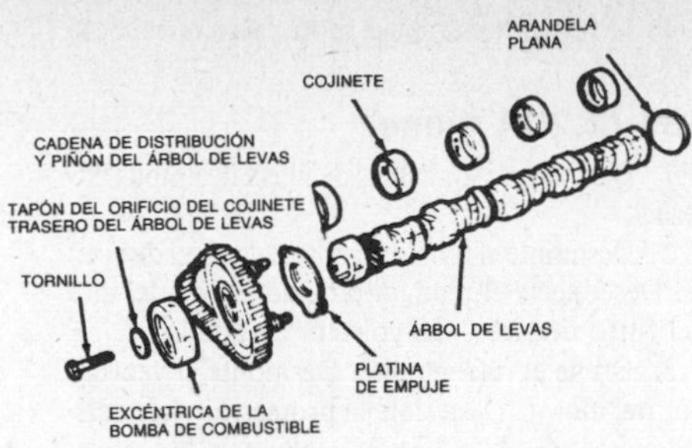

Árbol de levas y relación del despiece del motor V8

5. Lubrique con aceite las muñequillas y aplique la grasa de polietileno a los lóbulos de las levas. Deslice con cuidado el árbol de levas dentro de sus cojinetes. Monte platinas de empuje nuevas sobre el bloque de cilindros y apriete los cilindros según la norma.

6. Monte el espaciador y la leva de la bomba de combustible contra la brida de empuje del árbol de levas utilizando la camisa de montaje y el útil de sustitución de Ford T83T-6316-B.

7. Monte el piñón de mando del árbol de levas contra la bomba de combustible, alineando la marca de distribución con la correspondiente en el piñón del cigüeñal empleando la camisa de montaje y el útil de sustitución de Ford T83T-6316-B.

8. Monte el tornillo Allen de la leva y apriételo.

9. Monte la bomba de alimentación de combustible.

10. Monte un retén de aceite del cigüeñal nuevo en la tapa delantera del motor. Monte la tapa delantera del motor.

11. Monte la bomba de agua. Monte el adaptador de la bomba de inyección.

12. Lubrique los taqués y los orificios con un aceite de motor de calidad recomendada y monte los empujadores en sus posiciones de origen. Monte las guías de los taqués. Monte la retención de la guía de los taqués.

13. Coloque en posición los vástagos empujadores, con los extremos cobreados hacia los balancines, dentro de sus respectivos taqués, asegurándose de que están plenamente alojados en los asientos de los vástagos de empuje. Monte las tapas de los balancines y válvulas con juntas nuevas.

14. Monte el colector de admisión.

15. Monte la bomba de inyección.

16. Monte el motor en el vehículo.

Pistones y bielas

DESMONTAJE Y MONTAJE

Para las instrucciones consulte el capítulo relativo a la Reconstrucción de motores en la sección de Reparación de grupos.

POSICIONADO DE LOS SEGMENTOS

Para la colocación correcta de la abertura de separación de los extremos de los segmentos se acompaña una figura descriptiva. Posicione los aros o segmentos tal como se muestra antes de efectuar el montaje del pistón. Si las instrucciones que acompañan generalmente a un nuevo juego de aros difiere de lo que indicamos, móntelos según las instrucciones de los aros.

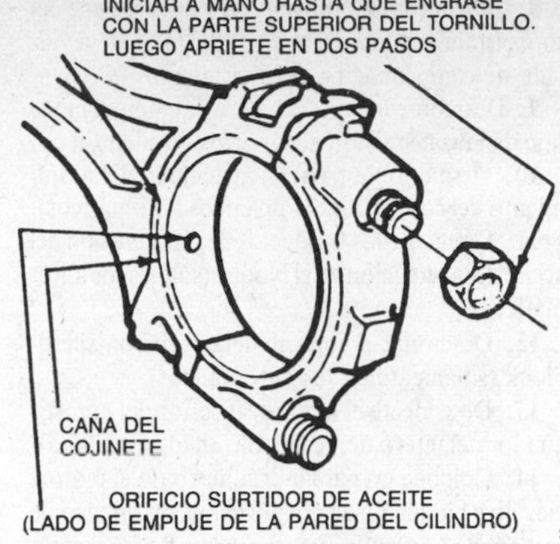

En los motores 122 (2,0 L) y 140 (2.3 L) el pistón se monta con la muesca hacia la delantera del motor, y el orificio surtidor del aceite de las bielas tal como se muestra en la figura

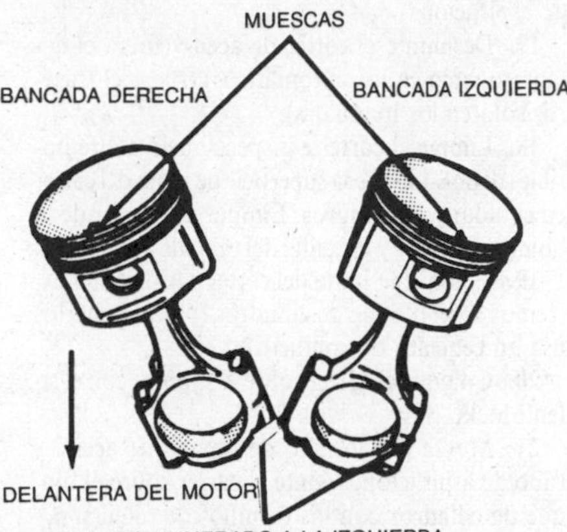

Montaje del pistón en el motor 173 (2.8 L) V6

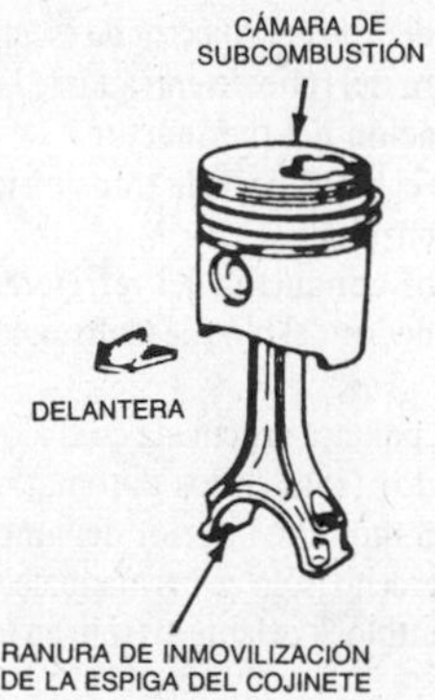

Montaje del piston en el motor diesel 134 (2,2 L)

Cigüeñal y cojinetes principales

DESMONTAJE Y MONTAJE

Para las instrucciones consulte el capítulo Reconstrucción del motor en la sección Reparación de grupos.

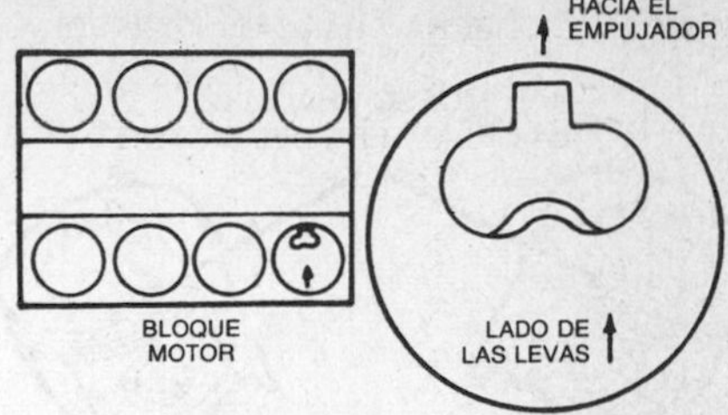

Montaje de los pistones en el motor diesel 420 (6,9 L)

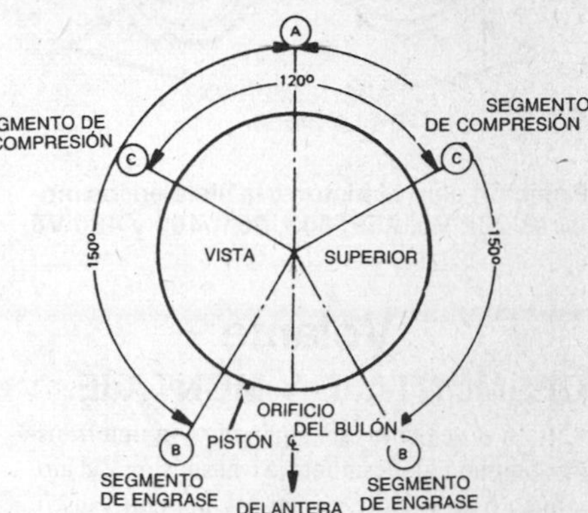

Posicionado de los segmentos en el motor diesel 420 (6.9 L)

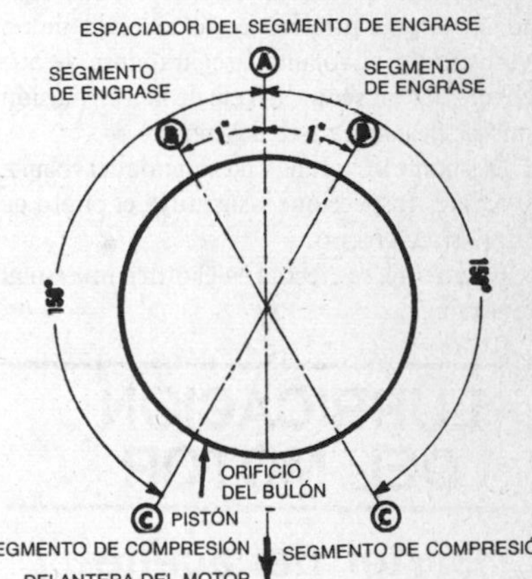

Espaciado correcto de las aberturas de los segmentos en la circunferencia del pistón

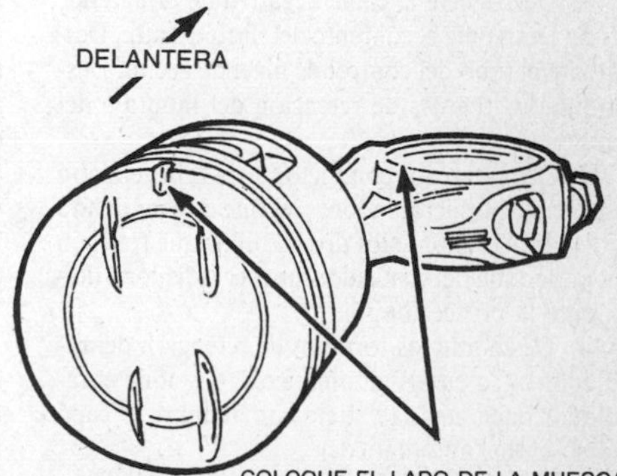

Posicionado del pistón y la biela en el motor 6-300

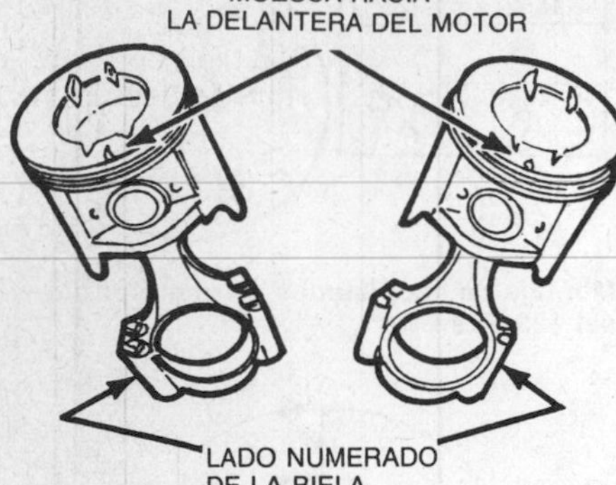

Posición para el pistón y la biela en los motores 232 V6, 255, 302, 351, 400 y 460 V8

Volante

DESMONTAJE Y MONTAJE

1. Si el vehículo está equipado con una transmisión manual, desmonte la transmisión y el alojamiento del volante, prensa de embrague y disco.

2. Si el vehículo está equipado con una transmisión automática, desmonte la transmisión y el alojamiento del convertidor con el convertidor acoplado. Desmonte primero los tornillos de unión del convertidor al volante, asegurándose de que el convertidor no se sale del eje de la transmisión cuando se desmonta ésta del motor.

3. Desmonte los tornillos de montaje del volante y el volante. Inspeccione y sustituya el piloto de arrastre, si es preciso.

4. El montaje se efectúa en el orden inverso al desmontaje.

LUBRICACIÓN DEL MOTOR

Cárter del aceite

DESMONTAJE Y MONTAJE

122 (2,0 L) y 140 (2,3 L)

1. Desconecte el cable negativo de la batería.

2. Desmonte el conjunto del filtro del aire. Desmonte el tubo del control de nivel de aceite. Desmonte las tuercas de retención del montaje del motor.

3. Desmonte los conductos de la refrigeración del aceite por el radiador, si es que está equipado con ella. Desmonte los dos tornillos que retienen la protección del ventilador sobre el radiador y desmonte la protección.

4. Desmonte los tornillos de retención del radiador (sólo en los automáticos). Coloque el radiador hacia arriba y átelo con alambre al capó (sólo en los automáticos).

5. Eleve el vehículo y apóyelo sobre caballetes de seguridad.

6. Drene el aceite del cárter del cigüeñal.

7. Desmonte el cable del motor de arranque por el motor y desmonte el motor.

8. Desconecte el tubo del colector de escape del soporte abrazadera del tubo de entrada en la válvula de comprobación del thermactor.

9. Desmonte las tuercas de retención del montaje de la transmisión al soporte con silentblock.

10. Desmonte la palanca articulada del alojamiento del convertidor (sólo en los automáticos).

11. Desmonte los conductos de refrigeración del aceite de la retención en el bloque (sólo en los automáticos).

12. Desmonte el soporte delantero con silentblock (solamente en los automáticos).

13. Desconecte el montaje inferior del amortiguador delantero derecho (sólo en los manuales).

14. Coloque un gato hidráulico bajo el motor, elévelo y bloquéelo en esa posición con un taco de madera de 2 1/2 pulgadas de grueso. Retire el gato.

15. Coloque el gato bajo la transmisión y elévela ligeramente (sólo en los automáticos).

16. Desmonte los tornillos de retención del cárter de aceite, bajándolo hacia el chasis. Desmonte el mando de la bomba de aceite junto con el tubo de aspiración.

17. Desmonte el cárter de aceite (fuera el delantero, sólo en los automáticos) (fuera el trasero, sólo en los manuales).

18. Limpie el cárter e inspecciónelo sobre posibles daños. Limpie la superficie de junta del cárter en el bloque de cilindros. Limpie el exterior de la bomba de aceite y la rejilla del tubo de aspiración.

19. Coloque la junta del cárter y los retenes extremos en el bloque de cilindros (para retenerlos use un cemento de contacto).

20. Coloque el cárter sobre el soporte con el silentblock.

21. Monte el conjunto de bomba de aceite y tubo de aspiración. Monte el cárter sobre el bloque de cilindros con los tornillos de retención.

22. Baje el gato que sostiene la transmisión (sólo en los automáticos).

23. Coloque el gato bajo el motor, elévelo levemente y retire el bloque espaciador de madera.

24. Substituya el filtro del aceite.

25. Conecte el tubo del colector de escape al soporte abrazadera del tubo de entrada de la válvula de comprobación del thermactor.

26. Coloque el montaje de la transmisión en el soporte con silentblock.

27. Monte los conductos del refrigerador del aceite en el retenedor del bloque (sólo en los automáticos).

28. Monte la palanca articulada en el alojamiento del convertidor (sólo en los automáticos).

29. Acople el montaje inferior del amortiguador delantero derecho (sólo en los manuales). Monte el soporte silentblock delantero (sólo en los automáticos).

30. Monte el motor de arranque y conéctele el cable. Baje el vehículo.

31. Monte los tornillos de fijación del motor.

32. Coloque el radiador en sus soportes y monte los dos tornillos de retención de la cartela (sólo en los automáticos). Monte la protección del ventilador sobre el radiador.

33. Conecte los conductos de refrigeración del aceite del radiador (sólo en los automáticos).

34. Monte el conjunto del filtro del aire.

35. Monte el tubo del control de nivel de aceite. Llene el cárter con aceite.

36. Ponga en marcha el motor y compruebe si hay fugas.

134 (2,2 L) diesel

1. Desconecte los cables de masa de ambas baterías.

2. Desmonte el tubo del control de nivel de aceite. Desconecte el manguito de admisión del aire del filtro de aire y del colector de admisión.

3. Drene el refrigerante. Desmonte el ventilador del motor. Desmonte la protección del ventilador.

4. Desconecte los manguitos del radiador. Desmonte las cartelas-soporte superiores del radiador y desmonte éste y la protección del ventilador.

5. Desconecte y cubra los conductos de entrada y salida del combustible en el filtro y el de retorno en la bomba de inyección.

6. Desmonte el conjunto del filtro de combustible de su cartela de montaje. Desmonte la cartela del filtro de la culata.

7. Desmonte las tuercas y arandelas que unen las silletas del motor a los silentblocks.

8. Eleve el vehículo y déjelo apoyado sobre caballetes de seguridad.

9. Afloje los tornillos del silentblock de la transmisión en la parte trasera. Desmonte el silentblock de la parte inferior del motor.

10. Drene el aceite del cárter. Desmonte el filtro primario del aceite que se halla en el lado izquierdo del motor.

11. Desmonte las cartelas y manguitos del bypass del filtro.

12. Baje el vehículo.

13. Acople una eslinga para la elevación del motor a una grúa. Eleve el motor hasta que las espigas de los silentblocks salgan de ellos. Deslice el motor hacia adelante y luego elévelo unas 3 pulgadas.

14. Coloque un bloque de madera de 3 pulgadas de alto entre el montaje izquierdo y la silleta. Coloque un bloque de madera de 4 1/2 pulgadas de alto entre el montaje derecho y la silleta. Baje el motor.

15. Desacople la eslinga de elevación y suba el vehículo.

16. Desmonte los tornillos de unión del cárter de aceite y baje el cárter sobre el soporte con silentblock.

17. Desconecte el tubo de aspiración de la bomba de aceite y de la tapa del cojinete dejándolo sobre el cárter.

18. Desplace el cárter hacia adelante y arriba entre la parte delantera del motor y la plancha metálica de la carrocería.

NOTA: Si se necesita aún más espacio, desplace el condensador del acondicionador del aire hacia adelante.

19. Limpie las superficies de contacto del cárter de aceite y del bloque con un disolvente apropiado y séquelas completamente. Aplique un cordón de 1/8 de pulgada de sellador de silicona sobre la línea ranurada entre el bloque y la tapa delantera del motor así como a lo largo de los carriles laterales.

20. Coloque las juntas del cárter en su posición con cemento de juntas y asegúrese de que los salientes de la junta se hallan asentados en las ranuras de la junta de cierre.

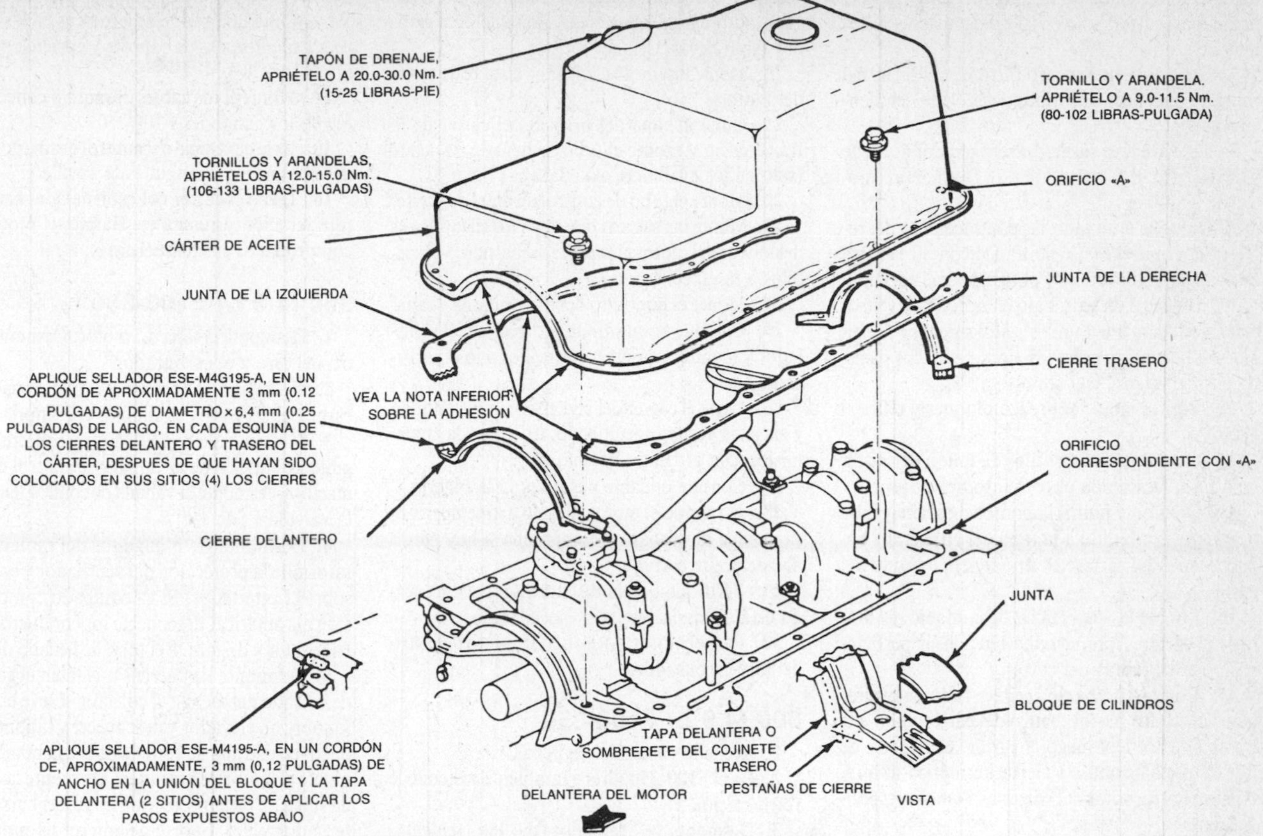
TAPÓN DE DRENAJE, APRIÉTELO A 20.0-30.0 Nm. (15-25 LIBRAS-PIE)
TORNILLO Y ARANDELA. APRIÉTELO A 9.0-11.5 Nm. (80-102 LIBRAS-PULGADA)
TORNILLOS Y ARANDELAS, APRIÉTELOS A 12.0-15.0 Nm. (106-133 LIBRAS-PULGADAS)
ORIFICIO «A»
CÁRTER DE ACEITE
JUNTA DE LA IZQUIERDA
JUNTA DE LA DERECHA
CIERRE TRASERO
APLIQUE SELLADOR ESE-M4G195-A, EN UN CORDÓN DE APROXIMADAMENTE 3 mm (0.12 PULGADAS) DE DIAMETRO x 6,4 mm (0.25 PULGADAS) DE LARGO, EN CADA ESQUINA DE LOS CIERRES DELANTERO Y TRASERO DEL CÁRTER, DESPUES DE QUE HAYAN SIDO COLOCADOS EN SUS SITIOS (4) LOS CIERRES
VEA LA NOTA INFERIOR SOBRE LA ADHESIÓN
ORIFICIO CORRESPONDIENTE CON «A»
CIERRE DELANTERO
JUNTA
BLOQUE DE CILINDROS
TAPA DELANTERA O SOMBRERETE DEL COJINETE TRASERO
APLIQUE SELLADOR ESE-M4195-A, EN UN CORDÓN DE, APROXIMADAMENTE, 3 mm (0,12 PULGADAS) DE ANCHO EN LA UNIÓN DEL BLOQUE Y LA TAPA DELANTERA (2 SITIOS) ANTES DE APLICAR LOS PASOS EXPUESTOS ABAJO
PESTAÑAS DE CIERRE
DELANTERA DEL MOTOR
VISTA

INSTRUCCIONES SOBRE LA ADHESIÓN TÉRMICA. LAS JUNTAS DEL CÁRTER DE ACEITE SE ADHIEREN CON SEGURIDAD AL CÁRTER APLICANDO UN PROCESO TÉRMICO QUE REÚNE LOS REQUERIMIENTOS DE LAS ESPECIFICACIONES SOBRE RECUBRIMIENTOS ADHESIVOS ESE-DOAE-6584-A, O EQUIVALENTE. SI ES NECESARIO, EN LUGAR DEL ADHESIVO TÉRMICO, USE UN ADHESIVO (ESE-M2G52-A, O EQUIVALENTE) APLICADO UNIFORMEMENTE AL REBORDE DEL CÁRTER, Y EN LA CARA DE LAS JUNTAS QUE CONTACTAN CON EL CÁRTER, DEJANDO QUE EL ADHESIVO SE SEQUE HASTA UN ESTADO PASADO DE «HÚMEDO», MONTANDO LUEGO LAS JUNTAS EN EL CÁRTER

1. APLIQUE EL SELLADOR TAL COMO SE EXPLICA ARRIBA
2. MONTE CIERRES EN LA TAPA DELANTERA Y EN EL SOMBRERETE DEL COJINETE TRASERO, PRESIONE LAS PESTAÑAS DEL CIERRE FIRMEMENTE DENTRO DEL BLOQUE
3. MONTE (2) CLAVIJAS-GUIA
4. MONTE EL CÁRTER DE ACEITE SOBRE LAS CLAVIJAS-GUIA Y ASEGÚRELAS CON (4) TORNILLOS
5. MONTE (18) TORNILLOS
6. APLIQUE A TODOS LOS TORNILLOS UN PAR DE TORSIÓN, EN UNA SECUENCIA SEGÚN EL SENTIDO DE LAS SAETAS DEL RELOJ, DESDE EL ORIFICIO «A», TAL COMO SE INDICA ARRIBA

Montaje del cárter de aceite y junta en los motores 122 (2.0 L) y 140 (2.3 L)

21. Presione las juntas de retén de aceite delantero y posterior en las ranuras de la tapa de cierre con ambos extremos de las juntas contactando con las juntas del cárter de aceite.

22. Aplique un cordón de un 1/8 de pulgada de sellador en los extremos de cierre del cárter donde se encuentran con las juntas.

23. Posicione el cárter de aceite con el tubo de aspiración sobre el soporte con silentblock nº 1.

24. Monte el tubo de aspiración, con una junta nueva y apriete los tornillos según lo especificado. Monte los tornillos de unión del cárter y las platinas, apriete los tornillos a la tensión especificada.

25. Baje el vehículo.

26. Monte la eslinga de elevación, eleve el motor y retire los bloques de madera.

27. Baje el motor sobre los silentblocks y monte y apriete las tuercas y arandelas según la norma.

28. Eleve el vehículo y apóyelo sobre caballetes de seguridad.

29. Monte las tuercas de fijación de la transmisión.

30. Monte la silleta y los manguitos del filtro del bypass. Monte un nuevo filtro de aceite del bypass.

31. Monte el tapón de drenaje del cárter. Monte un nuevo filtro primario.

32. Baje el vehículo.

33. Monte la silleta del filtro de combustible sobre el motor.

34. Monte el filtro de combustible y el adaptador sobre la silleta de montaje.

35. Monte la conducción de retorno de combustible en la bomba de inyección y las conducciones de combustible en el filtro.

36. Coloque el radiador en el vehículo montando luego los manguitos superior e inferior y las cartelas de soporte.

37. Monte la protección del radiador. Monte el ventilador del radiador y apriete los tornillos según lo especificado.

38. Llene y sangre el sistema de refrigeración.

39. Llene el cárter del cigüeñal con la cantidad y calidad del aceite especificado.

40. Monte el tubo de control del nivel de aceite.

41. Monte el manguito de admisión del aire en el filtro y en el colector.

42. Conecte los cables de masa a ambas baterías.

43. Ponga en marcha el motor y compruebe si existen pérdidas de aceite, combustible o refrigerante.

173 (2.8 L) V6 y 179 (2.9 L) V6

1. Desconecte el cable negativo de la batería. Desmonte el conjunto de carburador y filtro de aire.

2. Desmonte la protección del ventilador y póngala sobre el ventilador.

3. Desmonte la tapa del distribuidor y colóquela delante del salpicadero. Desmonte el distribuidor y cubra la abertura que deja.

4. Desmonte las tuercas que unen los silentblocks de la parte delantera del motor al soporte. Desmonte el tubo del control del nivel de aceite.

5. Eleve el vehículo y apóyelo sobre caballetes de seguridad.

6. Drene el cárter del cigüeñal. Desmonte el tubo

de llenado de fluido de la transmisión y cubra el orificio del cárter (sólo en las transmisiones automáticas).

7. Desmonte el elemento filtrante del aceite del motor. Desconecte los tubos de entrada del silencioso.

8. Desconecte la silleta del refrigerador de aceite y bájela (si lo lleva como equipo). Desmonte el motor de arranque.

9. Coloque a un lado las conducciones del refrigerador de aceite (si lo lleva). Desconecte la barra estabilizadora delantera y póngala hacia adelante.

10. Coloque un gato bajo el motor y elévelo al máximo (hasta que toque el salpicadero) y ponga bloques de madera entre los montajes de los silentblocks delanteros y el soporte n.º 2.

11. Baje el motor sobre los bloques y retire el gato.

12. Desmonte los tornillos de unión del cárter de aceite. Descienda el conjunto del cárter.

13. Desmonte juntos la bomba de aceite y tubo de aspiración (unido a la tapa del cojinete) y bájelo dentro del cárter. Desmonte el conjunto del cárter.

14. Limpie las superficies de contacto del motor y el cárter. Aplique adhesivo a las superficies y monte las juntas del cárter.

15. Con la bomba de aceite y tubo de aspiración colocados juntos dentro del cárter, monte la bomba de aceite y luego el cárter. Cerciórese de que la junta forma un cierre hermético al aire. Apriete los tornillos del cárter a la tensión especificada.

16. Coloque el gato bajo el motor y elévelo para retirar los bloques de madera.

17. Baje el motor y retire el gato. Monte el motor de arranque.

18. Conecte los tubos de entrada del silencioso.

19. Conecte la barra estabilizadora delantera.

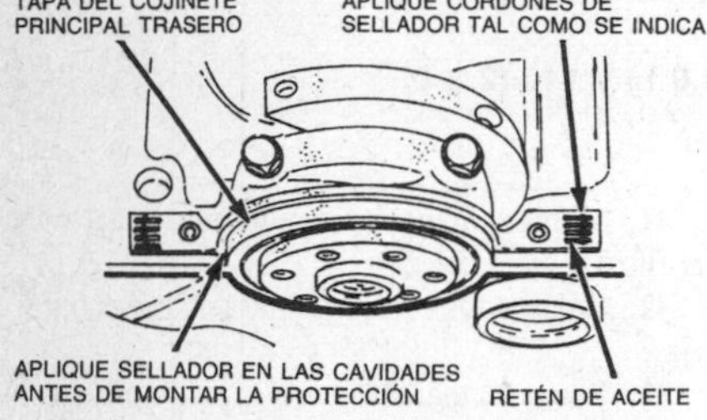

Montaje del cierre trasero del cárter del motor

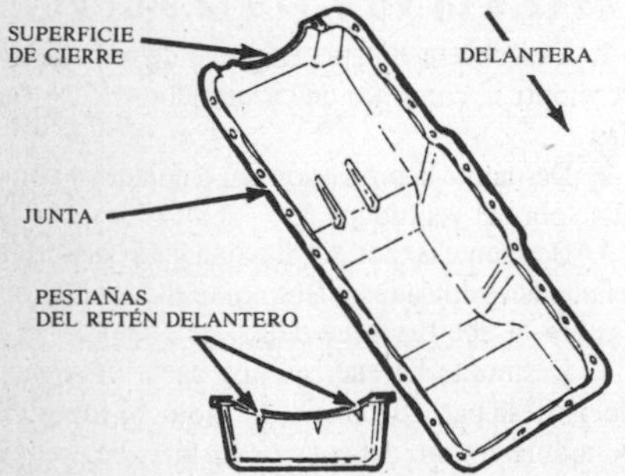

Montaje del retén de aceite delantero del cárter del motor 6-300

Vuelva a poner en su sitio los conductos del refrigerador de aceite. Conecte la silleta del refrigerador (si lo lleva).

20. Monte un nuevo elemento filtrante de aceite del motor.

21. Quite la tapa del orificio del cárter de la transmisión y monte el tubo de llenado de aceite (sólo en los automáticos). Baje el vehículo.

22. Monte el tubo de control de nivel de aceite.

23. Monte las tuercas que unen los silentblocks delanteros del motor al soporte del bastidor y apriételos a lo especificado.

24. Monte el conjunto del distribuidor y tapa.

25. Coloque en su sitio la protección del ventilador y monte y apriete los tornillos a lo especificado.

26. Llene el cárter del cigüeñal con la cantidad y clase de aceite especificado, así como la transmisión con el fluido normativo.

27. Conecte el cable negativo de la batería.

28. Arranque el motor, llévelo a la temperatura normal de trabajo y compruebe si hay pérdidas de aceite o fluido.

29. Verifique que la distribución del encendido está ajustada según lo especificado.

30. Pare el motor. Monte el conjunto del filtro del aire-carburador.

300 (4,9 L) F100-350

1. Drene el cárter del cigüeñal.

2. En el F100-250, drene también el sistema de refrigeración.

3. Desmonte el radiador de los vehículos F100-250.

4. Eleve el vehículo y apóyelo sobre caballetes de seguridad. Desconecte y desmonte el motor de arranque.

5. En los F100-250, desmonte las tuercas y arandelas de montaje del silentblock del soporte delantero en la cartela-soporte. Use un gato adecuado para elevar la parte delantera del motor, colocando luego bloques de madera (de 1 pulgada de grueso) entre los silentblocks de soporte delanteros y sus cartelas. Baje el motor sobre los bloques y retire el gato.

6. Desmonte los tornillos de unión y el cárter de aceite. Puede ser necesario desmontar la conducción de entrada de la bomba de aceite y filtro juntos para dejar libre el cárter.

7. Desmonte los collarines de retén de la tapeta del cojinete principal trasero y de la tapa delantera. Limpie vaciándola la ranura del retén y todas las superficies de junta.

8. Aplique un sellador resistente al aceite en los espacios situados entre la tapa del cojinete principal trasero y el bloque tal como se muestra en la figura. Monte un nuevo retén en la tapa trasera y luego aplique un cordón de sellador a los extremos ahusados del retén.

9. Monte nuevas juntas laterales del cárter, aplíqueles sellador y coloque en posición el retén de la tapa delantera.

10. Limpie el conjunto de bomba de aceite y tubo de aspiración y sitúelo en el cárter.

11. Coloque el cárter bajo el motor y monte el conjunto del tubo de aspiración.

12. Monte los tornillos de unión del cárter apretándolos a 10-12 libras-pie.

13. Eleve con el gato el motor lo suficiente para poder retirar los bloques de madera. Baje el motor y monte las arandelas y tuercas en las espigas de los silentblocks de soporte y apriételos a 40-60 libras-pie.

14. Monte el motor de arranque y conecte el cable en los camiones F100-250.

15. Baje el vehículo y monte el radiador, si fue desmontado.

16. Llene el cárter del cigüeñal y el sistema de refrigeración y ponga en marcha el motor para comprobar si existen pérdidas.

300 (4,9 L) E100-350

1. Desmonte la tapa del motor. Desmonte el filtro del aire y el carburador.

2. Si está equipado con aire acondicionado, descargue el sistema y desmonte el compresor.

3. Si el vehículo es un E350, desconecte el manguito de entrada de la válvula de control del thermactor y desmonte la válvula de control. Desmonte la válvula EGR.

4. Desmonte los manguitos del radiador. Desatornille la protección del ventilador y colóquela sobre el ventilador. Si va equipado con transmisión automática, desconecte los conductos del refrigerador y desmonte el tubo de llenado de aceite.

5. Desmonte las tuercas que unen el conducto de entrada del escape al colector. Eleve el vehículo sobre un elevador y desconecte y tapone el conducto de entrada de combustible a la bomba. Desmonte el motor de arranque. Desmonte las tuercas de sujeción de la protección contra el barro del alternador y del soporte delantero del motor.

6. Desmonte la pinza de soporte de la conducción de retorno del servo de la dirección localizada en la parte delantera del soporte con silentblock n.º 1.

7. Levante el motor y coloque bloques de madera de 3 pulgadas bajo los montajes del motor. Desmonte el tubo del control del nivel de aceite.

8. Desmonte los tornillos del cárter y retire el cárter. Desmonte el tubo de aspiración y la rejilla de la bomba de aceite.

9. Limpie el cárter de aceite, tubo y rejilla juntos y las superficies de junta del bloque y el cárter.

10. Monte juntos la bomba de aceite y rejilla, si fueron desmontados. Una con cemento adhesivo una junta nueva al cárter. Coloque un retén nuevo del cárter a la tapa delantera de cilindros sobre el cárter. Sitúe el retén posterior en la tapa del cojinete trasero y aplique un sellador. Monte el cárter.

11. Monte el tubo de control del nivel de aceite y baje el motor. Monte las tuercas de soporte, el motor de arranque y conecte la conducción de combustible.

12. Monte el manguito inferior del radiador. Conecte los conductos del refrigerador de la transmisión y el tubo de llenado de la misma, si va equipado con ella.

13. Monte la pinza de la conducción de retorno del servo de la dirección y coloque la conducción.

14. Monte la protección contra el barro del alternador y baje el aparato elevador. Monte la válvula EGR y el carburador. Conecte el escape.

15. En los modelos E350 monte la válvula de control del thermactor y conecte el manguito de entrada.

16. Monte la protección del ventilador y el man-

guito superior del radiador. Llene el sistema de refrigeración.

17. Monte el compresor del aire acondicionado y cargue el sistema.

18. Sustituya el filtro de aceite y llene el cárter del cigüeñal. Arranque el motor y compruebe si hay pérdidas. Ajuste la velocidad de ralentí lento. Monte el filtro de aire.

232 (3.8 L) V6

1. Desconecte el cable negativo del terminal de la batería.

2. Desmonte el conjunto del filtro de aire y conducto.

3. Desmonte los tornillos de unión de la protección del ventilador al radiador y coloque la protección sobre el ventilador.

4. Desmonte el tubo del control de nivel de aceite.

5. Eleve el vehículo y póngalo seguro sobre caballetes. Drene el aceite del motor y vuelva a colocar el tapón de drenaje.

6. Desmonte el filtro de aceite.

7. Desconecte los tubos de entrada de los silenciosos desde el colector. Desmonte la abrazadera de unión del tubo de entrada al tubo del convertidor y desmonte el tubo de entrada del vehículo.

8. Desconecte la articulación de la palanca de la transmisión en la transmisión.

9. Desconecte los conductos del refrigerador de la transmisión del radiador, si lo lleva como equipo.

10. Desmonte las tuercas de unión de los soportes del motor a las cartelas del chasis.

11. Eleve el motor al máximo y coloque bloques de madera entre los soportes del motor y las cartelas del chasis. Desmonte el gato.

12. Desmonte los tornillos de unión del cárter de aceite y baje el cárter. Desmonte el conjunto del tubo y la aspiración del aceite y déjelo dentro del cárter. Retire el cárter del vehículo.

13. Limpie el cárter y las superficies de junta. Inspeccione las superficies de cierre de junta por si hubiera daños o deformaciones debido a un apriete excesivo de los tornillos. Repárelo y enderécelo si fuese necesario.

14. Compruebe el ajuste del cárter al bloque de cilindros. Asegúrese de que hay espacio suficiente que permita montar el cárter sin que el sellador tenga que ser rascado cuando el cárter se coloque bajo el motor.

15. Desmonte el cárter.

16. Ponga juntos el tubo y la aspiración y colóquelos en el cárter.

17. Coloque el cárter en posición sobre el soporte n.º 1.

18. Monte el conjunto del tubo y aspiración con una junta nueva. Asegúrese de que la cartela soporte encaja en la espiga del tornillo de unión de la tapa del cojinete principal n.º 2.

19. Apriete los tornillos de unión a 15-22 libras-pie y la tuerca de unión a 15-22 libras-pie.

20. Monte un nuevo cierre trasero del cárter. Utilizando un destornillador pequeño obligue a las orejas de cada extremo del cierre hacia adentro de la ranura que hay entre la tapa principal trasera y el bloque de cilindros. Con las orejas posicionadas meta ahora el borde del cierre dentro de la ranura en la tapa principal trasera.

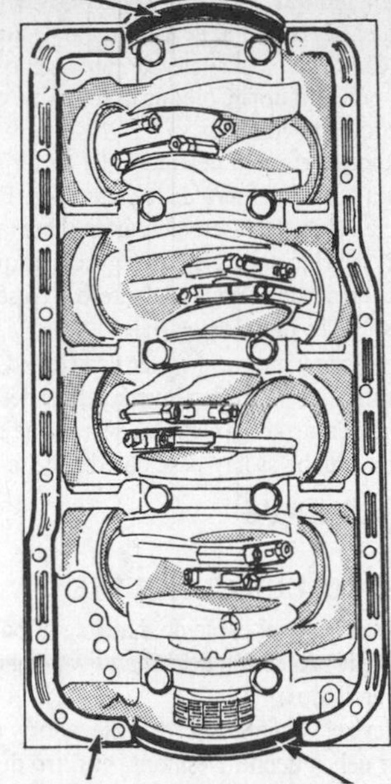

Retenes y juntas del cárter del motor 8-302

21. Monte el cárter tal como sigue: aplique un cordón de 1/8 de pulgada de sellador RTV a la juntura donde se unen la tapa delantera y el bloque de cilindros. Aplique un cordón de 1/8 de pulgada de sellador RTV a cada extremo del cierre posterior en el punto donde la tapa principal trasera y el bloque se unen. Aplique un cordón de 1/8 pulgada de sellador RTV a los carriles del cárter en el bloque. Cuando el cordón cruce la tapa delantera, incremente el ancho del cordón hasta 1/4 de pulgada. Coloque el cárter en el fondo del motor y asegúrelo con tornillos. Apriete los tornillos a 7-8 libras-pie.

22. Levante el motor y retire los bloques de madera. Baje el motor y monte las tuercas y arandelas de unión de los silentblocks a las cartelas-soporte del chasis. Apriételas a 50-70 libras-pie.

23. Coloque el tubo de entrada del convertidor en el tubo del convertidor y asegúrelo con la abrazadera. Conecte el tubo de entrada al colector de escape y asegúrelo con las tuercas de unión. Apriételas a 25-38 libras-pie.

24. Conecte la articulación de la palanca de transmisión en la transmisión.

25. Conecte los conductos del refrigerador en el radiador, si lo lleva.

26. Monte un filtro de aceite nuevo.

27. Baje el vehículo. Monte el conjunto del filtro de aceite. Coloque la protección del ventilador en el tirante del radiador y asegúrela con tornillos.

28. Conecte el cable negativo de la batería a su terminal en ésta.

29. Monte el tubo de control de nivel del aceite del motor.

30. Llene el cárter del cigüeñal con aceite. Ponga en marcha el motor y compruebe si hay pérdidas.

302 (5.0 L) y 351W (5.8 L) V8

BRONCO

1. Desmonte el conjunto del filtro de aire y conducto. Desmonte el tubo de control de nivel de aceite. Drene el aceite del motor.

2. Desmonte los tornillos del cárter y retire el cárter.

3. Para montar, limpie el cárter y el bloque de todo residuo de material de las juntas viejas.

4. Limpie y monte el tubo de aspiración de la bomba de aceite y la rejilla juntos, si fueron desmontados.

5. Monte el cárter al bloque. Monte el tubo de control del nivel de aceite y el filtro del aire y conducto juntos.

6. Llene el cárter del cigüeñal con el aceite apropiado. Arranque el motor y compruebe si hay pérdidas.

SERIE F

1. Desmonte el control del nivel de aceite. Desmonte los tornillos que unen la protección del ventilador al radiador y coloque la protección sobre el ventilador.

2. Desmonte las tuercas y arandelas de seguridad que unen los silentblocks del motor a las cartelas del chasis.

3. Desconecte el conducto del refrigerador en el lado izquierdo del radiador, si lleva transmisión automática.

4. Eleve el motor y coloque bloques de madera bajo los soportes del motor. Drene el cárter del cigüeñal.

5. Desmonte los tornillos del cárter de aceite y baje el cárter sobre el soporte del chasis.

6. Desmonte el tubo de aspiración y la rejilla de la bomba de aceite. Baje este conjunto y déjelo dentro del cárter de aceite. Desmonte el cárter.

7. Para montar, limpie el cárter, tubo de entrada y superficies de junta. Coloque una nueva junta de cárter y retenes en el bloque de cilindros.

8. Monte el tubo de aspiración y la rejilla en la bomba de aceite y monte el tornillo inferior de unión y la junta sin terminar de apretar. Coloque el cárter sobre el soporte del chasis. Monte el tornillo superior del tubo de aspiración. Apriete ambos tornillos del tubo de aspiración.

9. Monte el cárter de aceite. Retire los bloques de madera de debajo del motor.

10. Monte las tuercas y arandelas de unión de los silentblocks a las cartelas del chasis.

11. Conecte el conducto del refrigerador de la transmisión automática, si la lleva como equipo. Monte los tornillos de unión de la protección del ventilador.

12. Llene el cárter del cigüeñal con aceite. Monte el control del nivel de aceite. Arranque el motor y compruebe si hay pérdidas.

ECONOLINE

1. Desconecte y desmonte la tapa del motor. Desmonte el filtro del aire. Drene el sistema de refrigeración.

2. Si va equipado con dirección asistida, desmonte la bomba del servo y colóquela a un lado. Si lleva aire acondicionado, desmonte la retención el compresor y apártelo a un lado.

3. Desconecte los manguitos del radiador. Desmonte los tornillos de la protección del ventilador y el tubo de llenado de aceite. Desmonte el tornillo del control del nivel de aceite. Levante el vehículo sobre un elevador.

4. Desmonte la protección contra el barro del alternador. Si lleva transmisión automática, desconecte los conductos del refrigerador desde el radiador.

5. Desconecte y tape el conducto de combustible en la bomba de alimentación. Desmonte las tuercas de montaje del motor. Drene el aceite del motor. Desmonte el tubo del control de nivel de aceite. Desconecte el tubo de entrada al silencioso desde el colector de escape.

6. Si lleva transmisión automática, desmonte el tubo y el control del nivel de fluido. Desconecte el acoplamiento manual en la transmisión. Desmonte el soporte del árbol de mando central y desmonte de la transmisión el árbol de mando.

7. Coloque un gato de transmisiones bajo el cárter de aceite e inserte un bloque de madera entre el cárter y el gato.

ATENCIÓN

El conjunto del motor y la transmisión pivotarán alrededor del montaje trasero del motor. El conjunto del motor debe elevarse 4 pulgadas (medido desde los montajes de la parte delantera del motor). El motor debe permanecer centrado en su compartimiento para lograr tanta elevación.

8. Eleve el conjunto del motor y la transmisión. Inserte bloques de madera soportando el motor en esa posición de máxima elevación.

9. Desmonte los tornillos del cárter y bájelo. Desatornille la bomba de aceite y la bomba de aspiración y déjelos dentro del cárter. Retire el cárter del vehículo.

NOTA: La bomba de aceite debe desmontarla tendida a lo largo con el desmontaje del cárter de aceite. Cuando monte la bomba de aceite consulte el procedimiento de Desmontaje y montaje de la bomba de aceite.

10. Para montar, limpie el cárter, tubo de aspiración, bomba de aceite y superficies de junta. Coloque una junta y retenes nuevos en el bloque del motor.

11. Coloque el cárter con la bomba de aceite bajo el vehículo y monte la bomba de aceite. Monte el cárter.

12. Continúe el montaje en orden inverso al seguido en el desmontaje.

13. Monte un filtro de aceite nuevo y llene el cárter del cigüeñal con un aceite del grado apropiado. Llene el sistema de refrigeración. Arranque el motor y compruebe si hay pérdidas de agua o aceite.

351 M (5.8 L) y 400 (6.6 L) V8

1. Desmonte el control del nivel de aceite. Desmonte los tornillos de la protección del ventilador y colóquela sobre el ventilador.

2. Levante el vehículo. Drene el cárter del cigüeñal. Desconecte el cable del motor de arranque y desmonte el motor.

3. Sitúe un gato con un bloque de madera bajo el cárter de aceite y soporte el motor. Desmonte los tornillos pasantes del soporte delantero del motor.

4. Eleve el motor y coloque bloques de madera entre los soportes del motor y las cartelas del chasis. Retire el gato.

5. Si va equipado con transmisión automática, ponga las conducciones del refrigerador del aceite apartadas a un lado.

6. Desmonte los tornillos de unión del cárter y desmóntelo.

7. Para montar, limpie las superficies de junta del bloque, cárter, tubo de aspiración de aceite y rejilla. Cubra las superficies de junta del bloque y cárter con sellador. Coloque la junta del cárter en el bloque de cilindros.

8. Coloque el retén delantero del cárter sobre la platina-tapa delantera de los cilindros. Ponga en posición el retén trasero del cárter sobre la tapa del cojinete principal trasero. Asegúrese de que las pestañas de ambos retenes delantero y trasero se hallan sobre la junta del cárter.

9. Coloque y monte el cárter de aceite. Continúe el montaje en el orden inverso al del desmontaje. Llene el cárter del cigüeñal. Arranque el motor y compruebe si hay pérdidas de aceite.

460 (7.5 L) V8

EXCEPTO EL ECONOLINE

1. Desconecte el cable de masa de la batería. Desmonte la protección del radiador y póngala sobre el ventilador.

2. Eleve el vehículo sobre un elevador y drene el cárter del cigüeñal. Desmonte el filtro de aire.

3. Desmonte el tornillo pasante de cada soporte del motor. Sitúe un gato bajo el borde delantero del cárter de aceite, con un bloque de madera entre el gato y el cárter. Eleve el motor la altura suficiente para insertar los bloques de madera de 1 1/4 pulgadas de grueso entre los aisladores y las cartelas. Retire el gato.

4. Desmonte los tornillos del cárter de aceite y retire el cárter. Puede ser preciso girar el cigüeñal para dejar espacio entre el cárter y los contrapesos del cigüeñal.

5. Para montar, limpie las superficies de junta del bloque y cárter. Cubra ambas superficies con sellador. Ponga la junta del cárter sobre el bloque de cilindros. Coloque el retén delantero del cárter en la tapa delantera de cilindros. Posicione el retén trasero del cárter sobre la tapa del cojinete principal trasero. Asegúrese de que las pestañas en ambos retenes delantero y trasero están colocadas sobre la junta del cárter.

6. Coloque y monte el cárter de aceite. Continúe el montaje en el orden inverso al desmontaje.

7. Sustituya el filtro del aceite y llene el cárter del cigüeñal. Arranque el motor y compruebe si hay pérdidas de aceite.

ECONOLINE

1. Desmonte la tapa del motor, desconecte la batería y drene el sistema de refrigeración.

2. Desmonte el conjunto del filtro de aire. Desconecte los reenvíos de la mariposa y de la transmisión en el carburador. Desconecte los conductos de vacío del servofreno.

3. Desconecte los conductos de combustible, conductos de estrangulación y desmonte el adaptador del filtro de aire al carburador desde el carburador.

4. Desconecte los manguitos del radiador. Si hay refrigerador de aceite, desconecte las conducciones de refrigeración. Desmonte el conjunto del ventilador y desmonte el radiador. Si lleva dirección asistida, desmonte la bomba del servo y póngala a un lado.

5. Desmonte los tornillos de montaje delanteros del motor. Desmonte el tubo de control del nivel del colector de escape. Desmonte el tubo de llenado de aceite y la cartela.

6. Si lleva aire acondicionado, gire los conductos (en la parte trasera del compresor) hacia abajo para esquivar el salpicadero (o bien desmóntelos).

7. Eleve el vehículo y apóyelo con seguridad sobre caballetes, drene el cárter del cigüeñal y desmonte el filtro de aceite.

8. Desmonte el conjunto del tubo de entrada del silencioso. Desconecte el acoplamiento manual y el del kick down de la transmisión. Desmonte el conjunto del tubo de la transmisión.

9. Desmonte el control del nivel del aceite y el tubo del cárter de aceite. Coloque un gato de transmisiones bajo el cárter de aceite. Inserte un bloque de madera entre la superficie del gato y el cárter. Eleve con el gato el motor, pivotando en el montaje trasero hasta que la transmisión contacte con el suelo. Bloquee el motor en esta posición.

NOTA: El motor debe permanecer centrado para lograr la altura máxima. El motor debe elevarse 4 pulgadas sobre los montajes para desmontar el cárter de aceite.

10. Desmonte los tornillos del cárter y baje el cárter. Desmonte las uniones de la bomba de aceite y tubo de aspiración y déjelos caer dentro del cárter. Desmonte el cárter hacia atrás del vehículo.

NOTA: La bomba de aceite debe desmontarla cuando desmonte el cárter. Cuando la monte, consulte el procedimiento de Desmontaje y montaje de la bomba de aceite.

11. Para el montaje, limpie la superficie de la junta del cárter en el bloque de cilindros, el conjunto del cárter, el tubo de aspiración de la bomba de aceite y la rejilla.

12. Coloque las juntas del cárter y los retenes extremos en el bloque de cilindros aplicando sellador. Ponga el cárter con el conjunto de la bomba de aceite y tubo de aspiración en el chasis y monte el conjunto de la bomba. Sitúe en posición el cárter y móntelo. Continúe el montaje en el orden inverso al del desmontaje.

13. Llene el sistema de refrigeración, reemplace el filtro de aceite, llene el cárter del cigüeñal y conecte la batería. Arranque el motor y compruebe si hay pérdidas de aceite o agua.

420 (6.9 L) diesel

1. Desconecte el cable de masa de ambas baterías.

2. Desmonte el control del nivel de aceite del motor. Desmonte el control del nivel de aceite de la transmisión, si lo lleva.

3. Desmonte el filtro del aire y coloque una cubierta sobre la abertura de admisión.

4. Desmonte el conjunto del ventilador y embrague aplicando el utillaje de Ford T83T-6312-A y B o uno equivalente. La fijación tiene el roscado hacia la izquierda. Desmóntela girando la tuerca en el sentido contrario a las saetas del reloj.

5. Drene el sistema de refrigeración. Desconecte el manguito inferior del radiador.

6. Desconecte el manguito de retorno del servo de la dirección desde la bomba. Tapone el manguito y la bomba para evitar que se contamine el sistema.

7. Desconecte los cableados del alternador y el

conector del calefactor del conducto de combustible desde el alternador.

8. Eleve el vehículo y apóyelo con seguridad sobre caballetes.

9. Desconecte y tapone las conducciones del refrigerador de aceite de la transmisión desde el radiador, si lo lleva.

10. Desconecte y tapone la conducción de entrada de combustible a la bomba.

11. Drene el cárter del cigüeñal y desmonte el filtro de aceite. Desmonte el tornillo que une el tubo de llenado de aceite de la transmisión al bloque motor y desmonte el tubo.

12. Desconecte el tubo de entrada al silencioso desde el colector de escape.

13. Desconecte el tubo de entrada al silencioso y de la brida del silencioso y desmonte el tubo de entrada.

14. Desmonte la espiga de montaje superior del tubo de salida del silencioso desde el colector de escape de la derecha.

15. Desmonte las tuercas y arandelas que unen los silentblocks del motor al soporte del bastidor n.º 1. Baje el vehículo.

16. Monte una eslinga elevadora y levante el motor hasta que el alojamiento de la transmisión contacte con la carrocería.

17. Monte bloques de madera (2 3/4 de pulgada en el lado izquierdo, 2 pulgadas en el derecho) entre los silentblocks del motor y el soporte del bastidor.

18. Baje el motor de modo que los bloques los soporten.

19. Eleve el vehículo y apóyelo sobre caballetes de seguridad.

20. Desmonte la platina de inspección del cigüeñal.

21. Ponga la conducción de entrada de la bomba de combustible detrás del soporte del bastidor n.º 1 y las conducciones del refrigerador de aceite de la transmisión, si lo lleva, también fuera del paso.

22. Desmonte los tornillos de unión del cárter de aceite.

23. Desmonte la bomba de aceite y el tubo de aspiración del motor y déjelo en el cárter.

24. Desmonte el cárter tirando hacia abajo y atrás del vehículo.

NOTA: Podría ser necesario girar el cigüeñal para poner sus contrapesos en posición que facilite el desmontaje del cárter de aceite.

25. Desmonte de la bomba de aceite el tubo de aspiración, si es necesario.

26. Desmonte el material de la junta vieja y limpie las superficies de contacto del cárter, bloque del motor y tapas delantera y trasera con un disolvente adecuado y secándolo luego meticulosamente.

27. Limpie las superficies de contacto del tubo de aspiración. Inspeccione sobre posibles grietas y acóplelo a la bomba de aceite con una junta nueva, si se desmontó. Apriete las tuercas según lo especificado.

28. Cebe la bomba de aceite con un aceite de motor recomendado. Gire el piñón de mando de la bomba para distribuir el aceite por todo el cuerpo de la bomba. Colóquela junto con el tubo de aspiración en el cárter de aceite.

29. Coloque el cárter en posición sobre el soporte del bastidor n.º 1.

30. Monte la bomba de aceite y el tubo de aspiración y apriételos según lo especificado.

31. Aplique un cordón de 1/8 de pulgada de diámetro de sellador RTV en los carriles laterales de la superficie de contacto del cárter con el bloque y uno de 1/8 de pulgada de diámetro en los extremos de la superficie de contacto del cárter sobre las tapas delanteras y trasera y en las esquinas de contacto.

32. Coloque en su posición las clavijas de montaje del cárter fabricadas por usted mismo.

33. Coloque el cárter en el motor y monte los tornillos de unión. Desmonte las clavijas de posicionado del cárter y monte los dos tornillos restantes del cárter. Apriete todos los tornillos según lo especificado.

34. Monte la platina de inspección del volante y apriétela según lo especificado. Baje el vehículo.

35. Eleve el motor y retire los bloques de madera que los soportan.

36. Baje el motor sobre el soporte del bastidor n.º 1 y retire la eslinga de elevación. Eleve el vehículo y apóyelo con seguridad.

37. Monte las tuercas y arandelas que unen los silenblocks del motor al soporte del bastidor n.º 1 y apriételos.

38. Monte la espiga de montaje superior del tubo de salida del silencioso sobre el colector de escape de la derecha.

39. Coloque el tubo de entrada del silencioso en el vehículo y conéctelo a la brida del silencioso, utilizando una junta nueva, y apriételo.

40. Monte el tubo de llenado de la transmisión utilizando una junta tórica nueva y apriete los tornillos de unión. Monte el tapón de drenaje del cárter y un nuevo filtro de aceite y apriételos.

41. Conecte el conducto de entrada de la bomba de combustible a la bomba y apriételo según lo especificado.

NOTA: Asegúrese de que la pinza de sujeción del conducto de combustible se vuelve a montar en el soporte del bastidor n.º 1.

42. Conecte los conductos de refrigeración de aceite de la transmisión y apriételos según lo especificado, si lo lleva como equipo. Baje el vehículo.

43. Conecte los cableados del alternador y el conector del calefactor de la conducción de combustible al alternador.

44. Conecte el manguito de retorno del servo de la dirección a la bomba de mando.

45. Conecte la abrazadera del manguito inferior del radiador y apriétela. Monte el conjunto del ventilador del radiador con su embrague utilizando herramientas adecuadas. La rosca es a la izquierda. Móntelo girando la tuerca en sentido contrario a las saetas del reloj.

46. Retire la cubierta sobre la abertura del colector de admisión y monte el filtro de aire y apriételo.

47. Monte los controles de nivel de aceite del motor y la transmisión.

48. Vuelva a llenar el sistema de refrigeración.

49. Llene el cárter del cigüeñal con las cantidad, calidad y viscosidad de aceite del motor especificadas.

50. Conecte los cables de masa de ambas baterías.

51. Ponga en marcha el motor y compruebe las posibles fugas de aceite, combustible o refrigerante.

52. Compruebe el nivel del fluido del servo de la dirección, reponiendo el nivel, si es preciso.

Bomba de aceite

DESMONTAJE Y MONTAJE

Excepto el 232 (3,8 L) V6

1. Desmonte el cárter de aceite.

2. Desmonte el conjunto del tubo de entrada de la bomba de aceite y rejilla.

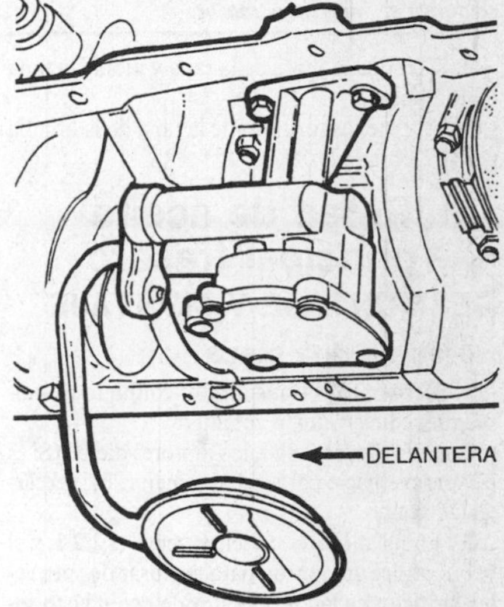

Montaje típico de bomba de aceite

3. Desmonte los tornillos de unión de la bomba de aceite y desmonte la junta de la bomba de aceite y el árbol de mando intermedio.

4. Antes de montar la bomba de aceite, cébela llenado las lumbreras de entrada y salida con aceite de motor y girando el árbol de la bomba para distribuirlo.

5. Coloque el árbol de mando intermedio dentro del zócalo del distribuidor.

6. Ponga una junta nueva en el cuerpo de la bomba e inserte el árbol de mando intermedio dentro del cuerpo de la bomba.

7. Monte la bomba y el árbol de mando intermedio juntos. No fuerce la bomba si no encaja fácilmente. El árbol de mando puede estar mal alineado con el del distribuidor: Para alinearlo, gire el árbol de mando intermedio a una nueva posición.

8. Monte los tornillos de unión de la bomba de aceite y apriételos a 12-15 libras-pie en los motores de 6 cilindros y a 20-25 libras-pie en los motores V8.

9. Monte el cárter de aceite.

232 (3,8 L) V6

1. Si es necesario, desmonte el filtro de aceite.

2. Desmonte los tornillos de unión de la tapa de la bomba y desmonte la tapa.

3. Saque los piñones de la bomba de su cavidad de alojamiento en la tapa delantera.

4. Desmonte la junta de la tapa. Deseche la junta.

5. Si es necesario, desmonte los piñones de la tapa.

6. Rellene la cavidad de los piñones con gelatina de petróleo. NO USE LUBRICANTE DE CHASIS.

7. Monte los piñones en la cavidad de la tapa asegurándose de que la gelatina de petróleo llena todos los espacios vacíos entre los piñones de la cavidad.

ATENCIÓN

Un rellenado defectuoso de los piñones de la bomba de aceite con la gelatina de petróleo podrá ser causa de que falle el cebado de la bomba cuando se ponga en marcha el motor.

8. Coloque la junta de la tapa y monte la tapa de la bomba.

9. Apriete los tornillos de la tapa de la bomba a 18-22 libras-pie.

Retén de aceite principal trasero

DESMONTAJE Y MONTAJE

Retén de una pieza

1. Desmonte la transmisión, conjunto de embrague, convertidor y volante.

2. (Vea el paso 7 para los motores diesel.) Si es necesario espacio para trabajar mejor, baje el cárter de aceite.

3. En los motores diesel, excepto el 2.2 L y el 6.9 L, utilice un punzón para perforar dos pequeños orificios en lados opuestos del retén justo sobre la abertura entre la tapa del cojinete principal y el bloque del motor. Rosque en cada orificio un tornillo con rosca para plancha metálica. Utilice dos palancas pequeñas y apalanque sobre las cabezas de los dos tornillos de manera muy igualada empleando dos pequeños bloques de madera como puntos de apoyo de las palancas. Ponga la máxima atención para evitar rayaduras o daños en las superficies de montaje del retén.

4. Cuando haya desmontado el retén, limpie el espacio de montaje.

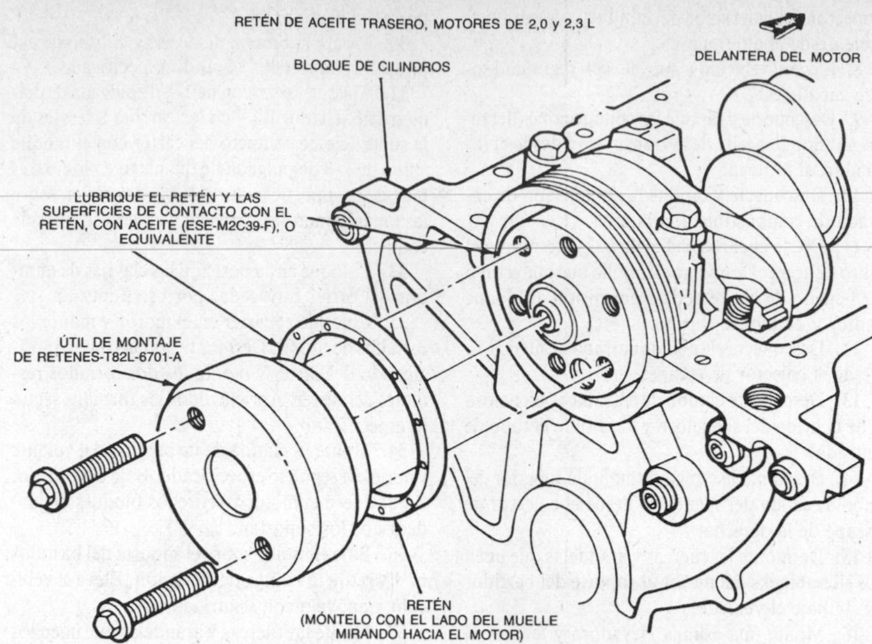
RETÉN DE ACEITE TRASERO, MOTORES DE 2,0 y 2,3 L
DELANTERA DEL MOTOR
BLOQUE DE CILINDROS
LUBRIQUE EL RETÉN Y LAS SUPERFICIES DE CONTACTO CON EL RETÉN, CON ACEITE (ESE-M2C39-F), O EQUIVALENTE
ÚTIL DE MONTAJE DE RETENES-T82L-6701-A
RETÉN (MÓNTELO CON EL LADO DEL MUELLE MIRANDO HACIA EL MOTOR)
NOTA: LA CARA TRASERA DEL RETÉN DEBE ESTAR EN (0,127 mm 10,005") DE LA CARA TRASERA DEL BLOQUE

Montaje del retén de aceite principal trasero, típico de los modelos que usan retenes de una sola pieza

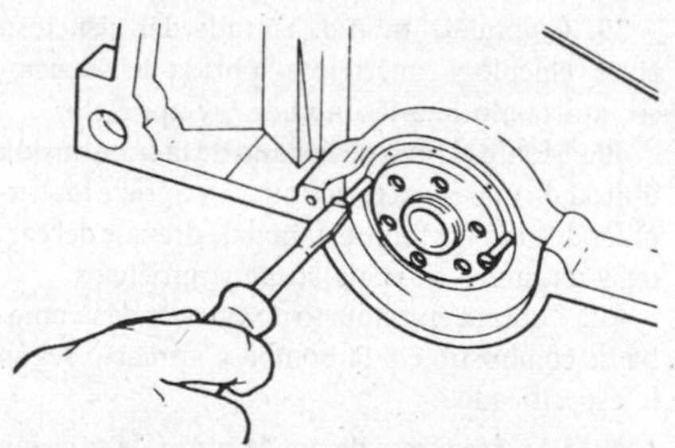

Monte tornillos con rosca para plancha metálica como ayuda para el desmontaje de un retén de aceite principal trasero de una sola pieza

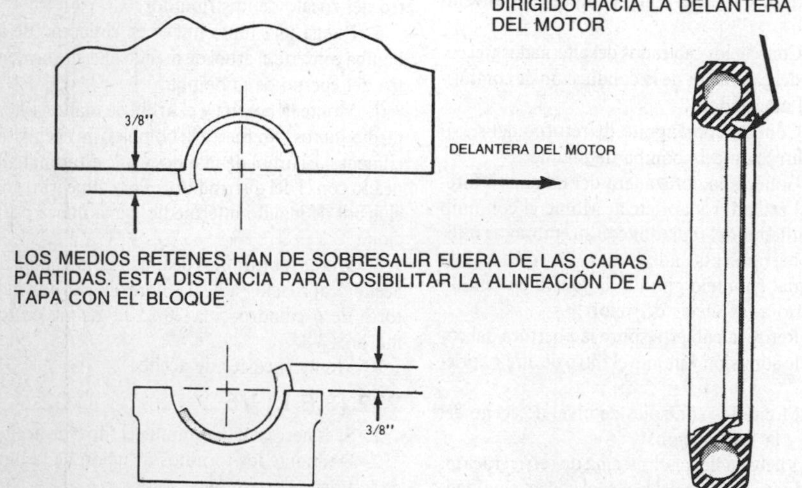
MONTE EL RETÉN CON EL LABIO DIRIGIDO HACIA LA DELANTERA DEL MOTOR
3/8"
DELANTERA DEL MOTOR
LOS MEDIOS RETENES HAN DE SOBRESALIR FUERA DE LAS CARAS PARTIDAS. ESTA DISTANCIA PARA POSIBILITAR LA ALINEACIÓN DE LA TAPA CON EL BLOQUE
3/8"
CARA TRASERA DEL COJINETE PRINCIPAL TRASERO Y BLOQUE DE CILINDROS
VISTA MOSTRANDO LA CARA PARTIDA DEL CONO, RETÉN DE CIGÜEÑAL DEL TIPO DE LABIO

Posicionado del retén de aceite principal trasero de los motores V8

5. Cubra las superficies de montaje del retén y del bloque con aceite. Aplique lubricante blanco a la superficie de contacto del retén con el cigüeñal. Inicie la entrada del retén dentro del espacio de montaje y móntelo con el útil de Ford número T82L-6701-A o su equivalente.

6. Monte los componentes restantes en el orden inverso.

7. En los motores diesel de 2.2 L y 6,9 L, el retén es de una pieza, pero montado sobre una platina de retención. Desmonte la platina de retención por detrás del motor y sustituya el retén. Vuelva a montarlo en orden inverso al desmontaje.

Retén partido

Desmonte el cárter de aceite. En algunos casos puede ser necesario que desmonte el tubo de aspiración y la rejilla de la bomba de aceite, o todo el conjunto de la bomba.

1. Afloje todas las tapas de los cojinetes, bajando ligeramente el cigüeñal, pero no más de 1/32 de pulgada, para despegar los retenes.

2. Desmonte la tapa del cojinete principal trasero.

3. Desmonte las dos mitades del retén de la tapa y del bloque. Utilice una herramienta de desmontaje sobre la mitad del bloque o monte un tornillo pequeño de rosca para plancha metálica en un extremo, de modo que el retén pueda ser extraído.

ATENCIÓN

No dañe o raye las superficies de cierre del cigüeñal.

4. Si la lleva como equipo, desmonte el pasador de retención del retén de la tapa del cojinete.

5. Limpie meticulosamente las ranuras de cierre en el bloque y tapa con un cepillo y disolvente.

6. Sumerja las dos mitades del retén en aceite de motor.

7. Monte cuidadosamente la mitad superior del

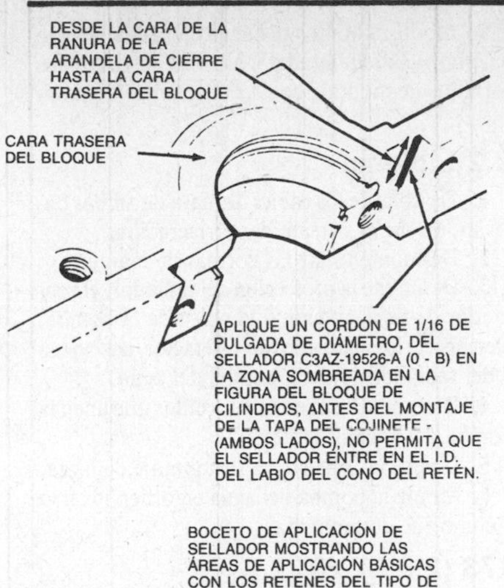

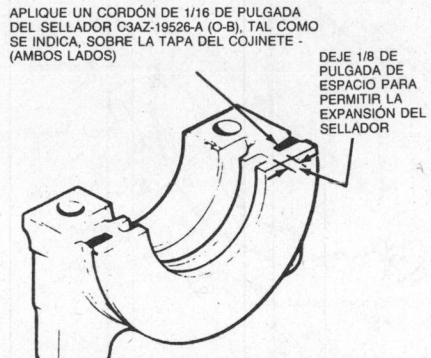

Aplicación de sellador RTV a la tapa del retén principal en todos los V8

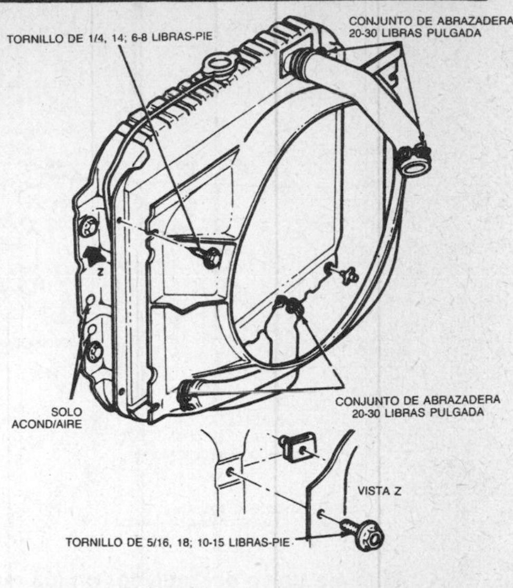

Montaje típico del radiador, en el Bronco con motor 400 V8

retén con el labio dirigido hacia la parte delantera del motor hasta que queden sobresaliendo 3/8 de pulgada partiendo de la superficie inferior. Cuide mucho de no rayar el retén.

8. Apriete todas las tapas de cojinetes, excepto la del principal trasero a la torsión especificada.

9. Monte la mitad inferior del retén en la tapa del cojinete principal trasero con el labio dirigido hacia la parte delantera del motor. Aplique una ligera capa de sellador resistente al aceite en la parte trasera de la superficie superior de contacto de la tapa. No aplique sellador a la zona de los lados de la ranura alojamiento del retén.

10. Monte la tapa del cojinete principal trasero y apriete los tornillos al par de torsión especificado.

11. Monte la bomba y el cárter de aceite.

12. Monte el cárter del cigüeñal y ponga en marcha el motor para comprobar si hay fugas.

TORNILLO
CARTELA
TORNILLO
PINZA
TUERCA
RADIADOR
GRAPA SUJECIÓN MANGUITO
PROTECCIÓN
TORNILLO
MANGUITO
MANGUITO REBOSADERO
MANGUITO
GUARDA
MANGUITO
ABRAZADERA
ALMOHADILLA
PINZA
MANGUITO
ABRAZADERA
TORNILLO
BOTELLA DE RECUPERACIÓN
MANGUITO
ABRAZADERA
LA REFRIGERACIÓN Y LA EXTRA SON IGUALES QUE CON AIRE ACONDICIONADO EXCEPTO LAS DIFERENCIAS QUE SE SEÑALAN

Montaje típico del radiador del motor 6-300

SISTEMA DE REFRIGERACIÓN

El funcionamiento satisfactorio de cualquier motor viene controlado principalmente por un funcionamiento eficaz del sistema de refrigeración. El bloque del motor se halla totalmente envuelto en una camisa de agua para evitar posibles deformaciones de las paredes de los cilindros. Los orificios destinados para ello y el agua de refrigeración hacen que el agua fluya por los lados de los asientos de las válvulas, que son unas de las zonas más calientes en cualquier motor, para evacuar el calor de las válvulas y sus asientos.

La temperatura mínima del refrigerante está controlada por un termostato, montado en el paso de salida del refrigerante del motor. Cuando la temperatura de dicho refrigerante está por debajo del valor límite fijado para el termostato, éste permanece cerrado y el refrigerante es dirigido a través del manguito del bypass del radiador hacia la bomba de agua y devuelto al interior del motor. Una vez que la temperatura del refrigerante alcanza el valor fijado del termostato, éste se abre paulatinamente permitiendo el paso del refrigerante hacia la parte superior del radiador. El radiador disipa el exceso de calor del motor antes de que el refrigerante sea recirculado de nuevo a través del motor.

El sistema de refrigeración está sometido a sobrepresión y ésta se regula por el valor límite de apertura de la tapa del radiador que dispone de una válvula de seguridad. La razón de ser del sistema de refrigeración a sobrepresión es la de permitir mayores temperaturas de funcionamiento del motor con un punto de ebullición más elevado del refrigerante.

Radiador

DESMONTAJE Y MONTAJE

1. Drene el sistema de refrigeración.

2. Desconecte los conductos del sistema de refrigeración de la transmisión de la parte inferior del radiador, si la lleva.

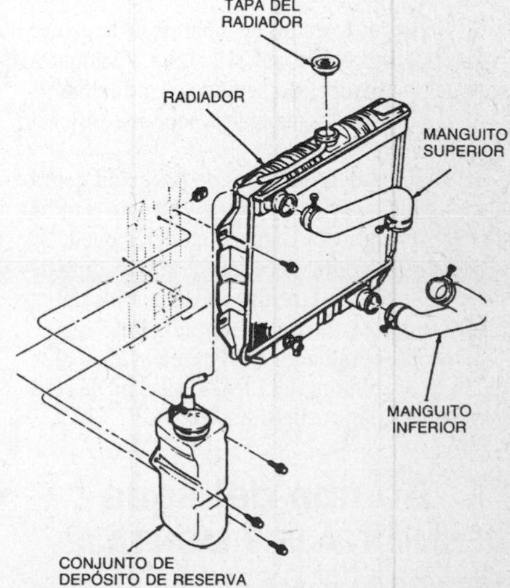

Sistema típico de recuperación de refrigerante

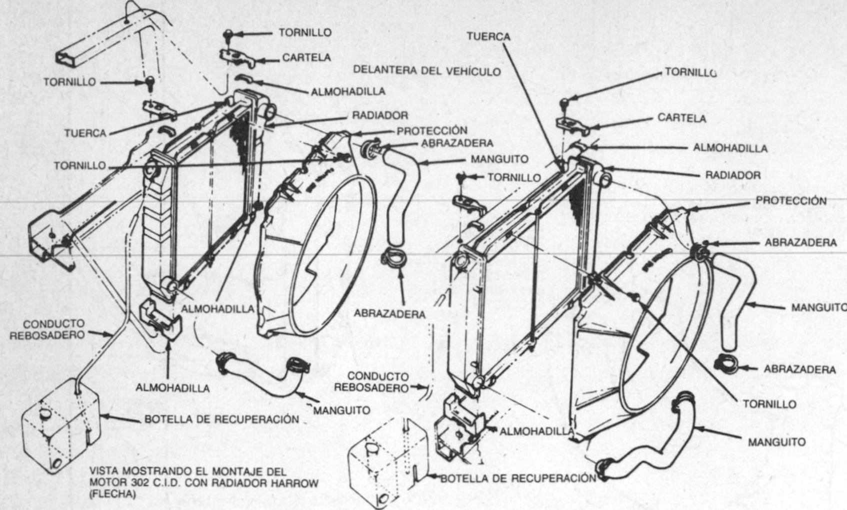

Montaje típico del radiador en los motores V8, del Bronco y pick-ups

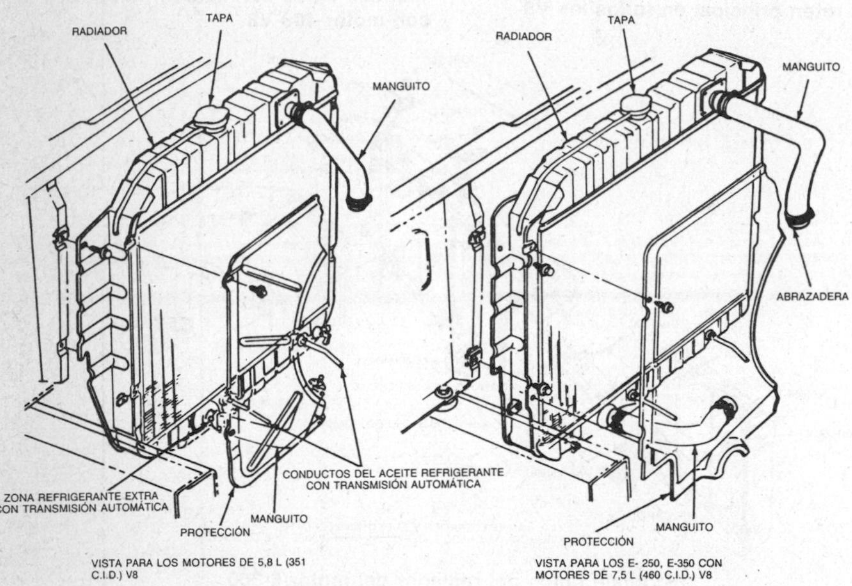

Montaje típico del radiador en los furgones V8

3. Retire los tornillos de montaje de la protección o medias protecciones, si las lleva, y colóquelas sobre el ventilador, despejando el radiador.

4. Desconecte los manguitos superior e inferior del radiador.

5. Desmonte los tornillos de retención del radiador o los soportes superiores y levante el radiador del vehículo. En algunos modelos puede ser necesario desmontar la cartela de la cerradura derecha del capó y los tornillos de la parrilla del radiador antes de desmontar el radiador.

6. Monte el radiador en el orden inverso al seguido en el desmontaje. Llene el sistema de refrigeración y compruebe si hay fugas.

Bomba del agua

DESMONTAJE Y MONTAJE

122 (2.0 L) y 140 (2.3 L)

1. Desconecte el cable negativo de la batería. Drene el sistema de refrigeración. Afloje y desmonte la correa de mando.

2. Desmonte los dos tornillos que retienen la protección del ventilador y coloque la protección hacia atrás sobre el ventilador.

3. Desmonte los cuatro tornillos que retienen el ventilador de la refrigeración. Desmonte el ventilador y la protección.

4. Afloje y desmonte las correas de mando del compresor del aire acondicionado y de la dirección asistida.

5. Desmonte la polea de la bomba del agua y el manguito de descarga al recipiente de emisiones.

6. Desmonte el manguito del calefactor en la bomba de agua.

7. Desmonte la tapa de la correa de mando del árbol de levas. Desmonte el manguito inferior del radiador de la bomba del agua.

8. Desmonte los tornillos de unión de la bomba del agua y la bomba. Limpie las superficies de montaje de junta.

9. Monte la bomba del agua en orden inverso a como fue desmontada. Cubra las roscas de los tornillos de montaje con sellador antes de montarlos.

2.2 L diesel

1. Desconecte los cables de masa de ambas baterías. Drene el sistema de refrigeración.

2. Desmonte todas las correas de mando.

3. Desmonte la protección del radiador, el ventilador de refrigeración y la polea de la bomba. Desconecte los manguitos del calefactor, del bypass y del radiador desde la bomba del agua.

4. Desmonte las tuercas y tornillos que unen la bomba del agua al motor.

5. Limpie las superficies de montaje de junta.

6. Monte la bomba del agua en orden inverso a como fue desmontada.

173 (2.8 L) V6

1. Desconecte el cable negativo de la batería. Drene el sistema de refrigeración.

2. Afloje y desmonte las correas de mando. Desmonte la polea de la bomba. Desconecte todos los manguitos del agua de la bomba y del alojamiento del termostato.

3. Desmonte la protección del radiador (si es necesario) y el ventilador de la refrigeración y embrague juntos. La tuerca de montaje del conjunto ventilador-embrague está provista de una rosca a la izquierda, así pues, se desmonta girándola en el sentido de las saetas del reloj.

4. Desmonte los tornillos de montaje y la bomba del agua, entrada del agua y alojamiento del termostato juntos.

5. Limpie todas las superficies de montaje de junta. Cambie piezas a la bomba nueva.

6. Monte la bomba de agua en el orden inverso a como fue desmontada.

232 (3.8L) V6

1. Desconecte el cable negativo de la batería. Drene el sistema de refrigeración.

2. Desmonte juntos el filtro de aire y conductos.

3. Desmonte las correas de mando y la polea de la bomba. Desmonte la protección del ventilador y el conjunto ventilador-embrague.

4. Desmonte la bomba del servo de la dirección asistida con los soportes de montaje y manguitos conectados. Póngala a un lado.

5. Desmonte el manguito de montaje delantero del compresor del aire acondicionado. Ponga el compresor a un lado.

6. Desconecte el manguito de derivación de la bomba de agua. Desconecte el manguito del calefactor y del radiador de la bomba de agua.

7. Retire los tornillos de montaje y la bomba de agua.

8. Limpie todas las superficies de montaje de junta. El montaje se hace siguiendo el orden inverso al desmontaje.

300 (4.9L)

1. Desconecte el cable negativo de la batería. Drene el sistema de refrigeración.

2. Desconecte el manguito inferior del radiador desde la bomba de agua.

3. Desmonte la correa de mando, ventilador y polea de la bomba de agua. Desmonte las correas del alternador y de la bomba de aire.

4. Desconecte el manguito del calefactor de la bomba de agua.

5. Desmonte la bomba de agua.

6. Antes de montar la bomba de agua vieja limpie las superficies de montaje de junta en la bomba y bloque de cilindros. Si se ha de montar una bomba nueva, desmonte la toma del manguito del calefactor de la bomba vieja y móntelo en la nueva. Cubra las juntas nuevas con sellador en cada cara y monte la bomba siguiendo el orden inverso al desmontaje.

255 (4.2L), 302 (5.0L) 351W (5.8L) V8

1. Drene el sistema de refrigeración.

2. Desmonte los tornillos que aseguran la protección del ventilador al radiador, si la lleva, y colóquela sobre el ventilador.

3. Desconecte el manguito inferior del radiador, el del calefactor y el de la derivación en la bomba de agua. Desmonte las correas de mando, ventilador, espaciador del ventilador y polea. Desmonte la protección del ventilador, si la lleva.

4. Afloje el tornillo-pivote del alternador y el tornillo de unión del brazo de ajuste del alternador a la bomba de agua.

5. Desmonte los tornillos que aseguran la bomba de agua a la tapa de la cadena de distribución y desmonte la bomba.

6. Monte la bomba de agua en sentido inverso a como fué desmontada.

351M (5.8L), 400 (6.6L), 460 (7.5L) V8

1. Drene el sistema de refrigeración y desmonte los tornillos de unión de la protección del ventilador.

2. Desmonte los tornillos de unión del conjunto del ventilador y desmonte la protección y el ventilador.

3. Afloje los tornillos de unión de la bomba del servo de la dirección.

4. Si el camión está equipado con aire acondicionado, afloje los tornillos de unión del compresor y desmonte las correas de mando del compresor del aire acondicionado y de la bomba de la dirección asistida.

5. Afloje el tornillo-pivote del alternador. Desmonte los dos tornillos de unión y el espaciador. Desmonte la correa de mando y luego gire el soporte apartándolo a un lado.

6. Desmonte los 3 tornillos de unión del compresor del aire acondicionado y asegure el compresor apartado a un lado.

7. Desmonte los tornillos de unión de la bomba del servo de la dirección y colóquela a un lado.

8. Desmonte los tornillos de unión del soporte del acondicionador de aire y retire el soporte.

9. Desconecte el manguito inferior del radiador y el del calefactor de la bomba de agua.

10. Afloje la abrazadera del manguito de derivación de la bomba de agua.

11. Desmonte los restantes tornillos de fijación de la bomba de agua y retire la bomba de la tapa delantera. Desmonte la plancha del separador de la bomba. Deseche las juntas.

12. Retire todos los restos del material de juntas de todas las superficies de contacto.

13. Monte la bomba de agua en el orden inverso al desmontaje, utilizando una junta nueva y sellador a prueba de agua. Cuando la bomba sobre la tapa delantera del motor, monte sólo los 2 tornillos que se utilizan para asegurar los soportes del acondicionador de aire y del alternador.

420 (6.9 L0 diesel)

1. Desconecte los cables de masa de ambas baterías. Drene el sistema de refrigeración.

2. Desmonte las dos medias protecciones del ventilador del radiador.

3. Desmonte, con la ayuda de útiles adecuados, el conjunto del ventilador y embrague. Estando acoplado con una tuerca con rosca a la izquierda; desmóntela girando en el sentido de las saetas del reloj.

4. Afloje la bomba del servo de la dirección y el compresor del aire acondicionado y desmonte las correas de mando.

5. Afloje la bomba de vacío y desmonte la correa de mando. Afloje el alternador y desmonte la correa de mando.

6. Desmonte la polea de la bomba del agua.

7. Desconecte el manguito del calefactor de la bomba del agua. Desmonte la toma del manguito del calefactor de la bomba del agua.

8. Desmonte el brazo de ajuste del alternador y la cartela del brazo de ajuste. Desmonte el compresor del aire acondicionado con los manguitos acoplados y colóquelo a un lado. Desmonte las cartelas del compresor del aire acondicionado.

9. Desmonte la bomba del servo de la dirección y la cartela y colóquelos a un lado.

10. Desmonte los tornillos de unión de la bomba del agua a la tapa delantera y desmonte la bomba.

11. Limpie con un disolvente las superficies de contacto de la bomba del agua y de la tapa delantera del motor.

12. Monte las clavijas centradoras, fabricadas a partir de tornillos para la alineación de la bomba del agua.

13. Monte la bomba con una junta nueva y apriétela, según lo especificado.

NOTA: Cubra dos tornillos y dos tornillos del fondo con sellador RTV antes de montarlos.

14. Monte la cartela del brazo de ajuste del alternador.

15. Monte la polea de la bomba del agua.

16. Cubra con sellador los tubos de la toma del manguito del calefactor y móntelo en la bomba del agua.

17. Conecte el manguito del calefactor a la bomba del agua y apriete la abrazadera, según lo especificado.

18. Monte la cartela de la bomba del servo de la dirección. Monte la bomba del servo de la dirección y la correa de mando. Monte la cartela del compresor del aire acondicionado. Monte el compresor del aire acondicionado y la correa de mando.

19. Monte el brazo de ajuste del alternador y la correa de mando. Monte la correa de mando de la bomba de vacío.

20. Ajuste las correas de mando accesorias.

21. Monte el conjunto de ventilador y embrague. La tuerca tiene la rosca a la izquierda. Apriete la tuerca girándola en sentido contrario a las saetas del reloj.

22. Monte las dos medias protecciones del ventilador del radiador. Llene y sangre el sistema de refrigeración.

23. Conecte los cables de masa de ambas baterías en las baterías. Ponga en marcha el motor si hay pérdidas de refrigerante.

Termostato

DESMONTAJE Y MONTAJE

1. Drene el sistema de refrigeración hasta un nivel situado debajo de la salida de refrigerante del alojamiento. Utilice la válvula de purga situada en el fondo del radiador para drenar el sistema o bien desconecte el manguito inferior del radiador.

2. Desconecte el manguito del bypass, si lo lleva. Desmonte los tornillos de retención del alojamiento de la salida del refrigerante y deslice el alojamiento con su manguito acoplado a un lado.

3. Gire el termostato en el sentido contrario a las saetas del reloj para desacoplarlo de la salida.

4. Desmonte la junta del bloque motor y limpie ambas superficies de contacto.

5. Para montar el termostato, unte con sellador a prueba de agua una junta nueva y colóquela en la salida del motor. La junta debe estar en su sitio antes de que se monte el termostato.

6. Monte el termostato con el puente (extremo opuesto del muelle) dentro del codo de conexión y gírelo en el sentido de las agujas del reloj para acoplarlo en posición con el puente aplicado contra los salientes planos de fundición dentro del codo de conexión.

7. Coloque el codo de conexión sobre la superficie de montaje de la salida de modo que la brida del termostato repose sobre la junta y luego monte los tornillos de retención.

8. Llene el radiador y ponga el motor en marcha hasta que alcance su temperatura normal. Compruebe el nivel de refrigerante y ajústelo, si es necesario.

NOTA: Es una buena práctica comprobar el funcionamiento de un termostato nuevo antes de montarlo en un motor. Coloque el termostato en un recipiente con agua hirviendo. Si no se abre más de 1/4 de pulgada, no lo monte en el motor.

SISTEMA DE COMBUSTIBLE DE GASOLINA

Carburador

DESMONTAJE Y MONTAJE

1. Desconecte el cable negativo de la batería. Desmonte juntos el filtro de aire y conducto.

2. Desmonte el cable de la mariposa o la varilla de mando de la palanca de la misma. Desconecte el conducto del distribuidor de vacío, el conducto de vacío del EGR, si lo lleva, el filtro de combustible en serie y el tubo caliente del estrangulador en el carburador.

3. Desconecte el tubo de aire limpio de la estrangulación del difusor de aire. Desconecte el cable de accionamiento de la estrangulación, si lo lleva.

4. Desmonte las tuercas de retención del carburador y luego desmonte el carburador. Retire la junta de montaje del carburador, espaciador (si lo lleva), y la junta del múltiple de admisión.

5. Antes de montar el carburador, limpie las superficies de montaje de junta del espaciador y del carburador. Coloque el espaciador entre dos juntas nuevas y posicione el espaciador con las juntas sobre el múltiple de admisión. Coloque en posición la brida del cuerpo del carburador, ponga las tuercas y luego apriete alternativamente cada tuerca siguiendo una pauta entrecruzada.

6. Conecte el filtro de combustible en línea, el cable de la mariposa, tubo caliente de la estrangulación, conducto del distribuidor de vacío, conducto de vacío del EGR y cable de la estrangulación.

7. Conecte el conducto de aire limpio de la estrangulación al difusor de aire.

8. Ajuste la velocidad de ralentí del motor, la mezcla de combustible de ralentí y el amortiguador de pistón antiahogo (si lo lleva). Monte el filtro de aire.

Consulte para los efectos de ajustes y especificaciones la sección del Carburador en la Reparación de grupos.

Filtro de combustible

DESMONTAJE Y MONTAJE

Filtro de combustible en línea o atornillado

1. Desmonte juntos el filtro de aire y conducto.

2. Si la conexión entre el filtro y la entrada es de goma, afloje las dos bridas y deslice el conducto fuera del filtro

3. Desatornille el filtro de combustible de la toma de entrada del carburador usando una llave fija de boca apropiada, normalmente la de 11/16 de pulgada.

4. Atornille en su sitio el filtro nuevo y monte la conducción de gasolina utilizando un manguito y abrazaderas nuevos que van incluidos en el juego del filtro de recambio. Arranque el motor y compruebe si hay pérdidas. Monte el conjunto de filtro de aire y conducto.

5. Si el filtro está conectado con una conducción de acero y un rácord, use la llave fija de medida adecuada aplicándola sobre el rácord hexagonal del filtro para sujetarlo y el rácord abocardado apropiado o la llave fija abierta para aflojar la conducción de gasolina. Desconecte dicha conducción y desmonte el filtro.

6. Monte un filtro nuevo en el interior del rácord de entrada del carburador. Monte la conducción de gasolina dentro del filtro mientras sujeta el filtro con la llave fija. Ponga en marcha el motor y compruebe si hay pérdidas de combustible. Monte el conjunto de filtro de aire y conducto.

Rácor después de la entrada

1. Desmonte el conjunto de filtro de aire y conducto.

2. Sujete el rácor de entrada del carburador con la llave fija adecuada y desconecte el conducto de la gasolina.

3. Desconecte el rácor de entrada del carburador. Coloque un trapo bajo el rácor para absorber la gasolina que se derrame. Deshágase del trapo empapado evitando posibles riesgos de incendio, una vez que el rácor haya sido desmontado.

4. Desatornille el rácor y retírelo con la junta, filtro y muelle.

5. Monte el muelle, filtro nuevo y junta en el interior de la entrada de combustible del carburador.

6. Inicie el roscado a mano del rácor de entrada dentro del carburador y termine de apretarlo con una llave fija.

7. Inicie el roscado del rácor de la conducción de combustible, sujete el filtro con la llave adecuada y apriete la conducción de combustible.

8. Ponga en marcha el motor y compruebe si hay pérdidas de combustible.

9. Monte el resto de las piezas.

Inyección de combustible en el cuerpo de la mariposa de la admisión de aire

DESMONTAJE Y MONTAJE

1. Desconecte el manguito de admisión de aire.

2. Desconecte el sensor de posición de la mariposa y los conectores de la válvula del bypass del aire.

3. Desmonte las cuatro tuercas de sujeción del cuerpo de la mariposa y con sumo cuidado separe el cuerpo de la mariposa de encima del colector de admisión.

4. Desmonte y deseche la junta de montaje. Limpie todas las superficies de montaje poniendo cuidado en no dañar las superficies de junta del cuerpo de la mariposa y del colector de admisión. No permita que caiga ningún material extraño en el interior del colector de admisión.

5. Monte el cuerpo de la mariposa en el orden inverso a como fue desmontado. Las tuercas de montaje se aprietan a 12-15 libras-pie.

Colector de alimentación de combustible

DESMONTAJE Y MONTAJE

1. Retire el tapón de llenado del depósito de gasolina. Descargue la presión del sistema de combustible localizando y desconectando la conexión eléctrica de uno cualquiera de los dispositivos, la bomba eléctrica de combustible, el interruptor de inercia o la bomba en serie de combustible de alta presión. Haga girar el motor durante unos diez segundos. Si el motor arranca, hágalo girar cinco segundos más después de haber arrancado. Vuelva a acoplar el conector. Desconecte el cable negativo de la batería. Desmonte el conjunto del colector superior de admisión.

NOTA: Se necesita el útil especial T81TP-19623-G, o uno similar, para soltar los muelles de sujeción que aseguran el conducto de combustible a los manguitos de conexión.

2. Desconecte el manguito de combustible que pasa de un lado a otro del colector de alimentación de combustible. Desconecte los conductos de conexión de la alimentación de combustible y de retorno del colector de combustible.

3. Desmonte los dos tornillos de retención del colector de alimentación. Desacople con cuidado el colector de los inyectores y desmonte el colector.

4. Cuando efectúe el montaje; asegúrese de que los sombreretes de los inyectores están limpios y exentos de contaminación. Coloque el colector de alimentación de combustible sobre cada inyector y asiente los inyectores dentro del colector. Cerciórese de que los sombreretes se hallan asentados firmemente.

5. Apriete los tornillos de retención del colector de alimentación a 15-22 libras-pie. Monte el resto de los componentes en el orden inverso al seguido en el desmontaje.

NOTA: Los inyectores de combustible pueden ser revisados después de que el conector de alimentación haya sido desmontado. Sujete el inyector y tire de él hacia arriba mientras lo mueve oscilando suavemente de un lado al otro. Compruebe el estado de los retenes de junta tórica de montaje y sustituya aquel que muestre deterioros.

Bomba de combustible mecánica

DESMONTAJE Y MONTAJE

1. Afloje los rácors roscados a la bomba de combustible (utilice la llave fija adecuada) y no desmonte dos conducciones al mismo tiempo.

2. Afloje una o dos vueltas los tornillos de montaje de la bomba de alimentación. Afloje la bomba y la junta del motor o de la tapa delantera. Gire el motor, en el sentido apropiado, mientras comprueba la tensión sobre la bomba de combustible. Cuando la leva o el lóbulo de la excéntrica esté cercano al punto bajo la presión sobre el brazo de la bomba se habrá reducido considerablemente. Esto es importante especialmente en los motores que tienen la tapa delantera de aluminio, para ayudar a evitar que las roscas se estropeen.

3. Tenga a mano un trapo para recoger el combustible derramado y desconecte todos los conductos de la bomba. Deshágase del trapo empapado en prevención de posibles incendios.

4. Desmonte los tornillos de unión de la bomba, la bomba y la junta de montaje.

5. Limpie todas las superficies de montaje. Aplique sellador resistente al aceite a las superficies de montaje. Monte la bomba y una junta nueva en el orden inverso al desmontaje. Ponga en marcha el motor y controle las pérdidas.

COMPROBACIÓN

Los dos problemas que afectan más frecuentemente al funcionamiento del motor son la presión incorrecta de la bomba y el caudal bajo (velocidad de flujo). La presión baja dará lugar a una mezcla pobre y escasa en combustible a altas velocidades y la presión excesiva causará un consumo excesivo de combustible y el anegamiento del carburador.

Para determinar que la bomba de alimentación de combustible se halla en condiciones satisfactorias de funcionamiento se deben realizar unas pruebas para comprobar la presión y el caudal.

Las pruebas son efectuadas con la bomba montada sobre el motor y el motor en condiciones de temperatura de trabajo normales y a la velocidad de ralentí.

Antes de efectuar la prueba, asegúrese de que el filtro sustituible del combustible ha sido cambiado dentro de su período de kilometraje previsto. Ante la duda, monte un filtro nuevo.

Prueba de la presión

1. Desmonte el conjunto del filtro de aire. Desconecte el conducto de combustible del filtro de combustible del carburador. Tenga cuidado de que no se produzca un incendio, debido al combustible derramado. Coloque un tejido absorbente bajo la conexión antes de desmontar la conducción para recoger el combustible que pueda escaparse.

2. Conecte un medidor de presión, un limitador y un manguito flexible entre el filtro de combustible y el carburador.

3. Coloque el manguito flexible y el limitador de modo que el combustible pueda descargarse en un recipiente graduado.

4. Antes de tomar una lectura de la presión, ponga el motor en marcha a la velocidad de ralentí especificada y descargue el sistema en un recipiente abriendo el limitador momentáneamente.

5. Cierre el limitador del manguito, dejando que la presión se estabilice y anote la lectura de la presión. La presión debe ser de 5 libras por pulgada cuadrada. Si la presión de la bomba no se halla entre 4-6 libras por pulgada cuadrada y las conducciones de combustible y el filtro se hallan en condiciones satisfactorias, la bomba es defectuosa y debe sustituirla. Si la presión de la bomba se halla dentro de sus límites, puede efectuar la prueba de caudal.

Prueba de caudal

1. Haga funcionar el motor a las rpm de ralentí específicas.

2. Abra el limitador y recoja el combustible en un recipiente graduado, mientras observa el tiempo que necesita para bombear una pinta (un cuartillo). Una pinta debe ser bombeada en 20 segundos. Si la bomba no trabaja según las especificaciones, compruebe que la descarga del depósito de combustible esté en orden o que haya obstrucciones en el conducto de combustible desde el depósito al carburador antes de efectuar la sustitución de la bomba.

Bomba de combustible eléctrica

En los modelos de inyección se usan bombas eléctricas; una de sobrepresión baja montada en el depósito de combustible, y la otra de alta presión montada sobre el bastidor del vehículo. Los modelos equipados con el motor de 7.5 litros usan una bomba sencilla de baja presión montada en el depósito de gasolina.

En los modelos de inyección, la bomba de baja presión se usa para suministrar combustible a presión a la entrada de la bomba de alta presión y ayuda a evitar problemas de ruidos y calentamientos. La bomba de alta presión, montada en el exterior, es capaz de suministrar 15.9 galones de combustible por hora. La presión del sistema se controla mediante un regulador de presión montado sobre el motor.

En las bombas montadas dentro del depósito de combustible es necesario desmontar el depósito. Los modelos montados sobre el bastidor tienen acceso desde debajo del vehículo. Antes de efectuar cualquiera revisión, descargue la presión del sistema (vea los detalles del procedimiento en Colector de alimentación de combustible). Desconecte el cable negativo de la batería antes de proceder al desmontaje de la bomba.

DESMONTAJE Y MONTAJE

Bomba dentro del depósito

1. Desconecte el cable negativo de la batería.

2. Suprima la presión del sistema y drene tanta gasolina como pueda del depósito mediante el bombeo o a través del tubo de llenado.

3. Eleve la parte posterior del vehículo y apóyelo sobre caballetes de seguridad.

4. Desconecte los conductos de alimentación de combustible, retorno y descarga situados en el lado derecho e izquierdo del bastidor.

5. Desconecte los cableados de la bomba de combustible.

6. Sostenga el depósito de combustible, afloje y desmonte los flejes de sujeción. Desmonte el depósito de gasolina.

7. Desconecte los conductos y cableados de la brida de la bomba.

8. Limpie el exterior de la brida de montaje y el aro de retención. Gire el anillo de seguridad de la bomba en el sentido contrario a las saetas del reloj y desmóntelo.

9. Desmonte la bomba.

10. Limpie las superficies de montaje. Ponga una ligera capa de grasa sobre las superficies de montaje y sobre el nuevo anillo de cierre. Monte la bomba nueva.

11. El montaje se efectúa en el orden inverso al desmontaje. Llene el depósito con, al menos, 10 galones de gasolina. Gire la llave de encendido en la posición de marcha durante unos tres segundos. Repita 6 ó 7 veces hasta que el sistema se hace bajo presión. Compruebe las posibles pérdidas de los rácors. Ponga el motor en marcha y compruebe las pérdidas.

Bomba exterior

1. Desconecte el cable negativo de la batería.

2. Suprima la presión del sistema de combustible.

3. Eleve y sostenga la parte posterior del vehículo sobre caballetes.

4. Desconecte las conducciones de entrada y salida de combustible.

5. Desmonte la bomba de la cartela de montaje.

6. Monte en orden inverso, asegurándose de que la bomba está puesta correctamente sobre el silentblock de la cartela de montaje.

Rácors de conducciones de «Conexión rápida»

DESMONTAJE Y MONTAJE

NOTA: Los rácors del tipo de conexión rápida (empujando) deben desconectarse usando procedimientos apropiados pues, en caso contrario, se podrá deteriorar el rácor. Se usan dos tipos de retención en los rácors de conexioń rápida por empuje. Las conducciones de 3/8 de pulgada y las de 5/16 de pulgada usan una pinza de retención «de horquilla para el cabello» y los conectores de conducción de 1/4 de pulgada usan una pinza de retención de « ornitorrinco».

Pinza del ornitorrinco

1. Hay disponible una herramienta especial de Ford para desmontar las pinzas de retención (herramienta Ford n.º T82L-9500-AH). Si no la tiene a mano vea el paso 2. Alinee la ranura que hay sobre el empujador de la herramienta para desacoplar el conector con una de las dos pestañas de la pinza de retención. Saque la canalización fuera del conector.

2. Si no dispone de la herramienta especial, use un par de alicates de presa de canal estrecho de 6 pulgadas con las mordazas de 0.2 pulgadas o menos de ancho. Alinee las mordazas de los alicates con las aberturas de la caja del rácor y comprima la parte de la pinza que engraba en la caja. Comprimiendo la pinza de retención liberaremos el rácor que ya puede sacar usted del conector. Para liberar la retención, deben comprimirse al mismo tiempo los dos lados de la pinza.

3. Inspeccione la pinza de retención, extremo del rácor, y conector. Sustituya la pinza si se observa cualquier deterioro.

4. Empuje la canalización dentro del conector de acero hasta que se note un chasquido, que indicará que la pinza está alojada en su sitio. Tire de la canalización para comprobar que el encaje es correcto.

Depósito de combustible

DESMONTAJE Y MONTAJE

Depósito de combustible en el habitáculo

1. Vacíe mediante un sifón, colocado a través

de la boca de llenado, el combustible del depósito dentro de un recipiente adecuado.

2. Mueva el asiento totalmente hacia adelante e inclínelo hacia el mismo lado.

3. Desconecte el conductor eléctrico de la unidad de control del nivel de combustible y la conducción de combustible del depósito. Desconecte la cámara de descarga del vapor y el conducto del vapor del sistema de control de emisiones sobre la evaporación de combustible.

4. Afloje la abrazadera del manguito de la boca de llenado en el extremo del manguito del depósito y tire de la boca de llenado hacia afuera del depósito.

5. Desmonte las tuercas de retención del depósito y sáquelo fuera del habitáculo. Si ha de sustituirse, desmóntele la unidad de control del nivel y móntela en el depósito nuevo.

6. Monte el depósito en el orden inverso al empleado al desmontarlo.

Depósito de combustible en el bastidor

1. Drene el combustible del depósito dentro de una cubeta adecuada, bien quitando el tapón de drenaje, si lo lleva, o bien haciendo un sifón a través de la boca de llenado.

2. Desconecte el hilo eléctrico de la unidad de control de nivel de combustible y la canalización de salida.

3. Desconecte el tubo aliviadero del aire de la boca de carga y del depósito de combustible.

4. Afloje la abrazadera del manguito de la boca de llenado en el depósito de combustible y saque la boca de llenado del depósito.

5. Desmonte las tuercas y tornillos de retención del fleje de montaje y baje el depósito hasta el suelo.

6. Si se está montando un depósito nuevo, trasládele la unidad de control de nivel del depósito viejo.

7. Monte el depósito en el orden inverso al empleado en el desmontaje.

Depósito de combustible detrás del eje trasero

1. Eleve la parte trasera del camión.

2. Desconecte el cable negativo de la batería.

3. Desconecte el conductor de la unidad de control de nivel de combustible en el depósito.

4. Desmonte el tapón de drenaje o haga un sifón para vaciar el combustible del depósito en un recipiente idóneo.

5. Afloje las abrazaderas de los manguitos de la conducción de combustible, deslícelas hacia adelante y desconecte la conducción de combustible en la unidad de control de nivel.

6. Si la unidad de control debe ser desmontada, gire el anillo de retención de la unidad en sentido contrario a las saetas del reloj y desmonte la unidad, anillo de retención y junta. Deseche la junta.

7. Afloje las abrazaderas en el tubo de llenado de combustible y manguito de descarga, si es necesario, y desconecte el manguito del tubo de llenado y el de descarga del depósito.

8. Si el depósito es de tipo metálico, sostenga el depósito y desmonte los tornillos de unión de los soportes del depósito al bastidor. Baje con cuidado el depósito y desconecte el tubo de descarga de la válvula de control de la emisión de vapor en la parte superior del depósito. Termine de desmontar el tubo de llenado y el manguito de descarga del tubo de llenado, si no fue posible hacerlo antes.

9. Si el depósito es de plástico, sosténgalo y desmonte los tornillos que unen la combinación de la plancha deslizante y el soporte del depósito al bastidor. Baje con cuidado el depósito y desconecte el tubo de descarga de la válvula de control de emisión de vapores situada en la parte superior del depósito. Termine de desmontar el tubo de llenado y el manguito de descarga del tubo de llenado, si no fue posible antes. Desmonte la palanca deslizante del depósito.

10. Monte el depósito en el orden inverso al empleado en el desmontaje.

SISTEMA DE COMBUSTIBLE DIESEL

Ajustes

SINCRONIZACIÓN DE LA INYECCIÓN

134 (2.2 L)

NOTA: Las herramientas y aparatos especiales de Ford 14-0303, adaptador del medidor estático de la sincronización y D82L-4201-A, comparador métrico de esfera o sus equivalentes, son necesarios para ajustar o comprobar la sincronización de la inyección.

1. Desconecte los cables de masa de ambas baterías. Desmonte el manguito de entrada de aire y el filtro en el múltiple de admisión.

2. Desmonte el tornillo y la arandela del tapón de la cabeza del distribuidor de la bomba de inyección.

3. Monte el adaptador del medidor de la distribución y el comparador de esfera de modo que el palpador de este último esté en contacto con el pistón del inyector de la bomba mientras en la esfera se lee aproximadamente 0.08 pulgadas.

4. Alinee la marca de los 2 grados DPMS (después del punto muerto superior) en la polea del cigüeñal con el índice de la tapa de la caja de sincronización.

5. Gire lentamente el motor en el sentido contrario a las saetas del reloj hasta que aguja de la esfera del comparador cese de moverse (aproximadamente 30-50 grados).

6. Ajuste a 0 (cero) la esfera del comparador con su aguja. Confirme que la aguja de la esfera no se mueve de cero, girando levemente el cigüeñal a derecha e izquierda.

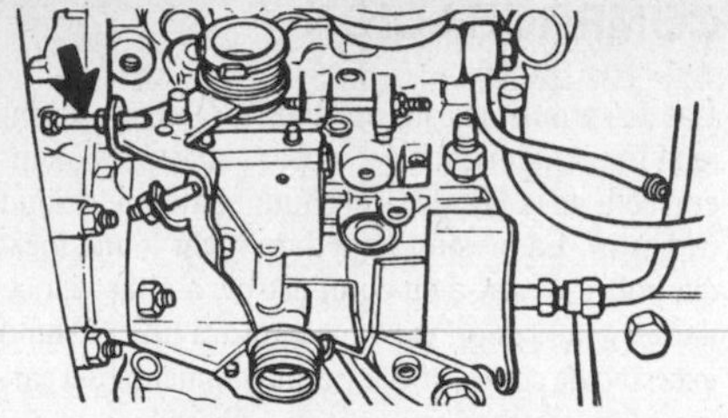

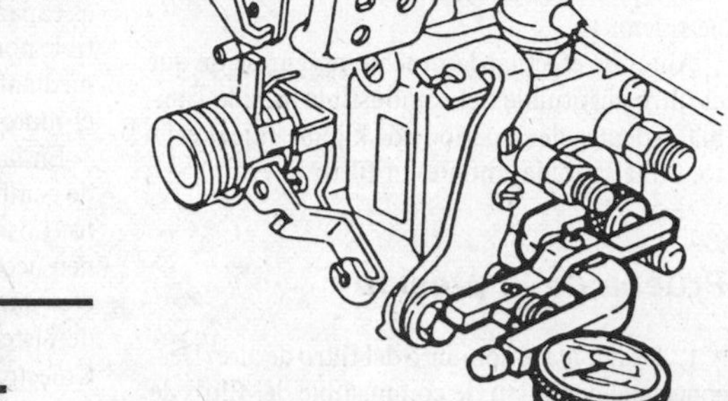

Ajuste de la velocidad de ralentí en el diesel 134 (2.2 L).

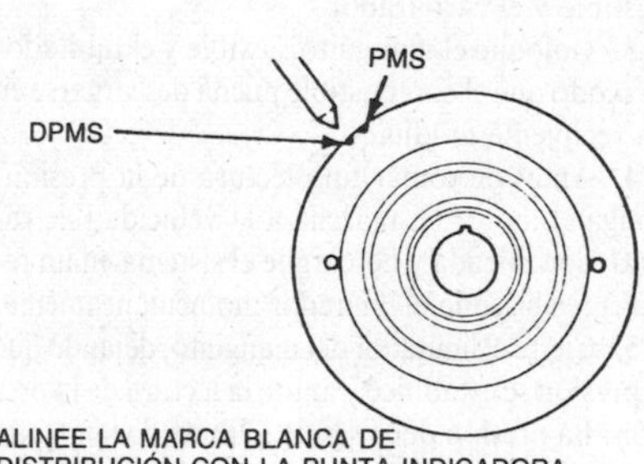

Montaje del comparador de distribución de tiempo de la inyección en el motor diesel 134 (2.2 L)

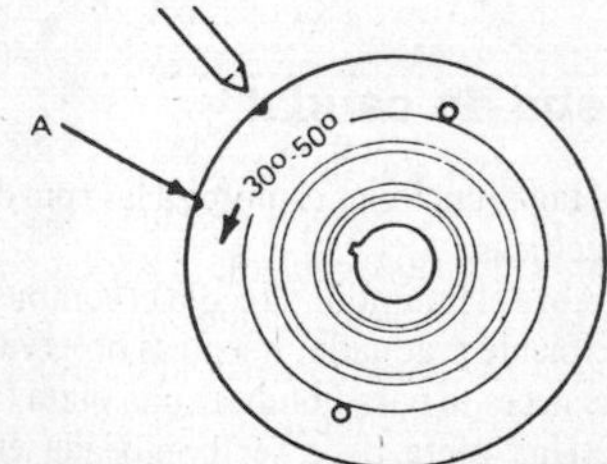
PMS
DPMS
ALINEE LA MARCA BLANCA DE DISTRIBUCIÓN CON LA PUNTA INDICADORA

Alineación de las marcas de distribución del motor diesel 134 (2.2 L)

A
30°-50°
DESPLACE LA MARCA DE DISTRIBUCIÓN BLANCA DESDE LOS 2 GRADOS DPMS (DESPUÉS PUNTO MUERTO SUPERIOR) HASTA LA POSICIÓN A

Desplazamiento de la marca de distribución de la polea cigüeñal en el motor diesel 134 (2.2 L)

7. Gire el cigüeñal en el sentido de las saetas del reloj hasta que la marca de la distribución se alinee con el índice de la tapa. La esfera del comparador deberá dar lectura 1 (más o menos 0.0008 pulgadas). Si la lectura no está dentro de las especificaciones, ajuste la distribución como sigue: afloje las tuercas y tornillos de montaje de la bomba de inyección. Gire la bomba en sentido contrario a las saetas del reloj (inverso a la dirección de marcha del motor) pasada la posición correcta de la distribución, y luego en el sentido de las saetas del reloj hasta que la distribución sea correcta. Este procedimiento eliminará el juego entre dientes de los piñones. Repita los pasos 5, 6 y 7 para comprobar que la distribución está ajustada correctamente.

8. Desmonte el comparador de esfera y el adaptador. Monte la junta y el tapón de la cabeza del distribuidor. Monte todas las piezas desmontadas.

9. Ponga en marcha el motor, compruebe y ajuste las rpm del ralentí. Compruebe si hay pérdidas.

420 (6.9 L)

NOTA: Es necesario un equipo especial de aparatos para efectuar el ajuste o comprobación de la sincronización de inyección, formado por un medidor dinámico de la distribución, Ford D883T-6002A o uno equivalente. Ambos métodos, el estático y el dinámico, siguen a continuación.

PUESTA A PUNTO ESTÁTICA DE LA SINCRONIZACIÓN

1. Afloje las tuercas de montaje de la bomba de inyección.

2. Gire la bomba de inyección para poner la marca que hay en la bomba alineada con la que hay sobre el adaptador.

3. Vuelva a comprobar visualmente la alineación de las marcas y apriete el montaje de la bomba.

PUESTA A PUNTO DINÁMICA DE LA SINCRONIZACIÓN

1. Lleve el motor hasta la temperatura normal de trabajo.

2. Pare el motor y monte el medidor dinámico de la sincronización, Rotunda: 78-0100 o su equivalente, colocando la sonda detectora magnética en el orificio de sondeo.

3. Desmonte la conexión eléctrica de la bujía incandescente de precalentamiento y retire la bujía, monte la sonda de luminosidad y apriétela a 12 libras-pie. Monte la fotocélula sobre la sonda.

4. Conecte un medidor dinámico de la sincronización a la batería y ajuste el compensador del medidor.

5. Ponga la transmisión en punto muerto y levante las ruedas traseras del suelo. Utilizando el Rotunda: 14-0302, controle la posición de la mariposa, ajuste la velocidad del motor a 1,400 rpm sin carga accesoria. Observe la sincronización de la inyección en el medidor dinámico.

6. Si la distribución dinámica no se halla entre más menos 2 grados de lo especificado, la distribución de la bomba de inyección requerirá ser ajustada.

7. Pare el motor. Tome nota de la alineación de la marca de distribución. Afloje las tuercas de unión de la bomba de inyección al adaptador.

8. Gire la bomba de inyección en el sentido de las saetas del reloj (cuando se mira desde la parte delantera del motor) para retrasar, y en sentido contrario para adelantar la sincronización. Dos grados de la sincronización dinámica son aproximadamente 0.030 pulgadas del movimiento de la marca de sincronización.

9. Arranque el motor y vuelva a comprobar la distribución. Si no está entre ± 1 grado de lo especificado, repita los pasos 7 hasta el 9.

10. Pare el motor. Desmonte el equipo de sincronización dinámica. Cubra los hilos de rosca de la bujía de incandescencia con una ligera capa de un compuesto antigripante, monte la bujía y apriétela a 12 libras-pie. Conecte el conductor eléctrico de la bujía.

Bomba de suministro de combustible

DESMONTAJE Y MONTAJE

134 (2.2 L)

1. Desconecte los dos cables de mesa de las baterías.

2. Desconecte y tapone las conducciones de entrada y salida de combustible. Desmonte las tuercas y tornillos de montaje de la bomba a la silleta de montaje y retire la bomba.

3. Monte en orden inverso al desmontaje.

420 (6.9 L)

La bomba usada por el motor diesel de 6.9 L está montada en la tapa delantera. Consulte los Motores de gasolina la sección de la bomba de combustible, para conocer los procedimientos.

Filtro de combustible

DESMONTAJE Y MONTAJE

1. Desmonte el filtro de montaje roscado, girándolo en el sentido contrario a las saetas del reloj según se ve desde el fondo del filtro.

2. Limpie la brida de montaje del filtro. Cubra el labio de cierre del filtro nuevo con combustible diesel.

3. Monte y apriete el filtro hasta que la junta toque la brida de montaje. Apriete media vuelta más. Consulte las instrucciones de montaje del filtro nuevo para asegurarse de si se ha de apretar más de media vuelta de más.

Separador de agua

MANTENIMIENTO

134 (2.2 L)

El agua debe drenarse del sedimentador del combustible que la luz de alerta lo indique, o bien cada 5,000 millas. Pueden ser necesarios intervalos de drenaje más frecuentes según sea la calidad del combustible y el estado de uso del vehículo.

La lámpara de alerta que hay en el panel de instrumentos (AGUA EN EL COMBUSTIBLE) se encenderá cuando se hayan acumulado en el sedimentador aproximadamente 0.53 cuartos de galón de agua. Cuando se encienda la lámpara de alerta, pare el motor tan pronto como lo permita la seguridad. Deberá colocarse un recipiente adecuado para el drenaje bajo el sedimentador que se halla montado dentro del larguero del bastidor, bajo el lado del conductor en la cabina. Para drenar el sedimentador, tire fuerte del tirador en T (localizado en el suelo detrás del asiento del conductor) hasta que sea vencida la resistencia. Gire el interruptor del encendido a la posición de encendido, de modo que la lámpara de alerta se ilumine y mantenga el tirador en T arriba durante unos 45 segundos después de que se apague la lámpara.

Para interrumpir el drenaje, suelte el tirador en T e inspeccione el sedimentador para verificar que el drenaje ha cesado. Deseche el fluido drenado que haya recogido.

420 (6.9 L)

El motor diesel de 6.9 litros está equipado con un separador de combustible-agua en la conducción de suministro de combustible. El panel de instrumentos está equipado con una luz indicadora de «Agua en el combustible» para alertar al conductor. La luz deberá encenderse cuando el interruptor esté en la posición de arranque para indicar que la lámpara en sí y el sensor del agua funcionan correctamente. Si la luz continúa encendida mientras el motor está en marcha, deberá drenarse el agua del separador tan pronto como sea posible para evitar daños al sistema de inyección.

SERIES F

1. Detenga el vehículo y pare el motor.

NOTA: Omitir el paro del motor antes de efectuar el drenaje del separador puede ser causa de que entre aire en el sistema de combustible.

2. Desatornille la descarga de 2 1/2 a 3 vueltas. La descarga está localizada en la parte superior central del grupo separador de combustible-agua.

3. Desatornille el drenaje del agua localizado en el fondo del separador del combustible-agua de 1 1/2 a 2 vueltas y drene el agua. Use un recipiente apropiado.

4. Después de que el agua haya sido drenada completamente, cierre el tapón de drenaje del agua con la fuerza de los dedos.

5. Apriete la descarga hasta ajustarla y luego gírela 1/4 de vuelta más.

6. Vuelva a arrancar el motor y compruebe la lámpara indicadora de «Agua en el combustible». La luz no deberá encenderse. Si continúa encendiéndose, el sistema de combustible ha de ser comprobado y reparado.

SERIES E

1. Detenga el vehículo y pare el motor.

2. Localice el botón-tirador del cable de drenaje del separador de agua-combustible, unido a la brida de la bóveda superior del tablero en el lado izquierdo del vehículo, bajo el capó.

3. Coloque un recipiente que le parezca adecuado bajo el separador, el cual se halla asequible detrás de la rueda delantera izquierda.

4. Tire el botón-tirador y reténgalo durante unos 45 segundos.

5. Suelte el tirador y retire el recipiente.

6. Vuelva a arrancar el motor y compruebe la lámpara indicadora de «Agua en el combustible». La lámpara no deberá encenderse. Si permanece encendida, ha de comprobar y reparar el sistema. El sensor eléctrico es el único elemento reemplazable del separador. Este dispositivo está roscado en la parte superior del separador. El resto del separador se suministra como una unidad completa.

ATENCIÓN

Cuando se drene el separador de agua-combustible, el agua se drenará dentro de un recipiente adecuado.

Conductos del inyector de combustible

DESMONTAJE Y MONTAJE

420 (6.9 L)

NOTA: Antes de desmontar cualquier conducto, limpie el exterior con fuel oil limpio, o disolvente, para evitar la posible entrada de suciedad en el sistema de combustible cuando sean desmontados los conductos. Sóplelo con aire comprimido para secarlo.

1. Desconecte los cables de masa de las baterías desde las baterías.

2. Desmonte el filtro del aire y tape la abertura del colector de admisión con el utillaje de Ford T83P-9424-A o uno equivalente.

3. Desconecte el cable del acelerador y el del control de la velocidad, si lo lleva, desde la bomba de inyección.

4. Desmonte la cartela soporte del cable del acelerador del colector de admisión y póngala a un lado con el o los cables unidos.

NOTA: Para prevenir la posible contaminación del sistema de combustible tapone todos los conductos y tomas con tapones protectores al efecto.

5. Desconecte el conducto de combustible desde el filtro a la bomba de inyección y tapone todos los rácors.

6. Desconecte y tapone los conductos y los inyectores de combustible.

7. Desmonte las abrazaderas de los conductos que se han de desmontar.

8. Desmonte y tapone el codo de entrada de la bomba de inyección.

9. Desmonte y tapone el adaptador del rácor de entrada.

10. Desmonte los conductos de las boquillas de inyección, de uno en uno, desde la bomba de inyección.

NOTA: Los conductos de combustible deben desmontarse siguiendo esta secuencia; 5-6-4-8-3-1-7-2-. Monte capuchones en cada extremo de conducto o rácor así que vayan siendo desmontados y consecuentemente identifique cada uno de ellos.

11. Monte los conductos en la bomba de inyección de uno en uno y apriételos a 22 libras-pie.

NOTA: Los conductos deben montarse en la secuencia; 2-7-1-3-8-4-6-5.

12. Limpie todo resto de sellador viejo del codo de la bomba de inyección, utilizando un disolvente limpio, y secándolo meticulosamente.

13. Aplique una ligera capa de sellador para tubos en las roscas del codo.

14. Monte el codo en el adaptador de la bomba de inyección y apriételo a un mínimo de 6 libras-pie, apretándolo luego, si es necesario para la alineación del codo con el conducto de entrada de combustible en la bomba de inyección, pero sin excederse de 360 grados de rotación o 10 libras-pie de par de apriete.

15. Desmonte los tapones de los conductos y conecte los conductos a los inyectores apretándolos a 22 libras-pie.

16. Destape y conecte el conducto del llenador de combustible a la bomba de inyección y apriételo.

17. Monte las abrazaderas de retención de los conductos de combustible y apriételos.

18. Monte la cartela soporte del cable del acelerador en el colector de admisión.

19. Conecte los cables del acelerador y del control de la velocidad, si lo lleva, a la palanca de estrangulación de la bomba de inyección.

20. Desmonte la tapa del colector de admisión, y monte el filtro de aire.

21. Conecte los cables de masa de las baterías en ambas baterías.

22. Ponga en marcha el motor y compruebe si hay fugas.

23. Si es necesario, purgue el aire los conductos de combustible de alta presión aflojando el rácor de conexión de media a una vuelta y girar el motor con la manivela hasta que fluya por la conexión aflojada un chorro compacto de combustible libre de burbujas de aire.

ATENCIÓN

Mantenga sus ojos y manos fuera del alcance del chorro pulverizado de las boquillas de inyección. El combustible que sale pulverizado de la boquilla a alta presión puede penetrar bajo la piel fácilmente.

Bomba de inyección

DESMONTAJE Y MONTAJE

134 (2.2 L)

1. Desconecte los cables de masa de las baterías desde ambas baterías.

2. Desmonte el ventilador del radiador y la protección. Afloje y desmonte la correa de mando del compresor del aire acondicionado y bomba del servo de la dirección y la polea intermedia, si la lleva. Desmonte la tapa y junta de los piñones de mando de la bomba de inyección.

3. Gire el motor hasta que la chaveta del piñón de mando de la bomba de inyección esté en el PMS.

4. Desmonte la tuerca grande y la arandela que fija el piñón de mando a la bomba de inyección.

NOTA: Debe tener cuidado de que no se le caiga la arandela dentro de la caja de engranajes de la distribución.

5. Desconecte el manguito de admisión del filtro de aire y colector de admisión.

6. Desconecte el cable de la estrangulación y el del control de la velocidad, si lo lleva.

7. Desconecte y tapone el conducto de entrada de combustible en la bomba de inyección.

8. Desconecte el conductor eléctrico del solenoide de cierre del combustible en la bomba de inyección.

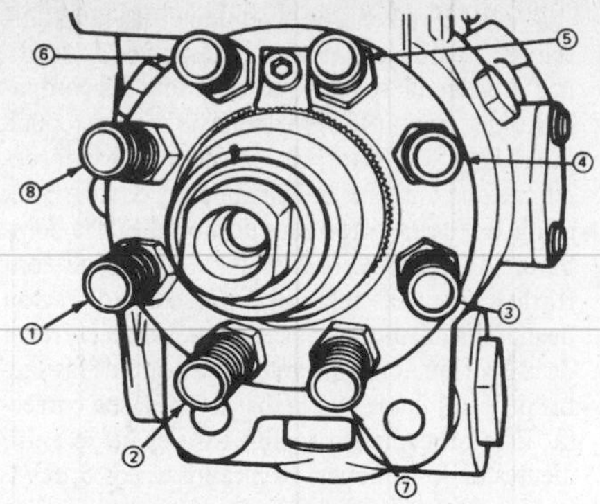

Numeración de los cilindros de la bomba de inyección en el motor diesel 420 (6.9 L)

9. Desconecte y desmonte los conductos de inyección de combustible desde los inyectores y la bomba. Tapone todos los conductos y rácors.

10. Desconecte el conducto de retorno de combustible inferior desde la bomba de inyección y los manguitos de combustible. Afloje la tuerca inferior de la toma de admisión n.º 3 y desmonte la conducción de retorno.

11. Desmonte dos tuercas de unión de la bomba de inyección a la tapa delantera de los engranajes de distribución y un tornillo de unión de la bomba a la cartela soporte posterior.

12. Monte la herramienta para desmontar el piñón y el cubo, T83T-6306-A o una equivalente, en la tapa del piñón de mando y sujétela al piñón de mando de la bomba. Gire el tornillo en el sentido de las saetas del reloj hasta que la bomba de inyección se desacople del piñón de mando. Desmonte la bomba de inyección.

NOTA: Desmonte con cuidado la bomba de inyección para que no se caiga la chaveta dentro de la caja de engranajes de la distribución. Desconecte el cable de arranque en frío antes de desmontar la bomba de inyección del vehículo. Conecte el cable de arranque en frío antes de colocar la bomba en posición en la caja de engranajes de la distribución.

13. Monte la bomba de inyección en posición alineando la chaveta con el chavetero que hay en el piñón de mando en el PMS.

NOTA: Ponga cuidado en evitar que la chaveta se caiga dentro de la caja de engranajes de la distribución.

14. Monte las tuercas y arandelas que unen la bomba de inyección a la caja de engranajes de la distribución y apriételos para que se introduzca la bomba dentro de su posición.

NOTA: No apriete en este momento todavía los tornillos a lo especificado.

15. Monte el tornillo de unión de la bomba de inyección al soporte trasero. Monte la arandela y la tuerca que unen el piñón de mando de la inyección a la bomba y apriételo.

16. Monte la tapa del piñón de mando de la bomba de inyección con una junta nueva sobre la tapa de la caja de engranajes de la distribución y apriétela.

17. Ajuste la distribución de tiempos en este momento.

18. Monte el conducto inferior de retorno de combustible a la bomba de inyección y a la espiga del colector de admisión. Apriete el tornillo del banjo en la bomba de inyección y la tuerca en el colector de admisión. Monte los manguitos de conexión y las abrazaderas. Monte los conductos de inyección a la bomba y a los inyectores y apriételos.

19. Conecte el conductor eléctrico al solenoide de cierre en la bomba de inyección. Conecte la conducción de entrada de combustible a la bomba de inyección y monte la abrazadera del manguito.

20. Monte el cable de estrangulación y el de control de la velocidad, si lo lleva.

21. Purgue el aire del sistema de combustible.

22. Monte el manguito de admisión entre el filtro del aire y el colector de admisión.

23. Monte la correa de mando del compresor del aire acondicionado y la bomba del servo de la dirección y la polea intermedia, si los lleva, y apriételos.

24. Monte la protección del radiador y el ventilador.

25. Conecte los cables de masa de las baterías a ambas baterías.

26. Ponga en marcha el motor y controle si hay pérdidas de aceite y combustible.

420 (6,9 L)

NOTA: Antes de desmontar cualquier conducto de combustible, limpie el exterior con fuel oil limpio o disolvente para evitar que pueda entrar suciedad dentro del motor cuando se desmonten los conductos de combustible.

ATENCIÓN

No lave o limpie con vapor el motor mientras el motor esté en marcha. Podrían ocasionarse daños importantes a la bomba de inyección.

1. Desconecte los cables de masa de las baterías.

2. Desmonte el rácor del filtro de aceite del motor.

3. Desmonte los tornillos que unen la bomba de inyección al piñón de mando.

4. Desenchufe los conectores eléctricos que van a la bomba de inyección.

5. Desconecte el cable del acelerador y el de control de la velocidad desde la palanca de estrangulación, si la lleva como equipo.

6. Desmonte el filtro de aire y coloque una tapa sobre la abertura de admisión.

7. Desmonte la cartela del cable del acelerador, con los cables acoplados, desde el colector de admisión y colóquela a un lado.

NOTA: Todos los conductos y rácors de combustible deben ser tapados, para evitar contaminaciones en el sistema de combustible.

8. Desmonte el conducto de combustible del filtro a la bomba de inyección y tapone los rácors.

9. Desmonte y tapone el codo de entrada de la bomba de inyección.

10. Desmonte y tapone el adaptador del rácor de la bomba de inyección.

11. Desmonte el conducto de retorno sobre la bomba de inyección, gírelo hacia un lado y tapone todos los rácors.

NOTA: No es necesario desmontar los conductos de inyección desde la bomba para desmontar la bomba. Si los conductos deben ser desmontados, afloje los rácors de los conductos de inyección desde la bomba antes de desmontarlos del motor.

12. Desmonte los conductos de inyección de combustible desde los inyectores y tapone los conductos e inyectores.

13. Desmonte tres tuercas de unión de la bomba de inyección al adaptador de la bomba de inyección.

14. Si se ha de sustituir la bomba de inyección, afloje las abrazaderas de retención de los conductos de inyección y los conductos de combustible a los inyectores y tapone todos los rácors. No monte los conductos de combustible a los inyectores hasta que no se haya montado la bomba nueva en el motor.

15. Levante y saque fuera del compartimiento del motor la bomba de inyección con los conductos de los inyectores conectados.

ATENCIÓN

No lleve la bomba suspendida cogiendo los conductos de inyección pues podría hacer que éstos se doblaran o aplastaran.

16. Monte una junta tórica nueva en el extremo del piñón de mando de la bomba de inyección.

17. Introduzca la bomba metiéndola en su posición.

18. Coloque la clavija de centrado de la bomba de inyección dentro del orificio correspondiente en el piñón de mando.

19. Monte los tornillos que unen la bomba de inyección al piñón de mando, y apriételos.

20. Monte las tuercas de unión de la bomba de inyección al adaptador. Alinee las líneas trazadas en la brida de la bomba de inyección y las del adaptador de la bomba y apriete las tuercas a 14 libras-pie.

21. Si los conductos del combustible a los inyectores fueron desmontados de la bomba, móntelos ahora.

22. Desmonte los tapones de los inyectores y conductos de combustible y monte las tuercas de los conductos de combustible en los inyectores apretándolas a 22 libras-pie.

23. Conecte la conducción de retorno de la bomba de inyección.

24. Monte el adaptador del rácor de la bomba de inyección con una nueva junta tórica.

25. Limpie de sellador viejo las roscas del codo de la bomba de inyección, utilizando un disolvente limpio, y séquelas meticulosamente. Aplique una ligera capa de sellador sobre las rocas del codo.

26. Monte el codo en el adaptador de la bomba de inyección y apriételo a un mínimo de 6 libras-pie. Luego apriételo un poco más, si es necesario, para alinear el codo con la conducción de entrada de combustible de la bomba de inyección, pero no se exceda en la rotación de 360 grados o de las 10 libras-pie en el apriete.

27. Desmonte los tapones y conecte la conducción de combustible del filtro a la bomba de inyección.

28. Monte la cartela del cable del acelerador sobre el colector de admisión.

29. Desmonte la tapa del colector de admisión y monte el filtro del aire.

30. Conecte el cable del acelerador y del control de velocidad, si lo lleva, a la palanca de estrangulación.

31. Acople los conectores sobre la bomba de inyección.

32. Limpie las superficies de cierre del adaptador de la bomba y del rácor del filtro de aceite del motor.

33. Aplique un cordón de 1/8 de pulgada de diámetro del sellador RTV sobre el alojamiento del adaptador.

34. Monte el rácor del filtro del aceite y apriételo.

35. Conecte los cables de masa de la batería en ambas baterías. Ponga en marcha el motor y compruebe si hay pérdidas de combustible.

36. Si es necesario, purgue de aire las canalizaciones de combustible de alta presión aflojando el rácor conector de media a una vuelta y girando el motor con la manivela hasta que por la conexión aflojada fluya un chorro compacto de combustible libre de burbujas de aire.

ATENCIÓN

Mantenga los ojos y las manos fuera del alcance de los chorros de los inyectores. El combustible pulverizado por el inyector bajo tan altas presiones puede fácilmente penetrar a través de la piel y causar una infección. Se deberá prestar atención médica inmediata en el caso de penetración bajo la piel.

37. Compruebe y ajuste la distribución de la bomba.

Inyectores

DESMONTAJE Y MONTAJE

134 (2,2 L)

1. Desconecte los cables de masa de las baterías desde ambas baterías.

2. Desconecte y desmonte los conductos de inyección desde los inyectores y la bomba. Tapone todos los conductos y rácors.

3. Desmonte el conducto de retorno de combustible y juntas.

4. Desmonte los tornillos que unen la abrazadera del calefactor del conducto de combustible a la culata y ponga a un lado el calefactor.

5. Desmonte los inyectores utilizando una llave acodada de vaso de 27 milímetros.

6. Desmonte la arandela del inyector (de cobre) y la junta del inyector (de acero), utilizando la herramienta T71P-19703-C o una equivalente.

7. Limpie los conjuntos de inyección con el juego de limpieza de inyectores, Rotunda 14-0301 o uno equivalente, y un disolvente apropiado y séquelo concienzudamente. Limpie los asientos de los inyectores en la culata con el limpiador de asientos de inyector, T83T-9527-B o uno equivalente.

8. Coloque arandelas y juntas nuevas en los asientos de los inyectores, monte los inyectores y apriételos.

NOTA: Monte las juntas de los inyectores con el lado azul cara hacia arriba (hacia el inyector).

9. Coloque las abrazaderas del calefactor de la

conducción de combustible, monte los tornillos de unión y apriételos según lo especificado.

10. Monte el conducto de retorno de combustible con juntas nuevas sobre los inyectores.

11. Monte las conducciones de combustible sobre los inyectores y la bomba de inyección y apriete las tuercas de las conducciones.

12. Conecte los cables de masa de las baterías a ambas baterías. Ponga en marcha el motor y verifique si hay pérdidas de combustible.

420 (6.9 L)

NOTA: Antes de desmontar conjuntos de inyección, limpie el exterior de cada conjunto y el área circundante con fuel oil limpio o un disolvente para prevenir que pueda entrar suciedad dentro del motor cuando sean desmontados los conjuntos de inyección. También limpie la entrada de combustible y las conexiones de tubos colectores de pérdidas de combustible. Para secarlo, sóplelo con aire comprimido.

1. Desmonte la(s) abrazadera(s) que retiene la conducción de combustible de la(s) conducción(es) de inyector(es) que se está realizando.

2. Desconecte la entrada de combustible del inyector (alta presión) y las piezas en forma de T de los colectores de pérdidas de combustible desde cada conjunto de inyección y póngalas a un lado. Tape los extremos abiertos de las entradas de combustible y de los inyectores para evitar la entrada de suciedad.

3. Desmonte los conjuntos de inyección girando en el sentido contrario a las saetas del reloj. Saque del motor el conjunto de inyección con la arandela de cobre. Tenga cuidado de no golpear la junta del inyector contra ninguna superficie dura al desmontarlo. Tape la abertura de entrada de combustible al conjunto de inyección y la punta del inyector con un capuchón de plástico adecuado para evitar que entre suciedad.

NOTA: Desmonte la junta de cobre del inyector del orificio alojamiento del inyector con la herramienta T71P-19703-C, o una equivalente, si no ha salido unida a la punta del inyector.

4. Coloque los conjuntos de inyección en unos soportes construidos al efecto, así que son desmontados de las culatas. El soporte tendrá marcadas con números las posiciones correspondientes a los números de los cilindros del motor. El uso de este soporte permite volver a montar los inyectores en sus respectivos alojamientos en la culata.

5. Limpie meticulosamente el orificio del inyector en la culata antes de volver a insertar el conjunto de inyección con un limpiador de asientos de inyectores, herramienta T83T-9527-A o su equivalente. Ponga especial atención en la superficie de asiento, en orden a que partículas no pequeñas de metal o carbón puedan ser causa de que el inyector quede levantado o permitan el escape de gases de la combustión. Sople, para quitar las partículas, con aire comprimido.

6. Desmonte el capuchón protector y monte una junta nueva de cobre sobre el conjunto del inyector, con una pequeña pincelada de grasa.

NOTA: Debe usarse un compuesto antigripante o algo equivalente en las roscas de los inyectores para facilitar el montaje y los futuros desmontajes.

7. Monte el conjunto de inyección dentro del orificio del inyector en la culata. Sea cuidadoso de que la punta del inyector no golpee contra las paredes de la entrada.

8. Apriete el conjunto de inyección.

9. Desmonte los capuchones de protección de los conjuntos de inyección y de las conducciones de combustible. Monte las piezas en forma de T de las pérdidas por goteo al conjunto de inyección.

NOTA: Monte dos nuevos retenes tóricos para cada T de retorno de combustible.

10. Conecte el conducto de combustible de alta presión y apriételo utilizando una llave de vaso especial para conductos de combustible.

11. Monte una(s) abrazadera(s) de retención de los conductos de combustible y apriételas.

12. Arranque el motor.

13. Si es necesario, purgue de aire los conductos de combustible de alta presión aflojando el conector de media a una vuelta y girando el motor con una manivela hasta que por el conector aflojado fluya un chorro sólido de combustible libre de burbujas de aire.

ATENCIÓN

Mantenga los ojos y manos alejados de los chorros pulverizados del inyector. El combustible pulverizado por la boquilla del inyector a altas presiones puede penetrar bajo la piel y causar una infección. Deberá prestarse atención médica inmediata en el caso de una penetración bajo la piel.

14. Compruebe las posibles pérdidas de combustible en las conexiones de alta presión.

COMPROBACIÓN

Cuando prevalecen las condiciones ideales de buena combustión, control de la temperatura específica del motor y combustible absolutamente limpio, los inyectores necesitan poca atención. Los problemas de los inyectores se manifiestan normalmente por uno o más de los síntomas siguientes:

1. Escape humeante (negro).
2. Pérdida de potencia.
3. Fallos de encendido.
4. Incremento del consumo de combustible.
5. Combustión ruidosa.
6. Sobrecalentamiento del motor.

Donde se sospeche que un inyector falla en el funcionamiento, en un motor que está fallando en el encendido, o echando bocanadas de humo negro, se puede hacer una comprobación simple para determinar qué cilindro es el causante de la dificultad.

Con el motor marchando a una velocidad que haga el problema más pronunciado, momentáneamente, afloje la conexión de entrada de combustible de alta presión en un conjunto de inyección lo suficiente para interrumpir el cilindro (de media a una vuelta) al perder por goteo el combustible de carga que iba al cilindro. Luego apriételo según lo especificado.

Compruebe cada cilindro del mismo modo. Si se halla uno que, con el aflojamiento, no varía el funcionamiento irregular o hace que cesen las bocanadas de humo negro, su inyector deberá ser revisado o sustituido.

ATENCIÓN

Mantenga los ojos y las manos fuera del alcance de los chorros del inyector. El combustible pulverizado por la boquilla del inyector a altas presiones puede penetrar bajo la piel y causar una infección. Se deberá prestar atención médica en caso de tal accidente.

Control del combustible

Está previsto un control del suministro de combustible abierto-cerrado por medio de un solenoide eléctrico colocado en la tapa del alojamiento de la bomba de inyección. La corriente eléctrica es suministrada al solenoide cuando se gira la llave de encendido. Si no hay suministro de combustible aun cuando el interruptor del encendido esté en su posición de encendido, compruebe si la corriente llega al terminal del solenoide antes de desecharlo como defectuoso.

Solenoide de cierre del suministro de combustible

DESMONTAJE Y MONTAJE

1. Desconecte los cables de masa de las baterías desde las baterías.

2. Desmonte el conector del solenoide de cierre del combustible.

3. Desmonte el conjunto del solenoide de cierre del combustible.

4. Monte el solenoide de cierre del combustible con una nueva junta tórica y apriételo.

5. Monte el conector sobre el solenoide de cierre del combustible.

6. Conecte los cables de masa de las baterías a ambas baterías. Ponga en marcha el motor y compruebe si hay pérdidas de combustible.

Sistema de bujías de incandescencia

El sistema de «arranque rápido después del precalentamiento» se utiliza para hacer posible que el motor arranque más rápidamente cuando está frío. Consiste en las bujías de incandescencia, módulo de control, dos relés, un conjunto de resistencia para bujías de incandescencia, interruptor de temperatura del refrigerante, interruptores de embrague y punto muerto y conexiones eléctricas. Los relés de potencia y los circuitos de retroalimentación están protegidos por fusibles descubiertos en los cableados de conductores. El módulo de control está protegido por un fusible de 10 amperios situados en el panel de fusibles.

Cuando se gira el interruptor de la ignición a la posición de encendido, aparece una señal de «Espere para arrancar» en el panel cerca del botón tirador de arranque en frío. Cuando aparece la señal, el relé nº 1 se cierra también (se conecta) y todo el sistema de voltaje queda aplicado a las bujías de incandescencia. Si la temperatura del refrigerante está por debajo de los 30 °C (86 °F), el relé nº 2 también se cerrará en ese momento. Después de tres segundos, el módulo de control apaga la luz de «Espere para arrancar» indicando que el motor está listo para el arranque. Si el interruptor de la ignición se deja en la posición de encendido unos tres segundos más sin haber conseguido arrancar el motor, el control abre el relé n.º 1 y corta la corriente a las bujías para evitar sobrecalentamientos. Sin embargo, si la temperatura del refrigerante está por debajo de los 30 °C (86 °F) cuando el relé n.º 1 se abre, el relé n.º 2 permanece cerrado para aplicar un voltaje reducido a las bujías a través de la resistencia de la bujía de incandescencia hasta que el interruptor de la ignición se apaga (circuito abierto).

Cuando se gira el motor para arrancar, el módulo de control cicla al relé n.º 1 intermitentemente. De este modo, el voltaje de la bujía alternará entre los 12 y los 4 voltios, durante el giro del motor para arrancar, con el relé n.º 2 cerrado, o entre 12 y 0 voltios con el relé n.º 2 abierto. Después de que el motor haya arrancado, la salida del alternador manda al módulo de control una señal que ordena el paro del ciclo alternativo del relé n.º 1 y la toma del mando de la función de después del precalentamiento.

Si la temperatura del refrigerante está por debajo de los 30 °C (86 °F), el relé N.º 2 sigue cerrado. Esto aplica un voltaje reducido (4.2 a 5.3) a las bujías de precalentamiento a través de la resistencia de las bujías. Cuando el vehículo está en marcha (interruptores de embrague y punto muerto cerrados), o la temperatura del refrigerante está por encima de los 30 °C (86 °F), el módulo de control abre el relé n.º 2, cortando toda la corriente a las bujías de precalentamiento.

COMPROBACIÓN DE LAS BUJÍAS DE INCANDESCENCIA

1. Desconecte los conductores de cada bujía. Conecte una conexión desde el ohmmetro al terminal de la bujía y el otro a una buena masa. Ponga el ohmmetro en la escala x1. Compruebe cada una de las bujías del mismo modo.

2. Si el aparato de medición indica menos de 1 ohmio, el problema no está en la bujía.

3. Si el ohmmetro indica 1 o más ohmios, sustituya la bujía y repita la medición.

DESMONTAJE Y MONTAJE

1. Desconecte los cables de masa de las baterías desde éstas.

2. Desconecte los cableados de bujías desde las bujías y apriételas.

3. Usando una llave de vaso de 12 mm, desmonte las bujías.

4. Monte las bujías con la llave de vaso de 12 mm y apriételas.

5. Monte sobre las bujías los cableados correspondientes.

6. Conecte los cables de masa de las baterías a ambas baterías.

420 (6.9 L)

El motor diesel de 6.9 L utiliza un sistema de bujías de incandescencia para ayudar al arranque del motor. La función de este sistema es precalentar la cámara de combustión para ayudar el autoencendido del combustible.

El sistema consta de ocho bujías de incandescencia (una por cilindro), interruptor de control, relé de potencia, relé de después de la incandescencia, relé de corte de la lámpara de espera, lámpara de espera y ocho fusibles descubiertos situados entre el cableado y el terminal de la bujía de incandescencia.

En el arranque inicial con el motor frío, el sistema opera como sigue: el interruptor de control activa el relé de potencia (es un interruptor electromagnético) y cierra sus contactos. La corriente de la batería suministra energía a las bujías de incandescencia. La corriente pasa por las bujías y la lámpara de espera se apagará cuando las bujías estén suficientemente calientes. Esto requerirá de 2 a 10 segundos después de que la llave de ignición se ponga en la posición de encendido. Cuando la lámpara de espera se apaga, el motor está listo para arrancar. Después que el motor es arrancado, las bujías comienzan un ciclo de encendido-apagado de unos 40-90 segundos. Este ciclo ayuda a clarear los humos de la puesta en marcha. El interruptor del control (el cerebro de la operación) se halla roscado dentro de la camisa refrigerante de la culata. La unidad de control percibe la temperatura y el funcionamiento de las bujías, el sistema de bujías de incandescencia no será activado a menos que sea necesario. En un rearranque (motor en caliente) el sistema de precalentamiento no se activará a menos que la temperatura del refrigerante caiga por debajo de los 91 °C (165 °F).

El sistema de arranque rápido utiliza bujías de 6 voltios en un sistema eléctrico de 12 voltios para alcanzar un calentamiento rápido de la bujía, requiriéndose en el circuito un dispositivo ciclador.

ATENCIÓN

No efectúe nunca un puente eléctrico sobre el relé de potencia del sistema de precalentamiento. La corriente de la batería (12 voltios) aplicada constantemente a las bujías de incandescencia harán que se sobrecalienten y fallen fundiéndose.

COMPROBACIÓN DE LAS BUJÍAS DE INCANDESCENCIA

1. Desconecte los conductores de las bujías. Conecte el conductor de un ohmmetro al terminal de la bujía y el otro a la caja metálica de la bujía. Ajuste el ohmmetro a la escala x1. Compruebe cada bujía.

2. Si el aparato indica menos de 2 ohmios, el problema no está en la bujía.

3. Si el aparato indica 2 ohmios o más, sustituya la bujía y repita la prueba.

TRANSMISIÓN MANUAL

Reenvío

AJUSTE EXCEPTO EN LAS CAMIONETAS (VANS)

Ford 3.03, Warner T85N, T87, T89

1. Coloque la palanca en posición de punto muerto e introduzca un pasador calibrado (de 3/16 de pulgada de diámetro) a través de los orificios de las palancas de cambio de la columna del volante y del orificio situado en el espaciador.

2. Si los vástagos de cambio en la transmisión están equipados con camisas roscadas, ajuste las camisas de modo que ellas hagan entrar las palancas de cambio en la transmisión fácilmente estando las palancas en la posición de punto muerto. Ahora alargue los vástagos 7 vueltas de sus camisas e insérteles dentro de las palancas de cambio.

3. Si los vástagos de cambio están ranurados, afloje la tuerca de unión, asegúrese de que las palancas de la transmisión están en punto muerto, y entonces vuelva a apretar las tuercas de unión.

4. Desmonte el pasador calibrado y compruebe el funcionamiento del reenvío del cambio.

Cuatro velocidades con superdirecta con reenvío externo

1. Una los vástagos de cambio a las palancas.

2. Gire el árbol de salida para comprobar que la transmisión se halla en punto muerto.

3. Inserte el pasador de alineación dentro del orificio del conjunto del control de cambio.

4. Una el extremo ranurado del vástago de cambio sobre los planos de las espigas en el conjunto del control del cambio.

5. Monte las contratuercas y desmonte el pasador de alineación.

AJUSTE

CAMIONETAS (VANS)

3 velocidades

1. Coloque la palanca de cambio en marcha en la posición de punto muerto.

2. Afloje las tuercas de ajuste en las palancas de cambio de la transmisión lo suficiente para que permita a los vástagos deslizarse libremente en las palancas de cambio de la transmisión.

3. Inserte una varilla de 3/16 de pulgada a través del orificio piloto en el tubo del cambio que monta la cartela hasta que entre en el orificio de ajuste de ambas palancas de cambio superior e inferior.

4. Coloque las palancas de cambio de la transmisión en la posición de punto muerto y apriete las tuercas de ajuste sobre las palancas de cambio de la transmisión.

5. Desmonte la varilla de 3/16 de pulgada del orificio piloto, y compruebe la forma de funcionar la palanca de cambio en todas las posiciones de engrane.

4 velocidades con superdirecta con reenvío externo

1. Desconecte los 3 vástagos de cambio del conjunto del cambio.

2. Inserte un pasador de 0.25 pulgadas de diámetro a través del orificio de alineación en el conjunto del cambio. Asegúrese de que las palancas están en posición de punto muerto.

3. Alinee las 3 palancas de la transmisión como sigue: palanca hacia adelante (3.ª-4.ª palanca) en la posición media (punto muerto), palanca hacia atrás (1.ª-2.ª palanca) en la posición media (punto muerto) y la palanca media (palanca de marcha atrás) girada, en sentido contrario a las saetas del reloj, a la posición de punto muerto.

4. Gire el árbol saliente para cerciorarse de que la transmisión se halla en punto muerto.

5. Una el extremo ranurado del vástago de cambio sobre las ranuras de las espigas en el conjunto de los cambiadores. Monte y apriete las contratuercas a 15-20 libras-pie.

6. Desmonte el pasador de alineación. Compruebe la forma de operar del reenvío del cambio.

Camiones de reparto (Pickups trucks)

DESMONTAJE Y MONTAJE

Ford 3.03, Warner T85N, T87, T89

1. Eleve el vehículo y sosténgalo sobre caballetes. Sostenga el motor con un gato y un bloque de madera colocado bajo el cárter de aceite.

2. Drene el lubricante de la transmisión desmontando el tapón de drenaje si lo lleva, o desmontando el tornillo de unión de la prolongación inferior del alojamiento de la transmisión.

3. Coloque un gato para transmisiones bajo la transmisión.

4. Desconecte el reenvío del cambio de marchas a la transmisión.

5. En el modelo Warner T85N, desconecte el solenoide y los hilos de conexión del regulador en los conectores cerca del solenoide. Desmonte el cableado de la superdirecta de su abrazadera en la transmisión. Desmonte el cable de la superdirecta.

6. Si el vehículo tiene 4WD (transmisión a las cuatro ruedas), desmonte la cartela de la palanca de cambio de la caja de transferencia de la transmisión.

7. Desconecte el cable del tacómetro.

8. Desconecte el árbol de transmisión del diferencial y la transmisión, y desmóntelo del vehículo.

9. Levante la transmisión, si es necesario, y desmonte el soporte trasero.

10. Desmonte los tornillos que unen la transmisión al alojamiento del volante.

11. Desplace la transmisión hacia atrás hasta que el árbol de entrada salga del alojamiento del volante, y baje la transmisión, sacándola hacia afuera, de debajo del vehículo.

NOTA: No pise el pedal del embrague mientras se desmonta la transmisión.

12. Antes de montar la transmisión, aplique una ligera película de grasa a la superficie interior del cubo del cojinete de desembrague, punto de apoyo de la palanca de desembrague y horquilla, y retención del cojinete delantero de la transmisión. No aplique grasa en exceso, porque saldría despedida debido a la fuerza centrífuga contaminaría el disco de embrague.

13. Monte la transmisión en el orden inverso a como fue desmontada. Puede ser necesario girar el árbol de salida con la transmisión engranada para alinear las mortajas del árbol de entrada con las correspondientes en el disco de embrague. Llene la transmisión con lubricante y ajuste el reenvío del cambio.

Warner T-18 de 4 velocidades

1. Desconecte el interruptor de la luz de marcha atrás en la parte trasera de la tapa del alojamiento de la caja de cambio.

2. Desmonte el guardapolvo de goma, esterilla del piso y tapa abovedada de 1 cuerpo del piso. Desmonte la palanca del cambio de marchas. Desmonte el ajuste del cierre de intemperie.

3. Eleve el vehículo y sopórtelo sobre caballetes. Ponga bajo la transmisión un gato y desconecte el cable del velocímetro.

4. Desconecte la palanca del cambio desde la transmisión y átela con un alambre arriba y a un lado.

5. Desmonte el soporte trasero de la transmisión..

6. Desmonte los tornillos de unión de la transmisión.

7. Desplace la transmisión hacia atrás, hasta que el eje de entrada salga del alojamiento del volante, y baje la transmisión.

8. Antes de montar la transmisión, aplique una ligera película de grasa a la superficie interior del cubo del cojinete de desacoplo, punto de apoyo de la palanca de desacoplamiento y la retención del cojinete delantero de la transmisión. No aplique exceso de grasa porque saldria despedida sobre el disco de embrague contaminándolo.

9. Monte la transmisión en el orden inverso a como fué desmontada. Puede ser necesario que gire el árbol de salida para alinear las estrías del árbol con las correspondencias en el disco de embrague. Llene la transmisión con lubricante si fué drenada.

Warner T19B de 4 velocidades

4 x 2

1. Desmonte la esterilla del piso y la tapa abovedada del cuerpo del piso, y desmonte la palanca de mando, rótula de la palanca y guardapolvos como un conjunto. Desmonte el encaje de cierre contra la intemperie.

2. Eleve el vehículo y apóyelo sobre caballetes. Ponga un gato adecuado bajo la transmisión y desconecte el cable del tacómetro.

3. Desconecte el interruptor de la luz de marcha atrás, localizado en la parte posterior de la tapa del alojamiento del cambio de marchas.

4. Desconecte el árbol de transmisión o el de acoplamiento y la unión del embrague desde la transmisión, y átelo con alambre colocándolo a un lado.

5. Desmonte el soporte del silentblock posterior de la transmisión y la retención inferior. Desmonte el soporte del bastidor. Desmonte los tornillos de unión de la transmisión.

6. Desplace la transmisión hacia atrás hasta que el árbol de entrada salga del acoplamiento del embrague. Baje la transmisión.

7. Coloque la transmisión sobre un gato apropiado, monte espigas de guía en el alojamiento del embrague y eleve la transmisión hasta que las mortajas del árbol de salida estén alineadas con las correspondientes del disco de embrague. El cojinete de desembrague y el cubo deben posicionarse correctamente en la horquilla de la palanca de desembrague.

8. Deslice la transmisión hacia adelante sobre las espigas de guía hasta que esté en posición sobre el alojamiento del embrague. Monte los tornillos de unión y apriételos a 45-50 libras-pie. Desmonte las espigas de guía y monte los tornillos de unión inferiores.

9. Monte el soporte del bastidor. Coloque el silentblock y la retención entre la transmisión y el soporte del bastidor. Monte los tornillos y apriételos a 45-50 libras-pie. Monte la tuerca de retención del silentblock y la retención al soporte del bastidor. Apriete a 50-70 libras-pie. Desmonte el gato de la transmisión.

10. Conecte el cable del tacómetro, el árbol de transmisión y el acoplamiento del embrague.

11. Monte los tornillos que unen la parte anterior de la junta universal del árbol de acoplamiento a la brida del árbol de salida de la transmisión. Monte el soporte trasero de la transmisión y los amortiguadores superiores e inferiores. Conecte el interruptor de la luz de marcha atrás.

12. Monte la palanca del cambio, guardapolvos y rótula juntos y lubrique el asiento de la rótula con lubricante para aplicaciones múltiples de larga duración C1AZ-1959 (ESA-M1C75-B) o una equivalente.

13. Monte el encaje del cierre contra la intemperie.

4 x 4

1. Abra la puerta y cubra el asiento. Desmonte los tornillos de sujeción de la esterilla del suelo.

2. Desmonte los tornillos que sujetan la tapa de acceso a la caja del piso. Coloque la palanca del cambio en la posición de marcha atrás y desmonte la tapa.

3. Desmonte el silentblock y la tapa guardapolvos.

4. Desmonte la palanca de cambio de la caja de transferencia, rótula de cambio y guardapolvos de goma como un conjunto.

5. Desmonte la palanca de cambio de la transmisión, rótula y guardapolvos como un conjunto.

6. Eleve y sostenga el vehículo.

7. Desmonte el tapón de drenaje y drene la transmisión. Desconecte el árbol de transmisión trasero de la caja de transferencia y átelo con alambre colocándolo a un lado.

8. Desconecte el árbol de transmisión delantero de la caja de cambio y átelo con alambre apartándolo a un lado.

9. Desmonte la arandela elástica de retención que sujeta la articulación del cambio en su sitio y desmonte la articulación del cambio de la caja de transferencia.

10. Desmonte el cable del tacómetro de la caja de transferencia.

11. Coloque bajo la caja de transferencia un gato apropiado. Desmonte los seis tornillos que sujetan la caja de transferencia a la transmisión y baje la caja de transferencia del vehículo.

12. Desmonte los ocho tornillos que sujetan la cartela-soporte trasera a la transmisión.

13. Coloque un gato adecuado bajo la transmisión y desmonte la cartela-soporte trasera y el puntal.

14. Desmonte los cuatro tornillos que sujetan la transmisión a la campana-alojamiento. Desmonte la transmisión del vehículo.

15. Coloque la transmisión sobre un gato adecuado y móntela en el vehículo poniendo dos espigas de guía en los orificios superiores de la campana-alojamiento, para alinear la transmisión dentro de su posición.

16. Monte los dos tornillos inferiores. Desmonte las espigas guía y monte los tornillos superiores.

17. Coloque la cartela-soporte posterior en su sitio y monte los ocho tornillos de retención.

18. Monte los dos tornillos de la cartela-soporte posterior del silentblock. Desmonte el gato de la transmisión.

19. Coloque la caja de transferencia sobre un gato adecuado y monte los seis tornillos de retención y la junta. Coloque la caja de transferencia sobre la transmisión y apriete los tornillos.

20. Monte la articulación del cambio y la arandela elástica de retención. Coloque y monte el cable del tacómetro. Desate el alambre y conecte el árbol de transmisión delantero. Desate el alambre y conecte el árbol de transmisión trasero.

21. Llene la caja de transferencia con el fluido para transmisiones automáticas Dexron II, y la transmisión manual con lubricantes estándar para transmisiones (SAE 80W). Baje el vehículo.

22. Desmonte la protección fabricada contra la suciedad y prepare la zona de la junta.

23. Coloque la junta y la tapa del cambio.

24. Monte dos tornillos-piloto, y luego monte los tornillos restantes que retienen la tapa del cambio.

25. Monte la palanca de cambio de la caja de transferencia, rótula del cambio y guardapolvos como un conjunto y la palanca del cambio de la transmisión, rótula del cambio y guardapolvos como otro conjunto.

26. Monte la tapa contra el polvo y el silentblock. Monte los tornillos de la tapa de acceso a la bóveda del piso. Monte los tornillos de la esterilla del piso. Monte los tornillos del guardapolvos.

New Process 435, 4 velocidades

1. Desmonte el guardapolvos de goma y la esterilla del piso.

2. Desmonte la bóveda del piso, plancha de cobertura de la transmisión y encaje de cierre contra la intemperie. Puede ser necesario desmontar el conjunto del asiento.

3. Desconecte el interruptor de la luz de marcha atrás situado en la parte trasera de la tapa del alojamiento del cambio de marchas.

4. Eleve el vehículo y ponga caballetes bajo el bastidor soportándolo. Coloque un gato adecuado bajo la transmisión y desconecte el cable del tacómetro.

5. Desconecte la palanca del freno de mano de su articulación y desmonte el alojamiento del cambio de marchas.

6. Desconecte el árbol de transmisión.

7. Desmonte el soporte trasero de la transmisión.

8. Desmonte los tornillos que unen la transmisión al alojamiento del volante, deslice la transmisión hacia atrás hasta que el árbol de salida abandone el alojamiento del volante y bájelo hacia afuera por debajo del camión.

9. Antes del montaje de la transmisión, aplique una ligera película de grasa a la superficie interior del cubo del cojinete de desembrague, punto de apoyo de la palanca de desembrague y horquilla, y la retención del cojinete delantero de la transmisión. No aplique grasa en exceso pues saldrá despedida debido a la fuerza centrífuga y contaminaría el disco de embrague.

10. Monte la transmisión en el orden inverso a como fue desmontada. Puede ser necesario girar el árbol de salida con la transmisión engranada para alinear las mortajas del árbol de entrada con las correspondientes en el disco de embrague. La retención del cojinete delantero se monta a través del cojinete de desembrague.

Ford de 4 velocidades con superdirecta

1. Eleve el camión y sopórtelo sobre caballetes.

2. Marque el árbol de transmisión de modo que pueda volver a montarlo en la misma posición.

3. Desconecte el árbol de transmisión en la junta universal trasera y deslícela fuera del árbol de salida de la transmisión.

4. Desconecte el cable del tacómetro de la transmisión.

5. Desmonte los vástagos de cambio de las palancas y el control del cambio de la prolongación del alojamiento.

6. Soporte el motor y desmonte los tornillos que unen la prolongación del alojamiento al soporte del bastidor.

7. Sostenga la transmisión con un gato y desatorníllela del motor.

8. Desplace la transmisión y el gato hacia atrás hasta desacoplarlos. Si es necesario, baje el motor lo suficiente para tener espacio.

9. El montaje se efectúa en el orden inverso al desmontaje. Es una buena idea montar, cómodamente acostado, primeramente los tornillos superiores de la transmisión al motor y luego los inferiores. Para el ajuste de la articulación, vea el principio de esta sección. Compruebe el nivel del fluido.

Vía sencilla, cuatro velocidades con superdirecta

1. Eleve y soporte con seguridad el vehículo. Drene el lubricante.

2. Marque el árbol de transmisión de modo que pueda ser montado en la misma posición y luego desconecte el árbol de transmisión de la brida de la junta universal posterior. Deslice el árbol de transmisión fuera del árbol de salida de la transmisión.

3. Desconecte el cable del tacómetro de la prolongación del alojamiento.

4. Desmonte los tres tornillos que aseguran la torre del cambio al conjunto de la torreta.

5. Desmonte la torre del cambio del conjunto de la torreta.

6. Soporte el motor con un gato de transmisiones y desmonte los tornillos que unen la prolongación del alojamiento al motor.

7. Eleve la parte trasera del motor lo suficientemente alta para descargar el peso del soporte del bastidor.

8. Desmonte los tornillos que retienen el soporte del bastidor a los largueros del chasis y desmonte el soporte del bastidor.

9. Soporte la transmisión con un gato y desmonte los tornillos que la unen al alojamiento del volante.

10. Desplace la transmisión y el gato hacia atrás hasta que el árbol de salida de la transmisión se halle fuera del alojamiento del volante.

NOTA: Si es necesario, baje el motor lo suficiente para que haya espacio para desmontar la transmisión. No pise el pedal del embrague mientras desmonte la transmisión.

11. Antes de montar la transmisión, coloque dos clavijas de guía en los orificios de montaje inferiores del alojamiento del volante.

12. Desplace la transmisión hacia adelante sobre las clavijas de guía hasta que las mortajas del árbol de entrada se posicionen en las correspondientes del cubo del embrague y la caja esté colocada contra el alojamiento del volante.

13. Monte los dos tornillos superiores de montaje de la transmisión al alojamiento del volante, sólo apretados, y luego desmonte las dos clavijas de guía. Monte los dos tornillos de sujeción inferiores.

14. Eleve la parte trasera del motor y monte el soporte del bastidor y los tornillos de unión bajando luego el motor.

15. Con la prolongación del alojamiento de la transmisión descansando sobre el soporte posterior del motor, monte los tornillos de unión de la prolongación del alojamiento de la transmisión.

16. Coloque la torre del cambio en el alojamiento prolongado y asegúrela con los tres tornillos.

17. Vuelva a conectar el cable del tacómetro en la prolongación del alojamiento.

18. Deslice el extremo que mira hacia adelante del árbol de transmisión sobre el árbol de salida de la transmisión. Conecte el árbol de transmisión a la brida trasera del acoplamiento universal.

19. Llene con lubricante de transmisiones y baje el vehículo.

Ranger y Bronco II

DESMONTAJE Y MONTAJE

Cinco velocidades, superdirecta, motor diesel

1. Coloque la palanca del cambio en punto muerto. Desmonte los tornillos que unen la tapa de la retención a la retención de la palanca de cambio. Desconecte el vástago de empuje del cilindro maestro del pedal del embrague.

2. Saque el conjunto de la palanca del cambio, tirando hacia arriba y afuera el suplemento y el casquillo de la retención de la palanca del cambio. Tape la abertura de la torre del cambio en la prolongación del alojamiento con un trapo.

3. Desconecte el vástago de empuje del cilindro maestro del sistema hidráulico del embrague desde el pedal de embrague.

4. Abra el capó y desconecte el cable negativo de la batería del terminal de la batería.

5. Eleve el vehículo y sopórtelo sobre caballetes de seguridad. Desconecte el árbol de transmisión de la parte trasera. Tire del árbol de transmisión hacia atrás y desconéctelo de la transmisión. Monte un tapón adecuado en la prolongación del alojamiento para evitar pérdidas de lubricante.

6. Desmonte la protección contra el polvo del alojamiento del embrague y el cilindro del servo del embrague y asegúrelo a un lado.

7. Desmonte el cable del tacómetro de la prolongación del alojamiento.

8. Desconecte los conductores del motor de arranque y del interruptor de la luz de marcha atrás.

9. Coloque un gato bajo el motor, protegiendo el cárter de aceite con un bloque de madera.

10. Desmonte el motor de arranque. Coloque un gato adecuado bajo la transmisión.

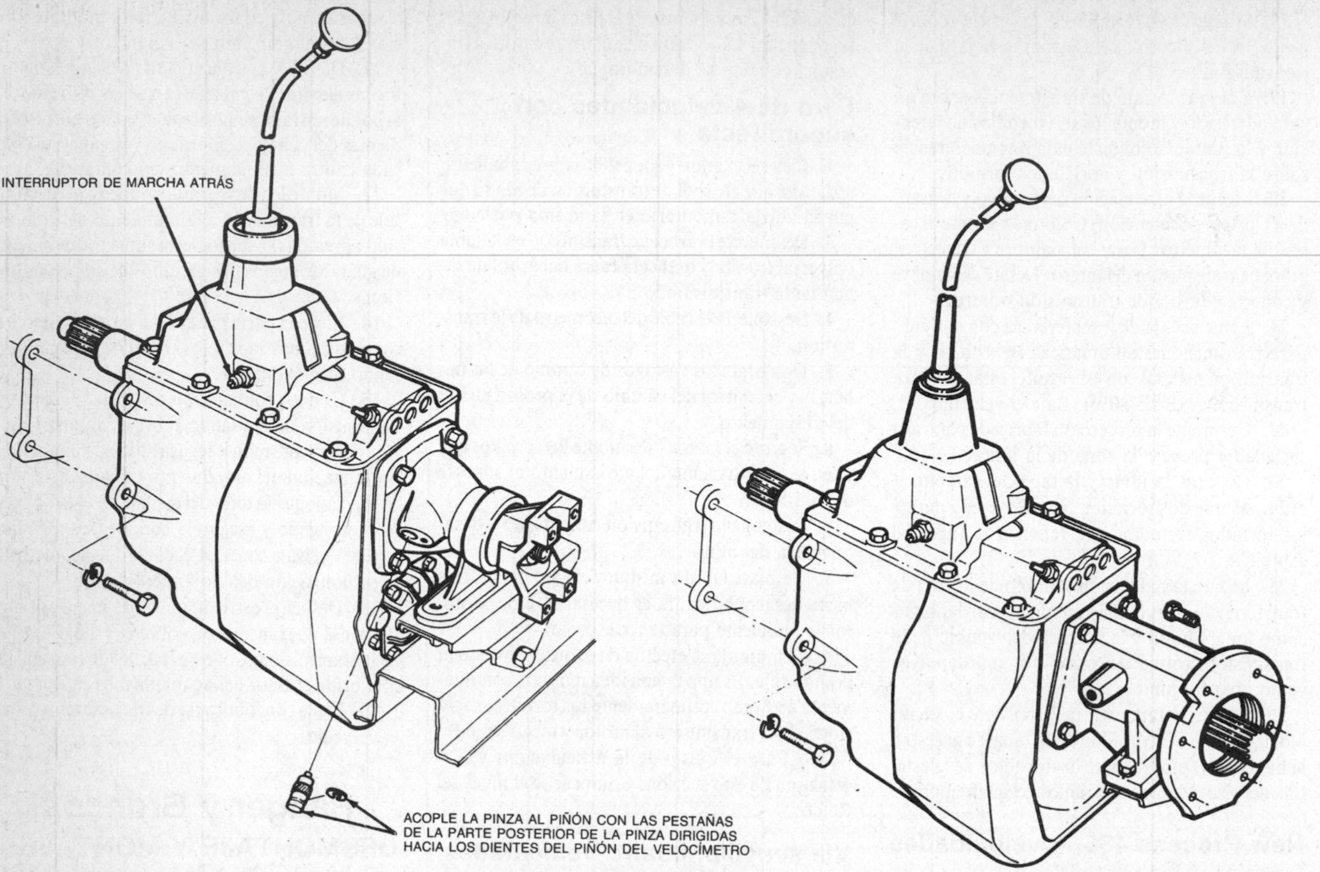

INTERRUPTOR DE MARCHA ATRÁS

ACOPLE LA PINZA AL PIÑÓN CON LAS PESTAÑAS DE LA PARTE POSTERIOR DE LA PINZA DIRIGIDAS HACIA LOS DIENTES DEL PIÑÓN DEL VELOCÍMETRO

Montaje de la NP 435

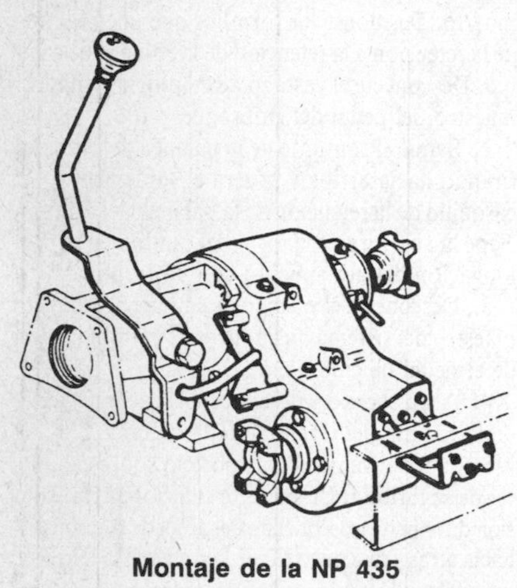

Montaje de la NP 435

11. Desmonte los tornillos, arandelas de seguridad y arandelas planas que unen la transmisión y la platina trasera del motor.

12. Desmonte las tuercas y tornillos que unen el montaje de la transmisión y el silentblock al soporte del bastidor.

13. Desmonte las tuercas que unen el soporte del bastidor a los largueros del chasis y desmonte el soporte del bastidor.

14. Baje el gato del motor. Saque el alojamiento del embrague fuera de las clavijas de posicionado y deslice la transmisión hacia atrás, hasta que las mortajas del árbol de entrada abandonen el disco de embrague. Desmonte la transmisión del vehículo.

15. Asegúrese de que las superficies mecanizadas de contacto y las clavijas de posicionado de la platina trasera del motor están exentas de rebabas, suciedad o pintura. Compruebe la cara de contacto del alojamiento y los orificios de entrada de las clavijas sobre posibles rebabas, suciedad o pintura.

16. Sostenga la transmisión con un gato adecuado. Colóquela bajo el vehículo y apunte la introducción del árbol de salida dentro del disco de embrague. Alinee las mortajas del árbol de salida con las correspondientes en el disco de embrague. Desplace la transmisión hacia adelante y, con cuidado, asiente el alojamiento del embrague sobre las clavijas de centrado de la platina trasera del motor. Las clavijas de la platina del motor no deben raspar o pasar rozando los orificios del alojamiento del embrague.

17. Monte los tornillos y las arandelas planas que unen el alojamiento del embrague a la platina trasera del motor y apriételas según lo especificado. Desmonte el gato de la transmisión.

18. Monte el motor de arranque. Apriete las tuercas de unión.

19. Eleve el motor y monte el soporte del bastidor, silentblock y amortiguador de vibraciones y tuercas de unión y arandelas. Apriete las tuercas.

20. Monte los tornillos, tuercas y arandelas que unen el montaje de la transmisión al soporte del bastidor. Apriete las tuercas. Desmonte el gato del motor.

21. Inserte el árbol de transmisión dentro de la prolongación del alojamiento de la transmisión y monte las tuercas, arandelas y contratuercas de unión del cojinete central. Apriete las tuercas.

22. Conecte el árbol de transmisión a la brida de mando del árbol trasero. Apriete las tuercas.

23. Conecte los conductores del motor de arranque y del interruptor de la luz de marcha atrás.

24. Monte el cilindro de mando de desembrague y el protector contra el polvo sobre el alojamiento del embrague. Monte el cable del tacómetro.

25. Compruebe el nivel del fluido de la transmisión en ambos tapones del llenado. Llene con lubricante, si es necesario.

26. Baje el vehículo.

27. Abra el capó y conecte el cable negativo de la batería al terminal de la misma.

Transmisión de cinco velocidades, motor de gasolina

1. Coloque la palanca del cambio en punto muerto. Desmonte los tornillos de retención del guardapolvos de goma. Desmonte los tornillos que unen la tapa de la retención a la retención de la palanca del cambio. Desconecte el vástago de empuje del cilindro principal del pedal de embrague.

2. Tirando del conjunto de la palanca de cambio, gruesos y buje directamente hacia arriba y afuera, sáquelo de la retención de la palanca del cambio.

3. Tape la abertura de la torre del cambio en la prolongación del alojamiento con un trapo.

4. Desconecte el vástago de empuje del cilindro principal del sistema hidráulico de embrague, del pedal de embrague.

5. Abra el capó y desconecte el cable negativo de la batería del terminal de la batería.

6. Eleve y soporte con seguridad el vehículo sobre caballetes. Desconecte el árbol de transmisión del árbol trasero.

7. Tire el árbol de transmisión hacia atrás y desconéctelo de la transmisión. Monte un tapón adecuando en la prolongación del alojamiento para evitar pérdidas de lubricante.

8. Desmonte el protector contra el polvo del alojamiento del embrague y el cilindro de mando, y asegúrelo a un lado. Desmonte el cable del tacómetro de la prolongación del alojamiento.

9. Desconecte el motor de arranque y los conductores del interruptor de la luz de marcha atrás.

10. Coloque un gato bajo el motor, protegiendo el cárter de aceite con un bloque de madera.

11. En los vehículos 4 x 4, desmonte la caja de transferencia.

12. Desmonte el motor de arranque. Coloque un gato adecuado bajo la transmisión.

13. Desmonte los tornillos, arandelas de seguridad y arandelas planas que unen la transmisión a la platina posterior del motor.

14. Desmonte las tuercas y tornillos que unen el montaje de la transmisión y el amortiguador de vibraciones al soporte del bastidor.

15. Desmonte las tuercas que unen el soporte del bastidor a los largueros del chasis y desmonte el soporte del bastidor.

16. Baje el gato del motor. Saque el alojamiento del embrague fuera de las clavijas de centrado y deslice la transmisión hacia atrás hasta que las mortajas del árbol de entrada abandonen el disco del embrague. Desmonte la transmisión del vehículo.

17. Asegúrese de que las superficies mecanizadas de contacto y las clavijas de centrado en la platina trasera del motor se hallan libres de rebabas, suciedad o pintura. Compruebe la cara de contacto del embrague y los orificios de las clavijas de centrado sobre si tienen pintura, rebabas o suciedad.

18. Monte la transmisión sobre un gato adecuado. Posiciónela bajo el vehículo y apunte el extremo del árbol de transmisión dentro del disco de embrague. Alinee las mortajas del árbol de transmisión con las correspondientes del disco de embrague. Desplace la transmisión hacia adelante y, con cuidado, asiente el alojamiento del embrague sobre las clavijas de posicionado de la platina trasera del motor. Las clavijas de la platina del motor no deben raspar ni pasar rozando los orificios de las clavijas del alojamiento del embrague. Monte los tornillos y arandelas planas que unen el alojamiento del embrague a la platina trasera del motor y apriételos según lo especificado. Desmonte el gato de la transmisión.

19. Monte el motor de arranque. Apriete las tuercas de unión.

20. Eleve el motor y monte el soporte del bastidor trasero, silentblock y amortiguador de vibraciones y tuercas de unión y arandelas.

21. Monte los tornillos, tuercas y arandelas que unen el montaje de la transmisión al soporte del bastidor. Desmonte el gato del motor.

22. En los vehículos 4 x 4, monte la caja de transferencia.

23. Inserte el árbol de transmisión dentro de la prolongación del alojamiento y monte las tuercas, arandelas planas y de seguridad que sujetan el cojinete central.

24. Conecte el árbol de transmisión a la brida de mando del eje trasero.

25. Conecte los conductores del motor de arranque y del interruptor de la luz de marcha atrás. Monte el cilindro auxiliar de mando del embrague y el guardapolvo sobre el alojamiento del embrague. Monte el cable del tacómetro.

26. Compruebe el nivel del fluido de la transmisión en ambos tapones de llenado. Si es necesario reponga el nivel con el lubricante especificado.

27. Baje el vehículo.

28. Abra el capó y conecte el cable negativo de la batería al terminal de la batería.

29. Vuelva a conectar el vástago de empuje del cilindro principal al pedal del embrague.

30. Retire el trapo de la abertura de la torre del cambio en la prolongación del alojamiento. Evite la entrada de suciedad dentro de la transmisión.

31. Coloque el conjunto de la palanca del cambio derecho hacia arriba encima de la retención de la palanca del cambio, y luego inserte la palanca del cambio en la retención. Monte los tornillos que unen la tapa de la retención a la retención de la palanca, y apriételos según lo especificado. Monte el guardapolvos con los tornillos de la retención.

Transmisión de cuatro velocidades en motores diesel

1. Coloque la palanca del cambio en posición de punto muerto. Desmonte los tornillos de retención del guardapolvos. Desmonte los tornillos que unen la tapa de la retención a la retención de la palanca del cambio. Desconecte el vástago de empuje del cilindro principal del pedal de embrague.

2. Tire del conjunto de la palanca del cambio, gruesos y buje, derecho hacia arriba y afuera de la retención de la palanca del cambio. Tape la abertura de la torre del cambio en la prolongación del alojamiento con un trapo.

3. Desconecte el vástago de empuje del cilindro principal del sistema hidráulico del embrague del pedal de embrague.

4. Abra el capó y desconecte el cable negativo de la batería del terminal negativo de la misma.

5. Eleve el vehículo y sopórtelo seguro sobre unos caballetes. Desconecte el árbol de transmisión del eje trasero. Tire del árbol de transmisión hacia atrás y desconéctelo de la transmisión. Monte un tapón adecuado en la prolongación del alojamiento para evitar pérdidas de lubricante.

6. Desmonte la protección contra el polvo del alojamiento del embrague y del cilindro auxiliar, y asegúrelo a un lado.

7. Desmonte el cable del tacómetro de la prolongación del alojamiento, o del sensor de control de la velocidad, si lo lleva.

8. Desconecte los conductores del motor de arranque y del interruptor de la luz de marcha atrás. Coloque un gato bajo el motor, protegiendo el cárter de aceite con un bloque de madera. Desmonte el motor de arranque. Coloque un gato adecuado bajo la transmisión.

9. Desmonte los tornillos que unen la transmisión a la platina trasera del motor. Desmonte las tuercas y tornillos que unen el montaje y el silentblock de la transmisión al soporte del bastidor.

10. Desmonte las tuercas que unen el soporte del bastidor a los largueros del chasis y desmonte el soporte del bastidor.

11. Baje el gato del motor. Saque el alojamiento del embrague fuera de las clavijas de centrado y deslice la transmisión hacia atrás hasta que las mortajas del árbol de entrada abandonen el disco de embrague. Desmonte la transmisión del vehículo.

12. Asegúrese de que las superficies de contacto mecanizadas y las clavijas de centrado en la platina trasera del motor están libres de rebaba, suciedad o pintura. Compruebe la cara de contacto del alojamiento del embrague y los orificios de las clavijas de centrado para que no tengan rebabas, suciedad o pintura. Monte la transmisión sobre un gato adecuado. Colóquela bajo el vehículo e inicie la entrada del extremo del árbol de transmisión dentro del disco de embrague. Desplace la transmisión hacia adelante y, con cuidado, asiente el alojamiento del embrague sobre las clavijas de centrado de la platina trasera del motor. Las clavijas de la platina del motor no deben raspar ni pasar rozando los orificios de las clavijas del alojamiento del embrague.

13. Monte los tornillos que unen el alojamiento del embrague a la platina trasera del motor. Desmonte el gato de la transmisión.

14. Monte el motor de arranque.

15. Eleve el motor y monte el soporte del bastidor trasero y las tuercas y arandelas de unión.

16. Monte los tornillos, tuercas y arandelas que unen el montaje de la transmisión y el silentblock al soporte del bastidor. Desmonte el gato del motor.

17. Inserte el árbol de transmisión dentro de la prolongación del alojamiento de la transmisión y monte las tuercas, arandelas planas y de seguridad que sujetan el cojinete central.

18. Conecte el árbol de transmisión a la brida de mando del eje trasero.

19. Conecte los conductores del motor de arranque y del interruptor de la luz de marcha atrás. Monte el cilindro auxiliar del embrague y el guardapolvos sobre el alojamiento del embrague. Monte el cable del tacómetro.

20. Compruebe el nivel de fluido de la transmisión en el tapón de llenado. Llene con el lubricante especificado, si es necesario. Baje el vehículo.

21. Abra el capó y conecte el cable negativo de la batería al terminal de la misma.

22. Vuelva a conectar el vástago de empuje del cilindro principal al pedal del embrague.

23. Retire el trapo de la abertura de la torre del cambio en la prolongación del alojamiento. Evite la entrada de suciedad en la transmisión.

24. Coloque el conjunto de la palanca del cambio derecho hacia arriba, encima de la retención de la palanca, y luego inserte el cambiador en la retención. Monte los tornillos que unen la tapa de la retención a la retención de la palanca del cambio.

25. Monte la tapa guardapolvos con los tornillos de la retención.

Caja de transferencia

DESMONTAJE Y MONTAJE

1. Eleve y soporte con seguridad el vehículo sobre caballetes. Desconecte las planchas de protección deslizante del bastidor.

2. Coloque un recipiente colector del drenaje bajo la caja de transferencia, desmonte el tapón de drenaje y drene el fluido de la caja de transferencia.

3. Desconecte de la caja de transferencia el conector del hilo eléctrico del interruptor del indicador del mando a las cuatro ruedas.

4. Desconecte el árbol de transmisión delantero de la horquilla del árbol de entrada.

5. Afloje la abrazadera de retención de la protección del árbol de transmisión delantero a la caja de transferencia, y tire del árbol de transmisión junto con la protección delantera hacia afuera del árbol de salida delantera de la caja de transferencia.

6. Desconecte el árbol de transmisión trasero de la horquilla del árbol de salida de la caja de transferencia.

7. Desconecte el piñón de mando del tacómetro de la tapa posterior de la caja de transferencia. Desconecte el manguito de descarga de la palanca de control.

8. Afloje o desmonte el tornillo grande y el pequeño que retienen el cambiador de la prolongación del alojamiento. Tire sobre la palanca de control hasta que el buje se deslice fuera de la clavija de la palanca de cambio de la caja de transferencia. Si es necesario, desatornille la palanca de cambio de la palanca de control. Desmonte la protección contra el calor de la caja de transferencia.

ATENCIÓN

El convertidor catalítico se halla localizado cerca de la protección contra el calor. Tenga cuidado, cuando trabaje cerca del convertidor catalítico, a causa de las temperaturas extremadamente elevadas que genera el convertidor.

9. Soporte la caja de transferencia con un gato adecuado. Desmonte los cinco tornillos de unión de la caja de transferencia a la transmisión y a la prolongación del alojamiento.

10. Deslice la caja de transferencia hacia adelante fuera del árbol de salida de la transmisión y bájela del vehículo. Desmonte la junta que hay entre la caja de transmisión y la prolongación del alojamiento.

11. Coloque una junta nueva entre la caja de transferencia y la prolongación del alojamiento.

12. Eleve la caja de transferencia con un gato adecuado de modo que las mortajas del árbol de salida de la transmisión se alineen con el árbol de entrada de la caja de transferencia. Deslice la caja de transferencia hacia adelante sobre el árbol de salida de la transmisión y la clavija de centrado. Monte los cinco tornillos de unión de la caja de transferencia a la prolongación del alojamiento. Apriételos a 25-35 libras-pie.

13. Desmonte el gato de transmisión de debajo de la caja de transferencia.

14. Monte la protección contra el calor sobre la caja de transferencia. Apriete los tornillos a 27-37 libras-pie.

15. Desplace la palanca de control hasta que el buje esté en posición sobre la clavija de la palanca de cambio de la caja de transferencia. Monte roscando a mano los tornillos de unión. Primero apriete el tornillo grande que retiene el cambiador en la prolongación del alojamiento a 70-90 libras-pie, y luego el tornillo a 31-42 libras-pie.

NOTA: Apriete siempre el tornillo grande de la retención del cambiador a la prolongación del alojamiento antes de apretar el tornillo pequeño.

16. Monte el conjunto de descarga de modo que la marca blanca del manguito esté alineada con la ranura del cambiador. El extremo superior del manguito de descarga deberá estar dos pulgadas por encima de la parte más alta del cambiador y colocada dentro del protector de la palanca de cambio.

17. Conecte el piñón de mando del tacómetro a la tapa trasera de la caja de transferencia. Apriete el tornillo a 20-25 libras-pie.

18. Conecte el árbol de transmisión trasero a la horquilla del árbol de salida de la caja de transferencia. Apriete los tornillos a 12-15 libras-pie.

19. Limpie las mortajas hembra del árbol de salida delantero de la caja de transferencia. Aplique 5-8 gramos de lubricante de aplicaciones múltiples y larga duración, C1AZ-19590-B (ESA-M1C175-B) o uno equivalente, a las mortajas. Inserte las mortajas macho del árbol de transmisión delantero.

20. Conecte el árbol de transmisión delantero a la horquilla del árbol de entrada. Apriete los tornillos a 12-15 libras-pie.

21. Empuje la protección de la palanca del cambio para encajarla en la ranura externa sobre el árbol de salida delantero de la caja de transferencia. Asegúrela con una abrazadera.

22. Conecte el conector de la conducción eléctrica del interruptor del indicador de tracción a las cuatro ruedas en la caja de transferencia. Monte el tapón de drenaje y apriételo a 14-22 libras-pie. Desmonte el tapón de llenado y cargue 3 pintas de Dexron II, que es un lubricante para transmisión automática. Monte el tapón de llenado y apriételo a 14-22 libras-pie.

23. Monte la plancha de protección deslizante en el bastidor. Apriete las tuercas y tornillos a 22-30 libras-pie. Baje el vehículo.

Bronco

DESMONTAJE Y MONTAJE

3.03 3 Velocidades

1. Ponga la caja de transferencia en punto muerto.

2. Desmonte los tornillos de unión de la protección del ventilador al soporte del radiador, si la lleva.

3. Eleve y soporte con seguridad el vehículo.

4. Soporte la protección de la caja de transferencia con un gato y soporte los tornillos que unen la protección a los largueros del chasis. Desmonte la protección.

5. Drene el lubricante de la transmisión y de la caja de transferencia. Para drenar el lubricante de la transmisión, desmonte el tornillo inferior de unión de la prolongación del alojamiento a la transmisión.

6. Desconecte los árboles de transmisión delantero y trasero de la caja de transferencia.

7. Desconecte el cable del tacómetro de la caja de transferencia.

8. Desconecte el interruptor del TRS, si lo lleva como equipo.

9. Desconecte las varillas de cambio de las palancas de la transmisión. Coloque la palanca del cambio del piñón de Primera-Marcha atrás en la posición del piñón de la Primera e inserte la herramienta fabricada. Esta herramienta consiste en un trozo de varilla redonda, del mismo diámetro que los orificios que hay en las palancas de cambio, que está doblada de manera que ajusta en los orificios de las dos palancas de cambio y las sujeta en la posición expuesta arriba. Aún más importante, esta herramienta evitará que los rodamientos de rodillos del árbol de entrada puedan caer dentro de la transmisión y del árbol de salida. ESTA HERRAMIENTA ES IMPRESCINDIBLE.

10. Soporte el motor con un gato.

11. Desmonte las dos chavetas, tornillos, arandelas, chapa y silentblocks que aseguran el soporte del bastidor al adaptador de la caja de transferencia.

12. Desmonte los tornillos que unen el soporte del bastidor a los largueros del chasis.

13. Coloque un gato de transmisión bajo la caja de transferencia y desmonte los silentblocks superiores del soporte del bastidor. Desmonte el soporte del bastidor.

14. Remangue hacia atrás la protección de caucho incluyendo la articulación de la palanca del cambio de la caja de transferencia. Desmonte el capuchón roscado que sujeta el conjunto de la palanca del cambio a la cartela del cambio. Desmonte el conjunto de la palanca del cambio.

15. Desmonte los dos tornillos inferiores que unen la transmisión al alojamiento del volante.

16. Vuelva a poner el gato bajo la transmisión y asegúrela con una cadena.

17. Desmonte los dos tornillos superiores que aseguran la transmisión al alojamiento del volante. Desplace la transmisión y la caja de transferencia hacia atrás y abajo fuera del vehículo.

18. Desplace el conjunto a un banco de taller y desmonte los tornillos que unen la caja de transferencia a la de transmisión.

19. Deslice el conjunto de la transmisión fuera de la caja de transferencia. Para montar la transferencia:

20. Acople la caja de transferencia a la de transmisión. Aplique un sellador resistente al aceite a la rosca de los tornillos y monte los tornillos de unión. Apriételos a 42-50 libras-pie.

21. Coloque la transmisión y la caja de transferencia sobre un gato adecuado y asegúrelas con una cadena.

22. Eleve el conjunto de la transmisión y caja de transferencia dentro de su posición y acople la transmisión al alojamiento del volante.

23. Monte los dos tornillos de unión superiores y los dos inferiores y apriételos a 37-42 libras-pie.

24. Coloque la palanca del cambio de la caja de transferencia y monte los capuchones roscados a la cartela del cambio. Vuelva a colocar la protección de caucho.

25. Eleve la transmisión y la caja de transferencia lo bastante alto para disponer del espacio suficiente para el montaje del soporte del bastidor. Coloque los silentblocks superiores en el soporte del bastidor y monte los tornillos que unen el soporte del bastidor a los largueros del chasis.

26. Alinee los orificios de los tornillos en el adaptador en la caja de transferencia con los del soporte del bastidor y baje luego la transmisión y desmonte el gato.

27. Monte los tornillos, tuercas, silentblocks, platinas y arandelas que unen el soporte del bastidor al adaptador de la caja de transferencia. Apriete las tuercas y asegúrelas con pasadores de seguridad.

28. Desmonte el gato del motor.

29. Desmonte el utillaje fabricado y conecte cada varilla del cambio a su respectiva palanca en la transmisión. Ajuste los reenvíos.

30. Conecte el cable del tacómetro.

31. Conecte el interruptor del TRS, si lo lleva como equipo.

32. Monte los árboles de transmisión delantero y trasero a la caja de transferencia.

33. Llene la transmisión y la caja de transferencia hasta el orificio de llenado del fondo con un lubricante recomendado.

34. Coloque la protección de la caja de transferencia en los largueros del chasis y monte los tornillos de fijación.

35. Baje el vehículo.

36. Monte la protección del ventilador, si la lleva.

37. Compruebe el funcionamiento de los reenvíos de la palanca del cambio de la caja de transferencia y de la transmisión.

NP 435

1. Desmonte la protección de goma y la esterilla del piso.

2. Desmonte el encaje del cierre contra la intemperie. Puede ser necesario primero desmontar el asiento.

3. Desconecte el interruptor de la luz de marcha atrás situado en la parte trasera de la tapa del alojamiento de la caja de cambios.

4. Eleve el vehículo y colóquelo seguro sobre caballetes. Coloque un gato adecuado bajo la transmisión y desconecte el cable del tacómetro.

5. Desconecte la palanca del freno de mano de su articulación y desmonte el alojamiento de la caja de cambios.

6. Desconecte el árbol de transmisión o el de acoplamiento. Desmonte los tornillos que unen el soporte central del árbol de acoplamiento al soporte del bastidor y ate con un alambre el árbol de acoplamiento y el de transmisión apartándolos a un lado. Desmonte la caja de transferencia.

7. Desmonte los tornillos que unen la transmisión al alojamiento del embrague y desmonte la transmisión.

8. Antes de montar la transmisión aplique una ligera película de lubricante para chasis al soporte de la palanca de desembrague y a la horquilla. No aplique una capa gruesa de grasa a estas partes, pues puede actuar como contaminante del disco de embrague.

9. Coloque la transmisión sobre un gato adecuado y elévela hasta que las mortajas del árbol de transmisión estén alineadas con las del disco de embrague. El cojinete de desembrague y el cubo deben estar adecuadamente posicionados en la horquilla de la palanca de desembrague.

10. Monte espigas de guía en el alojamiento del embrague y deslice la transmisión hacia adelante sobre las espigas de guía hasta que esté en posición sobre el alojamiento del embrague. Monte los tornillos o tuercas de unión y apriételos a los siguientes pares de torsión: 7/16-14; 40-50 libras-pie, 5/8-11: 120-150 libras-pie, 9/16-12: 90-115 libras-pie, 5/8 18C: 120-150 libras-pie, 9/16 18C; 90-115 libras-pie.

11. Desmonte las espigas de guía y monte los dos tornillos de unión inferiores. Monte los tornillos que unen el soporte central del alojamiento al soporte del bastidor con silentblock. Apriete los tornillos a 40-50 libras-pie.

12. Conecte el árbol de transmisión o el de acoplamiento y el cable del tacómetro. Apriete las tuercas del acoplamiento universal.

13. Conecte el conducto del interruptor de la luz de marcha atrás.

14. Monte la platina-tapa de la transmisión. Monte el asiento, si lo desmontó.

15. Monte el encaje del cierre contra la intemperie, retención del mismo, esterilla del suelo y guardapolvos de goma.

T-18 hasta finales de 1979

1. Abra el asiento-tapa de la puerta.

2. Desmonte las bolas de las palancas selectoras.

3. Desmonte los cuatro tornillos que unen el conjunto del manguito guardapolvos y la palanca selectora.

4. Desmonte los cuatro tornillos que sujetan la esterilla del suelo.

5. Desmonte los once tornillos que sujetan la tapa de acceso a la bandeja del suelo. Coloque la palanca del cambio en la posición de marcha atrás y desmonte la tapa.

6. Desmonte el aislador y el guardapolvos.

7. Desmonte la palanca selectora de la caja de transferencia.

8. Desmonte los ocho tornillos que sujetan la tapa del cambio y la junta.

9. Utilice una cartulina o papel grueso para hacer una tapa adecuada a la abertura de la tapa del selector para proteger la transmisión contra la suciedad durante el desmontaje.

10. Eleve el vehículo y sopórtelo sobre caballetes de seguridad.

11. Desmonte el tapón de drenaje y drene la transmisión.

12. Desconecte el árbol de transmisión trasero de la caja de transferencia y manténgalo atado a un lado.

13. Desconecte el árbol de transmisión delantero de la caja de transferencia y manténgalo atado a un lado.

14. Desmonte el pasador que sujeta la articulación del cambio en su sitio y desmonte la articulación.

15. Desmonte el cable del tacómetro de la caja de transferencia.

16. Coloque un gato adecuado bajo la caja de transferencia. Desmonte los seis tornillos que sujetan la caja de transferencia a la transmisión y baje la caja de transferencia del vehículo.

17. Desmonte los ocho tornillos que sujetan la cartela-soporte trasera a la transmisión.

18. Coloque un gato adecuado bajo la transmisión y desmonte la cartela-soporte trasera y el tirante.

19. Desmonte los cuatro tornillos que sujetan la transmisión a la carcasa del volante.

20. Desmonte la transmisión del vehículo.

21. Coloque la transmisión sobre un gato adecuado y móntela en el vehículo colocando dos espigas de guía en los orificios superiores de la carcasa del volante para guiar la transmisión dentro de su emplazamiento.

22. Monte los dos tornillos inferiores. Desmonte las espigas de guía y monte los tornillos superiores.

23. Coloque la cartela-soporte trasera en su posición y monte los ocho tornillos de retención.

24. Monte los dos tornillos de la cartela con silentblock de soporte trasero. Desmonte el gato de la transmisión.

25. Coloque la caja de transferencia sobre el gato de transmisión y monte los seis tornillos de retención y la junta. Coloque la caja de transferencia sobre la transmisión y apriete los tornillos a 50-60 libras-pie.

26. Monte la articulación del cambio de la caja de transferencia y el pasador de sujeción.

27. Coloque y monte el cable del tacómetro.

28. Desate el alambre y conecte el árbol de transmisión delantero.

29. Desate el alambre y conecte el árbol de transmisión trasero.

30. Llene con lubricante la caja de transferencia y la transmisión manual.

31. Baje el vehículo.

32. Retire la protección provisional contra la suciedad y prepare la zona de la junta.

33. Coloque la junta y la tapa del selector.

34. Monte los dos tornillos piloto y luego monte los restantes tornillos de retención la tapa del selector.

35. Monte la palanca selectora de la caja de transferencia.

36. Monte la tapa del guardapolvos y el aislador.

37. Monte los tornillos de la tapa de acceso a la bandeja del suelo.

38. Monte los cuatro tornillos de la esterilla del suelo.

39. Monte los cuatro tornillos de la zona del manguito guardapolvos de goma.

40. Monte las bolas de los selectores.

T-18 desde 1980

1. Abra el asiento-tapa de la puerta.

2. Desmonte las bolas de las palancas selectoras.

3. Desmonte los cuatro tornillos que unen el conjunto del manguito guardapolvos de goma y la palanca selectora de la transmisión.

4. Desmonte los cuatro tornillos que sujetan la esterilla del piso.

5. Desmonte los once tornillos que sujetan la tapa de acceso a la bandeja del suelo. Coloque la palanca del cambio en la posición de marcha atrás y desmonte la tapa.

6. Desmonte el aislador y la tapa guardapolvos.

7. Desmonte la palanca selectora de la caja de transferencia.

8. Desmonte la palanca selectora de la transmisión.

9. Utilice una cartulina o papel grueso para hacer una tapa adecuada a la abertura de la tapa del selector para proteger la transmisión contra la suciedad durante el desmontaje.

10. Eleve y sostenga el vehículo sobre caballetes de seguridad.

11. Desmonte el tapón de drenaje y drene la transmisión.

12. Desconecte el árbol de transmisión trasero de la caja de transferencia y manténgalo atado a un lado.

13. Desconecte el árbol de transmisión delantero de la caja de transferencia y manténgalo atado a un lado.

14. Desmonte el anillo de retención que sujeta la palanca selectora en su sitio y desmonte la palanca de la caja de transferencia.

15. Desmonte el cable del velocímetro de la caja de transferencia.

16. Coloque un gato adecuado bajo la caja de transferencia. Desmonte los seis tornillos que sujetan la caja de transferencia a la transmisión y baje la caja de transferencia del vehículo.

17. Desmonte los ocho tornillos que unen la cartela-soporte a la transmisión.

18. Coloque un gato adecuado bajo la transmisión y desmonte la cartela trasera y el puntal.

19. Desmonte los cuatro tornillos que sujetan la transmisión a la carcasa del volante.

20. Desmonte la transmisión del vehículo.

21. Coloque la transmisión sobre un gato adecuado y móntela en el vehículo colocando las espigas de guía en los orificios superiores de la carcasa del volante, para guiar a la transmisión dentro de su emplazamiento.

22. Monte los tornillos inferiores. Desmonte las espigas de guía y monte los tornillos superiores.

23. Coloque en posición la cartela trasera y monte los ocho tornillos de retención. Apriételos a 35-50 libras-pie.

24. Monte los dos tornillos en el soporte del bastidor trasero. Desmonte el gato de la transmisión.

25. Coloque la caja de transferencia sobre el gato de transmisión y monte los seis tornillos de retención y la junta. Coloque la caja de transferencia sobre la transmisión y apriete los tornillos a 28-33 libras-pie.

26. Monte la articulación del selector y el anillo de retención de la caja de transferencia.

27. Coloque y monte el cable del tacómetro

28. Desate y conecte el árbol de transmisión delantero.

29. Desate y conecte el árbol de transmisión trasero.

30. Llene con lubricante la caja de transferencia y la transmisión.

31. Baje el vehículo.

32. Retire la protección provisional contra la suciedad y prepare la zona de la junta.

33. Coloque la junta y la palanca selectora.

34. Monte los dos tornillos piloto y luego monte los restantes tornillos de retención de la tapa del selector.

35. Monte la palanca selectora de la caja de transferencia y la de la transmisión.

36. Monte la tapa guardapolvos y el aislador.

37. Monte los tornillos de la tapa de acceso a la bandeja del suelo.

38. Monte los cuatro tornillos de la esterilla del suelo.

39. Monte los cuatro tornillos de la zona del manguito guardapolvos de goma.

40. Monte las bolas de los selectores.

Vía sencilla, superdirecta

1. Eleve el vehículo y sopórtelo sobre caballetes.

2. Marque el árbol de transmisión para que pueda ser montado en la misma posición relativa. Desconecte el árbol de transmisión de la brida de la junta universal. Deslice el árbol de transmisión fuera del árbol de salida de la transmisión y monte un utilaje de montaje de cierre de prolongación del alojamiento, o ponga trapos dentro de dicho alojamiento para evitar pérdidas de lubricante.

3. Desconecte el cable del velocímetro de la prolongación del alojamiento.

4. Desmonte los tres tornillos que aseguran la palanca selectora al conjunto de la torreta.

5. Desmonte la palanca selectora del conjunto de la torreta.

6. Sostenga el motor con un gato adecuado y desmonte los tornillos que unen la prolongación del alojamiento al soporte trasero del motor.

7. Eleve la parte trasera del motor lo suficiente para descargar el peso del soporte y silentblock de montaje. Desmonte los tornillos de retención de dicho soporte a los soportes de los largueros del bastidor y desmóntelo.

8. Soporte la transmisión sobre un gato y desmonte los tornillos que unen la transmisión al alojamiento del volante.

9. Desplace la transmisión con el gato hacia atrás hasta que el árbol de entrada de la transmisión deje el alojamiento del volante. Si es necesario, baje el motor lo suficiente para que se habilite el espacio necesario para el desmontaje de la transmisión.

ATENCIÓN

No hunda el pedal del embrague mientras se desmonta la transmisión.

10. Asegúrese de que la superficie de montaje de la transmisión y del alojamiento del volante están exentas de suciedad, pintura y rebabas. Monte dos espigas guía en los orificios de los tornillos de montaje inferiores del alojamiento del volante. Desplace la transmisión hacia adelante sobre las espigas guía hasta que las mortajas del árbol de entrada encajen y penetren en las del cubo del embrague y la caja esté posicionada contra el alojamiento del volante.

11. Monte, apretados a mano, los dos tornillos de montaje superiores que unen la transmisión al alojamiento del volante, y luego retire las dos espigas guía. Monte los dos tornillos de montaje inferiores. Apriete todos los tornillos de montaje según lo especificado.

12. Eleve la parte trasera del motor y monte el soporte con silentblock del bastidor. Monte y apriete los tornillos que lo unen según lo especificado, y luego baje el motor.

13. Con la prolongación del alojamiento descansando sobre el soporte trasero del motor, monte los tornillos que unen dicho alojamiento. Apriete los tornillos según lo especificado.

14. Coloque la torre del selector sobre la prolongación del alojamiento y asegúrelo con tres tornillos.

15. Conecte el cable del velocímetro a la prolongación del alojamiento.

16. Desmonte el utillaje de montaje de la prolongación del alojamiento y deslice el extremo delantero del árbol de transmisión sobre el árbol de salida de la transmisión. Conecte el árbol de transmisión a la brida de la junta universal trasera.

17. Llene la transmisión al nivel apropiado con el lubricante especificado.

18. Baje el camión. Compruebe el movimiento del selector así como el paso de un lado a otro para el engrane de todas las marchas y el funcionamiento suave al pasar de uno a otro lado.

Vans

DESMONTAJE Y MONTAJE

3 velocidades

1. Eleve el vehículo y sosténgalo sobre caballetes. Drene el lubricante de la transmisión desmontando el tornillo de unión inferior que une la prolongación del alojamiento a la transmisión.

2. Desconecte el árbol de transmisión de la brida de la transmisión. Asegure el extremo del árbol de transmisión fuera del paso atándolo con un trozo de alambre.

3. Desconecte el cable del tacómetro de la prolongación del alojamiento y las varillas de cambio de la transmisión. Desconecte el interruptor del encendido regulado por la transmisión, si lo lleva como equipo.

4. Coloque un gato de transmisión bajo la misma. Ate con una cadena la transmisión al gato.

5. Eleve la transmisión ligeramente y desmonte los cuatro tornillos que retienen el soporte con silentblock de montaje de la transmisión a los largueros del bastidor. Desmonte el tornillo que retiene la prolongación del alojamiento de la transmisión al soporte con el silentblock de montaje.

6. Desmonte los cuatro tornillos que unen la transmisión al alojamiento del volante.

7. Coloque una barra bajo la parte trasera del motor y sosténgalo.

8. Desmonte la transmisión del vehículo bajando el gato.

Para montar la transmisión:

9. Asegúrese de que las superficies mecaniza das de la caja de transmisión y del alojamiento del volante están libres de suciedad, pintura y rebabas.

10. Monte una espiga guía en cada orificio de tornillo de montaje inferior.

11. Inicie la introducción del árbol de entrada a través del cojinete de desembrague. Alinee las mortajas del árbol de entrada con las del disco de embrague. Desplace la transmisión hacia adelante sobre las espigas guía hasta que el piloto del árbol de entrada penetre en el cojinete o casquillo en el cigüeñal. Si la retención del cojinete delantero de la transmisión se traba en el cubo del cojinete de desembrague, mueva la palanca de desembrague hasta que el cubo se deslice dentro de la retención del cojinete delantero de la transmisión. Monte los dos tornillos de montaje superiores y las arandelas que unen el alojamiento del volante a la transmisión. Desmonte las dos espigas guía

y monte los tornillos y arandelas de seguridad de montaje inferiores.

12. Eleve el gato ligeramente y desmonte la barra de soporte del motor. Coloque el soporte con silentblock de montaje sobre los largueros del bastidor y monte los tornillos de retención. Monte el tornillo que retiene la prolongación del alojamiento unida al soporte de montaje con silentblock.

13. Conecte las varillas de cambio y el cable del tacómetro. Conecte el conductor del interruptor de encendido regulado por la transmisión, si lo lleva como equipo.

14. Monte el árbol de transmisión.

15. Llene la transmisión hasta el orificio de llenado del fondo con el lubricante apropiado.

16. Ajuste el juego libre del pedal de embrague y la articulación del cambio según sea necesario.

4 velocidades, superdirecta

1. Eleve el vehículo y sosténgalo sobre caballetes.

2. Marque el árbol de transmisión para que pueda ser montado en la misma posición. Desconecte el árbol de transmisión de la brida de la junta universal. Deslice el árbol de transmisión fuera del árbol de salida de la transmisión y monte el utillaje de cierre de la prolongación del alojamiento dentro del mismo para evitar pérdidas de lubricante.

3. Desconecte el cable del tacómetro de la prolongación del alojamiento.

4. Desmonte las pinzas de retención, arandelas planas y arandelas elásticas que aseguran las varillas a las palancas del cambio. Desmonte los tornillos que conectan el control del cambio a la prolongación del alojamiento de la transmisión. Desmonte la tuerca que conecta el control del cambio a la caja de transmisión.

NOTA: Sobre la prolongación del alojamiento de la transmisión, cerca de los orificios de los tornillos de la placa de control del cambio, hay estampados un «6» y un «8». El «6» y el «8» se refieren a la aplicación a uno de los dos motores de 6 u 8 cilindros. La placa de control del cambio deberá estar colocada en los orificios correctos para tener un posicionado apropiado en función del motor aplicado en ese momento.

5. Desmonte los tornillos de conexión del soporte posterior de la transmisión que unen el soporte del silentblock de montaje a la prolongación del alojamiento de la transmisión.

6. Sostenga el motor con un gato adecuado y desmonte los tornillos que unen la prolongación del alojamiento al soporte posterior del motor.

7. Eleve la parte trasera del motor lo suficiente para descargar el peso del soporte de montaje con silenblock. Desmonte los tornillos que unen dicho soporte a los largueros laterales del bastidor, y lo desmonta.

8. Sostenga la transmisión sobre un gato y desmonte los tornillos que unen la transmisión al alojamiento del volante.

9. Desplace la transmisión y el gato hacia atrás hasta que el árbol de entrada de la transmisión deje el alojamiento del volante. Si es necesario, baje el motor lo suficiente para lograr el espacio que permita desmontar la transmisión. No presione el pedal del embrague mientras esté desmontando la transmisión.

10. Asegúrese de que las superficies de montaje de la transmisión y del alojamiento del volante están libres de suciedad, pintura y rebabas. Monte dos espigas guía en los orificios de los tornillos de montaje inferiores del alojamiento del volante. Desplace la transmisión hacia adelante sobre las espigas guía hasta que las mortajas del árbol de entrada penetren en las del cubo del embrague, y la caja está posicionada contra el alojamiento del volante.

11. Monte, apretados sólo con la mano, los dos tornillos de montaje superiores que unen la transmisión al alojamiento del volante, y luego desmonte las espigas guía. Monte los dos tornillos de montaje inferiores. Apriete todos los tornillos a 40-45 libras-pie.

12. Eleve la parte trasera del motor y monte el soporte de montaje con silentblock. Monte y apriete los tornillos de unión del soporte a 20-30 libras-pie, y luego baje el motor.

13. Con la prolongación del alojamiento de la transmisión apoyada sobre el soporte trasero del motor, monte los tornillos de montaje de la prolongación del alojamiento. Apriete los tornillos a 42-50 libras-pie.

14. Monte los tornillos de soporte de la transmisión y apriételos a 40-50 libras-pie.

15. Coloque la cartela del control del cambio sobre la espiga en la caja de la transmisión y en los orificios de los tornillos de unión (orificios marcados o con el «6» o con el «8», según que se aplique a un motor de 6 o de 8 cilindros) sobre la prolongación del alojamiento de la transmisión. Monte y apriete a mano los tornillos de conexión. La cartela debe colocarse en la posición apropiada para que el control del cambio opere correctamente. Apriete la tuerca de conexión de la cartela a la caja de transmisión a 22-30 libras-pie. Apriete los tornillos a 22-30 libras-pie.

16. Asegure cada una de las varillas del cambio a sus respectivas palancas con la arandela elástica, arandela y pasador de retención.

17. Conecte el cable del velocímetro a la prolongación del alojamiento.

18. Desmonte el utillaje de cierre de la prolongación del alojamiento y deslice el extremo hacia adelante del árbol de transmisión sobre el árbol de salida de la transmisión. Conecte el árbol de transmisión a la brida de la junta universal trasera. Ajuste el reenvío.

19. Llene la transmisión al nivel requerido con el lubricante especificado.

20. Baje el vehículo. Compruebe el movimiento del selector y el paso de un lado al otro para el engranaje de todas las marchas así como el funcionamiento suave al pasar de un lado al otro.

EMBRAGUE

Pickup

NOTA: Consulte al Ranger/Bronco II para las instrucciones de estos vehículos.

JUEGO LIBRE AJUSTE REENVÍO MANUAL

1. Mida el juego libre del pedal de embrague hundiendo el pedal lentamente hasta que el juego libre, entre el conjunto del cojinete de desembrague y la prensa, haya sido eliminado. Anote esa medida. La diferencia entre esta medida y la del pedal sin hundir es la del juego libre.

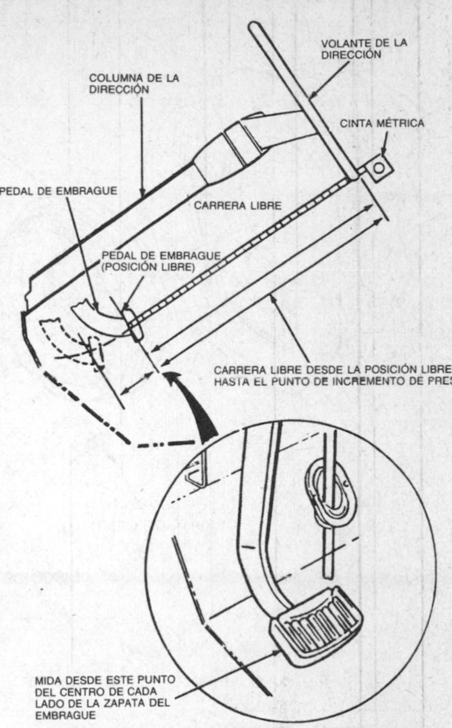

Medición del juego libre del embrague en en Bronco y pickups.

2. Si la medida del juego libre es menor de 1/2-3/4 de pulgada, deberá ajustarse la articulación del embrague.

3. Afloje las dos contratuercas de la varilla de desembrague, bajo el camión, y sepárelas entre sí varias vueltas.

4. Afloje y apriete la primera contratuerca (la más próxima a la palanca de desembrague) contra la bala (ensanchamiento de la varilla) hasta que se logre una medida lo más ajustada posible a 1 1/2 pulgadas.

5. Cuando se ha logrado la medida correcta de juego libre sujete la primera contratuerca en su posición y asegúrela apretando la otra tuerca con la primera.

6. Vuelva a comprobar el ajuste del juego libre. El total del recorrido es fijo y, por lo tanto, no es ajustable.

EMBRAGUE HIDRÁULICO

El sistema de embrague hidráulico consiste en una combinación de embrague y cilindro principal, un cilindro auxiliar y una conexión de tubos. El cilindro auxiliar está montado sobre el alojamiento del embrague. El sistema tiene previsto un ajuste automático del embrague. No se requieren ajustes de la articulación del embrague o de la posición del pedal.

DESMONTAJE Y MONTAJE

1. Desconecte el muelle de recuperación y el conjunto de la varilla de empuje de la palanca de desembrague. Si va equipado con un embrague hi-

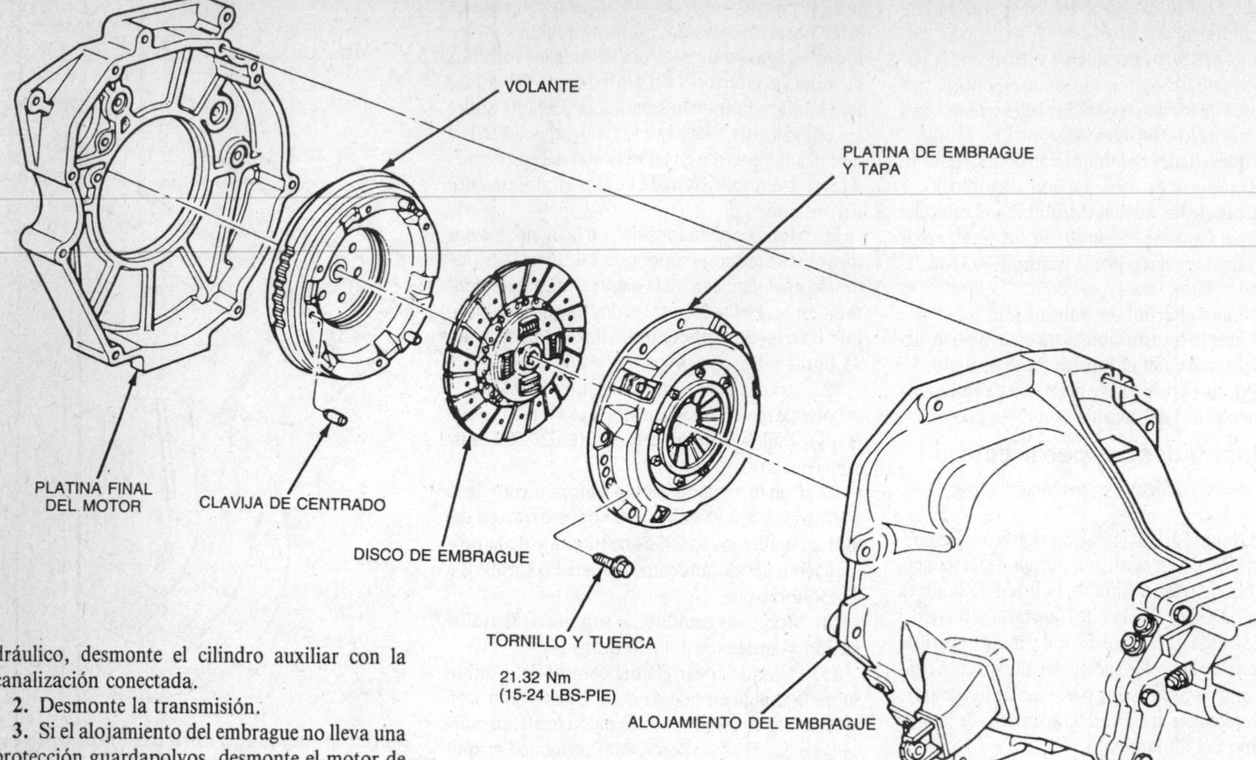

Montaje del embrague en el motor diesel 134 (2,2 L)

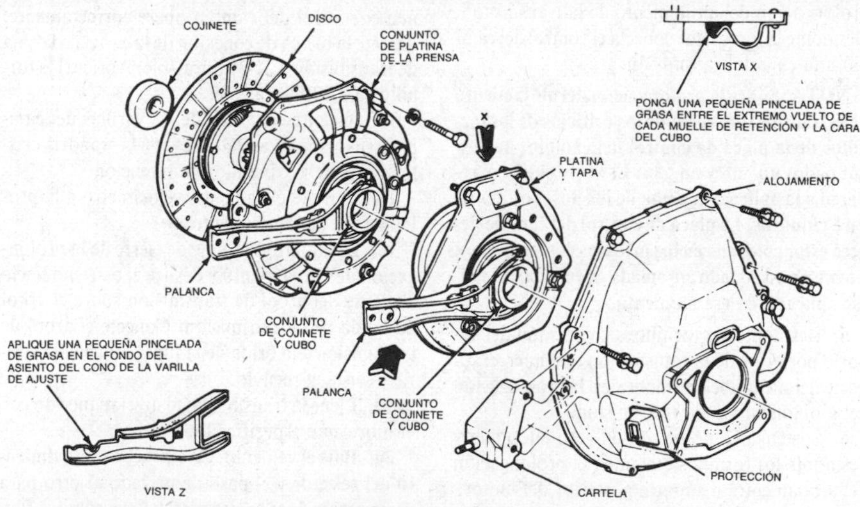

Montaje del embrague en los motores 8-351 y 400

dráulico, desmonte el cilindro auxiliar con la canalización conectada.

2. Desmonte la transmisión.

3. Si el alojamiento del embrague no lleva una protección guardapolvos, desmonte el motor de arranque. Desmonte los tornillos que unen el alojamiento del volante y desmonte dicho alojamiento.

4. Si el alojamiento del volante tiene una cubierta guardapolvos, desmonte la cubierta y luego desmonte el cojinete y la palanca de desembrague del alojamiento del embrague.

5. Marque el conjunto de la platina de la prensa y la tapa, y el volante de modo que puedan ser montados de nuevo en la misma posición.

6. Afloje los tornillos que unen la platina de la prensa y la tapa de manera igualada, poco a poco, según una secuencia alternativa, una vuelta cada vez, hasta que los muelles de la platina de la prensa hayan sido descargados de su tensión. Desmonte los tornillos de unión.

7. Desmonte el conjunto de la platina de la prensa y la tapa y disco de embrague del volante.

8. Coloque el disco de embrague sobre el volante de modo que un utillaje de alineación o un árbol principal de transmisión, de recambio, pueda entrar en el cojinete piloto del embrague, y alinee el disco.

9. Al volver a montar el conjunto original de la platina de la prensa y la tapa, alinee el conjunto y el volante de acuerdo con las marcas que hizo al desmontar. Coloque el conjunto de platina y prensa y tapa sobre el volante, alineando la platina y el disco, y montando los tornillos de retención. Apriételos según una secuencia alternativa, pocas vueltas cada vez, hasta 15-20 libras-pie.

10. Desmonte el utillaje usado para alinear el disco.

11. Con el embrague totalmente desembragado, aplique una ligera capa de grasa sobre las orejas de mando.

12. Coloque el cojinete de desembrague y el cubo sobre la palanca. Monte la palanca sobre su apoyo en el alojamiento del cigüeñal. Aplique una ligera capa de grasa a los dedos de la palanca de desembrague y al punto de apoyo. Llene la ranura del cubo del cojinete del desembrague con grasa.

13. Si se ha desmontado el alojamiento del volante, colóquelo contra la platina-tapa trasera del motor y monte los tornillos de unión apretándolos a 40-50 libras-pie.

14. Monte el motor de arranque.

15. Monte la transmisión.

16. Conecte el muelle de recuperación de la palanca de desembrague y monte la tapa guardapolvos, si la llevaba como equipo.

17. Ajuste el reenvío del embrague.

Bronco

ALTURA DEL PEDAL AJUSTE

1979

1. Mida la carrera libre del pedal del embrague usando una cinta métrica de acero. Mida la distancia que hay entre la zapata del pedal hasta el borde del volante de la dirección. Hunda el pedal lentamente hasta que se elimine la carrera libre entre el conjunto del cojinete de desembrague y el de la platina de prensa. Anote estas medidas. La

diferencia entre las dos medidas es la carrera libre.

2. Si la medida de la carrera libre es menor que 3/4 de pulgada o mayor que 1 1/2, ajuste el reenvío del embrague.

3. Con el muelle de recuperación desmontado, sujete la varilla de desembrague firmemente contra su palanca, eliminando el juego libre de la misma.

4. Coloque la primera contratuerca a 0.062 pulgadas de la barra mientras sujeta la aguja firmemente contra la palanca de desembrague.

5. Coloque la segunda contratuerca ajustada con los dedos contra la primera tuerca, mientras sujeta la segunda. Inmovilice la primera tuerca con un par de torsión de 15-20 libras-pie. Esto nos da en la zapata del pedal de 3/4 a 1 1/2 pulgadas.

6. Compruebe el ajuste con el muelle de retroceso en su sitio.

1980 y posteriores

1. Mida la carrera libre del pedal de embrague usando una cinta métrica de acero. Mida la distancia que hay entre la zapata del pedal y el borde del volante de la dirección. Hunda el pedal lentamente hasta que desaparezca la carrera libre entre el conjunto del cojinete de desembrague y el de la platina de prensa. Anote estas medidas. La diferencia entre las dos medidas es la carrera libre.

2. Si la medida de la carrera libre es menor que 1/2 pulgada o mayor que 2, ajuste el reenvío del embrague.

3. Desmonte el muelle de retroceso.

4. Afloje las dos contratuercas que hay sobre la varilla de desembrague y sepárelas entre sí varias vueltas.

5. Deslice la parte ensanchada de la varilla de desembrague (bala) firmemente contra la palanca de desembrague. Empuje la varilla hacia adelante contra la palanca de la barra compensadora para eliminar todo el juego libre del sistema de articulaciones.

6. Inserte una galga de 0.135 pulgadas de espesor entre la contratuerca y la bala. Apriete la primera contratuerca con la fuerza de los dedos contra la galga con todo el juego libre eliminado.

7. Apriete la segunda contratuerca con la fuerza de los dedos contra la primera tuerca. Sujete la primera tuerca y apriete la segunda contratuerca a 15-20 libras-pie. La carrera libre deberá medir 3/4-1 1/2 pulgadas en el pedal.

8. Con la carrera libre recomendada que se ha obtenido, y sujetando la primera contratuerca, coloque y apriete, asegurándola, la segunda contratuerca contra la primera.

9. Vuelva a comprobar la carrera libre del pedal.

DESMONTAJE Y MONTAJE

1979

1. Desconecte el muelle de retroceso de la palanca de desembrague y empuje el conjunto de la varilla en la palanca.

2. Desmonte la transmisión del vehículo.

3. Si el alojamiento del embrague no está provisto de una tapa guardapolvos, desmonte el motor de arranque. Desmonte los tornillos de unión del alojamiento del volante y desmóntelo.

4. Si el alojamiento del volante está provisto de una tapa guardapolvos, desmóntela del alojamiento. Desmonte la palanca y el cojinete de desembrague del alojamiento del embrague.

5. Marque el conjunto de platina de prensa y tapa, y el volante; de modo que las piezas puedan ser montadas de nuevo en la misma posición.

6. Afloje los tornillos de unión de la platina de prensa y tapa de manera igualada, poco a poco, según una secuencia alternativa, una vuelta cada vez, hasta que los muelles de la platina de la prensa estén expandidos, y luego desmonte los tornillos.

7. Desmonte el conjunto de platina de prensa y tapa y el disco de embrague del volante a través de la abertura que hay en el fondo del alojamiento del embrague. Desmonte el cojinete piloto sólo en caso de sustitución.

8. Coloque el disco de embrague sobre el volante de modo que el útil-piloto pueda entrar en el cojinete piloto del embrague y alinee el disco.

9. Cuando vuelva a montar el conjunto original de platina de prensa y tapa, alinee el conjunto y el volante de acuerdo con las marcas hechas durante la operación de desmontaje. Coloque el conjunto de platina de prensa y tapa sobre el volante, alinee la platina de prensa y disco, y monte los tornillos de retención que sujetan el conjunto al volante. Apriete los tornillos a 20-30 libras-pie, y desmonte el útil-piloto del disco de embrague.

10. Con el disco totalmente desembragado, aplique una ligera película de grasa básica de litio ESA-M1C75-B, o equivalente, en los lados de las orejas de mando.

11. Coloque el cojinete y el cubo de desembrague sobre la palanca. Monte la palanca sobre el muñón en el alojamiento del volante. Aplique una película fina de grasa básica de litio ESA-M1C75-B, o equivalente, a los dedos de la palanca de desembrague y al muñón de la palanca o apoyo. Llene la ranura anular del cubo del cojinete de desembrague con la misma grasa.

12. Si se desmontó el alojamiento del volante, colóquelo contra la platina de la tapa trasera del motor y monte los tornillos de unión. Apriételos a 40-50 libras-pie.

13. Monte el motor de arranque. Monte el conjunto de la transmisión sobre el alojamiento del embrague. Apriete los tornillos a 50-60 libras-pie.

14. Monte el cilindro auxiliar en los vehículos que vayan equipados con él, y apriete los tornillos.

15. Ajuste el conjunto de palanca de desembrague y vástago de empuje. Conecte el muelle de retroceso de la palanca de desembrague.

16. Monte la tapa guardapolvos del alojamiento del embrague, si la llevaba como equipo.

1980 y posteriores

1. Desconecte el conjunto del muelle de retorno de la palanca de desembrague y la varilla de empuje en la palanca. Desmonte el motor de arranque.

2. Consulte en la sección correspondiente a la transmisión en este capítulo acerca de instrucciones para el desmontaje de la transmisión.

3. Si el alojamiento del embrague no está provisto de una tapa guardapolvos, desmonte el motor de arranque. Desmonte los tornillos de unión del alojamiento del volante y desmonte el mismo.

4. Si el alojamiento del volante está provisto de una tapa guardapolvos, desmóntela del mismo. Desmonte la palanca y el cojinete de desembrague del alojamiento del embrague.

5. Afloje los tornillos que unen la platina de prensa y la tapa de manera igualada, poco a poco, según una secuencia alternante, una vuelta cada vez, hasta que los muelles estén extendidos, y desmonte los tornillos.

6. Desmonte el conjunto de platina de prensa y tapa y el disco de embrague del volante a través de la abertura que hay en el fondo del alojamiento del embrague. Desmonte el cojinete piloto sólo en caso de sustitución.

7. Coloque el disco de embrague sobre el volante de modo que el útil-piloto pueda entrar en el cojinete piloto del embrague y alinee el disco.

8. Cuando vuelva a montar el conjunto de platina de prensa y tapa, alinee el conjunto y el volante de acuerdo con las marcas hechas durante la operación de desmontaje. Coloque el conjunto de platina de prensa y tapa sobre el volante, alinee la platina de prensa y disco, y monte los tornillos de retención que sujetan el conjunto al volante. Apriete los tornillos a 20-30 libras-pie, y desmonte el útil-piloto del disco de embrague.

9. Coloque el cojinete de desembrague y el cubo del cojinete sobre la palanca de desembrague. Monte la palanca de desembrague sobre el pedestal de la barra-pivote en el alojamiento del volante. Aplique una ligera película de grasa básica de litio ESA-M1C75-B, o equivalente, a los dedos de la palanca de desembrague y a la rótula del pivote. Llene la ranura anular del cubo del cojinete de desembrague con la misma grasa.

10. Si se desmontó el alojamiento del volante, colóquelo contra la platina de la tapa trasera del motor y monte los tornillos de unión. Apriételos a 40-50 libras-pie.

11. Monte el motor de arranque. Monte el conjunto de la transmisión sobre el alojamiento del embrague. Apriete los tornillos.

12. Ajuste el conjunto de la varilla de empuje de la palanca de desembrague. Conecte el muelle de retroceso de la palanca.

13. Monte la tapa guardapolvos del alojamiento del embrague, si la lleva como equipo.

Ranger y Bronco II

DESMONTAJE Y MONTAJE

1. Desconecte el cilindro principal del sistema del embrague hidráulico del pedal de embrague.

2. Eleve el vehículo y sosténgalo con seguridad sobre caballetes, desmonte el protector contra el polvo del alojamiento del embrague.

3. Desconecte la articulación del embrague hidráulico del alojamiento y de la palanca de desembrague. Desmonte el motor de arranque.

4. Desmonte los tornillos que unen el alojamiento del embrague al bloque motor. Anote la dirección en la que están montados los tornillos.

5. Señale la posición del árbol de transmisión respecto a la brida de acompañamiento y desmonte el árbol.

6. Desmonte las tuercas que unen la transmisión y el soporte de montaje con silenblock n.º 2. Baje la transmisión y el alojamiento del embrague.

7. Desmonte la palanca de desembrague, el cojinete y cubo. Marque la posición conjuntada de la platina de prensa y tapa al volante (a los efectos del montaje posterior).

8. Afloje los tornillos que unen la platina de prensa, y la tapa hasta que los muelles de la platina de prensa estén extendidos y desmonte los tornillos.

9. Desmonte el conjunto de platina de prensa y tapa y el disco de embrague del volante. Estas piezas pueden desmontarse a través de la abertura que hay en el fondo del alojamiento del embrague, en los modelos en los que el alojamiento está equipado con una tapa guardapolvos. Desmonte el cojinete piloto sólo en caso de sustitución.

10. Coloque el disco de embrague sobre el volante de modo que el útil, árbol de alineación de embragues, D79T-7550-A, o uno equivalente, pueda penetrar en el cojinete piloto del embrague y alinear el disco.

11. Cuando vuelva a montar el conjunto original de platina de prensa y tapa, alinee el conjunto y el volante de acuerdo con las marcas hechas durante el desmontaje. Coloque el conjunto de platina de prensa y tapa sobre el volante, alinee la platina y el disco, y monte los tornillos de retención que sujetan el conjunto al volante. Apriete los tornillos a 15-24 libras-pie, y desmonte el útil-piloto del disco de embrague.

12. Coloque el cojinete de desembrague y el cubo del cojinete sobre la palanca de desembrague. Monte la palanca sobre el asiento de la misma en el alojamiento del volante. Aplique una ligera película de grasa básica de litio, C1AZ-19590-B (ESA-M1C75-B), o una equivalente, a los dedos de la palanca de desembrague y a la rótula del pivote de la palanca. Llene la ranura anular del cubo del cojinete de desembrague con la misma grasa.

13. Eleve la transmisión y el alojamiento del embrague dentro de su posición. Monte el soporte de montaje con silentblock n.º 2 en el bastidor. Monte las tuercas, tornillos y arandelas de conexión.

14. Baje la transmisión y el silentblock dentro del soporte. Monte y apriete las tuercas. Desmonte el gato de la transmisión.

15. Monte el árbol de transmisión, asegurándose de la alineación de las marcas señaladas en dicho árbol y en la brida de acompañamiento.

16. Monte los tornillos que unen el alojamiento al bloque motor en la misma posición que ocupaban cuando se desmontaron. Apriételos a 28-38 libras-pie.

17. Baje el vehículo y conecte el cilindro principal del sistema hidráulico del embrague al pedal. Compruebe el funcionamiento correcto del embrague.

Vans

AJUSTE DEL JUEGO LIBRE

Para comprobar y ajustar la carrera libre del pedal, mida y anote la distancia desde el plano del piso a la parte más alta del pedal; luego hunda el pedal lentamente hasta que los dedos del desembrague entren en contacto con el cojinete de desembrague. Mida y anote la distancia. La diferencia entre la lectura con el pedal en la posición de pisado y la del pedal totalmente libre es la carrera libre del pedal. La carrera libre deberá ajustarse a lo especificado.

La altura del pedal no es ajustable. Se ajusta aflojando la tuerca que asegura el tope excéntrico

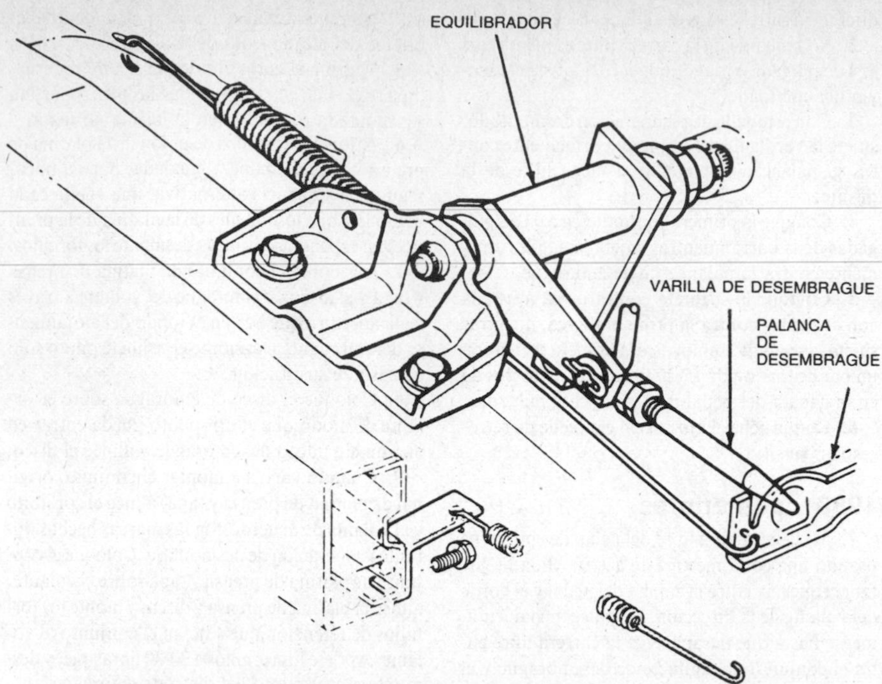

Medición del juego libre del pedal de embrague en las camionetas

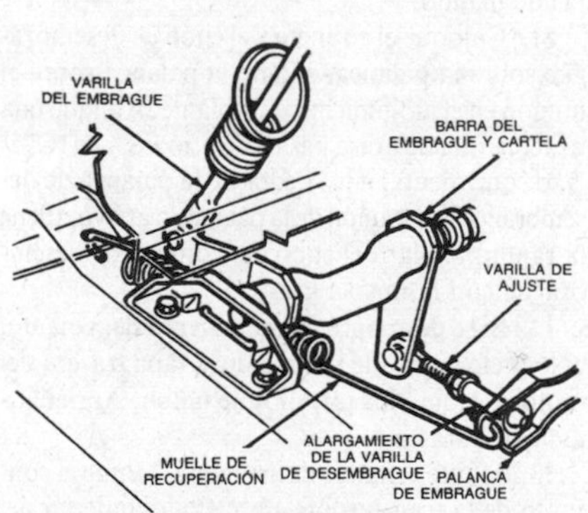

Ajuste de la carrera libre del pedal de embrague en las camionetas de 1980 y posteriores

que luego se gira hasta que la altura se halle entre 1 1/4-1 1/2 pulgadas.

DESMONTAJE Y MONTAJE

1. Desconecte el cable del motor de arranque y desmonte el motor.

2. Desmonte la transmisión.

3. Desconecte el muelle de retorno de la palanca y la varilla de desembrague.

4. Desmonte el conjunto del cubo y cojinete de desembrague.

5. Desmonte los tornillos que unen el alojamiento del volante al motor, y baje dicho alojamiento.

6. Desmonte la platina de prensa y el disco del volante. Desatornille para ello los tornillos sólo una vuelva cada vez, siguiendo una secuencia alternativa para evitar deformaciones de la platina de prensa.

7. Lave la superficie del volante con alcohol. No use un limpiador a base de aceite, tetracloruro de carbono o gasolina.

Para montar el embrague:

8. Coloque el disco de embrague y el conjunto de la platina de prensa y tapa en su posición sobre el volante. Inicie el apriete de los tornillos de retención hasta que lo permita apretar con los dedos.

9. Alinee el disco de embrague con el árbol (un árbol de transmisión viejo preparado para ello) y luego apriete de manera muy uniforme los tornillos a 23-28 libras-pie.

10. No engrase el conjunto del pivote de la palanca de desembrague. Doble el borde del cierre contra el polvo enrasado contra el alojamiento del volante. Una los muelles del cubo del cojinete de desembrague a los extremos de la horquilla de desembrague. Cuide de no deformar los muelles.

11. Llene la ranura que hay en el cubo del cojinete de desembrague con grasa básica de litio. Limpie el exceso de grasa del cubo.

12. Coloque el alojamiento del volante y el conjunto de la palanca de desembrague y monte los tornillos de montaje. Asegúrese de que el soporte colgante delantero del silencioso está en su sitio sobre el alojamiento del volante. Monte la tapa guardapolvos y apriete los tornillos de unión.

13. Retire cualquier suciedad, pintura o rebabas de las superficies de montaje del alojamiento del volante y de la transmisión.

14. Monte la transmisión.

15. Monte el motor de arranque y conéctele el cable.

16. Ajuste el juego libre del pedal de embrague y compruebe el funcionamiento del embrague.

PEDAL DE EMBRAGUE AJUSTE

Para comprobar y ajustar la carrera libre del pedal, mida y anote la distancia que hay desde el plano del piso hasta la parte más alta del pedal; luego hunda el pedal lentamente hasta que los dedos del desembrague entren en contacto con el cojinete de desembrague. Mida y anote la distancia. La diferencia entre la lectura con el pedal en la posición de pisado y la del pedal totalmente libre es el recorrido libre del pedal. El recorrido libre deberá ajustarse a los especificado.

La altura del pedal no es ajustable. Se ajusta aflojando la tuerca que asegura el tope excéntrico que luego se gira hasta que la altura del pedal se halla entre 1 1/4-1 1/2 pulgadas.

TRANSMISIÓN AUTOMÁTICA

DESMONTAJE Y MONTAJE

C4, C5

F100-250

1. Eleve el vehículo y sosténgalo con caballetes.

2. Coloque un recipiente para drenajes de fluido bajo el cárter de la transmisión. Desmonte el tubo de llenado del fluido del cárter y drene el fluido de la transmisión.

3. Desmonte la tapa de acceso del tapón de drenaje del convertidor del extremo inferior del alojamiento del convertidor.

4. Desmonte las tuercas que unen el convertidor al volante. Aplique una llave acodada de vaso al tornillo de unión de la polea del cigüeñal para girar el convertidor y conseguir mejor acceso a las tuercas.

5. Con la llave en el tornillo de la polea, gire el convertidor para obtener acceso al tapón de drenaje del convertidor y desmonte el tapón. Coloque un recipiente para drenajes bajo el convertidor y con él recoja el fluido. Una vez drenado, vuelva a poner el tapón.

6. Desmonte el árbol de transmisión.

7. Desconecte los conductos de refrigeración del aceite de la transmisión.

8. Desconecte las varillas de reenvío del cambio manual desde debajo de las palancas de transmisión.

9. Desmonte el piñón del tacómetro de la prolongación del alojamiento.

10. Desconecte los conductores del interruptor de la luz de marcha atrás, de las abrazaderas de retención y la retención.

11. Desconecte el cable del motor de arranque. Desmonte los tres tornillos que unen el motor de arranque al alojamiento del convertidor y desmonte el convertidor.

12. Desmonte el manguito de vacío del grupo de vacío de la transmisión. Desmonte la abrazadera de retención del conducto de vacío.

13. Coloque el gato para transmisiones sosteniendo la transmisión. Monte la cadena de seguridad para sujetar la transmisión al gato.

14. Desmonte los dos tornillos que unen el soporte de montaje trasero del motor al bastidor.

15. Desmonte los tornillos que unen el soporte trasero del motor a la prolongación del alojamiento.

16. Eleve la transmisión y desmonte el soporte trasero. Desmonte los seis tornillos que unen el alojamiento del convertidor al motor.

17. Desplace el conjunto del convertidor y transmisión fuera del motor. Baje la transmisión y desmóntela de debajo del vehículo.

18. Apriete el tapón de drenaje del convertidor a 15-28 libras-pie.

19. Coloque el convertidor sobre la transmisión cerciorándose de que los planos de mando del convertidor están plenamente encajados en el piñón de la bomba.

20. Con el convertidor montado en la forma debida, coloque la transmisión sobre el gato. Asegure la transmisión sobre el gato con una cadena.

21. Gire el convertidor hasta que las espigas y el tapón de drenaje estén alineados con sus respectivos orificios en el volante.

22. Desplace el conjunto del convertidor y transmisión hacia adelante dentro de su posición, cuidando de no dañar el volante y el piloto del convertidor. El convertidor debe descansar a escuadra contra el volante. Esto indicará que el piloto del convertidor no se traba en el cigüeñal del motor.

23. Monte los seis tornillos que unen el alojamiento del convertidor al motor. Apriete los tornillos a 40-50 libras-pie.

24. Monte las tuercas que unen el convertidor al volante. Apriételas a 20-34 libras-pie. Desmonte la cadena de seguridad de la transmisión.

25. Monte el soporte trasero. Monte los tornillos que unen el soporte trasero a la prolongación del alojamiento. Apriételos.

26. Coloque el motor de arranque dentro del alojamiento del convertidor y monte los tres tornillos de unión. Apriételos a 20-30 libras-pie. Monte el cable del motor de arranque. Desmonte el gato de la transmisión.

27. Conecte el tubo de llenado de la transmisión al cárter de la transmisión. Conecte los conductos de refrigeración del aceite a la transmisión.

28. Una los conductores del interruptor de la marcha atrás a la abrazadera del conector.

29. Monte el piñón de mando del velocímetro en la prolongación del alojamiento. Apriete el tornillo de unión.

30. Conecte las varillas de reenvío de la transmisión a las palancas de control. Cuando se hagan las conexiones del control a la transmisión, utilice nuevas arandelas elásticas y de refuerzo para la retención. Una la varilla del cambio a la palanca selectora de la columna del volante de la dirección. Alinee los planos del espárrago de ajuste con los de la ranura de la varilla, e inserte el espárrago a través de la varilla. Acople la tuerca y arandela del espárrago de ajuste a un encaje suelto. Efectúe un ajuste de las articulaciones de reenvío.

32. Monte el árbol de transmisión.

33. Monte el conducto de vacío en la abrazadera de retención.

34. En la zona inferior delantera del alojamiento del convertidor, monte la tapa inferior y la protección contra el polvo de la palanca de control. Monte los tornillos de unión. Apriételos.

35. Asegure el tubo de llenado de fluido al cárter. Apriete el rácor a 32-42 libras-pie.

36. Baje el vehículo.

37. Llene de lubricante la transmisión al nivel adecuado.

38. Eleve el vehículo y controle si hay pérdidas de fluido de la transmisión. Baje el vehículo y ajuste los reenvíos de la mariposa y manual.

C6 y FMX

BRONCO, F150-350

1. Desmonte los tornillos superiores que unen el alojamiento del convertidor al motor.

2. Desmonte el tornillo que asegura el tubo de llenado a la culata del motor.

3. Eleve el vehículo y sopórtelo sobre caballetes.

4. Coloque un recipiente para drenajes bajo el cárter del fluido de la transmisión. Empezando por detrás y hacia adelante, afloje las tuercas de unión dejando que drene el fluido.

5. Desmonte todos los tornillos de unión del cárter excepto dos en la parte delantera, para permitir al fluido un drenaje más completo. Con el fluido drenado, monte dos tornillos en el lado posterior del cárter para mantenerlo de momento en el sitio.

6. Desmonte la tapa de acceso al tapón de drenaje del convertidor desde el extremo inferior del alojamiento del convertidor.

7. Desmonte las tuercas que unen el convertidor al volante. Coloque una llave acodada de vaso en el tornillo de unión de la polea del volante del cigüeñal para girar el convertidor y lograr el acceso a las tuercas.

8. Con la llave en el tornillo de la polea, gire el convertidor para facilitar el acceso al tapón de drenaje del convertidor. Coloque un recipiente para drenajes bajo el convertidor y con él recoja el fluido, y desmonte el tapón. Después de que se haya drenado el fluido vuelva a montar el tapón.

9. Desconecte el árbol de transmisión del eje trasero y deslice el árbol hacia atrás fuera de la transmisión. Monte un útil de cierre desmontable en la prolongación del alojamiento para evitar pérdidas del fluido.

10. Desconecte el cable del velocímetro de la prolongación del alojamiento.

11. Desconecte las varillas de reenvío del cambio manual desde debajo de las palancas de la transmisión.

12. Desconecte los conductos de refrigeración del aceite de la transmisión.

13. Desmonte el manguito de vacío desde el grupo del diafragma de vacío. Desmonte la abrazadera de retención del conducto de vacío.

14. Desconecte el cable del terminal sobre el motor de arranque. Desmonte los tres tornillos de unión y desmonte dicho motor.

15. En los vehículos F150-350 (4 x 4) y Bronco, desmonte la caja de transferencia.

16. Desmonte los dos tornillos que unen el soporte trasero del motor al conjunto del silenblock.

17. Desconecte los dos tornillos que unen el soporte trasero del motor a la prolongación del alojamiento.

18. Desmonte los seis tornillos que aseguran el soporte con silenblock de montaje n.º 2 a los largueros del bastidor.

19. Eleve la transmisión con un gato adecuado y desmonte ambos soportes de montaje con silenblock.

20. Asegure la transmisión al gato con una cadena de seguridad.

21. Desmonte los restantes tornillos que unen el alojamiento del convertidor al motor.

22. Desplace la transmisión fuera del motor. Baje el gato y desmonte el conjunto de convertidor y transmisión de debajo del vehículo.

23. Apriete el tapón de drenaje del convertidor.

24. Coloque el convertidor en la transmisión asegurándose de que las caras planas del mando del convertidor están plenamente encajadas en el piñón de la bomba.

25. Con el convertidor debidamente montado, coloque la transmisión sobre el gato. Asegure la transmisión al gato con una cadena.

26. Gire el convertidor hasta que las espigas y el tapón de drenaje estén alineados con sus correspondientes orificios en el volante.

27. Desplace el conjunto del convertidor y transmisión hacia adelante dentro de su alojamiento, cuidando de no dañar el volante y el piloto del convertidor. El convertidor debe descansar a escuadra contra el volante. Esto indica que el piloto del convertidor no está trabado en el cigüeñal del motor.

28. Monte y apriete los tornillos que unen el alojamiento del convertidor al motor.

29. Desmonte la cadena de seguridad de la transmisión al gato.

30. Coloque el soporte con silenblock de montaje n.º 2 en los largueros del bastidor. Monte y apriete los tornillos de unión.

31. Monte la caja de transferencia en el F150-350 (4 x 4) y el Bronco.

32. Coloque el conjunto del soporte trasero del motor y silenblock sobre el soporte de montaje. Monte los tornillos de montaje del conjunto del soporte trasero y silenblock a la prolongación del alojamiento y apriételos.

33. Baje la transmisión y desmonte el gato.

34. Asegure el conjunto del soporte trasero del motor y el silenblock al soporte de montaje con los tornillos de unión y apriételos.

35. Conecte el conducto de vacío al diafragma de vacío asegurándose de que el conducto está en la abrazadera de retención.

36. Conecte los conductos de refrigeración de la transmisión.

37. Conecte las varillas de la articulación del cambio de abajo y manual a sus respectivas palancas en la transmisión.

38. Conecte el cable del velocímetro a la prolongación del alojamiento.

39. Asegure el motor de arranque en su posición con los tornillos de unión. Conecte el cable al terminal en dicho motor.

40. Monte una nueva junta tórica en el extremo inferior del tubo de llenado de la transmisión e inserte el tubo en la caja.

41. Asegure las tuercas de unión del convertidor al volante y apriételas.

42. Monte la tapa de acceso del alojamiento del convertidor y asegúrela con los tornillos de unión.

43. Conecte el árbol de transmisión.

44. Ajuste el reenvío del cambio apropiadamente.

45. Baje el vehículo. Luego monte los dos tornillos superiores que unen el alojamiento del convertidor al motor, y apriételos.

46. Coloque el tubo de llenado de fluido de la transmisión junto a la culata y asegúrelo con el tornillo de unión.

47. Asegúrese de que el tapón para drenaje está apretado, y llene la transmisión al nivel correcto con el fluido especificado.

E100-350

1. Trabajando en el interior del vehículo, desmonte la tapa del compartimiento del motor.

2. Desconecte los conductores del interruptor de arranque en punto muerto de la clavija del conector.

3. Si el vehículo está equipado con un motor V8, desmonte el manguito flexible del tubo caliente del filtro del aire.

4. Desmonte los tornillos superiores que unen el alojamiento del convertidor al motor (en los motores de 6 cilindros, son tres los tornillos; en los V8 son cuatro).

5. Eleve el vehículo y sopórtelo sobre caballetes.

6. Coloque un recipiente de drenajes bajo el cárter del fluido de la transmisión. Empezando en la parte trasera del cárter y trabajando hacia adelante, afloje los tornillos de unión, y deje que el fluido drene. Finalmente desmonte todos los tornillos de unión del cárter excepto dos, en la parte delantera, para permitir un drenado más completo. Con el fluido drenado, monte dos tornillos en el lado trasero del cárter para sujetarlo de momento en su sitio.

7. Desmonte la tapa de acceso al tapón del convertidor en el extremo inferior del alojamiento del convertidor.

8. Desmonte las tuercas que unen el convertidor al volante. Coloque una llave acodada de vaso en el tornillo de unión de la polea al cigüeñal para girar el convertidor ganando acceso a las tuercas.

9. Con la llave en el tornillo de la polea, gire el convertidor para ganar acceso al tapón de drenaje. Coloque un recipiente de drenajes bajo el convertidor para recoger el fluido. Luego desmonte el tapón, con el fluido drenado, vuelva a poner el tapón.

10. Desconecte el árbol de transmisión.

11. Desmonte el tubo de llenado del fluido.

12. Desconecte el cable del motor de arranque por el motor. Desmonte los tornillos que unen el motor de arranque al alojamiento del convertidor y desmonte el motor de arranque.

13. Coloque la barra de soporte del motor (útil T65E-6000-JO) a las bridas del bastidor y del cárter de aceite del motor.

14. Desconecte los conductos refrigerantes de la transmisión. Desconecte el conducto de vacío de la abrazadera de retención de la transmisión.

15. Desmonte el piñón de mando del velocímetro de la prolongación del alojamiento.

16. Desconecte las varillas de reenvío del cambio manual y de abajo de las palancas de control de la transmisión.

17. Coloque un gato adecuado para soportar la transmisión. Monte una cadena asegurando la transmisión al gato.

18. Desmonte las tuercas y tornillos que aseguran el conjunto de soporte trasero con silentblock al soporte de montaje. Desmonte los seis tornillos que retienen el soporte de montaje a los largueros del bastidor y desmonte los dos refuerzos del soporte. Eleve la transmisión con el gato y desmonte el soporte de montaje.

19. Desmonte el tornillo que retiene el tubo de llenado de la transmisión unido al bloque de cilindros. Extraiga el tubo de llenado y la varilla de control de nivel de la transmisión.

20. Desmonte los restantes tornillos que unen el alojamiento del convertidor al motor. Baje el gato y desmonte el conjunto del convertidor y transmisión de debajo del vehículo.

21. Desmonte el convertidor y monte la transmisión en un dispositivo de sujeción.

22. Apriete el tapón de drenaje del convertidor.

23. Coloque el convertidor sobre la transmisión asegurándose de que las caras planas del mando del convertidor están encajadas totalmente en el piñón de la bomba.

24. Con el convertidor correctamente montado, coloque la transmisión sobre un gato. Asegure la transmisión al gato con una cadena.

25. Gire el convertidor hasta que las espigas y el tapón de drenaje estén alineados con sus orificios al volante.

26. Desplace el conjunto del convertidor y transmisión hacia adelante dentro de su posición, poniendo cuidado en no dañar el volante o el piloto del convertidor. El convertidor debe descansar a escuadra contra el volante. Esto indica que el piloto del convertidor no se traba con el cigüeñal del motor

27. Monte los tornillos inferiores que unen el alojamiento del convertidor al motor. Apriete los tornillos. Monte las tuercas que unen el convertidor al volante. Apriételas.

28. Monte el soporte de montaje con silenblock. Monte los tornillos y tuercas que unen el conjunto del soporte trasero y el silenblock al soporte de montaje. Apriete los tornillos.

29. Desmonte la cadena de seguridad y retire el gato de debajo del vehículo. Retire la barra de soporte del motor.

30. Monte una nueva junta tórica en el extremo inferior del tubo de llenado de la transmisión e inserte el tubo y la varilla de control del nivel de aceite en la caja.

31. Conecte el conducto de vacío al diafragma de vacío asegurándose de que el conducto está sujeto en la abrazadera de retención.

32. Conecte los conductos refrigerantes a la transmisión.

33. Monte el piñón de mando del velocímetro dentro de la prolongación del alojamiento. Apriete los tornillos de unión.

34. Conecte las varillas de reenvío a las palancas de control de la transmisión. Cuando efectúe acoplamientos de los controles de la transmisión debe usar arandelas elásticas nuevas para la retención y el refuerzo. Una la varilla del cambio a la palanca del cambio de la columna de la dirección. Alinee las caras planas de la espiga de ajuste con los de la ranura en la varilla, e inserte la espiga a través de ésta. Monte la tuerca y la arandela de ajuste apretados con la mano. Efectúe un ajuste de reenvío.

35. Monte la tapa de acceso del alojamiento del convertidor y apriete los tornillos de unión.

36. Coloque el motor de arranque en el alojamiento del convertidor y monte los tornillos de unión. Apriételos. Monte el cable del motor.

37. Monte el árbol de transmisión.

38. Baje el vehículo.

39. Monte los tornillos de unión del alojamiento del convertidor al motor. Apriete los tornillos.

40. En los motores V8, monte el manguito flexible al tubo caliente del filtro del aire. Monte el tornillo que une el tubo de llenado al bloque de cilindros.

41. Conecte los conductores del interruptor de arranque en punto muerto a la clavija del conector.

42. Compruebe que el cárter del fluido de la transmisión está unido firmemente, y llénelo al nivel apropiado con el fluido recomendado.

43. Eleve el vehículo y compruebe si hay pérdidas. Baje el vehículo y ajuste los reenvíos del cambio de abajo y manual.

44. Monte la tapa del compartimiento del motor.

Superdirecta automática

1. Eleve el vehículo y sosténgalo sobre caballetes.

2. Coloque un recipiente para drenajes bajo el cárter del fluido de la transmisión. Comenzando por la parte trasera del cárter y trabajando hacia adelante, afloje los tornillos de unión y deje que drene el fluido. Finalmente, desmonte todos los tornillos excepto dos en la parte delantera, para dejar que el fluido drene más a fondo. Con el fluido drenado, monte dos tornillos en el lado trasero del cárter para mantenerlo en su sitio de momento.

3. Desmonte los tornillos de la tapa de acceso al tapón de drenaje del convertidor desde el extremo inferior del alojamiento del convertidor.

4. Desmonte las tuercas que unen el convertidor al volante. Coloque una llave acodada de vaso en el tornillo de unión de la polea del cigüeñal para girar el convertidor y lograr el acceso a las tuercas.

5. Coloque un recipiente para drenajes bajo el convertidor para recoger el fluido. Con la llave sobre el tornillo de unión de la polea del cigüeñal, gire el convertidor para facilitar el acceso al tapón de drenaje del convertidor y quite el tapón. Después de que haya sido drenado el fluido, vuelva a montar el tapón.

6. Desconecte el árbol de transmisión del eje trasero y deslice el árbol hacia atrás fuera de la transmisión. Monte un útil de cierre desmontable en la prolongación del alojamiento para evitar pérdidas de fluido.

7. Desconecte el cable del terminal del motor de arranque. Desmonte los tres tornillos de unión y desmonte el motor de arranque. Desconecte los conductores del interruptor de puesta en marcha en punto muerto de la clavija del conector.

8. Desmonte las tuercas que unen el montaje trasero al soporte de montaje con silentblock y los dos tornillos que unen el soporte de montaje con silentblock al bastidor.

9. Desmonte los dos tornillos que unen el soporte trasero del motor a la prolongación del alojamiento.

10. Desconecte la varilla del reenvío TV desde la palanca TV de la transmisión. Desconecte la varilla manual de la palanca manual de mando en la transmisión.

11. Desmonte los dos tornillos que aseguran la cartela de apoyo de la palanca angular al alojamiento del convertidor.

12. Eleve la transmisión con un gato adecuado para tener espacio al desmontar el soporte de montaje con silentblock. Desmonte el montaje trasero del soporte de montaje con silentblock, y desmonte éste de los largueros del bastidor.

13. Baje la transmisión para ganar acceso a los conductos de refrigeración del aceite.

14. Desconecte cada uno de los conductos de aceite de los rácors de la transmisión.

15. Desconecte el cable del tacómetro de la prolongación del alojamiento.

16. Desmonte el tornillo que asegura el tubo de llenado de la transmisión al bloque de cilindros. Eleve y saque el tubo de llenado y la varilla de control de nivel de fluido de la transmisión.

17. Asegure la transmisión al gato con una cadena.

18. Desmonte los tornillos que unen el alojamiento del convertidor al bloque de cilindros.

19. Con cuidado desplace el conjunto de la transmisión y el convertidor fuera del motor y, al mismo tiempo, baje el gato para soslayar el espacio inferior del vehículo.

20. Desmonte el convertidor y monte la transmisión sobre un accesorio de sujeción.

21. Apriete el tapón de llenado del convertidor.

22. Coloque el convertidor sobre la transmisión, asegurándose de que las caras planas del mando del convertidor encajan de lleno con las que hay en el piñón de la bomba, girando el convertidor.

23. Con el convertidor correctamente montado, coloque la transmisión sobre el gato. Asegure la transmisión al gato con una cadena.

24. Gire el convertidor hasta que las espigas y el tapón de drenaje estén alineados con sus correspondientes orificios en el volante.

25. Desplace el conjunto de convertidor y transmisión hacia adelante dentro de su alojamiento, poniendo cuidado en no dañar el volante y el piloto del convertidor. El convertidor debe descansar a escuadra contra el volante. Esto indica que el piloto del convertidor no está trabado con el cigüeñal del motor.

26. Monte y apriete los tornillos que unen el alojamiento del convertidor al motor a 40-50 libras-pie.

27. Monte una nueva junta tórica en el extremo inferior del tubo de llenado de la transmisión. Inserte el tubo en la caja de la transmisión y asegure el tubo al motor con el tornillo de unión.

28. Monte una nueva arandela tórica en el extremo inferior del tubo de llenado de la transmisión. Inserte el tubo en la caja de la transmisión y asegure el tubo al motor con un tornillo de unión.

29. Conecte los conductos del tacómetro a la prolongación del alojamiento.

30. Conecte los conductos refrigeradores de aceite en el lado derecho de la caja de la transmisión.

31. Coloque el soporte de montaje con silentblock sobre los largueros del bastidor. Coloque el montaje trasero sobre el soporte de montaje, y el tornillo y la tuerca de unión.

32. Asegure el soporte trasero del motor a la prolongación del alojamiento y apriete los tornillos a 16-20 libras-pie.

33. Baje la transmisión y desmonte el gato.

C3

RANGER Y BRONCO II

1. Eleve el vehículo y sosténgalo con seguridad sobre caballetes. Coloque una cubeta para drenajes bajo el cárter del fluido de la transmisión. Empezando por el lado trasero del cárter y trabajando hacia adelante, afloje los tornillos de unión y deje drenar el fluido. Luego desmonte todos los tornillos del cárter excepto dos en la parte delantera; para permitir al fluido drenar más a fondo. Después de que haya sido drenado todo fluido, monte dos tornillos sobre la parte trasera del cárter para sujetarlo de momento en su sitio.

2. Desmonte los tornillos de la tapa de acceso al tapón de drenaje del convertidor y de la platina del adaptador del extremo inferior del alojamiento del convertidor.

3. Desmonte las cuatro tuercas que unen el volante al convertidor. Gire el motor para girar el convertidor y facilitar el acceso a las tuercas, usando una llave acodada de vaso aplicada sobre el tornillo de unión de la polea del cigüeñal. En los motores con árboles de levas sobre la culata, mandados por correas dentadas, no gire jamás el motor hacia atrás.

4. Gire el motor hasta que el tapón de drenaje del convertidor sea accesible, y desmonte el tapón. Coloque un recipiente para drenajes bajo el convertidor para recoger el fluido. Después de que haya sido drenado todo el fluido, monte de nuevo el tapón y apriételo a 20-30 libras-pie. Desmonte el árbol de transmisión. Monte una tapa, bolsa de plástico etc., sobre el extremo abierto de la prolongación del alojamiento.

5. Desmonte el cable del tacómetro de la prolongación del alojamiento. Desconecte la varilla del cambio de la palanca manual de la transmisión. Desconecte la varilla del cambio de abajo de la palanca inferior de la transmisión.

6. Desmonte los tornillos que unen el motor de arranque al alojamiento del convertidor y póngalo a un lado.

7. Desconecte los conductores del interruptor de arranque en punto muerto. Desmonte el conducto de vacío del modulador de vacío de la transmisión.

8. Coloque un gato adecuado bajo la transmisión, y elévelo ligeramente.

9. Desmonte los tornillos que unen el soporte trasero del motor al soporte de montaje con silentblock. Desmonte los tornillos de unión del soporte de montaje a los largueros del bastidor, y desmonte el silentblock del soporte de montaje, y el soporte y los amortiguadores de vibraciones.

10. Baje el gato de la transmisión y deje que ésta quede suspendida.

11. Coloque un gato en la parte delantera del motor, y elévelo para facilitar el acceso a los dos tornillos superiores que unen el alojamiento del convertidor al motor.

12. Desconecte los conductos de la refrigeración de aceite en la transmisión. Tapone todas las aberturas para que no entre suciedad.

13. Desmonte los tornillos que unen el alojamiento del convertidor al motor. Desmonte el tubo de llenado de la transmisión.

14. Asegure la transmisión al gato con una cadena.

15. Desmonte los dos tornillos superiores que unen el alojamiento del convertidor al motor. Desplace la transmisión hacia atrás y abajo para desmontarla de debajo del vehículo.

16. Coloque el convertidor en la transmisión asegurándose de que el cubo del convertidor en-

caja en la bomba. Con el convertidor montado correctamente, coloque la transmisión sobre el gato y asegúrela con una cadena.

17. Gire el convertidor de modo que las espigas y el tapón de drenaje estén alineados con sus orificios en el volante. Con la transmisión montada sobre un gato adecuado, desplace el conjunto de convertidor y transmisión hacia adelante, dentro de su posición, cuidando de que no se dañen el volante o el piloto del convertidor.

ATENCIÓN

Durante este desplazamiento, para evitar deterioros, no permita que la transmisión tome dentro una posición encarada hacia abajo, ya que esto causaría el desplazamiento del convertidor hacia adelante desacoplándose de la bomba. El convertidor debe descansar a escuadra contra el volante. Esto indica que el piloto del convertidor no está trabado en el cigüeñal del motor.

18. Monte los dos tornillos superiores que unen el alojamiento del convertidor al motor y apriételos a 28-38 libras-pie.

19. Desmonte la cadena de seguridad de la transmisión. Inserte el tubo de llenado en el muñón del tubo y asegúrelo al bloque de cilindros con el tornillo de unión. Apriételo a 28-38 libras-pie. Si el muñón del tubo está aflojado o salido, deberá ser sustituido. Monte los conductos del refrigerador de aceite en la abrazadera de retención del bloque de cilindros. Conecte los conductos a la caja de transmisón.

20. Desmonte el gato que soporta la parte delantera del motor. Eleve la transmisión. Coloque el soporte de montaje, silenblock y soporte con amortiguador de vibraciones en los largueros del bastidor y monte los tornillos de unión. Apriételos a 20-30 libras-pie.

21. Baje la transmisión y monte la tuerca que une el soporte trasero del motor al soporte de montaje con silenblock. Apriétela a 60-80 libras-pie.

22. Desmonte el gato de la transmisión. Monte el manguito de vacío en el grupo de vacío de la transmisión. Monte el conducto de vacío dentro de la abrazadera de retención.

23. Conecte la clavija de enchufe del interruptor de arranque en punto muerto al interruptor. Monte el motor de arranque y apriete los tornillos a 15-20 libras-pie.

24. Monte las cuatro tuercas que unen el volante al convertidor. Cuando se acople el volante al convertidor, primero monte las tuercas de unión y apriételas a 20-34 libras-pie.

25. Monte los tornillos de la tapa de acceso al tapón de drenaje del convertidor y la platina de adaptación. Apriételos a 12-16 libras-pie.

26. Conecte el tubo de salida del silencioso al colector de escape.

27. Conecte la varilla del cambio de la transmisión a la palanca manual. Conecte la varilla del cambio de abajo a la palanca correspondiente.

28. Conecte el cable del tacómetro a la prolongación del alojamiento. Monte el árbol de transmisión. Apriete las tuercas de unión de la brida de acompañamiento de la junta universal a 70-95 libras-pie.

29. Ajuste, según requerimientos, el reenvío manual y del cambio de abajo.

30. Baje el vehículo. Llene la transmisión al nivel adecuado con el fluido especificado. Vierta dentro cinco cuartas de fluido; luego ponga en marcha el motor y añada más fluido, si es necesario. Compruebe transmisión, conjunto convertidor y conductos refrigerantes de aceite sobre posibles fugas de fluidos.

C5 (4 x 2)

1. Eleve el vehículo y sosténgalo seguro sobre caballetes. Coloque una cubeta de drenajes bajo el cárter del fluido de la transmisión. Comenzando por la parte posterior y trabajando hacia adelante, afloje los tornillos de unión y deje que drene el fluido. Finalmente, desmonte todos los tornillos de unión del cárter excepto dos en la parte delantera, para dejar que el fluido drene más a fondo. Con el fluido drenado, monte dos tornillos en el lado trasero del cárter para sujetarlo, de momento, en su sitio.

2. Desmonte los tornillos de la tapa de acceso del tapón de drenaje del convertidor desde el extremo inferior del alojamiento del convertidor.

3. Desmonte las tuercas que unen el convertidor al volante. Coloque una llave acodada de vaso en el tornillo de unión de la polea del cigüeñal para girar el convertidor y facilitar el acceso a las tuercas.

4. Coloque un recipiente para drenajes bajo el convertidor para recoger el fluido. Con la llave sobre el tornillo de la polea, gire el convertidor para facilitar el acceso al tapón de drenaje del convertidor y quite el tapón. Después de que se haya drenado el fluido, vuelva a montar el tapón.

5. Desconecte el árbol de transmisión del eje trasero y deslícelo hacia atrás fuera de la transmisión. Monte una tapa adecuada en la prolongación del alojamiento para evitar pérdidas de fluido. Marque la horquilla trasera del árbol de transmisión y la brida del eje de manera que puedan volver a montarse en su posición original.

6. Desconecte el cable del terminal del motor de arranque. Desmonte los tres tornillos de unión y desmonte el motor de arranque. Desconecte los conductores del interruptor de puesta en marcha en punto muerto de la clavija del conector.

7. Desmonte las tuercas que unen el montaje trasero al soporte de montaje con silentblock y los dos tornillos que unen el soporte de montaje al bastidor. Desmonte los refuerzos de los soportes derecho e izquierdo.

8. Desmonte los dos tornillos que unen el silentblock trasero del motor a la prolongación del alojamiento.

9. Desconecte la varilla del TV desde la palanca TV de la transmisión. Desconecte la varilla manual de apoyo de la palanca manual de mando de la transmisión.

10. Desmonte los dos tornillos que aseguran la cartela de la palanca angular al alojamiento del convertidor.

11. Eleve la transmisión con un gato apropiado para tener espacio al desmontar el soporte del montaje con silentblock. Desmonte el montaje trasero del soporte del montaje y desmonte este último de los largueros del bastidor. Baje la transmisión para facilitar el acceso a los conductos de refrigeración del aceite. Desconecte cada conducto de aceite de los rácors de transmisión.

12. Desconecte el cable del tacómetro de la prolongación del alojamiento.

13. Desmonte el tornillo que asegura el tubo de llenado de la transmisión al bloque de cilindros. Saque el tubo de llenado y la varilla de control del nivel del fluido de la transmisión.

14. Asegure la transmisión al gato con una cadena. Desmonte los tornillos que unen el alojamiento del convertidor al bloque de cilindros.

15. Con mucho cuidado desplace el conjunto de la transmisión y el convertidor fuera del motor y, al mismo tiempo, baje el gato para soslayar la parte baja del vehículo.

16. Apriete el tapón de llenado del convertidor según lo especificado. Coloque el convertidor sobre la transmisión, asegurándose de que las caras planas del mando del convertidor encajan plenamente en las del piñón de la bomba, girando el convertidor.

17. Con el convertidor correctamente montado, coloque la transmisión sobre el gato. Asegure la transmisión al gato con una cadena.

18. Gire el convertidor hasta que las espigas y el tapón de drenaje estén alineados con los orificios del volante. Desplace el conjunto del convertidor y la transmisión hacia adelante dentro de su alojamiento, poniendo cuidado en no dañar el volante y el piloto del convertidor. El convertidor debe descansar a escuadra contra el volante. Esto indica que el piloto del convertidor no está trabado con el cigüeñal del motor.

19. Monte y apriete los tornillos que unen el alojamiento del convertidor al motor según lo especificado.

20. Desmonte la cadena de seguridad de la transmisión.

21. Monte una nueva junta tórica en el extremo inferior del tubo de llenado de la transmisión. Inserte el tubo en la caja de la transmisión y asegúrelo al motor con el tornillo de unión.

22. Conecte el cable del velocímetro a la prolongación del alojamiento.

23. Conecte los conductos de refrigeración del aceite al lado derecho de la caja de transmisión.

24. Asegure el soporte trasero del motor a la prolongación del alojamiento y apriete los tornillos según lo especificado.

25. Coloque el soporte de montaje sobre los largueros del bastidor. Baje la transmisión y retire el gato. Asegure el soporte de montaje a los largueros con los tornillos de unión.

26. Coloque el conjunto amortiguador de vibraciones sobre las espigas del soporte trasero del motor. (La cara pintada del amortiguador mira hacia adelante cuando se monta en el vehículo.) Asegure el soporte trasero del motor al soporte de montaje.

27. Coloque la palanca angular en el alojamiento del convertidor y monte los dos tornillos de unión.

28. Conecte la varilla de reenvío del TV a la palanca del TV de la transmisión. Conecte la varilla de reenvío manual a la palanca manual de la transmisión.

29. Asegure las tuercas que unen el convertidor al volante y apriételas según lo especificado.

30. Monte la tapa de acceso del alojamiento del convertidor y asegúrela con los tornillos de unión.

31. Asegure el motor de arranque en su sitio con

los tornillos de unión. Conecte el cable al terminal del motor en el motor. Conecte los conductores del interruptor de arranque en punto muerto en la clavija del conector.

32. Conecte el árbol de transmisión al eje trasero de modo que las marcas señaladas en la brida de acompañamiento y la horquilla trasera estén alineadas. Lubrique la horquilla deslizante con grasa. Ajuste como sea preciso el reenvío del cambio.

33. Ajuste el reenvío de la mariposa.

34. Baje el vehículo. Llene la transmisión al nivel correcto con un fluido especificado. Arranque el motor y cambie la transmisión a todas las posiciones de cambio, comprobando luego el nivel del fluido.

C5 (4 x 4)

1. Desmonte el tornillo que asegura el tubo de llenado al motor en la cartela de la tapa de válvulas.

2. Coloque un recipiente para drenajes bajo el cárter del fluido de la transmisión. Comenzando por la parte trasera del cárter y yendo hacia adelante, afloje los tornillos de unión para permitir que el fluido drene. Finalmente, desmonte todos los tornillos excepto dos en la parte delantera para dejar que el fluido salga más fácilmente. Con el fluido drenado, monte dos tornillos en la parte posterior del cárter para sujetarlo momentáneamente en su sitio.

3. Desmonte la tapa de acceso al tapón de drenaje del convertidor desde el extremo inferior del alojamiento del convertidor. Desmonte las tuercas de unión del convertidor al volante. Coloque una llave acodada de vaso en el tornillo de unión de la polea del cigüeñal para girar el convertidor y ganar acceso a las tuercas.

4. Coloque recipiente para drenajes bajo el convertidor y recoja el fluido. Con la llave acodada en el tornillo de la polea, gire el convertidor para facilitar el acceso al tapón del drenaje del convertidor, y desmonte el tapón.

5. Después de que el fluido haya sido drenado, vuelva a montar el tapón. Desconecte el cable del terminal del motor de arranque. Desmonte los tres tornillos de unión y desmonte el motor de arranque. Desconecte los conductores del interruptor de arranque en punto muerto de la clavija del conector.

6. Desmonte las tuercas que unen el montaje trasero al soporte de montaje con silenblock, y los dos tornillos de unión del soporte de montaje al bastidor. Desmonte los refuerzos derecho e izquierdo.

7. Desmonte los dos tornillos que unen el silentblock trasero del motor a la prolongación del alojamiento.

8. Desconecte la varilla de reenvío del TV desde la palanca del TV de la transmisión. Desconecte la varilla manual de la palanca manual de mando en la transmisión. Desconecte las varillas de reenvío del cambio de abajo y manual de las palancas respectivas sobre la transmisión.

9. Desmonte el manguito de vacío del grupo del diafragma de vacío. Desconecte el conducto del vacío de la abrazadera de retención.

10. Desmonte los dos tornillos que aseguran la cartela de la palanca angular al alojamiento del convertidor.

11. Desmonte la caja de transferencia. Consulte la sección de la Caja de transferencia al final del Manual de transmisiones.

12. Eleve la transmisión con un gato adecuado para dejar espacio para el desmontaje del soporte de montaje con silentblock. Desmonte el soporte trasero del soporte de montaje y desmonte este último de los largueros del bastidor.

13. Baje la transmisión para facilitar el acceso a los conductos de refrigeración del aceite.

14. Desconecte los conductos de aceite de los rácors de la transmisión.

15. Desconecte el cable del velocímetro de la prolongación del alojamiento.

16. Asegure la transmisión al gato con una cadena. Desmonte los tornillos que unen el alojamiento del convertidor al bloque de cilindros.

17. Con mucho cuidado desplace el conjunto de transmisión y convertidor fuera del motor y, al mismo tiempo, baje el gato para soslayar los bajos del vehículo.

18. Coloque el convertidor sobre la transmisión, asegurándose de que las caras planas del mando del convertidor están totalmente encajadas en el piñón de la bomba, girando el convertidor.

19. Con el convertidor montado adecuadamente, coloque la transmisión sobre el gato. Asegure la transmisión al gato con una cadena.

20. Gire el convertidor hasta que las espigas y el tapón de drenaje estén alineados con los orificios del volante.

21. Desplace el conjunto de convertidor y transmisión adelante dentro de su alojamiento, poniendo cuidado para no dañar el volante y el piloto del convertidor. El convertidor debe descansar a escuadra contra el volante. Esto indica que el piloto del convertidor no está trabado con el cigüeñal del motor.

22. Monte y apriete los tornillos que unen el alojamiento del convertidor al motor.

23. Desmonte la cadena de seguridad de la transmisión.

24. Monte una nueva junta tórica en el extremo inferior del tubo de llenado de la transmisión. Inserte el tubo en la caja de la transmisión.

25. Conecte el cable del velocímetro a la prolongación del alojamiento.

26. Conecte los conductos de refrigeración del aceite al lado derecho de la caja de la transmisión.

27. Coloque el soporte de montaje con silentblock sobre los largueros del bastidor. Coloque el silentblock del montaje trasero sobre el soporte de montaje y monte los tornillos y tuercas de unión.

28. Monte la caja de transferencia.

29. Asegure el soporte trasero del motor a la prolongación del alojamiento. Baje la transmisión y retire el gato.

30. Asegure el soporte de montaje con silentblock a los largueros del bastidor con los tornillos de unión, y apriételos según lo especificado.

31. Coloque la palanca angular en el alojamiento del convertidor y monte los dos tornillos de unión.

32. Conecte las varillas de reenvío del cambio de abajo y manual a sus respectivas palancas en la transmisión.

33. Conecte el conducto de vacío al diafragma de vacío, asegurándose de que el conducto esté colocado en la abrazadera de retención.

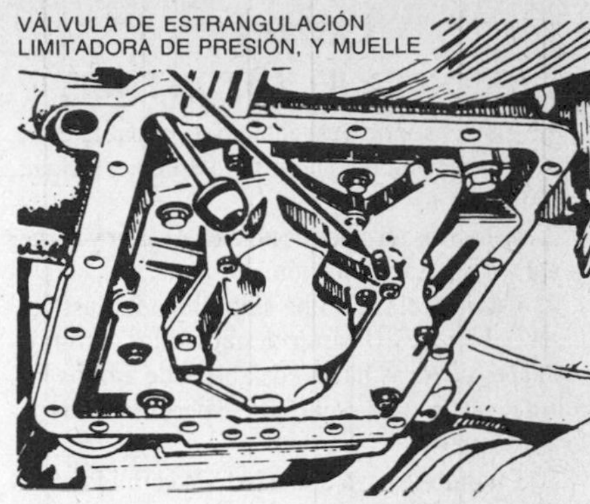

Válvula de estrangulación, limitadora de presión del C4, que está sujeta por el filtro en su sitio, dentro del cuerpo de la válvula. Esta válvula se monta con el extremo mayor dirigido hacia el cuerpo de la válvula. El muelle ajusta encima el vástago de la válvula

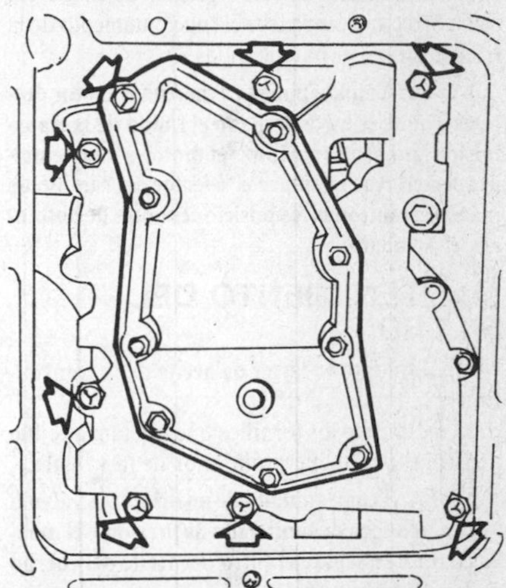

Vista mostrando el filtro de rejilla que se une al cuerpo inferior de la válvula. Los tornillos señalados por las flechas sujetan el cuerpo de la válvula. Si la rejilla sólo se está revisando, no desmonte estos tornillos

34. Asegure las tuercas de unión del convertidor al volante. Monte la tapa de acceso del alojamiento del convertidor y asegúrela con los tornillos de unión.

35. Asegure el motor de arranque en su sitio con los tornillos de unión. Conecte el cable al terminal del motor de arranque. Conecte los conductores de interruptor de arranque en punto muerto en la clavija del conector.

36. Ajuste, si se requiere, el reenvío del cambio. Baje el vehículo.

37. Coloque el tubo de llenado del fluido de la transmisión en la cartela de la tapa de válvulas y asegúrelo con el tornillo de unión. Llene la transmisión al nivel correcto. Arranque el motor y verifique el funcionamiento del cambio en todas las posiciones, comprobando de nuevo el nivel del fluido.

Cárter

DESMONTAJE Y MONTAJE

1. Eleve y soporte el vehículo sobre caballetes.

2. Coloque un recipiente para drenajes bajo la transmisión.

3. Afloje los tornillos de unión del cárter y drene el fluido de la transmisión.

4. Cuando el fluido ha sido drenado hasta el nivel del borde del cárter desmonte los tornillos restantes de atrás hacia adelante y de ambos lados del cárter para dejar que se derrame y drene lentamente.

5. Cuando se haya drenado todo el fluido, desmonte el cárter y límpielo meticulosamente. Deseche las juntas del cárter.

6. Limpie las superficies de contacto del cárter de aceite y de la transmisión.

7. Monte el cárter en el orden inverso a como fue desmontado, apretando los tornillos de unión a 12-16 libras-pie y colocando una junta nueva. Llene la transmisión con 3 cuartas de fluido del tipo correcto, compruebe el funcionamiento de la transmisión y si hay pérdidas.

NOTA: Cuándo ponga en marcha el motor después de que se haya drenado el fluido de la transmisión, no haga funcionar el motor a una velocidead excesiva. Desplace el selector del cambio de marchas por todas las posiciones antes de desplazar el vehículo.

MANTENIMIENTO DEL FILTRO

1. Desmonte el cárter de aceite de la transmisión y la junta.

2. Desmonte los tornillos que sujetan la rejilla de malla fina al cuerpo inferior de la válvula.

NOTA: Tenga cuidado de no aflojar la válvula estranguladora de limitación de presión y el muelle cuando se separe el filtro del aceite del cuerpo de la válvula en un C4.

3. Monte la nueva rejilla de filtrado y la junta del cárter de aceite de la transmisión en el orden inverso al desmontaje.

AJUSTE DE LA BANDA DELANTERA

FMX

1. Desmonte el cárter de aceite de la transmisión.

2. Afloje la contratuerca del tornillo de ajuste del servo delantero.

3. Tire hacia atrás sobre la varilla de mando e inserte un espaciador de 1/4 pulgada entre el tornillo de ajuste y el vástago del pistón del servo.

4. Apriete el tornillo de ajuste a 10 libras-pie.

5. Retire el espaciador y apriete la tuerca de ajuste 3/4 de vuelta más.

6. Mantenga fijo el tornillo de ajuste y apriete la contratuerca a 20-25 libras-pie.

7. Monte el cárter de aceite y una junta nueva en el orden inverso al desmontaje.

C3

1. Desmonte la varilla del cambio de abajo de su palanca en la transmisión. Limpie toda la suciedad de la zona de la tuerca y el tornillo de ajuste de la banda. Desmonte y deseche la contratuerca.

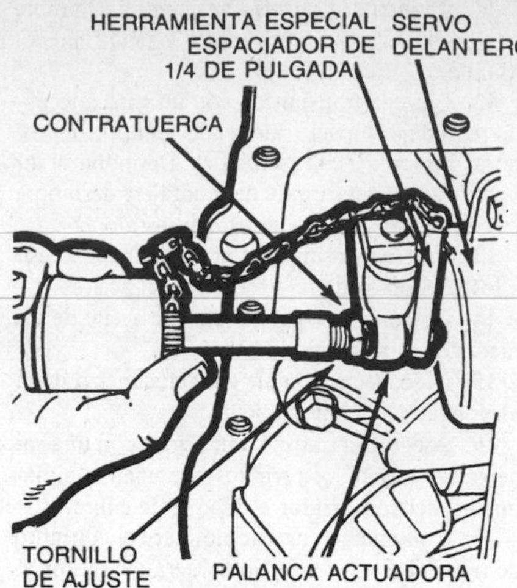

Ajuste de la banda delantera en el FMX.

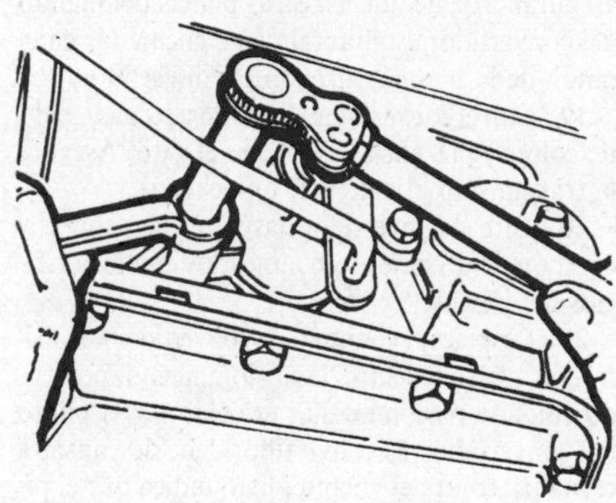

Ajuste de la banda intermedia en el C4

2. Apriete el tornillo de ajuste a 10 libras-pie. Desenrosque el tornillo de ajuste exactamente dos vueltas.

3. Monte una nueva contratuerca, sujete el tornillo de ajuste en posición y apriete la contratuerca a 35-45 libras-pie. Monte la varilla del cambio de abajo.

AJUSTE DE LA BANDA INTERMEDIA

C4, C5 y C6

1. Eleve y sostenga el vehículo sobre caballetes.

2. Limpie toda la suciedad del tornillo de ajuste de la banda. Desmonte y deseche la contratuerca.

3. Monte una contratuerca nueva y apriete el tornillo a 10 libras-pie.

4. En la transmisión C4; desenrosque el tornillo de ajuste exactamente 1 3/4 vueltas. En la C5; desenrosque el tornillo de ajuste exactamente 4 1/4 vueltas. En la C6; desenrosque el tornillo de ajuste exactamente 1 1/2 vueltas.

5. Sujete el tornillo de ajuste para que no gire, y apriete la contratuerca a 35-45 libras-pie.

6. Desmonte los caballetes y baje el vehículo.

AJUSTE DE LA BANDA BAJA-MARCHA ATRÁS

C4, C5

1. Limpie toda la suciedad de la zona del tornillo de ajuste de la banda y desmonte y deseche la contratuerca.

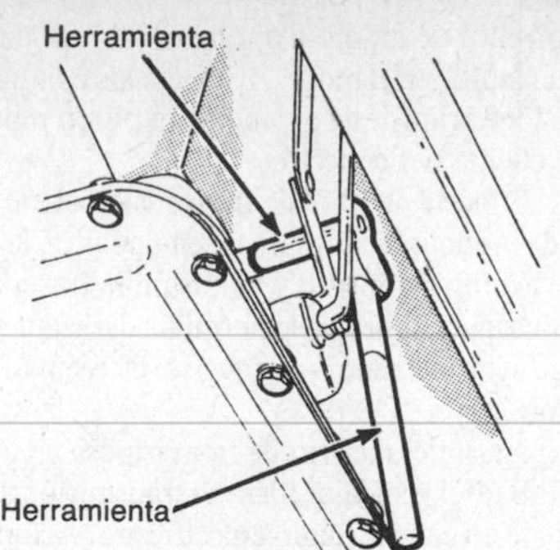

Ajuste de la banda intermedia en el C6

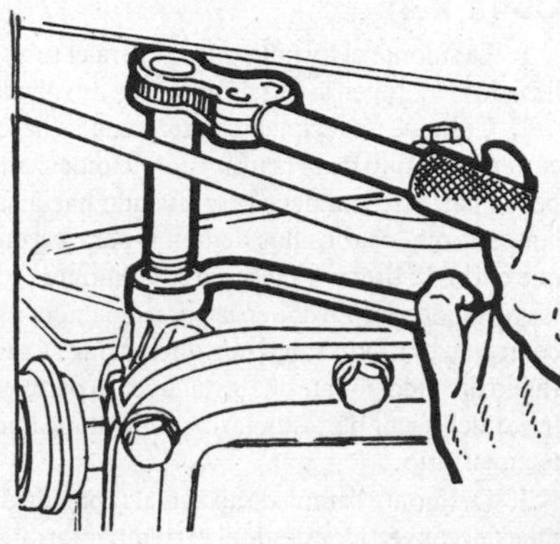

Ajuste de la banda baja-marcha atrás

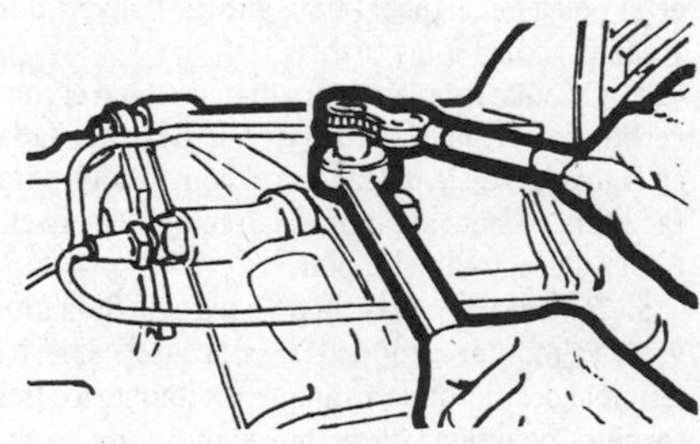

Ajuste de la banda trasera en el FMX

2. Monte una contratuerca nueva sobre el tornillo de ajuste. Con una llave de apriete dinamométrica, apriete el tornillo de ajuste a 10 libras-pie.

3. Desenrosque el tornillo exactamente 3 vueltas completas.

4. Sujete firmemente el tornillo de ajuste y apriete la contratuerca a 35-45 libras-pie.

AJUSTE DE LA BANDA TRASERA

FMX

1. Retire toda la suciedad de los hilos de rosca del tornillo de ajuste y luego lubrique con aceite dicha rosca.

2. Afloje la contratuerca del tornillo de ajuste de la banda trasera.

3. Apriete el tornillo de ajuste a 10 libras-pie.

4. Desenrosque el tornillo de ajuste 1 1/2 vueltas exactamente.

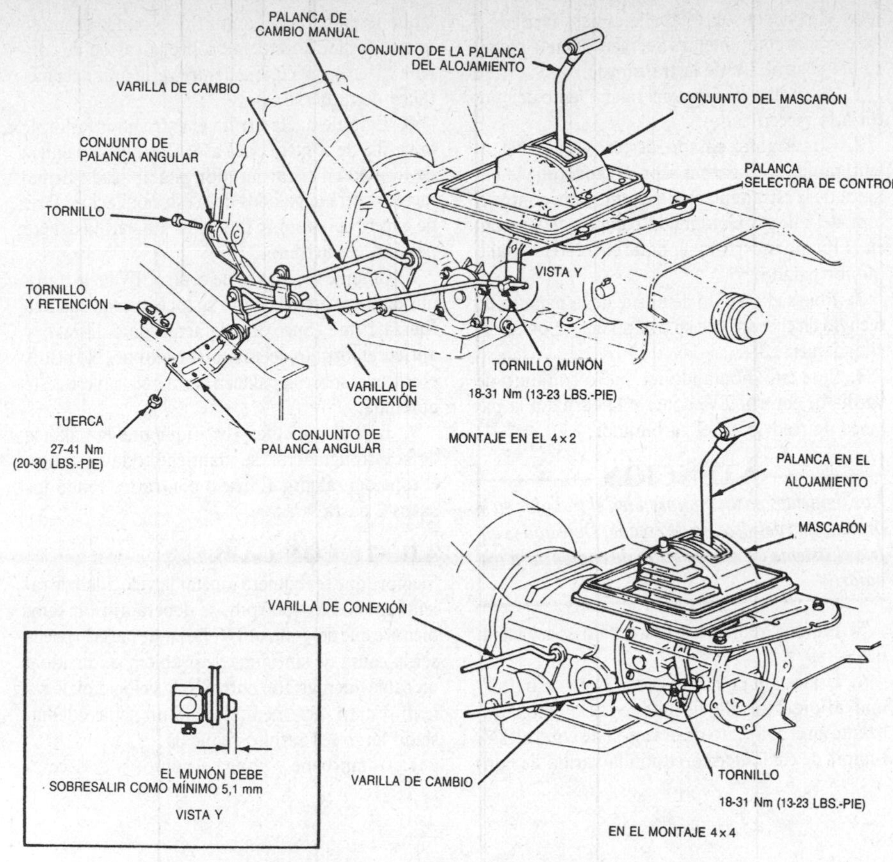

Varillas de control de marchas del suelo en el C5

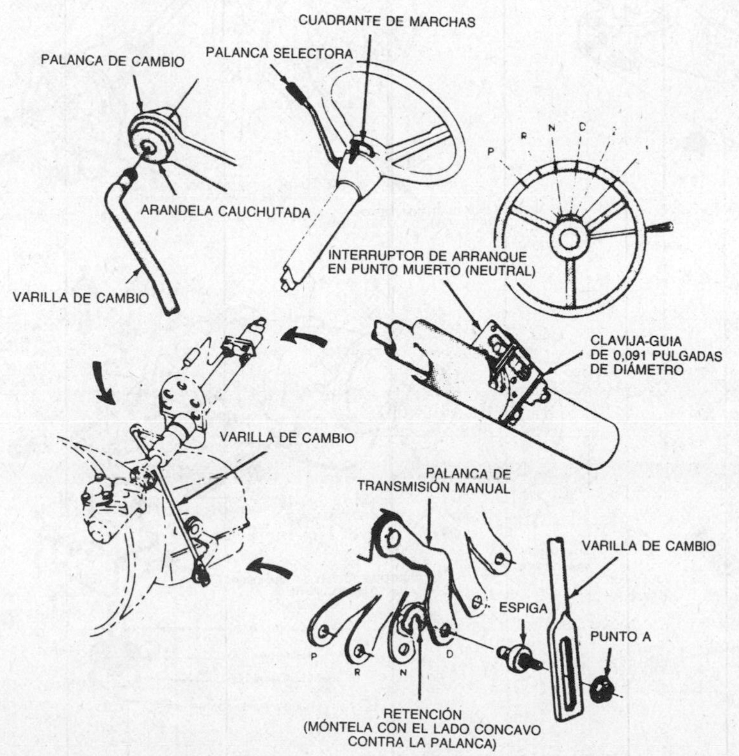

Ajuste del reenvío del cambio en el C6

5. Sujete inmóvil el tornillo de ajuste y apriete la contratuerca de dicho tornillo a 35-40 libras-pie.

6. Vuelva a montar el cárter del aceite y la nueva junta.

AJUSTE DEL REENVÍO DEL CAMBIO

1. Con el motor parado, coloque la palanca selectora de la transmisión de la columna de la dirección en la posición D contra el tope D.

2. Afloque la tuerca de ajuste de la varilla del cambio en la palanca de la transmisión.

3. Cambie la palanca manual de la transmisión a la posición D, dos fiadores desde atrás. En un F100 con 4WD, mueva la palanca angular.

4. Con la palanca selectora y la manual de la transmisión en la posición D, apriete la tuerca de ajuste a 12-18 libras-pie. No permita que se muevan la varilla o la palanca de cambio mientras aprieta la tuerca.

5. Compruebe el funcionamiento del reenvío del cambio.

AJUSTE DEL REENVÍO DE LA VÁLVULA DE ESTRANGULACIÓN

Automática, superdirecta

AJUSTE EN EL CARBURADOR CON VARILLA

El reenvío del control TV puede ajustarse en el carburador aplicando el procedimiento siguiente:

1. Compruebe que el ralentí del motor está ajustado según lo especificado.

2. Desplace la leva del ralentí rápido en el carburador de modo que la palanca de la estrangulación esté en su tope de ralentí. Coloque la palanca del cambio en N (punto muerto), aplique el freno de mano (motor parado).

3. Desenrosque el tornillo de ajuste de la palanca de reenvío todo el recorrido (que el extremo del tornillo quede enrasado con la tuerca).

4. Gire hacia adentro enroscando el tornillo de ajuste hasta que un suplemento delgado (0.005 pulgadas máximo), o un pedazo de papel de escribir, pase cómodamente entre el extremo del tornillo y la palanca de reenvío hacia adelante (tendiendo a anular la abertura) y suéltela antes de comprobar la abertura existente entre el extremo del tornillo y la palanca de la estrangulación. No aplique carga alguna sobre las palancas con herramientas o con las manos mientras compruebe la abertura.

5. Enrosque el tornillo 4 vueltas más. (Es preferible cuatro vueltas. Dos vueltas como mínimo está permitido en el caso de un tornillo de recorrido limitado.)

6. Si no es posible enroscar el tornillo de ajuste un mínimo de dos vueltas, o si fuera insuficiente la capacidad del tornillo de ajuste para lograr una abertura inicial en el paso 2 mencionado anteriormente, consulte la sección de Ajuste del reenvío de la transmisión. Siempre que se quiera ajustar la velocidad del ralentí a más de 50 rpm, el tornillo de ajuste de la palanca de reenvío del carburador también deberá ser reajustado. Después de que efectúe cualquier ajuste de ralentí, verifique siempre que las palancas del reenvío y de la estrangulación estén en contacto con la palanca de la estrangulación en su tope de ralentí y la palanca del cambio esté en la posición N (punto muerto).

Cambio de la velocidad de ralentí	Vueltas en el tornillo de ajuste de la palanca de reenvío
Menos de 50 rpm	No requiere cambio
Incrementar de 50 a 100 rpm	1 1/2 vueltas afuera
Disminuir de 50 a 100 rpm	1 1/2 vueltas adentro
Incrementar de 100 a 150 rpm	2 1/2 vueltas afuera
Disminuir de 100 a 150 rpm	2 1/2 vueltas adentro

AJUSTE EN LA TRANSMISIÓN

El tornillo de ajuste de la palanca de reenvío tiene una capacidad de ajuste limitada. Si no es posible ajustar el reenvío TV usando este tornillo, la longitud del conjunto de la varilla del control TV debe ser reajustada usando el procedimiento siguiente. Este procedimiento también puede seguirse siempre que se monta un conjunto nuevo de varilla de control TV. Este procedimiento requiere colocar el vehículo sobre caballetes para facilitar el acceso a los componentes del reenvío en la palanca del control TV de la transmisión.

1. Ajuste la velocidad del ralentí lento del motor a lo especificado.

2. Con el motor parado, desplace la leva del ralentí rápido en el carburador de modo que la palanca de la estrangulación esté apoyada contra el tope del ralentí. Coloque la palanca del cambio en N (punto muerto) y aplique el freno de mano (motor parado).

3. Ponga el tornillo de ajuste de la palanca de reenvío en el centro de su campo de acción aproximadamente.

4. Si se está montando un nuevo conjunto de varilla de control TV, conecte la varilla a la palanca de reenvío en el carburador.

ATENCIÓN

Los siguientes pasos comprenden el trabajar en la proximidad del sistema de escape. Deje que se enfríe el sistema de escape antes de comenzar a trabajar.

5. Eleve el vehículo y sosténgalo sobre caballetes.

6. Utilizando una llave acodada de vaso de 13 mm, afloje el tornillo de bloqueo del muñón deslizante en el conjunto de la varilla de control TV. Limpie de cualquier corrosión la varilla de control y desembarace el muñón de bloqueo de modo que se deslice libremente sobre la varilla de control. Inserte una clavija dentro de la arandela metálica de refuerzo.

7. Empuje hacia arriba el extremo inferior de la varilla de control para asegurar que la palanca de reenvío en el carburador está aplicada firmemente contra la palanca de la estrangulación. Deje de hacer fuerza sobre la varilla. La varilla deberá permanecer arriba.

8. Empuje la palanca de control TV en la transmisión hacia arriba contra su tope interno con una fuerza firme (aproximadamente de 5 libras), y apriete el tornillo del muñón de bloque. No afloje el esfuerzo sobre la palanca hasta que la tuerca esté apretada.

9. Baje el vehículo y verifique que la palanca de la estrangulación se mantiene todavía contra el tope del ralentí. En caso contrario, repita los pasos 2 hasta 9.

AJUSTE CON CABLE

Siempre que se requiera ajustar la velocidad de ralentí en más de 150 rpm, se deberá ajustar también el cable del control TV. Dejar de hacerlo puede ser la causa de síntomas de problemas, debido a un cable «demasiado corto» si la velocidad de ralentí resultó incrementada, o a un cable «demasiado largo» si resultó reducida.

1. Compruebe y ponga a punto, si es necesa-

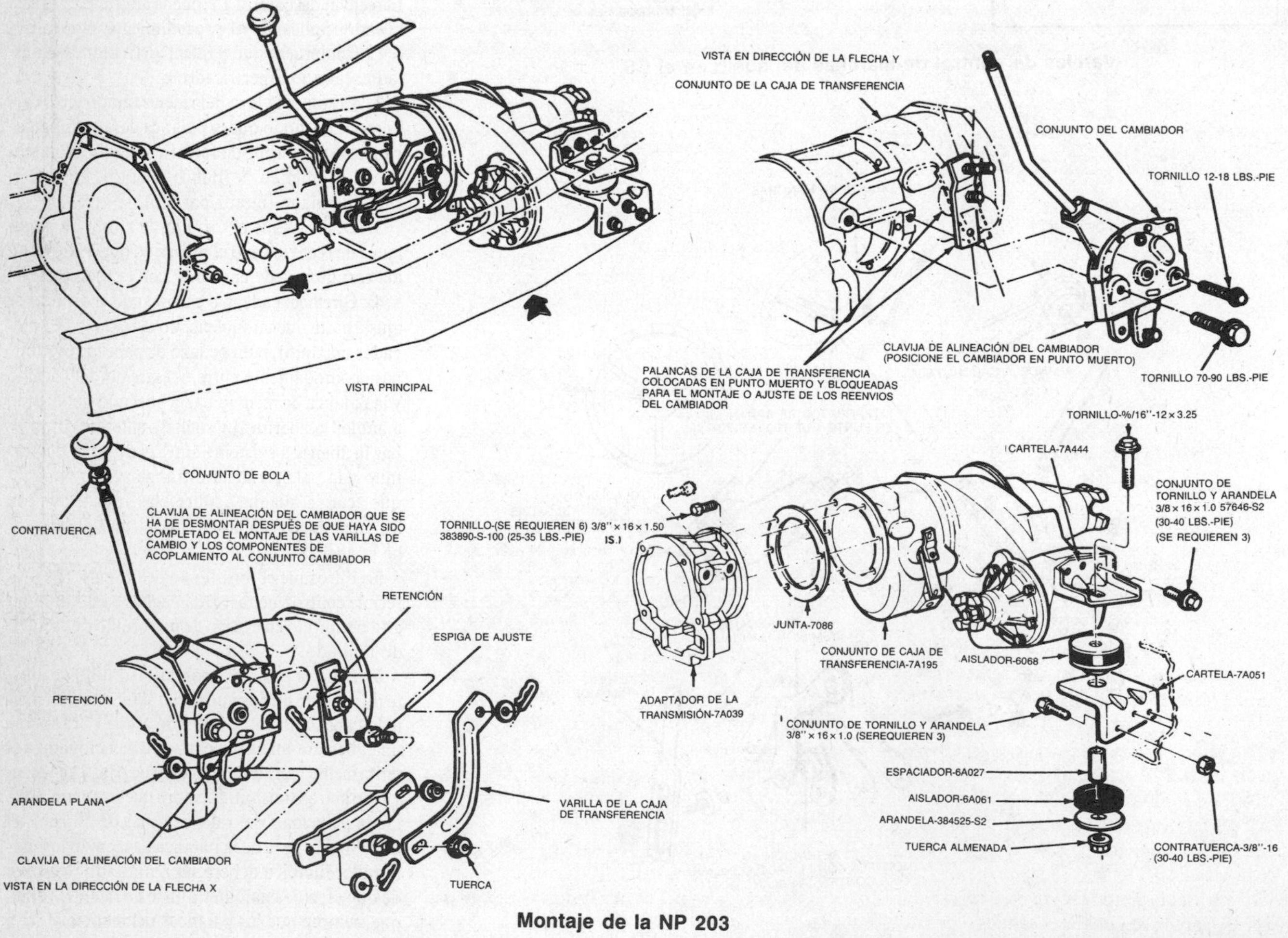

Montaje de la NP 203

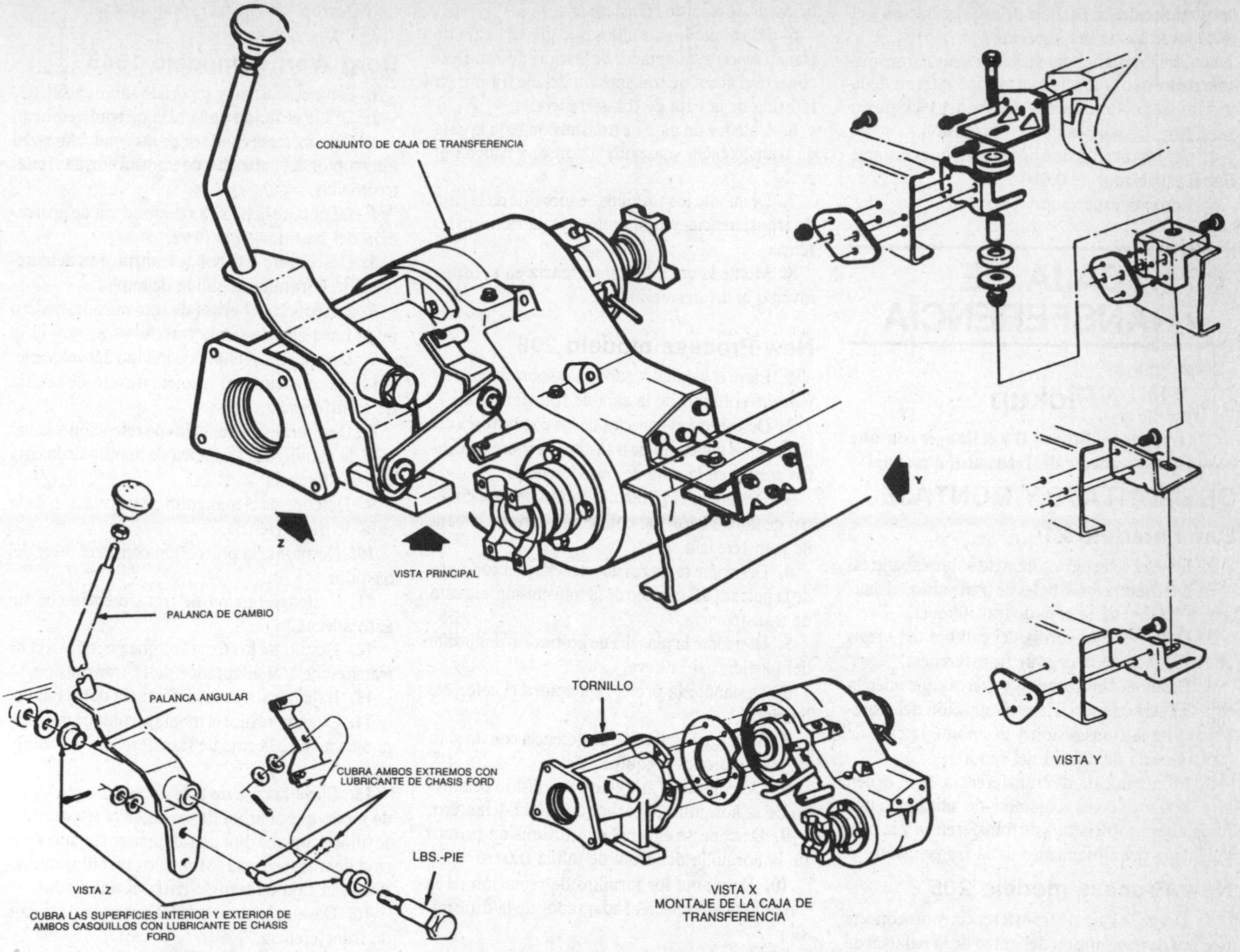

CONJUNTO DE CAJA DE TRANSFERENCIA
Z
VISTA PRINCIPAL
Y
PALANCA DE CAMBIO
PALANCA ANGULAR
CUBRA AMBOS EXTREMOS CON LUBRICANTE DE CHASIS FORD
LBS.-PIE
VISTA Z
CUBRA LAS SUPERFICIES INTERIOR Y EXTERIOR DE AMBOS CASQUILLOS CON LUBRICANTE DE CHASIS FORD
TORNILLO
VISTA X MONTAJE DE LA CAJA DE TRANSFERENCIA
VISTA Y

Montaje de la caja de transferencia NP 205

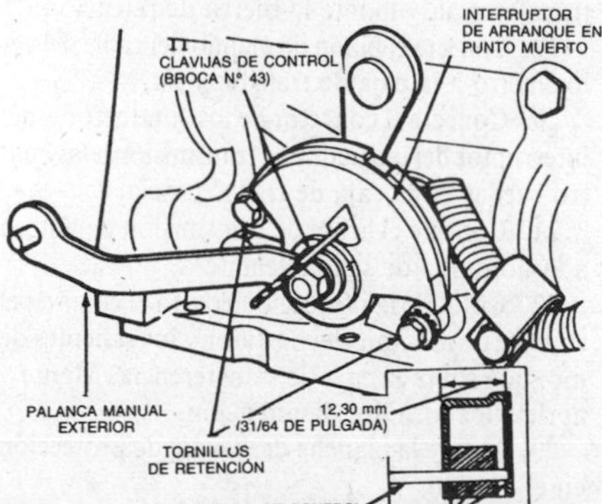

Ajuste del interruptor de seguridad en punto muerto (neutral), (se muestra el C5)

rio, la velocidad de ralentí según lo especificado, con o sin el TSP activado.

2. Pare el motor. Desmonte el filtro del aire. Bloquee las ruedas con el freno de mano y ponga el selector de marchas en «N». (No ponga el selector en «P».)

3. Verifique que toda la longitud del cable está libre de puntos con dobleces agudos o presionados y que el cable funciona con plena libertad. Lubrique la espiga de la rótula de la palanca TV. Compruebe que no hay daños visibles en el cable o en la funda de goma.

4. Desacople la oreja de bloqueo del extremo del carburador empujándola hacia arriba desde abajo y haciendo palanca el resto del recorrido para soltar el cable.

5. Deberá montar un muelle de retención en la palanca del control TV, para sujetarla en la posición de ralentí (tan hacia atrás como la palanca pueda retroceder) con unas 10 libras de fuerza. Si no tiene disponible a mano un muelle adecuado, puede usted usar dos muelles de retorno del TV del V8. Una el o los muelles de retención a la palanca TV de la transmisión y enganche el extremo final del muelle a la caja de transmisión.

6. Desplace la leva del ralentí del carburador. La palanca de la estrangulación del carburador debe estar en la posición anti-diesel. Verifique que el muelle de elevación (extremo del cable en el carburador), tensa adecuadamente el cable. Si el muelle está flojo o cuelga en el fondo, compruebe las sujeciones de los ganchos.

7. Empuje hacia abajo la pestaña de bloqueo hasta que quede enrasada.

8. Desmonte los muelles del fiador de la palanca de transmisión.

AJUSTE DEL INTERRUPTOR DE SEGURIDAD DEL PUNTO MUERTO

1. Sostenga la palanca selectora de la transmisión de la columna de la dirección contra el tope de punto muerto.

2. Desplace el conjunto del bloque deslizante en el interruptor de punto muerto a la posición de punto muerto e inserte una galga de varilla calibrada de 0,091'' de diámetro, o una broca de 3/32 de pulgada, en el orificio de alineación sobre el lado del terminal del interruptor.

3. Desplace el alojamiento del conjunto del interruptor de manera que el bloque deslizante contacte la palanca de la clavija de mando. Asegure el interruptor al tubo exterior de la columna de la dirección y retire la varilla calibrada.

4. Compruebe el funcionamiento del interruptor. El motor sólo deberá arrancar en punto muerto y aparcamiento.

AJUSTE DEL REENVÍO DEL KICK DOWN A LA ESTRANGULACIÓN

1. Desplace el reenvío de la estrangulación del carburador hacia la posición de abertura amplia.

2. Inserte un suplemento espaciador de 0,060''

de espesor entre la palanca de estrangulación y el tornillo de ajuste del kick down.

3. Gire la palanca del kick down de la transmisión hasta que contacte con el tope interno de la transmisión. No utilice la varilla del kick down para girar la palanca de la transmisión.

4. Gire el tornillo de ajuste hasta que contacte con el espaciador de 0.060 ".

5. Retire el espaciador.

CAJA DE TRANSFERENCIA

Pickup

NOTA: Para el Bronco II y el Ranger consulte la sección precedente de Transmisión manual.

DESMONTAJE Y MONTAJE

Dana modelo 21

1. Eleve el vehículo y sopórtelo sobre caballetes.

2. Desconecte los árboles de transmisión delantero y trasero de la caja de transferencia.

3. Desconecte la varilla del cambio del brazo de la palanca de la caja de transferencia.

4. Desmonte los tornillos y tuercas que unen la caja de transferencia a la prolongación del alojamiento de la transmisión y desmonte la caja de transferencia de debajo del camión.

5. Monte la caja de transferencia en el orden inverso al seguido en el desmontaje, utilizando una junta nueva entre la caja de transferencia y la prolongación del alojamiento de la transmisión.

New Process modelo 205

1. Drene la caja de transferencia y desconecte el árbol de transmisión del brazo de la palanca de cambio de la caja de transferencia.

2. Desconecte el árbol de transmisión de las ruedas delanteras y el árbol de salida de la transmisión en la caja de transferencia si se trata de un F250. En un F100, desconecte el árbol de transmisión de las ruedas delanteras y desmonte los tornillos que unen el adaptador de la transmisión a la caja de transferencia.

3. Desconecte la varilla selectora del cambio y el cable del tacómetro en la caja de transferencia.

4. Coloque un gato adecuado bajo la caja de transferencia y asegúrela con una cadena.

5. Desmonte los tornillos de montaje de la caja de transferencia y desmonte el grupo de debajo del vehículo.

6. Monte la caja de transferencia en el orden inverso al seguido en el desmontaje.

New Process modelo 203

1. Drene la caja de transferencia desmontando los tornillos inferiores de la toma de potencia y los inferiores de la tapa trasera de la salida delantera.

2. Desconecte el árbol de transmisión del eje delantero de la brida de la caja de transferencia.

3. Desconecte las varillas de cambio desde la caja de transferencia.

4. Desconecte el cable del tacómetro y el conductor del interruptor de la lámpara de cerrado del alojamiento del árbol de salida trasero en la brida de la caja de transferencia.

5. Desmonte los tornillos que unen la caja de transferencia al adaptador de la transmisión. Desconecte el árbol de transmisión del eje trasero en la brida de la caja de transferencia.

6. Coloque un gato de transmisión bajo la caja de transferencia y asegúrela con una cadena al gato.

7. Desmonte los tornillos de montaje de la caja de transferencia y desmonte la caja de transferencia.

8. Monte la caja de transferencia en el orden inverso al del desmontaje.

New Process modelo 208

1. Eleve el vehículo, sopórtelo sobre caballetes y drene el fluido de la caja de transferencia.

2. Desconecte el conector de los conductores del interruptor indicador de transmisión sobre las cuatro ruedas en la caja de transferencia.

3. Desmonte el piñón de mando del velocímetro de la retención del cojinete trasero de la caja de transferencia.

4. Desmonte la tuerca de retención del conjunto de la palanca del cambio de la transmisión a la caja de transferencia

5. Desmonte la plancha de protección deslizante del bastidor, si la lleva.

6. Desmonte la protección contra el calor del bastidor.

7. Sostenga la caja de transferencia con un gato de transmisiones o equivalente.

8. Desconecte el árbol de transmisión delantero de la horquilla del árbol de salida delantero.

9. Desconecte el árbol de transmisión trasero de la horquilla del árbol de salida trasero.

10. Desmonte los tornillos de retención de la caja de transferencia al adaptador de la transmisión.

11. Baje la caja de transmisión del vehículo.

12. Cuando monte, coloque una junta nueva entre la caja de transferencia y el adaptador.

13. Eleve la caja de transferencia con un gato de transmisiones de modo que el árbol de salida de la transmisión se alinee con el árbol amortajado de salida de la caja de transferencia.

14. Monte los tornillos de retención de la caja al adaptador.

15. Conecte el árbol de transmisión trasero a la horquilla del árbol de salida trasero.

16. Conecte el árbol de transmisión delantero a la horquilla de salida delantera.

17. Desmonte el gato de transmisión de la caja de transferencia.

18. Coloque la protección contra el calor en el soporte de montaje del bastidor y los salientes de montaje de la caja de transferencia, y monte y apriete los pernos y tornillos.

19. Monte en el bastidor la plancha deslizante de protección.

20. Monte la palanca del cambio en la caja de transferencia y apriete la tuerca de retención.

21. Monte el piñón de mando del velocímetro en la caja de transferencia.

22. Monte los conductores del interruptor del indicador de transmisión a las cuatro ruedas en la caja de transferencia.

23. Monte el tapón de drenaje. Desmonte el tapón de llenado y vierta seis pintas de fluido del tipo Dexron® II para transmisiones.

24. Baje el vehículo.

Borg Warner modelo 1345

1. Eleve el vehículo y sopórtelo sobre caballetes.

2. Drene el fluido de la caja de transferencia.

3. Desconecte el conector de los conductores del interruptor del indicador de transmisión a las cuatro ruedas.

4. Desmonte la plancha deslizadora de protección del bastidor, si la lleva.

5. Desconecte el árbol de transmisión delantero de la horquilla de salida delantera.

6. Desconecte el árbol de transmisión trasero de la horquilla de salida trasera.

7. Desconecte el piñón de mando del velocímetro de la retención del cojinete trasero de la caja de transferencia.

8. Desmonte las arandelas de retención y la varilla de mando de la palanca de mando de la caja de transferencia.

9. Desconecte el manguito de ventilación de la caja de transferencia.

10. Desmonte la protección contra el calor del bastidor.

11. Sostenga la caja de transferencia con un gato adecuado.

12. Desmonte los tornillos que unen la caja de transferencia al adaptador de la transmisión.

13. Baje la caja de transferencia del vehículo.

14. Cuando realice el montaje coloque una junta nueva entre la caja de transferencia y el adaptador.

15. Eleve la caja de transferencia con el gato de modo que el árbol de salida de la transmisión se alinee con el árbol de salida amortajado de la caja de transferencia. Monte los tornillos que retienen la caja de transferencia al adaptador.

16. Desmonte el gato de transmisión de la caja de transferencia.

17. Conecte el árbol de transmisión trasero a la horquilla del árbol de salida trasero.

18. Monte la palanca del cambio en la caja de transferencia y monte la tuerca de retención.

19. Conecte el piñón de mando del cable del velocímetro a la caja de transferencia.

20. Conecte el conector de los conductores del interruptor del indicador de transmisión a las cuatro ruedas en la caja de transferencia.

21. Conecte el árbol de transmisión delantero a la horquilla de salida delantera.

22. Coloque la protección contra el calor en el soporte de montaje del bastidor y los salientes de montaje sobre la caja de transferencia. Monte y apriete los tornillos de retención.

23. Monte la plancha deslizante de protección en el bastidor.

24. Monte el tapón de drenaje. Desmonte el tapón de llenado y ponga 6 pintas de fluido Dexron® II del tipo de transmisiones.

25. Baje el vehículo.

AJUSTE DEL REENVÍO DEL CAMBIO DE LA CAJA DE TRANSFERENCIA

New Process modelo 205

TRANSMISIÓN MANUAL

Ajuste la longitud de la varilla del cambio entre la caja de transferencia y la palanca del cambio

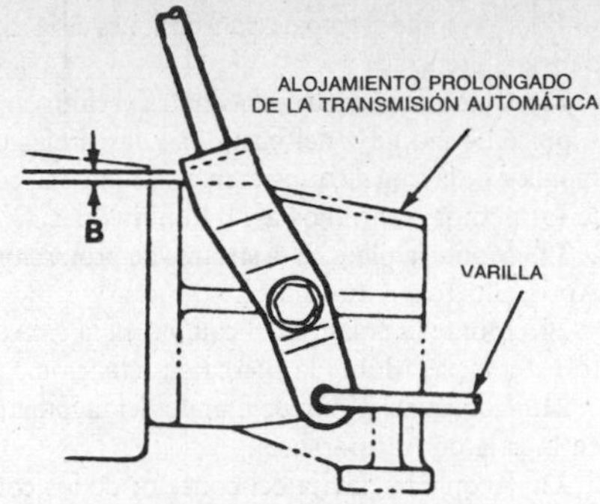
ALOJAMIENTO PROLONGADO DE LA TRANSMISIÓN AUTOMÁTICA
B
VARILLA

VISTA EN DIRECCIÓN DE LA FLECHA

AJUSTE (TRANSMISIÓN AUTOMÁTICA)

LA CAJA DE TRANSFERENCIA DEBE ESTAR ACOPLADA A LAS 4 RUEDAS (CRUCE EL CONJUNTO DEL REENVÍO TODO EL RECORRIDO HACIA ADENTRO)

LA DIMENSIÓN «B» DEBE SER DE 0.64-0.60 PULGADAS

AJUSTE LA VARILLA (78051) PARA CORREGIR, Y LUEGO APRIETE LA CONTRATUERCA, DE LA ABRAZADERA EN U

Montaje de la caja de transferencia NP 205 mostrando el ajuste del reenvío del cambio con transmisión automática

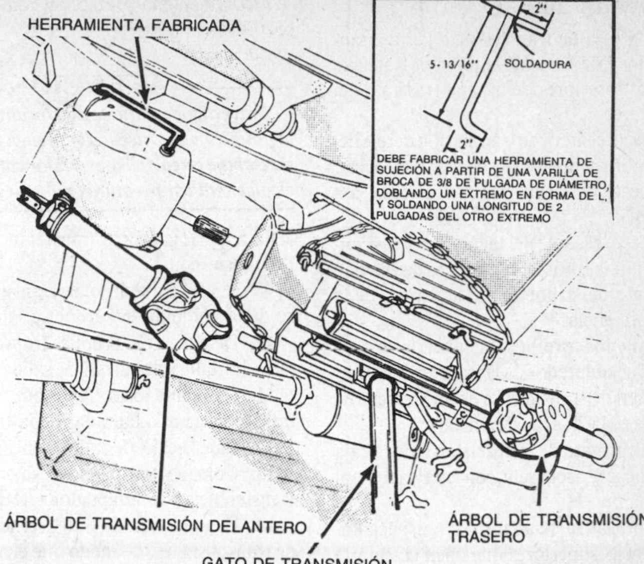
HERRAMIENTA FABRICADA
2"
5-13/16"
SOLDADURA
2"
DEBE FABRICAR UNA HERRAMIENTA DE SUJECIÓN A PARTIR DE UNA VARILLA DE BROCA DE 3/8 DE PULGADA DE DIÁMETRO, DOBLANDO UN EXTREMO EN FORMA DE L, Y SOLDANDO UNA LONGITUD DE 2 PULGADAS DEL OTRO EXTREMO
ÁRBOL DE TRANSMISIÓN DELANTERO
ÁRBOL DE TRANSMISIÓN TRASERO
GATO DE TRANSMISIÓN

Desmontaje y montaje de la caja de transferencia Dana 20. y dimensiones de las herramientas de sujeción que debe emplear

con la palanca en el 4WD-Low, de modo que la distancia entre la cara trasera de la transmisión y la palanca del cambio a la clavija de la abrazadera en forma de U de la varilla, sea de 3.94 a 3.82 ''

TRANSMISIÓN AUTOMÁTICA

Ajuste la longitud de la varilla del cambio entre la caja de transferencia y la palanca del cambio con la palanca en el 4WD-Low, de modo que la distancia entre la superficie superior de la prolongación del alojamiento de la transmisión automática y el borde horizontal superior de la palanca de cambio sea de 0.640 a 0.600 ''.

New Process 203 Full-Time 4WD

1. Coloque la palanca en posición de punto muerto.

2. Desmonte las dos tuercas de la espiga de ajuste.

3. Monte una clavija de alineación de 0.025 '' de diámetro (1.25 '' de largo) a través del conjunto del cambio.

4. Alinee la palanca del fondo de la caja de transferencia (palanca de inmovilización) girándola en el sentido de las saetas del reloj hacia la posición delantera.

5. Alinee la palanca superior de la caja de transferencia (palanca de posición en la escala) colocándola en la posición media o de punto muerto.

6. Vuelva a situar las dos varillas del cambio y apriete las tuercas de las espigas de ajuste a 15-20 libras-pie.

7. Desmonte la clavija de alineación del conjunto del cambio.

Bronco

NOTA: Para el Bronco II, consulte la sección de Transmisión manual.

DESMONTAJE Y MONTAJE

Dana 20

1. Sitúe la palanca selectora de la caja de transferencia en punto muerto.

2. Desmonte los tornillos que unen la protección del ventilador al soporte del radiador.

3. Eleve y soporte el vehículo.

4. Soporte la protección de la caja de transferencia con un gato y desmonte los tornillos que unen la protección a los largueros del bastidor. Desmonte la protección.

5. Drene el lubricante de la transmisión y la caja de transferendcia.

6. Desconecte los árboles de transmisión delantero y trasero de la caja de transferencia.

7. Desconecte el cable del tacómetro de la caja de transferencia.

8. Si va equipado con transmisión manual, desconecte las varillas y las palancas del cambio de la transmisión. Luego, coloque la palanca del cambio de los piñones de la Primera-Marcha atrás, en la posición del piñón de la primera, e inserte el utillaje de fabricación propia. (Vea Desmontaje y montaje de la transmisión.) Este utillaje evitará que los cojinetes de rodillos del árbol de salida se caigan dentro de la caja de transmisión cuando se separe la caja de transferencia de la transmisión y el árbol de salida.

9. Soporte el motor con un gato.

10. Desmonte los dos pasadores de seguridad, tornillos, arandelas, platinas y silentblocks que aseguran el soporte de montaje al adaptador de la caja de transferencia.

11. Desmonte los tornillos que unen el soporte de montaje a los largueros del bastidor.

12. Eleve la transmisión y desmonte los silentblocks superiores del soporte de montaje. Desmonte el soporte de montaje.

13. Desmonte la esterilla de los alrededores de las palancas selectoras. Desmonte los tornillos que sujetan la palanca del cambio al adaptador de la transmisión. Desmonte el muelle inferior de la palanca del cambio. Desmonte el manguito en forma de bota del fondo de la palanca del cambio. Doble hacia arriba el lado izquierdo de la abertura del piso lo necesario para desmontar el conjunto de la palanca del cambio.

14. Asegure la caja de la transmisión al gato, y desmonte los tornillos que unen la caja de transferencia a la transmisión.

15. Desplace la caja de transmisión y el gato hacia atrás hasta que abandone el árbol de salida de la transmisión. Baje la caja de transferencia.

16. El montaje se efectúa en el orden inverso al seguido en el desmontaje.

New Process 205

1. Drene la caja de transferencia. Desconecte el árbol de transmisión trasero del eje trasero y el árbol de transmisión delantero de la brida de la caja de transferencia.

2. Desconecte el apoyo firme de la varilla de la palanca selectora y el cable del tacómetro de la caja de transferencia.

3. Asegure la caja de transferencia al gato de transmisión y desmonte los tornillos de montaje.

4. Desmonte la caja de transferencia y colóquela en una base sobre el suelo o sobre un banco de trabajo.

5. Desmonte la caja de transferencia de la base sobre el suelo o del banco de trabajo y colóquela sobre un gato de transmisión.

6. Eleve la caja de transferencia dentro de su emplazamiento y coloque los tornillos de montaje. Apriete los tornillos y tuercas a 20-40 libras-pie.

7. Conecte la varilla de la palanca selectora, el cable del tacómetro y el apoyo firme.

8. Conecte los árboles de transmisión de los ejes delantero y trasero y apriete las tuercas de los tornillos de la junta universal.

9. Llene la caja de transferencia hasta el nivel del tapón de llenado con aceite SAE 80W/90. Apriete el tapón de drenaje a 25-35 libras-pie.

New Process 203

1. Drene la caja de transferencia desmontando los tornillos inferiores de la toma de potencia y los tornillos inferiores de la tapa trasera de la salida delantera.

2. Desconecte el árbol de transmisión del eje delantero de la brida de la caja de transferencia.

3. Desconecte las varillas del cambio de la caja de transferencia.

4. Desconecte el cable del tacómetro y los conductores del interruptor de la lámpara de cerrado del alojamiento del árbol de salida trasero de la caja de transferencia.

5. Desmonte los tornillos que unen la caja de transferencia al adaptador de la transmisión. Desconecte el árbol de transmisión del eje trasero de la brida de la caja de transferencia.

6. Coloque un gato de transmisión bajo la caja de transferencia y asegúrela con una cadena al gato.

7. Desmonte las tuercas, tornillos, espaciadores y silentblocks superiores que unen el soporte de montaje de la caja de transferencia al soporte de montaje del bastidor y desmonte la caja de transferencia.

8. Utilizando un polipasto, coloque la caja de transferencia sobre un banco de trabajo adecuado.

9. Utilizando un polipasto, coloque la caja de transferencia sobre un gato de transmisión.

10. Coloque la caja de transferencia en el camión, alineando los soportes de montaje con los silentblocks inferiores. Alinee los tornillos que unen la caja de transferencia a la transmisión.

11. Monte los tornillos con los silentblocks superiores y espaciadores que unen el soporte de montaje de la caja de transferencia al soporte de montaje del bastidor.

12. Desmonte el gato de transmisiones.

13. Conecte el cable del tacómetro y los conductores del interruptor de cerrado en la caja de transferencia.

14. Conecte el árbol de transmisión del eje trasero a la brida de la salida trasera de la caja de transferencia.

15. Monte las varillas del cambio sobre la caja de transferencia y ajuste los reenvíos del cambio.

16. Conecte el árbol de transmisión del eje delantero a la brida de la caja de transferencia.

17. Llene la caja de transferencia con aceite SAE 80W/90. Apriete el tapón de drenaje a 25-35 libras-pie.

New Process 208

1. Eleve el vehículo y sopórtelo sobre caballetes.

2. Coloque un recipiente para drenaje bajo la caja de transferencia, desmonte el tapón de drenaje y drene el fluido de la caja.

3. Desconecte de la caja de transferencia el conector de los conductores del interruptor del indicador de transmisión sobre las cuatro ruedas.

4. Desconecte el piñón de mando del tacómetro de la retención del cojinete trasero de la caja de transferencia.

5. Desmonte la tuerca que retiene el conjunto de la palanca de cambio de la transmisión a la caja de transferencia.

6. Si va equipado con ella, desmonte la plancha deslizadora de protección del bastidor.

7. Desmonte la protección contra el calor del bastidor.

ATENCIÓN

El convertidor catalítico está localizado al lado de la protección contra el calor. Tenga cuidado, cuando trabaje cerca del convertidor catalítico, ya que éste genera temperaturas muy elevadas.

8. Soporte la caja de transferencia con un gato de transmisión.

9. Desconecte el árbol de transmisión delantero de la horquilla del árbol de salida delantero.

10. Desconecte el árbol de transmisión trasero de la horquilla del árbol de salida trasero.

11. Desmonte los tornillos que unen la caja de transferencia al adaptador de la transmisión.

12. Baje la caja de transferencia del vehículo.

13. Coloque una junta nueva entre la caja de transferencia y el adaptador.

14. Eleve la caja de transferencia con el gato de transmisiones, de modo que el árbol de salida de la transmisión se alinee con el árbol amortajado de entrada de la caja de transferencia. Monte los tornillos que unen la caja de transferencia al adaptador. Apriételos a 30-40 libras-pie.

15. Conecte el árbol de transmisión trasero a la horquilla del árbol de salida trasera.

16. Conecte el árbol de transmisión delantero a la horquilla del árbol de salida delantero.

17. Desmonte el gato de transmisiones de la caja de transferencia.

18. Coloque la protección contra el calor en el soporte de montaje del bastidor y las orejas de montaje de la caja de transferencia. Monte y apriete los pernos y tornillos a 11-16 libras-pie.

19. Monte la plancha deslizante de protección. Apriete tuercas y tornillos.

20. Monte la palanca del cambio en la caja de transferencia. Monte la tuerca de retención.

21. Conecte el piñón de mando del tacómetro en la caja de transferencia.

22. Acople la clavija del conector de los conductores del interruptor indicador de la transmisión sobre las cuatro ruedas en la caja de transferencia.

23. Monte el tapón de drenaje. Quite el tapón de drenaje y ponga en la caja 2,8 litros (6 pintas) de fluido para transmisiones automáticas Dexron® II. Coloque el tapón de llenado.

24. Baje el vehículo.

Ajuste de la palanca del cambio.

NOTA: Los modelos NP 205 y 208 no requieren ajuste.

NP 203

1. Coloque la palanca del cambio en posición de punto muerto.

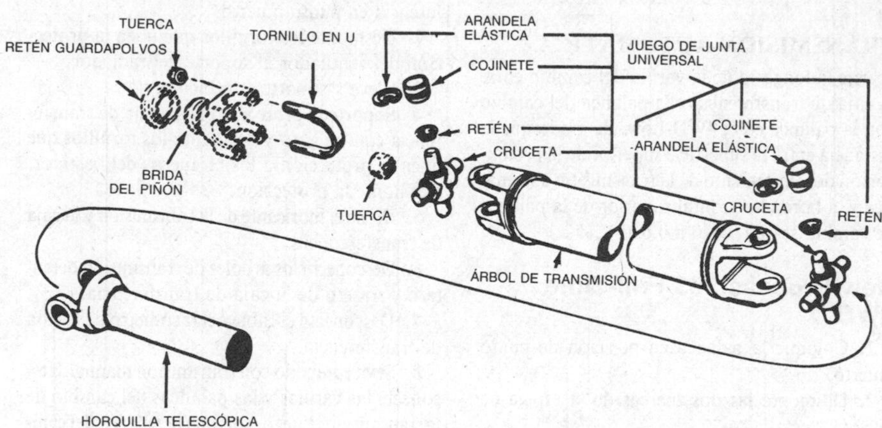

Árbol de transmisión de una pieza con una horquilla telescópica

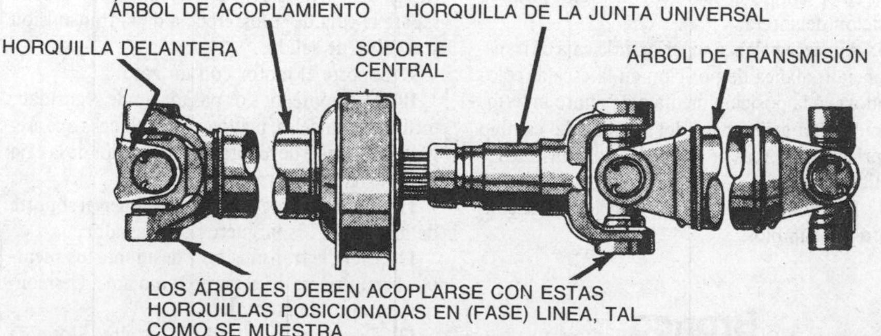

Árbol de transmisión de dos piezas, con una horquilla telescópica en el extremo de la transmisión

2. Desmonte las dos tuercas de la espiga de ajuste.

3. Monte una clavija de alineación de 0.25 " de diámetro (1.25 " de largo), a través del conjunto cambiador.

4. Alinee las dos palancas de la caja de transferencia como sigue: palanca de fondo (palanca de inmovilización); gírela en el sentido de las saetas del reloj hacia la posición delantera. Palanca superior (palanca de posición); colóquela en posición media o de punto muerto.

5. Vuelva a situar las dos varillas del cambio y apriete las tuercas nuevas de las espigas de ajuste a 15-20 libras-pie.

6. Desmonte la clavija de alineación del conjunto cambiador.

TREN DE TRANSMISIÓN

Árbol de transmisión

DESMONTAJE Y MONTAJE

4WD

1. Marque el árbol de transmisión y la brida para poder volver a montarlos en la misma posición. Para desmontar el árbol de transmisión trasero, desconecte la doble junta Cardan de la brida de la caja de transferencia y la junta universal sencilla de la brida en el eje trasero. Desmonte el árbol de transmisión.

2. Para desmontar el árbol de transmisión delantero, desconecte la doble junta Cardan de la brida de la caja de transferencia y la junta universal sencilla del eje delantero. Desmonte el árbol de transmisión.

3. El montaje se efectúa a la inversa del desmontaje. Apriete los tornillos que unen el árbol de transmisión a la caja de transferencia a 20-25 libras-pie y los que unen el árbol de la transmisión al eje a 8-15 libras-pie.

2WD

1. Marque el árbol y la brida para montarlos en la misma posición. Desmonte las tuercas que unen los tornillos en forma de U a la brida en el eje trasero, o desmonte los tornillos y las pinzas y deje bajar al suelo la parte trasera del eje de transmisión. Deslice la parte delantera del árbol de transmisión fuera de la parte trasera de la transmisión, caja de transferencia, o el cojinete de soporte central. Desmonte el árbol de transmisión del vehículo.

2. En aquellos vehículos que van equipados con dos árboles de transmisión y un cojinete de soporte central, desatornille los pernos que unen el cojinete de soporte central al bastidor. Si está equipado con una horquilla deslizante en la transmisión, deslice el árbol de acoplamiento fuera de la parte trasera de la prolongación del alojamiento. En otro caso, desmonte las tuercas de los tornillos en U, o los tornillos y las pinzas que sujetan la parte delantera del árbol de acoplamiento a la brida de la parte trasera de la transmisión mientras sujeta el cojinete central. Desmonte los tornillos en U, o los tornillos y pinzas de la brida delantera, y desmonte el conjunto del árbol de acoplamiento con el cojinete de soporte central.

3. Monte el árbol de transmisión en el orden inverso a como fue desmontado.

NOTA: Todas las juntas universales de los árboles de transmisión de dos piezas deben estar situadas en el mismo plano horizontal cuando efectúe el montaje.

Cojinete central

DESMONTAJE Y MONTAJE

1. Desmonte los árboles de transmisión.

2. Desmonte los dos tornillos de unión del cojinete de soporte central y desmonte el conjunto del vehículo.

3. No sumerja el cojinete blindado con retenes en ningún tipo de fluido de limpieza. Frote el cojinete y el soporte de goma y límpielos con un trapo empapado con un fluido de limpieza.

4. Compruebe el cojinete por si tuviese desgaste o algún efecto de rozaduras por haber girado la pista interior mientras permanecía sujeta la exterior. Si existiesen desgastes o rozaduras evidentes, cambie el cojinete.

Examine la almohadilla soporte de goma sobre posibles endurecimientos, roturas o deterioros. Sustitúyala si está rayada en cualquier sentido.

5. Coloque el cojinete en el soporte de goma, y éste en el soporte en forma de U, y monte el cojinete en orden inverso al desmontaje.

Cojinetes de las ruedas

Los cojinetes de las ruedas suelen ser revisados (limpiados, inspeccionados, vueltos a cargar de grasa o sustituidos) cada 20,000 millas, o siempre que hayan funcionado bajo agua.

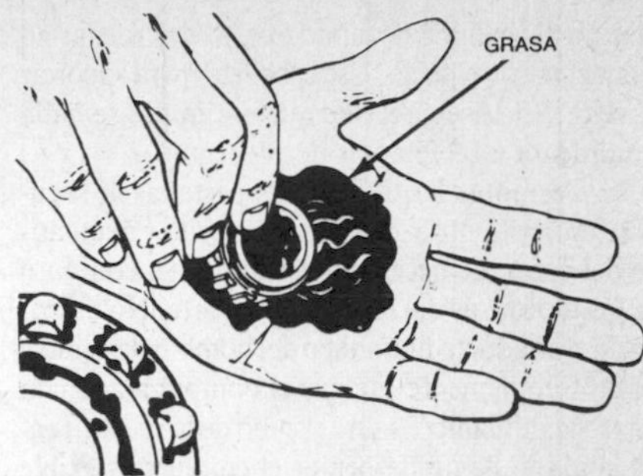
GRASA

Rellenado manual con grasa, de los cojinetes de las ruedas

Antes de manipular con los cojinetes, hay unas cuantas cosas que usted debe recordar y tratar de evitar.

HAGA lo siguiente:

1. Quite toda la suciedad del exterior del alojamiento antes de que el cojinete quede expuesto a ella.

2. Trate un cojinete usado con tanta delicadeza como si fuera nuevo.

3. Trabaje con herramientas limpias, en un entorno limpio.

4. Use guantes blancos de tejido seco o, como mínimo, limpios con las manos secas.

5. Deben usarse, obligadamente, disolventes y fluidos de limpieza limpios.

6. Utilice papel limpio cuando deposite los cojinetes limpios para que se sequen sobre papel.

7. Proteja los cojinetes desmontados de la herrumbre y suciedad. Tápelos bien.

8. Use trapos limpios para frotar los cojinetes.

9. Guarde los cojinetes en papel a prueba de aceite cuando deban ser almacenados o no estén en uso.

10. Limpie el interior del alojamiento del cojinete antes de volver a colocarlo.

NO HAGA lo siguiente:

1. No trabaje en un entorno sucio.

2. No utilice herramientas sucias, desportilladas o averiadas.

3. Procure no trabajar en bancos de trabajo que sean de madera, o usar mazas de madera.

4. No toque los cojinetes con las manos sucias o mojadas.

5. No utilice gasolina para la limpieza; use un disolvente que no sea peligroso.

6. No haga girar los cojinetes con aire comprimido. Ello podría dañarlos irremediablemente.

7. No haga girar cojinetes sucios.

8. Evite usar algodón de desecho o trapos sucios para limpiar los cojinetes.

9. Procure no arañar o desportillar las superficies de los cojinetes.

10. No deje que los cojinetes entren en contacto, en ningún momento, con herrumbre o suciedad.

REPARACIÓN

2WD

1. Eleve el camión con un gato hasta que la rueda que debe ser reparada no toque el suelo y pueda girar libremente. Es mucho más fácil comprobar todos los cojinetes al mismo tiempo. Si se dispone del equipo necesario, eleve el extremo de-

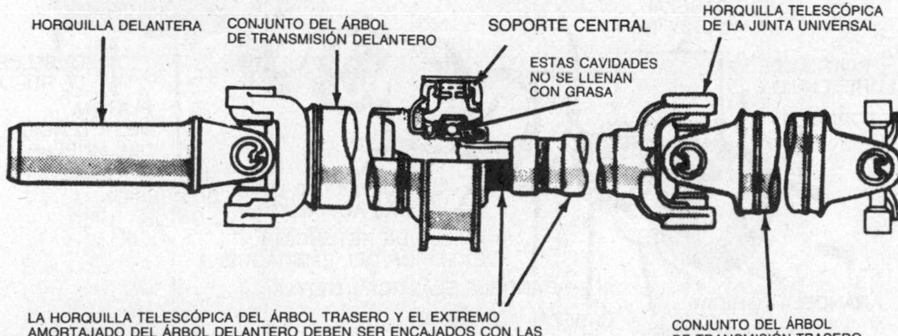
HORQUILLA DELANTERA
CONJUNTO DEL ÁRBOL DE TRANSMISIÓN DELANTERO
SOPORTE CENTRAL
HORQUILLA TELESCÓPICA DE LA JUNTA UNIVERSAL
ESTAS CAVIDADES NO SE LLENAN CON GRASA
LA HORQUILLA TELESCÓPICA DEL ÁRBOL TRASERO Y EL EXTREMO AMORTAJADO DEL ÁRBOL DELANTERO DEBEN SER ENCAJADOS CON LAS FLECHAS ALINEADAS AL ACOPLARLOS
CONJUNTO DEL ÁRBOL DE TRANSMISIÓN TRASERO

Árbol de transmisión de dos piezas, con una horquilla fija en el extremo de la transmisión

lantero del camión de modo que las dos ruedas no contacten con el suelo. Use caballetes para soportar el vehículo. Asegúrese de que el camión se halla totalmente estable antes de proseguir.

2. Desmonte las tuercas con pestañas de seguridad y desmonte el conjunto de rueda y neumático del cubo. Es necesario desmontar el conjunto de las mordazas del rotor y su soporte. No desconecte el conducto hidráulico del bombín de la mordaza. Simplemente cuelgue el bombín atado con un trozo de alambre sobre el cubo de la rueda. Tenga cuidado de no deformar el conducto flexible del freno.

3. Desmonte el tapón de la grasa con un destornillador o alicates.

4. Desmonte los pasadores de seguridad y deséchelos. Los pasadores de seguridad no deberán usarse otra vez.

5. Desmonte la contratuerca, tuerca de ajuste y arandela de la caña de la mangueta.

6. Mueva el cubo de modo que el cojinete exterior de la rueda se afloje y pueda desmontarse. Desmonte el cojinete exterior.

7. Desmonte el cubo de la caña de la mangueta y colóquelo sobre una superficie de trabajo, sujeto por dos bloques de madera debajo del cubo.

8. Coloque un bloque de madera o un punzón a través del orificio de la caña de la mangueta, y saque, golpeando suavemente, el retén interior de la grasa. Cuando el retén haya caído fuera, saldrá, del mismo modo, el cojinete interior. Deseche el retén.

9. Coloque todos los cojinetes, tuercas, contratuercas, arandelas y sombreretes de grasa en una cubeta con disolvente. Use un cepillo blando y suave para limpiar meticulosamente cada pieza. Asegúrese de que toda la suciedad y grasa ha sido lavada y enjuagada, y luego coloque cada pieza limpia sobre un trapo absorbente o papel limpio, y déjelos secar completamente.

10. Limpie el interior del cubo, incluidas las pistas de los cojinetes y la caña de la mangueta. Suprima toda traza de lubricante viejo de esas piezas.

11. Inspeccione los cojinetes para detectar puntos picados, planos, herrumbre y áreas rozadas. Compruebe las pistas en el cubo y la caña de la mangueta sobre los mismos defectos y límpielos frotando con un trapo previamente empapado en disolvente. Si las pistas muestran grietas finas como cabellos o áreas brillantes de desgaste, deben ser sustituidas. Las pistas se montan en el cubo con un ajuste de presión y se desmontan forzándolas hacia afuera con un botador adecuado. Coloque las nuevas pistas a escuadra sobre el cubo y ponga sobre ellas un bloque de madera. Fuerce la pista adentro, en su posición, con un martillo, golpeando el bloque de madera. No golpee nunca directamente la pista con ningún objeto de metal. Los recambios de retenes, cojinetes y otras piezas que hagan falta, pueden adquirirse en un establecimiento de piezas de recambio para automóviles. Debe llevar consigo las piezas viejas para compararlas con las nuevas de recambio, asegurándose de su perfecta idoneidad.

12. Rellene los cojinetes de las ruedas con grasa. Hay dispositivos especiales, construidos con el objeto específico de engrasar cojinetes, pero si usted no dispone de uno de ellos, hágalo con la mano. Ponga una buena porción de grasa en la palma de su mano y empuje el cojinete a través de ella con un movimiento deslizante. La grasa debe forzarse a través del costado del cojinete y por entre cada rodillo. Continúe así hasta que la grasa comience a fluir suavemente por el otro lado y a través de los espacios entre los rodillos; el cojinete debe estar completamente relleno de grasa.

NOTA: La grasa básica de sodio no es compatible con la grasa básica de litio. Tenga cuidado de no mezclar los dos tipos. El mejor medio de evitar ese riesgo es limpiar completamente toda la grasa vieja del cubo y de la caña de la mangueta, antes de introducir la grasa nueva.

13. Gire el conjunto del cubo dejando el lado interior cara arriba, asegurándose de que la pista y la zona interior están limpias, y ponga el cojinete interior de la rueda en su sitio. Con un martillo y un bloque de madera, golpee suavemente hacia su emplazamiento el nuevo retén de grasa. No golpee nunca directamente el retén con un martillo. Mueva el bloque de madera alrededor de la periferia hasta que esté asentado correctamente.

14. Deslice el conjunto del cubo sobre la caña de la mangueta y empújelo tan adentro como pueda, asegurándose de que está completamente cubierto por las zapatas del freno. Mantenga el cubo centrado sobre la caña de la mangueta para evitar que se dañe el retén de la grasa y los hilos de rosca de la caña de la mangueta.

15. Coloque el cojinete exterior de la rueda en su sitio sobre la caña de la mangueta. Presiónelo hacia adentro hasta que esté adaptado. Coloque la arandela sobre la caña después del cojinete. Enrosque la tuerca sobre la caña y gírela hacia abajo hasta que se perciba una ligera trabazón.

16. Con una llave de torsión dinamométrica, apriete la tuerca a 17-25 libras-pie, para asentar los cojinetes. Monte la contratuerca sobre la tuerca de modo que el orificio del pasador de seguridad que hay en la caña de la mangueta se alinee con una de las ranuras de la contratuerca. Retroceda la tuerca de ajuste y las dos ranuras de la contratuerca y monte el pasador de seguridad.

17. Doble el más largo de los dos extremos opuestos al extremo con el ojal y sobre el extremo de la caña de la mangueta. Ajuste los dos extremos del pasador lo bastante adaptados para que el sombrerete de la grasa pueda montarse, dejando el extremo doblado del pasador sobre el extremo de la caña.

18. Monte el sombrerete de la grasa, el bombín del freno si lo lleva como equipo y el conjun-

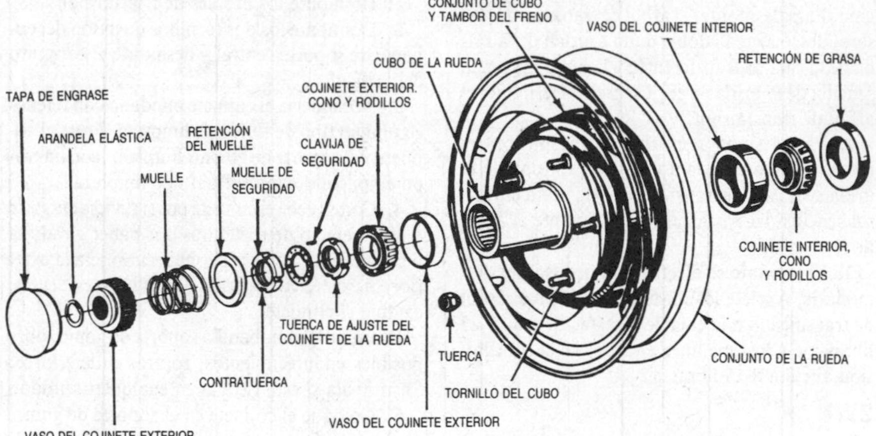

Cubo típico delantero sin rueda libre (cubos de bloqueo)

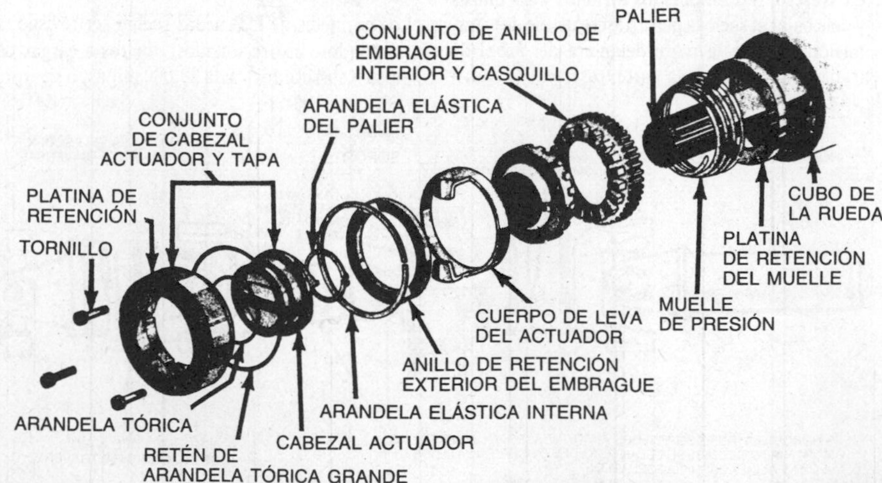

Cubo típico de bloqueo interno a lo largo de 1979

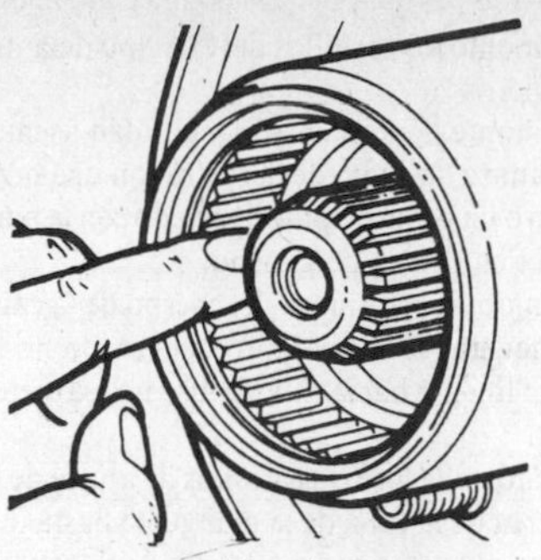
Aplicación de grasa

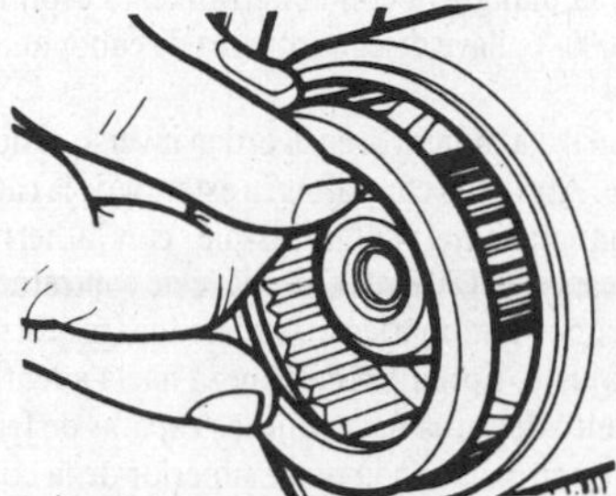
Montaje del anillo de retención del muelle

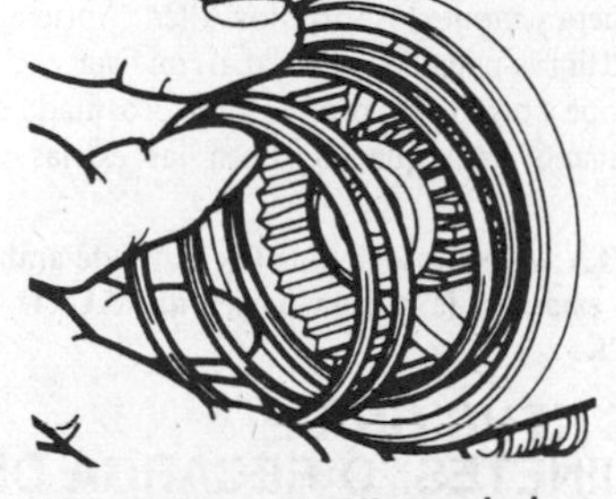
Montaje del muelle espiral

Montaje de la camisa y el anillo del palier, y del anillo de embrague

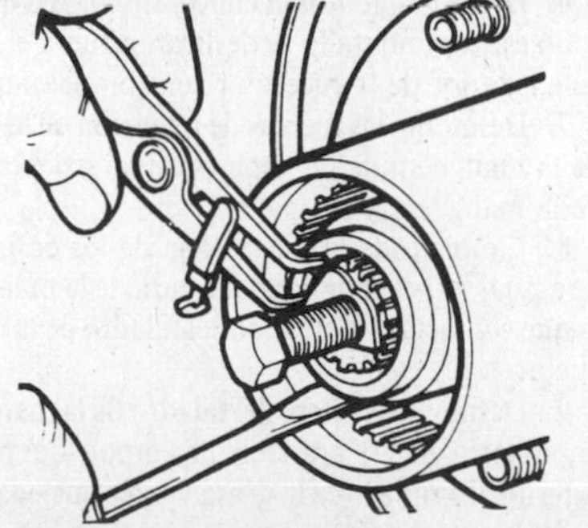
Monte la arandela elástica del palier

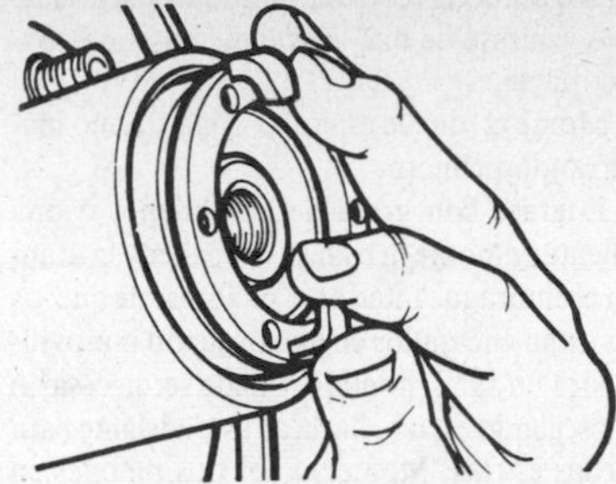
Monte el anillo del cuerpo de la leva dentro del anillo de retención del embrague

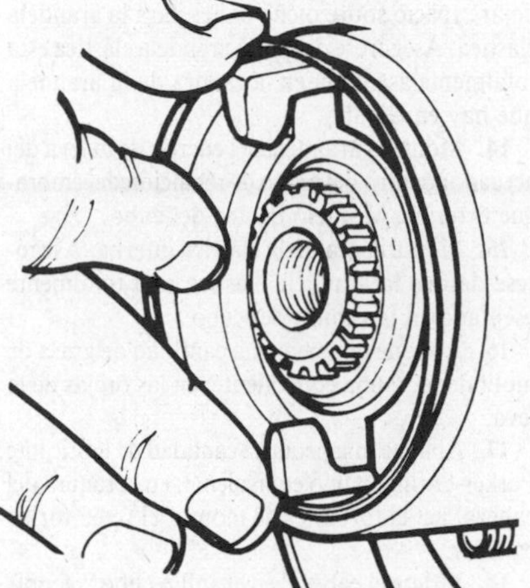
Monte la arandela de retención interior

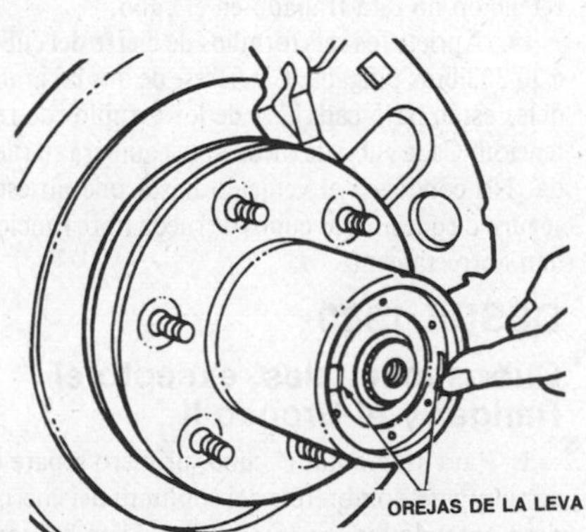

Aplique una pequeña cantidad de grasa en las orejas de la leva

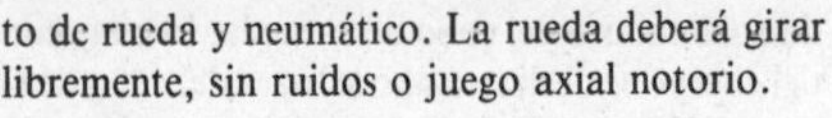

to de rueda y neumático. La rueda deberá girar libremente, sin ruidos o juego axial notorio.

4WD Delantera sin cubos de rueda libre

EXCEPTO RANGER Y BRONCO II

NOTA: La grasa básica de sodio no es compatible con la grasa básica de litio. Tenga cuidado de no mezclar los dos tipos. El mejor método para que no ocurra esto es limpiar completamente de toda grasa vieja el conjunto del cubo antes de introducir la grasa nueva.

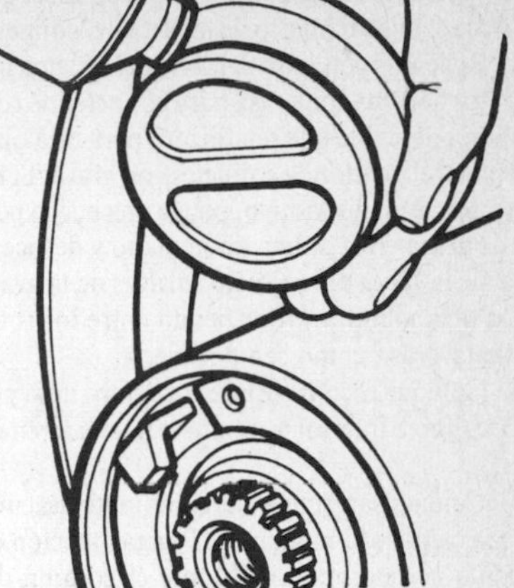
Lubrique el botón-cabezal selector

1. Eleve la parte delantera del vehículo y póngale debajo caballetes. Desmonte las ruedas.

2. Desmonte el sombrerete de la grasa del cubo delantero y las arandelas elásticas de retención del cubo de mando. Sobre los modelos equipados con cubos de rueda libre, desmonte el anillo de retención del cubo del cabezal, cabezal actuador, arandela elástica, anillo de retención del embrague exterior y cuerpo de leva del actuador.

3. Desmonte el cubo de mando estriado y el muelle de presión. Esto puede hacer necesario un ligero esfuerzo de palanca aplicado con una herramienta adecuada.

4. Desmonte la contratuerca del cojinete de la rueda, anillo de inmovilización y tuerca de ajuste.

5. Desmonte el bombín del freno. Deje suspendido el bombín a un lado y desmonte el conjunto del cubo y rotor.

6. Con cuidado, fuerce hacia afuera el cubo, el cono del cojinete interior y el retén de la grasa.

7. Inspeccione el vaso del cojinete (pista) sobre grietas o picadas. Si los vasos están excesivamente gastados, o tienen grietas o picadas visibles, sustitúyalo junto con los rodillos cónicos. Los vasos se desmontan del cubo forzándolos hacia afuera con un botador. Se montan de la misma manera.

8. Si se decide que las pistas se hallan en condiciones satisfactorias y deben dejarse en el cubo, limpie e inspeccione los rodillos cónicos (rodamientos). Consulte el cuadro de diagnosis de cojinetes. Sustituya los cojinetes, si es necesario. Si es necesario reemplazar una de las dos piezas, rodillos o pistas, deberá sustituir conjuntamente las dos como una sola unidad.

9. Limpie meticulosamente todos los componentes con un disolvente adecuado, y luego sóplelos con aire comprimido, o déjelos secar apoyados sobre papel limpio.

ATENCIÓN

No haga girar los rodamientos con aire comprimido mientras los seca.

10. Tape la caña de la mangueta con un trapo y limpie frotando todo el polvo desprendido y suciedad del conjunto del freno. Retire el trapo y limpie cuidadosamente el interior del cubo y la caña de la mangueta.

11. Rellene el interior del cubo con grasa para

cojinetes de ruedas. Añada grasa al cubo hasta que ésta fluya con el diámetro de la pista del cojinete.

12. Rellene el conjunto del cono del rodamiento y rodillos cónicos con grasa para cojinetes de ruedas. Sería deseable que se utilizara para esta operación un rellenador de cojinetes con grasa. Si no se dispone de tal dispositivo, ponga una buena porción de grasa en la palma de su mano y deslice el borde de la jaula del cojinete a través de la grasa con su otra mano, introduciendo entre los rodillos tanta grasa como sea posible.

13. Coloque el cojinete interior dentro de la pista del cojinete interior y monte el nuevo retén de grasa.

14. Cuidadosamente, sitúe el conjunto del cubo sobre la caña de la mangueta. Ponga atención en no dañar el retén nuevo. Monte el bombín del freno.

15. Coloque el cojinete exterior en su posición sobre la mangueta y dentro de la pista del cojinete.

16. Monte la tuerca de ajuste del cojinete y apriétela a 50 libras-pie, mientras gira el cubo hacia adentro y afuera para que se asienten los cojinetes.

17. Afloje la tuerca de ajuste unos 90 grados.

18. Monte el anillo de seguridad girando la tuerca hasta la ranura más próxima, donde el pasador pueda entrar.

19. Monte la contratuerca exterior y apriétela a 80-100 libras-pie. El juego axial de la rueda en la caña de la mangueta deberá estar entre 0.001-0.010 pulgadas.

20. Monte la retención del muelle de presión, muelle, cubo de mando y arandela elástica del cubo de mando.

21. Monte el sombrerete de la grasa y ajuste los frenos, si fueron retirados para desmontar el conjunto del cubo. Desmonte los caballetes y baje el vehículo.

4WD delantera con cubo de funcionamiento libre

1979 EXCEPTO RANGER Y BRONCO II

1. Desmonte los tornillos y arandelas del cubo de rueda libre.

2. Desmonte el aro del cubo y el cabezal. Limpie las piezas con un trapo.

3. Desmonte la arandela elástica interior de la ranura del cubo.

4. Desmonte el anillo del cuerpo de la leva y la retención del embrague del cubo (como un conjunto). Desarme las piezas.

5. Desmonte la arandela elástica del palier. Para un desmontaje más fácil, empuje hacia adentro sobre la arandela de la camisa del palier y, al mismo tiempo, tire hacia afuera sobre el palier con un tornillo.

6. Desmonte la arandela de la camisa del palier y la arandela del embrague interior. Una ligera oscilación del cubo puede hacer que se deslice más fácilmente.

7. Desmonte el muelle de presión.

8. Desmonte la arandela de retención del muelle.

9. Engrase las estrías interiores del aro con grasa de molibdeno, o alguna equivalente.

10. Monte la arandela de retención del muelle, colocándola tal como se muestra en la ilustración, con la zona hueca rebajada mirando hacia adelante. Asegúrese de que la arandela asienta contra el cojinete.

11. Monte el muelle espiral con el extremo mayor entrando primero.

12. Engrase con grasa de molibdeno, o una equivalente, y monte la camisa del palier y la arandela en el embrague interior. Cerciórese de que los dientes están encajados en una posición inmovilizada, para un fácil montaje. Puede ser necesario mover oscilando el cubo hacia atrás y adelante para alinear las estrías. Mantenga los dos piñones en posición de inmovilización.

13. Monte la arandela elástica del palier. Empuje hacia adentro sobre el piñón y, si es necesario, tire hacia afuera el tornillo con el palier para dejar espacio sobre dicho palier para la arandela elástica. Asegúrese de que la arandela elástica está totalmente asentada en la ranura de la arandela que hay en el cubo.

14. Monte la arandela del cuerpo de la leva del actuador dentro del anillo de retención del embrague exterior. Móntelo dentro del cubo.

15. Monte la arandela elástica interna. Asegúrese de que la arandela elástica está totalmente asentada en la ranura del cubo.

16. Aplique una pequeña cantidad de grasa de molibdeno, o una equivalente, en las orejas de la leva.

17. Aplique una pequeña cantidad de lubricante Parker-O-ring, o uno equivalente, en la ranura del cabezal actuador antes de montar el retén tórico exterior.

18. Monte el cabezal en el anillo cubo y acople el palier en el cabezal en posición de inmovilización. Monte los tornillos y arandelas de manera alterna e igualada, asegurándose de que el aro de retención no está trabado en el cubo.

19. Apriete los seis tornillos de cierre del cubo a 30-35 libras-pulgada. Cerciórese de que las arandelas están bajo cada uno de los tornillos de retención. Cada cubo de rueda libre equipará su rueda. No conduzca el vehículo hasta que no esté seguro de que ambos cubos de rueda libre funcionan correctamente.

DESDE 1980

Cubos manuales, excepto el Ranger y el Bronco II

1. Para desmontar el cubo, primero separe el conjunto del sombrerete del conjunto del cuerpo desmontando los seis (6) tornillos Allen del conjunto del sombrerete, y desmóntelo aparte.

2. Desmonte la arandela elástica (arandela de retención) del extremo del palier.

3. Desmonte la arandela de seguridad asentada en la ranura del cubo de la rueda. El conjunto del cuerpo se deslizará ahora fuera del cubo de la rueda. Si es necesario, use un extractor adecuado para desmontar el conjunto del cuerpo.

4. Monte el cubo en el orden inverso al del desmontaje. Apriete los tornillos Allen a 30-35 libras-pulgada.

Cubos de inmovilización automática, excepto el Ranger y el Bronco II

1. Desmonte los tornillos Allen y retire el conjunto del sombrerete y cubo de la caña de la mangueta.

2. Desmonte los tornillos del extremo delantero del palier.

3. Desmonte la arandela de seguridad asentada en la ranura del cubo de la rueda con una hoja de cuchillo o un pequeño punzón agudo con la punta doblada en forma de gancho.

4. Desmonte el conjunto del cuerpo de la caña de la mangueta. Si el conjunto del cuerpo no se desliza fácilmente hacia afuera, use un extractor adecuado.

5. Desatornille los tres tornillos de ajuste de la contratuerca de la caña de la mangueta hasta que las cabezas queden a ras del borde de la contratuerca. Desmonte la contratuerca exterior de la caña de la mangueta con la herramienta especial T80T-4000-V, llave de contratuerca de cubos automáticos.

6. Vuelva a montarlo en el orden inverso al desmontaje. Apriete la contratuerca exterior de la caña de la mangueta a 15-20 libras-pie, con la herramienta especial T80T-4000-V, llave de contratuercas de cubos automáticos. Apriete los tres tornillos de ajuste. Empuje con firmeza hacia adentro el conjunto del cubo hasta que las zapatas de fricción estén situadas en la parte superior de la contratuerca exterior de la caña de la mangueta.

7. Monte el tornillo Allen dentro del árbol de transmisión y apriételo a 35-50 libras-pulgada.

8. Coloque el sombrerete sobre la caña de la mangueta y monte los tornillos Allen. Apriételos a 35-50 libras-pulgada. Gire el dial con firmeza desde el tope a otro tope, produciendo el armado del mecanismo para que engranen las estrías del cuerpo.

NOTA: Asegúrese de que los diales de ambos cubos están en la misma posición; «AUTO» o «LOCK».

SUSTITUCIÓN DE COJINETES, O RECARGA DE GRASA

1. Eleve el vehículo y sosténgalo seguro sobre caballetes.

2. Si está equipado con cubos de rueda libre consulte la sección de Montaje y desmontaje de los cubos de rueda libre.

3. Desmonte el sombrerete de la grasa del cubo delantero y la arandela elástica del cubo de mando.

4. Desmonte el cubo de mando estriado y el muelle de presión. Esto puede exigir ayuda de una pequeña palanca.

5. Desmonte la contratuerca del cojinete de la rueda, arandela de seguridad y tuerca de ajuste utilizando la herramienta T59T-1197-B, o una equivalente.

6. Desmonte juntos el cubo y disco. Así que el cubo esté desmontado se deslizarán fuera el cojinete exterior de la rueda y retención del muelle.

7. Desmonte las tuercas de retención de la caña de la mangueta de las espigas de la articulación de la mangueta y del palier.

8. Limpie toda la grasa vieja de los cojinetes de agujas y frote limpiando la cara de la mangueta que contacta con el cierre del taladro de la mangueta.

9. Desmonte el cierre del taladro de la mangueta, collarín en V y arandela de empuje del palier exterior. Limpie toda la grasa vieja o suciedad de

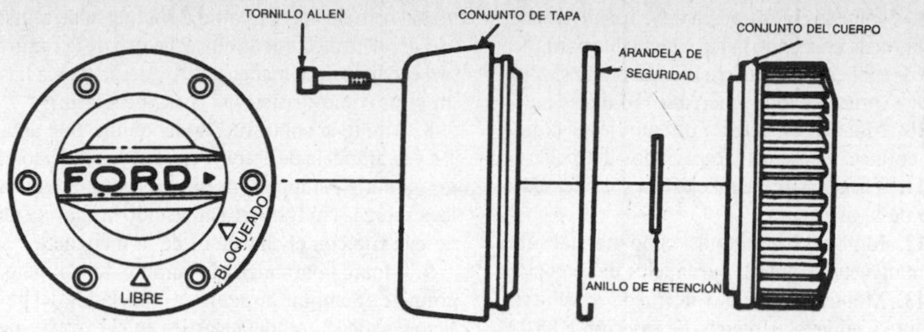

Cubos de bloqueo manual de 1980 y posteriores

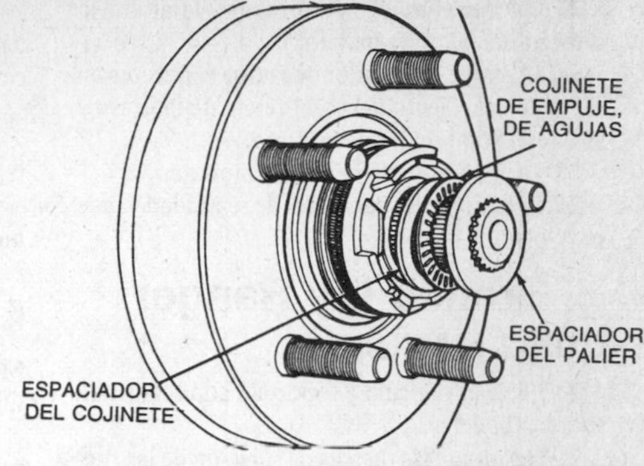

Espaciador del palier, cojinete de empuje y espaciador del cojinete en los Ranger/ Bronco II 4 × 4, con cubos de bloqueo automático.

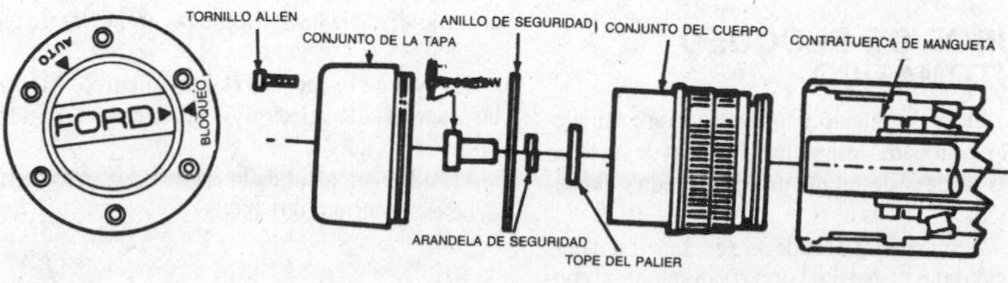

Cubos de bloqueo manual de 1980 y posteriores

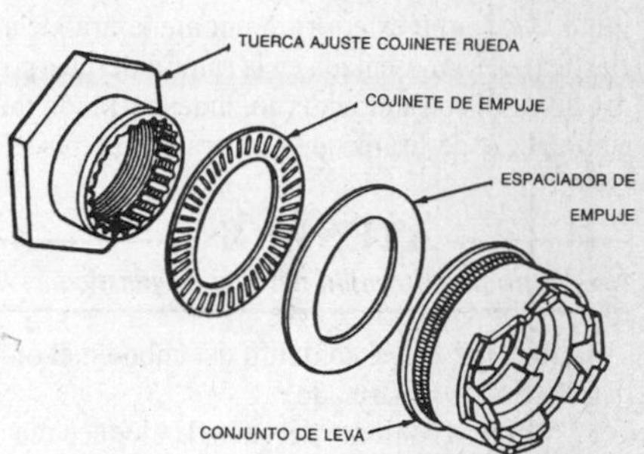

Conjunto de tuerca de ajuste del cojinete de rueda en los Ranger/Bronco II 4 × 4.

estas piezas y sustituya aquellas que muestren signos de desgaste excesivo.

10. Utilizando el lubricante multiuso, de las especificaciones de Ford ESA-M1C75-B, o uno equivalente, lubrique minuciosamente el cojinete de agujas y rellene la cara de la mangueta que contacta con el cierre del taladro de la mangueta.

11. Monte el collarín del retén en V en el taladro de la mangueta próximo al cojinete de agujas. Monte el cierre del taladro de la mangueta sobre el palier.

12. Monte la mangueta con el palier sobre las espigas de la articulación de la mangueta. Ajuste las tuercas de retención a 50-60 libras-pie.

13. Extraiga con cuidado el cono del cojinete interior y el retén de engrase fuera del cubo utilizando la herramienta T69T-1102-A.

14. Inspeccione los vasos de los cojinetes sobre posibles picados o grietas. Si es necesario, desmóntelos con un botador. Si se montan vasos nuevos, monte rodamientos nuevos también.

15. Lubrique los cojinetes con el lubricante multiuso, de las especificaciones de Ford ESA-M1C75-B, o uno equivalente. Limpie toda la grasa vieja del cubo. Rellene de grasa los conos y los rodillos. Si no dispone de un dispositivo de engrasador de cojinetes, introduzca a mano tanto lubricante como sea posible entre los rodillos y las jaulas.

16. Coloque el cono del cojinete interior y los rodillos en el vaso interior y monte la retención de la grasa.

17. Coloque con cuidado el conjunto del cubo y disco en la mangueta.

18. Monte el cono del cojinete exterior y los rodillos, y las tuercas de ajuste.

19. Utilice una llave de torsión dinamométrica, apretando la tuerca de ajuste a 50 libras-pie, mientras se hace girar la rueda adelante y atrás para asentar los cojinetes.

20. Desenrosque la tuerca de ajuste aproximadamente 90 grados.

21. Monte la arandela de inmovilización girando la tuerca hasta el orificio más próximo e insertando el pasador de seguridad. Nota: el pasador de seguridad debe asentarse en el orificio de la contratuerca para el ajuste correcto del cojinete y la retención de la rueda.

22. Monte la contratuerca exterior y apriétela a 50-80 libras-pie. El juego axial de la rueda sobre la mangueta deberá estar entre 0,001 y 0,010 pulgadas.

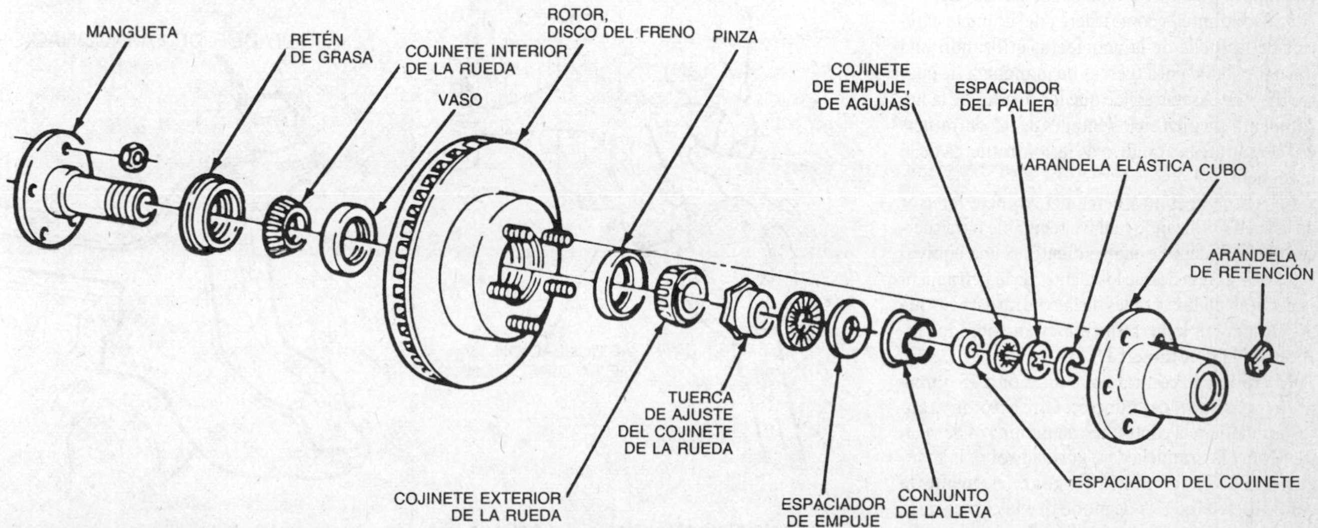

Cubos de bloqueo automático utilizados en el Ranger/Bronco II, 4 × 4

23. Monte el muelle de presión y la arandela elástica del cubo de mando.

24. Aplique un sellador que no se endurezca en el borde del asiento del sombrerete de la grasa y monte el sombrerete de la grasa.

25. Ajuste el freno si fue desmontado.

26. Desmonte los caballetes de seguridad y baje el vehículo.

Bronco II y Ranger

CUBO MANUAL

1. Eleve el vehículo y sopórtelo con seguridad sobre caballetes.

2. Desmonte las tuercas de sujeción de las ruedas y desmonte la rueda con el neumático.

3. Desmonte las arandelas de retención de las espigas de las tuercas con orejas y desmonte el conjunto del cubo de bloqueo manual. Para desmontar el conjunto interno del bloqueo del cubo, del conjunto del cuerpo exterior, desmonte la arandela elástica exterior asentada en la ranura del cuerpo del cubo. El conjunto interno, muelle y piñón de embrague se deslizarán ahora fuera del cuerpo del cubo.

ATENCIÓN

No desmonte el tornillo del dial de plástico.

4. Reconstruya el conjunto del cubo en el orden inverso al desarmado.

5. Monte el conjunto del cubo de bloqueo manual sobre la mangueta y coloque las arandelas de retención en las espigas de las tuercas de orejas.

6. Monte juntos la rueda y el neumático. Monte las tuercas de sujeción y apriételas a 85-115 libras-pie.

AJUSTE

1. Eleve el vehículo y sosténgalo seguro sobre caballetes. Desmonte las tuercas de sujeción de la rueda y desmonte juntos la rueda y el neumático.

2. Desmonte las arandelas de retención de las espigas de las tuercas con orejas, y desmonte el conjunto del bloqueo manual de la mangueta.

3. Desmonte la arandela elástica del extremo del árbol de la mangueta.

4. Desmonte el espaciador del palier, cojinete de empuje y agujas y espaciador del cojinete.

5. Desmonte la contratuerca del cojinete exterior de la rueda de la mangueta, utilizando una llave regulable para tuercas de mangueta de cuatro dientes. Asegúrese de que los dientes de la herramienta encajen en los entalles de la contratuerca. Desmonte la arandela de la contratuerca de la mangueta.

6. Afloje la contratuerca del cojinete interior de la rueda utilizando la llave regulable para tuercas de mangueta de cuatro dientes o una equivalente. Asegúrese de que los dientes de la herramienta encajan en los entalles de la contratuerca y que los entalles en la herramienta están sobre los pivotes de la contratuerca.

7. Apriete la contratuerca interior a 35 libras-pie para asentar los cojinetes. Gire el rotor y retire hacia afuera la contratuerca interior 1/4 de vuelta. Monte la arandela de seguridad sobre la mangueta. Puede ser necesario girar levemente la contratuerca interior de modo que la clavija de la contratuerca se alinee con el orificio más próximo de la arandela de seguridad.

8. Monte la contratuerca del cojinete exterior de la rueda utilizando la llave regulable para tuercas de mangueta de cuatro dientes o una similar.

9. Apriete la contratuerca a 150 libras-pie.

10. Monte el espaciador de empuje del cojinete, cojinete de agujas y espaciador del palier.

11. Encaje la arandela elástica sobre el extremo de la mangueta.

12. Monte el conjunto del cubo manual sobre la mangueta. Monte las arandelas de retención.

13. Monte el conjunto de rueda y cubierta. Monte y apriete las tuercas de sujeción a 85-115 libras-pie.

14. Compruebe el juego axial del conjunto de rueda y cubierta sobre la mangueta. El juego debe estar entre 0.001-0.003 ''.

CUBOS DE BLOQUEO AUTOMÁTICO

1. Eleve el vehículo y sopórtelo sobre caballetes de seguridad. Desmonte las tuercas de sujeción de las ruedas y desmonte juntos la rueda y el neumático.

2. Desmonte las arandelas de retención de las espigas de las tuercas con orejas y desmonte el conjunto del cubo de bloqueo automático de la mangueta.

3. Desmonte la arandela elástica del extremo del árbol de la mangueta.

4. Desmonte el espaciador del palier, cojinete de empuje de agujas y espaciador del cojinete. Tenga cuidado de no dañar la leva de movimiento de plástico, y tire el conjunto de la leva fuera de la tuerca de ajuste del cojinete de la rueda y desmonte la arandela de empuje y el cojinete de empuje de agujas de la tuerca de ajuste.

5. Afloje la tuerca de ajuste del cojinete de la rueda de la mangueta utilizando una llave de vaso hexagonal de 2 3/4 de pulgada.

6. Mientras se gira el conjunto de cubo y rotor, apriete la tuerca de ajuste del cojinete de la rueda a 35 libras-pie para asentar los cojinetes, y luego desenrosque la tuerca 1/4 de vuelta (90 grados).

7. Reapriete la tuerca de ajuste a 16 libras-pie, utilizando una llave de torsión dinamométrica. Alinee el orificio más próximo de la tuerca de ajuste del cojinete de la rueda con el centro de la ranura del clavijero de la mangueta. Avance la tuerca hasta el próximo orificio, si fuera necesario.

8. Monte la contratuerca del cojinete de agujas y la arandela de empuje en el orden inverso al desmontaje y empuje o presione el conjunto de la leva sobre la contratuerca alineando la chaveta de la leva fija con el chavetero de la mangueta.

9. Monte la arandela de empuje del cojinete, cojinete de empuje de agujas y espaciador del palier. Encaje la arandela elástica en el extremo de la mangueta.

10. Monte el conjunto del bloqueo automático sobre la mangueta alineando las tres patas del conjunto del cubo con los tres huecos que hay en el conjunto de la leva. Monte las arandelas de retención.

11. Monte la rueda con el neumático. Monte las tuercas de sujeción y apriételas a 85-115 libras-pie.

12. El juego axial de la rueda en la mangueta debe estar entre 0.001-0.003 ''.

ÁRBOL DE TRANSMISIÓN DELANTERO

Palier

DESMONTAJE Y MONTAJE

1979 F100-150

1. Eleve y sostenga el vehículo sobre caballetes.

2. Desmonte el sombrerete de la grasa. Desmonte la arandela elástica de retención del cubo de mando, deslizando luego el cubo de mando estriado de entre el palier y del cubo de la rueda.

3. Desmonte el muelle del cubo de mando.

4. Desmonte la contratuerca, arandela y tuerca de ajuste del cojinete de la rueda de la mangueta. Desmonte la rueda, cubo y tambor del freno como un conjunto. El cojinete exterior de la rue-

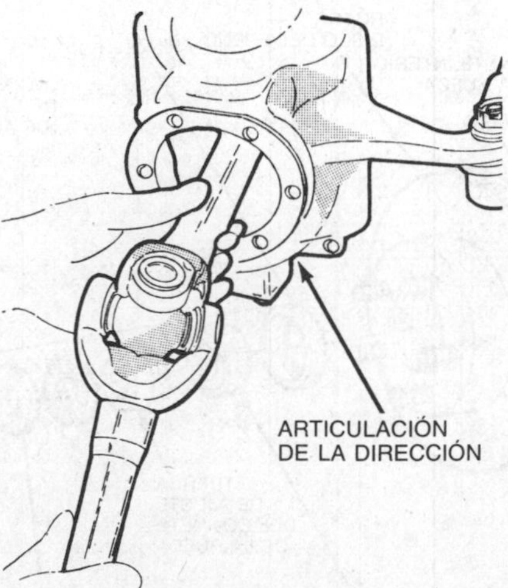

Desmontaje/montaje típico del palier a lo largo de 1979

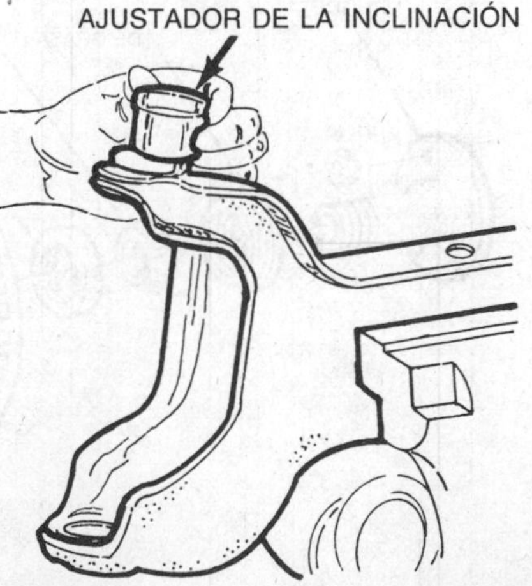

Desmontaje del casquillo de la inclinación de las ruedas en el Dana 44-IFS

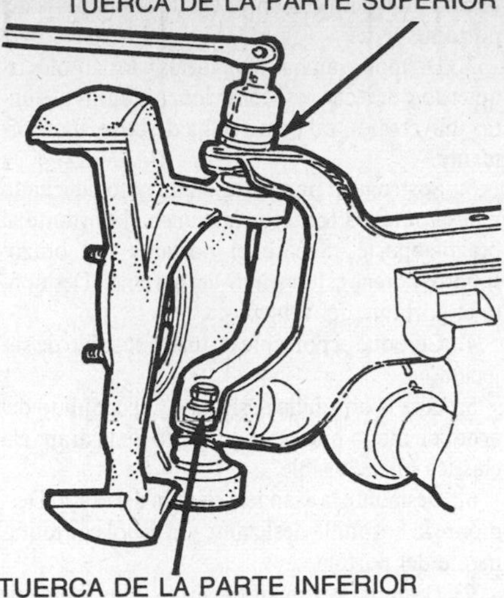

Desmontaje de la tuerca de la articulación de la dirección en el Dana 44-IFS

da deberá ser forzado fuera de la mangueta al mismo tiempo. Desmonte el cono del cojinete interior.

5. Desmonte los tornillos Allen que unen la platina de respaldo del freno y la mangueta a la articulación de la dirección. Desmonte la platina de respaldo del freno y apártela a un lado. Desmonte con cuidado la mangueta.

6. Tire del conjunto del palier fuera de su alojamiento, pasando la junta universal a través del orificio que hay en la articulación de la dirección.

7. Para el montaje invierta el procedimiento del desmontaje.

1979 F250-350

1. Eleve y soporte la parte delantera del camión.

2. Desmonte la rueda.

3. Desmonte el bombín del rotor y suspéndalo del bastidor.

4. Desmonte el sombrerete guardapolvo, pasador de seguridad, tuerca, arandela y cojinete exterior, y desmonte el rotor de la mangueta.

5. Desmonte el cono del cojinete interior y el retén.

6. Desmonte el palier, pasando la junta universal a través del orificio de la articulación de la dirección. Cuide de no dañar el retén.

7. El montaje es a la inversa del desmontaje.

Desde 1980 F150-350

1. Desmonte el conjunto del palier. Desmonte el cojinete del palier como sigue:

2. Desmonte el conjunto del tetón, desmontando los 3 tornillos que unen la platina de retención al alojamiento portante.

3. Coloque el palier en un tornillo de banco y taladre un orificio de 1/2 pulgada en el lado exterior de la arandela de retención del cojinete hasta una profundidad de 3/4 de pulgada del espesor de la arandela.

4. Pase un cincel a través del orificio y golpee fuertemente con un martillo para desmontar la arandela de retención. Sustituya en el momento del montaje la arandela de retención del cojinete.

5. Presione el cojinete fuera del palier utilizando la herramienta especial para el desmontaje de cojinetes de palier T80T-4000M y la camisa T80T-4000L.

6. Desmonte el retén y la platina de retención del tetón del palier.

7. Para montar coloque el nuevo retén y la platina sobre el palier.

8. Coloque el cojinete sobre el palier con el radio mayor en la pista interior, encarándolo al extremo de la horquilla del palier.

9. Presione el cojinete sobre el árbol utilizando un reemplazado de cojinetes de palier T80T-4000-N y un desmontador de conos de cojinetes de piñón T71P-4621-B. No deberá entrar una galga de láminas de 0.0015 " entre el asiento del cojinete y el cojinete.

10. Usando las mismas herramientas especiales del paso 9, presione la arandela de retención sobre el tetón del palier. No deberá pasar una galga de lámina de 0,0015 " entre la arandela del cojinete y el cojinete. Deberá haber un punto entre la arandela y el cojinete donde la galga no pueda entrar. Si la galga entra completamente alrededor de la circunferencia, presione la arandela de retención más a fondo sobre el palier.

11. Empuje el retén y la platina de retención separándola del cojinete para crear un espacio entre el retén y el cojinete. Llene el espacio con grasa apropiada para cojinete y arrolle una cinta aislante alrededor del espacio.

12. Tire el retén hacia el cojinete hasta que contacte con la pista interior, y fuerce a la grasa a pasar por entre los rodillos y el vaso. Retire la cinta.

13. Monte el tetón del palier en el alojamiento portante y monte los 3 tornillos de retención. Apriételos a 35 libras-pie.

14. Monte el conjunto del palier de la mano derecha dentro de la horquilla deslizante.

15. Monte la mangueta.

Bronco 1979

1. Eleve el vehículo y sopórtelo sobre caballetes.

2. Desmonte las ruedas delanteras.

3. En los modelos de tambor, desmonte el cubo, tambor del freno, platina de respaldo y mangueta. Sostenga en alto, atada, la platina de respaldo para evitar daños al conducto.

4. En los modelos con freno de disco, desmonte los cubos, mordazas y discos. Ate las mordazas para evitar que se dañen los conductos. Desmonte las tuercas que unen las abrazaderas-soporte del freno, protección contra el polvo y mangueta.

5. Tire del palier fuera del alojamiento. Haciendo pasar con cuidado la junta universal a través de la articulación de la dirección.

6. Monte el palier en el orden inverso al desmontaje.

Bronco desde 1980

NOTA: Este procedimiento requiere el uso de herramientas especiales.

1. Desmonte las tuercas de la mangueta y retire la mangueta. Puede ser necesario golpear con un martillo de cuero duro o plástico para que la mangueta se desprenda. Desmonte la mangueta, protección contra el barro y conjunto del palier.

2. Coloque la mangueta en un tornillo de banco con un paño de taller arrollado sobre ella para protejerla de cualquier daño. Usando un martillo deslizante T50T-100-A y un extractor de retenes, utillaje 1175-AC, desmonte el retén del palier y luego el cojinete de agujas de la caña de la mangueta.

3. Si no se desmontó la barra de acoplamiento de la dirección, desmonte el pasador de seguridad de la tuerca de la barra de acoplamiento y desmonte la tuerca. Golpee sobre la espiga de la barra para desacoplarla del brazo de la dirección.

4. Desmonte el pasador de seguridad de la espiga de la rótula superior. Afloje la tuerca de la parte superior de la espiga y la de la parte inferior dentro de la articulación. Desmonte la tuerca superior.

5. Golpee, dando golpes secos, la espiga superior con una maza de plástico o cuero duro para despegar la articulación de la horquilla del tubo. Desmonte y deseche la tuerca de la parte inferior. Use una tuerca nueva en el montaje.

6. Desmonte el ajustador de la inclinación de las ruedas con el extractor del brazo Pitman T64P-3590-F.

7. Coloque la articulación en un tornillo de banco y desmonte la arandela plástica del zócalo de la rótula, si la lleva.

8. Presione el zócalo de la rótula inferior fuera de la articulación con las herramientas especiales, útil receptor de vasos (D79P-3010-AG) y el utillaje abrazadera C1 (D79T-3010-A-B). Desmonte la rótula superior de la misma manera.

NOTA: Desmonte siempre en primer lugar la rótula inferior.

9. Extraiga el retén con el extractor apropiado. Desmonte y deseche el retén.

10. Monte un retén nuevo sobre el utillaje reemplazador de retenes diferenciales T80T-4000-H.

11. Deslice el retén y el utillaje dentro del orificio del alojamiento portante. Asiente en su posición el retén con una maza de cuero duro o plástico.

12. Coloque la rótula inferior (la espiga no debe tener un orificio para pasador de seguridad) en la articulación y presiónela dentro de su posición, utilizando el juego de montaje de rótulas T80T-3010-A.

13. Monte la rótula superior (la espiga tiene un orificio para el pasador de seguridad) en la articulación, con el juego de montaje de rótulas T80T-3010-A.

14. Monte la articulación sobre el conjunto de tubo y horquilla. Monte el ajustador de la inclinación de las ruedas en la espiga de la rótula superior, con la flecha apuntando hacia afuera para la inclinación «positiva» y señalando hacia adentro para la «negativa».

15. Monte una tuerca nueva sobre el zócalo inferior, apretada con los dedos. Monte y apriete la tuerca del zócalo superior, apretada con los dedos. Apriete la tuerca inferior a 90-110 libras-pie.

16. Apriete la tuerca a 100 libras-pie, avanzando luego la tuerca hasta que el entalle más próximo del castillete se alinee con el orificio del pasador de seguridad. Monte el pasador de seguridad.

NOTA: No afloje la tuerca superior para montar el pasador de seguridad.

17. Desmonte y monte una ag ja nueva en el cojinete del cuerpo de la mangueta con el útil reemplazador de cojinetes de mangueta, T80T-4000-R o S, y la guía de introducción, T80T-4000-W. Monte un nuevo retén con el útil T80T-400-T o U, y la guía de introducción T80T-4000-W.

18. Monte el conjunto del palier dentro del alojamiento. Monte la protección contra el barro y la mangueta. Monte y apriete los tornillos que unen la mangueta.

Ranger y Bronco II

DANA 28

1. Eleve el vehículo y monte caballetes de seguridad. Desmonte la rueda con el neumático. Desmonte las mordazas de freno.

2. Desmonte los bloqueos de los cubos, cojinetes de las ruedas y contratuercas.

3. Desmonte el cubo y el rotor. Desmonte el cono del cojinete exterior de la rueda. Desmonte el retén de la grasa del rotor. Desmonte el cojinete interior de la rueda.

4. Desmonte del rotor los vasos de los cojinetes interior y exterior. Desmonte las tuercas que unen la mangueta a la articulación de la dirección. Golpee la mangueta con una maza de plástico para asegurar la mangueta de la articulación. Desmonte la protección contra el barro.

5. Desmonte el conjunto del árbol y la junta, tirando del conjunto y sacándolo fuera del alojamiento portante.

6. Sobre el lazo izquierdo del portante, desmonte y deseche las abrazaderas keystone del conjunto del árbol y junta y el tetón del árbol. Deslice el fuelle guardapolvos de goma sobre el tetón del árbol y tire del conjunto del árbol y junta sacándolo de las mortajas del tetón del árbol.

7. Coloque la mangueta en un tornillo de banco sobre un segundo escalón de la mangueta. Arrolle un paño de taller alrededor de la mangueta, o utilice unas guardas de las mordazas del tornillo de latón para proteger la mangueta. Desmonte el retén de aceite y el cojinete de agujas de la mangueta con un martillo deslizador y un extractor de retenes. Si hace falta, desmonte el retén del árbol apartándolo con un martillo.

8. Limpie toda suciedad y grasa del alojamiento del cojinete de la mangueta. Los alojamientos de los cojinetes deben estar exentos de muescas y rebabas. Coloque el cojinete en el alojamiento con la identificación del fabricante encarada hacia afuera. Introduzca el cojinete en su alojamiento utilizando el reemplazador de cojinetes de mangueta, T83T-3123-A y la guía de introducción T80T-4000W, o equivalentes.

9. Monte el retén de engrase en el alojamiento del cojinete con el lado del labio del retén encarado hacia el útil. Introduzca el retén en el alojamiento con el reemplazador de cojinetes de mangueta, T83T-3123-A y la guía de introducción T80T-4000-W o equivalentes. Cubra el labio del retén del cojinete con el lubricante de larga vida, multiuso, C1AZ-19590-B (ESA-M1C75-B) o equivalente.

10. Si lo desmontó, monte un nuevo retén de árbol. Coloque el árbol en una prensa, y monte el retén con el útil montador de retenes de mangueta/árbol, T83T-3132-A, o equivalente.

11. En el lado derecho del portante, monte el fuelle guardapolvos de goma y unas abrazaderas keystone nuevas sobre la horquilla deslizante con las mortajas macho del conjunto del árbol y junta. Deslice el conjunto del árbol derecho y junta dentro de la horquilla deslizante asegurándose de que las mortajas están plenamente encajadas. Deslice el fuelle sobre el conjunto y doble las abrazaderas keystone con unos alicates de doblar abrazaderas.

12. En el lado izquierdo del portante, deslice el conjunto del árbol y junta a través de la articulación y encaje las mortajas del árbol en el portante.

13. Monte la protección contra el barro y la mangueta sobre la articulación de la dirección. Monte las tuercas de la magueta a 35-45 libras-pie.

14. Monte los vasos de los cojinetes dentro del rotor utilizando el reemplazador de vasos de cojinete T73T-4222-B y la guía de introducción, T80T-4000-W o equivalente.

15. Rellene los cojinetes interior y exterior de las ruedas y el labio del retén de aceite con lubricante de larga vida multiuso, C1AZ-19590-B (ESA-M1C75-B) o equivalente.

16. Coloque el cojinete interior de la rueda en el vaso interior, introduzca el retén de grasa dentro de su alojamiento con el reemplazador de retenes de cubo, T83T-1175-B y la guía de introducción, T-80T-4000-W o equivalentes. Cubra el labio del retén del cojinete con lubricante de larga vida multiuso, C1AZ-19590-B (ESA-M1C75-B) o equivalente.

17. Monte el rotor sobre la mangueta. Monte el cojinete exterior de la rueda en el vaso.

NOTA: Verifique que el labio del retén de engrase rodea totalmente la mangueta.

18. Monte el cojinete de la rueda, contratuerca, cojinete de empuje, arandela elástica y cubos de bloqueo.

TETÓN DEL ÁRBOL DEL LADO DERECHO Y EL PORTANTE

1. Desmonte las tuercas y tornillos en U que conectan el palier a la horquilla. Desconecte el árbol de transmisión de la horquilla. Ate con alambre y aparte a un lado la transmisión, de modo que no interfiera en el proceso de desmontaje del portante.

2. Desmonte ambas manguetas y los árboles izquierdo y derecho, así como los conjuntos de juntas universales, tal como se ha descrito anteriormente.

3. Sostenga el portante con un gato adecuado y desmonte los tornillos que unen el portante al brazo-soporte. Separe el portante del brazo-soporte y drene el lubricante del portante. Desmonte el portante del vehículo.

4. Coloque el portante en un dispositivo de sujeción.

5. Gire la horquilla deslizante y el conjunto del árbol de modo que el lado abierto de la arandela elástica quede visible.

6. Desmonte la arandela elástica del árbol. Desmonte la horquilla deslizante y el árbol conjuntamente del portante.

7. Desmonte el retén de aceite y las jaulas de agujas de los cojinetes al mismo tiempo, usando el martillo deslizador, T50T-100-A y el Collet, D80L-100-A o equivalentes. Deseche el retén y el cojinete de agujas

8. Cerciórese de que el alojamiento del cojinete está libre de mellas y rebabas. Monte una nueva jaula de agujas de cojinete sobre el reemplazador de cojinetes de agujas, T83T-1244-A o equivalente, con el nombre del fabricante y el número de la pieza encarados hacia la herramienta. Introduzca el cojinete de agujas hasta que esté asentado en su alojamiento.

9. Cubra el retén con lubricante multiuso de larga vida, C1AZ-19590-B (ESA-M1C75-B) o equivalentes. Introduzca el retén dentro del portante utilizando el reemplazador de cojinetes de agujas, T83T-1244-A o equivalente.

10. Monte la horquilla deslizante junto con el árbol dentro del portante de modo que la ranura del árbol sea visible en la caja del diferencial.

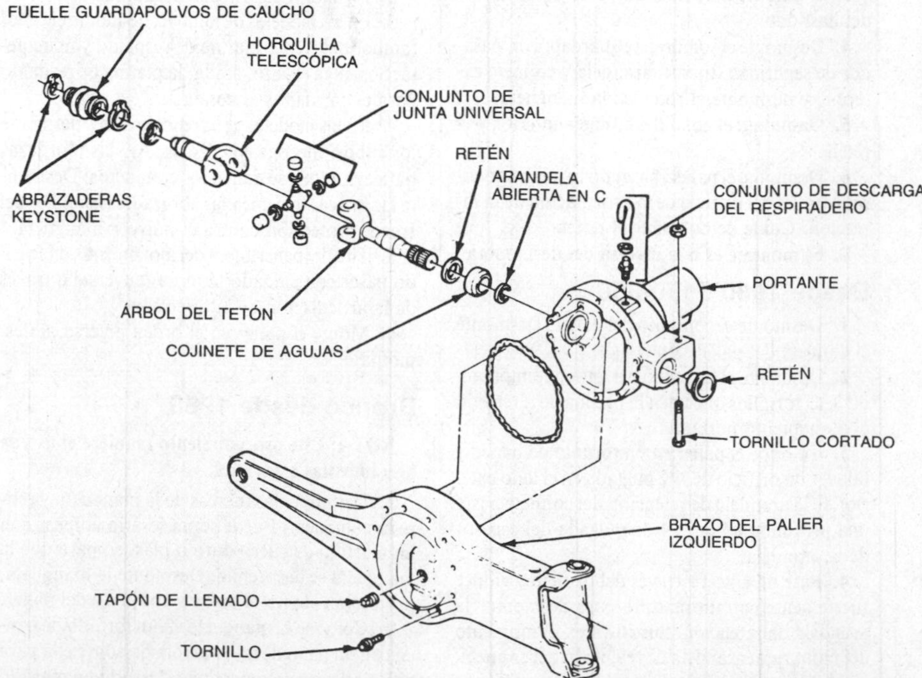

Alojamiento portante, horquilla telescópica y tetón del árbol en el Ranger/Bronco II, 4 × 4

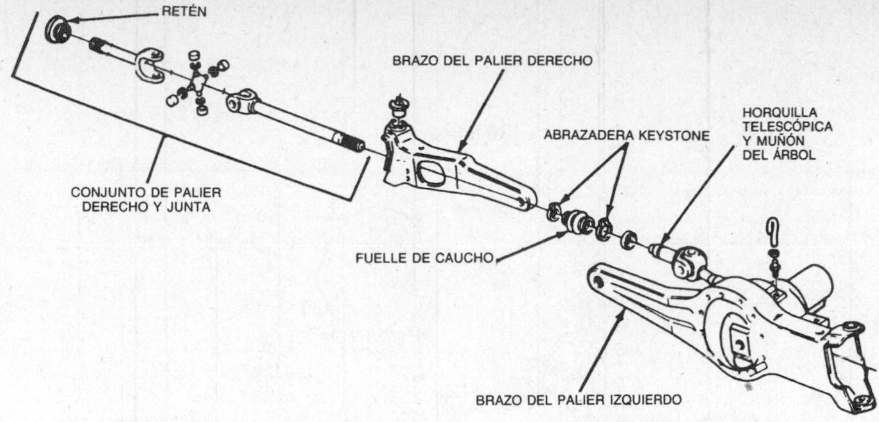

Conjunto de palier derecho y junta universal en el Ranger-Bronco II, 4 × 4

11. Monte la arandela elástica en la ranura del árbol. Introduzca a presión la arandela elástica en su posición con una herramienta adecuada. Desmonte el portante del dispositivo de sujeción.

NOTA: No golpee en el centro de la arandela elástica. Esto puede dañarla.

12. Limpie toda traza de sellador RTV de juntas de las superficies del portante y del brazo soporte y asegúrese de que las superficies están libres de suciedad y aceite. Aplique un cordón de sellador RTV, D6AZ-19562-A (claro) o B (negro) (ESB-M4G92-A y ESE-M4G195-A) o equivalente, en un cordón entre 1/4-3/8 de pulgada de ancho. El cordón deberá ser continuo y no pasar a través, o hacia el exterior, de los orificios.

NOTA: El portante debe montarse sobre el brazo soporte dentro de los cinco minutos después de la aplicación del sellador RTV.

13. Coloque el portante sobre un gato adecuado y móntelo en su sitio sobre el brazo-soporte utilizando clavijas-guía para su alineación. Monte los tornillos de unión y apriételos con la mano. Apriete los tornillos en orden sucesivo, según las saetas del reloj, o en el contrario, a 40-50 libras-pie.

14. Monte el tornillo de corte que retiene el portante contra el brazo del árbol y apriételo a 75-95 libras-pie.

15. Monte ambas manguetas y los conjuntos de árboles y juntas izquierdo y derecho tal como se ha descrito en la parte de Desmontaje y montaje, en esta sección. Conecte el palier a la horquilla. Monte las tuercas y tornillos en U y apriételos a 8-15 libras-pie.

Cojinete del palier

MODELOS 1980 Y POSTERIORES CON PALIERES DANA 44IFS, 44IFSHD O 50IFS

Este procedimiento requiere el uso de herramientas especiales.

DESMONTAJE Y MONTAJE

1. Desmonte el conjunto del palier tal como se describe en esta parte bajo el título de Palier y articulación de la dirección.

2. Desmonte el conjunto del tetón retirando los tres tornillos que unen la platina de retención al alojamiento portante.

3. Coloque el palier en un tornillo de banco y taladre un orificio de 6,35 mm de diámetro (1/4 de pulgada) en el lado exterior de la arandela de retención del cojinete hasta una profundidad de 3/4 del grueso del anillo.

NOTA: No taladre totalmente la arandela porque con ello dañaría el palier.

4. Con un cincel colocado a través del orificio, golpee enérgicamente con un martillo para desmontar la arandela de retención. Vuelva a montar una arandela de retención nueva durante el montaje.

5. Extraiga el cojinete del palier presionando con las herramientas especiales de la serie T80, extractor de cojinetes T80T-4000-M y la camisa T80T-4000-L.

NOTA: No use un soplete oxhídrico u oxiacetilénico para ayudar a desmontar cojinetes pues resultará dañado el tetón del palier.

6. Desmonte el retén y la platina de retención del tetón del palier. Deseche el retén y sustitúyalo por uno nuevo en el momento del montaje.

7. Inspeccione la platina de retención y el tetón del palier sobre posibles deformaciones, mellas o rebabas. Sustitúyalos, si es preciso.

8. Monte la platina de retención y el nuevo retén sobre el árbol. Cubra con grasa el retén de aceite.

9. Coloque el cojinete sobre el palier. El radio mayor de la pista interior debe encararse con el extremo de la horquilla del palier.

10. Introduzca a presión el cojinete sobre el palier apretándolo completamente. Una galga de láminas de 0,0015 " no deberá pasar entre el asiento del cojinete y el cojinete.

11. Utilice el reemplazador de cojinetes de palier T80T-4000-N y el desmontador de conos de cojinete de piñón T71P-4621-B para introducir a presión el anillo de retención del cojinete sobre el tetón del palier. Presione el anillo hasta su asentamiento total. Una galga de láminas de 0,038 mm (0,0015 ") no deberá pasar entre el anillo y el cojinete. Deberá haber al menos un punto en el que no pueda entrar la galga entre el anillo y el cojinete. Si la galga entra completamente alrededor de toda la circunferencia, presione el anillo de retención más a fondo sobre el palier.

12. Empuje el retén y la platina de retención separándolos del cojinete para dejar un espacio entre el retén y el cojinete. Llene el espacio con la grasa de cojinetes de rueda que reúne las especificaciones de Ford, ESA-M1G75B o equivalente.

13. Con el espacio lleno de grasa, arrolle cinta adhesiva alrededor del espacio.

14. Tire del retén hacia el cojinete hasta que contacte con la pista interior. Esto forzará a la grasa a pasar entre los rodillos y el vaso. Retire la cinta.

NOTA: Si la grasa no se ve sobre el extremo pequeño de los rodillos, repita los pasos del 6 al 8 hasta que se haga visible la grasa. Monte la horquilla deslizante y la junta universal en el tetón del palier.

15. Monte el tetón del palier en el portante y monte los tres tornillos de retención. Apriételos a 30-40 libras pie. Monte el conjunto del palier derecho dentro de la horqilla deslizante.

16. Monte la protección contra el barro y monte la mangueta.

Junta universal del palier

Mantenimiento

Siga los procedimientos descritos bajo el título Desmontaje y montaje del palier para poder acceder a las juntas universales. Efectúe el mantenimiento de las mismas tal como se describe en Juntas universales.

Retén del piñón

DESMONTAJE Y MONTAJE

NOTA: Para el montaje del retén del piñón es necesaria una llave de torsión dinamométrica capaz de un par de apriete mínimo de 225 libras-pie.

ATENCIÓN

Algunos modelos emplean un espaciador extensible para ajustar el piñón en el fondo y como precarga. Cuando sustituya el retén del piñón, monte siempre un espaciador nuevo. No apriete nunca la tuerca del piñón más de 225 libras-pie pues de lo contrario el espaciador estaría excesivamente comprimido.

1. Eleve y soporte con seguridad el vehículo colocando caballetes bajo los largueros del bastidor. Deje caer el árbol hasta su posición de rebote para obtener un espacio de trabajo.

2. Marque las bridas de acompañamiento y las juntas universales para poder volver a montarlas correctamente en su posición.

3. Desmonte el palier. Utilice una herramienta adecuada para sujetar la brida de acompañamiento. Desmonte la tuerca del piñón y la brida de acompañamiento.

4. Para desmontar el retén del aceite, utilice un martillo deslizador y un gancho, o tornillo con rosca para plancha metálica.

5. Si el vehículo utiliza un espaciador extensible, monte un espaciador nuevo. Monte un nuevo retén de piñón después de lubricar las superficies de cierre del retén. Utilice un montador de retenes adecuado. Monte la brida de acompañamiento y la tuerca del piñón. En los modelos que

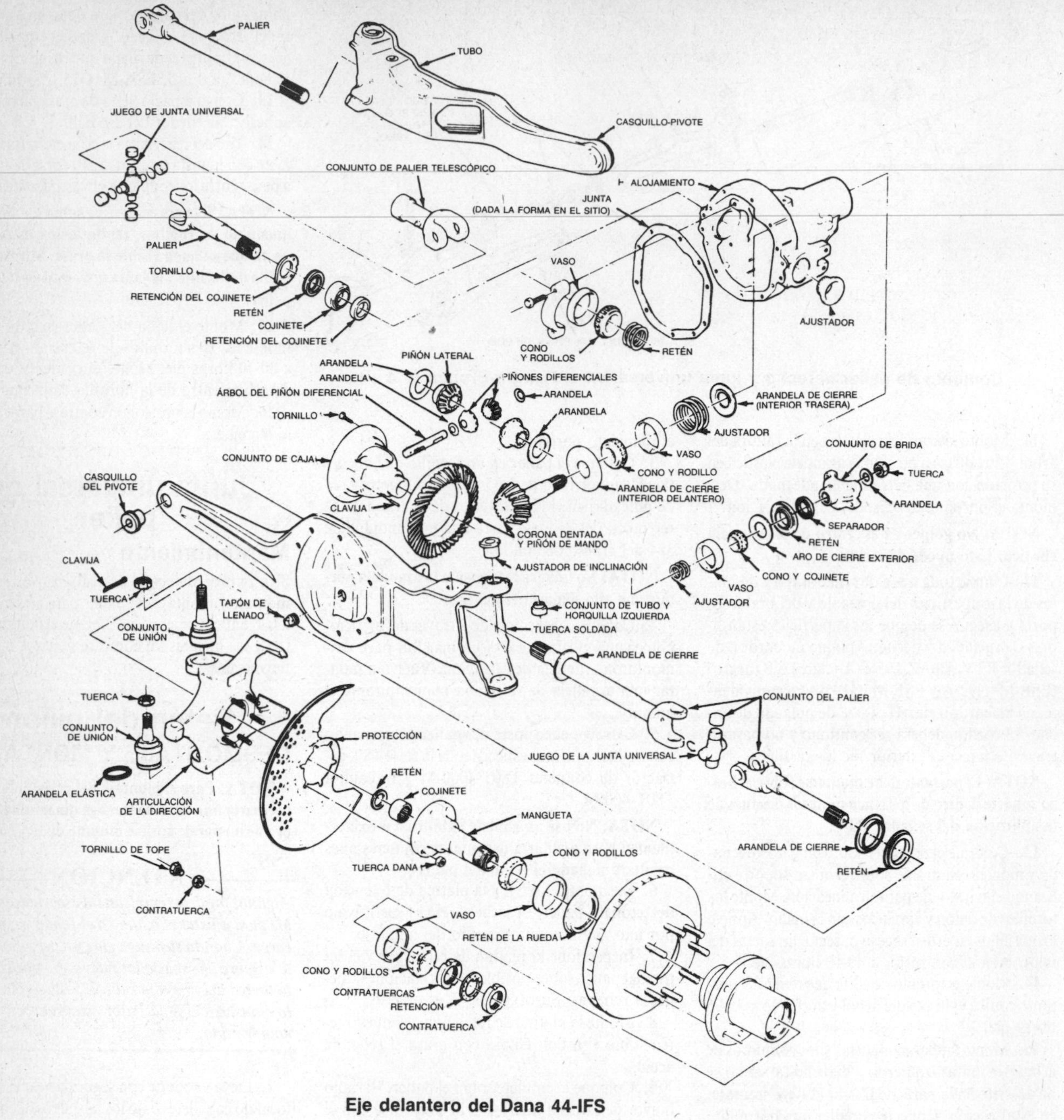

Eje delantero del Dana 44-IFS

utilizan el espaciador, apriete la tuerca a 225 libras-pie. En los otros modelos el par de apriete es de 200-220 libras-pie.

EJE TRASERO

Palier y cojinete

DESMONTAJE Y MONTAJE

Tipo de portante desmontable

NOTA: El procedimiento siguiente requiere el uso de herramientas especiales, incluyendo una prensa hidráulica de taller.

1. Eleve y soporte el vehículo. Desmonte el conjunto de rueda y neumático del tambor del freno.

2. Desmonte los cierres que aseguran el tambor del freno a la brida del palier, desmontando luego el tambor de la brida.

3. Trabajando a través de los orificios practicados en cada brida del palier, desmonte las tuercas que aseguran la platina de retención del cojinete de la rueda.

4. Tire el conjunto del palier fuera del alojamiento del palier. Puede usted necesitar un martillo deslizador.

NOTA: No debe retirarse de su alojamiento la platina-respaldo del freno. Monte una tuerca para sujetar la platina en su sitio después de que haya sido desmontado el palier.

5. Si el palier tiene cojinetes de bolas: afloje el anillo de retención del cojinete haciéndole unas muescas en varios sitios con un cortafríos, deslizándolo luego fuera del palier. En los modelos equipados con un anillo de retención grueso, taladre un orificio de 1/4-1/2 " hasta cierta profundidad a través del anillo, rompiéndolo luego con el cortafríos. Se necesita la prensa hidráulica para extraer el cojinete viejo y para introducir el nuevo. Introduzca a presión el cojinete nuevo y el nuevo anillo de retención por separado. Utilice un martillo deslizante para sacar el retén viejo del alojamiento del palier. Con cuidado introduzca el retén nuevo, de manera uniforme, dentro del

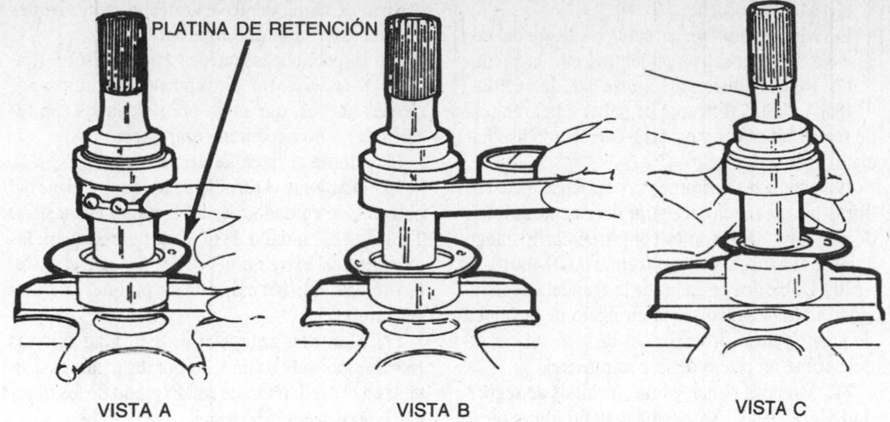

Lubrique el cojinete del palier en el Dana 44-IFS

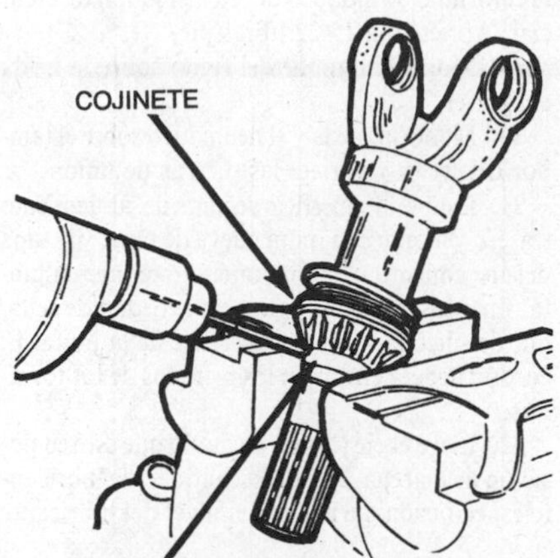

Taladre el anillo de retención del cojinete del muñón del árbol

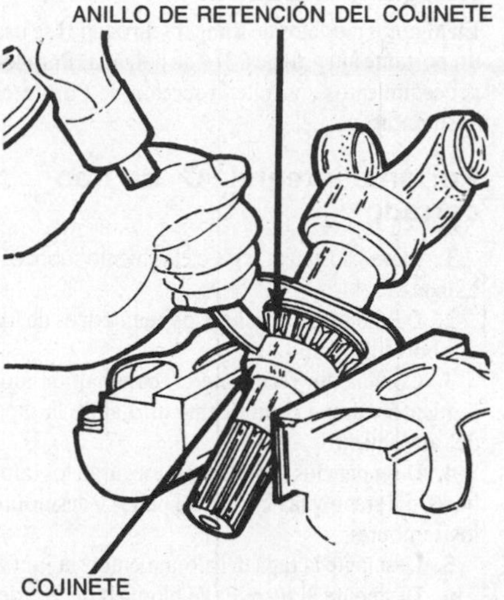

Desmonte el anillo de retención del cojinete en el Dana 44-IFS

alojamiento del palier, a poder ser con un utillaje de montar retenes.

6. Si el palier tiene cojinetes de rodillos cónicos, use un martillo deslizador para desmontar el vaso del cojinete del alojamiento del palier. Taladre un orificio de 1/4-1/2 pulgada hasta cierta profundidad a través del anillo de retención, rompiéndolo luego con el cortafríos. Se necesita una prensa hidráulica para desmontar y montar el cojinete. Introduzca a presión un nuevo retén y cojinete, y luego el anillo de retención nuevo. No introduzca juntos a presión el anillo y el cojinete. Ponga el vaso sobre el cojinete, no en el alojamiento, y lubrique el diámetro exterior del vaso y del retén.

7. Con cojinetes de bolas: coloque una jaula nueva entre la brida de alojamiento y la platina-respaldo. Con cuidado deslice el palier dentro de su sitio. Gire el palier para iniciar la entrada de las mortajas dentro del piñón lateral e introdúzcalo.

8. Con cojinetes de rodillos cónicos: desplace el retén, sacándolo hacia adelante, de la brida del palier de modo que haya como mínimo 3/32 de pulgada entre el borde del retén exterior y el vaso del cojinete, para evitar desgarres en el montaje. Con cuidado, deslice el palier dentro de su sitio. Gire el palier para iniciar la entrada de las mortajas dentro del piñón lateral, e introdúzcalo.

9. Monte la platina de retención del cojinete.

10. Vuelva a montar el tambor del freno y la rueda con el neumático.

Tipo de eje totalmente flotante

1. Desmonte los tornillos y arandelas de seguridad que sujetan la brida del palier al conjunto del cubo y tambor.

NOTA: No es necesario elevar el vehículo para desmontar los palieres.

2. Con cuidado deslice el palier sacándolo fuera de su alojamiento.

3. Limpie las superficies de contacto de la brida del palier y del conjunto del cubo y tambor.

4. Coloque una junta nueva en la brida del palier y con cuidado deslice el palier dentro de su alojamiento. Cuando el extremo amortajado del palier alcance el piñón lateral, gire prudentemente el palier hasta que se inserte dentro del piñón lateral.

5. Coloque la junta entre la brida del palier y el cubo y tambor, y monte los tornillos y arandelas de seguridad.

COJINETES DE LAS RUEDAS TRASERAS

F250-350, E250-350

Los cojinetes de las ruedas en los ejes traseros totalmente flotantes están rellenos con grasa de cojinetes de ruedas. El lubricante del eje también puede fluir dentro de los cubos y los cojinetes de las ruedas; sin embargo, el lubricante primario del cojinete de la rueda es la grasa. La grasa de cojinete de rueda provee de lubricante hasta que el lubricante del palier alcanza los cojinetes durante el funcionamiento normal.

1. Ponga el freno de mano y afloje los tornillos del palier.

2. Eleve las ruedas traseras separándolas del suelo, y coloque caballetes bajo el alojamiento del eje trasero de modo que el eje quede paralelo al suelo.

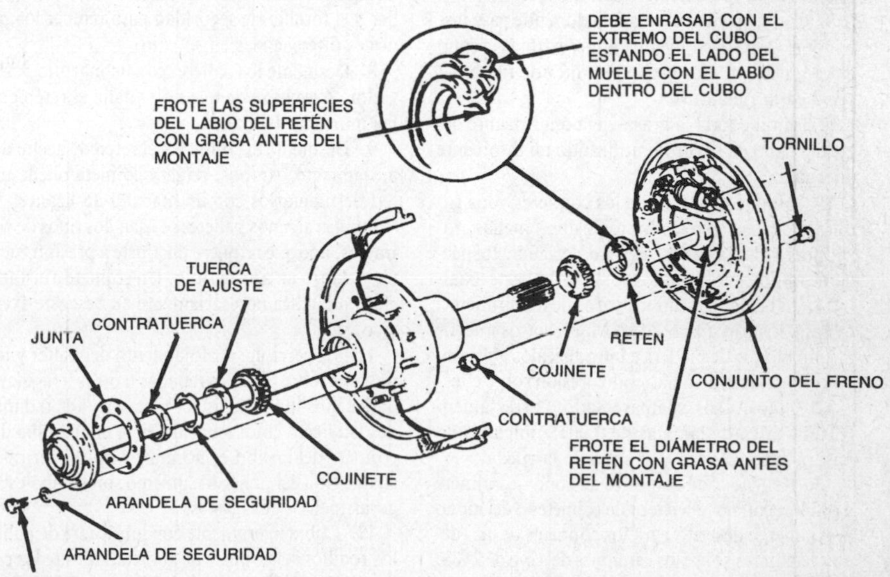

Conjunto del cubo de la rueda trasera con palieres totalmente flotantes, en los F-250 y 350

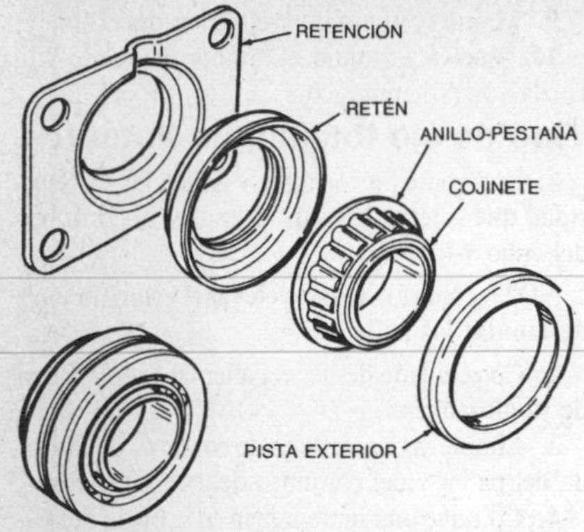

Cojinetes de rodillos cónicos aplicados en algunos palieres de los E-100, 150 y 200

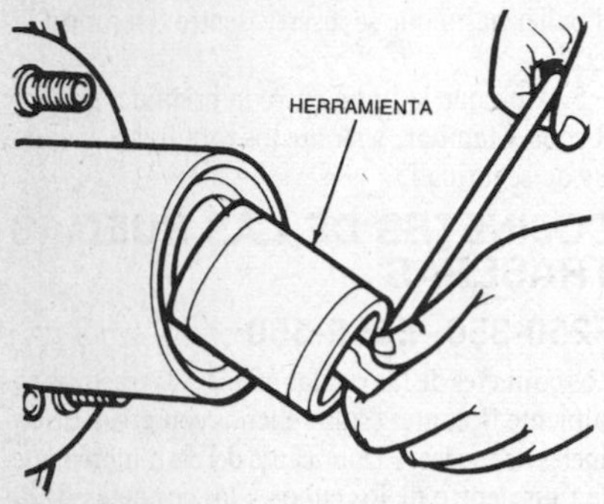

Desmontaje de la contratuerca, arandela de seguridad y tuerca de ajuste

3. Desmonte los tornillos del palier.
4. Desmonte el palier y las juntas.
5. Con el palier desmontado, desmonte la junta de las espigas de la brida del palier.
6. Doble la pestaña de bloque de la arandela de seguridad hacia afuera de la tuerca, y luego desmonte la contratuerca, arandela de seguridad y la tuerca de ajuste.
7. Desmonte el cono del cojinete exterior y saque la rueda rectamente fuera del eje.
8. Con un pedazo de madera dura que pase justo por el vaso del cojinete exterior, extraiga el cono del cojinete interior y el retén interior fuera del cubo de la rueda.
9. Elimine toda la grasa vieja o lubricante del eje del cubo de la rueda, utilizando un disolvente adecuado.
10. Limpie los vasos de los cojinetes y los rodillos e inspecciónelos sobre posibles mellas, rozaduras y desgastes de aspecto desigual. Inspeccione también los rodillos sobre el desgaste axial.
11. Si ha de sustituir los vasos de los cojinetes, extraígalos con un botador. Monte vasos nuevos con un bloque de madera e introdúzcalos golpeando con un martillo o haciendo presión sobre ellos.
12. Si los vasos están asentados correctamente, una galga de láminas de 0.0015 pulgadas no pasará entre el vaso y el cubo de la rueda.
13. Rellene cada conjunto de cono de cojinete y rodillos con un rellenador de cojinetes o del modo previamente descrito para los cojinetes de las ruedas delanteras sobre los camiones del tipo de 2WS.
14. Coloque el conjunto de cono y rodillos en el cubo de la rueda. Monte un retén interior nuevo en el cubo.
15. Monte la rueda.
16. Monte y apriete la tuerca de ajuste del cojinete a 50-80 libras-pie, mientras gira la rueda.
17. Retire la tuerca de ajuste 3/8 de vuelta.
18. Aplique lubricante de palier a la arandela de seguridad nueva y móntela con el lado liso hacia afuera.
19. Monte la contratuerca y apriétela a 90-110 libras-pie. La rueda debe girar libremente después de que haya apretado la contratuerca. El juego axial de la rueda deberá estar entre 0.001-0.010 ".
20. Doble dos pestañas de la arandela de seguridad hacia adentro sobre un plano de la tuerca de ajuste y otras dos pestañas de la misma arandela sobre un plano de la contratuerca.
21. Monte el palier, junta, tornillos de seguridad y arandelas. Apriételos a 40-50 libras-pie.
22. Si es necesario, ajuste los frenos.

Ranger y Bronco II

En algunos modelos de Ranger y Bronco II se usa un portante integral de 6 3/4 de pulgada. Para los procedimientos consulte la sección de Portantes desmontables.

Portante integral «C» de tipo cerrado

1. Eleve y sostenga seguro el vehículo sobre caballetes.
2. Desmonte las ruedas y los neumáticos de los tambores del freno.
3. Coloque un recipiente drenaje bajo el alojamiento y drene el lubricante aflojando la tapa del alojamiento.
4. Desmonte los tornillos que aseguran los tambores del freno y las bridas del palier y desmonte los tambores.
5. Desmonte la tapa del alojamiento y la junta.
6. Desmonte el tornillo de bloqueo del eje del piñón dentado lateral y el eje de dicho piñón.
7. Empuje el diferencial hacia adentro y desmonte las arandelas de seguridad abiertas en forma de «C» del extremo interior de los palieres. Temporalmente vuelva a colocar en su sitio el palier y el tornillo de seguridad para retener los piñones diferenciales en su sitio.
8. Desmonte los palieres con un martillo deslizador. Asegúrese de que no se daña el retén con las mortajas del palier.
9. Desmonte el cojinete y el retén de aceite del alojamiento. Ambos, retén y cojinete puede usted desmontarlos con un martillo deslizante.
10. En algunos palieres se usan dos tipos de cojinetes, uno que requiere un ajuste a presión fuerte, y el otro un ajuste flojo. Un cojinete ajustado flojo no indica necesariamente un desgaste excesivo.
11. Inspeccione el alojamiento del palier y los palieres sobre posibles rebabas u otras irregularidades. Sustituya cualquier pieza gastada o dañada. Un ligero color amarillo en la muñequilla del cojinete del mismo es normal, y no requerirá la sustitución del palier. Asimismo son normales ligeras mellas y desgastes.
12. Cubra ligeramente con lubricante de palier los rodillos del cojinete de la rueda. Monte los cojinetes en el alojamiento del palier hasta que asienten firmemente contra sus hombros.
13. Limpie, restregando, todo lubricante del orificio de alojamiento del retén de aceite, antes de proceder a montar el retén.
14. Inspeccione los retenes originales sobre desgaste. Si es necesario, éstos pueden sustituirse por retenes nuevos, que están pre-rellenados con lubricante, y no necesitan recargarse.
15. Monte el retén de aceite.
16. Desmonte el tornillo de bloqueo y el eje del piñón. Con cuidado, deslice el palier en su sitio. Tenga usted cuidado de no dañar el retén con las mortajas del extremo del palier. Encaje el extremo amortajado del palier en los piñones laterales del diferencial.
17. Monte las arandelas de seguridad abiertas en «C», sobre el extremo interior del palier y asiéntelas en el avellanado de fondo plano de los piñones laterales del diferencial.
18. Gire los engranajes del piñón diferencial hasta que el eje del mismo pueda montarse. Monte el tornillo de bloqueo del eje del piñón diferencial. Apriételo a 15-22 libras-pie.
19. Monte el tambor del freno sobre la brida del palier.
20. Monte la rueda y el neumático sobre el tambor del freno y apriete las tuercas de unión.
21. Limpie la superficie de junta del alojamiento trasero y monte una junta nueva de tapa, y la tapa del alojamiento. Algunas tapas no requieren junta. En estos modelos, aplique un cordón de sellador de silicona sobre la superficie de la junta. El cordón deberá entrar en los orificios de los tornillos.
22. Eleve el eje trasero de modo que esté en posición de marcha. Añada la cantidad de lubricante especificada para llevar el nivel del lubricante

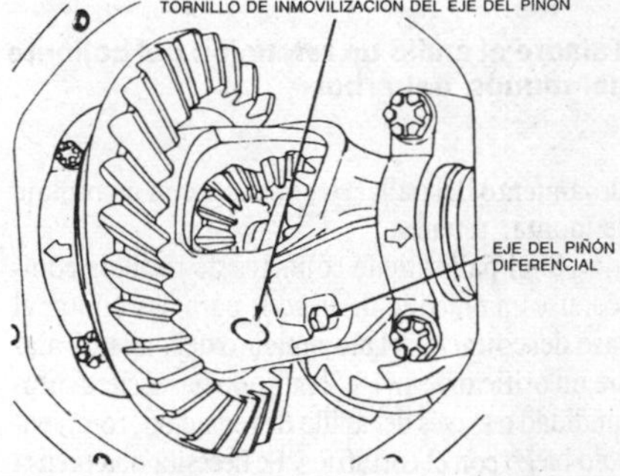

Trasero completo con la localización de las «arandelas de seguridad abiertas en C», eje del piñón, y tornillo de inmovilización

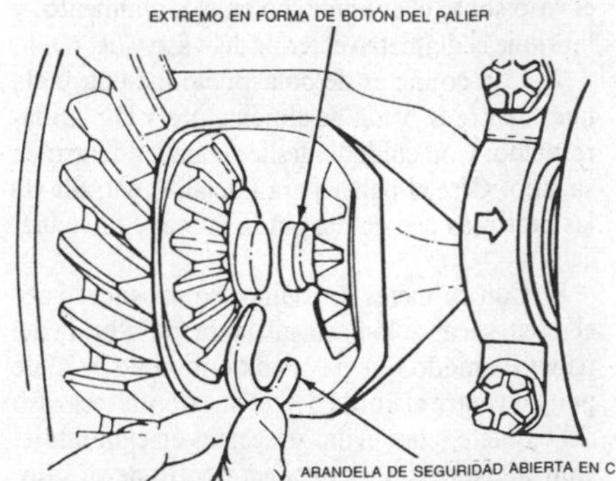

Desmontaje/montaje de la «arandela de seguridad abierta en C»

hasta 1/2 pulgada por debajo del orificio de llenado.

SUSPENSIÓN DELANTERA

Muelles y ballestas

DESMONTAJE Y MONTAJE

2WD

1. Eleve la parte delantera del vehículo y coloque caballetes bajo el bastidor y un gato bajo el eje. Desmonte la rueda y neumático juntos. Desmonte las mordazas del freno y suspéndalas atadas con alambre de modo que no haya tensiones sobre la conducción hidráulica del freno.

2. Desconecte el amortiguador de la cartela inferior.

3. Desmonte la cartela de rebote en los modelos Ranger y Bronco II, y desmonte la retención inferior del muelle.

4. En los demás modelos: desmonte los dos tornillos de unión de la retención superior del muelle de la parte alta del asiento superior del muelle, y desmonte la retención.

5. Desmonte la tuerca que une la retención inferior del muelle al asiento inferior y al eje y desmonte la retención

6. Baje el eje y retire el muelle. Puede ser necesario descargar algo la presión utilizando una barra como palanca.

7. Coloque el muelle en su sitio y eleve el eje delantero.

8. Coloque la retención inferior del muelle sobre la espiga y el asiento inferior y monte los dos tornillos de unión.

9. Coloque la retención superior sobre la espi-

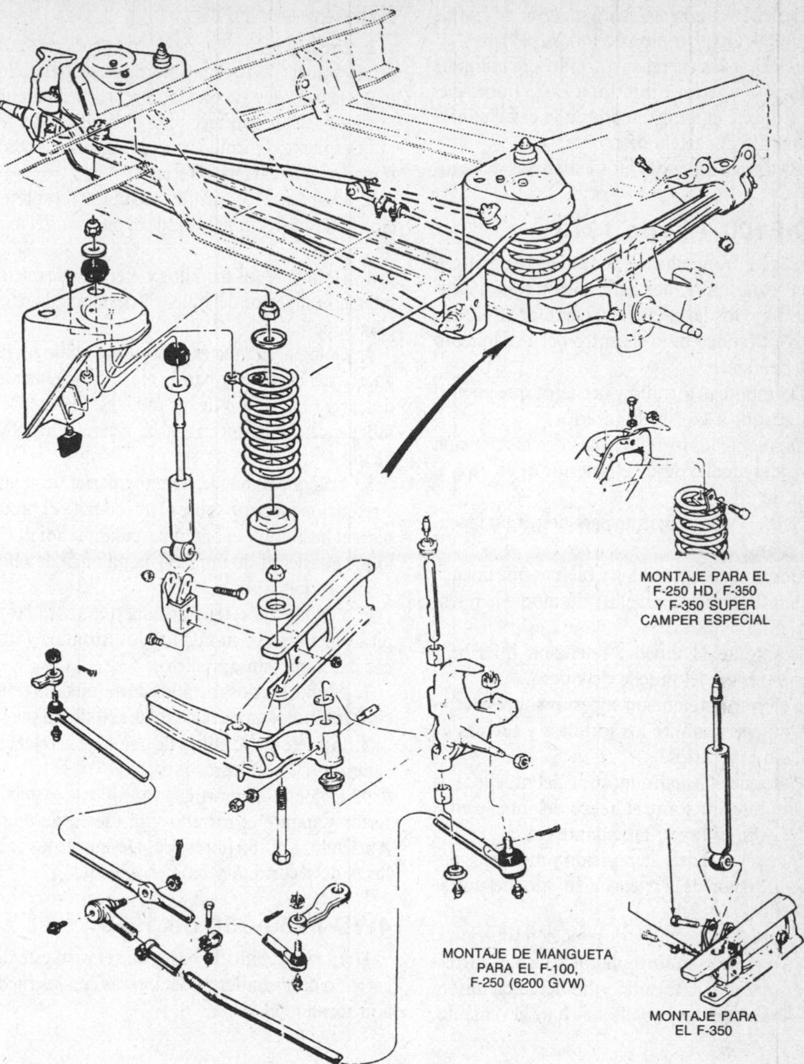

Suspensión delantera basculante gemela 2WD

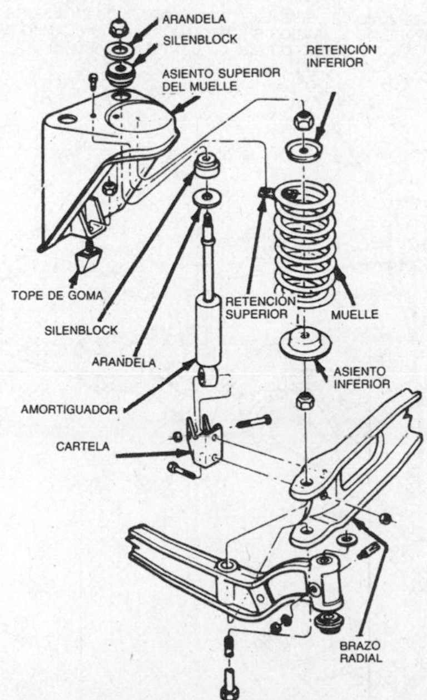

Vista en despiece del conjunto del muelle delantero y amortiguador en las camionetas de reparto de 2WD

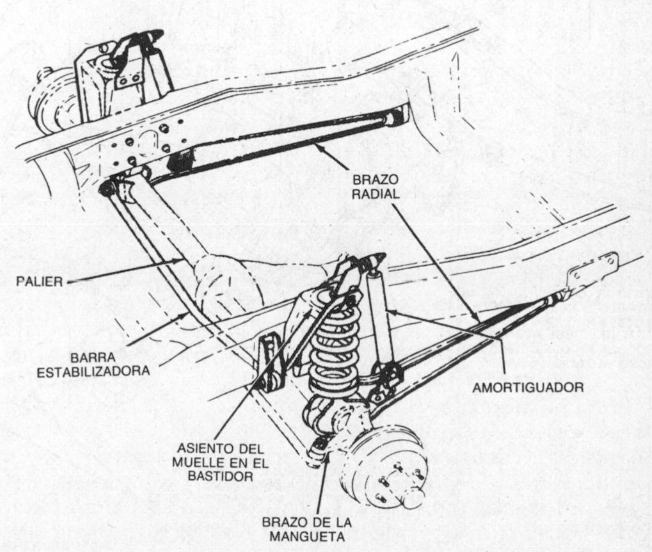

Suspensión delantera para el F-100 y 150 4WD

ral del muelle y contra el asiento superior del muelle y monte los dos tornillos de unión.

10. Apriete las tuercas y tornillos de unión de la retención superior e inferior a 15-25 libras-pie.

11. Conecte el amortiguador a la cartela inferior y monte la cartela de rebote.

12. Desmonte el gato y los caballetes de seguridad.

4WD F100-150 de 1979

1. Eleve el vehículo hasta que los neumáticos queden a unas pulgadas del suelo, y coloque caballetes bajo los largueros del bastidor. Coloque un gato hidráulico bajo el centro del alojamiento del eje delantero.

2. Desmonte el tornillo y la tuerca que unen el amortiguador a la cartela inferior.

3. Desmonte los tornillos que unen la retención inferior del muelle desde el interior de la espiral del muelle.

4. Baje el eje lo suficiente para descargar la tensión del muelle.

5. Desmonte los tornillos y tuercas que unen la retención superior del muelle y desmonte la retención.

6. Desmonte el muelle, retención inferior y asiento inferior del muelle delantero.

7. Coloque la retención superior sobre la espiral del muelle y monte los tornillos y tuercas de unión, sin apretarlos.

8. Coloque el asiento inferior del muelle, y la retención inferior sobre el hueco del muelle en el bastidor y en el brazo basculante radial.

9. Eleve el eje hasta su posición y monte los dos tornillos de unión de la retención inferior del muelle y apriételos.

10. Apriete los tornillos de retención superiores.

11. Coloque el amortiguador sobre la cartela inferior y monte el tornillo y la tuerca de unión.

12. Desmonte los caballetes y baje el vehículo.

Bronco de 1979

1. Eleve el vehículo y sopórtelo sobre caballetes. Desmonte las ruedas y mordazas de freno. Sostenga las mordazas con alambre, no permitiendo tensiones en las conducciones hidráulicas del freno. Desmonte el tornillo y tuerca que unen el amortiguador y la cartela inferior.

2. Desmonte los tornillos de unión de la retención inferior del muelle desde el interior del muelle espiral.

3. Desmonte los tornillos y tuercas que unen la retención superior del muelle y desmonte la retención superior.

4. Coloque caballetes de seguridad bajo los largueros del bastidor y baje el eje lo suficiente para descargar la tensión de los muelles. Desmonte el muelle, retención inferior y baje el muelle del vehículo.

5. Coloque el muelle, asiento inferior del muelle y retención inferior sobre el hueco para el muelle para el bastidor y el brazo basculante radial. Coloque el asiento de muelle y la palanca de retención inferior.

6. Coloque la retención superior sobre las espiras del muelle y monte los dos tornillos y tuercas de unión, sin apretarlos.

7. Monte los dos tornillos de unión de la retención inferior y apriételos a 80-120 libras-pie.

8. Apriete los tornillos de unión de la retención superior a 20-30 libras-pie.

9. Coloque el amortiguador sobre la cartela inferior y monte el tornillo y la tuerca de unión. Apriételos a 40-60 libras-pie. Desmonte los caballetes de seguridad y baje el vehículo.

4WD F250-350 de 1979

1. Eleve el vehículo hasta que el peso esté descargado de las ballestas delanteras con las ruedas aún tocando el suelo.

2. Desconecte el extremo inferior del amortiguador del eje. Desmonte los tornillos en U y el espaciador.

3. Desmonte la tuerca del estribo de sujeción de la ballesta de la parte delantera y extraiga el tornillo del estribo con la ayuda de un botador.

4. Desmonte las tuercas y la barra del estribo en la cartela-soporte del estribo trasero. Extraiga los dos tornillos del estribo y desmonte la ballesta.

5. Coloque la ballesta sobre la tapa del asiento de la ballesta y monte los tornillos de los estribos a través de la cartela del estribo y la ballesta.

6. Monte la barra del estribo y las tuercas sobre los tornillos del estribo, y apriételos a 90-130 libras-pie.

7. Coloque la parte delantera de la ballesta de modo que permita montar los tornillos del estribo delantero. Apriete la tuerca a 90-130 libras-pie.

8. Coloque el espaciador de los tornillos en U y los tornillos en U en su posición a través de los orificios de la tapa del asiento de la ballesta. Monte las tuercas de los tornillos en U, pero no los apriete todavía.

9. Conecte el extremo inferior del amortiguador al eje.

10. Baje el vehículo y apriete las tuercas de los tornillos en U a 100-135 libras-pie.

4WD Bronco, F150 desde 1980

1. Eleve el vehículo y desmonte el tornillo y la tuerca que unen el extremo interior del amortiguador.

2. Desmonte las tuercas de la retención inferior del muelle desde el inferior del muelle espiral.

3. Desmonte la retención superior del muelle desmontando el tornillo de unión.

4. Coloque caballetes de seguridad bajo los largueros del bastidor y baje el eje lo suficiente para descargar la tensión de los muelles.

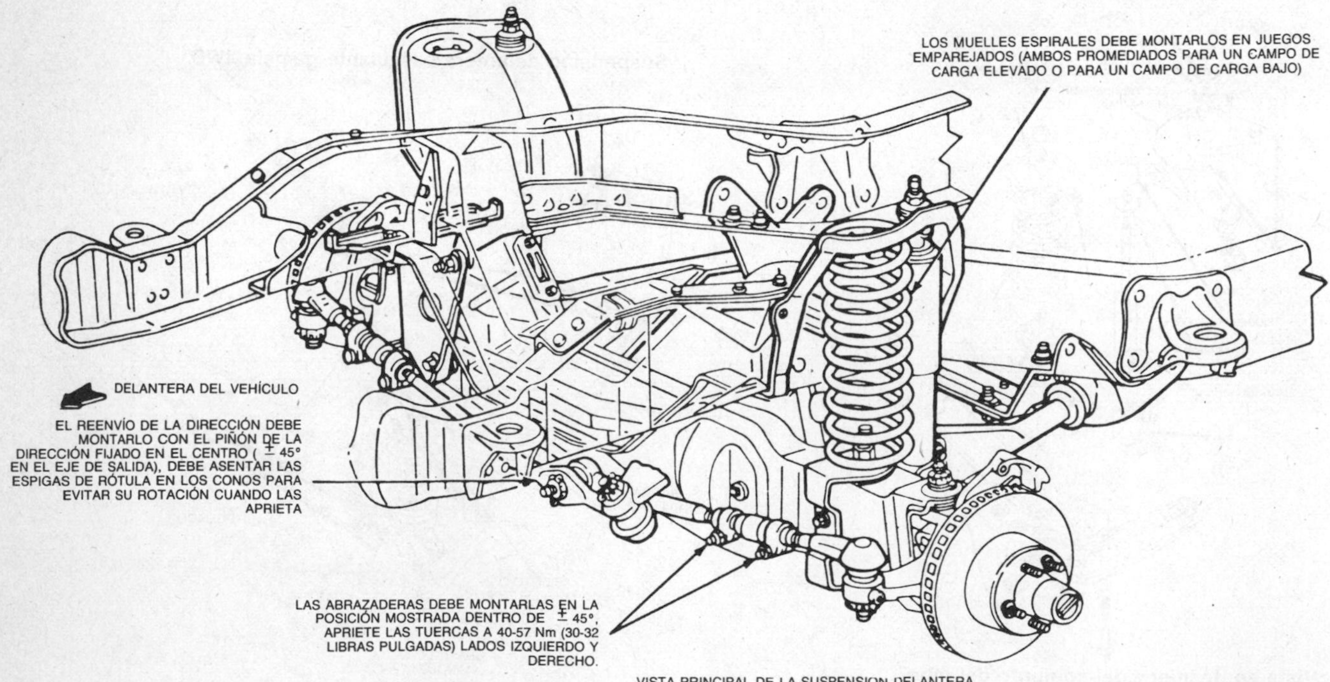
LOS MUELLES ESPIRALES DEBE MONTARLOS EN JUEGOS EMPAREJADOS (AMBOS PROMEDIADOS PARA UN CAMPO DE CARGA ELEVADO O PARA UN CAMPO DE CARGA BAJO)
DELANTERA DEL VEHÍCULO
EL REENVÍO DE LA DIRECCIÓN DEBE MONTARLO CON EL PIÑÓN DE LA DIRECCIÓN FIJADO EN EL CENTRO (± 45° EN EL EJE DE SALIDA). DEBE ASENTAR LAS ESPIGAS DE RÓTULA EN LOS CONOS PARA EVITAR SU ROTACIÓN CUANDO LAS APRIETA
LAS ABRAZADERAS DEBE MONTARLAS EN LA POSICIÓN MOSTRADA DENTRO DE ± 45°, APRIETE LAS TUERCAS A 40-57 Nm (30-32 LIBRAS PULGADAS) LADOS IZQUIERDO Y DERECHO.
VISTA PRINCIPAL DE LA SUSPENSION DELANTERA

Suspensión delantera para el Ranger/Bronco II 4 × 4

NOTA: El eje debe ser soportado sobre el gato durante todo el proceso del desmontaje del muelle, y no debe permitirse que se cuelgue de la conexión hidráulica del freno. Si la longitud de la conexión no da de sí lo suficiente, puede ser necesario que desmonte y sostenga la mordaza del freno.

5. Desmonte la retención inferior del muelle y baje el muelle del vehículo.

6. Para montarlo, coloque el muelle en su posición y eleve lentamente el eje delantero. Asegúrese de que los muelles se hallan colocados correctamente en los asientos superiores de los muelles.

7. Monte la retención inferior del muelle y apriete la tuerca a 50 libras-pie.

8. Coloque la retención superior sobre la espiral del muelle y monte los tornillos de unión.

9. Coloque el amortiguador en la cartela-soporte inferior y apriete el tornillo y la tuerca de unión a 53 libras-pie.

10. Desmonte los caballetes de seguridad y baje el vehículo.

4WD F250-350 desde 1980

1. Eleve el bastidor del vehículo hasta que las ballestas delanteras estén descargadas del peso, con las ruedas todavía tocando el suelo. Soporte el eje para evitar que gire.

2. Desconecte el extremo inferior del amortiguador del espaciador del tornillo en U. Desmonte los tornillos en U, tapa del asiento del tornillo en U y espaciador.

3. Desmonte la tuerca del tornillo que retiene la ballesta en la parte trasera y extraiga el tornillo-soporte.

4. Desmonte la tuerca que conecta el estribo delantero y el ojo de la ballesta y retire el tornillo del estribo y desmonte la ballesta.

5. Para montar, coloque la ballesta en su asiento. Monte el tornillo del estribo a través de él y de la ballesta. Apriete los tornillos a 135 libras-pie.

6. Coloque la parte trasera de la ballesta y monte el tornillo-soporte y la tuerca. Apriete la tuerca a 175 libras-pie.

7. Coloque el espaciador del tornillo en U y coloque los tornillos en U en sus emplazamientos a través de los orificios de la tapa de asiento de la ballesta. Monte, pero no apriete aún, las tuercas de los tornillos en U.

8. Conecte el extremo inferior del amortiguador al espaciador del tornillo en U.

9. Baje el vehículo y apriete las tuercas del tornillo en U a 100 libras-pie.

4WD Ranger y Bronco II

1. Eleve el vehículo y apóyelo sobre caballetes de seguridad. Coloque un gato bajo el muelle debajo del eje. Eleve el gato y comprima el muelle.

2. Desmonte el tornillo y la tuerca que une el amortiguador al brazo radial. Deslice el amortiguador fuera de la cartela.

3. Desmonte la tuerca que une el muelle al eje y al brazo radial. Desmonte la retención.

4. Baje lentamente el eje hasta que se descargue toda la tensión del muelle y se logre el espacio suficiente para desmontar el muelle. Desmóntelo girando la espira superior fuera de los salientes que hay en el asiento del muelle. Desmonte el espaciador y el asiento.

NOTA: El eje debe sostenerlo sobre un gato a lo largo de todo el proceso del desmontaje y montaje del muelle, y no debe dejar que cuelgue el conducto hidráulico del freno. Si la longitud del conducto no es la suficiente para facilitar espacio necesario para el desmontaje y montaje del muelle, deberá desmontar las mordazas del freno de disco de la mangueta. Después del desmontaje, las mordazas debe colocarlas sobre el bastidor o soportarlas de otra manera para evitar que cuelguen suspendidas del conducto hidráulico. Estas precauciones son absolutamente necesarias para evitar graves daños a la porción del tubo del conjunto de la mordaza.

5. Si hace falta, desmonte la espiga del conjunto del eje.

6. Si la desmontó, monte la espiga en el eje. Apriétela a 160-220 libras-pie.

7. Monte el asiento inferior y espaciador sobre la espiga roscada. Posicione el extremo superior del muelle de modo que el extremo de la espiral ajuste dentro del tope del muelle que se halla en el asiento superior del muelle y la parte superior del muelle ajuste sobre la retención superior del muelle.

8. Gire el muelle dentro de su posición. Lentamente eleve el eje hasta que el extremo inferior del muelle esté en posición sobre el aislador inferior.

9. Monte la retención y la tuerca en la cartela inferior. Apriete la tuerca a 70-100 libras-pie.

10. Coloque el amortiguador en el soporte inferior. Monte la tuerca y el tornillo y apriételos a 42-72 libras-pie.

11. Desmonte el gato.

Amortiguadores

DESMONTAJE Y MONTAJE

2WD

1. Inserte una llave fija desde la parte trasera del asiento superior del muelle para sujetar la tuerca de retención superior del amortiguador. Afloje la espiga aplicando otra llave fija sobre el hexágono del eje.

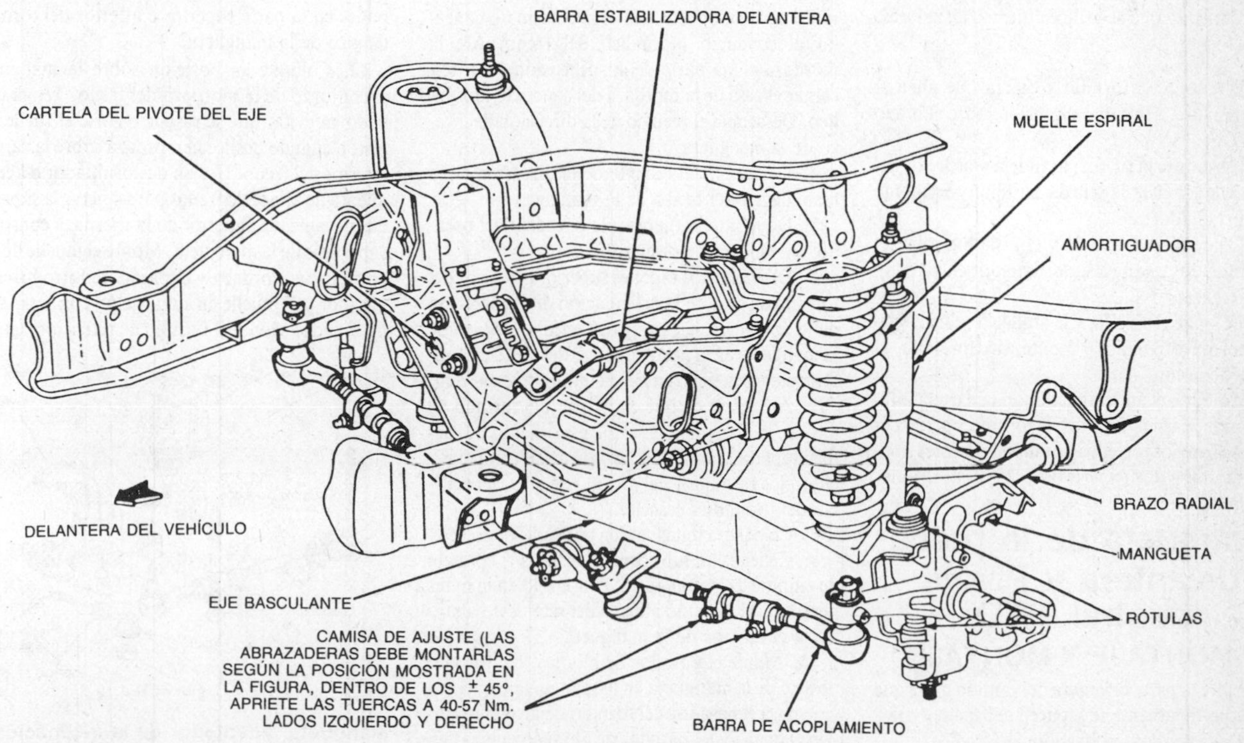

Suspensión delantera del Ranger/Bronco II, 2 x 4

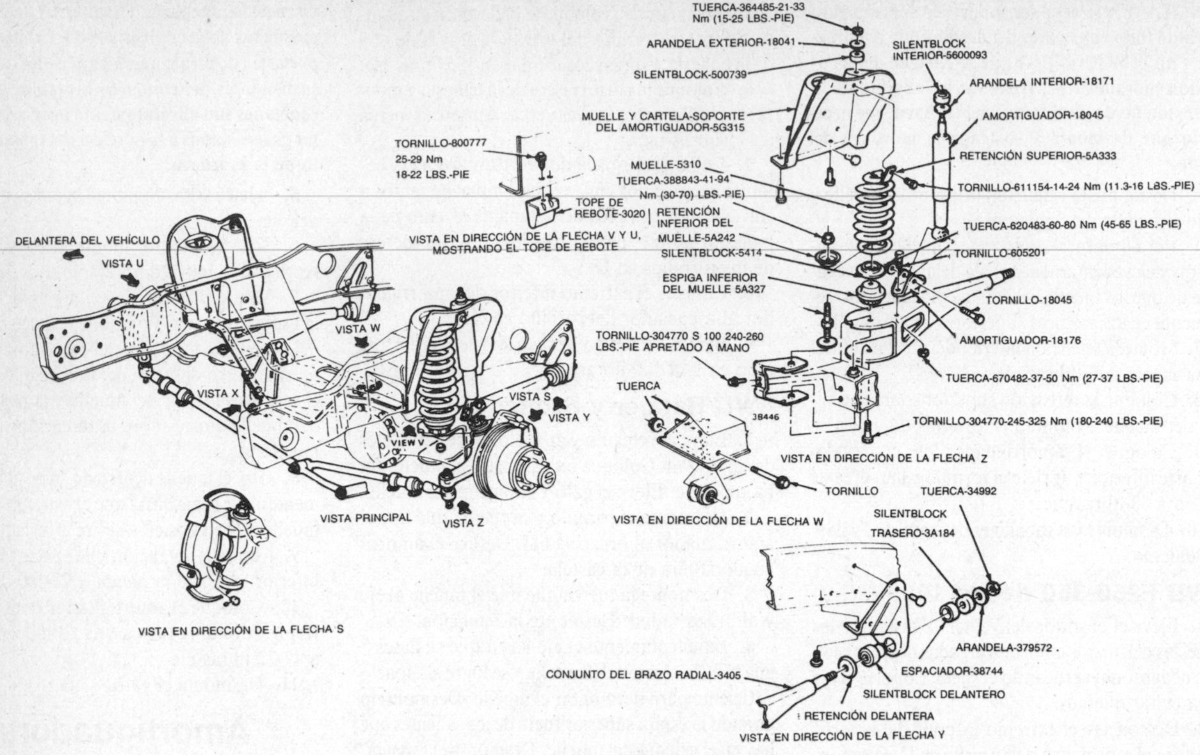

Suspensión delantera F-150 4WD del 1980

2. Desmonte el tornillo y la tuerca del extremo inferior.

3. Durante el montaje, asegúrese de tener las arandelas y aisladores en sus emplazamientos correctos. Apriete la tuerca superior girando el hexágono del eje. Vuelva a montar el tornillo inferior. Se recomienda que se utilicen nuevos aisladores.

4WD

1. Desmonte el tornillo y tuerca que unen el amortiguador a la cartela inferior sobre el brazo radial.

2. Desmonte la tuerca, arandela y aislador del amortiguador en la cartela del bastidor y desmonte el amortiguador.

3. Coloque la arandela y el aislador sobre el amortiguador y sitúe el amortiguador en la cartela del bastidor.

4. Coloque el aislador y la arandela sobre el vástago del amortiguador y monte, sin apretarla, la tuerca de unión.

5. Coloque el amortiguador en la cartela inferior y monte, sin apretarlos, el tornillo y la tuerca.

6. Apriete los tornillos de unión inferiores a 40-70 libras-pie y los superiores a 25-30 libras-pie.

Mangueta de la rueda delantera y Pivote central 2WD

DESMONTAJE Y MONTAJE

1. Eleve la parte delantera del camión hasta que las ruedas delanteras se separen del suelo y coloque caballetes bajo el bastidor.

2. Desmonte la rueda y el neumático.

3. Desmonte el pasador de retención de la mordaza y el muelle con un botador de latón y un martillo. Desmonte la mordaza de la mangueta empujando la mordaza hacia abajo, contra el conjunto de la mangueta y girando el extremo superior de la mordaza hacia arriba y afuera del conjunto de la mangueta. No es necesario desconectar el conducto hidráulico del freno. Ate la mordaza a una parte de la suspensión para descargar el peso de la mordaza del conducto hidráulico. Desacople el reenvío de la dirección del brazo de la mangueta.

4. Desconecte el reenvío de la dirección de la mangueta y del brazo de la mangueta.

5. Desmonte la tuerca y la arandela del pasador de bloqueo, y desmóntelo.

6. Desmonte los tapones superior e inferior del tornillo de giro de la articulación de la dirección de la mangueta, y extraiga el tornillo de giro de la mangueta de la parte superior del eje. Desmonte la mangueta y el cojinete. Saque a golpes el retén.

7. Asegúrese de que el orificio del tornillo de giro de la mangueta en el eje está exento de mellas, rebabas y suciedad. Monte un retén nuevo y cubra los casquillos del tornillo de giro y el orificio del tornillo con aceite.

8. Coloque la mangueta en posición sobre el eje.

9. Rellene con lubricante de chasis el cojinete de empuje de la mangueta, e insértelo en la mangueta con el extremo abierto del retén cara abajo hacia el interior de la mangueta.

10. Monte el pasador de bloqueo del tornillo de giro de la mangueta en la mangueta con el encaje para el pasador del tornillo de giro alineado con el orificio del pasador de bloqueo que hay en el eje. Introduzca el tornillo de giro a través del eje por el lado superior hasta que el encaje del pasador de bloqueo que hay en el tornillo de giro esté alineado con el orificio del pasador de bloqueo.

11. Monte un nuevo pasador de bloqueo. Monte la arandela y la tuerca del pasador de bloqueo. Apriete la tuerca a 40-55 libras-pie. Monte los tapones en la parte superior e inferior del tornillo de giro de la mangueta.

12. Coloque en posición sobre la mangueta el conjunto de la mordaza del freno. Tenga cuidado en evitar que se rasgue o corte el fuelle del pistón cuando deslice la mordaza sobre la zapata interior del freno. Use un destornillador o herramienta de ajuste de frenos para sujetar la superficie mecanizada superior de la mordaza contra la superficie de la mangueta. Monte el muelle de soporte de la mordaza y el pasador. Introduzca el pasador y el muelle en su posición con un martillo blando. Monte el tornillo de retención del pa-

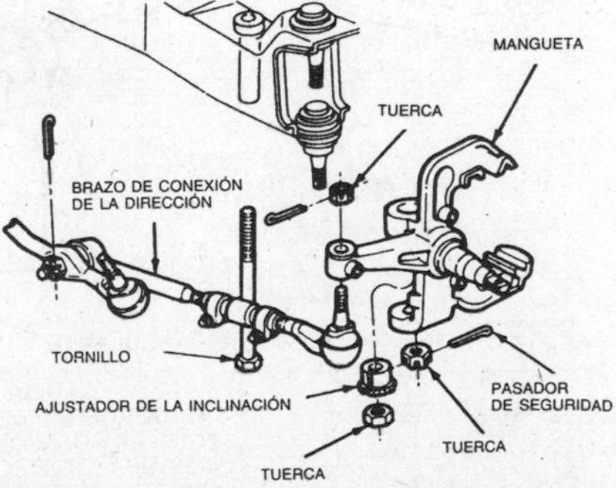

Mangueta, adaptador de la inclinación y rótulas del Ranger/Bronco II

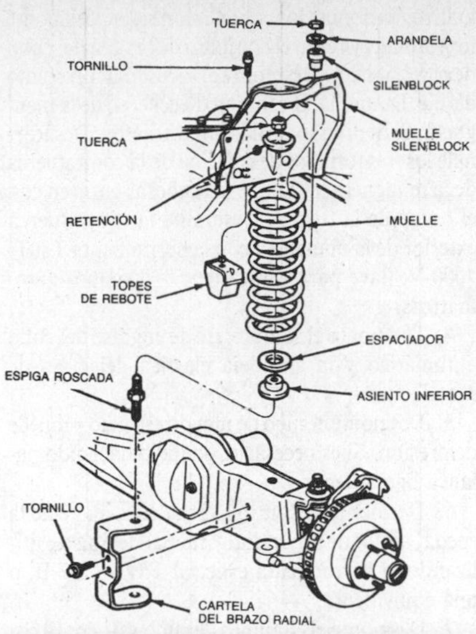

Desmontaje/montaje del muelle espiral en los Ranger/Bronco II 4 × 4

sador y apriételo a 12-18 libras-pie. Conecte el reenvío de la dirección a la mangueta y apriete la tuerca a 50-70 libras-pie, avanzando la tuerca lo necesario para montarle el pasador de seguridad.

13. Monte la rueda.

14. Engrase el conjunto de la mangueta con una pistola de engrase a presión.

15. Compruebe y ajuste, si es preciso, el ajuste de la convergencia de las ruedas.

Mangueta estampada de la rueda delantera Balancín en I con juntas de rótula

DESMONTAJE Y MONTAJE

Mangueta

1. Eleve la parte delantera del vehículo y móntela sobre caballetes de seguridad. Desmonte juntos la rueda y el neumático.

2. Desmonte el conjunto de la mordaza del rotor y sujételo con alambre fuera del paso.

3. Desmonte el sombrerete guardapolvos, pasador de seguridad, tuerca de retención, arandela y cojinete exterior, y desmonte el rotor de la mangueta.

4. Desmonte el cono y el retén del cojinete interior. Deseche el retén. Desmonte la protección del freno contra el polvo.

5. Desconecte el reenvío de la dirección del cuerpo de la mangueta y del brazo, desmontando la tuerca del pasador de seguridad y luego desmontando la barra de acoplamiento de la dirección del brazo de la mangueta.

6. Desmonte los pasadores de seguridad de las espigas de las rótulas superior e inferior. Desmonte las tuercas de las espigas de ambas rótulas.

7. Golpee la zona interior de la mangueta para hacer saltar las rótulas de la mangueta.

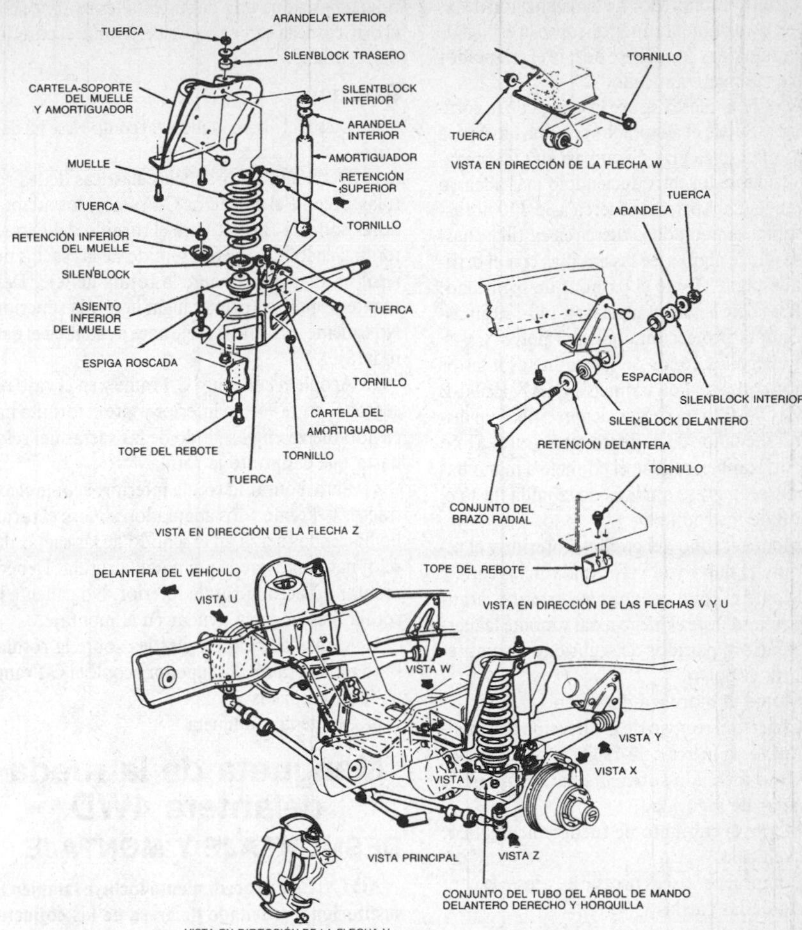

Suspensión delantera de las camionetas de reparto y Bronco 4WD de 1981-82

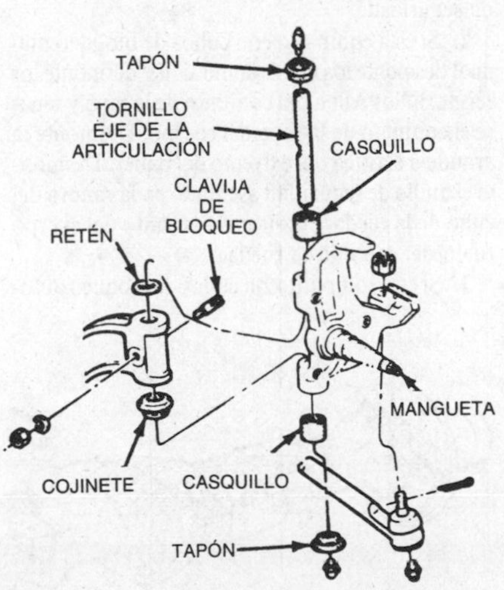

Montaje de la mangueta en las camionetas de reparto de servicio ligero 2WD

ATENCIÓN

No emplee un punzón en forma de horquilla para separar la rótula de la mangueta, pues podría dañar el retén y el alojamiento de la rótula

---

8. Desmonte la mangueta.

9. Antes del montaje, asegúrese de que los retenes de las rótulas superior e inferior están en sus sitios. Coloque la mangueta sobre las rótulas.

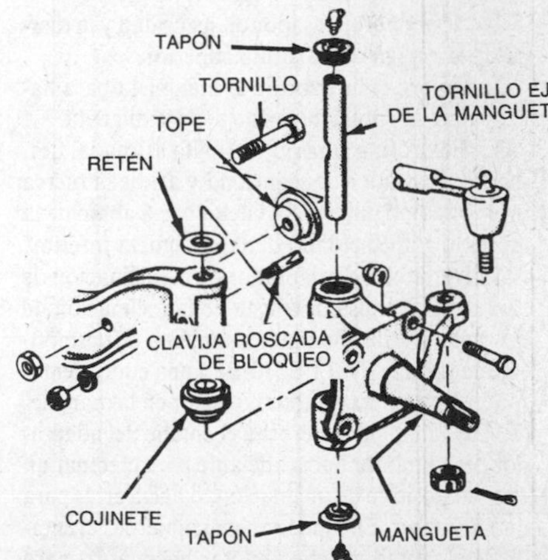

Montaje de la mangueta en las camionetas de reparto de servicio pesado 2WD

10. Monte la tuerca sobre la espiga de la rótula inferior, y apriétela parcialmente a 30 libras-pie. Avance la tuerca en castillete lo necesario, y monte el pasador de seguridad. Si la espiga de la rótula inferior gira mientras aprieta la tuerca, empuje la mangueta hacia arriba contra la espiga de la rótula. La tuerca inferior debe apretarla en primer lugar.

11. Monte el adaptador de la inclinación de las ruedas en la mangueta superior sobre la espiga de la rótula superior. Asegúrese de que el adaptador está correctamente alineado.

12. Monte la tuerca sobre la espiga de la rótula superior. Sujete el adaptador con una llave para evitar que la espiga gire. Si aun así gira la espiga, golpee el adaptador introduciéndolo más adentro en la mangueta. Apriete la tuerca a 85-110 libras-pie y continúe apretando la tuerca en castillete hasta que se alinee alguna de las entallas con el orificio de la espiga. Monte el pasador de seguridad.

13. Reapriete la tuerca superior a 140-180 libras-pie. Monte la protección contra el polvo.

14. Rellene los conos de los cojinetes interior y exterior con grasa de cojinetes C1AZ-19590-B (ESA-M1C75-B) o una equivalente. Utilice un dispositivo rellenador de cojinetes con grasa. Si no lo tiene disponible, rellene el cojinete a mano haciendo pasar la grasa a través de la jaula hasta el otro lado de los rodillos.

15. Monte el cono del cojinete interior y el retén. Monte el cubo y el rotor en la mangueta.

16. Monte el cono del cojinete exterior, arandela y tuerca. Ajuste el juego axial y monte la tuerca de retención, pasador de seguridad y sombrerete contra el polvo.

17. Monte la mordaza del freno.

18. Conecte el reenvío de la dirección a la mangueta. Apriete la tuerca a 52-73 libras-pie, y avance el giro de la tuerca lo suficiente para el montaje del pasador de seguridad.

19. Monte el conjunto de rueda y neumático. Baje el vehículo.

20. Compruebe y, si es necesario, ajuste la convergencia de las ruedas.

Ajustador de la inclinación de las ruedas

1. Desmonte el pasador de seguridad y la tuerca de la espiga de la rótula superior.

2. Golpee el interior de la mangueta para hacer saltar la rótula superior de la mangueta.

3. Si la rótula superior no salta aflojada, desmonte el pasador de seguridad y afloje la tuerca inferior como una media vuelta hacia abajo de la espiga y golpee el lado de la mangueta inferior.

4. Desmonte el adaptador de la inclinación de las ruedas (camisa de ajuste de la inclinación de las ruedas) utilizando la herramienta de desmontaje de rótulas (D81T-3010-B) o una equivalente.

5. Monte el adaptador conector en la mangueta. En la mangueta derecha el entalle del adaptador debe apuntar hacia adelante para efectuar un cambio positivo de inclinación, o hacia atrás para uno negativo. En la mangueta izquierda, el entalle del adaptador debe apuntar hacia atrás para un cambio positivo de la inclinación y hacia adelante para uno negativo.

6. Si aflojó ambas tuercas, desmonte completamente la mangueta y vuelva a montarla. Asegúrese de que la tuerca de la espiga de la rótula inferior es apretada siempre antes que la tuerca de la rótula superior. Aplique Locktite® n.º 242 (D5AZ-19554-A) o equivalente, a las espigas roscadas antes de montar la tuerca.

7. Si desmontó sólo la tuerca de la espiga de la rótula superior, monte la tuerca y apriétela a 85-110 libras-pie y continúe apretando la tuerca acastillada hasta que uno de sus entalles se alinee con el orificio de la espiga superior. Monte el pasador de seguridad.

Rótulas

1. Desmonte la mangueta tal como ya se ha descrito.

2. Desmonte las arandelas elásticas de las rótulas. Acople el extractor C-Frame y los adaptadores sobre la rótula. Gire el tornillo del extractor haciendo fuerza en el sentido de las saetas del reloj hasta que desmonte la rótula del eje. Desmonte siempre en primer lugar la rótula superior. No caliente la rótula o el eje para ayudar en el desmontaje.

3. Acople el conjunto C-Frame y en el vaso receptor sobre la rótula inferior y gire el tornillo haciendo fuerza en el sentido de las saetas del reloj hasta que desmonte la rótula.

4. Para montar la rótula inferior, acople el extractor C-Frame y los adaptadores. Gire el tornillo haciendo fuerza en el sentido de las saetas del reloj hasta que quede asentada la rótula. Deberá montar primero la rótula inferior. No caliente la rótula o el eje para ayudar en el montaje.

5. Monte la arandela elástica sobre la rótula. Para montar la rótula superior acople el C-Frame y repita los pasos 1 y 2.

6. Monte la mangueta.

Mangueta de la rueda delantera 4WD

DESMONTAJE Y MONTAJE

NOTA: Este procedimiento incluye también la sustitución y rellenado de grasa de los cojinetes y retenes.

1. Eleve el vehículo y móntelo sobre caballetes de seguridad.

2. Si está equipado con cubos de bloqueo manual desmonte los cubos como sigue: desmonte los seis tornillos Allen del conjunto de la tapa y separe el conjunto de la tapa del cuerpo. Desmonte la arandela elástica del extremo del palier. Desmonte el anillo de seguridad asentado en la ranura del cubo de la rueda y deslice el conjunto del cuerpo fuera del cubo de la rueda.

3. Si está equipado con cubos de bloqueo automático, desmonte los cubos como sigue: desmonte los tornillos y retire el conjunto de la tapa del cubo de la mangueta. Desmonte el tornillo del extremo del eje. Desmonte el conjunto del cuerpo de la mangueta. Si es preciso, utilice un extractor. Desatornille los tres tornillos de sujeción de la contratuerca de la mangueta hasta que las cabezas enrasen con el borde de la tuerca. Desmonte la contratuerca exterior de la mangueta con la herramienta T80T-4000-V, llave para contratuercas de cubos automáticos.

4. Desmonte el sombrerete de engrase del cubo automático y la arandela elástica del cubo de mando.

5. Desmonte el cubo de mando estriado y muelle de presión. Si es necesario, sáquelo haciendo palanca ligeramente.

6. Desmonte la contratuerca del cojinete de la rueda, anillo de seguridad y tuerca de ajuste, utilizando la herramienta especial T59T-1197-B, o una equivalente.

7. Desmonte el conjunto de cubo y disco. El cojinete exterior de la rueda y la retención del muelle saldrán fuera en cuanto desmonte el cubo.

8. Desmonte las tuercas de la mangueta, y la mangueta, protección contra el barro y conjunto del palier.

NOTA: Puede ser necesario aflojar la adherencia de la mangueta con una maza de plástico.

9. Limpie toda la grasa vieja de los cojinetes de agujas, y limpie frotando las caras de la mangueta que contactan con el retén del orificio de la mangueta.

10. Desmonte el retén del orificio de la mangueta, el collarín en V y la arandela de empuje del palier exterior. Limpie y sustitúyalo si es necesario.

11. Utilizando el lubricante multiuso de Ford ESA-M1C75-B, o uno equivalente, lubrique concienzudamente el cojinete de agujas y rellene de grasa la cara de la mangueta que contacta con el retén del orificio de la mangueta.

12. Coloque el collarín en V en el orificio de la mangueta próximo al cojinete de agujas. Monte el retén del orificio de la mangueta sobre el palier.

13. Monte la mangueta con el palier sobre las espigas de la articulación y apriete las tuercas de

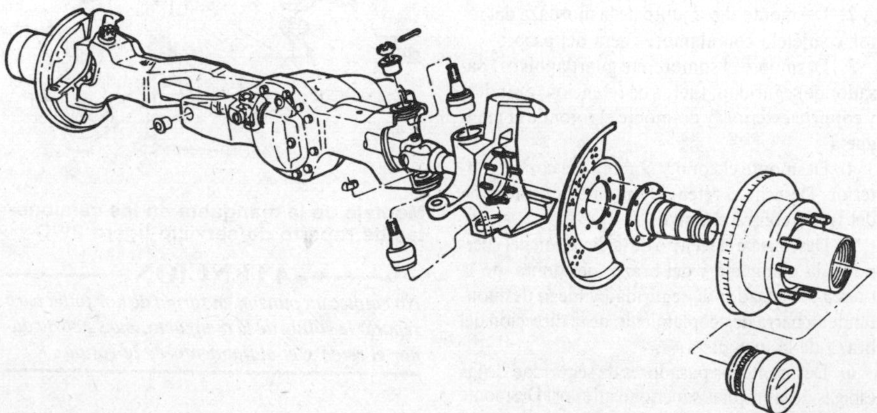

Conjunto de la articulación de la mangueta y mangueta en los vehículos 4WD de 1980 y posteriores

retención a 75 libras-pie.

14. Extraiga con cuidado el cono del cojinete interior y el retén de grasa del cubo utilizando la herramienta T77F-1102-A, o su equivalente.

15. Inspeccione los vasos del cojinete interior y, si es necesario, desmóntelos con un botador.

NOTA: Si debe montar vasos nuevos, monte también cojinetes nuevos.

16. Lubrique los cojinetes con el lubricante especificado anteriormente, y limpie toda la grasa vieja del cubo. Rellene los conos y rodillos con lubricante. Procure rellenar de grasa, tanto como sea posible, el espacio entre los rodillos y las jaulas.

17. Coloque el cono del cojinete interior y los rodillos en el vaso interior, y monte la retención de grasa.

18. Monte el conjunto de cubo y disco sobre la mangueta.

19. Monte el cono exterior y rodillos, y ajuste la tuerca.

20. Utilizando la herramienta T59T-1197-B, o una equivalente, y una llave dinamométrica de torsión, apriete la tuerca de ajuste del cojinete a 50 libras-pie, mientras hace girar atrás y adelante la rueda. Afloje la tuerca de ajuste no más de 90 grados.

21. Monte la arandela de seguridad girando la tuerca hasta el orificio más próximo e insertando el pasador de seguridad.

NOTA: El pasador de seguridad debe asentarse en el orificio de la arandela de seguridad para el ajuste correcto del cojinete y la retención apropiada de la rueda.

22. Monte la contratuerca y apriétela a 65 libras-pie. El juego axial final entre la rueda y la mangueta deberá situarse entre 0,001-0,006".

23. Ajuste el freno si es necesario y baje el vehículo.

Articulación de la mangueta y rótula (4WD)

SUSTITUCIÓN

NOTA: Necesita para este trabajo una combinación de extractor de rótula, una prensa y una llave especial. Si no dispone de esto, no puede intentarlo.

1. Siga los procedimientos explicados en Desmontaje del palier.

2. Desconecte el extremo de la biela de la articulación de la mangueta.

3. Desmonte el pasador de seguridad del zócalo de la rótula superior, y afloje las tuercas de los zócalos superior e inferior. Deseche la tuerca de la rótula inferior después de que la articulación de la mangueta se desprenda de la horquilla.

4. Desmonte la articulación de la mangueta de la horquilla. Si el zócalo superior permanece en la horquilla, desmóntelo golpeando la parte superior de la espiga con una maza de caras blandas. Deseche el zócalo y la camisa de ajuste.

5. Desmonte el zócalo inferior con un extractor de rótulas (disponible en la mayoría de las casas de recambios de coches), después de que haya desmontado previamente la arandela elástica.

6. Para el montaje: coloque la articulación de la mangueta en un tornillo de banco y monte el zócalo inferior. Coloque un zócalo nuevo en la articulación de la mangueta, asegurándose de que no está inclinado, sitúe el empujador encima del zócalo, meta el tornillo de presión dentro del zócalo, y fuerce el zócalo dentro de la articulación de la mangueta.

7. Asegúrese de que los hombros del zócalo están asentados contra la articulación de la mangueta. Utilice una galga de láminas de 0,0015 " de espesor e intente pasarla entre el asiento del zócalo y la articulación de la mangueta.

8. La galga no deberá penetrar en la zona de mínimo contacto. Monte la arandela elástica.

9. Monte el zócalo superior en la articulación de la mangueta. Monte la platina de sujeción sobre el tornillo de la platina soporte. Apriete las tuercas con la fuerza de las manos. Coloque un zócalo nuevo en la articulación de la mangueta. Asegúrese de que no está inclinado. Coloque un empujador sobre el zócalo y fuerce el conjunto del zócalo dentro de la articulación de la mangueta. Con una galga de láminas de 0,0015 " compruebe el ajuste en los hombros. La galga no deberá penetrar el área de la llave fija mínima.

10. Monte una nueva camisa de ajuste en la parte superior de la horquilla, dejando unos dos hilos de rosca a la vista.

11. Monte la articulación de la mangueta y la horquilla. Monte una tuerca nueva en el zócalo inferior, y apriétela con la fuerza de los dedos.

12. Coloque una llave de torsión dinamométrica y una platina escalonada sobre la camisa de ajuste y monte el extractor de modo que sujete la platina escalonada. Apriete el tornillo del extractor forzando a introducir el conjunto de la mangueta dentro de la horquilla. Con la llave de torsión dinamométrica todavía aplicada, apriete la tuerca a 70-90 libras-pie. Si la espiga inferior gira con la tuerca, añada más esfuerzo de torsión al tornillo y empuje del extractor. Desmonte el extractor, platina escalonada y platina de sujeción.

13. Apriete la camisa de ajuste a 40 libras-pie, y desmonte la llave.

14. Monte la tuerca del zócalo superior y apriétela a 100 libras-pie. Alinee el orificio del pasador de seguridad apretando, no aflojando, la tuerca. Monte el pasador de seguridad y compruebe el esfuerzo necesario para mover la dirección con un dinamómetro de resorte unido a la articulación en la mangueta. El par no excederá de 26 libras-pie. Si lo hace, reemplace las rótulas.

15. Conecte el reenvío de la dirección a la articulación de la mangueta. Apriétela a 40 libras-pie.

16. Monte el palier tal como se ha descrito en el procedimiento de Desmontaje y montaje del palier.

Brazo radial

DESMONTAJE Y MONTAJE

Todos excepto el Bronco, F150 con 4WD de 1980 y posteriores, Ranger y Bronco II

1. Eleve la parte delantera del vehículo y coloque caballetes de seguridad bajo el bastidor, y un gato bajo la rueda o el eje.

2. Desconecte el amortiguador de la cartela del brazo radial.

3. Desmonte los dos tornillos que unen la retención superior del muelle de la parte más elevada del asiento superior del muelle, y desmonte la retención.

4. Desmonte la tuerca que une la retención inferior del muelle al asiento inferior y eje, y desmonte la retención.

5. Baje el eje y desmonte el muelle.

6. Desconecte la barra de la dirección del brazo de la mangueta.

7. Desmonte el asiento inferior del muelle y la cuña del brazo radial. Luego desmonte el tornillo y la tuerca que unen el brazo radial al eje.

8. Desmonte el pasador de seguridad, tuerca y arandela del acoplamiento trasero del brazo radial

9. Desmonte el casquillo del brazo radial, y desmonte el brazo del vehículo.

10. Desmonte el casquillo inferior del brazo radial.

11. Coloque el brazo radial en el eje y monte el tornillo y la tuerca, apretados con los dedos.

12. Monte el casquillo interior sobre el brazo radial y ponga el brazo en la cartela del bastidor.

13. Monte el casquillo, arandela y tuerca de unión. Apriete la tuerca y monte el pasador de seguridad.

14. Conecte la barra de la dirección al brazo de la mangueta y monte la tuerca de unión. Apriete el tornillo y la tuerca de unión del brazo radial al eje.

F150 4WD, desde 1980

1. Eleve el vehículo y coloque caballetes seguros bajo los largueros del bastidor.

2. Desmonte el tornillo y la tuerca que unen la parte inferior del amortiguador, y tire del amortiguador librándolo del brazo radial.

3. Desmonte el tornillo de retención del muelle inferior desde el interior de la espiral del muelle.

4. Desmonte la tuerca que une el brazo radial a la cartela del bastidor, y desmonte el silentblock trasero del brazo radial. Baje el eje y deje que se desplace hacia adelante.

NOTA: El eje deberá sostenerlo sobre un gato durante todo el desmontaje del muelle, y no deberá permitir que cuelgue del conducto hidráulico del freno. Si la longitud del conducto no proporciona el espacio suficiente, será necesario desmontar el soporte de la mordaza del freno.

5. Desmonte el tornillo y la espiga que unen el brazo radial al eje.

6. Desplace el eje hacia adelante y desmonte el brazo radial del eje. Luego saque el brazo radial de la cartela del bastidor.

7. El montaje se hace a la inversa del desmontaje. Monte tornillos nuevos y una nueva espiga, tipo tornillo, que une el brazo radial al eje, y apriételos a 210 libras-pie. Apriete la tuerca que une la parte trasera del brazo radial a 100 libras-pie.

Bronco 1979

1. Eleve el vehículo y coloque caballetes seguros bajo los largueros del bastidor.

2. Desmonte el tornillo y la tuerca que unen el amortiguador a la cartela inferior, y tire del amortiguador librándolo del brazo radial.

3. Desmonte los dos tornillos que unen la retención inferior del muelle, desde el interior de la espiral del muelle.

4. Desmonte la tuerca que une el brazo radial a la cartela del bastidor, y desmonte el silentblock trasero del brazo radial.

5. Desmonte los cuatro tornillos que unen la tapa del brazo radial al brazo radial, y desmonte la tapa y el silentblock. La tapa y el brazo radial forman un juego emparejado, con numeración idéntica en cada pieza y no deben ser mezclados erróneamente.

6. Desplace el eje hacia adelante y desmonte el brazo radial del silentblock del eje. El brazo radial y la tapa deben identificarse por una T en cada pieza además de un número (desde 1 hasta 100).

7. Coloque la arandela y el silentblock sobre la parte trasera del brazo radial e inserte el brazo radial y el silentblock en la cartela del bastidor.

8. Coloque el silentblock y la arandela en el brazo radial y monte, pero sin apretarla, la tuerca de unión.

9. Coloque el silentblock en el eje y acople el brazo radial al silentblock y al eje.

10. Coloque el silentblock delantero en el eje, y monte la tapa del brazo radial con las numeraciones del brazo radial y la tapa juntas. Apriete los tornillos de unión diagonalmente emparejados a 90-110 libras-pie.

11. Coloque el asiento del muelle inferior y la retención del muelle y del eje. Monte los dos tornillos de unión. Apriételos a 45-55 libras-pie.

12. Apriete las tuercas de unión de la barra radial trasera a 80-120 libras-pie.

13. Posicione el amortiguador en la cartela inferior, y monte el tornillo y la tuerca. Apriete la tuerca a 40-60 libras-pie. Desmonte los caballetes de seguridad y baje el vehículo.

Bronco 1980 y posteriores

1. Eleve el vehículo y coloque caballetes de seguridad bajo los largueros del bastidor.

2. Desmonte el tornillo y tuerca que unen el amortiguador a la cartela inferior y tire del amortiguador librándolo del brazo radial.

3. Desmonte el tornillo de unión de la retención inferior del muelle desde el interior de la espiral del muelle.

4. Desmonte la tuerca que une el brazo radial a la cartela de bastidor, y desmonte el silentblock trasero del brazo radial. Baje el eje y deje que se desplace hacia adelante.

NOTA: El eje debe sostenerlo sobre un gato durante todo el proceso del desmontaje y montaje del muelle, y no debe dejar que cuelgue suspendido de la conducción hidráulica del freno. Si la longitud de dicha conducción no es suficiente para proporcionar el espacio necesario para el montaje y desmontaje del muelle, deberá desmontar la mordaza del freno de disco de la articulación de la mangueta. Después del desmontaje, deberá colocar la mordaza sobre el bastidor, o sostenerlo de cualquier otro modo posible para evitar que la mordaza quede colgando de la conducción hidráulica. Estas precauciones son totalmente necesarias para prevenir la posibilidad de dañar gravemente la citada conducción hidráulica.

5. Desmonte el tornillo y espiga que unen el brazo radial al eje.

6. Desplace el eje hacia adelante y desmonte el brazo radial del eje. Luego tire del brazo radial sacándolo fuera de la cartela del bastidor.

7. Coloque la arandela y el silentblock sobre la trasera del brazo radial e inserte el brazo radial en la cartela del bastidor.

8. Coloque el silentblock posterior y la arandela sobre el brazo radial y monte, sin apretarla, la tuerca de unión.

9. Coloque el brazo radial sobre el eje.

10. Monte nuevos tornillos y espigas roscadas que unen el brazo radial al eje. Apriételos a 180-240 libras-pie.

11. Coloque el asiento inferior del muelle, silentblock del muelle y retención en el muelle y el eje. Monte los dos tornillos de unión. Apriete las tuercas a 30-70 libras-pie.

12. Apriete la tuerca de unión de la barra radial trasera a 80-120 libras-pie.

13. Coloque el amortiguador en la cartela inferior, y monte el tornillo y tuerca de unión. Apriete la tuerca a 40-60 libras-pie. Desmonte los caballetes de seguridad y baje el vehículo.

Ranger y Bronco II

1. Eleve la parte delantera del vehículo y coloque caballetes de seguridad bajo el bastidor. Coloque un gato bajo el eje.

NOTA: El eje debe estar soportado por un gato durante todo el proceso de desmontaje y montaje del muelle, y no debe permitir que cuelgue suspendido del conducto hidráulico del freno. Si la longitud de dicho conducto no es suficiente para dar el espacio necesario al desmontaje y montaje del muelle, deberá desmontar la mordaza del freno de disco de la articulación de la mangueta. Después de desmontada, deberá colocarla sobre el bastidor u otro soporte para evitar que dicha mordaza cuelgue de la conducción hidráulica. Estas precauciones son imprescindibles para evitar daños a la porción del tubo del freno.

2. Desconecte el extremo inferior del amortiguador de la cartela (tornillo y tuerca).

3. Desmonte el muelle delantero. Afloje el tornillo pivote del eje.

4. Desmonte el asiento inferior del muelle y la espiga del brazo radial y luego desmonte los tornillos que unen el brazo radial al eje en la cartela delantera.

5. Desmonte la tuerca, arandela trasera y silentblock del lado trasero, de la cartela trasera del brazo radial.

6. Desmonte el brazo radial del vehículo, y desmonte el silentblock interior y la retención de la espiga del brazo radial.

7. Móntelo en el orden inverso.

Barra estabilizadora

DESMONTAJE Y MONTAJE

Bronco y Pickups 4WD de 1979

1. Desmonte la contratuerca, arandelas y silentblock para desmontar los montajes de acoplamiento de la barra estabilizadora. Desmonte tuercas, tornillos y arandelas que conecten los montajes de acoplamiento al bastidor.

2. Desmonte las tuercas de los tornillos en U para desmontar la barra estabilizadora de las retenciones. Desmonte la barra estabilizadora. Desmonte los tornillos en U, cartelas y retenciones.

3. Coloque las cartelas de montaje sobre los orificios de alineación del eje en las cartelas, con clavijas de alineación sobre los ejes.

4. Monte los tornillos en U a través de las cartelas de montaje. Coloque la barra estabilizadora sobre las cartelas. Monte la retención y apriete las tuercas a 35-55 libras-pie.

5. Monte los montajes de acoplamiento sobre el bastidor. Conecte la barra estabilizadora. Apriete las tuercas de unión del acoplamiento a la ba-

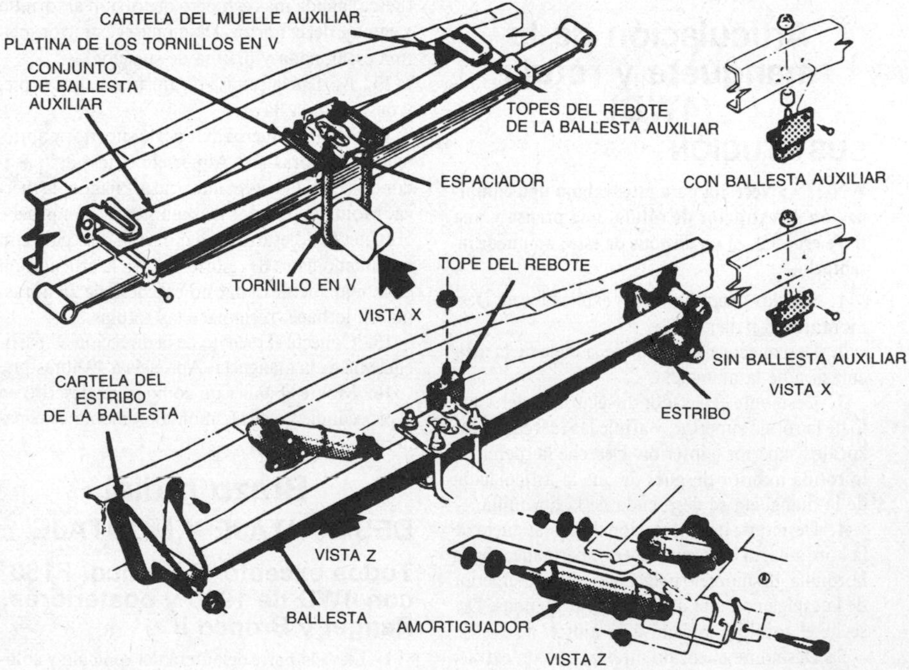

Montaje de la ballesta trasera en el F-100 y 150 2WD y 4WD, y en el F-250 2WD

rra estabilizadora a 18-25 libras-pie. Apriete las tuercas del acoplamiento al bastidor a 40-60 libras-pie.

Desde 1980

1. Desmonte las tuerca, tornillos y arandelas que unen la barra estabilizadora a las conexiones de acoplamiento. Desmonte las tuercas y tornillos de la retención de la barra estabilizadora.

2. Desmonte el montaje del silentblock de la barra estabilizadora.

3. Para desmontar la cartela de montaje de la barra estabilizadora, el muelle espiral debe desmontarlo tal como se describe antes, en el desmontaje del muelle. Desmonte el asiento inferior del muelle. La espiga de unión de la cartela y la cartela ahora podrán ser desmontadas.

4. Para montar las cartelas de montaje de la barra estabilizadora, coloque las cartelas de modo que la espiga de posicionado se sitúe en la ranura del brazo radial (o encaje de la cartela del amortiguador radial cuadrado, si el vehículo tiene amortiguadores cuadrados). Monte una espiga nueva. Apriete a 180-220 libras-pie. Se requiere una espiga nueva a causa del adhesivo de las roscas. Vuelva a montar el asiento inferior del muelle, y el muelle y las retenciones.

5. Para volver a montar el conjunto del silentblock de la barra estabilizadora, monte todas las tuercas y arandelas de la barra, cartelas, retenciones, y acóplelas sin apretarlas. Con la barra correctamente colocada, apriete las tuercas de la retención a 32-35 libras-pie, con la retención alrededor del silentblock. Luego apriete todas las restantes tuercas de los montajes de acoplamiento a 41-50 libras-pie.

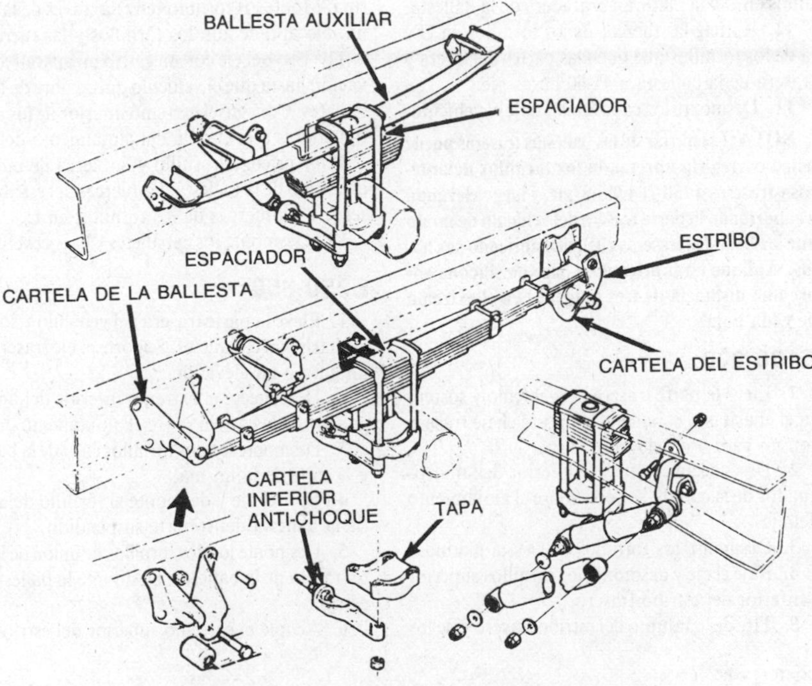

Montaje de la ballesta trasera en el F-350

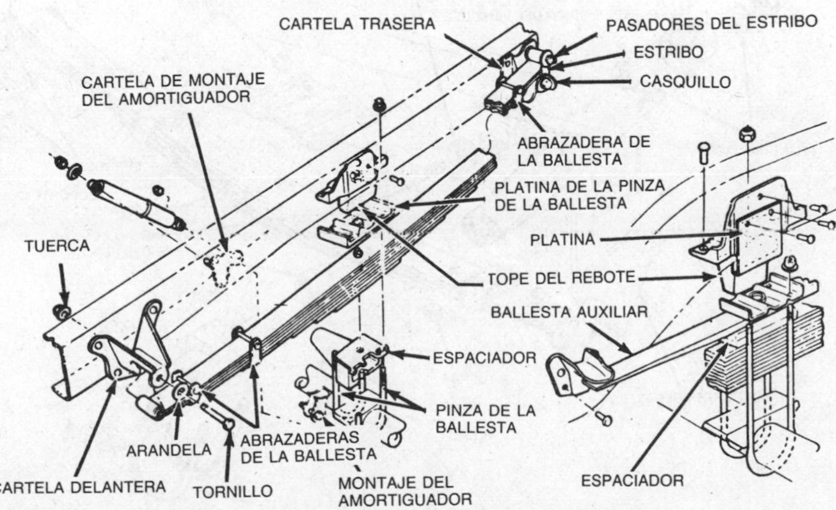

Montaje de la ballesta trasera en el F-250 4WD

Ranger y Bronco II

1. Desmonte las tuercas y tornillos en U que unen la cartela inferior del amortiguador/casquillo de la barra estabilizadora al brazo radial.

2. Desmonte las retenciones y la barra estabilizadora y casquillo.

3. Coloque la barra estabilizadora en posición sobre el brazo radial y la cartela.

4. Monte las retenciones y tornillos en U. Apriete los tornillos de las retenciones a 35-50 libras-pie. Apriete las tuercas de los tornillos en U a 48-64 libras-pie.

SUSPENSIÓN TRASERA

Muelles y ballestas

DESMONTAJE Y MONTAJE

2WD Pickups y Ranger/Bronco II

1. Eleve el vehículo por el bastidor hasta que se descargue el peso de las ballestas traseras con los neumáticos todavía apoyados sobre el suelo.

2. Desmonte las tuercas de los tornillos en U, y retire los tornillos en U de su platina. Desmonte la ballesta auxiliar y el espaciador, si lo lleva como equipo.

3. Desmonte la tuerca y el tornillo que unen la ballesta a la cartela en la parte delantera de la ballesta.

4. Desmonte las tuercas y tornillos superior e inferior del estribo de la parte trasera de la ballesta, y desmonte ballesta y estribo juntos de la cartela-soporte del estribo trasero.

5. Desmonte los casquillos de la ballesta o del estribo, si están gastados o dañados, y monte unos nuevos.

6. Posicione la ballesta en el estribo, y monte la tuerca y tornillo que unen el estribo superior a la ballesta, con la cabeza del tornillo encarada hacia afuera.

7. Coloque el extremo delantero de la ballesta en la cartela, y monte la tuerca y el tornillo.

8. Posicione el estribo en la cartela trasera, y monte la tuerca y el tornillo.

9. Coloque la ballesta sobre la parte superior del eje, con el tornillo central de la ballesta centrado en el orificio previsto en el asiento. Monte la ballesta auxiliar, si la lleva.

10. Monte los tornillos en U de la ballesta, platina y tuercas.

11. Baje el vehículo y apriete todos los herrajes de acoplamiento como sigue: tuercas de tornillos en U, 1/2 pulgada a 45-70 libras-pie; 9/16 de pulgada a 85-115 libras-pie; soporte suspendido delantero de la ballesta, 9/16 de pulgada a 75-105 libras-pie; 5/8 de pulgada a 150-190 libras-pie; soporte suspendido trasero de la ballesta a 75-105 libras-pie.

Pickups 4WD

1. Eleve el camión por el bastidor hasta que el peso deje de cargar sobre las ballestas traseras mientras las ruedas siguen tocando el suelo.

2. Desmonte las tuercas de los tornillos en U

de la ballesta, y saque los tornillos en U de la tapa de asiento de la ballesta. Desmonte la tapa de la ballesta. Desmonte la ballesta auxiliar y el espaciador, si lo lleva.

3. Desmonte los tornillos de seguridad y pasadores del estribo de cada extremo de la ballesta. Inserte un botador en el orificio previsto en el bastidor, desde el lado interno, y extraiga el pasador del estribo de cada soporte de la ballesta.

4. Desmonte la ballesta y el estribo del camión. Desmonte el espaciador de la ballesta al eje.

5. Saque el pasador del estribo restante del ojo trasero de la ballesta, y desmonte el estribo de la misma.

6. Después de que controle y substituya los casquillos desgastados o dañados, tuercas y tornillos, y muelles rotos o fatigados, posicione el estribo en el ojo trasero de la ballesta.

7. Monte el pasador del estribo a través del ojo del mismo y de la ballesta, con el rácor de lubricación que hay montado sobre el pasador del estribo, dando cara al exterior.

8. Alinee la ranura del tornillo de seguridad del pasador del estribo con el orificio del tornillo de seguridad del estribo, y monte el tornillo de seguridad, arandela y tuerca.

9. Posicione la ballesta sobre el eje con el tornillo central de la ballesta en el orificio previsto en el asiento o espaciador de la ballesta sobre el eje. Monte el espaciador entre el asiento de la ballesta y la ballesta. Asegúrese de que la espiga del espaciador está posicionada en el orificio del asiento de la ballesta sobre el eje.

10. Monte el pasador del estribo a través del mismo y de la cartela trasera. El rácor de lubricación del pasador del estribo debe quedar hacia afuera. Alinee la ranura del pasador con el orificio del tornillo de seguridad de la cartela, y monte este tornillo, arandela y tuerca.

11. Monte el pasador del estribo en la cartela delantera y el ojo de la ballesta del mismo modo que se ha citado arriba.

12. Monte la ballesta auxiliar y el espaciador, si lo lleva como equipo. Coloque la tapa de la ballesta sobre la parte superior de la misma, en el tornillo central, y coloque los tornillos en U sobre el conjunto de la ballesta y el eje.

13. Coloque la tapa de asiento de la ballesta y monte las tuercas en los tornillos en U de la ballesta.

14. Baje el vehículo hasta el suelo y apriete todos los herrajes de sujeción.

Bronco

1. Eleve el vehículo y monte caballetes bajo el bastidor. El vehículo debe ser soportado de tal modo que el eje trasero cuelgue libre con los neumáticos a pocas pulgadas sobre el suelo. Coloque un gato hidráulico bajo el centro del alojamiento del eje.

2. Desacople el amortiguador del eje.

3. Desmonte las tuercas de unión del tornillo en U y desmonte los dos tornillos en U y la platina-abrazadera de la ballesta.

4. Baje el eje para descargar la tensión de la ballesta, y desmonte la tuerca del tornillo de unión delantero de la ballesta.

5. Desmonte el tornillo de unión delantero de la ballesta de la misma y del soporte colgante con la ayuda de un botador.

6. Desmonte la tuerca del tornillo que une el estribo al soporte colgante y extraiga el tornillo del estribo y del soporte colgante con un botador, y desmonte la ballesta del vehículo.

7. Desmonte la tuerca del tornillo de unión trasero de la ballesta. Extraiga el tornillo de la ballesta y el estribo con un botador.

8. Para montar la ballesta trasera: coloque el estribo (con la sección cerrada mirando hacia la parte delantera del vehículo) en el ojo trasero de la ballesta, y monte el tornillo y la tuerca.

9. Posicione el ojo de la ballesta y el casquillo en el soporte colgante delantero de la ballesta, y monte el tornillo y la tuerca de unión.

10. Posicione el ojo trasero de la ballesta y el casquillo en el estribo, y monte el tornillo de unión y la tuerca.

11. Eleve el eje hasta la ballesta y monte los tornillos en U y la platina-abrazadera de la ballesta.

12. Apriete las tuercas de los tornillos en U y la de los tornillos que unen las partes delantera y trasera de la ballesta a 45-60 libras-pie.

13. Desmonte los caballetes y baje el vehículo.

NOTA: El chirriar de las ballestas traseras puede usted corregirlo apretando los tornillos delanteros y traseros a 150-204 libras-pie, y luego elevando y soportando la parte trasera del vehículo de modo que las ballestas traseras cuelguen abriendo sus hojas. Aplique un lubricante a base de silicona sobre una distancia de tres pulgadas en el extremo de cada hoja.

E100-200

1. Eleve la parte trasera del vehículo y sostenga el chasis con caballetes. Soporte el eje trasero con un gato o un elevador.

2. Desconecte el extremo inferior del amortiguador de la cartela-soporte sobre el alojamiento del eje.

3. Desmonte los tornillos en U y la platina.

4. Baje el eje y desmonte los tornillos superior e inferior del estribo trasero.

5. Tire del conjunto del estribo trasero y de los casquillos cauchutados sacándolos de la cartela y la ballesta.

6. Desmonte la tuerca y el tornillo de montaje que aseguran el extremo delantero de la ballesta. Desmonte el conjunto de la ballesta del soporte-cartela del estribo delantero.

7. Monte nuevos casquillos cauchutados en la cartela-soporte trasera y en el ojo trasero de la ballesta de recambio.

8. Monte el ojo delantero de la ballesta en el soporte-cartela del estribo delantero con el tornillo y tuerca de montaje. No apriete la tuerca.

9. Monte el extremo trasero de la ballesta con el tornillo superior del conjunto del estribo trasero pasando a través del ojo de la ballesta. Inserte el tornillo inferior a través del soporte suspendido trasero de la ballesta.

10. Monte el tornillo central de la ballesta en el orificio piloto que hay en el eje, y monte la platina. Monte los tornillos en U a través de la platina. No apriete aún los tornillos y las tuercas.

11. Eleve el eje con un gato o un aparato de elevación hasta que el vehículo quede libre de los caballetes. Conecte el extremo inferior de los amortiguadores a la cartela del alojamiento del eje.

12. Apriete el tornillo y la tuerca de montaje delantero de la ballesta, las tuercas del estribo trasero, y las tuercas de los tornillos en U.

13. Desmonte los caballetes y baje el vehículo.

E250-350

1. Eleve la parte trasera del vehículo y soporte el chasis con caballetes. Soporte el eje trasero con un gato o un elevador.

2. Desconecte el extremo inferior del amortiguador de la cartela sobre el alojamiento del eje.

3. Desmonte los dos tornillos en U de la ballesta y la tapa de la misma.

4. Baje el eje y desmonte el tornillo delantero de la ballesta del soporte suspendido.

5. Desmonte los dos tornillos de unión de la parte trasera de la ballesta. Desmonte la ballesta y el estribo.

6. Acople el extremo superior del estribo a la

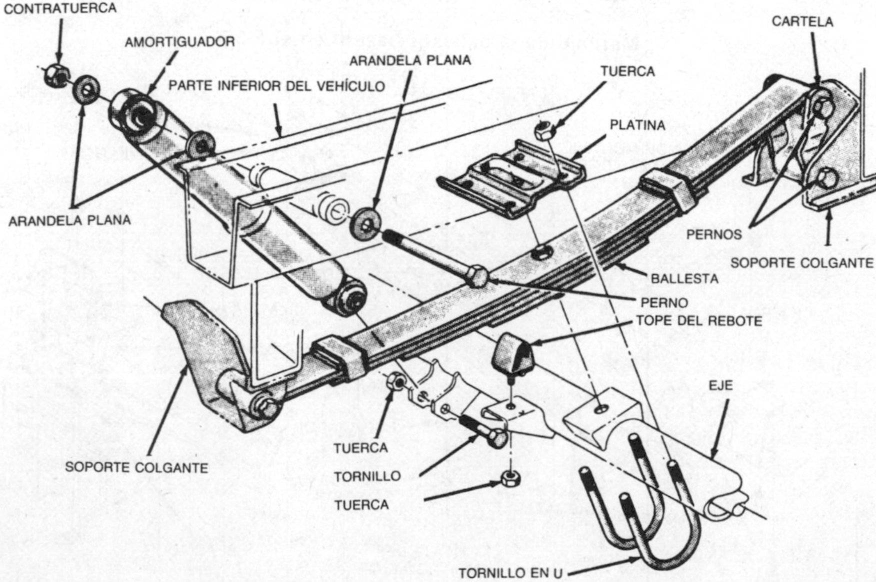

Montaje de la ballesta trasera en el E-100, 150 y 200

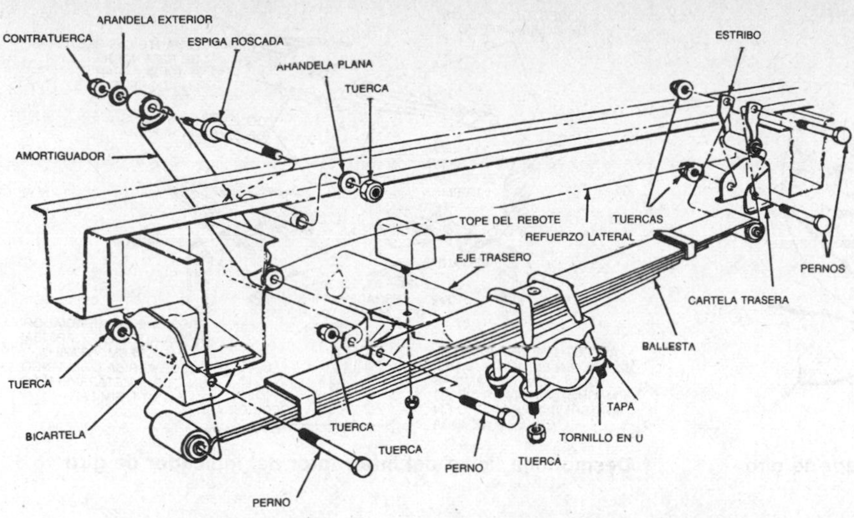

Montaje de la ballesta trasera en el E-250, 300 y 350

ballesta con el tornillo de unión.

7. Conecte la parte delantera de la ballesta a la cartela delantera con el tornillo de unión.

8. Acople la ballesta y el estribo de la cartela-soporte trasera con el tornillo de unión.

9. Coloque la platina de la ballesta sobre la cabeza del tornillo central.

10. Eleve el eje con un gato. Monte el tornillo central a través del orificio piloto de la almohadilla del alojamiento del eje.

11. Monte los tornillos en U de la ballesta, tapa y tuercas de unión. Apriete las tuercas con los dedos.

12. Conecte el extremo inferior del amortiguador a la cartela-soporte inferior.

13. Apriete el tornillo y la tuerca del montaje delantero de la ballesta, las tuercas del estribo trasero, y las de los tornillos en U de la ballesta.

14. Desmonte los caballetes y baje el vehículo.

Amortiguadores

DESMONTAJE Y MONTAJE

1. Eleve el vehículo y coloque caballetes de seguridad bajo el bastidor.

2. Desmonte las tuercas y arandelas que unen el amortiguador al soporte superior, y el casquillo del vástago del amortiguador, o si va montado con tuerca y tornillo, desmóntelo como el del soporte inferior.

3. Desmonte el tornillo de unión del amortiguador al eje. Extraiga los tornillos de la cartela del eje y del amortiguador con un botador de latón, y desmonte el amortiguador.

4. Coloque las arandelas y el casquillo en el vástago del amortiguador y sitúe el amortiguador en la cartela-soporte superior.

5. Posicione el casquillo y las arandelas en el vástago del amortiguador, y monte la tuerca de unión sin apretarla.

6. Coloque el amortiguador en la cartela-soporte del alojamiento del eje, y monte el tornillo y tuerca de unión. Apriete la tuerca inferior a 40-60 libras-pie, y la superior a 15-25 libras-pie. Si está unido a la parte superior con un montaje similar, el par de apriete es el mismo.

ALINEACIÓN DEL TREN DELANTERO

AVANCE DE LAS RUEDAS

Los ángulos de avance están señalados en el eje delantero, y no pueden ser ajustados.

INCLINACIÓN DE LAS RUEDAS

Los ángulos de inclinación están señalados en el eje delantero y no pueden ajustarse excepto en los vehículos 2Wd de 1983 y posteriores.

2WD de 1983 y posteriores

La inclinación se ajusta substituyendo el adaptador de la espiga de la rótula superior. Hay en existencia adaptadores de 0 grados, 1/2 grado, 1 grado y 1 1/2 grados de incremento.

Si la inclinación necesita un ajuste, sustituya el adaptador de la inclinación tal como se explica en el capítulo del adaptador de inclinación de las ruedas. En la mangueta derecha, la ranura que hay en el adaptador señala hacia adelante para un cambio de inclinación positivo, y hacia atrás para un cambio de inclinación negativo. En la mangueta izquierda, la ranura del adaptador apunta hacia atrás para un cambio positivo de la inclinación, y hacia adelante para un cambio negativo de la inclinación.

AJUSTE DE LA CONVERGENCIA

Todos los modelos

La convergencia de las ruedas puede medirla, bien con una máquina de alineación del tren delantero, o bien aplicando el método siguiente:

Con las ruedas delanteras en posición mirando rectamente al frente, mida la distancia que hay entre el extremo delantero y el extremo trasero de las ruedas delanteras. En otras palabras, mida la distancia a través del soporte inferior del vehículo, entre los dos bordes delanteros y los dos bordes traseros de ambas ruedas delanteras. Las dos mediciones (delantera y trasera de las dos ruedas) deben tomarse a una distancia igual del suelo, y aproximadamente, en la línea central de la mangueta. La diferencia entre las dos distancias es lo que convergen o divergen las ruedas. Las ruedas siempre podrán ajustarse a la convergencia acordada en las especificaciones.

1. Afloje los tornillos de las abrazaderas en cada extremo de la barra de acoplamiento, visto desde la parte delantera del vehículo. Gire el tubo de la barra de conexión hasta que se consiga la convergencia correcta, apretando luego los tornillos de las abrazaderas.

2. Vuelva a comprobar la convergencia para asegurarse de que no se han producido cambios durante el apriete de los tornillos.

NOTA: Las abrazaderas debe posicionarlas a 3/4 de pulgada del extremo de la barra, con los tornillos de la abrazadera en posición vertical, en la parte delantera del tubo y con la tuerca abajo.

DIRECCIÓN

Volante de la dirección

DESMONTAJE Y MONTAJE

Modelos de 1982

1. Desconecte la masa de la batería y marque la alineación del volante de la dirección respecto a la columna.

2. Desmonte un tornillo del lado inferior de cada travesaño del volante. En los vehículos con un volante de tipo deportivo, apalanque o destornille (pruebe primero de destornillar) la tapa del fondo.

3. Desconecte las conexiones eléctricas del interruptor de la bocina sacando las palancas de los terminales del conector de cuchillas. Comprima del todo o aplaste la pinza J del terminal de masa sacándolo fuera del orificio del volante. No tire del terminal de masa hacia afuera sin haber aplastado o quitado la tensión del muelle.

4. Desmonte el conjunto del interruptor de la bocina.

5. Desmonte la tuerca de retención del volante de la dirección.

6. Utilizando un extractor de volantes de dirección, desmóntelo.

7. Para montarlo: posicione el volante en alineación con las marcas.

8. Apriete la tuerca de retención a 50 libras-pie.

9. Conecte los conductores, monte el conjunto de la bocina y conecte la masa de la batería.

Interruptor del indicador de giro

SUSTITUCIÓN

Excepto el Ranger y el Bronco II

1. Desconecte el cable de masa de la batería.

2. Desmonte el interruptor de la bocina.

3. Desmonte la tuerca de retención del volante de dirección y utilizando el útil 3600AA, o equivalente, desmonte el volante de la dirección del árbol.

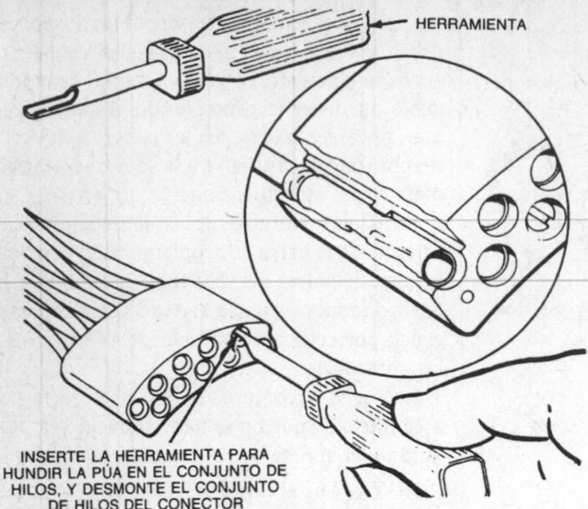

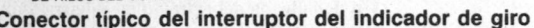

Conector típico del interruptor del indicador de giro

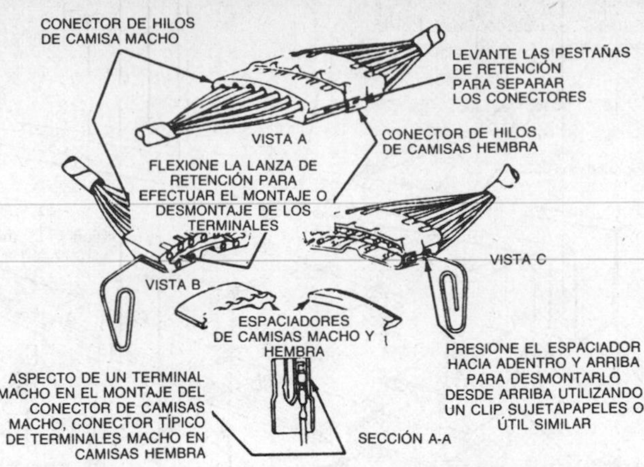

Desmontaje típico del interruptor del indicador de giro

4. Desmonte la palanca del interruptor del indicador de giro destornillándolo de la columna de la dirección.

5. Desconecte el conector del cableado del interruptor del indicador de giro tirando hacia arriba de las orejas y separando y desmontando los tornillos que aseguran el conjunto del interruptor a la columna.

6. Desmonte los conductores y terminales de la clavija conectora del cableado de la columna de la dirección. Anote el color del código y la posición de cada conductor antes de desmontarlos de la clavija del conector.

7. Conecte, de momento, los conductores al extremo del cableado con cinta aislante.

8. Desmonte la cubierta de protección de los conductores y retire el interruptor y los conductores a través de la parte superior de la columna.

9. Encinte los extremos sueltos de los conductores del interruptor nuevo de la señal de giro sujetándolos al alambre que ha de pasarlos tirando, o a una cuerda. Con cuidado tire de los hilos conductores, pasándolos a través de la columna, mientras guía al interruptor de señal de giro dentro de su posición.

10. Monte los tornillos que unen el conjunto del interruptor a la columna.

11. Monte los conductores dentro de los terminales del conector de los conductores de la columna de la dirección, y conecte los terminales.

12. Monte la palanca de señalización de giro. Apriete con la mano la palanca (sobre el lado plano) a 10-20 libras-pie. Controle el funcionamiento del indicador de giro, el de la señal de emergencia y la lámpara del dial PRND21 (si la lleva como equipo).

13. Monte el volante de la dirección.

14. Monte el interruptor de la bocina.

15. Conecte el cable de masa de la batería.

Ranger y Bronco II

1. Sólo para columnas inclinadas, desmonte la protección de la prolongación superior presionándola en las posiciones de las seis y las doce de las saetas del reloj y haciéndola saltar de la platina de retención en la posición de las tres.

2. En las columnas estándar e inclinadas, desmonte los dos accesorios de las medias protecciones desmontando los dos tornillos de unión.

3. Desmonte la palanca del interruptor de la señal de giro agarrando la palanca y aplicando un movimiento de tracción y de giro de la mano mientras se tira del interruptor rectamente hacia afuera.

4. Retire hacia atrás la protección de espuma del interruptor de la señal de giro.

5. Desconecte los dos conectores eléctricos del interruptor de la señal de giro.

6. Desmonte los dos tornillos autoperforantes que unen el interruptor de la señal de giro al alojamiento del cilindro de la cerradura. Desacople el interruptor del alojamiento.

7. Alinee los orificios de montaje del interruptor de la señal de giro con los correspondientes del alojamiento del cilindro de la cerradura, y monte los dos tornillos autoperforantes a 18-26 libras-pie.

8. Pegue la protección visible de espuma al interruptor de la señal de giro. Monte la palanca del interruptor de la señal de giro dentro del interruptor con la mano, alineando la chaveta de la palanca con el chavetero en el interruptor y empujando la palanca hacia el interruptor para encajarlo plenamente.

9. Monte las protecciones accesorias de la columna de la dirección.

10. Monte la protección decorativa de la columna de la dirección.

Bomba de la dirección asistida

DESMONTAJE Y MONTAJE

Excepto la bomba CII

1. Desconecte los conductos de presión y retorno de la bomba, y tapónelos para evitar pérdidas de fluido o entradas de suciedad en el sistema.

2. Afloje del todo el tornillo de ajuste de la tensión de la correa.

3. Desmonte los tornillos que unen la cartela de montaje de la bomba a la del aire acondicionado (si la lleva como equipo).

4. Desmonte la bomba, la cartela de montaje y el conjunto de la polea.

5. Monte la bomba, cartela y conjunto de la polea, y monte, sin apretar, los tornillos que aseguran la cartela de montaje de la bomba a la cartela del aire acondicionado (si la lleva como equipo).

6. Monte las correas de mando sobre la polea.

7. Monte, sin apretar, la tuerca de ajuste de tensión de la correa.

8. Apalanque entre la cartela de ajuste de la bomba y el bloque motor hasta que se alcance la tensión correcta. Mientras se mantiene esa tensión, apriete el tornillo de ajuste.

9. Apriete todos los tornillos de unión.

10. Conecte los conductos de presión y retorno a la bomba.

11. Llene el depósito de reserva con fluido para servos de dirección. Sangre el aire del sistema girando el volante a derecha e izquierda varias veces. Inspeccione sobre posibles fugas.

Reparación del rácor de conexión rápida de la dirección asistida

El rácor de conexión rápida de la dirección asistida, en ciertas condiciones, puede perder fluido y/o estar encajado incorrectamente. La pérdida puede estar originada por una junta tórica cortada, imperfecciones en el diámetro interior del rácor de salida, o mecanización incorrecta de la ranura de la junta tórica. El encaje incorrecto puede ser causado por una mecanización defectuosa del extremo del tubo, tuerca del tubo, arandela, rácor de salida o conector de la lumbrera.

Si se produce una pérdida, debe substituirse la junta tórica por juntas tóricas para enchufes rápidos (extremo del tubo de 3/8 de pulgada; 388749S; extremo del tubo de 5/16 de pulgada: 388748S). Las juntas tóricas que se usan en los rácors de acoplamiento con junta tórica de los tubos de la dirección asistida no deben usarse en los rácors de conexión rápida a causa de las dimensiones y los materiales. Si el cambio de la junta tórica no le resuelve el problema de la pérdida, sustituya todo el rácor de salida y, finalmente, deberá cambiar el manguito.

Si el acoplamiento incorrecto se debe a la pérdida de la arandela elástica, o a que está doblada, o bien a una mecanización defectuosa de la tuerca del tubo, todo ello podrá repararlo con un juego de recambio de arandela elástica (el juego incluye una tuerca de tubo nueva). Llene el sistema correctamente, ponga el motor en marcha y accione el volante de la dirección cíclicamente de extremo a extremo para comprobar el acoplamien-

to positivo. Si aún así el manguito no se acopla, sustituya el conjunto completo del manguito.

Los conjuntos de manguito de conexión rápida tienen incorporados en los juegos de reparación tuercas de tubo, arandelas elásticas y juntas tóricas listas para su uso.

Cuando tenga que apretar o aflojar la tuerca del tubo de conexión rápida, se recomienda que use una llave fija de vaso o tubo y no una llave fija de extremo abierto. La llave fija de extremo abierto podrá producir deformaciones de la tuerca del tubo en caso de un apriete excesivo. Debe cuidarse mucho no apretar demasiado la tuerca del tubo. Apriételа a 10-15 libras-pie. El giro librc y/o cl juego axial en los rácors de enchufe rápido es una cosa normal, y no indica un exceso de apriete del rácor.

Bomba CII

NOTA: La bomba CII está equipada con un depósito de reserva de fibra de vidrio y puede reconocerse por el depósito de reserva. Nunca haga palanca contra la fibra de vidrio, pues la dañará. El modelo 3. 8L V6 con una correa de recorrido serpenteante mandando la bomba del servo de la dirección, utiliza una polea intermedia sobre la cartela de tipo deslizante para el ajuste de la tensión de la correa. Para ajustar o desmontar la correa, afloje los tornillos de las ranuras deslizantes y tense el ajustador de la correa lo necesario para lograr la tensión correcta.

1. Para sacar el fluido del servo de la dirección del depósito de reserva, desconecte el manguito de retorno del fluido del depósito y drene el fluido dentro de una cubeta. Quite el manguito de presión de la bomba.

2. Desmonte los tornillos de la cartela de ajuste de la bomba. Afloje la bomba lo suficiente para poder retirar la correa de la polea. Desmonte la bomba (todavía unida a la cartela de ajuste) de la cartela-soporte.

3. Desmonte la polea de la bomba, si es necesario.

4. Desmonte los tornillos que unen la cartela de ajuste a la bomba, y desmonte la bomba.

5. Coloque la cartela de ajuste sobre la bomba. Monte y apriete los tornillos a lo especificado en las listas del final de esta sección.

6. Monte la polea sobre la bomba, si la desmontó.

7. Coloque la bomba con la cartela de ajuste y la polea sobre la cartela-soporte. Monte los tornillos de conexión de la cartela-soporte a la cartela de ajuste.

8. Coloque la correa sobre la polea y ajuste su tensión. Apriete los tornillos de la cartela de ajuste.

9. Monte el manguito de presión al rácor de la bomba.

10. Conecte el manguito de retorno de la bomba y apriete las abrazaderas.

11. Llene el depósito de reserva con el fluido de dirección asistida espccificado, arranquc cl motor y gire el volante de dirección de un tope al otro para purgar el aire del sistema.

12. Compruebe si existen pérdidas y vuelva a verificar el nivel del fluido. Añada, si es necesario.

Caja de la dirección manual

DESMONTAJE Y MONTAJE

1979

1. Eleve y soporte con seguridad el vehículo. Desmonte la tuerca y la arandela de seguridad que unen el brazo Pitman.

2. Desmonte el brazo Pitman del árbol del sector, utilizando la herramienta T64P-3590-F.

3. Desmonte los tornillos, tuercas y arandelas planas que unen la caja de la dirección al larguero del bastidor, y baje el vehículo.

4. Desmonte el tornillo del acoplamiento elástico y la tuerca de la abrazadera del acoplamiento. Afloje la abrazadera del acoplamiento del extremo de la columna de la dirección, y separe el acoplamiento del árbol de entrada de la caja de la dirección, empujando el árbol hacia afuera de la columna. Deseche la abrazadera, tornillo y tuerca.

5. Dcsmontc y deseche la abrazadera del acoplamiento elástico del árbol de entrada de la caja de la dirección y desmonte la caja del larguero del bastidor.

6. Coloque la caja de la dirección en el larguero del bastidor y monte los tornillos, tuercas y arandelas planas de unión.

7. Coloque el acoplamiento elástico y una abrazadera nueva en el árbol de salida de la caja de la dirección y monte la abrazadera, tornillo y tuerca. Apriete el tornillo a 28-35 libras-pie.

8. Monte una nueva abrazadera en el árbol de la dirección en el extremo de la columna de la dirección y apriete el tornillo y la tuerca a 20-30 libras-pie.

9. Eleve el vehículo y apriete los tornillos y tuercas de unión de la caja de la dirección a 60-80 libras-pie.

10. Coloque el brazo Pitman sobre el árbol del sector y monte la arandela y tuerca de unión. Apriete la tuerca a 170-230 libras-pie. Baje el vehículo y llene la caja con aceite lubricante SA-90EP

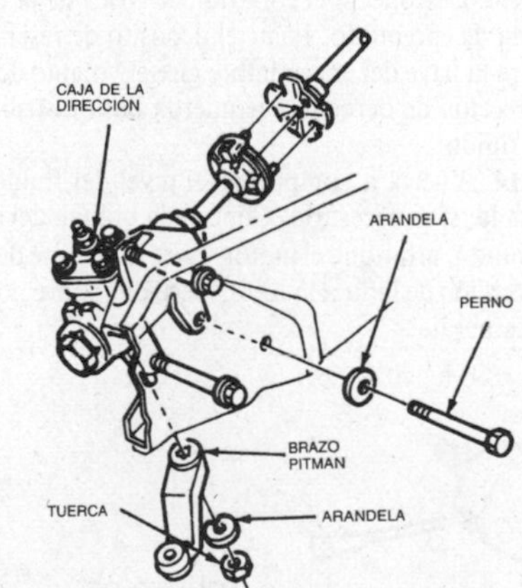

Montaje típico de caja de la dirección desde 1980

Desde 1980

1. Eleve y soporte el vehículo con seguridad.

2. Desconecte el acoplamiento flexible de la brida del árbol de la dirección, desmontando las dos tuercas de unión.

3. Desconecte la articulación resistente del brazo (Pitman) en el árbol del sector, utilizando un extractor adecuado.

4. Desmonte la tuerca de unión y la arandela del brazo Pitman al árbol del sector. Desmonte el brazo Pitman al árbol del sector utilizando un extractor adecuado. (No golpee con un martillo el extremo del árbol del sector.)

5. Mientras sostiene la caja de la dirección, desmonte los tornillos y arandelas que unen el conjunto de la caja de la dirección al larguero del chasis. Baje el conjunto de la caja de la dirección del vehículo.

6. Desmonte el tornillo de unión del acoplamiento a la caja de la mitad inferior del acoplamiento flexible y desmonte el acoplamiento del conjunto dela caja de la dirección.

7. Monte el acoplamiento flexible sobre el árbol del husillo (entrada) del conjunto de la caja. Monte un nuevo tornillo de unión del acoplamiento a la caja y apriételo a 11-21 libras-pie.

8. Centre el árbol de entrada (la posición central está aproximadamente a tres vueltas de cada tope extremo).

9. Posicione el conjunto de la caja de la dirección de modo que las espigas roscadas sobre los acoplamientos flexibles entren en los orificios para los tornillos que hay en la brida del árbol de la di-

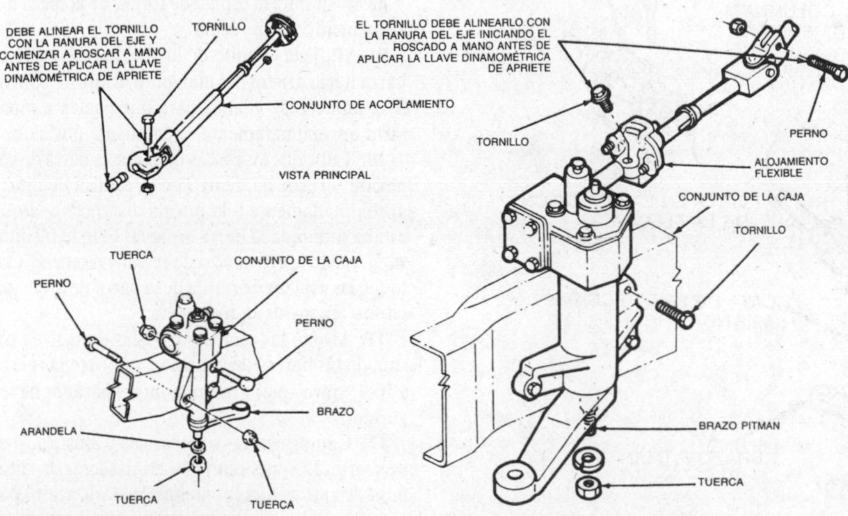

Montaje típico de caja de la dirección a lo largo de 1979

rección, y que los orificios de los apoyos de montaje de la caja coincidan con los de los tornillos que hay en el larguero del bastidor.

10. Mientras sostiene la caja en la posición correcta, monte los tornillos y arandelas de unión de la caja al larguero y apriételos a 70 libras-pie. Si se necesitan tornillos y arandelas nuevos, use solamente tornillos de grado de resistencia 9.

11. Conecte el enlace enclavado al brazo Pitman, monte la tuerca de la espiga de la rótula del enlace enclavado, y apriétela a 50-75 libras pies. Luego monte el pasador de seguridad.

12. Acople el brazo Pitman sobre el árbol del sector apuntando hacia adelante. Monte la tuerca de unión y la arandela, y apriétela a 170-230 libras pies.

13. Asegure el acoplamiento a la brida del árbol de la dirección con dos tuercas de unión, y apriételas a 28-35 libras pie.

Caja de la dirección asistida

DESMONTAJE Y MONTAJE

1. Desconecte los conductos de presión y retorno de la caja de la dirección. Tapone los conductos y aberturas de la caja para evitar la entrada de suciedad. Desconecte los conductos del freno de la cartela de la caja de la dirección.

2. Desmonte los tornillos que aseguran el acoplamiento flexible a la caja de la dirección y al conjunto del árbol de la columna de la dirección.

3. Eleve el vehículo y desmonte la tuerca de unión del brazo Pitman y la arandela.

4. Desmonte el brazo Pitman del árbol del sector, utilizando la herramienta T64P-3590-F. Desmonte la herramienta del brazo Pitman. No dañe los retenes.

5. En los vehículos con transmisión manual desmonte el muelle de retroceso de la palanca de desembrague para facilitar espacio para el desmontaje de la caja de la dirección.

6. Sostenga la caja de la dirección y desmonte los tornillos de unión de la caja de la dirección.

7. Extraiga la caja de la dirección del acoplamiento flexible. Desmonte la caja de la dirección del vehículo.

8. Deslice el acoplamiento flexible dentro de su emplazamiento, sobre el conjunto del árbol de la dirección. Gire el volante de la dirección de modo que los radios estén en posición horizontal.

9. Centre el árbol de entrada de la caja de la dirección.

10. Deslice el árbol de entrada de la caja de la dirección dentro del acoplamiento flexible, y dentro de su emplazamiento sobre el larguero del bastidor. Monte los tornillos de unión y apriételos a 60-80 libras pies.

11. Asegúrese de que las ruedas están en posición recta mirando al frente, montando luego el brazo Pitman sobre el árbol del sector. Monte la arandela y la tuerca de unión del brazo Pitman. Apriete la tuerca a 170-230 libras pies.

12. Conecte y apriete los conductos de presión y retorno en la caja de la dirección. Vuelva a montar los conductos del freno sobre la cartela de la caja de la dirección.

13. Desconecte la conexión eléctrica de la bobina de encendido. Llene el depósito de reserva. Gire la llave del encendido y gire el volante de la dirección de derecha a izquierda para distribuir el fluido.

14. Vuelva a comprobar el nivel del fluido y añada, si es necesario. Conecte la bobina del encendido, arranque el motor y gire el volante de la dirección de lado a lado. Inspeccione sobre posibles pérdidas.

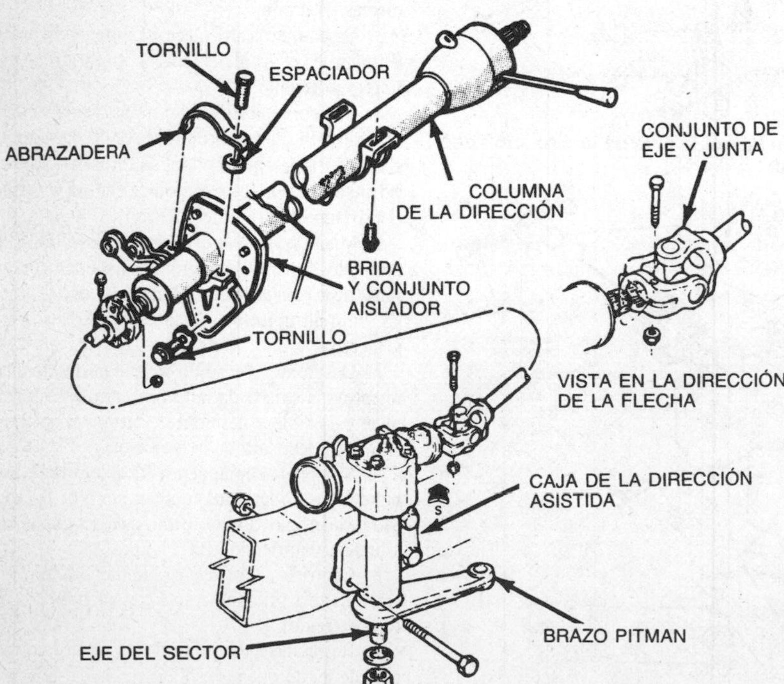

Montaje de la caja de la dirección asistida a lo largo de 1979

Barra de conexión del reenvío de la dirección

Substituya el acoplamiento enclavado si una espiga de la rótula está excesivamente floja o si el acoplamiento está doblado. No intente enderezar el acoplamiento. Sustituya la barra de conexión si la espiga de la rótula está excesivamente gastada, si está doblada o si las roscas están pasadas. No intente enderezar la barra de conexión. Compruebe siempre que la camisa de ajuste y las abrazaderas de tope están montadas correctamente en el Bronco.

DESMONTAJE Y MONTAJE

Vans y Pickups 2WD

Sustituya el acoplamiento enclavado en caso de que una espiga de rótula esté gastada excesivamente o dicho acoplamiento esté doblado. No intente enderezarlo. Sustituya la barra de conexión si la espiga de la rótula está gastada en exceso, si está doblada, o si las roscas están pasadas. No intente enderezarlas. Después de que monte una barra de conexión o ajuste la convergencia, compruebe que las abrazaderas de la camisa de ajuste están colocadas correctamente en el F y E-150, y que la abrazadera de tope está montada correctamente en el F y E-250 y F y E-350.

1. Desmonte los pasadores de seguridad y tuercas de las espigas de rótula de la barra de conexión derecha y del acoplamiento enclavado.

2. Desmonte la espiga de rótula de la barra de conexión derecha del acoplamiento enclavado.

3. Desmonte la espiga de rótula del acoplamiento enclavado de la mangueta y del brazo Pitman.

4. Coloque el nuevo acoplamiento enclavado, espigas de rótula en la mangueta y brazo Pitman, y monte las tuercas.

5. Coloque la espiga de rótula de la barra de conexión derecha en el acoplamiento enclavado, y monte la tuerca.

6. Apriete las tuercas a 50-75 libras-pie, y monte los pasadores de seguridad.

7. Desmonte el pasador de seguridad y tuerca de la barra de conexión.

8. Desmonte la espiga de rótula de la pieza del alojamiento de la rótula.

9. Afloje el tornillo de la abrazadera y gire la barra hacia afuera del manguito de ajuste. Cuente el número de vueltas para que vuelva a montarlo aproximadamente en la misma posición.

10. Lubrique las roscas de la nueva barra de conexión y rósquela dentro de la camisa de ajuste aproximadamente a la misma distancia a la que estaba montada la barra antigua. Esto le facilitará el ajuste aproximado de la convergencia. Coloque las espigas de rótula de la barra de conexión en los brazos de la mangueta.

11. Monte las tuercas sobre las espigas de rótula de las barras de conexión y apriete la tuerca a 50-75 libras-pie, y luego monte el pasador de seguridad.

12. Compruebe la convergencia y ajústela, si es necesario. Después centre las abrazaderas de la camisa de ajuste entre las puntas de localización, posicionando las abrazaderas y apretando las tuercas a 29-41 libras-pie.

Pickups 4WD

1. Eleve el vehículo y sosténgalo sobre caballetes. Desconecte el acoplamiento enclavado del extremo de la barra de conexión de la mangueta.

2. Desconecte el extremo de la barra de conexión de la mangueta derecha del brazo de la mangueta derecha.

3. Desconecte los extremos de la barra de conexión de la mangueta izquierda del brazo de la mangueta izquierda y desmonte los extremos de la barra de conexión de la mangueta del camión.

4. Coloque los extremos de la barra de conexión en un tornillo de banco, y afloje las abrazaderas del tubo de la barra de conexión.

5. Desmonte el extremo de la barra (derecha) corta del tubo de la barra de conexión, y desmonte el tubo del extremo de la barra de conexión (izquierda) larga.

6. Limpie y lubrique con aceite las roscas de todas las piezas que vuelvan a usarse.

7. Monte el tubo de la barra de conexión y las abrazaderas sobre el extremo de la barra de conexión de la mangueta izquierda. No apriete aún las abrazaderas.

8. Monte el extremo de la barra de conexión derecha en el tubo, y desmonte el conjunto del tornillo de banco.

9. Monte nuevos retenes guardapolvos sobre el extremo de la barra de conexión de la mangueta izquierda y posicione dicho extremo sobre el brazo de la mangueta izquierda.

10. Monte la tuerca de unión del extremo de la barra de conexión, apriétela, y móntele el pasador de seguridad.

11. Monte nuevos retenes guardapolvos sobre el extremo de la barra de conexión de la mangueta derecha y posicione dicho extremo sobre el brazo de la mangueta derecha. Monte la tuerca de unión, apriétela y móntele el pasador de seguridad.

12. Lubrique los extremos de la barra de conexión de la mangueta y el acoplamiento enclavado.

13. Baje el vehículo y compruebe y ajuste el posicionado de la convergencia. Apriete las abrazaderas de las barras de conexión después de ajustar la convergencia.

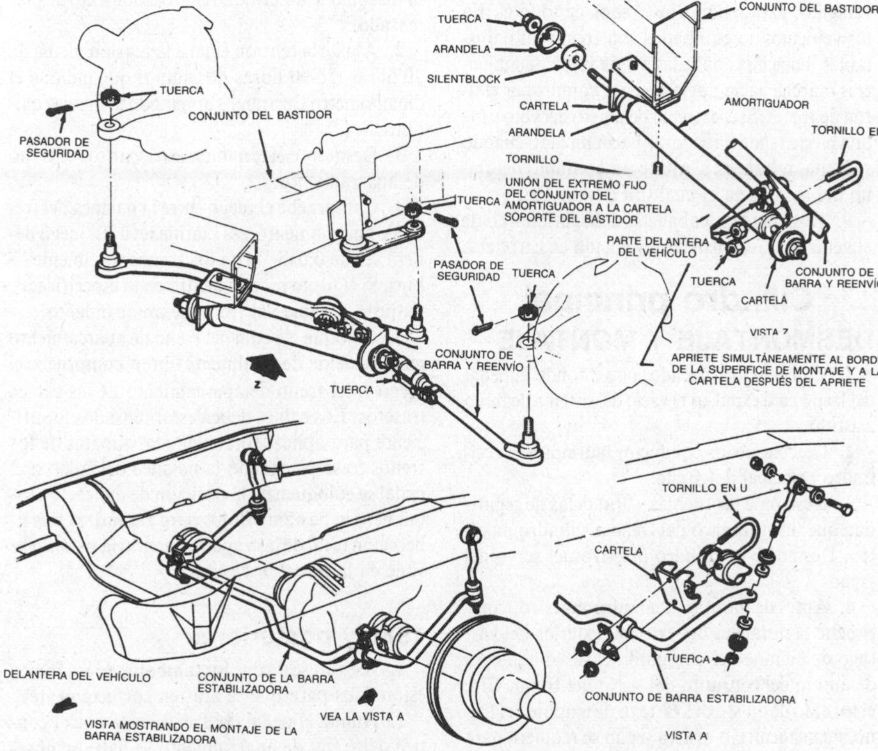

Reenvío de la dirección en el Bronco de 1979

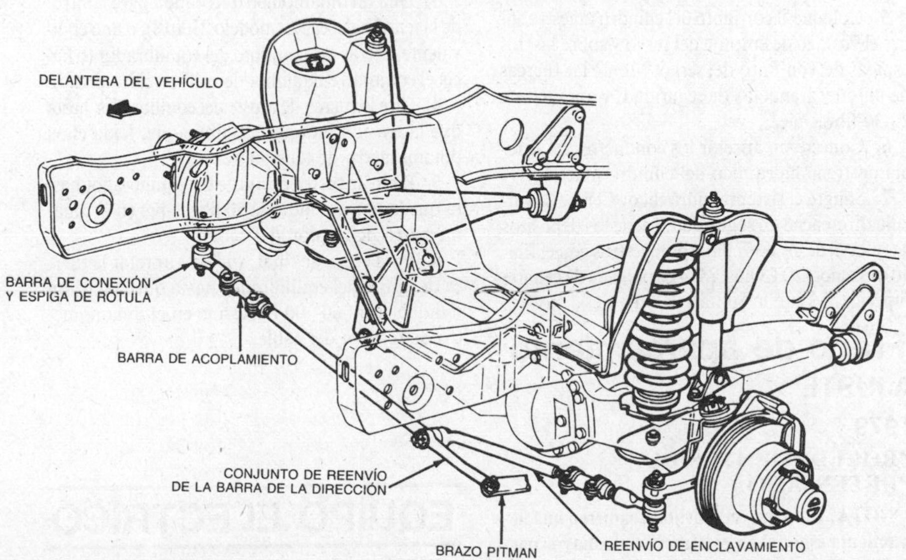

Reenvío de la dirección en el Bronco de 1980 y posteriores

Bronco de 1979

1. Desmonte los pasadores de seguridad y tuercas del acoplamiento enclavado, espigas de rótula y de la espiga de rótula de la barra de conexión de la derecha.

2. Desmonte la espiga de rótula de la barra de conexión derecha del acoplamiento enclavado.

3. Desmonte las espigas de rótula del acoplamiento enclavado de la mangueta y del brazo Pitman.

4. Coloque las espigas de rótula del nuevo acoplamiento enclavado de la mangueta y el brazo Pitman y monte las tuercas.

5. Coloque la espiga roscada de la barra de conexión derecha en el acoplamiento enclavado y monte la tuerca.

6. Apriete las tuercas como sigue, y monte los pasadores de seguridad: espigas del acoplamiento enclavado, 50-75 libras-pie. Espigas de rótula, 50-60 libras-pie. Espigas de las barras de conexión, 35-45 libras-pie.

7. Desmonte los pasadores de seguridad y tuerca de la barra de conexión.

8. Desmonte la espiga de la rótula de la pieza de alojamiento de la rótula.

9. Afloje el tornillo de la abrazadera y gire la barra sacándola fuera de la camisa de ajuste.

10. Lubrique las roscas de las barras de conexión nuevas y enrósquelas en la camisa de ajuste aproximadamente a la misma distancia de las viejas. Esto le dará un ajuste aproximado de la convergencia. Coloque las espigas de rótula de la barra de conexión en los brazos de las manguetas.

11. Monte las tuercas sobre las espigas de rótula de las barras de conexión, apriete la tuerca según lo especificado, y monte el pasador de seguridad.

12. Compruebe la convergencia y ajústela, si es necesario. Después de la comprobación o ajuste de la convergencia, centre las abrazaderas de la camisa de ajuste entre las puntas de localización, posicione las abrazaderas, y apriete las tuercas a 35-45 libras-pie.

Bronco de 1980 y posteriores

1. Desmonte los pasadores de seguridad y tuercas del acoplamiento enclavado, espigas de rótula y de las espigas de rótula de la barra de conexión derecha.

2. Desmonte la espiga de rótula de la barra de conexión derecha, del conjunto de la mangueta derecha y del brazo Pitman.

3. Desmonte las espigas de rótula del acoplamiento enclavado y el conjunto de la barra de conexión.

4. Afloje el tornillo de la abrazadera y gire la barra sacándola fuera de la camisa de ajuste.

5. Lubrique las roscas de la nueva barra de conexión, enrósquela dentro de la camisa de ajuste hasta la misma distancia aproximada a la que estaban montadas las barras viejas. Esto le dará un ajuste previo de la convergencia. Coloque las espigas de rótula de la barra de conexión en los brazos de la mangueta.

6. Coloque un acoplamiento enclavado nuevo, espigas de rótula de la mangueta y conjuntos de barra de conexión, y monte las tuercas.

7. Coloque la espiga de rótula de la barra de conexión derecha en el acoplamiento enclavado, y monte la tuerca.

8. Apriete todas las tuercas a 50-75 libras-pie y monte los pasadores de seguridad.

9. Desmonte el pasador de seguridad y la tuerca de la barra de conexión izquierda.

10. Monte la tuerca de las espigas de rótula de la barra de conexión. Apriete la tuerca a 50-75 libras-pie, y monte el pasador de seguridad.

11. Compruebe la convergencia y ajústela, si es necesario. Después de comprobar y ajustar la convergencia, centre las abrazaderas de la camisa de ajuste entre las puntas de localización, posicione las abrazaderas y apriete las tuercas a 29-41 libras-pie.

FRENOS

AJUSTE

Para los procedimientos de reparación consulte la sección de Reparación de grupos de freno.

NOTA: Los frenos de tambor son autoajustables y sólo requieren un ajuste manual cuando las zapatas han sido alineadas, sustituidas, o cuando la longitud de los tornillos de ajuste ha sido cambiada mientras se efectuaba alguna otra reparación, por ejemplo, quitar los de autoajuste y cambiarlos por otros de ajuste manual. Para ajustar los frenos, siga el procedimiento dado a continuación:

1. Eleve el vehículo y sosténgalo con caballetes de seguridad.

2. Desmonte el tapón de goma de la ranura de ajuste sobre la platina de respaldo.

3. Inserte una cucharilla de ajuste de freno dentro de la ranura, y engrane el diente más bajo posible de la corona dentada. Desplace el extremo de la cuchara de freno hacia abajo para mover la coronada dentada hacia arriba y alargar el tornillo de ajuste. Repita esta operación hasta que los frenos bloqueen la rueda. El paso 4 sólo se aplica a los vehículos equipados con autoajustadores.

4. Inserte el destornillador pequeño o un trozo de alambre rígido (alambre de tender la ropa) dentro de la ranura de ajuste, y empuje la palanca del ajuste automático hacia afuera y libre de la corona dentada del tornillo de ajuste, y manténgala ahí.

5. Engrane el diente más elevado posible de la corona dentada con la cuchara de ajuste de freno. Mueva el extremo de la cuchara de ajuste hacia abajo, y acorte el tornillo de ajuste. Retire el tornillo de ajuste hasta que la rueda gire libremente, con un mínimo de fricción. Recuerde el número de vueltas que ha desenroscado la corona dentada, o el número de veces que ha accionado con la cuchara el ajuste del freno.

6. Repita esta operación en el otro lado. Cuando retrocedan los frenos en el otro lado, la corona dentada deberá retrocederse el mismo número de vueltas, para evitar el tirón de frenos de un lado sobre el otro.

7. Repita esta operación en los otros juegos de frenos (delanteros o traseros).

8. Cuando estén ajustados los cuatro frenos, en los vehículos equipados con frenos autoajustables, haga varias paradas mientras retrocede el vehículo, para igualar los frenos de todo él. En los vehículos no equipados con frenos autoajustables, haga unas paradas a baja velocidad mientras marcha hacia adelante para comprobar el tirón de frenos. Si el extremo delantero del auto tiene una cierta tendencia a tirar hacia un lado cuando se frena, retroceda el ajuste del conjunto del freno del lado hacia el cual tira el vehículo.

9. Desmonte los caballetes de seguridad y baje el vehículo. Compruebe el vehículo en carretera.

Cilindro principal

DESMONTAJE Y MONTAJE

1. Con el motor parado, pise a fondo el pedal del freno para expulsar el vacío del sistema de freno asistido.

2. Desconecte los conductos hidráulicos del cilindro principal del freno.

3. Desmonte las tuercas y arandelas de seguridad que unen el servo del freno al cilindro maestro. Desmonte el cilindro maestro del servo del freno.

4. Antes de montar el cilindro maestro, compruebe la distancia del extremo exterior del vástago de empuje del conjunto del servo a la cara delantera del conjunto del servo del freno. Gire el tornillo de ajuste del vástago de empuje del freno hacia adentro o afuera según se requiera para llegar a 0.931-0.946 " en el bronco, E-100-250 y F100-250: 0.980-0.995 " en el E y F350.

5. Coloque el conjunto del cilindro maestro sobre el vástago de empuje del servo y sobre las dos espigas del conjunto del servo. Monte las tuercas de unión y arandelas de seguridad, y apriételas a 20-30 libras-pie.

6. Conecte sin apretar los conductos del sistema de freno hidráulico del cilindro maestro.

7. Sangre el sistema hidráulico. Centre la válvula diferencial de seguridad. Llene los depósitos de reserva de los dos cilindros maestros con el fluido de frenos DOT3 hasta 1/4 de pulgada de la parte superior. Monte la junta y la tapa del depósito.

Freno de aparcamiento

AJUSTE

1979

PROCEDIMIENTOS DE PRETENSADO

NOTA: Estos procedimientos requieren una herramienta especial en existencia en la mayor parte de los buenos almacenes de recambio de autos, o en su concesionario de Ford.

1. Hunda el pedal del freno de aparcamiento hasta que su control esté en el segundo diente (dos muescas o engatillamientos).

2. Acople un dinamómetro Burroughs, herramienta de reparación nº BT-33-75W2-25, o equivalente, al cable trasero LH y ajuste la tensión del cable, indicada por el dinamómetro, a 250 libras, apretando la tuerca del equilibrador. Sujete durante 5 minutos y suelte el pedal.

3. Retroceda la tuerca del equilibrador hasta que el dinamómetro indique cero libras de tensión.

AJUSTE FINAL

1. Posicione el pedal del freno de aparcamiento tal como se describe en el procedimiento de pretensado.

2. Ajuste la tensión final a la tensión media de 70 libras (50-90 libras de campo) que indique el dinamómetro Burroughs apretando la tuerca equilibradora.

3. Desmonte el dinamómetro y afloje el freno de aparcamiento.

4. Compruebe el juego entre la palanca del freno de aparcamiento y la platina leva. El juego deberá ser de 0.015 " con los frenos totalmente libres. Si el juego no está dentro de lo especificado, reajuste el cable del freno de aparcamiento.

5. Coloque el pedal del freno de aparcamiento en la posición de totalmente libre y compruebe el juego en el freno de aparcamiento de los cables traseros. Los cables deben estar tensados lo suficiente para aplicar totalmente las zapatas de los frenos traseros cuando la palanca del freno o el pedal se coloquen en la posición de aplicación total, pero lo bastante flojos para garantizar una liberación total de las zapatas cuando la palanca se sitúe en la posición de libre.

1980 y posteriores

1. Asegúrese de que los tambores de los frenos están fríos para que se ajusten correctamente.

2. Hunda el pedal del freno hasta que el control del freno de aparcamiento se halle en el segundo diente (dos muescas o engatillamientos).

3. Una un dinamómetro Rotunda para control de la tensión del cable (modelo 210018), o uno equivalente, detrás del conjunto del equilibrador (o hacia el conjunto del tambor derecho, o el izquierdo).

4. Gire la tuerca de ajuste del equilibrador hasta que la tensión indique 250 libras-pie, leída en el dinamómetro de tensión del cable.

5. Retire la tuerca de ajuste del equilibrador hasta que la tensión indique 50 libras-pie en el dinamómetro de tensión del cable.

6. Para el ajuste final, vuelva a apretar la tuerca de ajuste del equilibrador hasta que la tensión indique entre 60-100 libras-pie en el dinamómetro de tensión del cable.

EQUIPO ELÉCTRICO

NOTA: Desconecte siempre el cable de masa de la batería antes de trabajar en el equipo eléctrico.

Motor del ventilador

DESMONTAJE Y MONTAJE

Vans, sin aire acondicionado

1. Desconecte el hilo conductor amarillo (amarillo con bandas negras) del motor, Desmonte el tornillo de masa del tabique cortafuegos.

2. Desconecte el tubo de refrigeración del motor del ventilador.

3. Desmonte los cuatro tornillos de la platina de montaje y el conjunto del motor.

4. Siga el proceso inverso para el montaje.

Vans, con aire acondicionado

1. Desconecte los hilos eléctricos de la resistencia que hay en la parte delantera del interior de la tapa del ventilador del camión.

2. Desmonte la tapa del ventilador.

3. Empuje la arandela de paso de los conductores fuera de su orificio de alojamiento.

4. Desmonte la platina de montaje del motor del ventilador. Desmonte el motor del ventilador.

5. Siga el proceso inverso para el montaje.

Bronco y Pickups de 1979, calefactor estándar, sin aire acondicionado

1. Desconecte los cables Bowden de control de temperatura y funcionamiento del alojamiento del calefactor. Esto debe hacerse para evitar daños a los cables.

2. Desconecte los conductores de la resistencia del ventilador.

3. Desmonte los cinco tornillos que unen el conducto de entrada (descarga) del aire en el alojamiento del calefactor.

4. Desconecte los conductores eléctricos del ventilador.

5. Drene el radiador y desmonte los manguitos del calefactor del núcleo del mismo.

6. Desmonte las tres tuercas de retención de las espigas de montaje del calefactor y desmonte el mismo.

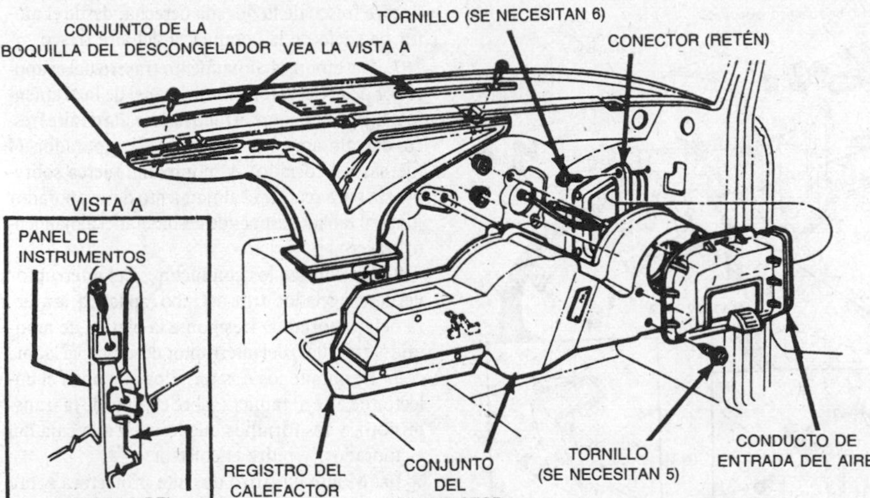

Montaje del calefactor a lo largo del 1979

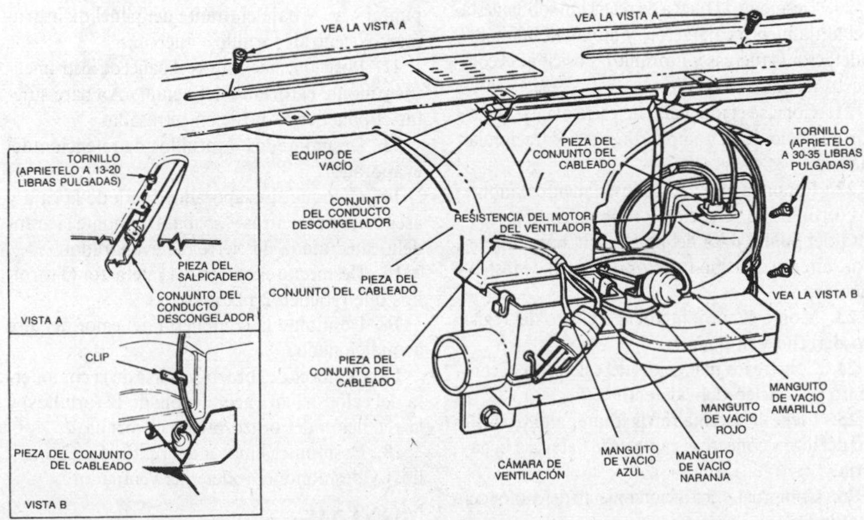

Cámara de distribución y boquilla, 1979

7. Desmonte la junta entre los extremos del manguito del calefactor y el tablero de instrumentos, y los tubos del núcleo.

8. Desmonte los dos tornillos y tuercas que unen el ventilador al calefactor.

9. Desmonte las palas del ventilador del eje del motor y desmonte el motor de la platina de montaje.

10. Monte el nuevo motor sobre la platina de montaje y monte las palas del ventilador sobre el eje del motor.

11. Monte el ventilador y motor en el calefactor.

12. Posicione el conjunto del calefactor en el vehículo y monte las tres tuercas en las espigas de retención.

13. Conecte los manguitos del calefactor al núcleo y llene el radiador.

14. Conecte los hilos del motor del ventilador.

15. Coloque la boquilla de descongelación sobre el calefactor de modo que las aberturas del descongelador y el calefactor se hallen en posición hacia arriba, y no haya pérdidas de aire por el cierre.

16. Monte el conducto de entrada del aire (descarga) en el calefactor. Meta firmemente el conducto contra el cierre en el lado de la bóveda de tablero y apriete los cinco tornillos de unión.

17. Conecte los hilos a la resistencia del motor del ventilador.

18. Conecte los cables de control de temperatura y funcionamiento al calefactor, y ajuste los cables.

19. Vuelva a montar la junta entre el extremo del manguito del calefactor y el panel de instrumentos, núcleo del calefactor.

20. Llene el sistema de refrigeración.

Bronco y Pickups de 1979, calefactor Deluxe Hi-Lo, sin aire acondicionado

1. Desmonte el cable de la batería, desmonte el filtro del aire del carburador y drene parcialmente el sistema de refrigeración.

2. Desmonte los manguitos del calefactor del núcleo del calefactor.

3. Desmonte el forro de la guantera y el conducto de registro, tirando del registro del panel de instrumentos y soltando la pinza del conjunto.

4. Desconecte el manguito de vacío de la entrada del aire exterior de la bóveda derecha, del motor de vacío de la compuerta de recirculación exterior.

5. Desmonte el alojamiento trasero de la parte baja del panel de instrumentos. Desmonte el conducto de entrada de aire del exterior del alojamiento trasero (cuatro tuercas y un tornillo), y monte una sobretuerca para retener el alojamiento del calefactor sujeto contra el panel, después del desmontaje del alojamiento trasero.

6. Desmonte los dos tornillos que retienen el colector contra el tablero (sobre el túnel de la transmisión) y los dos tornillos que lo unen al alojamiento del calefactor, y desmonte el colector.

7. Ponga un trozo de cinta protectora sobre el puntal «A» en el panel de la bóveda, en el ángulo inferior derecho del panel de instrumentos.

8. Desmonte el tornillo que une el panel de instrumentos inferior derecho al puntal «A», y baje el tirante del panel central de instrumentos, tornillos y tuerca.

9. Coloque el panel de instrumentos hacia atrás

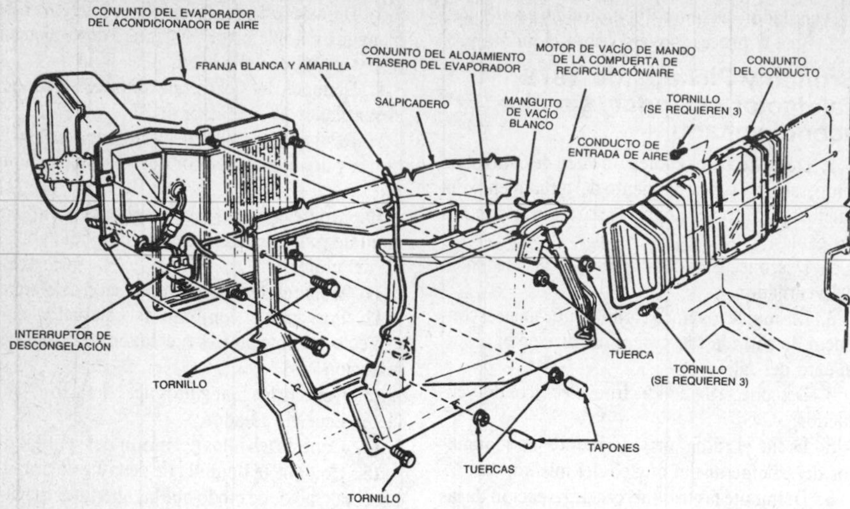

Alojamiento trasero del evaporador, 1979

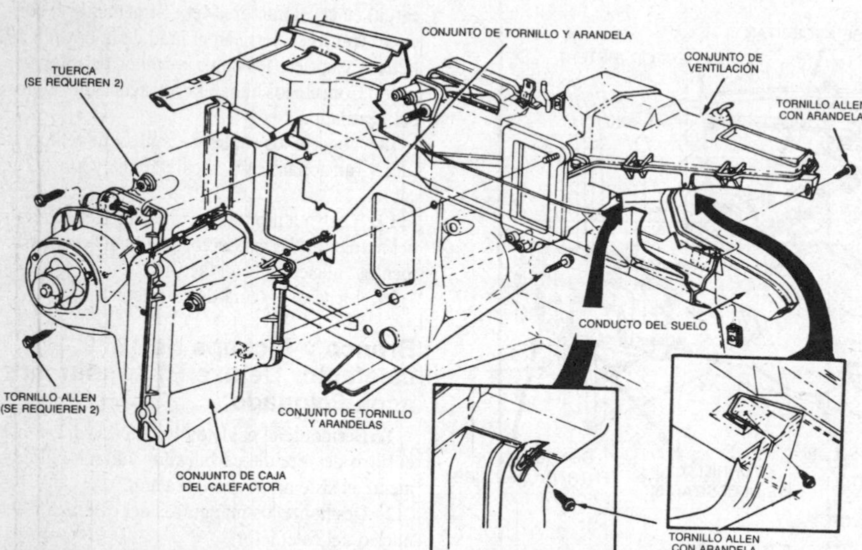

Típica caja de calefactor y cuerpo de distribución, desde 1980

y monte el tornillo del puntal «A» para sujetar el panel en la posición retrasada.

10. Desmonte el núcleo del calefactor (3 tornillos que retienen 2 platinas).

11. Desmonte la compuerta mezcladora de temperatura (quite las arandelas elásticas).

12. Desmonte el brazo-soporte (2 tornillos) de la compuerta mezcladora de temperatura y la retención del brazo-pivote (1 tornillo).

13. Desmonte el motor del ventilador (2 tornillos) y desmonte el rodete del ventilador.

14. Traslade el rodete de la turbina al motor del ventilador y conjunto del panel.

15. Monte la retención del pivote del brazo de la compuerta (1 tornillo) y el soporte del brazo de la compuerta (2 tornillos).

16. Monte la compuerta mezcladora de temperatura (coloque las arandelas elásticas).

17. Monte el núcleo del calefactor.

18. Monte el conjunto del distribuidor (4 tornillos).

19. Conecte los hilos del ventilador.

20. Desmonte la tuerca de retención sobrepuesta del alojamiento calefactor, y monte la salida del calefactor (4 tuercas y 1 tornillo). Posicione el conducto de entrada de aire.

21. Conecte el manguito de vacío blanco al motor de vacío de la compuerta exterior/recirculación.

22. Reponga el panel de instrumentos, monte los tornillos de retención y retire la cinta protectora del puntal «A» del panel de la bóveda interior, ángulo derecho inferior del panel de instrumentos.

23. Monte el conjunto del conducto del registro derecho y la guantera.

24. Conecte los manguitos del calefactor al conjunto del núcleo del calefactor.

25. Llene el sistema refrigerante, monte el filtro del aire y conecte el cable de la batería a la batería.

26. Compruebe el funcionamiento del motor del ventilador.

Bronco y Pickups de 1979, con acondicionador de aire

DESMONTAJE (SIN DESCARGAR EL SISTEMA DEL ACONDICIONADOR DE AIRE)

1. Desconecte el cable de la batería, desmonte el filtro del aire del carburador y drene parcialmente el sistema refrigerante.

2. Desmonte los manguitos del calefactor del núcleo del calefactor.

3. Desmonte de debajo del capó la cartela-soporte del manguito del acondicionador de aire de la bóveda (1 tornillo).

4. Desmonte la cinta protectora de la válvula de expansión y del depósito de expansión. Luego desmonte la platina de protección y cierre el alojamiento del evaporador, y la válvula de expansión (2 tornillos).

5. Desmonte el forro de la guantera y el conducto del aire acondicionado, tirando del registro del panel de instrumentos y soltando la pinza del colector de aire.

6. Desconecte el manguito de vacío de la entrada de aire fresco de la bóveda derecha, desde el motor de vacío de la compuerta del aire fresco.

7. Desmonte el alojamiento trasero del evaporador de la parte inferior del panel de instrumentos. Luego desmonte el tubo de entrada de aire fresco del alojamiento trasero del evaporador (4 tuercas y 1 tornillo), y monte una tuerca sobrepuesta para retener el alojamiento del evaporador junto al tablier después de desmontar el alojamiento trasero.

8. Desconecte los conductores del interruptor del descongelador y tire del tubo capilar hacia afuera del evaporador. Desmonte la platina de montaje (4 tornillos) del interruptor del descongelador.

9. Desmonte los dos tornillos que unen el colector de aire al tablier (sobre el túnel de la transmisión), y los tornillos que lo unen a la caja del evaporador, y retire el colector.

10. Monte un trozo de cinta protectora sobre el puntal «A» del panel de la bóveda interior, en el ángulo inferior derecho del panel de instrumentos.

11. Luego desmonte el tornillo que une el panel inferior de instrumentos del lado derecho al puntal «A» y baje el tirante del panel de instrumentos central, tornillo y tuerca.

12. Posicione hacia atrás el panel de instrumentos y monte el tornillo del puntal «A» para sujetar el panel en la posición retrasada.

13. Desmonte los 4 tornillos de retención del evaporador.

14. Coloque el evaporador fuera de la caja y asegúrelo hacia atrás y arriba. Desmonte la arandela cauchutada de cierre del evaporador.

15. Desmonte el núcleo del calefactor (3 tornillos que retienen 2 platinas).

16. Desmonte la compuerta del calor del aire acondicionado.

17. Desmonte el brazo-soporte de la compuerta del calor del aire acondicionado (2 tornillos) y la retención del brazo-pivote (1 tornillo).

18. Desmonte el motor del ventilador (2 tornillos) y desmonte el rodete del ventilador.

MONTAJE

1. Traslade el rodete del ventilador al conjun-

to del motor del ventilador y panel.

2. Monte la retención del brazo-pivote de la compuerta (1 tornillo) y el soporte del brazo de la compuerta (2 tornillos).

3. Acople la compuerta del calor al aire acondicionado (2 arandelas elásticas).

4. Monte el núcleo del calefactor.

5. Desmonte la retención que sujeta el evaporador fuera de la caja, monte el evaporador y la arandela cauchutada del cierre del tubo.

6. Monte el distribuidor del aire (4 tornillos).

7. Monte la platina de montaje del interruptor del descongelador, monte el tubo capilar del interruptor del descongelador apoyado dentro del núcleo del evaporador, y posicione la arandela cauchutada del paso de los hilos del ventilador.

8. Conecte los hilos del ventilador y del interruptor del descongelador.

9. Desmonte la tuerca de retención superior de la caja del evaporador y monte la salida del evaporador (4 tuercas y 1 tornillo). Luego coloque debajo la entrada del aire.

10. Conecte el manguito de vacío de la entrada de aire fresco de la bóveda derecha al motor de vacío de la compuerta de aire fresco.

11. Reponga el panel de instrumentos, monte los tornillos de retención y desmonte la cinta de protección del puntal «A» del panel de la bóveda interior, en el ángulo inferior derecho del panel de instrumentos.

12. Monte el conjunto del conducto del aire acondicionado derecho y monte el forro de la guantera.

13. Monte el cierre y la platina de protección de la caja del evaporador en la válvula de expansión.

14. Monte cinta aislante sobre la válvula de expansión y el depósito del sensor.

15. Monte la cartela-soporte del manguito del aire acondicionado a la bóveda.

16. Conecte los manguitos del calefactor al conjunto del núcleo del calefactor.

17. Llene el sistema refrigerante, monte el filtro del aire del carburador, y conecte el cable de la batería a la batería.

18. Compruebe el funcionamiento del motor del ventilador.

Bronco y Pickups de 1980 y posteriores, con calefactores de mejora de confort, sin aire acondicionado

1. Desconecte los hilos del motor de los conectores de caja dura.

2. Desconecte el tubo de refrigeración de aire del motor del ventilador.

3. Desmonte los 4 tornillos que unen la platina de montaje del motor del ventilador, y desmonte el motor y el conjunto rodete de la turbina del alojamiento del ventilador.

4. Desmonte el muelle abrazadera del cubo del rodete, y la retención del árbol del motor. Luego desmonte el rodete del eje del motor.

5. Coloque el rodete del ventilador sobre el eje del motor. Luego monte una nueva abrazadera de cubo en el cubo del rodete del ventilador, tal como se muestra. El muelle-abrazadera del cubo va incluido en un juego de rodete nuevo de ventilador, pero no en el juego de motor del ventilador.

6. Monte una nueva junta de brida sobre la brida del motor del ventilador.

7. Posicione el conjunto de motor del ventilador y rodete en el alojamiento del ventilador y monte los 4 tornillos de unión. La abrazadera del hilo debe montarse bajo el tornillo más próximo al conjunto de la resistencia.

8. Una con cemento el tubo de aire del motor del ventilador sobre la boquilla del alojamiento del ventilador con adhesivo de silicona RTV.

9. Conecte los hilos del motor del ventilador a los conectores de caja dura.

10. Compruebe el funcionamiento correcto del motor del ventilador.

Bronco y Pickups de 1980 y posteriores con calefactores estándar y de alto rendimiento, sin aire acondicionado

1. Desconecte los hilos del motor del conector de caja dura y el hilo de masa del tornillo de masa.

2. Desmonte los 4 tornillos de unión del motor del ventilador y del rodete a la caja del calefactor.

3. Desmonte el motor del ventilador y el rodete de la caja del calefactor.

4. Desmonte el muelle abrazadera del cubo del rodete del ventilador, y la arandela de seguridad del eje del motor. Luego saque el rodete del eje del motor.

5. Monte el rodete del ventilador sobre el eje del motor.

6. Monte el muelle-abrazadera del cubo sobre el cubo del ventilador.

7. Posicione el motor del ventilador y el rodete en la caja del calefactor, y monte los 4 tornillos de unión.

8. Conecte los hilos del motor del ventilador, y compruebe el funcionamiento correcto del motor del ventilador.

Bronco y Pickups de 1980 y posteriores, con aire acondicionado

DESMONTAJE (SIN DESCARGAR EL SISTEMA DEL ACONDICIONADOR DE AIRE)

1. Desconecte los hilos de los conectores de caja dura.

2. Desconecte el tubo de refrigeración del motor del ventilador.

3. Desmonte los 4 tornillos de unión de la pla-

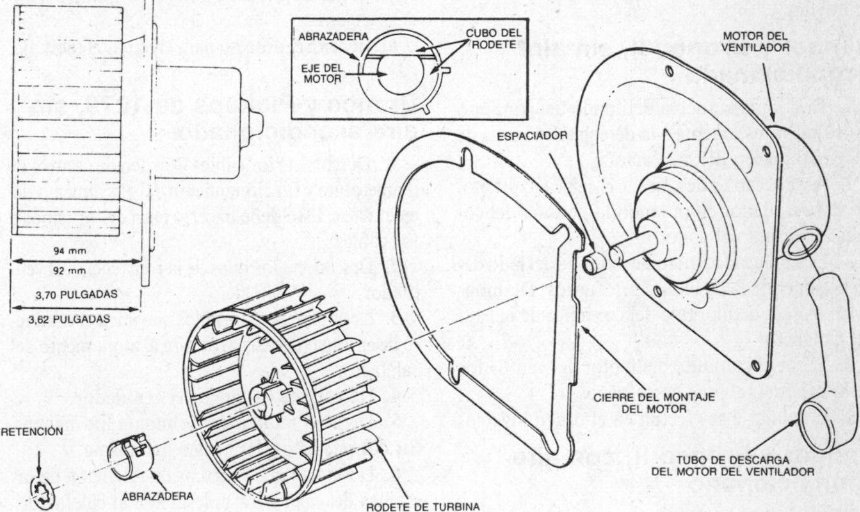

Típico motor de ventilador y rodete de turbina centrífuga con acondicionador de aire, desde 1980

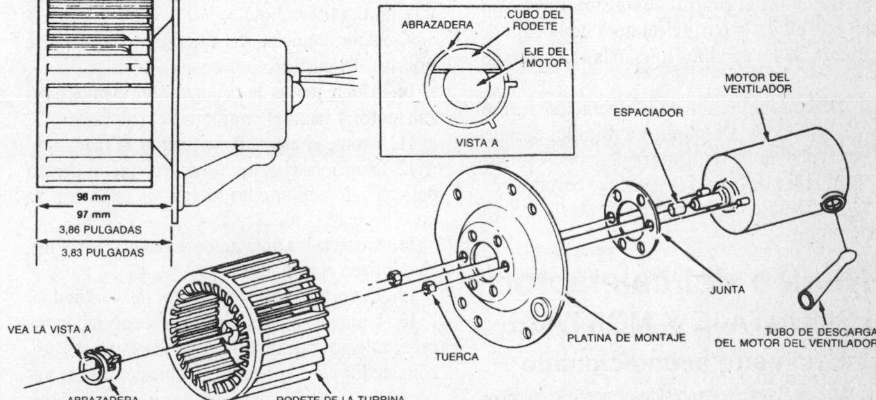

Típico motor de ventilador y rodete de turbina centrífuga con acondicionador de aire, desde 1980

tina de montaje del motor del ventilador, y desmonte el conjunto de motor y rodete del alojamiento del ventilador.

4. Desmonte el muelle-abrazadera del cubo del rodete del ventilador y la retención del eje del motor. Luego desmonte el rodete del eje del motor.

MONTAJE

1. Posicione el rodete del ventilador sobre el eje del motor a la medida señalada. Luego monte un nuevo muelle abrazadera sobre el cubo tal como se muestra. El muelle-abrazadera del cubo va incluido con un juego de rodete de turbina del ventilador nuevo, pero no con el de un motor de ventilador.

2. Monte una junta nueva de brida sobre la brida del motor del ventilador.

3. Coloque el conjunto del motor y rodete en el alojamiento del ventilador, y monte los 4 tornillos de unión. La abrazadera del hilo debe montarse en el tornillo más próximo al conjunto de la resistencia.

4. Cemente el tubo de aire del motor del ventilador sobre la boquilla del alojamiento del ventilador con adhesivo de silicona RTV.

5. Conecte los hilos del motor del ventilador en los conectores de caja dura.

6. Compruebe el funcionamiento correcto del ventilador.

Ranger y Bronco II, sin aire acondicionado

1. Desmonte la tuerca del fondo del conjunto del colector justamente a la derecha de la tapa de acceso al núcleo del calefactor.

2. Abra el capó y desconecte el cableado del motor del ventilador empujando la pestaña del conector, sacando el conector.

3. Desmonte el tornillo de montaje del lado derecho superior del tabique cortafuegos. Desmonte las tuercas de montaje del conjunto de la caja del calefactor.

4. Saque el conjunto del motor del ventilador de la caja del tabique cortafuegos.

5. El montaje se efectúa en el orden inverso.

Ranger y Bronco II, con aire acondicionado

1. Abra el capó y desconecte el cableado del motor del ventilador apretando hacia abajo la pestaña de bloqueo y tirando del conector hacia afuera del motor.

2. Desmonte el control de emisión, si va equipado con él, de la parte delantera de la caja del ventilador. Tres tornillos sujetan la «caja» en posición.

3. Desconecte el tubo de refrigeración del motor del ventilador. Desmonte los tornillos de montaje de la platina del ventilador y desmonte el motor del ventilador de la caja del tabique cortafuegos.

4. El montaje se efectúa en el orden inverso al desmontaje.

Núcleo del calefactor

DESMONTAJE Y MONTAJE

Vans, sin aire acondicionado

1. Drene el refrigerante; desconecte la batería.

2. Desconecte el cableado de la resistencia y el hilo amarillo del motor del ventilador. Desmonte el tornillo del hilo de masa del tabique cortafuegos.

3. Desacople los manguitos del calefactor y la banda de retención del manguito de plástico.

4. Desmonte los 5 tornillos de montaje del interior del camión.

5. Desmonte el conjunto del calefactor.

6. Corte el cierre en los bordes superior e inferior de la retención del núcleo. Desmonte los 2 tornillos y la retención. Deslice el núcleo y el cierre fuera de la caja.

7. Invierta el proceso para efectuar el montaje.

Vans, con aire acondicionado

1. Desconecte los hilos de la resistencia eléctrica de la parte delantera del interior de la tapa del ventilador dentro del camión. Desacople el conducto de vacío del motor de vacío. Desmonte la tapa del ventilador.

2. Desmonte la tuerca y empuje la arandela del eje de la compuerta del aire. Desmonte el cable de control de la cartela y del eje de la compuerta del aire.

3. Desmonte el alojamiento del motor del ventilador y el alojamiento de la compuerta de aire.

4. Drene el refrigerante y desacople los manguitos del calefactor.

5. Desmonte las cartelas de retención del núcleo del calefactor. Desmonte el conjunto del núcleo y cierre.

6. Invierta el proceso para efectuar el montaje.

Bronco y Pickups de 1979, sin aire acondicionado

1. Desconecte los cables Bowden de control de temperatura y funcionamiento del alojamiento del calefactor. Esto debe hacerse para evitar daños a los cables.

2. Desconecte los hilos de la resistencia del ventilador.

3. Desmonte los 5 tornillos que unen el conducto de entrada (descarga) de aire al alojamiento del calefactor.

4. Desconecte los hilos del ventilador.

5. Drene el radiador y desmonte los manguitos del calefactor del núcleo del mismo.

6. Desmonte las 3 tuercas de retención de las espigas del calefactor y desmonte el calefactor.

7. Desmonte la junta que hay entre los extremos del manguito del calefactor y el panel del salpicadero, y los tubos del núcleo.

8. Desmonte la tapa del núcleo del calefactor y la junta (4 tornillos).

9. Saque el núcleo del calefactor y el soporte inferior del mismo.

10. Monte juntas de espuma sobre el núcleo del calefactor y meta el conjunto del calefactor.

11. Monte el cierre del núcleo y la tapa.

12. Posicione el conjunto del calefactor dentro del vehículo y monte las tuercas de retención de las 3 espigas.

13. Conecte los manguitos del calefactor al núcleo y llene el radiador.

14. Conecte los hilos del motor del ventilador.

15. Coloque la boquilla del descongelador sobre el calefactor de modo que las aberturas del descongelador y del colector estén posicionadas hacia arriba y no haya pérdidas de aire por el cierre.

16. Monte el conducto de entrada (descarga) del aire en el calefactor. Empuje con firmeza el conducto contra el cierre en el lado de la bóveda, y apriete los 5 tornillos de unión.

17. Conecte los hilos a la resistencia del motor del ventilador.

18. Conecte los cables de control de temperatura y funcionamiento al calefactor, y ajuste los cables.

19. Vuelva a montar la junta entre el manguito del calefactor y el panel del salpicadero, y los extremos de las salidas del calefactor.

20. Llene el sistema de refrigeración.

Bronco y Pickups de 1979, con calefactor Deluxe Hi-Lo, sin aire acondicionado

1. Desconecte el cable de la batería, desconecte el filtro del aire del carburador, y drene parcialmente el refrigerante del sistema.

2. Desmonte los manguitos del calefactor del núcleo del mismo.

3. Desmonte el forro de la guantera y desmonte el conducto de registro tirando del registro del panel de instrumentos y soltando la pinza del colector.

4. Desconecte el manguito de vacío de la entrada de aire de la bóveda derecha, del motor de vacío que manda la compuerta de control exterior/recirculación.

5. Desmonte el alojamiento trasero de la parte inferior del panel de instrumentos. Desmonte el conducto de entrada de aire del exterior del alojamiento trasero (4 tuercas y 1 tornillo), y monte sobrepuesta una tuerca para sujetar el alojamiento del calefactor al panel del salpicadero después de haber desmontado el alojamiento trasero.

6. Desmonte los 2 tornillos de retención del colector al panel del salpicadero (túnel de la transmisión) y 2 tornillos al alojamiento del calefactor, y desmonte el colector.

7. Monte un trozo de cinta protectora sobre el puntal «A» del panel de la bóveda interior, en el ángulo inferior derecho del panel de instrumentos.

8. Desmonte el tornillo que une el panel de instrumentos inferior derecho al puntal «A», y baje el tirante del panel central de instrumentos, tornillo y tuerca.

9. Coloque hacia atrás el panel de instrumentos y monte el tornillo del puntal «A» para sujetar el panel en posición retrasada.

10. Desmonte el núcleo del calefactor (3 tornillos que retienen 2 platinas).

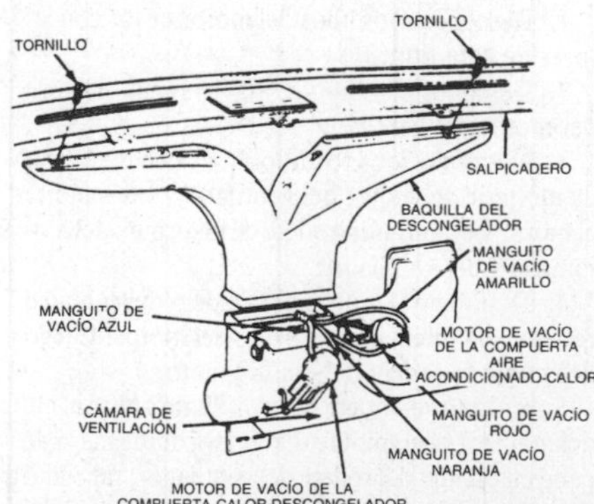

Conexiones de control del calefactor-acondicionador de aire, 1979

11. Desmonte la compuerta de mezcla de temperaturas (arandelas elásticas afuera).

12. Desmonte el soporte del brazo de la compuerta de mezcla de temperaturas (2 tornillos), y la retención del brazo-pivote (1 tornillo).

13. Desmonte el motor del ventilador (2 tornillos) y el rodete de la turbina del ventilador.

14. Traslade el rodete al conjunto del motor del ventilador y panel.

15. Monte la retención del brazo-pivote de la compuerta (1 tornillo) y el soporte del brazo-pivote de la misma (2 tornillos).

16. Monte la compuerta mezcladora de temperaturas (coloque las arandelas elásticas).

17. Monte el núcleo del calefactor.

18. Monte el colector (4 tornillos).

19. Conecte los hilos del ventilador.

20. Desmonte la tuerca que retiene el alojamiento superior del calefactor, y monte la salida del mismo (4 tuercas y 1 tornillo). Coloque el conducto de entrada de aire.

21. Conecte el manguito blanco de vacío al motor de vacío que acciona la compuerta de exterior/recirculación.

22. Reponga el panel de instrumentos en su sitio, monte los tornillos de retención, y retire la cinta protectora del puntal «A» del panel de la bóveda interior, ángulo inferior derecho del panel de instrumentos.

23. Monte el conjunto del conducto de registro derecho, y monte el forro de la guantera.

24. Conecte los manguitos del calefactor al conjunto del núcleo.

25. Llene el sistema de refrigeración, monte el filtro del aire, y conecte el cable de la batería a la misma.

26. Compruebe el funcionamiento del motor del ventilador.

Bronco y Pickups de 1979, con aire acondicionado

DESMONTAJE (SIN DESCARGAR EL SISTEMA DEL AIRE ACONDICIONADO)

1. Desconecte el cable de la batería, desmonte el filtro de aire del carburador, y drene parcialmente el sistema refrigerante.

2. Desmonte los manguitos del calefactor del núcleo del calefactor.

3. Desmonte de la parte inferior del capó la cartela-soporte del manguito del aire acondicionado de la bóveda (1 tornillo).

4. Desmonte la cinta aislante de la válvula de expansión y del bulbo sensor. Luego desmonte la platina-tapa y cierre del alojamiento del evaporador en la válvula de expansión (2 tornillos).

5. Desmonte el forro de la guantera y el conducto del aire acondicionado sacándolo del registro del panel de instrumentos y aflojando la pinza del colector.

6. Desconecte el manguito de vacío de la entrada de aire fresco de la bóveda derecha, del motor de vacío que acciona la compuerta del aire fresco.

7. Desmonte el alojamiento trasero del evaporador de debajo del panel de instrumentos. Luego, desmonte el tubo de entrada de aire fresco del alojamiento trasero del evaporador (4 tuercas y 1 tornillo), y monte una tuerca sobrepuesta para retener el alojamiento del evaporador sobre el panel del salpicadero, después del desmontaje del alojamiento trasero.

8. Desconecte los hilos del interruptor del descongelador, y saque el tubo capilar fuera del núcleo del evaporador. Desmonte la platina de montaje del interruptor del descongelador (4 tornillos).

9. Desmonte los dos tornillos de retención del distribuidor al panel del salpicadero (sobre el túnel de la transmisión), y los dos de la caja el evaporador y desmonte el colector.

10. Monte un trozo de cinta protectora sobre el puntal «A» del panel de la bóveda interior, en el ángulo inferior derecho del panel de instrumentos.

11. Desmonte el tornillo de unión del panel de instrumentos derecho al puntal «A» y baje el tirante del panel de instrumentos central, tornillo y tuerca.

12. Coloque el panel de instrumentos hacia atrás, y monte el tornillo del puntal «A» para sujetar el panel en la posición retrasada.

13. Desmonte los 4 tornillos de retención del evaporador.

14. Coloque el evaporador fuera de la caja y asegúrelo hacia atrás y arriba. Desmonte la arandela cauchutada de cierre del evaporador.

15. Desmonte el núcleo del calefactor (3 tornillos y 2 platinas).

16. Desmonte la compuerta del calor del aire acondicionado (fuera las arandelas elásticas).

17. Desmonte el brazo de la compuerta del calor del aire acondicionado (2 tornillos), y la retención del brazo-pivote (1 tornillo).

MONTAJE

1. Monte la retención del brazo-pivote de la compuerta (1 tornillo), y el soporte del brazo de la compuerta (2 tornillos).

2. Monte la compuerta del calor del aire acondicionado (arandelas elásticas puestas).

3. Monte el núcleo del calefactor.

4. Desmonte la retención que sujeta el evaporador y sáquelo de la caja, y monte el evaporador y la arandela cauchutada que cierra el tubo.

5. Monte el colector (4 tornillos).

6. Monte la platina de montaje del interruptor del descongelador, monte el tubo capilar del interruptor del descongelador introduciéndolo dentro del núcleo del evaporador y posicione la arandela cauchutada del conductor del ventilador.

7. Conecte los hilos del ventilador y del interruptor del descongelador.

8. Desmonte la tuerca sobrepuesta de retención de la caja del evaporador y monte la salida del evaporador (4 tuercas y 1 tornillo). Coloque el fuelle de la entrada de aire.

9. Conecte el manguito de vacío, de la entrada de aire fresco de la bóveda derecha, al motor de vacío que manda la compuerta de aire fresco.

10. Reponga en su sitio el panel de instrumentos, monte los tornillos de retención, y retire la cinta protectora del puntal «A» del panel interior de la bóveda, ángulo inferior izquierdo del panel de instrumentos.

11. Monte el conjunto del conducto derecho del aire acondicionado y el forro de la guantera.

12. Monte el cierre y la tapa-platina en la caja del evaporador en la válvula de expansión.

13. Monte cinta aislante sobre la válvula de expansión y el bulbo sensor.

14. Monte la cartela-soporte del manguito del aire acondicionado sobre la bóveda.

15. Conecte los manguitos del calefactor al conjunto del núcleo del calefactor.

16. Llene el sistema de refrigeración, monte el filtro de aire del carburador y conecte el cable de la batería.

17. Compruebe el funcionamiento del motor del ventilador.

Bronco y Pickups de 1980 y posteriores, con calefactores de mejora de confort, sin aire acondicionado

1. Desconecte los manguitos del calefactor de los tubos del núcleo y tape los manguitos con tapones adecuados de 5/8 de pulgada.

2. Desmonte el forro de la guantera.

3. Desmonte dos pinzas de muelle que unen la tapa del núcleo al colector a lo largo del borde superior de la tapa del núcleo del calefactor.

4. Desmonte los ocho tornillos que unen la tapa del núcleo al colector y desmonte la tapa.

5. Desmonte el núcleo del colector, teniendo cuidado de no derramar refrigerante del núcleo.

6. Monte el núcleo del calefactor en el colector.

7. Monte la tapa del núcleo del calefactor (8 tornillos y 2 pinzas-muelle a lo largo del borde de la tapa).

8. Monte el forro de la guantera.

9. Conecte los manguitos del calefactor al núcleo. Apriete las abrazaderas de los manguitos.

10. Añada refrigerante para reponer el nivel hasta lo especificado.

11. Compruebe el funcionamiento correcto del sistema, y las pérdidas de refrigerante.

Bronco y Pickups de 1980 y posteriores, con calefactores estándar y de alto rendimiento, sin aire acondicionado

1. Desconecte el cable de temperatura de la compuerta de mezcla de temperaturas, y la cartela de montaje sobre la parte superior de la caja del calefactor.

2. Desconecte los hilos de la resistencia del motor del ventilador, y el motor del ventilador.

3. Desconecte los manguitos del calefactor del núcleo, y tape los manguitos con tapones adecuados de 5/8 de pulgada.

4. Trabajando debajo del panel de instrumentos, desmonte las dos tuercas de retención del extremo izquierdo de la caja del calefactor, y del extremo derecho del colector al panel del salpicadero.

5. En el compartimiento del motor, desconecte un tornillo que une la parte superior central de la caja del calefactor al panel del salpicadero.

6. Desmonte los tornillos que unen el extremo derecho de la caja del calefactor al panel del salpicadero, y desmonte la caja del salpicadero del vehículo.

7. Desmonte nueve tornillos y un (1) tornillo y tuerca de la unión de la platina del alojamiento del calefactor a la caja del calefactor, y desmonte la platina del alojamiento del calefactor.

8. Desmonte los tres tornillos que unen el bastidor del núcleo a la caja del calefactor, y desmonte

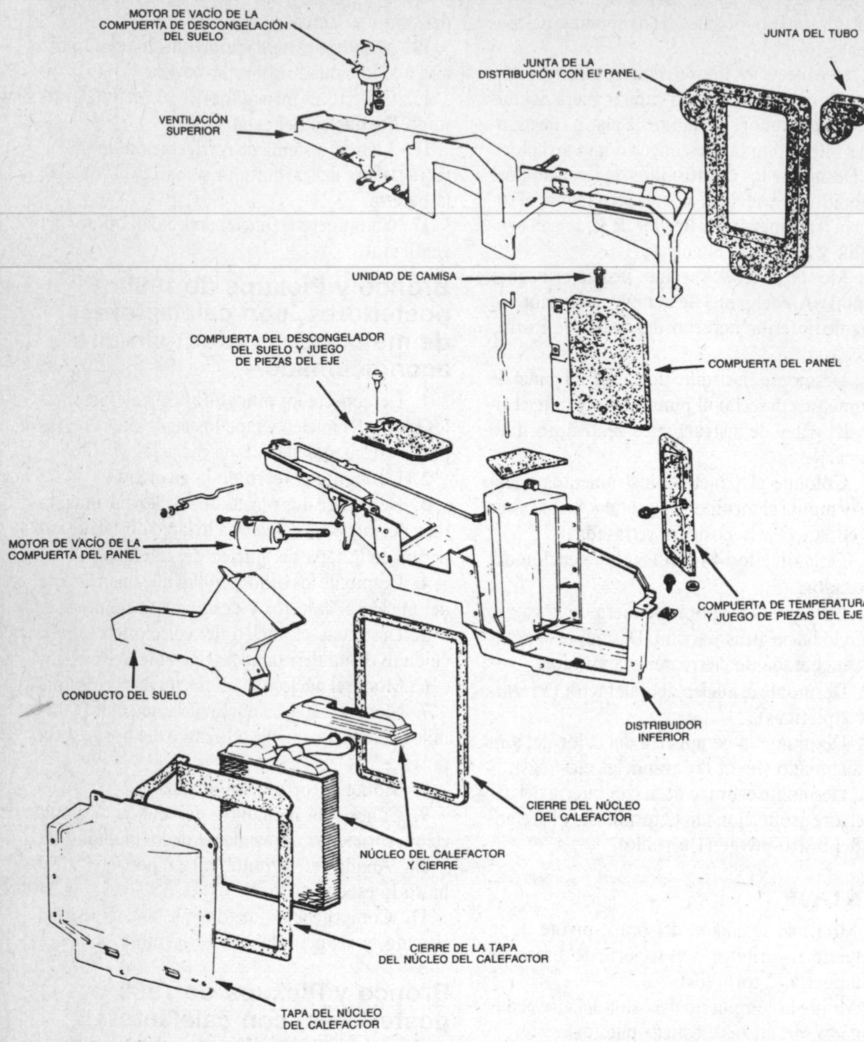

Típica calefacción del confort por la ventilación desde 1980

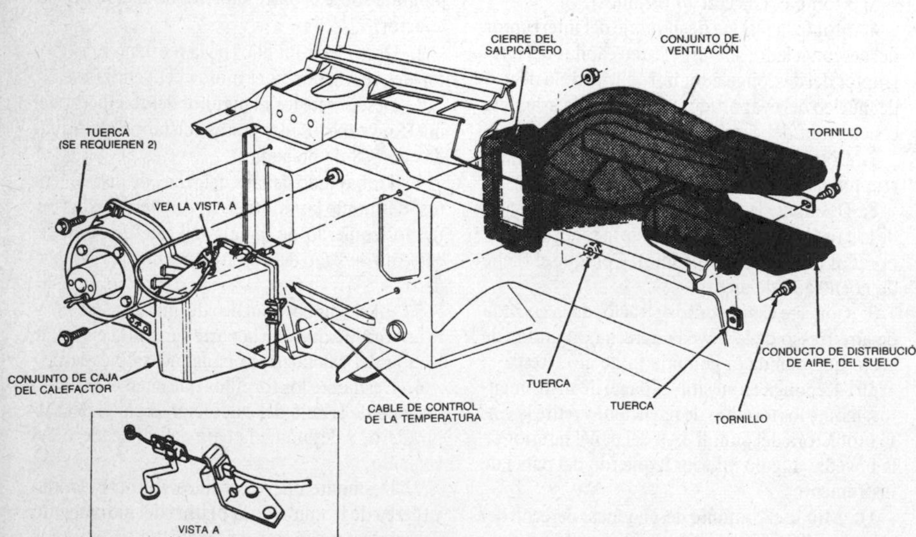

Conjuntos de caja del calefactor y ventilación en los grupos estándar y de alto rendimiento sin acondicionador de aire, de 1980 y posteriores

el calefactor.

9. Desmonte el núcleo del calefactor, y el cierre de la caja del calefactor.

10. Posicione el núcleo del calefactor y cierre en la caja del calefactor.

11. Monte el bastidor del núcleo del calefactor (3 tornillos).

12. Posicione la platina del alojamiento del calefactor sobre la caja del calefactor, y monte los nueve tornillos y un tornillo y una tuerca.

13. Coloque la caja del calefactor en el panel del salpicadero y monte los tres tornillos de unión.

14. Trabajando en el habitáculo, monte dos tuercas para retener la caja del calefactor y el extremo derecho del colector en el panel del salpicadero.

15. Conecte los manguitos del calefactor al núcleo. Apriete las abrazaderas de los manguitos.

16. Conecte los hilos del conjunto de la resistencia del motor del ventilador.

17. Conecte los hilos del motor del ventilador.

18. Posicione (deslizando) la pinza de ajuste automático sobre el cable de temperatura, en posición, a una distancia aproximada de una pulgada del extremo del lazo del cable.

19. Encaje a presión el cable de temperatura en la cartela de dicho cable sobre la caja del calefactor. Luego posicione la pinza de autoajuste sobre el brazo angular de la compuerta.

20. Ajuste el cable de temperatura.

21. Compruebe el correcto funcionamiento del sistema.

Bronco y Pickups de 1980 y posteriores, con aire acondicionado

DESMONTAJE (SIN DESCARGAR EL SISTEMA DEL AIRE ACONDICIONADO)

1. Desconecte los manguitos del calefactor de los tubos del núcleo y tape los manguitos con tapones adecuados de 5/8 de pulgada.

2. Desmonte el forro de la guantera.

3. Desmonte los 8 tornillos que unen la tapa del núcleo al colector, y desmonte la tapa.

4. Desmonte el núcleo del calefactor del colector teniendo cuidado de no derramar refrigerante del núcleo.

MONTAJE

1. Monte el núcleo del calefactor en el colector.

2. Monte la tapa del núcleo del calefactor (8 tornillos).

3. Monte el forro de la guantera.

4. Conecte los manguitos del calefactor al núcleo. Apriete las abrazaderas de los manguitos.

5. Añada refrigerante hasta elevar el nivel a lo especificado.

Ranger y Bronco II, sin aire acondicionado

1. Deje enfriar el motor completamente. Drene el sistema de refrigeración hasta un punto que esté por debajo de los manguitos del calefactor.

2. Desconecte los manguitos del calefactor de los tubos del núcleo. Tape los tubos del núcleo.

3. Desde debajo del salpicadero, desmonte los tornillos que unen la tapa de acceso al conjunto del colector. Desmonte la tapa de acceso.

4. Saque hacia abajo y afuera el núcleo del co-

lector.

5. Monte en el orden inverso. Llene el sistema de refrigeración, arranque el motor, y compruebe posibles pérdidas.

Ranger y bronco II con aire acondicionado

1. Consulte la sección de Sin aire acondicionado. El procedimiento es el mismo.

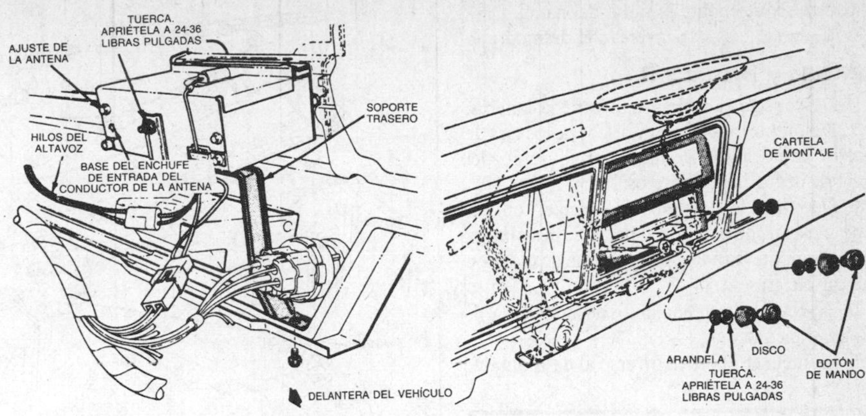

Montaje típico de la radio en un furgón

Caja del calefactor auxiliar (con o sin aire acondicionado)

VANS

Desmontaje y montaje

1. Desmonte el primer asiento del banco (si lo lleva como equipo).

2. Desmonte los tornillos que unen el conjunto de la tapa del calefactor auxiliar y/o el aire acondicionado, y desmonte la tapa.

3. Posicione el conjunto de la tapa en el panel lateral del cuerpo y monte los tornillos de unión.

4. Monte el asiento del banco (si lo desmontó), y apriete los tornillos de retención a 25-45 libras-pie.

Núcleo del calefactor auxiliar y conjunto de cierre

VANS

Desmontaje y montaje

1. Desmonte el primer asiento del banco (si lo lleva como equipo).

2. Desmonte los tornillos (15) que unen la tapa del calefactor auxiliar y/o del aire acondicionado, y desmonte la tapa.

3. Drene parcialmente el refrigerante del motor del sistema de refrigeración.

4. Desmonte los manguitos del calefactor del conjunto del núcleo del calefactor auxiliar (2 abrazaderas).

5. Saque fuera el conjunto de hilos del cierre del núcleo del calefactor.

6. Deslice el conjunto del núcleo y cierre, fuera de la ranura del alojamiento.

7. Deslice el conjunto del núcleo del calefactor y cierre, dentro de la ranura del alojamiento (coloque el cableado a un lado).

8. Monte los manguitos del calefactor en el conjunto del núcleo (2 abrazaderas).

9. Llene el sistema de refrigeración al nivel especificado.

10. Coloque el conjunto de la tapa en el panel lateral del cuerpo, y monte los tornillos de unión.

11. Monte el asiento del banco (si se desmontó), y apriete los tornillos de retención a 25-45 libras-pie.

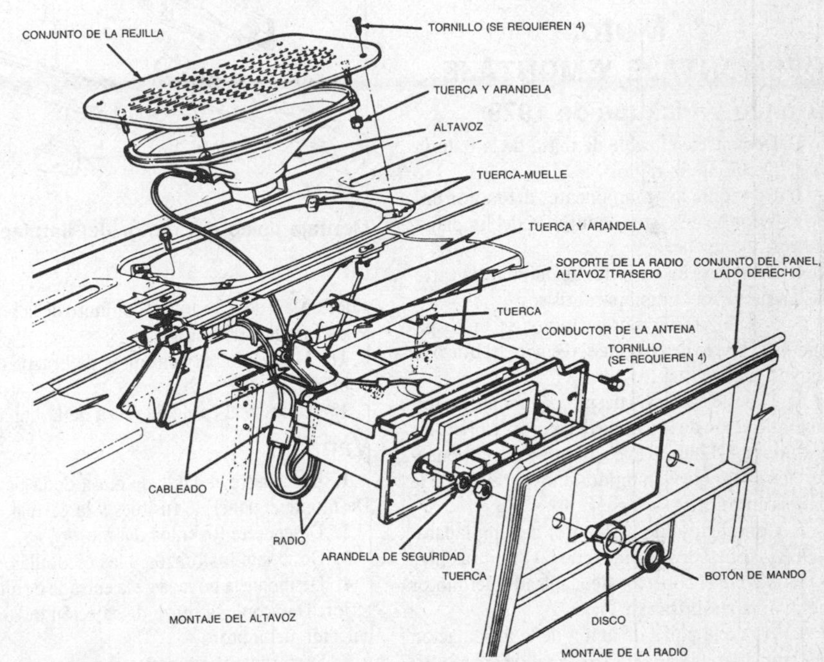

Montaje típico de la radio en los camiones de reparto Bronco de 1978 y posteriores

RADIO

DESMONTAJE Y MONTAJE

Vans

1. Desacople el cable de la batería.

2. Desmonte los botones de control del calefactor y del aire acondicionado. Desmonte el encendedor eléctrico.

3. Desmonte los botones y discos de la radio.

4. Si el camión tiene un encendedor, desenclave la placa del nombre en el lado derecho, para desmontar el tornillo de unión del panel.

5. Desmonte los 5 tornillos del panel de acabado.

6. Con sumo cuidado, saque, haciendo palanca sobre dos puntos, hacia afuera el panel de instrumentos.

7. Desacople el conductor de la antena y los hilos del altavoz.

8. Desmonte las dos tuercas y arandelas, y la platina de montaje.

9. Desmonte los 4 tornillos delanteros de sujeción de la radio. Desmonte la tuerca y arandela del soporte trasero, y desmonte la radio.

10. Invierta el procedimiento para efectuar el montaje.

Bronco y Pickups

1. Desconecte el cable de la batería.

2. En los modelos de 1979, desmonte el cenicero y la cartela-soporte.

3. Desconecte la antena, altavoces e hilos de la radio.

4. Desmonte el tornillo que une el soporte de la radio al borde inferior del panel de instrumentos.

5. Desmonte los botones y discos de los ejes de control de la radio.

6. Desmonte las tuercas de retención de los ejes de control, y desmonte el bisel.

7. Desmonte las tuercas y arandelas de los ejes

de control, y desmonte la radio del panel.

8. El montaje es a la inversa del desmontaje.

Ranger y Bronco II

1. Desconecte el cable negativo de la batería.

2. Desmonte los botones y discos de los ejes de control de la radio. Desmonte el conjunto del panel de acabados delanteros.

3. Desmonte los tornillos que unen el conjunto de la platina de montaje al panel de instrumentos, y desmonte la radio con la platina de montaje y la cartela trasera.

4. Desconecte la antena, hilos de altavoces y línea de alimentación.

5. Móntelo en el orden inverso al desmontaje.

LIMPIAPARABRISAS

Motor

DESMONTAJE Y MONTAJE

Bronco y Pickups de 1979

1. Desconecte el cable de masa de la batería.

2. Desmonte la radio.

3. Desmonte los componentes del motor unidos al tornillo de la cartela inferior del limpiaparabrisas, si los lleva.

4. Desmonte los tornillos de unión de la cartela del motor del limpiaparabrisas.

5. Desconecte los hilos del motor del limpiaparabrisas. Luego desconecte el reenvío del brazo de mando desde el motor.

6. Conecte el reenvío del motor y monte los tornillos de unión de la cartela del motor. Apriete los tornillos a 8-12 libras-pie y monte los componentes del motor que van unidos a los tornillos de la cartela inferior.

7. Conecte los hilos del motor del limpiaparabrisas. Apriete los tornillos de 60-85 libras-pie.

8. Acople el conector del cableado del motor del limpiaparabrisas.

9. Monte la pinza de unión de la articulación del limpiaparabrisas al brazo de salida del motor.

10. Conecte el manguito de la boquilla del surtidor de lavado, y monte el conjunto de la bóveda y los tornillos de unión.

11. Monte ambos conjuntos de brazos de escobillas.

12. Conecte el cable de masa de la batería.

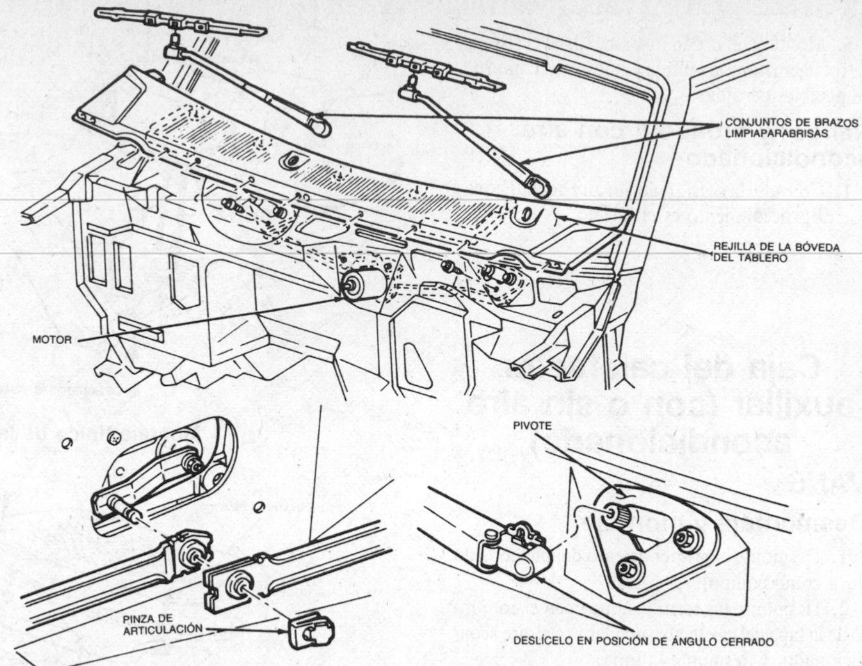

Montaje típico del motor del limpiaparabrisas en los modelos de 1980 y posteriores

Vans

1. Desconecte el cable de masa de la batería. Desmonte el panel de fusibles y la cartela.

2. Desconecte los hilos del motor.

3. Desmonte los brazos y las escobillas.

4. Desmonte la bóveda de la entrada de aire exterior. Desacople la pinza de sujeción de la articulación del motor.

5. Destornille y desmonte el motor.

6. Invierta el proceso para el montaje.

Montaje típico del motor del limpiaparabrisas en todos los modelos, excepto el Bronco, a lo largo de 1979

Ranger y Bronco II

1. Conecte los interruptores de encendido y del limpiaparabrisas. Cuando las escobillas del limpiaparabrisas estén derechas hacia arriba y abajo sobre la luna del parabrisas, desconecte el interruptor de encendido de modo que los brazos y la escobilla del limpiaparabrisas permanezcan en dicha posición.

2. Desconecte el cable negativo de la batería.

3. Desmonte el brazo del limpiaparabrisas y la escobilla del lado derecho. Desmonte la tuerca del pivote del mando del brazo, y deje caer el pivote dentro de la bóveda.

4. Desmonte la tapa de acceso del lado derecho del tabique cortafuegos. Introduzca la mano en el interior y desconecte la articulación del brazo de mando del motor del limpiaparabrisas.

5. Desconecte el cableado del motor del limpiaparabrisas. Desmonte los tornillos de montaje del motor y desmóntelo.

6. Móntelo en el orden inverso. Asegúrese de que los bloqueos de las pinzas de las articulaciones están encajados en sus posiciones correctas.

Reenvío

DESMONTAJE Y MONTAJE

Vans

1. Desconecte el cable negativo de la batería.

2. Desmonte las escobillas y los brazos. Desacople los manguitos de las boquillas de lavado.

3. Desmonte la rejilla de la bóveda.

4. Desmonte las pinzas de las articulaciones. Desmonte los tornillos de unión del pivote y desmonte el conjunto.

Bronco y Pickups de 1979

1. Abra el capó y desconecte el cable de masa de la batería. Desmonte los conjuntos de brazos

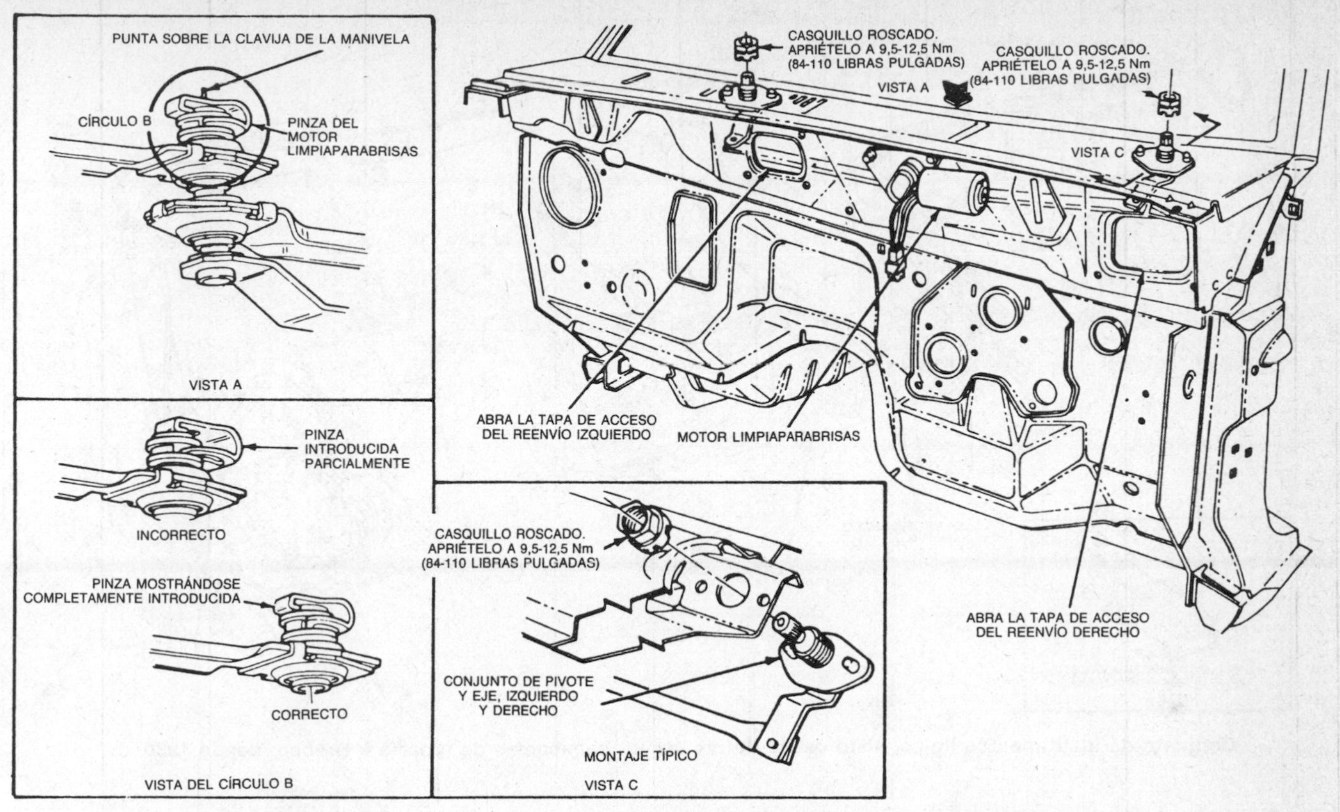

Desmontaje/montaje de la articulación del limpiaparabrisas y el motor en el Ranger/Bronco II

y escobillas de los ejes de pivotaje.

2. Por debajo del panel de instrumentos, desconecte el cable del velocímetro de la parte trasera del conjunto de instrumentos.

3. Desmonte el bisel del conjunto de instrumentos.

4. Afloje los 3 tornillos de retención de la cartela del motor del limpiaparabrisas a la bóveda. Esto le permitirá el acceso entre el panel de la bóveda y el conjunto del reenvío.

5. Desmonte la pinza de retención del brazo de mando del motor al conjunto de reenvío.

6. A través de la abertura del bisel del conjunto, desmonte los tornillos de retención del conjunto del pivote izquierdo. Desmonte el pivote izquierdo y el conjunto del reenvío de debajo del panel de instrumentos.

7. Desmonte el conjunto de la guantera.

8. Desmonte los 3 tornillos de retención del conjunto del pivote derecho y reenvío, al panel de la bóveda.

9. Desconecte el conjunto del reenvío derecho, del brazo derecho, y desmonte el conjunto del pivote derecho y reenvío.

10. Coloque juntas sobre los ejes de pivotaje, y posicione los ejes en el panel de la bóveda y monte los tornillos de retención.

11. Monte el conjunto de la guantera.

12. Posicione los conjuntos de reenvíos sobre el brazo de mando del motor y monte la pinza de retención.

13. Apriete los tornillos de retención de la cartela del motor a la bóveda, y luego vuelva a montar los componentes del motor en el tornillo de la cartela inferior.

14. Monte los conjuntos del brazo del limpiaparabrisas y escobillas.

15. Sitúe y monte el bisel del conjunto de instrumentos.

16. Conecte el cable del velocímetro.

17. Conecte el cable negativo de la batería, cierre el capó y compruebe el funcionamiento de los limpiaparabrisas.

Bronco y Pickups de 1980 y posteriores

1. Desconecte el cable negativo de la batería.

2. Desmonte ambos conjuntos de brazos de limpiaparabrisas.

3. Desmonte los tornillos de unión de la rejilla de la bóveda, y levántela ligeramente.

4. Desconecte el manguito de la boquilla de lavado y desmonte el conjunto de la rejilla de la bóveda.

5. Desmonte la pinza del reenvío del limpiaparabrisas del brazo de salida del motor, y saque el reenvío del brazo de salida.

6. Desmonte los tornillos de unión del cuerpo del pivote a la bóveda, y desmonte el conjunto del reenvío y el eje de pivotaje (3 tornillos en cada lado). Los pivotes izquierdos y derecho del reenvío son independientes y pueden repararse por separado.

7. Acople el conjunto del reenvío y eje de pivotaje a la bóveda con los tornillos de unión.

8. Vuelva a colocar el reenvío en el brazo de salida, y acople la pinza de articulación.

9. Conecte el manguito de la boquilla de lavado y el conjunto de rejillas de la bóveda.

10. Monte los tornillos de unión de la rejilla de la bóveda.

11. Vuelva a montar los dos conjuntos de brazos del limpiaparabrisas.

12. Conecte el cable de masa de la batería.

Ranger y Bronco II

1. Consulte la sección de desmontaje del motor del limpiaparabrisas y siga el procedimiento hasta que se haya desmontado el reenvío del motor del limpiaparabrisas.

2. Deslice el reenvío del lado derecho y el pivote fuera, a través del orificio de acceso.

3. Desmonte el conjunto del brazo limpiaparabrisas del lado izquierdo y la escobilla.

4. Desmonte la tapa de acceso del lado izquierdo. Desmonte la tuerca del pivote, y deslice el reenvío y el pivote a través del orificio de acceso.

5. Móntelo en el orden inverso.

Conjunto del brazo limpiaparabrisas

SUSTITUCIÓN

1979

Levante y doble el brazo hacia atrás, por la junta próxima al pivote. Ahora, tire del brazo derecho hacia afuera del eje-pivote estriado. Para sustituir el brazo sujételo en posición doblada, y deslícelo dentro del pivote.

1980 y posteriores

Eleve el extremo de la escobilla del brazo fuera del parabrisas, y desplace el cierre deslizante fuera del eje-pivote. Esto desbloqueará el brazo limpiaparabrisas del eje-pivote y mantendrá el extremo de

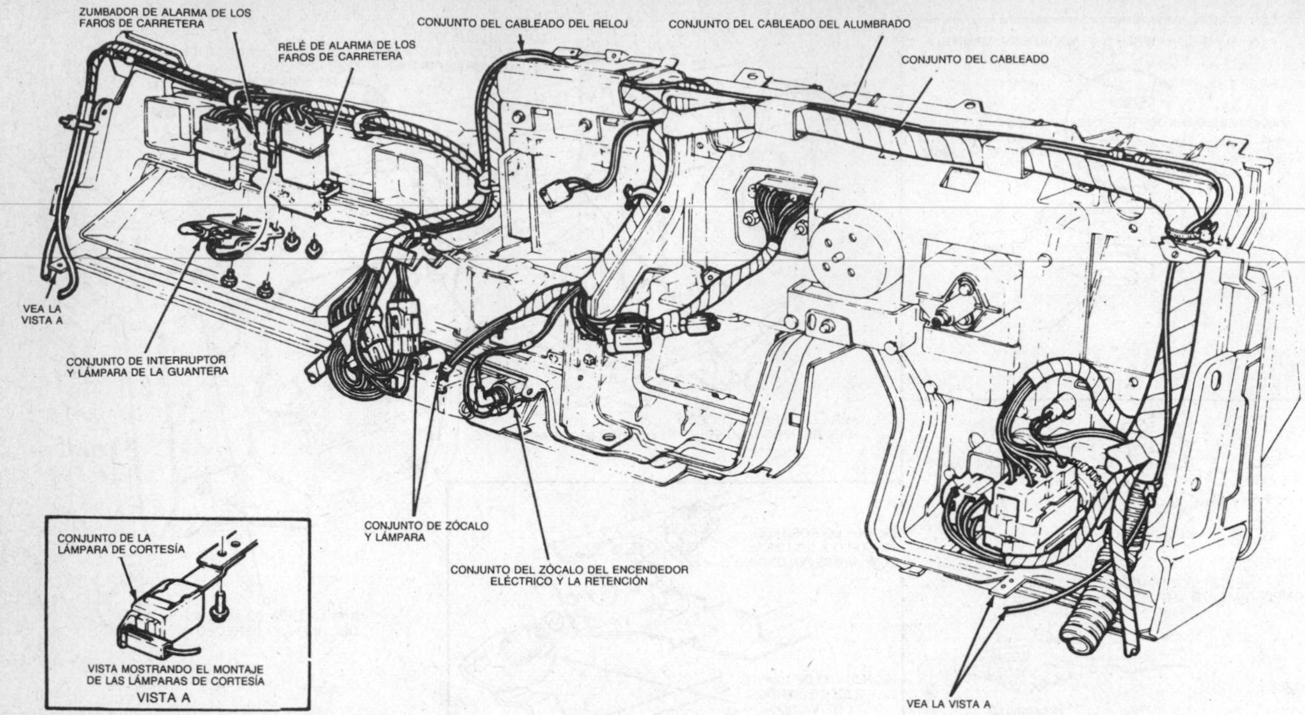

Conjunto de instrumentos típico, visto desde detrás, de las camionetas de reparto y Bronco, desde 1980

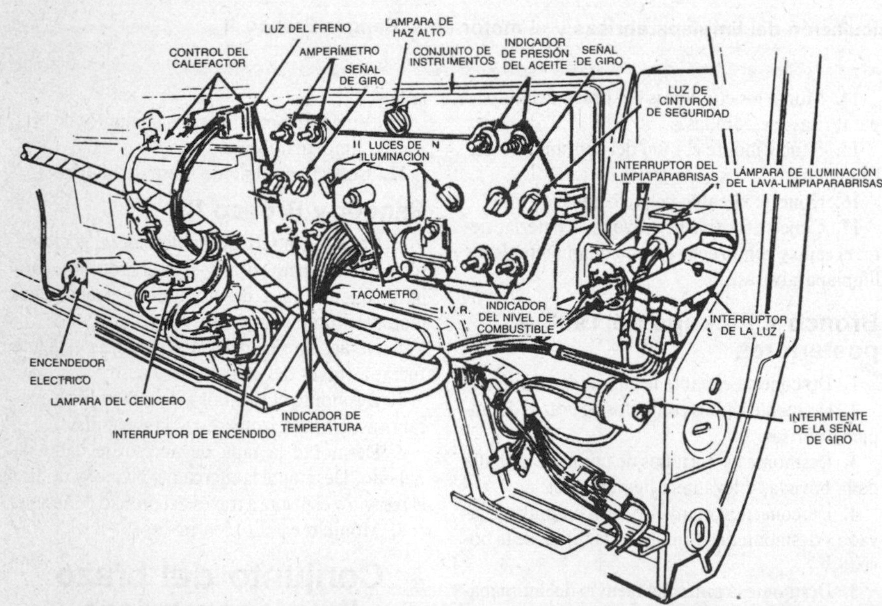

Panel de instrumentos del Bronco y camionetas de reparto-vista trasera

la escobilla fuera del cristal, al mismo tiempo. Ahora el brazo podrá usted extraerlo fácilmente del pivote sin ayuda de herramientas.

Acoplamiento de la escobilla al brazo limpiaparabrisas

SUSTITUCIÓN

1979

Las escobillas limpiaparabrisas utilizadas proceden de dos fabricantes diferentes. Las escobillas Trico y Anco vienen en dos tipos. Un tipo de bayoneta, en el que la montura de la escobilla se desliza sobre el extremo del brazo, y encaja con una espiga de bloqueo. Con el tipo de fondo se utiliza como retención un tornillo y una tuerca que une la escobilla al brazo.

TIPO BAYONETA

Para desmontar una escobilla del tipo Trico, presione hacia abajo, sobre el brazo, para soltar la parte superior de la espiga. Hunda la lengüeta de la montura y tire de la escobilla sacándola fuera del brazo. Para desmontar una escobilla tipo Anco, presione hacia adentro sobre la lengüeta, y tire de la escobilla fuera del brazo. Para montar un conjunto de escobilla nueva, deslice la montura de la escobilla sobre el extremo del brazo limpiaparabrisas de modo que la espiga de bloqueo encaje en su alojamiento.

TIPO DE CLAVIJA MONTADA AL LADO

Para desmontar una escobilla del tipo Trico de clavija, inserte una herramienta adecuada dentro de la abertura de liberación del muelle de la montura de la escobilla, hunda la pinza del muelle, y tire de la escobilla fuera del brazo. Para montar, empuje la montura de la escobilla sobre la clavija, de modo que la sujeción de muelle encaje en la clavija. Asegúrese de que la escobilla está acoplada firmemente al brazo.

Desde 1980

1. Ponga en movimiento cíclico el conjunto del brazo y escobilla, y detenga su movimiento sobre el parabrisas en una posición en la que el desmontaje del conjunto de la escobilla pueda efectuarse sin dificultad. Desconecte la llave de encendido en la posición deseada.

2. Con el conjunto de la escobilla descansando sobre el parabrisas, agarre uno de los extremos del chasis de la escobilla, y tire hacia afuera del parabrisas sacando el conjunto de la escobilla de su pivote.

NOTA: El elemento de caucho se prolonga más allá del chasis. Para evitar daños al elemento de la escobilla, asegúrese de agarrar el chasis de la escobilla y no el extremo de caucho del elemento de la escobilla.

CONJUNTO DE INSTRUMENTOS

DESMONTAJE Y MONTAJE

Bronco y Pickups de 1979

1. Desconecte el cable negativo de la batería.
2. Desmonte los botones de la radio de sus ejes (si la lleva).
3. Desmonte el botón del interruptor del aparato indicador del nivel de combustible (si lo lleva como equipo), botones de control del calefactor, y botón de lava-limpiaparabrisas. Utilice una herramienta en forma de gancho para soltar cada una de las lengüetas de bloqueo del botón.
4. Desmonte el botón y el eje del interruptor de la luz.
5. Desmonte la tuerca y arandela de cada eje de control de la radio, y desmonte el bisel de la radio.
6. Desmonte la tapa de ajuste del conjunto. Los tornillos de unión están localizados como sigue: cuatro tornillos a lo largo de la parte superior del bisel; un tornillo entre las luces y el interruptor del limpiaparabrisas y dos tornillos debajo de la radio. Luego desconecte el conducto del aire acondicionado (si lo lleva como equipo), y la luz del bisel. La luz de iluminación se localiza entre los interruptores de las luces y del limpiaparabrisas. Desmonte los cuatro tornillos de unión del conjunto, desconecte el cable del tacómetro y el conector de hilos del circuito impreso, y desmonte el conjunto.
7. Posicione el conjunto en la abertura, y conecte el conector múltiple y el cable del tacómetro. Conecte el conducto del aire acondicionado y la luz del aire acondicionado (si lo lleva como equipo), y monte los cuatro tornillos de retención del conjunto.
8. Monte la tapa de ajuste.
9. Monte el bisel de la radio (si la lleva).
10. Monte el botón y el eje del interruptor de la luz.
11. Monte los botones de control del calefactor y los botones de control del lava-limpiaparabrisas.
12. Monte los botones de la radio (si la lleva como equipo).
13. Conecte el cable de la batería y compruebe el funcionamiento de todos los aparatos de medida, luces y señales.

Bronco y Pickups de 1980 y posteriores

1. Desconecte el cable de masa de la batería.
2. Desmonte el botón del interruptor del aparato indicador de nivel de combustible (si lo lleva como equipo), y el botón del lava-limpiaparabrisas. Utilice una herramienta en forma de gancho para soltar cada una de las lengüetas de bloqueo de los botones.
3. Desmonte el botón del interruptor de las lámparas de los faros de carretera y del limpiaparabrisas. Desmonte el botón del interruptor de la lámpara antiniebla, si la lleva como equipo.
4. Desmonte la protección de la columna de la dirección. Deben tomarse precauciones para no dañar el cable del indicador de posición de la palanca selectora de la transmisión (PRNDL), en los vehículos equipados con transmisión automática.
5. En los vehículos equipados con transmisión automática, desmonte el lazo del cable del conjunto del indicador de encima de la clavija de retención. Desmonte el tornillo de la cartela del cable y deslice la cartela fuera de la ranura del tubo.
6. Desmonte la tapa de ajuste del conjunto. Desmonte los cuatro tornillos de unión del conjunto, desconecte el cable del tacómetro, ate el conector del circuito impreso, la luz indicadora de la transmisión a 4 x 4 y desmonte el conjunto.
7. Coloque el conjunto en la abertura y conecte el conector múltiple, cable del tacómetro y luz indicadora de la transmisión a 4 x 4. Monte los cuatro tornillos de retención del conjunto.
8. Si lo lleva como equipo, coloque el lazo del conjunto del cable del indicador de la transmisión sobre la retención de la columna.
9. Coloque la lengüeta en la cartela de la columna de la dirección, dentro de la ranura de la columna. Alinee y acople el tornillo.
10. Coloque la palanca selectora de la transmisión sobre la columna de la dirección en la posición «D».
11. Ajuste la cartela ranurada de modo que la clavija esté en la faja de letras.
12. Monte la tapa de ajuste.
13. Monte el botón del interruptor de los faros de carretera. Si las lleva como equipo, monte el interruptor de las lámparas antinieblas.
14. Monte los botones de control del lava-limpiaparabrisas.
15. Conecte el cable de la batería, y compruebe el funcionamiento correcto de todos los aparatos indicadores de medición, luces y señales.

Vans

1. Desconecte el cable de masa de la batería.
2. Desmonte los dos tornillos de retención de la protección de la columna en el panel y desmonte la protección.
3. Afloje los tornillos que unen la columna a los soportes B y C, para facilitar el suficiente espacio para desmontar el conjunto. (Necesario sólo en los vehículos con columna de dirección inclinada.)
4. Desmonte los siete tornillos de retención del conjunto de instrumentos al panel.
5. Coloque el conjunto a un lado del panel para tener acceso a la parte trasera del conjunto y poder desconectar el cable del tacómetro. Si no hay bastante espacio para desacoplar dicho cable desde el tacómetro, puede hacerse necesario desmontar el cable del tacómetro de su conexión en la transmisión, y sacar el cable fuera de la bóveda para dejar espacio y poder desconectar el cable más fácilmente del velocímetro.
6. Desconecte el enchufe del conector del cableado del circuito impreso y desmonte el conjunto del panel de instrumentos.
7. Aplique aproximadamente una gota de 3/16 de pulgada de diámetro de lubricante de silicona, o uno equivalente, en el orificio de mando del cabezal del velocímetro.
8. Coloque el conjunto cerca de su abertura en el panel de instrumentos.
9. Conecte el enchufe del conector del cableado en el circuito impreso.
10. Conecte el cable del velocímetro (desconexión rápida) al cabezal del velocímetro. Conecte el cable del velocímetro al alojamiento de la transmisión (si se desmontó).
11. Monte los siete tornillos de retención del conjunto de instrumentos al panel, y conecte el cable de masa de la batería.
12. Compruebe el funcionamiento de todos los aparatos de medición, luces y señales.
13. Vuelva a montar la columna de la dirección.
14. Posicione la protección de la columna de la dirección sobre el panel de instrumentos, y monte los dos tornillos de unión.

Ranger y Bronco II

1. Desconecte el cable negativo de la batería.
2. Desmonte los dos tornillos de retención de la protección de la columna al panel, y desmonte la protección.
3. Desmonte el ajuste inferior del panel de instrumentos. Desacople la tapa de ajuste del panel desmontando los tornillos de retención.
4. Desmonte los cuatro tornillos de retención del conjunto de instrumentos al panel.
5. Tire ligeramente hacia afuera el conjunto del panel y desconecte el cable del velocímetro. Si no hay bastante espacio para desconectar el cable, desconéctelo por la transmisión y tire con cuidado a través del tabique cortafuegos hasta que se gane el espacio suficiente.
6. Desconecte el conector del cableado de su parte trasera del conjunto. Desconecte cualquier conjunto de bulbos o zócalos de conjunto. Desmonte el conjunto de instrumentos.
7. Monte en el orden inverso al desmontaje.

Cable del velocímetro Núcleo

DESMONTAJE Y MONTAJE

1. Alcance, hacia arriba y por detrás del conjunto de instrumentos, el cable y desconéctelo hundiendo la lengüeta del desconectador rápido, y tirando del cable hacia afuera.
2. Desmonte el cable de la funda. Si el cable está roto, eleve el vehículo sobre un elevador y desconecte el cable de la transmisión.
3. Desmonte el cable de la funda.
4. Para desmontar el cable del vehículo, tire de él a través de la bandeja del suelo.
5. Para sustituir el cable, deslice el cable nuevo dentro de la funda y conéctelo en la transmisión.
6. Pase el cable a través de la bandeja del suelo, y coloque la arandela cauchutada en su ranura del suelo.
7. Empuje el cable sobre la cabeza del velocímetro.

Interruptor del encendido

NOTA: Consulte la sección de la dirección para los procedimientos del Ranger y Bronco II.

DESMONTAJE Y MONTAJE

1979

1. Desconecte el cable de masa de la batería.

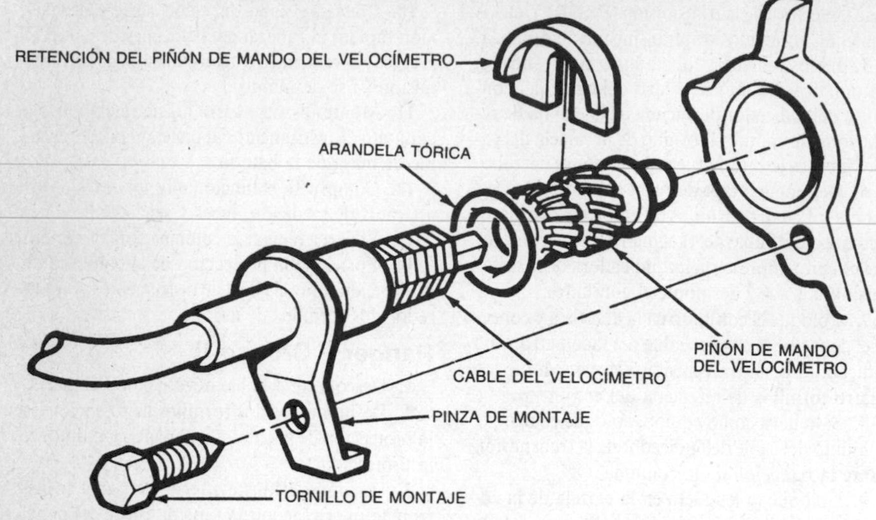

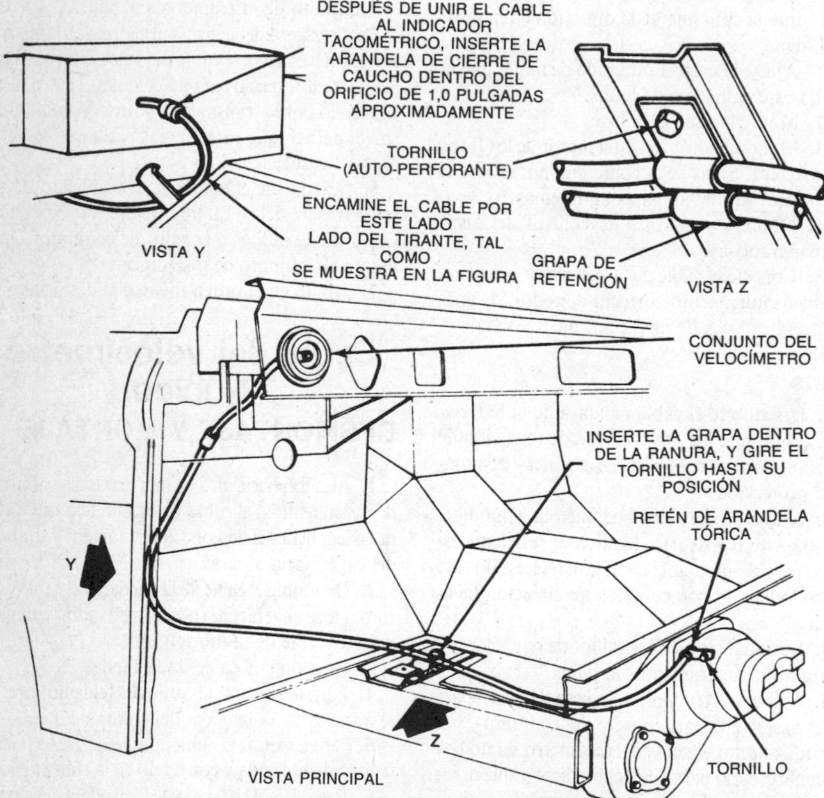

Montaje típico del cable del velocímetro

2. Gire la llave de encendido a la posición de Accesorios, y hunda levemente la clavija de desbloqueo en la cara del cilindro de la cerradura.

3. Gire la llave en sentido contrario a las saetas del reloj, y tire conjuntamente de llave y cerradura hacia fuera del interruptor.

4. Desde debajo del panel de instrumentos, presione hacia adentro sobre la parte trasera del interruptor y gire 1/8 de vuelta en el sentido contrario a las saetas del reloj.

5. Desmonte el bisel y el interruptor. Desmonte la retención y el muelle.

6. Desmonte la tuerca trasera del interruptor.

7. Desmonte los hilos de alimentación del accesorio del aparato de medición del accesorio terminal del interruptor. Tire de la clavija aislante de detrás del interruptor.

8. Para montar: inserte un destornillador dentro de la abertura de la cerradura del interruptor, y gire la ranura del interruptor a la posición totalmente opuesta a las saetas del reloj.

9. Conecte la clavija aislante y los conductores en la tapa trasera del interruptor. Conecte los conductores del accesorio y del aparato de medición al interruptor y monte la tuerca de retención.

10. Coloque el bisel y el interruptor en la abertura del interruptor, presione el interruptor hacia el panel de instrumentos y gírelo 1/8 de vuelta para bloquearlo.

11. Posicione el muelle y la retención sobre el interruptor, con la cara abierta de la retención hacia fuera del interruptor. Coloque el interruptor en la abertura.

12. Presione el interruptor hacia el panel de instrumentos y monte el bisel.

13. Coloque la llave en el cilindro y gírela a la posición de accesorios. Coloque la cerradura y la llave en el interruptor, hunda la clavija de desbloqueo ligeramente, y gire la llave en sentido contrario a las saetas del reloj. Empuje el nuevo cilindro de la cerradura dentro del interruptor. Gire la llave para comprobar el correcto funcionamiento.

14. Conecte la batería.

Desde 1980

1. Desconecte el cable de la batería.

2. Desmonte la protección de la columna de la dirección, y baje la columna de la dirección.

3. Desconecte los hilos del interruptor de la clavija múltiple.

4. Desmonte las dos tuercas que retienen el interruptor a la columna de la dirección.

5. Eleve el interruptor para desacoplar el vástago que acciona el interruptor, y desmonte el interruptor.

6. Cuando monte el interruptor del encendido, el mecanismo de cierre en la parte superior de la columna y el interruptor mismo deben estar en la posición de CERRADO (LOCK) para el ajuste correcto. Para sujetar las piezas mecánicas de la columna en la posición de CERRADO, desplace la palanca de cambio a la posición de APARCAMIENTO (PARK) (con las transmisiones automáticas), o MARCHA ATRÁS (REVERSE) (con transmisión manual), gire la llave a la posición de CERRADO y retire la llave. Los interruptores de recambio nuevos, cuando los recibe, ya están en la posición clavada de CERRADO por una clavija metálica insertada en un orificio de bloqueo en el lado del interruptor.

7. Encaje en el interruptor el vástago que lo acciona.

8. Coloque el interruptor en la columna y monte las tuercas de retención, pero sin apretarlas.

9. Desplace el interruptor, arriba y abajo, a lo largo de la columna para localizar la posición intermedia del espacio del vástago y apriete las tuercas de retención.

10. Desmonte la clavija de bloqueo, conecte el cable de la batería, y compruebe el arranque correcto del motor en las posiciones de APARCAMIENTO (PARK) o PUNTO MUERTO (NEUTRAL). Compruebe también, para cerciorarse, que el circuito de arranque no puede ser accionado en las posiciones de MARCHA (DRIVE) y MARCHA ATRÁS (REVERSE).

11. Eleve la columna de la dirección y sitúela en su posición en el panel de instrumentos. Monte la protección de la columna de la dirección.

Faros de carretera

DESMONTAJE Y MONTAJE

Vans

1. Desmonte los tornillos de retención del aro de ajuste del faro y desmonte el aro de ajuste.
2. Afloje los tornillos de retención del faro y gire el aro en sentido contrario a las saetas del reloj, y desmóntelo. No varíe la posición de los tornillos de ajuste.
3. Tire hacia delante de la lámpara del faro de carretera y desconecte el conector del conjunto de hilos de la lámpara.
4. Conecte el conector a la nueva lámpara. Coloque la lámpara en posición, asegurándose de que los resaltes de la lámpara están encajados en los ajustes de posicionado.
5. Monte el aro de retención de la luz de carretera, deslizando las pestañas del aro sobre los tornillos y girando el aro en el sentido de las saetas del reloj tanto como sea posible. Apriete los tornillos.
6. Coloque el aro de ajuste del faro de carretera en su posición y monte los tornillos de retención.
7. Compruebe el funcionamiento correcto de los faros de carretera.

Modelos Pickup, Bronco, Ranger y Bronco II, de 1979 y posteriores

1. Desmonte los tornillos de unión, de la puerta del faro, y desmonte la puerta.
2. Desmonte los tornillos del aro de retención del faro, y desmonte el aro de retención. No varíe la posición de los tornillos de ajuste.
3. Tire hacia adelante la bombilla del faro, y desconecte el conector del cableado de la lámpara.
4. Conecte el conector del cableado a la lámpara nueva. Coloque la lámpara en posición, asegurándose de que los resaltes de la lámpara se alojan en los encajes de posicionado.
5. Monte el aro de retención del faro de carretera.
6. Coloque el aro de ajuste del faro, o la puerta, en su emplazamiento, y monte los tornillos de retención.

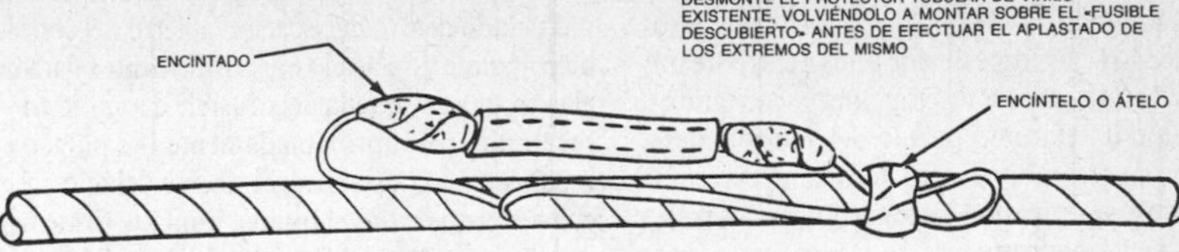

REPARACIÓN TÍPICA, UTILIZANDO EL FUSIBLE DESCUBIERTO REQUERIDO, DE GALGA # 17 (9,00' DE LARGO-AMARILLO) PARA LOS CIRCUITOS (2) DEL ACONDICIONADOR DE AIRE # 6873 Y # 261A LOCALIZADOS EN EL COMPARTIMIENTO DEL MOTOR

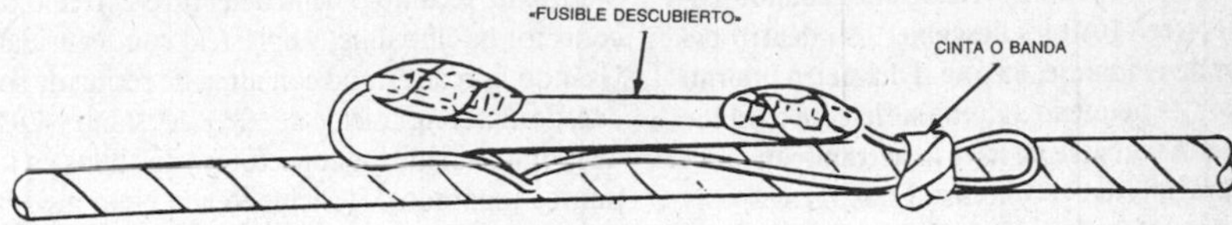

REPARACIÓN TÍPICA VALEDERA PARA CUALQUIER FUSIBLE DESCUBIERTO ACOPLADO EN SERIE, UTILIZANDO EL FUSIBLE DE RECAMBIO DE LA GALGA ESPECIFICADA PARA EL CIRCUITO ESPECÍFICO

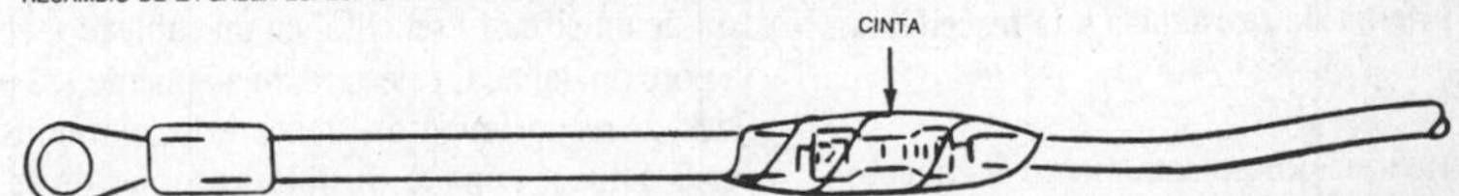

REPARACIÓN TÍPICA USANDO EL FUSIBLE DESCUBIERTO CON TERMINAL DE OJETE A LA GALGA ESPECIFICADA PARA SU ACOPLAMIENTO EN EL EXTREMO DEL HILO DE UN CIRCUITO

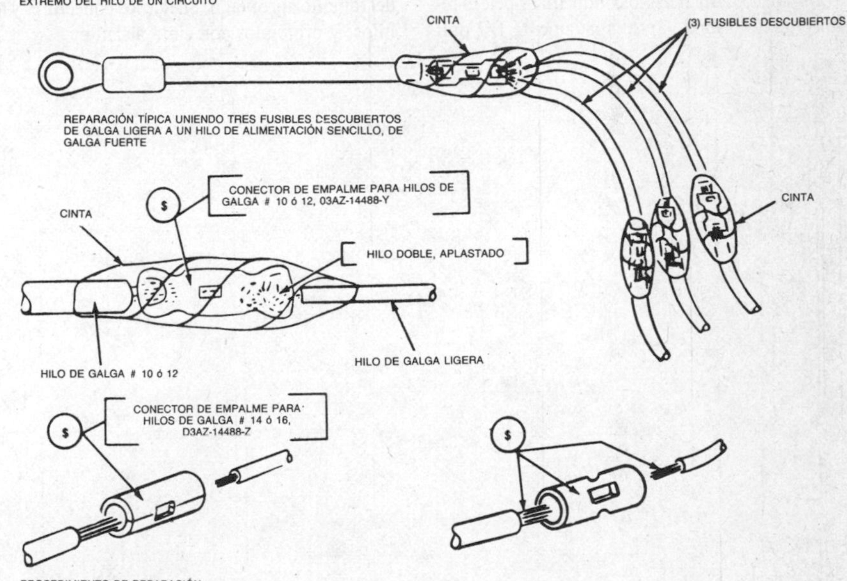

PROCEDIMIENTO DE REPARACIÓN DE FUSIBLE DESCUBIERTO

Procedimiento general de reparación de «fusibles descubiertos»

Interruptor del faro de carretera

DESMONTAJE Y MONTAJE

1. Desconecte el cable de masa de la batería.
2. Dependiendo del año y modelo, desmonte el interruptor del lava-limpiaparabrisas y la lámpara antiniebla, si es que interfiere en el desmontaje de la cabeza del interruptor del faro de carretera. Tantee el cuerpo del interruptor (detrás del salpicadero, vea el paso 3) para localizar el botón de desacople. Presione sobre el botón y retire la cabeza y el vástago juntos. Si no va equipado con un botón de desacople, necesitará una herramienta en forma de gancho para desmontar el cabezal.
3. Desmonte las protecciones de la columna de la dirección y el panel de acabado del panel del conjunto de instrumentos, si es que le priva del espacio necesario para trabajar detrás del salpicadero.
4. Desenrosque la tuerca de montaje del interruptor de la parte delantera del salpicadero. Desmonte el interruptor de la parte trasera del salpicadero y desconecte el cableado.
5. Móntelo siguiendo el orden inverso.

Fusible descubierto

El «fusible descubierto» es un hilo especial corto, aislado con Hypalon (alta temperatura), integrado en el cableado de los hilos eléctricos del compartimiento del motor, y no debe ser confundido con los hilos conductores normales. Hay varios hilos de medidas menores que el circuito que protegen. Bajo ninguna circunstancia debe substituir un «fusible descubierto» para repararlo por uno hecho con un trozo de hilo normal cortado de un rollo, o de otro cableado cualquiera de hilos. Para reparar cualquier «fusible descubierto» fundido, aplique el siguiente procedimiento:

1. Determine qué circuito está averiado, localícelo y averigue la causa de la apertura del fusible. Si el «fusible descubierto», averiado, es uno de los tres alimentado por un conductor de alimentación de las medidas de los números 10 ó 12, confirme el circuito afectado específicamente.
2. Desconecte el cable negativo de la batería.
3. Corte el fusible averiado del cableado de hilos y deséchelo. Si el fusible fundido es uno de los tres circuitos alimentado por un solo hilo, córtelo del cableado por cada extremo del empalme y deséchelo.
4. Identifique y procúrese el «fusible descubierto» apropiado, así como los conectores de empalme para la unión del «fusible descubierto» al cableado.
5. Para reparar cualquier «fusible descubierto», en un grupo de tres fusibles, con un conductor de alimentación, haga lo siguiente: después de cortar y separar el fusible fundido del cableado, corte cada uno de los restantes «fusibles descubiertos» no dañados lo más cerca posible a la sol-

dadura del conductor de alimentación. Quite aproximadamente 1/2 pulgada de recubrimiento aislante de los extremos de dos hilos dentro de un extremo de un conector de empalme y, con cuidado, empuje un extremo pelado del «fusible descubierto» de recambio dentro del mismo extremo del conector de empalme y aplaste juntos los tres, uniéndolos firmemente.

NOTA: Debe tomar precauciones cuando coloque los tres «fusibles descubiertos» dentro del conector de empalme, ya que el diámetro interno del mismo es pequeño aunque suficiente para los tres hilos. Asegúrese de usar la herramienta adecuada para aplastar el conector. Unos alicates, cortadores laterales etc., no realizarán el aplastado apropiado para la retención de los hilos, ni superarán una prueba de resistencia a la tracción sin soltarse.

Después de unir por aplastamiento el conector de empalme a los tres «fusibles descubiertos», corte la porción soldada del hilo conductor, y pele el recubrimiento aislante aproximadamente 1/2 pulgada desde el extremo cortado. Inserte el extremo pelado dentro del extremo abierto del conector de empalme y aplástelo muy firmemente. Para unir el extremo que queda del «fusible descubierto» de recambio, pele aproximadamente 1/2 pulgada de recubrimiento aislante del extremo del hilo del circuito, del que retiró el fusible, y aplaste firmemente un conector de empalme al extremo del hilo pelado. Luego inserte el extremo del «fusible descubierto» de recambio dentro del otro extremo del conector de empalme, y aplástelo con seguridad. Usando hilo de estaño con alma de resina de soldar, de una composición de 60 % de estaño y 40 % de plomo, suelde los conectores y los hilos en los puntos reparados, y encíntelo con cinta aislante eléctrica.

6. Para sustituir cualquier «fusible descubierto» de un circuito sencillo, en un cableado, corte la porción dañada, pele aproximadamente 1/2 pulgada de recubrimiento aislante de los extremos de los dos hilos, y una el «fusible descubierto» de recambio apropiado al hilo pelado, con el conector del tamaño apropiado. Suelde los conectores y los hilos, y protéjalos con cinta aislante.

7. Para reparar cualquier «fusible descubierto» que tenga una terminal con un ojal en cada extremo, como los del circuito de carga, corte el «fusible descubierto» fundido cerca de la soldadura, pele aproximadamente 1/2 pulgada de aislamiento del extremo cortado, y una el nuevo fusible apropiado con terminales de ojal al hilo pelado cortado con un conector de empalme. Suelde los conectores e hilos en la zona reparada y protéjalos con cinta aislante.

8. Conecte el cable negativo de la batería, y compruebe el funcionamiento correcto del sistema.

NOTA: No confunda un hilo de resistencia con un «fusible descubierto». El hilo de resistencia es generalmente más largo y tiene impresa la inscripción indeleble «Resistencia, no la corte o la pele» («Resistor-don't cut or splice»). Cuando acople un «fusible descubierto» de las medidas sencillas números 16, 17, 18 ó 20, a un hilo de medida gruesa, doble siempre el extremo pelado del conductor del «fusible descubierto» antes de insertarlo y aplastarlo dentro del conector de empalme para que se establezca una retención sólida del hilo.

Nissan/Datsun

200SX, 210, 280ZX, 300ZX, 310, 510, 810, Maxima, Pulsar, Sentra, Stanza

IDENTIFICACIÓN DEL NÚMERO DE SERIE

Número del motor

El número del motor va estampado en la orilla del lado derecho del bloque de cilindros, excepto en los modelos 200SX, de 1984 y posteriores, y en los 300ZX y Maxima (VG3OE, ETV6) de 1984 y posteriores. En los 300ZX el número va estampado en la orilla posterior de la zona derecha del bloque. En los Maxima el número está en el borde de la zona frontal del bloque, del lado del conductor. En los 200SX de 1984 y posteriores (en los motores CA20E y CA18ET) el número va estampado sobre la orilla posterior izquierda del bloque, cercana a la carcasa del embrague. El número de serie del motor va precedido por la clave del modelo del motor.

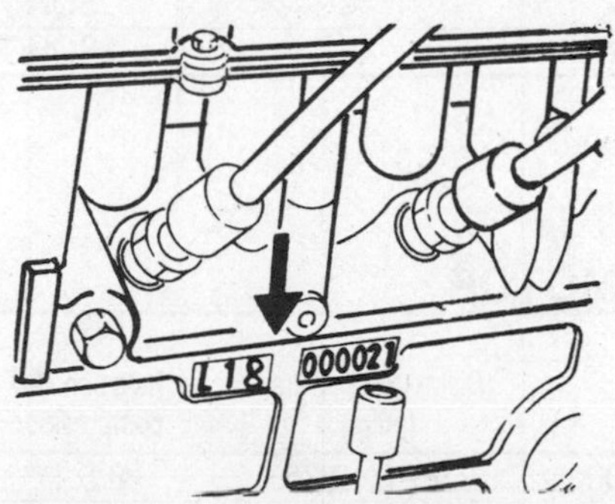

Número de serie y de código del motor, todos excepto los 6V, CD17 y CA20/CA18ET

Número de chasis

El número del chasis está sobre el muro contrafuego debajo del capó. Todos los vehículos tienen también el número del chasis sobre una placa fija a la parte superior del tablero de instrumentos del lado del conductor, visible a través del parabrisas. El número de serie del chasis va precedido por la designación de modelo. Todos los modelos cuentan con una etiqueta de información del control de emisiones que se encuentra sobre el muro contrafuego debajo del capó.

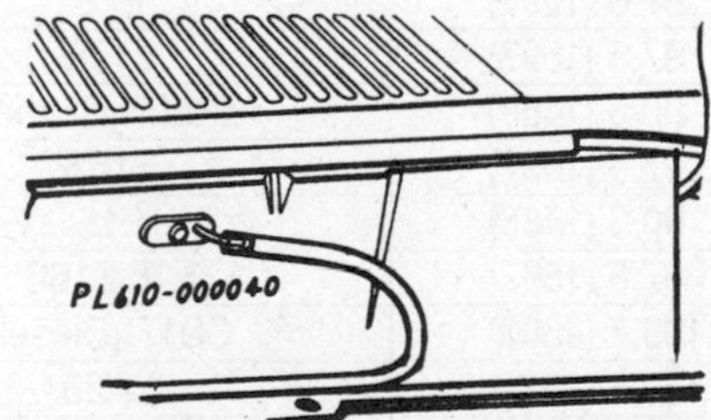

Ubicación del número del chasis

PLACA DE IDENTIFICACIÓN DEL VEHÍCULO

La placa de identificación del vehículo va sujeta al capó fijo o al muro contrafuego. Esta placa va montada por delante del alojamiento del poste en los 300ZX y al lado derecho del muro contrafuego, detrás de la batería, en los 280ZX. La placa de identificación da el modelo del vehículo, el desplazamiento del motor en cc., la potencia nominal SAE en Hp, la base de las ruedas, el número del motor y el número del chasis.

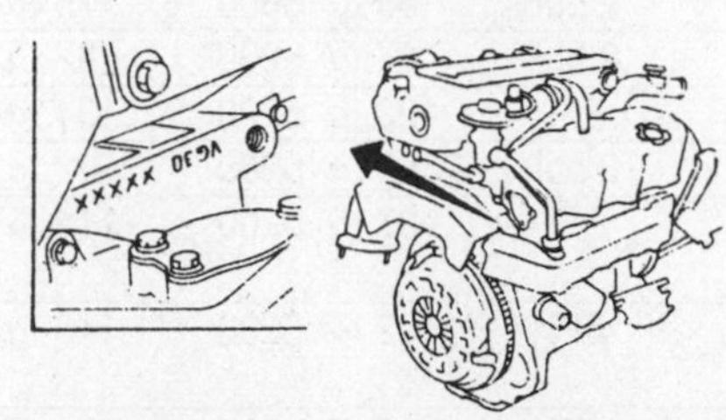

Ubicación del número de identificación del motor — V6 de 1984 y posteriores

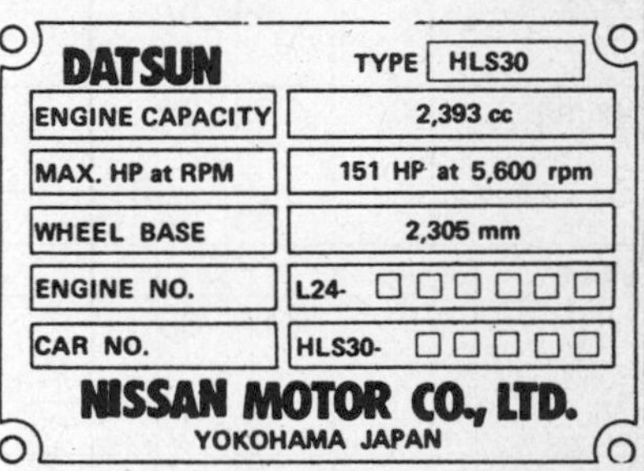

DATSUN
TYPE HLS30
ENGINE CAPACITY
2,393 cc
MAX. HP at RPM
151 HP at 5,600 rpm
WHEEL BASE
2,305 mm
ENGINE NO.
L24-
CAR NO.
HLS30-
NISSAN MOTOR CO., LTD.
YOKOHAMA JAPAN

Placa de identificación del vehículo

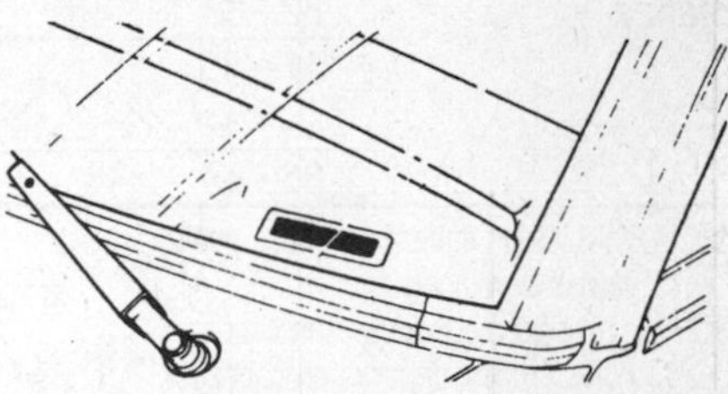

Ubicación del VIN

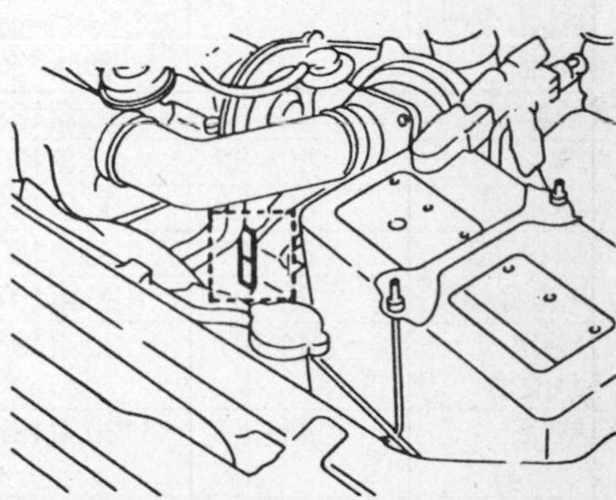

Ubicación del número de serie del motor diesel CD17 1.7L

IDENTIFICACIÓN DEL MOTOR

Modelo	Año	Cilindrada del motor (pulg.³) cc	Identificación de serie del motor	Nº de cilindros	Tipo de motor
210	'80–'82	75.5 (1237)	A12A	4	OHV
		85.3 (1397)	A14	4	OHV
		90.8 (1488)	A15	4	OHV
310	'80	85.3 (1397)	A14	4	OHV
	'81	90.8 (1488)	A15	4	OHV
	'82	90.8 (1488)	E15	4	SOHC
510	'80–'81	119.1 (1952)	Z20S	4	SOHC
810	'80	146 (2393)	L24	6	SOHC
	'81 (Maxima)	146 (2393)	L24E	6	SOHC
		170 (2793)	LD28 (Diesel)	6	SOHC
200SX	'80–'81	119.1 (1952)	Z20E	4	SOHC
	'82–'83	133.4 (2181)	Z22,Z22E	4	SOHC
	'84–'87	120.4 (1974)	CA20E	4	SOHC
		110.3 (1809)	CA18ET (Turbo)	4	SOHC
280ZX	'80	168 (2753)	L28	6	SOHC
	'81–'83	168 (2753)	L28E	6	SOHC
		168 (2753)	L28ET (Turbo)	6	SOHC
300ZX	'84–'87	180.6 (2960)	VG30E	V6	SOHC
		180.6 (2960)	VG30ET (Turbo)	V6	SOHC
Maxima	'82–'84	146 (2393)	L24E	6	SOHC
		170 (2793)	LD28 (Diesel)	6	SOHC
	'85–'87	180.6 (2960)	VG30E	V6	SOHC
Pulsar	'83	97.6 (1597)	E16	4	SOHC
	'84–'85	97.6 (1597)	E16S	4	SOHC
		90.8 (1488)	E15ET (Turbo)	4	SOHC
	'86–'87	97.6 (1597)	E16S	4	SOHC
Sentra	'82–'83	90.8 (1488)	E15	4	SOHC
	'83–'87	97.6 (1597)	E16,E16S	4	SOHC
		103.7 (1680)	CD17 (Diesel)	4	SOHC
Stanza	'82–'83	120.4 (1974)	CA20	4	SOHC
	'84'–'85	120.4 (1974)	CA20S (Canada)	4	SOHC
		120.4 (1974)	CA20E (U.S.)	4	SOHC
	'86–'87	120.4 (1974)	CA20E	4	SOHC

OHV - Válvulas en cabeza activadas por varillas de empuje
SOHC - Un sólo árbol de leva en cabeza
DOHC - Dos árboles de levas en cabeza

ESPECIFICACIONES GENERALES DEL MOTOR

Tipo de motor	Año	Cilindrada del motor pulg. ³ (cc)	Tipo de sistema de combustible	Potencia (Hp) @ rpm	Par motor @ rpm (lb-pie)	Diámetro x carrera (pulg.)	Relación de compresión
A12A	'80–'82	75.5(1237)	2 bbl	58 @ 5600	67 @ 3600	2.95 × 2.75	8.5:1
A14	'80–'82	85.3(1397)	2 bbl	65 @ 5600	75 @ 3600	2.99 × 3.03	8.9:1①
A15	'80–'82	90.8(1488)	2 bbl	67 @ 5200	82 @ 3200	2.99 × 3.23	8.9:1
CA18ET②	'84–'87	110.3(1809)	EFI	120 @ 5200	134 @ 3200	3.27 × 3.29	8.0:1
CA20,CA20S③	'82–'85	120.4(1974)	2 bbl	88 @ 5200	112 @ 2800	3.33 × 3.46	8.5:1
CA20E (Stanza)	'84–'87	120.4(1974)	EFI	97 @ 5200	114 @ 3200	3.33 × 3.46	8.5:1
CA20E (200SX)	'84–'87	120.4(1974)	EFI	102 @ 5200	116 @ 3200	3.33 × 3.46	8.5:1
CD17	'83–'87	103.7(1680)	DFI	55 @ 4800	104 @ 2800	3.15 × 3.31	22.2:1
E15	'82–'83	90.8(1488)	2 bbl	67 @ 5200	85 @ 3200	2.92 × 3.23	9.0:1

ESPECIFICACIONES GENERALES DEL MOTOR

Tipo de motor	Año	Cilindrada del motor pulg. ^{3} (cc)	Tipo de sistema de combustible	Potencia (Hp) @ rpm	Par motor @ rpm (lb-pie)	Diámetro x carrera (pulg.)	Relación de compresión
E15ET②	'84–'85	90.8(1488)	EFI	100 @ 5200	152 @ 3200	2.92 × 3.23	7.8:1
E16,E16S	'83–'87	97.6(1597)	2 bbl	69 @ 5200	93 @ 3200	2.99 × 3.46	9.4:1
L24	'80	146(2393)	EFI	120 @ 5200	125 @ 4400	3.27 × 2.90	8.9:1④
L24E	'81–'84	146(2393)	EFI	120 @ 5200	134 @ 2800	3.27 × 2.90	8.9:1
L28	'80	168(2753)	EFI	132 @ 5200	144 @ 4000	3.39 × 3.11	8.3:1
L28E	'81–'83	168(2753)	EFI	145 @ 5200	156 @ 4000	3.39 × 3.11	8.8:1
L28ET②	'81–'83	168(2753)	EFI	180 @ 5600	202 @ 2800	3.39 × 3.11	7.4:1
LD28	'81–'84	170(2793)	DFI	80 @ 4600	120 @ 2400	3.33 × 3.27	22.7:1
VG30E (300ZX)	'84–'87	180.6(2960)	EFI	160 @ 5200	174 @ 4000	3.43 × 3.27	9.0:1
VG30E (Maxima)	'85–'87	180.6(2960)	EFI	152 @ 5200	167 @ 3600	3.43 × 3.27	9.0:1
VG30ET②	'84–'87	180.6(2960)	EFI	200 @ 5200	227 @ 3600	3.43 × 3.27	7.8:1
Z20E	'80–'81	119.1(1952)	EFI	100 @ 5200	112 @ 3200	3.35 × 3.39	8.5:1
Z20S	'80–'81	119.1(1952)	2 bbl	92 @ 5200	112 @ 2800	3.35 × 3.39	8.5:1
Z22,Z22E	'82–'83	133.4(2181)	EFI	102 @ 5200	129 @ 2800	3.43 × 3.62	8.5:1

Los valores de los caballos de fuerza y de apriete figuran en cifras netas SAE
EFI Inyección de combustible electrónica
OFI Inyección de combustible Diesel
① 1980-8.5: 1
② Turbocomprimido
③ CA20S - Canadá
④ California - 8.6: 1

ESPECIFICACIONES DE PUESTA A PUNTO (MOTORES DE GASOLINA)

Año	Tipo de motor	Bujías: Tipo	Bujías: Distancia entre electrodos	Distribuidor: Abertura de platinos (pulg.)	Sincronización del encendido (grados): Cambio manual	Sincronización del encendido (grados): Cambio aut.	Presión de la bomba de combustible	Ralentí (vel. en vacío) rpm: Manual	Ralentí (vel. en vacío) rpm: Aut.▲	Holgura de válvulas (pulg.): Adm.	Holgura de válvulas (pulg.): Esc.
'80	A12A	BP5ES	0.041	①	10B②	8B②	3.9	700	650	0.014	0.014
	A14	BP5ES	0.041	①	8B	8B②	3.9	700	650	0.014	0.014
	A15	BP5ES	0.041	①	10B②	8B②	3.9	700	650	0.014	0.014
	L24	BP6ES	0.041	①	10B	10B	36	700	650	0.010	0.012
	L28	BP6ES-11③	0.041	①	10B	10B	36	700	700	0.010	0.012
	Z20E	BP6ES	0.033	①	8B④	8B④	3.7	700	700	0.012	0.012
	Z20S	BP6ES	0.033	①	8B④	8B④	3.8	600	600	0.012	0.012
'81	A12A	BP5ES-11	0.041	①	10B	5B	3.8	700	650	0.014	0.014
	A14,A15	BP5ES-11	0.041	①	5B⑤	5B	3.8	700	650	0.014	0.014
	L24E	BP6ES	0.041	①	10B	10B	36	700	650	0.010	0.012
	L28E	BPR6ES-11	0.041	①	8B	8B	36	700	700	0.010	0.012
	L28ET	BPR6ES-11	0.041	①	20B	20B	36	650	650	0.010	0.012
	Z20E	BP6ES③	0.033	①	6B⑥	6B⑥	37	750	700	0.012	0.012
	Z20S	BP6ES③	0.033	①	6B	6B	3.8	600	600	0.012	0.012
'82	A12A	BP5ES-11	0.041	①	10B	5B	3.8	700	650	0.014	0.014
	A14,A15	BP5ES-11	0.041	①	5B⑤	5B	3.8	700	650	0.014	0.014
	CA20	⑦	0.041	①	0	0	3.8	750	700	0.012	0.012
	E15	BPR5ES-11	0.041	①	2A⑧	2A⑧	3.8	750	750⑨	0.011	0.011
	L24E	BP6ES	0.041	①	8B	8B	36	700	650	0.010	0.012
	L28E	BPR6ES-11	0.041	①	8B	8B	36	700	700	0.010	0.012
	L28ET	BPR6ES-11	0.041	①	20B	20B	36	650	650	0.010	0.012
	Z22,Z22E	BPR6ES⑩	0.033	①	8B	8B	37	750	700	0.012	0.012

ESPECIFICACIONES DE PUESTA A PUNTO (MOTORES DE GASOLINA)

Año	Tipo de motor	Bujías		Distribuidor	Sincronización del encendido (grados)		Presión de la bomba de combustible	Ralentí (vel. en vacío) rpm		Holgura de válvulas (pulg.)	
		Tipo	Distancia entre electrodos	Abertura de platinos (pulg.)	Cambio manual	Cambio aut.		Manual	Aut. ▲	Adm.	Esc.
'83	CA20	⑦	0.041	①	0	0	3.8	750	700	0.012	0.012
	E15	BPR5ES-11	0.041	①	2A	2A	3.8	750	750	0.011	0.011
	E16	BPR5ES-11⑪	0.041	①	⑫	⑫	3.8	750	650	0.011	0.011
	L24E	BP6ES	0.041	①	8B	8B	36	700	650	0.010	0.012
	L28E	BPR6ES-11	0.041	①	8B	8B	36	700	700	0.010	0.012
	L28ET	BPR6ES-11	0.041	①	24B	24B	36	650	650	0.010	0.012
	Z22,Z22E	BPR6ES⑩	0.033	①	8B	8B	37	750	700	0.012	0.012
'84	CA18ET	BCPR6ES-11⑬	0.041	①	15B	15B	37	750	700⑭	0.012	0.012
	CA20E	BCPR6ES-11⑬	0.041	①	0	0	37	750⑮	700⑭	0.012	0.012
	CA20S	⑦	0.041	①	0	0	3.8	750	700	0.012	0.012
	E15ET	BPR6ES-11	0.041	①	15B	15B	37	750	650	0.011	0.011
	E16S	BPR5ES-11⑪	0.041	①	⑫	⑫	3.8	750	650	0.011	0.011
	L24E	BPR6ES-11	0.041	①	8B	8B	36	700	650	0.010	0.012
	VG30E	BCPR6ES-11	0.041	NA	20B	20B	37	700	650	Hyd.	Hyd.
	VG30ET	BCPR6E-11	0.041	NA	20B	20B	37	700	650	Hyd.	Hyd.
'85	CA18ET	BCPR6ES-11⑬	0.041	NA	15B	15B	37	750	750⑭	0.012	0.012
	CA20E	BCPR6ES-11⑬	0.041	NA	4B	0	37	750	700	0.012	0.012
	CA20S	⑦	0.041	NA	0	0	3.8	650	650	0.012	0.012
	E15ET	BPR6ES-11	0.041	NA	15B	15B	37	750	650	0.011	0.011
	E16S	BPR5ES-11⑪	0.041	⑫	⑫	⑫	3.8	750	650	0.011	0.011
	VG30E	BCPR6ES-11	0.041	NA	20B	20B	37	700⑭	700⑭	Hyd.	Hyd.
	VG30ET	BCPR6E-11	0.041	NA	20B	20B	37	700	650	Hyd.	Hyd.
'86	CA18ET	BCPR6ES-11⑬	0.041	NA	15B	15B	37	750⑭	750⑭	0.012	0.012
	CA20E	BCPR6ES-11⑬	0.041	NA	4B	0⑰	37	750	700	0.012	0.012
	E16S	BPR5ES-11⑪	0.041	⑰	⑯	⑯	3.8	800	650	0.011	0.011
	VG30E	BCPR6ES-11	0.041	NA	20B	20B	37	700⑭	700⑭	Hyd.	Hyd.
	VG30ET	BCPR6E-11	0.041	NA	20B	20B	37	700	650	Hyd.	Hyd.
'87	Vea las especificaciones que figuran en la etiqueta que está debajo del capó										

NOTA: Las especificaciones que figuran en la etiqueta de debajo del capó, generalmente incluyen los cambios de especificaciones de puesta a punto efectuados durante el proceso de producción. Deberá utilizar las cifras de la etiqueta si éstas no coinciden con las de esta tabla

● Ajuste en caliente
▲ En rodaje
NA: No ajustable
A: Después Punto Muerto Superior
B: Antes Punto Muerto Superior
① 0,012-0,020 pulg.
② California: 5B
③ Canadá-BPR6ES-11
④ California-6B
⑤ Canadá-10B
⑥ Canadá-6B
⑦ Lado de admisión: BPR6ES-11
Lado de escape: BPR5ES-11
⑧ Canadá-4A
⑨ Canadá-650 rpm
⑩ Lado de admisión; Lado de escape-BPR5ES
⑪ Canadá-BPR5ES; entrehierro-0,003
⑫ 5A @ 750 rpm Cambio Manual, California, Canadá.
5A @ 650 rpm Cambio Aut., California, Canadá
15B @ 800 rpm Cambio Manual, 49 estados
8B @ 650 rpm Cambio Aut., 49 estados
⑬ Lado de admisión; Lado de escape —BCPR5ES-11
⑭ Modelos de alta altitud-680
⑮ Stanza 49 estados-800
⑯ 5A @ 800 rpm Cambio Manual, California, Canadá
5A @ 650 rpm Cambio Aut., California, Canadá
10B @ 800 rpm Cambio Manual, 49 estados
10B @ 650 rpm Cambio Aut., 49 estados
⑰ 49 estados: no ajustable
Calif./Canadá: 0,012-0,020

ESPECIFICACIONES DE PUESTA A PUNTO (MOTORES DIESEL)

Año	Modelo	Cilindrada motor pulg.^{3} (cc)	Holgura de la válvula tibia (pulg.) Adm.	Esc.	Ajuste de la bomba de inyección (grados)	Presión de la boquilla de inyección (libras/pulg.^{2}) Nueva	Usada	Ralentí (vel. en vacío) rpm	Presión de compresión (lib./pulg.^{2})
'81–'83	LD28	170 (2,793)	0.010	0.012	Alinear marcas	1,920–2,033	1,778–1,920	650	455
'83–'87	CD17	103.7 (1680)	0.012	0.020	Vea el texto	1,920–2,033	1,778–1,920	750	455

NOTA: La pegatina de especificaciones que está bajo el capó, generalmente incluye los cambios de especificaciones de puesta a punto efectuados durante el proceso de producción. Deberá utilizar las cifras de la etiqueta si éstas no coinciden con las de esta tabla

ÓRDENES DE ENCENDIDO

NOTA: Para evitar confusiones al sustituir los cables de las bujías de encendido, quítelos siempre uno por uno.

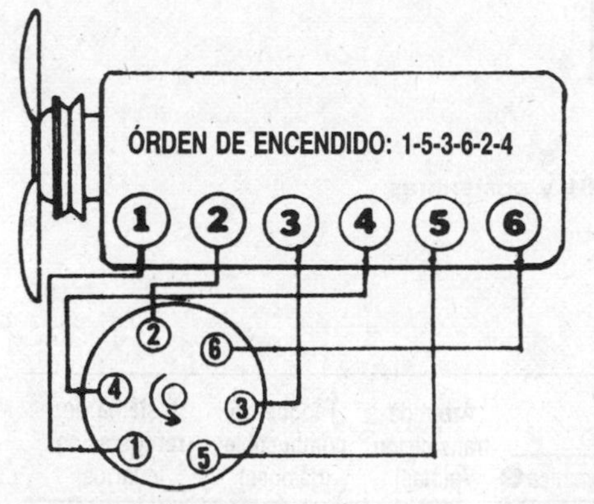

Motores L24 y L28

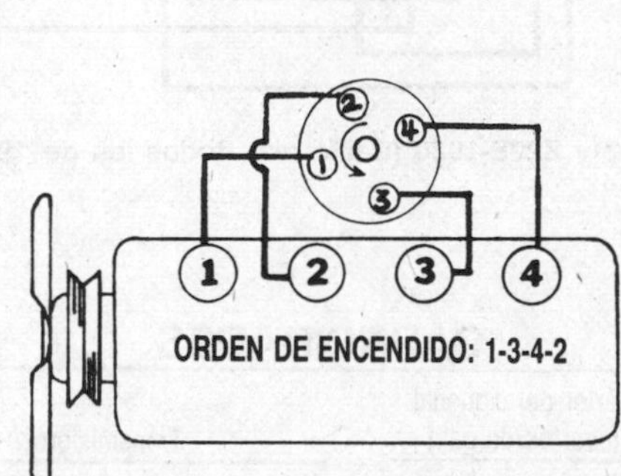

Motores de la serie A

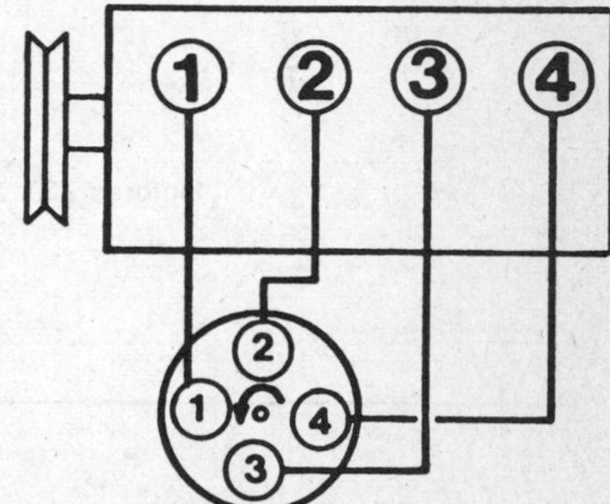

Motor Z20 (1980) (49 estados)
Orden de encendido: 1-3-4-2
Rotación del distribuidor: el sentido opuesto a las agujas del reloj

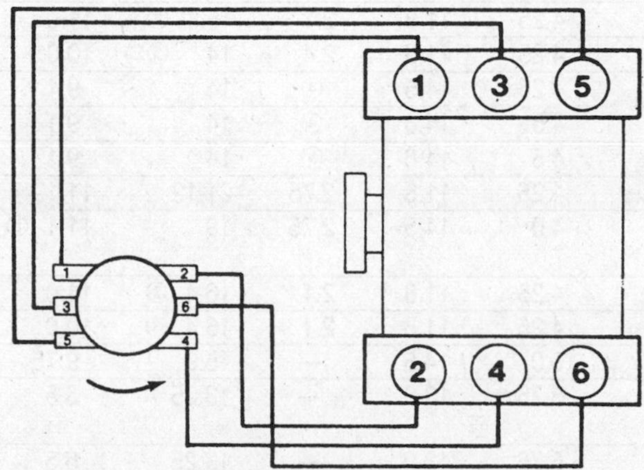

Orden de encendido del motor V6: 1-2-3-4-5-6

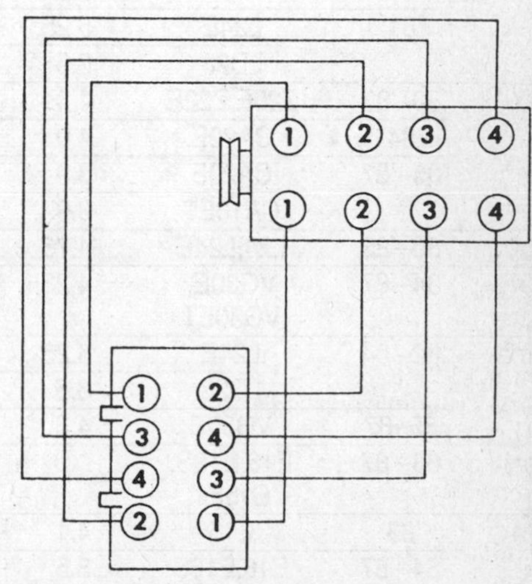

Motores CA20 y CA18ET

ÓRDENES DE ENCENDIDO

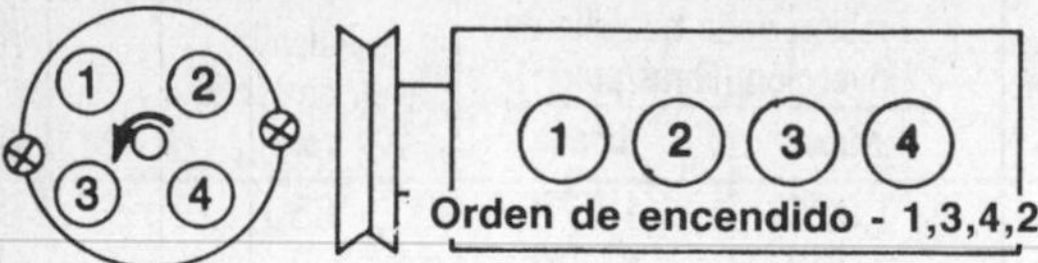

Motores E15, E15ET y E16

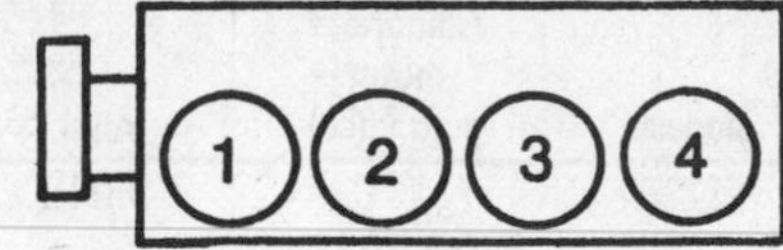

Orden de encendido 1-3-4-2-CD17

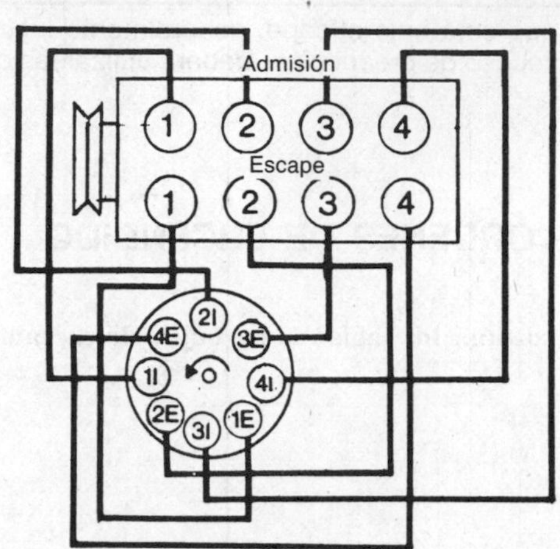

Motores Z20, Z22 y Z22E-1980 (California); todos los de 1981 y posteriores

CAPACIDADES

Modelo	Año	Motor	Cárter del cigüeñal (cuartos de gal.) c/filtro	s/filtro	Transmisión 4 vel.	5 vel.	Automática●	Árbol de transmisión (pintas)	Tanque de combustible (galones)	Sistema de refrigeración (cuartos)
210	'80–'82	A12A	3.4	2.8	2.5	—	11.8	1.8	13.25	6.25①
		A14	3.4	2.8	2.5	—	11.8	1.8	13.25	6.25①
		A15	3.25	2.5	—	2.5	11.8	1.8	13.25	6.25①
310	'80–'81	A14,A15	3.4	2.8	4.9	4.9	—	—	13.25	6.25
	'82	E15	4.12	3.6	4.9	5.7	12.8	—	13.25	6.50
510	'80–'81	Z20S	4.65	4.0	3.15	3.6	11.8	2.4	13.25	9.25
810	'80	L24	5.9	5.25	3.7	4.25	11.8	2.0	15.9 ②	11.00
	'81	L24E	5.25	4.75	—	4.25	11.8	2.1	16.4 ③	11.6
		LD28	6.5	6.0	—	4.25	11.8	2.1	16.4 ③	11.0
200SX	'80–'83	Z20E,Z22E	4.4	4.1	—	4.25	11.8	2.4	14 ③	10.0
	'84	CA20E	4.0	3.75	—	4.25	14.5	④	14	9.1
	'85–'87	CA20E	3.9	3.4	—	4.5	14.6	④	14	9.1
		CA18ET	3.9	3.4	—	4.5	14.6	④	14	9.1
280ZX	'80–'83	L24,L24E	4.75	4.25	—	4.25	11.8	2.75	21.12	11.12
300ZX	'84–'87	VG30E, VG30ET	4.25	3.9	—	4.0	14.5	2.75	19	11.1 ⑤
Maxima	'82–'84	L24E	5.25	4.75	—	4.25	11.8	2.1	16.4 ③	11.0
		LD28	6.5	6.0	—	4.25	11.8	2.1	16.4 ③	10.0
	'85–87	VG30E	4.5	4.1	—	10.0	14.5	—	15.9	9.75
Pulsar	'83–'87	E16,E16S, E15ET	⑥	⑥	—	5.75	13.0	—	13.25	5.5
Sentra	'83	E15	4.1	3.6	4.9	5.75	13.0	—	13.25	5.5
	'84–'87	E16,E16S	3.5	3.0	4.9	5.75	13.0	—	13.25	5.5
		CD17	4.25	3.5	4.9	5.75	13.0	—	10.75	7.5

CAPACIDADES

Modelo	Año	Motor	Cárter del cigüeñal (cuartos de gal.) c/filtro	s/filtro	Transmisión 4 vel.	5 vel.	Automática ●	Árbol de transmisión (pintas)	Tanque de combustible (galones)	Sistema de refrigeración (cuartos)
Stanza	'82–'87	CA20,CA20S, CA20E	⑦	⑦	—	5.75	13.0	⑨	14.25⑧	7.2

● Llenado total
① T/A-6 cuartos
② Station wagon-14.5 gal.
③ Dos volúmenes o Station wagon-15.9 gal.
④ Eje posterior rápido-2.1 ptas.
IRS-2.75 ptas.
⑤ Turbo-11.5
⑥ '83-'84: No-turbo-c/3.9 s/3.5
Turbo-añadir 0.75 cuartos al no-turbo
⑦ '84-'84: c/4.2; s/3.75
'85-'87: c/3.75; s/3.25
⑧ Station wagon
⑨ Caja de transferencia: 2.2 pintas
Posterior: 2.2 pintas

ESPECIFICACIONES DEL ÁRBOL DE LEVAS

(Todas las medidas en pulgadas)

Motor	Diámetro de muñones 1	2	3	4	5	Tolerancia en cojinete	Altura de lóbulo Admisión	Escape	Juego axial
A12A,A14 A15	1.7237– 1.7242	1.7041– 1.7046	1.6844– 1.6849	1.6647– 1.6652	1.6224– 1.6229	①	NA	NA	0.0004– 0.0020
CA20,CA20S CA20E,CA18ET	1.8085– 1.8092	1.8085– 1.8092	1.8085– 1.8092	1.8085– 1.8092	1.8077– 1.8085	0.004②	0.354	0.354	0.0028– 0.0055
CD17	1.1795– 1.1803	1.1795– 1.1803	1.1795– 1.1803	1.1795– 1.1803	1.1795– 1.1803	0.0008– 0.0024	NA	NA	0.0024– 0.0067
E15,E15ET	1.6515– 1.6522	1.6498– 1.6505	1.6515– 1.6522	1.6498– 1.6505	1.6515– 1.6522	0.0014– 0.0030③	NA	NA	0.016
E16,E16S	1.6515– 1.6522	1.6498– 1.6505	1.6515– 1.6522	1.6498– 1.6505	1.6515– 1.6522	0.0014– 0.0030③	NA	NA	0.0059– 0.0114
L24,L24E L28E,L28ET, LD28	1.8878– 1.8883	1.8878– 1.8883	1.8878– 1.8883	1.8878– 1.8883	1.8878– 1.8883	0.0015– 0.0026	0.262	0.262	0.0031– 0.0150
VG30E,VG30ET	1.8472– 1.8480	1.8472– 1.8480	1.8472– 1.8480	1.8472– 1.8480	1.8472– 1.8480	0.0024– 0.0041	NA	NA	0.0012– 0.0024
Z20S,Z20E, Z22,Z22E	1.2967– 1.2974	1.2967– 1.2974	1.2967– 1.2974	1.2967– 1.2974	–	0.0018– 0.0035	NA	NA	0.008

① NA No disponible
Nº 1 y 5: 0.0015-0.0024
Nº 2 y 4: 0.0011-0.0020
Nº 3: 0.0016-0.0025
② Límite de tolerancia
③ Muñones Nº 1, 3 y 5
Nº 2 y 4: 0.0031-0.0047

ESPECIFICACIONES DE CIGÜEÑAL Y BIELAS

(Todas las medidas en pulgadas)

Modelo de motor	Cigüeñal: Diámetro del muñón del cojinete princ.	Tolerancia de aceite del cojinete princ.	Juego axial	Empuje en el Nº	Bielas: Diámetro del muñón	Tolerancia de aceite	Tolerancia lateral
A12A, A14, A15	1.9666– 1.9671	0.001– 0.0035	0.002– 0.0059	3	1.7701– 1.7706	0.0012– 0.0031	0.008– 0.012
CA18ET	2.0847– 2.0852	0.0016– 0.0024	0.0020– 0.0071	3	1.7701– 1.7706	0.0008– 0.0024	0.008– 0.012
CA20, CA20E, CA20S	2.0847– 2.0852	0.0016– 0.0024	0.012	3	1.7701– 1.7706	0.0008– 0.0024	0.008– 0.012
CD17	2.0847– 2.0852	0.0015– 0.0026	0.0020– 0.0071	Central	1.7701– 1.7706	0.0009– 0.0026	0.008– 0.012
E15, E15ET	1.9663– 1.9671	②	0.002– 0.007	3	1.5730– 1.5738	0.0012– 0.0024	0.004– 0.0146

ESPECIFICACIONES DE CIGÜEÑAL Y BIELAS

(Todas las medidas en pulgadas)

Modelo de motor	Cigüeñal: Diámetro del muñón del cojinete princ.	Cigüeñal: Tolerancia de aceite del cojinete princ.	Cigüeñal: Juego axial	Cigüeñal: Empuje en el Nº	Bielas: Diámetro del muñón	Bielas: Tolerancia de aceite	Bielas: Tolerancia lateral
E16, E16S	1.9663–1.9671	②	0.0020–0.0071	3	1.5730–1.5738	0.0012–0.0024③	0.004–0.0146
L24, L24E	2.1631–2.1636	0.001–0.003	0.002–0.007	Central	1.9670–1.9675①	0.001–0.003	0.008–0.012
L28E, L28ET	2.1631–2.1636	0.0008–0.0026	0.002–0.007	Central	1.9670–1.9675	0.0009–0.0026	0.0079–0.0118
LD28	2.1631–2.1636	0.0008–0.0024	0.0020–0.0071	Central	1.9670–1.9675	0.0008–0.0024	0.008–0.012
VG30E, VG30ET	2.4790–2.4793	0.0011–0.0022	0.0020–0.0067	4	1.9670–1.9675	0.0004–0.0020	0.0079–0.0138
Z20S, Z20E, Z22E	2.1631–2.1636	0.0008–0.0024	0.002–0.0071	3	1.9670–1.9675	0.001–0.0022	0.008–0.012

① 24 E: 1.7701-1.7706
② Nº 1 y 5: 0.0012-0.0022
Nº 2, 3 y 4: 0.0012-0.0036
③ 1986 y posteriores:

ESPECIFICACIONES DE LAS VÁLVULAS

Modelo	Ángulo de asiento (grados)	Prueba de presión del resorte (libras @ pulgadas): Exterior	Prueba de presión del resorte (libras @ pulgadas): Interior	Altura del resorte montado (pulgadas): Exterior	Altura del resorte montado (pulgadas): Interior	Tolerancia del vástago a guía (pulg.): Admisión	Tolerancia del vástago a guía (pulg.): Escape	Diámetro del vástago (pulg.): Admisión	Diámetro del vástago (pulg.): Escape
A12A, A14, A15	45°30′	52.7@ 1.19	—	1.83	—	0.0006–0.0018	0.0016–0.0028	0.3138–0.3144	0.3128–0.3134
CA18ET	45°30′	118.2 @ 1.00	66.6 @ 1.00	④	④	0.0008–0.0021	0.0016–0.0029	0.2742–0.2748	0.2734–0.2740
CA20, CA20E, CA20S	45°30′	47 @ 1.575 ②	24.3 @ 1.378 ③	1.575	1.378	0.0008–0.0021	0.0016–0.0029	0.2742–0.2748	0.2734–0.2740
CD17	45°30′	33.7 @ 156	19.2 @ 1.41	1.8268	1.7008	0.0008–0.0021	0.0016–0.0029	0.2742–0.2748	0.2734–0.2740
E15, E15ET	45°30′	128 @ 1.19	—	1.543	—	0.0008–0.0020	0.0018–0.0030	0.2744–0.2750	0.2734–0.2740
E16, E16S	45°30′	128 @ 1.19⑤	—	1.543	—	0.0008–0.0020	0.0018–0.0030	0.2744–0.2750	0.2734–0.2740
L24, L24E	45°30′	108 @ 1.16①	56.2 @ 0.965 ①	1.575	1.378	0.001–0.002	0.002–0.003	0.3136–0.3142	0.3128–0.3134
L28, L28E, L28ET	45①	108 @ 1.16	56 @ 0.965	1.575	1.378	0.0008–0.0021	0.0016–0.0029	0.3136–0.3142	0.3128–0.3134
LD28	45	115.3 @ 1.18	—	1.575	—	0.0008–0.0021	0.0016–0.0029	0.3136–0.3142	0.3128–0.3134
VG30E, VG30ET	45°30′	118 @ 1.18	57.3 @ 0.98	1.575	1.378	0.0008–0.0021	0.0016–0.0029	0.2742–0.2748	0.3128–0.3134
Z20E, Z20S, Z22E	45	115.3 @ 1.16	57 @ 0.98	1.575	1.378	0.0008–0.0021	0.0016–0.0029	0.3136–0.3142	0.3128–0.3134

① Esta cifra es para el de escape; para el de admisión:
Exterior 105.2 @ 1.181
Interior 54.9 @ 0.984
② Presión en CA20E: 118.2 @ 1.00
③ Presión en CA20E: 66.6 @ 1.00
④ Altura libre: 1 967 exterior, 1 736 interior
⑤ E16S: 52 @ 1.54

ESPECIFICACIONES DE PISTONES Y AROS

(Todas las medidas en pulgadas)

Modelo de motor	Tolerancia de pistones	Huelgo entre puntas de aros: Compresión superior	Huelgo entre puntas de aros: Compresión inferior	Huelgo entre puntas de aros: Control de aceite	Tolerancia lateral de aros: Compresión superior	Tolerancia lateral de aros: Compresión inferior	Tolerancia lateral de aros: Control de aceite
A12A, A14, A15	0.0010–0.0020	0.0080–0.0140	0.0060–0.0120	0.0120–0.0350	0.0020–0.0030	0.0010–0.0020	Aro combinado
CA18ET	0.0010–0.0018	②	0.0059–0.0098③	0.0079–0.0236④	0.0016–0.0029	0.0012–0.0025	—
CA20	0.0009–0.0017	0.0079–0.0138	0.0059–0.0118	0.0118–0.0354	0.0016–0.0029	0.0012–0.0025	0.002–0.0057
CA20S, CA20E	0.0010–0.0018	0.0098–0.0138⑤	0.0059–0.0098③	0.0079–0.0236④	0.0016–0.0029	0.0012–0.0025	—
CD17	0.0020–0.0028	0.0079–0.0138	0.0079–0.0138	0.0118–0.0177	0.0024–0.0039⑥	0.0016–0.0031	0.0012–0.0028
E15, E16, E16S	0.0009–0.0017	0.0079–0.0138	0.0059–0.0018	0.0118–0.0354	0.0016–0.0029	0.0012-0.0025	0.0020–0.0057
L24, L24E	0.0010–0.0020	0.0090–0.0150	0.0060–0.0120	0.0120–0.0350	0.0020–0.0030	0.0010–0.0030	0.0010–0.0030
L28	0.0010–0.0018	0.0098–0.0157	0.0118–0.0197	0.0118–0.0354	0.0016–0.0029	0.0012–0.0025	0
L28E	0.0010–0.0018	0.0098–0.0157	0.0050–0.0118	0.012–0.035	0.0016–0.0029	0.0012–0.0025	—
L28ET	0.0010–0.0018	0.0075–0.0130	0.0059–0.0118	0.012–0.035	0.0016–0.0029	0.0012–0.0025	0.0009–0.0028
LD28	0.0020–0.0028	①	0.0079–0.0138	0.0118–0.0177	0.0024–0.0039	0.0016–0.0031	0.0012–0.0028
VG30E, VG30ET	0.0010–0.0018	0.0083–0.0173	0.0071–0.0173	0.0079–0.0299	0.0016–0.0029	0.0012–0.0025	0.0006–0.0075
Z20E, Z20S, Z22E	0.0010–0.0020	0.0098–0.0160	0.0060–0.0120	0.0120–0.0350	0.0020–0.0030	0.0010–0.0025	0

① Sin marca-0.0079-0.0014
Con marca-0.0055-0.0087
② Grados de los pistones N.º 1 y N.º 2: 84-0.0098-0.0126 pulgadas; 85 y posteriores 0.0098-0.0150
Grados de los pistones N.º 3, 4 y 5: 84-0.0075-0.0102 pulgadas; 85 y posteriores 0.0110-0.0165
③ '85 y posteriores: 0.0059-0.0122
④ '85 y posteriores: 0.079-0.0299
⑤ 85 y posteriores: 0.0098-0.0201
⑥ '85 y posteriores: 0.0008-0.0024

PARES DE APRIETE

(Lecturas en libras/pie)

Modelo de motor	Tornillos de culata	Tornillos cojinete principal	Tornillos de cojinetes de biela	Tornillo de polea de cigüeñal	Tornillos del volante al cigüeñal	Múltiples: Admisión	Múltiples: Escape
A12A, A14, A15 E15, E16, E16S	51–54①	36–43	23–27	108–145②	58–65	11–14	11–14
CA18ET	③	33–40	24–27	90–98	72–80	14–19	14–22
CA20, CA20E, CA20S	51–61③	33–40	22–27	90–98	72–80	13–16④	13–17⑤
CD17	72–80	33–40	23–27	90–98	72–80	13–16	13–16
L24, L24E	51–61	33–40	33–40	101–116	94–108	⑥	⑥
L28, L28E, L28ET	54–61⑦	33–40	33–40	101–116	94–108	⑧	⑧
LD28	87–94	51–61	33–40	101–116	101–116	⑨	⑨
VG30E, VG30ET	40–47⑩	67–74	33–40	90–98	72–80	⑪	13–16
Z20E, Z20S, Z22E	51–58	33–40	33–40	87–116	101–116	12–15	12–15

① Apriete en dos etapas: 1.º, 33; 2.º, 51-54
② E15, E16: 83-108
③ Apriete en dos etapas: 1.º, 22; 2.º, 58. Luego afloje completamente todos los tornillos. Apriete final en dos etañas: 1.º, 22; 2.º, 54-61. Si aprieta en ángulo gire todos los tornillos 90° -95° en el sentido de las agujas del reloj
④ CA2OE: 14-19
⑤ CA2OE: 14-22
⑥ Tornillos de 8 mm: 11-18; tornillos de 10 mm: 25-33; tuerca de 8 mm: 9-12
⑦ Apriete en tres etapas: 1.º, 30; 2.º 44; 3.º, 54-61.
⑧ Tornillos de 8 mm: 10-13; tornillos de 10 mm: 25-36
⑨ Tornillo superior (M10): 24-27 libras-pies
Tornillo y fuerca inferior (M8): 12-18 libra-pie
⑩ Vea el texto
⑪ Tornillo de admisión: 12-14; fuerca de admisión: 17-20

ESPECIFICACIONES DE FRENOS

(Todas las medidas en pulgadas, a menos que se indique lo contrario)

Modelo	Año	Apriete de tuerca oreja (libras/pie)	Disco de freno: Diámetro del cilindro principal	Disco de freno: Espesor mínimo	Disco de freno: Salto (corrimiento) máximo	Tambor: Diámetro	Tambor: Límite máx. de uso	Espesor mínimo de forros: Delanteros	Espesor mínimo de forros: Traseros
510	1980–81	58–72	0.8125	0.331	0.0047	9.000	9.060	0.080	0.059
810	1980	58–72	0.8125	0.413	0.0059	9.000	9.060	0.080	0.059
Maxima	1981–84	58–72	0.8125	0.630①	0.0059②	9.000	9.060	0.079	0.059
200SX	1980–83	58–72	0.8750	③	④	—	—	0.079	0.079
	1984–87	58–72	0.938	0.630⑦	0.0028	9.000	9.060	0.079	0.059⑧
210	1980–82	58–65	0.8125	0.331	0.0047	8.000	8.050	0.063	0.059
280ZX	1980–83	58–72	0.9375	0.709①	0.0039②	—	—	0.080	0.080
300ZX	1984–87	58–72	0.938	0.787⑦	0.0028	—	—	0.080	0.080
310	1980–82	58–72	0.8125	0.339	0.0047	8.000	8.050	0.079	0.059
Sentra	1982–87	58–72	0.750	0.433⑤	0.0047⑥	7.09⑨	7.13⑨	0.079	0.059
Stanza	1982–87	58–72	0.8125	0.633	0.0028	8.000	8.050	0.080	0.059
Pulsar	1983–87	58–72	0.750	0.394⑩	0.0028	7.09⑨	7.13⑨	0.079	0.059
Maxima	1985–87	58–72	0.938	0.787⑦	0.0028	—	—	0.80	0.80

NOTA: El espesor mínimo de forros debe ser el recomendado por el fabricante. Debido a las variaciones de los reglamentos en los estados, el espesor mínimo permitido puede ser diferente del recomendado

—No aplicable
① Disco trasero: 0.334
② Disco trasero: 0.0059
③ Disco delantero: 0.413; disco trasero: 0.339
④ Disco delantero: 0.0047; disco trasero: 0.0059
⑤ 0.394 pulgadas 1983-85
⑥ 0.0028 pulgadas 1983-87
⑦ Disco trasero: 0.354
⑧ Disco trasero: 0.079
⑨ '84 y posteriores: 8.00; 8.05 Máx. de uso
⑩ '86 y posteriores: 0.433

ESPECIFICACIONES SOBRE LA BATERÍA Y EL MOTOR DE ARRANQUE

(Todos los modelos con batería de 12 voltios y cable de masa)

Año	Modelo	Capacidad de la batería (amp./hora)	Motor de arranque: Prueba bajo carga Amperios	Prueba bajo carga Voltios	Prueba bajo carga Par (lbs./pie)	Prueba en vacío Amperios	Prueba en vacío Voltios	Prueba en vacío rpm	Tensión en muelle de escobillas (oz.)	Longitud mín. de las escobillas (pulg.)
'80–'83	280ZX	60①	No recomendado			100	11	3900	63.4	0.43
'84–'87	300ZX	60①	No recomendado			100	11	3900	63.4	0.43
'80–'87	510, 200SX, Stanza	60	No recomendado			60 MT	11.5	7000	50–64	0.47
			No recomendado			60 AT	11.5	6000	50–64	0.47
			No recomendado			100 RG	11	3900	56–70	0.43
'80–'87	200SX	60①	No recomendado			60	11.5	7000	64–78.4	0.43
		60①				100RG	11	3900	56–70	0.43
All	210, 310, Sentra, Pulsar	60⑤	No recomendado			60	11.5	7000	50–64	0.47
			No recomendado			100 RG	11	3900	56–70	0.43
'80–'87	810, Maxima	60① ②	No recomendado			100 RG⑥	11	3900	56–70③	0.43④

TM: Transmisión manual
TA: Transmisión automática
RG: Motor de arranque del tipo de reductor de engranajes
① Canadá y opcional en EE.UU: 70 amperios
② Diesel: 80
③ Diesel: 96-117
④ Diesel: 0.35
⑤ Sentra, Pulsar: Canadá y opcional EE.UU. 65 amperios
⑥ Diesel: 140 RG

ESPECIFICACIONES PARA LA ALINEACIÓN DE LAS RUEDAS

Año	Modelo	Caster (avance) Intervalo (grados)	Caster (avance) Ajuste preferente (grados)	Camber (caída) Intervalo (grados)	Camber (caída) Ajuste preferente (grados)	Convergencia (pulgadas)	Inclinación del perno pivote de la dirección (grados)	Divergencia en curvas Rueda interna	Divergencia en curvas Rueda externa
1980	810 (Frontal)	1 3/16P–2 11/16P	2 1/4P	0–1 1/2P	3/4P	1/8	7 29/32	20	18 29/32
	810 (Trasero)	—	—	—	—	3/16	—	—	—
1981–83	810 (Frontal)	2 15/16P–4 7/16P	3 11/16P	5/16N–1 3/16P	7/16P	1/32	12 1/8	20	18 11/16
	810 (Trasero)	—	—	15/16P–2 7/16P	1 11/16P	7/32	—	—	—
1984	Maxima (Frontal)	2 15/16P–4 7/16P	3 11/16P	5/16N–1 3/16P	7/16P	1/32	12 1/8	20	18 11/16
	Maxima (Trasero)	—	—	1 1/4P–2 3/4P	2P	5/32	—	—	—
1980–83	200SX	1 3/4P–3 1/4P	2 1/2P	11/16N–13/16P	1/16P	3/64	8 5/32	20	18 45/64
1984–87	200SX	2 3/4P–4 1/4P	3 1/2P	7/16N–1 1/16P	1/4P	1/16N–1/8P	11 11/16	20	18 11/16
1980–81	510 Station wagon	15/16P–2 7/16P	1 9/16P	1/16P–1 9/16P	3/4P	1/16	8 5/32	20	19 1/2
1980–81	510	1 1/16P–2 9/16P	1 13/16P	1/4N–1 1/4P	1/2P	1/16	8 27/32	20	19 1/2
1980–81	310	7/16P–1 15/16P	1 1/4P	1/4P–1 3/4P	1P	0–3/32	11 27/32	18 13/32	20
1982	310	7/16P–1 15/16P	1 1/4P	1/4P–1 3/4P	1P	0–3/32	11 27/32	19	20
1980–83	280ZX Direcc. servoasistida	4 3/16P–5 11/16P	4 15/16P	9/16N–15/16P	3/16P	3/64–1/8	9 11/32	20	18 7/16
	280ZX Direcc. manual	4 3/16P–5 11/16P	4 15/16P	9/16N–15/16P	3/16P	3/64–1/8	9 11/32	20	18 45/64
	Trasera, todos	—	—	1/16N–1 7/16P	3/4P	5/64–5/32	—	—	—
1984–87	300ZX	5 13/16P–7 5/16P	6 9/16P	9/16N–15/16P	3/16P	1/32–1/8	13	22 1/2	20
	Trasera	—	—	1 15/16N–7/16N	1 3/16N	1/16–1/16	—	—	—
1980–82	210 Excepto camioneta Canadiense	1 11/16P–3 7/16P		0–1 1/2P	3/4P	3/64–1/8	8 19/32	20	19 19/64
	Camioneta	1 15/16P–3 7/16P		0–1 1/2P	3/4P	3/64–1/8	8 19/32	20	19 19/64
	1.2L Canadiense	1 11/16P–3 3/16P		1/4N–1 3/32P		0–3/32	8 13/32	20	19 19/64

ESPECIFICACIONES PARA LA ALINEACIÓN DE LAS RUEDAS

Año	Modelo	Caster (avance) Intervalo (grados)	Caster (avance) Ajuste preferente (grados)	Camber (caída) Intervalo (grados)	Camber (caída) Ajuste preferente (grados)	Convergencia (pulgadas)	Inclinación del perno pivote de la dirección (grados)	Divergencia en curvas Rueda interna	Divergencia en curvas Rueda externa
1982–87	Stanza	11/16P–2 3/16P	1⅜P	¾N–¾P②	0P②	0–5/64	14 13/32	20	18½
	(Trasero)	—	—	0–1½P	¾P	0–5/64	—	—	—
1986–87	Stanza Wagon	¾P–2¼P	1½P	¼N–1¼P	½P	⅛–¼	12	21½	20
	(Trasero)	—	—	1N–1P	0	3/16–⅝	—	—	—
	4×4	9/16P–2 1/16P	1 5/16P	9/16N–1 1/16P	4/16P	1/16N–⅛P	12	23	20
	(Trasero)	—	—	0–1½P	¾P	5/16N–0	—	—	—
1983–87	Pulsar	¾P–2¼P	1½P	9/16N–1 1/16P	¼P	0–5/64	12¾	20①	17½①
1983–87	Sentra	¾P–2¼P	1½P	9/16N–1 1/16P	¼P	⅛–3/16	12 15/16	20①	17½①
1985–87	Maxima	1¼P–2¾P	1½P	7/16N–1 1/16P	¼P	0–⅛	13¾	22½	20
	(Trasero)	—	—	½N–1P	¼P	15/64–5/64	—	—	—
	Wagon (Trasero)	—	—	23/64N–1 5/32P	—	9/32–⅛	—	—	—

N-Negativo
P-Positivo

① '86: Interna-22½, Externa-20
② '85-'86: 7/16N-1 1/16 P

PROCEDIMIENTOS PARA LA PUESTA A PUNTO

Encendido electrónico

AJUSTE DEL ENTREHIERRO

Con captor del tipo anillo

Todos los modelos, con excepción de los listados bajo el título «con estator», utilizan sistemas electrónicos de encendido tipo anillo.

El ajuste de estos modelos se lleva a cabo simplemente aflojando los tornillos de retención de la bobina captora (anillo dentado del estator) y centrando el anillo alrededor del reductor hasta lograr la separación adecuada.

Con estator

NOTA: En los modelos 300ZX, Maxima 1985 y posteriores, 200SX Turbo y las versiones de 49 estados del Sentra Pulsar, no es necesario ni posible realizar ningún tipo de ajuste del entrehierro.

Los modelos que utilizan este tipo de sistema de encendido electrónico incluyen: los de 1980-83: 510 y 200SX (motor W/Z20, Z22 y ZE22E), los de 1984 y posteriores: 200SX (sólo con motor CA20E), los de 1982: 210 (modelos de los Estados Unidos únicamente), los de 1982-84: 310, Sentra, Pulsar y Stanza.

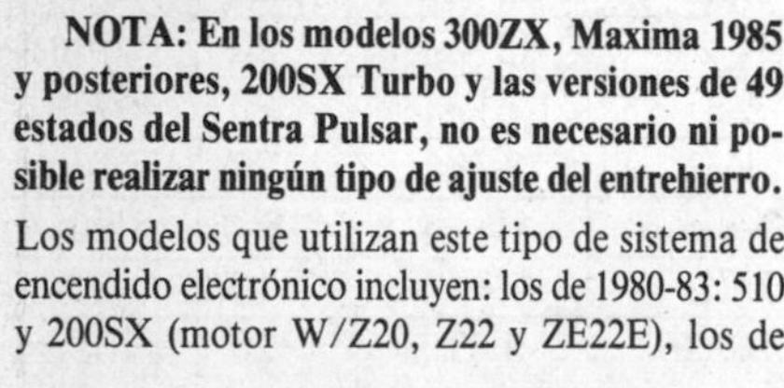

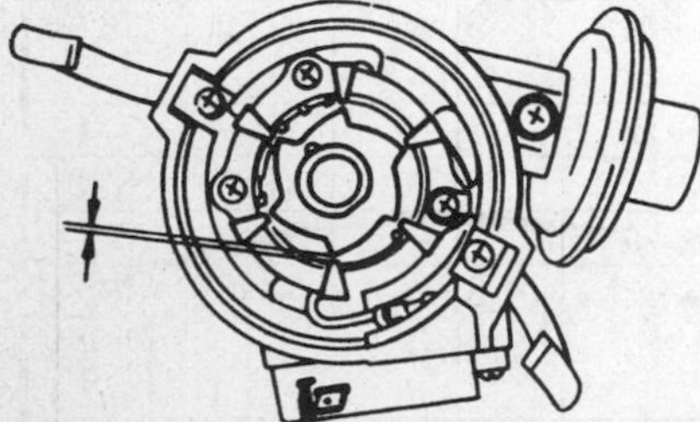

Comprobación del entrehierro — captor del tipo anillo

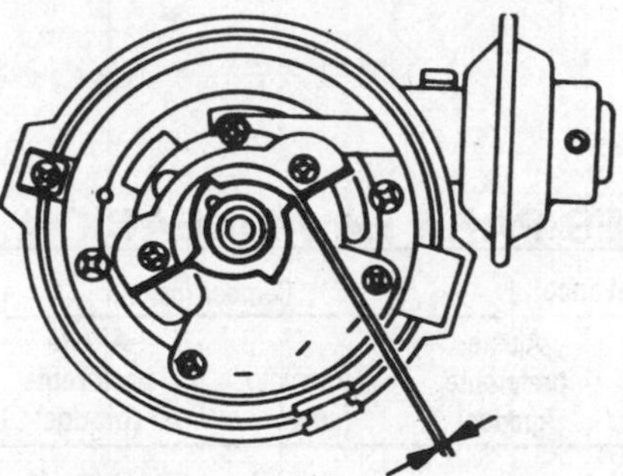

Comprobación del entrehierro — tipo estator

Para ajustar estos modelos, afloje simplemente los tornillos de montaje del estator y muévalo hasta lograr la separación correcta.

Sincronización del encendido

En la tabla de Especificaciones de puesta a punto se indican los ajustes correspondientes a cada modelo.

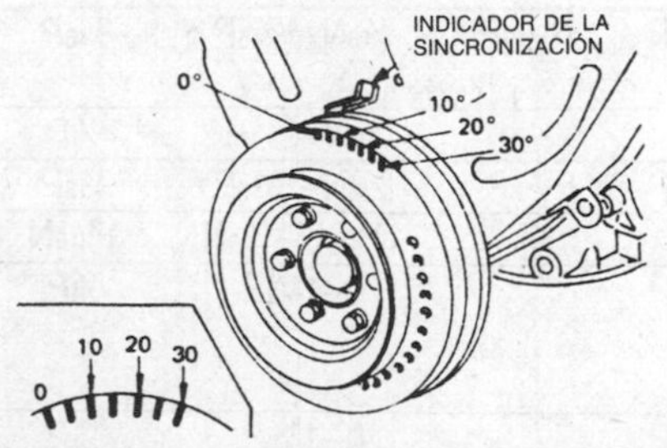

Marcas de sincronización del 300ZX V6

NOTA: Los modelos 200SX, 200SX Turbo y Stanza utilizan un encendido electrónico dual. El orden de encendido es 1-3-4-2 y el rotor está diseñado con una desviación de 135 grados para encender las bujías al mismo tiempo.

NOTA: Datsun no indica los ajustes para sincronización del encendido de los modelos California 1980 ó cualquiera de los modelos de 1981 y posteriores (Estados Unidos), exceptuando los que se especifican más abajo. Estos modelos no se incluyen en esta sección. Si la sincronización del encendido requiere ajuste, consulte las especificaciones aplicables en el adhesivo pegado bajo el capó

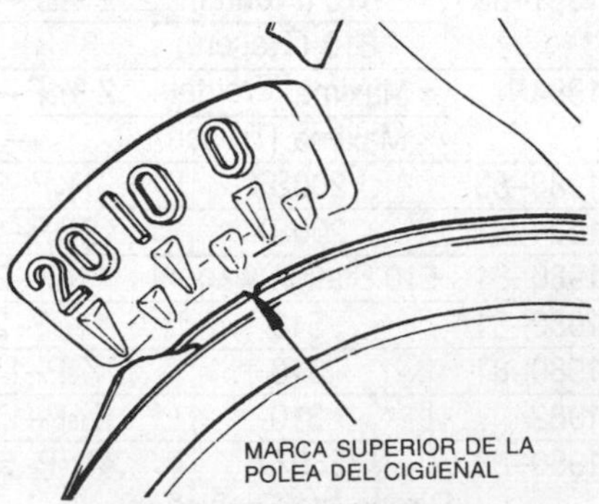

Marcas de sincronización típicas

AJUSTE

Todos, excepto los 200SX 1983 y posteriores.

1. Ajuste el ángulo de leva según las especificaciones correctas.
2. Localice las marcas de sincronización en la polea del cigüeñal y en la parte delantera del motor.
3. Limpie las marcas para que resulten claramente visibles.

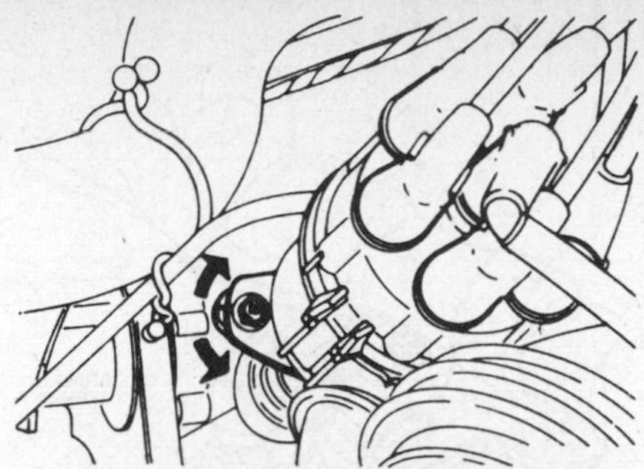

Afloje el tornillo de seguridad del distribuidor y gire este último ligeramente hacia adentro para adelantar (flecha superior) o retrasar (flecha inferior) el tiempo

4. Utilice tiza o pintura blanca para señalar la marca en la polea del cigüeñal y la de la escala que indicará la sincronización correcta al quedar alineada con la muesca situada en la polea del cigüeñal.

5. Conecte un tacómetro al motor.

6. Conecte una lámpara estroboscópica al motor, según las indicaciones del fabricante.

7. Deje la línea de vacío conectada al diafragma de vacío del distribuidor en todos los modelos, excepto en los motores de la serie A de 1980 y posteriores; desconecte y tapone la manguera en estos modelos. En los modelos 810S de 1980, desconecte el conector del arnés del interruptor de la válvula del estrangulador y tapone la manguera de purga del múltiple de admisión. Tapone la abertura del múltiple de admisión. En los modelos de 49 estados, de 1980, desconecte también la manguera del tubo de inducción de aire y tapone la tubería; desconecte y tapone la manguera de avance de vacío en el distribuidor. Las instrucciones acerca del desconectado y taponado de la tubería de inducción de aire y de avance de vacío del distribuidor no son aplicables a los modelos de 1980 vendidos en Canadá.

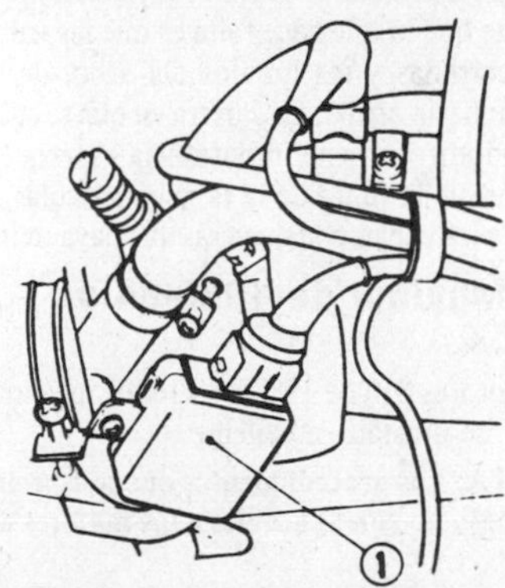

Interruptor de la válvula de estrangulamiento

8. Compruebe que todos los alambres se libran del ventilador, y a continuación ponga en marcha el motor. Dé tiempo para que el motor alcance su temperatura operativa normal.

9. Ajuste el ralentí en forma correcta.

10. Apunte la lámpara hacia las marcas de sincronización. Si las marcas que trazó en la polea y en el motor están alineadas cuando destella la lámpara, la sincronización es correcta. Apague el motor y quite el tacómetro y la lámpara. Si las marcas no están alineadas, lleve a cabo los pasos siguientes:

11. Pare el motor.

12. Afloje la tuerca de cierre del distribuidor lo suficiente para que éste pueda ser girado con poco esfuerzo.

13. Ponga en marcha el motor. Cuide que los cables de la lámpara se libren del ventilador.

14. Con la lámpara apuntando hacia la polea y las marcas en el motor, gire el distribuidor en la dirección dé giro del rotor para retardar la chispa, y en dirección opuesta al giro del rotor para avanzarla. Alinee las marcas en la polea y el motor con los destellos de la lámpara. Apriete el perno de sujeción.

200SX 1983 y posteriores

NOTA: Cuando compruebe la sincronización del encendido en los coches equipados con aire acondicionado, asegúrese de que éste se encuentra en «off».

ATENCIÓN

En los modelos equipados con transmisión automática, el cambio debe estar en «D» al realizar la comprobación del ralentí. Una vez que haya puesto el cambio en «Drive», coloque al máximo el freno de mano y bloquee las ruedas delanteras y traseras. Cuando acelere el motor, asegúrese de que la palanca de cambios esté en «N» o en «P», y haga que un ayudante se coloque en el asiento del conductor para que presione el pedal del freno. Después de que haya hecho los ajustes, coloque el cambio en posición «P» y desbloquee las ruedas.

1. Deje que el motor alcance su temperatura operativa normal.

2. Abra el capó, acelere el motor a 2,000 rpm durante aproximadamente 2 minutos y sin carga (todos los accesorios en «off»).

3. Haga funcionar el motor en ralentí. Desconecte la tubería de inducción de aire y tapónela.

4. Haga funcionar el motor durante dos o tres minutos sin carga, a continuación póngalo durante un minuto en ralentí.

5. Compruebe el ralentí. En los autos con transmisión manual deberá ser de 750 rpm (más 50 o menos 150). En los autos con transmisión automática, el ralentí en la posición «D» deberá ser de 750 rpm (más 50 o menos 150). Ajuste el ralentí girando el tornillo de ajuste del ralentí.

6. Conecte la lámpara de sincronización de acuerdo con las instrucciones del fabricante. La sincronización del encendido deberá ser de 8 grados más o menos de los 2 grados del APMS. Ajuste la sincronización haciendo girar los tornillos de sujeción inferiores del distribuidor y girando el distribuidor en el sentido de las agujas del reloj para avanzarlo, y en el sentido opuesto para retrasarlo.

7. Vuelva a conectar la manguera de la tubería de inducción de aire.

Holgura de las válvulas

AJUSTE

210, 310, Sentra y Pulsar

1. Ponga el motor a la temperatura normal de trabajo. La temperatura del aceite, y no la del agua, es crítica para el ajuste de las válvulas. Teniendo en cuenta esto, asegúrese de que el motor esté completamente caliente, ya que ésta es la única forma de cerciorarse de que todas las partes han alcanzado una dilatación completa. Una vez que el motor alcance su temperatura normal, párelo.

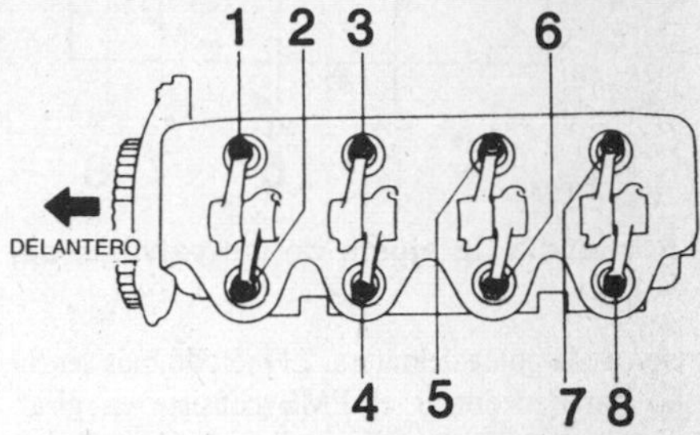

Ajuste de las válvulas — motores de la serie E

2. Compre una junta nueva de tapa de válvulas antes de quitar la tapa de válvulas. Los selladores de junta con silicona resultan tan buenos o incluso mejores en caso de que no pueda encontrar una junta.

3. Tenga en cuenta la colocación de cualquier manguera o alambre que pueda interferir con el desmontaje de la tapa, desconéctelos y póngalos a un lado. Luego quite los tornillos que sujetan la tapa de válvulas.

4. Después de sacar la tapa de válvulas, el paso siguiente consiste en situar el pistón número uno en el punto muerto superior de la carrera de compresión. Hay por lo menos dos procedimientos para lograrlo: puede impulsar el motor utilizando el motor de arranque, o puede hacerlo girar mediante una llave colocada en el perno de suje-

Orden de ajuste de las válvulas en los motores de la serie A

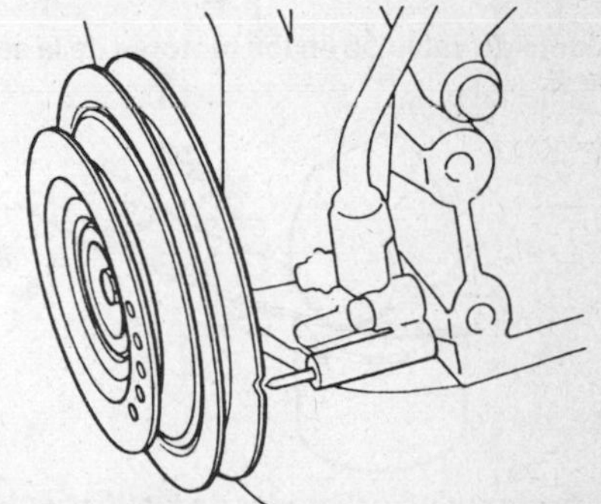

Marcas de sincronización e indicador del PMS — diesel CD17

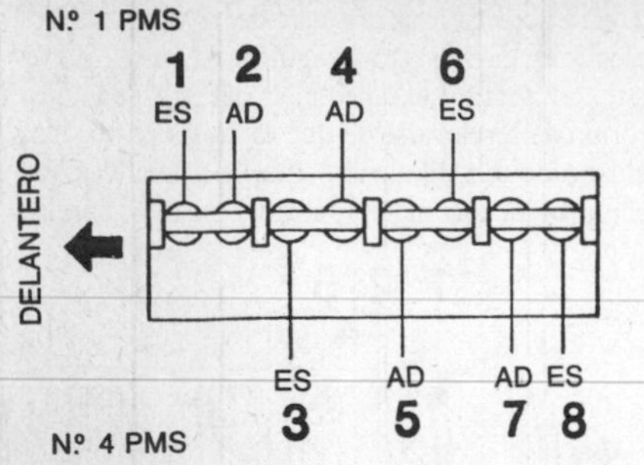

Secuencia de ajuste de las válvulas del CD17

ción de la polea delantera. El método más sencillo para encontrar el PMS consiste en girar lentamente el motor con una llave (después de sacar la bujía Nº 1), hasta que el pistón se encuentre en la parte alta de la carrera; la marca de sincronización del PSM en la polea del cigüeñal debe estar alineada con el puntero de la marca de sincronización: En este momento, las válvulas correspondientes al cilindro Nº 1 deberán encontrarse cerradas.

NOTA: Asegúrese de que ambas válvulas estén cerradas, con los resortes de las válvulas tan altos como sea posible. Un procedimiento fácil para encontrar la carrera de compresión consiste en desmontar la tapa del distribuidor y observar hacia qué bujía está señalando el rotor. Si el rotor apunta hacia el cable de la bujía número uno, dicho cilindro se encuentra en su carrera de compresión. Cuando el rotor señala el cable de la bujía número dos, es el cilindro número dos el que se encuentra en su carrera de compresión, etc.

5. Con el pistón Nº 1 en el PMS de la carrera de compresión, compruebe el juego en las válvulas número uno, dos, tres y cinco (contando a partir del frente del coche). Ajuste las válvulas Nº

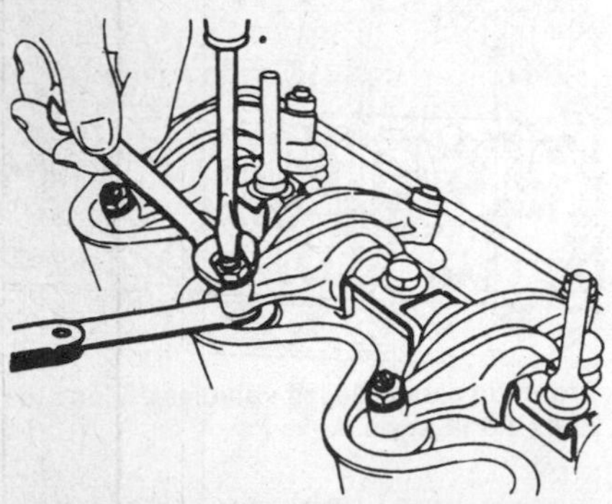

Ajuste de válvulas en los motores de la serie E

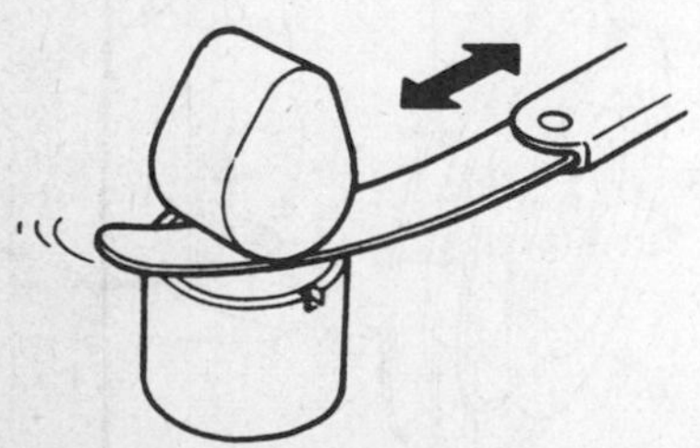

Introduzca un calibrador de láminas entre el lóbulo de la leva y la parte superior del seguidor de la leva en los CD17

1, 2, 3 y 6 en los modelos 310, Sentra y Pulsar de 1982 y posteriores.

6. Para ajustar el juego, afloje la contratuerca con una llave, y gire el ajustador con un desarmador mientras sujeta la contratuerca. Un calibrador del tamaño correcto deberá pasar con un ligero roce entre el balancín y el vástago de la válvula.

7. Gire el cigüeñal una revolución completa, para colocar el pistón Nº 4 en el PMS de la carrera de compresión. Ajuste las válvulas Nº 4, 6, 7 y 8 de la misma manera que las primeras cuatro. Ajuste las válvulas Nº 4, 5, 7 y 8 en los modelos de 1982 y posteriores: 310, Sentra y Pulsar.

8. Vuelva a colocar la tapa de válvulas.

510 de 1980 (modelos de Canadá, únicamente)

1. Las válvulas se ajustan con el motor a temperatura normal de trabajo. La temperatura del aceite, y la dilatación resultante de las distintas partes, es mucho más importante que la temperatura del agua. Haga funcionar el motor por lo menos durante 15 minutos, para tener la seguridad de que todas las partes han llegado a su plena dilatación. Una vez que el motor esté caliente, párelo.

2. Compre una junta nueva o algún sellador de silicona antes de quitar la tapa de válvulas. Tenga en cuenta la ubicación de cualquier alambre o manguera que puedan interferir con el desmontaje de la tapa de levas, desconéctelos y déjelos a un lado. Luego quite los tornillos que sujetan la tapa de válvulas

3. Coloque una llave en el perno de la polea del cigüeñal y gire el motor hasta que las válvulas del cilindro Nº 1 estén cerradas. Las válvulas estarán cerradas cuando los dos lóbulos de las levas apunten hacia arriba. Si no ha hecho esta operación anteriormente, es conveniente girar el motor lentamente varias veces y observar la acción de las válvulas hasta estar seguro del momento en que la válvula esté cerrada.

4. Revise el juego de las válvulas de admisión y escape. Puede diferenciarlas relacionándolas con los tubos de los múltiples de admisión y de escape. El calibrador del tamaño correcto deberá pasar entre el círculo de la base de la leva y el balancín, con un ligero roce. Asegúrese de que el calibrador se introduce derecho y no en ángulo.

5. Si las válvulas requieren ajuste, afloje la contratuerca y ajuste el juego utilizando el tornillo

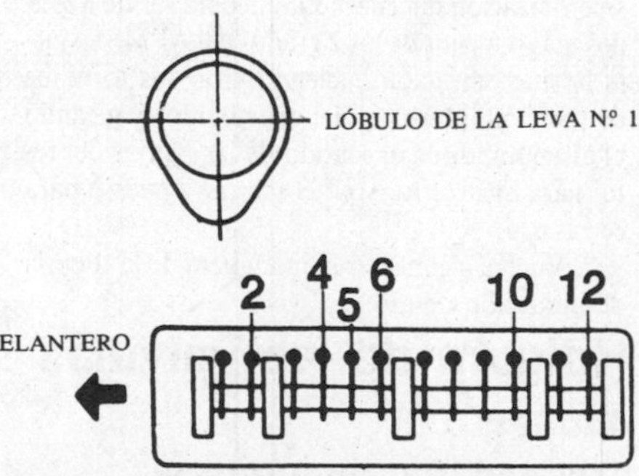

Ajuste secundario de las válvulas, lóbulo de la leva Nº 1 apuntando hacia abajo — 810/Maxima y 280ZX; 1980-82

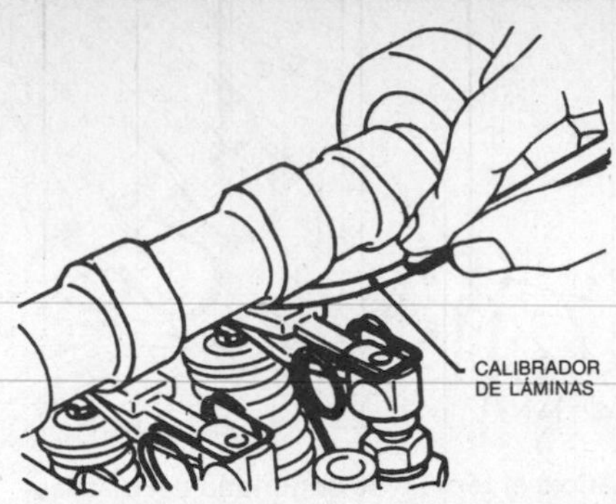

Comprobación del juego de válvulas con un calibrador de láminas-motores de la serie L

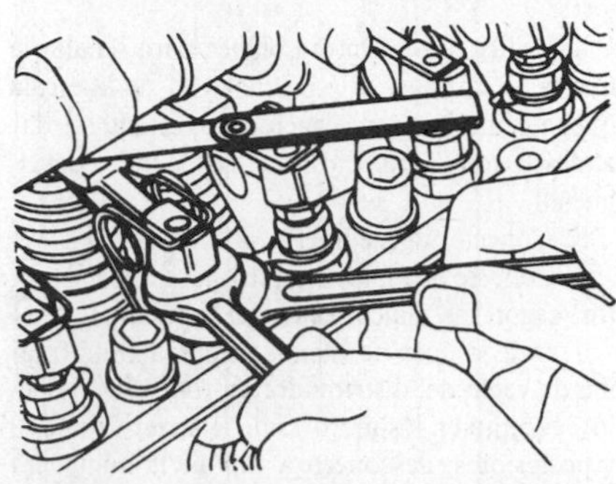

Afloje la contratuerca y gire el ajustador de pivote para cambiar la holgura

de ajuste. Probablemente necesitará sujetar la contratuerca mientras gira el ajustador. Después de lograr el juego correcto, apriete la contratuerca y revise el juego. Recuerde que es mejor que las válvulas queden algo sueltas que demasido apretadas, especialmente las válvulas de escape.

6. Repita este procedimiento (puntos 3-5) hasta que revise o/y ajuste todas las válvulas. (Asegúrese de ajustar en el orden de encendido). Tenga presente que lo que hace falta es que las válvulas estén cerradas y los lóbulos del árbol de levas apunten hacia arriba. La carrera en que se encuentre el motor no tiene importancia especial.

7. Instale la junta de la tapa de válvulas, esta última y los cables o mangueras que haya retirado.

810/Maxima de 1980-84 y 280ZX

Los motores 810 de 1980-84 y todos los motores 280ZX se ajustan en caliente.

NOTA: Los procedimientos que se especifican más abajo no son aplicables a los motores diesel LD28.

1. Observe las ubicaciones de todas las mangueras o cables que puedan interferir con el desmontaje de la tapa de las válvulas, desconéctelos y colóquelos a un lado. Luego quite los seis tornillos que sujetan en su lugar la tapa de las válvulas.

2. Golpee con firmeza uno de los extremos de la tapa para aflojar la junta y a continuación saque verticalmente del motor la tapa de las válvulas.

3. Coloque una llave en el perno de la polea del cigüeñal y haga girar el motor hasta que el lóbulo de la primera leva apunte directamente ha-

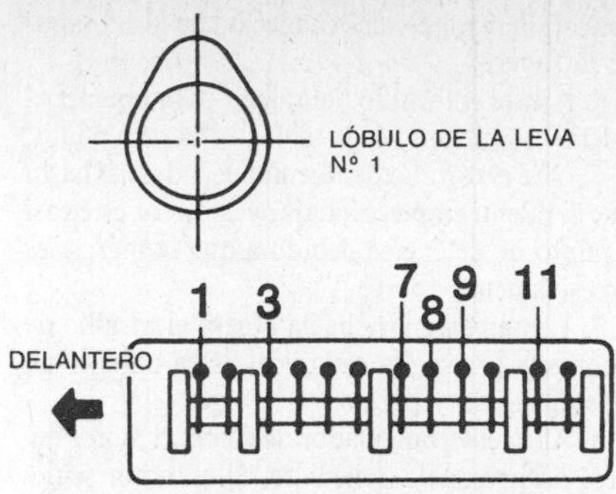

Ajuste primario de válvulas, el lóbulo de la leva Nº 1 apuntando hacia arriba — 810/Maxima y 280ZX, 1980-82

cia arriba. Las marcas de sicronización de la polea del cigüeñal deben estar alineadas aproximadamente en el punto en que lo estarían cuando en la bujía Nº 1 salta la chispa.

NOTA: Si decide girar el motor con el motor de arranque, asegúrese de desconectar el cable de alta tensión de la bobina, para evitar que el motor se ponga en marcha accidentalmente y haga saltar aceite por todo el compartimiento del motor.

ATENCIÓN

Nunca intente hacer girar el motor aplicando una llave en el perno del piñón del árbol de levas, ya que de lo contrario la cadena de sincronización recibiría una tensión tremenda.

4. Vea la ilustración correspondiente al ajuste primario, y compruebe los juegos de las válvulas (1), (3), (7), (8), (9) y (11), utilizando un calibrador de láminas, en los modelos de 1980-82. En los 280ZX de 1983 y en los 810/Máximá de 1983-84, ajuste las válvulas (1), (2), (3), (6), (8) y (9). El calibrador deberá pasar entre la leva y el seguidor de la leva con un ligero tiro (roce). Meta el calibrador recto, y no en ángulo.

5. Si el juego no se encuentra dentro de los límites especificados, afloje la tuerca de sujeción del pivote, y a continuación introduzca el calibrador entre la leva y el seguidor de la leva. Ajuste al tornillo pivote hasta que haya un ligero tirón en la leva, a continuación apriete la contratuerca, vuelva a comprobar el ajuste, y rectifíquelo, si es necesario.

6. Haga girar el motor de forma que el lóbulo de la primera leva señale directo hacia abajo. Vea la ilustración correspondiente al ajuste secundario y luego compruebe los juegos en las válvulas (2), (4), (5), (6), (10) y (12), en los modelos 1980-82. En los modelos 280ZX de 1983 y en los 810/Maxima de 1983-84, ajuste las válvulas (4), (5), (7), (10), (11) y (12). Si el juego no está dentro de lo especificado, ajuste como se indica en el punto 5.

Modelos 510/200SX de 1980-83 (con motores Z20 y Z22) y Stanza de 1982-83

1. Las válvulas deben ajustarse con el motor caliente, por lo que deberá poner en marcha el motor y hacerlo funcionar hasta que la aguja del indicador de temperatura llegue a mitad de su carrera. Pare el motor una vez que esté caliente.

2. Compre bien sea una junta nueva o un sellador de silicona para juntas, antes de sacar la tapa de levas. Es inútil pensar que la junta vieja se encuentra en buen estado; utilice siempre juntas nuevas. Tenga en cuenta la colocación de cualquier cable y manguera que pueda interferir al sacar la tapa de levas, desconéctelos y póngalos a un lado. Quite los pernos que sujetan la tapa y sáquela. Recuerde que como el motor está caliente deberá tener cuidado.

3. Coloque una llave en el perno de la polea del cigüeñal y haga girar el motor hasta que el lóbulo de la primera leva, a partir del piñón de la cadena de sincronización del cigüeñal, esté señalando hacia abajo.

NOTA: Si prefiere hacer girar el motor usando brevemente el motor de arranque, asegúrese de desconectar el cable de alta tensión de la bobina o bobinas, para evitar que el motor se ponga en marcha accidentalmente y escupa aceite por todo el compartimiento del motor.

ATENCIÓN

Nunca intente hacer girar el motor colocando una llave al perno del piñón del árbol de levas; la relación de desmultiplicación entre el árbol de levas y el cigüeñal es de uno a dos, y por lo tanto se aplicaría un esfuerzo tremendo a la cadena de sincronización.

4. Vea la ilustración correspondiente para el ajuste primario y ajuste las válvulas (1), (4), (6) y (7) utilizando un calibrador de láminas. El calibrador deberá pasar entre el extremo del vástago de la válvula y el tornillo del balancín con un ligero roce. Introduzca el calibrador recto y no en ángulo.

5. Si el juego no se encuentra dentro de los valores especificados, afloje la contratuerca del balancín y gire el tornillo del mismo hasta lograr el juego correcto. Una vez conseguido, apriete la contratuerca.

6. Haga girar el motor de forma tal que el lóbulo de la primera leva detrás del piñón de la cadena de sincronización del árbol de levas esté señalando directamente hacia arriba, y ajuste las válvulas marcadas (2), (3), (5) y (8) en la ilustración de ajuste secundario. Éstas deberán también ajustarse atendiendo las especificaciones correspondientes al punto 5.

7. Instale la junta en la tapa de levas, la tapa de levas y los cables y mangueras que haya retirado.

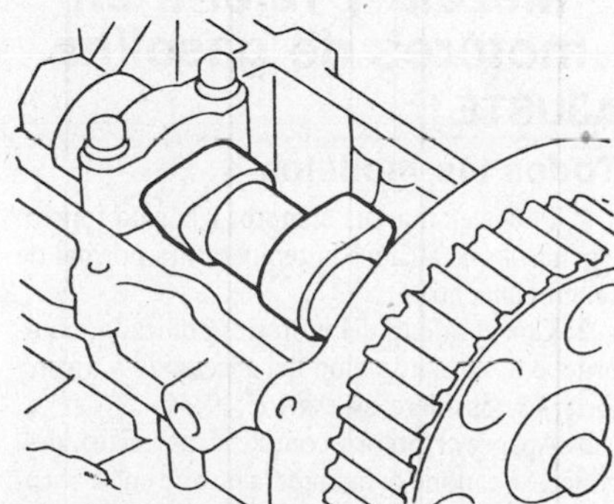

Ubicación de los lóbulos del árbol de levas del cilindro Nº 1 en el PMS

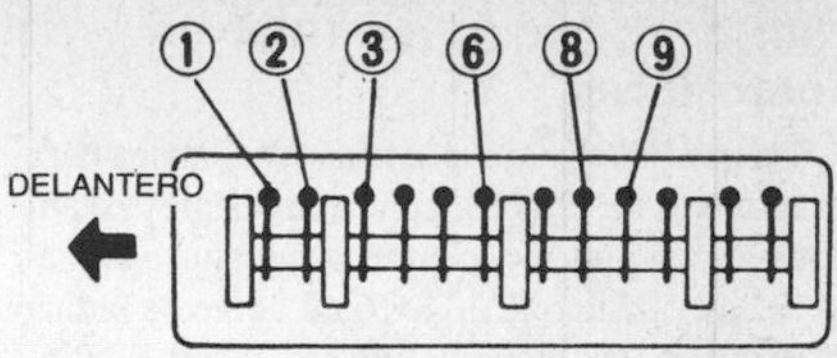

Ajuste primario de las válvulas — 810 / Maxima de 1983-84 y 280ZX de 1983

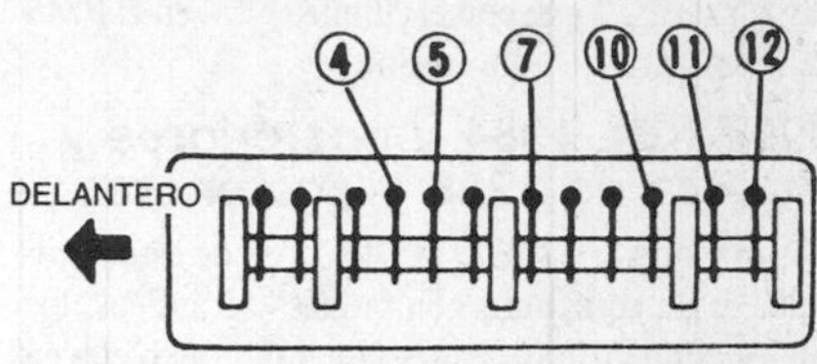

Ajuste secundario de las válvulas — 810/Maxima de 1983-84 y 280ZX de 1983

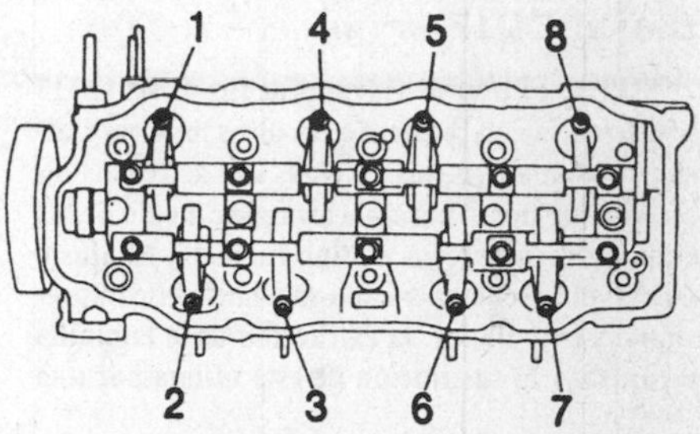

Holgura de las válvulas en los 280 SX de 1984 y posteriores y Stanza

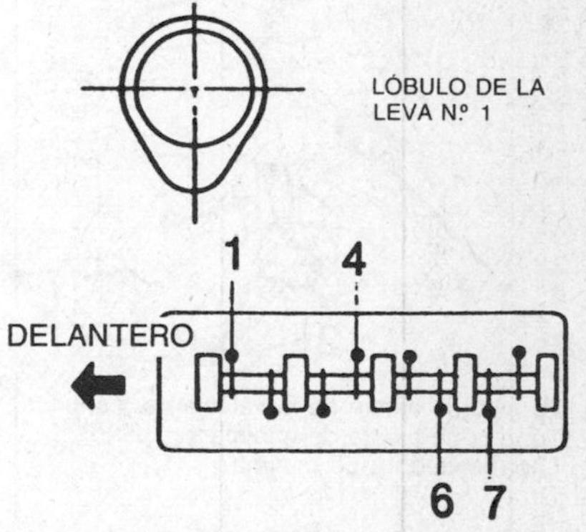

Ajuste primario de las válvulas, lóbulo de la leva Nº 1 apunta hacia abajo — motores Z20, Z22 y Z22E

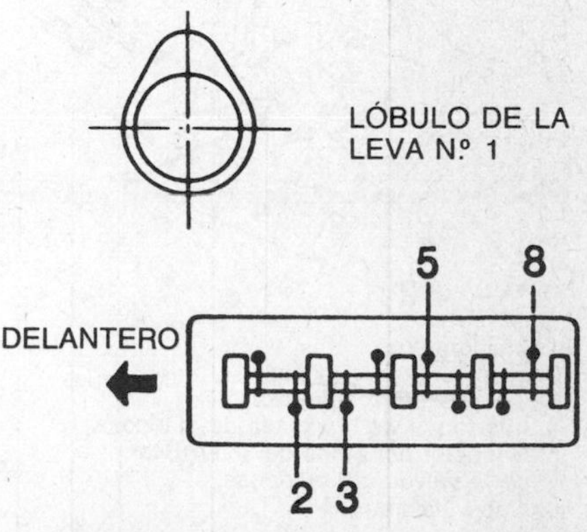

Ajuste sencundario de las válvulas, el lóbulo de la leva Nº 1 apunta hacia arriba — motores Z20, Z22 y Z22E

200SX y Stanza de 1984 y posteriores

Siga el procedimiento especificado más arriba para los modelos de 1980-83, con las siguientes excepciones: en el punto 4, compruebe y ajuste el juego en las válvulas 1, 2, 4 y 6 tal como se indica en la ilustración correspondiente, y con el cilindro N.º 1 en el PMS de la carrera de compresión. En el punto 6, compruebe y ajuste el juego en las válvulas 3, 5, 7 y 8; con el cilindro N.º 4 en el PMS de la carrera de compresión.

300ZX de 1984 y posteriores y Maxima de 1985 y posteriores

Los motores VG30E y VG30ET V6 de estos modelos están equipados con taqués hidráulicos, los cuales compensan el exceso de holgura en el tren de válvulas. Ningún tipo de ajuste es necesario o posible.

Diesel CD17

NOTA: El tren de válvulas de los diesel CD17 se diferencia con respecto a los otros motores Datsun/Nissan en que las válvulas son activadas directamente por el árbol de levas por medio de los empujadores de levas de tipo cazoleta. El ajuste de válvulas se lleva a cabo mediante la compresión del empujador, la extracción de la laminilla de ajuste y la sustitución de esta última por una más gruesa (cuando el juego es demasiado grande), o por una más delgada (cuando el juego es pequeño). La lámina está localizada sobre la parte superior del taqué, debajo de cada lóbulo de leva. Para esta operación necesitará un compresor para resortes de válvulas (Kent-Moore pieza N.º KV 101092S0. También le será muy útil para extraer las láminas disponer de un imán.

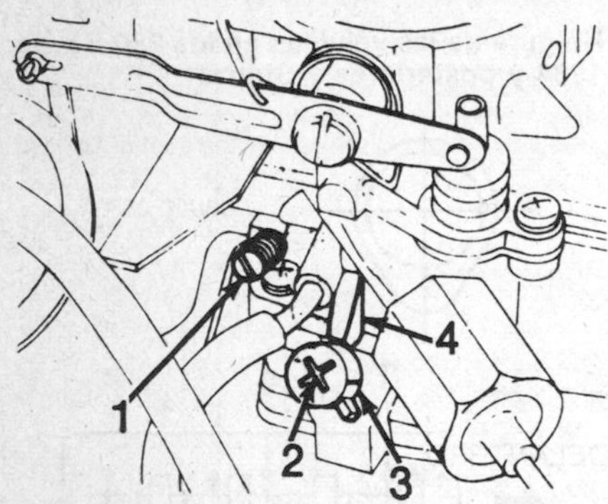

1. Tornillo de ajuste de la válvula de mariposa
2. Tornillo de ajuste de mínima
3. Tapa limitadora de mínima
4. Tope

Tornillo de ajuste de ralentí del carburador de tiro descendente

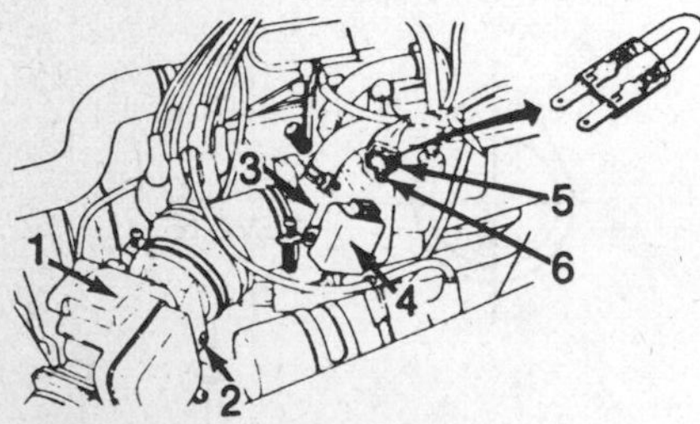

1. Fluidómetro
2. Tornillo de aire by-pass
3. Cámara de la mariposa
4. Interruptor de la válvula de mariposa
5. Conector del arnés del interruptor de la válvula de mariposa
6. Cable delantero

Instalación de un cable de empalme para el ajuste del CO

1. Caliente el motor hasta que alcance la temperatura normal de funcionamiento.

2. Coloque el pistón N.º 1 en el PMS siguiendo el procedimiento de ajuste de válvulas de los modelos «210, etc.».

3. Saque la tapa (de válvulas) del árbol de levas.

4. Mida con un calibrador el juego entre el seguidor de levas (en realidad la parte superior de la laminilla) y el lóbulo de la leva. Si el juego no corresponde con las especificaciones (vea la tabla de «Especificaciones para la puesta a punto») instale una laminilla de ajuste nueva de acuerdo con la cantidad de holgura necesaria. Podrá adquirir laminillas de distintos espesores en los concesionarios Datsun/Nissan. Mida las dimensiones de cada una de las laminillas y apúntelas debajo de cada una de ellas, o lleve las laminillas a la casa de repuestos para adquirir las adecuadas.

NOTA: Consulte la siguiente tabla cuando calcule las medidas de las que va a cambiar.

5. Después de cambiar las laminillas de ajuste, vuelva a comprobar el juego de válvulas.

NOTA: Las laminillas de ajuste que haya extraído puede volverlas a usar siempre que no presenten desgaste excesivo o que estén averiadas. Marque las medidas en cada una para su posterior referencia.

conecte la manguera de inducción de aire y tapone la tubería.

5. Ajuste el tornillo del ralentí para obtener el ralentí especificado en la tabla de Puesta a punto.

6. Gire el tornillo de ralentí hacia dentro hasta que el ralentí empiece a bajar y el motor esté casi a punto de detenerse debido a que la mezcla es excesivamente pobre.

7. Lentamente gire hacia afuera el tornillo de la mezcla (½ vuelta cada vez) hasta obtener un ralentí rápido y parejo.

8. Abra el estrangulador de golpe, el motor deberá acelerarse de inmediato. Si el motor se detiene o si su funcionamiento es desparejo, enriquezca la mezcla ligeramente.

9. Reinstale todas las líneas y mangueras de vacío y vuelva a comprobar el ajuste del ralentí.

NOTA: En los modelos equipados con tapones limitadores en el tornillo de mezcla, saque el tapón y vuelva a instalarlo después de haber hecho los ajustes. Además, en algunos de los modelos posteriores, el ralentí y la mezcla están controlados por una unidad electrónica que viene programada de fábrica y, por lo tanto, no debe manipularla.

AJUSTE DEL RALENTÍ CON MEDIDOR DE CO

1980-82

1. Tenga el motor caliente a la temperatura normal de trabajo y el medidor de CO calibrado correctamente.

2. Saque la manguera de aire entre el conector de 3 ó 4 vías y la válvula de comprobación de aire.

3. Aumente la velocidad del motor entre 1,500

	Admisión	Escape
Holgura especificada	0.20-0.30 mm (0.008-0.012 pulg.)	0,40-0.50 mm (0.016-0.020 pulg.)
Medición de la holgura	0.32 mm (0.013 pulg.)	0.36 mm (0,014 pulg.)
Holgura	0.02-0.12 mm (0.001-0.005 pulg.) grande	0,04-0.14 mm (0.002-0,006 pulg.) peque.
Espesor de la laminilla utilizada	3,60 mm (0.142 pulg.)	3.55 m (0,140 pulg.)
Espesor de la laminilla que va a utilizar	3.65 o 3.70 mm (0,144 o 0.146 pulg.)	3,45 o 3.50 mm (0.136 o 0.138 pulg.)

Mezcla y ralentí en motores de gasolina

AJUSTE

Todos los modelos

1. Ponga en marcha el motor y hágalo funcionar hasta que alcance la temperatura normal de funcionamiento.

2. Con el ralentí del motor estabilizado, compruebe la sincronización del encendido y ajústelo, si lo considera necesario.

3. Apague el motor y conecte el tacómetro, desconecte y tapone la manguera de aire entre el conector de tres vías y compruebe la válvula, si el vehículo está así equipado.

4. En los modelos de 1980 y posteriores, des-

y 2,000 rpm por lo menos tres veces y deje el motor en ralentí durante un minuto aproximadamente, sin carga.

4. Ajuste el ralentí del motor, y la sincronización del encendido según las especificaciones.

5. Deje que el motor trabaje durante diez minutos aproximadamente, tal como se indica en el punto 3. Ajuste el tornillo de ajuste del ralentí de forma tal que el porcentaje del CO esté en el nivel especificado.

6. Repita los puntos 3 y 5 de forma tal que el porcentaje de CO se mantenga.

7. Quite el tapón de la manguera de aire y conecte esta última al conector de tres o cuatro vías.

8. Si el ralentí del motor aumenta, ajuste la velocidad según las especificaciones tal como sea necesario.

NOTA: Los ajustes de la mezcla no forman parte del procedimiento normal de puesta a punto. No intente realizar ajustes, a menos que cambie la unidad de control de la mezcla, reacondicione el carburador o que el vehículo no pase la prueba de emisión.

1983 Maxima, 200SX, 280ZX y 280ZX Turbo

1. Conecte un tacómetro al motor. Arranque el motor y déjelo girar a 2,000 rpm durante dos minutos, para así estabilizar su funcionamiento.

2. Acelere el motor dos o tres veces y vuelva a ponerlo en ralentí. Gire el tornillo de ajuste de la velocidad de ralentí para obtener los rpm especificados.

3. Apague el interruptor de encendido. Desconecte el conector del arnés del interruptor de la válvula del estranglador. Desconecte y tapone la manguera de vacío del distribuidor.

4. Desconecte la manguera de inyección de aire y la de purgado que se encuentra en el múltiple de admisión. Tapone la tubería de inducción de aire y la manguera de purgado.

5. Arranque el motor, acelerado dos o tres veces, y déjelo en ralentí durante un minuto. Revise y, si es necesario, ajuste la sincronización del encendido.

6. Conecte un cable de empalme entre las terminales #24 y #30 del conector del arnés del interruptor de la válvula del estrangulador. Instale un medidor de CO dentro del tubo de escape a por lo menos 16 pulgadas.

7. Con el motor en ralentí, compruebe el nivel de CO. Si es necesario ajustar el CO, quite el fluidómetro y haga un pequeño agujero en el tapón que cubre el tornillo by-pass de aire. No deje que la broca se ponga en contacto con el tornillo.

8. Quite los restos de metal. Instale el tornillo autorroscante dentro el orificio y saque el tapón. Instale el fluidómetro de aire. Ajuste el nivel de CO haciendo girar el tornillo by-pass de aire en sentido de las agujas del reloj para enriquecer la mezcla y en el sentido opuesto para empobrecerla.

9. Quite el fluidómetro de aire. Golpee ligeramente el tapón de sellado nuevo, con el lado convexo hacia arriba, dentro del calibre del tornillo by-pass de aire. Instale el fluidómetro de aire.

10. Pare el motor. Saque el cable de empalme del conector del arnés del interruptor de la válvula del estrangulador. Vuelva a conectar el arnés y todas las mangueras. Vuelva a poner la velocidad en ralentí a las rpm especificadas.

Pulsar, Sentra y Stanza

1. Conecte un tacómetro en el motor y hágalo funcionar en ralentí, o a 2,000 rpm en el caso del Stanza, durante dos minutos por lo menos.

2. Instale el medidor de CO a 16 pulgadas o más dentro del tubo de escape y desconecte y tapone las mangueras de inducción de aire y de vacío del distribuidor. Acelere el motor a 2,000-3,000 rpm varias veces sin carga.

3. Deje que el motor recupere la velocidad de ralentí y déjelo en esta situación durante un minuto por lo menos. Compruebe la sincronización del encendido y ajústelo, si es necesario; vuelva a conectar las mangueras de vacío del distribuidor.

4. Compruebe la velocidad de ralentí y ajústela, si es necesario. En los modelos Sentra MPG desconecte el conector del arnés de solenoide de la proporción combustible-aire. Acelere el motor varias veces, luego póngalo nuevamente en velocidad de ralentí y, finalmente, compruebe el nivel de CO.

5. Si tiene que ajustar el nivel de CO, saque el carburador y haga un pequeño agujero en el tapón que recubre el tornillo de ajuste de la mezcla. Tenga cuidado de que la broca no se ponga en contacto con el tornillo de mezcla, extraiga el tapón y vuelva a instalar el carburador.

6. Ajuste el nivel de CO haciendo girar el tornillo de ajuste de la mezcla hacia dentro para enriquecerla y hacia fuera para empobrecerla.

7. Vuelva a conectar todas las mangueras e instale tapón nuevo en el orificio del tornillo de ajuste de la mezcla.

1984 y posteriores. 200SX, Maxima (únicamente los de 1984) y Stanza

1. Conecte el tacómetro y la lámpara estroboscópica. Desconecte los accesorios y el aire acondicionado. Deje que el motor alcance la temperatura normal de funcionamiento. En los Maxima y en los 200SX, abra el capó y haga funcionar el motor a 2,000 rpm durante 5 minutos.

2. Pare el motor, desconecte y tapone la manguera de vacío que se encuentra en el distribuidor. En los modelos Maxima, desconecte el conector del arnés «Gray» que está en el distribuidor. Acelere el motor 2-3 veces y vuelva a ponerlo en ralentí. Ajuste la velocidad de ralentí haciendo girar el tornillo de ajuste del ralentí.

3. En los modelos Stanza y en los 200SX, gire el selector de diagnóstico de la ECU (Unidad de Control Electrónica) que se encuentra detrás del tablero inferior a la posición de «Off» y vuelva a conectar la manguera de vacío que está en el distribuidor. En los Maxima, mueva el asiento del conductor para que la ECU quede visible.

4. En todos los modelos, ponga el motor a 2,000 rpm durante dos minutos. En los Stanza y 200SX, la lámpara de inspección de la ECU verde deberá centellear por lo menos nueve veces en diez segundos a 2,000 rpm. En los Maxima, la lámpara deberá centellear por lo menos cinco veces en diez segundos. Si la lámpara centellea, pase al siguiente punto.

5. En los modelos Maxima, apague el encendido y vuelva a conectar el conector «Gray» y la manguera de vacío que está en el distribuidor. Arranque el motor y acelérelo 2-3 veces y vuelva a ponerlo en ralentí. Vuelva a comprobar la velocidad de ralentí y retire el equipo de comprobación.

6. En los modelos Stanza y 200SX, acelere el motor 2-3 veces y vuelva a ponerlo en ralentí. Si las lámparas de inspección ECU roja y verde centellean juntas al mismo tiempo, la mezcla está bien y el ajuste completo. Vuelva a revisar la velocidad de ralentí y retire el equipo de comprobación.

Maxima (1985 y posteriores) 200SX Turbo, 300ZX y 300ZX Turbo

1. Conecte el tacómetro (en los modelos Turbo, deberá utilizar un adaptador de bobina) y la lámpara de sincronización. Apague los accesorios y el aire acondicionado. Arranque y caliente el motor hasta alcanzar la temperatura normal de funcionamiento.

2. En los modelos Maxima y 300ZX , desconecte el arnés que va conectado a la válvula del solenoide elevador de ralentí. Acelere el motor 2-3 veces y vuelva a ponerlo en ralentí (marcha en vacío). Compruebe y ajuste la velocidad de ralentí y la sincronización del encendido. Para ajustar el ralentí en todos los modelos, excepto en el 300ZX Turbo, gire el tornillo de ajuste del ralentí. Vuelva a conectar el solenoide elevador del ralentí en los modelos Maxima y 300ZX.

3. Para ajustar el ralentí de los modelos 200ZX Turbo, pare el motor y desconecte el arnés que está conectado en la válvula de control de aire auxiliar. Arranque el motor y ajuste el ralentí a 650 rpm, en los de transmisión manual, y a 600 rpm en los de transmisión automática. Pare el motor y vuelva a conectar la válvula de control. Arranque el motor y cerciórese de que la velocidad de ralentí (marcha en vacío) es la correcta.

4. Localice la ECU detrás del tablero inferior, en los 200SX Turbo, y en el tablero inferior en los otros modelos. Gire el tornillo del selector de diagnóstico de la ECU completamente en el sentido opuesto a las agujas del reloj. Ponga el motor en marcha y déjelo funcionar a 2,000 rpm durante dos minutos. La lámpara de inspección de la ECU Verde deberá encenderse y apagarse por lo menos nueve veces en diez segundos a 2,000 rpm en los modelos 200SX Turbo,y en los otros modelos cinco veces por lo menos. Si la lámpara centellea, pase al siguiente punto.

5. En los modelos Maxima, 300ZX y 300ZX Turbo, desconecte el conector del arnés que está en el interruptor de la válvula de aceleración. En todos los modelos acelere el motor 2-3 veces y vuelva a ponerlo en ralentí. Si las lámparas de inspección de la ECU Verde y Roja centellean juntas, el ajuste de la mezcla es correcto. Vuelva a comprobar la velocidad de ralentí y retire el equipo de comprobación.

Sentra y Pulsar

1. Conecte un tacómetro al motor y déjelo funcionar en velocidad de ralentí por lo menos durante dos minutos.

2. Instale el medidor de CO 16'' o más dentro del tubo de escape y desconecte y tapone las mangueras de inducción de aire y de vacío del distribuidor. Acelere el motor a 200-300 rpm varias veces y sin carga.

3. Deje que el motor vuelva a la velocidad de ralentí y déjelo en esta situación durante por lo menos un minuto. Revise la sincronización del encendido y ajústelo, si es necesario; vuelva a conectar las mangueras de vacío del distribuidor.

4. Compruebe la velocidad del ralentí y, si es necesario, ajústela. Desconecte el conector del arnés del soleonide de la proporción combustible-aire. Acelere el motor varias veces y vuelva a ponerlo en ralentí; compruebe el nivel de CO.

5. Si tiene que ajustar el nivel de CO, saque el carburador y haga un pequeño agujero en el tapón que recubre el tornillo de ajuste de la mezcla. Tenga cuidado de que la mecha de la broca

no toque el tornillo de mezcla; saque el tapón y vuelva a instalar el carburador.

6. Ajuste el nivel de CO haciendo girar el tornillo de ajuste de la mezcla hacia dentro para así enriquecer la mezcla, y hacia fuera para empobrecerla.

7. Vuelva a conectar todas las mangueras e instale el tapón de nuevo en el orificio del tornillo de ajuste de la mezcla.

Velocidad de ralentí en los motores diesel

NOTA: Para esta operación necesitará disponer de un tacómetro especial que sea compatible con los motores diesel, ya que uno normal no funcionará.

AJUSTE

Para una mayor información de los motores diesel, remítase a Servicio diesel, en la sección de Reparaciones.

1. Apague las luces, el ventilador de la calefacción y todos los accesorios eléctricos.

2. En los modelos equipados con transmisión automática deberá trabajar con la palanca de cambios en la posición «D».

3. Ponga en marcha el motor y déjelo funcionar hasta que el indicador de temperatura del agua llegue a la mitad del cuadrante.

4. Coloque el captor del tacómetro diesel en el tubo de inyección Nº 1.

NOTA: Para obtener una lectura más precisa de la velocidad del motor, desmonte las abrazaderas del tubo de inyección Nº 1.

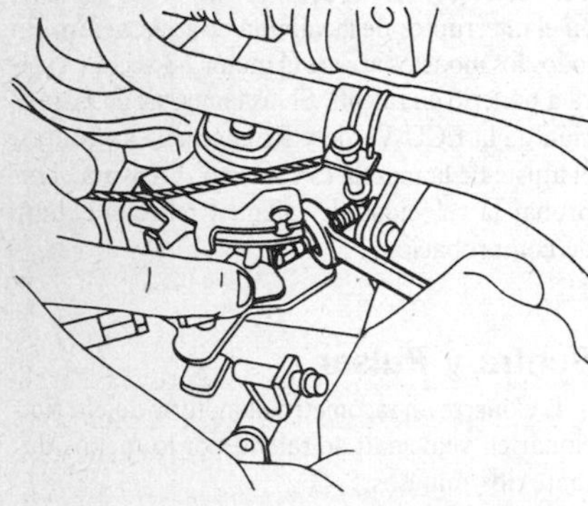

Afloje la contratuerca del tornillo de ralentí mientras sujeta la palanca de control — motor diesel

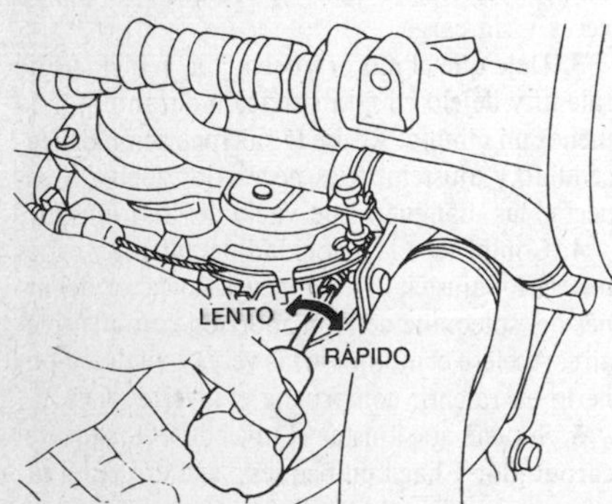

Tornillo de ajuste del ralentí — LD28

5. Haga funcionar el motor a aproximadamente 2,000 rpm durante dos minutos sin carga. Acelere el motor dos o tres veces. Asegúrese que el motor vuelve a la velocidad de ralentí. Si no es así, compruebe que el varillaje del acelerador no esté trabado.

6. Haga funcionar el motor en ralentí durante un minuto.

7. Compruebe el ralentí.

NOTA: En los motores CD17 la velocidad de ralentí deberá ser de 750 rpm ±.

$$\text{RALENTÍ: } 650 {}^{+100}_{-50} \text{ rpm}$$

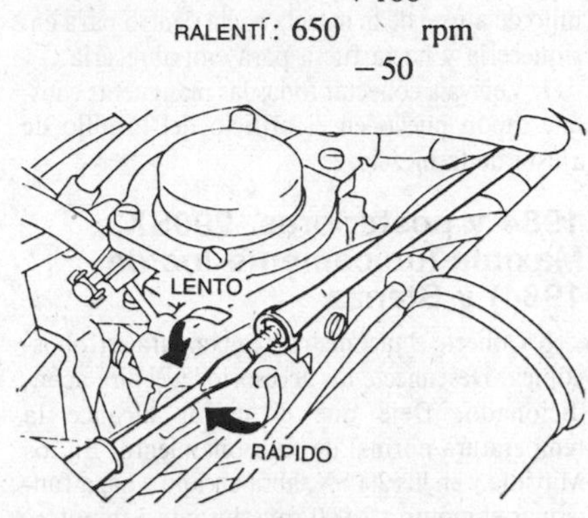

Ajuste del ralentí — CD17

8. Pare el motor.

9. Desconecte el cable del acelerador de la palanca de control de la bomba de inyección.

10. Mueva la palanca de control hasta el lado de aceleración plena y afloje la contratuerca del tornillo de ralentí mientras sujeta la palanca de control.

11. Gire el tornillo de ajuste para obtener la velocidad de ralentí especificada.

12. Pare el motor.

13. Apriete la contratuerca del tornillo de ajuste de ralentí mientras sujeta la palanca de control en el lado de aceleración plena.

14. Conecte el cable del acelerador.

EQUIPO ELÉCTRICO DEL MOTOR

Distribuidor

DESMONTAJE

1. Suelte las grapas de retención y saque directamente hacia arriba la tapa del distribuidor. «Resulta más fácil instalar el distribuidor si no se desconecta el cableado de la tapa». Si es necesario quitar los cables de la tapa, marque la colocación para facilitar la instalación.

2. Desconecte el arnés de cables del distribuidor.

3. Desconecte las tuberías de vacío.

4. Anote la posición del rotor en relación con la base. Trace una marca en la base del distribuidor y en el bloque del motor, para facilitar la reinstalación. Alinee las marcas con la dirección en que señala la punta metálica del rotor.

5. Retire el tornillo o tornillos que sujetan el distribuidor al motor.

6. Saque el conjunto del distribuidor del motor.

MONTAJE

1. Introduzca el eje del distribuidor y el conjunto en el motor. Alinee la marca del distribuidor y la del motor con la punta metálica del rotor. Asegúrese de que el diafragma de avance de vacío señala en la misma dirección en que lo hacía originalmente. Esto se obtiene automáticamente si las marcas en el motor y en el distribuidor están alineadas con el rotor.

2. Instale los tornillos y grapas del distribuidor. Deje suelto el tornillo, lo suficiente como para mover el distribuidor aplicando una presión fuerte con la mano.

3. Conecte a la bobina el alambre del primario. Instale la tapa del distribuidor en el alojamiento de este último. Sujete la tapa con las grapas de resorte.

4. Instale los cables de las bujías, si los quitó. Asegúrese de que los cables están bien metidos en la parte alta de la tapa del distribuidor, y en las bujías.

5. Ajuste el ángulo de leva y la sincronización del encendido.

NOTA: Si hizo rotar el cigüeñal o se alteró el motor de cualquier otra manera (por ejemplo desarmándolo y volviéndolo a armar) mientras el distribuidor estaba fuera, o si no trazó las marcas indicadas, será necesario sincronizar el motor. Siga el procedimiento que se da a continuación.

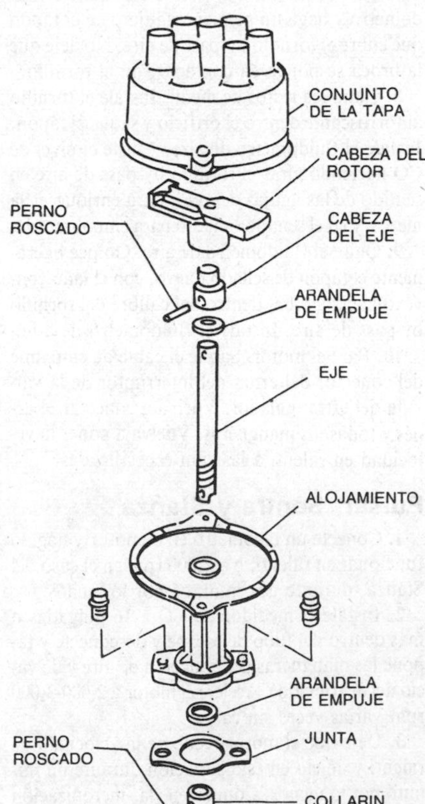

Despiece del distribuidor electrónico — 280ZX turbo

MONTAJE-MOTOR ALTERADO

1. Es necesario colocar el cilindro N.º 1 en la posición de encendido para instalar correctamente el distribuidor. Para determinar esta posición, se utilizan las marcas de encendido situadas en la polea delantera del cigüeñal.

2. Saque la bujía del cilindro N.º 1. Haga girar el cigüeñal hasta que el pistón del cilindro n.º 1 se encuentre en la carrera de compresión. Esto puede determinarse colocando el pulgar sobre el agujero para la bujía y observando cómo el aire es forzado fuera del cilindro. Deje de rotar el cigüeñal cuando las marcas de sincronización que utilizó se encuentren alineadas.

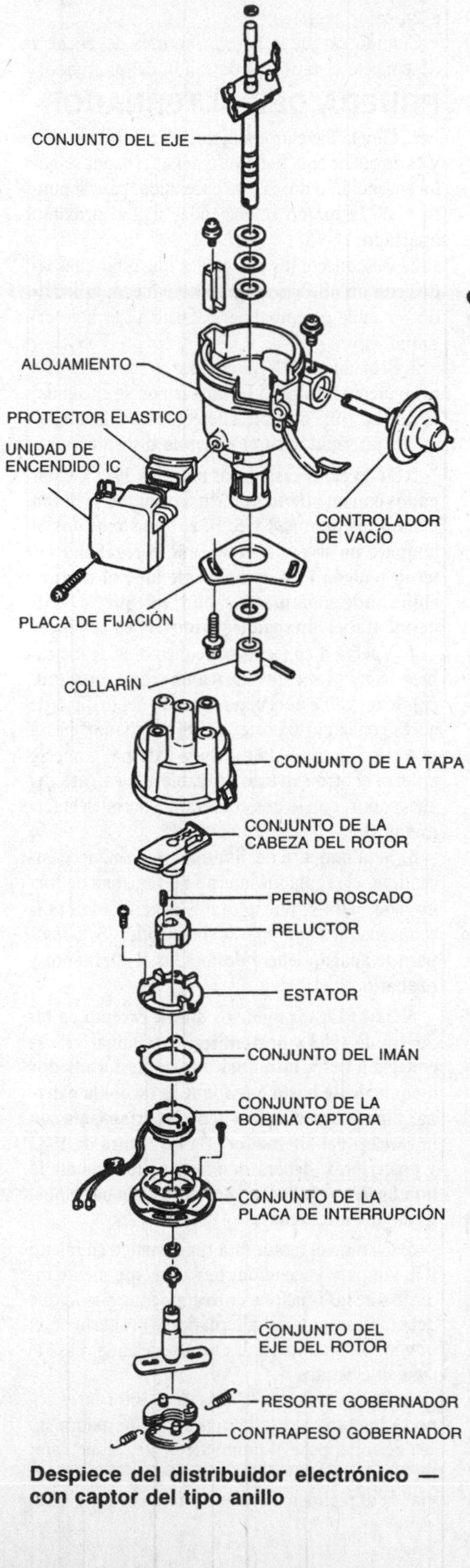

3. Aceite ligeramente el alojamiento del distribuidor en el punto que se apoya en el bloque de cilindros.

4. Instale el distribuidor de manera tal que el rotor, que va montado en el eje, señale hacia la posición de la torre correspondiente a la terminal de la bujía N.º 1 cuando instale la tapa. Por supuesto, no es posible ver la dirección que señala el rotor si la tapa está colocada sobre el distribuidor. Ponga la tapa en la parte alta del distribuidor y haga una marca en el lado del alojamiento del distribuidor justamente bajo la terminal correspondiente a la bujía N.º 1. Asegúrese de que el rotor señala hacia dicha marca cuando instale el distribuidor.

5. Cuando el eje del distribuidor entre en el fondo del agujero, mueva el rotor ligeramente hacia atrás y adelante, hasta que el saliente impulsor del extremo del eje entre en las ranuras cortadas al extremo del eje de la bomba de aceite y el conjunto del distribuidor se deslice en su lugar.

6. Cuando el distribuidor esté correctamente instalado, los platinos deben estar en tal posición, que estén a punto de interrumpir el contacto en-

CONJUNTO DEL EJE
ALOJAMIENTO
PROTECTOR ELASTICO
UNIDAD DE ENCENDIDO IC
CONTROLADOR DE VACÍO
PLACA DE FIJACIÓN
COLLARÍN
CONJUNTO DE LA TAPA
CONJUNTO DE LA CABEZA DEL ROTOR
PERNO ROSCADO
RELUCTOR
ESTATOR
CONJUNTO DEL IMÁN
CONJUNTO DE LA BOBINA CAPTORA
CONJUNTO DE LA PLACA DE INTERRUPCIÓN
CONJUNTO DEL EJE DEL ROTOR
RESORTE GOBERNADOR
CONTRAPESO GOBERNADOR

Despiece del distribuidor electrónico — con captor del tipo anillo

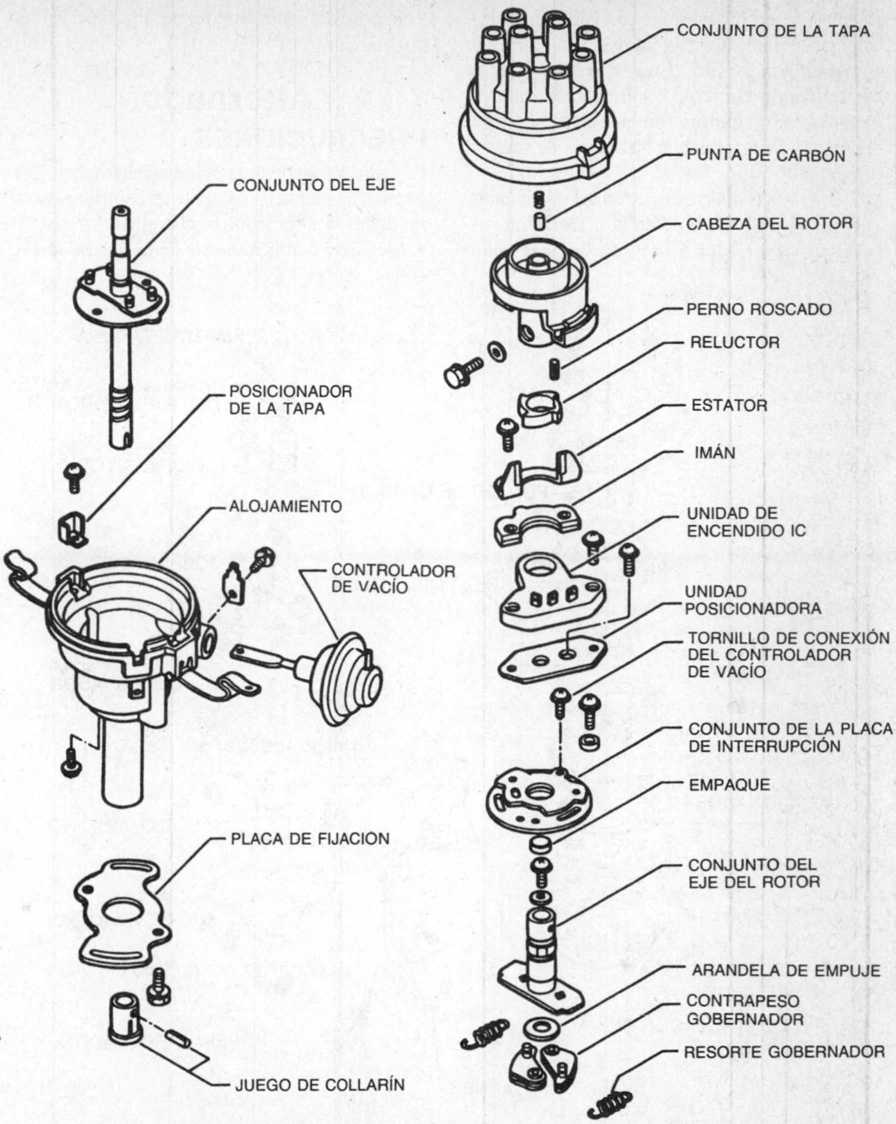

CONJUNTO DEL EJE
POSICIONADOR DE LA TAPA
ALOJAMIENTO
CONTROLADOR DE VACÍO
PLACA DE FIJACION
JUEGO DE COLLARÍN
CONJUNTO DE LA TAPA
PUNTA DE CARBÓN
CABEZA DEL ROTOR
PERNO ROSCADO
RELUCTOR
ESTATOR
IMÁN
UNIDAD DE ENCENDIDO IC
UNIDAD POSICIONADORA
TORNILLO DE CONEXIÓN DEL CONTROLADOR DE VACÍO
CONJUNTO DE LA PLACA DE INTERRUPCIÓN
EMPAQUE
CONJUNTO DEL EJE DEL ROTOR
ARANDELA DE EMPUJE
CONTRAPESO GOBERNADOR
RESORTE GOBERNADOR

Despiece del distribuidor electrónico — con estator

Terminal a tierra 'F'

tre ellos, o, en los motores con encendido electrónico, el diente del reluctor debe estar alineado con la bobina captora. Esto se puede conseguir haciendo girar el cuerpo del distribuidor una vez que se instaló el motor. También en este caso debe alinear las marcas que hizo antes de sacar el distribuidor.

7. Instale el tornillo de sujeción del distribuidor.

8. Instale la bujía N.º 1 en la perforación roscada correspondiente y continúe desde el punto 3 del procedimiento anterior de la instalación del distribuidor.

Alternador

PRECAUCIONES

En todos los modelos se utiliza un alternador. Debe tener en cuenta las siguientes precauciones para no dañar al alternador ni al regulador:

- Asegúrese completamente de la polaridad correcta cuando instale una batería nueva o un cargador de batería.
- No ponga en corto o a tierra ninguna terminal del alternador o del acumulador.
- Desconecte el cable a tierra de la batería antes de volver a colocar cualquier unidad eléctrica.
- Nunca haga funcionar el alternador con cualquiera de los cables desconectados.
- Cuando limpie a vapor el motor, tenga mucho cuidado de que el alternador no se vea sometido a un calor excesivo.
- Cuando cargue la batería, retírela del coche y desconecte el terminal de salida del alternador.

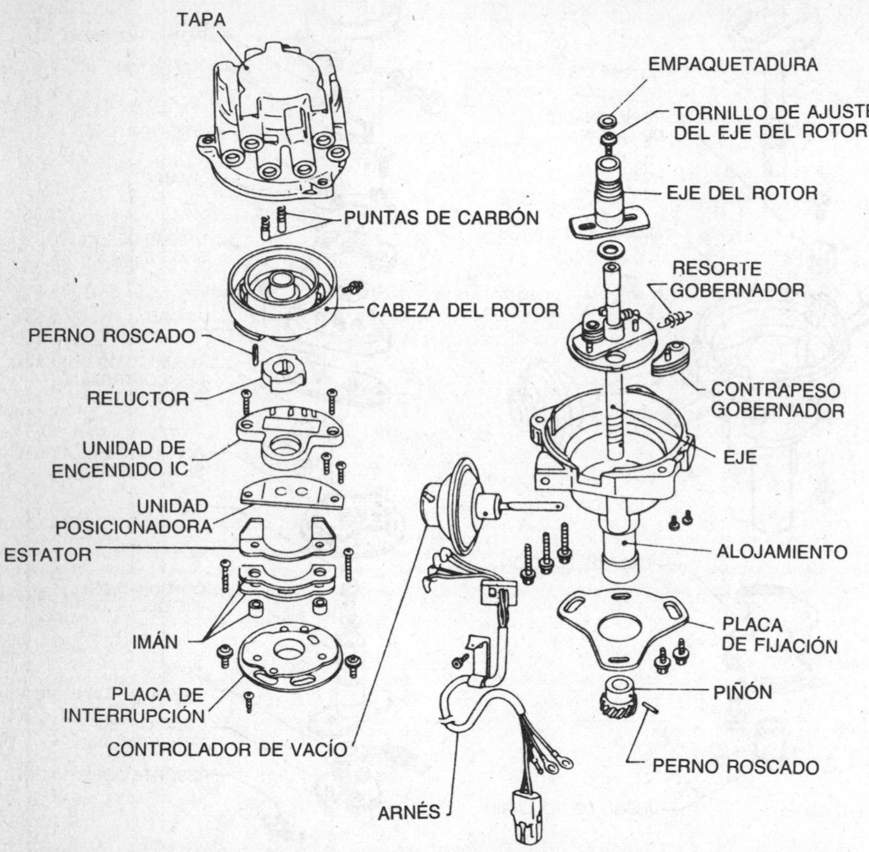

Distribuidor típico de 1984 y posteriores

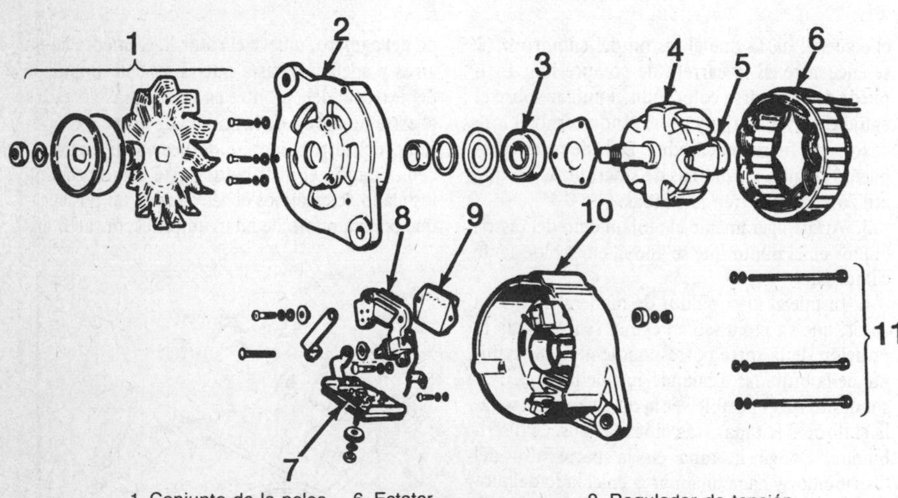

1. Conjunto de la polea
2. Tapa frontal
3. Cojinete delantero
4. Rotor
5. Cojinete trasero
6. Estator
7. Conjunto de diodos (placa de fijación)
8. Conjunto de escobillas
9. Regulador de tensión mediante un circuito integrado
10. Tapa posterior
11. Perno roscado

Despiece de un alternador típico

PRUEBA DEL ALTERNADOR

1. Gire la llave de contacto a la posición «ON» y compruebe si la luz piloto del alternador se halla encendida o no. Si está encendida, pase al punto 6. Si la luz no se enciende, siga al próximo apartado.

2. Desconecte los dos cables que están marcados con un «S» y con una «L» y luego, utilizando un cable de empalme, conecte a tierra el terminal «L».

3. Si la lámpara del alternador se enciende, pase al siguiente punto. Si la lámpara no se enciende, es que hay una bombilla defectuosa en la lámpara del alternador en el panel de instrumentos.

NOTA: En el caso de los modelos 300ZX equipados con un alternador Mitsubishi, no se llevan a cabo los puntos 4 y 5. Si en estos modelos la lámpara no se enciende, es que el regulador interno o algún otro componente interno no funciona adecuadamente, por lo que deberá desmontar el alternador y probarlo en el banco.

4. Vuelva a conectar los conectores de los cables «S» y «L» e introduzca un trozo corto (duro) de un cable adecuado a través del orificio de acceso en la parte posterior del alternador, hasta que el cable toque la escobilla externa. Conecte a tierra el otro extremo del cable a la carcasa del alternador, con lo que conectará a tierra en la terminal «F».

5. Si la lámpara del alternador permanece encendida, el regulador interno no funciona de forma adecuada y, por lo tanto, deberá desmontar el alternador para reparar el regulador. Si la lámpara se apaga, deberá desmontar el alternador y probarlo en el banco.

NOTA: En los modelos diesel, excepto en los Sentra de 1983 y posteriores, el terminal «F» se conecta a tierra introduciendo un destornillador o equivalente hasta que toque la escobilla externa, y luego conectando a tierra la herramienta con la carcasa del alternador. En los Sentra de 1983 y posteriores, deberá desmontar previamente la bomba de vacío que se encuentra en la parte posterior del alternador.

6. Cuando el motor está funcionando en ralentí y la lámpara encendida, hay un componente interno que no funciona correctamente, por lo que deberá desmontar el alternador y probarlo en el banco. Si la temperatura no se enciende, pase al siguiente punto.

7. Ponga el motor a más de 1,500 rpm y conecte los faros; si la lámpara del alternador no se enciende, pase al punto siguiente. Si, en cambio, la lámpara se enciende, deje que el motor vuelva al régimen de ralentí y mida el voltaje en-

tre los terminales «B» y «L». Si el voltaje es superior a 0.5 voltios, hay un problema interno con el alternador, por lo que deberá desmontarlo y probarlo en el banco.

NOTA: Cuando el voltaje es menor de 0.5 voltios, el alternador funciona correctamente.

8. Ponga el motor a más de 1,500 rpm y con el terminal «S» conectado correctamente, mida el voltaje en el terminal «B».

9. Cuando el voltaje es superior a 15.5 voltios, el regulador interno es defectuoso y, por lo tanto, deberá desmontar y cambiar el alternador. Si el voltaje está entre 13 y 15 voltios, pase al siguiente punto.

10. Si la lámpara está apagada con los faros encendidos y el motor en ralentí, es que el alternador funciona perfectamente. Si la lámpara se enciende, es que hay un componente interno que no funciona de forma adecuada y, por lo tanto, deberá desmontar el alternador y probarlo en el banco.

DESMONTAJE Y MONTAJE

1. Desconecte el terminal negativo de la batería.

2. Desconecte los dos cables y el conector del alternador.

3. Afloje el tornillo de ajuste de la correa impulsora y desmonte la correa.

4. Desatornille los tornillos de sujeción del alternador y saque el alternador del vehículo.

5. La instalación se hace en el orden inverso al de su desmontaje.

AJUSTE DE LA TENSIÓN DE LA CORREA

La tensión correcta de la correa para todos los alternadores, es de aproximadamente ½" de juego al centro del recorrido más largo entre dos poleas.

1. Afloje el pivote y los tornillos de montaje del alternador.

2. Mueva el alternador hacia el motor o separándolo del mismo hasta lograr la tensión correcta. Utilice un mango de martillo o una palanca de madera.

3. Cuando la tensión sea la correcta, apriete los tornillos y compruebe el ajuste. Tenga cuidado de no excederse en la tensión de la correa, ya que podría ocasionar averías en los cojinetes.

Regulador de voltaje

DESMONTAJE Y MONTAJE

NOTA: Todos los modelos que aquí se incluyen están equipados con reguladores integrales en los alternadores. Como el regulador es parte del alternador, no es posible ni necesario llevar a cabo ajustes.

Motor de arranque

DESMONTAJE Y MONTAJE

1. Desconecte el cable negativo de la batería.

2. Desconecte y etiquete los cables que van a los terminales del solenoide.

3. Saque los dos tornillos que aseguran el motor de arranque al alojamiento del volante del cigüeñal y tire del motor de arranque hacia delante y afuera. Para instalar, invierta el procedimiento de desmontaje.

CAMBIO DE ESCOBILLAS

Sin engranaje de reducción

1. Quite el motor de arranque. Saque la tapa contra polvo (si la tiene), el anillo en E y las dos arandelas de empuje de la tapa posterior. Retire los dos tornillos de los portaescobillas de la tapa posterior.

2. En todos los modelos, quite los dos pernos pasantes y la tapa posterior.

3. Levante el resorte de la escobilla y sáquela del portaescobillas; para realizar esta operación, puede utilizar un gancho de alambre.

4. Desuelde las conexiones eléctricas de la escobilla.

5. Retire las escobillas.

Para la instalación:

6. Meta las escobillas en los portaescobillas. Suelde las conexiones eléctricas. Levántelas lo suficiente para instalar el portaescobillas sobre el conmutador.

7. Instale los pernos pasantes de la tapa posterior. Coloque los tornillos de sujeción de los portaescobillas y vuelva a colocar las arandelas de empuje, el anillo en E y la tapa contra polvo.

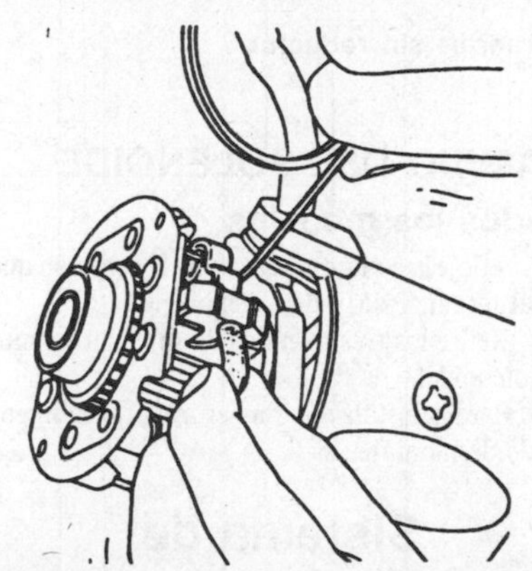

Levante el resorte de las escobillas con un alambre en forma de gancho y quite la escobilla en los motores de arranque que no cuentan con reductor

Tipo con engranaje de reducción

1. Quite el motor de arranque y el solenoide.

2. Saque los pernos pasantes en la tapa posterior. Haga palanca sobre la tapa para sacarla, utilizando una pequeña palanca o herramienta análoga, pero trate de no dañar el anillo tórico.

3. Retire el conjunto del alojamiento del motor de arranque, armadura y portaescobillas, sacándolos del alojamiento central.

4. Quite la escobilla del lado positivo de su soporte. La escobilla positiva está aislada del portaescobillas, y el cable está conectado a la bobina de campo.

5. Levante cuidadosamente la escobilla negativa del conmutador y sáquela del soporte.

6. Desuelde las conexiones eléctricas de la escobilla. Desmonte las escobillas.

7. Instale las escobillas nuevas y suelde los cables a las conexiones. Instale en el alojamiento principal los portaescobillas, la armadura y el alojamiento del motor de arranque. Instale la tapa trasera y el anillo tórico y a continuación el solenoide.

CAMBIO DEL IMPULSOR

Tipo de engranaje sin reducción

1. Afloje la contratuerca y desmonte la conexión que va al terminal «M» del solenoide. Quite los tornillos de sujeción y el solenoide.

2. Retire la tapa contrapolvo, el anillo en E, las arandelas de empuje y los dos tornillos que retienen el conjunto de los portaescobillas. Retire los pernos pasantes de la tapa de las escobillas y saque el conjunto de la tapa (en todos los modelos).

3. Levante las escobillas para que no traben el conmutador y quite el portaescobillas.

4. Golpee ligeramente el conjunto del yugo utilizando un martillo de madera y retírelo del campo y de la caja.

5. Quite la tuerca y el perno que sirve como pasador para la palanca del eje, reteniendo con cuidado las arandelas auxiliares.

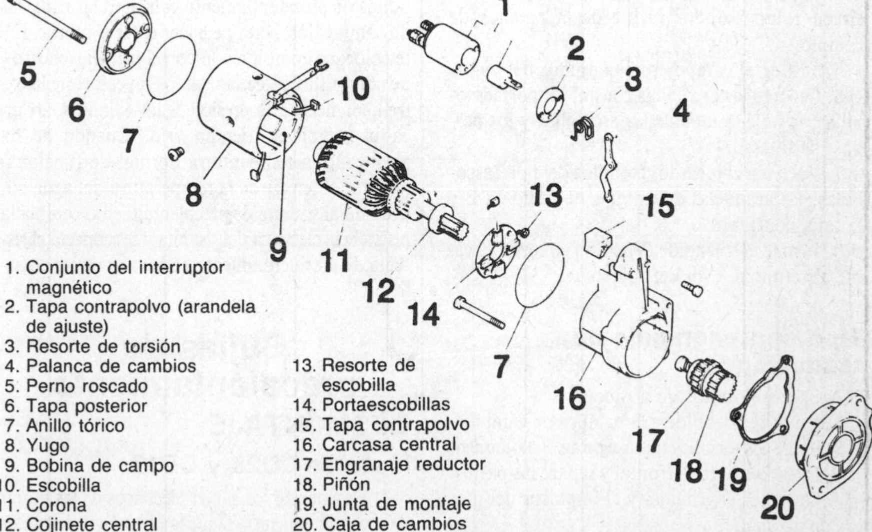

Despiece de un motor de arranque con reductor

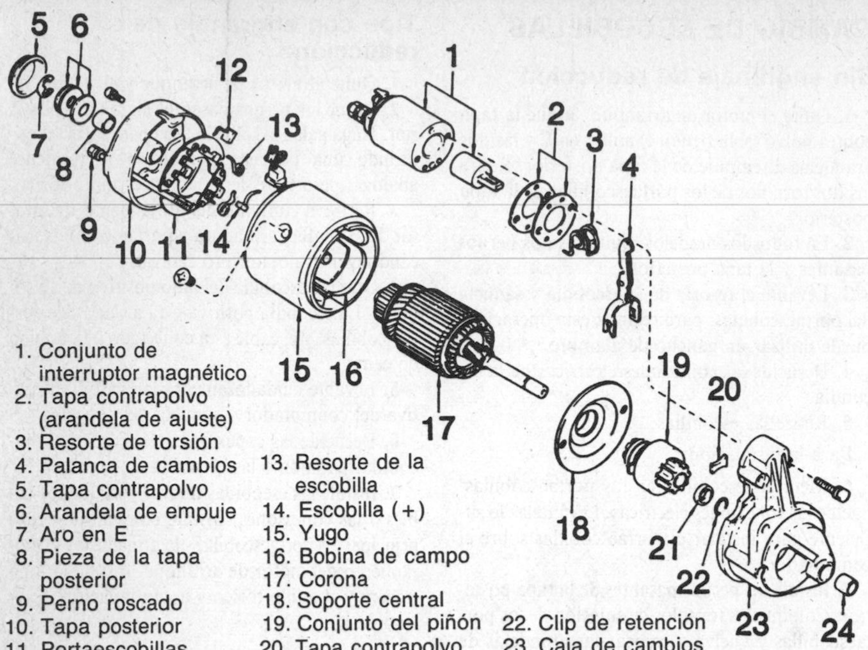

Despiece de un motor de arranque sin reductor

6. Saque el conjunto de la armadura y la palanca de cambio.

7. Empuje el anillo de tope (colocado en el extremo del eje de la armadura) hacia el embrague y saque el anillo de seguridad. Quite el anillo de tope.

8. Retire el conjunto del embrague del eje de la armadura.

Para instalar el impulsor:

1. Instale el conjunto del embrague en el eje de la armadura.

2. Coloque el anillo de tope y sosténgalo contra el embrague mientras instala el anillo de seguridad.

3. Instale el conjunto de la armadura y la palanca de cambio en el yugo.

4. Instale las arandelas, la tuerca y el perno que sirven como pasador pivote de la palanca de cambio.

5. Instale el campo en el conjunto del yugo.

6. Levante las escobillas e instale el portaescobillas. Instale la tapa de las escobillas y los pernos pasantes.

7. Vuelva a colocar los tornillos del portaescobillas, las arandelas de empuje, el anillo en E y la tapa contrapolvo.

8. Instale el solenoide. Vuelva a conectar el cable al terminal «M» del solenoide.

Tipo con engranaje de reducción

1. Saque el motor de arranque.

2. Quite el solenoide y la palanca de cambios.

3. Retire los tornillos que aseguran el alojamiento del centro a la tapa frontal y separe las partes.

4. Quite los engranajes y el impulsor del motor de arranque.

5. La instalación se realiza a la inversa.

CAMBIO DEL SOLENOIDE

Todos los modelos

1. Afloje la contratuerca y quite la conexión que va al terminal «M» del solenoide.

2. Retire los tres tornillos de sujeción y quite el solenoide.

3. Para la instalación, invierta el procedimiento de desmontaje.

Sistema de precalentamiento en los motores diesel

El circuito de precalentamiento en los motores diesel se utiliza para arrancarlos en tiempo frío. Las bujías de precalentamiento calientan las cámaras de combustión antes de hacer rotar el motor. Este calor, en combinación con el primer «chorro» de combustible que lanzan los inyectores y la extremadamente alta presión de los cilindros, arranca el motor en tiempo frío. Cuando se ha alcanzado la temperatura normal de funcionamiento, el sensor de la temperatura del agua conectado al sistema de precalentamiento cambia la resistencia eléctrica del sistema y desconecta el sistema de precalentamiento en los arranques en caliente.

Bujías de precalentamiento

DESMONTAJE

Motores LD28 y CD17

1. Desconecte los cables eléctricos de las bujías de precalentamiento. Saque la placa de conexión de las bujías de precalentamiento.

2. Retire las bujías de precalentamiento desenroscándolas de la culata.

3. Inspeccione los extremos de las bujías para ver si presentan síntomas de fusión. Aunque solamente uno de los extremos de una de las bujías tenga mal aspecto deberá cambiar todas las bujías de precalentamiento. Ésta es una regla general, dictada por la experiencia, que se utiliza en todos los motores diesel.

COMPROBACIÓN

Las bujías de precalentamiento se comprueban valorando su resistencia con un óhmetro. La comprobación de éstas se puede llevar a cabo tanto cuando se han desmontaedo como cuando aún se encuentran en su localización habitual en la culata. Para comprobarlas cuando se han desmontado, conecte el borne de tierra del óhmetro a la parte roscada de la bujía y el otro borne al extremo de la bujía, tal como se indica en la ilustración correspondiente. Si se observa un mínimo de continuidad, es que la bujía está en buen estado. Si, por el contrario, no se observa esta continuidad, deberá cambiar la bujía. Para comprobar las bujías de precalentamiento sin tener que sarcarlas de la culata, deberá conectar el borne de tierra del óhmetro al bloque motor (o a cualquier otro punto adecuado de tierra) y el otro borne al extremo de la bujía de precalentamiento. Igualmente, la presencia de un mínimo de continuidad significa que la bujía está en buenas condiciones, mientras que una pérdida de continuidad indica que deberá cambiar la bujía.

MONTAJE

Para instalar las bujías de precalentamiento, siga el orden inverso al de desmontaje. Apriete las bujías a 14-18 libras-pie y los tornillos de la placa de conexión a 1 libra-pie.

COMPROBACIÓN DE LAS CONEXIONES DE LAS BUJÍAS DE PRECALENTAMIENTO

La dificultad que tiene un motor diesel para arrancar es con frecuencia debida a la conexión de los cables a las bujías. Como los motores diesel tienen un cierto grado de vibración en su funcionamiento, las conexiones de las bujías de precalentamiento tienden a aflojarse. Esto produce una dificultad en el arranque, ya que las bujías no reciben toda la intensidad eléctrica. Por lo tanto, es aconsejable apretar periódicamente las conexiones a todas las bujías de precalentamiento.

ATENCIÓN

El sistema de bujías de precalentamiento Datsun/Nissan es de 12 voltios y está equipado con una resistencia compensadora y una unidad de control de calentamiento rápido. La resistencia reduce la intensidad de la corriente que pasa a través de las bujías de calentamiento durante el período de poscalentamiento, y la unidad de control de las bujías detiene el poscalentamiento cuando se detectan más de 7 voltios en las bujías.

MECÁNICA DEL MOTOR

Motor

DESMONTAJE Y MONTAJE

Todos los motores Datsun/Nissan, excepto el 6V (VG30E y VG30ET) en los 300ZX y en los Maxima de 1985 y posteriores, son de cilindros en línea, bien sean de cuatro o seis cilindros. Algunos tienen válvuas en la cabeza con un dispositivo de balancines; otros cuentan con un árbol de levas simple en cabeza. El motor en los 300ZX y en los Maxima de 1985 y posteriores tiene un árbol de levas simple en cabeza y disposición V6, con un dispositivo del tipo balancines. Consulte la tabla de motores para identificarlos por modelo, número de cilindros, desplazamiento y ubicación del árbol de levas. En esta sección se mencionan los motores utilizando las claves de designación por modelo.

Tracción trasera

Es aconsejable desmontar el motor y la transmisión como una sola unidad, excepto en los 300ZX; el motor y la transmisión se separan antes de haber desmontado el motor.

1. Marque la ubicación de las bisagras del capó. Desatorníllelas y quítelas.

2. Desconecte el cable de la batería. En los modelos Z20E y Z22E California con aire acondicionado, quite la batería.

3. Vacíe el refrigerante y el fluido de la transmisión automática, si cuenta con ella.

4. En los modelos 510, saque la rejilla. Quite el radiador después de desconectar las tuberías de refrigerante de la transmisión automática.

5. Retire el filtro de aire.

6. Saque el ventilador y la polea.

7. Desconecte:

a. El cable del indicador de temperatura del agua.

b. El cable de la unidad indicadora de presión de aceite.

c. El cable del primario del distribuidor de encendido.

d. Las conexiones del motor de arranque.

e. La manguera de combustible.

f. Los cables del alternador.

g. Las mangueras del calefactor.

h. Las conexiones del estrangulador y del ahogador.

i. El cable de tierra del motor.

NOTA: Al desconectar el cableado complejo de los motores modernos en los vehículos actuales, resulta conveniente envolver un trozo de cinta adhesiva sobre el cable y la conexión de la que se desprende éste, marcando a continuación ambas piezas con los números 1, 2, 3, etc. Al volver a conectar, basta con hacer coincidir los números marcados en las cintas.

ATENCIÓN

En los modelos que cuentan con aire acondicionado, es necesario quitar el compresor y el condensador de sus soportes. NO TRATE DE DESCONECTAR NINGUNA DE LAS MANGUERAS DEL ACONDICIONADOR DE AIRE.

8. Desconecte del motor la manguera del reforzador del freno de potencia.

9. Retire el cilindro de operación del embrague y el resorte de retorno.

10. Desconecte de la transmisión el cable del velocímetro. Desconecte el interruptor de la luz de marcha atrás y cualquier otro cable o unión de la transmisión. En los coches con motor L20B (sólo el canadiense 510 de 1980), desconecte el cable del freno de mano del ajustador trasero.

11. Desconecte el varillaje de cambio de la columna. Quite la palanca de cambios del suelo. En los modelos Z20, Z20E y Z22E, retire el protector, la espiga de sujeción y la palanca desde adentro del coche.

12. Suelte el tubo de escape del múltiple de escape. Desmonte la sección delantera del sistema de escape.

13. Marque las relaciones entre los bordes del árbol de transmisión y desmonte dicho árbol.

14. Coloque un gato bajo la transmisión. Quite el travesaño trasero.

15. Coloque una cadena en los ganchos para levantar el motor (en cualquier extremo de la culata). Apoye el motor.

16. Quite los tornillos de los soportes delanteros del motor. Incline el motor bajando el gato situado bajo la transmisión y elevando la cadena.

17. Invierta el procedimiento para instalar el motor.

En los 300ZX, apriete los tornillos de las escuadras en seis etapas, tal como se indica en la ilustración correspondiente.

Tracción delantera

Es aconsejable que el motor y la transmisión se desmonten como una sola unidad. Si es necesario, podrá separar las unidades posteriormente.

1. Marque la ubicación de las bisagras del capó. Con ayuda de otra persona, quite el capó sosteniéndolo por ambos lados y desatornillando los tornillos.

2. Saque la batería y drene el enfriante del radiador.

3. Retire el filtro de aire y desconecte el cable del acelerador del carburador.

4. Desconecte los siguientes cables y mangueras:

a. El cable de encendido de la bobina al distribuidor.

b. El cable a tierra de la bobina de encendido y el cable de tierra del motor.

c. Desconecte del distribuidor el conector del bloque.

d. Quite los eslabones fusibles.

e. Desconecte todos los conectores del arnés del motor.

f. Desconecte las mangueras de combustible y de retorno de combustible.

g. Desconecte las mangueras alta y baja del radiador.

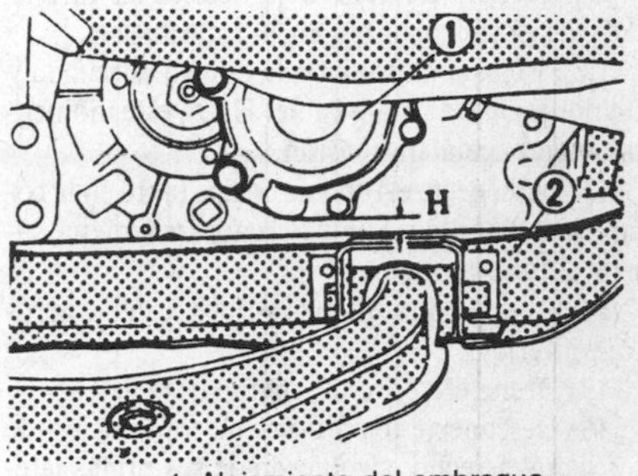

Holgura entre el bastidor y el alojamiento del embrague

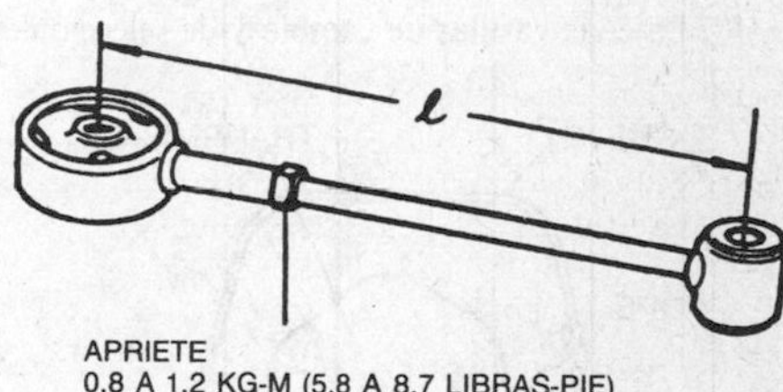

Ajuste de la longitud de la varilla amortiguadora

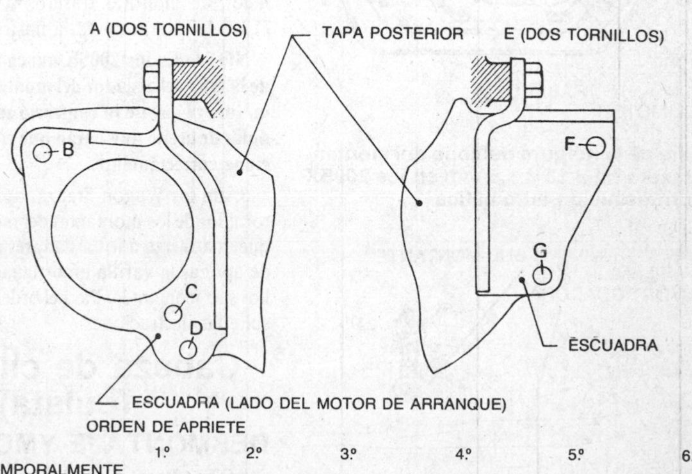

Apriete de las escuadras del motor 300ZX

h. Desprenda la entrada y salida del calefactor.

i. Quite la manguera de vacío del Master-Vac.

j. Desconecte las mangueras del recipiente de carbón y la manguera del filtro de aire de la bomba de aire.

5. Saque el filtro de aire de la bomba de aire.

6. Retire el recipiente de carbón.

7. Saque el ventilador auxiliar y el tanque de lavado.

8. Quite la rejilla y el radiador con el conjunto del ventilador.

9. Quite el cilindro del embrague del alojamiento del embrague.

10. Desconecte ambas varillas amortiguadoras (no altere el largo de las varillas) y el cable del velocímetro.

11. Quite los pasadores elásticos de las varillas de selección de cambio en la transmisión.

12. Ponga el motor en una eslinga adecuada y únalos a una cadena o cable. Hasta este momento, manténgala sin tensión.

13. Desconecte el tubo de escape tanto en la conexión del múltiple como en la abrazadera que sujeta el tubo al motor.

14. En los Sentra, Stanza y Pulsar, saque la rótula inferior.

15. Drene el aceite de engranajes.

16. Desconecte los árboles de transmisión de los lados derecho e izquierdo de sus bridas laterales, y quite el tornillo que sujeta el soporte de la articulación radial.

NOTA: Al sacar los semiejes, en los Sentra, Stanza y Pulsar, es necesario aflojar los tornillos de la cabeza del tirante.

17. Baje las varillas de cambio y de selección

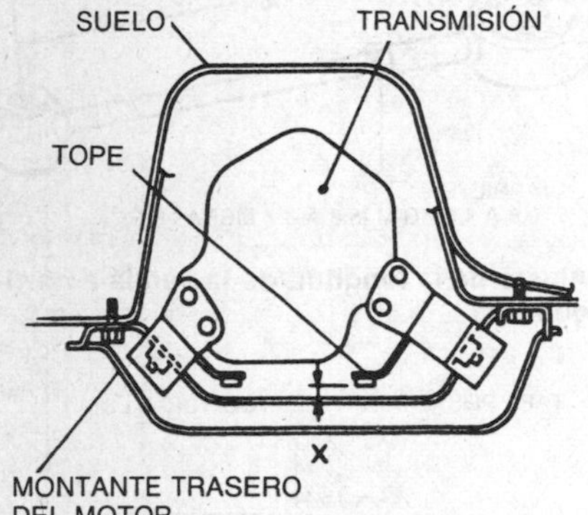

Ajuste de la holgura del tope del montante trasero (x) a 13 ± 1.5 mm en los 200SX con transmisión automática

En la camioneta Stanza, apriete la varilla amortiguadora y los tornillos submontantes en este orden

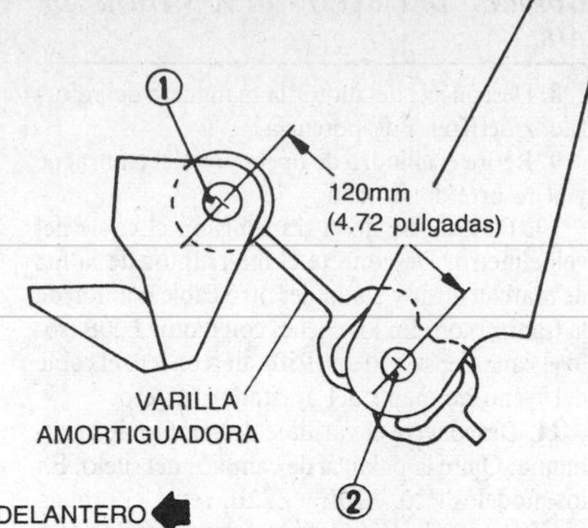

En la camioneta Stanza (4 × 4), apriete la varilla amortiguadora y los tornillos submontantes en este orden

y a continuación retire los tornillos de sujeción de los montajes del motor.

a. Extraiga las tuercas que sujetan los montajes delantero y posterior del motor al chasis.

b. En los Sentra, Stanza y Pulsar, desconecte los cables del acelerador y del embrague; luego saque el cable de velocímetro con su piñón de la caja de cambios.

18. Levante el motor y retírelo del coche.

La instalación se realiza a la inversa del desmontaje, debiendo aplicarse las siguientes observaciones y precauciones.

1. Cuando baje el motor al coche para colocarlo en el chasis, asegúrese de no bajarlo más de un lado que del otro.

2. Compruebe el juego entre el chasis y el alojamiento del embrague, y asegúrese de que los tornillos de montaje del motor estén asentados en las muescas de los soportes de montaje.

a. La distancia «H» deberá ser de 0.394-0.472" (310).

3. Después de instalar los montantes del motor, ajuste e instale las varillas amortiguadoras. El lado derecho deberá tener 8.23-8.31" y el izquierdo, 5.39-5.47" (310).

4. Cuando instale el motor en los 200SX equipados con transmisión automática, ajuste el aislador de montaje trasero a 0,51 ± 0,059" (13 ± 1.5 mm)(«x» en la ilustración).

NOTA: En los 200SX nunca afloje las tuercas de la tapa del aislador del montante delantero del motor, ya que de lo contrario se producirán pérdidas de aceite que harán que el aislador no funcione correctamente.

5. En los Wagon Stanza, apriete primero los tornillos de los montantes del motor y luego aplique una fuerza a los aisladores de montaje antes de apretar la varilla amortiguadora y los tornillos sub-montantes. Para el orden de apriete, consulte las ilustraciones.

Cabeza de cilindros (culata)

DESMONTAJE YMONTAJE

NOTA: Para evitar deformación o alabeo de la culata deberá esperar a que el motor se enfríe completamente antes de quitar los tornillos de la culata.

Motores A12, A14 y A15 con válvulas en cabeza

Para desmontar la culata en los motores OHV (válvulas en cabeza):

1. Drene el líquido de enfriamiento.

2. Desconecte el cable a tierra de la batería.

3. Quite la manguera alta del radiador. Saque el codo de salida del agua y el termostato.

4. Retire el filtro de aire, el carburador, la tapa de los balancines y ambos mútiples.

5. Desconecte las bujías.

6. Desconecte la conexión del indicador de temperatura.

7. Afloje las tuercas de ajuste de los balancines y gire los tornillos de ajuste para que no traben las varillas de empuje. Afloje en forma pareja los tornillos de los ejes de los balancines y quite el conjunto de estos últimos. Extraiga las varillas de empuje, conservándolas en el mismo orden para reinstalarlas.

8. Retire los pernos de la culata y luego saque esta última golpeándola con un mazo para soltarla del bloque. Extraiga y descarte la junta.

Para colocar la culata en los motores con válvulas en cabeza:

1. Compruebe que las superficies de la culata y del bloque estén limpias. Verifique la culata con una regla y un calibrador de láminas para cerciorarse de la igualdad de la superfície. Si la culata está deformada más de 0.003 pulgadas, deberá rectificarla. Si no lo hace, probablemente habrá una fuga. La superficie del bloque también se comprueba de la misma forma. Si el bloque está deformado en más de 0.003 pulgadas deberá rectificarlo (mecanizado para aplanar)

2. Instale una junta de culata nueva. La mayoría de las juntas llevan una marca que indica «TOP». Asegúrese de que utiliza la junta correcta para la culata para que ningún paso de agua quede bloqueado.

3. Instale la culata. Coloque las varillas de empuje en donde estaban colocadas. Instale el con-

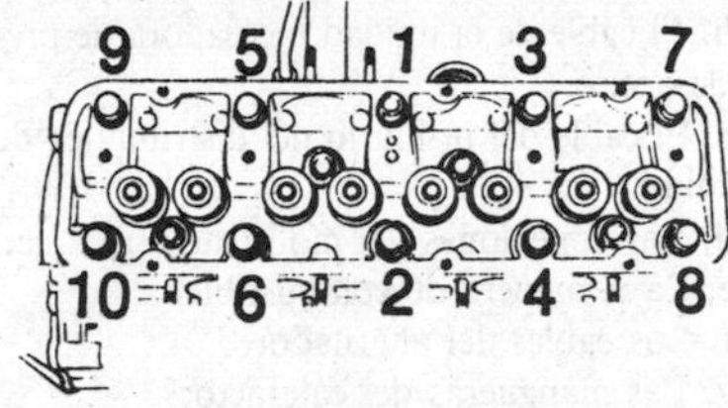

Secuencia de apriete de la culata — motores de la serie A

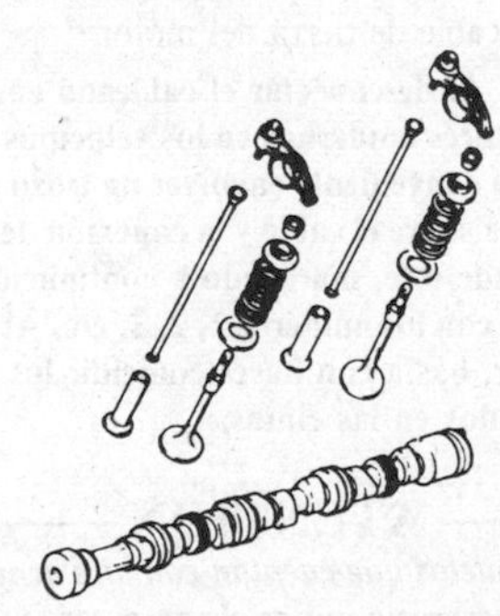

Varilla de empuje, leva y conjuntos de las válvulas — motores de la serie A

junto de los balancines. Afloje los tornillos de ajuste de los balancines para evitar doblar las varillas de empuje cuando apriete los tornillos de la culata. Apriete a mano los tornillos de la culata. El único tornillo marcado con una T debe colocarse en la posición N.º 1 al lado central derecho del motor.

4. Consulte la tabla de «Especificaciones de apriete» para determinar el apriete correcto de los tornillos de la culata. Apriete éstos a una tercera parte de lo especificado, en el orden que se indica en ilustración acerca de la secuencia de apriete de los tornillos de la culata. Apriete los tornillos de montaje de los balancines a 15-18 libras-pie.

5. Apriete los tornillos a los dos tercios de lo especificado, en secuencia.

6. Apriete los tornillos hasta el total especificado, en secuencia.

7. Ajuste las válvulas. Si no se indica su ajuste en frío, ajuste las válvulas al ajuste normal en caliente.

8. Vuelva a ensamblar el motor. Apriete los pernos de los múltiples de admisión y escape a 11-14 libras-pie. Llene el sistema de enfriamiento. Ponga en marcha el motor y déjelo funcionando hasta que alcance la temperatura normal de trabajo. Saque la tapa de los balancines. Una vez más, apriete los tornillos en secuencia. Compruebe los juegos de las válvulas.

9. Vuelva a apretar los pernos de la culata después de recorrer 600 millas. Revise el juego de las válvulas después de apretar los tornillos, ya que al hacerlo puede alterar el ajuste.

Motores E15 y E16 con árbol de levas en cabeza

1. Rote el motor hasta que el pistón N.º 1 se encuentre en el PMS de su carrera de compresión y desconecte el cable negativo de la batería. Vacíe el sistema de enfriamiento y retire el conjunto del filtro de aire.

2. Saque el alternador.

3. Numere todos los cables de las bujías para que se correspondan con sus respectivos cilindros, y saque el distribuidor con todos los cables conectados.

4. Retire el soporte de las tuberías EAI y el tubo de recirculación del gas de escape (EGR) del lado derecho (válvula de la EGR). Desconecte las mismas tuberías del lado delantero (múltiple de escape) separándolas del múltiple.

5. Quite la tapa del múltiple de escape y este último, observando que la tuerca central del múltiple tiene un diámetro distinto al de las demás.

6. Extraiga el soporte del compresor de aire acondicionado y el soporte de la bomba de la dirección hidráulica (si cuenta con ella).

7. Etiquete y desconecte la articulación del estrangulador en el carburador, la tubería de combustible y todas las conexiones eléctricas y de vacío.

8. Retire el múltiple de admisión junto con el carburador.

9. Saque la correa de impulsión de la bomba de agua y la polea. Desmonte la polea del cigüeñal.

10. Quite la tapa de los balancines (válvulas).

11. Retire las tapas alta y baja contrapolvo en la protección de la correa de sincronización del árbol de levas.

12. Con la protección desmontada, quedan frente a Ud. el piñón del árbol de levas, el piñón del eje intermedio, la polea tensionadora y la correa dentada de goma.

13. Marque la relación entre el piñón del árbol de levas y la correa de sincronización, así como la del piñón del cigüeñal con la correa de sincronización, utilizando pintura o un lápiz graso. Esto facilitará la reinstalación en caso de que el motor se mueva durante el desmontaje.

14. Desmonte la polea tensionadora de la correa.

15. Marque una flecha en la correa de sincronización indicando la dirección de giro del motor, ya que la correa se desgasta un poco y debe colocarse tal como se quitó. Deslice la correa sacándola de los piñones.

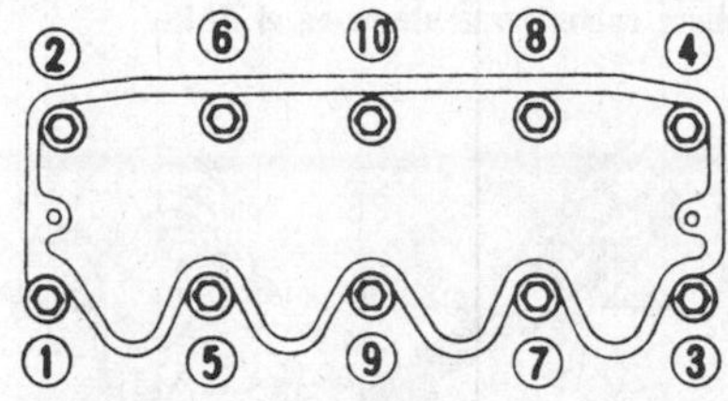

Afloje los tornillos de la culata, en etapas y en este orden — motores de la serie E

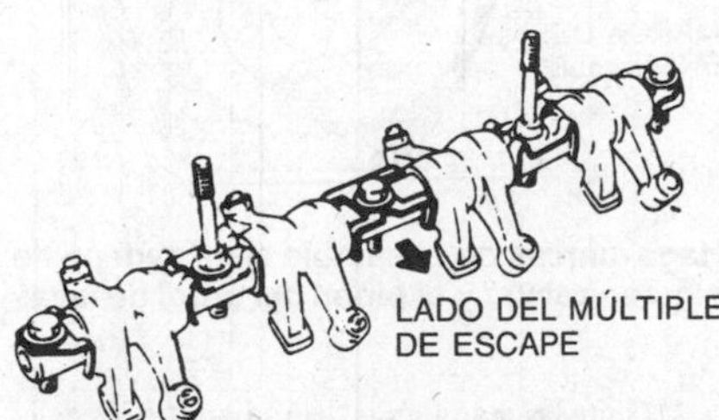

Asegúrese de que el corte del eje de balancines mira al múltiple de escape, en los motores de la serie E

16. Con cuidado, desmonte el bloque la culata, sacándola en forma pareja por ambos extremos. Si la culata parece estar pegada, no haga NUNCA palanca para sacarla. Golpee ligeramente alrededor del perímetro inferior de la culata utilizando un martillo de caucho para desprenderla. Etiquete todos los tornillos de la culata con cinta o marcador, ya que deberán colocarse en sus posiciones originales..

Para instalar la culata:

1. Limpie cuidadosamente las superficies coincidentes tanto del cilindro como de la culata. Tenga cuidado de no rayarlas.

2. Rote el cigüeñal y coloque el cilindro N.º 1 en el PMS de la carrera de compresión. De esta forma, logrará que la marca en el piñón de sincronización del cigüeñal quede alineada con la marca en la tapa del bloque de cilindros.

3. Alinee la marca del piñón del árbol de levas con la marca en la culata. Esto hará que las válvulas del cilindro N.º 1 se coloquen en el PMS de la carrera de compresión.

4. Coloque una junta nueva en el bloque de cilindros.

5. Instale la culata sobre el bloque y apriete en dos etapas los tornillos: primero todos los tornillos a 29-33 libras-pie y a continuación a 51-54 libras-pie. Una vez que el motor esté caliente, verifique todos los tornillos y vuélvalos a apretar, si es necesario.

E16:

Instale la culata en el bloque y apriete los tornillos en dos etapas: primero todos los tornillos a 22 libras-pie (29 Nm) y a continuación a 51 libras-pie (69 Nm). Posteriormente, afloje completamente todos los tornillos y luego vuélvalos a apretar a 22 libras-pie (29 Nm). Finalmente, apriételos a 51-54 libras-pie (69-74 Nm), o si dispone de una llave acodada, ajuste cada tornillo hasta alcanzar la medida especificada (tal como se muestra en la ilustración).

6. Reinstale en el orden inverso al de desmontaje, asegurándose de que todas las marcas de sincronización estén correctamente alineadas.

ÚNICAMENTE CANADIAN 510 DE 1980

1. Rote el motor hasta que el pistón N.º 1 se encuentre en el PMS de la carrera de compresión y desconecte el cable negativo de la batería, purgue el sistema de enfrimaiento y quite el filtro de aire y las mangueras relacionadas con el mismo.

2. Saque el alternador.

3. Desconecte la articulación del estrangulador del carburador, la tubería de combustible y cualesquiera otras tuberías de vacío o cables eléctricos y desmonte el carburador.

4. Desconecte el tubo de escape del múltiple de escape.

5. Desmonte el ventilador y la polea.

6. Saque las bujías.

7. Desmonte la tapa de balancines.

8. Retire la bomba de agua.

9. Quite la bomba de combustible.

10. Desmonte la leva de impulsión de la bomba de combustible.

11. Marque la relación entre el piñón del árbol de levas y la cadena de sincronización, utilizando pintura o tiza. Si lo hace, resulta innecesario localizar las marcas de sincronización de fábrica. Antes de desmontar el piñón del árbol de levas, será necesario detener la cadena con una cuña, para evitar que caiga dentro de la tapa delantera. El procedimiento en la fábrica consiste en acuñar la cadena de sincronización en su lugar, utilizando una cuña de madera que aquí se indica. El problema con este procedimiento radica en que puede dar lugar a que el tensionador de la cadena se mueva lo bastante como para atorarse contra la cadena. Si ocurre esto, observará que la cadena no vuelve a situarse sobre el piñón una vez que la reinstale. En tal caso deberá quitar la tapa frontal y empujar hacia atrás el tensionador. Después de detener la cadena con una cuña, desatornille el piñón del árbol de levas y sáquelo.

12. Afloje y saque los tornillos de la culata. Para hacerlo es necesario contar con una llave Allen de 10 mm. Conserve los tornillos en su orden, ya que son de diferentes tamaños. Levante el conjunto de la culata retirándola del motor. Desmonte los múltiples de admisión y de escape, si es necesario.

13. Limpie cuidadosamente las superficies coincidentes del bloque y de la culata. Revise si hay deformación; vea la sección precedente de la serie A, donde encontrará las instrucciones pertinentes. Instale en el bloque una junta nueva para la culata. No utilice sellador en la junta.

14. Con el cigüeñal girado de manera que el pistón N.º 1 se encuentre en el PMS de la carrera de compresión (si no lo ha hecho ya tal como se indica en el punto 1), asegúrese de que la marca de sincronización del piñón del árbol de levas y la ranura oblonga de la placa estén alineadas.

15. Coloque la culata en su posición sobre el bloque de cilindros, teniendo cuidado de que ninguna de las válvulas se ponga en contacto con cualquiera de los pistones. No rote por separado el cigüeñal ni el árbol de levas, para evitar posibles daños a las válvulas.

16. Apriete por el momento los dos tornillos, derecho e izquierdo, al centro de la culata a 14.5 libras-pie.

17. Instale el piñón del árbol de levas junto a la cadena de sincronización en el árbol de levas. Asegúrese de que las marcas que hizo anteriormente coinciden. Si tropieza con dificultades, vea el apartado Desmontaje y montaje de la cabeza de sincronización, donde encontrará procedimientos para la sincronización.

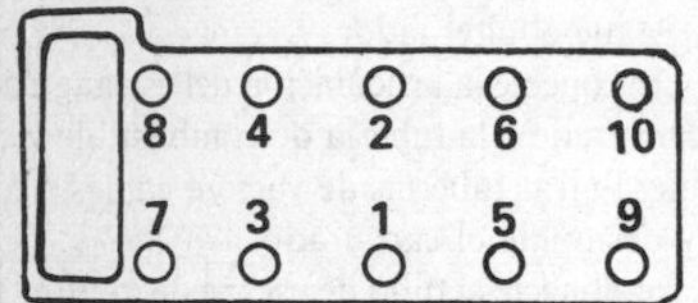

Motor L20B

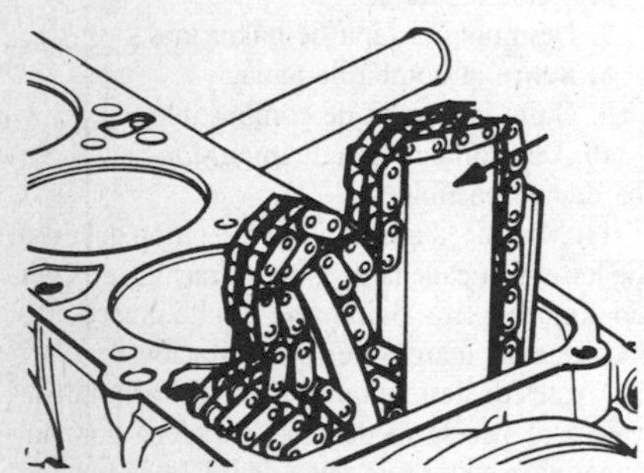

En los motores con levas en cabeza, la cuña indicada por la flecha puede utilizarse para impedir que la cadena de sincronización se salga del piñón del cigüeñal

18. Instale los tornillos de la culata. Observe que se utilizan dos tamaños de tornillos; los más largos van instalados en el motor, del lado del conductor, con un tornillo más pequeño en la posición central.

Los tornillos pequeños restantes van instalados en el lado opuesto de la culata.

19. Apriete en tres etapas los tornillos de la culata: primero a 29 libras-pie, en segundo lugar a 43 libras-pie, y por último a 47—62 libras-pie.

Apriete en todos los modelos los tornillos de la culata en la secuencia correcta.

20. Instale y ensamble los componentes restantes del motor en el orden inverso al de su desmontaje. Ajuste las válvulas. Llene el sistema de enfriamiento; ponga en marcha el motor y hágalo funcionar hasta que alcance la temperatura normal. Vuelva a apretar los tornillos de la culata de acuerdo con las especificaciones, y a continuación reajuste las válvulas. Después de recorrer 600 millas, apriete nuevamente los tornillos de la culata y verifique otra vez las válvulas.

Motores L24, L28 y LD28 con levas en la cabeza

1. Rote el motor hasta que el pistón N.º 1 se encuentre en el PMS de la carrera de compresión, desconecte la batería y vacíe el sistema de enfriamiento.

NOTA: Para situar el pistón N.º 1 en el PMS de la carrera de compresión en el motor LD28, quite el tapón ciego de la placa trasera. Rote el cigüeñal hasta que las marcas en el volante y en la placa trasera estén alineadas. El pistón N.º 1 deberá encontrarse ahora en el PMS.

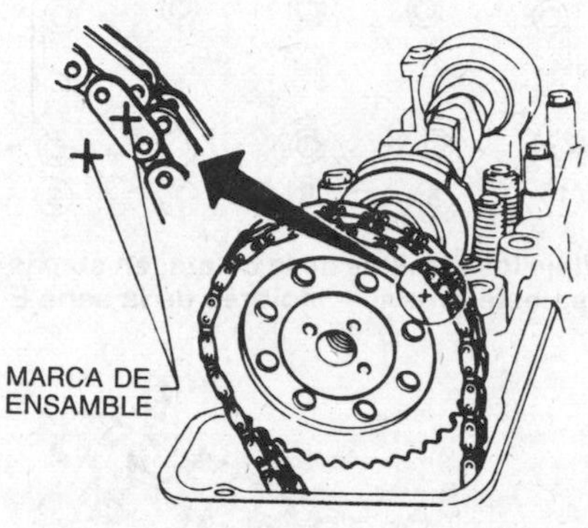

Haga marcas de ensamble en la cadena de sincronización y el piñón del árbol de levas

2. Quite las mangueras del radiador y las de la calefacción. Desatornille el soporte de montaje del alternador y colóquelo a un lado.

3. Si el vehículo está equipado con aire acondicionado o con dirección hidráulica, desatornille el compresor o la bomba y colóquelos a un lado. *No desconecte las tuberías del compresor. Puede ocasionarse lesiones graves.*

4. Desmonte el ventilador y la polea del ventilador.

5. Desmonte la bomba de agua.Quite los cables de las bujías.

6. Saque la válvula de arranque en frío y la tubería de combustible como un conjunto. Retire el varillaje del estrangulador.

7. Retire todas las tuberías y mangueras del múltiple de admisión. Antes de hacerlo, márquelas para saber dónde reinstalarlas.

8. Desatornille el múltiple de escape del tubo de escape. La culata puede desmontarse conservando los múltiples de admisión y de escape en su lugar.

9. Extraiga la tapa del árbol de levas.

10. Marque con pintura la relación entre el piñón del árbol de levas y las marcas de la cadena de sincronización. En la cadena y en el pistón hay marcas de sincronización que deberán ser visibles cuando el pistón N.º 1 se encuentre en su punto superior (PMS), pero estas marcas presentan el inconveniente de ser pequeñas y, por lo tanto, no muy útiles.

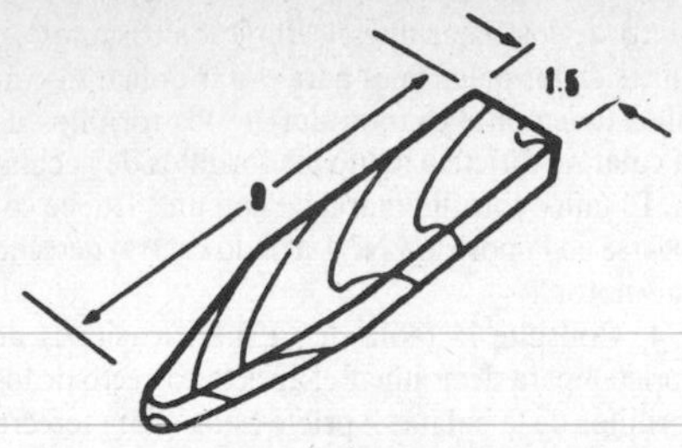

Dimensiones de la cuña de madera que se utiliza para mantener la cadena en su lugar

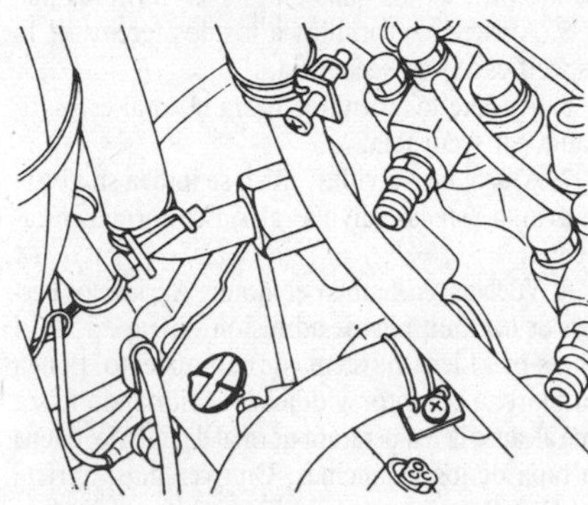

Quite el tapón de la placa trasera para ajustar el pistón N.º 1 en el PMS-motores diesel

11. Antes de desmontar el piñón del árbol de levas, será necesario trabar la cadena en su lugar, evitando que caiga dentro de la tapa delantera. El procedimiento de fábrica consiste en que el tensionador de la cadena pueda moverse lo suficiente como para sujetarse contra la cadena. Si ocurre esto, encontrará que la cadena no retrocede para situarse sobre el piñón una vez que lo reinstale. En este caso, tendrá que desmontar la tapa delantera y empujar hacia dentro el tensionador. Una vez que haya trabado la cadena, desmonte el piñón del árbol de levas y quítelo.

12. Saque los tornillos de la culata. Para hacerlo, necesita disponer de un adaptador de caja del tipo de llave Allen. Mantenga los tornillos en el orden que los retira, ya que se utilizan dos tamaños diferentes.

13. Retire la culata. Puede ser necesario golpearla *ligeramente* con un martillo.

14. Limpie las superficies coincidentes del bloque y de la culata y compruebe si hay deformación, aplicando el procedimiento que se describe en la sección de motores de la serie A. Instale en el bloque una junta nueva para la culata y bájela a su lugar.

15. Instale una junta nueva en la culata y coloque esta última en su posición sobre el bloque.

16. Instale los tornillos de la culata en sus lugares originales.

17. Apriete en tres etapas los tornillos de la culata: primero a 29 libras-pie, a continuación a 43 libras-pie y finalmente a 62 libras-pie.

18. Vuelva a colocar el piñón del árbol de levas en su posición original. La cadena se instala al mismo tiempo que el piñón. Asegúrese de que queden alineadas las marcas que hizo anteriormente. Si la cadena o el motor se movieron, corrija la sincronización en la forma que se describe en Montaje y desmontaje de la cadena de sincronización.

19. Reinstale todas las partes restantes, el enfriante, etc.

20. Ajuste las válvulas.

21. Después de 600 millas de recorrido, vuelva a apretar los tornillos de la culata y reajuste las válvulas.

Motores Z20E, Z20S, Z22E con árbol de levas en cabeza

1. Lleve a cabo los puntos 1-5 de Motor L24 con árbol de levas en la cabeza. Tanga en cuenta la nota que va a continuación antes de efectuar el punto 5.

NOTA: Los cables de las bujías deberán estar marcados; sin embargo es mejor que los marque usted mismo, especialmente en los modelos con bujías dobles.

2. Desconecte el varillaje del estrangulador, el filtro de aire o el conjunto de su manguera de admisión (inyección de combustible). Desconecte la tubería de combustible, la tubería de retorno de combustible y cualesquiera otras tuberías de vacío o conductos eléctricos. En los Z205, desmonte el carburador para evitar causarle daños mientras saca de culata.

NOTA: Es conveniente desconectar el cableado complejo de los coches de hoy en día, colocar un trozo de cinta adhesiva en el cable y en la manguera de la que lo retira y marcar a continuación ambos trozos de cinta con los números 1, 2, 3, etc. Al reinstalar el cabieado, basta con hacer coincidir los números marcados en los trozos de cinta.

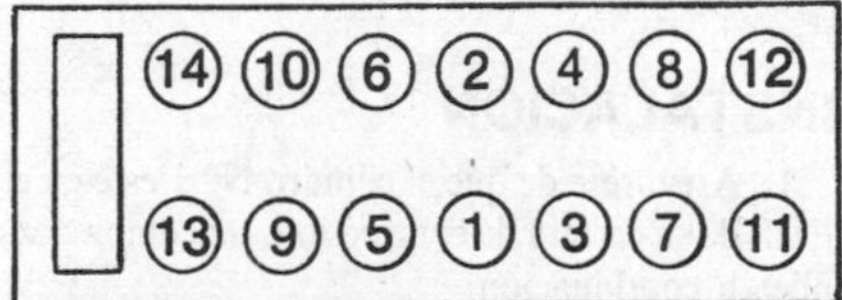

Secuencia de apriete de la culata — motores LD28

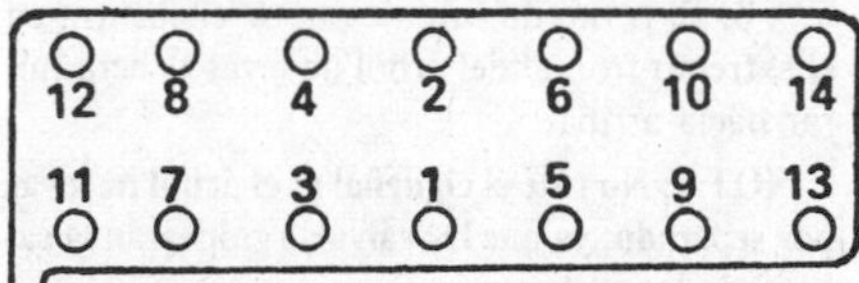

Secuencia de apriete de la culata — motores L24 y L28

3. Quite el tubo de recirculación del gas de escape (EGR) de la parte trasera del motor.

4. Retire las tuberías de inducción de aire de escape desde la parte delantera del motor en los motores Z20S y del múltiple de escape en los motores Z20E.

5. Desatornille el múltiple de escape del tubo de escape. En los Z20S quite la bomba de combustible.

6. En los Z20E saque los soportes del múltiple de admisión de la parte baja del múltiple. Retire la válvula de la ventilación positiva de la caja del cigüeñal (PCV) desde la parte trasera del motor, si es necesario.

7. Quite las bujías para evitar que se dañen. Saque la tapa de válvulas.

8. Marque la relación entre el piñón del árbol de levas y la cadena de sincronización utilizando pintura o tiza. Si lo hace, no será necesario localizar las marcas de sincronización de fábrica. Antes de desmontar el piñón del árbol de levas, será necesario trabar la cadena en su lugar para evitar que se caiga dentro de la tapa delantera. El procedimiento de la fábrica consiste en sostener la cadena de sincronización en su lugar utilizando la cuña de madera que aquí se indica. Pero este procedimiento presenta el inconveniente de que el tensionador de la cadena puede moverse como para trabarse contra esta última. Si ocurre esto, verá que la cadena no se puede volver a situar sobre el piñón una vez que lo reinstale. En este caso, tendrá que desmontar la tapa delantera y empujar hacia dentro el tensionador. Una vez que trabe la cadena, suelte el tornillo del piñón del árbol de levas y sáquelo.

9. Trabajando desde ambos extremos hacia dentro afloje los pernos de la culata y quítelos. Retire los pernos que aseguran la culata al conjunto de la tapa delantera.

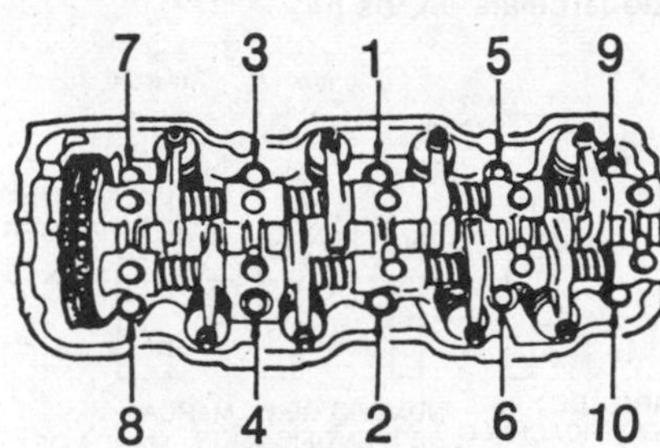

Secuencia de apriete de la culata — motores Z20, Z22 y Z22E

10. Saque la culata del bloque del motor. Puede ser necesario golpear *ligeramente* la culata con un martillo de cobre o latón para aflojarla.

Para instalar la culata:

11. Limpie cuidadosamente las superficies del bloque y de la culata; observe si están deformadas. Para encontrar el procedimiento necesario vea A12, etc. de motores con válvulas a la cabeza, en la sección de Desmontaje de la culata (Punto 1 del proceso de ensamblaje).

12. Coloque una junta nueva en la culata. No utilice sellador. Asegúrese de que no hay ninguna válvula abierta que estorbe a los pistones elevados y no haga rotar el cigüeñal ni el árbol de levas por separado, para evitar un posible daño a las válvulas.

13. Apriete temporalmente los dos pernos derecho e izquierdo del centro de la culata a 14 libras-pie.

14. Instale el piñón del árbol de levas junto con la cadena de sincronización en el árbol de levas. Asegúrese de que coincidan entre sí las marcas que hizo anteriormente. Si tropieza con dificultades, consulte la sección Desmontaje y montaje de la cadena de sincronización.

15. Instale los tornillos de la culata y apriételos a 20 libras-pie, luego a 40 libras-pie y por último a 58 libras-pie, en el orden que se indica en la ilustración.

16. Arme el resto de los componentes en el orden inverso al de su desmontaje.

NOTA: Es aconsejable vaciar el aceite del cárter del cigüeñal después de haber instalado la culata para evitar que se produzca la contaminación del enfriante

Motores CA20, CA20E, CA20S y CA18ET con árbol de levas en cabeza

1. En los modelos CA18ET y CA20E, saque la tubería de entrada de aire.

2. Retire el ventilador y la protección del radiador (todos los modelos).

3. Saque las correas de impulsión del alternador de la bomba de dirección hidráulica y del compresor de aire acondicionado, si el vehículo está así equipado.

4. Coloque el cilindro N.º 1 en el PMS de la carrera de compresión y saque las tapas superior e inferior de la correa de sincronización.

5. Afloje el tensionador de la correa de sincronización y el resorte de retorno, luego quite la correa.

NOTA: Una vez que haya desmontado la correa de sincronización, no rote el cigüeñal ni el árbol de levas por separado, para evitar que las válvulas golpeen las cabezas de los pistones

6. Quite el múltiple de escape.

7. Retire la polea del árbol de levas.

8. Saque la polea de la bomba de agua.

9. Extraiga la polea del cigüeñal.

10. Retire el soporte de ajuste del alterndor.

11. Desmonte la bomba de agua.

12. Saque la bomba de aceite.

13. Afloje los tornillos de la culata en secuencia y varios pasos.

14. Desmonte la culata y los múltiples en conjunto.

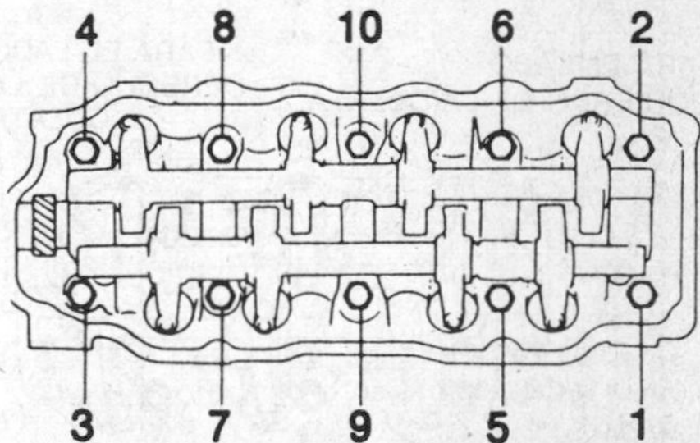

Secuencia de afloje de los tornillos de la culata — motores CA20 y CA18ET

15. La instalación se hace a la inversa del desmontaje. Cuando instale los tornillos apriete temporalmente los dos tornillos centrales a 15 libras-pic. Una vez que haya instalado la correa de sincronización y la tapa delantera, apriete todos los tornillos de la culata en la secuencia que se indica y de acuerdo con las siguientes especificaciones: apriete todos los tornillos a 22 libras-pie (29 Nm). Vuelva a apretarlos a 58 libras-pie (78 Nm). Afloje completamente todos los tornillos y luego reajústelos una vez más a 22 libras-pie (29 Nm). Finalmente apriete todos los tornillos a 54-61 libras-pie (74-83 Nm). Si dispone de una llave acodada, déles a todos los tornillos un ajuste final de 90-95 grados (en el sentido de las agujas del reloj).

NOTA: Como los modelos más recientes utilizan arandelas cóncavas, asegúrese, antes de apretar los tornillos de la culata, que la parte plana de la arandela mire hacia abajo.

Motores VG30E y VG30ET V6

DESMONTAJE

NOTA: Se incluyen los procedimientos de desmontaje del árbol de levas, los múltiples de admisión y escape y el eje de balancines.

1. Saque el conjunto del motor.

2. Retire la correa de sincronización.

3. Coloque el cilindro N.º 1 en el PMS de la carrera de compresión.

4. Drene el enfriante del bloque de cilindros.

5. Desmonte la tapa del colector y a este último.

6. Quite el múltiple de admisión con el conjunto de la tubería de combustible.

7. Extraiga el soporte de la bomba de dirección hidráulica.

8. Saque las tapas del múltiple de escape.

9. Desconecte el tubo de conexión del múltiple de escape.

10. Retire los tornillos que aseguran las poleas del árbol de levas y la tapa de sincronización trasera.

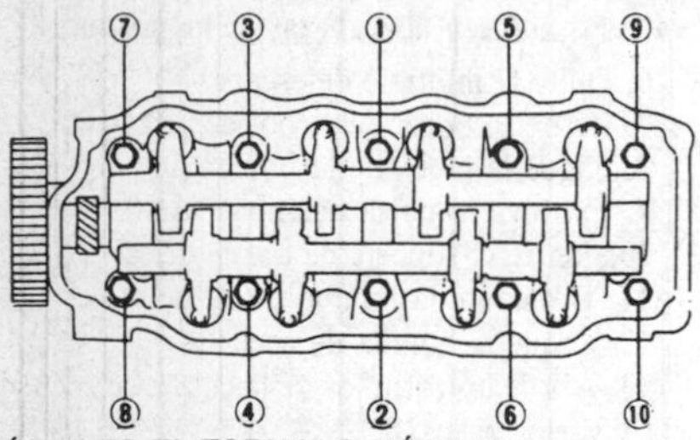

Secuencia de apriete de la culata — motores CA20 y CA18ET

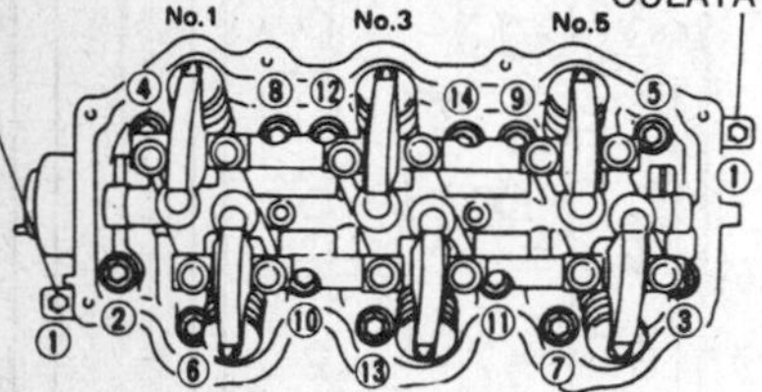

PARA EL LADO IZQUIERDO DE LA CULATA

PARA EL LADO DERECHO DE LA CULATA

No.1 No.3 No.5

DELANTERO DEL MOTOR

Afloje los tornillos de la culata en esta secuencia — VG30E y VG30ET

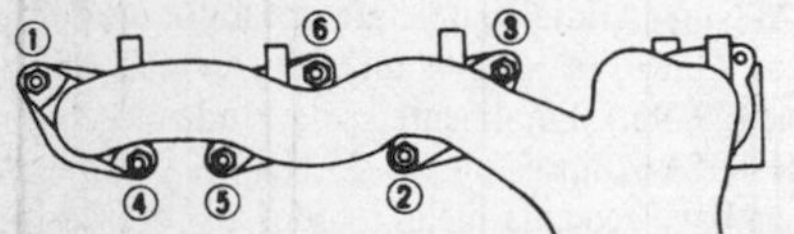

Afloje los tornillos del múltiple en este orden - Maxima (1985 y posteriores)

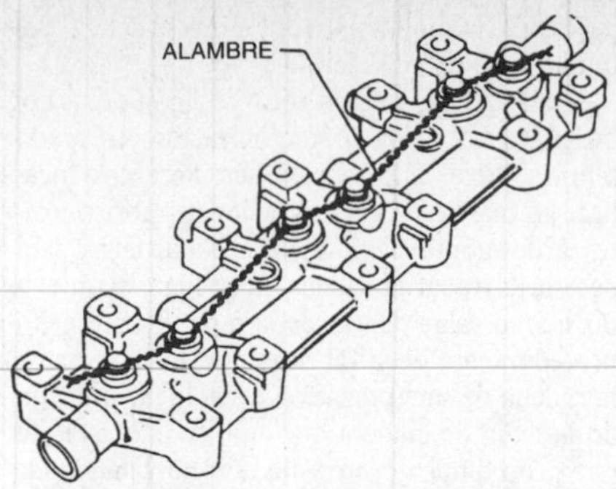

Sujete los taqués con un alambre, en los 6V

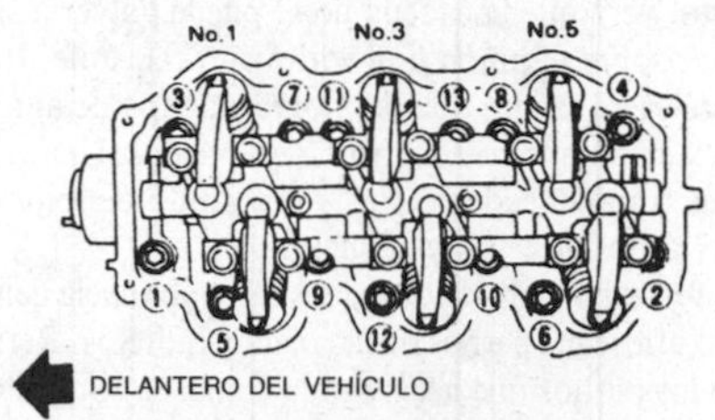

Secuencia del desmontaje de los tornillos de la culata en los 6V

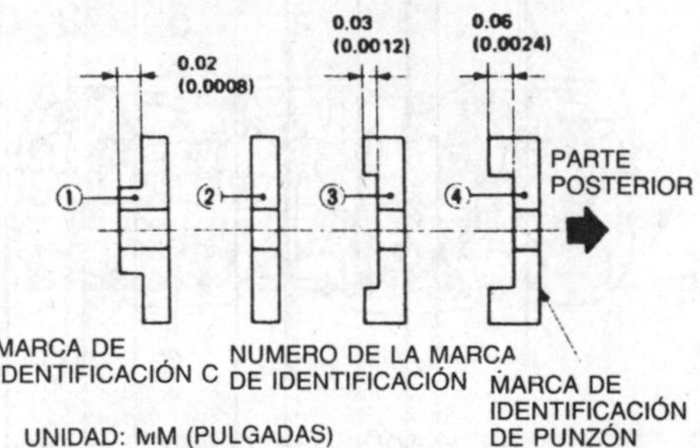

Seleccione lamillas con el espesor adecuado de forma tal que el juego axial del árbol de levas esté dentro de lo especificado

11. Desmonte el compresor y las tapas de los balancines.

12. Saque la culata con el múltiple de escape.

13. Quite los múltiples derecho e izquierdo de escape. Afloje los tornillos en orden numérico tal como se muestra en la ilustración.

14. Afloje los tornillos en dos o tres etapas y retire los ejes de balancines con los brazos.

15. Retire los taqués hidráulicos y sus guías.

NOTA: Sostenga los taqués con alambre para que no se salgan de sus guías. Haga una marca en los taqués para identificarlos y evitar así que se mezclen.

16. Saque de la parte delantera del motor el árbol de levas.

INSPECCIÓN

Juego axial del árbol de levas

Para medir el juego axial del árbol de levas, utilice un calibre de cuadrante. Si el juego axial sobrepasa el límite (0.0012-0.0024"), seleccione el espesor de una placa de forma tal que el juego axial esté dentro de lo especificado.

Por ejemplo:

Si el juego axial del árbol mide 0.08 mm (0.0031") habiendo utilizado una lámina 2, cambie esta lámina por una 3 para que el juego axial sea de 0.05 mm (0.0020").

Holgura del muñón del árbol de levas

Mida el diámetro interior de los muñones del árbol de levas en la cabeza junto con el diámetro exterior del árbol de levas.

Diámetro interior estándar:

- 47.00-47.025mm (1.8504-1.8514 pulgadas).

Diámetro exterior estándar:

- 46.94-46.96mm (1.8480-1.8488 pulgadas).
- Límite de desgaste: 0.15mm (0.0059 pulgadas).
- Dimensiones de las válvulas.

Compruebe las dimensiones de las válvulas en cada una de las mismas. Cuando la cabeza de la válvula ha sufrido un desgaste que llega hasta el límite de espesor: 0.05mm (0.020"), cambie la válvula.

El desgaste permitido para el vástago de la válvula en su parte inferior es de 0.2mm (0.008") o menos.

MONTAJE

1. Instale las partes componentes de la válvula.

NOTA: Instale el muelle exterior de la válvula (tipo de muelle de tensión gradual) con el extremo estrecho mirando hacia la parte de la culata.

2. Instale el árbol de levas.

3. Ponga aceite de motor en el sello de aceite del árbol de levas e instálelo en su sitio.

4. Ajuste el juego axial del árbol de levas con la placa instalada.

INSTALACIÓN

1. Asegúrese de que el cilindro N.º 1 esté en el PMS de su carrera de compresión, tal como se explica a continuación:

a. Alinee la marca de sincronización del cigüeñal con la marca en el cárter de la bomba de aceite.

b. El perno de empuje que se encuentra en el extremo frontal del árbol de levas deberá mirar hacia arriba.

NOTA: No rote el cigüeñal ni el árbol de levas por separado, ya que las válvulas golpearán la cabeza de los pistones.

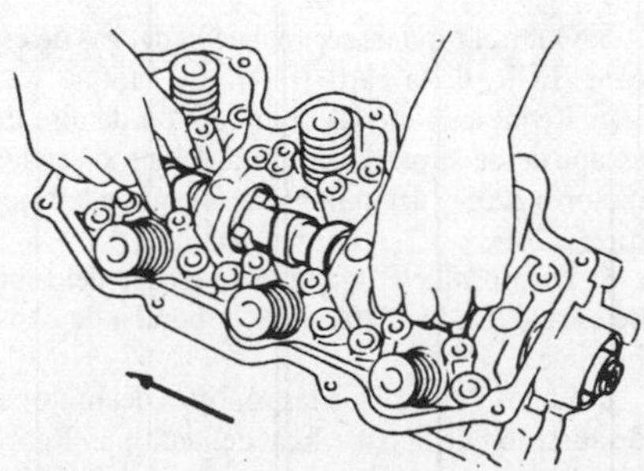

Saque el árbol de levas de los 6V en la dirección de la flecha.

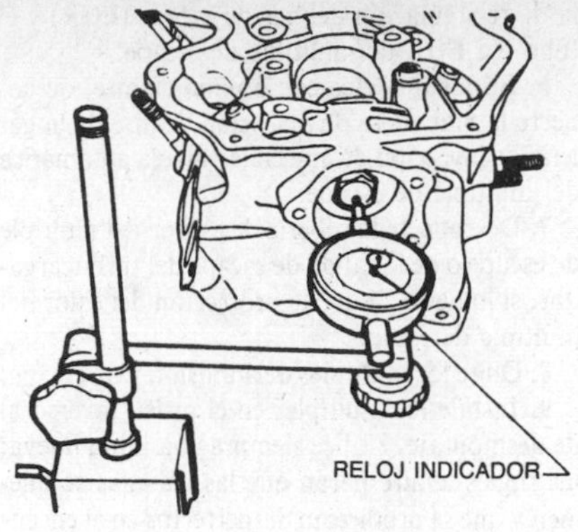

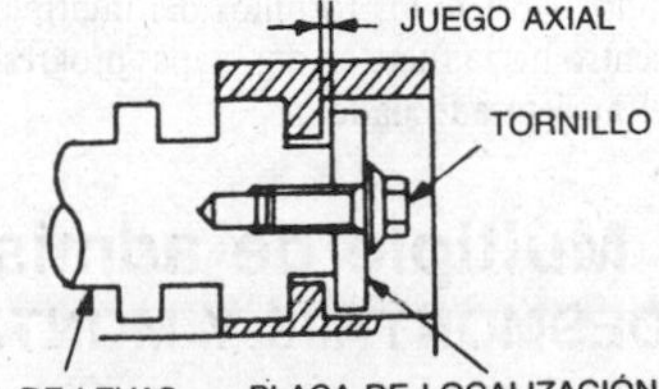

Utilice un indicador de reloj para medir el juego axial del árbol de levas-V6

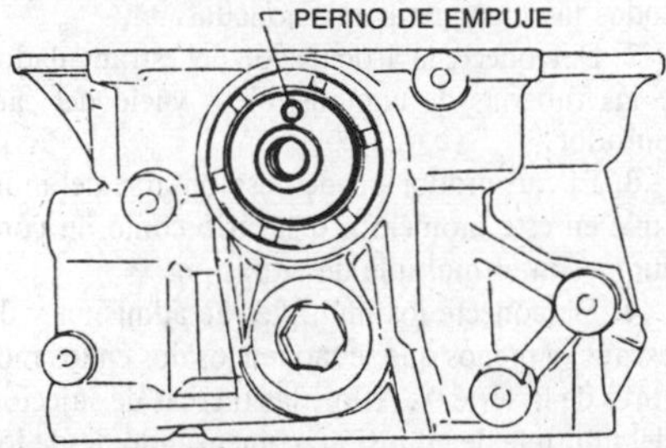

El perno de empuje debe estar mirando hacia arriba — V6

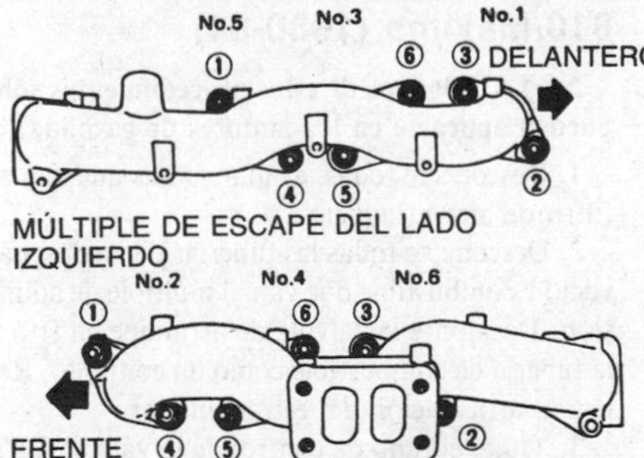

Afloje los tornillos de los múltiples en este orden — 300ZX

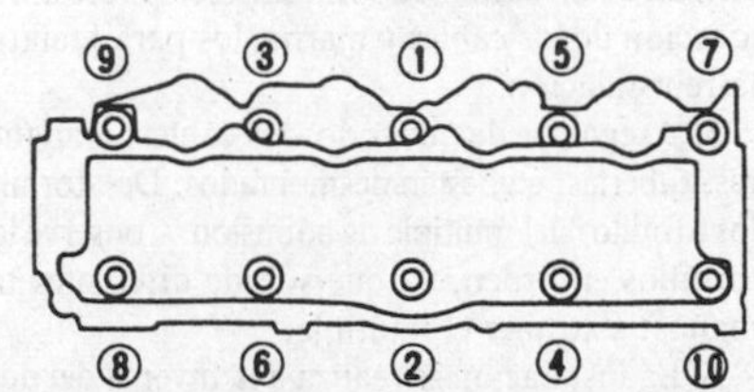

Secuencia de apriete de la culata — motores diesel CD17; invierta el orden para aflojarlos

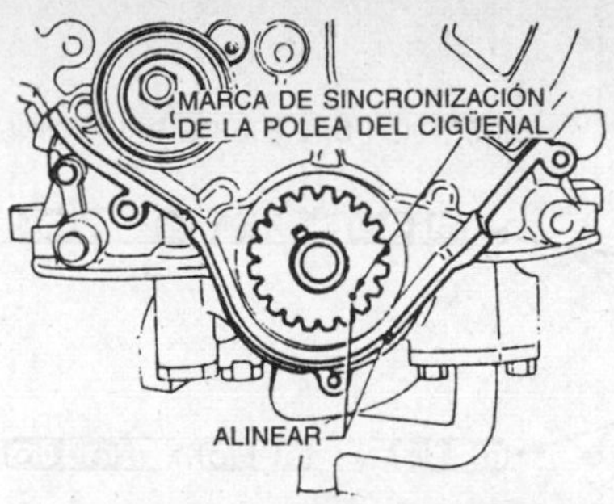

Alineación de las marcas de sincronización en la carcasa de la bomba de aceite

2. Apriete los tornillos de la culata en cinco etapas y en la secuencia numérica de la ilustración.

1º) Apriete todos los tornillos a 29 Nm. (3,0 kg-m, 22 libras-pie)

2º) Apriete todos los tornillos a 59 Nm. (6,0 kg-m, 43 libras-pie)

3º) Afloje completamente todos los tornillos.

4º) Apriete todos los tornillos a 29 Nm (3,0 kg-m, 22 libras-pie)

5º) Apriete todos los tornillos a 54-64 Nm (5,5-6,5 kg-m, 40-47 libras-pie)

o si cuenta con una llave acodada, gire todos los tornillos 60-65 grados en el sentido de las agujas del reloj.

3. Apriete la tapa trasera de sincronización.

4. Instale la polea del árbol de levas y apriétela a 58-65 libras-pie.

NOTA: Las poleas del árbol de levas R.H. (del lado derecho) y L.H. (del lado izquierdo) son pares diferentes. Instálelas en las posiciones correctas. La polea R.H. tiene una marca de identificación R3 y la L.H. una L3.

5 . Instale la correa de sincronización y ajuste la tensión.

6. Instale las tapas superior e inferior delanteras de la correa.

7. Instale los levantaválvulas y sus guías. Sostenga todos los levantaválvulas con un alambre tal como lo hizo en el desmontaje e instálelos en sus posiciones originales.

8. Instale los ejes de balancines con los brazos y apriete los tornillos de los primeros a 13-16 libras-pie en dos o tres etapas.

9. Instale la tapa de balancines.

10. Instale el múltiple de admisión y el tubo de combustible; a continuación apriete en dos o tres etapas:

La tuerca

1º) 3-5 Nm (0,3-0,5 kg-m, 2,2-3,6 libras-pie)

2º) 24-27 Nm (2,4-2,8 kg-m, 17-20 libras-pie)

El tornillo

1º) 3-5 Nm (0.3-0,5 kg-m, 2,2-3,6 libras-pie)

2º) 24-27 Nm (2,4-2,8 kg-m, 17-20 libras-pie)

11. Instale los múltiples de escape y el tubo de conexión, a continuación apriete en secuencia a 13-16 libras-pie. Apriete el tubo de conexión a 16-20 libras-pie.

12. El resto de la instalación se realiza en el orden inverso al de desmontaje.

Diesel CD 17

1. Drene el enfriante y desconecte la batería.

2. Desconecte el tubo de escape.

3. Coloque el cilindro Nº 1 en el PMS de su carrera de compresión. Tapone y desconecte todas las mangueras y las conexiones eléctricas.

4. Saque la correa de sincronización de válvulas que se encuentra en el lado de la polea del árbol de levas del motor.

5. Quite la correa de sincronización de la bomba de inyección.

6. Afloje la polea de la bomba de inyección y luego retírela con un extractor adecuado.

7. Extraiga la tapa posterior del motor.

8. Tapone y saque todas las tuberías de inyección de combustible de los inyectores.

9. Extraiga la tapa (de válvulas) del árbol de levas y afloje los tornillos de la culata en el orden inverso a la secuencia de apriete especificada en esta sección.

10. Quite la culata junto con los múltiples (no los separe de la culata). Si tiene dificultades para sacar la culata, golpee alrededor de la superficie de contacto de la culata con el bloque utilizando un mazo de goma. Puede desmontar los múltiples en un banco.

11. Para la instalación invierta el procedimiento de desmontaje. Las juntas de la culata se seleccionan midiendo la protuberancia de los pistones. Vea Pistón y biela para consultar la tabla de especificaciones. Apriete los tornillos de la culata.

Revisión

Para todos los procedimientos de revisión de la culata consulte Reconstrucción de motores, en la sección de Reparaciones

Eje de los balancines

DESMONTAJE Y MONTAJE

NOTA: Los procedimientos de desmontaje y montaje de los ejes de balancines que no figuren en esta parte (exceptuando el del VG30E/ET que se incluye en el procedimiento de Montaje y desmontaje de la culata), los encontrará en la sección Montaje y desmontaje del árbol de levas.

Motores A12A, A14 y A15

1. Saque la tapa de balancines.

2. Afloje los tornillos de ajuste de los balancines y apártelos de las varillas de empuje.

3. Desatornille y quite el conjunto del eje de balancines.

4. Para la instalación, invierta el procedimiento anterior. Apriete los tornillos del eje de balancines a 14-18 libras-pie en orden circular. Ajuste las válvulas.

Múltiples de admisión y escape

DESMONTAJE Y MONTAJE

280ZX

NOTA: Es importante cambiar las juntas en cualquier ocasión en que se desmonte uno de los múltiples. Como éstos comparten una junta común, es necesario desmontarlos para tener acce-

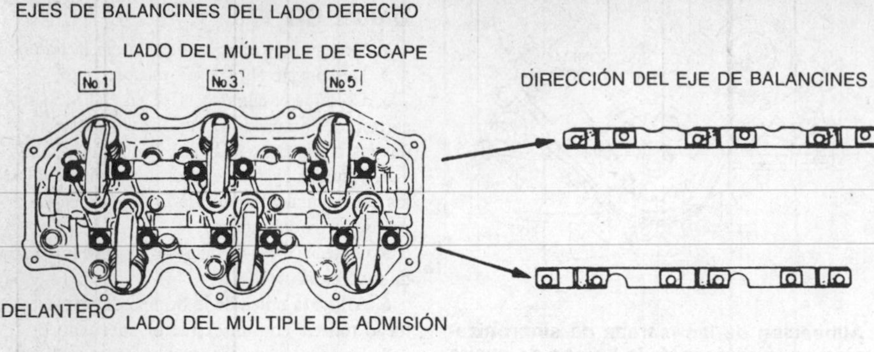

Procedimiento para el montaje del eje de balancines — VG30E y VG30ET

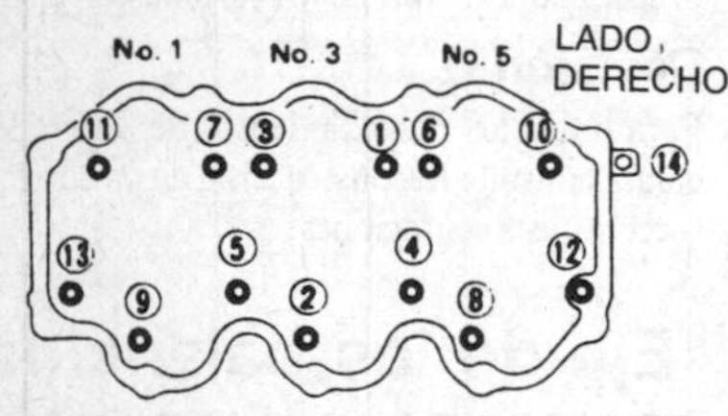

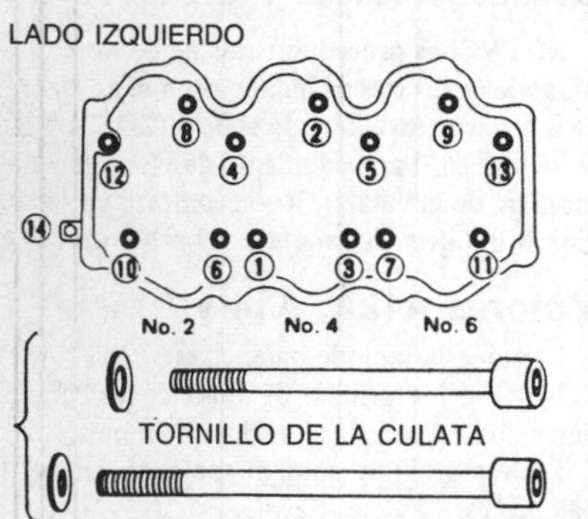

Secuencia de apriete de la culata — VG30E y VG30ET

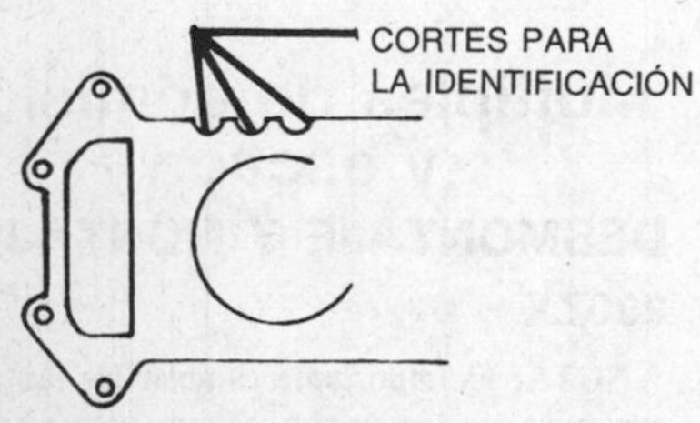

Identificación de la junta de la culata — 280ZX

so a la junta. Asegúrese de conseguir la junta correcta para su vehículo.

1. Desconecte las mangueras de aire y vacío del filtro de aire. Desconecte la manguera que une el tubo equilibrador y el sensor de temperatura en el extremo del tubo equilibrador en los modelos carburados.

2. Saque el filtro de aire.

3. En los modelos carburados, desconecte las mangueras de enfriante, aire, vacío y combustible del múltiple de admisión y los carburadores (saque suficiente líquido de refrigeración desde la parte baja del radiador, para evitar que se produzcan pérdidas de enfriante). Retire del múltiple los carburadores. Desconecte la tubería trasera de entrada de enfriante y la tubería de entrada del gas de escape en el múltiple. Quite el mecanismo de marcha en vacío rápida del acondicionador de aire y el soporte del múltiple, si está instalado. Retire la tuerca de sujeción y desconecte el tubo de enfriante del tubo equilibrador.

4. En los modelos con combustible inyectado: alivie la presión en la tubería de combustible en la forma que se indica en los procedimientos de cambio del filtro de combustible. Desconecte el arnés de cableado de la inyección de combustible. Desconecte la manguera de la tapa de balancines a la cámara del estrangulador en la tapa de balancines. Vacíe el enfriante recogiéndolo en un recipiente limpio. Desconecte la manguera del enfriante que va del calefactor a la entrada del enfriante en el extremo de dicha entrada. Retire el perno que asegura la tubería del enfriante o de combustible a la culata. Quite el tubo que conecta el calefactor al alojamiento del termostato. Desconecte las tuberías de combustible.

5. Desconecte la manguera de vacío a la válvula de recirculación del gas de escape (EGR) y el tubo del EGR del múltiple de escape.

6. En los modelos con bomba de aire, desconecte la manguera de inyección de aire de la galería de inyección de aire en la válvula automática del múltiple de escape.

7. Desconecte la tubería de escape del múltiple de escape o de la salida de escape del turbocargador, si lo tiene. Saque la protección del calor del múltiple de escape.

8. Quite los múltiples de admisión y de escape.

9. Instale los múltiples en el orden inverso al de desmontaje. Utilice siempre una junta nueva: las fugas de aire harán que las válvulas se quemen y que se produzcan desperfectos en el encendido. Apriete los tornillos del múltiple desde el centro hacia fuera en dos etapas progresivas y con el apriete adecuado.

Múltiple de admisión

DESMONTAJE Y MONTAJE

210, 310, Pulsar y Sentra (únicamente motores de gasolina)

1. Quite el conjunto del filtro de aire junto con todas las mangueras relacionadas.

2. Desconecte la articulación del estrangulador y las tuberías de combustible y vacío del carburador.

3. El carburador puede desmontarse del múltiple en este momento, o sacarlo como un conjunto con el múltiple de admisión.

4. Desconecte los múltiples de admisión y de escape, a menos que se saquen los dos en los motores de la serie A. Afloje las tuercas de sujeción del múltiple de admisión, comenzando desde los dos extremos hacia el centro, y luego quítelas.

5. Retire del motor el múltiple de admisión.

6. Instale el múltiple de admisión en el orden inverso al de desmontaje.

810/Maxima (1980-84)

NOTA: Algunos de estos procedimientos sólo pueden aplicarse en los motores de gasolina.

1. Desconecte todas las mangueras que van al filtro de aire y sáquelo.

2. Desconecte todas las tuberías de aire, agua, vacío y combustible que van al múltiple de admisión. Desmonte la válvula de arranque en frío y la tubería de combustible como un conjunto. Retire la articulación del estrangulador.

3. Quite el tubo de control de la válvula BPT del múltiple de admisión. Saque las mangueras de recirculación del gas de escape (EGR).

4. Desconecte todo el cableado eléctrico de la unidad de inyección de combustible. Anote la colocación de los cables y márquelos para facilitar la reinstalación.

5. Asegúrese de que todos los cables, mangueras, tuberías, etc. estén desmontados. Desatornille los tornillos del múltiple de admisión. Conserve los tornillos en orden, ya que son de diferentes tamaños. Extraiga el múltiple.

6. La instalación se realiza a la inversa del desmontaje. Utilice una junta nueva, limpie las superficies de sellado y apriete los tornillos en varias etapas, trabajando desde el centro hacia fuera.

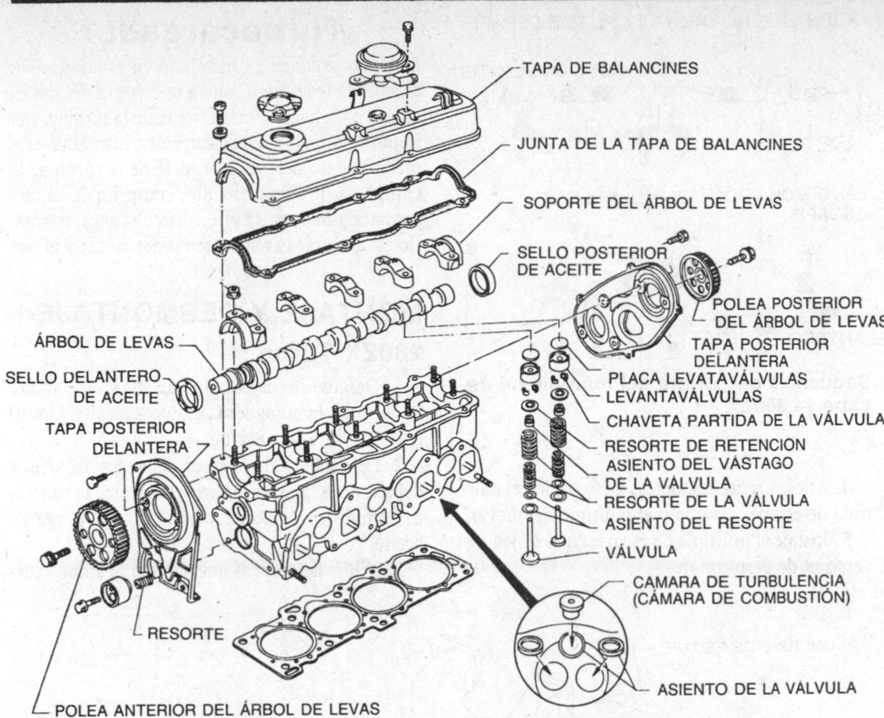

Despiece del conjunto de la culata de los CD17

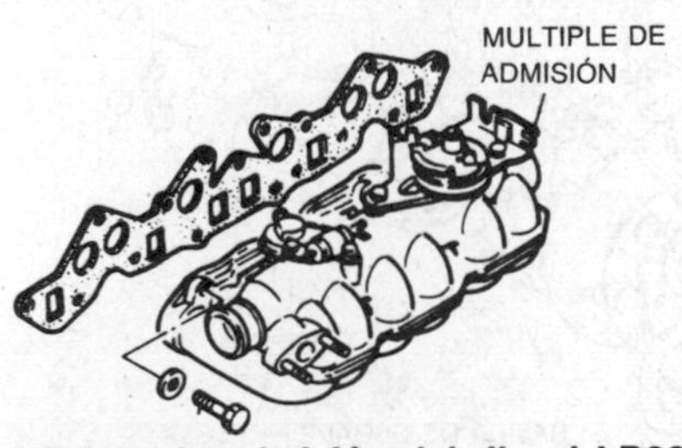

Múltiple de admisión del diesel LD28 - 810 y Maxima

200SX/510, Stanza y Sentra (únicamente motores diesel)

1. Drene el enfriante.

2. En los motores de combustible inyectado, desconecte las mangueras del filtro de aire. En los motores carburados, retire el filtro de aire.

3. Retire del múltiple las mangueras del radiador.

4. En los motores carburados, quite las mangueras de combustible, aire y vacío del carburador. Saque la articulación del estrangulador y a continuación el carburador.

5. Desconecte el cable del estrangulador y la tubería de combustible, así como la tubería de retorno de combustible en los motores con combustible inyectado. Tape la tubería de combustible para evitar que se produzcan derrames.

NOTA: Al desconectar cables y mangueras, marque cada uno y su conexión con un trozo de cinta adhesiva, luego haga coincidir la numeración en los dos puntos con los números 1, 2, 3, etc. Al reinstalarlos le bastará hacer coincidir los trozos de cinta con los mismos números.

6. Quite todos los cables restantes, tuberías y soportes de filtro de aire (en los motores carburados) y las tuberías de recirculación del gas de escape (EGR) y de ventilación positiva del cárter del cigüeñal (PCV) de la parte trasera del múltiple de admisión. En los motores carburados, saque la tubería de inducción de aire. En los motores de combustible inyectado, saque los soportes del múltiple.

7. Desatornille y quite el múltiple de admisión. En los motores de combustible inyectado, retire el múltiple con los inyectores de combustible, la válvula EGR, las tuberías de combustible, etc. que aún estén unidas al mismo.

8. La instalación se hace en el orden inverso al de desmontaje. Utilice siempre una juinta nueva. Apriete los tornillos de montaje desde fuera hacia dentro, en dos o tres etapas.

300ZX y Maxima (1985 y posteriores)

1. Desconecte el cable negativo de la batería y drene el sistema de refrigeración.

2. Desconecte la manguera que va de la tapa de las válvulas a la cámara del estrangulador y que se encuentra en la tapa de las válvulas.

3. Desconecte en la entrada de agua el tubo que va al alojamiento del calefactor.

4. Saque el tornillo que sujeta las tuberías de agua y combustible a la culata.

5. Alivie la presión del sistema de combustible y quite el alojamiento del calefactor al tubo del alojamiento del termostato.

6. Retire la tapa del colector de entrada y luego el colector.

7. Desconecte la tubería de combustible y saque los tornillos de montaje del múltiple de admisión. Quite el conjunto del múltiple de admisión (con el tubo de combustible todavía unido al mismo) del vehículo

8. La instalación se realiza en el orden inverso al de desmontaje. Asegúrese de utilizar juntas nuevas cuando reinstale el múltiple y apriete los tornillos del mismo a 11-18 libras-pie, en dos etapas y en la secuencia que se especifica en la ilustración.

Múltiple de escape

DESMONTAJE Y MONTAJE

NOTA: Tenga en cuenta que si desmonta el múltiple de admisión, tendrá mejor acceso al múltiple de escape.

1. Quite el conjunto del filtro de aire, si es necesario para facilitar el acceso. Si está instalada, quite la pantalla contra el calor.

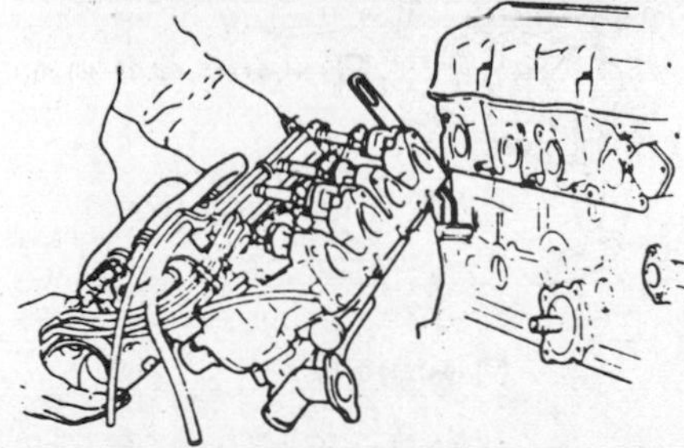

Desmontaje del múltiple con los inyectores, etc., puestos — Z20E, Z22E

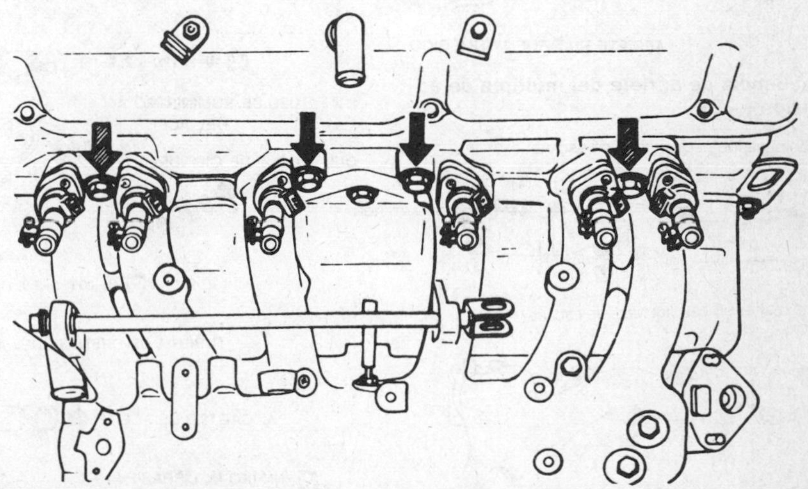

810/Maxima (1980-84), ubicación de los tornillos de montaje del múltiple de admisión — motores de gasolina

2. Desconecte el tubo de escape del múltiple. Desconecte el múltiple de admisión del de escape (únicamente en la serie A) a menos que quite ambos.

3. Desconecte todos los sensores de temperatura, las tuberías de inducción de aire, y otras unidades, del múltiple. Desconecte las tuberías del EAI y de circulación del gas de escape (EGR) de sus puntos de conexión en los múltiples de la serie E.

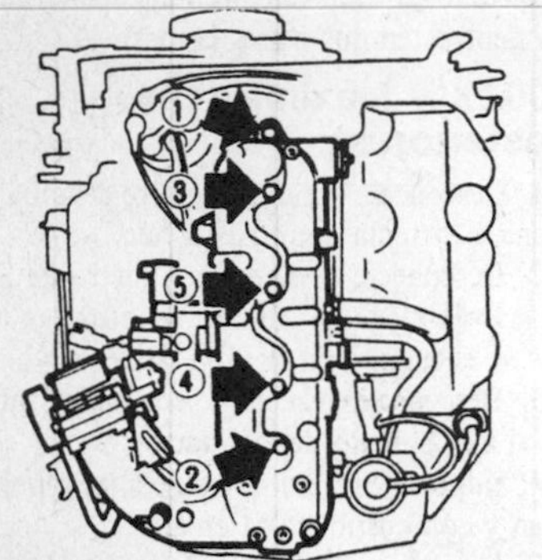

Secuencia del desmontaje de los tornillos de la tapa del colector del múltiple de admisión — 6V

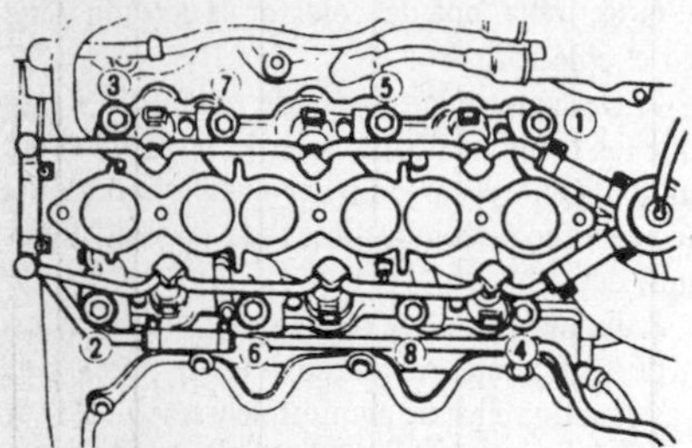

Secuencia del desmontaje de los tornillos del múltiple de admisión — 6V

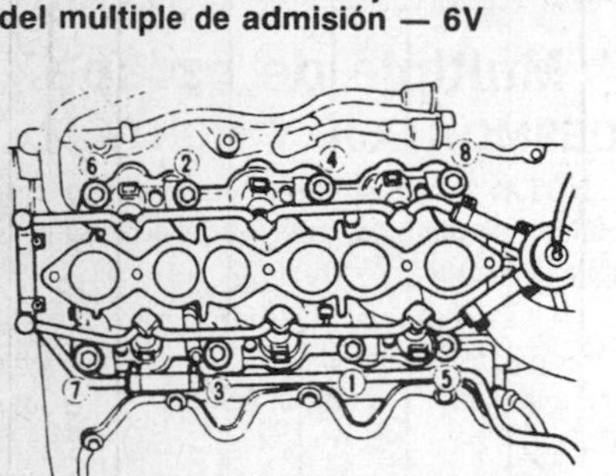

Secuencia de apriete del múltiple de admisión — 6V

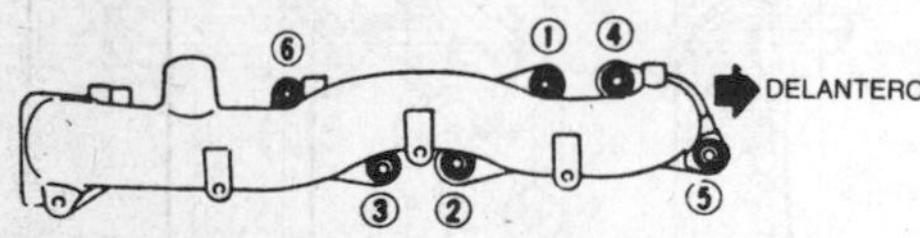

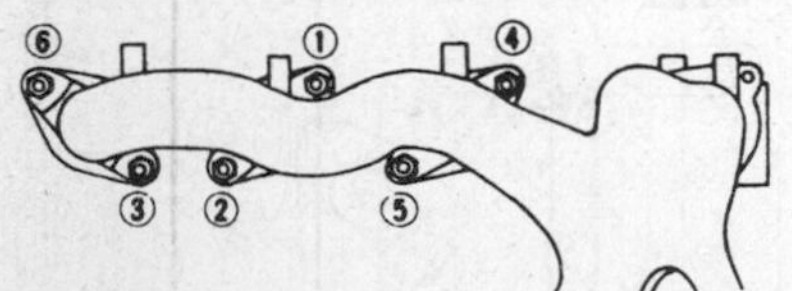

Secuencia de apriete del múltiple de escape — Maxima (1985 y posteriores)

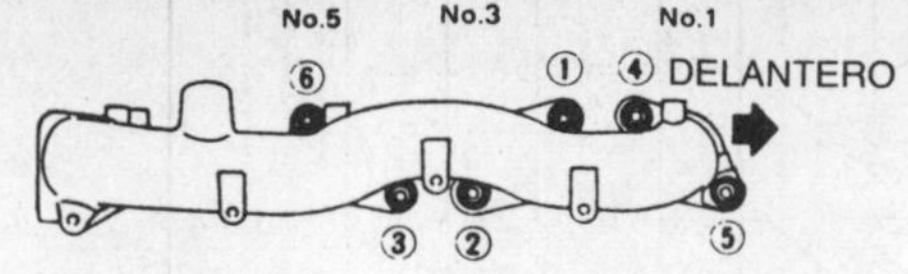

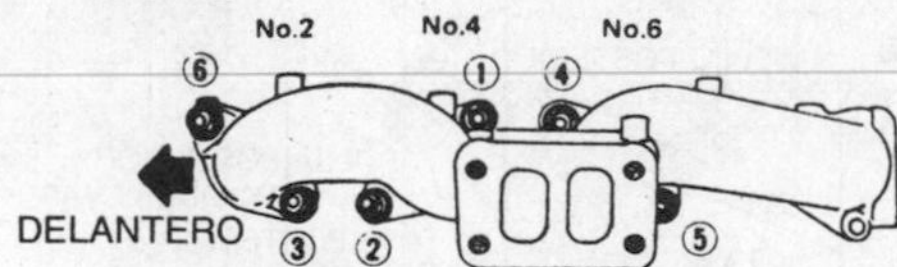

Secuencia de apriete del múltiple de escape — 300ZX

4. Afloje y retire las tuercas de sujeción del múltiple de escape, así como el múltiple del motor.

5. Instale el múltiple de escape en el orden inverso al de desmontaje.

Turbocargador

El turbocargador va instalado en el múltiple de escape. Este sistema utiliza la energía del gas de escape para hacer girar la rueda de la turbina, que impulsa la turbina del compresor instalada en el otro extremo del eje del rodete de la turbina. El compresor proporciona aire comprimido al motor para aumentar la eficiencia de carga, logrando así mejorar el rendimiento del motor y el par.

MONTAJE Y DESMONTAJE

280ZX Turbo

1. Desconecte el aislador de calor, la tubería de entrada, la manguera del ducto de aire y la tubería del aire de succión.

2. Desconecte el conector del arnés del sensor del gas de escape, la tubería delantera, la tubería de suministro de aceite y la tubería de purga de aceite.

3. Afloje las tuercas que sujetan la unidad tur-

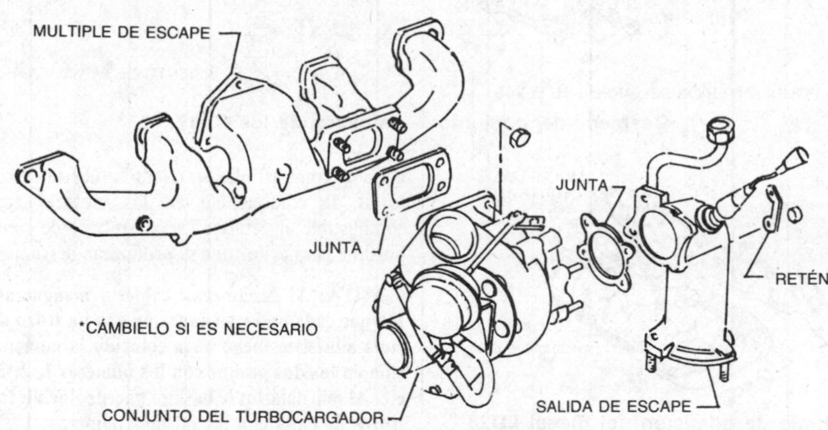

Conjunto del turbocargador — 280ZX Turbo

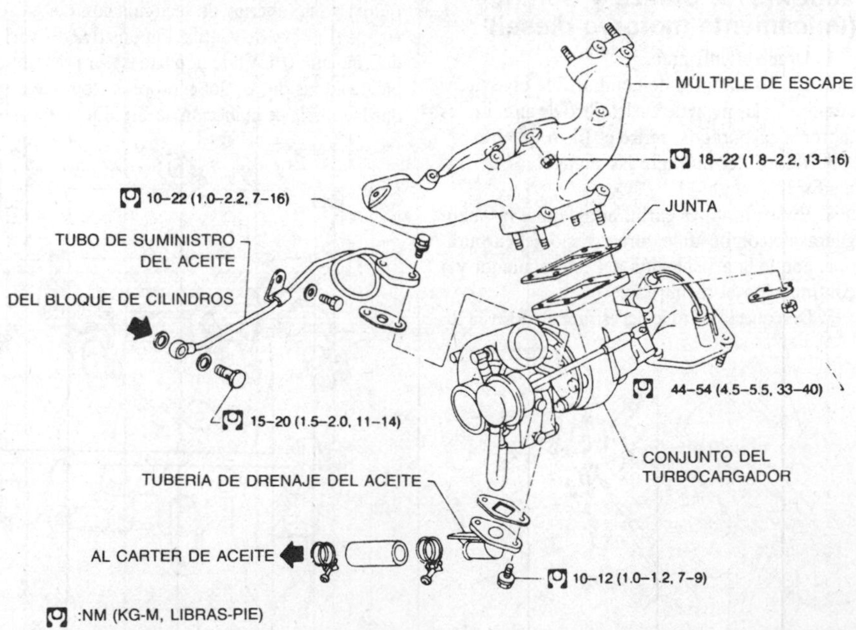

Conjunto del turbocargador, 6V

bocargadora al múltiple de escape y luego retire el turbocargador.

NOTA: No deberá desarmar el turbocargador. Éste se sustituye, si está defectuoso, como una unidad.

Pulsar NX Turbo

1. Saque el aislador de calor, la tubería de entrada, la manguera del ducto de aire, la tubería del aire de succión y el sensor de temperatura del turbocargador.

2. Desconecte el conector del arnés del sensor del gas de escape, la tubería delantera, la tubería de suministro de aceite y la tubería de purga de aceite.

3. Saque el soporte del catalizador y desconecte la tubería delantera de escape.

4. Extraiga la salida de escape y el catalizador como una unidad.

5. Quite el turbocargador y el múltiple de escape como una unidad y a continuación retire del múltiple de escape el turbocargador.

6. La instalación se realiza en el orden inverso al de desmontaje.

300ZX Turbo

1. Saque lo siguiente:

a. El compresor y el soporte del mismo.

b. La tubería delantera de escape.

c. El cable central.

d. El aislador de calor para el cilindro maestro del freno.

e. El ducto de aire y las mangueras.

f. La tubería de conexión del múltiple de escape y la placa protectora de calor.

g. La tubería de suministro de aceite y la manguera de retorno.

2. Quite el múltiple de escape y el turbocargador como una unidad.

NOTA: No deberá desmontar la unidad del turbocargador.

3. La instalación es a la inversa del desmontaje.

200SX Turbo 1984 y posteriores

1. Drene el enfriante del motor.

2. Quite el ducto de aire y las mangueras, y la tubería de entrada de aire.

3. Desconecte la tubería delantera de escape que se encuentra en el múltiple de escape (salida de escape en la ilustración).

4. Saque las placas protectoras de calor.

5. Tapone y desconecte la tubería de suministro de aceite y la manguera de retorno.

6. Desconecte la tubería de entrada de agua.

7. Desatornille y retire el turbocargador del múltiple de escape.

NOTA: El servicio interno de la unidad del turbocargador sólo debe realizarlo un especialista con experiencia en reparaciones en este dispositivo.

8. Para la instalación invierta el procedimiento de desmontaje. Apriete los tornillos que van del alojamiento a la salida del turbocargador a 16-22 libras-pie.

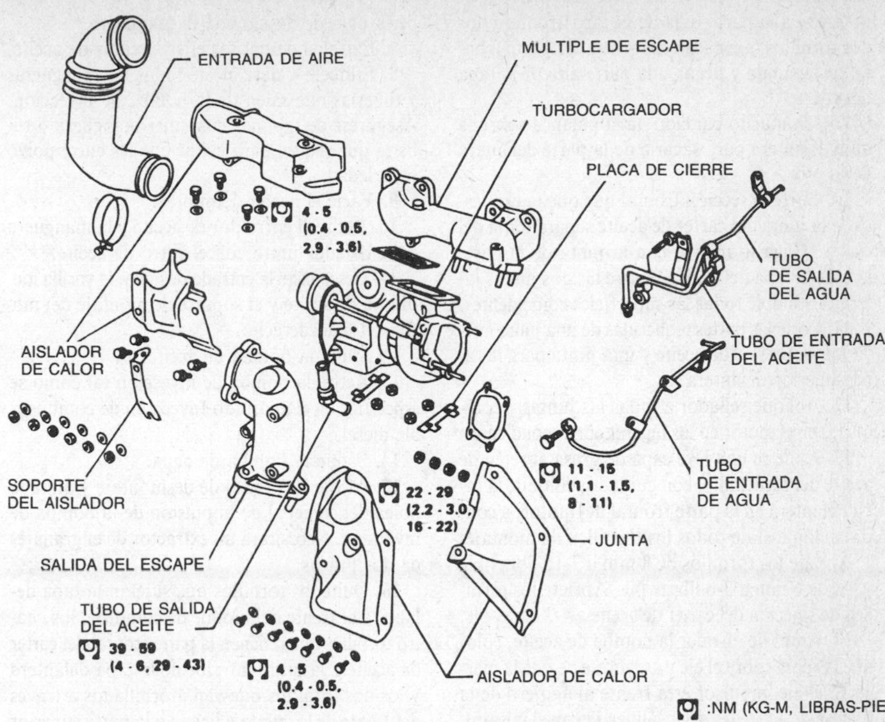

Conjunto del turbocargador — 200SX

Tapa delantera

DESMONTAJE, MONTAJE Y CAMBIO DEL RETÉN DE ACEITE

Motores A12A, A14 y A15

1. Saque el radiador. Afloje el alternador y quite la correa. Afloje la bomba de aire y retire la correa, en los motores con sistema de bomba de aire.

2. Extraiga el ventilador y desatornille y quite la bomba de agua.

3. Doble hacia atrás la lengüeta de cierre de la tuerca de la polea del cigüeñal. Retire la tuerca con una llave pesada. Si la tuerca no se afloja sin tener que girar la polea, deberá fabricar una cuña de madera que colocará entre la polea y la tapa para que así la polea no se suelte. La tuerca deberá sacarse haciéndola girar en dirección contraria al giro normal del motor. Saque la polea.

4. Se recomienda que se quite o afloje el cárter de aceite antes de sacar la tapa delantera.

5. Desatornille y quite la tapa de la cadena de sincronización.

6. Retire el retén de aceite del cigüeñal en la tapa. La mayor parte de los modelos utilizan un retén de fieltro.

7. Invierta el procedimiento para la instalación, utilizando juntas nuevas. Aplique sellador en ambos lados de la junta de la tapa de sincronización. El apriete de los tornillos de la tapa delantera es de 4 libras-pie, el de los tornillos de la bomba de agua es de 7-10 libras-pie y el de los tornillos del cárter de aceite es de 4 libras-pies.

Motores L24, L28, Z20 y Z22

NOTA: Si no puede cortar la parte delantera de la junta de la culata con la limpieza que se requiere y tal como se describe en el punto 10, será necesario quitar la culata para llevar a cabo esta operación. Si es así, utilice una junta nueva para culata.

1. Desconecte de la batería el cable negativo, vacíe el sistema de enfriamiento y saque el radiador junto con las mangueras superior e inferior.

2. Afloje el tornillo de ajuste de la correa impulsora del alternador y retire la correa. Quite los tornillos que sujetan el soporte del alternador al motor y coloque el alternador donde no estorbe.

3. Saque el distribuidor.

4. Quite los tornillos de sujeción de la bomba de aceite y a continuación esta última y su eje impulsor.

5. Extraiga el ventilador de refrigeración y la polea del ventilador junto con la correa impulsora.

6. Retire la bomba de agua.

7. Saque el perno de la polea del cigüeñal y luego la polea.

8. Quite los tornillos que sujetan la tapa delantera a la parte frontal del bloque de cilindros, los cuatro tornillos que retienen el frente del cárter

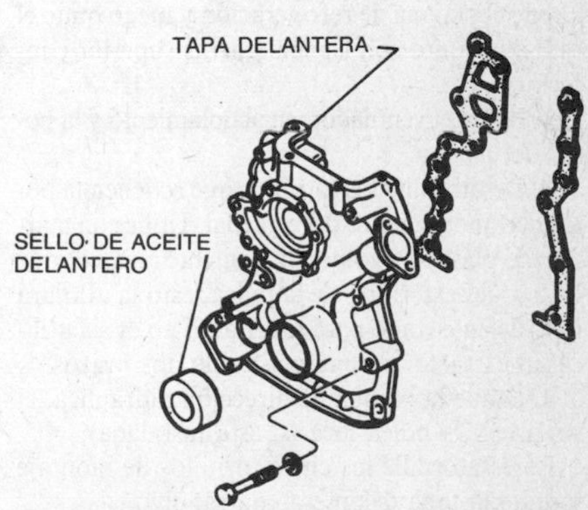

Tapa delantera — motores de la serie A

de aceite a la parte baja de la tapa frontal y los dos tornillos que pasan a través de la parte frontal de la culata y llegan a la parte alta de la tapa delantera.

9. Con mucho cuidado haga palanca sobre la tapa delantera para sacarla de la parte delantera del motor.

10. Corte la sección frontal que queda expuesta de la junta del cárter de aceite separándola del cárter. Haga lo mismo con la junta de la parte alta de la tapa delantera. Retire las dos juntas laterales y limpie todas las superfícies coincidentes.

11. Corte las partes requeridas de una junta nueva para el cárter de aceite y una junta para la tapa superior delantera.

12. Aplique sellador a todas las juntas y colóquelas en el motor en los lugares correspondientes.

13. Aplique una leve capa de grása al retén de aceite del cigüeñal y, con cuidado, coloque la tapa delantera en la parte frontal del motor, a continuación instale todos los tornillos de montaje.

Apriete los tornillos de 8 mm a 7-12 libras-pie y los de 6 mm a 3-6 libras-pie. Apriete los tornillos de sujeción del cárter de aceite a 4-7 libras-pie.

14. Antes de instalar la bomba de aceite, coloque la junta sobre el eje y asegúrese de que la marca en el eje impulsor está frente al agujero de la bomba de aceite (es decir, alineada con el mismo). Instale la bomba de aceite de manera que la proyección en la parte alta del eje quede ubicada en la posición exacta de la que fue desmontada, o en la posición de las 11:25 del reloj, con el pistón en el cilindro Nº 1 colocado en el PMS de la carrera de compresión, si el motor fue movido después del desmontaje. Apriete los tornillos de sujeción de la bomba de aceite a 8-10 libras-pie. Vea Desmontaje y montaje de la bomba de aceite.

Motor diesel LD28

NOTA: Si no puede cortar la parte delantera de la junta de la culata con la limpieza que se requiere y tal como se describe en el punto 16, saque la culata para llevar a cabo este procedimiento. En tal caso, tendrá que utilizar una junta nueva para la culata.

ATENCIÓN

Este procedimiento requiere el desmontaje y posterior instalación de la bomba de inyección de combustible. Antes de realizar esta operación, es conveniente leer con atención la sección Inyección diesel de combustible.

1. Desconecte el cable negativo de la batería. Drene el sistema de refrigeración y luego quite el radiador junto con las mangueras superior e inferior.

2. Retire el ventilador, su acoplamiento y la polea del mismo.

3. Desatornille los tornillos que retienen la polea del amortiguador del cigüeñal. Utilice un martillo de plástico y golpee ligeramente alrededor de los bordes exteriores de la polea, esto la aflojará lo suficiente como para sacarla. Si no es así utilice un extractor de engranajes de dos brazos.

4. Saque la bomba de dirección hidráulica, el soporte y la polea loca (si está instalada).

5. Desatornille los cinco tornillos de montaje y quite la tapa delantera contrapolvo.

6. Quite el alojamiento del termostato y la tubería baja de desvío con la manguera.

7. Extraiga del motor el esparcidor de aceite.

8. Etiquete y desconecte todas las mangueras y tuberías que salen de la bomba de inyección. Asegúrese de taponar cualquier manguera o tubería que saque, para evitar que les entre polvo o suciedad.

9. Vacíe el aceite del motor.

10. Retire el enfriador de aceite y la manguera del enfriador junto con el filtro de aceite.

11. Desconecte la entrada de agua, la varilla me didora de aceite y el soporte de montaje del motor del lado derecho.

12. Quite la bomba de aceite.

13. Retire la bomba de inyección tal como se especifica en el apartado Inyección de combustible diesel.

14. Saque la bomba de agua.

15. Afloje el tornillo de desmontaje y quite la polea del cigüeñal de impulsión de la bomba de inyección. Necesitará un extractor de engranajes de dos brazos.

16. Quite los tornillos que sujetan la tapa delantera al frente del bloque de cilindros, los cuatro tornillos que retienen la parte frontal del cárter de aceite a la parte inferior de la tapa delantera y los dos tornillos que van atornillados a través del frente de la culata y llegan a la parte superior de la tapa delantera.

17. Saque la tapa delantera, palanqueando con cuidado, separándola de la parte frontal del motor.

18. Siga los puntos 10-14 del procedimiento anterior del «L24, etc.».

19. La instalación de los componentes restantes se realiza en el orden inverso al de su desmontaje.

Motores E15 y E16

1. Desconecte la batería, drene el sistema de refrigeración y saque el radiador junto con las mangueras superior e inferior.

2. Afloje la correa del acondicionador de aire y quítela.

3. Afloje el tornillo de ajuste del alterndor y quite la correa de este último. Desatornille el soporte de montaje del alternador y sáquelo.

4. Retire la correa de dirección hidráulica (si está instalada) aflojando el tornillo de ajuste de la bomba de dirección.

5. Saque la polea de la bomba de agua.

6. Quite la polea del cigüeñal.

7. Afloje y retire los ocho tornillos que aseguran las tapas de sincronización y saque las tapas inferior y superior.

8. La instalación se realiza en el orden inverso al de desmontaje. Ajuste todas las correas impulsoras de los accesorios y apriete los tornillos de montaje. Apriete el tornillo de la polea del cigüeñal a 83-108 libras-pie, el tornillo de la polea de la bomba de agua a 2.7-3.7 libras-pie, y los tornillos de la tapa de la correa a 2.7-3.7 libras-pie.

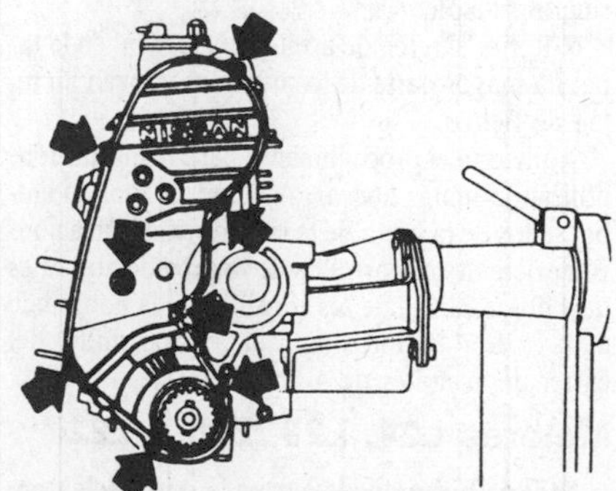

Desmontaje de la tapa delantera — motores de la serie E

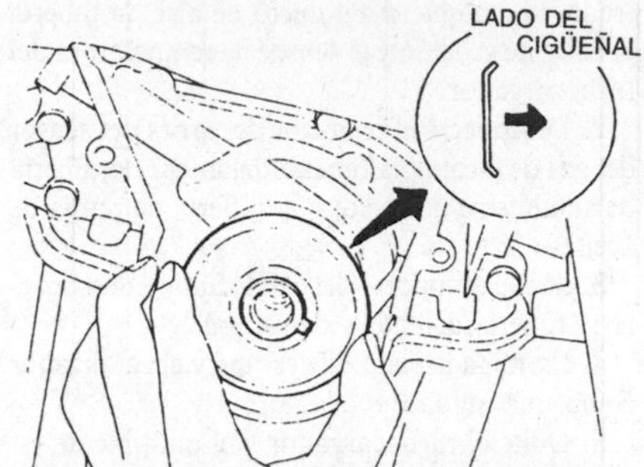

Instalación correcta de la placa de la polea del cigüeñal — CD17, motores diesel

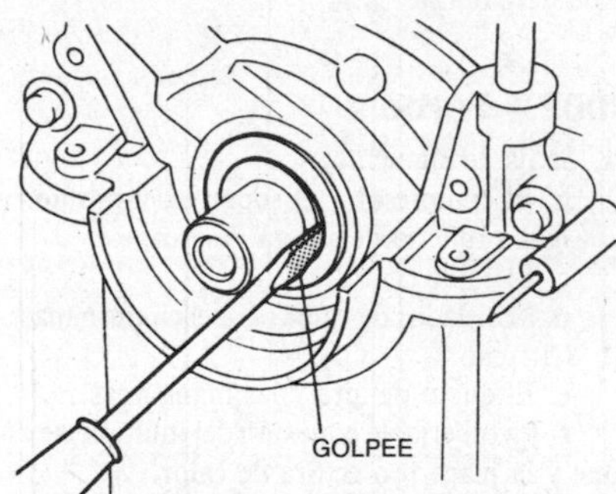

Palanquee con cuidado el sello de aceite — CD17, motores diesel

NOTA: Los motores de la serie E no tienen retén de aceite.

Motores CA20, CA20E, CA20S y CA18ET

1. Afloje los tornillos superiores e inferiores del alternador hasta que pueda mover el alternador lo suficiente como para que sea posible sacar la correa de la polea del alternador y de la polea la bomba de agua.

2. Afloje la contratuerca de la polea loca y gire el tornillo de ajuste hasta que pueda sacar la

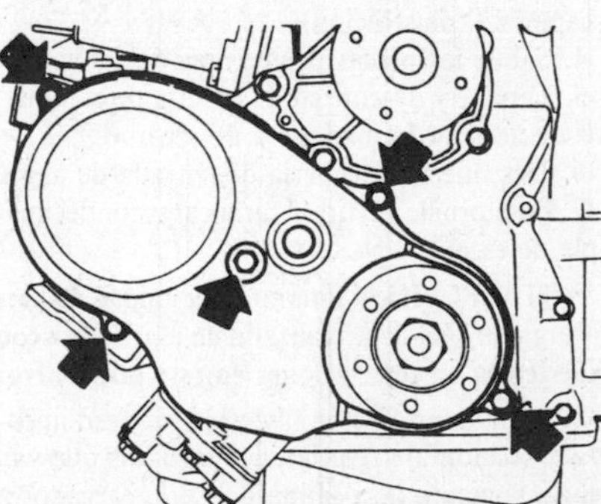

Saque la tapa contra polvo en los diesel

correa del compresor del acondicionador de aire (si cuenta con él).

3. Desatornille y quite la polea del cigüeñal, retirando junto con ella la correa del alternador. Saque el amortiguador del cigüeñal.

4. Desatornille y quite la polea de la bomba de agua.

5. Extraiga las tapas inferior y superior de la correa de sincronización junto con las juntas. Si esta últimas están en buenas condiciones después del desmontaje, puede volver a utilizarlas, pero si presentan algún tipo de daños o roturas, cámbielas.

6. Invierta el procedimiento para el montaje. Apriete los tornillos de la tapa delantera en forma uniforme a 2.2-3.6 libras-pie, el tornillo del amortiguador de la polea del cigüeñal a 90-98 libras-pie, el tornillo de la polea del cigüeñal a 9-10 libras-pie y los tornillos de la polea de la bomba de agua a 4.3-7 libras-pie. Ajuste la tensión de todas las correas impulsoras.

Motor diesel CD17

1. Desconecte el cable negativo de la batería. Vacíe el sistema de refrigeración y a continuación saque el radiador junto con las mangueras superior e inferior del radiador.

2. Saque el ventilador, el acoplamiento y la polea del mismo. Utilizando un extractor de engranajes, saque la polea del amortiguador del cigüeñal.

3. Quite la bomba de dirección hidráulica, su soporte y la polea loca.

4. Retire la tapa delantera de la correa. Extraiga la correa de distribución (vea en esta sección el desmontaje de la Correa de distribución y árbol de levas).

5. Saque el retén de aceite delantero golpeando ligeramente el extremo con una palanca fina o un destornillador viejo, para desplazar cuidadosamente el retén viejo fuera del extremo del cigüeñal. No arañe el eje con la palanca.

6. Recubra el sello nuevo con aceite de motor limpio. Deslícelo en el extremo del cigüeñal y colóquelo en su sitio en la parte delantera del bloque. Utilice una broca pequeña para desplazar el retén de forma uniforme hasta que encaje en su lugar.

7. El montaje se efectúa en orden inverso al desmontaje. Siga el procedimiento de montaje y desmontaje de la Correa de sincronización y árbol de levas, cuando se coloque la correa de sincronización.

Tapa delantera/Correa de sincronización

DESMONTAJE Y MONTAJE

Motores VG30E y VG30ET

1. Quite la protección, el ventilador y las poleas del radiador.

2. Vacíe el enfriante del radiador y saque la manguera de la bomba de agua.

3. Retire la dirección hidráulica, el compresor y las correas impulsoras del alternador.

4. Coloque el cilindro Nº 1 en el PMS de su carrera de compresión.

5. Saque las tapas delanteras inferior y superior de la correa.

6. Utilizando tiza o pintura, marque la relación de la correa de sincronización con el árbol de levas y con los piñones del árbol de levas; marque también la dirección de rotación de la correa de sincronización.

7. Afloje el tensor de la correa de sincronización y el resorte de retorno y a continuación saque la correa.

NOTA: Después del punto 7, puede sacar el retén de aceite del árbol de levas quitando los piñones del árbol de levas y retirando del eje el retén. Aplique aceite de motor limpio al retén nuevo e instálelo en el árbol de levas junto con los piñones.

Afloje el tensor de la correa de sincronización — V6

8. Antes de instalar la correa de sincronización, asegúrese de que el cilindro Nº 1 está en el PMS de su carrera de compresión.

9. Quite las tapas de balancines y afloje todos los tornillos de retención del eje de balancines.

NOTA: Para que se pueda obtener la tensión correcta de la correa DEBERÁ aflojar los tornillos del eje de balancines.

10. Instale el tensor y el resorte de retorno. Utilizando una llave Allen, gire el tensor en el sentido de las agujas del reloj y, por el momento, apriete la contratuerca.

11. Asegúrese de que la correa de sincronización esté limpia y sin rastros de agua o aceite.

12. Cuando instale la correa, alinee las líneas blancas que están sobre ella con la marca de punzón de las poleas del árbol de levas y la polea del cigüeñal. Coloque la flecha de la correa de sincronización apuntando hacia las tapas delanteras de la correa.

13. Utilice una llave hexagonal, afloje el tornillo de cierre del tensor, a continuación gire lentamente el tensor en el sentido de las agujas del reloj y en el opuesto dos o tres veces.

NOTA: Si ha quitado el pasador roscado, asegúrese de aplicar sellador en las roscas antes de instalarlo.

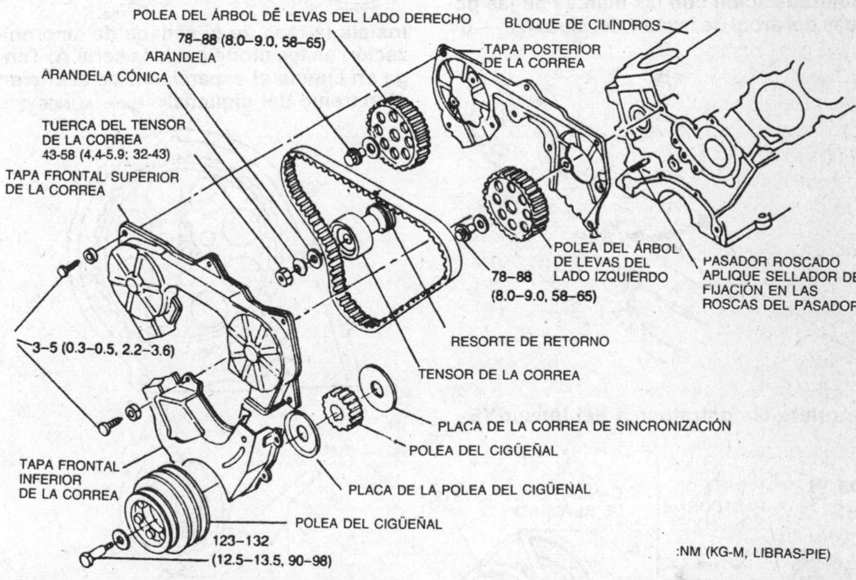

Despiece del conjunto de la correa de sincronización de los 6V, incluyendo la tapa de sincronización

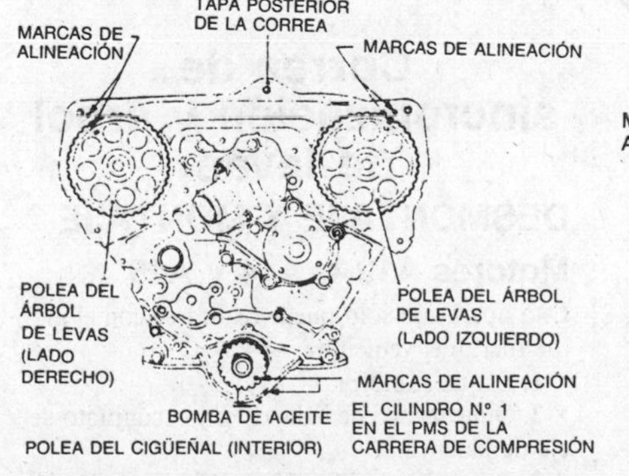

Alinee las marcas de la polea del cigüeñal y del árbol de levas 6V

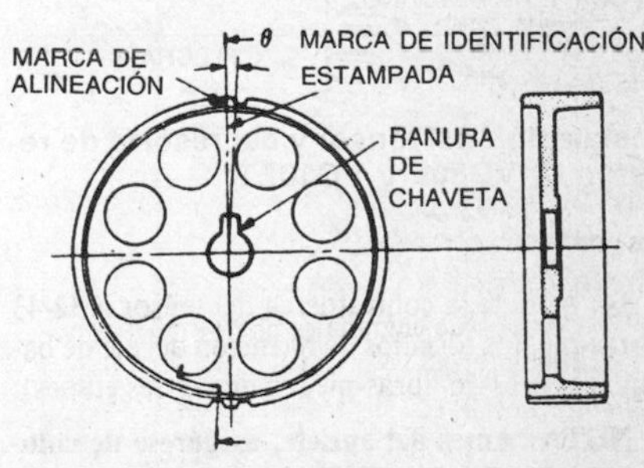

Marcas de alineación de la polea del árbol de levas — 6V

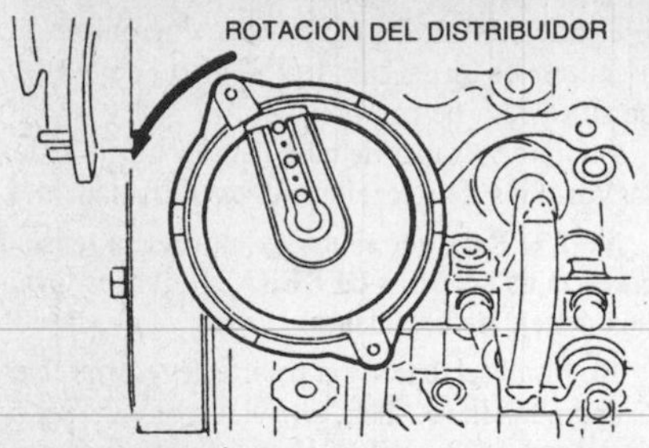

Ubicación del rotor para el desmontaje de la correa de sincronización — 6V

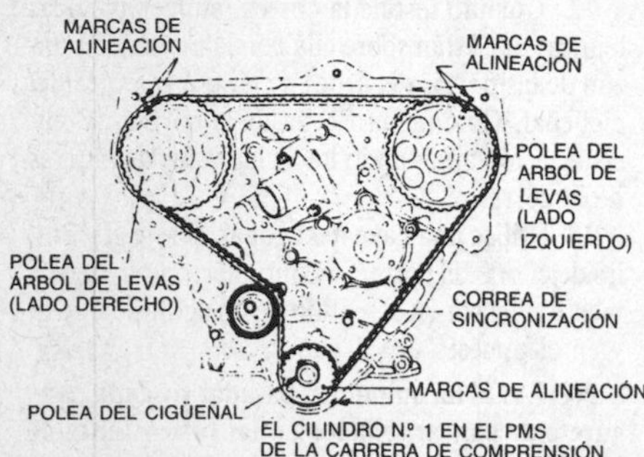

Alinee las líneas blancas de la correa de sincronización con las marcas de las poleas del árbol de levas y del cigüeñal — 6V

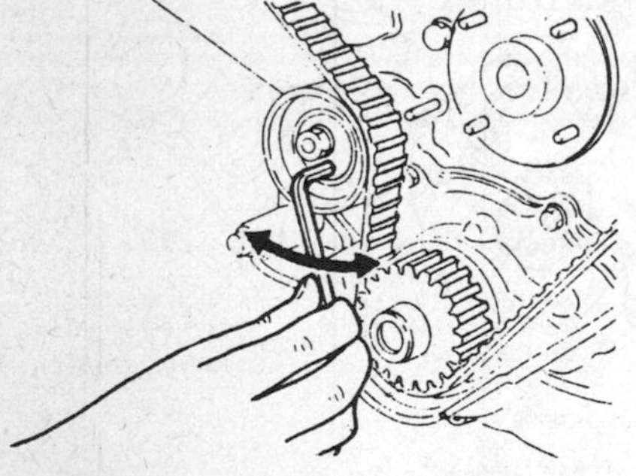

Apriete la contratuerca del tensor-V6

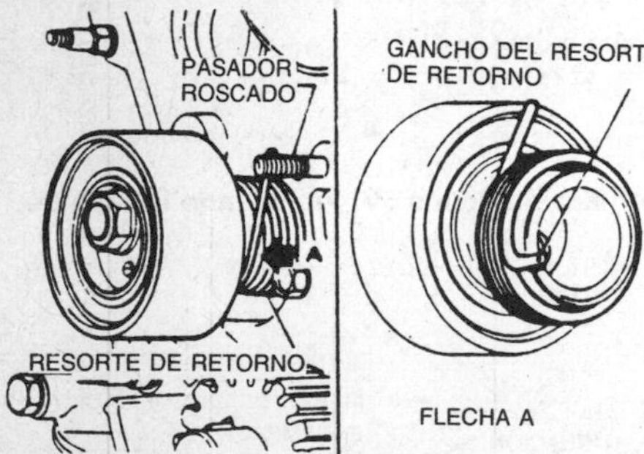

Instalación del tensor y del resorte de retorno — VG30E y VG30ET

14. Apriete la contratuerca del tensor a 32-43 libras-pie, los tornillos de retención del eje de balancines a 13-16 libras-pie (en dos o tres etapas).

NOTA: Antes del apriete, asegúrese de colocar el lóbulo del árbol de levas en una posición en la cual no se pueda levantar.

15. Instale las tapas inferior y superior de la correa.

16. La parte restante del montaje se realiza en el orden inverso al de desmontaje.

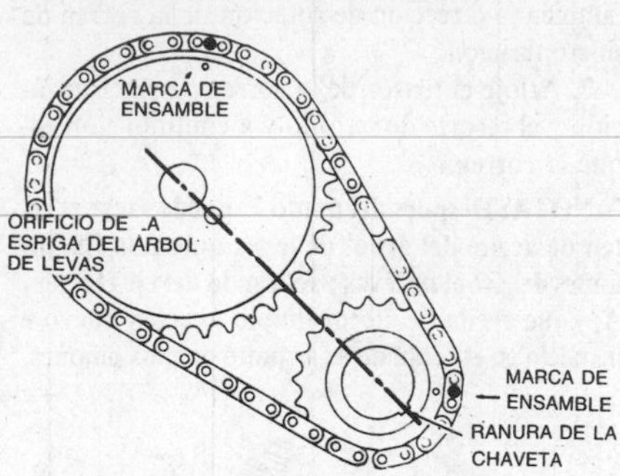

A14 y 15 — conjunto de la cadena de sincronización y del piñón

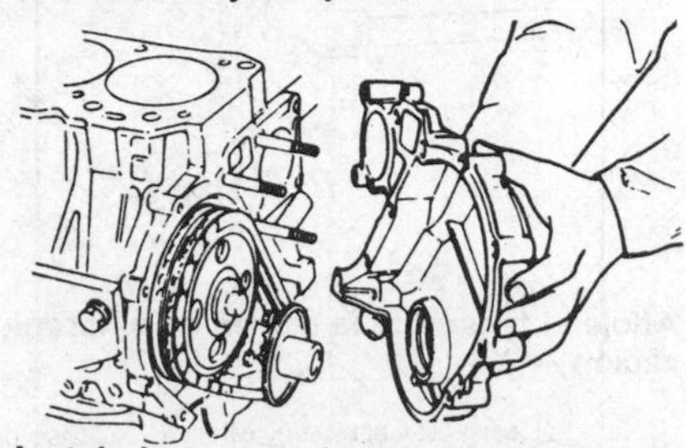

Instale la tapa de la cadena de sincronización en los modelos de la serie A. Tenga en cuenta el esparciador de aceite en el extremo del cigüeñal

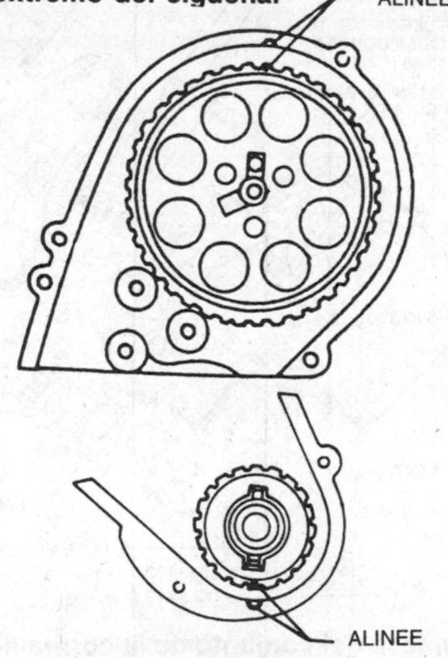

Alineación de las marcas de las válvulas en los motores de la serie E

Correa de sincronización y árbol de levas

DESMONTAJE Y MONTAJE

Motores A12A, A14 y A15

Esta operación sólo puede realizarse con el motor fuera del vehículo.

1. Saque el motor.
2. Quite la tapa de balancines y el conjunto del eje de balancines.
3. Retire las varillas de empuje.
4. Invierta el motor.

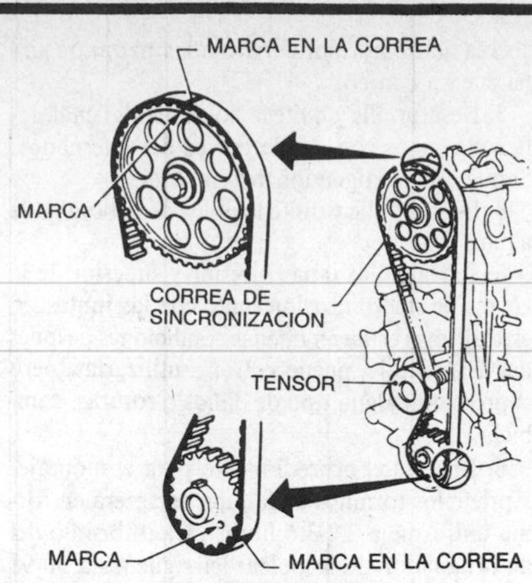

Alinee las marcas coincidentes de la correa de sincronización con las de los piñones del cigüeñal y del árbol de levas, en los CA 20

5. Saque la tapa de la cadena de sincronización.

6. Retire el tensor de la cadena.

7. Saque el tornillo de sujeción del piñón del árbol de levas.

8. Quite el piñón del árbol de levas, el piñón del cigüeñal y la cadena de sincronización en conjunto. Tenga cuidado de no perder las láminas (si están instaladas) y el esparcidor de aceite de la parte trasera del piñón del cigüeñal.

9. Extraiga el distribuidor y el eje impulsor del mismo. Quite la bomba de aceite y su eje impulsor.

10. Desatornille y saque la placa de ubicación del árbol de levas. Quite con cuidado el árbol de levas. El motor debe estar invertido, para evitar que los elevadores caigan dentro del motor. Si es necesario levantarlos, quite el cárter de aceite y sáquelos después de retirar el árbol de levas. Conserve los elevadores en orden y vuelva a instalarlos en los sitios correspondientes.

11. Los cojinetes del árbol de levas se pueden sacar a presión para sustituirlos. Se encuentran en tamaños reducidos, si resulta necesario esmerilar los muñones del árbol de levas. Los cojinetes deberán ser colocados a presión en su sitio después de instalarlos.

12. Recubra los cojinetes y el árbol de levas con aceite de motor. Vuelva a instalar el árbol de levas. Si la placa de ubicación tiene una perforación para el aceite, ésta deberá encontrarse a la derecha del motor. La placa de ubicación va marcada con la palabra «LOWER» y una flecha. El apriete del tornillo de la placa de ubicación del motor es de 3-4 libras-pie. Tenga cuidado de engranar la espiga impulsora en la parte de atrás del árbol de levas con la ranura en el eje impulsor de la bomba de aceite.

13. El juego axial del árbol de levas se puede medir después de volver a colocar temporalmente en su sitio el piñón del árbol de levas y el tornillo que lo sujeta.

Si el juego axial es excesivo, cambie la placa de ubicación. La puede conseguir en varios tamaños.

14. Si cambió el cigüeñal o el árbol de levas, instale temporalmente los piñones y asegúrese de que están paralelos. Ajuste colocando laminillas debajo del piñón del cigüeñal.

15. Vuelva a armar los piñones y la cadena, alineándolos.

16. Rote el cigüeñal hasta que la ranura de la laminilla y el pistón N.º 1 se encuentren en el PMS. Instale los piñones y la cadena. El esparcidor de aceite detrás del piñón del cigüeñal deberá colocarse con la superfície cóncava hacia delante. Si la instalación de la cadena y el piñón es correcta, las marcas del piñón deben quedar alineadas entre los centros de los ejes cuando el piñón N.º 1 se encuentre en su PMS. Compruebe la proyección («L») del eje tensor de la cadena de sincronización. Si la proyección excede las 0.59", cambie la cadena de sincronización. El apriete del tornillo de retención del piñón del árbol de levas es de 33-36 libras-pie.

17. El resto del procedimiento de montaje es a la inversa del de desmontaje. El apriete del tornillo del tensionador de la cadena es de 4-6 libras-pie.

Correa de sincronización y árbol de levas

DESMONTAJE Y MONTAJE

Motores E15, E16 y CA18ET

1. Es necesario sacar la culata del motor. Rote el motor hasta que el pistón N.º 1 se encuentre en el PMS de su carrera de compresión.

2. Siga el procedimiento de desmontaje de la «Tapa delantera» y quítela. Marque la relación del piñón del árbol de levas a la correa de sincronización y la del piñón del cigüeñal a la correa de sincronización utilizando pintura o un lápiz graso. De esta manera logrará facilitar el montaje si el motor se mueve durante el desmontaje.

3. Quite el distribuidor.

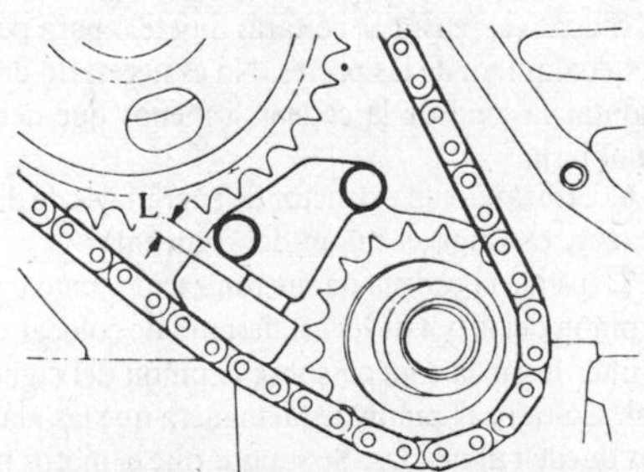

Comprobación de la proyección del eje del tensor — motores de la serie A

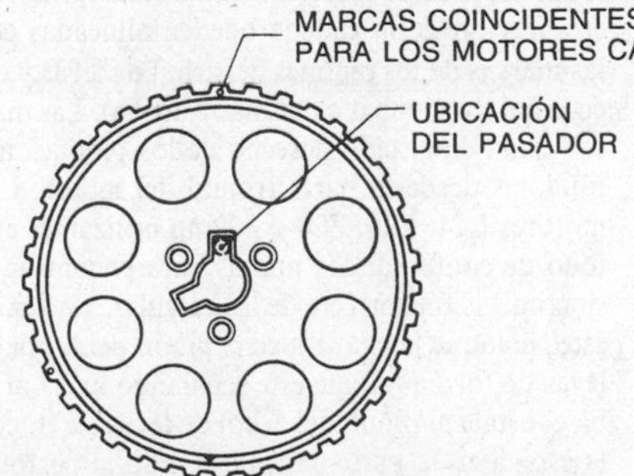

Instalación del piñón del árbol de levas — CA 20

4. Retire el alojamiento del termostato.

5. Extraiga la correa de sincronización de los piñones después de aflojar la polea tensionadora de la correa.

6. Saque la tapa de balancines y el eje de los mismos (ejes en el caso de los CA20, CA20E y CA18ET). Cuando afloje los tornillos de los ejes de balancines de los CA20 hágalo de forma uniforme y en secuencia; antes de sacar los ejes, afloje completamente las contratuercas y los tornillos de ajuste.

7. Afloje y saque el piñón impulsor de levas.

8. Quite la placa delantera de retención del árbol de levas.

NOTA: Tenga cuidado de no dañar la boca del retén de aceite entre la placa delantera de retención y el extremo del árbol de levas.

9. Ponga una pequeña cantidad de aceite limpio alrededor de los cojinetes del árbol de levas. Deslice con cuidado el árbol de levas sacándolo del soporte en la culata.

10. Para instalar, aceite ligeramente los cojinetes del árbol de levas con aceite limpio de motor y deslice lentamente la leva en su lugar en la culata.

11. Instale en la culata la placa delantera de retención del árbol de levas.

12. Vuelva a ensamblar el resto del conjunto de la culata, en el orden inverso al del desmontaje. Compruebe la sincronización de las válvulas una vez que haya instalado todos los piñones y correas de sincronización. Apriete el piñón de impulsión del árbol de levas (en los E15 y E16) a 4.3-5.8 libras-pie. Apriete los tornillos del piñón del árbol de levas de los CA20 a 36-40 libras-pie. Instale una nueva junta detrás del alojamiento del termostato. Ajuste las válvulas y las correas de impulsión. Apriete el tensionador de la correa y monte el resorte. Para colocar este último, primero enganche un extremo en el lado del tornillo «B» y luego enganche el otro extremo en el trinquete del soporte del tensionador. Rote el cigüeñal dos vueltas en el sentido de las agujas del reloj, luego apriete el tornillo «B» y a continuación el tornillo «A». En este punto, la tensión de la correa deberá ser la especificada.

Diesel CD17

NOTA: El árbol de levas se ha desmontado al sacar la culata del motor. Siga el procedimiento a continuación para el desmontaje de la correa de sincronización y luego las instrucciones de Desmontaje de la culata, que aparecen en esta sección. El procedimiento para el desmontaje del árbol de levas está después del desmontaje de la correa de sincronización. La bomba de inyección tiene su propia correa y más adelante se indica cómo desmontarla.

1. Apoye el motor en un gato y saque el soporte del motor del lado derecho, elevando posteriormente el motor para permitir que haya la separación adecuada para trabajar.

2. Coloque el cilindro N.º 1 en el PMS de su carrera de compresión.

3. Saque las correas impulsoras del alternador y del compresor de aire acondicionado (si lo lleva).

4. Utilizando un extractor, retire la polea del damper del cigüeñal.

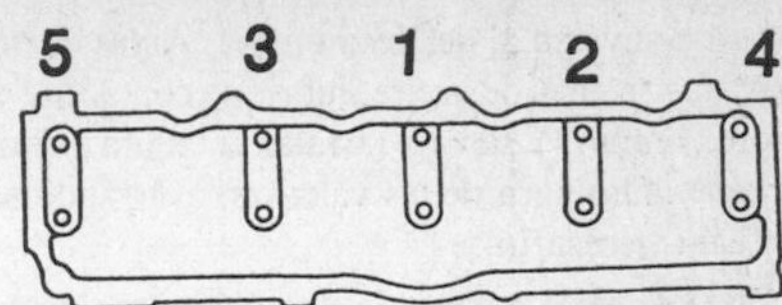

Secuencia de apriete de los sombreretes de los cojinetes del árbol de levas en los CD17

5. Afloje la polea tensora y manténgala en la posición «libre». Saque la polea loca.

6. Quite la polea del cigüeñal con la correa de sincronización.

7. Compruebe si la correa presenta algún daño, pérdida de algún diente, roturas o si está impregnada de aceite o grasa. Si hay deterioro evidente o si tiene dudas sobre el estado de la correa, cámbiela.

NOTA: No debe doblar o retorcer la correa ni girarla colocando su interior en el exterior. Tampoco debe permitir que entre en contacto con grasas, aceites o disolventes.

8. Retire la culata y los múltiples.

9. Saque los sombreretes de los cojinetes del árbol de levas y compruebe su holgura con Plastigage®. No gire el árbol de levas. Si la holgura de los cojinetes sobrepasa los 0.1 mm (0.004") deberá reemplazar los sombreretes de los cojinetes, el árbol de levas o la culata.

10. Después de comprobar las holguras, retire los sombreretes de los cojinetes y el árbol de levas con los retenes de aceite. Cuando tenga el árbol de levas separado, compruebe las alturas de las levas. Si están gastadas más de lo que indican las especificaciones, deberá cambiar el árbol de levas.

11. Para instalar el árbol de levas, móntelo en

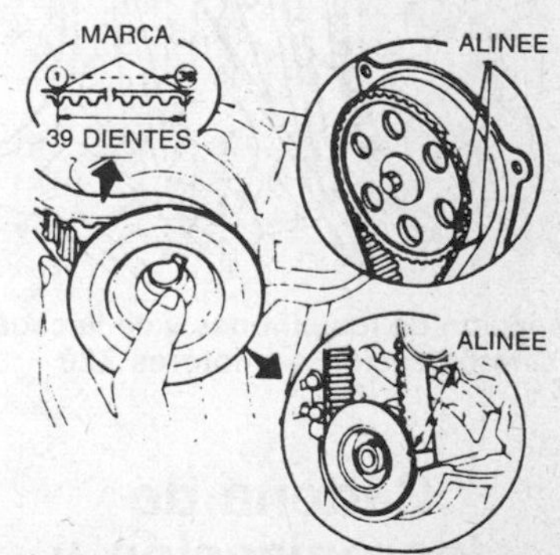

Instalación de la correa de sincronización — motores diesel CD17

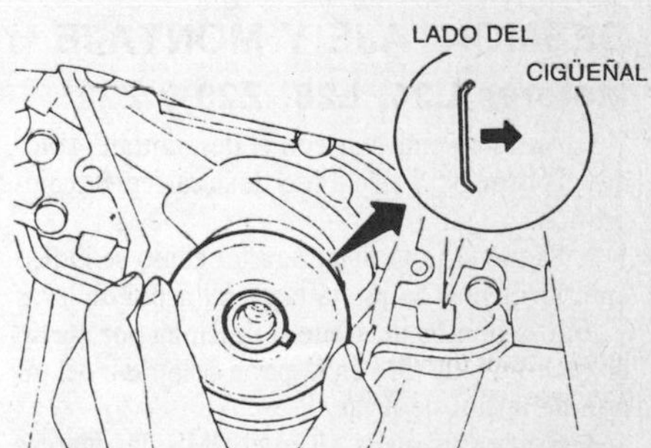

Montaje de la placa de la polea del cigüeñal — motores diesel CD17

el orden inverso al del desmontaje. Antes de instalar los retenes de aceite, lubrique con aceite de motor limpio. Vuelva a instalar la culata y compruebe la holgura de las válvulas, ajustándolas, si fuera necesario.

NOTA: Hay retenes de dos diámetros distintos para la parte delantera y trasera del árbol de levas. Asegúrese de utilizar el retén correcto cuando haga la instalación. (El retén delantero tiene una flecha en el borde externo que señala el sentido de las agujas del reloj, mientras que la flecha del retén posterior señala el sentido inverso de las agujas del reloj). Si cambia los retenes de aceite sin sacar el árbol de levas, quite las poleas y aparte con cuidado los retenes utilizando una palanca pequeña o un destornillador viejo recubierto con cinta aislante. Tenga mucho cuidado de no dañar el árbol de levas, la culata o los sombreretes.

12. Instale el conjunto de la correa de sincronización en el orden inverso al de desmontaje. Alinee las marcas de la correa de sincronización con las que hay en las poleas del árbol de levas y el cigüeñal. Cuando tense la correa, afloje el tornillo del tensor y rote el cigüeñal dos veces en su dirección normal de rotación, luego apriete el tensor mientras lo sostiene. No permita que el tensor gire cuando lo aprieta y NUNCA rote el motor en dirección contraria a su dirección normal de rotación.

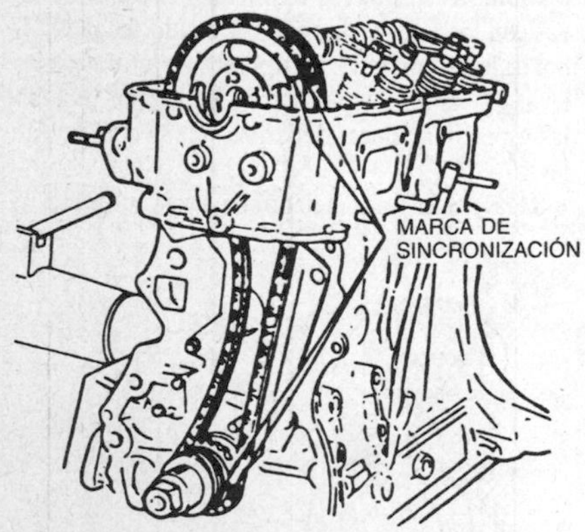

Alineación de los piñones y de la cadena de sincronización — motores Z20

Cadena de sincronización y tensor

DESMONTAJE Y MONTAJE

Motores L24, L28, Z20 y Z22

1. Antes de empezar con el desmontaje, coloque el pistón N.º 1 en el PMS de su carrera de compresión.

2. Saque la tapa delantera tal como se indicó anteriormente. Saque la tapa del árbol de levas y quite la bomba de aceite si funciona por medio de un lóbulo de leva en la parte delantera del piñón del árbol de levas.

3. Con el pistón N.º 1 en el PMS, las marcas de sincronización del piñón del árbol de levas y de la cadena de sincronización deben estar visibles. Márquelas con pintura. También deberá marcar la relación del árbol de levas con el piñón. Hay tres juegos de marcas de sincronización y de perforaciones de localización en el piñón para realizar ajustes que compensen el estiramiento de la cadena de sincronización. Para más detalles, vea a continuación Ajuste de la cadena de sincronización.

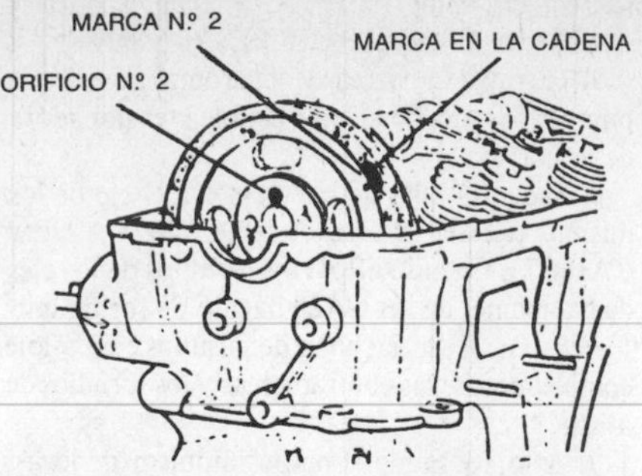

Utilice la marca N.º 2 y el orificio para alinear el árbol de levas — motores de la serie Z20 y Z22

4. Con las marcas de sincronización en el piñón de levas claramente señalizadas, localice y marque las marcas de sincronización en el piñón del cigüeñal. Marque también la señal de sincronización en la cadena. Desde luego que si va a utilizar una cadena nueva, resulta inútil marcarla.

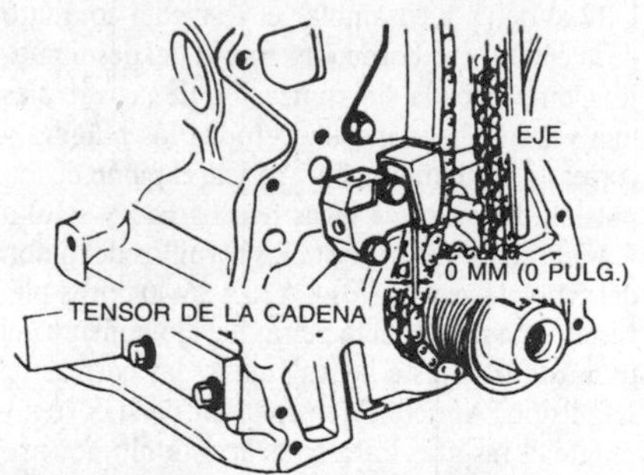

Montaje del tensor de la cadena-motores L24 y L28

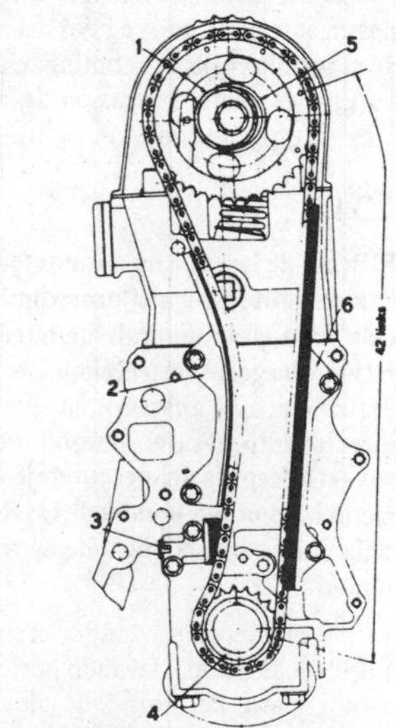

1. Leva impulsora de la bomba de combustible
2. Guía de la cadena
3. Tensor de la cadena
4. Piñón del cigüeñal
5. Piñón del árbol de levas
6. Guía de la cadena

Montaje de la cadena del árbol de levas — todos los OHC, excepto los de la serie E

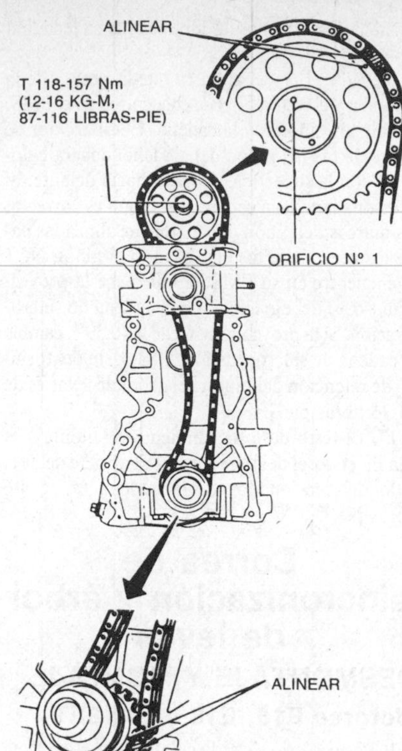

Alineación de la cadena de sincronización y los piñones — motores L24 y L28

5. Suelte el tornillo del piñón del árbol de levas y sáquelo junto con la cadena. Mientras saca la cadena, manténgala en el punto en el que el tensor hace contacto con ella. Cuando haya sacado la cadena, el tensor se soltará. Sujételo para perder cualquiera de las partes. No es necesario desmontar la guía de la cadena a menos que deba cambiarla.

6. Utilizando un extractor de engranajes de dos brazos, extraiga el piñón del cigüeñal.

7. Instale la cadena de sincronización junto con el piñón del árbol de levas, después de colocar en primer lugar la cadena sobre el piñón del cigüeñal. Coloque el piñón de tal manera que las marcas queden alineadas. Se supone que el motor no ha sido alterado. Las cuñas del árbol de levas y del cigüeñal deberán estar ambas hacia arriba. Si instala una nueva cadena o un nuevo piñón, coloque el piñón de tal forma que las marcas de sincronización de la cadena queden alineadas con las marcas de los piñones del árbol de levas y del cigüeñal (con ambas cuñas hacia arriba). Las marcas están en el lado derecho de los piñones mirándolas desde la parte frontal del motor. Los motores L24, L28, Z20 y Z22 no utilizan el método de conteo de las puntas para encontrar la sincronización correcta de las válvulas. En vez de esto, coloque la chaveta en el piñón del árbol de levas de forma tal que esté señalando hacia arriba e instale el piñón del árbol de levas en él, con la espiga en la parte alta, utilizando la perforación de montaje y la marca de sincronización N.º 2 (N.º 1 en los L24 y L28). Los eslabones pintados de la cadena deberán encontrarse al lado derecho de los piñones cuando esté de cara al motor. Vea la ilustración.

8. Instale el tensor de la cadena. Ajuste el saliente del eje del tensor para obtener un juego de cero. Instale los componentes restantes en el orden inverso al de desmontaje.

Motores diesel LD28

1. Siga los puntos 1-6 de la operación anterior «L24, etc.». No tendrá que sacar la bomba de combustible tal como se indica en el punto 2.

2. Instale el piñón del cigüeñal. Asegúrese de que las marcas coincidentes en el piñón miren hacia la parte delantera del vehículo.

3. Instale la cadena de sincronización y el piñón del árbol de levas, después de colocar en primer lugar la cadena sobre el piñón del cigüeñal. Coloque el piñón de levas de forma tal que coincidan las marcas que hizo anteriormente. Se supone que el motor no ha sido alterado. Las cuñas del árbol de levas y del cigüeñal deberán apuntar hacia arriba. Si está instalando una cadena nueva o un engranaje nuevo, coloque el piñón de forma tal que las marcas de sincronización de la cadena queden alineadas con las de los piñones del cigüeñal y del árbol de levas (con ambas cuñas apuntando hacia arriba). Las marcas están en el lado derecho de los piñones mirándolas desde la parte frontal del motor. Introduzca la espiga del árbol de levas en el orificio N.º 1 del piñón de éste. Instale y apriete el tornillo del piñón del árbol de levas.

4. Instale la guía de la cadena (si la ha sacado) y el tensor. Apriete el perno de montaje de la guía de la cadena por el lado sin tensión (el lado izquierdo mirando de frente el motor) de forma tal que el saliente del eje del tensor de la cadena sea de O''

5. La instalación de las partes restantes se hace en el orden inverso al de desmontaje.

AJUSTE DE LA CADENA DE SINCRONIZACIÓN

Cuando la cadena de sincronización se estira en exceso, resulta afectada de forma adversa la sincronización de las válvulas. En el piñón del árbol de levas hay tres juegos de perforaciones y marcas de sincronización.

Si el estiramiento de los eslabones de la cadena de rodillos es excesivo, ajuste la ubicación del piñón del árbol de levas cambiando la posición del mismo desde la posición de fábrica en el N.º 1 o N.º 2 a una de las posiciones siguientes:

1. Rote el cigüeñal hasta que el pistón N.º 1 se halle en el PMS de la carrera de compresión. Observe si la muesca de ubicación del piñón del árbol de levas se encuentra a la izquierda de la ranura oblonga de la placa de retención del árbol de levas. Si se encuentra a la izquierda de la ranura de la placa de retención, es que la cadena se ha estirado y necesita un ajuste.

2. Saque el piñón del árbol de levas junto con la cadena y vuelva a instalar el piñón y la cadena con la espiga de ubicación del árbol de levas insertada bien sea en la perforación N.º 2 o en la N.º 3 del piñón.

La marca de sincronización de la cadena debe quedar alineada con la marca en el piñón. La modificación es de 4 grados de rotación del cigüeñal por cada marca.

3. Vuelva a revisar la sincronización de las válvulas tal como se describe en el punto 1. La muesca en el piñón debe estar al lado derecho de la ranura en la placa de retención del árbol de levas.

4. Si no logra ubicar la muesca a la derecha de la ranura, es que la cadena está tan desgastada que ya no se puede reparar y, en consecuencia, deberá cambiarla.

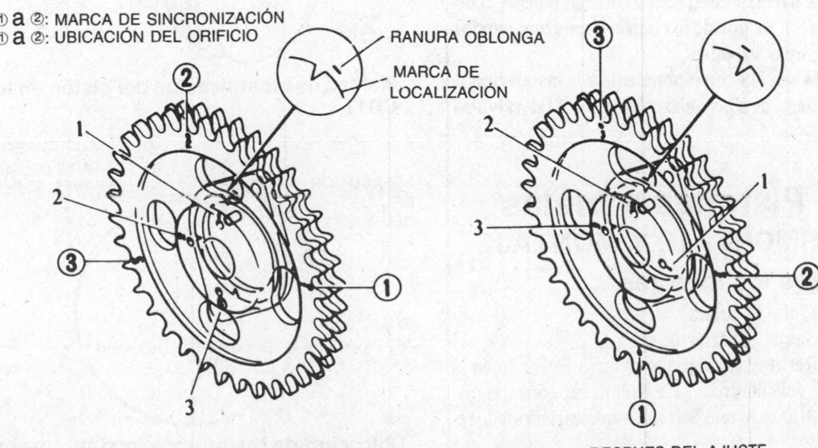

Ajuste de la cadena de sincronización

Poleas y piñón del árbol de levas

DESMONTAJE Y MONTAJE

Todos los motores (excepto los V6)

1. Consulte los procedimientos de Desmontaje y montaje de la cadena/correa de sincronización y tensor, que se describen en esta sección, y saque la cadena de sincronización con el piñón del árbol de levas.

NOTA: Los motores están diseñados de forma tal que se DEBE sacar el piñón del árbol de levas al mismo tiempo que se saca la cadena de sincronización.

2. Para la instalación utilice juntas nuevas. Invierta el procedimiento de desmontaje. Si es necesario, ajuste la cadena.

Motor V6

1. Consulte los procedimientos que se describen en esta sección para el Desmontaje y montaje de la cadena/correa de sincronización y tensor, y quite la correa.

2. Utilizando una llave de tuercas (para sostener la polea del árbol de levas) y una llave de tubo, saque la arandela y el tornillo de la polea del árbol de levas.

3. Retire la(s) polea(s) del o los árboles de levas. Tenga cuidado de no aflojar la chaveta woodruff.

NOTA: Las poleas del árbol de levas R.H. (del lado derecho) y L.H. (del lado izquierdo) son partes diferentes. Instálelas en la posición correcta. La polea del lado derecho tiene una marca de identificación: R3, y la del lado izquierdo: L3.

4. Para instalar las poleas del árbol de levas, lleve a cabo la siguiente operación:

a. Saque las tapas de balancines.

b. Afloje los tornillos de ensamble del eje de balancines.

c. Quite las bujías.

d. Instale las poleas del árbol de levas, invirtiendo el procedimiento de desmontaje.

5. Instale y ajuste la correa de sincronización.

6. Para completar la instalación, invierta el procedimiento de desmontaje.

Árbol de levas

DESMONTAJE Y MONTAJE

NOTA: Para el desmontaje del árbol de levas de los modelos de la serie VG30E V6, consulte Desmontaje de la culata, para este motor.

L24, L28 y LD28

1. Es necesario quitar la culata del motor. Extraiga del árbol de levas el piñón junto con la cadena de sincronización.

2. Afloje la contratuerca del pivote de los balancines y saque los balancines presionando hacia abajo el resorte de la válvula.

3. Quite las dos tuercas de sujeción de la placa de retención del árbol de levas situadas en la parte delantera de la culata y deslice con cuidado el árbol de levas sacándolo del portador del mismo.

4. Recubra ligeramente los cojinetes del árbol de levas con aceite limpio de motor y deslice con cuidado el árbol de levas a su lugar en el portador.

5. Instale la placa de retención del árbol de levas con la ranura oblonga en la cara de la placa que mira hacia la parte delantera del motor.

6. Compruebe la sincronización de las válvulas tal como se describe en el apartado de Desmontaje y montaje de la cadena de sincronización. Instale el piñón del árbol de levas en este último, apretando el tornillo junto con la leva de la bomba de combustible a 86-116 libras-pie.

7. Instale los balancines presionando hacia abajo los resortes de las válvulas con un destornillador e instale los resortes de los balancines.

8. Instale la culata, si la había quitado, y arme el resto del motor en el orden inverso al de desmontaje.

Z20 y Z22

1. Es necesario quitar la culata del motor. Saque el piñón del árbol de levas junto con la cadena de sincronización, después de colocar el pistón Nº 1 en el PMS de la carrera de compresión.

2. Afloje los tornillos que sujetan el conjunto del eje de balancines en su lugar, retire los seis tornillos del centro. No extraiga los cuatro tornillos de los extremos del conjunto de los balancines, ya que son los que mantienen junta la unidad.

ATENCIÓN

Cuando afloje los tornillos, vaya de los extremos hacia dentro y afloje todos los tornillos un poco cada vez para no aplicar tensión en el árbol de levas o en el conjunto de balancines. Recuerde que el árbol de levas se encuentra bajo la presión de los resortes de las válvulas.

3. Despues de sacar el conjunto de balancines, retire el árbol de levas.

NOTA: Mantenga en orden las partes que va desmontando. Si necesita desarmar la unidad de balancines, ármela otra vez, de la siguiente forma:

4. Instale los soportes de montaje, los balancines y los resortes, teniendo en cuenta las siguientes observaciones.

Los dos ejes de balancines son diferentes. Los dos tienen marcas en sus extremos que miran hacia la parte delantera del motor. El eje de balancines que va al lado del múltiple de admisión tiene dos ranuras en su extremo justo debajo de la marca. El eje de balancines que está al lado del escape no tiene dichas ranuras.

Los balancines correspondientes a las válvulas de admisión y de escape son intercambiables entre los cilindros 1 y 3, y están indetificados con la marca «1». De forma análoga, los balancines correspondientes a los cilindros 2 y 4 son intercambiables y están identificados con la marca «2».

Los soportes de montaje de los balancines tienen también un código para su correcta ubicación, bien sea con una «A» o una «Z» más un número de código.

Para instalar el árbol de levas y el conjunto de balancines:

5. Coloque el árbol de levas en la culata con

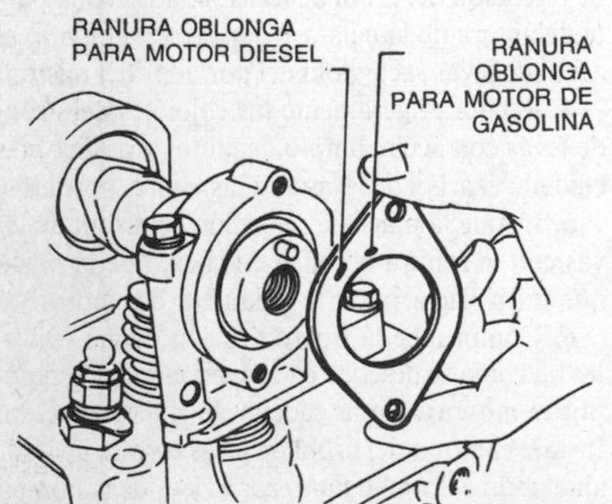

Al montar la placa de retención, asegúrese de que la ranura oblonga quede hacia el frente del motor

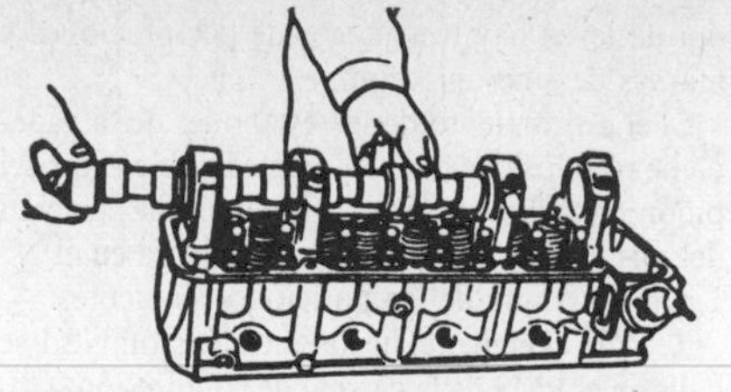

Saque con cuidado el árbol de levas de su portador

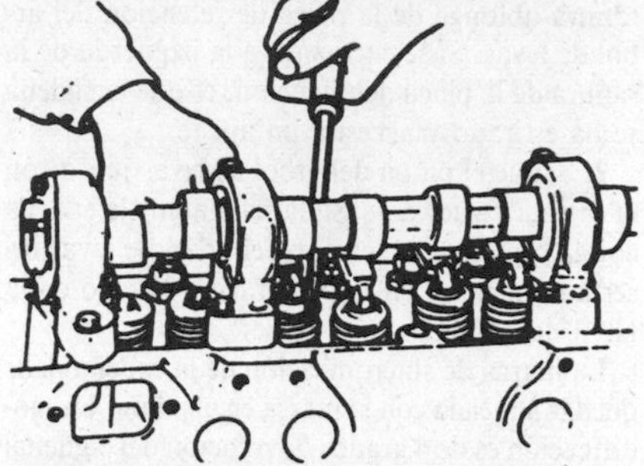

Desmonte los balancines presionando hacia abajo los resortes de las válvulas

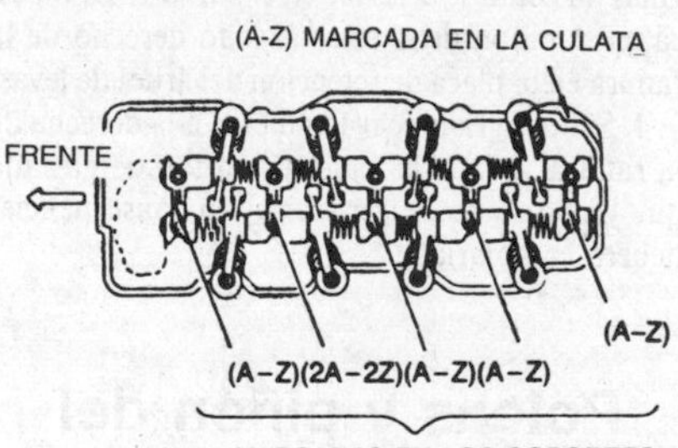

Los soportes de montaje del eje de balancines están montados en este orden — serie Z20 y Z22

la espiga hacia arriba.

6. Sitúe el conjunto de balancines sobre la culata, asegurándose de que lo monta en sus espigas.

7. Apriete los tornillos a 11-18 libras-pie, en varias etapas, trabajando desde los tornillos centrales y moviéndose hacia fuera en ambos lados.

NOTA: Asegúrese que el motor esté en el PMS de la carrera de compresión correspondiente al pistón Nº 1, ya que de lo contrario podrían averiarse algunas válvulas.
Vea la sección correspondiente a la instalación de la cadena de sincronización. Ajuste las válvulas.

Pistones y bielas

DESMONTAJE Y MONTAJE

Todos los motores

1. Quite la culata.

2. Saque el cárter de aceite.

3. Retire el carbón que se haya formado en la pared del cilindro en el extremo superior del pistón, utilizando una herramienta escariadora de rebordes.

4. Coloque el pistón que va a desmontar en la parte baja de su carrera, de tal manera que pue-

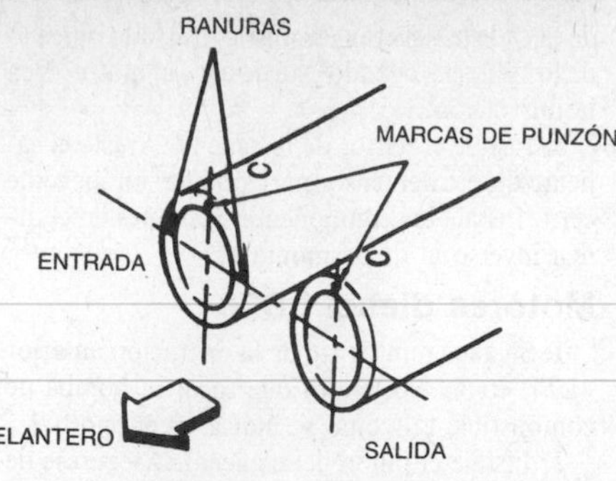

Note la diferencia entre los ejes de balancines — motores de la serie Z20 y Z22

Ubicación de pistón y biela

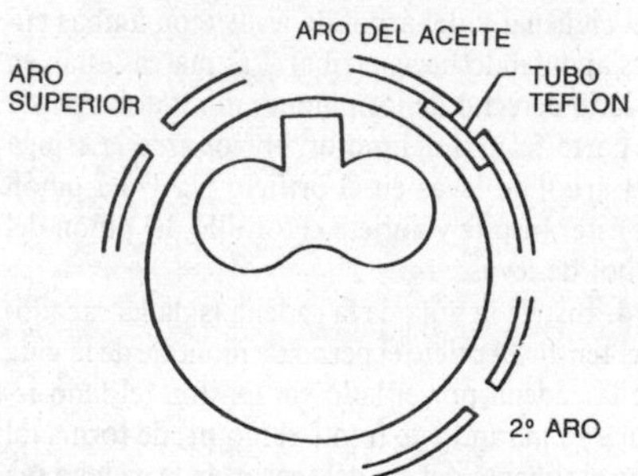

Distribuya las brechas de los aros de los modelos CD17 con una separación de 120° cuando monte los pistones

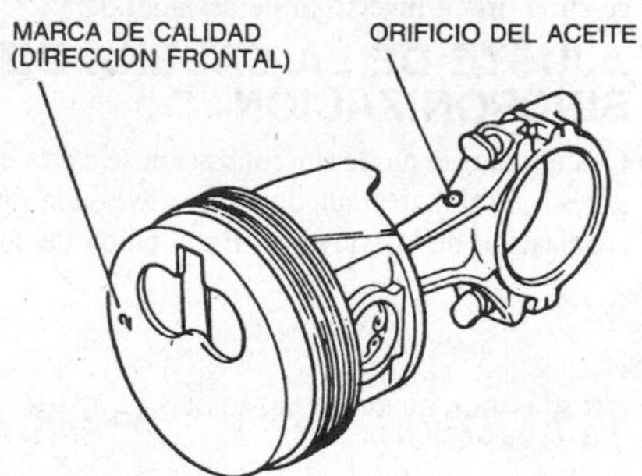

Marcas de identificación del pistón en los CD17

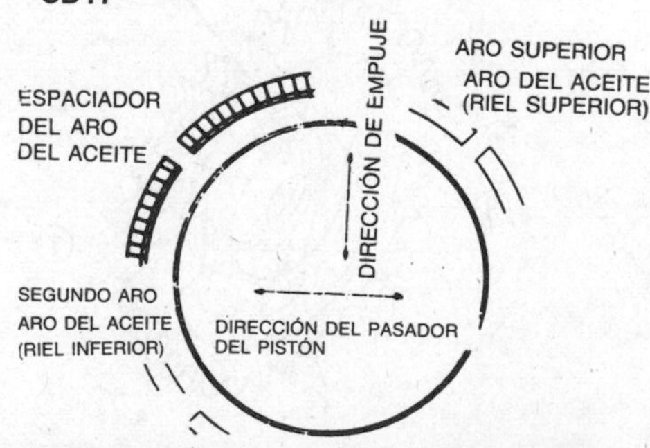

Ubicación de los aros del pistón - motores de la serie A; L28, 1981 y posteriores; L24E y similares

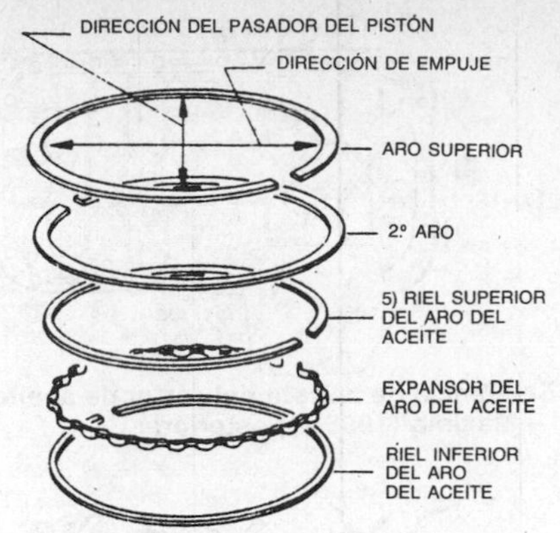

Montaje de los aros del pistón en los 6V

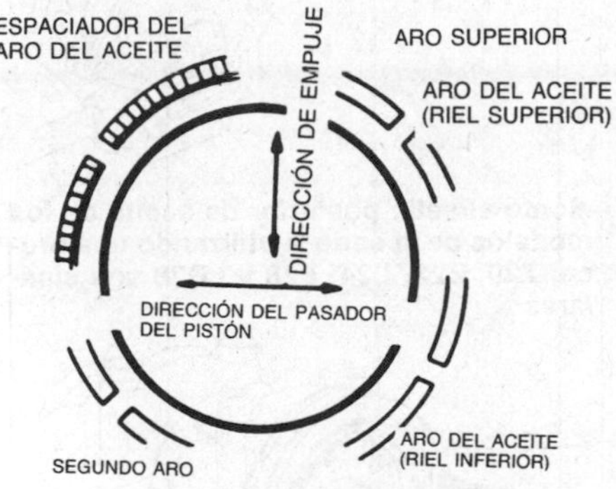

Ubicación de los aros — serie E

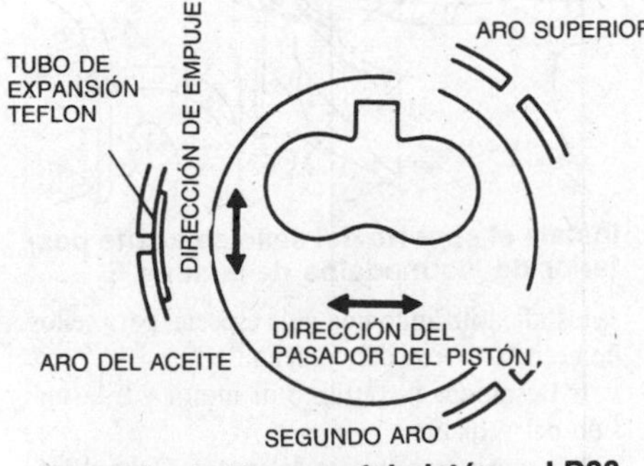

Ubicación de los aros del pistón — LD28 diesel; tenga en cuenta el tubo expansor de Teflon

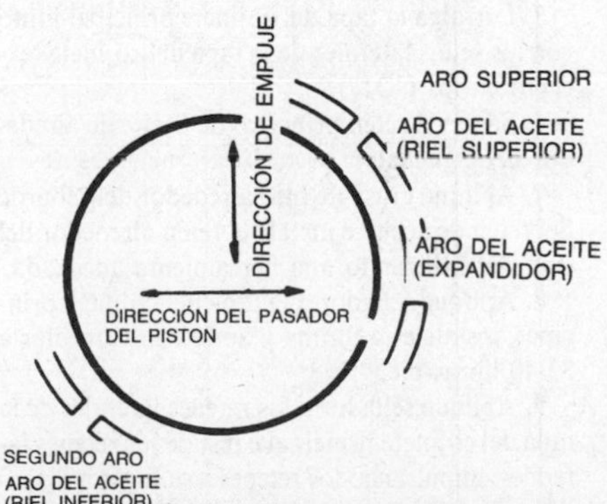

Ubicación de los aros del pistón para su montaje — motores L24, CA20, Z20 y Z22

da alcanzar con facilidad la tapa del cojinete de la biela por debajo del motor.

5. Desatornille las tuercas de los sombreretes de la biela y desmonte la tapa y la mitad baja del cojinete. Ponga en cada uno de los pernos de las bielas un trozo de manguera de goma. Esto protegerá las paredes del cilindro de posibles rayaduras que puedan ocasionar los pernos de bielas.

6. Empuje el pistón y la biela hacia arriba hasta sacarlos del bloque de cilindros utilizando un trozo de madera. Tenga cuidado de no arañar la pared del cilindro con la biela o con la herramienta de madera.

7. Mantenga juntas todas las piezas de cada cilindro y vuélvalas a instalar en el cilindro del que fueron desmontadas.

8. Recubra la cara de la biela y la cara exterior de los pistones con aceite de motor. Coloque un trozo de manguera de goma en cada uno de los pernos de bielas. Esto protegerá las paredes del cilindro de posibles erosiones producidas por los pernos de las bielas.

9. Vea la ilustración para la ubicación correcta de los aros de los pistones.

10. Rote el cigüeñal hasta que el muñón de biela correspondiente al cilindro en el que está trabajando se encuentre en el PMS.

NOTA: En los motores diesel, deberá medir la protección de cada corona de pistón por encima del plano superior del bloque motor.

11. En los motores diesel, limpie completamente el plano superior del bloque motor. Coloque un calibrador sobre la superfície de bloque motor y ajústelo a cero. Para cada cilindro, mida el saliente del pistón y registre la longitud. Asegúrese de medir la longitud del saliente del pistón al menos en tres puntos por cada cilindro. Determine la máxima longitud del saliente del pistón y seleccione la junta de culata adecuada según la tabla que se acompaña. Las juntas de culata tienen

LD28

Saliente del pistón mm (pulg.)	Grosor de la junta de culata mm (pulg.)	Nº de muescas en la junta de la culata
Bajo 0.487 (0.0192)	1.12 (0.0441)	1
0.487–0.573 (0.0192–0.0226)	1.2 (0.047)	2
Sobre 0.573 (0.0226)	1.28 (0.0504)	3

unas muescas para su identificación. Cuando cambie la junta de culata, siempre deberá instalar una junta del mismo grosor.

12. Con el pistón y sus aros sujetos en su compresor de aros, con la muesca en la cabeza del pistón señalando hacia la parte delantera del motor y el lado de la biela que tiene el orificio de lubrificación hacia el lado del motor que soporta la bomba de combustible, empuje el pistón y el conjunto de la biela dentro del cilindro hasta que el

CD17

Saliente de pistón mm (pulg.)	Grosor de la junta de culata mm (pulg.)	Nº de muescas en la junta de la culata
Bajo 0.52 (0.0205)	1.15 (0.0453)	1
0.52–0.57 (0.0205–0.0224)	1.20 (0.0472)	2
Sobre 0.57 (0.0224)	1.25 (0.0492)	3

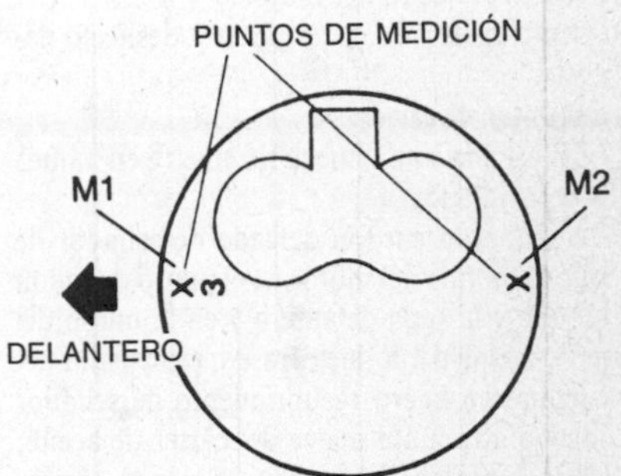

Puntos de medición de la proyección del pistón — motores diesel CD17

extremo de conexión de la biela quede asentado en el muñón del cigüeñal. Utilice trozos de tubo de goma como guías en el asentamiento de las bielas sobre los codos del cigüeñal. Tenga cuidado de no rayar con la biela la pared del cilindro.

13. Empuje más abajo el pistón y rote el cigüeñal mientras la biela gira sobre el muñón del cigüeñal. Rote el cigüeñal hasta que el muñón se encuentre en el PMI (punto muerto inferior).

14. Alinee la marca en el sombrerete de biela con la de la biela y apriete los tornillos de la tapa del cojinete en la forma especificada.

15. Instale todos los conjuntos de bielas y pistones tal como se describió anteriormente. Monte el cárter de aceite y la culata en el motor en el orden inverso al de su desmontaje.

IDENTIFICACIÓN Y UBICACIÓN

Los pistones están marcados con una muesca (o F) en la cabeza del pistón. Cuando los instale en el motor, la muesca o la marca en F deberán estar hacia la parte delantera del motor.

Las bielas se instalan en el motor con el orificio de aceite hacia el lado derecho del motor.

NOTA: Es aconsejable numerar los pistones, las bielas y las tapas de los cojinetes de forma tal que puedan volver a instalarse en el mismo cilindro, situándolas en la misma dirección que tenían antes de su desmontaje.

LUBRICACIÓN DEL MOTOR

Cárter de aceite

DESMONTAJE Y MONTAJE

Todos los modelos, excepto Maxima (1985 y posteriores) y 300ZX

1. Si el motor se encuentra en el vehículo, sujételé un cabrestante, soporte el motor y retire los pernos de montaje del motor tal como se describe en Desmontaje y montaje del motor.

2. Levante un poco el motor teniendo cuidado de no dañar ninguna manguera o cable.

3. Drene el aceite del motor.

4. Quite los tornillos del cárter y deslícelo hacia atrás.

Para montar el cárter:

1. Utilice una junta nueva recubierta en ambos lados con sellador.

2. Aplique un cordón delgado de sellador de silicona al bloque del motor en el punto de unión del bloque y la tapa delantera y en la unión del bloque y la tapa del cojinete trasero principal. Luego, aplique un ligero recubrimiento de sellador de silicona a la junta nueva del cárter de aceite; instale la junta en el bloque y monte el cárter.

3. Apriete los tornillos del cárter siguiendo un círculo desde el centro hacia los extremos, a 4-7 libras-pie. El exceso de ajuste puede distorsionar el borde del cárter, lo que ocasionaría fugas.

4. Vuelva a instalar los tornillos de montaje tal como se describió en Desmontaje y montaje del motor, utilizando el apriete especificado y manteniendo el apoyo hasta que todos los montajes estén firmes.

5. Vuelva a llenar el cárter de aceite al nivel especificado.

300ZX

1. Vacíe el aceite del motor.

2. Levante el vehículo y sujételo con soportes.

3. Quite los tornillos y las tuercas de retención de barra estabilizadora frontal del bastidor de la suspensión.

4. Saque de la carcasa de la caja de cambios el eje de la columna de dirección.

5. Saque del tirante las tuercas de retención de los puntales.

6. Levante y sujete el motor.

7. Retire de la caja de transmisión la tapa de la placa posterior.

8. Quite los tornillos de retención del cárter de aceite.

9. Extraiga los tornillos de retención del travesaño de la suspensión.

10. Retire las tuercas de retención del aislador del puntal.

11. Saque los tornillos que sujetan las tuberías de refrigeración y las de la dirección hidráulica al travesaño de la suspensión.

12. Baje el travesaño de la suspensión.

13. Quite el cárter de aceite desde la parte trasera.

14. La instalación es a la inversa del desmontaje. Aplique sellador en los puntos que se indican en la ilustración y apriete los tornillos de retención del cárter en secuencia numérica a 3.5-5.1 libras-pie.

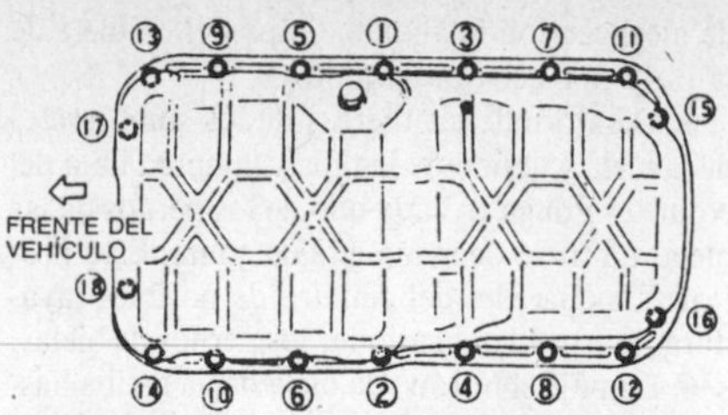

Secuencia de apriete del cárter de aceite — V6

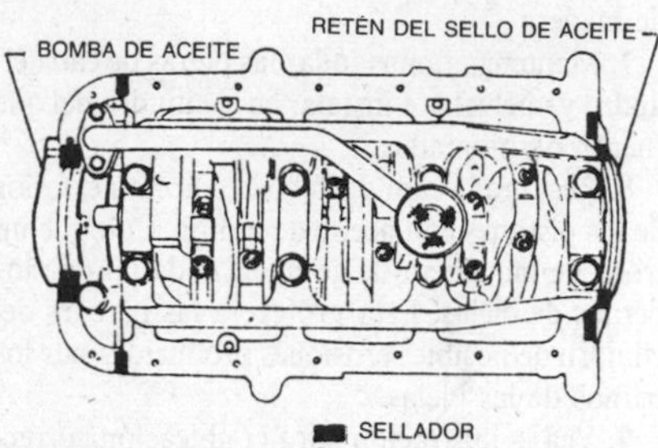

Aplique sellador en estas zonas antes de instalar la junta del cárter de aceite-V6

Maxima (1985 y posteriores)

1. Vacíe el aceite del motor.

2. Levante el vehículo y sujételo con soportes.

3. Marque la ubicación de los soportes del capó y a continuación saque el capó.

4. Coloque un trozo de madera entre el soporte y el motor y luego levántelo un poco.

5. Quite las protecciones de la parte baja del motor.

6. Saque los soportes del motor, el tornillo y la tuerca aislantes.

7. Retire el conjunto del travesaño central.

8. Desatornille el tubo delantero de escape y apártelo.

9. Saque el cárter de aceite.

10. Para el montaje, retire con cuidado los restos de la junta vieja de las superficies del bloque de cilindros y del cárter, y a continuación aplique sellador en las cuatro esquinas de la superficie de montaje del bloque de cilindros. Haga lo mismo en la junta del cárter, en las superficies inferior y superior.

11. Instale el cárter de aceite y apriete los tornillos de montaje desde dentro hacia fuera a 3.6-5.1 libras-pie (5-7 Nm).

Retén principal de aceite (posterior)

SUSTITUCIÓN

Todos los modelos, excepto los de la serie CA20 y los motores CA18ET

Para desmontar el retén principal de aceite, es necesario desmontar la tapa del cojinete principal. Para esta operación, tendrá que disponer de un extractor especial. Por otra pate, el retén de aceite se instala utilizando una guía especial para sellos de aceite traseros del cigüeñal.

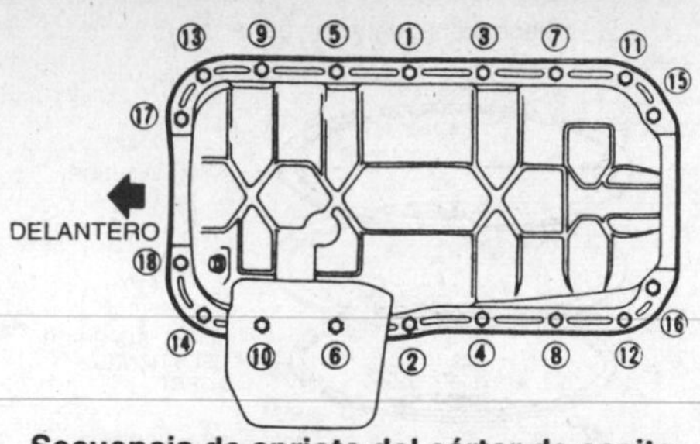

Secuencia de apriete del cárter de aceite — Maxima (1985 y posteriores)

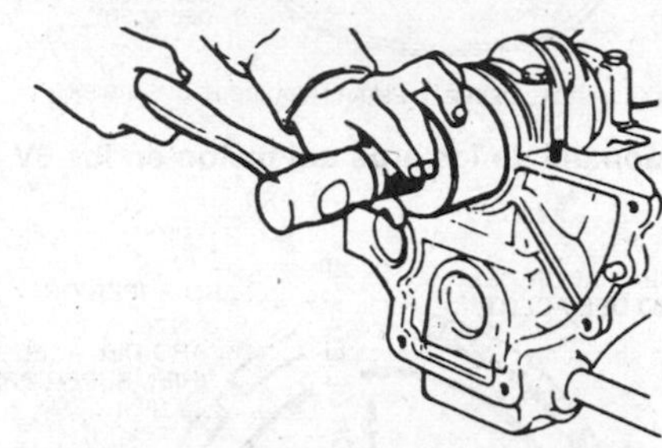
Monte el sello posterior de aceite de los modelos de la serie A utilizando una broca; Z20, Z22, L24, L28 y LD28 son similares

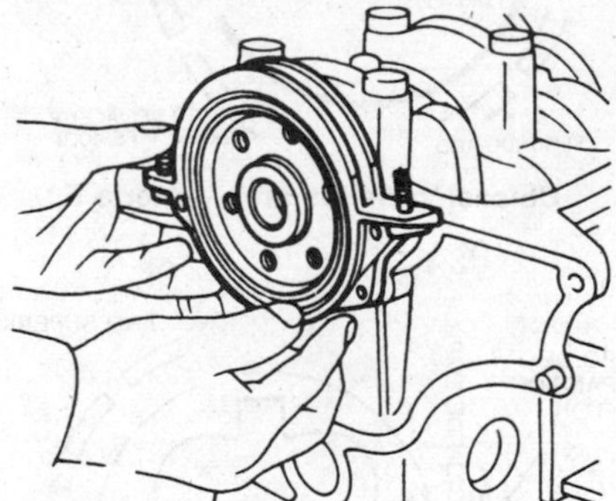
Instale el soporte del sello de aceite posterior de los modelos de la serie E

1. Desmonte el conjunto de motor y transmisión del vehículo.

2. Saque la transmisión del motor. Quite el cárter de aceite.

3. Retire el volante del motor del embrague.

4. Quite del cigüeñal el volante del motor.

5. Extraiga la tapa del cojinete principal junto con los sellos laterales de la tapa del cojinete (excepto en los CD17).

6. Saque el retén principal de aceite de alrededor del cigüeñal.

7. Aplique grasa de litio alrededor del reborde del retén de aceite e instale el retén alrededor del cigüeñal utilizando una herramienta adecuada.

8. Aplique sellador a la tapa del cojinete principal, instale esta última y apriete los tornillos a 33-40 libras-pie.

9. Aplique sellador a los retenes laterales de la tapa del cojinete principal e instale los retenes laterales, impulsando los retenes a su lugar utilizando una guía adecuada.

10. Ensamble el motor e instálelo en el vehículo en el orden inverso al de su desmontaje.

Motores CA18ET y los de la serie CA20

1. Saque la transmisión.
2. Retire el volante del motor.
3. Quite el soporte del retén de aceite posterior.
4. Utilizando unas pinzas, retire el retén de aceite de su soporte.
5. Aplique aceite limpio de motor en abundancia en el retén nuevo y con cuidado instálelo dentro del soporte de alojamiento.
6. Instale el soporte dentro del motor, junto con la nueva junta. Apriete los tornillos a 2.9-4.3 libras-pie. Instale el volante del motor y la transmisión en el orden inverso al de desmontaje.

Bomba de aceite

DESMONTAJE Y MONTAJE

Motores A12A, A14 y A15

1. Vacíe el aceite del motor.
2. Desmonte la barra estabilizadora, si es que ésta estorba para sacar la bomba de aceite.
3. Desmonte la protección contra salpicaduras.
4. Saque el cuerpo de la bomba de aceite con el conjunto del eje impulsor.
5. Instale la bomba de aceite en la serie A en orden inverso al de su desmontaje.
6. Para la instalación, llene la bomba con aceite limpio de motor y rótela varias veces.
en el eje con el orificio de la bomba de aceite.
7. Con una junta nueva colocada sobre el eje impulsor, de forma que la proyección situada en la parte alta del eje impulsor quede ubicada en la posición de las 11:25 del reloj.
8. Instale el distribuidor con la punta metálica del rotor señalando hacia la torre de la bujía N.º 1 en la tapa del distribuidor.
9. Ensamble los componentes restantes en el orden inverso al de su desmontaje.

Motores E15 y E16

1. Afloje los tornillos inferiores del alternador.
2. Saque la correa del alternador y el tornillo de la barra de ajuste.
3. Aparte el alternador y sujételo firmemente.
4. Desconecte el arnés del indicador de presión de aceite.
5. Desmonte el conjunto de la bomba.
6. Para la instalación, llene la bomba con aceite limpio de motor y rótela varias veces.
7. Instale la bomba en el motor utilizando una junta nueva. Apriete los tornillos de montaje de la bomba a 7-9 libras-pie.

Motores de la serie CA18ET y CA20

1. Saque todas las correas de impulsión accesorias y el alternador.
2. Retire las tapas de la correa de sincronización (de las levas) y quite la correa.
3. En los 200SX de 1984 y posteriores, desatornille los tornillos de montaje del motor y levante el motor.
4. Saque la bomba de aceite.
5. Extraiga el conjunto de la bomba de aceite junto con el filtro de aceite.
6. Si instala una bomba de aceite nueva o reconstruida, primero llene la bomba con gel de petróleo (petrolato) para evitar que se produzca cavitación al poner el motor en marcha. Aplique sellador RTV en el extremo del retén de aceite delantero del cárter antes de instalarlo. Monte la bomba en el orden inverso al de desmontaje, ajustando los tornillos de montaje a 9-12 libras-pie.

Motores L24 y L28 (1979)

Estas bombas de aceite van montadas en la parte inferior de la tapa delantera del motor.
1. Saque el distribuidor.
2. Vacíe el aceite.
3. Quite la barra estabilizadora frontal.
4. Retire la protección de salpicaduras.
5. Desatornille y quite la bomba de aceite.
6. Antes de colocar la bomba, cébela y coloque el cilindro N.º 1 en el PMS. Instale la bomba de aceite con la marca de puntero situada en el eje hacia la parte delantera. La proyección en la parte superior del eje impulsor deberá encontrarse en la posición del 11:25 del reloj, vista desde arriba. Apriete los tornillos de montaje a 11-15 libras-pie.
7. Instale el distribuidor con el rotor apuntando al cable de la bujía N.º 1 en la tapa.
8. Invierta el resto del procedimiento de desmontaje.

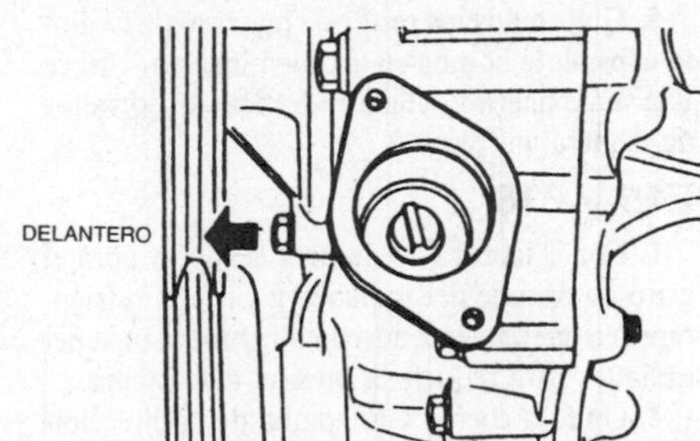

Ubicación del eje impulsor del distribuidor — motores de gasolina de la serie L

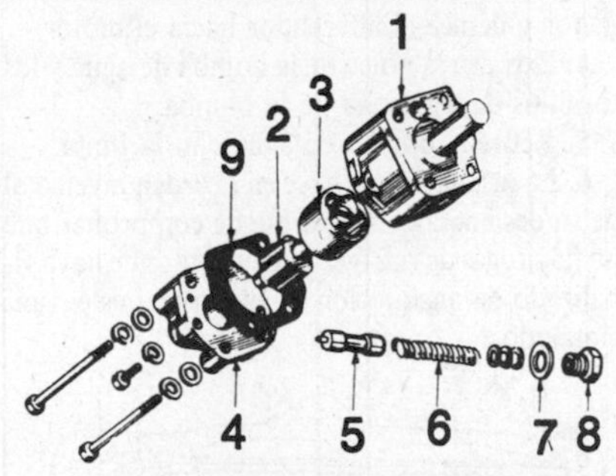

1. Cuerpo de la bomba
2. Rotor interno y eje
3. Rotor exterior
4. Tapa de la bomba
5. Válvula reguladora de presión
6. Resorte de la válvula
7. Arandela
8. Tapa
9. Junta

Bomba de aceite — todos los motores en línea con válvulas en cabeza

Motores L24, L28, LD28, Z20 y Z22 (1980 y posteriores)

1. Vacíe el cárter del cigüeñal.
2. Rote el cigüeñal de manera que el pistón N.º 1 se encuentre en el PMS de su carrera de compresión.
3. Quite la tapa del distribuidor y marque la posición del rotor del distribuidor en relación con la base del distribuidor utilizando tiza.
4. Desmonte la barra estabilizadora, si está instalada.
5. Saque la protección de salpicaduras.
6. Extraiga el cuerpo de la bomba de aceite con el conjunto del eje impulsor.
7. Para instalar, llene el alojamiento de la bomba con aceite de motor, alinee la marca de punzón del eje con el orificio de la bomba de aceite. El pistón N.º 1 deberá encontrarse en el PMS de su carrera de compresión.
8. Con una junta nueva colocada sobre el eje impulsor, instale la bomba de aceite y el conjunto del eje impulsor, asegurándose que la punta del eje impulsor se ajusta con firmeza en la muesca del eje del distribuidor. El rotor del distribuidor deberá apuntar hacia la marca que hizo anteriormente.

NOTA: Deberá tener mucho cuidado para no mover el rotor del distribuidor mientras instala la bomba de aceite, ya que de lo contrario la sincronización del encendido quedará alterada.

9. Monte los componentes restantes en el orden inverso al de su desmontaje.

Diesel CD17

1. Quite la correa de sincronización de las válvulas.
2. Drene el aceite y retire el cárter.
3. La bomba de aceite está atornillada en la parte delantera del bloque del motor, en la parte frontal del cigüeñal. Afloje los pernos de montaje y saque el conjunto de la bomba de aceite.

NOTA: Quite la chaveta del cigüeñal para evitar que se estropee el sello de aceite.

4. Retire la tapa posterior de la bomba de aceite y compruebe las holguras de los engranajes utilizando un calibrador. La holgura del engranaje exterior al cuerpo deberá ser de 0.0043-0.0079"; la del engranaje interior a la luna de 0.0047-0.0091"; la del engranaje exterior a la luna de 0.0083-0.0126".
5. Sustituira el retén de aceite de la bomba sacándolo con cuidado por medio de una palanca. Recubra el retén nuevo con abundante aceite de motor limpio antes de instalarlo.
6. La instalación es a la inversa de su desmontaje. Aplique sellador en las cuatro esquinas del cárter de aceite y utilice una junta nueva para la bomba de aceite. Apriete los tornillos de la bomba a 9-12 libras-pie.

VG30E y VG30ET

1. Vacíe el aceite del cárter.
2. Saque el cárter de aceite. (Vea Montaje y desmontaje del cárter de aceite).
3. Retire los pernos de retención de la bomba de aceite y quite la bomba.
4. La instalación se realiza en el orden inverso al desmontaje. Antes del montaje, aplique aceite de motor a los engranajes interior y exterior, utilice una junta y un retén de aceite nuevos y asegúrese de que el anillo tórico esté ajustado correctamente.

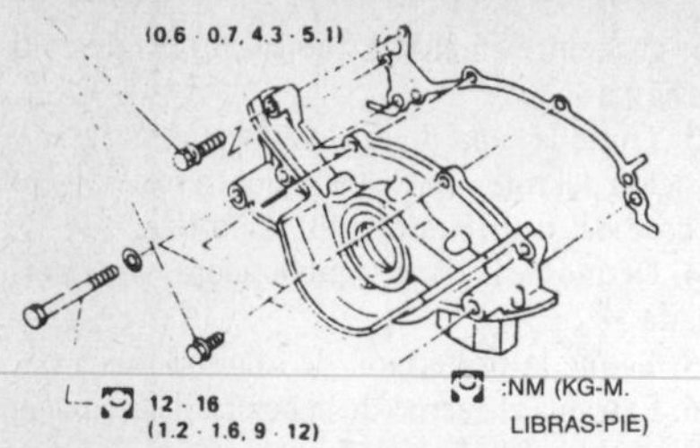

Instalación de la bomba de aceite-V6

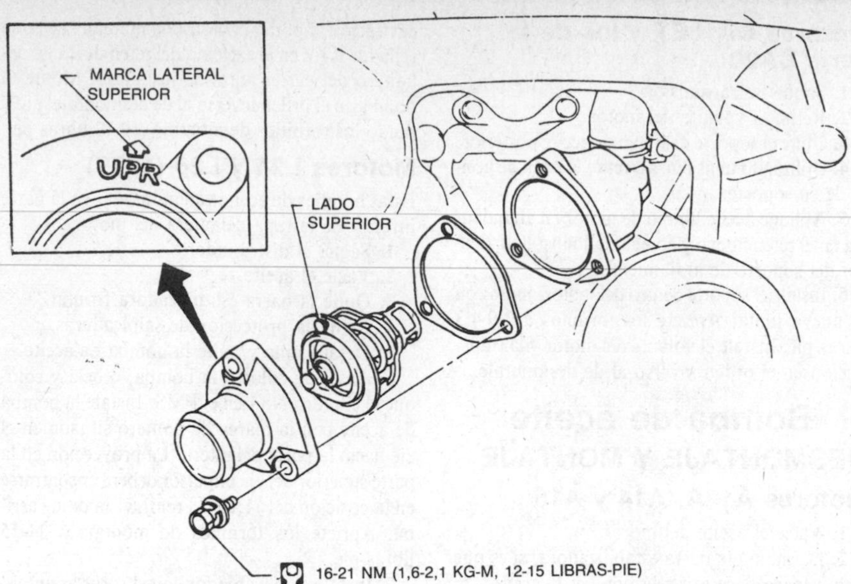

Montaje del termostato, V6

REFRIGERACIÓN DEL MOTOR

Radiador

DESMONTAJE Y MONTAJE

1. Desconecte el cable negativo de la batería.

2. Desconecte de la parte inferior del radiador las tuberías de refrigeración de la transmisión, si el vehículo está así equipado.

3. Quite los tornillos de retención que se encuentran en las cuatro esquinas de la protección del ventilador y coloque la protección sobre el ventilador, apartándola del radiador.

4. Desconecte del radiador las mangueras superior e inferior.

5. Saque los tornillos de fijación o los soportes superiores y extraiga el radiador del vehículo.

6. Instale el radiador en el orden inverso al de su desmontaje, llene el sistema de refrigeración y compruebe que no haya fugas.

SANGRADO DEL SISTEMA DE REFRIGERACIÓN (PURGADO)

1. Llene el radiador con el refrigerante adecuado.

2. Con el radiador destapado, arranque el motor y déjelo funcionar hasta que alcance la temperatura normal de funcionamiento.

3. Ponga la calefacción al máximo con la palanca de temperatura en la posición de mayor calor. Asegúrese de que la válvula de control de la calefacción funciona.

4. Apague el motor y vuelva a comprobar el nivel de líquido refrigerante, volviéndolo a llenar, si fuera necesario.

Bomba de agua

DESMONTAJE Y MONTAJE

Todos los motores, excepto los de la serie E, VG30E, VG30ET y CD17

1. Vacíe el refrigerante del motor.

2. Afloje los tornillos que retienen la protección del ventilador al radiador y quite dicha protección.

3. Afloje la correa, luego desmonte el ventilador y la polea del cubo de la bomba de agua.

4. Quite los tornillos que retienen la bomba y retire la bomba al mismo tiempo que la junta de la tapa delantera.

5. Quite todos los restos de material de la junta e instale la bomba en el orden inverso. Utilice una junta nueva y sellador. Apriete los tornillos de manera uniforme.

E15 y E16

1. Con el motor frío, levante el capó y abra el grifo de drenaje del radiador y vacíe el refrigerante en un recipiente adecuado. Quite la tapa del radiador para reducir la presión del sistema.

2. Quite la correa y la bomba de la dirección hidráulica, no deje que el líquido se escape.

3. Saque las correas de impulsión de la bomba de agua, afloje los tornillos de montaje del alternador y deslice el alternador hacia el motor.

4. Extraiga la polea de la bomba de agua y los tornillos de seguridad de la bomba.

5. Retire la bomba de agua con la junta.

6. La instalación se hace en el orden inverso al de su desmontaje. Asegúrese de comprobar que no hay fugas de refrigerante una vez que haya finalizado la instalación y el motor esté funcionando.

NOTA: Revise la bomba de agua para ver si el juego axial es excesivo y si el funcionamiento es el correcto. No se puede desmontar la bomba y debe cambiarla como una unidad.

VG30E y VG30ET

1. Vacíe el refrigerante por el lado izquierdo del grifo de drenaje que está entre el bloque de cilindros y el radiador.

2. Quite la protección del ventilador y las poleas.

3. Saque la dirección hidráulica, el compresor y las correas de impulsión del alternador.

4. Desconecte la manguera de la bomba de agua.

5. Retire las tapas de sincronización superior e inferior.

NOTA: Tenga cuidado de que el refrigerante no entre en contacto con la correa de sincronización e impida que la tapa de sincronización se deforme. Asegúrese de que hay holgura suficiente entre la tapa y la abrazadera de la manguera.

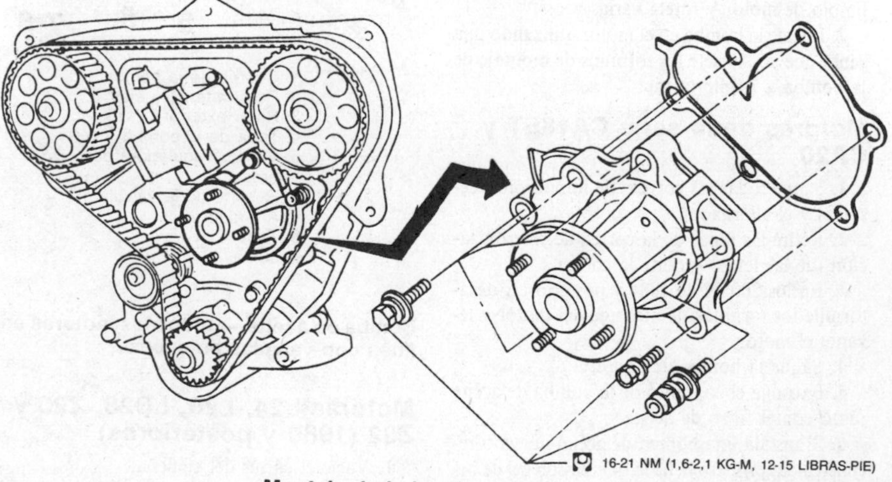

Montaje de la bomba de agua — V6

6. Quite los tornillos de retención de la bomba.

7. La instalación se realiza en el orden inverso al de su desmontaje. Apriete los tornillos de retención a 12-15 libras-pie.

NOTA: Revise la bomba para ver si el juego axial es excesivo y el funcionamiento correcto. No se puede desmontar la bomba y debe cambiarla como una unidad.

Diesel CD17

1. Desconecte el cable negativo de la batería. Vacíe el sistema de refrigeración.

2. Saque las correas de impulsión del alternador y del compresor del aire acondicionado, si el vehículo está así equipado.

3. Quite la polea del cigüeñal después de colocar el cilindro Nº 1 en el PMS de la carrera de compresión.

4. Retire las tapas delanteras del motor.

5. Extraiga la correa de sincronización.

6. Afloje los tornillos de montaje y saque la bomba.

7. La instalación es en el orden inverso al desmontaje. Limpie todas las superficies de junta antes de volver a montar.

NOTA: No se debe desmontar la bomba y debe cambiarla como una unidad. Inspeccione la correa de sincronización por si presenta daños o desgaste y cámbiela, si fuera necesario.

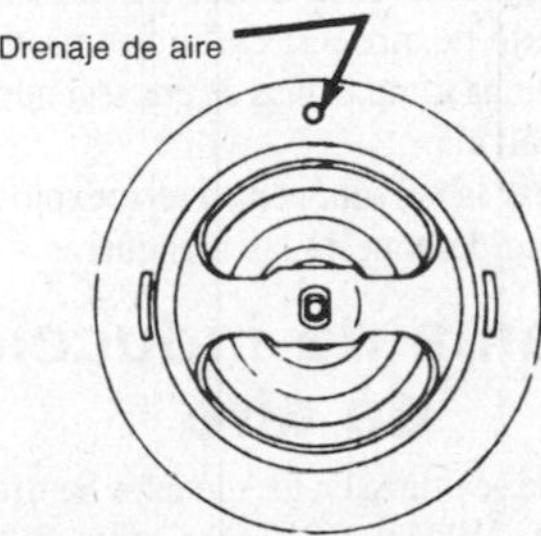

Orificio de drenaje de aire del termostato

Termostato

DESMONTAJE Y MONTAJE

NOTA: El termostato del motor está alojado en la salida de agua de la culata.

1. Abra el grifo de drenaje del radiador y vacíe el líquido refrigerante en un recipiente adecuado.

2. Saque la mangera superior del radiador de la salida de agua y extraiga los tornillos que aseguran la canalización de salida a la culata.

3. En los modelos E15 y E16, quite los tornillos de la abrazadera del tubo de inducción del aire de escape y a continuación los tornillos de la salida del agua.

4. En los modelos 300ZX, quite la protección del radiador, el ventilador de refrigeración y el tornillo de retención del tubo de succión de agua. Extraiga los tornillos que aseguran la salida del agua a la culata.

5. Saque el termostato y separe la junta usada de las superficies de contacto.

6. La instalación se hace en el orden inverso al de desmontaje. Cuando instale el termostato, asegúrese de instalar una junta nueva y de que el orificio de purga de aire en el termostato se encuentra hacia el lado izquierdo (o hacia arriba) del motor. Asegúrese también de que el termostato nuevo que va a instalar cuente con un orificio de purga de aire.

CONTROL DE EMISIONES

Sistema de ventilación del cárter del cigüeñal

El sistema cerrado de ventilación del cárter del cigüeñal se utiliza para enviar los vapores del cárter al múltiple de admisión (en los coches equipados con carburador) o a la cámara del estrangulador (en los que cuentan con inyección de combustible) para que se mezclen y se quemen con la mezcla aire/combustible.

Una manguera de admisión va conectada entre el conjunto del filtro de aire o la cámara del estrangulador y la tapa de válvulas. Una manguera de retorno va conectada entre el desviador de red de acero situado al lado del cárter del cigüeñal al múltiple de admisión o cámara del estrangulador, y cuenta con una válvula dosificadora de ventilación positiva del cárter del cigüeñal (PCV).

Para revisar el sistema, deje al motor funcionando en ralentí. Con la válvula PCV desmontada de la manguera, deberá oir un silbido y deberá notar vacío cuando tape con un dedo el lado de la válvula correspondiente al motor. La válvula PCV debe cambiarse a intervalos regulares de 24,000 millas.

Sistema del reactor de inyección de aire

En este sistema, una bomba de inyección de aire, impulsada por el motor, comprime, distribuye e inyecta aire filtrado a la abertura de escape de cada cilindro. El aire se combina con los hidrocarburos no quemados y el monóxido de carbono para producir compuestos inofensivos. El sistema incluye un filtro de aire, una bomba de aire impulsada por medio de una correa, una válvula automática y una válvula contra retroexplosiones.

La bomba de aire aspira el aire por una manguera conectada al filtro de aire del carburador o a un filtro de aire independiente. La bomba consiste en una unidad de paletas giratorias con una válvula reguladora de la presión integral. La presión de salida de la bomba pasa a través de una válvula automática que impide que los gases del escape entren en la bomba cuando la presión de salida de la bomba resulta insuficiente. Otra válvula anti-retroexplosiones admite aire de la bomba de aire, conduciéndolo al múltiple de admisión en la desaceleración y evitando, así, que se produzcan retroexplosiones en el múltiple de escape.

Una válvula de control combinado del aire (CAC) limita la inyección de aire secundario y también controla su suministro.

Todos los motores con sistema de bomba de aire cuentan con una serie de alteraciones de poca importancia para acomodar el sistema. Son las siguientes:

1. Carburador especial de tolerancia estrecha. La mayor parte de los motores requieren un ajuste de la mezcla en ralentí ligeramente más rica.

2. Distribuidor con curva especial de avance. La sincronización del encendido se retarda aproximadamente 10 grados en ralentí en la mayoría de los casos.

3. Cambios en el sistema de refrigeración, tales como un ventilador mayor y embrague termostático en el ventilador. Esto resulta necesario para compensar el aumento de temperatura que se produce por el retardo en la sincronización en ralentí.

4. Una velocidad en ralentí más rápida.

5. Una entrada de aire calentado en algunos motores.

El único mantenimiento periódico requerido por el sistema de la bomba de aire consiste en cambiar el elemento filtrador del aire y ajustar la correa impulsora.

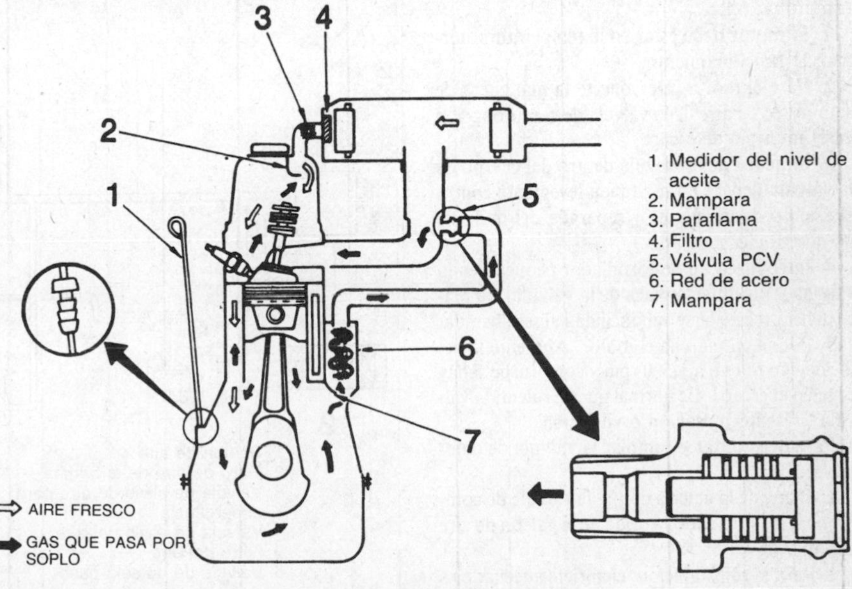

Paso del aire en la válvula PCV

PRUEBAS Y REPARACIONES DEL SISTEMA DE LA BOMBA DE AIRE

Prueba, desmontaje y montaje de la bomba de aire

Para probar la presión de salida de la bomba de aire:

1. El motor debe encontrarse en su temperatura normal de trabajo.

2. Pare el motor. Desconecte la manguera de suministro de aire de la válvula automática en el múltiple de escape. Desconecte la manguera de vacío de la válvula de control de aire (sólo en los coches de California).

3. Ponga en marcha el motor. Compruebe la presión de la bomba a 1,500 rpm. Con los motores L28, la presión deberá ser de 0.063" (16 mm) Hg o más En los A14, A15 y Z20S, deberá ser por lo menos de 3.94" Hg de presión.

4. Si la presión del aire no es la especificada, desconecte la manguera de aire de la válvula antiretroexplosiones. Tapone la manguera y repita la prueba de presión.

5. A 1,500 rpm, cierre con un dedo la perforación del medidor. Si observa una fuga de aire en la válvula de alivio, cambie dicha válvula.

6. Si la bomba no registra la presión correcta, sustitúyala.

Para desmontar y cambiar la bomba de aire:

1. Desconecte de la bomba las mangueras.

2. Saque el tornillo que sujeta la bomba al brazo de ajuste de la correa o al soporte de ajuste.

3. Desatornille la bomba del soporte de montaje. Quite la correa.

4. Extraiga la bomba del coche.

5. Invierta el procedimiento para montarla, ajustando la correa para contar con ½ pulgada de juego bajo la presión del pulgar en el lugar con recorrido más largo entre poleas.

Prueba, desmontaje y montaje de la válvula de comprobación

Para probar el funcionamiento de la válvula de comprobación:

1. El motor debe estar en la temperatura normal de funcionamiento.

2. Pare el motor. Desconecte la manguera de suministro de aire de la válvula de comprobación en el múltiple de escape.

3. La placa de la válvula dentro del cuerpo de la válvula deberá estar situada levemente contra el asiento de la válvula y separada del múltiple del distribuidor de aire.

4. Introduzca un destornillador pequeño en la válvula y presione la placa de la vàlvula. La placa deberá reasentarse con facilidad al ser liberada.

5. Ponga en marcha el motor. Aumente la velocidad en ralentí a 1,500 rpm y compruebe si hay fuga en el escape. Es normal que en ralentí la válvula presente pulsación o vibración.

Para desmontar y cambiar la válvula de comprobación:

1. Saque de la galería de aire la válvula de comprobación, sujetando la brida de la galería de aire con una llave.

2. Para la reinstalación, el apriete adecuado es de 65-76 libras-pie.

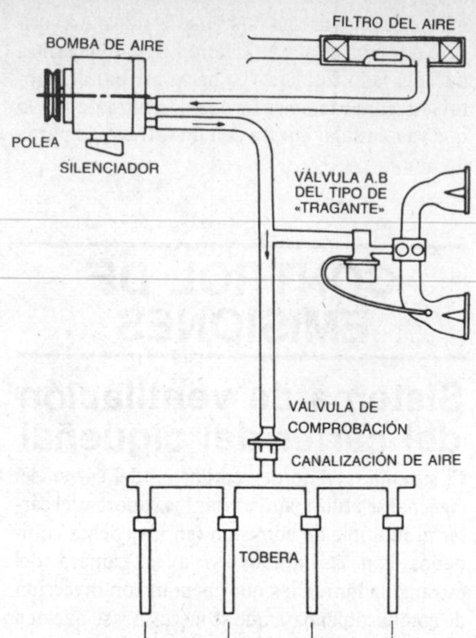

Sistema de la bomba de aire

Prueba, desmontaje y montaje de la válvula de control de aire

1. Caliente el motor hasta que llegue a la temperatura normal de funcionamiento.

2. Revise todas las mangueras en busca de fugas.

3. Desconecte la manguera lateral de salida de la válvula y revise para ver si hay flujo de aire. Si no lo hay, cambie la válvula.

4. Desconecte la manguera de vacío de la válvula. Si se detiene el flujo de aire por la manguera de aire, la válvula funciona correctamente. Si el flujo de aire continúa, sustituya la válvula.

5. Para cambiar la válvula, desconecte las mangueras y sáquelas del soporte.

Prueba, desmontaje y montaje de la válvula de alivio del aire para emergencia

1. Caliente el motor hasta llegar a la temperatura normal de funcionamiento.

2. Revise todas las mangueras de vacío para comprobar que no haya fugas.

3. Haga funcionar el motor a 2,000 rpm y compruebe si hay fuga de aire en la perforación de salida de la válvula. Si no la hay, la válvula está bien.

4. Desconecte de la válvula la manguera de vacío. Haga funcionar el motor a 2,000 rpm y compruebe si hay aire en la perforación de salida de la válvula. Si lo hay, la válvula está bien.

5. Para sacar la válvula, quite las mangueras y desconecte la válvula de su montaje.

Prueba, desmontaje y montaje de la válvula contra retroexplosiones

Para probar la válvula contra retroexplosiones:

1. El motor debe estar en su temperatura normal de trabajo.

2. Desconecte la manguera de aire del filtro de aire que está en la válvula contra retroexplosiones. Tapone la manguera.

3. Abra y cierre con rapidez el estrangulador. Deberá observar el flujo de aire en la válvula durante 1-2 segundos en la desaceleración. Si no se observa flujo de aire o si el flujo se produce en forma continua durante más de dos segundos, sustituya la válvula.

Para sacar la válvula contra retroexplosiones, simplemente desconecte las mangueras.

Sistema de inducción de aire

Este sistema se utiliza en los modelos Sentra, Pulsar, Stanza, 210, 310 y 810 fabricados en los Estados Unidos y Canadá, excepto los California; los modelos 200SX y 510 en todos los Estados Uni-

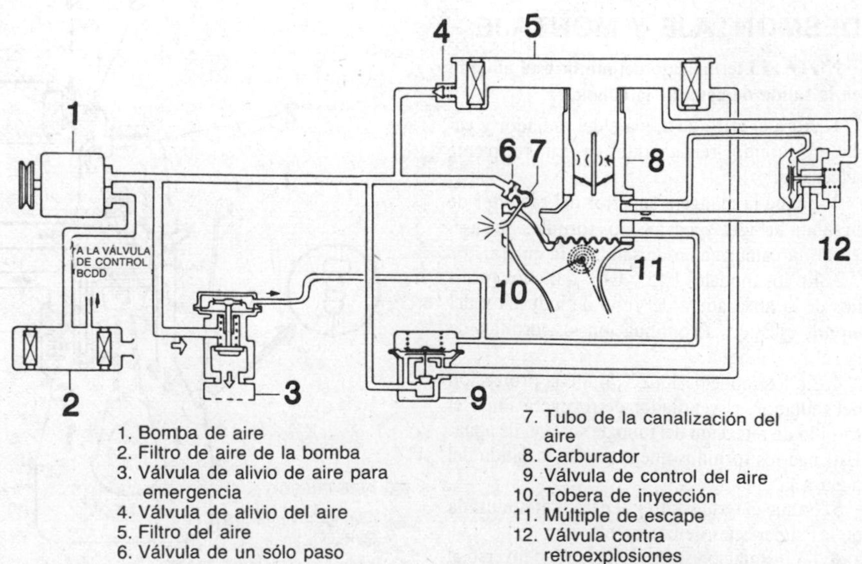

1. Bomba de aire
2. Filtro de aire de la bomba
3. Válvula de alivio de aire para emergencia
4. Válvula de alivio del aire
5. Filtro del aire
6. Válvula de un sólo paso
7. Tubo de la canalización del aire
8. Carburador
9. Válvula de control del aire
10. Tobera de inyección
11. Múltiple de escape
12. Válvula contra retroexplosiones

Esquema del sistema de la bomba de aire — típico

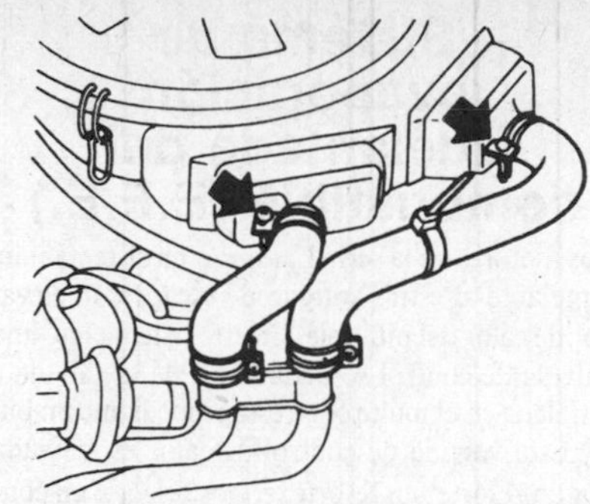

Conexiones del sistema de inducción del aire típico

dos, y en los modelos 280ZX, en los Estados Unidos, excepto California.

Este sistema está diseñado para enviar aire fresco al múltiple de escape sin que para ello se necesite una bomba de aire, utilizando el vacío producido por la pulsación del escape en el múltiple de escape. El aire fresco aumenta la combustión de los gases calientes HC y CO, que de otra forma escaparían al proceso de combustión.

El único mantenimiento periódico que necesita consiste en cambiar el filtro de inducción de aire, instalado en el lado sucio del filtro de aire, cada 24,000 millas o con intervalos de 30 meses.

Sistema de recirculación del gas de escape (EGR)

En situaciones de alta temperatura y de alta presión se forman en el motor óxidos de nitrógeno (NOx). La eliminación de una de estas dos condiciones reduce la formación de óxido de nitrógeno (NOx). La recirculación del gas de escape se utiliza para reducir la temperatura de combustión en el motor.

280ZX

Todos los modelos vendidos en Canadá y en los 49 estados de los Estados Unidos cuentan con recirculación del gas de escape (EGR); los modelos vendidos en California no cuentan con este sistema.

La válvula de recirculación del gas de escape va montada en el múltiple de admisión. El gas es aspirado desde el múltiple de escape a través de la válvula EGR y enviado al múltiple de admisión. La válvula EGR está cerrada cuando el motor está en ralentí; la recirculación del gas de escape ocasionaría un funcionamiento brusco. Al abrir el estrangulador se aplica vacío al diafragma de vacío de la válvula EGR. Cuando el vacío alcanza aproximadamente dos pulgadas de mercurio (pulgadas Hg), el diafragma se mueve contra la presión del resorte, quedando totalmene abierto cuando alcanza las 8 pulgadas Hg de vacío. Cuando el diafragma se mueve hacia arriba, retira el pivote de la válvula EGR de su asiento y deja que el gas de escape pase al múltiple de admisión por el vacío de admisión. La válvula se cierra con pleno estrangulador cuando no se necesita la recirculación del gas de escape, como medio para mejorar la economía del combustible.

Una válvula térmica de vacío (TVV) controla la aplicación del vacío a la válvula de recirculación del gas de escape. Cuando el líquido de refrigeración del motor llega a una temperatura predeterminada, la válvula TVV se abre y permite que el vacío pase a la válvula de recirculación del gas de escape. Por debajo de una temperatura predeterminada, la válvula TVV se cierra y bloquea el vacío a la válvula de recirculación.

Todos los modelos de Estados Unidos, en los 49 estados, cuentan con una válvula transductora contra presión (BPT) instalada entre la válvula de recirculación del gas de escape y la válvula térmica de vacío. La válvula contrapresión (BPT) tiene un diafragma que se eleva o se baja por medio de la contrapresión del escape. El diafragma abre o cierra una purga de aire, que va conectada a la tubería de vacío de recirculación del gas de escape. Una presión alta produce niveles más altos de recirculación del gas de escape, ya que el diafragma de la válvula BPT está elevado y, por lo tanto, cierra la purga de aire; esto permite que sea mayor el vacío que llega a la válvula de recirculación del gas de escape y que la abra. De esta forma, la cantidad de gas de escape recirculado varía con la presión del escape.

Los modelos de los 49 estados de los Estados Unidos, cuentan con una válvula de retardo de vacío (VDV) instalada en la tubería entre la válvula térmica de vacío y la válvula de recirculación del gas de escape. Esta válvula retarda las caídas rápidas de vacío en la tubería de señales de recirculación del gas de escape, lo que permite prolongar el tiempo en la recirculación del gas de escape.

INSPECCIÓN

1. Saque la válvula de recirculación del gas de escape (EGR). Aplique a la conexión de vacío de la válvula EGR el vacío suficiente que permita elevar el diafragma y abrir la válvula. Reduzca la conexión de vacío. La válvula deberá mantenerse abierta por lo menos durante 30 segundos. Si esto no ocurre, es que el diafragma tiene una fuga y, por lo tanto, deberá cambiar la válvula.

2. Compruebe la válvula para ver si presenta daños (deformación, grietas, etc.) y cámbiela en la forma que resulte necesaria.

3. Limpie el asiento de la válvula con un cepillo de alambre y aire comprimido.

4. Instale la válvula de recirculación del gas de escape en el motor. Ponga en marcha el motor y déjelo en velocidad de ralentí. Con el motor en esta velocidad, levante el diafragma por detrás de la válvula de recirculación, empujando hacia arriba con los dedos. Si el motor está caliente, use un guante para protegerse. Cuando se eleva el diafragma, el ralentí del motor se hará irregular, esto indica que los gases de escape están recirculando. Si esta marcha brusca no se produce, los pasos de recirculación del gas de escape se encuentran bloqueados.

5. Para comprobar la operación de la válvula térmica de vacío, purgue el líquido de refrigeración del motor y saque la válvula. Conecte dos trozos de manguera de vacío a las dos conexiones de vacío de la válvula térmica de vacío (TVV). Coloque la válvula en un recipiente de agua junto con un termostato, con las mangueras de vacío por encima del nivel del agua. No deje que el agua se meta en la válvula. Cuando la temperatura de la válvula esté por debajo de 177°F (81 °C), el paso de vacío deberá estar cerrado. Puede comprobarlo aspirando por una de las mangueras de vacío.

6. Caliente el agua. En los modelos de 1980, la válvula deberá abrirse aproximadamente a 122 °F (50 °C), manteniéndose abierta hasta que la temperatura del agua llegue a aproximadamente 203°F (95°C). La válvula deberá cerrarse nuevamente cuando la temperatura del agua alcance aproximadamente los 208°F (98°C). Si esto no se logra, sustituya la válvula.

7. Para comprobar la válvula BPT instalada en algunos modelos, desconecte de la válvula las dos mangueras de vacío. Tape una de las entradas. Mientras aplica presión a la parte baja de la válvula, aplique vacío a la entrada no taponada y compruebe si hay fugas. Si hay alguna, cambie la válvula.

8. Para comprobar la válvula de retardo instalada en algunos modelos de 1980 y posteriores, saque la válvula y sople por el lado que conecta a la válvula de recirculación de gas de escape o a la válvula BPT. El aire deberá fluir. Cuando se aplica el aire al otro lado, la resistencia al flujo del aire deberá ser mayor. En caso contrario, cambie la válvula.

Todos los modelos, excepto los 280ZX

Hay una válvula de recirculación del gas de escape (EGR) montada en el centro del múltiple de admisión. El gas de escape reciclado es enviado a la parte baja de la porción elevadora del múltiple de admisión a través de la estufa de calor del múltiple de escape y de una válvula de recirculación del gas de escape. Se cuenta también con un diafragma de vacío que va conectado a una salida de señal regulada en la brida del carburador.

Cuando la válvula del estrangulador se abre, el vacío actúa en la válvula de recirculación del gas de escape (EGR). Cuando el vacío llega a 2 pulgadas Hg, aproximadamente, el diafragma se mueve contra la presión del resorte y llega a encontrarse en su máxima posición hacia arriba a las 8 pulgadas Hg de vacío. Al moverse hacia arriba el diafragma, abre la válvula de medición del gas de escape, lo que permite que el gas de escape entre al múltiple de admisión del motor. El sistema no funciona cuando el motor está en ralentí, ya que la recirculación del gas del escape produciría un ralentí brusco.

Una válvula térmica de vacío, insertada en el

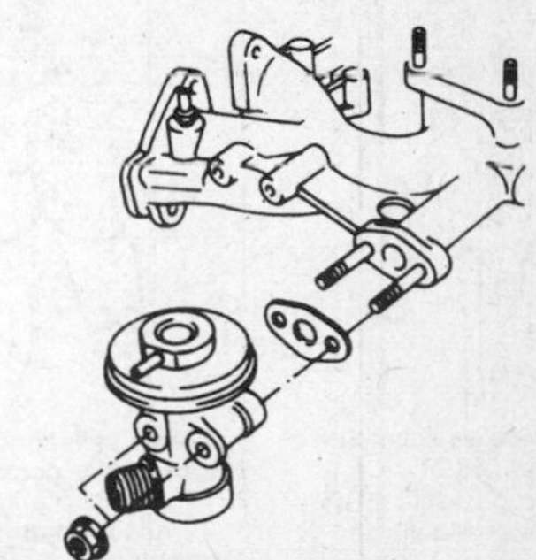

Ubicación del EGR en el lado del múltiple de admisión, serie E

alojamiento del termostato del motor, controla la aplicación de vacío a la válvula EGR. Cuando el refrigerante del motor alcanza una temperatura predeterminada, la válvula térmica de vacío se abre, permitiendo así que el vacío pase a la válvula de recirculación. Por debajo de una temperatura predeterminada, la válvula térmica de vacío se cierra y bloquea el paso de vacío a la válvula de recirculación del gas de escape.

Los modelos 210, 510 (canadienses), 200SX (canadienses), 310 y 810 de 1980 y posteriores, cuentan con una válvula BTP instalada entre la válvula de recirculación del gas de escape y la válvula de vacío. La válvula BTP tiene un diafragma que se levanta o se baja por medio de la retropresión del escape. El diafragma abre o cierra una purga de aire, que está conectada a la tubería de vacío de recirculación del gas de escape. Una presión elevada da por resultado niveles más elevados de recirculación del gas de escape, porque el diafragma se eleva cerrando la purga de aire, lo que permite que el vacío que llega para abrir la válvula EGR sea mayor. De esta forma, la cantidad de recirculación del gas de escape varía con la presión del escape.

Los modelos 510 (Estados Unidos), 200SX (Estados Unidos), 310 (California), 210 (California), los Sentra y Pulsar no californianos, y todos los Stanza, utilizan una válvula VVT (válvula venturi transductora de vacío) en lugar de la válvula BPT. La válvula VVT controla la presión del escape y el vacío del carburador con el objetivo de activar el diafragma que controla el vacío del estrangulador aplicado a la válvula EGR. Este sistema amplía el margen de operación de la unidad EGR, al mismo tiempo que aumenta el flujo de recirculación del gas de escape por comparación con la unidad BTP.

Muchos modelos están equipados con un sistema de advertencia de recirculación del gas de escape que indica por medio de una luz en el tablero de instrumentos que el sistema de recirculación de gas de escape puede necesitar servicio. Esta luz de advertencia deberá encenderse cada vez que acciona el motor de arranque, como prueba para asegurarse que la bombilla no está fundida. El sistema utiliza un contador que funciona de acuerdo con el odómetro y hace aparecer la señal de advertencia una vez que el vehículo ha recorrido un número de millas determinado.

Para volver a ajustar el contador, que está montado en el compartimiento del motor, desmonte el anillo protector instalado al lado del contador, e introduzca el extremo de un destornillador pequeño en la perforación. Presione hacia abajo la perilla situada dentro de la perforación. Vuelva a instalar el anillo protector.

PRUEBA

1. Saque la válvula de recirculación del gas de escape (EGR) y aplique al diafragma suficiente vacío como abrir la válvula.

2. La válvula deberá permanecer abierta durante más de 30 segundos una vez que no haya vacío.

3. Pruebe la válvula para ver si presenta daños, tales como deformaciones, grietas o desgaste excesivo alrededor de la válvula y de su asiento.

4. Limpie la válvula con un cepillo y con aire comprimido, y elimine cualquier depósito que haya alrededor de la válvula y de la entrada (asiento).

5. Para comprobar la operación de la válvula térmica de vacío, saque la válvula del motor y aplique vacío a las entradas de la válvula. La válvula no deberá permitir que pase el vacío.

6. Coloque la válvula en un recipiente con agua junto con un termómetro y caliente el agua. Cuando la temperatura del agua llege a 134°-145°F, quite la válvula y aplique vacío a las entradas; la válvula deberá permitir que el vacío pase a través de ella.

7. Para probar la válvula BTP, desconecte de la válvula las dos mangueras de vacío. Tapone una de las entradas. Mientras aplica presión al fondo de la válvula, aplique vacío a la entrada no taponada y compruebe si hay fugas. Si las hay, sustituya la válvula.

8. Para probar la válvula de comprobación, quite la válvula y sople por el lado en que va conectada a la válvula de recirculación. El aire deberá fluir. Cuando se aplica aire al otro lado, la resistencia a su flujo deberá ser mayor. En caso contrario, sustituya la válvula.

9. Para probar la válvula VVT que sustituye a la válvula BTP en algunos modelos de 1980 y posteriores, desconecte las mangueras centrales alta y baja y aplique vacío a la manguera alta. Compruebe si hay fugas. Si las hay, cambie la válvula.

Sistema de evaporación adelantada del combustible (E.F.E.)

Los motores de la serie L utilizan un sistema muy semejante al estilo antiguo de escape con elevador de calor del múltiple. En este sistema hay una válvula de control soldada al eje de la válvula e instalada en el múltiple de escape mediante un buje. Esta válvula de control de calor es activada por un resorte, un resorte termostático, y un contrapeso, ensamblados en el eje de la válvula que sale por la parte posterior del múltiple. El contrapeso está asegurado al eje con una chaveta, un tornillo y un anillo elástico. La cámara que se encuentra en los múltiples de admisión y de escape sobre la estufa del múltiple calienta la mezcla aire/combustible por medio de los gases de escape. Esto produce, en consecuencia, una mejor atomización y un contenido de HC más reducido.

En los motores con carburador de 1980 y posteriores se utiliza el calor del agua de refrigeración en lugar del calor del gas de escape para precalentar la mezcla de combustible. Este sistema no necesita mantenimiento.

PRUEBA

1. Ponga en marcha el motor y compruebe visualmente el movimiento.

2. En tiempo frío, el contrapeso se moverá en sentido contrario al de las agujas del reloj hasta que llegue a la espiga tope. A medida que el motor se calienta, el contrapeso descenderá gradualmente.

3. Cuando la velocidad del motor aumenta, el flujo de los gases de escape hace que el contrapeso se mueva en el sentido de las agujas del reloj. Una vez que la válvula de control de calor esté totalmente abierta, el contrapeso deberá estar nuevamente en contacto con la espiga tope.

Compruebe si la espiga tope está torcida y si la chaveta de la válvula de calor está rota. Revise el juego axial entre la válvula de control de calor

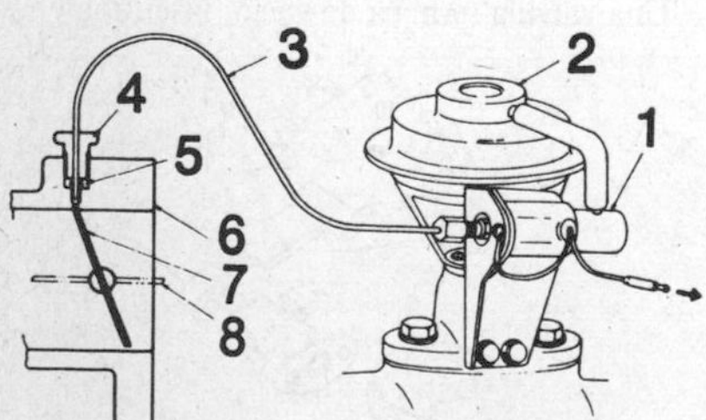

1. Válvula de solenoide
2. Válvula EGR
3. Tubo de vacío EGR
4. Tuerca de sujeción
5. Tuerca selladora
6. Carburador posterior
7. Válvula de mariposa
8. Válvula de mariposa completamente abierta

Sistema EGR, L24

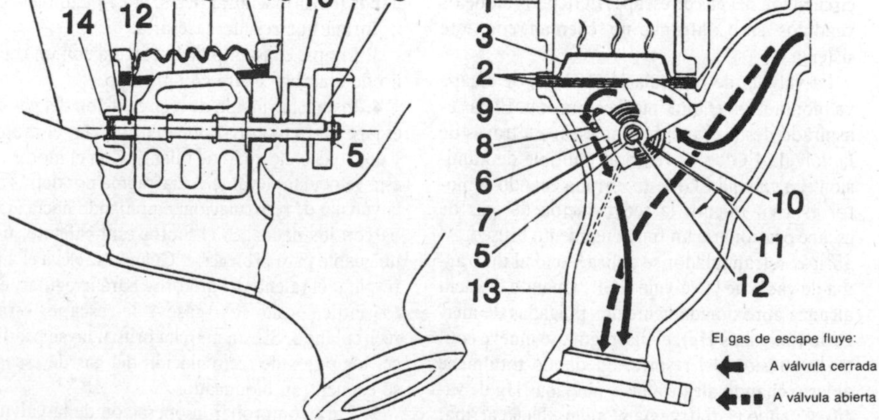

1. Múltiple de admisión
2. Junta de estufa
3. Tubo de vacío EGR
4. Tuerca de sujeción calor
5. Anillo de seguridad
6. Contrapeso
7. Cuña
8. Perno de tope
9. Tornillo
10. Resorte del termostato
11. Válvula de control de calor
12. Eje de la válvula de control
13. Múltiple de escape
14. Tapa
15. Buje
16. Resorte en espiral

Sistema de evaporación adelantada del combustible (EFE)

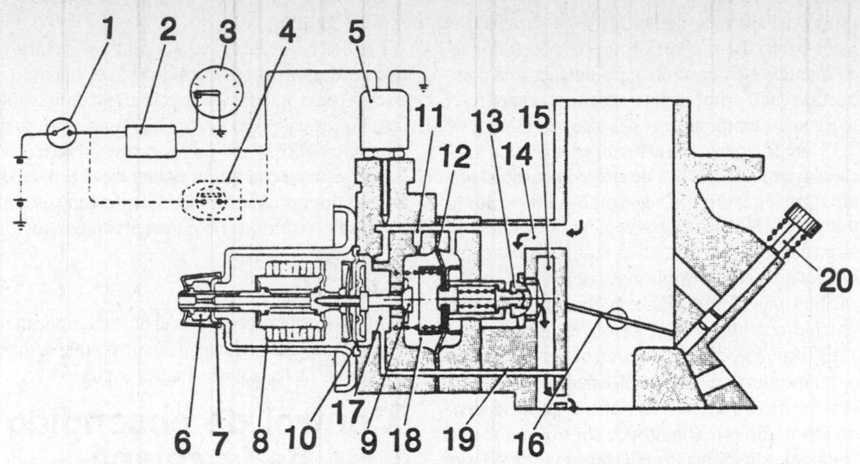

1. Interruptor de encendido
2. Amplificador
3. Interruptor detector de velocidad Soplo 10 M.P.H.: Conectado (para T/M)
4. Interruptor inhibidor Posición «N» o «P». Conectado (para T/A)
5. Válvula de solenoide para control de vacío
6. Tuerca de ajuste
7. Resorte de seguridad
8. Conector de altitud
9. Válvula de control de vacío
10. Diafragma I
11. Conducto de aire
12. Diafragma II
13. Válvula de control del aire
14. Conducto de aire
15. Conducto de aire
16. Válvula de mariposa
17. Cámara de vacío I
18. Cámara de vacío II
19. Conducto de vacío
20. Tornillo de ajuste de la velocidad en vacío

Vista seccional del BCDD

y el múltiple, el cual deberá ser de 0.028-0.059''. Compruebe si hay grietas o escamas en la soldadura de la válvula de control de calor.

Control en deceleración por enriquecimiento de la mezcla (BCDD)/Sistema de control de apertura del estrangulador (TOCS)

El control en deceleración por enriquecimiento de la mezcla (BCDD) utilizado en los motores de la serie L, y el sistema de control de apertura del estrangulador (TOCS) utilizado en los motores de la serie A (excepto los de California de 1980 y posteriores) realizan el mismo objetivo: reducir las emisiones de hidrocarburos durante la marcha por inercia.

Un vacío elevado en el múltiple durante la marcha por inercia impide una combustión completa de la mezcla aire/combustible, debido a la reducida cantidad de aire. Esto dará por resultado una gran cantidad de emisión de HC. El enriquecer la mezcla aire/combustible durante un breve periodo de tiempo (durante las situaciones de elevado vacío), reducirá la emisión de HC.

Sin embargo, enriquecer la mezcla aire/combustible únicamente con el tornillo de ajuste de la mezcla ocasionará un funcionamiento defectuoso del motor en ralentí o producirá un aumento en el contenido de monóxido de carbono (CO) en los gases de escape. El BCDD constituye un sistema independiente que funciona cuando el motor está en la marcha por inercia y enriquece la mezcla aire/combustible, lo que reduce el contenido de hidrocarburos en los gases de escape. Esto se realiza sin afectar de forma adversa el funcionamiento del motor en ralentí y el contenido de monóxido de carbono en los gases de escape.

El sistema TOCS utilizado en los modelos de la serie A que no son de California, de 1980, logra el mismo resultado que el sistema BCDD, pero aplica un método ligeramente distinto. El sistema está formado por un diafragma servo, una válvula de control de vacío, una válvula solenoide para abrir el estrangulador, y un interruptor y amplificador para detectar la velocidad en los modelos con transmisión manual. Los modelos con transmisión automática utilizan un inhibidor y un relevador inhibidor en lugar del interruptor y amplificador detectores de la velocidad. En el momento en que aumenta el vacío en el múltiple, como ocurre en la desaceleración, la válvula de control de vacío se abre para transferir el vacío del múltiple a la cámara del diafragma servo y, entonces, la válvula estranguladora del carburador se abre ligeramente. En esta situación se aspira la cantidad adecuada de aire limpio hacia la cámara de combustión. En consecuencia, se produce un encendido más completo, quemándose gran parte del HC de los gases de escape.

Motor Z20E y Z22E

Este motor utiliza una versión simplificada del sistema impulsor del control. En lugar del BCDD (véase más arriba) hay una válvula de control del vacío que funciona con el vacío del múltiple. El único servicio que requiere se limita al cambio de la válvula.

AJUSTE

Normalmente, el BCDD no requiere ajuste. Sin embargo, si fuera necesario, porque se sospecha un mal funcionamiento del sistema, proceda de la siguiente forma:

1. Conecte un tacómetro al motor.
2. Conecte un manómetro de respuesta rápida al múltiple de admisión.
3. Desconecte los cables eléctricos de la válvula solenoide.
4. Ponga en marcha el motor y caliéntelo hasta que alcance la temperatura normal de funcionamiento.
5. Ajuste la velocidad en ralentí según las especificaciones correctas.
6. Eleve la velocidad del motor a 3.000-3.500 rpm, sin carga (la transmisión en Neutral o en Park), luego haga que el estrangulador se cierre rápidamente. Observe si las rpm del motor vuelven o no a las de su velocidad en ralentí; si lo hace, compruebe el tiempo invertido para que las rpm lleguen a la velocidad en ralentí.

En el momento en que el estrangulador se cierra bruscamente con rpm elevadas en el motor, el vacío en el múltiple de adimisión llega a ser de —23 a —27.7 pulgadas de Hg, para descender gradualmente hasta —16.5 pulgadas de Hg aproximadamente en velocidad en ralentí. El proceso de descenso de vacío en el múltiple de admisión y en las rpm del motor tendrá una de las tres formas siguientes:

a. Cuando la presión operativa del BCDD es demasiado elevada, el sistema permanece inoperante y el vacío en el múltiple de admisión decrece sin interrupción, lo mismo que ocurriría en un motor que no contase con el BCDD.

b. Cuando la presión operativa es más baja que la correspondiente al caso anterior, pero más elevada que la presión de ajuste, la caída de vacío en el múltiple de admisión se interrumpe, manteniéndose constante a cierto nivel (presión operativa) durante un segundo aproximadamente, para descender gradualmente hasta el vacío normal en ralentí.

c. Cuando el grupo de presiones operativas del BCDD es inferior al vacío del múltiple de admisión al liberarse de golpe el estrangulador, la velocidad del motor no bajará a la correspondiente a la velocidad en ralentí.

Para ajustar el grupo de presiones operativas del BCDD, saque la tapa del tornillo de ajuste del mecanismo BCDD, montada a un lado del carburador. En los modelos 810, el sistema BCDD está instalado bajo la cámara del estrangulador.

El tornillo de ajuste tiene rosca a la izquierda. Los modelos posteriores pueden contar con una tuerca de ajuste en lugar de un tornillo. Girando el tornillo 1/8 de vuelta en cualquiera de las dos

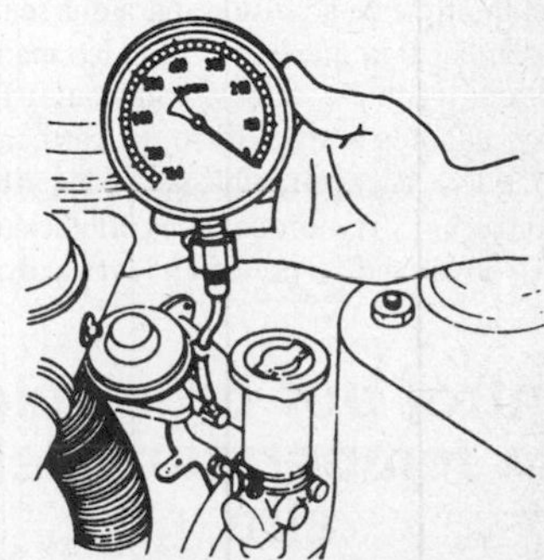

Conecte un medidor de vacío de respuesta rápida al múltiple de admisión cuando compruebe el sistema de control de apertura de la válvula de mariposa (TOCS)

direcciones, cambiará la presión operativa aproximadamente 0.79 pulgadas Hg. Girando el tornillo en el sentido contrario al de las agujas del reloj, aumentará la cantidad de vacío requerida para hacer funcionar el mecanismo. Girando el tornillo en el sentido de las agujas del reloj, disminuirá la cantidad de vacío requerida para hacer funcionar el mecanismo.

La presión operativa para el BCDD en la mayoría de los modelos deberá ser entre —19.9 a —22.05 pulgadas Hg. El vacío disminuido en el múltiple de admisión deberá interrumpirse en estos niveles durante aproximadamente un segundo, cuando el BCDD está funcionando correctamente.

No olvide instalar la tapa del tornillo de ajuste después de ajustar el sistema.

AJUSTE-TOCS

Los procedimientos de ajuste para el TOCS son los mismos que los del BCDD. Tenga en cuenta las siguientes presiones.

Cuando cierre bruscamente el estrangulador tal como se describe en el punto 6 correspondiente al BCDD, el vacío en el múltiple de admisión deberá alcanzar las —23.6 pulgadas Hg o más, para descender al nivel de velocidad en ralentí.

La presión operativa del TOCS deberá ser de —22.05 ± 0.79 pulgadas Hg.

Girando el tornillo de ajuste en el sentido de las agujas del reloj, se eleva el nivel de vacío. Girando el tornillo en el sentido contrario a las agujas del reloj, se reduce el nivel de vacío.

NOTA: Cuando ajuste el TOCS, gire la tuerca de ajuste hacia dentro o afuera con el retén del resorte en su lugar. Ajuste siempre el resorte en la forma adecuada para evitar cambios en la presión ajustada.

Controles de la evaporación

Estos sistemas incluyen una tapa de depósito de combustible con sellado positivo, y una tubería de ventilación de vapores, de los sistemas iniciales. Adicionalmente, se utilizan un cartucho de carbón, una tubería de señal de vacío y una tubería de purga del cartucho. El cartucho almacena los vapores de combustible hasta que la presión de vacío en la tubería de señal de vacío fuerce a que la válvula de control de purga se abra. Esto admite vapor del combustible desde el cartucho hasta el múltiple de admisión, para que sea quemado con la carga que entra. El único mantenimiento que requiere este sistema consiste en cambiar cada dos años el filtro del cartucho de carbón, que se encuentra ubicado en la parte baja del cartucho, y comprobar con periodicidad las tuberías, observando si presentan fugas u obstrucciones.

Control por regulación de temperatura del aire

Este sistema se utiliza en todos los modelos Datsun, excepto los 810, Maxima, 280ZX, 200SX y 300ZX.

El régimen de atomización varía con la temperatura del aire con que está siendo mezclado el combustible. La proporción aire/combustible puede mantenerse constante para obtener una combustión del combustible eficiente cuando el margen de temperaturas del aire es amplio.

El aire frío que entra al motor produce una mezcla más densa y más rica de aire/combustible, una atomización ineficiente del combustible y, por lo tanto, más hidrocarburos en el gas de escape. El aire caliente que entra en el motor produce una mezcla aire/combustible más pobre y una atomización y una combustión más eficientes, con menos hidrocarburos en el gas de escape.

El filtro automático de control por regulación de temperatura del aire está diseñado de modo que la temperatura del aire ambiental que está siendo absorbido por el motor se controla en forma automática, para mantener la temperatura del aire y, en consecuencia, la proporción de combustible/aire a un régimen constante, para lograr así una combustión eficaz.

Un interruptor de vacío, sensor de la temperatura, controla el vacío que se aplica a un motor de vacío haciendo funcionar una válvula en el tubo de entrada del filtro de aire. Cuando está frío el motor o el aire que entra en él, el motor de vacío abre la válvula, permitiendo que sea el aire calentado por el múltiple de escape el que entra al motor. Cuando el motor se calienta, la unidad sensora de temperatura cierra el vacío aplicado al motor de vacío, lo que permite que la válvula se cierre, cortando la entrada del aire calentado y permitiendo que sea otro aire más frío, del exterior (bajo el capó), el que entre al motor.

PRUEBA

Cuando el aire alrededor del sensor de temperatura de la unidad montada dentro del alojamiento del filtro de aire llega a 100°F, el sensor deberá bloquear el flujo de vacío al motor de vacío de la válvula que controla el aire. Cuando la temperatura alrededor del sensor de temperatura está por debajo de 100°F, el sensor deberá permitir el paso del vacío hacia el motor de vacío de la válvula de aire, bloqueando, de esta forma, la entrada del aire exterior bajo el capó (aire no calentado).

Cuando la temperatura alrededor del sensor está por encima de 118°F, la válvula de control del aire deberá estar completamente abierta para dejar que entre el aire de debajo del capó.

Si el filtro de aire no funciona correctamente, compruebe si hay mangueras de vacío flojas o rotas. Si las mangueras no son las que producen irregularidades, sustituya el motor de vacío que está en el filtro de aire.

Sistema de encendido con doble bujía

Algunos de los modelos de California de 1980 y todos los de 1981-86: 510, 200SX (motores Z20, Z22E y CA20E/CA18ET) y Nissan Stanza (CA20), cuentan con un sistema de dos bujías por cilindro. Esta disposición permite al motor quemar grandes cantidades de gases de escape recirculado sin que el funcionamiento resulte afectado. En realidad, el sistema funciona tan bien que mejora en la mayoría de los casos el kilometraje por litro de gasolina.

Las dos bujías se disparan simultáneamente, lo que reduce en forma considerable el tiempo requerido para quemar la mezcla aire/combustible cuando los gases de escape (EGR) no están siendo recirculados. Cuando los gases son recirculados, el sistema con bujías dobles eleva el nivel de encendido hasta el correspondiente a un sistema con bujía simple que no está recirculando los gases de escape.

AJUSTE

El único ajuste necesario es el normal, aplicando los procedimientos de mantenimiento que se mencionan en la sección de Puesta a punto.

Control de encendido de la chispa

Hay dos tipos de control de encendido de la chispa. El primer sistema, denominado sistema de chispa controlado por la transmisión (TCS), fue utilizado en la mayoría de los Datsun durante 1979. Este sistema consiste en una válvula térmica de vacío, una válvula conmutadora de vacío, un interruptor detector de marcha en alta y un número de mangueras de vacío. Básicamente, el sistema está diseñado para retardar el avance pleno de la chispa, excepto cuando el coche se encuentra en velocidad alta y el motor a su temperatura normal de funcionamiento. En todas las demas ocasiones se retarda el avance de la chispa en uno u otro grado.

El sistema de control de encendido de la chispa de 1980 y posteriores sustituye al sistema TCS. La mayor diferencia consiste en que funciona únicamente ante cambios de temperatura del agua del motor, en lugar de hacerlo mediante un interruptor montado en la transmisión. Este sistema incluye una válvula térmica de vacío, una válvula retardadora de vacío y las correspondientes mangueras. Desarrolla la misma función que el anterior sistema TCS: retardar el pleno adelanto de la chispa en ocasiones en que, de otra manera, se producirían altos niveles contaminantes.

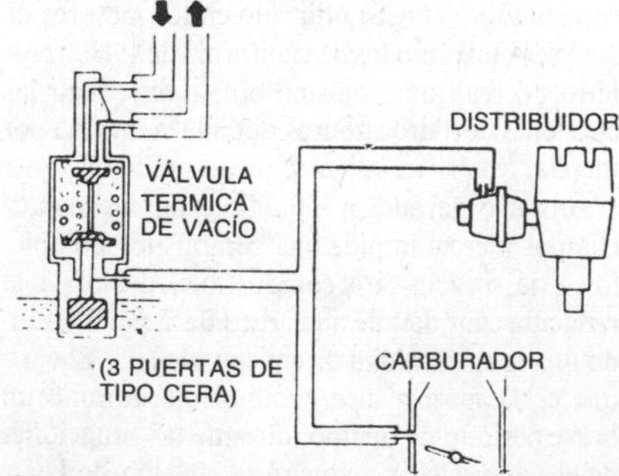

Sistema de control de encendido de la chispa

INSPECCIÓN Y AJUSTES

Normalmente, el TCS y el control de encendido de la chispa no registran averías. Sin embargo, si cree que hay algún problema, primero compruebe que todo el cableado (si está instalado) y las mangueras estén conectados y que no tengan suciedad. Además, compruebe que el avance de vacío del distribuidor funciona correctamente. Si todo parece estar bien, conecte una lámpara de sincronización en el motor y asegúrese que la sincronización inicial sea la correcta. En los vehículos con sistema TCS, haga funcionar el motor hasta que alcance su temperatura normal de funcionamiento y, a continuación, haga que un ayudante se siente en el coche para que cambie lentamente la transmisión de una a otra velocidad. Si el sistema funciona bien, la sincronización estará de 10° a 15° adelantada en velocidad alta (por comparación con otras posiciones de los cambios). Si el sistema sigue sin funcionar correctamente, tendrá que comprobar la continuidad en todas las conexiones, utilizando una lámpara de prueba.

Para probar el sistema de control de encendido de la chispa, conecte una lámpara de sincronización y compruebe la sincronización del encendido mientras el indicador de temperatura se encuentra en la posición de «frío». Apunte su lectura. Deje funcionando el motor con la lámpara unida al mismo, hasta que la aguja de la temperatura llegue al centro del indicador. Caliente el motor, compruebe con la lámpara de sincronización para asegurarse de que la sincronía del encendido se retarda. Cuando la aguja de la temperatura se encuentre a mitad de la escala, la sincronización del encendido deberá avanzar a partir de su posición anterior. Si no hay cambio en la sincronización del encendido, sustituya la válvula térmica de vacío.

Proporción de la mezcla rica-pobre y sistema EGR de intercambio de grande a pequeño

Este sistema controla la proporción de la mezcla aire-combustible y la cantidad de gases de escape recirculados en los motores de la serie A de 1980 de California (únicamente modelos con transmisión manual) de acuerdo con la temperatura del refrigerante del motor y la velocidad del vehículo. Este sistema está formado por una válvula conmutadora de vacío, una válvula de potencia, un interruptor detector de la velocidad situado en el velocímetro, un amplificador del interruptor detector de la velocidad y un interruptor de la temperatura del agua.

Cuando la temperatura del refrigerante está por encima de 122°F y el vehículo va a menos de 40 millas por hora, la válvula de conmutación de vacío está funcionando, y actúa para empobrecer la mezcla de combustible. Permite también que se queme una pequeña cantidad del gas recirculado del escape (EGR) en los coches con transmisión manual. Cuando la temperatura del refrigerante es superior a 122°F, pero el vehículo va a menos de 40 millas por hora, la válvula conmutadora de vacío no funciona, permitiendo así el enriquecimiento de la mezcla. Esto además permite que se queme una cantidad mayor de gas recirculado del escape (EGR) en los modelos con transmisión manual. Cuando la temperatura del refrigerante es menor de 122°F, la válvula conmutadora de vacío está siempre en funcionamiento y actúa para empobrecer la mezcla de combustible.

PRUEBA

Caliente el motor y levante con un gato las ruedas motrices del vehículo. Apoye el extremo que ha levantado sobre soportes y bloquee las ruedas del otro extremo. Ponga en marcha el motor y cambie la transmisión a velocidad «TOP», manteniendo la velocidad por encima de 50 mph. Apriete la manguera que va de la válvula de conmutación del vacío al filtro de aire y observe si la velocidad del motor disminuye y si éste funciona irregularmente. Cambie la transmisión a la velocidad 3RD (tercera) y ponga en marcha el coche a una velocidad inferior a 30 mph. Desconecte la manguera de vacío que está entre la válvula de conmutación de vacío y la válvula de potencia, soltándola en el extremo de esta última y bloqueando su orificio de entrada con un dedo. El motor deberá funcionar en forma irregular. Si la reacción que se espera del motor en ambas pruebas no se produce, revise todas las conexiones de cables y las mangueras, observando si tienen roturas o si están bloqueadas.

Sistema de retroalimentación de la proporción de la mezcla

La necesidad de ahorrar combustible, junto con unos reglamentos de control de emisiones cada vez más exigentes, imponen un control más exacto de la mezcla aire/combustible del motor. Respondiendo a estas necesidades, Datsun ha creado un sistema de retroalimentación de la proporción de la mezcla. El sistema está instalado en todos los modelos 280ZX y 810 vendidos en California, todos los modelos 200SX con doble encendido y en todos los últimos Maxima 810, 280ZX y 300ZX.

El principio de este sistema consiste en controlar con exactitud la mezcla aire/combustible, de forma tal que se obtenga una combustión más completa en el motor y una mejor oxidación y reducción de los gases de escape en el convertidor catalítico. El objetivo es el de mantener una mezcla estequiométrica de aire/combustible que sea la químicamente correcta para una combustión completa desde el punto de vista teórico. La proporción estequiométrica es de 14.7:1 (aire combustible). En este punto, la eficiencia del convertidor es la más elevada en cuanto al oxidado para reducir los HC, CO y NOx convirtiéndolos en CO_2 H_20, 0_2 y N_2.

Los componentes utilizados en el sistema incluyen un sensor de oxígeno, instalado más arriba del convertidor en el múltiple de escape, un convertidor catalítico para oxidación-reducción de tres vías, una unidad electrónica de control, que forma parte de la unidad de control electrónico de in yección del combustible y el propio sistema de inyección del combustible.

El sensor de oxígeno registra el contenido de oxígeno de los gases de escape y genera una señal eléctrica que se envía a la unidad de control. La unidad de control decide a continuación cómo ajustar la mezcla para mantener la proporción correcta aire/combustible. Por ejemplo, si la mezcla es demasiado pobre, la unidad de control decide la cantidad de combustible medido que pasa a los inyectores. El proceso de control es continuo, ya que los ajustes de la mezcla se realizan en todo momento.

El sistema tiene dos modos de operación: circuito abierto y circuito cerrado. La operación en circuito abierto tiene lugar cuando el motor está todavía frío. En este método, la unidad de control ignora las señales procedentes del sensor de oxígeno y suministra una señal fija a la unidad de inyección de combustible. La operación en circuito cerrado tiene lugar cuando el motor y el convertidor catalítico han llegado a su temperatura operativa normal. En la operación en circuito cerrado, la unidad de control utiliza las señales del sensor de oxígeno para ajustar la mezcla; el contenido de oxígeno en la mezcla ya quemada es observado por el sensor de oxígeno, el cual sigue enviando señales a la unidad de control, y así sucesivamente. De esta manera, el modo de funcionamiento en circuito cerrado constituye un sistema interdependiente de retroalimentación de la información.

Por supuesto, la mezcla no se ajusta fácilmente en este sistema. Todos los ajustes del sistema requieren el uso de un medidor de CO;. por lo tanto, deben ser encargados a un distribuidor cualificado que disponga del material necesario y con la suficiente experiencia como para realizar la reparación del sistema. El único mantenimiento regular que requiere consiste en el cambio del sensor de oxígeno a intervalos de 30,000 millas. En la siguiente sección se analiza ese procedimiento.

Deberá tener en cuenta que la correcta operación del sistema depende por completo del sensor de oxígeno. Por lo tanto, si no se cambia el sensor a los intervalos correctos, o si falla durante su funcionamiento normal, la mezcla de combustible en el motor será incorrecta, lo que ocasionará una economía pobre (alto consumo) del combustible, problemas al arrancar o un funcionamiento irregular y con paradas cuando el motor esté caliente.

INSPECCIÓN Y CAMBIO DEL SENSOR DE OXÍGENO

En el tablero de instrumentos se encenderá una luz de aviso relacionada con el sensor del gas de escape, una vez que el coche haya recorrido 30,000 millas.

Tenga en cuenta que la luz de aviso no forma parte de un sistema repetitivo; es decir, que después de las primeras 30,000 millas, la luz no se volverá a encender. Sin embargo, es importante cambiar el sensor de oxígeno cada 30,000 millas, para tener así un control y un registro correctos de la mezcla aire/combustible del motor.

El sensor de oxígeno se puede inspeccionar utilizando el siguiente procedimiento:

1. Ponga en marcha el motor y deje que alcance su temperatura normal de trabajo.

2. Acelere el motor sin carga hasta aproximadamente 2,000 rpm. Bloquee las ruedas delanteras y ponga el freno de mano.

3. En la parte inferior de la unidad de control se cuenta con una lámpara de inspección, la cual está ubicada en el compartimiento de pasajeros en el tablero inferior del lado del conductor, junto al pedal del embrague o del freno. Si el sensor de oxígeno está funcionando correctamente, la lámpara de inspección se encenderá y apagará más de cinco veces en 10 segundos. Con la ayuda de un espejo se puede ver más fácilmente la lámpara de inspección.

4. Si la lámpara no se enciende y apaga en la forma indicada, el sistema no funciona correctamente. Pruebe el acumulador, el sistema de encendido, los niveles de aceite en el motor y el líquido de refrigeración, todos los fusibles, los conectores del arnés de cableado de la inyección de combustible, todas las mangueras de vacío, la tapa del llenador de aceite y la varilla medidora, observando si están bien asentadas, y el juego de las válvulas y la compresión del motor. Si todo esto está bien y la lámpara de inspección sigue sin encenderse y apagarse por lo menos cinco veces en 10 segundos, es probablemente el sensor de oxígeno el que está fallando. Sin embargo, puede ser que el mal funcionamiento se encuentre en la unidad de control de inyección de combustible. El sistema deberá probarlo un distribuidor calificado con experiencia en el sistema de retroalimentación de la proporción de mezcla.

Para cambiar el sensor de oxígeno:

1. Desconecte el cable negativo de la batería.

2. Desconecte el conector eléctrico del sensor. Desatornille el sensor, sacándolo del múltiple de escape.

3. Recubra las roscas del sensor nuevo con un compuesto antiagarrotante con base de níquel. No utilice otros tipos de compuesto, ya que pueden aislar eléctricamente el sensor. Instale el sensor en el múltiple. Apriete el sensor a 29-36 libras-pie (4.0-5.0 kg-m). Conecte el cable eléctrico. Tenga cuidado al manipularlo, porque se daña con facilidad.

4. Conecte el cable negativo de la batería.

Catalizador

Todos los modelos vendidos en los Estados Unidos y en Canadá cuentan con un catalizador en forma de silenciador instalado en el sistema de escape. El convertidor está lleno de un sub-estrato monolítico recubirto con pequeñas cantidades de platino y paladio. Mediante la acción catalítica, un cambio químico convierte el monóxido de carbono y los hidrocarburos en dióxido de carbono y agua. Todos los modelos 280ZX y Maxima 810, vendidos en California, tienen un catalizador de tres vías. Se utilizan platino, paladio y rodio en el proceso de oxidación-reducción que actúa sobre los tres integrantes principales de la contaminación del escape; el HC y el CO son oxidados de la forma habitual, convirtiéndolos en H_2C y CO_2, y los óxidos de nitrógeno se reducen a hidrógeno libre y nitrógeno (H_2 y N_2, respectivamente).

Los modelos 280ZX, 300ZX, 810 de 1980 y posteriores vendidos en California, los últimos 200SX y los Maxima 810, cuentan con una luz de aviso del sensor de oxígeno instalada en el tablero de instrumentos, que se enciende en el primer intervalo de 30,000 millas, indicando la necesidad de cambiar el sensor de oxígeno. El sensor de oxígeno es parte del sistema de retroalimentación de la proporción de mezcla. El sistema retroalimentador utiliza el convertidor de tres vías como uno de sus principales componentes.

No es necesario realizar ningún tipo de mantenimiento especial, excepto el cambio periódico del filtro del sistema de inducción de aire en algunos modelos. El sistema de inducción de aire ya ha sido descrito en esta misma sección. Este sistema se utiliza para suministrar aire fresco al catalizador; el oxígeno presente en el aire se utiliza en el proceso de oxidación.

DESMONTAJE Y MONTAJE

1. Ponga el freno de mano.

2. Bloquee las ruedas.

3. Levante el coche con un gato y sujételo.

4. Saque el protector del sensor de temperatura.

5. Desatornille y quite el catalizador. Manipúlelo con suavidad, ya que es muy delicado.

6. La instalación se realiza en el orden inverso al de desmontaje.

NOTA: Para mayor información de los componentes electrónicos relacionados con el sistema de emisión, consulte la sección electrónica del motor.

LUZ DE AVISO DEL SENSOR DE OXÍGENO

1980-84

NOTA: Los últimos modelos Datsun cuentan con una luz de aviso del sensor de oxígeno instalada en el tablero de instrumentos, la cual se enciende después de las 30,000 millas de recorrido. Cuando la luz permanece encendida, indica la necesidad de inspeccionar el sensor de oxígeno o de cambiarlo, en el caso que no funcione correctamente.

1. Desconecte el cable negativo de la batería y saque el sensor de oxígeno, que está ubicado en el múltiple de escape.

2. Recubra la rosca del sensor nuevo con un compuesto antiagarrotante adecuado y vuelva a instalarlo en el múltiple de escape.

3. Después de que haya instalado el nuevo sensor o de que haya inspeccionado el viejo, volviéndolo a colocar en el múltiple de escape, podrá apagar la luz del sensor desconectando el conector del arnés.

4. En los modelos 200SX y 280ZX, el arnés está ubicado debajo del lado derecho del panel de instrumentos.

5. En los demás modelos, el arnés está situado en la zona del lado izquierdo, junto a la palanca que abre el capó.

6. En todos los modelos, el arnés está constituido por un único cable de diferentes colores según el modelo: verde y blanco en los 200SX, verde y amarillo en los 280ZX y azul y amarillo en todos los demás. Siga el recorrido del cable para llegar al conector y, cuando lo encuentre, desconéctelo. No puede volver a colocar el cuentakilómetros.

1985 y posteriores

Los procedimientos de prueba y cambio del sensor para los modelos de 1985 y posteriores, son básicamente los mismos que los correspondientes a los modelos 1980-84. La única diferencia que presentan radica en el procedimiento de reajuste.

Los modelos de los Estados Unidos deberán reajustarse después que la luz de aviso se encienda a las 30,000 millas (43,000 km) de recorrido y nuevamente, en las 60,000 millas (96,000 km). Cuando la luz de aviso se encienda por tercera vez, en las 90,000 millas (144,000 km), entonces, deberá desconectarla.

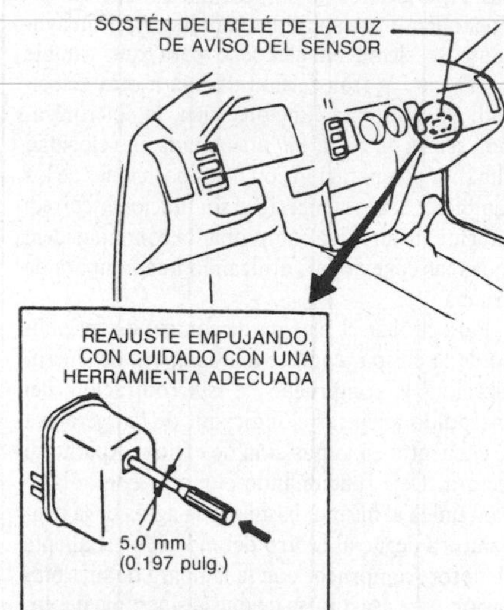

Reajuste de la luz de aviso del sensor de oxígeno — 300ZX de 1985 y posteriores (modelos USA)

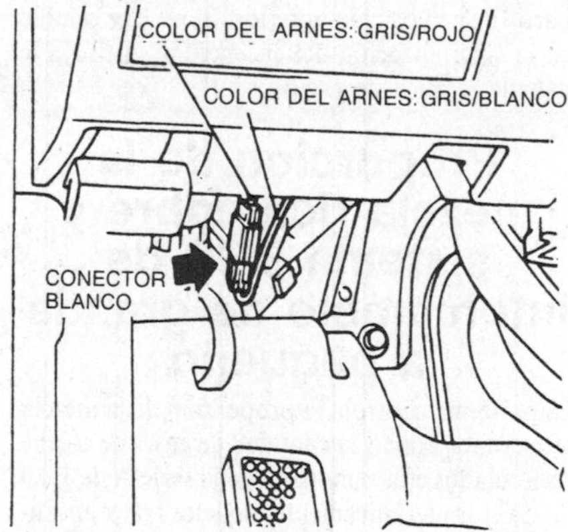

Desconexión la luz de aviso del sensor de oxígeno — Maxima de 1985 y posteriores

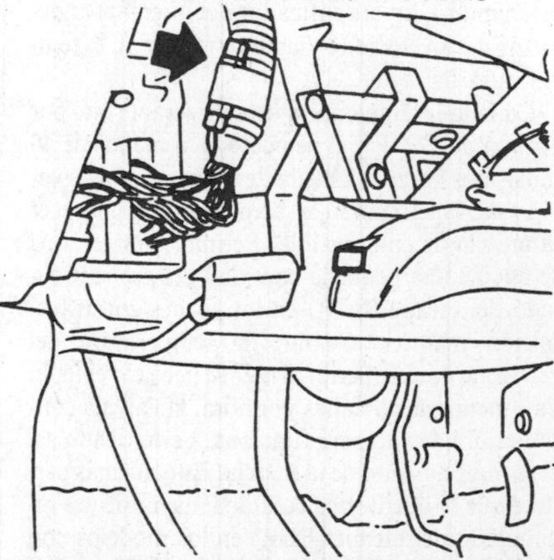

Desconexión de la luz de aviso del sensor de oxígeno — 300ZX de 1985 y posteriores

En los modelos de Canadá, deberá desconectar la luz de aviso cuando ésta se encienda a las 30,000 millas (48,000 km). No se cuenta con suministros para el reajuste de la luz de aviso en los modelos vendidos en Canadá.

Para los procedimientos de reajuste y desconexión, vea lo especificado a continuación.

NOTA: Remítase a las ilustraciones para observar la localización exacta de las cajas de reajuste y los puntos de desconexión del arnés.

1. En los Maxima, reajuste la luz de aviso presionando el botón que se encuentra en la caja pequeña, debajo del lado izquierdo del panel de instrumentos. Para desconectarla, saque el conector blanco que está detrás y arriba de la caja de reajuste.

2. En los 300ZX, localice la caja de reajuste por debajo y detrás de la guantera; introduzca una herramienta adecuada de 5 mm (0.197 pulgadas) de diámetro y presione ligeramente una sola vez. Desconecte la luz de aviso sacando el conector blanco que está debajo del lado izquierdo del panel de instrumentos.

3. En los sedán Stanza, localice la caja de reajustes detrás del lado derecho del tablero inferior y presione el botón una sola vez.

En la camioneta Stanza (con tracción en las cuatro ruedas), la caja de reajuste está debajo del asiento del acompañante y se ajusta de la misma forma que en los 300ZX.

En las camioneta Stanza (4 x 4), la caja se encuentra también debajo del asiento del acompañante, pero se reajusta con un botón de reajuste similar al del sedán.

En todos los modelos, la luz de aviso se desconecta sacando el conector blanco que está detrás de la unidad de control electrónica, por debajo del lado izquierdo del panel de instrumentos.

4. En los 200SX, la caja de reajuste se encuentra detrás del lado derecho de la consola central. Cuenta con un botón de reajuste. Para desconectar la luz de aviso, desconecte el conector blanco que está detras de la caja de fusibles principal.

5. En los Pulsar y Sentra, la caja de reajuste se encuentra detrás del lado derecho del panel inferior. Se opera mediante un botón. La desconexión de la luz de aviso puede ejecutarse desconectando el conector blanco que se encuentra detrás y un poco por encima de la caja principal de fusibles.

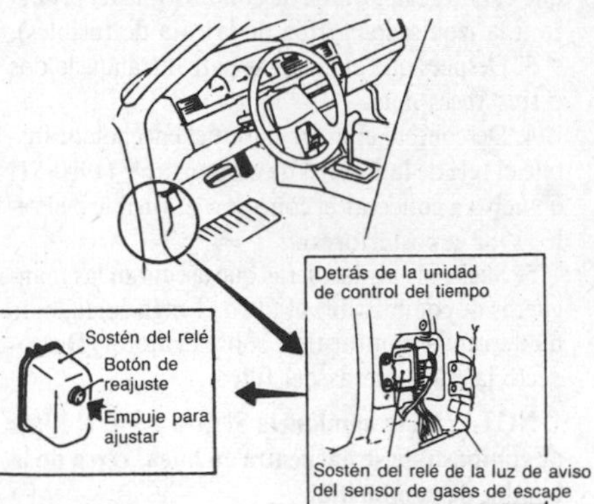

Reajuste de la luz de aviso del sensor de oxígeno — Maxima de 1985 y posteriores (modelos USA)

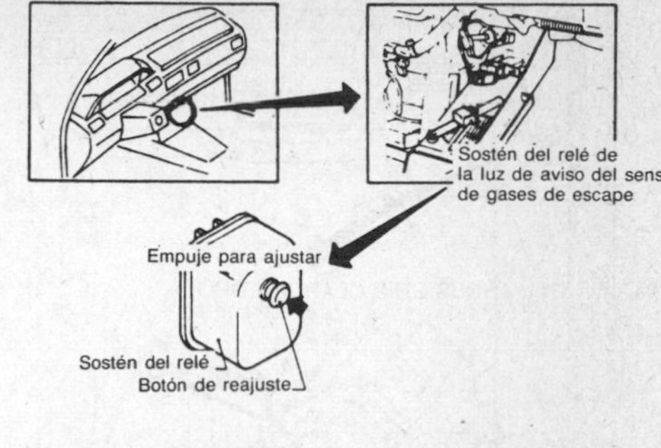

Reajuste de la luz de aviso del sensor de oxígeno — 200SX de 1985 y posteriores (modelos USA)

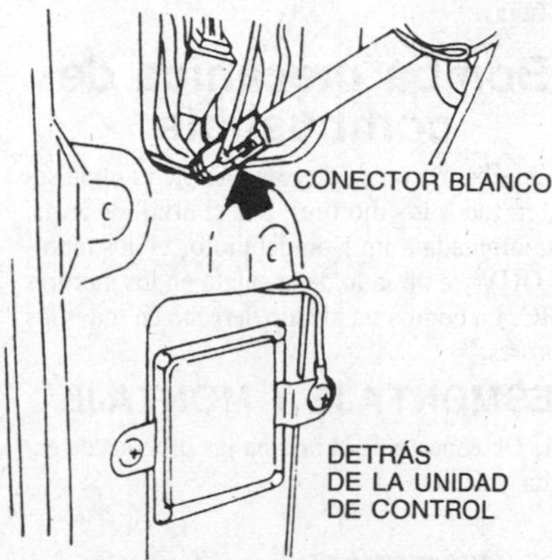

Desconexión de la luz de aviso del sensor de oxígeno — Stanza de 1985 y posteriores (todos los modelos)

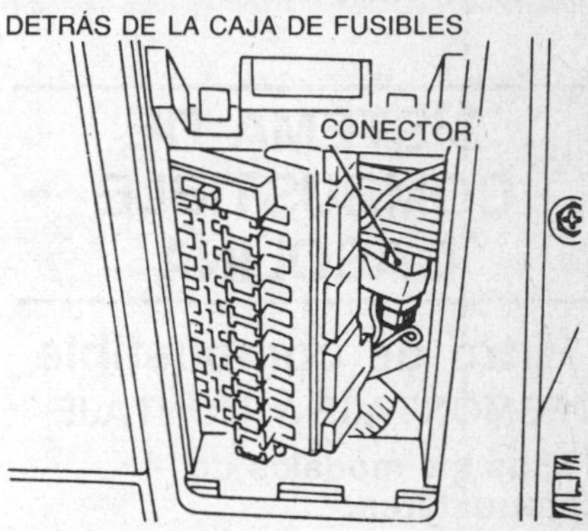

Desconexión de la luz de aviso del sensor de oxígeno — 200SX de 1985 y posteriores (todos los modelos)

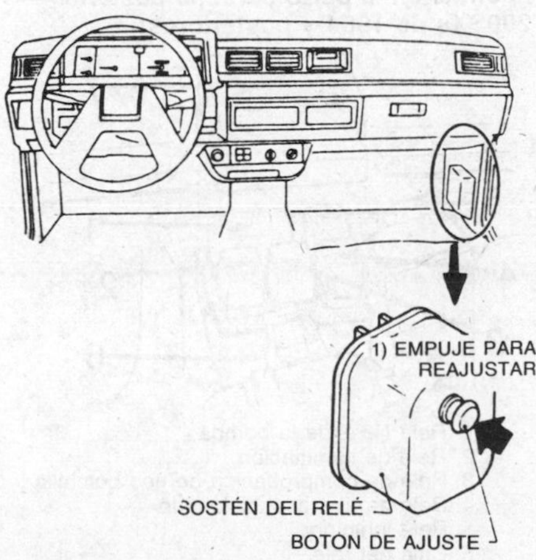

Reajuste de la luz de aviso del sensor de oxígeno — sedán Stanza de 1985 y posteriores (modelos USA)

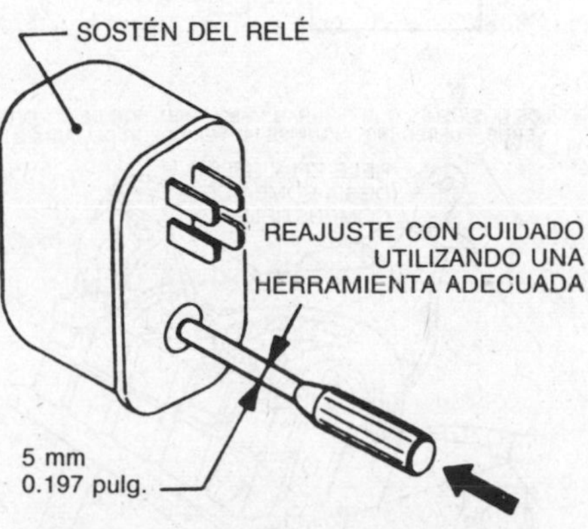

Reajuste de la luz de aviso del sensor de oxígeno — camioneta Stanza de 1985 y posteriores. La caja se encuentra debajo del asiento y se ajusta con una herramienta tal como se muestra en esta ilustración

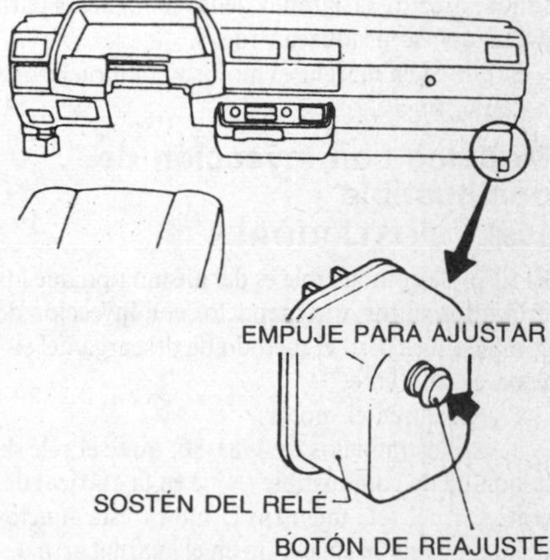

Reajuste de la luz de aviso del sensor de oxígeno — Pulsar/Sentra de 1985 y posteriores (modelos USA)

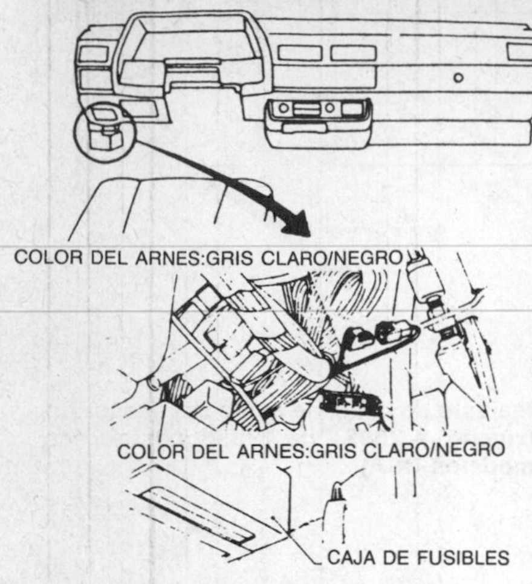

Desconexión de la luz de aviso del sensor de oxígeno — Pulsar/Sentra de 1985 y posteriores (todos los modelos)

SISTEMA DE COMBUSTIBLE GASOLINA

Filtro de combustible

DESMONTAJE Y MONTAJE

Todos los modelos de carburadores

1. Localice el filtro de combustible en el lado derecho del compartimiento del motor.

2. Desconecte del filtro las mangueras de salida y entrada. Asegúrese de que la manguera de entrada (inferior) no caiga por debajo del nivel del tanque de gasolina, ya que de lo contrario se derramará la gasolina.

3. Saque el filtro de combustible con una palanca, retirándolo de sus abrazaderas y, a continuación, vuélvalo a colocar.

4. Vuelva a colocar las tuberías de entrada y salida, asegure las grapas de las mangueras para evitar que se produzcan fugas.

5. Ponga en marcha el motor y compruebe que no haya fugas.

Modelos con inyección de combustible

1980 Y POSTERIORES

El filtro de combustible es del mismo tipo que los utilizados en los otros modelos con inyección de combustible, pero el método de descarga del sistema es diferente.

1. Arranque el motor.

2. En los modelos de 1981-80, quite el relé de la bomba de combustible (Nº 2 en la gráfica) del conector del relé mientras el motor está funcionando. El relé se encuentra en el guardabarro delantero derecho en el compartimiento del motor, justo en la parte posterior del recipiente del limpiaparabrisas. En los modelos de 1982 y posteriores, desconecte el conector eléctrico de la bomba de combustible mientras el motor está en marcha. Normalmente, lo encontrará en línea, cerca de la bomba.

En los 300ZX y Maxima de 1986 y posteriores, quite el fusible de la bomba de combustible. En las camionetas Stanza de 1986 y posteriores, saque el relé de la bomba de combustible (el primero a la izquierda, arriba de la caja de fusibles).

3. Después que el motor se pare, arránquelo dos o tres veces más.

4. Desconecte el interruptor del encendido. Instale el relé de la bomba de combustible (1980-81) o vuelva a conectar el conector, el fusible o el relé (1982 y posteriores).

5. Suelte las abrazaderas que aseguran las mangueras de combustible al filtro. Tenga cuidado de no derramar combustible sobre el motor. Desconecte las mangueras del filtro.

NOTA: En la camioneta Stanza 4 x 4, el filtro de combustible se encuentra en línea, cerca de la bomba de combustible.

6. Quite el tornillo que sujeta el filtro al soporte; retire el filtro.

7. Instale un filtro nuevo. Conecte las mangueras de combustible y asegúrelas utilizando abrazaderas nuevas.

8. Arranque el motor y compruebe que no haya fugas.

Bomba mecánica de combustible

La bomba mecánica de combustible es impulsada, en todos los motores, por el árbol de levas. Está montada a un lado del motor en los motores OHV y a un lado de la culata en los motores OHC. La bomba va al lado derecho en todos los motores.

DESMONTAJE Y MONTAJE

1. Desconecte de la bomba las tuberías de entrada y salida.

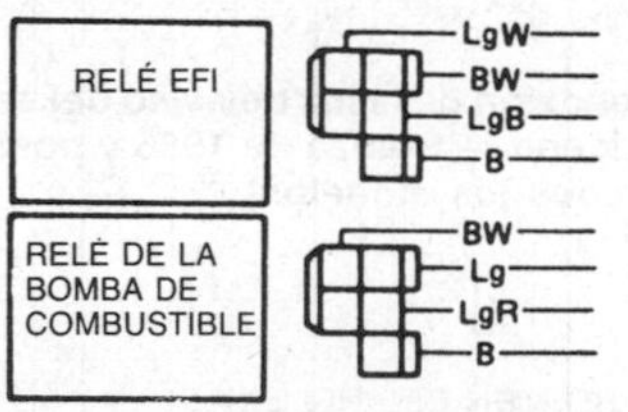

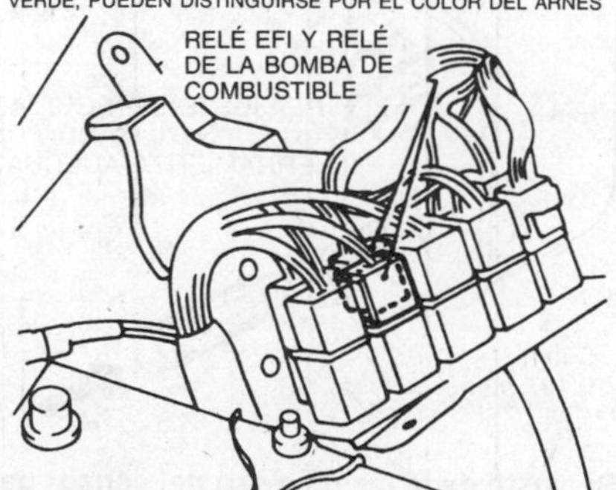

El relé de la bomba de combustible en los Maxima (1980-84) se encuentra en el compartimiento del motor cerca de la batería

2. Saque los tornillos de montaje.

3. Extraiga la bomba y descarte la junta.

4. Lubrique el balancín de la bomba, el perno del balancín y el perno de la palanca antes de reinstalar.

5. Atornille la bomba en su posición, utilizando una junta nueva.

6. Conecte las tuberías de combustible.

PRUEBAS DE LA BOMBA DE COMBUSTIBLE

Prueba estática de presión

1. Desconecte la tubería de combustible en el carburador.

2. Instale un adaptador y una T a la tubería de combustible; conecte un manómetro.

3. Haga funcionar el motor a distintas velocidades. La presión deberá mantenerse constante entre 3 y 4 libras por pulgada cuadrada (2.8-3.8 lb/pulg^2 en los Pulsar/Sentra).

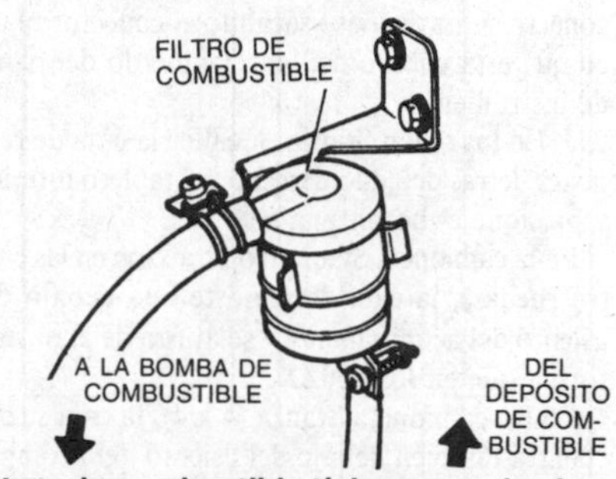

Filtros de combustible típicos — todos los modelos

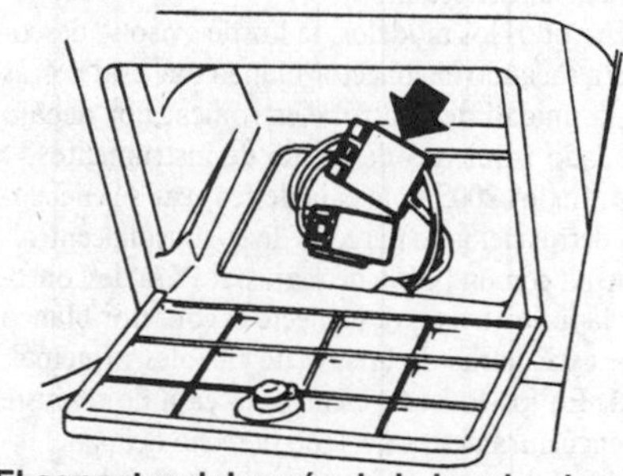

El conector del arnés de la bomba de gasolina se encuentra en la caja de herramientas en la parte derecha posterior — 200SXs de 1984 y posteriores

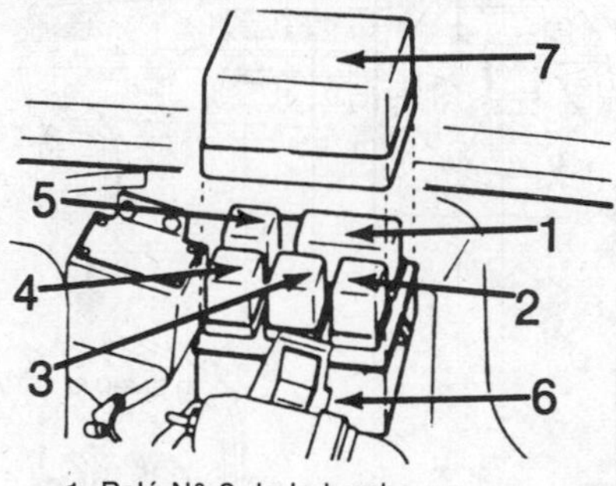

1. Relé Nº 2 de la bomba
2. Relé de iluminación
3. Relé de comprobación de tipo bombilla
4. Relé de aire acondicionado
5. Relé inhibidor
6. Caja del relé
7. Tapa del relé

Ubicación del relé Nº 2 de la bomba de gasolina

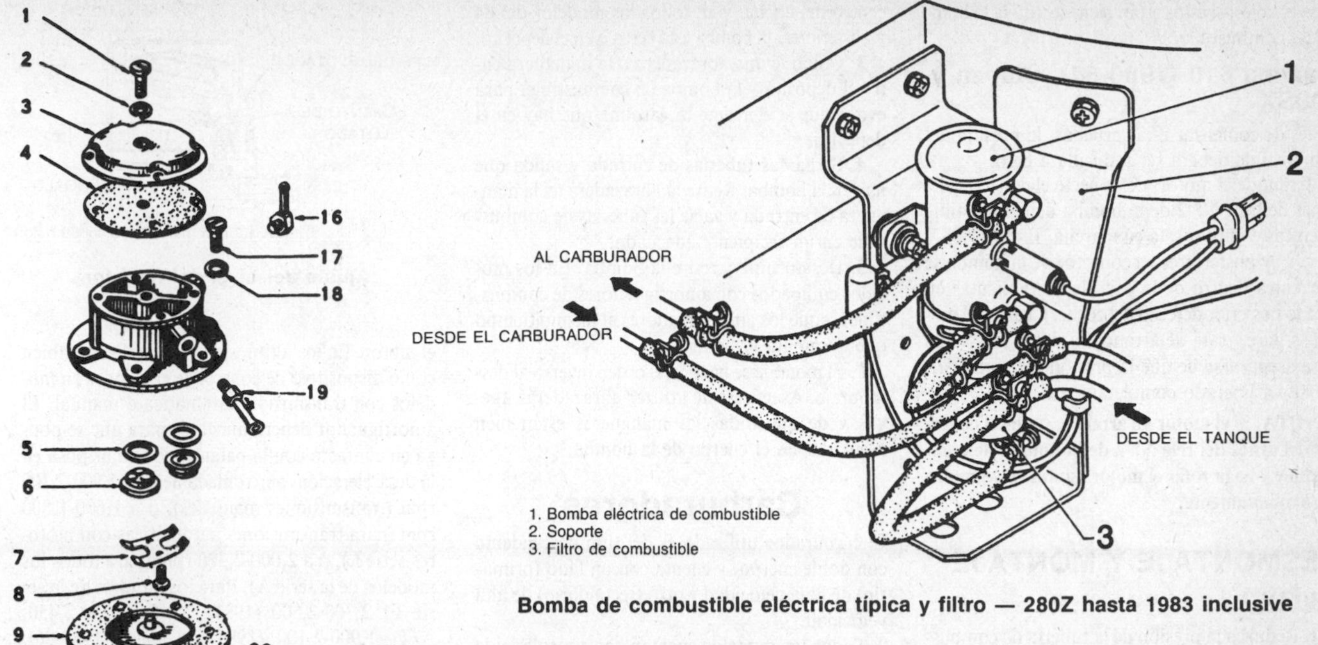

1. Bomba eléctrica de combustible
2. Soporte
3. Filtro de combustible

Bomba de combustible eléctrica típica y filtro — 280Z hasta 1983 inclusive

1. Tornillo
2. Arandela de presión
3. Tapa
4. Junta de la tapa
5. Junta
6. Válvula
7. Retén de la válvula
8. Tornillo de retención de la válvula
9. Diafragma
10. Varilla de tiro
11. Resorte
12. Arandela de sello
13. Sello
14. Arandela de presión
15. Tuerca
16. Codo
17. Tornillo
18. Arandela de presión
19. Conector
20. Resorte
21. Espaciador deslizante del brazo oscilante
22. Espaciador
23. Junta
24. Brazo oscilante
25. Perno
26. Espaciador deslizante del brazo oscilante

Bomba mecánica típica de combustible

Bomba eléctrica de combustible

DESCRIPCIÓN Y LOCALIZACIÓN

280ZX

Todos los modelos 280ZX están equipados con una bomba de combustible eléctrica que va montada cerca del depósito de combustible y de la rueda trasera derecha.

810/Maxima (1980-84), 200SX, Pulsar y Stanza

Estos modelos utilizan una bomba eléctrica de combustible del tipo de construcción húmeda. Una bomba de paletas y rodillos va acoplada directamente a un motor lleno de combustible. La válvula de alivio de la bomba está diseñada para abrirse cuando la presión en la tubería de combustible sube por encima de las 64 libras por pulgada cuadrada. La presión operativa normal es de 36-43 lb/pul². La bomba es activada automáticamente cuando el interruptor de encendido se coloca en la posición Start. Si el motor se para por alguna causa, la bomba de combustible se corta aun cuando el interruptor de encendido permanezca en la posición On.

300ZX y Maxima de 1985 y posteriores

En los 300ZX, la bomba eléctrica va montada en el depósito de combustible en el lado superior izquierdo. En los Maxima, se la puede encontrar debajo del asiento trasero.

PRUEBA DE PRESION

280ZX, 300ZX y Maxima de 1985 y posteriores

1. Reduzca la presión a cero. Para los modelos de 1980 y posteriores, siga el punto 1 del procedimiento de cambio de la bomba de combustible correspondiente a los modelos de 1980.

2. Conecte un manómetro a la tubería de combustible en el compartimiento del motor entre la tubería de combustible y la manguera de salida del filtro de combustible.

3. Arranque el motor y lea la presión del combustible. Deberá ser aproximadamente de 30 lb/pulg² (2.1 kg/cm²) en cualquier velocidad por encima del ralentí.

4. Si la presión no es la correcta, cambie el regulador de presión, siguiendo el procedimiento para el cambio que se detalla a continuación. Una vez que haya cambiado el regulador, repita la prueba de presión. Si aún es incorrecta, revise las tuberías de combustible en busca de dobleces o puntos bloqueados, y, si es necesario, sustituya la bomba.

810/Maxima (1980-84), Stanza y 200SX

1. Reduzca la presión a cero

2. Conecte un manómetro entre la tubería de alimentación del combustible y la salida del filtro de combustible.

3. Arranque el motor y lea la presión. Deberá ser de 30 lb/pulg² en ralentí, y de 37 lb/pulg² en el momento en que el pedal del acelerador esté totalmente apretado.

4. Si la presión no es la especificada, cambie el regulador de presión y repita la prueba. Si la presión sigue siendo incorrecta, revise las líneas de combustible en busca de obstrucciones o deformaciones, y a continuación cambie la bomba.

PRUEBA DE FUNCIONAMIENTO

280ZX

1. Desconecte ya sea el cable que va a la terminal «L» del alternador o el conector del interruptor de presión de aceite.

2. Ponga la llave de encendido en Start. Deberá oir el funcionamiento de la bomba de combustible. Si no es así, revise los circuitos del cableado y los fusibles; si éstos están bien, sustituya la bomba de combustible.

Maxima/810 (1980-84), Stanza y 200SX

Antes de comenzar estas pruebas, la presión del combustible deberá ser reducida a cero.

Arranque el motor, desconecte el conector del arnés del relé N.º 2 de la bomba de combustible mientras el motor está en marcha. En los 200SX de 1984 y posteriores, el conector de la bomba se encuentra dentro de la caja de herramientas en el lado posterior derecho del coche. Cuando el motor se pare, trate de arrancarlo dos o tres veces para asegurarse de que la presión del combustible se ha liberado completamente.

NOTA: Si el motor no arranca, saque el conector del arnés del relé N.º 2 de la bomba de combustible y haga rotar el motor durante 5 segundos aproximadamente.

DESMONTAJE Y MONTAJE

280ZX

1. Reduzca la presión de la tubería de combustible: arranque el motor y quite el relé N.º 2 de la bomba de combustible mientras el motor está en marcha. Cuando se pare el motor, trate de arrancarlo con el motor de arranque dos o tres veces. Ponga el encendido en Off.

2. Desconecte el cable negativo de la batería.

3. Saque la protección del suelo del maletero. Desconecte el cableado del arnés de la bomba de combustible en el conector situado en la parte de atrás del compartimiento. Empuje los cables y las arandelas de protección a través del suelo.

4. Levante y apoye el tren trasero del vehículo.

5. Coloque una abrazadera en la manguera entre el depósito de combustible y la bomba.

6. Afloje las abrazaderas de la tubería de combustible y desconecte las mangueras de la bomba. Tenga preparado un recipiente metálico para recoger el combustible que salga de las tuberías.

7. Retire los tornillos que aseguran el soporte de la bomba al cuerpo; extraiga la bomba.

8. La instalación se hace a la inversa.

300ZX y Maxima de 1985 y posteriores

NOTA: Antes de desconectar la tubería de combustible, deberá liberar la presión. Ponga en marcha el motor y, luego, consulte el procedimiento de desmontaje del filtro de combustible.

1. Saque el depósito de combustible tal como se describió anteriormente en esta misma sección.

2. Quite el tornillo de retención y extraiga la bomba de combustible.

3. El montaje se realiza a la inversa del desmontaje. Arranque el motor y compruebe que no haya fugas.

810/Maxima (1980-84), 200SX, Pulsar y Stanza

1. Libere la presión del sistema de combustible y desconecte el conector elécrico del arnés que está en la bomba.

2. En los 810 y en los Maxima, la bomba está ubicada cerca del depósito de combustible; en los 200SX del 79-83, la bomba se encuentra cerca del centro del coche; y en todos los modelos del 84 y posteriores, la bomba está cerca o en el depósito.

3. Coloque una abrazadera a la manguera entre el depósito y la bomba de combustible, para evitar que se derrame la gasolina que hay en el depósito.

4. Saque las tuberías de entrada y salida que hay en la bomba. Retire la abrazadera de la manguera de entrada y vacíe las tuberías de combustible en un recipiente adecuado.

5. Desatornille y retire la bomba. En los modelos equipados con amortiguadores de combustible, saque los amortiguadores al mismo tiempo que desmonta la bomba.

6. El montaje se hace en el orden inverso al desmontaje. Asegúrese de utilizar abrazaderas nuevas y de que todas las mangueras estén bien asentadas en el cuerpo de la bomba.

Carburadores

El carburador utilizado es del tipo descendente con doble cuerpo, y cuenta con un lado (primario) de baja velocidad y otro (secundario) de alta velocidad.

Todos los modelos cuentan con un solenoide antidieselizado operado eléctricamente. Al colocar en Off el interruptor de encendido, se acciona la válvula y se cierra el suministro de combustible al circuito de mínima del carburador.

DESMONTAJE Y MONTAJE

1. Saque el filtro de aire.

2. Desconecte del carburador las tuberías de combustible y de vacío.

3. Quite la palanca de la válvula de mariposa.

4. Retire las cuatro tuercas y arandelas que retienen el carburador sobre el múltiple.

5. Saque el carburador del múltiple.

6. Desmonte y descarte la junta utilizada entre el carburador y el múltiple.

7. Instale el carburador en el orden inverso al de desmontaje, utilizando una junta nueva en la base del carburador.

AJUSTE DEL NIVEL DE COMBUSTIBLE

Todos los carburadores Nihonkikaki (Nikki) e Hitachi cuentan con una tapa de cristal al lado de la cámara de flotación, marcada con una línea de nivel del combustible. El nivel del combustible se ajusta doblando la lengüeta de asiento del flotador con la tapa del flotador desmontada e invertida y con el flotador totalmente elevado.

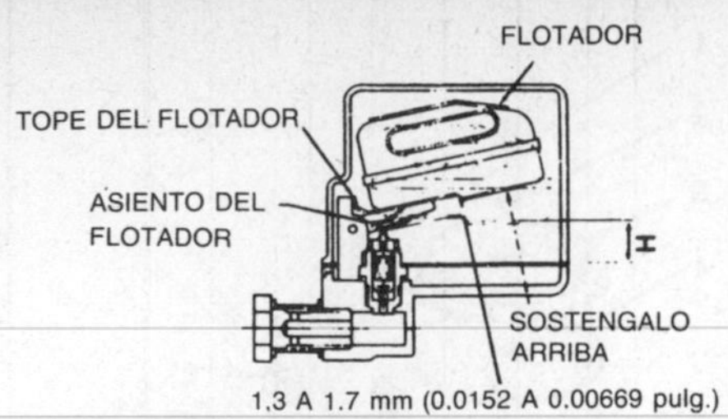

Ajuste del nivel del flotador

AJUSTE DE LA ARTICULACIÓN DE LA VÁLVULA DE MARIPOSA

En todos los modelos, asegúrese que la mariposa esté totalmente abierta cuando el pedal del acelerador está junto al suelo. Algunos modelos cuentan con un tope ajustable en el pedal del acelerador para evitar así que haya tensión en la articulación.

AJUSTE DEL AMORTIGUADOR

En los carburadores de los coches con transmisión automática, se utiliza un amortiguador como medio para cerrar lentamente la válvula de mariposa y evitar, así, que se produzcan paros en el motor. En los últimos años, se utiliza también como dispositivo de control de emisiones en modelos con transmisión automática o manual. El amortiguador deberá ajustarse para que se ponga en contacto con la palanca de la mariposa en la desaceleración, aproximadamente a 1,900-2,100 rpm (transmisiones manuales), o a 1,600-1,800 rpm (para transmisiones automáticas con motores serie L), o a 2,000-2,300 rpm (para todos los modelos de la serie A). Para los motores de la serie E: 2,300-2,500 (1983); M/T—2,250-2,450, A/T—1,900-2,100 (1984 y Canadá 1985-86); A/T—1,900-2,100 (Calif. 1985); 1,600-2,400 (1986). En los motores Z20S de 1980 y posteriores, el contacto de punta del amortiguador deberá estar entre 1,400-1,600 rpm con transmisiones automáticas.

NOTA: Antes de intentar ajustar el amortiguador, asegúrese de que la velocidad en ralentí, la sincronización y el ajuste de la mezcla son correctos.

AJUSTE DE LA MARIPOSA SECUNDARIA

En los carburadores de dos etapas utilizados en los coches Datsun, la placa de la mariposa secundaria comienza a abrirse cuando la del primario se encuentra ya abierta a un ángulo de aproximadamente 50° (a partir de la posición totalmente cerrada). Esto es una medición de holgura de aproximadamente 0.28-0.32 de pulgada entre la válvula y el cuerpo del carburador. Puede medirse con una broca del diámetro correcto. Si es necesario ajustar, doble la articulación de conexión entre los dos conjuntos de la articulación.

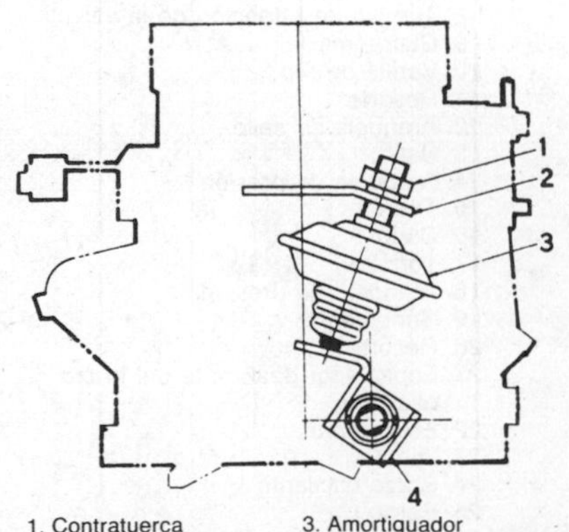

Amortiguador típico

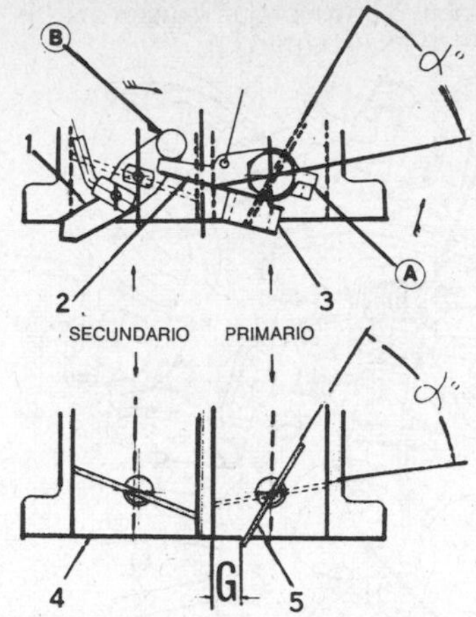

1. Palanca de conexión
2. Placa de retorno
3. Placa de ajuste
4. Cámara de la mariposa secundaria
5. Válvula de la mariposa primaria
a. Mariposa primaria, abertura en grados
G. Abertura de mariposa primaria, en pulgadas

Ajuste secundario de la mariposa

AJUSTE DEL AHOGADOR AUTOMÁTICO

1. Con el motor frío, asegúrese que el ahogador está totalmente cerrado (oprima el pedal del acelerador hasta el fondo y suéltelo).

2. Vea si la articulación del ahogador está doblada. La placa del ahogador deberá abrirse y cerrarse fácilmente con los dedos. Si el ahogador se pega o se tuerce, puede soltarlo poniéndolo bastante limpiador del carburador. Con un par de pequeños chorros de este líquido se obtiene un buen resultado.

Si no es así, será necesario desarmar el carburador para repararlo.

3. El ahogador está correctamente ajustado cuando la marca índice del alojamiento del ahogador (muesca) está alineada con la marca central del cuerpo del carburador. Si el ajuste no es el correcto, afloje los tres tornillos que sujetan en su lugar el cuerpo del ahogador, y gire la tapa de éste a la izquierda o a la derecha hasta que queden alineadas las marcas. Apriete con cuidado los tornillos para evitar que el alojamiento se quiebre.

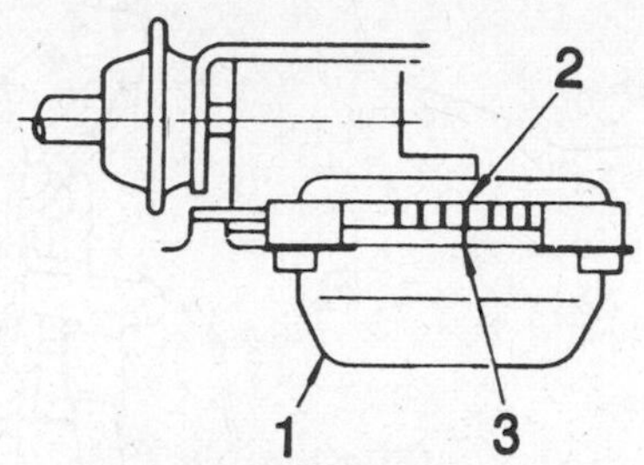

1. Tapa del termostato
2. Caja del termostato
3. Ranura

Ajuste del índice de ahogamiento

AJUSTE DEL DESCARGADOR DEL AHOGADOR

1. Cierre completamente la válvula del ahogador.

2. Sujete la válvula del ahogador poniendo en tensión una cinta de goma entre la palanca del eje del ahogador y el carburador.

3. Tire de la palanca de la mariposa hasta que quede completamente abierta.

4. Ajuste el espacio entre la placa del ahogador y el cuerpo del carburador a:

Motores de la serie A:
1980: 0.0929 pulgadas, excepto:
210, no de California, dos volúmenes de tres puertas, 5 velocidades y A12A de Canadá con trans. manual: 0.0854 pulgadas.

Motores de la serie L, motor Z20S de 1980:
1980: 0.0807-0.1122 pulgadas.

Motores de la serie E:
1982-84: 0.0929 pulgadas (E15)
1983-85: 0.1165 pulgadas (E16)

Motores de la serie CA:
1982-85: 0.0965 pulgadas

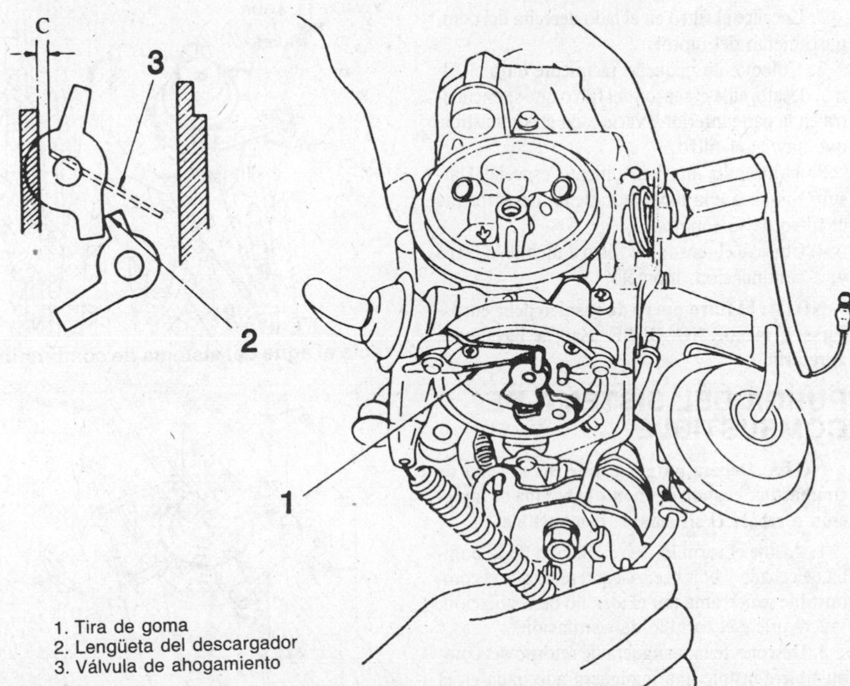

1. Tira de goma
2. Lengüeta del descargador
3. Válvula de ahogamiento

Ajuste típico del descargador del ahogador

AJUSTE DE MARCHA RÁPIDA EN RALENTÍ

1. Con el carburador fuera del vehículo, coloque el lado superior del tornillo de marcha rápida en ralentí en el segundo tope (primer tope para los motores L y Z de 1980-81) en la leva de marcha rápida en ralentí, y mida el juego entre la válvula de mariposa y la pared de la cámara de la válvula al centro de la misma. Compruébela con las siguientes especificaciones:

1980 310:
0.0283-0.0350 pulgadas

1980-82 210, motor A12A
0.0248-0.0315 pulgadas M/T (Manual)
Motor A14:
0.0283-0.0350 pulgadas M/T
Motor A15:
0.0386-0.0461 pulgadas A/T (Automático)

1980-81 510:
0.0299-0.0354 pulgadas M/T
0.0378-0.0433 pulgadas M/T

1981 310:
0.0287-0.0343 pulgadas

1982 310:
0.0287-0.0343 pulgadas M/T
0.0393-0.0449 pulgadas A/T

1982 Stanza:
0.0260-0.0315 pulgadas

1983-85 Stanza:
0.0260-0.0315 M/T
0.0319-0.0374 A/T

1982-83 Sentra (E15):
0.0315-0.0343 pulgadas M/T
0.0421-0.0449 pulgadas A/T

1983-84 Sentra, Pulsar (E16)
USA: 0.0311-0.0367 pulgadas M/T
0.0425-0.0481 pulgadas A/T
Canadá: 0.0255-0.0311 pulgadas M/T
0.0366-0.0422 pulgadas A/T

1984-85 Sentra, Pulsar (E 16):
USA: 0.0339-0.0378 pulgadas M/T
0.0453-0.0492 pulgadas A/T
Canadá: 0.0283-0.0322 pulgadas M/T
0.0394-0.0433 pulgadas A/T

1986 Sentra/Pulsar:
California: 0.0268-0.0039 pulgadas M/T
0.0378-0.0039 pulgadas A/T
Canadá: 0.0268-0.0039 pulgadas M/T
0.0378-0.0039 pulgadas A/T

«M/T», significa transmisión manual. «A/T» significa transmisión automática.

NOTA: No es absolutamente necesario llevar a cabo el punto 1 del procedimiento de ajuste de marcha rápida en ralentí.

2. Instale el carburador en el motor.

3. Arranque el motor y mida las rpm de marcha rápida en ralentí con el motor a su temperatura de trabajo. La leva deberá encontrarse en el segundo tope.

1980 y posteriores 210, motores A12A y A14:
49 Estados: M/T 2,400 y 3,200 rpm
California: M/T 2,300-3,100 rpm.

Motores A15:
A/T 2,700-3,500 rpm
M/T 2,300-3,100 rpm

1980-81 310:
49 Estados: 2,400-3,200 rpm
California: 2,300-3,100 rpm
Canadá: 1,900-2,700 rpm

1982 310:
49 Estados: 2,400-3,200 rpm
California: 2,300-3,100 rpm
Canadá: 1,900-2,700 M/T
2,400-3,200 A/T

1982 Sentra:
California: 2,300-3,100 rpm
49 Estados: 2,400-3,200 rpm
Canadá: 1,900-2,700 rpm M/T
2,400-3,200 rpm A/T

1983 Sentra (E15):
2,400-3,200 rpm

1983-85 Sentra (E16), Pulsar:
California: 2,600-3,400 rpm M/T
2,900-3,700 rpm A/T
49 Estados: 2,400-3,200 rpm M/T
2,700-3,500 rpm A/T
Canadá: 1,900-2,700 rpm M/T
2,400-3,200 rpm A/T

1986 Sentra/Pulsar:
California: 1,800-2,600 rpm M/T
2,300-3,100 rpm A/T
Canadá: 1,800-2,600 rpm M/T
2,300-3,100 rpm A/T

4. Para ajustar la velocidad rápida en ralentí, gire el tornillo de ajuste de marcha rápida en ralentí en sentido contrario a las agujas del reloj para aumentar la velocidad rápida en ralentí, y en el sentido contrario a las agujas del reloj para disminuirla.

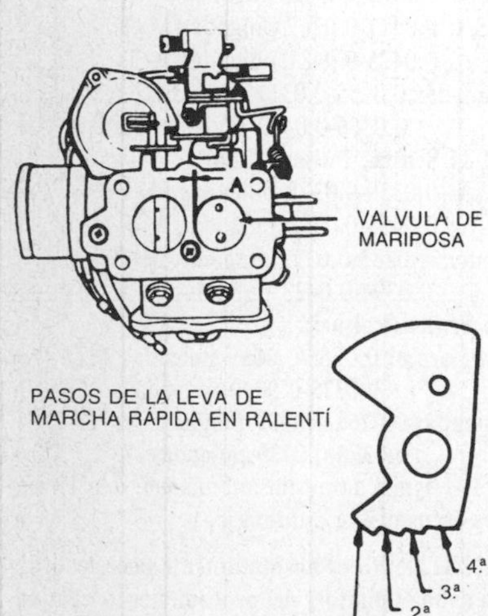

Ajuste de marcha rápida en ralentí — motores carburados de la serie L

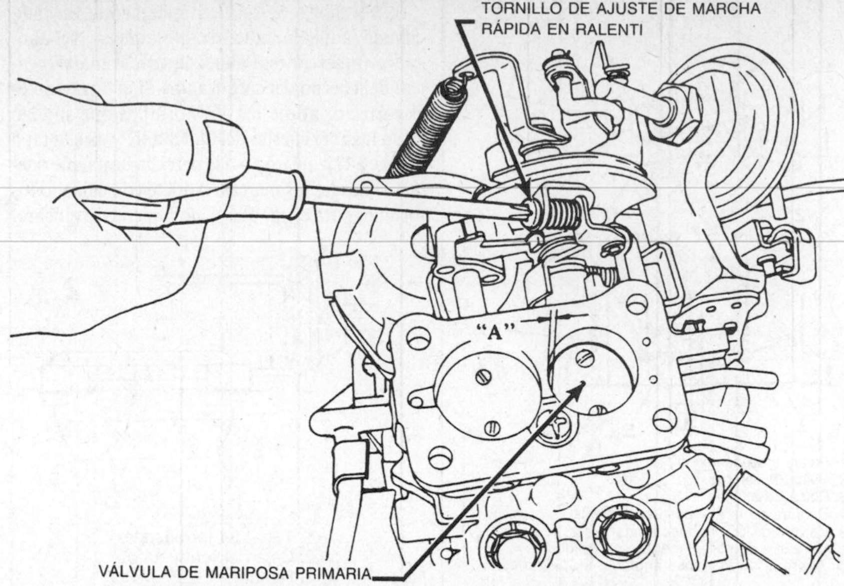

Ajuste de marcha rápida en ralentí — motores de la serie E

SISTEMA DE COMBUSTIBLE DIESEL

Filtro de gasóleo

En todos los modelos diesel, el filtro de gasóleo está situado en la parte interna del guardabarro derecho. Se debe cambiar el filtro al menos cada 30,000 millas. También debe vaciarse periódicamente el agua.

CAMBIO

1. Localice el filtro en el lado derecho del compartimiento del motor.

2. Coloque un pequeño recipiente bajo el filtro, desatornille el sensor del filtro que se encuentra en la parte inferior y vacíe todo el combustible que hay en el filtro.

3. Utilizando una herramienta especial Datsun/Nissan o una llave de cadena, desenrosque el filtro de su soporte.

4. Conecte el sensor del filtro a un nuevo filtro y, a continuación, móntelo.

NOTA: El filtro nuevo de gasóleo debe enroscarse a mano. NO DEBE usar la llave para apretarlo.

PURGA DEL SISTEMA DE COMBUSTIBLE

NOTA: Deberá purgar el aire del sistema de combustible cuando desmonte la bomba de inyección o repare el sistema de combustible

1. Afloje el tornillo de ventilación de la bomba de cebado y bombee. Asegúrese de que el combustible se derrama por el tornillo de ventilación.

2. Apriete el tornillo de ventilación.

3. Desconecte la manguera de retorno del combustible e instale una manguera adecuada en el conector de rebosamiento. Coloque un recipiente debajo del extremo de la manguera.

4. Cebe la bomba para asegurarse de que el combustible salga por el extremo de la manguera.

5. Desconecte la manguera e instale la de retorno de gasóleo.

DRENAJE DEL AGUA DEL SISTEMA DE COMBUSTIBLE

1. Coloque un recipiente debajo del filtro de gasóleo.

2. Saque el sensor del filtro de gasóleo y drene el agua.

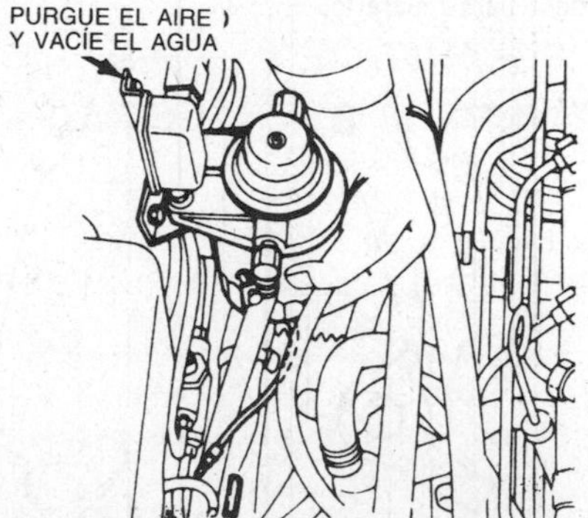

Vacíe el agua del sistema de combustible

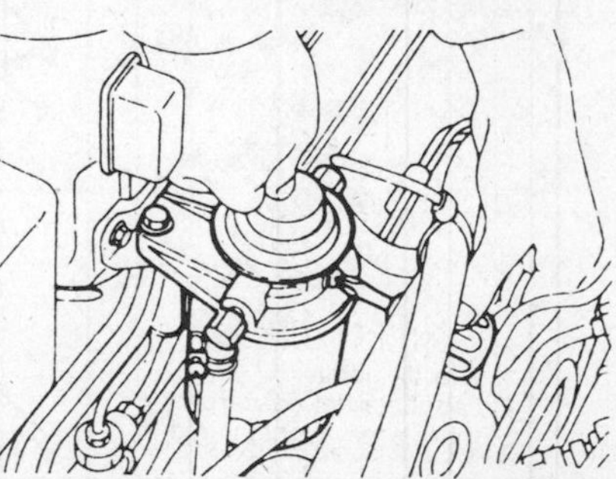

Purgado del sistema de combustible

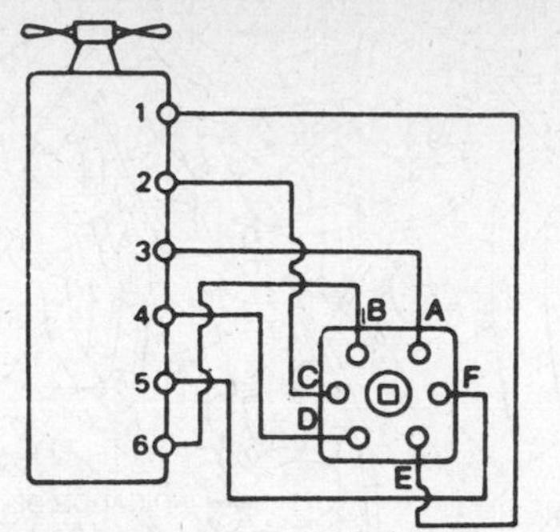

Trayectoría del tubo de inyección — motores LD28

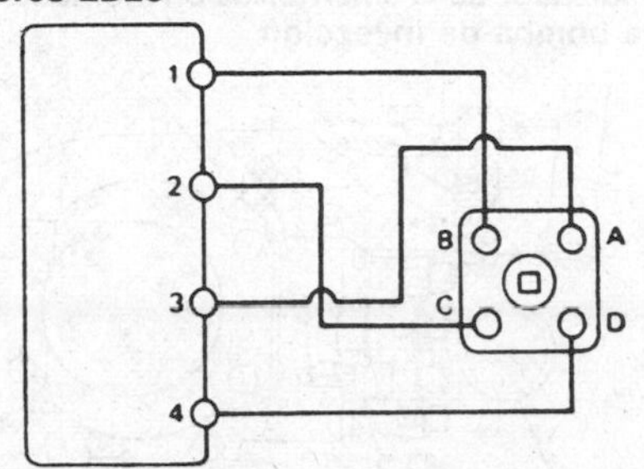

Trayectoria del tubo de inyección — motores diesel CD17

NOTA: El bombeo acelerará el vaciado del agua.

3. Cuando el gasóleo se derrama, monte el sensor del filtro.

4. Purgue el sistema de combustible.

Bomba de inyección

NOTA: La bomba de inyección diesel está ubicada a la derecha de la parte anterior del motor. En caso de avería o fallo de la bomba, deberá cambiarse en conjunto, exceptuando algunas piezas sencillas de la parte exterior de la bomba.

DESMONTAJE Y MONTAJE

Motor de seis cilindros LD28

1. Desconecte el cable negativo de la batería.

2. Saque el ducto del filtro de aire. Quite la tapa baja del motor.

3. Vacíe el líquido refrigerante y desmonte el radiador y su protección.

4. Afloje las tuercas de la polea del ventilador y desmonte las correas de impulsión (del aire acondicionado, del alternador y de la bomba de la dirección hidráulica).

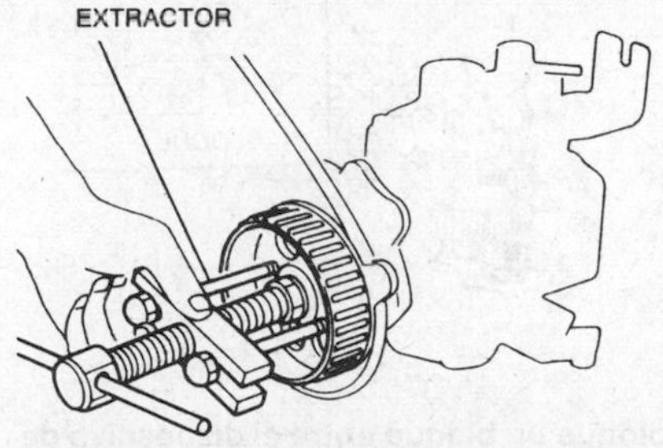

Desmontaje de la polea de la bomba de inyección utilizando un extractor

5. Desconecte la bomba de aceite de la dirección hidráulica y retírela.

6. Marque y desconecte el cable del acelerador, la manguera de sobreflujo (al lado del tubo de rebose), el conector del solenoide de corte de combustible y la manguera de retorno de combustible.

7. Marque y desconecte el potenciómetro, el cable de la válvula del solenoide de control de sincronización de la inyección, las mangueras de agua del dispositivo de arranque en frío (al lado del conector de cuatro vías) y el modulador de vacío (sólo en modelos automáticos).

8. Saque la polea del damper. Utilice un martillo de plástico para golpear ligeramente alrededor de su borde. Si de esta forma no se suelta la polea, será necesario utilizar un extractor de engranajes de dos brazos.

9. Saque el soporte de la polea y la polea loca (si cuenta con ella) y, luego, desmonte la tapa contrapolvo central.

10. Afloje el pasador elástico, coloque la polea del tensionador en la posición «libre de tensión» y, a continuación, apriétela.

11. Deslice la correa de impulsión de la bomba de inyección fuera de sus poleas.

12. Afloje la tuerca de retención y saque el piñón de impulsión de la bomba de inyección. Necesitará utilizar un extractor de dos brazos.

13. Desconecte las tuberías de inyección a nivel de los inyectores.

14. Desatornille las tuercas de fijación de la bomba de inyección y el perno de soporte.

15. Desmonte el conjunto de la bomba de inyección con los tubos de inyección unidos a ella.

NOTA: Si tiene intención de medir la carrera del émbolo, saque los tubos de inyección antes de retirar la bomba.

El montaje se realiza en el orden inverso al desmontaje. Tenga en cuenta las siguientes recomendaciones:

1. Coloque el cilindro N.º 1 en el PMS de su carrera de compresión. Asegúrese de que las muescas en la placa posterior del volante del motor están alineadas y que el lóbulo de la leva N.º 1 del árbol de levas se encuentra en la posición que se indica.

2. Monte la bomba de inyección y apriete, de forma provisional, los tornillos de montaje.

3. Utilice las marcas de alineación tal como se indica en la ilustración e instale el piñón impulsor de la bomba de inyección. Apriete la tuerca a 43-51 libras-pie (59-69 Nm).

NOTA: El eje de impulsión de la bomba de inyección es cónico. Si es difícil instalar el piñón impulsor, utilice un martillo de plástico y colóquelo en su lugar.

4. Asegúrese de que la polea del tensionador aún se encuentra en la posición libre y deslice la correa de impulsión sobre las poleas.

5. La correa de impulsión deberá tener dos marcas de sincronización. Alinee una con la marca de la polea del cigüeñal y otra con la marca del piñón impulsor. Si las marcas de sincronización de la correa no son lo suficientemente claras, coloque la correa de tal manera que las marcas del piñón impulsor y de la polea del cigüeñal permitan que se sitúen entre ellas 20 eslabones de la correa, cuando la instale.

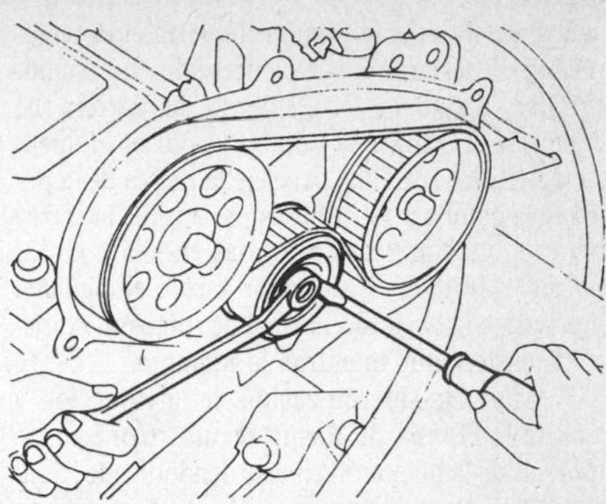
Mueva el tensor de la correa a la posición de suelta — motores diesel CD17

6. Afloje el pasador elástico y el tensionador de tal manera que la correa se sitúe automáticamente en la posición de «tensión».

7. Ajuste la sincronización de la inyección tal como se indica más adelante en este mismo capítulo.

8. Apriete las tuercas de la bomba de inyección a 12-15 libras-pie (16-21 Nm) y el perno del soporte a 22-26 libras-pie (30-35 Nm).

9. Vuelva a reconectar las tuberías de inyección. Conéctelas a los cilindros en este orden: 4, 2, 6, 1, 5, 3.

10. Purgue el aire del sistema de combustible tal como se describe más adelante en este mismo capítulo.

Motor de cuatro cilindros CD17

1. Desconecte el cable negativo de la batería.

2. Vacíe el refrigerante del radiador. Saque el conjunto del filtro del aire.

3. Etiquete y desconecte todos los cables y mangueras de la bomba de inyección.

4. Quite la correa de sincronización de la inyección colocando el cilindro N.º 1 en el PMS de su carrera de compresión. Marque la relación entre la correa de sincronización y ambas poleas utilizando pintura o un lápiz para su instalación posterior. Coloque el tensionador de la correa en la posición «libre» y saque la correa de sincronización.

5. Afloje la tuerca y quite la polea de la bomba de inyección. Retire todas las tuberías de la inyección. Extraiga las tuercas de fijación de la bomba y el perno del soporte y, a continuación, saque la bomba.

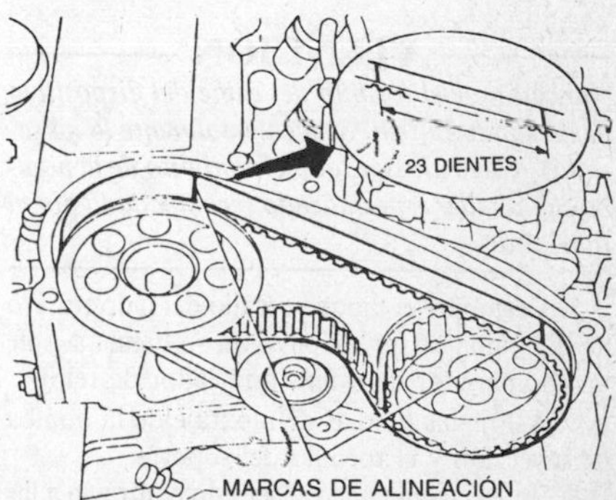

Marque la correa de sincronización antes de desmontarla — motores diesel CD17

6. Para montar la bomba, invierta el procedimiento de desmontaje. Asegúrese de que el cilindro N.º 1 esté en el PMS de su carrera de compresión. Monte la bomba y, por el momento, apriete los tornillos. Apriete la tuerca de la polea de la bomba a 43-51 libras-pie. Instale la correa alineando las marcas realizadas en ella y en las poleas. Afloje el tensionador y rote el cigüeñal dos veces en su sentido normal de rotación. Apriete el tensionador mientras lo aguanta.

7. Ajuste la sincronización de la inyección y apriete la bomba de forma segura. Conecte las tuberías de la inyección en el orden indicado. Sangre la bomba de inyección tal como se ha explicado anteriormente.

SINCRONIZACIÓN DE LA BOMBA DE INYECCIÓN

Motor de seis cilindros LD28

1. Saque la tapa inferior y vacíe el refrigerante.

2. Quite las mangueras de la refrigeración que están conectadas en el dispositivo de arranque en frío.

3. Saque la bomba de la dirección hidráulica.

4. Coloque el cilindro N.º 1 en el PMS de su carrera de compresión. Asegúrese de que las muescas de la placa posterior y de la placa impulsora están alineadas entre sí; Asegúrese de que el lóbulo N.º 1 del árbol de levas está en la posición que se indica en la ilustración.

5. Utilizando dos llaves, retire las tuberías de la inyección de combustible.

6. Afloje el tornillo de retención de la horquilla que se encuentra en el dispositivo de arranque en frío. Rote la horquilla 90° y, luego, coloque el dispositivo de arranque en frío en la posición de «libre».

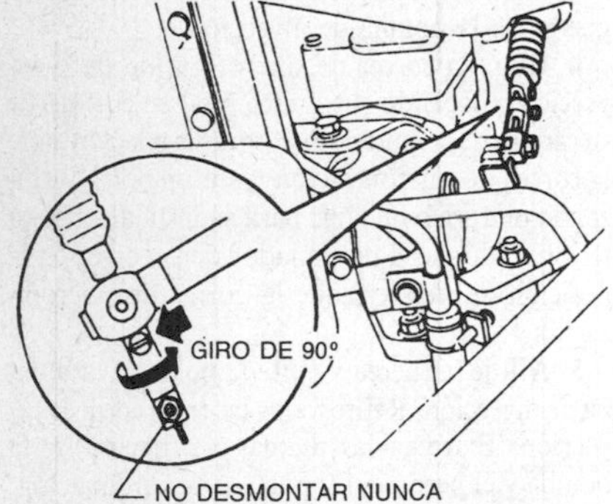

Coloque el tornillo de horquilla en el dispositivo de arranque en frío

ATENCIÓN

Nunca saque el tornillo del cable del dispositivo de arranque en frío. Si accidentalmente lo ha sacado, deberá ajustar todo el conjunto de la bomba en un taller especializado recomendado por el fabricante.

7. Desmonte el tapón roscado del lado trasero de la bomba de inyección y, en su lugar, acople un comparador de esfera (indicador de reloj).

8. Afloje las tuercas de montaje de la bomba de inyección y el tornillo del soporte.

9. Rote el cigüeñal en el sentido contrario a las agujas del reloj entre 15° a 20° desde la posición de PMS del cilindro N.º 1.

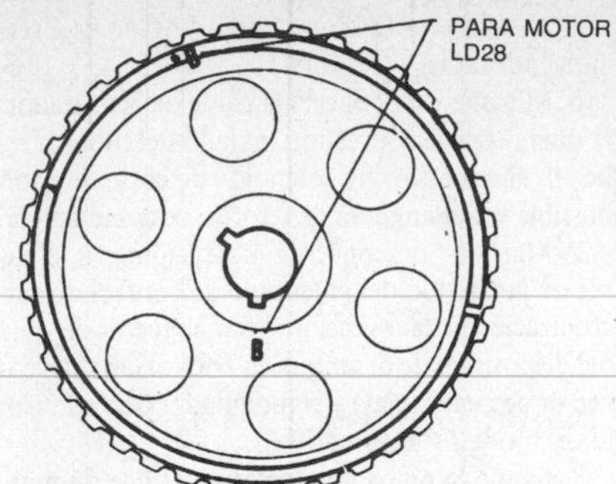

Marcas de alineación del engranaje de transmisión de la bomba de inyección — motores diesel LD28

10. Encuentre el punto de reposo de la aguja del reloj indicador y ajústela a cero.

11. Rote el cigüeñal dos revoluciones completas en el sentido de las agujas del reloj para anular el juego en el mecanismo del árbol de levas. Afloje el tensionador y vuélvalo a apretar.

12. Rote el cigüeñal en el sentido de las agujas del reloj hasta que el cilindro N.º 1 esté nuevamente en el PMS y luego lea el indicador.

Desplazamiento del émbolo mm (pulg.) Para altitudes bajas	
T/M	0.85 ± 0.03 (0.0335 ± 0.0012)
T/A	0.81 – 0.03 (0.0319 ± 0.0012)
Para altitudes elevadas (Únicamente para los modelos que no son de Calif.)	
T/M	0.09 ± 0.03 (0.0354 ± 0.0012)
T/A	0.85 ± 0.03 (0.0335 ± 0.0012)

13. Si el indicador no se encuentra en los valores especificados, rote la bomba de inyección en el sentido contrario a las agujas del reloj para aumentar la lectura y en el sentido de las agujas del reloj para disminuirla.

14. Apriete las tuercas de montaje de la bomba de inyección y el tornillo de soporte (los valores del par de apriete se encuentran en la sección anterior).

15. Quite el reloj indicador y vuelva a instalar el tornillo tapón con una arandela nueva. Apriete el tornillo tapón a 10-14 libras-pie (14-20 Nm).

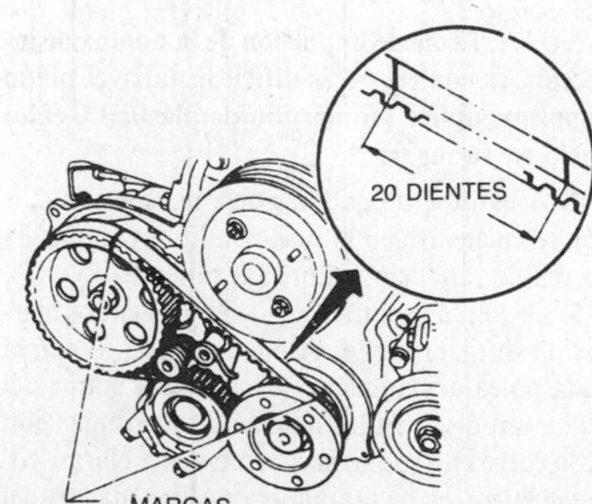

Alineación de las marcas de sincronización de la correa de transmisión de la bomba — motores diesel LD28

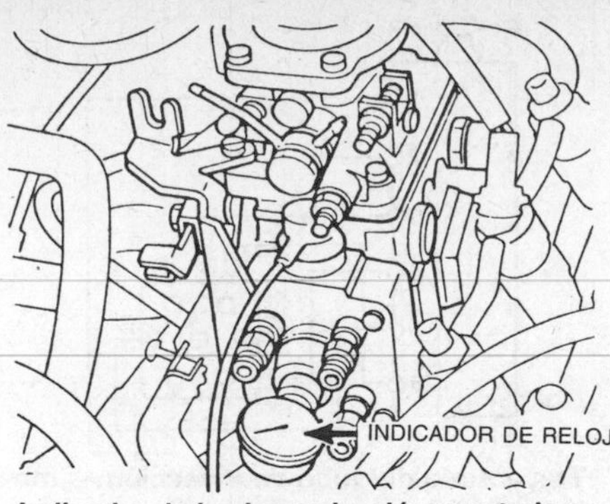

Indicador de la sincronización montado en la bomba de inyección

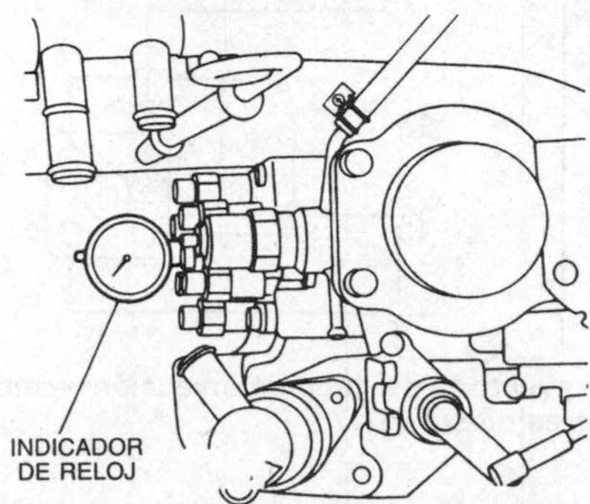

Quite el perno tapón e instale un indicador de reloj — motores diesel

16. Coloque la horquilla en el dispositivo de arranque en frío en su posición original, tirando del cable de este dispositivo y luego apretando el tornillo de la horquilla.

17. Conecte las tuberías de la inyección tal como se describe en la sección anterior.

18. Monte la bomba de la dirección hidráulica, conecte las mangueras de agua del dispositivo de arranque en frío y vuelva a llenar la bomba con refrigerante y vuelva a colocar la tapa inferior.

Motores de cuatro cilindros CD17

1. Coloque el cilindro N.º 1 en el PMS de su carrera de compresión. Asegúrese de que las marcas de la polea del dámper del cigüeñal y del indicador de sincronización están alineadas entre sí.

2. Marque y desmonte las tuberías de inyección de combustible.

3. Gire el mando del dispositivo de arranque en frío en el sentido de las agujas del reloj y co-

Coloque un bloque entre el dispositivo de arranque en frío y el varillaje — motores diesel CD17

loque un bloque de 0,59'' entre el dispositivo y el mando.

4. Saque el tornillo tapón de la bomba de inyección y coloque un reloj indicador.

5. Rote el cigüeñal en el sentido de las agujas del reloj entre 15°-20° desde el PMS. Encuentre el punto de reposo de la aguja del indicador y luego ajústela a cero.

6. Rote el cigüeñal en el sentido de las agujas del reloj hasta que el cilindro N.º 1 esté nuevamente en el PMS y lea el indicador.

Desplazamiento del émbolo para altitudes bajas	
T/M 0.94 ± 0.03 mm.	(0.0370 ± 0.0012 pulg.)
T/A 0.88 ± 0.03 mm.	(0.0346 ± 0.0012 pulg.)

Desplazamiento del émbolo para altitudes elevadas	
T/A 1.00 ± 0.03 mm.	(0.0394 ± 0.0012 pulg.)
T/M 0.94 ± 0.03 mm.	(0.0370 ± 0.0012 pulg.)

7. Si la lectura del reloj indicador no coincide con lo especificado, rote el cuerpo de la bomba de inyección hasta que esté dentro del margen indicado.

PURGA DEL SISTEMA DE COMBUSTIBLE

NOTA: Deberá purgarse el aire del sistema de combustible siempre que se saque la bomba de inyección o se repare el sistema de combustible.

1. Afloje el tornillo de ventilación de la bomba de cebado y bombee varias veces. Asegúrese de que el combustible salga por el tornillo de ventilación.

2. Apriete el tornillo de ventilación.

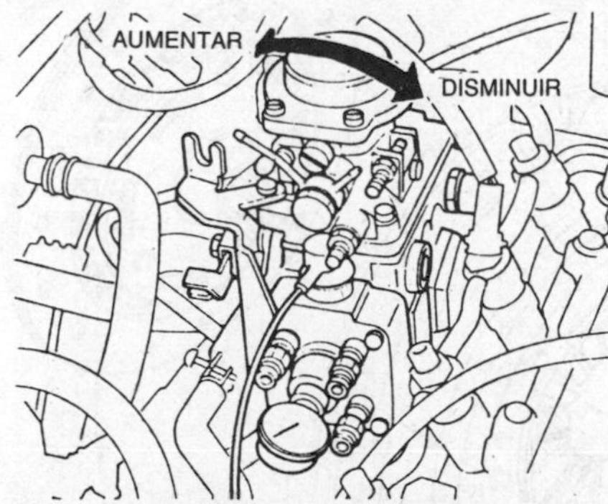

Mueva la bomba de inyección para ajustar el desplazamiento del émbolo — motores diesel CD17

3. Desconecte la manguera de retorno de combustible e instale una manguera adecuada en el conector de sobreflujo. Coloque un recipiente pequeño debajo de la manguera de derrame.

4. Cebe la bomba para asegurarse de que el combustible salga por el extremo abierto de la manguera.

5. Saque el recipiente y la manguera de derrame y luego instale la manguera de retorno.

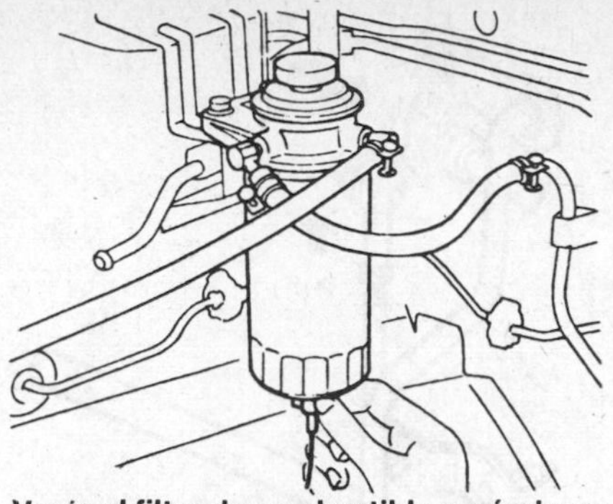

Vacíe el filtro de combustible aquí mismo por este orificio

Inyectores

DESMONTAJE Y MONTAJE

1. Quite los tubos de inyección en el inyector y luego saque el conjunto del tubo de rebose.

2. Desatornille los dos tornillos de montaje y saque los inyectores y sus arandelas.

3. El montaje se hace en el orden inverso del desmontaje. Apriete las tuercas de montaje del inyector a 12-15 libras-pie (16-21 Nm). Apriete la tuerca del tubo de inyección al inyector a 16-18 libras-pie (22-25 Nm). Utilice siempre una arandela pequeña nueva en el inyector.

TRANSMISIÓN MANUAL

DESMONTAJE Y MONTAJE

La transmisión puede desmontarse por separado por debajo del vehículo. Los procedimientos de desmontaje y montaje de la transmisión para los modelos más antiguos son similares en general.

Tracción trasera

1. Levante el vehículo y apóyelo. Desconecte la batería. Desconecte el interruptor de la luz de marcha atrás en todos los modelos y el interruptor de neutral en caso de que esté instalado.

2. En los Z y ZX, saque el sistema de escape. En los modelos con motores A14, Z20 y Z22, desconecte del múltiple el tubo de escape. En los 280ZX y en los Maxima, 810 y 200SX de 1980 y posteriores, desconecte la articulación del acelerador. En los 280ZX saque la placa de protección doblada.

3. Afloje el árbol de transmisión en la parte trasera y desmóntelo. Si hay un cojinete central, desatorníllelo del travesaño. Selle el extremo de la carcasa de extensión de la transmisión para evitar fugas.

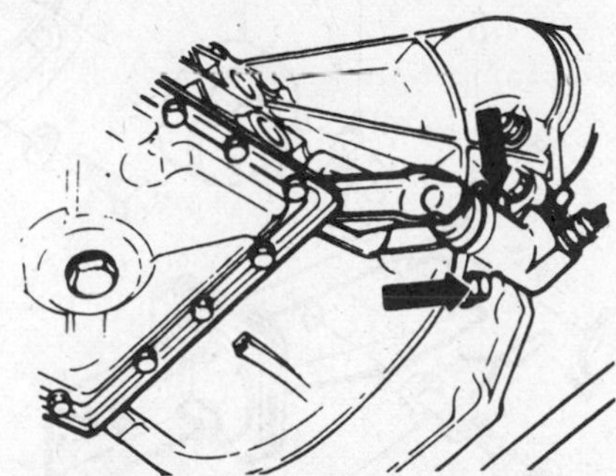

Desmontaje del cilindro auxiliar del arranque

4. Desconecte de la transmisión el cable impulsor del velocímetro.

5. Saque la palanca de cambios.

6. Quite de la carcasa del embrague el cilindro de mando del embrague.

7. Soporte el motor con un bloque grande de madera y un gato colocado debajo del cárter de aceite.

8. Desatornille la transmisión del travesaño. Apoye la transmisión con un gato y saque el travesaño.

9. Baje la parte posterior del motor para ganar espacio.

10. Desmonte el motor de arranque.

11. Desatornille la transmisión, bájela y sáquela por detrás.

12. Invierta el procedimiento para volver a montarla. Compruebe el ajuste de la articulación del embrague.

Tracción delantera

NOTA: Deberá desmontar en conjunto el motor y la transmisión.

1. Saque la batería y la placa de soporte de la misma.

2. Levante el tren delantero del coche y sopórtelo con caballetes.

3. Quite el depósito del radiador.

4. Vacíe el aceite de la caja de cambios.

NOTA: En la camioneta Stranza 4 x 4, desmonte la caja de transferencia.

5. Saque los semiejes del transaxle.

NOTA: Cuando saque los semiejes, tenga cuidado de no dañar el borde del retén de aceite. Después de quitar los semiejes, introduzca una barra de acero o una clavija de madera de diámetro adecuado para evitar que giren los engranajes y caigan dentro de la caja del diferencial.

6. Saque el protector de la rueda.

7. Separe del transaxle (Caja de cambios) la barra de control y la barra de soporte.

8. Saque el perno de seguridad del codo de refuerzo del motor y el soporte del motor.

9. Quite de la palanca de retracción, el cable de control del embrague.

10. Desconecte del transaxle el cable del velocímetro.

11. Desconecte de los interruptores de marcha atrás y neutral los cables.

12. Soporte el motor colocando un gato debajo del cárter de aceite,con un bloque de madera entre el gato y el cárter para protegerlo.

13. Soporte el transaxle con un caballete.

14. Quite los tornillos de seguridad del motor.

15. Saque los tornillos que unen al transaxle al motor.

16. Utilizando un caballete como soporte, baje con cuidado el transaxle y apártelo del vehículo.

ATENCIÓN

Tenga cuidado de no golpear ninguna pieza cercana o con el eje de entrada (el eje que sale del transaxle y que se introduce en el embrague) cuando retire el transaxle del vehículo.

El montaje del transaxle se realiza en el orden inverso al desmontaje, pero tenga en cuenta los siguientes puntos:

1. Antes de instalar, limpie las superficies de unión de la placa posterior del motor y de la carcasa del embrague.

2. Aplique una capa ligera de grasa con litio (que incluye disulfuro de molibdeno) en las zonas de deslizamiento del disco del embrague y en el eje de entrada del transaxle.

3. Saque el tapón de llenado y llene el transaxle con 4 7/8 de pintas (4 velocidades) ó 5 3/4 pintas (5 velocidades) de API GL-4. Llene hasta el nivel del orificio del tapón (consulte la tabla de Capacidades al principio de esta sección).

4. Aplique un compuesto de sellado a las roscas del tapón de llenado e instale el tapón en la carcasa del transaxle. Apriete los tornillos que aseguran el transaxle al motor a 12-15 libras-pie.

ATENCIÓN

Si ha desmontado el embrague, deberá volver a alinearlo. Cuando conecte los semiejes, inserte anillos tóricos entre las bridas laterales y los árboles de transmisión.

Ajuste del varillaje del cambio

MODELOS CON TRACCIÓN DELANTERA

310 con 4 y 5 velocidades (1980-81)

Se puede realizar el ajuste mediante la palanca selectora.

1. Afloje las tuercas de ajuste que se encuentran en cada extremo de la palanca de control cerca de la parte inferior del varillaje.

2. Coloque la palanca de control del cambio en la posición neutral.

3. Empuje totalmente la palanca del cambio (del lado de la transmisión) en la dirección Pl, tal como se indica en la ilustración. En los modelos con cuatro velocidades, tire de la palanca hacia atrás unos 8 mm (0.31"). En los de cinco velocidades tire de la palanca de cambio hacia atrás 11.5 mm (0.453"). Con la palanca selectora puesta en la posición superior, mueva la palanca del cambio en la dirección P2, la cual se engranará en el tercer piñón (modelos con 4 velocidades) o en el segundo piñón, en los de cinco velocidades.

4. Empuje la palanca selectora de control hasta el tope en la dirección P2, a continuación gire la tuerca superior de ajuste hasta que toque el muñón. Gire la tuerca un cuarto de giro más y cierre la palanca selectora con la otra tuerca de ajuste.

5. Haga funcionar la palanca de control del cambio para ver si se desliza en forma pareja a través de los engranajes.

Sentra, Pulsar, Stanza, 310 (1982-84) y Maxima (1985 y posteriores)

No es necesario ni posible realizar ningún tipo de ajustes.

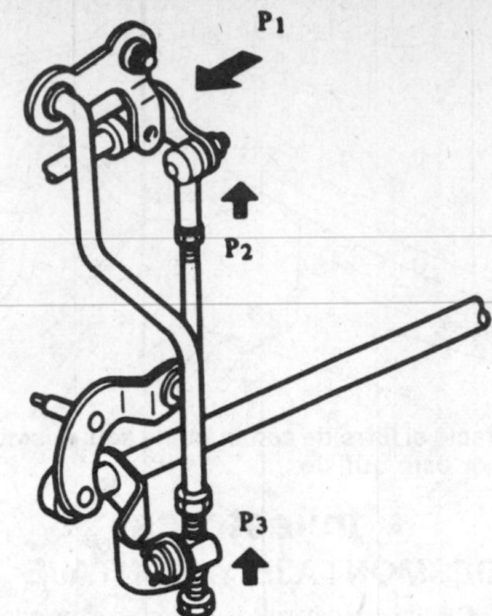

Varillaje de 4 velocidades del 310 de 1980-81

REVISIÓN

Para todos los procedimientos de revisión de la transmisión manual consulte Revisión de la transmisión manual, en la sección de Reparaciones.

EMBRAGUE

Todos los modelos utilizan platos de presión de tipo diafragma.

Tracción trasera

DESMONTAJE Y MONTAJE

1. Saque la transmisión del motor.

2. Introduzca una barra para alinear el embrague o una herramienta semejante dentro del cubo del disco del embrague. Esto deberá hacerse para soportar el peso del disco del embrague durante el desmontaje. Marque la relación entre el conjunto del embrague y el volante del motor con pintura o un punzón, de modo que pueda ensamblar el embrague en la misma posición que se encontraba antes de desmontarlo.

3. Afloje los tornillos en secuencia, una vuelta cada vez. Saque los tornillos.

4. Desmonte el plato de presión y el disco del embrague.

5. Quite el mecanismo de liberación. Aplique grasa multi-purpose (multiusos) dentro de la ranura del manguito del cojinete, en el punto de contacto de la palanca de retracción y el manguito

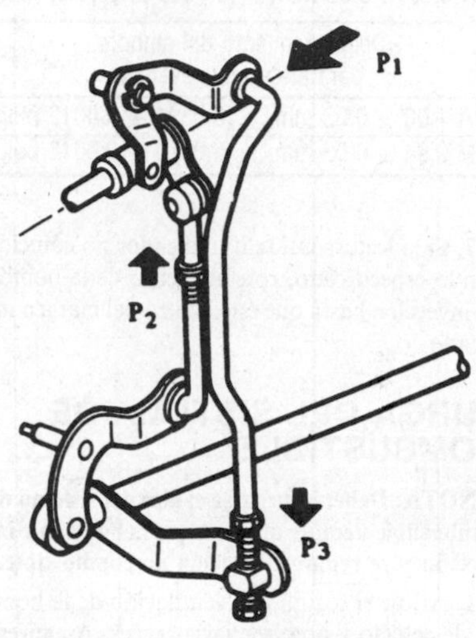

Varillaje de 5 velocidades en los 310 de 1980-81

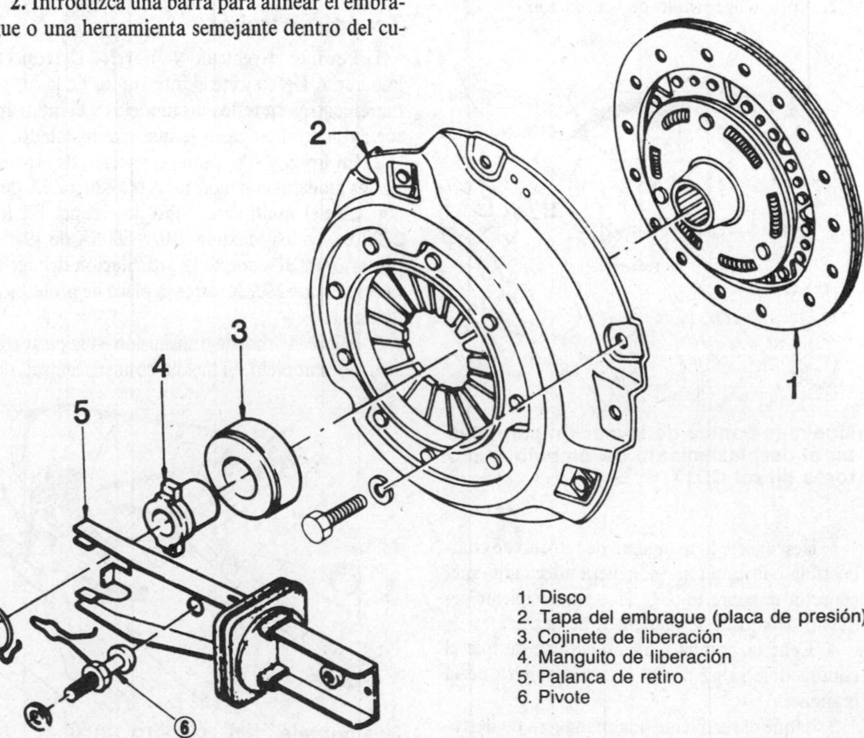

1. Disco
2. Tapa del embrague (placa de presión)
3. Cojinete de liberación
4. Manguito de liberación
5. Palanca de retiro
6. Pivote

Conjunto típico del embrague

del cojinete, la superficie de contacto del perno de bola de la palanca y la palanca misma. Vuelva a colocar el mecanismo de liberación.

6. Inspeccione el plato de presión para ver si presenta desgaste, escoriaciones, etc., y arregle o cambie según sea necesario. Inspeccione el cojinete de liberación y cámbielo, si es necesario. Aplique una cantidad pequeña de grasa en las ranuras de la transmisión. Instale el disco en las ranuras y deslícelo hacia atrás y adelante varias veces. Saque el disco y retire el exceso de grasa del cubo. Asegúrese de que no queda grasa en contacto con el disco o el plato de presión.

7. Instale el disco, alineándolo con un eje falso ranurado.

8. Instale el plato de presión y apriete los tornillos a 16-22 libras-pie.

9. Saque el eje falso.

10. Vuelva a colocar la transmisión.

Tracción delantera

DESMONTAJE Y MONTAJE

310 de 1980

Por razón de la configuración única de los sistemas transmisión/árbol de transmisión (transaxle) de los 310, resulta imposible desmontar la transmisión sin desmontar el motor (la caja de cambios el diferencial y los semiejes se encuentran adosados).

Debido a este problema, Datsun ha resuelto el servicio del embrague mediante una tapa (cubierta) situada en la parte superior del alojamiento. Para realizar una reparación o sustitución, no es necesario desmontar la transmisión y el motor.

NOTA: La tapa del embrague y el plato de presión están equilibrados formando una unidad. Si es necesario realizar un cambio, deberá sustituir ambas partes.

1. Desconecte los siguientes cables, alambres y mangueras:

a. Cable a tierra de la batería.

b. Ducto de aire fresco.

c. Conectores del arnés del motor en el alojamiento del embrague.

d. Cable de encendido entre la bobina y el distribuidor.

e. Mangueras del cartucho de carbón.

2. Desmonte de la parte superior del alojamiento del embrague la placa de inspección y quite los seis tornillos que sujetan la tapa del embrague.

NOTA: Para poder acceder a los seis tornillos, deberá levantar el coche con un gato y, mientras afloja los seis tornillos, girar la rueda delantera derecha, con el vehículo en velocidad alta. De esta forma hará girar la tapa del embrague.

ATENCIÓN

Asegúrese de aflojar los tornillos en forma pareja y en orden.

3. Rote totalmente a la derecha el volante de la dirección y saque la placa de inspección situada dentro del alojamiento de la rueda derecha.

4. Desconecte la palanca de retracción y quite los seis tornillos que están en el alojamiento del cojinete. A través del orificio de inspección del alojamiento de la rueda, tire para sacar el conjunto primario del mecanismo de impulsión.

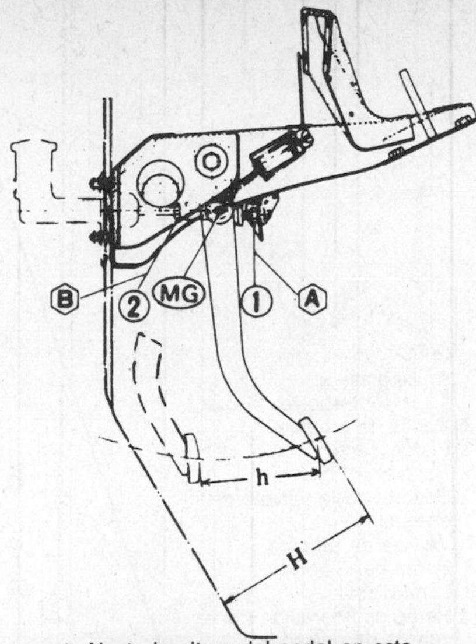

1. Ajuste la altura del pedal en este punto
2. Ajuste el recorrido libre del pedal en este punto
MG. Lubrique en este punto con grasa multipurpose
H. es la altura del pedal
h. es el recorrido libre

Puntos de ajuste del embrague

NOTA: Para quitar el pasador de la palanca de retracción, primero deberá sacar el anillo en E que lo sujeta al alojamiento del cojinete.

5. Después de retirar el mecanismo impulsor, vaya al compartimiento del motor y levante la tapa del embrague y el conjunto del disco, retirándolos por la sección abierta del alojamiento del embrague. Al mismo tiempo, también puede desmontar el diafragma.

6. Quite la tira que sujeta el plato de presión a la tapa del embrague y desmonte el embrague desde el centro.

NOTA: Esta tira deberá volver a ser colocada en la misma posición que tenía antes de ser desmontada. Marque la posición relativa antes del desmontaje. Si la instala fuera de su posición, puede ocasionar un desequilibrio.

El montaje es a la inversa del desmontaje, pero tenga en cuenta lo siguiente:

1. Preste atención especial a las marcas de alineación, vuelva a ensamblar el disco y el plato de presión. Apriete los tornillos de la tira a 7-9 libras-pie (310).

2. Coloque el resorte del diafragma y el conjunto de la tapa en el volante del motor y apriete los tornillos con la mano.

NOTA: Estos tornillos deberán quedar lo bastante sueltos como para mover el conjunto cuando monte el mecanismo del cambio. En el volante del motor hay un par de espigas de alineación.

3. Monte el conjunto del mecanismo impulsor alineando el cubo del disco con la ranura de la rueda dentada. Después de la alineación, apriete los tornillos de la tapa a 5-7,2 libras-pie.

Todos los demás modelos con tracción delantera:

1. Saque el transaxle del motor.

2. Introduzca una herramienta Nissan para alinear el embrague u otra similar dentro del cubo del disco del embrague.

3. Afloje los tornillos de sujeción de la tapa del embrague al volante del motor, una vuelta por vez, hasta que desaparezca la presión del resorte.

NOTA: Asegúrese de sacar los tornillos en una secuencia cruzada.

4. Saque el disco del embrague y el conjunto de la tapa.

5. Inspeccione el plato de presión para ver si presenta irregularidades, y arregle o cambie según sea necesario (las asperezas poco importantes puede eliminarlas con una tela de esmeril). Inspeccione el disco del embrague en busca de zonas desgastadas o engrasadas, pérdidas de remaches y pérdidas o roturas de resortes, y sustitúyalo. (De todas formas, probablemente lo cambiará, ya que tiene el embrague desmontado y fuera del vehículo).

6. Aplique una ligera capa de grasa de disulfuro de molibdeno en la ranura del eje de entrada en el transaxle. Deslice el disco del embrague en el eje primario varias veces para disminuir la grasa. Saque el disco del embrague y limpie el exceso de lubricante sacándolo del cubo del disco.

ATENCIÓN

Tenga mucho cuidado de que no caiga grasa o aceite en la superfície del embrague. Durante el montaje debe mantener las superfícies de fricción del disco, del volante motor y del plato de presión limpias y secas. La presencia de grasa, aceite o polvo pueden producir el deslizamiento del embrague una vez montado.

7. Instale el conjunto de la tapa del embrague. Cada tornillo debe apretarse una vuelta cada vez en una secuencia alterna. Apriételos a 16-22 libras-pie.

8. Saque la herramienta de alineamiento del embrague.

9. Vuelva a montar el transaxle (caja de cambios).

Varillaje del embrague

AJUSTE DEL EMBRAGUE HIDRÁULICO

Consulte en la tabla Especificaciones del embrague la altura del pedal por encima del suelo y el juego del pedal.

La altura del pedal se ajusta generalmente con

ESPECIFICACIONES DEL PEDAL DEL EMBRAGUE

Modelo	Altura del pedal por encima del suelo (pulg.)	Juego libre del pedal (pulgadas)
210 (1980)	5.75	0.04–0.20
310 (1980–81)	7.29	0.04–0.20
810/ Maxima (1980–84)	6.90	0.04–0.20

ESPECIFICACIONES DEL PEDAL DE EMBRAGUE

Modelo	Altura del pedal por encima del suelo (pulg.)	Juego libre del pedal (pulg.)
Maxima (1985–87)	6.73–7.13	0.04–0.12
200SX	7.60	0.04–0.12
510	6.50	0.04–0.20
280ZX	7.99	0.04–0.20
Stanza	6.50	0.43–0.63
Stanza '82	6.50	0.43–0.63
'83–'84	6.05	0.43–0.63
'85–'87 Sedan	6.22	0.47–0.67
'86–'87 Wagon	9.50	0.04–0.12
Sentra/310/Pulsar		
'82–'84	8.00	0.43–0.83
'85	8.3	0.43–0.70
'86–'87	7.90	0.43–0.70
300ZX	7.68–8.07	0.04–0.12

un tope que limita el recorrido hacia arriba del mismo. El juego libre del pedal se ajusta en la varilla del empuje del cilindro principal. Si dicha varilla no es ajustable, el juego libre se ajusta colocando laminillas entre el cilindro principal y el panel de separación entre el motor y el interior del coche. En varios modelos, el juego libre del pedal también puede ajustarse mediante la varilla de empuje del cilindro operativo (esclavo). Para los 310, hay varillas de empuje disponibles en tres longitudes.

AJUSTE DEL EMBRAGUE MECÁNICO

Todos los modelos de 1982 y posteriores con tracción delantera (excepto los Maxima y las camionetas Stanza) utilizan un embrague mecánico. Compruebe la altura del pedal y el juego libre, ajustándolos, si es necesario. Consulte la tabla Especificaciones del embrague, para obtener los valores correctos de ajuste.

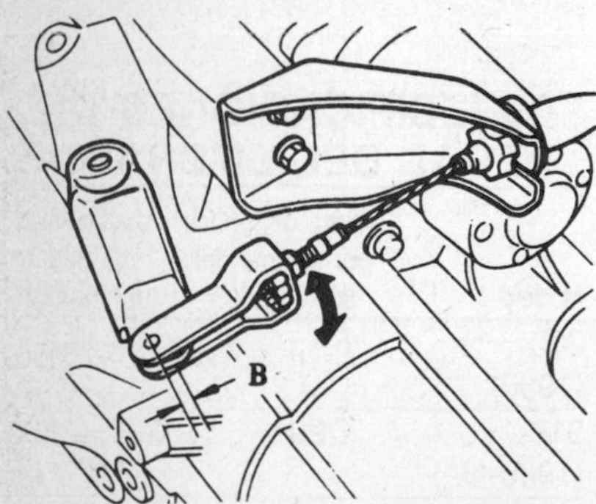

Ajuste de la palanca de retracción del embrague — Sentra, Pulsar, Stanza; la flecha indica el ajuste de la contratuerca

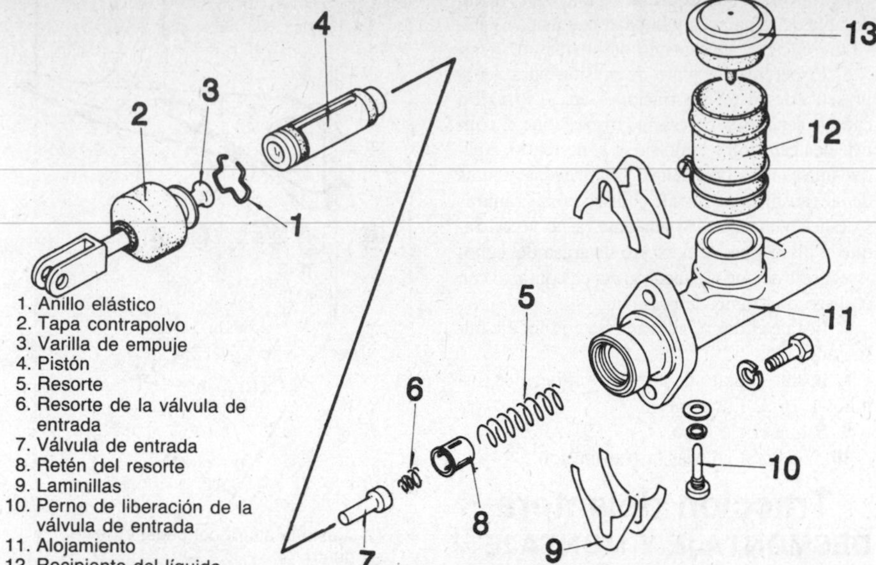

Cilindro principal del embrague — se ilustra para el 210; los demás son semejantes

1. Afloje la contratuerca y ajuste la altura del pedal por medio del tope del pedal. Apriete la contratuerca.

2. Ajuste el juego de la palanca de retracción en el extremo de la palanca por medio de las contratuercas.

3. Oprima y suelte el pedal varias veces y luego vuelva a comprobar el juego libre de la palanca de retracción. Reajústela, si es necesario.

4. Mida el juego libre del pedal en el centro de la placa del pedal.

Cilindro principal de embrague

DESMONTAJE Y MONTAJE

1. Desconecte de la varilla de empuje el brazo del pedal del embrague.

2. Desconecte del cilindro principal la tubería hidráulica del embrague.

NOTA: Procure que el líquido de frenos no entre en contacto con ninguna de las superficies pintadas.

3. Saque las tuercas que fijan el cilindro principal y desmonte este último y la varilla de empuje hacia el lado del compartimiento del motor.

4. Monte el cilindro principal en el orden inverso al desmontaje y purgue el sistema hidráulico del embrague.

Cilindro auxiliar de embrague (esclavo)

DESMONTAJE Y MONTAJE

1. Saque los tornillos de sujeción del cilindro auxiliar de embrague y la varilla de empuje de la horquilla de cambio.

2. Desconecte la manguera flexible de líquido del cilindro auxiliar y desmonte dicha unidad del vehículo.

3. Monte el cilindro auxiliar en el orden inverso al de su desmontaje, y purgue el sistema hidráulico del embrague.

PURGA DEL SISTEMA HIDRÁULICO

Es necesario realizar la purga para eliminar el aire atrapado en el sistema hidráulico. Es indispensable realizar esta operación cada vez que el sistema haya sufrido fugas o después de desmontarlo. El tornillo de purga por lo general está ubicado en el cilindro operativo (auxiliar) del embrague.

1. Saque la tapa contrapolvo del tornillo para purgar.

2. Conecte un tubo al tornillo de purga y sumerja al extremo libre en un recipiente limpio con líquido de frenos.

3. Llene con líquido el cilindro principal.

4. Abra aproximadamente 3/4 de vuelta el tornillo de purga.

5. Apriete rápidamente el pedal del embrague. Manténgalo apretado. Haga que un ayudante apriete el tornillo de purga. Deje que el pedal vuelva a su posición lentamente. El par de apriete del tornillo es de 5-6 libras-pie.

6. Repita los puntos 2 y 5 hasta que no haya más burbujas en el recipiente con líquido de frenos.

7. Quite el tubo de purga. Vuelva a colocar la tapa contrapolvo. Llene el cilindro principal.

TRANSMISIÓN AUTOMÁTICA

En esta sección sólo se analizan los ajustes externos de la transmisión y sus reparaciones, así como su desmontaje y reinstalación.

Todos los modelos utilizan transmisión automática JATCO, bien sea el modelo 3N71B o el L4N71B (cuatro velocidades con sobremarcha). Esta transmisión utiliza el líquido Dexron.

DESMONTAJE Y MONTAJE

1. Desconecte el cable de la batería.

2. Saque el varillaje del acelerador.

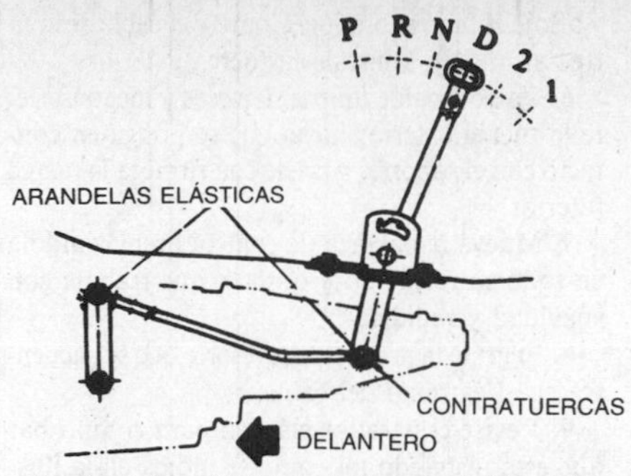

Ajuste del varillaje de la transmisión automática

3. Desmonte el varillaje del cambio.

4. Desconecte el interruptor de seguridad en neutral y el cableado del solenoide de cambio descendente.

5. Quite el tapón de drenaje y vacíe el convertidor de par. Si no cuenta con el tapón de drenaje, vacíe la transmisión. Si no hay tapón de drenaje de la transmisión, saque el cárter para vaciarla. Vuelva a colocar el cárter para evitar que entre suciedad.

6. Saque el tubo de escape.

7. Desmonte el tubo de vacío y el cable del velocímetro.

8. Desconecte los tubos del líquido de refrigerante.

9. Retire los ejes de transmisión y el motor de arranque.

10. Mantenga apoyada la transmisión con un gato colocado debajo del cárter de aceite. Apoye también el motor.

11. Saque el travesaño posterior.

12. Marque la relación entre el convertidor de par y la placa impulsora. Extraiga los cuatro tornillos que sostienen el convertidor a la placa impulsora a través del orificio que hay en la parte delantera, debajo del motor. Desatornille la transmisión del motor.

13. Invierta el procedimiento para el montaje. Si hay alabeo, asegúrese de que en la placa impulsora no supera las 0,020''. Apriete los pernos de la placa impulsora al convertidor de par y de la carcasa del convertidor al motor a 29-36 libras-pie. El apriete de la placa impulsora al cigüeñal es de 101-116 libras-pie.

14. Vuelva a llenar la transmisión y compruebe el nivel del líquido.

AJUSTE DEL VARILLAJE DE CAMBIOS

Todos los modelos, excepto 300ZX y 200SX (1984 y posteriores)

El ajuste se realiza en las contratuercas en la base de la palanca de cambio, que controla la longitud de la palanca de control del cambio.

1. Coloque la palanca del cambio en la posición «D».

2. Afloje las contratuercas y mueva la palanca del cambio hasta que esté firmemente colocada en la posición «D», con el puntero alineado, y la transmisión en la posición «D».

3. Apriete las contratuercas.

4. Compruebe el ajuste. Ponga en marcha el motor y accione el freno de estacionamiento. Cambie a todas las velocidades, comenzando en «P». Al mover la palanca de «P» a «1», deberá observar el paso por cada una de las posiciones. Si no es posible realizar un ajuste adecuado, es probable que los anillos protectores estén desgastados y deban cambiarse.

300ZX y 200SX (1984 y posteriores)

Si no puede sentir cada una de las posiciones o si el indicador no se alinea correctamente cuando cambia de la posición «P» a la «1», deberá ajustar el varillaje.

1. Coloque la palanca en la posición «N».

2. Afloje las contratuercas.

3. Mueva la palanca de selección por el lado de la transmisión hasta la posición «N».

4. Apriete las contratuercas cuando la palanca de cambios se encuentre en la posición «N» y empújela al lado de la posición «P».

5. Desplace la palanca de control a través de todas las posiciones para asegurarse de que cambia con suavidad y sin ruidos.

REVISIÓN DEL SOLENOIDE DE CAMBIO DESCENDENTE

El solenoide está controlado por un interruptor de cambio descendente en el varillaje del acelerador dentro del coche. Para probar el interruptor y el funcionamiento del solenoide:

1. Ponga el encendido en «On».

2. Apriete el acelerador hasta el fondo para que actúe el interruptor.

3. Deberá oir un sonido de clic en el solenoide al ser activado. El solenoide va atornillado en la parte exterior de la caja. Si no se oye el clic, revise el interruptor, el cableado y el solenoide.

4. Para desmontar el solenoide, purgue primero de 2 a 3 pintas de aceite para transmisión, y luego desatornille la unidad.

AJUSTE DEL INTERRUPTOR DE SEGURIDAD EN NEUTRAL Y DE LA LUZ DE RETROCESO

La unidad del interruptor va atornillada al lado izquierdo de la palanca de cambio de la transmisión. El interruptor evita que el motor arranque en cualquier posición de la transmisión que no sea Park o Neutral. Controla igualmente las luces de retroceso.

1. Saque la tuerca de retención de la palanca de cambio de la transmisión y la palanca.

2. Quite el interruptor.

3. Desmonte el tornillo de máquina de la caja situada debajo del interruptor.

4. Alinee el interruptor en la caja introduciendo un perno con diámetro de 0,059'' (0,079 pulgadas en los 300ZX y 200SX de 1984 y posteriores) a través de la perforación en el interruptor y en el agujero del tornillo. Marque la ubicación del interruptor.

5. Saque el perno, vuelva a colocar el tornillo de máquina, instale el interruptor tal como se ha indicado, y vuelva a colocar la palanca del cambio y la tuerca de retención.

6. Asegúrese, mientras acciona el freno, que el motor se ponga en marcha únicamente en las posiciones Park o Neutral. Compruebe que las luces de retroceso sólo se encienden cuando se conecta la marcha atrás.

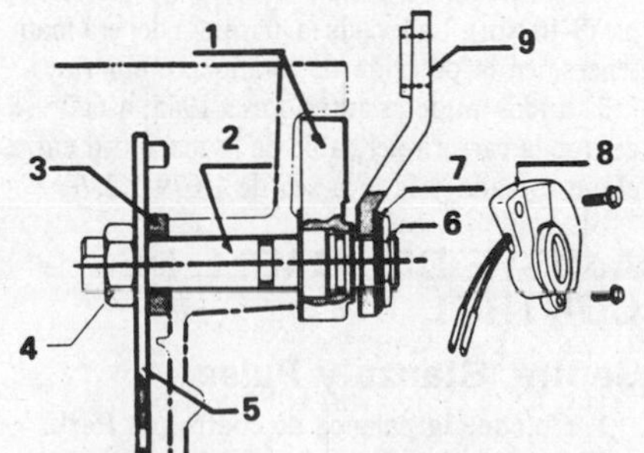

1. Interruptor de seguridad de neutral
2. Eje manual
3. Arandela
4. Tuerca
5. Placa manual
6. Tuerca
7. Arandela
8. Interruptor de seguridad de neutral
9. Palanca de cambios de la transmisión

Interruptor de luces de seguridad en neutral y de marcha atrás — transmisión JATCO

Solenoide de cambio descendente

TRANSAXLE AUTOMÁTICO (CAMBIO AUTOMÁTICO)

DESMONTAJE Y MONTAJE

Sentra, Stanza y Pulsar

1. Desconecte el cable negativo de la batería, levante y sujete el vehículo.

2. Desmonte la rueda delantera izquierda y vacíe el líquido de la transmisión en un recipiente adecuado.

3. Saque el guardabarros izquierdo y desconecte los semiejes.

NOTA: Tenga cuidado de no dañar los retenes de aceite cuando retire los semiejes. Después de sacar los semiejes, coloque una barra para que los engranajes laterales no giren y caigan dentro de la carcasa del diferencial.

4. En las camionetas Stanza, desconecte y retire el tubo de escape delantero.

5. Desconecte el cable del velocímetro. Desconecte el cable del estrangulador de la palanca del estrangulador del carburador, en los modelos que lo llevan.

6. Quite de la unidad el extremo posterior del cable de control y retire el tubo del indicador del nivel de aceite.

7. Coloque un gato bajo el motor y el transax-

le (no lo coloque bajo el orificio de vaciado del cárter).

8. Desconecte los tubos del radiador de aceite y saque los pernos de montaje del motor.

9. Desmonte el motor de arranque y los pernos que sujetan el transaxle al motor.

10. Deslice el plato posterior para sacar los tornillos que sostienen el convertidor de par, a continuación instale 2 ó 3 tornillos para asegurar el transaxle al motor para lograr una mayor seguridad.

11. Saque los tornillos que aseguran el convertidor de par a la placa impulsora.

12. Antes de sacar el convertidor de par, señale con tiza ambas partes para poderlas colocar en la misma posición en el montaje.

13. Mueva gradualmente el gato hasta que se pueda bajar el transaxle y lo pueda sacar del vehículo a través del paso de la rueda izquierda.

14. El montaje se realiza en el orden inverso al del desmontaje.

15. Después del montaje, asegúrese de añadir la cantidad adecuada de líquido de transmisión al transaxle y realice una prueba en carretera del vehículo para asegurarse de que las reparaciones se realizaron correctamente.

Maxima (1985 y posteriores)

NOTA: La unidad motor/transaxle debe ser desmontada y montada como un conjunto. Después del desmontaje, deberá separar el transaxle del motor.

1. Saque el transaxle/motor en conjunto.

2. Quite los tornillos de montaje del transaxle al motor y luego, con cuidado, retire la placa posterior.

3. Extraiga los tornillos que aseguran el convertidor de par a la placa impulsora.

4. Antes de desmontar el convertidor de par, señale con tiza o pintura por lo menos dos partes para que lo pueda montar en su posición original. Desmonte el convertidor de par.

5. El montaje es a la inversa del desmontaje. Tenga en cuenta lo siguiente:

6. Cuando monte el convertidor de par en la placa impulsora, compruebe que las marcas que hizo anteriormente coincidan. Aplique Loctite (RG) o un compuesto de sellado similar en los tornillos que van del convertidor a la placa impulsora, antes de instalarlos.

7. Una vez que haya vuelto a instalar el convertidor, rote el cigüeñal varias veces para asegurarse de que el transaxle rota libremente, sin trabarse.

8. Ajuste el cable de control y revise el interruptor del retardador tal como está descrito más adelante en esta misma sección.

9. Después del montaje del conjunto del transaxle/motor en el vehículo, llene el transaxle (¡y el motor!) con una cantidad adecuada del líquido apropiado y pruebe el vehículo en carretera.

Varillaje de cambios

AJUSTE DEL CABLE DEL ESTRANGULADOR

El cable de la mariposa se ajusta por medio de tuercas dobles al lado del carburador o de la mariposa.

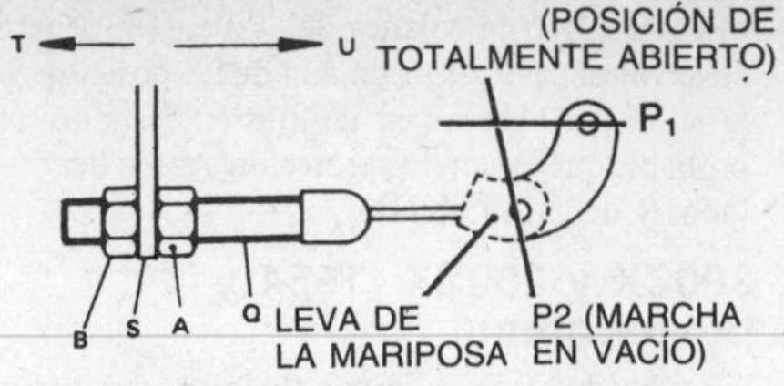

Ajuste típico del cable de la mariposa

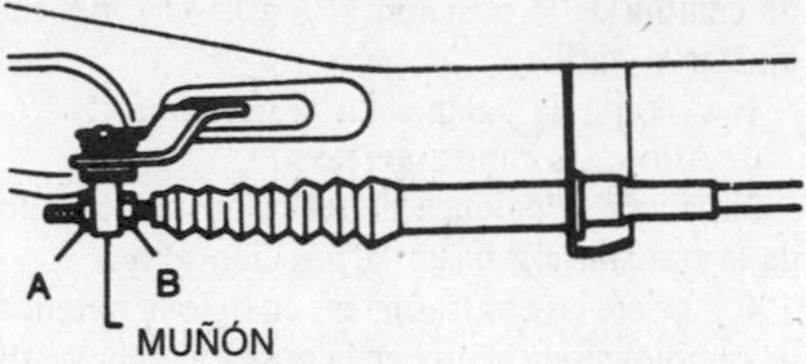

Ajuste del cable del transaxle de cambio automático — Sentra, Stanza, Pulsar

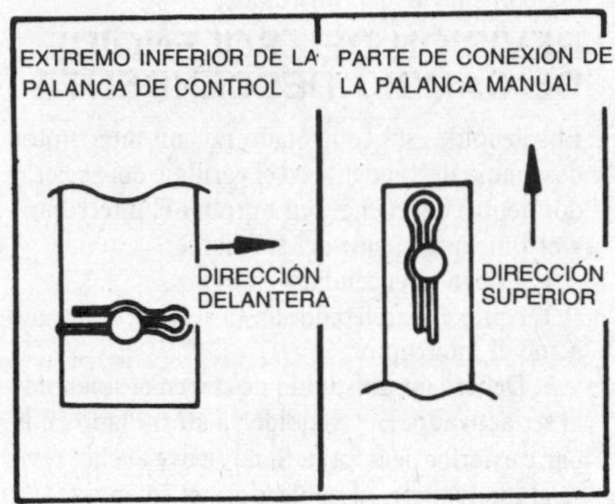

Posición correcta del pasador elástico del transaxle — Sentra, Stanza, y Pulsar

1. Afloje las tuercas de ajuste.

2. Con la mariposa totalmente abierta (P_1), gire el eje roscado (Q) hacia dentro y hasta el máximo (T); luego, apriete la primera tuerca (B) contra el soporte (S).

3. Haga retroceder la primera tuerca (B) 1-1½ vueltas y luego apriete la segunda tuerca (A) contra el soporte.

4. Apriete las dos tuercas dobles a 5,8-7,2 libras-pie (8-10 Nm). La leva de la mariposa deberá mantenerse en la posición de totalmente abierta.

5. En los modelos anteriores a 1985, asegúrese de que la carrera del cable de la mariposa entre el eje roscado y la leva sea de 1,079-1,236''.

AJUSTE DEL CABLE DE CONTROL

Sentra, Stanza y Pulsar

1. Coloque la palanca de control en Park.

2. Conecte el extremo del cable de control a la palanca en la unidad de la caja de cambios y apriete el tornillo de sujeción del cable.

3. Mueva la palanca de control a la posición «1». Asegúrese de que la palanca funciona con rapidez y suavidad.

4. Coloque nuevamente la palanca en Park.

5. Asegúrese de que la palanca se sujeta en Park. Saque la tuerca de ajuste exterior del cable y afloje la tuerca interior. Conecte el cable de control al muñón e instale la tuerca exterior.

6. Tire del cable un par de veces y luego apriete la tuerca exterior hasta que se ponga en contacto con el soporte. Apriete con firmeza la tuerca interior.

7. Mueva la palanca de control desplazándola en todo su recorrido y observe que trabaje con suavidad y rapidez.

8. Engrase la arandela del resorte que se encuentra en el extremo del cable.

9. Revise el pasador elástico para comprobar que está instalado tal como se indica en la ilustración.

Maxima (1985 y posteriores)

1. Suelte el freno de mano.

2. Desconecte de la palanca de control el cable y luego tire de él hacia delante, de forma que pueda colocar la palanca manual del transaxle en la posición «P».

3. Asegúrese de que los semiejes no roten. Para esto, intente rotar los dos ejes en la misma dirección y al mismo tiempo.

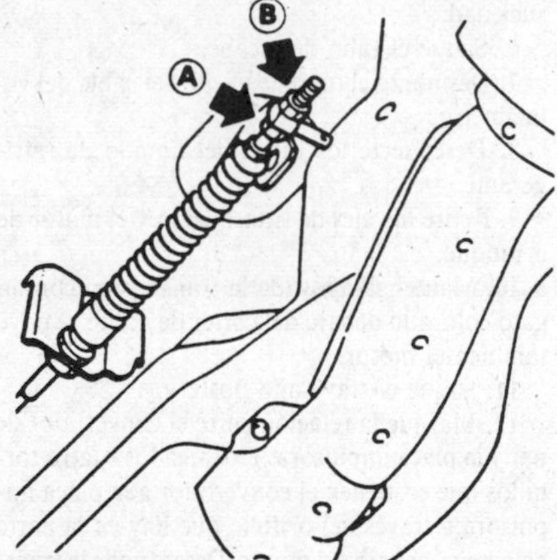

Ajuste del cable de control en los Maxima de 1985 y posteriores

4. Afloje las dos tuercas del muñón que están en el extremo anterior del cable.

5. Compruebe que la palanca de selección se mueva con suavidad y rapidez en su recorrido; colóquela en la posición «P» y vuelva a conectar el cable de control en la palanca.

6. Apriete las dos tuercas del muñón. Tenga cuidado de no mover el cable o la palanca de selección de sus posiciones anteriores.

AJUSTE DE LA BANDA DE FRENO

NOTA: El Maxima de 1985 y los posteriores de ese modelo no cuentan con mecanismo para ajuste de la banda.

1. Levante y soporte el vehículo; desconecte el cable negativo de la batería.

2. Vacíe el aceite de la transmisión o del transaxle y saque el cárter con su junta.

3. Afloje la contratuerca de ajuste de la banda.

4. Apriete la contratuerca del pasador a 4,3 libras-pie.

5. Gire hacia atrás dos vueltas y media la contratuerca del pasador de fijación.

6. Mientras se mantiene en su posición la con-

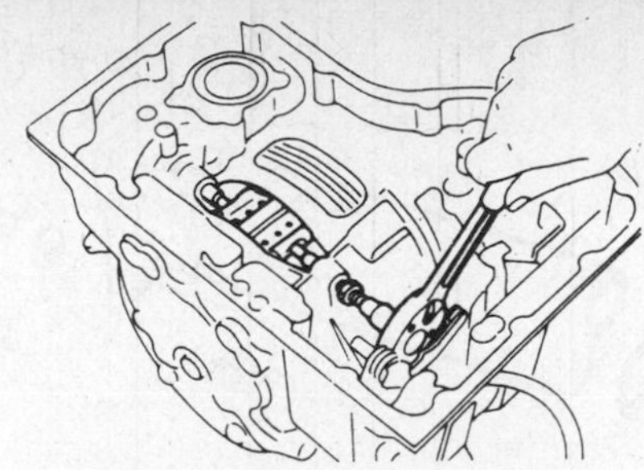

Ajuste de la banda del freno

tratuerca del pasador de sujeción, apriete la contratuerca de la banda.

7. Vuelva a instalar el cárter de aceite con una junta nueva y apriete las tuercas del cárter a 4-6 libras-pie (no olvide el tapón de drenaje del orificio del cárter).

8. Vuelva a llenar la transmisión o el transaxle con la cantidad determinada de líquido de transmisión y pruebe el coche en carretera.

AJUSTE DEL INTERRUPTOR «KICKDOWN»

1. Apriete el pedal del acelerador, deberá oir un clic antes de que el pedal llegue al fondo.

2. Si no oye este clic, afloje la contratuerca del interruptor del kickdown y desplace el interruptor hasta que haga contacto con el pedal del acelerador y se oiga la conexión y desconexión con el movimiento del pedal.

AJUSTE DEL INTERRUPTOR DE SEGURIDAD EN NEUTRAL

1. Localice el interruptor en el lado del transaxle y afloje, pero sin sacarlos, los tornillos de montaje.

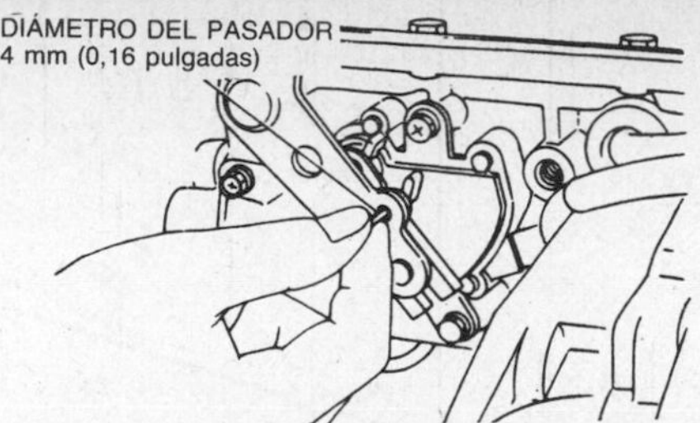

Ajuste del interruptor de seguridad en neutral — Maxima

2. Coloque el eje de selección manual (NO la palanca de selección de cambios) que está en el transaxle en la posición «N».

3. Introduzca un pasador pequeño (0.16" en los Maxima; 0.098 pulgadas en todos los demás) a través de los orificios de ajuste del interruptor y de la palanca de éste, de forma tal que el pasador quede perpendicular a ellos.

4. Apriete los tornillos de montaje del interruptor.

CAJA DE TRANSFERENCIA

DESMONTAJE Y MONTAJE

Únicamente camioneta Stanza (4 x 4)

1. Vacíe el aceite de engranajes del transaxle y de la caja de transferencia.

2. Desconecte y saque el tubo delantero del escape.

3. Marque con pintura o tiza las bridas en el árbol de la transmisión y, a continuación, desatornille y desmonte el árbol de la caja de transferencia tal como se describe más adelante en esta misma sección.

4. Desatornille y quite el impulsor de la transferencia desde el lateral de la caja de la transferencia.

5. Desconecte y desmonte el semieje lateral derecho.

6. Desatornille y retire de la caja de transferencia el piñón del velocímetro. Colóquelo fuera del área de trabajo y sujételo con alambre.

7. Desatornille y desmonte los codos de refuerzo laterales, delantero y trasero de la caja de transferencia (travesaños de soporte).

8. Utilizando un gato hidráulico y un bloque de madera, sujete la caja de transferencia; saque los tornillos de montaje que van de la caja de transferencia al transaxle y luego desmonte la caja.

9. El montaje se realiza en el orden inverso al desmontaje. Apriete los tornillos de montaje de la caja de transferencia al transaxle y los de los codos de refuerzo de la caja a 22-30 libras-pie (30-40 Nm).

Asegúrese de utilizar grasa multi-purpose para lubricar todas las superfícies del sello de aceite antes de volver a instalar, y no se olvide que la caja de transferencia y el transaxle utilizan tipos y cantidades distintas de lubricante.

EJE DE PROPULSIÓN

Árbol de transmisión y juntas universales

DESMONTAJE Y MONTAJE

510, 200SX con transmisión automática y 280ZX

Estos árboles de transmisión son del tipo de una pieza con junta universal y brida en la parte tra-

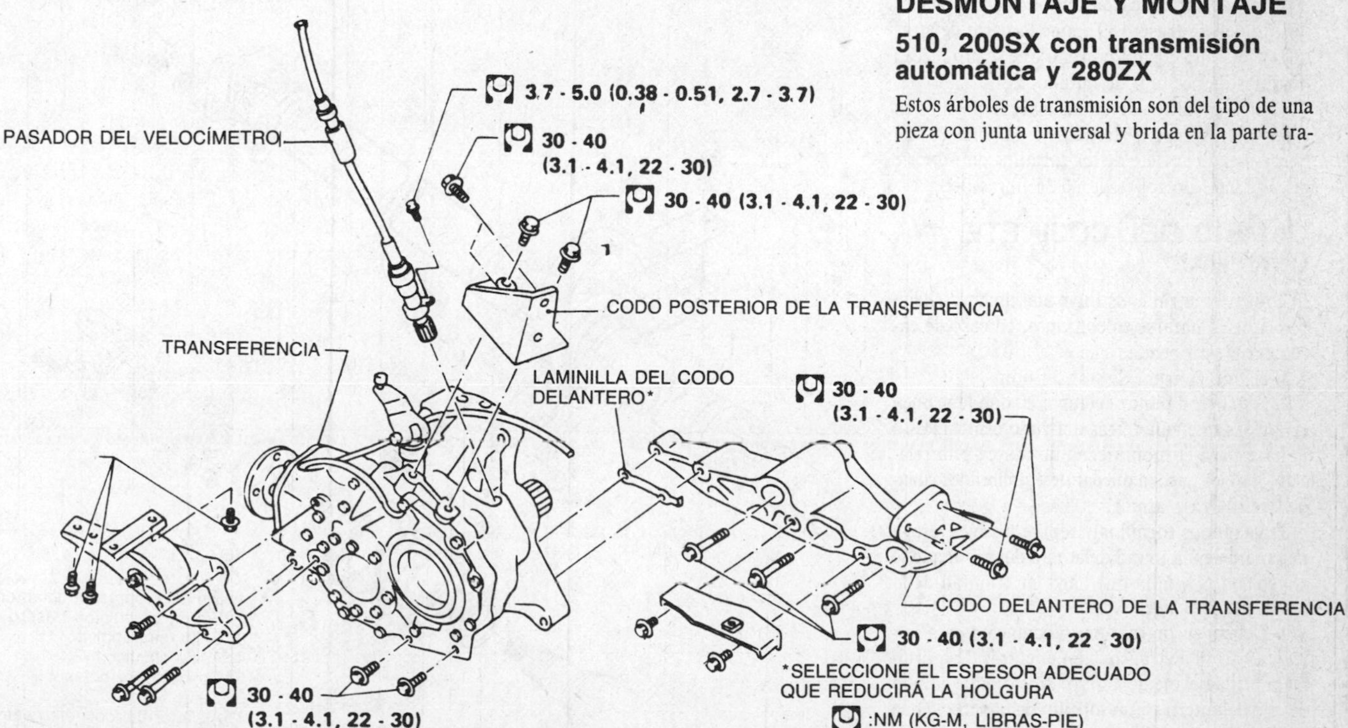

Desmontaje de la caja de transferencia — camionetas Stanza (4 x 4)

sera, y una junta universal y un yugo de manguito ranurado (que encaja en la parte trasera de la transmisión) en la parte delantera. Deberá desensamblar las juntas universales para su lubricación, a intervalos de 24,000 millas, si no cuenta con casquillos de engrase. Las ranuras se lubrican con aceite de transmisión.

1. Suelte el freno de mano.
2. Deberá sacar la tubería delantera y la placa de protección contra el calor en los 280ZX vendidos en California y en todos los 300ZXs.
3. Marque la relación entre las bridas del árbol de transmisión y del diferencial, de forma tal que el árbol de transmisión pueda reinstalarse con su orientación original; de esta forma ayudará a conservar el equilibrio en la línea de impulsión.
4. Desatornille la brida trasera.
5. Tire del árbol de transmisión hacia abajo y atrás.
6. Tapone el alojamiento de la extensión de la transmisión.
7. Para montar, invierta el procedimiento, aceitando las ranuras. El apriete de los tornillos de la brida es de 17-24 libras-pie, excepto en los modelos 280ZX y 300ZX, en los que deberán ser apretados a 25-33 libras-pie.

Camioneta Stanza (4 x 4), 200SX con transmisión manual y Maxima/810 (1980-84)

Estos modelos utilizan árbol de transmisión con tres juntas universales y un cojinete central de apoyo. El árbol está equilibrado como un conjunto. No se recomienda desmontarlo.

1. Marque la relación entre la brida del árbol de transmisión y la del diferencial.
2. Desatornille el soporte central del cojinete.
3. Desatornille la brida del árbol de transmisión de la brida del diferencial.
4. Tire del árbol de transmisión hacia atrás, por debajo del eje trasero. Tapone la parte de atrás de la transmisión para prevenir que se produzcan pérdidas de aceite o de líquido.
5. En el montaje, alinee las marcas que hizo en el punto 1. Apriete los tornillos de la brida a 17-24 libras-pie. El apriete de los tornillos del soporte del cojinete central es de 26-35 libras-pie.

CAMBIO DEL COJINETE CENTRAL

El cojinete central constituye una unidad sellada que debe cambiarse en conjunto, en caso de encontrarla estropeada.

1. Saque el árbol de transmisión.
2. Señale con pintura el lugar en donde se unen las bridas que van detrás del yugo central. Esto se hace para el montaje. Si no marca esta relación, los ejes pueden quedar desequilibrados cuando los vuelva a armar.
3. Saque los tornillos y separe los ejes. Haga una marca en la mitad delantera del árbol que se alinee con la marca que haga en la mitad de la brida.
4. Deberá encontrar un procedimiento para sostener el árbol de transmisión mientras desatornilla la brida del eje delantero. No coloque el tubo del eje delantero en un tornillo de banco, ya que puede aplastarlo. El mejor procedimiento consiste en sujetar la brida de alguna forma mientras afloja la tuerca. Para desmontarlo, necesitará hacer fuerza.
5. Empuje la brida auxiliar para sacarla del eje delantero y saque el cojinete central de su montaje.
6. El cojinete nuevo ya viene lubricado. Móntelo dentro de su montaje, asegurándose de que los sellos y demás elementos están mirando hacia el mismo sitio que antes de ser desmontados.
7. Deslice la brida auxiliar en el eje delantero, alineando las marcas que hizo anteriormente. Instale la arandela y la contratuerca. Si éstas son piezas separadas, apriételas a 145-175 libras-pie. Si forman una sola unidad, apriételas a 180-217 libras-pie. Compruebe que el cojinete gire sin trabarse alrededor del árbol de transmisión. Coloque la tuerca.
8. Conecte la brida auxiliar en la otra mitad del árbol de transmisión, alineando las marcas que hizo durante el desmontaje. Apriete con firmeza los tornillos.
9. Monte el árbol de transmisión.

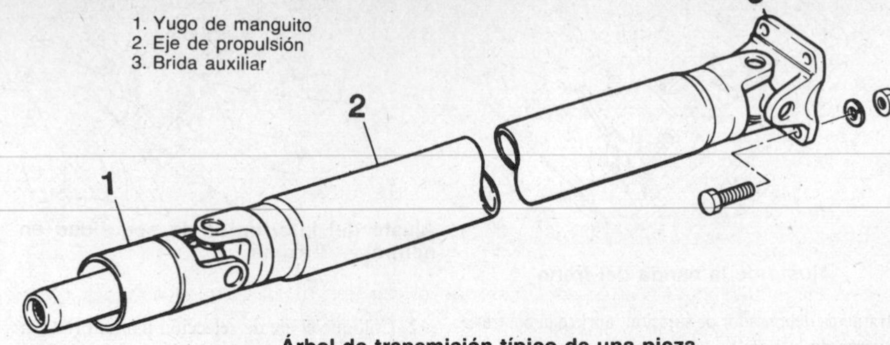

Árbol de transmisión típico de una pieza

Semiejes

DESMONTAJE Y MONTAJE

Únicamente para vehículos con tracción delantera

TODOS LOS MODELOS, EXCEPTO CAMIONETAS STANZA, STANZA 1987 Y MAXIMA (1985 Y POSTERIORES)

1. Levante el vehículo con un gato y colóquelo sobre caballetes.

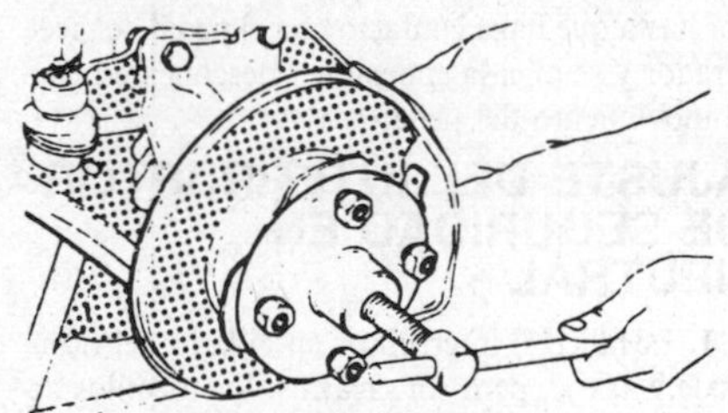

Desmontaje del semieje

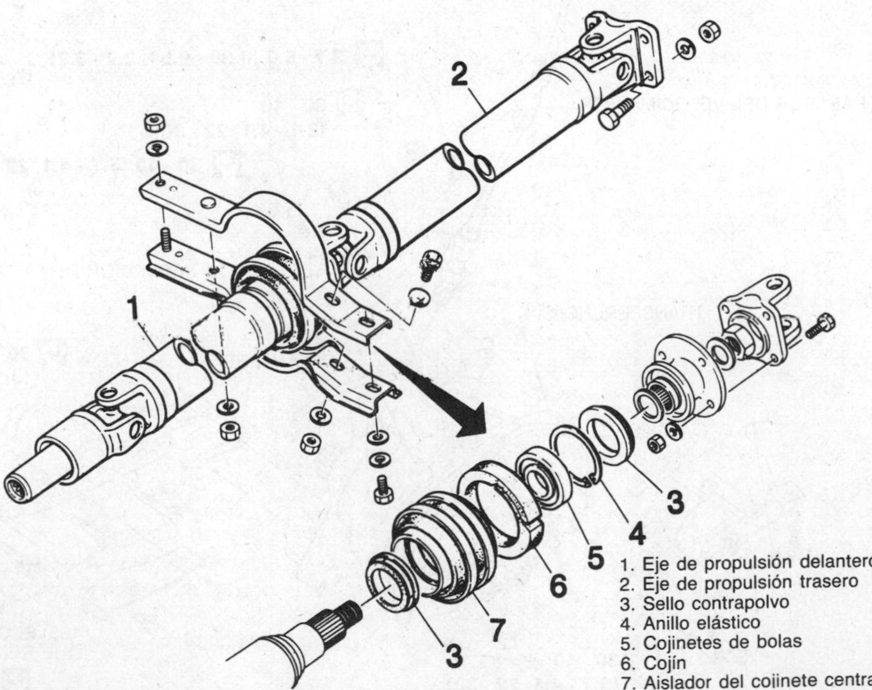

Árbol de transmisión de dos piezas con cojinete central y tres juntas universales

2. Desmonte el conjunto de la rueda y el neumático.

3. Quite el conjunto del calibre del freno.

4. Saque, palanqueando, la chaveta de la tuerca almenada del cubo de la rueda.

5. Afloje, pero sin quitar, la tuerca del cubo de la rueda del semieje, mientras sostiene el cubo de la rueda con un herramienta adecuada.

6. Retire la rótula del tirante. Saque la rótula inferior. No vuelva a utilizar la tuerca una vez que la haya quitado; en el montaje utilice una tuerca nueva.

7. Vacíe el aceite de engranajes del transaxle (caja de cambios).

8. Quite los tornillos que sujetan la brida del semieje al transaxle. Desmonte el semieje junto con el cubo de la rueda y la articulación de la dirección.

9. Introduzca una barra adecuada, un taco de madera u otra herramienta semejante dentro del transaxle para evitar que el engranaje lateral caiga adentro.

ATENCIÓN

Al quitar el transaxle, tenga cuidado de no dañar el sello de grasa que está a un lado de la caja del transaxle.

10. El montaje se realiza a la inversa del desmontaje. Recubra la ranura del semieje del extremo del transaxle con grasa de disulfuro de molibdeno antes de meterlo. Asegúrese de que las protecciones de goma a ambos extremos del semieje están en buen estado; si no es así, sustitúyalas (utilice correas de metal nuevas para sujetar las protecciones).

Camioneta Stanza, Stanza 1987 y Maxima (1985 y posteriores)

NOTA: Para el montaje de los semiejes necesitará disponer de una herramienta especial para alinear las ranuras del extremo del semieje y de la caja del transaxle. No lleve a cabo este procedimiento si no dispone de ella.

1. Levante el tren delantero y sujételo con caballetes.

2. Saque el conjunto de la rueda y el neumático.

3. Quite la chaveta de la tuerca almenada que está en el cubo de la rueda, y luego quite la contratuerca del cojinete de la rueda.

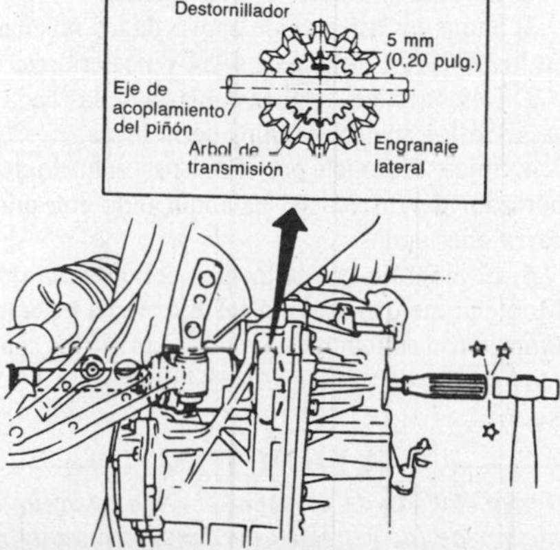

Desmontaje del semieje izquierdo en los modelos con transmisión automática

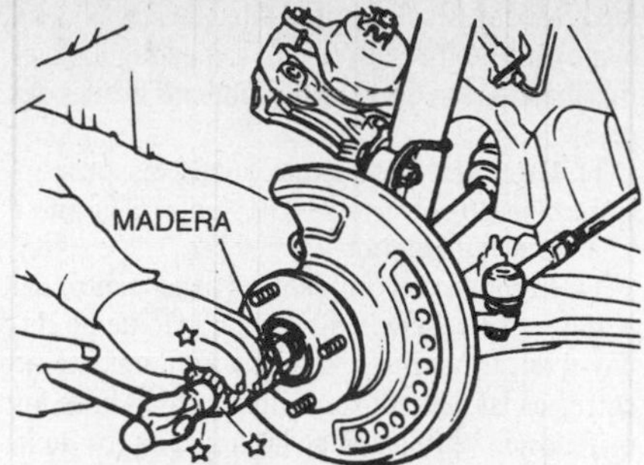

Desmontaje del semieje de la mangueta de la dirección

4. Retire el semieje de la articulación del cambio golpeándola con un trozo de madera o un mazo.

5. Saque la rótula del tirante. Extraiga las tres tuercas de montaje por la parte inferior de la rótula y tire de esta última hacia abajo.

NOTA: Utilice siempre una tuerca nueva cuando vuelva a colocar la rótula.

6. Utilizando una herramienta adecuada y a través del travesaño del motor, golpee con cuidado la junta homocinética interior del lado derecho, para sacarla de la caja del transaxle.

7. Utilizando un bloque de madera o un caballete colocado debajo del cárter de aceite, sujete el motor.

8. Saque del motor el soporte del cojinete y luego retire el semieje derecho.

9. En los modelos con transmisión manual, introduzca con cuidado una pequeña palanca entre la brida interior de la junta homocinética izquierda y la superficie de montaje de la caja del transaxle y palanquee para sacar el semieje de la caja. Retire de la articulación de la dirección el eje.

10. En modelos con T.A., encaje una clavija en el orificio del sector derecho del semieje y golpeando con un mazo sáquelo de la carcasa del transaxle. Retírelo de la articulación de la dirección y desmóntelo.

ATENCIÓN

Tenga cuidado de no dañar el eje que se acopla con el piñón y el engranaje auxiliar cuando golpee el semieje izquierdo para sacarlo de la caja del transaxle.

11. Al instalar los ejes en el transaxle, utilice un retén de aceite nuevo y luego instale una herramienta de alineación en la circunferencia interna del retén de aceite.

12. Introduzca el semieje dentro del transaxle, alinee los bordes dentados y luego saque la herramienta de alineación.

13. Presione el semieje, luego encaje la abrazadera circular del eje dentro de la ranura de la abrazadera en el engranaje auxiliar.

NOTA: Después de este punto, intente sacar la brida fuera de la junta lateral para asegurarse de que la abrazadera circular está asentada correctamente en el engranaje auxiliar y que, por lo tanto, no se saldrá.

14. El montaje de los componentes restantes se hace a la inversa del desmontaje.

Unidad impulsora final—Suspensión trasera independiente

DESMONTAJE Y MONTAJE

280ZX y 810 (Maxima) Sedán (1979-84)

1. Levante el tren trasero del coche y vacíe el aceite del diferencial.

2. Desconecte el árbol de transmisión.

3. Desconecte los semiejes.

4. Saque los tornillos de fijación de las bridas laterales y desconecte los yugos de las bridas junto con los semiejes. Sujete la carcasa con un gato.

5. Quite los cuatro tornillos que retienen la caja al portador de la suspensión.

6. Tire de la carcasa hacia atrás con el gato, hasta sacarla del vehículo.

7. Una vez que haya desmontado la carcasa, apoye la suspensión sobre un soporte para evitar dañarla.

8. El montaje es a la inversa. Apriete las tuercas de la tapa posterior a los aisladores a 65-87 libras-pie, los tornillos de la carcasa a la suspensión a 43-58 libras-pie y los tornillos de la brida lateral al árbol de transmisión a 36-43 libras-pie.

300ZX y camionetas Stanza (4×4)

1. Levante el tren trasero y vacíe el aceite del diferencial. Sujete el coche con caballetes. Coloque el caballete debajo de la unidad del diferencial.

2. Desconecte las tuberías del freno hidráulico y el cable del freno de mano.

3. Desconecte la barra de oscilación lateral de los brazos de control en ambos lados.

4. Saque el tubo de escape trasero.

5. Desconecte el árbol de transmisión.

6. Quite los amortiguadores traseros de los brazos de control.

7. Desatornille la unidad del diferencial del chasis, en el aislador de soporte del diferencial.

8. Baje el conjunto trasero y sáquelo del vehículo utilizando un caballete. Es preferible que por lo menos haya otra persona para ayudarlo a mantener el equilibrio del conjunto.

9. Invierta el procedimiento para el montaje. Apriete las tuercas de la tapa posterior al aislador a 72-87 libras-pie; los tornillos del chasis al aislador de soporte a 22-29 libras-pie; los tornillos del árbol de transmisión a la brida, en los modelos sin turbo, a 43-51 libras-pie. Apriete las tuercas del tirante a 51-65 libras-pie y las tuercas de la barra de oscilación lateral a los brazos de control a 12-15 libras-pie.

Eje de propulsión trasero/Cojinete de la rueda

DESMONTAJE Y MONTAJE

Eje trasero rígido

210, 510, CAMIONETA 810 Y 200SX (1980-84)

NOTA: Los cojinetes deben introducirse y sacarse de los ejes con una prensa para àrboles. Si

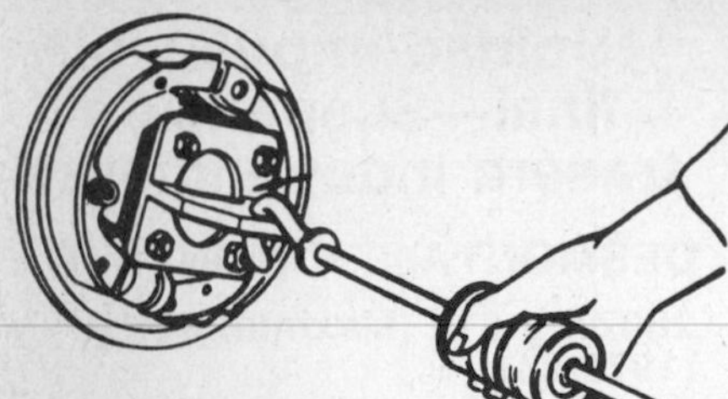

Utilice un martillo deslizante para desmontar el eje de transmisión — modelos con eje trasero rígido

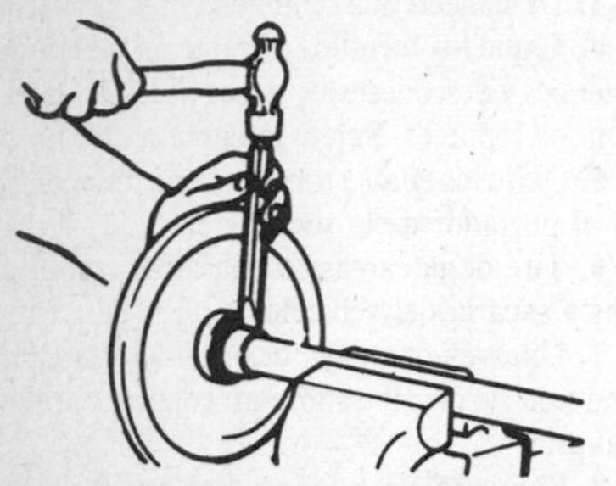

Utilice un cincel para aplastar el retén del cojinete

no cuenta con una, no se recomienda que intente realizar ninguna reparación en los palieres o en los conjuntos de los cojinetes.

1. Quite la tapa del cubo o la cubierta de la rueda. Afloje las tuercas de las aletas.

2. Levante el tren trasero y sujételo con caballetes.

3. Saque la rueda trasera. Quite las cuatro tuercas de retención de la placa de apoyo del freno. Suelte la articulación del freno de estacionamiento de la placa de apoyo del freno.

4. Utilice un martillo deslizante para sacar el palier. Con este mismo martillo y un extractor de dos brazos, quite el retén de aceite de la carcasa.

NOTA: Si no dispone de un martillo deslizante, podrá, a veces, sacar el eje utilizando barras de palanca en ambos lados del cubo.

Si el juego axial es excesivo, deberá sustituir el cojinete. No se recomienda poner laminillas en el cojinete, ya que no tienen en cuenta el juego axial del propio cojinete y podría dar como resultado un asiento inadecuado del mismo.

5. Utilizando un cortafríos, marque con cuidado la retención del cojinete en tres o cuatro lugares. No debe cortar la retención, es suficiente con que la doble para permitir que se deslice fuera del eje.

6. Saque a presión el cojinete viejo y monte uno nuevo introduciéndolo a presión en su posición correspondiente.

7. Instale la retención del cojinete exterior con su superficie levantada situada frente al cubo de la rueda, y a continuación monte el cojinete y la retención del cojinete interior, en este orden, en el palier.

8. Con el lado más pequeño y biselado del cojinete interior de cara al cojinete, haga presión sobre la retención. El reborde de ésta deberá estar por completo tocando el cojinete.

9. Limpie el asiento del retén de aceite en la carcasa del eje trasero. Aplique una ligera capa de grasa para chasis.

10. Utilizando una herramienta para la instalación de retenes, empuje el retén de aceite hacia el alojamiento del eje trasero. Extienda una ligera capa de grasa de cojinetes sobre los bordes del retén.

11. Determine el número de juntas que proporcione el juego correcto de 0,01'' entre el cojinete y la retención exterior.

12. Introduzca el conjunto del palier dentro del alojamiento del eje, teniendo cuidado de no dañar el retén. Asegúrese de que las ranuras del eje entren en las del piñón del diferencial. Alinee los orificios de ventilación de la junta con los de la retención exterior del cojinete. Instale los tornillos de retención.

13. Instale las tuercas en los tornillos y apriételas, en forma pareja y en secuencia cruzada, a 20 libras-pie.

Suspensión trasera independiente

200SX (1984-87), 280ZX, 300ZX y 810/Maxima (1980-84)

1. Bloquee las ruedas delanteras. Afloje las tuercas de las ruedas, levante y sujete el coche, y saque la rueda.

2. Coloque el freno de mano con firmeza. Esto ayudará a sostener el eje corto mientras saca la tuerca del eje. Probablemente también tendrá que sostener el eje corto por afuera mientras saca la tuerca del lado del palier. Como para sacar la tuerca necesitará hacer bastante fuerza, es necesario asegurarse que el eje corto está sujeto con firmeza.

3. En los coches con frenos traseros de disco, desatornille el calibre y apártelo. No desconecte la manguera del calibre. No deje el calibre colgando de la manguera; sujételo con un trozo de alambre o apóyelo en un miembro de la suspensión.

4. Quite el disco del freno, en los modelos equipados con frenos de disco traseros. Saque el tambor del freno, en los modelos que cuentan con frenos de tambor.

5. Quite el eje corto con la ayuda de un martillo deslizante y un adaptador. El cojinete exterior saldrá junto con el eje corto.

6. Retire del brazo inferior la brida auxiliar.

7. Desmonte y descarte el retén de grasa y el cojinete interior del brazo inferior, utilizando para ello una broca diseñada con este propósito o un trozo de tubo que tenga el diámetro adecuado.

Se puede sacar el cojinete exterior del eje corto utilizando un extractor. Si saca el retén de grasa o los cojinetes, en el montaje deberá usar piezas nuevas.

8. Limpie todas las partes que volverá a utilizar en disolvente.

9. Se utilizan cojinetes del tipo sellados (engrase permanente). Cuando instale los cojinetes nuevos, el lado del sello debe mirar hacia fuera. Monte el lado sellado del cojinete exterior mirando a la rueda, y el lado sellado del cojinete interior mirando al diferencial.

10. Presione el cojinete exterior en el eje corto.

11. El alojamiento del cojinete va marcado con una «N», «M» o «P». Seleccione un espaciador con la misma marca. Monte el espaciador en el brazo inferior.

12. Monte el eje corto en el brazo inferior.

13. Instale el nuevo cojinete interior en el brazo inferior con el eje corto colocado en su sitio. Instale un nuevo retén de grasa.

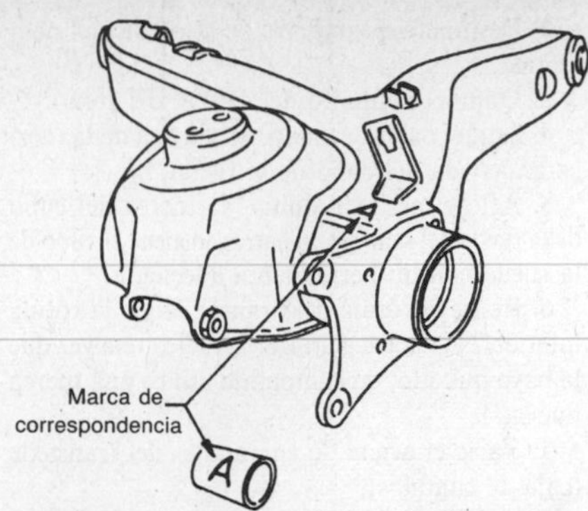

Haga que la carcasa del cojinete y el espaciador encajen con la letra adecuada

14. Instale la brida auxiliar en el eje corto.

15. Monte la tuerca del eje corto. Apriete a 181-239 libras-pie (en los 300ZX, 217-289 libras-pie).

16. Monte el disco o el tambor de los frenos y el calibre, si lo sacó. Monte la rueda y baje el coche.

Semiejes de los modelos con tracción trasera

DESMONTAJE Y MONTAJE

Suspensión trasera independiente

280ZX (1980-83) Y 810 (1980-81)

1. Levante y soporte el vehículo.

2. Saque los tornillos de la brida del yugo de la junta universal, en el exterior. Quite del diferencial el tornillo del centro de la junta universal.

3. Saque el eje.

4. El montaje es a la inversa. Apriete los tornillos de la brida exterior a 36-43 libras-pie (5,0-6.0 kg-m). Apriete los cuatro tornillos laterales de la brida del diferencial a 36-43 libras-pie (5.0-6.0 kg-m). En el caso de los semiejes retenidos al diferencial con un solo tornillo central, apriete éste a 17-23 libras-pie (2,4-3.2 kg-m), 1976-77; o a 23-31 libras-pie (3,2-4.3 kg-m), 1978-83.

200SX (1984-87), 280ZX (1982-83), 300ZX y Maxima (1982-84)

1. Levante y soporte el tren trasero.

2. Saque los asientos de apoyo de los muelles en los 200SX y 300ZX de 1984 y posteriores.

3. Desconecte el semieje del lado de la rueda, sacando los cuatro tornillos de la brida.

4. Sujete el semieje por el centro y sáquelo del portador del diferencial palanqueando con una barra adecuada.

5. El montaje es a la inversa del desmontaje. Monté primero el extremo del diferencial y a continuación el extremo de la rueda. Apriete los cuatro tornillos de la brida a 20-27 libras-pie (2,3-3.8 kg-m).

ATENCIÓN

Tenga cuidado de no dañar el retén de aceite o alguno de los extremos del semieje durante el montaje.

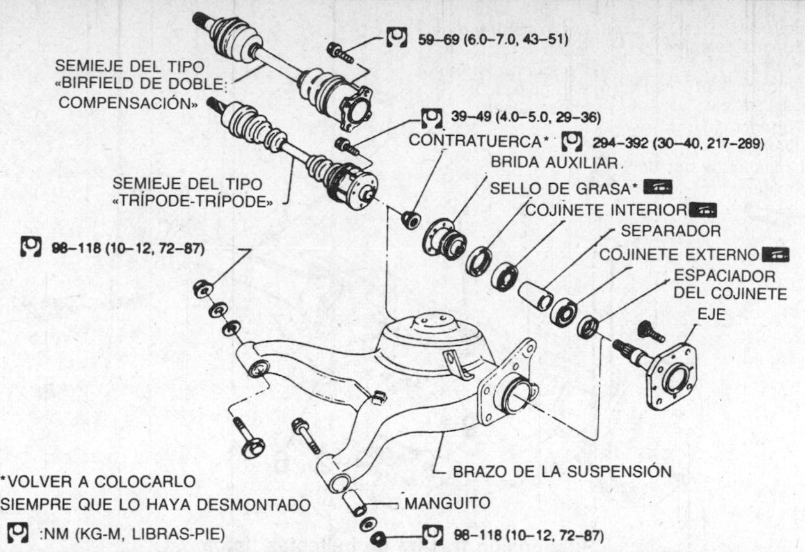

Despiece del eje posterior mostrando el semieje del tipo «Birfield de doble compensación» o el tipo de semieje «trípode-trípode».

Semiejes traseros con tracción a las cuatro ruedas

DESMONTAJE Y MONTAJE

Únicamente camioneta Stanza (4 × 4)

1. Levante el tren trasero del coche y sopórtelo con caballetes.

2. Saque el conjunto de la rueda y el neumático.

3. Quite la chaveta del cojinete de la rueda y a continuación saque el sombrerete de ajuste y el aislador.

4. Ponga el freno de mano y luego quite la contratuerca del cojinete.

5. Desconecte y tape las tuberías del freno hidráulico. Desconecte el cable del freno de mano.

6. Utilizando un bloque de madera o una maza pequeña, golpee con cuidado el semieje para sacarlo del conjunto de la placa de respaldo/articulación.

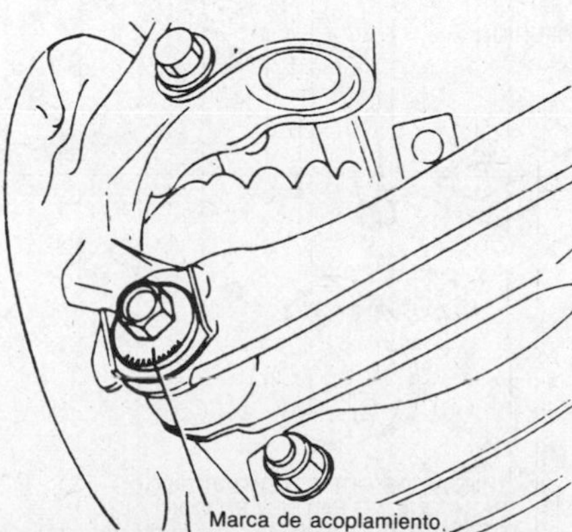

Marque la relación entre el tornillo de ajuste de la convergencia y la articulación transversal en la camioneta Stanza (4 × 4)

7. Desatornille la barra radial y la articulación transversal en el extremo de la rueda.

ATENCIÓN

Antes de sacar el tornillo de la articulación transversal, marque la relación entre la placa de ajuste de la convergencia y la articulación.

8. Utilizando una barra adecuada para hacer palanca, saque con cuidado el semieje del diferencial o bloque impulsor.

9. En el montaje, coloque el semieje en la articulación y a continuación introdúzcalo en el bloque impulsor, asegurándose que las ranuras estén alineadas correctamente.

10. Presione el eje dentro del bloque impulsor y luego encaje el anillo de retención en el semieje dentro de la ranura en el engranaje lateral.

11. Después de esta inserción, tire del semieje con la mano para asegurarse de que se encuentra asentado correctamente en el engranaje lateral y que no se saldrá.

12. El montaje de los componentes restantes es a la inversa del desmontaje.

Cubo del eje delantero y mangueta de la dirección

DESMONTAJE Y MONTAJE

310 de 1980-81

1. Levante y sujete el tren delantero del coche; saque las ruedas.

2. Desconecte y tape la tubería del freno que está en el calibrador, y saque el conjunto del calibrador.

3. Quite la chaveta y la tuerca del cubo del semieje, a la vez que sostiene el cubo para que no gire.

4. Desmonte el cubo de la rueda con una herramienta especial #ST35100000 o equivalente, y saque la protección contra salpicaduras o la placa deflectora.

5. Quite el semieje y separe las rótulas de la mangueta de la dirección, utilizando una horquilla para rótulas o equivalente.

6. Extraiga los tornillos de sujeción del tirante a la mangueta y desmonte la mangueta.

7. El montaje es a la inversa del desmontaje.

310 de 1982

1. Levante y sujete el tren delantero del vehículo; saque las ruedas.

2. Mientras sujeta el cubo, saque la chaveta y la tuerca del cubo.

3. Quite la rótula inferior de la articulación transversal y vacíe el transaxle.

4. Desconecte la barra lateral del pasador y desconecte del transaxle el semieje.

5. Introduzca una barra adecuada en el transaxle para evitar que caiga el engranaje lateral.

6. Desconecte la tubería del freno y a continuación saque los tornillos de sujeción del puntal a la mangueta (art. de la dirección).

7. Desmonte el árbol de transmisión, el cubo de la rueda, la mangueta de la dirección y el calibre como un conjunto.

8. Saque primero la tuerca del cubo y luego el semieje utilizando una herramienta especial #ST35100000 o equivalente.

9. Quite el anillo elástico y luego el conjunto del calibre y el cubo de la rueda.

10. El montaje se hace a la inversa del procedimiento de desmontaje.

200SX, 280ZX, 300ZX y 810 Maxima (1980-84)

1. Levante y sujete el tren delantero del vehículo; saque las ruedas.

2. Saque la manguera del freno y tape la manguera (si es necesario).

3. Extraiga los tornillos de retención del calibre y saque el calibre del eje.

4. Quite los tornillos que sujetan el puntal al brazo de la mangueta.

5. Desmonte el brazo de la mangueta del brazo del puntal y saque el estabilizador, la barra de tensión y la articulación transversal.

6. Quite la rótula del brazo de la mangueta.

7. El montaje se realiza en el orden inverso al procedimiento de desmontaje.

Stanza, Pulsar, Maxima y Sentra de 1985 y posteriores

1. Levante y soporte el tren delantero del vehículo; saque las ruedas.

2. Desconecte y tapone la tubería del freno que está en el calibre, luego, saque el calibre y la tuerca del eje.

3. Desconecte la barra lateral del pasador roscado y quite de la conexión transversal la rótula inferior.

4. Vacíe el transaxle y desconecte del transaxle el árbol de transmisión.

5. Introduzca una barra apropiada dentro del transaxle para evitar que el engranaje se caiga.

NOTA: En los modelos de 1983 y posteriores, saque el retén de aceite del transaxle.

6. Quite el cubo de la rueda, la mangueta de la dirección y el árbol de transmisión como un conjunto.

7. Retire la tuerca del cubo y separe el semieje y el cubo de la rueda.

8. Utilizando un extractor adecuado, saque la rótula de la mangueta.

9. Utilizando una horquilla para rótulas o equivalente, separe el cubo de la rueda y la mangueta de la dirección.

10. El montaje se realiza en el orden inverso del desmontaje.

SUSPENSIÓN TRASERA

Ballestas

DESMONTAJE Y MONTAJE

Ballesta de hojas

VAGONETAS 510 Y 810 (1980-82)

1. Levante el tren trasero del vehículo y sopórtelo con caballetes.

2. Saque las ruedas y los neumáticos.

3. Desconecte el extremo inferior del amortiguador y suelte las tuercas de los pernos en U.

4. Coloque un gato bajo el eje trasero.

5. Desconecte los tornillos del grillete de la ballesta en la parte delantera y trasera de la ballesta.

6. Baje el gato lentamente y desmonte la ballesta.

7. El montaje se realiza a la inversa del desmontaje.

Tipo de muelle helicoidal

Se utilizan cuatro tipos de suspensión con muelles helicoidales:

Tipo de brazo de arrastre—310, Sentra y Pulsar.

Tipo de articulación de cuatro barras—210, 510, 810 y 1980-84 200SX.

Tipo de tirante MacPherson—810, Maxima, 280Z y ZX, 300ZX, Stanza y camioneta Stanza.

Tipo de muelle helicoidal IRS—200SX de 1984 y posteriores con suspensión trasera independiente.

ATENCIÓN

Los muelles helicoidales están sometidos a una tensión elevada y pueden ocasionar daños personales. Tenga mucho cuidado cuando trabaje con ellos.

Tipo de brazo de arrastre

1. Levante el tren trasero del vehículo y apóyelo en caballetes.

2. Desmonte las ruedas.

3. Desconecte la articulación del freno de mano y el muelle de recuperación.

4. Desatornille la brida del palier en el extremo de la rueda.

5. Desatornille el amortiguador de goma situado en el interior de la parte inferior del muelle helicoidal.

6. Levante con un gato el brazo de la suspensión y desatornille el montaje inferior del amortiguador.

7. Baje lentamente y con precaución el gato.

1. Ballestas
2. Soporte delantero
3. Horquilla
4. Amortiguador
5. Caja del eje
6. Portador del diferencial
7. Limitador de par de torsión
8. Cable del freno de mano
9. Manguera del freno
10. Paragolpes encapsulado

Suspensión trasera de ballestas típica

Desmonte el muelle helicoidal, el asiento del mismo y el amortiguador.

8. Para el montaje invierta el procedimiento, asegurándose que la cara plana del muelle quede hacia arriba.

Tipo de articulación con cuatro barras

1. Levante el vehículo y sosténgalo con caballetes.

2. Apoye el centro del diferencial con un gato u otra herramienta adecuada.

3. Saque las ruedas traseras.

4. Quite los tornillos que aseguran los extremos inferiores de los amortiguadores.

5. Baje el gato situado debajo del diferencial lenta y cuidadosamente y desmonte los muelles una vez que estén totalmente distendidos.

6. El montaje se realiza en el orden inverso al de desmontaje.

Tipo de muelle helicoidal IRS

Esta suspensión es similar al tipo de puntal McPherson IRS, excepto este tipo que utiliza amortiguadores y muelles helicoidales separados, en lugar de unidades de puntales.

1. Coloque un compresor de muelle adecuado en el muelle helicoidal.

2. Levante el tren trasero del vehículo.

3. Comprima el muelle helicoidal hasta que tenga la longitud suficiente como para desmontarlo. Saque el muelle.

4. Cuando monte el muelle, asegúrese de que las gomas del asiento del muelle inferior y superior no estén retorcidas y de que no se han caído al instalar el muelle helicoidal.

Tipo de puntal McPherson

810 (MAXIMA), 280ZX, 300ZX Y STANZA

El amortiguador y el muelle se deben desmontar en conjunto.

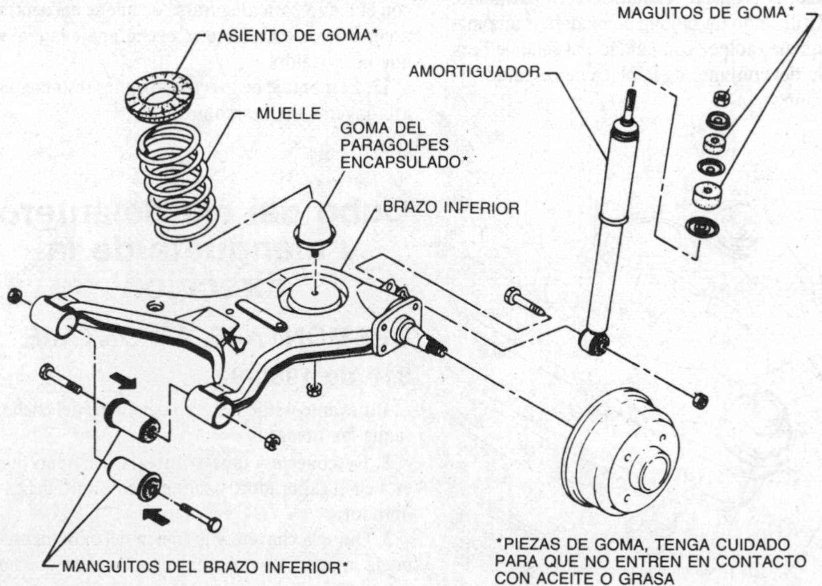

Uno de los lados de la suspensión trasera típica del brazo del arrastre

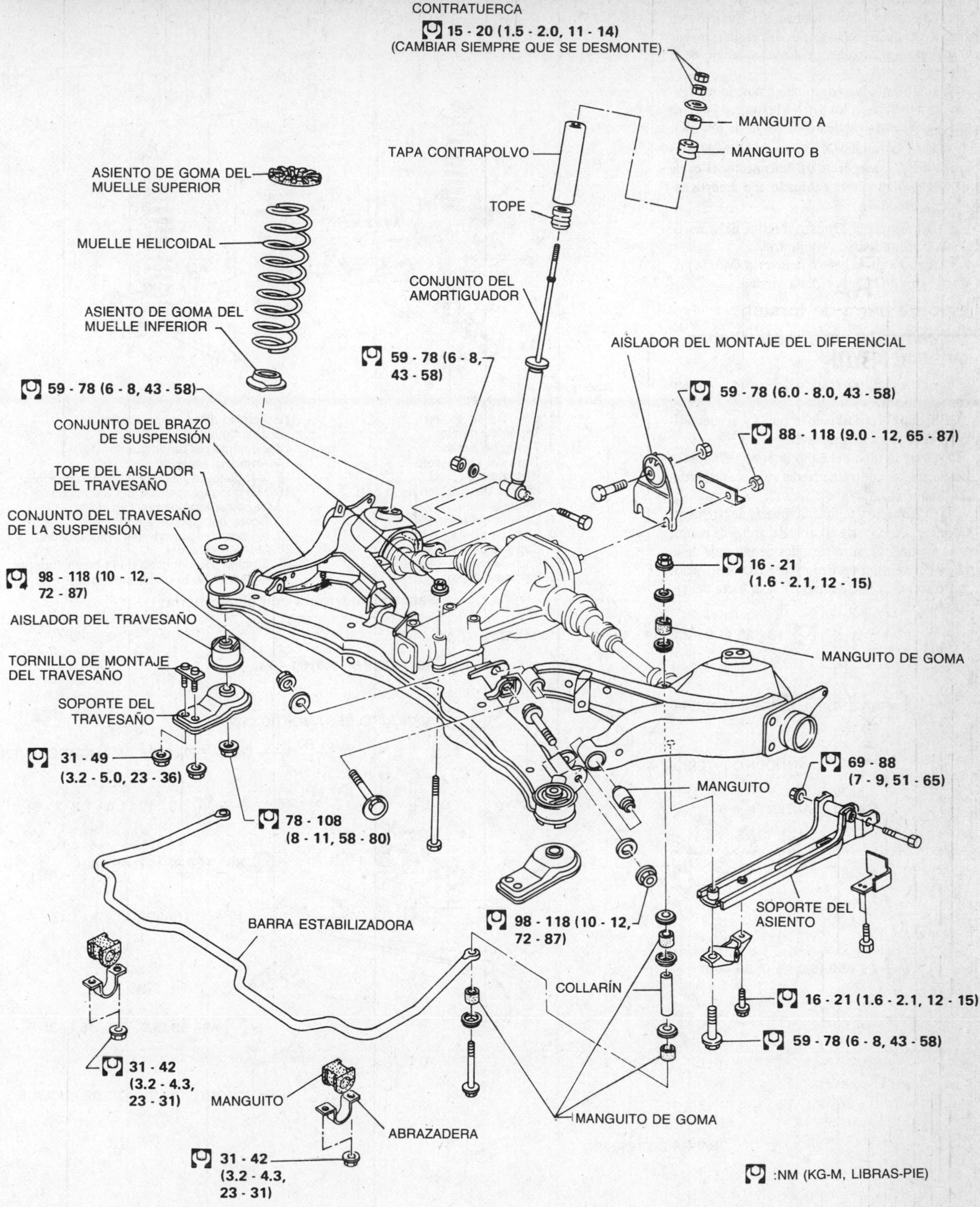

Suspensión trasera de muelle helicoidal IRS — se ilustra para el 200SX; en los otros modelos es similar

1. Bloquee las ruedas delanteras. Levante el tren trasero del coche hasta que la suspensión cuelgue y sujételo con caballetes colocados debajo de la carrocería.

2. Quite las tuercas de montaje superiores (dentro del maletero en los 810 y Maxima, o bajo las tapas del compartimiento de carga de los ZX).

NOTA: En los 300ZX y en los Maxima de 1985 y posteriores, asegúrese de desconectar el cable de electricidad si está equipado con amortiguadores ajustables.

3. Desconecte el extremo inferior del amortiguador y desmonte el conjunto.

4. El montaje se hace a la inversa. Monte primero la parte superior de la unidad.

Tipo de barra de torsión

Únicamente camioneta Stanza de 1986 (2WD)

1. Levante el tren trasero del coche y sujételo con caballetes.

2. Saque el conjunto de la rueda y el neumático. Suelte el freno de mano.

3. Quite la tapa del cubo interior, el pasador del perno y la contratuerca del cojinete de la rueda. Saque el tambor del freno.

4. Desconecte y tapone la tubería del freno hidráulico. Desconecte el cable del freno de mano.

5. Saque los cuatro tornillos de montaje de la placa de retención del freno y luego deslice la placa junto con el cojinete interior hacia fuera del eje trasero.

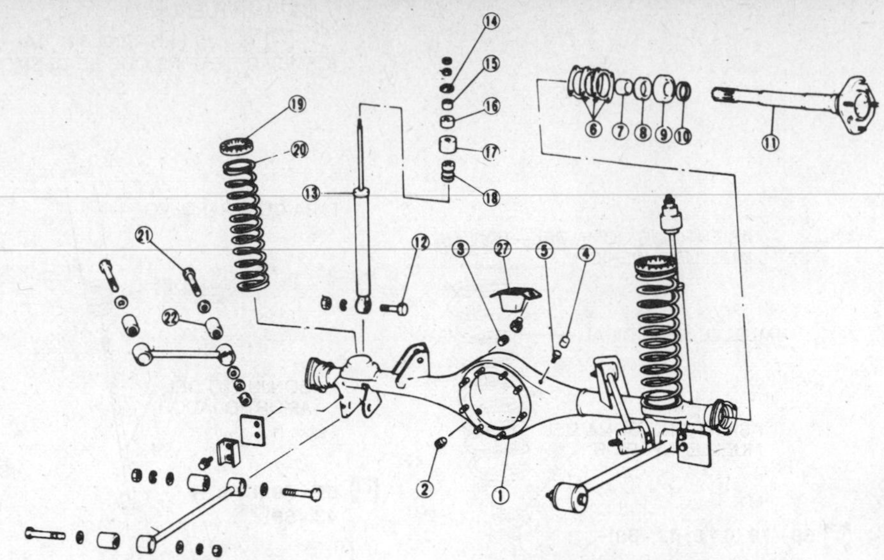

1. Caja del eje trasero
2. Tapón de drenaje
3. Tapón de llenado
4. Tapa del respiradero
5. Respiradero
6. Lámina del extremo de la caja del eje trasero
7. Collarín del cojinete
8. Sello de aceite
9. Cojinete del eje trasero
10. Espaciador del cojinete
11. Semieje trasero
12. Tornillo del extremo inferior del amortiguador
13. Conjunto del amortiguador
14. Arandela especial
15. Manguito de montaje del amortiguador
16. Manguito de montaje del amortiguador
17. Tapa del tope de amortiguación
18. Goma del tope de amortiguación
19. Aislador del soporte del amortiguador
20. Muelle helicoidal
21. Tornillo del manguito de la barra superior
22. Manguito de la barra superior

Suspensión trasera con cuatro barras

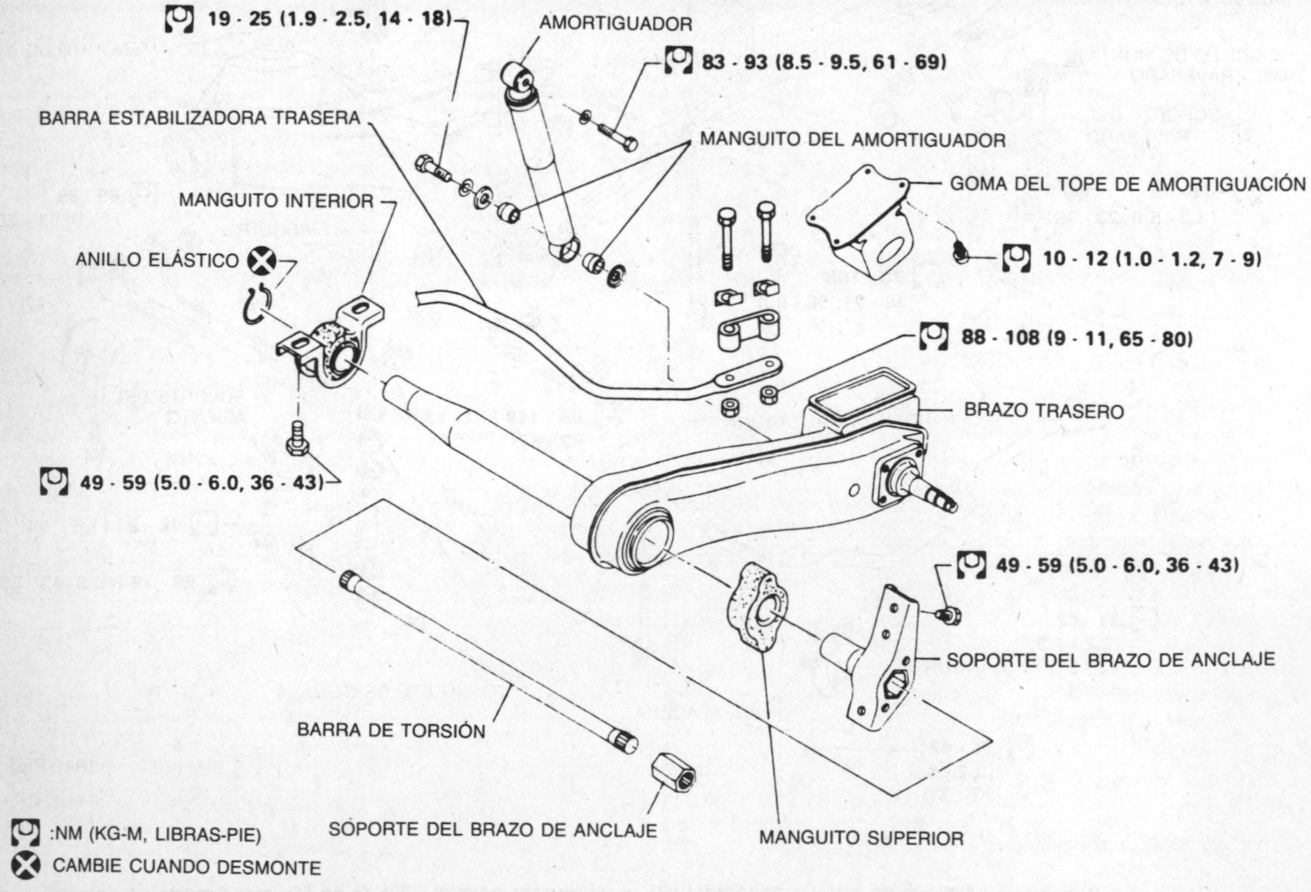

19 - 25 (1.9 - 2.5, 14 - 18)
AMORTIGUADOR
83 - 93 (8.5 - 9.5, 61 - 69)
BARRA ESTABILIZADORA TRASERA
MANGUITO DEL AMORTIGUADOR
GOMA DEL TOPE DE AMORTIGUACIÓN
MANGUITO INTERIOR
ANILLO ELÁSTICO
10 - 12 (1.0 - 1.2, 7 - 9)
88 - 108 (9 - 11, 65 - 80)
BRAZO TRASERO
49 - 59 (5.0 - 6.0, 36 - 43)
49 - 59 (5.0 - 6.0, 36 - 43)
SOPORTE DEL BRAZO DE ANCLAJE
BARRA DE TORSIÓN
SOPORTE DEL BRAZO DE ANCLAJE
MANGUITO SUPERIOR
:NM (KG-M, LIBRAS-PIE)
CAMBIE CUANDO DESMONTE

Suspensión trasera del tipo de barra de torsión — camioneta Stanza de 1986 (tracción en dos ruedas)

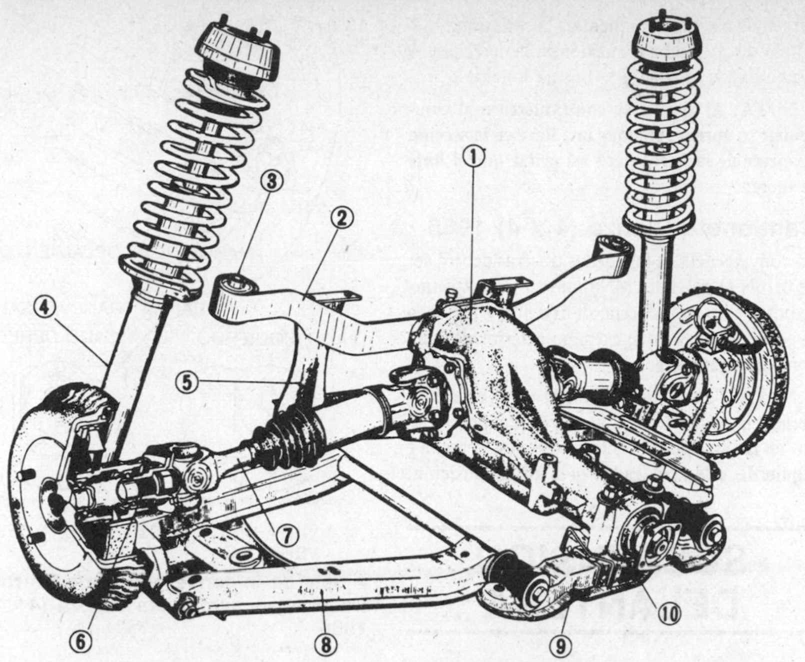

1. Portador del diferencial
2. Travesaño trasero de montaje de la caja del diferencial
3. Aislante trasero de montaje de la caja del diferencial
4. Conjunto del puntal
5. Tirante del montaje de acoplamiento
6. Semieje trasero
7. Semieje
8. Travesaño
9. Travesaño delantero de montaje de la caja del diferencial
10. Aislante delantero de montaje de la caja del diferencial

Suspensión trasera del tipo puntal McPherson — típica

6. Desconecte la barra estabilizadora posterior.

7. Desatornille el soporte del brazo de anclaje, y a continuación quite los tornillos de montaje del soporte del buje interno. Saque la barra de torsión.

8. El montaje se lleva a cabo en el orden inverso al desmontaje. Apriete los tornillos de montaje del brazo de anclaje y del buje interior a 36-43 libras-pie (49-59 Nm). Apriete los tornillos de la barra estabilizadora a 65-80 libras-pie (88-108 Nm).

Amortiguador

DESMONTAJE Y MONTAJE

200SX, 210, camioneta Stanza 1986 (2WD) y Sedan 510

1. Abra el maletero y saque el tablero de cubierta (si es necesario) para poner al descubierto los montajes de los amortiguadores. Haga palanca para las tapas de montaje, en caso de que se cuente con ellas. En los modelos con muelles de hoja, levante el tren trasero del vehículo y apóyelo en caballetes.

2. Quite las dos tuercas que sujetan la parte superior del amortiguador. Desatornille la parte inferior del amortiguador.

3. Desmonte el amortiguador.

4. El montaje es a la inversa del desmontaje.

Station Wagons 510 y 810 (Maxima)

1. Levante el tren trasero del vehículo y sujete el eje con caballetes.

2. Quite la tuerca inferior de retención del amortiguador.

3. Saque el tornillo o tornillos superiores de retención.

4. Desmonte por debajo del auto el amortiguador.

310, Sentra y Pulsar

1. Levante y soporte el tren trasero del vehículo.

2. Saque las ruedas.

3. Apoye el brazo trasero con un gato colocado en el extremo bajo.

4. Quite las tuercas superiores e inferiores del montaje del amortiguador.

5. Lentamente y con cuidado baje el vehículo y desmonte el amortiguador.

6. El montaje es a la inversa.

810, 280ZX, Maxima, 300ZX y Stanza

Para todo lo referente a los procedimientos de montaje, desmontaje y revisión de los puntales, consulte Revisión del puntal, en la sección de Reparaciones.

Cojinetes de las ruedas traseras

AJUSTE

310

Los cojinetes de las ruedas traseras en los 310 se ajustan de la misma forma que los cojinetes de las ruedas delanteras. Use este procedimiento para todos los modelos 310.

1. Levante el tren trasero.

2. Saque la rueda.

3. Quite y descarte el pasador del perno.

4. Apriete la contratuerca del cojinete a 29-33 libras-pie.

5. Rote el tambor hacia atrás y adelante unas cuantas revoluciones para acomodar el cojinete.

6. Después de hacer girar la rueda, vuelva a comprobar el apriete de la tuerca, aflojándola a continuación 90° a partir de su posición.

7. Compruebe el giro del tambor. Si lo hace con dificultad, compruebe si las zapatas del freno rozan o si los cojinetes están sucios.

8. Alinee el orificio del pasador del perno en el eje con el de la tuerca e instale un pasador nuevo.

9. Apriete la tuerca no más de 15° para alinear los orificios.

Sentra/Pulsar, Stanza y Maxima (1985 y posteriores)

1. Aplique grasa multi-purpose en las siguientes partes:

a. La parte roscada del eje de la rueda

b. Las superficies de contacto de la arandela de presión y el cojinete exterior

c. El sombrerete interno del cubo

d. El borde del sello de grasa.

2. Apriete la tuerca del cojinete a 18-25 libras-pie (25-34 Nm).

3. Rote la rueda varias veces en ambas direcciones para que el cojinete se asiente correctamente.

4. Afloje la tuerca del cojinete hasta que esté sin precarga y a continuación apriétela a 6.5-8.7 libras-pie (9-12 Nm). Gire la rueda nuevamente varias veces y luego vuelva a apretarla al mismo par de apriete anterior.

5. Monte el sombrerete de ajuste y alinee cualquiera de sus muescas con el orificio del eje.

NOTA: Si es necesario, apriete la contratuerca hasta 15 grados para así alinear el orificio del eje con el del sombrerete de ajuste.

6. Rote el cubo en ambas direcciones y varias veces, al mismo tiempo que mide el apriete inicial y el juego axial. Éstos deberán ser de:

Juego axial: 0

Apriete inicial:

Con sello de grasa —6.9 libras-pulgada (0.8 Nm) o menos.

Cuando mida en el cubo de la rueda —3.1 libras (13.7 N).

7. Mida correctamente la rotación desde la fuerza inicial hacia la dirección tangencial contra el tornillo del cubo. Las cifras anteriores no tienen en cuenta ningún tipo de resistencia. Cuando mida el apriete inicial, asegúrese de que no hay trabas, ya que de lo contrario no habrá juego axial del cojinete.

8. Afloje el pasador del perno y monte el sombrerete del cubo interior.

9. El montaje de los componentes restantes se lleva a cabo en el orden inverso al de desmontaje.

Alineación de las ruedas traseras

AJUSTE

200SX y 300ZX

La convergencia de las ruedas traseras deberá ser

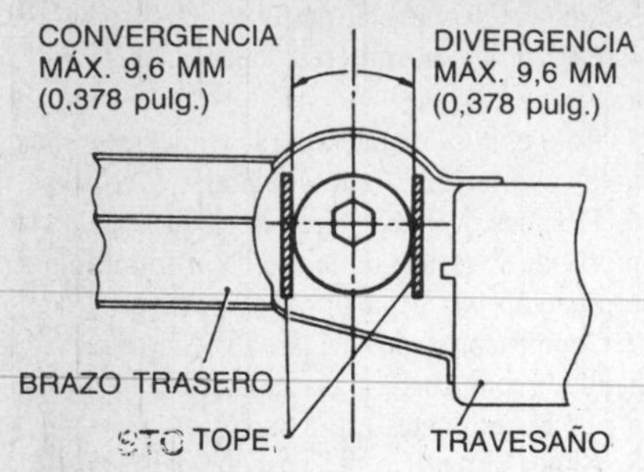

Ajuste de la convergencia de las ruedas traseras — se ilustra el 200SX

de 0.08N —O pulgadas (2N—0mm)—200SX; 0.059N—0.098P pulgadas (1.5N—2.5Pmm). Puede ajustarse mediante la utilización de levas que están en el interior de los pasadores de los bujes de los brazos de control traseros.

NOTA: Coloque siempre las levas en la misma posición en los pasadores de los bujes de los brazos de control derecho e izquierdo.

Maxima (1985 y posteriores) y Stanza 1987 (todos los modelos)

La convergencia de las ruedas traseras deberá ser de 0.12P-0.28P pulgadas (3P-7Pmm). Se puede ajustar por medio de las contratuercas y un perno de pasador roscado en las conexiones paralelas posteriores. Simplemente afloje las dos contratuercas y a continuación gire el perno de pasador roscado para alargar (disminuir) la convergencia o acortar (aumentar) la conexión. Asegúrese de que ambas conexiones, la derecha y la izquierda, se ajusten a la misma longitud.

NOTA: Al apretar la contratuerca o al comprobar su apriete, coloque una llave en la sección de cierre de la barra para así evitar que el buje se tuerza.

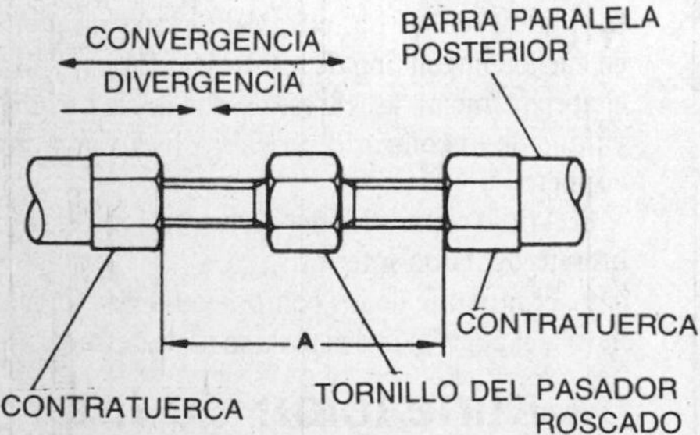

Ajuste de la convergencia de las ruedas traseras — Maxima (1985 y posteriores) y Stanza (1987)

Camioneta Stanza (4 x 4) 1986

La convergencia de las ruedas traseras deberá ser de 0.16N-O pulgadas (4N-0mm). Puede ajustarse por medio de un perno de fijación y una leva que se encuentra en el extremo exterior de cada conexión transversal.

NOTA: Cuando lleve a cabo el ajuste de la convergencia en los Stanza, asegúrese de que las levas en las articulaciones transversales, derecha e izquierda, están colocadas en la misma posición.

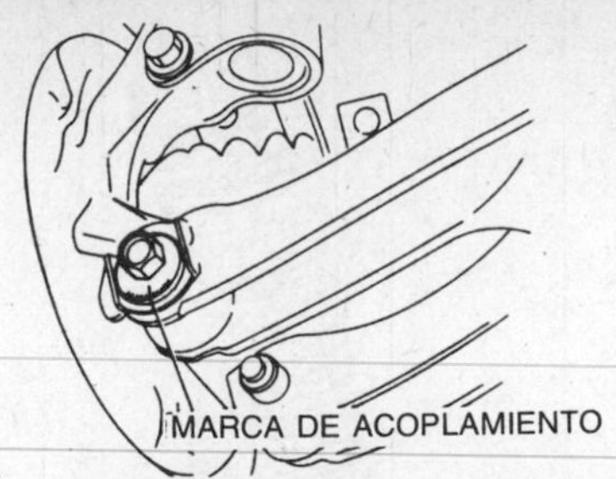

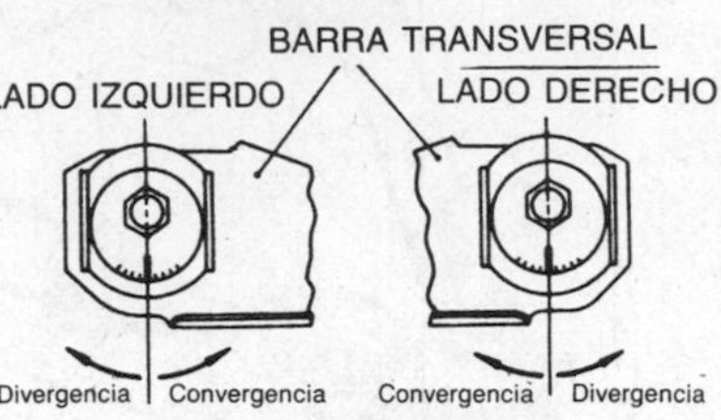

VISTA DE LA PARTE TRASERA DEL VEHÍCULO

Ajuste de la convergencia de las ruedas traseras — camioneta Stanza (4 x 4) de 1986

SUSPENSIÓN DELANTERA

La suspensión delantera independiente de los modelos que aquí figuran, utiliza puntales MacPherson. Cada uno de ellos combina la función de un muelle helicoidal y un amortiguador. El husillo va montado en la parte inferior del tirante, que dispone de una única rótula. Con este diseño no se requiere brazo superior de suspensión. El husillo y la articulación transversal de la suspensión inferior (brazo de control) están situados delante y detrás junto a las barras de tensión en la parte delantera del chasis, en la mayoría de los modelos. En todos los modelos se utiliza una barra de oscilación lateral que cruza el chasis.

Puntal McPherson

DESMONTAJE Y MONTAJE

Todos los modelos

1. Levante el auto con un gato y apóyelo en forma segura. Quite la rueda.
2. Desconecte y tape la manguera del freno.
3. Desconecte la barra de tensión (barra de compresión en los de la serie «Z») y la barra estabilizadora de la articulación transversal.
4. Desatornille el brazo de la dirección.
5. Coloque un gato debajo de la parte inferior del tirante.
6. Abra el capó y saque las tuercas de sujeción de la parte del tirante. Si su 300ZX o Maxima de 1985 y posteriores cuenta con amortiguadores ajustables, desconecte el cable eléctrico.
7. Baje el gato lentamente y con cuidado hasta que haya desmontado el conjunto del tirante.
8. Invierta el procedimiento para el montaje. Se deben sustituir las tuercas de autobloqueo que sujetan la parte superior del tirante.

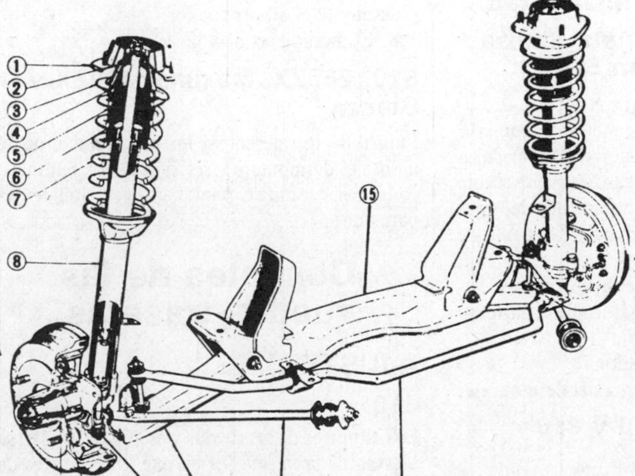

Suspensión delantera del tipo de puntal B210. En los 280Z, las varillas de tensión están reemplazadas por varillas de compresión que corren hacia la parte posterior

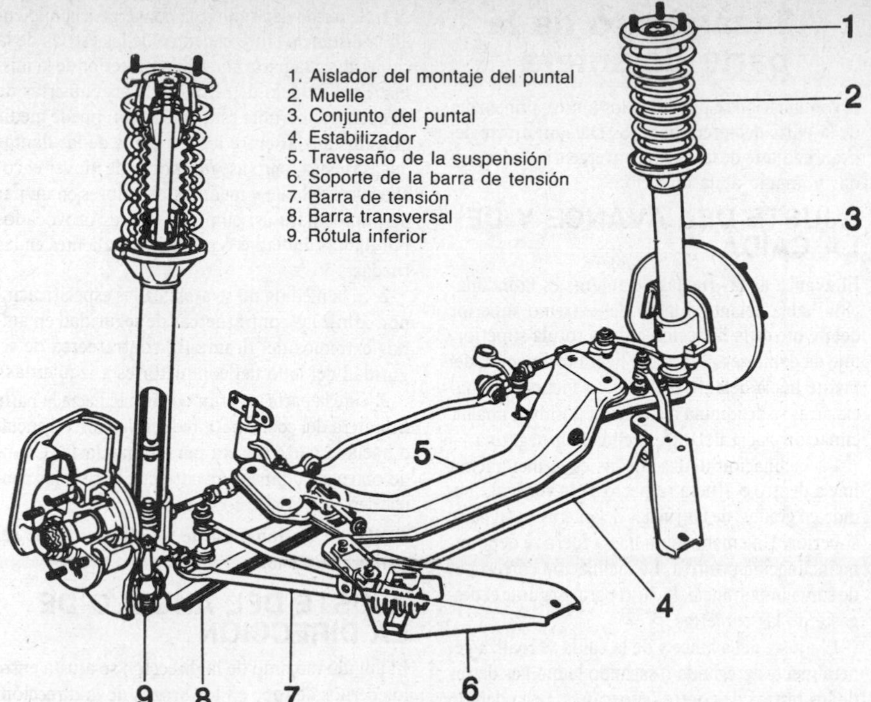

Suspensión delantera del tipo tirante, 200SX, los 510 y 810 anteriores son similares; los 810 últimos, Máxim, Sentra, Pulsar, Stanza son similares excepto en la cremallera y el piñón de la dirección

Rótula

INSPECCIÓN

Deberá sustituir la rótula inferior cuando su juego resulte excesivo. Datsun no publica especificaciones para este fin, dando en su lugar una cifra de apriete giratorio para la rótula. Sin embargo, es necesario desmontarla para realizar el ajuste. Un método eficaz para determinar el juego consiste en levantar el vehículo hasta que la rueda deje de apoyarse en el suelo. No debe colocarse el gato debajo de la rótula, ya que ésta debe quedar sin carga alguna. Coloque una barra larga debajo de la cubierta y mueva la rueda hacia arriba y abajo. Mantenga una mano en la parte superior de la cubierta mientras realiza esta operación. Si hay un juego de ¼ de pulgada o más en la parte superior de la cubierta, deberá cambiar la rótula. Asegúrese de que los cojinetes de la rueda estén ajustados correctamente antes de llevar a cabo esta medición. Se puede hacer otra comprobación: mientras mueve la cubierta hacia arriba y abajo, observe la rótula. Si presenta juego, sustitúyala.

DESMONTAJE Y MONTAJE

Modelos con tracción trasera

NOTA: En la mayoría de los últimos modelos, la articulación transversal (brazo de control inferior) debe ser desmontada, y a continuación deberá hacer lo mismo con la rótula.

La rótula deberá engrasarse cada 30,000 millas. Hay un orificio con tapón en la parte inferior de la junta para la instalación de un casquillo de engrase.

1. Levante y sujete el vehículo de forma que las ruedas dejen de apoyarse en el suelo. Quite la rueda.

2. Desatornille la barra de tensión (barra de compresión en los de la serie «Z») y la barra estabilizadora de la articulación transversal.

3. Desatornille el tirante del brazo de la dirección.

4. Quite la chaveta y la tuerca del tirante de la rótula. Separe la rótula y el brazo de la dirección.

5. Desatornille la rótula de la articulación transversal.

6. Invierta el procedimiento para montar una rótula nueva. Engrase la rótula una vez que la haya montado.

Modelos con tracción delantera

1. Levante el coche con un gato y sujételo con caballetes.

2. Saque la rueda.

3. Quite el semieje.

4. Separe la rótula de la mangueta de la dirección con un extractor de rótulas, teniendo cuidado de no dañar la tapa contrapolvo si la va a volver a utilizar.

5. Desmonte la otra rótula de la articulación transversal y sáquela. El montaje se hace a la inversa del desmontaje. Apriete la tuerca de sujeción del perno de la rótula (que va de la rótula a la mangueta) a 22-29 libras-pie, y los tornillos que unen la rótula a la articulación transversal a 40-47 libras-pie.

Brazo de control inferior (articulación transversal) y rótula

DESMONTAJE Y MONTAJE

Para realizar esta operación necesitará un extractor de rótulas.

1. Levante el vehículo y sujételo en caballetes. Quite la rueda.

2. Saque la cubierta contra salpicaduras, si cuenta con ella.

3. Quite la chaveta y la tuerca almenada de la rótula de la barra lateral (brazo de la dirección) y separe la rótula de la barra lateral. Necesitará un desmontador de rótulas de horquilla o de tipo extractor.

4. Separe del tirante MacPherson el brazo de la mangueta.

5. Quite la barra de tensión y la estabilizadora del brazo inferior. Los modelos con tracción delantera no tienen barras de tensión.

6. Quite las tuercas o tornillos que unen el brazo de control inferior (articulación transversal) al travesaño de la suspensión en todos los modelos.

7. En los 810 y Maxima, para quitar la articulación transversal (brazo de control) en el lado de la caja de la dirección, separe el brazo de la dirección del eje del sector (mando) y de la articulación inferior de la dirección; para desmontar la articulación transversal en el lado del brazo auxiliar, desprenda el conjunto de dicho brazo del bastidor de la carrocería y baje la articulación de la dirección.

8. Saque el brazo de control inferior (articulación transversal) con la rótula y el brazo de la mangueta todavía unidos.

El montaje se hace a la inversa del desmontaje, teniendo en cuenta los siguientes puntos:

9. Cuando monte el brazo de control, apriete temporalmente las tuercas y/o los tornillos que sujetan el brazo de control al travesaño de la suspensión. Apriételos totalmente únicamente después de que el vehículo esté apoyado en el suelo.

10. Lubrique las rótulas después del montaje.

Cojinetes de las ruedas delanteras

AJUSTE

NOTA: Para el ajuste de los cojinetes en los modelos con tracción delantera, consulte Eje propulsor.

1. Levante y sujete el vehículo; saque las ruedas delanteras y las zapatas de los frenos.

2. Mientras hace rotar el disco, apriete la contratuerca del cojinete a 18-22 libras-pie, en todos los modelos.

3. Afloje la contratuerca aproximadamente 60 grados en todos los modelos. Monte el sombrerete de ajuste y alinee la ranura de la tuerca con el orificio del husillo. Si no puede lograr este alineamiento, cambie la ubicación del sombrerete de ajuste. Además, si no puede obtener este alineamiento, afloje la contratuerca ligeramente, pero no más de 15 grados.

4. Monte las zapatas.

Barra de tensión y barra estabilizadora

DESMONTAJE Y MONTAJE

Únicamente modelos con tracción trasera

1. Sujete la carga del vehículo.

2. Saque las contratuercas que van de la barra de tensión al bastidor. Quite los dos tornillos de montaje que están en la articulación transversal (brazo de control inferior) y luego deslice hacia fuera la barra de tensión.

3. Desatornille la barra estabilizadora en cada articulación transversal.

4. Quite los cuatro tornillos de soporte de la barra estabilizadora y saque la barra.

5. El montaje se hace a la inversa del desmontaje

—Apriete los tornillos que van de la articulación transversal a la barra estabilizadora a 12-16 libras-pie (16-22 Nm).

—Apriete los tornillos del soporte de la barra estabilizadora a 22-29 libras-pie (29-39 Nm).

—Apriete las tuercas que van de la articulación transversal a la barra de tensión a 31-43 libras-pie (42-59 Nm).

—Apriete la tuerca (extremo del buje) que va del bastidor a la barra de tensión a 33-40 libras-pie (44-54 Nm).

—Nunca apriete ningún tornillo o tuerca hasta el final, a menos que el vehículo esté apoyado, sin sujeción, sobre las ruedas.

—Asegúrese de que los bujes de la barra de tensión están montados tal como se muestra en la ilustración.

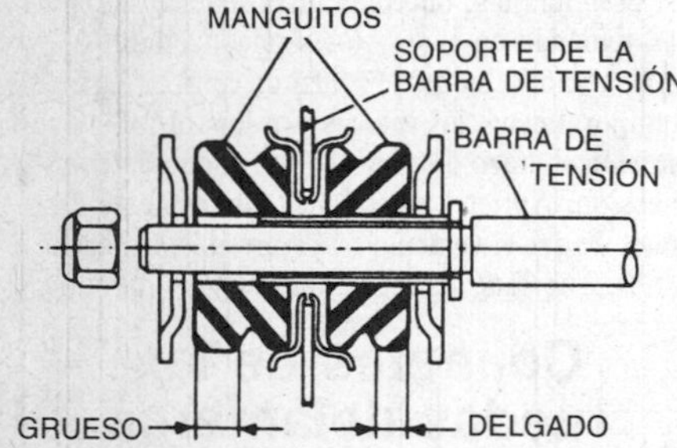

Ubicación de los manguitos de la barra de tensión — modelos con tracción trasera

Barra estabilizadora

DESMONTAJE Y MONTAJE

Sentra, Pulsar y camioneta Stanza

1. Desconecte el cable del freno de mano que está en el ecualizador de la camioneta Stanza.

2. Desconecte el tubo de escape, está en el múltiple, y retírelo fuera del área de trabajo.

3. Quite los tornillos de montaje que van de la barra estabilizadora a la articulación transversal (brazo de control inferior).

4. Saque los cuatro tornillos de montaje del soporte de la barra estabilizadora y a continuación tire de la barra hacia fuera, alrededor de la articulación y del tubo de escape.

5. El montaje se hace en el orden inverso al desmontaje. Nunca apriete los tornillos de montaje, a menos que el coche esté apoyado en el suelo y que tenga en las ruedas el peso normal.

Alineamiento de la parte delantera

A continuación se presentan los ajustes principales de la parte delantera para los Datsun: ajuste del avance, ajuste de la caída, convergencia de las ruedas y ángulo de la dirección.

AJUSTE DEL AVANCE Y DE LA CAÍDA

El avance de las ruedas delanteras es la inclinación hacia delante o atrás del extremo superior del pivote de la dirección o de la rótula superior, que da como resultado una ligera inclinación del pivote hacia delante o atrás. La inclinación hacia atrás se denomina inclinación positiva; una inclinación hacia delante, inclinación negativa.

La inclinación de las ruedas es la inclinación hacia dentro o afuera respecto de la vertical, medida en grados, de las ruedas delanteras en su parte superior. Una inclinación hacia fuera se denomina inclinación positiva. La inclinación correcta es de suma importancia, incluso para asegurar el desgaste de las cubiertas.

El ajuste del avance y de la caída se realiza generalmente agregando o sacando laminillas detrás de los brazos de control superiores; pero debido a que los modelos Datsun que se presentan en este manual cuentan con el tirante MacPherson en lugar del brazo de control superior, la única forma de llevar a cabo los ajustes del avance y de la caída consiste en sustituir las piezas dobladas o desgastadas de la suspensión delantera.

CONVERGENCIA DE LAS RUEDAS

La convergencia es la cantidad, medida en una fracción de pulgada, que las ruedas están más cerca entre sí en un extremo que en el otro. Si hay convergencia quiere decir que las ruedas delanteras están más cerca en su parte anterior que en la posterior, y si hay divergencia, es que las partes posteriores de las ruedas están más cercanas entre sí. Los Datsun están ajustados de tal forma que presentan una ligera convergencia. La convergencia se ajusta girando el tirante, que tiene un tornillo a derechas en uno de los lados y un tornillo a izquierdas en el otro.

Usted mismo puede comprobar la convergencia de su vehículo sin que sea necesario contar con equipos especiales y siempre que lleve a cabo las mediciones con cuidado. Las ruedas deben estar rectas.

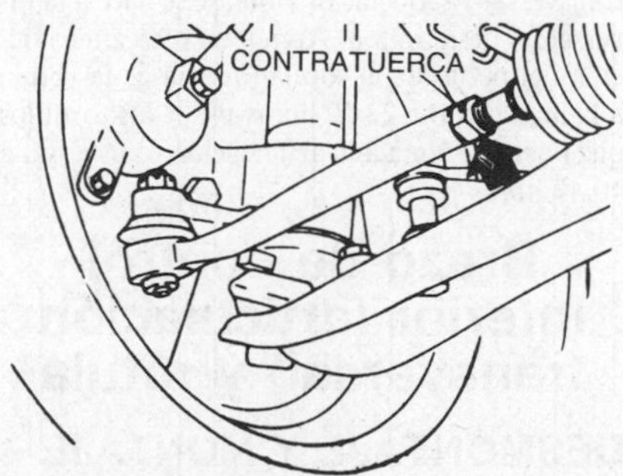

El ajuste de la convergencia se hace en el tirante

1. Se puede determinar la convergencia midiendo la distancia entre el centro de las estrías de la cubierta, en la parte anterior y posterior de la misma. Si el modelo de estriado de las cubiertas de su coche no permite esta operación, puede medir estas distancias entre los extremos de las llantas de las ruedas, pero asegurándose de mover el coche hacia delante y medir estos valores en un par de puntos para así eliminar errores provocados por llantas dobladas o rebordes o salientes en las ruedas.

2. Si la medida no se ajusta a las especificaciones, afloje las contratuercas de seguridad en ambos extremos del tirante (la contratuerca de seguridad del lado del conductor es a izquierdas).

3. Gire la parte superior del tirante hacia la parte delantera del coche para reducir la convergencia, o hacia la parte trasera para aumentarla. Cuando obtenga la dimensión correcta, apriete las contratuercas y compruebe el ajuste.

NOTA: La longitud de los tirantes debe ser siempre la misma.

AJUSTE DEL ÁNGULO DE LA DIRECCIÓN

El ángulo máximo de la dirección se ajusta entre los pernos de tope en los brazos de la dirección. Afloje la contratuerca del perno tope, gire el perno tope hacia dentro o afuera según sea necesario para obtener el ángulo máximo de la dirección y vuelva a apretar la contratuerca.

DIRECCIÓN

Volante

DESMONTAJE Y MONTAJE

1. Coloque las ruedas rectas. El volante de la dirección debe estar con el lado derecho hacia arriba y nivelado.

2. Desconecte el cable a tierra de la batería.

3. Observe la parte trasera del volante. Si hay tornillos avellanados en la parte trasera de los rayos, quítelos y saque la almohadilla de la bocina. Algunos modelos tienen un cable de bocina que va de la almohadilla al volante, desconéctelo.

Hay otros tres tipos de botones o anillos de bocina en los coches Datsun/Nissan. El primero, simplemente se desconecta. El segundo, que generalmente es una almohadilla grande semitrian-

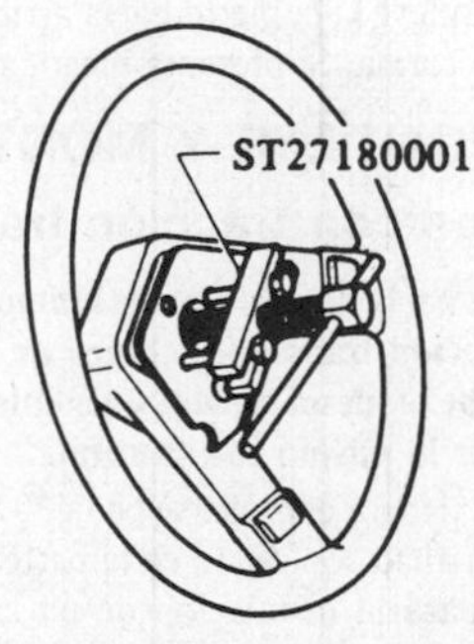

Utilice un extractor para desmontar el volante de la dirección

gular, debe levantarla hacia arriba y luego desconectarla. El tercero se empuja primero hacia dentro y luego se gira en el sentido de las agujas del reloj.

4. Quite el resto del mecanismo de interrupción de la bocina, anotando la posición relativa de las partes. Quite el mecanismo únicamente si impide la ejecución de los siguientes puntos de desmontaje.

5. Haga marcas de alineamiento en la parte superior del eje de la columna de dirección y la brida del volante de la dirección.

6. Saque la tuerca de sujeción y desmonte el volante con un extractor.

ATENCIÓN

No golpee el eje de la dirección con un martillo, ya que de lo contrario podría ocasionar una rotura de la columna.

7. Monte el volante de la dirección en el orden inverso a su desmontaje, alineando las marcas. No fuerce o golpee el volante con un martillo para colocarlo en su lugar, ya que puede ocasionar el aplastamiento de la columna de la dirección, en cuyo caso tendrá que comprar una columna de dirección nueva.

8. Apriete la tuerca del volante de la dirección a 22-25 libras-pie, en los 310. Apriete todas las restantes tuercas del volante a 28-36 libras-pie.

9. Vuelva a montar el botón de la bocina, la almohadilla o el anillo.

APLICACIONES DE LA DIRECCIÓN

Modelo	Tipo
510, 210 200SX (1980-83) 810, 280ZC①	Recirculación de bolas
280 ZX② 300 ZX, 310, Sentra, Pulsar, 810, Maxima Stanza, 200 SX (1984 y posteriores)	Cremallera y piñón

① Cambio servoasistido
② Cambio manual

Interruptor de los intermitentes (Luz de giro)

DESMONTAJE Y MONTAJE

En los últimos modelos, el interruptor de los intermitentes forma parte de un interruptor combinado. Toda la unidad se desmonta en conjunto.

1. Desconecte el cable negativo de la batería.

2. Saque el volante de la dirección tal como se ha descrito anteriormente. Tenga en cuenta la nota de Atención, en la columna de dirección.

3. Quite las cubiertas de la columna de la dirección.

4. Desconecte los enchufes eléctricos del interruptor.

5. Saque los tornillos de sujeción y desmonte el interruptor.

6. El montaje se hace a la inversa del desmontaje. Muchos modelos cuentan con interruptores de los intermitentes con una lengüeta que debe entrar en el orificio del eje de la dirección para que el sistema pueda hacer que el interruptor retroceda a la posición neutral después de que se ha hecho el giro. Asegúrese de que la lengüeta y el orificio queden alineados al montar el interruptor.

Sistema de bloqueo de la dirección

El conjunto del interruptor de cierre/contacto de encendido y el zumbador de aviso están adosados a la columna de la dirección por medio de tornillos especiales cuyas cabezas se cortan al instalarlos. Estos tornillos deben sacarse con un taladro para desmontar el conjunto. El interruptor de encendido está en la parte posterior del conjunto y el de aviso en la parte lateral. El zumbador de aviso, que suena cuando se abre la puerta del conductor con la dirección sin cerrar, está situado detrás del tablero de instrumentos.

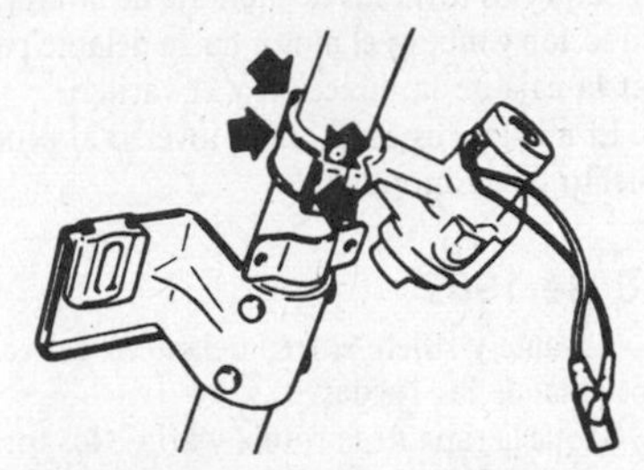

Tornillo de seguridad del bloqueo de la dirección — típico

Mecanismo de dirección manual

DESMONTAJE Y MONTAJE

200SX

1. Desconecte el tubo de escape del múltiple de escape, si es necesario, y saque el tornillo que asegura el tubo de escape al aislador del montante de la transmisión.

2. Quite el tornillo que sostiene el eje del sinfín al acoplamiento de goma.

3. En los modelos de 1984 y posteriores, desmonte del brazo de la articulación de la dirección lás barras de acoplamiento utilizando un extractor de rótulas o equivalente, y desconecte la junta inferior de la columna de la dirección.

4. Saque la tuerca que sujeta el brazo pitman al eje, y saque el brazo pitman.

5. Extraiga los tornillos de sujeción de la caja de la dirección y a continuación saque la caja del vehículo.

6. El montaje se hace en el orden inverso al desmontaje. Compruebe la alineación de las ruedas después del montaje.

210

1. Saque los tornillos que sostienen el cilindro auxiliar del embrague al alojamiento de la transmisión, quite y aparte a un lado el cilindro.

2. Desconecte el tubo de escape delantero que está en el múltiple y en el soporte frontal.

3. Extraiga el tornillo que retiene el eje del sinfín al acoplamiento de goma.

4. Quite el brazo pitman del eje utilizando un extractor adecuado.

5. Quite los tornillos que sostienen la carcasa de la caja de la dirección al cuerpo del travesaño lateral, y saque la caja.

6. El montaje es a la inversa del desmontaje. Compruebe la alineación de las ruedas después del montaje.

310

1. Levante y sujete el tren delantero del vehículo y saque las ruedas delanteras.

2. Quite la tapa de la junta de la dirección y retire los tornillos que aseguran la columna de la dirección a la rótula inferior.

3. Extraiga el tornillo que sostiene la rótula inferior al piñón de la caja de la dirección; desconecte de la caja la rótula inferior.

4. Desmonte de las manguetas los pasadores roscados de la barra lateral y saque las tuercas que aseguran las abrazaderas al cuerpo. Retire las abrazaderas de montaje.

5. Desmonte la caja de la dirección y el varillaje del vehículo.

6. El montaje es la la inversa del desmontaje.

510

1. Saque el tornillo que sostiene el acoplamiento de goma al eje del sinfín.

2. Quite el brazo pitman del eje respectivo, utilizando un extractor adecuado.

3. Desconecte el tubo de escape frontal del múltiple de escape y del soporte.

4. Saque los tornillos que sostienen la caja de la dirección al cuerpo del travesaño lateral; desmonte la caja a través del compartimiento del motor.

5. El montaje es en el orden inverso al del desmontaje.

280ZX, 810/Maxima (1980-84)

1. Levantar y sujetar el tren delantero del vehículo y sacar las ruedas delanteras.

2. Quitar de la columna de la dirección la rótula inferior que está en el acoplamiento de goma.

3. Saque el conjunto de la rótula inferior del piñón, y quite la protección contra salpicaduras (únicamente en los 280ZX).

4. Extraiga los pasadores roscados de la barra lateral de las manguetas.

5. Extraiga los tornillos que van del travesaño a la caja de la dirección y a continuación desmonte la caja de la dirección del vehículo.

6. El montaje se hace en el orden inverso al procedimiento de desmontaje.

Pulsar, Stanza (Sedán) y Sentra

1. Levante y sujete el tren delantero del vehículo y saque las ruedas.

2. Desconecte el tirante (barra de acoplamiento) de la mangueta y afloje los tornillos de sujeción de la caja de la dirección.

3. Extraiga el tornillo que sostienen la rótula inferior al piñón de la caja de la dirección; saque del piñón la rótula inferior.

4. Quite los tornillos que sostienen la carcasa de la caja de la dirección al cuerpo, y desmonte el conjunto del varillaje y la caja de la dirección del vehículo.

5. El montaje es en el orden inverso al desmontaje.

Caja de la dirección hidráulica

DESMONTAJE Y MONTAJE

280ZX, 200SX (1980-83) y 810

1. Saque el filtro de aire y el perno que sujeta la junta universal al eje del sinfín.
2. Desconecte y tape las mangueras del mecanismo de la dirección hidráulica.
3. Quite el brazo pitman del eje, utilizando un extractor adecuado.
4. Saque los tornillos de sujeción de la caja de la dirección y sáquela del vehículo.
5. El montaje es a la inversa del procedimiento de desmontaje.

280ZX Turbo

1. Levante y sujete el tren delantero del vehículo; saque las ruedas.
2. Quite los tornillos que sostienen las abrazaderas de las mangueras de la caja de la dirección hidráulica al travesaño.
3. Desconecte las mangueras de la dirección hidráulica que están en la caja de la dirección y vacíe el aceite de engranajes en un recipiente. Asegúrese de tapar las tuberías después de vaciarlas.
4. Desconecte de la mangueta los pasadores roscados de la barra lateral, y quite del eje del piñón el conjunto de la rótula inferior.
5. Extraiga las tuercas que sostienen los aisladores de la montura del motor al travesaño.
6. Levante el motor tal como se describió en la sección de desmontaje del motor: sujete el travesaño con un caballete.
7. Afloje los tornillos de montaje de la caja de la dirección, y quite los tornillos que sostienen el travesaño al cuerpo.
8. Baje el caballete lentamente y saque los tornillos que sujetan la caja de la dirección al travesaño; a continuación, desmonte la caja de la dirección y el varillaje del vehículo.
9. El montaje se realiza invirtiendo el procedimiento de desmontaje.

200SX (1984 y posteriores) y 300ZX

1. Saque el filtro del aire y el perno que asegura la junta universal al eje sinfín.
2. Desconecte las mangueras de la caja de la dirección hidráulica y tapónelas, para evitar que se produzcan fugas.
3. Quite del ranurado el brazo pitman utilizando una herramienta adecuada, y saque los tornillos de montaje de la caja de la dirección.
4. Desmonte la caja de la dirección del vehículo.
5. El montaje se hace a la inversa del procedimiento de desmontaje.

810 de 1981 y 810/Maxima de 1982-84

NOTA: El procedimiento para estos modelos es el mismo que en el caso anterior. La única diferencia consiste en que no es necesario levantar el motor ni tampoco sacar el travesaño fuera de la carrocería.

310 de 1981

1. Saque el capó tal como se describió anteriormente, y levante el tren delantero del vehículo.
2. Quite la barra superior e instale un elevador adecuado en el motor.
3. Sujete el motor y desmonte las siguientes partes:
a. La palanca de la transmisión y las barras de selección que están en la transmisión.
b. La barra de parachoques y los aisladores delanteros y posteriores de la montura del motor.
4. Levante el motor y quite la tapa de la rótula de la columna de la dirección.
5. Saque el conjunto de la junta inferior del piñón de la caja de la dirección.
6. Desmonte los pasadores roscados de la barra lateral de las manguetas, y desconecte las mangueras de la dirección de la bomba de la dirección hidráulica. Tape las mangueras para evitar que se produzcan fugas.
7. Saque los tornillos de montaje de la caja de la dirección y mueva el motor hacia delante para sacar la caja de la dirección y el varillaje.
8. El montaje es en el orden inverso al procedimiento de desmontaje.

310 de 1982

1. Levante y sujete el tren delantero del vehículo, y saque las ruedas.
2. Saque la tapa de la rótula y afloje los tornillos de sujeción que van de la columna de la dirección a la rótula inferior.
3. Quite el conjunto de la rótula inferior del piñón de la caja de la dirección.
4. Desconecte los pasadores roscados de la barra lateral que se encuentran en la manguetas y desconecte de la caja de la dirección hidráulica las mangueras. Tape todas las mangueras para evitar que se produzcan pérdidas.
5. Saque los tornillos de sujeción de la dirección, y desmonte la caja de la dirección y el varillaje del vehículo.
6. El montaje se realiza en el orden inverso al de desmontaje.

Stanza, Sentra, Pulsar y Maxima (1985 y posteriores)

1. Levante y sujete el tren delantero del vehículo; saque las ruedas.
2. Desconecte la manguera de la dirección hidráulica de la caja, y tape todas las mangueras, para evitar que se produzcan pérdidas.
3. Desconecte los pasadores roscados de la barra lateral de las manguetas de la dirección.
4. En los modelos Sentra y Pulsar, sujete el transaxle con un gato adecuado para la transmisión, y quite el tubo de escape trasero y las monturas posteriores del motor.
5. En los otros modelos, quite el conjunto de la rótula inferior del piñon de la caja de la dirección.
6. Desmonte del vehículo la caja de la dirección y el varillaje.
7. El montaje se realiza en el orden inverso al procedimiento de desmontaje.

Bomba de la dirección hidráulica

DESMONTAJE, MONTAJE Y PURGADO

Todos los modelos

1. En todos los modelos 200SX, saque el ducto del filtro del aire.
2. Afloje la contratuerca de la polea auxiliar y gire la tuerca de ajuste en el sentido opuesto a las agujas del reloj, para poder sacar la correa de la dirección hidráulica.
3. Quite la correa impulsora que está en el compresor del aire acondicionado, si el vehículo está así equipado.
4. Afloje las mangueras de la dirección hidráulica que están en la bomba y saque los tornillos que sujetan la bomba al soporte.
5. Desconecte y tape las mangueras de la dirección hidráulica, y desmonte la bomba del vehículo.
6. El montaje es en el orden inverso al procedimiento de desmontaje.
Purgue el sistema de la siguiente forma:
a. Con el motor en funcionamiento, gire rápidamente el volante de la dirección completamente hacia la izquierda y hacia la derecha diez veces.
b. Pare el motor y observe si hay líquido suficiente en el depósito de la bomba.
c. Con el volante de la dirección girado completamente a la derecha, abra el tornillo de purgado y deje que el aire salga de la bomba.
d. Apriete el tornillo de purgado y repita el procedimiento hasta que salga todo el aire del sistema.

NOTA: Si no puede sacar todo el aire del sistema, repita el punto c con el motor en marcha.

AJUSTE DE LA TENSIÓN DE LA CORREA

1. Afloje los tornillos de montaje y los de ajuste de la tensión.
2. Mueva la bomba hacia el motor o en la dirección opuesta, de manera que la correa tenga una deflección de ¼-½ de pulgada en el punto medio entre la polea intermedia y la polea de la bomba y haciendo una presión moderada con el pulgar.
3. Apriete los tornillos y vuelva a comprobar el ajuste de la tensión.

Extremos de los tirantes (Barras laterales de la dirección)

DESMONTAJE Y MONTAJE

Necesitará disponer de un extractor de rótulas para llevar a cabo esta operación.
1. Levante con un gato el tren delantero del vehículo y sujételo con caballetes.
2. Localice el extremo del tirante defectuoso. Seguramente éste tendrá un juego excesivo y probablemente la tapa contrapolvo estará rota.
3. Saque del pasador roscado del tirante la chaveta y la tuerca. Tenga en cuenta la posición del

extremo del tirante en relación con el resto del varillaje de la dirección.

4. Afloje la contratuerca que sostiene el tirante al resto del varillaje de la dirección.

5. Suelte de la mangueta o de la barra conectora la rótula del tirante, utilizando para ello un extractor de rótulas.

6. Desatornille y saque el extremo del tirante, contando el número de vueltas que hacen falta para que se suelte por completo.

7. Monte el nuevo extremo del tirante, haciéndolo girar exactamente la misma cantidad de vueltas que necesitó para desmontar el viejo. Asegúrese de que está colocado en la posición correcta en relación con el resto del varillaje de la dirección.

8. Encaje la rótula y la tuerca y apriételas; instale un pasador de perno nuevo.

Antes de finalizar el apriete de la contratuerca o de la abrazadera del tirante, ajuste la convergencia del vehículo.

SISTEMA DE FRENOS

Todos los modelos cuentan con frenos delanteros de disco y frenos traseros de tambor. Los modelos 280ZX, 300ZX, así como los 200SX de 1980 y posteriores y los últimos 810 y Maxima tienen frenos traseros de disco. Todos los modelos cuentan con un sistema de servofreno para reducir la presión necesaria en el pedal. El freno de mano acciona los frenos traseros a través de un sistema de cables.

Para todos los procedimientos de reparación y servicio del sistema de frenos que no se detallan a continuación, consulte el apartado Frenos en la sección de Reparación.

Ajuste

Hay cuatro tipos básicos de ajuste de los sistemas de frenos. Únicamente los frenos de tambor requieren ajuste periódico; los frenos de disco son autoajustables.

Para ajustar los frenos, levante las ruedas, desconecte de las ruedas traseras el varillaje del freno de mano, accione los frenos con intensidad varias veces para centrar los tambores y proceda de la forma siguiente:

AJUSTADOR DE RUEDA ESTRELLADA

Quite el protector de goma de la placa de respaldo. Introduzca un destornillador a través del orificio de ajuste hasta llegar a la rueda dentada. Gire los dientes del ajustador hacia abajo hasta que la rueda se trabe; luego, empújelos hacia arriba aproximadamente 12 ranuras de forma que la rueda pueda girar sin trabarse.

AUTOAJUSTE

No se requiere ningún tipo de ajuste manual. Los autoajustadores funcionan siempre que se utilizan los frenos de mano o de pie.

DESPUÉS DEL AJUSTE

Después de ajustar los frenos, vuelva a conectar el varillaje del freno de mano. Asegúrese de que no haya resistencia en las ruedas traseras cuando se suelta el freno de mano. Afloje el ajuste del freno de mano, si es necesario.

Cilindro maestro (principal)

DESMONTAJE Y MONTAJE

Limpie perfectamente la parte externa del cilindro, en especial alrededor de la tapa y de las tuberías del líquido. En los modelos ZX, desmonte la placa de protección contra calor. Desconecte las tuberías de líquido y tápelas para impedir que entre suciedad. En los modelos que cuentan con un indicador del nivel del líquido, desconecte el conector eléctrico. Quite el pasador de horquillas que une la varilla de empuje al brazo del pedal del freno dentro del vehículo. No es necesario quitar este pasador en los modelos que cuentan con servofreno. Desatornille el cilindro maestro de la división entre el motor y el interior del vehículo y desmóntelo. Si la varilla de empuje no es ajustable, habrá laminillas entre el cilindro y el muro contrafuego. Estas laminillas, o la varilla de empuje ajustable, se utilizan para el juego libre del pedal del freno. Después de la instalación, purgue el sistema y revise el juego libre del pedal. La varilla de empuje en los modelos 200SX de 1980 y posteriores no es ajustable, y la varilla situada entre el servofreno y el cilindro maestro se asegura por adhesión. Después de hacer el montaje, purgue el sistema y revise el juego libre del pedal.

AJUSTE DEL PEDAL

NOTA: El líquido para frenos ordinario entrará en ebullición y provocará averías debido a las altas temperaturas que se producen en los sistemas de frenos de disco. Se debe utilizar líquido de frenos especial que cumpla con las especificaciones DOT 3 ó 4 para sistemas de frenos de disco.

Antes de ajustar el pedal, compruebe que los frenos de las ruedas están ajustados correctamente.

Ajuste el juego libre del pedal mediante una varilla de empuje o unas laminillas entre el cilindro maestro y el muro contrafuego. Ajuste la altura del pedal mediante la almohadilla del tope del brazo del pedal. El juego libre deberá ser de aproximadamente 0.04-0.20 pulgadas en todos los modelos.

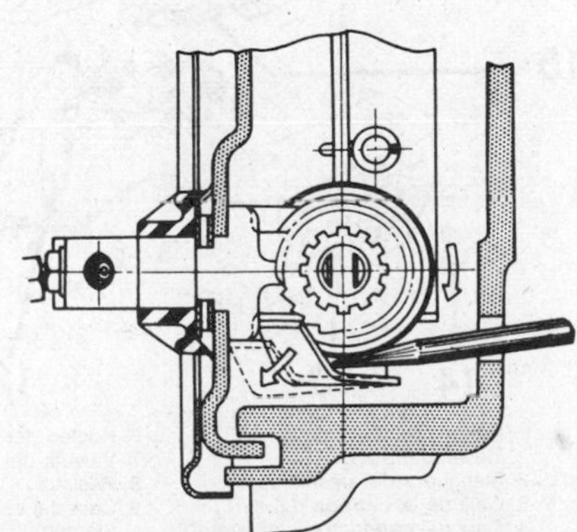

Aflojar el ajustador del freno trasero en los de la serie «Z»

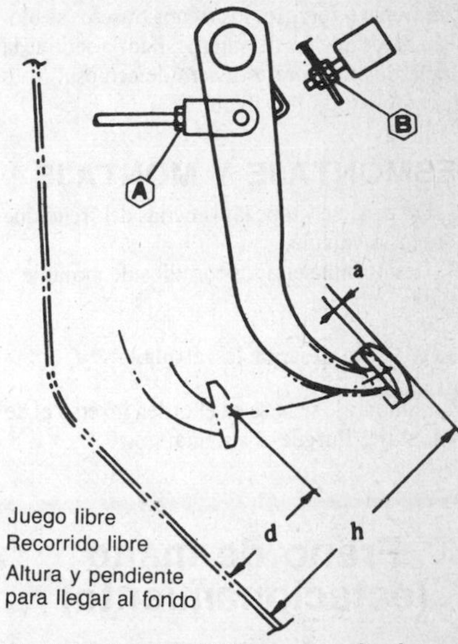

Ajuste del pedal del freno — todos los modelos. «B» muestra la contratuerca

la altura del pedal (desde el suelo hasta la cubierta de forma del pedal) deberá ser la siguiente:

Modelo		Altura del pedal (pulg.)
210		6
310		6
510		6
810/Maxima	1980–84	7
	1985–87	7.24–7.64
200SX	1980–83	7
	1984–87	TM 7.28–7.68
		TA 7.36–7.76
280ZX		8
300ZX		TM 7.17–7.56
		TA 7.24–7.64
Pulsar/Sentra		TM 7.64–8.03
		TA 7.76–8.15
Stanza		TM 5.85–6.24
		TA 5.93–6.32
	Camioneta	TM 8.86–9.25
		TA 8.78–9.17
	4 × 4	TM 8.46–8.86
		TA 8.39–8.78

Válvula dosificadora del freno

Todos los Datsun que figuran en este manual están equipados con diferentes tipos de válvulas dosificadoras del freno. Todas las válvulas realizan el mismo trabajo: separan las tuberías delanteras de las traseras, permitiendo así que funcionen independientemente y evitando que los frenos traseros se bloqueen antes que los delanteros. Si se produce una avería, como por ejemplo una fuga en la tubería, en cualquiera de las partes delantera o trasera del sistema de frenos, ésta no afectará el funcionamiento del sistema. Si, en el caso de un frenazo forzoso, los frenos traseros se bloquean antes que los delanteros, podría ser que la válvula dosificadora estuviera defectuosa. Si es así, cambie toda la válvula.

DESMONTAJE Y MONTAJE

1. Desconecte y tape las tuberías del freno que están en la válvula.
2. Desatornille el o los tornillos de montaje y saque la válvula.

NOTA: No desarme la válvula.

3. El montaje se hace en el orden inverso al de desmontaje. Purgue el sistema.

Freno de mano (estacionamiento)

AJUSTE

Los ajustes del freno de mano no suelen ser necesarios, a menos que los cables se hayan estirado.

Todos los modelos.

1. Accione la palanca del freno de mano, contando el número de «clics» del trinquete para su encaje completo. Este encaje completo deberá alcanzarse en 7-8 ranuras en los 210, 310, 510, 200SX, Sedán Stanza y Maxima de 1985-87; 5-6 ranuras en los Maxima de 1980-84; 8-9 ranuras en los Stanza 4 x 4; 11-17 ranuras en las camionetas Stanza (2WD); 8-10 ranuras en los 300ZX; 4-6 ranuras en los 280ZX; 6-7 ranuras en los Sentra/Pulsar de 1982-84 y 6-8 ranuras en los Sentra/Pulsar de 1985-87.
2. Suelte el freno de mano.
3. Ajuste la carrera de la palanca en el ecualizador del cable debajo del coche: afloje la contratuerca y apriete la tuerca de ajuste para reducir el número de clics del trinquete necesario para obtener un frenado pleno. Apriete la contratuerca.
4. Revise el ajuste y repítalo, si es necesario.
5. Después del ajuste, revise para ver que las palancas del freno trasero (en los calibradores) regresan a sus posiciones de desconexión completa al soltar la palanca, y que no estén flojos los cables traseros al soltar la palanca.
6. Para ajustar la luz de aviso, doble hacia abajo la placa del interruptor de la luz de forma que se encienda cuando la palanca esté totalmente en el tope de frenado en la primera ranura.

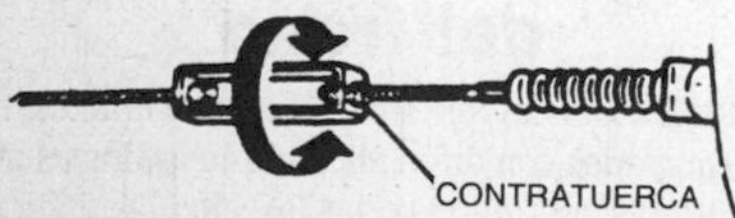

Torniquete de ajuste del freno de mano, debajo del vehículo

EQUIPO ELÉCTRICO DEL CHASIS

Unidad del calefactor

DESMONTAJE Y MONTAJE

210 y 510

1. Desconecte el cable a tierra de la batería. Vacíe el refrigerante.
2. Saque la consola.
3. Quite la parte del tablero de instrumentos del lado del conductor. Vea la sección siguiente.
4. Quite el conjunto de control del calefactor: saque los ductos del deshielador, los cables de las puertas, el conector del arnés y el conjunto de control.
5. Quite la radio.
6. Desconecte los ductos del calefactor, los desempañadores laterales y el ducto de ventilación del centro.
7. Saque los tornillos que sujetan la boquilla del desempañador a la unidad. Desconecte el cable del ventilador y las mangueras del calefactor.
8. Quite los tornillos que sujetan la unidad de calefacción y esta última.
9. El montaje se hace a la inversa del desmontaje.

310 sin aire acondicionado

1. Desconecte el cable a tierra de la batería.
2. Coloque la palanca de temperatura en la posición de «HOT» (caliente) y vacíe el líquido de refrigeración del motor.
3. Desmonte el conjunto del tablero de instrumentos. Vea la siguiente sección para las instrucciones.
4. Desconecte los cables de control y la varilla de la unidad de calefacción. Desconecte el arnés de cables del calefactor.

310 con aire acondicionado

1. Desconecte el cable a tierra de la batería.
2. Coloque la palanca de control de temperatura en caliente (HOT) y purgue el sistema de refrigeración.
3. Desconecte el tablero de instrumentos.
4. Desconecte las mangueras en el núcleo.
5. Desconecte todos los cables de la unidad.
6. Afloje el sello de la correa en la junta que está ubicada entre las unidades de refrigeración y de calefacción.
7. Desatornille y desmonte el calefactor.

Sentra y Pulsar

1. Coloque la palanca de «TEMP» en su posición máxima de «HOT» y purgue el sistema de refrigeración.
2. Desconecte las mangueras de calefacción en el compartimiento del motor.
3. Saque el conjunto de instrumentos.
4. Quite el conjunto de control del calefactor.
5. Saque el conjunto de la unidad de calefacción.
6. El montaje se hace a la inversa del desmontaje.

NOTA: Asegúrese de purgar el sistema de aire cuando instale las mangueras del calefactor.

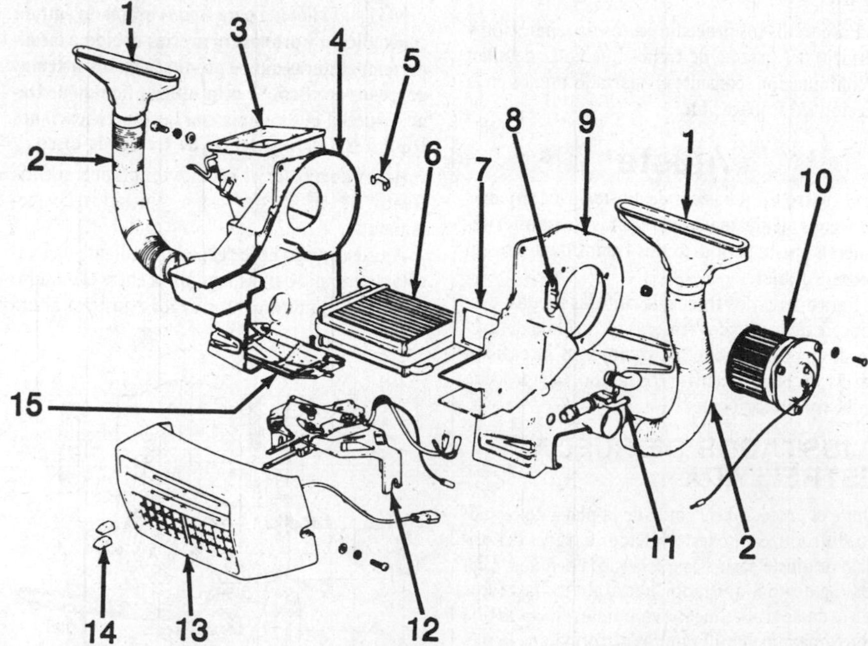

1. Tobera del deshielador (desempañador)
2. Manguera del deshielador
3. Caja de la entrada del aire
4. Caja del calefactor (izquierda)
5. Abrazadera
6. Núcleo del calefactor
7. Válvula del ventilador
8. Resistor
9. Caja del calefactor (derecha)
10. Ventilador y motor del mismo
11. Grifo del calefactor
12. Control del calefactor
13. Ventilador central
14. Perilla
15. Válvula de la calefacción

Calefactor 210

Stanza (1980-86)

1. Saque el panel de instrumentos.

2. Desconecte las mangueras del calefactor y el tubo de vacío en el compartimiento del motor.

3. Desmonte el conjunto de control del calefactor.

4. Desatornille y saque la unidad de calefacción.

5. El montaje se hace a la inversa del desmontaje.

200SX

1. Coloque la palanca de «TEMP» en la posición de «HOT» (caliente) y vacíe el refrigerante.

2. Desconecte las mangueras de la calefacción que están al lado del conductor.

3. En este punto el fabricante recomienda que saque los asientos delanteros. Para hacerlo, quite las fundas de plástico que cubren los extremos de las correderas de los asientos, delanteros y traseros, para que queden a la vista los tornillos de montaje de los mismos. Quite los tornillos y los asientos.

4. Saque la caja de la consola y las alfombrillas del suelo.

5. Desmonte las cubiertas inferiores del tablero de instrumentos del lado del conductor y del pasajero. Quite las molduras del grupo inferior.

6. Saque el ducto del ventilador del lado izquierdo.

7. Quite la radio, el balanceador de sonido y la cubierta (superior) del estéreo.

8. Saque el túnel de apoyo que va del tablero de instrumentos a la transmisión.

9. Quite el ducto posterior del calefactor del suelo del vehículo.

10. Quite el ducto posterior del ventilador.

11. Desmonte las guías de aire de los lados izquierdo y derecho de las salidas inferiores de la calefacción.

12. Desconecte las conexiones del arnés de cables.

13. Saque los dos tornillos que están en los lados de la parte inferior de la unidad de calefacción y el tornillo y la parte superior de la unidad, y quite la unidad con el conjunto de control del calefactor.

14. La instalación es a la inversa del desmontaje.

NOTA: Puede omitir algunos de los pasos anteriores si sólo requieren servicios ciertos componentes de la unidad de calefacción.

810 de 1980

1. Desconecte el cable a tierra de la batería.

2. Vacíe el refrigerante del motor.

3. Saque la caja de la consola y el soporte de la misma. Quite la alfombra delantera del suelo.

4. Afloje los tornillos y quite el ducto trasero de la calefacción.

5. Saque las abrazaderas de las mangueras y las mangueras de entrada y salida.

6. Desmonte el ducto de la calefacción y desconecte las mangueras del deshielador (desempañador) del conjunto.

7. Saque el cable de control de la puerta de entrada de aire.

8. Desconecte el arnés de cables que va al calefactor.

9. Saque los tornillos de retención y la unidad de calefacción.

10. El montaje es a la inversa del desmontaje.

300ZX y 810/Maxima de 1981-86

NOTA: Puede saltarse algunos de los puntos siguientes si sólo ha de reparar algunos de los componentes de la unidad de calefacción.

1. Coloque la palanca de TEMP en la posición HOT (caliente) y vacíe el refrigerante.

2. Desconecte los manguitos del calefactor desde el lado del conductor de la unidad del calefactor.

3. En este punto el fabricante recomienda que se quiten los asientos delanteros (únicamente en los 810/Maxima). Para hacer esto, quite las fundas de plástico de los extremos de los carrillos de los asientos, delantera y trasera, para dejar a la vista los tornillos de sujeción de los asientos. Quite los tornillos y saque los asientos fuera del vehículo.

4. Quite las alfombrillas delanteras.

5. Quite las cubiertas inferiores del panel de instrumentos del lado del conductor y del pasajero.

6. Quite el ducto del lado izquierdo del ventilador.

7. Saque el conjunto del panel de instrumentos, tal como se describe más adelante en este mismo capítulo.

8. Extraiga el ducto posterior de la calefacción del suelo del vehículo (únicamente en los 810/Maxima).

9. Etiquete y desconecte los conectores del arnés de cables.

10. Saque los dos tornillos del fondo de la unidad de calefacción y el tornillo de la parte superior de la misma. Saque la unidad de calefacción, junto con el conjunto de control de la misma.

11. El montaje se hace en el orden inverso al de desmontaje.

280ZX sin aire acondicionado

1. Desconecte el cable negativo de la batería.

2. Quite la cubierta inferior del panel de instrumentos y la guantera.

3. Saque la boquilla del suelo, el ducto del deshielador y el ducto lateral del deshielador del lado derecho.

4. Desmonte el ducto del calefactor.

5. Desconecte el arnés de cables del motor del ventilador.

6. Desconecte el cable de control en el conjunto del ventilador quitando la grapa.

7. Quite los tornillos que aseguran el conjunto del ventilador al muro contrafuego, y desmonte el conjunto del ventilador.

8. El motor y el ventilador se pueden desmontar sacando los tres tornillos que sujetan el motor. El ventilador simplemente va atornillado en el eje del motor.

9. El montaje se hace en el orden inverso al de desmontaje.

También se puede desmontar el motor y el ventilador sin sacar el conjunto completo del alojamiento del ventilador:

1. Desconecte el cable negativo de la batería.

2. Saque la cubierta inferior del panel de instrumentos y la boquilla del suelo del lado derecho.

3. Desconecte el arnés de cables del motor del ventilador.

4. Quite los tres tornillos que sujetan el motor y desmonte este último junto con el ventilador, como una unidad, del alojamiento del ventilador.

280ZX con aire acondicionado

1. Desconecte el cable negativo de la batería.

2. Saque la tapa inferior del panel de instrumentos, del lado derecho. Quite la guantera.

3. Quite la boquilla del suelo, el ducto del deshielador y el ducto lateral del deshielador en el lado del pasajero.

4. Desconecte el arnés de cables eléctricos del motor del ventilador.

5. Desconecte y etiquete las dos mangueras de vacío.

6. Quite los tres tornillos de montaje del conjunto del ventilador y desmonte el conjunto.

7. El montaje es a la inversa.

Se puede desmontar el motor sin tener que quitar el conjunto del ventilador:

1. Desconecte el cable negativo de la batería.

2. Quite la tapa inferior del panel de instrumentos y la boquilla del suelo del lado derecho.

3. Desconecte el arnés de cables eléctricos del motor del ventilador.

4. Saque los tres tornillos de sujeción del mo-

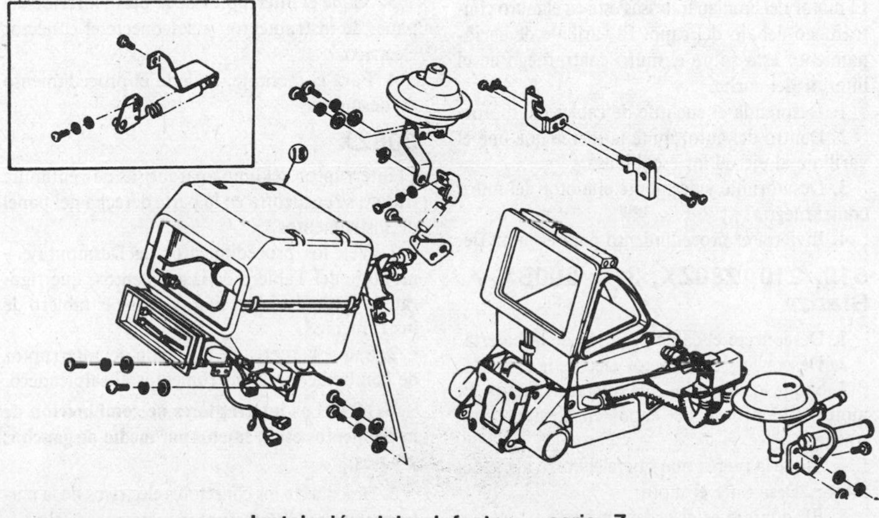

Instalación del calefactor — serie «Z»

tor del ventilador y desmonte el motor y el ventilador como una unidad, sacándolos del alojamiento del ventilador.

5. El montaje es a la inversa.

Núcleo del calefactor

DESMONTAJE Y MONTAJE

200SX de 1980 y posteriores

1. Saque la unidad del calefactor tal como se describió anteriormente.

2. Quite las mangueras del núcleo del calefactor y a continuación deslice el núcleo hacia fuera de la caja.

3. El montaje se hace en el orden inverso al desmontaje.

510, 210, Sentra y Pulsar

1. Saque la unidad del calefactor.

2. Desconecte las mangueras de salida y entrada.

3. Quite las grapas de la caja y separe esta última. Saque el núcleo.

4. El montaje es a la inversa del desmontaje. Compruebe siempre el funcionamiento de la puerta de la mezcla de aire cuando vuelva a ensamblar las dos partes de la caja del calefactor.

300ZX, 810 y Maxima

1. Saque la unidad del calefactor.

2. Quite la tapa de ventilación central y el conjunto del control del calefactor, aflojando los tornillos y las grapas.

3. Saque los tornillos que aseguran los ejes de las puertas.

4. Extraiga las grapas de la caja y separe las mitades de esta última. Desmonte el núcleo.

5. El montaje es a la inversa del desmontaje.

280ZX

1. Saque la unidad del calefactor.

2. Quite el grifo de agua.

3. Extraiga las grapas de la caja y separe las mitades de la caja del calefactor. Saque el núcleo.

310

1. Saque la unidad de calefacción del vehículo.

2. Desconecte las mangueras de entrada y salida del núcleo, si es que no lo ha hecho anteriormente.

3. Quite las grapas que aseguran las mitades de la caja y sepárelas.

4. Saque el núcleo de calefactor.

5. El montaje es en el orden inverso al desmontaje.

Stanza (1980-86)

1. Saque los tornillos de montaje del soporte del pedal, los tornillos de montaje de la columna de la dirección y las chavetas del freno y el pedal del embrague.

2. Mueva el soporte del pedal y la columna de la dirección hacia la izquierda.

3. Desconecte el cable de control de la puerta de mezcla de aire y la palanca de control de la válvula del calefactor; a continuación, quite la palanca de control.

4. Quite la tapa del núcleo.

5. Desconecte las mangueras que están en el núcleo.

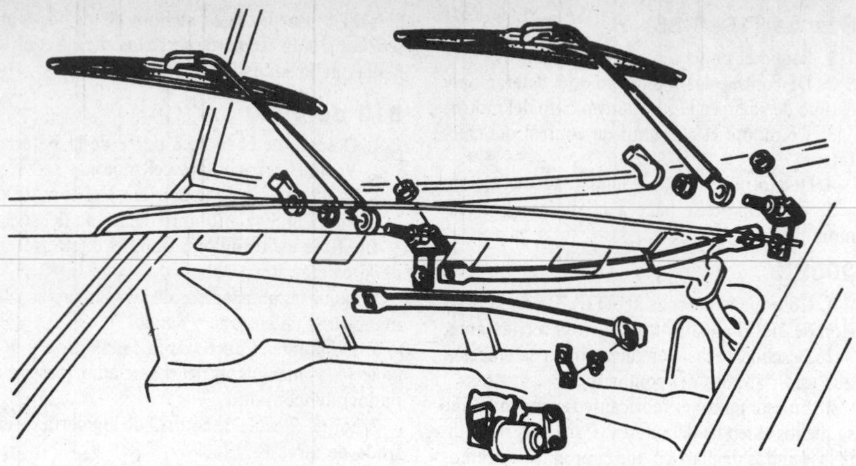

Varillaje y motor del limpiaparabrisas — 210; en los otros es similar

6. El montaje es a la inversa del desmontaje. Asegúrese de purgar el sistema.

Motor del limpiaparabrisas

DESMONTAJE Y MONTAJE

810 y Maxima

El motor del limpiaparabrisas y el varillaje de accionamiento están sobre el muro contrafuego, debajo del capó.

1. Levante los brazos del limpiaparabrisas. Quite las tuercas que los sujetan y saque los brazos.

2. Quite las tuercas que sujetan los pivotes a la carrocería. Saque la parrilla de admisión de aire para facilitar el acceso.

3. Abra el capó y desatornille el motor del muro contrafuego.

4. Desconecte el conector de cables y saque el motor del limpiaparabrisas junto con el varillaje.

5. Invierta el procedimiento para el montaje.

NOTA: Si las escobillas no se detienen en la posición correcta, ajuste la posición de la tapa de paro automático en el motor de las escobillas.

Sentra y Pulsar

El motor del limpiaparabrisas está en el muro contrafuego debajo del capó. El varillaje de accionamiento está sobre el muro contrafuego en el interior del coche.

1. Desprenda el enchufe de cables del motor.

2. Dentro del auto, quite la tuerca que une el varillaje al eje de las escobillas.

3. Desatornille y desmonte el motor del muro contrafuego.

4. Invierta el procedimiento para el montaje.

510, 210, 280ZX, 310, 200SX y Stanza

1. Desconecte el cable negativo de la batería.

2. Desconecte el conector eléctrico.

3. Saque los tornillos que sujetan el motor. El motor está debajo del capó, en el muro contrafuego.

4. Saque la tuerca que sujeta el brazo al eje del motor. Desmonte el motor.

5. El montaje es el orden inverso.

Interruptor del limpiaparabrisas

El interruptor del limpiaparabrisas forma parte del interruptor combinado, el cual va montado a la columna de la dirección.

DESMONTAJE Y MONTAJE

Consulte los procedimientos de Desmontaje y montaje del Interruptor combinado y cambie el interruptor del limpiaparabrisas.

Interruptor del limpiaparabrisas trasero

DESMONTAJE Y MONTAJE

280ZX

El interruptor del limpiaparabrisas trasero está ubicado en el lado izquierdo del panel de instrumentos.

1. Saque del interruptor del limpiaparabrisas trasero la perilla del interruptor.

2. Utilizando una llave de tuercas, saque la tuerca de retención y la arandela del interruptor.

3. Saque el interruptor de la parte inferior del panel de instrumentos y desconecte el conector eléctrico.

4. Para el montaje, invierta el procedimiento de desmontaje.

300ZX

El interruptor del limpiaparabrisas de ventanilla trasera se encuentra en la parte derecha del panel de instrumentos.

1. Vea los procedimientos de Desmontaje y montaje del Tablero de instrumentos, que figuran en esta misma sección, y saque el tablero de instrumentos.

2. Saque la tuerca de retención del interruptor de combinación de instrumentos al salpicadero.

NOTA: Los interruptores de combinación de instrumentos están sujetos por medio de ganchos y bases.

3. Desconecte los conectores eléctricos de la parte posterior del interruptor y luego sáquelo.

4. Para montar, invierta el procedimiento de desmontaje.

Tablero de instrumentos

DESMONTAJE Y MONTAJE

210

1. Desconecte el cable a tierra de la batería.
2. Saque el volante de la dirección.
3. Quite la tapa de la columna de la dirección.
4. Saque el reostato de control de iluminación.
5. Saque la perilla de control de la calefacción y desmonte el tablero de control. Saque el tornillo que sujeta el tablero de instrumentos al panel.
6. Quite las perillas de la radio; saque las tuercas y las arandelas.
7. Quite el cenicero y su sujetador.
8. Saque los tornillos de la moldura del tablero de instrumentos.
9. Desconecte los conectores eléctricos.
10. Quite la moldura del tablero.
11. Saque los tornillos de calibración del tablero.
12. Desconecte el cable del velocímetro empujando y girando la tapa en el sentido opuesto a las agujas del reloj.
13. Desconecte los cables del tablero de instrumentos y desmonte este último.

510

1. Desconecte el cable a tierra de la batería.
2. Saque las tapas de la columna de la dirección. Desconecte el conector del interruptor de la luz de emergencia.
3. Saque el interruptor de los limpiaparabrisas. Quite el cenicero, las perillas de control de la calefacción y desmonte la placa de control de la calefacción introduciendo un destornillador en la ranura de la palanca del ventilador y palanqueando la placa para sacarla.
4. Saque la placa de acabado hacia la izquierda del compartimiento de la guantera.
5. Quite las perillas de la radio, las tuercas y las arandelas.
6. Quite las perillas del ahogador y del deshielador lateral.
7. Saque los tornillos de la moldura del tablero de instrumentos.
8. Desconecte los conectores eléctricos.
9. Saque la moldura del tablero.
10. Quite los tornillos de sujeción del tablero de instrumentos. Desconecte el cable del velocímetro empujando y girando en sentido contrario a las agujas del reloj.
11. Desconecte los conectores de cables del tablero de instrumentos y desmonte el tablero.

810 de 1980

1. Desconecte el cable a tierra de la batería.
2. Saque las perillas y las tuercas de la radio y la perilla del cable de control del ahogador. Quite el cenicero.
3. Quite las tapas de la columna de la dirección.
4. Desconecte los conectores del arnés después de marcar sus posiciones.
5. Saque los tornillos de retención y desmonte el tablero de instrumentos.
6. El montaje se hace en el orden inverso al de desmontaje.

810 y Maxima (1980-84)

1. Desconecte el cable negativo de la batería.
2. Saque la tapa inferior del tablero de instrumentos.
3. Saque el volante de la dirección.
4. Quite el cable del velocímetro.
5. Extraiga los seis tornillos de montaje y levante la moldura del tablero.
6. Desatornille los tornillos de montaje y saque la almohadilla del lado izquierdo del tablero de instrumentos (ésta es la parte cubierta del salpicadero en la que se asienta el tablero de instrumentos).
7. Afloje los tornillos de montaje del tablero de instrumentos, tírelo ligeramente hacia fuera y desconecte todo el arnés. Saque el tablero de instrumentos.
8. El montaje es en el orden inverso al del desmontaje.

280ZX

1. Desconecte el cable a tierra de la batería.
2. Saque el volante de la dirección.
3. Quite la tapa de la columna de la dirección.
4. Saque la tapa inferior del tablero de instrumentos del lado izquierdo.
5. Desconecte el cable del velocímetro en la conexión intermedia.
6. Quite el interruptor de combinación.
7. Saque el tornillo de retención del tablero de instrumentos tirando de él ligeramente y desconecte los conectores eléctricos. Quite el tablero de instrumentos.

200SX

1. Desconecte el terminal a tierra de la batería.
2. Puede que sea necesario quitar el volante de la dirección y las tapas para sacar el tablero de instrumentos.
3. Quite los tornillos que sujetan la moldura del tablero en su sitio y saque la moldura.
4. Quite los cinco tornillos que sostienen el tablero en su sitio y tire de este último hacia fuera, luego quite todas las conexiones de su parte posterior. Asegúrese de marcar el cableado para evitar que se mezclen durante el montaje.

310 y Stanza

1. Desconecte las terminales de la batería.
2. Saque el volante de la dirección y las tapas de la columna de la dirección.
3. Quite la moldura del tablero de instrumentos retirando sus tornillos.
4. Saque los tornillos del tablero de instrumentos, tire de la unidad hacia fuera y desconecte todo el cableado de la parte trasera. Marque los cables para evitar que se mezclen durante el montaje. Tenga cuidado de no dañar el circuito impreso.
5. Saque el tablero de instrumentos.
6. El montaje es en el orden inverso al de desmontaje.

Fusibles

NOTA: Todos los modelos de 1984 y posteriores (excepto el Sedán Stanza y el 200SX) tienen situada la caja de fusibles debajo del panel de instrumentos en el extremo izquierdo del cable de la batería.

TABLA DE SITUACIÓN DE LA CAJA DE FUSIBLES

Modelo	Situación de la caja de fusibles	Situación de los enlaces fusibles
310	Debajo del panel de instrumentos en el extremo derecho	Área de defensa del compartimiento del motor
280ZX 280X 810	Debajo del panel de instrumentos en el extremo derecho	Parte trasera derecha del compartimiento del motor
Máxima	Encima del interruptor de la luz de frenos	En el compartimiento del motor por debajo del regulador de tensión
300ZX	Debajo del panel de instrumentos en el extremo izquierdo	Alejado del cable (+) de la batería
Stanza	Debajo del panel de instrumentos en el extremo derecho	Alejado del cable (+) de la batería
Sentra	Debajo del panel de instrumentos en el extremo izquierdo	Alejado del cable (+) de la batería
Pulsar	Debajo del panel de instrumentos en el extremo izquierdo	Alejado del cable (+) de la batería

① Un enlace fusible para la inyección de combustible está situado en el cable (+) de la batería

Toyota

Camry, Celica, Corona, Corolla, Cressida, MR2, Starlet, Supra, Tercel, Van

IDENTIFICACIÓN DEL NÚMERO DE SERIE

Placa de identificación del vehículo

Todos los modelos llevan el número de identificación (VIN) estampado en una placa que va fijada al lado izquierdo del panel de instrumentos. Dicha placa es visible a través del parabrisas.

El nº VIN es el número de serie del vehículo con fines de identificación, seguido de un número de orden de producción de seis dígitos.

Número motor

Los vehículos Toyota 1980-87 utilizan básicamente ocho tipos de motores, a saber: serie «A» (1A-C, 3A, 3A-C, 4A-C, 4A-CL, 4A-GE); serie «K» (4K-C, 4K-E); serie «M» (4M-E, 5M-E, 5M-GE, 7M-GE); serie «R» (2OR, 22R, 22R-E); serie «S» (2S-E, 3S-GE); serie «T» (3T-C); serie «C» diesel (1C-L, 1C-TL, 2C-T) y serie «Y» (3Y-EC, 4Y-EC). Los motores pertenecientes a una misma serie son similares, ya que el diseño del bloque de cilindros es el mismo. Las variaciones dentro de una misma serie pueden ser el tipo de encendido (platinos o electrónico), la cilindrada (diámetro o carrera), el diseño de la cabeza de cilindros (árbol de levas único o dos en cabeza) y tipo de sistema de combustible (con carburador o por inyección). Consúltese el diagrama de identificación que lleva cada motor.

Al hacer pedidos de piezas para el motor puede ser necesario indicar el número de serie del motor. El número de serie del motor de cada coche se encuentra en las siguientes ubicaciones:

En motores de la serie «A»: estampado verticalmente en la parte lateral izquierda posterior del monobloque.

En motores de la serie «K»: estampado en el lado derecho del motor, por debajo de las bujías.

En motores de la serie «M»: estampado horizontalmente en el monobloque, en el lado del acompañante, detrás del alternador.

En motores de la serie «R»: estampado horizontalmente en el monobloque, en el lado del conductor, detrás del alternador.

En motores de la serie «T»: estampado horizontalmente en el monobloque, en el lado del conductor, justamente encima del alternador.

En motores de la serie «S» y «C»: estampado horizontalmente en el monobloque, en su parte delantera.

En motores de la serie «Y»: estampado horizontalmente en el lado derecho del monobloque.

IDENTIFICACIÓN DEL CHASIS

Modelo	Año	Designación chasis
Corolla 1800	'80–'82	TE
Corolla (motor gasolina)	'83–'87	AE
Corolla (motor diesel)	'84–'85	CE
Corona	'80–'82	RT
Celica	'80–'85	RA
Celica	'86–'87	ST
Supra	'80–'87	MA
Cressida	'80–'87	MX
Starlet	'81–'84	KP
Tercel	'80–'87	AL
Camry (motor gasolina)	'83–'87	SV
Camry (motor diesel)	'84–'87	CV
Van	'84–87	YR
MR2	'85–'87	AW

IDENTIFICACIÓN DEL MOTOR

Modelo	Año	Cilindrada pulg. cúb. (c.c.)	Identificación Serie Motor	Nº de cilindros	Tipo del motor
Camry	'83–'87	121.7 (1995)	2S-E	4	SOHC
	'84–'85	112.2 (1839)	1C-TL (Diesel)	4	SOHC, TURBO
	'86–'87	120.4 (1974)	2C-T (Diesel)	4	SOHC, TURBO
Celica	'80	133.6 (2189)	20R	4	SOHC
	'81–'85	144.4 (2367)	22R, 22R-E	4	SOHC
	'86–'87	121.7 (1995)	2S-E	4	SOHC
	'86–'87	121.9 (1998)	3S-GE	4	DOHC
Supra	'80	156.4 (2563)	4M-E	6	SOHC
	'81	168.4 (2759)	5M-E	6	SOHC
	'82–'86	168.4 (2759)	5M-GE	6	DOHC
Corolla	'80–'82	108.0 (1800)	3T-C	4	OHV
	'83–'87	97 (1587)	4A-C, 4A-LC	4	SOHC
	'85–'87	97 (1587)	4A-GE	4	DOHC
	'84–'85	112.2 (1839)	1C-L, 1C-LC (Diesel)	4	SOHC
Tercel	'80–'87	88.6 (1452)	1A-C, 3A, 3A-C	4	SOHC
Corona	'80	133.6 (2189)	20R	4	SOHC
	'81–'82	144.4 (2367)	22R	4	SOHC
Cressida	'80	156.4 (2563)	4M-E	6	SOHC
	'81–'82	168.4 (2759)	5M-E	6	SOHC
	'83–'87	168.4 (2759)	5M-GE	6	DOHC
Starlet	'81–'82	78.7 (1290)	4K-C	4	OHV
	'83–'84	79 (1290)	4K-E	4	OHV
Van	'84–'85	122 (1998)	3Y-EC	4	OHV
	'86–'87	136.5 (2237)	4Y-EC	4	OHV
MR2	'85–'87	97 (1587)	4A-GE	4	DOHC

DOHC = 2 árboles de levas en la parte superior del motor
OHV = Válvulas en cabeza accionadas por empujadores
SOHC = Un sólo árbol de levas, en la parte superior del motor

ESPECIFICACIONES GENERALES DEL MOTOR

Tipo del motor	Año	Cilindrada pulg. cúb. (c.c.)	Tipo aliment.	Potencia @ rpm①	Par @ r.p.m. (libras-pie)①	Diámetro × carrera (pulg.)	Relación de compresión
1A-C, 3A	'80–'82	88.6 (1452)	2 garg.	60 @ 4800	72 @ 2800	3.05 × 3.03	8.7:1
3A, 3A-C	'81	88.6 (1452)	2 garg.	62 @ 4800	75 @ 2800	3.05 × 3.03	9.0:1
	'82–'87	88.6 (1452)	2 garg.	62 @ 5200② ④	75 @ 2800③ ⑤	3.05 × 3.03	9.0:1
4A-C, 4A-LC	'83–'87	97 (1587)	2 garg.	70 @ 4800⑪	85 @ 2800	3.19 × 3.03	9.0:1
4A-GE, 4A-GELC	'85–'87	97 (1587)	EFI	112 @ 6600	97 @ 4800	3.19 × 3.03	9.4:1
3T-C	'80–'81	108.0 (1770)	2 garg.	75 @ 5000⑥	95 @ 2600⑥	3.35 × 3.07	9.0:1
	'82	108.0 (1770)	2 garg.	70 @ 4600	93 @ 2400	3.35 × 3.07	9.0:1
4K-C	'81–'82	78.7 (1290)	2 garg.	58 @ 5200	67 @ 3600	2.95 × 2.87	9.0:1
4K-E	'83–'84	79 (1290)	EFI	58 @ 4200	74 @ 3400	2.95 × 2.87	9.5:1
4M-E	'80	156.4 (2563)	EFI	110 @ 4800	136 @ 2400	3.15 × 3.35	8.5:1
5M-E	'81–'83	168.4 (2759)	EFI	116 @ 4800	145 @ 3600	3.27 × 3.35	8.8:1
5M-GE	'82	168.4 (2759)	EFI	145 @ 5200	155 @ 4800	3.27 × 3.35	8.8:1
	'83–'87	168.4 (2759)	EFI	150 @ 5200⑦	159 @ 4400⑧	3.27 × 3.35	8.8:1⑫
2OR	'80	133.6 (2189)	2 garg.	90 @ 4800	122 @ 2400	3.48 × 3.50	8.4:1
22R	'81–'83	144.4 (2367)	2 garg.	96 @ 4800	129 @ 2800	3.62 × 3.50	9.0:1
22R-E	'83–'85	144.4 (2367)	EFI	105 @ 4800⑨	137 @ 2800⑩	3.62 × 3.50	9.0:1
2S-E	'83–'87	121.7 (1995)	EFI	93 @ 4200⑬	113 @ 2400⑭	3.31 × 3.54	8.7:1
3S-GE	'86–'87	121.9 (1998)	EFI	135 @ 6000	125 @ 4800	3.39 × 3.39	9.2:1

ESPECIFICACIONES GENERALES DEL MOTOR

Tipo del motor	Año	Cilindrada pulg. cúb. (c.c.)	Tipo aliment.	Potencia @ rpm①	Par @ r.p.m. (libras-pie)①	Diámetro × carrera (pulg.)	Relación de compresión
3Y-EC	'84–'85	122 (1998)	EFI	90 @ 4400	120 @ 3000	3.39 × 3.39	8.8:1
4Y-EC	'86–'87	136.5 (2237)	EFI	101 @ 4400	132 @ 3000	3.58 × 3.40	8.8:1
1C-TL	'84–'85	112.2 (1839)	Turbo Diesel	73 @ 4500	104 @ 3000	3.27 × 3.35	22.5:1
2C-T	'86–'87	120.4 (1974)	Turbo Diesel	79 @ 4500	117 @ 3000	3.39 × 3.39	23.0:1
1C-L, 1C-LC	'84–'85	112.2 (1839)	Diesel	56 @ 4500	76 @ 3000	3.27 × 3.35	22.5:1

EFI = Inyección electrónica de combustible

① La potencia y el par motor se indican en cifras netas SAE
② 85-86 : 62 @ 4800
③ 85-86 : 76 @ 2800
④ 83-85 con cambio manual de 4 velocidades: 60 z 4500
⑤ 83-85 con cambio manual de 4 velocidades: 60 z 4500
⑥ Calif.-73 cv @ 5000 rpm; 90 lib-pie @ 2600 rpm
⑦ 83-84 Cressida : 143 @ 5200
85-86 Supra : 161 @ 5600
83-84 Cressida : 154 @ 4400
⑧ 83-84 Cressida : 154 @ 4400
85-87 Cressida : 165 @ 4400
85-86 Supra : 169 @ 4400
⑨ 85 : 116 @ 4800
⑩ 85 : 140 @ 2800
⑪ 86-87 : 74 @ 5200
⑫ 86-87 : 9.2 : 1
⑬ 86-87 : 95 @ 4400 (Camry)
97 @ 4400 (Celica)
⑭ 86-87 : 116 @ 4000 (Camry)
117 @ 4000 (Camry)

ESPECIFICACIONES DE PUESTA A PUNTO DE MOTORES DE GASOLINA

Año	Tipo motor	Bujías: Tipo	Bujías: Separación electrodos (pulgadas)	Distribuidor: Ángulo leva (grados)	Distribuidor: Apertura contactos (pulgadas)	Reglaje encendido (grados) ①: CM	Reglaje encendido (grados) ①: CA	Presión de compresión	Presión bomba combustible	Velocidad en vacío (r.p.m.): CM	Velocidad en vacío (r.p.m.): CA	Juego válvulas (pulgadas) (en caliente): Ad.	Juego válvulas (pulgadas) (en caliente): Esc.
'80–'81	1A-C	BP6EK-A	0.039	Electrónico②		5B	—	177	—	650	800	0.008	0.012
	3A	BPR5EA-L	0.031	52	0.018	5B	5B	177	—	650	800⑤	0.008	0.012
	3A-C	BPR5EA-11⑥	0.043	Electrónico②		5B	5B	177	—	550⑤ ⑦	800⑤	0.008	0.012
	3T-C	BPR5EA	0.043	Electrónico②		10B⑧	10B⑧	163	—	850⑨	850⑨	0.008	0.013
	4K-C	BPR5EA-11⑩	0.043⑩	Electrónico②		8B	—	156	2.8–4.2	650⑤ ⑪	—	0.008	0.012
	4M-E	BPR5EA-L	0.031	Electrónico②		12B	12B	156	33–38	800	800	0.011	0.014
	5M-E	BPR5EA-L	0.031	Electrónico②		8B	8B	156	33–38	800	800	0.011	0.014
	20R, 22R	BPR5EA-L	0.031	Electrónico②		8B	8B	156⑫	2.2–4.3	800⑬	850	0.008	0.012
'82	3A	BPR5EA-L	0.031	52	0.018	5B	5B	177	—	650	800⑤	0.008	0.012
	3A-C	BPR5EA-11⑥	0.043	Electrónico②		5B	5B	177	—	550⑤ ⑦	800⑤	0.008	0.012
	3T-C	BPR5EA-11⑭	0.043⑭	Electrónico②		7B⑮	7B⑮	163	—	⑯	⑯	0.008	0.013
	4K-C	BPR5EA-11⑩	0.043⑩	Electrónico②		12B	—	156	2.8–4.2	650⑤ ⑪	—	0.008	0.012
	5M-E	BPR5EA-L	0.031	Electrónico②		—	8B	156	33–38	—	800	0.011	0.014
	5M-GE	BPR5EY	0.031	Electrónico②		8B⑤	8B⑤	164	35–38	650	650	⑰	⑰
	22R	BPR5EA-L	0.031	Electrónico②		8B⑤	8B⑤	171	—	700⑱	750⑱	0.008	0.012
'83	3A	BPR5EA-L	0.031	Electrónico②		5B	5B	178	2.6–3.5	⑲	⑲	0.008	0.012
	3A-C	BPR5EA-11⑥	0.043	Electrónico②		5B	5B	178	2.6–3.5	⑳	⑳	0.008	0.012
	4A-C	BPR5EA-L11㉑	0.043	Electrónico②		5B	5B	178	2.5–3.5	㉒	㉒	0.008	0.012
	4K-E	㉓	0.043	Electrónico②		5B	—	185	36–38	700	—	⑰	⑰
	5M-GE	BPR5EP-11	0.043	Electrónico②		10B	10B	164	35–38	650	650	⑰	⑰
	22R-E	BPR5EY	0.031	Electrónico②		5B	5B	171	35–38	750	750	0.008	0.012
	22R	BPR5EY	0.031	Electrónico②		8B	8B	171	2.5–3.8	700	700	0.008	0.012
	2S-E	BPR5EA-L11	0.043	Electrónico②		5B	5B	171	28–36	700⑤	700⑤	⑰	⑰
'84	2S-E	BPR5EA-L11	0.043	Electrónico②		5B	5B	171	28–36	700⑤	750⑤	Hid.	Hid.
	3A	BPR5EAL	0.031	Electrónico②		5B	5B	178	2.6–3.5	⑲	⑲	0.008	0.012
	3A-C	BPR5EA-11㉔	0.043	Electrónico②		5B	5B	177	2.6–3.5	⑳	⑳	0.008	0.012

ESPECIFICACIONES DE PUESTA A PUNTO DE MOTORES DE GASOLINA

Año	Tipo motor	Bujías		Distribuidor		Reglaje encendido (grados) ①		Presión de compre-sión	Presión bomba combus-tible	Velocidad en vacío (r.p.m.)		Juego válvulas (pulgadas) (en caliente)	
		Tipo	Separación electrodos (pulgadas)	Ángulo leva (grados)	Apertura contactos (pulgadas)	CM	CA			CM	CA	Ad.	Esc.
'84	3Y-EC	BPR5EP-11	0.043	Electrónico②		8B	8B	171	33–38	700	750	Hid.	Hid.
	4A-C, 4A-CL	BPR5EL-L11㉕	0.043㉖	Electrónico②		5B㉗	5B㉗	178	2.5–3.5	㉘	㉘	0.008	0.012
	4K-E	BPR5EP-11㉙	0.043	Electrónico②		5B	—	185	36–38	700	—	Hid.	Hid.
	5M-GE	BPR5EP-11	0.043	Electrónico		10B㉚	10B㉚	164	35–38	650	650	Hid.	Hid.
	22R-E	BPR5EY	0.031	Electrónico②		5B	5B	171	35–38	750	750	0.008	0.012
'85	2S-E	BPR5EA-L11	0.043	Electrónico②		5B	5B	171	28–36	700⑤	750⑤	Hid.	Hid.
	22R-E	BPR5EY	0.031	Electrónico②		5B㉚	5B㉚	171	35–38	750	750	0.008	0.012
	3A	BPR5EY	0.031	Electrónico②		5B	5B	178	2.6–3.5	⑲	⑲	0.008	0.012
	3A-C	BPR5EY-11㉛	0.043	Electrónico②		5B	5B	178	2.6–3.5	⑳	⑳	0.008	0.012
	3Y-EC	BPR5EP-11	0.043㉜	Electrónico②		8B	8B	171	33–38	700	750	Hid.	Hid.
	4A-C, 4A-CL	BPR5EY-11㉝	0.043	Electrónico②		5B㉗	5B㉗	178	2.6–3.5	㉘	㉘	0.008	0.012
	4A-GE	BCPR5EP-11	0.043	Electrónico		10B㉚	10B㉚	179	33–39	800	—	0.008㉞	0.010㉞
	5M-GE	BPR5EP-11	0.043	Electrónico		10B㉚	10B㉚	164	35–38	650	650	Hid.	Hid.
'86	2S-E	BPR5EY-11	0.043	Electrónico②		10B㉚	10B㉚	171	35–38④	700	700	Hid.	Hid.
	3A	BPR5EY	0.031	Electrónico②		5B㉗	5B㉗	178	2.6–3.5	⑲	⑲	0.008	0.012
	3A-C	BPR5EY-11㉛	0.043	Electrónico②		5B㉗	5B㉗	178	2.6–3.5	⑳	⑳	0.008	0.012
	3S-GE	BCPR5EP-11	0.043	Electrónico②		10B㉚	10B㉚	171	35–38	750	750	0.008㉞	0.010㉞
	4A-C, 4A-CL	BPR5EY-11	0.043	Electrónico		5B㉗	5B㉗	178	2.5–3.5	㉘	㉘	0.008	0.012
	4A-GE, 4A-GELC	BCPR5EP-11	0.043	Electrónico		10B㉚	10B㉚	179	33–38	800	800	0.008㉞	0.010㉞
	4Y-EC	BPR5EP-11	0.043	Electrónico②		12B㉚	12B㉚	178	33–38	700	750	Hid.	Hid.
	5M-GE	BPR5EP-11	0.043	Electrónico		10B㉚	10B㉚	164	35–38	650	650	Hid.	Hid.
87'	Todos	Véanse datos en la etiqueta situada debajo del capó											

NOTA: Si los datos de esta tabla difieren de la información sobre control de emisiones, utilícense los de dicha información.

CM Cambio manual
CA Cambio automático
PMS Punto muerto superior
A Antes punto muerto superior
Hid Ajustadores hidráulicos del juego de válvulas
① Con avance vacío desconectado
② Entrehierro 0.008-0.016 pulg
④ Camry: 28-36
⑤ Con ventilador de enfriamiento desconectado y cambio en punto muerto
⑥ Los modelos para California usan BPR5EA-L11
⑦ Para cambios de 4 velocidades, 5.ª vel.: 650 rpm
⑧ Modelos EE.UU. 81: 7B
⑨ Cambio manual, sin servodirección: 700 rpm
Cambio automático sin servodirección: 750 rpm
⑩ Modelos para California usan BPR5EA-L, con una distancia de 0.031 pulg.
⑪ Modelos Calif.: 700 rev/min con ventilador enfriamiento desconectado y cambio en punto muerto
⑫ 22 R : 171
⑬ Cambio manual de 4 vel.: 700 rpm
⑭ Modelos para Canadá usan BPR5ES, con una separación de contactos de 0.031 pulg.
⑮ Modelos Canadá: 10° APMS
⑯ Sin servodirección:
EE.UU:, cambio automático: 650 rpm
EE.UU:, cambio manual: 750 rpm
Canadá, cambio manual: 700 rpm
Canadá, cambio automát.: 750 rpm
Con servodirección: 850 rpm
⑰ Autoajustadores juego válvulas incorporados: no se precisa reglaje
⑱ Modelos Canadá : 850 rpm
⑲ Con dirección: cambio manual: 800
cambio automático: 900
Sin servodirección: cambio manual: 650
cambio automát. 800

⑳ Con servodirección: cambio manual: 800
cambio automát.: 900
Sin servodirección: 4 vel.: 550
5 vel.: 650
CA: 800
㉑ Canadá: BPR5EA-L; separación cont.: 0.031
㉒ Con servodirección: CM, 650
CA, 800
Sin servodirección: CA, 800
CA, 900
㉓ 4 vel.: BPR5EP-11
5 vel.: BRE529-Y11
㉔ California: BPR5EA-L11
Can. Wag. con 3 A-C: BPR5EA-L
㉕ Canadá: BPR5EA-L
㉖ Canadá: 0.031
㉗ Las cifras son con avance de vacío desconectado; de estar activado: 13 APMS (84-85)
㉘ Con servodirección: CM : 800 (1986, 50 rpm menos)
CA : 900 (1986, 50 rpm menos)
Sin servodirección: CM : 700
CA : 800
㉙ 5 vel.: BRE529Y-II
㉚ Compruebe con el conector de pruebas cortocircuitado, vea texto
㉛ Canada Wagon con cambio automático: BPR5EY; 0.031 pulg. separación entre electrodos
㉜ Máximo: 0.055 pulg.
㉝ Canadá: BPR5EY: 0.031 pulg. sep. electrodos
㉞ Holgura en frío

ORDEN DE ENCENDIDO

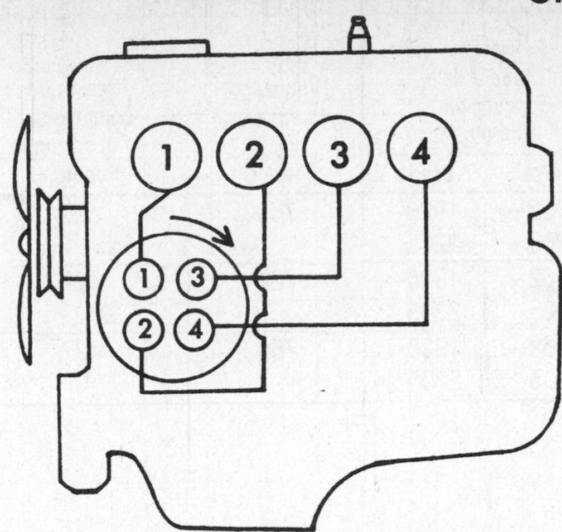

Orden de encendido: motores serie R

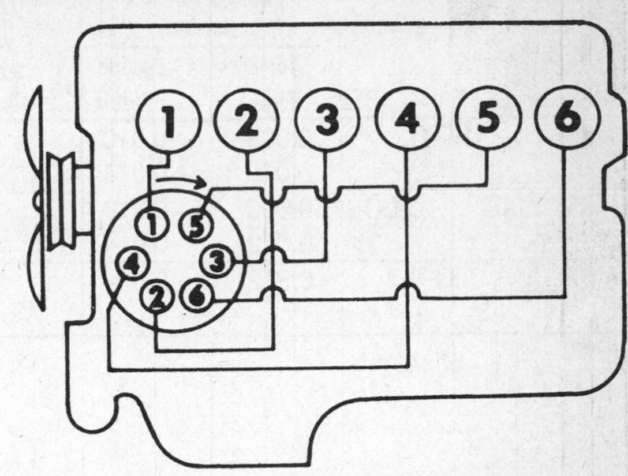

Orden de encendido: motores 5M-GE

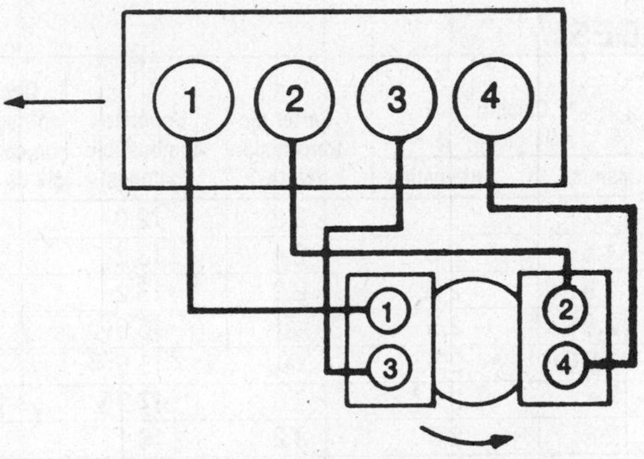

Orden de encendido: motores serie A (se ilustra el Modelo 1983; el resto, similares)

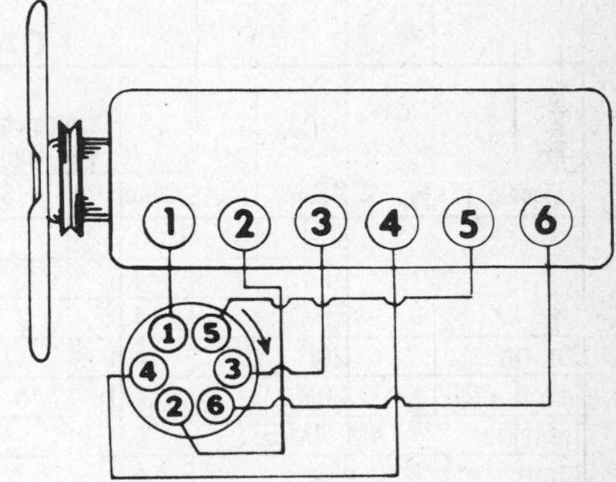

Orden de encendido: motores 4M-5M-E

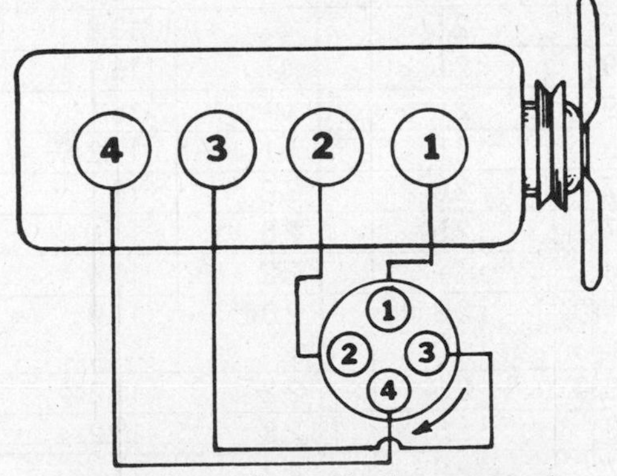

Orden de encendido: todos los motores de las series T y K

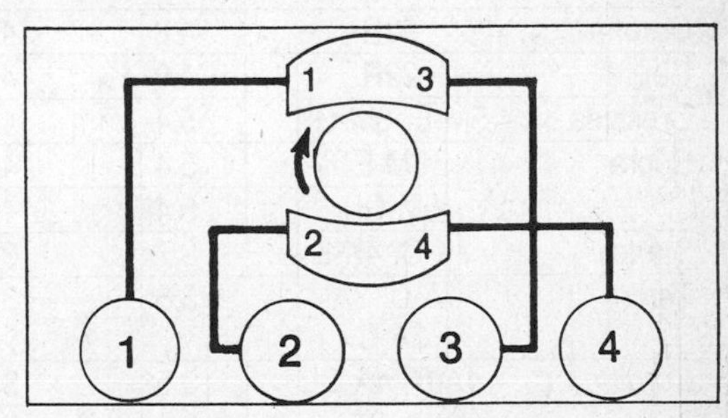

Orden de encendido: motor 2-SE

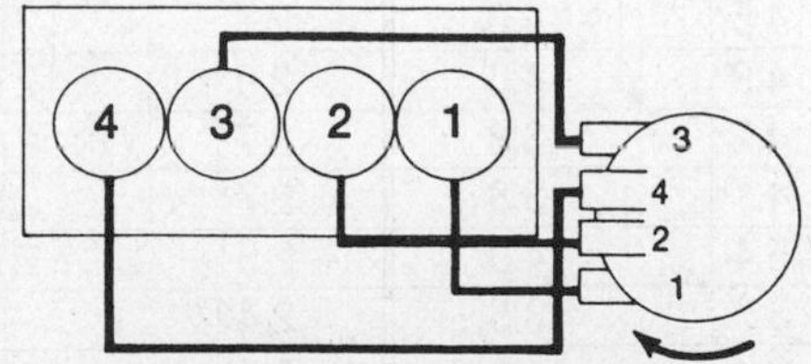

Orden de encendido: motores 3Y-EC, 4Y-EC, 3S-GE y 4A-GE (sólo el MR2)

ESPECIFICACIONES DE PUESTA A PUNTO DE MOTORES DIESEL

Año	Motor	Juego válvulas (en frío) Admisión (pulg.)	Escape (pulg.)	Apertura válvula admisión (grados)	Ajuste bomba inyección (grados)	Presión tobera de inyección (lb/pulg.²) Nueva	Usada	Velocidad marcha en vacío (rpm)	Presión de compresión en el arranque (lb/pulg.²)
'84–'85	1C-TL	0.008–0.012	0.010–0.014	11B	25–30B	2062–2205	1920–2205	750	427
'84–'85	1C-L, 1C-LC	0.008–0.012	0.010–0.014	11B	25–30B	2062–2205	1920–2205	700	427
'86–'87	2C-T	0.012	0.014	11B	25–30B	2062–2205	1920–2205	750	427

B = APMS

CAPACIDADES

Año	Modelo	Motor	Cárter motor (¼ galón) Con filtro	Sin filtro	Cambio (¼ galón) Manual	Automático	Cárter eje transmisión (pintas)	Depósito combustible (galones)	Circuito enfriamiento con calefactor (¼ de galón)
'80	Corolla	3K-C	3.7	2.9	①	—	2.2	12.0	5.1
		2T-C	4.6	3.7	1.6	2.5	2.4	13.2	8.8
		3T-C	4.0	3.5	1.8	2.5	2.2	13.2	8.8
	Corona	20R	4.8	4.1	2.9②	2.5	③	15.5④	8.5
	Celica	20R	4.9	4.0	2.9②	2.5	③	15.5④	8.5
	Cressida	4M, 4M-E	4.9	4.3	—	2.5	3.0	17.2⑤	11.6
	Supra	4M-E	4.9	4.3	2.8	2.5	3.2	16.1	9.5
	Tercel	1A-C, 3A 3A-C	3.5	3.2	3.4	2.3	2.0	11.9	5.4
'81–'83	Corolla	3T-C	4.0	3.5	1.8	2.5	2.2	13.2	8.8
		4A-C	3.5	3.2	1.8	2.5	2.2	13.2⑩	⑪
	Camry	2S-E	4.2	3.7	2.7	2.5	⑨	13.8	7.4
	Corona	22R	4.8	4.1	2.9	2.5	③	16.1	8.5
	Celica	22R	4.9	4.0	2.9	2.5	③	16.1	8.9
	Cressida	5M-E, 5M-GE	5.4	4.9	2.5	2.5	⑥	17.2⑤	8.8
	Supra	5M-E	5.4	4.9	2.7	2.5	3.2	16.1	9.5
		5M-GE	5.4	4.9	2.7	2.5	2.6	16.1	8.5
	Starlet	4K-C, 4K-E	3.7	3.2	2.6	—	2.2	10.6	5.5
	Tercel	1A-C, 3A, 3A-C	3.5	3.2	3.4⑦	2.3⑯	2.0⑧	11.9	5.4
'84–'86	Corolla	4A-C, 4A-CL	3.5	3.2	1.8⑫	2.5	2.2⑬	13.2⑩	⑪
		4A-GE	3.9	3.5	1.8	2.5	2.8	13.2	⑪
		1C-L, 1C-LC	4.5	4.0	2.7	2.6	4.2	13.2	7.9
	Camry	2S-E	4.2	3.8	2.7	2.5	4.2	14.5	7.4
		1C-TL, 2C-I	4.5	4.0	2.7	2.5	4.2	14.5	8.9
	Celica	22R-E	4.9	4.0	2.9	2.5	⑭	16.1	8.9
		2S-E	4.2	3.8	2.7	2.5	4.2	15.9	7.4
		3S-GE	4.1	3.8	2.7	2.5	4.2	15.9	7.4
	Cressida	5M-GE	5.4	4.9	2.5	2.5	2.6⑮	18.2	9.2
	MR2	4A-GE	3.9	3.5	2.4⑰	—	—	NA	NA
	Supra	5M-GE	5.4	4.9	2.7	2.5	2.6	16.1	7.8
	Starlet	4K-E	3.7	3.2	2.6	—	2.2	10.6	5.5

CAPACIDADES

Año	Modelo	Motor	Cárter motor (1/4 galón) Con filtro	Sin filtro	Cambio (1/4 galón) Manual	Automático	Cárter eje transmisión (pintas)	Depósito combustible (galones)	Circuito enfriamiento con calefactor (1/4 de galón)
'84–'86	Tercel	3A, 3A-C	3.5	3.2	3.5⑦	2.3⑯	2.0	13.2	5.6
	Van	3Y-EC, 4Y-EC	3.7	3.2	2.3	2.5	2.6	15.9	7.5⑱

4×4 Tracción en las 4 ruedas
CM = Cambio manual
CA = Cambio automático
FWD = Tracción ruedas traseras
RWD = Tracción ruedas delanteras
IRS = Suspensión trasera independiente

① 4 vel.: 1,8
5 vel.: 2,6
② 5 vel.: 2,8
③ Normalizado: 2.6
Banjo: 2,8
④ 1980: 16,1
⑤ Station wagon: 16,2
⑥ 7.5 lib.: 1,3
8,0 lib.: 1,9
⑦ 4×4: 4,1
⑧ 4×4: 2,2

⑨ CM: 5,4
CA: 4.2
⑩ Station wagon: 12.4
⑪ 1983-84 CM: 5,7
CA: 4,2
1985-87 FWD: 6.3
RWD CM: 5.9
RWD CA: 5,8

⑫ FWD: 2,7
⑬ RWD: 3,0
⑭ IRS: con CM: 2,6
con CA: 2.2
Resto: 2,8
⑮ Station Wagon: 3,0

⑯ 4×4: 4,4
⑰ Con líquido en el diferencial
⑱ 1984: Con calf.—8,9
Sin calf.—8,3

ESPECIFICACIONES VÁLVULAS

Tipo motor	Ángulo asiento (grados)	Ángulo cara (grados)	Comprobación presión resorte (libras) Interior	Exterior	Altura resorte instalado (pulg.) Interior	Exterior	Holgura vástago/guía (pulgadas) Admis.	Escape	Diámetro vástago (pulg.) Admis.	Esc.
20R	45	44.5	—	55.1	—	1.594	0.0006–0.0024	0.0012–0.0026	0.3141	0.3140
1A-C, 3A, 3A-C, 4A-C, 4A-LC	45	45.5	—	52.0	—	1.520	0.0010–0.0024	0.0012–0.0026	0.2744–0.2750	0.2742–0.2748
4A-GE	45	44.5	—	34.8	—	1.366	0.0010–0.0024	0.0012–0.0026	0.2350–0.2356	0.2348–0.2354
4M-E	45	44.5	15.6	41.6	1.49	1.630	0.0010–0.0024	0.0014–0.0028	0.3141	0.3137
3T-C	45	44.5	—	57.9	—	1.484	0.0010–0.0024	0.0012–0.0026	0.3139	0.3139
4K-C, 4K-E	45	44.5	—	70.1⑧	—	1.512	0.0012–0.0026③	0.0014–0.0028④	0.3136–0.3142	0.3134–0.3140
22R, 22R-E	45	44.5	—	55.1	—	1.594	0.0008–0.0024③	0.0012–0.0028④	0.3138–0.3145	0.3136–0.3142
5M-E	45	44.5	14.1–17.2	37.3–46.5	1.492	1.630	0.0010–0.0024④	0.0014–0.0028⑦	0.3138–0.3144	0.3134–0.3140
5M-GE	45	44.5	—	⑤	—	⑥	0.0010–0.0024③	0.0012–0.0026④ ⑨	0.3138–0.3144	0.3136–0.3142
2S-E	45.5	45.5	—	68.0⑩	—	1.555	0.0010–0.0024	0.0012–0.0026	0.3138–0.3144	0.3136–0.3142
1C-L, 1C-LC, 1C-TL, 2C-T	45	44.5	—	53.0	—	1.587	0.0008–0.0022	0.0014–0.0028	0.3140–0.3146	0.3134–0.3140
3Y-EC, 4Y-EC	45	45.5⑪	—	63.0	—	1.589	0.0010–0.0024	0.0012–0.0026	0.3138–0.3144	0.3136–0.3142
3S-GE	45	44.5	—	38.6	—	1.366	0.0010–0.0023	0.0012–0.0025	0.2346–0.2352	0.2344–0.2350

① Presión de prueba del resorte o resortes de las válvulas de escape: interior, 24,6 libras; exterior, 59,4 libras; admisión y escape: 41,9
② Altura de los resortes instalados en la válvula de escape: interior, 1,520; exterior, 1,657 pulg.
③ 0,0031 máximo
④ 0,0039 máximo
⑤ Admisión: 76,5-84,4; Escape: 73,4-80,9
⑥ Escape: 1,575; Escape: 1,693
⑦ 0,0051 máx.
⑧ 4K-E: 77,2
⑨ 1985-87: 0,0015-0,0027
⑩ 1985-87: 71,4
⑪ 1985-87: 44,5

ESPECIFICACIONES DE LOS PISTONES Y ANILLOS

(Todas las medidas en pulgadas)

Tipo del motor		Holgura del pistón	Huelgo de los anillos: de compresión superior	Huelgo de los anillos: de compresión inferior	Huelgo de los anillos: Control de aceite	Holgura lateral de los anillos: Compresión superior	Holgura lateral de los anillos: Compresión inferior	Holgura lateral de los anillos: Control de aceite
20R		0.0012–0.0020	0.0004–0.0012	0.0004–0.0012	ajustado	0.0008	0.0008	ajustado
1A-C, 3A, 3A-C		0.0039–0.0047	0.0079–0.0157⑫	0.0059–0.0138⑬	0.0039–0.0236⑭	0.0016–0.0031	0.0012–0.0028	ajustado
4A-C, 4A-CL 4A-GE	1983–84	0.0039–0.0047	①	②	③	0.0016–0.0031	0.0012–0.0028	ajustado
	1985–87	0.0039–0.0047⑧	0.0098–0.0185	0.0059–0.0165⑨	0.0118–0.0401	0.0016–0.0031④	0.0012–0.0028⑤	ajustado
4M-E		0.0020–0.0028	0.0039–0.0110	0.0039–0.0110	0.0079–0.0200	0.0012–0.0028	0.0008–0.0024	ajustado
3T-C		0.0020–0.0028	0.0039–0.0098	0.0059–0.0118	0.0079–0.0276	0.0008–0.0024	0.0006–0.0022	ajustado
4K-C		0.0012–0.0020	0.0039–0.0110	0.0039–0.0118	0.0080–0.0350	0.0012–0.0028	0.0008–0.0024	ajustado
4K-E		0.0012–0.0020	0.0063–0.0118	0.0059–0.0118	⑥	0.0012–0.0028	0.0008–0.0024	ajustado
22R, 22R-E		0.0020–0.0028⑦	0.0094–0.0142	0.0071–0.0154	ajustado	0.0080 max.	0.0080 max.	ajustado
5M-E		0.0020–0.0028	0.0039–0.0110	0.0039–0.0110	0.0079–0.0200	0.0012–0.0028	0.0008–0.0024	ajustado
5M-GE	1982–84	0.0020–0.0028	0.0083–0.0146	0.0067–0.0209	0.0079–0.0276	0.0012–0.0028	0.0008–0.0024	ajustado
	1985–86	0.0020–0.0028⑩	0.0091–0.0161⑪	0.0098–0.0217	0.0067–0.0335	0.0112–0.0028	0.0008–0.0024	ajustado
2S-E	1983–84	0.0006–0.0014	0.0110–0.0197	0.0079–0.0177	0.0079–0.0311	0.0012–0.0028	0.0012–0.0028	ajustado
	1985–87	0.0006–0.0014	0.0110–0.0209	0.0083–0.0189	0.0079–0.0323	0.0012–0.0028	0.0012–0.0028	ajustado
3S-GE		0.0012–0.0020	0.0130–0.0213	0.0079–0.0173	0.0079–0.0354	0.0008–0.0024	0.0006–0.0022	ajustado
3Y-EC		0.0030–0.0037	0.0087–0.0185	0.0059–0.0165	0.0079–0.0323	0.0012–0.0028	0.0012–0.0028	ajustado
4Y-EC		0.0026–0.0033	0.0091–0.0189	0.0063–0.0173	0.0051–0.0185	0.0012–0.0028	0.0012–0.0028	ajustado
1C-L, 1C-TL, 2C-T	1984	0.0016–0.0024	0.0098–0.0193	0.0079–0.0173	0.0079–0.0193	0.0079–0.0081	0.0079–0.0081	ajustado
	1985	0.0016–0.0024	0.0106–0.0213	0.0098–0.0205	0.0079–0.0205	0.008	0.008	ajustado
	1986–87	0.0018–0.0026	0.0106–0.0213	0.0098–0.0205	0.0079–0.0323	0.008	0.008	ajustado

① 4A-C: TP—0.0098–0.0138
Riken—0.0079–0.0138
② 4A-C: 0.0059–0.0118
③ 4A-C: TP—0.0079–0.0276
Riken—0.0118–0.0354
④ 1985 4A-GE: 0.0012–0.0028
⑤ 1985 4A-GE: 0.0008–0.0024
⑥ 4K-E: T—0.008–0.028
R—0.012–0.035
⑦ 1985: 0.0012–0.0020
⑧ 1986-87 4A-C & 4A-CL: 0.0035—0.0043
⑨ 1986-87 4A-GE: 0.0078—0.0165
⑩ 1986: 0.0024–0.0031
⑪ 1986: 0.0114–0.0185
⑫ 1986: 0.0079–0.0185
⑬ 1986: 0.0079–0.0204
⑭ 1986: 0.0118–0.0402

ESPECIFICACIONES DEL ÁRBOL DE LEVAS

(Todas las medidas en pulgadas)

Motor	Diámetro de los muñones 1	2	3	4	5	6	7	Juego cojinetes	Juego axial del árbol de levas
3T-C	1.8291– 1.8297	1.8292– 1.8199	1.8094– 1.8100	1.7996– 1.8002	1.7897– 1.7904	—	—	0.0010– 0.0026	0.003– 0.006
4K-C, 4K-E	1.7011– 1.7018	1.6911– 1.6917	1.6813– 1.6819	1.6716– 1.6722	—	—	—	①	0.003– 0.006
1A-C, 3A, 3A-C, 4A-C, 4A-CL	1.1015– 1.1022	1.1015– 1.1022	1.1015– 1.1022	1.1015– 1.1022	—	—	—	0.0015– 0.0029	0.0031– 0.0071
4A-GE 1985	1.3768– 1.3791	1.3768– 1.3791	1.3768– 1.3791	1.3768– 1.3791	—	—	—	0.0014– 0.0028	0.0031– 0.0075
1986	1.0610– 1.0616	1.0610– 1.0616	1.0610– 1.0616	1.0610– 1.0616	—	—	—	0.0014– 0.0028	0.0031– 0.0075
20R, 22R, 22R-E	1.2984– 1.2992	1.2984– 1.2992	1.2984– 1.2992	1.2984– 1.2992	—	—	—	0.0004– 0.0020	0.0031– 0.0071
2S-E	1.8291– 1.8297	1.8192– 1.8199	1.8094– 1.8100	1.7996– 1.8002	1.7897– 1.7904	1.7799– 1.7805	—	0.0010– 0.0026	0.0031– 0.0091
3S-GE	1.0614– 1.0620	1.0614– 1.0620	1.0614– 1.0620	1.0614– 1.0620	—	—	—	0.0010– 0.0024	0.0039– 0.0094
4M-E, 5M-E	1.3378– 1.3384	1.3378– 1.3384	1.3378– 1.3384	1.3378– 1.3384	1.3378– 1.3384	1.3378– 1.3384	1.3378– 1.3384	0.0007– 0.0022	0.0031– 0.0071
5M-GE	1.4944– 1.4951	1.6913– 1.6919	1.7110– 1.7116	1.7307– 1.7313	1.7504– 1.7510	1.7700– 1.7707	1.7897– 1.7904	0.0010– 0.0026	0.0020– 0.0098
3Y-EC, 4Y-EC	1.8291– 1.8297	1.8192– 1.8199	1.8094– 1.8100	1.7996– 1.8002	1.7897– 1.7904	—	—	0.0010– 0.0032	0.0028– 0.0087
1C-L, 1C-TL, 2C-T	1.1014– 1.1022	1.1014– 1.1022	1.1014– 1.1022	1.1014– 1.1022	1.1014– 1.1022	—	—	0.0015– 0.0029	0.0031– 0.0071

① 4K-C: nº 1 y 4—0.0010-0.0026
nº 2 y 3—0.0014-0.0028
4K-E: nº 1 y 4—0.0010-0.0026
nº 2 y 3—0.016-0.0030

ESPECIFICACIONES DEL CIGÜEÑAL Y DE LAS BIELAS

(Todas las medidas en pulgadas)

Tipo de motor	Cigüeñal: Diám. muñones (cojinetes de bancada)	Cigüeñal: Tolerancia de aceite en coj. Hal.	Cigüeñal: Juego axial cigüeñal	Cigüeñal: Empuje en nº	Bielas: Diám. muñequillas (bielas)	Bielas: Tolerancia aceite	Bielas: Juego lateral
20R	2.3614– 2.3622	0.0010– 0.0022	0.0010– 0.0080	3	2.0862– 2.0866	0.0010– 0.0022	0.0063– 0.0102
1A-C, 3A, 3A-C, 4A-C, 4A-CL, 4A-GE	1.8892– 1.8898	0.0005– 0.0019①	0.0008– 0.0073⑥	3	1.5742– 1.5748	0.0008– 0.0020	0.0059– 0.0098
4M-E	2.3617– 2.3627	0.0013– 0.0023	0.0020– 0.0098	4	2.0463– 2.0472	0.0008– 0.0021	0.0063– 0.0117
3T-C	2.2825– 2.2835	0.0009– 0.0019	0.0008– 0.0087	3	1.8889– 1.8897	0.0009– 0.0019	0.0063– 0.0012
4K-C, 4K-E	1.9676– 1.9685	0.0006– 0.0016	0.0016– 0.0095	3	1.6526– 1.6535	0.0006– 0.0016	0.0079– 0.0150
22R, 22R-E	2.3614– 2.3622	0.0006– 0.0020②	0.0008– 0.0087	3	2.0862– 2.0866	0.0010– 0.0022	0.0063– 0.0102
5M-E, 5M-GE	2.3617– 2.3627	0.0013– 0.0023	0.0020– 0.0098	4	2.0463– 2.0472	0.0008– 0.0021	0.0063– 0.0117
2S-E, 3S-GE	2.1648– 2.1654	0.0008– 0.0019③	0.0008– 0.0087	3	1.8892– 1.8898	0.0009– 0.0022	0.0063– 0.0083⑦
3Y-EC, 4Y-EC	2.2829– 2.2835	0.0008– 0.0020	0.0008– 0.0087	3	1.8892– 1.8898	0.0008– 0.0020	0.0063– 0.0123

ESPECIFICACIONES DEL CIGÜEÑAL Y DE LAS BIELAS

(Todas las medidas en pulgadas)

Tipo de motor	Cigüeñal: Diám. muñones (cojinetes de bancada)	Cigüeñal: Tolerancia de aceite en coj. Hal.	Cigüeñal: Juego axial cigüeñal	Cigüeñal: Empuje en nº	Bielas: Diám. muñequillas (bielas)	Bielas: Tolerancia aceite	Bielas: Juego lateral
1C-L, 1C-TL, 2C-T	2.2435–2.2441	0.0013–0.0026	0.0016–0.0094④	3	1.9877–1.9882	0.0014–0.0025⑤	0.0031–0.0118

① 3A-C: 0.0012-0.0026; 1986 y ulteriores 0.0005-0.0015
② 1984-85: 0.0010-0.0022
③ 0.0012-0.0022
④ 1C-L: 0.008-0.0047
⑤ 2C-T: 0.0017-0.0028
⑥ 1986 y ulteriores; 4A-GE: 0.0008-0.0087
⑦ 3S-GE: 0.0063-0:0124

ESPECIFICACIONES DEL ALTERNADOR Y DEL REGULADOR DE VOLTAJE

Tipo motor	Alternador: Fabricante	Alternador: Rendimiento (A)	Regulador: Fabricante	Relé de campo: Deflexión resorte contactos (pulg.)	Relé de campo: Separ. cont. (pulg.)	Relé de campo: Volt. para cerrar	Regulador: Entre hierro (pulg.)	Regulador: Separación contactos (pulg.)	Regulador: Volt.
4K-C⑧, 4K-E	Nippon Denso	25①	Nippon Denso	0.008–0.024	0.016–0.047	4.5–5.8	0.012	0.010–0.018	3.8–14.8②⑨
20R, 22R⑤, 22R-E	Nippon Denso	40③	Nippon Denso	0.008–0.024	0.016–0.047	4.5–5.8	0.012	0.010–0.018	13.8–14.8②
3T-C	Nippon Denso	50	Nippon Denso	No ajustable					13.4–14.8⑦
4M-E, 5M-E, 5M-GE	Nippon Denso	55, 60	Nippon Denso	No ajustable					14.0–14.7⑥
1A-C & 3A, 3A-C, 4A-C, 4A-GE	Nippon Denso	30, 40 50, 55 & 60	Nippon Denso	No ajustable					13.8–14.8⑦
2S-E	Nippon Denso	70	Nippon Denso	No ajustable					13.5–15.1
3S-GE	Nippon Denso	60	Nippon Denso	No ajustable					13.5–15.1
1C-L, 1C-TL, 2C-T	Nippon Denso	55, 60	Nippon Denso	No ajustable					13.8–14.4
3Y-EC, 4Y-EC	Nippon Denso	60, 70	Nippon Denso	No ajustable					13.5–15.1

① 4K-C 1980 y ulteriores: 45 A
② Con alternador de 55 A: 14.0-14.7
③ Opcional: 55 y 60 en motores 20R y 22R
⑤ Regulador no ajustable
⑥ 1980-85: 14.3-14.9; 1986 13.5-15.1
⑦ Con 55 A: 14.0-14.7; con 60 A: 13-9-15.1
⑧ Algunos modelos usan regulador no ajustable; véase texto
⑨ 4K-C con regulador no ajustable: 13.8-14.4 V

PAR DE APRIETE TORNILLOS

(Todos los valores en libras-pie)

Tipo motor	Tornillos cabeza de cilindros	Tornillos cojinetes de bielas	Tornillos cojinetes de bancada	Tornillo polea cigüeñal	Tornillos mont. volante al cigüeñal	Múltiples Admisión	Múltiples Escape
20R	52–64	39–48	69–83	102–130	73–79	11–15	29–36
1A-C, 3A, 3A-C, 4A-C, 4A-CL, 4A-GE	40–47	26–32⑪	40–47	55–61⑨	55–61	15–21	15–21
3T-C	62–68	29–36	53–63	47–61⑧	42–47	14–18	22–32
4M-E	55–61⑥	31–34	72–78	98–119	51–57	10–15	13–16
4K-C, 4K-E	40–47	29–37	40–47	55–75	40–47	15–21①	
22R, 22R-E	53–63	40–47	69–83	102–130	73–86	13–19	29–36
5M-E	55–61	31–34	72–78	98–119	51–57	10–15	13–16
5M-GE	55–61	31–34	72–78	98–119⑫	51–57	15–17	26–32
1C-L, 1C-TL, 2C-T	60–65⑦	45–50	75–78	70–75	63–68	10–15	32–36
3Y-EC, 4Y-EC	⑩	33–38	55–60	78–82④	60–63	7–11	33–38
2S-E	45–50	33–38	40–45	78–82	70–75	30–33	30–33
3S-GE	38–42	40–45	40–45	78–82	⑤	12–16	30–34

① Múltiples de admisión y escape combinados
② Tornillos de 8 mm: 11-14 libras-pie
Tornillos de 13 mm: 54-61 libras-pie
③ Placa flex (automát.): 14-22 libras-pie
④ 4Y-EC: 116
⑤ Nuevo: 65
Usado: 63
⑥ Tornillos 8 mm: 7-12 libras-pie
⑦ Véase texto para el 2 C-T
⑧ 1981 y ulteriores: 55-75
⑨ 1981 y ulteriores: 80-94
⑩ Torn. 12 mm: 12-16
Torn. 14 mm: 63-68
⑪ Montaje bielas compradas después del 2-15-84: 34-39 libras piex
⑫ 1985-86: 155-163

ESPECIFICACIONES SOBRE LOS FRENOS

(Todas las medidas en pulgadas, a menos que se indique lo contrario)

Modelo		Apriete tuercas de orejetas (lb.- pie)	Calibre cilindro maestro	Disco de freno: Espesor mínimo	Disco de freno: Corrimiento máximo	Diámetro máximo del tambor del freno	Mínimo espesor del forro: Delante	Mínimo espesor del forro: Detrás
Corolla 1800,1600 ('83–'87)		65–86	②	0.453⑦	0.006	9.079⑧	0.040	0.040
Celica	'80	65–86	0.813	0.453	0.006	9.079	0.040	0.040
	'81	65–86	0.813	0.453	0.006	9.079	0.118	0.040
	'82–'85	65–86	②	0.750	0.006	9.079	0.118	0.040
	'86–'87	65–86	②	0.827⑩	0.006	7.913	0.040	0.040
Supra	'80	65–86	0.813	0.453①	0.006	—	0.040	0.040
	'81	65–86	0.813	0.453①	0.006	—	0.118	0.040
	'82–'86	65–86	②	0.750③	0.006	—	0.118	0.040
Corona		65–86	0.876	0.453	0.006	9.079	0.040	0.040
Cressida	'80	65–86	②	0.453	0.006	9.079	0.040	0.040
	'81–'87	65–86	②	0.669⑨	0.006	9.079	0.040	0.040

DATOS SOBRE LOS FRENOS

(Todas las medidas en pulgadas, a menos que se indique lo contrario)

Modelo	Apriete tuercas de orejetas (lb.- pie)	Calibre cilindro maestro	Disco de freno		Diámetro máximo del tambor del freno	Mínimo espesor del forro	
			Espesor mínimo	Corrimiento máximo		Delante	Detrás
Starlet	65–86	0.813	0.350	0.006	7.950	0.040	0.040
Tercel	65–86	②	0.354④	0.006	7.126⑤	0.040	0.040
Camry	65–86	②	0.827	0.006	7.913	0.040	0.040
Van	65–86	②	0.748	0.006	10.079	0.040	0.040
MR2	65–86	②	0.669⑩	0.006	—	0.040	0.040

① 0.354 para el disco trasero
② No especificado por el fabricante
③ 0.669 para el disco trasero
④ 1983 y ulteriores: 0.394
⑤ Wagon y 4×4: 7.913
⑥ Esta cifra es para el disco delantero
⑦ 1985-87: tracción delantera: 0,492
tracción trasera: 0.669
⑧ 1984-87: tracción delantera: 7.874
⑨ 1985-87: delante: 0.827
detrás: 0.669
⑩ 0.354 para el disco trasero

ALINEACIÓN RUEDAS DELANTERAS

Modelo	Año	Avance (caster)		Caída (camber)		Convergencia/ Divergencia (pulg.)	Inclinación eje dirección (grados)	Relación pivote rueda (grados)	
		Gama (grad.)	Prefer. (grad.)	Gama (grad.)	Prefer. (grad.)			Inter.	Exterior
Corolla	'80–'83 exc. wgn.	¾P–2¼P	1¾P	½P–1½P	1P	0.04–0.16	8½P	38–40	29–33
	'80–'83 wgn.	1 1/15P–2¼P	1 17/30P	½P–1½P	1P	0.04–0.16	8⅓P	38–40	29–33
	'84–'85 exc. SR5	⅓P–1⅓P	⅚P	1N–0	½N	0–0.04	—	—	—
	'84–'85 SR5 models	①	②	¼N–¾P	¼P	0–0.08	—	—	—
	'86–'87 RWD	⑫	⑫	½N–1P	¼P	0.04 dir.—0.12 conv.	9	37–39	33
	'86–'87 FWD	3/16P–1 11/16P	15/16P	1N–½P	¼N	0.04 dir.—0.12 conv.	12½	⑭	⑮
Celica	'80–'81	1⅙P–2⅙P	1⅔P	½P–1½P	1P	③	7½P	36–38	28–32
	'82–'85	2⅚P–3⅚P	3⅓P	½P–1½P	1P	④	9⅓P	33–37	30–34
	'86–'87	7/16P–1 15/16P	1 3/16P	15/16N–9/16P	3/16N	0.08 dir.—0.08 conv.	13½	34	30
Supra	'80–'81	1¼P–2¼P	1¾P	⅓P–1⅓P	⅚P	0.04 dir.—0.04 conv.	7⅔P	35–37	28–32
	'82–'85	3⅔P–4⅔P	4⅙P	⅓P–1⅓P	⅚P	0.08–0.16	10½P	35–39	30–32
	'86	3 7/16P–4 15/16P	4 3/16P	1/16P–1 9/16P	13/16P	0.04–0.20	10¼	35–39	30
Corona		1¼P–2¼P	1¾P	½P–1½P	1P	0–0.08	7⅔P	36–38	28–32
Cressida	'80	½P–1½P	1P	⅓P–1⅓P	⅚P	0.08—0.16 dir.	7½P	36–39	30–34
	'81–'83	1P–2P	1½P	⅓P–1⅓P	⅚P	0.08—0.16 dir.	9P	35–39	30–32
	'84–'85 sedan	2P–3P	2½P	¼P–1¼P	¾P	0.08–0.16	9P	35–39	30–32
	'86–'87	4 1/16P–5 9/16P	4 13/16P	5/16N–1 3/16P	7/16P	0–0.16	10½	36–40	33
	'84–'85 sta. wgn.	1⅔P–2⅔P	2⅙P	⅔P–1⅓P	⅚P	0.08–0.16	9P	35–39	30–32
	'86–'87	3½P–5P	4¼P	5/16N–1 3/16P	7/16P	0–0.16	10½	36–40	33
MR2	'85–'87	4¾P–5¾P	5¼P	¼N–¾P	¼P	0–.08	12P	36½	32
Tercel	'80–'82	1⅔P–2⅔P	2⅙P	0–1P	½P	0.04–0.12	11⅓P	34–36	32–34
	'83 exc. 4×4	⑤	⑥	⅙N–⅚P	⅓P	0.06 dir. 0.04 conv.	12½P	35–37	31–34
	'83 4×4	1⅚P–2⅚P	2½P	⅓P–1⅓P	⅚P	0	11⅔P	35–38	32–35
	'84–'87 sedan	⑤	⑥	⅙N–⅚P	⅓P	0.06 dir. 0.04 conv.	12½P	35–37	31–34
	'84–'87 wgn.	⑦	⑧	¼N–¾P	¼P	0.04 dir—0.04 conv.	13P	35–37	31–34
	'84–'85 4×4	2P–3P	2½P	⅓P–2⅓P	⅚P	0.04 dir—0.04 conv.	11⅔P	35–38	32–35
	'86–'87	1 15/16P–2 15/16P	2 7/16P	1/16P–1 1/16P	9/16P	0.08 dir.—0	11 13/16	35–37	32–34

ESPECIFICACIONES ALINEACIÓN RUEDAS

Modelo	Año	Avance (caster) Gama (grados)	Avance (caster) Prefer. (grados)	Caída (camber) Gama (grados)	Caída (camber) Prefer. (grados)	Convergencia/ Divergencia (pulg.)	Inclinación eje dirección (grados)	Pivotam. muñón ruedas (grados) Inter.	Pivotam. muñón ruedas (grados) Exter.
Starlet	'81–82 sedan	1⅔P–2⅓P	2P	⅓P–1P	⅔P	0.04–0.12	9¾P	36–38	33–35
	'81–'82 wgn.	1⅓P–2 1/12P	1¾P	¼P–1P	½P	0.04–0.12	9⅚P	36–38	33–35
	'83–'84	1⅓P–2⅓P	1⅚P	⅙P–1⅙P	⅔P	0.04–0.12	9¾P	36–38	32–35
Camry	'83–'85	⑨	⑩	0–1P	½P	⑪	12½P	—	—
	'86–'87	7/16P–1¾P	1P	3/16N–1¼P	9/16P	0–0.16	12½	38	30
Van	'84–'85	1½P–2½P	2P	0–1P	½P	0.04 dir—0.04 conv.	10P	34½	34
	'86–'87	1¾P–3¼P	2½P	¾N–½P	O	0.08 dir.—0.08 conv.	10½	37	33

① Dir. mamu.: 2 1/4 P-3 1/4P
Servodir.: 3 1/6P-4 1/6P
② Dir. manu.: 2 3/4 P
Servodir.: 3 2/3 P
③ Dir. manu.: 0-0,08
Servodir.: 0,12-0,20
④ Dir. manu.: 0,12-0,20
Servodir.: 0,16-0,24
⑤ Dir. manu.: 2/3 P-1 2/3 P
Servodir.: 2 1/6 P-3 1/6 P
⑥ Dir. manu.: 1 1/6 P
Servodir.: 2 2/3 P
⑦ Dir. manu.: 1/6 N-1 1/3 P
Servodir.: 1 1/4 P-3P
⑧ Dir. manu.: 2/3 P
Servodir.: 2 1/4 P
⑨ Dir. manu.: 1/2 P-1 1/2 P
Servodir.: 2 P-3 P
⑩ Dir. manu.: 1 P
Servodir.: 2 1/2 P
⑪ Dir. manu.: 0
Servodir.: 0,08
⑫ Dir. manu.: 2 P-3 1/2 P
Servodir.: 3 P-3 1/2 P
⑬ Dir. manu.: 2 3/4 P
Servodir.: 3 3/4 P
⑭ Dir. manu.: 39-41
Servodir.: 38-40
⑮ Dir. manu.: 33
Servodir: 32

PROCEDIMIENTOS DE PUESTA A PUNTO

Platinos y condensador

REGLAJE

Modelos Tercel 1980-82 con motor 3A

NOTA: Todos los motores, excepto el Tercel con motor 3A, van equipados con encendido electrónico transistorizado, por lo que no existe reglaje de los platinos.

Afloje los clips que fijan la tapa del distribuidor y levante la tapa sin inclinarla. Deje los hilos conectados a la tapa. Retire el rotor y la caperuza guardapolvo.

Limpie la tapa del distribuidor y el rotor con alcohol. Inspecciónelos para detectar grietas y otros signos de desgaste o daños. Abrillante los platinos frotándolos con una lima para platinos.

NOTA: No use tela de esmeril ni papel de lija, ya que podrían dejar partículas en los platinos, haciendo que se formara arco eléctrico.

Si los platinos están muy picados o desgastados, cámbielos, de la forma siguiente:

1. Suelte el conector del cable de los platinos.

2. Saque la pinza de retenida de los platinos y el tornillo de fijación de los mismos.

3. Retire el juego de platinos.

4. Para el montaje siga el mismo procedimiento, en sentido inverso.

Después de montar los nuevos platinos o como una operación de mantenimiento rutinaria, ajústelos con arreglo a las especificaciones de la tabla de puesta a punto, de la forma siguiente:

1. Haga girar el motor con la mano o usando un interruptor de accionamiento a distancia del motor de arranque, hasta que el bloque frotador esté en el punto alto del lóbulo de la leva.

2. Inserte un calibre de holgura del grueso especificado entre los platinos: deberá entrar con un ligero roce.

3. Si la laminilla entra sin rozar o no entra, afloje (pero no del todo) el tornillo de retenida de los platinos.

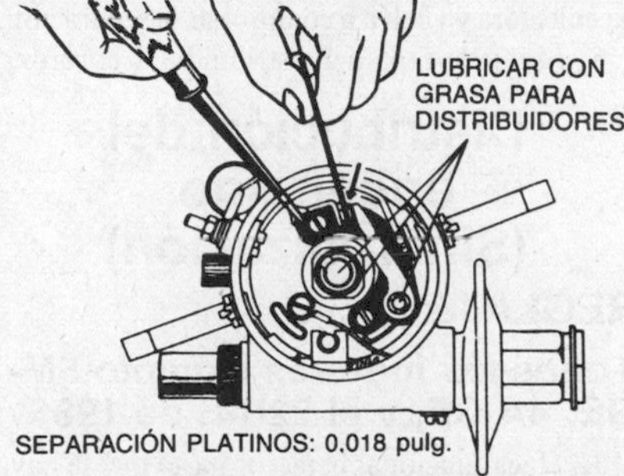

Reglaje de la abertura platinos

4. Aplique un destornillador en la ranura del tornillo de ajuste, y gire éste hasta obtener la correcta separación entre platinos.

5. Apriete el tornillo de retenida de los platinos. Engrase los lóbulos de la leva, el brazo del ruptor, el bloque frotador, el pivote del brazo y el eje del distribuidor, con una pequeña cantidad de grasa especial para distribuidores, resistente a altas temperaturas.

Compruebe el funcionamiento del mecanismo de avance centrífugo, girando el rotor hacia la derecha. Suelte entonces el rotor, con lo que debería retroceder para restituirse a su posición original. Si no lo hace, compruebe que no roce.

Compruebe la unidad de avance por vacío. Para ello, retire la tapa y apriete el selector de octano. Suelte entonces el selector, con lo que debería restituirse a su posición original. Si no lo hace, compruebe que no roce.

Si cree que el condensador está defectuoso, cámbielo. Puede cambiarlo también como medida preventiva aprovechando la operación de cambio de los platinos:

1. Retire la tuerca y la arandela del borne del condensador.

2. Retire el tornillo de montaje del condensador y saque éste.

3. Efectúe el montaje en sentido inverso.

NOTA: El condensador va montado en la parte externa del cuerpo del distribuidor, en todos los modelos.

Monte la caperuza guardapolvo, el rotor y la

tapa. Ajuste el ángulo de leva y la distribución, de la forma descrita a continuación.

Ángulo de leva

REGLAJE

Modelos Tercel 1980-82 con motor 3A

Conecte un tacómetro de medición del ángulo de leva (dwell tachometer) de acuerdo con las instrucciones del fabricante, entre el hilo del primario del distribuidor y una toma de tierra.

ATENCIÓN

En los modelos que posean encendido electrónico, conecte el medidor de ángulo de leva o tacómetro en el lado negativo (—) de la bobina y no en el hilo primario del distribuidor, ya que de lo contrario podría dañarse el instrumento.

Con el motor ya calentado y funcionando a la velocidad de ralentí (marcha en vacío) especificada (vea la tabla de puesta a punto), mida el ángulo de leva.

Si el ángulo de leva no se halla dentro de los valores especificados, pare el motor y ajuste la separación de contactos, de la forma antes descrita.

NOTA: Al aumentar la separación de platinos se reduce el ángulo de leva y viceversa.

Monte la caperuza guardapolvo, el rotor y la tapa. Vuelva a comprobar el ángulo de leva.

Encendido electrónico

Todos los modelos con motor de gasolina van equipados con encendido electrónico completamente transistorizado, excepto el Tercel con motor serie 3A, que usa encendido con platinos.

El encendido electrónico emplea un sistema de generación de señales de encendido, en vez de platinos. Consiste en un rotor, un elemento magnético y una bobina de captación, montados dentro del distribuidor. Este sistema no precisa mantenimiento preventivo. Las reparaciones se limitan a cambiar las piezas defectuosas y ajustar el entrehierro.

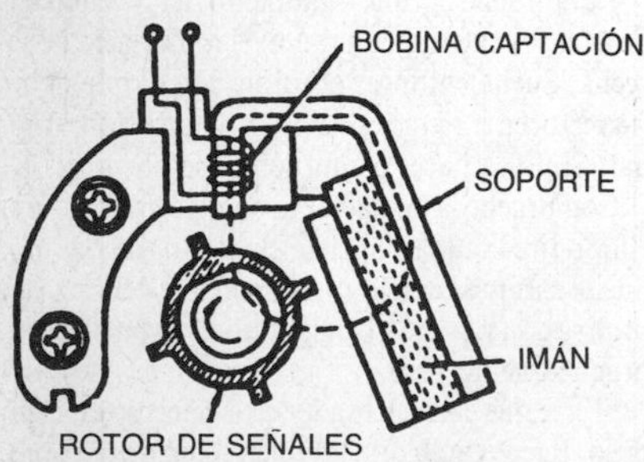

Componentes de un generador de señales de encendido electrónico

NOTA: El reglaje y comprobación del entrehierro no son posibles en los motores 4A-GE y 5M-GE. El reglaje del entrehierro tampoco es posible en los motores 2S-E, 3S-GE, 3Y-EC, 3A-C (1983 y posteriores), 4A-L, 4A-CL y 4Y-EC, si bien el mismo puede comprobarse; de ser defectuoso, su corrección exige el cambio de componentes.

REGLAJE DEL ENTREHIERRO DEL ENCENDIDO ELECTRÓNICO

NOTA: Véase la nota anterior, para comprobar si el modelo en cuestión tiene este reglaje.

1. Retire la tapa del distribuidor, el rotor y la caperuza guardapolvo.
2. Gire el cigüeñal hasta que un diente del rotor de señales quede alineado con el saliente de la bobina de captación.
3. Con un calibre de separaciones no magnético, mida la distancia entre el diente del rotor de señales y el saliente de la bobina de captación. El intersticio debería oscilar entre 0.008 y 0.016 pulgadas.

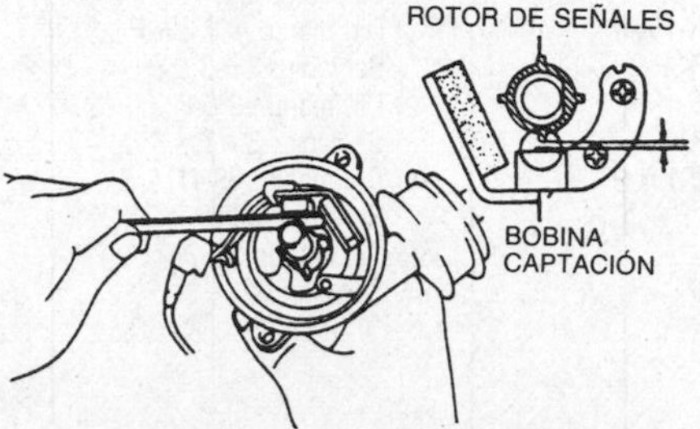

Comprobación del entrehierro de un sistema de encendido electrónico: todos los motores, excepto 3A-C y 4A-C a partir de 1983

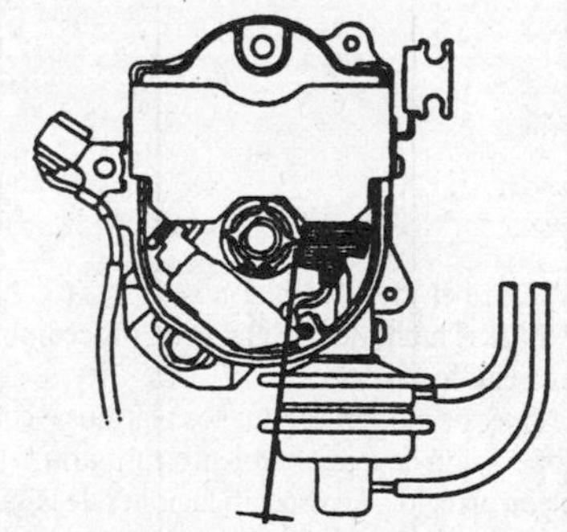

Comprobación del entrehierro del sistema de encendido electrónico: motores 3A-C y 4A-C desde 1983

ATENCIÓN

No use un calibre de separaciones metálico.

4. Si el intersticio es incorrecto, afloje los dos tornillos que fijan la bobina al distribuidor. Aplique un destornillador en la ranura de la montura de la bobina de captación y gírela hasta que la separación sea correcta.
5. Apriete los tornillos de montaje de la bobina colectora y vuelva a comprobar la separación.
6. Monte la tapa del distribuidor y el rotor.

Distribución del encendido (Sincronización)

REGLAJE

Todos los motores excepto 5M-GE, 4A-GE, y el 22R-E de 1985

1. Haga funcionar el motor hasta que se haya calentado y aplique el freno de mano. Conecte el tacómetro y compruebe la velocidad de ralentí (marcha en vacío), para asegurarse de que esté dentro de los valores especificados. Si no lo está, siga el procedimiento de reglaje descrito a continuación.

ATENCIÓN

En los motores que posean encendido electrónico, conecte el indicador o tacómetro de ángulo de leva (intervalos) al lado negativo (—) de la bobina, no al hilo primario del distribuidor, ya que ello podría dañar el instrumento de medida.

NOTA: Los motores serie A 1983 y posteriores y todas las series desde 1984, exigen un tipo especial de tacómetro, que se conecta en el hilo del conector de servicio disponible en el distribuidor. Dado que muchos tacómetros no son compatibles con este tipo de conexión, recomendamos que consulte al fabricante antes de comprarlo.

1. Si la marca de distribución (sincronización) es difícil de ver, use un trozo de yeso o una gota de pintura para hacerla más visible.
2. Conecte una lámpara de reglaje de distribución en el motor, de la forma descrita en las instrucciones del fabricante de la lámpara.
3. Desconecte el tubo de vacío de su posición en la unidad de vacío del distribuidor y tapónelo. Si es un distribuidor de vacío tipo avance/retardo, desconecte y tapone las dos tuberías del distribuidor.
4. Haga funcionar el motor a la velocidad de ralentí especificada, con el cambio en punto muerto en motores de cambio manual y en la posición «Drive» en los coches con cambio automático.

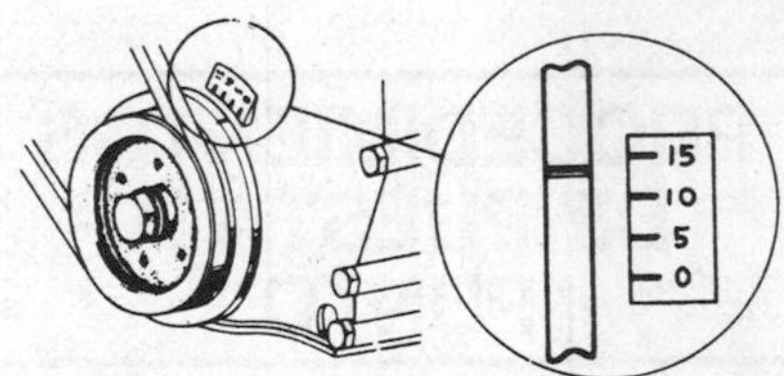

Marcas de distribución: motores 4M-E y 5M-E

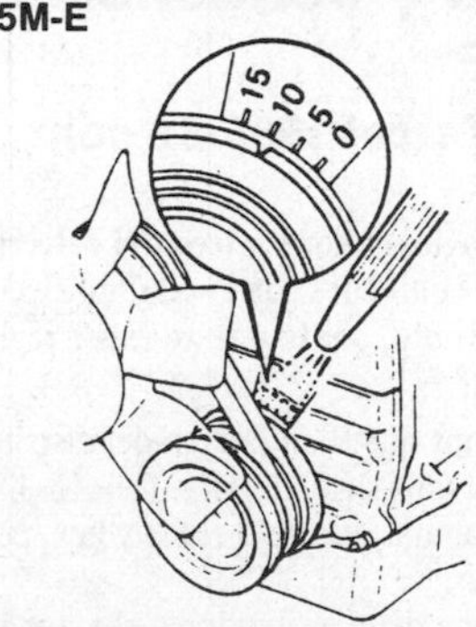

Marcas de distribución: motores 2S-E, 3S-G y 5M-GE

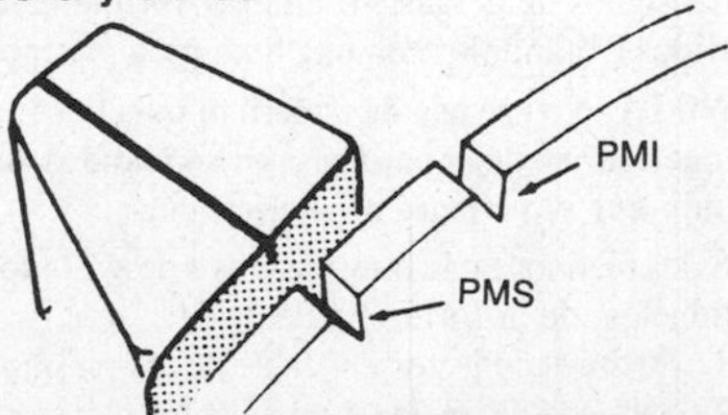

Marcas de distribución: motores 20R

Marcas distribución: motores 22R y 22R-E

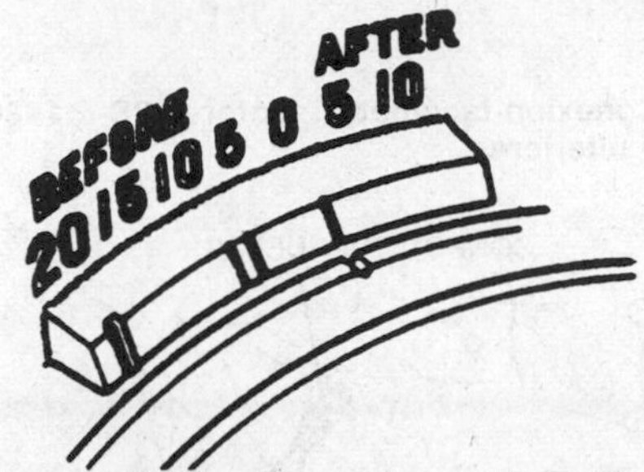

Marcas distribución: motores 1A-C, 3A y 3A-C 1980-82

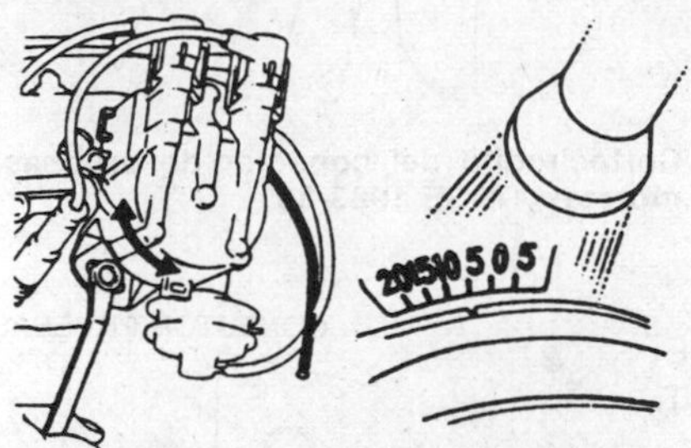

Marcas de distribución: motores 4A-C, 4A-GE (Corolla GTS sólo) y motores 3A-C 1983 y posteriores (observe que la tubería de vacío está desconectada)

ATENCIÓN

Asegúrese de que el freno de mano esté firmemente aplicado y que las ruedas no puedan girar.

5. Oriente la lámpara de distribución a las marcas sincronizadoras, tal como se ilustra en estas figuras. Con el motor en ralentí, la distribución debería coincidir con los datos indicados en la tabla de puesta a punto, al principio de esta sección. De no ser así, afloje el tornillo de retenida situado en la base y gire el distribuidor para avanzar o retardar la distribución, según sea necesario.

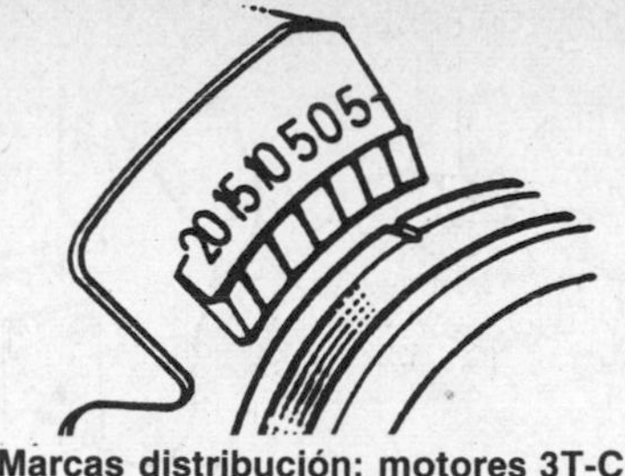

Marcas distribución: motores 3T-C

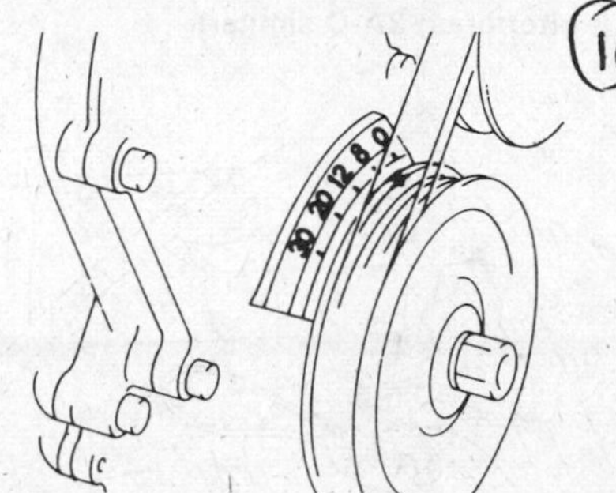

Marcas distribución: motores 13Y-EC y 4Y-EC

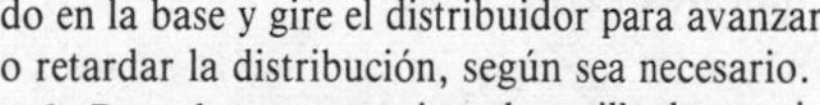

6. Pare el motor y apriete el tornillo de retenida. Ponga el motor en marcha y vuelva a comprobar la distribución.

7. Pare el motor y desconecte la lámpara de reglaje y el tacómetro. Vuelva a conectar la tubería o tuberías de vacío a la unidad de avance de vacío.

Motores 5M-GE, 4Y-EC, 4A-GE, 3S-GE, 2S-(1986 y posteriores) y 22R-E (1985)

1. Conecte una lámpara de reglaje de distribución al motor, con arreglo a las instrucciones del fabricante.

NOTA: Estos motores requieren un tipo especial de tacómetro, que se conecta al cable de pruebas que sale del distribuidor. Dado que muchos tacómetros no son compatibles con este tipo de conexión, recomendamos que se consulte al fabricante antes de comprarlo.

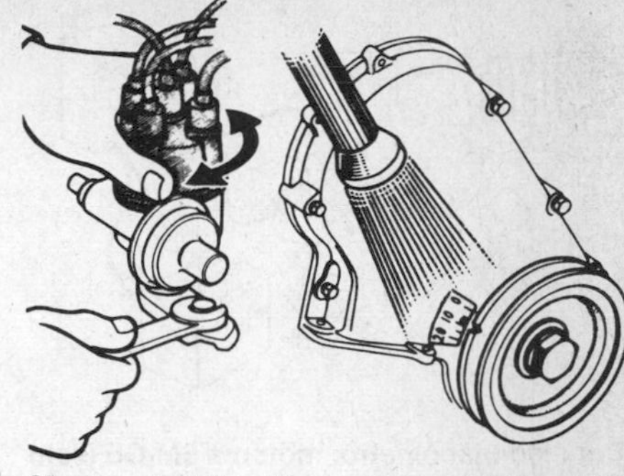

Marcas distribución: motores 4K-C y 4K-E

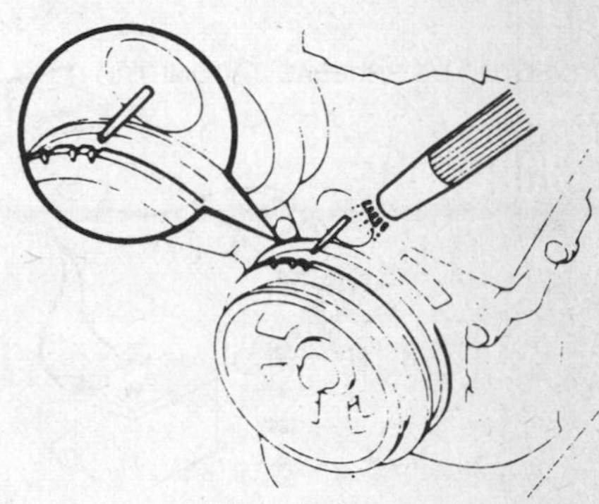

Marcas distribución: motores 4A-GE (MR2)

2. Ponga el motor en marcha y hágalo funcionar en ralentí.

3. Retire la caperuza de goma del conector de pruebas y conecte éste en los bornes ($T \longleftrightarrow E_1$), como se ilustra.

4. Afloje el tornillo de retenida del distribuidor, sólo lo suficiente para que el distribuidor pueda girarse. Oriente la lámpara de comprobación de la distribución a las marcas sincronizadoras existentes en la polea del cigüeñal y gire lentamente el distribuidor hasta que la marca de distribución en la polea esté alineada con la correcta marca (vea la tabla Especificaciones de puesta a punto). Apriete el tornillo de retenida del distribuidor.

5. Desconecte el conector.

CONEXIÓN TACÓMETRO

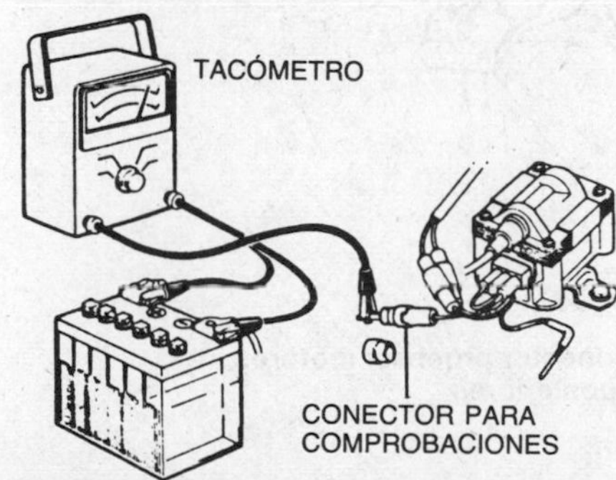

Conexión tacómetro: Supras con motor 5M-GE

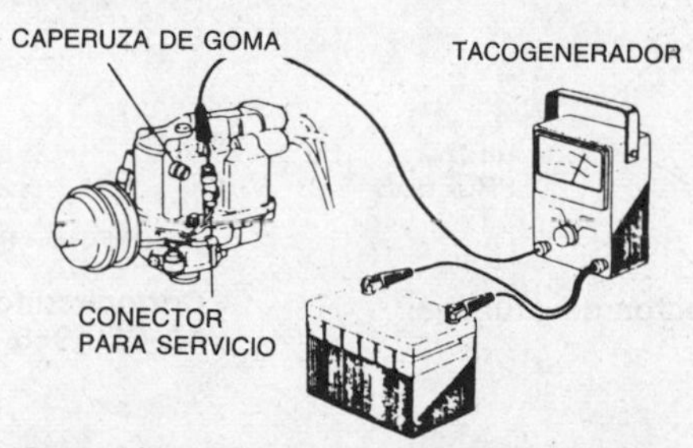

Conexión tacómetro: motores 13Y-EC y 4Y-EC

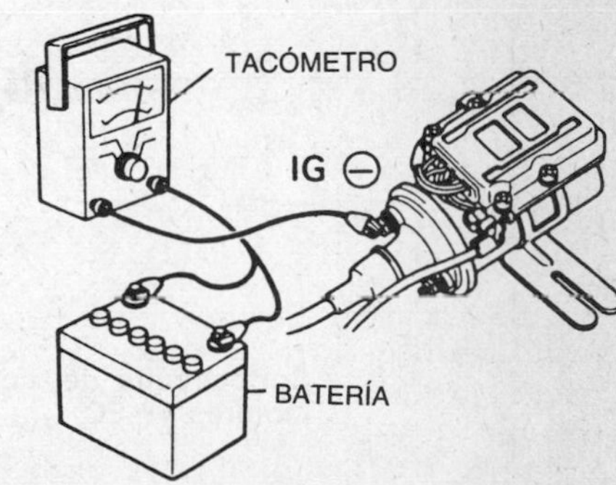

Conexión tacómetro: motores 22R-E y 4A-GE 1985 y posteriores.

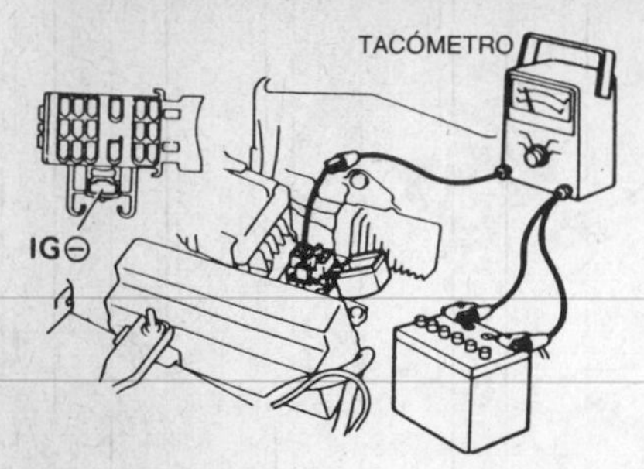

Conexión tacómetro: motores 5M-GE (sólo Cressida); similar en los modelos Camry 1983-85

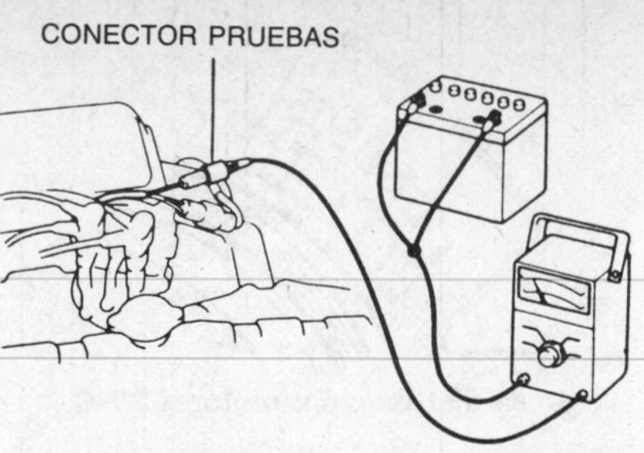

Conexión tacómetro: motores 4A-C (1983) y ulteriores; 3A-C similar)

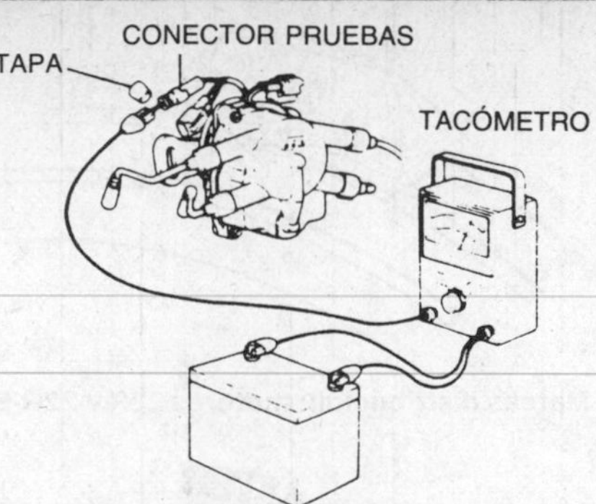

Conexión tacómetro: motores 2S-E 1986 y ulteriores

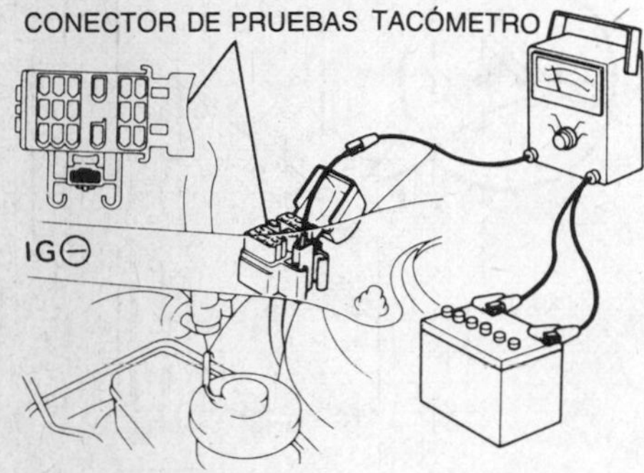

Conexión tacómetro: motores 3S-GE

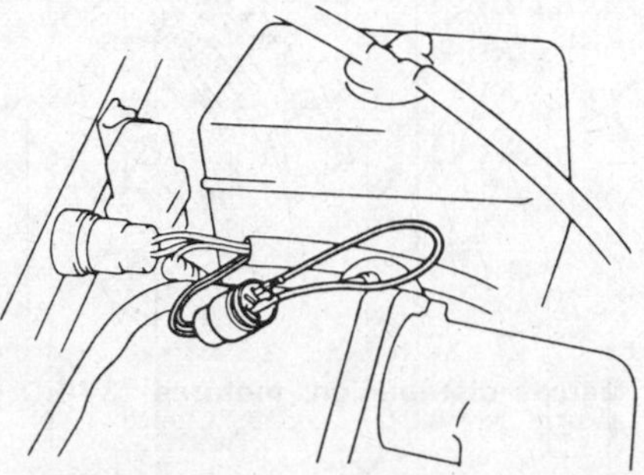

Cortocircuito del conector de pruebas: motores 22R-E 1985

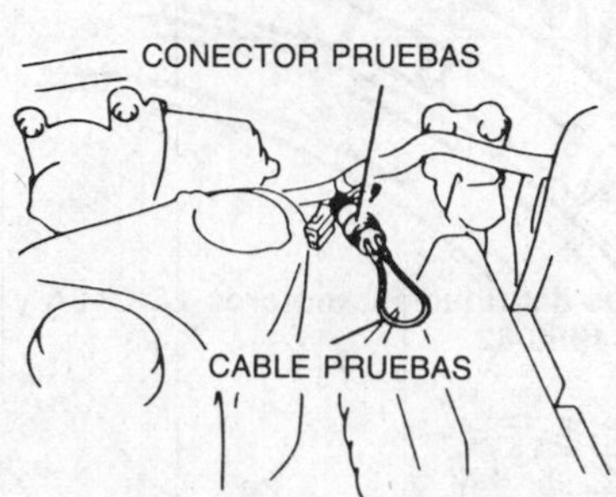

Cortocircuito del conector de pruebas: motores 4A-GE 1983-85

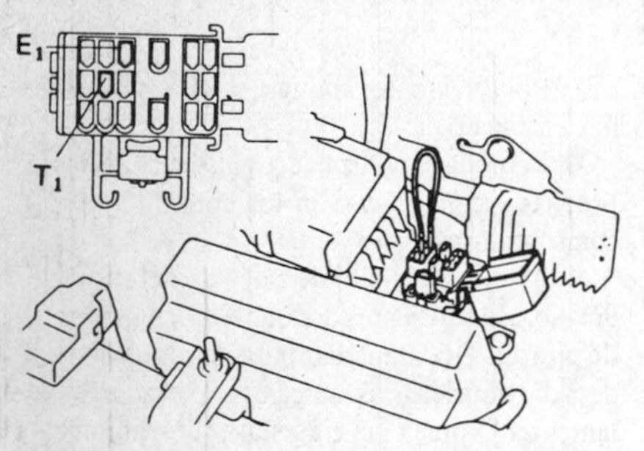

Cortocircuito del conector de pruebas: Cressidas con motor 5M-GE

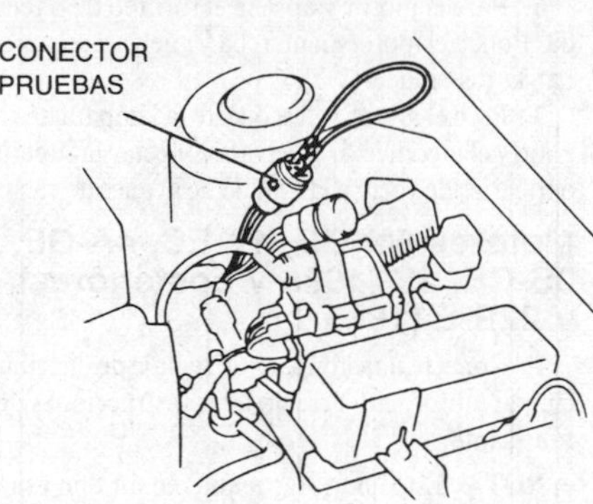

Cortocircuito del conector de pruebas: Supras con motor 5M-GE

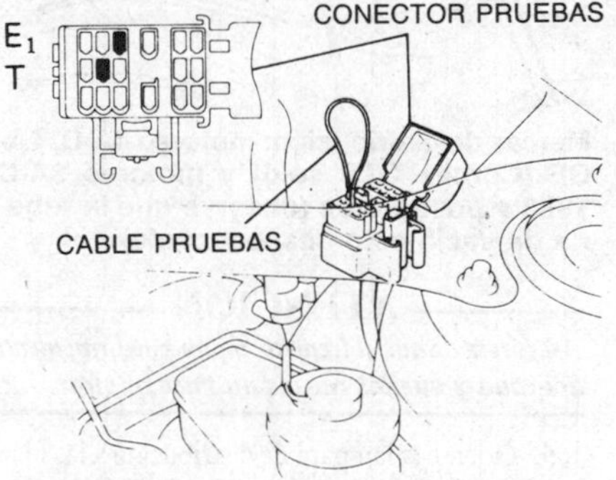

Cortocircuito del conector de pruebas: motores 3S-GE y 2S-E, éste desde 1986

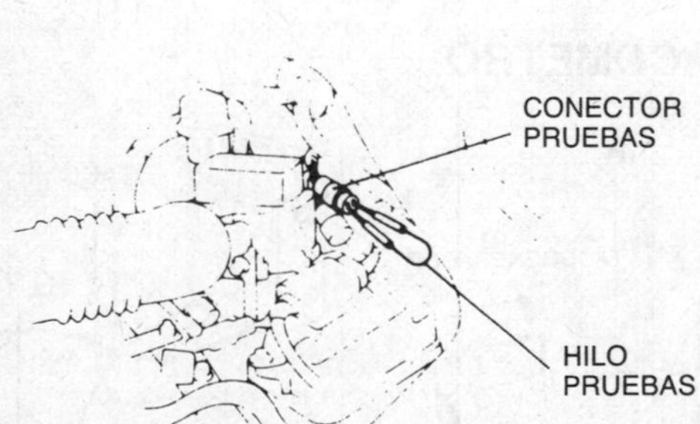

Cortocircuito del conector de pruebas: motores 4Y-EC

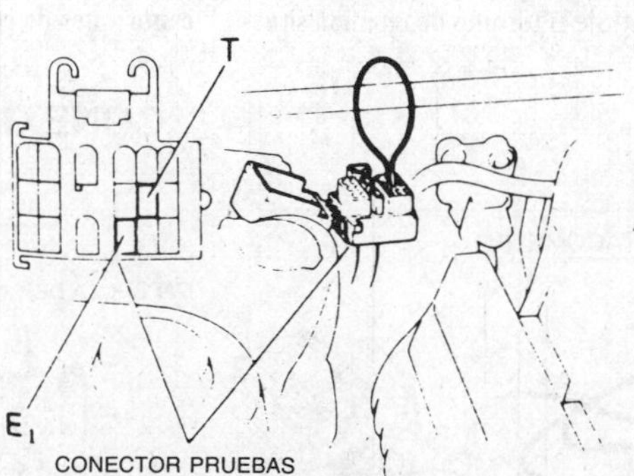

Cortocircuito conector pruebas: motores 4A-GE 1986 y posteriores

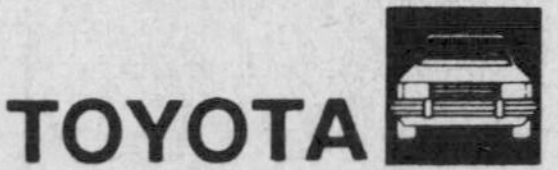

Selector de octano

El selector de octano se usa como un ajuste de precisión para adaptar la distribución del encendido del vehículo al grado de octano de la gasolina. Está situado cerca de la unidad de vacío del distribuidor, debajo de la tapa guardapolvo de plástico. El selector de octano se emplea principalmente en vehículos con encendido por platinos. Normalmente no precisa ajuste, pero de requerirse, procédase de la forma siguiente:

1. Alinee la línea de referencia con el extremo roscado de la caja y luego alinee la línea central con la marca de referencia existente en la caja.

2. Conduzca el coche a la velocidad especificada en la tabla siguiente, a alta velocidad, en una carretera bien nivelada.

3. Apriete a fondo el acelerador, hasta que no

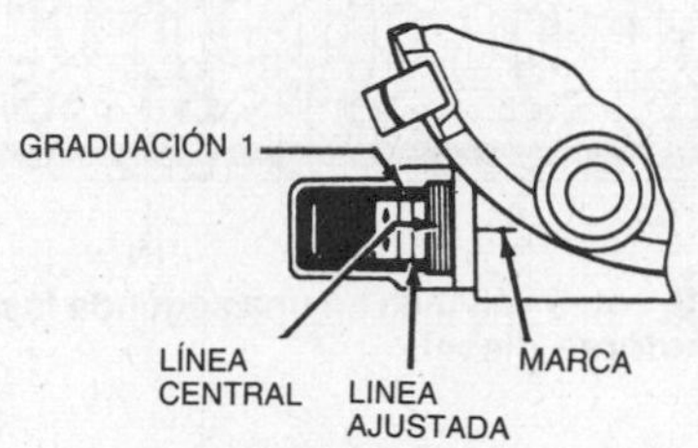

Selector octano

se hunda más. Debería oírse un ligero sonido de «picado». A medida que el coche se acelera, este sonido debería desaparecer gradualmente.

4. Si el sonido de picado es muy fuerte o no desaparece cuando aumenta la velocidad del coche, retrase la distribución girando hacia la «R» (Retardo) la empuñadura moleteada del selector de octano.

5. Si, en cambio, no se percibe ningún sonido de picado, avance la distribución girando dicha empuñadura hacia la «A» (Avance).

6. Completado el reglaje, vuelva a colocar la tapa guardapolvo de plástico.

NOTA: Una graduación del selector de octano equivale a aproximadamente 10° de ángulo del cigüeñal.

SELECTOR DE OCTANO VELOCIDAD DE PRUEBA

Tipo motor	Velocidad de prueba (km/h)
20R	25-35

Juego de las válvulas

REGLAJE

Todos los motores de gasolina excepto: 2S-E, 2S-GE, 3Y-EC, 4Y-CE, 4A-GE, 4K-E y 5M-GE

NOTA: Si bien Toyota recomienda que el juego de las válvulas en ciertos modelos se ajuste con el motor funcionando, consideramos que, en general, para el propietario-mecánico es más práctico ajustar las válvulas con el motor parado. Por consiguiente, en este manual se han omitido los procedimientos de regulación del juego con el motor en funcionamiento.

1. Ponga el motor en marcha y hágalo funcionar hasta que alcance la temperatura normal de funcionamiento.

2. Pare el motor. Retire el conjunto del filtro del aire. Retire otros tubos flexibles, cables, etc., que haya acoplados en la tapa de la cabeza de cilindros o que dificulten el acceso a la misma. Desmonte la tapa de la cabeza de cilindros.

ATENCIÓN

Proceda con cuidado en este desmontaje, ya que el motor estará caliente.

3. Gire el cigüeñal hasta que el punto o ranura de la polea quede alineado con la marca «O» o «T» de la escala de distribución. Ello asegura que el motor esté en PMS.

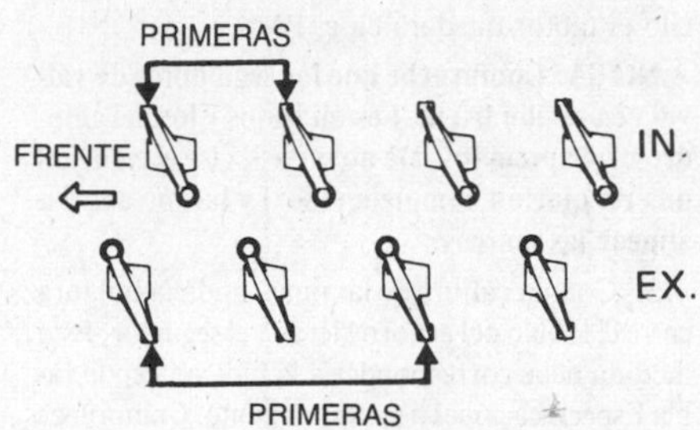

Ajuste estas válvulas primero en los motores serie T

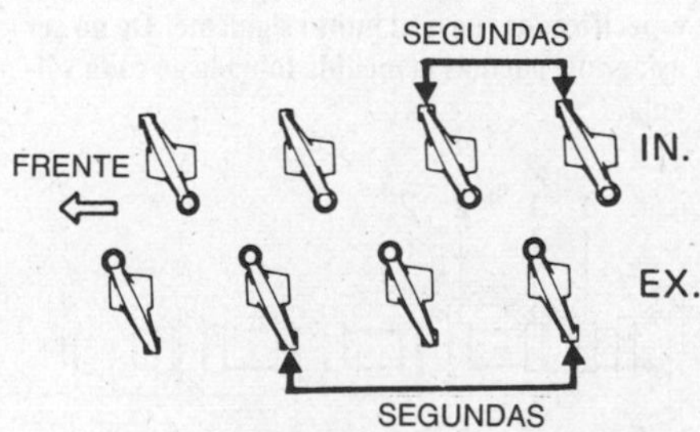

Ajuste estas válvulas en una segunda fase, en motores serie T

NOTA: Compruebe que los balancines del cilindro nº 1 estén flojos. De estar tensados, gire el cigüeñal una revolución completa (360°).

4. Apriete los tornillos de la tapa de la cabeza de cilindros al par especificado según el modelo (véase la tabla al respecto). Apriete también al correcto par los tornillos de los soportes de los balancines.

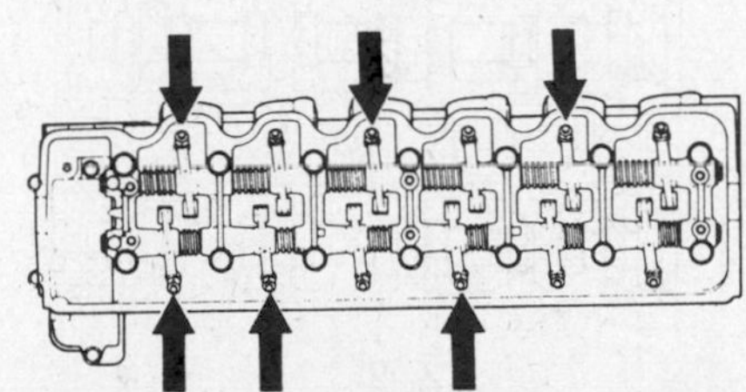

Ajuste estas válvulas primero en los motores de serie M (excepto 5M-GE).

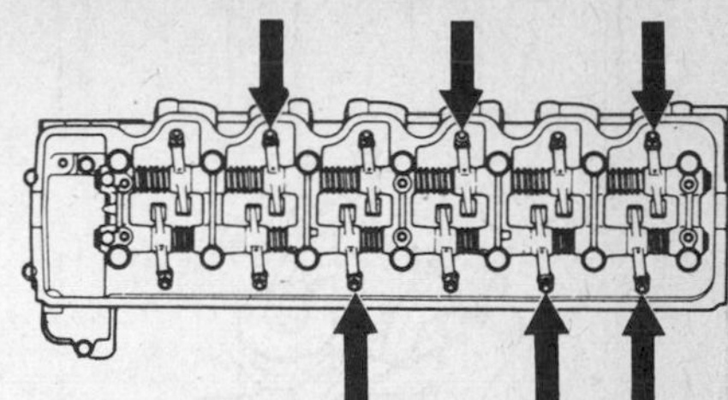

Ajuste estas válvulas en una segunda fase, en motores serie M (excepto 5M-GE).

ATENCIÓN

Apriete todos los tornillos de la operación 4 en la correcta secuencia, por etapas (vea Desmontaje y montaje de la cabeza de cilindros).

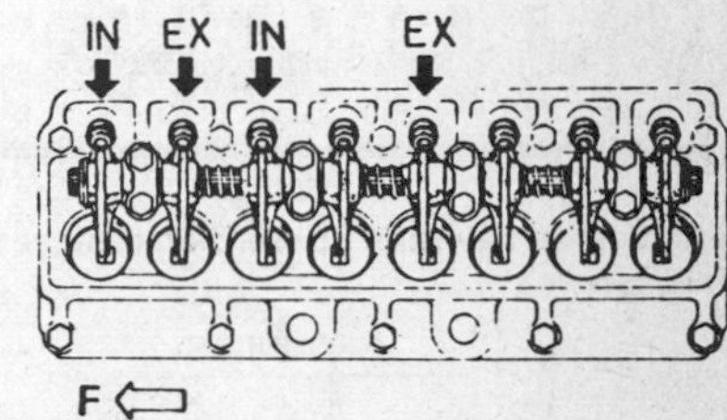

Ajuste estas válvulas primero en los motores 4K-C

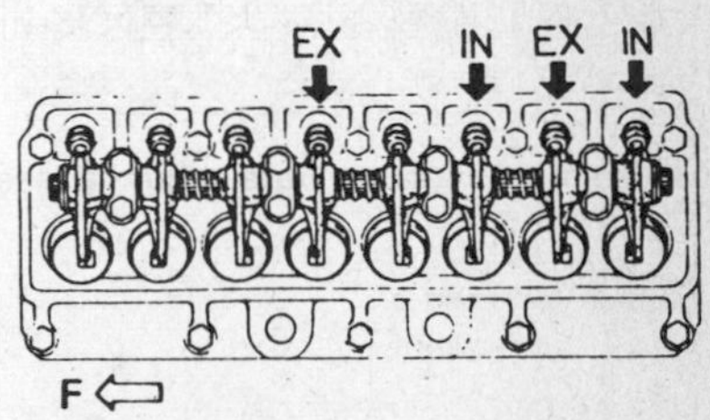

Ajuste estas válvulas en una segunda fase en el motor 4K-C

5. Con un calibre de espesores, compruebe la holgura entre la parte inferior del balancín y la parte superior del vástago de la válvula. Esta medida debe coincidir con la especificada en la tabla Especificaciones de puesta a punto. Compruebe sólo las válvulas que están marcadas «Primeras» en estas figuras, según el tipo de motor.

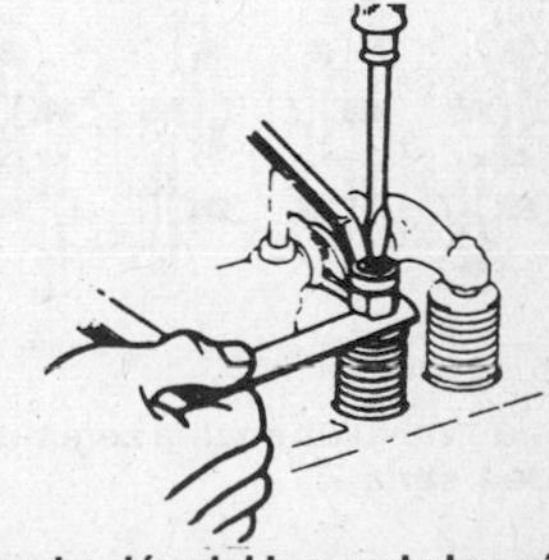

Comprobación del juego de las válvulas en los motores serie A.

6. Si el huelgo no está dentro de las especificaciones, deberá ajustarse. Para ello, afloje la tuerca de bloqueo en el extremo del balancín y, manteniendo dicha tuerca sujeta con una llave de boca, gire el tornillo de ajuste para obtener el huelgo correcto.

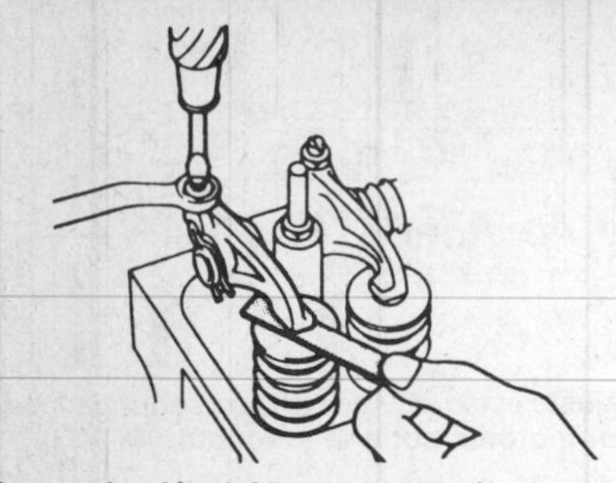

Comprobación del juego de las válvulas en el resto de motores

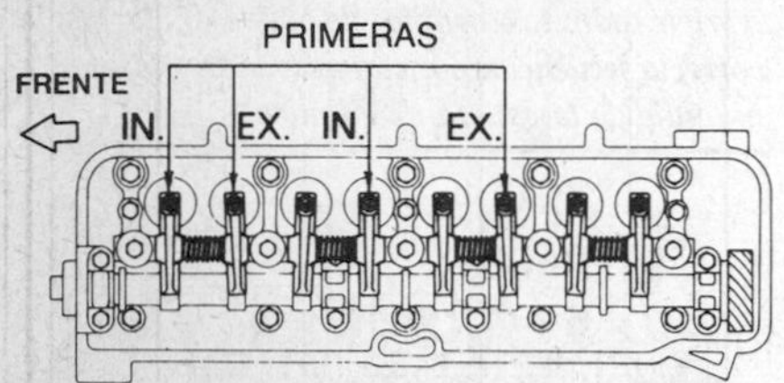

Ajuste estas válvulas primero en motores serie A

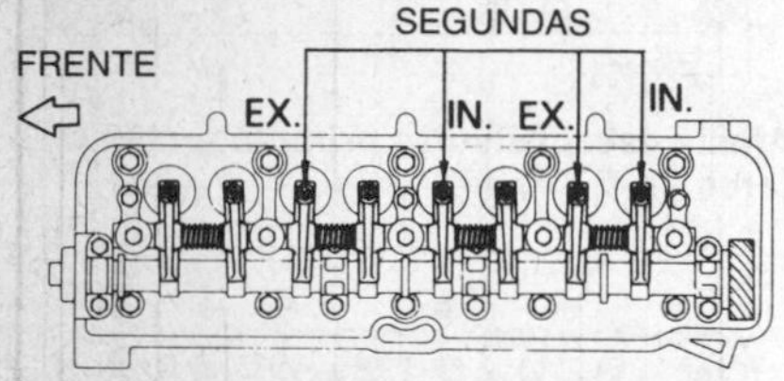

Ajuste estas válvulas en una segunda fase en motores serie A

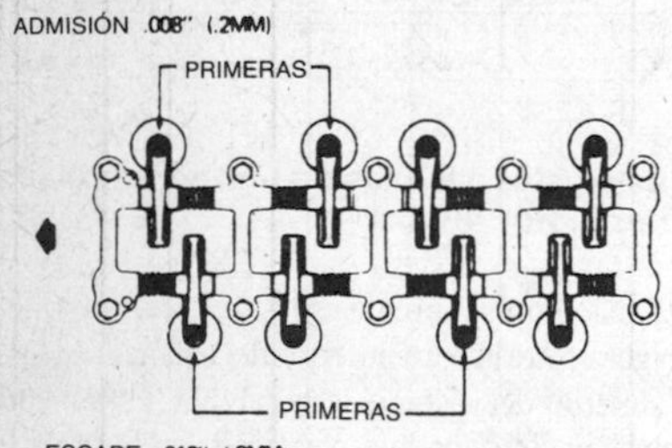

Ajuste estas válvulas primero en motores serie R

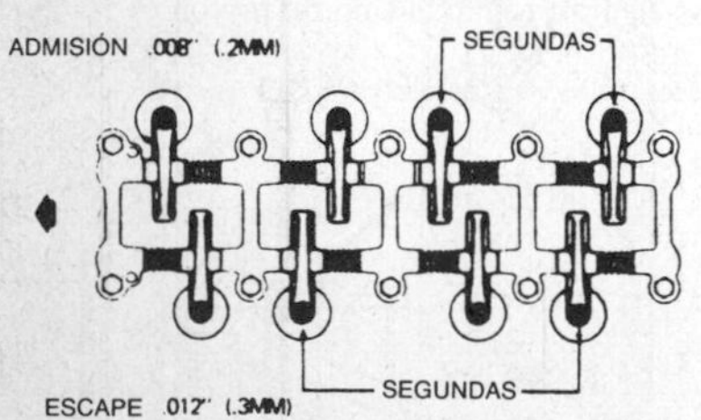

Ajuste estas válvulas en una segunda fase en motores serie R

7. Cuando haya obtenido el juego de válvula correcto, impida que el tornillo de ajuste gire, manteniéndolo inmovilizado con un destornillador, y apriete la tuerca de bloqueo. Vuelva a comprobar el juego.

8. Haga girar el cigüeñal una revolución completa (360°) y ajuste el resto de las válvulas. Siga de nuevo las instrucciones 5 hasta el 7, en las válvulas marcadas «Segundas» en las figuras que corresponda.

9. Use una nueva junta y monte la tapa de la cabeza de cilindros. Vuelva a montar los componentes que haya podido desmontar en el punto 2.

Motores 2S-E, 3Y-EC, 4Y-EC, 4K-E y 5M-GE

Estos motores van equipados con ajustadores hidráulicos. Estos ajustadores mantienen un huelgo cero entre el balancín y el vástago de la válvula, por lo que no se requiere regulación.

Motores 3S-GE, 4A-GE y todos los diesel

1. Siga las instrucciones de los puntos 1-2 del anterior procedimiento. No olvide la ATENCIÓN después del punto 2.

2. Con una llave, gire el cigüeñal hasta que la ranura de la polea quede alineada con la marca de distribución existente en la tapa frontal. Con ello el motor quedará en el PMS.

NOTA: Compruebe que los seguidores de válvula en el cilindro nº 1 están flojos y los del cilindro nº 4 apretados. De no ser así, gire el cigüeñal una revolución completa (360°) y luego vuelva a alinear las marcas.

3. Con un calibre de láminas, mida la holgura entre el lóbulo del árbol de levas y el seguidor. Esta medida debe corresponder a la indicada en la tabla Especificaciones de puesta a punto. Compruebe sólo las válvulas marcadas «Primeras» en la ilustración que corresponde a su tipo de motor.

NOTA: Si la medida está dentro de los valores especificados, pase al punto siguiente. De no ser así, anote además la medida tomada en cada válvula.

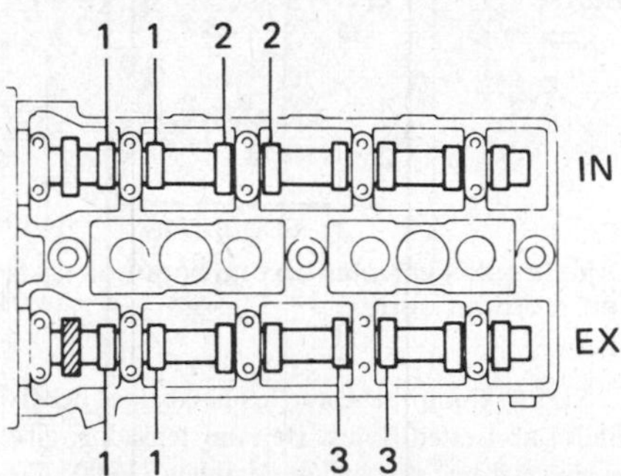

Ajuste estas válvulas primero en motores 3S-GE y 4A-GE

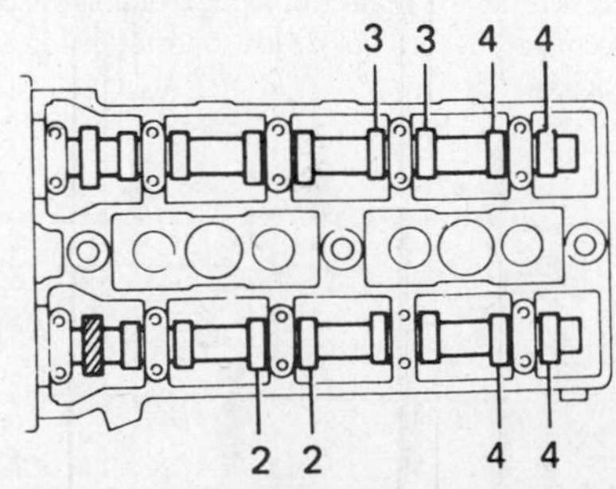

Ajuste estas válvulas en una segunda fase en motores 3S-GE y 4A-GE

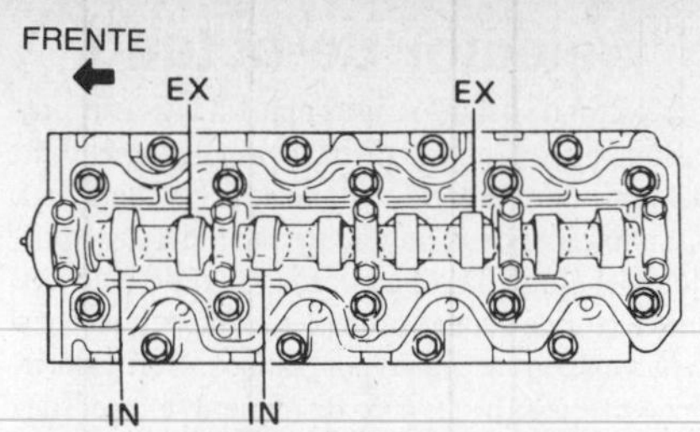

Ajuste estas válvulas primero en motores diesel

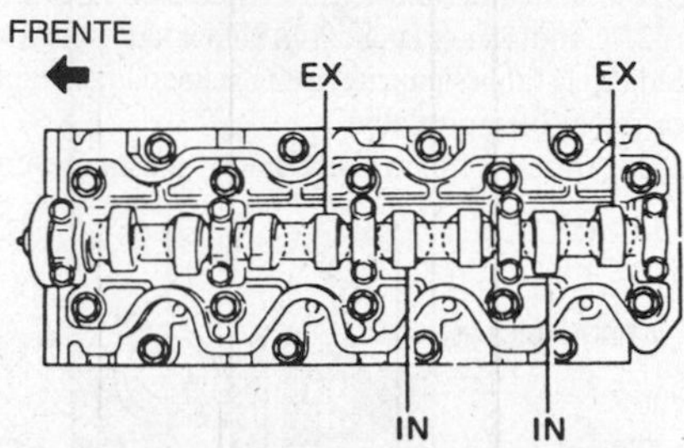

Ajuste estas válvulas en una segunda fase en motores diesel

4. Gire el cigüeñal una revolución completa y vuelva a alinear las marcas de la distribución de la forma antes descrita.

5. Mida el huelgo de las válvulas señaladas como «Segundas» en la ilustración que corresponda.

NOTA: Si las medidas obtenidas para estas válvulas (y también en las anteriores) están dentro de los valores especificados, el procedimiento está terminado. De no ser así, anote las medidas obtenidas y continúe en el punto 6.

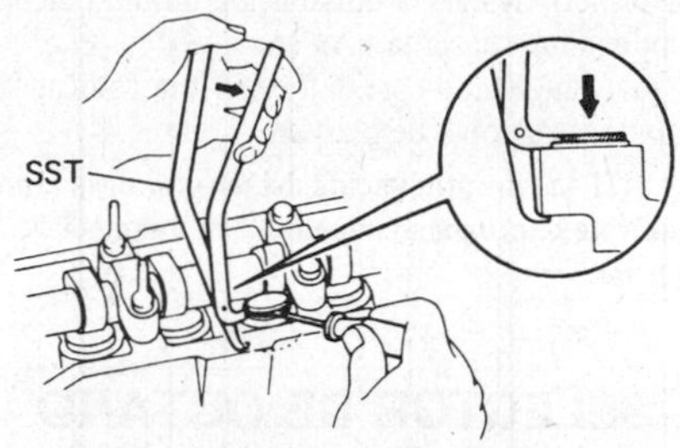

Apriete del seguidor para retirar el calce en motores 3S-GE y 4A-GE

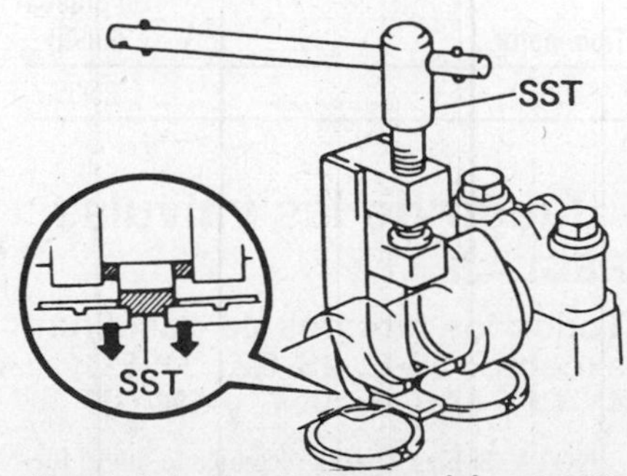

Uso de la herramienta especial para apretar el seguidor de válvula en motores diesel

SELECCIÓN SUPLEMENTOS (LAMINILLAS) AJUSTE SEGÚN TABLA

Admisión

Juego medido (mm) \ Grueso suplemento existente (mm)	2.500	2.525	2.550	2.575	2.600	2.625	2.650	2.675	2.700	2.725	2.750	2.775	2.800	2.825	2.850	2.875	2.900	2.925	2.950	2.975	3.000	3.025	3.050	3.075	3.100	3.125	3.150	3.175	3.200	3.225	3.250	3.275	3.300
0.000—0.025							02	02	02	04	04	06	06	08	08	10	10	12	12	14	14	16	16	18	18	20	20	22	22	24	24	26	26
0.026—0.050						02	02	02	04	04	06	06	08	08	10	10	12	12	14	14	16	16	18	18	20	20	22	22	24	24	26	26	28
0.051—0.075					02	02	02	04	04	06	06	08	08	10	10	12	12	14	14	16	16	18	18	20	20	22	22	24	24	26	26	28	28
0.076—0.100				02	02	02	04	04	06	06	08	08	10	10	12	12	14	14	16	16	18	18	20	20	22	22	24	24	26	26	28	28	30
0.101—0.125			02	02	02	04	04	06	06	08	08	10	10	12	12	14	14	16	16	18	18	20	20	22	22	24	24	26	26	28	28	30	30
0.126—0.149		02	02	02	04	04	06	06	08	08	10	10	12	12	14	14	16	16	18	18	20	20	22	22	24	24	26	26	28	28	30	30	32
0.150—0.250																																	
0.251—0.275	04	06	06	08	08	10	10	12	12	14	14	16	16	18	18	20	20	22	22	24	24	26	26	28	28	30	30	32	32	34	34	34	
0.276—0.300	06	06	08	08	10	10	12	12	14	14	16	16	18	18	20	20	22	22	24	24	26	26	28	28	30	30	32	32	34	34	34		
0.301—0.325	06	08	08	10	10	12	12	14	14	16	16	18	18	20	20	22	22	24	24	26	26	28	28	30	30	32	32	34	34	34			
0.326—0.350	08	08	10	10	12	12	14	14	16	16	18	18	20	20	22	22	24	24	26	26	28	28	30	30	32	32	34	34	34				
0.351—0.375	08	10	10	12	12	14	14	16	16	18	18	20	20	22	22	24	24	26	26	28	28	30	30	32	32	34	34	34					
0.376—0.400	10	10	12	12	14	14	16	16	18	18	20	20	22	22	24	24	26	26	28	28	30	30	32	32	34	34	34						
0.401—0.425	10	12	12	14	14	16	16	18	18	20	20	22	22	24	24	26	26	28	28	30	30	32	32	34	34	34							
0.426—0.450	12	12	14	14	16	16	18	18	20	20	22	22	24	24	26	26	28	28	30	30	32	32	34	34	34								
0.451—0.475	12	14	14	16	16	18	18	20	20	22	22	24	24	26	26	28	28	30	30	32	32	34	34	34									
0.476—0.500	14	14	16	16	18	18	20	20	22	22	24	24	26	26	28	28	30	30	32	32	34	34	34										
0.501—0.525	14	16	16	18	18	20	20	22	22	24	24	26	26	28	28	30	30	32	32	34	34	34											
0.526—0.550	16	16	18	18	20	20	22	22	24	24	26	26	28	28	30	30	32	32	34	34	34												
0.551—0.575	16	18	18	20	20	22	22	24	24	26	26	28	28	30	30	32	32	34	34	34													
0.576—0.600	18	18	20	20	22	22	24	24	26	26	28	28	30	30	32	32	34	34	34														
0.601—0.625	18	20	20	22	22	24	24	26	26	28	28	30	30	32	32	34	34	34															
0.626—0.650	20	20	22	22	24	24	26	26	28	28	30	30	32	32	34	34	34																
0.651—0.675	20	22	22	24	24	26	26	28	28	30	30	32	32	34	34	34																	
0.676—0.700	22	22	24	24	26	26	28	28	30	30	32	32	34	34	34																		
0.701—0.725	22	24	24	26	26	28	28	30	30	32	32	34	34	34																			
0.726—0.750	24	24	26	26	28	28	30	30	32	32	34	34	34																				
0.751—0.775	24	26	26	28	28	30	30	32	32	34	34	34																					
0.776—0.800	26	26	28	28	30	30	32	32	34	34	34																						
0.801—0.825	26	28	28	30	30	32	32	34	34	34																							
0.826—0.850	28	28	30	30	32	32	34	34	34																								
0.851—0.875	28	30	30	32	32	34	34	34																									
0.876—0.900	30	30	32	32	34	34	34																										
0.901—0.925	30	32	32	34	34	34																											
0.926—0.950	32	32	34	34	34																												
0.951—0.975	32	34	34	34																													
0.976—1.000	34	34	34																														
1.001—1.025	34	34																															
1.026—1.050	34																																

Juego válvula admisión (en frío):
0,15 - 0,25 mm (0.006-0.010 pulg.)
Ejemplo: 2.800 mm está instalado
Juego medido es 0.450 mm
Cambiar el calce 2.800 por
el calce nº 24 (3.050 mm)

Grueso suplementos mm (pulg.)

Calce nº	Grueso	Calce nº	Grueso
02	2.500 (0.0984)	20	2.950 (0.1161)
04	2.550 (0.1004)	22	3.000 (0.1181)
06	2.600 (0.1024)	24	3.050 (0.1201)
08	2.650 (0.1043)	26	3.100 (0.1220)
10	2.700 (0.1063)	28	3.150 (0.1240)
12	2.750 (0.1083)	30	3.200 (0.1260)
14	2.800 (0.1102)	32	3.250 (0.1280)
16	2.850 (0.1122)	34	3.300 (0.1299)
18	2.900 (0.1142)		

Tabla Selección Suplementos Ajuste: Motores 4A-GE

SELECCIÓN SUPLEMENTOS AJUSTE SEGÚN TABLA

Escape

Grueso suplemento existente (mm)

Juego medido (mm)	2.500	2.525	2.550	2.575	2.600	2.625	2.650	2.675	2.700	2.725	2.750	2.775	2.800	2.825	2.850	2.875	2.900	2.925	2.950	2.975	3.000	3.025	3.050	3.075	3.100	3.125	3.150	3.175	3.200	3.225	3.250	3.275	3.300
0.000—0.025									02	02	02	04	04	06	06	08	08	10	10	12	12	14	14	16	16	18	18	20	20	22	22	24	24
0.026—0.050								02	02	02	04	04	06	06	08	08	10	10	12	12	14	14	16	16	18	18	20	20	22	22	24	24	26
0.051—0.075							02	02	02	04	04	06	06	08	08	10	10	12	12	14	14	16	16	18	18	20	20	22	22	24	24	26	26
0.076—0.100						02	02	02	04	04	06	06	08	08	10	10	12	12	14	14	16	16	18	18	20	20	22	22	24	24	26	26	28
0.101—0.125					02	02	02	04	04	06	06	08	08	10	10	12	12	14	14	16	16	18	18	20	20	22	22	24	24	26	26	28	28
0.126—0.150				02	02	02	04	04	06	06	08	08	10	10	12	12	14	14	16	16	18	18	20	20	22	22	24	24	26	26	28	28	30
0.151—0.175			02	02	02	04	04	06	06	08	08	10	10	12	12	14	14	16	16	18	18	20	20	22	22	24	24	26	26	28	28	30	30
0.176—0.199		02	02	02	04	04	06	06	08	08	10	10	12	12	14	14	16	16	18	18	20	20	22	22	24	24	26	26	28	28	30	30	32
0.200—0.300																																	
0.301—0.325	04	06	06	08	08	10	10	12	12	14	14	16	16	18	18	20	20	22	22	24	24	26	26	28	28	30	30	32	32	34	34	34	
0.326—0.350	06	06	08	08	10	10	12	12	14	14	16	16	18	18	20	20	22	22	24	24	26	26	28	28	30	30	32	32	34	34	34		
0.351—0.375	06	08	08	10	10	12	12	14	14	16	16	18	18	20	20	22	22	24	24	26	26	28	28	30	30	32	32	34	34	34			
0.376—0.400	08	08	10	10	12	12	14	14	16	16	18	18	20	20	22	22	24	24	26	26	28	28	30	30	32	32	34	34	34				
0.401—0.425	08	10	10	12	12	14	14	16	16	18	18	20	20	22	22	24	24	26	26	28	28	30	30	32	32	34	34	34					
0.426—0.450	10	10	12	12	14	14	16	16	18	18	20	20	22	22	24	24	26	26	28	28	30	30	32	32	34	34	34						
0.451—0.475	10	12	12	14	14	16	16	18	18	20	20	22	22	24	24	26	26	28	28	30	30	32	32	34	34	34							
0.476—0.500	12	12	14	14	16	16	18	18	20	20	22	22	24	24	26	26	28	28	30	30	32	32	34	34	34								
0.501—0.525	12	14	14	16	16	18	18	20	20	22	22	24	24	26	26	28	28	30	30	32	32	34	34	34									
0.526—0.550	14	14	16	16	18	18	20	20	22	22	24	24	26	26	28	28	30	30	32	32	34	34	34										
0.551—0.575	14	16	16	18	18	20	20	22	22	24	24	26	26	28	28	30	30	32	32	34	34	34											
0.576—0.600	16	16	18	18	20	20	22	22	24	24	26	26	28	28	30	30	32	32	34	34	34												
0.601—0.625	16	18	18	20	20	22	22	24	24	26	26	28	28	30	30	32	32	34	34	34													
0.626—0.650	18	18	20	20	22	22	24	24	26	26	28	28	30	30	32	32	34	34	34														
0.651—0.675	18	20	20	22	22	24	24	26	26	28	28	30	30	32	32	34	34	34															
0.676—0.700	20	20	22	22	24	24	26	26	28	28	30	30	32	32	34	34	34																
0.701—0.725	20	22	22	24	24	26	26	28	28	30	30	32	32	34	34	34																	
0.726—0.750	22	22	24	24	26	26	28	28	30	30	32	32	34	34	34																		
0.751—0.775	22	24	24	26	26	28	28	30	30	32	32	34	34	34																			
0.776—0.800	24	24	26	26	28	28	30	30	32	32	34	34	34																				
0.801—0.825	24	26	26	28	28	30	30	32	32	34	34	34																					
0.826—0.850	26	26	28	28	30	30	32	32	34	34	34																						
0.851—0.875	26	28	28	30	30	32	32	34	34	34																							
0.876—0.900	28	28	30	30	32	32	34	34	34																								
0.901—0.925	28	30	30	32	32	34	34	34																									
0.926—0.950	30	30	32	32	34	34	34																										
0.951—0.975	30	32	32	34	34	34																											
0.976—1.000	32	32	34	34	34																												
1.001—1.025	32	34	34	34																													
1.026—1.050	34	34	34																														
1.051—1.075	34	34																															
1.076—1.100	34																																

Juego válvula escape (en frío):
0.20 - 0.30 mm (0.008 - 0.012 pulg.)

Ejemplo: 2.800 mm está instalado
Juego medido es 0.450 mm
Cambiar el calce 2.800 mm por el calce nº 22 (3.000 mm)

Grueso suplementos mm (pulg.)

Calce nº	Grueso	Calce nº	Grueso
02	2.500 (0.0984)	20	2.950 (0.1161)
04	2.550 (0.1004)	22	3.000 (0.1181)
06	2.600 (0.1024)	24	3.050 (0.1201)
08	2.650 (0.1043)	26	3.100 (0.1220)
10	2.700 (0.1063)	28	3.150 (0.1240)
12	2.750 (0.1083)	30	3.200 (0.1260)
14	2.800 (0.1102)	32	3.250 (0.1280)
16	2.850 (0.1122)	34	3.300 (0.1299)
18	2.900 (0.1142)		

Tabla Selección Suplementos Ajuste: Motores 4A-G4

TABLA SELECCIÓN SUPLEMENTOS AJUSTE

Escape

Juego medido (mm)	Grueso suplemento existente (mm)																																															
	2.200	2.225	2.250	2.275	2.300	2.325	2.350	2.375	2.400	2.425	2.450	2.475	2.500	2.525	2.550	2.575	2.600	2.625	2.650	2.675	2.700	2.725	2.750	2.775	2.800	2.825	2.850	2.875	2.900	2.925	2.950	2.975	3.000	3.025	3.050	3.075	3.100	3.125	3.150	3.175	3.200	3.225	3.250	3.275	3.300	3.325	3.350	3.375	3.400
0.000-0.025											01	01	01	03	03	05	05	07	07	09	09	11	11	13	13	15	15	17	17	19	19	21	21	23	23	25	25	27	27	29	29	31	31	33	33	35	35	37	37
0.026-0.050										01	01	01	03	03	05	05	07	07	09	09	11	11	13	13	15	15	17	17	19	19	21	21	23	23	25	25	27	27	29	29	31	31	33	33	35	35	37	37	39
0.051-0.075									01	01	01	03	03	05	05	07	07	09	09	11	11	13	13	15	15	17	17	19	19	21	21	23	23	25	25	27	27	29	29	31	31	33	33	35	35	37	37	39	39
0.076-0.100								01	01	01	03	03	05	05	07	07	09	09	11	11	13	13	15	15	17	17	19	19	21	21	23	23	25	25	27	27	29	29	31	31	33	33	35	35	37	37	39	39	41
0.101-0.125							01	01	01	03	03	05	05	07	07	09	09	11	11	13	13	15	15	17	17	19	19	21	21	23	23	25	25	27	27	29	29	31	31	33	33	35	35	37	37	39	39	41	41
0.126-0.150						01	01	01	03	03	05	05	07	07	09	09	11	11	13	13	15	15	17	17	19	19	21	21	23	23	25	25	27	27	29	29	31	31	33	33	35	35	37	37	39	39	41	41	43
0.151-0.175					01	01	01	03	03	05	05	07	07	09	09	11	11	13	13	15	15	17	17	19	19	21	21	23	23	25	25	27	27	29	29	31	31	33	33	35	35	37	37	39	39	41	41	43	43
0.176-0.200				01	01	01	03	03	05	05	07	07	09	09	11	11	13	13	15	15	17	17	19	19	21	21	23	23	25	25	27	27	29	29	31	31	33	33	35	35	37	37	39	39	41	41	43	43	45
0.201-0.225			01	01	01	03	03	05	05	07	07	09	09	11	11	13	13	15	15	17	17	19	19	21	21	23	23	25	25	27	27	29	29	31	31	33	33	35	35	37	37	39	39	41	41	43	43	45	45
0.226-0.249		01	01	01	03	03	05	05	07	07	09	09	11	11	13	13	15	15	17	17	19	19	21	21	23	23	25	25	27	27	29	29	31	31	33	33	35	35	37	37	39	39	41	41	43	43	45	45	47
0.250-0.350																																																	
0.351-0.375	03	05	05	07	07	09	09	11	11	13	13	15	15	17	17	19	19	21	21	23	23	25	25	27	27	29	29	31	31	33	33	35	35	37	37	39	39	41	41	43	43	45	45	47	47	49	49	49	
0.376-0.400	05	05	07	07	09	09	11	11	13	13	15	15	17	17	19	19	21	21	23	23	25	25	27	27	29	29	31	31	33	33	35	35	37	37	39	39	41	41	43	43	45	45	47	47	49	49	49		
0.401-0.425	05	07	07	09	09	11	11	13	13	15	15	17	17	19	19	21	21	23	23	25	25	27	27	29	29	31	31	33	33	35	35	37	37	39	39	41	41	43	43	45	45	47	47	49	49	49			
0.426-0.450	07	07	09	09	11	11	13	13	15	15	17	17	19	19	21	21	23	23	25	25	27	27	29	29	31	31	33	33	35	35	37	37	39	39	41	41	43	43	45	45	47	47	49	49	49				
0.451-0.475	07	09	09	11	11	13	13	15	15	17	17	19	19	21	21	23	23	25	25	27	27	29	29	31	31	33	33	35	35	37	37	39	39	41	41	43	43	45	45	47	47	49	49	49					
0.476-0.500	09	09	11	11	13	13	15	15	17	17	19	19	21	21	23	23	25	25	27	27	29	29	31	31	33	33	35	35	37	37	39	39	41	41	43	43	45	45	47	47	49	49	49						
0.501-0.525	09	11	11	13	13	15	15	17	17	19	19	21	21	23	23	25	25	27	27	29	29	31	31	33	33	35	35	37	37	39	39	41	41	43	43	45	45	47	47	49	49	49							
0.526-0.550	11	11	13	13	15	15	17	17	19	19	21	21	23	23	25	25	27	27	29	29	31	31	33	33	35	35	37	37	39	39	41	41	43	43	45	45	47	47	49	49	49								
0.551-0.575	11	13	13	15	15	17	17	19	19	21	21	23	23	25	25	27	27	29	29	31	31	33	33	35	35	37	37	39	39	41	41	43	43	45	45	47	47	49	49	49									
0.576-0.600	13	13	15	15	17	17	19	19	21	21	23	23	25	25	27	27	29	29	31	31	33	33	35	35	37	37	39	39	41	41	43	43	45	45	47	47	49	49	49										
0.601-0.625	13	15	15	17	17	19	19	21	21	23	23	25	25	27	27	29	29	31	31	33	33	35	35	37	37	39	39	41	41	43	43	45	45	47	47	49	49	49											
0.626-0.650	15	15	17	17	19	19	21	21	23	23	25	25	27	27	29	29	31	31	33	33	35	35	37	37	39	39	41	41	43	43	45	45	47	47	49	49	49												
0.651-0.675	15	17	17	19	19	21	21	23	23	25	25	27	27	29	29	31	31	33	33	35	35	37	37	39	39	41	41	43	43	45	45	47	47	49	49	49													
0.676-0.701	17	17	19	19	21	21	23	23	25	25	27	27	29	29	31	31	33	33	35	35	37	37	39	39	41	41	43	43	45	45	47	47	49	49	49														
0.701-0.725	17	19	19	21	21	23	23	25	25	27	27	29	29	31	31	33	33	35	35	37	37	39	39	41	41	43	43	45	45	47	47	49	49	49															
0.726-0.750	19	19	21	21	23	23	25	25	27	27	29	29	31	31	33	33	35	35	37	37	39	39	41	41	43	43	45	45	47	47	49	49	49																
0.751-0.775	19	21	21	23	23	25	25	27	27	29	29	31	31	33	33	35	35	37	37	39	39	41	41	43	43	45	45	47	47	49	49	49																	
0.776-0.800	21	21	23	23	25	25	27	27	29	29	31	31	33	33	35	35	37	37	39	39	41	41	43	43	45	45	47	47	49	49	49																		
0.801-0.825	21	23	23	25	25	27	27	29	29	31	31	33	33	35	35	37	37	39	39	41	41	43	43	45	45	47	47	49	49	49																			
0.826-0.850	23	23	25	25	27	27	29	29	31	31	33	33	35	35	37	37	39	39	41	41	43	43	45	45	47	47	49	49	49																				
0.851-0.875	23	25	25	27	27	29	29	31	31	33	33	35	35	37	37	39	39	41	41	43	43	45	45	47	47	49	49	49																					
0.876-0.900	25	25	27	27	29	29	31	31	33	33	35	35	37	37	39	39	41	41	43	43	45	45	47	47	49	49	49																						
0.901-0.925	25	27	27	29	29	31	31	33	33	35	35	37	37	39	39	41	41	43	43	45	45	47	47	49	49	49																							
0.926-0.950	27	27	29	29	31	31	33	33	35	35	37	37	39	39	41	41	43	43	45	45	47	47	49	49	49																								
0.951-0.975	27	29	29	31	31	33	33	35	35	37	37	39	39	41	41	43	43	45	45	47	47	49	49	49																									
0.976-1.000	29	29	31	31	33	33	35	35	37	37	39	39	41	41	43	43	45	45	47	47	49	49	49																										
1.001-1.025	29	31	31	33	33	35	35	37	37	39	39	41	41	43	43	45	45	47	47	49	49	49																											
1.026-1.050	31	31	33	33	35	35	37	37	39	39	41	41	43	43	45	45	47	47	49	49	49																												
1.051-1.075	31	33	33	35	35	37	37	39	39	41	41	43	43	45	45	47	47	49	49	49																													
1.076-1.100	33	33	35	35	37	37	39	39	41	41	43	43	45	45	47	47	49	49	49																														
1.101-1.125	33	35	35	37	37	39	39	41	41	43	43	45	45	47	47	49	49	49																															
1.126-1.150	35	35	37	37	39	39	41	41	43	43	45	45	47	47	49	49	49																																
1.151-1.175	35	37	37	39	39	41	41	43	43	45	45	47	47	49	49	49																																	
1.176-1.200	37	37	39	39	41	41	43	43	45	45	47	47	49	49	49																																		
1.201-1.225	37	39	39	41	41	43	43	45	45	47	47	49	49	49																																			
1.226-1.250	39	39	41	41	43	43	45	45	47	47	49	49	49																																				
1.251-1.275	39	41	41	43	43	45	45	47	47	49	49	49																																					
1.276-1.300	41	41	43	43	45	45	47	47	49	49	49																																						
1.301-1.325	41	43	43	45	45	47	47	49	49	49																																							
1.326-1.350	43	43	45	45	47	47	49	49	49																																								
1.351-1.375	43	45	45	47	47	49	49	49																																									
1.376-1.400	45	45	47	47	49	49	49																																										
1.401-1.425	45	47	47	49	49	49																																											
1.426-1.450	47	47	49	49	49																																												
1.451-1.475	47	49	49	49																																													
1.476-1.500	49	49	49																																														
1.501-1.525	49	49																																															
1.526-1.550	49																																																

Grueso suplementos

Calce nº	Grueso mm (pulg.)	Calce nº	Grueso mm (pulg.)
01	2.20 (0.0866)	27	2.85 (0.1122)
03	2.25 (0.0886)	29	2.90 (0.1142)
05	2.30 (0.0906)	31	2.95 (0.1161)
07	2.35 (0.0925)	33	3.00 (0.1181)
09	2.40 (0.0945)	35	3.05 (0.1201)
11	2.45 (0.0965)	37	3.10 (0.1220)
13	2.50 (0.0984)	39	3.15 (0.1240)
15	2.55 (0.1004)	41	3.20 (0.1260)
17	2.60 (0.1024)	43	3.25 (0.1280)
19	2.65 (0.1043)	45	3.30 (0.1299)
21	2.70 (0.1063)	47	3.35 (0.1319)
23	2.75 (0.1083)	49	3.40 (0.1339)
25	2.80 (0.1102)		

Juego válvula escape (en frío): 0.25 - 0.35 mm (0.0010 - 0.014 pulg.)

Ejemplo: 2.700 mm (0.1063 pulg.) está instalado
Juego medido es 0.450 mm (0.177'')
Sustituir el calce 2.700 mm (0.1063'') por el calce nº 27

Tabla Selección Suplementos Ajuste (Motores Diesel)

SELECCIÓN SUPLEMENTOS AJUSTE USANDO TABLA

Válvula de escape

Juego medido (mm)	Grueso suplemento existente (mm)																																																
	2.200	2.225	2.250	2.275	2.300	2.325	2.350	2.375	2.400	2.425	2.450	2.475	2.500	2.525	2.550	2.575	2.600	2.625	2.650	2.675	2.700	2.725	2.750	2.775	2.800	2.825	2.850	2.875	2.900	2.925	2.950	2.975	3.000	3.025	3.050	3.075	3.100	3.125	3.150	3.175	3.200	3.225	3.250	3.275	3.300	3.325	3.350	3.375	3.400
0.000-0.025									01	01	01	03	03	05	05	07	07	09	09	11	11	13	13	15	15	17	17	19	19	21	21	23	23	25	25	27	27	29	29	31	31	33	33	35	35	37	37	39	39
0.026-0.050								01	01	01	03	03	05	05	07	07	09	09	11	11	13	13	15	15	17	17	19	19	21	21	23	23	25	25	27	27	29	29	31	31	33	33	35	35	37	37	39	39	41
0.051-0.075							01	01	01	03	03	05	05	07	07	09	09	11	11	13	13	15	15	17	17	19	19	21	21	23	23	25	25	27	27	29	29	31	31	33	33	35	35	37	37	39	39	41	41
0.076-0.100						01	01	01	03	03	05	05	07	07	09	09	11	11	13	13	15	15	17	17	19	19	21	21	23	23	25	25	27	27	29	29	31	31	33	33	35	35	37	37	39	39	41	41	43
0.101-0.125					01	01	01	03	03	05	05	07	07	09	09	11	11	13	13	15	15	17	17	19	19	21	21	23	23	25	25	27	27	29	29	31	31	33	33	35	35	37	37	39	39	41	41	43	43
0.126-0.150				01	01	01	03	03	05	05	07	07	09	09	11	11	13	13	15	15	17	17	19	19	21	21	23	23	25	25	27	27	29	29	31	31	33	33	35	35	37	37	39	39	41	41	43	43	45
0.151-0.175			01	01	01	03	03	05	05	07	07	09	09	11	11	13	13	15	15	17	17	19	19	21	21	23	23	25	25	27	27	29	29	31	31	33	33	35	35	37	37	39	39	41	41	43	43	45	45
0.176-0.199		01	01	01	03	03	05	05	07	07	09	09	11	11	13	13	15	15	17	17	19	19	21	21	23	23	25	25	27	27	29	29	31	31	33	33	35	35	37	37	39	39	41	41	43	43	45	45	47
0.200-0.300																																																	
0.301-0.325	03	05	05	07	07	09	09	11	11	13	13	15	15	17	17	19	19	21	21	23	23	25	25	27	27	29	29	31	31	33	33	35	35	37	37	39	39	41	41	43	43	45	45	47	47	49	49	49	
0.326-0.350	05	05	07	07	09	09	11	11	13	13	15	15	17	17	19	19	21	21	23	23	25	25	27	27	29	29	31	31	33	33	35	35	37	37	39	39	41	41	43	43	45	45	47	47	49	49	49		
0.351-0.375	05	07	07	09	09	11	11	13	13	15	15	17	17	19	19	21	21	23	23	25	25	27	27	29	29	31	31	33	33	35	35	37	37	39	39	41	41	43	43	45	45	47	47	49	49	49			
0.376-0.400	07	07	09	09	11	11	13	13	15	15	17	17	19	19	21	21	23	23	25	25	27	27	29	29	31	31	33	33	35	35	37	37	39	39	41	41	43	43	45	45	47	47	49	49	49				
0.401-0.425	07	09	09	11	11	13	13	15	15	17	17	19	19	21	21	23	23	25	25	27	27	29	29	31	31	33	33	35	35	37	37	39	39	41	41	43	43	45	45	47	47	49	49	49					
0.426-0.450	09	09	11	11	13	13	15	15	17	17	19	19	21	21	23	23	25	25	27	27	29	29	31	31	33	33	35	35	37	37	39	39	41	41	43	43	45	45	47	47	49	49	49						
0.451-0.475	09	11	11	13	13	15	15	17	17	19	19	21	21	23	23	25	25	27	27	29	29	31	31	33	33	35	35	37	37	39	39	41	41	43	43	45	45	47	47	49	49	49							
0.476-0.500	11	11	13	13	15	15	17	17	19	19	21	21	23	23	25	25	27	27	29	29	31	31	33	33	35	35	37	37	39	39	41	41	43	43	45	45	47	47	49	49	49								
0.501-0.525	11	13	13	15	15	17	17	19	19	21	21	23	23	25	25	27	27	29	29	31	31	33	33	35	35	37	37	39	39	41	41	43	43	45	45	47	47	49	49	49									
0.526-0.550	13	13	15	15	17	17	19	19	21	21	23	23	25	25	27	27	29	29	31	31	33	33	35	35	37	37	39	39	41	41	43	43	45	45	47	47	49	49	49										
0.551-0.575	13	15	15	17	17	19	19	21	21	23	23	25	25	27	27	29	29	31	31	33	33	35	35	37	37	39	39	41	41	43	43	45	45	47	47	49	49	49											
0.576-0.600	15	15	17	17	19	19	21	21	23	23	25	25	27	27	29	29	31	31	33	33	35	35	37	37	39	39	41	41	43	43	45	45	47	47	49	49	49												
0.601-0.625	15	17	17	19	19	21	21	23	23	25	25	27	27	29	29	31	31	33	33	35	35	37	37	39	39	41	41	43	43	45	45	47	47	49	49	49													
0.626-0.650	17	17	19	19	21	21	23	23	25	25	27	27	29	29	31	31	33	33	35	35	37	37	39	39	41	41	43	43	45	45	47	47	49	49	49														
0.651-0.675	17	19	19	21	21	23	23	25	25	27	27	29	29	31	31	33	33	35	35	37	37	39	39	41	41	43	43	45	45	47	47	49	49	49															
0.676-0.700	19	19	21	21	23	23	25	25	27	27	29	29	31	31	33	33	35	35	37	37	39	39	41	41	43	43	45	45	47	47	49	49	49																
0.701-0.725	19	21	21	23	23	25	25	27	27	29	29	31	31	33	33	35	35	37	37	39	39	41	41	43	43	45	45	47	47	49	49	49																	
0.726-0.750	21	21	23	23	25	25	27	27	29	29	31	31	33	33	35	35	37	37	39	39	41	41	43	43	45	45	47	47	49	49	49																		
0.751-0.775	21	23	23	25	25	27	27	29	29	31	31	33	33	35	35	37	37	39	39	41	41	43	43	45	45	47	47	49	49	49																			
0.776-0.800	23	23	25	25	27	27	29	29	31	31	33	33	35	35	37	37	39	39	41	41	43	43	45	45	47	47	49	49	49																				
0.801-0.825	23	25	25	27	27	29	29	31	31	33	33	35	35	37	37	39	39	41	41	43	43	45	45	47	47	49	49	49																					
0.826-0.850	25	25	27	27	29	29	31	31	33	33	35	35	37	37	39	39	41	41	43	43	45	45	47	47	49	49	49																						
0.851-0.875	25	27	27	29	29	31	31	33	33	35	35	37	37	39	39	41	41	43	43	45	45	47	47	49	49	49																							
0.876-0.900	27	27	29	29	31	31	33	33	35	35	37	37	39	39	41	41	43	43	45	45	47	47	49	49	49																								
0.901-0.925	27	29	29	31	31	33	33	35	35	37	37	39	39	41	41	43	43	45	45	47	47	49	49	49																									
0.926-0.950	29	29	31	31	33	33	35	35	37	37	39	39	41	41	43	43	45	45	47	47	49	49	49																										
0.951-0.975	29	31	31	33	33	35	35	37	37	39	39	41	41	43	43	45	45	47	47	49	49	49																											
0.976-1.000	31	31	33	33	35	35	37	37	39	39	41	41	43	43	45	45	47	47	49	49	49																												
1.001-1.025	31	33	33	35	35	37	37	39	39	41	41	43	43	45	45	47	47	49	49	49																													
1.026-1.050	33	33	35	35	37	37	39	39	41	41	43	43	45	45	47	47	49	49	49																														
1.051-1.075	33	35	35	37	37	39	39	41	41	43	43	45	45	47	47	49	49	49																															
1.076-1.100	35	35	37	37	39	39	41	41	43	43	45	45	47	47	49	49	49																																
1.101-1.125	35	37	37	39	39	41	41	43	43	45	45	47	47	49	49	49																																	
1.126-1.150	37	37	39	39	41	41	43	43	45	45	47	47	49	49	49																																		
1.151-1.175	37	39	39	41	41	43	43	45	45	47	47	49	49	49																																			
1.176-1.200	39	39	41	41	43	43	45	45	47	47	49	49	49																																				
1.201-1.225	39	41	41	43	43	45	45	47	47	49	49	49																																					
1.226-1.250	41	41	43	43	45	45	47	47	49	49	49																																						
1.251-1.275	41	43	43	45	45	47	47	49	49	49																																							
1.276-1.300	43	43	45	45	47	47	49	49	49																																								
1.301-1.325	43	45	45	47	47	49	49	49																																									
1.320-1.350	45	45	47	47	49	49	49																																										
1.351-1.375	45	47	47	49	49	49																																											
1.376-1.400	47	47	49	49	49																																												
1.401-1.425	47	49	49	49																																													
1.426-1.450	49	49	49																																														
1.451-1.475	49	49																																															
1.476-1.500	49																																																

Grueso suplementos mm (pulg.)

Calce nº	Grueso mm (pulg.)	Calce nº	Grueso mm (pulg.)
01	2.20 (0.0866)	27	2.85 (0.1122)
03	2.25 (0.0886)	29	2.90 (0.1142)
05	2.30 (0.0906)	31	2.95 (0.1161)
07	2.35 (0.0925)	33	3.00 (0.1181)
09	2.40 (0.0945)	35	3.05 (0.1201)
11	2.45 (0.0965)	37	3.10 (0.1220)
13	2.50 (0.0984)	39	3.15 (0.1240)
15	2.55 (0.1004)	41	3.20 (0.1260)
17	2.60 (0.1024)	43	3.25 (0.1280)
19	2.65 (0.1043)	45	3.30 (0.1299)
21	2.70 (0.1063)	47	3.35 (0.1319)
23	2.75 (0.1083)	49	3.40 (0.1339)
25	2.80 (0.1102)		

Juego válvula admisión (en frío): 0.20 - 0.30 mm (0.008 - 0.012 pulg.)

Ejemplo: 2.700 mm (0.1063) está instalado
Juego medido es 0.350 mm (0.0138'')
Cambiar el calce 2.700 mm (0.1063'') por el calce nº 25

Tabla Selección Suplementos Ajuste: Motores Diesel

SELECCIÓN SUPLEMENTOS AJUSTE USANDO TABLA

Válvula de admisión

Juego medido (mm)	Grueso suplemento existente (mm)																																																			
	2.000	2.025	2.050	2.075	2.100	2.125	2.150	2.175	2.200	2.225	2.250	2.275	2.300	2.325	2.350	2.375	2.400	2.425	2.450	2.475	2.500	2.525	2.550	2.575	2.600	2.625	2.650	2.675	2.700	2.725	2.750	2.775	2.800	2.825	2.850	2.875	2.900	2.925	2.950	2.975	3.000	3.025	3.050	3.075	3.100	3.125	3.150	3.175	3.200	3.225	3.250	3.275	3.300
0.000-0.025							02	02	02	04	04	06	06	08	08	10	10	12	12	14	14	16	16	18	18	20	20	22	22	24	24	26	26	28	28	30	30	32	32	34	34	36	36	38	38	40	40	42	42	44	44	46	46
0.026-0.050						02	02	02	04	04	06	06	08	08	10	10	12	12	14	14	16	16	18	18	20	20	22	22	24	24	26	26	28	28	30	30	32	32	34	34	36	36	38	38	40	40	42	42	44	44	46	46	48
0.051-0.075					02	02	02	04	04	06	06	08	08	10	10	12	12	14	14	16	16	18	18	20	20	22	22	24	24	26	26	28	28	30	30	32	32	34	34	36	36	38	38	40	40	42	42	44	44	46	46	48	48
0.076-0.100				02	02	02	04	04	06	06	08	08	10	10	12	12	14	14	16	16	18	18	20	20	22	22	24	24	26	26	28	28	30	30	32	32	34	34	36	36	38	38	40	40	42	42	44	44	46	46	48	48	50
0.101-0.125			02	02	02	04	04	06	06	08	08	10	10	12	12	14	14	16	16	18	18	20	20	22	22	24	24	26	26	28	28	30	30	32	32	34	34	36	36	38	38	40	40	42	42	44	44	46	46	48	48	50	50
0.126-0.149		02	02	02	04	04	06	06	08	08	10	10	12	12	14	14	16	16	18	18	20	20	22	22	24	24	26	26	28	28	30	30	32	32	34	34	36	36	38	38	40	40	42	42	44	44	46	46	48	48	50	50	52
0.150-0.250																																																					
0.251-0.275	04	06	06	08	08	10	10	12	12	14	14	16	16	18	18	20	20	22	22	24	24	26	26	28	28	30	30	32	32	34	34	36	36	38	38	40	40	42	42	44	44	46	46	48	48	50	50	52	52	54	54	54	
0.276-0.300	06	06	08	08	10	10	12	12	14	14	16	16	18	18	20	20	22	22	24	24	26	26	28	28	30	30	32	32	34	34	36	36	38	38	40	40	42	42	44	44	46	46	48	48	50	50	52	52	54	54	54		
0.301-0.325	06	08	08	10	10	12	12	14	14	16	16	18	18	20	20	22	22	24	24	26	26	28	28	30	30	32	32	34	34	36	36	38	38	40	40	42	42	44	44	46	46	48	48	50	50	52	52	54	54	54			
0.326-0.350	08	08	10	10	12	12	14	14	16	16	18	18	20	20	22	22	24	24	26	26	28	28	30	30	32	32	34	34	36	36	38	38	40	40	42	42	44	44	46	46	48	48	50	50	52	52	54	54	54				
0.351-0.375	08	10	10	12	12	14	14	16	16	18	18	20	20	22	22	24	24	26	26	28	28	30	30	32	32	34	34	36	36	38	38	40	40	42	42	44	44	46	46	48	48	50	50	52	52	54	54	54					
0.376-0.400	10	10	12	12	14	14	16	16	18	18	20	20	22	22	24	24	26	26	28	28	30	30	32	32	34	34	36	36	38	38	40	40	42	42	44	44	46	46	48	48	50	50	52	52	54	54	54						
0.401-0.425	10	12	12	14	14	16	16	18	18	20	20	22	22	24	24	26	26	28	28	30	30	32	32	34	34	36	36	38	38	40	40	42	42	44	44	46	46	48	48	50	50	52	52	54	54	54							
0.426-0.450	12	12	14	14	16	16	18	18	20	20	22	22	24	24	26	26	28	28	30	30	32	32	34	34	36	36	38	38	40	40	42	42	44	44	46	46	48	48	50	50	52	52	54	54	54								
0.451-0.475	12	14	14	16	16	18	18	20	20	22	22	24	24	26	26	28	28	30	30	32	32	34	34	36	36	38	38	40	40	42	42	44	44	46	46	48	48	50	50	52	52	54	54	54									
0.476-0.500	14	14	16	16	18	18	20	20	22	22	24	24	26	26	28	28	30	30	32	32	34	34	36	36	38	38	40	40	42	42	44	44	46	46	48	48	50	50	52	52	54	54	54										
0.501-0.525	14	16	16	18	18	20	20	22	22	24	24	26	26	28	28	30	30	32	32	34	34	36	36	38	38	40	40	42	42	44	44	46	46	48	48	50	50	52	52	54	54	54											
0.526-0.550	16	16	18	18	20	20	22	22	24	24	26	26	28	28	30	30	32	32	34	34	36	36	38	38	40	40	42	42	44	44	46	46	48	48	50	50	52	52	54	54	54												
0.551-0.575	16	18	18	20	20	22	22	24	24	26	26	28	28	30	30	32	32	34	34	36	36	38	38	40	40	42	42	44	44	46	46	48	48	50	50	52	52	54	54	54													
0.576-0.600	18	18	20	20	22	22	24	24	26	26	28	28	30	30	32	32	34	34	36	36	38	38	40	40	42	42	44	44	46	46	48	48	50	50	52	52	54	54	54														
0.601-0.625	18	20	20	22	22	24	24	26	26	28	28	30	30	32	32	34	34	36	36	38	38	40	40	42	42	44	44	46	46	48	48	50	50	52	52	54	54	54															
0.626-0.650	20	20	22	22	24	24	26	26	28	28	30	30	32	32	34	34	36	36	38	38	40	40	42	42	44	44	46	46	48	48	50	50	52	52	54	54	54																
0.651-0.675	20	22	22	24	24	26	26	28	28	30	30	32	32	34	34	36	36	38	38	40	40	42	42	44	44	46	46	48	48	50	50	52	52	54	54	54																	
0.676-0.700	22	22	24	24	26	26	28	28	30	30	32	32	34	34	36	36	38	38	40	40	42	42	44	44	46	46	48	48	50	50	52	52	54	54	54																		
0.701-0.725	22	24	24	26	26	28	28	30	30	32	32	34	34	36	36	38	38	40	40	42	42	44	44	46	46	48	48	50	50	52	52	54	54	54																			
0.726-0.750	24	24	26	26	28	28	30	30	32	32	34	34	36	36	38	38	40	40	42	42	44	44	46	46	48	48	50	50	52	52	54	54	54																				
0.751-0.775	24	26	26	28	28	30	30	32	32	34	34	36	36	38	38	40	40	42	42	44	44	46	46	48	48	50	50	52	52	54	54	54																					
0.776-0.800	26	26	28	28	30	30	32	32	34	34	36	36	38	38	40	40	42	42	44	44	46	46	48	48	50	50	52	52	54	54	54																						
0.801-0.825	26	28	28	30	30	32	32	34	34	36	36	38	38	40	40	42	42	44	44	46	46	48	48	50	50	52	52	54	54	54																							
0.826-0.850	28	28	30	30	32	32	34	34	36	36	38	38	40	40	42	42	44	44	46	46	48	48	50	50	52	52	54	54	54																								
0.851-0.875	28	30	30	32	32	34	34	36	36	38	38	40	40	42	42	44	44	46	46	48	48	50	50	52	52	54	54	54																									
0.876-0.900	30	30	32	32	34	34	36	36	38	38	40	40	42	42	44	44	46	46	48	48	50	50	52	52	54	54	54																										
0.901-0.925	30	32	32	34	34	36	36	38	38	40	40	42	42	44	44	46	46	48	48	50	50	52	52	54	54	54																											
0.926-0.950	32	32	34	34	36	36	38	38	40	40	42	42	44	44	46	46	48	48	50	50	52	52	54	54	54																												
0.951-0.975	32	34	34	36	36	38	38	40	40	42	42	44	44	46	46	48	48	50	50	52	52	54	54	54																													
0.976-1.000	34	34	36	36	38	38	40	40	42	42	44	44	46	46	48	48	50	50	52	52	54	54	54																														
1.001-1.025	34	36	36	38	38	40	40	42	42	44	44	46	46	48	48	50	50	52	52	54	54	54																															
1.026-1.050	36	36	38	38	40	40	42	42	44	44	46	46	48	48	50	50	52	52	54	54	54																																
1.051-1.075	36	38	38	40	40	42	42	44	44	46	46	48	48	50	50	52	52	54	54	54																																	
1.076-1.100	38	38	40	40	42	42	44	44	46	46	48	48	50	50	52	52	54	54	54																																		
1.101-1.125	38	40	40	42	42	44	44	46	46	48	48	50	50	52	52	54	54	54																																			
1.126-1.150	40	40	42	42	44	44	46	46	48	48	50	50	52	52	54	54	54																																				
1.151-1.175	40	42	42	44	44	46	46	48	48	50	50	52	52	54	54	54																																					
1.176-1.200	42	42	44	44	46	46	48	48	50	50	52	52	54	54	54																																						
1.201-1.225	42	44	44	46	46	48	48	50	50	52	52	54	54	54																																							
1.226-1.250	44	44	46	46	48	48	50	50	52	52	54	54	54																																								
1.251-1.275	44	46	46	48	48	50	50	52	52	54	54	54																																									
1.276-1.300	46	46	48	48	50	50	52	52	54	54	54																																										
1.301-1.325	46	48	48	50	50	52	52	54	54	54																																											
1.326-1.350	48	48	50	50	52	52	54	54	54																																												
1.351-1.375	48	50	50	52	52	54	54	54																																													
1.376-1.400	50	50	52	52	54	54	54																																														
1.401-1.425	50	52	52	54	54	54																																															
1.426-1.450	52	52	54	54	54																																																
1.451-1.475	52	54	54	54																																																	
1.476-1.500	54	54	54																																																		
1.501-1.525	54	54																																																			
1.526-1.550	54																																																				

Grueso suplementos mm (pulg.)

Calce n.º	Grueso	Calce n.º	Grueso
02	2.000 (0.0787)	30	2.700 (0.1063)
04	2.050 (0.0807)	32	2.750 (0.1083)
06	2.100 (0.0827)	34	2.800 (0.1102)
08	2.150 (0.0846)	36	2.850 (0.1122)
10	2.200 (0.0866)	38	2.900 (0.1142)
12	2.250 (0.0886)	40	2.950 (0.1161)
14	2.300 (0.0906)	42	3.000 (0.1181)
16	2.350 (0.0925)	33	3.050 (0.1201)
18	2.400 (0.0945)	46	3.100 (0.1220)
20	2.450 (0.0965)	48	3.150 (0.1240)
22	2.500 (0.0984)	50	3.200 (0.1260)
24	2.550 (0.1004)	52	3.250 (0.1280)
26	2.600 (0.1024)	54	3.300 (0.1299)
28	2.650 (0.1043)		

Juego válvula de admisión (en frío):
0.15 - 0.25 mm (0.006 - 0.010")

Ejemplo: 2.800 mm está instalado y el juego medido es 0.450 mm (0.0177") Cambiar el calce de 2.800 mm por el n.º 44 (3.050 mm)

Tabla Selección Suplementos Ajuste: Motores 3S-GE

SELECCIÓN DE SUPLEMENTOS AJUSTE USANDO TABLA

Válvula de escape

Juego medido (mm)	Grueso suplemento existente (mm)																																																			
	2.000	2.025	2.050	2.075	2.100	2.125	2.150	2.175	2.200	2.225	2.250	2.275	2.300	2.325	2.350	2.375	2.400	2.425	2.450	2.475	2.500	2.525	2.550	2.575	2.600	2.625	2.650	2.675	2.700	2.725	2.750	2.775	2.800	2.825	2.850	2.875	2.900	2.925	2.950	2.975	3.000	3.025	3.050	3.075	3.100	3.125	3.150	3.175	3.200	3.225	3.250	3.275	3.300
0.000-0.025									02	02	02	04	04	06	06	08	08	10	10	12	12	14	14	16	16	18	18	20	20	22	22	24	24	26	26	28	28	30	30	32	32	34	34	36	36	38	38	40	40	42	42	44	44
0.026-0.050								02	02	02	04	04	06	06	08	08	10	10	12	12	14	14	16	16	18	18	20	20	22	22	24	24	26	26	28	28	30	30	32	32	34	34	36	36	38	38	40	40	42	42	44	44	46
0.051-0.075							02	02	02	04	04	06	06	08	08	10	10	12	12	14	14	16	16	18	18	20	20	22	22	24	24	26	26	28	28	30	30	32	32	34	34	36	36	38	38	40	40	42	42	44	44	46	46
0.076-0.100						02	02	02	04	04	06	06	08	08	10	10	12	12	14	14	16	16	18	18	20	20	22	22	24	24	26	26	28	28	30	30	32	32	34	34	36	36	38	38	40	40	42	42	44	44	46	46	48
0.101-0.125					02	02	02	04	04	06	06	08	08	10	10	12	12	14	14	16	16	18	18	20	20	22	22	24	24	26	26	28	28	30	30	32	32	34	34	36	36	38	38	40	40	42	42	44	44	46	46	48	48
0.126-0.150				02	02	02	04	04	06	06	08	08	10	10	12	12	14	14	16	16	18	18	20	20	22	22	24	24	26	26	28	28	30	30	32	32	34	34	36	36	38	38	40	40	42	42	44	44	46	46	48	48	50
0.151-0.175			02	02	02	04	04	06	06	08	08	10	10	12	12	14	14	16	16	18	18	20	20	22	22	24	24	26	26	28	28	30	30	32	32	34	34	36	36	38	38	40	40	42	42	44	44	46	46	48	48	50	50
0.176-0.199		02	02	02	04	04	06	06	08	08	10	10	12	12	14	14	16	16	18	18	20	20	22	22	24	24	26	26	28	28	30	30	32	32	34	34	36	36	38	38	40	40	42	42	44	44	46	46	48	48	50	50	52
0.200-0.300																																																						
0.301-0.325	04	06	06	08	08	10	10	12	12	14	14	16	16	18	18	20	20	22	22	24	24	26	26	28	28	30	30	32	32	34	34	36	36	38	38	40	40	42	42	44	44	46	46	48	48	50	50	52	52	54	54	54	
0.326-0.350	06	06	08	08	10	10	12	12	14	14	16	16	18	18	20	20	22	22	24	24	26	26	28	28	30	30	32	32	34	34	36	36	38	38	40	40	42	42	44	44	46	46	48	48	50	50	52	52	54	54	54		
0.351-0.375	06	08	08	10	10	12	12	14	14	16	16	18	18	20	20	22	22	24	24	26	26	28	28	30	30	32	32	34	34	36	36	38	38	40	40	42	42	44	44	46	46	48	48	50	50	52	52	54	54	54			
0.376-0.400	08	08	10	10	12	12	14	14	16	16	18	18	20	20	22	22	24	24	26	26	28	28	30	30	32	32	34	34	36	36	38	38	40	40	42	42	44	44	46	46	48	48	50	50	52	52	54	54	54				
0.401-0.425	08	10	10	12	12	14	14	16	16	18	18	20	20	22	22	24	24	26	26	28	28	30	30	32	32	34	34	36	36	38	38	40	40	42	42	44	44	46	46	48	48	50	50	52	52	54	54	54					
0.426-0.450	10	10	12	12	14	14	16	16	18	18	20	20	22	22	24	24	26	26	28	28	30	30	32	32	34	34	36	36	38	38	40	40	42	42	44	44	46	46	48	48	50	50	52	52	54	54	54						
0.451-0.475	10	12	12	14	14	16	16	18	18	20	20	22	22	24	24	26	26	28	28	30	30	32	32	34	34	36	36	38	38	40	40	42	42	44	44	46	46	48	48	50	50	52	52	54	54	54							
0.476-0.500	12	12	14	14	16	16	18	18	20	20	22	22	24	24	26	26	28	28	30	30	32	32	34	34	36	36	38	38	40	40	42	42	44	44	46	46	48	48	50	50	52	52	54	54	54								
0.501-0.525	12	14	14	16	16	18	18	20	20	22	22	24	24	26	26	28	28	30	30	32	32	34	34	36	36	38	38	40	40	42	42	44	44	46	46	48	48	50	50	52	52	54	54	54									
0.526-0.550	14	14	16	16	18	18	20	20	22	22	24	24	26	26	28	28	30	30	32	32	34	34	36	36	38	38	40	40	42	42	44	44	46	46	48	48	50	50	52	52	54	54	54										
0.551-0.575	14	16	16	18	18	20	20	22	22	24	24	26	26	28	28	30	30	32	32	34	34	36	36	38	38	40	40	42	42	44	44	46	46	48	48	50	50	52	52	54	54	54											
0.576-0.600	16	16	18	18	20	20	22	22	24	24	26	26	28	28	30	30	32	32	34	34	36	36	38	38	40	40	42	42	44	44	46	46	48	48	50	50	52	52	54	54	54												
0.601-0.625	16	18	18	20	20	22	22	24	24	26	26	28	28	30	30	32	32	34	34	36	36	38	38	40	40	42	42	44	44	46	46	48	48	50	50	52	52	54	54	54													
0.626-0.650	18	18	20	20	22	22	24	24	26	26	28	28	30	30	32	32	34	34	36	36	38	38	40	40	42	42	44	44	46	46	48	48	50	50	52	52	54	54	54														
0.651-0.675	18	20	20	22	22	24	24	26	26	28	28	30	30	32	32	34	34	36	36	38	38	40	40	42	42	44	44	46	46	48	48	50	50	52	52	54	54	54															
0.676-0.700	20	20	22	22	24	24	26	26	28	28	30	30	32	32	34	34	36	36	38	38	40	40	42	42	44	44	46	46	48	48	50	50	52	52	54	54	54																
0.701-0.725	20	22	22	24	24	26	26	28	28	30	30	32	32	34	34	36	36	38	38	40	40	42	42	44	44	46	46	48	48	50	50	52	52	54	54	54																	
0.726-0.750	22	22	24	24	26	26	28	28	30	30	32	32	34	34	36	36	38	38	40	40	42	42	44	44	46	46	48	48	50	50	52	52	54	54	54																		
0.751-0.775	22	24	24	26	26	28	28	30	30	32	32	34	34	36	36	38	38	40	40	42	42	44	44	46	46	48	48	50	50	52	52	54	54	54																			
0.776-0.800	24	24	26	26	28	28	30	30	32	32	34	34	36	36	38	38	40	40	42	42	44	44	46	46	48	48	50	50	52	52	54	54	54																				
0.801-0.825	24	26	26	28	28	30	30	32	32	34	34	36	36	38	38	40	40	42	42	44	44	46	46	48	48	50	50	52	52	52	52	52																					
0.826-0.850	26	26	28	28	30	30	32	32	34	34	36	36	38	38	40	40	42	42	44	44	46	46	48	48	50	50	52	52	54	54	54																						
0.851-0.875	26	28	28	30	30	32	32	34	34	36	36	38	38	40	40	42	42	44	44	46	46	48	48	50	50	52	52	54	54	54																							
0.876-0.900	28	28	30	30	32	32	34	34	36	36	38	38	40	40	42	42	44	44	46	46	48	48	50	50	52	52	54	54	54																								
0.901-0.925	28	30	30	32	32	34	34	36	36	38	38	40	40	42	42	44	44	46	46	48	48	50	50	52	52	54	54	54																									
0.926-0.950	30	30	32	32	34	34	36	36	38	38	40	40	42	42	44	44	46	46	48	48	50	50	52	52	54	54	54																										
0.951-0.975	30	32	32	34	34	36	36	38	38	40	40	42	42	44	44	46	46	48	48	50	50	52	52	54	54	54																											
0.976-1.000	32	32	34	34	36	36	38	38	40	40	42	42	44	44	46	46	48	48	50	50	52	52	54	54	54																												
1.001-1.025	32	34	34	36	36	38	38	40	40	42	42	44	44	46	46	48	48	50	50	52	52	54	54	54																													
1.026-1.050	34	34	36	36	38	38	40	40	42	42	44	44	46	46	48	48	50	50	52	52	54	54	54																														
1.051-1.075	34	36	36	38	38	40	40	42	42	44	44	46	46	48	48	50	50	52	52	54	54	54																															
1.076-1.100	36	36	38	38	40	40	42	42	44	44	46	46	48	48	50	50	52	52	54	54	54																																
1.101-1.125	36	38	38	40	40	42	42	44	44	46	46	48	48	50	50	52	52	54	54	54																																	
1.126-1.150	38	38	40	40	42	42	44	44	46	46	48	48	50	50	52	52	54	54	54																																		
1.151-1.175	38	40	40	42	42	44	44	46	46	48	48	50	50	52	52	54	54	54																																			
1.176-1.200	40	40	42	42	44	44	46	46	48	48	50	50	52	52	54	54	54																																				
1.201-1.225	40	42	42	44	44	46	46	48	48	50	50	52	52	54	54	54																																					
1.226-1.250	42	42	44	44	46	46	48	48	50	50	52	52	54	54	54																																						
1.251-1.275	42	44	44	46	46	48	48	50	50	52	52	54	54	54																																							
1.276-1.300	44	44	46	46	48	48	50	50	52	52	54	54	54																																								
1.301-1.325	44	46	46	48	48	50	50	52	52	54	54	54																																									
1.326-1.350	46	46	48	48	50	50	52	52	54	54	54																																										
1.351-1.375	46	48	48	50	50	52	52	54	54	54																																											
1.376-1.400	48	48	50	50	52	52	54	54	54																																												
1.401-1.425	48	50	50	52	52	54	54	54																																													
1.426-1.450	50	50	52	52	54	54	54																																														
1.451-1.475	50	52	52	54	54	54																																															
1.476-1.500	52	52	54	54	54																																																
1.501-1.525	52	54	54	54																																																	
1.526-1.550	54	54	54																																																		
1.551-1.575	54	54																																																			
1.576-1.600	54																																																				

Grueso suplementos

Calce nº	Grueso	Calce nº	Grueso
02	2.000 (0.0787)	30	2.700 (0.1063)
04	2.050 (0.0807)	32	2.750 (0.1083)
06	2.100 (0.0827)	34	2.800 (0.1102)
08	2.150 (0.0846)	36	2.850 (0.1122)
10	2.200 (0.0866)	38	2.900 (0.1142)
12	2.250 (0.0886)	40	2.950 (0.1161)
14	2.300 (0.0906)	42	3.000 (0.1181)
16	2.350 (0.0925)	33	3.050 (0.1201)
18	2.400 (0.0945)	46	3.100 (0.1220)
20	2.450 (0.0965)	48	3.150 (0.1240)
22	2.500 (0.0984)	50	3.200 (0.1260)
24	2.550 (0.1004)	52	3.250 (0.1280)
26	2.600 (0.1024)	54	3.300 (0.1299)
28	2.650 (0.1043)		

Juego válvula escape (en frío):
0,20 - 0.30 mm (0.008 - 0.012'')

Ejemplo: Se halla instaldo un calce de 2.800 mm y el juego medido es 0.450 mm (0.177'').
Cambiar el calce de 2.800 mm por el nº 42 (3.000 mm).

Tabla Selección Suplementos Ajuste: Motores 3S-GE

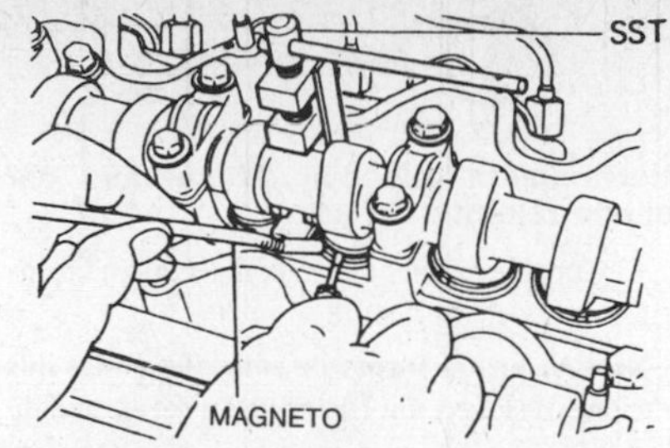

Retirada de la válvula y del calce de ajuste en motores diesel

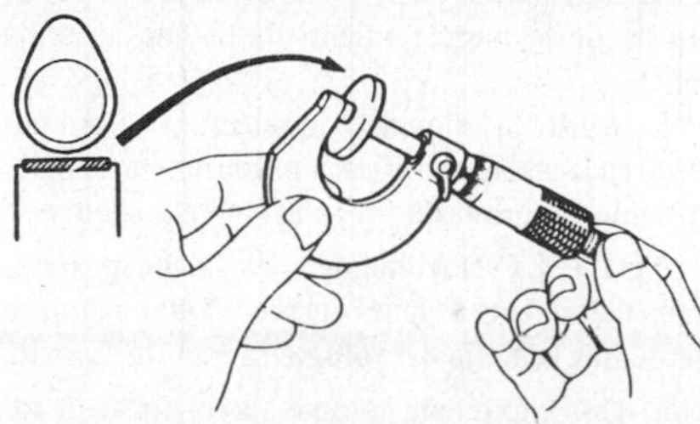
Medición del espesor de un calce: motores 3S-GE y 4A-GE

6. Gire el cigüeñal de modo que la leva de admisión del árbol de levas (vea ilustración) correspondiente al cilindro a ajustar esté arriba.

NOTA: De requerirse, puede ajustarse a un mismo tiempo la holgura de las válvulas de admisión y de escape.

7. Con un pequeño destornillador, gire el seguidor de la válvula de modo que su ranura sea fácilmente accesible.

8. Instale la herramienta SST n.º 09248-64010 (motores diesel) o la n.º 09248-7001 (motores 4A-GE y 3S-GE) entre los dos lóbulos del árbol de levas y luego gire la empuñadura de modo que la herramienta apriete hacia abajo ambos seguidores (el de la válvula de admisión y el de la de escape). En los motores 4A-GE, la herramienta puede aplicarse sólo a un seguidor cada vez.

9. Con un pequeño destornillador y un imán, retire los suplementos de montaje (calces) de la válvula.

10. Mida el grueso del viejo calce con un micrómetro. Localice esta medida en la columna «Grueso calce instalado» de las tablas que se adjuntan, y luego localice la medición antes anotada (punto 3 o 5) para la misma válvula en la columna «Huelgo medido» de la tabla. Haciendo coincidir las dos columnas obtendrá el grueso del calce que precisa para cambiar el existente.

NOTA: Los calces de repuesto se hallan disponibles en 25 gruesos, en incrementos de 0.050 mm (0.0020 pulgadas), desde 2.200 mm (0.0866 pulgadas hasta 3.400 mm (0.1299 pulgadas) para motores diesel; desde 2.00 mm (0.0787 pulgadas) a 3.300 mm (0.1299 pulgadas) en el motor 3S-GE, y desde 2.500 mm (0.984 pulgadas) hasta 3.300 mm (0.1299 pulgadas) en el motor 4A-GE.

11. Monte los nuevos calces, retire la herramienta especial utilizada y vuelva a comprobar el juego de las válvulas.

12. Monte los componentes antes desmontados en el orden inverso a su retirada.

Velocidad de ralentí y mezcla

REGLAJE

Motores con carburador

La velocidad de ralentí (marcha en vacío) debe ajustarse en las condiciones siguientes: el filtro de aire debe estar montado; el estrangulador (difusor), completamente abierto; la caja de cambios, en punto muerto (N); todos los accesorios (inclusive el ventilador eléctrico de enfriamiento del motor, de haberlo), apagados; todas las tuberías de vacío, conectadas y la distribución del encendido ajustada con arreglo a las especificaciones normales.

1. Ponga el motor en marcha y hágalo funcionar hasta que alcance la temperatura normal de funcionamiento.

2. Compruebe el ajuste del flotador: el nivel de combustible debe estar aproximadamente al nivel del punto de referencia marcado en la mirilla. Si el nivel de combustible es demasiado alto o bajo, ajuste el nivel del flotador de la forma descrita en la sección Sistema de combustible.

3. Conecte un tacómetro de acuerdo con las instrucciones del fabricante, asegurándose de que co-

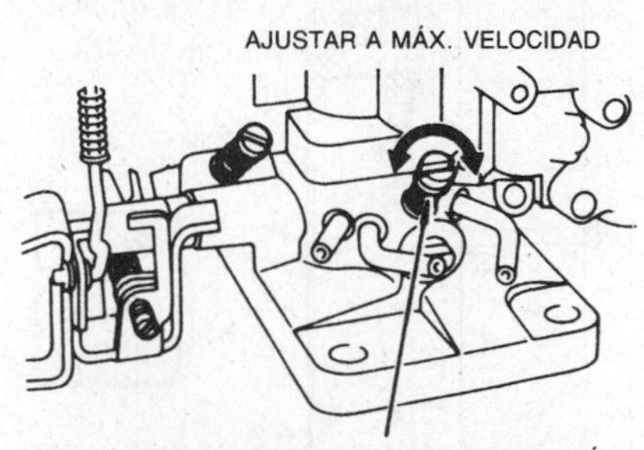

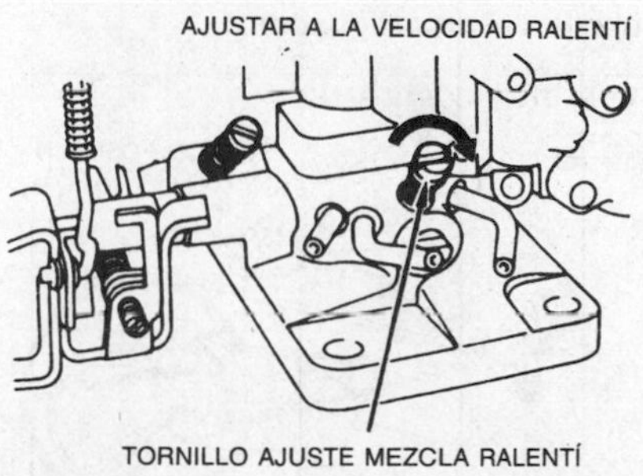

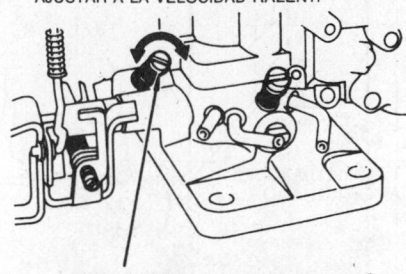

Puntos de ajuste típicos del carburador en motores serie A

Puntos de ajuste del carburador en el motor 4K-C

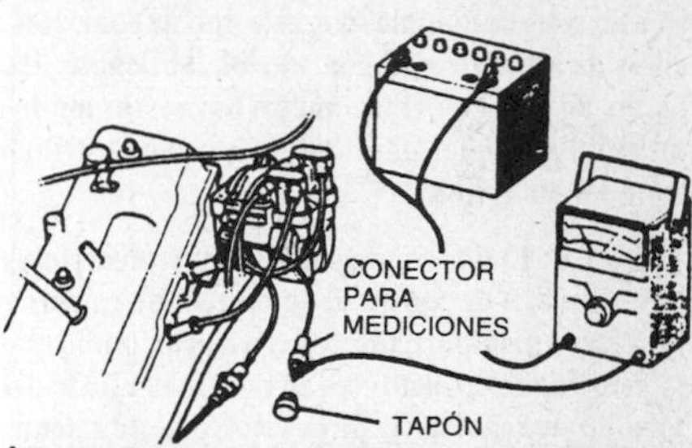

Los motores serie A 1983 y posteriores requieren la conexión de un tacómetro especial

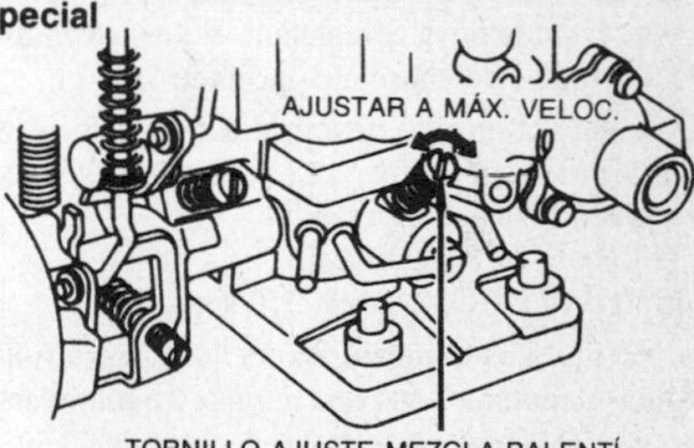

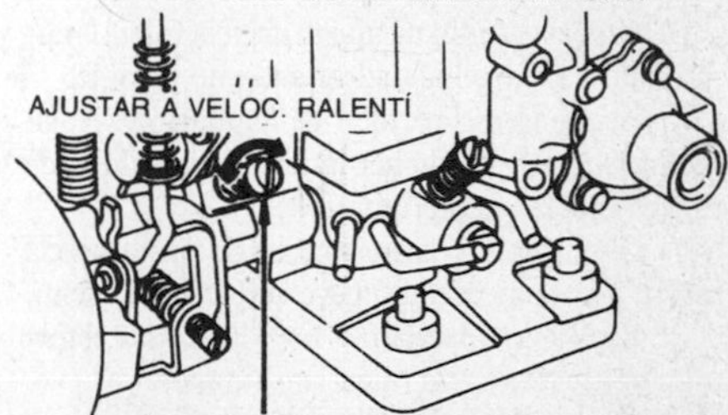

Puntos de ajuste del carburador para el motor 3T-C

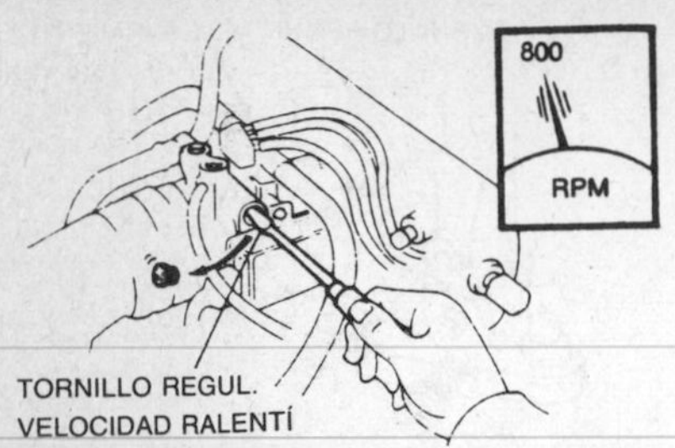

Ajuste velocidad ralentí en motores 4M-E y 5M-E

necta el hilo positivo (+) del tacómetro al borne negativo de la BOBINA. Es esencial que NO lo conecte en el lado del distribuidor, ya que ello podría dañar el encendido transistorizado.

NOTA: Los motores de la serie A 1983 y posteriores y todos los motores de 1984 y posteriores precisan un tipo especial de tacómetro, que se conecta en el cable del conector de pruebas disponible en el distribuidor. Dado que muchos tacómetros no son compatibles con este tipo de conexión, antes de adquirir uno consulte al fabricante. La forma de conectar el tacómetro para estos modelos se ilustra en las figuras de la sección Distribución del encendido.

NOTA: En los modelos de 1980 y posteriores hay tornillos de ajuste de la mezcla de ralentí a prueba de manipulación por el usuario, por lo que la velocidad de ralentí requiere sólo el ajuste del tornillo de regulación de la velocidad de ralentí. Por consiguiente, en tales motores no son aplicables las operaciones que se describen a continuación. Cuando haya completado el ajuste con dicho tornillo, desconecte el tacómetro.

4. Gire el tornillo de regulación de velocidad de ralentí hasta obtener una de las siguientes velocidades iniciales de ralentí:
Motores 20R: 900 rpm
motores 1A-C, 2A, 3A: 750 rpm

NOTA: En el modelo Starlet 1983, haga funcionar el motor a 2,500 rpm durante 2 minutos antes de efectuar el ajuste de la velocidad de ralentí.

5. Gire el tornillo de ajuste mezcla ralentí hasta aumentar la velocidad al máximo posible.

6. Luego gire el tornillo de regulación velocidad ralentí hasta obtener la misma velocidad de ralentí indicada en el punto 4.

7. De ser posible, gire el tornillo de ajuste mezcla ralentí para aumentar de nuevo la velocidad ralentí.

8. Repita las operaciones 6 y 7 hasta que el tornillo de ajuste mezcla ralentí no aumente ya la velocidad de ralentí más allá del valor indicado en el punto 4.

9. Entonces gire hacia la derecha (en el sentido de las manecillas del reloj) el tornillo de ajuste mezcla ralentí hasta que la velocidad ralentí corresponda a la indicada en la tabla Especificaciones de puesta a punto (con ello la mezcla es más ligera).

10. Desconecte el tacómetro.

Motores con inyección de combustible 4-EM, 5M-E y 5M-GE

NOTA: Para poder completar este procedimiento usted requerirá un voltímetro y un colector de cables de ajuste ralentí (herramienta especial de servicio n.º 09842-14010), que puede solicitar a su proveedor Toyota.

1. Detrás de la batería, en la placa frontal del guardabarros delantero izquierdo, hay un conector para operaciones de servicio. Retire las caperuzas de goma de este conector y enchufe en el mismo la herramienta citada.

2. Conecte el cable positivo del voltímetro al hilo rojo de la herramienta y luego conecte el cable negativo al hilo negro.

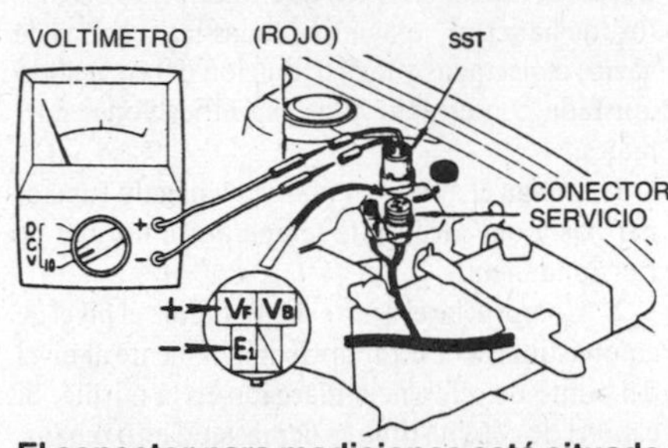

El conector para mediciones está situado en la placa frontal del guardabarros delantero izquierdo, o del guardabarrros delantero derecho en los motores Supra de 1982 y posteriores

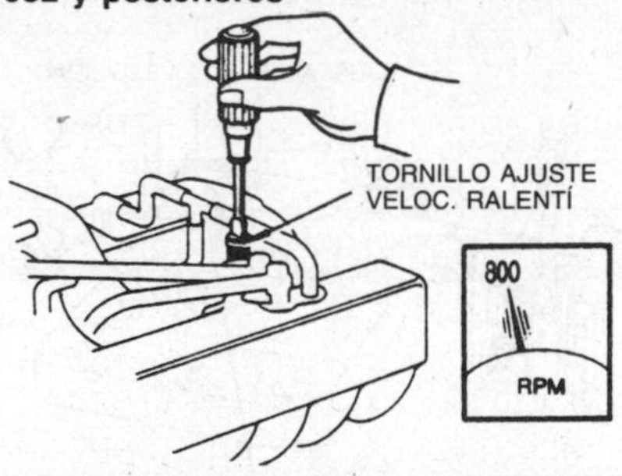

Ajuste velocidad ralentí en motores 22R-E, 4M-E y 5M-E

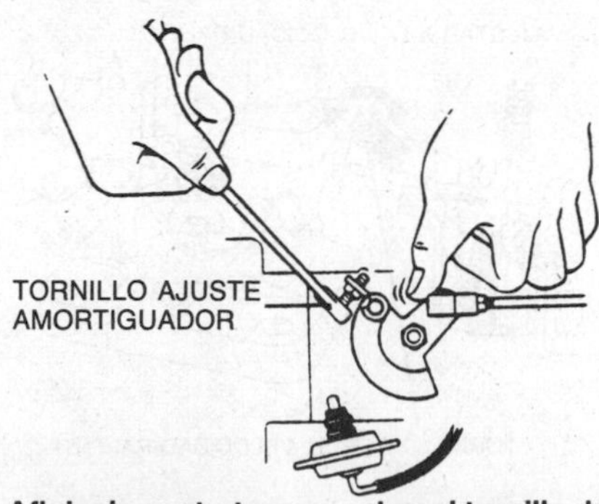

Aflojar la contratuerca y girar el tornillo de ajuste del amortiguador

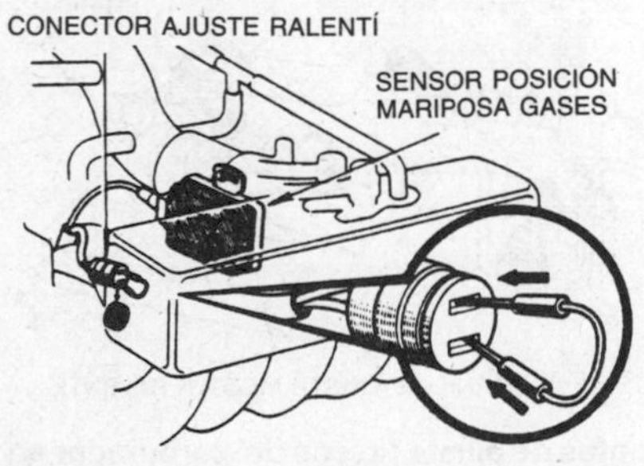

Cortocircuitar el conector de ajuste ralentí

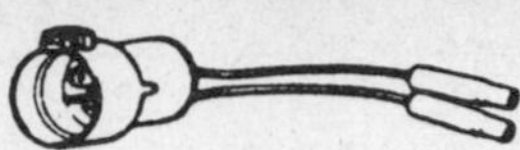

Herramienta especial de servicio para ajuste ralentí

3. Conecte un tacómetro con arreglo a las instrucciones del fabricante.

NOTA: Vea la forma de conexión en las ilustraciones de la sección Distribución del encendido.

4. Haga que se caliente el sensor de oxígeno haciendo funcionar el motor a 2,500 rpm durante unos dos minutos. La aguja del voltímetro debe estar fluctuando; de no ser así, gire el tornillo de ajuste de la mezcla ralentí hasta que la aguja fluctúe.

5. Ajuste la velocidad de ralentí al valor indicado en la tabla Especificaciones de puesta a punto, girando el tornillo de regulación velocidad.

NOTA: La velocidad de ralentí debe ajustarse inmediatamente después del precalentamiento, en tanto que la aguja del voltímetro está fluctuando.

6. Con ello queda completado el ajuste de ralentí del motor 5M-GE. Si se trata de un motor 4M-E o 5M-E, continúe con las operaciones siguientes:

7. Retire la caperuza de goma del conector de ajuste ralentí y conecte entre sí los dos terminales del conector, con un hilo que haga puente.

8. Cuando el conector esté cortocircuitado de dicha forma, haga funcionar el motor a 2,500 rpm durante otros dos minutos.

9. Opere el motor a velocidad de marcha en vacío, sin quitar el cortocircuitado de los dos terminales del conector, y anote la tensión medida por el voltímetro.

10. Retire el hilo de interconexión del conector y eleve la velocidad a 2,500 rpm, para restituirla seguidamente a ralentí.

11. Ajuste el tornillo de ajuste mezcla ralentí hasta que el promedio de la gama de voltajes in-

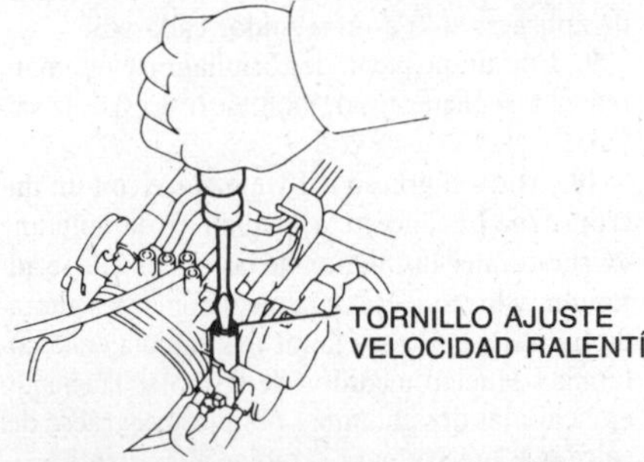

Ajuste de la velocidad de ralentí: 4A-GE (similar en 4K-E y 22R-E)

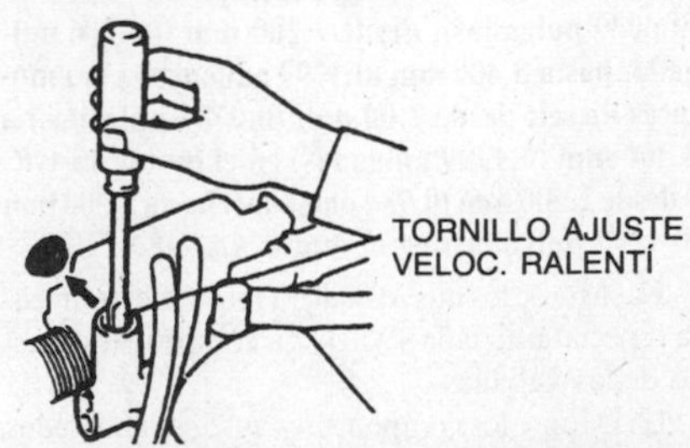

Ajuste velocidad ralentí en motores 4K-E

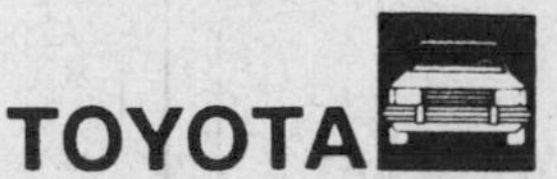

dicados corresponda al valor anotado en el punto 8 y 9.

12. Vuelva a colocar el tapón protector en el orificio del tornillo de ajuste mezcla ralentí. Desconecte el tacómetro, el voltímetro y la herramienta especial. Vuelva a colocar la caperuza de goma sobre el conector de mediciones para ajuste ralentí.

22R-E, 2S-E, 3S-GE, 3Y-EC, 4Y-EC, 4K-E y 4A-GE

1. Haga funcionar el motor hasta que alcance la temperatura normal de funcionamiento.

2. El filtro de aire debe estar montado, al igual que todos los cables y tuberías de vacío. Todos los accesorios deben estar desconectados del circuito eléctrico y la caja de cambios en punto muerto.

3. Conecte un tacómetro al motor.

NOTA: Vea la forma de conexión en las ilustraciones de la sección Distribución del encendido.

ATENCIÓN

No deje nunca que los terminales del tacómetro o de la bobina se pongan a tierra, ya que ello dañaría el sistema de inyección.

4. Haga funcionar el motor a 2,500 rpm durante 2 minutos.

5. Deje que el motor baje a ralentí. Cierre con una pinza el tubo flexible de vacío de la cámara de admisión de aire n.º 1, en motores 3S-GE. En el motor 2S-E, desconecte la válvula de conmutación de vacío, del motor de control de la velocidad de ralentí. Ajuste la velocidad de marcha en vacío girando el tornillo de ajuste del ralentí, hasta obtener la velocidad de marcha en vacío correcta.

6. Retirar el tacómetro.

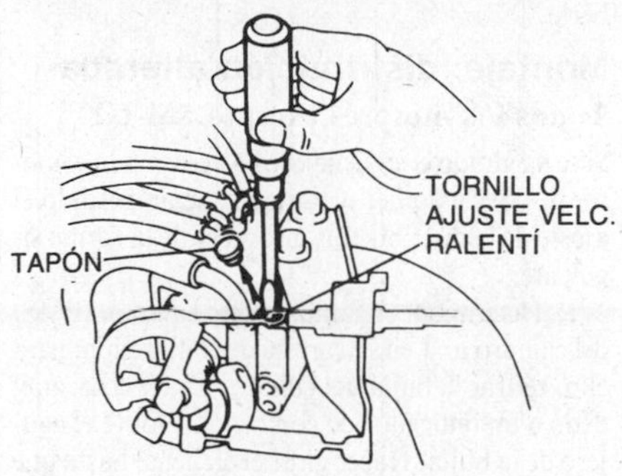

Ajuste velocidad ralentí: 2S-E

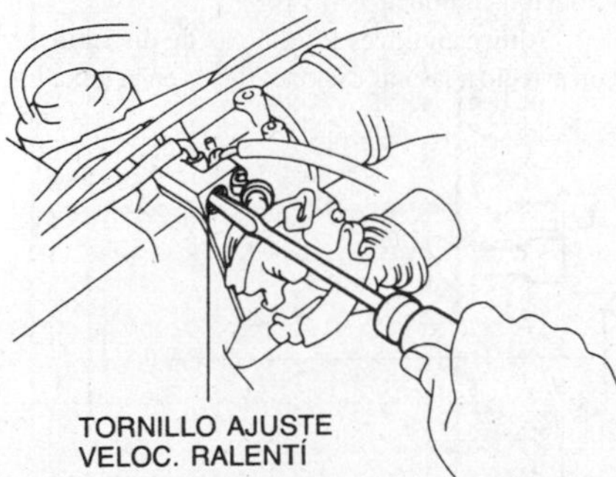

Ajuste veloc. ralentí en motores 3Y-EC y 4Y-EC

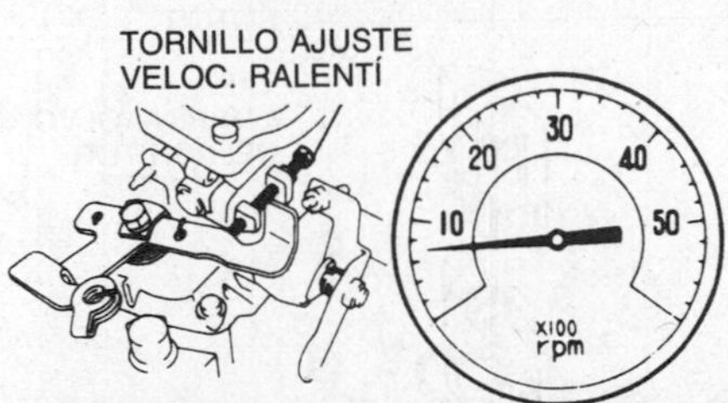

Ajuste velocidad ralentí en motores diesel 1C-TC y 2C-T

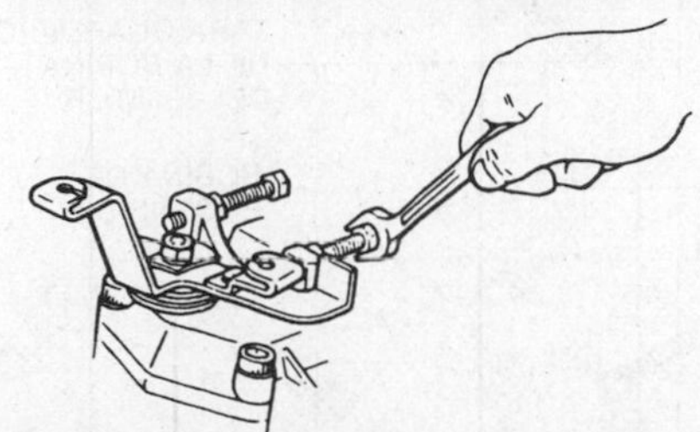

Ajuste velocidad ralentí en motores diesel 1C-L

Motores diesel

1. Haga funcionar el motor hasta que alcance la temperatura normal de funcionamiento.

2. El filtro del aire debe estar montado, pero todos los accesorios desconectados del circuito eléctrico. El cambio debe estar en punto muerto.

3. Desconecte el cable del acelerador en la bomba de inyección.

4. Monte un tacómetro compatible con motores diesel.

5. Gire el tornillo de ajuste ralentí existente en la bomba de inyección de modo que se obtenga la correcta velocidad de marcha en vacío.

6. Retire el tacómetro y vuelva a conectar el cable del acelerador.

PARTE ELÉCTRICA DEL MOTOR

Distribuidor

TODOS LOS MODELOS 1980-83 Y EL STARLET 1984

Desmontaje

1. Desconecte los cables de las bujías, después de marcarlos con una etiqueta que indique su orden. Desconecte el cable de alta tensión de la bobina.

2. Desconecte el cable primario y la tubería de vacío del distribuidor. Retire la tapa del distribuidor.

3. Marque señales de referencia en la caja del distribuidor y en el monobloque; marque también la posición relativa del rotor y del distribuidor. Ello facilita el montaje.

4. Retire la abrazadera que fija el distribuidor y saque éste del bloque de cilindros.

NOTA: Es más fácil volver a montar el distribuidor si durante su desmontaje, o después, no se altera la distribución del motor. Si se altera la distribución, ajústese de nuevo según la sección Montaje: distribución alterada, más adelante.

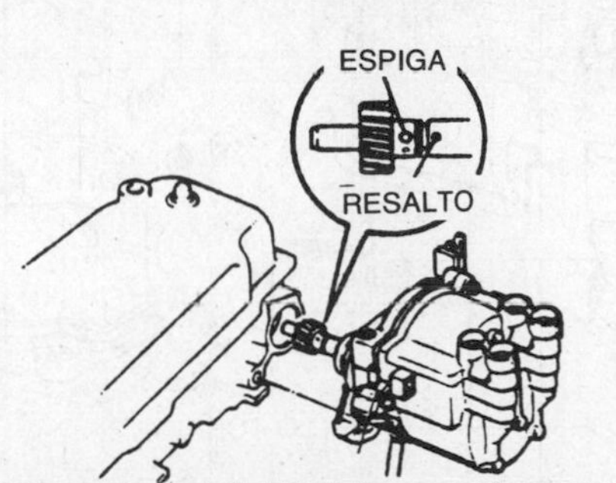

Alineación del distribuidor en motores serie A 1983 y ulteriores

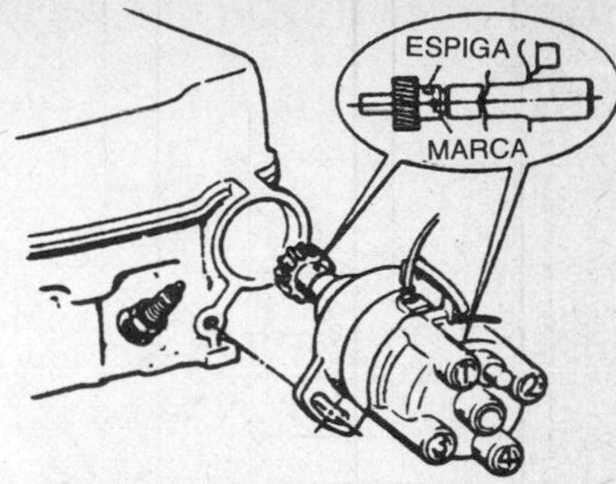

Alineación del distribuidor en motores serie A 1980-82

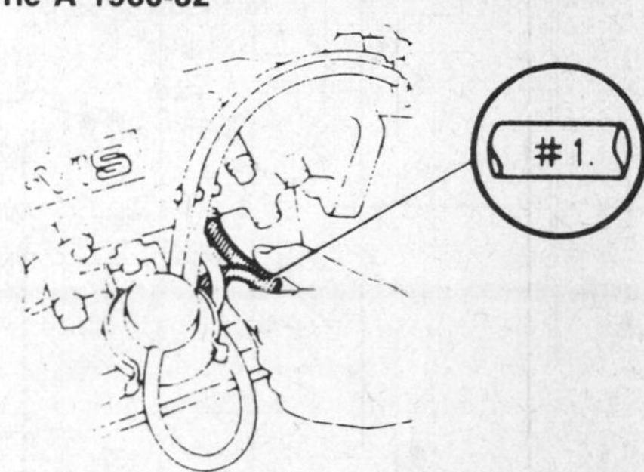

Apriete con una pinza el tubo flexible de vacío n.º 1, en motores 3S-GE

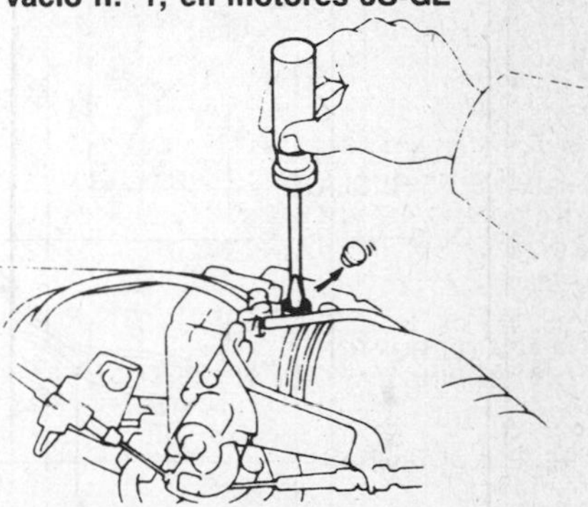

Ajuste velocidad ralentí en motores 3S-GE

Montaje: Distribución no alterada.

1. Introduzca el distribuidor en el bloque de cilindros y alinee las marcas de referencia antes efectuadas.

2. Engrane el piñón del distribuidor con el eje impulsor de la bomba de aceite.

NOTA: Antes de montar el distribuidor, en los motores serie A se precisa una operación adicional. En modelos 1980-82, alinee la marca taladrada en el piñón mandado (no la espiga recta exis-

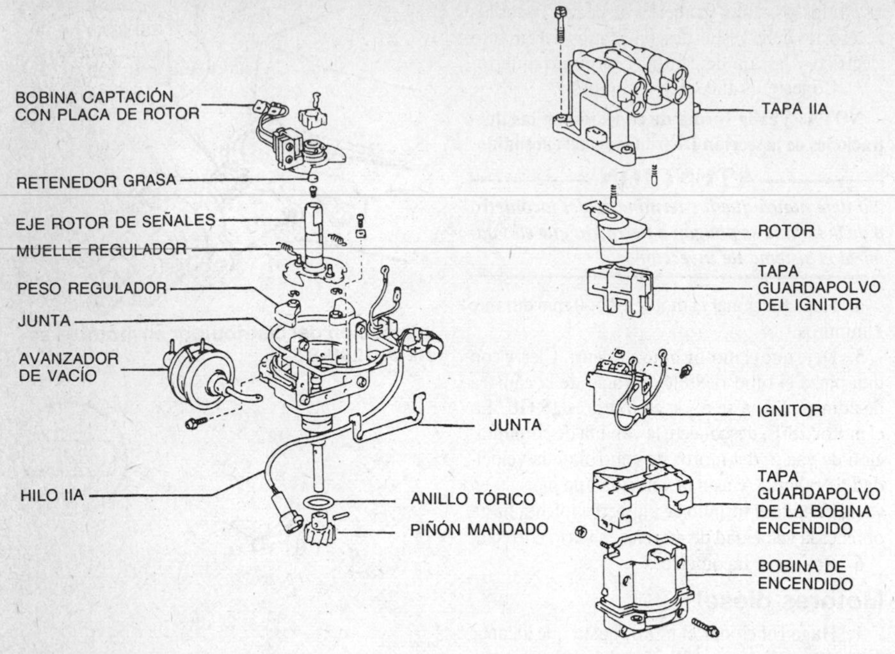

Despiece del distribuidor en motores 3A-C 1984 y ulteriores y 4A-C

tente en el piñón mandado) con el centro del terminal n.º 1 de la tapa del distribuidor, y luego alinee el centro de la brida fija con el centro del orificio para el tornillo; en modelos 1983 alinee el resalto existente en el centro de la caja de la brida con el del agujero para el tornillo existente en la cabeza de cilindros.

3. Monte la abrazadera del distribuidor, la tapa de éste, el hilo de alto voltaje, el hilo primario y la tubería de vacío.

4. Monte los cables en las bujías.

5. Ponga el motor en marcha. Compruebe la distribución y ajuste el selector de octano, de haberlo.

Montaje: distribución alterada

Todos los motores excepto 5M-GE

Si se ha girado el cigüeñal, se ha desarmado el motor o, por cualquier otra razón, se ha perdido el ajuste de la distribución, proceder de la forma siguiente:

1. Determinar el punto muerto superior (PMS) del cilindro n.º 1 en su carrera de compresión; para ello, retirar la bujía del cilindro n.º 1 y colocar el dedo o un indicador de compresión sobre el agujero de la bujía. Hacer girar el cigüeñal hasta que empiece a acumularse compresión. Continuar el giro del cigüeñal hasta que las marcas de la distribución indiquen PMS (ó 0º).

2. Alinee entonces las marcas de distribución con arreglo a las indicaciones dadas en la tabla Es-

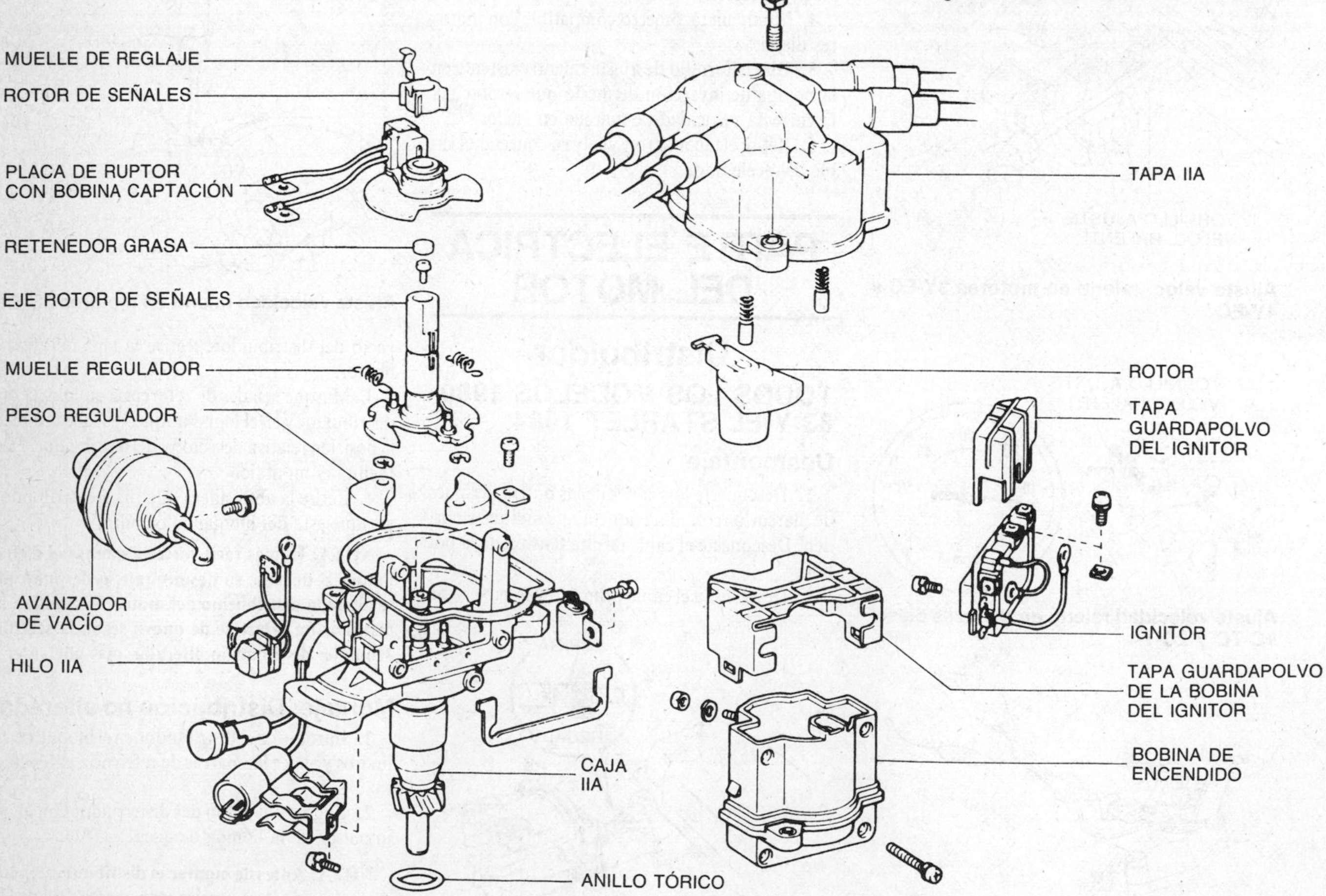

Despiece del distribuidor del motor 2S-E 1983-85 (es similar en los modelos 1986 y ulteriores)

pecificaciones de puesta a punto, columna Distribución encendido.

3. Monte provisionalmente el rotor en el eje del distribuidor, de modo que esté orientado hacia el terminal n.º 1 de la tapa del distribuidor. Los platinos deberían estar a punto de abrirse.

4. Use un pequeño destornillador para alinear la ranura existente en la transmisión del distribuidor (eje impulsor de la bomba de aceite) con la espiga visible en la parte inferior del eje del distribuidor.

5. Monte el distribuidor en el bloque de cilindros, girándolo ligeramente (no más de un diente de piñón en una y otra dirección) de modo que el piñón mandado engrane con el piñón impulsor.

NOTA: Antes de colocar el distribuidor, lubrique con aceite el piñón de dentadura espiral del distribuidor y el extremo del eje impulsor de la bomba de aceite.

6. Haga girar el distribuidor, una vez esté instalado, hasta que los platinos estén a punto de abrirse. Apriete provisionalmente el tornillo de retenida.

7. Retire el rotor y coloque la tapa guardapolvo. Vuelva a colocar el rotor y la tapa del distribuidor.

8. Instale el cable primario y la tubería de vacío.

9. Coloque la bujía del cilindro n.º 1. Conecte los cables a todas las bujías teniendo en cuenta el marcado antes efectuado. Conecte el cable de alta tensión a la bobina.

10. Ponga el motor en marcha. Ajuste la distribución del encendido y el selector de octano (de haberlo), de la forma antes descrita.

Motores 5M-GE

1. Siga el punto 1 antes descrito.

2. Saque la tapa de llenado de aceite. Mire el interior del cárter del árbol de levas utilizando una linterna y compruebe si el orificio de referencia existente en el segundo cojinete del árbol de levas está alineado con el orificio taladrado en la segunda muñequilla del árbol de levas. Si los dos orificios no están alineados, gire el árbol de levas una vuelta completa.

3. Monte una nueva junta tórica en el eje del distribuidor. Asegúrese de que la tapa del distribuidor esté aún retirada.

4. Alinee la línea de referencia existente en el piñón de dentadura espiral con la situada en la caja del distribuidor, como se muestra en la figura.

5. Introduzca el distribuidor en el cárter del árbol de levas y alinee el centro de la brida de montaje con el centro del agujero de tornillo existente en el lado del cárter.

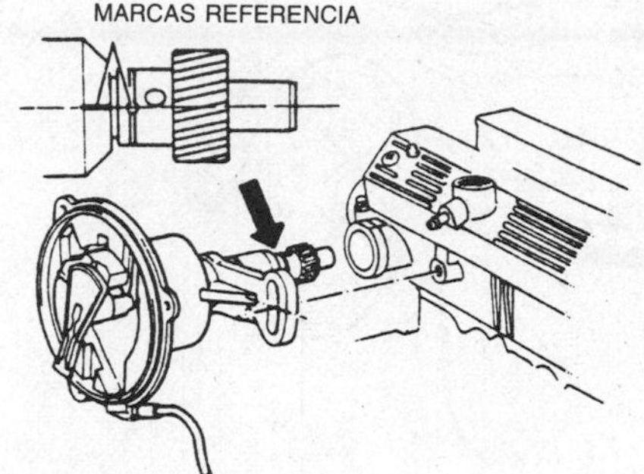

Alinear las marcas de referencia existentes en el piñón del distribuidor y en su caja (motores 5M-GE)

6. Alinee el diente del rotor en el distribuidor con la bobina de captación. Enrosque provisionalmente el tornillo de retenida del distribuidor.

7. Monte la tapa del distribuidor y coloque la tapa del orificio de llenado de aceite.

8. Siga los puntos 9 y 10 del procedimiento anterior.

MODELOS 1984 Y POSTERIORES, EXCEPTO STARLET

NOTA: Los procedimientos para los motores 5M-GE son idénticos a los ya descritos para los modelos 1980-83.

Desmontaje

1. En el modelo Van, retire el asiento delantero derecho y la tapa de la abertura para servicio del motor.

2. En todos los motores, desconecte el cable de tierra de la batería, así como los cables eléctricos, tuberías flexibles de vacío y cables de bujías de sus posiciones en el distribuidor.

3. Desatornille el distribuidor y extráigalo del motor.

Montaje

1. Sitúe el motor con el cilindro n.º 1 en PMS en la carrera de explosión. Para ello, desenrosque la bujía n.º 1 y gire el motor con la mano mientras con el dedo pulgar tapa el agujero de la bujía. Cuando el cilindro n.º 1 se aproxima a su carrera de explosión, usted percibirá presión contra el dedo. Compruebe entonces que las marcas de la distribución están en la posición cero.

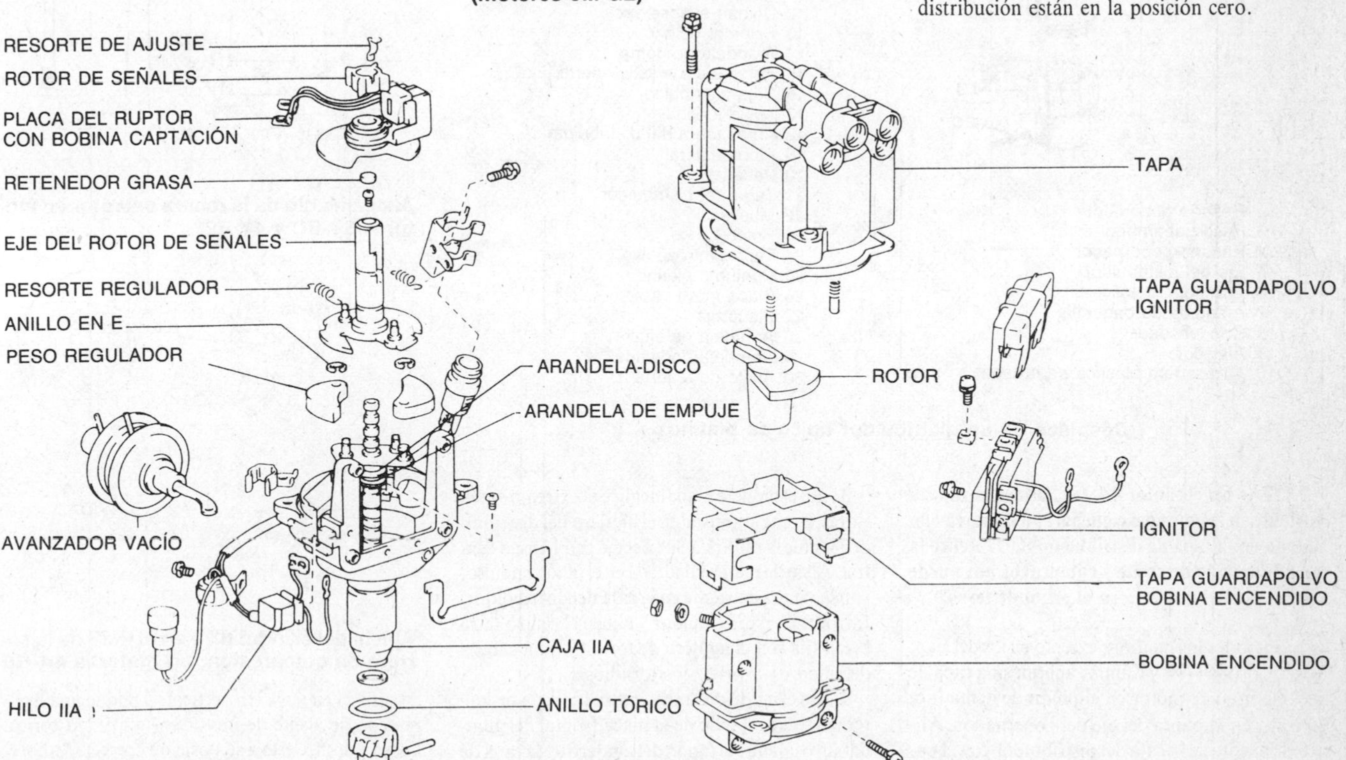

Despiece del distribuidor en motores 3Y-EC 1984-85 (similar en 4Y-EC)

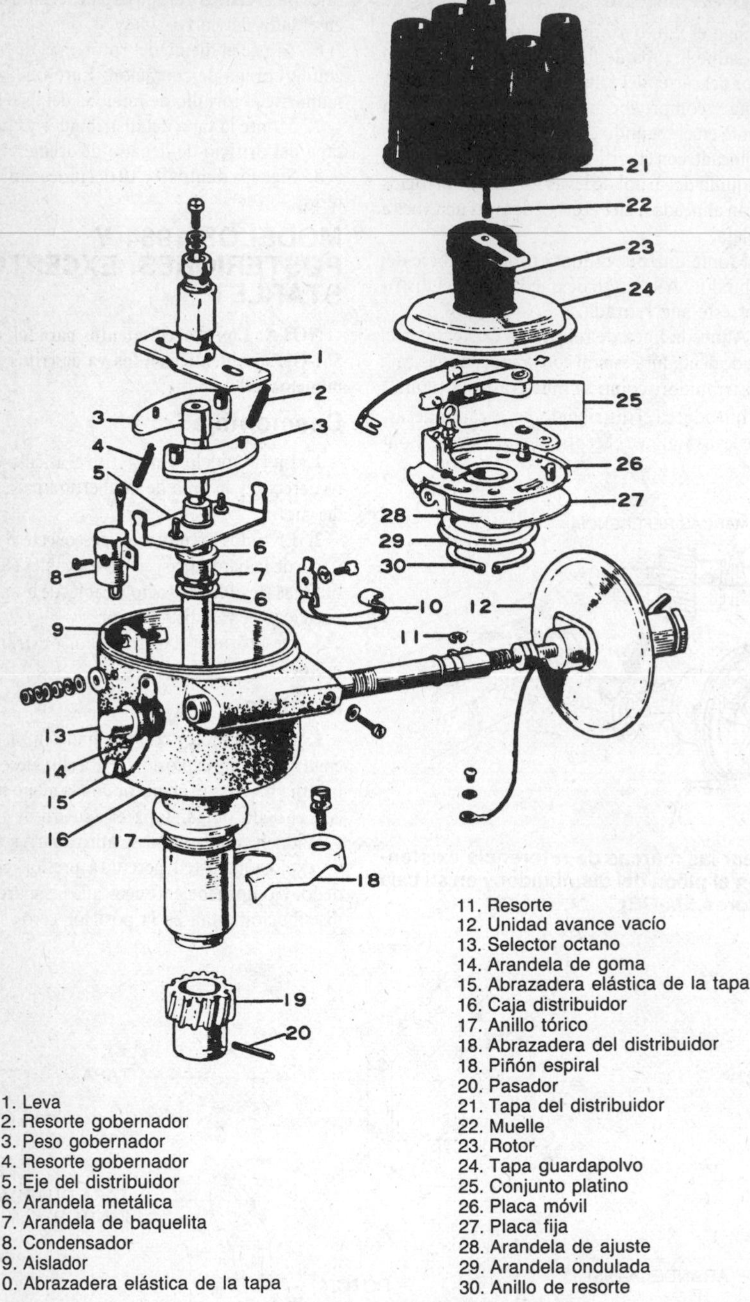

Despiece de un distribuidor típico de platinos

NOTA: En el motor 4A-GE, alinee la ranura existente en la polea del cigüeñal con la marca «0» situada en la tapa de distribución n.º 1. Retire la tapa de llenado de aceite y compruebe que puede ver la cavidad que está en el árbol de levas.

2. En todos los motores, excepto en los del Van, MR2, Corolla GTS y Camry, aplique una capa de aceite limpio de motor en el piñón de dentadura espiral y en la punta del eje del gobernador. Alinee el saliente de la caja del distribuidor con el pasador del piñón espiral, en el lado en que hay la marca taladrada. Introduzca el distribuidor y alinee el centro de la brida con el agujero de tornillo en la cabeza de cilindros. Apriete los tornillos.

3. En el modelo Van, localice el extremo superior del rotor impulsor en el agujero del distribuidor y sitúe la ranura a 30° del eje geométrico central. Alinee la marca taladrada en el piñón impulsor con la ranura existente en la caja del distribuidor. Introduzca el distribuidor y alinee el centro de la brida fija con el agujero de tornillo en la cabeza de cilindros. Apriete los tornillos.

4. En el modelo Camry, retire la rueda de lantera derecha, el sello de la placa frontal del guardabarros; saque el tapón del agujero de la tapa de la correa de distribución n.º 2 y, utilizando un espejo, alinee la marca existente en el fiador del retén de aceite con el centro del orificio que hay en la polea de distribución del árbol de levas, girando hacia la derecha (en el sentido de las agujas de un reloj) la polea del cigüeñal. Monte el tapón, la placa frontal del guardabarros, el sello y la rueda. Aplique una capa de aceite limpio de motor en el piñón de dentadura espiral; alinee el saliente de la caja con la marca existente en el piñón espiral e introduzca el distribuidor, alineando el centro de la brida con el agujero de tornillo en la cabeza de cilindros. Apriete los tornillos.

5. En el Celica 1984-85, gire el cigüeñal hasta que la marca de distribución esté alineada con la marca de 5° punto muerto superior y asegúrese de que los balancines del cilindro n.º 1 estén sin tensión (flojos). Monte el rotor y luego empiece a instalar el distribuidor, con el rotor orientado hacia arriba y el agujero de montaje del distribuidor aproximadamente centrado con el agujero para el tornillo; cuando está completamente instalado, el rotor girará por sí mismo hasta la posición indicada en la figura. Retire el rotor y alinee el diente del rotor de señales con el saliente de la bobina de captación. Apriete los tornillos de montaje.

En los Celica 1986 y posteriores con motor 2S-E, véase el punto 4 anterior y los procedimientos para el Camry.

En los Celica GTS 1986 y posteriores con motor 3S-GE, gire a derechas el cigüeñal hasta que la ranura existente en el extremo delantero del árbol de levas n.º 1 (parte delantera del coche) quede situada en posición vertical. Aplique una ligera capa de aceite de motor en una junta tórica nueva y deslice esta a su posición correcta. Alinee la marca taladrada en el acomplamiento con la muesca existente en la caja del árbol de levas. Introduzca el distribuidor en la cabeza de cilindros, de forma que el centro de la brida esté alineado

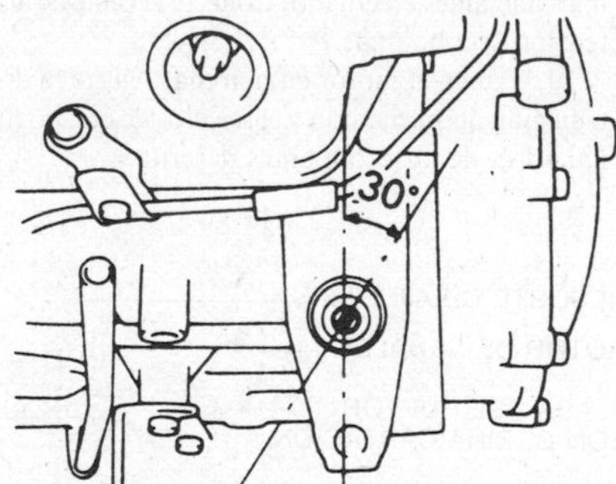

Alineamiento de la ranura del rotor en motores 3Y-EC y 4Y-EC

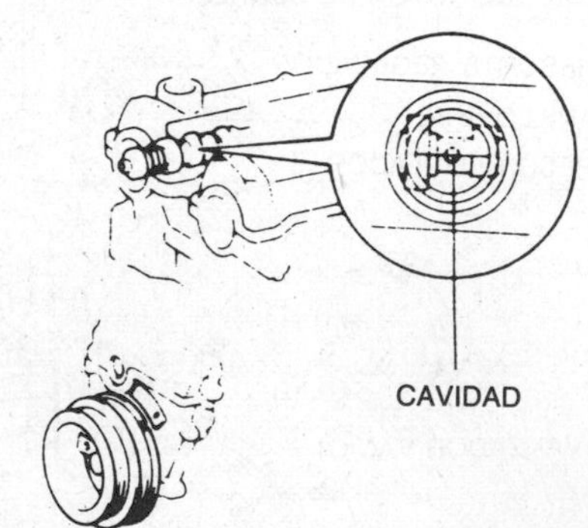

Ajuste del cilindro n.º 1 en el PMS de la carrera de compresión, en motores 4A-GE

1. Retenedor de grasa de la leva
2. Rotor de señales
3. Resorte del regulador
4. Peso del regulador
5. Eje del regulador
6. Arandela-disco
7. Resorte de la bobina de compresión
8. Cojinete de empuje
9. Arandela
10. Empaquetadura guardapolvo
11. Arandela-placa
12. Arandela de goma
13. Tapa del selector de octano
14. Caja
15. Junta tórico
16. Piñón dentadura espiral
17. Pasador
18. Avance de vacío
19. Mordaza flexible
20. Plato del rotor
21. Generador de señales
22. Tapa guardapolvo
23. Rotor del distribuidor
24. Tapa del distribuidor
25. Caperuza de goma

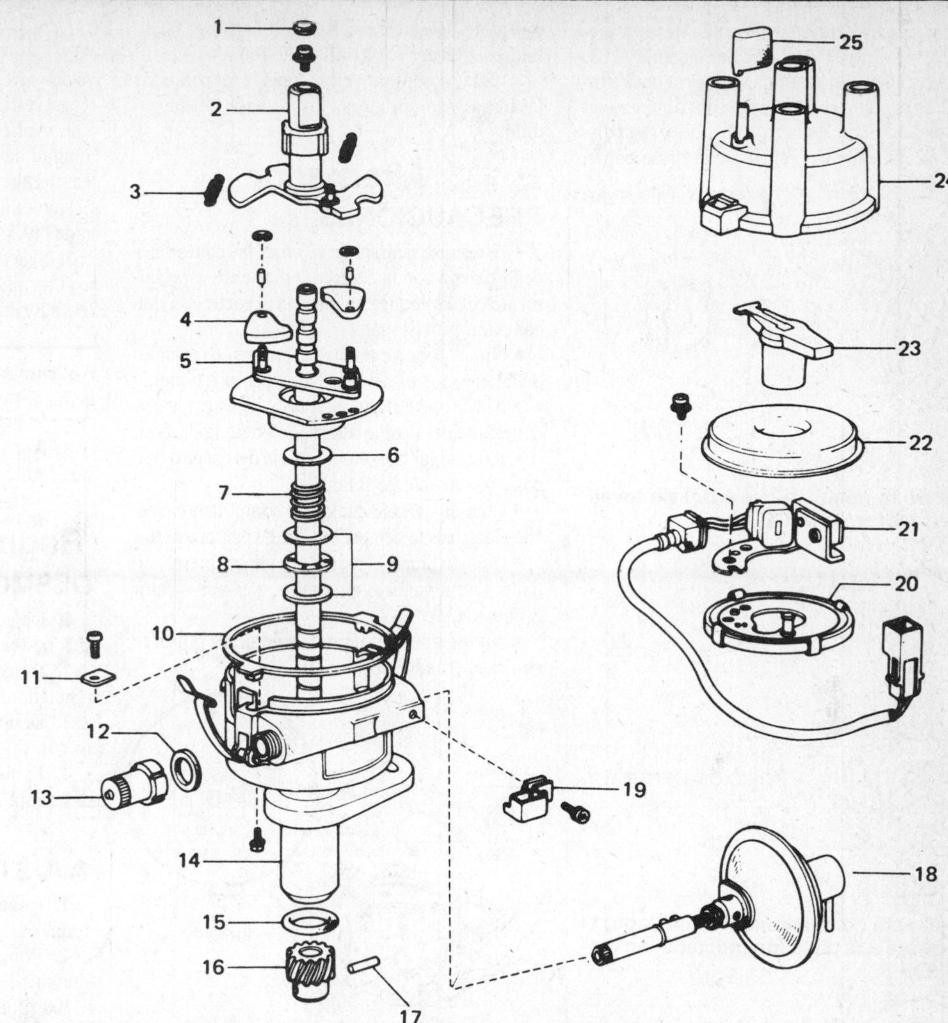

Despiece de un distribuidor típico completamente electrónico.

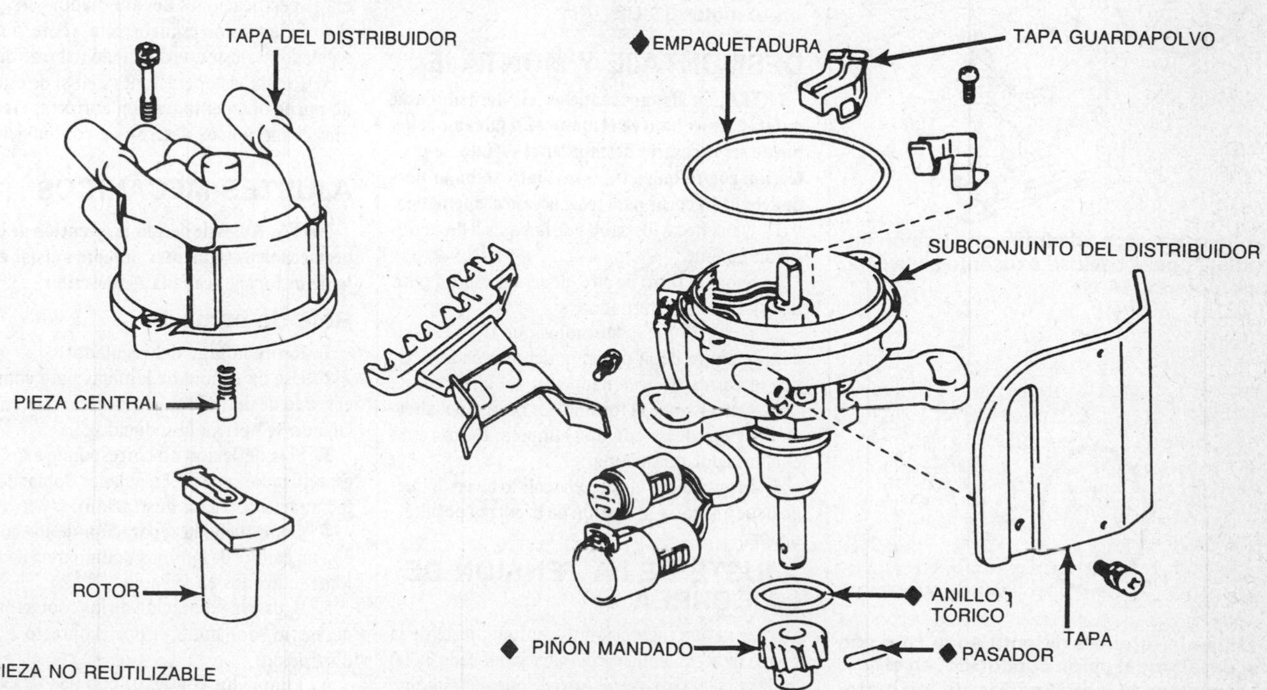

Despiece del distribuidor de motores 4A-GE

con el centro del agujero del tornillo de montaje.

6. En los motores MR-2 y del Corolla GTS, monte una nueva junta tórica. Alinee la marca taladrada en el piñón conducido del distribuidor con la cavidad existente en la caja. Introduzca el distribuidor, alineando el centro de la brida con el

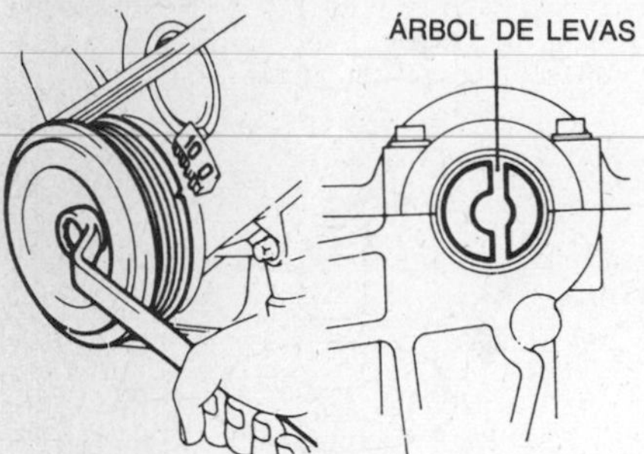

Ajuste de la posición del árbol de levas n.º 1 en motores 3S-GE

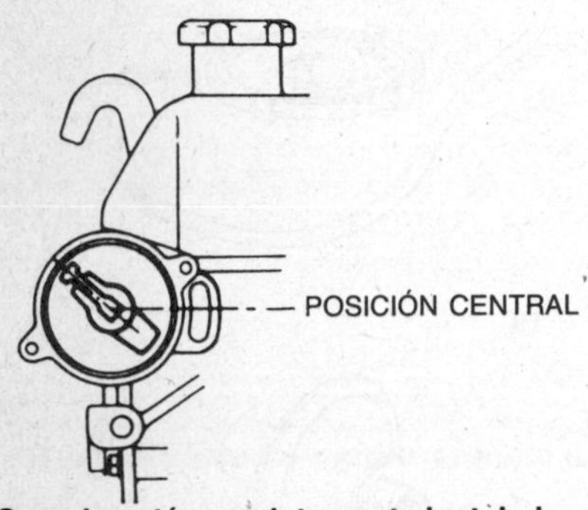

Cuando está completamente instalado, el rotor girará a la posición indicada, en motores 22R-E

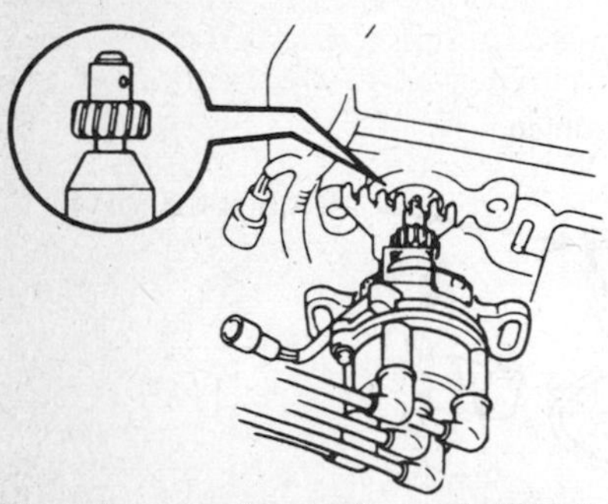

Alinee la marca taladrada en el piñón impulsor con la cavidad existente en la caja, en motores 4A-GE

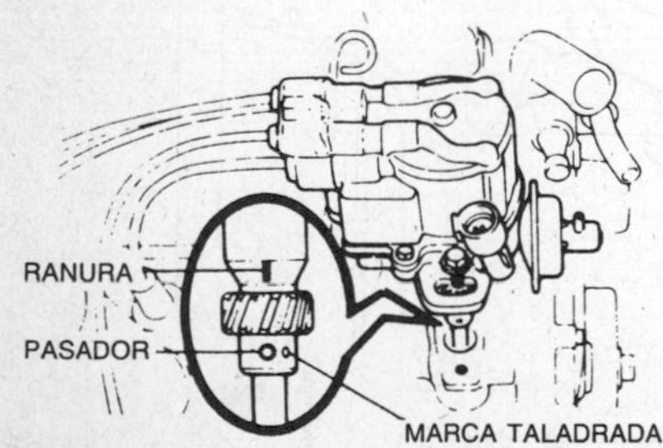

Alinee la ranura existente en la caja con el pasador del piñón conducido, en el lado en que hay la marca perforada, en motores 3Y-EC y 4Y-EC

centro del agujero del tornillo en la cabeza de cilindros. Apriete los tornillos de retenida.

7. En todos los modelos, conecte los cables de las bujías y compruebe la distribución del encendido.

Alternador

PRECAUCIONES

• Asegúrese siempre de efectuar las conexiones de la batería con la correcta polaridad, especialmente cuando ponga en marcha el coche con una conexión provisional.

• Nunca conecte a tierra o entre sí terminales del alternador ni del regulador del alternador.

• Nunca opere el alternador con algún cable desconectado del propio alternador o de la batería.

• Para cargar la batería, retírela del coche o desconecte su cable de salida.

• Cuando cambie cualquier componente eléctrico, desconecte siempre el cable de puesta a tierra.

• Cuando limpie el motor con vapor, preste cuidado a no someter el alternador a excesivo calor o humedad.

• No use nunca equipo de soldadura por arco con el alternador conectado.

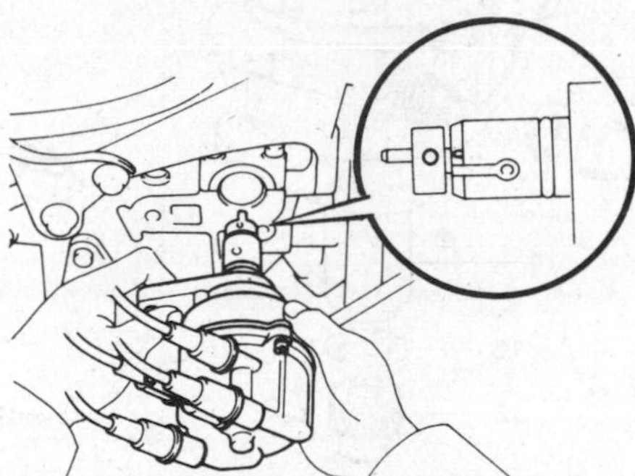

Alinee la marca taladrada en el acoplamiento con la muesca existente en la caja, en el motor 3S-GE

DESMONTAJE Y MONTAJE

NOTA: En algunos modelos, el alternador está montado muy bajo en el motor. En tales modelos puede ser necesario desmontar el escudo de protección contra impactos (gravilla) y trabajar desde debajo del coche para tener acceso al alternador.

1. Desconecte los cables de la batería de su posición en ésta.

2. Saque el filtro de aire, de ser necesario, para tener acceso al alternador.

3. Desenrosque los tornillos que fijan el eslabón de ajuste de la posición del alternador. Saque la correa de accionamiento del alternador.

4. Desenrosque el tornillo de fijación del alternador y márquelo con una etiqueta; luego retire el alternador de su soporte.

5. El montaje se efectúa en sentido inverso. Luego debe ajustarse la tensión de la correa del alternador.

AJUSTE DE LA TENSIÓN DE LA CORREA

Se precisa una inspección y eventual ajuste de la correa de accionamiento del alternador cada 3,000 millas (5,000 km) o en el caso de que se desmonte el alternador.

1. Inspeccione la correa de accionamiento para estar seguro de que no contenga fisuras ni excesivo desgaste. Es igualmente importante que no contenga vestigio de grasa ni aceite.

2. Apriete hacia abajo la correa con el pulgar, a mitad de distancia entre el ventilador y las poleas del alternador (o la polea del cigüeñal). La deflexión de la correa debería ser entre 3/8 y 1/2 pulgadas (9.5 y 13 mm).

3. Si la tensión de la correa es incorrecta, afloje el tornillo del eslabón de ajuste y mueva el alternador hasta obtener la correcta tensión.

ATENCIÓN

No tense en exceso la correa, ya que ello podría dañar los cojinetes del alternador.

4. Apriete el tornillo del eslabón de ajuste de posición.

Regulador tipo externo

DESMONTAJE Y MONTAJE

1. Desconecte los cables de la batería de sus posiciones en ésta.

2. Desconecte el conector del haz de cables del regulador.

3. Desatornille el regulador y extráigalo, junto con el condensador.

4. El montaje se efectúa en sentido inverso al desmontaje.

AJUSTE DEL VOLTAJE

1. Conecte un voltímetro a los bornes de la batería.

2. Ponga el motor en marcha y aumente gradualmente su velocidad hasta aproximadamente 1.500 rpm.

3. A esta velocidad, el voltaje medido debería estar dentro de los valores especificados en la tabla Especificaciones del alternador y regulador.

4. Si la tensión es incorrecta, retire la tapa del regulador y ajuste éste doblando su brazo de ajuste.

5. Repita las operaciones 2-4; si de este modo no puede obtener la tensión correcta, efectúe los ajustes mecánicos descritos a continuación.

AJUSTES MECÁNICOS

NOTA: Antes de decidir la ejecución de los ajustes mecánicos siguientes, intente ajustar el voltaje de la forma acabada de describir.

Relé de campo

1. Retire la tapa del regulador.

2. Use un calibre de láminas para comprobar el grado de deflexión del resorte de los contactos cuando se aprieta el inducido.

3. Si la deflexión no corresponde a los valores especificados, ajuste el regulador doblando el portacontacto P (véase ilustración).

4. Compruebe la separación de los contactos con un calibre de láminas y compárela con los valores indicados en la tabla.

5. Ajuste la separación de los contactos, de ser necesario, doblando el portacontacto P_1 (véase ilustración).

6. Limpie los contactos con tela de esmeril si están sucios y lávelos con un disolvente.

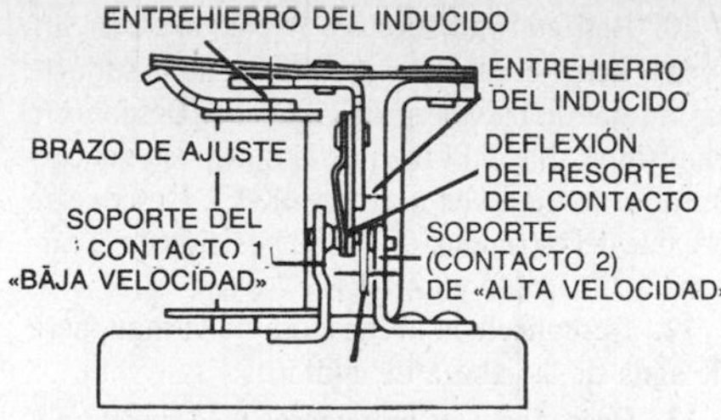

Componentes del regulador de voltaje

Regulador de tensión

1. Use un calibre de láminas para medir el entrehierro del inducido. Si la separación no corresponde a la indicada en la tabla, ajústela doblando el soporte «baja velocidad» de los contactos.

2. Compruebe la separación de contactos con un calibre de láminas. Si no corresponde a los valores indicados en la tabla, ajústela doblando el soporte «alta velocidad» de los contactos. Limpie los contactos con tela de esmeril y lávelos con un disolvente.

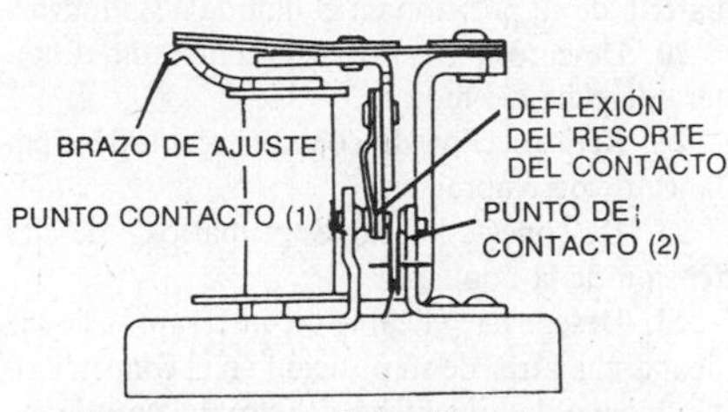

Componentes del relé de campo

3. Compruebe el grado de deflexión del resorte del contacto, mientras mantiene el inducido apretado. El valor debe ser idéntico al especificado para el resorte del contacto del relé de campo. Si el grado de deflexión es incorrecto, no ajuste el regulador de tensión, sino que debe cambiarlo. Luego repita el procedimiento de Ajuste tensión antes descrito. Si no puede obtenerse el voltaje correcto a pesar de haber cambiado el regulador, es probable que el alternador esté averiado y deba cambiarse.

NOTA: En los vehículos que poseen un regulador interno (IC), no se requiere ajuste del mismo. Si es defectuoso, debe cambiarse.

Regulador interno (IC)

El regulador IC (de circuitos integrados) va montado dentro de la caja del alternador, es transistorizado y no precisa ajustes.

DESMONTAJE Y MONTAJE

1. Desconecte los cables de la batería de sus posiciones en ésta.

2. Retire la tapa de extremo del regulador.

3. Desenrosque los tres tornillos que pasan por los bornes.

4. Desenrosque los dos tornillos superiores que montan el regulador al alternador. Retire el regulador.

5. Para volver a montar el regulador IC, colóquelo en su posición en el alternador y fíjelo con los dos tornillos superiores de montaje. Vuelva a colocar los tornillos de los bornes. Coloque la tapa de extremo.

6. Vuelva a conectar el cable de tierra de la batería.

Motor de arranque

DESMONTAJE Y MONTAJE

1. Desconecte de la batería el cable que va de ésta al motor de arranque.

2. Retire el conjunto del filtro de aire, de ser necesario para tener acceso al motor de arranque.

NOTA: En algunos modelos de cambio automático puede ser necesario desconectar la varilla de unión de la mariposa de los gases.

3. Desconecte todos los cables acoplados al motor de arranque.

4. Retire el motor de arranque.

5. Su montaje es en el orden inverso.

CAMBIO DE LA TRANSMISIÓN DEL MOTOR DE ARRANQUE

Motor de arranque de transmisión directa

1. Desconecte todos los cables eléctricos del motor de arranque y retire éste del motor del vehículo.

2. Desmonte el solenoide del motor de arranque.

3. Desenrosque los tornillos pasantes y retire la placa de extremo.

4. Deslice hacia afuera el eje del rotor lo suficiente para desacoplar las horquillas del embrague.

5. Retire de dicho eje el clip de retenida y la arandela.

6. Deslice el conjunto del mecanismo de transmisión del motor de arranque en el eje del rotor, hasta extraerlo.

7. Para volver a montar el engranaje, siga el mismo procedimiento en orden inverso. Utilice un nuevo clip de retenida.

Motor de arranque con engranaje reductor

Retire el motor de arranque de la forma descrita. Luego siga las operaciones 1-4 del procedimiento de desmontaje del solenoide descrito, a continuación, para los motores de arranque con engranaje reductor. Para su montaje, vea las instrucciones al final de dicho procedimiento.

CAMBIO DEL SOLENOIDE Y ESCOBILLAS DEL MOTOR DE ARRANQUE

Motor de arranque de transmisión directa

NOTA: El motor de arranque ha de retirarse del motor del coche antes de ejecutar este procedimiento de desarmado.

1. Desconecte el cable de la bobina de campo del borne del solenoide.

2. Desatornille el solenoide y extráigalo, inclinándolo hacia arriba y retirándolo hacia atrás.

3. Desatornille la tapa de apoyo del soporte de extremo del colector y retire dicha tapa.

4. Desenrosque los tornillos pasantes. Retire el soporte de extremo del colector.

5. Si ha de cambiar las escobillas, extráigalas de los portaescobillas.

6. La longitud mínima de las escobillas debería ser 0.40 pulgadas (10.1 mm). De ser necesario, cámbielas.

7. Alise con tela de esmeril las nuevas escobillas, de modo que establezcan un correcto contacto.

8. Use una balanza de resorte para comprobar la tensión del resorte de las escobillas. Cambie los resortes si su tensión no corresponde a la especi-

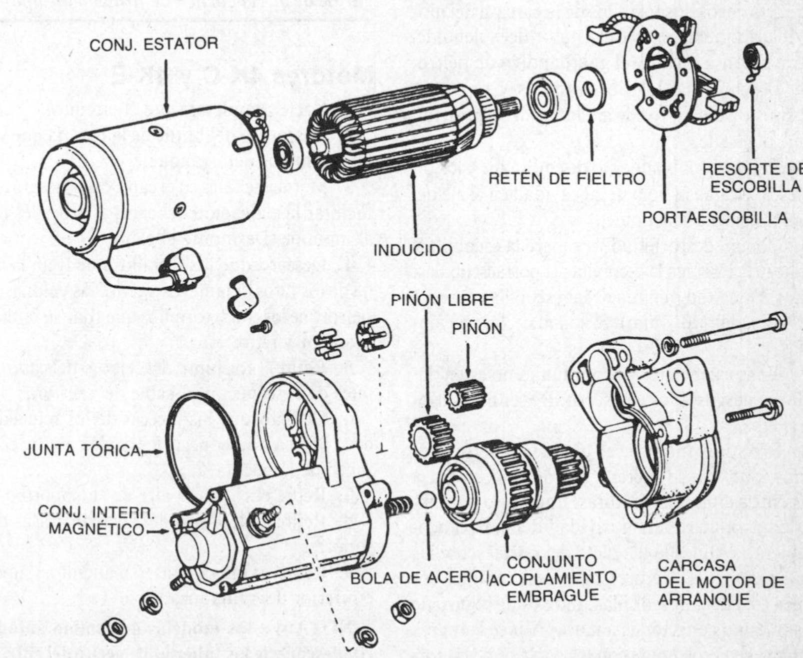

Despiece de un motor de arranque típico con transmisión por engranaje reductor

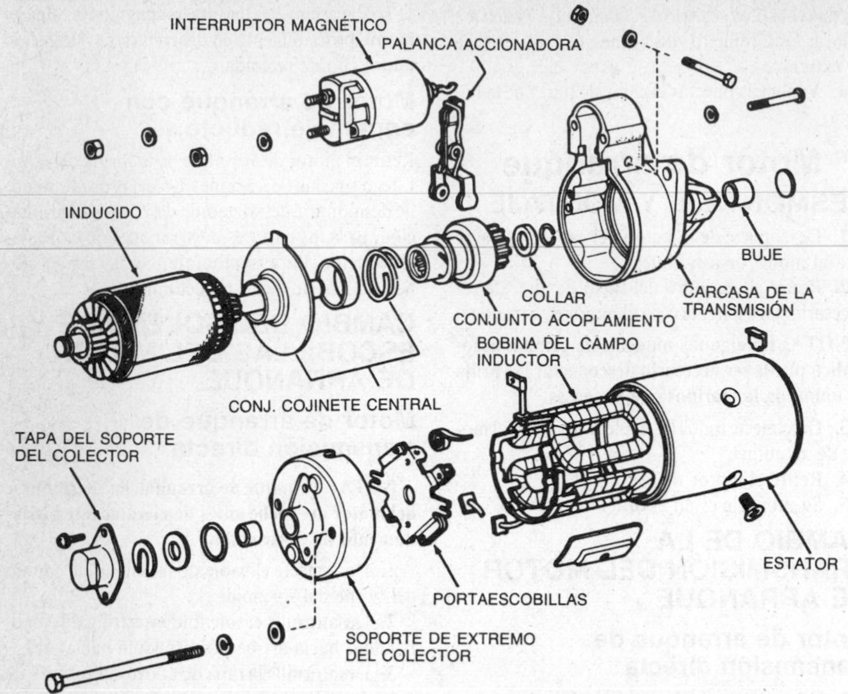

Despiece de un motor de arranque con transmisión directa

ficada.

9. Efectúe el montaje en el orden inverso. Antes de instalar la tapa del cojinete de extremo, llénela completamente con grasa de uso general.

Motor de arranque con transmisión por engranaje reductor

NOTA: Para efectuar el procedimiento descrito a continuación debe retirarse primero el motor de arranque del vehículo.

1. Desconecte el cable del solenoide.

2. Afloje los dos tornillos de la carcasa del motor de arranque y separe el estator del solenoide. Retire la junta tórica y el guardapolvo de fieltro.

3. Desenrosque los dos tornillos y separe la transmisión del motor de arranque de su posición en el solenoide.

4. Retire el acoplamiento de embrague y los piñones. Extraiga la bola de su cavidad en el eje del acoplamiento o solenoide.

5. Con un destornillador, separe la escobilla y su resorte y extraiga la escobilla del portaescobillas.

6. La longitud mínima de las escobillas debe ser 0.40 pulgadas (10.1 mm). Si son más cortas, cámbielas.

7. Compruebe que los engranajes no estén dañados ni desgastados en exceso. De ser necesario, cámbielos.

8. Efectúe el montaje en el orden inverso. Lubrique todos los cojinetes y engranajes con grasa resistente a altas temperaturas. Engrase la bola antes de introducirla en la cavidad del eje del acoplamiento. Alinee la lengüeta del portaescobillas con la ranura del estator. Compruebe los hilos positivos (+) de las escobillas, para estar seguro de que no están conectadas a masa. Alinee la marca existente en el solenoide con los anclajes de los tornillos en el estator.

PARTE MECÁNICA DEL MOTOR

Motor

DESMONTAJE Y MONTAJE

ATENCIÓN

Antes de proceder al desmontaje del motor, asegúrese de que el coche esté firmemente apoyado.

Motores 4K-C y 4K-E

1. Vacíe completamente el circuito.

2. Desconece del borne de la batería que va de ésta al motor de arranque.

3. Marque señales en el capó y sus bisagras para facilitar la alineación del capó al proceder luego al montaje. Desmonte el capó.

4. Desenrosque los tornillos que fijan la valona de los faros delanteros y retire las valonas. Desenrosque los cinco tornillos que fijan la rejilla del radiador y retire ésta.

5. Retire el conjunto del cerrojo del capó, después de desconectar el cable de apertura.

6. Desenrosque las tuercas de los retenedores de la bocina y desconecte los cables. Retire el conjunto de la bocina.

7. Retire el filtro de aire de su soporte.

8. Retire el depósito del lavaparabrisas de su soporte.

9. Retire las mangueras (o manguitos) superior e inferior del radiador.

NOTA: En los modelos de cambio automático, desconecte las tuberías de aceite del enfriador de aceite.

10. Retire el radiador.

11. Retire el cable del acelerador de su soporte en la tapa de la cabeza de cilindros. Desconecte el mismo cable del brazo de la mariposa del carburador (excepto en motores 4K-E). Desconecte el cable del estrangulador de su posición en el carburador (excepto en 4K-E).

12. Desconecte la abrazadera de la manguera de agua de la cabeza de cilindros.

13. Desconecte las mangueras de derivación y del calefactor de sus posiciones en la bomba de agua. Desconecte el otro extremo de la manguera del calefactor de su posición en la válvula de agua. Retire el cable de control del calefactor de su posición en la válvula de agua.

14. Desconecte los multiconectores de cables.

15. Desconecte la tubería descendente del múltiple de escape.

16. Desconecte los cables de los sensores de temperatura de agua y presión de aceite.

17. Desenrosque la tuerca de la montura delantera izquierda del motor.

18. Desconecte la tubería de combustible de la bomba de combustible.

19. Desconecte el cable de puesta a tierra de la batería de su posición en el bloque de cilindros.

20. Desenrosque la tuerca de la montura delantera derecha del motor.

21. Retire el clip y desconecte el cable de la palanca de desembrague.

22. Desconecte los cables primarios y de alta tensión de la bobina.

23. Desconecte el cable del interruptor de luz de marcha atrás de su posición en el conector situado en el lado derecho del alojamiento de extensión.

Si es un Corolla de cambio automático, efectúe además las operaciones siguientes:

24. Retire la alfombrilla del túnel del cambio. Retire las cazoletas de la palanca de cambio.

25. Retire el anillo de resorte de la base de la palanca del selector de cambio de velocidades. Extraiga el conjunto de la palanca del selector.

Si es un Corolla de cambio automático, efectúe ademas las operaciones siguientes:

26. Desconecte la varilla de torsión del varillaje del acelerador de su posición en el carburador.

27. Desconecte la varilla de unión del varillaje de la mariposa de su posición en la palanca acodada.

28. Vacíe completamente el aceite del cárter de aceite de la caja de cambio.

29. Desconecte la varilla de cambio del selector de velocidades de su posición en el eje de mando.

En los modelos Corolla con cambio manual y automático, y Starlet, efectuar las operaciones siguientes:

30. Levante las ruedas traseras del coche y soporte el vehículo con apoyos de seguridad.

31. Desacople el árbol de transmisión de la caja de cambios.

NOTA: Efectúe el completo drenaje del aceite de la caja de cambios manual.

32. Desconecte el soporte de apoyo del tubo de escape del alojamiento de extensión.

33. Desenrosque el tornillo del aislador de su posición en la montura trasera del motor.

34. Coloque un gato debajo de la caja de cambios y desenrosque los cuatro tornillos que fijan el travesaño posterior de soporte del motor.

35. Instale un mecanismo de izado y fije sus ganchos en los soportes de elevación del motor.

36. Eleve el motor sólo un poco, desplácelo hacia la parte delantera del coche y extráigalo en ángulo.

37. Para el montaje, invierta el procedimiento descrito. Ajuste todos los varillajes del cambio y del carburador. Monte y ajuste el capó. Vuelva a llenar el motor, el radiador y la caja de cambios, según sus capacidades.

Motores 3T y 4A-C

1. Efectúe el drenaje del radiador, circuito de enfriamiento, caja de cambios y aceite del motor.

2. Desconecte el cable que va de la batería al motor de arranque, de su posición en el borne positivo de la batería.

3. Marque señales en el capó y sus bisagras para facilitar luego su alineamiento en el montaje.

4. Desmonte los soportes del capó de su posición en la carrocería y retire el capó.

NOTA: **No retire los soportes existentes en el propio capó.**

5. En los modelos Corolla, realice las operaciones descritas en los puntos 4-6 de la anterior sección Desmontaje del motor.

6. Desconecte las mangueras (o manguitos) superior e inferior del radiador. En coches de cambio automático, desconecte las tuberías del enfriador de aceite. Desatornille y retire el radiador.

7. Afloje las abrazaderas y desconecte las mangueras del calefactor y de derivación de sus posiciones en el motor. Retire el cable de control del calefactor de su posición en la válvula de agua.

8. Desconecte los cables de los sensores de temperatura del refrigerante y de la presión del aceite.

9. Desmonte el filtro del aire de su soporte y extráigalo completo con sus mangueras.

10. Desacople la varilla de torsión del acelerador de su posición en el carburador. En los modelos equipados con cambio automático, desconecte también el varillaje del cambio.

11. Desconecte en la medida que sea necesario los tubos flexibles y cables del sistema de control de emisiones.

12. Retire el soporte de apoyo de la tubería hidráulica del embrague.

13. Desconecte de la bobina el cable primario y el de alta tensión.

14. Marque con etiquetas los cables de las bujías y desconéctelos del distribuidor.

15. Desacople la montura delantera derecha del motor.

16. Desconecte la tubería de combustible de la bomba.

17. Desconecte el tubo descendente del múltiple de escape.

18. Desacople la montura delantera izquierda del motor.

19. Desconecte todos los multiconectores de cables.

20. En los vehículos equipados con cambio manual, retire la campana de la palanca de cambio y la campana de la caperuza de la palanca de cambio de velocidades.

21. Desenrosque los cuatro tornillos que fijan la caperuza de la palanca del selector de marchas, extraiga la junta y retire el conjunto de la palanca del selector de marchas de su posición en la parte superior de la caja de cambios.

NOTA: **En los modelos Corolla de 5 marchas, debe retirarse antes la consola de piso.**

22. Levante las ruedas traseras del vehículo de modo que no toquen el suelo y lo dejen bien apoyado.

23. En los vehículos de cambio automático, desconecte la varilla de mando del selector de marchas.

24. Desmonte el soporte de apoyo del tubo de escape.

25. Desacople el árbol de transmisión de la parte posterior de la caja de cambios.

26. Desconecte el cable del velocímetro de su posición en la caja de cambios. Desconecte los cables del interruptor de las luces de marcha atrás y del interruptor de seguridad de punto muerto (sólo en modelos con cambio automático).

27. Suelte el conjunto del cilindro de desembrague, completo con las tuberías hidráulicas; no desconecte éstas.

28. Desatornille los aisladores de montaje del miembro de soporte.

29. Coloque un gato debajo de la caja de cambios y desenrosque los tornillos que fijan el miembro de soporte trasero; extraiga éste por debajo del coche.

30. Instale un dispositivo de izado y fije sus ganchos en los soportes previstos para levantar el motor.

31. Saque el gato de debajo de la caja de cambios.

32. Eleve el motor ligeramente y deslícelo hacia la parte delantera del coche. Proceda con cuidado para evitar que se dañen los componentes que quedan en el vehículo.

33. Deposite el motor sobre un banco de trabajo.

Para el montaje, proceda en el orden inverso. Ajuste todos los varillajes de la forma descrita en las pertinentes secciones. Monte el capó y alinéelo. Vuelva a llenar el motor, el radiador y la caja de cambios a sus niveles correctos.

20R y 22R (excepto 1982-83)

1. Realice las operaciones 1-4 de la anterior sección «3T-C».

2. Desmonte los valonas de los faros delanteros y la rejilla del radiador.

3. Desmonte la carcasa del ventilador, la base del cerrojo del capó y el soporte de la base.

4. Ejecute las operaciones 8-19 del procedimiento de desmontaje «3T-C» anterior.

Si el modelo tiene cambio manual, ejecute las operaciones siguientes:

5. Desmonte la consola central, de haberla.

6. Retire la campana o campanas de la palanca de cambio de velocidades.

7. Desenrosque los cuatro tornillos que fijan la caperuza de la palanca de cambio. Retire la caperuza y extraiga el conjunto de la palanca de cambio.

En los modelos con cambio automático, efectúe las siguientes operaciones:

8. Retirar los varillajes del selector de cambio:

a. En los modelos con selector montado en el piso, desconecte la varilla de control de la caja de cambios.

b. En modelos con selector de cambio montado en la columna de la dirección, retirar la varilla de cambio.

9. Retirar el conector de cables del interruptor de seguridad de punto muerto.

En todos los modelos, efectuar las siguientes operaciones:

10. Desatornillar y extraer el soporte de apoyo del equilibrador del freno de mano. Desconectar el cable que pasa entre la palanca y el equilibrador.

12. Retirar el cable del velocímetro de la caja de cambios. Desconectar el cable de la luz de marcha atrás.

13. Desacoplar el árbol de transmisión de la parte posterior de la caja de cambios.

NOTA: **Si el aceite saliera de la caja de cambios, la abertura puede obturarse colocando un viejo manguito de horquilla de junta en U.**

14. Ejecute las operaciones 27-33 del procedimiento de desmontaje descrito para motores 3T-C.

15. Efectúe el montaje siguiendo los mismos procedimientos en el orden inverso. Ajuste el varillaje del cambio y del carburador de la forma descrita en sus respectivas secciones. Vuelva a llenar al nivel correcto el aceite del motor y el aceite de la caja de cambios.

1982-83

1. Desconecte los cables de la batería de ésta.

2. Marque el capó para indicar su relación con las bisagras. Desatornille y retire el capó.

3. Efectúe el drenaje del radiador y del monobloque.

4. Retire el conjunto del filtro de aire (marque cualquier tubería flexible que deba desconectar).

5. Desconecte el varillaje del acelerador de su posición en el carburador.

6. Desconecte el cable del cambio de su posición en el carburador, en los modelos con cambio automático.

7. Marque y desconecte todos los cables y tubos flexibles del motor. Fije una etiqueta en cada uno, para volverlos a conectar correctamente.

8. Retire la rejilla del radiador.

9. Desmonte y extraiga el estribo del cerrojo del capó, el deflector superior del radiador y el cerrojo del capó.

10. Desatornille y extraiga el radiador y la carcasa del ventilador.

11. Si el vehículo va equipado con aire acondicionado, pida a un técnico en aire acondicionado que descargue el circuito. Retire el condensador del aire acondicionado.

12. De haber acondicionador de aire, afloje también los tornillos de montaje del compresor del acondicionador, saque la correa de accionamiento, retire los tornillos de montaje y aparte el compresor a un lado.

NOTA: **No es necesario desconectar los tubos flexibles de refrigerante del compresor.**

13. Si el vehículo va equipado con servodirección:

a. Aflojar los tornillos de la polea-guía.

b. Sacar la correa de accionamiento de la bomba de servodirección.

c. Desenroscar los tornillos de montaje de la bomba de servodirección.

d. Retirar la bomba de modo que no estorbe; sin embargo, no es necesario desconectar las tuberías hidráulicas de la bomba.

14. Desconecte la parte superior del amortiguador del motor, de su posición en la montura izquierda del motor.

15. Desenrosque los pernos de montaje del motor, a cada lado de éste.

16. Retire la caja de la consola para tener acceso a la palanca de cambio en los vehículos de cambio automático. En estos modelos, retire también la palanca de cambio.

17. Levante el vehículo y déjelo apoyado sobre caballetes de seguridad.

18. Retire la tapa inferior del motor y efectúe el completo drenaje del aceite del motor.

19. Saque la abrazadera del tubo de escape de su posición en la caja de cambios, desconecte el tubo de escape del múltiple y deje que cuelgue.

20. En vehículos con cambio manual, retire el cilindro de desembrague.

21. Desconecte el cable del velocímetro de su posición en la caja de cambios y átelo de modo que no estorbe.

22. En los vehículos con cambio automático, desconecte el varillaje de cambio de su posición en la palanca de cambio de velocidades.

23. Desconecte los siguientes cables:

a. Cables del interruptor de luces de marcha atrás.

b. Cables del interruptor de arranque en punto muerto (sólo coches de cambio automático).

c. Cables del solenoide sobremarcha (sólo con cambio automático).

d. Cable del sensor de presión de aceite.

e. Cable del motor de arranque.

24. Coloque un gato debajo de la caja de cambios, con un bloque de madera entre el gato y la caja de cambios. Eleve el gato justo lo suficiente para que apoye la caja de cambios. Luego desmonte el travesaño de soporte de la caja de cambios.

25. Desacople el árbol de transmisión de la parte posterior de la caja de cambios y tape la abertura para que no se vierta aceite.

26. Instale un dispositivo de izado y fije sus ganchos en los soportes del motor previstos a tal fin. Proceda con sumo CUIDADO; levante el motor y extráigalo del coche.

27. El montaje se efectúa en el orden inverso. Ajuste los varillajes con arreglo a las pertinentes secciones de este manual. Efectúe el llenado de aceite, líquido de enfriamiento, etc., a los niveles requeridos. Cuando haya puesto el motor en marcha, compruebe que no haya escapes.

22R-E

1. Siga los puntos 1-10 del anterior procedimiento.

2. Desconecte el cable del accionador del cambio automático, el cable del acelerador y el cable de la mariposa de su soporte en la parte lateral de la cámara de admisión de la inyección electrónica de combustible.

3. Marcar con una etiqueta de identificación y desconectar los tubos flexibles de la ventilación positiva del cárter, el tubo flexible de la unidad servo, el tubo flexible del accionador (de estar equipado con control de marcha de crucero), el tubo flexible de la válvula de control aire y dicha válvula.

4. Retirar el modulador de vacío de la recirculación de gases de escape y su soporte, después de etiquetar y desconectar los tubos flexibles del modulador.

5. Marque y desconecte el resto de los tubos de goma de control de emisiones que estorben, incluyendo los de la válvula de aire de la cámara de admisión y del cuerpo de la mariposa, los tubos de derivación de agua del cuerpo de la mariposa, el tubo de la válvula de control de aire que va al accionador y el tubo del regulador de presión que está montado en la cámara de admisión.

6. Marque y desconecte el tubo del inyector de arranque en frío y el propio inyector.

7. Marque y desconecte el cable del sensor de posición de la mariposa y el cable de la válvula de aire.

8. Desenrosque los tornillos que fijan la válvula de recirculación de gases de escape a la cámara de admisión. Desconecte la cámara de su apoyo y extráigala del múltiple de admisión, junto con el cuerpo de la mariposa.

9. Marque y desconecte los cables de la unidad sensora de la temperatura del agua, del interruptor termostático de sobremarcha (de ser un modelo con cambio automático), del temporizador de inyección para arranque, del sensor de temperatura y de la inyección.

10. Desenrosque los dos tornillos de fijación de la parte superior e inferior de la junta universal de la dirección y extraiga la horquilla deslizante.

11. Desconecte los extremos de las barras de acoplamiento. Desenrosque los tornillos que fijan la tubería de presión al travesaño delantero.

12. Sin desconectar la tubería de aceite, desenrosque los tornillos de montaje del conjunto de la cremallera y piñón y, con cuidado, déjelo colgando del travesaño delantero, sin que los tubos de goma queden sometidos a tensión.

13. Siga los puntos 13-27 del procedimiento antes descrito.

4M-E y 5M-E

1. Desconecte los cables de la batería y retire ésta.

2. Marque señales de alineación en el capó y sus bisagras para facilitar luego el montaje. Retire el capó.

3. Desmonte la carcasa del ventilador y vacíe el sistema de enfriamiento.

4. Desconecte las mangueras (o manguitos) superior e inferior del radiador. Desconecte y tapone las tuberías de aceite de su posición en el enfriador de aceite, en motores con cambio automático.

5. Desconecte el tubo flexible que va al depósito de expansión térmica y retire dicho depósito de su soporte.

6. Desmonte el radiador.

7. Desconecte los tubos de goma del calefactor y de derivación de sus posiciones en el motor.

8. Desconecte los cables de la unidad sensora que conecta y desconecta la luz de presión de aceite, así como el multiconector del alternador y los hilos del interruptor de luces de marcha atrás.

9. Desconecte las tuberías de vacío del servofreno.

10. Desconecte los tubos de goma de líquido enfriador del aceite del motor en el filtro de aceite, de haberlos.

11. Desconecte el tubo flexible de líquido enfriador de la servodirección, de haberlo.

12. Extraiga el conjunto del filtro de aire de su soporte, completo con sus mangueras.

13. Desconecte en la medida que sea necesario los cables y tubos flexibles del sistema de control de emisiones.

14. Desconecte el cable primario del distribuidor y el cable de alta tensión de sus posiciones en la bobina.

15. Desconecte los cables del motor de arranque y de la unidad sensora del indicador de temperatura.

16. Desconecte la tubería de combustible de la bomba de combustible.

17. Desconecte el cable de control del calefactor de su posición en la válvula de agua. Suelte el tubo flexible de vacío de control del calefactor.

18. Suelte el varillaje del acelerador del carburador. En los modelos con inyección de combustible, desconecte dicho varillaje del cuerpo de la mariposa. Marque y desconecte el resto de tubos de goma, tuberías o cables que queden en el motor.

19. Suelte la tubería hidráulica del embrague de sus rácores en el cilindro principal (sólo vehículos con cambio manual). Instale un tapón en dichos rácores para que el líquido hidráulico no se derrame.

20. Desconecte las tuberías de alimentación de presión de sus rácores en el cárter del engranaje de la dirección, en los modelos equipados con servodirección.

21. Levante la parte delantera y trasera del vehículo con gatos y déjelo firmemente apoyado.

22. Suelte el tubo de escape del tubo descendente y retire los soportes colgantes del tubo de escape.

23. Desconecte el cable del velocímetro del lado derecho de la caja de cambios.

24. En los modelos con cambio manual:

a. Retire los tornillos de fijación de la consola central, la empuñadura del cambio y la campana del cambio, y luego suelte el multiconector de los cables de la consola. Levante la consola por encima de la palanca de selección de velocidades.

b. Desenrosque los cuatro tornillos que fijan el retenedor de la palanca de cambio de velocidades a la torreta del cambio y extraiga el conjunto de la palanca.

25. En los modelos equipados con cambio automático, desenrosque la tuerca del pivote de la varilla de conexión y desacople ésta de la palanca del selector de engranajes.

26. Suelte la varilla de la palanca del freno de mano, el resorte de retorno, la varilla intermedia y el cable del equilibrador.

27. Desacople el árbol de transmisión de su posición en la caja de cambios.

NOTA: Si cae aceite de la caja de cambios, tape la abertura con una vieja horquilla de junta en U.

28. Retire el escudo izquierdo de protección contra impacto de gravilla y luego las monturas delanteras del motor.

29. Coloque un gato debajo de la caja de cambios para apoyarla.

30. Retire las monturas traseras del motor y el travesaño posterior.

31. Instale un dispositivo de izado y levante el motor, deslizándolo al mismo tiempo hacia ade-

lante, hasta que salga sin rozar en ningún punto del coche.

32. Efectúe el montaje en sentido inverso. Luego ajuste los varillajes del cambio y del carburador de la forma descrita en las pertinentes secciones. Purgue el circuito del embrague. Monte el capó y alinéelo correctamente. Efectúe el llenado de aceite y del resto de líquidos al nivel correcto.

5M-GE

1. Ejecute las operaciones 1-6 descritas para motores 4M-E y 5M-E.

2. Extraiga el conjunto del filtro de aire, incluyendo el indicador de flujo de aire y el tubo del conector de admisión.

3. En los modelos de cambio automático, suelte el soporte del cable de la mariposa de su posición en la cabeza de cilindros. En todos los modelos, desmonte el soporte del cable del acelerador y del accionador también de la cabeza de cilindros.

4. Marque y desconecte el cable de tierra de la cabeza de cilindros, el cable del sensor de oxígeno, los cables de la unidad sensora de presión de aceite y del alternador, el cable de la bobina de alta tensión, los cables de la unidad sensora de temperatura del agua y del interruptor termostático (coches con cambio automático) y los cables del motor de arranque.

5. Marque y suelte los conectores del ECT y el conector del cable del resistor del solenoide.

6. Marque y suelte el tubo de vacío de la unidad del servofreno de su posición en la cámara de admisión de aire, junto con el tubo de goma de vacío de la válvula del circuito de recirculación gases escape y el tubo flexible de vacío del accionador, también de la cámara de admisión de aire (de estar el vehículo equipado con control de marcha crucero).

7. Suelte los tubos flexibles del calefactor y del circuito de derivación del motor.

8. Quite la guantera y extraiga el módulo del ordenador ECU. Suelte los tres conectores y extraiga el haz de cables de la inyección electrónica de combustible de su posición en el compartimiento del motor en el lado del tabique cortafuegos.

9. Desenrosque los cuatro tornillos de la carcasa y los cuatro que retienen el acoplamiento de líquido y extraiga la carcasa y el acoplamiento como una unidad.

10. Retire la protección de la tapa inferior del motor.

11. Suelte el tubo flexible del depósito de líquido de enfriamiento y desmonte el radiador. Retire el depósito de expansión del líquido de enfriamiento.

12. Saque la correa de accionamiento del compresor del aire acondicionado y desatornille el compresor. Sin desconectar las tuberías de goma de refrigerante, aparte el compresor a un lado y átelo.

ATENCIÓN

El sistema de aire acondicionado está cargado con el refrigerante R-12, que es peligroso cuando establece contacto con la atmósfera. No desconecte las tuberías de goma del aire acondicionado para sacar el motor, a menos que sea indispensable.

13. Saque la correa de accionamiento de la bomba de la servodirección y retire el puntal de la bomba. Desatornille la bomba y déjela a un lado, sin desconectar los tubos flexibles de líquido de freno.

14. Desenrosque los tornillos de montaje del motor situados a cada lado. Retire el cable de tierra del motor.

15. En coches con cambio manual, retire la palanca de selección de velocidades, desde el interior del coche.

16. Levante la parte delantera y trasera del coche y déjelo firmemente apoyado. Vacíe el aceite del motor.

17. Desacople el tubo de escape del múltiple de escape. Retire la abrazadera del tubo de escape que hay en la caja de cambios.

18. En coches de cambio manual, desmonte el cilindro auxiliar del embrague.

19. Desconecte el cable del velocímetro de la caja de cambios.

20. En coches con cambio automático, desconecte el varillaje de su posición en la palanca de selección de velocidades. En modelos con cambio manual, desconecte el cable del interruptor de luces de marcha atrás.

21. Retire la placa de refuerzo de su posición en el cable de puesta a tierra.

22. Desconecte la tubería de combustible del filtro, y el tubo flexible de retorno de su posición en el soporte del tubo de goma de combustible. No deje que se derrame combustible, colocando algún recipiente debajo. Ponga un tapón en la tubería.

23. Siga los puntos 10-12 del procedimiento de desmontaje descrito para los motores 22R-E.

24. Desacople el eje intermedio del árbol de transmisión.

25. Coloque un gato hidráulico debajo de la caja de cambios, con un bloque de madera entre ambos, para que la caja no sufra daños. Coloque otro bloque de madera entre el panel fijo de la carrocería y la cabeza de cilindros, en la parte posterior de ésta, para que no se dañen los tubos de goma del calefactor.

26. Desatornille el miembro de soporte posterior del motor de su posición en el bastidor, junto al cable de tierra.

27. Asegúrese de que todos los cables y tubos flexibles estén desconectados (y provistos de etiquetas de identificaciones) y que no haya ninguna pieza que estorbe en el motor o en la caja de cambios. Instale un dispositivo de izado del motor, fijando sus ganchos en las argollas previstas a tal fin, y, con cuidado, eleve el motor, junto con la caja de cambios, extrayéndolos al mismo tiempo del vehículo. Para este cometido conviene que haya dos o tres personas que ayuden. Deposite el motor en un banco de trabajo y separe la caja de cambios.

28. El montaje es en el orden inverso.

1A-C, 3A y 3A-C

1. Desconecte el borne negativo de la batería.

2. Desmonte el capó.

3. Extraiga el filtro de aire y todas las mangueras (o manguitos) a él conectadas.

4. Vacíe el radiador.

5. Cubra las campanas de los dos árboles de transmisión con una toalla de taller.

6. Retire el conector de la válvula del solenoide, el conector del interruptor de temperatura y el conector del ventilador eléctrico.

7. Desatornille la placa de soporte del tubo de escape y extraiga éste.

8. Suelte el soporte superior del radiador.

9. Suelte la manguera superior e inferior del radiador y retire éste junto con el ventilador.

NOTA: En modelos equipados con cambio automático, retire las tuberías de líquido enfriador antes de desmontar el radiador.

10. Extraiga el depósito del lavaparabrisas.

11. Suelte los tubos de goma del calentador y las tuberías de la bomba de combustible.

NOTA: Ponga un tapón en la tubería de gasolina, para evitar que se derrame.

12. Desconecte el cable del acelerador, el cable del estrangulador y el alambre de puesta a tierra.

13. Suelte la tubería de vacío de la unidad de servofreno.

14. Desconecte el cable de la bobina y desenchufe el alternador.

15. Suelte el cable de desembrague.

16. Suelte los cables del motor de arranque.

17. Extraiga los conectores de la unidad sensora de temperatura y del interruptor de presión.

18. Retire el alambre de tierra de la batería de su posición en el bloque de cilindros.

19. Levante el vehículo y déjelo apoyado en soportes seguros.

20. Desatornille el motor y extraiga sus amortiguadores.

21. Soporte el diferencial con un gato.

22. Desenrosque los tornillos de montaje de la caja de cambios.

NOTA: Probablemente es más fácil desenroscar esos tornillos desde debajo del coche.

23. Ice y saque el motor.

24. Ate la carcasa acampanada a la carrocería del vehículo, para soportar la caja de cambios.

NOTA: De ser necesario puede retirarse la rejilla, para facilitar la extracción del motor.

25. Efectúe el montaje en sentido inverso. Ajuste luego los varillajes con arreglo a los procedimientos descritos en las pertinentes secciones. Efectúe el llenado del aceite del motor y otros líquidos al nivel correcto. Apriete los tornillos de la caja a 37-57 libras-pie.

En los modelos con cambio automático, se requieren los procedimientos siguientes:

1. Desmontar el motor de arranque.

2. Soltar los tubos de líquido de enfriamiento de la caja de cambios.

3. Apoyar la caja de cambios con un gato.

4. Retirar los pernos de montaje de la caja de cambios.

5. Desenroscar los 4 tornillos del convertidor de par.

NOTA: Para girar el convertidor, aplique una llave a la polea del cigüeñal y gírela hasta que aparezca un tornillo en el área en que estaba el motor de arranque.

6. Cuando el motor está suspendido del dispositivo de izado, extráigalo hacia afuera unas 2 pulgadas.

7. Introduzca una varilla en su apertura y con suavidad separe el convertidor de par del motor.

8. El montaje de estos componentes se efectúa siguiendo el mismo orden, en sentido inverso.

Antes de montar la cabeza de cilindros, efectúe el procedimiento siguiente: compruebe que la superficie de contacto del convertidor está a 1.02 pulgadas del alojamiento. Instale un tornillo de guía en uno de los orificios de los tornillos de montaje. Retire el aislador de montaje del motor (lado izquierdo) y el soporte de montaje (lado derecho). Fije provisionalmente la caja al motor, colocando los dos tornillos de montaje. Ello facilitará la instalación del motor.

3S-GE

1. Vacíe el líquido de enfriamiento del motor.
2. Desmonte el capó.
3. Desconecte y saque la batería.
4. Marque y suelte el conector y el cable de alta tensión de la bobina de encendido. Afloje las cuatro tuercas y dos tornillos que fijan el estribo superior de la suspensión y extráigalo.
5. En los modelos con cambio automático, desconecte el cable de la mariposa y su soporte de sus posiciones en el cuerpo de la mariposa.
6. En los modelos de cambio manual, suelte el cable de la mariposa del cuerpo de ésta.
7. Desmonte el depósito de rebose del radiador.
8. Desmonte el accionador del control de marcha de crucero y su soporte.
9. Retire el sensor de oxígeno.
10. Marque y desconecte los cables del ventilador de enfriamiento de su posición en el radiador. Suelte los tubos de goma (o manguitos) del calentador y las tuberías de enfriamiento del aceite del cambio automático (de haberlo). Retire el radiador y los dos soportes.
11. Extraiga el conjunto del filtro de aire, junto con el fluidómetro y su manguera.
12. Desmonte el soporte del filtro de aire.
13. Retire el ignitor.
14. Marque con etiquetas y desconecte los tubos flexibles de combustible en el filtro de combustible y el tubo de retorno de combustible.

ATENCIÓN

Preste atención a que no se derrame combustible.

15. Suelte el cable del velocímetro.
16. Desconecte el cable de control de la caja de cambios tanto de la palanca de cambios misma como de la del selector, en los coches de cambio manual, y luego extráigalo del soporte. En los modelos con cambio automático, suelte el cable en el pivote y en el soporte y extráigalo.
17. Desatornille el compresor del aire acondicionado (de haberlo) y apártelo a un lado, sujetándolo con un cordel o alambre, sin desconectar las tuberías de refrigerante.
18. Etiquete y desconecte el resto de cables eléctricos o mecánicos.
19. Marque con etiquetas y suelte el resto de las tuberías flexibles de vacío.
20. Levante el coche y déjelo apoyado en soportes seguros.
21. Vacíe el aceite del motor.
22. Desmonte la tapa inferior derecha del motor. Luego el travesaño inferior de la suspensión.
23. Pida a alguien que mantenga el pedal del freno apretado a fondo y desatornille y extraiga los dos semiejes. Se recomienda envolver las cazoletas acampanadas con dos toallas de taller, para que no se pierda grasa.
24. Destornille la bomba de la servodirección. Desconecte los dos tubos flexibles de vacío y saque la correa de accionamiento. Aparte la bomba de modo que no estorbe, pero sin desconectar las tuberías hidráulicas.
25. Desconecte el tubo de escape en el múltiple.
26. Desenrosque el perno de montaje posterior del motor. Baje el vehículo y luego desenrosque los pernos de montaje delanteros del motor.
27. Desmonte el depósito de la bomba de la servodirección y sitúelo de modo que no obstaculice el trabajo.
28. Instale un dispositivo de izado y fije sus ganchos a las argollas previstas a tal fin en el motor.
29. Eleve ligeramente el motor con el dispositivo de izado y retire las monturas izquierda y derecha del motor.
30. Lenta y cuidadosamente, eleve y extraiga el motor y el conjunto del transeje. Preste atención a no tocar el cárter del engranaje de la servodirección ni el interruptor de seguridad de punto muerto del cambio.
31. Efectúe el montaje en el orden inverso. Apriete los pernos de montaje del motor a 29 libras-pie, los tornillos de los semiejes a 27 libras-pie y los rácores de las tuberías de combustible a 22 libras-pie.

2S-E

1. Vacíe el líquido de enfriamiento del motor.
2. Desmonte el capó.
3. Desconecte y saque la batería.
4. Marque con etiquetas y suelte todos los cables mecánicos fijados al motor.
5. Marque y suelte todos los cables eléctricos fijados al motor.
6. Marque y desconecte todas las tuberías de vacío acopladas al motor.
7. Desmonte el accionador del control de marcha de crucero y su soporte.
8. Suelte las mangueras (o manguitos) del radiador y del calefactor.
9. Suelte las tuberías del líquido de enfriamiento de la caja de cambios automática.
10. Desatornille los dos soportes del radiador y saque éste.
11. Extraiga el conjunto del filtro de aire y el fluidómetro.
12. Desconecte todos los cables y varillajes de la caja de cambios.
13. Extraiga el haz de cables del sistema de inyección de combustible y átelo a la placa frontal del guardabarros derecho.
14. Suelte las tuberías de combustible de su posición en el filtro, así como los tubos de retorno.
15. Desconecte el cable del velocímetro en la caja de cambios.
16. Suelte el cilindro de desembrague, pero no desconecte sus tuberías.
17. Desatornille el compresor del aire acondicionado y átelo de modo que no estorbe.
18. Levante el vehículo y déjelo apoyado en soportes seguros.
19. Efectúe el drenaje del líquido de la caja de cambios.
20. Pida a alguien que mantenga apretado a fondo el pedal del freno y desatornille los dos semiejes. Se recomienda envolver los capuchones con paños del taller, para que no se pierda grasa.
21. Desatornille la bomba de la servodirección y fíjela de modo que no estorbe.
22. Desconecte el tubo de escape del múltiple.
23. Desconecte las monturas delanteras y traseras del motor de su posición en el miembro del bastidor.
24. Baje el vehículo al suelo.
25. Fije una grúa de izado a las argollas del motor previstos a tal fin.
26. Haga que el peso del motor gravite en la grúa y retire las monturas derecha e izquierda del motor.
27. Lenta y cuidadosamente, retire el motor y el conjunto de la caja de cambios.
28. Efectúe el montaje en el mismo orden, en sentido inverso. Apriete los pernos de montaje del motor a 29 libras-pie. Apriete los pernos de los semiejes a 27 libras-pie. Apriete los rácores de las tuberías de combustible a 22 libras-pie.

3Y-EC y 4Y-EC

1. Desconecte la batería.
2. Saque el asiento delantero derecho.
3. Saque la tapa del motor.
4. Vacíe el líquido de enfriamiento.
5. Suelte las mangueras (o manguitos) del radiador y del calefactor.
6. Marque con etiquetas y desconecte todos los tubos flexibles de vacío fijados al motor.
7. Marque y desconecte todos los cables eléctricos fijados al motor.
8. Marque y desconecte todos los cables mecánicos fijados al motor.
9. Extraiga el filtro de aire.
10. Desatornille la bomba de la servodirección y fíjela de modo que no estorbe.
11. Retire la carcasa del ventilador.
12. Retire el ventilador y su embrague. No deje el ventilador tendido de lado, ya que el líquido se vertiría, con lo que su embrague quedaría inutilizado, sin posibilidad de reparación.
13. Desatornille el compresor del aire acondicionado y fíjelo de modo que no estorbe.
14. Eleve el vehículo unos 100 cm sobre el nivel del suelo y déjelo firmemente apoyado.
15. Efectúe el drenaje del aceite del motor.
16. Desacople el árbol de transmisión.
17. Desconecte y extraiga el sistema de escape.
18. Retire el cable de control de la caja de cambios.
19. Desmonte el cilindro de desembrague.
20. Retire el motor de arranque.
21. Retire el cable del velocímetro.
22. Suelte el resto de tuberías flexibles y cables fijados a la caja de cambios.
23. Retire el cable del tensor del motor.
24. Desmonte el cárter inferior.
25. Retire la barra puntal.
26. Coloque un gato debajo del motor y elévelo hasta que el peso del motor gravite sobre él. Desatornille y retire las monturas del motor y baje éste.
27. Efectúe el montaje en el mismo orden, en sentido inverso. Apriete los pernos de anclaje del motor en sus monturas a 58 libras-pie.

1C-L, 1C-LT y 2C-T

1. Efectúe el drenaje del líquido de enfriamiento del motor.
2. Marque la posición relativa de capó con sus

soportes de montaje y desmóntelo.

3. Desconecte los cables de la batería y extraiga ésta.

4. Retire el soporte del bloque de relés (y el bloque) y sitúe el conjunto de modo que no estorbe, sin desconectar los cables eléctricos.

5. Retire el accionador del control de marcha de crucero.

6. De no haber control de crucero, suelte el cable del acelerador de la bomba de inyección.

7. Suelte el cable de mariposa de su posición en la bomba de inyección.

8. Extraiga el conjunto del filtro de aire, junto con su manguera.

9. Desconecte las mangueras (o manguitos) del calefactor y retírelas. Desatornille el radiador de sus soportes de apoyo y extráigalo del motor.

10. Marque con etiquetas y desconecte los tubos flexibles de entrada y salida de combustible, así como los de vacío de la bomba de vacío, el de presión para el interruptor de aviso del turbocargador, los de vacío de ralentí y el de vacío HAC.

11. Marque y desconecte todos los cables eléctricos que interfieren con el desmontaje del motor.

12. Desconecte el cable del velocímetro.

13. Retire el escudo de protección de la caja de cambios.

14. Suelte el cable de control de la caja de cambios de sus posiciones en el pivote y en el soporte, y extráigalo.

15. Retire los depósitos del lavaparabrisas y de reserva del radiador.

16. Desatornille la bomba de la servodirección, saque su correa de accionamiento y fije la bomba de modo que no estorbe, sin desacoplar las tuberías de líquido hidráulico.

17. Repita el punto 16 con respecto al compresor del aire acondicionado.

18. Levante la parte delantera del vehículo y déjela apoyada con soportes de seguridad.

19. Efectúe el drenaje del motor y la caja de cambios.

20. Pida a alguien que apriete a fondo el pedal del freno y desatornille ambos semiejes. Se recomienda envolver los capuchones con toallas de taller para que no se pierda grasa.

21. Desatornille la mangueta izquierda de la dirección, para poder retirar los semiejes.

22. Desconecte el tubo de escape a la altura del codo del turbocargador (o del múltiple, en motores 1C-L).

23. Retire la pieza aisladora de la parte trasera del motor.

24. Baje el vehículo y desenrosque los pernos de las monturas delanteras del motor.

25. Instale un dispositivo de izado y fije sus ganchos en las argollas previstas a tal fin en el motor.

26. Tense los cables de izado hasta que el peso del motor gravite en ellos y retire las monturas izquierda y derecha del motor.

27. Lenta y cuidadosamente, eleve y extraiga el conjunto motor-caja de cambios. Proceda con cuidado, para que el motor no roce ningún punto del coche.

28. Efectúe el montaje en el orden inverso. Apriete los pernos de las monturas del motor a 29 libras-pie, y los de los semiejes a 27 libras-pie.

4A-GE

COROLLA GTS

1. Desconecte los cables de la batería y retire ésta.

2. Desmonte el capó y el cárter inferior del motor.

3. Suelte la manguera n.º 2 del filtro de aire. Desconecte el accionador y los cables del acelerador de su soporte en la cabeza de cilindros.

4. Retire la consola central, levante el capuchón del cambio y luego el varillaje.

5. Efectúe el drenaje del aceite del motor y de la caja de cambios. Suelte los dos tubos flexibles de líquido de enfriamiento del aceite.

6. Efectúe el drenaje del líquido del radiador, suelte las mangueras (o manguitos) del radiador y luego desmonte éste y la carcasa del ventilador.

7. Extraiga el conjunto del filtro de aire.

8. Desmonte la bomba de la servodirección, junto con su soporte.

9. Afloje las tuercas de fijación de la polea de la bomba de agua, retire el tornillo de ajuste de su correa de accionamiento y luego extraiga la correa.

10. Desenrosque las tuercas de fijación y extraiga el acoplamiento del combustible, con el ventilador y la polea de la bomba de agua.

11. Desatornille el compresor del aire acondicionado, junto con su soporte, y sitúelos de modo que no estorben.

ATENCIÓN

No desconecte los tubos flexibles del aire acondicionado.

12. Retire el distribuidor.

13. Desmonte el soporte del tubo de escape de sus posiciones en el tubo y en el cárter del embrague.

14. Desconecte el múltiple del tubo de escape. Desconecte el sensor de oxígeno, retire la pieza deflectora de calor del múltiple y luego desmonte éste.

15. Marque con etiquetas y desconecte los cables del motor de arranque.

16. Retire el amortiguador de pulsaciones de su posición en el tubo de inyección combustible. Desconecte el tubo flexible de combustible con las dos arandelas y luego desconecte el tubo de goma de retorno de combustible de su posición en el regulador de presión.

17. Retire el tubo del inyector de arranque en frío. Retire del múltiple de admisión el tubo de la ventilación positiva cárter.

18. Marque con etiquetas y desconecte todos los tubos flexibles de vacío.

19. Suelte el haz de cables y el tubo de vacío de la tapa n.º 3 de la distribución.

20. Etiquete y desconecte todos los cables y luego sitúe el haz de cables de modo que no estorbe.

21. Levante la parte delantera del vehículo y apóyela sobre soportes seguros. Desatornille el motor en ambos lados.

22. Desatornille el cilindro de desembrague sin desconectar la tubería de líquido hidráulico y sitúelo de modo que no estorbe.

23. Desconecte los ejes de transmisión de la forma descrita más adelante en esta sección. Etiquete y desconecte el cable del velocímetro y el conector del interruptor de las luces de marcha atrás. Extraiga la junta tórica.

24. Desconecte los cables aglomerados del embrague y de las prolongaciones. Baje el vehículo.

25. Acople un dispositivo de izado a los soportes previstos a tal fin en el motor. Coloque un gato debajo de la montura trasera del motor y soporte ésta para que no sufra daños. Desatornille los cuatro pernos de dicha montura y extráigala. Levante y extraiga el motor.

26. Desmonte el motor de arranque y los dos platos de refuerzo, si quiere separar la caja de cambios del motor.

27. Para el montaje siga el mismo procedimiento en sentido inverso.

MR- 2

1. Efectúe el drenaje del líquido de enfriamiento del motor.

2. Vacíe el aceite del motor.

3. Desconecte el cable del borne negativo de la batería.

4. Retire las protecciones del depósito de combustible y el cárter inferior del motor.

5. Desconecte el cable del acelerador. Suelte el cable del control de marcha de crucero de su posición en el accionador (de haber dicho control). En los modelos de cambio automático, desconecte el cable de mariposa.

6. Retire la batería.

7. Extraiga el conjunto del filtro de aire, junto con su manguera.

8. Desconecte los tubos flexibles del calefactor en la caja de entrada, detrás de la tapa de la cabeza de cilindros. Suelte la manguera del radiador y el tubo flexible de purga de aire de la caja de entrada de agua.

9. Desconecte la tubería de combustible en el filtro de combustible. Suelte el tubo flexible de retorno de combustible.

10. Marque y desconecte el tubo de vacío de su posición en el filtro de carbón.

11. Etiquete y desconecte el cable de toma tierra del motor y el conector del haz principal de cables, del motor. Haga lo mismo con el conector del interruptor de luces de marcha atrás, en los modelos equipados con cambio manual.

12. Desconecte el cable del velocímetro.

13. Desmonte el escudo de protección contra impactos de gravilla de la unidad del transeje

14. Suelte el cable de tierra existente en la caja de entrada de agua.

15. Desmonte el depósito de rebose del radiador.

16. Saque la correa de accionamiento del acondicionador de aire. Retire también la correa de accionamiento del alternador y luego éste.

17. Suelte la manguera principal del radiador en la caja de salida de agua.

18. Etiquete y desconecte:

a. Los dos conectores acoplados en el ignitor.

b. El conector del filtro insonorizante.

c. El conector del cable del ventilador de enfriamiento.

d. El cable de tierra de la cabeza de cilindros.

e. El conector del cable del compresor en los modelos con aire acondicionado

19. Etiquete y desconecte los cables de alta tensión de la bobina de encendido.

20. Retire la guarnición del compartimiento de

equipajes posterior. Etiquete y desconecte:

a. El conector del relé de apertura circuito.

b. Todas las conexiones de la unidad de control electrónico.

c. El cable de conexión del ordenador de control del ventilador de enfriamiento.

21. Extraiga el haz principal de cables, haciéndolo pasar por el compartimiento del motor.

22. Retire los cuatro tornillos de montaje del compresor del aire acondicionado y retire éste de modo que no estorbe, sin desconectar las tuberías de refrigerante.

23. En los modelos con cambio manual, desconecte los cables de control de la palanca de cambio externa y de la palanca del selector de engranes. En los modelos equipados con cambio automático, desconecte el cable de la palanca de cambio de engranes.

24. En los modelos equipados con cambio manual, retire el soporte del cable de control de la caja de cambios y luego retire el cilindro de desembrague.

25. Desconecte las tuberías de enfriamiento del aceite del motor y de la caja de cambios automática, de haberla.

26. Retire el conjunto del tubo de escape.

27. Retire el sensor de oxígeno del múltiple de escape.

28. En los modelos equipados con cambio automático, desenrosque los tres tornillos que fijan la placa de refuerzo a la caja de cambios y extraiga dicha placa.

29. Desenrosque los tres tornillos (cambio manual) o los dos tornillos (cambio automático) y extraiga el escudo de protección antigravilla del volante del motor.

30. Desmonte el semieje derecho.

31. Separe el semieje izquierdo del eje lateral de la caja de cambios y luego sujételo a la caja de puntal, de modo que no estorbe.

32. Desenrosque el perno pasante y luego los dos tornillos que fijan la montura delantera del motor y extraiga ésta.

33. Repita el punto 32 para extraer la montura posterior del motor. En los modelos con cambio automático, hay dos tuercas, en vez de los dos tornillos citados en el punto 32.

34. Ponga un bloque de madera sobre un gato hidráulico y sitúelo cuidadosamente debajo del motor. Eleve el gato justo lo necesario para reducir el peso del motor sobre las monturas.

35. Extraiga las monturas derecha e izquierda del motor.

36. Asegúrese de que no quede ningún cable ni tubos conectados al motor y, cuidadosamente, eleve el vehículo mientras al mismo tiempo baja el gato que soporta el conjunto motor-caja de cambios.

NOTA: Se recomienda que haya otra persona que mantenga al conjunto motor-caja de cambios en equilibrio sobre el gato mientras baja del vehículo.

37. Efectúe el montaje en el orden inverso. En los modelos con cambio manual, apriete los pernos de 10 mm de la montura trasera del motor a un par de 38 libras-pie (52 Nm) y apriete los pernos de 12 mm a 58 libras-pie. En los modelos con cambio automático, apriete las tuercas y pernos a 38 libras-pie (52 Nm).

38. Cuando instale en la carrocería la pieza aisladora de montaje del motor, apriete los dos pernos a 38 libras-pie. Acople el soporte de montaje a la pieza aisladora y coloque provisionalmente el perno pasante. Mueva el motor varias veces arriba y abajo, para estar seguro de que la montura esté correctamente centrada en el soporte. Luego apriétela a 58 libras-pie (78 Nm).

Llene el motor con aceite y líquido de enfriamiento a los niveles requeridos.

CABEZA DE CILINDROS

ATENCIÓN

No realice esta operación si el motor está caliente. Desenrosque los pernos de la cabeza de cilindros aflojándolos en varias etapas uniformes y siguiendo el orden indicado. Mantenga los elevadores de válvulas en sus respectivas posiciones. No intente deslizar la cabeza de cilindros respecto al monobloque, ya que está fijada con espigas de centrado; en vez de ello, levántela y extráigala de dichas espigas.

DESMONTAJE Y MONTAJE

Motores 4K-C

1. Desconecte la batería y efectúe el drenaje del circuito de enfriamiento.

2. Extraiga el conjunto del filtro de aire de su soporte, completo con sus mangueras.

3. Desconecte los tubos flexibles del sistema de inyección de aire o las tuberías de la válvula de conmutación de vacío.

4. Suelte el cable del acelerador de su soporte en la tapa de la cabeza de cilindros y también del brazo de la mariposa del carburador.

5. Suelte el cable del estrangulador y las tuberías de combustible, de sus respectivas posiciones en el carburador.

6. Suelte el soporte del tubo flexible de agua de la tapa de la cabeza de cilindros.

7. Suelte las abrazaderas de los tubos flexibles de agua y retire éstos de la bomba de agua y de la válvula de agua. Desconecte el cable de control de temperatura del calefactor de su posición en la válvula de agua.

8. Desconecte la tubería de ventilación positiva del cárter de la tapa de la cabeza de cilindros.

9. Desatornille y extraiga la tapa de las válvulas.

10. Retire los tornillos y tuercas que fijan el soporte de los balancines. Extraiga el conjunto de balancines.

11. Extraiga los elevadores de válvula de sus cavidades.

12. Suelte las abrazaderas de la manguera superior del radiador y extraiga ésta del rácor de salida de agua.

13. Desconecte los cables de las bujías.

14. Desconecte el cableado y la tubería de líquido del conjunto del lavaparabrisas. Desmonte luego este conjunto.

NOTA: Al desconectar la tubería del lavaparabrisas, recoja el líquido en un recipiente limpio.

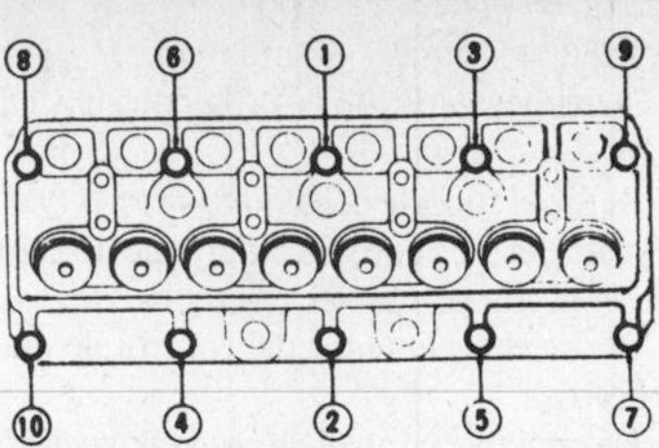

Secuencia de apriete de los pernos de la cabeza de cilindros, en motores serie K.

15. Desacople la brida del tubo de escape del múltiple de escape.

16. Desatornille la cabeza de cilindros y extráigala del motor.

17. Deposítela sobre bloques de madera, para evitar que sufra daños.

18. El montaje se efectúa básicamente con el mismo procedimiento en sentido inverso. Limpie las superficies de apoyo de la junta tanto en la cabeza de cilindros como en el monobloque. Use siempre una junta nueva.

NOTA: Asegúrese de que la junta se coloque con su cara superior hacia arriba.

Apriete los pernos de la cabeza de cilindros en varias etapas uniformes, siguiendo el orden y par especificados.

Las tuercas y tornillos del conjunto de balancines deben apretarse a 13-16 libras-pie.

NOTA: El juego de las válvulas debe ajustarse al valor especificado, con cada pistón en el PMS en la carrera de compresión.

4K-E

1. Desconecte el cable negativo de la batería.

2. Efectúe el drenaje del líquido de enfriamiento del motor en un recipiente idóneo.

3. Afloje las dos abrazaderas de la manguera del filtro de aire y extraiga ésta.

4. Desconecte el cable de la mariposa desde sus dos puntos de fijación: la cámara de admisión de aire y el cuerpo de la mariposa.

5. Etiquete y suelte los cuatro tubos flexibles de vacío fijados a la cámara de admisión de aire. Desconecte los cables de las bujías, el cable del interruptor de detección de temperatura y el cable del dispositivo sensor de temperatura.

6. Etiquete y suelte el resto de los cables metálicos, cables eléctricos y tubos de goma que están montados en la cabeza de cilindros o que puedan interferir con el desmontaje de ésta.

7. Desmonte las bujías y el tubo.

8. Desmonte los múltiples de admisión y de escape, de la forma descrita más adelante en la pertinente sección.

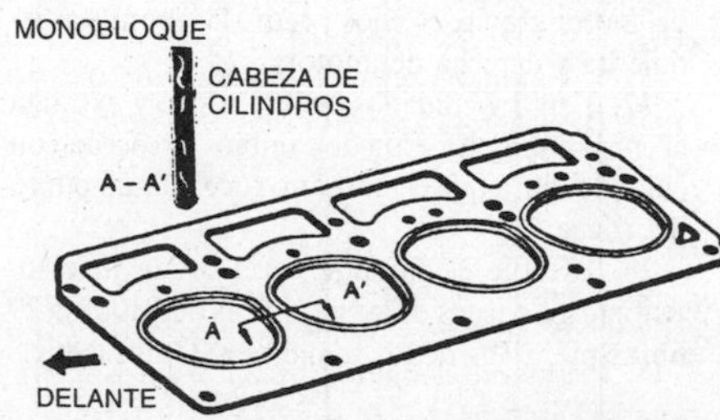

Instalación de la junta: motores 4K-E

9. Desmonte la tapa de la cabeza de cilindros y luego el conjunto del eje de balancines, de la forma descrita en su sección.

10. Extraiga los elevadores de las válvulas.

NOTA: Marque cada elevador con una etiqueta.

11. A pequeñas etapas y en la correcta secuencia, vaya aflojando los pernos de la cabeza de cilindros (véase ilustración con los números de orden).

ATENCIÓN

Si se desenroscan los pernos en un orden incorrecto puede producirse la deformación o agrietado de la cabeza de cilindros

12. Levante la cabeza de cilindros extrayéndola de sus espigas de centrado y depositela sobre bloques de madera.

NOTA: Si la cabeza de cilindros es difícil de retirar, ejerza acción de palanca con una pequeña barra colocada entre la cabeza de cilindros y el monobloque. Preste cuidado a no dañar la superficie de una u otro.

13. El montaje se efectúa en el mismo orden, en sentido inverso. Limpie las superficies de apoyo de la junta en la cabeza de cilindros y en el monobloque.

NOTA: Los pernos de la cabeza de cilindros deben apretarse en la correcta secuencia (véase el procedimiento con motores 4K-C) y al par especificado. Ajuste luego el juego de las válvulas.

3T-C

1. Ejecute los puntos 1-2 del procedimiento de desmontaje descrito en 4K-C.

2. Suelte las tuberías de vacío que van de la válvula de conmutación de vacío a los diversos dispositivos de control de emisiones montados en la cabeza de cilindros.

3. Suelte el tubo flexible de la válvula de control de mezcla que va al múltiple de admisión y desmonte dicha válvula de su soporte.

4. Ejecute el punto 7 del procedimiento 4K-C.

5. Desconecte el cable de la unidad sensora de temperatura del agua.

6. Desmonte la tubería del estrangulador y su tubo de admisión.

7. Retire el tubo de ventilación positiva del cárter del múltiple de admisión.

8. Suelte las tuberías de combustible y de vacío del carburador.

9. Retire el soporte de la tubería de líquido hidráulico del embrague de su posición en la cabeza de cilindros.

10. Levante el coche y apóyelo en soportes seguros. Suelte la abrazadera del tubo de escape. Desmonte el múltiple de escape de la cabeza de cilindros.

11. Desmonte la tapa de las válvulas.

12. Desenrosque los pernos de la cabeza de cilindros en el orden inverso al indicado en la figura en que se representa el apriete.

13. Ejecute los puntos 10-11 del procedimiento.

14. Retire la cabeza de cilindros, junto con el múltiple de admisión

15. Desmonte el múltiple de admisión de la cabeza de cilindros.

Efectúe el montaje de la cabeza de cilindros en el orden siguiente:

1. Limpie las superficies de montaje de la junta en la cabeza de cilindros y en el monobloque.

NOTA: Extraiga el aceite que pueda haberse depositado en los agujeros para los pernos de montaje en la cabeza de cilindros.

2. Coloque una junta nueva en el monobloque e instale la cabeza de cilindros.

3. Instale los elevadores y el conjunto de los balancines.

4. Apriete uniformemente, en varias etapas, los pernos de la cabeza de cilindros, en el orden ilustrado. Vea el par de apriete en la tabla Especificaciones de par de apriete.

5. Monte el múltiple de admisión, usando una junta nueva, y apriete sus tornillos al valor especificado.

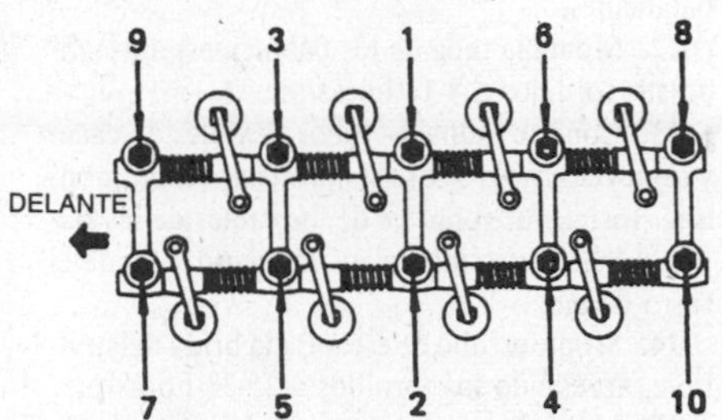

Secuencia de apriete de los pernos de la cabeza de cilindros: motores serie T

6. El resto del procedimiento de montaje es el descrito para el desmontaje, en el orden inverso. Ajuste el juego de las válvulas.

20R y 22R

1. Desconecte la batería.

2. Desenrosque las tres tuercas de la brida del tubo de escape y separe éste del múltiple.

3. Efectúe el drenaje del aceite del motor.

4. Efectúe el drenaje del circuito de enfriamiento (radiador y monobloque). Guarde el líquido de enfriamiento para que pueda volverse a usar.

5. Extraiga el filtro de aire, completo con sus tubos flexibles, del carburador.

NOTA: Cubra el carburador con un paño limpio, para que no penetre suciedad en él.

6. Marque con etiquetas todas las tuberías de goma y desconéctelas. Suelte todos los varillajes, tuberías de combustible, etc., que haya en el carburador, la cabeza de cilindros y los múltiples. Retire los soportes de los cables.

7. Marque los cables de las bujías y suéltelos.

8. De haberlos, desconecte los tubos flexibles del sistema de inyección de aire. Márquelos con etiquetas, para facilitar su montaje.

9. De haber aire acondicionado, desmonte el soporte superior de montaje del compresor.

10. De ser un modelo con servodirección, desmonte la bomba de la servodirección y apártela de modo que no estorbe; sin embargo, NO DES-

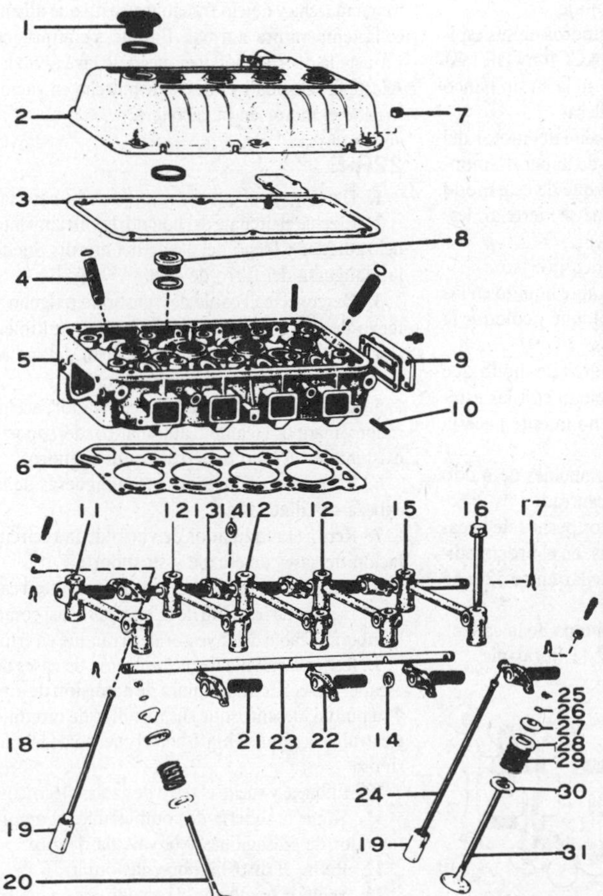

1. Tapón de llenado aceite
2. Tapa de las válvulas
3. Junta de la tapa de las válvulas
4. Guía de la válvula (admisión)
5. Cabeza de cilindros
6. Junta de la cabeza de cilindros
7. Tuerca
8. Tapón roscado
9. Tapa posterior cabeza cilindros
10. Birlo
11. Soporte balancines
12. Soporte balancines
13. Balancín
14. Arandela
15. Soporte balancines
16. Perno
17. Muelle retenedor
18. Empujador
19. Seguidor
20. Válvula de admisión
21. Resorte de compresión
22. Balancín
23. Eje balancines
24. Empujador
25. Resorte de inmovilización
26. Junta tórica
27. Retenedor resorte válvula
28. Collar antisalpicaduras aceite
29. Resorte de compresión
30. Arandela-disco
31. Válvula de escape

Motor serie T: cabeza de cilindros y sus componentes

CONECTE sus tuberías de líquido hidráulico.

11. Marque con señales de referencia la caja del distribuidor y el monobloque. Desconecte el cable primario y retire el distribuidor. Su instalación será luego más fácil si no suelta los cables de la tapa.

12. Desmonte la tapa de las válvulas.

13. Con una llave, gire la polea del cigüeñal hasta que el cilindro n.º 1 esté en PMS en su carrera de compresión (las dos válvulas del cilindro n.º 1 cerradas).

14. Marque la posición respectiva de la rueda dentada del árbol de levas y la cadena de distribución, para facilitar el montaje.

15. Extraiga los sellos de goma del árbol de levas. Use una llave de 19 mm para desenroscar el tornillo de fijación de la rueda dentada del árbol de levas. Extraiga el piñón impulsor del distribuidor, deslizándolo fuera del árbol de levas, y con un alambre sujete la rueda dentada del árbol de levas en su posición correcta.

16. Retire el tornillo de 14 mm de la tapa de la cadena de distribución, en la parte delantera de la cabeza de cilindros. Ello debe efectuarse antes de aflojar los pernos de la cabeza de cilindros.

17. Desenrosque uniformemente y por etapas los pernos de la cabeza de cilindros en el orden correcto. Un aflojamiento incorrecto puede dañar la cabeza de cilindros.

18. Usando barras de palanca aplicadas uniformemente en la parte frontal y posterior del conjunto de balancines, levante este conjunto extrayéndolo de sus espigas de montaje.

19. Extraiga la cabeza de cilindros de sus espigas de montaje. NO EJERZA ACCIÓN DE PALANCA para extraerla. Deposítela en un banco de trabajo sobre tacos de madera.

20. Efectúe el drenaje del aceite del motor del cárter del cigüeñal DESPUÉS de haber desmontado la cabeza de cilindros, ya que de este modo arrastrará líquido enfriador que se vierte al desmontar la cabeza de cilindros.

Efectúe el montaje en el orden inverso:

1. Aplique compuesto obturante líquido en las esquinas delanteras del monobloque y coloque la junta de la cabeza de cilindros.

2. Instale la cabeza de cilindros de modo que sus orificios de centrado coincidan con las espigas del bloque. Sin embargo, no intente hacerla entrar a su posición encajada.

3. Instale el conjunto de balancines de modo que encaje en sus espigas de centrado.

4. Apriete uniformemente los pernos de la cabeza de cilindros, en tres etapas, en el orden indicado y a un par que puede oscilar entre 52 y 63 libras-pie.

5. Enrosque el tornillo de la tapa de la cadena de distribución y apriételа a 7-11 libras-pie.

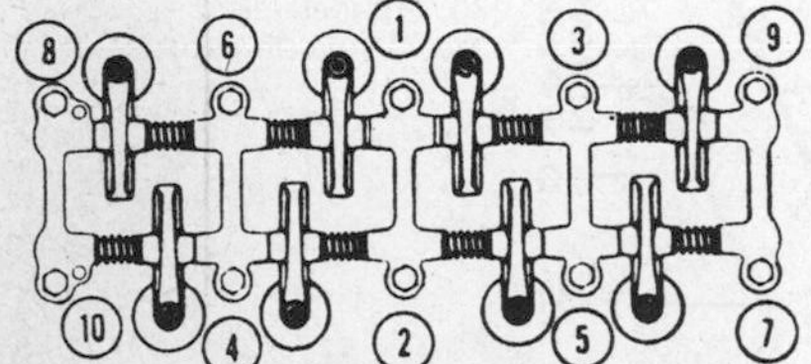

Secuencia de apriete pernos de la cabeza de cilindros, en motores serie R.

6. Saque el alambre que sujetaba la rueda dentada e instale ésta en su espiga de centrado en el árbol de levas. Si la cadena no permite que la rueda dentada llegue, apriete el perno de la polea del cigüeñal a 51-65 libras-pie.

7. Sitúe el pistón del cilindro n.º 1 a su PMS en la carrera de compresión y ajuste el juego de las válvulas.

8. Completado el ajuste del juego de las válvulas, gire el cigüeñal una vuelta, de modo que la marca de 8° antes PMS de la polea se alinee con el punto de referencia.

9. Instale el distribuidor, de la forma antes descrita.

10. Instale las bujías y sus cables.

11. Instale los sellos de goma del árbol de levas y luego llene el motor con aceite. Eche aceite encima del piñón de mando del distribuidor y los balancines.

12. Monte la tapa de los balancines, apretando sus tornillos a 8-11 libras-pie.

13. Conecte todos los tubos flexibles de vacío y cables eléctricos que se soltaron para el desmontaje. Instale los soportes de los cables de las bujías. Llene el sistema de enfriamiento. Monte el filtro de aire.

14. Monte el tubo de escape a la brida del múltiple, apretando los tornillos a 25-33 libras-pie.

15. Monte los componentes de la inyección de aire, aire acondicionado y servodirección, de ser aplicable.

16. Vuelva a conectar la batería. Ponga el motor en marcha y déjelo funcionar hasta que alcance la temperatura normal. Entonces compruebe y ajuste la distribución y el juego de las válvulas. Ajuste la velocidad y mezcla de marcha en vacío. Pruebe el motor en la carretera.

22R-E

1. Desconecte el cable negativo de la batería.

2. Efectúe el drenaje del líquido de enfriamiento del radiador y luego del aceite del motor. Suelte la manguera del filtro de aire.

3. Desconecte el cable del sensor de oxígeno y luego desacople el tubo de escape del múltiple.

4. Desconecte la manguera superior del radiador y el tubo flexible del calentador.

5. Desconecte los cables del accionador, acelerador y mariposa (cambio automático) del soporte existente en el lado de la cabeza de cilindros.

6. Etiquete y suelte todas las mangueras de la cabeza de cilindros.

7. Retire el modulador de vacío de la recirculación de gases de escape y su soporte.

8. Marque con una etiqueta y desconecte el cable del sensor de posición de la mariposa, así como la tubería y cable del inyector de arranque en frío.

9. Retire la válvula de recirculación de gases de escape. Desconecte la cámara de admisión de aire y su puntal, desenrosque sus tornillos de montaje y extraiga la cámara junto con el cuerpo de la mariposa.

10. Etiquete y suelte el resto de cables eléctricos.

11. Saque la tubería de combustible, el amortiguador de pulsaciones y la válvula de aire.

12. Retire el distribuidor y las bujías.

13. Saque la bomba de la servodirección (de estar incluida) y sitúela a un lado, sin desconectar sus tuberías flexibles.

14. Desmonte la tapa de la cabeza de cilindros.

ATENCIÓN

Después de desmontar la tapa de la cabeza de cilindros, tapone el agujero de retorno del aceite en la cabeza de cilindros con un paño, para impedir que penetren impurezas.

15. El resto del desmontaje y su subsiguiente montaje se efectúan de la forma descrita en la sección 20R y 22R, a partir del punto 11.

4M-E y 5M-E

NOTA: El motor debe estar frío antes de realizar esta operación.

MOTORES CON CARBURADOR

1. Desconecte los cables de la batería.

2. Retire el conjunto del filtro de aire, junto con sus soportes de montaje y mangueras. Etiquete las mangueras para facilitar su instalación.

3. Etiquete y desconecte las mangueras del sistema de inyección de aire y de la válvula de conmutación de vacío, de haberlas.

4. Suelte los siguientes componentes, después de haberlos etiquetado:

a. El cable del acelerador, tanto de su soporte en la cabeza de cilindros como en el brazo de la mariposa. De tratarse de un coche con cambio automático, desconecte también el varillaje del cambio de su posición en el carburador y en el múltiple de admisión.

b. Las mangueras de agua (o manguitos), tanto la superior como la inferior del radiador, y de la válvula de control del calefactor.

c. El cable de mando, de la válvula del calefactor.

d. La válvula de ventilación positiva del cárter, de la tapa de la cabeza de cilindros.

e. Las tuberías de combustible, del carburador.

f. Las tuberías del estrangulador.

g. Suelte todas las tuberías, mangueras y conectores eléctricos que haya en el múltiple de admisión.

5. Desmonte el múltiple de admisión, empezando por los elementos de fijación más externos y continuando hacia el centro. Retire luego el múltiple de admisión junto con el carburador.

MOTORES CON INYECCIÓN DE COMBUSTIBLE

1. Desconecte el cable negativo de la batería.

2. Vacíe el circuito de enfriamiento.

3. Desmonte el soporte de la manguera de agua de su posición en la tapa de la cabeza de cilindros.

4. Suelte las abrazaderas de fijación de las mangueras de la bomba de agua y de la válvula de agua y retire estas mangueras.

5. Desconecte el cable de control de temperatura del calefactor de su posición en la válvula de agua.

6. Desconecte los tubos flexibles de la ventilación positiva del cárter de su posición en la tapa de la cabeza de cilindros. Suelte el conector del aire de admisión.

7. Suelte las mangueras de la válvula de aire y de la válvula de control de aire de sus posiciones en el rácor de aire de entrada.

8. Desconecte el conector de aire de entrada de la cámara de admisión de aire y el medidor de flu-

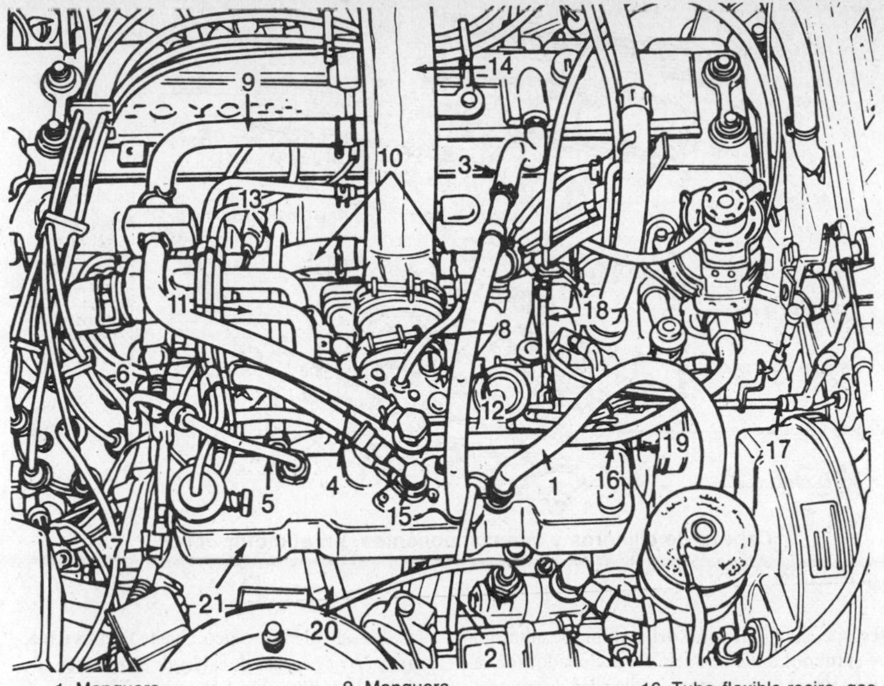

1. Manguera
2. Tubo flexible
3. Manguera (ventilación positiva cárter)
4. Manguera
5. Tubo flexible
6. Tubo flexible
7. Cable
8. Tubo flexible
9. Manguera
10. Manguera
11. Manguera de agua
12. Manguera
13. Manguera
14. Rácor entrada aire
15. Inyector arranque en frío con junta
16. Tubo flexible recirc. gas escape
17. Eslabón mariposa gases
18. Cable mariposa para cambio automát.
19. Alambre puesta tierra
20. Manguera
21. Cámara admisión aire

Antes de desmontar la cabeza de cilindros en motores 4M-E y 5M-E, retirar los tubos de goma en el orden indicado

jo de aire, y saque éste.

9. Marque con etiquetas y desconecte todas las mangueras, tuberías y cables que salen de la cámara de admisión de aire y del cuerpo de la mariposa (se recomienda seguir el order de desmontaje indicado en la figura).

10. Desenrosque los siete tornillos que fijan la cámara de admisión de aire y el cuerpo de la mariposa y extraiga ambos como una unidad.

11. Marque con etiquetas y suelte los conectores de los cables en los inyectores.

12. Desenrosque los cuatro tornillos que fijan el tubo de inyectores y extraiga éste, junto con los inyectores.

ATENCIÓN

Al sacar los inyectores y el tubo de inyectores, asegúrese de que haya un recipiente debajo con cabida para una gran cantidad de combustible.

13. Desenrosque los ocho tornillos que fijan el múltiple de admisión y extraiga éste.

TODOS LOS MOTORES

1. Retire los cables de las bujías de sus soportes en la tapa de la cabeza de cilindros y de las propias bujías.

2. Saque el conjunto del distribuidor.

3. Desmonte el múltiple de escape y la unidad sensora de presión de aceite.

4. Desatornille el conjunto de la tapa de las válvulas y sáquelo del motor.

NOTA: Coloque un lienzo sobre el engranaje de distribución, para que nada caiga sobre él.

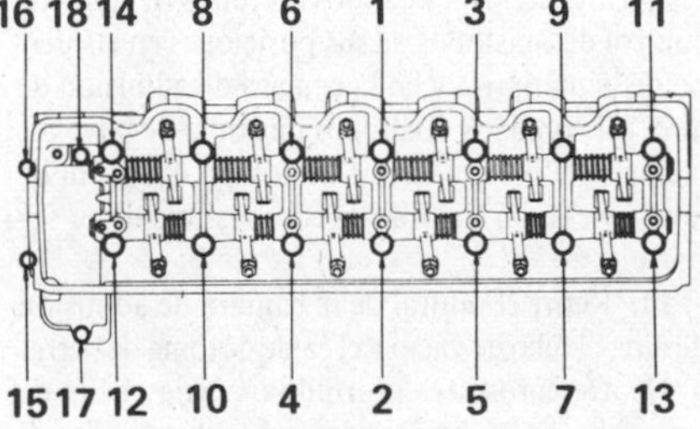

Secuencia de apriete pernos cabeza de cilindros: motores 4M-E

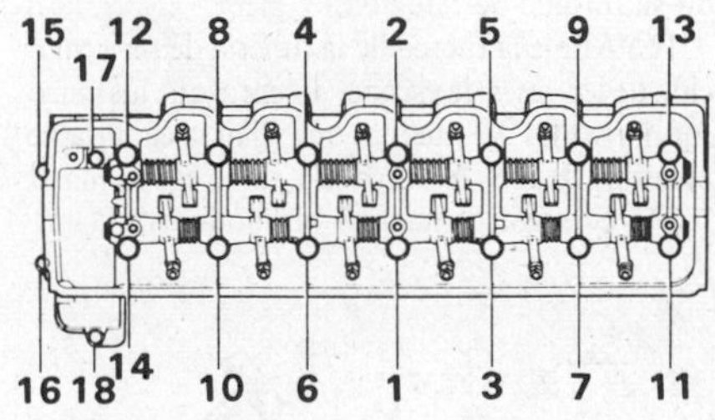

Secuencia de apriete pernos cabeza de cilindros: motores 5M-E

5. Haga girar el cigüeñal de modo que el pistón nº 1 esté en PMS en su carrera de compresión (ambas válvulas cerradas).

6. Extraiga el tensor de la cadena de distribución.

NOTA: Las marcas de referencia existentes en la cadena y en el engranaje de distribución deben estar alineadas.

7. Enderece la placa de inmovilización y desenrosque el tornillo que fija el engranaje de distribución (este tornillo tiene rosca a izquierdas); luego extraiga el engranaje de distribución del árbol de levas.

8. Afloje en 2 o 3 etapas los tornillos que fijan el conjunto del eje de balancines y extraiga éste.

9. Desmonte los sombreretes de los cojinetes del árbol de levas y deposítelos en el orden correcto en lugar seguro. Luego extraiga el árbol de levas de la cabeza de cilindros.

10. En dos o tres etapas, afloje los tornillos que fijan la cabeza de cilindros. IMPORTANTE: Recuerde que el orden de desmontaje de estos tornillos es siempre el opuesto al orden de montaje. Luego extraiga la cabeza de cilindros.

El montaje se efectúa invirtiendo el procedimiento descrito. Antes de montar la cabeza de cilindros, limpie perfectamente las superficies de contacto entre éste y el monobloque. Consulte la sección Reparaciones, en que se describe cómo comprobar la superficie de contacto de la cabeza de cilindros y del monobloque, así como las medidas correctivas a adoptar.

1. Aplique aire comprimido para eliminar cualquier vestigio de suciedad de los orificios de los tornillos de montaje de la cabeza de cilindros. Asegúrese de que dichos orificios estén limpios y no contengan agua.

2. Aplique un compuesto hermetizante líquido alrededor de los orificios de paso del aceite y del agua, tanto en la cabeza de cilindros como en el propio monobloque y en las superficies superiores de la tapa de distribución. Preste atención a que dicho compuesto no penetre en los canales ni en los orificios de montaje.

3. Coloque una junta nueva sobre el monobloque y deposite la cabeza de cilindros perfectamente alineada.

4. Apriete los tornillos de la cabeza de cilindros en dos o tres pasadas, en el orden indicado y hasta el par especificado.

5. Monte los semicojinetes inferiores del árbol de levas, de haberlos retirado. Instale luego el árbol de levas y los sombreretes de los cojinetes. Apriete los tornillos de los sombreretes a 12-17 libras-pie.

NOTA: La holgura para el paso del aceite en los cojinetes del árbol de levas puede comprobarse de la misma forma que en el cigüeñal y la biela. Consúltese la sección al respecto en la sección de Reparaciones, en que se describe cómo usar el hilo calibrado Plastigage®.

6. Instale el conjunto de los balancines. Apriete sus tornillos a 12-17 libras-pie, en dos o tres pasadas y en el correcto orden.

7. Asegúrese de que el motor esté todavía en PMS del cilindro nº 1: la polea del cigüeñal debe tener su ranura V alincada con la marca cero de la escala de la tapa de distribución.

8. Alinee la ranura V de la polea del cigüeñal con el orificio de 5/32 pulgadas (4 mm) existente en el sombrerete del cojinete nº 1 del árbol de levas; o alinee el pasador de la brida del árbol de levas con el índice impreso en relieve en el soporte n.º 1 del eje de balancines.

9. Coloque la cadena de distribución (el eslabón marcado debe ir hacia ARRIBA) en el piñón del árbol de levas (la marca existente en dicho piñón debe estar alineada con el eslabón marcado). Entonces fije el piñón, junto con la cadena, en la parte delantera del árbol de levas.

10. Enrosque el tornillo de fijación del piñón de distribución al árbol de levas (recuerde que su rosca es hacia la izquierda), con la lengüeta de inmovilización colocada. Apriete el tornillo a 47-54 libras-pie.

11. Instale el tensor de la cadena de distribución. Apriételo a 22-29 libras-pie.

12. Gire el cigüeñal dos revoluciones completas. Si al cabo de estas dos revoluciones las marcas de distribución no están alineadas, repita los puntos 7-11. Si, a pesar de ello, no se consigue la alineación, vea el punto 14.

13. Ajuste el tensor de la cadena de distribución. Gire el cigüeñal en sentido normal hasta que la «flojedad» de la cadena esté en su punto máximo. Afloje la tuerca de bloqueo del tensor y gire hacia la derecha el tornillo de reglaje hasta que se sienta cierta resistencia. Afloje entonces el tornillo dos vueltas y apriete la tuerca de bloqueo.

NOTA: Si las marcas de distribución no se alinean después de girar el cigüeñal otras dos revoluciones completas, puede ser que la cadena se haya estirado. Toyota ha incluido otros orificios para pasador en el piñón del árbol de levas que sirven para corregir este problema.

14. Si la ranura de la polea del cigüeñal no puede alinearse con la marca cero cuando el piñón de la leva y la cadena están alineados con el soporte del balancín, desmonte el piñón del árbol de levas y cámbielo de posición, fijándolo en el segundo orificio para pasador.

15. Ajuste el juego de la válvula a los siguientes valores, en frío:

Válvulas de admisión: 0,006 (0,152 mm).

Válvulas de escape: 0,008 pulgadas (0,203 mm).

16. El resto del montaje de la cabeza de cilindros puede efectuarse siguiendo el procedimiento de desmontaje, en sentido inverso.

NOTA: Antes de poner en marcha el motor, cambie su aceite. El aceite del motor puede haberse contaminado con líquido de enfriamiento.

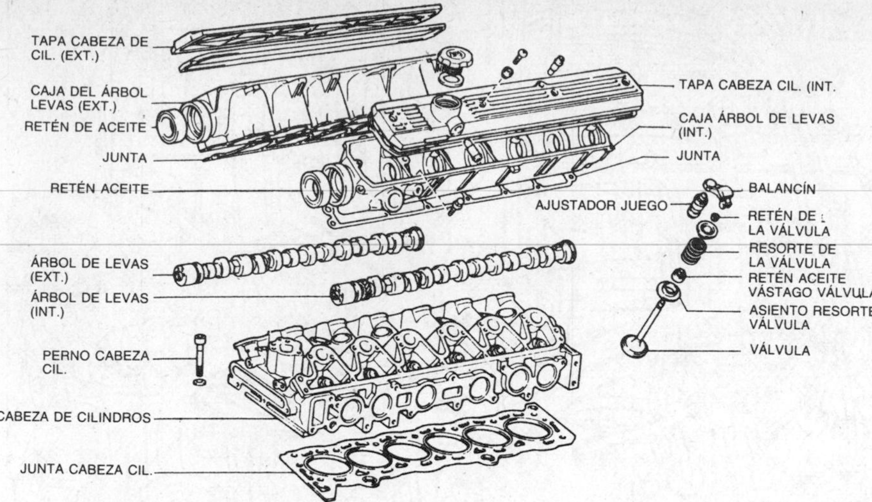

Cabeza de cilindros y sus componentes, en el motor 5M-GE

5M-GE

1. Suelte los cables de la batería.

2. Vacíe el circuito de enfriamiento.

3. Desconecte el tubo de escape del múltiple de escape.

4. Desmonte el soporte del cable de la mariposa de su posición en la cabeza de cilindros, de ser un coche con cambio automático. Desmonte el soporte de los cables del acelerador y del accionador.

5. Marque con una etiqueta y desconecte el cable de toma de tierra, el cable del sensor de oxígeno, el cable de la bobina de alta tensión, el conector del distribuidor, el conector del cable del resistor del solenoide y el cable del interruptor termostático (cambio automático).

6. Etiquete y desconecte la manguera de vacío de la unidad servo del freno, el tubo flexible de vacío de la válvula de recirculación de los gases de escape, el tubo flexible del múltiple de admisión y el tubo flexible de vacío del accionador (de estar equipado con control de velocidad de crucero).

7. Suelte la manguera superior del radiador de su posición en la caja del termostato, así como los dos tubos flexibles del calefactor.

8. Desconecte la manguera de aire n.º 1 del rácor de admisión de aire. Retire los dos tornillos de la abrazadera, afloje la abrazadera del tubo flexible del cuerpo de la mariposa y extraiga el empalme de admisión de aire y la tubería de dicho empalme.

9. Etiquete y suelte todos los tubos flexibles de control de emisiones de sus posiciones en el cuerpo de la mariposa y en la cámara de admisión de aire, así como los dos tubos de goma de la ventilación positiva del cárter de la tapa del árbol de levas, y el tubo flexible de combustible de su soporte.

10. Retire el puntal de la cámara de admisión de aire, el tubo de vacío y el cable de toma de tierra.

11. Desenrosque el tornillo que fija el clip de los cables de las bujías, dejando éstos fijados al clip. Retire el distribuidor de la cabeza de cilindros, sin sacar su tapa ni los cables, desenroscando su tornillo de retenida.

12. Afloje la tuerca de la tubería de recirculación de los gases de escape, desenrosque los cinco tornillos y las dos tuercas que fijan la cámara de admisión de aire y extraiga ésta, junto con su junta.

13. Extraiga la guantera y el módulo de la unidad de control electrónico. Suelte los tres conectores y extraiga el haz de cables de la inyección electrónica de combustible del tabique cortafuegos por el lado del motor.

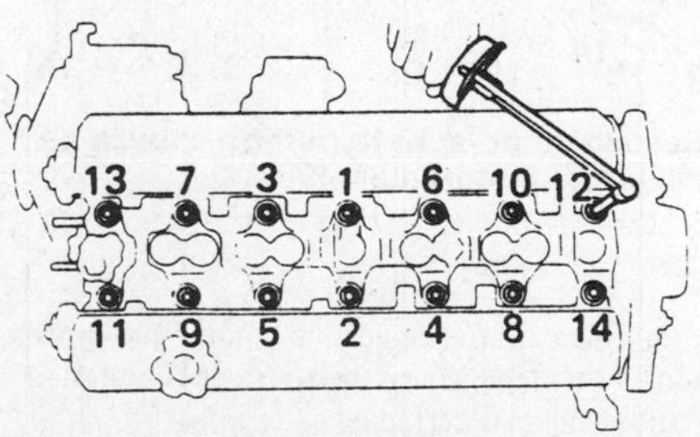

Secuencia apriete pernos cabeza de cilindros: motores 5M-GE

14. Extraiga el amortiguador de pulsaciones y el tubo de combustible n.º 1.

15. Extraiga la caja de salida de agua, después de aflojar la abrazadera y soltar la manguera de agua montada en derivación.

16. Desmonte el múltiple de admisión.

17. Suelte la correa de accionamiento de la bomba de la servodirección y extraiga la bomba, sin desconectar sus tubos flexibles. Sitúe la bomba de modo que no estorbe.

18. Suelte el conector del sensor de oxígeno y desmonte el múltiple de escape.

19. Saque la correa y los piñones de distribución del árbol de levas.

20. Retire el puntal de la tapa de la correa de distribución, el regulador de presión y la junta.

21. Saque la tapa n.º 2 de la correa de distribución y su junta.

22. Etiquete y desconecte el resto de cables, varillajes y mangueras que todavían estén acoplados a la cabeza de cilindros.

23. Con una extensión larga acoplada al mando de la herramienta de llave de trinquete (lo suficientemente delgada para que entre en las cavidades en que están alojados los tornillos de la cabeza de cilindros), afloje en dos o tres etapas gradualmente los catorce tornillos, en el orden ilustrado.

ATENCIÓN

Si se aflojan los tornillos en el orden incorrecto, la cabeza de cilindros puede deformarse o agrietarse.

24. Cuidadosamente, extraiga la cabeza de cilindros de las espigas de centrado del monobloque y depósitela sobre bloques de madera en el banco de trabajo. Si es difícil levantarla, golpee ligeramente alrededor de la superficie de contacto con un martillo de goma. Recuerde que la cabeza de cilindros es de aluminio y puede dañarse fácilmente.

25. Para el montaje, realice primero los puntos 1-4 del procedimiento 4M-E y 5M-E y luego continúe con el procedimiento descrito para el desmontaje, invirtiendo su orden. Cambie todas las juntas. Llene el radiador con líquido enfriador y ajuste la distribución. Luego pruebe el coche en la carretera y verifique que no haya fugas.

1A-C, 3A, 3A-C y 4A-C

1. Desconecte el borne negativo de la batería.
2. Suelte el tubo de escape del múltiple.
3. Vacíe el circuito de enfriamiento. Guárdelo, ya que puede volver a usarse.
4. Extraiga el filtro de aire y las mangueras que estorben.
5. Marque con una etiqueta todas las tuberías de vacío y desconéctelas.
6. Suelte el varillaje del carburador, así como las tuberías de combustible, etc., de la cabeza de cilindros y del múltiple.
7. Saque la bomba de combustible.

NOTA: Antes de retirar el carburador, cúbralo con un lienzo limpio, para que no entre suciedad.

8. Saque el carburador.
9. Retire el múltiple.
10. Desmonte la tapa de las válvulas.
11. Marque la posición de los cables de bujías y desconéctelos.
12. Desenrosque las bujías.
13. Sitúe el pistón del cilindro n.º 1 en su PMS. Para ello, saque la bujía, tape la abertura con el dedo y gire la polea del cigüeñal hasta que note la presión en el dedo.

ATENCIÓN

Ponga el dedo para cubrir el agujero de la bujía, no dentro del agujero.

14. Desmonte la polea del cigüeñal con un extractor idóneo.
15. Desmonte la polea de la bomba de agua.
16. Retire las tapas superior e inferior de la cadena de distribución.
17. Marque la posición respectiva de la polea del árbol de levas y de la correa de distribución para facilitar su montaje.
18. Afloje el tensor de la correa.
19. Saque la bomba de agua.
20. Saque la correa de distribución. No la tuerza, doble ni gire del revés.

NOTA: Compruebe que la correa no esté desgastada, agrietada ni resbaladiza. Cuando la correa se saca, se recomienda cambiarla, aun cuando no sea necesario.

21. Desatornille los balancines y extráigalos.
22. Desmonte la polea del árbol de levas sujetando el árbol con unos alicates especiales, mientras extrae la correa del árbol por el extremo en que está la polea.

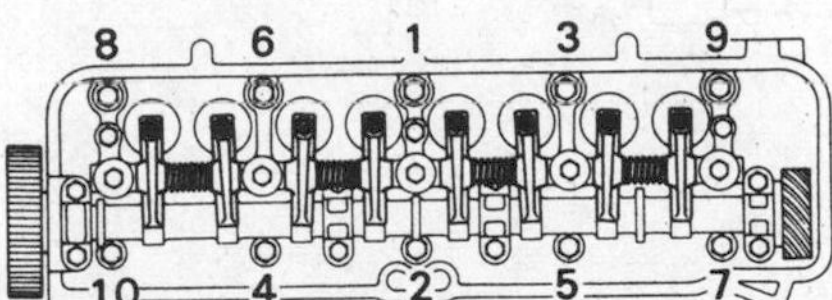

Secuencia apriete pernos cabeza de cilindros: motores Serie A

NOTA: No sujete con los alicates el árbol de levas por las levas, ya que ello podría dañarlas.

23. Desmonte el retén de aceite del árbol de levas.
24. Desmonte los sombreretes de los cojinetes del árbol de levas y deposítelos en lugar seguro en el orden correcto.
25. Extraiga el árbol de levas.
26. Afloje los tornillos de la cabeza de cilindros en el orden inverso al indicado para el montaje.
27. Levante la cabeza de cilindros, sin intentar deslizarla.
28. El montaje es en el orden inverso.

NOTA: Use siempre una nueva junta al montar la cabeza de cilindros. Cambie también el retén de aceite del árbol de levas, asegurándose de aplicar grasa a la pestaña antes de colocarlo.

Para el montaje, apriete los tornillos a los siguientes valores: sombreretes de los cojinetes del árbol de levas, 8-10 libras-pie; rueda dentada del árbol de levas, 29-39 libras-pie; polea del cigüeñal, 55-61; múltiple, 15-21; balancines, 17-19; polea-guía del engranaje de distribución, 22-32. La tensión de la correa debe ajustarse a 0,24-0,28 pulgadas (6-7,1 mm). Regle las válvulas al juego correcto.

2S-E

1. Desconecte el cable de tierra de la batería.
2. Vacíe el líquido de enfriamiento.
3. Desconecte el cable de la mariposa.
4. Extraiga el conjunto del filtro de aire.
5. Suelte y etiquete todos los cables eléctricos conectados a la cabeza de cilindros o que pasen por ella.
6. Suelte y etiquete todos los tubos de vacío conectados a la cabeza de cilindros o que pasen por ella.
7. Desconecte el tubo de vacío de la tapa de la cabeza de cilindros.
8. Desconecte y marque el resto de cables.
9. Saque el alternador.
10. Saque el distribuidor.
11. Suelte la manguera superior del radiador y la manguera montada en derivación.
12. Desatornille la caja de salida de agua y extráigala.
13. Suelte las mangueras del calefactor.
14. Desconecte las dos mangueras de aire de la válvula de aire de inyección combustible.
15. Desatornille y extraiga la caja de extremo posterior.
16. Saque la tubería del calefactor.
17. Desconecte la tubería de combustible en el filtro y la tubería de retorno de combustible de su empalme en el tubo de retorno.
18. Levante el coche y déjelo apoyado en soportes seguros.
19. Efectúe el drenaje del aceite.
20. Desconecte el tubo de escape del múltiple.
21. Suelte las mangueras de la bomba de la servodirección.
22. Saque el puntal del múltiple de admisión.
23. Baje el coche.
24. Saque la correa de distribución.
25. Saque la polea-guía n.º 1 y el resorte tensor.
26. Desmonte el cuerpo de la mariposa.
27. Desmonte la tapa de las válvulas.

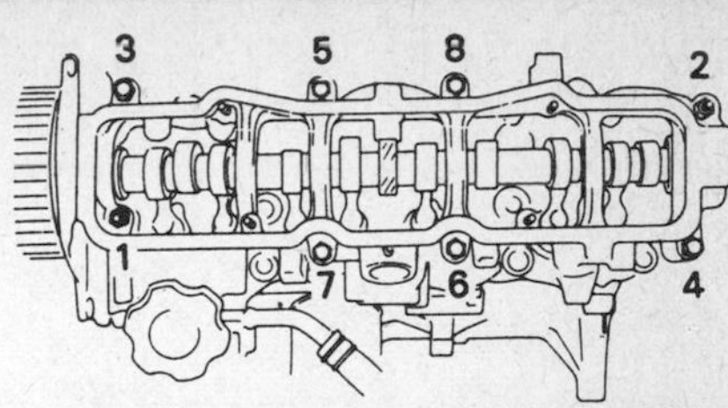

Secuencia aflojamiento pernos de la caja del árbol de levas, en motores 2SE

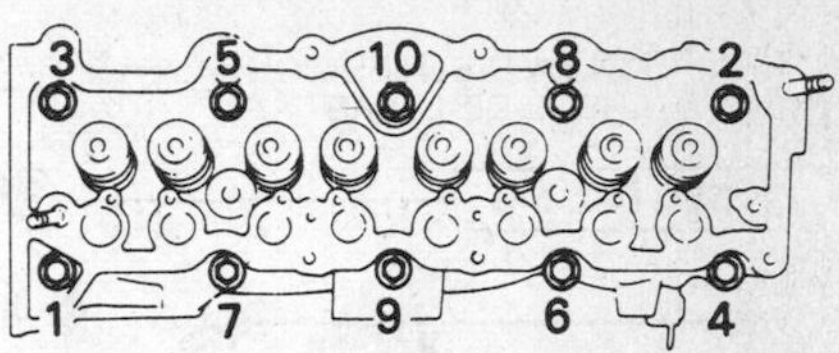

Secuencia de aflojamiento pernos cabeza de cilindros, en motores 2SE

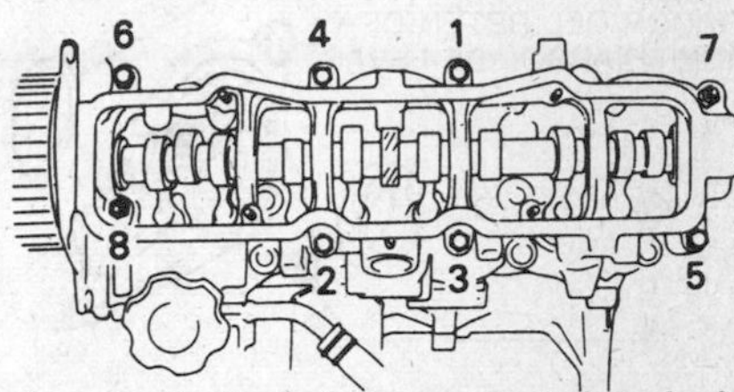

Secuencia de apriete pernos de la caja del árbol de levas, en motores 2SE

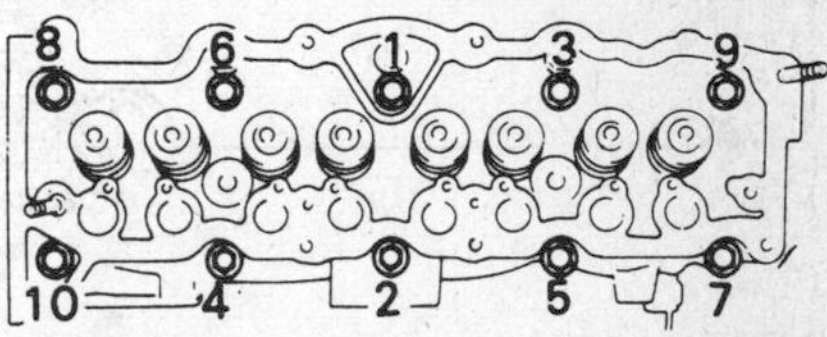

Secuencia de apriete pernos, en motores 2SE

28. Desatornille y extraiga la caja del árbol de levas. Afloje los tornillos gradualmente, en el orden indicado.
29. Desmonte los balancines y los elementos de reglaje del juego de válvulas.
30. Afloje los tornillos de la cabeza de cilindros en tres etapas, en el orden ilustrado. Extraiga la cabeza de cilindros y deposítela sobre bloques de madera en un área de trabajo limpia.
31. Efectúe el montaje en el orden inverso. Tenga en cuenta los puntos siguientes:

a. Use siempre una nueva junta de cabeza de cilindros.

b. Apriete los tornillos de la cabeza de cilindros en tres etapas, en el orden ilustrado, a 47 libras-pie.

c. Al instalar la caja del árbol de levas, recuerde que en vez de una junta se coloca compuesto hermetizante: aplique un cordón de 2 mm de diámetro en toda la superficie de apoyo de la caja. Apriete luego sus tornillos en tres etapas, en el orden ilustrado, hasta 11 libras-pie.

d. Apriete las conexiones de las tuberías de combustible a 22 libras-pie.

e. Pruebe el vehículo en la carretera.

TAPA CABEZA CIL.
JUNTA
150 (11, 15)
ARBOL DE LEVAS
POLEA DISTRIBUCIÓN ÁRBOL DE LEVAS
CAJA ÁRBOL DE LEVAS
550 (40, 54)
ALOJAMIENTO DEL EXTREMO POSTERIOR
JUNTA
JUNTA TÓRICA
JUNTA
FIADOR DEL RETÉN DE ACEITE ÁRBOL DE LEVAS
BALANCÍN
REGULADOR JUEGO
RETÉN DE ACEITE
RETEN DE VÁLVULA
RETENEDOR RESORTE VÁLVULA
650 (47, 64)
RESORTE DE VÁLVULA
BUJE DE GUÍA VÁLVULA
ASIENTO RESORTE VÁLVULA
RETÉN ACEITE VÁSTAGO VÁLVULA
JUNTA
CABEZA DE CILINDROS
VALVULA
JUNTA CABEZA DE CILINDROS
Kg.cm (LIBRAS-PIE, Nm) : APRIETE ESPECIFICADO
PIEZA DE UN SOLO USO
PIEZA PRERREVESTIDA

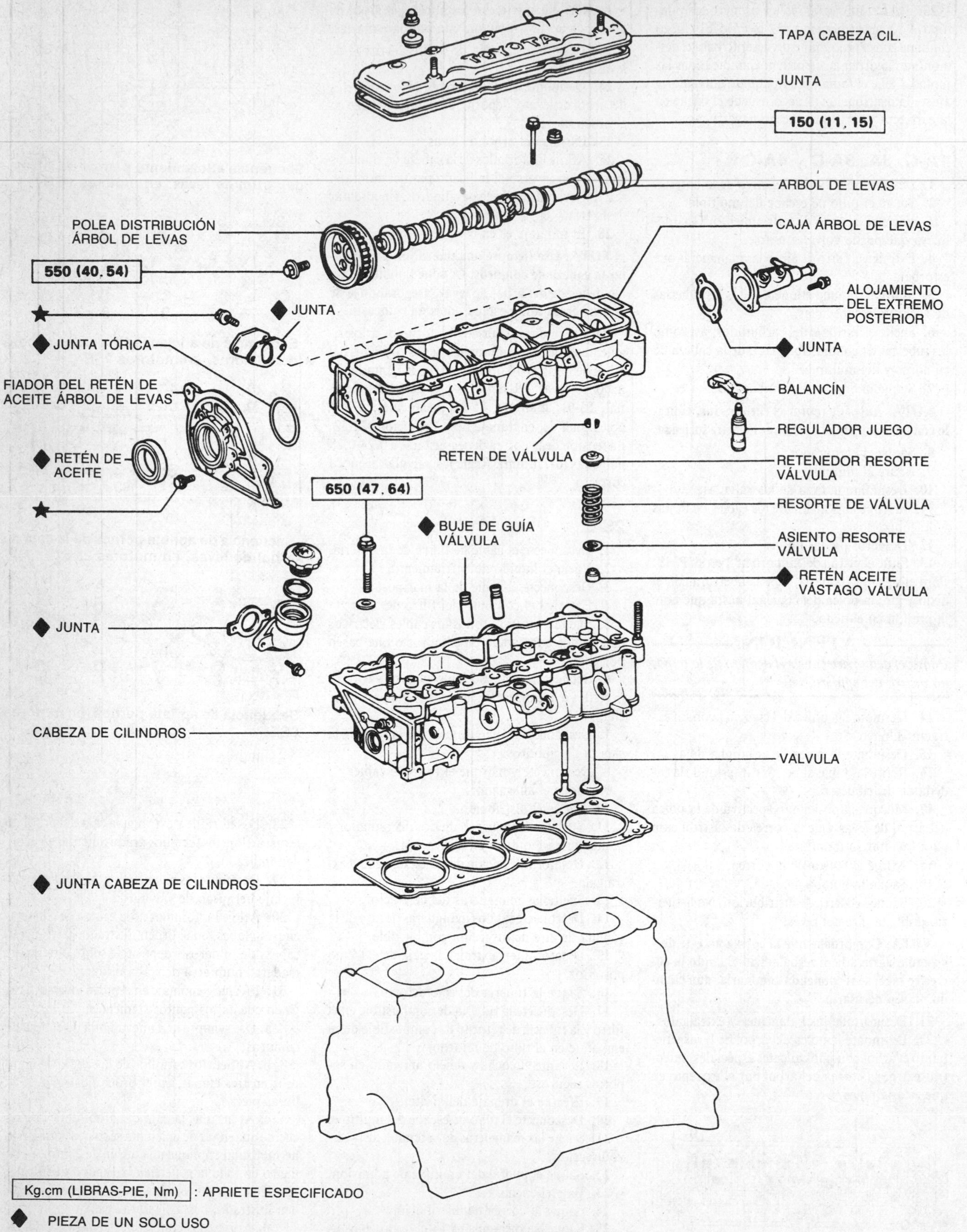

Despiece cabeza de cilindros: 2S-E

1C-L, 1C-TL y 2C-T

1. Desconecte el alambre de tierra de la batería.
2. Vacíe el líquido de enfriamiento.
3. Saque el accionador de control de velocidad de crucero.
4. Desconecte y etiquete todos los cables que están conectados a la cabeza de cilindros o que pasen por ella.
5. Desconecte y etiquete todos los tubos de vacío acoplados a la cabeza de cilindros o que pasan por ella.
6. Desconecte y etiquete todos los cables y varillajes acoplados a la cabeza de cilindros o que pasan por ella.
7. Levante el vehículo y déjelo apoyado en soportes seguros.
8. Efectúe el drenaje del aceite.
9. Suelte el tubo de escape del turbocargador o del múltiple.
10. Baje el coche.
11. Saque el turbocargador.
12. Saque la salida de agua y su tubería.
13. Retire las mangueras del calefactor.
14. Retire el tubo del calefactor.
15. Retire las mangueras de agua montadas en derivación.
16. Retire las bujías de incandescencia.
17. Retire las toberas del inyector.
18. Saque el tornillo que fija el soporte de la guía del indicador de nivel
19. Saque la tapa n.º 2 de la distribución.
20. Gire el cigüeñal de modo que el pistón del cilindro n.º 1 esté en el PMS de la carrera de explosión. Asegúrese de que la línea marcada en la polea del árbol de levas esté alineada con la superficie superior de la cabeza de cilindros.
21. Saque la correa de distribución y la polea del árbol de levas.
22. Retire el resorte tensor de la correa.
23. Retire la polea de guía n.º 1. Retire la tapa n.º 3 del árbol de levas.
24. Desmonte la tapa de las válvulas.
25. Desmonte la argolla de izado existente en la parte frontal de la cabeza de cilindros.
26. Afloje los tornillos de la cabeza de cilindros gradualmente, en tres etapas, en el orden ilustrado. Levante la cabeza de cilindros; si es difícil extraerla, puede hacerse palanca con una herramienta idónea, aplicada en la cavidad del extremo delantero.
27. Efectúe el montaje en el orden inverso. Tenga en cuenta los puntos siguientes:
a. Coloque siempre una junta nueva de cabeza de cilindros.

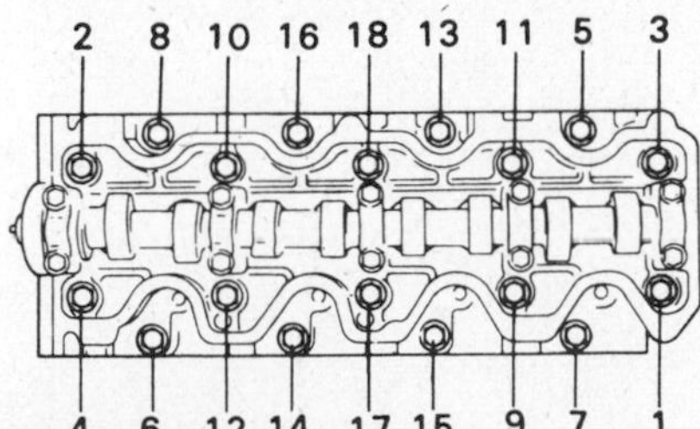

Secuencia de aflojamiento pernos cabeza de cilindros motor diesel

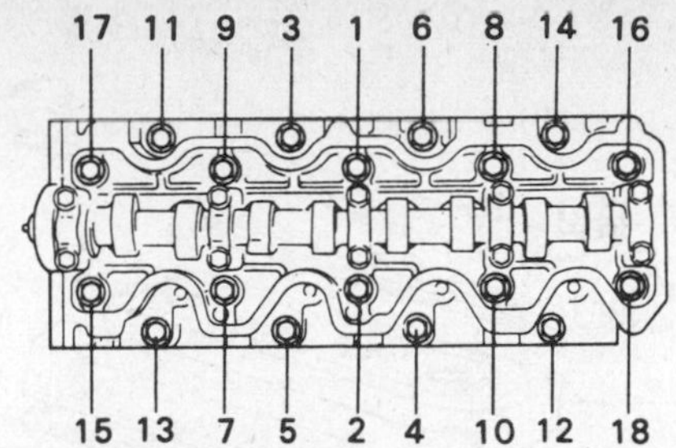

Orden de apriete tornillos cabeza cilindros en motores Diesel

b. Asegúrese de que todas las superficies de apoyo de la junta estén perfectamente limpias.
c. Aplique una ligera capa de aceite de motor limpio a la rosca de todos los tornillos.
d. En los motores 1C-1 y 1C-LT, apriete los tornillos de la cabeza de cilindros en tres etapas, en el orden ilustrado a 62 libras-pie.

En los motores 2C-T, apriete dichos tornillos en tres etapas, en el orden ilustrado, a 33 libras-pie (44 Nm = 4.5 m/kg). Marque entonces el lado delantero de la parte superior de cada tornillo de la cabeza de cilindros con una minúscula aplicación de pintura. Apriete los tornillos otro cuarto de vuelta (90°), también en el orden ilustrado. Cuando todos los tornillos estén así apretados, vuélvalos a girar otros 90°, con lo que la marca de pintura debe estar en todos los tornillos orientada hacia atrás, es decir en la dirección opuesta.
e. Al colocar la tapa de las válvulas, recuerde que debe usar compuesto hermetizante de silicona RTV, en vez de una junta.
f. Apriete los tornillos de la tapa de las válvulas a 65 libras-pie.
g. Apriete el perno de la polea del árbol de levas a 72 libras-pie (65 libras-pie en motores 2C-T).
h. Asegúrese de que las marcas de distribución estén alineadas debidamente, haciendo girar el cigüeñal 2 revoluciones completas y volviendo a comprobar la alineación.
i. Apriete el tornillo de la polea-guía n.º 1 a 27 libras-pie.
j. Pruebe el motor en la carretera.

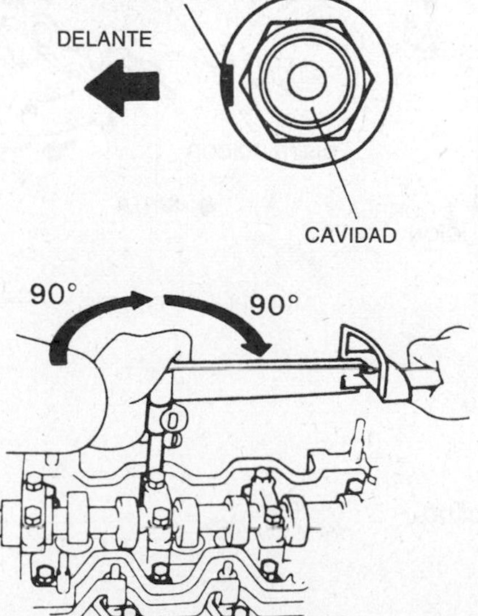

Marcar cada perno de la cabeza de cilindros con una rayita de pintura antes del doble apriete de 90°.

3Y-EC y 4Y-EC

1. Desconecte el cable de tierra de la batería.
2. Saque el asiento delantero derecho.
3. Saque la tapa del motor.
4. Vacíe el líquido de enfriamiento.
5. Vacíe el aceite del motor.
6. Saque la bomba de la servodirección.
7. Suelte el tubo de escape en el múltiple.
8. Etiquete y desconecte todos los hilos eléctricos, mangueras de vacío y cables mecánicos montados en la cabeza de cilindros o que pasen por ella.
9. Retire el cuerpo de la mariposa.
10. Saque la válvula de recirculación de los gases de escape.
11. Suelte las mangueras de líquido de enfriamiento montadas en derivación.
12. Desmonte la cámara de admisión de aire.
13. Extraiga las tuberías de combustible de los inyectores.
14. Desconecte la tubería de combustible y la de retorno del combustible.
15. Retire las bujías y los tubos.
16. Saque la tapa de las válvulas.
17. Afloje los tornillos en el orden ilustrado y extraiga el conjunto de balancines.
18. Extraiga los empujadores. Depositelos en lugar seguro, en el orden correcto.
19. Afloje los tornillos de la cabeza de cilindros en tres pasadas, en el orden ilustrado. Levante la cabeza de cilindros; si ello fuera difícil, puede ejercer palanca con una herramienta idónea aplicada en la cavidad existente en la parte delantera.
20. Efectúe el montaje en el orden inverso. Observe los siguientes puntos:
a. Use siempre una nueva junta para la cabeza de cilindros. Asegúrese de que todas las superficies de contacto estén limpias.
b. Apriete los tornillos de la cabeza de cilindros gradualmente, en tres pasadas, en el orden

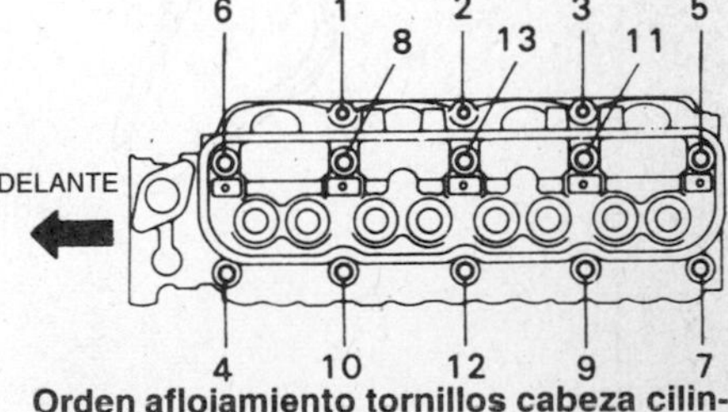

Orden aflojamiento tornillos cabeza cilindros en motores 3Y-EC

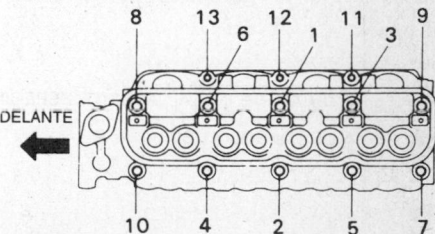

Orden de apriete tornillos cabeza de cilindros motores 3Y-EC

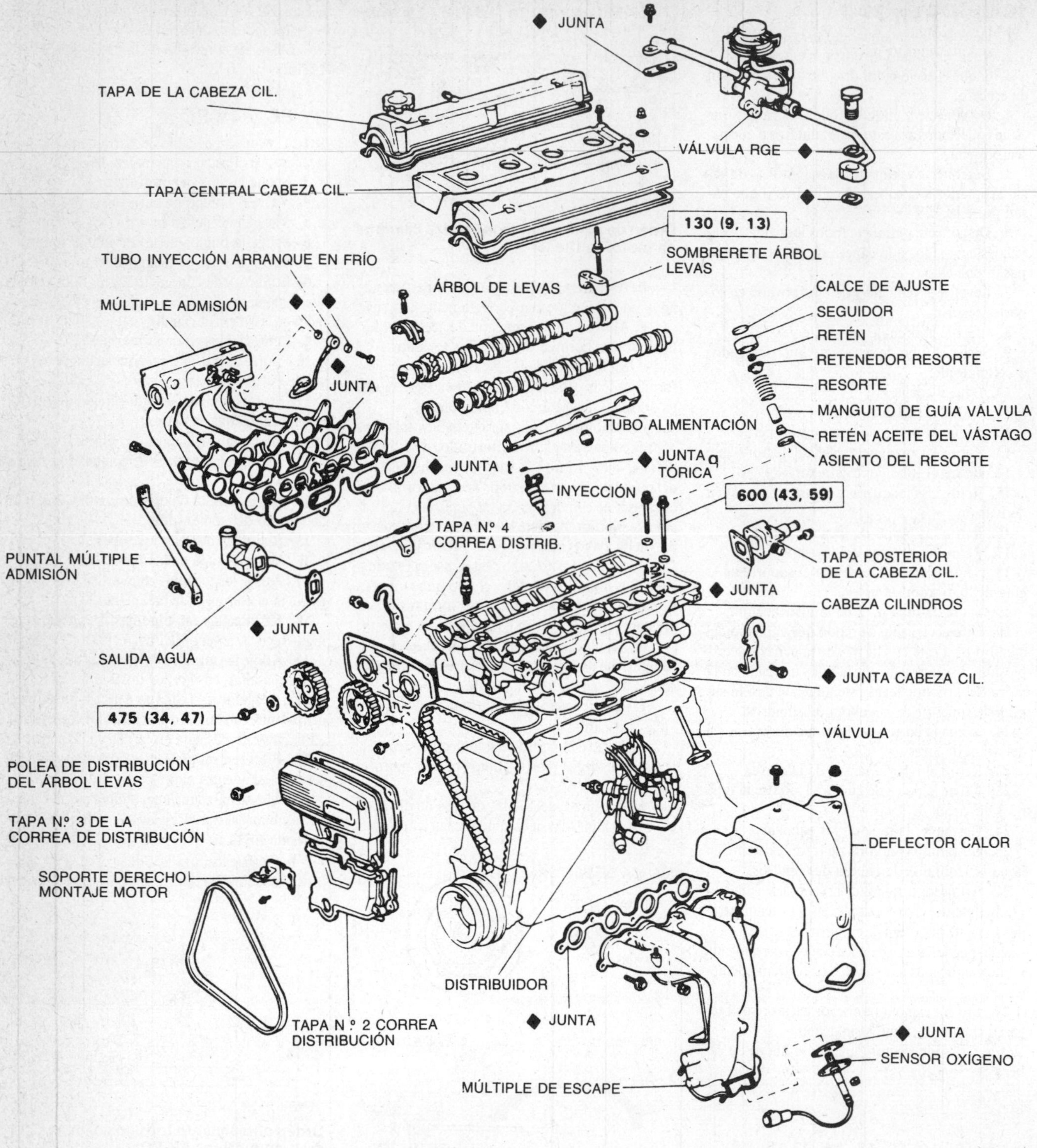

◆ JUNTA

TAPA DE LA CABEZA CIL.

VÁLVULA RGE ◆

◆

TAPA CENTRAL CABEZA CIL.

130 (9, 13)

SOMBRERETE ÁRBOL LEVAS

TUBO INYECCIÓN ARRANQUE EN FRÍO

ÁRBOL DE LEVAS

CALCE DE AJUSTE

SEGUIDOR

RETÉN

RETENEDOR RESORTE

RESORTE

MANGUITO DE GUÍA VÁLVULA

RETÉN ACEITE DEL VÁSTAGO

ASIENTO DEL RESORTE

MÚLTIPLE ADMISIÓN

◆ ◆

◆ JUNTA

TUBO ALIMENTACIÓN

◆ JUNTA

◆ JUNTA TÓRICA

INYECCIÓN

600 (43, 59)

TAPA Nº 4 CORREA DISTRIB.

TAPA POSTERIOR DE LA CABEZA CIL.

PUNTAL MÚLTIPLE ADMISIÓN

◆ JUNTA

CABEZA CILINDROS

◆ JUNTA

SALIDA AGUA

◆ JUNTA CABEZA CIL.

475 (34, 47)

VÁLVULA

POLEA DE DISTRIBUCIÓN DEL ÁRBOL LEVAS

TAPA Nº 3 DE LA CORREA DE DISTRIBUCIÓN

DEFLECTOR CALOR

SOPORTE DERECHO MONTAJE MOTOR

DISTRIBUIDOR

TAPA N.º 2 CORREA DISTRIBUCIÓN

◆ JUNTA

◆ JUNTA

SENSOR OXÍGENO

MÚLTIPLE DE ESCAPE

Kg.cm (LIBRAS-PIE, Nm) : APRIETE ESPECIFICADO

◆ PIEZA DE UN SOLO USO

Despiece de la cabeza de cilindros: 4A-GE

ilustrado, a 65 libras-pie los de 14 mm y a 14 libras-pie los de 12 mm.

c. Apriete los tornillos del eje de balancines en el orden inverso al de desmontaje, a 17 libras-pie.

d. Apriete las bujías a 13 libras-pie.

e. Apriete los tornillos de la cámara de admisión de aire a 9 libras-pie.

f. Apriete los tornillos del cuerpo de la mariposa a 9 libras-pie.

g. Pruebe el motor en la carretera.

4A-GE

1. Desconecte el cable del borne negativo de la batería.

2. Desmonte la tapa inferior del motor. Vacíe el líquido de enfriamiento y el aceite del motor.

3. Afloje la abrazadera que sujeta la manguera n.º 1 del filtro de aire al cuerpo de la mariposa y suelte dicha manguera. Desconecte los cables del accionador y del acelerador de sus posiciones en el soporte del cuerpo de la mariposa.

4. Si el coche tiene servodirección saque su bomba y soporte. Sitúe la bomba a un lado.

5. Afloje las tuercas de montaje de la polea de la bomba de agua. Saque el tornillo de ajuste de la correa de accionamiento y luego ésta. Saque las tuercas del acoplamiento de líquido y retire el acoplamiento, junto con el ventilador y la polea de la bomba de agua.

6. Suelte la manguera superior del radiador del rácor de salida de agua en la cabeza de cilindros.

7. Suelte las dos mangueras del calefactor de sus posiciones en el tubo de derivación y en la placa posterior de la cabeza de cilindros.

8. Saque el distribuidor. Retire el tubo del inyector de arranque en frío y la manguera de ventilación positiva del cárter, ambos de sus posiciones en la cabeza de cilindros.

9. Retire el amortiguador de pulsaciones del tubo de alimentación. Suelte el tubo flexible de llegada de combustible, con sus dos arandelas. Suelte el tubo flexible de retorno de combustible, de su posición en el regulador de presión.

10. Marque con etiquetas y desconecte todos los tubos de vacío que puedan interferir con el desmontaje de la cabeza de cilindros.

11. Extraiga el haz de cables y el tubo de vacío de la tapa de distribución n.º 3.

12. Etiquete y desconecte todos los cables eléctricos que puedan interferir con el desmontaje de la cabeza de cilindros.

13. Aparte el haz de cables a un lado.

14. Desmonte el soporte del tubo de escape de éste. Desconecte el múltiple de escape del tubo de escape.

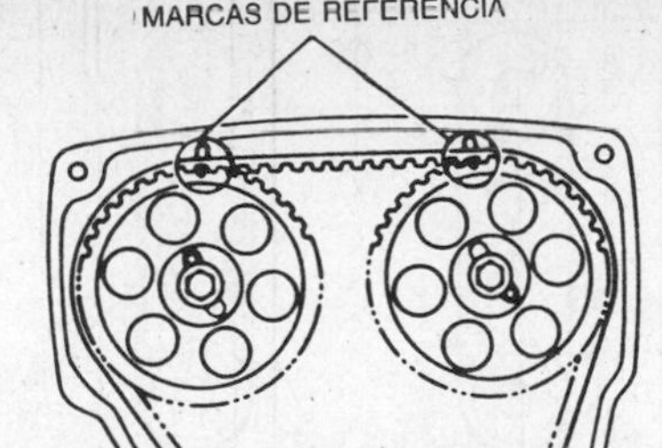

Marque la posición relativa de las poleas de distribución y de la correa: motores 4A-GE

15. Retire el tanque de vacío y la válvula de conmutación de vacío. Retire el múltiple de escape.

16. Desenrosque los dos tornillos que fijan la caja de salida de agua y extráigala de la cabeza de cilindros, junto con el tubo de derivación n.º 1 y la junta. Extraiga el tubo de derivación n.º 1 de la caja de salida de agua.

17. Retire el tubo de inyectores junto con los inyectores.

ATENCIÓN

Al retirar el tubo de inyectores proceda con cuidado, para que no caiga al suelo ni se dañe ninguna de las toberas de inyección. No retire la tapa de los inyectores.

18. Afloje los dos tornillos que fijan el puntal del múltiple de admisión y extraiga el puntal. Desmonte luego el múltiple de admisión, junto con la válvula de control de aire.

19. Saque las tapas de la cabeza de cilindros y sus juntas. Retire las bujías. Compruebe el juego de las válvulas.

20. Saque las tapas n.º 2 y 3 de la correa de distribución y sus juntas.

21. Gire la polea del cigüeñal hasta que su ranura esté alineada con la marca «0» de la tapa n.º 1 de la correa de distribución. Asegúrese de que los seguidores de las válvulas del cilindro n.º 1 estén sueltos; de estar sometidos a tensión, gire el cigüeñal una vuelta completa (360º).

22. Marque señales de referencia en la correa de distribución y en las dos poleas de distribución. Afloje el tornillo de la polea de guía y deslice ésta hacia la izquierda al máximo; entonces vuelva a apretar el tornillo.

23. Saque la correa de distribución de las poleas del árbol de levas.

NOTA: Al sacar la correa de distribución:

a. Soporte la correa de modo que no se perturbe el engrane de la polea de distribución del árbol de levas con la correa de distribución.

b. Preste cuidado a que no caiga nada dentro de la tapa de la caja de distribución.

c. Evite que la correa de distribución se ensucie con polvo o aceite.

24. Bloquee los árboles de levas y extraiga las poleas de distribución. Saque la tapa n.º 4 de la correa de distribución.

25. Con un indicador de escala numérica, mida el juego de extremo de uno y otro árbol de levas. Si difiere de los valores indicados en la tabla de especificaciones, cambie el cojinete de extremo.

26. Afloje progresivamente, en varias pasadas, los tornillos de todos los sombreretes de los cojinetes de los árboles de levas, en el orden ilustrado. Extraiga los sombreretes, los árboles de levas y los retenes de aceite.

27. Con una herramienta SST n.º 09205-16010, afloje los tornillos de la cabeza de cilindros gradualmente, en tres pasadas y en el orden ilustrado.

28. Saque la cabeza de cilindros.

Para el montaje:

29. Deposite la cabeza de cilindros sobre el monobloque, después de colocar una nueva junta. Aplique una ligera capa de aceite para motor en los tornillos de la cabeza de cilindros y enrósquelos; los cortos van en el lado de admisión y los largos, en el lado de escape. Apriételos en tres etapas, en el orden ilustrado. La última pasada debe aplicarse con un par de 43 libras-pie (5,9 m/kg).

30. Introduzca los árboles de levas en la cabeza de cilindros en la posición ilustrada. Acople los sombreretes de los cojinetes en cada muñequilla con la flecha orientada hacia la parte delantera del motor.

31. Apriete los tornillos de cada sombrerete progresivamente, en el orden inverso al de desmontaje. Apriételos a 9 libras-pie (1.3 m/kg). Vuelva a comprobar el juego longitudinal del árbol de levas.

32. Con una herramienta SST n.º 09223-50010, monte los retenes de aceite en el extremo de los árboles de levas. Preste cuidado a que los retenes no queden torcidos.

33. Monte la tapa n.º 4 de la correa de distribución.

34. Monte las poleas de distribución del árbol de levas, asegurándose de que los pasadores del árbol de levas y las marcas de referencia queden alineadas de la forma ilustrada. Bloquee cada árbol de levas y apriete los tornillos de las poleas a 34 libras-pie (4.7 m/kg).

35. Alinee las marcas de referencia efectuadas durante el desmontaje y luego instale la correa de distribución en las poleas del árbol de levas. Afloje el tornillo de fijación de la polea de guía.

ATENCIÓN

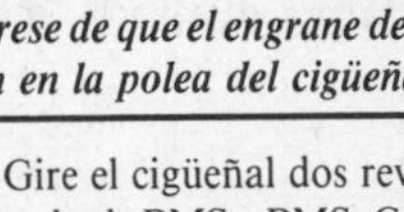

Asegúrese de que el engrane de la correa de distribución en la polea del cigüeñal no se perturbe.

36. Gire el cigüeñal dos revoluciones hacia la derecha, desde PMS a PMS. Compruebe que cada polea está alineada con las marcas antes efectuadas.

NOTA: Si las marcas no coinciden, la distribución de las válvulas es incorrecta. Cambie ligeramente el engrane de la correa de distribución y luego repita los puntos 34-36.

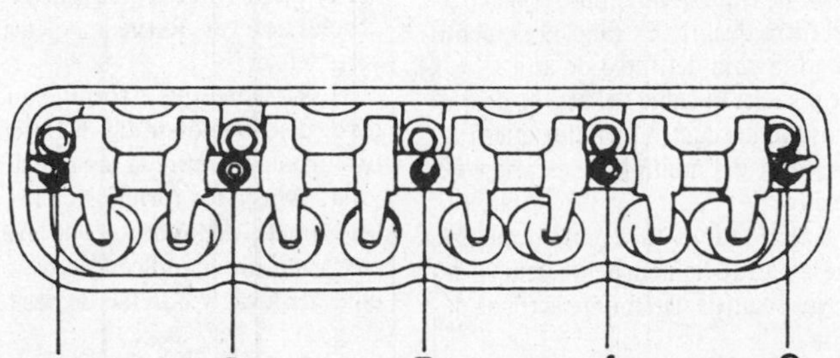

Orden de aflojamiento tornillos ejes balancines: motores 3Y-EC y 4Y-EC

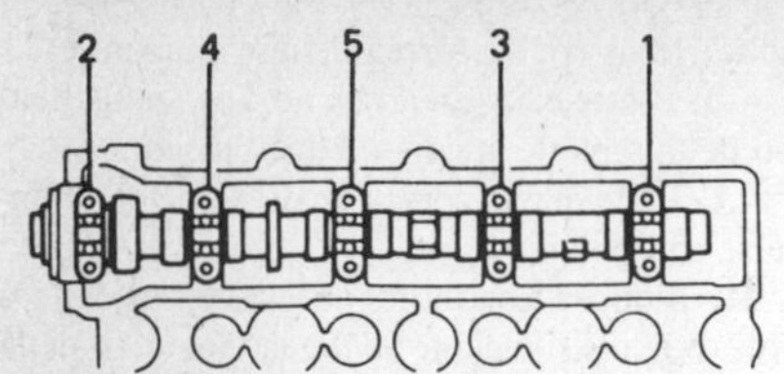

Orden aflojamiento tornillos de los sombreretes del árbol de levas: 4A-GE

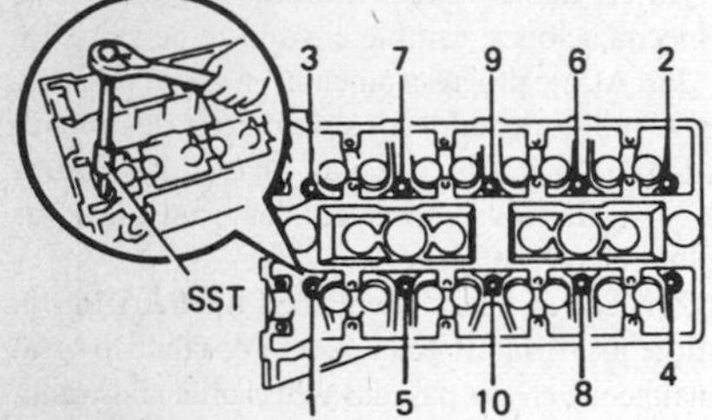

Orden aflojamiento tornillos cabeza de cilindros: 4A-GE

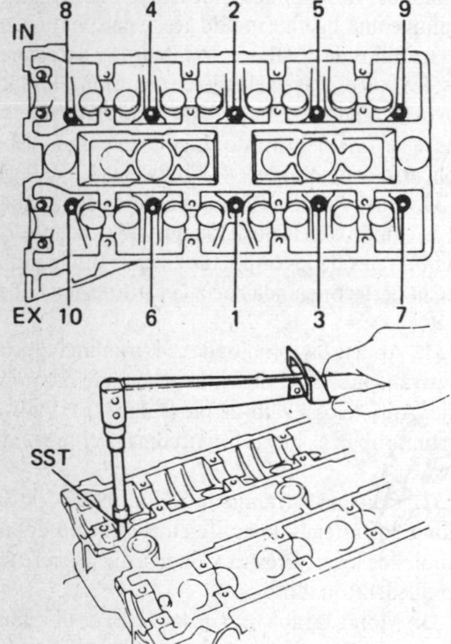

Orden apriete tornillos de la cabeza de cilindros: 4A-GE

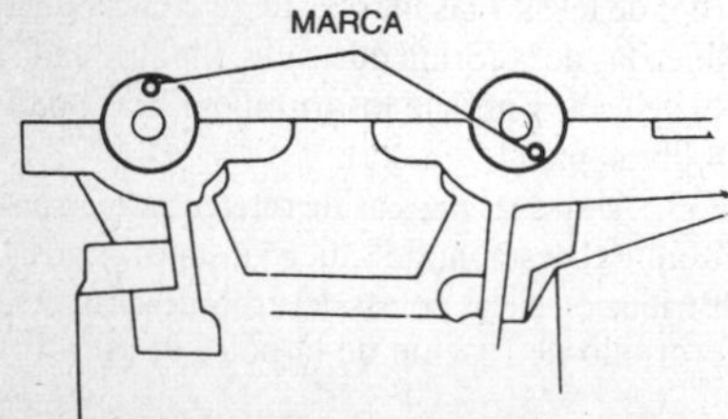

Sitúe los árboles de levas en la cabeza de cilindros de la forma ilustrada: motores 4A-GE

37. Apriete el tornillo de fijación de la polea-guía de la correa de distribución a 27 libras-pie (3.7 m/kg). Mida la deflexión de la correa en el tramo superior, a mitad entre las dos poleas del árbol de levas, no debería exceder de 0.16 pulgadas (4 mm) cuando se ejerce una presión de 4,4 libras (2 kg). Si la deflexión es mayor, redúzcala modificando

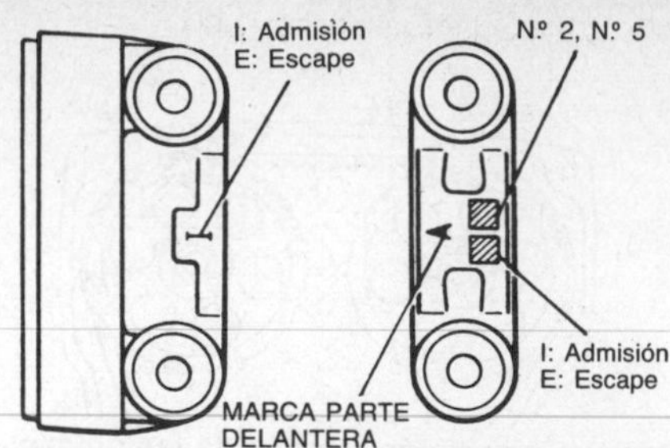

Situación de los sombreretes del árbol de levas en motores 4A-GE (la flecha debe estar siempre orientada hacia adelante)

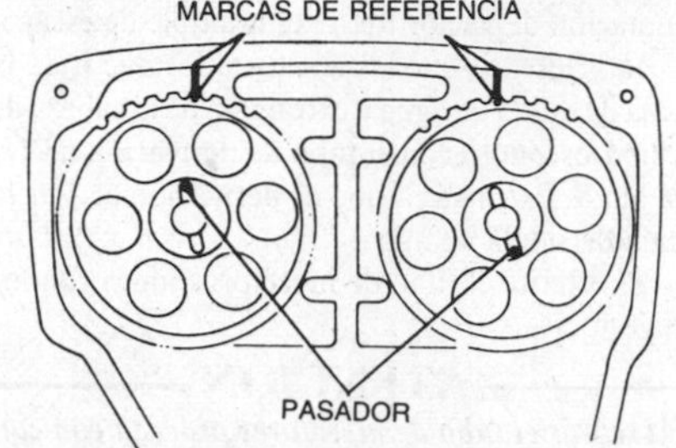

Alinee el pasador con la polea de distribución del árbol de levas: motores 4A-GE

la posición de la polea guía.

38. El resto de los componentes puede montarse siguiendo el procedimiento de desmontaje, en el orden inverso.

3S-GE

1. Desconecte el hilo del borne negativo de la batería.

2. Vacíe el líquido de enfriamiento.

3. Etiquete y suelte el conector de la bobina de encendido y el cable de las bujías, ambos de sus posiciones en la bobina de encendido. Desenrosque las cuatro tuercas y los dos tornillos y extraiga el estribo superior de suspensión.

4. En los modelos con cambio automático, desconecte el cable de la mariposa de su posición en el cuerpo de la mariposa.

5. Suelte el cable del acelerador, del cuerpo de la mariposa.

6. Retire el depósito de rebose del radiador.

7. Retire el accionador de control de crucero y su soporte.

8. Suelte el conector del medidor de flujo de aire. Suelte los clips que fijan la tapa del filtro de aire. Afloje la abrazadera de la manguera y saque ésta y el medidor de flujo de aire junto con la parte superior del filtro de aire. Extraiga el elemento filtrante y luego la caja del filtro de aire.

9. Etiquete y suelte el cable del sensor de oxígeno. Desenrosque los cuatro tornillos que fijan el deflector de calor del múltiple de escape y extraiga el deflector.

10. Saque el alternador y su soporte principal.

11. Levante la parte delantera del vehículo y déjelo sobre apoyos seguros. Desmonte la rueda delantera derecha.

12. Desmonte la tapa inferior derecha del motor y luego el travesaño inferior de la suspensión.

13. Suelte el tubo de escape de su múltiple.

14. Desmonte el puntal del múltiple de escape y el tubo de recirculación de los gases de escape. Desatornille dicho múltiple y extráigalo junto con su deflector inferior de calor.

15. Saque el distribuidor.

16. Etiquete y suelte el conector del interruptor de presión de aceite.

17. Etiquete y desconecte todos los cables eléctricos y tubos flexibles de vacío de sus posiciones en la salida de agua. Suelte las mangueras (o manguitos) superiores del radiador, el tubo de salida del calefactor y la manguera de agua montada en derivación. Desmonte la salida de agua.

18. Suelte la manguera de entrada en el calefactor y la manguera de agua en derivación y luego saque el tubo de agua en derivación.

19. Desconecte el cable del sensor de posición de la mariposa, la manguera de ventilación, la manguera de la válvula de aire y los tubos flexibles de vacío de control de emisiones que haya en el cuerpo de la mariposa. Desenrosque los cuatro tornillos que fijan el cuerpo de la mariposa y retire éste.

20. Desmonte el soporte colgante de la parte delantera del motor y el puntal nº 2 del múltiple de admisión.

21. Retire el modulador de vacío de la recirculación de gases de escape.

22. Etiquete y suelte las mangueras de vacío que queden que puedan interferir con el desmontaje de la cabeza del cilindro.

23. Etiquete y desconecte los cables eléctricos de los inyectores de sus posiciones en éstos.

24. Suelte el tubo flexible de llegada de combustible al filtro del rácor del filtro. Desconecte el tubo flexible de retorno del combustible de su empalme en el tubo metálico de retorno.

25. Desmonte los puntales nº 1 y 3 del múltiple de admisión.

26. Etiquete y suelte los dos conectores de la válvula conmutadora por vacío. Desconecte los dos tubos flexibles de vacío de la servodirección.

27. Desmonte el múltiple de admisión y la válvula de control de aire.

28. Retire el tubo de suministro de combustible con los inyectores acoplados. Extraiga los cuatro aisladores de inyectores de sus posiciones en los orificios de la cabeza de cilindros.

29. Desmonte la tapa de la cabeza de cilindros. Saque las bujías.

30. Desmonte el soporte colgante nº 1 del motor.

31. Saque el depósito de la servodirección y apártelo de modo que no estorbe, sin desconectar sus tuberías.

32. Desmonte las poleas de distribución de los árboles de levas. Retire la polea guía nº 1 y su resorte tensor.

33. Desenrosque el tornillo que fija las cubiertas de distribución nº 2 y 3. Desenrosque los cuatro tornillos y retire la tapa de distribución nº 3.

34. Afloje los tornillos de los sombreretes de los cojinetes de los árboles de levas, en varias etapas y en el orden indicado. Luego extraiga los árboles de levas y el retén de aceite.

NOTA: Cuando saque los sombreretes, deposítelos en el orden correcto.

35. Afloje los tornillos de la cabeza de cilindros,

CUERPO DE LA MARIPOSA
MÚLTIPLE DE ADMISIÓN
TAPA CABEZA CILINDROS
TUBO RGE
CALCE DE AJUSTE
SEGUIDOR
RETÉN VÁLVULA
RETENEDOR RESORTE
RESORTE
RETÉN ACEITE VÁSTAGO
ASIENTO RESORTE
MANGUITO DE GUÍA VÁLVULA
VÁLVULA CONTROL AIRE
TUBO DE INYECCIÓN
TUBO INYECCIÓN ARRANQUE EN FRÍO
PUNTAL N.º 3 MÚLTIPLE ADMISIÓN
190 (14, 19)
ÁRBOL DE LEVAS
INYECTOR
VÁLVULA
DEFLECTOR
SOPORTE COLGANTE Nº. 2 DEL MOTOR
DISTRIBUIDOR
PUNTAL Nº. 1 MÚLTIPLE ADMISIÓN
SOMBRERETE ÁRBOL LEVAS
550 (40, 53)
BUJÍA
CABEZA CILINDROS
PUNTAL Nº. 2 MÚLTIPLE ADMISIÓN
SALIDA AGUA
TAPA Nº. 3 CORREA DISTRIBUCIÓN
POLEA DISTRIBUCIÓN ÁRBOL LEVAS
CABEZA CIL.
600 (43, 59)
MANGUERA AGUA Nº. 1 EN DERIVACIÓN
TUBO DERIVACIÓN
RETÉN ACEITE
440 (32, 43)
DEFLECTOR CALOR SUPERIOR
POLEA-GUÍA Nº. 1
JUNTA CABEZAL CIL.
RESORTE TENSOR
MÚLTIPLE DE ESCAPE
SENSOR OXÍGENO
SOPORTE 1 ALTERNADOR
SOPORTE 2 ALTERNADOR
PUNTAL DEL MÚLTIPLE DE ESCAPE

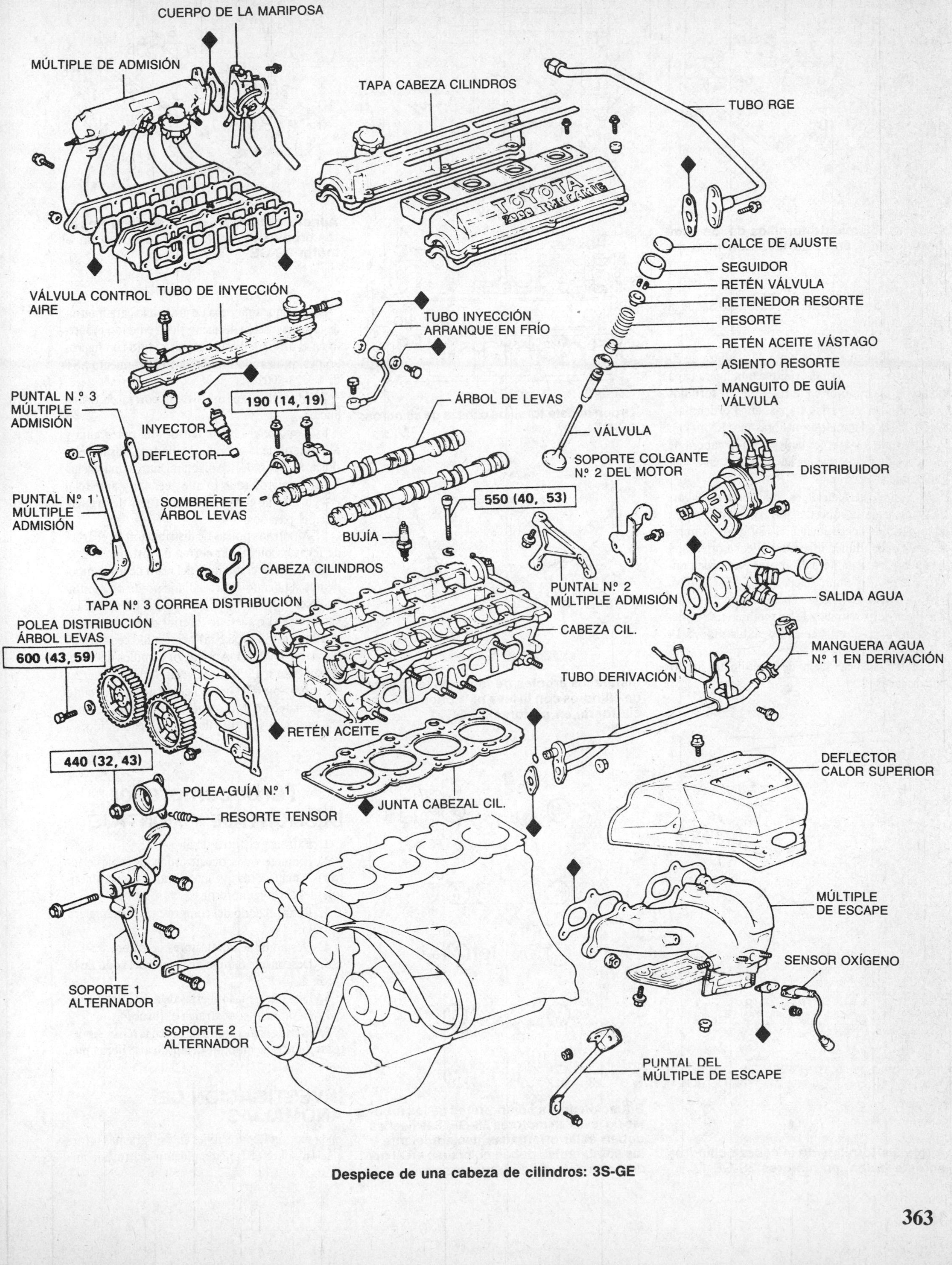

Despiece de una cabeza de cilindros: 3S-GE

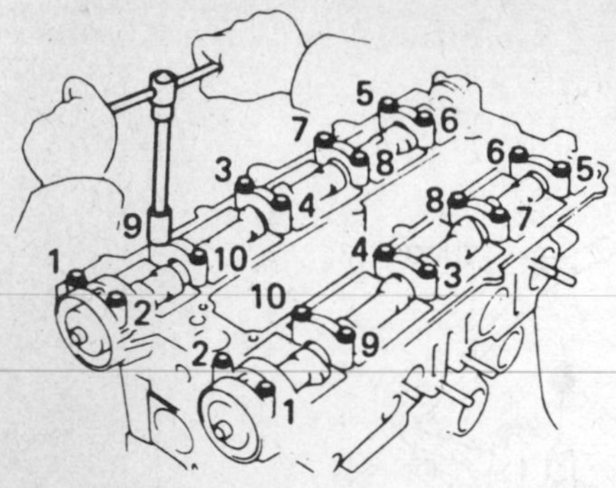

Orden aflojamiento tornillos de los sombreretes del árbol de levas en motores 3S-GE

en varias etapas y en el orden ilustrado. Saque la cabeza de cilindros.

Para el montaje:

1. Coloque una nueva junta y la cabeza de cilindros sobre el bloque. Aplique una ligera capa de aceite para motor en la rosca de los tornillos y enrósquelos en varias etapas, en el orden ilustrado, hasta un apriete de 40 libras-pie (5,3 m/kg).

2. Instale los árboles de levas en la cabeza de cilindros de modo que las levas n.º 1 estén orientadas hacia usted.

3. Aplique hermetizantes de siliconas en el borde exterior de la superficie de contacto, sólo en el sombrerete del cojinete n.º 1. Sitúe los sombreretes en cada muñequilla con la flecha orientada hacia la parte delantera del motor y en orden numérico, desde delante hacia atrás.

4. Aplique una ligera capa de aceite de motor a la rosca de los tornillos de los sombreretes. Apriételos en varias etapas, en el orden ilustrado, a 14 libras-pie (19 Nm).

5. Compruebe el juego de los cojinetes del árbol de levas.

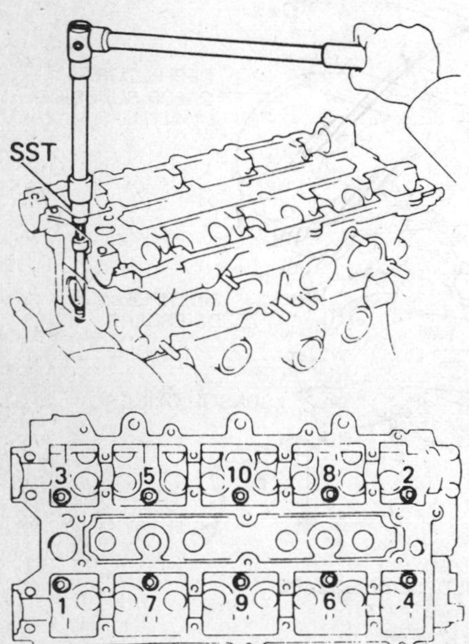

Afloje los tornillos de la cabeza cilindros en este orden, en motores 3S-GE

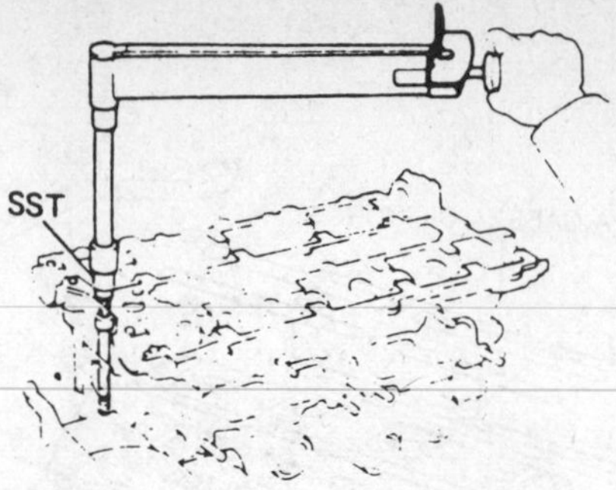

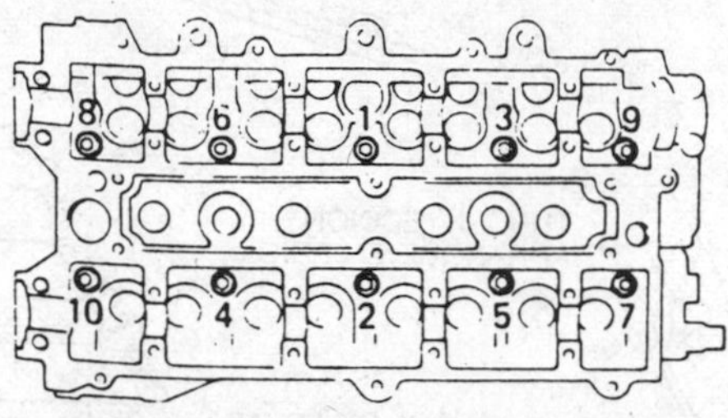

Orden apriete tornillos cabeza de cilindros: 3S-GE

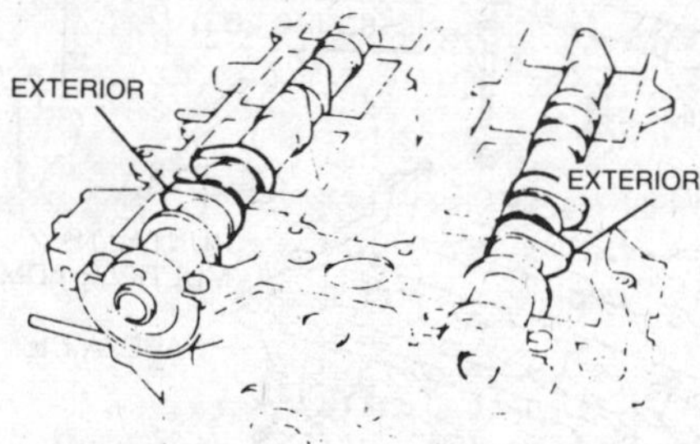

Instale los árboles de levas en la cabeza de cilindros con la leva n.º 1 orientada hacia fuera, en motores 3S-GE

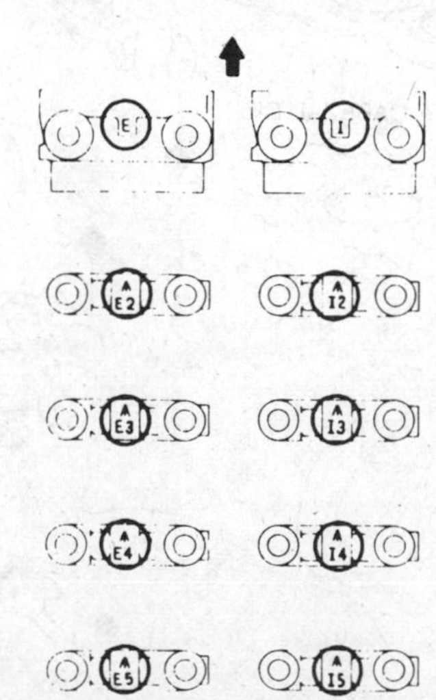

Situación de los sombreretes de los árboles de levas en motores 3S-GE. Las flechas deben estar orientadas hacia adelante y los sombreretes deben colocarse en el orden correlativo de su numeración.

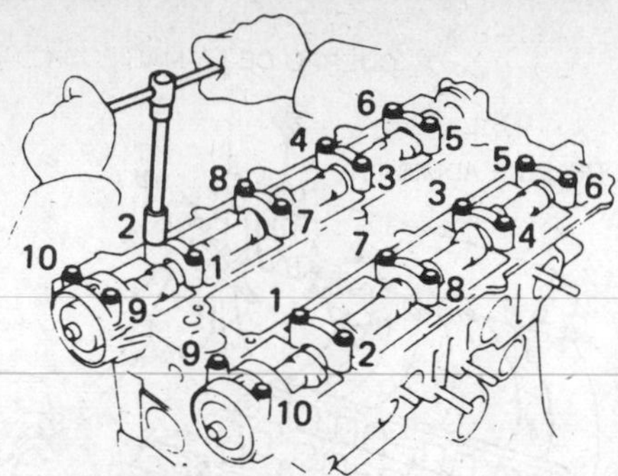

Apriete los tornillos de los sombreretes de los árboles de levas en este orden en el motor 3S-GE

6. Aplique una capa de grasa a la cara interna. de un nuevo retén de aceite y con cuidado móntelo en el árbol de levas, impulsándolo con ligeros golpes, utilizando un botador (herramienta SST n.º 09223-50010).

7. Monte la tapa n.º 3 de la correa de distribución.

8. Conecte el resorte tensor a la polea guía y al pasador de la cabeza de cilindros. Instale esta polea en el pasador de pivotamiento, empújela hacia la izquierda todo lo que pueda ir y apriétela. Asegúrese que el resorte no esté fuera de su encaje en el pasador.

9. Monte las poleas de distribución en el árbol de levas y coloque la correa de distribución.

10. Efectúe el montaje del resto de los componentes siguiendo el procedimiento de desmontaje, en el orden inverso. Apriete los pernos de los extremos del travesaño inferior de la suspensión a 153 libras-pie (208 Nm) y el tornillo central a 29 libras-pie (39 Nm). Apriete los tornillos del estribo superior a 15 libras-pie (21 Nm) y las tuercas a 47 libras-pie (64 Nm). Vuelva a llenar el circuito de enfriamiento y compruebe la velocidad de marcha en vacío y la distribución del encendido.

Turbocompresor

DESMONTAJE Y MONTAJE

1. Extraiga el filtro de aire.

2. Etiquete y desconecte todos los cables eléctricos y mangueras que interfieran con el desmontaje del turbocompresor.

3. Retire el codo del compresor y la manguera de alivio.

4. Desmonte los deflectores de calor.

5. Desconecte el tubo de escape del codo de la turbina.

6. Desconecte las tuberías de aceite del turbo.

7. Desatornille y extraiga el turbo.

8. Efectúe el montaje en el orden inverso. Apriete las tuercas de montaje del turbo a 38 libras-pie.

INVESTIGACIÓN DE ANOMALÍAS

En la sección Reparaciones encontrará más información sobre el funcionamiento del turbocompresor.

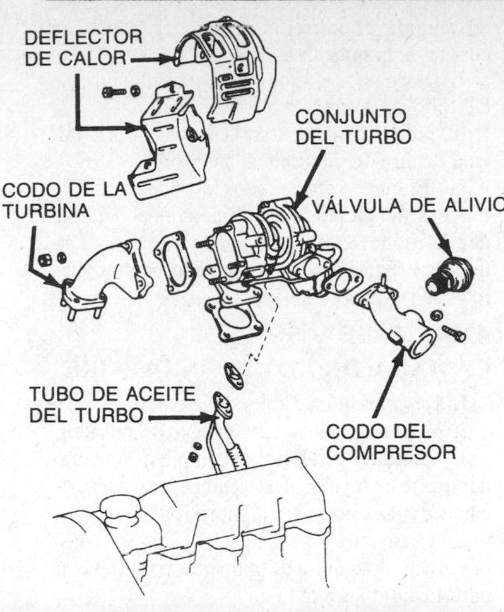

Conjunto del turbocompresor

Ejes de balancines

DESMONTAJE Y MONTAJE

Motores 4K-C y 4K-E

1. Extraiga el filtro del aire.
2. Extraiga la válvula de la ventilación positiva del cárter.
3. Retire los cables de las bujías.
4. Desmonte la tapa de las válvulas.
5. Afloje los tornillos que fijan los ejes de balancines, alternando los de delante con los de atrás.
6. Extraiga el conjunto del eje de balancines y el tubo de aceite.
7. Efectúe el montaje en el orden inverso. Apriete los tornillos en varias etapas, alternando los de delante y de atrás, hasta 14-16 libras-pie. Apriete los tornillos del tubo de aceite a 14 libras-pie. Compruebe el juego de las válvulas.

4M-E y 5M-E

1. Extraiga el filtro de aire.
2. Retire las mangueras de entrada y salida al calentador del estrangulador.
3. Retire la tapa de las válvulas.
4. Desenrosque los dos tornillos del estribo delantero.
5. Afloje los tornillos de los ejes de balancines empezando en los dos extremos y avanzando hacia el centro.
6. Afloje los tornillos y extraiga los conjuntos de los ejes de balancines.
7. Efectúe el montaje en el orden inverso. Apriete los tornillos de los ejes de balancines empezando en el centro y avanzando hacia cada extremo, a un par de 25 libras-pie. Apriete los tornillos del estribo del extremo delantero a 9 libras-pie. Compruebe el juego de las válvulas.

3T-C

1. Extraiga el filtro de aire.
2. Saque la válvula de la ventilación positiva del cárter.
3. Retire los cables de las bujías.
4. Desconecte la entrada de combustible de su posición en el carburador.
5. Retire la tapa de las válvulas.

NOTA: Los tornillos de la cabeza de cilindros sirven también para fijar los ejes de balancines. Aflójelos en varias etapas empezando en los extremos y avanzando hacia el centro.

6. Extraiga los conjuntos de ejes de balancines.
7. Efectúe el montaje en sentido inverso. Coloque y apriete los tornillos de la cabeza de cilindros, empezando en el centro y avanzando hacia los extremos. Apriételos a 63 libras-pie. Compruebe el huelgo de las válvulas.

20R, 22R y 22R-E

1. Extraiga el filtro de aire.
2. Desconecte todas las mangueras y el varillaje acoplados a la tapa de las válvulas.
3. Retire los cables de las bujías.
4. Saque el carburador.
5. Desmonte la tapa de las válvulas.
6. Saque el distribuidor.
7. Sitúe el pistón del cilindro n.º 1 en el PMS en la carrera de compresión.
8. Con pintura, efectúe marcas de referencia en la cadena de distribución, rueda dentada y engranaje de distribución, para facilitar luego el montaje.
9. Saque el engranaje de accionamiento del distribuidor, dejando en sus posiciones la cadena y las ruedas dentadas.
10. Desenrosque el tornillo de 14 mm de la tapa de la correa, en la parte delantera de la cabeza de cilindros. Ello debe hacerse antes de aflojar los tornillos de la cabeza de cilindros, que sirven también para fijar los ejes de balancines.
11. Afloje los tornillos de la cabeza de cilindros siguiendo un orden diagonal, empezando en el lado delantero del carburador. Ello es necesario para evitar que la cabeza de cilindros se deforme.
12. Extraiga los conjuntos de ejes de balancines de la cabeza de cilindros. A veces es necesario usar una barra de palanca para levantar uniformemente los conjuntos de las espigas de centrado.
13. Efectúe el montaje en el orden inverso. Apriete los tornillos de la cabeza de cilindros siguiendo un curso diagonal, empezando en el centro. Apriete el tornillo de la tapa de la cadena a 12 libras-pie y el tornillo del engranaje del distribuidor a 65 libras-pie.

1A-C, 3A, 3A-C, 4A-C, 3Y-EC y 4Y-EC

1. Desconecte el cable del borne negativo de la batería.
2. Extraiga el filtro de aire y todas las mangueras que estorben.
3. Desconecte todos los varillajes del carburador.
4. Retire la tapa de las válvulas y su junta.
5. Desenrosque los tornillos de los balancines.
6. El montaje se efectúa en el orden inverso.

NOTA: Recuerde que al montar la tapa de las válvulas debe colocar una junta nueva.

7. Apriete los tornillos de los balancines a 17-19 libras-pie.

2S-E, 3S-GE, 4A-GE, 5M-GE y Diesel

Estos motores no usan ejes de balancines. Las válvulas son activadas directamente por el árbol de levas.

Múltiple de admisión

DESMONTAJE Y MONTAJE

1C-L, 1C-TL y 2C-T

1. Desconecte el cable de tierra de la batería.
2. Vacíe el líquido de enfriamiento.
3. Desmonte el filtro del aire.
4. Marque con una etiqueta y desconecte todos los cables eléctricos y mecánicos y tubos flexibles que interfieren con el desmontaje del múltiple de admisión.
5. Desmonte el turbocompresor de la forma descrita más adelante.
6. Desmonte la tubería de derivación de líquido de enfriamiento.
7. Desatornille y extraiga el múltiple.
8. Efectúe el montaje en el orden inverso.

2S-E y 3S-GE

1. Desconecte el cable de tierra de la batería.
2. Vacíe el líquido de enfriamiento.
3. Marque con una etiqueta y desconecte todos los cables eléctricos y mecánicos y tubos flexibles que interfieran con el desmontaje del múltiple de admisión.
4. Retire el cuerpo de la mariposa.
5. Desatornille y extraiga el múltiple.
6. El montaje es en el orden inverso.

3Y-EC y 4Y-EC

1. Desconecte el cable de tierra de la batería.
2. Saque el asiento delantero derecho.
3. Retire la tapa del motor.
4. Vacíe el líquido de enfriamiento.
5. Marque con una etiqueta y desconecte todos los cables eléctricos y mecánicos y tubos flexibles que interfieren con el desmontaje del múltiple.
6. Retire la cámara de admisión de aire y el multiple.
7. Efectúe el montaje en el orden inverso.

3T-C

1. Efectúe el drenaje del circuito de enfriamiento.
2. Saque el conjunto del filtro de aire, completo con mangueras, desmóntándolo de su soporte.
3. Retire los tubos flexibles de calentamiento del estrangulador, las tuberías de combustible y las tuberías de vacío, de sus posiciones en el carburador. Suelte las mangueras del sistema de control de emisiones y el varillaje del acelerador, también del carburador.
4. Desenrosque las cuatro tuercas que fijan el carburador al múltiple y extraiga el carburador.
5. Suelte el tubo flexible de la ventilación positiva del cárter.
6. Desconecte la manguera de derivación del agua del múltiple de admisión.
7. Desatornille el múltiple y extráigalo.
8. Efectúe el montaje en el orden inverso. Recuerde de usar una junta nueva. Apriete los tornillos del múltiple de admisión con arreglo al par especificado.

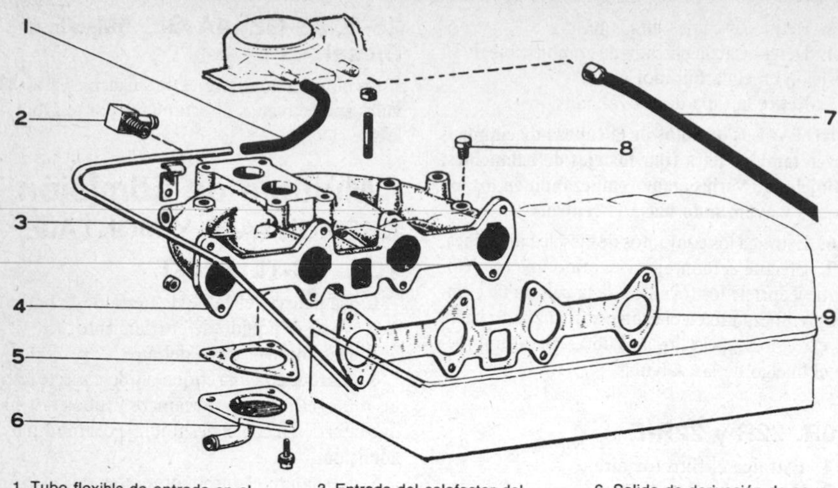

1. Tubo flexible de entrada en el calefactor del estrangulador
2. Codo
3. Entrada del calefactor del estrangulador
4. Múltiple de admisión
5. Junta
6. Salida de derivación de agua
7. Salida
8. Tapón
9. Junta del múltiple de admisión

Múltiple de admisión típico de los motores Serie «T»

NOTA: Apriete los tornillos en varias etapas, empezando cada vez en el centro y avanzando alternativamente hacia cada lado.

20R y 22R

1. Desconecte la batería.

2. Vacíe el circuito de enfriamiento.

3. Extraiga el filtro de aire, junto con sus mangueras, del carburador.

4. Desconecte las tuberías de vacío de la válvula de recirculación de gases de escape y del carburador. Antes, márquelas con etiquetas.

5. Desconecte del carburador las tuberías de combustible, los cables eléctricos, el varillaje del acelerador y la manguera de agua.

6. Suelte la manguera de agua montada en derivación del múltiple.

7. Desatornille y saque el múltiple de admisión, completo con el carburador y la válvula de recirculación de los gases de escape.

8. Tape con lienzos limpios las lumbreras de la cabeza de cilindros, para que nada pueda caer dentro.

9. Efectúe el montaje en sentido inverso. Cambie la junta. Apriete los tornillos de montaje a los valores especificados; hágalo en varias etapas, empezando con los tornillos centrales y yendo alternativamente hacia los extremos. Vuelva a llenar el circuito de enfriamiento.

22R-E

1. Desconecte la batería.

2. Vacíe el circuito de enfriamiento.

3. Desconecte la manguera de admisión de aire de su posición en el conjunto del filtro de aire, y el otro extremo de la cámara de entrada de aire.

4. Marque con etiquetas y desconecte las tuberías de vacío fijadas a la cámara de admisión y al múltiple.

5. Marque y desconecte los cables eléctricos que van al inyector de arranque en frío; el sensor de posición, de la mariposa, y las mangueras de agua, del cuerpo de la mariposa.

6. Retire la válvula de recirculación de los gases de escape de la cámara de admisión de aire.

7. Marque y desconecte el cable del accionador, el cable del acelerador y el cable de la mariposa del cambio automático (de haberlo) de sus posiciones en el soporte de cables existentes en la cámara de admisión.

8. Desatornille la cámara de admisión de aire del múltiple de admisión y sáquela, junto con el cuerpo de la mariposa.

9. Desconecte el tubo flexible de combustible del tubo de inyectores.

10. Etiquete y desconecte la manguera de la válvula de aire del múltiple de admisión.

11. Etiquete y suelte todos los tubos flexibles, tuberías y cables que estén fijados en el múltiple de admisión. Desatornille éste de la cabeza de cilindros y sáquelo, con el tubo de inyectores y las toberas de inyección acoplados.

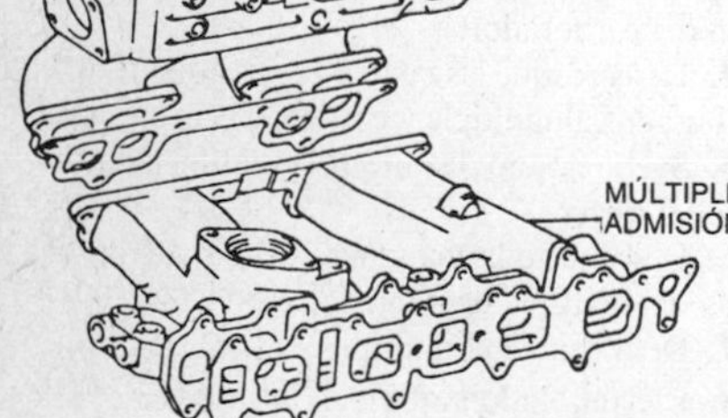

Conjunto del múltiple de admisión: Motores 22R-E

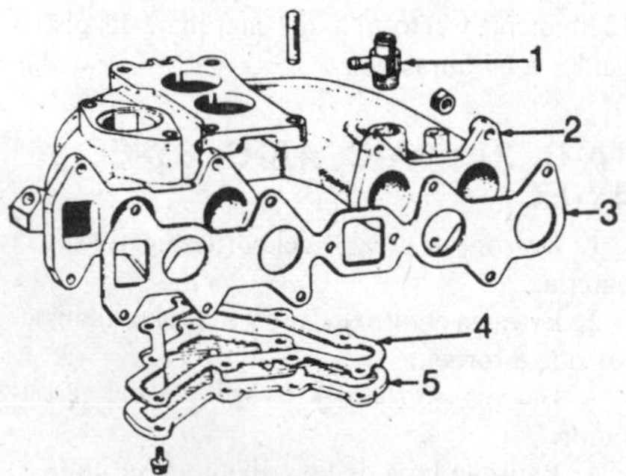

1. Rácor tubo flexible de vacío
2. Múltiple de admisión
3. Junta (parte superior)
4. Junta (parte inferior)
5. Tapa inferior

Conjunto del múltiple de admisión: Motores 20R y 22R

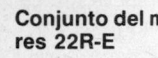

4M-E, 5M-E y 5M-GE

CÁMARA DE ADMISIÓN DE AIRE

1. Desconecte los cables de la batería.

2. Vacíe el líquido de enfriamiento del radiador.

3. Consulte la ilustración con piezas numeradas que se incluye en el procedimiento Cabeza de cilindros - Desmontaje y montaje (para estos motores) y desmonte y desconecte las piezas en el mismo orden. Asegúrese de marcarlas con etiquetas para facilitar su montaje.

4. Desatornille y extraiga la cámara de admisión de aire.

5. Efectúe el montaje en el orden inverso. Apriete los elementos de sujeción de la cámara a 16-20 libras-pie.

MÚLTIPLE DE ADMISIÓN DE AIRE

1. Desmonte la cámara de admisión de aire de la forma acabada de describir.

2. Suelte y aparte los cables del tubo de inyectores y el inyector.

3. Retire el inyector de combustible y el tubo de inyectores.

ATENCIÓN

Coloque un recipiente debajo del tubo de inyectores, ya que al sacarlo fluirá una gran cantidad de combustible.

4. Retire el regulador de presión de combustible (montado en el centro del múltiple de admisión).

5. Retire la válvula de recirculación de los gases de escape de la parte posterior del múltiple.

6. Marque con etiquetas y desconecte las mangueras (o manguitos) del radiador, los tubos flexibles del calefactor y las tuberías de vacío de sus posiciones en el múltiple de admisión.

7. Suelte la tapa del distribuidor y apártela.

8. Desatornille el múltiple de admisión y sepárelo, junto con su junta.

9. Efectúe el montaje en el orden inverso. Apriete los tornillos del múltiple a 10-15 libras-pie.

NOTA: Use una junta nueva al volver a montar el conjunto del múltiple.

4A-GE y 3S-GE

El desmontaje y montaje del múltiple de admisión se describe en la sección Cabeza de cilindros: desmontaje y montaje.

Múltiple de escape

DESMONTAJE Y MONTAJE

ATENCIÓN

No realice esta operación cuando el motor esté caliente, aunque sea sólo moderadamente.

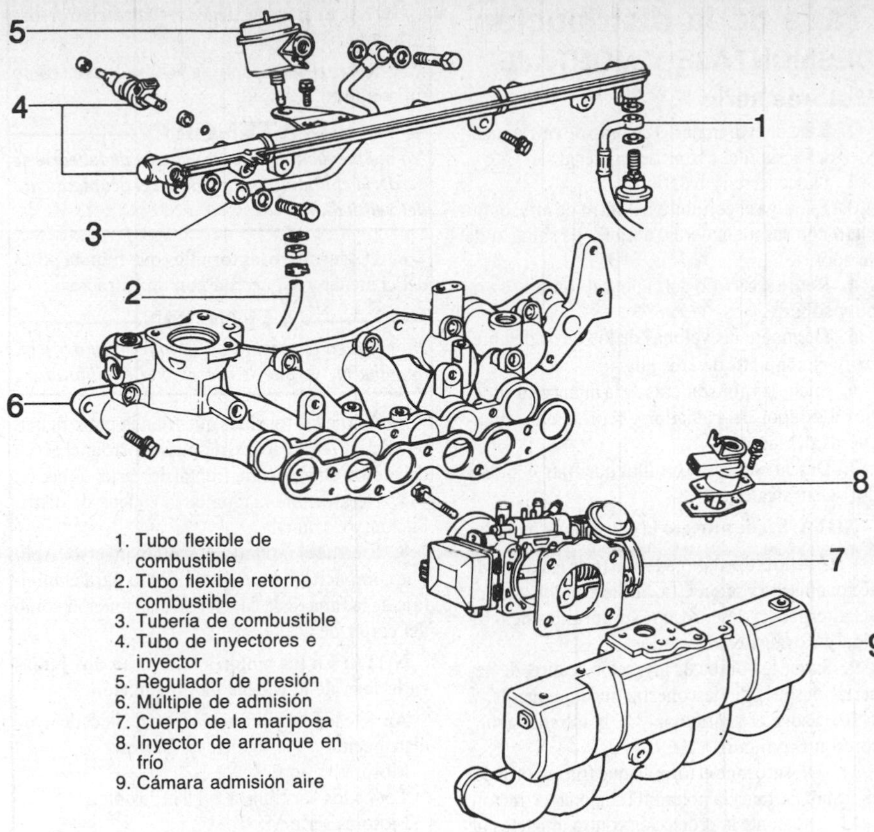

Conjunto del múltiple de admisión: Motores 4M-E, 5M-E y 5M-GE

3T-C

1. Suelte la tubería de calentamiento de la admisión de su posición en el múltiple de escape.

2. Desenrosque la tuerca existente en el empalme de la tubería de salida de calentamiento.

3. Retire el cableado del termosensor del sistema de control de emisiones.

4. Suelte el tornillo en U del soporte del tubo descendente.

5. Suelte la brida del tubo descendente de su posición en el múltiple.

6. Desatornille el múltiple y retírelo.

ATENCIÓN

Afloje los tornillos en dos o tres etapas, empezando en el centro y avanzando hacia cada lado, alternativamente.

7. Efectúe el montaje en el orden inverso. Utilice una junta nueva.

20R, 22R y 22R-E

1. Desenrosque los tres tornillos de la brida del tubo de escape y retire éste del múltiple.

2. Suelte los cables de las bujías.

3. Marque señales de referencia en el rotor del distribuidor, la caja y el bloque de cilindros. Retire el distribuidor.

4. Retire el tubo del filtro de aire del calefactor del múltiple. Desmonte la parte externa del calefactor.

5. Retire el múltiple, completo con los tubos de inyección de aire y la parte interna del calefactor.

6. Separe la parte interna del calefactor del múltiple.

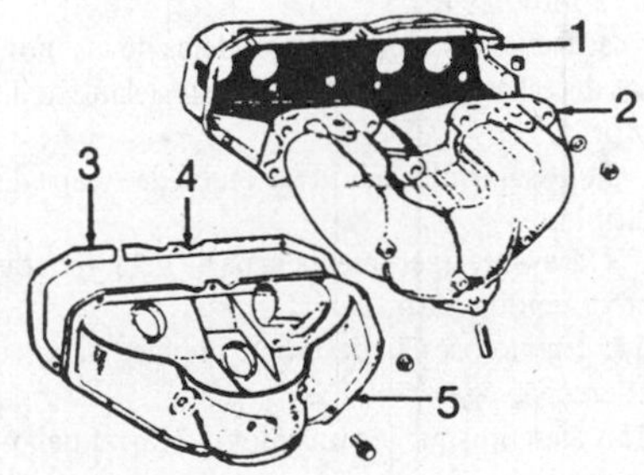

Múltiple de escape típico en motores de la Serie «R»

7. Efectúe el montaje en el orden inverso. Apriete los tornillos de montaje a 29-36 libras-pie, empezando con los tornillos centrales y avanzando hacia los extremos. Apriete las tuercas de la brida del tubo de escape a 25-32 libras-pie.

4M-E, 5M-E, 3Y-EC, 4Y-EC, 2S-E, 1C-L, 1C-LT y 2C-T

1. Levante la parte delantera y trasera del coche y déjelo firmemente apoyado.

2. Desmonte la protección contra impactos de grava del lado derecho debajo del motor.

3. Desmonte el soporte del tubo descendente.

4. Desenrosque los tornillos de la brida y separe el tubo descendente del múltiple.

5. Retire las mangueras del estrangulador automático y del calefactor del filtro de aire de sus posiciones en el múltiple de escape, de haberlas. Desmonte la válvula de recirculación de los gases de escape, de haberla.

6. Desmonte o aparte cualquier componente del sistema de inyección de aire que pueda interferir en el desmontaje del múltiple.

7. Desatornille el múltiple y retírelo.

ATENCIÓN

Desenrosque los tornillos del múltiple en dos o tres etapas, empezando en los del centro y avanzando hacia los extremos. Adopte la misma precaución en el montaje.

8. Efectúe el montaje en el orden inverso. Use una junta nueva. Apriete los tornillos al par especificado.

3S-GE, 4A-GE y 5M-GE

NOTA: Puede que deba desmontar la manguera de admisión de aire para tener acceso a todas las tuercas.

1. Levante la parte delantera del coche y déjela firmemente apoyada.

2. Desmonte la protección antigrava derecha de debajo del coche.

3. Desmonte el puntal de apoyo del tubo de escape.

4. Desatornille el tubo de escape de la brida del múltiple.

5. Suelte el conector del sensor de oxígeno. En los motores 3S-GE, retire el deflector de calor superior.

6. Desenrosque las siete tuercas y saque el múltiple.

7. Efectúe el montaje en el sentido inverso. Use una junta nueva. Apriete todas las tuercas uniformemente a 25-33 libras-pie.

Múltiple combinado

DESMONTAJE Y MONTAJE

ATENCIÓN

No realice esta operación en un motor caliente.

4K-C

1. Extraiga el conjunto del filtro de aire, completo con sus mangueras.

2. Desconecte los varillajes del acelerador y del estrangulador de sus posiciones en el carburador, así como las tuberías de combustible y de vacío.

3. Desmonte o aparte cualquier componente del sistema de control de emisiones que interfiera.

4. Desatornille el carburador y sáquelo del múltiple.

5. Afloje las tuercas de retenida del múltiple, empezando en las situadas en posición central.

6. Retire el conjunto del múltiple de admisión/escape de la cabeza de cilindros, como una unidad.

7. Efectúe el montaje en el orden inverso. Use una junta nueva. Apriete los tornillos empezando por los centrales.

NOTA: Apriete los tornillos en dos o tres etapas.

4K-E

1. Afloje las dos abrazaderas de la manguera del filtro de aire y retire dicha manguera.

2. Desconecte el cable de la mariposa de sus dos puntos de fijación, en la cámara de admisión de aire y en el cuerpo de la mariposa. Sitúe el cable de modo que no estorbe.

3. Marque con etiquetas y desconecte todos los tubos flexibles de vacío de la cámara de admisión de aire.

4. Etiquete y desconecte los tres cables eléctricos que van a la cámara de admisión de aire.

5. Desatornille y retire los dos soportes de apoyo de la cámara de admisión de aire. Retire los tornillos que fijan el tubo de admisión de aire al múltiple y extraiga la cámara de admisión de aire y los tubos a ella conectados.

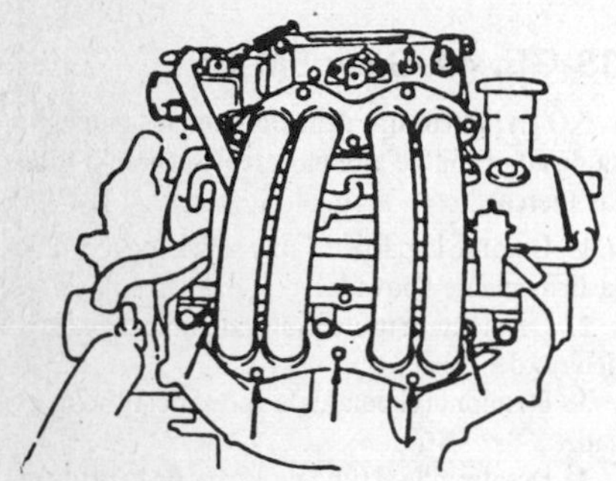

Saque la cámara de admisión aire y los tubos como un conjunto: Motores 4K-E

ATENCIÓN

El conjunto de admisión de aire debe ser soportado mientras se extraen los tornillos de retenida del tubo.

6. Marque con etiquetas y desconecte los cuatro cables de inyectores. Retire las dos abrazaderas del haz de cables y luego extraiga el haz de cables del solenoide de inyección electrónica de combustible, de su posición en el tubo de inyectores.

7. Suelte las mangueras de salida del calefactor. Desenrosque los dos tornillos de fijación del soporte y saque el tubo.

8. Desconecte el tubo de escape del múltiple de escape.

9. Desenrosque los seis tornillos de montaje y retire el múltiple combinado.

10. Efectúe el montaje en el orden inverso.

1A-C, 3A, 3A-C y 4A-C

1. Desconecte el borne negativo de la batería.

2. Extraiga el filtro de aire y todas las mangueras necesarias.

3. Suelte los varillajes del carburador.

4. Saque el carburador.

NOTA: Cubra el carburador con un paño limpio para evitar que penetre suciedad.

5. Desmonte el tubo de escape del múltiple.

6. Desmonte el múltiple de escape.

7. Efectúe el montaje en el orden inverso. Apriete los tornillos del múltiple a 15-21 libras-pie.

Tapa de la distribución

DESMONTAJE Y MONTAJE

Motores serie K y T

1. Efectúe el drenaje del circuito de enfriamiento y del aceite del cárter del cigüeñal.

2. Desconecte la batería.

3. Extraiga el conjunto del filtro de aire, completo con sus mangueras, después de soltarlo de su soporte.

4. Retire el cerrojo del capó, así como su estribo y soporte.

5. Desmonte las valonas de los faros delanteros y el conjunto de la rejilla.

6. Suelte las abrazaderas de la manguera superior e inferior del radiador y retire ambas mangueras del motor.

7. Desenrosque los tornillos que fijan el radiador y extraiga éste.

NOTA: Saque primero la carcasa, de haberla.

8. Afloje el eslabón de ajuste de la correa de accionamiento y saque ésta. Suelte al multiconector del alternador; desenrosque sus tornillos de retenida y extraiga el alternador.

9. Saque la bomba de inyección de aire, de haberla, después de desconectar sus mangueras.

10. Saque el ventilador y la bomba de agua, como un conjunto.

11. Desenrosque el tornillo que fija la polea del cigüeñal. Extraiga la polea utilizando un extractor.

12. Desmonte la protección contra impactos de gravilla de debajo del motor

13. Las siguientes operaciones son aplicables sólo a motores K.

a. Retire las tuercas y arandelas de las monturas derechas e izquierda de la parte delantera del motor.

b. Desatornille la brida del tubo de escape del múltiple.

c. Levante ligeramente la parte delantera del motor, con un gato.

14. En motores T, desmonte la placa de estribo derecha.

15. Desenrosque los tornillos del cárter delantero del aceite, para tener acceso a la parte inferior de la tapa de la cadena de distribución.

NOTA: A veces es necesario insertar un fino cuchillo entre el cárter y la junta para poder separar el cárter. Proceda con cuidado para no dañar la junta.

Efectúe el montaje en el orden inverso.

1. En motores T, aplique compuesto hermetizante en las dos esquinas delanteras de la junta del cárter del aceite.

2. Apriete el tornillo de la polea del cigüeñal al par especificado.

3. Ajuste las correas de accionamiento.

Motores serie R y M

Excepto 5M-GE

1. Desmonte la cabeza de cilindros de la forma descrita en la pertinente sección.

2. Saque el radiador.

3. Saque el alternador.

4. En motores equipados con bomba de aire, retire la bomba y su soporte.

NOTA: Si el coche tiene servodirección, retire la bomba.

5. Retire el ventilador y la bomba de agua como un conjunto.

ATENCIÓN

No incline dicho conjunto, ya que de ladearse se perdería el líquido contenido en el acoplamiento del ventilador.

6. Desenrosque los tornillos que fijan la polea del cigüeñal y saque ésta con un extractor.

ATENCIÓN

No extraiga el tornillo de 10 mm de su orificio, de haberlo, ya que se usa para el equilibrado.

7. Afloje los tornillos que fijan la parte delantera del cárter del aceite, después de vaciar el aceite del motor. Baje la parte frontal del cárter de aceite.

8. Desatornille la tapa de la cadena de distribución y extráigala.

9. Efectúe el montaje en sentido inverso. Aplique compuesto hermetizante, tanto para el montaje de la tapa de la cadena de distribución como del cárter de aceite.

NOTA: En los motores M se usan dos juntas en la tapa de la cadena de distribución.

Apriete los tornillos de la tapa de la cadena de distribución a los siguientes valores:

Motores serie R:

Todos los tornillos a 8-11 libras-pie.

Motores serie M:

Tornillos de 8 mm: 7-12 libras-pie.

Tornillos de 10 mm: 14-22 libras-pie.

1A-C, 3A, 3A-C y 4A-C

1. Desconecte el borne negativo de la batería.

2. Saque las correas de accionamiento.

3. Sitúe el pistón del cilindro n.º 1 en el PMS de la carrera de compresión.

4. Desmonte la polea del cigüeñal con un extractor idóneo.

5. Desmonte la polea de la bomba de agua.

6. Desmonte las tapas superior e inferior de la caja de distribución.

7. Efectúe el montaje en el orden inverso. Apriete los tornillos de la tapa de la correa de distribución a 61-99 libras-pie.

Motores 2S-E, 3S-GE, 3Y-EC, 4A-GE, 4Y-EC, 5M-GE y diesel

El desmontaje de la tapa delantera se describe en el procedimiento Correa de distribución: desmontaje y montaje.

Cambio del retén de aceite de la tapa de la distribución

1. Desmonte la tapa de la caja de distribución, de la forma descrita anteriormente.

2. Inspeccione el retén de aceite para detectar desgaste, fugas o daños.

3. Si está desgastado, extráigalo, ejerciendo palanca. Debe sacarse hacia la parte delantera de la tapa.

NOTA: Si el retén de aceite se saca, debe cambiarse.

4. Use un zócalo, tubo o bloque de madera y un martillo para hacer entrar el nuevo retén de aceite. Hágalo entrar por la parte delantera de la tapa.

ATENCIÓN

Proceda con extremo cuidado para no dañar el retén de aceite.

5. Monte la tapa de la distribución de la forma antes descrita.

Cadena (o correa) de la distribución y tensador

DESMONTAJE Y MONTAJE

1C-L, 1C-TL y 2C-T

1. Desconecte el cable negativo de la batería.
2. Levante la parte delantera del vehículo y sopórtela con apoyos seguros. Saque el neumático delantero derecho.
3. Retire el revestimiento interior del guardabarros derecho.
4. Retire el depósito del lavaparabrisas y del radiador.
5. Retire el accionador de control de marcha de crucero de estar equipado el coche con él.
6. Saque la correa de accionamiento de la servodirección y desmonte la bomba; aparte ésta a un lado, sin desconectar sus tuberías.
7. Retire el alternador y su soporte de apoyo.
8. Desmonte la tapa superior de la correa de distribución.
9. Gire la polea del cigüeñal hacia la derecha, hasta que la línea existente en la polea de distribución del árbol de levas esté alineada con el extremo superior de la cabeza de cilindros; el motor debe estar en el PMS de la carrera de compresión.
10. Desenrosque el tornillo de fijación de la polea del árbol de levas y retire la polea usando un extractor.
11. Saque la tapa inferior de la correa de dis-

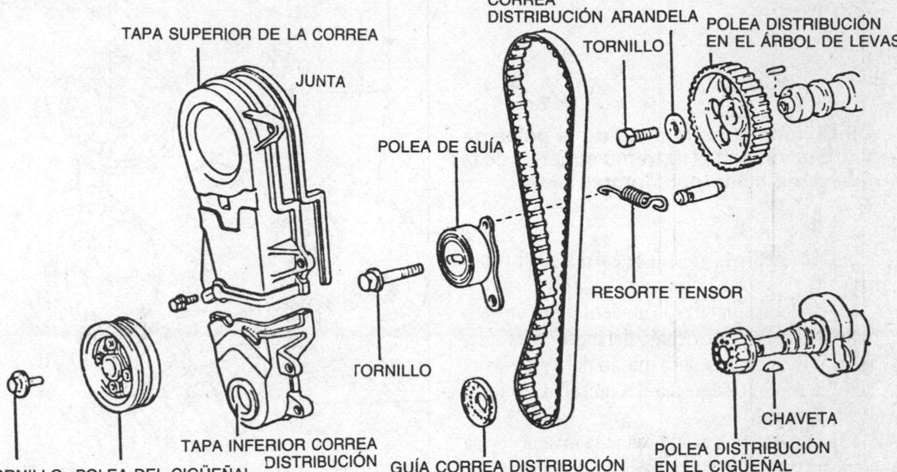

Tapa delantera y componentes asociados: Motores Serie «A»

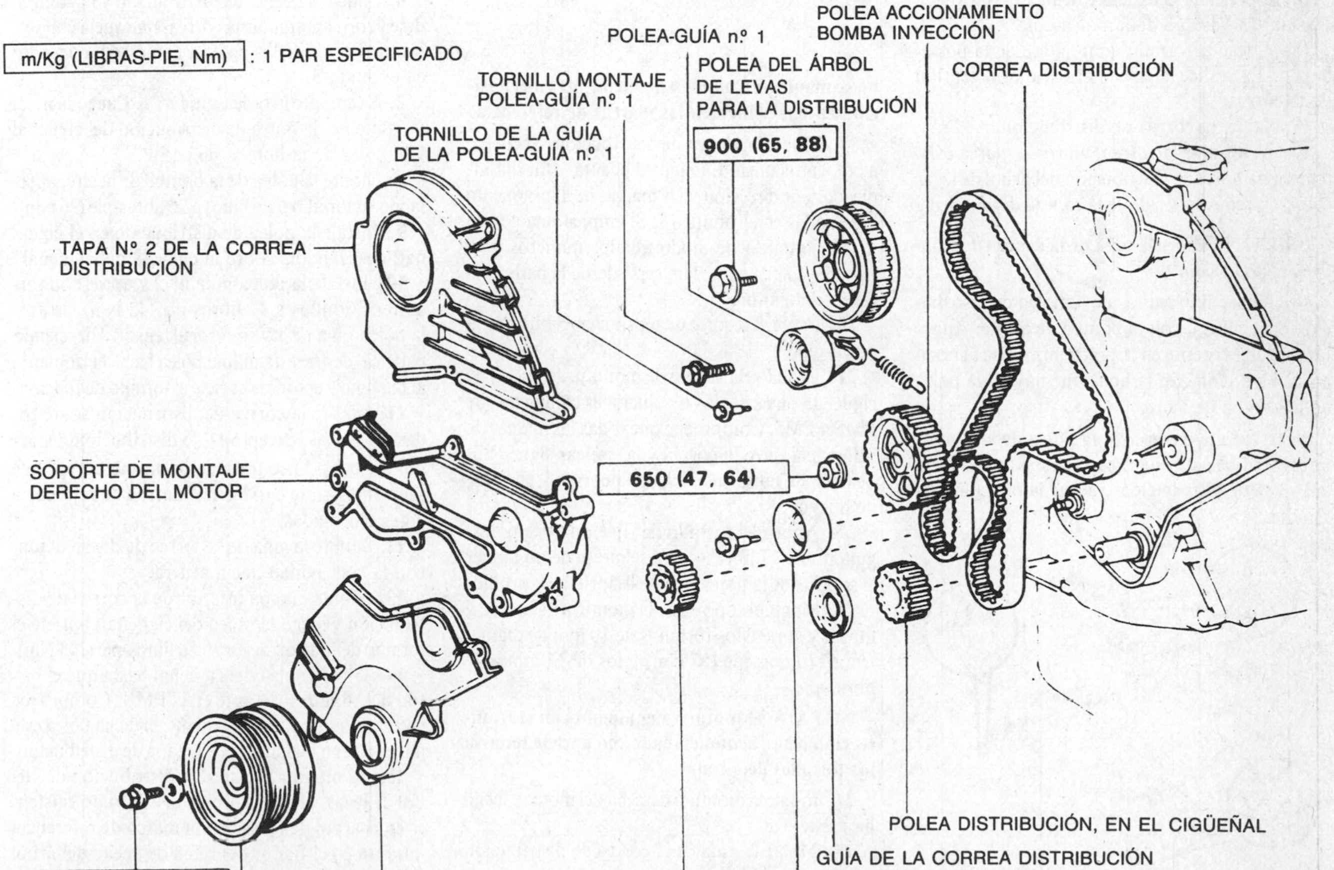

m/Kg (LIBRAS-PIE, Nm) : 1 PAR ESPECIFICADO

POLEA-GUÍA n.º 1
POLEA ACCIONAMIENTO BOMBA INYECCIÓN
TORNILLO MONTAJE POLEA-GUÍA n.º 1
POLEA DEL ÁRBOL DE LEVAS PARA LA DISTRIBUCIÓN
CORREA DISTRIBUCIÓN
900 (65, 88)
TORNILLO DE LA GUÍA DE LA POLEA-GUÍA n.º 1
TAPA N.º 2 DE LA CORREA DISTRIBUCIÓN
SOPORTE DE MONTAJE DERECHO DEL MOTOR
650 (47, 64)
POLEA DISTRIBUCIÓN, EN EL CIGÜEÑAL
GUÍA DE LA CORREA DISTRIBUCIÓN
1,000 (72, 78)
TAPA N.º 1 CORREA DISTRIBUCIÓN
POLEA-GUÍA N.º 2
POLEA DEL CIGÜEÑAL
POLEA MOTRIZ BOMBA DE ACEITE

Tapa frontal y componentes asociados: Motores Diesel

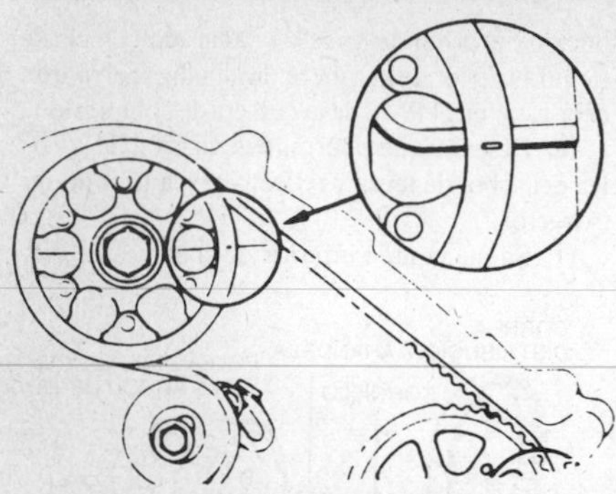
Alineación de las marcas de la polea de distribución con el extremo superior de la cabeza de cilindros: Motores diesel.

tribución. Retire la guía de la correa de distribución.

12. Coloque un taco de madera sobre un gato hidráulico, sitúe éste debajo del motor y levántelo justo lo necesario para que su peso no gravite sobre la montura derecha del motor. Desmonte dicha montura.

13. Si desea volver a montar la misma correa de distribución, marque en ésta una flecha para indicar su dirección. Marque también señales de referencia en la correa y en cada una de las poleas.

14. Ejerciendo palanca, extraiga el resorte de tensión del vástago de la polea-guía.

15. Afloje el tornillo de montaje de la polea-guía n.º 1 y deslice la polea para aflojar la tensión de la correa.

16. Saque la correa de distribución.

17. Al instalar la correa, alinee la marca existente en la polea de distribución del árbol de levas con el extremo superior de la cabeza de cilindros.

NOTA: No alinee la tapa de la cabeza de cilindros con el saliente.

18. Alinee las ranuras de la polea de distribución del cigüeñal con la bomba de aceite. Alinee la cavidad existente en la polea motriz de la bomba de inyección con la línea que hay en la polea de la bomba de agua.

NOTA: Sujete con algo la polea de la bomba de inyección hasta que se haya colocado de nuevo la correa de distribución, ya que la polea motriz

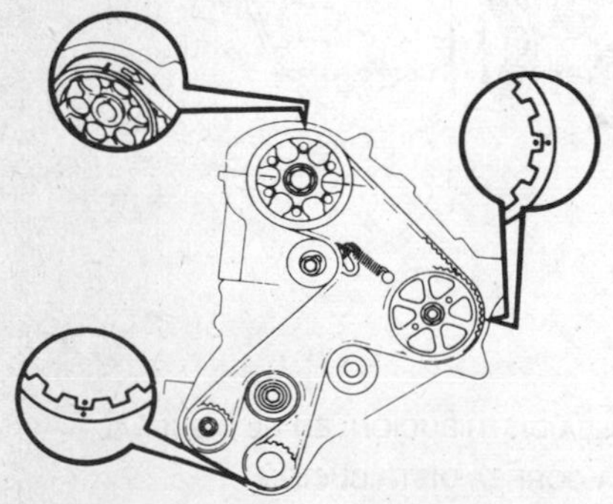
Cuando quiera volver a usar la misma correa de distribución, en motores diesel marque señales de referencia en la correa y en la polea, de la forma ilustrada.

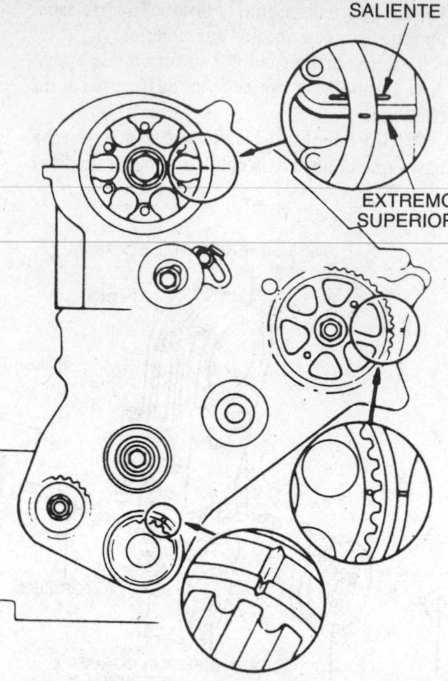

Alineación de la polea de distribución en motores diesel

no se mantendrá inmóvil por sí misma en la posición en que coinciden las marcas de referencia.

19. Monte la correa de distribución. Si vuelve a colocar la misma, tenga en cuenta la flecha indicadora de dirección y las marcas de alineamiento efectuadas en el punto 13. Si emplea una correa nueva, instálela de modo que los números y letras que contiene puedan leerse desde la parte posterior del motor.

20. Estire el resorte de tensión en el birlo de la polea-guía n.º 1.

21. Usando el tornillo de montaje de poleas de cigüeñal, gire éste dos revoluciones completas, de PMS a PMS. Compruebe que todas las marcas de referencia entre la correa y las poleas siguen alineadas; de no ser así, saque la correa y empiece de nuevo.

22. Apriete el tornillo de fijación de la polea-guía n.º 1 a 27 libras-pie. Asegúrese de no mover el soporte de la polea mientras aprieta el tornillo.

23. Monte el soporte de la montura derecha del motor y apriete los tornillos de 10 mm de diámetro a 27 libras-pie (37 Nm) y los de 12 mm a 47 libras-pie.

NOTA: Si el motor va equipado con servodirección o aire acondicionado, no apriete todavía los tornillos de 12 mm.

24. Instale la montura derecha del motor y luego baje éste.

25. Monte la guía de la correa de distribución con la concavidad hacia fuera.

26. Monte la tapa inferior de la correa de distribución. Instale la polea del cigüeñal y apriete el tornillo de fijación a 72 libras-pie (98 Nm).

27. Monte el resto de los componentes en el orden inverso al desmontaje.

2S-E

1. Siga los puntos 1-8 del procedimiento descrito para motores 1C-L, 1C-TL y 2C-T.

2. Sitúe el pistón del cilindro n.º 1 en el PMS, en la carrera de compresión.

Modelos EE.UU.: Alinee la marca del fiador del retén de aceite con el centro de la pequeña marca E situada en la polea de distribución del árbol de levas, girando hacia la derecha la polea del cigüeñal.

Modelos Canadá: Alinee la marca del fiador del retén de aceite con el centro del pequeño orificio existente en la polea de distribución del árbol de levas, girando hacia la derecha la polea del cigüeñal.

3. Si desea volver a montar la misma correa, marque en ella una flecha que indique el sentido de giro en el motor, así como marcas de referencia en la correa y en la polea de distribución del árbol de levas. Luego afloje el tornillo de fijación de la polea-guía n.º 1 y deslice ésta al máximo hacia la izquierda. Apriete el tornillo de fijación. Saque la correa de distribución de la polea del árbol de levas.

4. Desmonte la polea de distribución del árbol de levas. Luego la polea del cigüeñal.

5. Desmonte la tapa inferior de la correa de distribución.

6. Saque la correa de distribución y la guía. Si desea volver a montar la correa, márquela con respecto al resto de las poleas, como se ha descrito en el punto 3.

7. Desmonte la polea-guía n.º 1. Luego la n.º 2. Finalmente, la polea de distribución del cigüeñal y la polea de la bomba de aceite.

8. Monte la polea de la bomba de aceite, apretando su tornillo o tornillos a 20 libras-pie (26 Nm).

9. Instale la polea de distribución en el cigüeñal, deslizándola sobre la chaveta del cigüeñal.

10. Instale la polea-guía n.º 2 y apriete su tornillo o tornillos a 31 libras-pie (42 Nm). Instale la polea-guía n.º 1 y su resorte tensor. Ejerciendo palanca, deslice esta última polea hacia la izquierda al máximo y entonces apriete el tornillo de fijación.

11. Instale la correa de distribución sobre todas las poleas, excepto la de distribución del árbol de levas. Si se trata de la misma correa que sacó antes, alinee todas las marcas de referencia antes efectuadas.

12. Monte la guía de la correa de distribución, con la concavidad hacia afuera.

13. Monte la tapa inferior de la correa de distribución y luego la polea del cigüeñal; apriete el tornillo de fijación de ésta a 80 libras-pie (108 Nm).

14. Gire la polea del cigüeñal hasta que el pistón del cilindro n.º 1 esté en el PMS. Compruebe entonces que la ranura existente en dicha polea esté alineada con la marca 0 de la tapa de distribución.

15. Al montar la polea de distribución del árbol de levas, alinee la espiga de centrado existente en el árbol de levas con la marca de referencia impresa en el fiador del retén de aceite del árbol de levas. En los modelos EE.UU., alinee la espiga de centrado citada con el pequeño orificio en el lado de la marca E de la polea de distribución. En modelos canadienses, alinee la espiga de centrado con el pequeño agujero de la polea de distribución.

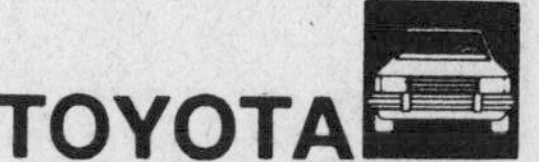

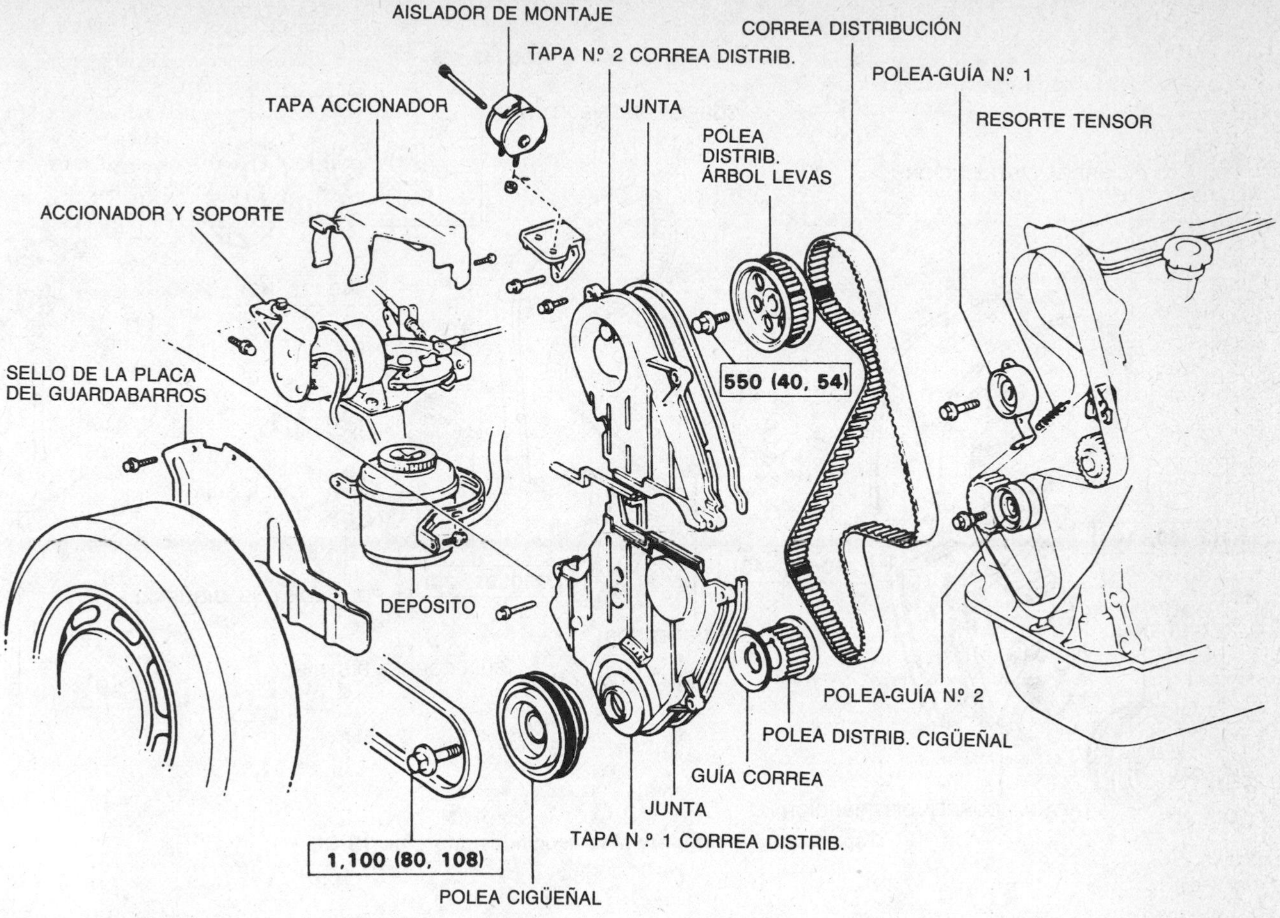

AISLADOR DE MONTAJE
CORREA DISTRIBUCIÓN
TAPA Nº 2 CORREA DISTRIB.
POLEA-GUÍA Nº 1
TAPA ACCIONADOR
JUNTA
POLEA DISTRIB. ÁRBOL LEVAS
RESORTE TENSOR
ACCIONADOR Y SOPORTE
550 (40, 54)
SELLO DE LA PLACA DEL GUARDABARROS
DEPÓSITO
POLEA-GUÍA Nº 2
POLEA DISTRIB. CIGÜEÑAL
GUÍA CORREA
JUNTA
TAPA Nº 1 CORREA DISTRIB.
1,100 (80, 108)
POLEA CIGÜEÑAL

Kg.cm (LIBRAS-PIE, Nm) : APRIETE ESPECIFICADO

Tapa frontal y componentes asociados: Motores 2S-E

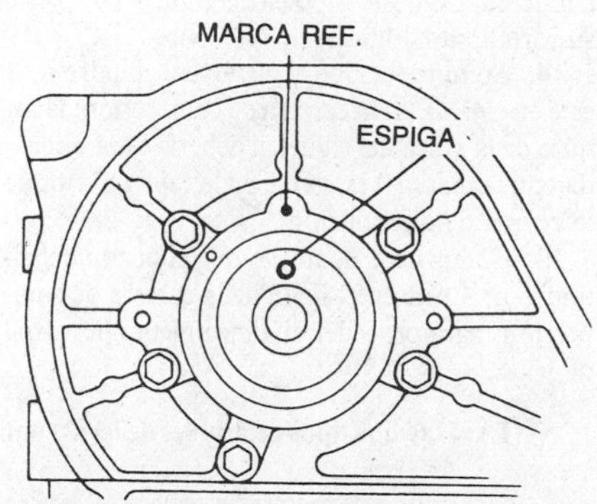

Alinear la espiga de centrado del árbol de levas con la marca de referencia existente en el fiador del retén de aceite del árbol de levas: Motores 2S-E

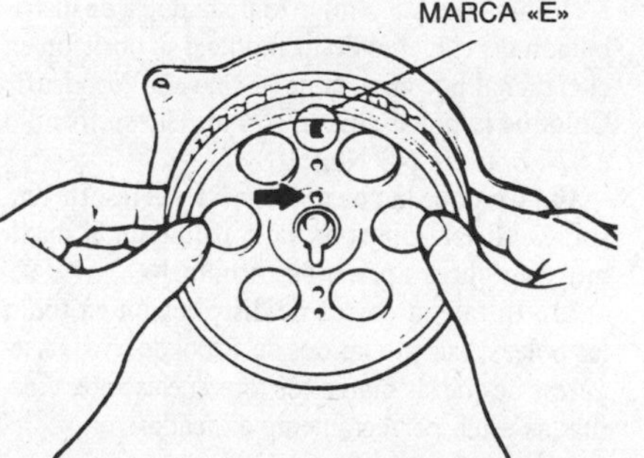

Alinear la espiga de centrado con el pequeño orificio central de la marca «E» de la polea de distribución: Modelos EE.UU 2S-E

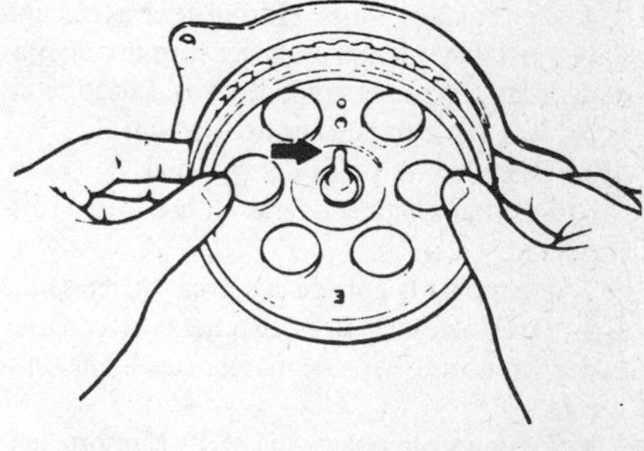

Alinear la espiga de centrado con el pequeño orificio de la polea de distribución: Modelos Canadá 2S-E

Asegúrese de que la marca de referencia situada en el fiador del retén de aceite y el centro del pequeño agujero en la polea de distribución del árbol de levas estén alineados. Entonces, apriete el tornillo de fijación de la polea a 40 libras-pie.

16. Instale la correa de distribución alrededor de la polea del árbol de levas. Afloje media vuelta el tornillo de fijación de la polea-guía. Gire hacia la derecha dos revoluciones completas la polea del cigüeñal y luego apriete el tornillo de fijación de la polea-guía nº 1 a 31 libras-pie (42 Nm).

17. El montaje del resto de los componentes es en orden inverso al procedimiento de desmontaje. Apriete el tornillo de la montura delantera del motor a 38 libras-pie (52 Nm).

3S-GE

1. Siga los puntos 1-8 del procedimiento descrito para motores 1C-L, 1C-TL y 2C-T.

2. Sitúe el pistón del cilindro nº 1 en el PMS de la carrera de compresión, alineando la ranura de la polea del cigüeñal con la marca 0 de la tapa inferior de la correa de distribución. Asegúrese de que las marcas de referencia de las dos poleas de distribución del árbol de levas estén alineadas con las marcas existentes en la tapa de la correa; si no lo están, gire el cigüeñal una revolución completa hacia la derecha.

3. Si desea volver a usar la correa de distribución, marque en ella una flecha que indique su sentido de giro, y la posición relativa con respecto a las dos poleas del árbol de levas. Afloje el tornillo de la polea-guía nº 1 y deslice ésta el máximo

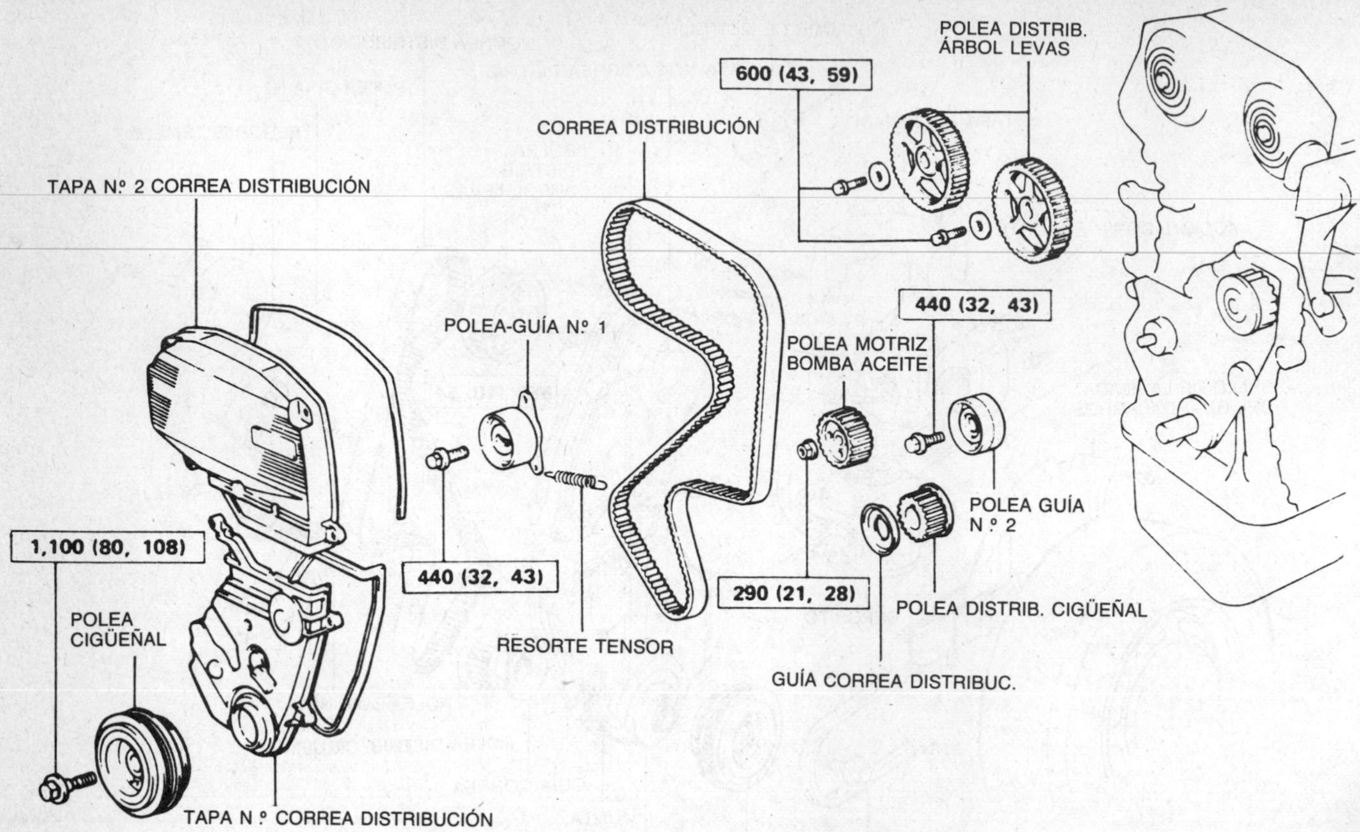

POLEA DISTRIB. ÁRBOL LEVAS
600 (43, 59)
CORREA DISTRIBUCIÓN
TAPA Nº 2 CORREA DISTRIBUCIÓN
440 (32, 43)
POLEA-GUÍA Nº 1
POLEA MOTRIZ BOMBA ACEITE
POLEA GUÍA N.º 2
1,100 (80, 108)
440 (32, 43)
290 (21, 28)
POLEA DISTRIB. CIGÜEÑAL
POLEA CIGÜEÑAL
RESORTE TENSOR
GUÍA CORREA DISTRIBUC.
TAPA N º CORREA DISTRIBUCIÓN

Tapa frontal y componentes asociados: Motores 3S-GE

hacia la izquierda; entonces apriete el tornillo de fijación. Saque la correa de las dos poleas del árbol de levas y sopórtela de modo que no se altere su engrane con el resto de las poleas.

4. Con cuidado, sujete el árbol de levas con una llave ajustable y desenrosque los tornillos de fijación de las poleas del árbol de levas. Luego retire las poleas y sus pasadores de fijación.

5. Desmonte la polea del cigüeñal.

6. Desmonte la tapa inferior de la correa de distribución.

7. Desmonte la guía de la correa y luego saque ésta del resto de las poleas. Si quiere volver a usar la correa, no se olvide de marcar señales de referencia.

8. Desmonte la polea-guía nº 1 y el resorte tensor. Desmonte la polea-guía nº 2, la polea del cigüeñal y la polea de la bomba de aceite.

9. Al proceder al montaje, instale la polea de la bomba de aceite y apriete su tornillo o tornillos a 21 libras-pie (28 Nm). Monte la polea de distribución del cigüeñal deslizándola a su posición en el cigüeñal por encima de la chaveta Woodruff. Coloque la polea-guía nº 2 y apriete su tornillo a 32 libras-pie (43 Nm).

10. Coloque la polea-guía n.º1 y el resorte tensor. Deslice la polea hacia la izquierda al máximo y entonces apriete su tornillo.

11. Instale la correa de distribución en todas las poleas, excepto las dos del árbol de levas. Asegúrese de que las marcas de referencias antes efectuadas estén perfectamente alineadas.

12. Monte la guía de la correa de distribución, con la concavidad hacia afuera.

13. Monte la tapa inferior de la correa de distribución. Coloque la polea del cigüeñal y apriete su tornillo a 80 libras-pie (108 Nm).

14. Compruebe que el pistón del cilindro nº 1 esté en el PMS en la carrera de compresión: la ranura de la polea del cigüeñal debería estar alineada con la marca 0 existente en la tapa inferior de la correa de distribución.

15. Compruebe de nuevo que el pistón del cilindro nº 1 esté en el PMS de la carrera de compresión, para proceder al alineamiento del árbol de levas.

NOTA: Hay dos tipos de árboles de levas: uno

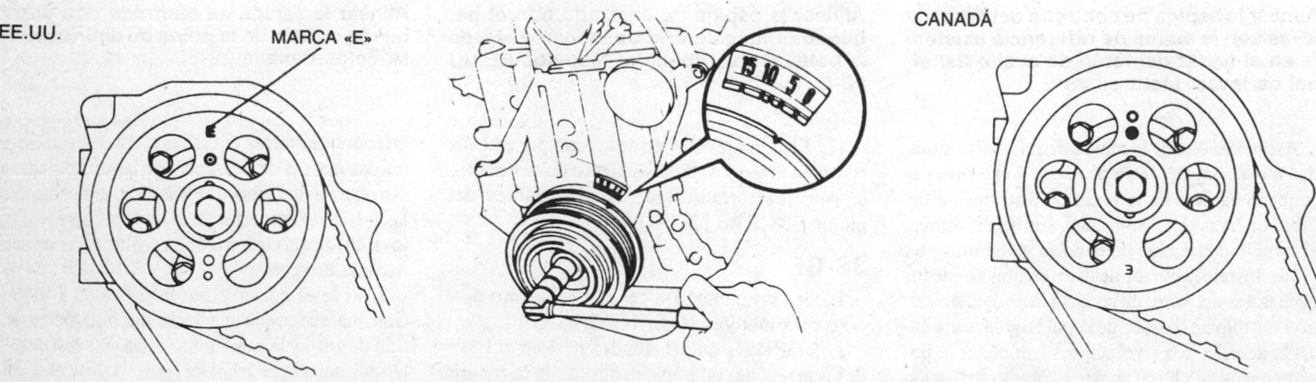

Situación del pistón del cilindro nº 1 en PMS en la carrera de compresión: Motores 2S-E

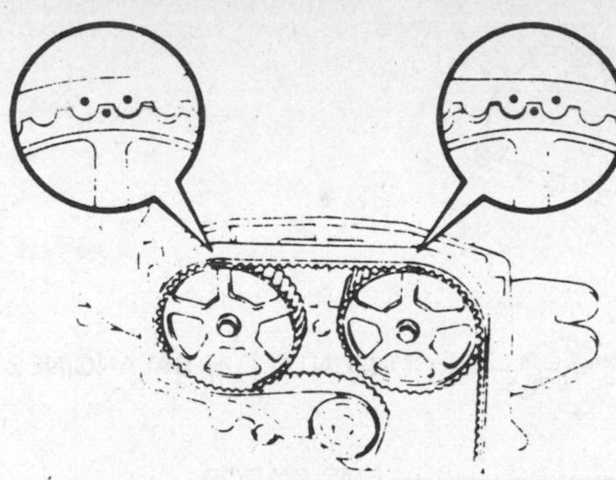

Si en motores 3S-GE se desea volver a montar la misma correa, marque señales de referencia en la correa y las poleas.

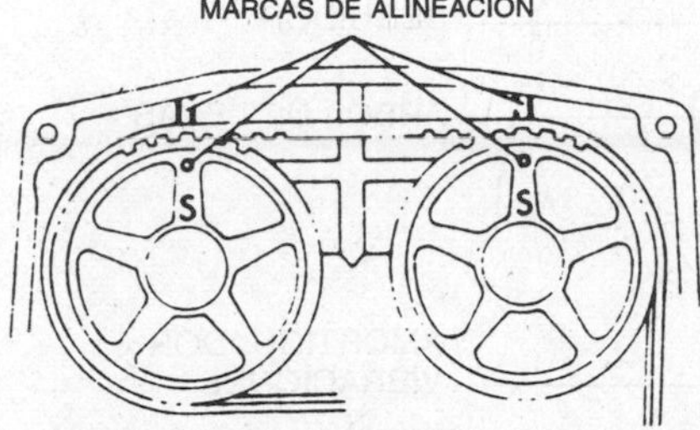

Alinee las marcas de referencia existentes en las poleas de distribución del árbol de levas con las de la tapa posterior de la correa: Motores 3S-GE

Sujete el árbol de levas con una llave inglesa y desmonte las poleas de distribución del árbol de levas: Motores 3S-GF

con dos orificios para espiga de centrado en la superficie de contacto de la polea de distribución y otro con cinco orificios. Todos los árboles de levas que se suministran como piezas de recambio tienen cinco orificios.

ÁRBOLES DE LEVAS CON DOS ORIFICIOS: Empleando una llave, gire el árbol de levas de modo que su espiga de centrado esté alineada con la marca de referencia de la tapa posterior de la correa de distribución; la leva n.º 1 debe estar orientada hacia afuera.

ÁRBOLES DE LEVAS CON CINCO ORIFICIOS: Con una llave, gire el árbol de levas de modo que su espiga de centrado se alinee con la ranura del sombrerete del cojinete n.º 1 del árbol de levas.

16. Instale la correa de distribución en las dos poleas de distribución del árbol de levas. Alinee todas las marcas de referencia efectuadas durante el desmontaje. La marca S de la polea debe estar orientada hacia afuera.

NOTA: Hay dos tipos de poleas de árbol de levas: una tiene cinco orificios en la superficie de contacto del árbol de levas y la otra tiene un solo orificio. Todas las poleas suministradas como piezas de recambio incorporan cinco orificios.

Alinee la marca de referencia de la polea de distribución con la marca existente en la tapa posterior de la correa de distribución; instale entonces las poleas con la correa.

NOTA: En las poleas de un solo orificio para espiga de centrado, haga coincidir la espiga del árbol de levas con el orificio en la polea del árbol de levas. En las poleas con cinco orificios, inserte la espiga de centrado en cualquier orificio de la polea y del árbol de levas que estén alineados.

Sujete el árbol de levas con una llave ajustable y apriete el tornillo de fijación de la polea a 43 libras-pie (59 Nm).

17. Afloje el tornillo de fijación de la polea-guía n.º 1 justo lo suficiente para poder mover la polea

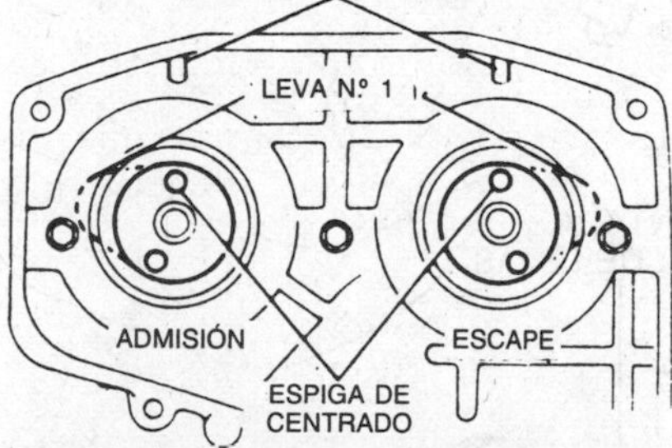

Girar los árboles de levas de modo que las espigas de centrado de los dos árboles de levas queden alineadas con su respectiva marca de coincidencia en la tapa posterior de distribución; las levas n.º 1 de ambos árboles deben estar orientadas hacia fuera: Motores 3S-GE (tipo con dos orificios para espiga de centrado).

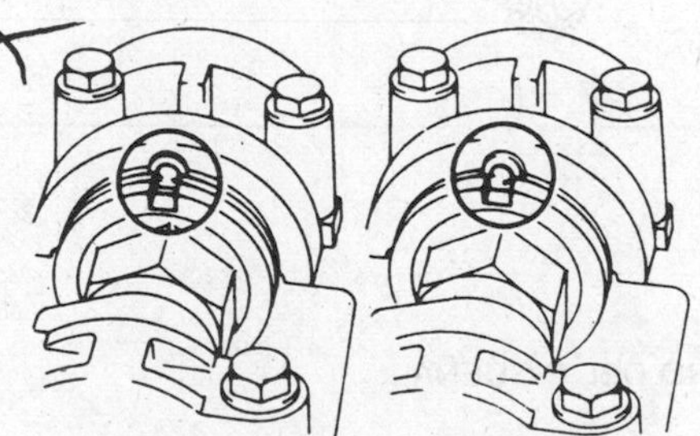

Alinear el pasador de centrado con la marca existente en el sombrerete del cojinete n.º 1: Motores 3S-GE (tipo con cinco orificios para espiga de centrado)

de modo que la correa de distribución quede tensada. Gire luego el cigüeñal dos revoluciones completas hacia la derecha y apriete el citado tornillo de fijación a 32 libras-pie (43 Nm).

18. Compruebe si la tensión de la correa de distribución es correcta.

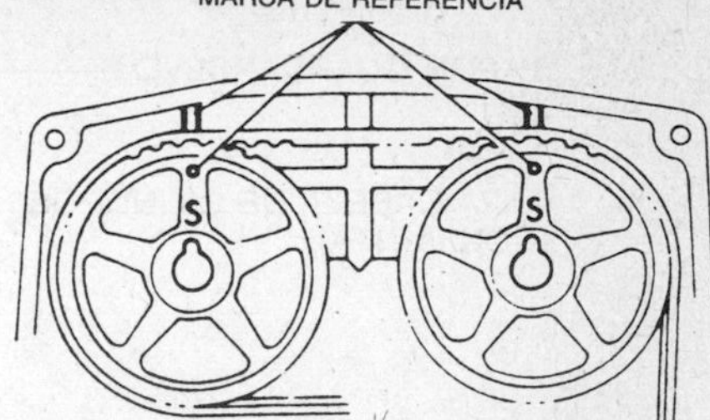

Alinee la espiga de centrado del árbol de levas con el orificio de la polea de distribución del árbol de levas: Motores 3S-GE (sólo en poleas tipo orificio único).

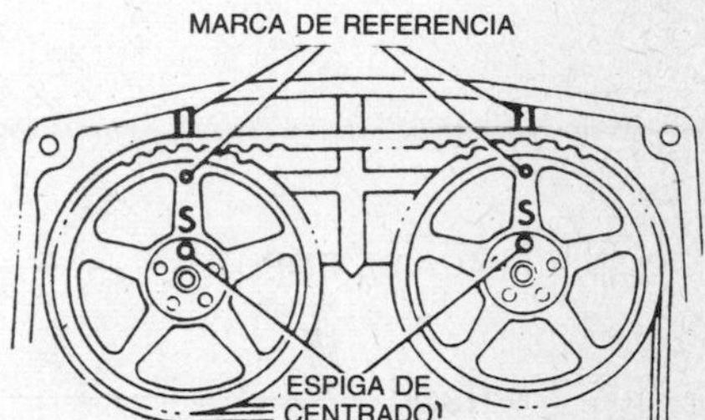

Insertar la espiga de centrado en cualquier orificio del árbol de levas que esté alineado con otro orificio de la polea de distribución: Motores 3S-GE (sólo en poleas con cinco orificios de centrado).

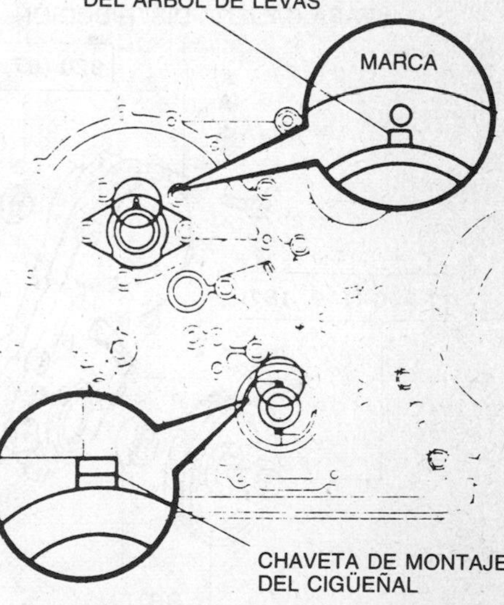

Alineamiento de la chaveta de montaje en motores 3Y-EC y 4Y-EC

19. El montaje del resto de los componentes es en sentido inverso al desmontaje. Apriete los tornillos del soporte de la montura del motor a 38 libras-pie (52 Nm). Apriete el tornillo de la montura del motor a 58 libras-pie y la tuerca a 38 libras-pie.

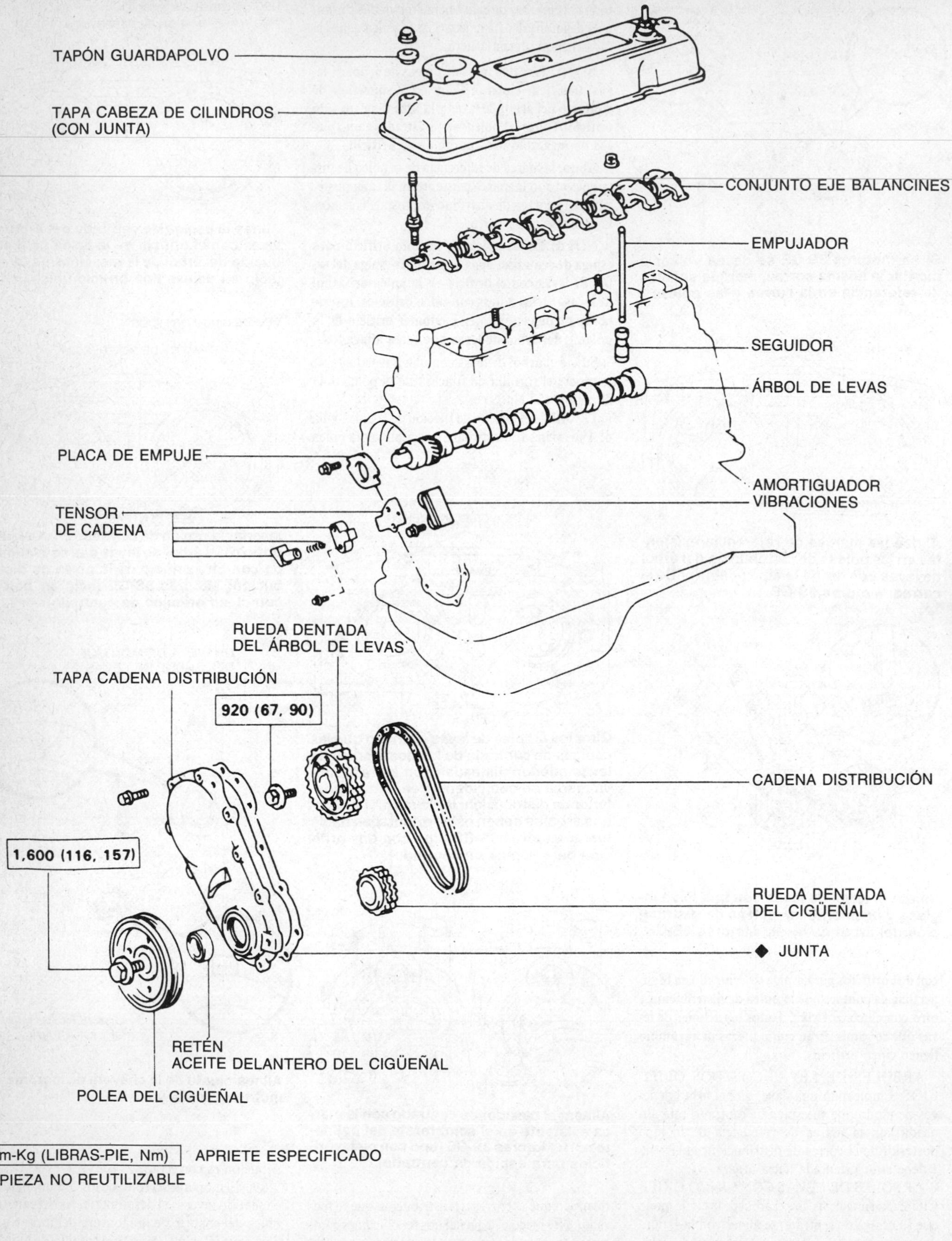

TAPÓN GUARDAPOLVO

TAPA CABEZA DE CILINDROS (CON JUNTA)

CONJUNTO EJE BALANCINES

EMPUJADOR

SEGUIDOR

ÁRBOL DE LEVAS

PLACA DE EMPUJE

AMORTIGUADOR VIBRACIONES

TENSOR DE CADENA

RUEDA DENTADA DEL ÁRBOL DE LEVAS

TAPA CADENA DISTRIBUCIÓN

920 (67, 90)

CADENA DISTRIBUCIÓN

1,600 (116, 157)

RUEDA DENTADA DEL CIGÜEÑAL

◆ JUNTA

RETÉN ACEITE DELANTERO DEL CIGÜEÑAL

POLEA DEL CIGÜEÑAL

cm-Kg (LIBRAS-PIE, Nm) APRIETE ESPECIFICADO

◆ PIEZA NO REUTILIZABLE

Tapa frontal y componentes asociados: Motores 3Y-EC y 4Y-EC

3Y-EC y 4Y-EC

1. Efectúe el drenaje del líquido de enfriamiento del motor y luego saque el radiador.

2. Retire las correas de accionamiento.

3. Retire el ventilador y la polea de la bomba de agua.

4. Retire el distribuidor.

5. Retire el inyector de arranque en frío.

6. Saque el conjunto del eje de balancines y los empujadores. Extraiga los seguidores de válvulas con un imán y deposítelos en lugar seguro en el correcto orden.

7. Retire la polea del cigüeñal y luego la tapa de la cadena de distribución.

8. Compruebe la flojedad de la cadena de distribución con un calibre de tensión. La flojedad máxima no debería exceder de 0,531 pulgadas (13,5 mm) al aplicar un esfuerzo de 10 kg. Si la flojedad es mayor, debe cambiarse la cadena y la rueda dentada.

9. Vuelva a colocar la polea del cigüeñal. Sujete la polea del cigüeñal mientras afloja el tornillo de la polea del árbol de levas. Retire ambas poleas al mismo tiempo, con la cadena de distribución montada.

10. Desmonte el amortiguador de vibraciones. Retire la placa de empuje del árbol de levas y con cuidado extraiga el árbol de levas fuera del bloque.

11. Para el montaje, introduzca con cuidado el árbol de levas en el bloque de cilindros y luego monte la placa de empuje, con el lado biselado hacia fuera. Apriete los tornillos de montaje a 13 libras-pie. Coloque el amortiguador de vibraciones y apriete su tornillo a 13 libras-pie.

12. Gire el cigüeñal, de modo que la chaveta de montaje esté hacia arriba. Gire el árbol de levas, de modo que su chaveta de montaje esté alineada con la marca existente en la placa de empuje.

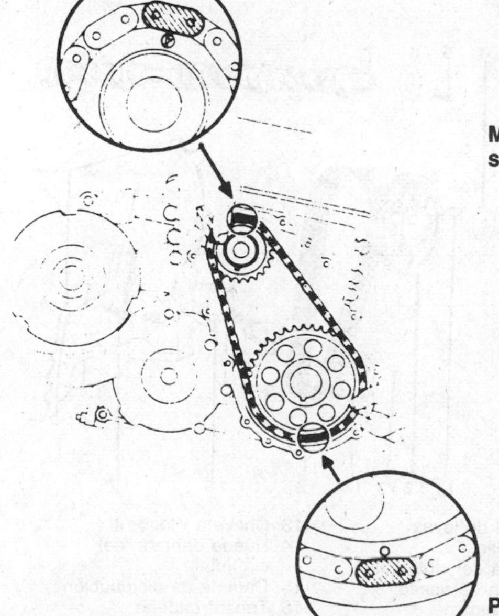

Alineamiento de la cadena de distribución con respecto a las ruedas centradas: Motores 3Y-EC y 4Y-EC

13. Instale la cadena de distribución alrededor de las dos ruedas de cadena, de modo que el eslabón de distribución esté alineado con las marcas existentes en las ruedas dentadas. Coloque el conjunto cadena de distribución/ruedas dentadas sobre el bloque de cilindros.

14. Instale la polea del cigüeñal. Aplique una ligera capa de aceite de motor al tornillo de fijación de la rueda dentada del árbol de levas y enrosque dicho tornillo, apretándolo a 67 libras-pie (90 Nm). Vuelva a sacar la polea del cigüeñal.

15. Monte el tensor de la cadena, apretándolo a 13 libras-pie.

16. Instale la tapa de la cadena de distribución y apriete sus tornillos a 52 libras-pies (71 Nm).

17. Instale definitivamente la polea del cigüeñal y apriete su tornillo a 116 libras-pies (157 Nm).

18. Efectúe el montaje en el sentido inverso.

1A-C, 3A, 3A-C y 4A-C

1. Retirar las tapas guardapolvo superior e interior de la correa de distribución y sus juntas, de la forma antes descrita.

2. Si desea volver a usar la correa de distribución, marque en ella una flecha que indique el sentido de giro. Marque también señales de referencia en la correa y las poleas, de la forma ilustrada.

3. Afloje el tornillo de la polea-guía, deslice ésta hacia la izquierda al máximo y vuelva a apretar temporalmente su tornillo.

4. Extraiga la correa de distribución y desmonte la polea-guía y el resorte de retorno.

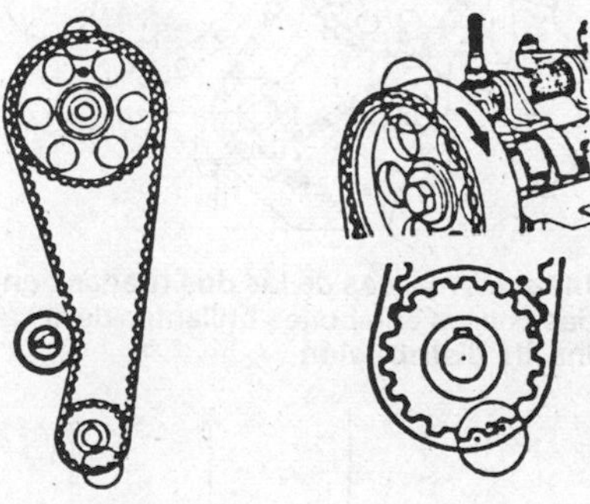

Marcar la correa de distribución antes de su desmontaje

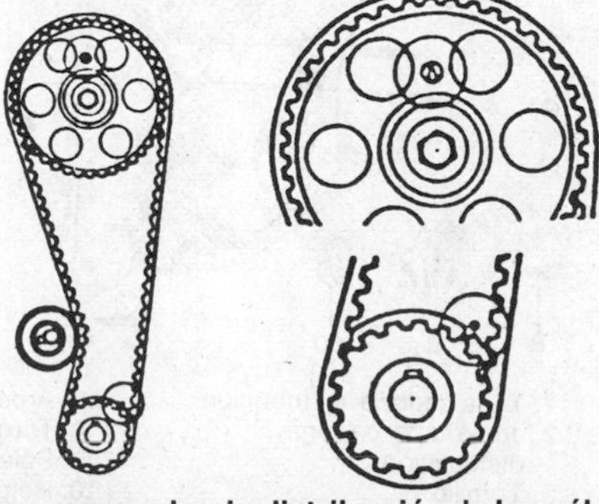

Para comprobar la distribución de las válvulas, girar el cigüeñal dos vueltas completas hacia la derecha, desde PMS a PMS y asegurarse de que cada polea sigue alineada con las marcas efectuadas antes del desmontaje

NOTA: No doble, tuerza ni gire del revés la correa. Evite que establezca contacto con grasa o agua.

5. Inspeccione la correa de distribución, para detectar fisuras, dientes arrancados u otro desgaste. De ser necesario cámbiela.

6. Monte el resorte de retorno y la polea-guía.

7. Instale la correa de distribución. Alinee las marcas efectuadas antes, si se trata de la misma correa.

8. Ajuste la polea-guía de modo que la deflexión de la correa sea de 0,24-0,28 pulgadas cuando se aplica una presión de 2 kg.

9. Compruebe la distribución de las válvulas.

10. El montaje del resto de los componentes es en el orden inverso.

Motores serie K y T

1. Retire las correas de accionamiento.

2. Desenrosque el tornillo de fijación de la polea del cigüeñal y desmonte ésta, utilizando un extractor.

3. Desmonte la tapa delantera, de la forma antes descrita.

4. Utilizando una balanza de resorte, mida la flojedad de la cadena de distribución: si la flojedad excede de 0,531 pulgadas cuando se aplica una tensión de 10 kg, cambie la cadena y las ruedas dentadas (sólo en motores serie K).

5. Desmonte el tensor de la cadena de distribución y el amortiguador de vibraciones.

6. En motores serie K, desenrosque el tornillo de fijación de la rueda dentada del árbol de levas y saque la cadena y la rueda dentada juntas. Con un extractor, desmonte la rueda dentada del cigüeñal. En los motores serie T, extraiga la cadena y las dos ruedas dentadas a un mismo tiempo.

7. Mida la longitud de la cadena de distribución con la cadena completamente estirada: no debería exceder de 10,7 pulgadas en motores serie K, y 11,472 pulgadas en motores serie T, en ninguna de las tres posiciones ensayadas. Enrolle la cadena alrededor de una rueda dentada.

Con un calibre de nonio (vernier), mida los lados externos de los rodillos de la cadena: si el valor indicado es inferior a 2,339 pulgadas en la rueda dentada del cigüeñal o 4,480 pulg. alrededor de la rueda dentada del árbol de levas, cambie la cadena y la rueda dentada.

El procedimiento de montaje en los motores de la serie K es el siguiente:

1. Monte la rueda dentada del cigüeñal.

2. Sitúe el pistón del cilindro n.º 1 en PMS y alinee la espiga de centrado del árbol de levas con la marca existente en la placa de empuje.

3. Instale la cadena de distribución alrededor de las dos ruedas dentadas, asegurándose de que las marcas de referencia de las ruedas dentadas estén alineadas con las marcas (generalmente eslabones brillantes) de la cadena.

4. Monte ahora las dos ruedas dentadas, con la cadena colocada, en sus posiciones en el cigüeñal y el árbol de levas. Asegúrese de que las marcas de referencia estén alineadas con la espiga de centrado del árbol de levas y la marca existente en la placa de empuje.

5. Monte el tensor de la cadena de distribución y el amortiguador de vibraciones.

6. El montaje del resto de componentes es en

sentido inverso al desmontaje.

En los motores serie T, el montaje se realiza en el orden siguiente:

1. Alinee la chaveta del árbol de levas con la marca existente en la placa de empuje. Gire el cigüeñal para que su chaveta esté orientada hacia arriba.

2. Coloque la cadena de distribución alrededor de las dos ruedas dentadas, de modo que los eslabones brillantes estén alineados con las marcas de distribución de las ruedas dentadas.

3. Monte las dos ruedas dentadas, junto con la cadena, en el cigüeñal y árbol de levas.

4. Aplique aceite dentro del cilindro del tensor de la cadena y luego monte el tensor en el bloque de cilindros.

5. Monte el amortiguador de la cadena paralelo a ésta, de modo que medie un espacio de 0.20 pulgadas (0.5 mm) entre ambos.

6. El montaje del resto de componentes es en el orden inverso al montaje.

20R, 22R y 22R-E

1. Desmonte la cabeza de cilindros y la tapa de la distribución, de la forma anteriormente descrita.

2. Separe la cadena del amortiguador y extraiga ésta, junto con la rueda dentada del árbol de levas.

3. Desmonte la rueda dentada del cigüeñal y la polea ranurada de accionamiento de la bomba de aceite, utilizando un extractor.

4. Inspeccionar la cadena para detectar desgaste o daños. Cambiarla, de ser necesario.

5. Inspeccionar el tensor de la cadena para detectar desgaste. Si mide menos de 0.43 pulgadas, cambiarlo.

6. Comprobar el desgaste de los amortiguadores de vibraciones. Si su grueso es inferior a los valores siguientes, cambiarlos:

Amortiguador superior: 0.20 pulgadas.

Amortiguador inferior: 0.18 pulgadas.

La instalación se efectúa en el orden siguiente:

1. Gire el cigüeñal hasta que el pistón del cilindro n.º 1 esté en el PMS. Si la chaveta de montaje de la rueda dentada no está en la parte superior, girar el cigüeñal para que lo esté. Entonces montar la rueda dentada sobre la chaveta.

2. Coloque la cadena sobre dicha rueda dentada de modo que su eslabón brillante único esté alineado con la marca existente en la rueda dentada del cigüeñal.

3. Monte la rueda dentada del árbol de levas de modo que su marca de referencia quede situada entre los dos eslabones brillantes contiguos de la cadena.

4. Monte la polea estriada de arrastre de la bomba de aceite, de modo que quede situada sobre la chaveta del cigüeñal.

5. Coloque la junta de la tapa de distribución en la parte delantera del bloque de cilindros.

6. Gire la rueda dentada del árbol de levas hacia la izquierda, para eliminar la flojedad de la cadena.

7. Monte la tapa de la cadena de distribución y la cabeza de cilindros, de la forma antes descrita.

4M-E y 5M-E

1. Desmonte la cabeza de cilindros y la tapa de distribución, de la forma antes descrita.

2. Saque el conjunto del tensor de cadena (brazo y rueda dentada).

3. Desenrosque los tornillos que fijan el amortiguador de vibraciones de la cadena y su guía y retire ambos.

4. Extraiga el deflector de aceite del cigüeñal.

5. Retire la cadena de distribución.

6. Inspeccione la cadena para detectar desgaste o daños. Cámbiela, de ser necesario.

Efectúe el montaje de la forma siguiente:

1. Sitúe el pistón del cilindro n.º 1 en PMS.

2. Sitúe la rueda dentada del cigüeñal con la marca 0 hacia abajo, orientada al cárter de aceite.

3. Alinee las marcas Toyota de las ruedas dentadas de la forma ilustrada.

4. Monte el conjunto de la rueda dentada del tensor de cadena, en el bloque.

NOTA: Su espiga de centrado debe situarse 1.5 pulgadas de la superficie del bloque.

5. Instale la cadena en las dos ruedas dentadas, manteniendo la tensión.

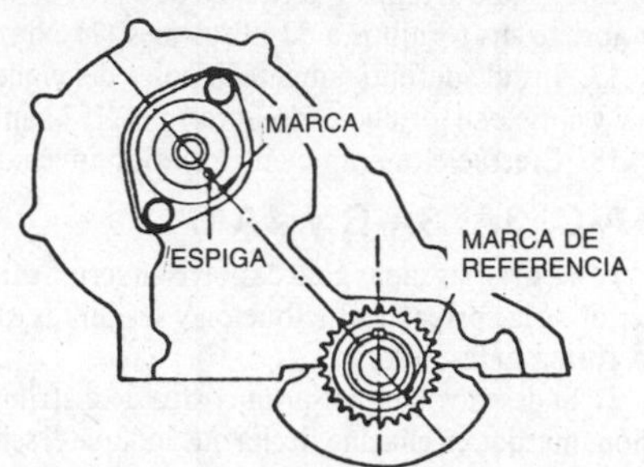

Alinear la espiga de centrado del árbol de levas con la marca existente en la placa de empuje.

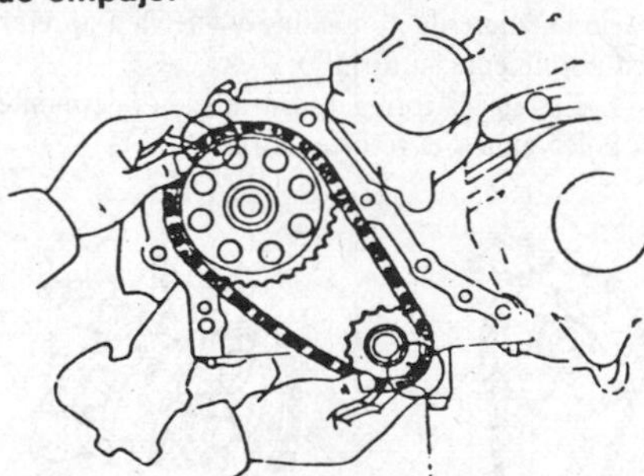

Alinear las marcas de las dos ruedas dentadas con los eslabones brillantes de la cadena de distribución

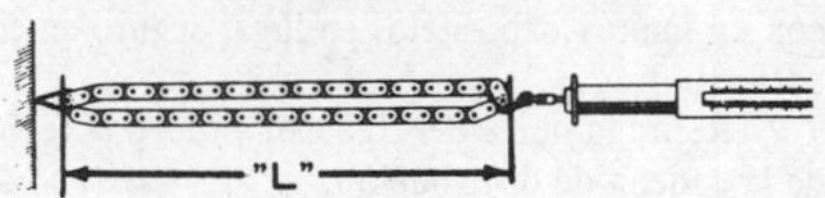

Motores serie K y T: Forma de medir la longitud de la cadena de distribución.

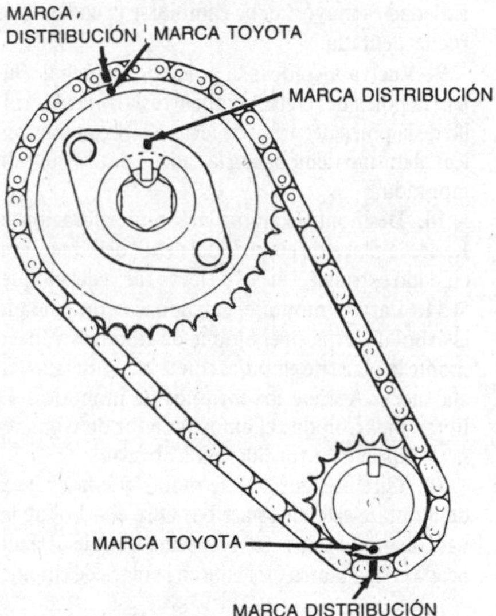

Correcta alineación de las marcas de distribución en motores serie T

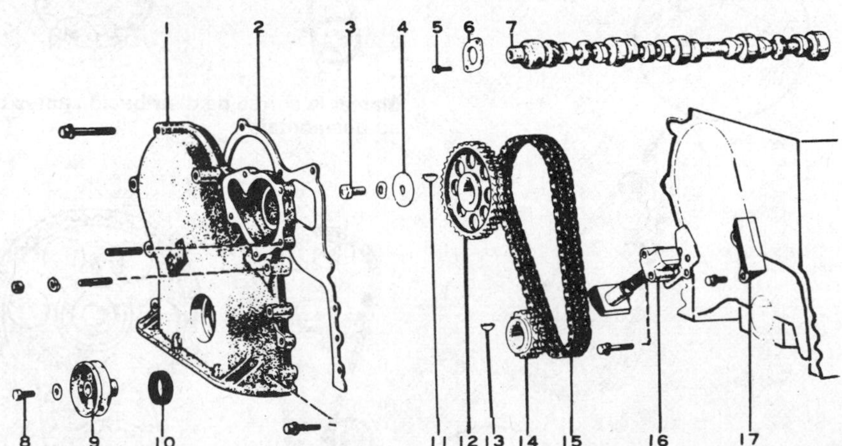

1. Tapa cadena distribución
2. Junta tapa cadena distribución
3. Tornillo
4. Arandela-disco
5. Tornillo
6. Placa
7. Árbol de levas
8. Tornillo
9. Polea del cigüeñal
10. Retén de aceite delantero
11. Chaveta Woodruff
12. Rueda dentada árbol de levas
13. Chaveta Woodruff
14. Rueda dentada del cigüeñal
15. Cadena de distribución
16. Tensor cadena
17. Amortiguador vibraciones cadena

Cadena de distribución y componentes asociados: Motores serie «T»

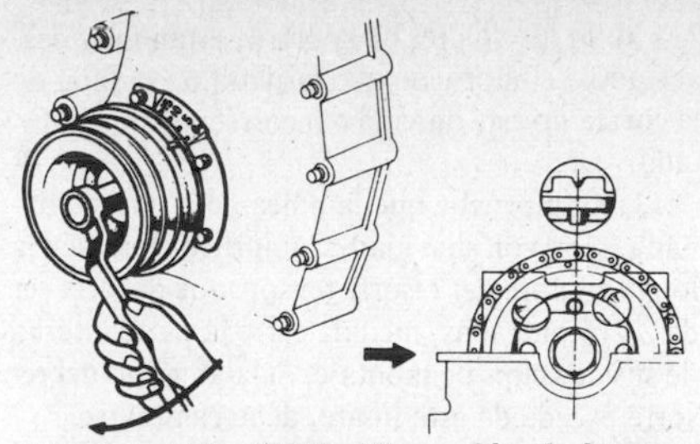

Motores 4M y 4M-E: Alineación de las marcas de distribución en la cadena y la rueda dentada del árbol de levas

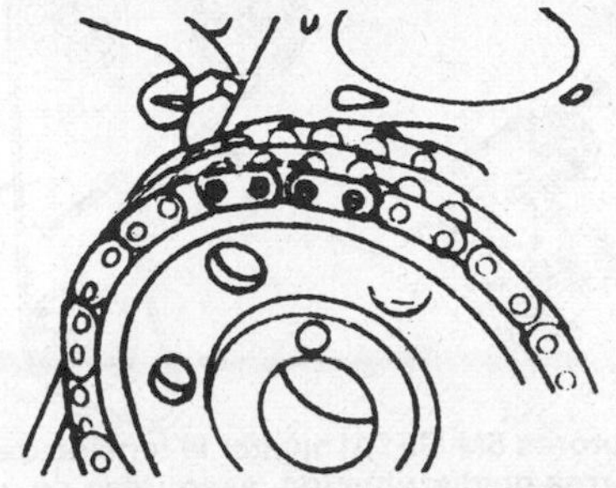

Motores serie «R»: Alinear las marcas de referencia entre los dos eslabones brillantes de la cadena de distribución

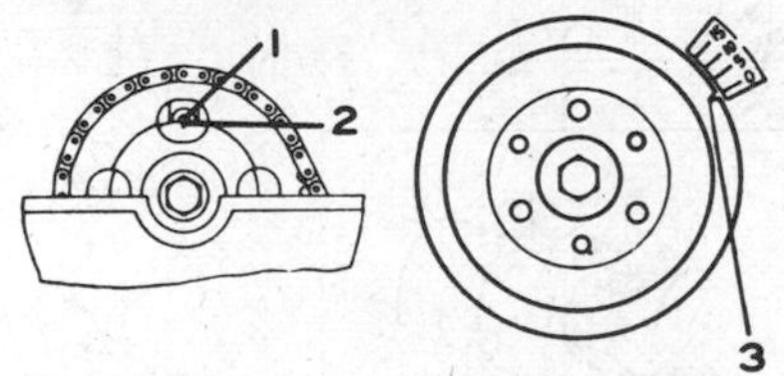

1. Marca distribución válvulas (orificio 5/32 pulg)
2. Ranura en V en la brida del árbol de levas
3. Ranura en V en la polea del cigüeñal

Motores serie «M» (excepto 5M-GE): Correcta alineación de las marcas de distribución del cigüeñal y árbol de levas.

6. Monte ambos amortiguadores de vibraciones y su guía.

7. Monte el deflector de aceite en el cigüeñal.

8. Ate la cadena al amortiguador de vibraciones superior, para que no caiga en la tapa de la cadena cuando ésta esté montada.

9. Monte la tapa de distribución.

10. Monte la cabeza de cilindros de la forma antes descrita.

NOTA: Si después de dicho montaje no es posible obtener la correcta distribución de las válvulas, cambie la posición de la rueda dentada del árbol de levas introduciendo la espiga de centrado ranurada de este árbol en el segundo o tercer orificio de la rueda dentada, según se requiera. Si la distribución tiene un desajuste de más de 15°, cambie la cadena y ambas ruedas dentadas.

5M-GE

1. Desconecte los cables de la batería.

2. Afloje los tornillos de montaje de las dos unidades de la parte delantera del motor accionadas por el cigüeñal y retire sus correas.

3. Gire el cigüeñal para situar el pistón del cilindro n.° 1 en el PMS de la carrera de compresión (las dos válvulas de dicho cilindro deben estar cerradas y las marcas de PMS alineadas).

4. Retire la tapa superior delantera (n.° 3) de la correa de distribución (cinco tornillos) y su junta.

5. Afloje el tornillo de la polea-guía y deslice ésta ejerciendo palanca hacia el lado del alternador, a fin de aflojar la tensión sobre la correa; en dicha posición, apriete con la mano su tornillo de fijación.

6. Extraiga la correa de distribución de las poleas de los árboles de levas.

7. Desmonte las poleas de distribución de los árboles de levas de la forma siguiente:

a. Inmovilice la polea con una llave especial.

b. Desenrosque el tornillo central de fijación de la polea.

ATENCIÓN

***NO UTILICE** la tensión de la correa de distribución para desenroscar el tornillo de las poleas de los árboles de levas, ya que ello podría dañar la correa.*

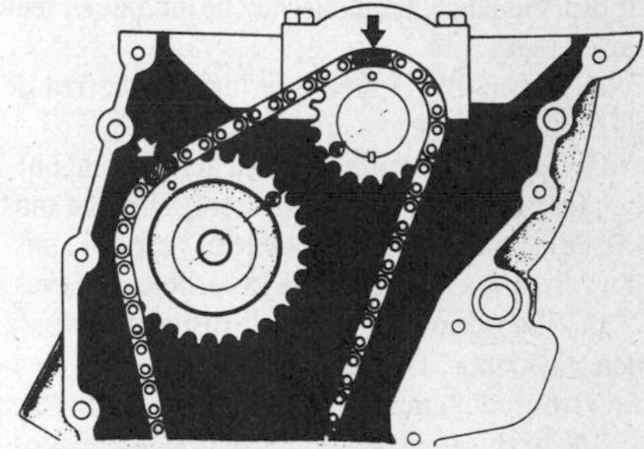

Motores 4M y 4M-E: Alineación de las marcas de distribución (excepto la rueda dentada del árbol de levas)

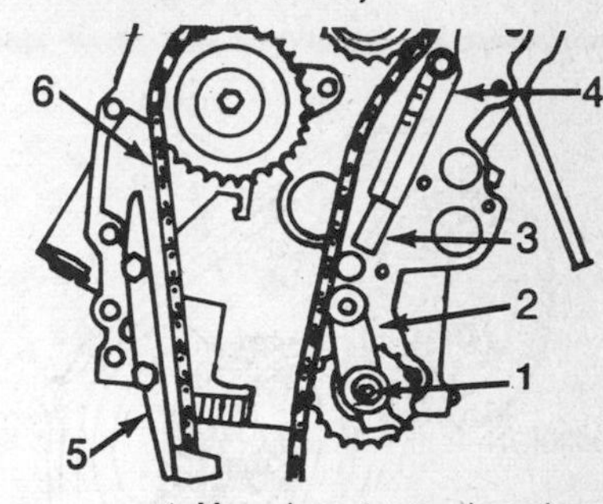

1. Mecanismo tensor de cadena
2. Brazo del tensor de cadena
3. Guía del amortiguador
4. Amortiguador vibraciones
5. Amortiguador vibraciones
6. Deflector de aceite

Alineación marcas de distribución (excepto la rueda dentada del árbol de levas): Motores 4M-E

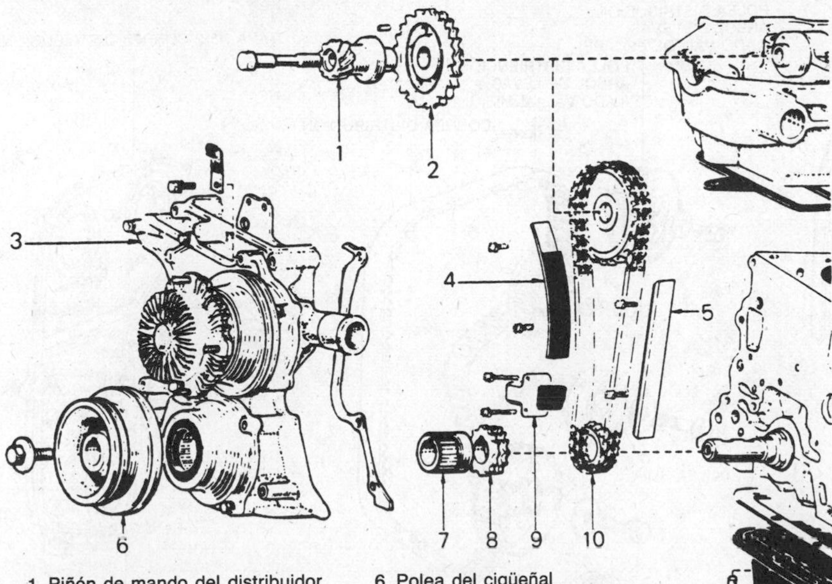

1. Piñón de mando del distribuidor
2. Rueda dentada del árbol de levas
3. Tapa de la cadena
4. Amortiguador vibrac. cadena n.° 2
5. Amortiguador vibrac. cadena n.° 1
6. Polea del cigüeñal
7. Polea ranurada accionam. bomba
8. Rueda dentada del cigüeñal
9. Tensor de la cadena
10. Cadena

Tapa delantera y componentes asociados: Motores serie R

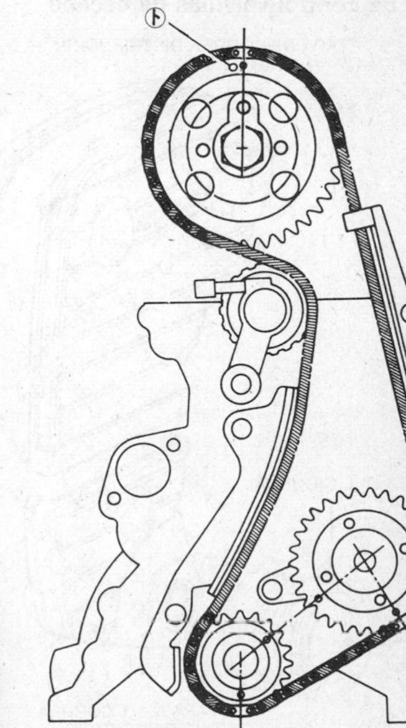

Motores 5M-E: Correcta alineación de la cadena de distribución y de las marcas de las ruedas dentadas

NOTA: No cambie entre sí las dos poleas, ya que una controla las válvulas de admisión y la otra las válvulas de escape.

8. Desenrosque el tornillo central de la polea del cigüeñal. Con un extractor, saque dicha polea.

9. Con yeso o un rotulador, marque la correa de distribución con una flecha que indique su sentido de giro.

10. Desmonte la tapa inferior de la correa de distribución. Luego saque la correa.

11. De estar dañada, la polea del cigüeñal puede sacarse utilizando un extractor; la polea motriz de la bomba de aceite puede sacarse de la misma forma que las poleas de los árboles de levas.

12. Inspeccione la correa de distribución para detectar daños, tales como cortes, fisuras, dientes arrancados, desgaste abrasivo, muescas, etc.

a. Si los dientes de la correa están dañados, compruebe si los árboles de levas giran libremente; de ser necesario, corregir la anomalía.

b. Si hay daños en la cara externa de la correa, compruebe que la polea-guía no esté dañada en su superficie.

c. Si la parte dañada se limita a un lado de la correa, compruebe la guía de la correa y la alineación de cada polea.

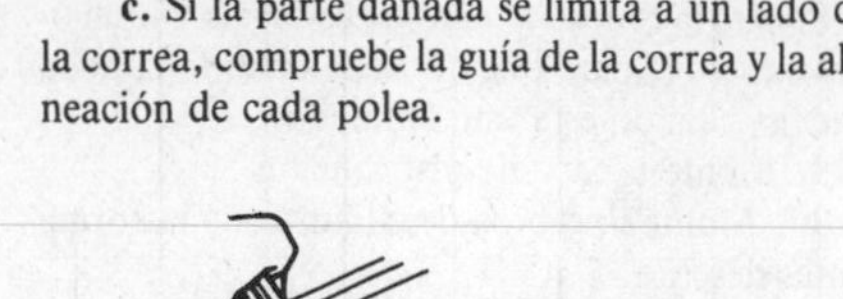

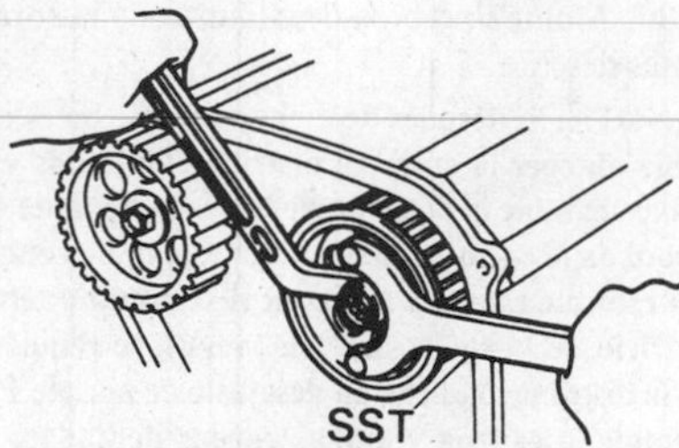

Motores 5M-GE: Use una llave de tuercas especial (SST) de la forma ilustrada para sujetar la rueda dentada del árbol de levas mientras afloja su tornillo. NO UTILICE la tensión de la correa para inmovilizar la rueda dentada para aflojar el tornillo

d. Si los dientes de la correa están muy desgastados, compruebe que la junta de la tapa de la correa no esté dañada o incorrectamente montada.

13. Compruebe que la polea-guía no esté dañada y gire con suavidad. Compruebe también la longitud libre del resorte tensor, que debería ser de 2.776 pulgadas, medida entre la parte interna de sus dos clips de montaje. Si la longitud del resorte excede de este límite, debe cambiarse.

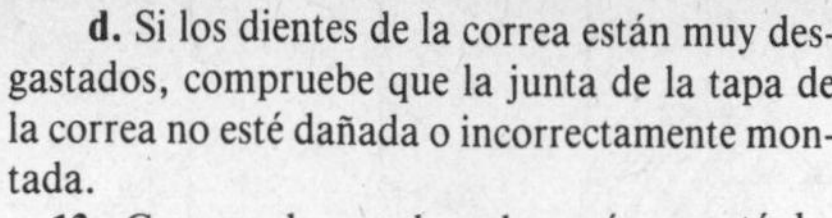

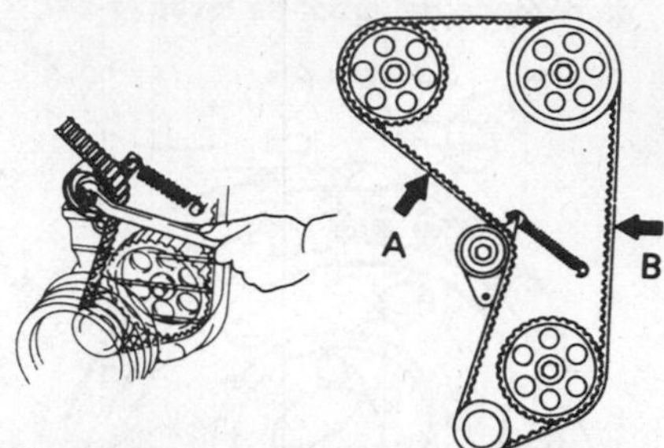

Motores 5M-GE: Al ajustar la tensión de la correa de distribución, asegúrese de que la tensión en «A» es igual a la tensión en «B»

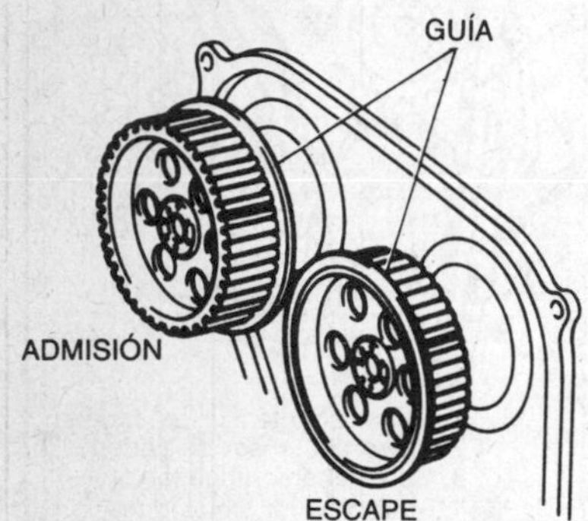

Motores 5M-GE: Al montar las ruedas dentadas en los árboles de levas, asegurarse de que las guías estén situadas de la forma ilustrada: IN = rueda dentada árbol de levas para válvulas admisión; EX = rueda dentada de control válvulas de escape

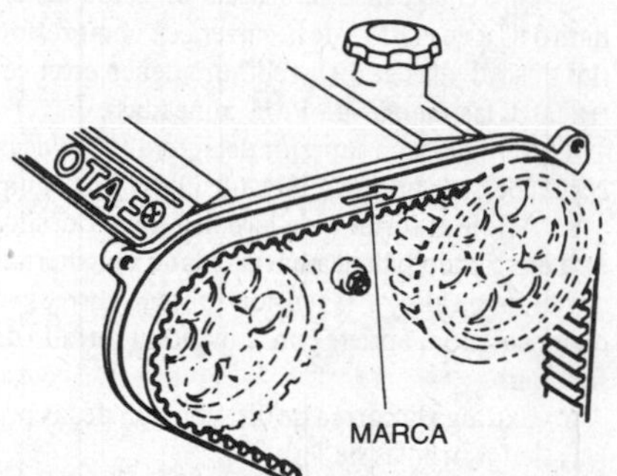

Motores 5M-GE: Pinte una marca en la superficie externa de la correa de distribución antes de desmontarla, para indicar su sentido de giro, si quiere volver a usarla

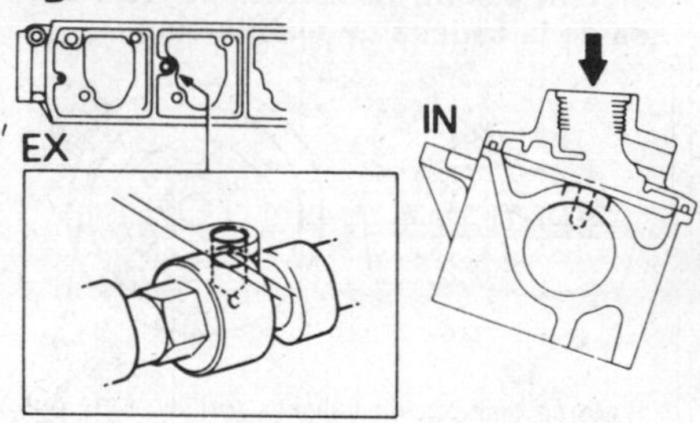

Motores 5M-GE: Correcta alineación de las marcas de los árboles de levas con las marcas de referencia en las cajas de dichos árboles (IN: válvulas admisión; EX: válvulas escape)

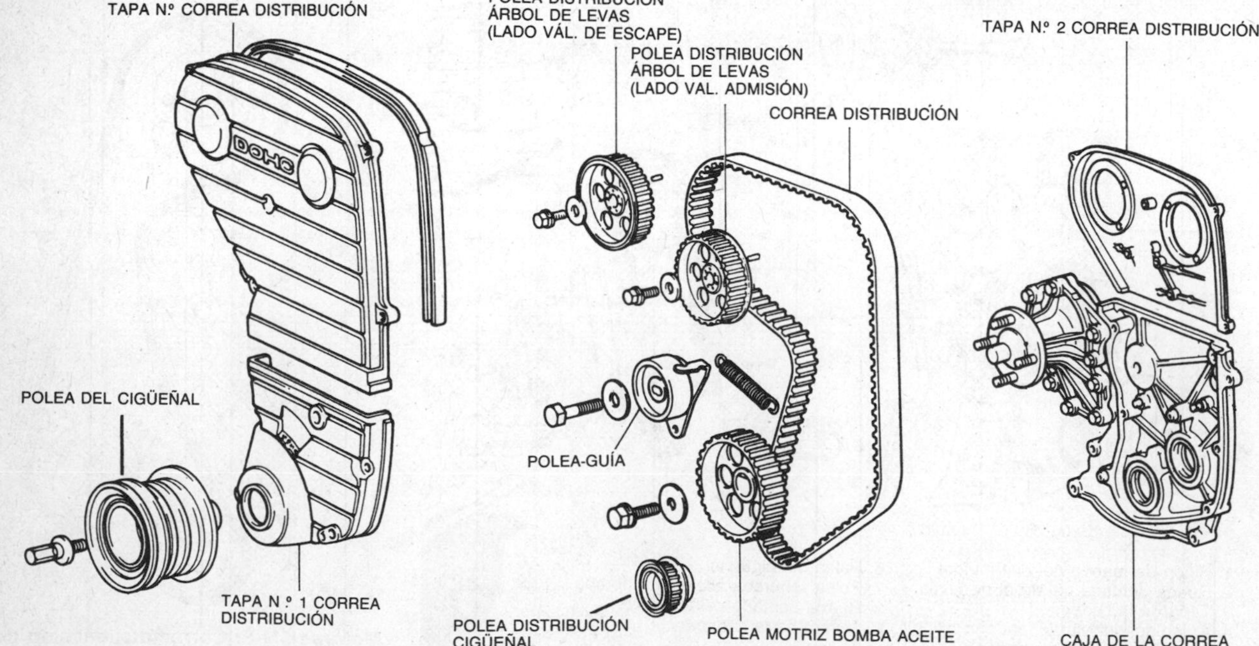

Cadena de distribución, tapas y componentes asociados: Motores 5M-GE

Para el montaje de la correa de distribución proceda de la forma siguiente.

1. Monte el cigüeñal y la polea motriz de la bomba de aceite, de haberse desmontado. Apriete el tornillo de fijación de dicha polea a 14-18 libras-pie. Cuando monte la polea del cigüeñal, deslícela uniformemente a su posición.

2. Monte la polea-guía y el resorte tensor. Deslice la polea mediante acción de la palanca hacia el lado del alternador y apriete su tornillo.

3. Compruebe la marca efectuada en el punto 9 del desmontaje y coloque provisionalmente la correa de distribución en la polea del cigüeñal. La flecha indicadora de sentido de giro debe estar orientada en la misma dirección.

4. Monte la tapa inferior de la correa.

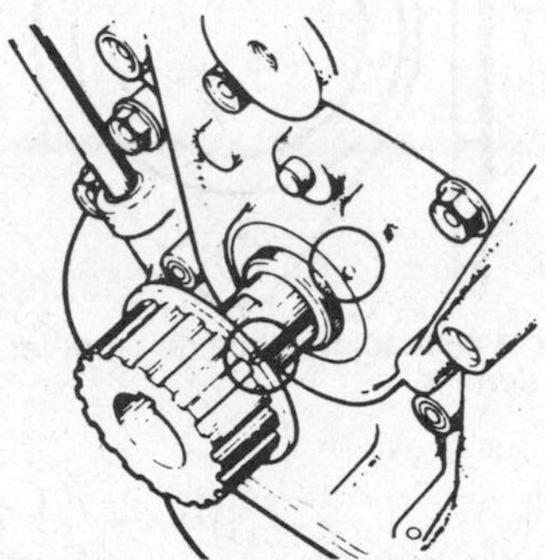

Al montar la polea del cigüeñal, asegúrese de que las marcas de PMS existentes en el cuerpo de la bomba de aceite se alinean con las de la polea: Motres 4A-GE

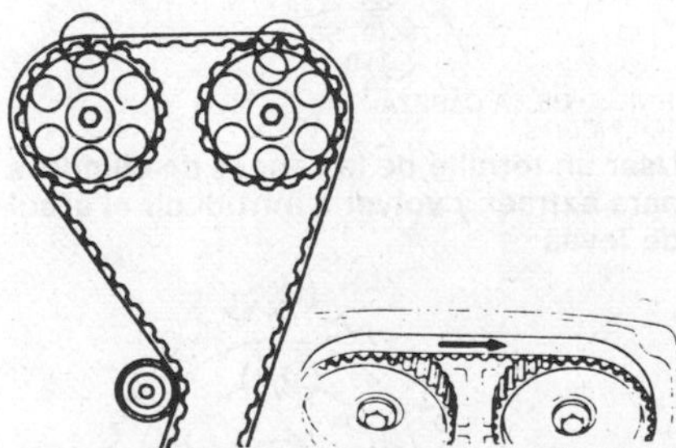

Si desea volver a usar la cadena de distribución, marque con pintura una flecha que indique la dirección de giro de la cadena. Marque también la posición relativa de la cadena con respecto a las poleas, de la forma ilustrada (Motores 4A-GE)

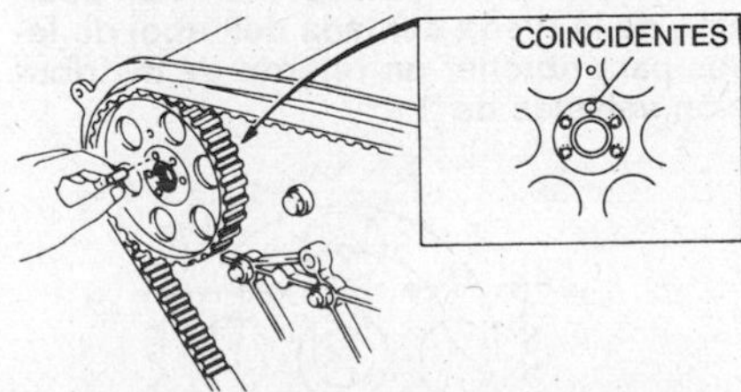

Motores 5M-GE: Localice los orificios coincidentes del árbol de levas y su rueda dentada. Entonces introduzca la espiga de centrado en los orificios coincidentes (alineamiento típico de tanto el árbol de levas de control de las válvulas de admisión como del árbol de levas de las válvulas de escape)

5. Instale la polea del cigüeñal y apriete su tornillo central a 98-119 libras-pie.

6. Saque el tapón del orificio de llenado de aceite en la tapa del árbol de levas que controla las válvulas de admisión. Retire también la tapa completa del árbol de levas en el lado de escape.

7. Compruebe que los orificios de referencia del cojinete n.º 2 de cada árbol de levas sean visibles desde los orificios de referencia de la caja de los árboles de levas. De ser necesario, instale provisionalmente las poleas de los árboles de levas y gire el árbol o árboles de levas hasta que los orificios estén alineados.

8. Instale las poleas de distribución. Observe que la guía de la correa de la polea del árbol de levas que controla las válvulas de escape debe estar situada hacia el motor; en cambio, la guía de la correa de la polea del árbol de levas de admisión debe estar orientada apartándose del motor. No coloque TODAVÍA los tornillos de fijación de las poleas.

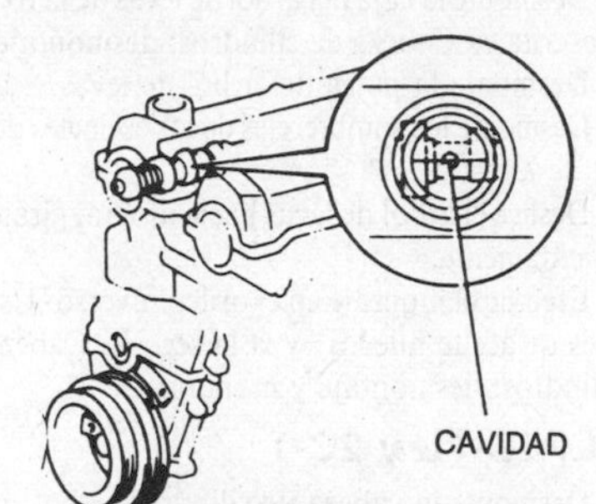

Al situar el pistón del cilindro n.º 1 en PMS en motores 4A-GE, desenrosque el tapón de llenado aceite y compruebe que puede ver la cavidad existente en el árbol de levas

9. Alinee las marcas siguientes:

a. La marca de la polea de cada árbol de levas debe estar alineada con su respectiva marca en la tapa superior trasera (n.º 2) de la correa de distribución.

b. Alinee la ranura de la polea del cigüeñal con la marca 0 del PMS de la lengüeta de distribución.

NOTA: El pistón del cilindro n.º 1 DEBE SITUARSE en el PMS de su carrera de compresión.

10. Coloque la correa de distribución.

11. Afloje el tornillo de la polea-guía y tensione la correa. La tensión debe ser idéntica entre la polea del árbol de levas de escape y la polea del cigüeñal y entre la polea del árbol de levas de admisión y la polea del eje que acciona la bomba de aceite.

12. Hay cinco orificios para espiga de centrado en cada árbol de levas y en cada polea de distribución. En el lado de escape: introduzca la es-

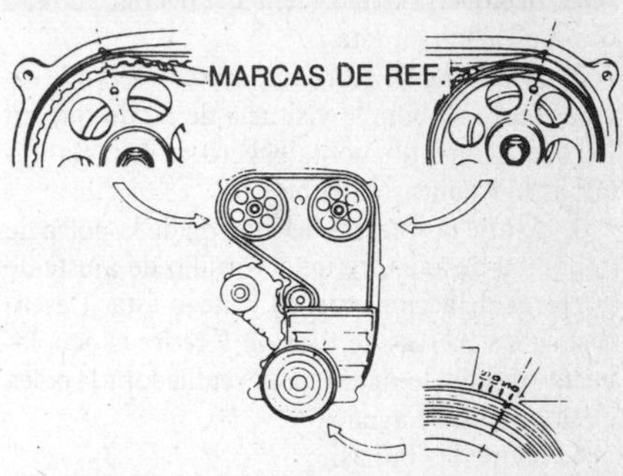

Motores 5M-GE: Alineación de las marcas de las ruedas dentadas de los árboles de levas con las marcas existentes en la tapa n.º 2 de la distribución. Observe la posición de la polea del cigüeñal (PMS)

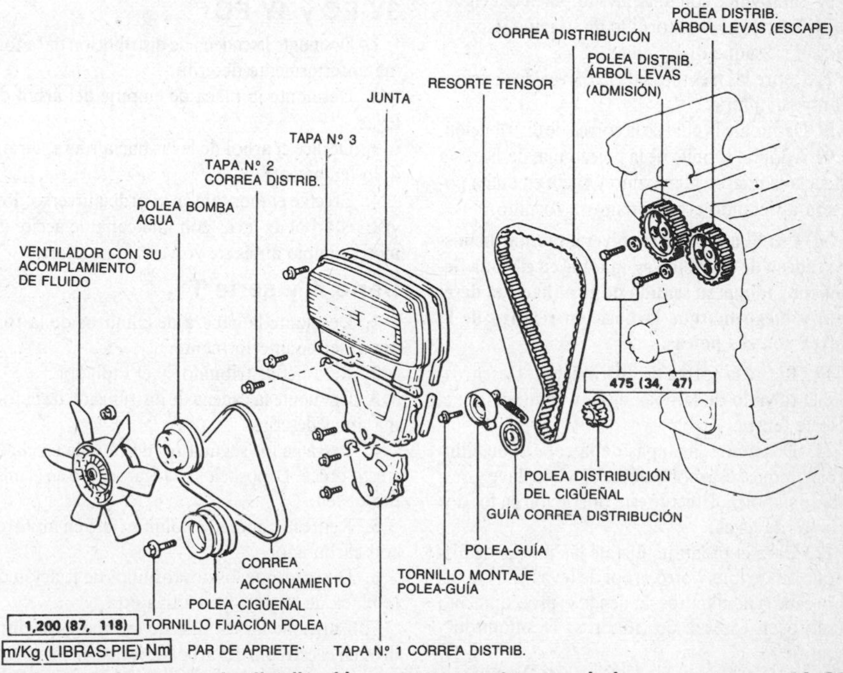

Despiece de la correa de distribución y componentes asociados en un motor 4A-GE

piga de centrado en el orificio de la polea que esté alineado con un orificio del árbol de levas. Repita este procedimiento en el lado de admisión. Sólo uno de los orificios de cada lado debe estar alineado para permitir la inserción de las espigas de centrado.

13. Use una llave especial para retener la polea del árbol de levas y fije su tornillo de montaje. El tornillo de una y otra polea debe apretarse a 48-54 libras-pie.

14. Monte la tapa del árbol de levas de escape, usando una junta nueva. Coloque el tapón en el orificio de llenado de aceite.

15. Monte la tapa de la correa de distribución, con su junta.

16. Instale y ajuste las correas de accionamiento en la parte delantera del motor. Vuelva a conectar los cables de la batería.

4A-GE

1. Desconecte la manguera n.º 2 del filtro de aire de su posición en éste.

2. Si el vehículo está equipado con servodirección, retire su bomba y sitúela de modo que no interfiera con el desmontaje, pero sin soltar las tuberías hidráulicas de la bomba.

3. Afloje las tuercas de fijación de la polea de la bomba de agua, retire el tornillo de ajuste de la correa de accionamiento y luego ésta. Desenrosque las tuercas de fijación y retire el acoplamiento de líquido, junto con el ventilador y la polea de la bomba de agua.

4. Saque las bujías.

5. Gire la polea del cigüeñal, de modo que la ranura existente en la misma esté alineada con la marca 0 de la tapa n.º 1 de la correa de distribución. Saque el tapón del orificio de llenado de aceite y compruebe que puede verse la cavidad de referencia existente en el árbol de levas; de no verse, gire el árbol de levas una revolución completa (360 °).

6. Inmovilice con una llave la polea del cigüeñal y desenrosque su tornillo de fijación. Con un extractor, saque dicha polea.

7. Retire las tres tapas de la correa de distribución y sus juntas.

8. Desmonte la guía de la correa de distribución.

9. Afloje el tornillo de la polea-guía, deslice ésta hacia la izquierda al máximo y fíjela en dicha posición apretando con la mano su tornillo.

NOTA: Si usted desea volver a montar la misma cadena de distribución, marque en ella una flecha que indique su sentido de giro (hacia la derecha) y luego marque la posición relativa de la correa con sus poleas.

10. Retire la correa de distribución. Desenrosque el tornillo de la polea-guía y saque ésta y el resorte tensor.

11. Desmonte las tapas de la cabeza de cilindros, bloquee el árbol de levas con una llave y desmonte su polea. Efectúe esta operación en los dos árboles de levas.

12. Para el montaje, instale las poleas de distribución de uno y otro árbol de levas y las tapas de la cabeza de cilindros siguiendo el procedimiento descrito en Cabeza de cilindros: Desmontaje y montaje.

13. Monte la polea de distribución del cigüeñal, de modo que las marcas de la misma estén alineadas con las existentes en el cuerpo de la bomba de aceite.

14. Instale la polea-guía y su resorte tensor; deslícela hacia la izquierda al máximo y fíjela provisionalmente con su tornillo.

15. Instale la correa de distribución. Si es la misma que antes desmontó, alinee sus marcas.

16. El montaje del resto de los componentes es en orden inverso al procedimiento de desmontaje, descrito en Cabeza de cilindros: desmontaje y montaje, en que se trata la distribución de las válvulas y el ajuste de la correa. Apriete el tornillo de la polea del cigüeñal que lleva la correa trapezoidal a un par de 87 libras-pie (118 Nm).

Árbol de levas

DESMONTAJE Y MONTAJE

2S-E

1. Desmonte la correa de distribución de la forma anteriormente descrita.

2. Desmonte la caja del árbol de levas de la forma descrita en Cabeza de cilindros: desmontaje.

3. Desmonte la polea del árbol de levas.

4. Desmonte los sombreretes de los cojinetes del árbol de levas.

5. Deslice el árbol de levas hacia afuera, girándolo lentamente.

6. Efectúe el montaje en el orden inverso. Use retenes de aceite nuevos. Vea la sección Cabeza de cilindros: desmontaje y montaje.

1C-L, 1C-TL y 2C-T

1. Desmonte la cabeza de cilindros.

2. Desmonte la polea del árbol de levas.

3. Desmonte la placa de empuje.

4. Desatornille y retire los sombreretes de los cojinetes del árbol de levas.

5. Deslice el árbol de levas hacia afuera, girándolo lentamente.

6. Efectúe el montaje en el orden inverso.

3Y-EC y 4Y-EC

1. Desmonte la cadena de distribución de la forma anteriormente descrita.

2. Desmonte la placa de empuje del árbol de levas.

3. Deslice el árbol de levas hacia fuera, girándolo lentamente.

4. Efectúe el montaje en el orden inverso. Revista el árbol de levas con una capa de aceite de motor limpio antes de volverlo a montar.

Serie K y serie T

1. Desmonte la cabeza de cilindros de la forma descrita anteriormente.

2. Retire el distribuidor y el radiador.

3. Desmonte la cadena de distribución de la forma antes descrita.

4. Extraiga los seguidores de válvula en el correcto orden. Deposítelos en lugar seguro en el mismo orden.

5. Retire la bomba de combustible en motores con carburador.

6. Desenrosque los dos tornillos de fijación de la placa de empuje y extraiga ésta.

7. Enrosque un tornillo de la cabeza de cilindros en el extremo del árbol de levas; gire éste lentamente y extráigalo, procediendo con cuidado para no dañar los cojinetes.

8. Inspeccione el árbol de levas y sus cojinetes.

9. Para el montaje, aplique una ligera capa de aceite en los cojinetes y muñequillas del árbol de levas e instale éste con cuidado en el bloque de cilindros.

10. Instale la placa de empuje en su posición correcta y apriete sus dos tornillos a 4-6 libras-pie (en motores serie K) o 7-11 libras-pie (en motores serie T).

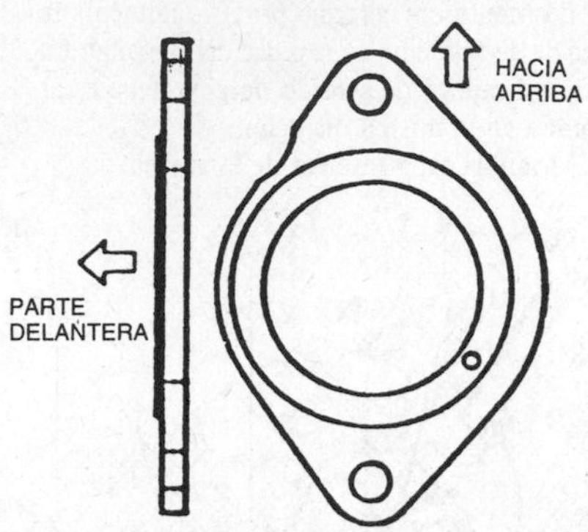

Correcta alineación placa de empuje: motores serie K

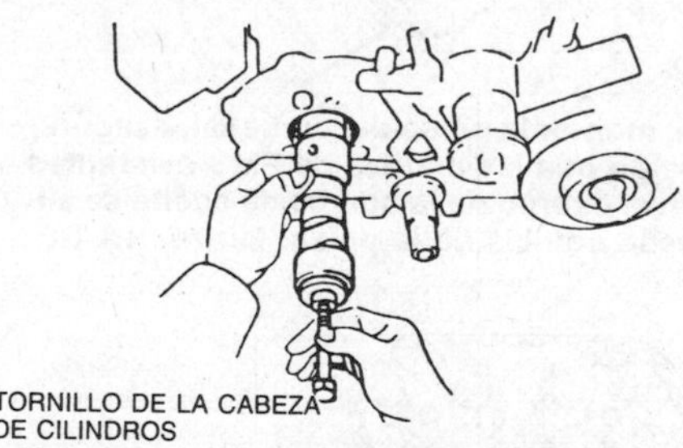

Usar un tornillo de la cabeza de cilindros para extraer y volver a introducir el árbol de levas

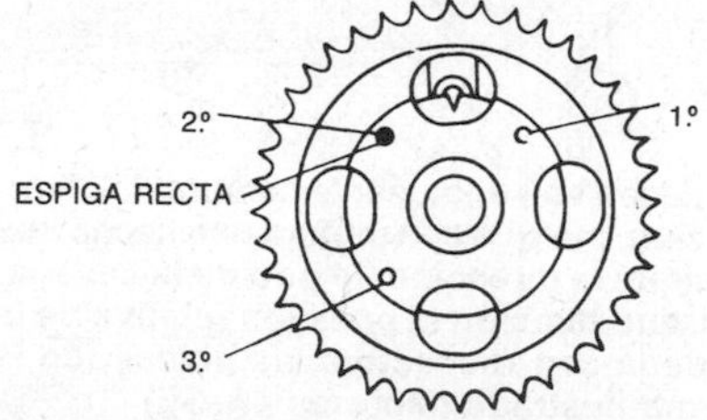

Motores serie «M» (excepto 5M-GE): posición de la rueda dentada del árbol de levas para obtener un retardo de distribución válvulas de 3-9°

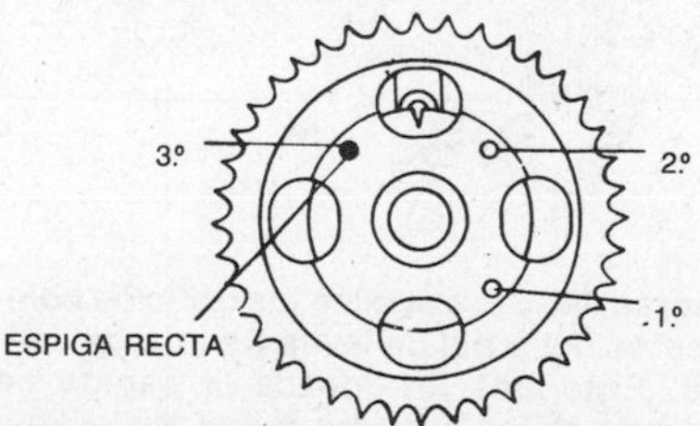

Motores serie «M» (excepto 5M-GE): montaje de la rueda dentada del árbol de levas para obtener un retardo de distribución válvulas de 9-15°

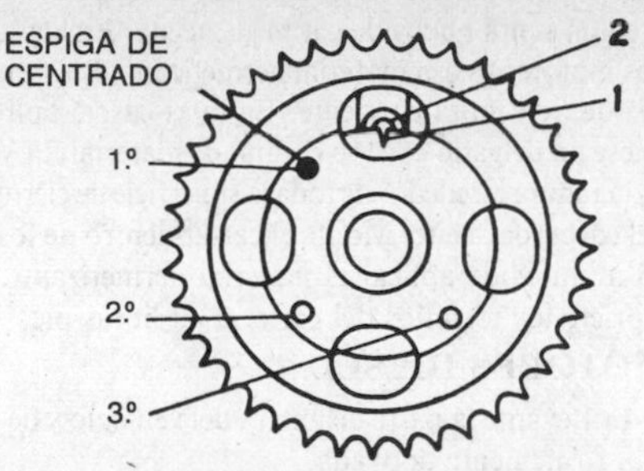

Motores serie «M» (excepto 5M-GE): Montaje de la rueda dentada del árbol de levas, para una correcta distribución de las válvulas.

11. El montaje del resto de los componentes es en orden inverso al desmontaje.

El resto de los motores

EXCEPTO 5M-GE

El resto de los motores usan un árbol de levas en cabeza. Por consiguiente, el procedimiento de desmontaje de este árbol se describe en el procedimiento de desmontaje de la cabeza de cilindros.

NOTA: No es necesario desmontar completamente la cabeza de cilindros para extraer el árbol de levas. Por consiguiente, siga el procedimiento de desmontaje de la cabeza de cilindros hasta el punto requerido para extraer el árbol de levas.

5M-GE

1. Desmonte las dos tapas de los árboles de levas.
2. Desmonte el conjunto de la correa de distribución y sus poleas de la forma antes descrita.
3. Siguiendo el orden ilustrado, afloje las tuercas y tornillos de las cajas de los árboles de levas en tres fases. Extraiga las cajas de los árboles de levas (con éstos dentro) de la cabeza de cilindros.
4. Retire las tapas posteriores de las cajas de los árboles de levas. Aplique aceite limpio en las muñequillas de los árboles de levas en las cajas, para lubricar las levas, retenes de aceite y cojinetes, mientras el árbol de levas se extrae. Empiece a estirar el árbol de levas desde la parte posterior de la caja, lentamente y girándolo al mismo tiempo. Saque el árbol de levas completamente.
5. Para el montaje, engrase la totalidad de cada árbol de levas con aceite limpio. Introduzca el árbol de levas en su caja por la parte trasera y gírelo

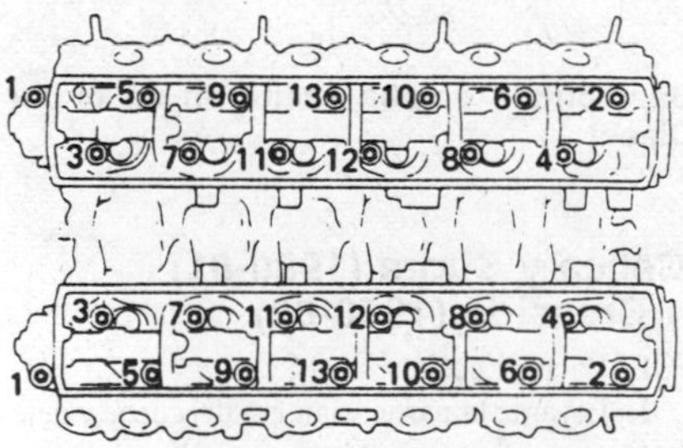

Orden de aflojamiento tornillos de las cajas de los árboles de levas. Deben aflojarse gradualmente, en tres etapas.

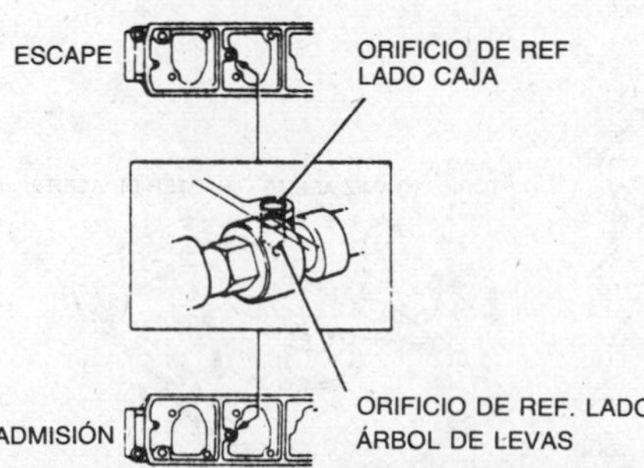

Antes de instalar las cajas de los árboles de levas, alinear el orificio de referencia de cada muñequilla n.º 2 con el orificio existente en la caja.

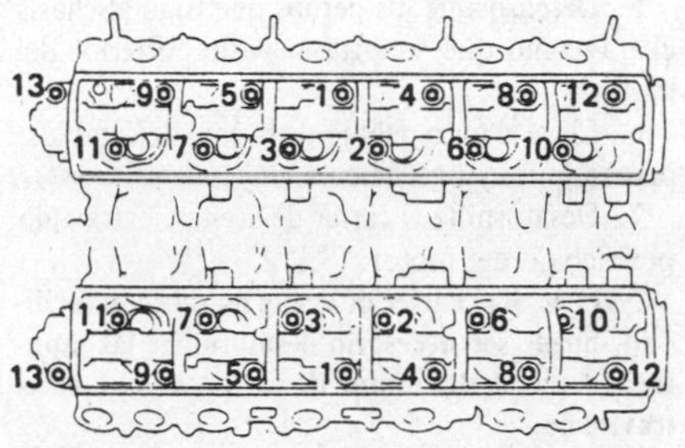

Motores 5M-GE: Orden de apriete de los tornillos de las cajas de los árboles de levas.

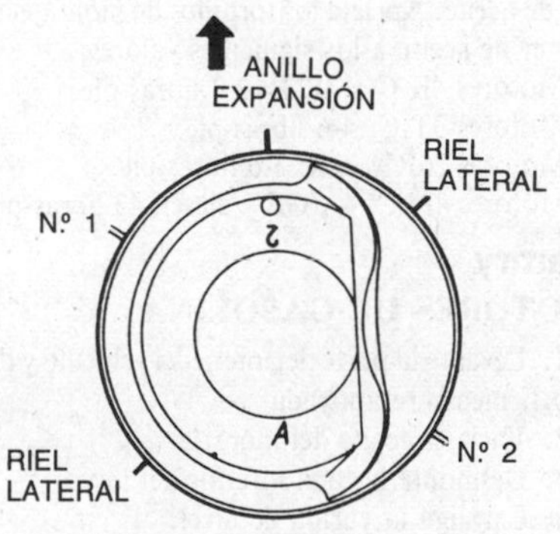

Posiciones de los cortes de los anillos del pistón: Motores serie «A»

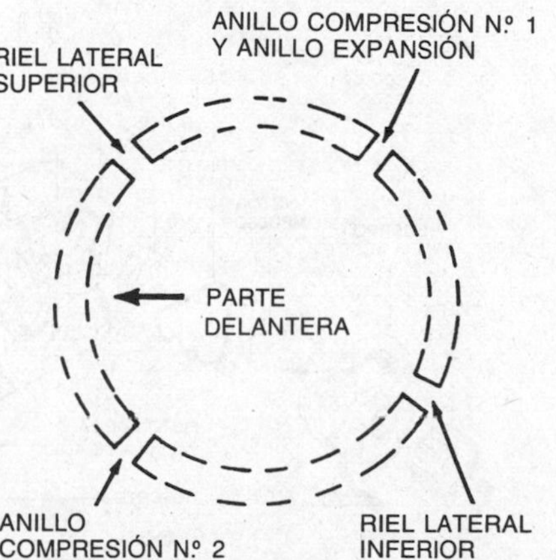

Posiciones de los cortes de los anillos del pistón: Motores serie «M»

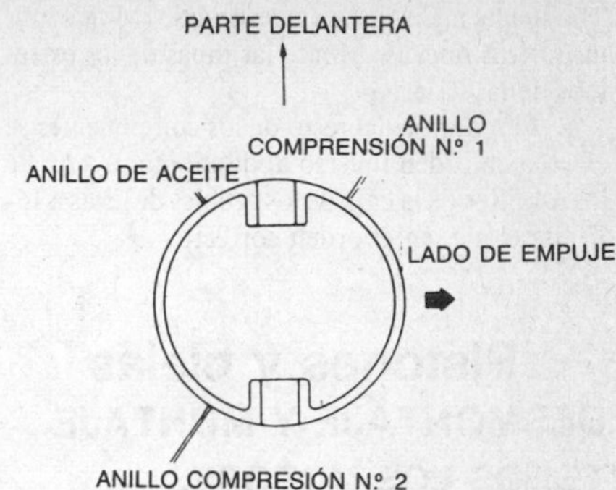

Posiciones de los cortes de los anillos en el pistón: Motores serie «K»

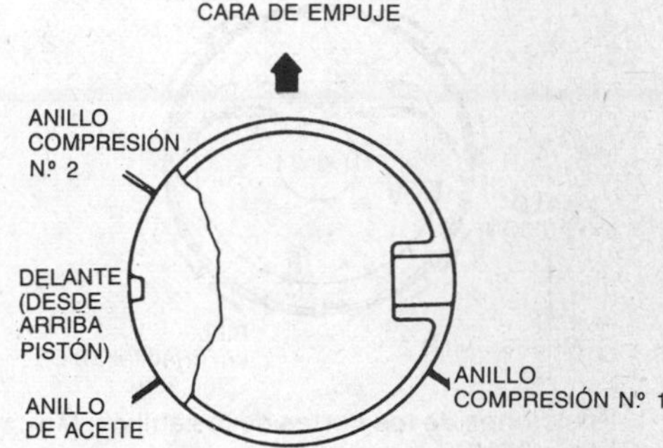

Posiciones de los cortes de los anillos en el pistón: Motores Serie «R»

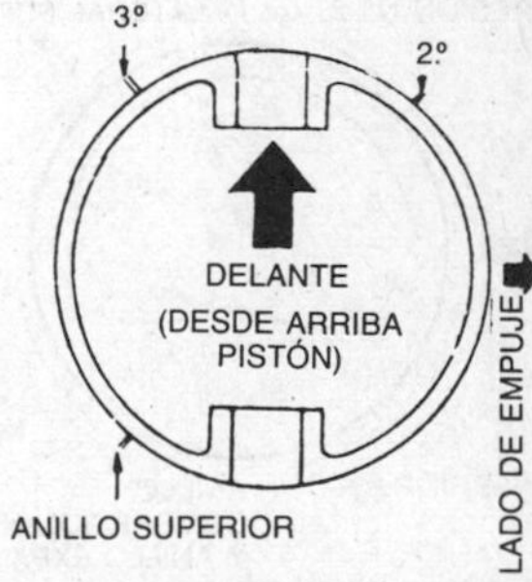

Posiciones de los cortes de los anillos en el pistón: Motores serie «T»

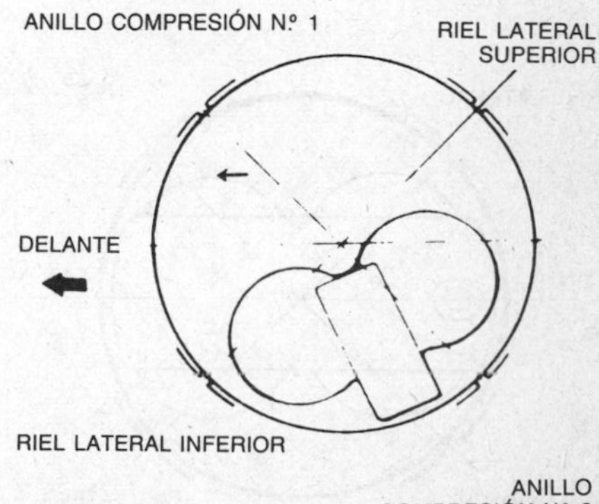

Posiciones de los cortes de los anillos en el pistón: Motores diesel

lentamente mientras lo va deslizando. Monte juntas tóricas nuevas. Monte las tapas de los extremos de las cajas.

6. El montaje del resto de los componentes se efectúa en orden inverso al desmontaje. Apriete los tornillos de la caja de los árboles de levas a 15-17 libras-pie, en el orden correcto.

Pistones y bielas

DESMONTAJE Y MONTAJE

TODOS LOS MOTORES

Vea la sección de Reconstrucción de motores

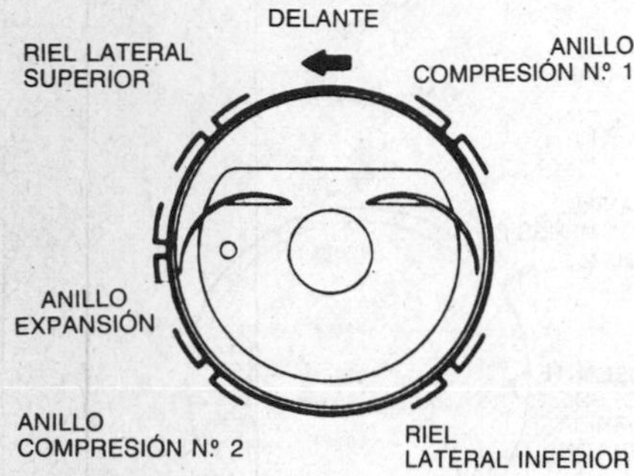

Posiciones de los cortes de los anillos: Motores 2S-E

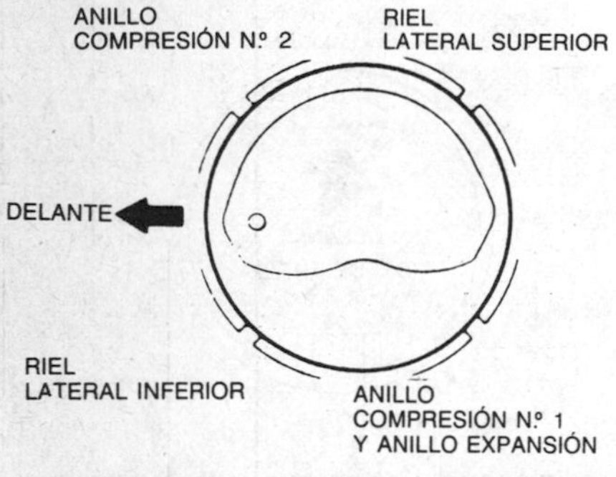

Posiciones de los cortes de los anillos en el pistón: Motores 3Y-EC y 4Y-EC

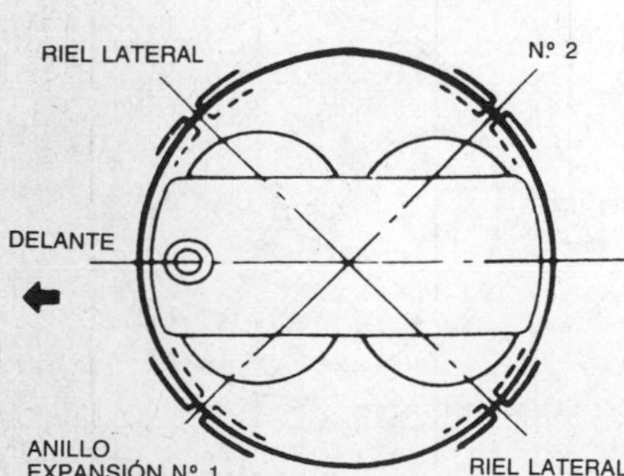

Posiciones de los cortes de los anillos en el pistón 4A-GE

ENGRASE DEL MOTOR

Cárter del aceite

DESMONTAJE Y MONTAJE

Corolla, Corona y Starlet

1. Levante el capó.

2. Levante la parte delantera del coche y déjela firmemente apoyada.

3. Retire el escudo contra salpicaduras de debajo del motor.

4. Coloque un gato debajo de la caja de cambios y elévelo hasta que la soporte.

5. Desenrosque los pernos que fijan al chasis el travesaño que soporta la parte posterior del motor.

6. Eleve el gato debajo de la caja de cambios, pero sólo muy ligeramente.

7. Desatornille el cárter de aceite y extráigalo por debajo del motor.

NOTA: Si el cárter de aceite no sale con facilidad, puede ser necesario desatornillar las monturas traseras del motor de sus posiciones en el travesaño.

El montaje se efectúa en el orden inverso. En los modelos Corolla equipados con motores 3T-C y en los modelos Corona, debe aplicarse compuesto hermetizante en las cuatro esquinas del cárter de aceite. Apriete los tornillos de montaje del cárter de aceite a los siguientes valores:

Motores 4K-C y 4K-E: 2-3 libras-pie.
Motores 3T-C: 4-6 libras-pie.
Motores 20R y 22R: 3-6 libras-pie.
Motores 4A-C, 4A-GE y diesel: 43 libras-pie.

Camry

MOTORES DE GASOLINA

1. Levante la parte delantera del vehículo y déjela firmemente apoyada.

2. Vacíe el aceite del motor.

3. Desmonte la tapa inferior del motor.

4. Extraiga la varilla de nivel.

5. Desatornille el cárter de aceite y extráigalo.

6. Efectúe el montaje en el orden inverso. Limpie las superficies de apoyo de la junta. Use siempre una junta nueva de cárter de aceite. En algunos motores se usa material hermetizante RTV en vez de una junta corriente. En tales casos, aplíquese un delgado cordón (5 mm) de material RTV en la ranura alrededor de toda la superficie de cierre del cárter de aceite. Monte el cárter dentro de los 15 minutos de aplicar el material hermetizante. Apriete los tornillos del cárter a 48 libras-pie.

MOTORES DIESEL

1. Levante la parte delantera del vehículo y déjela firmemente apoyada.

2. Vacíe el aceite.

3. Desmonte la tapa inferior del motor.

4. Desmonte la correa de distribución.

5. Desmonte la polea-guía inferior y la polea del cigüeñal.

6. Soporte el motor con un gato u otro apoyo y desmonte el travesaño central.

7. Desatornille el cárter de aceite y extráigalo.

8. Efectúe el montaje en el orden inverso. Limpie las superficies de contacto del cárter de aceite y del bloque. Aplique un cordón de 5 mm de diámetro de material de silicona RTV para juntas en la ranura que hay en la periferia de la superficie de contacto del cárter; monte éste dentro de los 15 minutos de aplicar el material hermetizante. Apriete los tornillos del cárter a 48 libras-pie.

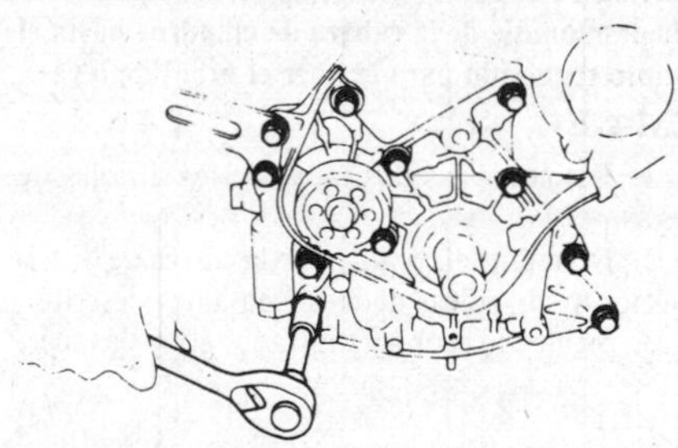

Desmontaje bomba aceite en un motor Diesel

Celica y Supra (1980-81) y Cressida (1980-82)

1. Vacíe el aceite.

2. Levante la parte delantera del coche y déjela firmemente apoyada sobre caballetes.

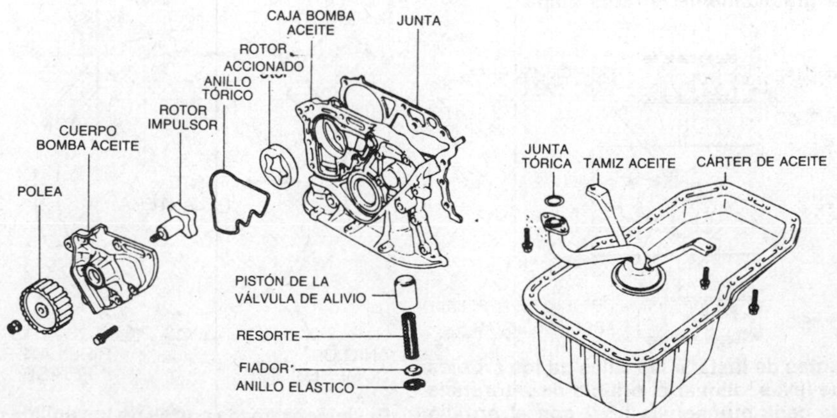

Cárter de aceite y bomba de aceite en un motor 2S-E

ATENCIÓN

Asegúrese de que el coche esté soportado con seguridad. Recuerde que tendrá que trabajar debajo de él.

3. Suelte la barra relé de la dirección y las barras de acoplamiento de sus posiciones en el brazo de mando guiado; desacople también el brazo de mando y las manguetas de la dirección, de la forma descrita más adelante.

4. Desmonte las placas de refuerzo del motor.

5. Desmonte los escudos antisalpicaduras de debajo del motor.

6. Coloque un gato debajo de la parte delantera del motor y elévelo hasta que soporte el peso del motor. Desenrosque los pernos de fijación de las monturas delanteras del motor.

7. Levante la parte delantera del motor con el gato, pero sólo ligeramente.

8. Desatornille el cárter del aceite.

Efectúe el montaje en orden inverso. Aplique compuesto hermetizante líquido en las cuatro esquinas de la junta del cárter de aceite (en motores 2T-C y 3T-C). Apriete los tornillos del cárter del aceite a 4-6 libras-pie.

Celica, Supra (1982 y posteriores) y Cressida (1983 y posteriores)

Motores 22R y 22R-E

1. Desconecte los cables de la batería.

2. Levante la parte delantera del coche y déjela firmemente apoyada.

3. Desmonte la tapa inferior del motor.

4. Vacíe el aceite del motor.

5. Desmonte el amortiguador del motor.

6. Desenrosque los pernos de las monturas del motor.

7. Coloque un gato debajo de la caja de cambios y levante el motor aproximadamente 1 pulgada.

8. Desatornille el cárter del aceite y extraiga éste y su junta.

9. Efectúe el montaje en el orden inverso. Use una junta nueva para el cárter del aceite. Apriete los tornillos a 35-69 libras-pulgadas.

2S-E y 3S-GE

1. Levante la parte delantera del coche y déjela firmemente apoyada.

2. Vacíe el aceite del motor.

3. Desmonte las tapas inferiores del motor.

4. En motores 3S-GE, desconecte el tubo de escape del múltiple de escape.

5. Desmonte el travesaño inferior de la suspensión y retírelo.

6. Retire la montura central del motor.

7. Desmonte la placa de refuerzo del motor y el indicador de nivel de aceite.

8. Desmonte el cárter del aceite.

9. Efectúe el montaje en el orden inverso. Aplique un cordón de 5 mm de diámetro de material hermetizante de silicona RTV en la ranura que hay alrededor de la brida del cárter del aceite; monte éste dentro de los 3 minutos de aplicar dicho material y apriete los tornillos de fijación y tuercas a 48 libras-pulgada.

5M-GE

1. Desconecte los cables de la batería.

2. Levante la parte delantera del vehículo y déjela firmemente apoyada.

3. Vacíe el aceite del motor.

4. Vacíe el líquido del circuito de enfriamiento.

5. Desmonte el conjunto del filtro de aire. Marque cualquier tubería o manguera que deba desconectar para extraerlo.

6. Retire el indicador de nivel de aceite.

7. Suelte la manguera (o manguito) superior del radiador, del rácor de éste.

8. Afloje todas las correas de accionamiento de dispositivos arrastrados por el cigüeñal (alternador, bomba de la servodirección, etc.).

9. Desenrosque los cuatro tornillos de la carcasa del ventilador.

10. Desenrosque las cuatro tuercas de fijación de la brida del acoplamiento de líquido y extraiga éste junto con el ventilador y su carcasa.

11. Desmonte la tapa inferior del motor.

12. Desenrosque el tornillo de la abrazadera del tubo de escape de su posición en el puntal del tubo de escape.

13. Desmonte las dos placas de refuerzo del tubo de escape.

14. Desmonte la tapa inferior de la caja del embrague.

15. Desenrosque los cuatro tornillos de las monturas del motor en cada lado de éste.

16. Coloque un gato debajo de la caja de cambios y levante el motor unos 4.5 cm.

17. Desatornille el cárter del aceite y extráigalo del motor.

NOTA: Si resultara difícil extraer el cárter del aceite, gire un poco el cigüeñal para obtener más espacio.

18. Efectúe el montaje en sentido inverso. Use una junta nueva al colocar el cárter del aceite; aplique una pequeña cantidad de hermetizante líquido en la junta en sus cuatro esquinas. Apriete los tornillos del cárter a 57-82 libras-pulgada. Ajuste la tensión de las correas de accionamiento antes aflojadas. Vuelva a llenar el motor con aceite y el sistema de enfriamiento con el correcto tipo y cantidad de líquido. Ponga el motor en marcha y compruebe que no haya fugas.

Tercel

1. Desconecte el cable negativo de la batería.

2. Levante la parte delantera del vehículo y déjela firmemente apoyada.

3. Vacíe ei aceite del motor.

4. Desmonte la barra estabilizadora y cualquier otra pieza del varillaje de la dirección que sea necesario.

5. Desconecte el tubo de escape de su múltiple.

6. Coloque un gato debajo del motor y elévelo hasta que el peso del motor gravite sobre el gato.

7. Desmonte las monturas del motor y su amortiguador.

8. Levante más el motor, hasta que sea posible desmontar el cárter del aceite.

9. Desatornille el cárter del aceite y extráigalo.

10. Efectúe el montaje en el orden inverso. Coloque una nueva junta en el cárter del aceite.

MR2

1. Levante la parte delantera del vehículo y déjela firmemente apoyada.

2. Vacíe el aceite del motor.

3. Desmonte el tubo de escape del múltiple.

4. Saque la correa de la distribución.

5. Desmonte la polea de distribución que está montada en el cigüeñal.

6. Soporte el peso del motor con un gato y luego desmonte la montura derecha del motor.

7. Desmonte el cárter del aceite.

8. Efectúe el montaje en sentido inverso. Aplique un cordón de 3 mm de material hermetizantes de silicona RTV en la ranura de la brida de montaje del cárter del aceite; monte éste dentro de los 5 minutos de aplicar dicho hermetizante y apriete los tornillos y tuercas a 43 libras-pulgada.

Van

1. Levante la parte delantera del coche y déjela firmemente soportada.

2. Vacíe el aceite.

3. Desmonte las placas de refuerzo del motor, izquierda y derecha.

4. Desatornille el cárter del aceite y extráigalo.

5. Efectúe el montaje en sentido inverso. Limpie las superficies de contacto entre el bloque y el cárter del aceite. Aplique un cordón de 5 mm de diámetro de hermetizante de silicona RTV en toda la ranura de la brida del cárter del aceite; instale éste dentro de los 15 minutos de aplicar el hermetizante. Apriete los tornillos de montaje a 9 libras-pie.

Retén de aceite del cojinete de bancada posterior

CAMBIO

TODOS LOS MOTORES

NOTA: En los motores 1A-C, 3A y 3A-C, debe retirarse el motor del vehículo para poder cambiar dicho retén de aceite.

1. Saque la caja de cambios.

2. Saque el conjunto de la tapa del embrague y el volante del motor.

3. Retire la placa de retenida del retén de aceite, junto con el retén de aceite.

4. Use un destornillador para extraer el retén de aceite, haciendo palanca. Proceda con cuidado, para que no se dañe la placa de retenida.

5. Instale el nuevo retén de aceite con cuidado, usando un bloque de madera para deslizarlo a su posición correcta.

ATENCIÓN

No dañe el retén de aceite; de lo contrario se producirán fugas.

6. Lubrique las pestañas del retén de aceite con grasa común. Efectúe el montaje en sentido inverso al procedimiento de desmontaje.

Bomba de aceite

DESMONTAJE Y MONTAJE

Todos los motores excepto las series C, A, S y R

1. Desmonte la bomba de aceite, de la forma antes descrita.

2. Desatornille la bomba de aceite y extráigala como un conjunto.

3. Efectúe el montaje en sentido inverso.

1A-C, 3A, 3A-C, 2S-E, 3S-GE, 4A-C con tracción trasera y 4A-GE

1. Desmonte la carcasa del ventilador y luego levante la parte delantera del vehículo y déjela firmemente apoyada.

2. Vacíe el aceite del motor. En el modelo Tercel, vacíe el circuito de enfriamiento y luego retire el radiador.

3. Desmonte el cárter del aceite y el tamiz de aceite.

4. Desmonte la polea del cigüeñal y la correa de distribución, de la forma antes descrita en esta sección.

5. Retire la guía del indicador de nivel de aceite y luego el indicador.

6. Desenrosque los tornillos de montaje y luego use una maza de goma para, golpeando ligeramente, separar el cuerpo de la bomba de aceite del bloque de cilindros.

Para el montaje:

7. Coloque una junta nueva en el bloque.

8. Sitúe la bomba de aceite en el bloque, de modo que los dientes del piñón de mando de la bomba engranen con los dientes del piñón del cigüeñal.

9. Efectúe el montaje en orden inverso al procedimiento de desmontaje.

Motores A4-C en coches de tracción delantera y motores 1C-L diesel

1. Desmonte la tapa inferior del motor y vacíe el aceite.

2. Desmonte el capó.

3. Desconecte la montura central del motor.

4. Desmonte el cárter del aceite y el tamiz de aceite.

5. Con un dispositivo de izado, aplicado a los dos soportes de levantamiento del motor, ice el mismo.

6. Saque las correas de accionamiento, la polea de la bomba de agua, la polea-guía del aire acondicionado y la polea del cigüeñal.

7. Saque la correa de la distribución.

8. Efectúe las operaciones 5-9 del procedimiento anterior.

Serie R

1. Desmonte el cárter del aceite.

2. Desenrosque los tres tornillos que fijan el tamiz de aceite.

3. Saque las correas de accionamiento, el tornillo de la polea del cigüeñal y ésta.

4. Desatornille la caja de la bomba de aceite y extraiga el conjunto de la bomba.

5. Retire la polea estriada de mando de la bomba de aceite y la junta tórica de goma.

6. Efectúe el montaje en sentido inverso. Aplique compuesto hermetizante encima del tornillo de fijación de la caja de la bomba de aceite. Use una nueva junta para el tamiz de aceite.

ENFRIAMIENTO DEL MOTOR

Radiador

DESMONTAJE Y MONTAJE

Todos los modelos

1. Vacíe el circuito de enfriamiento.

2. Afloje las abrazaderas y suelte las mangueras (o manguito) superior e inferior del radiador. Si es un coche de cambio automático, retire las tuberías de enfriamiento del aceite.

3. Suelte el cable del cerrojo del capó y extraiga el cerrojo de su posición en el soporte superior del radiador.

NOTA: Puede que sea necesario retirar la rejilla para tener acceso al conjunto del soporte radiador/cerrojo capó.

4. Retire la carcasa del ventilador, de haberla.

5. En modelos equipados con circuito de enfriamiento cerrado, desconecte la manguera del depósito de expansión térmica y saque dicho depósito de su soporte.

6. Desatornille el soporte superior del radiador y extráigalo.

7. Desatornille el radiador y sáquelo.

ATENCIÓN

Proceda con cuidado, para no dañar las aletas del radiador rozándolas con el ventilador del sistema de enfriamiento.

8. Efectúe el montaje en sentido inverso al desmontaje. Acuérdese de comprobar el nivel del aceite en la caja de cambios en coches con cambio automático.

Algunos modelos van equipados con un ventilador movido por un pequeño motor eléctrico, en vez de accionado por correa desde el cigüeñal. Este tipo de ventilador es accionado por un termointerruptor montado en el radiador, que es operado cuando la temperatura llega a 203 °F (95 °C) y se para cuando la temperatura del agua cae por debajo de 190 °F (88 °C). El ventilador está fijado al radiador por los cuatro tornillos de montaje del radiador. El desmontaje del radiador en estos modelos es idéntico al de otros motores, excepto en que hay que desconectar el haz de cables y el conector del termointerruptor.

Bomba de agua

DESMONTAJE Y MONTAJE

Todos los motores excepto serie A

1. Vacíe el circuito de enfriamiento.

2. Desatornille la carcasa del ventilador y extráigala, de haberla.

3. Afloje el tornillo de fijación del alternador y saque la correa de accionamiento del alternador. En el modelo Camry con motor 2SE o 3S-GE, desmonte las tapas de distribución y la polea de la bomba de inyección.

4. Repita el punto 3 para sacar las correas de la bomba de aire, del compresor de aire acondicionado y de la bomba de la servodirección, de ser aplicable.

NOTA: En algunos modelos puede que sea necesario extraer el conjunto del filtro de aire. En todos los motores 5M-GE, saque la caja del filtro de aire.

5. Suelte las mangueras (o manguitos) del radiador y la de derivación, de sus posiciones en la bomba de agua.

6. Desatornille la bomba de agua y extraiga ésta junto con el ventilador, procediendo con cuidado para no dañar las aletas del radiador rozándolas con el ventilador.

ATENCIÓN

Si el ventilador va equipado con acoplamiento de líquido, no incline el conjunto ventilador/bomba, ya que, de ladearse, el líquido se perdería.

7. Efectúe el montaje en el orden inverso. Use siempre una junta nueva entre el cuerpo de la bomba y su montura. Completada la instalación, compruebe que no haya fugas.

Serie A

1. Vacíe el radiador. Guarde el líquido de enfriamiento, ya que puede volverse a usar.

2. Afloje todas las correas de accionamiento que sea necesario.

3. Saque la tapa superior de la correa de distribución.

4. Desconecte la manguera inferior del radiador de su posición en la bomba de agua.

5. Desatornille la bomba y extráigala.

NOTA: Use siempre una junta nueva al volver a montar la bomba.

6. Efectúe el montaje en el orden inverso.

Termostato

DESMONTAJE Y MONTAJE

Todos los motores

1. Vacíe el circuito de enfriamiento.

2. Afloje la abrazadera que sujeta la manguera superior del radiador y suelte ésta del codo de salida de agua.

3. Desatornille el codo de salida de agua (es el alojamiento del termostato).

4. Extraiga el termostato.

5. Efectúe el montaje en sentido inverso al procedimiento de desmontaje. Use una junta nueva para montar el codo de salida de agua.

ATENCIÓN

Asegúrese de montar el termostato con su resorte orientado hacia abajo.

CONTROLES DE EMISIONES

NOTA: Dada la complejidad de la mayoría de los últimos modelos, se tratarán sólo los disposi-

tivos principales y las operaciones de servicio básicas.

Sistema de ventilación positiva del cárter

En todos los automóviles Toyota vendidos en Estados Unidos se usa un sistema de ventilación positiva del cárter; los gases que rebasan el pistón en las carreras de compresión y explosión son conducidos desde el cárter al carburador, en el cual se combinan con la mezcla combustible-aire y son quemados durante la combustión.

En la tubería que va al carburador se incorpora una válvula, para impedir que los gases del cárter puedan encenderse en el caso de retroceso de la llama. La cantidad de esos gases que se une a la mezcla es también regulada por dicha válvula, que está montada sobre resorte y posee un orificio variable.

Esta válvula va montada en la tapa de válvulas o en la tubería que va del múltiple de admisión al cárter.

DESMONTAJE Y MONTAJE

La válvula de la ventilación positiva del cárter (en lo sucesivo referida como «válvula VPC») se desmonta de la tapa de la cabeza de cilindros en los motores de la serie I y A. La manguera se desconecta de la válvula.

En el resto de motores, la válvula VPC se extrae de la manguera que va del cárter al múltiple de admisión.

El montaje se efectúa en orden inverso al desmontaje.

COMPROBACIÓN

Compruebe las mangueras y conexiones del sistema VPC, para estar seguro de que no haya fugas; de ser necesario, apriete las abrazaderas de los rácores o cambie los componentes defectuosos.

Para comprobar el perfecto funcionamiento de la válvula, desmóntela y sople por uno y otro orificio: cuando se sopla por el lado orientado al múltiple de admisión, debería pasar muy poco aire; al soplar por el lado orientado al cárter (tapa de la válvula), el aire debería pasar libremente.

Si no funciona de este modo, cambie la válvula.

NOTA: No intente limpiar o ajustar la válvula: cámbiela por otra nueva.

Sistema de inyección de aire

Una bomba de aire accionada por una correa suministra aire a un múltiple de inyección que tiene toberas en cada lumbrera de escape. La inyección de aire en este punto provoca la combustión de los hidrocarburos no quemados existentes en el múltiple de escape, en vez de dejarlos esparcir hacia la atmósfera. Una válvula antirretroceso de la llama controla el flujo de aire desde la bomba, para evitar el retroceso de la llama que resulta de una mezcla excesivamente rica en la mariposa cerrada.

Una válvula antirretorno impide que los gases de escape caliente puedan retroceder hacia la bomba y su manguera, en el caso de fallo de la bomba o cuando la válvula antirretroceso de la llama está funcionando.

En los modelos más recientes se ha incorporado además una válvula de interrupción aire: en los motores sin convertidor catalítico, esta válvula se usa para interrumpir la inyección de aire cuando el motor está sometido a una carga pesada constante.

En los modelos con convertidor catalítico, la válvula de interrupción del aire se usa para proteger el catalizador contra sobrecalentamiento, bloqueando el aire necesario para la reacción.

En todos los motores, la válvula de alivio está incorporada en la válvula de interrupción del aire.

DESMONTAJE Y MONTAJE

Bomba de aire

1. Desconecte las mangueras de aire de la bomba.
2. Afloje el tornillo del eslabón de ajuste y retire la correa de accionamiento.
3. Extraiga la bomba.

ATENCIÓN

No ejerza acción de palanca sobre la caja de la bomba, ya que podría deformarse.

4. Efectúe el montaje en sentido inverso al desmontaje. Ajuste la tensión de la correa de accionamiento a una deflexión de 12-20 mm, medida cuando la correa se aprieta con el pulgar.

Válvula antirretroceso llama y válvula interrupción aire

1. Suelte las mangueras de aire de sus posiciones en la válvula.
2. Desenrosque el tornillo que fija la válvula.
3. Extraiga la válvula.
4. Efectúe el montaje en sentido inverso.

Válvula antirretorno

1. Desconecte la manguera de entrada de su posición en la válvula.
2. Con una llave de boca, desenrosque la válvula de su montura.
3. Efectúe su montaje en sentido inverso al desmontaje.

Válvula de alivio

1. Desmonte la bomba de aire y extráigala del coche.
2. Inmovilice la bomba de aire de modo que no pueda girar, en el banco de trabajo.

ATENCIÓN

No sujete la bomba de aire en un tornillo de banco, ya que su caja de aluminio se deformaría.

3. Use un extractor de quijadas para desmontar la válvula de alivio de la parte superior de la bomba de aire.
4. Para el montaje, sitúe la nueva válvula de alivio en la abertura de la bomba.

NOTA: La salida de aire debe estar orientada hacia la izquierda.

5. Haga entrar la válvula de alivio golpeándola suavemente con un bloque de madera y un martillo.
6. Monte la bomba de aire en el motor de la forma antes descrita.

Múltiple de inyección de aire

1. Desmonte la válvula antirretorno de la forma descrita.
2. Desenrosque las tuercas de fijación del múltiple de inyección de aire y extraiga éste.

NOTA: En los motores serie R y M será preciso desmontar primero el múltiple de escape.

3. Efectúe el montaje en sentido inverso al desmontaje.

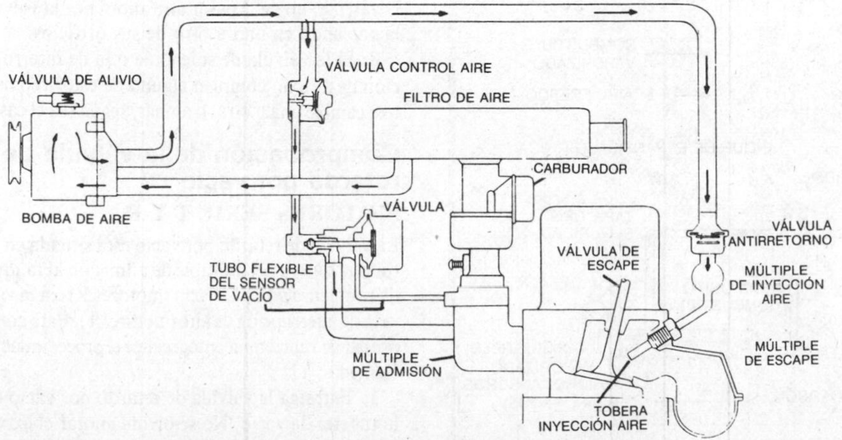

Esquema de un sistema de inyección aire típico

Desmontaje de la válvula de alivio de la bomba de aire.

TOBERAS DE INYECCIÓN AIRE

1. Desmonte el múltiple de inyección del aire de la forma acabada de describir.

2. Desmonte la cabeza de cilindros, de la forma descrita anteriormente.

3. Para el montaje, coloque una nueva tobera en la cabeza de cilindros.

4. Monte el múltiple de inyección de aire encima de la tobera.

5. Monte la cabeza de cilindros.

COMPROBACIONES

BOMBA DE AIRE

ATENCIÓN

No ejerza acción de palanca ni golpee la caja de la bomba de aire, ni la dañe al tensar su correa de accionamiento o ensayar la bomba.

TENSIÓN DE LA CORREA Y FUGAS DE AIRE

1. Antes de empezar los tests descritos a continuación, compruebe la tensión de la correa de accionamiento de la bomba, para asegurarse de que es la especificada.

2. Haga girar la bomba con la mano, tirando de la correa: si la bomba está agarrotada, la correa resbalará, con el consiguiente ruido. No tenga en cuenta en cambio los chirridos procedentes del interior de la bomba, ya que son normales cuando la bomba se hace girar a mano.

3. Compruebe que no haya fugas en las mangueras y conexiones. Un sonido tipo silbido o un chorro de aire son indicios de fugas. Un buen método para detectar fugas es aplicar un poco de agua jabonosa en el área en cuestión, por ejemplo alrededor del rácor.

FLUJO DE AIRE

1. Desconecte la manguera de suministro aire de su posición en la válvula antirretroceso llama.

2. Conecte un manómetro, utilizando un adaptador idóneo, en la manguera de suministro aire.

NOTA: Si hay dos mangueras, tape una de ellas.

3. Con el motor a temperatura normal, aumente la velocidad de marcha en vacío a 1,000-1,500 rpm (1,950 rpm en motores 2T-C y 3T-C) y observe la indicación del manómetro.

4. El flujo de aire producido por la bomba debería ser constante y ser del orden de 2 a 6 libras-pulgadas². Si es irregular o inferior a la cifra mínima, la boma es defectuosa y debe cambiarse.

DIAGNÓSTICO DE LOS RUIDOS DE LA BOMBA

La bomba de aire normalmente hace cierto ruido; cuando aumenta la velocidad del motor, su ruido se hace más agudo. El sonido de rodadura que se percibe de los cojinetes es normal, pero si es excesivo a ciertas velocidades es indicio de que la bomba es defectuosa y debe cambiarse.

Si se percibe un continuo ruido silbante de la válvula de alivio de presión de la bomba de aire cuando el motor funciona en marcha en vacío, ello indica que la válvula de alivio es defectuosa, por lo que deberá cambiarse.

Si el cojinete posterior de la bomba se deteriora, se oye un continuo golpeteo.

COMPROBACIÓN DE LA VÁLVULA ANTIRRETROCESO LLAMA

1. Suelte la manguera que va de la válvula de derivación a la válvula antirretorno, en el rácor de la manguera de la válvula de derivación.

2. Conecte un tacómetro en el motor y, con el motor funcionando a velocidad de marcha en vacío normal, compruebe que pase aire por el rácor de la manguera de la válvula de derivación.

3. Acelere el motor, de modo que funcione a 1,500 o 2,000 rev/min. Deje que la mariposa se cierre por sí misma: el flujo de aire de la válvula de derivación a la altura del rácor de la manguera de la válvula antirretorno debe cesar momentáneamente, y el aire debe fluir por la lumbrera de escape en el cuerpo de la válvula o por el conjunto del silenciador.

4. Repita la operación del punto 3 varias veces. Si el flujo de aire no se desvía hacia la atmósfera a través de la lumbrera de escape o no cesa de fluir por el rácor de la manguera, compruebe las tuberías de vacío y sus rácores. Si todo es correcto, el defecto reside en la válvula y debe cambiarse.

5. Si el diafragma de la bomba pierde, el aire fluye a la vez por el rácor de la manguera y por la lumbrera de escape. Si ello ocurre, cambie la válvula.

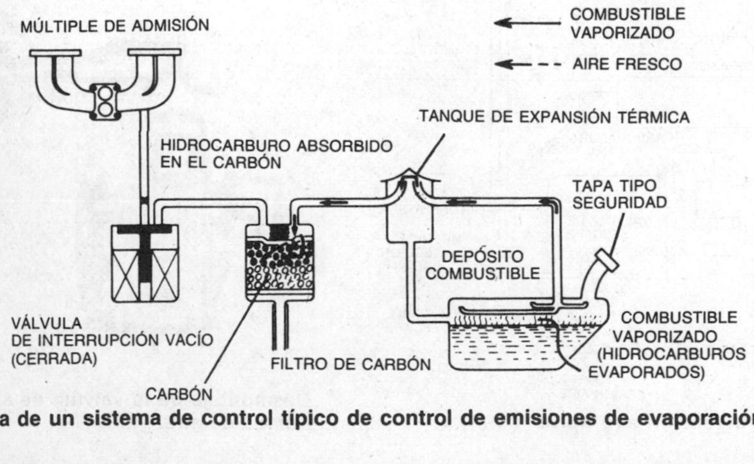

MÚLTIPLE DE ADMISIÓN
COMBUSTIBLE VAPORIZADO
AIRE FRESCO
TANQUE DE EXPANSIÓN TÉRMICA
HIDROCARBURO ABSORBIDO EN EL CARBÓN
TAPA TIPO SEGURIDAD
DEPÓSITO COMBUSTIBLE
VÁLVULA DE INTERRUPCIÓN VACÍO (CERRADA)
FILTRO DE CARBÓN
COMBUSTIBLE VAPORIZADO (HIDROCARBUROS EVAPORADOS)
CARBÓN

Esquema de un sistema de control típico de control de emisiones de evaporación

Comprobación de la válvula de interrupción de aire

MOTORES SERIE «T» Y «R»

1. Ponga el motor en marcha y déjelo funcionar hasta que alcance la temperatura normal de funcionamiento.

2. A marcha de vacío reducida, el aire de la válvula de derivación debe pasar por la manguera que va a la válvula de interrupción de aire.

3. Desconecte la tubería de vacío que va a la válvula de interrupción de aire, con lo que el aire procedente de la válvula de derivación ha de ser desviado hacia fuera, a través de la manguera que va desde la válvula de interrupción de aire al filtro de aire. Después de efectuar esta comprobación, vuelva a conectar la tubería de vacío.

4. Desconecte la manguera que va de la válvula interrupción de aire a la válvula antirretorno. Conecte un manómetro a la manguera.

5. Aumente la velocidad del motor: la válvula de alivio debería abrirse cuando el manómetro registra una presión de 1.7-6.5 libras-pulgadas².

6. Si en alguna de las pruebas descritas la válvula de interrupción de aire no produce los efectos especificados, cámbiela. Vuelva a conectar todas las mangueras.

MOTORES SERIE «M»

1. Ponga el motor en marcha y déjelo funcionar hasta que alcance la temperatura normal de funcionamiento.

2. A marcha en vacío reducida, el aire de la bomba debe descargar por la manguera que va a la válvula antirretorno.

3. Acelereel motor y deje que la válvula de mariposa se cierre por sí misma, por acción de resorte: el aire de la bomba debe ahora desviarse hacia el filtro de aire.

4. Desconecte la manguera que va de la válvula de interrupción de aire a la válvula antirretorno y conecte un manómetro en la manguera.

5. Aumente la velocidad del motor gradualmente: la válvula de alivio debe abrirse cuando el manómetro indica 3.7-7.7 libras-pulgadas². Vuelva a conectar la manguera de la válvula antirretorno.

6. Suelte el conector de cables y las mangueras de la válvula de solenoide, fijada a la válvula de interrupción de aire: debería pasar aire por la válvula de solenoide cuando se sopla en su orificio superior o inferior.

7. Conecte una fuente de 12 V en los bornes de la válvula: no debe pasar aire ahora por la válvula soplando en uno u otro de sus orificios.

8. Si la válvula de solenoide o la de interrupción de aire no cumplen alguno de estos requisitos, cambie una u otra, o ambas, según sea el caso.

Comprobación de la válvula de retardo por vacío

MOTORES SERIE T Y R

La válvula de retardo por vacío está situada en la tubería que va del múltiple de admisión al tanque de compensación por vacío (motores R) o a la válvula de interrupción de aire (motores T). Para comprobar su funcionamiento, realice el procedimiento siguiente:

1. Extraiga la válvula de retardo por vacío de la tubería de vacío. No se olvide anotar el extremo que señala hacia el múltiple de admisión.

2. Si usted sopla por el lado de la válvula de interrupción (tanque de compensación), el aire debe pasar libremente por la válvula.

3. Cuando sopla desde el lado del múltiple de admisión, debe percibir cierta resistencia.

4. Si ello no ocurre así, cambie la válvula.

5. Monte la válvula en la tubería de vacío, asegurándose de que la introducen con la correcta orientación.

Comprobación de la válvula antirretorno

1. Antes de efectuar este test, compruebe todas las mangueras y conexiones para asegurarse de que no haya fugas.

2. Suelte la manguera de suministro aire de la válvula antirretorno.

3. Introduzca una probeta idónea en la válvula antirretorno y apriete la placa. Suéltela: la placa debe volver a su posición original, adosada al asiento de la válvula. Si se comprueba agarrotamiento, la válvula debe cambiarse.

4. Con el motor funcionando a temperatura normal, aumente gradualmente su velocidad hasta 1,500 rpm. Compruebe si se produce fuga de gases de escape; en caso afirmativo, cambie el conjunto de la válvula.

NOTA: El que la válvula antirretorno vibre y oscile a velocidad de marcha en vacío es normal y no significa que la válvula sea defectuosa.

Sistema de control de emisiones de evaporación

Para evitar que las emisiones de hidrocarburos sean expulsadas a la atmósfera, los vehículos Toyota usan sistemas de control de emisiones de evaporación. En todos los modelos se usa un filtro de carbón.

El filtro de carbón retiene los vapores de combustible en una cubeta que contiene carbón activado. Se incorpora una válvula de interrupción por vacío para purgar el sistema. El filtro de carbón actúa como filtro del aire, impidiendo que el combustible vaporizado se descargue en la atmósfera.

DESMONTAJE Y MONTAJE

El desmontaje de los diversos componentes del sistema de control de evaporación de combustible consiste básicamente en desconectar mangueras, aflojar tornillos de fijación y desmontar la pieza que se desea sustituir. El montaje debe efectuarse siguiendo el mismo procedimiento en sentido inverso.

NOTA: Al cambiar mangueras del sistema de control de emisiones de evaporación, use siempre mangueras marcadas EVAP o que sean resistentes al ataque del combustible.

COMPROBACIONES

Investigación de anomalías del sistema de control de evaporaciones

De sospecharse un funcionamiento defectuoso del sistema de control de evaporaciones, pueden realizarse varias comprobaciones.

1. Pueden detectarse fugas utilizando un detector de hidrocarburo: deslice la sonda del instrumento a lo largo de las tuberías y en las conexiones; si existe alguna fuga de combustible evaporado, el instrumento la indicará con una alta lectura. Este método es más fiable que una inspección visual, que puede detectar fugas sólo en el caso de que sean suficientemente importantes como para que se produzca una filtración de combustible líquido.

2. Las fugas pueden ser causadas por las siguientes razones:

a. Mangueras desgastadas o dañadas.
b. Mangueras desconectadas o comprimidas.
c. Mangueras incorrectamente conectadas.
d. Un tapón de llenado o válvula de seguridad defectuosos (sistema con tapón hermético).

NOTA: De ser necesario cambiar alguna manguera del sistema de control de evaporaciones, use sólo mangueras marcadas EVAP u otras que sean resistentes al ataque del combustible.

3. Si el depósito de combustible, el filtro de carbón o el tanque de expansión térmica no funcionan correctamente, puede ser debido a un tubo flexible de purga comprimido, un separador de vapor defectuoso o un tapón de llenado obturado o defectuoso.

4. Para comprobar el tapón de llenado (de ser del tipo de válvula de seguridad), sople en la caja de la válvula de alivio: si el tapón deja pasar aire soplando ligeramente o no se abre soplando fuerte, es defectuoso y debe cambiarse.

NOTA: Utilice el correcto tapón para el sistema utilizado: un tapón hermético o un tapón con válvula de seguridad, según sea el caso.

Válvula antirretorno

Si se produce una marcha en vacío algo irregular cuando el depósito de combustible está lleno, la razón puede ser una válvula antirretorno defectuosa. Para comprobarla, proceda de la siguiente forma:

1. Haga funcionar el motor en marcha en vacío.

2. Comprima la manguera entre la válvula de interrupción por vacío o el carburador (4M-Calif) y el filtro de carbón.

3. Si entonces el motor funciona con suavidad en marcha en vacío, cambie la válvula antirretorno.

Posicionador de la mariposa

En los Toyota que cuentan con un sistema de modificación del motor, se incluye un posicionador de la mariposa para reducir los gases de escape durante las deceleraciones. Este dispositivo impide que la mariposa se cierre completamente. Se reduce el vacío debajo de la válvula de mariposa, lo que a su vez actúa sobre la cámara de retardo de la unidad de vacío del distribuidor (de haberla). De este modo se compensa la pérdida de frenado del motor causada por la apertura parcial de la mariposa.

Cuando el vehículo reduce su velocidad por debajo de un valor predeterminado, la válvula de interrupción por vacío proporciona vacío al diafragma del posicionador de la mariposa: el posicionador retrocede, permitiendo que la mariposa se cierre completamente. También el distribuidor se restituye el funcionamiento normal.

REGLAJE

1. Ponga el motor en marcha y déjelo funcionar hasta que alcance la temperatura de funcionamiento.

2. Ajuste la velocidad de marcha en vacío (ralentí).

NOTA: Después de completar los ajustes de la velocidad de ralentí, deje el tacómetro conectado, ya que lo volverá a necesitar en el punto 5 siguiente.

3. Suelte la tubería de vacío de la unidad del diafragma del posicionador y obtúrela con un tapón.

4. Acelere el motor ligeramente, para que se aplique el posicionador de la mariposa.

5. Cuando el posicionador esté aplicado, compruebe la velocidad del motor con un tacómetro.

6. De ser necesario, ajuste la velocidad del motor al valor especificado, con el tornillo de ajuste posicionador.

7. Vuelva a conectar la tubería flexible de vacío al diafragma del posicionador.

8. La palanca de la mariposa debería quedar libre del posicionador tan pronto como se conecta el tubo flexible de vacío y la velocidad de mar-

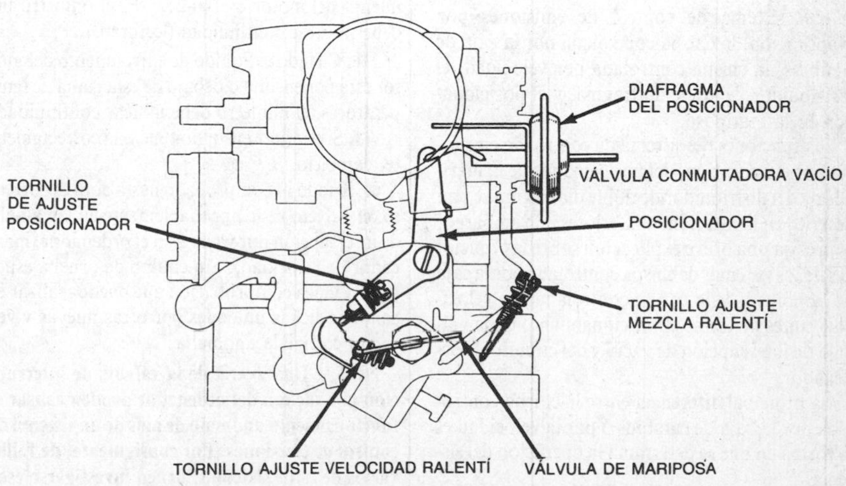

Componentes de un posicionador típico de mariposa

cha en vacío debe restablecerse a sus valores normales.

9. Si el posicionador de la mariposa no funciona correctamente, compruebe su varillaje y el diafragma de vacío. Si no hay defecto en uno u otro, la anomalía reside probablemente en la válvula de interrupción de vacío o en la unidad marcadora de velocidad.

NOTA: Dada la complejidad de estos dos componentes, requieren equipo especial de pruebas.

AJUSTES DEL POSICIONADOR DE LA MARIPOSA (rpm)

Año	Motor	rpm del motor (posicionador aplicado)
'80–'85	20R, 22R	1050
	4M	950
	1A-C, 3A, 3A-C	N.A.

Sistema de modificaciones del motor

Toyota usa una serie de modificaciones del motor para regular las emisiones de gases de escape. La mayoría de estas modificaciones pueden clasificarse como controles del vacío del motor. En el sistema de modificaciones del motor se usan tres componentes principales, así como una serie de piezas secundarias. Los tres componentes principales son: un sensor de velocidad, un ordenador (marcador de velocidad) y una válvula de interrupción por vacío.

La válvula de interrupción por vacío y el circuito del ordenador operan la mayor parte de los componentes de control de emisiones. Según sea el año de fabricación del modelo y la utilización del motor, la válvula de interrupción por vacío y el ordenador ejercen su acción sobre: el control de purga del sistema de control de emisiones por evaporación, la chispa controlada por la caja de cambios, la chispa controlada por velocidad, el distribuidor de doble diafragma, y el posicionador de la mariposa.

Las funciones del sistema de control de emisiones por evaporación, del posicionador de la mariposa y del distribuidor de doble diafragma se han descrito en las secciones anteriores; sin embargo, se precisa una breve explicación sobre las funciones de los sistemas de chispa controlada por la caja de cambios y de la chispa controlada por velocidad, antes de tratar el funcionamiento de la válvula de interrupción de vacío y del circuito de ordenador.

La principal diferencia entre la chispa controlada por la caja de cambios o por la velocidad es la forma en que se determina la operación del sistema.

Por debajo de una velocidad predeterminada o en cualquier marcha que no sea la cuarta, se inhabilita el funcionamiento de la unidad de avance de vacío en el distribuidor. Al cambiar así la curva de avance del carburador, se reducen las emisiones de óxidos de nitrógeno (NOx).

NOTA: Algunos motores van equipados con un termosensor, que hace que el sistema de chispa controlada por el cambio/velocidad opere sólo cuando la temperatura del líquido de enfriamiento del motor está dentro de la gama 140-212 °F.

Además de determinar esas condiciones, el circuito de ordenador de la válvula de interrupción de vacío opera otros dispositivos del sistema de control de emisiones.

El ordenador actúa como un marcador de velocidad: a ciertas velocidades, envía una señal a la válvula de interrupción por vacío, haciendo que ésta se comporte como una compuerta, abriendo y cerrando los circuitos de vacío del sistema de control de emisiones.

COMPROBACIONES DEL SISTEMA

Dada la complejidad de los componentes, las únicas comprobaciones del sistema de modificaciones del motor que pueden efectuarse sin el uso de equipo de pruebas especial son las siguientes:

1. Examine las tuberías de vacío, para asegurarse de que no estén obturadas, oprimidas o desconectadas.

2. Examine las conexiones eléctricas, para detectar corrosión o flojedad.

3. Asegúrese de que las fuentes de vacío para la válvula de interrupción por vacío no estén obturadas.

4. En los modelos equipados con chispa controlada por velocidad, un cable de velocímetro roto podría hacer que el sistema no operara.

5. Compruebe el termosensor de la forma siguiente:

a. Retire el hilo eléctrico de su borne central.

b. Aplicar una punta de contacto de un óhmetro a la caja del sensor.

c. Conecte la otra punta de contacto en serie con un resistor de 10 ohm al borne central del sensor.

d. Cuando la temperatura del agua de enfriamiento del motor es 140-212 °F, el óhmetro no debe mostrar continuidad (lectura 0).

e. Cuando el líquido de enfriamiento del motor está por encima o debajo de esta gama de temperaturas, el óhmetro debe indicar continuidad.

f. Si el termosensor no funciona correctamente, cámbielo.

6. Si todo lo comprobado hasta aquí es correcto, el defecto reside probablemente en la válvula de interrupción por vacío o en el ordenador (marcador de velocidad). Sin equipo de prueba especial, la única comprobación que puede realizar es cambiar dichas unidades por otras nuevas y ver si ello corrige la anomalía.

NOTA: Una avería de la válvula de interrupción por vacío o del ordenador pueden causar el funcionamiento anómalo de más de un sistema de control de emisiones. Por consiguiente, de fallar varios de estos sistemas, deben investigarse esos dos elementos, así como el cable del velocímetro.

Recirculación de los gases de escape

En todos los casos, la válvula de recirculación de los gases de escape es controlada por el mismo ordenador y la válvula de interruptor por vacío que se emplean para controlar otros componentes del sistema de control de emisiones.

El vacío de la lumbrera de avance de vacío del carburador fluye por la válvula de interrupción por vacío hacia una válvula de control de vacío del sistema de recirculación de los gases de escape. El vacío de la lumbrera de avance abre la válvula de control de vacío, la cual permite entonces al vacío del venturi actuar sobre la cámara *por encima* del diafragma de la válvula de recirculación de los gases de escape, haciendo que se abra esta última válvula. Cuando no se precisa la recirculación de los gases, la válvula de interrupción por vacío cesa de enviar la señal de vacío de la lumbrera de avance a la válvula de control de vacío, la cual se cierra, y envía el vacío del múltiple de admisión hacia la cámara situada *debajo* del diafragma de la válvula del sistema de recirculación. Ello hace que ésta se cierre y bloquee el flujo de gases de escape que iban al múltiple de admisión.

En todos los motores hay varias condiciones, determinadas por el ordenador y la válvula de interrupción por vacío, que permiten la operación de la recirculación de los gases de escape:

1. Velocidad del vehículo.

2. Temperatura del líquido de enfriamiento del motor.

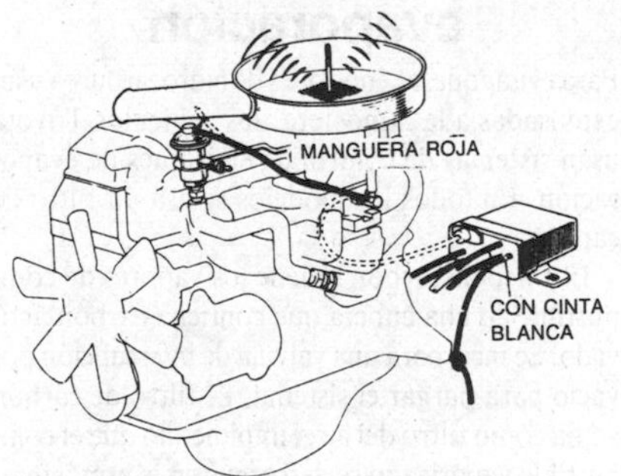

Reglaje típico de válvula del sistema de recirculación gases de escape (excepto motores serie «M»)

COMPROBACIONES DE LA VÁLVULA DE RECIRCULACIÓN DE LOS GASES DE ESCAPE

Todos los motores excepto los de la serie M

1. Deje que el motor alcance la temperatura normal de funcionamiento. Entonces retire la parte superior del filtro de aire.

NOTA: No extraiga la totalidad del filtro de aire.

2. Desconecte el tubo flexible (lleva una cinta blanca para facilitar su identificación) que va de la válvula de conmutación por vacío a la válvula de recirculación de los gases de escape (suéltelo sólo de este último extremo).

3. Suelte el tubo flexible del múltiple de admi-

sión (de color rojo, para facilitar su identificación) de su posición en la válvula de conmutación por vacío y conéctelo en la válvula de recirculación de los gases de escape. Cuando el motor funciona en vacío, debería oírse un sonido hueco, procedente del filtro de aire.

4. Desconecte el tubo flexible aplicado antes a la válvula de recirculación de los gases: el sonido hueco debe cesar.

5. Si el sonido no varía, la válvula de recirculación de los gases de escape es defectuosa y debe cambiarse.

6. Vuelva a conectar los tubos flexibles tal como estaban. Restituya la parte superior del filtro de aire a su posición.

Motores serie M

1. Haga funcionar el motor hasta que alcance su temperatura normal de funcionamiento y entonces sitúelo en marcha en vacío (ralentí).

2. Desconecte la tubería sensora de vacío de su posición en la cámara superior de vacío de la válvula de recirculación de los gases de escape.

3. Desconecte la tubería sensora de la cámara inferior de la válvula de recirculación de los gases de escape.

4. Ahora, coja el tubo flexible que desconectó de la cámara inferior y conéctelo a la cámara superior.

NOTA: Deje la cámara inferior abierta.

5. Con los tubos flexibles así conectados la marcha en vacío del motor debe hacerse irregular o pararse el motor. Si el motor funciona normalmente, compruebe la válvula de control de vacío del sistema de la recirculación de los gases de escape. Si la válvula de control de vacío trabaja bien, cambie la válvula de recirculación de los gases de escape.

6. Vuelva a conectar los tubos flexibles tal como estaban.

COMPROBACIÓN DE LA VÁLVULA DE CONTROL DE VACÍO DEL SISTEMA DE RGE

1. Conecte los tubos flexibles de la válvula de control de vacío del sistema RGE de modo que el vacío de la lumbrera de avance del carburador opere directamente sobre su diafragma (conexión tubo flexible superior).

2. Desconecte los dos tubos flexibles de la válvula de control de vacío del sistema RGE que van a la cámara superior e inferior del diafragma de la válvula del sistema de recirculación.

3. Coja dos manómetros de medición de vacío y conecte uno a cada lumbrera.

4. Acelere el motor: los manómetros deben indicar:

Lumbrera cámara superior: vacío en el tubo Venturi.

Lumbrera cámara inferior: presión atmosférica.

5. Desconecte el tubo flexible detector de la lumbrera de avance del carburador.

6. Los manómetros de vacío deben ahora indicar:

Lumbrera cámara superior: presión atmosférica.

Lumbrera cámara inferior: vacío en el múltiple de admisión.

NOTA: El valor de presión atmosférica indicado por el manómetro debe ser aproximadamente igual al obtenido en el punto 4.

7. Si las indicaciones de los mamómetros de vacío son incorrectas, cambie la válvula de control de vacío del sistema RGE.

8. Restablezcla los tubos flexibles de vacío a sus posiciones originales.

COMPROBACIONES DEL SISTEMA

Si, después de realizar las anteriores comprobaciones, el sistema RGE no funciona correctamente y todos los tests dan resultados satisfactorios, la anomalía reside probablemente en el ordenador o en los sistemas de válvulas de conmutación por vacío. Efectúe los tests descritos en Comprobaciones del sistema en la anterior sección Modificaciones del motor.

NOTA: Una buena indicación de que el defecto no reside en el sistema RGE, sino en el sistema de suministro de vacío, es el que varios sistemas de control de emisiones funcionen incorrectamente.

Convertidores catalíticos

Todos los vehículos Toyota vendidos en EE.UU. están equipados con convertidores. Los convertidores se usan para oxidar los hidrocarburos (HC) y el monóxido de carbono (CO). Estos convertidores son necesarios a causa de las estrictas normas de nivel de emisiones vigentes para los modelos fabricados desde 1975.

Los catalizadores se fabrican con metales nobles (platino y paladio), aglomerados en pastillas individuales. Su acción es descompoñer los hidrocarburos y óxidos de carbono en agua y dióxido de carbono (CO_2), sin tomar parte en la reacción; por esta razón, su durabilidad es considerable, del orden de las 50,000 millas en condiciones normales.

En los motores 4M-E hay montados dos convertidores catalíticos: el primero, para reducir el NOx a dinitrógeno; el segundo opera de la misma forma que en los vehículos equipados con sólo un convertidor. La mayoría de los últimos modelos (desde 1980) usan un solo convertidor catalítico, de tres fases, que reduce los niveles de emisiones de hidrocarburos, monóxido de carbono y NOx.

Se usa una bomba para suministrar aire al sistema de escape para facilitar la reacción. Un termosensor, inserto en el convertidor, interrumpe el suministro de aire si la temperatura en el catalizador se hace excesiva.

El mismo circuito sensor hace que una luz de aviso en el tablero de instrumentos, designada EXH TEMP, se ilumine cuando la temperatura del catalizador se eleva excesivamente.

NOTA: Es normal que esta lamparita se ilumine temporalmente cuando el coche desciende prolongadas cuestas.

Esta lámpara se ilumina permanentemente si el sistema de inyección de aire funciona defectuosamente o si el motor falla.

Precauciones:

1. Usar sólo combustible sin plomo.

2. Evite marchar en vacío por largos períodos: como máximo 20 minutos en ralentí lento y 10 minutos en ralentí rápido.

3. Reduzca la velocidad de ralentí rápido, apretando y soltando rápidamente el acelerador, tan pronto como la temperatura del líquido de enfriamiento llega a 120 °F.

4. No desconecte ningún cable de bujías cuando el motor esté funcionando.

5. Efectúe las comprobaciones de compresión del motor lo más rápidamente que sea posible.

6. Cuando deseche un catalizador, no lo arroje en un lugar manchado con grasa, gasolina o aceite, ya que podría producirse una combustión espontánea.

COMPROBACIÓN DE LA LUZ DE AVISO DEL SISTEMA DE CONTROL DE EMISIONES

NOTA: La luz de aviso se ilumina cuando se pone en marcha el motor para comprobar su funcionamiento, como cualquier otra de las lámparas de aviso.

1. Si la luz de aviso se ilumina y permanece encendida, compruebe los componentes del sistema de inyección de aire, de la forma antes descrita. Si están correctos, compruebe el sistema de encendido, para detectar algún posible defecto en los cables, bujías, contactos o caja de control.

2. Si tampoco encuentra anomalías en el punto 1, compruebe el cable de la lámpara de aviso, para detectar un posible cortocircuito o interrupción.

3. Si sigue sin encontrar la causa, compruebe el funcionamiento del ordenador del sistema de control de emisiones, sea sustituyéndolo provisionalmente por otra unidad, sea llevando el coche a un taller de servicio que disponga del comprobador especial Toyota para el sistema de control de emisiones.

DESMONTAJE Y MONTAJE DEL CONVERTIDOR

ATENCIÓN

No realice esta operación en un motor caliente, ni siquiera ligeramente: la temperatura del catalizador puede elevarse hastas 1.700 °F, por lo que de tocarse podría producir graves quemaduras.

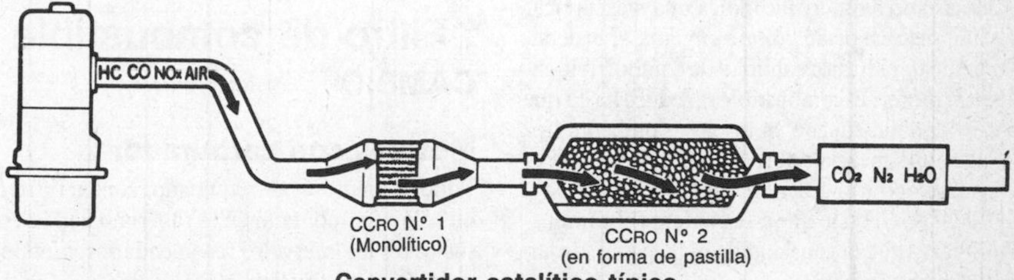

Convertidor catalítico típico

1. Desconecte el cable del termosensor del convertidor.
2. Retire la protección de los cables.
3. Suelte las abrazaderas del tubo, después de desenroscar sus tornillos de apriete. Saque las abrazaderas.
4. Empuje hacia atrás el tubo de cola y extraiga el convertidor, completo con el termosensor.
5. Lleve el convertidor con el termosensor hacia arriba, para que el catalizador no caiga.
6. Desenrosque los tornillos y retire el termosensor y la junta.

Efectúe el montaje en el orden siguiente:

1. Coloque una junta nueva en el termosensor. Introduzca el termosensor en el convertidor y fíjelo con sus dos tornillos. Preste cuidado a que no caiga el termosensor.

NOTA: Los convertidores de repuesto se suministran con una guía de plástico para el termosensor. Para montarlo, deslice el sensor primero dentro de dicha guía. Después del montaje no es necesario retirar esta guía.

2. Coloque juntas nuevas en las bridas de montaje del convertidor.
3. Fije el convertidor con sus bridas.
4. Si el convertidor va fijado al cuerpo con juntas tóricas de goma, instale éstas sobre los ganchos de montaje del cuerpo y del convertidor.
5. Monte la protección de los cables y conecte el cable al termostato.

Sistema del sensor de oxígeno

El convertidor catalítico de tres fases, que es capaz de reducir HC, CO y NOx a CO_2, H_2O, O_2 y N_2, puede funcionar sólo a condición de que la mezcla aire/combustible sea mantenida dentro de la gama crítica exacta. El sistema del sensor de oxígeno mantiene el control de la gama de oxígeno.

El sistema del sensor de oxígeno funciona básicamente de la forma siguiente: tan pronto como el motor alcanza la temperatura de funcionamiento, el ordenador del sistema de inyección electrónica de combustible empieza a funcionar. El sensor de oxígeno, situado en el múltiple de escape, detecta el contenido de oxígeno en los gases de escape. La cantidad de oxígeno en los gases de escape varía según la mezcla aire/combustible. El sensor de dióxido produce un pequeño voltaje que varía según sea la cantidad de oxígeno en los gases de escape en el momento en cuestión. Este voltaje es captado por el ordenador del sistema de inyección electrónica de combustible, el cual opera asociado al distribuidor de combustible y entre ambos varían la cantidad de combustible suministrada al motor en cada ocasión.

Si la cantidad de oxígeno en los gases de escape es demasiado baja, lo que indica una mezcla rica, la señal del sensor de voltaje enviada al ordenador es alto y reduce la cantidad de combustible enviada al motor: el combustible se reduce hasta que la cantidad de oxígeno en los gases aumenta, indicando una mezcla pobre. Cuando la mezcla es demasiado pobre, el sensor envía una señal baja al ordenador, con lo que éste aumenta el combustible, hasta que la cantidad de oxígeno en los gases se incrementa.

CAMBIO DEL SENSOR DE OXÍGENO

1. Desconecte el cable negativo de la batería.
2. Suelte el conector del cable procedente del sensor de dióxido de oxígeno.

NOTA: Preste cuidado de no doblar el tubo flexible estanco al agua, ya que el sensor de oxígeno no funcionará correctamente si se bloquea el paso de aire.

3. Desenrosque las dos tuercas y, con cuidado, extraiga el sensor.
4. Efectúe el montaje en el orden inverso. Tenga en cuenta lo siguiente:

—Use siempre una junta nueva.
—Apriete las tuercas a 13-16 libras-pie.

LUZ DE AVISO DEL SENSOR DE OXÍGENO

Muchos modelos van equipados con una lamparita de aviso del sistema sensor de oxígeno, situada en el panel de instrumentos.

Esta lámpara puede iluminarse cuando el coche se pone en marcha, para apagarse al poco tiempo. Si la luz continúa encendida, compruebe el hodómetro. La lámpara está acoplada a un contador de recorrido, que se desconecta al cabo de 30,000 millas: es el aviso de que hay que cambiar el sensor de oxígeno y comprobar el sistema completo. Después de cambiar el sensor, el contador de recorrido debe restituirse manualmente. Para ello:

1. Localice el contador: está debajo del lado izquierdo del panel de instrumentos, montado en el soporte del pedal del freno.
2. Desenrosque su tornillo de montaje; suelte el conector del cable y retire el contador.
3. Desenrosque el tornillo situado en la parte superior del contador.
4. Levante la tapa del contador y pulse su botón de reposición.

NOTA: La luz de aviso en el panel de instrumentos debe apagarse ahora.

5. Efectúe el montaje en el orden inverso al desmontaje.

SISTEMA DE ALIMENTACIÓN DE COMBUSTIBLE DE LOS MOTORES DE GASOLINA

Filtro de combustible

CAMBIO

Motores con carburador

Todos los motores van equipados con un filtro de un solo uso, montado en la tubería; cuando esté sucio, o a los intervalos recomendados, quítelo y proceda su sustitución.

Motores de inyección de combustible

1. Desenrosque los tornillos de retenida y retire el escudo de protección del filtro.
2. Coloque un recipiente debajo de la tubería de inyectores (rácor grande), para recoger el combustible que gotee y, LENTAMENTE, afloje el tornillo de unión para liberar la presión a que está sometido el circuito de combustible.
3. Retire el tornillo de unión y efectúe el drenaje del resto de combustible.
4. Desconecte y tapone la tubería de entrada.
5. Desatornille el filtro y extráigalo.

NOTA: Al apretar los tornillos que fijan la tubería de combustible al filtro, use una llave dinamométrica. El par de apriete es muy importante, ya que tanto un apriete insuficiente como excesivo puede provocar pérdidas. Asegúrese de que no haya interferencia con otras tuberías y que exista suficiente espacio con respecto a las mismas.

6. Aplique una capa de aceite de motor a la tuerca de orejetas, tuerca de unión y rodillo.
7. Monte la tubería de entrada en el filtro de combustible, apretando sus elementos de fijación sólo con la mano.
8. Instale el filtro de combustible y luego apriete el tornillo de la tubería de entrada a 23-33 libras-pie.
9. Vuelva a conectar el tubo de inyectores, usan-

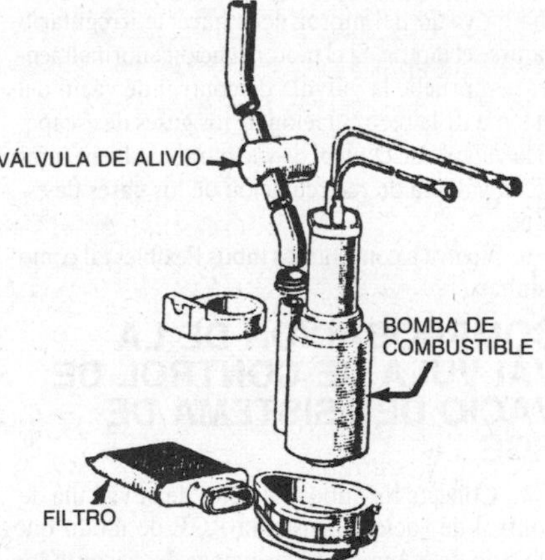

Bomba de combustible eléctrica típica

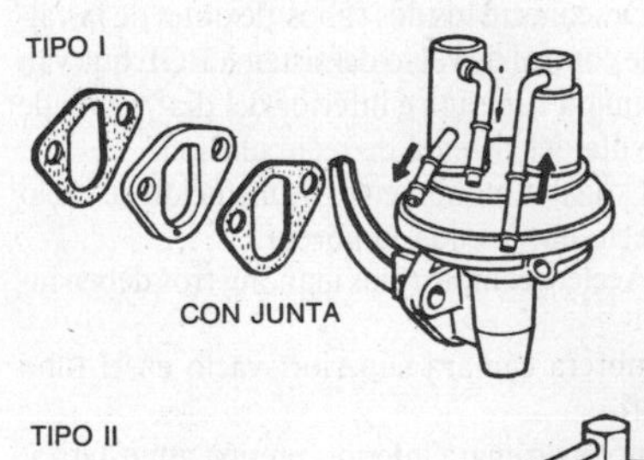

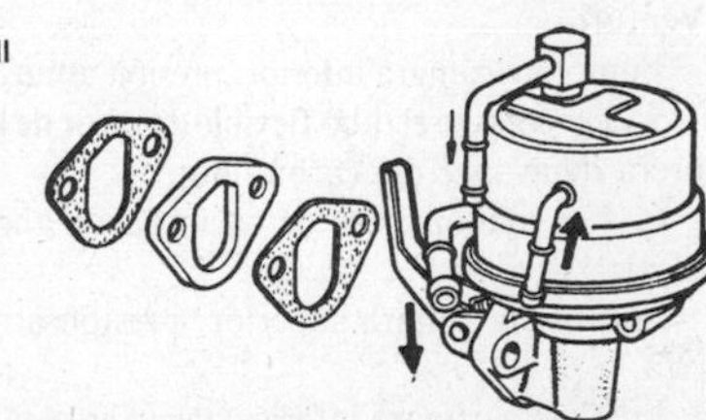

Bomba de combustible mecánica típica

do juntas nuevas, y luego apriete el tornillo de unión a 18-25 libras-pie.

10. Haga funcionar el motor unos cuantos minutos y compruebe que no haya fugas.

11. Monte el escudo de protección.

Bomba mecánica de combustible

Todos los motores 1A-C, 3A, 3A-C, 3T-C y 4A-C emplean una bomba de combustible mecánica. Está situada en la parte posterior derecha de la cabeza de cilindros. Los motores 20R y 22R a partir de 1980 usan también una bomba de este tipo, situada en la parte delantera derecha de la cabeza de cilindros.

DESMONTAJE Y MONTAJE

1. Desconecte y tapone los tubos de combustible que están acoplados a la bomba.

2. Desenrosque los tornillos que fijan la bomba a la cabeza de cilindros.

3. Extraiga el conjunto de la bomba.

4. Efectúe el montaje en sentido inverso. Use una junta nueva al instalar la bomba.

COMPROBACIÓN

1. Desmonte la tubería que va de la bomba de combustible al carburador.

2. Acople un manómetro a la salida de la bomba.

3. Ponga el motor en marcha y compruebe la presión.

4. Compruebe si la presión es la especificada.

5. Si es inferior, cambie la bomba.

6. Vuelva a conectar la tubería que va al carburador.

Bomba eléctrica de combustible

Todos los modelos (excepto los anteriormente citados) utilizan una bomba de combustible eléctrica.

En los coches equipados con motores con carburador y en todos los modelos recientes con inyección de combustible, la bomba de combustible eléctrica está situada dentro del depósito de combustible. En ciertos motores más antiguos, con inyección de combustible, va montada en la parte posterior del vehículo, fuera del depósito de combustible.

Ambos tipos de bomba de combustible deben cambiarse cuando son defectuosos, no pudiéndose reparar.

DESMONTAJE Y MONTAJE

Modelos de bomba montada dentro del depósito.

1. Desconecte el cable negativo de la batería.

NOTA: En la mayoría de los modelos es necesario desmontar el depósito de combustible.

a. En los vehículos Sedan y de techo duro, retire el panel de guarnición del interior del maletero.

b. En los modelos Station Wagon, levante la parte posterior del vehículo a fin de tener acceso a la bomba.

2. Desenrosque los tornillos que fijan la placa de acceso a la bomba, al depósito. Extraiga dicha placa, su junta y el conjunto de la bomba.

3. Desconecte los cables eléctricos y tubos flexibles acoplados a la bomba.

4. Efectúe el montaje en el orden inverso. Use una junta nueva para la placa de acceso a la bomba.

Modelos con la bomba montada en línea

La bomba de estos modelos se desmonta con simplemente desconectar las tuberías de combustible y el conector eléctrico de la bomba y desmontando ésta.

COMPROBACIÓN

ATENCIÓN

No haga funcionar la bomba de combustible a menos que esté inmersa en gasolina y conectada a su resistor.

Motores con carburador

1. Desconecte el cable eléctrico de la unidad sensora de presión de aceite (lamparita de aviso).

2. Suelte la tubería del lado de salida del filtro de combustible.

3. Conecte un manómetro a la salida del filtro, utilizando un tubo de goma.

4. Sitúe el interruptor de encendido a la posición ON, pero no ponga el motor en marcha.

5. Compare la indicación del manómetro con la cifra dada en la tabla Especificaciones de puesta a punto.

6. Si la presión no es la especificada, compruebe que el filtro no esté obturado o haya algún tubo flexible comprimido.

7. Si no hay nada defectuoso en el filtro o las tuberías, cambie la bomba.

8. Gire el interruptor de encendido a la posición apagada y vuelva a conectar la tubería al filtro. Conecte el cable a la unidad sensora de presión de aceite.

Motores con inyección de combustible

1. Gire el interruptor de encendido a la posición ON, pero no ponga el motor en marcha.

2. Retire la caperuza de goma del conector para pruebas de la bomba de combustible y conecte entre sí los dos terminales.

NOTA: El conector de comprobaciones en los motores 2S-E, 3S-GE, 4A-GE y 4Y-EC es en realidad una pequeña caja de plástico con una tapa que se abre por acción de resorte. Deben conectarse entre sí los terminales F_p y +B.

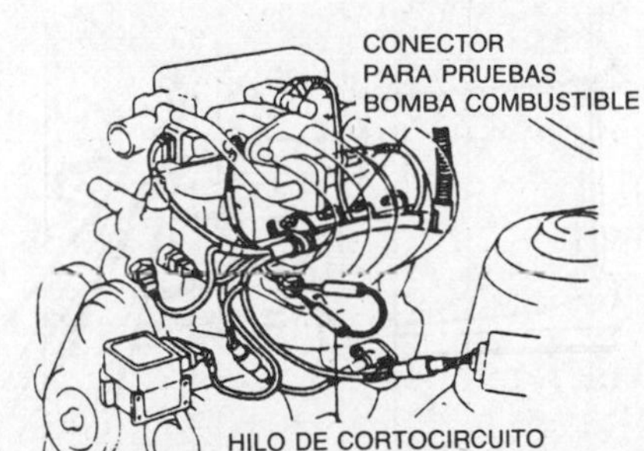

Cortocircuito del conector para pruebas de la bomba de combustible

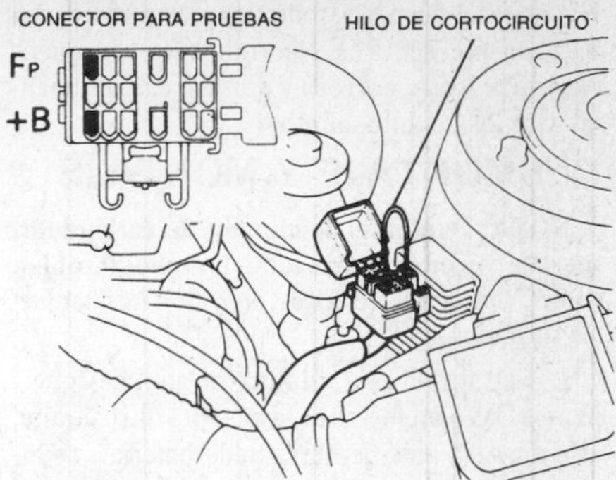

Cortocircuito del conector para pruebas de la bomba de combustible. Conector tipo caja (el ilustrado corresponde al motor 3S-GE)

3. Compruebe que haya presión en el tubo flexible que va al inyector de arranque en frío.

NOTA: Usted debería oír el ruido del retorno de combustible desde el regulador de presión.

4. Si no percibe ninguna presión en la tubería, compruebe los fusibles y el resto de conexiones eléctricas asociadas. Si todo está correcto, probablemente la bomba esté defectuosa y deberá cambiarse.

5. Desconecte el cable de pruebas del conector, vuelva a colocar la tapa de goma en éste y apague el interruptor de encendido.

Válvula de corte del retorno de combustible

Sólo motores provistos de carburador

Esta válvula controla la cantidad de combustible que se restituye al depósito de gasolina en consonancia con la carga del motor. Ello impide la percolación cuando el motor está caliente y la carga es baja.

INSPECCIÓN

Acople un tubo largo al tubo de retorno de la válvula y coloque un recipiente debajo para recoger el combustible. Ponga el motor en ralentí, debe fluir combustible hacia el recipiente.

Comprima la línea de vacío: si la válvula funciona correctamente, el flujo de gasolina debe interrumpirse.

Carburadores

Los carburadores usados en los modelos Toyota son de diseño convencional, de dos cubas y tipo invertido, similares a los carburadores norteamericanos.

Los circuitos principales son: el primario, para requisitos de funcionamiento normal; el secundario, para atender los requisitos de combustible a altas velocidades; el flotador, para suministrar gasolina a los circuitos primario y secundario; el acelerador, para proporcionar combustible para aceleraciones rápidas y fiables; el estrangulador, para facilitar el arranque en tiempo frío, y la válvula de potencia, para ahorrar combustible y aumentar la eficacia a altas revoluciones del motor y con cargas elevadas. Si bien pueden apreciarse algunas ligeras diferencias, todos los carburadores son básicamente idénticos. Nautralmente, se requerirán diferentes «chorros» y ajustes, en consonancia con los distintos motores.

DESMONTAJE Y MONTAJE

NOTA: Durante el desmontaje del carburador, marque con una etiqueta todos los tubos flexibles, cables, conectores eléctricos, etc., para facilitar luego su montaje.

1. Extraiga la caja del filtro de aire, desconecte todas las mangueras de la base del filtro de aire, así como el cable de tierra de la batería.

NOTA: En motores 20R y 22R, vacíe el líquido de enfriamiento, para que no fluya hacia el múltiple de admisión cuando se extrae el carburador.

2. Desconecte la tubería de combustible, la tubería del estrangulador y la tubería de vacío del distribuidor. En motores 20R y 22R, suelte el tubo flexible de líquido de enfriamiento del estrangulador.

3. Suelte el varillaje del acelerador (si es un coche con cambio automático, suelte también la varilla de la mariposa de los gases que va a la caja de cambios).

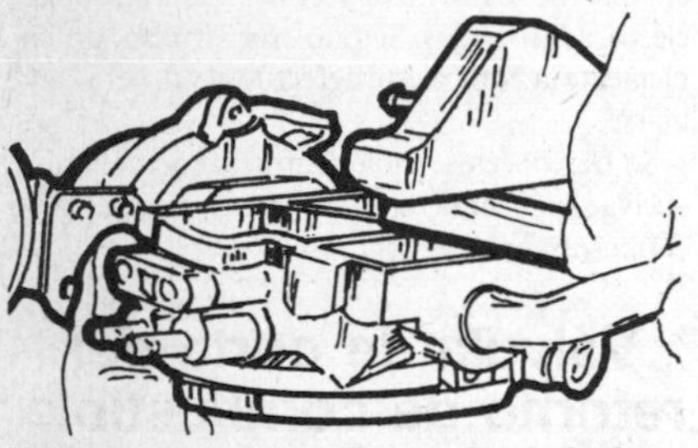

Motores serie «A» y «T»: medir el nivel con el flotador en posición elevada, de la forma ilustrada.

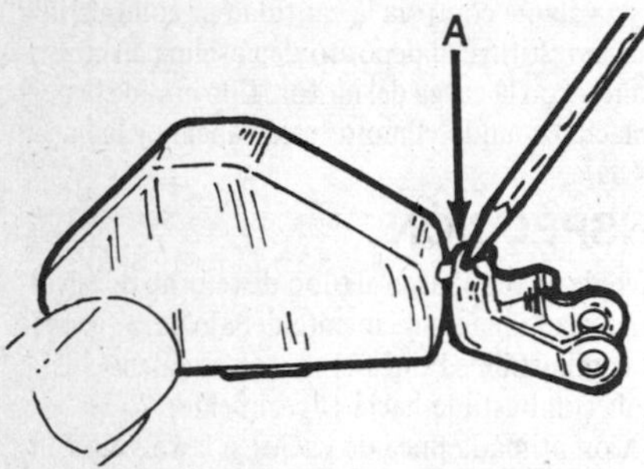

Motores serie «A» y «T»: Ajuste del nivel con el flotador elevado (A)

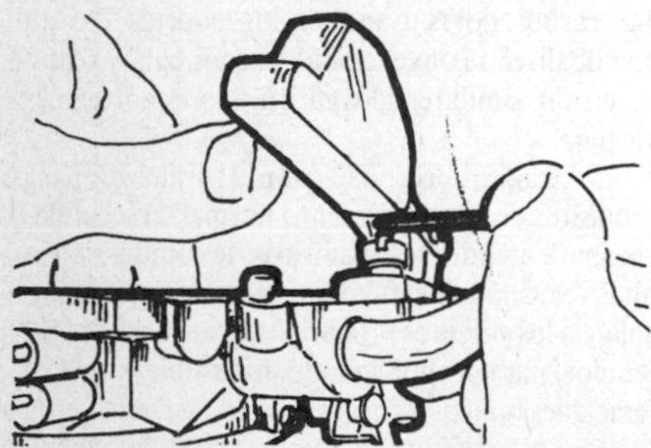

Motores serie «A» y «T»: medir el nivel con el flotador en posición baja, de la forma ilustrada.

4. Desconecte el resto de tubos flexibles, etc., que estén conectados al carburador.

5. Desenrosque las cuatro tuercas que fijan el carburador al múltiple y extraiga el carburador y su junta.

6. Cubra la abertura del múltiple con un lienzo limpio, para que no caigan en su interior partículas de suciedad o pequeños objetos.

7. Efectúe el montaje en el orden inverso. Después, ponga el motor en marcha y compruebe que no haya fugas y que el nivel del flotador esté perfectamente ajustado.

REVISIÓN

Los procedimientos de revisión del carburador se describen en Servicio del carburador, en el capítulo Reparaciones.

AJUSTE DEL NIVEL DEL FLOTADOR

Los ajustes del nivel del flotador no son necesarios en modelos con mirilla de cristal en el carburador en el caso de que el nivel de combustible esté dentro de las líneas de referencia o alineado con el punto existente al mismo, con el motor en marcha.

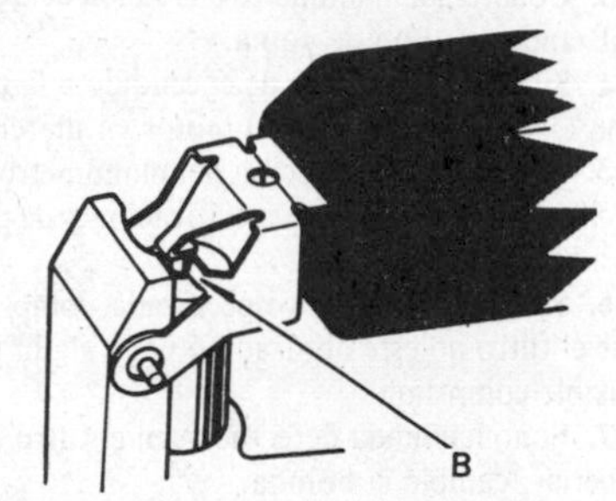

Motores serie «K»: Ajuste del nivel con el flotador en posición baja en (B)

Motores serie «K»: Ajustar el nivel con el flotador elevado, en (B)

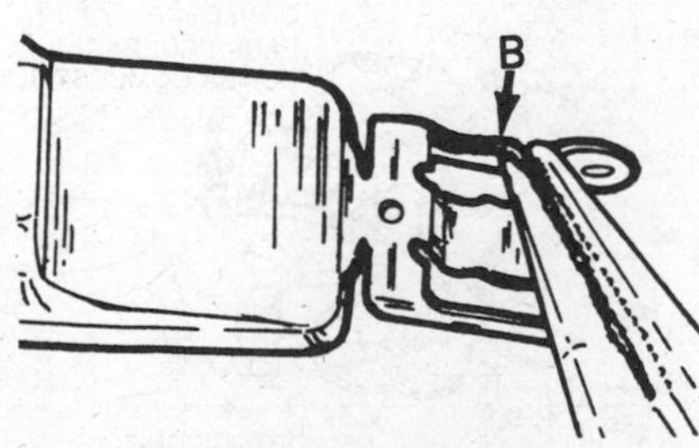

Motores serie «A» y «T»: Ajustar el nivel con el flotador bajo, en (B)

En los automóviles Toyota pueden efectuarse dos tipos de ajuste del nivel del flotador: uno es con el cuerno de aire invertido, de modo que el flotador esté en su posición completamente elevada, y el otro con el cuerno en posición derecha, con el flotador en el fondo de su recorrido.

El nivel del flotador puede medirse de dos formás: con un calibre especial de nivel de flotador o con un calibre stándar.

NOTA: En la siguiente tabla se especifican también los intersticios correspondientes a diferentes motores, a fin de que pueda improvisarse un calibre para medir el nivel del flotador.

Ajuste el nivel del flotador torciendo las orejetas de las palancas del flotador, sea la superior o la inferior, según se requiera.

AJUSTE DE LA MARCHA EN VACÍO RÁPIDA

Con el motor apagado

El ajuste de la marcha en vacío (ralentí) se efectúa con la válvula del estrangulador completamente cerrada, excepto en los motores 2T-C y 3T-C, en que dicha válvula ha de estar completamente abierta.

Ajuste el juego existente entre el borde de la válvula mariposa y el cilindro al valor especificado en la tabla. Use para ello un alambre calibrado.

En la tabla se indica también el correcto ángulo de apertura de la válvula mariposa primaria, de ser necesario, y el método de ajuste del ralentí rápido.

NOTA: El ángulo de apertura de la válvula mariposa se mide con un calibre suministrado con el kit de reparación del carburador. También es posible confeccionarlo con cartón, utilizando un extensor para obtener el ángulo correcto.

Con el motor encendido

NOTA: En los motores 20R y 22R, desconecte la tubería de vacío de la válvula de recirculación de los gases de escape.

1. Ajuste la mezcla aire-combustible para ralentí. Deje luego el tacómetro conectado.

2. Retire la parte superior del filtro de aire.

3. Abra ligeramente la válvula de mariposa y cierre la válvula del estrangulador. Retenga en dicha posición la válvula del estrangulador y cierre la válvula de mariposa: la válvula del estrangulador está ahora completamente cerrada.

4. Arranque el motor, sin pisar el pedal del acelerador.

5. Mida la velocidad de ralentí rápido del motor y compruebe si coincide con la indicada en la tabla.

6. Si el valor indicado en el tacómetro no coincide con el de la tabla, ajuste la velocidad de ralentí rápido girando su tornillo específico.

7. Terminado el reglaje, desconecte el tacómetro, coloque la tapa del filtro de aire y conecte la tubería de vacío de la válvula del circuito de recirculación de los gases de escape, de haberse desconectado.

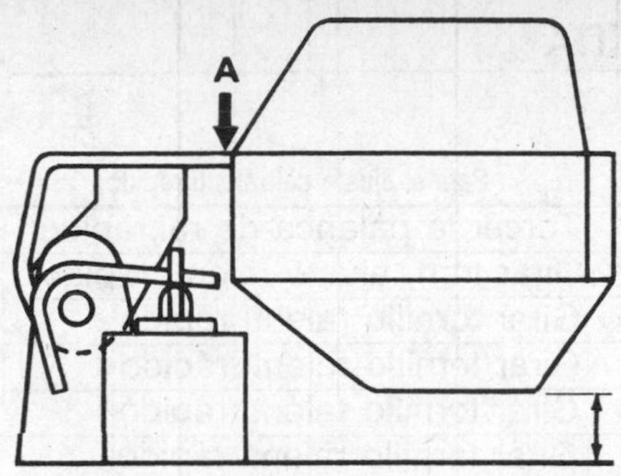

Motores serie «R»: Medir de la forma indicada y torcer en (a) para ajustar el nivel

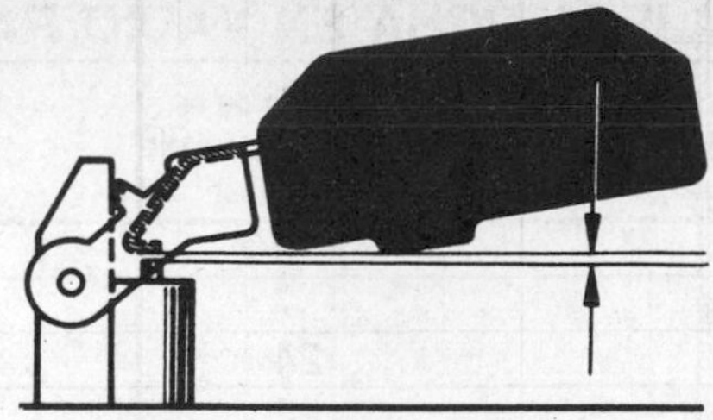

Motores serie «K»: Medir el nivel con el flotador en posición baja, de la forma indicada

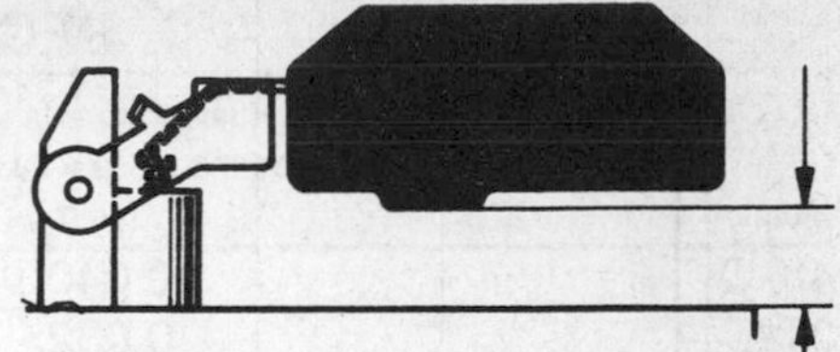

Motores serie «K». Medir el nivel con el flotador en posición alta, de la forma indicada

48 mm
(1.89 in.)
B

Motores serie «R»: Medir de la forma ilustrada y torcer en (B) para ajustar el nivel

VELOCIDAD RALENTÍ RÁPIDO

3T-C (cambio man.) - 3200 rpm

3T-C (cambio autom.) - 300 rpm

20R, 22R—2400 rpm
(1981-83—2600)

1A-C y 3A-C—3600 rpm
(1981-87—3000)

3A, 4A-C—3000 rpm

4K-C—3500 rpm

AJUSTE DEL ESTRANGULADOR AUTOMÁTICO

NOTA: El estrangulador automático debe ajustarse con el carburador instalado y el motor funcionando. En los motores 20R y 22R, no afloje el tornillo central, ya que de lo contrario el líquido de enfriamiento se filtraría.

1. Compruebe si la válvula del estrangulador se cierra a partir de la posición completamente abierta cuando la caja de la bobina se gira hacia la izquierda (motores 4M, hacia la derecha).

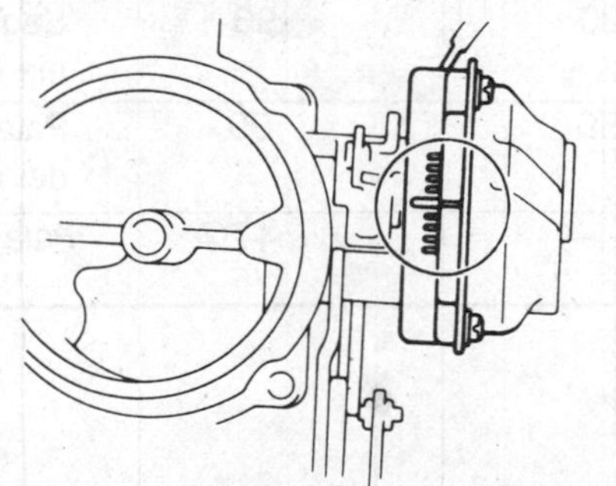

Alinear las marcas de la caja del estrangulador

2. Alinee la marca existente en la caja de la bobina con la línea central de la caja del termostato. En esta posición, la válvula del estrangulador ha de estar completamente cerrada si la temperatura ambiente es 77 °F.

3. De ser necesario, ajuste la mezcla girando la caja de la bobina: si la mezcla es demasiado rica, gire la caja hacia la derecha, mientras que si es demasiado pobre, debe girarse hacia la izquierda. En los modelos con motor 4M, gire la caja hacia la izquierda para empobrecerla y hacia la derecha para enriquecerla.

NOTA: Cada graduación del termostato es equivalente a 9 °F (4 °C).

AJUSTE DEL ESTRANGULADOR MANUAL

1. Cierre el estrangulador girando la palanca del eje del estrangulador.

2. Compruebe el ángulo de apertura de la válvula del circuito primario de la mariposa.

3. Efectúe el reglaje girando el tornillo de ajuste de ralentí rápido.

AJUSTE DEL FRENO DEL ESTRANGULADOR

20R y 22R

1. Apriete la varilla que sale del diafragma superior (freno del estrangulador), de modo que la válvula del estrangulador se abra.

2. Mida el ángulo de apertura de la válvula del estrangulador. Debe ser 38°.

3. De ser necesario, ajuste dicho ángulo, torciendo el eslabón de la palanca de alivio.

REGLAJE DEL NIVEL DEL FLOTADOR

	Flotador elevado			Flotador en posición baja		
Motor	Tipo calibre	Medir distancia entre	Intersticio (pulg.)	Tipo calibre	Medir distancia entre	Intersticio (pulg.)
3T-C	Bloque	Punta flotador y cuerno aire	0.138①	Alambre	Pasador buje válvula aguja y lengüeta flotador	0.047
1A-C, 3A, 3A-C, 4A-C	Especial	Punta flotador y cuerno aire	0.158③	Especial	Pasador buje vàlvula de aguja y labio flotador	0.047④
4K-C	Especial	Punta flotador y cuerno aire	0.030	Especial	Émbolo de la válv. aguja y punta flotador	0.02
20R '80	Especial	Extremo y cuerno aire	0.197②	Especial	Émbolo de la válv. aguja y lengüeta flotador	0.039
22R '81–'83	Especial	Parte superior flotador y cuerno de aire	0.386	Especial	Émbolo válvula aguja y labio flotador	1.890

① 1980-81-0,236
② 1980-0,276
③ 1983 y ulteriores: 0,283
④ 1983 y ulteriores: 0,0657-0,0783

REGLAJE MARCHA EN VACÍO RÁPIDA

Motor	Huelgo entre la válvula de mariposa y su alojam. (pulg.)	Ángulo de la mariposa primaria (grados)	Para el ajuste del ralentí rápido:
4K-C	0.040①	9②	Torcer la palanca de ral.rápido
3T-C	0.032	7	Girar torn. ajuste ralentí rápido
20R, 22R	0.047	24	Girar tornillo ralentí rápido
1A-C	—	22	Girar tornillo ralentí rápido
3A	—	21	Girar tornillo ralentí rápido
3A-C, 4A-C	—	③	Girar tornillo ralentí rápido

—No aplicable
①0.037 in 1980–83
②20° abierto
③1980—86 (exc. Canadá 4A-C y Canadá wag. w/4×4): 20° (Canadá 44A-C y Canadá wag. w/4×4): 21°

AJUSTE DEL DESCARGADOR DEL ESTRANGULADOR

Motor	Ángulo válvula estrangulador (grados): Válvula mariposa completamente cerrada (grados)	Desde cerrada a completamente abierta (grados)	Válvula completam. abierta (grados)	Para el ajuste torcer:
4K-C	9	20	90	Seguidor leva ralentí rápido o lengüeta del eje del estrangulador
20R, 22R	—	50①	90	Palanca ralentí rápido, seguidor o lengüeta del eje del estrangulador
3T-C, 1A, 3A, 3A-C, 4A-C	20	—	47②	Palanca de ralentí rápido

— No aplicable
① 45° para motores 22R
② 1983 y ulteriores: EE.UU., 41
Canadá, 47

AJUSTE DEL TORNILLO DE LA MEZCLA INICIAL DE MARCHA EN VACIO (RALENTÍ)

Al montar el carburador, gire el tornillo de mezcla de ralentí el número de vueltas especificado a continuación. Cuando el carburador esté montado, regule la mezcla de ralentí de la forma antes descrita.

- Motores 4K-C: aflojar 1 1/2 vueltas el tornillo después de apretarlo hasta su tope.
- Motores 1A-C; aflojarlo 2 1/4 vueltas.
- Motores 3A, 3A-C, 4A-C: aflojarlo 2 3/4 vueltas (1980-83); 3 1/4 vueltas (1984 y posteriores, EE.UU.); 2 1/2 (1984 y posteriores, Canadá).
- Motores 20R, 224: 1 3/4 vueltas.

ATENCIÓN

Apriete el tornillo de ajuste de la mezcla de ralentí hasta el final, pero no contra su tope. Si se aprieta con exceso se dañará su punta.

AJUSTE DEL DESCARGADOR

Efectúe el reglaje del descargador con la válvula primaria completamente abierta. El ángulo total de apertura de la válvula del estrangulador se mide con un calibre especial suministrado con el kit de revisión del carburador o con un calibre del ángulo correcto, cortado de una pieza de cartón. El valor así medido debe corresponder al indicado en la tabla.

SISTEMA DE COMBUSTIBLE DE MOTORES DIESEL

Filtro de combustible

DESMONTAJE Y MONTAJE

1. Desconecte el cable negativo de la batería.
2. Desenchufe el interruptor de aviso del filtro de combustible, extrayendo su conector.
3. Afloje el tornillo de retenida del filtro de combustible. Coloque debajo un recipiente idóneo y efectúe el drenaje del resto de combustible del cuerpo del filtro.
4. Utilizando una llave de correa, extraiga el filtro y el interruptor de aviso.
5. Separe el interruptor de aviso y su junta tórica.
6. Al proceder a la instalación, use una junta tórica nueva para el interruptor de aviso, después de aplicar en ella una ligera capa de combustible.
7. Use también una junta nueva para montar el filtro, igualmente revestida de combustible. En los motores 1C-L y 1C-TL, enrosque el filtro apretándolo sólo con la mano. En los motores 2C-T, enrosque el filtro con la mano al máximo y luego dele 3/4 de vuelta más con la llave de correa.
8. Apriete el tornillo de retenida del filtro y vuelva a conectar el cable del interruptor de aviso.
9. Apriete varias veces la bomba de cebado, situada en la parte superior del filtro. Luego ponga el motor en marcha y compruebe que no haya fugas.

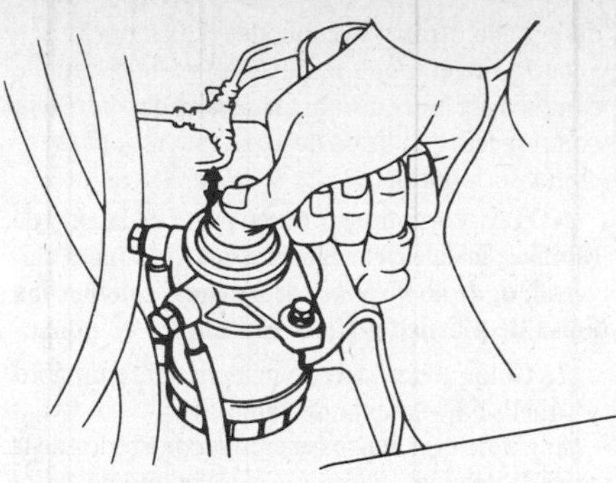

Cebado del filtro de combustible en motores Diesel

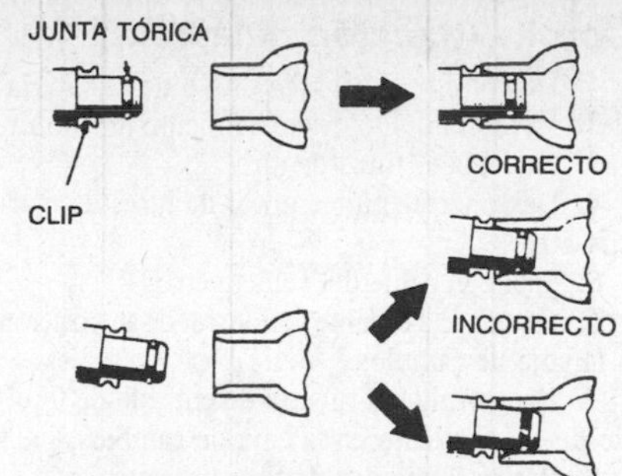

Asegurarse de introducir correctamente el inyector en el tubo de inyectores

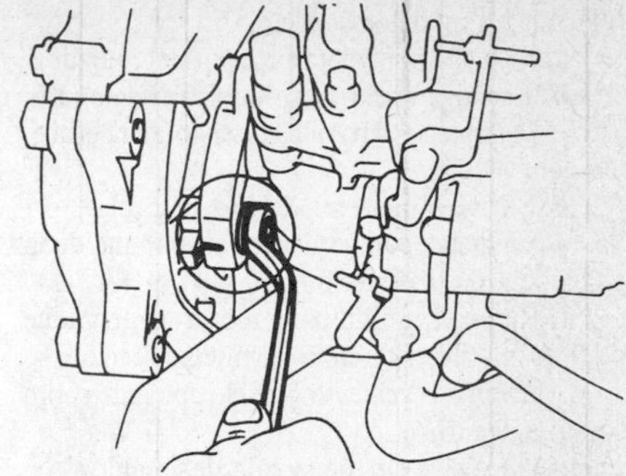

Haga una marca en el bloque de cilindros que coincida con la marca de distribución existente en la brida de la bomba de inyección (Motores Diesel)

Toberas de inyección

DESMONTAJE Y MONTAJE

1. Afloje las abrazaderas y saque los tubos flexibles de inyección de entre la bomba de inyección y el tubo.

2. Desconecte los dos extremos de los tubos de inyección, de la bomba y de los portatoberas.

3. Desconecte el cable de corte de combustible de la abrazadera del conector.

4. Retire la tuerca, la abrazadera del conector y el cable de conexión.

5. Desatornille y extraiga los tubos de inyectores.

6. Desconecte los tubos flexibles de combustible de los tubos de infiltración.

7. Retire las cuatro tuercas, el tubo de infiltración y las cuatro arandelas.

8. Desenrosque las toberas y extráigalas.

9. Efectúe el montaje en sentido contrario. Apriete las toberas a 47 libras-pie. Use siempre juntas nuevas en los asientos de las toberas, así como asientos nuevos. Purgue el circuito, aflojando los tubos en las boquillas y haciendo girar el cigüeñal hasta que se haya expulsado todo el aire y el combustible salga en forma de chorro por las toberas.

Bomba de inyección diesel

DESMONTAJE Y MONTAJE

1. Efectúe el drenaje del circuito de enfriamiento del motor.

2. Desconecte de la bomba los cables del acelerador y del control de velocidad de crucero.

3. Desconecte de la bomba el alambre de corte de combustible.

4. Desconecte los tubos flexibles de entrada y salida de combustible, las mangueras de derivación del agua, las mangueras de compensación de sobrealimentación, las mangueras de aire acondicionado (de haberlo), de vacío y del calefactor.

5. Saque los tubos de inyectores de sus posiciones en la bomba.

6. Desmonte la polea de la bomba.

7. Marque una señal de referencia en el bloque, que coincida con la marca de distribución elevada existente en la brida de la bomba. Desatornille y extraiga la bomba.

8. Efectúe el montaje en sentido inverso al procedimiento de desmontaje descrito. No debe quedar espacio entre el soporte de la bomba y su puntal. Los procedimientos de reglaje de la distribución de inyección se exponen en Correa de distribución, en la sección de Mecánica del motor.

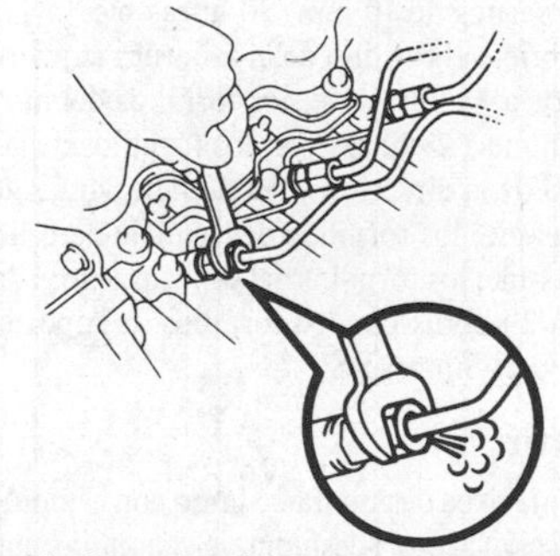

Purga de las tuberías de combustible en un motor Diesel

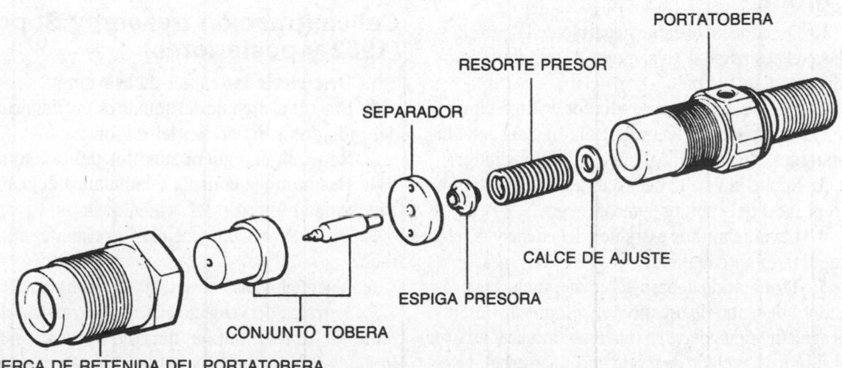

Tobera de inyección Diesel

CAJA DE CAMBIOS MANUAL

DESMONTAJE Y MONTAJES

Corolla (tracción trasera) y Starlet

Desde dentro del coche, realice las siguientes operaciones:

1. Sitúe el selector de velocidades en punto muerto. Retire la consola central, de ser el caso.

2. Extraiga la campana de guarnición de la base de la palanca de cambio de marchas, así como la campana debajo de ella, en la torreta del cambio.

3. Sólo en los modelos Corolla 1200 y Starlet:

a. Suelte el anillo elástico de la base de la palanca de cambio de velocidades.

b. Retire el resorte cónico y la propia palanca de cambio.

4. Sólo en los modelos Corolla 1600:

a. Desenrosque los cuatro tornillos de retenida de la placa de la palanca del cambio.

b. Retire el conjunto de la palanca del cambio.

c. Retire la junta.

NOTA: Cubra la abertura con un lienzo limpio, para que nada caiga dentro de la caja de cambios.

Luego, desde fuera del coche, realice las siguientes operaciones:

5. Vacíe el circuito de enfriamiento del motor y desconecte el cable del lado positivo de la batería.

6. Saque las mangueras del radiador.

7. Sólo en los modelos Corolla 1200:

a. Suelte el conector del interruptor de las luces de marcha atrás.

b. Saque el ventilador del motor.

8. Sólo en los modelos Corolla 1600:

a. Extraiga el filtro de aire completo, con sus mangueras.

b. Saque la varilla de tracción del acelerador de su posición en el carburador.

c. Retire el soporte de apoyo de la tubería del freno hidráulico.

d. Retire el conjunto del motor de arranque del lado izquierdo del motor.

e. Desenrosque el tornillo superior izquierdo de la caja del embrague, de su posición en el área plana de la parte superior de la caja del embrague.

9. En los modelos Starlet:

a. Saque la manguera superior del radiador.

b. Extraiga el conjunto del filtro de aire.

c. Desconecte la palanca de la bomba del acelerador.

d. Suelte el conector del haz de cables.

e. Envuelva con un lienzo la campana de la cremallera de la dirección.

f. Retire el conjunto del motor de arranque de la forma descrita en la pertinente sección.

10. Levante el vehículo y déjelo apoyado sobre soportes seguros.

11. Vacíe el aceite de la caja de cambios.

12. Desconecte el tubo de escape del múltiple y desmonte el soporte de apoyo del tubo de escape.

13. Desmonte el árbol de transmisión.

NOTA: Obture la abertura del extremo de la caja de cambios utilizando una horquilla vieja o, si no se dispone de una, con una bolsa de plástico sujetada con un aro de goma.

14. Suelte el cable del velocímetro del lado derecho de la caja de cambios.

15. Sólo en modelos Corolla 1600:

a. Saque de la caja de cambios el cilindro de desembrague y átelo a un lado, de modo que no estorbe.

b. Desenchufe el conector del interruptor de las luces de marcha atrás.

16. Apoye con un gato la parte delantera de la caja de cambios.

17. Desatornille las monturas posteriores del motor. Desmonte el travesaño trasero.

18. Saque el gato de debajo de la caja de cambios.

19. En los modelos Corolla 1600, desatornille el cárter del embrague del motor y retire la caja de cambios.

NOTA: Desmonte el puntal, de haberlo.

20. En los modelos Corolla 1200 y Starlet, realice las siguientes operaciones antes de retirar la caja de cambios:

a. Extraiga el pasador de aletas del varillaje de desembrague.

b. Suelte el cable de desembrague.

c. Retire la placa de contrarrefuerzo, de haberla.

d. Desatornille el cárter del embrague del motor, aflojando los tornillos en el orden ilustrado.

El montaje se efectúa en el orden inverso. Observe los siguientes puntos:

Aplique una ligera capa de grasa corriente en el extremo del eje primario (eje del embrague), área estriada del mismo, cojinete de desembrague y extremo del árbol de transmisión. En los modelos Corolla 1200 y Starlet, aplique grasa corriente en la bola del extremo del conjunto de la palanca del cambio, así como en el extremo del cable de desembrague.

En los modelos 1200 y Starlet, apriete los tornillos de fijación de la caja del embrague al motor en dos o tres etapas y en el orden ilustrado.

Completado el montaje:

1. Vuelva a llenar la caja de cambios y el circuito de enfriamiento del motor.

2. Ajuste el embrague de la forma descrita más adelante.

3. Compruebe que las luces de marcha atrás se encienden cuando se selecciona dicha marcha.

Corolla (tracción delantera)

1. Desconecte el cable negativo de la batería.

2. Vacíe el líquido de enfriamiento del motor.

3. Extraiga el filtro de aire.

4. Desconecte el interruptor de luces de marcha atrás.

5. Suelte el cable del velocímetro.

6. Desconecte el cable de control de su posición a la caja de cambios.

7. Desatornille la tubería de entrada de líquido de enfriamiento en la caja de cambios.

8. Retire el cilindro de desembrague.

9. Desmonte la tapa inferior del motor.

10. Desmonte los miembros de apoyo delantero y trasero.

11. Desmonte el miembro de apoyo central del motor.

12. Desatornille el árbol de transmisión derecho de su posición en la caja de cambios.

13. Desconecte la mangueta de la dirección del brazo oscilante inferior.

14. Tire de la mangueta de dirección hacia afuera y retire el semieje izquierdo.

15. Retire el motor de arranque.

16. Desmonte la tapa del volante del motor.

17. Sitúe un gato debajo del motor, coloque sobre él un taco de madera y eleve el gato hasta que soporte el peso del motor.

18. Suelte la montura izquierda del motor.

19. Desenrosque los tornillos que fijan el conjunto de la caja de cambios al motor. Baje el lado izquierdo del motor y retire la caja.

20. Efectúe el montaje en sentido inverso. Aplique una capa de lubricante de chasis al área estriada de los semiejes antes de montarlos. Apriete los pernos que fijan la caja al motor a:

pernos de 12 mm: 47 libras-pie.

pernos de 10 mm: 30 libras-pie.

Apriete el tornillo de la montura izquierda del motor a 38 libras-pie; los tornillos del motor de arranque a 29 libras-pie; los tornillos de la mangueta de la dirección y del semieje izquierdo a 47 libras-pie; los tornillos del semieje derecho a 27 libras-pie; los tornillos del soporte central del motor a 29 libras-pie; los tornillos de soporte de la caja a 29 libras-pie.

Camry

La caja debe desmontarse junto con el motor. Vea la sección Motor: desmontaje y montaje, anteriormente en este capítulo: cuando el conjunto esté fuera del vehículo, desatornille la caja.

Corona

1. Desconecte el cable negativo de la batería y luego el positivo que va al motor de arranque, completo con su fusible.

2. Vacíe el líquido del radiador en un recipiente, ya que puede volverse a usar. Luego suelte la manguera (o manguito) superior del radiador.

3. Suelte la varilla del acelerador y su eslabón en el lado del tabique guardafuegos.

4. Levante ambos extremos del coche y déjelo soportado en caballetes.

5. Trabajando debajo del coche, suelte la abrazadera del tubo de escape y el cilindro de desembrague (no desconecte su tubería hidráulica, aparte el cilindro a un lado de modo que no estorbe). Luego desconecte el cable del interruptor de las luces de marcha atrás y el cable del velocímetro.

6. Retire el árbol de transmisión de la caja de cambios, después de marcar señales de referencia con respecto a la brida de acoplamiento, para facilitar su montaje.

NOTA: Para que no fluya aceite de la caja de cambios, instale en la abertura una vieja junta universal, o, de no disponer de ninguna, coloque una bolsa de plástico y fíjela con un aro de goma.

7. Coloque un taco de madera sobre un gato y sitúelo bajo la caja de cambios.

8. Cubra con lienzos el extremo posterior de la tapa de válvulas, desmonte el travesaño posterior (vea Motor: desmontaje y montaje) y baje el gato.

9. Desenrosque los tornillos que fijan la palanca del cambio y extraiga ésta.

10. Saque el motor del arranque de la caja del embrague.

11. Desenrosque los tornillos que fijan la caja del embrague al bloque de cilindros.

12. Mueva la caja de cambios y deslícela hacia atrás, hasta que el eje primario (eje del embrague) haya salido de la tapa del embrague. Extraiga la caja de cambios por debajo del coche.

13. Efectúe el montaje en orden inverso al procedimiento de desmontaje descrito. No se olvide de aplicar una ligera capa de grasa en las estrías del eje primario. Los tornillos que fijan la caja del embrague al bloque deben apretarse a 37-58 libras-pie. Ajuste el embrague y llene la caja de cambios con aceite de motor API GL-4 SAE 90. Aplique grasa en el asiento del resorte de la palanca del cambio de velocidades y en la punta de la propia palanca. Monte el árbol de transmisión ateniéndose a las marcas de referencia.

Celica y Supra (1980-81) y Cressida

Ejecute el procedimiento de desmontaje descrito para los coches Corolla 1600. Además, realice las siguientes operaciones:

1. Suelte la varilla de unión del varillaje del acelerador.

2. Con el coche levantado y firmemente soportado:

a. Desmonte el escudo antigrava posterior izquierdo antes de retirar el cilindro de desembrague.

b. Desmonte la tapa inferior de la caja del volante del motor y sus puntales.

El montaje es en orden inverso al desmontaje.

NOTA: Utilice una herramienta de centrado del embrague durante el montaje para situar el disco del embrague.

Celica (tracción trasera) y Supra (1982 y posteriores)

1. Desconecte los cables de la batería.

2. Efectúe el drenaje del líquido de enfriamiento del radiador y del aceite del motor.

3. Retire la manguera superior del radiador.

4. Desmonte la consola y la palanca del cambio desde el interior del vehículo.

5. Eleve el vehículo y déjelo firmemente soportado.

6. Vacíe el aceite de la caja de cambios.

7. Extraiga del vehículo el árbol de transmisión. Antes de su desmontaje, marque su posición relativa con la brida de acoplamiento, para poder volverlo a montar en la misma posición.

8. Retire el tornillo que fija la placa de contrarrefuerzo del tubo de escape.
9. Desconecte el cable del velocímetro y el conector del interruptor de luces de marcha atrás, de sus posiciones en la caja de cambios.
10. Desatornille el cilindro de desembrague y átelo a un lado, de modo que no estorbe, pero no desconecte sus tuberías hidráulicas.
11. Extraiga el motorcito de arranque de la forma anteriormente descrita.
12. Con un gato, eleve ligeramente la caja de cambios, sólo lo justo para que su peso no gravite sobre el travesaño del chasis.
13. Desmonte el travesaño que soporta la caja de cambios.

NOTA: Se recomienda pedir la ayuda de otra persona para facilitar el desmontaje de la caja de cambios.

14. Desenrosque los tornillos de montaje de la caja de cambios. Luego extráigala con cuidado, deslizándola hacia atrás y abajo, hasta sacarla del vehículo.
15. Efectúe el montaje siguiendo el mismo procedimiento en orden inverso. Tenga en cuenta los puntos siguientes:

a. Apriete los tornillos a los siguientes valores:

Tornillos	libras-pie
Tornillos montaje caja de cambios	37-57
Tornillos travesaño caja de cambios	14-22
Tornillo de la placa de contrarrefuerzo del tubo de escape	22-32

b. Para llenar la caja de cambios use 2.5 quarts (2,85 litros) de aceite API GL-4 o GL-5 SAE 70W-90 ó 80W-90

Celica (tracción delantera)

1. Desconecte el cable negativo de la batería.
2. Extraiga el filtro del aire y su manguera..
3. Desconecte el interruptor de luces de marcha atrás de la caja de cambios.
4. Desconecte el velocímetro y el cable de tierra del motor.
5. Desconecte los cables de control de la caja de cambios y sitúelos de modo que no estorben.
6. Desatornille el cilindro de desembrague y sitúelo de modo que no estorbe, sin desconectar sus tuberías.
7. Desmonte la tapa inferior del motor.
8. Desconecte el tubo de escape del múltiple y extráigalo.
9. Desmonte el travesaño inferior de la suspensión.
10. Saque las monturas delantera y trasera de la caja de cambios.
11. Saque la montura central del motor.
12. Desconecte ambos semiejes de la caja de cambios, de la forma descrita más adelante en esta sección.
13. Desatornille la mangueta de la dirección del brazo oscilante, extráigala hacia fuera y saque el semieje izquierdo.
14. Marque con etiquetas y desconecte los cables del motorcito de arranque y retire éste.
15. Desmonte la placa trasera n.º 2 del motor.
16. Coloque un gato hidráulico debajo del motor, intercalando un taco de madera, y elévelo hasta que soporte el peso del motor. Entonces saque la montura izquierda del motor.
17. Desenrosque los pernos que fijan el transaxle (conjunto caja de cambios-diferencial), al motor, baje el lado izquierdo del motor y, con cuidado, extraiga la unidad del transaxle.

Para el montaje:

1. Alinee el área estriada del eje primario (eje del embrague) con el disco del embrague y acople con cuidado el transaxle al motor. Apriete los tornillos de 12 mm a 47 libras-pie (64 Nm) y los de 10 mm a 29 libras-pie (39 Nm).
2. Instale la montura izquierda del motor y apriete sus pernos de anclaje a 38 libras-pie (52 Nm).
3. Monte el motor de arranque.
4. Sitúe el semieje izquierdo en la mangueta de la dirección, alineelo con el eje del piñón lateral y apriete los tornillos que fijan la mangueta al brazo oscilante inferior a 47 libras-pie (64 Nm).
5. Acople ambos semiejes a la unidad transaxle.
6. Instale la montura central del motor y apriete sus tornillos a 29 libras-pie (39 Nm). Instale las monturas delantera y trasera y apriete sus tornillos al mismo par. Monte la tapa en el travesaño.
7. Instale el travesaño inferior de la suspensión y apriete los cinco tornillos de los extremos a 154 libras-pie (208 Nm). Apriete los tornillos centrales a 29 libras-pie (39 Nm).
8. Acople el tubo de escape al múltiple y apriete sus tornillos a 46 libras-pie (62 Nm).
9. El montaje del resto de los componentes es en orden inverso al desmontaje. Llene la unidad de transaxle con aceite ATF DXRON® y luego pruebe el motor en la carretera.

Tercel

1. Desconecte el cable negativo de la batería.
2. Vacíe el líquido de enfriamiento del depósito del radiador. Retire la manguera (o manguito) superior del radiador.
3. Retire el tubo de entrada del filtro de aire.
4. Retire el eje intermedio de la dirección.
5. Vacíe el aceite de la caja de cambios. Desmonte ambos semiejes.

NOTA: Saque los tres tapones de drenaje.

6. Desmonte el tubo de escape. En los modelos 4 × 4, retire la consola central y la palanca del cambio.
7. Desmonte la varilla de cambio del engrane n.º 1 y la varilla de la caja de la palanca del cambio.
8. Retire el cable del velocímetro y el conector del interruptor de luces de marcha atrás.
9. Desmonte el travesaño trasero de apoyo del motor. En los modelos 4 × 4, retire el árbol de transmisión, el eslabón 4 × 4 y el cable del indicador 4 × 4.

NOTA: Soporte el transaxle con un gato, sobre el que haya un taco de madera.

10. Desenrosque los nueve tornillos que fijan la transmisión.

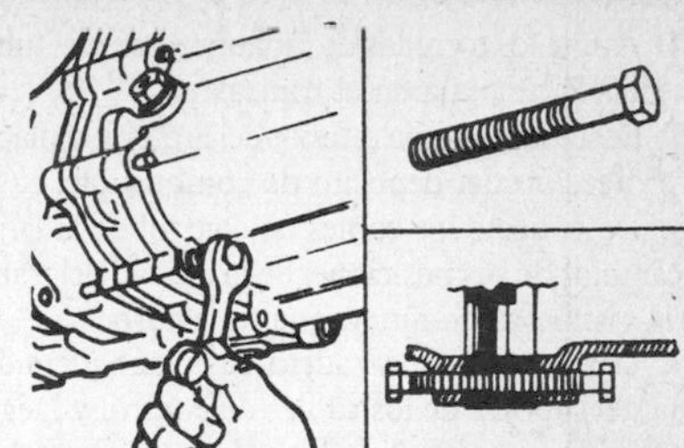

Separar la caja de cambios del transaxle de la forma ilustrada en el modelo Tercel.

11. Enrosque 4 tornillos en el lado de la unidad del transaxle, a una misma profundidad.

NOTA: Coloque dichos tornillos en orificios que todavía contengan un tornillo en el lado de la caja de cambios.

12. Separe la caja de cambios apretando los cuatro tornillos citados, gradualmente, en el lado de la caja.
13. Retire la caja de cambios.
14. Efectúe el montaje en el orden inverso. Apriete los tornillos de la caja a 8-11 libras-pie. Llene la caja con 6.5 pintas (3 litros) de aceite para cajas de cambios.

Van

1. Desconecte el cable negativo de la batería.
2. Levante el vehículo y déjelo firmemente soportado.
3. Vacíe el aceite de la caja de cambios.
4. Marque señales de referencia en el árbol de transmisión para facilitar luego su montaje. Luego desmóntelo.
5. Retire los cables de control de la caja de cambios.
6. Desmonte el cilindro de desembrague.
7. Saque el motor de arranque.
8. Desconecte el cable del velocímetro.
9. Desconecte el interruptor de luces de marcha atrás.
10. Desmonte la abrazadera y soporte del tubo de escape existente en la caja de cambios.
11. Desmonte la placa de contrarrefuerzo.
12. Apoye la caja de cambios con un gato, de modo que soporte su peso.
13. Retire la montura y soporte traseros del motor.
14. Desenrosque los tornillos que fijan la caja de cambios al motor y extraiga ésta.
15. Efectúe el montaje en el orden inverso. Aplique lubricante de chasis en las estrías del eje primario (eje del embrague) antes del montaje.

Apriete los tornillos a los siguientes valores:

Tornillos de montaje de la caja de cambios: 53 libras-pie.

Tornillos de la montura trasera del motor: 20 libras-pie.

Llene la caja con aceite para cambio 80W-90.

MR2

1. Desconecte el cable negativo de la batería.
2. Vacíe el aceite de la caja de cambios.
3. Desconecte el interruptor de las luces de marchas atrás y el cable del velocímetro de sus posiciones en el transaxle.

4. Afloje los tornillos de montaje y retire el tubo de entrada de agua en el transaxle.

5. Desmonte la tapa inferior del motor y la placa de protección del depósito de combustible.

6. Desconecte los cables de control de la caja de cambios de sus posiciones en la unidad del transaxle y sitúelos de modo que no estorben.

7. Desmonte la abrazadera de la manguera de agua del soporte de los cables de control y luego saque el soporte n.º 2 de los cables de control.

8. Desmonte el soporte principal de los cables de control y el cilindro de desembrague. Sitúelos de modo que no estorben.

9. Desconecte el tubo de escape del múltiple, saque el soporte del tubo situado en el chasis y extraiga el conjunto del tubo de su soporte.

10. Desmonte el escudo de protección del transaxle y desacople el semieje del eje dentado lateral.

11. Marque con etiquetas y desconecte los cables del motor de arranque y extraiga éste.

12. Desmonte la placa trasera n.º 2 del motor.

13. Retire de la carrocería las monturas delantera y trasera del motor.

14. Coloque un taco de madera sobre un gato hidráulico y eleve con éste el motor hasta aliviar el peso del mismo sobre sus monturas. Entonces retire la montura izquierda del motor.

15. Desenrosque los tornillos que fijan el motor al transaxle, baje el lado izquierdo del motor y, con cuidado, extraiga el transaxle del compartimiento del motor.

16. Desmonte el eje dentado lateral de la unidad del transaxle.

Para el montaje:

1. Instale el eje dentado lateral en la unidad del transaxle.

2. Alinee las estrías del eje primario (eje del embrague) con el disco del embrague y, con cuidado, acople el transaxle al motor. Apriete los tornillos de montaje de 12 mm a 47 libras-pie (64 Nm) y los tornillos de 10 mm a 34 libras-pie (46 Nm).

3. Instale la montura izquierda del motor y apriete sus tornillos a 38 libras-pie (42 Nm).

4. Instale la montura posterior del motor y apriete sus tornillos a 38 libras-pie (52 Nm).

5. Instale la montura delantera del motor y apriete sus tornillos a 38 libras-pie (52 Nm). Afloje el tornillo de fijación del aislador antivibraciones, sacuda el motor varias veces para estar seguro de que el aislador se centre en su soporte y luego apriete dicho tornillo a 58 libras-pie (78 Nm).

6. Monte el motor de arranque.

7. Acople el semieje al eje dentado lateral y apriete las tuercas a 27 libras-pie (36 Nm).

8. Monte el conjunto del tubo de escape. Apriete los tornillos de fijación del tubo al múltiple a 46 libras-pie (62 Nm).

9. El montaje del resto de los componentes es en orden inverso al desmontaje. Llene la unidad del transaxle con aceite para cambios de marcha (API GL-4 o GL-5; SAE 75W-90 o 80W-90). Luego pruebe el vehículo en la carretera.

REVISIÓN

Los procedimientos de revisión se describen en el capítulo Reparaciones, sección Revisión caja de cambio manual/transaxle.

Ajuste de la palanca del cambio en el piso

Todos los modelos Toyota equipados con palanca de velocidades en el piso poseen varillajes montados internamente. En los modelos más antiguos, este varillaje está contenido en la caja lateral, atornillada a la caja de cambios. En los coches más recientes, el varillaje de cambio va montado en la parte superior de la propia caja de cambios.

No se requieren ni son posibles ajustes externos.

Ajuste del cable del cambio

Los modelos equipados con un cable del cambio incorporan un dispositivo de ajuste de la carrera de dicho cable:

1. Desmonte la consola del cambio.

2. Afloje la tuerca de retenida del cable.

3. Sitúe el cambio en punto muerto.

4. Introduzca un destornillador Philips n.º 2 en el orificio de ajuste de punto muerto en el soporte del cable.

5. Ajuste la carrera del cable de modo que pueda introducirse el destornillador.

6. Apriete la tuerca de retenida y vuelva a montar la consola.

EMBRAGUE

El embrague es de tipo monodisco seco.

Los modelos más recientes usan una placa de presión con resorte de diafragma. Los cojinetes de desembrague son rodamientos de bolas herméticos que no requieren lubricación y que no deben lavarse con ningún tipo de disolvente. Todos los embragues, excepto los de los modelos Tercel y Starlet, son operados hidráulicamente.

DESMONTAJE Y MONTAJE

ATENCIÓN

Adopte precauciones para que la grasa o aceite no manche el disco del embrague, su plato de presión o el volante del motor.

Todos los modelos, excepto Camry y Tercel 1980-82

1. Desmonte la caja de cambios/transaxle de la forma antes descrita.

2. Desmonte la tapa del embrague y el disco de la caja de la campana.

3. Suelte los clips del cojinete de la horquilla de desembrague. Retire el cubo del cojinete de desembrague, completo con el cojinete.

4. Retire el resorte tensor del varillaje del embrague.

5. Desmonte la horquilla de desembrague y su soporte.

6. Con un granete, marque señales de referencia en la tapa del embrague y en el plato de presión, para facilitar el montaje de éste.

7. Lentamente, afloje los tornillos que fijan los resortes de retorno.

NOTA: Si los tornillos se aflojan demasiado rápidamente, el conjunto del embrague puede salir disparado, con riesgo de provocar lesiones o la pérdida de piezas.

8. Separe el plato de presión del conjunto tapa/resortes embrague.

Examine las piezas para detectar desgaste o deterioro. Cambie las piezas que lo precisen.

El montaje se efectúa en orden contrario al desmontaje. Ténganse en cuenta los puntos siguientes:

1. Asegúrese de hacer coincidir las marcas de referencia efectuadas antes del desmontaje en la tapa del embrague y en el plato de presión.

2. Aplique una capa ligera de grasa corriente al cubo del cojinete de desembrague y a los puntos de contacto de la horquilla de desembrague. Llene también con grasa la ranura existente dentro del cubo del embrague.

3. Centre el disco del embrague utilizando una herramienta de guía embrague o un viejo eje primario (Eje de embrague). Introduzca la herramienta de centrado en el extremo del cojinete delantero del eje primario y atornille el embrague al volante del motor.

NOTA: Apriete los tornillos de montaje del embrague al volante en dos o tres etapas.

4. Ajuste el embrague de la forma descrita más adelante.

Camry y Tercel 1980-82

Para cambiar el embrague, el motor debe sacarse del vehículo. Véase la anterior sección en que se describe su desmontaje.

1. Separe la unidad transaxle del motor.

2. Después de desmontar el motor, ate la caja

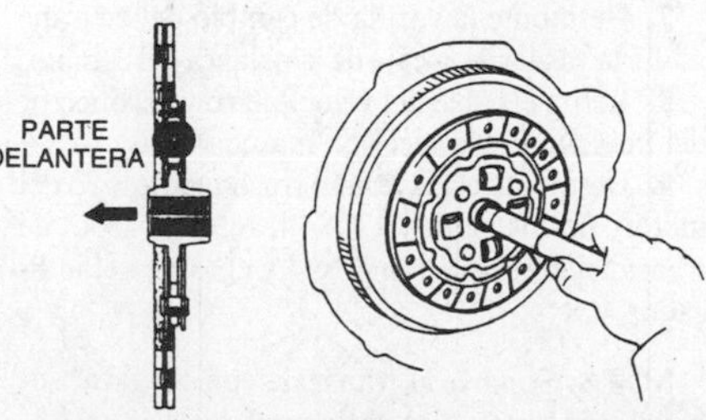

Use una herramienta de centrado embrague para alinear el disco de embrague con respecto al volante del motor.

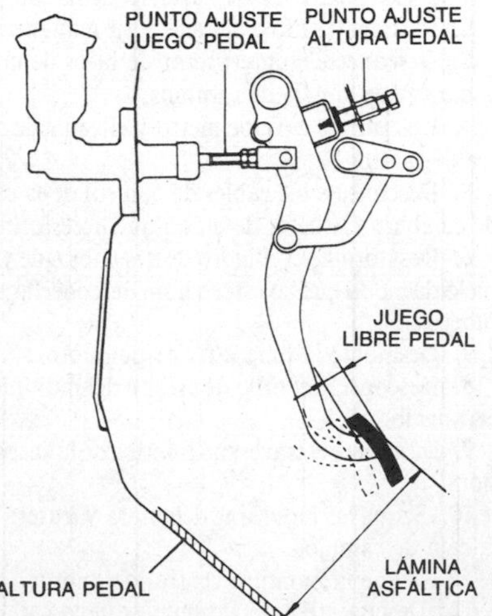

Reglaje del pedal del embrague en el modelo Camry

PUNTO DE AJUSTE DEL JUEGO DEL VÁSTAGO DEL CILINDRO MAESTRO
PUNTO AJUSTE ALTURA PEDAL
JUEGO VÁSTAGO
ALTURA PEDAL
LÁMINA ASFÁLTICA

Puntos de ajuste del pedal del embrague: Todos los motores, excepto modelos Tercel, Starlet y Corolla 1200

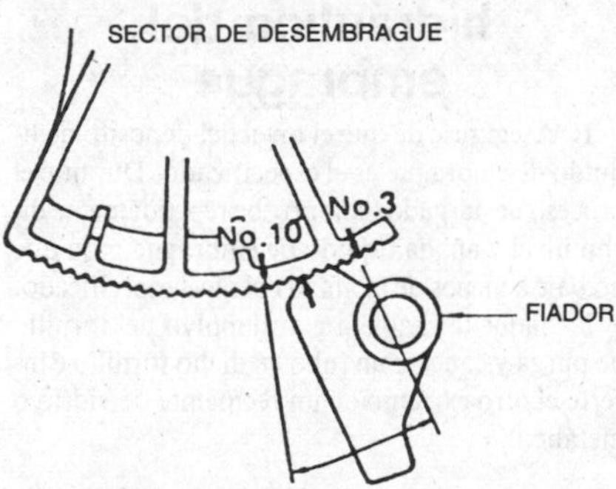

Posición del fiador y del sector de trinquete en un embrague nuevo: Tercel y Starlet

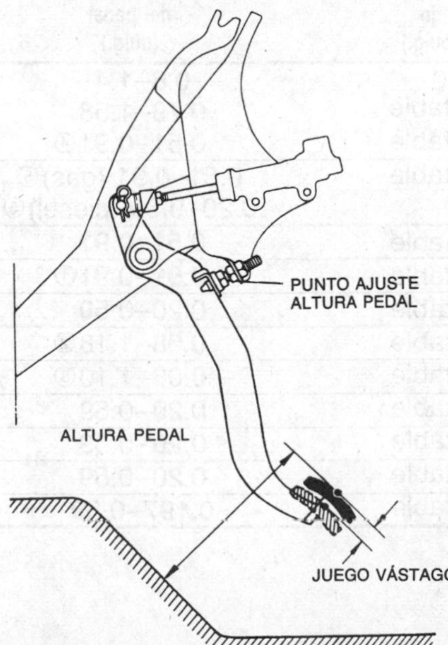

Reglaje del pedal de embrague en modelos Van

de la campana del embrague a la carrocería.

3. Con un granete, marque la posición relativa de la tapa del embrague y del volante del motor.

4. Desmonte la tapa del embrague.

NOTA: Afloje cada tornillo gradualmente, para que la tapa no se deforme.

5. Desmonte el cojinete de desembrague (Camry), la horquilla, la cazoleta y el disco.

6. Efectúe el montaje en orden inverso.

NOTA: Evite que se ensucien con grasa el forro del disco, el volante y la tapa. Al volver a montar el embrague, use una herramienta de alineación de las estrías o un viejo eje de embrague, para asegurar el correcto centrado del embrague. Apriete los tornillos de montaje de la tapa a 11-15 libras-pie.

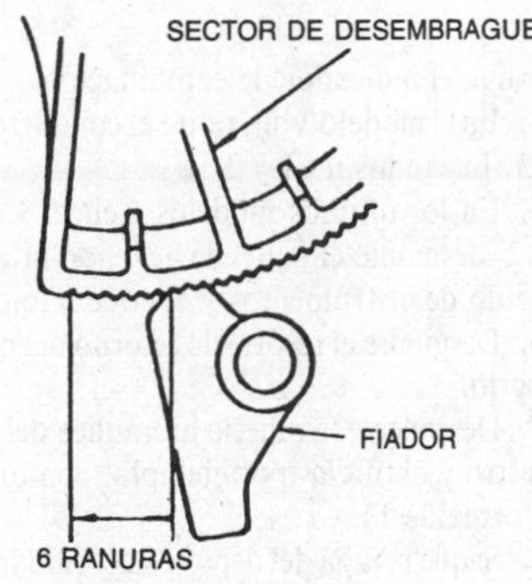

Número mínimo de ranuras del fiador en el sector de trinquete en un embrague usado: Tercel y Starlet

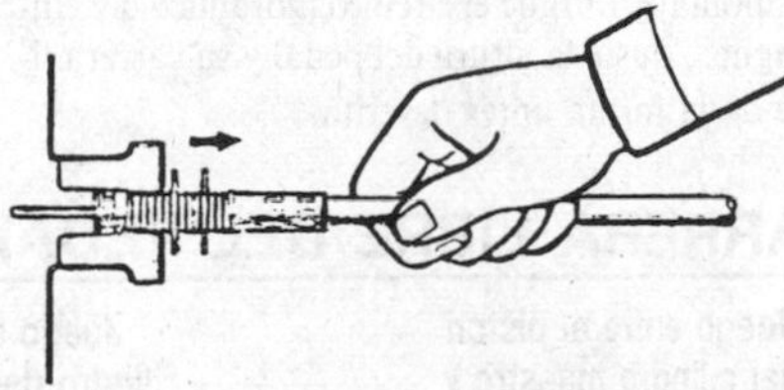

Reglaje del anillo en E: Starlet 1981-82

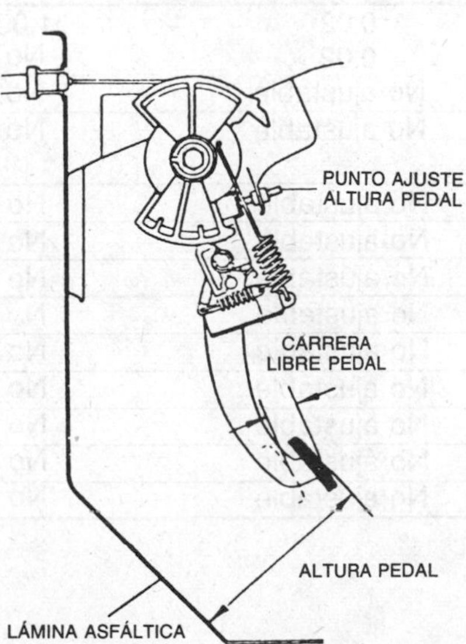

Puntos de ajuste del pedal del embrague: Tercel y Starlet

AJUSTES DE LA CARRERA LIBRE DEL PEDAL

Todos los modelos excepto Tercel y Starlet

1. Ajuste primero la holgura entre el pistón del cilindro maestro y su vástago, con arreglo a las especificaciones de la tabla siguiente. Para ello, afloje la tuerca de bloqueo del vástago y gire éste, mientras pulsa ligeramente con el dedo el pedal del embrague.

2. Terminado este reglaje, apriete la tuerca de bloqueo.

3. Ajuste entonces la carrera libre del cilindro de desembrague, después de aflojar la tuerca de bloqueo del vástago del cilindro de desembrague,

ALTURA DEL PEDAL DEL EMBRAGUE

Modelo/Año	Altura (pulg.)	Medida entre
Tercel		Forro del pedal y alfombra piso
'80–'83	6.65	
'84–'85	6.97–7.36	
'86–'87	7.15–7.44	
Corolla 1800	6.89–7.28	Forro del pedal y alfombra piso
Corolla 1600 (trac. trasera)		Forro del pedal y alfombra piso
'83–'85	6.34–6.72	
'86–'87	6.44–6.83	
Corolla (tracc. delantera)	5.650–6.043	Forro del pedal y alfombra piso
'86–'87	5.827–6.220	
Corona		Forro del pedal y alfombra piso
'80–'82	6.5–6.9	
Celica		Forro del pedal y alfombra piso
'80–'81	6.48–6.87	
'82–'85	6.06–6.46	
'86–'87	6.02–6.42	
Supra		Forro del pedal y alfombra piso
'80	6.48–6.87	
'81–'86	6.06–6.46	
Cressida	6.10–6.50	Desde la alfombra del piso
Station Wagon (todos)	9.6	Forro del pedal y tabique guardafuegos
Starlet	6.93	Forro del pedal y alfombra piso
Camry		Forro del pedal y panel de fondo
'83–'85	7.539–7.933	
'86–'87	7.99–8.39	
Van		Forro del pedal y alfombrilla piso
'84–'85	6.57–6.97	
'86–'87	6.73–7.13	
MR2	6.03–6.41	Forro del pedal y alfombrilla piso

① Pedal apretado a fondo

gire el vástago hasta obtener el valor especificado en la tabla.

4. Después de estos dos ajustes, mida la carrera libre del pedal del embrague. Si no corresponde al valor especificado, repita las operaciones 1-3 hasta que coincida.

Tercel y Starlet

1. Pulse el pedal del embrague varias veces.

2. Apriete el pedal con la mano hasta sentir resistencia: la magnitud de carrera libre debe ser la especificada en la tabla.

3. Compruebe la posición del fiador del sector de trinquete: deben restar seis ranuras entre el fiador y el final del sector. Si hay menos de seis, cambie el disco del embrague. Cuando se monta un nuevo disco, el fiador debe quedar situado entre la ranura n.º 3 y 10.

4. Para obtener la posición correcta de un disco de embrague usado o nuevo en los modelos Starlet 1981-82 debe cambiarse la posición del anillo E.

REGLAJE DE LA ALTURA DEL PEDAL

Ajuste la altura del pedal del embrague con arreglo a la tabla siguiente, girando el tope (tuerca) del pedal.

Cilindro maestro del embrague

DESMONTAJE Y MONTAJE

1. Desconecte el cable negativo de la batería.

2. En el modelo Van, desenrosque los cinco tornillos del panel de acabado del módulo de instrumentos y estire dicho panel hacia usted.

3. En el modelo Van, desconecte el cable del velocímetro y todos los cables eléctricos, y luego extraiga el indicador de combinación.

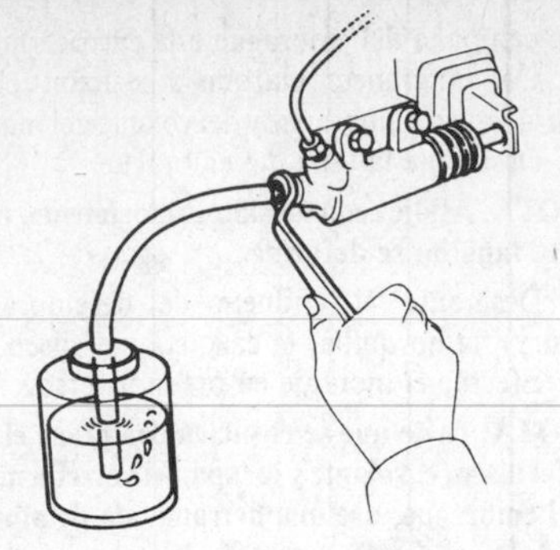

Purga del circuito hidráulico del embrague

4. En el modelo Van, retire el conducto de aire n.º 3. Luego los n.º 1 y 2.

5. En los últimos modelos Celica, Corolla y MR2, desmonte el panel de acabado inferior del módulo de instrumentos y el conducto de aire.

6. Desmonte el resorte de retorno del pedal, de haberlo.

7. Desconecte la tubería hidráulica del cilindro maestro y obtúrela (por ejemplo, con una pieza en forma de T).

8. Saque la tapa del depósito del cilindro maestro y vacíe el líquido hidráulico.

9. Saque el pasador de horquilla y el clip.

10. Desatornille el cilindro maestro y extráigalo.

11. Efectúe el montaje en orden contrario al desmontaje. Purgue el circuito hidráulico del embrague. Ajuste la altura del pedal y su carrera libre de la forma antes descrita.

Cilindro secundario del embrague

DESMONTAJE Y MONTAJE

1. Ponga un tapón en la abertura del cilindro maestro para que no se vierta líquido.

2. Levante la parte delantera del vehículo y déjela firmemente soportada.

3. Desmonte el escudo de protección contra impactos de gravilla, de ser necesario, para tener acceso al cilindro de desembrague.

4. Suelte el resorte de retorno de la horquilla, de su posición en ésta.

5. Desconecte la tubería hidráulica de su posición en el cilindro de desembrague.

6. Enrosque el vástago del cilindro de desembrague.

7. Afloje y retire las tuercas que fijan el cilindro de desembrague. Extraiga éste.

8. Efectúe el montaje en orden inverso. Ajuste luego la holgura entre la horquilla y el cilindro de desembrague y purgue el circuito hidráulico.

Purga del circuito hidráulico del embrague

1. Asegúrese de que el nivel del depósito de líquido de embrague es el especificado. Durante el proceso de purgado, compruebe repetidamente dicho nivel y añada líquido de embrague para que no baje a menos de la mitad del nivel especificado.

2. Saque la cazoleta guardapolvo del tornillo de purga y conecte un tubo en dicho tornillo e inserte el otro extremo en un recipiente de vidrio o metálico.

AJUSTE DE LA CARRERA LIBRE DEL PEDAL DEL EMBRAGUE

Modelo	Juego entre el pistón del cilindro maestro y su vástago (pulg.)	Juego entre el cilindro desembrague y la horquilla de desembrague (pulg.)	Carrera libre del pedal (pulg.)
Corolla 1200	0.02	1.00–1.40	0.8–1.4
(RWD) 1600	0.02	No ajustable	0.79–1.58
1800, 1600 ('83–'86)	No ajustable	No ajustable	0.51–0.91④
Corolla (FWD)	No ajustable	No ajustable	0.51–0.91 (gas)⑤ 0.20–0.59 (diesel)⑤
Corona '79–'82	No ajustable	No ajustable	0.51–0.91
Celica	No ajustable	No ajustable	0.51–0.91①
Supra	No ajustable	No ajustable	0.20–0.59
Starlet	No ajustable	No ajustable	0.08–1.18②
Tercel	No ajustable	No ajustable	0.08–1.10③
Van	No ajustable	No ajustable	0.20–0.59
Camry	No ajustable	No ajustable	0.20–0.59
Cressida	No ajustable	No ajustable	0.20–0.59
MR2	No ajustable	No ajustable	0.197–0.59

FWD = Tracción ruedas delanteras
RWD = Tracción ruedas traseras
① Tipo invertible: 0.20-0.50
②'83–'84: 0.08–1.38
③'86–'87: 0.08–0.98
④'86–'87: 4A-GE: 0.20–0.59
⑤'86–'87: 0.28–0.67

NOTA: Adopte precauciones para que el líquido del embrague no manche ninguna superficie pintada.

3. Accione el pedal del embrague varias veces; luego manténgalo apretado y afloje lentamente el tornillo de purga.

4. Apriete el tornillo de purga y suelte gradualmente el pedal del embrague. Repita esta operación hasta que desaparezcan todas las burbujas del circuito del embrague, expulsadas por el tornillo de purga.

5. Cuando no se detecten más burbujas de aire en el tubo conectado al tornillo de purga, apriete éste y restituya la caperuza guardapolvo.

6. Compruebe el nivel de líquido en el depósito del cilindro maestro y, de ser necesario, añada líquido.

7. Apriete el pedal del embrague varias veces para comprobar que el embrague funciona correctamente. Compruebe que no haya fugas.

CAJA DE CAMBIOS AUTOMÁTICO/ TRANSAXLE

DESMONTAJE Y MONTAJE

Tercel

1. Desconecte el cable negativo de la batería.

2. Vacíe el depósito del radiador y retire su manguera (o manguito) superior.

3. Retire el conducto de entrada del filtro del aire.

4. Desmonte el eje intermedio de la dirección.

5. Vacíe el líquido de la caja de cambios.

6. Desmonte el tubo de escape.

7. Desmonte la varilla de la palanca de cambio de velocidades.

8. Retire el cable del velocímetro, el conector de luces de marcha atrás y el varillaje de la mariposa.

9. Desconecte las tuberías de enfriamiento de la caja de cambios.

10. Soporte la unidad transaxle (conjunto caja de cambios-diferencial) con un gato.

11. Desmonte el travesaño trasero.

12. Separe la caja de cambios de la unidad transaxle.

13. Retire la caja de cambios.

14. Efectúe el montaje en el orden inverso al desmontaje.

Corolla con tracción delantera

1. Desconecte el cable negativo de la batería.

2. Extraiga el filtro de aire.

3. Desconecte el interruptor de arranque en punto muerto.

4. Desconecte el cable del velocímetro.

5. Retire el cable de control del cambio.

6. Desconecte la manguera de líquido de enfriamiento del cambio.

7. Retire la tubería de entrada del agua.

8. Levante el vehículo y déjelo apoyado sobre caballetes de seguridad.

9. Vacíe el líquido de la caja de cambios.

10. Desmonte la tapa inferior del motor.

11. Retire las monturas delantera y trasera del transaxle.

12. Soporte el transaxle con un gato.

13. Desmonte el miembro central del soporte del motor.

14. Extraiga los semiejes.

15. Desmonte las manguetas.

16. Retire el motor de arranque.

17. Desmonte la tapa del volante del motor.

18. Desenrosque los 6 tornillos del convertidor de par, a través de los seis orificios cubiertos por la placa de tapa.

19. Retire la montura izquierda del motor.

20. Desenrosque los tornillos que fijan el transaxle al motor y, lenta y cuidadosamente, deslice hacia atrás la unidad del transaxle, separándola del motor.

21. Efectúe el montaje en orden inverso a este procedimiento de desmontaje. Apriete los tornillos a los siguientes valores:

Tornillos	libras-pie
Tornillos de fijación de caja de cambios al motor	
12 mm	47
10 mm	25
Montura izq. motor	38
Montaje convertidor de par	13
Tornillos del soporte	28

Llene la unidad con aceite Dextron® II ATF

Camry

El motor debe sacarse del coche junto con la unidad transaxle. Vea la sección Motor: desmontaje y montaje. Cuando este conjunto haya sido extraído del vehículo, desatornille la unidad transaxle y sepárela del motor. En el montaje, apriete los tornillos a los siguientes valores:

Tornillos	libras-pie
De fijación de caja de cambios al motor	
12 mm	47
10 mm	25
De montaje del convertidor de par	13

Van

1. Desconecte el cable negativo de la batería.

2. Desconecte el cable de la mariposa.

3. Desconecte los cables eléctricos fijados a la caja de cambios.

4. Levante el vehículo y déjelo firmemente soportado.

5. Vacíe el líquido de la caja de cambios.

6. Marque señales de referencia y desmonte el árbol de transmisión.

7. Desconecte el tubo de escape de la caja de cambios.

8. Desconecte el cable del cambio.

9. Desconecte el cable del velocímetro.

10. Desconecte las tuberías de enfriamiento de la caja de cambios.

11. Retire el motor de arranque.

12. Soporte la caja de cambios con un gato.

13. Soporte el depósito de combustible de modo seguro y desenrosque los tornillos de montaje de dicho depósito. Luego desenrosque el tornillo del soporte posterior de la caja de cambios.

14. Desmonte las dos placas de contrarrefuerzo de la caja de cambios.

15. Ejerciendo palanca, saque la tapa del orificio de servicio existente en la caja del convertidor de par y desenrosque los seis tornillos que fijan el convertidor.

16. Desenrosque los tornillos que fijan la caja de cambios al motor y, lenta y cuidadosamente, deslice ésta, apartándola del motor.

17. Efectúe el montaje en el orden inverso. Apriete los tornillos a los siguientes valores:

Tornillos	libras-pie
De fijación caja de cambios al motor	47
De fijación del convertidor de par	14
De las placas de contrarrefuerzo	27
De montaje motor de arranque	27
Del soporte trasero	36

Llenar con aceite Dextron® II ATF

Toyoglide de 3 velocidades (A-30)

1. Desconecte el cable negativo de la batería.

2. Extraiga el filtro de aire y desconecte el eslabón de reacción o el cable del acelerador.

3. Desconecte la varilla de enlace de la mariposa en el lado del carburador; luego desconecte el cable de luces de marcha atrás de su posición en el tabique guardafuegos (en los modelos más antiguos).

4. Levante el vehículo y déjelo firmemente apoyado. Vacíe la caja de cambios (use un recipiente limpio, a fin de comprobar el color, limpieza y olor del líquido).

5. Desconecte todos los varillajes del cambio.

6. En los modelos más antiguos, desmonte el eje transversal de su acoplamiento en el bastidor.

7. Desconecte la varilla de enlace de la mariposa en el lado de la caja de cambios y retire el cable del velocímetro, las tuberías de enfriamiento y el soporte del equilibrador del freno de mano.

8. Afloje las tuercas de la brida del tubo de escape y retire la abrazadera y soporte del tubo de escape.

9. Desmonte el árbol de transmisión y el soporte de montaje posterior de la caja de cambios; entonces baje el extremo posterior de la caja de cambios, procediendo con cuidado.

10. Desatornille el convertidor de par del plato impulsor. Apoye el motor con un gato y desenrosque los siete tornillos que fijan la caja de cambios al motor.

Para el montaje, siga el mismo procedimiento, en el orden contrario. Adopte las siguientes precauciones:

1. Monte el plato impulsor y la corona, apretando sus tornillos de montaje a 37-43 libras-pie.

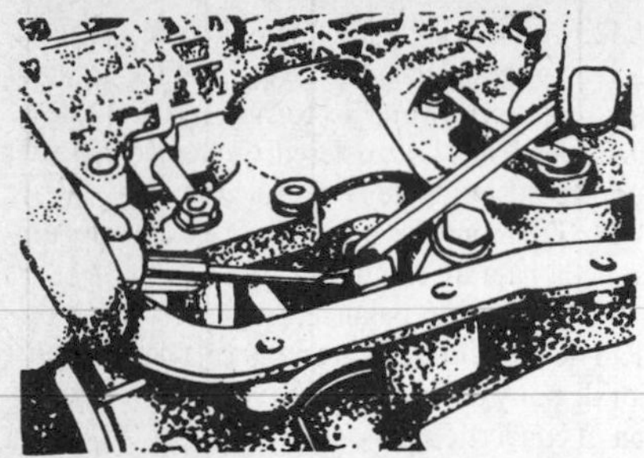

Ajuste la cinta delantera de la unidad de cambio Toyoglide, de tres velocidades

2. Después de montar el convertidor de par a la caja de cambios, compruebe el huelgo: debe ser de aproximadamente 0.59 pulgadas (15 mm).

3. Después de montar la caja de cambios, instale el pasador posicionador de la bomba de aceite en el convertidor de par para facilitar su montaje.

4. Mientras gira el cigüeñal, apriete los tornillos de fijación del convertidor, en varias pasadas.

5. Después de montar la segunda varilla de conexión de la mariposa, asegúrese de que el indicador de la palanca de la válvula de mariposa esté alineado con la marca existente en la caja de cambios, cuando la válvula de mariposa en el carburador está completamente abierta. De ser necesario, ajuste dicha varilla.

6. Para montar correctamente la barra de mando del cambio, sitúe la palanca de cambio en la caja a la posición N (punto muerto) y la palanca de selección de velocidades también a punto muerto. Llene la caja con líquido para cambio automático (tipo Fonly) y luego ponga el motor en marcha. Hágalo funcionar a velocidad de marcha en vacío y apriete el pedal del freno mientras sitúa la palanca de selección a todas las posiciones; luego restitúyala a punto muerto.

7. Haga funcionar el motor hasta que se caliente a la temperatura normal y luego sitúe de nuevo la palanca de selección de velocidades en todas sus posiciones. Restitúyala a punto muerto y compruebe el nivel del líquido. De ser necesario, añada más.

8. Ajuste la velocidad de marcha en vacío del motor a 550-650 rpm con la palanca de selección en la posición «Drive». Luego pruebe el vehículo en carretera.

9. Con la palanca de selección en la posición «2» o «Drive», compruebe el punto en que la caja de cambios pasa a otra velocidad. Compruebe que no haya sacudidas, ruido ni resbalamiento de los engranes con la palanca de selección en todas las posiciones. Compruebe que no haya fugas en la caja de cambios.

A-40, A-40D, A-42-DL y A-43D

Para desmontar y volver a montar la caja de cambios, proceda de la forma siguiente:

1. Realice las operaciones 1-3 del procedimiento de desmontaje de la unidad Toyoglide de tres velocidades.

2. Desenrosque las tuercas de montaje superiores del motor de arranque.

3. Levante el coche y déjelo firmemente soportado. Vacíe la caja de cambios.

4. Desenrosque el tornillo inferior de montaje del motor de arranque y aparte éste a un lado.

5. Desatornille el soporte del equilibrador del freno de mano.

6. Marque señales de referencia en el árbol de transmisión y su brida de acoplamiento, para facilitar luego su correcto montaje. Desenrosque los tornillos que fijan el árbol de transmisión a su brida.

7. Deslice el árbol de transmisión directamente hacia atrás y sáquelo de la caja de cambios. Para que no se vierta líquido de la caja, coloque en su abertura una horquilla de junta universal que tenga de repuesto o bien fije una bolsa de plástico en el extremo de la caja.

8. Desatornille el soporte del cuerpo del eje transversal; saque la chaveta de la palanca de mano y el casquillo adaptador del eje transversal, éste de la caja de cambios.

9. Desmonte el soporte del tubo de escape de su posición en la caja de la campana del convertidor de par.

10. Desconecte las tuberías de enfriamiento del aceite de la caja de cambios y retire el soporte de dichas tuberías existente en la caja de la campana.

11. Desconecte el cable del velocímetro de su posición en la caja de cambios.

12. Desatornille los dos estribos de soporte de la caja de la campana.

13. Use un gato especial para cajas de cambio para levantar la caja ligeramente.

14. Desatornille el travesaño posterior y baje la caja de cambios unas 3 pulgadas.

15. Ejerza acción de palanca sobre los dos tapones de goma que ofrecen acceso al convertidor de par y extráigalos de sus agujeros en la parte posterior del motor.

16. Desenrosque los seis tornillos de montaje del convertidor de par a través del agujero de acceso. Haga girar la polea del cigüeñal.

17. Corte la cabeza de uno de esos tornillos y úselo como pasador de guía del convertidor de par, introduciéndolo en éste.

18. Desenrosque los tornillos que fijan la caja de la campana del convertidor al motor.

19. Empuje sobre el extremo del pasador de guía así improvisado, a fin de retirar el convertidor junto con la caja de cambios. Extraiga la caja de cambios hacia atrás y luego deslícela fuera del vehículo.

ATENCIÓN

Durante la retirada de la caja de cambios, evite que quede cogido el cable de la mariposa.

Efectúe el montaje en el orden inverso; sin embargo, tenga en cuenta los siguientes puntos:

1. Enrosque los dos tornillos largos en la caja superior del convertidor y apriételos a 36-58 libras-pie.

2. Enrosque primero sólo con la mano los tornillos que fijan el convertidor a la placa de flexión. Luego apriételos con una llave a 11-16 libras-pie.

3. Al instalar el cable del velocímetro, asegúrese de que el guardapolvo de fieltro y la arandela estén en el extremo del cable.

4. Apriete los tornillos de montaje de los soportes de las tuberías de líquido de enfriamiento y del tubo de escape a 37-58 libras-pie. Apriete las tuberías de enfriamiento a 14-22 libras-pie.

5. Alinee las marcas de referencia efectuadas en el árbol de transmisión y en su brida de acoplamiento. Apriete sus tornillos a 11-16 libras-pie.

6. Asegúrese de colocar el tapón de drenaje en la cubeta de aceite. Apriételo a 11-14 libras-pie.

7. Ajuste el cable de la mariposa.

8. Llene la caja de cambios en la medida especificada. Use sólo aceite para cambios Tipo F (ATF). Ponga el motor en marcha, sitúe la palanca de cambio en todas sus posiciones y luego en P (parada). Compruebe el nivel de la varilla indicadora de nivel y, de ser necesario, añada más líquido tipo F.

9. Pruebe el vehículo en carretera y compruebe que no haya fugas.

MR2

1. Desconecte el cable negativo de la batería.

2. Extraiga el fluidómetro y la manguera del filtro de aire.

3. Levante la parte delantera del coche y déjela firmemente soportada. Vacíe la caja de cambios.

4. Desconecte el cable del velocímetro de su posición en el transaxle.

5. Desconecte el cable de la mariposa de su varillaje y de su soporte.

6. Desmonte el escudo antigravilla del transaxle.

7. Desmonte el soporte de la manguera de agua en el transaxle.

8. Retire la entrada de agua. Desconecte el cable de tierra del motor.

9. Marque con etiquetas y desconecte del transaxle las tuberías de enfriamiento de la caja de cambios. Proceda con cuidado, para que no penetre suciedad en los orificios de entrada o en las propias tuberías.

10. Retire el clip y el retenedor del cable de control de la caja de cambios y luego desconecte el cable de su soporte. Desmonte dicho soporte

11. Desconecte el tubo de escape del múltiple y extraiga el tubo.

12. Desenrosque los tornillos de fijación del motor de arranque, marque con etiquetas sus cables y desconéctelos, y retire el motor de arranque.

13. Desmonte la placa del extremo posterior del motor (a fin de tener acceso a los tornillos de montaje del convertidor de par).

14. Con una llave, inmovilice el tornillo de la polea del cigüeñal y con otra desenrosque los seis tornillos de montaje del convertidor. Ello exigirá girar el cigüeñal (sólo hacia la derecha) para tener óptimo acceso a los diferentes tornillos.

15. Pida a un amigo que mantenga apretado el pedal del freno, mientras usted afloja las tuercas que fijan el eje dentado lateral al semieje interno. Desacople los semiejes y fíjelos con alambre de modo que no estorben.

16. Coloque un taco de madera sobre un gato hidráulico y sitúe éste debajo del cárter de aceite del motor. Eleve el gato justo lo suficiente para soportar el motor, de modo que su peso no gravite sobre sus montantes.

17. Repita el punto 16, situando un gato debajo de la unidad del transaxle.

18. Desenrosque los tornillos de fijación del transaxle.

19. Suelte las monturas delantera y trasera del motor/transaxle.

20. Baje el extremo del transaxle ligeramente y desenrosque los tornillos que fijan el transaxle al motor.

21. Con cuidado, deslice el gato hacia atrás, mientras lo baja, y extraiga el transaxle.

NOTA: Asegúrese que, al extraerlo, el transaxle no quede cogido en ninguno de los cables eléctricos o mecánicos u otras piezas.

22. Al proceder al montaje, alinee las dos espigas de centrado existentes en el bloque de cilindros con la caja del convertidor, para asegurar el perfecto acoplamiento del transaxle en el monobloque. Coloque provisionalmente un tornillo.

23. Enrosque los tornillos que fijan el transaxle al motor. Apriete los de 12 mm a 47 libras-pie (64 Nm) y los de 10 mm a 34 libras-pie (46 Nm).

24. Enrosque los tornillos de fijación de las monturas de la caja de cambios y apriételos a 83 libras-pie (113 Nm).

25. Instale las monturas delantera y trasera del transaxle y apriete sus tornillos a 38 libras-pie (52 Nm).

26. Acople los semiejes a los ejes dentados laterales y apriete sus tuercas a 27 libras-pie (36 Nm).

27. Enrosque primero el tornillo gris de montaje del convertidor de par y luego los cinco restantes de color negro. Apriételos uniformemente a 20 libras-pie (27 Nm). Monte la placa del extremo posterior del motor.

28. Instale la placa de contrarrefuerzo y apriete sus tornillos a 27 libras-pie (37 Nm).

29. El montaje del resto de los componentes se efectúa siguiendo el procedimiento de desmontaje, en orden inverso. Luego ajuste el cable de la mariposa, llene la unidad del transaxle con aceite ATF DEXRON® 11 y pruebe el vehículo en carretera.

Celica de tracción delantera (1986 y posteriores)

1. Desconecte el cable negativo de la batería.
2. Retire el fluidómetro y la manguera del filtro de aire.
3. Levante la parte delantera del vehículo y déjela firmemente soportada. Vacíe la caja de cambios.
4. Desconecte el cable del velocímetro de la unidad de transaxle.
5. Desconecte el cable de la mariposa del varillaje de la mariposa y de su soporte.
6. Desconecte el cable de tierra del motor.
7. Marque con etiquetas y desconecte los cables del motor de arranque; desenrosque sus tornillos de fijación y extraiga el motor de arranque.
8. Desenrosque los dos tornillos de fijación de la caja de cambios.
9. Desenrosque el tornillo que fija el soporte del aislamiento antivibraciones a la montura trasera del motor.
10. Desmonte las tapas inferiores del motor.
11. Desmonte el travesaño inferior de la suspensión.
12. Retire las tapas guardapolvo. Desenrosque sus cuatro tornillos y retire las monturas delantera y trasera.
13. Desmonte el semieje izquierdo de la forma descrita más adelante. Desmonte el semieje derecho en el transaxle y fíjelo con un alambre de modo que no estorbe.
14. Desconecte el tubo de escape del múltiple y sitúelo de modo que no estorbe.
15. Desmonte la placa de contrarrefuerzo.
16. Retire el clip y el retenedor del cable de control, suelte éste de su soporte y desmonte el soporte.
17. Suelte las tuberías de enfriamiento de aceite. Ponga un tapón en los rácores de entrada y en los extremos de cada tubería, para impedir que entre suciedad.
18. Desmonte la placa del extremo trasero del motor (a fin de tener acceso a los tornillos del convertidor de par).
19. Sujete con una llave el tornillo de la polea del cigüeñal y, con otra, desenrosque los seis tornillos de montaje del convertidor. Para ello deberá girar el cigüeñal (sólo hacia la derecha), para óptimo acceso a cada tornillo.
20. Coloque un taco de madera sobre un gato hidráulico y sitúe éste debajo del cárter del aceite del motor. Eleve el gato justo lo necesario para soportar el motor, de modo que se alivie el peso que gravita sobre sus monturas.
21. Repita el punto 3, situando el gato debajo del transaxle.
22. Desenrosque los tornillos de fijación de la unidad del transaxle.
23. Suelte las monturas delantera y trasera del motor/transaxle.
24. Baje el extremo del transaxle ligeramente y desenrosque los tornillos que fijan el transaxle al motor.
25. Con cuidado, deslice ligeramente hacia atrás el gato, mientras lo baja, y extraiga el transaxle.

NOTA: Asegúrese de que ningún cable u otras piezas interfieran con la extracción del transaxle.

26. Al proceder al montaje, alinee las dos espigas de centrado existentes en el bloque de cilindros con la caja del convertidor, para asegurar el correcto encaje del transaxle en el motor. Enrosque provisionalmente un tornillo.
27. Enrosque los tornillos que fijan la unidad del transaxle al motor. Apriete los tornillos de 12 mm a 47 libras-pie (64 Nm) y los de 10 mm a 34 libras-pie (46 Nm).
28. Enrosque los tornillos de fijación de las monturas de la caja de cambios y apriételos a 38 libras-pie (52 Nm).
29. Enrosque el tornillo gris de montaje del convertidor de par y luego los cinco restantes, de color negro. Apriete todos ellos uniformemente a 20 libras-pie (27 Nm). Monte la placa del extremo posterior del motor.
30. Monte la placa de contrarrefuerzo y apriete sus tornillos a 27 libras-pie (37 Nm).
31. Monte los semiejes de la forma descrita más adelante en este capítulo.
32. Instale las almohadillas del travesaño central de la montura del motor y monte dicho travesaño, apretando sus tornillos a 29 libras-pie (39 Nm).
33. Instale las monturas delantera y trasera y apriete sus tornillos a 29 libras-pie (39 Nm).
34. Efectúe el montaje en el orden contrario al desmontaje en cuanto al resto de los componentes. Luego ajuste el cable de la mariposa, llene la unidad transaxle con aceite ATF DEXRON® 11 y pruebe el motor en carretera.

DESMONTAJE DE LA CUBETA DE ACEITE DE LA CAJA DE CAMBIOS

1. Desenrosque el tapón y efectúe el drenaje de la caja de cambios.
2. Desenrosque los tornillos que fijan la cubeta de aceite.
3. Extraiga la cubeta.
4. Efectúe el montaje en sentido inverso. Apriete los tornillos de montaje de la cubeta a 4-6 libras-pie. Vuelva a llenar la caja de cambios con aceite de cambio.

AJUSTE DE LA CINTA DELANTERA

NOTA: Los ajustes de la cinta delantera y trasera no son posibles en las cajas de cambios de lo motores A-40, A-40D, A-42DL, A-43-D, A-55, A-130L, A-131L, A140E y A140L.

Toyoglide de 3 velocidades (motores A-30)

1. Desmonte la cubeta de aceite de la forma acabada de describir.
2. Aplique una pequeña barra a la palanca de acoplamiento de la cinta y deslícela hacia la cinta.
3. El intersticio entre el extremo del vástago del pistón y el tornillo de acoplamiento debe ser 0,138 pulgadas.
4. Si el intersticio es diferente, ajústelo a ese valor girando el tornillo de acoplamiento.
5. Vuelva a montar la cubeta y llene la caja de cambios de la forma antes descrita.

Ajuste de la cinta posterior

Toyoglide de 3 velocidades (A-30)

El tornillo de ajuste de la cinta posterior está situado en la parte externa de la caja de cambios, por lo que no es necesario desmontar su cubeta de aceite para dicho ajuste.

1. Afloje la tuerca de bloqueo del tornillo de ajuste y apriete éste a fondo.
2. Afloje el tornillo de ajuste una vuelta.
3. Vuelva a apretar la tuerca de bloqueo mientras sujeta el tornillo, para evitar que gire.

AJUSTE DEL INTERRUPTOR DE SEGURIDAD DE PUNTO MUERTO

Toyoglide de 3 velocidades (A-30)

Los modelos con selector de velocidades montado en consola poseen el interruptor de seguridad de punto muerto en el varillaje de debajo de la consola. Para ajustarlo, proceda de la forma siguiente:

1. Desenrosque los tornillos que fijan la consola central.
2. Suelte el multiconector de la consola, de haberlo, y retire completamente la consola.
3. Ajuste el interruptor de forma descrita antes al tratar el selector de velocidades tipo columna.
4. Monte la consola siguiendo el procedimiento de desmontaje en orden inverso, una vez completado el ajuste del interruptor.

El interruptor de seguridad de punto muerto/interruptor de luces marcha atrás en la caja de cambios Toyoglide con selector de velocidades montado en columna, está situado debajo del capó, en el varillaje del cambio. Si el interruptor no funciona correctamente, ajústelo de la forma siguiente:

1. Afloje el tornillo que fija el interruptor.

2. Mueva el interruptor de modo que su brazo establezca contacto justamente con la palanca del eje de mando, cuando el selector de velocidades está en la posición «Drive».

3. Apriete el tornillo de fijación del interruptor.

4. Compruebe el funcionamiento del interruptor: el coche debe ponerse en marcha sólo en las posiciones P (parada) o N (punto muerto) y las luces de marcha atrás deben encenderse sólo cuando se selecciona dicha marcha.

5. Si no es posible ajustar el interruptor de modo que funcione correctamente, debe cambiarse; luego ajústelo de la forma descrita.

Todos los demás vehículos

1. Si el motor se pone en marcha en cualquier otra gama que no sea P (parada) o N (punto muerto), el interruptor de seguridad de punto muerto debe ajustarse.

1. Localice el interruptor de seguridad de punto muerto en la parte lateral de la caja de cambios y afloje su tornillo de retenida.

2. Sitúe el selector de velocidades en la posición de punto muerto.

3. Alinee la ranura existente en el eje del interruptor de seguridad con la línea básica marcada en la caja.

4. Apriete el tornillo del interruptor.

5. Utilizando un óhmetro, compruebe la continuidad entre los terminales del interruptor de la forma ilustrada:

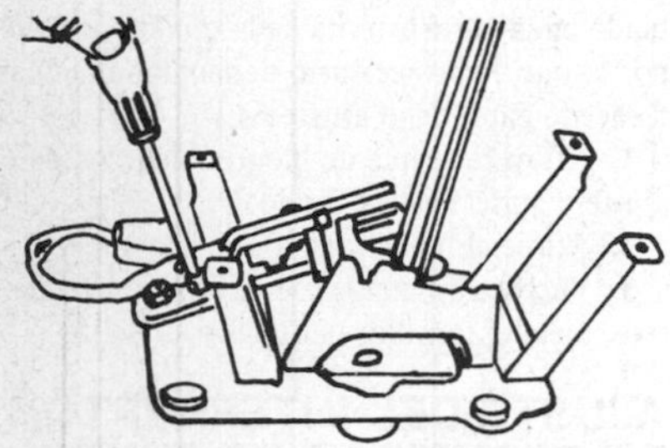

Reglaje del interruptor de seguridad de punto muerto en modelos con cambio Toyoglide de tres velocidades y palanca de cambio montada en el piso.

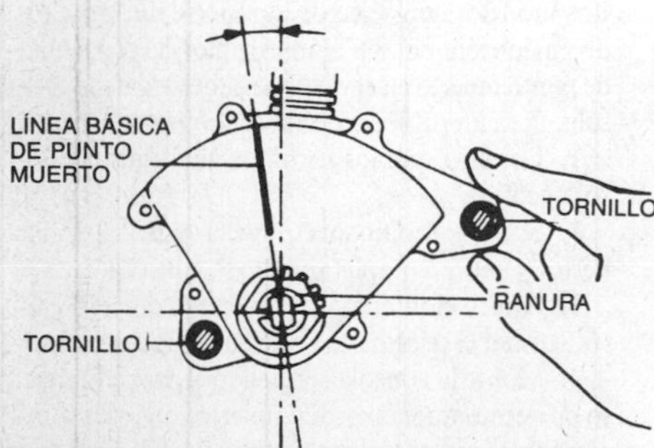

Ajuste del interruptor de seguridad de punto muerto, en la mayoría de modelos más recientes.

	B	N	RB	RL
P	o	o		
R			o	o
N	o	o		

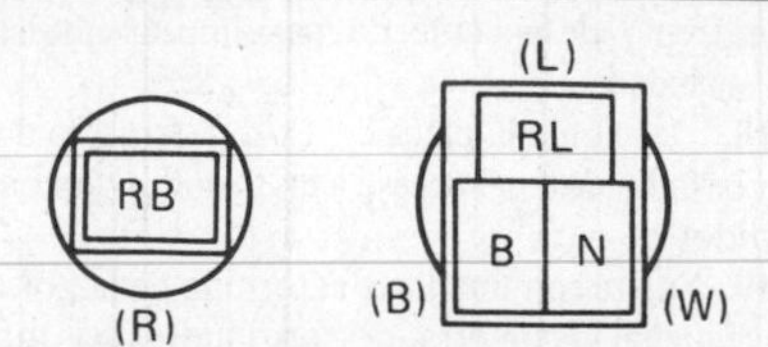

Comprobación del funcionamiento del interruptor de seguridad de punto muerto, detectando si fluye corriente entre sus conectores.

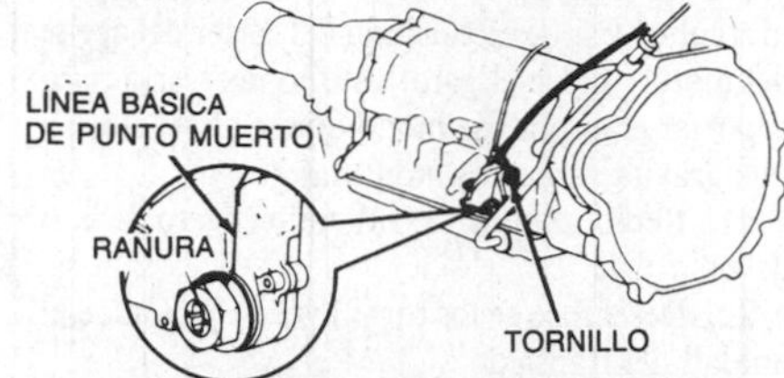

Ajuste del interruptor de seguridad de punto muerto: modelos antiguos

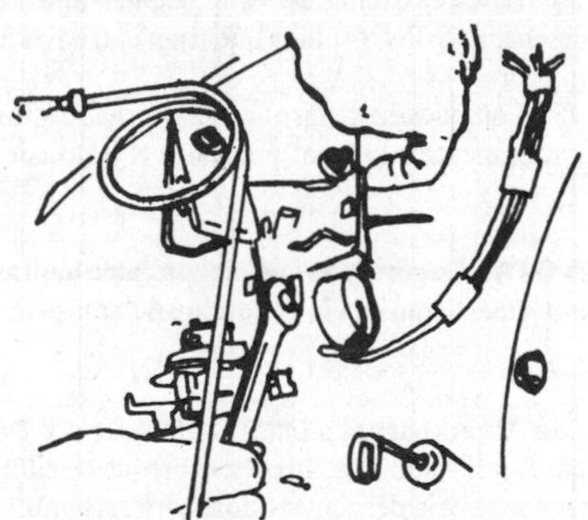

Ajuste del interruptor de seguridad de punto muerto en modelos equipados con la caja Toyoglide de tres velocidades y una palanca de cambio montada en columna.

AJUSTE DEL VARILLAJE DEL CAMBIO

Toyoglide 3 velocidades (motores A-30)

1. Compruebe todos los casquillos del varillaje de cambio, para detectar desgaste. Cambie cualquier casquillo que esté desgastado.

2. Afloje la tuerca de bloqueo del pivote de la varilla de unión.

3. Sitúe la palanca de selección de velocidades en diferentes posiciones y compruebe el movimiento de la aguja en el cuadrante del cambio.

4. Cuando el eje de mando se sitúa en la posición de punto muerto, la aguja del cuadrante debería indicar también dicha posición, es decir N.

Los puntos 5-7 son aplicables sólo a coches con palanca de cambio montada en columna.

5. Si la aguja no indica punto muerto, debe comprobarse el ajuste del cordón de mando.

6. Retire la cubierta de la columna de dirección.

7. Gire el ajustador del cordón de mando con un destornillador Phillips hasta que la aguja indique N.

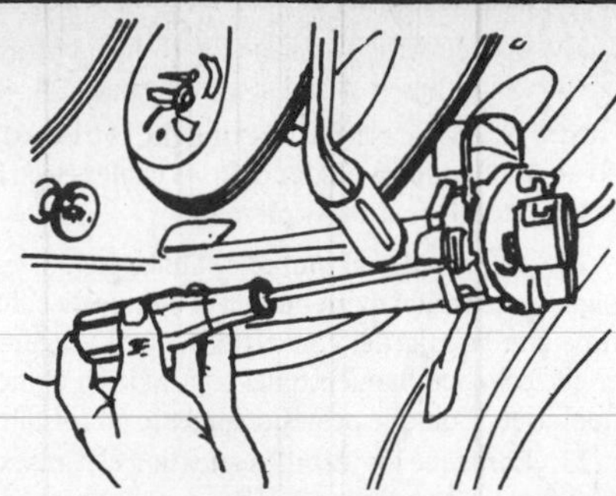

Ajuste del cordón de mando del indicador del cambio montado en columna.

Los puntos 8-10 son aplicables tanto a palancas de cambio montadas en columna como en el piso.

8. Sitúe la palanca de válvula manual en la caja de cambios de modo que esté en punto muerto.

9. Bloquee el pivote de la barra de conexión con la tuerca de inmovilización, de modo que la aguja, la palanca de selección y la palanca de válvula manual estén en la posición de punto muerto.

10. Compruebe el funcionamiento de la palanca de selección de velocidades, situándola en todas las posiciones.

Todos los demás vehículos, excepto los equipados con mando por cable

1. Compruebe que el varillaje se mueva sin impedimentos.

2. Empuje la palanca de válvula manual hacia la parte delantera del coche, hasta el final de su recorrido.

3. Restituya la palanca a su tercera ranura (punto muerto).

4. Pida a alguien que sujete la palanca de cambio en la posición de punto muerto, mientras usted aprieta el varillaje, para que no se desplace.

Modelos con control por cable

1. Afloje la tuerca del pivote en la palanca de cambio de velocidades.

2. Empuje la palanca hacia la derecha al máximo (en MR2, Camry, Celica de tracción delantera y Corolla de tracción delantera) o bien hacia atrás (Supra, Cressida, Van y Corolla de tracción trasera).

3. Retroceda la palanca dos ranuras hacia punto muerto.

4. Sitúe la palanca de cambio a la posición de punto muerto.

5. Sujete la palanca ligeramente hacia el motor y apriete la tuerca.

REGLAJE DEL VARILLAJE DE LA MARIPOSA

Toyoglide de 3 velocidades (motor A-30)

1. Afloje la tuerca de bloqueo en cada extremo del manguito tensor de ajuste del varillaje.

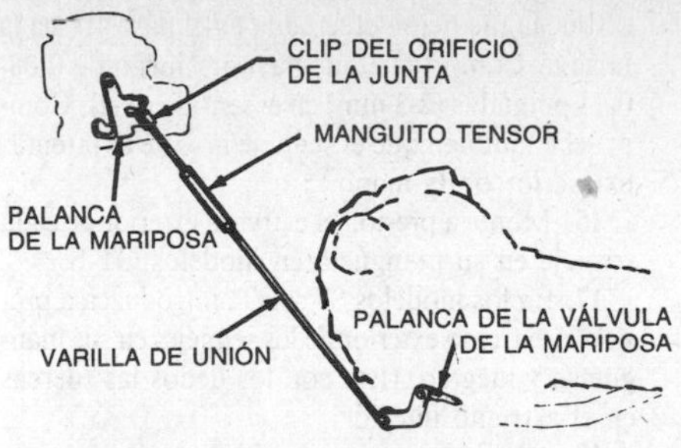

Componentes del varillaje de la mariposa del Toyoglide

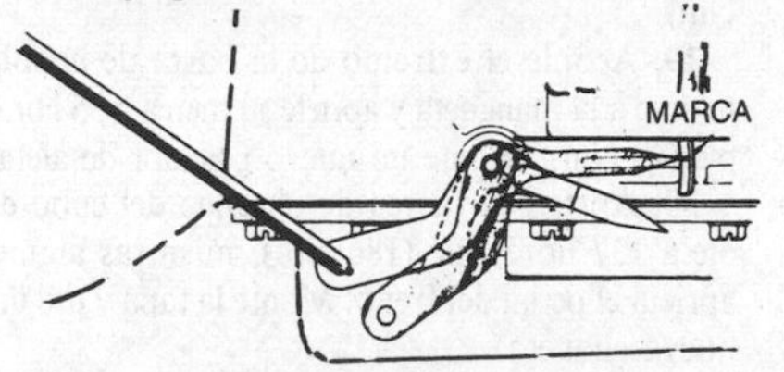

Marcas de alineación en el varillaje de la mariposa en unidades Toyoglide

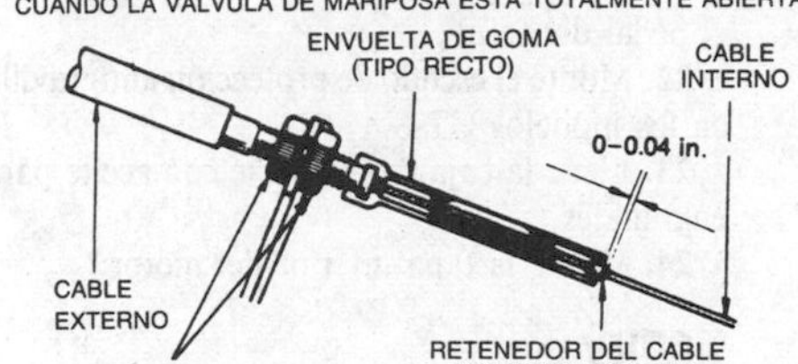

Reglaje del varillaje de la mariposa: Modelos 1980 y ulteriores

2. Suelte la varilla de unión del varillaje de la mariposa de su posición en el carburador.

3. Alinee la aguja de la palanca de la válvula de la mariposa con la marca estampada en la caja de cambios.

4. Gire el manguito tensor de modo que el extremo del varillaje de la mariposa esté alineado con la palanca de la mariposa del carburador.

NOTA: La válvula de mariposa del carburador debe estar completamente abierta durante este ajuste.

5. Apriete las tuercas de bloqueo del manguito tensor y vuelva a conectar la varilla de la mariposa al carburador.

6. Abra la válvula de mariposa y compruebe la alineación de la aguja con la marca de la caja de cambios.

7. Pruebe el coche en carretera. Si el cambio salta rápidamente hacia adelante y atrás entre diferentes marchas o ciertas velocidades o no baja debidamente a una velocidad más lenta al subir cuestas, repita el ajuste del varillaje de la mariposa.

Todos los demás vehículos

1. Extraiga el filtro del aire.

2. Asegúrese de que el varillaje del acelerador abre completamente la mariposa. De ser necesario, ajuste el varillaje.

3. Para ello, retire la cubierta antipolvo, apartándola del cable de la mariposa.

4. Afloje las tuercas de ajuste en el soporte del cable de la mariposa (tapa de los balancines), sólo lo suficiente para que pueda moverse la caja del cable.

5. Pida a alguien que apriete a fondo el pedal del acelerador.

6. Ajuste la caja del cable de modo que la distancia entre su extremo y el collar de tope del cable sea 0,04 pulgadas (1 mm).

7. Apriete las tuercas de ajuste. Asegúrese de que el reglaje no se haya perturbado. Vuelva a colocar la campana guardapolvo y el filtro de aire.

EJE PROPULSOR

Semiejes

DESMONTAJE Y MONTAJE

Tercel

1. Levante la parte delantera del vehículo y déjela firmemente soportada. Saque las ruedas delanteras.

2. Retire la chaveta y la tapa de la tuerca de bloqueo.

3. Pida a alguien que apriete el pedal del freno y afloje la tuerca de bloqueo del cojinete.

4. Retire la zapata de freno y sitúela de modo que no estorbe. Saque el disco de freno.

5. Saque el pasador de aletas y las tuercas del extremo (cabeza roscada) de la barra de acoplamiento y luego, utilizando un extractor de extremo de barra de acoplamiento, suelte dicho extremo de la mangueta de dirección.

6. Efectúe una marca de referencia en el soporte inferior de montaje del puntal, en el punto en que está acoplado a la mangueta; desenrosque sus tornillos de montaje y suelte la mangueta del soporte del puntal.

7. Tire del cubo del eje y extráigalo del extremo exterior del semieje.

8. Retire la placa de contrarrefuerzo del lado izquierdo del conjunto del transaxle.

9. Utilizando una herramienta especial suministrada por Toyota, extraiga el semieje de la caja del transaxle.

NOTA: No se olvide de cubrir la abertura de entrada del semieje.

10. Efectúe el montaje en el orden inverso al desmontaje. Tenga en cuenta los puntos siguientes:

a. Antes de insertar el semieje, aplique una capa de grasa MP en el retén de aceite situado en la abertura de entrada del transaxle.

b. Apriete los tornillos que sujetan la mangueta al puntal a 105 libras-pie.

c. Apriete la tuerca del extremo de la barra de acoplamiento a 29-43 libras-pie.

d. Apriete la tuerca de bloqueo del cojinete a 137 libras-pie.

e. La distancia entre los semiejes izquierdo y derecho debe ser inferior a 7,626 pulgadas.

Corolla de tracción delantera

1. Levante la parte delantera del coche y déjela apoyada sobre caballetes de seguridad. Saque la rueda delantera.

2. Retire la chaveta, la tapa de la tuerca de bloqueo y ésta, del cubo del eje.

3. Desenrosque las seis tuercas que fijan el semieje a la unidad del transaxle.

4. Suelte la mangueta de la dirección del brazo oscilante inferior.

5. Desmonte la zapata del freno y átela con un alambre de modo que no estorbe.

6. Extraiga el rotor del freno.

7. Utilizando un extractor, extraiga el cubo del semieje.

8. Desmonte el semieje.

9. Efectúe el montaje en el orden inverso. Apriete la tuerca de la mangueta a 47 libras-pie; los tornillos de la zapata del freno a 65 libras-pie; la tuerca del cojinete a 137 libras-pie y las tuercas del semieje a 27 libras-pie.

Celica de tracción delantera (1986 y posteriores)

1. Levante la parte delantera del vehículo y déjela firmemente soportada.

2. Saque las ruedas delanteras.

3. Retire el pasador de aletas, la tapa y la tuerca de bloqueo del cubo.

4. Desmonte las tapas inferiores del motor (Celica).

5. Efectúe el drenaje del aceite de la caja de cambios, o del diferencial en modelos GT-S.

6. Desmonte el escudo de protección antigravilla de la unidad transaxle en modelos GT-S.

7. Afloje las seis tuercas que fijan el extremo interior del semieje a la unidad transaxle (todos los vehículos Celica, excepto GT-S). Es conveniente que alguien se siente en el coche y apriete el pedal del freno, mientras se aflojan esas tuercas.

NOTA: Envuelva el extremo descubierto del semieje utilizando un lienzo de taller viejo, para evitar que sufra daños.

Extraiga el pasador de aletas del extremo (cabeza roscada) de la barra de acoplamiento y luego empuje la barra de acoplamiento para extraerla de la mangueta.

8. Desenrosque el tornillo y dos tuercas y suelte la mangueta del brazo oscilante inferior.

9. En todos los vehículos Celica, excepto GT-S, utilice un extractor de dos brazos o similar y apriete el semieje para extraerlo de la mangueta.

10. En vehículos GT-S, marque con un granete un punto en algún lugar del semieje lateral izquierdo y mida la distancia que media entre dicho punto y la caja del transaxle, para facilitar luego el montaje. Con una herramienta SST 09520-32060, extraiga el semieje de la unidad transaxle.

11. En los coches GT-S, utilice un extractor de dos brazos y apriete el extremo exterior del semieje derecho fuera de la mangueta. Con unos alicates, extraiga el anillo de resorte en el extremo interior y estire el semieje hasta extraerlo del eje de transmisión central.

12. En todos los vehículos Celica, excepto GT-S, extraiga el anillo de resorte del eje de transmisión central con unos alicates y luego extraiga el eje central de la caja del transaxle.

13. Al proceder al montaje del eje de transmisión central en modelos ST y GT, aplique una capa de grasa en el retén de aceite de la unidad transaxle; inserte el eje de transmisión a través del sopor-

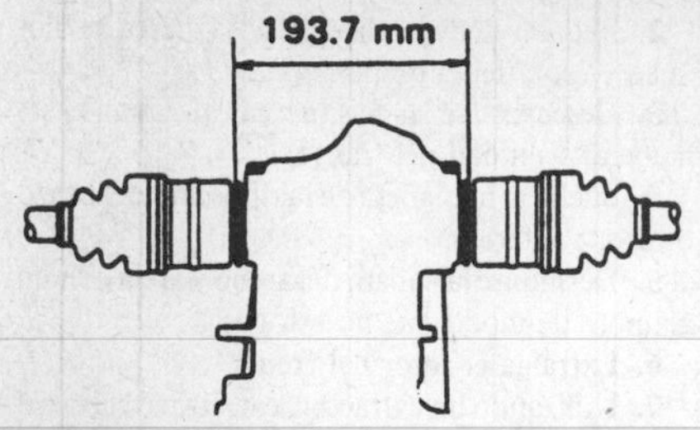

Los semiejes izquierdo y derecho han de estar 193.7 mm separados entre sí.

te del cojinete y fíjelo con un nuevo anillo de resorte.

14. Repita el punto 13 al instalar el extremo interior del semieje lateral derecho, en el modelo GT-S.

15. En el semieje derecho del modelo GT-S, use un nuevo anillo de resorte, aplique una capa de grasa en el retén de aceite de la unidad transaxle y luego introduzca a presión el extremo interior del semieje en la caja del diferencial. Asegúrese de que la medición efectuada en el paso 10 sea la misma. Compruebe que haya un juego de 0,08-0,11 pulgadas (2-3 mm) en el sentido axial. Compruebe también que el semieje no sale al intentar extraerlo con la mano.

16. Monte a presión el extremo exterior de cada semieje en su mangueta en modelos GT-S.

17. En los modelos ST y GT, introduzca a presión el extremo exterior de los semiejes en sus manguetas y luego apriete con los dedos las tuercas en el extremo interior.

18. Acople la mangueta al brazo oscilante inferior y apriete los tornillos a 94 libras-pie (127 Nm).

19. Acople el extremo de la barra de acoplamiento a la mangueta y apriete su tuerca a 36 libras-pie (49 Nm). Monte un nuevo pasador de aletas.

20. Apriete la tuerca de bloqueo del cubo del eje a 137 libras-pie (186 Nm), mientras alguien aprieta el pedal del freno. Monte la tapa y use una nueva chaveta.

21. En los modelos ST y GT, apriete las seis tuercas de los extremos interiores de los semiejes a 27 libras-pie (36 Nm), mientras alguien aprieta el pedal del freno.

22. Monte el escudo de protección antigravilla en los modelos GT-S.

23. Llene la caja de transaxle con aceite para engranajes.

24. Monte la tapa inferior del motor.

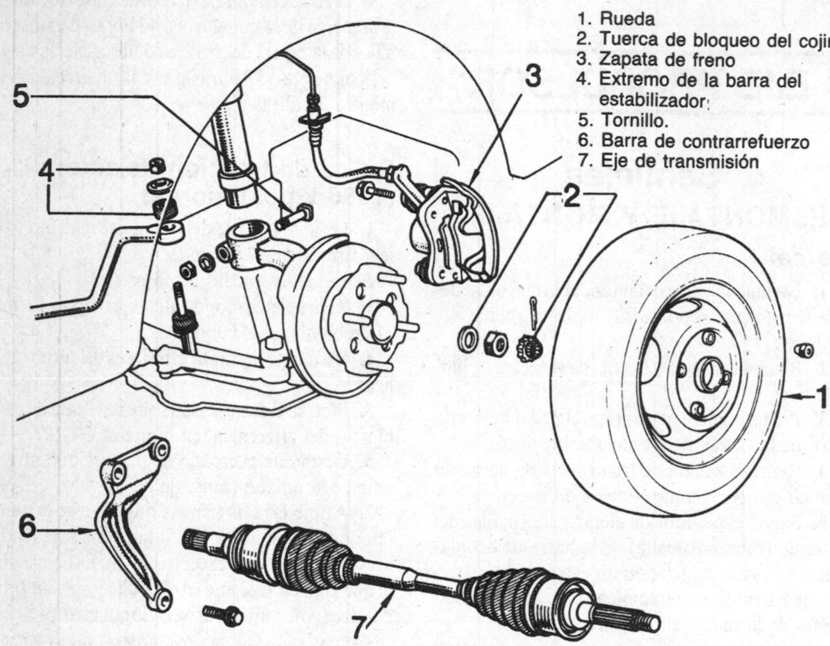

Semieje y componentes asociados: Tercel

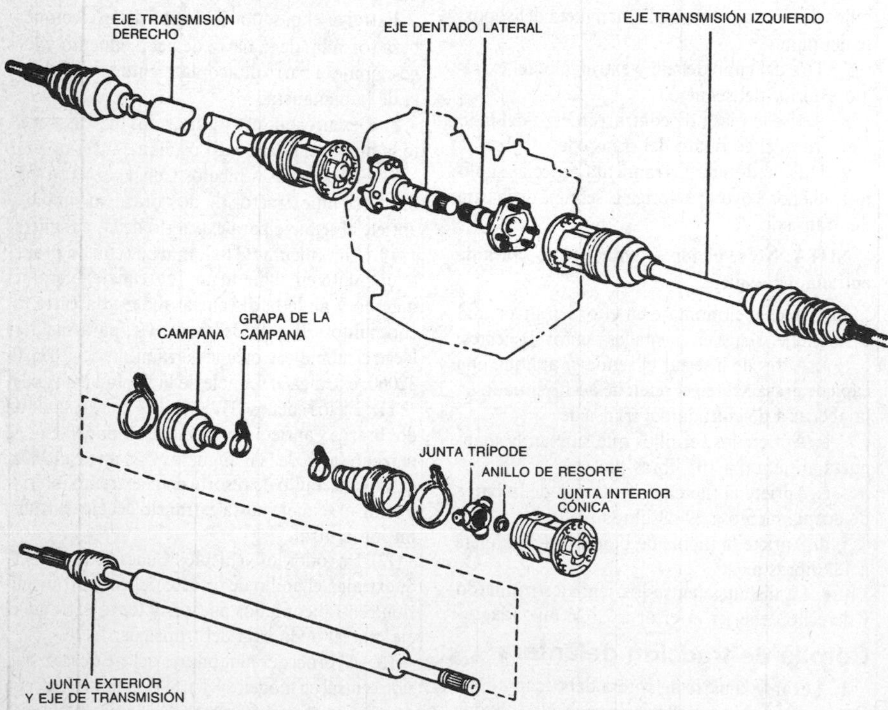

Despiece de los semiejes: Corolla de tracción delantera, MR2 y Camry con motor diesel

Camry

1. Levante la parte delantera del coche y déjela firmemente apoyada en caballetes.

2. Saque las ruedas.

3. Extraiga la chaveta y retire la tapa y la tuerca de bloqueo del cubo.

4. Desmonte el escudo antigrava que protege la unidad transaxle, en los modelos con cambio manual.

5. Afloje las seis tuercas que fijan el extremo interior del semieje a la unidad transaxle. Pida a alguien que apriete el pedal del freno dentro del coche mientras usted afloja esas tuercas.

NOTA: Envuelva el extremo descubierto del semieje con algún lienzo viejo del taller, para que no sufra daños.

6. Desmonte la pinza del freno, pero no desconecte la tubería de líquido hidráulico del freno, y sujétela con un alambre de modo que no estorbe. Extraiga el rotor del freno.

7. En todos los modelos diesel y en el lado izquierdo de los motores de gasolina equipados con cambio automático, desenrosque los dos tornillos que fijan la rótula a la mangueta de la dirección. Empuje hacia abajo el brazo oscilante inferior, mientras empuja el puntal hacia afuera; de este modo se desconectará el extremo interno del semieje de su acoplamiento en la unidad transaxle.

8. Utilizando un extractor de dos brazos u otra herramienta similar, empuje el extremo exterior del semieje hasta separarlo de la mangueta y entonces extraiga el semieje.

9. En los modelos con motor de gasolina es posible desmontar además el eje de transmisión central derecho. Para ello, efectúe el drenaje de la unidad transaxle, suelte el anillo de resorte con unos alicates y extraiga el eje de transmisión de la caja del transaxle.

Para el montaje:

10. Al montar el eje de transmisión central, aplique una carga de grasa al retén de aceite de la unidad transaxle; introduzca el eje de transmisión en el soporte del cojinete y fíjelo con un anillo de resorte nuevo.

11. Introduzca a presión el extremo exterior del semieje en la mangueta; sitúe el extremo interno y enrosque sus seis tuercas, apretándolas con la mano.

12. Vuelva a acoplar la rótula a la mangueta en los modelos en que tuvo que separarse y apriete sus dos tornillos a 83 libras-pics (113 Nm).

13. Monte el rotor y la pinza de freno, apretando los tornillos que fijan la zapata a la mangueta a 65 libras-pie (88 Nm).

14. Apriete la tuerca de bloqueo del cojinete de la rueda a 137 libras-pie (186 Nm), mientras al-

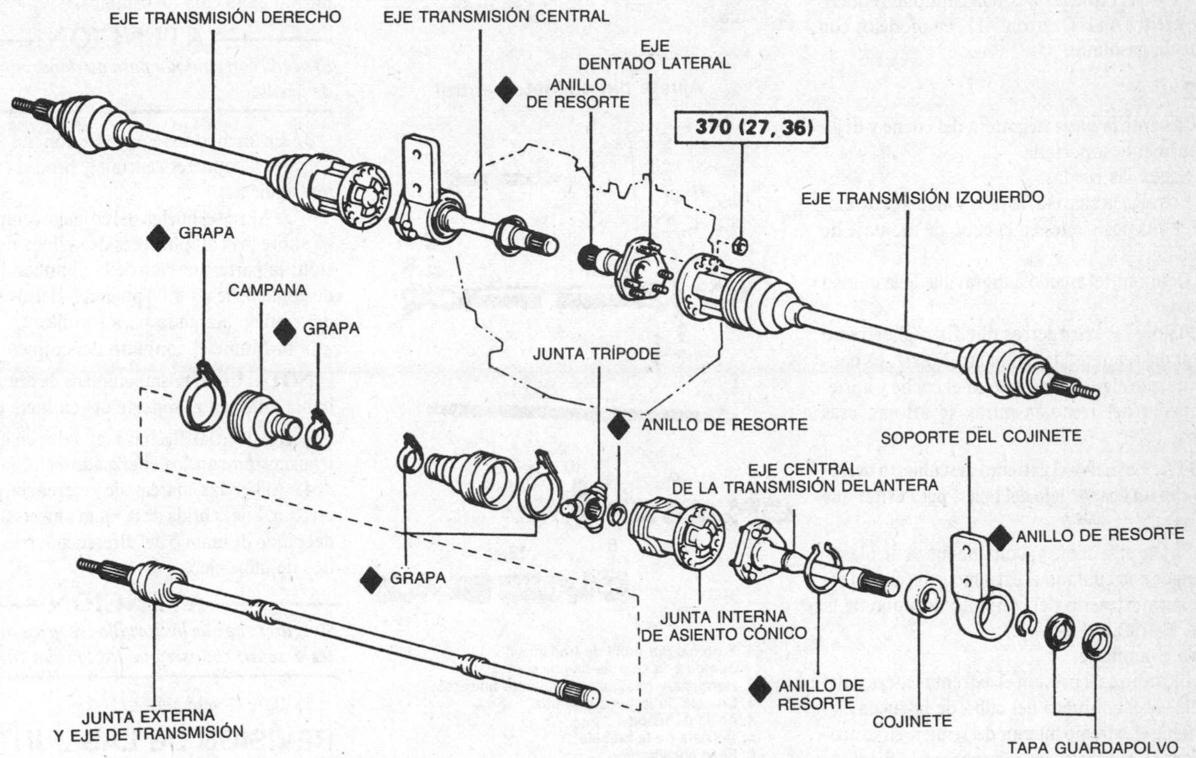

Despiece de los semiejes: Celica GTS (1986 y ulteriores)

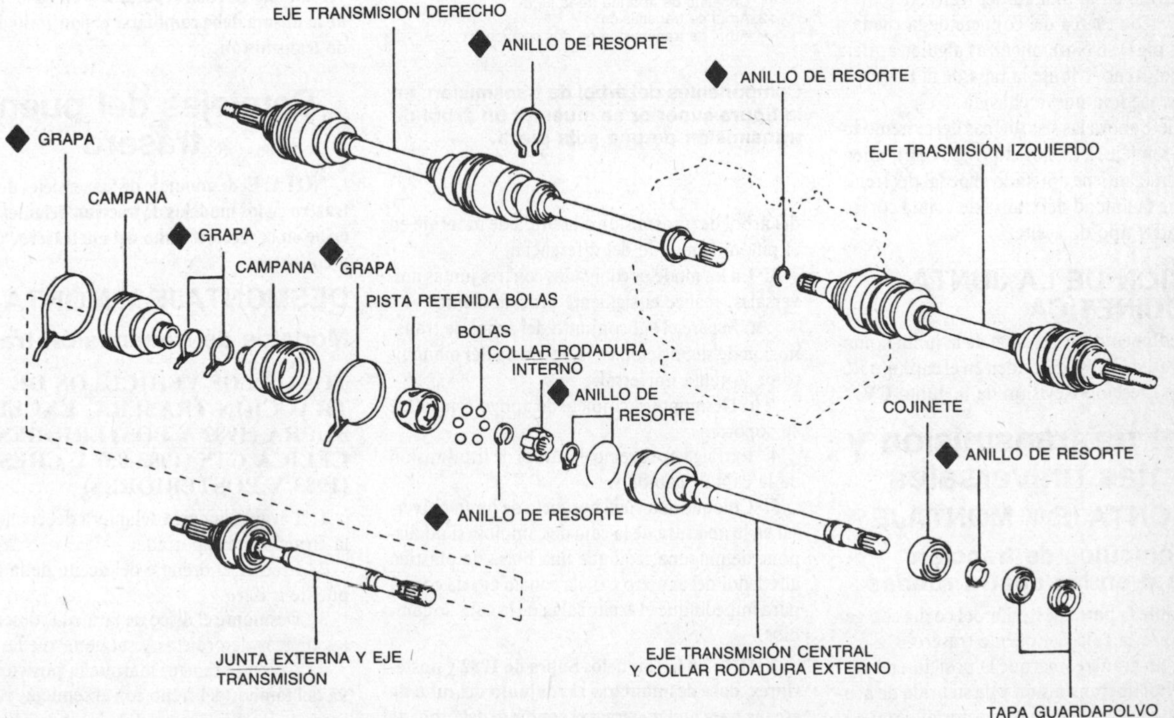

Despiece de los semiejes: Celica ST y GT (1986 y ulteriores)

guien aprieta el pedal del freno. Monte la tapa de la tuerca de bloqueo y use una chaveta nueva.

15. Apriete las seis tuercas del extremo interno, antes colocadas, a 27 libras-pie (36 Nm), mientras alguien aprieta el pedal del freno.

16. Monte el escudo antigravilla de la unidad transaxle, en los modelos equipados con la misma.

17. Llene el transaxle con la cantidad requerida de aceite (ATF Dextron® 11, en modelos con motor de gasolina).

MR2

1. Levante la parte delantera del coche y déjela firmemente soportada.

2. Saque las ruedas.

3. Extraiga la chaveta, la tapa y la tuerca de bloqueo de sus posiciones en el cubo de montaje de la rueda.

4. Desmonte el escudo antigravilla de la unidad transaxle.

5. Afloje las seis tuercas que fijan el extremo interior del semieje a la unidad transaxle. Es conveniente que alguien se siente en el coche y apriete el pedal del freno mientras se aflojan esas tuercas.

NOTA: Envuelva el extremo descubierto del semieje con un lienzo viejo del taller, para evitar que se dañe.

6. Sujete el semieje y, con una maza de plástico, golpee con cuidado el extremo exterior del semieje para extraerlo del conjunto del cubo de la rueda. Extraiga el semieje.

Para el montaje:

1. Introduzca a presión el extremo exterior del semieje en el conjunto del cubo de la rueda.

2. Sitúe el extremo interior del semieje en su acoplamiento y enrosque sus seis tuercas de fijación, apretándolas sólo con la mano.

3. Monte el escudo de protección contra impactos de gravilla en la unidad del transaxle.

4. Apriete la tuerca del cojinete de la rueda a 137 libras-pie (186 Nm), mientras alguien aprieta el pedal del freno. Monte la tapa de la tuerca de bloqueo y use una nueva chaveta.

5. Apriete ahora las seis tuercas del extremo interior del semieje, a 27 libras-pie (36 Nm), mientras alguien mantiene apretado el pedal del freno.

6. Llene la unidad del transaxle con la correcta cantidad y tipo de aceite.

REVISIÓN DE LA JUNTA HOMOCINÉTICA

Los procedimientos de revisión de la junta homocinética (junta CV) se describen en el capítulo Reparaciones, sección Revisión de la Junta CV.

Árbol de transmisión y juntas universales

DESMONTAJE Y MONTAJE

Sólo vehículos de tracción trasera o en las cuatro ruedas

1. Levante la parte posterior del coche con gatos y soporte la caja del puente trasero.

2. Con un granete, marque la posición respectiva del árbol de transmisión y de su brida de acoplamiento. Luego desenrosque los tornillos que fijan la brida de la horqueta de la junta universal

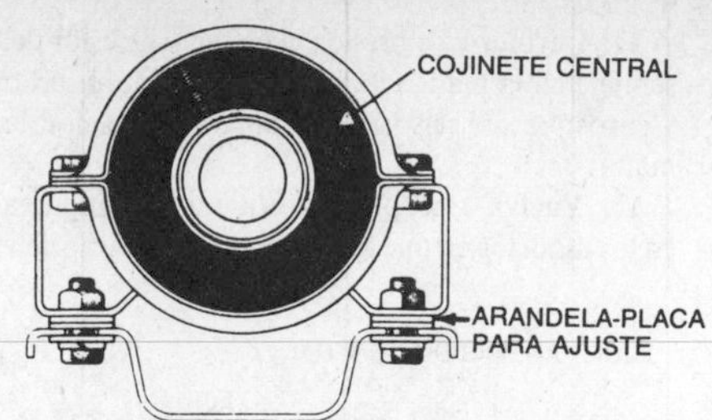

Ajuste del cojinete central

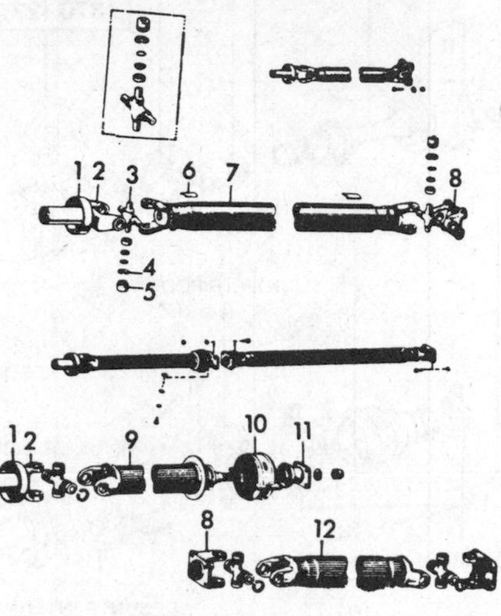

1. Extremo del árbol de transmisión que da a la caja de cambios
2. Horqueta y manguito de la junta universal
3. Cruceta de la junta universal
4. Anillo de resorte
5. Cojinete de la cruceta
6. Peso equilibrador
7. Arbol de transmisión
8. Brida de la horqueta
9. Conjunto del árbol de transmisión intermedio
10. Soporte del cojinete central
11. Conjunto de la brida de la junta
12. Árbol de transmisión
    Arbol de transmisión de dos secciones

Componentes del árbol de transmisión; en la figura superior se muestra un árbol de transmisión de una sola pieza.

del árbol de transmisión a la brida de montaje en el piñón de mando del diferencial.

3. En los modelos equipados con tres juntas universales, realice el siguiente procedimiento:

a. Separe el subconjunto del árbol de transmisión de su posición en la horqueta del manguito de la junta universal.

b. Desmonte el cojinete de apoyo central de su soporte.

4. Extraiga el extremo del árbol de transmisión de la caja de cambios.

5. Coloque una vieja horqueta de junta universal en la abertura de la caja de cambios; si no dispone de ninguna, coloque una bolsa de plástico alrededor del agujero y fíjela con un aro de goma, para impedir que el aceite salga de la caja de cambios.

NOTA: En los modelos Supra de 1982 y posteriores, debe desmontarse el conjunto del tubo de escape para poder extraer el conjunto del árbol de transmisión.

6. Extraiga el árbol de transmisión de debajo del vehículo.

Efectúe el montaje de la forma siguiente:

1. Aplique grasa corriente en la sección del manguito de la junta universal que ha de introducirse en la caja de cambios.

2. Introduzca el manguito del árbol de transmisión en la caja de cambios.

ATENCIÓN

Proceda con cuidado para no dañar ningún retén de aceite.

3. En los modelos equipados con tres juntas universales y cojinetes centrales, proceda de la forma siguiente:

a. Ajuste el huelgo del cojinete central sin carga sobre los componentes de la línea de transmisión; la parte superior de la almohadilla central de goma debe ser 0.04 pulgadas detrás del centro del orificio alargado para tornillo.

b. Monte el conjunto del cojinete central.

NOTA: Use el mismo número de arandelas que había antes en el soporte del cojinete central.

c. Alinee las flechas marcadas en el árbol de transmisión con los engrasadores.

4. Alinee las marcas de referencia que antes efectuó. Fije la brida de la junta universal a la brida del piñón de mando del diferencial, con sus tornillos de montaje.

ATENCIÓN

Asegúrese de que los tornillos sean los mismos antes desenroscados y que los aprieta firmemente.

5. Baje el vehículo.

REVISIÓN DE LAS JUNTAS UNIVERSALES

NOTA: En muchos vehículos, las juntas universales no pueden repararse y en caso de avería de la misma debe cambiarse el conjunto del árbol de transmisión.

Semiejes del puente trasero

NOTA: El desmontaje de los semiejes del puente trasero en los modelos de tracción delantera se describe en la sección Cubo del eje trasero, portaeje y cojinetes.

DESMONTAJE Y MONTAJE

Modelos de transmisión trasera

TODOS LOS VEHÍCULOS DE TRACCIÓN TRASERA, EXCEPTO SUPRA (1982 Y POSTERIORES), CELICA GTS (1983-85) Y CRESIS (1983 Y POSTERIORES)

1. Levante la parte delantera del coche y déjela firmemente soportada.

2. Efectúe el drenaje del aceite de la caja del puente trasero.

3. Desmonte el disco de la rueda, desenrosque las tuercas de orejetas y saque la rueda.

4. Con un granete, marque la posición relativa del tambor del freno con el semieje, para facilitar el montaje con equilibrio de la rotación.

5. Retire el tambor del freno y sus componen-

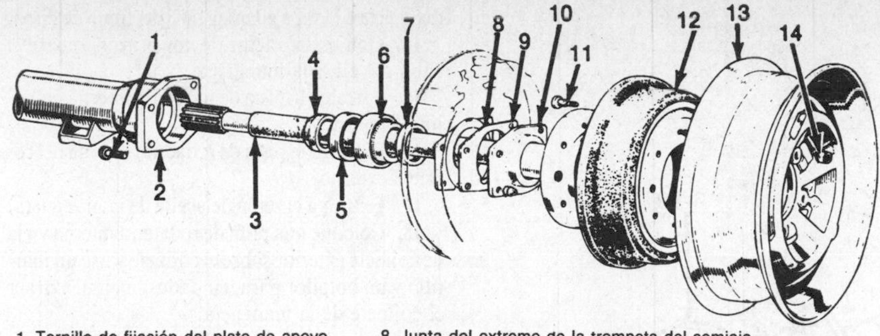

1. Tornillo de fijación del plato de apoyo
2. Trompeta de semieje
3. Semieje trasero
4. Retenedor interno del cojinete del eje
5. Retén de aceite
6. Cojinete
7. Espaciador
8. Junta del extremo de la trompeta del semieje
9. Junta del retenedor del cojinete
10. Retenedor interior del cojinete del semieje
11. Tornillo del cubo
12. Conjunto del tambor del freno
13. Rueda
14. Tuerca del cubo

Componentes de un típico eje trasero rígido

tes asociados, de la forma descrita más adelante.

6. Desenrosque la tuerca de fijación del cojinete.

7. Desenrosque las tuercas de fijación del plato de apoyo del freno, a través de los agujeros de acceso existentes en la brida del semieje trasero.

8. Use una herramienta de martillo con un adaptador idóneo y extraiga el semieje de su trompeta.

ATENCIÓN

Proceda con cuidado en el desmontaje del semieje, para no dañar el retén de aceite.

9. Efectúe el desmontaje del semieje del otro lado de la misma manera.

ATENCIÓN

Adopte precauciones para no mezclar los componentes de uno y otro lado.

10. Efectúe el montaje en orden contrario al desmontaje. Revista las pestañas del retén de aceite de la caja del puente trasero con grasa corriente antes de montar el semieje. Apriete la tuerca de retenida del cojinete al valor especificado.

NOTA: Use siempre tuercas nuevas, ya que son del tipo autorroscante.

APRIETE DE LA TUERCA DE RETENIDA DEL COJINETE DEL EJE

Modelo	Gama de apriete (lib.- pie)
Corolla 1600	26–38
Corolla 1800	19–23
Corona	29–36
Tercel	22
Celica②	19–23
Supra①	19–23
Cressida	22
Van	48

① Excepto 1982 y ulteriores, véase texto
② Excepto GTS 1983 y ulteriores, véase texto

SUPRA (1982 Y POSTERIORES), CELICA GTS (1983-85) Y CRESSIDA (1983 Y POSTERIORES)

Desmonte el semieje de la forma siguiente:

1. Levante la parte trasera del vehículo y déjela apoyada en soportes seguros.

2. Desconecte el árbol de transmisión de su brida trasera y bájelo y extráigalo.

3. Aplique a fondo el freno de mano (al máximo).

4. Desenrosque la tuerca de la brida de montaje del semieje.

NOTA: Esta tuerca está piqueteada, por lo que para poder aflojarla debe cortarse su parte piqueteada con un martillo y un cincel.

5. Luego, con la herramienta especial Toyota SST 09557-22022 (u otra equivalente), separe la brida del semieje. Preste especial cuidado para no perder la arandela-placa que está situada en la brida, del lado del cojinete.

6. Retire las zapatas del freno de mano.

7. Con una herramienta especial de servicio toyota n.º SST 09520-000 (u otra equivalente), extraiga el semieje, junto con el retén de aceite y el cojinete exterior.

Inspeccione los componentes:

8. Limpie y examine los cojinetes, sus pistas de rodadura y el retén de aceite. Si estas piezas se hallan en buen estado, llene los cojinetes con grasa MP n.º 2 y pase al punto 15 del procedimiento de montaje del semieje.

Si hay que cambiar los cojinetes y retenes de aceite:

9. Con un martillo y cincel, aumente el huelgo entre el cubo del semieje y el cojinete exterior.

10. Utilizando un extractor instalado con las quijadas en el huelgo producido en el punto 9, saque el cojinete exterior del semieje y extraiga el retén de aceite.

11. Extraiga la pista de rodadura del cojinete exterior de su posición en el cubo, utilizando un botador de latón y un martillo.

NOTA: El cojinete y sus pistas deben cambiarse formando juego. NUNCA use un nuevo cojinete con una pista vieja, ni viceversa.

12. Introduzca la nueva pista de rodadura del cojinete exterior en el cubo del semieje, hasta que esté perfectamente encajada en su asiento.

NOTA: La pista de rodadura del cojinete interior se cambia de la misma manera que la del cojinete exterior (puntos 11 y 12).

13. Monte ambos cojinetes en el cubo, prestando cuidado a no confundir el interior del exterior.

NOTA: Los cojinetes deben rellenarse de grasa corriente MP n.º 2 antes de instalarse.

14. Coloque los retenes de aceite. El retén interior debe introducirse hasta una profundidad de 1.22 pulgadas; el exterior, a 0.217 pulgadas.

Para montar el semieje:

15. Aplique una capa fina de grasa a la brida de montaje del semieje. Introduzca el semieje en su trompeta y coloque la arandela-placa en la brida.

16. Utilizando la herramienta de servicio especial Toyota n.º SST 09557-22022 (u otra equivalente), acople el semieje en su brida.

17. Retire la herramienta de servicio especial y enrosque una nueva tuerca en la brida del semieje. Apriete dicha tuerca a 22-36 libras-pie. No debe quedar juego horizontal en el semieje.

18. Gire el semieje en ambas direcciones y termine de apretar su tuerca, hasta 58 libras-pie.

19. Utilizando una lleva dinamométrica, compruebe la fuerza que debe aplicarse para hacer girar el semieje: su rotación debería exigir entre 0.9 y 3.5 libras-pulgadas.

NOTA: Los semiejes deben hacerse girar a una velocidad de una vuelta cada seis segundos para obtener la correcta medida del par de giro.

20. Si el par de giro requerido para la rotación del semieje es inferior al especificado, apriete la tuerca 5°-10° cada vez, hasta obtener el mínimo exigido; sin embargo, no apriete la tuerca a más de 145 libras-pie.

21. Si, en cambio, el par de giro requerido para la rotación excede del especificado, cambie el espaciador del cojinete y repita los puntos 18-20 (de ser necesario).

22. Cuando se haya obtenido el correcto par de giro, bloquee la tuerca repiqueteándola.

23. Monte las zapatas del freno de mano.

24. Acople el árbol de transmisión a su brida y apriete sus tuercas a 44-57 libras-pie.

25. Coloque la rueda y baje el coche.

Semiejes traseros

CAMBIO

Vehículos de tracción trasera

SUPRA (1982 Y POSTERIORES), CELICA GTS (1983-85) Y CRESSIDA (1983 Y POSTERIORES)

NOTA: Para el cambio de los semiejes traseros en los modelos MR2, véase la sección Semiejes.

1. Desconecte el árbol de transmisión de la brida del diferencial.

2. Desconecte el árbol de transmisión de la brida del eje.

3. Extraiga una y otra brida de sus vástagos de montaje y saque el árbol de transmisión.

4. Efectúe el montaje en el orden inverso.

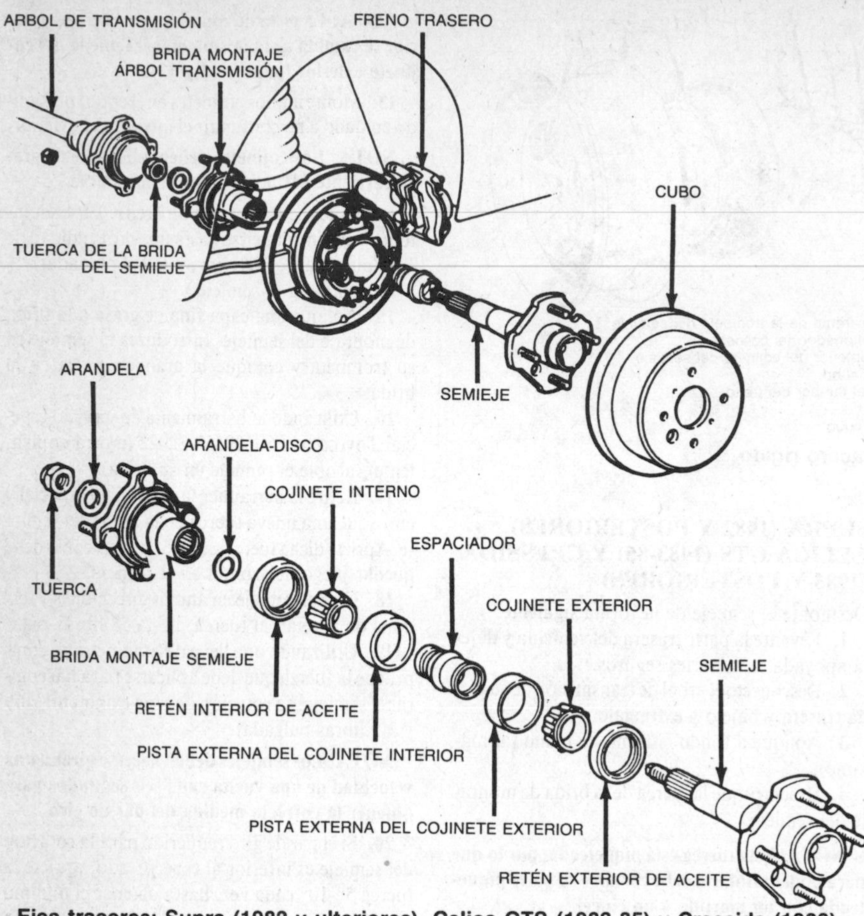

Ejes traseros: Supra (1982 y ulteriores), Celica GTS (1983-85) y Cressida (1983)

Cubo y cojinete del puente delantero

DESMONTAJE Y MONTAJE

Modelos de tracción delantera

1. Levante la parte delantera del vehículo y déjela firmemente soportada. Saque la rueda.

2. Extraiga la chaveta que fija la tapa de la tuerca de bloqueo del cojinete y retire dicha tapa.

3. Pida a alguien que apriete el pedal del freno y afloje la tuerca de fijación del cojinete.

4. Desenrosque las tuercas de montaje de la pinza del freno y aparte ésta, sujetándola a un lado con un alambre, de modo que no estorbe; no desconecte la tubería de líquido hidráulico.

5. Desmonte el disco del freno (cabeza roscada).

6. Extraiga la chaveta y desenrosque la tuerca del extremo de la barra de acoplamiento; utilizando una herramienta especial, desmonte la barra de acoplamiento.

7. Con un granete, marque la posición del soporte de montaje inferior del amortiguador y la leva de ajuste del ángulo de caída (camber); luego desatornille la mangueta del puntal.

8. Desenrosque las dos tuercas que fijan la rótula y separe el brazo oscilante inferior de la mangueta.

9. Con cuidado, coja el cubo y extráigalo del semieje. Para esta operación se precisa normalmente un extractor de dos brazos u otra herramienta similar.

NOTA: Asegúrese de cubrir el extremo del semieje con un lienzo del taller, para protegerlo contra daños.

10. Ejerza presión y extraiga la rótula de su posición en la mangueta.

11. Retire el deflector guardapolvo del cubo.

12. Use una herramienta de martillo deslizante para extraer el retén de aceite interior del cojinete y luego extraiga el anillo de resorte completo, con unos alicates con puntas finas.

13. Desenrosque los tres tornillos que fijan la mangueta a la tapa guardapolvo del freno de disco.

14. Con un extractor de dos brazos, separe el cubo del eje y la mangueta.

15. Extraiga la pista de rodadura interna del cojinete interno.

16. Extraiga la pista de rodadura interna del cojinete externo.

17. Extraiga el retén de aceite de la mangueta.

18. Coloque una pista de rodadura interna vieja de cojinete exterior sobre el cojinete y use un martillo y un botador para, cuidadosamente, extraer el cojinete de la mangueta.

Para el montaje:

1. Introduzca a presión un nuevo cojinete en la mangueta.

2. Con una herramienta de montaje de retén de aceite, introduzca un retén de aceite nuevo en la mangueta.

3. Instale la tapa guardapolvo del freno de disco en la mangueta, utilizando hermetizante líquido para asegurar su estanqueidad.

4. Aplique grasa entre la pestaña del retén de aceite, el retén de aceite y el cojinete, y luego introduzca a presión el cubo en la mangueta.

5. Instale un nuevo anillo de resorte en la mangueta, con unos alicates.

6. Introduzca a presión un nuevo retén de aceite en la mangueta y revista las superficies de contacto del retén y del semieje con una capa de grasa. Introduzca a presión un nuevo deflector guardapolvo en la mangueta.

7. Sitúe la rótula en la mangueta y apriete su tuerca a 14 libras-pie (20 Nm). Desenrosque dicha tuerca, coloque otra nueva y apriételas a 82 libras-pie (111 Nm).

9. Acople el conjunto de la mangueta al soporte inferior del puntal. Introduzca los tornillos de montaje desde la parte posterior y asegúrese de que las marcas de referencia antes efectuadas estén perfectamente alineadas. Apriete las tuercas a 105 libras-pie (142 Nm); en los modelos Camry/Celica, a 152 libras-pie (206 Nm).

10. Conecte el extremo de la barra de acoplamiento a la mangueta, apriete la tuerca a 36 libras-pie (49 Nm) y coloque una nueva chaveta.

11. Acople la junta de rótula al brazo oscilante inferior y apriete el tornillo a 47 libras-pie (64 Nm).

12. Instale el disco del freno y la zapata. Apriete los tornillos de montaje de la zapata a 65 libras-pie (88 Nm).

13. Pida a alguien que apriete el pedal de freno y enrosque la tuerca de bloqueo del cojinete, apretándola a 137 libras-pie (186 Nm). Coloque la tapa de la tuerca de ajuste e introduzca una nueva chaveta.

14. Compruebe la alineación.

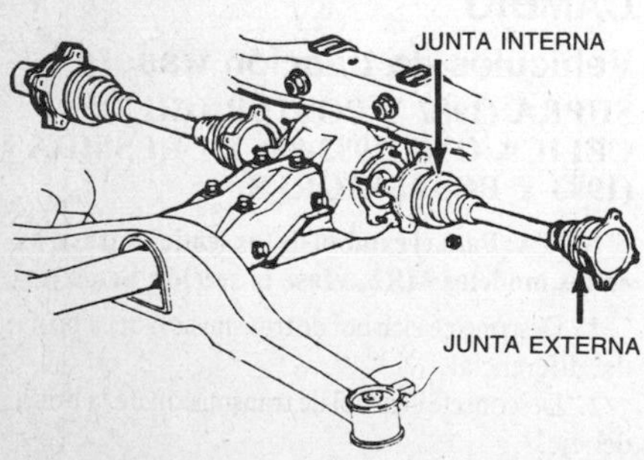

Semiejes traseros: Supra (1982 y ulteriores), Celica GTS (1983-85) y Cressida (1983 y ulteriores)

Diferencial

DESMONTAJE Y MONTAJE

NOTA: El servicio del puente trasero es una operación muy compleja. Su reparación no debería intentarse a menos que se disponga de las herramientas especiales necesarias, así como de conocimientos sobre dicho servicio.

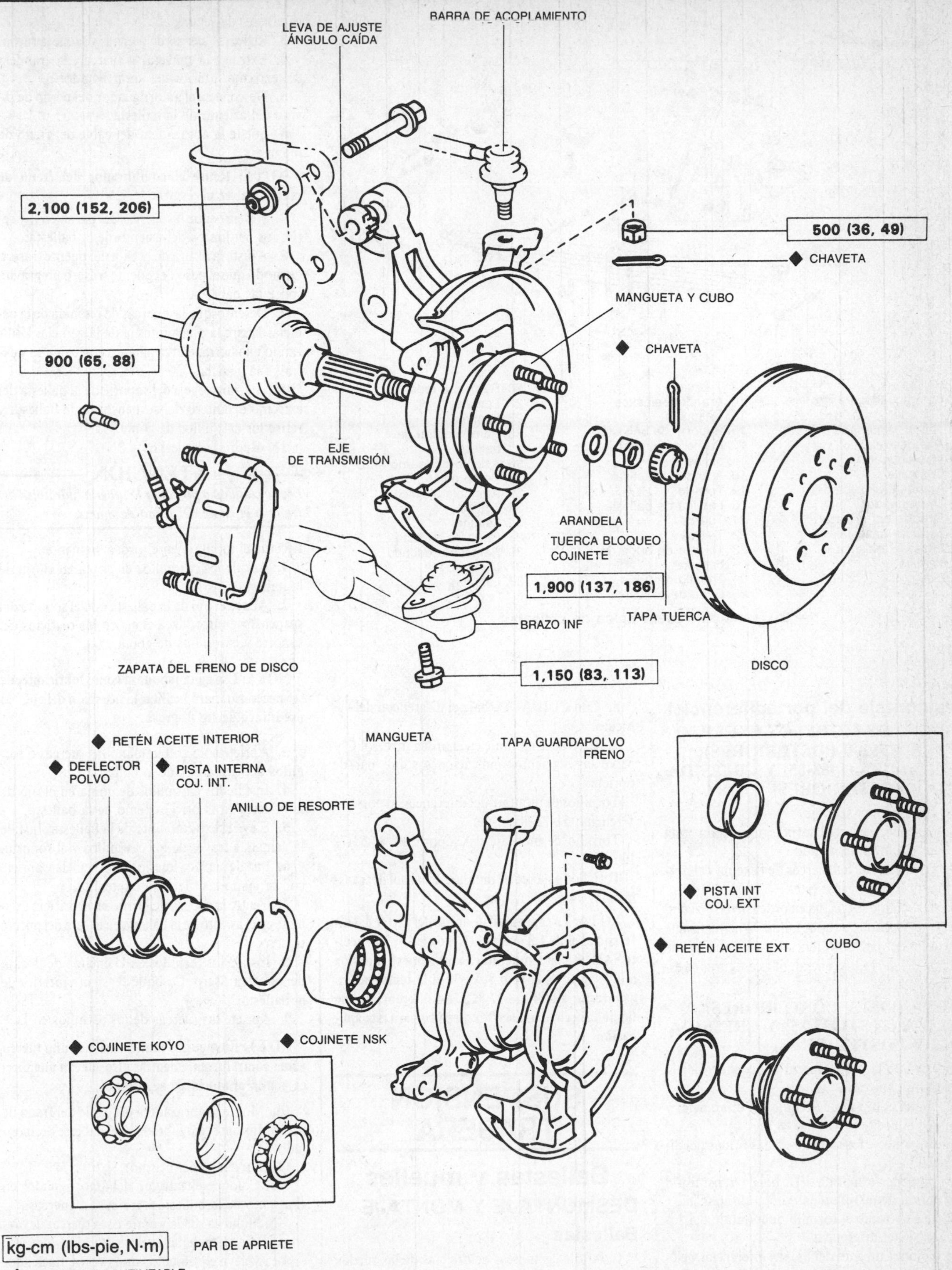

Despiece del conjunto de la mangueta de dirección y del cubo del eje delantero: Modelos de tracción delantera

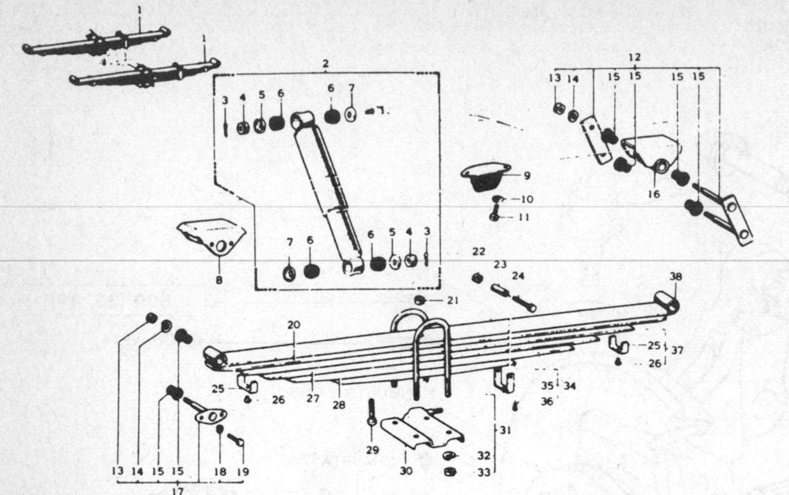

1. Ballesta
2. Amortiguador trasero
3. Chaveta
4. Tuerca almenada
5. Arandela elástica del amortiguador
6. Casquillo
7. Arandela elástica del amortiguador
8. Soporte del resorte
9. Tope de ballesta
10. Arandela elástica
11. Tornillo
12. Gemela
13. Tuerca
14. Arandela elástica
15. Casquillo
16. Soporte de ballesta
17. Perno de suspensor de ballesta
18. Arandela elástica
19. Tornillo
20. Lámina de ballesta
21. Tuerca
22. Tuerca
23. Tornillo de brida de ballesta
24. Tornillo de brida
25. Brida de ballesta
26. Remache redondo
27. Lámina
28. Lámina
29. Perno central de ballesta
30. Asiento del perno en U
31. Perno en U
32. Arandela elástica
33. Tuerca
34. Lámina
35. Brida de ballesta
36. Remache redondo
37. Lámina
38. Lámina

Suspensión trasera típica de ballestas

Desmontaje del portadiferencial

TODOS LOS MODELOS EXCEPTO SUPRA (1982 Y POSTERIORES), CELICA GTS (1983-85) Y CRESSIDA (1983 Y POSTERIORES)

1. Desmonte el semieje.

2. Desconecte el árbol de transmisión de la brida del eje del piñón de mando.

3. Desenrosque las tuercas de fijación del portadiferencial y extraiga éste.

4. El montaje se efectúa en orden inverso al desmontaje. Asegúrese de aplicar líquido hermetizante a la junta del portadiferencial y a las tuercas de fijación del portadiferencial, para asegurar su estanqueidad

SUPRA (1982 Y POSTERIORES), CELICA GTS (1983-85) Y CRESSIDA (1983 Y POSTERIORES)

1. Levante la parte trasera del coche y déjela firmemente apoyada.

2. Saque el tapón de drenaje del diferencial y deje que el aceite se vacíe.

3. Desconecte los semiejes de las bridas del diferencial.

4. Desconecte la brida del árbol de transmisión de su brida de acoplamiento en el diferencial.

5. Desenrosque el tornillo de montaje del soporte n.º 1 del diferencial.

6. Coloque un gato debajo del diferencial y elévelo hasta que soporte el peso del diferencial.

7. Desenrosque los ocho tornillos que fijan el diferencial al portadiferencial.

8. Con CUIDADO, baje el diferencial del vehículo.

9. Efectúe el montaje en el orden inverso. Observe las siguientes indicaciones sobre par de apriete:

Tornillos de montaje del diferencial al portadiferencial: 51-72 libras-pie.

Tornillo de montaje del soporte n.º 1: 51-72 libras-pie.

Tornillos o tuerca de montaje del árbol de transmisión: 44-57 libras-pie.

NOTA: La capacidad de aceite del cárter del diferencial es de 1,3 cuartos (1/4 de gal.). Use aceite SAE 90 si la temperatura ambiente es superior a 0 °F; y SAE 80W o 80W-90 si la temperatura es inferior a 0 °F (—17 °C). En diferenciales de limitada acción, use aceite específico para esta aplicación.

SUSPENSIÓN TRASERA

Ballestas y muelles

DESMONTAJE Y MONTAJE

Ballestas

1. Afloje las tuercas de orejetas de las ruedas traseras.

2. Levante la parte posterior del vehículo. Soporte el bastidor y la caja del puente trasero con caballetes de seguridad.

3. Retire las tuercas de orejetas y saque la rueda.

4. Extraiga la chaveta, la tuerca y la arandela del extremo inferior del amortiguador.

5. Desconecte el amortiguador del perno de pivote del asiento de la ballesta.

6. Suelte la abrazadera del cable del freno de mano.

NOTA: Retire el equilibrador del freno de mano, de ser necesario.

7. Desenrosque las tuercas del perno en U y retire los conjuntos del asiento de la ballesta.

8. Ajuste la altura de la caja del puente trasero de modo que el peso del puente trasero no gravite sobre las ballestas.

9. Desenrosque las tuercas de retenida de la gemela. Retire la placa interna de la gemela. Utilizando una barra, ejerza palanca con cuidado y extraiga la gemela.

10. Extraiga el eje del soporte de la ballesta del extremo delantero del suspensor de la ballesta y retire los casquillos de goma.

11. Retire la ballesta.

ATENCIÓN

Preste cuidado a no dañar la tubería hidráulica del freno o el cable del freno de mano.

Efectúe el montaje en el orden siguiente:

1. Instale los casquillos de goma en el ojo de la ballesta.

2. Alinee el ojo de la ballesta con el soporte del suspensor e introduzca el eje en los orificios del soporte y casquillos de goma.

NOTA: Use agua jabonosa como lubricante, de ser necesario, para facilitar la inserción del eje. No use nunca aceite ni grasa.

3. Apriete sólo con la mano las tuercas o tornillos del suspensor de la ballesta.

4. Instale los casquillos de goma en el ojo de la ballesta en el otro extremo de la ballesta.

5. Eleve el extremo libre de la ballesta. Instale la gemela a través de los casquillos y el soporte.

6. Instale la placa interior de la gemela y apriete con la mano las tuercas de retenida.

7. Centre la cabeza del perno en el orificio existente en el asiento de la ballesta en la caja del puente trasero.

8. Instale los tornillos en U encima de la caja del puente trasero. Coloque el asiento inferior de la ballesta.

9. Apriete las tuercas de los tornillos en U.

NOTA: En algunos modelos se usa una tuerca y una contratuerca, mientras otros llevan una tuerca y una arandela de seguridad.

10. Monte la abrazadera del cable del freno de mano. Instale el equilibrador, de haberse desmontado.

11. En vehículos turismo:

a. Coloque el extremo del amortiguador en el asiento de la ballesta. Apriete las tuercas.

b. Monte la rueda y apriete sus tuercas de orejetas. Baje el coche al suelo.

c. Mueva el vehículo varias veces, haciéndolo rebotar.

d. Apriete los ejes del soporte de la ballesta y los tornillos de las gemelas.

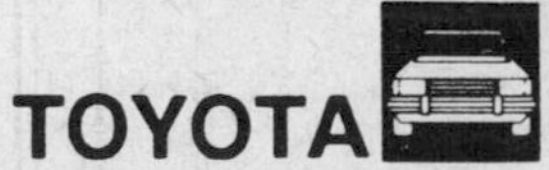

Resorte helicoidales

1. Afloje las tuercas de orejetas de las ruedas posteriores.

2. Levante con un gato la caja del puente trasero y soporte el bastidor con apoyos seguros. Deje el gato colocado debajo del puente.

3. Afloje las tuercas de orejetas y saque la rueda.

4. De haberla, desconecte la barra estabilizadora trasera de la caja del puente trasero (o el brazo oscilante, en los modelos Supra (1982 y posteriores), Celica GTS (1983-85) y Cressida (1983-85).

5. Desconecte el extremo inferior del amortiguador. En el Van, Corolla de tracción trasera y Tercel de tracción en las 4 ruedas, desconecte la barra de control lateral de su posición en el puente trasero.

NOTA: En el Supra (1982 y posteriores), Cressida (1983 y posteriores) y Celica GTS (1983 y posteriores), desmonte los semiejes traseros.

6. Lentamente, baje el gato que soporta el puente trasero, hasta que el puente quede colgando.

7. Desmonte el resorte helicoidal, completo con el aislador de vibraciones.

8. Inspeccione el resorte helicoidal y el aislador de vibraciones para detectar desgaste, grietas o flojedad; de ser necesario, cambie uno u otro o ambos.

9. Efectúe el montaje en orden inverso al procedimiento de desmontaje.

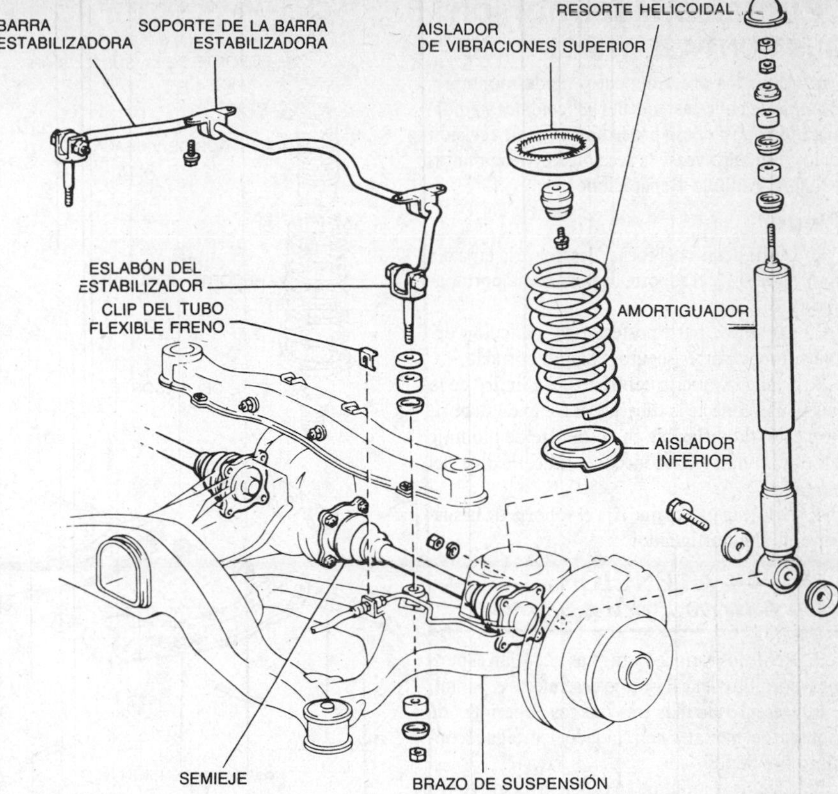

Suspensión trasera: Supra (1982 y ulteriores), Celica GTS (1983 y ulteriores) y Cressida (1985 y ulteriores)

Amortiguadores traseros

DESMONTAJE Y MONTAJE

Todos los vehículos excepto Supra (1982 y posteriores), Cressida (1983 y posteriores) y Celica GTS (1983-85)

1. Levante la parte trasera del vehículo y déjela firmemente soportada. Coloque un gato hidráulico debajo del puente trasero, de modo que soporte su peso.

2. Desenrosque las tuercas de retenida superiores del amortiguador.

NOTA: No desmonte nunca más de un amortiguador a la vez. Antes de retirar el segundo, vuelva a montar el antes desmontado. Si no adopta esta precaución, pueden causarse daños al vehículo

3. Afloje la tuerca de retenida inferior del amortiguador de su acoplamiento a la caja del puente trasero.

4. Extraiga el amortiguador.

5. Inspeccione el amortiguador, para detectar desgaste, fisuras u otros daños.

6. Efectúe el montaje en orden inverso al desmontaje. Tenga en cuenta los siguientes puntos:

—Apriete las tuercas de retenida superiores a 16-24 libras-pie.

—Apriete las tuercas de retenida inferiores a 22-32 libras-pie.

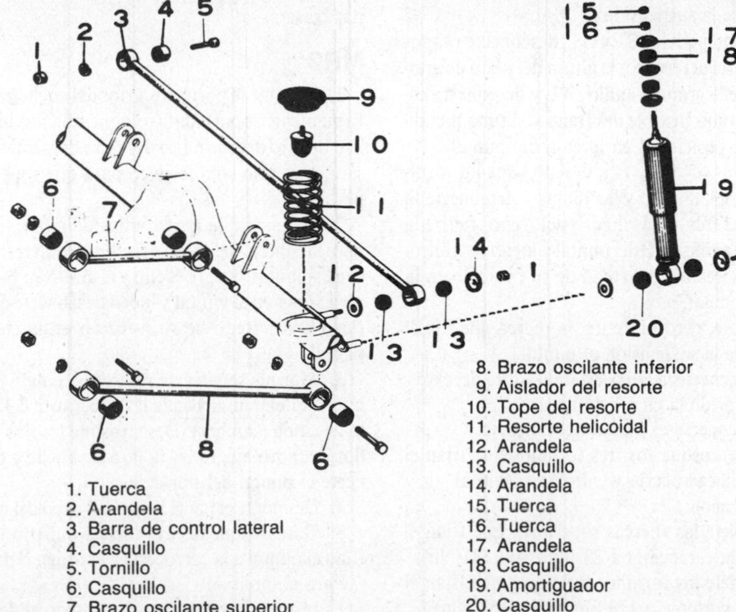

1. Tuerca
2. Arandela
3. Barra de control lateral
4. Casquillo
5. Tornillo
6. Casquillo
7. Brazo oscilante superior
8. Brazo oscilante inferior
9. Aislador del resorte
10. Tope del resorte
11. Resorte helicoidal
12. Arandela
13. Casquillo
14. Arandela
15. Tuerca
16. Tuerca
17. Arandela
18. Casquillo
19. Amortiguador
20. Casquillo

Suspensión trasera de eje rígido con resortes helicoidales, típica de todos los modelos que usan resortes helicoidales (excepto IRS)

Supra (1982 y posteriores), Cressida (1983 y posteriores) y Celica GTS (1983-85)

1. Levante con un gato la parte trasera del coche, situándolo debajo de la caja del diferencial. Soporte los brazos oscilantes con apoyos seguros.

2. Retire las grapas del tubo flexible del freno. Suelte el extremo de la barra estabilizadora.

3. Desconecte los semiejes traseros de la junta universal de velocidad constante, en el lado de la rueda.

4. Con un apoyo debajo del brazo oscilante, desatornille el extremo inferior del amortiguador. Luego, con un destornillador evite que el eje gire y desenrosque la tuerca que fija el amortiguador a su montura superior. Extraiga el amortiguador.

5. Efectúe el montaje en sentido contrario al descrito para el desmontaje. Apriete las tuercas de los semiejes a 44-57 libras-pie; apriete la tuerca superior del amortiguador a 14-22 libras-pie y la inferior a 22-32 libras-pie.

Puntales MacPherson

DESMONTAJE Y MONTAJE

Para todos los procedimientos de desmontaje y montaje de ballestas, muelles helicoidales y amortiguadores, así como procedimientos de revisión de los puntales, véase la sección Revisión puntales, en el capítulo Reparaciones.

Tercel

1. Desde dentro del coche, desmonte la tapa del amortiguador y el soporte de la bandeja portapaquetes.

2. Levante la parte posterior del vehículo y déjela sobre soportes seguros. Saque la rueda.

3. Suelte la tubería del freno del cilindrc de la rueda. Desconecte la tubería del freno de su posición en el tubo flexible en el soporte de montaje del tubo puntal. Desconecte el tubo flexible del puntal.

4. Afloje la tuerca que fija el soporte de la suspensión al amortiguador.

ATENCIÓN

Afloje sólo la tuerca, no la saque.

5. Retire los tornillos y tuercas que fijan el puntal al portadiferencial y luego desconecte el puntal.

6. Desenrosque las tres tuercas superiores de montaje del puntal y, con cuidado, extraiga el conjunto del puntal.

7. Efectúe el montaje en orden inverso. Tenga en cuenta los siguientes puntos:

a. Apriete las tuercas superiores de fijación del puntal a 17 libras-pie.

b. Apriete los tornillos inferiores que fijan el puntal al portadiferencial a 105 libras-pie.

c. Apriete la tuerca que fija el soporte de la suspensión al amortiguador a 36 libras-pie.

d. Purgue las tuberías del freno.

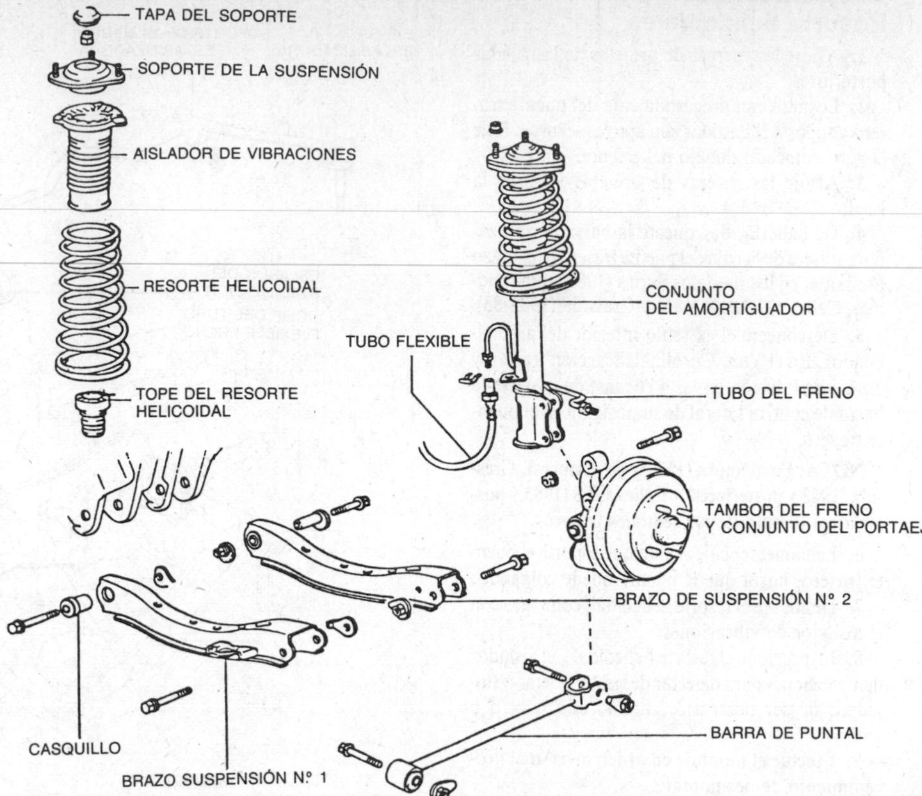

Componentes de la suspensión trasera: Tercel 1983 y ulteriores (excepto los de tracción en las 4 ruedas), Camry y Corolla de suspensión delantera.

Corolla de tracción delantera y Camry

1. En el sedan de 4 puertas, retire la bandeja portapaquetes y el conducto de ventilación.

2. En el modelo «hatchback», desmonte las rejillas del altavoz.

3. Desconecte la tubería del freno del cilindro de la rueda.

4. Desconecte la tubería del freno del tubo flexible del freno.

5. Suelte el tubo flexible del freno de su soporte en el puntal.

6. Afloje, pero no retire, la tuerca que fija el soporte de la suspensión al puntal.

7. Desatornille el puntal del brazo trasero.

8. Desatornille el puntal de la carrocería.

9. Efectúe el montaje en orden contrario. Apriete los tornillos de fijación del puntal a la carrocería a 17 libras-pie; los tornillos que fijan el puntal al brazo posterior, a 105 libras-pie, y la tuerca que fija el puntal al soporte de la suspensión, a 36 libras-pie.

10. Vuelva a llenar el circuito del freno y efectúe su purga.

Calica de tracción delantera (1986 y posteriores)

1. Levante la parte trasera del vehículo y déjela firmemente soportada. Coloque un gato hidráulico debajo del conjunto del cubo de la rueda trasera y elévelo sólo lo suficiente para que soporte el cubo.

2. En el modelo «lift-back», desmonte las rejillas del altavoz trasero.

3. En el cupé, desmonte la tapa del agujero para servicio de la suspensión.

4. En los modelos ST y GT, desconecte y tapone la tubería del freno a la altura del plato de apoyo. Retire la grapa y anillo en E y desconecte entonces el tubo flexible del freno y el tubo metálico de sus posiciones en la caja del puntal.

5. En los coches GT-S, desenrosque los tornillos de acoplamiento y las juntas y desconecte la tubería del freno del cilindro del freno. Retire la grapa y el anillo en E del puntal y luego desconecte el tubo flexible del freno de su posición en la caja del puntal.

6. Afloje, pero no retire, la tuerca que fija el soporte de la suspensión al puntal.

7. Desconecte la barra estabilizadora del extremo inferior de la caja del puntal.

8. Desconecte el puntal del portaeje.

9. Desenrosque los tres tornillos que fijan el puntal a la carrocería y extraiga el puntal.

Para el montaje:

1. Apriete las tuercas superiores que fijan el puntal a la carrocería a 23 libras-pie (31 Nm).

2. Apriete los tornillos inferiores que fijan el puntal al portaeje a 119 libras-pie (162 Nm).

3. Conecte la barra estabilizadora al puntal y apriete los tornillos a 26 libras-pie (35 Nm).

4. Apriete la tuerca de retenida del puntal a 36 libras-pie (49 Nm). Monte la tapa guardapolvo en el soporte de la suspensión.

5. Vuelva a conectar la tubería del freno y el tubo flexible. Purgue el circuito del freno. Baje el vehículo y compruebe la alineación de las ruedas traseras.

MR2

1. Levante la parte posterior del coche y déjela firmemente soportada. Coloque un gato hidráulico debajo del conjunto del cubo del semieje trasero, y elévelo sólo lo justo para que soporte su peso.

2. Desenrosque los tornillos de montaje y separe la tubería del freno del cilindro del freno; retire las juntas. Retire el clip y el anillo en E de sus posiciones en el puntal y luego desconecte el tubo flexible del freno de su posición en la caja del puntal.

3. Marque señales de referencia en el soporte inferior del puntal y en la leva de ajuste del ángulo de caída (camber). Desenrosque los dos tornillos del portaeje, retire la leva de ajuste y desconecte el puntal del portaeje.

4. Desmonte el panel lateral del capó del motor.

5. Desenrosque las tres tuercas superiores que fijan el puntal a la carrocería y extraiga el puntal.

Para el montaje:

1. Instale el puntal y apriete sus tuercas de montaje superiores a 23 libras-pie (31 Nm).

2. Instale el panel lateral del capó del motor.

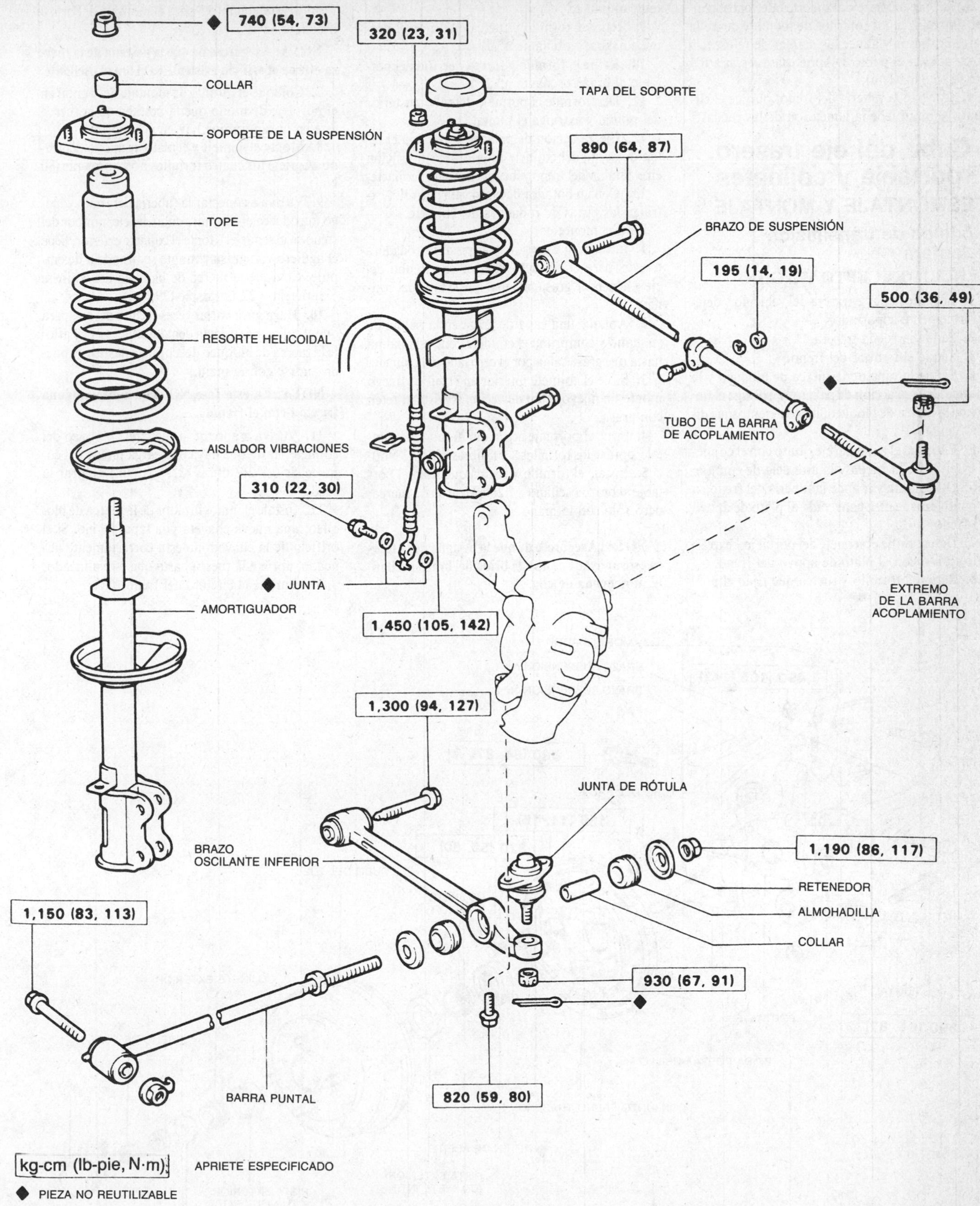
740 (54, 73)
320 (23, 31)
COLLAR
TAPA DEL SOPORTE
SOPORTE DE LA SUSPENSIÓN
890 (64, 87)
TOPE
BRAZO DE SUSPENSIÓN
195 (14, 19)
500 (36, 49)
RESORTE HELICOIDAL
TUBO DE LA BARRA
DE ACOPLAMIENTO
AISLADOR VIBRACIONES
310 (22, 30)
JUNTA
AMORTIGUADOR
1,450 (105, 142)
EXTREMO
DE LA BARRA
ACOPLAMIENTO
1,300 (94, 127)
JUNTA DE RÓTULA
BRAZO
OSCILANTE INFERIOR
1,190 (86, 117)
RETENEDOR
ALMOHADILLA
1,150 (83, 113)
COLLAR
930 (67, 91)
BARRA PUNTAL
820 (59, 80)
kg-cm (lb-pie, N·m)
APRIETE ESPECIFICADO
PIEZA NO REUTILIZABLE

Componentes de la suspensión trasera: MR2

3. Acople el portaeje al soporte inferior del puntal. Introduzca los tornillos de montaje desde la parte posterior y alinee las marcas de referencia efectuadas en el punto 3. Apriete las tuercas a 105 libras-pie (142 Nm).

4. Conecte la tubería del freno, purgue el circuito y compruebe la alineación de las ruedas.

Cubo del eje trasero, portaeje y cojinetes

DESMONTAJE Y MONTAJE

Modelos de transmisión delantera

TERCEL (EXCEPTO WAGON)

1. Levante la parte trasera del vehículo y déjela firmemente soportada.
2. Saque la rueda trasera.
3. Saque el tambor del freno.
4. Saque la tapa de la tuerca de bloqueo y la chaveta. Ejerza acción de palanca y extraiga el fiador de la tuerca de bloqueo; luego desenrosque dicha tuerca.
5. Extraiga el cubo del eje, junto con el cojinete exterior de la rueda y la arandela de empuje.
6. Desconecte y tapone la tubería del freno en el punto en que está conectada al plato de apoyo del freno.
7. Desatornille el semieje del portaeje y extráigalo, junto con el plato de apoyo del freno.
8. Retire el tornillo y tuerca que fijan el portaeje al puntal.
9. Retire el tornillo y tuerca que fijan el portaeje al brazo oscilante n.º 1.
10. Retire el tornillo y tuerca que fijan el portaeje al brazo oscilante n.º 2.
11. Desatornille el portaeje del tubo posterior del puntal y extraiga el puntal.
12. Ejerza acción de palanca y extraiga el retén de aceite del cojinete interior de su posición en el tambor del freno y luego retire dicho cojinete.
13. Con un botador de latón y un martillo, extraiga las pistas de rodadura del cojinete.

Para el montaje:

1. Introduzca a presión unas pistas de rodadura nuevas para el cojinete exterior en el cubo del eje y llénela de grasa, al igual que la tapa del cojinete.
2. Aplique una capa de grasa en la palma de su mano y comprima el cojinete contra la palma hasta que grasa salga por el otro lado del cojinete.
3. Sitúe el cojinete interior en el cubo y luego monte un nuevo retén de aceite. Revista el retén con grasa.
4. Sitúe el portaeje acoplado al tubo del puntal y apriete los tornillos a 105 libras-pie (142 Nm).
5. Instale el tornillo y tuerca que fijan el portaeje al brazo oscilante n.º 2; apriete dicha tuerca, pero sólo con la mano.

NOTA: Asegúrese de que la pestaña de la tuerca esté apoyada contra la brida del brazo oscilante, no encima de ella.

6. Repita el punto 5 para el montaje del brazo oscilante n.º 1.

NOTA: Asegúrese de que la pestaña de la tuerca esté en el orificio existente en el brazo oscilante.

7. Coloque el tornillo de montaje del puntal en el portaeje de modo que la pestaña de la tuerca esté en la ranura que hay en el soporte.
8. Monte el semieje y el plato de apoyo del freno. Apriete los cuatro tornillos a 59 libras-pie (80 Nm).
9. Vuelva a conectar la tubería del freno y luego introduzca el conjunto cubo del eje/tambor del freno en el semieje. Monte el cojinete exterior, llene el agujero con grasa y monte su arandela de empuje. Coloque la tuerca de bloqueo del cojinete y apriétela a 22 libras-pie (29 Nm).
10. Haga girar varias veces el cubo del eje, para que el cojinete se asienta debidamente. Luego afloje la tuerca de bloqueo del cojinete hasta que pueda girarse con la mano.

NOTA: En esta fase NO debe haber ninguna fricción con el freno.

11. Vuelva a apretar la tuerca de bloqueo del cojinete, hasta que haya una carga previa del cojinete de 0,9-2,2 libras (3.9-9.8 Nm) al girar la rueda.
12. Instale el inmovilizador de la tuerca de bloqueo, una nueva chaveta y la tapa del eje. Si el orificio de la chaveta no está correctamente alineado, apriete la tuerca hasta que esté alineado.
13. Purgue el circuito del freno.

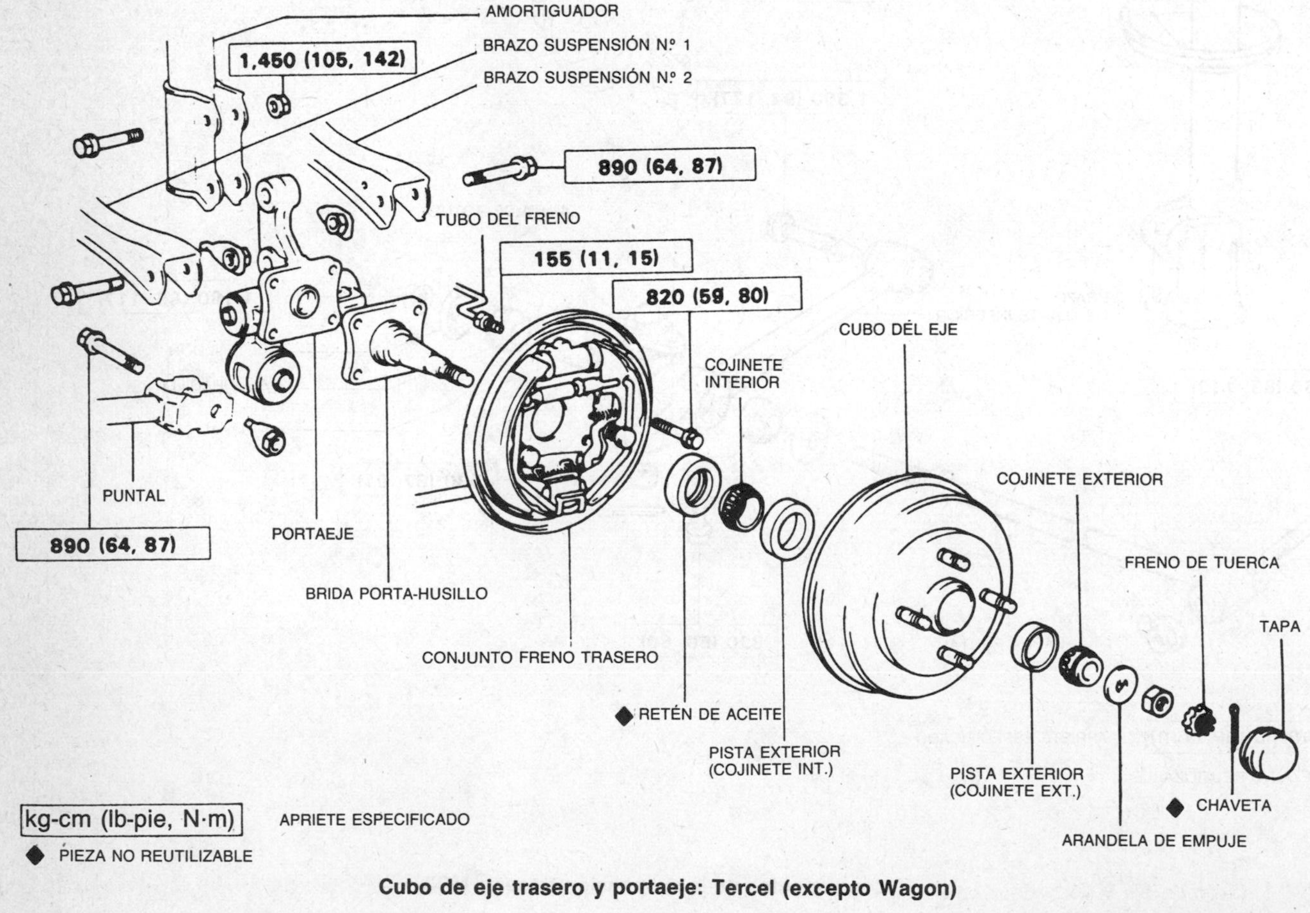

AMORTIGUADOR
1,450 (105, 142)
BRAZO SUSPENSIÓN N.º 1
BRAZO SUSPENSIÓN N.º 2
890 (64, 87)
TUBO DEL FRENO
155 (11, 15)
820 (59, 80)
CUBO DEL EJE
COJINETE INTERIOR
COJINETE EXTERIOR
PUNTAL
890 (64, 87)
PORTAEJE
FRENO DE TUERCA
BRIDA PORTA-HUSILLO
TAPA
CONJUNTO FRENO TRASERO
◆ RETÉN DE ACEITE
PISTA EXTERIOR (COJINETE INT.)
PISTA EXTERIOR (COJINETE EXT.)
◆ CHAVETA
ARANDELA DE EMPUJE
kg-cm (lb-pie, N·m) APRIETE ESPECIFICADO
◆ PIEZA NO REUTILIZABLE

Cubo de eje trasero y portaeje: Tercel (excepto Wagon)

14. Baje el vehículo al suelo y agítelo de modo que rebote varias veces para que la suspensión trasera se asiente debidamente.

15. Apriete los tornillos de fijación de los brazos oscilantes y el tornillo del puntal a 64 libras-pie (87 Nm).

CAMRY, CELICA (1986 Y POSTERIORES) Y TERCEL WAGON (EXCEPTO LOS MODELOS CON PROPULSIÓN EN LAS 4 RUEDAS)

1. Levante la parte posterior del vehículo y déjela firmemente soportada.

2. Saque la rueda trasera.

3. Saque el tambor del freno.

4. Desconecte y tapone la tubería del freno en el plato de apoyo.

5. Desenrosque los cuatro tornillos que fijan el cubo del eje al portaeje y extraiga el cubo y el conjunto del freno. Extraiga la junta tórica.

6. Retire el tornillo y tuerca que fijan el portaeje al puntal.

7. Retire el tornillo y tuerca que fijan el portaeje al brazo oscilante nº 1.

8. Retire el tornillo y tuerca que fijan el portaeje al brazo oscilante nº 2.

9. Desatornille el portaeje de su posición en el tubo posterior del puntal y extraiga el portaeje.

10. Con un martillo y cincel, afloje la parte anclada de la tuerca del cubo y desenrosque la tuerca.

11. Con un extractor de dos brazos o similar, separe el semieje y el cubo.

12. Extraiga la pista de rodadura interna del cojinete interior.

13. De nuevo con un extractor de dos brazos, extraiga la pista interna del cojinete exterior del semieje.

14. Extraiga el retén de aceite.

15. Coloque una pista de rodadura interna vieja para cojinete exterior contra el cojinete y extraiga éste a presión fuera del cubo.

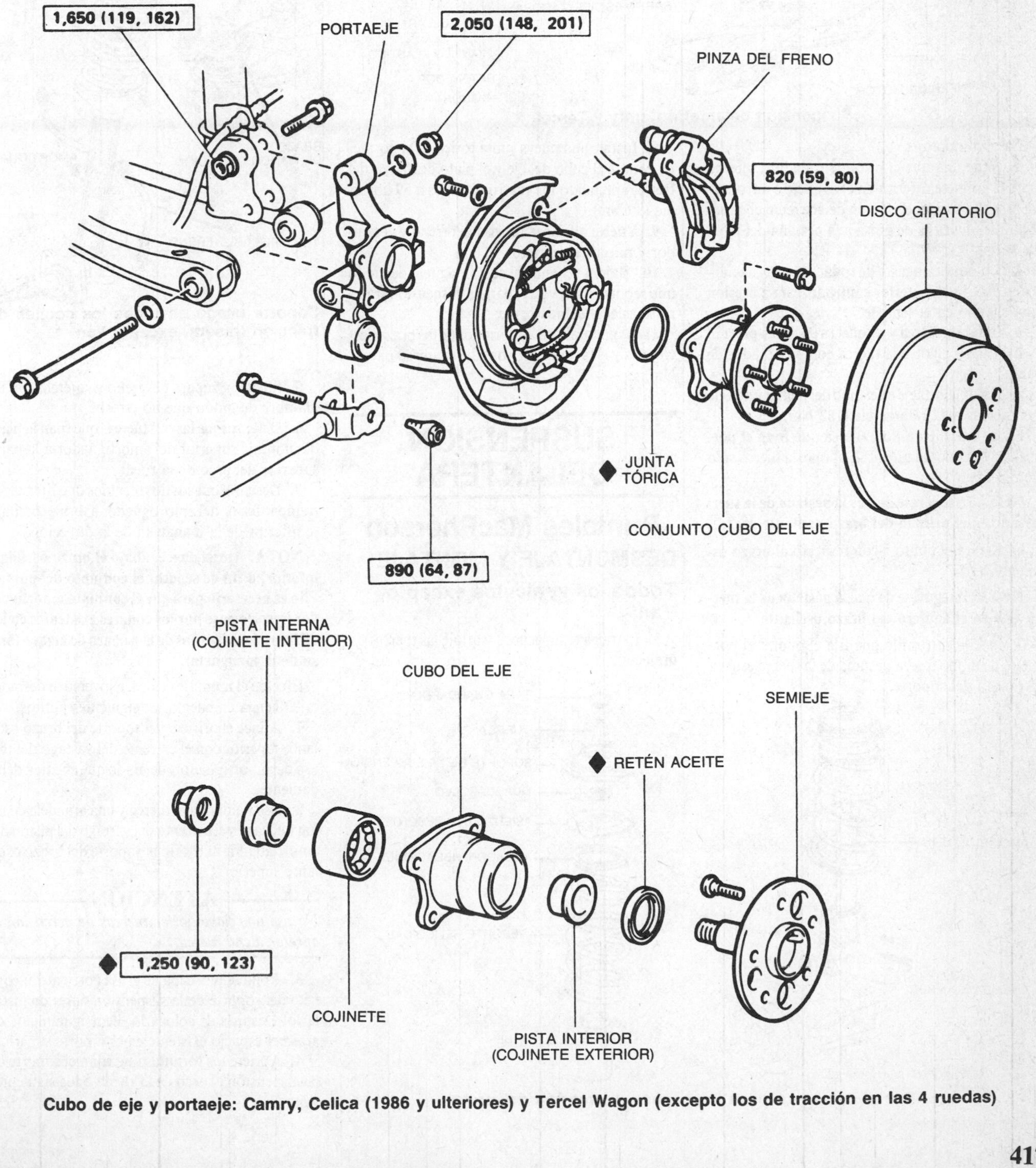

1,650 (119, 162)
PORTAEJE
2,050 (148, 201)
PINZA DEL FRENO
820 (59, 80)
DISCO GIRATORIO
◆ JUNTA TÓRICA
CONJUNTO CUBO DEL EJE
890 (64, 87)
PISTA INTERNA (COJINETE INTERIOR)
CUBO DEL EJE
SEMIEJE
◆ RETÉN ACEITE
◆ 1,250 (90, 123)
COJINETE
PISTA INTERIOR (COJINETE EXTERIOR)

Cubo de eje y portaeje: Camry, Celica (1986 y ulteriores) y Tercel Wagon (excepto los de tracción en las 4 ruedas)

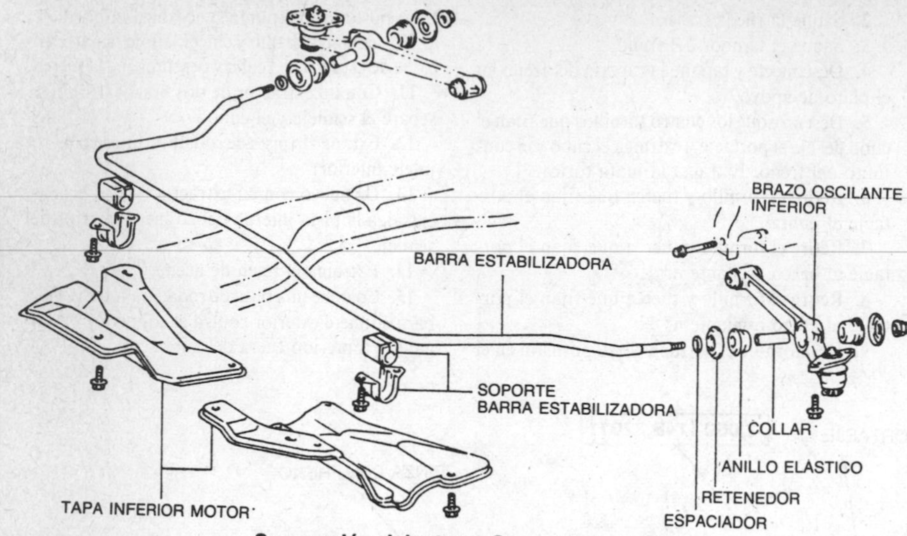

Suspensión delantera: Camry y Tercel

Para el montaje:

1. Sitúe una nueva pista de rodadura interna para el cojinete exterior en el cojinete e introduzca a presión un nuevo retén de aceite en el cubo. Aplique una capa de grasa a la pestaña del retén de aceite.

2. Coloque una pista de rodadura interna nueva en el cojinete interior e introdúzcala a presión con el cubo en el semieje.

3. Instale la tuerca y rósquela a 90 libras-pie (123 Nm). Luego picotee la tuerca con un botador de latón.

4. Sitúe el portaeje en el tubo del puntal y apriete las tuercas a 119 libras-pie (162 Nm).

5. Instale el tornillo y tuerca que fijan el portaeje al brazo oscilante n.º 2; apriete la tuerca sólo con la mano.

NOTA: Asegúrese de que la pestaña de la tuerca esté en el orificio del brazo oscilante n.º 2.

6. Repita el punto 5 con respecto al brazo oscilante n.º 1.

NOTA: Asegúrese de que la pestaña de la tuerca esté en el agujero del brazo oscilante.

7. Instale el tornillo que fija el puntal al portaeje, de modo que la pestaña de la tuerca esté en la ranura del soporte.

8. Instale una nueva junta tórica en el portaeje. Monte el cubo del eje y el plato de apoyo del freno, apretando los cuatro tornillos a 59 libras-pie (80 Nm).

9. Vuelva a fijar la tubería del freno y el tambor y purgue el circuito.

10. Baje el vehículo al suelo y agítelo de modo que rebote varias veces, para la suspensión trasera se asiente debidamente.

11. Apriete ahora los tornillos de los brazos oscilantes y el tornillo del puntal a 64 libras-pie (87 Nm).

SUSPENSIÓN DELANTERA

Puntales MacPherson

DESMONTAJE Y MONTAJE

Todos los vehículos excepto Van

1. Extraiga el tapacubos y afloje las tuercas de orejetas.

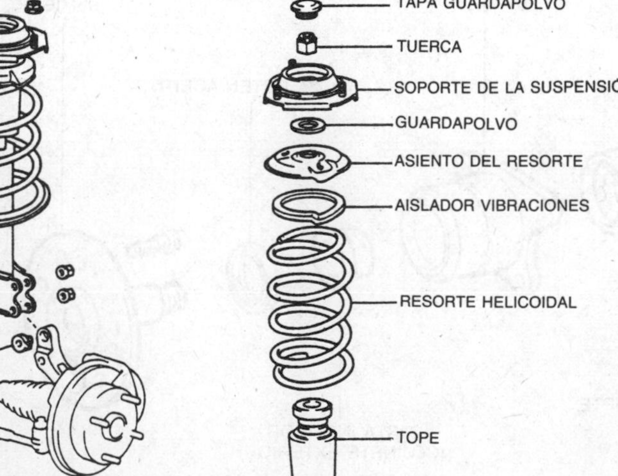

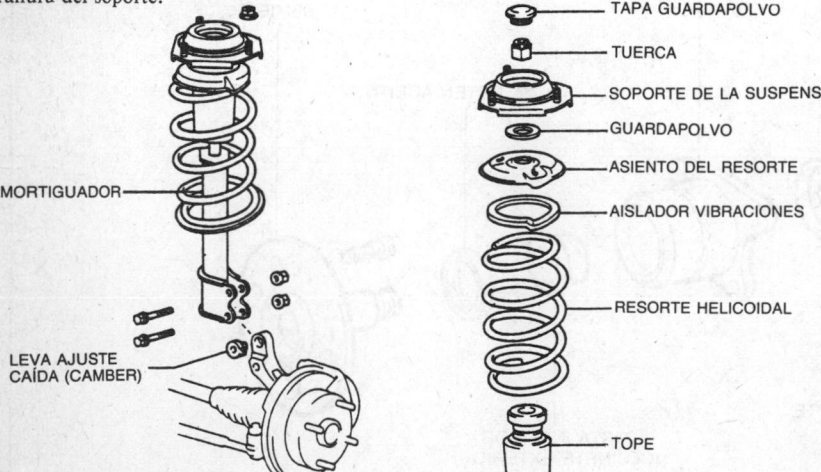

Puntal usado en todos los coches de tracción delantera

2. Levante la parte delantera del coche y déjela firmemente apoyada con soportes aplicados a las placas del chasis previstas a tal fin.

ATENCIÓN

No soporte el peso del vehículo en los brazos oscilantes, ya que se deformarían.

3. Retire las tuercas de orejetas y saque la rueda.

4. Desconecte la tubería del freno delantero de su brida de sujeción.

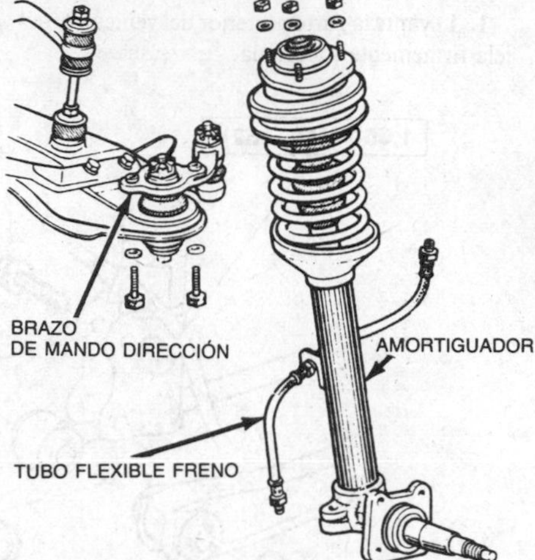

Soporte usado en todos los coches de tracción trasera, excepto Van

5. Suelte la zapata del freno y sujétela con un alambre de modo que no estorbe.

6. Desenrosque las tres tuercas que fijan la placa de montaje superior del amortiguador a la parte superior del arco de la rueda.

7. Desenrosque los dos tornillos que fijan el extremo inferior del amortiguador al brazo oscilante inferior de la mangueta de la dirección.

NOTA: Apriete hacia abajo el brazo oscilante inferior, a fin de separar el conjunto del puntal. Ello es necesario para que el conjunto amortiguador/resorte pase por los collares existentes en los orificios de los pernos de la palanca de ataque (brazo de la mangueta).

Efectúe el montaje en orden inverso al desmontaje. Tenga en cuenta los siguientes puntos:

1. Alinee el orificio del soporte del brazo oscilante superior con el extremo del vástago del pistón del amortiguador, de modo que encajen debidamente.

2. Use siempre una tuerca y una arandela de nilón nuevas en el extremo del vástago del pistón del amortiguador al fijarlo al soporte del brazo oscilante superior.

ATENCIÓN

No use una llave aprietatuercas de percusión al apretar dicha tuerca.

3. Aplique una capa de grasa corriente al cojinete del soporte de la suspensión antes de instalarlo. Después de colocarlo, llene igualmente de grasa el espacio existente en el soporte superior.

4. Apriete los tornillos que fijan el soporte de la suspensión al arco de la rueda a los siguientes valores:

Corolla: 11-16 libras-pie.
Celica de tracción trasera: 14-23 libras-pie.
Celica de tracción delantera: 45-49 libras-pie.
Camry: 45-49 libras-pie.
Supra: 25-29 libras-pie.
Cressida: 25-29 libras-pie.
Tercel: 11-15 libras-pie.
MR2: 21-25 libras-pie.

5. Apriete los tornillos que fijan el amortiguador a la palanca de ataque a los siguientes valores:
Corolla (tracción trasera): 50-65 libras-pie.
Corolla (tracción delantera): motor gasolina, 105 libras-pie. Motor diesel, 152 libras-pie.
Camry y Celica tracción delantera: 152 libras-pie.
MR2 y Tercel: 105 libras-pie.
Celica tracción trasera y Supra: 72 libras-pie.
Cressida: 80 libras-pie.
Resto de vehículos: 65 libras-pie.

6. Ajuste la carga previa del cojinete de la rueda de la forma descrita más adelante.

7. Purgue el circuito del freno.

Barras de torsión

DESMONTAJE Y MONTAJE

Van

1. Levante la parte delantera del vehículo y déjela soportada con caballetes bajo el bastidor.

2. Marque con pintura señales de referencia en la barra de torsión, brazo de anclaje y brazo de reacción.

3. Desenrosque la tuerca de bloqueo y mida el extremo roscado «A» de la forma ilustrada. Use esta distancia luego para el montaje.

4. Afloje la tuerca de reglaje y extraiga el brazo de anclaje y la barra de torsión.

5. Efectúe el montaje en orden inverso al desmontaje. Aplique una ligera capa de grasa de litio y bisulfuro de molibdeno al extremo estriado de la barra de torsión. Alinee todas las marcas de referencia. Apriete la tuerca de reglaje de modo que se obtenga la misma longitud de tramo roscado que antes. La longitud correcta debe ser 2,76 pulgadas.

Brazo oscilante inferior y rótulas

INSPECCIÓN

Corolla (tracción trasera), Cressida, Corona, Celica/Supra 1980-81 y Starlet

Eleve con un gato el brazo oscilante inferior de la suspensión (excepto en el Corolla, Celica y Cressida). Compruebe el juego de la rueda delantera. Si el juego de la llanta de la rueda excede de 0,1 (2,54 mm) en sentido vertical o de 0.25 pulgadas (6.35 mm) en sentido horizontal, debe cambiarse la rótula inferior. Compruebe que las tapas guardapolvo no estén rotas y que estén firmemente encoladas a las juntas de rótula.

ATENCIÓN

No aplique un gato al brazo oscilante en los modelos Corolla, Celica o Cressida, ya que podrían producirse daños.

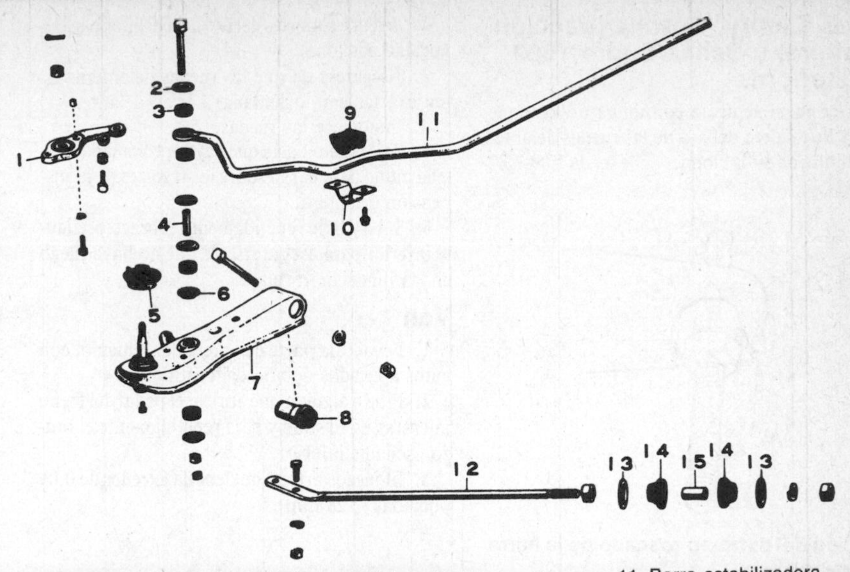

1. Brazo de mando dirección
2. Retenedor
3. Almohadilla
4. Collar
5. Tapa guardapolvo
6. Retenedor
7. Brazo oscilante inferior
8. Casquillo
9. Casquillo
10. Soporte
11. Barra estabilizadora
12. Puntal
13. Retenedor
14. Almohadilla
15. Collar

Componentes de una suspensión delantera con puntal típico de MacPherson

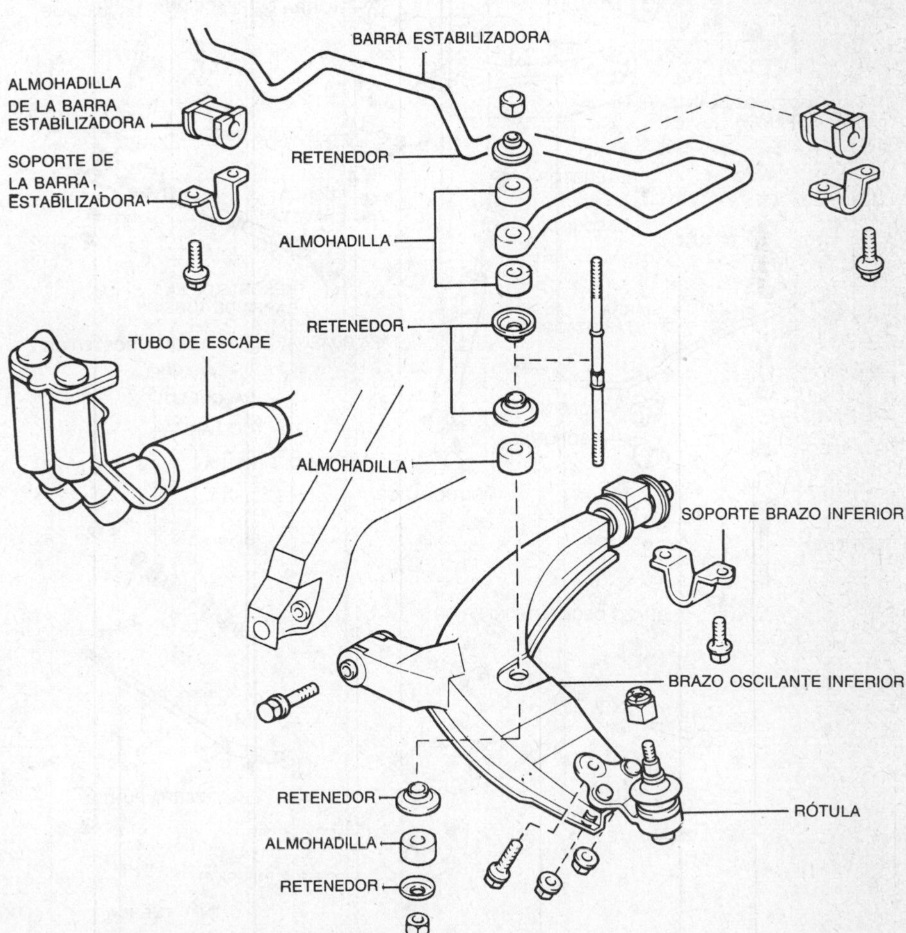

Componentes de suspensión delantera: Corolla de tracción delantera (1986 y ulteriores). Similar en Celica

Tercel, Camry, Corolla (tracción delantera) y Celica/Supra 1982 y posteriores

1. Levante el vehículo con un gato y coloque bloques de madera debajo de las ruedas delanteras; la altura de estos bloques debe ser de 7.09-7,87 pulgadas.

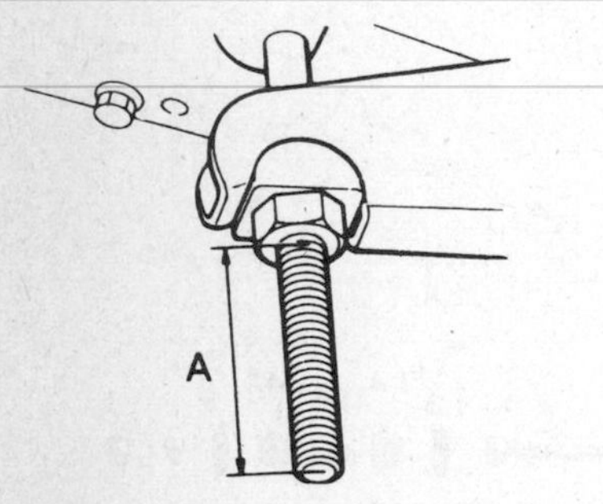

Medición del extremo roscado de la barra de torsión: Van

2. Aplique soportes debajo del bastidor para seguridad adicional.

3. Asegúrese de que las ruedas delanteras estén exactamente orientadas hacia adelante.

4. Inmovilice las ruedas.

5. Baje el gato hasta que haya aproximadamente la mitad de la carga sobre los resortes de la suspensión delantera.

6. Suba y baje repetidamente el brazo oscilante inferior para asegurarse de que no haya juego en las juntas de rótula.

Van

1. Levante la parte delantera del vehículo, con gatos aplicados debajo del bastidor.

2. Pida a alguien que apriete el pedal del freno mientras usted sube y baja repetidamente el brazo oscilante inferior.

3. El juego vertical no debería exceder de 0.09 pulgadas (2.28 mm).

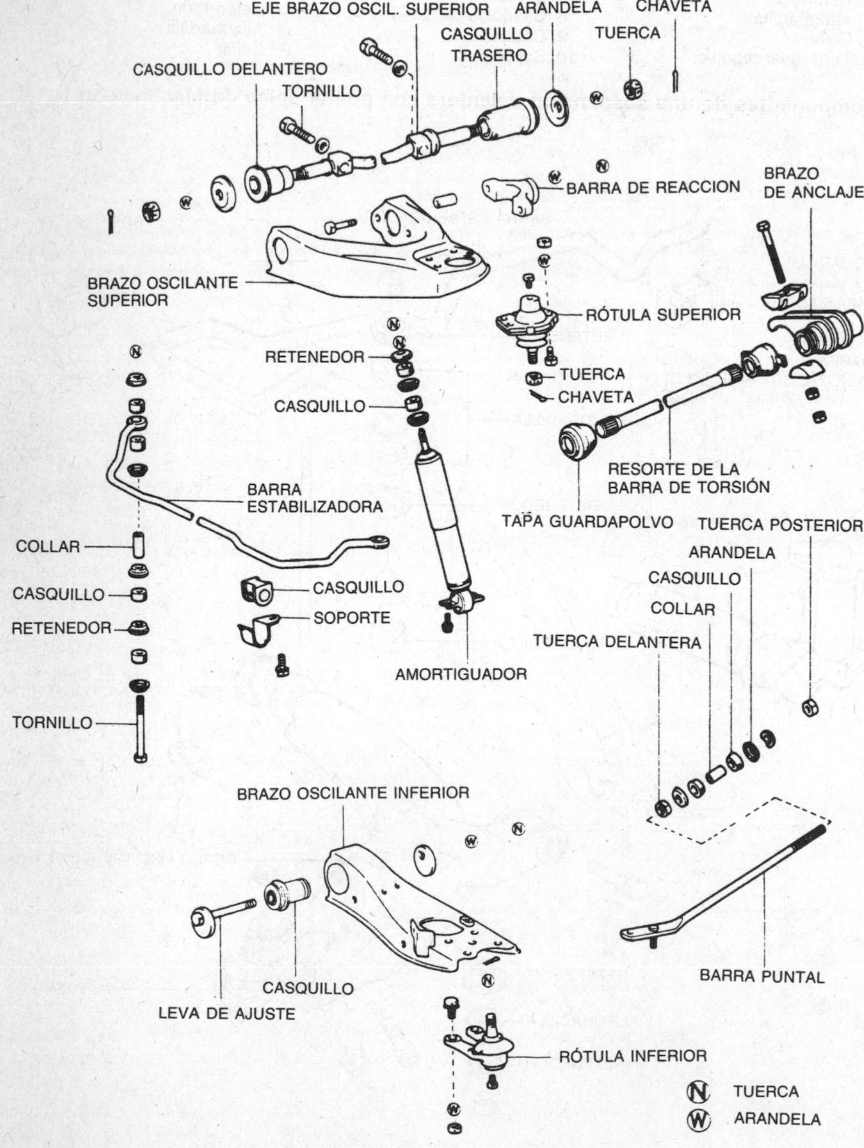

Suspensión delantera: Van

DESMONTAJE Y MONTAJE

NOTA: En los modelos equipados con rótulas superiores e inferiores, si ha de desmontar ambas, desmonte primero la inferior.

Corolla (tracción trasera), Celica/Supra/Cressida 1980-81 y Starlet

La rótula y el brazo oscilante no pueden separarse. Si una y otro se deterioran, deben cambiarse ambos como un conjunto. Para ello, proceda de la forma siguiente:

1. Ejecute los puntos 1-7 del primer procedimiento de desmontaje de la suspensión delantera, pero omita el punto 6.

2. Desenrosque los tornillos que fijan la barra estabilizadora.

3. Desenrosque los tornillos de montaje del puntal de reacción.

4. Desenrosque el tornillo de montaje del brazo oscilante inferior.

5. Extraiga la palanca de ataque (brazo de mangueta) del brazo oscilante, utilizando un extractor de junta de rótulas.

Inspeccione los componentes de la suspensión que acaba de desmontar, para detectar desgaste o daños. Cambie la pieza o piezas que sea necesario.

Efectúe el montaje siguiendo el mismo procedimiento, en orden contrario; sin embargo, tenga en cuenta las siguientes observaciones:

1. Al montar el brazo oscilante al miembro de la suspensión, apriete los tornillos primero sólo parcialmente.

2. Complete el procedimiento de montaje y baje el coche al suelo.

3. Mueva la parte delantera del coche de modo que rebote varias veces. Deje que la suspensión se vuelva a inmovilizar y apriete los tornillos del brazo oscilante inferior a 51-65 libras-pie.

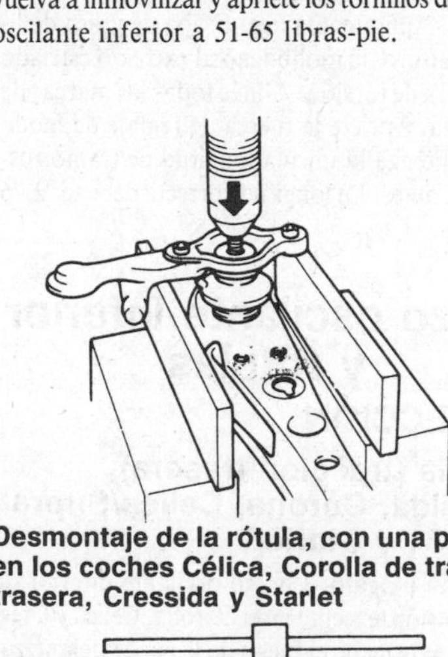

Desmontaje de la rótula, con una prensa, en los coches Célica, Corolla de tracción trasera, Cressida y Starlet

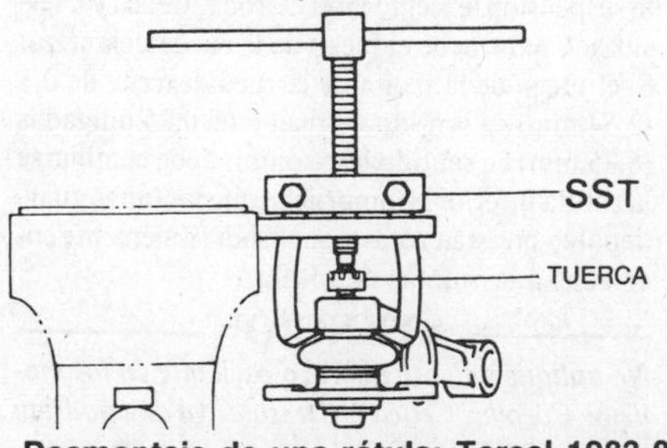

Desmontaje de una rótula: Tercel 1983-85

ATENCIÓN

Use sólo el tornillo correcto para el montaje del brazo oscilante inferior. Si necesita uno de recambio, solicítelo a un representante autorizado.

4. No se olvide de engrasar la junta de rótula. Compruebe el alineamiento del extremo delantero.

Tercel 1980-82 y Celica 1982-85

1. Levante la parte delantera del vehículo y déjela firmemente apoyada.

ATENCIÓN

No apoye el gato en los brazos oscilantes inferiores.

2. Saque las ruedas delanteras.
3. Suelte el extremo (cabeza roscada) de la barra de acoplamiento.
4. Suelte el extremo de la barra estabilizadora.
5. Suelte el extremo de la barra del puntal.
6. Coloque un gato debajo del brazo oscilante inferior como apoyo.
7. Desenrosque el tornillo de la parte inferior de la mangueta de la dirección.
8. Retire el tornillo del brazo oscilante inferior.
9. Extraiga el brazo oscilante inferior.

NOTA: La rótula inferior no puede ser separada del brazo oscilante inferior. Ambos deben cambiarse, de ser necesario, conjuntamente.

10. Deben observarse los siguientes pares de apriete: tuerca inferior de la mangueta, 40-52 libras-pie; barra estabilizadora, 11-15 libras-pie; extremo de la barra de acoplamiento, 37-50 libras-pie; barra del puntal, 29-39 libras-pie; brazo oscilante inferior: 51-65 libras-pie.

Celica (tracción delantera) 1986 y posteriores

1. Levante la parte delantera del vehículo y déjela firmemente apoyada. Saque la rueda.

2. Retire el tornillo y las dos tuercas que fijan el brazo oscilante inferior a la mangueta y separe ambos componentes.

3. Desenrosque la tuerca que fija la barra estabilizadora al brazo oscilante y separe estos dos componentes.

4. En el lado derecho de los modelos con cambio automático, retire la tuerca y arandela que fijan la parte delantera del brazo oscilante. Desenrosque los tornillos del soporte trasero y extraiga el brazo.

5. En el lado izquierdo de los modelos con cambio automático, retire la tuerca y arandela que fijan la parte delantera del brazo oscilante. Desenrosque los cuatro tornillos y dos tuercas que fijan el travesaño inferior de la suspensión al bastidor y extraiga dicho travesaño. Desenrosque el tornillo y la tuerca que fijan el brazo oscilante inferior y extraiga éste junto con su eje.

6. En el lado derecho de los modelos con cambio automático, al proceder al montaje coloque la arandela del eje del brazo oscilante inferior con el lado cónico orientado hacia la carrocería. Instale el brazo inferior con el soporte, coloque provisionalmente la arandela y la tuerca en el eje oscilante inferior y enrosque los tornillos del soporte.

7. En el lado izquierdo de los modelos con cambio automático, sitúe la arandela en el eje del brazo oscilante inferior y luego acóplelos en el brazo oscilante inferior. Provisionalmente coloque la arandela y la tuerca en el eje, con el lado cónico hacia la carrocería. Instale el brazo oscilante inferior con el eje orientado hacia la carrocería y monte provisionalmente los soportes traseros. Introduzca el tornillo y la tuerca en el eje del brazo oscilante inferior y apriételos a 154 libras-pie (208 Nm). Monte el travesaño en la carrocería y apriete sus cuatro tornillos a 154 libras-pie (208 Nm). Apriete las dos tuercas a 29 libras-pie (39 Nm).

8. Acople el brazo inferior a la mangueta y apriete el tornillo y las dos tuercas a 94 libras-pie (127 Nm).

9. Acople la barra estabilizadora al brazo oscilante y apriete la tuerca a 26 libras-pie.

10. Vuelva a montar la rueda, baje el vehículo y agítelo de modo que rebote varias veces, para que la suspensión se asiente debidamente.

11. Apriete la tuerca de fijación delantera a 156 libras-pie (212 Nm). Apriete los tornillos del soporte trasero a 72 libras-pie (98 Nm).

MR2

1. Levante la parte delantera del vehículo y déjela firmemente soportada. Saque la rueda.

2. Extraiga la chaveta y tuerca almenada y luego extraiga a presión el brazo oscilante inferior de la rótula.

3. Extraiga a presión la rótula de la mangueta.

4. Desenrosque las dos tuercas y separe la barra del puntal del brazo oscilante inferior.

5. Desenrosque el tornillo que fija el brazo oscilante inferior a la carrocería y extraiga dicho brazo.

6. Al volver a montar el brazo oscilante inferior, acóplelo a la barra del puntal y apriete las tuercas con la mano. Haga lo mismo con el tornillo que fija el brazo oscilante a la carrocería.

7. Acople el brazo oscilante a la rótula y apriete su tuerca almenada a 58 libras-pie (78 Nm). Coloque una chaveta nueva.

8. Apriete los tornillos que fijan la barra del puntal al brazo a 83 libras-pie (113 Nm).

9. Monte la rueda, baje el coche y agite su parte delantera varias veces, de modo que rebote y se asiente la suspensión

10. Apriete el tornillo que fija el brazo oscilante a la carrocería a 94 libras-pie (127 Nm) y compruebe la alineación de las ruedas.

Supra/Cressida 1982 y posteriores

1. Levante la parte delantera del vehículo y déjela firmemente apoyada. Saque la rueda.

2. Desenrosque los dos tornillos que fijan el brazo de mando de la mangueta al puntal, empuje hacia abajo el brazo oscilante y desconéctelo, junto con el brazo de mando de la mangueta, de sus posiciones en el puntal.

3. Extraiga la chaveta, desenrosque la tuerca y, ejerciendo presión, desacople la barra de acoplamiento del brazo de mando de la mangueta.

4. Desenrosque la tuerca que fija la barra estabilizadora al brazo oscilante y suelte dicha barra.

5. Desenrosque las dos tuercas y luego suelte la barra del puntal de su posición en el brazo oscilante.

6. Suelte el brazo oscilante del travesaño y extráigalo, junto con el protector de la campana de la cremallera.

7. Extraiga la chaveta, desenrosque la tuerca y, ejerciendo presión, extraiga el brazo de mando de la mangueta de su posición en el brazo oscilante.

Para el montaje:

1. Introduzca a presión el brazo de mando de la mangueta en el brazo oscilante y monte el conjunto en el travesaño.

2. Acople la barra estabilizadora al brazo oscilante y apriete su tuerca a 13 libras-pie (18 Nm).

3. Acople la barra del puntal al brazo oscilante y apriete las tuercas a 48 libras-pie (6 Nm).

4. Acople el brazo de mando de la mangueta a la caja del puntal y apriete sus tornillos a 72 libras-pie (98 Nm).

5. Monte la rueda y baje el vehículo. Agite la parte delantera del coche de modo que rebote varias veces, para que la suspensión se asiente. Luego apriete el tornillo que fija el brazo oscilante a la carrocería a 80 libras-pie (108 Nm).

6. Compruebe la alineación de las ruedas.

Camry, Corolla (tracción delantera) y Tercel 1983 y posteriores

1. Levante la parte delantera del vehículo y déjela firmemente apoyada. Saque la rueda.

2. Desenrosque los dos tornillos que fijan la rótula a la mangueta.

3. Retire la tuerca, retenedor y almohadilla de la barra estabilizadora.

4. Levante con el gato la otra rueda, hasta que la carrocería deje de apoyarse en el soporte antes colocado.

5. Afloje el tornillo de montaje del brazo oscilante inferior, gire dicho brazo hacia adelante y atrás y luego desenrosque su tornillo. Desconecte el brazo oscilante inferior de la barra estabilizadora.

NOTA: Al extraer el brazo oscilante inferior (en el Tercel), preste cuidado a que no se pierda el espaciador de ajuste de avance del pivote de la dirección (caster).

6. En el Tercel y Camry, sujete con cuidado en un tornillo de banco el brazo oscilante inferior y, utilizando un extractor de junta de rótula, desconecte la junta de rótula del brazo.

7. Efectúe el montaje siguiendo el procedimiento descrito, en orden inverso. Tenga en cuenta los siguientes puntos:

a. Apriete la tuerca que fija la junta de rótula al brazo oscilante a 51-65 libras-pie y emplee una chaveta nueva (Tercel), o 67 libras-pie (Camry).

b. Apriete los tornillos que fijan la mangueta al brazo oscilante a 59 libras-pie (Tercel); 47 libras-pie (Corolla) o 83 libras-pie (Camry).

c. Apriete el tornillo de la barra estabilizadora a 13 libras-pie en el Corolla.

d. Antes de apretar las tuercas de la barra estabilizadora, en el Tercel y Camry, o los tornillos del soporte del brazo oscilante, en el Corolla, monte las ruedas y baje el coche. Agite el coche de modo que rebote varias veces, para que la suspensión se asiente, y apriete entonces los tornillos de la barra estabilizadora a 66-90 libras-pie en el Tercel y Camry.

e. Apriete los tornillos que fijan el brazo oscilante a la carrocería a 83 libras-pie en el Tercel

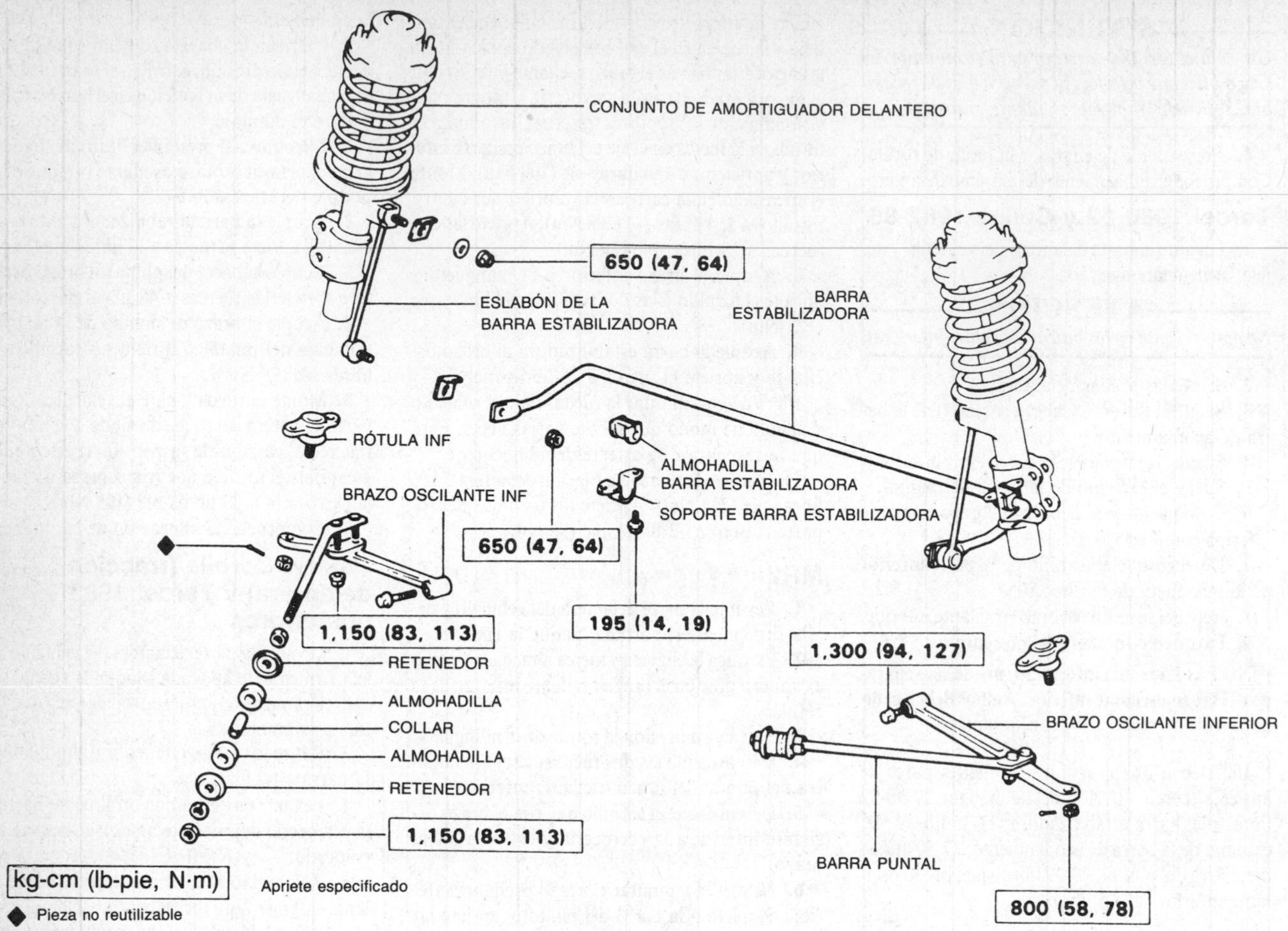

CONJUNTO DE AMORTIGUADOR DELANTERO
650 (47, 64)
ESLABÓN DE LA BARRA ESTABILIZADORA
BARRA ESTABILIZADORA
RÓTULA INF
ALMOHADILLA BARRA ESTABILIZADORA
BRAZO OSCILANTE INF
SOPORTE BARRA ESTABILIZADORA
650 (47, 64)
1,150 (83, 113)
195 (14, 19)
1,300 (94, 127)
RETENEDOR
ALMOHADILLA
COLLAR
BRAZO OSCILANTE INFERIOR
ALMOHADILLA
RETENEDOR
1,150 (83, 113)
BARRA PUNTAL
kg-cm (lb-pie, N·m) Apriete especificado
◆ Pieza no reutilizable
800 (58, 78)

Suspensión delantera: MR2

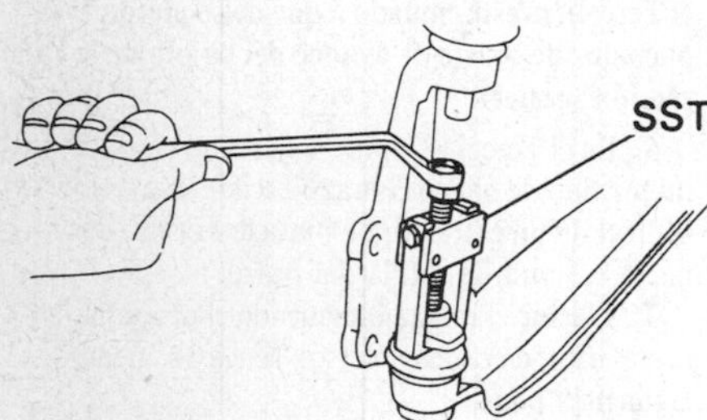

Separación típica de una rótula sin utilizar una prensa

y Camry. En el Corolla, apriete los tornillos delanteros del brazo oscilante a 83 libras-pie y los tornillos posteriores a 64 libras-pie.

f. Compruebe la alineación del extremo delantero.

Van

1. Levante la parte delantera del vehículo y déjela firmemente soportada con caballetes aplicados debajo del bastidor.

2. Saque la rueda, el cubo del eje y la zapata del freno.

3. Retire la tapa guardapolvo de la mangueta.

4. Soporte el brazo oscilante inferior con un gato.

5. Extraiga las dos chavetas, desenrosque las tuercas y desconecte la mangueta de la rótula inferior.

6. Desconecte la rótula superior de la mangueta.

7. Con un extractor de rótulas, extraiga la del brazo oscilante.

8. Efectúe el montaje siguiendo el mismo procedimiento, en sentido inverso. Apriete la tuerca de la rótula a 50 libras-pie.

Corona

1. Retire el cubo de la rueda y afloje las tuercas de orejetas.

2. Levante el vehículo y déjelo firmemente apoyado.

3. Desenrosque las tuercas de orejetas y saque la rueda.

4. Comprima el resorte helicoidal, colocando un gato debajo del mismo.

5. Extraiga la chaveta y desenrosque la tuerca almenada de la rótula.

6. Con un extractor de rótulas, suelte la rótula inferior de la mangueta.

7. Sujete la mangueta con un alambre de modo que no estorbe.

8. Desenrosque el tornillo y extraiga la rótula.

Efectúe el montaje en sentido contrario al desmontaje. Apriete la tuerca del vástago a 51-65 libras-pie.

Rótula superior

INSPECCIÓN

Desconecte la junta de rótula de la mangueta y compruebe con la mano su juego libre. Si la nota floja, cambie la junta de rótula.

DESMONTAJE Y MONTAJE

NOTA: En los modelos equipados con rótulas superiores e inferiores, si hay que desmontar ambas, retirar primero la inferior.

Corona y Van

1. Desmonte la mangueta de la forma descrita en Rótula inferior: desmontaje y montaje.

2. Suspenda la mangueta con un alambre.

3. Con una llave de boca, desmonte la rótula superior.

Efectúe el montaje en orden inverso al desmontaje. Tenga en cuenta los siguientes puntos:

1. Monte la tapa guardapolvo de la rótula superior con la válvula de seguridad hacia la parte posterior del vehículo.

2. Antes de montar la tapa guardapolvo, aplique líquido hermetizante.

3. Apriete el tornillo que fija la rótula superior a la mangueta a 40-50 libras-pie (en el Corona) o a 22 libras-pie (en el Van).

Brazo oscilante inferior (De control)

DESMONTAJE Y MONTAJE

Corolla (tracción trasera), Celica/Supra/Cressida 1980-81 y Starlet

1. Levante y deje firmemente soportado el extremo delantero del coche.
2. Saque la rueda.
3. Suelte la mangueta del brazo oscilante inferior.
4. Desconecte la rueda de acoplamiento, la barra estabilizadora y la barra del puntal de sus posiciones en el brazo oscilante inferior.
5. Desenrosque los tornillos de montaje del brazo oscilante y extraiga éste.
6. Efectúe el montaje en orden inverso. Apriete sólo con la mano los tornillos y tuercas.
7. Baje el coche al suelo. Hágalo balancear lateralmente varias veces y luego apriete los tornillos de montaje del brazo oscilante a 51-65 libras-pie; barra estabilizadora a 16 libras-pie; barra de puntal, 40 libras-pie, y amortiguador, 65 libras-pie.

Corona

1. Levante y soporte la parte delantera del coche.
2. Saque la rueda delantera.
3. Desmonte el amortiguador y desconecte la barra estabilizadora del brazo oscilante inferior.
4. Coloque un compresor de resortes y comprima a fondo el muelle helicoidal.
5. Coloque un gato debajo del brazo oscilante inferior.
6. Desconecte la rótula inferior de la mangueta. Baje el gato.
7. Separe la rótula del brazo oscilante, retire las placas de leva y tornillos y extraiga el brazo.
8. Efectúe el montaje en orden inverso al descrito. Apriete todas las tuercas y tornillos sólo con la mano. Sólo cuando el vehículo esté en el suelo debe apretarlos al valor especificado.
9. Baje el coche y balancéelo varias veces de lado a lado.
10. Sin carga en el vehículo, apriete los tornillos de montaje del brazo inferior a 94-130 libras-pie.

Van

1. Eleve la parte delantera del vehículo y déjela apoyada con caballetes aplicados al bastidor.
2. Desmonte el amortiguador.
3. Desconecte la barra estabilizadora del brazo inferior.
4. Desconecte la barra del puntal del brazo inferior.
5. Desenrosque la tuerca de la rótula y suelte ésta de la mangueta. Para ello necesita un separador de rótulas.
6. Marque una señal de referencia en la leva de reglaje.
7. Retire la leva de reglaje y su tuerca y saque el brazo oscilante inferior.
8. Efectúe el montaje en orden inverso al descrito. Aplique los siguientes pares de apriete:

Tornillos	libras-pie
Tuerca de la rótula	50
Tornillo de fijación rótula a la mangueta	76
Tuerca superior del amortiguador	19
Tornillos inferiores del amortiguador	13
Tornillo de fij. barra puntal al brazo oscilante	50
Tuerca de la leva de ajuste	112

Todos los demás vehículos

Véase el procedimiento Brazo oscilante inferior/rótulas.

Brazo oscilante superior (De control)

DESMONTAJE Y MONTAJE

Corona

1. Desenrosque las tuercas de montaje del brazo superior desde dentro del compartimiento del motor, pero no retire los tornillos.
2. Levante la parte delantera del vehículo, soporte el brazo oscilante inferior y saque la rueda.
3. En los vehículos equipados con un sensor de desgaste de la rótula, suelte el cable de la abrazadera existente en el brazo oscilante.
4. Desmonte la rótula superior.
5. Retire los tornillos de montaje del brazo oscilante superior.
6. Extraiga el brazo oscilante con una barra de palanca.
7. Efectúe el montaje en orden inverso. No termine de apretar los tornillos y tuercas hasta que el vehículo esté en el suelo.
8. Baje el coche y apriete los tornillos de montaje del brazo oscilante superior a 95-130 libras-pie.

Van

1. Levante la parte delantera del coche y déjela firmemente apoyada por el bastidor.
2. Desmonte la barra de torsión.
3. Extraiga el conducto de aire.

Tornillos	libras-pie
Tornillo anterior brazo oscilante sup.	65
Tornillo posterior brazo oscilante sup.	112
De fij. rótula al brazo	22
De fij. rótula a la mangueta	58

4. Desenrosque la tuerca de la rótula superior y desconecte ésta de la mangueta, usando un separador.
5. Desatornille el brazo oscilante y extráigalo.
6. Efectúe el montaje en orden inverso al descrito. Aplique los siguientes aprietes:

Cojinetes de las ruedas delanteras

NOTA: Para el ajuste de los cojinetes de las ruedas delanteras en el Supra 1982 y posteriores y Celica GTS y Cressida 1983 y posteriores, véase Eje trasero: desmontaje y montaje, para el modelo en cuestión.

DESMONTAJE Y MONTAJE

Vehículos de tracción trasera

1. Desmonte el conjunto disco del freno/cubo, de la forma antes descrita.
2. Si el disco o todo el conjunto del cubo debe cambiarse, desatornille el cubo del disco, separando ambos.

NOTA: Si se han de cambiar sólo los cojinetes, no separe el disco y el cubo.

3. Con una varilla de latón como botador, golpee ligeramente hasta extraer el cono de los cojinetes internos. Extraiga el retén de aceite y el cojinete interior.

NOTA: Descarte el retén de aceite usado.

Medición de la carga previa del cojinete de la rueda con una balanza de resorte

4. Extraiga el casquillo del cojinete interior.
5. Extraiga el casquillo del cojinete exterior.

Inspeccione los cojinetes y el cubo para detectar desgaste o daños. De ser necesario, cambie los componentes.

Efectúe el montaje en el orden siguiente:

1. Instale el casquillo del cojinete interior y luego el del cojinete exterior, deslizándolos a sus respectivas posiciones.

ATENCIÓN

Proceda con cuidado, para que los casquillos de los cojinetes no se desalineen en el cubo.

2. Llene con grasa corriente los cojinetes, el receptáculo interno del cubo y la copa de engrase.
3. Instale el cojinete interior dentro del cubo.
4. Con cuidado, instale un nuevo retén de aceite, utilizando un botador blando.
5. Monte el cubo en la mangueta. Asegúrese de colocar todas las arandelas y tuercas que se retiraron antes.

6. Ajuste la carga previa del cojinete.
7. Monte el conjunto de la zapata del freno.

AJUSTE DE LA CARGA PREVIA

1. Con el cubo del eje delantero y el disco de freno instalados, apriete la tuerca almenada al par especificado.
2. Gire el disco en uno y otro sentido dos o tres veces, para que el cojinete se asiente debidamente.
3. Afloje la tuerca almenada hasta que quede apretada sólo con la mano.
4. Apriete la tuerca firmemente, usando una llave de cubo.
5. Mida la carga previa —el esfuerzo requerido para que el cubo gire— del cojinete con una balanza de resorte fijada a un birlo de montaje de la rueda. Compruebe si coincide con el valor especificado.
6. Introduzca la chaveta.

NOTA: Si el orificio no coincide con el de la tuerca (o tapa), apriete la tuerca ligeramente, hasta que coincidan.

7. Monte el resto de los componentes del freno y la rueda.

CARGA PREVIA

Modelo/Año	Apriete inicial (lib.-pie)	Carga previa (onzas)
Tercel '80–'83	22	13–30
Corolla①	19–23	11–25
Celica	19–26	11–25
Corona	19–26	12–31
Supra①	19–23	11–24
Cressida①	22	37–56
Starlet		
'81–'82	22	1–1.5
'83–'84	22	0.8–1.9

① Excepto modelos w/IRS

Vehículos de tracción delantera

Véase la sección Cubo y cojinetes del puente delantero

Alineación de las ruedas delanteras

REGLAJE

Para medir la alineación del extremo delantero se requiere equipo especial. Antes de comprobar la alineación o intentar corregirla, compruebe los puntos siguientes:

1. Asegúrese de que los neumáticos estén correctamente inflados.
2. Compruebe si las ruedas están debidamente equilibradas.
3. Compruebe que las rótulas no estén desgastadas ni flojas.
4. Compruebe que los cojinetes de las ruedas están ajustados a la correcta carga previa.
5. Asegúrese de que el coche esté en una superficie perfectamente nivelada.
6. Compruebe que todas las piezas de la suspensión estén bien apretadas.

ÁNGULO DE AVANCE DEL PIVOTE (CASTER)

Corolla (tracción trasera), Cressida (1980-84), Celica (tracción trasera), Supra y Tercel 1980-82

Avance es la inclinación del eje geométrico delantero de la dirección, sea hacia adelante o atrás con respecto a la parte delantera del vehículo.

Si el ángulo de avance está fuera de la tolerancia especificada, puede ajustarse girando la tuerca situada en el extremo posterior de la barra del puntal (donde la barra está acoplada a la carrocería, en todos los modelos, excepto el Starlet, así como el Tercel 1983 y ulteriores). Para reducir el ángulo de avance, alargar la barra del puntal. Para aumentarlo, acortar dicha barra. Un giro de la tuerca de ajuste es igual a 8' de inclinación en el Corolla (tracción trasera), 9' en el Celica/Supra y Cressida y 7' en el Tercel 1980-82; 1' es equivalente a 1/60 de grado.

Starlet y Tercel 1983 y posteriores

El ángulo de avance en el Starlet y en el Tercel 1983 y ulteriores se ajusta cambiando el número de discos espaciadores en la barra estabilizadora: un disco espaciador cambia el avance en 24' en el Starlet y en 13' en el Tercel 1983 y posteriores (1' = 1/60 de grado).

NOTA: Si con esto no se puede ajustar el avance correcto, inspeccione las piezas de la suspensión y cambie cualquiera que esté deteriorada o desgastada en exceso.

Camry y Cressida (1985 y posteriores)

Aumente o reduzca el número de discos espaciadores en la barra estabilizadora. Cada disco espaciador equivale a 30'

Van

El ángulo de avance se ajusta girando la leva de reglaje o la tuerca de la barra del puntal. Cada graduación de la leva equivale a 12'; cada giro de la tuerca da 25' de modificación.

Corolla y Celica (tracción delantera)

En estos modelos el ángulo de avance no es ajustable.

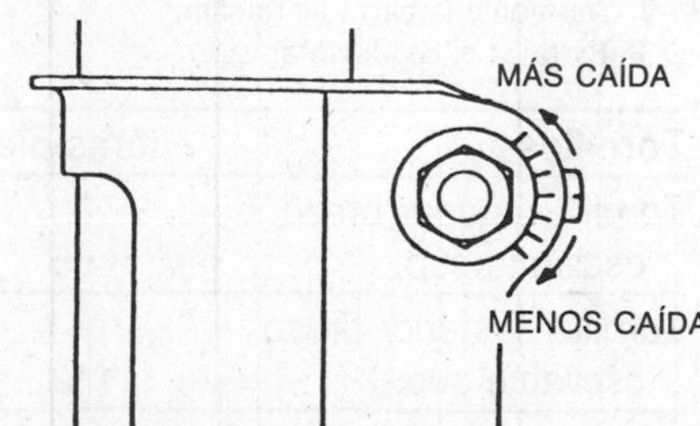

Tornillo de ajuste del ángulo de caída (camber) en el Tercel 1983 y ulteriores y en el Corolla y Camry de tracción delantera

MR2

El avance del pivote (caster) se regula girando la tuerca de ajuste existente en la barra del puntal. Cada giro de la tuerca cambia el avance en 18'

CAÍDA (CAMBER)

Excepto Corona

La caída es la inclinación de las ruedas delanteras con respecto a la vertical, vista desde la parte delantera del vehículo. Cuando las ruedas se inclinan hacia fuera, en su parte superior, la caída es positiva (+), mientras que cuando la inclinación es hacia adentro, es negativa (—). La magnitud de la caída positiva o negativa se mide en grados con respecto a la vertical y la medida se llama ángulo de caída. El ángulo de caída se ajusta en fábrica y no puede regularse en ningún vehículo, excepto en el Tercel, Camry, Van, MR2, Celica de tracción delantera y Corolla de tracción delantera, todos ellos desde 1983. Si el ángulo de caída está fuera de la tolerancia especificada, inspeccione la suspensión y cambie cualquier pieza deteriorada o excesivamente desgastada.

La caída en estos modelos se puede modificar mediante un tornillo de ajuste situado en el soporte inferior de montaje del puntal: afloje la tuerca de fijación del amortiguador y entonces gire el tornillo de ajuste hasta que el ángulo de caída esté dentro de los valores especificados. El ángulo cambia unos 20' (MR2: 18') por cada graduación de la leva; 1' (1 minuto) es igual a 1/60 de grado.

ÁNGULO DE AVANCE DEL PIVOTE Y CAÍDA

Corona

Los ángulos de avance del pivote y de caída se miden de la misma forma y con el mismo equipo que en los modelos acabados de describir. Sin embargo, el método de ajuste es diferente:

1. Mida el ángulo de avance del pivote y, de ser necesario, corríjalo con la leva de ajuste trasera.
2. Mida el ángulo de caída y, de ser necesario, corríjalo con la leva de ajuste delantera.
3. Vuelva a medir ambos ángulos.
4. Apriete los tornillos de montaje del brazo oscilante inferior a 94-132 libras-pie.

NOTA: No debería haber más de 6 graduaciones de diferencia entre la leva delantera y trasera; de exceder dicha cifra, comprobar que no haya piezas de la suspensión dañadas.

CONVERGENCIA/ DIVERGENCIA (TOE)

Convergencia es la magnitud, medida en una fracción de pulgada, que las ruedas delanteras están más próximas en su extremo anterior. Divergencias es la misma medida, pero aplicada al extremo posterior de las ruedas, es decir cuando la parte posterior de los neumáticos está más cerca entre sí que la parte delantera.

Las ruedas deben estar orientadas perpendicularmente hacia adelante. Para esta comprobación, el depósito de gasolina debe estar lleno, todos los líquidos de llenado han de estar al correcto nivel, todos los ajustes de la suspensión y dirección han de ser correctos y los neumáticos inflados con arreglo a las especificaciones.

1. La convergencia o divergencia puede deter-

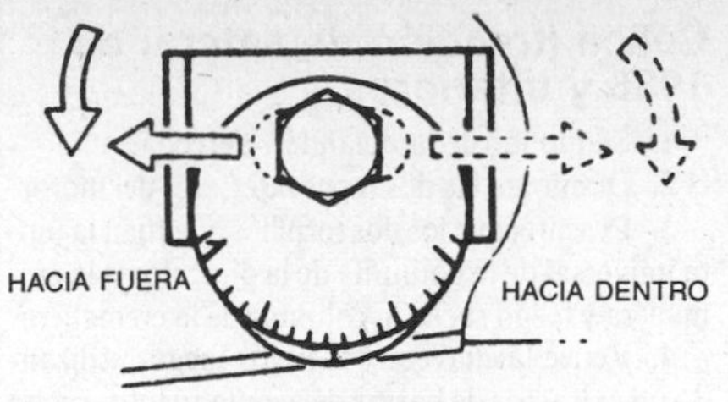

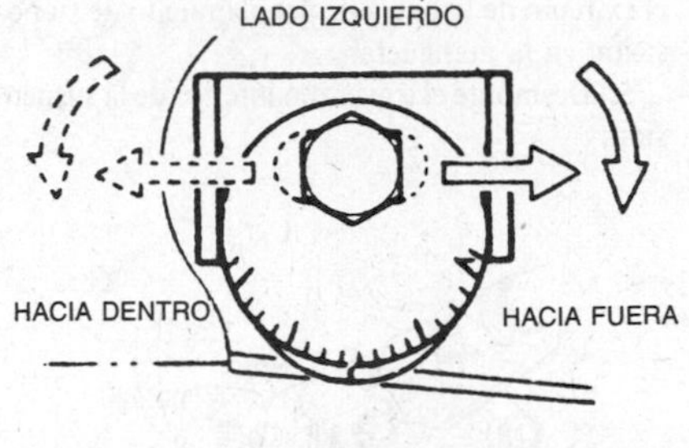

Levas de reglaje de la alineación delantera: Corona

minarse entonces midiendo la distancia entre los centros de las superficies de rodadura de ambos neumáticos, en la parte delantera y trasera de los neumáticos, a la altura del centro de las ruedas. Si el diseño de la banda de rodadura de los neumáticos lo permite, se puede medir entre los bordes de las llantas de las ruedas, pero en este caso dicha medición debe repetirse varias veces después de hacer girar las ruedas ligeramente, para asegurarse que la medición no se ve perturbada por un posible descentrado de las llantas.

2. Si el valor obtenido no está dentro de las tolerancias especificadas, afloje las tuercas de bloqueo de la brida de retenida situada en las barras de acoplamiento ajustables.

3. Gire LA MISMA MAGNITUD las barras de acoplamiento izquierda y derecha, hasta que la convergencia o divergencia esté dentro de las tolerancias especificadas

4. Apriete los tornillos de bloqueo y luego repita las mediciones. Compruebe que el volante de la dirección sigue en la posición correcta. De no ser así, desmóntelo y vuélvalo a colocar.

DIRECCIÓN

Volante

DESMONTAJE Y MONTAJE

Volante de 3 rayos

ATENCIÓN

No intente desmontar o colocar el volante golpeándolo, ya que ello podría dañar la columna amortiguadora.

1. Suelte la bocina y el conector o conectores de señal de giro, en la base de la cubierta de la columna de dirección.

2. Afloje los tornillos de retenida de la almohadilla de guarnición en el lado posterior del volante.

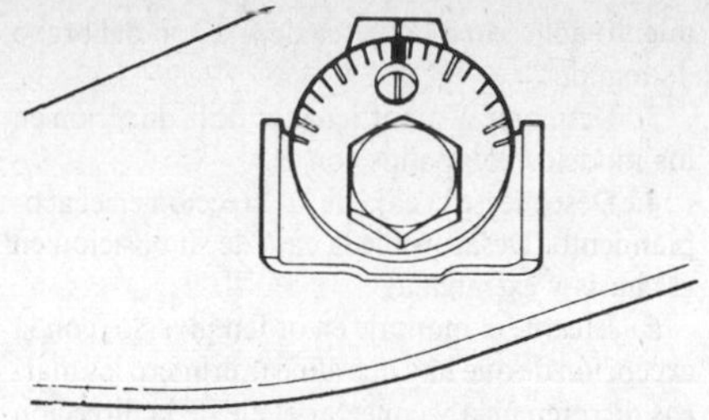

Leva de ajuste del ángulo de avance y caída de mangueta en vehículos Van

3. Levante la almohadilla de guarnición y el conjunto o conjuntos del botón de la bocina de sus posiciones en el volante.

4. Desenrosque la tuerca de retenida del cubo del volante.

5. Marque señales de referencia en el cubo y en el eje para facilitar luego su montaje.

6. Con un extractor de volante, retire el volante de su encaje.

Efectúe el montaje en orden inverso al procedimiento de desmontaje. Apriete la tuerca de retenida del volante a 15-22 libras-pie, en los modelos 1979-82 y a 25 libras-pie en los posteriores.

Volante de dos rayos

El volante de dos rayos se desmonta de la misma forma que el de tres rayos, excepto que la almohadilla de guarnición debe extraerse con una pequeña varilla de palanca. Saque la almohadilla levantándola hacia la parte superior del volante.

Volante de cuatro rayos

ATENCIÓN

No intente desmontar o volver a colocar el volante golpeándolo, ya que ello podría dañar la columna amortiguadora.

1. Suelte los conectores de la bocina y de la señal de giro, en la base de la cubierta de la columna de la dirección, debajo del panel de instrumentos.

2. Con suavidad, ejerza acción de palanca y extraiga el emblema central de su posición en el volante.

3. Introduzca una llave en el agujero y desenrosque la tuerca de retenida del volante.

4. Marque una raya de referencia en el cubo y eje, para facilitar su montaje.

5. Con un extractor de volantes, retire el volante.

Efectúe el montaje en el orden inverso al descrito. Apriete la tuerca de retenida del volante a 15-22 libras-pie, excepto en el Celica/Supra, en que debe apretarse a 22-28 libras-pie.

Interruptor combinado

DESMONTAJE Y MONTAJE

1. Desconecte el cable negativo de la batería.

2. Desenrosque los dos tornillos de retenida y retire la guarnición de adorno de la columna de dirección.

3. Retire las tapas superior e inferior de la columna.

4. Desmonte el volante de la forma antes descrita.

5. Localice el haz de cables del interruptor que llevan al multiconector. Empuje hacia adentro las palancas de bloqueo y separe el conector.

6. Desenrosque los cuatro tornillos de montaje y extraiga el interruptor.

7. Efectúe el montaje en orden inverso al descrito.

Cerradura/interruptor del encendido (arranque)

DESMONTAJE Y MONTAJE

1. Desconecte el cable negativo (—) de la batería.

2. Suelte el conector del interruptor de encendido, situado debajo del panel de instrumentos.

3. Desenrosque los tornillos que fijan las mitades superior e inferior de la tapa de la columna de la dirección. Retire antes, en los modelos Corona, la guarnición de adorno del panel inferior de instrumentos.

4. Gire la llave de encendido de modo que el cilindro de la cerradura se sitúe a la posición «ACC».

5. Empuje hacia adentro el fiador del cilindro de la cerradura, utilizando un objeto redondo pequeño (una chaveta, punzón, etc.).

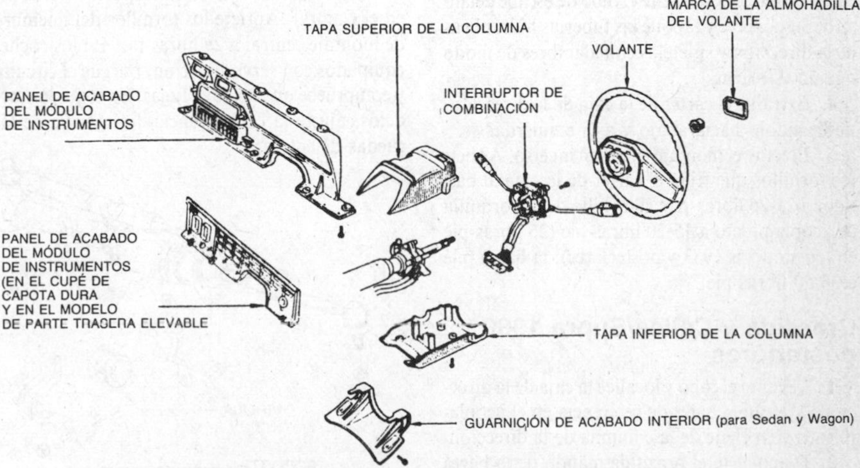

Montaje típico de un interruptor de combinación

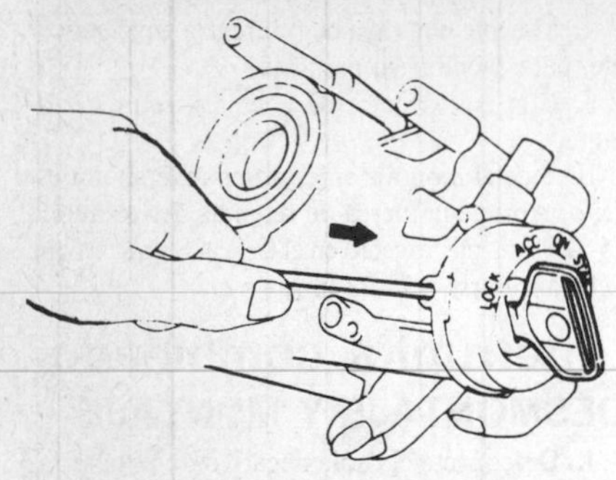

Desmontaje de la cerradura/interruptor de encendido

NOTA: En algunos modelos puede ser necesario desmontar el volante de la dirección y el interruptor de señal de giro antes de efectuar este procedimiento.

6. Mantenga apretada la lengüeta del fiador y retire el cilindro de la cerradura de la caja de la cerradura.

7. Para desmontar el interruptor de encendido, desenrosque sus tornillos de fijación y extráigalo de la caja de la cerradura.

Efectúe el montaje de la forma siguiente:

1. Alinee la leva de cierre con el orificio del interruptor de encendido e introduzca el interruptor en la caja de la cerradura.

2. Fije el interruptor con su tornillo o tornillos.

3. Asegúrese de que tanto el cilindro de la cerradura como la cerradura en la columna estén en la posición «ACC». Introduzca el cilindro en la caja de la cerradura hasta que la lengüeta del fiador se acople en el orificio existente en la cerradura.

4. El resto del montaje se efectúa en orden inverso al desmontaje.

Caja de la dirección

DESMONTAJE Y MONTAJE

Corolla (tracción trasera) y Corona

1. Desenrosque el tornillo que fija la horquilla de acoplamiento al sinfín de la dirección.

2. Desconecte la barra relé de su posición en el brazo de mando.

3. En los modelos Corolla 1983 y posteriores con servodirección, suelte el tubo de escape delantero, desconecte y tapone las tuberías hidráulicas de la dirección y sujételas con alambres de modo que no estorben.

4. Extraiga el cárter de la caja de la dirección, deslizándolo hacia abajo y a la izquierda.

5. Efectúe el montaje en orden inverso. Apriete los tornillos que fijan el cárter de la caja al bastidor a 25-26 libras-pie; el tornillo de la horquilla de acoplamiento a 15-20 libras-pie (26 libras-pie en los modelos 1983 y posteriores); la barra relé a 36-50 libras-pie.

Cressida y Celica/Supra 1980 y posteriores

1. Levante el capó y localice la caja de la dirección. Marque señales de referencia en el acoplamiento y en el eje de la columna de la dirección.

2. Desconecte el brazo de mando de la barra relé, utilizando un extractor de barra de acoplamiento aplicado a la tuerca de fijación del brazo de mando.

3. Desmonte el amortiguador de la dirección en los modelos equipados con él.

4. Desconecte la caja de la dirección en el acoplamiento. Desatornille la caja de su posición en el chasis y extráigala.

5. Efectúe el montaje en orden inverso, con la excepción de que hay que alinear primero las marcas de referencia y conectar el eje de la dirección al acoplamiento antes de atornillar la caja en el coche de modo permanente. Apriete los tornillos del amortiguador de dirección a 20 libras-pie. Apriete los tornillos del soporte de montaje a 50-60 libras-pie.

Corolla (tracción delantera), Camry, Celica 1982-85 y Supra 1982-86

1. Levante el capó. Desenrosque los dos tornillos que fijan la horquilla deslizante a la caja de la cremallera de la dirección y al eje de la columna de dirección y extraiga dicha horquilla. En los modelos Supra, desatornille el eje intermedio (primero del lado de la caja de la cremallera) y extráigalo.

2. Retire la chaveta y tuerca que fijan el brazo de mando de la mangueta al extremo de la barra de acoplamiento. Con un extractor de barras de acoplamiento, desconecte el extremo de la barra de acoplamiento de su posición en el brazo de mando de la mangueta.

3. En los Corolla y Camry con servodirección, desmonte el miembro de la montura central del motor y la montura trasera del motor.

4. Marque con etiquetas y desconecte las tuberías de la servodirección, de haberlas. Desmonte los soportes de la caja de la dirección y extraiga la caja.

5. Efectúe el montaje en el orden inverso. Apriete los tornillos de la caja de la cremallera a 29-39 libras-pie, en el Celica y Supra; a 43 libras-pie, en el Corolla y Camry; y las tuercas de fijación de la barra de acoplamiento a 37-50 libras en el Celica y Supra; 36 libras-pie en el Corolla y Camry. Use una chaveta nueva. En el Supra, instale el eje intermedio primero en el lado de la columna y luego en el lado de la cremallera. En el Corolla con servodirección, apriete los tornillos de la montura trasera del motor a 29 libras-pie (58 libras-pie en el Camry). Apriete los tornillos del miembro de montaje central a 29 libras-pie. En los coches equipados con servodirección, purgue el circuito y compruebe que no haya fugas. En todos los modelos, ajuste la convergencia-divergencia de las ruedas delanteras.

Celica (tracción delantera) de 1986 y ulteriores

1. Saque la rueda delantera derecha.

2. Desmonte las dos tapas inferiores del motor.

3. Desenrosque los dos tornillos que fijan la junta universal de la columna de la dirección a la cremallera y luego suelte la columna de la cremallera.

4. Retire la chaveta y tuerca y luego, utilizando un extractor de barras de acoplamiento, suelte el extremo de la barra de acoplamiento de su posición en la mangueta.

5. Desmonte el travesaño inferior de la suspensión.

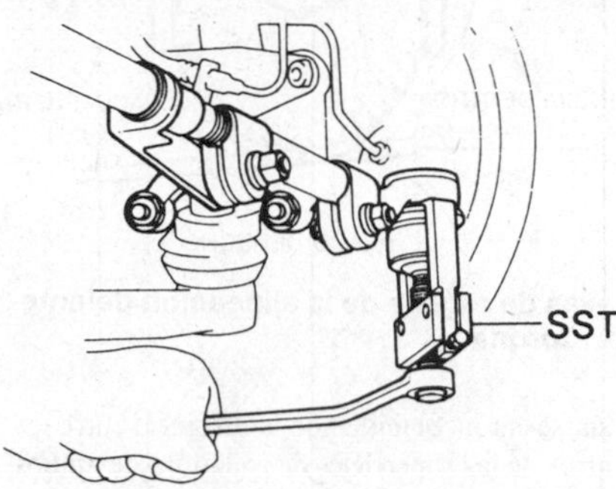

Desmontaje típico de un extremo de barra de acoplamiento

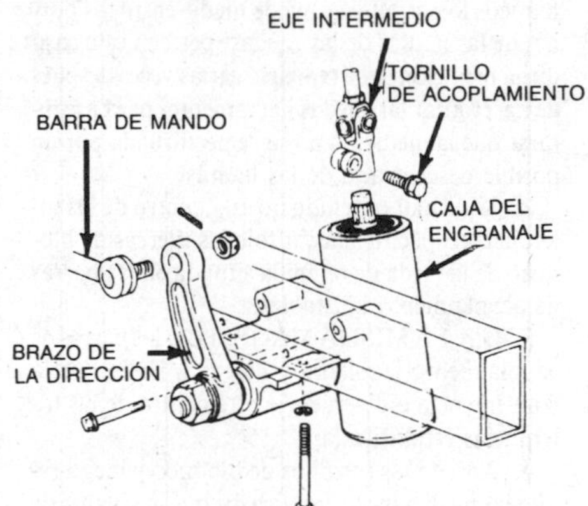

Engranaje de dirección Van

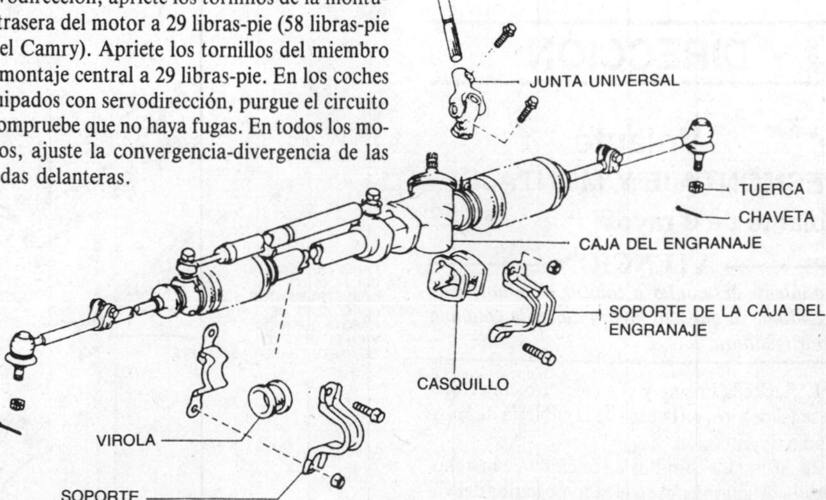

Engranaje de dirección Camry. Otros sistemas de piñón y cremallera son similares.

6. Desenrosque los tornillos de montaje del miembro de la montura central del motor y extraiga dicho miembro.

7. Desconecte el tubo de escape del múltiple. Sitúelo de modo que no estorbe.

8. Marque con etiquetas y desconecte las dos tuberías hidráulicas de la dirección. Sitúelas de modo que no estorben y sujételas con un alambre.

9. Desmonte el soporte de la montura posterior del motor.

10. Retire los tornillos de montaje y los soportes y baje la cremallera de la dirección, extrayéndola del vehículo.

Para el montaje:

1. Sitúe el conjunto de la cremallera, monte las virolas y soportes, y luego apriete los dos tornillos y las dos tuercas a 43 libras-pie (59 Nm).

2. Monte el soporte de la montura posterior del motor, apretando sus dos tornillos a 38 libras-pie (52 Nm).

3. Conecte las tuberías hidráulicas y apriete las tuercas de unión a 29 libras-pie (39 Nm).

4. Conecte el tubo de escape al múltiple.

5. Monte el miembro de la montura central del motor, apretando sus tornillos a 29 libras-pie (39 Nm).

6. Monte el travesaño inferior, apretando sus cinco tornillos exteriores a 154 libras-pie (208 Nm) y el tornillo central a 29 libras-pie.

7. El montaje del resto de los componentes es en orden inverso al desmontaje. Apriete las tuercas del extremo de la barra de acoplamiento a 36 libras-pie (49 Nm) y coloque una chaveta nueva Apriete los tornillos de la junta universal de la columna de la dirección a 26 libras-pie (35 Nm). Vuelva a llenar la bomba de la servodirección con aceite Dextron® 11, purgue el circuito y compruebe la alineación de las ruedas delanteras.

MR2, Tercel y Starlet

1. Levante el vehículo y déjelo firmemente soportado sobre caballetes.

2. Saque las dos ruedas delanteras.

3. Retire el eje intermedio de su posición en el eje del engranaje sinfín.

4. Desmonte los dos extremos de la barra de acoplamiento.

5. Desmonte el travesaño inferior de la suspensión.

6. Desenrosque los tornillos de montaje de los soportes de la caja de la cremallera y retire dichos soportes.

NOTA: Preste cuidado a no dañar las envueltas de goma.

7. Retire el varillaje de la dirección.

8. Efectúe el montaje en el orden inverso.

Van

1. Levante la parte delantera del coche y déjela firmemente apoyada.

2. Desenrosque el tornillo de acoplamiento del eje de la dirección. Desconecte las tuberías de líquido.

3. Desenrosque la tuerca del brazo de mando de la dirección; afloje la tuerca de la barra de mando.

4. Con un extractor, desmonte el brazo de mando de la dirección.

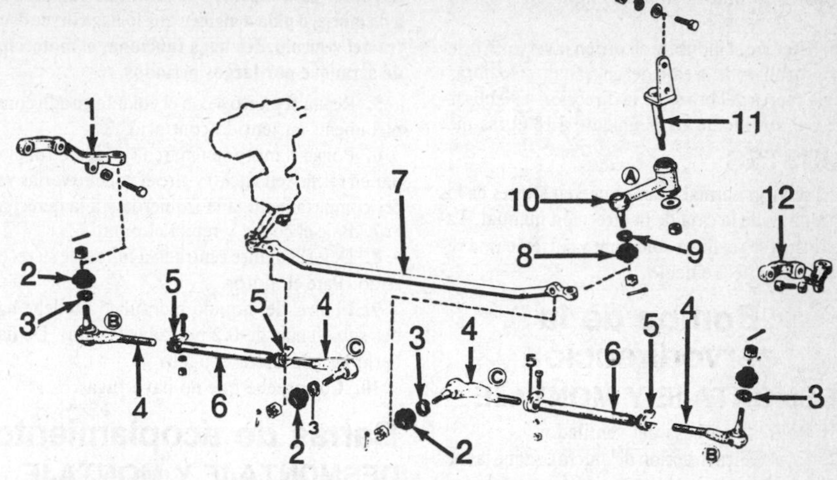

1. Palanca de ataque
2. Retén guardapolvo
3. Clip
4. Extremo de barra de acoplamiento
5. Mordaza de la barra de acoplamiento
6. Tubo de ajuste de la barra de acoplamiento
7. Barra relé
8. Retén guardapolvo
9. Anillo de bloqueo
10. Brazo de mando guiado
11. Soporte del brazo de mando guiado
12. Palanca de ataque izquierda

(a)-Conjunto del brazo de mando guiado
(b)-Conjunto del extremo de la barra de acoplamiento
(c)-Tubo de ajuste barra acoplamiento

Componentes del varillaje de la dirección: Excepto vehículos con dirección de piñón y cremallera

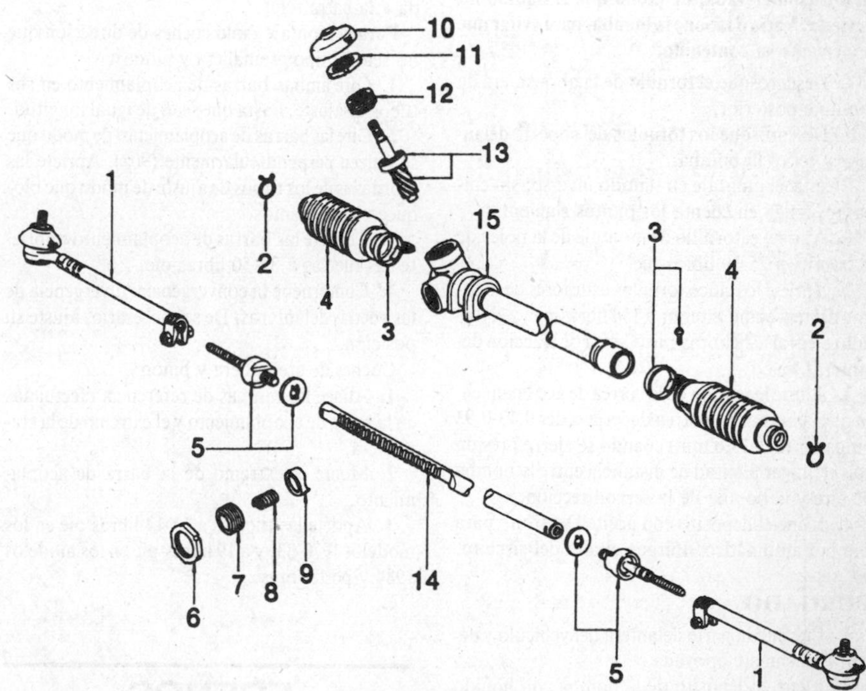

1. Extremo de barra de acoplamiento
2. Clip
3. Mordaza
4. Envuelta de la cremallera
5. Extremo de cremallera y arandela de uña
6. Tuerca de seguridad
7. Casquillo del resorte de la guía de la cremallera
8. Resorte
9. Guía de la cremallera
10. Tapa guardapolvo
11. Tuerca de seguridad
12. Tornillo de ajuste del cojinete del piñón
13. Piñón y cojinete
14. Cremallera
15. Caja de la cremallera

Engranaje de dirección de piñón y cremallera en el Tercel. Otros modelos con piñón y cremallera son similares.

5. Desatornille la caja del engranaje y extráigala.

6. Efectúe el montaje en orden inverso. Apriete los tornillos de la caja del engranaje a 70 libras-pie; la tuerca del brazo de la dirección a 90 libras-pie, y el tornillo de acoplamiento a 18 libras-pie.

AJUSTES

En el servicio normal no se requieren ajustes de los engranajes de la caja de la dirección manual. Tales ajustes se realizan sólo como parte de una revisión total del vehículo.

Bomba de la servodirección

DESMONTAJE Y MONTAJE

1. Retire la carcasa del ventilador.

2. En el Celica (tracción delantera), saque la rueda delantera derecha y la tapa inferior del motor. Desmonte el travesaño inferior de la suspensión.

3. Desenrosque la tuerca del centro de la polea de la bomba.

NOTA: Use la correa de accionamiento de la bomba como freno para que la polea no gire.

4. Retire la correa de accionamiento.

5. Retire la polea y la chaveta de media luna del eje de la bomba.

6. Desconecte las mangueras de entrada y salida del depósito de la bomba.

NOTA: Sujete los extremos de las mangueras en posición elevada, de modo que el líquido no se vierta. Vacíe o tapone la bomba, para evitar que se derrame su contenido.

7. Desenrosque el tornillo de la abrazadera de montaje posterior.

8. Desenrosque los tornillos del soporte delantero y retire la bomba.

Efectúe el montaje en sentido inverso; sin embargo, tenga en cuenta los puntos siguientes:

1. Apriete el tornillo de montaje de la polea de la bomba a 25-39 libras-pie.

2. Apriete los cinco tornillos exteriores de montaje del travesaño inferior a 154 libras-pie, y el tornillo central a 29 libras-pie (Celica de tracción delantera).

3. Ajuste la tensión de la correa de accionamiento de la bomba. La correa debería ceder 0,13-0,93 pulgadas (3.3-23.6 mm) cuando se ejerce presión con el pulgar a mitad de distancia entre la bomba de aire y la bomba de la servodirección.

4. Llene el depósito con aceite Dextron® para cambio automático. Purgue el aire del circuito.

PURGADO

1. Levante la parte delantera del vehículo y déjela firmemente apoyada.

2. Llene el depósito de la bomba con líquido para cambio automático Dextron®.

3. Gire el volante de dirección desde un extremo a otro de su ámbito de giro, varias veces. Añada líquido según convenga.

4. Con el volante de la dirección completamente girado en un sentido, ponga en marcha el motor de arranque mientras observa el nivel de líquido de la dirección en el depósito.

NOTA: No ponga el motor del coche en marcha. Accione el motorcito de arranque con un interruptor para motores de arranque con mando a distancia, o pida a alguien que lo haga desde dentro del vehículo. No haga funcionar el motorcito de arranque por largos períodos.

5. Repita el punto 4 con el volante girado completamente en sentido contrario.

6. Ponga el motor en marcha. Hágalo funcionar en ralentí (en vacío) y gire el volante varias veces completamente a la izquierda y a la derecha.

7. Baje el coche y repita el punto 6.

8. Deje el volante centrado a mitad de su recorrido. Pare el motor.

9. El nivel del líquido hidráulico no debe haber subido más de 0,2 pulgadas (5 mm). De haberlo hecho, repita el punto 7.

10. Compruebe que no haya fugas.

Barras de acoplamiento

DESMONTAJE Y MONTAJE

1. Marque señales de referencia en la barra de acoplamiento y en el extremo de la cremallera (sólo en vehículos con dirección de cremallera y piñón).

2. Trabajando en la palanca de mando de la mangueta, extraiga la chaveta y desenrosque la tuerca almenada.

3. Con un extractor de extremos (cabezas roscadas) de barras de acoplamiento, desconecte la barra de acoplamiento de la palanca de mando de la mangueta.

4. Repita los dos primeros puntos en el otro lado de la barra de acoplamiento (en que está acoplada a la barra relé).

Para el montaje (sólo coches de dirección que no sea del tipo cremallera y piñón):

1. Gire ambas barras de acoplamiento en sus tubos de ajuste, hasta que sean de igual longitud.

2. Gire las barras de acoplamiento de modo que se crucen perpendicularmente (90°). Apriete las mordazas de los tubos de ajuste de modo que bloqueen los extremos.

3. Conecte las barras de acoplamiento y apriete sus tuercas a 37-50 libras-pie.

4. Compruebe la convergencia/divergencia de las ruedas delanteras. De ser necesario, ajuste su posición.

Coches de cremallera y piñón:

1. Alinee las marcas de referencia efectuadas en la barra de acoplamiento y el extremo de la cremallera.

2. Monte el extremo de la barra de acoplamiento.

3. Apriete las tuercas a 11-14 libras-pie en los modelos 1978-83, y a 19 libras-pie en los modelos 1984 y posteriores.

FRENOS

Los procedimientos de reparación y servicio de los frenos no expuestos a continuación se encontrarán en el capítulo Reparaciones sección Frenos.

Reglajes

FRENOS DE DISCOS

Todos los frenos de disco son autoajustables. No se requiere, ni es posible, ningún ajuste periódico.

FRENOS DE TAMBOR

Los frenos traseros de tambor usados en todos los modelos tratados en este manual van equipados con dispositivos de autorreglaje, accionados por el mecanismo del freno de mano. Si este mecanismo funciona correctamente, no se precisan ajustes periódicos de los frenos de tambor. Si la zapata del freno tuviera una holgura incorrecta con el tambor y no se corrigiera accionando varias veces el freno de mano, dichas piezas deberán desmontarse para su reparación.

Cilindro maestro

DESMONTAJE Y MONTAJE

Todos los vehículos excepto Van

ATENCIÓN

Preste cuidado a no verter líquido de freno en las superficies pintadas del vehículo, ya que ello dañaría la pintura.

1. Desconecte las tuberías hidráulicas de su posición en el cilindro maestro del freno.

2. Suelte los conectores de los cables del interruptor de presión diferencial del líquido hidráulico.

3. Afloje el tornillo de montaje del depósito del cilindro maestro.

4. Entonces efectúe una de las dos operaciones siguientes:

a. En los modelos con freno no servo, desenrosque los tornillos que fijan el cilindro maestro y el pasador de horquilla del pedal del freno. Luego extraiga el cilindro maestro.

b. En los modelos con servofreno, desenrosque las tuercas y extraiga el conjunto del cilindro maestro de la unidad del servofreno.

Efectúe el montaje en el orden inverso; sin embargo, tenga en cuenta los puntos siguientes:

1. Antes de apretar las tuercas o tornillos de montaje del cilindro maestro, enrosque unas cuantas vueltas la tubería hidráulica en el cuerpo del cilindro.

2. Completado el montaje, purgue el cilindro maestro y el circuito completo del freno.

Van

1. Desconecte el cable negativo de la batería.

2. Desmonte el cable frontal del módulo de instrumentos, dicho módulo y el panel inferior del módulo.

3. Retire los conductos del desempañador.

4. Extraiga con una jeringa el líquido del cilindro maestro.

5. Desconecte las tuberías del freno de su posición en el cilindro maestro.

6. Desatornille el cilindro maestro y extráigalo.

Efectúe el montaje en sentido inverso al desmontaje. Apriete las tuercas a 9 libras-pie

Válvula dosificadora

En todos los modelos se usa una válvula dosificadora para reducir la presión hidráulica en los frenos traseros a causa del desplazamiento de peso en las frenadas a alta velocidad. Ello impide que los frenos traseros se bloqueen, al mejorar el equilibrio entre los frenos delanteros y traseros.

DESMONTAJE Y MONTAJE

1. Desconecte las tuberías del freno de los rácores de la válvula.
2. Desenrosque el tornillo de montaje de la válvula, de haberlo, y extraiga la válvula.

NOTA: Si la válvula dosificadora está defectuosa, debe cambiarse en conjunto; no pueden cambiarse, ni repararse piezas sueltas.

3. Efectúe el montaje en sentido inverso al desmontaje. Después, purgue el circuito hidráulico.

Cilindros de las ruedas

DESMONTAJE Y MONTAJE

1. Tapone la entrada del cilindro maestro, para que el líquido no se vierta.
2. Retire el tambor y zapatas del freno.
3. Trabajando detrás del plato de apoyo, desconecte la tubería hidráulica de su unión en el cilindro del freno de la rueda.
4. Desenrosque los tornillos que fijan el cilindro del freno de la rueda y retire el cilindro.

Efectúe el montaje en orden inverso al descrito. Sin embargo, recuerde que si desconecta la tubería hidráulica del cilindro de la rueda, el asiento de unión debe cambiarse. Para ello, proceda de la forma siguiente:

1. Use un extractor de tornillos con un diámetro de 0,1 pulgadas (2,54 mm) y de rosca inversa para extraer el asiento de unión del cilindro de la rueda.
2. Introduzca el nuevo asiento de unión con una varilla de 5/16 de pulgada (7,936 mm), utilizándola como empujador.

Completado el montaje del cilindro de la rueda, zapatas y tambor, purgue el circuito.

Freno de mano (Estacionamiento)

REGLAJES

NOTA: Los componentes del freno trasero deben estar en buen estado y correctamente ajustados, antes de efectuar la operación de reglaje descrita a continuación.

1. Lentamente, levante la palanca del freno de mano, sin pulsar el botón que hay en su extremo, mientras cuenta el número de ranuras requeridas para que el freno de mano se aplique a las ruedas.

NOTA: Dos sonidos «clic» son iguales a 1 ranura.

2. Compruebe que el número de ranuras sea especificado.
3. Si el freno ha de ajustarse, afloje la caperuza de la tuerca de ajuste del cable, situada en la parte posterior de la palanca del freno de mano.

NOTA: En algunos modelos, la tuerca de ajuste y la tuerca de seguridad están situadas debajo del vehículo, debajo del conjunto de la palanca.

4. Elimine la flojedad del cable del freno de mano girando la tuerca de ajuste con otra llave de boca.

   a. Si el número de ranuras es inferior al especificado, gire la tuerca hacia la izquierda (en sentido contrario a las agujas del reloj).

   b. Si el número de ranuras es superior al especificado, gire la tuerca hacia la derecha.

5. Apriete la caperuza de la tuerca de ajuste, prestando cuidado a no alterar el reglaje efectuado.
6. Compruebe que las ruedas traseras giran sin rozar.

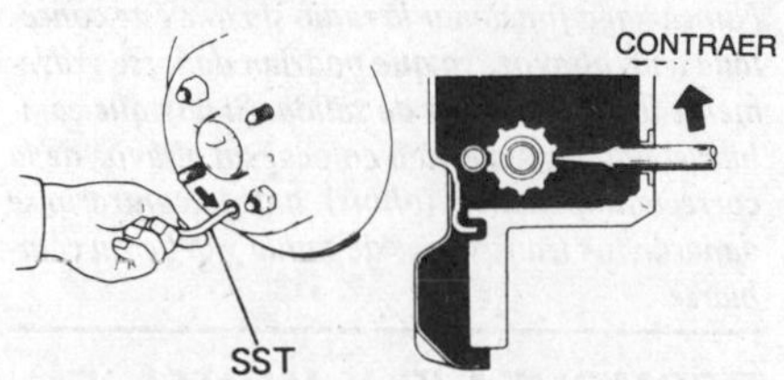

Reglaje del freno de mano, en los modelos con freno trasero de discos: la flecha indica el sentido de giro para aflojar las zapatas del freno de mano.

REGLAJE DEL FRENO DE MANO

Modelo/Año	Gama de ajuste (ranuras)
Corolla 1800, Camry and Starlet	4–7
Tercel	2–5②
Celica	3–7③
Corona	3–6
Corona	
Console	3–6
Pedal	4–8
Corolla ('83–'87)	
FWD	4–7
RWD	④
MR2, Cressida, Supra①	5–8
Van	7–9

① 1982-83 Supra: 4-7
② 1983 y ulteriores 4×2: 5-8
4×4: 6-8
③ 1983-85 de freno de discos trasero: 5-8
④ Tambor freno trasero: 5-8; disco freno trasero: 6-9

CAMBIO DE LAS ZAPATAS DEL FRENO DE MANO

Supra (1982 y posteriores) y Cressida/Celica GTS/Corolla GTS (1983 y posteriores)

1. Levante la parte trasera del vehículo y déjela firmemente soportada.
2. Saque las ruedas traseras.
3. Desconecte la tubería del freno del cilindro del freno (zapata).
4. Desenrosque los tornillos que fijan el cilindro del freno y retire el conjunto del cilindro.
5. Desmonte el plato de reacción.
6. Con la palanca del freno de mano completamente aflojada, desenrosque el tornillo o tornillos que fijan el disco del freno y extraiga el disco.

NOTA: Si el disco del freno queda adherido, impidiendo su extracción, será necesario aflojar el dispositivo de autorreglaje. Ello se realiza a través del orificio de acceso existente en el disco del freno, como se ilustra en la figura.

7. Retire los resortes de retorno de las zapatas del freno. Para ello puede usar una herramienta corriente de desmontaje de resortes de retorno, si bien se recomienda usar la herramienta de servicio especial Toyota nº SST 09717-20010.
8. Retire los resortes de retenida de las zapatas. También en este caso puede usar una herramienta corriente aunque la tarea es más fácil si se emplea la suministrada por Toyota nº SST 09718-00010.
9. Desmonte la zapata delantera, el puntal y el conjunto del dispositivo de autorreglaje.
10. Desconecte el cable del freno de mano de la palanca de la zapata y retire la zapata trasera.
11. Inspeccione todas las piezas para detectar desgaste o deterioro.

En dicha inspección tenga en cuenta los puntos siguientes:

El grueso mínimo del forro de las zapatas es 0.039 pulgadas (1 mm).

El diámetro interno máximo del disco de freno es 6.61 pulgadas.

Si la superficie del disco está dañada o con alabeo, puede rectificarse, a condición de que el diámetro máximo no sea superior al acabado de especificar.

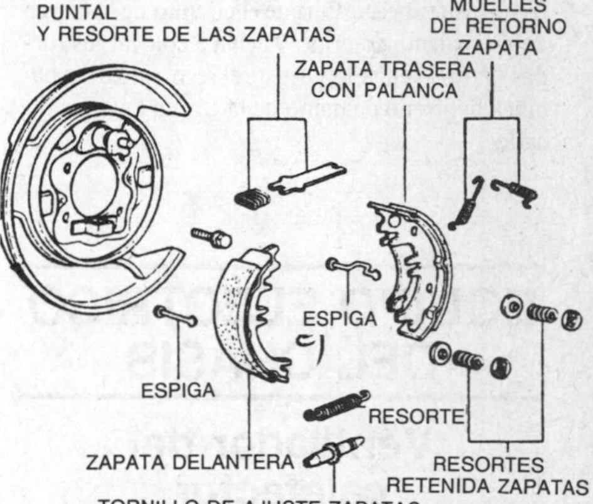

Despiece del freno de mano en los modelos con frenos traseros de discos

12. Si se han de cambiar las zapatas, retire la palanca de su posición en la zapata trasera del freno ejerciendo acción de palanca sobre la arandela en C, de modo que se aparte, y extrayendo esta arandela. Al instalar la palanca en la nueva zapata, primero coloque el calce sobre la espiga y luego cierre la arandela en C dentro de la ranura de la espiga. Debe usarse una nueva arandela en C. Compruebe la holgura entre el calce y la palanca: no debe exceder de 0.013 pulgadas (0.33 mm). Si

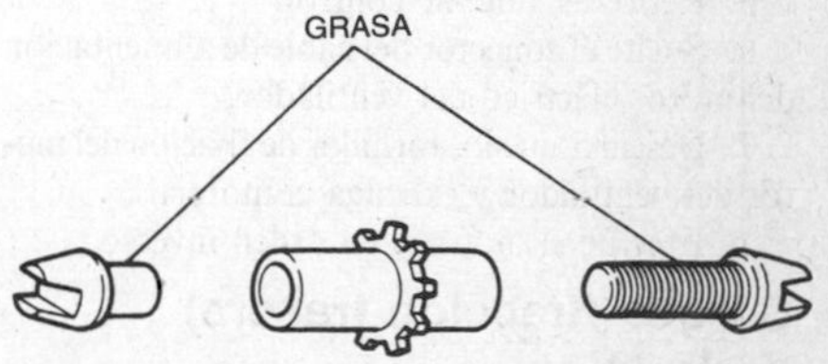

Antes del montaje, engrase las piezas del ajustador en los puntos ilustrados: Modelos con frenos traseros de discos

el huelgo es excesivo, solicite calces más gruesos al distribuidor Toyota.

13. Aplique una pequeña cantidad de grasa resistente a altas temperaturas a cada una de las almohadillas de contacto del plato de apoyo.

14. Desmonte y limpie los dispositivos de autorreglaje. Al ajustarlos, aplique grasa resistente a altas temperaturas a las piezas indicadas en la ilustración.

15. El resto del montaje de las zapatas se efectúa en orden inverso al procedimiento de desmontaje descrito.

16. Ajuste la holgura de las zapatas del freno de mano de la forma siguiente:

a. Monte provisionalmente el conjunto del disco, con dos de las tuercas de orejetas apretadas con la mano a sus birlos. Las tuercas de orejetas deben enroscarse con los lados planos hacia el disco.

b. Con una herramienta de ajuste de ruedas satélite (rueda de estrella), gire la rueda satélite hasta que el disco se enclave.

c. Gire al revés el ajustador (rueda satélite) 8 ranuras.

17. Monte el plato de reacción, el cilindro del freno y su tubería. Purgue el circuito de la forma anteriormente descrita. Vuelva a colocar las ruedas, baje el vehículo y ajuste el recorrido de la palanca del freno de mano de la forma antes explicada.

EQUIPO ELÉCTRICO DEL CHASIS

Ventilador del calefactor

NOTA: En algunos modelos, el aire acondicionado, de haberlo, está integrado en el calefactor, por lo que el desmontaje de éste puede diferir de los procedimientos descritos a continuación.

DESMONTAJE Y MONTAJE

Tercel y Corolla (tracción delantera)

1. Desconecte el terminal negativo de la batería.

2. Desmonte la bandeja inferior (de haberla).

3. Extraiga el conducto del ventilador y el conducto de aire.

NOTA: Antes de desmontar el conducto de aire, retire las dos abrazaderas de fijación.

4. Desmonte la guantera (cajuela).

5. Retire el cable de control.

6. Suelte el conector del cable de alimentación del motor eléctrico del ventilador.

7. Desenrosque los tornillos de fijación del motor del ventilador y extraiga el motor.

8. Efectúe el montaje en orden inverso.

Corolla (tracción trasera) y Starlet

1. Desconecte el haz de cables del ventilador.

2. Retire la manguera del desempañador derecho.

3. Desenrosque los tres tornillos que fijan el motor del ventilador y extraiga el ventilador.

4. Separe el ventilador de su posición en el motor. Efectúe el montaje en el orden inverso.

Celica, Supra, Camry y Cressida

1. Trabajando debajo del panel de instrumentos, suelte las mangueras del desempañar de su posición en la caja del calefactor.

2. Desenchufe el multiconector.

3. Afloje los tornillos de montaje del conjunto del ventilador y extráigalo.

4. Efectúe el montaje en el orden inverso.

Corona

1. Retire la bandeja portapaquetes.

2. Retire el panel de guarnición.

3. Desconecte el haz de cables del motor del ventilador del calefactor.

4. Afloje los tres tornillos que fijan dicho motor a la caja del calefactor y extraiga el conjunto motor/ventilador.

5. Efectúe el montaje en el orden inverso.

Núcleo del calefactor

DESMONTAJE Y MONTAJE

Tercel y Corolla (tracción delantera)

1. Desconecte el cable negativo de la batería.

2. Vacíe el radiador.

3. Saque el cenicero y su retenedor.

4. Retire el conducto trasero del calefactor (opcional).

5. Retire los conductos derecho e izquierdo del desempañador.

6. Retire la bandeja inferior (opcional).

7. Retire la guantera.

8. Retire el conducto principal de aire.

9. Desconecte la radio y extráigala.

10. Desconecte los cables de control del calefactor y retírelos.

11. Suelte las mangueras del calefactor.

12. Extraiga los conductos delantero y trasero de aire.

13. Suelte el conector del cable eléctrico.

14. Desatornille el calefactor y extráigalo.

NOTA: Deslice el calefactor hacia la derecha del coche para extraerlo.

15. Retire el núcleo del calefactor.

16. Efectúe el montaje en el orden inverso.

Corolla (tracción trasera) y Starlet

1. Desconecte el cable negativo de la batería. Vacíe el circuito de enfriamiento.

2. Suelte la manguera del calefactor de su posición en el lado del compartimiento del motor.

3. Retire los mandos de operación del calefactor y del ventilador.

4. Desenrosque los dos tornillos que fijan el panel de control del calefactor y retire dicho panel.

5. Retire el control del calefactor, completo con los cables.

6. Desconecte el haz de cables.

7. Desenrosque los tres tornillos que fijan el conjunto del calefactor y extraiga el conjunto.

8. Separe el núcleo del conjunto del calefactor.

9. Efectúe el montaje en el orden contrario.

Celica, Supra, Camry y Cressida

1. Vacíe el circuito de enfriamiento.

2. Retire la consola, de haberla, después de sacar la empuñadura del cambio (manual), el conector de cables y los tornillos de fijación de la consola.

3. Retire la alfombrilla que hay en el túnel.

4. De ser necesario, retire el encendedor de cigarrillos y el cenicero.

5. Retire la bandeja portapaquetes, si dificulta el acceso al núcleo del calefactor.

6. Desenrosque los tornillos y extraiga el conducto central de aire en el Mark II/6.

7. Desenrosque los tornillos que fijan el conjunto tapa inferior/admisión y extraiga dicho conjunto.

8. Saque la tapa de la válvula de agua.

9. Retire la válvula de agua.

10. Afloje las abrazaderas de las mangueras y retire éstas del núcleo.

11. Saque el núcleo del calefactor.

12. Efectúe el montaje en el orden inverso.

Corona

1. Desconecte el cable negativo de la batería.

2. Vacíe el sistema de enfriamiento.

3. Desconecte las mangueras de calentamiento del motor.

4. Retire la consola central, de haberla.

5. Retire la bandeja portapaquetes y suelte el conducto de aire del calefactor.

6. Desenrosque los tornillos que sujetan la guantera y extraiga ésta.

7. Trabajando a través del compartimiento de la guantera, extraiga el conducto posterior.

8. Suelte el conducto de ventilación.

9. Desmonte el módulo de instrumentos, de la forma descrita más adelante.

10. Saque la radio, de estar instalada.

11. Saque el conjunto de control del calefactor.

12. Extraiga el conjunto del conducto del desempañador.

13. Incline el conjunto del calefactor hacia la derecha y extráigalo por el lado de la bandeja portapaquetes.

14. Retire la válvula de agua y la manguera de salida de sus posiciones en el conjunto del calefactor.

15. Retire la cinta de retenida y tornillo que fijan el núcleo del calefactor.

16. Extraiga el núcleo.

17. Efectúe el montaje en el orden inverso.

Radio

ATENCIÓN

Nunca haga funcionar la radio sin que esté conectada a un altavoz, ya que podrían dañarse gravemente los transistores de salida. Si hay que cambiar el altavoz, vuelva a colocar un altavoz de la correcta impedancia (ohms), o de lo contrario se dañarán los transistores de salida y deberán cambiarse.

DESMONTAJE Y MONTAJE

Celica, Supra, Camry y Cressida

1. Saque las empuñaduras y botones de mando de la radio.

2. Saque las tuercas de los ejes de control de la radio.
3. Desenchufe el cable de la antena de la hembrilla de la caja de la radio.
4. Retire el conducto de entrada de aire de su posición en la carrocería.
5. Desenchufe el cable de conexión eléctrica y el cable del altavoz.
6. Desenrosque las tuercas y tornillos del soporte de la radio.
7. Retire la radio de debajo del tablero de instrumentos.
8. Desenrosque las tuercas que fijan el altavoz, a través del agujero para operaciones de servicio existente en la parte superior de la guantera.
9. Desenrosque el resto de las tuercas que fijan el altavoz, desde encima del punto de montaje de la radio.
10. Retire el altavoz.
11. Efectúe el montaje en el orden inverso.

Corolla, Tercel y Starlet

1. Desenrosque los dos tornillos desde la parte superior del panel de guarnición central del tablero de instrumentos.
2. Levante el panel central lo suficiente para tener acceso al cable del encendedor de cigarrillos y desconecte dicho cable. Retire el panel de guarnición.
3. Desenrosque los tornillos que fijan la radio a los soportes del panel de instrumentos.
4. Extraiga la radio y desconecte sus cables.
5. Efectúe el montaje en el orden inverso.

Corona

RADIO MONTADA EN EL PANEL DE INSTRUMENTOS

1. Desenrosque los dos tornillos que fijan el contorno del módulo de instrumentos y extraiga dicho contorno.
2. Retire los mandos del calefactor y la cara de control del calefactor.
3. Desenrosque los cuatro tornillos que fijan el panel de guarnición central (dos están detrás de la abertura de control del calefactor).
4. Retire los mandos de operación de la radio y retire el panel de guarnición central.
5. Desenrosque los cuatro tornillos de fijación del soporte de la radio.
6. Extraiga la radio lo suficiente para desconectar su antena, cable de conexión eléctrica e hilos del altavoz.
7. Saque la radio.
8. Efectúe el montaje en orden inverso.

RADIO MONTADA EN LA CONSOLA

1. Desenrosque los tornillos de fijación de la consola y extraiga ésta, bajando hacia atrás el apoyabrazos y levantando la consola por su centro.
2. Desenchufe la radio y su antena.
3. Saque los mandos de la radio.
4. Retire el soporte de la radio y luego ésta.
5. Efectúe el montaje en orden inverso.

Motor del limpiaparabrisas

DESMONTAJE Y MONTAJE

Tercel y Corolla (tracción delantera)

1. Desconecte el cable negativo de la batería.
2. Introduzca una palanca entre el varillaje del limpiaparabrisas y su motor.
3. Separe el varillaje del motor, ejerciendo acción de palanca.
4. Suelte el conector del cable de eliminación eléctrica del motor.
5. Desatornille el motor y extráigalo.
6. Efectúe el montaje en el orden inverso.

Corolla (tracción trasera), Corona y Starlet

1. Suelte el conector del motor del limpiaparabrisas.
2. Retire la tapa para operaciones de servicio y afloje los tornillos del motor del limpiaparabrisas.
3. Con una pequeña varilla de palanca, separe el varillaje del limpiaparabrisas de su motor.

ATENCIÓN

Preste cuidado a no torcer el varillaje.

4. Retire el conjunto del motor del limpiaparabrisas.
5. Efectúe el montaje en el orden inverso.

Celica, Supra, Camry y Cressida

1. Retire la tapa del agujero de acceso.
2. Separe el limpiaparabrisas de su motor ejerciendo una ligera tracción con una pequeña varilla de palanca.
3. Retire los ventiladores izquierdo y derecho de la carrocería.
4. Retire los brazos del limpiaparabrisas y las tuercas de montaje del varillaje. Introduzca los pivotes del varillaje en los orificios de ventilación.
5. Afloje los conectores del varillaje del limpiaparabrisas en sus extremos y con el varillaje de ventilación en la carrocería.
6. Ponga en marcha el motor del limpiaparabrisas y cierre la llave del encendido cuando las escobillas estén en posición elevada.

NOTA: El motor del limpiaparabrisas es difícil de extraer cuando está en la posición de parada. Al apagar accionando desde su interruptor las escobillas retornarán a su posición inferior.

7. Desenchufe el conector.
8. Afloje los tornillos del motor y extráigalo.
9. Efectúe el montaje en el orden inverso. Asegúrese de montar el motor del limpiaparabrisas con el mismo en la posición parada normal; para ello, acople el multiconector y accione el interruptor de mando del limpiaparabrisas. Monte el varillaje.

Tablero de instrumentos

DESMONTAJE Y MONTAJE

Corolla (tracción trasera) y Starlet

1. Desconecte el cable negativo (—) de la batería.
2. Retire el contorno del módulo de instrumentos.
3. Retire el panel de guarnición central. Desconecte el cable del encendedor de cigarrillos antes de completar el retirado del panel.
4. Desconecte el cable del velocímetro y retírelo.
5. Extraiga el módulo de instrumentos justo lo suficiente para poder desconectar su haz de cables.
6. Saque el móduldo.
7. Efectúe el montaje en el orden inverso.

Corona

1. Desconecte el cable negativo (—) de la batería.
2. Retire los dos contornos del módulo de instrumentos.
3. Retire la empuñadura de control de salida de aire lateral y el mando de ajuste del reloj.
4. Extraiga el panel.
5. Desenrosque los cinco tornillos que fijan el módulo al soporte del panel de instrumentos.
6. Desconecte el cable del velocímetro y el haz de cables del módulo de instrumentos.
7. Extraiga el conjunto del módulo.
8. Efectúe el montaje en el orden inverso.

Cressida

1. Desconecte la batería.
2. Desconecte los cables de control del calefactor de sus posiciones en la caja del calefactor.
3. Afloje las tuercas de fijación de la columna de la dirección y baje ésta.

ATENCIÓN

Preste cuidado al manejar la columna, ya que es del tipo abatible. Cubra la tapa de la columna con un lienzo para protegerla.

4. Afloje los tornillos del panel de instrumentos e incline éste hacia adelante.
5. Suelte el cable del velocímetro y los conectores de los cables. Saque el conjunto del panel.
6. Retire los instrumentos del panel según se precise.
7. Efectúe el montaje en el orden inverso.

Tercel y Corolla (tracción delantera)

1. Desconecte el terminal negativo de la batería.
2. Saque la tapa de la columna de la dirección.

NOTA: Preste cuidado a no dañar el mecanismo de la columna, dado que es del tipo abatible.

3. Desenrosque los tornillos del panel de instrumentos.
4. Suavemente, extraiga el panel aproximadamente la mitad.
5. Desconecte el cable del velocímetro y otros cables requeridos.
6. Extraiga ahora el panel.
7. Efectúe el montaje en orden inverso al desmontaje.

Camry, Celica y Supra

1. Desconecte el cable negativo (—) de la batería.
2. Saque la tapa de la caja de fusibles de debajo de lado izquierdo del panel de instrumentos.
3. Retire los mandos de control del calefactor.
4. Utilizando un destornillador, ejerza acción de palanca para extraer el panel de control del calefactor.
5. Desatornille el panel de acabado del módulo de instrumentos y extraiga la parte inferior del panel.
6. Desenchufe los dos conectores eléctricos y desenganche el cable del velocímetro.
7. Extraiga el módulo de instrumentos.
8. Efectúe el montaje en orden inverso.

Fusibles y eslabones fusibles

UBICACIÓN

Excepto en el Celica, Supra y Van

La caja de fusibles está situada en el lado izquierdo, debajo del tablero de instrumentos, en todos los modelos. Todos los modelos van equipados con eslabones fusibles en los cables de la batería que salen del borne positivo (+) de la batería.

Van

La caja de fusibles está situada en el lado derecho del tablero de instrumentos, detrás de la guantera.

Celica y Supra

1980-81

Estos modelos poseen dos bloques de fusibles: uno situado detrás del panel, en el tablero de instrumentos, y el otro en el lado izquierdo de la placa delantera del guardabarros.

1982-86

Hay un bloque de fusibles único, situado debajo del capó, en el lado del conductor.

Toyota

ESPECIFICACIONES GENERALES DEL MOTOR

Año	Tipo de motor	Cilindrada pulg. cúb. (c.c.)	Tipo de carburador	Potencia (@ rpm)	Par motor @ rpm (libras-pie)	Diámetro x carrera (pulgadas)	Relación de compresión	Presión del aceite @ rpm (libras/pulg.²)
'79–'80	20R	133.6 (2189)	2-bbl	90 @ 4800	122 @ 2400	3.48×3.50	8.4:1	64 @ 2500
'81–'86	22R	144.4 (2366)	2-bbl	96 @ 4800 ②④	93 @ 2800 ③⑤	3.62×3.50	9.0:1 ⑨	36–71 @ 3000
'84–'86	22R-E	144.4 (2366)	E.F.I.	106 @ 4800 ⑥	137 @ 2800 ⑦	3.62×3.50	9.0:1 ⑨	36–71 @ 3000
'79–'84	2F	258 (4230)	2-bbl	125 @ 3600	200 @ 1800	4.02×4.13	7.8:1	50–70 @ 2000
'81–'83	L	133.5 (2188)	D.F.I.	62 @ 4200 ①	93 @ 2400	3.54×3.39	21.5:1	60 @ 2000
'84–'86	2L	149.2 (2446)	D.F.I.	75 @ 4000	114 @ 2400	3.62×3.62	20.0:1	36–85 @ 3000
'85–'86	2L-T	149.2 (2446)	D.F.I. ⑧	84 @ 4000	137 @ 2400	3.62×3.62	9.0:1	36–85 @ 3000
'85–'86	22R-TE	144.4 (2366)	E.F.I. ⑧	135 @ 4800	173 @ 2800	3.62×3.50	9.3:1	36–71 @ 3000
'83–'86	3Y-EC	121.9 (1998)	E.F.I.	90 @ 4400	120 @ 3000	3.40×3.40	9.0:1	36–71 @ 3000

EFI - Inyección electrónica del combustible
DFI - Inyección de combustible diesel
① '83: 59 @ 4200
② '83 Federal y todos los del '84: 100 @ 4800
③ '84: 130 @ 2800
④ '85: 103 @ 4800
⑤ '85: 133 @ 2800
⑥ '85: 116 @ 4800
⑦ '85: 140 @ 2800
⑧ Turbo
⑨ '86: 9.3-1

ESPECIFICACIONES DE PUESTA A PUNTO

Año	Tipo de motor	Bujías: Tipo	Bujías: Distancia electrodos (pulg.)	Distribuidor: Ángulo de contacto (grados)	Distribuidor: Abertura de contactos (pulg.)	Sincronización encendido (grados) ▲: TM Trans. manual	Sincronización encendido (grados) ▲: TA Trans. autom.	Presión de la bomba de combustible (Libr/pulg.²)	Vacío del múltiple en vacío (pulg. Hg)	Compresión (lib/pulg.²) @ 250 rpm**	Velocidad en vacío (rpm): TM	Velocidad en vacío (rpm): TA	Juego válvula (pulg.): Ad.	Juego válvula (pulg.): Es.
'79–'84	2F	④	②	Electrónico		7B	—	3.4–4.7	16.5	149	①	—	0.008	0.014
'79–'80	20R	W16 EX-U	0.031	52	0.018	8B	8B	2.1–4.3	15.75	156	800	850	0.008	0.012 ③
'81–'82	22R	W16 EXR-U	0.031	Electrónico		8B	8B	2.1–4.3	15.8	156	700	750	0.008	0.012
'83–'86	22R	W16 EXR-U	0.031	Electrónico		5B ⑥	5B ⑥	2.1–4.3	15.8	142–171	700 ⑤	750	0.008	0.012
'84–'86	22R-E	W16 EXR-U	0.031	Electrónico		5B ⑦	5B ⑦	36–38	15.8	142–171	700 ⑤	750	0.008	0.012
'85–'86	22R-TE	W16 EXR-U	0.031	Electrónico		5B ⑦	5B ⑦	36–38	15.8	120–149	—	—	0.008	0.012

ESPECIFICACIONES DE PUESTA A PUNTO

Año	Tipo de motor	Bujías Tipo	Bujías Distancia electrodos (pulg.)	Distribuidor Ángulo de contacto (grados)	Distribuidor Abertura de contactos (pulg.)	Sincronización encendido (grados) ▲ TM Trans. manual	Sincronización encendido (grados) ▲ TA Trans. autom.	Presión de la bomba de combustible (Libr/pulg.^{2})	Vacío del múltiple en vacío* (pulg. Hg)	Compresión (lib/pulg.^{2}) @ 250 rpm**	Velocidad en vacío (rpm) TM	Velocidad en vacío (rpm) TA	Juego válvula (pulg.) Ad.	Juego válvula (pulg.) Es.
'83–'86	3Y-EC	P16R	0.043	Electrónico		8B ⑧	8B ⑧	33–38	15.75	142-171	700	750	⑨	⑨

NOTA: Si estas cifras no están de acuerdo con los datos que figuran en la etiqueta del compartimiento motor, aplique los datos de la etiqueta. Son los que corresponden al motor de su camión

▲Con la transmisión automática en D (Marcha) y la transmisión manual en Punto Muerto

*Estos valores son los mínimos admisibles

**Busque la uniformidad entre los cilindros más que la presión específica

① '79-'80-800 '81-'82-650
② '79-0.39 '80-'82-0.031
③ Válvula de escape del 2OR 1979 - 0.010 pulgadas
④ '79-W14EX'80 - W14EX-U'81-'82 - W14EXR-U
⑤ EFI (inyección electrónica de combustible) 750 rpm
⑥ 1985-86: 0° @ 950 rpm, con el avance al vacío desconectado
⑦ Terminal T cortocircuitado
⑧ Avance del vacío desconectado
⑨ No es preciso ningún ajuste

ESPECIFICACIONES DE PUESTA A PUNTO DEL MOTOR DIESEL

Año	Motor	Presión de abertura del inyector (libras/pulg.^{2})	Velocidad en vacio (rpm)	Juego de válvulas (pulg) Admisión	Juego de válvulas (pulg) Escape	Compresión de giro @ 250 rpm	Variación de compresión máxima ①	Orden de encendido
'81–'83	L	1636-1778 ① 1493–1777 ②	700	0.010	0.014	284–455	71 psi	1-3-4-2
'84–'86	2L	2,276–2,389	700	0.010	0.014	284–455	71 psi	1-3-4-2
'85–'86	2L-T	2,276–2,389	700	0.010	0.014	284–455	71 psi	1-3-4-2

① Nuevo
② Usado
③ Entre el cilindro más alto y el más bajo

ÓRDENES DEL ENCENDIDO

NOTA: Para evitar confusiones, substituya siempre los cables de las bujías de uno en uno

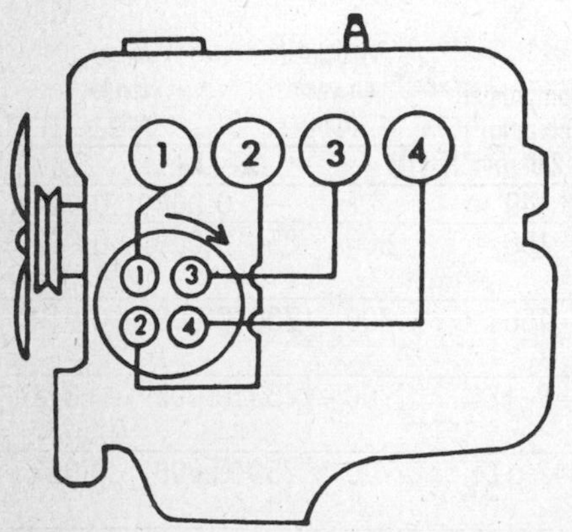

Orden del encendido en los motores 20R, 22R y 22R-E

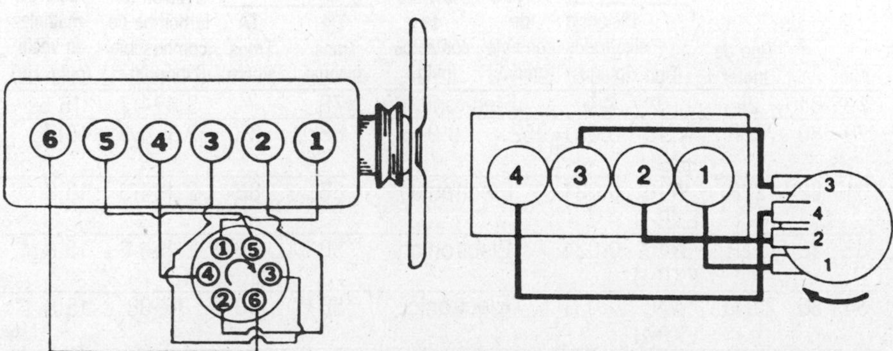

Orden del encendido en los motores 2F

Orden del encendido en el motor 3Y-EC

CAPACIDADES

Año	Modelo	Tipo del motor	Cárter del cigüeñal ▲ Con filtro	Cárter del cigüeñal ▲ Sin filtro	Transmisión ▲ Manual	Transmisión ▲ Automát.	Cajas de ▲ transferencia	Diferencial ▲ Ant.	Diferencial ▲ Post.	Depósito combustible ■	Sistema de refrigeración ▲
'79	Pickup 2WD	20R	5.0	4.0	2.0 ①	7.0	—	—	1.6	12.1	8.5
'79½	Pickup 4WD	20R	5.0	4.0	2.0	6.7	1.7	2.0	2.1	—	7.4
'80	Pick up (todos)	20R	5.0	4.0	2.0 ⑥	6.7 ④	1.7	2.4	2.3	—	8.9
'81–'82	Pickup (Gasolina)	22R	5.0	4.0	2.1	6.7	1.7	2.4	1.8 ⑦	13.7 ⑤	8.9
'81–'83	Pickup (Diesel)	L	6.1	5.1	1.9	—	—	—	1.8	16.0	11.1
'83	Pickup (Gasolina)	22R	5.0	4.0	⑪	6.9	1.7	2.3	1.8 ⑫	13.7 ⑤	8.9
'84	Pickup (Gasolina)	22R 22R-E	5.0	4.0	⑬	6.9	1.7	2.4	1.8 ⑫	13.7 ⑤	8.9
'84	Pickup (Diesel)	2L	6.0 ⑭	5.0 ⑭	⑮	—	1.7	2.3	1.8 ⑫	16.0	12.0
'79–'84	Land Cruiser	2F	8.4	7.4	⑧	—	2.6	2.2	2.2	22.2 ⑨	17.5 ⑩
'83–'86	Van	3Y-EC	3.7	3.2	2.3	6.9	—	—	1.3	15.9	7.5
'85–'86	4 Runner (Gasolina)	22R 22R-E	4.0	4.9	③	—	1.7	2.4	2.3	②	8.9
'85–'86	4 Runner (Diesel)	2L-T	6.1	5.1	3.2	—	1.7	2.4	2.3	②	10.4
'85–'86	Pickup (Gasolina)	22R 22R-E	4.9	4.0	④	6.9	—	—	1.9	⑯	8.9
'85–'86	Pickup (Diesel)	2L 2L-T	6.1	5.1	⑱	6.9	1.7	⑲	2.3	⑰	10.4

▲ Medidas en cuartos de galón
■ Medidas en galones
① Transmisión de 5 velocidades-2.8
② Estándar-14.8; grande 17.2
③ Motor 22R-4.1; motor 22R.E - 3.2
④ 4 velocidades-2.5; 5 velocidades (22R)-2.7; 5 velocidades (22R-E)-2,5
⑤ Base larga - 16.1
⑥ Transmisión de 5 velocidades - 2.7
⑦ 3/4 tonelada - 1.9; 4×4 - 2.3
⑧ 3 velocidades - 1.8; 4 velocidades - 3.3; 5 velocidades - 4.7
⑨ Station Wagon - 23.8
⑩ '79-'82 - Dos puertas - 19.9; '79-'82 Wagon - 18.3
⑪ 4 velocidades - 2.1; 5 velocidades 1.9
⑫ 4×4 - 2.3
⑬ W52: 2.7
W42: 2.9
G52: 2.3
⑭ California: con filtro 7, sin filtro 6
⑮ 2WD: 2.5
4WD: 4.1
⑯ Base corta - 13.7; base larga 17.2
⑰ Base corta - 17.2; base larga (Estándar) 17.2; base larga (grande) 19.3
⑱ 4 velocidades - 2.5; 5 velocidades - 2.3; 4WD - 3,2
⑲ 4WD: 2.4

ESPECIFICACIONES DE LAS VÁLVULAS

Año	Tipo de motor	Ángulo del asiento (grad)	Ángulo de la cara (grad.)	Presión de prueba del muelle (lbs)	Altura del muelle montado (pulg.)	Tolerancia entre vástago y guía (pulg.) ▲ Admisión	Tolerancia entre vástago y guía (pulg.) ▲ Escape	Diamétro del vástago (pulg.) Admisión	Diamétro del vástago (pulg.) Escape
'79–'84	2F	45	44.5	71.6	1.693	0.0012–0.0024	0.0016–0.0028	0.3140	0.3137
'79–'80	20R	45	44.5	55.1	1.594	0.0008–0.0024	0.0012–0.0026	0.3138–0.3144	0.3136–0.3142
'81–'84	22R	45 ①	44.5	55.1	1.594	0.0008–0.0024	0.0012–0.0026	0.3145–0.3188	0.3136–0.3142
'81–'84	L	45 ①	44.5	56 ②	1.547	0.0008–0.0022	0.0016–0.0030	0.3336–0.3342	0.3328–0.3335

ESPECIFICACIONES DE LAS VÁLVULAS

Año	Tipo de motor	Ángulo del asiento (grad)	Ángulo de la cara (grad.)	Presión de prueba del muelle (lbs)	Altura del muelle montado (pulg.)	Tolerancia entre vástago y guía (pulg.) ▲		Diámetro del vástago (pulg.)	
						Admisión	Escape	Admisión	Escape
'85–'86	22R 22R-E	45 ①	44.5	64	1.594	0.0008– 0.0012	0.0012– 0.0028	0.3145– 0.3188	0.3136– 0.3142
'85–'86	2L 2L-T	45 ①	44.5	64.4	1.547	0.0008– 0.0022	0.0016– 0.0030	0.3336– 0.3342	0.3328– 0.3335
'83–'86	3Y-EC	45 ①	44.5	64-77	1.598	0.0010– 0.0024	0.0012– 0.0026	0.3138– 0.3144	0.3136– 0.3142

▲ Las guías de válvulas son desmontables.
① Pase fresas de 30° y 60° por el asiento, a fin de centrar la parte de 45° en la cara de la válvula
② 1984: 64 libras

ESPECIFICACIONES DEL ÁRBOL DE LEVAS

(Todas las medidas en pulgadas)

Año	Motor	Diámetro muñequilla	Tolerancia del cojinete	Corrimiento máximo de la muñequilla	Altura del lóbulo ▲		Holgura máxima del empuje (juego axial)
					Admisión	Escape	
'79–'80	20R	1.2982– 1.2984	0.0004– 0.0020	0.0080	1.6783– 1.6819	1.6806– 1.6842	0.0010 ①
'81–'82	22R	1.2982– 1.2984	0.0004– 0.0020	0.008	1.6783– 1.6819	1.6806– 1.6842	0.0010 ①
'79–'84	2F	②	0.0010– 0.0030	0.0059	1.4960– 1.5142	1.4920– 1.5098	0.0080 ③
'81–'83	L (Diesel)	1.3767– 1.3774	0.0009– 0.0029	0.0020	1.6810– 1.6948 ⑤	1.6900– 1.7020 ⑥	0.0120 ④
'83–'86	3Y-EC	⑦	0.0010– 0.0032	0.0024	1.5205– 1.5244	1.5208– 1.5248	0.012
'84–'86	2L (Diesel)	1.3767– 1.3774	0.0009– 0.0029	0.0020	1.8409	1.8602	0.012
'85–'86	2L-T (Diesel)	1.3767– 1.3774	0.0009– 0.0029	0.0020	1.8224	1.8602	0.012
'83–'86	22R	1.2984– 1.2992	0.0004– 0.0020	0.008	1.6783– 1.6819	1.6807– 1.6842	0.010 ①
'84–'86	22R-E	1.2984– 1.2992	0.0004– 0.0020	0.008	1.6783– 1.6819	1.6807– 1.6842	0.010 ①

▲ Medido desde el fondo del círculo básico a la parte superior del lóbulo (con el lóbulo de la leva dirigido hacia arriba)

① Preferido - 0.003-0.007
② Delantero - 1.8880-1.8888;
Segundo - 1.8289-1.8297;
Tercero - 1.7699-1.7707;
Trasero - 1.7108-1.7116
③ Preferido - 0.0035-0.0060
④ Preferido - 0.0022-0.0061
⑤ 1984: 1.6809-1.6812
⑥ 1984: 1.6880-1.6900
⑦ Delantero - 1.8291-1.8297
Segundo - 1.8192-1.8199
Tercero - 1.8094-1.8100
Cuarto - 1.7996-1.8002
Trasero: 1.7897-1.7904

ESPECIFICACIONES DEL CIGÜEÑAL Y BIELAS

(Todas las medidas en pulgadas)

Año	Tipo de motor	Cigüeñal: Diámetro de la muñeq. del cojinete	Holgura del aceite del cojinete principal	Juego axial	Empuje en el nº	Biela: Diámetro muñequilla	Holgura del aceite	Holgura lateral
'79–'84	2F	①	0.0008–0.0017	0.0024–0.0063	3	2.1252–2.1260	0.0008–0.0024	0.0043–0.0091
'79–'80	20R	2.3614–2.3622	0.0010–0.0022	0.0007–0.0079	3	2.0862–2.0866	0.0010–0.0022	0.0063–0.0102
'81–'84	22R	2.3614–2.3622	0.0006–0.0020	0.0008–0.0089	3	2.0862–2.0866	0.0008–0.0020	0.0008–0.0087
'81–'83	L (Diesel)	2.4402–2.4409	0.0012–0.0028	0.0016–0.0098	3	2.0858–2.0866	0.0012–0.0028	0.0031–0.0079
'85–'86	22R 22R-E	2.3616–2.3622	0.0010–0.0022	0.0008–0.0087	3	2.0861–2.0866	0.0010–0.0022	0.0008–0.0087
'85–'86	2L-T	2.4403–2.4409	0.0014–0.0025	0.0016–0.0098	3	2.1649–2.1654	0.0014–0.0025	0.0031–0.0079
'84–'86	2L (Diesel)	2.4403–2.4409	0.0014–0.0025	0.0016–0.0098	3	2.0861–2.0866	0.0014–0.0025	0.0031–0.0079
'83–'86	3Y-EC	2.2829–2.2835	0.0008–0.0020	0.0008–0.0087	3	1.8892–1.8898	0.0008–0.0020	0.0063–0.0123

① Nº 1 - 2.6367-2.6376; nº 2 - 2.6957-2.6967; nº 3 - 2.7548-2.7557; nº 4 - 2.8139-2.8148

PARES DE APRIETE

(Todas las medidas en pulgadas)

Año	Tipo de motor	Tornillos de culata	Tornillos del cojinete biela	Tornillos cojinete principal	Tornillo de la polea cigüeñal	Tornillos del volante cigüeñal	Múltiples: Admision	Múltiples: Escape
'79–'84	2F	83-98	35-55	90-108 ①	116-145	59-62	28-37 ②	28-37 ②
'79	20R	52.1-63.7	39.1-47.7	68.7-83.2	79.6-94.0	61.5-68.7	10.6	28.9-36.2
'80	20R	53-63	40-47	69-83	120-130	73-86	13-19	29-36 ②
'81-'86	22R	53-63	40-47	69-83	120-130	73-86	13-19	29-36
'81-'83	L (Diesel)	84-90	37-43	71-81	69-75	84-90	8-11	11-15
'83-'86	3Y-EC	④	36	58	80	61 ③	36	36
'84-'86	2L (Diesel)	87	43	76	101	87	17	29
'85-'86	2L-T (Diesel)	87	43	76	101	87	17	38
'84-'86	22R-E	58	46	76	116	80	14	33

① Cojinete trasero - 76-94 libras-pie
② Vehículos California - 37-51 libras-pie
③ Platina de mando: 54 libras-pie
④ Tornillo 12 mm: 14 libras-pie; tornillo 14 mm: 65 libras-pie

ESPECIFICACIONES DE PISTONES Y SEGMENTOS

(Todas las medidas en pulgadas)

Año	Tipo de motor	Tolerancia del pistón a 68°F	Huelgo entre extremos segmentos: Compresión superior	Compresión inferior	Control de aceite	Tolerancia lateral de segmentos: Compresión superior	Compresión inferior	Control de aceite
'79–'84	2F	0.0012–0.0020	0.0080–0.0160	0.0080–0.0160	Ajustado	0.0012–0.0024	0.0008–0.0024	Ajustado
'79–'80	20R	0.0012–0.0020	0.0040–0.0120	0.0040–0.0120	0.0040–0.0120	0.0012–0.0028	0.0012–0.0028	Ajustado
'81–'83	22R	0.0020–0.0028	0.0094–0.0142	0.0071–0.0154	Ajustado	0.0080	0.0080	Ajustado

ESPECIFICACIONES DE PISTONES Y SEGMENTOS

(Todas las medidas en pulgadas)

Año	Tipo de motor	Tolerancia del pistón a 68°F	Huelgo entre extremos segmentos: Compresión superior	Huelgo entre extremos segmentos: Compresión inferior	Huelgo entre extremos segmentos: Control de aceite	Tolerancia lateral de segmentos: Compresión superior	Tolerancia lateral de segmentos: Compresión inferior	Tolerancia lateral de segmentos: Control de aceite
'81–'83	L	0.0014–0.0022	0.0780–0.0157	0.0118–0.0197	0.0118–0.0197	0.0024–0.0039	0.0016–0.0031	0.0012–0.0028
'84	2L	0.0020–0.0028	0.0138–0.0232	0.0079–0.0213	0.0079–0.0193	0.0008–0.0026	0.0016–0.0039	0.0012–0.0028
'84–'86	22R	0.0012–0.0020	0.009–0.015	0.009–0.015	0.008–0.032	0.008	0.008	Ajustado
'85–'86	22R-E	0.0012–0.0020	0.009–0.015	0.009–0.015	0.008–0.032	0.008	0.008	Ajustado
'85–'86	2L-T	0.0020–0.0028	0.0138–0.0244	0.0079–0.0185	0.0079–0.0204	0.0008–0.0026	0.0016–0.0031	0.0012–0.0028
'85–'86	2L	0.0020–0.0028	0.0138–0.0244	0.0079–0.0185	0.0079–0.0204	0.0008–0.0026	0.0016–0.0031	0.0012–0.0028
'83–'86	3Y-EC	0.0030–0.0037	0.0087–0.0185	0.0059–0.0165	0.0079–0.0323	0.0012–0.0028	0.0012–0.0028	0.0012–0.0028

ESPECIFICACIONES DEL ALTERNADOR Y REGULADOR

Año	Motor	Alternador: Fabricante	Alternador: Corriente de salida (Amperios)	Regulador: Tipo	Relé de campo: Flecha del muelle de contacto (pulg.)	Relé de campo: Abertura de contactos (pulg.)	Relé de campo: Tensión de cierre (voltios)	Regulador: Abertura entrehierro (pulg.)	Regulador: Abertura contactos (pulg.)	Regulador: Voltios
'79–'82	Exc. Diesel	Nippondenso	40	Externo	008-0.0018	0.016–0.047	4.5–5.8	0.008	0.010–0.018	13.8–14.8
'79–'84	Exc. Diesel	Nippondenso	①	Integrado	②	②	②	②	②	14.0–14.7
'81–'84	Diesel	Nippondenso	55	Integrado	②	②	②	②	②	13.8–14.8
'83–'86	3Y-EC	—	60	Integrado	②	②	②	②	②	13.5–15.1
'85–'86	Diesel	—	55	Integrado	②	②	②	②	②	13.8–14.4
'85–'86	Exc. Diesel	—	60	Integrado	②	②	②	②	②	13.5–15.1

① Estándar 40-45 amperios; Opcional 55 amperios
② No ajustable

ESPECIFICACIONES DEL MOTOR DE ARRANQUE

Año	Tipo de motor	Tipo de motor de arranque/ voltaje de régimen	Prueba sin carga: Amp. máximos	Prueba sin carga: Voltios	Prueba sin carga: rpm mínimas	Presión del muelle escobilla	Longitud mínima de escobilla
'79–'80	20R	Reductor/12V	50	11.5	5000	21 ②	0.47
'84–'86	22R	Reductor/12V, 1.4kw	90	11.5	3500	43–64 ②	0.39
'81–'83	L (Diesel)	Reductor/12V	180	11.0	3500	7.1–8.8 ③	0.47
'79–'84	2F	Accionamiento directo/12V		11.5	5000	①	0.39
'81–'83	22R	Reductor/12V, 1.0kw	90	11.5	3000	38–52 ②	0.39
'85–'86	22R-E	Reductor/12V, 1.0kw	90	11.5	3000	43–64 ②	0.335
'85-'86	22R-E	Reductor/12V, 1.4kw	90	11.5	3500	43–64 ②	0.394
'84–'86	2L (Diesel)	Reductor/12V, 2.5kw	180	11.0	3500	7.1–8.8 ③	0.472
'85–'86	2L-T (Diesel)	Reductor/12V, 2.5kw	180	11.0	3500	7.1–8.8 ③	0.472
'83-'86	3Y-EC	Reductor/12V, 1.0kw	90	11.5	3000	43–64 ②	0.335
'83–'86	3Y-EC	Reductor/12V, 1.4kw	90	11.5	3000	43–64 ②	0.394

① No especificado por el fabricante
② Onzas
③ Libras

ESPECIFICACIONES DE FRENOS

(Todas las medidas en pulgadas)

Año	Modelo	Apriete de la tuerca palomillas (libras-pie)	Disco de freno delantero		Diámetro máximo del tambor		Grueso mínimo de forros	
			Grueso mín.	Corrimiento máx.	Delantero	Trasero	Delant.	Traser.
'79–'80	Pick-up	65-86	②	0.006	—	10.08	—	0.04
'81–'83	Pick-up	65-86	②	0.006	—	10.08	—	0.04
'84	Pick-up	65-86	④	0.006	—	10.08	0.04	0.04
'79	Land Cruiser	65-86	0.740	0.005	11.70	11.70	③	0.06
'80–'84	Land Cruiser	66-86	0.750	0.005	—	11.70	—	0.06
'85–'86	4 Runner & Pickup	76	①④	0.006	—	10.08	0.04	0.04
'83–'86	Van	76	0.748	0.006	—	10.08	0.04	0.04

① 2WD (tipo PD60): 0.945
② Excepto cab. y chasis - 0.453; cab. y chasis - 0.748
③ Frenos de tambor - 0.06; frenos de disco - 0.04
④ 2WD (tipo FS-17): 0.827; 4WD (tipo S-12 + 8): 0.453

PUESTA A PUNTO

Platinos y condensador

SUSTITUCIÓN

Suelte las pinzas de sujeción de la tapa del distribuidor y levántela verticalmente. Deje los cables conectados a la tapa. Saque el rotor y la tapa protectora de polvo.

Limpie la tapa del distribuidor y rotor con alcohol. Compruebe si presenta grietas u otras señales de desgaste o daños. Lime los platinos con un limatón.

NOTA: NO UTILICE tela esmeril ni papel de lija; podrían dejar partículas en los platinos y ocasionar un arco eléctrico.

1. Desconecte el conector del cable de los platinos.

2. Saque la pinza de fijación del platino y quite el tornillo de sujeción del mismo.

3. Saque el juego de platinos.

4. Haga rotar el motor a mano o utilizando un interruptor remoto del motor de arranque, hasta que el bloque de fricción se encuentre en el punto superior del lóbulo de la leva.

5. Introduzca una lámina calibradora de 0.018 pulgadas entre los platinos; debe notarse una ligera fricción.

NOTA: Algunos motores 20R tienen una tapa de plástico sobre los platinos, haciendo necesario proceder al ajuste del espacio que existe en el bloque de fricción. Coloque el bloque de fricción entre dos lóbulos de la leva y proceda al ajuste de la holgura a 0.018'' (véase la figura). Después de ajustados los platinos, verifique siempre el ángulo de contacto.

6. Si no nota ninguna tracción o bien la lámina calibradora no se puede insertar, afloje, pero sin llegar a sacarlo, el tornillo de sujeción del platino.

7. Introduzca un destornillador en la ranura de ajuste. Gire el destornillador hasta alcanzar la separación correcta de los platinos.

NOTA: Se aumenta la separación entre platinos cuando el destornillador gira en sentido contrario a las agujas del reloj y se reduce dicha separación al girarlo en el mismo sentido de las agujas del reloj.

8. Apriete el tornillo de sujeción del platino. Lubrique los lóbulos de la leva, el brazo del ruptor, el bloque de fricción, el pivote del brazo y el eje del distribuidor empleando grasa especial para distribuidor, de alta temperatura.

9. Compruebe el funcionamiento del mecanismo de avance centrífugo, haciendo girar el rotor en sentido de las agujas del reloj. Suelte el rotor; debe volver a su posición original. En caso contrario, compruebe si es que se traba. Verifique la unidad de avance de vacío, sacando la tapa y apretando sobre el selector de octanos. Suelte el selector de octanos. Debe retornar a su posición original. Compruebe si se traba, si no responde a esa prueba.

La flecha indica la lámina calibradora que se utiliza para ajustar la abertura de contactos de platinos. Asegúrese de que el bloque de fricción permanece en el punto más alto de la leva, tal como se indica.

10. Durante el trabajo de cambio de platinos, sustituya el condensador si se sospecha de su buen estado o bien como mantenimiento preventivo, para lo cual se procede del modo siguiente:

Saque la tuerca y la arandela del terminal del cable del condensador.

Saque el tornillo de montaje del condensador y retire éste.

Para el montaje, se procede en el orden inverso al indicado para su desmontaje.

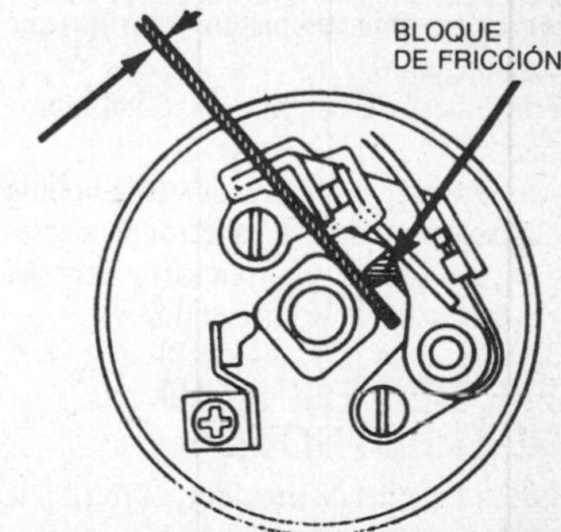

Algunos motores están ajustados por el bloque de fricción en lugar de los contactos (véase el texto)

NOTA: El condensador va montado en el exterior del cuerpo del distribuidor, en todos los modelos, salvo en el Land Cruiser, que lo tiene montado dentro del cuerpo.

11. Monte la tapa guardapolvo, el rotor y la tapa en el distribuidor. Ajuste el ángulo de contacto y la sincronización.

Ángulo de contacto

AJUSTE

Monte un tacómetro de ángulo de contacto, siguiendo las instrucciones del fabricante, entre el cable primario del distribuidor y la masa.

Estando el motor caliente y girando a la velocidad de marcha en vacío especificada (véase la tabla de puesta a punto), efectúe una lectura del ángulo de contacto. Si el ángulo de contacto no está de acuerdo con lo especificado, pare el motor y ajuste el espacio entre platinos, tal como se ha explicado antes.

NOTA: Aumentando el espacio entre platinos se reduce el ángulo de contacto y viceversa.

Monte la tapa guardapolvo, el rotor y la tapa. Vuelva a comprobar la lectura del ángulo de leva.

Encendido electrónico

NOTA: El sistema de encendido electrónico está totalmente transistorizado. Una bobina transductora magnética fija (montada en el distribuidor) y un rotor de sincronización dentado (montado en el eje del distribuidor), sustituyen por completo a los platinos y condensador convencionales. Dado que no existe ningún contacto mecánico entre la bobina transductora y el rotor de sincronización, el sistema puede considerarse que no requiere ningún tipo de mantenimiento.

PRECAUCIONES CON EL SISTEMA TOTALMENTE TRANSISTORIZADO

1. Si el motor no se pone en marcha, NO DEJE el contacto de encendido CONECTADO durante más de 10 minutos.
2. Asegúrese de que su equipo de pruebas es compatible con este sistema, antes de llevar a cabo ninguna conexión.
3. No conecte el cable positivo del tacómetro al distribuidor. Dicho cable sólo puede conectarse en el conector de mantenimiento (amarillo) que lleva la instalación.
4. No desconecte la batería estando el motor en marcha.
5. No permita que los terminales de la bobina de encendido o el terminal del conector de mantenimiento toquen a masa: podrían sufrir daños el dispositivo o la bobina de encendido.

AJUSTE DEL ESPACIO ENTRE ELECTRODOS

1. Saque la tapa del distribuidor, el rotor y la tapa guardapolvo del distribuidor.
2. Utilizando el interruptor de encendido, desplace el motor hasta que uno de los dientes del rotor de sincronización quede alineado con la bobina transductora. Ponga el contacto de encendido en DESCONECTADO (OFF).
3. Empleando una lámina calibradora de latón, plana, compruebe el espacio existente entre los dientes del rotor de sincronización y la bobina transductora. En caso de necesitarse un ajuste, afloje (sin sacarlos) los tornillos de fijación de la bobina transductora, y mueva dicha bobina lo que sea preciso, a fin de conseguir la separación especificada. Apriete los tornillos de fijación de la bobina transductora y vuelva a comprobar la separación.
4. Vuelva a montar la tapa guardapolvo, el rotor y la tapa del distribuidor.

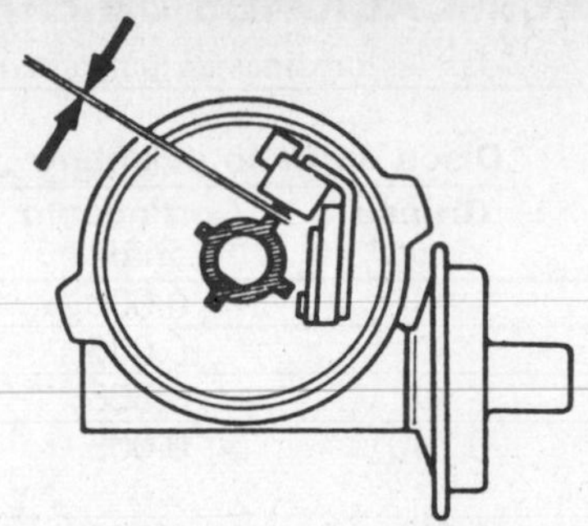

Compruebe el entrehierro de aire existente entre el rotor y la bobina transductora

Para los procedimientos a seguir, en caso de algún fallo en el conjunto del encendido electrónico, consulte la sección Electricidad en la Unidad de Reparación.

Sincronización del encendido

NOTA: La situación de las marcas de sincronización varía entre los motores empleados en los Pickup y los 4-Runner (20R, 22R y 22R-E), los Van (3Y-EC) y los Land Cruiser (2F). Las marcas de sincronización de los modelos 20R, 22R, 22R-E y 3Y-EC se encuentran en la polea del cigüeñal (muesca pintada) y en la tapa de sincronización (placa). Las marcas de sincronización de los 2F se hallan en el volante (bola) y en el alojamiento acampanado (flecha).

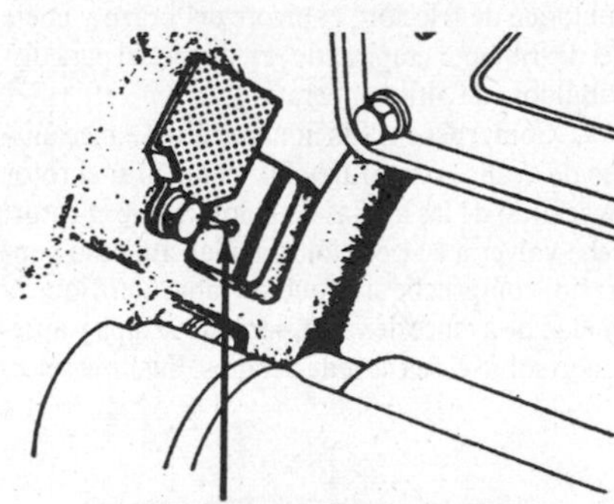

Marca de sincronización en el motor 2F

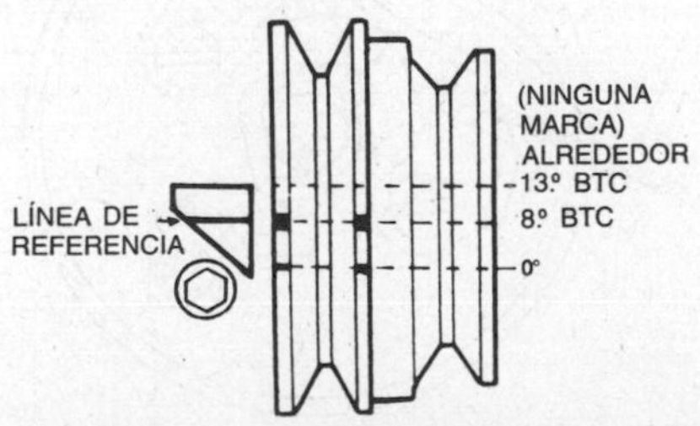

Marcas de sincronización del motor 20R (1979). La muesca de 8º es la mayor y más profunda de las dos que hay en la polea. La indicación de 13º tan sólo es para los camiones de 1979 provistos con compensador de altitud elevada

1. Ponga el freno de mano y coloque bloques en las ruedas.
2. Limpie las marcas de sincronización y señálelas con tiza o pintura. Puede ser necesario hacer girar el motor (con el motor de arranque) para encontrar las marcas.
3. Deje que el motor se caliente hasta la temperatura de funcionamiento. Conecte el tacómetro al motor y luego compruebe y/o ajuste la velocidad en vacío del motor.

ATENCIÓN

En los motores 20R, 22R y 22R-E, conecte el terminal positivo (+) del tacómetro en el terminal negativo (—) de la bobina de encendido (tipo III) o bien en el conector amarillo de mantenimiento (tipo IV). En el motor 3Y-EC, conecte el cable positivo (+) del tacómetro al conector de mantenimiento de la bobina de encendido/dispositivo de encendido (tipo IIA). NO DEBE conectarlo en el costado del distribuidor. Si no lo conecta correctamente, ocasionará daños al encendido transistorizado.

4. Pare el motor y conecte una lámpara estroboscópica (de destellos) de sincronización, siguiendo las instrucciones del fabricante.
5. En el motor 22R-E, desconecte y ponga en cortocircuito el conector «T» de las conexiones de comprobación del motor (cerca de la parte delantera del vehículo). En todos los demás modelos, desconecte y tapone el(los) tubo(s) de vacío de la unidad de vacío del distribuidor.

NOTA: En los vehículos provistos del sistema HAC (Compensación de elevada altitud) existen

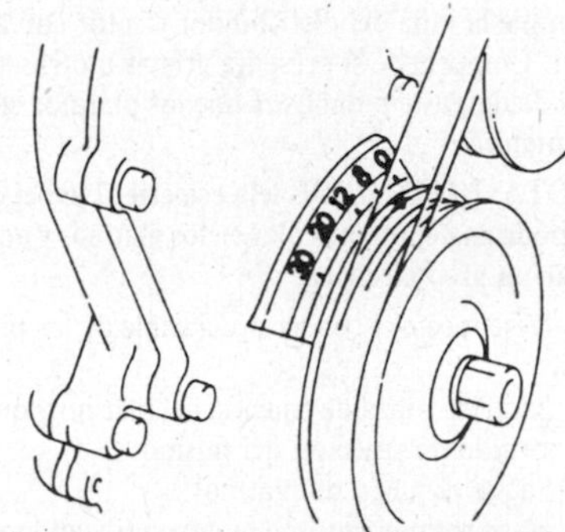

Vista de las marcas de sincronización utilizadas en el motor 3Y-EC - Van 1983 y posteriores

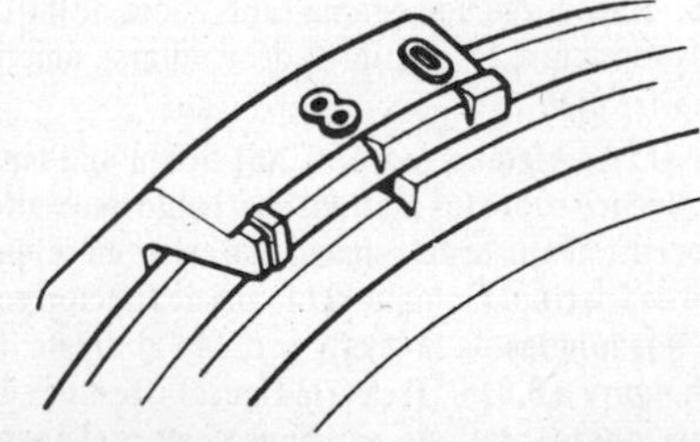

Marcas características en los motores 20R, 22R y 22R-E de 1980 y posteriores. La marca '8' se encuentra 8º antes del PMS. Algunos motores también llevan una marca '5' que significa 5º antes del punto muerto superior

dos tubos de vacío conectados al distribuidor. Ambos deben desconectarse y taponarse. Estos sistemas requieren una fase adicional en el procedimiento de sincronización, la cual figura al final de esta sección.

6. Asegúrese de que los cables de la lámpara estroboscópica de sincronización están apartados del ventilador y las poleas, y luego ponga el motor en marcha.

ATENCIÓN

Mantenga sus dedos, ropas, pelo, herramientas y cables apartados del ventilador y sus correas. El motor sólo debe hacerse funcionar en una zona bien ventilada.

7. Deje que el motor funcione a la velocidad en vacío que se especifica, con la palanca del cambio en posición de punto muerto (M/T) o en marcha (A/T) (transmisión automática).

8. Dirija la lámpara de sincronización hacia las marcas. Con el motor a la velocidad en vacío, las marcas deben quedar alineadas.

9. Si la sincronización no es correcta, afloje el tornillo que hay en la base del distribuidor, justo lo necesario para que puede hacerse girar dicho distribuidor. Sostenga el distribuidor por su base y hágalo girar un poco para avanzar o retrasar la sincronización, según sea necesario. Una vez las marcas queden bien alineadas, apriete el tornillo.

NOTA: En el motor 20R (1979), las pequeñas correcciones de la sincronización pueden efectuarse con el selector de octanos, en vez de mover el distribuidor. Para información, léase la siguiente sección que trata del selector de octanos.

10. Una vez apretado el tornillo del distribuidor o después del ajuste del selector de octanos, vuelva a comprobar la sincronización. No es extraño que se produzcan variaciones durante el proceso de apriete del tornillo. Pueden requerirse 2 ó 3 intentos antes de lograr que funcione como es debido. Pare el motor, luego desconecte la lámpara de sincronización y conecte el(los) tubo(s) de vacío en el distribuidor o conector eléctrico «T» (22R-E), salvo en los motores con HAC.

11. En los motores con HAC (ya identificados en la nota precedente), una vez ajustada la sincronización inicial, vuelva a conectar los tubos de vacío al distribuidor. Compruebe nuevamente la sincronización. Debe estar aproximadamente a 20° APMS (antes del punto muerto superior) (furgonetas) o a 12° APMS (todos los demás modelos).

12. Caso de que el avance aún esté bajo, pince aplastando el tubo existente entre la válvula HAC y el conector de tres vías; ahora deberá estar de acuerdo con las especificaciones. En caso contrario, deberá comprobar si la válvula HAC funciona correctamente.

AJUSTE DEL SELECTOR DE OCTANOS

Motor 20R - 1979

El selector de octanos se utiliza como un ajuste de precisión, a fin de que coincida la sincronización del encendido con el tipo de gasolina empleado. Se encuentra situado en el costado opuesto de la unidad de avance de vacío del distribuidor, protegido por una tapa de plástico. Normalmente, el selector de octanos no requiere ningún ajuste, no obstante, el modo de proceder para su ajuste es como sigue:

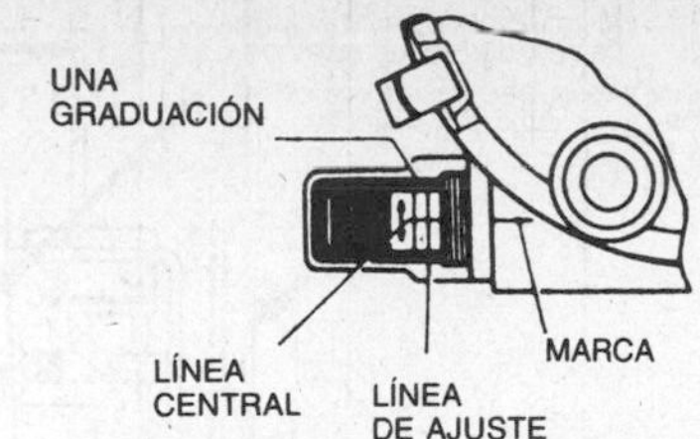

Ajuste del selector de octanaje

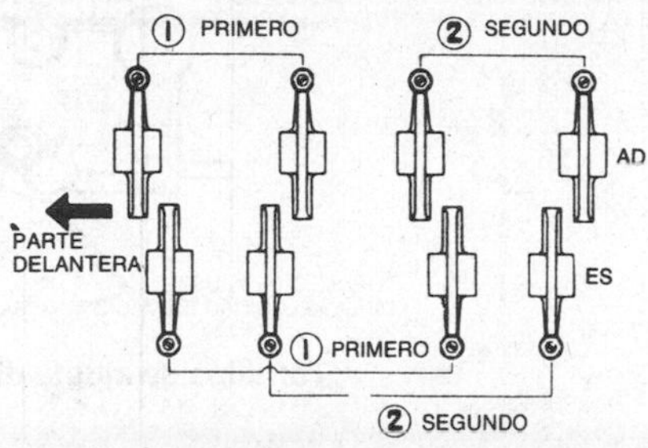

Secuencia para el ajuste del juego de válvulas - motores 20R, 22R y 22R-E

1. Haga coincidir la línea de ajuste con el extremo roscado de la caja y luego alinee la línea central con la marca de ajuste que figura en la caja.

2. Haga funcionar el vehículo a una velocidad de 16 a 22 millas por hora, en directa y sobre una pista horizontal.

3. Apriete el pedal del acelerador a fondo durante todo el recorrido. Se oirá un ligero zumbido; cuando el vehículo acelere, el sonido desaparecerá.

4. Si el zumbido es fuerte o no desaparece cuando el vehículo acelera, retrase la sincronización girando el botón hacia «R» (retraso).

5. Caso de que no se escuche ningún tipo de zumbido, avance la sincronización girando el botón hacia «A» (avance).

6. Una vez terminado el ajuste, vuelva a colocar la tapa protectora.

NOTA: Una graduación del selector de octanos equivale aproximadamente a unos 10° del ángulo del cigüeñal.

Ajuste de válvulas

Motores 20R, 22R, 22R-E y 2F

NOTA: Si el vehículo está equipado con el sistema HAI (toma de aire caliente) o MC (control de mezcla), desconecte y tapone el(los) manguito(s) para evitar un mal funcionamiento en vacío.

1. Ponga el motor en marcha y deje que alcance las temperaturas normales de funcionamiento (por encima de los 175 °F).

2. Pare el motor. Saque el grupo del filtro de aire, los tubos y el soporte, y a continuación cualquier cable, tubo, conductor, etc., que estuviera fijado a la tapa de válvulas. Saque la tapa de válvulas.

3. Ponga el cilindro n.º 1 en el PMS de su carrera de compresión. Coloque una llave en el tornillo de la polea del cigüeñal y haga rotar el motor hasta que la muesca de la polea del cigüeñal quede alineada con la marca 0.º que figura en la placa de sincronización; el motor se encuentra en PMS.

NOTA: Los balancines del cilindro n.º 1 deben quedar sueltos, mientras que los balancines del cilindro n.º 4 deben estar apretados.

ATENCIÓN

NO PONGA el motor en marcha. El juego de las válvulas se comprueba estando el motor parado a fin de evitar que puedan producirse salpicaduras de aceite caliente por causa de la cadena de sincronización.

4. Con el motor «caliente», los juegos de las válvulas son de 0.008" (admisión) y 0.012" (escape).

NOTA: El juego se mide con una lámina calibradora colocada entre el vástago de la válvula y el tornillo de ajuste.

5. Para ajustar el juego de válvulas, afloje la contratuerca y gire el tornillo de ajuste hasta conseguir el juego especificado. Apriete la tuerca y vuelva a comprobar el juego. Ajuste las válvulas de admisión de los cilindros n.º 1 y 2; las válvulas de escape de los cilindros n.º 1 y 3.

6. Haga girar una vuelta el cigüeñal (360°). Ajuste las válvulas de admisión de los cilindros n.º 3 y 4; las válvulas de escape de los cilindros n.º 2 y 4.

7. Para montar los componentes, proceda en orden inverso al indicado para su desmontaje.

NOTA: Si está montando el motor después de haber sido desmontado, las válvulas deben ajustarse con el motor frío. Consiga el juego de válvulas que se especifica al comienzo de esta sección y añádale un mínimo de 0.002" a los valores indicados. Recuerde: un exceso de juego es insuficiente ca al motor, mientras que si el juego es insuficiente puede ocasionarle daños. Una vez la primera puesta en marcha del motor, deje que éste alcance la temperatura normal de funcionamiento y proceda al ajuste de las válvulas tal como se ha indicado antes, de acuerdo con los juegos «en caliente» que figuran en la tabla de especificaciones.

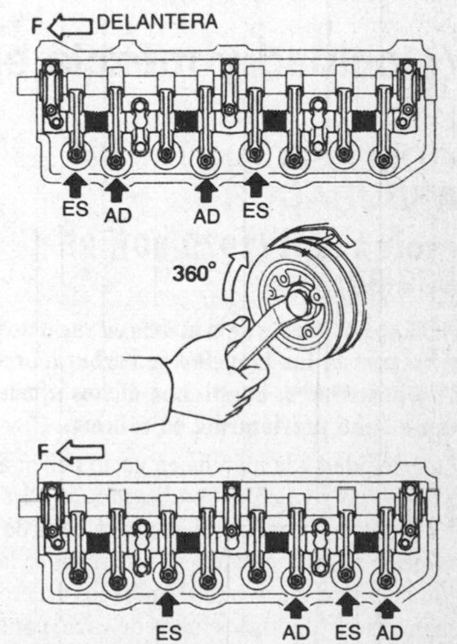

Secuencia para el ajuste del juego de válvulas - motores diesel

Motores 3Y-EC

Dado que este motor utiliza empujadores hidráulicos, no es necesario su ajuste.

Motor diesel

Las válvulas se ajustan fundamentalmente igual a como se ha descrito para los motores de gasolina, debiendo estar el motor parado durante su ajuste y comprobarse el juego con una lámina calibradora colocada entre el balancín y el extremo del vástago de la válvula.

NOTA: El motor debe encontrarse a la temperatura normal de funcionamiento para obtener el juego de válvulas correcto.

1. Saque la tapa de las válvulas y rote el cigüeñal para alinear la marca PMS de la polea del cigüeñal con la señal correspondiente. Las válvulas del cilindro número uno deben estar cerradas (los balancines se sentirán sueltos). Si los balancines del cilindro número uno están apretados, haga rotar otros 360° el motor y vuelva a alinear las marcas PMS.

2. Con el motor «caliente», el juego de las válvulas es de 0.010'' (admisión) y de 0.014'' (escape).

3. Ajuste las válvulas de admisión de los cilindros n.º 1 y 2; las válvulas de escape de los cilindros n.º 1 y 3.

4. Gire el cigüeñal 360° y luego coloque la muesca de la polea del cigüeñal sobre la marca 0° de la placa de sincronización. Ajuste las válvulas de admisión de los cilindros n.º 3 y 4; las válvulas de escape de los cilindros n.º 2 y 4.

NOTA: Recuerde que los cilindros están numerados desde la parte delantera del motor a la trasera y que la disposición de las válvulas, a partir de la parte delantera del motor es E-A-E-A-E-A-E-A; sirviendo «E» para indicar una válvula de escape y «A» para designar una válvula de admisión.

5. Para el montaje de los componentes, inviértase el proceso utilizado para el desmontaje.

ATENCIÓN

Nunca debe hacer funcionar el motor estando desmontada la tapa de las válvulas, puesto que el aceite «caliente» podría salpicar a todo.

Velocidad y mezcla en vacío

MODELOS CON CARBURADOR

Motores 20R (1979-80), 2F (1979-84)

NOTA: Los ajustes de la mezcla en vacío no pueden hacerse en los modelos de carburadores de 1981 y posteriores, puesto que dichos ajustes se llevan a cabo previamente en fábrica.

La velocidad y la marcha en vacío deben ajustarse bajo las siguientes condiciones: el filtro de aire debe estar montado, el estrangulador de aire totalmente abierto, el cambio de marchas en la posición de punto muerto (N), todos los accesorios desconectados, todos los tubos de vacío conectados y la sincronización del encendido ajustada según las especificaciones.

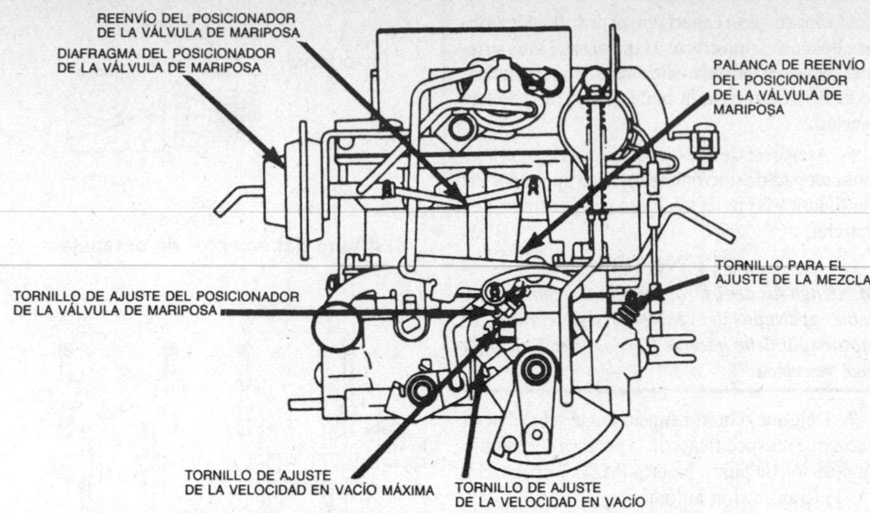

Tornillos de ajuste del carburador - motor 2F

1. Ponga el motor en marcha y deje que alcance la temperatura normal de funcionamiento.

2. Compruebe el ajuste del flotador; el nivel del combustible debe encontrarse justo a la altura de la señal en el visor. Si el nivel del combustible es excesivamente alto o demasiado bajo, debe ajustarse el nivel del flotador.

3. Conecte un tacómetro siguiendo las instrucciones del fabricante. Sin embargo, conecte el cable positivo (+) del tacómetro al terminal negativo (—) de la bobina o del conector de mantenimiento del encendido (si existe).

ATENCIÓN

NO DEBE conectar el tacómetro al costado del distribuidor, podrían causarse daños al encendido transistorizado. NUNCA permita que el terminal del tacómetro toque a masa, puesto que podrían resultar dañados el sistema o la bobina de encendido.

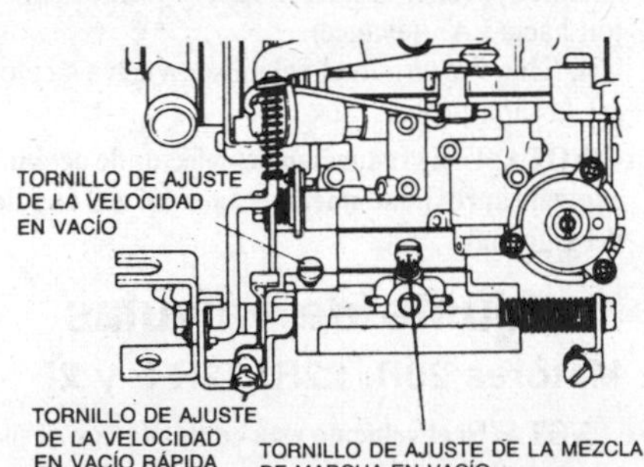

Tornillos de ajuste del carburador - motores 20R

4. Empleando unos alicates, rompa los tapones de inviolabilidad de los tornillos de la mezcla en vacío. Gire el tornillo de ajuste de la velocidad en vacío a fin de conseguir una de las siguientes velocidades iniciales de marcha en vacío: 20R - 800 rpm (M/T) (transmisión manual) ó 850 rpm (A/T) (transmisión automática): 2F - 690 rpm (M/T).

5. Gire el tornillo de ajuste de la mezcla en vacío para aumentar todo lo posible la velocidad en vacío.

6. Seguidamente, gire el tornillo de la velocidad de marcha en vacío para volver a obtener la velocidad indicada en la fase 4.

7. Si es posible, vuelva a girar el tornillo de la mezcla en vacío para aumentar nuevamente la velocidad en vacío.

8. Repita las fases 6 y 7 hasta que el tornillo de ajuste de la mezcla en vacío ya no aumente la velocidad en vacío por encima de los valores indicados en la fase 4.

9. Lentamente, haga girar el tornillo de la mezcla en vacío, en el sentido de las agujas del reloj, hasta alcanzar la velocidad en vacío que figura en la tabla «Especificaciones de puesta a punto» (esto hace que la mezcla sea más pobre).

10. Desconecte el tacómetro y vuelva a colocar nuevos tapones de inviolabilidad en el tornillo de ajuste de la mezcla en vacío.

Motor 22R (1981 y posteriores)

NOTA: El tornillo de la mezcla en vacío viene ajustado de fábrica y no requiere ni es preciso ningún ajuste.

La velocidad en vacío se debe ajustar bajo las siguientes condiciones: el filtro de aire debe estar montado, el estrangulador totalmente abierto, la transmisión se encontrará en la posición de punto muerto (N), todos los accesorios deben estar desconectados, los tubos de vacío conectados y la sincronización del encendido ajustada de acuerdo con las especificaciones.

1. Ponga el motor en marcha y deje que alcance la temperatura normal de funcionamiento.

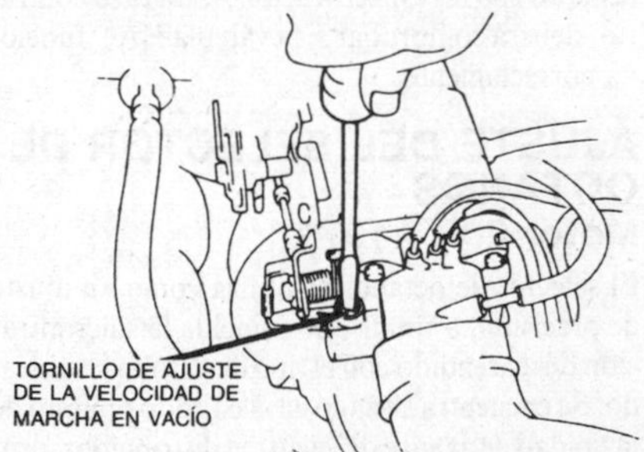

Ajuste de la velocidad de marcha en vacío - motor 22R-E

2. Compruebe el ajuste del flotador; el nivel del combustible debe estar coincidiendo justo con el punto que hay en el visor. Si el nivel del combustible es demasiado alto o bajo, debe ser ajustado el flotador.

3. Conecte un tacómetro de acuerdo con las indicaciones del fabricante. Sin embargo, conecte el cable positivo (+) del tacómetro al terminal negativo (—) de la bobina o del conector de mantenimiento del sistema de encendido (si existe).

ATENCIÓN

NO DEBE conectar el tacómetro al costado del distribuidor; podría causar daños al encendido transistorizado. NUNCA permita que el terminal del tacómetro toque a masa, puesto que podrían resultar dañados el sistema o la bobina de encendido.

4. Empleando unos alicates, rompa los tapones de inviolabilidad del tornillo de ajuste de la velocidad en vacío. Gire el tornillo de ajuste de la velocidad en vacío a fin de conseguir la velocidad de marcha en vacío correcta. En los modelos de 1981: 700 rpm (M/T y Federal de 4 velocidades A/T) ó 750 rpm (excepto M/T o Federal de 4 velocidades A/T); en los modelos de 1982 y posteriores: 700 rpm (M/T) ó 750 rpm (A/T).

5. Desconecte el tacómetro y monte un nuevo tapón para el tornillo de ajuste de la velocidad en vacío.

INYECCIÓN DE COMBUSTIBLE (GASOLINA)

Motores 22R-E (1984 y posteriores), 3Y-EC (1983 y posteriores)

Los motores están provistos de un sistema de inyección de combustible electrónico, activado por computadora. Antes de proceder al ajuste de la velocidad en vacío, asegúrese que: el filtro de aire está montado. Todos los manguitos de vacío se hallan conectados. Todos los tubos y conductos del sistema de admisión de aire están conectados y en perfecto estado. Todos los cables del sistema de inyección de combustible se hallan conectados y en buenas condiciones. El motor ha alcanzado la temperatura normal de funcionamiento. Todos los accesorios están DESCONECTADOS. La transmisión se encuentra en punto muerto.

ATENCIÓN

No todos los tacómetros son compatibles con el sistema de inyección de combustible; antes de montar el tacómetro consulte las instrucciones del fabricante del mismo. NUNCA debe permitir que el terminal del tacómetro toque a masa, puesto que dañaría el sistema o la bobina de encendido.

1. Conecte el cable positivo (+) del tacómetro al terminal negativo (—) de la bobina o al conector de mantenimiento del sistema de encendido (si existe).

2. Haga funcionar el motor a 2,500 rpm durante dos minutos.

3. Deje que el motor marche en vacío y gire el tornillo de ajuste de la velocidad en vacío para obtener la velocidad correcta: 700 rpm (M/T) ó 750 rpm (A/T) para el motor 3Y-EC; 750 rpm para el motor 22R-E.

4. Desconecte y saque el tacómetro.

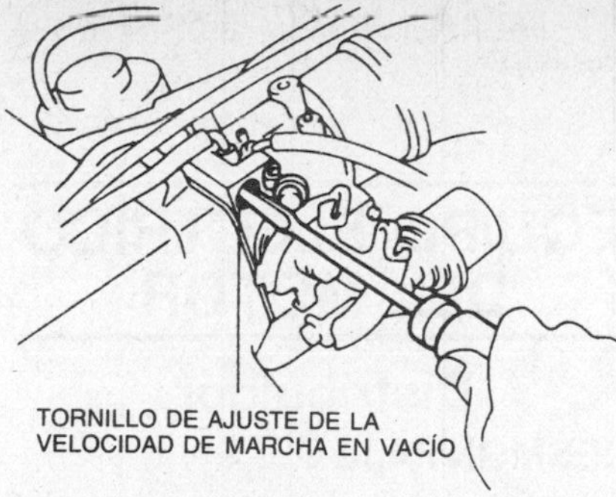

Ajuste de la velocidad de marcha en vacío - motor 3Y-EC

INYECCIÓN DE COMBUSTIBLE (DIESEL)

Motores L, 2L y 2L-T

NOTA: Los siguientes ajustes se llevan a cabo con la transmisión en punto muerto, estando el freno de mano aplicado por completo, los accesorios DESCONECTADOS y el filtro de aire montado.

1. Deje que el motor se caliente a la temperatura normal de funcionamiento y luego déjelo que marche en vacío.

NOTA: Si el vehículo lleva un motor L (1981-83), gire en sentido contrario a las agujas del reloj el botón de ajuste de la marcha en vacío; el botón deberá volver a su posición de desbloqueo.

2. Saque la varilla de conexión del acelerador.

3. Conecte un tacómetro al motor, siguiendo las instrucciones del fabricante, y compruebe las rpm de marcha en vacío del motor. El número de rpm de marcha en vacío debe ser de 700.

4. En caso necesario, haga girar el tornillo de ajuste de la velocidad en vacío que hay en la bomba de inyección, para obtener las 700 rpm en vacío.

5. Apriete por completo la palanca de la bomba de inyección, anote la velocidad máxima del motor y suelte inmediatamente el pedal del acelerador. La velocidad máxima debe ser de 4,900 rpm.

6. En caso de que se precise su ajuste: Quite el precinto de alambre del tornillo de ajuste de la velocidad máxima, si existe. Utilizando la herramienta Toyota n.º 09275-54020, afloje la contratuerca

Después de haber ajustado las velocidades de marcha en vacío y máxima en los motores diesel, vuelva a montar el cable del acelerador y ajuste dicho cable de manera que no quede flojo - los modelos posteriores son iguales

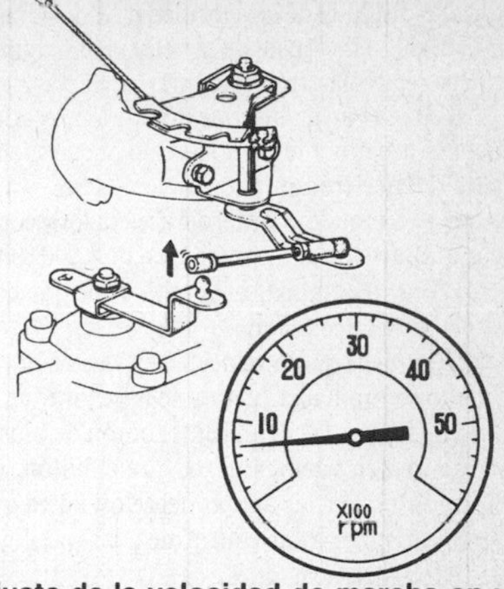

Ajuste de la velocidad de marcha en vacío en los motores diesel - desconecte la varilla del acelerador en la palanca de la bomba de inyección tal como se muestra, antes de proceder al ajuste

Situación del tornillo de ajuste de la velocidad de marcha en vacío en los motores diesel

Ajuste de la velocidad máxima en los motores diesel - empuje la palanca hasta que llegue a tocar el tornillo de ajuste de la velocidad máxima

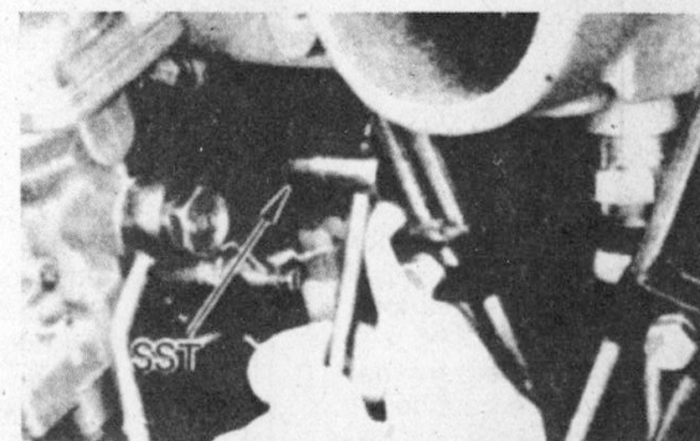

Ajuste de la velocidad máxima en los motores diesel - utilice la herramienta especial de Toyota para aflojar la tuerca de seguridad del tornillo de ajuste de la velocidad máxima

del tornillo de ajuste de la velocidad máxima. Haga girar el tornillo de ajuste de la velocidad máxima hasta conseguir las rpm máximas correctas.

7. Monte la varilla de conexión del acelerador y ajuste su longitud de modo que no quede suelto el cable del acelerador.

8. Apriete a fondo el pedal del acelerador y compruebe que la velocidad máxima sea de 4,900 rpm; en caso contrario, ajuste el tornillo tope que hay en el pedal del acelerador.

9. Compruebe que la velocidad en vacío aumente cuando se tira hacia fuera y se hace girar en el sentido de las agujas del reloj, el botón de ajuste de la marcha en vacío. Luego, gire el botón, en sentido contrario a las agujas del reloj, hasta que las rpm vuelvan a estar conforme a las que figuran en las especificaciones.

10. PARE el motor y desconecte el tacómetro del mismo.

EQUIPO ELÉCTRICO DEL MOTOR

Distribuidor

DESMONTAJE

Motores 20R, 2F, 22R y 22R-E

1. Coloque etiquetas de identificación y saque los cables de alta tensión de las bujías. Saque también el cable de alta tensión de la bobina.

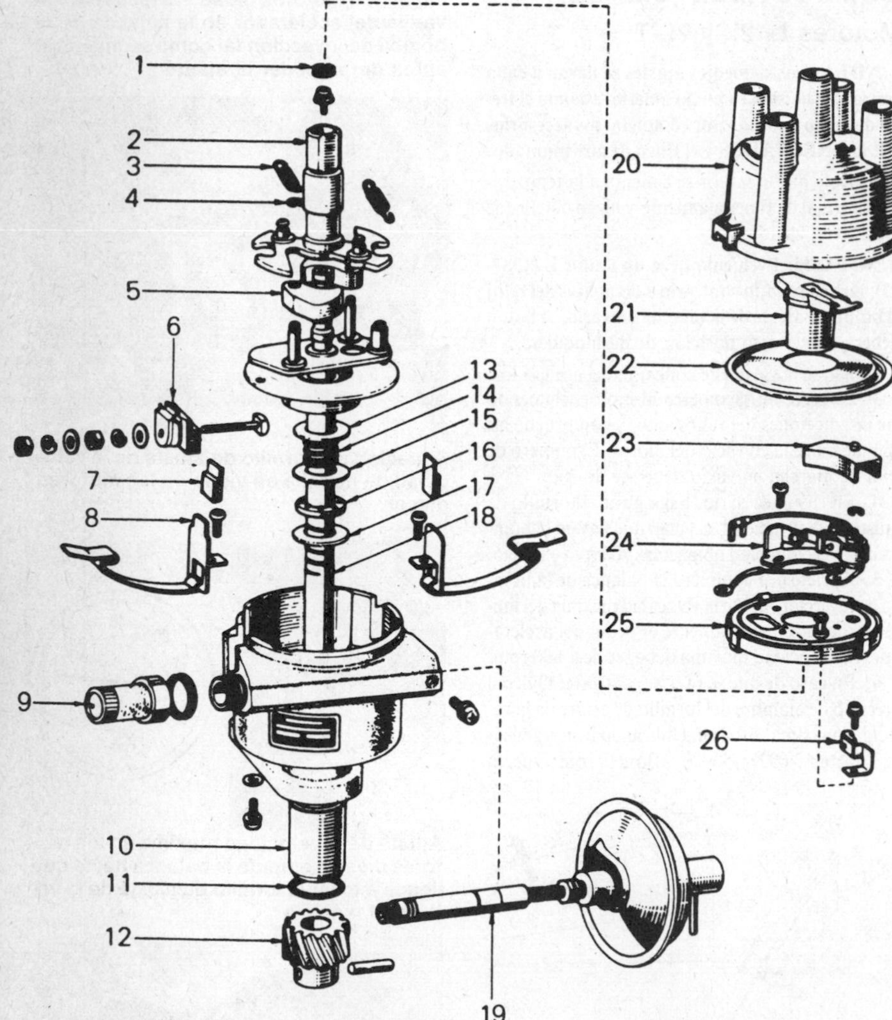

1. Tapeta de engrase
2. Leva
3. Muelle del regulador
4. Anillo E
5. Peso del regulador (centrífugo)
6. Aislador del terminal
7. Tapón de caucho
8. Pinza de fijación de la tapa
9. Tapa del selector de octanaje
10. Caja del distribuidor
11. Junta tórica
12. Rueda dentada
13. Arandela
14. Muelle
15. Arandela
16. Cojinete
17. Arandela
18. Eje del distribuidor
19. Unidad de vacío y grupo selector de octanaje
20. Tapa del distribuidor
21. Rotor
22. Tapa protectora guardapolvo
23. Tapa de platinos (contactos)
24. Platinos y cable de masa
25. Placa de platinos
26. Muelle amortiguador

Distribuidor del tipo de platinos del motor 20R

2. Saque el cable primario o el conector eléctrico y el(los) tubo(s) de vacío del distribuidor. Retire las pinzas o tornillos de la caja del distribuidor, y luego saque la tapa.

3. Señale con una marca la posición del rotor con respecto a la caja del distribuidor y el bloque motor. Esto le facilitará la posición correcta del distribuidor durante el montaje.

4. Retire el tornillo abrazadera del distribuidor, y dicho distribuidor del bloque.

NOTA: Resulta más fácil montar el distribuidor si la sincronización del motor no se altera cuando está desmontado. Caso de que se haya desajustado la sincronización, véase Montaje - Sincronización alterada.

Motor 3Y-EC - tipo IIA

1. Desconecte el cable negativo de la batería.

2. Saque del vehículo el asiento delantero del pasajero.

3. Saque la tapa del orificio para el mantenimiento del motor.

4. Desconecte los tubos del avance de vacío del distribuidor.

5. Desconecte los cables de alta tensión de las bujías.

6. Quite el tornillo de fijación y el distribuidor del motor.

MONTAJE - SINCRONIZACIÓN NO ALTERADA

Motores 20R, 2F, 22R y 22R-E

1. Coloque el distribuidor en el bloque del motor y alinee las marcas hechas durante el desmontaje.

2. Acople el accionamiento del distribuidor con el eje motriz de la bomba de lubricación.

3. Monte la abrazadera del distribuidor, la tapa, el cable de alta tensión, el cable primario o el conector eléctrico y el(los) tubo(s) de vacío.

4. Monte los cables de las bujías.

5. Ponga el motor en marcha, compruebe y/o ajuste la sincronización, luego ajuste el selector de octanos (si existe).

MONTAJE - SINCRONIZACIÓN ALTERADA

Motores 20R, 2F, 22R y 22R-E

Caso de que el motor se haya hecho rotar, hubiera sido desmontado, o la sincronización se hubiese alterado por una causa u'otra, proceda del siguiente modo:

1. Determine el punto muerto superior (PMS) de la carrera de compresión del cilindro n.º 1, sacando la bujía de dicho cilindro y poniendo un dedo o un manómetro sobre el agujero de la bujía.

NOTA: Utilizando una llave, haga rotar el cigüeñal hasta que empiece a notarse compresión. Siga haciendo rotar el motor hasta que las marcas de sincronización indiquen PMS (0°).

2. Haga rotar el cigüeñal para que las marcas de sincronización del motor 20R y del 2F queden alineadas a 8° APMS, en el motor 22R (1981-84), en el motor 22R-E (1984 y posteriores) queden alineadas a 5° APMS o, en el motor 22R (1985 y posterior) queden a 0° PMS.

3. Monte, temporalmente, el rotor sobre el eje del distribuidor, de manera que dicho rotor señale hacia el terminal n.º 1 de la tapa del distribuidor.

4. Empleando un pequeño destornillador, alinee la ranura del accionamiento del distribuidor (eje motriz de la bomba de lubricación) con la chaveta del fondo del eje del distribuidor.

5. Monte el distribuidor en el bloque, haciéndolo rotar lentamente (no más de un diente del engranaje en cada dirección) hasta que los engranajes se acoplen.

NOTA: Lubrique el engranaje del distribuidor y el eje motriz de la bomba de aceite antes de efectuar el montaje.

6. Apriete provisionalmente el tornillo de fijación.

7. Saque el rotor, luego monte la tapa protectora de polvo, el rotor y la tapa del distribuidor.

8. Monte el cable primario o el conector eléctrico y el(los) tubo(s) de vacío.

9. Monte la bujía en el cilindro n.º 1. Conecte los cables a las bujías, siguiendo el orden correcto, de acuerdo con las etiquetas de identificación que se colocaron durante el desmontaje. Monte el cable de alta tensión en la bobina.

10. Ponga el motor en marcha y ajuste la sincronización del encendido, y luego el selector de octanos (si existe).

Motor 3Y-EC tipo IIA

1. Saque la bujía n.º 1, coloque su dedo encima de la abertura y haga rotar el cigüeñal (con una llave) en el sentido de las agujas del reloj, hasta que note presión (entonces se encuentra en el PMS), luego vuelva a montar la bujía.

NOTA: Asegúrese de que la muesca de la polea del cigüeñal queda alineada con la marca 0° de la placa de sincronización.

2. Coloque la ranura existente en el rotor de accionamiento de la bomba de aceite de modo que quede a 30° respecto a la línea central.

3. En el distribuidor, alinee la ranura de la caja con la clavija del engranaje de accionamiento (costado de la marca de broca).

4. Coloque el distribuidor alineando el centro de la brida con el agujero del tornillo que hay en el bloque motor.

5. Apriete ligeramente el tornillo de sujeción.

6. Para terminar el montaje, siga el proceso inverso al empleado para el desmontaje. Ajuste la sincronización del encendido.

Alternador

PRECAUCIONES

1. Siempre debe asegurarse de que la polaridad de las conexiones de la batería sea la correcta; tenga especial cuidado cuando ponga el vehículo en marcha.

2. Nunca debe conectar a masa o cortocircuitar algún terminal del alternador o del regulador del alternador.

3. Jamás hay que hacer funcionar el alternador teniendo alguno de sus cables o los cables de la batería desconectados.

4. Siempre que cargue la batería debe sacarla o desconectar el cable de salida de corriente.

5. Cuando cambie algún elemento eléctrico, siempre ha de desconectar el cable de masa.

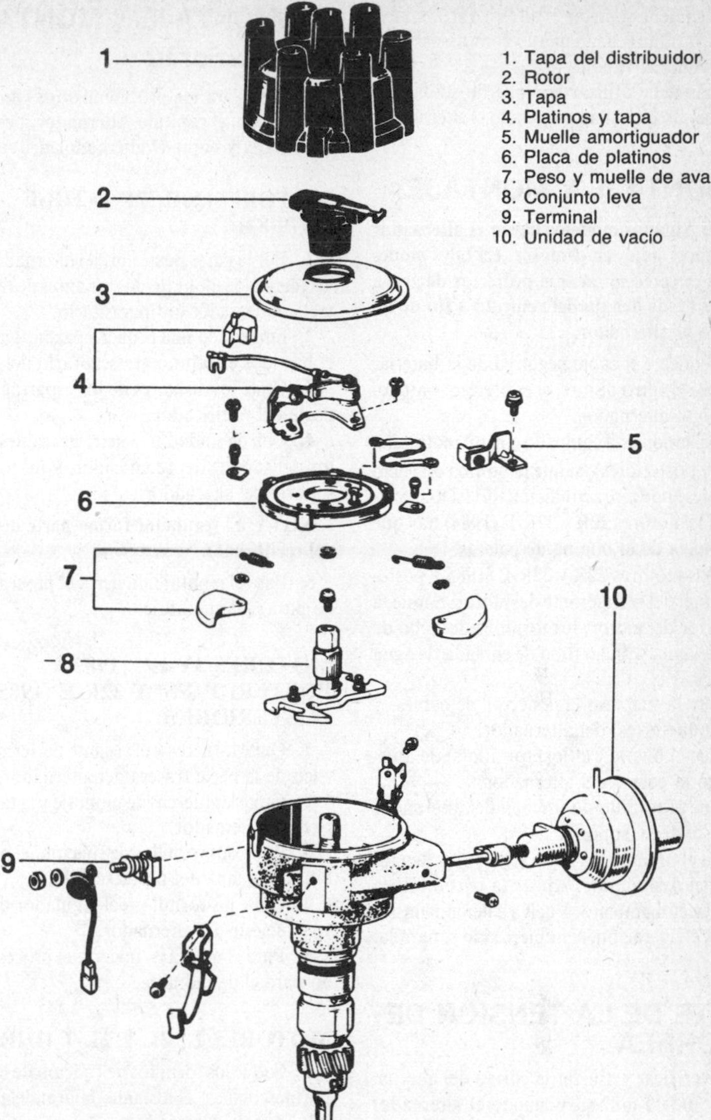

Distribuidor del tipo de platinos del motor 2F

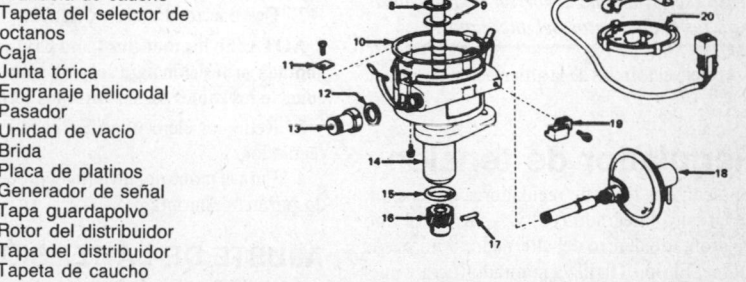

1. Tapeta de engrase de la leva
2. Rotor de señal
3. Muelle del regulador
4. Peso del regulador
5. Eje del regulador
6. Arandela plana
7. Muelle espiral de compresión
8. Cojinete de empuje
9. Arandela
10. Empaquetadura guardapolvo
11. Arandela plana de acero
12. Arandela de caucho
13. Tapeta del selector de octanos
14. Caja
15. Junta tórica
16. Engranaje helicoidal
17. Pasador
18. Unidad de vacío
19. Brida
20. Placa de platinos
21. Generador de señal
22. Tapa guardapolvo
23. Rotor del distribuidor
24. Tapa del distribuidor
25. Tapeta de caucho

Distribuidor de encendido electrónico empleado en los motores 20R

6. Nunca debe someter el alternador a un excesivo calor o humedad cuando el motor se limpie con ayuda de vapor.

7. Jamás debe utilizar equipos de soldadura eléctrica por arco estando conectado el alternador.

DESMONTAJE Y MONTAJE

NOTA: Algunos modelos llevan el alternador montado muy bajo, en el motor. En tales modelos puede ser preciso sacar el protector de grava y trabajar desde debajo del vehículo a fin de tener acceso al alternador.

1. Desconecte el cable negativo de la batería.
2. Saque el filtro de aire, si es preciso, para tener acceso al alternador.
3. Si el camión está equipado con un motor diesel (1984 y posteriores), saque la bomba de vacío y el compresor de aire acondicionado (si lo lleva).
4. En los motores 22R y 22R-E (1984) hay que sacar la polea de la bomba de paletas.
5. En los motores 22R y 22R-E (1985 y posteriores), sangre el refrigerante del motor. Saque la tapa inferior del motor, los tornillos del tubo de entrada de agua y dicho tubo de entrada de agua del motor.
6. Saque la tuerca o el conector de cables, y el(los) conductor(es) del alternador.
7. Saque el pivote y el(los) tornillo(s) de ajuste, y luego la correa del alternador.
8. Saque el tornillo de fijación del alternador y retire éste de su soporte.
9. Para el montaje hay que seguir el orden inverso al del desmontaje. Ajuste la tensión de la correa de accionamiento. Vuelva a llenar la instalación de refrigeración, si hubiera sido sangrada.

AJUSTE DE LA TENSIÓN DE LA CORREA

Hay que verificar y ajustar la correa del alternador cada 30,000 millas, o cuando el alternador haya sido sacado.

1. Inspeccione la correa para ver si tiene fisuras o está estropeada. Asegúrese de que sus superficies no tienen grasa ni aceite.
2. Presione con el pulgar la correa, a mitad de camino entre las poleas del ventilador y del alternador (o la polea del cigüeñal). La correa debe ceder de 3/8 a 1/2 pulgada.
3. Si hay que ajustar la tensión de la correa, afloje el tornillo de la articulación de ajuste y mueva el alternador hasta conseguir la tensión correcta en la correa.

ATENCIÓN

No tense excesivamente la correa; podría causar daños a los rodamientos del alternador.

4. Apriete el tornillo de la articulación de ajuste.

Regulador de tensión

Se emplean dos tipos de reguladores de tensión: El de circuito integrado (IC) y el Tirrill. El tipo IC va montado dentro del alternador y no puede ajustarse. El tipo Tirrill va montado fuera y puede ajustarse.

DESMONTAJE Y MONTAJE

Tipo interior IC

NOTA: Para los procedimientos consulte, en esta sección, el capítulo Alternador, desmontaje y montaje, y saque el alternador del vehículo.

MOTORES 20R, 2F Y 22R-E (1979-84)

1. Por la parte posterior del alternador, saque las tuercas de montaje, los aislantes de terminales y el condensador antiparasitario.
2. Empleando una pequeña palanca, apalanque el bastidor extremo para separarlo del estator.
3. Quite los aislantes de los espárragos de soporte del rectificador.
4. Con un soldador, separe los cables del estator del soporte del rectificador, y luego saque el soporte del alternador.

NOTA: El regulador forma parte del soporte del rectificador.

5. Para el montaje, invierta el proceso indicado para el desmontaje.

MOTORES 3Y-EC (1983 Y POSTERIORES) Y 22R-E (1985 Y POSTERIORES)

1. Quite la tuerca y el aislante del terminal eléctrico de la parte trasera del alternador.
2. Quite las tuercas de montaje y la tapa posterior del alternador.
3. Retire los tornillos de fijación, el portaescobillas y la tapa del portaescobillas.
4. Quite los tornillos del regulador de tensión y saque éste del alternador.
5. Para el montaje, invierta el proceso indicado para el desmontaje.

MOTORES L, 2L Y 2L-T (DIESEL)

1. Saque los tornillos de fijación de la tapa del portaescobillas, el aislante. la arandela de goma y la tapa del alternador.
2. Quite el tornillo y desconecte el cable azul del conjunto portaescobillas/regulador IC (circuito integrado).
3. Levante el conjunto portaescobillas/regulador IC, luego saque el tornillo y el cable del conjunto.
4. Saque los tornillos y separe el regulador IC del portaescobillas.
5. Para el montaje, proceda en orden inverso al indicado para el desmontaje.

Tipo externo Tirrill (1979-84)

1. Desconecte el cable negativo de la batería.
2. Desconecte el atalaje de cables.

NOTA: En los modelos Land Cruiser, una vez anotada su posición para volver a montarlos, desconecte los cables de sus tornillos terminales.

3. Retire los elementos de fijación y saque el regulador.
4. Para el montaje, invierta el proceso indicado para el desmontaje.

AJUSTE DE LA TENSIÓN

NOTA: Únicamente pueden ajustarse los reguladores externos que se emplean en motores de gasolina.

1. Desconecte el cable de batería del terminal «B» del alternador. Retire la tapa del conjunto regulador.
2. Con ayuda de un voltímetro, conecte el cable positivo (+) al terminal «B» del alternador y el cable negativo (—) a masa.
3. Ponga el motor en marcha y aumente poco a poco la velocidad hasta que alcance unas 2,000 rpm.
4. A dicha velocidad, la lectura de la tensión debe ser de 13.8 a 14.8 voltios.
5. Si la tensión no se encuentra dentro de estos límites, puede efectuarse un pequeño ajuste mediante el brazo de regulación. Desconecte el cable de masa de la batería y saque la tapa del regulador. Doble muy ligeramente el brazo de regulación utilizando unos alicates de puntas redondas. Vuelva a colocar la tapa y el cable de la batería.
6. Para el montaje, siga el orden inverso al indicado para el desmontaje.

AJUSTE DEL RELÉ DE CAMPO

NOTA: Únicamente pueden ajustarse los reguladores externos que se emplean con los motores de gasolina. Este ajuste no es apropiado para los modelos Land Cruiser.

1. Saque la tapa del conjunto regulador.
2. Limpie los contactos con tela esmeril, caso de que estuvieran sucios, y luego lávelos con disolvente.
3. La tensión de trabajo del relé es de 4.5 a 5.8 voltios. En caso preciso, ajuste la separación entre contactos, doblando el brazo de regulación.
4. Para el montaje, siga el orden inverso al indicado para el desmontaje.

Motor de arranque

DESMONTAJE Y MONTAJE

1. Desconecte el cable negativo del borne de la batería.

NOTA: En los motores 22R y 22R-E (1984 y posteriores) provistos de T/A (transmisión automática), desmonte el tubo de llenado de aceite de la transmisión.

2. Desconecte todos los cables del motor de arranque.

NOTA: Caso de que esté equipado con un motor 3Y-EC o uno de la serie L (Diesel), hay que desacoplar el conector eléctrico del motor de arranque.

3. Saque los tornillos de montaje y desplace el motor de arranque hacia la parte delantera del vehículo.
4. Para el montaje, siga el orden inverso al del desmontaje.

Para información sobre el mantenimiento del motor de arranque y el alternador, consulte la sección eléctrica de Reparación.

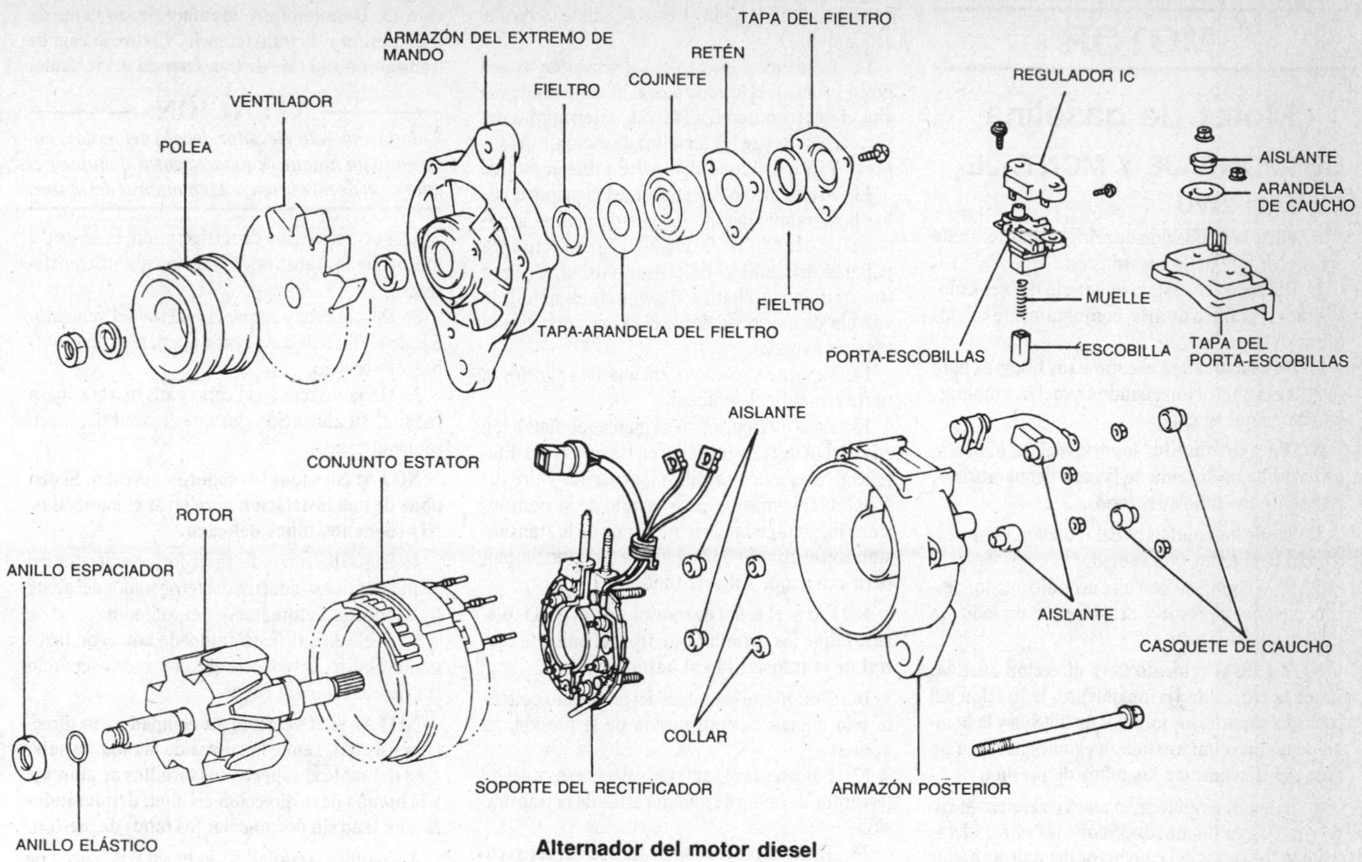

TAPA DEL FIELTRO
ARMAZÓN DEL EXTREMO DE MANDO
RETÉN
COJINETE
FIELTRO
VENTILADOR
POLEA
REGULADOR IC
AISLANTE
ARANDELA DE CAUCHO
MUELLE
FIELTRO
TAPA-ARANDELA DEL FIELTRO
PORTA-ESCOBILLAS
ESCOBILLA
TAPA DEL PORTA-ESCOBILLAS
AISLANTE
CONJUNTO ESTATOR
ROTOR
ANILLO ESPACIADOR
AISLANTE
CASQUETE DE CAUCHO
COLLAR
SOPORTE DEL RECTIFICADOR
ARMAZÓN POSTERIOR
ANILLO ELÁSTICO

Alternador del motor diesel

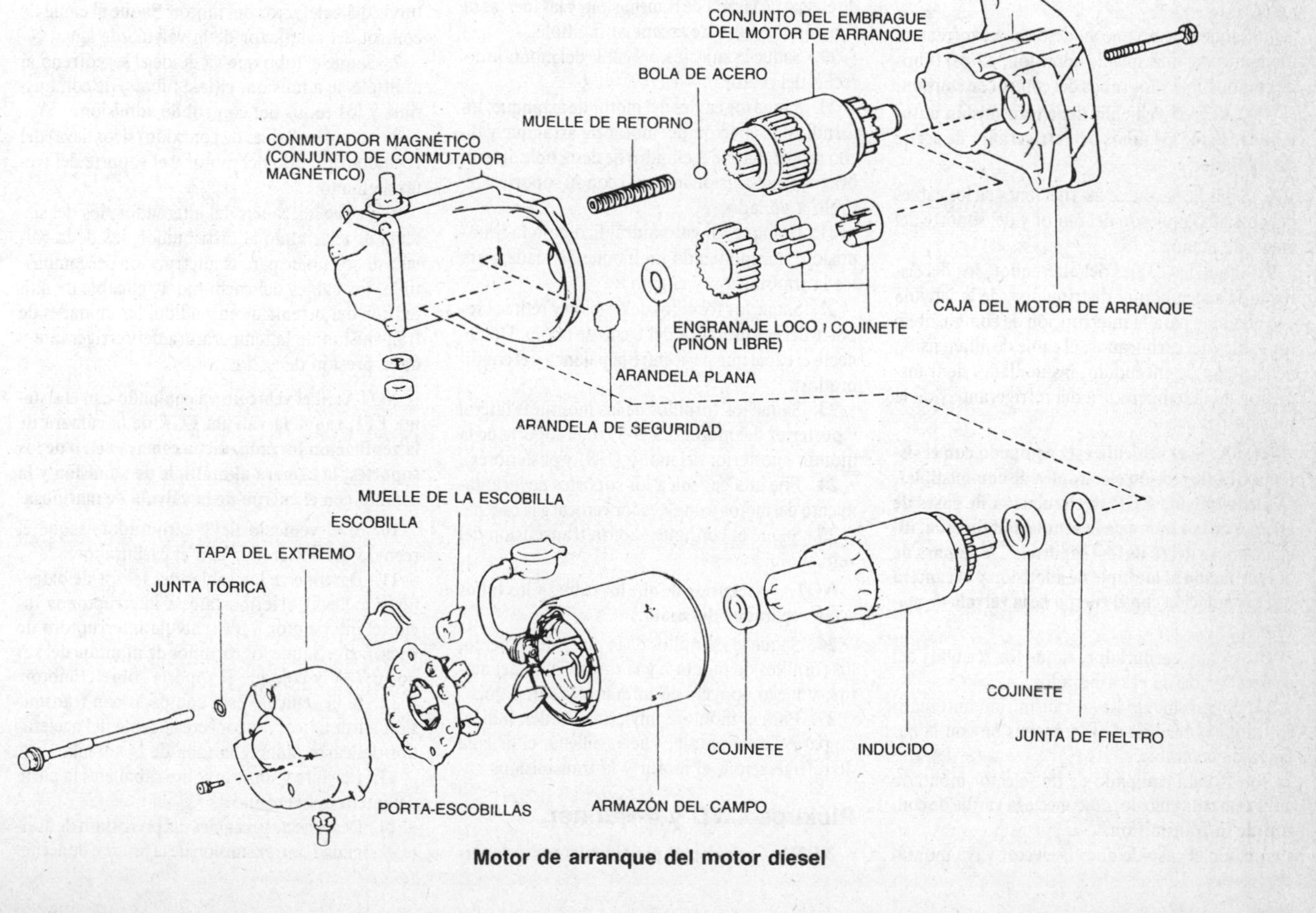

CONJUNTO DEL EMBRAGUE DEL MOTOR DE ARRANQUE
BOLA DE ACERO
MUELLE DE RETORNO
CONMUTADOR MAGNÉTICO (CONJUNTO DE CONMUTADOR MAGNÉTICO)
CAJA DEL MOTOR DE ARRANQUE
ENGRANAJE LOCO (PIÑÓN LIBRE)
COJINETE
ARANDELA PLANA
ARANDELA DE SEGURIDAD
MUELLE DE LA ESCOBILLA
ESCOBILLA
TAPA DEL EXTREMO
JUNTA TÓRICA
COJINETE
JUNTA DE FIELTRO
COJINETE
INDUCIDO
PORTA-ESCOBILLAS
ARMAZÓN DEL CAMPO

Motor de arranque del motor diesel

MOTOR

Motor de gasolina

DESMONTAJE Y MONTAJE

Pickups 2WD

1. Vacíe la instalación de refrigeración, el aceite del motor y el de la transmisión.

2. Desconecte y saque la batería del vehículo. Desmonte el filtro de aire, conjuntamente con los tubos de servicio.

3. Haga marcas en el capó y sus bisagras para facilitar la alineación cuando se vuelva a montar, y luego saque el capó.

NOTA: No saque los soportes del capó. Si está provisto de un sistema de lavado del parabrisas, NO retire los tubos del capó.

4. Saque los conductos del radiador, el protector del ventilador y el radiador.

5. Si va equipado con aire acondicionado, desconecte el compresor y desplácelo a un lado sin desconectar los tubos.

NOTA: Si el vehículo lleva dirección asistida, saque la correa de accionamiento, la fijación del cable del soporte, los tornillos de fijación y la bomba de la dirección asistida, luego desplácela a un lado sin desconectar los tubos de presión.

6. Saque el ventilador, la polea de accionamiento y la correa de mando. Saque las abrazaderas y luego los tubos del calefactor del motor. Saque el cable de control del calefactor de la válvula de agua.

7. Saque el tubo que va desde el servofreno al manguito del múltiple de admisión, el(los) tubos de combustible y los tubos del control de emisión.

NOTA: Si el vehículo tiene transmisión automática, saque los tubos del refrigerador de aceite del radiador.

8. Si las lleva, saque las fijaciones de los cables del costado izquierdo del motor y del soporte del freno de mano.

9. Saque los cables del alternador, los del sistema de encendido al distribuidor, de la válvula de solenoide para la interrupción de combustible, los cables del carburador, el cable de alta tensión del sistema de encendido, las unidades de transmisión de la temperatura del refrigerante y de la presión del aceite.

NOTA: Si el vehículo está equipado con el sistema EFI (inyección electrónica de combustible), saque la válvula EGR (recirculación de gases de escape) de la cámara de la ventilación forzada, dicha cámara del (o de los) soporte(s), la cámara de la ventilación al múltiple de admisión y la cámara de la ventilación con el cuerpo de la válvula de mariposa.

10. Si hay carburador, saque los reenvíos del acelerador desde el carburador.

11. Si el vehículo lleva transmisión automática, saque el reenvío de la transmisión con la palanca de cambio.

a. Si está equipado de un selector montado en el piso del vehículo, desconecte la varilla de control de la transmisión.

b. En el caso de que el selector vaya montado en la columna de la dirección, saque la varilla del cambio.

12. Desconecte los cables del sensor de oxígeno (si lo lleva), el termostato, el interruptor de vacío, el interruptor VSV (válvula interruptora del vacío), etc. Retire los tornillos de montaje del soporte VSV y coloque el soporte sobre el motor.

13. Si el vehículo lleva transmisión manual, utilice la herramienta especial para desmontar la palanca de cambio n.º 09305-20012 para retirar la palanca del cambio de la transmisión. Si lleva transmisión automática, desconecte el cable de la válvula de mariposa desde el carburador y de la tapa de válvulas.

14. Levante y coloque encima de soportes la parte frontal del vehículo.

15. En el diferencial, haga marcas de alineación en el árbol de transmisión y en las bridas del diferencial. Saque los tornillos de fijación y tire del árbol de transmisión para sacarlo de la transmisión, luego tape la parte posterior de la transmisión con el útil n.º 09325-20010 ó un trapo limpio, para evitar que salga el fluido.

NOTA: Si el árbol de transmisión es de dos piezas, saque los tornillos que fijan el cojinete central de la transmisión al bastidor.

16. Desconecte los cables del presostato de aceite y la unidad de transmisión de la presión del aceite.

17. Desconecte el cable del velocímetro y del interruptor de la luz de marcha atrás de la transmisión.

18. Desconecte el tubo de escape del convertidor catalítico (si lo lleva), la abrazadera del tubo de escape de la caja de transmisión, y las tuercas de fijación del tubo de escape al múltiple.

19. Saque la sujeción del cable del montaje derecho del motor.

20. Saque los cables del motor de arranque, los tornillos de fijación del motor de arranque y dicho motor. Saque el cilindro de desacople del embrague (transmisión manual) con su soporte y retírelo a un lado.

21. Coloque un gato hidráulico bajo la transmisión, interponiendo un bloque de madera entre la transmisión y el gato.

22. Saque los tornillos de fijación y retire el soporte del equilibrador del freno de mano. Desconecte el cable que pasa entre la palanca y el equilibrador.

23. Saque los tornillos de las monturas lateral y posterior del motor (1979-80) o el soporte de la montura posterior del motor (1981 y posteriores).

24. Fije una cadena a los soportes de levantamiento del motor y un elevador vertical a la cadena.

25. Saque el conjunto motor/transmisión del vehículo.

NOTA: Asegúrese de que los cables y los tubos están separados del motor.

26. Saque los tornillos de la placa de refuerzo, los tornillos de montaje y la transmisión del motor, y luego apóyelo en un banco de trabajo.

27. Para el montaje, invierta el orden indicado para el desmontaje. Vuelva a llenar el sistema de refrigeración, el motor y la transmisión.

Pickups 4WD y 4-Runner

NOTA: Consulte los procedimientos en la sección de Desmontaje y montaje de las cajas de transmisión y de transferencia, y retire la caja de transmisión y la caja de transferencia del vehículo.

ATENCIÓN

Coloque un gato elevador debajo del motor, colocando un bloque de madera entre el motor y el gato a fin de no estropear las monturas del motor.

1. Vacíe el sistema de refrigeración, el aceite del motor, de la transmisión y de la caja de transferencia.

2. Desconecte y saque la batería del vehículo. Saque el filtro de aire, conjuntamente con los tubos de servicio.

3. Haga marcas en el capó y sus bisagras para facilitar su alineación durante el montaje, luego saque el capó.

NOTA: No saque los soportes del capó. Si dispone de una instalación para lavar el parabrisas, NO saque los tubos del capó.

4. Saque los tubos del radiador, el protector del ventilador, los conductos del refrigerador del aceite (transmisión automática) y el radiador.

5. Si el vehículo está equipado con acondicionador de aire, desconecte el compresor y sepárelo sin desconectar los tubos.

NOTA: Si el vehículo va equipado con dirección asistida, saque la correa de mando, la sujeción del cable al soporte, los tornillos de montaje y la bomba de la dirección asistida, desplazándola a un lado sin desconectar los tubos de presión.

6. Saque el ventilador, la polea y la correa de accionamiento. Retire las abrazaderas, y luego los tubos del calefactor del motor. Saque el cable de control del calefactor de la válvula de agua.

7. Saque el tubo que va desde el servofreno al múltiple de admisión, el(los) tubo(s) de combustible y los tubos del control de admisión.

8. Saque los cables de conexión (si los lleva) del costado izquierdo del motor y el soporte del freno de mano.

9. Saque los cables del alternador, los del sistema de encendido al distribuidor, los de la válvula de solenoide para la interrupción del combustible, los cables del carburador, el cable de alta tensión del sistema de encendido, las unidades de transmisión de la temperatura del refrigerante y de la presión de aceite.

NOTA: Si el vehículo va equipado con el sistema EFI, saque la válvula EGR de la cámara de la ventilación forzada, dicha cámara del, o de los soportes, la cámara al múltiple de admisión y la cámara con el cuerpo de la válvula de mariposa.

10. Si el vehículo lleva carburador, saque el reenvío del acelerador con el carburador.

11. Desconecte los cables del sensor de oxígeno (si lo lleva), el termostato, el interruptor de vacío, el interruptor VSV (válvula interruptora de vacío), etc. Saque los tornillos de montaje del soporte VSV y coloque el soporte sobre el motor.

12. Si el vehículo está equipado con transmisión automática, desconecte el cable del acelerador del carburador y la tapa de la válvula.

13. Levante y soporte sobre caballetes la parte delantera del vehículo.

14. Desconecte los cables del presostato de aceite y la unidad de transmisión de la presión de aceite.

15. Desconecte el tubo de escape del convertidor catalítico (si lo lleva) y las tuercas del tubo de escape al múltiple.

16. Saque la sujeción del cable de la montura derecha del motor.

17. Saque los cables del motor de arranque, los tornillos de montaje del mismo y el motor de arranque mismo. Saque el cilindro de desacoplo del embrague (transmisión manual) con el soporte y colóquelo a un lado.

18. Quite los tornillos de fijación y retire el soporte del equilibrador del freno de mano. Desconecte el cable que pasa entre la palanca y el equilibrador.

19. Fije una cadena a los soportes de levantamiento del motor y un aparato de elevación vertical a la cadena.

20. Saque el motor del vehículo y luego apóyelo sobre un banco de trabajo.

ATENCIÓN

Al sacar el motor, asegúrese de que los cables y tubos están apartados del mismo.

21. Para el montaje, siga el orden inverso al desmontaje. Vuelva a llenar el sistema de refrigeración, el motor, la transmisión y la caja de transferencia.

Land Cruiser y Wagon

1. Marque la alineación del capó con las bisagras y luego saque el capó. Vacíe el sistema de refrigeración y el aceite del motor.

2. Retire los tornillos de montaje de la parrilla del motor y luego saque la parrilla.

NOTA: En los modelos Station Wagon, primero debe desmontar el conjunto de la luz de aparcamiento y los cables de la misma.

3. Desmonte la varilla de soporte de la cerradura del capó. Retire el conjunto de la cerradura del capó que se halla sobre el soporte superior del radiador, luego saque el soporte.

4. Desconecte los conductos del calefactor y del radiador desde el radiador. Saque los tornillos del radiador y levante éste sacándolo fuera del vehículo.

5. Saque los tubos del calefactor de la válvula de agua y de la caja del calefactor. Desconecte el cable de control de temperatura de la válvula del agua.

6. Desconecte los cables de la batería y saque dicha batería. Saque los cables del terminal del solenoide del motor de arranque.

7. Desmonte los conductos de combustible de la bomba y del conjunto del filtro de combustible.

8. Desconecte el cable primario de la bobina de encendido.

9. En los modelos que tienen cambio en la columna de dirección, desmonte ambas varillas intermedias de las palancas de cambio.

10. Saque el conjunto del filtro de aire con sus tubos, de su soporte. Desmonte los cables y tubos del sistema de control de emisión. Saque el conector múltiple del alternador.

11. Desconecte el acelerador de mano, el acelerador y los enlaces del estrangulador del carburador.

12. Si lleva un acoplamiento asistido por vacío, para la tracción a las cuatro ruedas, desmonte el tubo de vacío de la unidad de control de su conexión al múltiple.

13. Saque los cables transmisores de los sensores de la presión de aceite y de la temperatura del agua.

14. Desmonte el conducto de descenso del múltiple de escape. Saque el cable del freno de mano de la palanca intermedia.

15. Destornille y saque el árbol de transmisión delantero de la brida del eje de salida de la caja de transferencia.

16. Desmonte los dos protectores de grava, a derecha e izquierda del motor, y luego la placa de deslizamiento de la transmisión.

17. Saque el pasador de seguridad y desconecte las varillas de cambio de las velocidades altas y bajas, de sus respectivas palancas interiores. Saque la palanca y varilla de enlace del cambio de altas y bajas velocidades.

18. Desconecte el muelle de la horquilla de desacoplo del embrague. Saque el cilindro de desacoplo del embrague de su soporte en la parte posterior del motor.

19. Si el vehículo va equipado de un acoplamiento de accionamiento asistido por vacío para la tracción en las cuatro ruedas, saque los tornillos de las abrazaderas y retire los conductos de vacío desde la caja de transferencia, de la cámara de vacío de la unidad de control.

20. Desmonte el conjunto del interruptor del indicador de la tracción a las cuatro ruedas.

21. Saque de la transmisión el cable del velocímetro.

22. Desconecte el árbol de transmisión trasero de la caja de transmisión.

23. Desmonte la caja de cambios y las varillas del selector del mismo, y luego las palancas exteriores de selección, respectivamente.

24. Saque las monturas posterior y anterior del motor del bastidor.

25. Monte ganchos de levantamiento en los puntos adecuados del motor y únalos a un elevador vertical.

26. Levante el motor lentamente, y hacia la parte delantera, de manera que el conjunto formado por el motor y la transmisión salga de la parte delantera del vehículo.

27. Para el montaje, invierta el procedimiento empleado para el desmontaje. Vuelva a llenar el motor con refrigerante y lubricante.

Furgoneta (Van)

1. Desconecte el cable negativo de la batería.

2. Saque el asiento derecho y la tapa de la abertura de mantenimiento del motor.

3. Vacíe el refrigerante del radiador. Saque el depósito de reserva, los tubos del calefactor y el radiador.

4. Saque el filtro de aire, el tubo de respiración, el servofreno, el recipiente de carbón activo y los tubos de combustible del motor.

5. Si lleva dirección asistida, retire la correa de mando, la polea, la chaveta escalonada y la bomba del motor, luego deje la bomba a un lado.

NOTA: Cuando saque la bomba de la dirección asistida, NO desconecte los tubos de presión a no ser que sea imprescindible.

6. Desconecte el cable del acelerador con el soporte del cuerpo de la válvula de mariposa.

7. Desconecte los siguientes conectores de cables de: transmisor de la temperatura del agua, interruptor de presión del aceite, unidad IIA, compresor del acondicionador de aire, velocidad de marcha en vacío alta (con aire acondicionado), VSV válvula interruptora del vacio (aire acondicionado), transmisión automática, termorruptor del agua (transmisión automática), conector del alternador y cable, medidor del flujo de aire, resistencia del solenoide, etc.

8. Desmonte el protector del ventilador, el ventilador, el acoplamiento fluídico y la polea de la bomba de agua.

9. Desde el interior del vehículo, saque la tapa de la columna central, el retractor del cinturón del asiento y la tapa, y luego desconecte los cables eléctricos del ECU (unidad de control electrónico).

10. Si el vehículo va equipado con acondicionador de aire, saque la correa de mando y los tornillos de fijación del compresor, separando seguidamente dicho compresor a un lado.

11. Utilizando gatos levante y soporte el vehículo sobre caballetes, de manera que quede a unas 3 pulgadas del suelo.

12. Vacíe el aceite del motor. Saque el árbol de transmisión y el tubo de escape delantero.

13. Saque el selector de la transmisión y los cables del cambio, desmontando luego el cilindro de desacoplo del embrague (transmisión manual).

14. Desconecte los cables del motor de arranque, los tornillos de montaje y el motor de arranque, de su fijación en el motor del vehículo.

15. Saque el cable del velocímetro, la sujeción del cable y el conector del interruptor de la luz de marcha atrás.

16. Si va equipado con un calefactor trasero, desconecte el selector de modalidad y el cable del humectador mezclador de aire, desde el humectador. Desconecte los tubos del calefactor de la unidad posterior.

17. Desconecte la(s) sujeciones de(los) cable(s) de la(s) montura(s) del motor. Saque la tapa inferior del motor.

18. Desconecte el sensor del nivel de aceite y los tubos del refrigerador de aceite (transmisión automática).

19. Marque las posiciones de la barra montante delantera y la tuerca de la montura posterior. Saque la tuerca posterior, los tornillos de la barra montante al brazo inferior y el montante.

20. Utilizando un soporte de motor, colóquelo debajo del motor y sopórtelo. Coloque un gato hidráulico debajo de la transmisión y sosténgala.

NOTA: Si el vehículo va equipado con transmisión manual, desmonte el soporte posterior del motor de la carrocería. Si lleva transmisión automática, saque el tornillo pasante entre la traviesa de montaje y la transmisión.

21. Saque los tornillos y las tuercas que unen la montura del motor a la carrocería y baje el conjunto de motor/transmisión, sacando luego la traviesa de montaje del motor, de éste.

22. Desmonte la transmisión del motor.

23. Para el montaje, siga el orden inverso al del desmontaje. Llene el motor con aceite y el circuito de refrigeración con refrigerante.

Culata

ATENCIÓN

NO lleve a cabo este trabajo estando el motor caliente. Saque los tornillos de culata en sentido inverso a la secuencia utilizada para el apriete. Afloje regularmente los tornillos de la cabeza, y no todos a la vez. Conserve el orden original de los empujadores. NO intente deslizar la culata fuera del bloque, ya que está asegurada por medio de espigas. Levante verticalmente la culata y sepárela del bloque.

DESMONTAJE Y MONTAJE

Motores 20R, 22R y 22R-E

1. Desconecte el cable negativo de la batería.

2. Descargue el sistema de refrigeración, tanto en el radiador como en el bloque. La descarga del bloque del motor se encuentra en el costado del motor correspondiente al que se halla el conductor. Si el refrigerante está en buen estado puede volver a utilizarse.

ATENCIÓN

Asegúrese de vaciar el aceite del motor, pues puede contaminarse con el refrigerante.

3. En los modelos con carburador, desmonte el conjunto del filtro de aire junto con los tubos. En los modelos EFI, saque el tubo del filtro de aire.

NOTA: Cubra el carburador, o la abertura del cuerpo de la válvula de mariposa, con un trapo limpio a fin de que no pueda caer nada dentro.

4. Saque las tuercas de fijación del tubo de escape al múltiple, y luego separe el tubo del múltiple. En los modelos EFI, desconecte el cable del sensor de oxígeno.

5. Coloque etiquetas de identificación en todos los tubos de vacío y de emisión, y luego desconéctelos del cuerpo de la válvula de mariposa o del carburador.

6. En los modelos provistos de carburador (1984 y posteriores) desconecte los siguientes cables eléctricos:

a. La válvula de interrupción de vacío (VSV) para el acondicionador de aire.

b. El interruptor de vacío.

c. La VSV para el control de emisión de vapores (EVAP).

d. La unidad de transmisión del indicador de temperatura del agua.

e. El calentador de la mezcla fría.

f. La válvula de solenoide para el corte del combustible.

g. La válvula electrónica de control de aire (EACV).

h. El interruptor de control de vacío (VCS).

7. En los modelos EFI (1984 y posteriores), hay que desconectar los siguientes cables de:

a. El inyector de arranque en frío.

b. El detector de la posición de la válvula de mariposa.

c. La unidad de transmisión del indicador de la temperatura del agua.

d. El sensor de la temperatura.

e. El temporizador del inicio de la inyección.

f. El termorruptor de la superdirecta (OD) (para transmisión automática).

g. Los inyectores.

h. La válvula de aire.

8. En la tapa de la culata, sacar el tubo PVC (ventilación positiva del cárter) del cigüeñal, los soportes de los cables de las bujías, el conector de cables del distribuidor y el cable del acelerador (si está provisto de transmisión automática). Saque las tuercas y retenes, luego levante la tapa de la culata.

ATENCIÓN

Tape el orificio de retorno de aceite de la culata, para evitar que pueda caer algo en su interior.

9. Saque de la caja del termostato el tubo superior del radiador.

10. En los modelos EFI, desmonte la válvula EGR (recirculación de gases de escape) de la cámara, los tornillos y tuercas de la cámara al puntal, de la cámara al múltiple y la cámara con el cuerpo de la válvula de mariposa.

11. En el distribuidor:

a. Marque la posición de la caja del distribuidor con respecto al rotor y de la caja del distribuidor con respecto al bloque del motor.

b. Desconecte los cables de las bujías desde las bujías (tire del capuchón de la bujía).

c. Desconecte el cable primario de encendido de la tapa del distribuidor y el conector eléctrico de la caja.

d. Saque la abrazadera que sostiene al distribuidor hacia abajo y luego retire el distribuidor de la culata con los cables de alta tensión unidos al mismo.

12. Desconecte los conductos de combustible de la bomba, los tornillos de fijación, la bomba de combustible y las juntas de culata.

13. Desconecte las sujeciones de cables de la parte delantera y trasera de la culata, y luego el(los) cable(s) del carburador y del termorruptor.

NOTA: Si lleva dirección asistida, saque la correa y la polea de accionamiento, la bomba y el soporte, y luego desplace la bomba a un lado sin desconectar los tubos de presión.

14. En los modelos que llevan carburador, desconecte los siguientes tubos:

a. Tubo de derivación de agua del múltiple de admisión.

b. Tubo de entrada al calefactor desde la bomba de agua.

c. El tubo del servofreno del múltiple de admisión.

d. Los dos conductos de combustible de los tubos que hay debajo del múltiple de admisión.

e. En los modelos California, el tubo del conducto de inyección de aire.

f. Ponga etiquetas de identificación y desconecte los tubos de control de emisión del carburador y del múltiple de admisión que puedan interferir el desmontaje de la culata.

RECAMBIO

1. Balancín
2. Muelle
3. Separador
4. Eje de balancín (admisión)
5. Tornillo de culata
6. Soporte del balancín
7. Eje de balancín (escape)
8. Piñón de accionamiento del distribuidor
9. Piñón de levas
10. Árbol de levas
11. Tapeta del cojinete del árbol de levas
12. Mantenedor de válvula
13. Retención del muelle
14. Muelle de válvula
15. Asiento de válvula
16. Asiento del muelle
17. Guía de válvula
18. Retén de semicírculo de la leva
19. Culata
20. Válvula de admisión
21. Válvula de escape
22. Tapa posterior (refrigerador EGR)

Elementos componentes de la culata - motores 20R, 22R y 22R-E

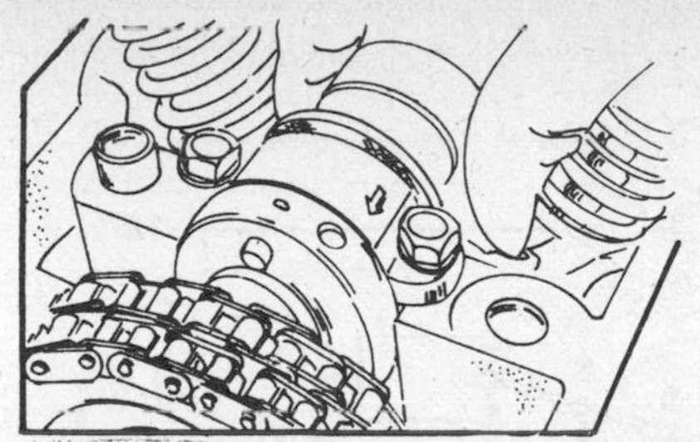

Motores 20R, 22R y 22R-E - Haga rotar el árbol de levas de modo que el pasador se encuentre en la parte superior. Fíjese también que la flecha en la tapeta del cojinete del árbol de levas señale hacia la parte delantera del motor

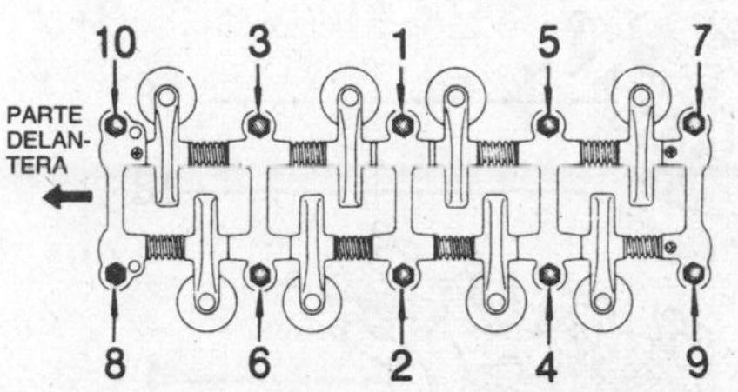

Secuencia de apriete de los tornillos de culata - motores 20R, 22R Y 22R-E

15. En los modelos EFI, desconecte los siguientes:

a. Los tubos n.º 1 y 2 en el PCV.

b. El tubo de la válvula de control de aire.

c. El tubo del actuador (control de la velocidad de crucero).

d. El tubo del modulador de vacío de EGR.

e. El tubo n.º 1 de la válvula de aire del cuerpo de la mariposa.

f. El tubo n.º 2 de la válvula de aire de la cámara.

g. Los tubos n.º 2 y 3 de derivación del agua del cuerpo de la mariposa.

h. El conducto de la válvula de control de aire del actuador.

i. El conducto del regulador de presión del actuador.

j. El tubo de inyección para el arranque en frío.

k. Los tubos de la válvula interruptora bimetálica de vacío (BVSV).

l. El tubo del servofreno.

16. En los modelos con carburador, desconecte los reenvíos del acelerador unidos al mismo. Si el vehículo dispone de transmisión automática, desconecte el cable de la válvula de mariposa del carburador.

17. En los modelos con carburador (Federal y Canadá), retire el tubo trasero de aspiración de aire.

18. En los modelos EFI, sacar el amortiguador de pulsación, el tornillo de unión del tubo de combustible al tubo de suministro, y el tubo de combustible del de suministro. Desconecte el tubo n.º 4 de derivación, de la válvula de aire, y dicha válvula de aire del múltiple de admisión, y luego el tubo de derivación del múltiple de admisión.

19. Para sacar el engranaje del árbol de levas:

a. Coloque una llave en el tornillo del cigüeñal, luego rote el cigüeñal hasta que el pistón n.º 1 se encuentre en el PMS de la carrera de compresión.

NOTA: El pistón n.º 1 se encuentra en el PMS cuando las marcas de sincronización se encuentran en 0° y las válvulas del cilindro están cerradas.

b. Haga marcas de alineación en la cadena de sincronización y en el engranaje del árbol de levas.

c. Saque la junta semicircular, el tornillo del engranaje del árbol de levas, el piñón de mando del distribuidor, la leva de accionamiento de la bomba (20R y 22R), la placa de empuje del árbol de levas (22R-E) y el engranaje del árbol de levas con la cadena de sincronización.

NOTA: Cuando desmonte el engranaje del árbol de levas y la cadena de sincronización, deje que dicha cadena quede en el engranaje del cigüeñal.

20. Saque el tornillo superior de la tapa de la cadena de sincronización (en la parte delantera de la culata), antes de sacar la culata.

21. Saque los tornillos de la culata (2-3 pasadas) empezando por los extremos y avanzando hacia el centro.

ATENCIÓN

Si los tornillos de culata no se desmontan en el orden correcto, pueden producirse deformaciones o grietas en la culata.

22. Saque el conjunto de balancines de la culata. Puede necesitarse una pequeña palanca para aflojar el conjunto de balancines.

23. Levante la culata del motor y colóquela en el banco de trabajo apoyada sobre dos bloques de madera.

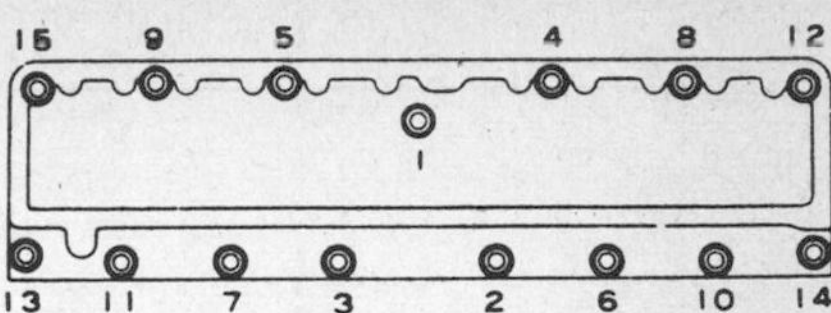

Secuencia de apriete de los tornillos de culata - motor 2F

ATENCIÓN

NO DEBE apalancar entre la junta de la cabeza de cilindros y el bloque motor.

24. Para el montaje, coloque juntas nuevas e invierta el procedimiento indicado para el desmontaje. Apriete la culata y el bloque motor a 58 libras-pie; el tornillo de fijación de la tapa de la cadena de sincronización a la cabeza de cilindros, a 9 libras-pie, el del engranaje del árbol de levas a 58 libras-pie, los tornillos del múltiple de admisión a 14 libras-pie, los tornillos de múltiple de escape a 33 libras-pie y la tapa de los balancines a 7-12 libras-pie. Vuelva a llenar de líquido el sistema de refrigeración y el motor con aceite. Ajuste las válvulas, correas de accionamiento, y luego compruebe y/o ajuste la sincronización.

Motor 2F

1. Desconecte el cable negativo de la batería. Vacíe el sistema de refrigeración.

2. Saque el conjunto del filtro de aire, conjuntamente con sus tubos de servicio.

3. Desmonte el cable del acelerador del soporte existente en la culata y el brazo de la mariposa del carburador.

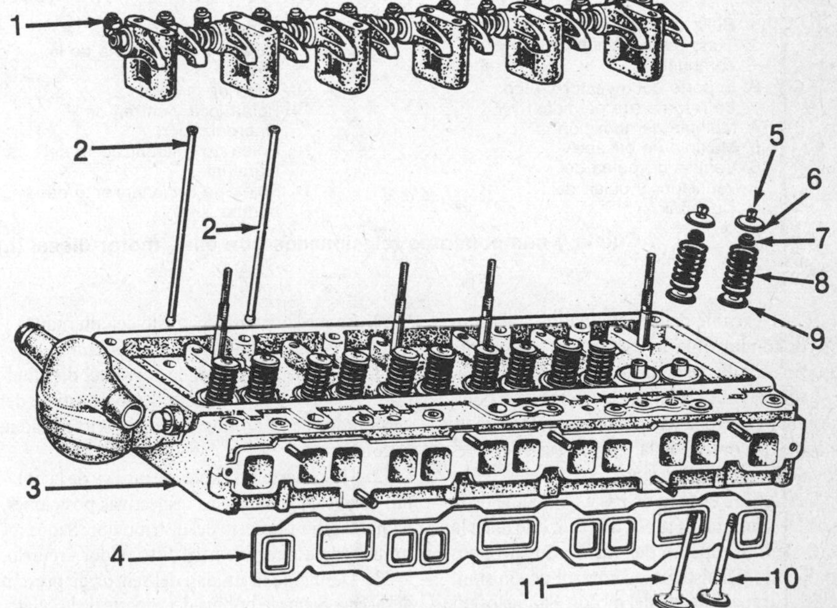

1. Conjunto de balancines y eje
2. Vástago de empuje
3. Culata
4. Junta del múltiple de admisión y escape
5. Mantenedores de válvula
6. Retención del muelle de la válvula
7. Retén de la válvula
8. Muelle de la válvula
9. Asiento del muelle de la válvula
10. Válvula de escape
11. Válvula de admisión

Componentes de la culata - motor 2F

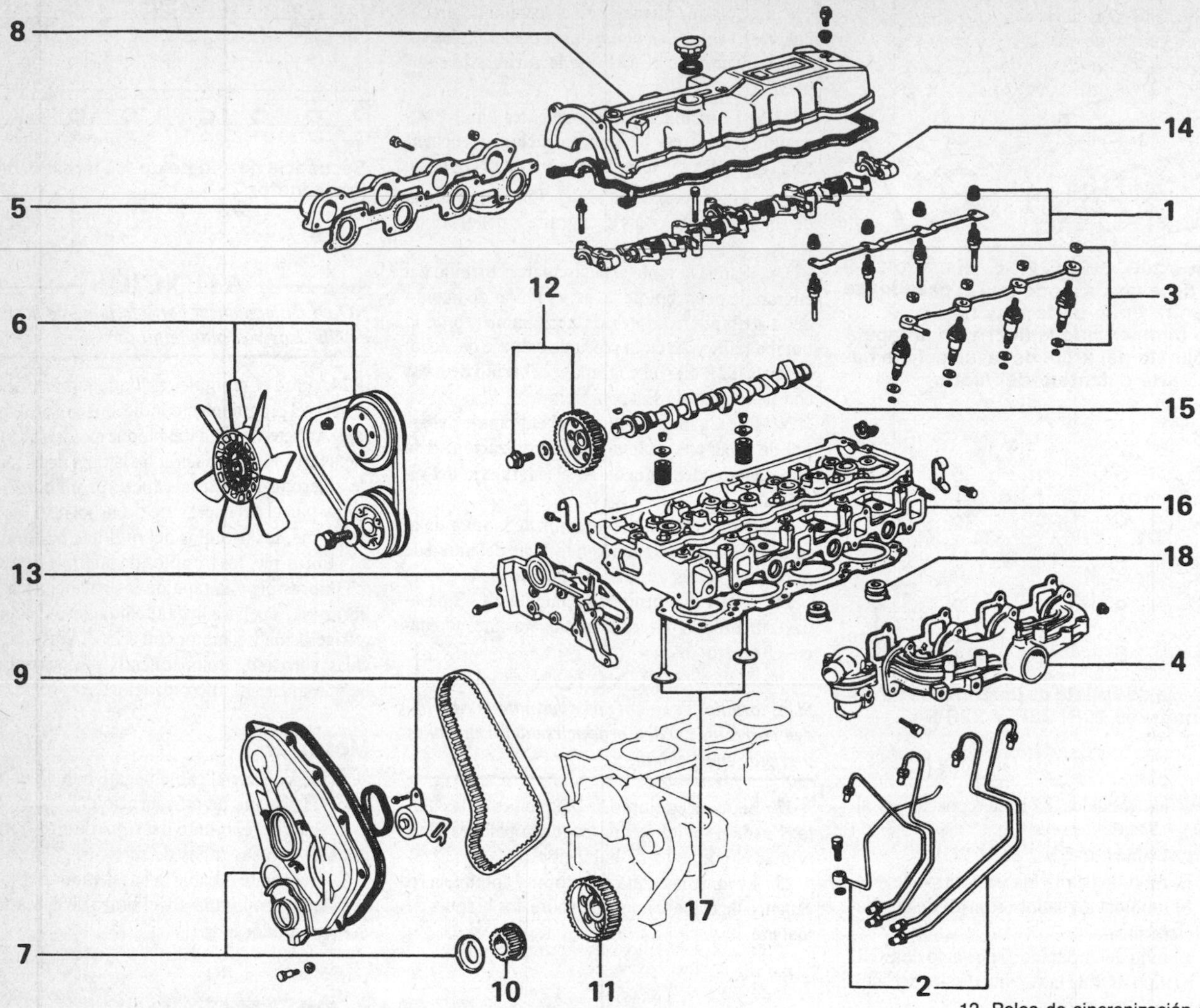

1. Bujía de incandescencia
2. Tubo de inyección de combustible
3. Soporte del inyector y tubo de retorno (de pérdidas)
4. Múltiple de admisión
5. Múltiple de escape
6. Ventilador, polea del ventilador y polea del cigüeñal
7. Tapa del piñón de sincronización y guía de la correa
8. Tapa de la culata
9. Polea loca y correa de sincronización
10. Polea de sincronización del cigüeñal
11. Polea de accionamiento de la bomba
12. Polea de sincronización del árbol de levas
13. Retén de aceite n.º 2
14. Conjunto del eje de balancines de las válvulas
15. Árbol de levas
16. Culata
17. Válvula y muelle de compresión
18. Subconjunto de la cámara de combustión

Culata y componentes relacionados con ella - motor diesel (L), el 2L es similar

4. Saque el cable del estrangulador y los conductos de combustible del carburador. Desmonte el soporte del tubo de agua de la tapa de la culata.

5. Saque las abrazaderas y los tubos de la bomba de agua, y luego la válvula de agua. Desconecte el cable de control de la temperatura del calefactor de la válvula de agua.

6. Desconecte el tubo de PCV de la tapa de la culata. Desconecte los tubos de vacío que unen la válvula de interrupción del vacío a los diversos componentes del sistema de control de emisión.

7. Descargue el aceite del motor. Saque los tubos de aceite del filtro de lubricación y el conjunto filtro del múltiple.

8. Desconecte el cable de la válvula de solenoide del vacío de la bobina.

9. Desconecte todos los conductos restantes del carburador y saque el carburador del múltiple.

10. Saque el tirante de ajuste del alternador y luego la correa de mando y el alternador.

11. Desconecte el tubo de vacío del distribuidor. Desconecte el conducto de combustible del carburador de la bomba de combustible. Saque el conducto.

12. Desconecte los cables de bujía y de la bobina, una vez marcadas sus respectivas posiciones. Saque el cable primario del distribuidor. Saque los tornillos de la abrazadera del distribuidor y retírelo.

13. Desmonte la unidad del sensor de presión del aceite. Saque la bobina del soporte de la culata.

14. Saque la bomba de combustible y el tornillo de la abrazadera del tubo del filtro de aceite de la tapa del empujador de válvula (lateral). Extraiga el tubo de relleno de aceite del bloque de cilindros.

15. Desmonte la combinación del múltiple de admisión y escape del bloque de cilindros.

16. Saque la tapa y la junta de culata. Desmonte la unión de suministro de aceite, el muelle y el manguito de los ejes de los balancines.

17. Saque las tuercas y tornillos de los soportes del eje de balancines y luego saque el conjunto de balancines.

18. Quite los empujadores, asegurándose de que los mantiene en el mismo orden en que son sacados. Saque la tapa (lateral) de los levantadores de válvula y las juntas.

19. Retire los levantadores de válvulas del bloque.

NOTA: Los levantadores de las válvulas deben conservarse, con sus correspondientes empujadores, en el mismo orden en que han sido desmontados.

20. Desconecte la unión de suministro de aceite del tubo de alimentación del aceite.

21. Saque los tornillos de culata en 2 ó 3 etapas, siguiendo el orden inverso al indicado para el montaje.

22. Levante la culata y la junta.

NOTA: Los procedimientos para el mantenimiento figuran en la sección de Reparación.

23. Para el montaje, utilice juntas nuevas, y siga el procedimiento inverso al indicado para el desmontaje. Los tornillos de la culata se aprietan a 83-98 libras-pie (en 3 etapas), las tuercas y tornillos del conjunto de balancines se aprietan a 25-30 libras-pie (10 mm) o a 14-22 libras-pie (8 mm). Ajuste las válvulas. Vuelva a llenar el sistema de refrigeración.

Motor 3Y-EC

1. Desconecte el cable negativo de la batería.

2. Retire el asiento delantero derecho y la tapa de la abertura de mantenimiento del motor.

3. Descargue el refrigerante del motor (en el radiador y en el costado izquierdo del motor) y el aceite del motor.

4. Si el vehículo está equipado con dirección asistida, proceda del siguiente modo:

a. Saque los tubos de aire de la válvula de control de aire.

b. Descargue el fluido del depósito de reserva.

c. Desconecte el tubo de retorno de la bomba.

d. Utilizando la herramienta n.º 09631-22020, desconecte el tubo de presión de la bomba.

e. Saque la correa de mando, la tuerca de la polea, la chaveta woodruff (escalonada), los tornillos de montaje y la bomba.

5. Desmonte el tubo de escape y el soporte. Saque el tubo del filtro de aire y los conductos.

6. Desconecte el cable del acelerador junto con su soporte del cuerpo de la válvula de mariposa.

7. Desconecte el conector del sensor de la temperatura del agua de la culata.

8. Desconecte los siguientes conectores EFI (inyección electrónica de combustible) de:

a. El termostato del agua.

b. El temporizador del inicio de la inyección.

c. El inyector de arranque en frío.

d. La válvula de aire.

e. El sensor de la posición de la válvula de mariposa.

f. El sensor de oxígeno.

g. El interruptor de la temperatura del agua (en el aire acondicionado).

9. Desconecte los siguientes conductos de:

a. La entrada del radiador.

b. El respiradero del radiador.

c. El depósito de reserva.

d. La salida del calefactor.

f. El PCV.

g. La derivación del agua.

h. El recipiente de carbón activo.

i. Ponga etiquetas y desconecte el control de emisión.

10. Desmonte el cuerpo de la válvula de mariposa de la cámara de admisión de aire.

11. Saque las tuercas de la válvula EGR de la cámara de admisión y la unión del múltiple de escape con la válvula EGR.

12. Desconecte el tubo del inyector del arranque en frío, los conductos de derivación del agua y el tubo del regulador de presión.

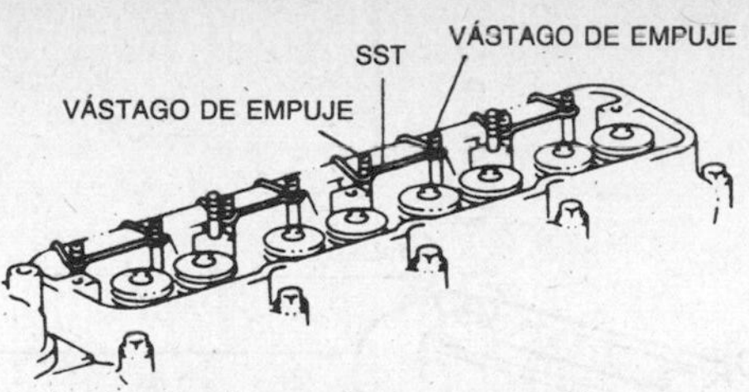

Emplee las herramientas especiales para sujetar los seguidores en su lugar, durante el montaje de los balancines

13. Utilizando una llave de cubo de 12 mm, saque los soportes de la cámara de admisión de aire y luego la cámara con la válvula de aire.

14. Desmonte los tornillos de la abrazadera de cables y los conectores de los inyectores, desde los inyectores.

15. Saque el soporte del múltiple de escape, el soporte del tubo del calefactor, el tornillo de unión del tubo de entrada de combustible del filtro y el tubo de salida de combustible.

16. Saque las bujías y los tubos.

17. Saque las tuercas ciegas, las arandelas de junta, la tapa de culata y la junta.

18. Saque los tornillos y tuercas del conjunto del eje de balancines, poco a poco, en 3 ó 4 etapas. Saque los seguidores conservando su orden.

19. Saque los tornillos de la culata, poco a poco, en 3 etapas. Levante la culata para sacarla de las clavijas y colóquela sobre dos pedazos de madera.

ATENCIÓN

Si los tornillos de la culata no se han sacado correctamente pueden producirse deformaciones o grietas en la culata. Puede ser necesario apalancar la culata para sacarla del bloque, en cuyo caso la presión de la palanca debe ejercerse entre la culata y la protección del bloque.

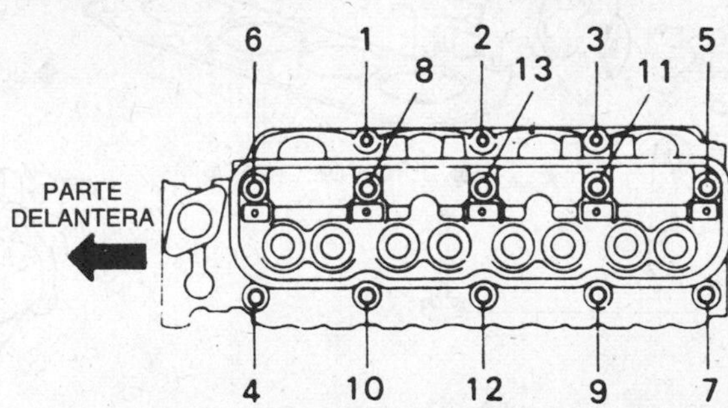

Secuencia de desmontaje de los tornillos en el motor 3Y-EC

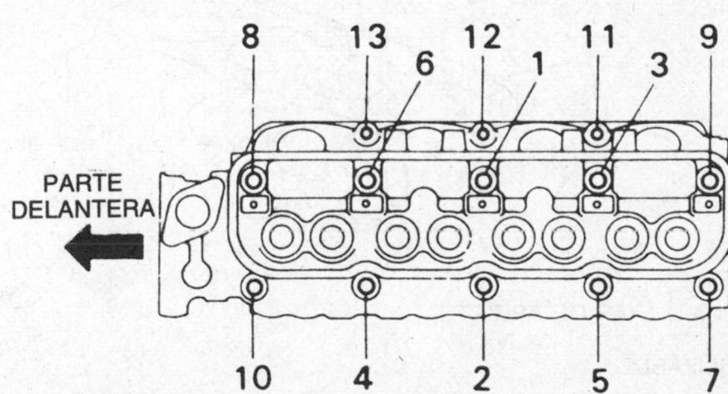

Secuencia de apriete de los tornillos de culata en el motor 3Y-EC

20. Saque los levantadores de válvula del bloque de cilindros.

21. Utilizando una rasqueta, limpie bien las superficies de montaje de la junta.

22. Para el montaje, haga uso de nuevas juntas y aplique el orden inverso al del desmontaje. Los tornillos de la culata se aprietan (en tres etapas) a 65 libras-pie (14 mm), o a 14 libras-pie (12 mm), los tornillos de fijación del eje de balancines a la culata se aprietan a 17 libras-pie (en 3 etapas), las bujías a 13 libras-pie, los tornillos de la cámara de admisión de aire a 9 libras-pie, los del cuerpo de la mariposa a la cámara de admisión a 9 libras-pie y los del tubo de escape al múltiple de escape a 29 libras-pie. Ajuste las correas de mando. Vuelva a llenar el sistema de refrigeración y el motor con aceite. Compruebe y/o ajuste la sincronización.

NOTA: Para mantener los seguidores en la debida posición, utilice las herramientas especiales n.º 09270-71010, al proceder al montaje de dichos seguidores.

Ejes de los balancines

DESMONTAJE Y MONTAJE

Motores de gasolina

Los detalles sobre el desmontaje del eje de balancines se indican en la parte que trata del procedimiento de desmontaje y montaje de la culata. Lleve tan sólo a cabo aquellas fases del procedimiento que sean necesarias para desmontar o montar los ejes de balancines.

NOTA: En los motores 20R, 22R y 22R-E, los balancines son iguales pero sus ejes diferentes. Conserve el orden de todas las piezas a fin de poder volver a montarlas correctamente. Lubrique todas las piezas con aceite de motor antes de volver a montarlas.

ARANDELA DE CIERRE
TAPA DE LA CULATA
◆ JUNTA
BALANCÍN Y MUELLE
EJE DE LOS BALANCINES
VÁSTAGO
MANTENEDOR DE VÁLVULA
BUJÍA
TUBO DE LA BUJÍA
FIJACIÓN DEL MUELLE
◆ JUNTA
900 (65, 88) TORNILLO DE CABEZA 14 mm
195 (14, 19) TORNILLO DE CABEZA 12 mm
MUELLE DE VÁLVULA
VÁLVULA EGR
◆ RETÉN DE ACEITE
CULATA
◆ JUNTA
ASIENTO DEL MUELLE
PLACA POSTERIOR DEL MOTOR
ANILLO ELÁSTICO
CÁMARA DE ADMISIÓN DE AIRE
◆ CASQUILLO DE GUÍA DE LA VÁLVULA
SALIDA DE AGUA
◆ JUNTA
◆ JUNTA
◆ JUNTA
◆ JUNTA
SALIDA CALEFACTOR
◆ JUNTA
◆ JUNTA DE CULATA
◆ JUNTA
VÁLVULA
EMPUJADOR DE VÁLVULA
CUERPO DE LA VÁLVULA DE MARIPOSA
FIJACIÓN DEL MÚLTIPLE
KG-CM (LIBRAS-PIE, NM) PAR DE APRIETE
MÚLTIPLES DE ADMISIÓN Y ESCAPE
◆ : PIEZA NO REUTILIZABLE

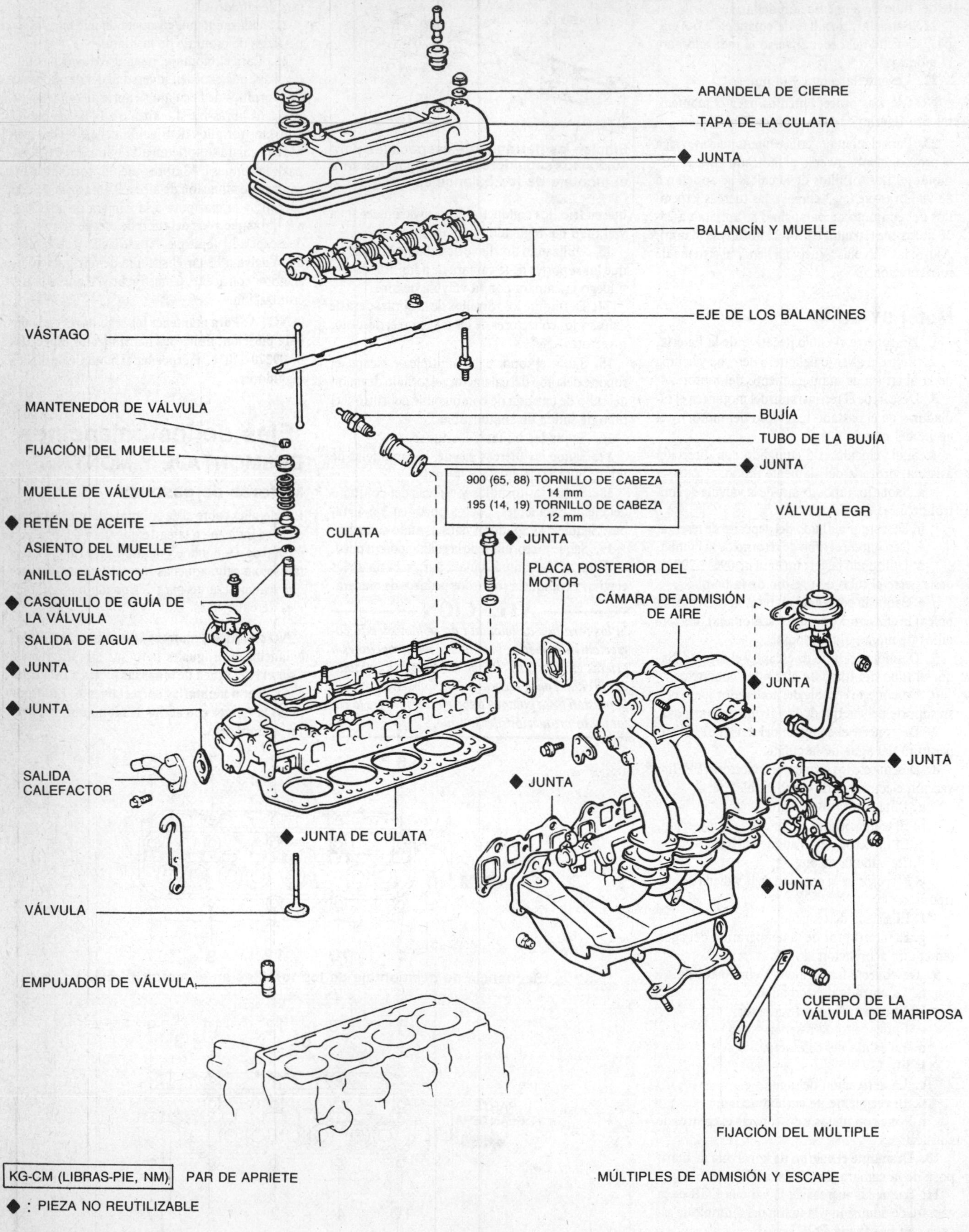

Despiece de la culata del motor 3Y-EC

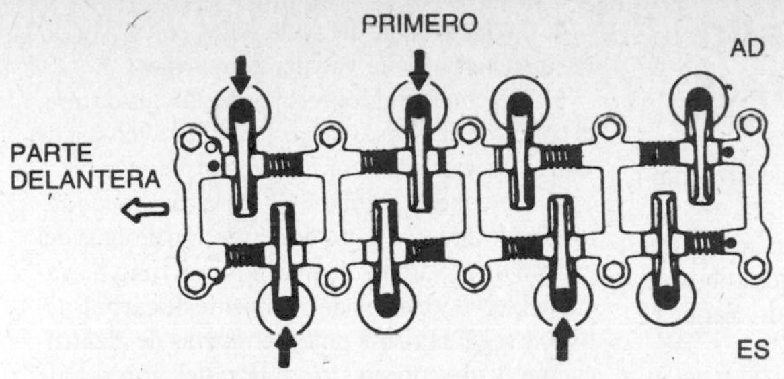

Ajuste del juego de válvulas (primera etapa) - motores 20R, 22R y 22R-E

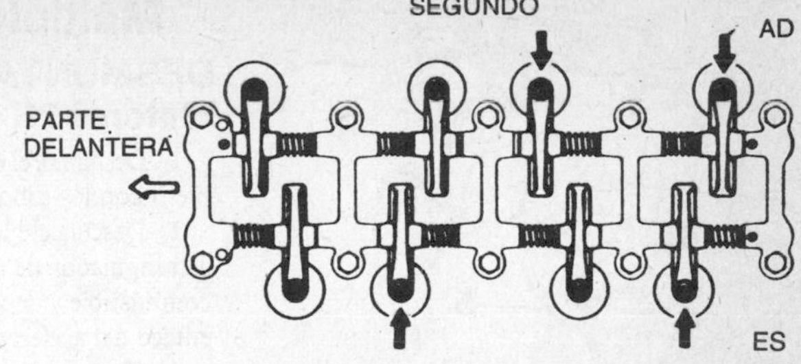

Ajuste del juego de válvulas (segunda etapa) - motores 20R, 22R y 22R-E

AJUSTE DE LAS VÁLVULAS

Motores 20R, 22R y 22R-E

1. Saque la tapa de la culata.

2. Rote el cigüeñal (utilizando una llave) hasta que el cilindro n.º 1 se encuentre en el PMS de la carrera de compresión. Las válvulas del cilindro n.º 1 deben quedar sueltas.

3. Para ajustar el juego de las válvulas, afloje la tuerca de bloqueo del ajustador y dé vueltas al tornillo de ajuste.

4. Utilizando una lámina calibradora, compruebe y/o ajuste el juego de la válvula de admisión de los cilindros n.º 1 y 2, y luego la válvula de escape de los cilindros n.º 1 y 3.

NOTA: El juego de la válvula de admisión es de 0.008" (en frío); el juego de la válvula de escape es de 0.012" (en frío).

5. Colocando una llave en el tornillo de la polea del cigüeñal, hágalo rotar una vuelta, deteniéndolo en la marca 0° de la placa de sincronización (PMS del cilindro n.º 4).

6. Ajuste las válvulas de admisión de los cilindros n.º 3 y 4, y las válvulas de escape de los cilindros n.º 2 y 4.

7. Una vez hecho el ajuste, vuelva a montar los elementos sacados siguiendo el orden inverso al del desmontaje.

Motor 2F

1. Haga funcionar el motor hasta que alcance la temperatura normal de marcha.

2. Saque la tapa de la culata.

3. Haga rotar el cigüeñal (utilizando una llave) hasta que el cilindro n.º 1 se encuentre en el PMS de la carrera de compresión. Las válvulas del cilindro n.º 1 deben quedar sueltas.

4. Ajuste el juego de las válvulas, afloje la tuerca de bloqueo y dé vueltas al tornillo de ajuste.

5. Utilizando una lámina calibradora, compruebe y/o ajuste el juego de las válvulas n.º 1, 2, 3, 5, 7 y 9 (numeradas a partir de la parte delantera).

NOTA: El juego de la válvula de admisión es de 0.008" (en caliente); la válvula de escape tiene una tolerancia de 0.014" (en caliente).

6. Utilizando una llave colocada en el tornillo de la polea del cigüeñal, rote una vuelta el cigüeñal, alineando la marca 0° de la polea de sincronización con el indicador de sincronización.

7. Ajuste el juego de las válvulas n.º 4, 6, 8, 10, 11 y 12 (numeradas a partir de la parte delantera).

8. Una vez terminado el ajuste de las válvulas, vuelva a montar los componentes sacados, siguiendo el orden inverso al de desmontaje. Compruebe y/o ajuste la sincronización.

Motor 3Y-EC

Las válvulas de este motor son hidráulicas; no se requiere ningún ajuste de las mismas.

Múltiple de admisión

DESMONTAJE Y MONTAJE

Motores 20R y 22R

1. Desconecte el cable negativo de la batería. Descargue el refrigerante del motor hasta que alcance un nivel por debajo del carburador.

2. Desmonte el conjunto del filtro de aire, completo con sus tubos.

3. Ponga etiquetas de identificación y desconecte los tubos de vacío del múltiple y del carburador.

4. Saque el tubo de combustible, los reenvíos del acelerador, los conductores eléctricos y los tubos de refrigerante que hay en el carburador.

5. Desmonte el tubo de derivación del refrigerante que se encuentra en el múltiple.

6. Saque la válvula de aire del múltiple de admisión.

7. Destornille y saque el múltiple de admisión, junto con el carburador y la válvula EGR (recirculación de gases de escape).

8. Cubra las aberturas de admisión de la culata con un trapo limpio.

9. Para el montaje, utilice una junta nueva y siga el orden inverso al del desmontaje. Las tuercas se aprietan con un par de 13-19 libras-pie. Vuelva a llenar la instalación de refrigeración.

NOTA: Apriete los tornillos en varias etapas, empezando por los tornillos del interior hacia los del exterior.

Motor 22R-E

1. Desconecte el cable negativo de la batería.

2. Desmonte el tubo del filtro de aire del cuerpo de la válvula de mariposa. Descargue el sistema de refrigeración hasta que el líquido alcance un nivel por debajo del cuerpo de la válvula de mariposa.

3. Del cuerpo de la válvula de mariposa, desmonte los tubos de combustible del carril de distribución, los enlaces del acelerador, el sensor de la posición de la válvula de mariposa, los conductores eléctricos, los tubos de refrigerante, el tubo PCV (ventilación del cárter del cigüeñal) y los tubos de control de emisión.

4. Desmonte el cuerpo de la válvula de mariposa con la cámara de admisión de aire, del múltiple de admisión.

5. Saque el tubo de derivación de refrigerante del múltiple de admisión.

6. Saque el múltiple de admisión con la válvula EGR.

7. Cubra las aberturas de admisión de la culata con un trapo limpio.

8. Utilizando una espátula de cristalero limpie la superficie donde va colocada la junta.

9. Para el montaje, emplee juntas nuevas y siga el orden inverso al indicado para el desmontaje. Apriete las tuercas con un par de 13-19 libras-pie. Vuelva a llenar el sistema de refrigeración.

NOTA: Apriete los tornillos en varias etapas, empezando por los tornillos del interior hacia al exterior.

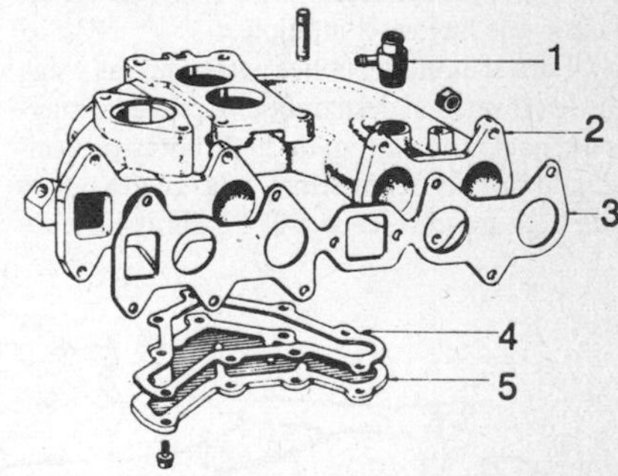

1. Conexión del vacío
2. Múltiple de admisión
3. Junta
4. Junta
5. Tapa

Componentes del múltiple de admisión de los motores 20R, 22R y 22R-E

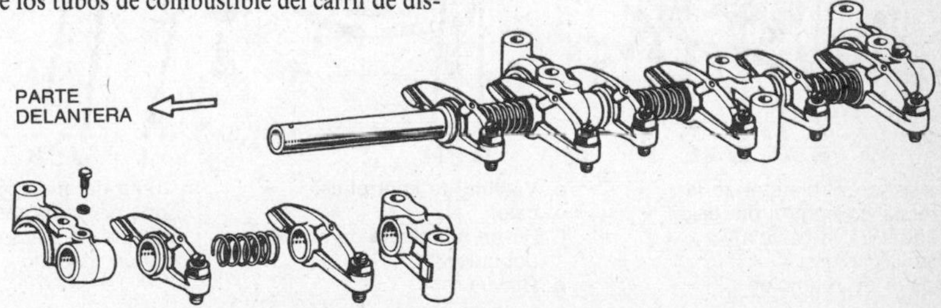

Conjunto del eje de balancines del motor diesel

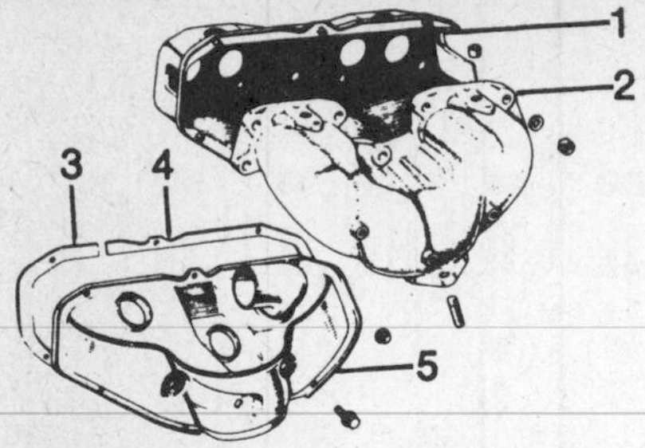

1. Calefactor interno
2. Múltiple de escape
3. Junta
4. Junta
5. Calefactor externo

Componentes del múltiple de escape en los motores 20R, 22R y 22R-E

Múltiple de escape

DESMONTAJE Y MONTAJE

Motores 20R, 22R, 22R-E

1. Saque los tornillos de la brida del tubo de escape y desconecte dicho tubo del múltiple.

NOTA: En el motor 22R-E, desconecte el conector de los cables del sensor de oxígeno.

2. Saque el tubo del filtro de aire que hay en el calentador. Desmonte la parte externa del calentador.

3. Saque las tuercas de montaje, el aislador de escape, el múltiple de escape con el tubo de inyección de aire, y luego separe la parte interna del calefactor que hay en el múltiple.

4. Para el montaje, utilice nuevas juntas y siga el orden inverso al desmontaje. Apriete las tuercas de fijación con un par de 29-36 libras-pie (empezando por las del interior), y las tuercas de la brida del tubo de escape a 25-32 libras-pie.

Múltiple combinado

DESMONTAJE Y MONTAJE

Motores 2F

1. Desmonte el conjunto del filtro de aire, completo con los tubos.

2. Desconecte los enlaces del acelerador y del estrangulador de aire, luego saque los tubos de combustible y de vacío del carburador. Saque el enlace del acelerador manual.

3. Saque o desplace a un lado, cualquiera de los componentes del sistema de control de emisión que entorpezca el trabajo.

4. Desconecte los tubos del filtro de aceite y saque el conjunto del filtro de aceite del múltiple de admisión. Desconecte la válvula de solenoide, sacando el cable del terminal de la bobina de encendido. Saque los tubos EGR del refrigerador de gases de escape, si lo lleva.

5. Saque los tornillos de montaje y el carburador del múltiple.

6. Afloje las tuercas de retención del múltiple, empezando por las del interior, y en dos o tres etapas.

7. Saque el conjunto del múltiple de admisión/escape de la culata, formando una unidad completa.

8. Utilizando una espátula de cristalero, limpie las superficies de montaje de la junta.

9. Para el montaje, emplee juntas nuevas y siga el orden inverso al del desmontaje. Apriete los tornillos empezando desde los del interior hacia afuera.

NOTA: Apriete los tornillos en dos o tres etapas.

Motor 3Y-EC

1. Desconecte el cable negativo de la batería. Saque el asiento derecho y la tapa de acceso al motor.

2. Descargue el refrigerante del motor hasta que alcance un nivel situado por debajo del cuerpo de la válvula de mariposa.

3. Saque el tubo que va desde el filtro de aire al cuerpo de la válvula de mariposa.

4. Saque el cable del acelerador, con su soporte, del cuerpo de la válvula de mariposa.

5. Desconecte el conector de la válvula de aire, el conector del sensor de posición de la válvula de mariposa y el conector del sensor de oxígeno.

6. Desconecte el tubo PCV de la cámara de admisión de aire, los tubos de derivación de agua del cuerpo de la válvula de mariposa, el tubo de vacío del servo y el tubo del recipiente de carbón activo, y seguidamente ponga etiquetas de identificación y desconecte los tubos del control de emisión.

7. Desmonte el cuerpo de la válvula de mariposa de la cámara de admisión de aire, la tuerca de unión del tubo EGR del múltiple de escape y la válvula EGR de la cámara de admisión de aire.

8. Desconecte el tubo del inyector de arranque en frío, los tubos de derivación de agua y el tubo del regulador de presión que se encuentran en el múltiple de admisión.

9. Saque los soportes de la cámara de admisión de aire y dicha cámara junto con la válvula de aire del múltiple de admisión.

10. Saque el tornillo de la abrazadera de fijación del cable del carril que hay en el inyector de combustible, y luego el carril del inyector de combustible, de los inyectores.

11. Desmonte el soporte que se encuentra entre el múltiple de admisión y el de escape, el soporte que une el múltiple de escape y el motor, el tubo de escape del múltiple, la tuerca de unión de los tubos de entrada y salida de combustible que se hallen en el carril de combustible.

12. Saque los cables de las bujías, y luego las bujías y los tubos.

13. Saque los tornillos de fijación y los múltiples de admisión y escape, formando un solo conjunto.

14. Utilizando una espátula de cristalero, limpie las superficies de montaje de la junta.

15. Para el montaje, utilice juntas nuevas y siga el orden inverso al del desmontaje. Apriete los tornillos del múltiple con un par de 36 libras-pie, los de la cámara de admisión de aire al múltiple de admisión con un par de 9 libras-pie, y los del cuerpo de la válvula de mariposa con un par de 9 libras-pie. Vuelva a llenar el sistema de refrigeración.

A B C D E F G H I J K

a. Carcasa del bimetal de la válvula de control del calor
b. Espiral de la válvula
c. Tornillo
d. Muelle de retención
e. Válvula de control del calor
f. Eje de la válvula de control del calor
g. Clavija
h. Junta del múltiple
i. Tope del contrapeso
j. Múltiple de escape
k. Tapón roscado

Componentes del múltiple combinado del motor 2F

Tapa delantera

DESMONTAJE Y MONTAJE

Motores 20R, 22R y 22R-E

1. Consulte el apartado de Culata: desmontaje y montaje, de esta misma sección, y desmonte la culata.

2. Saque los tubos del radiador, el protector del ventilador y los conductos del refrigerador del aceite de la transmisión desde el radiador (transmisión automática), el tubo del depósito de refrigerante, los tornillos de montaje y el radiador.

NOTA: En los modelos 2WD (tracción en 2 ruedas) (1981-83), saque el soporte del brazo intermedio del bastidor, la biela del eje del selector y el traviesa-soporte de debajo del motor.

3. Desmonte la tapa inferior del motor y los tornillos de montaje del motor, luego coloque un gato debajo de la transmisión y levántela 0.98 pulgadas. Saque los tornillos y tuercas de montaje y el cárter de la transmisión.

4. Saque el ventilador de la bomba de agua, las correas de mando y la polea de la bomba de agua.

5. Si dispone de ello, desmonte la bomba de aire, los tubos y el soporte.

6. Saque el soporte de ajuste del alternador y muévalo hacia al alternador.

7. Saque el tornillo central de la polea del cigüeñal. Utilizando un extractor de engranajes, herramienta n.º 09213-31021, saque la polea del cigüeñal.

8. Saque los tornillos de montaje, el tubo de derivación del agua y el tubo del calefactor.

9. En los modelos de 1985 y posteriores, saque el tornillo de ajuste del soporte del alternador y mueva dicho soporte hacia el alternador.

10. Saque los tornillos de montaje, la tapa delantera y la junta del motor; para soltar la tapa frontal puede ser necesario utilizar un mazo de plástico.

11. Utilizando una rasqueta, limpie las superficies de montaje de la junta.

12. Para el montaje, emplee juntas nuevas, sellador, e invierta el procedimiento indicado para el desmontaje. Apriete los tornillos de la tapa delantera a 9 libras-pie (8 mm) o a 29 libras-pie (10 mm), los tornillos del cárter de aceite se aprietan a 9 libras-pie y el tornillo de la polea del cigüeñal a 116 libras-pie.

Motores 2F

1. Descargue el sistema de refrigeración y el aceite del motor. Desconecte el cable negativo de la batería.

2. Desmonte el conjunto del filtro de aire completo con sus tubos, sacándolo del soporte.

3. Saque el pestillo del capó, junto con su soporte y abrazadera. Desmonte los biseles de los faros y el conjunto de la parrilla.

4. Desmonte los tubos superior e inferior del radiador, los tornillos de fijación y el propio radiador.

NOTA: Saque el protector del ventilador, si lo lleva.

5. Afloje el enlace de ajuste de la correa de transmisión y saque dicha correa. Desmonte el conector eléctrico del alternador, los tornillos de fijación y el alternador.

6. Si el vehículo dispone de bomba de inyección de aire, saque los tubos de la bomba, los tornillos de montaje y la bomba de aire.

7. Saque el ventilador y la bomba de agua formando un conjunto. Utilizando un extractor de engranajes, saque la polea del cigüeñal.

8. Saque el protector de grava de debajo del motor y el árbol de transmisión frontal.

9. Saque los tornillos delanteros del cárter de aceite, a fin de poder acceder al fondo de la tapa de la cadena de sincronización.

NOTA: Puede ser necesario introducir un cuchillo delgado entre el cárter y la junta a fin de conseguir soltar dicho cárter. Procure no estropear la junta.

10. Para el montaje, siga el orden inverso al desmontaje. Ajuste las correas de transmisión y vuelva a llenar el sistema de refrigeración.

3Y-EC

1. Desconecte el cable negativo de la batería. Descargue el sistema de refrigeración.

2. Si el vehículo dispone de transmisión automática, saque y tape los conductos del refrigerador de aceite que se encuentran en el radiador.

3. Saque el protector del ventilador, los tubos del radiador, el tubo del recipiente de refrigerante y el tornillo superior del radiador. Levante el vehículo y colóquelo sobre soportes. Saque la tapa inferior del motor, los tornillos de montaje y el radiador.

4. Desmonte las correas de transmisión, el ventilador, el acoplamiento de fluido y la polea de la bomba de agua.

5. Utilizando las herramientas n.º 09213-70010 y 09330-00020, saque el tornillo central de la polea del cigüeñal. Utilizando el extractor n.º 09213-31021, saque la polea del cigüeñal.

6. Saque los tornillos de montaje de la tapa delantera. Utilizando una palanca pequeña, levante la tapa delantera del motor.

7. Con ayuda de una rasqueta, limpie las superficies de montaje de la junta.

8. Para el montaje, use una junta nueva, sellador, e invierta el orden seguido en el desmontaje. Con un martillo blando, introduzca la polea en el cigüeñal. Apriete el tornillo de la polea del cigüeñal con un par de 80 libras-pie (utilizando las herramientas empleadas para el desmontaje). Ajuste las correas de transmisión y vuelva a llenar el sistema de refrigeración.

CAMBIO DEL RETÉN DE ACEITE

Motores 20R, 22R y 22R-E

1. Consulte al apartado Tapa delantera: desmontaje y montaje, de esta sección, y desmonte la polea del cigüeñal.

2. Utilizando una pequeña palanca, saque el retén de aceite del alojamiento de la bomba de aceite.

3. Utilizando el útil para el montaje de retenes n.º 09223-50010, introduzca el retén nuevo en el alojamiento de la bomba de aceite. Aplique grasa de uso múltiple en el labio del nuevo retén.

4. Para acabar el montaje, invierta el orden del desmontaje.

Motor 3Y-EC

TAPA FRONTAL SACADA

1. Utilizando un botador y un martillo, saque el retén de aceite de la tapa frontal.

2. Con ayuda del útil para el montaje de retenes n.º 09223-22010 y un martillo, coloque el nuevo retén en la tapa delantera.

3. Aplique grasa en el labio del nuevo retén.

TAPA FRONTAL MONTADA

1. Consulte los procedimientos de Tapa delantera. Desmontaje y montaje, de esta sección, y desmonte la polea del cigüeñal.

2. Utilizando la herramienta especial para sacar retenes n.º 09308-10010, saque el retén de aceite de la tapa delantera.

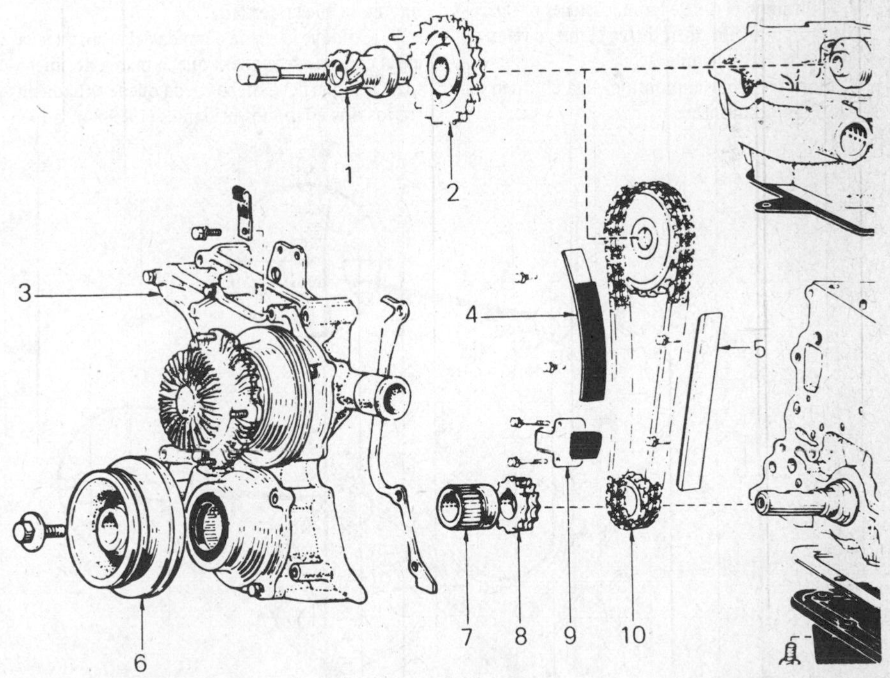

1. Piñón de mando del distribuidor
2. Rueda dentada de levas
3. Tapa de la cadena de sincronización
4. Amortiguador de vibraciones de cadena n.º 2
5. Amortiguador de vibraciones de cadena n.º 1
6. Polea del cigüeñal
7. Casquillo estriado de accionamiento de la bomba
8. Rueda dentada del cigüeñal
9. Tensor de la cadena
10. Cadena de sincronización

Tapa de la sincronización y componentes - motores 20R, 22R y 22R-E

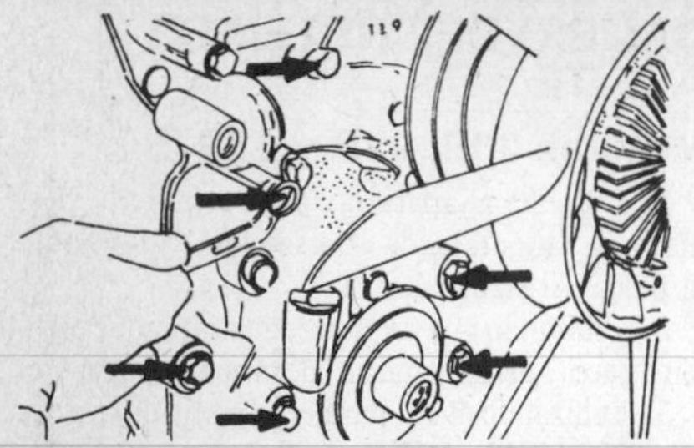
Motores 20R, 22R y 22R-E - Tan sólo hay que sacar los seis tornillos indicados para poder retirar la tapa de sincronización

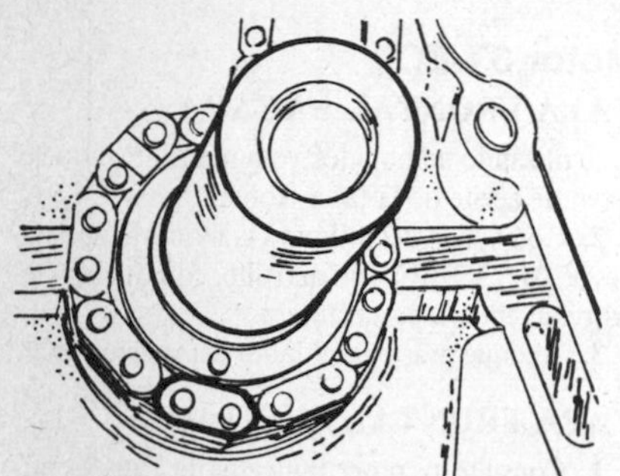
Motores 20R, 22R y 22R-E - Alinee la marca del engranaje del cigüeñal con el único eslabón brillante de la cadena de distribución

3. Aplique grasa de uso múltiple en el labio del nuevo retén.

4. Utilizando el útil de montar retenes n.º 09223-22010 y un martillo, introduzca el nuevo retén de aceite en la tapa delantera.

5. Para terminar el montaje, siga el orden inverso al de desmontaje.

Cadena de distribución y tensor

DESMONTAJE Y MONTAJE

Motores 20R, 22R y 22R-E

1. Consulte los procedimientos en los apartados Culata y Tapa delantera, desmontaje y montaje, de esta sección, y desmonte la culata y la tapa delantera. Luego saque el cárter de aceite.

2. Saque la cadena del absorbedor de vibraciones y junto con ella la rueda de las levas.

NOTA: Si la cadena y la rueda de engranaje están gastadas, deberán sustituirse, junto con el engranaje del cigüeñal.

3. Utilizando el útil de sacar ruedas n.º 09213-36020, extraiga el engranaje del cigüeñal y el casquillo de estrías de accionamiento de la bomba, formando un conjunto.

4. Mida si el tensor de la cadena presenta desgaste; si existe un desgaste superior a 0.43 pulgadas, cambie todo el grupo.

5. Compruebe si el absorbedor de vibraciones de la cadena presenta desgaste; si las medidas se encuentran por debajo de los límites: 0.20'' para el amortiguador n.º 1 y 0.18'' para el amortiguador n.º 2, deberá sustituirlos.

6. Una vez montado el absorbedor de vibraciones o tensor que sean necesarios, haga rotar el cigüeñal a mano hasta que su chaveta se encuentre en el PMS. Si se hubiera sacado, introduzca el engranaje del cigüeñal en la chaveta. Coloque la cadena sobre la rueda dentada de manera que el único eslabón brillante se encuentre sobre la marca que hay en la rueda dentada.

7. Coloque la rueda dentada del árbol de levas en la cadena, de manera que la marca de sincronización que lleva dicha rueda quede situada entre los dos eslabones brillantes (1979-84), o bien alineada con el eslabón brillante de la cadena (1985 y posteriores).

8. Monte el casquillo de estrías de mando de la bomba de aceite sobre la chaveta del cigüeñal, si se hubiera sacado.

Motores 20R, 22R y 22R-E - Alinee la marca de la rueda dentada del árbol de levas de modo que quede entre los dos eslabones brillantes de la cadena de distribución

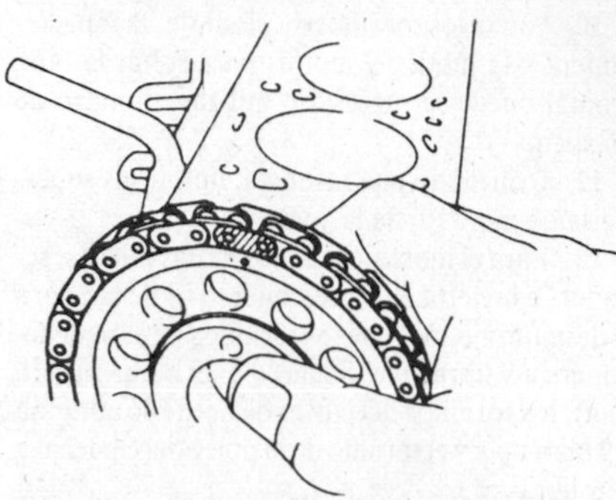
Alinee la la cadena de distribución a la rueda dentada del árbol de levas - motores 20R, 22R y 22R-E (1985 y posteriores)

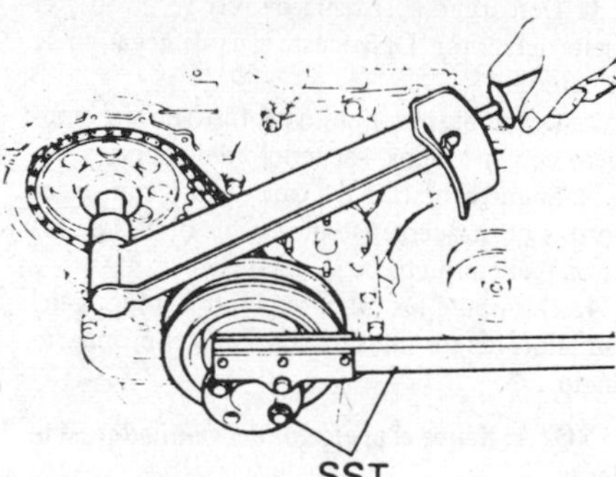

Desmontaje y montaje del tornillo de la rueda dentada del árbol de levas - motor 3Y-EC

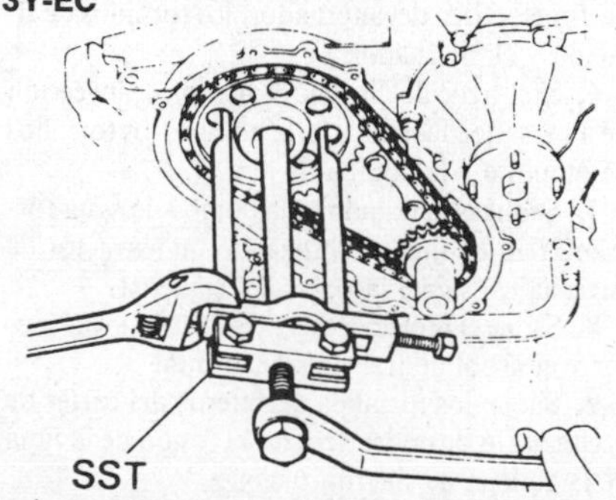

Desmontaje de la rueda dentada del árbol de levas - motor 3Y-EC

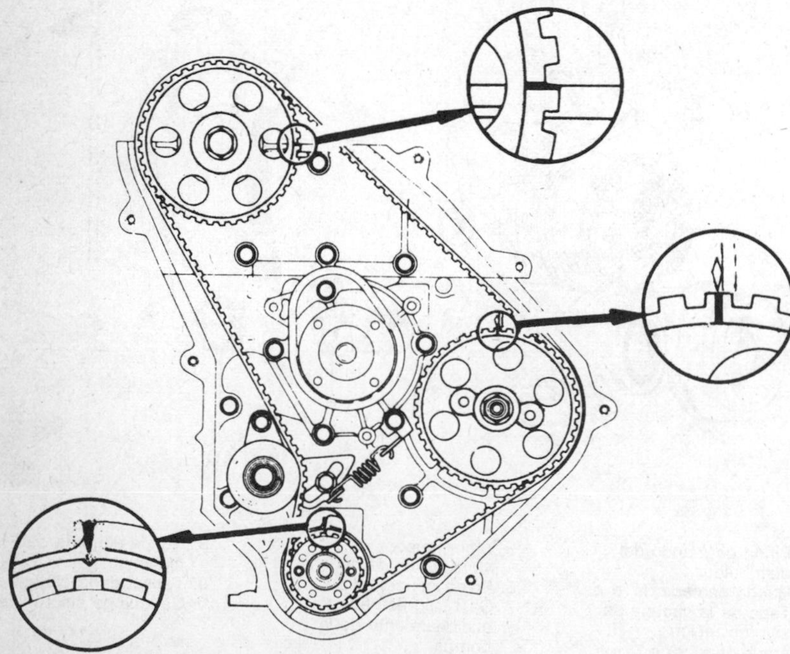
Posición final de las marcas de sincronización una vez el cigüeñal ha dado dos vueltas - véase el texto (motor diesel)

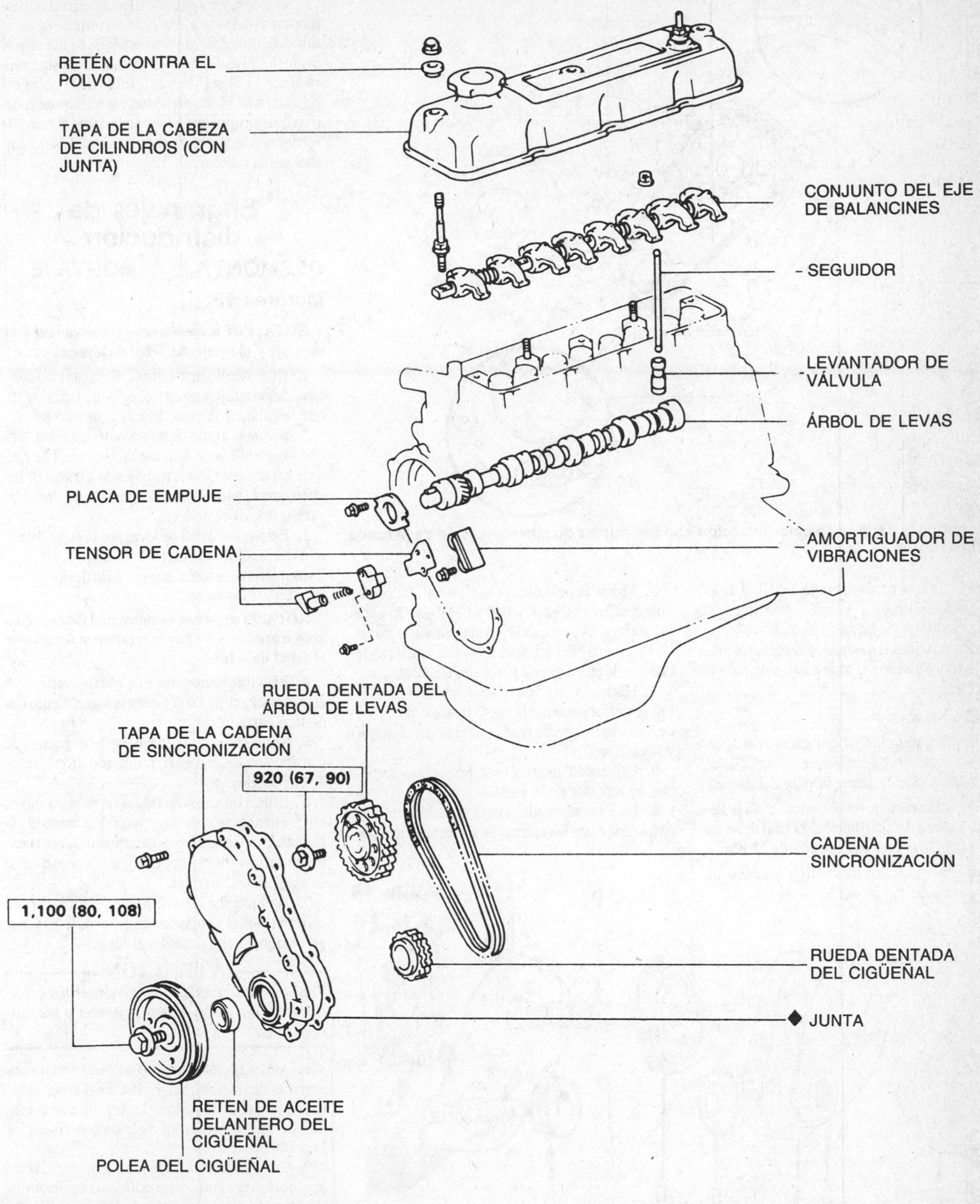

Despiece de la cadena de sincronización y el conjunto del árbol de levas - motor 3Y-EC

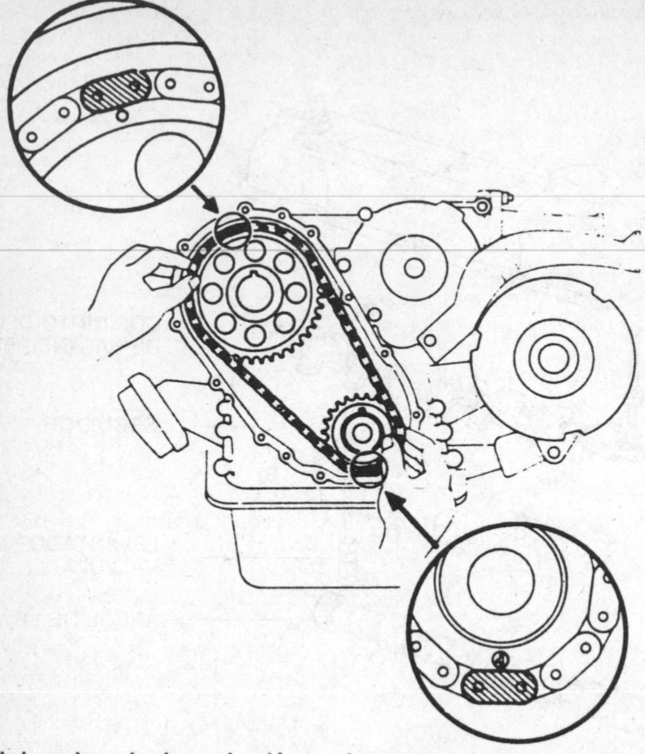

Alineación de la cadena de sincronización con las marcas de sincronización de la rueda dentada - motor 3Y-EC

9. Haga rotar la rueda dentada del árbol de levas en sentido contrario a las agujas del reloj, para eliminar cualquier flojedad de la cadena.

10. Para terminar el montaje, utilice juntas nuevas, sellador, e invierta el orden indicado para el desmontaje.

3Y-EC

1. Consulte, para los procedimientos el apartado Tapa delantera, desmontaje y montaje, de esta misma sección, y saque la tapa delantera.

NOTA: Utilizando un tensiómetro, mida la flecha de la cadena de distribución, la cual debe ser de 0.513 pulgadas con una presión de 22 libras.

2. Saque los tornillos de montaje y la cadena de sincronización del tensor.

3. Monte la polea sobre el cigüeñal. Utilizando los útiles n.º 09213-70010 y 09330-00020 para inmovilizar la polea del cigüeñal, saque el tornillo de montaje del árbol de levas con una llave de cubo, y luego saque la polea del cigüeñal.

4. Haciendo uso del extractor n.º 09950-20015, saque uniformemente la rueda dentada del árbol de levas junto con la rueda dentada del cigüeñal y la cadena.

5. Utilizando una rasqueta, limpie las superficies de montaje de la junta.

6. Una vez montada, alinee la cadena de sincronización con las marcas de sincronización que hay en las ruedas dentadas, y luego monte las ruedas dentadas en sus respectivos ejes.

7. Para completar el montaje, utilice juntas nuevas, sellador, y emplee el orden inverso al indicado para el desmontaje. Apriete el tornillo de montaje del árbol de levas con un par de 67 libras-pie, los tornillos del tensor de la cadena de sincronización a 13 libras-pie y el tornillo de la polea del cigüeñal a 80 libras-pie. Ajuste la tensión de la correa de transmisión y vuelva a llenar el sistema de refrigeración. Compruebe y/o ajuste la sincronización del motor.

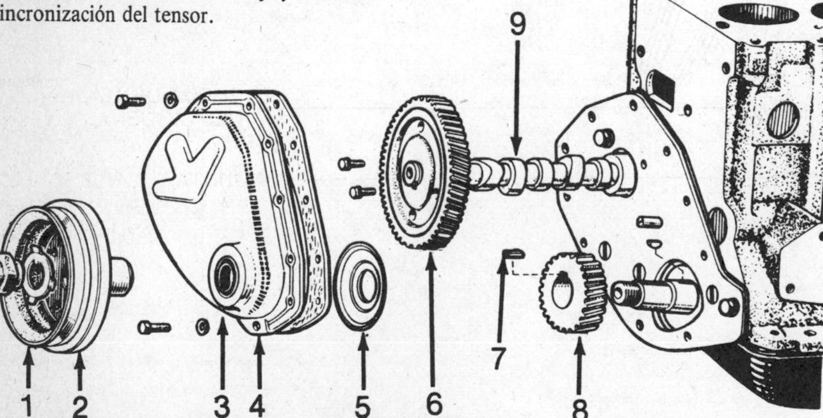

Engranajes, tapa y componentes de la distribución - motores 2F

Engranajes de distribución

DESMONTAJE Y MONTAJE

Motores 2F

NOTA: Este procedimiento comprende el desmontaje y montaje del árbol de levas.

1. Consulte los apartados Culata y tapa delantera, desmontaje y montaje, de esta sección, y saque la culata y la tapa delantera del motor.

2. Saque el anillo de engrase del cigüeñal. Saque los tornillos de fijación de la platina de empuje del árbol de levas, trabajando a través de las aberturas existentes en el engranaje de sincronización del árbol de levas.

3. Extraiga el árbol de levas por la parte delantera del bloque de cilindros. Sostenga el árbol de levas mientras lo esté sacando, a fin de que no sufran daños los cojinetes o los lóbulos.

NOTA: El engranaje de sincronización está ajustado a presión y no puede sacarse sin desmontar el árbol de levas.

4. Examine el engranaje de sincronización del cigüeñal. Sustitúyalo si presenta algún diente dañado o gastado.

5. Saque la chaveta y luego tire del engranaje de distribución del cigüeñal, utilizando un extractor de engranajes.

6. Utilice un trozo de tubo grande para introducir el engranaje de sincronización sobre el cigüeñal. Golpee suave y regularmente sobre el extremo del tubo, hasta que el engranaje se encuentre en su posición original.

7. Aplique una capa de aceite del motor sobre las muñequillas y cojinetes del árbol de levas y luego coloque dicho árbol en el bloque.

ATENCIÓN

Tenga mucho cuidado en no dañar los lóbulos del árbol de levas, los cojinetes o las muñequillas.

8. Alinee las marcas de coincidencia en los engranajes de sincronización. Deslice el árbol de levas en su posición. Apriete los tornillos de la platina de empuje del árbol de levas con un par de 14.5 libras-pie.

9. Con ayuda de una lámina calibradora, compruebe el juego entre dientes del engranaje, insertándola entre los engranajes de sincronización del cigüeñal y del árbol de levas. El juego máximo debe ser de 0.002-0.005''; si fuera superior, sustituya uno o ambos engranajes, según sea necesario.

10. Compruebe el salto del engranaje utilizando un comparador de reloj. El salto máximo, para

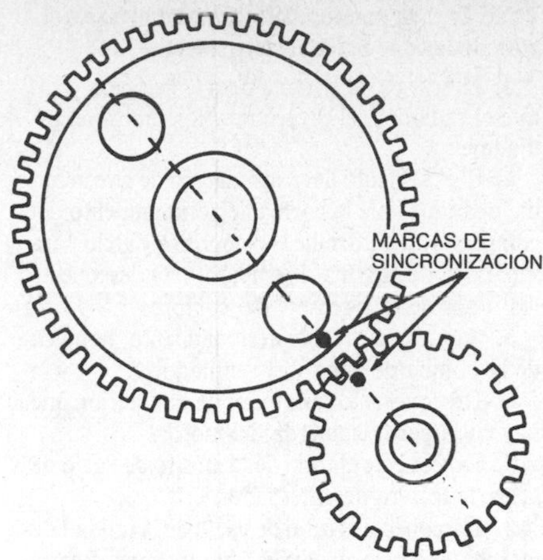

Motores 2F - alineación de las marcas de los engranajes del árbol de levas y del cigüeñal

ambos engranajes, es de 0.008''; en caso contrario, sustituya el engranaje.

11. Monte el surtidor de aceite, si se hubiera sacado, atornillándolo en su lugar con ayuda de un destornillador y utilizando un contrapunzón para asegurarlo por dos sitios.

NOTA: Asegúrese que el agujero del aceite del surtidor está dirigido hacia el engranaje de sincronización, antes de fijarlo en posición.

12. Para terminar el montaje, emplee nuevas juntas, sellador, e invierta el orden indicado para el desmontaje.

CAMBIO DEL RETÉN DE ACEITE

Motor 2F

1. Consulte, para los procedimientos, el apartado Tapa delantera, desmontaje y montaje, de esta sección, y luego saque la polea del cigüeñal.

2. Utilizando una pequeña barra de palanca, saque el retén de aceite de la tapa delantera.

3. Utilizando la herramienta para el montaje de retenes n.º 09515-35010, introduzca el nuevo retén en la tapa delantera. Aplique grasa de uso múltiple en el labio del nuevo retén.

4. Para acabar el montaje, invierta el orden seguido para el desmontaje.

Árbol de levas

DESMONTAJE Y MONTAJE

Haga rotar el motor hasta que la muesca existente en la polea del cigüeñal se alinee con la marca 0° de la placa de sincronización y el cilindro n.º 1 se encuentre en el PMS de su carrera de compresión. Con la tapa de válvulas desmontada, las válvulas del cilindro n.º 1 han de estar cerradas.

Motores 20R, 22R y 22R-E

1. Consulte los procedimientos en el apartado Culata, desmontaje y montaje, de esta sección, y desmonte la culata del motor.

2. Saque el conjunto de balancines de la culata.

NOTA: Puede ser preciso hacer uso de una pequeña palanca para sacar los balancines de la culata.

3. Utilizando una lámina calibradora, compruebe la holgura del cojinete de empuje en la parte delantera del árbol de levas; la holgura normativa es de 0.003 a 0.007'' y no debe exceder de 0.0098''.

4. Saque las tapetas del cojinete del árbol de levas, y extraiga dicho árbol de levas. Conserve el orden de los cojinetes, de manera que puedan volver a montarse en sus posiciones originales.

5. Compruebe si las las muñequillas de las tapetas del árbol de levas presentan algún daño. Limpie todas las superficies de apoyo, incluidas las tapetas, muñequillas de las levas y la culata.

6. Con el árbol de levas en su lugar, sobre la culata coloque unas pequeñas tiras de Plastigage® en cada muñequilla del árbol de levas (en la parte superior de las muñequillas, mirando de delante hacia atrás).

7. Vuelva a montar las tapetas de las muñequillas en sus lugares originales (flecha hacia adelante) y apriete las tapetas con un par de 13-16 libras-pie.

8. Desmonte las tapetas de las muñequillas y compare la anchura del Plastigage® contra la tabla del embalaje del Plastigage®. La tolerancia máxima de la muñequilla es de 0.004''. Caso de que dicha tolerancia fuera superior a la especificada, mida los diámetros de las muñequillas del árbol de levas con un micrómetro. Si el diámetro de alguna de las muñequillas es inferior a lo especificado, busque un nuevo árbol de levas y vuelva a comprobar la holgura de las muñequillas. Si la holgura todavía es excesiva, habrá que sustituir la culata.

9. Para terminar el montaje, utilice juntas nuevas, sellador, e invierta el orden empleado para el desmontaje. Vuelva a llenar el sistema de refrigeración. Apriete los tornillos de las tapetas de los cojinetes del árbol de levas con un par de 14 libras-pie, los de la culata al bloque del motor con un par de 58 libras-pie, el tornillo de la tapa de la cadena de sincronización a la culata a 9 libras-pie, el tornillo de la rueda dentada del árbol de levas a 58 libras-pie, los tornillos del múltiple de admisión a 14 libras-pie, los tornillos del múltiple de escape a 33 libras-pie y los de la tapa de los balancines a 7-12 libras-pie. Sustituya el líquido del sistema de refrigeración y el aceite del motor. Ajuste las válvulas, correas de transmisión y luego compruebe y/o ajuste la sincronización.

NOTA: Si se monta una nueva leva, utilice un lubricante de montaje (disponible en la mayor parte de tiendas de accesorios de automóvil) aplicado a los lóbulos de las levas, y emplee aceite del motor en las muñequillas. Si la leva vieja está estropeada en exceso (lóbulos redondeados, deformados, etc.), cambie el aceite y el filtro de lubricación del motor.

Motor 2F

NOTA: Para el mantenimiento del árbol de levas del motor 2F, consulte el anterior procedimiento de Engranaje de distribución: desmontaje y montaje.

Motor 3Y-EC

1. Consulte los procedimientos de Cadena de distribución y tensor, desmontaje y montaje, de esta sección y saque la cadena de distribución del motor.

2. Saque el asiento delantero derecho, la tapa de la abertura de mantenimiento y el distribuidor (tipo IIA).

3. Desconecte el conector del inyector de arranque en frío, coloque un trapo de taller debajo del tubo inyector, y luego saque los tornillos de la unión del inyector de arranque en frío, el inyector y las juntas.

4. Saque la tapa de válvulas, los tornillos de montaje y el conjunto de balancines.

5. Saque los empujadores, conservando su orden. Utilizando un gancho de alambre o un imán, saque los levantadores de válvulas, manteniendo su orden.

6. Saque los tornillos de la placa de empuje y la placa.

7. Mientras hace rotar el árbol de levas, tire suavemente de él a fin de sacarlo por la parte delantera del motor, asegurándose de que no sufren daños los cojinetes, los lóbulos del árbol de levas o las superficies de apoyo de dicho árbol.

8. Monte la placa de empuje, la rueda dentada del árbol de levas, y atorníllela sobre el árbol de levas. Con ayuda de una lámina calibradora, mida la holgura del cojinete de empuje, la cual debe ser de 0.0028 a 0.0087''; si fuera superior a 0.012'', sustituya la placa de empuje.

9. Utilizando un micrómetro, compruebe los diámetros de los cojinetes del árbol de levas. Con un micrómetro de interiores, compruebe los diámetros de apoyo del árbol de levas en el bloque motor.

10. Con una rasqueta, limpie las superficies de montaje de la junta.

NOTA: Antes de montar los levantadores de válvulas, aplíqueles una capa de aceite.

11. Para el montaje, utilice juntas nuevas, sellador e invierta el orden empleado en el desmontaje. El par de apriete de los tornillos de la placa de empuje del cojinete del árbol de levas es de 13 libras-pie, el tornillo de la rueda dentada del árbol de levas es de 67 libras-pie, los tornillos del tensor de la cadena de sincronización se aprietan a 13 libras-pie y el de la polea del cigüeñal a 80 libras-pie. Ajuste las correas de transmisión y vuelva a llenar el sistema de refrigeración. Compruebe y/o ajuste la sincronización.

Pistones y bielas

DESMONTAJE Y MONTAJE

1. Consulte los procedimientos en los apartados de Culata y cárter de aceite desmontaje y montaje, de esta sección, y luego saque la culata y el cárter de aceite del motor.

2. Desmonte la bomba de aceite (3Y-EC) y la rejilla.

NOTA: En los motores 20R, 22R y 22R-E, no es necesario sacar la bomba de aceite.

3. Con ayuda de una herramienta de escariar, elimine las incrustaciones de la parte superior del cilindro.

4. Mida el juego lateral de la biela.

5. Desmonte la tapeta de la biela del cilindro número uno y compruebe la holgura de lubrica-

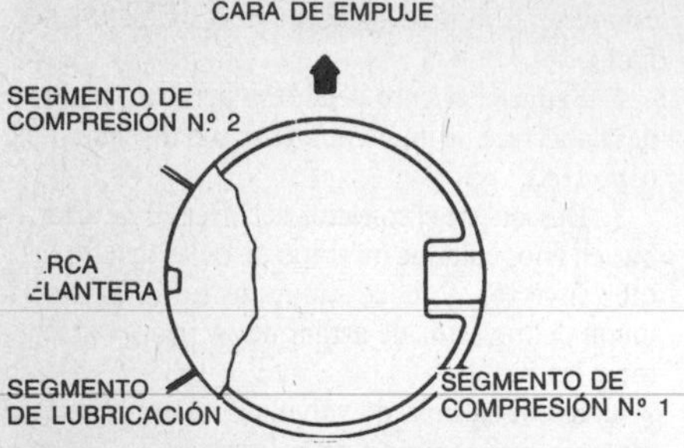

Descalaje de las aberturas de los anillos en los motores 20R, 22R y 22R-E

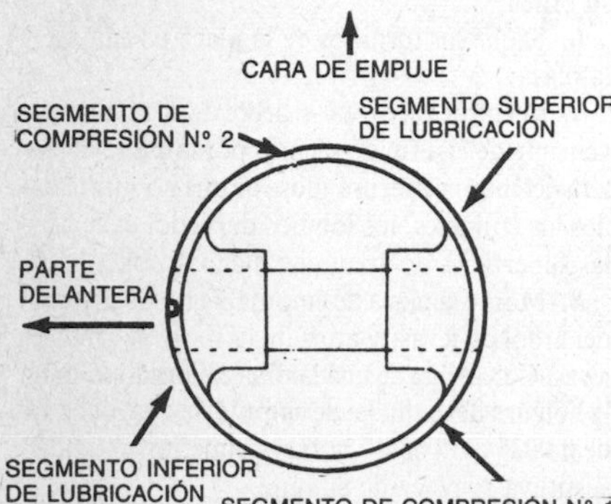

Motores 2F - una vez montados los segmentos del pistón, haga rotar cada anillo de modo que las aberturas queden dispuestas tal como se indica. La falta de decalaje de las aberturas de los anillos ocasionaría un excesivo consumo de aceite

ción con Plastigage®. Anote dicha holgura y compárela con la que figura en las especificaciones. Repita lo mismo en cada biela.

6. Con la tapeta de la biela número uno desmontada, coloque un pequeño trozo de tubo de caucho sobre cada tornillo de la biela (el tubo ha de cubrir completamente el tornillo).

7. Utilizando un mango de plástico o de madera (sirve perfectamente el mango de un martillo viejo), golpee cuidadosamente el conjunto formado por el pistón y la biela, a fin de que salga del cilindro. No debe ejercer una fuerza excesiva, puesto que podría ocasionar daños a las bielas. Haga lo mismo en cada cilindro.

NOTA: Cuando saque los conjuntos de pistón y biela, asegúrese de mantener las piezas en el debido orden, a fin de poder volver a montarlas debidamente.

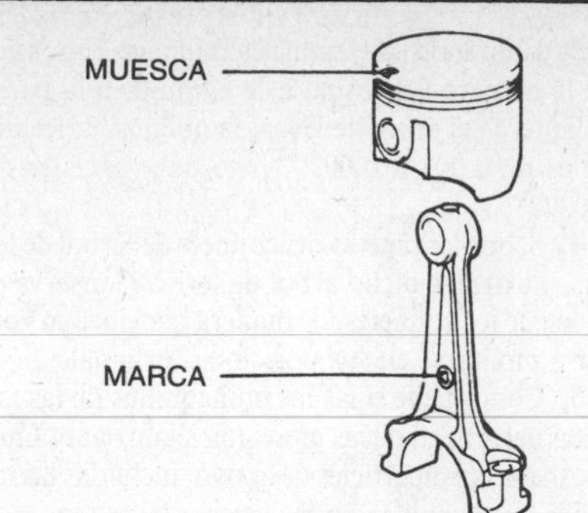

Vista del pistón y la biela - motor 3Y-EC

8. Para el montaje de los conjuntos formados por el pistón y la biela, coloque cada uno en su correspondiente cilindro. Con ayuda de un compresor de aros, comprima los anillos de pistón. Con el mango de un martillo, introduzca el conjunto de pistón dentro del cilindro; asegúrese de que la biela queda bien colocada en el cigüeñal.

NOTA: Los pistones tienen una muesca (2F, 20R, 22R y 22R-E) o un punto marcado (3Y-EC) que indica la parte delantera del motor. Asegúrese de que los monta con las marcas dirigidas hacia la parte delantera del motor.

9. Para terminar el montaje, utilice juntas nuevas, sellador, e invierta el orden empleado para el desmontaje. Apriete los tornillos de la tapeta de la biela con un par de 46 libras-pie (2F, 20R, 22R y 22R-E) o 36 libras-pie (3Y-EC), la rejilla de aceite a 9 libras-pie (2F, 20R, 22R y 22R-E) o 6 libras-pie (3Y-EC), los tornillos de la bomba de aceite a 13 libras-pie, y los tornillos del cárter de aceite a 52 libras-pie (2F, 20R, 22R y 22R-E) o 9 libras-pie (3Y-EC). Ajuste la tensión de la correa de transmisión, luego vuelva a llenar el sistema de refrigeración y ponga aceite en el motor. Compruebe y/o ajuste la sincronización.

MOTOR DIESEL

Motor

DESMONTAJE Y MONTAJE

Motor L (1981-83)

1. Haga marcas en el capó y en los soportes del mismo y luego saque el capó.

2. Saque las baterías del vehículo.

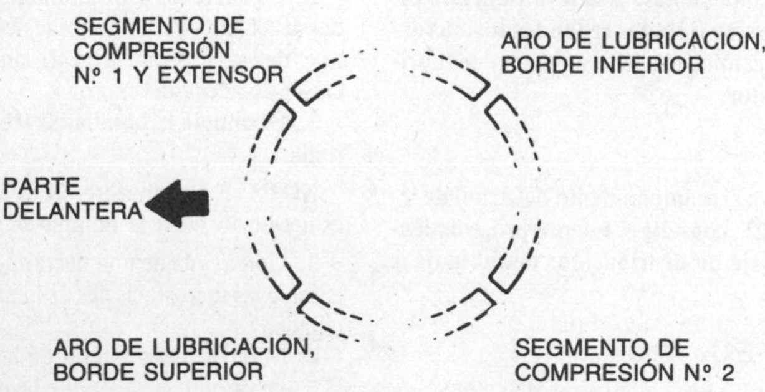

Vista de las posiciones del segmento de compresión - motor 3Y-EC

NOTA: Algunos modelos requerirán la extracción de las dos baterías del vehículo.

3. Descargue el sistema de refrigeración y saque el radiador, el protector y los tubos del radiador.

4. Si el vehículo lleva instalación de aire acondicionado, saque la correa de accionamiento del compresor, desatornille el compresor y átelo para separarlo de la zona de trabajo. NO desconecte los tubos de refrigerante del compresor.

5. Saque la correa de accionamiento, la polea de la bomba de agua y el ventilador.

6. Desconecte los dos tubos de calefacción que hay en la parte izquierda del motor.

7. Desconecte el tubo del depósito de vacío de la parte trasera del alternador.

8. Desconecte el tubo de vacío de la unidad de marcha en vacío, si el vehículo dispone de aire acondicionado.

9. Desconecte los tubos de combustible de la bomba de inyección.

10. Desconecte los cables de los siguientes componentes:

a. Alternador.
b. Termorruptor.
c. Interruptor de presión del aceite.
d. Relé de la bujía de incandescencia n.º 1 (terminal +B).
e. Motor de arranque.

NOTA: Marque estos cables y átelos para que no entorpezcan la zona de trabajo.

11. Desconecte los cables del alero izquierdo y de la bomba de inyección (cable del acelerador). También debe marcar estos cables y atarlos en un lugar apartado de la zona de trabajo.

12. Utilizando la herramienta especial de mantenimiento n.º 09305-20012, saque la palanca de cambio de la transmisión desde el interior del vehículo.

13. Levante el vehículo y colóquelo sobre apoyos.

14. Descargue el aceite del motor. Saque la tapa de debajo del motor y retire el cable del interruptor de la luz de marcha atrás.

15. Saque el amortiguador del motor y el árbol de transmisión del vehículo.

NOTA: Marque el árbol de transmisión y la brida de acompañamiento, de modo que el árbol pueda volver a montarse en la misma posición.

16. Desmonte el cable del velocímetro y la abrazadera del tubo de escape de la caja de transmisión, y luego las tuercas de fijación del tubo de escape en el múltiple de escape.

17. Desmonte el cilindro de desacople del embrague y colóquelo a un lado del bastidor.

18. Saque los tornillos de fijación del motor, a ambos costados del mismo.

19. Coloque un gato hidráulico debajo de la transmisión y sosténgala. Saque el soporte posterior de montaje en el soporte transversal y luego dicho soporte transversal.

20. Fije el elevador en el motor.

NOTA: Compruebe si todos los cables y tubos están separados del conjunto formado por el motor y la transmisión.

21. Levante, con cuidado, el conjunto del motor y la transmisión, sacándolo fuera del compar-

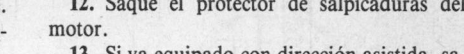

timiento del motor, y prestando especial cuidado en no dañar el compresor del acondicionador de aire, si lo lleva.

22. Saque el motor de arranque y la transmisión del motor, y luego coloque el motor en un soporte de trabajo, de manera que quede bien seguro.

23. Para el montaje, invierta el orden utilizado para el desmontaje. Vuelva a llenar el sistema de refrigeración, el aceite del motor y/o de la transmisión.

Modelos 2L y 2L-T (1984 y posteriores)

NOTA: Si el vehículo dispone de transmisión en dos ruedas, consulte los procedimientos en el apartado Transmisión, desmontaje y montaje, de esta sección, y saque la transmisión. Si tiene tracción a las cuatro ruedas, consulte en procedimientos en el apartado Transmisión y caja de transferencia, desmontaje y montaje de esta sección, y desmonte la transmisión con la caja de transferencia. NO descargue el fluido de la transmisión o de la caja de transferencia.

1. Marque las posiciones relativas del capó y sus soportes, y luego desmonte el capó.

2. Saque el cable negativo de la batería.

3. Descargue el sistema de refrigeración abriendo los grifos de purga del radiador y del lado izquierdo del bloque motor.

4. Desmonte los tubos del radiador, el protector superior del radiador, el tubo del depósito de refrigerante, los tornillos de fijación y el radiador.

NOTA: Si el vehículo dispone de aire acondicionado, saque el protector inferior del radiador.

5. Si lleva un motor 2L, saque el filtro de aire.

6. Desconecte el cable del acelerador de la bomba de inyección de combustible.

7. Si el vehículo lleva aire acondicionado, desmonte el tubo de vacío del aire acondicionado del VSV (válvula interruptora de vacío). Saque la correa de transmisión, y luego desplace a un lado el compresor del acondicionador de aire. NO desconecte los tubos de refrigerante del compresor.

8. Si lleva un motor 2L-T, saque el tubo de presión del turbo alimentador que se encuentra en el interruptor de presión.

9. Desconecte el tubo de entrada de aceite de la bomba de vacío.

10. Desmonte los tubos de entrada y salida de combustible de la bomba de inyección.

11. Saque los cables o los conectores eléctricos de los siguientes elementos:

a. Sensor de corriente de la bujía de incandescencia.

b. Sensor de temperatura del agua.

c. Resistencia de la bujía de incandescencia.

d. Bomba de inyección.

e. Transmisor del indicador de la temperatura del agua.

f. Motor de arranque.

g. Cables de masa del motor.

h. Interruptor de presión del aceite.

i. Alternador.

NOTA: En los modelos California hay que desconectar el sensor de la posición de la válvula de mariposa y los conectores EVRV (válvula de regulación electrónica del vacío). En los modelos con tracción en las cuatro ruedas (4WD) desconecte el interruptor de la temperatura del agua. Marque estos cables y átelos apartados del lugar de trabajo.

12. Saque el protector de salpicaduras del motor.

13. Si va equipado con dirección asistida, saque la correa de accionamiento, los tornillos de montaje y la bomba, luego aparte la bomba. NO desconecte los tubos de presión de la dirección asistida.

14. Si el vehículo tiene tracción en dos ruedas (2WD), saque el amortiguador del motor del soporte transversal.

15. Saque tornillos y tuercas del taco elástico de la montura del motor con el soporte transversal.

16. Saque las tuercas de montaje del tubo de escape en el múltiple de escape.

17. Fije el dispositivo de elevación al motor.

NOTA: Compruebe que todos los cables y tubos estén separados del motor.

18. Con sumo cuidado, levante el motor del compartimiento, prestando mucha atención en no dañar el compresor del acondicionador de aire, si lo lleva.

19. Desmonte el motor de arranque y fije firmemente el motor en un soporte de trabajo.

20. Para el montaje, invierta el orden utilizado para el desmontaje. Vuelva a llenar el sistema de refrigeración y el motor con aceite. Ajuste las correas de transmisión.

Secuencia para el desmontaje de los tornillos de la culata - motor diesel

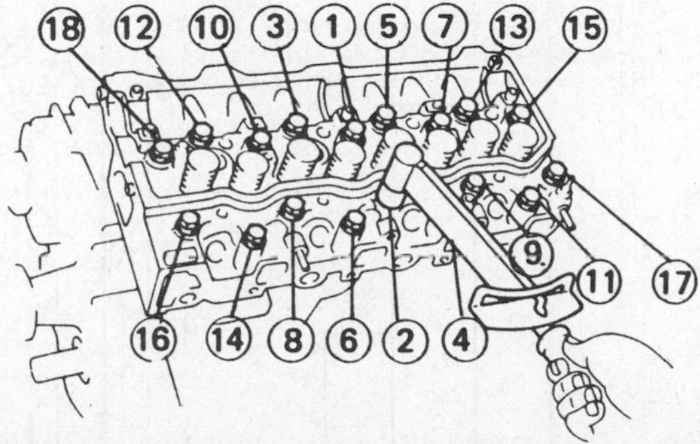

Secuencia de montaje de los tornillos de la culata - motor diesel

Culata

ATENCIÓN

No lleve a cabo este trabajo estando el motor caliente. Saque los tornillos de culata siguiendo el orden inverso al utilizado para el apriete. Afloje regularmente los tornillos de culata, no uno a uno. Mantenga los seguidores en su orden original. No se esfuerce en deslizar la culata para sacarla del monobloque, existen pasadores. Levántela verticalmente para sacarla del monobloque.

DESMONTAJE Y MONTAJE

1. Utilizando una herramienta afilada, haga unas señales de alineación en los soportes del capó y saque luego el capó.

2. Saque los cables negativos de la batería (L) o el cable (2L y 2L-T).

3. Desmonte el conjunto del filtro de aire (L), el tubo del filtro de aire (2L) o el tubo de admisión del turboalimentador (2L-T).

4. Descargue el sistema de refrigeración. En el motor L, saque el radiador, el protector y los tubos del radiador. En los motores 2L y 2L-T, saque los tubos de entrada y de salida, los tornillos de fijación del protector, el protector superior, el protector inferior (en los equipados con acondicionador de aire), los tornillos de montaje del radiador y el radiador.

5. En el motor 2L-T, desconecte el tubo del depósito del radiador que se encuentra en la salida del agua y saque el turboalimentador.

6. Desconecte los tubos del calefactor en el motor y separe los tubos.

7. En el motor L, desconecte el tubo de vacío del recipiente de la parte trasera del alternador, el cable del alternador, el cable del interruptor de presión del aceite, el terminal B+ del relé de la bujía de incandescencia n.º 1, el cable del motor que hay en el guardabarros izquierdo y el cable

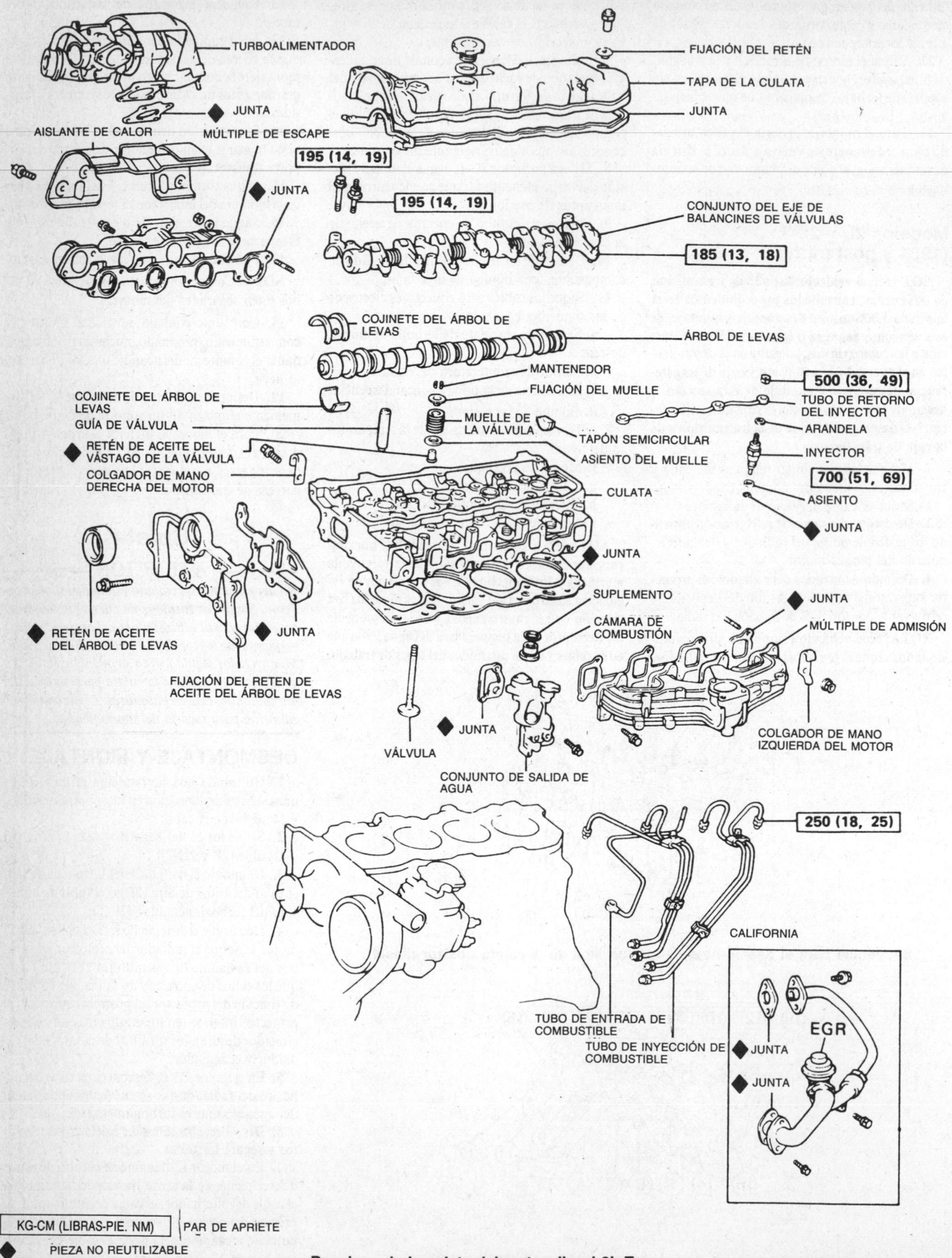

TURBOALIMENTADOR
JUNTA
AISLANTE DE CALOR
MÚLTIPLE DE ESCAPE
195 (14, 19)
JUNTA
195 (14, 19)
FIJACIÓN DEL RETÉN
TAPA DE LA CULATA
JUNTA
CONJUNTO DEL EJE DE BALANCINES DE VÁLVULAS
185 (13, 18)
COJINETE DEL ÁRBOL DE LEVAS
ÁRBOL DE LEVAS
MANTENEDOR
FIJACIÓN DEL MUELLE
COJINETE DEL ÁRBOL DE LEVAS
GUÍA DE VÁLVULA
MUELLE DE LA VÁLVULA
RETÉN DE ACEITE DEL VÁSTAGO DE LA VÁLVULA
TAPÓN SEMICIRCULAR
ASIENTO DEL MUELLE
COLGADOR DE MANO DERECHA DEL MOTOR
500 (36, 49)
TUBO DE RETORNO DEL INYECTOR
ARANDELA
INYECTOR
700 (51, 69)
ASIENTO
JUNTA
CULATA
JUNTA
SUPLEMENTO
CÁMARA DE COMBUSTIÓN
JUNTA
MÚLTIPLE DE ADMISIÓN
RETÉN DE ACEITE DEL ÁRBOL DE LEVAS
JUNTA
FIJACIÓN DEL RETEN DE ACEITE DEL ÁRBOL DE LEVAS
JUNTA
VÁLVULA
CONJUNTO DE SALIDA DE AGUA
COLGADOR DE MANO IZQUIERDA DEL MOTOR
250 (18, 25)
CALIFORNIA
EGR
TUBO DE ENTRADA DE COMBUSTIBLE
TUBO DE INYECCIÓN DE COMBUSTIBLE
JUNTA
JUNTA

KG-CM (LIBRAS-PIE. NM) | PAR DE APRIETE

◆ PIEZA NO REUTILIZABLE

Despiece de la culata del motor diesel 2L-T

del motor de arranque. En los motores L y 2L, desconecte el cable del acelerador y el tubo de vacío (en los equipados con aire acondicionado) del VSV (válvula interruptora de vacío).

8. Si el vehículo lleva aire acondicionado, saque la correa de accionamiento y el compresor de los soportes de montaje. Ate el compresor en un lugar apartado de la zona de trabajo, pero NO desconecte los tubos de refrigerante.

9. Desconecte los tubos de vacío, y luego los manguitos de combustible de los conductos de entrada y salida de combustible.

10. En los motores 2L y 2L-T, desconecte los siguiente elementos: el conector del sensor de corriente de la bujía de incandescencia, el conector del sensor de temperatura del agua, los cables de la resistencia de la bujía de incandescencia, el conector del indicador de la temperatura del agua y el interruptor de temperatura del agua (4WD).

11. Saque los tubos de inyección de combustible y los inyectores de combustible del motor. De la bomba de inyección, saque la tuerca, la junta y el tubo de entrada de combustible. Coloque los inyectores de manera que puedan volver a montarse en sus posiciones originales.

12. Saque el tubo PCV. Desmonte el ventilador de refrigeración del motor, la polea y la correa de accionamiento. Saque el tornillo de la polea del cigüeñal, la polea, la tapa de la correa de sincronización y dicha correa.

13. Utilizando la llave n.º 09278-54011, saque el tornillo de la rueda dentada del árbol de levas. Utilizando el extractor de poleas n.º 09950-20015 saque la rueda dentada del árbol de levas.

14. Saque la tapa de válvulas y la tapa delantera superior del motor. Desconecte la varilla de conexión del enlace del acelerador.

15. En los modelos de California, saque la válvula electrónica de regulación del vacío (EVRV), los tornillos de fijación EGR, la válvula EGR y la junta.

16. Saque las tuercas y tornillos del colgador de la izquierda en el múltiple de admisión, y luego retire dicho colgador y múltiple.

17. Saque los tornillos de montaje y el conjunto de salida de agua con la junta. Saque el colgador de la derecha del motor y el soporte del acondicionador del aire (si lo lleva).

18. En el turboalimentador (2L-T) saque la pinza, el tornillo de unión y las dos juntas, luego desconecte el tubo de aceite del turbo.

19. Saque las tuercas y tornillos del puntal del múltiple y dicho puntal. Al sacar el múltiple de admisión, desmonte los tornillos de fijación y el aislante calorífico (2L-T), o los dos aislantes caloríficos (2L), luego saque las tuercas y tornillos y el múltiple de escape.

20. Saque los tornillos de montaje y luego la retención del retén de aceite del árbol de levas y la junta.

21. Utilizando una lámina calibradora, mida la holgura de apoyo del árbol de levas. La holgura normal es de 0.0022 a 0.0061", la máxima admisible es de 0.012".

22. Gradualmente, saque los tornillos de retención del eje de balancines (empezando por los extremos y avanzando hacia el centro). Saque el conjunto del eje de balancines con las tres mitades superiores de los cojinetes.

NOTA: Al sacar los cojinetes del árbol de levas, asegúrese de mantener el orden de los cojinetes, para facilitar el montaje.

23. Afloje y saque, gradualmente, los tornillos de culata, en tres etapas. Levante la culata (puede requerirse una palanca para extraer la culata), retírela del motor y colóquela sobre dos bloques de madera.

24. Utilice una rasqueta para limpiar las superficies de montaje de la junta.

25. Para el montaje, utilice nuevas juntas e invierta el orden empleado en el desmontaje. Apriete los tornillos de culata (secuencialmente) con un par de 87 libras-pie, los tornillos de los cojinetes del árbol de levas a 14 libras-pie, los tornillos de retención del retén de aceite del árbol de levas a 13 libras-pie, los tornillos de fijación del múltiple de escape al motor a 29 libras-pie (2L) o a 38 libras-pie (2L-T), los tornillos del colgador de la derecha del motor a 27 libras-pie, los tornillos de montaje de la salida de agua a 14 libras-pie, los tornillos del colgador de la izquierda con el múltiple de admisión a 17 libras-pie, los tornillos de la válvula EGR a 14 libras-pie, las tuercas de la válvula EGR a 9 libras-pie, el tornillo de la rueda dentada del árbol de levas a 72 libras-pie, los inyectores a 51 libras-pie, el tubo de pérdidas del inyector al conducto de inyección a 18 libras-pie. Ajuste las correas de transmisión y las válvulas. Vuelva a llenar el sistema de refrigeración y el aceite del motor. Purgue el sistema de inyección de combustible. Compruebe y/o ajuste la sincronización.

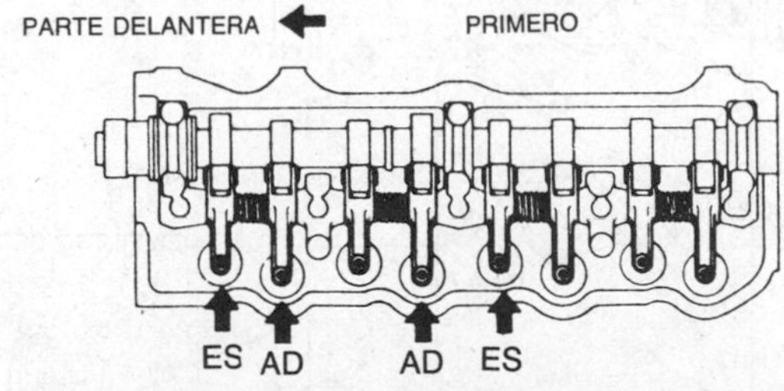

Ajuste del juego de válvulas (primera etapa) - motores diesel

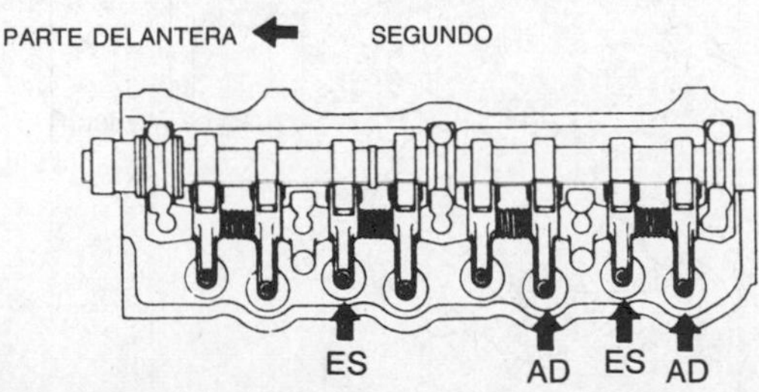

Ajuste del juego de válvulas (segunda etapa) - motores diesel

Ejes de los balancines

DESMONTAJE Y MONTAJE

1. Desconecte los cables colocados sobre la tapa de válvulas y separe los cables a un lado.

2. Saque la tapa de válvulas.

3. Afloje gradualmente las sujeciones del soporte del eje de balancines, empezando a trabajar desde los extremos hacia al centro. Saque el eje y los balancines formando un conjunto.

NOTA: No es necesario sacar la correa de sincronización o los componentes relacionados con la misma.

4. Para montar el conjunto del eje de balancines, apriete gradualmente los tornillos del soporte, empezando a trabajar desde el centro hacia los extremos. Finalmente, apriete los tornillos a 11-15 libras-pie.

Válvulas

AJUSTE DE VÁLVULAS

1. Saque la tapa de culata.

2. Haga rotar el cigüeñal (utilizando una llave) hasta que el cilindro n.º 1 se encuentre en el PMS de su carrera de compresión. Las válvulas del cilindro n.º 1 han de quedar sueltas.

3. Para ajustar el juego de las válvulas, afloje la contratuerca del ajustador y rote el tornillo de ajuste.

4. Utilizando una lámina calibradora, compruebe y/o ajuste el juego de la válvula de admisión de los cilindros n.º 1 y 2, luego el juego de la válvula de escape de los cilindros n.º 1 y 3.

NOTA: El juego de la válvula de admisión es de 0.011" (en frío); el juego de la válvula de escape es de 0.015" (en frío).

5. Utilizando una llave puesta sobre el tornillo de la polea del cigüeñal, rote el cigüeñal una vuelta, deteniéndose en la marca 0° de la placa de sincronización (PMS del cilindro n.º 4).

6. Ajuste las válvulas de admisión de los cilindros n.º 3 y 4; las válvulas de escape de los cilindros n.º 2 y 4.

7. Con el ajuste terminado, monte los componentes desmontados invirtiendo el orden seguido para su desmontaje.

Múltiple de admisión

DESMONTAJE Y MONTAJE

1. Desconecte los cables negativos de la batería (L) o el cable (2L y 2L-T).

2. Ponga etiquetas de identificación y desconecte cualquier cable o tubo de vacío que pueda entorpecer el trabajo.

3. En los motores 2L y 2L-T, saque los tornillos de la abrazadera del tubo de inyección de combustible del múltiple de admisión. En caso necesario, desconecte los tubos de inyección de combustible de los inyectores y dóblelos para apartarlos de la zona de trabajo.

4. En los motores L y 2L, desconecte el tubo de entrada de aire del múltiple de admisión. En el motor 2L-T, desconecte el tubo que va del turbo al múltiple de admisión y el tubo desde el turbo al filtro de aire.

5. Saque los tornillos y tuercas de montaje (empezando por los extremos y avanzando hacia el centro) y el múltiple de admisión (con el colgador de la izquierda del motor) del motor.

6. Utilizando una rasqueta, limpie las superficies de montaje de la junta.

7. Para el montaje, utilice juntas nuevas e invierta el proceso empleado para el desmontaje. Apriete los tornillos y tuercas del múltiple de admisión con un par de 17 libras-pie.

Múltiple de escape

DESMONTAJE Y MONTAJE

1. Desconecte los cables negativos de la batería (L) o el cable (2L y 2L-T).

2. En los motores L y 2L, desconecte el tubo de escape del múltiple correspondiente. En el motor 2L-T consulte los procedimientos en el apartado Turbo alimentador, desmontaje y montaje en esta sección, y saque el turboalimentador.

3. Desmonte los tornillos y tuercas del tirante que une el múltiple de escape al motor y saque dicho tirante.

4. En los motores L y 2L, saque los tornillos de fijación del múltiple de escape al motor, los aislantes y el múltiple. En el motor 2L-T desmonte los tornillos y tuercas del múltiple de escape al motor, los aislantes y el múltiple.

NOTA: Cuando saque los tornillos del múltiple de escape, aflójelos (gradualmente) empezando por los extremos y dirigiéndose hacia al centro. Al montar el múltiple hay que empezar por el centro y dirigirse hacia los extremos.

5. Utilizando una rasqueta, limpie las superficies de montaje de la junta.

6. Para el montaje, utilice juntas nuevas y siga el orden inverso al del desmontaje. Los tornillos del múltiple de escape se aprietan a 29 libras-pie (L y 2L) o a 38 libras-pie (2L-T), los tornillos del aislador al múltiple de escape se aprietan a 9 libras-pie.

Turboalimentador

DESMONTAJE Y MONTAJE

Motor 2L-T

1. Saque el cable negativo de la batería. Descargue el refrigerante del motor.

2. Desconecte los tubos de vacío que van desde la bomba de vacío a la válvula de compensación para elevadas altitudes (HAC) y de la válvula de interrupción de vacío (VSV) al accionador de velocidad de marcha en vacío (modelos equipados con acondicionador de aire), en el tubo de admisión.

3. Desconecte el cable del acelerador del múltiple de admisión.

4. Desconecte el tubo PCV. Saque la abrazadera y el tubo n.º 1 del filtro de aire, luego la abrazadera, los tornillos de montaje y el tubo del filtro de aire junto con el tubo de aire n.º 2.

5. Saque los tornillos de montaje y los conductos del calefactor de la brida de admisión. Desmonte las abrazaderas, los tornillos de fijación de la tapa de la válvula al tubo de admisión y el tubo de entrada de aire, luego el tubo acodado n.º 1, del filtro de aire al compresor.

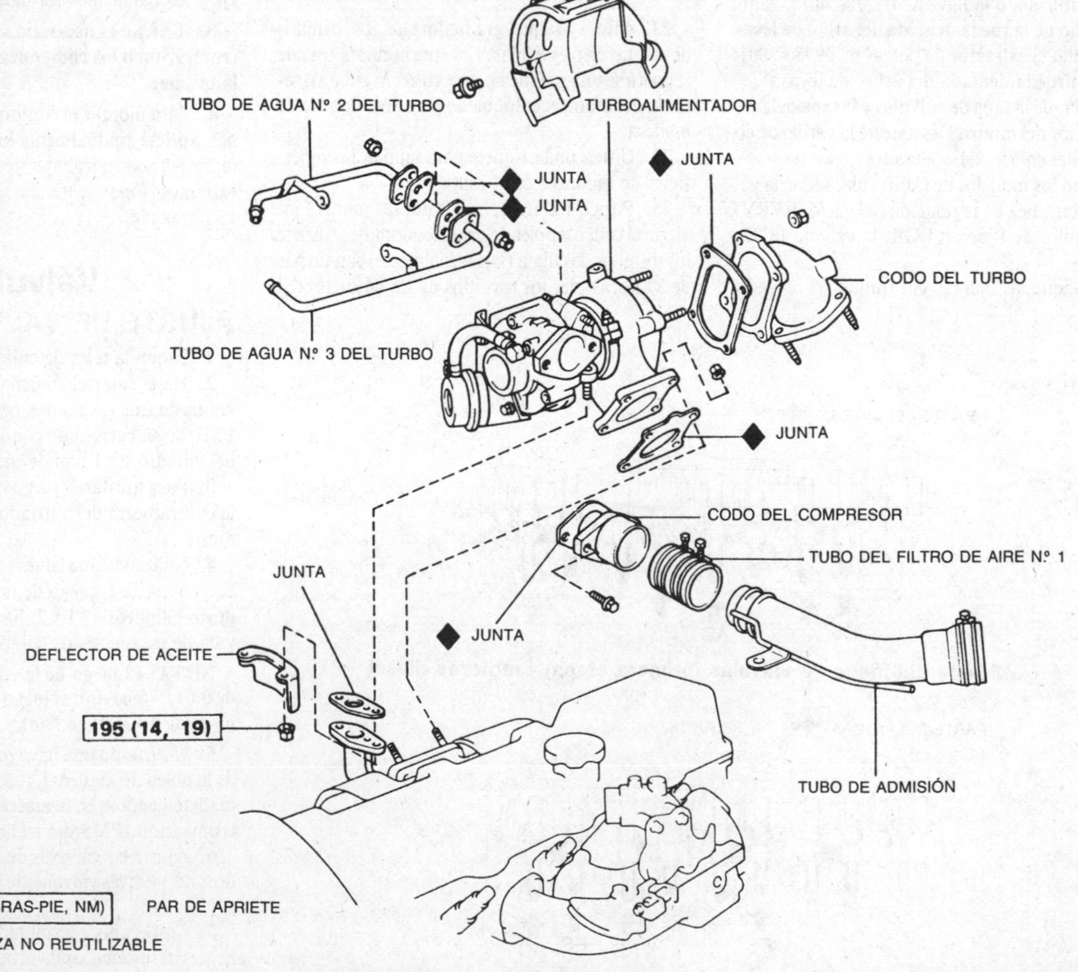

Despiece del turbo - motores diesel

6. Saque los tornillos, el tubo acodado del compresor y la junta del turboalimentador.

7. Saque las tuercas de la brida del turboalimentador al tubo de escape, el tubo y la junta del turboalimentador.

8. Desmonte el aislante calorífico del turboalimentador. Saque las abrazaderas, los tornillos y tuercas de montaje, y luego los tubos de derivación de agua n.º 2 y 3 del turboalimentador.

9. Saque las tuercas de la brida de montaje y el tubo de aceite del turboalimentador.

10. Saque las tuercas del turboalimentador al múltiple de escape, el turboalimentador y las juntas. En caso necesario, desmonte el codo de la turbina del turboalimentador.

11. Utilizando una rasqueta, limpie las superficies de montaje de la junta.

NOTA: Antes de montar el turboalimentador, vierta aproximadamente 1 1/4 de pulgada cúbica de aceite en la entrada de aceite del turboalimentador y luego haga rotar el rodete del compresor para que el aceite salpique la superficie del cojinete.

12. Para el montaje, utilice juntas nuevas e invierta el proceso empleado en el desmontaje. Apriete las tuercas del codo de la turbina con el turboalimentador a 19 libras-pie, las tuercas del turboalimentador con el múltiple de admisión a 38 libras-pie, las tuercas de la brida del turboalimentador con el tubo de aceite a 14 libras-pie, las tuercas del codo de la turbina con el tubo de escape a 9 libras-pie y los tornillos del codo del compresor con el turboalimentador a 9 libras-pie.

Tapa delantera

SUSTITUCIÓN DEL RETÉN DE ACEITE

1. Consulte el procedimiento indicado en Correa de sincronización, desmontaje y montaje de esta sección, y saque la tapa delantera.

2. Desmonte la cadena de sincronización, la rueda dentada del cigüeñal y la bomba de lubricación del motor.

NOTA: El retén de aceite se encuentra en la bomba de lubricación que está acoplada a la parte delantera del cigueñal.

3. Utilizando una pequeña palanca, saque el retén de aceite de la bomba de lubricación.

4. Aplique grasa de uso múltiple en los labios del retén.

5. Empleando un útil para colocación de retenes n.º 09223-22010 y un martillo, introduzca el nuevo retén en su alojamiento de la bomba de aceite.

6. Para terminar el montaje, invierta el orden indicado para el desmontaje.

Correa de distribución y tensor

DESMONTAJE Y MONTAJE

1. Desconecte los cables negativos (L) o el cable negativo (2L y 2L-T) de la batería.

2. Descargue el sistema de refrigeración. Saque los tubos del radiador, los protectores superior e inferior, el tubo del recipiente de refrigerante y el radiador. Saque las correas de transmisión, el acoplamiento fluido y la polea del ventilador de la bomba de agua.

3. Si está equipado con aire acondicionado, saque los tornillos de montaje y la polea del acondicionador de aire de la polea del cigüeñal; utilizando los útiles 09213-54012 y 09330-00020 saque el tornillo de ajuste y la arandela de la polea del cigüeñal. Con el extractor de poleas n.º 09213-60016 (L) o 09213-60017 (2L y 2L-T) saque la polea de sincronización del cigüeñal.

4. Si el vehículo dispone de aire acondicionado, saque los tornillos y la polea loca del acondicionador de aire.

5. En los motores L y 2L, saque los tornillos de montaje y la tapa delantera con la junta. En el motor 2L-T, saque las pinzas y los tubos de agua del turboalimentador que hay en el tubo n.º 1, y a continuación los tornillos de montaje, el tubo de agua n.º 1 del turboalimentador, la tapa delantera y la junta.

6. Desmonte la guía de la correa de sincronización.

7. En el motor 2L-T, saque el tubo PCV del tubo de entrada de aire, el cable del acelerador del tubo de entrada de aire, la pinza y la bomba de inyección, y seguidamente el tubo del filtro de aire y el tubo n.º 1 del filtro de aire.

8. Saque los tornillos con la arandela aislante, las tuercas del conector de la bujía de incandescencia, el sensor de la corriente, el conector de la bujía de incandescencia y las bujías de incandescencia.

9. Utilizando el tornillo de ajuste de la polea del cigüeñal y una llave, haga rotar el cigüeñal hasta que la marca PMS de la rueda dentada del árbol de levas coincida con el extremo superior de la culata.

NOTA: Si vuelve a utilizar la correa de sincronización, marque una flecha en la correa que indique el sentido de giro y una señal con la posición de la correa sobre las ruedas dentadas, con objeto de facilitar su nuevo montaje.

10. Utilizando unos alicates de puntas largas, saque el muelle de tensión de la correa de sincronización. Afloje los tornillos de montaje de la polea loca n.º 1, y saque la correa de sincronización.

11. Saque los tornillos de montaje, las arandelas y la polea del tensor.

12. Utilizando una rasqueta, limpie las superficies de montaje de la junta.

NOTA: Para el montaje de la correa de sincronización, alinee las marcas de sincronización de la rueda dentada, monte la correa de sincronización y aplique la tensión del muelle sobre la correa. Haga rotar el cigüeñal dos vueltas en el sentido de las agujas del reloj, parándolo en el PMS, luego vuelva a comprobar las marcas de sincronización.

13. Para terminar el montaje, utilice juntas nuevas e invierta el procedimiento indicado para el desmontaje. Apriete los tornillos de la polea loca con un par de 14 libras-pie, los tornillos de la tapa delantera a 3-5 libras-pie, las bujías de incandescencia y el sensor de corriente a 9 libras-pie, y luego el tornillo de la polea del cigüeñal a 69-75 libras-pie (L). Utilizando el útil n.º 09214-60010 y un martillo, introduzca la polea del cigüeñal en el cigüeñal; con los útiles n.º 09213-54012 y 09330-00020, apriete la tuerca de ajuste de la polea del cigüeñal con un par de 102 libras-pie (2L y 2L-T). Ajuste las correas de transmisión y rellene el sistema de refrigeración.

Árbol de levas

DESMONTAJE Y MONTAJE

Consulte el procedimiento indicado en Culata, desmontaje y montaje, de esta sección y saque el árbol de levas de la culata. Las holguras de las muñequillas se comprueban del mismo modo que el indicado para los motores de gasolina.

Para el montaje, utilice juntas nuevas, sellador, e invierta el orden indicado para el desmontaje. Apriete los soportes del eje de balancines con el cojinete del árbol de levas a un par de 11-15 libras-pie, el tornillo de ajuste de la rueda dentada de sincronización del árbol de levas con un par de 69-75 libras-pie, el retén de aceite a 8-12 libras-pie. Ajuste las correas de transmisión y vuelva a llenar el sistema de refrigeración.

NOTA: Consulte el procedimiento indicado en Correa de sincronización, desmontaje y montaje, de esta sección, para montar correctamente la correa de sincronización.

Pistones y bielas

DESMONTAJE Y MONTAJE

1. Consulte los procedimientos en los apartados de Culata y Cárter de aceite, desmontaje y montaje, de esta sección, para desmontar la culata, el cárter de aceite y la rejilla de la bomba.

2. Utilizando un escariador, saque las rebabas del borde superior de los cilindros.

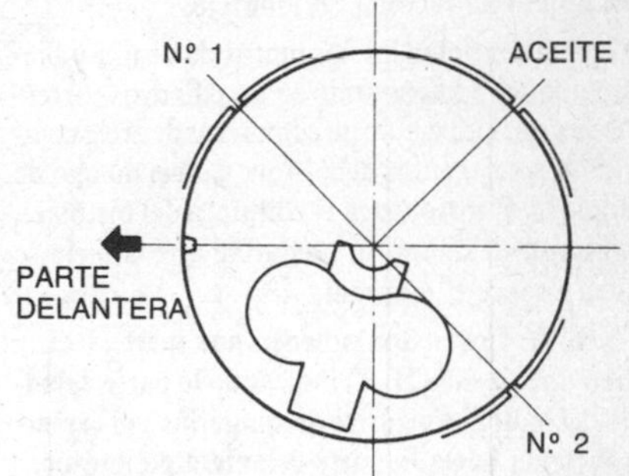

Decalaje de la abertura de segmentos de pistón en motor diesel

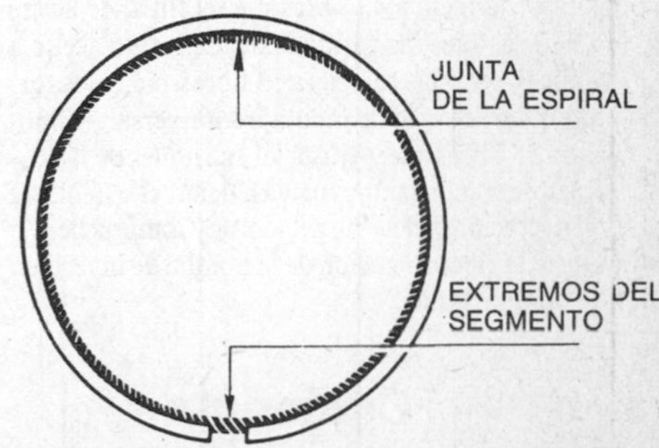

Montaje del aro de lubricación en el pistón del motor diesel. Coloque los extremos del expansor en oposición con la abertura del segmento

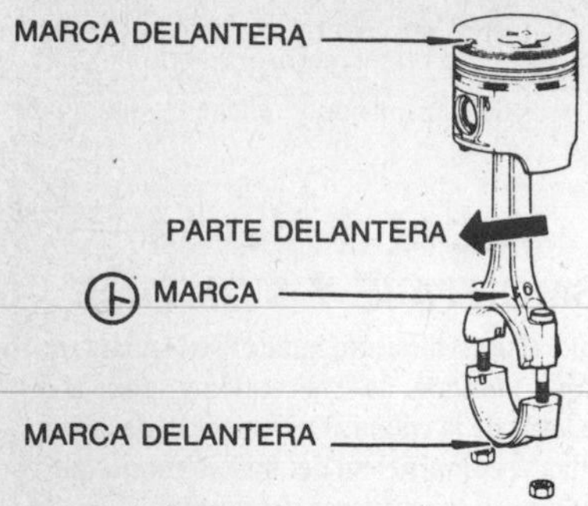

Montaje del pistón y la biela en el motor diesel

3. Mida la holgura lateral de la biela; la holgura normal es de 0.0031-0.0079" y la holgura máxima es de 0.012".

4. Saque la tapeta de la biela del cilindro número uno y compruebe la holgura de aceite con Plastigage®. Anote la holgura y compárela con la que figura en la tabla de las especificaciones. Repita lo mismo para cada una de las bielas.

5. Con la tapeta de la biela número uno desmontada, coloque un trozo corto de tubo de caucho sobre cada tornillo de biela (el tubo debe cubrir completamente el tornillo).

6. Utilizando un mango de madera o plástico (sirve perfectamente el mango de un viejo martillo), golpee con cuidado el conjunto formado por el pistón y la biela a fin de sacarlo del cilindro. No emplee excesiva fuerza, ya que podría dañar las bielas. Repita la misma operación en cada cilindro.

NOTA: Cuando saque los conjuntos de pistón y biela, asegúrese de mantener las piezas en orden, con objeto de facilitar su montaje.

7. Para montar los conjuntos de pistón y biela, coloque cada conjunto en los cilindros correspondientes. Utilizando un compresor de aros, comprima los segmentos del pistón. Con el mango de un martillo, introduzca el conjunto del pistón en el interior del cilindro; asegúrese que la biela se asienta sobre el cigüeñal.

NOTA: Los pistones tienen una marca 0 (L y 2L) o una flecha (2L-T) indicando la parte delantera del motor. Asegúrese de montarlos con la marca dirigida hacia la parte delantera del motor.

8. Para completar el montaje, utilice juntas nuevas, sellador, y siga el orden inverso al empleado para el desmontaje. Apriete los tornillos de la tapeta de la biela a 43 libras-pie, el filtro de aceite a 9 libras-pie, los tornillos del cárter de aceite a 6 libras-pie o las tuercas a 13 libras-pie, y los tornillos del soporte de montaje transversal del motor a 38 libras-pie. Ajuste las tensiones de las correas de transmisión, vuelva a llenar el sistema de refrigeración y el aceite del motor. Compruebe y/o ajuste la sincronización de la bomba de inyección de combustible.

Cigüeñal

Para información sobre el mantenimiento del cigüeñal y los cojinetes principales consulte el apartado Reconstrucción del motor en la sección de Reparaciones.

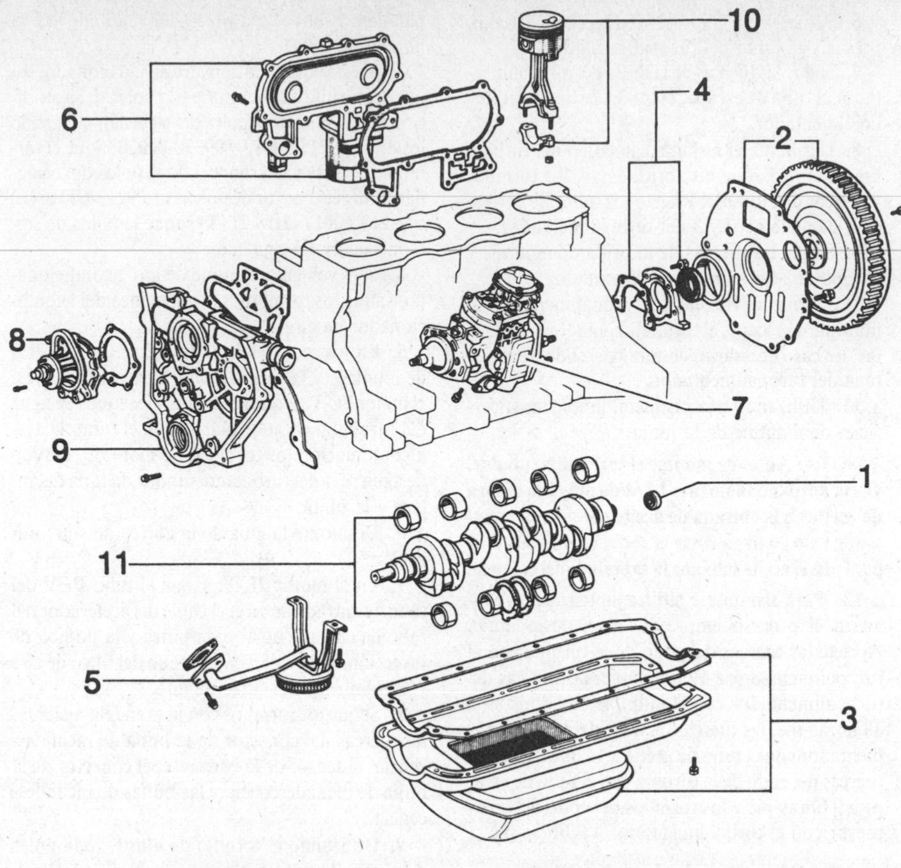

1. Cojinete del eje de entrada
2. Volante y placa del extremo trasero
3. Cárter de aceite
4. Retén de aceite trasero
5. Rejilla de aceite
6. Soporte del filtro de aceite
7. Bomba de inyección
8. Bomba de agua
9. Caja de la correa de sincronización
10. Pistón y biela
11. Cigüeñal

Despiece del bloque de cilindros del motor diesel

LUBRICACIÓN DEL MOTOR DE GASOLINA

Cárter de aceite

DESMONTAJE Y MONTAJE

Pickups (2WD y 4WD)

1. Desmonte el cable negativo de la batería.
2. Levante el vehículo y apóyelo sobre soportes.
3. Saque la tapa inferior del motor y luego descargue el aceite del motor.
4. En los modelos con tracción en dos ruedas (1979-83) saque el soporte del brazo intermedio de la dirección, la biela del eje del selector y el soporte de montaje transversal.
5. En los modelos de 1984 y posteriores, sostenga la parte delantera de la transmisión con un gato hidráulico, saque los tornillos de fijación del motor a su soporte y levante el motor 0.98".
6. Saque las tuercas y tornillos del cárter de aceite y dicho cárter.
7. Utilizando una rasqueta, limpie las superficies de montaje de la junta.
8. Para el montaje, utilice una junta nueva, sellador, e invierta el orden empleado para el montaje. Apriete los tornillos del cárter de aceite con un par de 33-70 libras-pulgada (1979-83) o a 9 libras-pie (1984 y posteriores). Vuelva a llenar el cárter del cigüeñal del motor con aceite.

Land Cruiser

1. Desconecte el cable negativo de la batería.
2. Levante y apoye el vehículo sobre soportes.
3. Saque las placas de deslizamiento que hay debajo del motor, luego la tapa lateral del volante y la tapa inferior.
4. Desconecte el árbol de transmisión delantero del motor. Descargue el aceite contenido en el motor.
5. Saque los tornillos del cárter de aceite, el cárter y la junta.
6. Para el montaje, utilice una nueva junta, sellador, e invierta el orden empleado para el desmontaje. Vuelva a llenar el cárter del cigüeñal del motor con aceite.

Van (Furgoneta)

1. Desconecte el cable negativo de la batería.

2. Levante y apoye el vehículo sobre soportes.

3. Saque las planchas de refuerzo de ambos lados del motor. Descargue el aceite del motor.

4. Desconecte el conector eléctrico del sensor del nivel de aceite.

5. Saque los tornillos del cárter de aceite y dicho cárter.

NOTA: En caso necesario, utilice el útil n.º 09032-00100, colocado entre el cárter de aceite y el bloque de cilindros, y luego corte la pasta selladora de cierre.

6. Utilizando una rasqueta, limpie las superficies de montaje de la junta.

7. Para el montaje, emplee una junta nueva pasta selladora de cierre e invierta el procedimiento utilizado para el desmontaje. Apriete los tornillos del cárter de aceite con un par de 9 libras-pie.

Bomba de aceite

DESMONTAJE Y MONTAJE

Pickups (2WD y 4WD)

NOTA: Caso de que haya sacado la bomba de aceite del motor, se recomienda montar un nuevo retén de aceite.

1. Consulte para los procedimientos, el apartado Cárter de aceite, desmontaje y montaje, de esta sección, y saque el cárter de aceite y la rejilla de la bomba.

2. Saque las correas de transmisión de la polea del cigüeñal.

3. Saque el tornillo de la polea del cigüeñal. Utilizando el extractor n.º 09213-31021, saque la polea del cigüeñal.

4. Saque los tornillos de fijación y el conjunto de la bomba de aceite. Basándose en la tabla de especificaciones de la bomba de aceite, compruebe las holguras de la bomba de aceite.

NOTA: Compruebe si la tapa de la cadena de sincronización presenta un excesivo desgaste o está estropeada. En caso necesario, sustituya los engranajes, el cuerpo de la bomba o la tapa. Desatornille la válvula de seguridad (el tornillo vertical que hay en el cuerpo de la bomba cuando está fijada al motor), luego verifique el pistón, los pasos de aceite y las superficies de deslizamiento, a fin de comprobar si hay rebabas o rayas. Inspeccione el retén de aceite delantero del cigüeñal y sustitúyalo si está gastado o estropeado.

5. Utilizando una rasqueta, limpie las superficies de montaje de la junta.

NOTA: Antes de montar la bomba de aceite, asegúrese de llenar la cavidad de la bomba con vaselina.

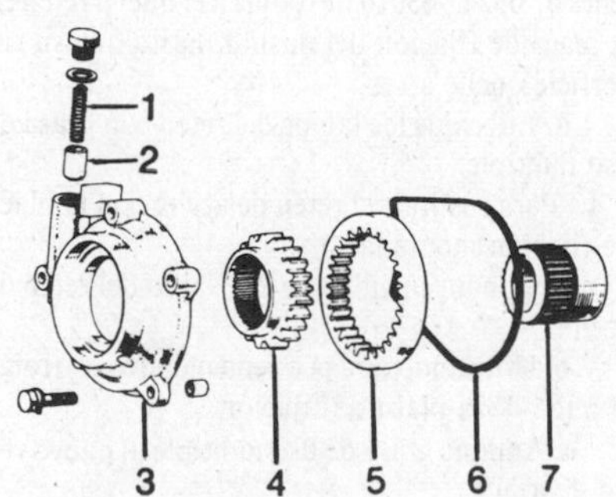

1. Muelle de la válvula de descarga
2. Válvula de descarga
3. Cuerpo de la bomba
4. Engranaje de accionamiento
5. Engranaje accionado
6. Junta tórica
7. Casquillo estriado de accionamiento

Despiece de la bomba de aceite en los motores 20R, 22R y 22R-E

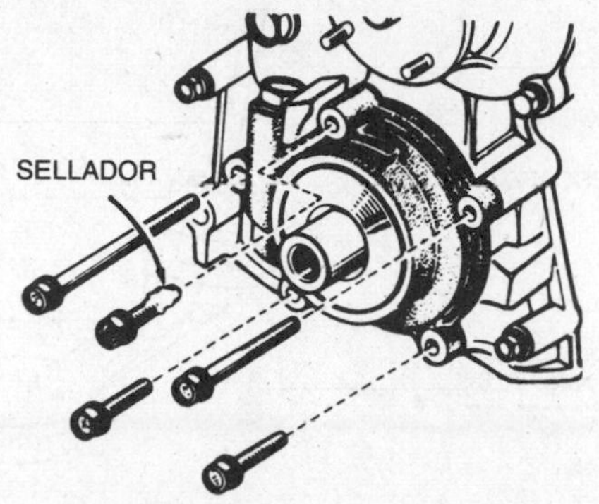

Montaje de la bomba de aceite en los motores 20R, 22R y 22R-E. Aplique sellador en el tornillo superior, tal como se indica

6. Para el montaje, utilice una nueva junta tórica para la unión de la tapa delantera con la bomba de aceite, una nueva junta para el cárter de aceite, pasta selladora de cierre y luego siga el orden inverso al empleado en el desmontaje. Ajuste las correas de transmisión y vuelva a llenar el cárter con aceite para el motor.

NOTA: Cuando coloque los tornillos de la bomba de aceite, aplique pasta selladora de cierre en el tornillo superior. Asegúrese de que aplica pasta de cierre en la junta antes de colocarla en el cárter.

Land Cruiser - Motor 2F

NOTA: Cuando haya sacado la bomba de aceite del motor, se recomienda la instalación de un nuevo retén de aceite.

1. Consulte el procedimiento Cárter de aceite, desmontaje y montaje, en esta sección, y luego saque el cárter de aceite, la rejilla del aceite y las tuercas de unión del tubo de la bomba de aceite.

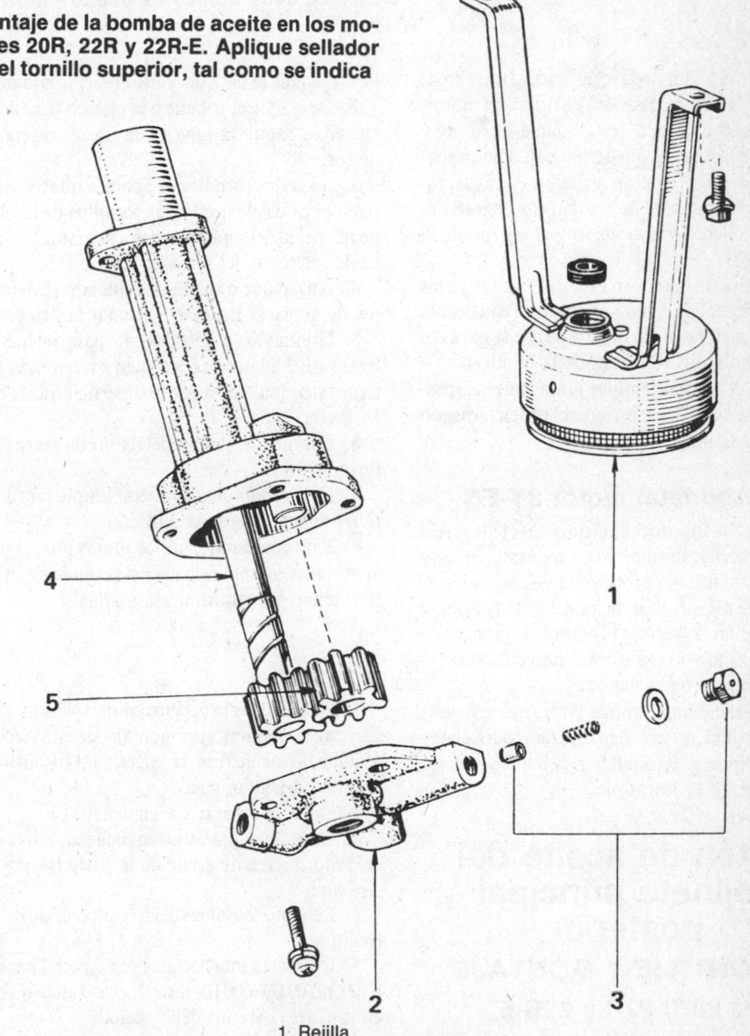

1. Rejilla
2. Tapa de la bomba
3. Válvula de descarga de presión
4. Engranaje de accionamiento
5. Engranaje accionado

Despiece de la bomba de aceite en el motor 2F

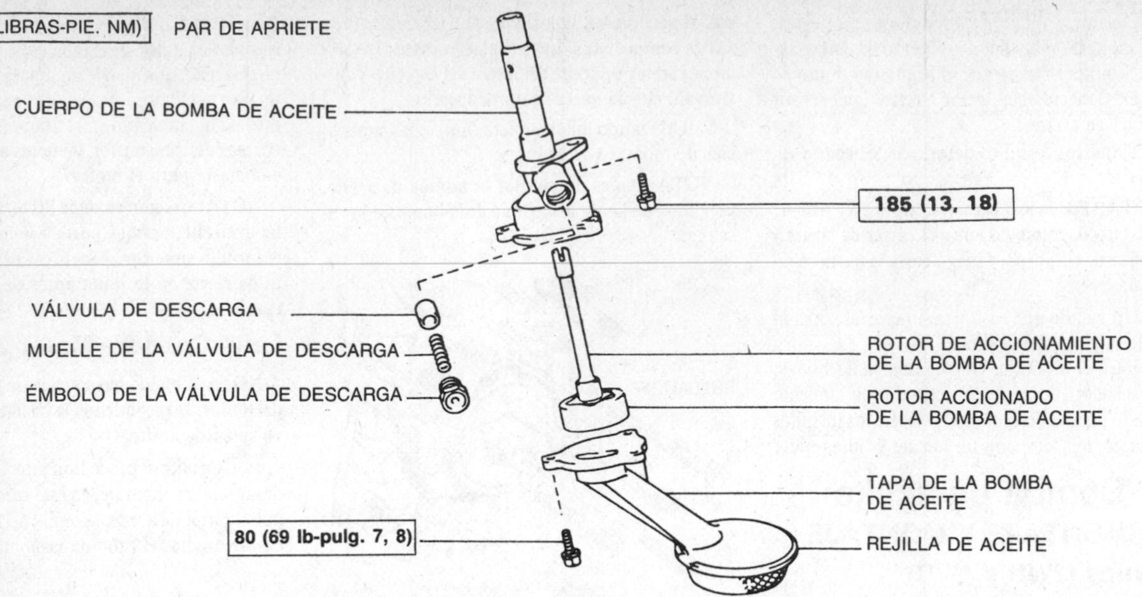

Despiece de la bomba de aceite - motor 3Y-EC

2. Saque el alambre de seguridad, el tornillo de fijación de la bomba de aceite y el tubo del motor.

3. Desmonte la tapa de la bomba de aceite y compruebe las piezas que se indican a continuación, para ver si presentan melladuras, rayas, ranuras, etc.: la tapa de la bomba, los engranajes de accionamiento y accionado y el cuerpo de la bomba.

4. Si existe un deterioro excesivo, sustituya las piezas estropeadas o todo el grupo. Vea la tabla de especificaciones de la bomba de aceite para conocer las holguras toleradas de la bomba.

5. Para el montaje, utilice juntas nuevas, pasta selladora de cierre, e invierta el orden indicado para el desmontaje.

Van (furgoneta) motor 3Y-EC

1. Consulte los procedimientos en el apartado Cárter de aceite, desmontaje y montaje, en esta sección, e invierta el proceso de desmontaje.

2. Saque los tornillos de montaje de la bomba de aceite y luego extraiga todo el conjunto.

3. Utilizando una rasqueta, limpie las superficies de montaje de la junta.

4. Para el montaje, emplee juntas nuevas, pasta de cierre, e invierta el orden utilizado para el desmontaje. Apriete los tornillos de la bomba de aceite con un par de 13 libras-pie.

Retén de aceite del cojinete principal posterior

DESMONTAJE Y MONTAJE

Motores 20R, 22R y 22R-E

1. Consulte los procedimientos en el apartado Transmisión y/o el apartado Embrague, desmontaje y montaje, de esta sección, para sacar la transmisión (con el convertidor de par, para la transmisión automática) y el grupo embrague (si lo lleva). Saque la caja de transferencia, si la lleva.

2. Desmonte el volante o la platina flexible del cigüeñal. Saque la tapa de la parte trasera del motor.

3. Saque los tornillos de la placa que retiene el retén al cárter de aceite, los tornillos de la placa de retención del retén del aceite al motor y la placa de retención del retén de aceite.

4. Apalanque o saque con cuidado el viejo retén de la placa. Procure no dañar la placa.

5. Utilizando la herramienta para retenes n.º 09223-41020, introduzca el nuevo retén en la placa de retención, hasta que la superficie quede bien enrasada.

6. Lubrique los labios del retén con grasa multiuso.

7. Empleando una rasqueta, limpie las superficies de montaje de la junta.

8. Para el montaje, utilice juntas nuevas e invierta el orden empleado para el desmontaje. Ajuste el embrague (transmisión manual).

Motor 2F

1. Consulte los procedimientos Transmisión y Embrague, desmontaje y montaje, de esta sección, y saque la caja de transferencia, la transmisión y el grupo del embrague.

2. Saque el volante del cigüeñal.

3. Utilizando una pequeña palanca, saque con cuidado el retén de aceite de la parte trasera del cigüeñal.

4. Lubrique los labios del retén con grasa de uso múltiple.

5. Utilizando una herramienta especial para retenes n.º 09223-60010, introduzca el nuevo retén en la parte posterior del cigüeñal.

6. Con ayuda de una rasqueta, limpie las superficies de montaje de la junta.

7. Para el montaje, invierta el procedimiento indicado. Ajuste el embrague (transmisión manual).

Motor 3Y-EC

1. Consulte los procedimientos en los apartados Transmisión y/o Embrague, desmontaje y montaje, de esta sección, y saque la transmisión (con el convertidor de par, para la transmisión automática) y el grupo embrague (si lo lleva). Saque la caja de transferencia, si la lleva.

2. Saque el volante, o la platina flexible del cigüeñal. Desmonte la tapa de la parte trasera del motor.

3. Para volver a colocar el retén de aceite con la placa de retención desmontada:

a. Saque los tornillos de la placa de retención del retén al cárter de aceite, los tornillos de fijación de la placa del retén de aceite al motor y la placa de fijación del retén de aceite.

b. Apalanque o saque cuidadosamente el viejo retén de la placa de fijación. Tenga cuidado para no dañar dicha placa de fijación.

c. Utilizando la herramienta especial para retenes n.º 09223-63010 introduzca el nuevo retén en la placa de fijación del mismo, hasta que su superficie quede a ras.

d. Lubrique los labios del retén con grasa de uso múltiple.

4. Para sustituir el retén de aceite con la placa de fijación montada:

a. Con un cuchillo corte el labio del retén de aceite.

b. Utilizando una pequeña palanca, extraiga el retén de la placa de fijación.

c. Aplique grasa de uso múltiple al nuevo retén de aceite.

d. Utilizando la herramienta especial para retenes n.º 09223-63010, introduzca el nuevo retén en la placa de retención, hasta que la superficie quede enrasada a nivel.

5. Utilizando una rasqueta, limpie las superficies de montaje de la junta.

6. Para terminar el montaje, invierta el procedimiento empleado para el desmontaje. Ajuste el embrague (transmisión manual).

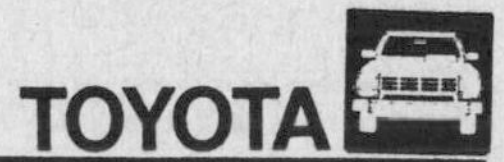

LUBRICACIÓN DEL MOTOR DIESEL

Cárter de aceite

DESMONTAJE Y MONTAJE

Pickups (2WD y 4WD)

1. Desconecte el cable negativo de la batería.

2. Levante el vehículo y apóyelo sobre soportes.

3. Saque la tapa inferior del motor y descargue el aceite del mismo.

4. En los modelos con tracción en dos ruedas (1979-83), saque el soporte del brazo intermedio de la dirección, la biela del eje del selector y el soporte de montaje transversal.

5. En los modelos con tracción en dos ruedas (1984 y posteriores) saque el soporte de montaje transversal del motor y la placa de refuerzo de la izquierda.

6. Saque las tuercas y tornillos del cárter de aceite y dicho cárter.

7. Utilizando una rasqueta, limpie las superficies de montaje de la junta.

8. Para el montaje, utilice una junta nueva, pasta selladora de cierre, e invierta el procedimiento empleado para el desmontaje. Apriete las tuercas del cárter de aceite con un par de 13 libras-pie, los tornillos del cárter de aceite a 72 libras-pulgada y los tornillos del soporte de montaje transversal a 38 libras-pie.

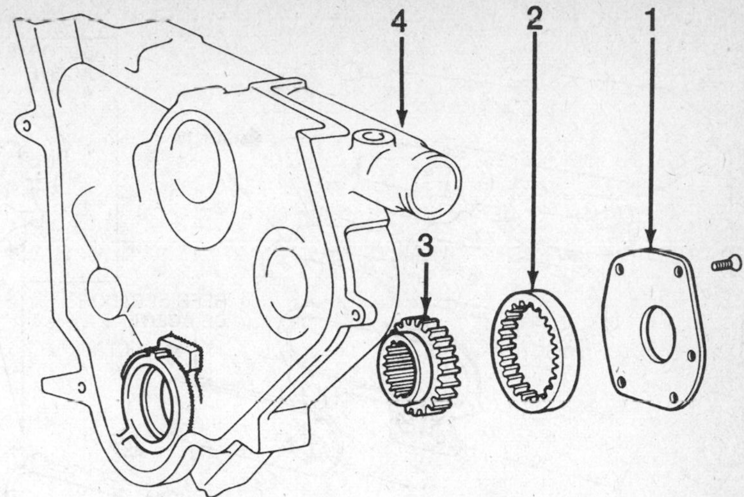

1. Placa de bomba de aceite
2. Engranaje accionado
3. Engranaje de accionamiento
4. Caja de la sincronización

Despiece de la bomba de aceite del motor diesel

Bomba de aceite

DESMONTAJE Y MONTAJE

1. Consulte los procedimientos de Correa de sincronización y Cárter de aceite, desmontaje y montaje, de esta sección, y saque la correa de transmisión, el cárter de aceite y la rejilla de aceite.

2. Saque la bomba de agua y el índice de sincronización del cuerpo de la bomba de aceite.

3. Utilizando la herramienta n.º 09278-54011, saque la tuerca de la rueda dentada de la bomba de inyección de combustible. Utilizando el extractor n.º 09213-60017, extraiga la rueda dentada de la bomba de inyección de la misma.

4. Desmonte las poleas intermedias n.º 1 y 2 del cuerpo de la bomba de aceite.

5. Utilizando el extractor n.º 09213-60017, saque la rueda dentada de sincronización del cigüeñal que hay en el mismo.

6. Desconecte el tubo de derivación del agua y los conductos del calefactor de la unión del grupo de la bomba de aceite.

NOTA: Antes de sacar los tornillos de fijación de la bomba de inyección a la bomba de aceite, compruebe la línea del período de inyección.

7. Saque los tornillos de fijación de la bomba de inyección a la bomba de aceite, los tornillos de fijación de la bomba de aceite al motor y luego retire la bomba de aceite.

8. Desmonte la tapa de la bomba de aceite que hay detrás del grupo bomba a fin de poder acceder a los engranajes de la bomba de aceite.

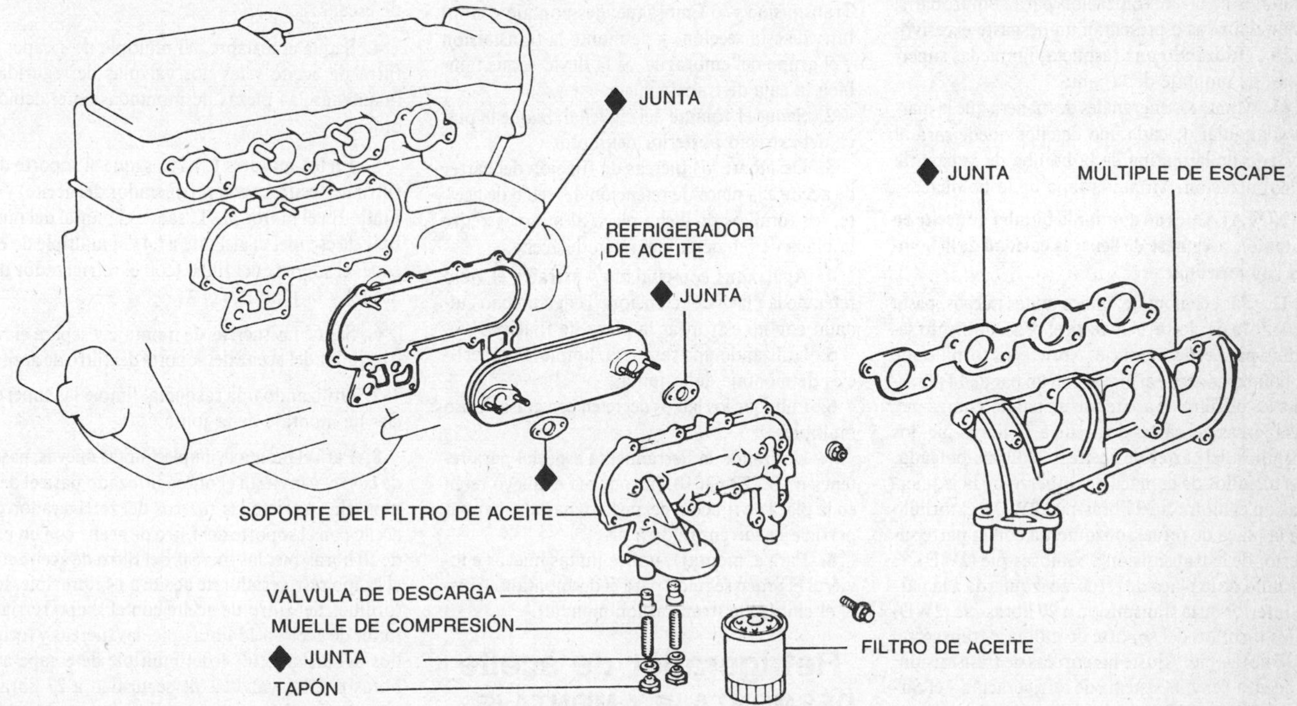

Despiece del conjunto del refrigerador de aceite - motores diesel L y 2L

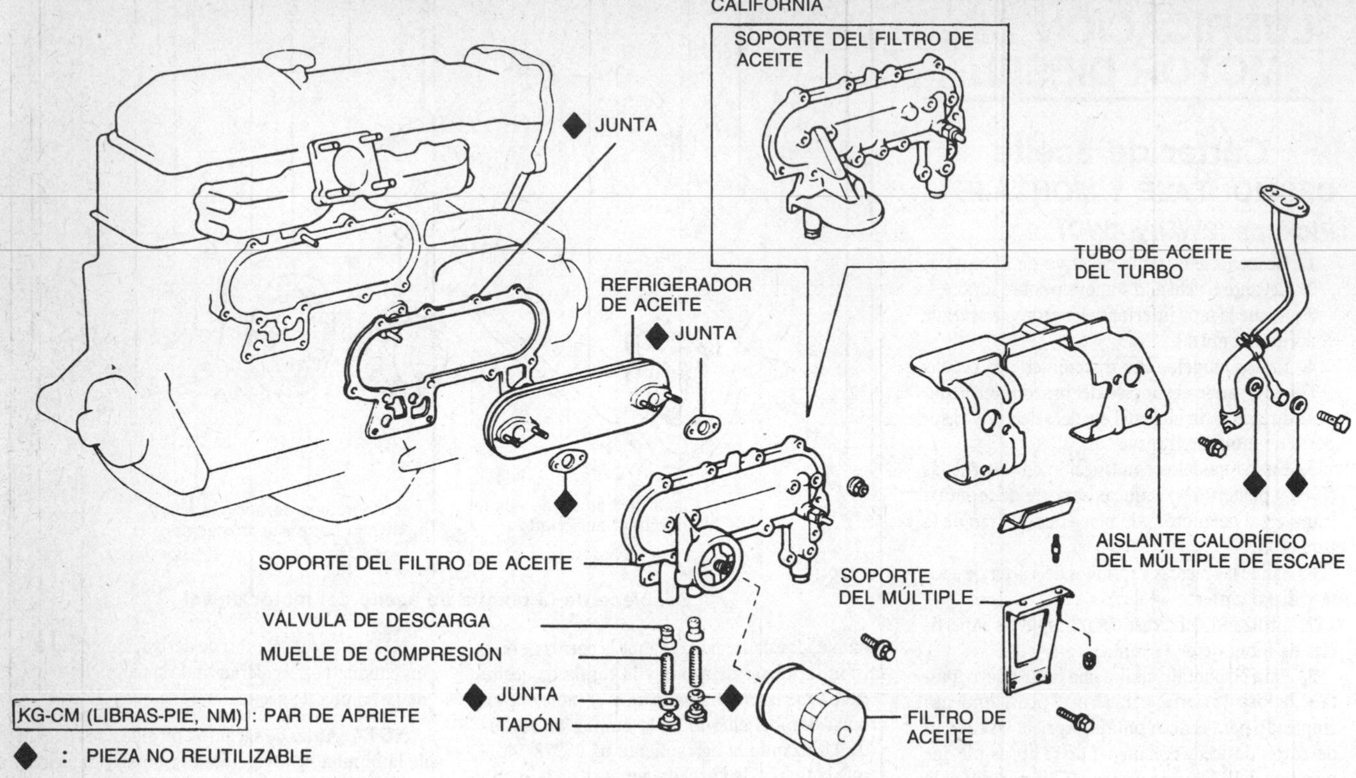

Despiece del conjunto del refrigerador de aceite - motor diesel 2L-T

NOTA: Las tolerancias se comprueban del mismo modo que el indicado para la bomba utilizada en los motores 20R, 22R y 22R-E.

9. Desmonte los engranajes de la bomba y compruebe las superficies de los mismos y de los engranajes de la sincronización para comprobar si están dañados o presentan un desgaste excesivo.

10. Utilizando una rasqueta, limpie las superficies de montaje de la junta.

11. Monte los engranajes de manera que la marca triangular de cada uno de ellos quede cara al costado de la platina de la bomba de la caja de sincronización. Monte la tapa de la bomba.

NOTA: Antes de montar la bomba de aceite en el motor, asegúrese de llenar la cavidad de la bomba con vaselina.

12. Para el montaje, utilice juntas nuevas, pasta selladora de cierre, e invierta el procedimiento seguido para el desmontaje. Apriete los tornillos de la bomba de aceite al motor con un par de 14 libras-pie, los de filtro de aceite con un par de 9 libras-pie, las tuercas del cárter de aceite a 13 libras-pie, los tornillos del cárter de aceite a 72 libras-pulgada, los tornillos de la placa de refuerzo de la izquierda con el motor a 29 libras-pie (2WD), el tornillo de la placa de refuerzo izquierda con la parte superior de la transmisión a 53 libras-pie (2WD), el tornillo de la placa de refuerzo izquierda a la parte inferior de la transmisión a 29 libras-pie (2WD) y los tornillos del soporte de montaje transversal a 38 libras-pie. Ajuste las correas de transmisión. Vuelva a llenar el sistema de refrigeración y el cárter del cigüeñal con aceite de motor. Compruebe y/o ajuste la sincronización de la bomba de inyección de combustible.

Retén principal posterior

DESMONTAJE Y MONTAJE

1. Consulte los procedimientos en el apartado Transmisión y/o Embrague: desmontaje y montaje, de esta sección, y desmonte la transmisión y el grupo del embrague. Si la lleva, saque también la caja de transferencia.

2. Saque el volante del cigüeñal. Saque la placa del extremo posterior del motor.

3. Desmonte las tuercas de fijación del cárter de aceite a la placa de retención del retén de aceite, los tornillos de dicha placa al motor y retire la placa de retención del retén de aceite.

4. Apalanque con cuidado y extraiga el viejo retén de la placa de retención. Tenga mucho cuidado con no estropear la placa de fijación.

5. Utilizando una rasqueta, limpie las superficies de montaje de la junta.

6. Lubrique los labios del retén con grasa de uso múltiple.

7. Utilizando la herramienta especial para retenes n.º 09223-63010, introduzca el nuevo retén en la placa de fijación del mismo, hasta que su superficie quede enrasada a nivel.

8. Para el montaje, utilice juntas nuevas e invierta el orden seguido para el desmontaje. Ajuste el embrague (transmisión manual).

Refrigerador de aceite

DESMONTAJE Y MONTAJE

1. Desconecte los cables negativos (L) o el cable (2L y 2L-T) de la batería.

2. Descargue el sistema de refrigeración.

3. En el motor 2L-T, saque el turboalimentador, el tubo de aceite del turboalimentador y el interruptor de presión de aceite. En los motores L y 2L, desconecte el tubo de escape del múltiple de escape.

4. Saque el aislante del múltiple de escape, el filtro de aceite y las dos válvulas de seguridad (mantenga las piezas desmontadas en el debido orden).

5. En los motores L y 2L, saque el soporte del filtro de aceite (con el refrigerador del aceite) y la junta. En el motor 2L-T, saque el puntal del múltiple de escape, el aislante n.º 4 del múltiple de escape, el soporte del filtro (con el refrigerador del aceite) y la junta.

6. Saque las tuercas de montaje y separe el refrigerador del aceite del soporte del filtro de aceite.

7. Utilizando una rasqueta, limpie las superficies de montaje de la junta.

8. Para el montaje, emplee juntas nuevas, pasta de cierre, e invierta el orden utilizado para el desmontaje. Apriete las tuercas del refrigerador de aceite con el soporte del filtro de aceite con un par de 10 libras-pie, las tuercas del filtro de aceite con el grupo refrigerador de aceite a 14 libras-pie, los tornillos del filtro de aceite con el grupo refrigerador de aceite a 15 libras-pie, las tuercas y tornillos del aislante n.º 4 del múltiple de escape a 9 libras-pie, las válvulas de seguridad a 27 libras-pie, el tubo de aceite del turboalimentador a 19 libras-pie. Vuelva a llenar el sistema de refrigeración.

ESPECIFICACIONES DE TOLERANCIA PARA LA BOMBA DE ACEITE

(Todas las medidas en pulgadas)

Motor	Huelgo máximo punta engranaje ①	Huelgo máximo del juego entre dientes ②	Huelgo máximo lateral ③	Desgaste máximo de la tapa ④	Huelgo máximo del cuerpo ⑤
2F	0.008	0.037	0.006	0.006	—
20R, 22R, 22R-E, L, 2L y 2L-T	0.012	—	0.006	—	0.008
3Y-EC	0.0079	—	0.0059	—	0.0079

① Motores 2F: Medida entre el diente de cada engranaje y el cuerpo de la bomba
Motores 20R, 22R y L: Medida entre el diente de cada engranaje y el creciente
② Medido entre dientes de engranajes con los dientes acoplados
③ Medido entre una regla colocada a través del cuerpo de la bomba de aceite y las caras del engranaje.
④ Medido entre una regla colocada a través de la tapa y la superficie desgastada de la misma (contacto del engranaje)
⑤ Medido entre el piñón de accionamiento de la bomba de aceite y el cuerpo de la misma

REFRIGERACIÓN DEL MOTOR DE GASOLINA

Radiador

DESMONTAJE Y MONTAJE

Motores 20R, 22R y 22R-E

1. Desconecte el cable negativo de la batería. Descargue el sistema de refrigeración.

2. Saque las abrazaderas, y luego los tubos superior e inferior del radiador. Si el vehículo lleva transmisión automática, desmonte los tubos del refrigerador del aceite.

3. En caso necesario, saque el cable de cierre del capó y el pestillo que hay en el soporte superior del radiador.

NOTA: Puede ser preciso desmontar la parrilla a fin de tener acceso al conjunto del pestillo del capó y al conjunto del soporte del radiador.

4. Si lo lleva, desmonte el protector del ventilador.

5. Si lo lleva, desconecte el tubo del depósito de expansión térmica. En caso necesario, saque el depósito de su soporte.

6. Saque el soporte superior del radiador y dicho radiador.

7. Para el montaje, invierta el orden seguido para el desmontaje. Compruebe el nivel del líquido de la transmisión en aquellos vehículos equipados con transmisiones automáticas. Vuelva a llenar el sistema de refrigeración.

Motor 3Y-EC

1. Descargue el sistema de refrigeración.

2. Saque las abrazaderas, y luego los tubos superior e inferior del radiador.

3. Si el vehículo lleva transmisión automática, desmonte los tubos del refrigerador del aceite, del radiador, seguidamente el depósito del fluido de lavado y sepárelo a un lado.

4. Saque el protector del ventilador y el tornillo superior del radiador.

5. Desconecte el tubo del depósito de expansión térmica.

6. Levante la parte anterior del vehículo y apóyela sobre soportes.

7. Desmonte la tapa inferior del motor y el radiador.

8. Para el montaje, invierta el procedimiento empleado para el desmontaje. Compruebe el nivel del fluido de la transmisión en aquellos vehículos provistos de transmisiones automáticas. Vuelva a llenar el sistema de refrigeración.

Bomba de agua

DESMONTAJE Y MONTAJE

Motores 20R, 22R y 22R-E

1. Descargue el sistema de refrigeración.

2. Afloje los tornillos de fijación del protector del ventilador y sáquelo del vehículo, si lo lleva.

3. Afloje el tornillo de ajuste del alternador y saque la correa de transmisión, luego haga girar el alternador hacia al motor.

4. Si lleva una bomba de aire, un compresor de aire acondicionado o una bomba de dirección asistida, puede ser necesario aflojar el tornillo de ajuste y sacar la(s) correspondiente(s) correa(s) y desplazar los componentes para apartarlos de la zona de acceso.

5. Desmonte el ventilador del acoplamiento hidráulico, dicho acoplamiento y la polea de la bomba de agua, seguidamente saque los tornillos de fijación y la bomba de agua.

ATENCIÓN

Si la bomba de agua está equipada con un acoplamiento de fluido, NO golpee de costado el acoplamiento, puesto que el líquido de su interior saldría.

6. Utilizando una rasqueta, limpie las superficies de montaje de la junta.

7. Para el montaje, emplee una junta nueva, pasta de cierre, e invierta el orden utilizado para el desmontaje. Ajuste la(s) correa(s) de transmisión con la debida tensión. Vuelva a llenar el sistema de refrigeración.

Motor 3Y-EC

1. Descargue el líquido del sistema de refrigeración. Desconecte la correa de transmisión de la bomba de agua.

2. Saque el ventilador del acoplamiento de fluido y el conjunto acoplamiento de fluido con la polea de la bomba de agua.

3. Desmonte la barra de ajuste de la correa de la bomba de agua, los tornillos de montaje y la bomba de agua.

4. Utilizando una paleta de cristalero, limpie las superficies de montaje de la junta.

5. Para el montaje, haga uso de una junta nueva, pasta de cierre, e invierta el procedimiento empleado para el desmontaje. Apriete las tuercas y tornillos de la bomba de agua a 13 libras-pie, la barra de ajuste de la correa de transmisión a 29 libras-pie, las tuercas de fijación del acoplamiento de fluido y la polea con la bomba de agua a 10 libras-pie y las tuercas de fijación del ventilador al acoplamiento de fluido a 10 libras-pie. Ajuste la tensión de la correa de transmisión. Vuelva a llenar con el sistema de refrigeración.

Termostato

DESMONTAJE Y MONTAJE

Motores 20R, 22R y 22R-E

1. Descargue parcialmente el sistema de refrigeración hasta que alcance un nivel por debajo del termostato.

NOTA: A menos que el tubo superior del radiador se encuentre encima de uno de los tornillos que alojan el termostato (salida de agua), no es necesario desmontar el tubo.

2. Saque los tornillos de montaje, la salida de agua y el termostato del múltiple de admisión.

3. Utilizando una rasqueta, limpie las superficies de montaje de la junta.

4. Para el montaje, emplee una junta nueva, pasta de cierre, e invierta el proceso utilizado para el desmontaje. Vuelva a llenar el sistema de refrigeración.

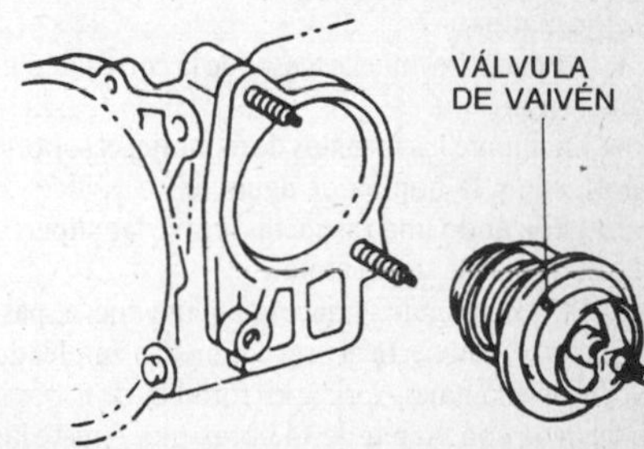

Posición de montaje del termostato-motor 3Y-EC

NOTA: Cuando monte un nuevo termostato, asegúrese de que éste se coloca con el muelle hacia abajo.

Motor 3Y-EC

1. Descargue el sistema de refrigeración hasta que el líquido quede a un nivel por debajo del termostato.

2. Desconecte el tubo de salida del radiador del alojamiento del termostato.

3. Saque los tornillos de montaje, la caja del termostato y el termostato.

4. Utilizando una rasqueta, limpie las superficies de montaje de la junta.

5. Para el montaje, utilice una junta nueva, pasta de cierre, e invierta el procedimiento indicado para el desmontaje, asegurándose de que la válvula de vaivén se coloca en posición superior izquierda. Apriete la caja del termostato con un par de 9 libras-pie. Vuelva a llenar el sistema de refrigeración.

NOTA: Cuando monte un nuevo termostato, asegúrese de que éste queda colocado con el muelle frente el bloque motor.

REFRIGERACIÓN DEL MOTOR DIESEL

Radiador

DESMONTAJE Y MONTAJE

1. Desconecte los cables (L) o cable (2L y 2L-T) negativos de la batería. Descargue el sistema de refrigeración.

2. Saque las abrazaderas o pinzas y luego desmonte los tubos de entrada y salida del radiador.

3. Saque el protector del ventilador del radiador. Si el vehículo lleva aire acondicionado, saque el protectoı inferior del radiador.

4. Desconecte el tubo del recipiente de refrigerante del radiador.

5. Desmonte los tornillos de montaje y el radiador.

6. Para el montaje, invierta los procedimientos de desmontaje.

Bomba de agua

DESMONTAJE Y MONTAJE

1. Consulte los procedimientos del capítulo Desmontaje y montaje de la tapa delantera, en esta sección, y desmonte la tapa delantera.

2. Drene el sistema de refrigeración y desmonte el radiador.

3. Desmonte el muelle tensor de la correa de sincronización.

4. Desmonte los tornillos de montaje, el soporte del muelle y la bomba de agua.

5. Utilizando una rasqueta, limpie las superficies de montaje de la junta.

6. Para el montaje, utilice una junta nueva, pasta de cierre, e invierta el procedimiento empleado para el desmontaje. Apriete los tornillos de la bomba de agua con un par de 14 libras-pie. Ajuste las correas de transmisión. Vuelva a llenar el sistema de refrigeración.

Termostato

DESMONTAJE Y MONTAJE

1. Descargue el sistema de refrigeración hasta que su nivel quede por debajo del termostato.

2. Desconecte el tubo de entrada del radiador en la caja del termostato.

3. Saque los tornillos de montaje, la caja del termostato y el propio termostato.

4. Utilizando una rasqueta, limpie las superficies de montaje de la junta.

5. Para el montaje, utilice una nueva junta, pasta de cierre, e invierta los procedimientos aplicados para el desmontaje. Vuelva a llenar el sistema de refrigeración.

NOTA: Cuando monte un termostato nuevo, asegúrese de que el mismo se coloca con el muelle encarado hacia el bloque motor.

SISTEMA DE ALIMENTACIÓN DE GASOLINA

Filtro de combustible

DESMONTAJE Y MONTAJE

ATENCIÓN

Siempre que trabaje en el sistema de alimentación de combustible NO fume y asegúrese de que no existe ninguna llama encendida en la zona.

Motores 20R y 22R

El filtro de combustible se encuentra en el lado derecho del depósito de combustible, delante de la rueda derecha posterior.

1. Levante y apoye sobre soportes la parte trasera del vehículo.

2. Desconecte y tapone los tubos de combustible del filtro.

3. Saque el filtro del soporte de montaje.

4. Para el montaje, utilice un filtro nuevo e invierta el proceso empleado para el desmontaje.

NOTA: Cuando monte el filtro de combustible, asegúrese de colocarlo en la dirección correcta de circulación del combustible.

Motor 22R-E

El filtro de combustible se encuentra cerca del motor, en el costado posterior izquierdo de la cámara de admisión de aire.

1. Desconecte el cable negativo de la batería.

2. Enrolle un trapo alrededor de los tubos de combustible (para atrapar el combustible sobrante). Saque los tornillos de montaje del tubo de combustible con el filtro, los tubos y las arandelas.

3. Saque el filtro del soporte de montaje.

4. Para el montaje, emplee un filtro y juntas nuevas, e invierta el orden adoptado para el desmontaje.

NOTA: Cuando monte el filtro de combustible, asegúrese de colocarlo en la dirección correcta de circulación del combustible.

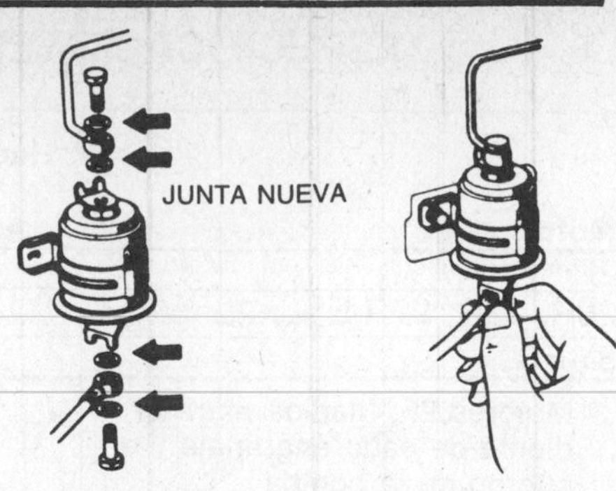

Despiece del filtro de combustible empleado en los motores 22R-E y 3Y-EC

Motor 3Y-EC

El filtro de combustible se encuentra en el costado inferior derecho del motor.

1. Desconecte el cable negativo de la batería.

2. Enrolle un trapo alrededor de los tubos de combustible (para atrapar el combustible sobrante). Saque los tornillos de montaje del tubo de combustible con el filtro, los tubos y las arandelas.

3. Desmonte el filtro del soporte de montaje.

4. Para el montaje, utilice un filtro y juntas nuevas, e invierta el orden empleado para el desmontaje.

NOTA: Cuando monte el filtro de combustible, asegúrese de que lo coloca en la dirección correcta de circulación del combustible.

Bomba de combustible mecánica

Se emplea una bomba mecánica en todos los motores salvo en los modelos 3Y-EC (1983 y posteriores) y 22R-E (1984 y posteriores). La bomba mecánica de combustible es accionada por una excéntrica que forma parte del árbol de levas del motor 2F, o bien está atornillada en la rueda dentada de accionamiento del árbol de levas en los motores 20R y 22R.

PRUEBA

Las bombas de combustible siempre deben probarse en el vehículo. El tubo mayor entre la bomba y el depósito es el lado de aspiración del sistema y el tubo pequeño, entre la bomba y el carburador, es el lado de presión. Una pérdida en el lado de presión resulta evidente dado que se nota la salida de combustible. Por contra, una pérdida en el lado de aspiración normalmente sólo se delata porque suministra un reducido volumen de combustible al costado de presión.

Prueba de pérdida

1. Apriete cualquier unión que esté floja en el tubo y compruebe si existen retorceduras o aplastamientos.

2. Desconecte el tubo de combustible del carburador. Desconecte el cable primario del distribuidor a la bobina. Coloque un recipiente en el extremo del tubo de combustible y haga rotar unas pocas vueltas el motor. Si sale poco o no sale combustible por el tubo, puede ser que la bomba esté estropeada o el tubo obstruido. Aplique aire comprimido a los tubos y vuelva a realizar la prueba. Conecte de nuevo el tubo.

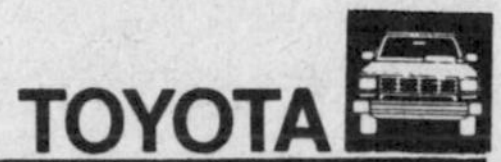

3. Si el combustible sale en gran cantidad, compruebe la presión de la bomba de combustible, para tener plena seguridad.

Prueba de presión

1. Conecte un manómetro en el lado de presión del tubo de combustible. En los vehículos provistos de un sistema de retorno de vapores, aplaste el tubo de retorno.

2. Haga funcionar el motor a velocidad de marcha en vacío y observe las indicaciones del manómetro. Pare el motor y compare las lecturas con las especificaciones que figuran en la tabla Especificaciones de puesta a punto. Si la bomba funciona correctamente, la presión estará de acuerdo con la especificada y permanecerá constante a la velocidad de marcha en vacío. Si la presión varía o es demasiado alta o excesivamente baja, deberá cambiarse o repararse la bomba, según el tipo de bomba de que se trate.

3. Desmonte el manómetro.

Prueba de caudal

1. Desconecte el tubo de combustible del carburador. Introduzca el tubo de combustible dentro de un recipiente medidor adecuado.

2. Haga funcionar el motor a la velocidad de marcha en vacío hasta que haya una pinta de combustible dentro del recipiente. Una pinta debe ser bombeada en 30 segundos o menos.

3. Si el caudal se encuentra por debajo del mínimo indicado, compruebe si existe algún tipo de restricción en el tubo.

DESMONTAJE Y MONTAJE

Motores 20R y 22R

1. Desconecte el terminal negativo de la batería.

ATENCIÓN

Cuando trabaje en el sistema de alimentación de combustible, no fume ni trabaje junto a riesgos de incendio. Evite que la gasolina toque piezas de caucho o de cuero.

2. Descargue el líquido del sistema de refrigeración hasta que alcance un nivel por debajo del tubo superior del radiador, luego saque el tubo superior del radiador.

3. Saque los tres tubos de combustible de la bomba y luego los tornillos de fijación, la bomba de combustible y la junta.

NOTA: La bomba de combustible no puede ser reparada. Debe ser cambiada en su totalidad.

4. Para el montaje, emplee una junta nueva, e invierta el proceso utilizado para el desmontaje. Vuelva a rellenar el sistema de refrigeración.

Motores 2F

1. Desconecte el cable negativo de la batería.

2. Desmonte y tape los tubos de combustible que hay en la bomba. Saque los tornillos de fijación y la bomba de combustible.

NOTA: Si tiene que utilizar un nuevo tubo de caucho para reparar el conducto de combustible, asegúrese de que sea resistente a la gasolina.

3. Para el montaje, utilice una junta nueva e invierta el proceso empleado para el desmontaje.

NOTA: Puede reconstruirse la bomba mecánica de combustible del motor 2F, siempre y cuando existan piezas de repuesto. Cuando se quiera reparar la bomba de combustible en lugar de cambiarla, siga las instrucciones que figuran en el propio kit de reparación.

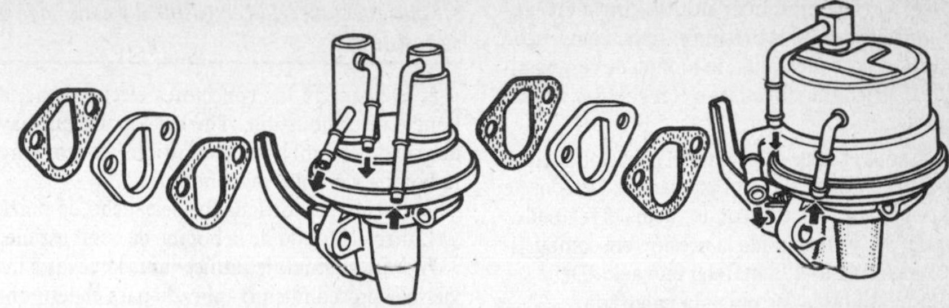

Bombas de combustible mecánicas empleadas en los motores 20R y 22R - las flechas indican las entradas y salidas de combustible de la bomba

Bomba de combustible eléctrica

En los motores 22R-E (1984 y posteriores) y 3Y-EC (1983 y posteriores) se utiliza una bomba eléctrica de combustible. La bomba de combustible está conectada a los circuitos del interruptor de encendido y de presión del aceite. Caso de que se perdiera presión de aceite, la bomba de combustible queda DESCONECTADA, con lo que el motor se «cala» (para) y evita daños en el mismo como consecuencia de la pérdida de presión. La bomba de combustible sólo funciona cuando el contacto del encendido se coloca en la posición START (Arranque) y si la presión del aceite es normal.

PRUEBA DE FUNCIONAMIENTO

1. Desconecte la pinza eléctrica del interruptor de presión del aceite.

2. Coloque el interruptor de encendido en la posición ON (conectado) (pero NO ARRANQUE el motor).

3. Cortocircuite los terminales Fp y +B del conector de comprobación. Verifique la presión del tubo del inyector de arranque en frío.

4. Compruebe si se produce un caudal regular de gasolina a través de la salida del filtro de combustible. Si la bomba hace ruido, posiblemente esté estropeada. Si la bomba no funciona, compruebe la resistencia y el relé de la bomba.

5. Desconecte el cable de puente y vuelva a colocar el conector de comprobación. Rote el interruptor de encendido a la posición OFF (desconectado).

PRUEBA DE PRESIÓN

1. Desconecte el cable negativo de la batería y el conector eléctrico que hay en el inyector de arranque en frío.

2. Coloque un trapo de taller o un recipiente junto al extremo del tubo de suministro.

3. Afloje lentamente el tornillo de unión del inyector de arranque en frío, y luego saque el tornillo y las juntas. Descargue el tubo de combustible.

4. Utilizando el manómetro, útil n.º 09268-45011, conéctelo en línea con el inyector de arranque en frío. Vuelva a conectar el cable de la batería.

5. Cortocircuite los terminales Fp y +B del cable conector de comprobación. Coloque el interruptor de encendido en la posición ON (conectado) y mida la presión de la bomba de combustible. Debe estar comprendida entre 33 y 38 libras por pulgada cuadrada. Devuelva el interruptor de encendido a la posición OFF (desconectado).

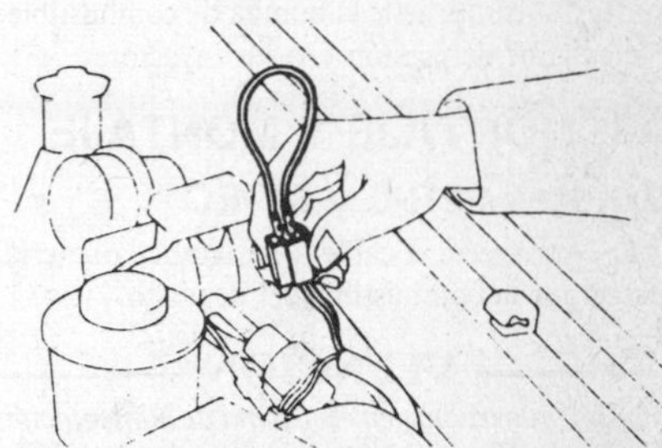

Colocación de un puente para cortocircuitar los terminales Fp y +B del conector de comprobación - sistema EFI

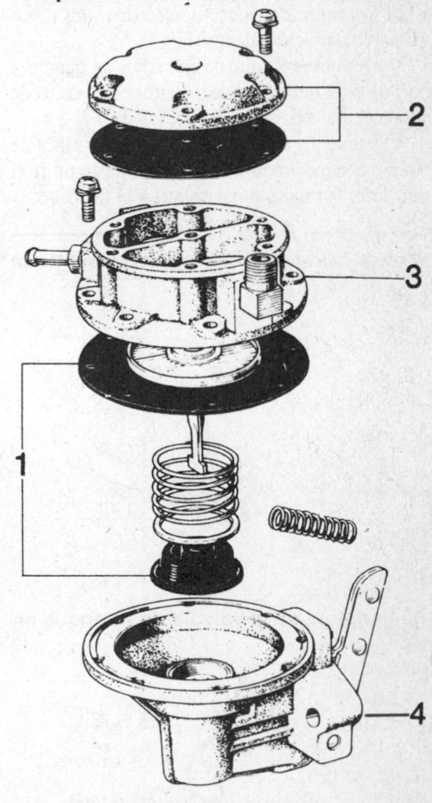

Bomba de combustible mecánica utilizada en el motor 2F

NOTA: Si la presión es alta, sustituya el regulador de presión; si la presión es baja, compruebe los tubos, las conexiones, la bomba de combustible, el filtro de combustible o el regulador de presión.

6. Saque el cable de puente del conector de comprobación. Ponga el motor en marcha. Desconecte y tapone el tubo del sensor de vacío del regulador de presión, y luego mida la presión del combustible funcionando a la marcha en vacío. Debe ser de 33 a 38 libras por pulgada cuadrada.

7. Vuelva a conectar el tubo sensor de vacío al regulador de presión. Ahora la presión debe ser de 27 a 31 libras por pulgada cuadrada; si no fuera así, compruebe el tubo de vacío y/o el regulador de presión.

8. Pare el motor y compruebe si la presión del combustible sigue manteniéndose a 21 libras por pulgada cuadrada, durante 5 minutos. En caso contrario, compruebe la bomba de combustible, el regulador de presión y/o los inyectores.

DESMONTAJE Y MONTAJE

Motores 22R-E y 3Y-EC

1. Desconecte el cable negativo de la batería. Descargue el combustible del depósito.

ATENCIÓN

Siempre que trabaje en el sistema de alimentación de combustible, evite fumar o tener llamas encendidas.

2. Desconecte el conector eléctrico y los tubos de combustible del depósito.

3. Desmonte el tubo de entrada y las bandas y tornillos de montaje, luego retire el depósito de combustible del vehículo.

4. Saque los tornillos de unión de la placa de acceso al depósito de combustible, luego retire el conjunto formado por la placa y el depósito.

ATENCIÓN

No haga funcionar la bomba de combustible a no ser que esté sumergida en gasolina y conectada a su resistencia.

5. Desconecte los conectores eléctricos de la bomba de combustible. Tire del soporte que hay debajo de la bomba de combustible y luego retire la bomba y el tubo de combustible.

6. Saque el amortiguador de caucho, la pinza y el filtro del fondo de la bomba de combustible.

7. Para el montaje, utilice juntas nuevas e invierta el procedimiento aplicado para el desmontaje. Apriete la fijación del soporte de la bomba con el depósito de combustible con un par de 43 libras-pulgada. Vuelva a llenar el depósito de combustible.

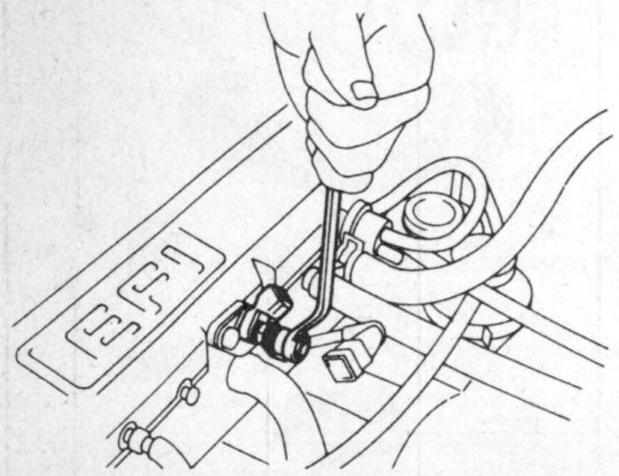

Desmontaje de la válvula de arranque en frío

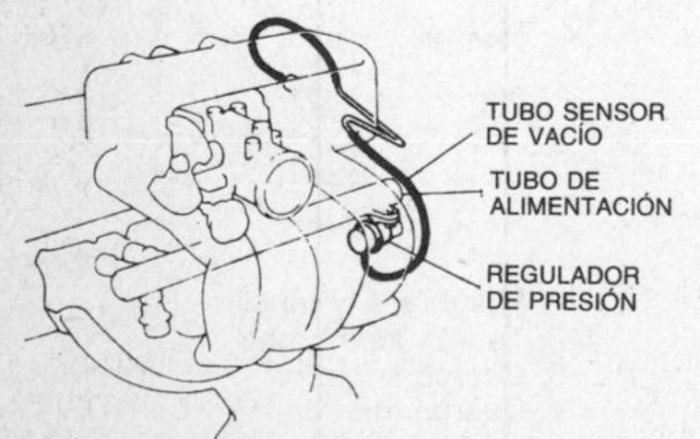

Desmontaje del regulador de presión - motor 3Y-EC

Inyector de arranque en frío

Los motores con EFI (inyección electrónica de combustible), tienen un inyector de arranque en frío situado en la cámara de admisión de aire, lo cual facilita el arranque cuando el tiempo es frío.

DESMONTAJE Y MONTAJE

Motores 22R-E y 3Y-EC

1. Desconecte el cable negativo de la batería y el cable del inyector de arranque en frío.

2. Coloque un trapo de taller o un recipiente debajo del tubo de alimentación de combustible, y descargue el combustible que pueda haber en el tubo.

3. Desconecte el tubo de combustible del inyector de arranque en frío.

4. Saque los tornillos de fijación y el inyector de arranque en frío de la cámara de admisión de aire.

5. Para el montaje, utilice juntas nuevas e invierta el procedimiento empleado para el desmontaje. Apriete los tornillos del inyector con un par de 44-60 libras-pulgada.

Regulador de la presión del combustible

El regulador de la presión del combustible se encuentra en el tubo de alimentación de combustible del sistema EFI, encargándose de mantener una presión constante en el sistema de inyección de combustible.

DESMONTAJE Y MONTAJE

Motores 22R-E y 3Y-EC

NOTA: En los modelos Van (3Y-EC), levante y apoye el vehículo sobre soportes.

1. Desconecte el tubo sensor de vacío del regulador de presión.

2. Coloque un trapo de taller o un recipiente debajo de la conexión del tubo de combustible, y desconecte el tubo de retorno del regulador.

3. Saque la tuerca de seguridad (22R-E), o los tornillos de montaje (3Y-EC), y el regulador de presión del tubo de alimentación de combustible.

4. Para el montaje, invierta el orden seguido para el desmontaje. Apriete la tuerca de seguridad con un par de 22 libras-pie (22R-E), o los tornillos a 44-60 libras-pulgada (3Y-EC).

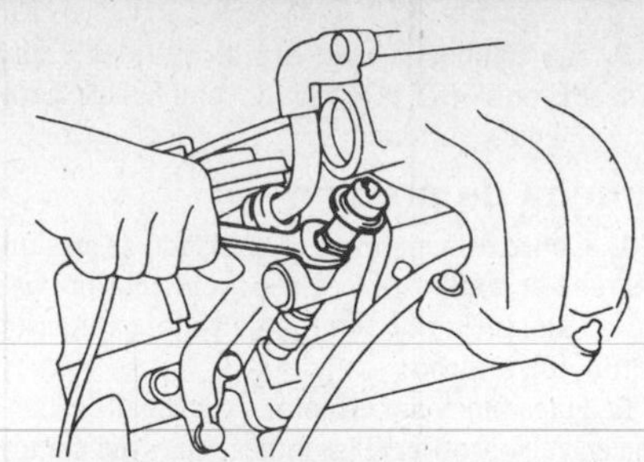

Extracción del regulador de presión — motor 22 R-E

Inyector de combustible

Para mayor información sobre el sistema de inyección de combustible, consulte Inyección de combustible, en la sección de Reparaciones.

PRUEBA

Existen dos sistemas para comprobar el funcionamiento de cada inyector mientras está montado en el motor. Uno de ellos consiste en utilizar un barato estetoscopio mecánico y escuchar el ruido del inyector. El otro sistema consiste en controlar continuamente, con un óhmetro el terminal de cada inyector. La resistencia debe ser de 1.5 a 3.0 ohmios.

DESMONTAJE Y MONTAJE

1. Consulte los procedimientos en el apartado Cámara de admisión de aire y cuerpo de la válvula de mariposa, desmontaje y montaje, en esta sección, y desmonte la cámara de aire.

2. Desconecte el conector de cables del inyector.

3. Desconecte el tubo de combustible del tubo de alimentación.

4. Saque los dos tornillos de fijación (22R-E) o el tornillo y tuerca (3Y-EC) y retire el inyector con su tubo de alimentación. Tenga mucho cuidado al manipular los inyectores ¡NO LOS DEJE CAER! ¡CONSÉRVELOS LO MÁS LIMPIOS POSIBLE!

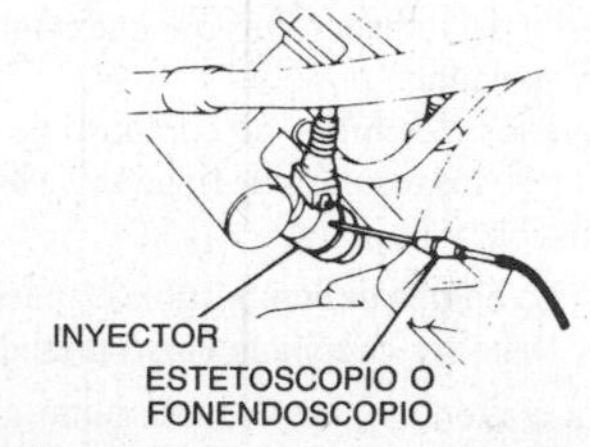

Escuche el inyector con un estetoscopio de mecánico

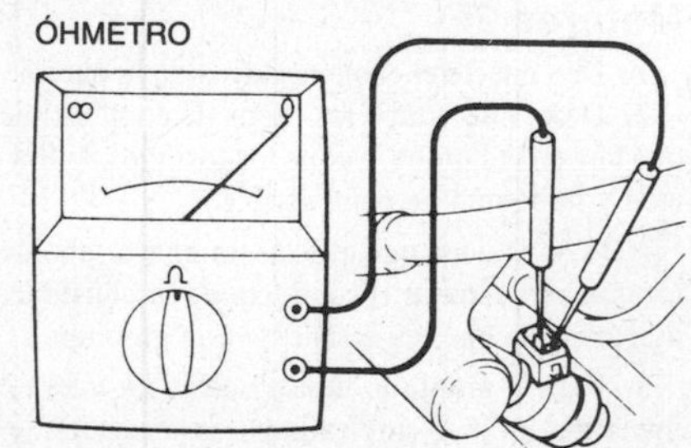

Comprobación del inyector con un óhmetro

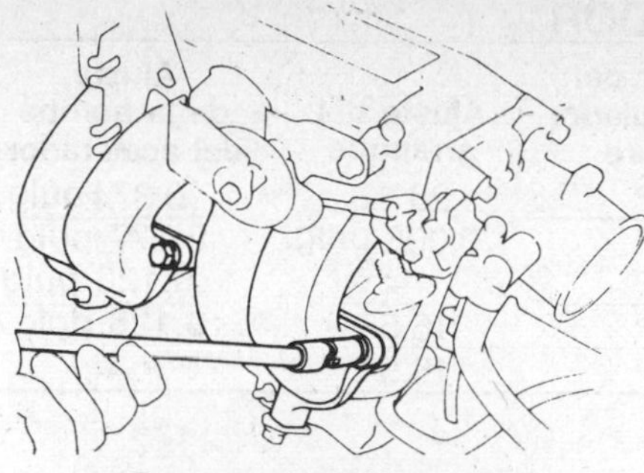

Desmontaje del inyector

NOTA: Pueden llevarse a cabo pruebas de rendimiento de los inyectores, pero para ello se requieren herramientas especiales que son bastante caras. Si no dispone de tales herramientas, siga el procedimiento de verificación indicado arriba. Si dispone de las herramientas, en las mismas figuran las instrucciones necesarias para su empleo.

5. Para el montaje, utilice juntas tóricas nuevas e invierta el procedimiento seguido para el desmontaje. Los tornillos de sujeción se aprietan a 12-16 libras-pie. Compruebe si hay pérdidas de combustible.

NOTA: Cada inyector debe llevar cuatro arandelas aislantes. Antes del montaje recubra las juntas tóricas con gasolina limpia. Antes de apretar los tornillos de sujeción, asegúrese de que el inyector rueda suavemente en su agujero. En caso contrario, las juntas tóricas están torcidas.

Carburador

DESMONTAJE Y MONTAJE

1. Desconecte el cable negativo de la batería.

2. Ponga etiquetas de identificación y desconecte los tubos de control de emisión. Desconecte el tubo de admisión de aire. Saque el soporte y las tuercas de palomilla, y luego levante el filtro de aire del carburador.

3. En el motor 20R, descargue el refrigerante del motor y desconecte el tubo del calefactor de la unidad del estrangulador de aire.

4. Si el vehículo lleva transmisión automática, desconecte el cable o varilla de la válvula de mariposa. Desconecte el tubo de combustible, el tubo del control de emisión, el tubo PCV (ventilación positiva del cárter) y el(los) conector(es) de cables del carburador.

5. Desconecte los enlaces del acelerador y el tubo del estrangulador de aire (si existe).

6. En los motores 2F, desconecte el cable de la válvula electromagnética del terminal de la bobina y el cable del estrangulador del carburador.

7. Saque los tornillos y tuercas de unión del carburador al múltiple, y levante el carburador para retirarlo del múltiple.

8. Cubra el múltiple abierto con un trapo limpio, a fin de evitar que puedan entrar en el motor polvo o pequeños objetos.

9. Para el montaje, invierta el orden seguido para el desmontaje. Una vez el motor en marcha, compruebe si existen pérdidas de combustible o de vacío.

1. Surtidor de la bomba
2. Muelle
3. Bola de verificación de la salida
4. Venturi secundario
5. Venturi primario
6. Émbolo de la bomba
7. Muelle
8. Retención de la bola
9. Bola de verificación de entrada
10. Tapón
11. Muelle
12. Bola de verificación de salida AAP
13. Tapón
14. Bola de verificación de entrada AAP
15. Posicionador de la válvula de mariposa
16. Tapa de la válvula termostática
17. Válvula termostática
18. Surtidor primario lento
19. Válvula de potencia
20. Surtidor de potencia
21. Visor
22. Fijación del visor
23. Tapa del alojamiento del diafragma
24. Muelle
25. Diafragma
26. Alojamiento
27. Leva de la velocidad de marcha en vacío rápida
28. Válvula de solenoide
29. Cuerpo del carburador
30. Diafragma
31. Muelle
32. Alojamiento AAP
33. Surtidor secundario principal
34. Surtidor primario principal

Principales componentes del carburador - motor 20R

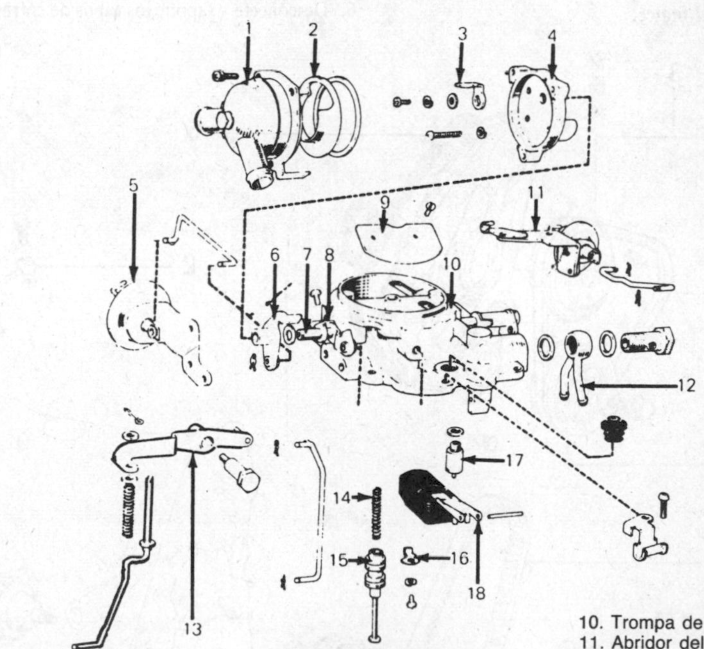

1. Alojamiento del serpentín de agua del estrangulador
2. Placa del alojamiento del estrangulador
3. Palanca del estrangulador
4. Cuerpo del alojamiento del estrangulador
5. Disyuntor del estrangulador
6. Palanca de descarga
7. Eje del estrangulador
8. Palanca de conexión
9. Válvula del estrangulador
10. Trompa de aire
11. Abridor del estrangulador
12. Unión
13. Brazo de la bomba
14. Muelle
15. Pistón de potencia
16. Retención del pistón
17. Juego de válvula de aguja
18. Boya

Piezas del carburador con boca de aire - motor 20R

ESPECIFICACIONES DEL CARBURADOR

Año	Motor	Ajuste del nivel del flotador	Ajuste de la velocidad en vacío rápida	Descarga del estrangulador de aire	Ruptor del estrangulador de aire	Ajuste del arranque	Ajuste de la bomba del acelerador
'79–'84	2F	0.295 pulg.④	—	50°	38°	28° ⑦	0.374 pulg.
'79–'80	20R	0.280 pulg.	0.047 pulg.⑤	50°	38°	0.008 pulg.	0.177 pulg.②
'81–'82	22R	0.413 pulg.③	24°	45° ⑥	38°	—	0.126 pulg.
'83–'84	22R	0.386 ③	22°	50°	42°	16.5°	0.126 pulg.⑧
'85–'86	22R	0.386 ③	23°	45°	42°	16.5°	—

② '80 20R-0.154 pulgadas
③ Posición levantada; posición bajada 1.89
④ Posición levantada; posición bajada 0.043
⑤ Sólo '79, '80; 20° - véase el texto
⑥ Excepto Canadá. Canadá: 50°
⑦ Excepto California. California: 25°
⑧ California - 0.150 pulgadas

SISTEMA DE ALIMENTACIÓN DE COMBUSTIBLE DIESEL

Bomba de inyección

DESMONTAJE Y MONTAJE

NOTA: Colocando una llave en el tornillo central de la polea del cigüeñal, haga rotar el motor (solamente en el sentido de las agujas del reloj) hasta que la marca PMS de la polea quede alineada con el indicador. Compruebe que las válvulas del cilindro número uno están cerradas (balancines sueltos). Si las válvulas no están cerradas, haga rotar 360° el motor y vuelva a alinear la marca del PMS con el índice.

1. Consulte el procedimiento Correa de Distribución, desmontaje y montaje, en esta sección, y saque la correa de distribución.

NOTA: Con un pedazo de tiza o lápiz, marque las posiciones relativas entre cada uno de los engranajes de sincronización y la correa, y luego el sentido de giro de la correa de sincronización.

2. Desconecte el tubo compensador de empuje y el conector eléctrico de la bomba de inyección de combustible.

3. Desconecte los tubos de combustible de los conductos de entrada y salida.

4. Desmonte la varilla de conexión del acelerador. En el motor 2L-T, saque el enlace del acelerador.

5. Desconecte los tubos de derivación del agua. Desconecte los tubos de inyección de combustible de la bomba de inyección y los inyectores, a continuación saque los tubos de inyección.

6. Desconecte y tapone los tubos de entrada y salida de combustible en la bomba de inyección.

7. Utilizando la llave de tuercas, útil n.º 09278-54011, saque la tuerca de la rueda dentada de la bomba de inyección. Con el extractor, útil n.º 09213-60017, saque la rueda dentada de la bomba de inyección.

NOTA: Compruebe la señal hecha en fábrica, que sirve para la alineación, la cual se encuentra junto al tornillo de fijación exterior de la bomba. Esta señal indica la colocación correcta entre la bomba y el conjunto de la caja de sincronización. Al efectuar el montaje alinee dicha señal.

8. Saque las tuercas y tornillos, así como la bomba de inyección.

ATENCIÓN

NO desmonte la bomba de inyección; tan sólo los talleres de reparación autorizados por la marca disponen de los medios para hacerlo. No pueden efectuarse ninguna clase de ajustes en la bomba.

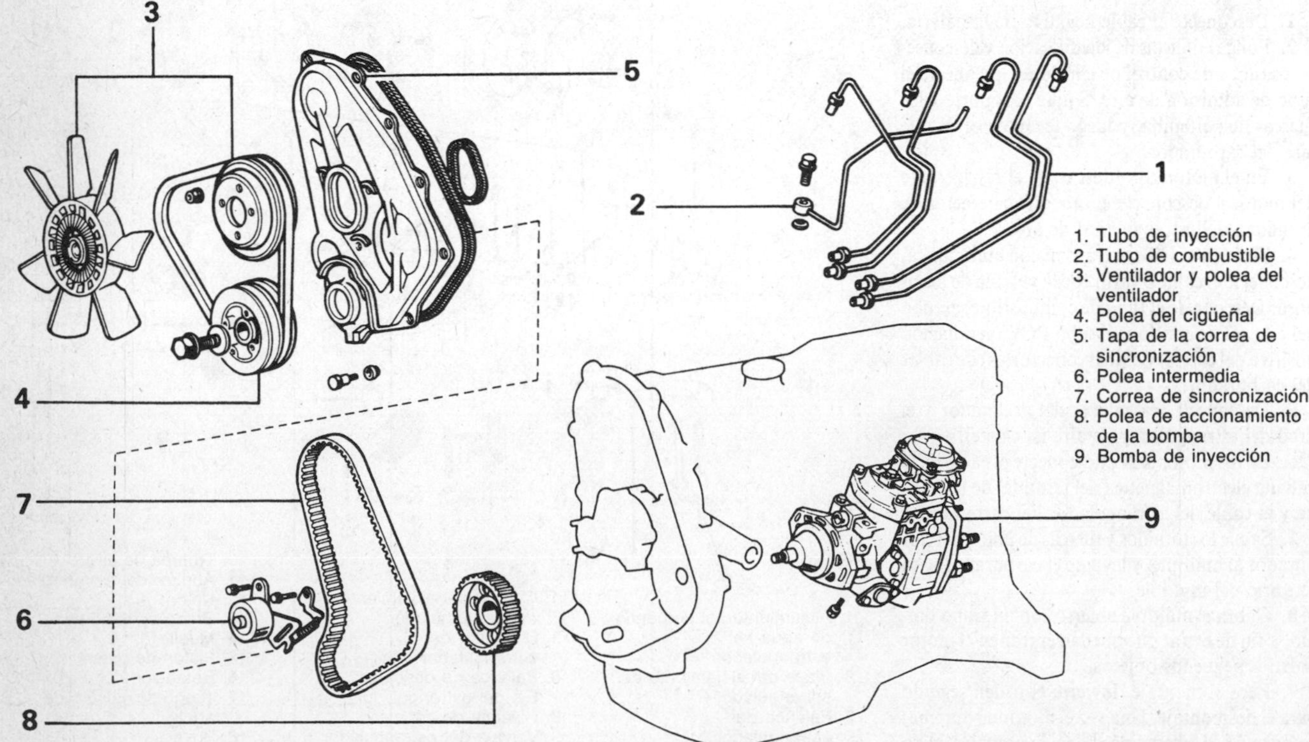

Bomba de inyección del motor diesel y componentes relacionados con la misma

9. Para el montaje, utilice juntas nuevas e invierta el orden empleado en el desmontaje. Las tuercas de la bomba de inyección a la bomba de aceite se aprietan a 15 libras-pie, y los tornillos de sujeción a 13 libras-pie. Ajuste la correa de sincronización, las correas de transmisión y la puesta a punto del encendido. Vuelva a llenar el sistema de refrigeración.

NOTA: Cada vez que se haya trabajado en el sistema de alimentación de un motor diesel, accione de 30 a 40 veces la palanca de cebado que existe en el conjunto sedimentador de combustible, a fin de eliminar el aire de la instalación.

Inyector de combustible

DESMONTAJE

1. Desconecte los cables (L) o el cable (2L y 2L-T) negativos de la batería.

2. En los motores 2L-T, desmonte el tubo PCV, el tubo n.º 1 del filtro de aire, el tubo del filtro de aire con el tubo n.º 2, los conductos de calefacción de la brida de admisión, los tornillos del soporte y el tubo de admisión de aire.

3. Desmonte las abrazaderas de sujeción del tubo de inyección al múltiple (si las lleva), los tubos de los inyectores, los tubos de la bomba de inyección, y los tubos de inyección del vehículo.

4. Saque el tubo de retorno de los inyectores y anote la posición de cada arandela de cierre.

5. Utilizando la herramienta n.º 09260-46012, saque el(los) inyector(es) de la culata, anotando las respectivas posiciones de los asientos de los inyectores y las juntas de los asientos.

ATENCIÓN

NO permita que entre polvo en el motor a través de los orificios de los inyectores.

NOTA: Elimine las acumulaciones de carbonilla que haya en los orificios de los inyectores.

6. Conserve los inyectores en orden, a fin de que puedan volver a montarse en sus posiciones originales.

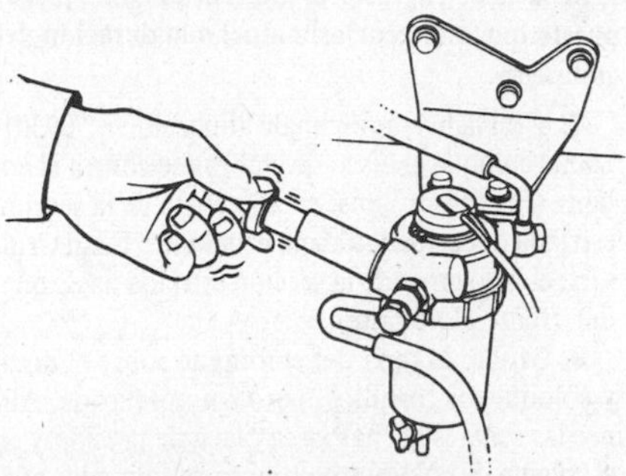

Situación de la bomba cebadora en el sistema de alimentación del motor diesel.Hay que bombear 30 o 40 veces cuando se haya trabajado en el sistema de alimentación, a fin de eliminar el aire existente- motor L

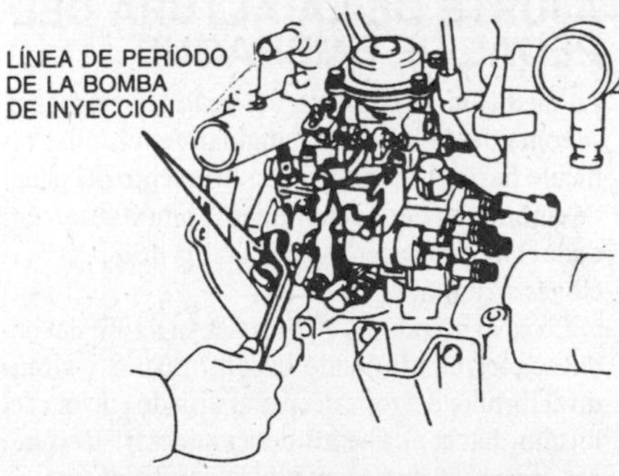

Verificación de la alineación de la bomba de inyección de combustible - motor diesel

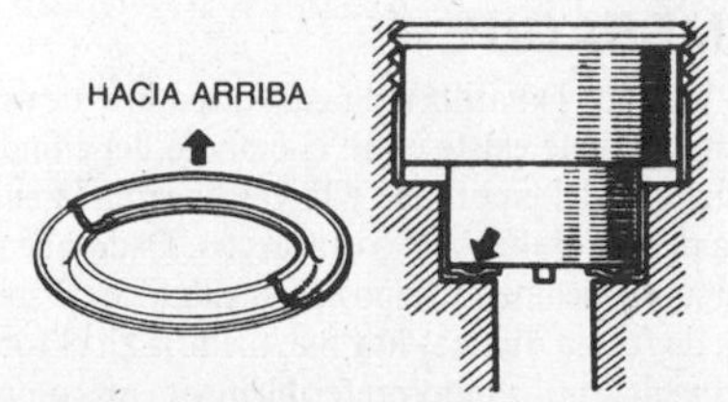

Montaje correcto del asiento del inyector - motor diesel

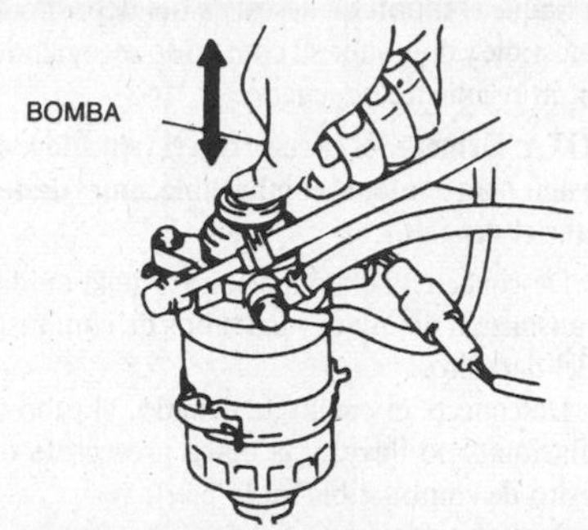

Empleo del sedimentador para cebar el sistema de alimentación de combustible - motores diesel 2L y 2L-T

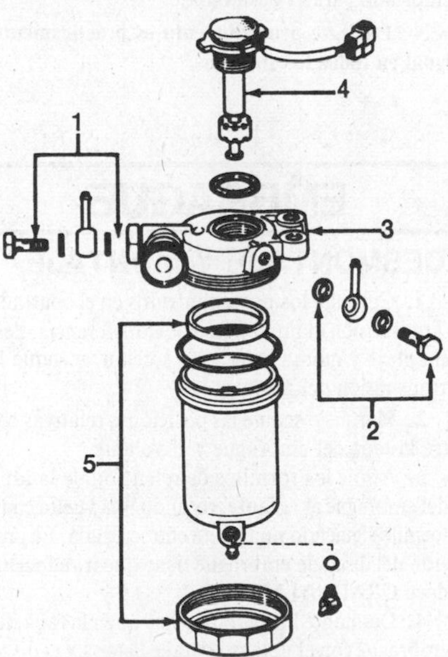

1. Tornillo de continuación del tubo de combustible
2. Tornillo de continuación del tubo de combustible
3. Cuerpo del filtro de combustible
4. Interruptor de aviso de nivel
5. Caja de sedimentos del combustible y tuerca

Despiece del sedimentador de combustible - motor diesel L

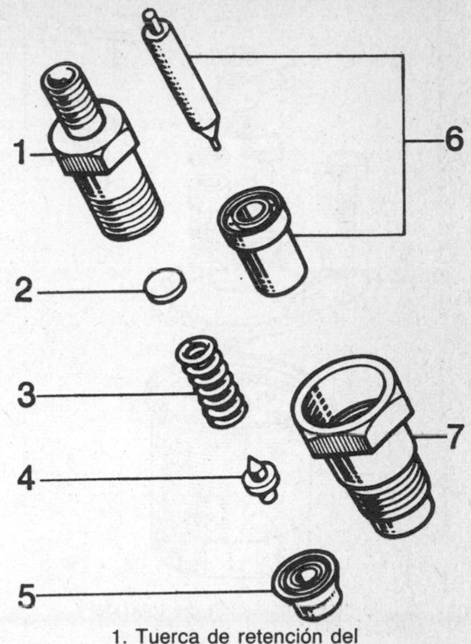

1. Tuerca de retención del soporte del inyector
2. Suplemento de ajuste
3. Muelle de presión
4. Aguja de presión
5. Separador
6. Grupo inyector
7. Cuerpo del soporte del inyector

Despiece del inyector de combustible en el motor diesel

7. Si el motor presenta señales de fallar, emite un humo excesivo o una notable pérdida de potencia, lo mejor es que haga comprobar los inyectores por un profesional, a fin de que verifique la presión de apertura, pérdidas y forma del chorro de salida.

8. Para el montaje, utilice juntas nuevas e invierta el procedimiento empleado para el desmontaje. El par de apriete del inyector o inyectores a la culata es de 51 libras-pie, el de las tuercas de los tubos de retorno a los inyectores es de 36 libras-pie, los tornillos de los tubos de inyección al múltiple de admisión es de 18 libras-pie.

NOTA: El asiento del inyector se coloca entre el inyector y la junta de asiento; debe colocarse con el lado cóncavo del asiento hacia el inyector. Después de haber llevado a cabo algún trabajo en el sistema de alimentación de un motor diesel, hay que accionar varias veces la palanca de cebado, que se encuentra en el grupo de sedimentación de combustible, hasta que se note más resistencia.

LIMPIEZA

1. Utilizando la herramienta n.º 09260-46012, saque la tuerca de fijación del soporte del inyector, que se encuentra en el cuerpo del mismo.

2. Saque el muelle de presión, el suplemento de ajuste, la aguja de presión, la pieza de separación y el conjunto del inyector.

ATENCIÓN

Al desmontar el soporte del inyector, proceda con cuidado, a fin de que no se caigan las piezas interiores.

3. Limpie los inyectores con gasóleo limpio.

4. Saque la carbonilla de la punta de la aguja

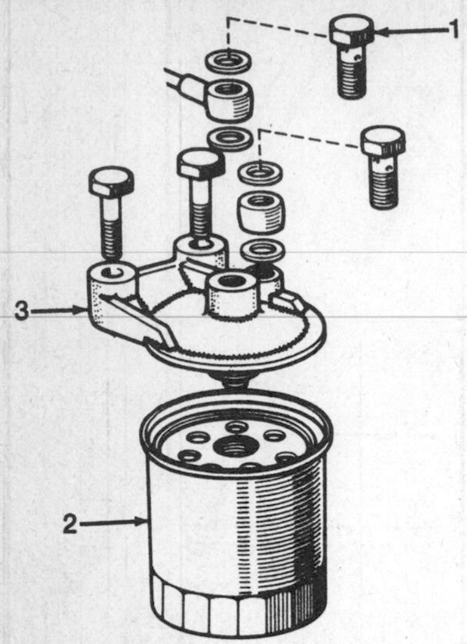

1. Tornillo de continuación del tubo del combustible
2. Filtro de combustible y junta tórica
3. Cuerpo superior del filtro de combustible

Despiece de filtro y cuerpo del filtro de combustible - motor diesel L

del inyector con un pequeño palito de madera. JAMÁS debe usar un objeto metálico para limpiar la punta del inyector.

NOTA: NO toque las superficies de contacto del inyector con los dedos.

5. Elimine la carbonilla del exterior del cuerpo del inyector con un cepillo de cerdas de latón. NO UTILICE un cepillo que tenga cerdas regulares de acero.

6. Examine todas las piezas para ver si presentan daños y/o corrosión. Caso de que aparezca alguna de dichas señales, hay que cambiar todo el conjunto.

7. Para el montaje, siga el orden inverso empleado en el desmontaje. La tuerca de fijación del soporte del inyector se aprieta a 51 libras-pie.

Filtro/sedimentador del combustible

DESMONTAJE Y MONTAJE

1. Coloque un recipiente debajo del filtro de combustible, saque el tapón de descarga y drene el contenido del filtro.

2. Desconecte el conector eléctrico del interruptor de aviso. Con unas pinzas, saque el interruptor de aviso y la junta.

3. Desconecte la abrazadera de retención del filtro de combustible.

4. Utilizando la herramienta nº 09228-64010, saque el filtro de combustible y la junta tórica.

5. Para el montaje, utilice una junta tórica nueva e invierta el procedimiento empleado para el desmontaje.

NOTA: Antes del montaje, recubra ligeramente la junta tórica con combustible. Primero apriete el filtro con la mano y luego utilice la herramienta.

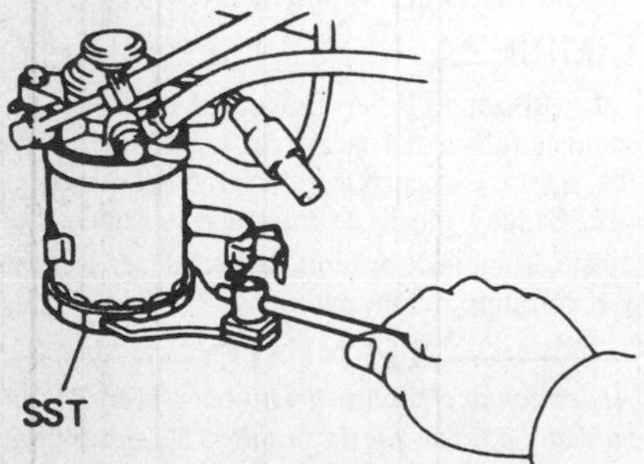

Con ayuda del útil 09228-64010 desmonte el filtro de combustible del sedimentador - motores diesel 2L y 2L-T

Depósito de combustible

DESMONTAJE Y MONTAJE

1. Desconecte los cables (L) o el cable (2L y 2L-T) negativos de la batería.

2. Levante la parte posterior del vehículo y apóyelo sobre soportes.

3. Saque el tapón de descarga del depósito de combustible y deje salir su contenido recogiéndolo en un recipiente adecuado.

NOTA: Lo mejor es circular con el vehículo todo lo posible para agotar el combustible, antes de desmontar el depósito.

4. Desconecte la clavija eléctrica de la unidad de transmisión del nivel y los tubos de combustible del depósito.

5. Desconecte el cuello de llenado, el tubo de ventilación (si lo lleva) y la placa protectora del depósito de combustible (si la hay).

6. Saque las fijaciones del depósito y baje cuidadosamente el depósito del vehículo.

7. Para el montaje, invierta el procedimiento empleado para el desmontaje.

NOTA: Este procedimiento es prácticamente igual en todos los modelos.

EMBRAGUE

DESMONTAJE Y MONTAJE

1. Consulte los procedimientos en el apartado Transmisión manual y caja de transferencia, desmontaje y montaje, de esta sección, y saque la transmisión del motor.

2. Marque o señale las posiciones relativas entre la tapa del embrague y el volante.

3. Afloje los tornillos de retención de la tapa del embrague al volante, rotando una vuelta cada tornillo siguiendo una pauta entrecruzada. La presión del disco de embrague tiene que ir reduciéndose GRADUALMENTE.

4. Desmonte los tornillos que unen la tapa del embrague con el volante. Saque la tapa y el disco de embrague.

5. Si se debe cambiar el cojinete de desacoplo, proceda del siguiente modo:

a. Desmonte la(s) pinza(s) de retención, del cojinete, y luego extraiga el cojinete y el cubo.

b. Saque la horquilla de desacoplo y la envoltura.

c. El cojinete se halla montado a presión dentro del cubo.

NOTA: En algunos casos, puede adquirirse el cojinete con el cubo en tiendas de automoción. Si éste no es el caso con su modelo, póngase en contacto con un taller y pida que le cambien el cojinete con una prensa hidráulica. El empleo de otros medios para cambiar el cojinete puede causar accidentes personales.

d. Limpie todas las piezas y aplique un poco de grasa a las estrías del eje de entrada y en todos los puntos de contacto.

e. Monte el conjunto de cojinete/cubo, horquilla, envoltura y sujeción(es) en sus posiciones originales.

6. Compruebe la superficie del volante, a fin de detectar posibles fisuras, recalentamientos (zonas azuladas) y deformaciones. Si descubre aceite en la superficie del volante, significa que el retén de aceite posterior del motor o el retén delantero de la transmisión pierden. En caso necesario, consulte la sección adecuada para proceder al cambio del retén.

NOTA: Antes de montar cualquier pieza, asegúrese de que está bien limpia. Al hacer el montaje no se debe engrasar ni lubricar ninguna pieza, puesto que esto acortaría mucho la duración del embrague.

7. Con la herramienta de alineación nº 09301-20020 coloque el disco de embrague contra el volante (Pickups y Vans: el lado corto de la sección estriada debe quedar hacia el volante; Land Cruisers: el lado largo de la sección estriada ha de quedar frente al volante).

8. Monte la tapa del embrague sobre el disco y coloque los tornillos, pero sin apretarlos. Alinee las señales hechas en la placa de presión y en el volante. Si coloca un conjunto de embrague nuevo, o que ha sido reparado, utilice como referencia la marcha hecha sobre la tapa del grupo viejo. Los tornillos de unión de la placa de presión con el volante se aprietan con un par de 14 libras-pie (apretándolos según una pauta entrecruzada).

AJUSTE DE LA ALTURA DEL PEDAL DE EMBRAGUE

La medición de la altura del pedal de embrague se toma desde la sección angular del piso del vehículo hasta el centro del recubrimiento del pedal de embrague. Para determinar la altura recomendada, hay que hacer uso de la tabla de especificaciones adjunta.

En caso necesario, el ajuste de la altura del pedal se efectúa aflojando la contratuerca y girando el tornillo del tope del pedal situado encima del mismo, hacia el asiento del conductor. Después del ajuste, vuelva a apretar la contratuerca.

AJUSTE DEL JUEGO DE LA VARILLA DEL PEDAL DE EMBRAGUE

El juego de la varilla del pedal de embrague es la distancia que existe entre el émbolo del cilindro principal del embrague y la varilla situada encima del pedal, hacia el cortafuegos. Dado que resulta prácticamente imposible medir dicha distancia de forma directa, hay que medirla en el forro del pedal, utilizando preferiblemente un comparador de esfera. Consulte la tabla adjunta para conocer el juego que se recomienda.

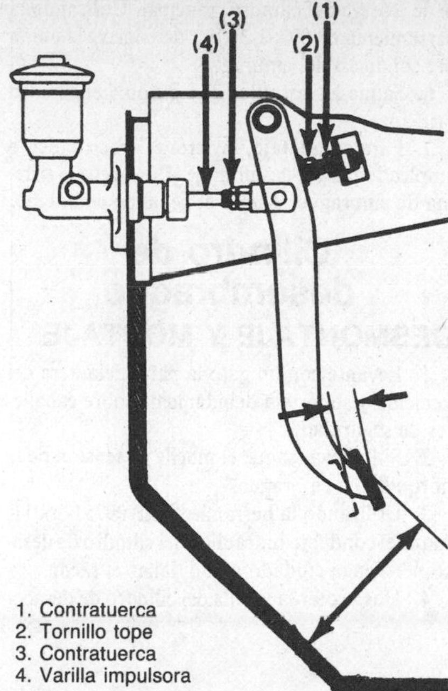

1. Contratuerca
2. Tornillo tope
3. Contratuerca
4. Varilla impulsora

Puntos característicos de ajuste del pedal de embrague en los Pickups. La distancia comprendida entre los extremos de la flecha larga indica la altura del pedal. La distancia entre las dos flechas cortas es el juego libre del pedal. El juego de la varilla impulsora es únicamente un pequeño movimiento del pedal

En caso necesario, ajuste el juego del pedal de embrague aflojando la contratuerca de la varilla y haciendo rotar a esta última. Después del ajuste, vuelva a apretar la contratuerca.

AJUSTE DEL JUEGO DEL EXTREMO DE LA HORQUILLA DEL EMBRAGUE

Este juego es el recorrido total evidente que existe en el extremo de la horquilla de desacoplo del embrague, en el punto donde dicha horquilla entra en contacto con la varilla del cilindro. Para determinar el juego recomendado de la horquilla hay que consultar la tabla de especificaciones adjunta.

Para el ajuste del juego del extremo de la horquilla tiene usted que aflojar la contratuerca de la varilla del cilindro de desacoplo y alargar o acortar dicha varilla, según convenga.

NOTA: Existen modelos que no disponen de varillas ajustables en el cilindro de desacoplo. Dichos modelos se conocen por no llevar tuercas de ajuste en la varilla.

AJUSTE DEL JUEGO LIBRE DEL PEDAL DE EMBRAGUE

La medida del juego libre es la distancia comprendida entre el recorrido total del embrague, desde su posición completamente desacoplada, hasta el punto donde se nota la resistencia así que se va apretando el pedal hacia abajo. Para determinar el juego recomendado del pedal, hay que consultar la tabla de especificaciones adjunta.

Si el juego del pedal no es el correcto, hay que llevar a cabo los ajustes previos y luego sangrar la instalación de acuerdo con el procedimiento que sigue. Si en la tabla de especificaciones no consta el juego del pedal de embrague correspondiente a su modelo, efectúe los ajustes anteriores y pase por alto la medición del juego del pedal.

Cilindro principal del embrague

DESMONTAJE Y MONTAJE

ATENCIÓN

El fluido de frenos disuelve la pintura. NO permita que gotee sobre la carrocería del vehículo cuando desmonte el cilindro principal.

Modelos Pickup y Land Cruiser

1. Desconecte el pasador de la varilla del cilin-

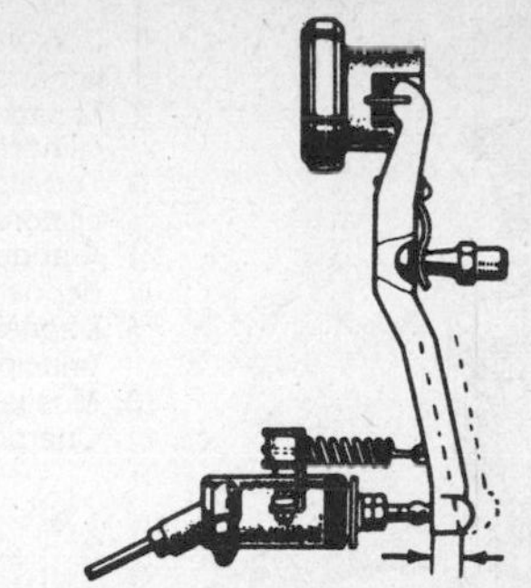

Medición del juego en el extremo de la horquilla - típica

dro principal que se encuentra en la parte superior del pedal de embrague.

2. Utilizando la herramienta n.º 09751-36011, saque el conducto hidráulico del cilindro principal, procurando no dañar el rácor de compresión.

3. Saque las tuercas y tornillos de fijación del cilindro principal al cubretablero.

4. Para el montaje invierta el orden empleado para el desmontaje. Apriete parcialmente el conducto hidráulico antes de apretar la(s) tuerca(s) del cilindro principal. Las tuercas y tornillos se aprietan con un par de 9 libras-pie. Sangre el sistema de embrague. Ajuste el juego de la varilla.

Vans (Furgonetas)

1. Desconecte el cable negativo de la batería.

2. Saque la tapa del recipiente de reserva que hay en el panel de acabado del panel de instrumentos, los tornillos de fijación, y luego tire del panel de acabado para sacarlo.

3. Saque los tornillos de fijación y tire hacia adelante del panel de instrumentos, luego desconecte el velocímetro y los conectores eléctricos del mismo.

4. Desmonte los conductos de aire n.º 3, n.º 1 y n.º 2.

5. Desconecte y tapone el conducto del recipien-

ESPECIFICACIONES PARA EL AJUSTE DEL EMBRAGUE

(Todas las medidas en pulgadas)

Año	Modelo	Pedal			Juego de la punta de la horquilla
		Altura	Juego de varilla	Juego libre	
'79	Pickup	6.0-6.4	0.020-0.200	0.200-0.600	—
'80-'82	Pickup	6.0-6.4	0.040-0.200	0.200-0.600 ①	②
'79	Land Cruiser 2 dr.				
	con SF ③	8.5	0.020-0.120	—	0.120-0.160
	sin SF ④	7.9	0.020-0.120	—	0.120-0.160
'80-'84	Land Cruiser 2 dr.	8.5	0.040-0.200	—	0.157-0.197
'79	Land Cruiser Wagon				
	con SF ③	7.3	0.020-0.200	—	0.120-0.160
	sin SF ④	6.8	0.020-0.200	—	0.120-0.160
'80-'84	Land Cruiser Wagon	7.7	0.040-0.200	—	0.160-0.197
'83	Pickup	5.98-6.38	—	0.20-0.59	⑤
'84	Pickup	5.94	0.039-0.197	0.20-0.59	⑤
'85	Pickup	5.67 ⑥	0.039-0.197	0.20-0.59	⑤
'83-'86	Van	6.57-6.97 ⑥	0.039-0.197	0.20-0.59	⑦

① Modelos 4WD'80 - 0.980-1.770
② Modelos 4WD'80 - 0.079-0.118
③ Con servofreno
④ Sin servofreno
⑤ No ajustable
⑥ Desde el asfalto
⑦ Autoajustable

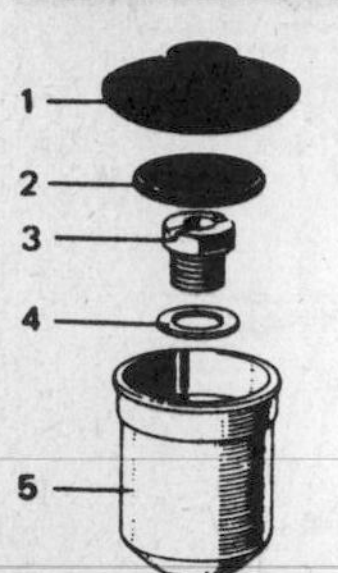

1. Conjunto del tapón de llenado del depósito
2. Flotador del depósito del cilindro principal
3. Tornillo del depósito del cilindro principal
4. Arandela del tornillo del depósito
5. Depósito del cilindro principal
10. Muelle de compresión
11. Cuerpo del cilindro principal
12. Pistón del cilindro principal
13. Vaso del cilindro
14. Arandela plana
15. Anillo elástico del agujero
16. Capuchón del cilindro principal
17. Vástago del cilindro principal
18. Tuerca
19. Abrazadera en V del vástago del cilindro principal

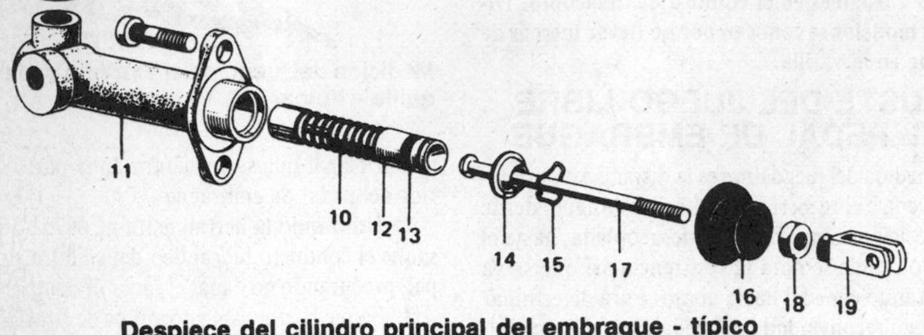

Despiece del cilindro principal del embrague - típico

te de reserva del cilindro principal. Utilizando la herramienta n.º 09751-36011, desconecte la unión del conducto del embrague.

6. Saque los tornillos de fijación y el cilindro principal.

7. Para el montaje, invierta el procedimiento empleado para el desmontaje. Descargue el sistema de embrague. Ajuste el pedal de embrague.

Cilindro de desembrague

DESMONTAJE Y MONTAJE

1. Levante con un gato la parte delantera del vehículo y sopórtela debidamente sobre caballetes de seguridad.

2. Si lo lleva, saque el muelle de tensión de la horquilla de embrague.

3. Utilizando la herramienta n.º 09751-36011, saque el conducto hidráulico del cilindro de desacople. Tenga cuidado en no dañar el rácor.

4. Haga rotar la varilla del cilindro de desaco-

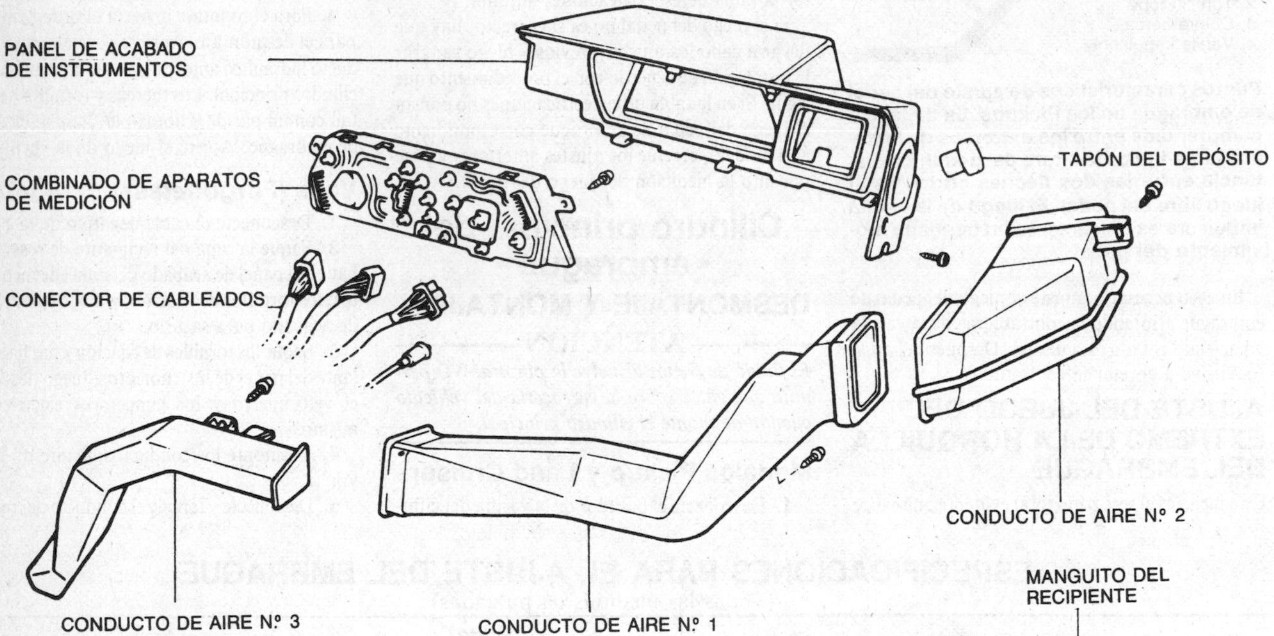

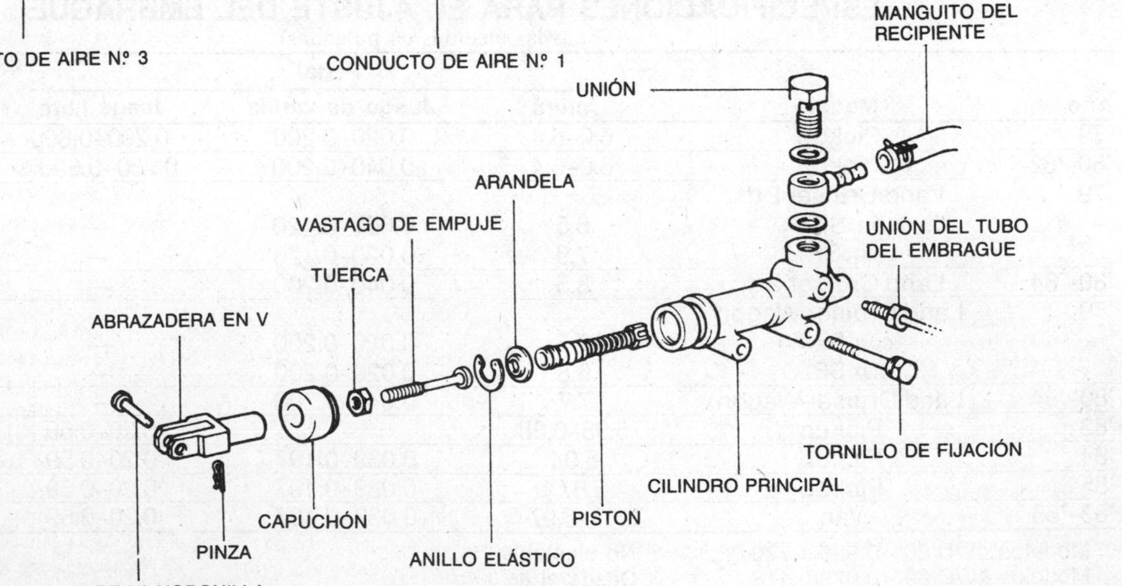

Desmontaje del cilindro principal del embrague - Vans

plo todo lo que sea preciso para que se separe de la horquilla.

5. Saque los tornillos de montaje y retire el cilindro.

6. Para el montaje, invierta el procedimiento indicado para el desmontaje. Sangre el sistema de embrague. Ajuste la holgura del extremo de la horquilla.

Sangrado del sistema hidráulico

NOTA: Este procedimiento puede aplicarse cuando se ha sacado el cilindro principal o el cilindro de desacoplo, o cuando han surgido problemas en alguno de los conductos hidráulicos.

ATENCIÓN

NO deje caer salpicaduras sobre la carrocería del vehículo, ya que se estropearía la pintura.

1. Llene el depósito del cilindro principal con líquido de frenos.

2. Saque la tapeta y afloje el tornillo de sangrado del cilindro de desembrague. Tape el agujero con el dedo.

3. Debe tener un ayudante que le apriete varias veces el pedal de embrague. Saque el dedo del agujero cuando se apriete el pedal, a fin de que pueda salir el aire contenido en la instalación. Cada vez que se suelte el pedal debe volverse a colocar el dedo en el agujero.

4. Cuando note la presión del líquido (sobre su dedo) apriete el tornillo de sangrado.

5. Coloque un pedazo de tubo sobre el tornillo de descarga de manera que el otro extremo del mismo quede introducido en un bote semilleno con fluido de frenos limpio.

6. Apriete el pedal de embrague y afloje el tornillo de sangrado de manera que pase líquido al bote.

7. Apriete el tapón y luego suelte el pedal de embrague.

8. Repita este procedimiento hasta que no se observen burbujas de aire en el tubo de sangrado.

9. Cuando ya no se perciban burbujas en el sistema, apriete el tapón a fondo mientras tiene el pedal bajado. Cambie la tapeta de plástico.

10. Llene el cilindro principal hasta conseguir el nivel correcto de fluido de frenos. Compruebe si existen pérdidas en el sistema.

TRANSMISIÓN MANUAL

DESMONTAJE Y MONTAJE

Modelos Pickup y Van 2WD

1. Desconecte los cables (L) o el cable (2L y 2L-T) negativo(s) de la batería.

2. Si va equipado con cambio en el piso (Pickup), lleve a cabo lo siguiente:

a. Desmonte la consola central que hay en el piso, si la lleva.

b. Saque la palanca de cambio, luego la moqueta o estera, junto con el fuelle de la palanca, a fin de tener acceso a dicha palanca de cambio.

c. Con ayuda del útil para desmontar la palanca de cambio n.º 09305-20011 (1979) ó 09305-20012 (1980 y posteriores) saque la palanca del cambio.

NOTA: En los modelos Pickup (1984 y posteriores), el fuelle y la palanca, se desmontan desde el interior del vehículo.

3. Levante y soporte el vehículo sobre apoyos. Descargue el fluido de la transmisión.

4. Trace señales en la brida del árbol de transmisión y la brida del piñón del diferencial, a fin de conocer su respectiva posición. Estas marcas deben alinearse cuando se efectúe el montaje.

5. Saque los tornillos de la brida del árbol de transmisión y los tornillos de fijación del cojinete de soporte central al bastidor (si lleva árbol de transmisión de dos piezas). Baje el árbol de transmisión para sacarlo del vehículo. Utilizando la herramienta n.º 09325-20010 (Pickup), introdúzcala en el extremo de la transmisión para evitar la pérdida de aceite.

6. En los modelos furgonetas (Van), desconecte el cambio y los cables de selección de las palancas externas de selección, las pinzas y los cables.

7. Desconecte el conector eléctrico del interruptor de la luz de marcha atrás y el cable del velocímetro de la transmisión, y luego ate el cable para apartarlo de la zona.

8. Desconecte los cables del motor de arranque. Saque los tornillos de fijación del motor de arranque y bájelo del vehículo.

9. Saque la abrazadera del tubo de escape y dicho tubo.

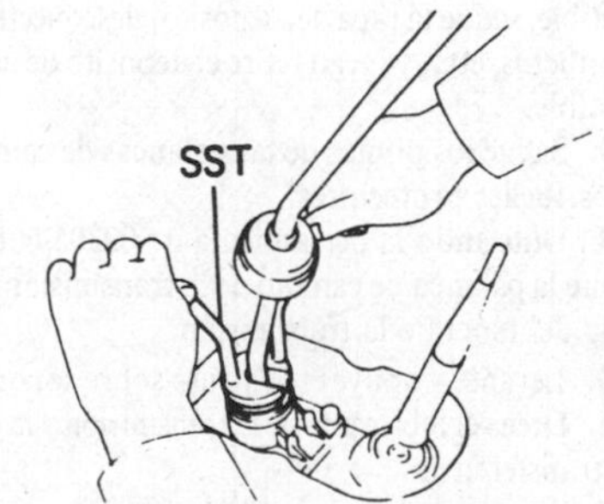

Empleo de la herramienta 09305-20012 para desmontar la palanca del cambio

10. Si el conducto hidráulico del cilindro de desacoplo del embrague se encuentra fijado por una abrazadera al bastidor, saque el tornillo de la abrazadera de fijación. Saque los tornillos de fijación del cilindro de desacoplo y el muelle de la horquilla (si lo lleva). Ate el cilindro de desacoplo fuera de la zona.

NOTA: No es necesario desconectar el conducto hidráulico del cilindro de desacoplo.

11. En los vehículos con cambio en la columna, desconecte el enlace de la palanca del selector del cambio en la transmisión y retire los ejes transversales de la transmisión.

12. Soporte la parte trasera de la transmisión con un gato y saque los tornillos de fijación de la transmisión al soporte de montaje transversal, los tornillos de fijación del soporte de montaje transversal al bastidor y retire dicho soporte de montaje transversal del vehículo.

NOTA: Cuando saque el miembro transversal, levante la parte trasera de la transmisión, LIGERAMENTE, tan sólo lo suficiente para sostener el soporte de montaje.

13. Coloque un soporte debajo del motor, con un bloque de madera (grueso de 3/4 de pulgada) entre el soporte y el cárter de aceite del motor.

ATENCIÓN

El bloque de madera y el soporte no deben estar situados a más de 1/4 de pulgada del motor, de manera que cuando se baje el motor, no se produzcan daños en los componentes. Si es posible, suplemente el soporte de modo que el bloque de madera toque el motor.

14. Saque los tornillos de fijación de la transmisión al motor, haga retroceder la transmisión hacia atrás y abajo, para separarla del motor.

NOTA: Cuando saque la transmisión, tenga cuidado en no dañar el deflector de polvo de la prolongación de la caja.

15. Para el montaje, invierta el procedimiento empleado para el desmontaje. Los tornillos de fijación de la transmisión al motor se aprietan a 53 libras-pie, los tornillos de la placa de refuerzo a 27 libras-pie, los tornillos del soporte de la transmisión a 19 libras-pie, los tornillos de fijación del soporte trasero del motor con el soporte de montaje transversal a 9 libras-pie, los tornillos del tubo de escape con el múltiple de escape a 29 libras-pie, los del soporte superior del tubo de escape al alojamiento del embrague a 27 libras-pie, los del soporte inferior del tubo de escape con la caja del embrague a 51 libras-pie, el tornillo inferior del motor de arranque con el del soporte del tubo del cilindro de desacoplo a 29 libras-pie, los tornillos del cilindro de desacoplo a 9 libras-pie. Vuelva a llenar la transmisión.

Pickup 4WD (incluida la caja de transferencia)

1. Desconecte los cables (L) o el cable (2L y 2L-T) negativos de la batería. Saque el tornillo de montaje superior del motor de arranque.

2. Trabajando desde el interior del vehículo, levante el fuelle de la palanca de cambio (utilizando la herramienta n.º 09305-20012). Si lleva un motor 22R-E (1984 y posteriores), saque el fuelle de la palanca de cambio y luego saque los tornillos de fijación para retirar la palanca.

3. Utilizando unas pinzas de punta fina, saque el anillo elástico de seguridad de la palanca de la caja de transferencia, y retire dicha palanca de cambio.

4. Levante y apoye el vehículo sobre soportes.

NOTA: Por motivos de falta de espacio, puede ser preciso levantar tanto la parte anterior como posterior del vehículo. Si se hace esto, coloque soportes debajo de ambos ejes, como sigue: en el eje delantero por fuera de los pernos en forma de U; en el eje trasero, por dentro de los pernos en forma de U.

5. Descargue el lubricante tanto de la transmisión como de la caja de transferencia.

6. Haga marcas con tiza en las bridas del árbol de transmisión y en las del piñón del diferencial, a fin de indicar sus relativas posiciones. Estas marcas deben alinearse durante la instalación.

7. Saque los tornillos de fijación del árbol de transmisión y retire el conjunto del árbol de transmisión delantero.

NOTA: NO desmonte el árbol de transmisión delantero para sacarlo.

8. Haga marcas con tiza de posición en el árbol de transmisión posterior y en la horquilla deslizante. Estas marcas deberán alinearse al volver a montarlas.

9. Saque los tornillos de fijación de la brida trasera del árbol de transmisión trasero. Retire el árbol de transmisión del vehículo. Saque los tornillos de fijación de la brida de la horquilla deslizante y luego saque el conjunto formado por la brida y la horquilla.

10. Desatornille el cilindro de desacople y átelo en un lugar apartado de la zona.

NOTA: No es necesario desconectar el conducto hidráulico del cilindro de desacople.

11. Desconecte los cables eléctricos del motor de arranque. Saque los tornillos del motor y retire dicho motor de arranque del vehículo.

12. En la caja de transferencia, desconecte el cable del velocímetro (átelo fuera de la zona de trabajo), el conector del interruptor de la luz de marcha atrás y el conector del interruptor del indicador de tracción en las cuatro ruedas.

13. Desconecte la abrazadera del tubo de escape y dicho tubo de la caja de la transmisión.

14. Saque el cilindro de desacoplamiento y el soporte del tubo, luego aparte el cilindro.

NOTA: Cuando retire el cilindro de desacople, NO saque el conducto hidráulico del cilindro.

15. Saque los tornillos de fijación de la caja de transferencia al soporte de montaje transversal. Utilizando un gato hidráulico, levante el conjunto formado por la transmisión y la caja de transferencia, LENTAMENTE, a fin de separarlas del soporte del montaje transversal. Saque los tornillos de fijación del soporte de montaje transversal al bastidor, y retire el citado soporte de montaje transversal.

16. Coloque un soporte debajo del cárter de aceite del motor, con un bloque de madera de 3/4 de pulgada de grueso entre dicho soporte y el cárter de aceite.

ATENCIÓN

El bloque de madera y el soporte no deben estar a más de 1/4 de pulgada del motor, de modo que al bajar el motor no puedan producirse daños en los elementos del compartimiento. Si resulta posible, suplemente el bloque de madera para que toque el motor.

17. Baje el gato hidráulico hasta que el motor descanse sobre el soporte.

NOTA: Para la etapa siguiente se recomienda tener un ayudante para sacar correctamente, guiando, la transmisión y la caja de transferencia fuera del vehículo.

18. Saque los tornillos del soporte del tubo de escape y la placa de refuerzo.

19. Saque los tornillos de montaje de la transmisión al motor, y luego saque el conjunto formado por la transmisión y la caja de transferencia, hacia atrás y abajo, para separarlas del motor.

20. Saque los tornillos del adaptador de la transmisión a la caja de transferencia y saque la caja de transferencia de la transmisión.

21. Para el montaje, utilice juntas nuevas e invierta el orden empleado para el desmontaje. Los tornillos de fijación de la transmisión al motor se aprietan a 53 libras-pie, los de la placa de refuerzo a 27 libras-pie, los tornillos de montaje de la transmisión al soporte a 19 libras-pie, los tornillos de montaje de la parte posterior del motor al soporte de montaje transversal a 9 libras-pie, los tornillos del soporte de montaje transversal al bastidor a 70 libras-pie, los tornillos de fijación del tubo de escape al múltiple a 29 libras-pie, los tornillos del soporte superior del tubo de escape a la caja del embrague a 27 libras-pie, los del soporte inferior del tubo de escape a la caja del embrague a 51 libras-pie, el tornillo inferior del motor de arranque al soporte del tubo del cilindro de desacoplamiento a 29 libras-pie y los tornillos del cilindro del desacople a 9 libras-pie. Vuelva a llenar la transmisión.

Land Cruiser

MODELOS 1979

1. Desconecte los cables negativos de la batería.

2. En los modelos de dos puertas, proceda del siguiente modo:

a. Saque los asientos delanteros, las guías de los asientos y la caja de la consola, si la lleva.

b. Saque la abrazadera del tubo calefactor que se halla en el túnel de la transmisión, a la derecha de la palanca de cambio de la caja de transferencia.

c. Si el depósito de combustible se encuentra debajo del asiento del pasajero, descargue el combustible, saque la tapa del depósito, desconecte los conductos, etc., y luego retire el depósito de combustible.

3. Saque los pomos de las palancas de cambio y los fuelles protectores.

4. Utilizando la herramienta n.º 09305-60010, saque la palanca de cambio de la transmisión y la tapa del túnel de la transmisión.

5. Levante y apoye el vehículo sobre soportes.

6. Drene el lubricante de la transmisión y la caja de transferencia.

7. Saque la tapa inferior del motor, situada con un bloque de madera debajo del árbol de transmisión frontal.

8. Señale con tiza la posición en las bridas del árbol de transmisión y del piñón diferencial. Estas señales deberán alinearse durante la instalación.

9. Desmonte las bridas del árbol de transmisión, y luego los árboles de transmisión frontal y posterior.

10. Desconecte el cable del velocímetro de la caja de transferencia y átelo apartado de la zona.

11. Desconecte el cable del freno de mano y la palanca del mismo. Deje el cable fijado al extremo del tambor; el cable se sacará junto con la transmisión y la caja de transferencia.

12. Si lleva un sistema de vacío para el acoplamiento de la tracción a las cuatro ruedas, señale y desconecte los siguientes elementos de la caja de transferencia:

a. Los conectores del indicador eléctrico.

b. El cableado del interruptor de transferencia.

c. Los tubos de vacío.

13. Desconecte el cable del interruptor de la lámpara de marcha atrás. Destornille la brida del atalaje de cables de la luz de marcha atrás de la caja de transferencia (si la hay).

14. En los modelos que tienen el cambio en la columna, desconecte los enlaces de la palanca de la transmisión.

15. Si la lleva, saque la palanca de toma auxiliar de potencia (PTO).

16. Saque los tornillos de fijación de la caja de transferencia al soporte de montaje transversal. Utilizando un gato, levante LENTAMENTE el conjunto formado por la transmisión y la caja de transferencia. Saque los tornillos de fijación del soporte de montaje transversal al bastidor, y retire dicho soporte de montaje transversal.

17. Coloque un soporte debajo del cárter de aceite del motor, con un bloque de madera (3/4 de pulgada de grueso) entre el soporte y el cárter del motor.

ATENCIÓN

El bloque de madera y el soporte no deben estar separados más de 1/4 pulgada del motor, de modo que al bajar dicho motor, no puedan sufrir daños los elementos que hay debajo del capó. Si es posible, ponga suplementos en el soporte de manera que el bloque de madera toque el motor.

18. Baje el gato hasta que el motor descanse sobre el soporte.

NOTA: Para la fase siguiente, se recomienda un ayudante para conducir la retirada de la transmisión y la caja de transferencia del vehículo.

19. Saque el soporte del tubo de escape y los tornillos de la placa de refuerzo.

20. Saque los tornillos de fijación de la transmisión al motor, y luego saque el conjunto de transmisión y caja de transferencia hacia atrás y abajo, para apartarlo del motor.

21. Para separar la transmisión de la caja de transferencia:

a. Saque la guía de la palanca del acoplamiento para la tracción en las cuatro ruedas.

b. Saque la palanca y la varilla de mando de la tracción en las cuatro ruedas como un solo grupo.

c. Saque el interruptor de la lámpara de marcha atrás.

d. Si el vehículo está equipado con PTO, saque dicha unidad de la transmisión. En caso contrario, saque la tapa lateral izquierda de la caja de transferencia.

e. Saque los tornillos de la tapa trasera de la caja de transferencia a la caja de transferencia y la tuerca del eje que se encuentra detrás de la tapa.

NOTA: La tuerca viene fijada de fábrica; para sacarla hay que golpear hacia afuera las partes pegadas a fin de sacarla del eje. Una vez vuelta a montar, hay que fijar dicha tuerca.

f. Saque los tornillos de la caja de transferencia a la transmisión.

NOTA: Dos de los tornillos se encuentran en el costado interior izquierdo de la caja de transferencia, donde previamente se habrá sacado la unidad PTO (toma auxiliar de potencia) o la tapa.

g. Utilizando un extractor (acoplado a la caja de transferencia y al eje de salida de la transmisión) separe la caja de transferencia de la transmisión.

22. Para el montaje, invierta el procedimiento utilizado para el desmontaje. Apriete los tornillos de fijación de la transmisión al motor con un par de 53 libras-pie, los tornillos de la placa de refuerzo a 27 libras-pie, los tornillos de montaje de la transmisión al soporte a 19 libras-pie, los tornillos de fijación del soporte posterior del motor al soporte de montaje transversal a 9 libras-pie, los tornillos del tubo de escape al múltiple de escape a 29 libras-pie, los tornillos de fijación del soporte superior del tubo de escape a la caja de embrague a 27 libras-pie, los tornillos del soporte inferior del tubo de escape a la caja de embrague a 51 libras-pie, el tornillo inferior del motor de arranque al soporte del tubo del cilindro de desacoplamiento a 29 libras-pie y los tornillos de fijación del cilindro de desacoplo a 9 libras-pie. Vuelva a llenar la transmisión.

MODELOS 1980 Y POSTERIORES

1. Desconecte los cables negativos de la batería.

2. Saque las placas apoyapiés del interior del piso.

3. Desmonte los dos paneles decorativos que hay debajo del cuadro de instrumentos.

4. Saque el conducto central de calefacción y la estera o moqueta delantera.

5. Saque los pomos de ambas palancas de cambio y la tapa del túnel de la transmisión junto con los fuelles protectores de las palancas.

6. Desconecte los cables tanto de la luz de marcha atrás como del indicador de tracción a las cuatro ruedas (si lo lleva).

7. Utilizando la herramienta nº 09305-55010, saque la palanca de cambio, de la transmisión.

8. Levante y apoye el vehículo sobre soportes. Desmonte la placa de protección de la caja de transferencia.

9. Desconecte el cable del velocímetro de la caja de transferencia y átelo fuera de la zona de trabajo.

10. Trace marcas con tiza que indiquen las posiciones relativas entre las bridas del árbol de transmisión y las del piñón del diferencial. Dichas marcas deben alinearse al efectuar el montaje.

11. Saque los tornillos de montaje de las bridas del árbol de transmisión y los conjuntos del árbol de transmisión.

12. Desconecte los conectores eléctricos del motor de arranque, los tornillos de montaje y el motor de arranque fuera del vehículo.

13. Desmonte el cilindro de desacoplo y apártelo de la zona.

NOTA: No es necesario desconectar el conducto hidráulico del cilindro de desacoplo.

14. Drene el lubricante tanto de la transmisión como de la caja de transferencia. Saque el sensor del tacómetro, si lo lleva.

15. Saque los tornillos de montaje de la caja de transferencia al soporte de montaje transversal. Con ayuda de un gato, levante LENTAMENTE el grupo de la caja de transferencia y la transmisión, retirándola del soporte de montaje transversal. Desmonte el soporte de montaje transversal del bastidor, sacando los tornillos de fijación, y luego retire dicho soporte de montaje transversal.

16. Coloque un soporte debajo del cárter de aceite del motor, con un bloque de madera (3/4 de pulgada de grueso) entre el soporte y el cárter del motor.

ATENCIÓN

El bloque de madera y el soporte deberán colocarse a no más de 1/4 pulgada del motor, de manera que cuando se baje el motor no puedan producirse daños a ninguno de los elementos de debajo del capó. Si es posible, suplemente el soporte de manera que el bloque de madera toque debajo del motor.

17. Baje el gato hidráulico hasta que el motor descanse sobre el soporte.

NOTA: Para la siguiente etapa, se recomienda disponer de un ayudante que pueda ayudarle a conducir el conjunto formado por la transmisión y la caja de transferencia fuera del vehículo.

18. Saque el soporte del tubo de escape y los tornillos de la placa de refuerzo.

19. Saque los tornillos de fijación de la transmisión al motor y luego retire el conjunto formado por la transmisión y la caja de transferencia, hacia atrás y abajo, para separarlo del motor.

20. Para separar la caja de transferencia de la transmisión, saque los tornillos de montaje de la caja de transferencia y deslice la misma para alejarla de la transmisión.

21. Para el montaje, emplee el proceso inverso al indicado para el desmontaje. Los tornillos de fijación de la transmisión al motor se aprietan con un par de 53 libras-pie, los de la placa de refuerzo a 27 libras-pie, los tornillos de montaje de la transmisión al soporte a 19 libras-pie, los del soporte posterior del motor con el soporte de montaje transversal a 9 libras-pie, los tornillos de fijación del tubo de escape al múltiple correspondiente a 29 libras-pie, los de fijación del soporte superior del tubo de escape a la caja del embrague a 27 libras-pie, los de fijación del soporte inferior del tubo de escape a la caja de embrague a 51 libras-pie, el tornillo inferior del motor de arranque con el soporte del tubo del cilindro de desacoplo a 29 libras-pie y los tornillos del cilindro de desacoplo a 9 libras-pie. Vuelva a llenar la transmisión.

AJUSTE DE LOS ENLACES DEL CAMBIO

Modelos Pickup y Land Cruiser

PALANCA DE CAMBIO EN COLUMNA

Los únicos ajustes que se pueden llevar a cabo en los enlaces de un cambio en columna conciernen a la longitud de las varillas de conexión entre la columna y la transmisión. Ajústelas de manera que la transmisión funcione suavemente.

PALANCA DE CAMBIO EN EL PISO

Todos los modelos equipados con cambio en el piso tienen los enlaces montados interiormente. En los modelos antiguos, el enlace se encuentra en la tapa lateral que está fijada a la caja de transmisión.

Van (Furgoneta)

AJUSTE DEL CABLE

1. Desmonte la caja de la consola y afloje la contratuerca de ajuste.

2. Coloque la palanca de cambio en el punto muerto.

3. Con un pasador de 0.20 pulgadas de diámetro, que sirve de guía, introducido en el agujero para efectuar el ajuste en punto muerto, regule la longitud del cable, haciendo rotar la tuerca de ajuste.

4. Una vez hecho el ajuste, saque el pasador y vuelva a montar la caja de la consola.

TRANSMISIÓN AUTOMÁTICA

Descripción

La transmisión A40, que se utiliza en los modelos de 1979, es automática y de 3 velocidades, pero no hace uso de bandas para los cambios de marcha, así pues no pueden llevarse a cabo ajustes internos.

En 1980, el modelo A40 fue sustituido por el A43 de 3 velocidades; en este modelo no son necesarios los ajustes internos.

El modelo A43D es una transmisión automática de 4 marchas que se ofreció, inicialmente, como opcional en los modelos de 1981 y se ofrece en todos los modelos actuales. La 4ª marcha de esta transmisión es una superdirecta con una relación de 0.688 a 1, gracias a lo cual se consigue un bajo consumo de combustible, debido a que bajan las revoluciones del motor a velocidades de autopista. El circuito hidráulico, para la modalidad de alta velocidad, es controlado eléctricamente. Los principales componentes eléctricos son los siguientes:

1. Un interruptor de control de la superdirecta montado en el tablier.

2. Una lámpara indicativa de DESCONEXIÓN DE LA SUPERDIRECTA.

3. Un solenoide montado en la transmisión.

4. Un termostato montado en el motor, para evitar la conexión de la superdirecta, antes de que la temperatura del refrigerante del motor no alcance los 131 °F.

DESMONTAJE

Transmisión A40

1. Desconecte el(los) cable(s) negativo(s) de la batería y el enlace de la transmisión a la válvula de mariposa del carburador.

2. Levante y apoye el vehículo sobre soportes. Descargue el líquido de la transmisión.

3. Desconecte los cables del motor de arranque; luego, destornille y baje el motor de arranque del vehículo.

4. Desconecte el tubo de escape del múltiple correspondiente. Saque la abrazadera del escape del tubo.

5. Desconecte el reenvío del cambio del costado del conductor de la transmisión.

6. Desconecte el cable del velocímetro (sepárelo de la zona, atándolo debidamente) y el cable del freno de estacionamiento (de la palanca del freno de estacionamiento).

7. Marque con tiza las posiciones relativas entre la brida del árbol de transmisión y la del piñón del diferencial. Estas marcas deberán alinearse al efectuar el montaje.

8. Destornille la brida del árbol de transmisión trasero.

NOTA: Si el vehículo tiene un árbol de transmisión de dos piezas, saque los tornillos del soporte del cojinete central al bastidor. Desmonte el árbol de transmisión del vehículo.

9. Utilizando un gato hidráulico y un bloque de madera (3/4 pulgada de grosor) soporte la transmisión por el cárter de aceite. NO levante la transmisión: alce el gato lo justo, para que el bloque de madera toque el cárter de la transmisión.

10. Coloque un soporte debajo del cárter de aceite del motor, con un bloque de madera colocado entre el soporte y el motor.

ATENCIÓN

El bloque de madera y el soporte deberán estar a menos de 1/4 pulgada del motor, de manera que al bajar dicho motor, no puedan sufrir daños ninguno de los elementos de debajo del capó.

11. Saque los tornillos de fijación de la transmisión al soporte de montaje transversal.

12. Levante LIGERAMENTE la transmisión, sólo lo necesario para que su peso no sea soportado por el soporte de montaje transversal. Saque los tornillos de fijación del soporte de montaje transversal al bastidor y luego el soporte de montaje transversal del vehículo.

13. Baje lentamente la transmisión, hasta que el motor descanse sobre el soporte de madera.

14. Desconecte y tapone los dos conductos del refrigerador de fluido de la transmisión, a fin de impedir la entrada de suciedad.

15. Saque la placa de inspección del convertidor de par, y los tornillos de fijación del convertidor de par a la placa de accionamiento, y luego deslice el convertidor de par hacia la transmisión.

ATENCIÓN

Antes de ejecutar el paso 16, coloque una cubeta de drenajes debajo del convertidor de par, en la zona de la transmisión. Al desacoplar la transmisión se perderá fluido.

16. Saque los tornillos de montaje de la transmisión al motor. Tire cuidadosamente la transmisión hacia atrás y luego bájela del vehículo.

17. Para el montaje, invierta el orden empleado en el desmontaje. Vuelva a llenar la transmisión con el fluido Dexron II®.

Transmisiones A43 y A43D

1. Desconecte el cable negativo de la batería. En el modelo Pickup, desmonte el conjunto del filtro de aire.

2. Desconecte el cable de la válvula de mariposa de la transmisión, que se encuentra en el reenvío del carburador (Pickup), o en el cuerpo de la válvula de mariposa (Van).

3. Levante y apoye el vehículo sobre soportes. Drene el fluido de la transmisión.

4. Desconecte los cables (junto al motor de arranque) del interruptor de arranque en punto muerto y del interruptor de la luz de marcha atrás. Si lo lleva, desconecte el solenoide (superdirecta) sacando los cables del interruptor, que se encuentran en el mismo sitio.

5. Desconecte los cables del motor de arranque, junto a dicho motor. Saque los tornillos de fijación, y luego el motor de arranque.

6. Marque con tiza las posiciones respectivas de la brida del árbol de transmisión posterior y la brida del piñón del diferencial. Estas marcas deberán alinearse al efectuar el montaje.

7. Desatornille la brida del árbol de transmisión posterior. Si el vehículo lleva un árbol de transmisión de dos piezas, saque los tornillos del soporte del cojinete central, en su unión con el bastidor. Retire el árbol de transmisión del vehículo.

8. Desconecte el cable del velocímetro (átelo separado de la zona), y el reenvío del cambio de la transmisión.

9. Desconecte los tubos del refrigerador del aceite de la transmisión.

10. Desconecte la abrazadera del tubo de escape y saque el tubo de llenado de aceite.

11. Soporte la transmisión, utilizando un gato con un bloque de madera colocado entre el gato y el cárter de la transmisión. Levante la transmisión justo lo suficiente para aguantar el peso soportado por el montaje trasero.

12. En los modelos Pickup, saque la montura trasera del motor con el soporte y la tapa trasera del motor, a fin de tener acceso a la polea del cigüeñal. En los modelos Van (furgoneta), saque los tornillos de fijación del depósito de combustible, y soporte dicho depósito; saque el tornillo pasante de la montura de la transmisión.

13. Coloque un bloque de madera (o bloques) entre el cárter de aceite del motor y el soporte de montaje transversal delantero del bastidor.

ATENCIÓN

El bloque de madera y el soporte no deben estar a más de 1/4 de pulgada del motor, de manera que cuando se baje el motor no reciban ningún daño los componentes situados debajo del capó.

14. Baje muy despacio la transmisión, hasta que el motor descanse sobre el bloque de madera.

15. Saque el(los) tapón(es) de caucho de los agujeros de mantenimiento, situados en la parte posterior del motor, con objeto de tener acceso para llegar a los tornillos del convertidor de par.

16. Desmonte el cigüeñal (para sacar los tornillos del convertidor de par), y poder acceder a los tornillos a través de los agujeros de mantenimiento.

17. Consiga un tornillo de las mismas dimensiones que los tornillos del convertidor de par. Corte la cabeza del tornillo, y haga una ranura para el destornillador, con ayuda de una sierra, en el extremo opuesto al roscado.

NOTA: Este tornillo, así modificado, sirve de guía. Para montar correctamente la transmisión, se necesitan dos de estos tornillos de guía.

18. Enrosque el tornillo de guía en uno de los agujeros de tornillo del convertidor de par. El tornillo de guía servirá para mantener el convertidor con la transmisión.

19. Saque las placas de refuerzo de la transmisión.

20. Saque los tornillos de fijación de la transmisión al motor, y luego desplace cuidadosamente la transmisión hacia atrás, apretando en el tornillo de guía a través del agujero de servicio.

ATENCIÓN

Cuando la transmisión se haya separado aproximadamente 1/8 de pulgada del motor, coloque alambres a través de la parte frontal de la transmisión y fije los alambres para que el convertidor siga unido a la transmisión. Asimismo, procure mantener la parte delantera de la transmisión dirigida LIGERAMENTE hacia arriba, a fin de que el convertidor permanezca en su sitio.

21. Tire de la transmisión hacia atrás y levántela (con el extremo delantero hacia abajo) para sacarla del vehículo.

ATENCIÓN

No permita que los cables de elevación toquen a otros componentes durante la retirada del vehículo.

22. Con la transmisión fuera del vehículo, desmonte el convertidor de par, tal como se indica a continuación:

a. Coloque un recipiente de drenajes debajo de la parte delantera de la transmisión.

b. Tire del convertidor rectamente, para sacarlo de la transmisión, y deje que salga el fluido.

MONTAJE

Transmisión A40

1. Aplique una capa de grasa de uso múltiple, al eje del convertidor de par y al agujero piloto del volante.

2. Monte el convertidor de par en la transmisión, de manera que su eje de salida y el eje de entrada de la transmisión estén alineados. Haga rotar el convertidor de par, hasta que el pasador se encuentre en la parte inferior.

3. Monte un pasador de guía en el agujero del tornillo del fondo inmediato al pasador. Alinee el volante y el convertidor de par.

4. Apriete los tornillos del convertidor de par a 11-16 libras-pie. Haga rotar 1/2 vuelta el cigüeñal, para llegar a todos los tornillos, y apriételos de manera regular.

5. Atornille la transmisión al motor. Apriete los tornillos a 37-51 libras-pie.

6. Para terminar el montaje, invierta el procedimiento empleado para el desmontaje. Llene la transmisión con líquido de transmisión limpio. Ajuste el acelerador y los reenvíos del cambio. Circule con el vehículo para probarlo, y compruebe si hay pérdidas.

Transmisiones A43 y A43D

1. Aplique una capa de grasa de uso múltiple en el eje muñón del convertidor de par, y en el correspondiente agujero piloto del volante.

2. Monte el convertidor de par en la parte delantera de la transmisión. Empuje hacia dentro el convertidor de par, mientras lo hace rotar, para que se acople totalmente dicho convertidor de par en la transmisión.

3. Para asegurarse de que el convertidor está bien montado, mida la distancia entre los anillos de montaje del convertidor y la cara delantera de la transmisión. La distancia correcta es de 0.080 pulgadas.

4. Monte pasadores de guía en dos orejas de montaje opuestas del convertidor de par.

5. Levante la transmisión en el motor, alineando la transmisión con los pasadores de alineación del motor y posicionando los pasadores-guía del convertidor dentro de los agujeros de montaje del volante.

6. Monte y apriete los tornillos de fijación de la transmisión al motor. Apriete los tornillos, con un par de 47 libras-pie.

7. Saque los pasadores de guía del convertidor y monte los tornillos de fijación del mismo. Haga rotar el cigüeñal, lo que sea necesario, para poder acceder a los pasadores y tornillos a través de los agujeros de servicio. Apriete, regularmente, los tornillos de fijación del convertidor, con un par de 13 libras-pie. Monte los tapones de caucho en los agujeros de acceso.

8. Monte la tapa inferior del motor. Levante ligeramente la transmisión y saque el(los) bloque(s) de madera colocados debajo del cárter de aceite del motor.

9. Monte el soporte de montaje transversal de la transmisión. Apriete los tornillos de fijación del soporte de montaje transversal al bastidor, con un par de 26-36 libras-pie.

10. Baje la transmisión para que descanse sobre el soporte de montaje transversal y coloque los tornillos de fijación de la transmisión. Apriete los tornillos con un par de 19 libras-pie.

11. Monte el tubo de relleno de aceite, y conecte la abrazadera del tubo de escape.

12. Conecte los conductos del refrigerador del aceite en la transmisión y apriete los tornillos, con un par de 25 libras-pie.

13. Para terminar el montaje, invierta el orden utilizado para el desmontaje. Ajuste el cable de la transmisión a la válvula de mariposa. Vuelva a llenar la transmisión con líquido Dexron II®. Haga una prueba de circulación del vehículo, y compruebe si se producen pérdidas.

Cárter de la transmisión y filtro

DESMONTAJE Y MONTAJE

1. Levante y apoye la parte delantera del vehículo sobre soportes.

2. Coloque un recipiente debajo del tapón de drenaje de la transmisión y vacíe el fluido de la transmisión.

3. Saque los tornillos de fijación del cárter, dicho cárter y su junta.

4. El cárter puede lavarse con disolvente para limpiarlo, pero debe estar perfectamente seco en el momento de volver a montarlo. NO le pase ningún trapo, ya que existe el riesgo de que queden hilachas dentro de la transmisión.

5. Utilizando una pequeña palanca, saque el tubo de aceite (que cubre el cárter de la rejilla de aceite). Saque el cárter de la rejilla de aceite y dicha rejilla. Limpie la rejilla de aceite.

6. Elimine todo resto de la junta vieja que exista en el cárter y la transmisión.

7. Para el montaje, utilice una(s) junta(s) nueva(s) e invierta el procedimiento empleado para el desmontaje. Apriete el cárter de la rejilla de aceite, con un par de 48 libras-pulgada, y el cárter de la transmisión con un par de 39 libras-pulgada. Vuelva a llenar la transmisión con fluido Dexron II®.

ATENCIÓN

Los tornillos del cárter se rompen fácilmente si se aprietan demasiado.

Reenvíos del cambio

AJUSTE

Transmisión de 1979

1. Compruebe el desgaste de los casquillos de los reenvíos del cambio. Sustituya todos aquellos que presenten un desgaste excesivo.

2. Coloque la palanca de la válvula manual de la transmisión en posición de punto muerto.

3. Bloquee el pivote de la varilla de conexión con la contratuerca, de manera que el indicador, el selector y la palanca de la válvula manual, se encuentren todos en el punto muerto.

4. Compruebe el funcionamiento moviendo el selector a través de todas las marchas.

Transmisiones de 1980 y posteriores

1. Afloje la tuerca de ajuste de la varilla de conexión de la transmisión (1980-83), o el cable de cambio (1984 y posteriores).

2. Empuje completamente hacia delante la palanca manual de la transmisión (1980-83), o hacia atrás (1984 y posteriores).

3. Mueva la palanca manual hacia atrás, tres muescas (1980-83), o dos muescas (1984 y posteriores), lo que corresponde al PUNTO MUERTO.

4. Coloque la palanca de selección de marchas en su PUNTO MUERTO.

5. Aplique un poco de presión hacia delante, sobre la palanca del selector (hacia la posición de Marcha Atrás) y apriete la tuerca de ajuste de la varilla de conexión (1980-83), o el cable del cambio (1984 y posteriores).

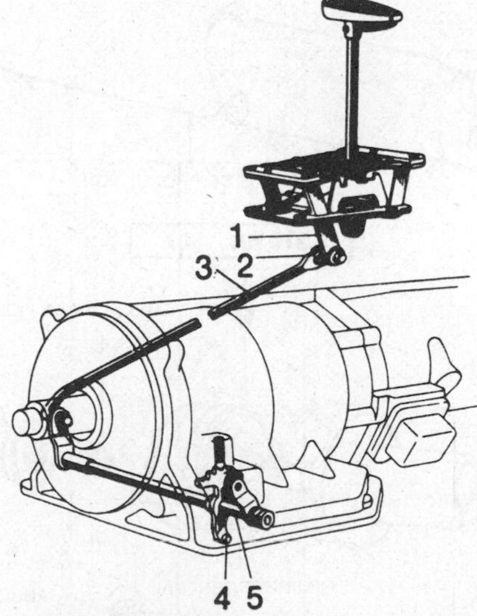

1. Palanca de cambio
2. Varilla de conexión
3. Varilla de control
4. Palanca de la válvula manual
5. Eje de la palanca de la válvula manual

Reenvíos de la transmisión automática con cambio en el piso del vehículo - modelos 1979 - ajuste la articulación giratoria de la varilla de conexión en el punto 2

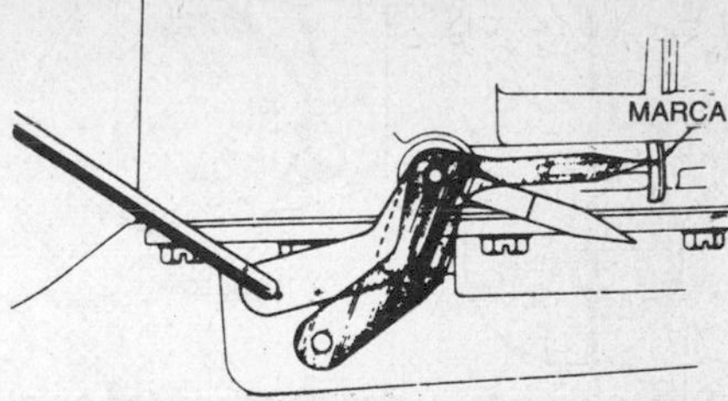

Transmisión automática con cambio en el piso - modelos 1979 - alineación de las marcas de la caja de transmisión y la palanca de la válvula de mariposa

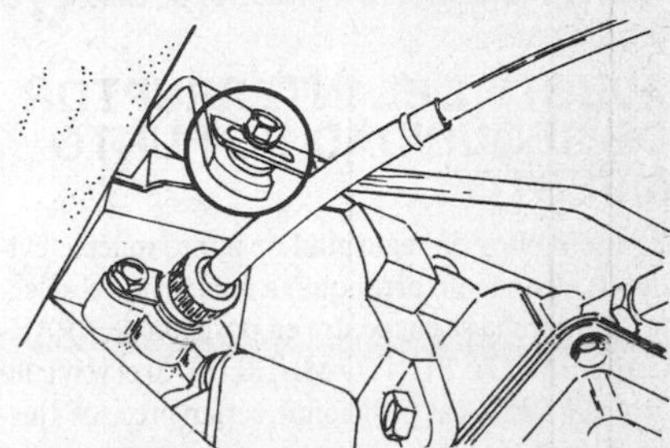

Transmisiones automáticas de 1980 y posteriores. Para el ajuste de los reenvíos de la palanca de cambio hay que aflojar esta tuerca

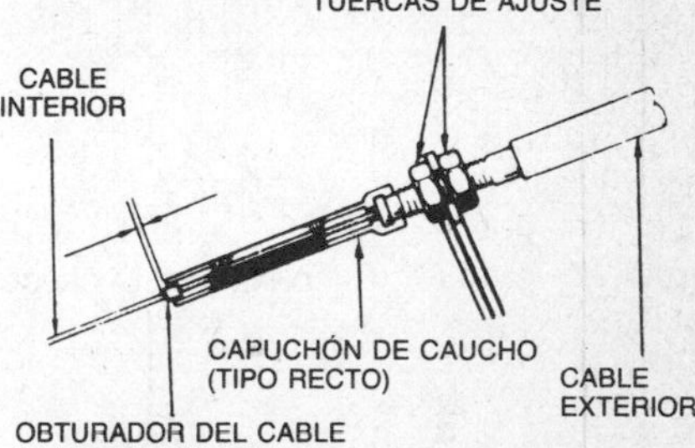

Ajuste del cable de control de la válvula de mariposa - transmisión automática

AJUSTE DEL CONTROL DE LA VÁLVULA DE MARIPOSA EN LA TRANSMISIÓN

1. Saque el conjunto del filtro de aire.

2. Empuje el acelerador hasta el suelo, y compruebe si la válvula de mariposa se abre por completo; en caso contrario, ajuste el reenvío del acelerador para que se abra debidamente.

3. Empuje hacia atrás el protector de caucho que hay en el cable de la válvula de mariposa que pasa por debajo de la transmisión. Afloje las tuercas de ajuste del cable de la válvula de mariposa, de modo que se pueda ajustar el alojamiento del cable.

4. Abra completamente la válvula de mariposa del carburador, haciendo que alguien le ayude para apretar a fondo el acelerador.

5. Ajuste el alojamiento del cable de modo que, con la válvula de mariposa bien abierta, la distancia entre el tapón de caucho del cable exterior y la estopada del cable interior sea de 0-0,04 pulgadas.

6. Apriete las tuercas, y compruebe un par de

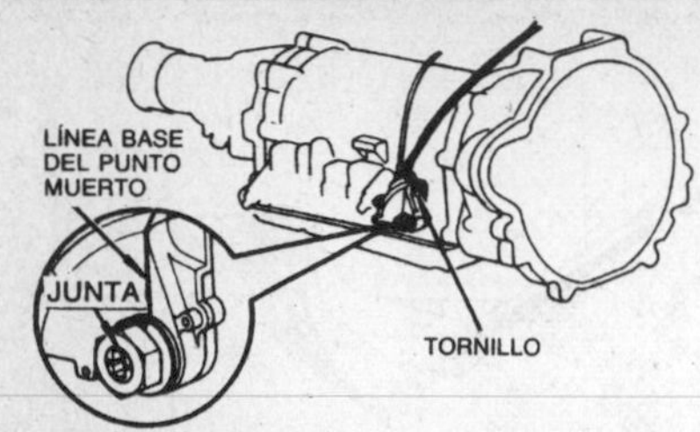

Ajuste del interruptor de seguridad en el punto muerto, para modelos de 1980-83

veces el ajuste. Monte el protector de caucho y el filtro de aire.

AJUSTE DEL INTERRUPTOR DE SEGURIDAD DE PUNTO MUERTO

El interruptor de seguridad de punto muerto evita que el vehículo arranque, a menos que el selector de marcha se encuentre en posición de APARCAMIENTO o PUNTO MUERTO. Si el vehículo arrancara en otras posiciones, serían precisos ajustes del interruptor.

1979

1. Saque los tornillos de la consola central, el conector eléctrico y la consola del vehículo.

2. Afloje los tornillos de fijación del interruptor.

3. Coloque el selector en posición de marcha. Mueva el interruptor de manera que el brazo toque justo a la palanca de control, y luego vuelva a apretar los tornillos de fijación del interruptor.

4. Compruebe el funcionamiento del interruptor; el camión tan sólo debe arrancar estando el selector en la posición de Aparcamiento o en el Punto Muerto. Las luces de marcha atrás únicamente deben encenderse cuando el selector se encuentre en la posición Marcha Atrás.

5. Si el interruptor no puede ajustarse (para que funcione como es debido), sustitúyalo por otro nuevo.

6. Vuelva a montar la consola.

1980-83

1. Afloje el tornillo del interruptor de Arranque en Punto Muerto.

2. Coloque la palanca de selección de marcha en el Punto Muerto.

3. Alinee la ranura del eje del interruptor con la línea básica del punto muerto. Mantenga el interruptor en dicha posición, y apriete el tornillo del interruptor con un par de 35-60 libras-pie.

1984 y posteriores

1. Afloje el tornillo del interruptor de Arranque en Punto Muerto.

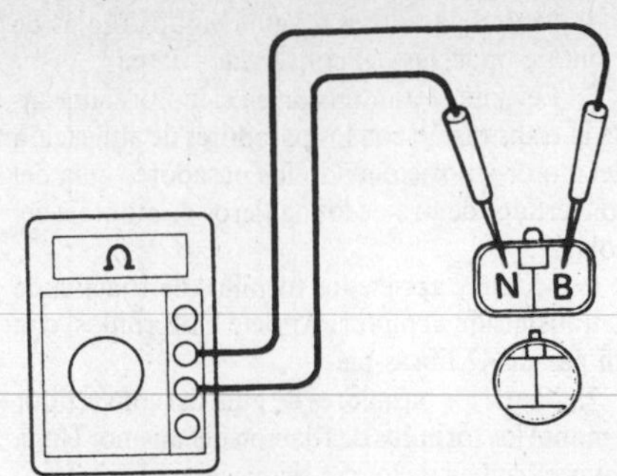

Comprobación de la continuidad del conmutador de arranque en punto muerto - modelos 1984 y posteriores

2. Coloque la palanca de selección de marcha en Punto Muerto.

3. Desconecte los cables del interruptor de arranque en punto muerto.

4. Conecte un óhmetro entre los terminales del interruptor.

5. Ajuste el interruptor hasta que exista continuidad entre los terminales N y B.

6. Vuelva a conectar los cables. Apriete el tornillo con un par de 48 libras-pulgada.

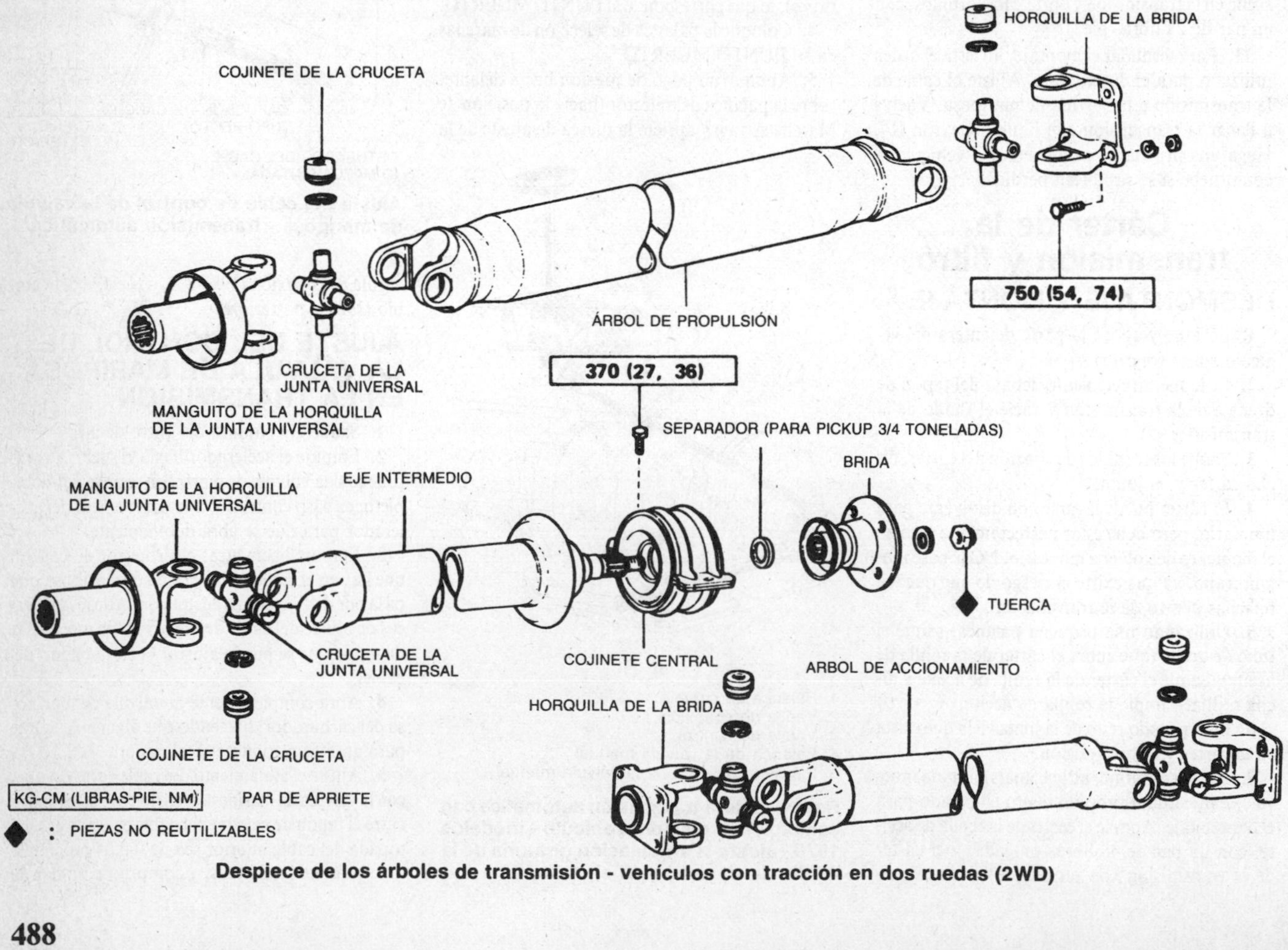

HORQUILLA DE LA BRIDA
COJINETE DE LA CRUCETA
750 (54, 74)
ÁRBOL DE PROPULSIÓN
CRUCETA DE LA JUNTA UNIVERSAL
MANGUITO DE LA HORQUILLA DE LA JUNTA UNIVERSAL
370 (27, 36)
SEPARADOR (PARA PICKUP 3/4 TONELADAS)
BRIDA
EJE INTERMEDIO
MANGUITO DE LA HORQUILLA DE LA JUNTA UNIVERSAL
TUERCA
CRUCETA DE LA JUNTA UNIVERSAL
COJINETE CENTRAL
ARBOL DE ACCIONAMIENTO
HORQUILLA DE LA BRIDA
COJINETE DE LA CRUCETA
KG-CM (LIBRAS-PIE, NM) : PAR DE APRIETE
◆ : PIEZAS NO REUTILIZABLES

Despiece de los árboles de transmisión - vehículos con tracción en dos ruedas (2WD)

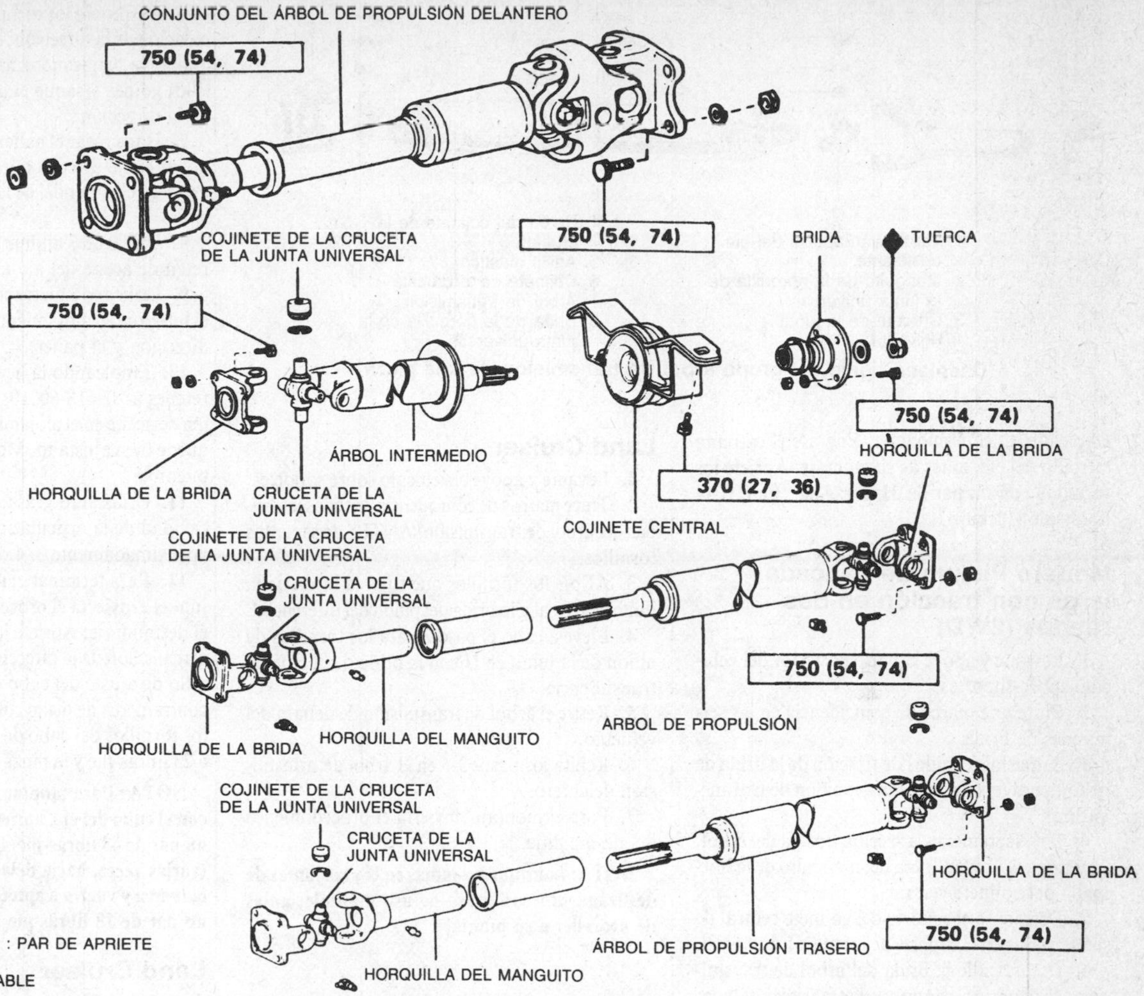

CONJUNTO DEL ÁRBOL DE PROPULSIÓN DELANTERO

750 (54, 74)

COJINETE DE LA CRUCETA DE LA JUNTA UNIVERSAL

750 (54, 74)

750 (54, 74)

BRIDA

◆ TUERCA

ÁRBOL INTERMEDIO

750 (54, 74)

HORQUILLA DE LA BRIDA

370 (27, 36)

HORQUILLA DE LA BRIDA

CRUCETA DE LA JUNTA UNIVERSAL

COJINETE CENTRAL

COJINETE DE LA CRUCETA DE LA JUNTA UNIVERSAL

CRUCETA DE LA JUNTA UNIVERSAL

750 (54, 74)

HORQUILLA DE LA BRIDA

HORQUILLA DEL MANGUITO

ARBOL DE PROPULSIÓN

COJINETE DE LA CRUCETA DE LA JUNTA UNIVERSAL

CRUCETA DE LA JUNTA UNIVERSAL

HORQUILLA DE LA BRIDA

KG-CM (LIBRAS-PIE, NM) : PAR DE APRIETE

◆ : PIEZA NO REUTILIZABLE

ÁRBOL DE PROPULSIÓN TRASERO

750 (54, 74)

HORQUILLA DEL MANGUITO

Despiece de los árboles de transmisión - vehículos con tracción en las cuatro ruedas (4WD)

TREN DE TRANSMISIÓN

Árbol de transmisión

DESMONTAJE Y MONTAJE

Modelos Pickup de bancada estándar y Van con tracción en dos ruedas (2WD)

1. Levante y apoye la parte posterior del vehículo sobre soportes.

2. Pinte una marca de coincidencia en las dos mitades de la brida trasera de la junta universal.

3. Saque los tornillos que mantienen las bridas traseras juntas.

4. Desmonte el extremo estriado del árbol de transmisión.

NOTA: Tapone el extremo de la transmisión con un trapo o una brida ciega, para evitar la pérdida del aceite de la transmisión.

5. Saque el árbol de transmisión por debajo del vehículo.

6. Para el montaje, invierta el procedimiento

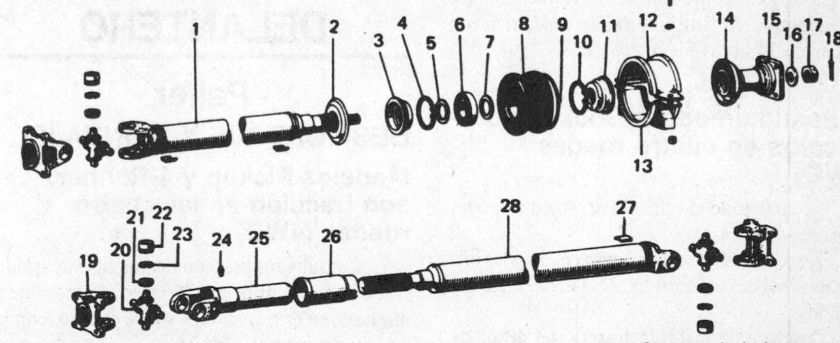

1. Árbol de transmisión intermedio
2. Deflector de polvo n.º 1
3. Deflector de polvo n.º 2
4. Anillo elástico para agujero
5. Deflector de polvo n.º 3
6. Cojinete de bolas radial
7. Deflector de polvo n.º 4
8. Apoyo del cojinete soporte central
9. Aro de ajuste
10. Anillo elástico para agujero
11. Deflector de polvo n.º 2
12. Alojamiento n.º 1 del cojinete de soporte central
13. Alojamiento n.º 2 del cojinete de soporte central
14. Deflector de polvo n.º 1
15. Brida de la junta universal
16. Arandela plana
17. Tuerca almenada
18. Pasador de seguridad
19. Horquilla de la brida de la junta universal
20. Cruceta de la junta universal
21. Retén del cojinete de la cruceta de la junta universal
22. Cojinete de la cruceta de la junta universal
23. Anillo elástico para agujero
24. Engrasador
25. Horquilla de la cruceta de la junta universal
26. Tapa guardapolvo del eje deslizante
27. Pieza de equilibrado
28. Árbol de transmisión

Despiece típico del conjunto de árbol de transmisión de dos piezas

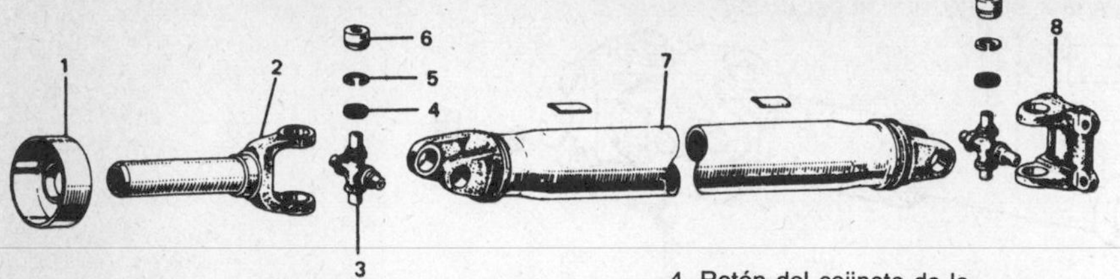

1. Tapa guardapolvo del eje deslizante
2. Manguito de la horquilla de la junta universal
3. Cruceta de la junta univesal
4. Retén del cojinete de la cruceta
5. Anillo elástico
6. Cojinete de la cruceta
7. Árbol de transmisión
8. Brida de la horquilla de la junta universal

Despiece típico del grupo árbol de transmisión de una pieza

empleado en el desmontaje. Engrase el extremo estriado del eje, antes de su montaje. Apriete los tornillos con un par de 31 libras-pie (Van) ó 54 libras-pie (Pickup).

Modelo Pickup de bancada larga con tracción en dos ruedas (2WD)

1. Levante y apoye la parte posterior del vehículo sobre soportes.

2. Pinte una marca de coincidencia en las seis mitades de brida.

3. Saque los tornillos de fijación de la brida de la junta universal a la brida del piñón de la transmisión.

4. Baje lentamente la sección trasera del árbol, y extraiga la unidad fuera del manguito de la horquilla del cojinete central.

5. Desmonte el soporte del cojinete central de su ubicación en el soporte de montaje transversal.

6. Desatornille la brida del árbol de transmisión, de la parte posterior de la transmisión, y saque el árbol de transmisión junto con el soporte del cojinete central.

7. Para el montaje, alinee las marcas de posición, e invierta el procedimiento empleado para el desmontaje. Apriete los tornillos de la brida con un par de 54 libras-pie.

Todos los modelos Pickup con tracción en cuatro ruedas (4WD)

1. Levante todo el vehículo del suelo y apóyelo sobre soportes.

2. Trace marcas de coincidencia en todas las bridas del árbol de transmisión, ANTES de sacar los tornillos.

3. Desatornille la brida trasera del árbol de transmisión de la brida trasera del piñón.

4. Desatornille la brida trasera del árbol de transmisión de la brida trasera de la caja de transferencia y saque el árbol de transmisión.

5. Repita las etapas 3 y 4 en el árbol de transmisión delantero.

6. Para el montaje, invierta el orden utilizado para el desmontaje. Apriete los tornillos de la brida con un par de 54 libras-pie y los tornillos del soporte central al bastidor a 27 libras-pie.

NOTA: Para los Pickup de bancada larga de 4 × 4, véase arriba para el desmontaje del árbol de transmisión posterior.

Land Cruiser

1. Levante y apoye el vehículo sobre soportes.

2. Trace marcas de coincidencia en todas las bridas del árbol de transmisión, ANTES de sacar los tornillos.

3. Afloje los tornillos que fijan la brida de la junta universal a la brida del piñón del diferencial.

4. Lleve a cabo el paso 2 para los tornillos de unión de la junta en U con la brida de la caja de transferencia.

5. Retire el árbol de transmisión de debajo del vehículo.

6. Repita los pasos 3-5 en el árbol de transmisión delantero.

7. Para el montaje, invierta el procedimiento del desmontaje.

NOTA: Lubrique las juntas en U y las juntas de deslizamiento con grasa de uso múltiple, antes de proceder a su montaje.

EJE DE TRANSMISIÓN DELANTERO

Palier

DESMONTAJE Y MONTAJE

Modelos Pickup y 4-Runner, con tracción en las cuatro ruedas (4WD)

1. Consulte los procedimientos en el apartado Cubo de rueda libre y de bloqueo, desmontaje y montaje, en esta sección, y saque el cubo (con la brida), del cubo del eje.

2. Levante y apoye la parte delantera del vehículo sobre soportes. Saque el conjunto de rueda con neumático.

3. Desconecte y tapone el tubo de freno en la pinza. Saque la pinza del cubo del eje.

4. Utilizando un punzón y un martillo, retire las lengüetas de la arandela de bloqueo de la contratuerca.

5. Utilizando una llave de cubo de 2 pulgadas, saque la tuerca de seguridad del palier. Saque la arandela de seguridad, la tuerca de ajuste, la arandela de empuje, el cojinete exterior y el conjunto del cubo de eje y disco del vehículo.

6. Desmonte los tornillos del husillo de la articulación de la dirección, el retén de polvo y la tapa antipolvo. Utilizando una barra de latón y un martillo, golpee y saque el husillo de la articulación de la dirección.

7. Haga rotar el palier hasta que un punto plano en el eje externo quede hacia arriba, y luego extraiga el palier del de la articulación de la dirección.

8. Utilizando un martillo deslizante, saque el retén de aceite del alojamiento del palier.

9. Utilizando un trapo limpio de taller, limpie el interior del alojamiento de la articulación de la dirección y el palier.

10. Empleando la herramienta de montaje de retenes n.º 09618-60010, introduzca un nuevo retén de aceite en el alojamiento del palier, hasta que quede bien ajustado. Monte el palier en su alojamiento.

11. Utilizando grasa de uso múltiple, llene la cavidad de la articulación de la dirección, hasta aproximadamente 3/4 de su capacidad.

12. Para terminar el montaje, utilice retenes y juntas e invierta el procedimiento empleado para el desmontaje. Apriete los tornillos del eje con la articulación de la dirección, a 38 libras-pie, el tornillo de ajuste del cubo del eje a 18 libras-pie, la contratuerca de dicho cubo del eje, a 33 libras-pie, los tornillos del cubo de rueda libre y de bloqueo a 23 libras-pie y la pinza del freno a 65 libras-pie.

NOTA: Para montar los cojinetes de la rueda con el cubo del eje, apriete la tuerca de ajuste, con un par de 43 libras-pie, haga rotar el cubo del eje (varias veces, hacia delante y hacia atrás), afloje la tuerca y vuelva a apretar la tuerca de ajuste, con un par de 18 libras-pie.

Land Cruiser

1. Levante y apoye el vehículo sobre soportes. Saque el conjunto de la rueda y el neumático.

2. Tapone el recipiente del cilindro principal de frenos, para evitar la salida del fluido de frenos por el conducto flexible de freno que se ha desconectado.

3. Saque la tapeta de la brida del palier exterior (cubo de bloqueo automático), o los tornillos de la tapa del cubo y dicha tapa (cubo de bloqueo de rueda libre), y el anillo elástico del palier, del cubo del eje.

4. Saque la tapeta de la brida del palier exterior (cubo de bloqueo automático), o el anillo del cubo (cubo de bloqueo de rueda libre), sacando los tornillos que lo fijan al cubo del eje, luego coloque alternativamente dos tornillos de mantenimiento, en la brida del eje o el anillo del cubo, y saque dicha brida o anillo con su junta.

5. Saque los tornillos del tambor de freno, y luego dicho tambor. Si el vehículo está equipado con frenos de disco, saque la pinza y el disco.

6. Enderece la arandela de bloqueo, y saque las tuercas de ajuste del cojinete de la rueda delantera, con una llave para el ajuste de la tuerca de la rueda u otra herramienta similar.

7. Saque el cubo del eje delantero junto con su arandela de agarre, cojinetes y retén de aceite.

8. Saque la pinza y retire el manguito flexible del freno del tubo del freno.

9. Corte y extraiga el alambre de seguridad y seguidamente saque los tornillos de fijación de la placa de soporte del freno a la articulación de la dirección. Saque dicha placa soporte del freno junto con las zapatas de freno, los muelles de tensión y el cilindro de la rueda, como un conjunto.

10. Con ayuda de un martillo blando, golpee ligeramente el eje de la articulación de la dirección y saque el eje con su junta.

NOTA: Cuando desmonte el eje de la articulación de la dirección, en un vehículo equipado con uniones de palier tipo rótula, esté preparado para desconectar el palier exterior de la junta. La rótula caerá de la junta. Procure que no caiga sobre algo duro o intente atraparla.

11. Si el vehículo está equipado con juntas de palier del tipo rótula, deslice el palier delantero interno del alojamiento. Si lleva juntas tipo Birfield de velocidad constante, saque todo el palier del alojamiento.

12. Utilizando un extractor de rodamientos, saque el casquillo del interior del eje de la articulación y el retén de aceite del alojamiento del palier. Utilizando un tubo de metal como herramienta de colocación, introduzca el retén de aceite dentro del alojamiento del palier y el nuevo casquillo dentro del eje de la articulación.

NOTA: Si la junta del palier es del tipo de junta de rótula, monte el palier interior, con su separador adecuado en la debida posición hasta que las estrías encajen completamente con las del diferencial. Si va equipado con la junta Birfield para velocidad constante, monte el palier dentro del alojamiento y haga rotar el palier hasta que las estrías encajen con las del diferencial. Llene de grasa la articulación de la dirección hasta aproximadamente 3/4 de su capacidad, y coloque la rótula en el extremo del eje interior.

13. Para terminar el montaje, invierta el procedimiento empleado para el desmontaje. Ajuste la carga previa en el cojinete de la rueda.

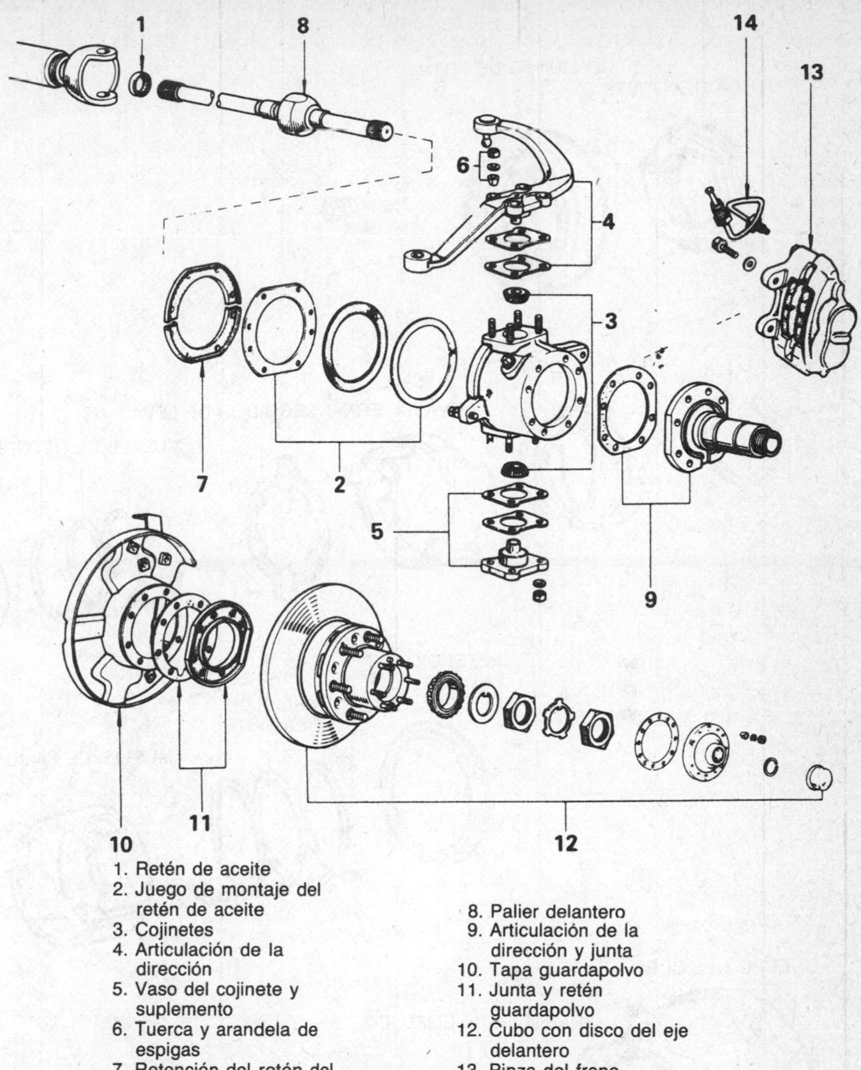

Eje delantero y articulación de la dirección (4WD) - se ha representado el modelo Pickup, pero el Land Cruiser es similar

Cubos de rueda libre y bloqueo automático

DESMONTAJE Y MONTAJE

1. Si está equipado de cubos de rueda libre, coloque el mando de control del cubo en la posición LIBRE.

2. Saque los tornillos de la tapa del cubo y retire la tapa.

3. Si está equipado con cubos de bloqueo automático, saque el tornillo del palier junto con su arandela.

4. Utilizando unas pinzas para anillos elásticos, saque el anillo elástico del palier.

5. Saque las tuercas de montaje del cuerpo del cubo.

6. Saque las arandelas cónicas de los pernos de montaje del cuerpo del cubo, golpeando sobre la hendidura de la arandela con un punzón cónico.

7. Saque el cuerpo del cubo del palier.

8. Aplique grasa de uso múltiple en las estrías del cubo interior.

9. Para el montaje, utilice juntas nuevas e invierta el procedimiento empleado para el desmontaje. Apriete las tuercas de fijación del cuerpo del cubo al palier, con un par de 23 libras-pie, el tornillo de la arandela plana, a 13 libras-pie (cubo de bloqueo automático), y los tornillos de la tapa del cubo al cuerpo del cubo, a 7 libras-pie.

NOTA: Para montar el anillo elástico en el palier, coloque un tornillo en el palier, tire de él y monte el anillo elástico.

Cojinetes de la rueda delantera - tracción en las cuatro ruedas (4WD)

DESMONTAJE Y MONTAJE

1. Consulte los procedimientos en el apartado Cubos de rueda libre y bloqueo automático, desmontaje y montaje, en esta sección, y desmonte los cubos.

2. Utilizando una pequeña palanca, saque el retén de grasa de la parte posterior del conjunto de cubo/disco, sacando luego el cojinete interior del conjunto.

3. Utilizando un trapo del taller, limpie la grasa del interior del conjunto cubo/disco.

4. Con un botador de latón, saque las pistas de rodadura del cojinete externo de cada lado del grupo cubo/disco.

5. Con disolvente (y NO con gasolina), limpie todas las piezas y sóplelas con aire comprimido para secarlas.

6. Con ayuda de la herramienta de montaje de cojinetes n.º 09608-35013, ponga las pistas de rodadura exteriores del conjunto cubo/disco hasta que se asienten contra el apoyo.

7. Utilizando grasa de uso múltiple, recubra la zona entre las pistas de rodadura y llene los cojinetes.

8. Coloque el cojinete interior en la parte posterior del conjunto cubo/disco. Utilizando la herramienta de montaje n.º 09608-35013, introduzca el nuevo retén de grasa detrás del conjunto cubo/disco, hasta que quede a ras de la caja.

9. Monte el conjunto cubo/disco en el palier, el cojinete externo, la arandela de apoyo y la tuerca de ajuste.

10. Para el ajuste de la precarga del cojinete, proceda del modo siguiente:

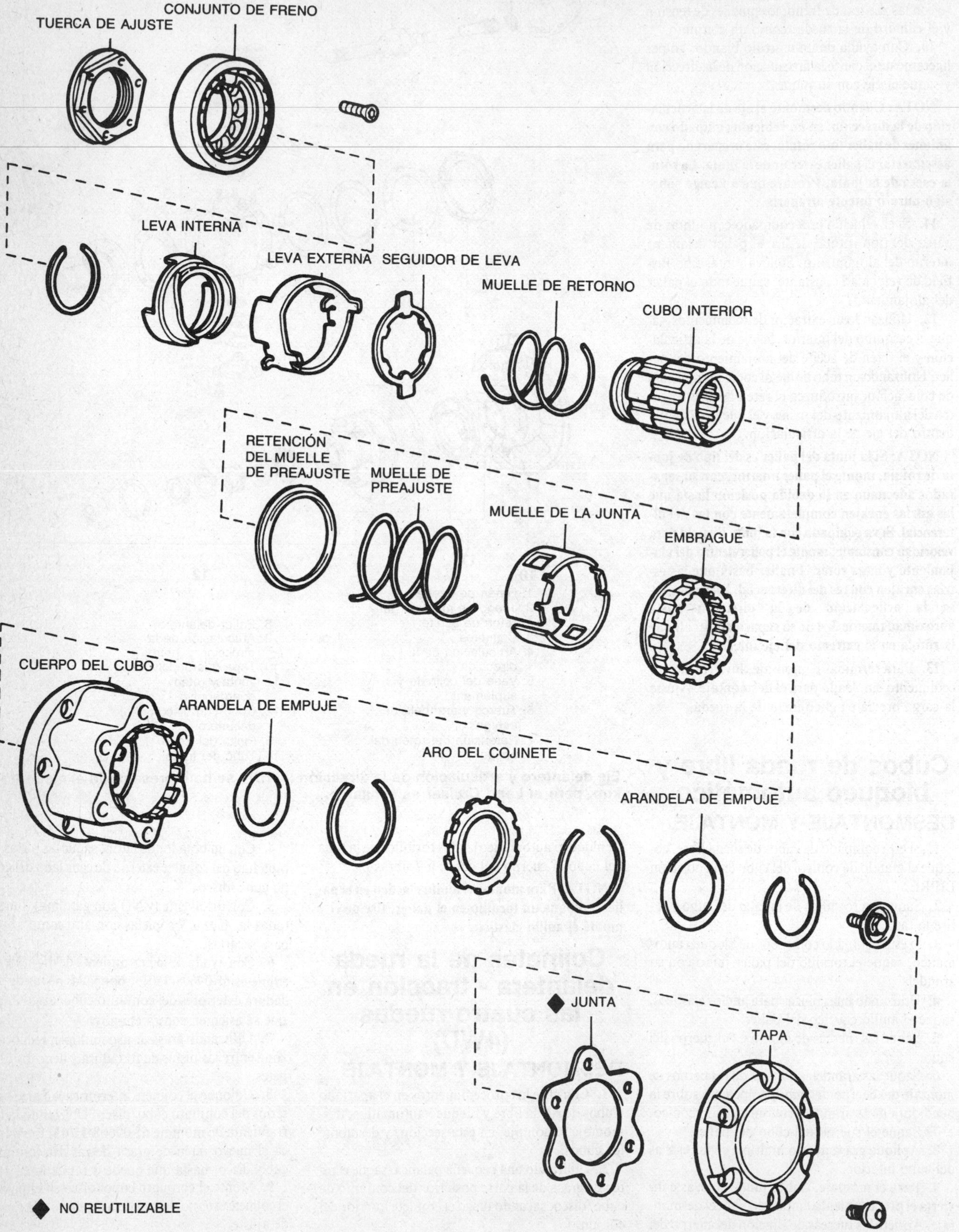

TUERCA DE AJUSTE
CONJUNTO DE FRENO
LEVA INTERNA
LEVA EXTERNA
SEGUIDOR DE LEVA
MUELLE DE RETORNO
CUBO INTERIOR
RETENCIÓN DEL MUELLE DE PREAJUSTE
MUELLE DE PREAJUSTE
MUELLE DE LA JUNTA
EMBRAGUE
CUERPO DEL CUBO
ARANDELA DE EMPUJE
ARO DEL COJINETE
ARANDELA DE EMPUJE
◆ JUNTA
TAPA
◆ NO REUTILIZABLE

Despiece del cubo de bloqueo automático - vehículos con tracción en las cuatro ruedas (4WD)

a. Utilizando la herramienta n.º 09607-60020, apriete la tuerca de ajuste a 43 libras-pie.

b. Haga rotar el conjunto cubo/disco 2 ó 3 veces, de izquierda a derecha.

c. Afloje la tuerca de ajuste hasta que pueda hacerse rotar con la mano.

d. Vuelva a apretar la tuerca de ajuste con un par de 18 libras-pie.

e. Monte la arandela de bloqueo y la contratuerca. Apriete la contratuerca con un par de 33 libras-pie.

f. Compruebe que no existe juego en el cojinete.

g. Utilizando un dinamómetro, conéctelo al espárrago de la rueda, manteniendo dicho calibre horizontal, y luego mida la fuerza de giro, que debe ser de 6-12 libras.

11. Para terminar el montaje, invierta el procedimiento empleado en el desmontaje.

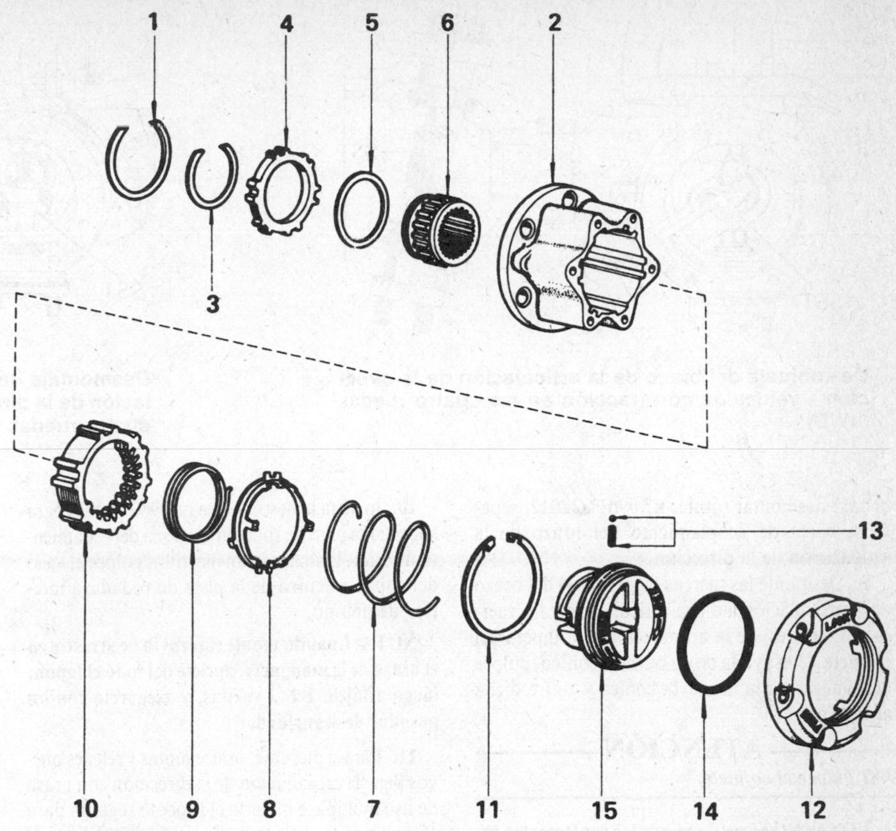

1. Anillo elástico
2. Cuerpo del cubo de rueda libre
3. Anillo elástico
4. Anillo del cubo de rueda libre
5. Separador
6. Cubo interno
7. Muelle
8. Trinquete
9. Muelle
10. Embrague
11. Anillo elástico
12. Tapa del cubo de rueda libre
13. Bola de acero y muelle
14. Retén
15. Mando de control

Despiece de un grupo cubo de rueda libre

Diferencial

DESMONTAJE Y MONTAJE

1. Consulte los procedimientos en el apartado Palier delantero, desmontaje y montaje, de esta sección, y desmonte los palieres delanteros de sus alojamientos.

2. Drene el lubricante del diferencial.

3. Trace marcas de posición de la brida del árbol de transmisión delantero con respecto a la brida del diferencial. Desmonte los tornillos y separe el árbol de transmisión del diferencial.

4. Saque las tuercas de retención del portante y retire el conjunto portante de la caja del diferencial.

5. Para el montaje, utilice juntas nuevas, e invierta el procedimiento empleado para el desmontaje. Apriete las tuercas de fijación del diferencial al palier con un par de 19 libras-pie y las tuercas y tornillos de la brida delantera del árbol de transmisión a la brida del diferencial con un par de 54 libras-pie. Vuelva a llenar el eje con aceite para engranajes 80W-90, hasta un nivel situado 1/4 pulgada por debajo del orificio de relleno.

NOTA: Antes de montar el portante, aplique una fina capa de líquido o sellador de silicona en la junta de la caja del portante, y en la cara lateral de cada tuerca de fijación del portante. Para información sobre el mantenimiento, consulte el apartado que trata del tren de transmisión en la Unidad de Reparaciones.

Articulación de la dirección

DESMONTAJE Y MONTAJE

Modelos Pickup y Van con tracción en dos ruedas (2WD)

1. Levante y apoye la parte anterior del vehículo sobre soportes. Desmonte el conjunto formado por la rueda y el neumático.

2. Desmonte la pinza de freno (NO desconecte el tubo de freno del calibre) y cuélguelo con un alambre.

3. Saque la tapeta antipolvo del cubo del eje, el pasador de seguridad, la contratuerca, la tuerca de ajuste, la arandela de empuje y el cojinete exterior, y luego saque el conjunto formado por cubo y disco del eje.

4. Saque los pasadores de seguridad de la placa soporte de la pinza del freno, y los tornillos o tuercas de fijación, retirando luego la placa.

5. Saque el brazo de la articulación de la dirección, de la parte posterior de dicha articulación.

6. Retire las tuercas, los tornillos y los casquillos, y luego desmonte el amortiguador del brazo oscilante inferior.

7. Soporte el brazo inferior con un gato y hágalo subir para ejercer presión sobre el muelle.

ATENCIÓN

Tenga cuidado en no desequilibrar los soportes del vehículo, cuando ejerza presión con el gato y eleve el brazo inferior.

8. Saque los pasadores de seguridad y luego las tuercas de las rótulas superior e inferior. Utilizando la herramienta de desmontar rótulas n.º 09628-62010 (1979-83) o la n.º 09628-62011 (1984 y posteriores), separe las rótulas de la articulación de la dirección.

9. Retire la articulación de la dirección del vehículo.

NOTA: Cuando se desmonte el conjunto cubo/disco del vehículo, se recomienda sustituir el retén de grasa.

10. Para el montaje, invierta el procedimiento utilizado para el desmontaje. Apriete la tuerca de la rótula superior con un par de 80 libras-pie (Pickup) ó 58 libras-pie (Van), la tuerca de la rótula inferior a 105 libras-pie (Pickup) ó 76 libras-pie (Van), los tornillos de fijación del brazo de la articulación de la dirección a dicha articulación a 80 libras-pie (Pickup) ó 61 libras-pie (Van), las tuercas de fijación del amortiguador al brazo oscilante inferior a 19 libras-pie y los tornillos de la placa de soporte a la articulación de la dirección a 80 libras-pie (Pickup) ó 61 libras-pie (Van). Ajuste los cojinetes de la rueda.

Modelos Pickup y Land Cruiser con tracción en las cuatro ruedas (4WD)

1. Consulte los procedimientos en el apartado Palier delantero, desmontaje y montaje, en esta sección, y saque el palier delantero.

2. Saque la retención del retén de aceite, y dicho retén, de detrás de la articulación de la dirección.

3. Saque el reenvío de arrastre de la varilla del extremo de la articulación de la dirección. Utilizando un destornillador, saque el tapón del reenvío de arrastre, y luego desconéctela del brazo de la mangueta de dirección.

4. Saque la tuerca y el pasador de seguridad de unión de la barra de acoplamiento a la articulación de la dirección. Con ayuda de la herramien-

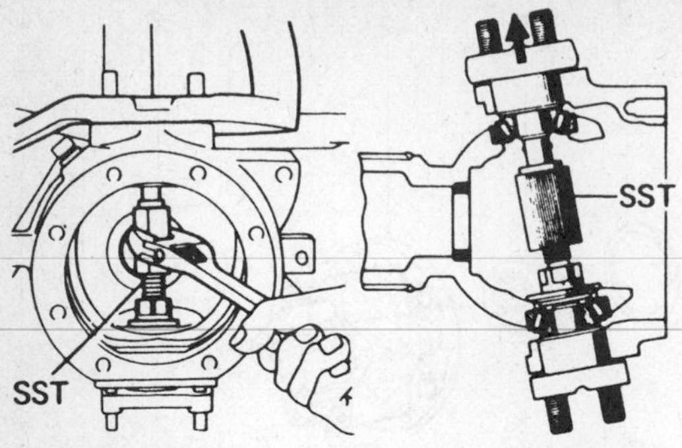

Desmontaje del brazo de la articulación de la dirección - vehículos con tracción en las cuatro ruedas (4WD)

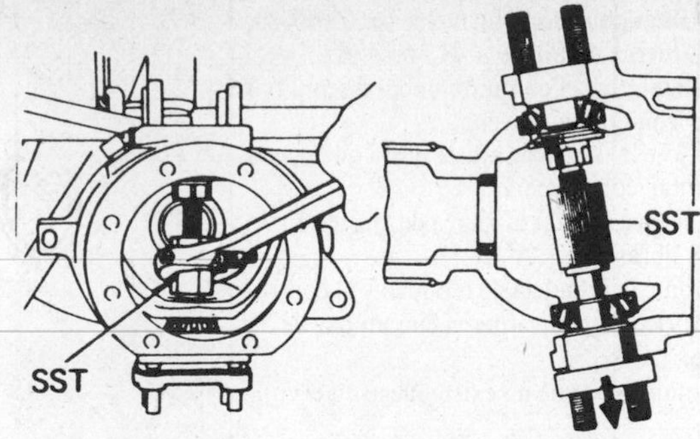

Desmontaje de la tapeta de rodamiento de la articulación de la dirección - vehículos con tracción en las cuatro ruedas (4WD)

ta para desmontar rótulas n.º 09611-22012, separe la barra de acoplamiento del brazo de la articulación de la dirección.

5. Desmonte las tuercas (superiores) del brazo de la articulación a dicha articulación y las tuercas (inferiores) de la articulación a la tapeta del cojinete. Con ayuda de un punzón cónico, golpee las ranuras de la arandela cónica y retire dicha arandela.

ATENCIÓN

NO golpee el cojinete.

NOTA: NO mezcle o pierda los suplementos superior e inferior de la tapeta del cojinete.

6. Utilizando la herramienta de extracción de cojinetes n.º 09606-60020 (sin collar), apriete el brazo de la mangueta de dirección con los suplementos de dicha mangueta.

7. Utilizando la herramienta de extracción de cojinetes n.º 09606-60020 (sin collar), apriete el vaso del cojinete con los suplementos de la articulación de la dirección.

8. Retire la articulación de la dirección del vehículo.

9. Para el montaje de la articulación, haga uso de la herramienta n.º 90606-60020 (con un collar), para soportar el cojinete superior interno. Con un martillo, golpee el brazo de la articulación de la dirección dentro de la pista de rodadura interna del cojinete.

10. Invierta la herramienta n.º 09606-60020 para soportar la pista de rodadura interna del rodamiento inferior. Utilizando un martillo, golpee el vaso del cojinete dentro de la pista de rodadura interior del mismo.

NOTA: Cuando monte el reenvío de arrastre en el brazo de la mangueta, apriete del todo el tapón, luego aflójelo 1 1/3 vueltas, y asegúrelo con un pasador de seguridad.

11. Para el montaje, utilice juntas y retenes nuevos llene la articulación de la dirección con grasa de uso múltiple e invierta el proceso seguido para el desmontaje. Las tuercas de fijación del brazo de la articulación a dicha articulación se aprietan con un par de 71 libras-pie, las tuercas del vaso del cojinete con la mangueta a 71 libras-pie, la tuerca del reenvío de arrastre con el brazo de la articulación a 67 libras-pie, y los tornillos del eje del palier con la articulación de la dirección a 38 libras-pie. Ajuste la precarga del cojinete de la rueda.

NOTA: Para verificar la precarga del cojinete de la articulación, ate un dinamómetro de muelle al reenvío de arrastre (en ángulo recto) en el brazo de la articulación. La fuerza necesaria para mover la articulación de un lado al otro debe ser de 4-8 libras (Pickup 1979-83), 6.6-13 libras (Pickup 1984 y posteriores) ó 4-5 libras (Land Cruiser). Si la precarga no es correcta, proceda a su ajuste cambiando los suplementos.

EJE DE PROPULSIÓN TRASERO

Palier y cojinete

DESMONTAJE Y MONTAJE

Pickups

1. Afloje las tuercas de aletas de la rueda posterior, luego levante y apoye el vehículo sobre soportes. Desmonte el conjunto formado por la rueda y el neumático.

2. Coloque un recipiente debajo del eje, saque el tapón y descargue el líquido del alojamiento del eje.

3. En los modelos con tracción en dos ruedas (2WD), saque los tornillos de fijación de la pinza/abrazadera al bastidor y desconecte el cable del freno de estacionamiento del equilibrador. En los modelos con tracción en las cuatro ruedas (4WD), saque el pasador y desconecte el cable del freno de estacionamiento trasero de la palanca articulada.

4. Saque el tambor de freno, retirando primero el tornillo de fijación del mismo.

5. Desconecte el tubo de freno del cilindro de la rueda y tapónelo, procurando no estropear el rácor de conexión.

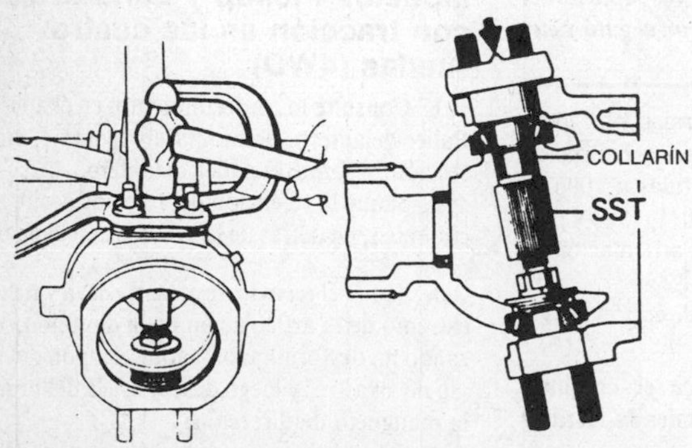

Montaje del brazo de la articulación de la dirección - vehículos con tracción en las cuatro ruedas (4WD)

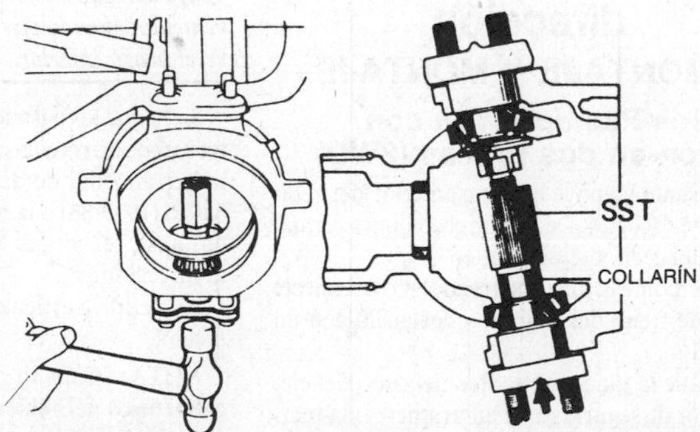

Montaje de la tapeta del rodamiento de la articulación de la dirección - vehículos con tracción en las cuatro ruedas (4WD)

6. Saque las tuercas de fijación de la placa soporte del freno al alojamiento del eje, y retire dicha placa junto con el eje de su alojamiento.

ATENCIÓN

Cuando desmonte el palier, procure no estropear el retén de aceite.

7. Utilizando unas pinzas para anillos elásticos, saque el anillo elástico del palier.

8. Deslice la herramienta nº 09521-25011 sobre el palier y fíjela en la placa soporte del freno. Emplee dos bloques de metal y una prensa, ejerciendo presión sobre el palier desde el conjunto de la placa soporte.

9. Si resulta preciso desmontar el cojinete de la placa soporte, proceda del siguiente modo:

a. Saque el muelle del freno, el tornillo abrazadera del muelle de recuperación, los muelles inferiores, el puntal de la pastilla, las pastillas de freno y la palanca del freno de estacionamiento.

b. Utilizando un extractor de martillo deslizante y la herramienta nº 09308-00010, retire el retén de aceite externo de la placa soporte.

c. Utilizando las herramientas de desmontaje nº 09228-44010 y 09608-30011, presione el cojinete desde la placa soporte.

d. Utilizando las herramientas de montaje nº 09515-30010 y 09608-35013, introduzca a presión el nuevo cojinete en la placa soporte.

e. Utilizando la herramienta de montaje nº 09608-30011, coloque un nuevo retén de aceite en la placa soporte.

f. Vuelva a montar los componentes del freno en la placa soporte.

10. Haciendo uso de un martillo deslizante y la herramienta de desmontar nº 09308-00010, saque el retén de aceite del alojamiento del palier.

11. Con ayuda de la herramienta de montaje y un martillo, introduzca un nuevo retén de aceite en el alojamiento del palier.

12. Utilizando una prensa y la herramienta de instalación nº 09515-30010, introduzca el palier dentro de la placa soporte y la fijación del cojinete. Con unas pinzas para anillo elástico, monte el anillo elástico en el palier.

13. Con una rasqueta limpie las superficies de montaje de la junta.

14. Para terminar el montaje, invierta el orden adoptado para el desmontaje. Apriete las tuercas de fijación de la placa soporte al alojamiento del palier con un par de 51 libras-pie. Ajuste el juego de las pastillas de freno y purgue el sistema de frenos. Vuelva a llenar el alojamiento del palier con aceite para engranajes SAE 90W GL5.

Land Cruiser

DIFERENCIAL DEL TIPO SEMIFLOTANTE

1. Afloje las tuercas de la rueda trasera. Levante y soporte el alojamiento del eje trasero sobre caballetes de seguridad. Desmonte el conjunto formado por la rueda y el neumático.

2. Coloque un recipiente debajo del eje, saque el tapón y drene el aceite del diferencial.

3. Desmonte el tambor de freno y las partes relacionadas con él, del siguiente modo:

a. Saque la tapa posterior de la caja del diferencial.

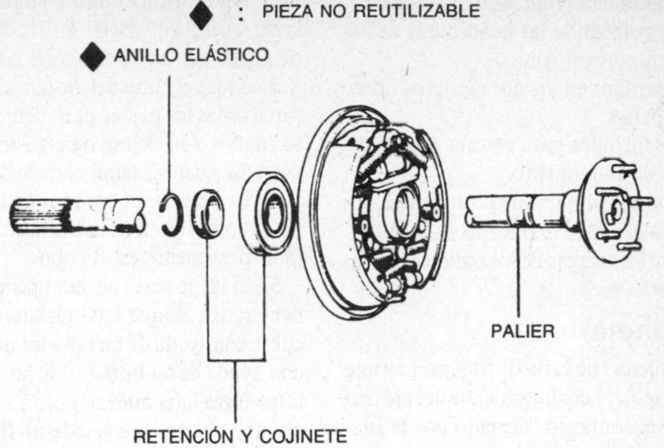

Despiece del grupo del palier trasero - Pickups y 4-Runner

b. Saque el pasador del eje del piñón del diferencial.

c. Retire el eje del piñón y su separador de la caja.

d. Utilice una maza para golpear el palier trasero hacia el diferencial, sacando luego la arandela en C del palier.

e. Retire el palier de la caja.

4. Utilizando un extractor de cojinetes, saque el cojinete del palier y el retén de aceite conjuntamente del alojamiento. Con un tubo de metal y un martillo, introduzca el cojinete y el retén dentro del alojamiento hasta que se asienten.

ATENCIÓN

NO invierta por error las piezas de los paliers derecho e izquierdo.

5. Para terminar el montaje, invierta el procedimiento empleado para el desmontaje. Vuelva a llenar el alojamiento del palier con aceite para engranajes SAE 90W GL5.

NOTA: Una vez montado el palier, la arandela en forma de C, el separador y el eje del piñón, mida el juego existente entre el palier y el distanciador del eje del piñón, utilizando una galga de espesores. La holgura debe estar comprendida entre 0.0024-0.0181". Si la holgura no está dentro de las especificaciones, haga uso de los siguientes espaciadores para su ajuste:

a. 1.172-1.173 pulgadas.
b. 1.188-1.189 pulgadas.
c. 1.204-1.205 pulgadas.

DIFERENCIAL DEL TIPO TOTALMENTE FLOTANTE

1. Afloje las tuercas de la rueda trasera. Levante y soporte el alojamiento del eje trasero sobre caballetes. Desmonte el conjunto formado por la rueda y el neumático.

2. Coloque un recipiente debajo del eje, saque el tapón del diferencial y drene el aceite de su interior.

3. Saque las tuercas planas del palier trasero.

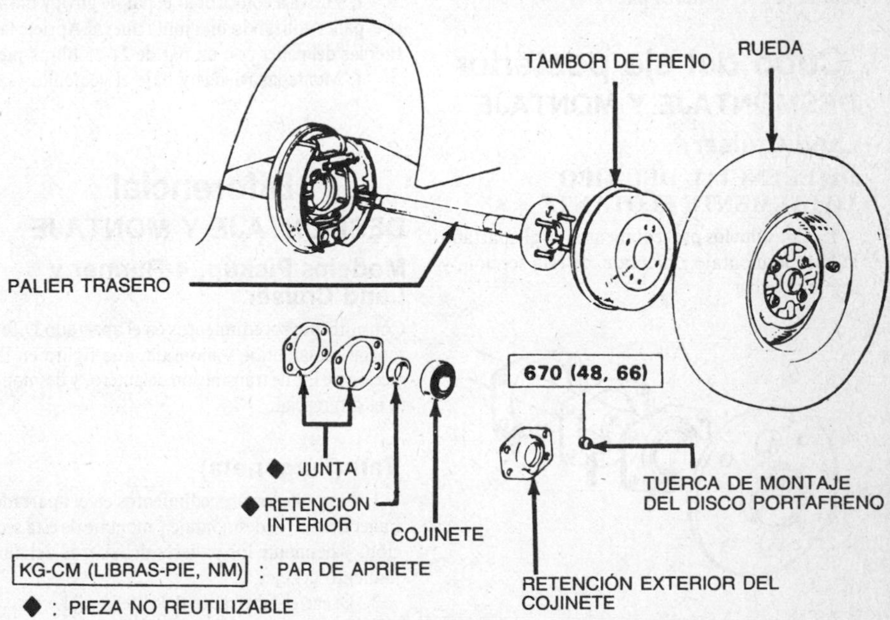

Alineación de las juntas y la retención del palier - modelo Van

4. Saque las arandelas cónicas de los espárragos de montaje, golpeando las hendiduras de las arandelas con un punzón cónico.

5. Coloque tornillos en los dos agujeros libres de la placa del palier.

6. Apriete los tornillos para extraer el conjunto del palier de su alojamiento.

7. Para el montaje, utilice una junta nueva, sellador, e invierta el orden empleado para el desmontaje. Apriete las tuercas de los palieres con un par de 21-25 libras-pie.

Van (Furgoneta)

1. Afloje las tuercas de la rueda trasera. Levante y apoye sobre soportes el alojamiento del eje trasero. Desmonte el conjunto formado por la rueda y su neumático.

2. Trabajando a través de la abertura existente en la brida del eje, retire los tornillos de fijación de la placa soporte del freno al alojamiento del eje.

3. Utilizando un extractor con martillo deslizante, y la herramienta de desmontaje n.º 09520-00031, retire el palier de su alojamiento.

4. Utilizando una muela, corte la fijación del cojinete interior que hay en el palier. Utilizando un cortafríos y un martillo, rompa la fijación y sáquela del palier.

5. Utilizando una prensa de husillo a mano y las herramientas de desmontaje n.º 09527-21011, ejerza presión extrayendo el cojinete del palier.

6. Con ayuda de un extractor con martillo deslizante, y la herramienta de desmontaje n.º 09308-00010, retire el retén de aceite del alojamiento del palier.

7. Lubrique el nuevo retén de aceite con grasa de uso múltiple. Con la herramienta de montaje n.º 09517-30010 y un martillo, coloque el nuevo retén de aceite en el alojamiento del palier, hasta una profundidad de 0.236 pulgadas.

8. Para el montaje, emplee juntas nuevas e invierta el orden utilizado para el desmontaje. Apriete los tornillos de fijación del eje al alojamiento con un par de 48 libras-pie.

Cubo del eje posterior

DESMONTAJE Y MONTAJE

Land Cruiser

DIFERENCIAL DEL TIPO TOTALMENTE FLOTANTE

1. Consulte los procedimientos en el apartado Palier, desmontaje y montaje, de esta sección, y saque el palier.

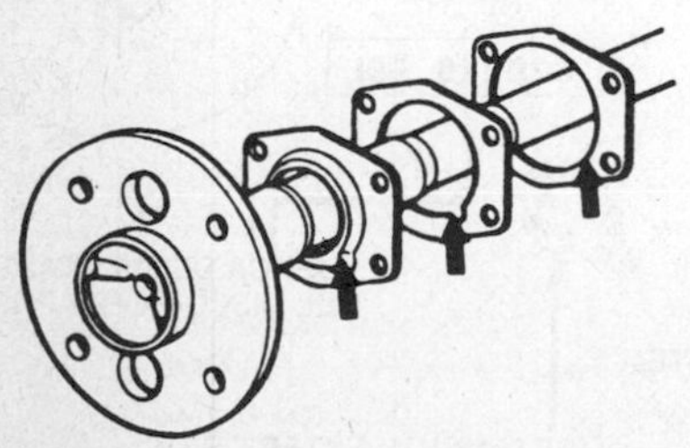

Alineación de las juntas y la retención del palier - modelo Van

2. Afloje los tornillos de bloqueo. Utilizando la herramienta n.º 09509-25011, desmonte la tuerca de ajuste que hay dentro del cubo.

3. Saque el cubo del alojamiento del eje. Verifique todas las partes para determinar si presentan daños o un excesivo desgaste. Utilizando una pequeña palanca, saque el retén de aceite del cubo.

4. Utilizando un botador de latón y un martillo, golpee el retén de aceite hasta que quede asentado firmemente en el cubo.

5. Si ha de sustituir la(s) pista(s) de rodadura del cojinete, saque la(s) pista(s) de rodadura del cubo, con ayuda de un botador de latón. También con ayuda de un botador de latón y un martillo, introduzca la(s) nueva(s) pista(s) de rodadura en el cubo, hasta que quede(n) firmemente asentada(s).

6. Para el montaje del cubo, proceda del siguiente modo:

a. Coloque el cubo sobre el alojamiento del eje y monte el cojinete exterior.

b. Monte la placa de fijación con su lengüeta dispuesta en la ranura del alojamiento del eje.

c. Con ayuda de la herramienta de desmontaje, monte y apriete la tuerca de ajuste.

d. Apriete la tuerca con un par de 43 libras-pie. Haga rotar el cubo algunas veces y apriete la tuerca de ajuste con un par de 43 libras-pie.

e. Afloje la tuerca de ajuste hasta que el cubo pueda hacerse rotar a mano.

f. Apriete un poco la tuerca y compruebe la cantidad de presión necesaria para hacer rotar el cubo, utilizando un dinamómetro de medición de la tensión de un muelle.

g. El par de giro recomendado es de 5,7-12,6 libras-pie. Para conseguir este valor, usted deberá apretar o aflojar la tuerca de ajuste.

h. Alinee una de las ranuras del alojamiento del eje con una de las ranuras existentes en la tuerca de ajuste. Monte tornillos de bloqueo en los orificios de la tuerca de ajuste que formen ángulos rectos con las ranuras alineadas. Apriete los tornillos de bloqueo con un par de 35-60 libras-pulgada.

i. Vuelva a comprobar el par de giro, y monte el palier utilizando una junta nueva. Apriete las tuercas del palier con un par de 21-25 libras-pie.

j. Monte las ruedas y baje el vehículo.

Diferencial

DESMONTAJE Y MONTAJE

Modelos Pickup, 4-Runner y Land Cruiser

Consulte los procedimientos en el apartado Diferencial, desmontaje y montaje, que figura en la sección de Eje de transmisión delantero, y desmonte el diferencial.

Van (Furgoneta)

1. Consulte los procedimientos en el apartado Palier delantero, desmontaje y montaje de esta sección, y desmonte los palieres delanteros del alojamiento del eje.

2. Drene el lubricante del diferencial.

3. Trace marcas de coincidencia de la brida del árbol de transmisión delantero con respecto a la brida del diferencial. Saque los tornillos de fijación y separe el árbol de transmisión del diferencial.

4. Saque las tuercas de fijación del portante, y saque el conjunto portante de la caja del diferencial.

5. Para el montaje, utilice juntas nuevas e invierta el procedimiento empleado para el desmontaje. Apriete las tuercas de fijación del diferencial al eje con un par de 23 libras-pie, y las tuercas y tornillos de fijación de la brida del árbol de transmisión delantero con la brida del diferencial con un par de 31 libras-pie. Vuelva a llenar el eje con aceite de engranajes 80W-90, hasta que el nivel quede de 1/4 pulgada por debajo del orificio de llenado.

NOTA: Antes de montar el portante, aplique una delgada capa de sellador líquido o de silicona a la junta de la caja del portante y a la cara lateral de cada una de las tuercas de fijación del portante.

SUSPENSIÓN TRASERA

Ballestas

DESMONTAJE Y MONTAJE

Modelos Pickup, 4-Runner y Land Cruiser

1. Levante y apoye la parte trasera del vehículo con caballetes debajo del bastidor. Soporte el alojamiento del eje con un gato. Desmonte el conjunto formado por la rueda y su neumático.

2. Baje el gato para descargar la tensión de la ballesta. Saque los tornillos y tuercas de fijación del amortiguador y luego dicho amortiguador.

3. En los modelos Land Cruiser, proceda del modo siguiente:

a. Saque los pasadores de seguridad y las tuercas del extremo inferior de la articulación estabilizadora.

b. Desconecte la articulación del alojamiento del eje.

4. Saque las tuercas del perno en U entre la ballesta y el alojamiento del eje, el asiento de la ballesta (2WD) o el tope de la ballesta (4WD) y el perno en U.

5. En la parte delantera de la ballesta, saque el tornillo pasante que sirve para colgarlo. Desconecte la ballesta del soporte.

6. Saque las tuercas de retención del estribo de la ballesta y la platina interior del estribo de la ballesta y luego apalanque y extraiga con cuidado el estribo con una palanca.

7. Saque la ballesta del vehículo.

ATENCIÓN

Tenga cuidado, a fin de no dañar el tubo hidráulico de la instalación de frenos o el cable del freno de estacionamiento.

8. Para el montaje, lleve a cabo el siguiente procedimiento:

a. Monte los casquillos de caucho en el ojal de la ballesta.

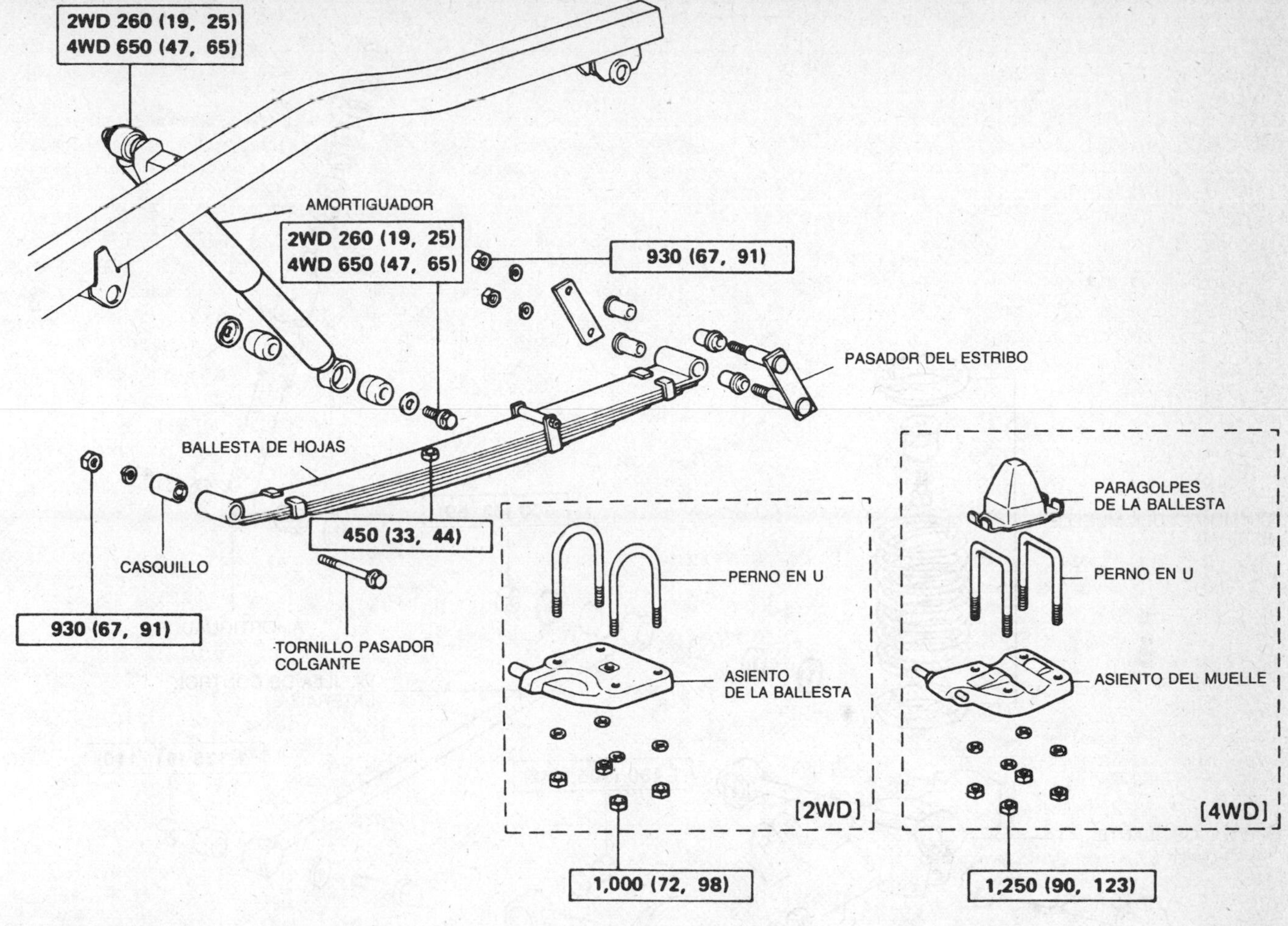

Despiece de la suspensión trasera - modelos Pickup, 4-Runner y Land Cruiser

b. Alinee el ojal de la ballesta con el soporte colgante y pase la clavija a través de los agujeros del soporte y de los casquillos de caucho.

NOTA: Utilice como lubricante agua jabonosa (si fuera necesario), a fin de facilitar el montaje del pasador. Nunca hay que usar aceite o grasa.

c. Apriete con los dedos las tuercas y tornillos del colgante de la ballesta.

d. Monte los casquillos de caucho en el ojal de la ballesta, en el extremo opuesto de la misma.

e. Levante el extremo libre de la ballesta. Monte el estribo de la ballesta a través del casquillo y del soporte.

f. Monte la platina interior del estribo y las tuercas de retención, apretándolas sólo con los dedos.

g. Centre la cabeza del tornillo en el agujero que existe en el asiento de la ballesta en el alojamiento del eje.

h. Coloque los pernos en U encima del alojamiento del eje. Monte el asiento interior de la ballesta (2WD) o el paragolpes de la ballesta (4WD) y las tuercas.

9. Para terminar el montaje, invierta el proceso empleado para el desmontaje. Apriete las tuercas del perno en U con un par de 72 libras-pie (2WD) ó 90 libras-pie (4WD), la tuerca del pasador de unión del colgante al bastidor a 67 libras-pie, las tuercas del pasador del estribo a 67 libras-pie y los tornillos del amortiguador a 19 libras-pie (2WD), ó 47 libras-pie (4WD).

NOTA: Al montar los pernos en U, apriete las tuercas, de modo que la longitud de ambos pernos sea igual.

Van (Furgoneta)

1. Levante y apoye la parte trasera del vehículo sobre caballetes colocados bajo el bastidor. Soporte el alojamiento del eje con un gato de suelo. Saque el conjunto de rueda y neumático.

2. Saque el tornillo de fijación del amortiguador al alojamiento del eje.

3. Saque los tornillos del soporte del casquillo de la barra del estabilizador al alojamiento del eje.

4. Saque la tuerca de fijación del brazo lateral oscilante al alojamiento del eje, y desconecte el brazo lateral oscilante.

5. Baje el gato del suelo, y luego saque el(los) muelle(s) espirales y los aisladores.

NOTA: Al bajar el alojamiento del eje, proceda con cuidado para no averiar el conducto del freno o el cable del freno de estacionamiento.

6. Para el montaje, invierta el orden utilizado para el desmontaje. Apriete el tornillo del amortiguador a un par de 27 libras-pie, la tuerca del brazo lateral con el alojamiento del eje a un par de 43 libras-pie y los tornillos de fijación del estabilizador al alojamiento del eje a 27 libras-pie.

NOTA: Antes de apretar las tuercas y tornillos del brazo lateral oscilante y el estabilizador, balancee el vehículo para estabilizar la suspensión.

Amortiguadores

DESMONTAJE Y MONTAJE

Modelos Pickup, 4-Runner y Land Cruiser

1. Levante y apoye la parte posterior del vehículo sobre soportes.

2. Saque los tornillos de fijación superiores del amortiguador, que se encuentran en el soporte reforzado del bastidor.

3. Saque el tornillo del extremo inferior del amortiguador, que está en el asiento del muelle.

4. Saque el amortiguador del vehículo.

NOTA: Compruebe si el amortiguador presenta desgaste, pérdidas u otras señales de daños.

5. Para el montaje, invierta el procedimiento empleado para el desmontaje. Apriete el tornillo superior con un par de 19 libras-pie (2WD) ó 47 libras-pie (4WD) y el tornillo inferior a 19 libras-pie (2WD) ó 47 libras-pie (4WD).

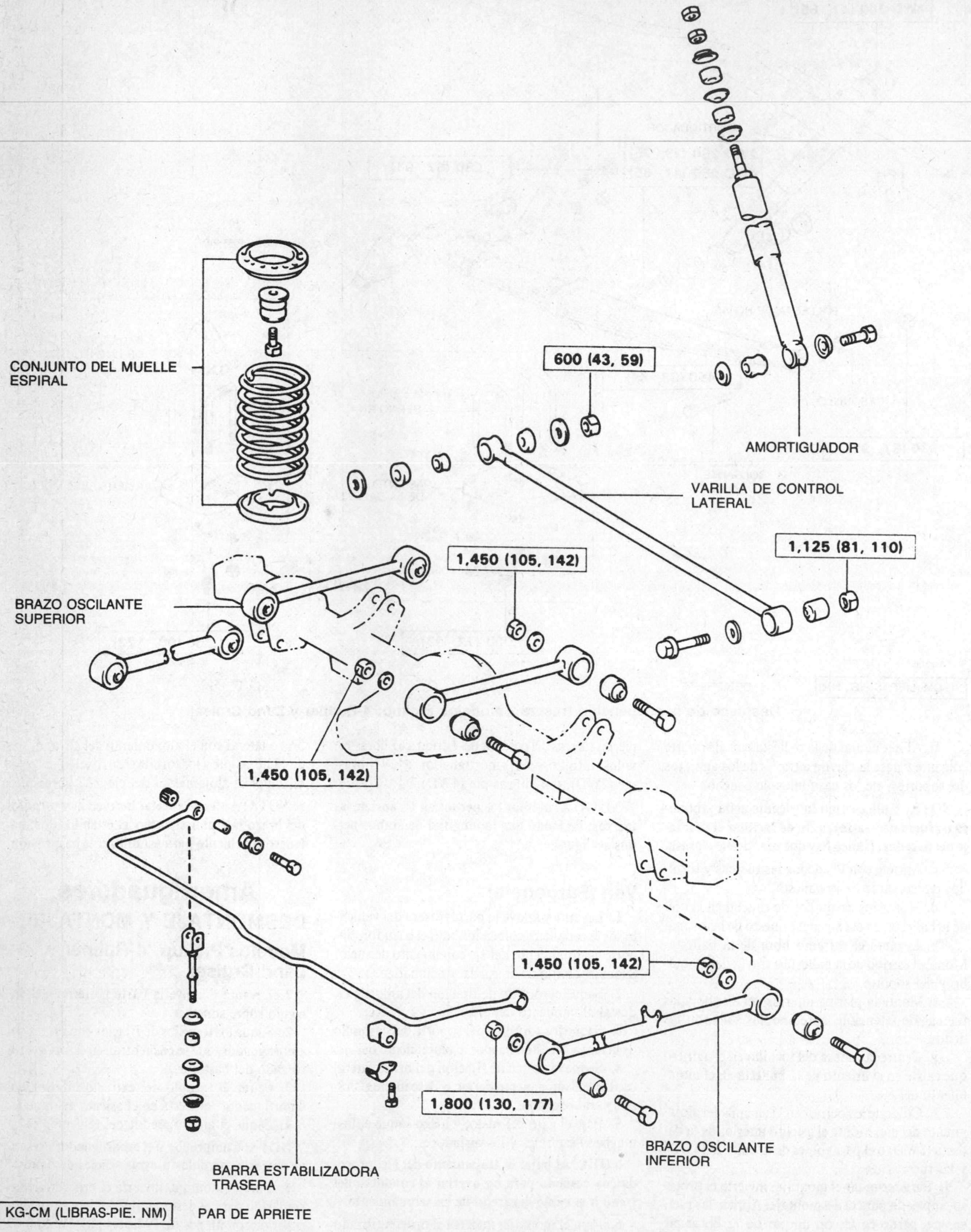

Despiece de la suspensión trasera - modelos Van

Van (Furgoneta)

1. Levante y apoye la parte posterior del vehículo sobre soportes.

2. Saque el tornillo de fijación del amortiguador en el alojamiento del eje.

3. Trabajando en el interior del vehículo, saque la tuerca de bloqueo, la tuerca de retención, las retenciones y los casquillos de caucho de la parte superior del amortiguador.

NOTA: Cuando desmonte la tuerca de retención de la parte superior del amortiguador, puede ser necesario sujetar la parte superior de dicho amortiguador con un destornillador a fin de evitar que ruede.

4. Retire el amortiguador del vehículo.

5. Para el montaje, invierta el procedimiento aplicado para el desmontaje. Apriete la tuerca de fijación del amortiguador al bastidor a un par de 16-24 libras-pie y el tornillo de fijación del amortiguador al alojamiento del eje a un par de 27 libras-pie.

Brazos de control posteriores

DESMONTAJE Y MONTAJE

Van (Furgoneta)

1. Levante y soporte la parte posterior del vehículo, utilizando apoyos colocados debajo del bastidor. Coloque un gato de suelo debajo del alojamiento del eje, a fin de sostenerlo.

2. Saque el tornillo que une el brazo superior oscilante a la carrocería, el tornillo que une el brazo superior oscilante al alojamiento del eje y luego dicho brazo superior oscilante, del vehículo.

3. Desconecte el tubo de freno del brazo inferior oscilante.

4. Saque el tornillo de fijación del brazo inferior oscilante a la carrocería, el tornillo de unión del brazo inferior oscilante al alojamiento del eje, y luego dicho brazo inferior oscilante del vehículo.

5. Monte el brazo superior oscilante en la carrocería y en el alojamiento del eje con las tuercas. NO apriete las tuercas.

6. Monte el brazo inferior oscilante en la carroceria y en el alojamiento del eje con las tuercas. NO apriete las tuercas.

7. Retire el gato y los soportes de apoyo de debajo del vehículo. Balancee el vehículo para estabilizar la suspensión.

8. Utilizando un gato de suelo colocado debajo del alojamiento del eje, levante el vehículo. Ponga soportes debajo del bastidor, pero NO permita que toquen el bastidor.

9. Para terminar el montaje, apriete el tornillo de fijación del brazo superior oscilante a la carrocería con un par de 105 libras-pie, el tornillo de unión del brazo superior oscilante al alojamiento del eje a 105 libras-pie, el tornillo de unión del brazo inferior oscilante a la carrocería a 130 libras-pie y el tornillo de fijación del brazo inferior oscilante al alojamiento del eje con un par de 105 libras-pie.

Barra oscilante lateral

DESMONTAJE Y MONTAJE

Van (Furgonetas)

1. Levante y apoye la parte trasera del vehículo con soportes colocados debajo del bastidor. Coloque un gato de suelo debajo del alojamiento del eje y sopórtelo.

2. Saque la tuerca de fijación de la barra oscilante lateral al alojamiento del eje.

3. Saque la tuerca de fijación de la barra oscilante lateral a la carrocería, y dicha barra oscilante lateral fuera del vehículo.

4. Para el montaje, levante el alojamiento del eje hasta que el bastidor se separe justo de los soportes.

5. Monte la barra oscilante lateral en la carrocería, con la tuerca. NO apriete la tuerca.

6. Monte la barra oscilante lateral en el alojamiento del eje, en el orden siguiente: arandela, casquillo, espaciador, barra oscilante lateral, casquillo, arandela y tuerca. NO apriete la tuerca.

7. Retire los soportes, baje el vehículo al suelo y balancéelo para estabilizar la suspensión.

8. Con un gato hidráulico colocado debajo del alojamiento del eje, levante el vehículo. Apriete la tuerca de fijación de la barra oscilante lateral a la carrocería, con un par de 81 libras-pie, y la tuerca de unión de la barra oscilante lateral al alojamiento del eje con un par de 43 libras-pie.

SUSPENSIÓN DELANTERA

Muelles

DESMONTAJE Y MONTAJE

Modelos Pickup y Van con tracción en dos ruedas (2WD)

Estos modelos van equipados con muelles delanteros de barras de torsión.

ATENCIÓN

Hay que tener sumo cuidado en no mezclar los muelles al sacarlos. Se recomienda de modo especial que antes de proceder al desmontaje se señale cada muelle con pintura, indicando la parte anterior y posterior del muelle, así como el costado que ha sido desmontado del camión. Si los muelles se montan al revés, o en costados distintos del camión, pueden romperse. Si se cambian los muelles, no es preciso marcarlos.

1. Levante y apoye la parte anterior del vehículo con soportes.

2. Desplace la protección de fuelle del muelle de la barra de torsión, y señale con pintura una marca de alineación de las posiciones de dicho muelle de la barra de torsión, sobre el brazo de anclaje, y el brazo de torsión. Existen marcas derechas e izquierdas de identificación en el extremo trasero de los muelles de la barra de torsión.

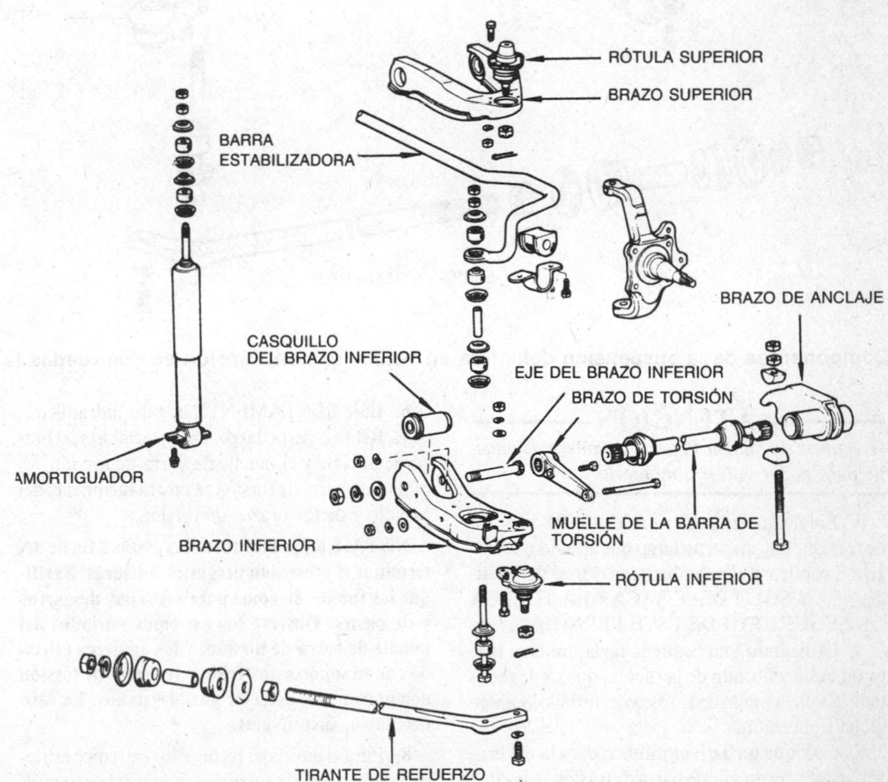

Componentes de la suspensión delantera en vehículos con tracción en dos ruedas (2WD) - Pickup (1979-83)

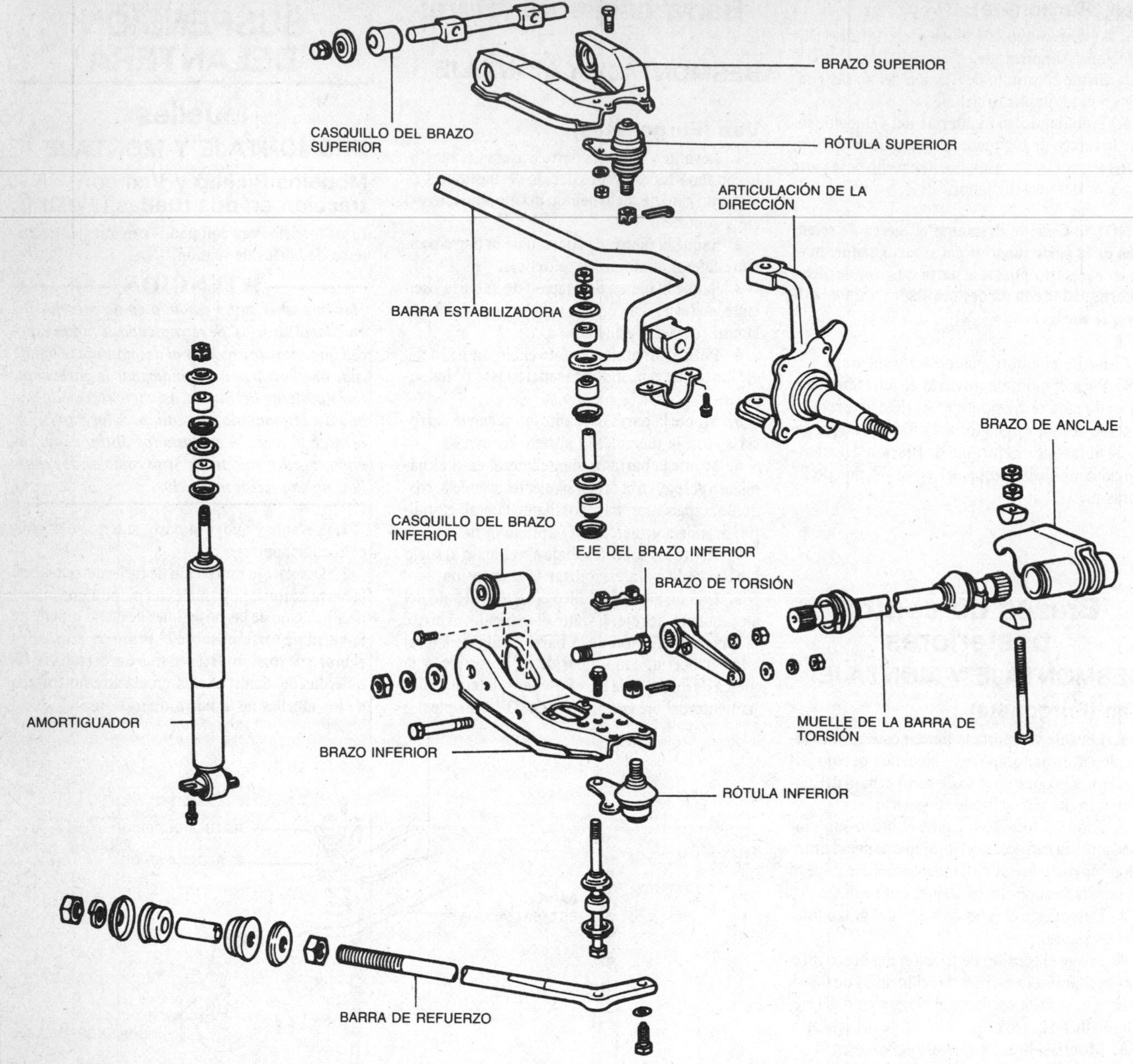

Componentes de la suspensión delantera en vehículos con tracción en dos ruedas (2WD) - modelos pickup (1984 y posteriores)

ATENCIÓN

Asegúrese de marcar la parte delantera del muelle para poder volver a montarlo.

3. En el soporte posterior del muelle de barra de torsión, hay un perno largo que atraviesa el brazo del soporte y el miembro transversal del bastidor. TAN SÓLO DEBE SACAR LA TUERCA DE SEGURIDAD DE ESTE PERNO.

4. Utilizando una pequeña regla, mida la longitud desde el fondo de la tuerca, que sigue montada, hasta la punta de la rosca del tornillo, y anote dicha dimensión.

5. Coloque un gato hidráulico debajo del brazo soporte del muelle de barra de torsión, y levante dicho brazo para poder eliminar la presión ejercida por el muelle en el perno largo. Saque la tuerca de ajuste del perno largo.

6. Baje LENTAMENTE el gato hidráulico.

7. Retire el perno largo, los espaciadores, el brazo de anclaje y el muelle de barra de torsión. El muelle de barra de torsión se sacará fácilmente del anclaje y de los brazos de torsión.

NOTA: Compruebe todas las piezas a fin de determinar si presentan desgastes o fisuras. Verifique las fundas de goma para ver si hay desgarros y desgastes. Observe los extremos estriados del muelle de barra de torsión, y los agujeros estriados de su soporte posterior y del brazo de torsión delantero, para detectar posibles daños. En caso necesario, sustitúyalos.

8. Para el montaje, recubra los extremos estriados de la barra de torsión con grasa de uso múltiple.

9. Si vuelve a utilizar las barras de torsión viejas, proceda del modo siguiente:

a. Deslice la parte delantera del muelle de barra de torsión en el brazo de torsión, asegurándose de que las marcas de alineación coinciden.

b. Deslice el brazo de anclaje en la parte trasera del muelle de barra de torsión, asegurándose que las marcas de alineación coinciden. Monte el perno largo y los distanciadores.

c. Apriete la tuerca de ajuste, de manera que quede la misma longitud que había antes del desmontaje.

NOTA: NO monte la tuerca de bloqueo.

10. Cuando monte un nuevo muelle de barra de torsión, proceda del siguiente modo:

a. Levante la parte delantera del vehículo, vuelva a colocar el conjunto formado por la rueda y el neumático, y ponga un bloque de madera (7 1/2 pulgadas de alto), debajo del neumático delantero. Baje el gato hasta que la distancia entre

el tope del muelle (en el brazo oscilante inferior) y el bastidor sea de 1/2 pulgada.

NOTA: Asegúrese de colocar soportes debajo del vehículo.

b. Deslice la parte delantera del muelle de la barra de torsión en el brazo de torsión.

c. Monte el brazo de anclaje en la parte trasera del muelle de la barra de torsión, luego el perno largo y los distanciadores. La distancia desde la parte superior del distanciador de arriba a la punta del extremo roscado del perno es de 0.31-1.10" (vehículos de 1/2 tonelada) o de 0.43 1.22" (vehículos de 3/4 tonelada).

NOTA: Asegúrese de que el perno y el distanciador del fondo se encuentran bien apretados en el brazo soporte cuando se efectúe la medición.

d. Saque el bloque de madera y baje el vehículo hasta que quede apoyado sobre los soportes del suelo.

e. Monte y apriete la tuerca de ajuste hasta que la distancia desde el fondo de la tuerca a la

ALTURA DEL VEHÍCULO

Año	Modelo	Carga	Dimensiones del neumático	Altura frontal (pulg.) (sin cargar)
'79–'80	RN32L RN42L	½ Ton	185 SR 14-4PR	9.827
			7.00-14-6PR	10.291
			E78-14 (B)	10.016
			ER78-14 (B)	9.866
	RN42L-KH	¾ Ton	7.50-14-6PR	10.961
	RN42L-3W (C & C)	¾ Ton	7.50–14–6PR	10.961
'81–'83	RN34 RN44	½ Ton	7.00-14-6PR	10.291
			E78-14 (B)	10.016
			ER78-14 (B)	9.866
			205/70 SR 14	9.512
	RN44L-KH	¾ Ton	7.50-14-6PR	10.961
	RN44L-3W C & C		7.50-14-6PR	10.961
'84	Base corta (estándar)		7.00-14-6PR	10.59
			ER78-14	10.04
	Base larga (estándar)		7.00-14-6PR	10.75
			ER78-14	10.20
	Base larga (Conducción suave)		ER78-14	10.20
	Cab. extra (Conducción suave)		ER78-14	9.80
	Cab. extra (estándar)		ER78-14	9.80
	¾ Ton		7.50-14-6PR	10.71
	C & C		7.50-14-6PR	10.83
	SR-5 (Corto)		P195/75 R 14	9.76
			205/70 R 14	10.00
			ER78-14	10.00
	SR-5 (Largo)		P195/75 R 14	9.96
			205/70 SR 14	10.20
			ER78-14	10.12
	Cab. extra SR5 (Base larga)		P195/75 R 14	9.80
			205/70 SR 14	10.04
			ER78-14	9.96
'85–'86	Base corta (estándar)		7.00-14-6PR	10.63
	Base larga (estándar)		7.00-14-6PR	10.83
	Base larga (Conducción suave)		P195/75 R 14	10.24
	Cab. extra (Conducción suave)		P195/75 R 14	9.84
	Cab. extra (estándar)		P195/75 R 14	9.84
	1 Ton		185 R 14-LT8PR	10.31
	C & C		185 R 14-LT8PR	10.20
	Base corta (SR-5)		P195/75 R 14	9.80
			205/70 SR 14	10.04
	(Base larga) (SR-5)		P195/75 R 14	9.96
			205/70 SR 14	10.20
	Cab. Extra SR-5 (Base larga)		P195/75 R 14	9.84
			205/70 SR 14	10.08
'85-'86 (Diesel)	Base corta (estándar)		7.00-14-6PR	10.59
	Base larga (Conducción suave)		P195/75 R 14	9.96
	Cab. extra (Conducción suave)		P195/75 R 14	9.80
	Cab. extra (estándar)		P195/75 R 14	9.80
'83–'86	Van		P185/75 R 14	9.57

punta del extremo roscado del perno sea de 2.7-3.5 pulgadas.

NOTA: **NO monte la tuerca de seguridad.**

11. Aplique grasa de uso múltiple a los labios del capuchón de goma, y luego vuelva a colocar dichos capuchones protectores en el brazo de torsión y de anclaje.

12. Baje el vehículo al suelo y balancéelo varias veces, para ajustar la suspensión. Con las ruedas en el suelo, mida la distancia entre el suelo y el centro del eje del brazo oscilante inferior con el bastidor. Ajuste la altura del vehículo, empleando la tuerca de ajuste y el brazo de anclaje.

NOTA: Si, una vez conseguida la altura correcta del vehículo, la distancia desde la parte inferior de la tuerca de ajuste a la punta del extremo roscado del perno no se halla comprendida entre 2.7-3.5" cambie la posición de la estría del brazo de anclaje respecto al muelle de la barra de torsión, y vuelva a proceder al montaje.

13. Monte y apriete la tuerca de seguridad en el perno largo a un par de 61 libras-pie.

ATENCIÓN

Asegúrese de que la tuerca de ajuste no se mueve al apretar la tuerca de seguridad.

Modelos Pickup y 4-Runner con tracción en las cuatro ruedas (4WD)

1. Levante y apoye la parte delantera del vehículo con soportes colocados debajo del bastidor.

NOTA: **NO coloque los soportes debajo del alojamiento del eje delantero.**

2. Desmonte el conjunto formado por la rueda y el neumático. Baje el alojamiento del eje hasta que se suprima la tensión de la ballesta.

3. Saque el tornillo de unión del amortiguador al asiento del muelle y levante el amortiguador para separarlo de la zona.

4. Si saca la ballesta delantera, correspondiente al costado del conductor, retire el pasador de seguridad del extremo de la varilla de arrastre de la dirección, en el alojamiento del eje. Con ayuda de un destornillador, saque el tapón del extremo de la varilla de arrastre de dirección.

5. Saque la tuerca, el tornillo, el espaciador y la arandela conjuntamente con la barra de estabilización y el alojamiento del eje. Saque las abrazaderas de fijación de la barra estabilizadora al bastidor.

6. Desconecte el tubo de freno de la placa soporte del freno. Retire el suplemento que sujeta el tubo de freno al soporte y retire dicho tubo. Tape el extremo del tubo de freno que viene del cilindro principal a fin de evitar pérdida del líquido.

7. Coloque un gato debajo del alojamiento del eje delantero y levántelo para ejercer presión sobre la ballesta. Saque las tuercas del perno en U, el asiento de la ballesta, los pernos en U y el paragolpes de goma de la ballesta. Desconecte la varilla de arrastre del brazo de la articulación de la dirección.

8. Baje el gato lo suficiente para que se suprima la presión sobre la ballesta, pero de modo que siga soportando el alojamiento del eje.

9. Saque el perno pasador y la tuerca del colgante (en la parte delantera de la ballesta) y el tornillo pasador y la tuerca del estribo (en la parte trasera de la ballesta), y luego apalanque con cuidado la ballesta para sacarla de las retenciones.

NOTA: **Para sacar la ballesta, puede ser necesario bajar el gato colocado debajo del alojamiento del eje.**

10. Para el montaje, invierta el procedimiento utilizado para el desmontaje. Apriete las tuercas de los pernos en forma de U con un par de 90 libras-pie, los tornillos pasadores del colgante delantero a 8-11 libras-pie, la tuerca del pasador del colgante delantero se aprieta a 67 libras-pie, las tuercas del pasador del estribo trasero a 67 libras-pie, las tuercas de fijación del amortiguador a la carrocería a 19 libras-pie, el tornillo de unión del amortiguador al asiento de la ballesta a 70 libras-pie, los tornillos de fijación de las abrazaderas de la barra estabilizadora al bastidor a 9 libras-pie y las tuercas de unión de la barra estabilizadora al alojamiento del eje a 19 libras-pie. Vuelva a llenar el cilindro principal de frenos y sangre el sistema.

NOTA: Apriete con los dedos las tuercas del colgante y del pasador del estribo. Baje el vehículo hasta el suelo y balancéelo para estabilizar la suspensión.

Land Cruiser

Los modelos Land Cruiser van equipados con ballestas tanto en la parte frontal como en la posterior. Así pues, el desmontaje de las ballestas delanteras se lleva a cabo casi del mismo modo como el de las ballestas traseras.

Consulte el procedimiento Ballestas traseras, desmontaje y montaje, en esta sección, y desmonte la ballesta delantera del mismo modo.

ATENCIÓN

Tenga cuidado al levantar o bajar la suspensión delantera con un gato, a fin de no estropear los componentes del sistema de dirección.

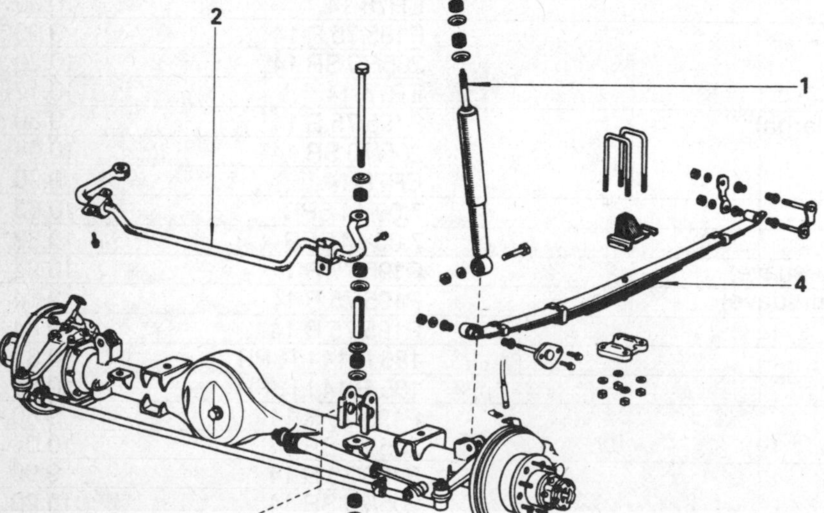

Componentes de la suspensión delantera en vehículos con tracción en las cuatro ruedas (4WD) - representado el modelo Pickup, los Land Cruiser son parecidos

Amortiguador

DESMONTAJE Y MONTAJE

Modelos Pickup y Van (furgonetas) con tracción en dos ruedas (2WD)

1. Levante la parte anterior del vehículo y apóyela sobre soportes. Saque el conjunto formado por la rueda y el neumático.

2. Afloje las tuercas dobles en el extremo superior del amortiguador. Saque los topes elásticos y sus retenciones.

3. Saque los tornillos de fijación del amortiguador a los brazos oscilantes inferiores.

4. Comprima el amortiguador y sáquelo del vehículo.

5. Para el montaje, invierta el procedimiento empleado para el desmontaje. Apriete los tornillos de fijación del amortiguador al brazo oscilante inferior a 13 libras-pie, y las tuercas del amortiguador a la carrocería a 19 libras-pie.

Modelos Pickup y 4-Runner con tracción a las cuatro ruedas (4WD)

1. Levante la parte anterior del vehículo y apóyela sobre soportes. Saque el conjunto formado por la rueda y el neumático.

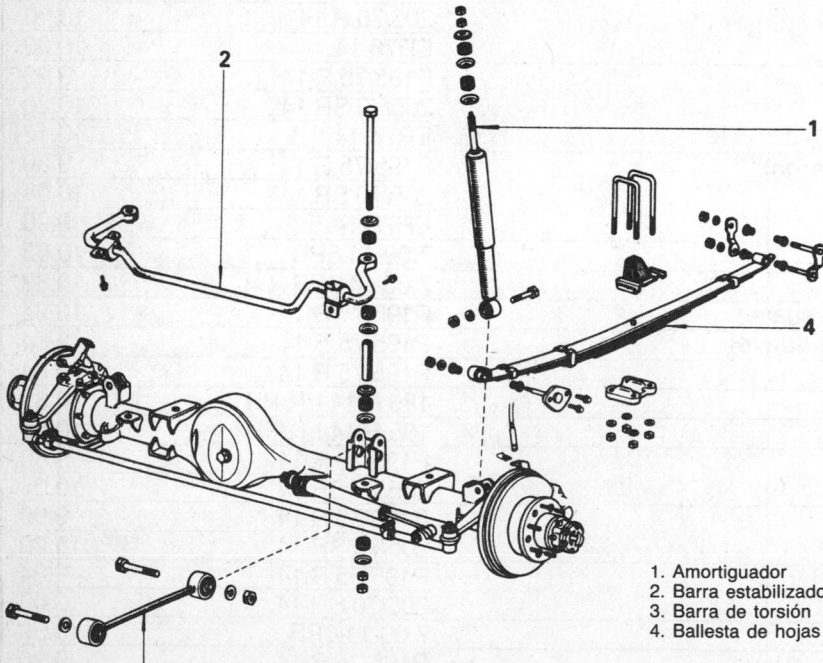

2. Afloje las tuercas dobles en el extremo superior del amortiguador. Saque los topes elásticos y sus fijadores.

3. Saque el tornillo de unión del amortiguador al alojamiento del eje.

4. Comprima el amortiguador y sáquelo del vehículo.

5. Para el montaje, invierta el procedimiento empleado para el desmontaje. Apriete el tornillo de unión del amortiguador al alojamiento del eje a 33 libras-pie (1979-83), o a 70 libras-pie (1984 y posteriores) y las tuercas de fijación del amortiguador a la carrocería a 19 libras-pie.

Land Cruiser

1. Levante la parte anterior del vehículo y apóyela sobre soportes. Saque el conjunto formado por la rueda y el neumático.

ATENCIÓN

Tenga cuidado de no dañar la dirección al levantar la parte delantera del vehículo.

2. Saque los tornillos de montaje de la parte superior e inferior del amortiguador y sáquelo del vehículo.

3. Para el montaje, invierta el orden empleado para el desmontaje.

Barra estabilizadora

DESMONTAJE Y MONTAJE

Modelos Pickup y Van (furgonetas) con tracción en dos ruedas (2WD)

1. Consulte el procedimiento Muelle, desmontaje y montaje, de esta sección, y desmonte uno de los muelles de barra de torsión del vehículo.

2. Saque las tuercas de fijación de la barra estabilizadora al brazo oscilante inferior, los topes elásticos y los tornillos.

NOTA: Asegúrese de que los herrajes se colocan tal como estaban originalmente.

3. Saque los soportes y casquillos de unión de la barra estabilizadora al bastidor, y baje la barra estabilizadora del vehículo.

4. Para el montaje, invierta el proceso empleado para el desmontaje. Asegúrese de verificar cuidadosamente cada casquillo, para ver si presenta daños y, en caso necesario, sustituya el(los) casquillo(s). Apriete las tuercas de unión de la barra estabilizadora al brazo oscilante inferior a 9 libras-pie (Pickup) ó 0.51-0.63 pulgadas (Van), y los tornillos de fijación de la barra estabilizadora al soporte del bastidor a 9 libras-pie (Pickup) ó 14 libras-pie (Van). Ajuste la tensión del muelle de barra, y la altura del vehículo.

NOTA: Al apretar la fijación de la barra estabilizadora al brazo oscilante inferior (Van), la distancia desde el extremo de los tornillos a la parte superior de la tuerca ha de ser de 0.51-0.63".

Modelos Pickup, 4-Runner y Land Cruiser con tracción en cuatro ruedas (4WD)

1. Saque las tuercas de la barra estabilizadora al alojamiento del eje, los topes elásticos y los tornillos.

NOTA: Asegúrese de disponer los herrajes tal como estaban originalmente.

2. Saque los soportes y casquillos de la barra estabilizadora al bastidor, y baje la barra estabilizadora del vehículo.

3. Para el montaje, invierta el procedimiento empleado en el desmontaje. Asegúrese de verificar cuidadosamente cada casquillo para ver si está estropeado, y sustituya el(los) casquillo(s) (si es necesario). Apriete todos los tornillos de fijación de la barra estabilizadora al soporte del bastidor a 9 libras-pie y las tuercas de la barra estabilizadora al alojamiento del eje a 19 libras-pie.

Tirante

DESMONTAJE Y MONTAJE

Modelos Pickup y Van (furgonetas) con tracción en dos ruedas (2WD)

1. Levante y apoye el vehículo sobre soportes.

2. Haga marcas de posición en la tuerca de la fijación interior del tirante respecto al soporte del bastidor.

3. Saque la tuerca de fijación delantera del tirante.

4. Saque el tirante del brazo oscilante inferior.

5. Para el montaje, invierta el procedimiento empleado para el desmontaje. Apriete los tornillos de fijación del tirante al brazo oscilante inferior a 70 libras-pie (Pickup) ó 49 libras-pie (Van) y la tuerca de fijación del tirante al soporte del bastidor a 90 libras-pie. Compruebe la alineación del extremo delantero.

Barra de torsión

DESMONTAJE Y MONTAJE

Modelos Pickup, 4-Runner y Land Cruiser con tracción en cuatro ruedas (4WD)

1. Levante la parte frontal del vehículo y apóyela sobre soportes.

2. Saque el tornillo y la tuerca de unión de la barra de torsión al alojamiento del eje.

3. Saque el tornillo y la tuerca de fijación de la barra de torsión al soporte del bastidor.

4. Saque la barra de torsión del vehículo.

5. Para el montaje, invierta el procedimiento empleado para el desmontaje. Apriete las tuercas y tornillos de la barra de torsión con un par de 105 libras-pie.

Brazo de control superior

DESMONTAJE Y MONTAJE

Pickup con tracción en dos ruedas (2WD)

1. Levante y apoye el vehículo sobre soportes. Desmonte el conjunto formado por la rueda y el neumático.

2. Saque la pinza y suspéndala del bastidor.

3. Baje el brazo oscilante inferior con ayuda del gato.

4. Saque la tuerca del perno de la rótula superior.

5. Utilizando la herramienta para desmontar rótulas n.º 09628-62011, separe la rótula de la articulación de la dirección. Tenga cuidado para no estropear el capuchón de protección de la rótula.

6. Destornille y saque el brazo superior de los dos tornillos que fijan el eje interior en el bastidor, tomando debida nota del número y dimensiones de los suplementos de alineación.

7. Para el montaje, invierta el procedimiento empleado en el desmontaje. Vuelva a colocar los suplementos en su posición original. Apriete las fijaciones pero NO las apriete hasta que el vehículo se encuentre apoyado sobre el suelo.

8. Baje el vehículo y balancéelo varias veces para alinear la suspensión.

9. Apriete los tornillos de fijación del brazo de control superior a la carrocería a 51-65 libras-pie (1979-83), 72 libras-pie (1984 y posteriores) y la tuerca de fijación de la rótula superior a la articulación de la dirección a 80 libras-pie.

Van (Furgonetas)

1. Consulte el procedimiento Muelle, desmontaje y montaje, de esta sección, y saque el muelle de barra de torsión.

2. Saque el conducto de admisión de aire frío.

3. Saque el pasador de seguridad y la tuerca de unión de la rótula superior con la articulación de la dirección. Utilizando la herramienta de extracción de rótulas n.º 09628-62011, retire la rótula de la articulación de la dirección.

NOTA: Al separar la rótula de la articulación de la dirección, proceda con sumo cuidado para no dañar el capuchón protector de la rótula.

4. Saque los tornillos de fijación del brazo oscilante superior al bastidor y dicho brazo oscilante del vehículo.

5. Para el montaje, invierta el procedimiento empleado para el desmontaje. Apriete el tornillo posterior de fijación del brazo oscilante superior al bastidor a 112 libras-pie, el tornillo delantero del brazo oscilante superior al bastidor a 65 libras-pie, y la tuerca de unión de la rótula a la articulación de la dirección a 58 libras-pie. Compruebe la alineación del extremo delantero.

Brazo de control inferior

DESMONTAJE Y MONTAJE

Pickup con tracción en dos ruedas (2WD)

1. Consulte el procedimiento Muelle, desmontaje y montaje, en esta sección, y saque el muelle de barra de torsión.

2. Desmonte la barra estabilizadora y el tirante del brazo inferior.

3. Saque el amortiguador del brazo inferior.

4. Desatornille y saque la rótula inferior.

NOTA: Si no hay que cambiar la rótula inferior, basta con desatornillarla simplemente del brazo oscilante inferior. Es necesario separar la rótula de la articulación de la dirección.

5. Saque la tuerca del eje del brazo oscilante superior. Saque el brazo de torsión del muelle del otro costado del brazo oscilante inferior, y seguidamente desmonte el tornillo eje del brazo inferior y retire dicho brazo inferior.

6. Para el montaje, invierta el procedimiento empleado para el desmontaje. Apriete el(los) tornillos(s) que fijan el brazo oscilante inferior al bastidor, pero no los apriete a fondo hasta que el vehículo esté sobre el suelo. Apriete los tornillos y tuercas de fijación de la rótula al brazo oscilante inferior a 18 libras-pie (8 mm 1979-83), 35 libras-pie (10 mm 1979-83) ó 51 libras-pie (1984 y posteriores), los tornillos de fijación del tirante al brazo oscilante inferior a 70 libras-pie, los tornillos de la barra estabilizadora al brazo oscilante inferior a 9 libras-pie, el tornillo inferior del amortiguador a 13 libras-pie, el tornillo superior del amortiguador a 18 libras-pie y la tuerca de montaje del brazo inferior a 199 libras-pie. Compruebe la alineación del extremo frontal.

ATENCIÓN

NO apriete a fondo los tornillos del brazo oscilante hasta que el vehículo haya sido bajado y balanceado varias veces; si los tornillos se aprietan con el(los) brazo(s) de control colgando, se produciría un excesivo desgaste de los casquillos.

Van (Furgonetas)

1. Levante y apoye el vehículo sobre soportes.

2. Saque la barra estabilizadora y el tirante del brazo inferior.

3. Saque el amortiguador del brazo inferior.

4. Desatornille y saque la rótula inferior.

NOTA: Si no hay que cambiar la rótula inferior, basta con desatornillarla del brazo oscilante inferior. No es necesario separar la rótula de la articulación de la dirección.

5. Marque las posiciones relativas entre la leva de ajuste y el brazo oscilante inferior.

6. Desmonte la leva de ajuste, la tuerca y el brazo oscilante inferior.

7. Para el montaje, invierta el procedimiento empleado en el desmontaje. Alinee las marcas de la leva y apriete la tuerca con los dedos. Apriete las tuercas y tornillos de fijación de la rótula con el brazo oscilante inferior a 49 libras-pie, los tornillos del tirante al brazo oscilante inferior a 49 libras-pie, los tornillos de unión de la barra estabilizadora al brazo oscilante inferior a 9 libras-pie, el tornillo inferior del amortiguador a 13 libras-pie, el tornillo superior del amortiguador a 19 libras-pie y la tuerca de la leva de ajuste a 112 libras-pie. Compruebe la alineación del extremo frontal.

ATENCIÓN

NO apriete los tornillos del brazo oscilante por completo, hasta que el vehículo no se encuentre en el suelo y haya sido balanceado varias veces.

Rótulas

INSPECCIÓN

Para comprobar el desgaste de la rótula inferior, levante el brazo inferior oscilante y verifique si presenta un juego excesivo. Si todavía existe el problema de flojedad, compruebe las partes de la suspensión (cojinetes de la rueda, tirantes, etc.). La parte inferior del neumático no debe moverse más de 0.2 pulgadas cuando se tira y empuja el neumático hacia dentro y afuera. El neumático no debe moverse más de 0.09 pulgadas arriba y abajo. Si el juego es superior a estos valores, sustituya la rótula. La rótula superior debe cambiarse si se nota una diferente flojedad al hacer rotar el vástago de la rótula con la articulación de la dirección desmontada.

DESMONTAJE Y MONTAJE

Pickup y Van (Furgoneta) con tracción en dos ruedas (2WD)

1. Levante y apoye el vehículo sobre soportes. Desmonte el conjunto formado por la rueda y el neumático.

2. Soporte el brazo oscilante inferior con un gato de suelo.

3. Saque la pinza de freno, y sosténgala apartada de la zona de trabajo con ayuda de un alambre.

4. Utilizando la herramienta para desmontar rótulas n.º 09611-22012, separe el extremo de la barra de acoplamiento de la articulación de la dirección.

5. Utilizando la herramienta para desmontar rótulas n.º 09628-62011 separe la rótula inferior o superior de la articulación de la dirección.

NOTA: El desmontaje y montaje resultará más fácil si primero se saca la rótula inferior.

6. Saque los tornillos de fijación de la rótula al brazo oscilante y retire la rótula del brazo.

7. Para el montaje, invierta el orden utilizado para el desmontaje. Apriete los tornillos de fijación de la rótula al brazo oscilante superior a 20 libras-pie (Pickup), o de 22 libras-pie (Van), la tuerca de fijación de la rótula superior a la articulación de la dirección a 80 libras-pie (Pickup) ó 58 libras-pie (Van), los tornillos de unión de la rótula al brazo oscilante inferior a 15-21 libras-pie (8 mm, 1979-83), 29-39 libras-pie (10 mm, 1979-83), 51 libras-pie (Pickup, 1984 y posteriores), ó 49 libras-pie (Van), y la rótula inferior a 105 libras-pie (Pickup) ó 76 libras-pie (Van).

NOTA: Asegúrese de engrasar las rótulas antes de mover el vehículo.

Cojinete de la rueda delantera

Para los modelos con tracción en las cuatro ruedas (4WD), consulte el apartado Cojinete de la rueda delantera, de esta sección, para efectuar los ajustes del cojinete de la rueda delantera, así como para conocer los procedimientos de desmontaje y montaje.

AJUSTE

Pickup y Van (Furgonetas) con tracción en dos ruedas (2WD)

1. Levante y apoye la parte frontal del vehículo sobre soportes.

2. Desmonte la tapa de grasa del cojinete de la rueda, el pasador de seguridad y la contratuerca.

3. Apriete la tuerca de ajuste del cojinete de la rueda con un par de 25 libras-pie.

4. Haga dar 2 ó 3 vueltas al conjunto formado por el cubo y el disco, de izquierda a derecha.

5. Afloje el ajuste, de manera que exista un juego axial de 0.020 a 0.039''.

6. Coloque la contratuerca, el pasador de seguridad y la tapa de grasa.

7. Baje el vehículo y haga una prueba de circulación.

DESMONTAJE Y MONTAJE

Pickup y Van (Furgoneta) con tracción en dos ruedas (2WD)

1. Levante la parte delantera del vehículo y apóyela sobre soportes. Desmonte el conjunto formado por la rueda y el neumático.

2. Saque la pinza del freno (NO desconecte el tubo de freno de la pinza) y suspéndala con un alambre.

3. Desmonte la tapa guardapolvo del cubo, el pasador de seguridad, la contratuerca, la tuerca de ajuste, la arandela de empuje y el cojinete exterior, y luego tire del conjunto formado por el cubo y el disco para sacarlo del husillo.

4. Con ayuda de una pequeña palanca, saque el retén de aceite que hay detrás del grupo formado por el cubo y el disco, y luego retire el cojinete interior.

5. Utilizando un botador de latón y un martillo, saque las pistas de rodadura de los cojinetes de ambos lados del conjunto formado por el cubo y el disco.

6. Limpie las piezas con disolvente (NO utilice gasolina) y séquelas con aire comprimido (NO emplee un trapo).

7. Utilizando la palma de la mano, introduzca a la fuerza grasa de uso múltiple, en los cojinetes.

8. Utilizando la herramienta de montaje n.º 09608-30011 (Pickup) o 09608-30021 (Van) y un martillo, introduzca la(s) pista(s) de rodadura del cojinete en el conjunto formado por el cubo y el disco, hasta que se asiente.

9. Coloque un poco de grasa dentro del conjunto del cubo y disco (entre las pistas de rodadura) y monte el cojinete en la parte posterior del cubo. Recubra el nuevo retén de aceite con grasa.

10. Utilizando la herramienta de montaje n.º 09608-30011 (Pickup) o 09608-30021 (Van) y un martillo, introduzca el nuevo retén en la parte posterior del cubo, hasta que quede a ras.

11. Para terminar el montaje invierta el orden empleado para el desmontaje y ajuste el cojinete de la rueda. Apriete la pinza de freno a 65 libras-pie (Pickup), ó 61 libras-pie (Van).

Alineación del extremo delantero

Para efectuar las mediciones necesarias para la alineación del extremo delantero se requiere equipo especial. Antes de medir la alineación o intentar ajustarla, compruebe siempre los siguientes puntos:

1. Asegúrese de que los neumáticos están debidamente hinchados.

2. Compruebe si las ruedas están equilibradas correctamente.

3. Verifique las rótulas para asegurarse de que no están gastadas o flojas.

4. Compruebe el ajuste de los cojinetes de las ruedas delanteras.

5. Asegúrese de que el vehículo está sobre una superficie horizontal.

6. Pruebe todos los elementos de la suspensión para asegurarse de que están bien apretados.

AJUSTES DE AVANCE E INCLINACIÓN

Mida los ángulos de avance e inclinación. Si no se encuentran dentro de las tolerancias indicadas, hay que proceder a su ajuste, añadiendo o retirando los suplementos de los tornillos de montaje que se encuentran entre el brazo oscilante superior y el miembro de suspensión.

1. Para aumentar la inclinación, saque los mismos suplementos de ambos tornillos de montaje del eje de control. Proceda al revés para reducir la inclinación.

2. Para aumentar el avance, añada suplementos de ajuste de alabeo en el tornillo de montaje trasero, o bien sáquelos del tornillo delantero. Para reducir el avance, proceda a la inversa.

NOTA: Los ajustes del avance y la inclinación siempre han de efectuarse en una sola operación.

AJUSTE DE CONVERGENCIA

Mida la convergencia. En caso de que sea necesario ajustarla, afloje los tornillos abrazadera del extremo de ajuste de la barra de acoplamiento y haga rotar los tubos de ajuste de la barra de acoplamiento. Una vez terminado, apriete los tornillos abrazadera.

NOTA: Ambos extremos de la barra de acoplamiento deben tener la misma longitud. En caso contrario, lleve a cabo el ajuste necesario para que la convergencia se encuentre dentro de las especificaciones y los extremos de la barra de acoplamiento tengan la misma longitud.

DIRECCIÓN

Volante de la dirección

DESMONTAJE Y MONTAJE

Tipo de tres radios

ATENCIÓN

NO intente desmontar o montar el volante golpeándolo con un martillo. Podría ocasionar daños en la columna de la dirección provista de un sistema de absorción de energía.

1. Desconecte el cable negativo de la batería.

2. Desconecte el conector múltiple para la señal acústica y los indicadores de cambio de dirección, en la base de la protección de la columna de dirección.

3. Afloje los tornillos de fijación del acolchado de adorno que se encuentran detrás del volante.

4. Levante el acolchado de adorno y el grupo del pulsador de la señal acústica del volante.

5. Saque la tuerca de fijación del cubo del volante.

6. Haga marcas de posición entre el cubo y el eje a fin de facilitar el montaje.

7. Utilizando el extractor de volantes n.º 09609-20010, saque el volante de la columna de dirección.

8. Para el montaje, invierta el procedimiento empleado para el desmontaje. Apriete la tuerca de retención del volante a 25 libras-pie.

Tipo de dos radios

El volante de dos radios se desmonta tal como se ha indicado para el volante de tres radios, con la sola excepción de que el acolchado de adorno se debe sacar con un destornillador. El acolchado de adorno se saca levantándolo hacia la parte superior del volante.

Tipo de cuatro radios

ATENCIÓN

NO intente sacar o colocar el volante golpeándolo con un martillo. Podría causar daños a la columna de dirección que está provista de un sistema de absorción de energía.

1. Desconecte el cable negativo de la batería.

2. Desconecte los conectores de la señal acústica y de las señales de cambio de dirección que se encuentran en la base de la protección de la columna de dirección, debajo del panel de instrumentos.

3. Apalanque cuidadosamente el emblema que hay en el centro del volante a fin de sacarlo.

4. Introduzca una llave por el agujero y saque la tuerca de fijación del volante.

5. Trace rayando unas marcas de posición entre el cubo y el eje para facilitar su posterior montaje.

6. utilizando el extractor de volantes n.º 09609-20010, saque el volante de la columna de dirección.

7. Para el montaje, invierta el orden empleado en el desmontaje. Apriete la tuerca del volante con un par de 15-22 libras-pie.

Conmutador del cambio de dirección

DESMONTAJE Y MONTAJE

1. Desconecte el cable negativo de la batería.

2. Saque las protecciones superior e inferior de la columna de dirección.

3. Desconecte el conector eléctrico del conmutador de combinación.

4. En la parte posterior izquierda del conmutador de combinación, saque los tornillos de fijación y el conmutador de cambio de dirección.

5. En caso necesario, saque los cables del conmutador de cambio de dirección que hay en el conector eléctrico, coloque un pequeño destornillador en el extremo del conector y apalanque apoyándolo en el apéndice de fijación a la vez que tira del cable o cables del conector.

6. Para el montaje, coloque el cable, o los cables, en las ranuras del conector eléctrico, ponga un destornillador detrás del terminal del cable y meta el cable dentro del conmutador hasta que el apéndice de fijación lo mantenga en su sitio.

7. Para terminar el montaje, invierta el procedimiento indicado para el desmontaje.

Conmutador combinado

El conmutador combinado está compuesto del indicador de cambio de dirección, el control de luces, el de emergencia y los de limpia y lavaparabrisas.

DESMONTAJE Y MONTAJE

1. Consulte los procedimientos del apartado Volante, desmontaje y montaje, de esta sección, y desmonte el volante.

2. Saque los tornillos de los protectores superior e inferior de la columna de la dirección.

3. Saque el conmutador combinado, aflojan-

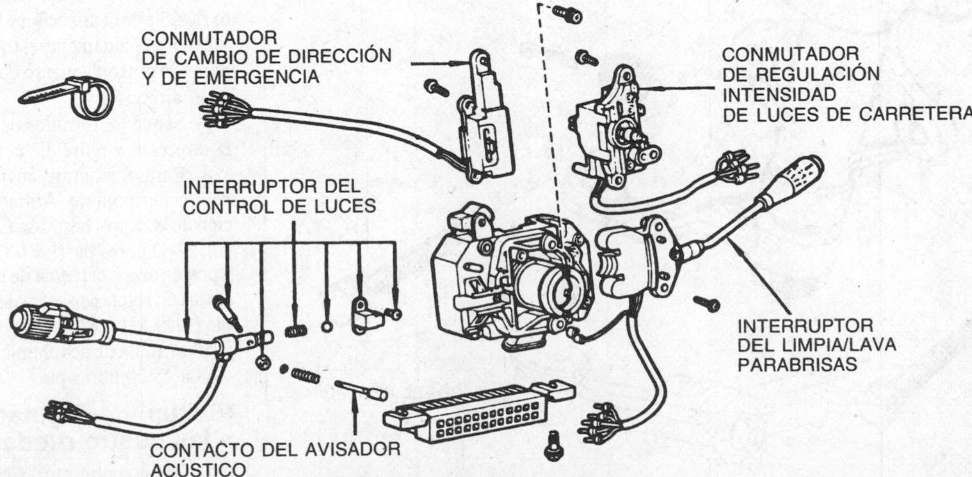

Despiece del interruptor combinado

do sus tornillos de fijación, y retire dicho conmutador de la columna.

4. Para el montaje, invierta el orden seguido para el desmontaje.

Cerradura/conmutador de encendido

DESMONTAJE Y MONTAJE

La cerradura con el conmutador de encendido se encuentra detrás del conmutador combinado, en la columna de dirección.

1. Consulte los procedimientos en el apartado Conmutador combinado, desmontaje y montaje, de esta sección, y saque el interruptor combinado de la columna de dirección.

2. Desmonte el conector eléctrico del conmutador de encendido, que está situado debajo del panel de instrumentos.

3. Utilice la llave de contacto, hágala rotar a la posición «ACC».

4. Utilice una varilla delgada, e introdúzcala en el agujero del alojamiento del cilindro de la cerradura. Empujando la varilla hacia abajo, saque el cilindro de la cerradura.

5. Para el montaje, introduzca el cilindro de la cerradura en su alojamiento hasta que los apéndices de fijación lo mantengan en su sitio.

6. Para terminar el montaje, invierta el proceso utilizado para el desmontaje.

Bomba de la dirección asistida

DESMONTAJE Y MONTAJE

Pickup, Land Cruiser y 4-Runner

NOTA: En los modelos de 1984 y posteriores (salvo los diesel), desconecte los tubos de aire de la válvula de control y los cables de alta tensión del distribuidor. En los modelos diesel, saque la tapa de debajo del motor.

1. Afloje la tuerca de la polea de la bomba de dirección asistida.

NOTA: Utilice la correa de mando como un freno para que no ruede la polea.

2. Coloque un recipiente debajo de la bomba. Desconecte el tubo de retorno y el tubo de presión, seguidamente drene el fluido dentro del recipiente.

3. Afloje la tuerca de la polea intermedia y el tornillo de ajuste, y luego saque la correa de mando.

4. Saque la polea de mando y la chaveta woodruff (escalonada) del eje de la bomba.

5. Retire los tornillos de fijación y la bomba de la dirección asistida del vehículo.

6. Para el montaje, invierta el orden empleado en el desmontaje. Apriete el tornillo de montaje de la polea de la bomba a 29 libras-pie (gasolina) ó 45 libras-pie (diesel), la tuerca de la polea de la bomba a 32 libras-pie y los tubos de presión a 33 libras-pie. Ajuste la tensión de la correa de transmisión. Sangre el sistema de la dirección asistida.

Van (Furgoneta)

1. Desconecte los tubos de aire de la válvula de control y la bomba de la dirección asistida.

2. Drene el fluido del depósito de reserva de la dirección asistida.

3. En la bomba de la dirección asistida, desconecte el tubo de retorno y el tubo de presión.

4. Afloje el tornillo de ajuste de la bomba de la dirección asistida y saque la correa de mando, la polea y la chaveta woodruff.

5. Saque los tornillos de montaje, la bomba de la dirección asistida y el soporte, del vehículo.

6. Para el montaje, invierta el procedimiento indicado para el desmontaje. Apriete los tornillos de fijación de la bomba de la dirección asistida al motor a 29 libras-pie, la tuerca de posicionado de la polea a 32 libras-pie y el tubo de presión a 33 libras-pie.

SANGRADO

1. Levante la parte anterior del vehículo y apóyela sobre soportes.

2. Llene el depósito de la bomba con fluido para transmisión automática Dexron®.

3. Con el motor en marcha, mueva el volante de tope a tope varias veces. Añada el líquido necesario.

NOTA: Sangre el sistema hasta que haya desaparecido todo el aire de la instalación.

4. El nivel del líquido no debe haber subido más de 0.20", en caso contrario, verifique la bomba.

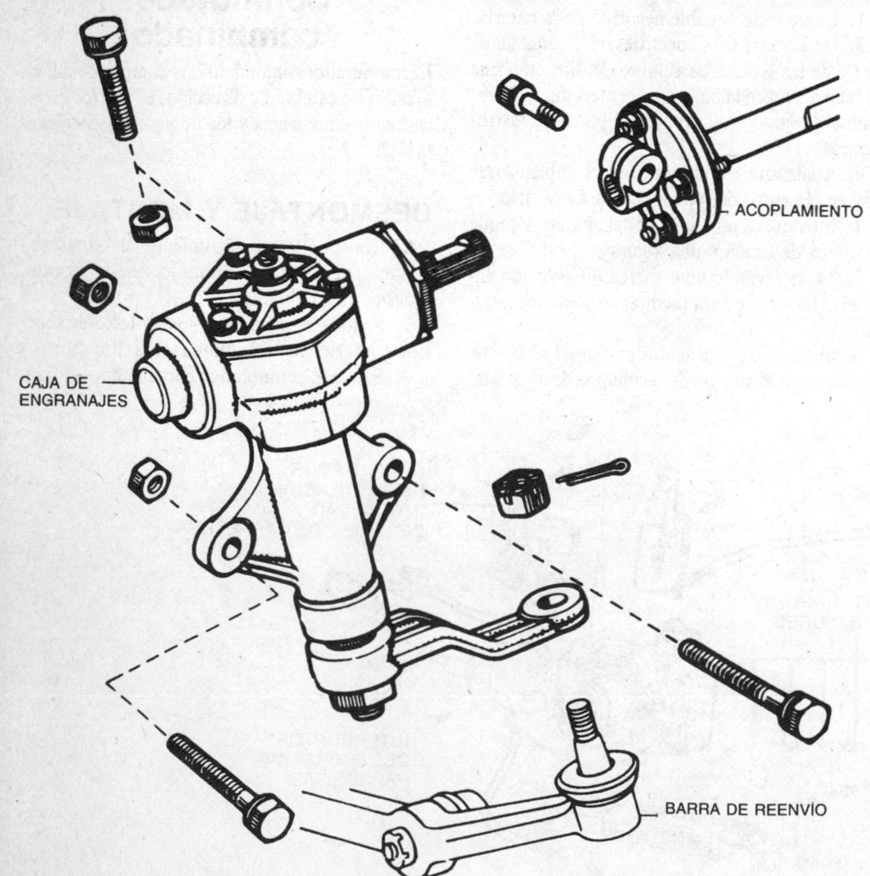

Caja de dirección manual en el modelo Pickup con tracción en dos ruedas (2WD)

Caja de la dirección manual

DESMONTAJE Y MONTAJE

Pickup 2WD

1. Desmonte el pasador de seguridad y la tuerca de unión del brazo de palanca con rótula a la barra de reenvío. Para la extracción de la barra de reenvío de la palanca hay que utilizar la herramienta n.º 09611-22012.

2. Marque las posiciones entre el acoplamiento flexible de la dirección y la caja de la dirección, sacando seguidamente el tornillo de bloqueo y separando el acoplamiento de la dirección de la caja de la dirección.

3. Saque los tornillos de fijación de la caja de la dirección y retire dicha caja.

4. Para el montaje, invierta el orden seguido para el desmontaje. Apriete los tornillos de fijación de la caja al bastidor a 26-36 libras-pie (1979-80), 37-43 libras-pie (1981-83) ó 48 libras-pie (1984 y posteriores), la tuerca de unión del brazo de palanca con rótula a la barra de reenvío a 80-90 libras-pie (1979-83) ó 67 libras-pie (1984 y posteriores) y la horquilla de acoplamiento a la caja de dirección a 15-20 libras-pie.

Pickup y 4-Runner con tracción a las cuatro ruedas (4WD)

1. Saque el protector contra grava de la caja de la dirección, si lo hay.

2. Marque las posiciones relativas entre el eje intermedio y la caja de la dirección, y desmóntelos.

3. Saque el pasador de seguridad y el tapón del reenvío de arrastre de la dirección.

4. Desconecte el reenvío de arrastre de la dirección del brazo de palanca con rótula.

5. Saque la tuerca del brazo de palanca. Utilizando el extractor nº 09610-55012, separe el brazo de palanca de la caja de la dirección.

6. Saque los tornillos de fijación de la caja de dirección al bastidor y retire dicha caja de dirección.

7. Para el montaje, invierta el orden empleado en el desmontaje. Apriete los tornillos de fijación de la caja de dirección al bastidor a 42 libras-pie, los tornillos del eje intermedio a la caja de dirección a 29 libras-pie, y la tuerca del brazo de palanca a la caja de dirección a 127 libras-pie.

NOTA: Cuando monte el reenvío de arrastre sobre el brazo de palanca, apriete el tapón hasta el fondo y luego aflójelo 1 1/3 de vuelta.

Van (Furgoneta)

1. Marque la posición de coincidencia de la caja de la dirección y el eje intermedio, y luego desmonte el tornillo de acoplamiento.

2. En las conexiones entre la biela y la varilla de dirección y entre la varilla de dirección y la caja de dirección, saque el pasador de seguridad y la tuerca de montaje.

3. Utilizando la herramienta nº 09610-20012, separe la biela del engranaje de dirección y luego retire la biela de la varilla de dirección.

4. Saque los tornillos de fijación de la caja de dirección al bastidor, y luego retire la caja de dirección del bastidor.

5. Para el montaje, invierta el procedimiento empleado para el desmontaje. Apriete los tornillos de fijación de la caja de dirección al bastidor a 70 libras-pie, el tornillo de la caja de dirección con el acoplamiento a 18 libras-pie, la tuerca de la biela con el engranaje de dirección a 90 libras-pie y la tuerca de la biela con la varilla de dirección a 67 libras-pie.

Land Cruiser

SERIE 55

1. Saque la horquilla del tornillo sin fin y del eje principal.

2. Desmonte el grupo del eje intermedio.

3. Saque la biela del eje del sector.

4. Saque los tornillos de fijación de la caja de dirección al bastidor, y luego retire la caja de dirección del vehículo.

5. Para el montaje, invierta el orden indicado para el desmontaje. Apriete la biela a 119-141 libras-pie.

NOTA: El eje intermedio debe ser montado estando las ruedas rectas hacia delante y el volante dirigido hacia delante.

SERIE 40

1. Desmonte el pulsador de la bocina. Utilizando un extractor de poleas, saque el volante.

2. Desmonte la abrazadera inferior de cubrimiento de la columna de dirección y el grupo del interruptor de cambio de dirección.

3. Saque la placa de acceso a la columna de dirección, y luego retire el carburador y el filtro de aceite.

4. Desconecte la palanca de cambio nº 1 y la varilla de selección del extremo de las palancas de cambio y de selección.

5. Saque la abrazadera del soporte inferior del cambio, la palanca de cambio, la palanca de selección, el soporte inferior del eje de control, la palanca de baja velocidad del eje de control y el soporte inferior del eje de control.

6. Tire del eje de control hacia el lado del conductor.

7. Utilizando un extractor, saque la biela de la caja de dirección.

8. Saque la tapeta del soporte de la caja de dirección y retire la mencionada caja.

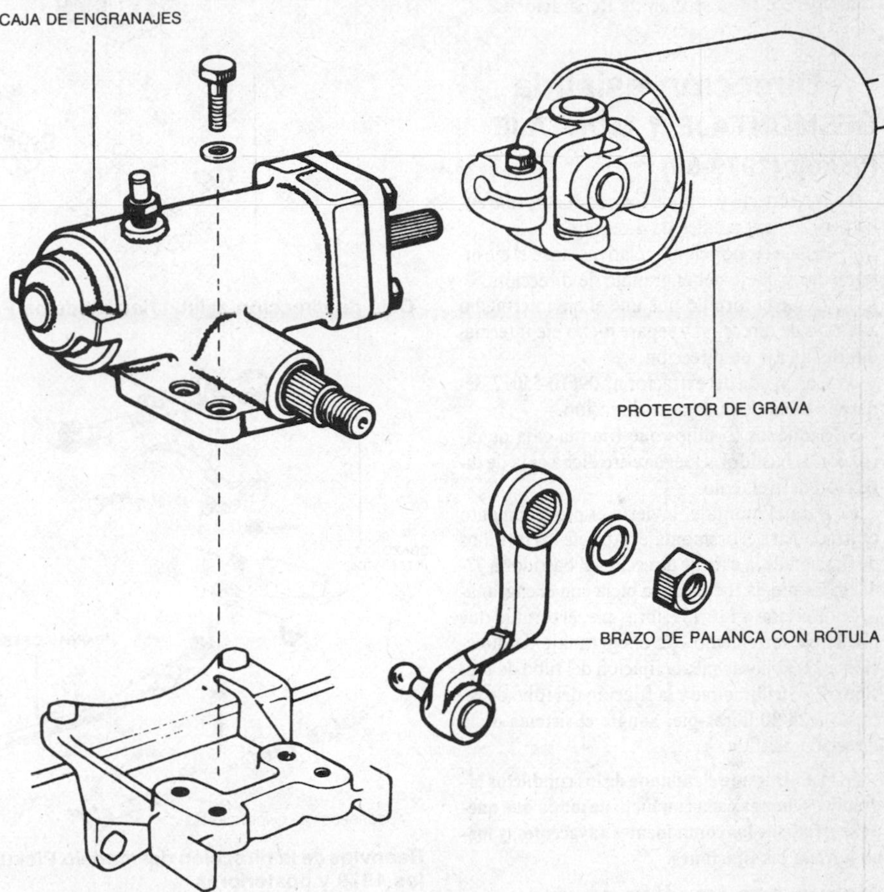

Caja de dirección manual en vehículos con tracción en cuatro ruedas (4WD) - modelo Pickup

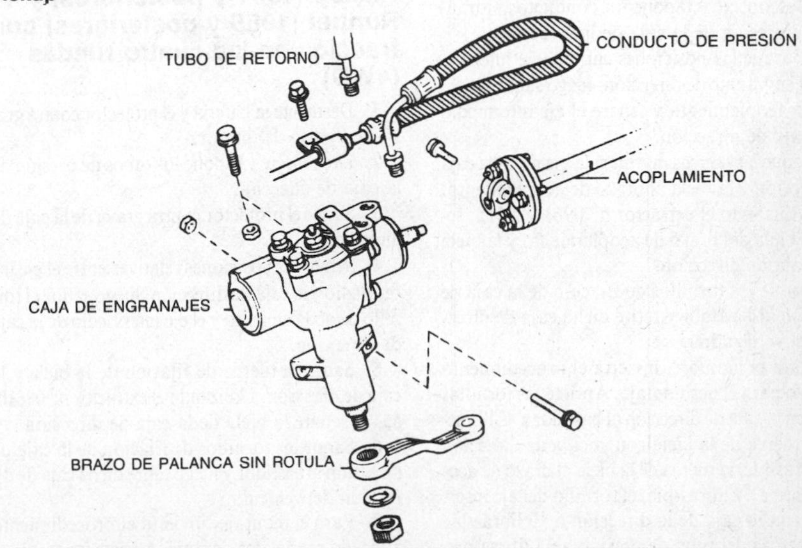

Caja de dirección asistida en modelos Pickup con tracción en dos ruedas (2WD)

9. Para el montaje, invierta el procedimiento empleado para el desmontaje. Apriete la tapeta del soporte de la caja de dirección con un par de 75-90 libras-pie, la biela a 120-140 libras-pie y la tuerca del volante a 30-50 libras-pie.

AJUSTES

Durante el mantenimiento normal no es necesario ajustar la dirección manual. Tan sólo se llevan a cabo ajustes como parte de una revisión, lo cual aparece en la sección de Reparaciones.

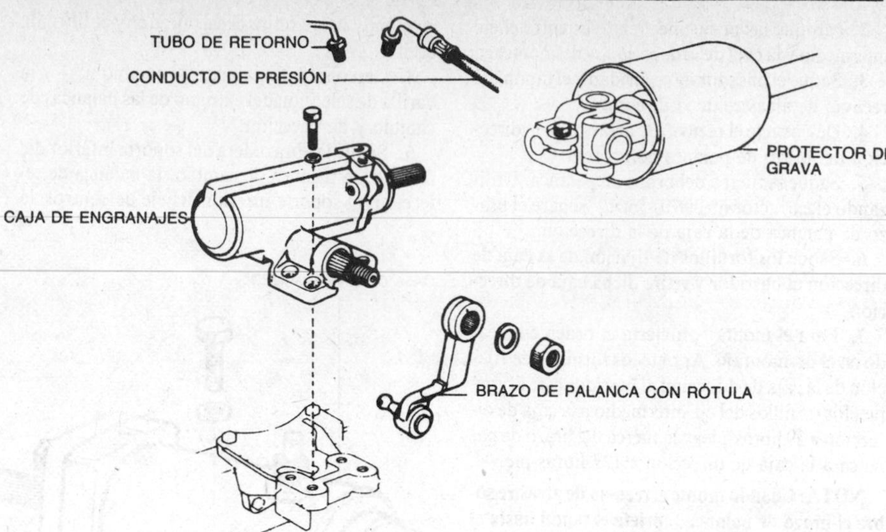

Caja de dirección asistida en modelos Pickup con tracción en cuatro ruedas (4WD)

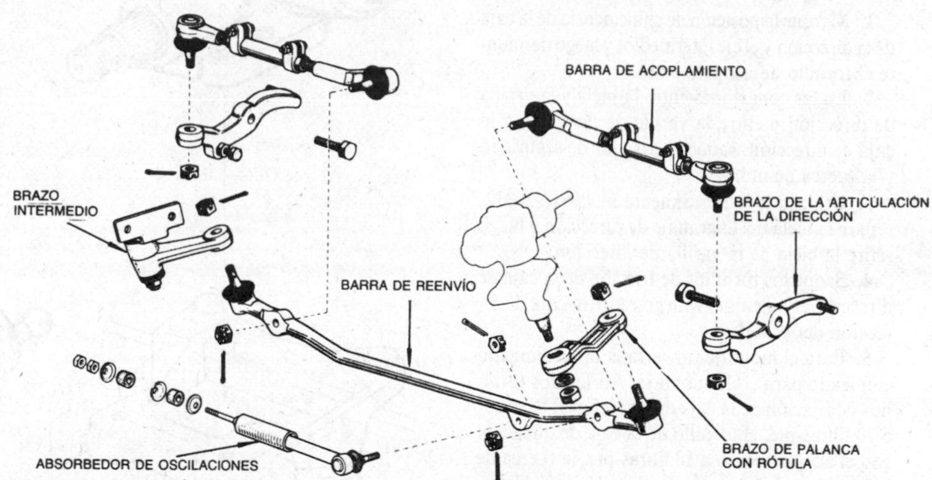

Reenvíos de la dirección del modelo Pickup con tracción en dos ruedas (2WD) - modelos 1979 y posteriores

Dirección asistida

DESMONTAJE Y MONTAJE

Pickup (1979-80)

1. Desconecte y tapone los conductos hidráulicos de los engranajes de dirección.

2. Señale las posiciones relativas entre el eje intermedio y el eje del engranaje de dirección.

3. Saque el tornillo que une el eje intermedio a la caja de dirección y separe dicho eje intermedio de la caja de dirección.

4. Con ayuda del extractor nº 09610-55012, separe la biela de la caja de dirección.

5. Saque los tornillos que fijan la caja de dirección al bastidor y luego retire dicha caja de dirección del vehículo.

6. Para el montaje, invierta el procedimiento utilizado para el desmontaje. Apriete los tornillos de fijación de la caja de dirección al bastidor a 37-47 libras-pie, la tuerca de la biela con el engranaje de dirección a 116-137 libras-pie, el tornillo que une el eje intermedio con el engranaje de dirección a 22-32 libras-pie, la fijación del tubo de presión a 29-36 libras-pie y la fijación del tubo de retorno a 24-30 libras-pie. Sangre el sistema de la dirección asistida.

NOTA: Durante el montaje de los conductos hidráulicos, ponga cada conducto de modo que quede separado de los componentes adyacentes, y luego apriete las fijaciones.

Pickup con tracción en dos ruedas (1981 y posteriores)

1. Desconecte y tapone los conductos hidráulicos de presión de la caja de la dirección.

2. Marque las posiciones entre el eje intermedio y el engranaje de dirección, luego saque el tornillo de acoplamiento y separe el eje intermedio de la caja de dirección.

3. Saque las tuercas que unen la biela con la caja de dirección y la biela al brazo de acoplamiento.

4. Utilizando el extractor nº 09611-22012, separe la biela del brazo de acoplamiento y la biela de la caja de dirección.

5. Saque los tornillos de fijación de la caja de dirección al bastidor y retire dicha caja de dirección del vehículdo.

6. Para el montaje, invierta el procedimiento utilizado para el desmontaje. Apriete los tornillos que unen la caja de dirección al bastidor a 48 libras-pie, la tuerca de la biela con la caja de dirección a 90 libras-pie, la tuerca de la biela al brazo de acoplamiento a 67 libras-pie, el tornillo del eje intermedio con la caja de la dirección a 19 libras-pie y las tuercas del tubo de presión a 33 libras-pie. Sangre el sistema de la dirección asistida.

Pickup (1981 y posteriores) y 4-Runner (1985 y posteriores) con tracción en las cuatro ruedas (4WD)

1. Desmonte la batería y el protector contra grava de debajo del motor.

2. Desconecte y tapone los tubos de presión de la caja de dirección.

3. Saque el protector contra grava de la caja de dirección.

4. Señale las posiciones relativas entre el eje intermedio y la caja de dirección, luego saque el tornillo de acoplamiento y el eje intermedio de la caja de dirección.

5. Saque la tuerca de fijación de la biela y la caja de dirección. Utilizando el extractor nº 09610-5512, separe la biela de la caja de dirección.

6. Saque los tornillos de fijación de la caja de dirección al bastidor y luego retire dicha caja de dirección del vehículo.

7. Para el montaje, invierta el procedimiento aplicado para el desmontaje. Apriete los tornillos que unen la caja de dirección al bastidor con un par de 42 libras-pie, la tuerca de fijación de la biela a la caja de dirección a 127 libras-pie, el tornillo que fija el eje intermedio a la caja de dirección a 29 libras-pie y las tuercas de unión del tubo de presión a 33 libras-pie. Sangre el sistema de la dirección asistida.

Van (Furgonetas)

1. Marque las posiciones relativas entre el eje intermedio y la caja de dirección, y luego retire el tornillo de acoplamiento entre el eje intermedio y la caja de dirección.

2. Desconecte y tapone los conductos de presión de la caja de dirección.

3. Saque la tuerca que une la biela a la caja de dirección. Con ayuda del extractor nº 09610-20012, separe la biela de la caja de la dirección.

4. Saque los tornillos de fijación de la caja de dirección al bastidor y luego retire dicha caja de dirección del vehículo.

5. Para el montaje, invierta el procedimiento utilizado para el desmontaje. Apriete los tornillos de fijación de la caja de dirección al bastidor con un par de 78 libras-pie, la tuerca de unión entre

la biela y la caja de dirección a 90 libras-pie, el tornillo de fijación entre el eje intermedio y la caja de dirección a 18 libras-pie y la unión de los conductos de presión con la caja de dirección a 33 libras-pie. Sangre el sistema de la dirección asistida.

Land Cruiser

1. Desconecte los conductos de presión de la caja de dirección.

2. Saque el tornillo de fijación entre el eje intermedio y la caja de dirección y los tornillos que unen la columna de dirección con el tabique cortafuegos.

3. Afloje los tornillos que unen la columna de dirección con el tablero de instrumentos. Saque la tuerca que fija la biela a la caja de dirección.

4. Con ayuda de un extractor, separe el brazo de acoplamiento del eje de la biela y la biela de la caja de dirección.

5. Tire de la columna de dirección hacia al compartimiento de pasajeros a fin de poder separar el eje de dirección de la caja de dirección.

6. Saque los tornillos que unen la caja de dirección al bastidor y luego retire dicha caja de dirección del vehículo.

7. Para el montaje, invierta el procedimiento utilizado en el desmontaje. Apriete los tornillos de unión de la caja de dirección al bastidor a 40-63 libras-pie, la tuerca de unión entre la biela y la caja de dirección a 120-141 libras-pie, el tornillo entre el eje intermedio y la caja de dirección a 22-32 libras-pie, la fijación del tubo de presión a 29-36 libras-pie y la fijación del tubo de retorno a 24-30 libras-pie. Sangre el sistema de la dirección asistida.

NOTA: Al llevar a cabo el montaje de los conductos hidráulicos, coloque cada uno de ellos de manera que quede separado de los componentes y luego apriete las fijaciones.

Barras de dirección

DESMONTAJE Y MONTAJE

Pickup con tracción en dos ruedas (2WD)

1. Levante la parte delantera del vehículo y apóyela sobre soportes.

2. Saque las ruedas delanteras.

3. Saque la tuerca que une la biela con el brazo de acoplamiento. Utilizando el extractor n.º 09611-22012, separe la biela del brazo de acoplamiento.

4. Saque el pasador de seguridad y los tornillos y tuercas de unión entre el brazo intermedio y el brazo de acoplamiento, y luego saque los tornillos que unen el brazo intermedio al bastidor.

5. Saque el pasador de seguridad y la tuerca del extremo de la barra de acoplamiento al brazo de la articulación de la dirección y del extremo de la barra de acoplamiento al brazo de acoplamiento.

6. Utilizando el extractor n.º 09611-22012, separe la barra de acoplamiento del brazo de la articulación de la dirección y del brazo de acoplamiento.

7. Para el montaje, invierta el procedimiento empleado en el desmontaje. Apriete la tuerca de unión del extremo de la barra de acoplamiento al brazo de la articulación de la dirección y del extremo de la barra de acoplamiento al brazo de acoplamiento con un par de 67 libras-pie, la tuerca de unión del brazo de acoplamiento a la biela con un par de 67 libras-pie y el brazo de acoplamiento con el brazo intermedio a 43 libras-pie.

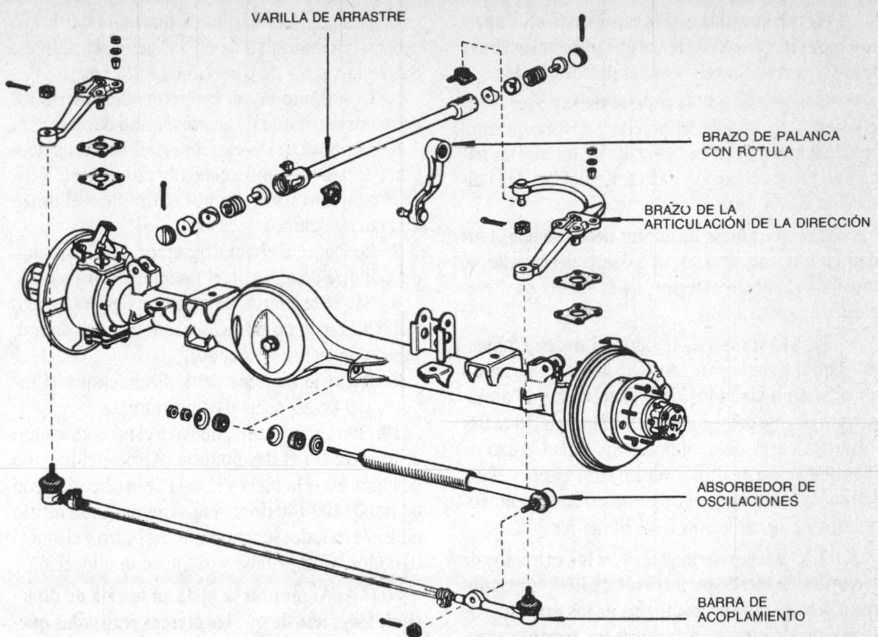

Reenvíos de la dirección en los modelos Pickup y 4-Runner con tracción en las cuatro ruedas (4WD)

Pickup y 4-Runner con tracción en las cuatro ruedas (4WD)

1. Levante y apoye el vehículo sobre soportes. Desmonte las ruedas delanteras.

2. Saque los pasadores de seguridad y las tuercas de unión del extremo de la barra de acoplamiento al brazo de la articulación de la dirección y de la barra de acoplamiento al amortiguador de la dirección. Saque la tuerca, la fijación y el tope elástico de unión del amortiguador de la dirección al alojamiento del eje; asegúrese de anotar debidamente las posiciones de los topes elásticos y las fijaciones.

3. Con ayuda del extractor n.º 09611-22012, separe el amortiguador de la dirección del tirante, y luego los extremos de la barra de acoplamiento de los brazos de la articulación de la dirección. Saque la barra de acoplamiento y el amortiguador de la dirección del vehículo.

4. Saque el pasador de seguridad de ambos extremos de la varilla de dirección. Con un destornillador saque el tapón de ambos extremos de la varilla de dirección.

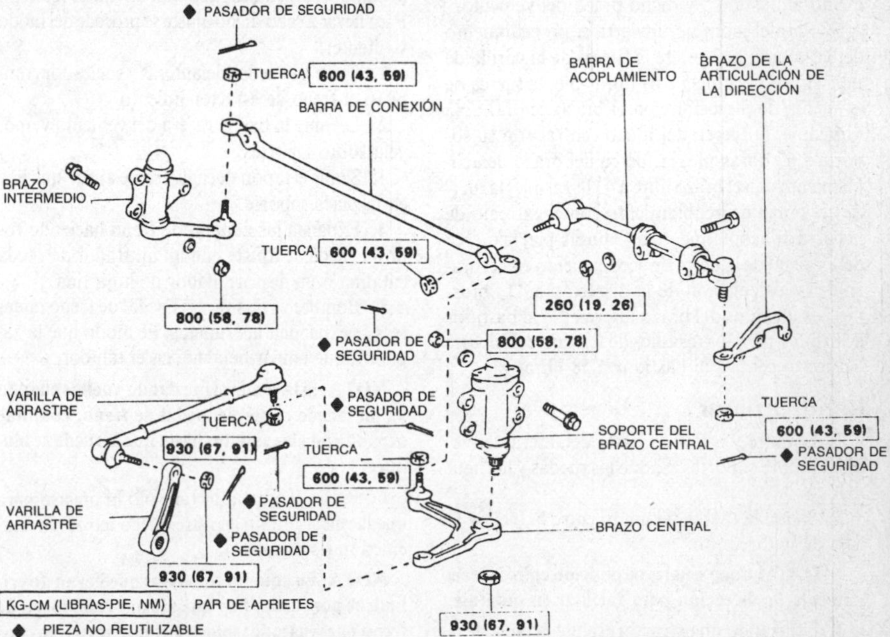

Despiece de los reenvíos de la dirección - modelos Van

NOTA: Es posible que la tapeta esté muy apretada, por lo que puede tener que utilizar una llave o alicates para hacer rotar el destornillador.

5. Una vez sacada la tapeta, debe poder sacar el asiento del muelle, el muelle y el soporte exterior que hay dentro de la varilla de dirección, haciendo mover el zócalo de la articulación de la dirección hacia atrás y adelante.

NOTA: Asegúrese de anotar debidamente el orden en que son sacados el asiento del muelle, el muelle y el zócalo exterior, de la varilla de dirección.

6. Para el montaje, invierta el orden empleado para el desmontaje. Apriete la tuerca de unión entre el amortiguador de la dirección y el alojamiento del eje con un par de 9 libras-pie, el extremo de la barra de acoplamiento con el brazo de la articulación de dirección a 67 libras-pie y el extremo de la barra de acoplamiento con el amortiguador de la dirección a 43 libras-pie.

NOTA: Asegúrese de engrasar los extremos de la varilla de dirección a través de los engrasadores. Cuando monte las tapetas de los extremos de la varilla de dirección, apriete los tapones completamente y luego aflójelos 1 1/3 vueltas.

Van (Furgonetas)

1. Levante la parte delantera del vehículo y apóyela sobre soportes. Saque los conjuntos de ruedas y neumáticos.

NOTA: Antes de desmontar ningún elemento del sistema de dirección, primero debe sacar el pasador de seguridad y su tuerca de fijación.

2. Utilizando el extractor nº 09611-22012, separe la varilla de dirección de la biela.

3. Utilizando el extractor nº 09628-62011, separe los extremos de la barra de acoplamiento del brazo de acoplamiento, el brazo de acoplamiento del brazo central, el brazo central de su soporte, y el extremo de la barra de acoplamiento del brazo de la articulación de la dirección.

4. Saque los tornillos de unión del brazo intermedio al bastidor, y dicho brazo del vehículo.

5. Para el montaje, invierta el procedimiento del desmontaje. Apriete la tuerca de la varilla de dirección con la biela a 67 libras-pie, la tuerca de la varilla de dirección con el brazo central a 43 libras-pie, la tuerca del brazo central con su soporte a 67 libras-pie, la tuerca del brazo de acoplamiento con el brazo libre a 43 libras-pie, la tuerca del brazo de acoplamiento con el extremo de la barra de acoplamiento a 43 libras-pie, la tuerca del extremo de la barra de acoplamiento con el brazo de la articulación de la dirección a 43 libras-pie, los tornillos del brazo intermedio al bastidor a 58 libras-pie y los tornillos de fijación del soporte del brazo central al bastidor a 58 libras-pie.

Land Cruiser

1. Levante y apoye la parte delantera del vehículo sobre soportes. Saque las ruedas y los neumáticos.

2. Saque la tuerca de unión entre la biela y la caja de la dirección.

NOTA: Marque señales de posición entre la biela y la caja de dirección para facilitar su montaje.

3. Utilizando un extractor, saque la biela de la caja de la dirección.

4. Desmonte la varilla de dirección del brazo central haciendo uso de un extractor de tirantes. Saque la varilla de dirección con la biela.

5. Con ayuda de un extractor, desconecte los extremos del tirante de la articulación de dirección.

6. Desconecte los extremos del brazo de acoplamiento de su unión con el brazo central. Retire el conjunto formado por el tirante y el brazo de acoplamiento.

7. Desconecte el amortiguador de la dirección del soporte delantero del miembro transversal.

8. Saque la tuerca de montaje del brazo central. Utilizando un extractor saque el brazo central, junto con su amortiguador.

9. Retire la plancha de deslizamiento y el soporte del brazo central al bastidor.

10. Para el montaje, invierta el procedimiento utilizado para el desmontaje. Apriete el tornillo de unión entre la biela y la caja de la dirección con un par de 120-140 libras-pie. Aplique grasa de uso múltiple en todos los extremos del brazo y el amortiguador. Compruebe y/o ajuste la alineación.

NOTA: Al montar la biela en la caja de dirección, asegúrese de que las marcas realizadas queden bien alineadas.

SISTEMA DE FRENOS

Para el mantenimiento de elementos que no aparezcan a continuación, consulte el apartado de Frenos en la sección de Reparaciones.

AJUSTE

Freno de tambor trasero

LAND CRUISER

Estos modelos van equipados con frenos traseros de tambor, los cuales necesitan un ajuste manual. Para llevar a cabo dicho ajuste se procede del modo siguiente:

1. Calce las ruedas delanteras y suelte por completo el freno de estacionamiento.

2. Levante la parte trasera del vehículo y apóyela sobre soportes.

3. Saque el tapón del agujero de ajuste que hay en la placa soporte.

4. Expanda las zapatas de freno haciendo rotar la rueda de ajuste con un ajustador de rueda catalina o un destornillador de hoja fina.

5. Bombee varias veces el pedal de freno mientras se expanden las zapatas, de modo que la zapata toque uniformemente en el tambor.

NOTA: Si la rueda sigue dando vueltas cuando ya ha sacado el pie del pedal de freno, continúe expandiendo las zapatas hasta que la rueda se bloquee.

6. Retire el ajustador tan sólo lo preciso para que la rueda gire sin arrastre, luego retroceda unas cinco muescas más.

NOTA: En aquellos modelos que llevan dos cilindros por rueda, hay que ajustar cada juego de freno por separado; nunca hay que ajustar los dos al mismo tiempo.

7. Si la rueda aún no gira libremente, retroceda una o dos muescas más. Cuando después de haberlo hecho aún arrastra, compruebe si tiene desgaste o hay alguna pieza estropeada.

8. Vuelva a bombear el pedal de freno y a comprobar el giro de la rueda.

9. Para terminar el ajuste, invierta el proceso utilizado para el desmontaje.

PICKUP, 4-RUNNER Y VAN

Estos modelos están equipados con frenos posteriores de tambor que se autoajustan. No requieren ningún tipo de ajuste.

FRENO DELANTERO DE DISCO

Los frenos delanteros de disco no precisan ningún ajuste. La misma presión hidráulica se encarga de mantener el contacto correcto entre la pastilla y el disco, en todo momento.

NOTA: Por consiguiente, hay que verificar regularmente el nivel del líquido de frenos.

Cilindro principal

DESMONTAJE Y MONTAJE

ATENCIÓN

Tenga mucho cuidado en no verter líquido de frenos sobre las superficies pintadas del vehículo; estropearía la pintura.

Pickup, 4-Runner y Land Cruiser

1. Con ayuda de una jeringa (de goma) saque el líquido de frenos del cilindro principal.

2. Desconecte y tapone los conductos hidráulicos en el cilindro principal.

3. Si lo lleva, desconecte el conector del piloto indicador del nivel del cilindro principal.

4. Saque los tornillos de fijación del cilindro principal, procediendo del siguiente modo:

a. Si no lleva servofreno, saque los tornillos de fijación del cilindro principal y el pasador de horquilla del pedal de freno. Retire el cilindro principal.

b. En otros modelos provistos de servofreno, afloje las tuercas y saque el conjunto del cilindro principal de su colocación en la unidad del servofreno.

5. Para el montaje, invierta el procedimiento utilizado en el desmontaje. Los tornillos de fijación del cilindro principal se aprietan con un par de 9 libras-pie, y los conductos de freno del cilindro principal a 11 libras-pie. Vuelva a llenar el cilindro principal con líquido de frenos nuevo y sangre el sistema.

NOTA: Antes de apretar los tornillos o tuercas del cilindro principal fije el conducto hidráulico en el cuerpo del cilindro, atornillándolo unas pocas vueltas.

Van (Furgonetas)

1. Desconecte el cable negativo de la batería.

2. Para poner al descubierto el cilindro principal proceda del siguiente modo:

a. Saque la tapa del recipiente de fluido de reserva del cilindro principal, que se encuentra a la izquierda del panel de instrumentos.

b. Retire el adorno del panel de instrumentos y el panel de adorno inferior. Desconecte los conectores eléctricos y el cable del velocímetro del panel de instrumentos, luego saque todo el panel.

c. Retire los conductos de aire n.º 1, 2 y 3.

3. Utilizando una jeringa (de goma grande), saque el líquido de frenos del recipiente del cilindro principal.

4. Saque los tubos del recipiente que se encuentran en el cilindro principal. Desconecte y tapone los tubos de freno del cilindro principal.

5. Saque las tuercas de fijación del cilindro principal, el soporte de la válvula de comprobación de vacío y el cilindro principal del vehículo.

6. Para el montaje, invierta el procedimiento empleado en el desmontaje. Apriete las tuercas que fijan el cilindro principal a 9 libras-pie y los conductos de freno en el cilindro principal a 11 libras-pie. Vuelva a llenar el cilindro principal con líquido de frenos nuevo y sangre el sistema.

Válvula proporcional sensible a la carga / Válvula de derivación

DESMONTAJE Y MONTAJE

1. Levante y apoye el vehículo sobre soportes, de manera que quede a nivel.

2. Desconecte el estribo n.º 2 del soporte.

3. Desconecte y tapone los tubos de freno de la válvula sensible a la carga.

4. Saque el soporte de la válvula sensible a la carga, que se encuentra en el bastidor.

5. Para el montaje, invierta el procedimiento utilizado en el desmontaje. Apriete los tornillos de fijación de la válvula sensible a la carga al bastidor con un par de 14 libras-pie, y los tubos de freno a 11 libras-pie. Sangre el sistema de frenos. Ajuste la válvula sensible a la carga y la carga del eje trasero. Compruebe y/o ajuste la longitud del estribo n.º 2 (distancia desde el centro del tornillo de unión del estribo n.º 2 al soporte del estribo hasta el centro del tornillo de unión del estribo n.º 1 al muelle), 3.07 pulgadas (Pickup y Van con tracción en dos ruedas) ó 4.72 pulgadas (Pickup, 4-Runner y Land Cruiser con tracción en las cuatro ruedas).

AJUSTE

1. Levante y apoye el vehículo sobre soportes, de modo que quede a nivel.

2. Compruebe y/o ajuste la carga del eje trasero: 1,323 libras (3/4 tonelada y C&C; 1979-83), 1.150 libras (EJ40, Land Cruiser), 1,200 libras (FJ60, Land Cruiser), 1,543 libras (Pickup con tracción en dos ruedas; 1984 y posteriores, Van; 1983 y posteriores), 1,433 libras (Pickup con tracción en las cuatro ruedas; 1979-83) ó 1,653 libras (Pickup con tracción en las cuatro ruedas; 1984 y posteriores, 4-Runner; 1985 y posteriores).

3. Utilizando el útil medidor de presión n.º 09705-29017 (1979-83) ó 09709-29017 (1984 y posteriores), monte uno (en el tubo de freno) en la rueda delantera y otro en la rueda trasera.

4. Apriete el pedal de freno, elevando la presión delantera a 365 libras por pulgada cuadrada (Land Cruiser), 711 libras por pulgada cuadrada (Pickup, Van, 4-Runner), y luego compruebe la presión del freno trasero. La presión del freno trasero debe ser de 148-205 libras por pulgada cuadrada (Land Cruiser), 398-540 libras por pulgada cuadrada (Pickup: 1979-83, Van: 1983 y posteriores), 455-597 libras por pulgada cuadrada (2W2 Pickup: 1984 y posteriores) ó 441-589 libras por pulgada cuadrada (Pickup con tracción en las cuatro ruedas: 1984 y posteriores, 4-Runner: 1985 y posteriores).

NOTA: Cuando compruebe la presión del líquido, apriete el pedal SÓLO una vez y anote las presiones a los 2 segundos, NUNCA debe apretar por segunda vez.

5. Apriete el pedal de freno, elevando la presión delantera a 835 libras por pulgada cuadrada (Land Cruiser), 1,138 libras por pulgada cuadrada (Pickup: 1979-83) ó 1,422 libras por pulgada cuadrada (Pickup: 1984 y posteriores, Van: 1983 y posteriores, 4-Runner: 1985 y posteriores), y luego compruebe la presión trasera de frenado. La presión de los frenos traseros debe ser de 312-411 libras por pulgada cuadrada (Land Cruiser), 526-726 libras por pulgada cuadrada (Pickup: 1979-83), 512-712 libras por pulgada cuadrada (Van: 1983 y posteriores), 696-896 libras por pulgada cuadrada (Pickup con tracción en dos ruedas: 1984 y posteriores) ó 682-882 libras por pulgada cuadrada (Pickup con tracción en cuatro ruedas: 1984 y posteriores, 4-Runner: 1985 y posteriores).

6. Si las presiones no corresponden a las indicadas en las especificaciones, proceda del siguiente modo:

a. Saque el estribo n.º 2 del soporte. Afloje la contratuerca y ajuste la longitud de la traba n.º 2 (distancia del centro de la traba n.º 2 al tornillo del soporte hasta el centro de la traba n.º 1 al tornillo del muelle): 2.83-3.31 pulgadas (tracción en las dos ruedas) ó 4.49-4.96 pulgadas (tracción en las cuatro ruedas).

NOTA: Al ajustar la longitud de la traba n.º 2, aumentando la distancia se reduce la presión y disminuyendo la distancia aumenta la presión.

b. Si la presión no puede ajustarse con la traba n.º 2, suba o baje el cuerpo de la válvula.

NOTA: Al ajustar el cuerpo de la válvula, bajándola se reduce la presión y subiéndola se aumenta la presión.

c. Una vez ajustado el cuerpo de la válvula, ajuste la longitud de la traba n.º 2. Si el ajuste no puede hacerse con precisión, verifique el cuerpo de la válvula.

NOTA: Con el cuerpo de la válvula montado en la posición correcta, la distancia entre el cuerpo de la válvula y el muelle debe ser de 0.04 pulgadas.

Servofreno

DESMONTAJE Y MONTAJE

1. Consulte el procedimiento Cilindro principal, desmontaje y montaje, en esta sección, y saque el cilindro principal del servofreno.

2. Saque el tubo de vacío del servofreno.

3. Trabajando debajo del panel de instrumentos, saque el pasador de horquilla de la varilla del pedal de freno al servofreno. Saque los tornillos de fijación del servofreno y dicho servo del vehículo.

4. Para el montaje, invierta el procedimiento empleado en el desmontaje. Apriete las tuercas del servofreno con un par de 9 libras-pie. Compruebe y/o ajuste la altura del pedal de freno.

NOTA: Si monta un nuevo servofreno, asegúrese de que exista un cierto espacio entre la varilla de empuje y el pistón del cilindro principal.

Freno de estacionamiento

AJUSTE

Pickup (1979-80)

NOTA: Ajuste las zapatas del freno trasero antes de proceder al ajuste del freno de estacionamiento.

1. Afloje el soporte del interruptor del piloto del freno de estacionamiento.

2. Accione la palanca del freno de estacionamiento hasta que se detenga por el trinquete.

3. Desplace el interruptor de manera que quede APAGADO en dicha posición, pero ENCENDIDO cuando se tira de la palanca.

4. Apriete el soporte del interruptor y vuelva a accionar la palanca de freno.

5. Trabajando debajo de vehículo, afloje la contratuerca del equilibrador del cable del freno de estacionamiento.

6. Atornille la tuerca de ajuste, hacia adentro, lo bastante para que no queden flojos los cables de freno. Mantenga la tuerca de ajuste en dicha posición mientras aprieta la contratuerca.

7. Haga rotar las ruedas posteriores para asegurarse de que las mismas no rozan.

8. Tire de la palanca del freno de estacionamiento y cuente el número de muescas necesarias para que quede aplicado el freno: lo adecuado son de 7-10 muescas.

Pickup (1981 y posteriores) y 4-Runner (1985 y posteriores)

1. Asegúrese de que los frenos posteriores están bien ajustados.

2. Tire de la palanca del freno de mano todo lo posible, contando el número de muescas que se escuchen en el recorrido: 10-16 muescas (tracción en dos ruedas) ó 7-15 muescas (tracción en cuatro ruedas).

3. Si estos valores no coinciden, proceda del siguiente modo:

Pickup con tracción en dos ruedas

a. Trabajando desde debajo del vehículo, apriete la tuerca de ajuste en el equilibrador hasta que su recorrido se halle dentro de los límites y que no exista roce de las zapatas posteriores.

b. Aplique varias veces el freno de estacionamiento y vuelva a comprobar que no existe ningún roce cuando el freno está desaplicado.

Pickup y 4-Runner con tracción en las cuatro ruedas

a. Trabajando desde debajo del vehículo, apriete el tornillo tope de la palanca articulada hasta que haya desaparecido el juego en los enlaces del freno trasero, luego afloje una vuelta la tuerca. Apriete la contratuerca.

b. Apriete una de las tuercas de ajuste en la palanca intermedia mientras afloja la otra, hasta que el recorrido sea el correcto. Apriete las dos contratuercas.

c. Asegúrese de que la palanca articulada está en contacto con la placa soporte.

Van (Furgonetas)

NOTA: El juego de la zapata de freno posterior debe ajustarse antes de proceder al ajuste del freno de mano.

1. Levante y apoye la parte trasera del vehículo sobre soportes.

2. Saque el pomo del cambio y la consola.

3. En la palanca del freno de estacionamiento, afloje la contratuerca del cable. Tire de la palanca de freno HACIA ARRIBA, de 7 a 9 muescas.

4. Haga rotar la tuerca de ajuste hasta que las ruedas posteriores no puedan rodar, luego apriete la contratuerca.

5. Monte la consola y el pomo del cambio.

Land Cruiser

Los modelos Land Cruiser utilizan un conjunto independiente de freno de tambor, trabajando en el árbol de transmisión, el cual sirve de freno de estacionamiento. El ajuste se lleva a cabo del siguiente modo:

1. Empuje por completo la palanca del freno de estacionamiento, de modo que el freno quede suelto.

2. Levante y apoye la parte trasera del vehículo sobre soportes.

3. Rote el eje de ajuste del freno de estacionamiento, situado en el fondo de la placa soporte del freno de estacionamiento, en sentido contrario a las agujas del reloj, hasta que las zapatas se apoyen contra el tambor.

4. Afloje una muesca el ajustador.

5. Aplique el freno de mano; el tambor tiene que quedar bloqueado. Suelte el freno, el tambor debe rotar libremente.

NOTA: Si el tambor no rota libremente con el freno desaplicado, afloje el ajustador una muesca más.

6. Ajuste los tensores de las palancas intermedias del freno de estacionamiento y las tuercas de ajuste del extremo de los cables del freno de estacionamiento, de manera que deban pasarse de 7 a 12 muescas para aplicar el freno de estacionamiento.

EQUIPO ELÉCTRICO

Calefactor

NOTA: En los modelos equipados con acondicionador de aire, el calefactor y el acondicionador de aire son unidades totalmente independientes. Cuando trabaje debajo del panel de instrumentos, asegúrese de que los conductos del calefactor están desconectados. Los tubos del aire acondicionado están a presión; si los desconectara, el líquido refrigerante que contienen helaría cualquier superficie que tocara, incluyendo su piel y sus ojos.

DESMONTAJE Y MONTAJE

Pickup, Van y 4-Runner

1. Desconecte el cable negativo de la batería.

2. Descargue el sistema de refrigeración.

3. Desmonte la guantera, los conductos de descongelación, el humectador del aire, el conducto del aire y los dos tubos laterales de descongelación.

4. Saque la unidad de control del panel de instrumentos.

5. Desconecte los tubos del calefactor de los tubos del núcleo.

6. Saque los tornillos de fijación y levante la unidad calefactora. Entonces, el núcleo puede sacarse de la caja.

7. Para el montaje invierta el procedimiento empleado para el desmontaje.

Núcleo calefactor delantero

NOTA: Para el mantenimiento del núcleo calefactor de los modelos Pickup, Van y 4-Runner, consulte los procedimientos en el apartado Calefactor, desmontaje y montaje, de esta sección.

DESMONTAJE Y MONTAJE

Land Cruiser - 1979

1. Cierre la válvula de agua.

2. Desconecte ambos tubos del núcleo calefactor.

3. Saque la abrazadera del conducto de aire.

4. Desmonte los tubos de descongelación de la caja de calefacción.

5. Saque los tornillos de montaje y retire el núcleo.

6. Para el montaje, invierta el procedimiento indicado en el desmontaje.

1980 y posteriores

NOTA: Hay que sacar toda la unidad de calefacción para tener acceso al núcleo calefactor. Este sistema requiere el desmontaje casi total del panel de instrumentos y la bajada de la columna de dirección.

1. Antes de iniciar el proceso observe los siguientes puntos:

a. Ponga una etiqueta de identificación a todos los cables que deba desconectar, con objeto de poder volver a montarlos debidamente.

b. Si saca las fijaciones, colóquelas de manera que puedan volver a montarse en sus correspondientes lugares.

c. No fuerce ninguna pieza para poder sacarla, caso de que no pueda ser fácilmente desmontada; saque cualquier fijación adicional que hubiera quedado sin retirar.

d. Cuando desconecte los tubos de refrigerante, procure no dañar los conductos del núcleo de refrigeración. Coloque un recipiente debajo de las conexiones de los tubos antes de desconectarlas.

2. Desconecte el cable negativo de la batería. Saque la guantera y la tapa de la guantera.

3. Saque los conductos inferiores del calefactor. Saque el conducto mayor del calefactor, en el costado de pasajeros del grupo del calefactor.

4. Saque la red de tubos de detrás del panel de instrumentos. Si lleva radio, retírela.

5. Desconecte el conector de cables de la parte interior derecha de la abertura de la guantera.

6. Saque el acolchado del panel de instrumentos. Desmonte el cable de control del acelerador de mano.

7. Saque el tornillo de fijación del costado izquierdo del bloque de fusibles.

8. Saque las tuercas de fijación de la columna de dirección al panel de instrumentos y baje cuidadosamente la columna de dirección. Ponga etiquetas y desconecte los cables que sean necesarios para poder bajar el conjunto de la columna.

9. Retire el conector eléctrico del reostato situado a la izquierda de la abertura de la columna de dirección.

10. Saque el doble conducto central que está fijado a la parte superior de la unidad de calefacción.

11. Saque el panel inferior de instrumentos. Las fijaciones se encuentran en los siguientes lugares:

a. Al costado izquierdo del panel de instrumentos: dos a la izquierda y dos en el extremo inferior izquierdo.

b. Dos, encima de la columna de dirección.

c. Dos, a la derecha de la abertura de la columna de dirección.

d. Dos, en el ángulo superior izquierdo de la abertura de la guantera.

e. Una, en el ángulo inferior izquierdo de la abertura de la guantera.

f. Al costado derecho del panel de instrumentos: dos en el extremo derecho y dos en el extremo inferior derecho.

12. Ponga etiquetas de identificación y desconecte los tubos de la unidad de calefacción. Saque las fijaciones de la unidad de calefacción al tabique cortafuegos y retire la unidad de calefacción.

13. Saque las abrazaderas del tubo del núcleo de calefacción a la unidad de calefacción, y luego retire el núcleo de la unidad de calefacción.

14. Para el montaje, invierta el procedimiento empleado para el desmontaje. Apriete las fijaciones de la columna de dirección con el panel de instrumentos 14-15 libras-pie. Vuelva a llenar el sistema de refrigeración.

Núcleo del calefactor posterior

DESMONTAJE Y MONTAJE

Land Cruiser

1. Cierre la válvula de agua y desconecte ambos tubos del núcleo de calefactor trasero.

2. Desconecte los cables del calefactor trasero.

3. Saque los tornillos de fijación y retire el núcleo.

4. Para el montaje, invierta el procedimiento indicado para el desmontaje.

Motor del soplante del calefactor

DESMONTAJE Y MONTAJE

Pickup (1979)

Consulte los procedimientos en el apartado Calefactor, desmontaje y montaje, de esta sección, y desmonte el motor del ventilador.

Pickup (1980 y posteriores), Van (1983 y posteriores) y 4-Runner (1985 y posteriores)

1. Desconecte el conector eléctrico del motor.

2. Saque los tres tornillos de fijación del motor y retire éste de la caja.

3. Para el montaje, invierta el procedimiento empleado para el desmontaje. Asegúrese de que el retén alrededor de la brida del motor está en perfecto estado.

Land Cruiser

1979

1. Afloje los tornillos de las abrazaderas del conducto de aire. Retire los conductos y la rejilla del conducto de aire.

2. Saque los tornillos de fijación y el motor con el soplante.

3. Para el montaje, invierta el procedimiento empleado para el desmontaje.

1980 y posteriores

1. Retire el conector eléctrico del motor del soplante.

2. Desconecte el tubo flexible del costado del motor del soplante.

3. Saque las fijaciones del motor del soplante y bájelo del conducto de entrada de aire.

4. Para el montaje, invierta el procedimiento utilizado para el desmontaje. Durante el montaje, asegúrese de colocar el motor de manera que el tubo flexible pueda ser fijado al motor.

Radio

ATENCIÓN

Jamás hay que poner la radio en marcha sin altavoz, puesto que se estropearían los transistores de potencia. Si hay que cambiar el altavoz, utilizar uno que tenga la impedancia (ohmios) adecuada o también podrían estropearse los transistores de salida y deberían ser cambiados.

DESMONTAJE Y MONTAJE

Pickup, Van y 4-Runner

1. Desconecte el cable negativo de la batería.

2. Saque las tapas superior e inferior de la columna de dirección.

3. Saque los tornillos de fijación del adorno del panel de instrumentos y saque dicho adorno.

4. Saque los botones de aparato de radio y las tuercas de montaje.

5. Saque los botones de la calefacción y el aire acondicionado de sus brazos de control. NO saque el botón de control del ventilador soplante.

6. Saque los tornillos de la luz del control de calefacción del panel, del cenicero y frontispicio central del panel. Saque el frontispicio y luego desconecte los conectores eléctricos del encendedor de cigarrillos y el control del ventilador soplante.

7. Saque los tornillos restantes que pudieran existir en la radio, y retire el aparato. Desconecte la alimentación de corriente, el acoplamiento del altavoz y la antena, y luego haga pasar la radio a través del salpicadero.

8. Para el montaje, invierta el procedimiento empleado para el desmontaje.

Motor del limpiaparabrisas

DESMONTAJE Y MONTAJE

Pickup, Van y 4-Runner

1. Desconecte los cables del motor del limpiaparabrisas. Saque el motor del tabique cortafuegos.

2. Saque la tuerca, y luego apalanque el reenvío del brazo del limpiaparabrisas.

3. Saque el motor.

4. Para el montaje, invierta el procedimiento utilizado en el desmontaje.

Land Cruiser

SALVO LOS DE 1980 Y STATION WAGON POSTERIORES

1. Con ayuda de una pequeña palanca, desconecte el reenvío del limpiaparabrisas del motor.

2. Saque los tornillos del soporte trasero del motor.

3. Desconecte los cables del motor del limpiaparabrisas.

4. Saque los tornillos del motor del limpiaparabrisas y retire el motor.

5. Para el montaje, invierta el procedimiento utilizado para el desmontaje.

1980 Y STATION WAGON POSTERIORES

NOTA: En estos modelos, el motor del limpiaparabrisas se saca con todos los reenvíos.

1. Saque las tuercas de fijación del brazo limpiaparabrisas y luego retire dicho brazo y las escobillas.

2. Saque las tapas pivotantes de los brazos limpiaparabrisas y los tornillos de fijación del pivote al cubretablero.

3. Saque las dos tapas de las aberturas de mantenimiento que hay en la zona del cubretablero del compartimiento motor.

4. Desconecte los cables del motor del limpiaparabrisas.

5. Desde el compartimiento motor, saque los tornillos de fijación de la platina del motor del limpiaparabrisas al cubretablero. Retire el motor y los reenvíos del panel del cubretableros, formando un conjunto.

6. Apalanque los reenvíos del motor del limpiaparabrisas.

7. Para el montaje, invierta el procedimiento indicado para el desmontaje.

Mecanismo del limpiaparabrisas

DESMONTAJE Y MONTAJE

Pickup, Van y 4-Runner

1. Consulte los procedimientos del apartado Motor del limpiaparabrisas, desmontaje y montaje, de esta sección, y saque el motor.

2. Saque los brazos del limpiaparabrisas aflojando sus tuercas de fijación y retirándolos luego de los ejes.

3. Saque las tuercas y separadores de los ejes del limpiaparabrisas y empuje los ejes hacia adentro de la cavidad de la carrocería. Saque el mecanismo por el agujero del motor del limpiaparabrisas.

4. Para el montaje, invierta el procedimiento empleado para el desmontaje.

Land Cruiser de dos puertas

1. Desmonte los conjuntos del brazo limpiaparabrisas.

2. Saque la placa final del alojamiento del pivote.

3. Desmonte el motor del limpiaparabrisas con el cable de enlace.

4. Retire el motor del limpiaparabrisas y la transmisión.

5. Saque el cable de enlace.

6. Para el montaje, invierta el procedimiento indicado para el desmontaje.

Land Cruiser - Station Wagon

1979

1. Consulte los procedimientos en el apartado Motor del limpiaparabrisas, desmontaje y montaje, de esta sección, y saque el motor.

2. Saque el brazo del limpiaparabrisas y el panel de instrumentos.

3. Afloje el cable del acelerador, a fin de tener acceso al mecanismo del limpiaparabrisas.

4. Saque los tornillos de fijación del mecanismo y retire dicho mecanismo.

5. Para el montaje, invierta el procedimiento utilizado para el desmontaje.

Panel de instrumentos

DESMONTAJE Y MONTAJE

Pickup, Van y 4-Runner

1. Desconecte el cable negativo de la batería.

2. Saque las tapas superior e inferior de la columna de dirección.

3. Saque los tornillos del panel de adorno de los instrumentos y dicho panel.

4. Desconecte el cable del velocímetro y el velocímetro.

5. Saque los tornillos del panel de instrumentos y tire del panel hacia adelante. Retire los conectores eléctricos de la parte posterior del panel y saque el panel.

6. Para el montaje, invierta el procedimiento utilizado en el desmontaje.

Land Cruiser

1. Desconecte el cable del velocímetro. Saque los tornillos del panel de instrumentos.

2. Afloje la abrazadera de la columna de dirección y saque los tornillos de fijación.

3. Saque el panel de instrumentos y el velocímetro, retire los conectores eléctricos y saque el panel.

4. Para el montaje, invierta el procedimiento utilizado en el desmontaje.

Fusibles y fusibles descubiertos

La caja de fusibles se encuentra situada en el costado izquierdo (Pickup, 4-Runner y Land Cruiser), o detrás de la guantera (Van), debajo del tablero. Todos los modelos llevan fusibles descubiertos en los cables de la batería que vienen del polo positivo (+) de la misma.

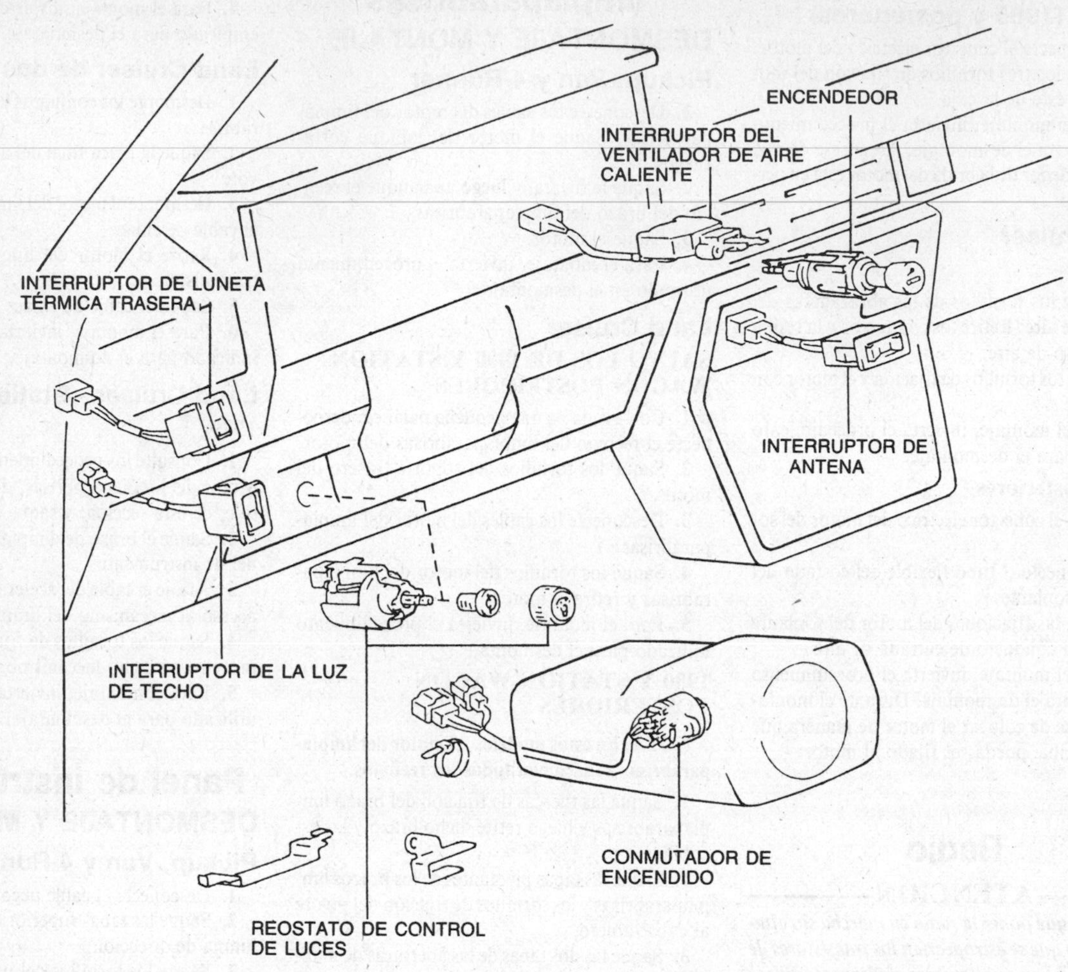

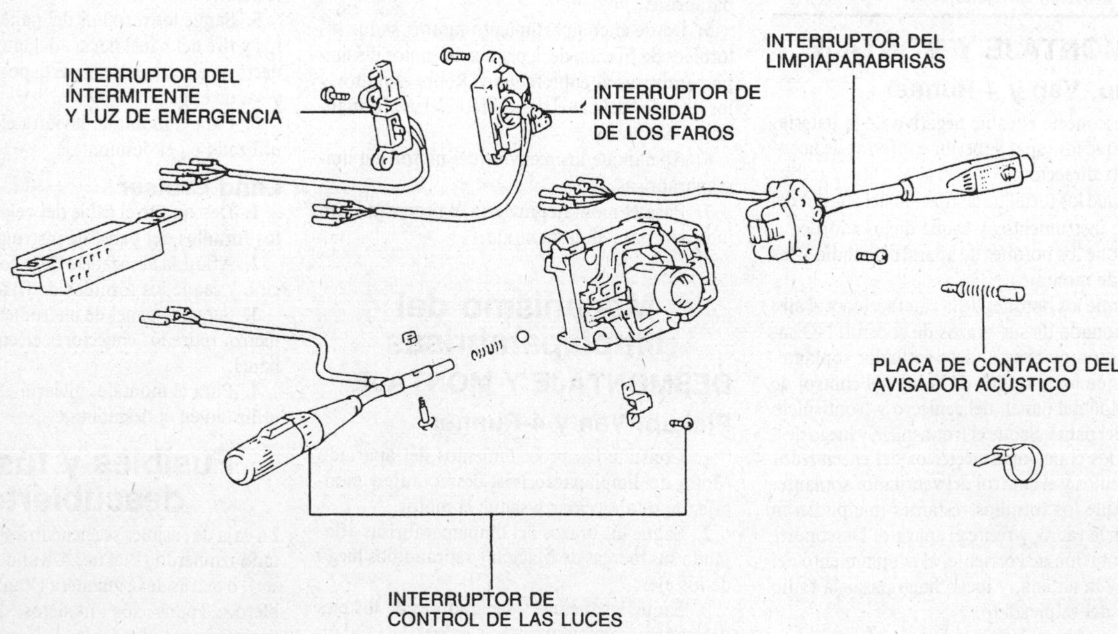

Interruptores y relés del salpicadero y columna de dirección

Honda

Accord, Civic, CRX, Prelude

IDENTIFICACIÓN DEL NÚMERO DE SERIE

Número de identificación (chasis) del vehículo

Los números de identificación del vehículo Honda, están situados en el borde superior del panel de instrumentos y son visibles desde el exterior. Además, hay una placa de identificación del vehículo/motor bajo el capó, en la bóveda.

Número de serie del motor

El número de serie del motor está estampado en el alojamiento del embrague. Los tres primeros dígitos indican la identificación del modelo del motor. Los números restantes se relacionan con la serie de producción. Este mismo número está también estampado sobre la placa de identificación del vehículo/motor, montada sobre la cartela del capó.

Número de serie de la transmisión

NOTA: El número de serie de la transmisión está estampado en la parte superior de la caja de transmisión/embrague.

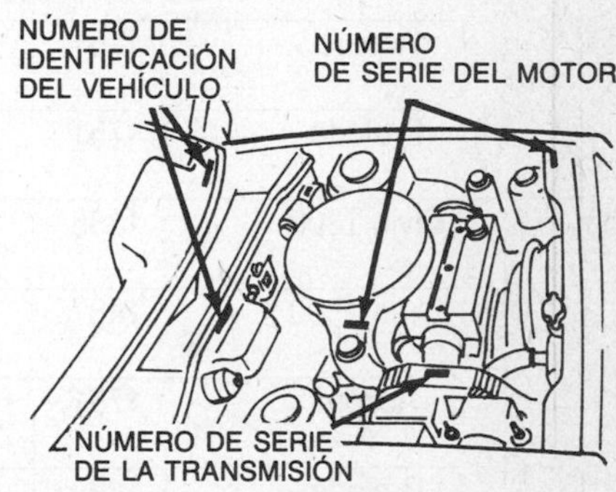

Números de identificación de los vehículos Honda

IDENTIFICACIÓN DEL MOTOR

Modelo	Año	Cilindrada del motor Pulg. cúb. (cc)	Identificación de series del motor	Nº de cilindros	Tipo del motor
Civic (1300)	'80–'83	81 (1335)	EJ1	4	CVCC 8-válv.
(1500)		91 (1487)	EM1	4	CVCC 8-válv.
(1.3)	'84–'87	82 (1342)	EV1	4	CVCC 8-válv.
(HF, 1.5)		91 (1488)	EW1	4	CVCC 12-válv.
(Si)	'85	91 (1488)	EW3	4	NON-CVCC 12-válv.
(Si)	'86–'87	91 (1488)	EW4	4	NON-CVCC 12-válv.
Accord	'80–'83	107 (1751)	EK1	4	CVCC 8-válv.
	'84–'85	112 (1829)	ES2	4	CVCC 12-válv.
(SE-i)	'85	112 (1829)	ES3	4	CVCC 12-válv.
	'86–'87	119 (1955)	BS	4	NON-CVCC 12-válv.
(LX-i)		119 (1955)	BT	4	NON-CVCC 12-válv.
Prelude	'80–'82	107 (1751)	EK1	4	NON-CVCC 8-válv.
	'83–'84	112 (1829)	ES1	4	CVCC 12-válv.
	'85–'87	112 (1829)	ET2	4	NON-CVCC 12-válv.
(Si)	'86–'87	119 (1955)	BT	4	NON-CVCC 12-válv.

ESPECIFICACIONES GENERALES DEL MOTOR

Año	Modelo	Cilindrada motor (cc)	Tipo carburador	Caballos potencia @ rpm	Diámetro × carrera (pulg.)	Relación compresión	Par motor @ rpm (libras-pie)
'80	Civic 1300	1335	Keihin 3bbl	60 @ 5500	2.83 × 3.23	7.9:1	68 @ 4000
	Civic 1500	1487	Keihin 3bbl	63 @ 5000	2.91 × 3.41	9.1:1	77 @ 3000
	Accord	1751	Keihin 3bbl	72 @ 4500	3.03 × 3.70	8.8:1	94 @ 3000
	Prelude	1751	Keihin 3bbl	72 @ 4500	3.03 × 3.70	8.8:1	94 @ 3000
'81	Civic 1300	1335	Keihin 3bbl	60 @ 5500	2.83 × 3.23	8.8:1	68 @ 4000
	Civic 1500	1487	Keihin 3bbl	63 @ 5000	2.91 × 3.41	8.8:1	77 @ 3000
	Accord	1751	Keihin 3bbl	72 @ 4500	3.03 × 3.70	8.9:1	94 @ 3000
	Prelude	1751	Keihin 3bbl	72 @ 4500	3.03 × 3.70	8.9:1	94 @ 3000
'82	Civic 1300	1335	Keihin 3bbl	60 @ 5500	2.83 × 3.23	9.3:1	68 @ 4000
	Civic 1500	1487	Keihin 3bbl	63 @ 5000	2.91 × 3.41	9.3:1	77 @ 3000
	Accord	1751	Keihin 3bbl	72 @ 4500	3.03 × 3.70	8.8:1	94 @ 3000
	Prelude	1751	Keihin 3bbl	72 @ 4500	3.03 × 3.70	8.8:1	94 @ 3000
'83	Civic 1300	1335	Keihin 3bbl	60 @ 5500	2.83 × 3.23	9.3:1	68 @ 4000
	Civic 1500	1487	Keihin 3bbl	63 @ 5000	2.91 × 3.41	9.3:1	77 @ 3000
	Accord	1751	Keihin 3bbl	75 @ 4500	3.03 × 3.70	8.8:1	96 @ 3000
	Prelude	1829	Keihin Dual Sidedraft	100 @ 5500 ①	3.15 × 3.58	9.4:1	104 @ 4000
'84	Civic 1.3 (CRX 1.3)	1342	Keihin 3bbl	60 @ 5500	2.91 × 3.02	10.0:1	73 @ 3500
	Civic 1.5 (CRX 1.5)	1488	Keihin 3bbl	76 @ 6000	2.91 × 3.41	9.2:1	84 @ 3500
	Accord	1829	Keihin 3bbl	86 @ 5800	3.15 × 3.58	9.0:1	99 @ 3500
	Prelude	1829	Keihin Dual Sidedraft	100 @ 5500 ①	3.15 × 3.58	9.1:1	104 @ 4000
'85	Civic 1.3	1342	Keihin 3bbl	60 @ 5500	2.91 × 3.02	10.0:1	73 @ 3500
	Civic 1.5 (CRX 1.5)	1488	Keihin 3bbl	76 @ 6000	2.91 × 3.41	9.2:1	84 @ 3500
	Civic (CRX HF)	1488	Keihin 3bbl	65 @ 5500	2.91 × 3.41	9.2:1	81 @ 3500
	Civic (CRX Si)	1488	Honda EFI	91 @ 5500	2.91 × 3.41	8.7:1	93 @ 4500
	Accord	1829	Keihin 3bbl	86 @ 5800	3.15 × 3.58	9.0:1	99 @ 3500
	Accord SE-i	1829	Honda EFI	101 @ 5800	3.15 × 3.58	8.8:1	108 @ 2500
	Prelude	1829	Keihin Dual Sidedraft	100 @ 5500 ①	3.15 × 3.58	9.1:1	104 @ 4000

ESPECIFICACIONES GENERALES DEL MOTOR

Año	Modelo	Cilindrada motor (cc)	Tipo carburador	Caballos potencia @ rpm	Diámetro × carrera (pulg.)	Relación compresión	Par motor @ rpm (libras-pie)
'86–'87	Civic 1.3	1342	Keihin 3bbl	60 @ 5500	2.91 × 3.02	10.0:1	73 @ 3500
	Civic 1.5 (CRX 1.5)	1488	Keihin 3bbl	76 @ 6C00	2.91 × 3.41	9.2:1	84 @ 3500
	Civic (CRX HF)	1488	Keihin 3bbl	58 @ 4500	2.91 × 3.41	8.7:1	80 @ 2500
	Civic Si (CRX Si)	1488	Honda EFI	91 @ 5500	2.91 × 3.41	8.7:1	93 @ 4500
	Accord	1955	Keihin 2bbl	98 @ 5500	3.15 × 3.58	9.1:1	109 @ 3500
	Accord LX-i	1955	Honda EFI	110 @ 5500	3.25 × 3.58	8.8:1	114 @ 4500
	Prelude	1829	Keihin Dual Sidedraft	100 @ 5500	3.15 × 3.58	9.1:1	107 @ 4000
	Prelude Si	1955	Honda EFI	110 @ 5500	3.15 × 3.58	8.8:1	114 @ 4500

EFI-Inyección de combustible electrónica
① 95HP con transmisión automática

bbl.— doble cuerpo
Dual Sidedraft.— Doble, de aspiración lateral

ESPECIFICACIONES DE PUESTA A PUNTO

(Cuando analice los resultados de las pruebas de compresión considere la uniformidad entre cilindros, antes que las presiones específicas.)

Año	Modelo	Cilindrada (cc)	Equipo original bujías: Tipo	Equipo original bujías: abertura (pulg.)	Distribución básica encendido (grados): MT	Distribución básica encendido (grados): AT	Válvula admisión totalmente abierta (grad.)	Presión bomba combustible (libras × pulg.^{2})	Velocidad vacío (rpm): MT	Velocidad vacío (rpm): AT	Ajuste válvulas (pulgadas): Admisión (frío)	Ajuste válvulas (pulgadas): Auxiliar (frío)	Ajuste válvulas (pulgadas): Escape (frío)
'80	Civic 1500	1487	B7EB-11	0.042	15B③④	TDC⑤	—	2.5	700–800 ①	700–800 ②	0.005–0.007	0.005–0.007	0.007–0.009
	Civic 1300	1335	B6EB-11	0.042	2B③⑪	—	10A	2.5	700–800 ①	—	0.005–0.007	0.005–0.007	0.007–0.009
	Accord	1751	B7EB	0.030	TDC⑩	TDC⑪	—	2.5	750–850 ①	750–850 ②	0.005–0.007	0.005–0.007	0.010–0.012
	Prelude	1751	B7EB	0.030	TDC⑪	TDC⑪	—	2.5	750–850 ①	750–850 ②	0.005–0.007	0.005–0.007	0.010–0.012
'81	Civic 1500	1487	B6EB-11	0.042	10B⑥③	2A	10A	2.5	700–800 ①	700–800 ②	0.005–0.007	0.005–0.007	0.007–0.009
	Civic 1300	1335	B6EB-11	0.042	2B③	—	10A	2.5	700–800 ①	—	0.005–0.007	0.005–0.007	0.007–0.009
	Accord	1751	B6EB-L11	0.042	TDC⑪	TDC⑪	10A	2.5	750–850 ①	750–850 ②	0.005–0.007	0.005–0.007	0.010–0.012
	Prelude	1751	B6EB-L11	0.042	TDC⑪	TDC⑪	10A	2.5	750–850 ①	750–850 ②	0.005–0.007	0.005–0.007	0.010–0.012

ESPECIFICACIONES DE PUESTA A PUNTO

(Cuando analice los resultados de las pruebas de compresión considere la uniformidad entre cilindros, antes que las presiones específicas.)

Año	Modelo	Cilindrada (cc)	Equipo original bujías: Tipo	Equipo original bujías: abertura (pulg.)	Distribución básica encendido (grados): MT	Distribución básica encendido (grados): AT	Válvula admisión totalmente abierta (grad.)	Presión bomba combustible (libras × pulg.^{2})	Velocidad vacío (rpm): MT	Velocidad vacío (rpm): AT	Ajuste válvulas (pulgadas): Admisión (frío)	Ajuste válvulas (pulgadas): Auxiliar (frío)	Ajuste válvulas (pulgadas): Escape (frío)
'82	Civic 1500	1487	BR6EB-11	0.042	18B③	18B③	10A	2.5	650–750 ①	650–750 ②	0.005–0.007	0.005–0.007	0.007–0.009
	Civic 1300	1335	BR6EB-11	0.042	20B③	—	10A	2.5	650–750 ①	—	0.005–0.007	0.005–0.007	0.007–0.009
	Accord	1751	BR6EB-L11	0.042	16B⑦	16B	10A	2.5	750–850 ①	750–850 ②	0.005–0.007	0.005–0.007	0.010–0.012
	Prelude	1751	BR6EB-L11	0.042	12B⑧	16B	10A	2.5	700–800 ①	700–800 ②	0.005–0.007	0.005–0.007	0.010–0.012
'83	Civic 1500	1487	BR6EB-11	0.042	18B③	18B③	10A	2.5	650–750 ①	650–750 ②	0.005–0.007	0.005–0.007	0.007–0.009
	Civic 1300	1335	BR6EB-11	0.042	18B⑨③	—	10A	2.5	600–750 ①	—	0.005–0.007	0.005–0.007	0.007–0.009
	Accord	1751	BR6EB-L11	0.042	16B⑦③	16B③	10A	2.5	700–800 ①	650–750 ②	0.005–0.007	0.005–0.007	0.010–0.012
	Prelude	1829	BUR6EB-11	0.042	10B⑦③	12B③	N.A.	2.5	750–850 ①	700–800 ②	0.005–0.007	0.005–0.007	0.010–0.012
'84	Civic 1.5 (CRX 1.5)	1488	BUR6EB-11	0.042	20B⑭	15B⑭	N.A.	3.0	650–750	650–750	0.007–0.009	0.007–0.009	0.009–0.011
	Civic 1.3 (CRX 1.3)	1342	BUR6EB-11	0.042	21B⑭	—	N.A.	3.0	650–750	—	0.007–0.009	0.007–0.009	0.009–0.011
	Accord	1829	BUR6EB-11	0.042	22B③⑫	18B③	N.A.	2.5	700–800	650–750	0.005–0.007	0.005–0.007	0.010–0.012
	Prelude	1829	BPR6EY-11	0.042	20B③	12B③	N.A.	2.5	750–850	750–850	0.005–0.007	0.005–0.007	0.010–0.012
'85	Civic 1.5 (CRX 1.5)	1488	BUR5EB-11	0.042	20B⑭	15B⑬⑭	N.A.	3.0	650–750	650–750	0.007–0.009	0.007–0.009	0.009–0.011
	Civic (CRX HF)	1488	BUR4EB-11	0.042	21B⑧⑭	—	N.A.	3.0	650–750	650–750	0.007–0.009	0.007–0.009	0.009–0.011
	Civic (CRX Si)	1488	BPR6EY-11	0.042	16B⑭⑦	—	N.A.	35	550–650	—	0.007–0.009	—	0.009–0.011
	Civic 1.3	1342	BUR5EB-11	0.042	21B⑧⑭	—	N.A.	3.0	650–750	—	0.007–0.009	0.007–0.009	0.009–0.011
	Accord	1829	BUR5EB-11	0.042	22B③⑫	18B③	N.A.	2.5	700–800	650–750	0.005–0.007	0.005–0.007	0.010–0.012
	Accord (SE-i)	1829	BPR6EY-11	0.042	18B③	18B③	N.A.	35	700–800	700–800	0.005–0.007	—	0.010–0.012
	Prelude	1829	BPR6EY-11	0.042	20B③	12B③	N.A.	2.5	750–850	750–850	0.005–0.007	—	0.010–0.012
'86	Civic 1.3	1342	BUR4EB-11	0.042	21B⑧⑭	—	N.A.	3.0	650–750	—	0.007–0.009	0.007–0.009	0.009–0.011
	Civic 1.5 (CRX 1.5)	1488	BUR4EB-11	0.042	20B⑭	15B⑬⑭	N.A.	3.0	650–750	650–750	0.007–0.009	0.007–0.009	0.009–0.011

ESPECIFICACIONES DE PUESTA A PUNTO

(Cuando analice los resultados de las pruebas de compresión considére la uniformidad entre cilindros, antes que las presiones específicas.)

Año	Modelo	Cilindrada (cc)	Equipo original bujías: Tipo	Equipo original bujías: abertura (pulg)	Distribución básica encendido (grados): MT	Distribución básica encendido (grados): AT	Válvula admisión totalmente abierta (grad.)		Velocidad vacío (rpm): MT	Velocidad vacío (rpm): AT	Ajuste válvulas (pulgadas): Admisión (frío)	Ajuste válvulas (pulgadas): Auxiliar (frío)	Ajuste válvulas (pulgadas): Escape (frío)
'86	Civic (CRX HF)	1488	BUR4EB-11	0.042	21B⑧⑭	—	N.A.	3.0	650–750	650–750	0.007–0.009	0.007–0.009	0.009–0.011
	Civic Si (CRX Si)	1488	BPR6EY-11	0.042	16B⑦⑭	—	N.A.	35	700–800	—	0.007–0.009	—	0.009–0.011
	Accord	1955	BPR5EY-11	0.042	24B③⑮	15B③	N.A.	3.0	700–800	650–750	0.005–0.007	—	0.010–0.012
	Accord LX-i	1955	BPR5EY-11	0.042	15B③	15B③	N.A.	35	700–800	700–800	0.005–0.007	—	0.010–0.012
	Prelude	1829	BPR6EY-11	0.042	20B③	12B③	N.A.	2.5	750–850	750–850	0.005–0.007	—	0.010–0.012
	Prelude Si	1955	BPR5EY-11	0.042	15B③	15B③	N.A.	35	700–800	700–800	0.005–0.007	—	0.010–0.012
87	Es necesario que vea el adhesivo de especificaciones que hay bajo el capó.												

NOTA: El adhesivo de especificaciones que hay bajo el capó refleja a menudo los cambios habidos en la producción. Las cifras del adhesivo debe utilizarlas en lugar de las de esta carta. siempre que no coincidan con ella.

MT = Transmisión manual
AT = Transmisión automática
TDC = PMS = Punto muerto superior
B = Antes del punto muerto superior
A = Después del punto muerto superior
—No aplicable
N.A. No disponible
① En posición de punto muerto, con los faros de carretera encendidos
② En la posición de marcha, con los faros de carretera encendidos
③ Enfocando la lámpara de destello sobre la marca del volante, o de la platina de mando del convertidor de par, con el manguito de vacío del distribuidor conectado, y a la velocidad en vacío especificada.
④ 49 Estados, Wagon 10B
⑤ TDC (PMS) de elevadas altitudes y California
⑥ Wagon/Sedán: 4B, y Calif.-2A
⑦ Calif.: 12B
⑧ Calif.: 16B
⑨ 4 veloc. 20B
⑩ Modelos California: 4A, dirigiendo la lámpara de destello a la marca roja
⑪ Apuntando la lámpara de destello a la marca blanca
⑫ Modelos California: 18B
⑬ Modelos con dirección asistida: 17B
⑭ Dirigiendo el foco de la lámpara de destello sobre la marca roja de la polea del cigüeñal
⑮ Calif.: 20B

ÓRDENES DE ENCENDIDO

NOTA: Para evitar confusiones, sustituya siempre los cables de las bujías de uno en uno.

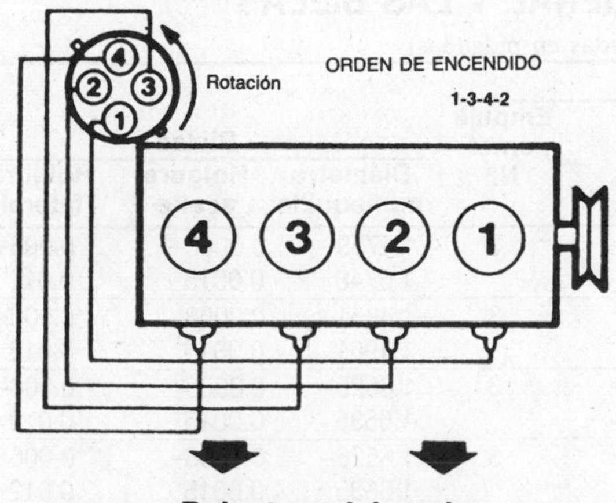

Orden de encendido de los Civic de 1335 cc y 1487 cc, y de los Accord y Prelude de 1751 cc

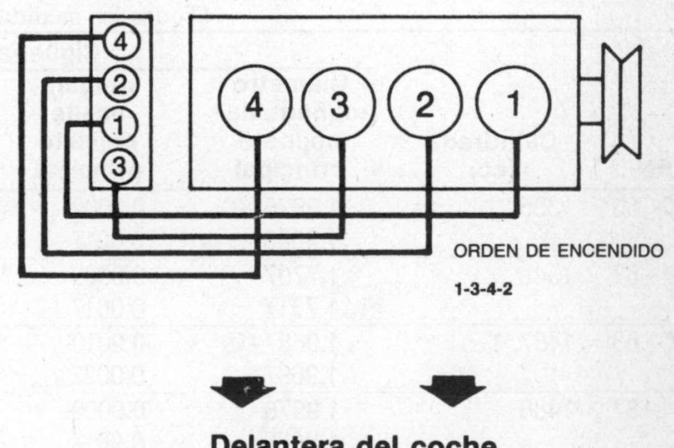

Orden de encendido del Prelude de 1829 cc, y de los Accord y Prelude de 1955 cc

ÓRDENES DE ENCENDIDO

Orden de encendido del Accord de 1829 cc

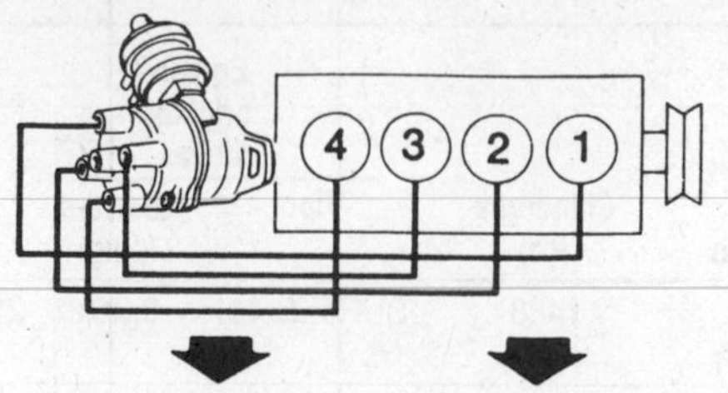

Orden de encendido de los Civic de 1342 y 1488 cc

CAPACIDADES

Año	Modelo	Cilindrada (cc)	Cárter cigüeñal motor (cuart.)	Transmisión (pintas) manual 4 vel.	Transmisión (pintas) manual 5 vel.	Autom.①	Depósito gasolina (galon.)	Sistema refrigerante (cuart.)
'80–'81	Civic	1335, 1487	3.8	5.2	5.2	5.2	10.8③	4.8④
	Accord & Prelude	1751	3.8	5.0	5.0	5.2	13.2	6.4
'82	Civic	1335, 1487	3.7	5.2	5.2	5.2	10.8③	4.8④
	Accord	1751	3.7	5.0	5.0	5.2	15.8	6.0
	Prelude	1751	3.7	5.0	5.0	5.2	13.2	6.0
'83	Civic	1335, 1487	3.7	5.2	5.2	5.2	10.4③	4.8④
	Accord	1751	3.7	5.0	5.0	6.0	15.8	6.0
	Prelude	1829	3.7	5.0	5.0	5.8	15.9	6.3
'84–'85	Civic	1342, 1488	3.7	5.0	5.0	6.0	11.9⑤	4.8⑥
	Accord	1829	3.7	—	5.0	6.0	15.8	6.4
	Prelude	1829	3.7	—	5.0	5.8	15.9	6.3⑦
'86–'87	Civic	1342, 1488	3.7	5.0	5.0	5.0⑧	11.9⑤	4.8⑥
	Accord	1955	3.7	—	5.0	5.2	15.9	5.2⑨
	Prelude	1829, 1955	3.7	—	5.0	5.8	15.9	6.3⑦

① Incluido el filtro
② No incluido el convertidor de par
③ Sedán 4 puertas: 12.1
④ 1355 cc: 4.0
⑤ Sedán 4 puertas: 12.1, CRX: 10.8, CRX HF: 10.0, CRX Si: 11.9
⑥ 1342 cc: 3.6
⑦ Transmisión automática: 7.1 cuartas de galón
⑧ CRX: 6.0 pintas
⑨ Transmisión automática: 5.8 cuartas de galón

ESPECIFICACIONES DEL CIGÜEÑAL Y LAS BIELAS

(Todas las medidas vienen dadas en pulgadas)

Año	Cilindrada (cc)	Cigüeñal: Diámetro muñequilla* cojinete principal	Cigüeñal: Holgura aceite cojinete principal	Cigüeñal: Juego axial del árbol	Cigüeñal: Empuje en el Nº	Bielas: Diámetro muñequilla	Bielas: Holgura aceite	Bielas: Holgura lateral
'80–'83	1335	1.9676–② 1.9685	0.0009– 0.0017	0.004– 0.014	3	1.5739– 1.5748	0.0008– 0.0015	0.006– 0.012
'84–'87	1342	1.7707– 1.7717	0.0009– 0.0017	0.004– 0.014	3	1.4951– 1.4961	0.0008– 0.0015	0.006– 0.012
'80–'83	1487, 1751	1.9687–① 1.9697	0.0010– 0.0022	0.004– 0.014	3	1.6525– 1.6535	0.0008– 0.0015	0.006– 0.012
'84–'87	1488	1.9676– 1.9685	0.0009– 0.0017	0.004– 0.014	3	1.6526– 1.6535	0.0008– 0.0015	0.006– 0.012
'83–'87	1829, 1955	1.9673–④ 1.9683	0.0010–③ 0.0022	0.004– 0.014	3	1.7707– 1.7717	0.0008– 0.0015	0.006– 0.012

① 81 con 1487-1.9676-1.9685, 82-83 con 1487-1.9687-1.9803
② 80-1.9687-1.9697
③ 86-87-Muñequilla Nº 3: 0.0013-0.0024
④ 83-1.9687-1.9697

*Muñequilla = muñon

ESPECIFICACIONES DE VÁLVULAS

Año	Cilindrada (cc)	Ángulo de asiento (grad.)	Ángulo de la válvula (grad.)	Altura muelle montado (pulg.)	Holgura entre vástago y guía (pulg.) Admis.	Escape	Auxil. ①	Diámetro del vástago (pulg.) Admis.	Escape	Auxil. ①
'80–'83	1335, 1487	45	45	Admisión interior 1.402 Admisión exterior 1.488 Escape interior 1.402 Escape exterior 1.488 Auxiliar 0.906	0.0008–0.0020	0.0025–0.0037	0.0009–0.0023	0.2591–0.2594	0.2574–0.2578	0.2587–0.2593
'84–'87	1342, 1488	45	45	Admisión 1.690 Escape-1.690 Auxiliar-0.980 (1)	0.001–0.002	0.002–0.003	0.001–0.002	0.2591–0.2594	0.2579–0.2583	0.2587–0.2593
'80–'83	1751	45	45	Admisión interior-1.402 Admisión exterior-1.488 Escape interior 1.402 Escape exterior 1.488 Auxilar 0.984	0.001–0.002	0.002–0.004	0.0009–0.0023	0.2748–0.2751	0.2732–0.2736	0.2587–0.2593
'83–'87	1829, 1955	45	45	Admisión-1.660 Escape interior-1.460 Escape exterior-1.670 Auxiliar-0.984 (1)	0.001–0.002	0.002–0.004	0.001–0.002	0.2591–0.2594	0.2732–0.2736	0.2587–0.2593

① Solamente en los motores de carburador CVCC (combustión controlada por torbellino de mezcla)

ESPECIFICACIONES DE PISTONES Y SEGMENTOS (ANILLOS)

(Todas las medidas vienen dadas en pulgadas.)

Año	Cilindrada (cc)	Holgura del pistón	Abertura entre extremos del segmento: De compres. superior	De compres. inferior	De engrase	Holgura lateral del segmento: De compres. superior	De compres. inferior
'80–'81	1335, 1487	0.0004–0.0020	0.006–0.014	0.006–0.014	0.012–0.035	0.0008–0.0018	0.0008–0.0018
'82–'83	1335, 1487	0.0004–0.0020	0.006–0.014	0.006–0.014	0.012–0.035	0.0012–① 0.0020	0.0012–① 0.0020
'84–'87	1342, 1488	0.0004–0.0020	0.006–0.014	0.006–0.014	0.008–0.024	0.0012–0.0024	0.0012–0.0022
'80–'83	1751	0.0004–0.0024	0.006–0.014	0.006–0.014	0.012–0.035	0.0008–0.0018	0.0008–0.0018
'83–'87	1829	0.0008–0.0016	0.008–0.014	0.008–0.014	0.008–0.035	0.0008–0.0018	0.0008–0.0018
'86–'87	1955	0.0008–0.0016	0.008–0.014	0.010–0.015	0.008–0.020	0.0012–0.0022	0.0012–0.0022

①1335—0.0012–0.0024

HONDA

ESPECIFICACIONES DE APRIETE

(Todas las medidas vienen dadas en libras-pie)

Año	Cilindrada (cc)	Tornillos de culata	Tornillos cojinete principal	Tornillos cojinetes de bielas	Tornillos de la polea del cigüeñal	Tornillos del volante cigüeñal	Múltiple Ad.	Múltiple Esc.	Bujías	Tornillo drenaje del cárter de aceite
'80–'83	1335, 1487	43①	29–33	21	80	51	18	18	13	33
'84–'87	1342, 1488	43①	33	20	83	76④	16	23	13	33
'80–'83	1751	43①	48	21②	83③	51	18	18	13	33
'83–'87	1829, 1955	49①	48⑤	23	83	76④	16	22	13	33

① Procedimiento de dos pasos-vea el texto
② 80-81-23 libras-pie
③ 80-61 libras-pie
④ Transmisión automática-54 libras-pie
⑤ Motores de inyección de combustible-49 libras-pie

ESPECIFICACIONES DEL ALTERNADOR Y EL REGULADOR

		Alternador			Regulador: Relé disyuntor				Regulador: Regulador		
Año	Cilindrada (cc)	Nº de la pieza o fabricante	Corriente del campo a 12V (amps.)	Corriente de salida (amps.) a 5.000 rpm	Nº de la pieza o fabricante	Abertura entrehierro (pulg.)	Abertura contactos (pulg.)	Voltios de cierre	Abertura entre-hierro (pulg.)	Abertura contactos (pulg.)	Voltios a 5.000 rpm
'80–'83	1487	Nippon Denso	2.5	35① 45②	Nippon Denso	N.A.	0.016–0.047	4.5–5.8	0.020	0.016–0.020	13.5–14.5
'80–'83	1335	Nippon Denso	2.5	45	Nippon Denso	0.008–0.018	0.020–0.050	N.A.	0.020	0.016–0.047	13.5–14.5
'80–'83	1751	Nippon Denso	2.5	50③	Nippon Denso ④	0.008–0.024	0.016–0.047	N.A.	0.020	0.016–0.047	13.5–14.5
'84–'87	1342	Nippon Denso Mitsubishi	2.5	55	Nippon Denso Mitsubishi⑤	N.A.	N.A.	N.A.	N.A.	N.A.	13.5–14.5
'84–'87	1488	Nippon Denso Mitsubishi	2.5	55	Nippon Denso Mitsubishi⑤	N.A.	N.A.	N.A.	N.A.	N.A.	13.5–14.5
'83–'87	1829 1955	Nippon Denso Mitsuba	2.5	65	Nippon Denso ⑤	N.A.	N.A.	N.A.	N.A.	N.A.	13.5–14.5

① Sin acondicionador de aire
② Con acondicionador de aire
③ 82-83 60
④ 82-83 Estado sólido
⑤ Regulador interno en estado sólido
N.A. No aplicable

ESPECIFICACIONES DE LA BATERÍA Y DEL MOTOR DE ARRANQUE

(Todos los autos usan sistemas eléctricos de 12 voltios, con el negativo a masa.)

			Motor de arranque: Prueba al freno			Motor de arranque: Prueba en vacío			Motor de arranque	
Año	Cilindrada (cc)	Capacidad batería (amp. hora)	Amp.	Volts.	Par (lb-pie)	amp.	volt.	rpm	Presión muelles escobillas (onzas)	Longitud mínima escobillas (pulg.)
'80–'83	1335, 1487	47	230④	8.0	4.7⑤	90②	11.5①	3000③	N.A.	0.33⑦
'84–'87	1342, 1488	47	350⑨	8.0	4.7⑤	90②	11.5①	3000③	61⑧	0.33⑦
80-83	1751	47	400 (máx.)	2.4	7.9	90 (máx.)	11.5	3500	N.A.	0.47⑥
83-87	1829 1955	50	350 (máx.)	8.0	7.9	90 (máx.)	11.5	3500	59⑩	0.47⑥

N.A. No disponible
① Cal. Nippon Denso; Hitachi 11.0
② Cal. Nippon Denso; Hitachi 70
③ Cal. Nippon Denso 5000; Hitachi 6000
④ Cal. Nippon Denso; Hitachi; 200
⑤ Cal. Nippon Denso; Hitachi; 3.3
⑥ Tipo de reducción Nippon Denso: 0.33; Mitsuba: 0.37
⑦ Cal Nippon Denso: 0.39; Hitachi: 0.43; Mitsuba: 0.37
⑧ Cal. Nippon Denso: 36; Hitachi: 56; Mitsuba: 73
⑨ Cal.: 200 amperios; Mitsuba: 230 amperios
⑩ Mitsuba: 74

ESPECIFICACIONES DE FRENOS

(Todas las medidas en pulgadas, a menos que se indique lo contrario.)

Año	Modelo	Tuerca de orejas (libras-pie)	Disco de freno: grueso mínim.	Disco de freno: Corrimiento máxim.	Tambor de freno: Diámetro interior	Tambor de freno: Sobredimensionado mecanización máxim.	Espesor mínimo zapatas: Delant.	Espesor mínimo zapatas: Traser.
'80–'83	Civic	51–65	0.354①	0.006	7.087⑥	7.126⑦	0.063	0.079
'80–'82	Accord, Prelude	51–65⑧	0.433③	0.006	7.087④	7.126⑤	0.039②	0.079
'83	Accord	80	0.60	0.006	7.87	7.91	0.063	0.079
'83	Prelude	80	0.59	0.004	7.87	7.91	0.118	0.079
'84–'87	Civic	80	⑨	0.004	7.09⑥	7.13⑦	0.120	0.080
'84–'87	Accord	80	0.67	0.004	7.87	7.91	0.120	0.080
'84–'87	Prelude	80	0.67⑩	0.004	N.A.	N.A.	0.120	0.060

N.A. No aplicable
① 81-83-0.394, excepto 83 1500-0.60, 80 Wagon- 0.394
② 0.063—'80–'82
③ '80—0.4126, '81—0.4134, '82—0.60
④ '82—7.87
⑤ '82—7.91
⑥ Wagon—7.87
⑦ Wagon—7.91
⑧ Prelude: 80
⑨ Civic; 1300: 0.39
1500: 0.59
CRX; Si y Std.: 0.67
'84–'85 1300 y HF: 0.35
'86–'87 HF: 0.43
⑩ Discos traseros: 0.31

ESPECIFICACIONES DE ALINEACIÓN DE RUEDAS

Año	Modelo	Avance: Límites (grados)	Avance: Ajuste preferente (grados)	Inclinación: Límites (grados)	Inclinación: Ajuste preferente (grados)	Convergencia (pulg.)	Inclinación del eje dirección (grados)
'80–'81	Civic— todos exc. Station Wagon	¾P–2¾P	1¾P	1N–1P	0	0	12 5/16
'80–'81	Civic Station Wagon	0–2P	1P	1N–1P	0	0	12 5/16
'82–'83	Civic—todos exc. Station Wagon	1½P–3½P	2½P	1N–1P	0	0	12 11/32
'82–'83	Civic Station Wagon	5/16P–2 5/16P	1 5/16P	1N–1P	0	0	12 11/32
'84	Civic— todos exc. Station Wagon	1 5/16P–3 5/16P	2 5/16P	1N–1P	0	0	12 13/16
'84	Civic Station Wagon	1⅛P–3⅛P	2⅛P	1N–1P	0	0	12
'85–'87	Civic—todos exc. Station Wagon	1½P–3½P①	2½P②	1N–1P	0	0	13
'85–'87	Civic Station Wagon	1P–3P	2P	1N–1P	0	0	12
'80	Accord	¾P–1¾P	1¼P	0–1P	½P	1/32	12 3/16
'81	Accord	11/16P–2 11/16P	1 11/16	11/16N–1 5/16P	5/16	3/64	12½
'82–'84	Accord	7/16P–2 7/16P	1 7/16	1N–1P	0	0	12½
'85	Accord	½P–2½P	1½P	1N–1P	0	0	12½
'86–'87	Accord	1N–1P	0	1N–1P	0	0	6 13/16
'79–'82	Prelude	½P–2½P	1½P	1N–1P	0	0	12 13/16
'83–'87	Prelude	1N–1P	0	1N–1P	0	0	6 13/16

P-Positivo
N-Negativo
① Con dirección asistida: 2P-4P
② Con dirección asistida: 3P
③ Wagon 4×4: 11 13/32

PROCEDIMIENTOS DE PUESTA A PUNTO

Encendido electrónico

Los vehículos Honda equipados con encendido electrónico utilizan un sistema de encendido electrónico de pulso magnético. Este sistema elimina los «platinos» y el condensador. Este sistema electrónico no requiere tampoco mantenimiento periódico.

Distribución de encendido

Honda recomienda la comprobación de la distribución (sincronización o reglaje) del encendido en intervalos de 15,000 millas. En los motores de 1342 y 1488 cc, las marcas de distribución están localizadas sobre la polea del cigüeñal, con un índice sobre la tapa de la correa de distribución; todo visible desde el lado del conductor desde el compartimiento del motor. En todos los demás motores, las marcas de distribución se localizan en el volante (transmisión manual) o en la platina de mando del convertidor de par (transmisión automática), con un índice sobre la trasera del bloque de cilindros; todo visible desde el lado delantero derecho del compartimiento del motor después de desmontar un tapón de acceso, de caucho especial, que hay en la ventana de la marca de distribución. En todos los casos, la distribución es comprobada con el motor calentado a la temperatura normal de funcionamiento (176 °F), marchando a la velocidad de ralentí (marcha en vacío) en la posición de punto muerto (transmisión manual) o de marcha (automática), y con todos los manguitos (mangueras) de vacío conectados.

1. Pare el motor, y conéctele un tacómetro siguiendo las instrucciones del fabricante.

NOTA: En algunos modelos usted necesitará retirar el capuchón de protección de caucho de la bobina de encendido para descubrir los terminales.

2. Conecte una lámpara estroboscópica de destello, para puesta a punto de distribuciones, al motor de acuerdo con las instrucciones del fabricante.

3. Asegúrese de que todos los conductores eléctricos están apartados del ventilador de la refrigeración y de los colectores de escape. Ponga en marcha el motor. Compruebe que la velocidad de ralentí está ajustada a lo especificado, con la transmisión en punto muerto (transmisión manual) o en el 2.º engranaje (Hondamatic). Si no es así, ajústela tal como se describe más adelante. A cualquier otra velocidad distinta de la especificada de ralentí, los mecanismos de avance o retardo del distribuidor actuarán, conduciéndole a un ajuste de distribución erróneo.

Marcas de distribución (sincronización) para todos los motores a excepción de los de 1342 y 1488 cc

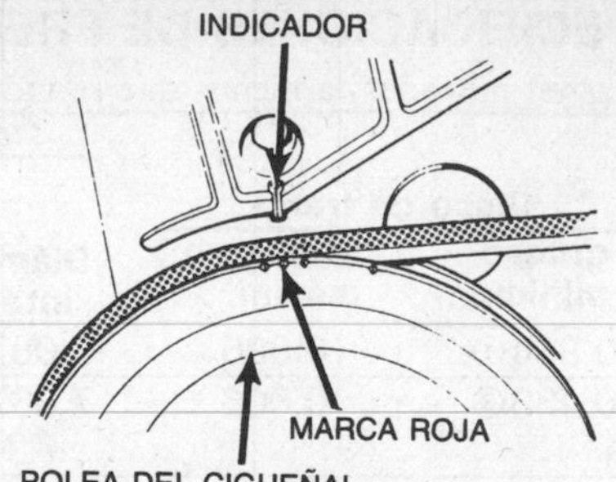

Marcas de distribución de los motores de 1342 y 1488 cc

ATENCIÓN

Asegúrese de que el freno de aparcamiento está aplicado firmemente y las ruedas delanteras bloqueadas, para evitar que el auto ruede hacia adelante cuando se acople la transmisión automática.

4. Dirija la lámpara de destello hacia las marcas de distribución. En los motores de 1,342 y 1,488 cc, alinee el índice con la entalla F, o roja de la polea del cigüeñal. En todos los demás motores, alinee el índice con la entalla del color especificado del volante, o de la platina de mando del convertido de par (excepto en los autos en los que las especificaciones de distribución estén en el PMS en cuyo caso se usa la entalla T o la blanca).

NOTA: Se usan diferentes colores en distintos años; vea, para detalles, las notas al pie de las tablas de Especificaciones de puesta a punto.

5. Si es necesario, ajuste la distribución aflojando el tornillo grande de sujeción del distribuidor (abrazadera), y lentamente gire el distribuidor en la dirección requerida, mientras observa las marcas de distribución.

ATENCIÓN

No agarre con la mano la parte superior de la tapa del distribuidor, mientras el motor está en marcha, pues podría recibir usted una desagradable descarga eléctrica. En vez de ello, sujete con la mano el alojamiento del distribuidor, para girarlo.

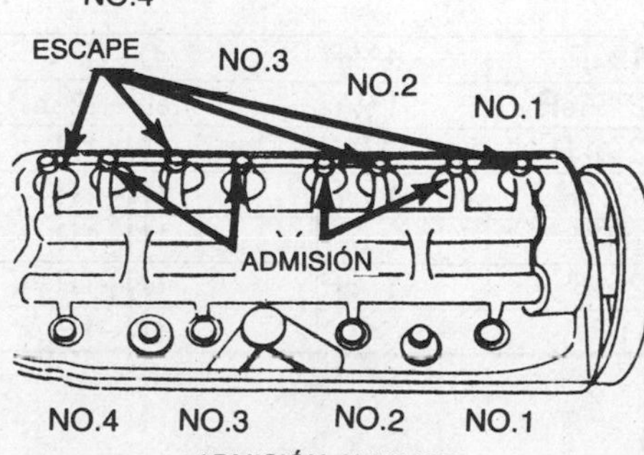

Ubicación de las válvulas en los motores CVCC de 8 válvulas

Después de realizado el ajuste necesario, apriete el tornillo de sujeción, cuidando de no desarreglar el ajuste realizado.

NOTA: Actualmente existen dos tornillos, que deben ser aflojados para ajustar la distribución del encendido. Hay, además, un tornillo pequeño en la parte inferior de la platina de montaje del dispositivo de giro del distribuidor. Este tornillo no debe usted aflojarlo a menos que no pueda lograr un ajuste satisfactorio utilizando el tornillo (o tornillos) superior(es). Su objeto es el de proporcionar un campo de ajuste suplementario, para casos como cuando desmonta el distribuidor, y luego al montarlo lo hace erróneamente, engranando el piñón de mando desplazado un diente en más o en menos.

Ajuste del juego de válvulas

Honda recomienda compruebe el juego de válvulas cada 15,000 millas.

NOTA: Aun cuando deben hacerse tan precisos como sea posible, siempre es preferible tener un ajuste de válvulas ligeramente flojo que fuerte, pues la consecuencia que se puede derivar de un ajuste excesivamente fuerte es que las válvulas se quemen.

1. Asegúrese de que el motor esté frío (temperatura de culata por debajo de los 100 °F).

2. Desmonte la tapa de válvulas.

3. Sitúe el cilindro n.º 1 (es el cilindro más próximo al piñón de mando del árbol de levas) en el punto muerto superior (PMS). Aparecerán en la parte superior la palabra UP (arriba) y una marca redonda, o un corte, en la polea del cigüeñal. Esto podrá usted confirmarlo doblemente, comprobando la posición del rotor en el distribuidor. Tome un trozo de tiza, o un lápiz, y marque el punto donde el cable de la bujía n.º 1 entra en la tapa del distribuidor, sobre el cuerpo del mismo. Luego desmonte la tapa y compruebe que el rotor apunta a dicha marca.

4. Con el cilindro n.º 1 en el PMS, ajuste las válvulas siguientes: Admisión(es), n.º 1. Admisión auxiliar (sólo en los motores CVCC), n.º 1. Escape, n.º 1.

Haga los ajustes de válvulas tal como sigue:

a. Compruebe el juego de válvulas, con una galga de láminas calibradas pasada entre la punta del balancín y la parte superior de la válvula. Deberá haber una ligera resistencia de fricción sobre la galga;

b. Si no hay roce resistente, o si la galga no puede ser introducida, afloje la contratuerca del tornillo de ajuste de la válvula;

c. Gire el tornillo de ajuste con un destornillador para lograr el juego adecuado;

d. Sujete el tornillo de ajuste y apriete la contratuerca;

5. Gire el cigüeñal 180° en sentido contrario a las saetas del reloj (la polea de levas gira 90°). Con el cilindro n.º 3 en el PMS (el rotor del distribuidor deberá apuntar al conductor de la bujía n.º 3), ajuste las válvulas del cilindro n.º 3.

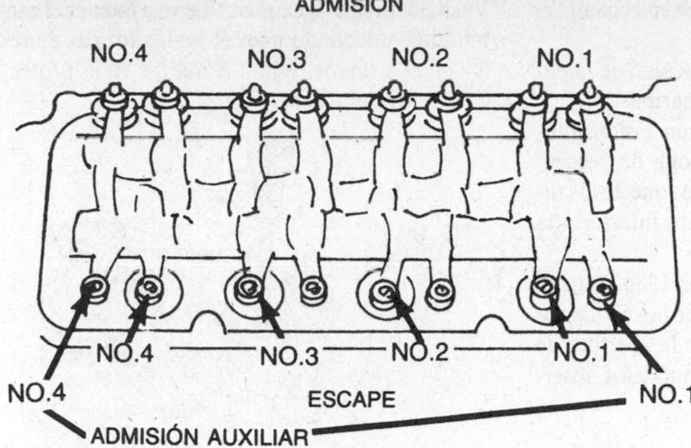

Ubicación de las válvulas en los motores CVCC de 12 válvulas

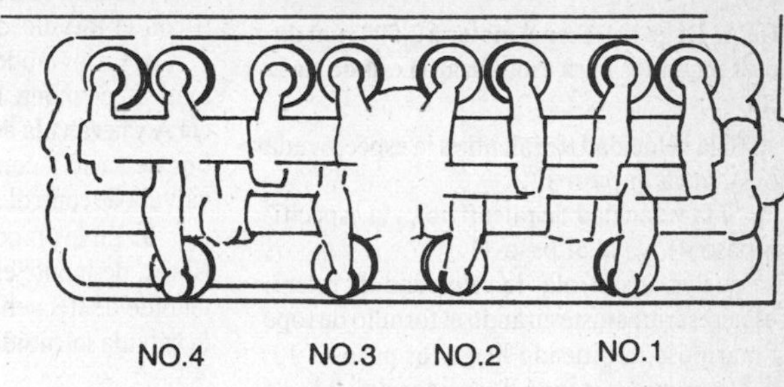

Ubicación de las válvulas en los motores que no son CVCC de 12 válvulas

6. Gire el cigüeñal 180° en sentido contrario a las saetas del reloj (la polea de levas gira 90°). Con el cilindro n.º 4 en el PMS (el rotor del distribuidor ahora señalará al conductor de la bujía n.º 4), ajuste las válvulas del cilindro n.º 4.

7. Gire el cigüeñal 180° en sentido contrario a las saetas del reloj una vez más. El cilindro n.º 2 estará ahora en el PMS (esto puede usted confirmarlo por el rotor del distribuidor que señala al conductor de la bujía n.º 2). Ahora puede ajustar las válvulas del cilindro n.º 2.

Ajuste de la velocidad y la mezcla de ralentí

MODELOS DE CARBURADOR

NOTA: Todos los ajustes del carburador debe hacerlos con el motor calentado hasta la temperatura de funcionamiento (176 °F).

CVCC con Keihin 3-bbl (gargantas)

1980-1982

NOTA: Este procedimiento requiere un equipo de enriquecimiento de propano, y para los coches de California una herramienta especial para el ajuste de la mezcla combustible/aire.

1. Arranque el motor y eleve su temperatura hasta la normal de funcionamiento; el ventilador de refrigeración deberá marchar.

2. Desmonte el conducto de vacío del diafragma de control de la admisión de aire y tapone el extremo.

3. Conecte el tacómetro.

4. Compruebe la velocidad de ralentí con las luces de carretera apagadas, y el ventilador de la refrigeración y el acondicionador de aire desconectados. Ajuste el ralentí, si es necesario, girando el tornillo de tope de la mariposa. La velocidad de ralentí deberá ajustarla a las especificaciones, de acuerdo con la tabla de Especificaciones de puesta a punto, o el mandamiento de control de emisión que hay en el compartimiento del motor.

5. Desmonte el tubo de admisión del filtro de aire, del conducto de aire de la mampara del radiador.

6. Inserte el tubo del equipo de enriquecimiento de propano dentro del tubo de admisión, unas 4''.

7. Con el motor marchando en ralentí, apriete el botón de la parte superior del aparato del propano, y luego lentamente abra la válvula de control del propano, para obtener la máxima velocidad del motor. La velocidad del motor deberá elevarse a medida que el porcentaje del propano inyectado se eleva.

NOTA: Abra la válvula de control del propano lentamente; una explosión súbita de propano puede ahogar el motor y pararlo.

a. Si la velocidad del motor no se incrementa, el tornillo de la mezcla está ajustado incorrectamente; vaya al paso 8.

b. Si la velocidad del motor se incrementa, vaya al paso 9.

8. Empobrezca la mezcla hasta que la velocidad de ralentí (con el propano introduciéndose) se incremente. En los autos de California, desmonte los tornillos del lado derecho del carburador, y luego gire el saliente apartándolo del paso. Inserte el ajustador de la mezcla a través del orificio grande de la cartela; deslice luego el ajustador del todo hacia la derecha y póngalo sobre el tornillo de mezcla. Empobrezca la mezcla lo requerido; gire el tornillo de mezcla en el sentido de las flechas del reloj.

NOTA: Los modelos de 49 Estados tienen todavía el tornillo normal de mezcla; no requieren herramientas especiales para el ajuste de la mezcla.

a. Si el incremento de velocidad se ajusta a lo especificado, vaya al paso 11.

b. Si el incremento de velocidad está fuera de lo especificado, vaya al paso 9.

9. Compruebe el incremento de velocidad comparándolo con las especificaciones. Si se requiere

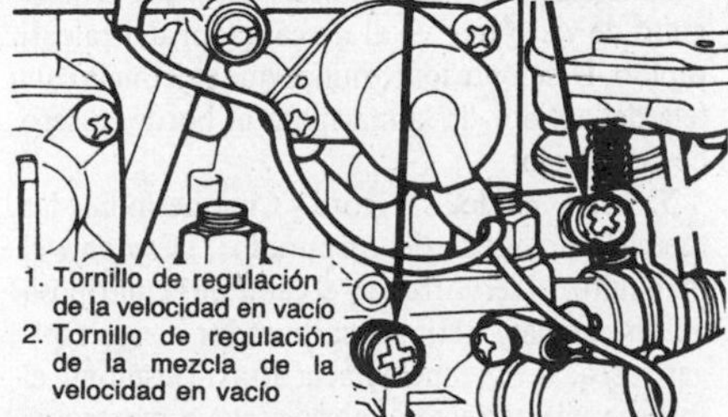

Tornillos de regulación de la velocidad en vacío y de la mezcla del carburador Keihin 3-bbl (gargantas)

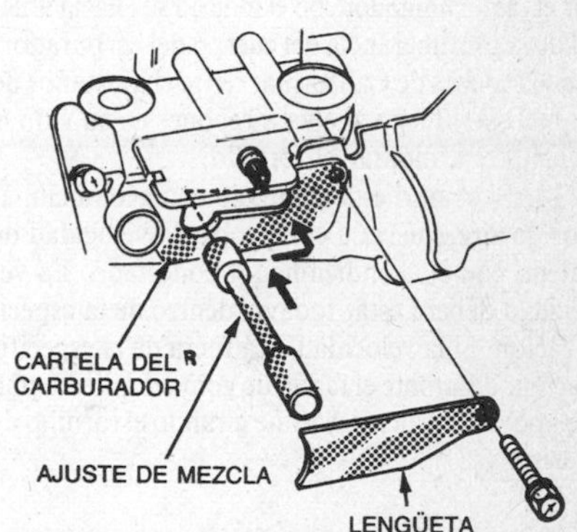

Utilice una herramienta especial para el ajuste de la mezcla en los modelos California

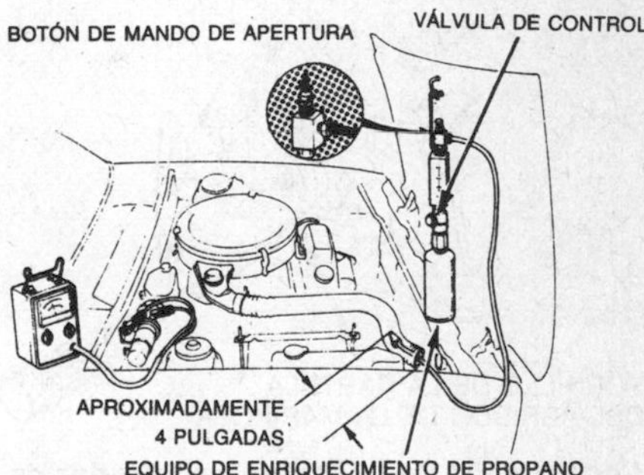

Ajuste de la mezcla utilizando el método del enriquecimiento con propano

Ajuste del diafragma de servo de la velocidad en vacío

ajustarlo, ajuste la velocidad del motor a las rpm máximas de enriquecimiento de propano girando el tornillo de mezcla; gire el tornillo en el sentido de las flechas del reloj para incrementarlas y en sentido contrario para disminuirlas. De nuevo, ajuste la válvula de control del propano para la velocidad máxima del motor.

10. Cierre la válvula de control del propano y vuelva a comprobar la velocidad de ralentí (en vacío).

NOTA: Haga marchar el motor a 2,500 rpm durante 10 segundos para estabilizar el estado de la mezcla.

a. Si la velocidad de ralentí es la especificada (paso 4), vaya al paso 12.

b. Si la velocidad de ralentí no es la especificada (paso 4), vaya al paso 11.

11. Vuelva a controlar la velocidad de ralentí y, si es necesario, ajuste girando el tornillo de tope de la mariposa, repitiendo luego los pasos 7-10.

12. Desmonte el equipo de enriquecimiento de propano, y vuelva a conectar el tubo de admisión de aire en el conducto de la mampara del radiador.

13. En los autos de 49 Estados: vuelva a montar el tapón limitador con el índice 180° hacia afuera de la protuberancia del cuerpo del carburador. En los coches de California: retire el ajustador de la mezcla y luego vuelva a reponer en su sitio el saliente y a montar el tornillo.

14. Si el auto está equipado con acondicionador de aire, vuelva a comprobar la velocidad de ralentí con el acondicionador conectado. La velocidad deberá estar todavía dentro de la especificación. Si la velocidad está fuera de la especificación, desmonte el tapón de goma del diafragma de apoyo del ralentí, y afine girando el tornillo de ajuste.

Localización de la cartela del abridor de la mariposa en los modelos Accord y Civic

1983 Y POSTERIORES

NOTA: Este procedimiento requiere un equipo de enriquecimiento de propano.

1. Arranque el motor y caliéntelo hasta la temperatura normal de funcionamiento; el ventilador de refrigeración marchará. Desmonte el conducto de vacío del diafragma de control del aire de admisión, y la abrazadera del extremo del manguito (manguera).

2. Conecte al motor un tacómetro, siguiendo las instrucciones del fabricante.

3. Compruebe la velocidad del ralentí con los faros de carretera, el soplante del calefactor, el descongelador de la luna trasera (luneta térmica), el ventilador de la refrigeración y el acondicionador de aire desconectados, de acuerdo con la tabla de Especificaciones de puesta a punto, o del decálogo de control de emisiones, situado en el compartimiento del motor.

4. Ajuste si es necesario, la velocidad de ralentí con el tornillo de tope de la mariposa.

a. En los modelos Prelude (transmisión automática), desmonte la válvula-solenoide de frecuencia A y la válvula de control A. Desconecte los tubos de vacío y conecte el manguito inferior a la válvula de control A.

b. En los modelos Accord de 1986 y posteriores, desmonte el filtro de aire de la válvula solenoide de frecuencia C, y tapone la abertura de la válvula solenoide. En todos los modelos, inserte el tubo del equipo de enriquecimiento de propano, unas 4" dentro del tubo de admisión de aire.

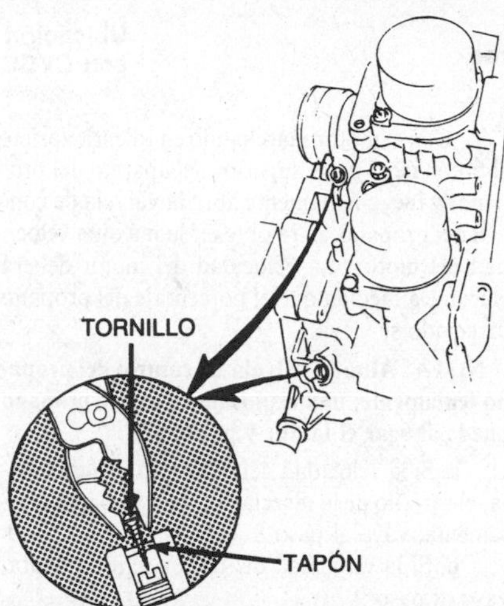

Desmontaje del tapón del tornillo de ajuste de la mezcla en los Prelude de 1983 y posteriores

5. Con el motor marchando al ralentí, presione el botón de mando de la parte superior del dispositivo del propano, y luego, lentamente, abra la válvula de control de propano para alcanzar la velocidad máxima del motor. La velocidad del motor se deberá incrementar a medida que se eleve el porcentaje de propano inyectado.

NOTA: Abra lentamente la válvula de control del propano; una explosión súbita de propano puede ahogar y calar el motor.

a. Si la velocidad del motor se incrementa, vaya al paso 13.

b. Si la velocidad del motor no se incrementa, el tornillo de mezcla está incorrectamente ajustado, vaya al paso 6.

6. Desmonte el filtro de aire. Desconecte el manguito de vacío que va al descargador del ralentí rápido. Desmonte los tornillos que sujetan la cartela del abridor de la mariposa al borde trasero de carburador.

7. En los modelos Accord y Civic desmonte las tuercas y arandelas del carburador. Desmonte el manguito del servofreno y el cable de la mariposa de sus cartelas. Retire el carburador de sus espigas roscadas e inclínelo hacia atrás. Desmonte el tornillo y la cartela del abridor de la mariposa.

8. Desmonte la tapa del tornillo de ajuste de mezcla de la cartela del abridor de la mariposa.

9. Vuelva a conectar el manguito de vacío al descargador del ralentí rápido. Monte el filtro de aire y arranque el motor, y caliéntelo a la temperatura normal de funcionamiento; deberá funcionar el ventilador de la refrigeración. Desconecte y tapone el manguito de vacío, del diafragma de control del aire de admisión.

10. En los modelos Prelude, ponga una etiqueta y desconecte todos los conductos de los carburadores. Desmonte el cable de la mariposa y el manguito de vacío, del diafragma de apertura de la mariposa. Desconecte el conductor del choque automático. Drene el refrigerante y desconecte los manguitos. Desmonte los carburadores.

11. Coloque el tope de avance de broca de un taladro a 3 mm de penetración de la punta de la broca (1/8 de pulgada del extremo). Taladre perforando el centro del tapón del tornillo de mezcla. Enrosque un tornillo de rosca de 5 mm para plancha metálica, en el tapón. Agarre con unos alicates universales la cabeza del tornillo y retire el tapón. Vuelva a montar los carburadores en el orden inverso al del desmontaje y reponga el refrigerante.

Vuelva a montar la cartela. Vuelva a montar el carburador, utilizando nuevas juntas tóricas de retén en el aislador, y juntas nuevas en la protección contra el calor.

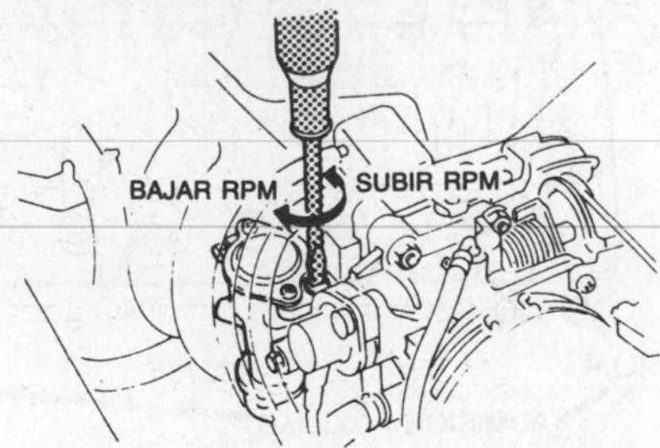

Tornillo de ajuste de la velocidad en vacío de los motores de inyección de combustible de 1488 y 2829 cc

12. En todos los modelos, vuelva a montar el equipo de enriquecimiento de propano y vuelva a comprobar las rpm de enriquecimiento máximo de propano. Si las rpm de enriquecimiento son demasiado bajas, empobrezca la mezcla; si son demasiado altas, enriquézcala. Gire el tornillo de mezcla en el sentido de las saetas del reloj para incrementar las rpm; en sentido contrario para disminuirlas.

13. Haga marchar el motor durante unos 10 segundos para estabilizar la mezcla. Cierre la válvula de control del propano y vuelva a controlar la velocidad de ralentí. Repita el proceso hasta que las rpm de ralentí sean las correctas. Retire el equipo de enriquecimiento de propano y vuelva a conectar el tubo de admisión del filtro del aire.

Inspección de emisiones a la salida del escape

1. Ejecute los pasos 1-2 del proceso de enriquecimiento con propano ya mencionado anteriormente. Si es necesario, ajuste la velocidad de ralentí. En los modelos Accord y Civic, desconecte el tubo de admisión del filtro de aire, del conducto de aire de la mampara del radiador.

2. Eleve la temperatura, y calibre el medidor de CO (monóxido de carbono) de acuerdo con las instrucciones del fabricante.

3. Compruebe el CO de ralentí con los faros de carretera, el soplante del calefactor, la luneta térmica trasera, el ventilador del refrigerador y el acondicionador del aire desconectados. La lectura del CO deberá ser como máximo de 0.1 %. Si el nivel del CO es correcto, vaya al paso 4. Si es incorrecto, desmonte el tapón del tornillo de mezcla tal como se explica en el Procedimiento de enriquecimiento de propano y ajuste los tornillos de mezcla para obtener la lectura en el medidor de CO.

4. Vuelva a comprobar la velocidad de ralentí y vuelva a ajustarla, si es necesario, girando el tornillo de tope de la mariposa. Vuelva a comprobar el nivel del CO, y ajústelo, si es necesario. En los modelos Prelude, compruebe, ajustándolas, las rpm de enriquecimiento de propano, de acuerdo con el paso 10 del Procedimiento de enriquecimiento de propano explicado arriba.

MODELOS CON INYECCIÓN DE COMBUSTIBLE

NOTA: La mezcla de ralentí está controlada electrónicamente en los modelos de combustible inyectado y no es ajustable.

1. Arranque el motor y eleve su temperatura hasta la normal de funcionamiento; el ventilador de refrigeración se pondrá en marcha.

2. Conecte al motor un tacómetro siguiendo las instrucciones del fabricante.

3. Controle la velocidad de ralentí con las luces de carretera, el soplante del calefactor, la luneta térmica trasera, el ventilador de la refrigeración y el acondicionador de aire desconectados.

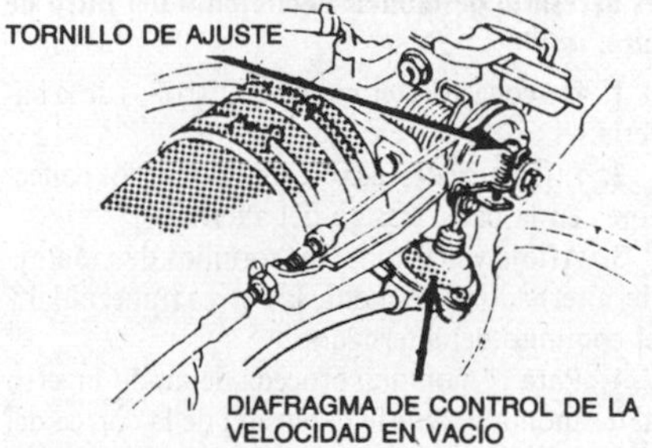

Ajuste secundario de la velocidad en vacío de los motores de inyección de combustible de 1488 y 1829 cc

La velocidad de ralentí deberá estar ajustada a lo especificado de acuerdo con la tabla de Especificaciones de puesta a punto, o el decálogo del control de emisión que hay en el compartimiento del motor.

NOTA: Para inutilizar el sistema de control de ralentí, desconecte el manguito de vacío de la válvula solenoide de control del ralentí y tapone la abertura.

Ajuste la velocidad de ralentí, si es necesario, girando el tornillo de ajuste del ralentí.

4. Con el acondicionador de aire conectado, compruebe la velocidad de ralentí del servo de control.

Ajuste la velocidad de ralentí, si es necesario, girando el tornillo de ajuste.

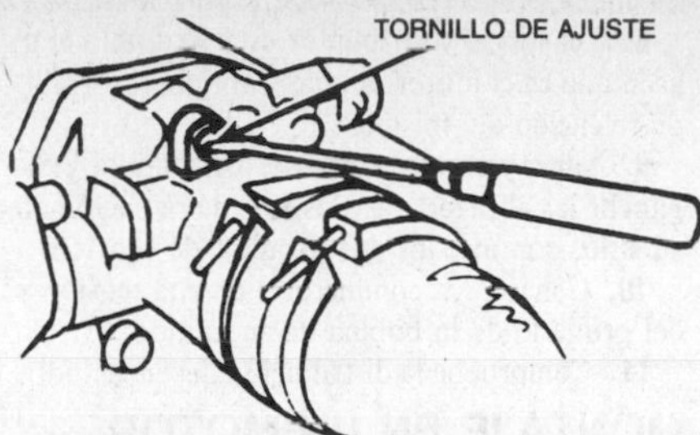

Tornillo de ajuste de la velocidad en vacío de los motores de inyección de combustible de 1955 cc

Inspección de emisiones a la salida del escape

1. Arranque el motor, y eleve su temperatura hasta la normal de funcionamiento; deberá marchar el ventilador de la refrigeración.

2. Conecte un tacómetro al motor siguiendo las instrucciones del fabricante.

3. Compruebe la velocidad de ralentí. La velocidad deberá estar ajustada de acuerdo con lo especificado en la tabla de Especificaciones de puesta a punto, o el decálogo del control de emisiones que hay en el compartimiento del motor.

4. Caliente y calibre el medidor de CO de acuerdo con las instrucciones del fabricante.

5. Compruebe el CO de ralentí con los faros de carretera, el soplante del calefactor, la luneta térmica trasera, el ventilador de la refrigeración y el acondicionador de aire desconectados. La lectura de CO debe ser del 0.1 % como máximo.

EQUIPO ELÉCTRICO DEL MOTOR

Distribuidor

DESMONTAJE Y MONTAJE

1. Desconecte los cables conductores de alta tensión y del primario que van desde el distribuidor a la bobina de encendido.

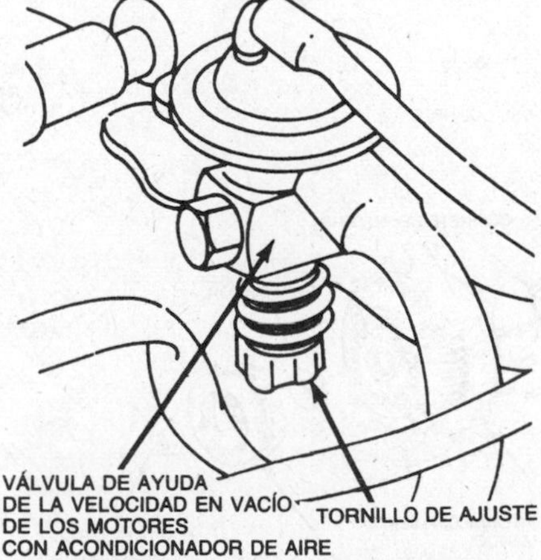

Ajuste secundario de la velocidad en vacío de los motores de inyección de combustible de 1955 cc

2. Desenganche las dos abrazaderas elásticas de retención de la tapa del distribuidor, o desmonte los dos tornillos de fijación y retire la tapa del distribuidor. Apártela a un lado.

3. Utilizando tiza o pintura, marque con cuidado la posición del rotor del distribuidor en relación con el alojamiento del distribuidor, y marque la posición del alojamiento con respecto al bloque del motor. Cuando haya realizado esta operación, deberá tener una línea sobre el alojamiento del distribuidor, alineada directamente con la punta del rotor, y otra línea sobre el bloque motor, alineada directamente con la marca que hay sobre el alojamiento.

NOTA: Este proceso de alineaciones es muy importante ya que el distribuidor debe volver a montarse en la posición exacta que ocupa al ser desmontado, si se desea mantener correcta la distribución del encendido.

4. Tome nota de la posición del manguito, o manguitos, de vacío del diafragma de vacío, con cintas de colores y luego desconéctelos del grupo de vacío.

5. Desmonte el tornillo que une el distribuidor al bloque motor, culata o alojamiento prolongado del distribuidor, y desmonte el distribuidor del motor.

ATENCIÓN

No altere la posición del motor mientras el distribuidor está desmontado. Si intenta arrancar el motor con el distribuidor fuera de su alojamiento, deberá volver a poner a punto la distribución (sincronización) del motor.

6. Para montar, coloque el rotor en el árbol del distribuidor y alinee la punta del rotor con la línea que trazó en el alojamiento.

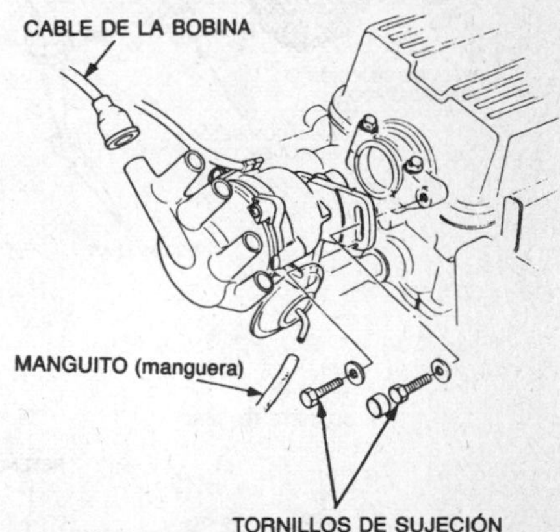

Montaje del distribuidor de los Prelude de 1983 y posteriores

7. Con el rotor y el alojamiento alineados, introduzca el distribuidor dentro del motor mientras alinea la marca del alojamiento con la del bloque, culata o alojamiento prolongado.

NOTA: Dado que el piñón de mando del distribuidor tiene el tallado de los dientes helicoidal en los motores de 1,335, 1,487 y 1,751 cc, el rotor girará ligeramente en el momento en que el piñón del distribuidor engrane con el del árbol de levas. Tenga en cuenta esto cuando monte el distribuidor, alineando la marca que hay sobre el distri-

buidor con la marca del bloque, posicionando la punta del rotor ligeramente a un lado de la marca sobre el distribuidor.

En los motores de 1,342, 1,488, 1,829 y 1,955 cc, los distribuidores están equipados con un acoplamiento que los conecta al árbol de levas. Los salientes en el extremo del acoplamiento y los encajes en el extremo del árbol de levas están desalineados para evitar la posibilidad de montar el distribuidor 180° fuera de tiempo.

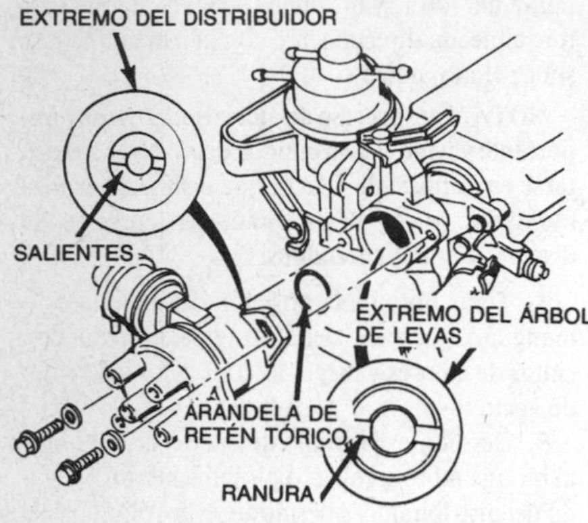

Salientes de posicionado del distribuidor de los motores de 1342, 1488, 1829 y 1955 cc

8. Cuando el distribuidor está ya totalmente asentado en el motor, monte y apriete el tornillo de retención del mismo.

9. Alinee y monte la tapa del distribuidor y enganche las abrazaderas elásticas de retención en su sitio, o monte los dos tornillos de fijación.

10. Conecte los conductores de alta tensión y del primario de la bobina de encendido.

11. Compruebe la distribución del encendido.

MONTAJE EN UN MOTOR ALTERADO DE POSICIÓN

Si el motor fue girado con el distribuidor desmontado, será preciso que ponga a tiempo (sincronice) de nuevo el motor. Si ha montado el distribuidor incorrectamente y el motor no arranca, desmonte el distribuidor del motor y empiece de nuevo desde el principio.

1. Monte el distribuidor con el cilindro nº 1 en el punto muerto superior de la carrera de compresión (la marca del PMS sobre la polea del cigüeñal, o el volante, alineada con la marca indicadora de la tapa de la correa de distribución o del cárter y con las dos válvulas de admisión y escape cerradas).

2. Ajuste el extremo metálico del cabezal del rotor con el saliente que hay sobre el alojamiento del distribuidor.

3. Inserte con cuidado el distribuidor dentro de la abertura de la culata con el tornillo de unión alineado al orificio de la platina de montaje del distribuidor, en la culata. Luego asegure la platina en el centro de la ranura de ajuste. La cabeza del rotor debe encararse al cilindro nº 1.

4. Inspeccione y ajuste el punto de apertura y la distribución del encendido.

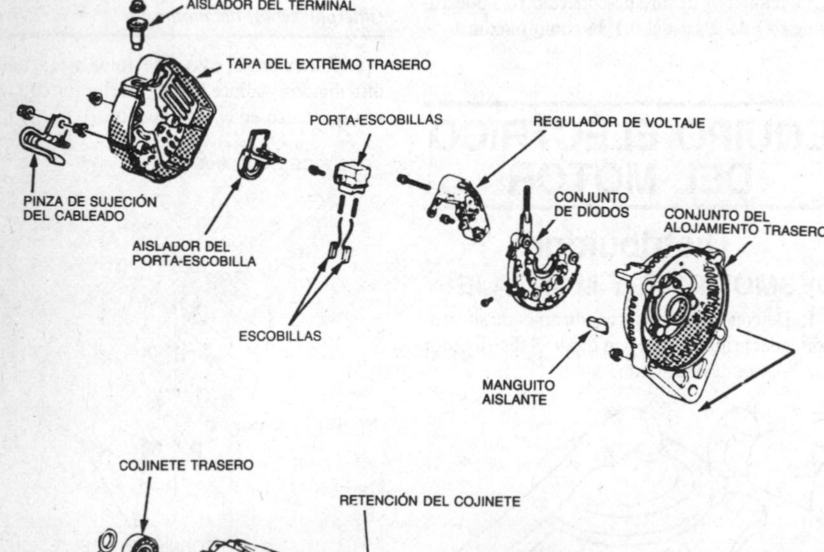

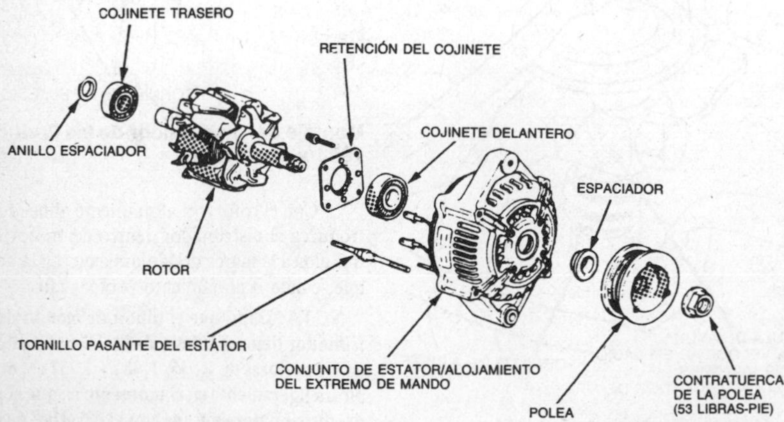

Despiece del alternador con regulador interno, mostrando los otros alternadores un aspecto similar

Alternador

PRECAUCIONES

- Observe la polaridad correcta de las conexiones de la batería asegurándose de no invertir los terminales positivo (+) y negativo (—). La conexión errónea permitirá que la corriente fluya en dirección inversa, resultando dañados los diodos y sobrecalentados los cableados de hilos.
- Nunca ponga a masa, o cortocircuite, cualquier terminal del alternador o del regulador del alternador.
- Nunca haga funcionar el alternador con cualquiera de sus conductores, o los de la batería, desconectados.
- Desmonte siempre la batería, o desconecte sus conductores de salida, cuando la esté cargando.
- Desmonte siempre el cable de masa, cuando sustituya cualquier componente eléctrico.
- No someta nunca al alternador a excesivo calor o humedad, si está limpiando el motor con vapor recalentado.
- Nunca use un equipo de soldadura eléctrica por arco con el alternador conectado.

DESMONTAJE Y MONTAJE

NOTA: En los Prelude de 1983 y posteriores, es necesario desmontar el conjunto del filtro de aire.

1. Desconecte el terminal negativo (—) de la batería.

2. Etiquete y desenchufe los hilos de los conectores en la parte trasera del alternador.

3. Afloje y desmonte los tornillos de montaje del alternador y desmonte la correa trapezoidal y el conjunto del alternador.

4. Para el montaje, proceda de modo inverso al desmontaje. Ajuste la tensión de la correa del alternador de acuerdo con las instrucciones facilitadas más adelante en la sección de Ajuste de tensión de la correa.

AJUSTE DE TENSIÓN DE LA CORREA

La inspección y el ajuste inicial de la correa del alternador deberá efectuarlos después de las primeras 3,000 millas, o si desmontó el alternador por cualquier razón. Después, debe inspeccionar la tensión de la correa cada 12,000 millas. Antes de ajustarla, inspecciónela bien, mirando si tiene grietas o está desgastada. Asegúrese de que sus superficies están exentas de grasa y aceite.

1. Presione hacia abajo la correa, en el punto medio entre dos poleas, con una fuerza de unas 24 libras. La correa deberá flechar de 1/2 a 3/8 de pulgada.

2. Si la tensión de la correa requiere ajuste, afloje el tornillo de la articulación de ajuste y desplace el alternador con una palanca colocada contra la delantera del alojamiento del alternador.

ATENCIÓN

No aplique presión a ninguna otra pieza del alternador.

3. Después de obtener la tensión correcta, apriete el tornillo de la articulación de ajuste.

ATENCIÓN

No tense excesivamente la correa; podrían resultar dañados los cojinetes del alternador.

Regulador de voltaje

DESMONTAJE Y MONTAJE

El regulador está localizado en el interior del compartimiento del motor, unido a la pared del guardabarros, justamente sobre la batería, excepto en el Accord de 1982-83, que lo tiene situado debajo de la platina de fusibles principal, y el Accord y el Civic de 1984 y posteriores, que incorporan reguladores electrónicos en estado sólido montados dentro del alternador.

Todos, excepto el Accord de 1982-83

1. Desconecte el terminal negativo (—) de la batería.

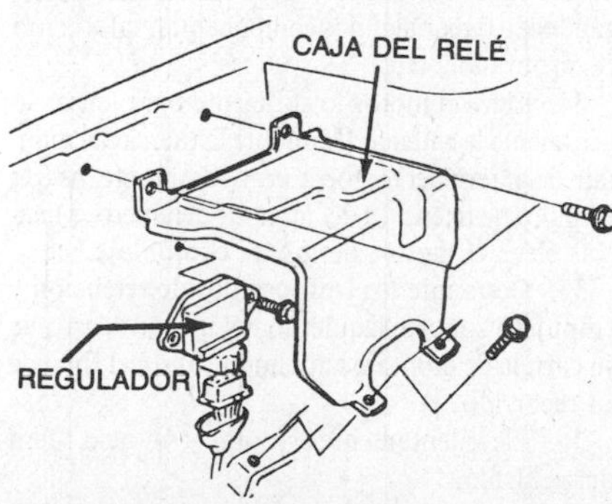

Montaje del regulador de voltaje de los Accord de 1982-83

2. Desmonte los hilos conductores de los terminales del regulador.

NOTA: Usted deberá etiquetar estos conductores para evitar confusiones en el montaje.

3. Desenrosque los dos tornillos de retención del regulador y desmonte el regulador del coche.
4. Para el montaje proceda de modo inverso al desmontaje.

Accord 1982-83

1. Desconecte el terminal negativo (—) de la batería.
2. Desmonte los cuatro tornillos de retención de la platina de fusibles principal y desmonte la platina para poder acceder al regulador de estado sólido.
3. Desconecte la clavija terminal del regulador, desde el regulador.
4. Desenrosque los tornillos de retención y desmonte el regulador del coche.
5. Para el montaje, proceda de modo inverso al desmontaje.

Motor de arranque

DESMONTAJE Y MONTAJE

1. Desconecte el cable de masa del terminal negativo (—) de la batería, y el cable del motor de arranque del terminal positivo.
2. Desconecte el cable del motor de arranque, desde el motor.
3. Desmonte los dos tornillos de unión y retire el motor de arranque.
4. Invierta el proceso del desmontaje para montar el motor. Asegúrese de apretar los tornillos de unión a 29-36 libras-pie, y cerciórese de que todos los conductores están conectados con segu ridad.

SUSTITUCIÓN DEL PIÑÓN DE MANDO DEL MOTOR DE ARRANQUE

Tipo de mando directo

1. Desmonte el electroimán aflojando y desenroscando los tornillos de unión.
2. Desenrosque los dos tornillos de retencióı de la platina de los porta-escobillas de la tapa trasera. Retire también, haciendo palanca, la tapa guardapolvos trasera junto con el clip y la(s) arandela(s) de empuje.

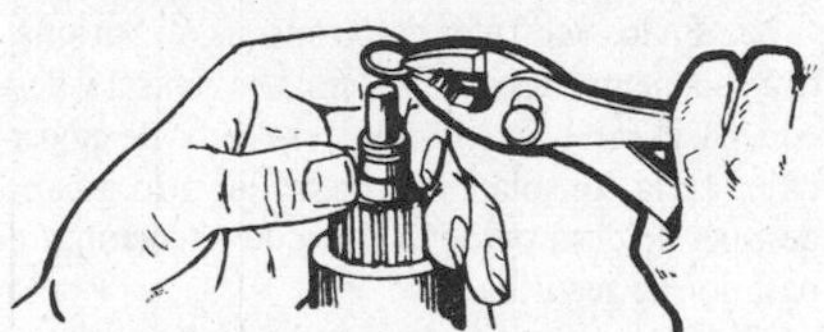

Desmontaje del piñón dentado del rotor

3. Desenrosque los dos tornillos pasantes de la tapa trasera y golpee ligeramente, para desmontarla, la tapa trasera con una maza.
4. Desmonte las cuatro escobillas de carbón de los porta-escobillas y desmonte los porta-escobillas.
5. Separe la horquilla de la caja. La horquilla lleva un orificio, para su posicionado, en el cual se inserta la clavija de seguridad de la caja del piñón.
6. Extraiga el conjunto de la horquilla de la caja del piñón, asegurándose del desacoplamiento cuidadoso de la palanca de mando del piñón.
7. Desmonte el grupo del rotor en jaula de

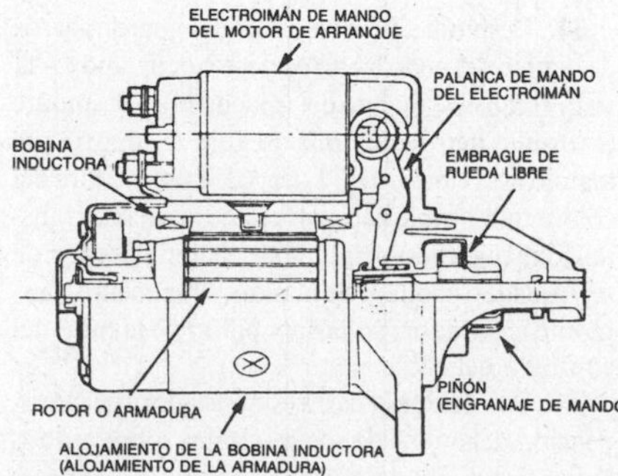

Típico motor de arranque de mando directo

ardilla, de la envoltura de la horquilla y de la bobina del estator.

8. Para desmontar el piñón de mando del rotor, primero sujete el rotor con el extremo del piñón encarado hacia arriba y empuje el collarín de tope del embrague hacia abajo, hacia el piñón. Luego desmonte la arandela elástica del tope del piñón y tire hacia fuera del árbol del rotor, el tope del piñón y el piñón conjuntamente como un solo grupo.
9. Para armar y montar el motor de arranque, proceda de modo inverso al desarmado y desmontaje. Asegúrese de usar nuevas arandelas elásticas y tenga cuidado en la dirección de montaje de la palanca de mando.

Tipo de reducción de engranajes

1. Desmonte la tapa del extremo del electroimán. Saque el electroimán. Hay un muelle en el eje y una bola de acero en el extremo del eje.
2. Desmonte los tornillos pasantes de retención del extremo del bastidor al alojamiento del motor, y del electroimán.
3. Desmonte el bastidor del extremo. Puede desmontar el embrague de piñón libre completado con el piñón de mando. Los piñones intermedio y del motor puede desmontarlos separadamente. El piñón contiene cinco cojinetes de rodillos de acero.
4. El conjunto del embrague se mantiene sujeto por medio de una arandela elástica. Empuje hacia abajo el piñón contra el muelle interior del conjunto del embrague y desmonte la arandela elástica con unos alicates expansores especiales. Deslice fuera del conjunto del embrague el anillo de tope, el piñón, el muelle y la arandela.
5. El armado se efectúa en sentido inverso. El anillo de tope debe montarlo con el extremo menor del labio, hacia el embrague. Asegúrese de que la bola de acero está en su alojamiento del extremo del vástago del electroimán. Engrase todas las superficies deslizantes del electroimán antes de proceder al rearmado.

MECÁNICA DEL MOTOR

Motor

DESMONTAJE Y MONTAJE

ATENCIÓN

Si cualquier trabajo de reparación requiere el desmontaje de algún componente del sistema de aire acondicionado (en los vehículos equipados con él), solamente deberá intentar esta reparación una persona entrenada en tales procedimientos. El sistema de acondicionamiento de aire contiene gas freón a presión. Este gas puede ser peligroso. Por esta razón, bajo ninguna circunstancia, una persona no entrenada debe intentar desconectar las conducciones del refrigerante del acondicionador de aire.

CVCC Civic de 1335 y 1487

1. Eleve la parte delantera del auto y sopórtelo con caballetes.

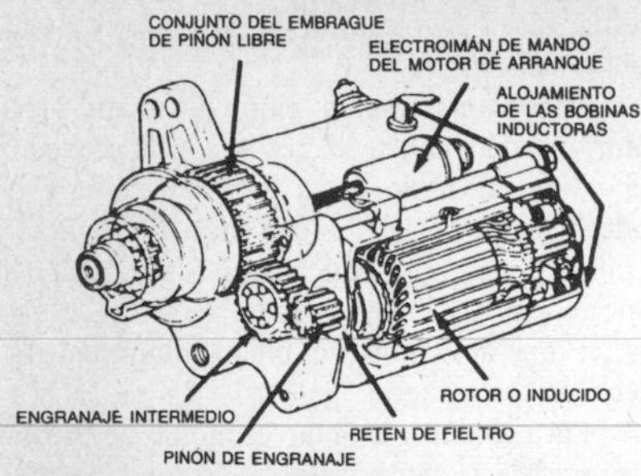

Típico motor de arranque con reducción de engranajes

2. Desconecte y retire la batería, equipo de sujeción, bandeja y montaje.

3. Desmonte los tornillos de unión de los bordes de los faros de carretera y los bordes.

4. Desmonte la moldura de la rejilla inferior y desmonte los seis tornillos de retención de la rejilla y la rejilla.

5. Desconecte el manguito del surtidor del lavaparabrisas y desmóntelo de la parte inferior del capó.

6. Desmonte el brazo de torsión superior (de posicionado del motor).

7. Desconecte el manguito de vacío del grupo del freno asistido, termosensores A y B en sus conectores de hilos, y el hilo que transmite la medición de la temperatura del refrigerante.

8. Drene el radiador. Después de que haya sido drenado todo el refrigerante, monte el tornillo de drenaje y apriételo, con la fuerza de los dedos.

9. Desmonte los cuatro manguitos del refrigerante. Desconecte el conector del motor del ventilador de la refrigeración y el sensor de temperatura. Desmonte el manguito del radiador y del depósito receptor del rebosadero.

10. En los autos con transmisión automática solamente, desmonte los tornillos de ambos conductos de refrigeración ATF (fluido de la transmisión automática).

NOTA: Guarde las arandelas de los conectores banjo de los conductos de refrigeración y sustitúyalas si están dañadas.

11. Desmonte el radiador.

12. Etiquete y desconecte los hilos del motor de arranque. Desmonte los dos tornillos de montaje del motor de arranque (uno de cada extremo del motor de arranque) y desmonte el motor de arranque.

13. Etiquete y desconecte los cables de bujías, desde las bujías. Desmonte la tapa del distribuidor y marque la posición del rotor en un lado del alojamiento del distribuidor. Desmonte el tornillo superior del dispositivo de giro del distribuidor (el rotor girará 30° debido a que el piñón de mando es helicoidal).

14. En los autos de transmisión manual, desmonte la arandela elástica de retención del cable del embrague sobre el tabique corta-fuegos. Luego, desmonte el extremo del cable del embrague del brazo de desembrague y la cartela. Primero, tire hacia arriba del cable, luego empújelo hacia afuera para liberarlo de la cartela. Desmonte el extremo del brazo de desembrague.

15. Desconecte los hilos del interruptor de la luz de marcha atrás. Desconecte el manguito de vacío de la válvula de control, el manguito de la admisión de aire y el manguito del aire de admisión precalentado. Desconecte el manguito de la válvula de sangrado del aire, del filtro del aire. Etiquete y desconecte los restantes manguitos de vacío desde el lado del filtro de aire. Desmonte el filtro de aire.

16. Etiquete y desconecte el resto de los manguitos de vacío del control de emisión desde el motor. Desconecte el conector de hilos de la caja de emisión y desmonte la caja negra de emisión del tabique cortafuegos.

17. Desmonte la protección contra el calor del montaje del motor.

18. Desconecte la trenza metálica de conexión a masa del motor a la carrocería, desde la tapa de válvulas.

19. Desconecte el conector de los hilos del alternador y los conductores del sensor de la presión de aceite.

20. Desconecte el manguito de vacío del control de arranque y los conductores eléctricos a los desconectores de los hilos de los electroimanes.

21. Desconecte el manguito de vacío del contenedor de carbón y de ambos conductos de combustible del carburador. Marque el ajuste y desconecte desde el carburador los cables del choque y de la mariposa.

22. En los vehículos con transmisión automática solamente, desmonte la consola central y desconecte el cable de control del selector de engranajes en la consola. Esto podrá llevarlo a cabo después de desmontar la pinza de retención y el pasador de seguridad.

23. Drene el aceite de la transmisión.

ATENCIÓN

En los autos con acondicionador de aire, asegúrese de utilizar el siguiente procedimiento.

a. Desconecte el manguito del calefactor, con el cable de mando de la válvula del calefactor incorporado.

b. Desmonte la tapa de la correa del compresor y luego afloje la tuerca de ajuste.

c. Afloje la correa sobre la silleta del manguito del compresor en el radiador.

d. Desenrosque el tornillo de montaje del compresor, y luego eleve el compresor, fuera de la silleta, con los manguitos conectados, y sosténgalo sobre el tabique corta-fuegos, atado con alambre.

NOTA: El sistema no debe ser descargado.

e. Desmonte la silleta del compresor (5 tornillos).

24. Desmonte la protección del guardabarros de debajo del guardabarros derecho, dejando a la vista el cable de mando del velocímetro. Desmonte el tornillo de fijación que asegura el soporte del mando del velocímetro. Luego, lentamente tire del conjunto del cable hacia afuera de la caja de transmisión, cuidando de no dejar caer el pasador de seguridad, o el piñón de mando. Finalmente, desmonte el pasador, collarín y piñón de mando del conjunto del cable.

25. Desconecte la barra estabilizadora de la suspensión delantera de sus montajes sobre ambos lados. También, desatornille el tornillo que retiene el brazo de control inferior unido a la parte inferior del chasis sobre ambos lados.

26. Desmonte la tuerca de montaje hacia adelante del tirante radial sobre ambos lados. Luego haga palanca hacia afuera como 1/2 pulgada, sobre la junta de velocidad constante, y tire del muñón del árbol, sacándolo fuera de la caja de transmisión. Repita la operación para el otro lado.

27. Desenrosque los seis tornillos de retención y desmonte el basculante central.

28. En los autos con transmisión manual solamente, retire el pasador de retención de la articulación del cambio.

29. Desconecte el brazo de torsión inferior de la transmisión.

30. En los autos con transmisión automática solamente, desmonte el tornillo que retiene el soporte del cable de control en la transmisión. Afloje las dos tuercas del tornillo en U y saque el cable fuera de su alojamiento.

31. Desconecte el tubo de escape del colector (múltiple). Desconecte también la abrazadera de retención.

32. Desmonte la tuerca del montaje trasero del motor.

33. Acople al motor un polipasto de elevación, de cadena. Honda recomienda use los orificios roscados de los tornillos de los extremos derecho e izquierdo de la culata (con tornillos especiales de resistencia elevada), como puntos de apoyo para la elevación, así como se opone a que usted arrolle una cadena alrededor de todo el bloque, arriesgándose a dañar algunos componentes, tales como el carburador, etc.

34. Eleve el motor lo suficiente para tensar ligeramente la cadena. Desmonte la tuerca del montaje delantero del motor. Luego, desmonte los tres tornillos de retención del montaje delantero. Mientras eleva el motor, desmonte el montaje.

35. Desmonte los tres tornillos de retención y empuje el soporte izquierdo del motor dentro de su cartela de montaje antichoque hasta el final de su recorrido.

36. Eleve lentamente el motor y sáquelo fuera del vehículo.

37. Monte el motor en el orden inverso al desmontaje, haciendo las siguientes comprobaciones:

a. Asegúrese de que la arandela elástica del extremo del árbol de transmisión se asienta dentro de su ranura en el diferencial. Deberá oír un chasquido cuando se encaje en la misma.

NOTA: Utilice siempre arandelas elásticas nuevas.

b. Sangre el aire del sistema de refrigeración.

c. Ajuste la tensión del cable de la mariposa.

d. Compruebe la carrera libre del embrague.

e. Asegure correctamente los cambios de la transmisión.

Civic de 1,342 y 1,488 cc

1. Aplique el freno de aparcamiento y sitúe unos calzos detrás de las ruedas traseras. Eleve la parte delantera del vehículo y sosténgalo sobre caballetes.

2. Desconecte los dos cables de la batería, desde la batería. Desmonte la batería, y luego retire la bandeja de la batería del compartimiento del motor.

3. Trace una línea en el lugar donde las cartelas del capó se encuentran con el interior del capó.

Esto le ayudará a realinear el capó en el montaje. Desatornille y desmonte el capó.

4. Desmonte el motor y las protecciones contra salpicones.

5. Drene el aceite del motor, el refrigerante del radiador, y el aceite/fluido de transmisión, de la transmisión.

NOTA: Si quita el tapón o la tapa de llenado acelerará el proceso de drenado.

6. En los modelos con carburador:

a. Desmonte el filtro de aire aplicando el proceso correspondiente.

b. Desconecte y etiquete todos los manguitos que conducen al filtro de aire.

c. Desmonte la tapa del filtro de aire y el elemento de filtro.

d. Desmonte los tres tornillos que sujetan el filtro del aire. Levante el filtro de aire y desconecte el hilo del sensor de temperatura y los dos manguitos restantes. Desmonte el filtro de aire.

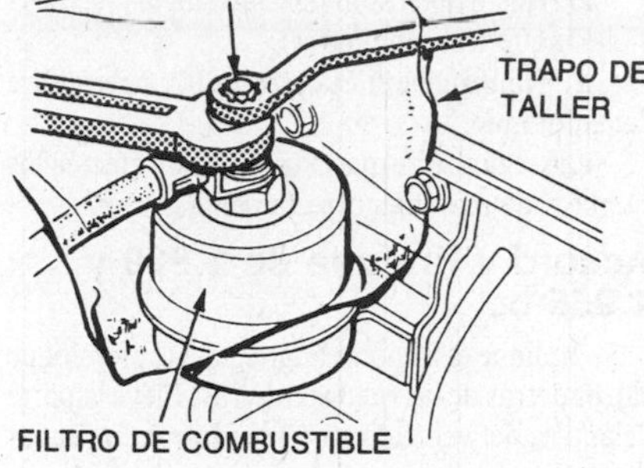

Reducción de la presión del sistema de combustible

7. En los modelos con inyección de combustible:

a. Desmonte el conducto de admisión y el manguito de vacío.

b. Reduzca la presión del sistema de combustible aflojando lentamente el tornillo de suministro, que hay en la parte superior del filtro de combustible, aproximadamente una vuelta.

NOTA: Ponga un trapo bajo el filtro, durante el proceso de reducción de presión, para evitar que el combustible se derrame sobre el motor.

c. Desconecte el manguito de retorno de combustible, desde el regulador de presión. Desmonte la tuerca especial y luego, desmonte los manguitos de combustible.

8. Desconecte los siguientes manguitos y conductores:

a. El conector del sub-cableado del compartimiento del motor.

b. El cable de secundario del motor.

c. Desmonte el cable múltiple de la caja de fusibles.

d. El manguito de vacío del servo-freno.

e. En los motores con acondicionador de aire, desmonte el manguito de la electroválvula de control del ralentí, desde la válvula y desmonte la válvula.

9. Desconecte el (o los) conector(es) de la(s) cartela(s), y déjelo colgado cerca del motor.

10. Desconecte el manguito de vacío de la electroválvula de control de la purga, del recipiente del carbón.

11. Desmonte el controlador del chorro de aire (si va equipado con él).

12. Afloje la contratuerca y la tuerca de ajuste del cable de la mariposa, y deslice luego el extremo del cable fuera de la cartela de la mariposa, desmontando el cable.

13. Desconecte el manguito de la conducción de combustible, desde la bomba de combustible. Desmonte la tapa de la bomba y la bomba.

14. Desmonte los cables de las bujías y del distribuidor del motor.

15. Desmonte los manguitos del radiador y del calefactor, desde el motor.

NOTA: Etiquete los manguitos del calefactor de modo que pueda volver a montarlos en sus posiciones de origen.

16. En los modelos de transmisión manual (excepto los 4x4):

a. Desconecte el cable de masa de la transmisión.

b. Afloje la tuerca de ajuste del embrague y desmonte el cable del brazo de desembrague.

c. Desconecte la varilla de torsión de la palanca del cambio, desde el alojamiento del embrague.

d. Deslice la retención del pasador de la varilla del cambio hacia un lado, y luego, con un botador para pasadores, extraiga el pasador de la varilla y desmonte la varilla del cambio.

17. En los modelos 4x4 (tracción a las 4 ruedas):

a. Afloje la tuerca de ajuste del embrague y desconecte el cable del embrague del brazo de desembrague.

b. Desconecte el cable de masa de la transmisión.

c. Desconecte los cables de control del cambio.

d. Desconecte el árbol de propulsión del eje trasero de la caja de transmisión.

18. En los coches con transmisión automática:

a. Desmonte los manguitos del refrigerador del aceite de la transmisión, deje que el fluido drene por los manguitos y luego sostenga los manguitos en alto, fuera del paso, cerca del radiador.

b. Desmonte la consola central del interior del coche.

c. Ponga la palanca del cambio en la posición de marcha atrás y desmonte el pasador de seguridad del extremo del cable del cambio.

d. Desatornille y desmonte la sujeción del cable del cambio.

e. Desconecte el cable de control de la mariposa, del extremo de la palanca de la mariposa. Afloje la contratuerca inferior de la cartela del cable de la mariposa y desmonte el cable de la cartela.

NOTA: No desplace la contratuerca superior, puesto que con ello alterará los puntos de cambio de la transmisión.

19. Desmonte la arandela elástica del cable del velocímetro y luego retire el cable fuera de la sujeción.

NOTA: No desmonte la sujeción de la transmisión, pues con ello podría caerse el piñón de mando dentro de la transmisión.

20. Lance un chorro de aceite penetrante sobre las tuercas de sujeción del tubo cabezal del escape. Afloje y desmonte las tuercas y el tubo.

21. Desmonte los árboles de transmisión como sigue:

a. Desmonte los caballetes y baje el vehículo. Afloje las tuercas de 32 mm del husillo de la articulación de la dirección con una llave acodada de vaso. Eleve el vehículo y vuelva a sostenerlo sobre caballetes.

b. Desmonte la rueda delantera y la tuerca del husillo.

c. Coloque un gato de suelo, bajo el brazo de control inferior, y luego desmonte el pasador de seguridad y la tuerca de la rótula de unión.

NOTA: Asegúrese de que el brazo de control inferior se halla posicionado con seguridad sobre la parte superior del gato de suelo, de modo que no se salga o salte fuera cuando se utilice el extractor de la rótula de unión.

d. Utilizando un extractor de rótulas, separe la rótula del cubo delantero.

e. Lentamente, baje el gato de suelo para descender el brazo de control. Tire el cubo hacia afuera y sáquelo del palier.

f. Utilizando una palanca pequeña, apalanque hacia afuera la junta CV (homocinética) del interior aproximadamente 1/2 pulgada, con el objeto de extraer la arandela elástica de la ranura del diferencial.

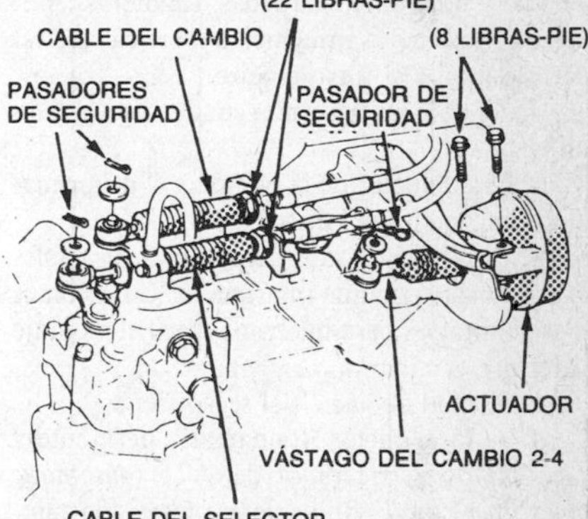

Cables de control del cambio y del selector

g. Extraiga el árbol de transmisión de la caja.

22. Acople una eslinga de elevación al bloque motor y eleve el aparato de izado para suprimir la distensión de la cadena.

23. Desmonte el montaje trasero de la transmisión y los tornillos del montaje delantero de la transmisión y el montaje lateral del motor.

24. En los autos equipados con acondicionador de aire:

a. Afloje los tornillos de ajuste y desmonte la correa.

b. Desmonte los tornillos de montaje del compresor del acondicionador de aire y átelo con un alambre al basculante delantero, apartándolo.

NOTA: No desconecte las conducciones de gas freón del acondicionador de aire; puede desplazar el compresor sin descargar el sistema.

c. Desmonte la cartela inferior de montaje del compresor.

25. Desconecte los cableados de conductores del alternador. Desmonte la correa del alternador. Desmonte los tornillos de montaje del alternador y desmonte el alternador.

26. Compruebe que el motor y la transmisión se hallan libres de cualquier manguito o conector eléctrico.

27. Lentamente, eleve el motor hacia arriba y afuera, sacándolo del coche.

28. Para montarlo, proceda de modo inverso al desmontaje. Ponga especial atención en lo siguiente:

a. Apriete los tornillos de montaje del motor en la secuencia apropiada.

b. Asegúrese de que la arandela elástica que va sobre el extremo de cada palier quede encajada en su ranura del diferencial.

NOTA: Utilice siempre arandelas elásticas nuevas en el montaje.

c. Purgue el aire del sistema de refrigeración.

d. Ajuste la tensión de la(s) correa(s), y la tensión del cable de la mariposa.

e. Compruebe la carrera libre del pedal de embrague.

Accord/Prelude 1751

1. Desconecte el terminal negativo de la batería.

2. Drene el refrigerante del radiador, el aceite del motor y la transmisión.

3. Levante con un gato la parte delantera del vehículo y desmonte las ruedas delanteras. Asegúrese de sostenerlo firmemente sobre caballetes.

4. Desmonte el filtro de aire.

5. Desmonte los siguientes conductores y manguitos:

a. El conductor de la bobina y el del primario del encendido del distribuidor.

b. Los subcableados del motor y los cables del motor de arranque (marque los cables antes de desmontarlos para hacer más fácil el montaje posterior).

c. El tubo de vacío del servo-freno.

d. En los modelos Hondamatic, desmonte el manguito del refrigerador del ATF (*automatic transmission fluid*) (fluido de la transmisión automática).

e. El cable de masa del motor.

f. Los cableados de hilos del alternador.

g. El conector de la electroválvula del carburador.

h. La conducción de carburante al carburador.

i. En los modelos de 1981 y posteriores, con California y altitud elevada, desconecte los manguitos del controlador del aire.

6. Desmonte los cables del choque (estrangulador) y de la mariposa.

7. Desmonte los manguitos del radiador y del calefactor.

8. Desmonte la «caja negra» del control de emisión.

9. Desmonte el cilindro auxiliar del embrague con la conducción hidráulica conectada.

10. Desmonte el cable del velocímetro. Saque el clip de alambre del alojamiento, y desmonte el cable, retirándolo de su emplazamiento. No desmonte, bajo ninguna circunstancia, el alojamiento de la transmisión.

11. Una al bloque motor un polipasto de elevación de motores, y eleve el motor lo suficiente para que la cadena quede tensada.

12. Desconecte las rótulas de unión inferiores derecha e izquierda, y los extremos de la barra de acoplamiento. Para efectuar este trabajo puede necesitar un útil extractor de rótulas. Un método alternativo es, que deje las rótulas conectadas y desmonte los tornillos interiores del brazo de control inferior, y los tirantes radiales de dichos brazos de control.

13. Desmonte los árboles de transmisión de la transmisión sacando, haciendo palanca, la arandela elástica fuera de su ranura en el extremo del árbol. Luego, tire el árbol hacia afuera, sujetando la articulación de la dirección.

14. Desmonte el soporte de montaje central del motor.

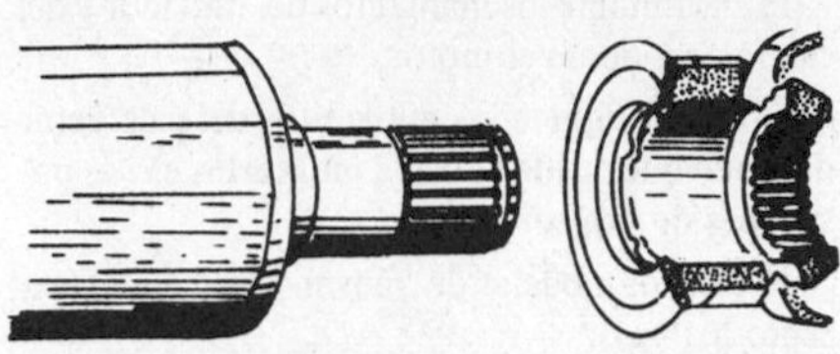

Desmontaje del árbol de transmisión del Accord

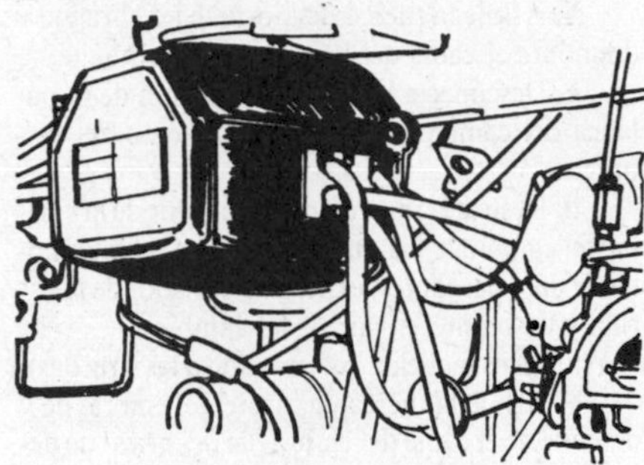

Caja de control de emisión

15. Desmonte el posicionador de la varilla del cambio, de la caja de transmisión.

16. Extraiga el pasador de seguridad de la varilla del cambio, utilizando un pequeño extractor de pasadores.

17. En los Hondamatic, desmonte el cable de control.

18. Desconecte el tubo de escape.

19. Desmonte los tres tornillos de soporte del motor y empuje el soporte izquierdo del motor dentro del montaje de la cartela parachoque.

20. Desmonte los montajes delantero y trasero del motor.

21. Eleve con cuidado el motor y desmóntelo del vehículo.

22. Monte el motor en el orden inverso al desmontaje, haciendo las siguientes comprobaciones:

a. Asegúrese de que la arandela elástica del extremo del árbol de transmisión se asienta correctamente en su ranura del diferencial. Dejar de hacerlo así, puede dar lugar a que se desprendan las ruedas.

NOTA: Utilice siempre arandelas elásticas nuevas.

b. Purgue el aire del sistema de refrigeración.

c. Ajuste la tensión del cable de la mariposa y el choque (estrangulador).

d. Compruebe si es correcta la carrera libre del embrague.

e. Asegúrese de que la transmisión efectúa los cambios de marcha correctamente.

Accord y Prelude de 1,829 y 1,955 cc

1. Aplique el freno de aparcamiento, y coloque calzos detrás de las ruedas traseras. Eleve la parte delantera del vehículo sosteniéndolo sobre caballetes.

2. Desconecte los cables de ambas baterías. Desmonte la batería, y luego desmonte la bandeja de la batería del compartimiento del motor.

3. Retire las tapas que cubren los botones de retracción manual de los faros de carretera, y luego gire los botones para colocar los faros en la posición de abiertos (solamente en el Prelude).

4. Desmonte los cinco tornillos de retención de la rejilla, y saque la rejilla (sólo en el Prelude).

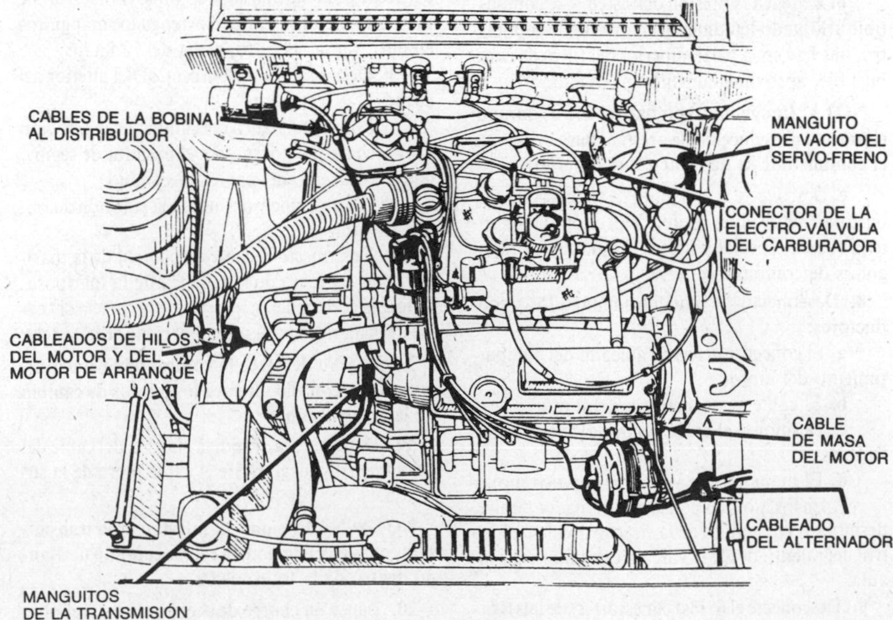

Puntos de desmontaje de componentes del Accord de 1751 cc

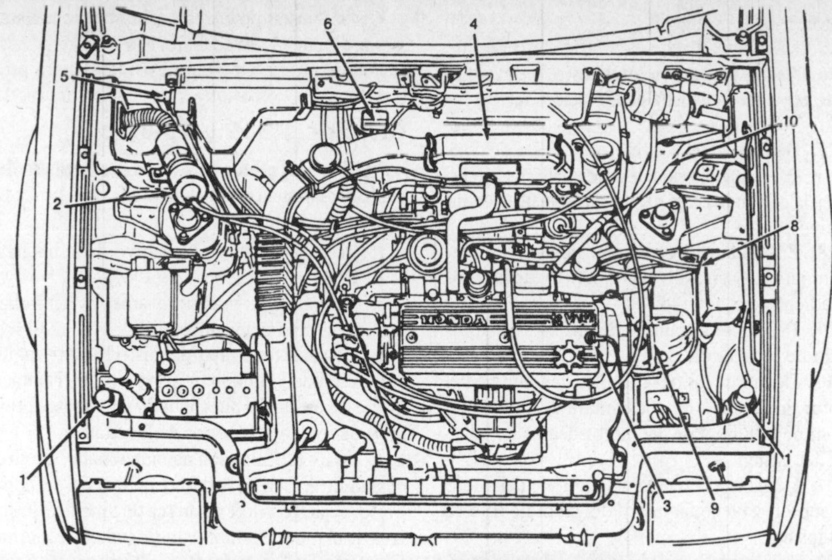

1. Botones de retracción de los faros de carretera
2. Hilos de la bobina de encendido
3. Cable de la masa secundaria
4. Conjunto del filtro de aire
5. Conector de la caja de control N.º 1
6. Recipiente del carbón
7. Tornillo de purga del aire del sistema refrigerante
8. Conector de la caja de control N.º 2
9. Ubicación de la cámara de aire (si va equipado así)
10. Ubicación del controlador de la boquilla del aire (si va equipado así)

Puntos de desmontaje de componentes de los Prelude de 1829 y 1955 cc

5. Desmonte el guardabarros de la parte inferior del motor. Desatornille y desmonte el capó.

6. Desmonte el tapón de llenado de aceite, y drene el aceite del motor.

NOTA: Cuando vuelva a colocar el tapón de drenaje, asegúrese de emplear una junta nueva.

7. Desmonte el tapón del radiador, y luego abra el grifo de drenaje y vacíe el refrigerante del radiador.

8. Desmonte el tapón de llenado de la transmisión, y luego retire el tapón de drenaje y drene la transmisión.

9. En los modelos con carburador:

a. Etiquete y desmonte los conductores de la bobina y el cable de la masa secundaria del motor, que se encuentra sobre la tapa de válvulas.

b. Desmonte la tapa del filtro del aire y el filtro.

c. Desmonte los conductos de admisión de aire. Desmonte las dos tuercas y tornillos del filtro del aire, desmonte la válvula de control del aire, y luego desmonte el filtro del aire (solamente en el Accord).

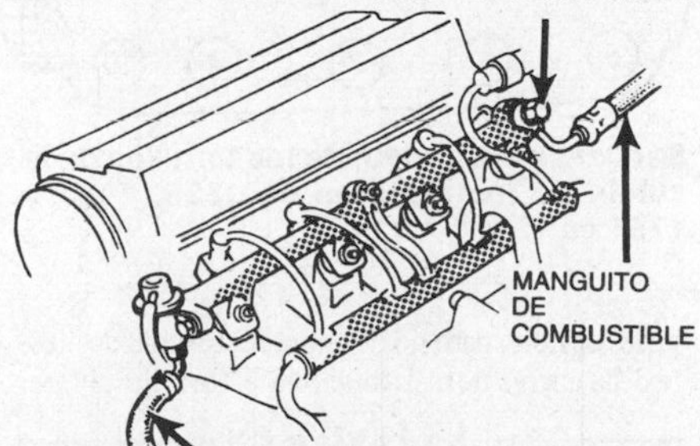

Desconexión de los manguitos de combustible

d. Afloje la contratuerca del cable de la mariposa, y afloje la tuerca de ajuste, deslizando luego el extremo del cable fuera de la articulación del carburador.

NOTA: Tenga cuidado de no doblar o retorcer el cable de la mariposa. Sustituya siempre un cable que esté dañado.

e. Desconecte el conector de la caja de control n.º 1. Desmonte la caja de control de su cartela, y déjela suspendida cerca del motor

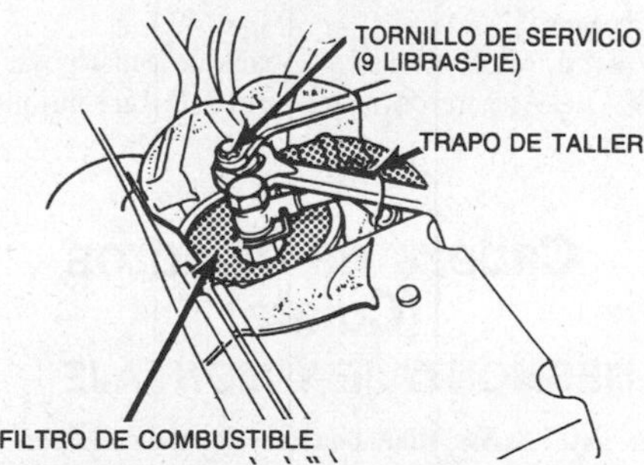

Reducción de la presión del sistema de combustible

f. Desconecte el conducto de combustible del filtro, y desmonte el manguito de vacío de la electroválvula del recipiente de carbón.

g. Modelos California y de elevada altitud, desmonte el controlador de la boquilla de aire.

10. Modelos con inyección de combustible:

a. Desmonte el conducto de admisión de aire. Desmonte el tubo de vacío del control de crucero, del conducto de admisión de aire, y desmonte el tubo resonador.

b. Desmonte el cable de masa secundaria de la parte superior del motor.

c. Desconecte el tubo de conexión de la caja de aire. Desatornille el tornillo de la abrazadera del tubo y desconecte los tubos de emisiones.

d. Desmonte las tuercas de montaje de la caja de aire y desmonte el conjunto de la caja.

e. Afloje la contratuerca del cable de la mariposa y la tuerca de ajuste del cable, y luego deslice el cable fuera de la cartela y de la articulación.

NOTA: Tenga cuidado de no doblar o retorcer el cable de la mariposa. Sustituya siempre un cable dañado.

f. Desconecte los siguientes hilos conductores; el cable de masa de la caja de fusibles, el conector y abrazadera del sub-cableado del compartimiento del motor, el cable de alta tensión y conductores del primario de la bobina de encendido, y el conector del condensador antiparásitos de la bobina.

g. Utilizando el procedimiento que sigue, reduzca la presión del sistema de combustible. Coloque un trapo de taller debajo del filtro de combustible, para absorber cualquier cantidad de gasolina que pueda ser pulverizada sobre el motor, cuando descarga la presión. Afloje lentamente el tornillo de alimentación, aproximadamente una vuelta entera. Esto reducirá toda la presión del sistema. Utilizando una arandela de cierre nueva, vuelva a apretar el tornillo de alimentación.

h. Desconecte el manguito de retorno de combustible desde el regulador de presión. Desmonte la tuerca del banjo, y luego desmonte el manguito de combustible.

i. Desconecte el manguito de vacío del servofreno.

11. Desconecte los manguitos del radiador y del calefactor del motor. Etiquete los manguitos del calefactor de modo que puedan volver a montarse correctamente.

12. En los modelos automáticos, desconecte los manguitos del refrigerador del aceite de la transmisión, deje drenar el fluido por los manguitos, y luego cuélguelos arriba, cerca del radiador.

13. En los modelos con transmisión manual, afloje la tuerca de ajuste del cable del embrague, y desmonte el cable del brazo de desembrague.

14. Desconecte el cable de la batería de la transmisión y el cable de arranque del terminal del motor de arranque.

15. Desconecte los dos conectores de cableados del motor.

16. Desmonte la arandela elástica de retención del cable del velocímetro y luego extraiga el cable de la sujeción.

NOTA: NO desmonte la sujeción, ya que el piñón de mando del velocímetro puede caerse dentro de la transmisión.

17. En los modelos equipados con dirección asistida:

a. Desmonte el sensor de velocidad completo, con los manguitos.

b. Desmonte el tornillo de ajuste y la correa trapezoidal.

c. Sin desconectar los manguitos, saque la bomba de su cartela de montaje, y colóquela a un lado.

d. Desmonte el soporte del manguito de la dirección asistida, de la culata.

18. Desmonte el basculante central de debajo del motor. Afloje las tuercas del tirante radial, para facilitar el desmontaje posterior de los árboles de transmisión (solamente en el Accord).

19. En los modelos equipados con acondicionador de aire:

a. Desmonte el hilo conductor del embrague eléctrico del compresor.

b. Afloje el tornillo de ajuste de la correa.

NOTA: NO desconecte los manguitos del acondicionador de aire. El compresor del acondicionador de aire puede desplazarse sin descargar previamente el sistema.

c. Desmonte los tornillos de montaje del compresor, y luego eleve el compresor de su cartela con los manguitos conectados, y cuélguelo, atado con un trozo de alambre, de la mampara delantera.

20. En los modelos con transmisión manual, desmonte el tornillo de unión de la horquilla de la varilla del cambio, y desconecte la varilla de torsión de la palanca del cambio, del alojamiento del embrague.

21. En los modelos con transmisión automática:

a. Desmonte la consola central.

b. Coloque la palanca del cambio en la posición de marcha atrás y luego desmonte el pasador de seguridad, del extremo del cable del cambio.

c. Desenrosque los tornillos de montaje del cambio, y la sujeción del cable del cambio.

d. Desmonte el cable de la mariposa de la palanca de la mariposa. Afloje la contratuerca inferior, y luego desmonte el cable de la cartela.

NOTA: NO afloje la contratuerca superior, ya que con ello podría alterar los puntos de cambio de la transmisión.

22. Desconecte las rótulas y los extremos de las barras de acoplamiento.

23. Desmonte los árboles de transmisión como sigue:

a. Quite los caballetes y baje el vehículo. Afloje las tuercas de 32 mm de la mangueta con una llave de vaso acodada. Eleve el vehículo, y vuelva a sostenerlo sobre caballetes.

b. Desmonte la rueda delantera y la tuerca del husillo.

c. Desmonte la horquilla del damper y los tornillos de pinzado del mismo. Desmonte la horquilla del damper (solamente en el Prelude).

d. Desmonte el tornillo de la rótula y sepárela del cubo delantero (en el Accord) o del brazo oscilante inferior (en el Prelude).

e. Desconecte las barras de acoplamiento de las articulaciones de la dirección.

f. Desmonte los tornillos de la barra oscilante (sólo en el Accord).

g. Tire de los cubos delanteros hacia afuera sacándolos de los árboles de transmisión.

h. Utilizando una pequeña palanca, extraiga de su alojamiento la junta interna CV (homocinética), aproximadamente 1/2", para poder soltar la arandela elástica del diferencial, sacando luego el árbol de transmisión de la caja.

NOTA: Cuando monte el árbol de transmisión, inserte el árbol hasta que la arandela elástica quede encajada dentro de su ranura. Use siempre una nueva arandela elástica cuando monte árboles de transmisión.

24. En los modelos de inyección de combustible, desconecte los conectores de cableados del submotor, y la abrazadera.

25. Desmonte el tubo cabezal del escape.

26. Acople al motor un polipasto, y elévelo lo justo para que la cadena de elevación quede tensada.

27. Desconecte el conector de la caja de control n.º 2, extraiga la caja de control de su cartela, y déjela colgando cerca del motor (si la lleva como equipo).

28. En los modelos con acondicionador de aire, desmonte la electroválvula de control de la velocidad en vacío.

29. Desmonte la cámara de aire (si está equipado de ese modo).

30. Desmonte los tres tornillos de montaje del motor, localizados bajo la cámara de aire, y luego empuje el montaje del motor dentro de la torre del mismo.

31. Desmonte la tuerca del montaje delantero del motor, y luego, la tuerca del montaje trasero del mismo.

32. Afloje y desmonte la correa del alternador. Desconecte el cableado de hilos del alternador y el alternador.

33. Desmonte el tornillo de la barra de torsión trasera del motor, y luego afloje el tornillo del montaje del bastidor, y gire la barra hacia arriba y afuera, apartándola del paso.

34. Eleve el motor con cuidado sacándolo del vehículo, comprobando que han sido previamente desconectados o desmontados todos los hilos eléctricos y manguitos del conjunto motor/transmisión-eje. Eleve el motor y sáquelo del coche.

35. Monte el motor en el orden inverso al desmontaje, realizando las siguientes comprobaciones:

a. Apriete los tornillos de montaje del motor según la secuencia especificada.

b. Purgue el aire del sistema refrigerante.

c. Ajuste el recorrido libre del pedal de embrague.

d. Ajuste la tensión del cable de la mariposa.

e. Asegure los cambiadores de la transmisión correctamente.

Cabeza de cilindros (Culata)

DESMONTAJE Y MONTAJE

NOTA: Necesitará una llave de tubo de 12 puntas para desmontar y montar los tornillos de la culata del motor CVCC (combustion controlada por torbellino de mezcla).

Precauciones para el desmontaje

• Para evitar posibles deformaciones, la culata deberá desmontarla cuando el motor esté frío.

• Elimine el aceite, escamas o depósitos de carbonilla acumulados, de cada pieza. Cuando esté quitando la carbonilla, ponga atención en no rayar o arañar las superficies de contacto.

• Después del lavado de los pasos de aceite u orificios de cada pieza, asegúrese de que la sección del paso no la tienen estrechada por depósitos, soplando con aire comprimido a través de ellos.

• Si las piezas no las ha de montar inmediatamente después de lavadas, rocíelas con la pulverización de un preventivo anti-oxidante para protegerlas de la corrosión.

Civic de 1,335 y 1,487 cc

NOTA: Si el motor ha sido ya desmontado del vehículo, comience con el paso 12, en el procedimiento siguiente.

1. Desconecte el cable negativo de la batería.

2. Drene el radiador.

3. Desconecte el manguito superior del radiador, de la tapa del termostato.

4. Desconecte la tapa del distribuidor, cables del encendido y conductor del primario. También afloje la cartela del alternador y desmonte el tornillo de montaje superior de la culata.

5. En los modelos con acondicionador de aire, desmonte la tapa de la correa de mando del compresor, y luego afloje la tuerca de ajuste de la correa de mando. Desmonte los tornillos de montaje del compresor, y desplace el compresor hacia un lado, sin descargar su sistema. Desmonte la cartela del compresor.

6. Desmonte la caja del filtro de aire.

7. Desconecte el tubo que va del recipiente de carbón al carburador, desde el recipiente.

8. Desconecte los cables de control de la mariposa y el choque. Etiquete y desconecte todos los manguitos de vacío.

9. Desconecte el manguito del calefactor, del colector de admisión.

10. Desconecte los conductores eléctricos de los dos interruptores térmicos.

11. Desconecte el conducto de combustible.

12. Desconecte el hilo eléctrico de la unidad de transmisión del medidor de temperatura, electroválvula de corte de la velocidad en vacío, y la electroválvula de corte del primario/principal.

13. Desconecte la barra de torsión del motor.

14. Desconecte el tubo de escape del colector de escape.

15. Desmonte los tornillos de la tapa de válvulas, y la tapa de válvulas.

16. Desmonte los dos tornillos de la tapa superior de la correa de distribución, y la tapa.

17. Lleve el pistón n.º 1 al PMS. Haga esto alineando la ranura próxima a la ranura roja, que usted utiliza para ajustar la distribución del encendido, con el índice marcador de la parte trasera del bloque del motor.

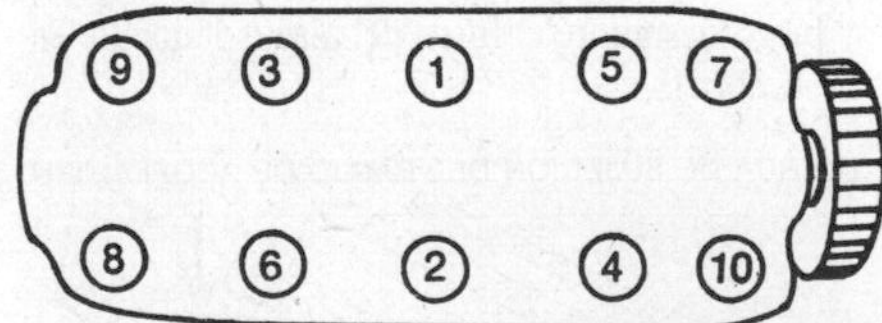

Secuencia de apriete de los tornillos de la culata de los motores de 1335, 1487 y 1751 cc

18. Afloje, pero no desmonte el tornillo de ajuste de la correa de distribución y el tornillo-pivote.

ATENCIÓN

Tenga cuidado al manipular la correa de distribución. No utilice instrumentos cortantes o agudos para desmontar la correa. No ponga aceite o gra-

sa en la correa. No doble o retuerza la correa más de 90 grados.

19. Afloje y desmonte los tornillos de la culata en el orden inverso al dado en el diagrama de la secuencia de apriete de los tornillos de la culata. El tornillo número uno está oculto bajo la bomba de aceite. Para evitar posibles deformaciones, desenrosque los tornillos 1/3 de vuelta cada vez, y repita la secuencia hasta aflojarlos totalmente.

Tornillo oculto inmediato al piñón de mando de la bomba de aceite

20. Desmonte la culata conservando unidos el carburador y los colectores.

21. Desmonte los colectores de admisión y de escape de las culatas.

NOTA: Después de desmontar la culata, cubra el motor con un trapo limpio para evitar que entren materias extrañas en los cilindros.

22. Para montarlo, invierta el proceso del desmontaje, cuidando de prestar atención sobre los siguientes puntos:

a. Asegúrese de que el cilindro n.º 1 está en el punto muerto superior, antes de posicionar la culata en su sitio.

b. Utilice una junta de culata nueva y asegúrese de que la culata, el bloque motor, y la junta están limpias.

c. Las clavijas de centrado de la culata, debe tenerlas colocadas en sus posiciones correctas, antes de que proceda al montaje de la culata.

d. Efectúe el apriete de los tornillos de la culata en dos pasos progresivos, a la tensión de apriete correcta, y de acuerdo con el diagrama. Primeramente a 22 libras-pie, en la secuencia del diagrama y luego a 43 libras-pie en la misma secuencia.

e. Después de que hayan sido apretados los tornillos de la culata, monte la chaveta woodruff (escalonada), y la polea del árbol de levas (si la desmontó anteriormente), y apriete el tornillo de la polea según lo especificado. En los motores de 1,335 cc, alinee las marcas de la polea del árbol de levas de modo que estén paralelas con la parte superior de la culata y la chaveta woodruff, o la entalla, esté encarada hacia arriba; en el motor de 1,487 cc, la palabra UP (arriba), o la entalla, deben estar encaradas hacia arriba, y la marca del piñón de levas debe estar alineada con la flecha que hay en la culata.

f. Después de montar la polea (si la desmontó antes), coloque la correa de distribución. Tenga cuidado de no desbaratar el ajuste de la posición de la distribución, cuando monte la correa.

Civic de 1,342 y 1,488 cc

1. Desconecte el cable negativo de la batería.

2. Drene el radiador.

3. Desmonte el filtro de aire:

a. Desmonte la tapa del filtro de aire y el elemento de filtraje.

b. Desconecte la admisión de aire caliente y frío, y desmonte el manguito de la cámara de aire.

c. Desmonte los 3 tornillos que sujetan el filtro de aire.

d. Levante el filtro de aire sobre su alojamiento, y termine de desmontar los restantes manguitos, y el conductor del sensor de temperatura.

e. Desmonte el filtro de aire.

4. En los modelos de inyección de combustible, descargue la presión del sistema de combustible, aplicando el procedimiento siguiente:

a. Afloje lentamente el tornillo de alimentación, de la parte superior del filtro de combustible, aproximadamente una vuelta.

NOTA: Coloque un trapo de taller bajo el filtro mientras efectúa esta operación, para recoger el combustible derramado evitando que caiga sobre el motor.

b. Desconecte el manguito de retorno del combustible, del regulador de presión. Desmonte la tuerca especial, retire el manguito de combustible.

5. Desmonte el tubo de vacío del servo-freno, del colector de admisión.

6. Desmonte el conductor de masa del motor de la tapa de válvulas, y desconecte los hilos de la electroválvula de cierre del combustible, del choque automático, y del termosensor.

7. Desconecte los conductos de combustible.

8. Desconecte los cables de bujías, desde las bujías, y luego desmonte el conjunto del distribuidor.

9. Desconecte el cable de la mariposa desde el carburador.

10. Desconecte los manguitos del recipiente de carbón, y de la caja de control n.º 1, del colector de tubos.

11. Desconecte el controlador de la boquilla de aire (solamente en los modelos California).

12. Desconecte los manguitos del electroimán de control de la velocidad en vacío (sólo con acondicionador de aire).

13. Desconecte los manguitos, superior del calefactor del radiador, y del bypass.

14. En los modelos con inyección de combustible, desconecte los conectores de los subcableados del motor y los acopladores siguientes, de la culata y del colector de admisión.

- Los acopladores de los cuatro inyectores.
- El conector del sensor de TA.
- El conector de masa.
- El conector del sensor del TW.
- El conector del sensor de posición de la mariposa.
- El acoplador del sensor del ángulo de posición del cigüeñal.

15. Desmonte el manguito que une el alojamiento del termostato al colector de admisión.

16. Desconecte el acoplador del sensor de oxígeno.

17. Desmonte los tornillos de la cartela del colector de escape y el colector, y luego desmonte el colector.

18. Desmonte los tornillos del colector de admisión y la cartela.

19. Desconecte el manguito que va de la cámara de respiración al colector de admisión.

20. Desmonte las tapas de válvulas y de la correa de distribución.

21. Afloje el tornillo de ajuste del tensor de la correa de distribución, y luego retire la correa.

22. Desmonte los tornillos de la culata en el orden inverso al que viene dado en la secuencia de apriete de los tornillos de la culata.

NOTA: Desenrosque los tornillos 1/3 de vuelta cada vez y repita la secuencia para evitar posibles deformaciones de la culata.

23. Desmonte con cuidado la culata del motor.

24. Para montarla, proceda de modo inverso al desmontaje, asegúrandose de prestar especial atención en los siguientes puntos:

a. Utilice siempre una nueva junta de culata y cerciórese de que la culata, bloque del motor y junta están limpios.

b. Asegúrese de que el cilindro n.º 1 está en el punto muerto superior, y que la marca UP (arriba) de la polea de levas está en el punto superior, antes de colocar la culata en su emplazamiento.

c. Deben estar alineadas las clavijas de centrado de la culata y la boquilla de control del aceite.

d. Apriete los tornillos de la culata en dos pasos progresivos, tal como se muestra en el diagra-

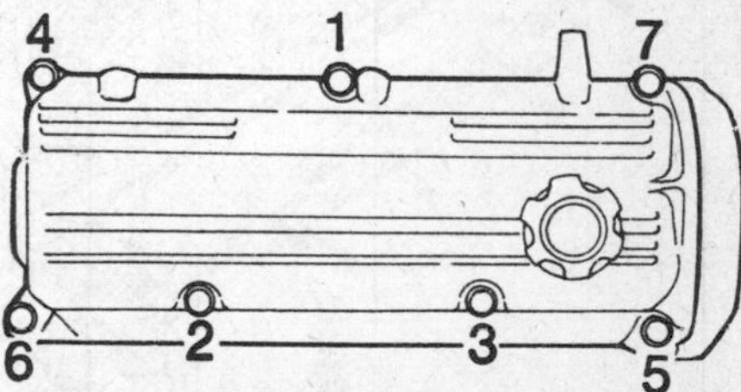

Secuencia de apriete de los tornillos de la tapa de válvulas del motor de 1342 cc

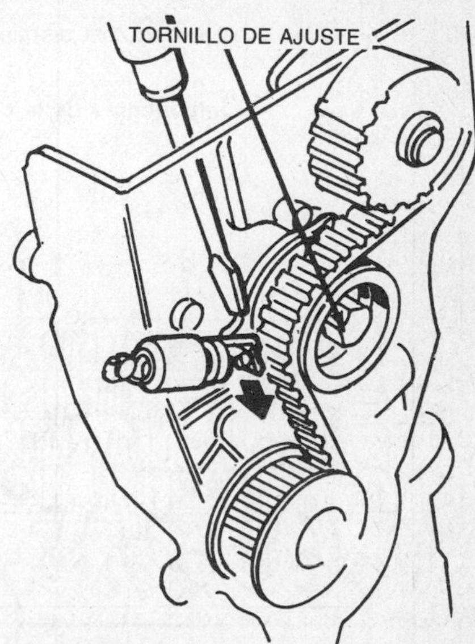

Tornillo de ajuste del tensor de la correa dentada de la distribución en los motores de 1342 y 1488 cc

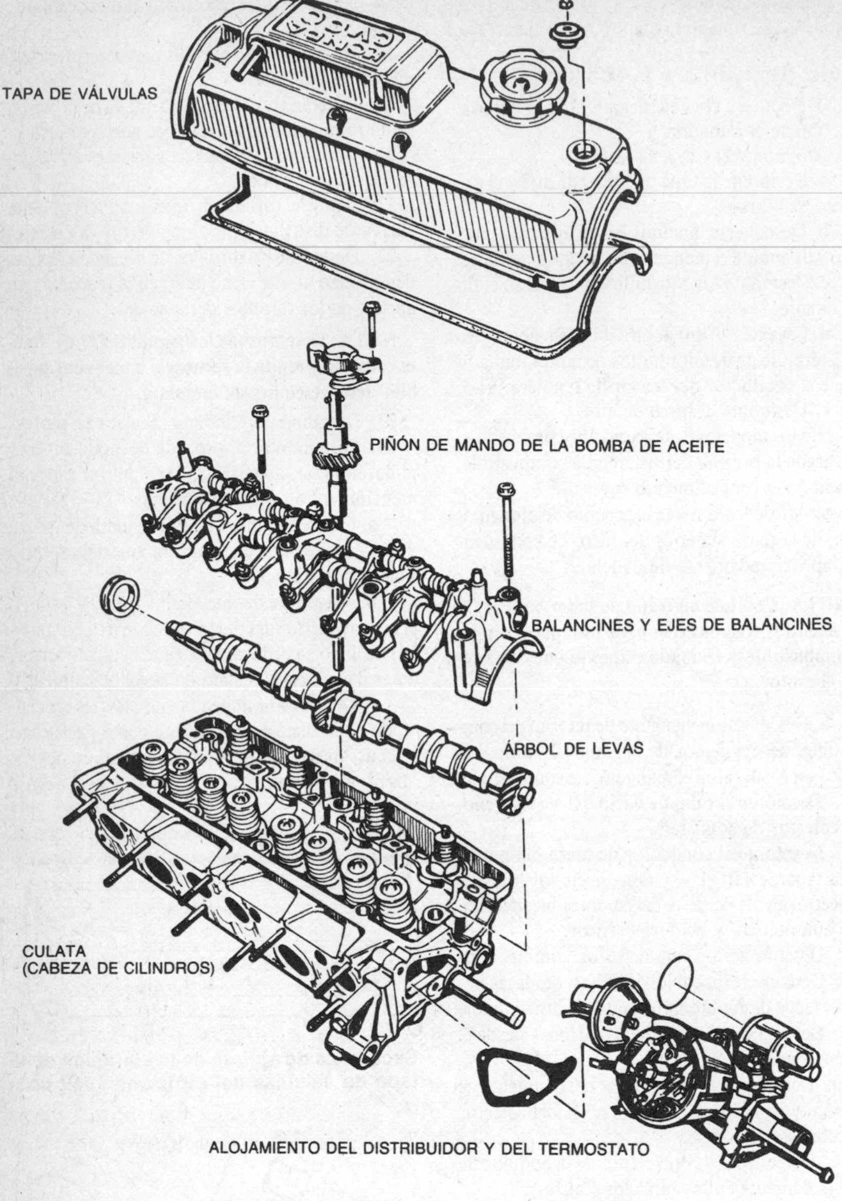

Componentes de la culata del motor CVCC

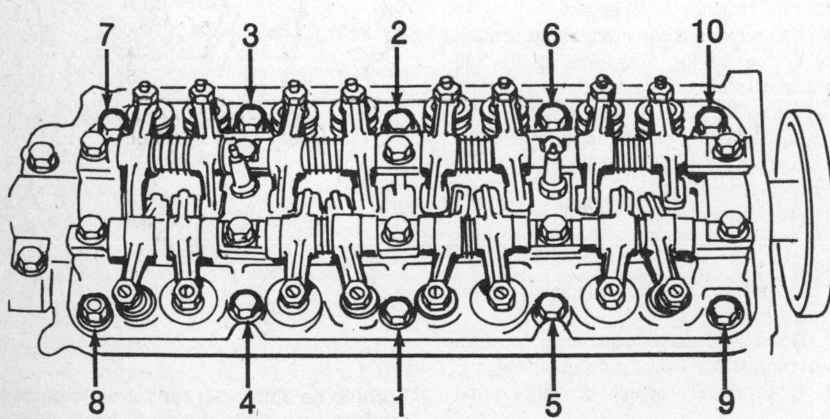

Secuencia de apriete de la culata de los motores de 1342 y 1488 cc

ma de la secuencia de apriete. Primeramente a 22 libras-pie, según la secuencia, y luego a 43 libras-pie, en la misma secuencia.

e. En los motores de 1,342 cc apriete los tornillos de la tapa de válvulas dos vueltas cada vez, en la secuencia mostrada, a 9 libras-pie.

f. Después del montaje compruebe si están montados correctamente todos los manguitos e hilos conductores.

Accord y Prelude de 1,751 cc

ATENCIÓN

La temperatura de la culata debe estar por debajo de los 100 °F.

1. Desconecte el cable de masa de la batería.

2. Drene el sistema de refrigeración.

3. Desmonte el filtro de aire, etiquetando todos los manguitos para facilitar su montaje posterior.

4. Desconecte los hilos de conexión del termosensor del aparato indicador de la temperatura, de la electroválvula de corte de la velocidad en vacío, de la electroválvula de corte primario/principal, y del choque automático.

5. Desconecte los conductos de combustible y el cable de la mariposa desde el carburador.

6. Etiquete todos los manguitos de emisión que van al carburador, y luego desmóntelos así como el carburador.

7. Desconecte todos los hilos y manguitos del distribuidor, etiquetándolos para facilitar su montaje posterior, y luego desmonte el distribuidor.

8. Desmonte todos los manguitos del refrigerante de la culata

9. Desconecte los conductos de aire caliente y el tubo caliente desde la culata. Afloje los tornillos de la cartela del colector de escape al motor para facilitar el armado.

10. Si va equipado con dirección asistida, afloje el tornillo de ajuste y desmonte la correa. Desconecte los manguitos y tapónelos, así como las tomas, para evitar la posible contaminación con la entrada de materias extrañas. Desmonte el tornillo de montaje de la bomba, y gírela hacia el lado derecho del motor.

11. En los coches sin acondicionador de aire, desmonte el tornillo que sujeta la cartela del alternador a la culata. Afloje el tornillo de ajuste.

12. En los vehículos con acondicionador de aire, desmonte el alternador y la cartela del mismo.

13. Desconecte el manguito de vacío del servofreno, de la válvula de una sola dirección (antirretorno).

14. Desmonte la tapa de válvulas y la tapa superior del tornillo de la distribución.

15. Afloje los tornillos pivote y de ajuste de la correa de distribución, y retire la correa deslizándola fuera de la polea.

16. Desmonte la tapa del piñón de la bomba de aceite, y saque de la culata el árbol de la bomba de aceite.

17. Desmonte los tornillos de la culata en secuencia, partiendo de los extremos y cruzando la culata, hacia el centro. Esto es, la inversa de la secuencia de apriete. Para evitar posibles deformaciones, desenrosque los tornillos 1/3 de vuelta cada vez, y repita esta secuencia hasta aflojarlos totalmente.

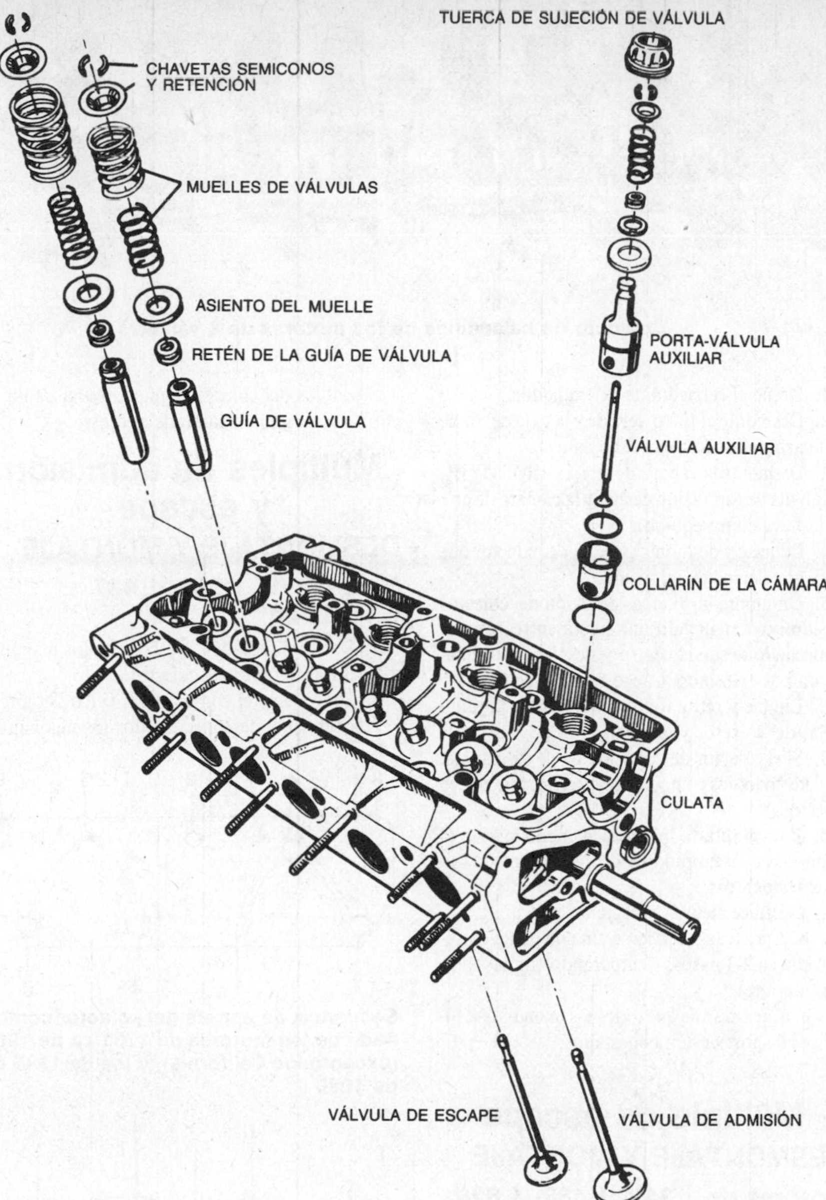

Culata y tren de válvulas de los motores de 8 válvulas

18. Levante con cuidado la culata del bloque.

19. Limpie meticulosamente las superficies de contacto de la culata y el bloque.

20. Utilice para el montaje siempre juntas nuevas.

21. Monte la culata en el orden inverso al empleado en desmontarla. Asegúrese de que las clavijas de centrado están alineadas. Cerciórese de que la marca UP (arriba), o el corte de la polea de la correa de distribución, se hallan en la parte superior. Apriete los tornillos de la culata en dos pasos iguales. Apriételos todos a 22 libras-pie según la secuencia, y luego a 43 libras-pie en el paso final.

Accord y Prelude de 1,829 y 1,955 cc

ATENCIÓN

La temperatura de la culata debe estar por debajo de los 100 °F.

1. Desconecte el cable de masa de la batería.

2. Drene el sistema de refrigeración.

3. Desmonte el manguito de vacío del servofreno.

4. Desmonte los conductos de admisión de aire de la caja del filtro de aire.

5. En los modelos de inyección de combustible, descargue la presión del sistema de combustible, aplicando el procedimiento siguiente:

a. Afloje lentamente el tornillo de servicio que hay sobre el filtro de combustible, aproximadamente una vuelta.

NOTA: Coloque un trapo bajo el filtro mientras dura este proceso, para evitar que se derrame combustible sobre el motor.

b. Desconecte el manguito de retorno de combustible desde el regulador de presión. A continuación desmonte la tuerca especial y luego desmonte el manguito de combustible.

6. Desmonte el cable de la masa secundaria, de la tapa de válvulas.

7. Desmonte el filtro de aire, etiquetando los manguitos para facilitar su montaje posterior.

8. Desconecte los hilos del choque (estrangulador) automático y de la electroválvula de corte de combustible.

9. Desconecte el cable de la mariposa y las conducciones de combustible.

10. Desconecte el conector y los manguitos del distribuidor.

11. En los modelos de inyección de combustible, desconecte los conectores de los sub-cableados del motor, y los siguientes acopladores de la culata y del colector de admisión.

- Los acopladores de los cuatro inyectores.
- El conector del sensor TA.
- El conector de masa.
- El conector del sensor de TW.
- El conector del sensor de posición de la mariposa
- El acoplador del sensor del ángulo de posición del cigüeñal.

12. Desconecte el manguito de la caja de control n.º 1, del colector de tubos.

13. En los modelos California y de elevada altitud, desconecte los manguitos del controlador de la boquilla de aire.

14. Desconecte el acoplador del sensor de oxígeno.

15. Desconecte los manguitos del sistema de refrigeración y de la culata.

16. Desmonte la bomba del servo de la dirección asistida (en los modelos equipados con ella), pero NO desconecte los manguitos de la bomba. Asimismo, desmonte el tornillo de la abrazadera de la culata.

17. Desmonte la cartela de la dirección asistida.

18. Desconecte el conector de la caja de control n.º 2. Eleve la caja de control de su cartela, y déjela colgando próxima al carburador (si la lleva como equipo).

19. Desmonte la cámara de aire, y en los modelos con acondicionador de aire, desconecte los manguitos del electroimán de ayuda de la velocidad en vacío.

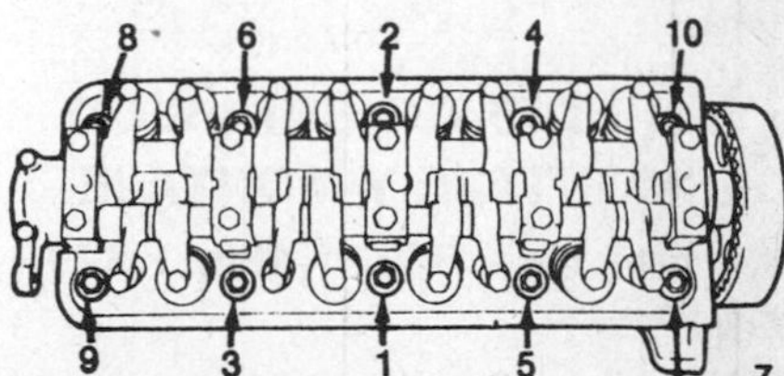

Secuencia de apriete de la culata de los motores de 1829 y 1955 cc

20. Desmonte la protección del motor contra las salpicaduras de la parte inferior del vehículo (si la lleva como equipo).

21. Desmonte el tubo cabezal de escape, y sáquelo de su colector.

22. Desmonte los tornillos de montaje de la base del filtro de aire, y desconecte el manguito que va del colector de admisión a la cámara de respiración.

23. Desmonte la tapa de válvulas y la tapa superior de la correa de distribución, y luego afloje el tensor de la correa para desmontarla.

24. Desmonte los tornillos de la culata y retire la culata.

NOTA: Desenrosque los tornillos de la culata 1/3 de vuelta, en el orden inverso al de la secuencia de apriete, cada vuelta hasta aflojarlos del todo, para evitar la deformación de la culata.

25. El montaje debe efectuarlo en orden inverso al desmontaje, tomando nota de los siguientes puntos:

a. Asegúrese de que las superficies de la junta de culata están limpias.

b. Asegúrese de que la marca UP (arriba), que hay en la polea de la correa de distribución, está en la posición superior.

c. Asegúrese de que las clavijas de centrado de la culata están alineadas.

d. Ajuste la distribución de válvulas.

e. Apriete los tornillos de la culata en dos pasos. Apriete todos los tornillos, según la secuencia, a 22 libras-pie, y luego a 49 libras-pie en el paso final.

Conjunto de balancines de los motores de 8 válvulas

Árbol de levas y eje de balancines

DESMONTAJE Y MONTAJE

NOTA: Para facilitar el montaje, asegúrese de que el pistón nº 1 está en el punto muerto superior, antes de desmontar el árbol de levas.

1. Siga el procedimiento de desmontaje de la culata antes de intentar desmontar el árbol de levas.
2. Afloje los tornillos de los soportes de los árboles de levas y balancines, según una pauta entrecruzada, empezando por el soporte exterior.
3. Desmonte los balancines, ejes y soportes como un conjunto.
4. Levante el árbol de levas y el retén de la culata derecha (o el cuerpo del velocímetro si va equipado con él).
5. Para montarlo, proceda de modo inverso al desmontaje, asegurándose de que monta los tornillos de los soportes en dicho orden inverso.

NOTA: Desenrosque los tornillos de ajuste de válvulas, antes de montar los balancines. Luego ajuste las válvulas tal como se ha explicado anteriormente.

Múltiple de admisión

DESMONTAJE Y MONTAJE

Motores de 1,342, 1,488, 1,829 y 1,955 cc

1. Drene el refrigerante del radiador.
2. Desmonte el filtro del aire y la caja del (o de los) carburador (o carburadores).
3. Desmonte la válvula de aire, la válvula EGR, la válvula de aspiración de aire y la cámara de aire (si la lleva como equipo).
4. Etiquete y desmonte cualquier conductor que vaya al colector de admisión.
5. Desmonte las tuercas de unión del colector de admisión siguiendo una pauta entrecruzada, empezando desde el centro y desplazándose hacia ambos extremos. Luego retire el colector.
6. Limpie y retire todo el material de la junta vieja, del colector y la culata.
7. Si el colector de admisión ha de sustituirse, traslade todos los componentes necesarios al nuevo colector.
8. Para montarlo, proceda de modo inverso al desmontaje, asegurándose de que observa los siguientes puntos:

a. Utilice siempre una junta nueva.

b. Apriete las tuercas según una pauta entrecruzada en 2-3 pasos, y empezando con las tuercas interiores.

c. Cerciórese de que todos los manguitos e hilos conductores están conectados.

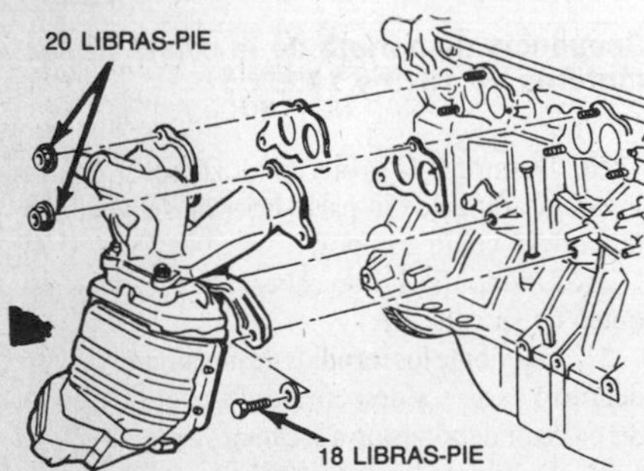

Montaje del colector de escape de los motores de 1342 y 1488 cc

Múltiple de escape

DESMONTAJE Y MONTAJE

Motores de 1,342, 1,488, 1,829 y 1,955 cc

ATENCIÓN

No realice esta operación en un motor aún templado o caliente.

1. Desmonte los tornillos de unión del tubo cabezal, o del convertidor catalítico, al colector de escape.
2. Desmonte el sensor de oxígeno (si lo lleva como equipo).
3. Desmonte los tubos de EGR y de aspiración de aire (si los lleva como equipo).
4. Desmonte la protección del colector de escape.
5. Desmonte los tornillos de la cartela del colector de escape.
6. Desmonte las tuercas de unión del colector de escape aplicando una pauta entrecruzada, comenzando desde el centro, y desmontando el colector.
7. Para montarlo, proceda de modo inverso al desmontaje. Utilice juntas nuevas, y apriete los tornillos del colector siguiendo una pauta entrecruzada, iniciada desde el centro.

Múltiples de admisión y escape

DESMONTAJE Y MONTAJE

Motores de 1,335, 1,487 y 1,751 cc

1. Drene el radiador. Desconecte los manguitos del refrigerante del colector.
2. Desconecte el conjunto del filtro del aire.
3. Etiquete y desconecte todos los manguitos

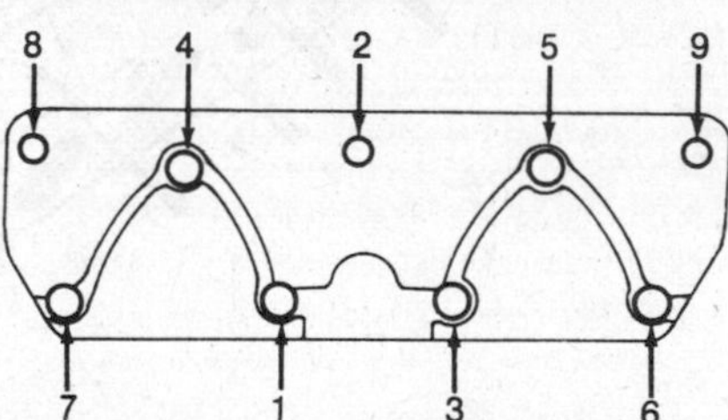

Secuencia de apriete del colector combinado de los motores de 1751 cc de 1980 (excepto los California), y los de 1335 cc de 1980

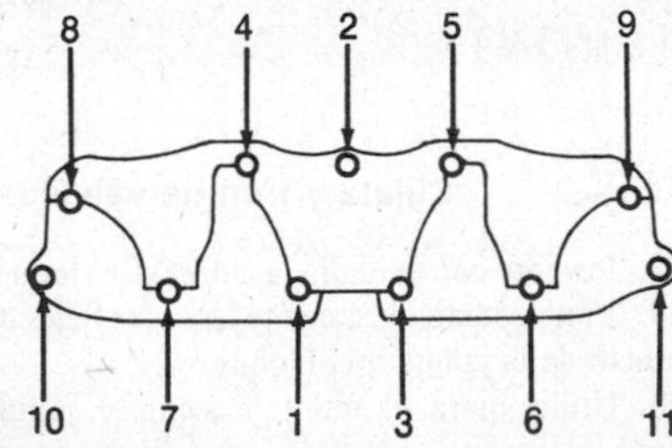

Secuencia de apriete del colector combinado de los motores de 1751 cc de 1982-83

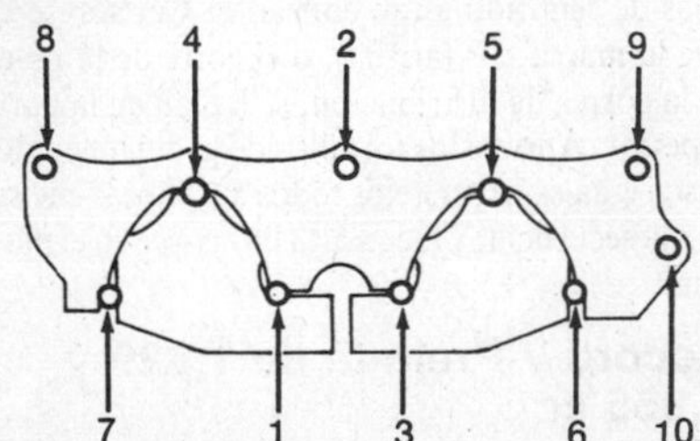

Secuencia de apriete del colector combinado de los motores de 1487 cc de 1980-81, 1335 cc de 1981, 1751 cc de 1980 (Calif.), y todos los de 1751 cc de 1981

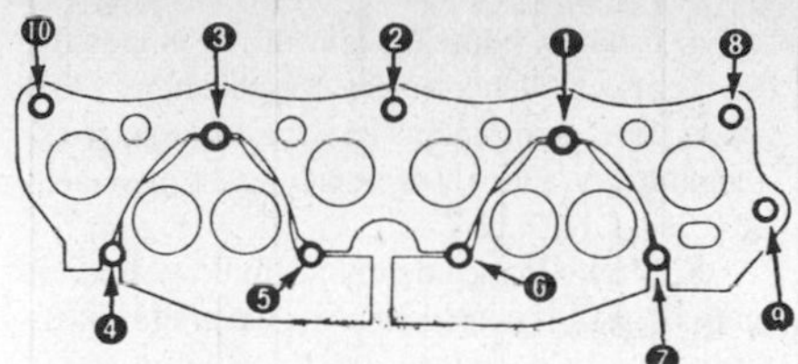

Secuencia de apriete del colector combinado de los motores de 1335 y 1487 cc de 1982-83

de vacío y conductores eléctricos del control de emisión.

4. Desconecte los conductos de combustible, y los reenvíos de la mariposa y el choque.

5. Desmonte el carburador del colector de admisión.

6. Desmonte la protección del calor, de la parte superior. Afloje, pero no desmonte, los cuatro tornillos que sujetan el colector de admisión al colector de escape.

7. Desconecte el tubo de escape del colector.

8. Desmonte las tuercas que unen los colectores de admisión y escape a la culata. Los dos colectores se desmontan como una sola unidad.

9. Para el montaje, invierta el procedimiento antes mencionado, utilizando juntas nuevas. Las arandelas gruesas utilizadas bajo las tuercas de retención de la culata al colector, debe colocarlas con la cara hueca (cóncava), mirando hacia el motor. Apriete las tuercas siguiendo la secuencia que muestra la especificación en la tabla de Especificaciones de apriete. Reajuste los reenvíos del choque y la mariposa, y purgue de aire el sistema refrigerante.

Tapa de la correa de distribución (banda de sincronizacion)

DESMONTAJE Y MONTAJE

1. Alinee la polea del cigüeñal, o el indicador del volante, en el punto muerto superior (PMS).

2. Desmonte el tornillo(s) que sujeta la tapa superior de la correa de distribución y desmonte la tapa.

3. Afloje el alternador y la bomba de aire (si la lleva como equipo), y desmonte la correa(s) de la polea.

4. Desmonte los tornillos de la polea de la bomba de agua, y la polea (excepto en los Civic de 1984 y posteriores).

5. Desmonte el tornillo de unión de la polea del cigüeñal. Utilice un extractor de poleas de dos mandíbulas para desmontar la polea del cigüeñal.

NOTA: El tornillo del cigüeñal no puede utilizarse otra vez. Debe sustituirlo cada vez que lo desmonte.

6. Desmonte los tornillos de retención de la tapa del piñón de distribución, y la tapa.

7. Para el montaje, siga el proceso inverso al desmontaje. Asegúrese de que las platinas-guía de la distribución, poleas, y retén delantero se hallan correctamente montados sobre el cigüeñal, antes de colocar la tapa.

Correa de distribución y tensor

DESMONTAJE Y MONTAJE

1. Gire la polea del cigüeñal hasta que el cilindro n.º 1 se halle en el punto muerto superior (PMS) de la carrera de compresión. Esto lo puede resolver observando las válvulas (todas cerradas), o palpando (con su dedo pulgar, o un aparato medidor de la compresión), en el orificio de la bujía, la presión al hacer girar el motor.

2. Desmonte la correa de la polea, la polea de la bomba del agua (si la lleva como equipo), la polea del cigüeñal, y la tapa del piñón de distribución. Marque la dirección de rotación de la correa de distribución.

3. Afloje, pero no desmonte, el tornillo de ajuste del tensor y el tornillo-pivote.

4. Deslice la correa de distribución fuera de la polea dentada del árbol de levas, de la del cigüeñal, y de la polea de la bomba (si la lleva como equipo), retirándola luego del motor.

5. Para desmontar la polea dentada de distribución del árbol de levas, desmonte primero el tornillo central, y extraiga luego la polea dentada con un extractor de poleas, o con un martillo de latón. Esto puede llevarlo a cabo desmontando la tapa superior de la correa de distribución, aflojando los tornillos del tensor, y deslizando afuera la correa de distribución para dejar la polea lista para el desmontaje.

NOTA: Si desmonta la polea dentada de distribución con la tapa de la correa en su emplazamiento, asegúrese de no dejar caer la chaveta Woodruff (escalonada) en el interior de la tapa de distribución, cuando efectúe la extracción de la polea del árbol de levas.

Inspeccione la correa de distribución. Sustitúyala si tiene más de 10,000 millas de uso; si está impregnada de aceite (investigue asimismo la causa de la pérdida de aceite), o si hay desgaste en los bordes de ataque de los dientes de la correa.

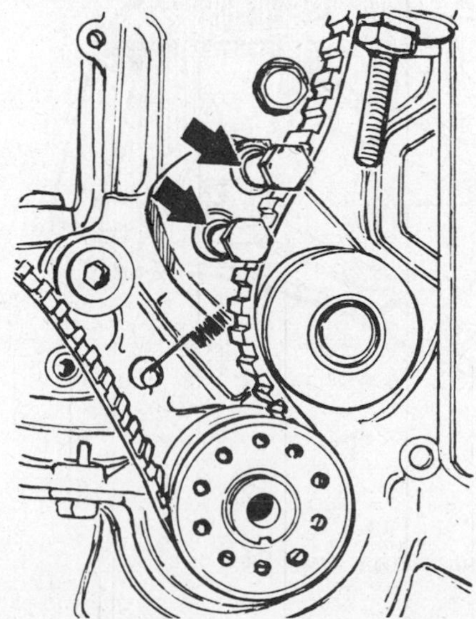

Ajuste típico del tensor de la correa de distribución

6. Para montarla, invierta el proceso del desmontaje. Cerciórese del posicionado de las poleas dentadas del cigüeñal y del árbol de levas, en el punto muerto superior (PMS).

Cuando monte la correa de distribución, no permita de ningún modo que el aceite entre en contacto con la correa. El aceite puede hacer que la goma se hinche por absorción. Tenga cuidado asimismo, de no doblar o retorcer innecesariamente la correa, pues está fabricada con fibra de vidrio; ni tampoco debe usar herramientas con bordes agudos o cortantes, al desmontar o montar la correa. Asegúrese de montar la correa con la flecha apuntando hacia la misma dirección en la que se hallaba cuando la desmontó.

Después de montada la correa de distribución, ajuste su tensión girando primeramente el cigüeñal en sentido contrario a las saetas del reloj 1/4 de vuelta, o 3 dientes de la polea del árbol de levas. Luego, vuelva a apretar el tornillo de ajuste, y finalmente el tornillo-pivote del tensor.

ATENCIÓN

No desmonte los tornillos de ajuste o de pivotaje, aflójelos solamente. Cuando ajuste, no emplee otra fuerza que la propia del muelle de ajuste. Si la correa está demasiado tensa, puede resultar acortada su vida útil.

Pistones y bielas

DESMONTAJE Y MONTAJE

Para el desmontaje realizado con el motor fuera del auto, comience por el paso 8.

1. Drene el radiador.

2. Drene el aceite del motor.

3. Eleve la parte delantera del vehículo y sopórtelo con seguridad sobre caballetes.

4. Acople una cadena a la cartela del cable del embrague, sobre la caja de transmisión, y elévela justo lo suficiente para descargar el peso del montaje central.

5. Desmonte la protección inferior contra salpicaduras.

Marque los pistones y bielas, en el caso de que no vengan marcados de fábrica

NOTA: No desmonte el soporte izquierdo del motor.

6. Desmonte el basculante central y el soporte inferior del motor.

7. Desmonte la culata.

8. Afloje los tornillos del cárter, y desmonte el cárter y la protección del volante contra el polvo. Afloje los tornillos del cárter aplicando una pauta entrecruzada, comenzando con el tornillo exterior.

Para desmontar el cárter golpee suavemente las esquinas del cárter de aceite, con una maza de plástico. No es necesario que desmonte la junta a menos que esté estropeada

NOTA: El desmontaje del cárter, en el modelo Civic, 4x4, le exige el desmontaje de la caja de transferencia. Consulte, para este procedimiento, el Desmontaje de la caja de transferencia.

SEGMENTOS DEL PISTÓN (ANILLOS)
PISTÓN
EJE DEL PISTÓN O BULÓN
BIELA
SEMICOJINETE DE BIELA
BLOQUE DE CILINDROS
CABEZA DE COJINETE (SOMBRERETE) Y SEMICOJINETE DE BIELA

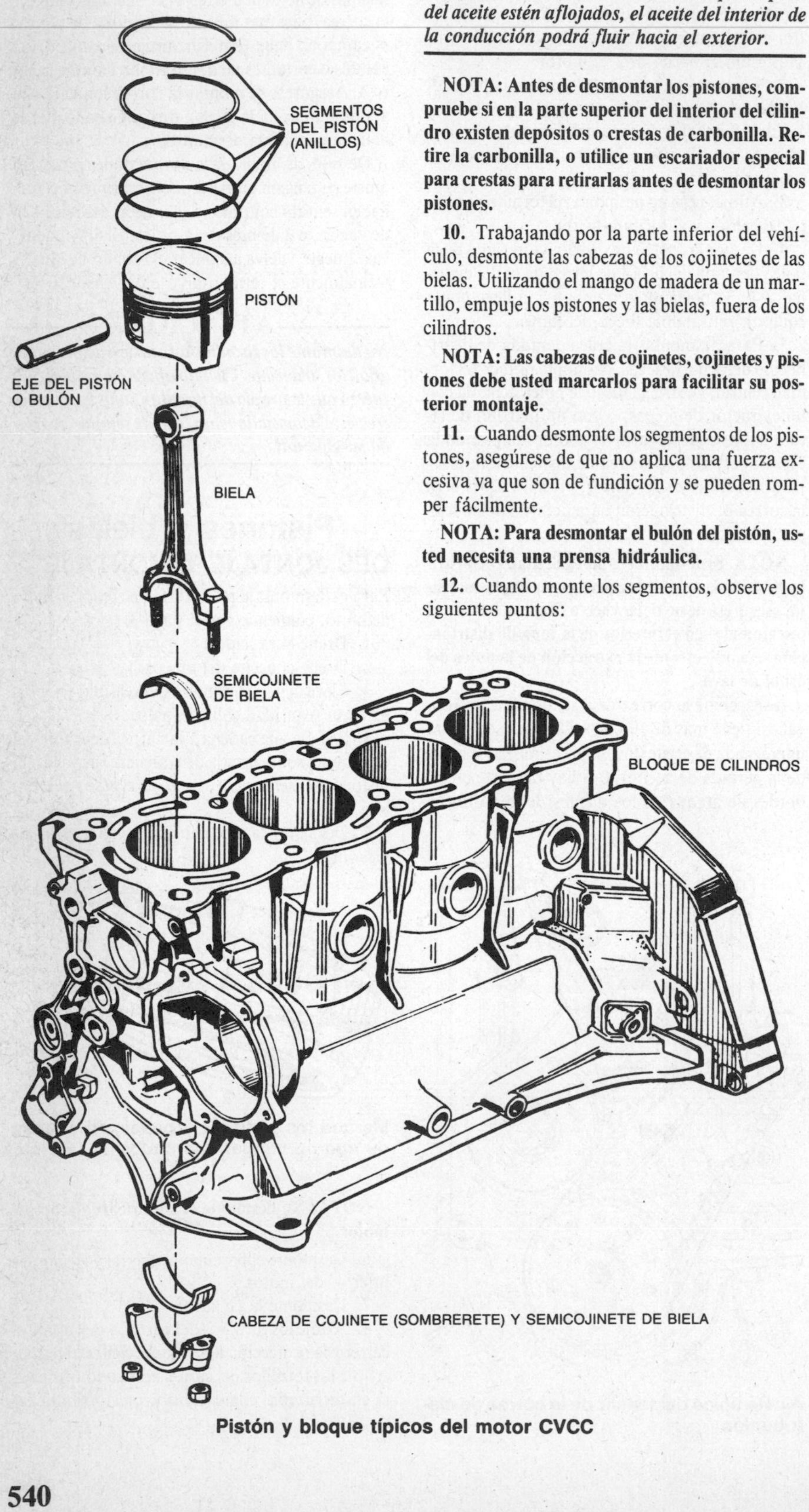

Pistón y bloque típicos del motor CVCC

ATENCIÓN

No haga palanca hacia afuera sobre el cárter con la punta de un destornillador.

9. Desmonte el bloque del paso de aceite y el conjunto de la bomba de aceite.

ATENCIÓN

Tan pronto como los tornillos del bloque de paso del aceite estén aflojados, el aceite del interior de la conducción podrá fluir hacia el exterior.

NOTA: Antes de desmontar los pistones, compruebe si en la parte superior del interior del cilindro existen depósitos o crestas de carbonilla. Retire la carbonilla, o utilice un escariador especial para crestas para retirarlas antes de desmontar los pistones.

10. Trabajando por la parte inferior del vehículo, desmonte las cabezas de los cojinetes de las bielas. Utilizando el mango de madera de un martillo, empuje los pistones y las bielas, fuera de los cilindros.

NOTA: Las cabezas de cojinetes, cojinetes y pistones debe usted marcarlos para facilitar su posterior montaje.

11. Cuando desmonte los segmentos de los pistones, asegúrese de que no aplica una fuerza excesiva ya que son de fundición y se pueden romper fácilmente.

NOTA: Para desmontar el bulón del pistón, usted necesita una prensa hidráulica.

12. Cuando monte los segmentos, observe los siguientes puntos:

a. Cuando monte el segmento de engrase de tres piezas, coloque primero el espaciador, y luego los raíles en posición. Las aberturas entre extremos de los raíles y el espaciador debe oscilar entre 0.787-1.181'' (2-3 cm).

b. Monte los segmentos segundo y superior sobre el pistón, con sus marcas encaradas hacia arriba.

c. Después de que haya montado todos los segmentos sobre el pistón, gírelos para cerciorarse de que se mueven suavemente, sin señales de agarrotamiento.

d. Las aberturas de los segmentos deben estar colocadas alternativamente a 120 grados, y NO deben estar en dirección a las cabezas de los bulones, o en ángulo recto a éstos. La abertura del segmento de engrase de tres piezas está referida al espaciador intermedio.

NOTA: Los pistones y segmentos se hallan disponibles en los cuatro tamaños sobredimensionados siguientes: 0.010'' (0.25 mm), 0.020'' (0.50 mm), 0.030'' (0.75 mm) y 0.040 (1.00 mm).

13. Utilizando un compresor de segmentos, monte el pistón dentro del cilindro con la falda sobresaliendo aproximadamente 1/3 de la altura del pistón por debajo del compresor de segmentos. Previamente al montaje, aplique una fina capa de aceite a los segmentos y a la pared interior del cilindro.

NOTA: Cuando monte el pistón, el orificio de la boquilla de aceite de la biela, o la marca que hay sobre la cabeza del pistón debe encararse hacia el colector de admisión.

14. Utilizando el mando de madera de un martillo, presione lentamente el pistón dentro del cilindro. Guíe la biela de modo que no cause daño alguno a las muñequillas del cigüeñal.

15. Vuelva a montar los restantes componentes en el orden inverso al desmontaje. Monte las cabezas de los cojinetes de las bielas de modo que los huecos de la cabeza y la biela queden al mismo lado. Después de apretados los tornillos de la cabeza desplace la biela hacia atrás y adelante sobre la muñequilla, para comprobar si hay agarrotamientó.

Para todos los procedimientos de mantenimiento de pistones y bielas, por favor consulte el capítulo Reconstrucción del motor, en la sección de Reparación.

LUBRICACIÓN DEL MOTOR

Cárter

DESMONTAJE Y MONTAJE

NOTA: El desmontaje del cárter en el modelo Civic 4x4, requiere que desmonte la caja de transferencia. Por favor, consulte para los procedimientos, la sección Caja de transferencias.

1. Drene el aceite del motor.

2. Eleve la parte delantera del vehículo y sopórtela con seguridad sobre caballetes. Desmonte la protección inferior contra salpicaduras (si la lleva como equipo).

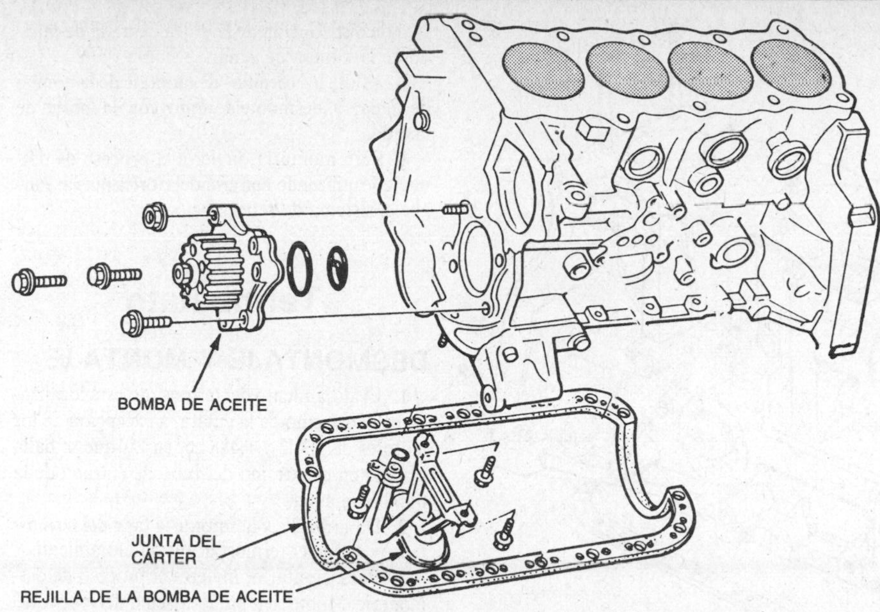

Desmontaje de la bomba de aceite de los motores de 1829 y 1955 cc

3. Acople una cadena a la cartela de la caja de transmisión y elévela lo suficiente para descargar el peso del montaje central.

NOTA: No desmonte el soporte izquierdo del motor.

4. Desmonte el basculante central y el soporte inferior.

5. Afloje los tornillos del aceite, y desmonte el cárter y la protección del volante contra el polvo.

NOTA: Afloje los tornillos según una pauta entrecruzada, comenzando con el tornillo exterior. Para desmontar el cárter, golpee suavemente con una pequeña maza de plástico los ángulos del cárter. No es necesario que desmonte la junta a menos que esté deteriorada.

6. Para montarlo, siga el proceso inverso al del desmontaje. Aplique una capa de sellador a toda la superficie de contacto del bloque motor, a excepción del retén de aceite del cigüeñal, antes de ajustar la posición del cárter. Apriete los tornillos siguiendo una secuencia circular, comenzando en el centro y continuando hacia los extremos.

Retén de aceite principal trasero

SUSTITUCIÓN

El retén trasero está montado en la cabeza del cojinete principal trasero. La sustitución del retén requiere el desmontaje de la transmisión, el volante y el alojamiento del embrague, así como del cárter. Consulte las secciones correspondientes para el correcto desmontaje y montaje de los componentes antes mencionados. Ambos retenes delantero y trasero, han sido montados después de que las cabezas de los cojinetes hayan sido apretadas, si se desmontó el cigüeñal. Debe usar útiles de montaje especiales.

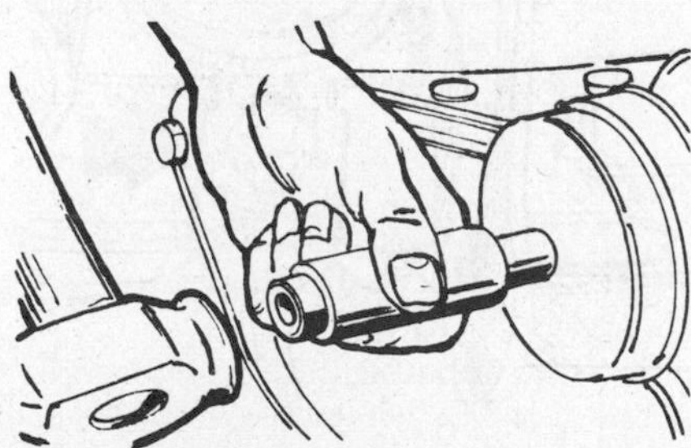

Introducción del retén principal trasero

Bomba de aceite

DESMONTAJE Y MONTAJE

Motores de 1,335, 1,487 y 1,751 cc

Para desmontar la bomba de aceite, siga el procedimiento siguiente, dado para el desmontaje y montaje del cárter. Después de que se haya desprendido el cárter, desatornille simplemente el conjunto del bloque de paso del aceite, y la bomba del motor. Desmonte la rejilla de la bomba para encontrar el último tornillo. Cuando monte la bomba, apriete los tornillos no más de 8 libras-pie.

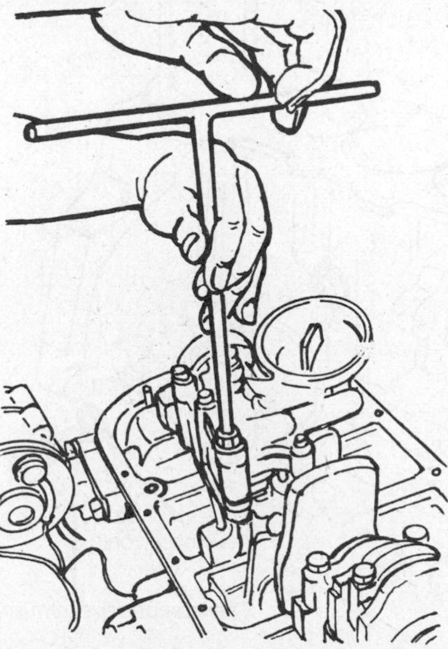

Desmontaje de la bomba de aceite de los motores de 1335, 1487 y 1751 cc

Motores de 1,342, 1,488, 1,829 y 1,955 cc

Para desmontar la bomba de aceite, siga el procedimiento dado para el desmontaje de la tapa de la correa de distribución. Después de desmontar la tapa, desmonte la correa de distribución, y desatornille la bomba de aceite sacándola del bloque. Cuando monte la bomba, apriete los tornillos a 9 libras-pie, y las tuercas a 5 libras-pie. Para desmontar la rejilla de la toma de aspiración de la bomba de aceite siga el procedimiento de desmontaje del cárter.

REFRIGERACIÓN DEL MOTOR

Radiador

DESMONTAJE Y MONTAJE

NOTA: Cuando desmonte el radiador, cuide de no dañar el núcleo y las aletas.

1. Drene el radiador.

2. Desconecte el conductor del interruptor térmico y del motor del ventilador. Desmonte la protección del ventilador (si la lleva como equipo).

3. Desconecte el manguito superior del refrigerante, del depósito superior del radiador, y el manguito inferior, del tubo de conexión de la bomba de agua. Desconecte y tapone las conducciones de refrigeración de la transmisión automática, de la parte inferior del radiador (si va equipado con ella).

4. Desmonte los manguitos del depósito de reserva del refrigerante (si lo lleva como equipo).

5. Desacople los tornillos de montaje del radiador, y desmonte el radiador con el ventilador acoplado. El ventilador lo puede desmontar fácilmente desatornillándolo de la parte trasera del radiador.

6. Para montarlo, invierta el proceso del desmontaje. Purgue el sistema de refrigeración.

Bomba de agua

DESMONTAJE Y MONTAJE

Todos excepto los de 1,342 y 1,488 cc

1. Drene el radiador.

2. Afloje los tornillos del alternador. Desplace el alternador hacia el bloque de cilindros, y desmonte la correa de mando.

3. Desmonte los tornillos de sujeción de la bomba, y la bomba junto con la polea y el retén de goma.

4. Para montarla, proceda de modo inverso al desmontaje, utilizando una junta nueva. Purgue el sistema de refrigeración.

Motores de 1,342 y 1,488 cc

1. Drene el radiador.

2. Siguiendo los procedimientos explicados en Tensor y correa de distribución, desmonte la co-

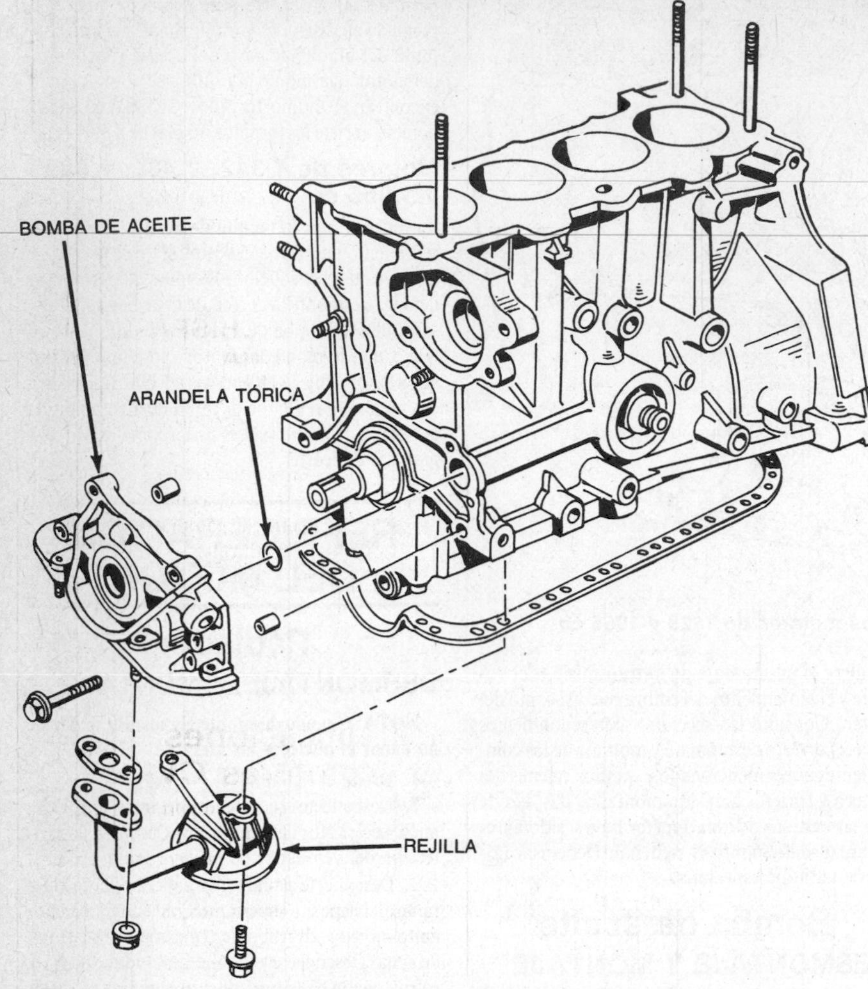

Montaje de la bomba de aceite de los motores de 1342 y 1488 cc

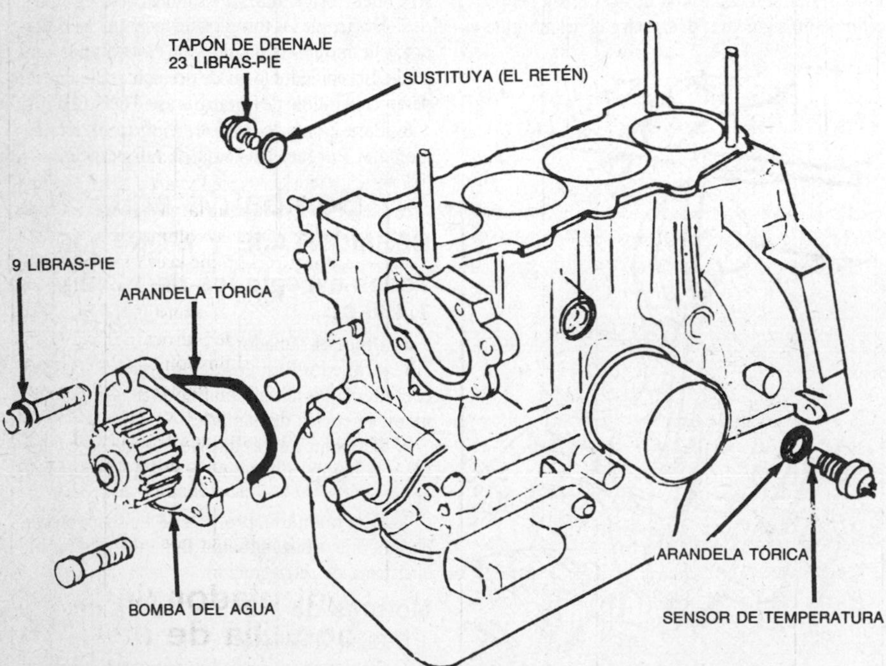

Sustitución de la bomba del agua de los motores de 1342 y 1488 cc

rrea de distribución de la polea dentada de mando de la bomba de agua.

3. Afloje los tornillos de montaje de la bomba de agua, y desmóntela junto con la polea de mando.

4. Para montarla, invierta el proceso de desmontaje utilizando una arandela tórica nueva. Purgue el sistema de refrigeración.

Termostato

DESMONTAJE Y MONTAJE

1. El alojamiento del termostato está localizado en el extremo de la culata, a excepción de los motores de 1,342 y 1,488 cc, en los que se halla situado en el extremo del tubo de entrada de la bomba de agua.

2. Desatornille y desmonte la tapa del termostato, y saque el termostato de su alojamiento.

3. Para montarlo, invierta el proceso de desmontaje. Monte siempre el extremo del muelle del termostato dirigido hacia el motor. Apriete los dos tornillos de la tapa a 7 libras-pie. Utilice siempre una junta nueva. Purgue el sistema refrigerante.

SANGRADO DEL SISTEMA REFRIGERANTE

1. Afloje el tornillo de purga del aire que hay en la salida del agua y luego llene el radiador hasta la parte inferior del cuello de la boca de carga, con fluido de refrigeración anticongelante. Apriete el tornillo de purga en cuanto comience a salir el refrigerante en forma de chorro sólido, libre de burbujas de aire.

2. Con la tapa del radiador quitada, arranque el motor y déjelo que eleve su temperatura (el ventilador de refrigeración deberá ponerse en marcha al menos dos veces). Luego, si es necesario, añada más fluido de refrigeración anticongelante para reponer el nivel hasta la parte inferior de la boca de llenado.

3. Ponga la tapa del radiador en su sitio, vuelva a arrancar el motor y compruebe si hay pérdidas.

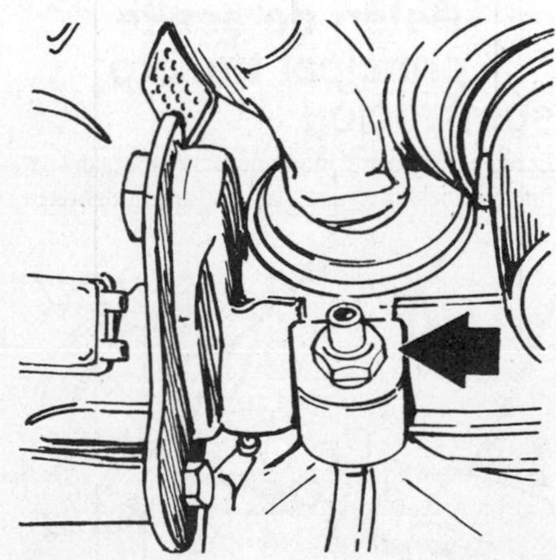

Tornillo de purga del aire del sistema refrigerante

CONTROLES DE EMISIÓN

Información general

Los controles de emisión caen dentro de estos tres sistemas básicos: sistema de control de emisión del cárter del cigüeñal, sistema de control de emisión de escape y sistema de control de emisión de la evaporación.

Tornillo típico de sangrado del alojamiento del termostato y del sistema refrigerante

EQUIPOS DE EMISIÓN UTILIZADOS

Control de emisión del cárter del cigüeñal
Sistema cerrado
Válvula de descarga positiva del cárter del cigüeñal

Control de emisión de la evaporación
Recipiente de carbón-sencillo
Electroválvula de corte de la descarga de aire
Válvula de control de purga
Tapón de llenado de combustible con válvula de descarga
Limitador de exceso de llenado con válvula de dos vías
Válvula de control de combustible

Control de emisión de escape
Sistema de control de la boquilla de aire principal
Convertidor catalítico, tipo doble, de tres vías
Sistema de suministro de aire secundario
Sistema de recirculación de gases de escape (EGR)
Válvula EGR (recirculación gases de escape)
Sistema de control de la mariposa
Sistema de control de combustible, sistema de carburador controlado electrónicamente (ECC) (electronic controled carburetor)
Sistema de inyección controlada electrónicamente (sólo en los modelos de inyección de combustible)
Sistema de carburador con retroalimentación
Filtro de aire electrostático
Sensor de oxígeno
Pistón de amortiguación
Compensación de altitudes elevadas
Válvula antiposcombustión
Controlador de la boquilla de aire
Sistema de cierre de la mariposa (sólo en el motor del Civic de 1.5 L HF).

Sistema de control de emisión del cárter del cigüeñal

Todos los motores están equipados con un sistema de retorno doble para evitar las emisiones de vapores del cárter del cigüeñal. El gas soplado es devuelto a la cámara de combustión a través del filtro de aire del colector de admisión y el carburador. Cuando la mariposa está parcialmente abierta, el gas soplado es devuelto al colector de admisión a través de los tubos respiraderos, conduciéndolo por el orificio en forma de T situado en el exterior del colector de admisión. Cuando la mariposa está totalmente abierta y se eleva el vacío en el filtro de aire, el gas soplado es devuelto al colector de admisión a través de un paso suplementario que hay en la caja del filtro de aire.

Sistema de control de emisión de escape

El control de las emisiones de escape, hidrocarburos (HC), monóxido de carbono (CO), y óxidos de nitrógeno (NOx), se logra mediante una combinación de modificaciones del motor y dispositivos de control especiales. Las modificaciones del motor comprenden perfeccionamientos en la cámara de combustión, colector de admisión, distribución de válvulas, carburador y distribuidor. Estas modificaciones, junto con los dispositivos de control especiales, capacitan al motor para producir bajas emisiones con mezclas pobres de aire-combustible, mientras se mantiene una buena gobernabilidad. Los dispositivos especiales de control consisten en los siguientes:

a. Control de temperatura del aire de admisión;

b. Abertura de la mariposa;

c. Avance de chispa de encendido controlada por la transmisión y la temperatura (TCS) (temperature controled spark) para las transmisiones con 4 velocidades.

CONTROL DE TEMPERATURA DEL AIRE DE ADMISIÓN

El control de temperatura del aire de admisión ha sido diseñado para proveer la carburación más uniforme posible, bajo condiciones variables de la temperatura del aire ambiente, manteniendo la temperatura del aire de admisión dentro de unos estrechos límites. Cuando la temperatura dentro del filtro de aire está por debajo de los 100 °F (aproximadamente), la válvula de purga de aire, que consiste en una cinta bimetálica y un cierre de goma, permanece cerrada. El vacío del colector de admisión está entonces conectado a un motor de vacío, localizado en el tubo de aspiración de la caja del filtro, que manda la compuerta de la válvula de control del aire, permitiendo que sólo entre aire caliente en el filtro de aire.

Cuando la temperatura del filtro de aire llega a elevarse hasta unos 100 °F aproximadamente, la compuerta de la válvula de control del aire vuelve a su posición abierta permitiendo solamente la entrada de aire sin calentar a través del tubo de aspiración.

SISTEMA TCS

El avance de chispa de encendido, controlado por la transmisión y la temperatura, para transmisiones de 4 velocidades, está diseñado para reducir las emisiones de NOx durante el funcionamiento normal del vehículo.

El vacío del mando de avance de chispa es interrumpido, prescindiendo de la temperatura, cuando se seleccionan las marchas, primera, segunda, o tercera. El avance de vacío se restablece cuando se selecciona la cuarta marcha.

AVANCE DE CHISPA DE TEMPERATURA CONTROLADA

El avance de chispa de temperatura controlada, en los vehículos equipados con transmisión Hondamatic, está diseñado para reducir las emisiones de NOx desconectando el avance de vacío de la unidad de avance de chispa durante el funcionamiento normal del vehículo.

Cuando la temperatura del refrigerante es de, aproximadamente, unos 120 °F, o más elevada, la electroválvula se activa cuando el vacío de la unidad de avance.

Modificaciones en los motores CVCC

Con mucho, la pieza más importante del sistema de control de emisión del motor CVCC es la culata de combustión controlada por turbulencia de la mezcla (CVCC) en sí misma. Cada cilindro tiene tres válvulas: una de admisión y una de escape convencionales, y una válvula más pequeña de admisión auxiliar. Hay en la actualidad dos cámaras de combustión por cilindro: una de precombustión, o cámara auxiliar, y la cámara principal. Durante la carrera de admisión, una mezcla extremadamente pobre es introducida en el interior de la cámara de combustión principal. Simultáneamente, una mezcla muy rica es introducida dentro de la pequeña cámara de precompresión, a través de la válvula de admisión auxiliar. La bujía, localizada en la cámara de precombustión, enciende fácilmente la pre-mezcla rica, y esta combustión se propaga dentro de la cámara de combustión principal, donde se inflama la mezcla pobre. Debido al hecho de que el volumen de la cámara auxiliar es mucho menor que la cámara principal, la mezcla total resulta muy pobre (unas 18 partes de aire por una parte de combustible). El resultado es una baja emisión de hidrocarburos, debido a la lenta y estable combustión de la mezcla pobre en la cámara principal; bajas emisiones de monóxido de carbono debido al exceso de oxígeno disponible; y bajas emisiones de óxidos de nitrógeno debido al reducido pico de temperaturas de combustión. Un beneficio añadido de la combustión de la mezcla pobre es el excelente rendimiento de consumo de gasolina por milla.

Controlador de la boquilla de aire

Éste es un dispositivo sensor de la presión atmosférica aplicado a los modelos California de 1981 y posteriores, y los de elevada altitud. En cuanto varía la altitud, una válvula se abre o se cierra para mantener el caudal correcto de aire en el carburador.

Sistema de control de la emisión por evaporación

Este sistema evita el escape de vapores de gasolina a la atmósfera, procedente del depósito de combustible y del carburador.

El vapor de combustible se almacena en la cámara de expansión del depósito de combustible, y en la conducción de vapor hasta la válvula unidireccional (antirretorno). Cuando la presión del vapor llega a ser más elevada que la presión de cierre de la válvula antirretorno, ésta se abre y permite que el vapor se introduzca en el recipiente del carbón. Cuando el motor está parado, o funcionando a velocidad en vacío, la válvula de corte de la velocidad en vacío está cerrada y el vapor es absorbido por el carbón.

Con la mariposa parcialmente abierta, la válvula de corte de la velocidad en vacío, se abre mediante el vacío del colector. El vapor, que estaba almacenado en el recipiente del carbón y la canalización del vapor, es purgado hacia el colector de admisión. Cualquier presión excesiva, o depresión por vacío que pueda desarrollarse en el depósito de combustible, será descargada por la válvula de dos vías del tapón de llenado.

Sensor de oxígeno

COMPROBACIÓN Y SUSTITUCIÓN

1. Desconecte el conector del sensor de oxígeno.

2. Arranque el motor y deje que se caliente durante unos dos minutos a 3,000 rpm, sin carga. Eleve la velocidad del motor a 4,000 rpm, y suelte la mariposa de súbito, al menos cinco veces.

3. Dentro de un minuto, después de que el motor haya sido calentado, mida el voltaje entre el terminal del conector y la masa de la carrocería, tal como se describe en los pasos siguientes.

NOTA: Si se necesita más de un minuto para completar la comprobación antes mencionada, caliente el motor como en el paso 2 antes de continuar.

4. Eleve la velocidad del motor a 5,000 rpm, bájela luego a 2,000 rpm accionando el pedal del acelerador, y después gire inmediatamente la llave de encendido a la posición de paro (OFF). El voltaje deberá ser de 0.4 voltios.

5. Desconecte el tubo de vacío (entre el sensor MAP y el cuerpo de la mariposa) desde el cuerpo de la mariposa; tapone la abertura del cuerpo de la mariposa. Conecte una bomba de vacío manual al extremo abierto del tubo de vacío, y aplique un vacío de 300 mm Hg (columna de mercurio), y eleve la velocidad del motor a 4,000 rpm. El voltaje debe ser superior a 0.6 voltios.

6. Si los voltajes no se hallan dentro de los márgenes citados anteriormente, sustituya el sensor de oxígeno, prestando atención a los siguientes puntos:

- Evite dañar los cableados de hilos.
- Para prevenir el pasarse de rosca, apriete primero con la fuerza de los dedos, y luego con una llave de apriete con torquímetro a 33 libras-pie.
- El sensor de oxígeno no funciona cuando su admisión está obstruida.
- Tenga cuidado de no verter agua sobre el sensor de oxígeno.

SISTEMA DE COMBUSTIBLE

En todos los modelos CVCC con carburador, excepto los Prelude de 1983 y posteriores, se aplica el carburador Keihin de tres cuerpos (gargantas). En este carburador los venturis primario y secundario, suministran una mezcla de aire/combustible a la cámara de combustión principal. Simultáneamente, el tercer venturi o venturi auxiliar, que tiene un circuito de medición de combustible completamente independiente, proporciona una pequeña (en volumen), pero muy rica, mezcla de aire/combustible a la cámara de precombustión. Todos los modelos que NO son CVCC, con carburador, utilizan un carburador similar Keihin de dos cuerpos. Los modelos CVCC Prelude del año 1983-84, utilizan dos carburadores de aspiración lateral Keihin. Entre los dos carburadores de aspiración lateral se halla el tercer pequeño carburador utilizado para suministrar combustible a las cámaras de mezcla rica en las culatas CVCC.

Los Prelude de 1985 y posteriores no usan una culata CVCC, y por esta razón no van equipados con el tercer pequeño carburador. La presión del combustible es producida por una bomba eléctrica (excepto los modelos Civic con carburador, del 84 y posteriores), que es activada cuando se gira la llave de contacto a la posición de encendido (ON). La bomba eléctrica se halla localizada bajo el asiento trasero, tapada por una platina de acceso especial, en los modelos sedán Civic y con puerta trasera, y localizada bajo la parte trasera del coche, adyacente al depósito de combustible, en todos los demás modelos. La presión del combustible, en los modelos con carburador Civic de 1984 y posteriores con motores de 1,342 y 1,488 cc, viene proporcionada por una bomba de combustible mecánica mandada por el árbol de levas, ubicada inmediata al distribuidor.

Durante 1985 Honda introdujo en el modelo del año, el sistema de inyección de combustible programada de Honda en los dos coches, el Accord SE-i, y el Civic CRX Si, y en este momento se utiliza en todos los modelos de inyección de combustible. Éste es un sistema electrónico multipuerta, de inyección de combustible, que utiliza información absoluta del colector, y un sensor de RPM. El sistema Honda está basado en la inyección secuencial de compuertas, por medio de la cual cada inyector está temporizado para suministrar la cantidad correcta de combustible a cada cilindro en base a una velocidad del motor y unas determinadas condiciones de carga.

Filtro de combustible

SUSTITUCIÓN

Motores con carburador

ATENCIÓN

Antes de desconectar cualquier conducción de combustible, asegúrese de abrir el tapón de llenado del depósito, para suprimir toda presión del sistema. Si no hace esto puede correr el riesgo de ser chorreado con gasolina.

Todos los modelos utilizan un filtro de combustible de tipo desechable, que no puede ser desarmado para su limpieza. El filtro se sustituye primeramente, cada 15,000 millas, y luego cada 30,000 (a lo largo del año) y 60,000 (los de 1981 y posteriores) de allí en adelante.

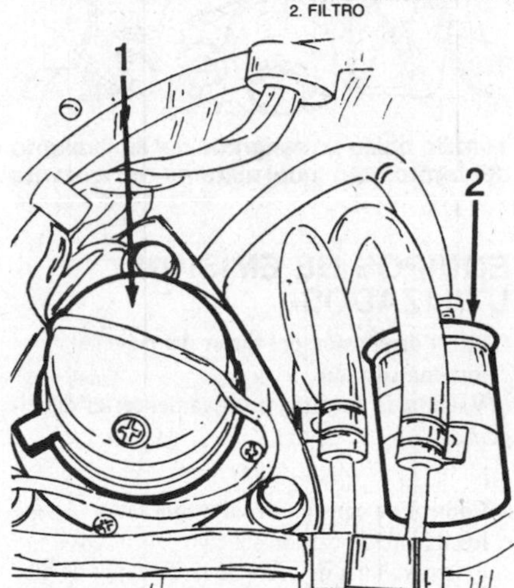

Montaje del filtro de combustible trasero en el Sedán Civic

En todos los modelos Sedán Civic de 1980-83, el filtro trasero se halla localizado bajo una tapa de acceso especial, debajo del asiento trasero del lado del conductor. El asiento trasero puede retirarse después de desmontar el tornillo que hay en la parte central posterior del cojín pivotándolo de atrás hacia adelante. Después, desmonte los cuatro tornillos de la tapa de acceso al piso, y retire la tapa. El filtro, junto con la bomba eléctrica de combustible, están situados en el hueco. Pince las conducciones cerrándolas, afloje las abrazaderas y desmonte el filtro.

En todos los modelos con carburador de 1984 y posteriores: modelos Sedans Civic, Coupes y Wagons, y los Accord y Prelude, el filtro trasero está ubicado bajo el coche, delante de la rueda de recambio. Para sustituir el filtro de combustible, eleve la parte trasera del vehículo, sosténgala sobre caballetes y retire las abrazaderas del manguito y, tomando nota de cuáles son la entrada y la salida, desmonte el filtro. Algunos filtros de recambio tienen una flecha grabada en relieve, o impresa en el cuerpo del filtro, y en este caso debe montar el filtro nuevo con la flecha apuntando en la dirección del flujo de combustible. Después de mon-

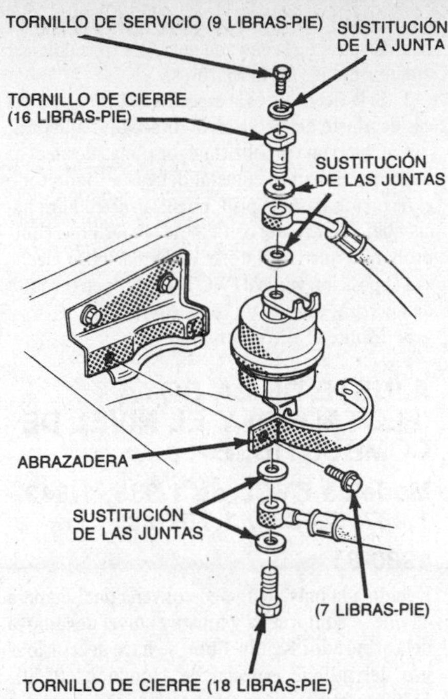

Montaje del filtro de combustible de los modelos Civic de inyección de combustible

tado el filtro nuevo, acuérdese de apretar las abrazaderas. Compruebe si existen pérdidas.

Todos los modelos con carburador de 1982 y posteriores, están equipados también con filtro de combustible desechable, montado en serie en la parte delantera, localizado en el carburador. La sustitución es la misma que la de los otros.

Motores de inyección de combustible

El filtro de combustible, en los motores de inyección de combustible, está localizado en el tabique cortafuegos, dentro del compartimiento del motor. Debe ser reemplazado cada 60,000 millas, o bien siempre que la presión de combustible descienda por debajo de las 33-39 libras por pulgada cuadrada, con el manguito de presión de vacío desconectado y después de haber comprobado el buen funcionamiento de la bomba de combustible y el regulador de presión.

1. Desconecte el cable negativo de la batería, desde la batería.
2. Descargue la presión del combustible aflojando lentamente el tornillo de servicio que hay en la parte superior del filtro de combustible, aproximadamente una vuelta.

NOTA: Coloque un trapo bajo el filtro mientras dura esta operación, para evitar que el combustible se pulverice sobre el motor. Sustituya siempre la arandela que hay entre el tornillo de servicio y el tornillo especial del banjo, siempre que el tornillo de servicio haya sido aflojado.

3. Desmonte los tornillos de cierre de 12 mm, del filtro de combustible.
4. Desmonte la abrazadera del filtro de combustible y el filtro.
5. Para montarla, proceda de modo inverso al desmontaje. Utilice siempre arandelas nuevas en el montaje.

Bomba de combustible mecánica

DESMONTAJE Y MONTAJE

Motores con carburador de 1,342 y 1,488 cc

1. Pince las conducciones cerca de la bomba.
2. Desmonte las conducciones de entrada y salida de la bomba.

NOTA: Cuando desmonte las conducciones de combustible, deslice hacia atrás las abrazaderas y gire las conducciones mientras tira, evitando deteriorarlas.

3. Afloje y desmonte los tornillos de montaje. Desmonte la bomba.
4. Para montarla, proceda de modo inverso al desmontaje. Arranque el motor y compruebe si hay fugas.

INSPECCIÓN

1. Compruebe los siguientes puntos:
   a. Aflojamiento del conector de la bomba.
   b. Aflojamiento de los tornillos superior e inferior del cuerpo y de la tapa.

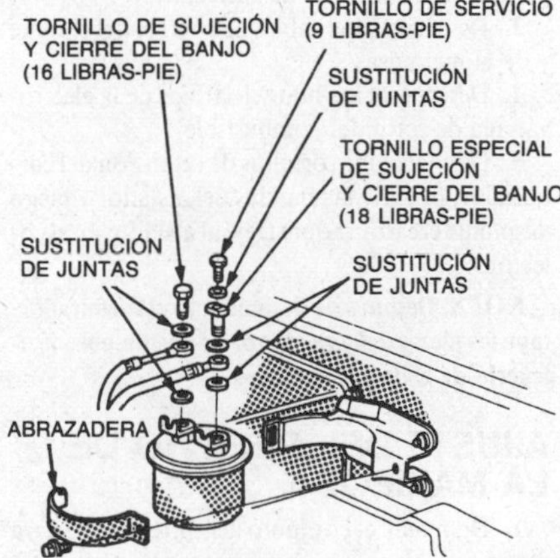

Montaje del filtro de combustible de los modelos Accord de inyección de combustible

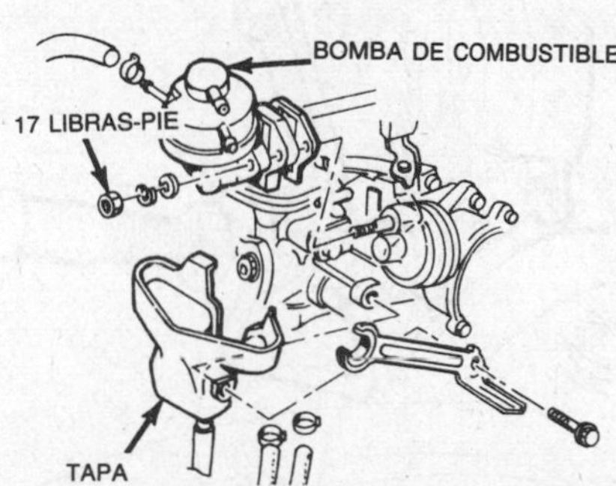

Montaje de la bomba mecánica de combustible de los modelos de 1342 y 1488 cc con carburador

   c. Aflojamiento del bulón del balancín.
   d. Contaminación u obstrucción del orificio del aire.
   e. Funcionamiento incorrecto de la bomba.
2. Compruebe si hay a la vista señales de aceite o combustible alrededor del orificio del aire. Si es así, el diafragma está deteriorado y debe sustituir la bomba.
3. Para inspeccionar el funcionamiento de la bomba, en primer lugar desconecte la conducción de combustible del carburador. Conecte un medidor de presión de combustible en el lado de salida de la bomba. Arranque el motor y mida la presión de suministro de la bomba.
4. Después de la medición, pare el motor y compruebe a la vista si el medidor baja la presión súbitamente. Si el medidor baja la presión de pronto y/o la presión de suministro es incorrecta, compruebe si hay pérdidas de combustible o de aceite del diafragma o de las válvulas.
5. Para comprobar el volumen (caudal) del suministro, desconecte la conducción de combustible del carburador e introdúzcala en un recipiente de una cuarta. Haga girar el motor durante 64 segundos a 600 rpm, o 40 segundos a 3,000 rpm. El recipiente debe estar medio lleno (1 pinta).

ESPECIFICACIONES DE LAS BOMBAS DE COMBUSTIBLE MECÁNICAS

Rpm del motor	Presión de suministro (libras/ pulgada cuadrada)	Vacío (pulgadas de columna de mercurio)	Caudal (pulgadas cúbicas/ minuto)
600	2.56	17.72	27
3,000	2.56	7.87–11.81	43
6,000	2.56	7.87–11.81	46

Bomba eléctrica de combustible

DESMONTAJE Y MONTAJE

Motores con carburador

1. Desmonte el tapón de llenado para eliminar el exceso de presión del sistema.
2. Hágase con un par de abrazaderas adecuadas para cerrar por pinzamiento las conducciones de combustible de la bomba.
3. Desconecte el cable negativo de la batería.
4. Localice la bomba de combustible. En los modelos sedán Civic y con portillón trasero (sólo los de 1980-82), debe desmontar en primer lugar el asiento trasero, retirando el tornillo central del cojín del fondo, y pivotando el asiento desde atrás hacia adelante. La bomba y el filtro se hallan localizados en el lado del conductor del asiento trasero bajo una platina de acceso retenida por cuatro tornillos de cabeza Phillips (en cruz).

En los modelos station wagon y sedán, y con portillón trasero de 1983 y los Accord y Prelude, probablemente tendrá que elevar la parte trasera del vehículo para poder disponer de espacio. En los modelos Accord y Prelude, desmonte la rueda trasera izquierda. En todos los casos, asegúrese, si debe estar tendido bajo el vehículo, de que éste se halla soportado con seguridad.

5. Cierre por pinzado las conducciones de entrada y salida de combustible. Afloje las abrazaderas de los manguitos. En los modelos station wagon y Accord, desmonte la pinza de montaje del filtro del lado izquierdo de la cartela.

6. Desconecte el hilo conductor positivo y el de masa de la bomba desde sus desconectores rápidos.

7. Desmonte los dos tornillos de retención de la bomba, cuidando de no perder los dos espaciadores y los collarines de los tornillos.

8. Desmonte las conducciones de combustible y la bomba.

9. Para montarla, invierta el proceso antes desarrollado. La bomba no puede desarmarse y, si es defectuosa, debe sustituirla. La presión de funcionamiento de la bomba de combustible es de 2-3 libras por pulgada cuadrada.

Motores con inyección de combustible

1. Desconecte el cable negativo de la batería desde la batería.

2. Descargue la presión del combustible aflojando lentamente el tornillo de servicio, de la parte superior del filtro de combustible, aproximadamente una vuelta.

NOTA: Coloque un trapo bajo el filtro durante la operación, para evitar que el combustible se derrame sobre el motor. Sustituya siempre la junta que hay entre el tornillo de servicio y el del banjo, cada vez que haya sido aflojado el tornillo de servicio.

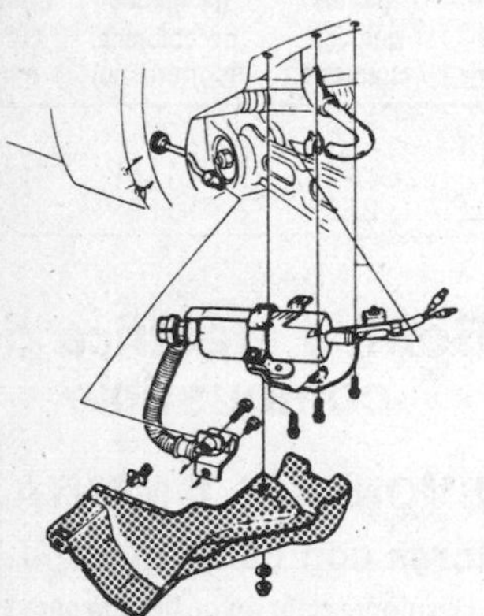

Montaje de la bomba eléctrica de combustible de los modelos con inyección de combustible

3. Eleve el vehículo y sosténgalo sobre caballetes.

4. Desmonte la rueda trasera izquierda.

5. Desmonte los tornillos de la tapa de la bomba de combustible, y luego retire la tapa.

6. Desmonte los tornillos del soporte de la bomba de combustible, y luego desmonte la bomba con su soporte de montaje.

7. Desconecte las conducciones de combustible y los conectores eléctricos.

8. Desmonte la abrazadera y la bomba de la cartela de montaje.

9. Desmonte la conducción de combustible y el silenciador de la bomba.

10. Para montarla, proceda de modo inverso al desmontaje. Gire la llave del interruptor de encendido y compruebe si hay pérdidas de combustible.

Carburador

DESMONTAJE Y MONTAJE

1. Desconecte y etiquete los siguientes:

a. Tubo del aire caliente.

b. Todos los manguitos y conducciones de vacío.

c. El tubo del respiradero de la cámara (en la caja del filtro del aire), que va al colector de admisión, en el respiradero de la cámara.

d. El manguito que va de la caja del filtro de aire a la tapa de válvulas.

e. El manguito que va desde el recipiente del carbón al carburador, en el carburador.

f. El manguito del abridor de la mariposa, en el abridor de la mariposa.

g. En los modelos Prelude de 1,829 cc, drene el refrigerante y desmonte los manguitos del refrigerante de la válvula termowax (válvula de tipo cera térmica para accionamiento automático del ahogador) y del extremo derecho del colector de admisión.

2. Desconecte la conducción de combustible del carburador. Tapone el extremo de la conducción para evitar la entrada de suciedad.

3. Desconecte los cables de control del choque y de la mariposa.

4. Desconecte los hilos eléctricos de la electroválvula de corte del combustible.

5. Desmonte los tornillos de retención del carburador, o afloje las bandas del aislador y luego desmonte el carburador. Deje al aislador en el colector.

NOTA: Después de desmontado el carburador, tape las piezas del colector de admisión para protegerlo de materias extrañas.

AJUSTE DEL REENVÍO DE LA MARIPOSA

1. Desmonte el conjunto del filtro de aire para disponer de acceso.

2. Compruebe que el juego libre del cable (flecha) es de 3/16-3/8 de pulgada (4-10 mm). Esto se mide antes de la entrada del cable en la palanca angular del eje de la mariposa.

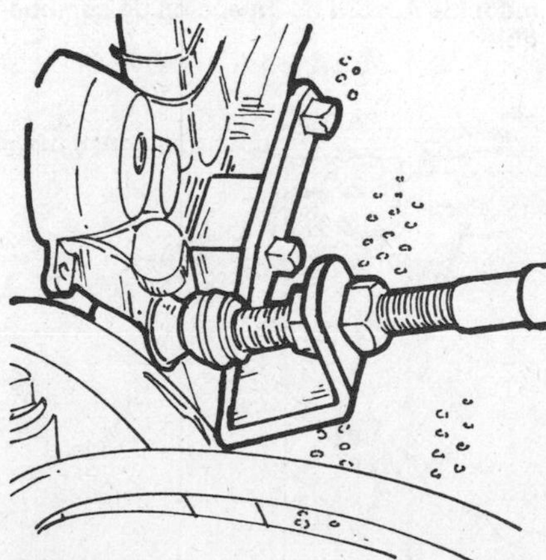

Ubicación del ajuste del cable de la mariposa

3. Si la flecha no es la especificada, gire las tuercas de ajuste del cable en la dirección requerida.

4. Como una prueba final, disponga de un ayudante presionando el pedal del gas a fondo todo el recorrido hasta el piso, mientras usted mira hacia abajo dentro del orificio de la mariposa comprobando que las platinas de la mariposa alcanzan la posición vertical (WOT) (wide open throttle) de abertura amplia de la mariposa.

5. Monte el filtro del aire.

AJUSTE DE LA BOYA (FLOTADOR) Y EL NIVEL DE COMBUSTIBLE

Modelos CVCC de 1,335, 1,342, 1,487, 1,488 y 1,751 cc

1980-81

Debido a la más bien poco convencional manera en que se comprueba y ajusta el nivel de la boya del carburador Keihin 3 bbl, se hace necesario el uso del utillaje especial de Honda n.º 07501-6570000 (que es un conjunto especial de medidor del nivel de la boya/bandeja de recogida de combustible/botella de drenaje). Este carburador se ajusta montado sobre un motor en marcha. Después de que las tapas de los surtidores principales auxiliar y primario/secundario han sido desmontadas, el aparato especial se monta sobre las aberturas de los surtidores. Con el motor en marcha, el nivel de la boya se comprueba contra una línea de indicación sobre el medidor. Si al ajuste se demuestra necesario, hay previstos tornillos para ambos circuitos auxiliar y primario/secundario encima del carburador.

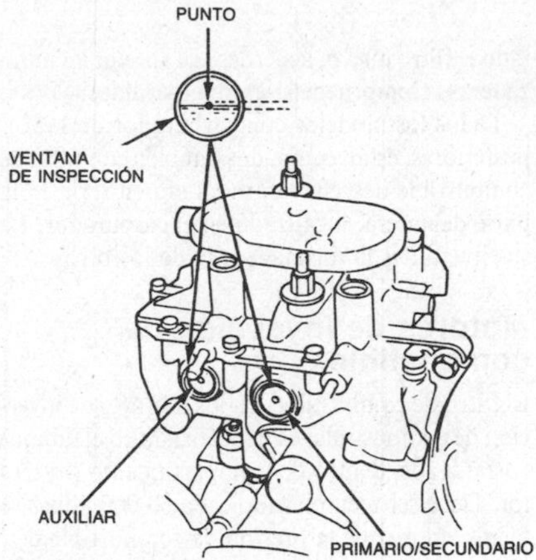

Ventana de inspección que muestra el nivel de combustible de los modelos de 1982 y posteriores con el carburador Keihin 3-bbl (gargantas)

1982 y posteriores excepto el Prelude de 1,829 cc

Con el auto sobre un suelo nivelado, y a la temperatura normal de funcionamiento, compruebe las ventanas de inspección del nivel de combustible

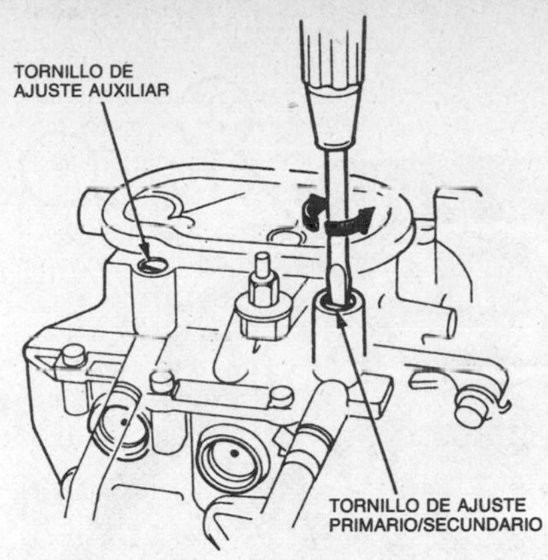

Ajuste del nivel de flotación de la boya de los modelos de 1982 y posteriores con el carburador Keihin 3-bbl

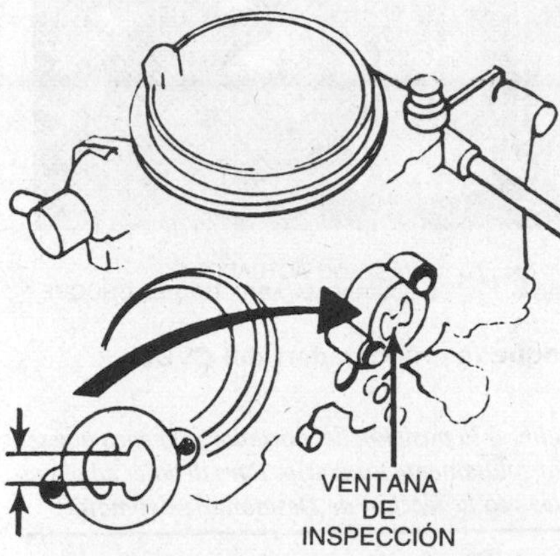

Ventana de inspección que muestra el nivel de combustible en los modelos de 1986 y posteriores con el carburador Keihin 2-bbl

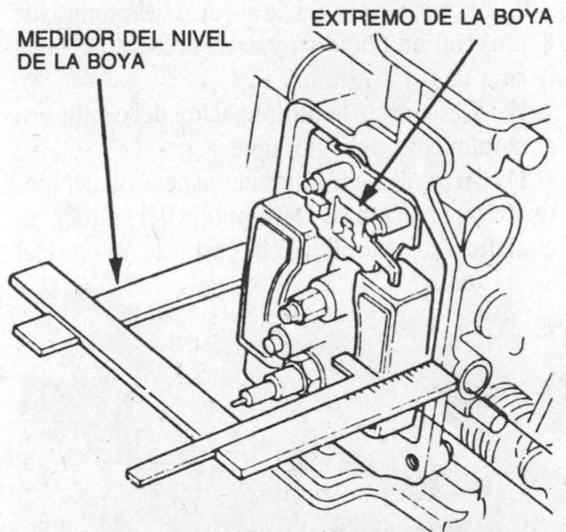

Medición del nivel de la boya en los carburadores dobles Keihin de aspiración lateral del Prelude de 1829 cc

primario y secundario. Si el nivel de combustible no está tocando el punto, ajústelo girando los tornillos respectivos.

NOTA: No gire los tornillos de ajuste más de 1/8 de vuelta cada 15 segundos.

Prelude de 1,829 cc

1. Desmonte los carburadores de aspiración lateral del motor y desmonte las cámaras de las boyas de los carburadores.

2. Utilizando un medidor de nivel de la boya, mida el nivel de la boya con el extremo de la misma tocando ligeramente la válvula de la boya y la superficie de la cámara de la misma inclinada unos 30 grados de la vertical. El nivel de la boya deberá ser de 16 mm o 0.04 pulgadas.

3. Para ajustar el nivel de la boya en el subcarburador, desmonte la cámara de la boya. Utilizando un medidor del nivel de la boya mídalo como se describe anteriormente.

NOTA: El nivel de la boya no puede ajustarse en el subcarburador. Si dicho nivel no es correcto, debe sustituir la boya.

AJUSTE DE LA VELOCIDAD EN VACÍO RÁPIDA

Durante el arranque del motor en frío y el período de calentamiento del motor, se requiere una mezcla especialmente enriquecida. Si el motor falla y no marcha correctamente, o si el motor se sobrerevoluciona con el botón tirador del choque sacado del todo (en los modelos que lo llevan como equipo) en tiempo frío, el sistema de velocidad en vacío rápida deberá ser revisado y ajustado. Esto se efectúa con el carburador montado.

Todos excepto el Prelude 1,829 cc

1. Haga marchar el motor hasta alcanzar su temperatura normal de funcionamiento.

2. Conéctele un tacómetro de acuerdo con las instrucciones del constructor.

3. Desconecte y tapone el manguito del descargador de la velocidad en vacío rápida.

4. Pare el motor, sujete cerrada la válvula del choque, y abra y cierre la mariposa para engrabar la leva de la velocidad en vacío rápida.

5. Arranque el motor y hágalo marchar un minuto. La velocidad en vacío rápida debe ser de 2,300-3,300 rpm para los modelos de transmisión manual y de 2,200-3,200 rpm para los modelos de transmisión automática.

NOTA: Utilice los valores dados en el adhesivo de especificaciones que hay bajo el capó, en el caso de que difieran de los aquí mencionados.

6. Ajuste la velocidad en vacío girando el tornillo de la velocidad en vacío rápida.

Prelude de 1,829 cc

1. Arranque el motor y llévelo a la temperatura normal de funcionamiento. Pare el motor.

2. Desmonte la arandela en E y la arandela plana del reenvío de la válvula termowax, y luego deslice el reenvío pasando la leva de la velocidad en vacío rápida.

NOTA: Tenga cuidado de no doblar el reenvío, pues ello cambiaría la velocidad en vacío rápida.

3. Mientras mantiene abierta la mariposa, gire la leva de la velocidad en vacío rápida en sentido contrario a las saetas del reloj hasta que la palanca de la velocidad en vacío rápida esté en su tercer escalón.

4. Sin tocar la mariposa, arranque el motor y controle la velocidad en vacío. Ésta deberá ser de 2,000 rpm. El ajuste puede hacerlo girando el tornillo correspondiente.

5. Pare el motor y vuelva a conectar el reenvío de la válvula termowax.

6. Arranque el motor y compruebe que a medida que se va calentando, la velocidad en vacío disminuye.

NOTA: Si la velocidad en vacío no cae, limpie el reenvío lo mismo que el carburador. Si aun así la velocidad todavía no decae compruebe si el reenvío está deteriorado o atascado.

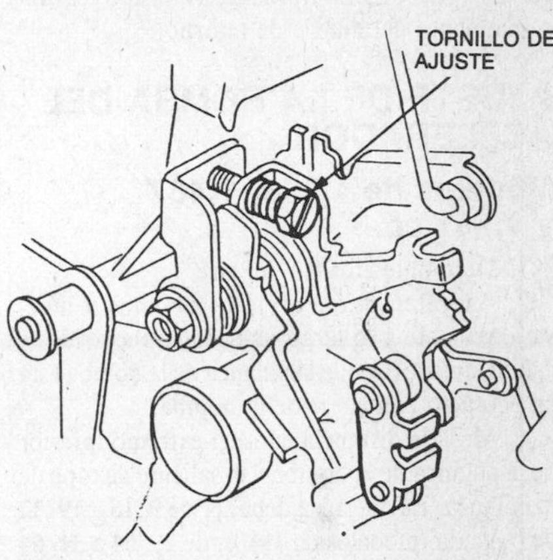

Ajuste de la velocidad en vacío de los carburadores dobles de aspiración lateral Keihin

AJUSTE DEL CHOQUE

Modelos de 1,335, 1,487 y 1,751 cc

La platina del choque debe estar cerrada a menos de 3 mm (1/8 de pulgada) de abertura cuando el motor está frío (con el encendido conectado) en los modelos con choque automático.

1. Desmonte la tapa del choque (3 tornillos) y compruebe el movimiento libre del reenvío. Repare o sustituya lo que sea necesario.

2. Monte la tapa del choque y ajústelo de modo que la marca del índice de la tapa y la del cuerpo del termostato queden alineadas. Si el choque no cierra aún correctamente, sustituya la tapa y vuelva a comprobarlo.

AJUSTE DEL CABLE DEL CHOQUE

NOTA: Efectúe el ajuste sólo después de que haya sido fijada la abertura de la platina de la mariposa.

CVCC de 1,487 cc

1. Desmonte el conjunto del filtro de aire.

2. Tire del botón del tirador del choque todo su recorrido en el salpicadero. Compruebe que la válvula mariposa del choque (platina del choque) está abierta plenamente (vertical).

3. Después, tenga un compañero tirando del cabezal del choque mientras usted observa la acción de la válvula mariposa. Cuando el cabezal del choque está tirado hacia afuera en el segundo diente de retenida, la válvula debe justamente cerrar. Luego, cuando el tirador es desplazado en todo su re-

corrido la válvula mariposa deberá permanecer en la posición cerrada.

4. Para ajustar, afloje la contratuerca del cable del choque y gire la tuerca de ajuste de modo que con el cabezal del tirador empujado enrasando contra el salpicadero (posición abierta), la válvula mariposa descanse justo contra su pestaña de tope de posicionado. Apriete la contratuerca.

5. Si la válvula mariposa del choque está mellada en funcionamiento, o si no cierra correctamente, compruebe si hay agarrotamientos de la válvula o del eje. Compruebe, asimismo, el funcionamiento del muelle de retorno.

AJUSTE DE LA BOMBA DEL ACELERADOR

Modelos de 1,335, 1,487 y 1,751 cc

1. Desmonte el filtro del aire.

2. Asegúrese de que el eje de la bomba se mueve libremente a lo largo de todo su recorrido.

3. Compruebe que la palanca de la bomba está en contacto con el eje de la bomba.

4. Mida la distancia entre el extremo inferior de la palanca de la bomba y el saliente de tope de la palanca. La abertura debe ser de 9/16 a 19/32 de pulgada (modelos de 1980), de 29/64 a 31/64 de pulgada (1981 y posteriores). Si no es así, doble el saliente para ajustarla.

1. SALIENTE DE TOPE
2. ENGRABADO DE AJUSTE DE LA PALANCA DE DESCARGA
3. VÁSTAGO ACTUADOR
4. DIAFRAGMA ABRIDOR DEL CHOQUE

Componentes del ajuste del choque (estrangulador) del CVCC

Inyección de combustible

En 1985, Honda introdujo el sistema de inyección de combustible programada de Honda en los modelos Accord SE-i, y Civic CRX Si. Éste es un sistema de inyección de combustible electrónico multipuerta que utiliza información absoluta del colector, y un sensor de las rpm. El sistema Honda está basado en la inyección de compuertas secuencial por medio de la cual cada inyector es temporizado para que provea la cantidad correcta de combustible a su cilindro, en base a la velocidad y condiciones de carga.

TRANSMISIÓN MANUAL

DESMONTAJE Y MONTAJE

Accord

1. Desconecte el cable de masa de la batería desde la batería y la caja de transmisión. Desbloquee la columna de la dirección; coloque la transmisión en punto muerto.

2. Drene la transmisión.

3. Eleve la parte delantera del vehículo y sopórtela con seguridad sobre caballetes.

4. Desmonte las ruedas delanteras.

5. Desmonte el cable positivo de la batería desde el motor de arranque, y el conductor eléctrico del electroimán de mando del mismo. Luego desmonte el motor de arranque.

6. Desconecte los siguientes cables e hilos conductores:

a. El cable del embrague, del brazo de desembrague (Accord de 1982 y posteriores);

b. Los hilos del interruptor de la luz de marcha atrás;

c. Los hilos del interruptor del TCS (chispa controlada por la transmisión);

d. Cable del velocímetro;

e. Manguito del cilindro auxiliar (esclavo) (Accord de 1980-81).

ATENCIÓN

Cuando desmonte el cable del velocímetro de la transmisión, no es necesario que desmonte completo el portador del piñón del cable. Desmonte el fuelle del extremo (cierre del portador del piñón), el clip de retención del cable y luego sáquelo del portador del piñón. De ningún modo debe alterar la posición del portador, a menos que sea absolutamente necesario. Para detalles adicionales vea la sección de Desmontaje del motor.

7. Desconecte las rótulas inferiores izquierda y derecha de la articulación de la dirección, utilizando un desmontador de rótulas.

8. Tire del disco del freno y desmonte los palieres izquierdo y derecho de la caja del diferencial.

9. Extraiga la clavija de la barra del cambio (de 8 mm) con un botador, y desconecte la barra de la caja de transmisión.

10. Desconecte la prolongación del cambio en el alojamiento del embrague.

11. Atornille las anillas de suspensión del motor (vea la sección de Desmontaje del motor), en el orificio del tornillo de la barra de torsión del

1. VÁLVULA MARIPOSA DEL CHOQUE
2. TUERCA DE AJUSTE
3. CONTRATUERCA

Ajuste del cable del choque del CVCC

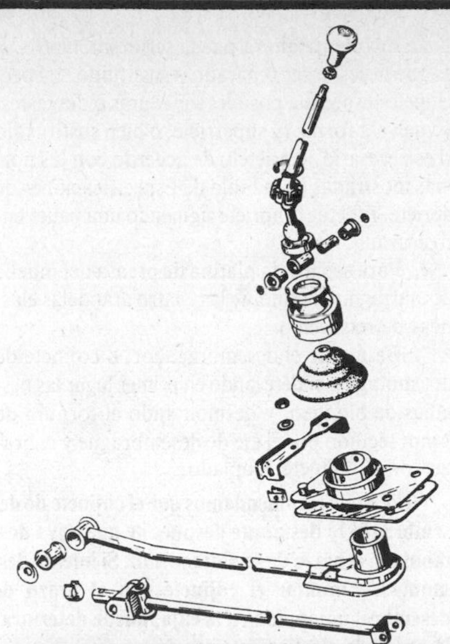

Despiece del mecanismo de mando del cambio de marcha

motor y en el orificio justo a la izquierda del distribuidor. Enganche una cadena en las anillas y eleve el motor lo suficiente para descargar su peso de los montajes.

12. Después de estar seguro de que el motor se halla soportado correctamente, desmonte las dos tuercas de unión del basculante central al montaje inferior del motor. A continuación desmonte el basculante central, seguido por el montaje inferior del motor.

13. Vuelva a montar el basculante central (sin el montaje) y baje el motor hasta que descanse sobre el basculante.

14. Coloque un gato bajo la transmisión y afloje los cuatro tornillos de unión. Utilizando el gato como soporte de la transmisión, deslícela fuera del motor y baje el gato hasta que la transmisión salga del coche.

15. Para montarlo, invierta el proceso del desmontaje. Asegúrese de que presta la debida atención a los puntos siguientes:

a. Apriete todos los tornillos y tuercas de montaje.

b. Utilice una nueva clavija redonda para la barra del cambio.

c. Después de montar los palieres (semiejes), intente desplazar el alojamiento de la junta interior adentro y afuera del alojamiento del diferencial. Si se mueve fácilmente, la arandela elástica del extremo del palier debe ser sustituida.

d. Asegúrese de que los cables de control e hilos eléctricos están conectados correctamente.

e. Cerciórese de que la transmisión ha sido llenada nuevamente hasta su nivel correcto.

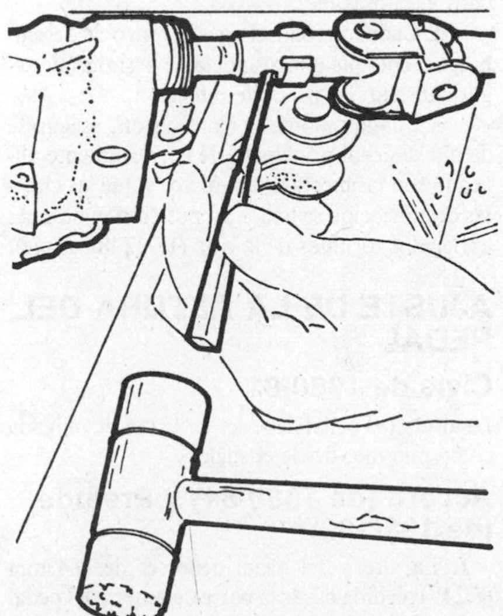

Extracción del pasador de la varilla de mando del cambio de marcha

Prelude y Civic

NOTA: La transmisión del Wagon Civic 4x4 debe desmontarla con el motor. Por favor, consulte los procedimientos de desmontaje en el capítulo Desmontaje y montaje del motor, de la sección Mecánica del motor.

1. Desconecte la masa de la batería.

2. Desbloquee la dirección y coloque la transmisión en punto muerto.

3. Desconecte los siguientes cables eléctricos del compartimiento del motor:

a. Cable positivo de la batería.

b. Hilo negro/blanco del electroimán.

c. Hilo de la unidad de transmisión del medidor de temperatura.

d. Hilo del sensor térmico de la distribución del encendido.

e. Interruptor de la luz de marcha atrás.

f. Cableado del distribuidor.

g. Cable de masa de la transmisión.

4. Retire el clip de retención y desmonte el cable del velocímetro de la transmisión. ¡No desmonte de la transmisión el portador del piñón de mando del velocímetro!

5. Desmonte el cilindro auxiliar del embrague con las conducciones hidráulicas conectadas, o bien desconecte el cable del embrague del brazo de desembrague.

6. Desmonte los tornillos lateral y superior, de montaje del motor de arranque. Afloje las tuercas con orejas de las ruedas delanteras. Desmonte las ruedas delanteras.

7. Eleve y mantenga elevado el coche.

8. Drene la transmisión.

9. Desmonte las protecciones contra el barro de la parte inferior.

10. Desmonte la barra estabilizadora.

11. Desconecte las rótulas inferiores izquierda y derecha y los extremos de la barra de acoplamiento, utilizando un desmontador de rótulas.

ATENCIÓN

Tenga precaución cuando desmonte las rótulas de los modelos Civic de 1984 y posteriores. Coloque un gato de suelo, bajo el brazo de control inferior asegurado en la rótula. De otro modo, dicho brazo de control puede «saltar» bruscamente fuera de la articulación de la dirección en cuanto la rótula ha sido desmontada.

12. Gire la articulación de la dirección derecha hacia afuera tanto como pueda. Aplique una barra de palanca contra la junta de acoplamiento interior CV, y apalanque desplazando el palier derecho fuera de la transmisión aproximadamente 1/2". Esto forzará a la arandela elástica fuera de la ranura del interior de las mortajas del piñón diferencial. Termine de sacar el resto del recorrido. Repita este proceso en el otro lado.

13. Desconecte la barra de torsión de la palanca del cambio, del alojamiento del embrague.

14. Desmonte el tornillo de la horquilla de la barra del cambio.

15. Eleve el gato de transmisión, asegurándolo contra la transmisión para descargar su peso.

16. Desmonte las barras de torsión y las cartelas del motor.

17. Desmonte los restantes tornillos de montaje del motor de arranque y retire el motor de arranque.

18. Desmonte el resto de los tornillos de montaje de la transmisión y el tornillo superior de la cartela del damper (absorbedor de vibraciones) del motor.

19. Inicie la extracción de la transmisión fuera del motor, y desmonte los dos tornillos inferiores, del damper.

20. Saque la transmisión del motor y baje el gato.

21. Para facilitar su montaje constrúyase dos clavijas de centrado de 14 mm de diámetro y móntelas en el alojamiento del embrague.

22. Eleve la transmisión, y deslícela sobre las clavijas. Deslice la transmisión dentro de su posición, alineando las mortajas del eje principal con las de la platina del embrague.

23. Cuando el posicionado lo permita, acople los tornillos de unión inferior del damper. Apriete ambos tornillos hasta que el alojamiento del embrague quede asentado contra el bloque.

24. Monte los dos tornillos de montaje inferiores y apriételos a 33 libras-pie.

25. Monte las cartelas de las barras de torsión delantera y trasera. Apriete los tornillos de la barra de torsión delantera a 54 libras-pie, los de la cartela delantera a 33 libras-pie, los de la barra de torsión trasera a 54 libras-pie y los de la cartela trasera a 47 libras-pie.

26. Desmonte el gato de la transmisión.

27. Monte el motor de arranque y apriete los tornillos de montaje a 33 libras-pie.

28. Gire la articulación de la dirección tanto como pueda, para encajar el extremo del palier en la transmisión. Utilice nuevas arandelas elásticas de 26 mm en ambos palieres. Repita el proceso en el otro lado.

ATENCIÓN

Asegúrese de que los palieres entran totalmente hasta el fondo, de modo que perciba el chasquido de la arandela elástica al encajar en su ranura de alojamiento en el diferencial.

29. Monte las rótulas inferiores. Apriete las tuercas a 32 libras-pie.

30. Monte las barras de acoplamiento. Apriete las tuercas a 32 libras-pie.

31. Conecte el reenvío del cambio.

32. Conecte la barra de torsión de la palanca del cambio al alojamiento del embrague, y apriete el tornillo a 7 libras-pie.

33. Monte la barra estabilizadora.

34. Monte las protecciones inferiores.

35. Monte las ruedas delanteras, y apriete las tuercas con orejas según lo especificado.

36. Monte los restantes tornillos del motor de arranque y apriételos a 33 libras-pie.

37. Monte el cilindro auxiliar del embrague, o monte el cable del embrague en el brazo de desembrague.

38. Monte el cable del velocímetro utilizando una arandela tórica nueva untada con aceite limpio de motor.

39. Conecte los cableados del compartimiento del motor.

40. Llene la transmisión con aceite de motor SAE 10W-40.

AJUSTE DEL REENVÍO DEL CAMBIO

Todos los modelos excepto el Civic 4x4

El reenvío del cambio Honda en estos modelos no admite ajuste. Sin embargo, si el reenvío está agarrotado, o si hay excesivo juego, compruebe los puntos de los casquillos y pivotes. Lubrique con aceite ligero.

Modelos Civic 4x4

AJUSTE DEL CABLE DEL SELECTOR

1. Desmonte la consola.

2. Con la transmisión en punto muerto, compruebe que la ranura de la cartela de la palanca está alineada con la marca indicadora del cable del selector.

3. Si la marca indicadora del cable no está alineada con la ranura de la cartela, afloje las contratuercas y gire el ajustador si es necesario.

NOTA: Después del ajuste, compruebe el funcionamiento de la palanca del cambio de marcha. Compruebe también que los hilos de los cables no sobresalen fuera del ajustador del cable más de 0,4 pulgadas (10 mm).

AJUSTE DEL CABLE DEL CAMBIO DE MARCHA

1. Desmonte la consola.

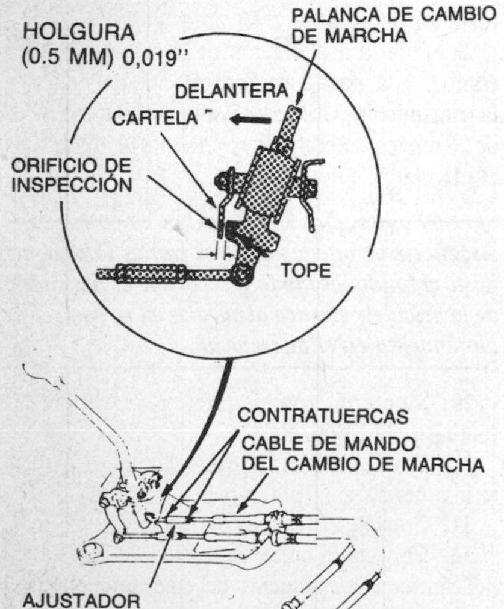

Ajuste del cable de mando del cambio de marcha

2. Coloque la transmisión en la 4ª marcha.

3. Mida la separación que hay entre el soporte de la palanca de cambio y el tope, mientras la empuja hacia adelante.

4. Si dicha separación se halla fuera de lo especificado, 0.169" (4.3 mm), afloje las contratuercas y gire el ajustador hacia adentro o afuera, hasta lograr la separación correcta.

NOTA: Después del ajuste, compruebe el funcionamiento de la palanca de cambio. Compruebe también que las roscas de los cables no sobresalen del ajustador del cable más de 0.4" (10 mm).

EMBRAGUE

Todos los modelos utilizan un embrague monodisco seco, con una platina de prensa del tipo de muelle de diafragma. El embrague de los Civic, Accord (de 1982 y posteriores), y Prelude (de 1983 y posteriores), es accionado por cable. Sin embargo, en los Accord (de 1980-81) y Prelude (de 1980-82) se utiliza un sistema de accionamiento asistido por un cilindro principal y uno auxiliar.

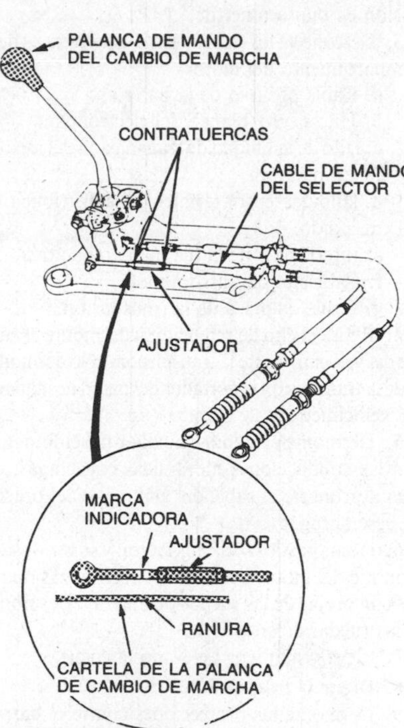

Ajuste del cable de mando del selector

DESMONTAJE Y MONTAJE

1. Siga el procedimiento de desmontaje de la transmisión que se ha dado anteriormente. Marque las posiciones relativas del volante y del embrague, para facilitar su posterior montaje.

2. Sujete la corona dentada del volante con una herramienta construida al efecto, desmonte los tornillos de retención, y retire la platina de prensa y el disco de embrague.

NOTA: Afloje los tornillos de retención, dos vueltas cada vez siguiendo una pauta circular. Si desmonta totalmente un tornillo, mientras los demás permanecen apretados, puede deformar el muelle de diafragma.

3. El volante ahora puede ser desmontado, si es que necesita ser reparado o sustituido. Inspecciónelo respecto a posibles rayaduras o desgastes, y vuelva a forrar su superficie, o bien sustitúyalo si es necesario. Apriételo de acuerdo con las normas mostradas en la tabla de Especificaciones de apriete. Efectúe el apriete siguiendo una pauta entrecruzada.

4. Para separar la platina de prensa del muelle de diafragma, desmonte las cuatro arandelas elásticas de retracción.

5. Desmonte el desembragador, o cojinete de desembrague, enderezando en primer lugar las pestañas de bloqueo, y desmontando el tornillo de 8 mm seguido por el eje de desembrague y el brazo con el cojinete acoplado.

NOTA: Le recomendamos que el cojinete de desembrague lo desmonte después de que haya desmontado el brazo de su alojamiento. Si intenta desmontar o montar el cojinete con el brazo de desembrague situado en la caja, puede deteriorar la arandela elástica de retención.

6. Si debe montar un nuevo cojinete de desembrague, separe el cojinete del portador, utilizando para ello un botador de cojinetes.

7. Para armar y montar el embrague, invierta el proceso de desmontaje.

a. Cerciórese de que el volante y el extremo del árbol del cigüeñal estén limpios antes de proceder al montaje.

b. Cuando monte la platina de prensa, alinee la marca que hay sobre el borde exterior del volante, con la marca de alineación de la platina de prensa. Un error en la alineación de estas marcas, producirá el desequilibrado del conjunto.

c. Cuando apriete los tornillos de la platina de prensa, utilice un árbol de pilotaje, para mantener centrado el disco de fricción. El árbol de pilotaje puede adquirirlo en cualquier almacén o casa de suministros de automóviles importante o bien puede fabricárselo usted mismo a partir de una barra de madera torneada. Después de centrar el disco apriete los tornillos dos vueltas cada vez, según una pauta entrecruzada con el objeto de evitar la deformación de los muelles de diafragma; apriételos a 7 libras-pie.

d. Cuando monte el eje y el brazo de desembrague, coloque una arandela de pestañas de seguridad bajo la tuerca de retención.

e. Cuando monte la transmisión, asegúrese de que el árbol principal esté correctamente alineado con las mortajas del disco, y que las clavijas de alineación se hallen en posición, y después apriete los tornillos de la caja (17-22 libras-pie).

AJUSTE DE LA ALTURA DEL PEDAL

Civic de 1980-81

La altura del pedal debe ser de 13/16 de pulgada como mínimo, desde el suelo.

Accord (de 1980-81) y Prelude (de 1980-82)

1. La altura del pedal debe ser de 184 mm (7.24") medida desde la parte delantera del pedal hasta el piso de la cabina (retirada la esterilla).

2. Ajuste girando el tornillo de tope del pedal hacia adentro o hacia afuera hasta que la altura

sea la correcta. Apriete la contratuerca después del ajuste.

AJUSTE DEL JUEGO LIBRE

Civic, Accord (de 1982 y posteriores) y Prelude (de 1983 y posteriores)

Ajuste la palanca de desembrague de modo que tenga en los modelos Civic, 0.12-0.16" (3-4 mm) en los de 1980, 7/16-9/16 de pulgada (4.4-5.4 mm) en los de 1981-83, o 5/32-13/64 de pulgada (4.0-5.0 mm) en los de 1984 y posteriores; 1/5-1/4 de pulgada (5.2-6.4 mm) para todos los Accord de 1982 y posteriores y para los Prelude de 1983 y posteriores, de juego cuando usted desplace la palanca de desembrague de la transmisión, con su mano. O bien, 15-20 mm (0.6-0.8") en los Civic de 1979 o 10-30 mm (3/8-13/16 de pulgada) en los de 1980 y posteriores y en los Accord de 1982-83, o 23-28 mm (7/8-1 1/8 de pulgada) en los Accord de 1984 y posteriores, y los Prelude de 1983 y posteriores, en el pedal. Este ajuste lo debe usted hacer en el ajustador exterior del alojamiento del cable, próximo a la palanca de desembrague, en todos los modelos. Un juego libre menor que 1/8 de pulgada puede dar lugar a deslizamiento del embrague, mientras que, si es mayor que 1/8 de pulgada, puede causarle problemas al cambiar de marcha.

ATENCIÓN

Asegúrese de que las tuercas de ajuste superior e inferior estén apretadas después de la operación

Accord (de 1980-81) y Prelude (de 1980-82)

1. La medida del juego libre debe ser de 0.08-0.10" (2.0-2.6 mm), en la horquilla de desembrague.

2. Ajuste, aflojando la contratuerca que hay sobre el vástago del cilindro auxiliar. Para ajustarlo gire la barra de empuje hacia adentro o hacia afuera. El ajuste estándar se hace girando la barra de empuje hacia adentro, hasta que se haya eliminado todo el juego, y retrocediéndola luego de 1 3/4-2 vueltas, para alcanzar el juego libre específico. Después del ajuste, apriete la contratuerca.

Cilindro principal de embrague

DESMONTAJE Y MONTAJE

Accord (de 1980-81) y Prelude (de 1980-82)

1. El cilindro principal del embargue está localizado sobre el tabique cortafuegos, dentro del compartimiento del motor, inmediato al cilindro principal del freno. Desmonte la conducción hidráulica. Tapone la abertura para evitar pérdida de fluido, o bien drene el depósito de reserva antes de desmontar la conducción.

2. Desmonte el pasador de seguridad que retiene el pivote en la horquilla de la barra de empuje (bajo el panel de instrumentos, en el pedal de embrague).

3. Desacople la barra de empuje del pedal de embrague.

4. Desmonte los dos tornillos que retienen el cilindro principal sobre el tabique cortafuegos. Desmonte el cilindro principal.

5. El montaje debe efectuarlo en el orden inverso al desmontaje. Sangre el sistema después del montaje.

REVISIÓN

1. Desmonte la arandela elástica que retiene la platina de tope. Tome nota de la posición de montaje de la platina de tope antes de efectuar el desmontaje.

2. Aplique aire comprimido a la lumbrera de entrada, para desmontar el conjunto del pistón. Tome nota del orden de todos los componentes.

3. Compruebe si existen corrosiones o desgastes en la superficie interior del cilindro. Las rayas leves o arañazos, pueden eliminarse con tela esmeril o piedra abrasiva de la empleada para cilindros de freno. El cilindro debe ser sustituido en el caso de que esté fuertemente gastado.

4. Sustituya el pistón y el muelle por unos nuevos. Vuelva a montarlos en el orden correcto. Unte el interior del cilindro y el pistón con fluido de frenos limpio, antes de proceder al montaje.

5. Monte el cilindro y sangre el sistema.

Cilindro auxiliar de embrague

DESMONTAJE Y MONTAJE

Accord (de 1980-81) y Prelude (de 1980-82)

1. El cilindro auxiliar se halla retenido por dos tornillos. Desconecte y tapone las conducciones hidráulicas del cilindro auxiliar, y desmonte los dos tornillos de montaje. Desmonte el muelle de retroceso, y retire el cilindro auxiliar.

Contratuerca y tuerca de ajuste del cilindro auxiliar (esclavo) del Accord

2. El montaje debe efectuarlo siguiendo el orden inverso al desmontaje. Sangre el sistema después del montaje.

REVISIÓN

1. Aplique aire comprimido a la lumbrera de entrada, para desmontar el pistón y el retén.

2. Inspeccione el interior del cilindro por si hubiese mellas, corrosión, o desgaste. Sustituya el cilindro si está gastado.

3. Cubra las superficies de las piezas con fluido de frenos limpio, y vuelva a armarlas.

SANGRADO DEL SISTEMA HIDRÁULICO DEL EMBRAGUE

Accord (de 1980-81) y Prelude (de 1980-82)

El sistema hidráulico debe ser sangrado siempre que haya tenido pérdidas de fluido, o haya sido desmontado. El tornillo de sangrado está localizado en el cilindro auxiliar.

1. Desmonte el sombrerete guardapolvos del tornillo de sangrado.

2. Acople un manguito abierto al tornillo de sangrado. Sumerja el otro extremo del manguito en un recipiente limpio, a medio llenar con fluido de freno.

3. Llene el cilindro principal del embrague con fluido de freno nuevo.

4. Abra el tornillo de sangrado ligeramente y tenga un ayudante pisando lentamente el pedal de embrague. Cierre el tornillo de sangrado cuando el pedal alcance el final de su recorrido. Deje retornar lentamente el pedal de embrague.

5. Repita los pasos 3 y 4 hasta que hayan sido expulsadas del sistema todas las burbujas de aire que pudiera haber.

6. Deseche el fluido del recipiente. Sustituya el sombrerete guardapolvos. Vuelva a llenar el cilindro principal.

TRANSMISIÓN AUTOMÁTICA

DESMONTAJE Y MONTAJE

La transmisión automática se desmonta básicamente de la misma manera que la normal. Deberá tomar nota de las excepciones siguientes en el transcurso del desmontaje y montaje de la transmisión automática.

1. Desmonte la consola central y el pasador del control.

2. Desmonte la esterilla central del piso delantero y las tuercas de la cartela del cable de control.

3. Eleve con un gato y soporte sobre caballetes de seguridad la parte delantera del vehículo.

4. Desmonte las dos tuercas de la cartela de la palanca del selector, en la parte delantera.

5. Afloje los tornillos que aseguran el portacable de control y el soporte del basculante y desconecte el cable de control.

6. Desconecte las conducciones del refrigerante de la transmisión desde ésta.

7. Desmonte el cable de control de la mariposa, aflojando solamente la contratuerca del cable inferior. De otro modo podrían resultar alterados los puntos de cambio de las marchas.

8. Desmonte los tornillos de montaje del motor (a la transmisión), y la tapa de la caja del convertidor de par.

9. Desmonte el motor de arranque y separe la transmisión del motor.

10. El montaje de la transmisión automática se efectúa a la inversa del desmontaje. Preste la máxima atención a los siguientes pasos:

a. Asegúrese de que el cubo del estator se halla colocado correctamente y se mueve con suavidad. El eje del estator puede usarse con este objetc.

b. Alinee el estator, eje del estator, eje principal, y los dientes de sierra de la turbina del convertidor de par.

c. Después del montaje del grupo motor-transmisión en el vehículo, efectúe todos los ajustes requeridos.

Palanca del cambio

INSPECCIÓN

1. Tire hacia arriba, del todo, la palanca del freno de aparcamiento, y ponga el motor en marcha a velocidad en vacío, mientras pisa el pedal del freno.

ATENCIÓN

Esté atento constantemente a un posible movimiento del vehículo.

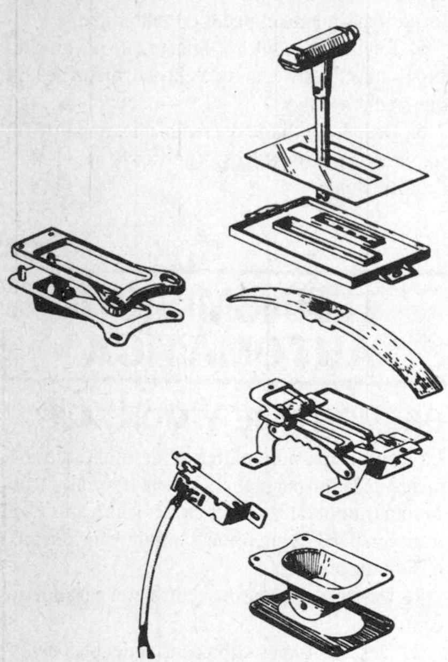

Despiece del mecanismo de mando de la transmisión Hondamatic

2. Moviendo la palanca del selector de marchas lentamente hacia adelante y hacia atrás, desde la posición (N), asegúrese de que la distancia entre N y los puntos donde el embrague D es encajado para las posiciones 2 y R son la misma. El punto de encaje del embrague D está justamente antes de que se perciba la más leve respuesta. Los piñones de marcha atrás producirán un ruido cuando encaje el embrague. Si las distancias no son las mismas será necesario el ajuste.

AJUSTE

1. Desmonte los tornillos de retención de la consola central, y retire la consola para dejar a la vista el cable de control y el tensor roscado.

2. Ajuste la longitud del cable de control desmontando la clavija de seguridad (si la lleva como equipo) aflojando la contratuerca y girando el tensor roscado, localizado en el fondo delantero del

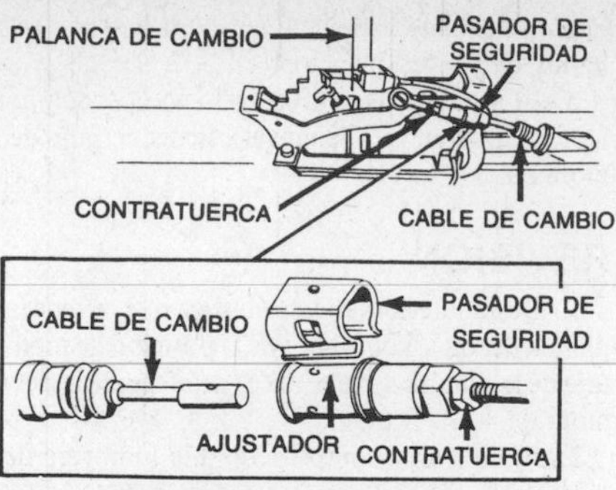

Ajuste de la palanca de mando de la transmisión automática

conjunto de la palanca de cambio. Después del ajuste, el cable y el tensor roscado deben girar hacia el lado izquierdo (del conductor) del vehículo, cuando cambie hacia la posición «R», y al lado derecho cuando cambie la posición 2. El orificio que hay en el extremo del cable debe estar perfectamente alineado con los otros de la cartela de la palanca del selector (con la clavija desmontada).

CAJA DE TRANSFERENCIA

DESMONTAJE Y MONTAJE

Civic Wagon 4x4

1. Eleve el vehículo y sopórtelo sobre caballetes.

2. Desmonte la protección contra salpicaduras de la parte inferior del motor.

3. Drene el aceite del motor y de la transmisión.

4. Desmonte el tubo cabezal de escape del motor.

5. Desconecte el palier de la transmisión.

6. Desmonte la protección contra salpicaduras de la transmisión.

7. Desmonte la tapa del lado izquierdo de la caja de transferencia.

8. Desmonte el piñón de mando de la caja de transferencia.

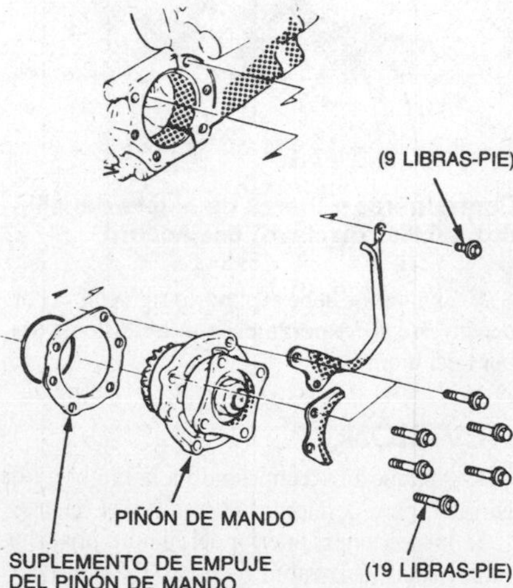

Conjunto lateral del piñón de mando de la caja de transferencia

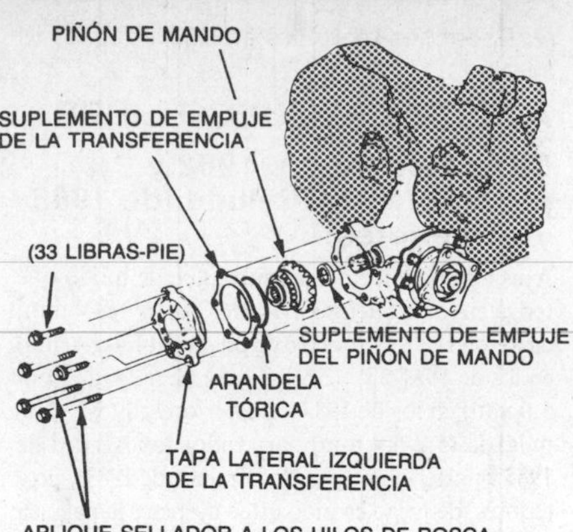

Conjunto lateral izquierdo de la caja de transferencia

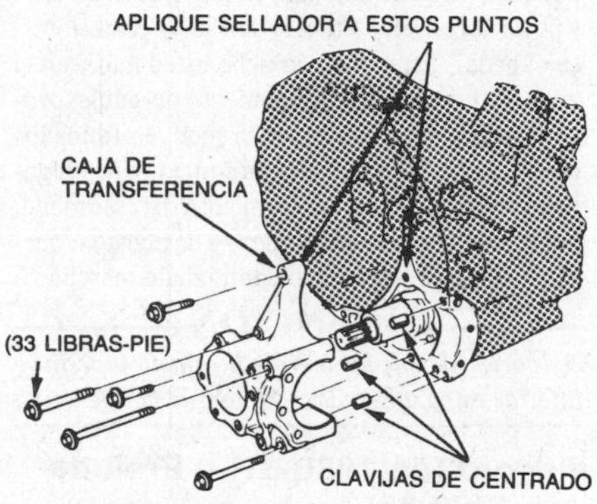

Montaje de la caja de transferencia

9. Desmonte la caja de transferencia del alojamiento del embrague.

10. Para el montaje, vuelva a colocar los componentes bajo la tapa del lado izquierdo de la caja de transferencia en el orden siguiente:

a. Suplemento de empuje del piñón de mando.

b. Piñón de mando (untado con aceite).

c. Arandela tórica.

d. Suplemento de empuje de la transferencia.

e. Tapa del lado izquierdo de la caja de transferencia.

11. Monte los componentes siguientes en el lado de salida del mando de la caja de transferencia:

a. Arandela tórica.

b. Suplemento de empuje del piñón de mando.

c. Piñón de mando (untado con aceite).

EJE DE TRANSMISIÓN

Semiejes

DESMONTAJE Y MONTAJE

El conjunto del árbol de transmisión delantero consta de un subeje y un árbol de transmisión, con dos juntas universales.

Para ambas juntas universales es utilizada una rótula de velocidad constante, que viene de fábri-

ca rellena con una grasa especial y encerrada en fuelles de goma. La junta exterior no puede desarmarse, excepto para desmontar el fuelle de goma.

1. Retire la tapa del cubo de la rueda delantera, y desmonte la tapa central.

2. Extraiga el pasador de 4 mm (si lo lleva como equipo), y afloje pero no desmonte, la tuerca de husillo.

3. Eleve la parte delantera del vehículo y sosténgalo con seguridad sobre caballetes.

4. Desmonte las tuercas de orejas de la rueda, y la rueda.

5. Desmonte la tuerca del husillo.

6. Drene la transmisión.

7. Desmonte las rótulas del brazo inferior de la articulación de la dirección, utilizando un desmontador de rótulas.

ATENCIÓN

En los modelos Civic de 1984 y posteriores, asegúrese de que un gato de suelo está posicionado con seguridad bajo el brazo de control inferior, en la rótula. De otro modo, el brazo de control inferior puede «saltar» bruscamente fuera de la articulación de la dirección al ser retirada la rótula.

En los modelos Prelude de 1983 y posteriores, y Accord de 1986 y posteriores, desmonte el tornillo de la horquilla del damper y el tornillo de bloqueo. Desmonte la horquilla del dámper.

8. Para desmontar el árbol de transmisión, sujete el cubo delantero y tire de él hacia usted, y luego deslice el árbol fuera del cubo delantero. Haga palanca hacia afuera sobre la junta CV, sacándola aproximadamente 1/2''. Tire del lado de la junta interior del árbol de transmisión sacándolo fuera de la caja del diferencial.

9. Para montarlo, invierta el proceso del desmontaje. Si cualquiera de los dos fuelles de goma de las juntas interior o exterior han sido desmontados para su inspección, o desarmado de la junta (sólo puede desarmarse la junta interior), asegúrese de volver a llenar la junta con la suficiente cantidad de grasa de cojinetes.

ATENCIÓN

Cerciórese de que los semiejes de la junta CV tocan el fondo de sus alojamientos, de modo que la arandela elástica sujete con seguridad el subeje en la transmisión.

Árbol intermedio delantero

DESMONTAJE Y MONTAJE

Civic Wagon 4x4

1. Eleve el vehículo y sopórtelo sobre caballetes.

2. Drene el aceite de la transmisión.

3. Desmonte los tres tornillos de 10 mm del soporte del cojinete.

4. Baje el soporte del cojinete junto a la caja de la dirección, y desmonte el eje intermedio del diferencial.

NOTA: **Para evitar deterioros al retén del diferencial, mantenga el eje intermedio en posición horizontal hasta que haya salido del diferencial.**

Árboles de transmisión traseros

DESMONTAJE Y MONTAJE

Civic Wagon 4x4

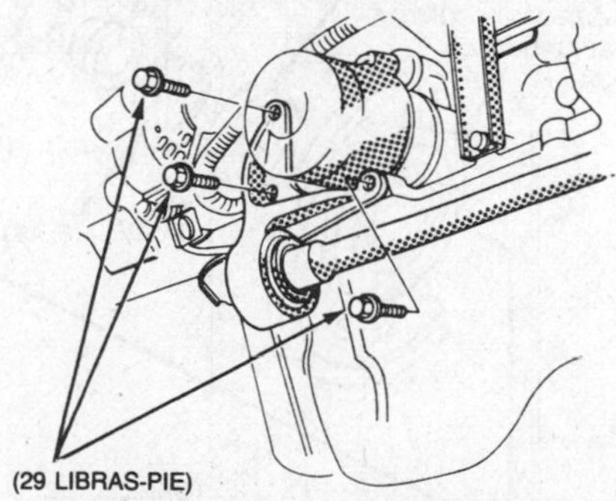

Soporte del cojinete del árbol intermedio

1. Eleve el vehículo y sopórtelo sobre caballetes.

2. Marque la posición de los árboles de transmisión traseros en cada una de las bridas para facilitar el montaje posterior.

3. Desmonte el protector del árbol de transmisión n.º 1.

4. Desmonte el árbol de transmisión n.º 3, desconectando las juntas universales.

5. Desmonte los tornillos de sujeción del soporte de cojinete trasero y luego desmonte el árbol de transmisión n.º 2

6. Desmonte los tornillos de sujeción del soporte del cojinete delantero y luego desmonte el árbol de transmisión n.º 1, desconectando la junta universal.

7. Para montar, invierta el proceso del desmontaje.

Palieres y cojinetes traseros

DESMONTAJE

Civic Wagon 4x4

1. Eleve la parte trasera del vehículo y sopórtela con seguridad sobre caballetes.

2. Desmonte el conjunto de la rueda trasera y neumático, y luego desmonte el tambor del freno.

3. Desconecte la conducción hidráulica del freno, desde el cilindro.

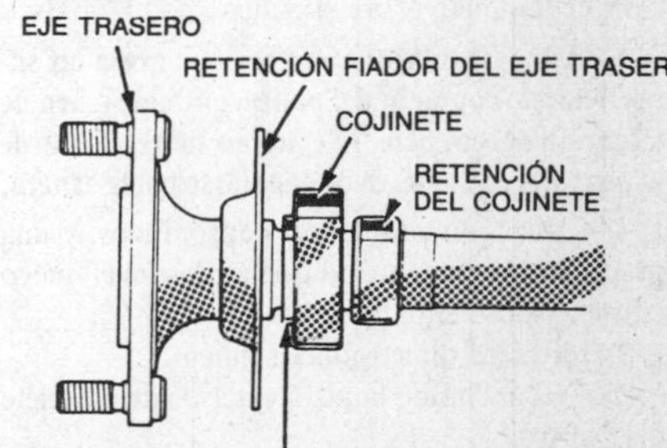

Conjunto de eje trasero y cojinete

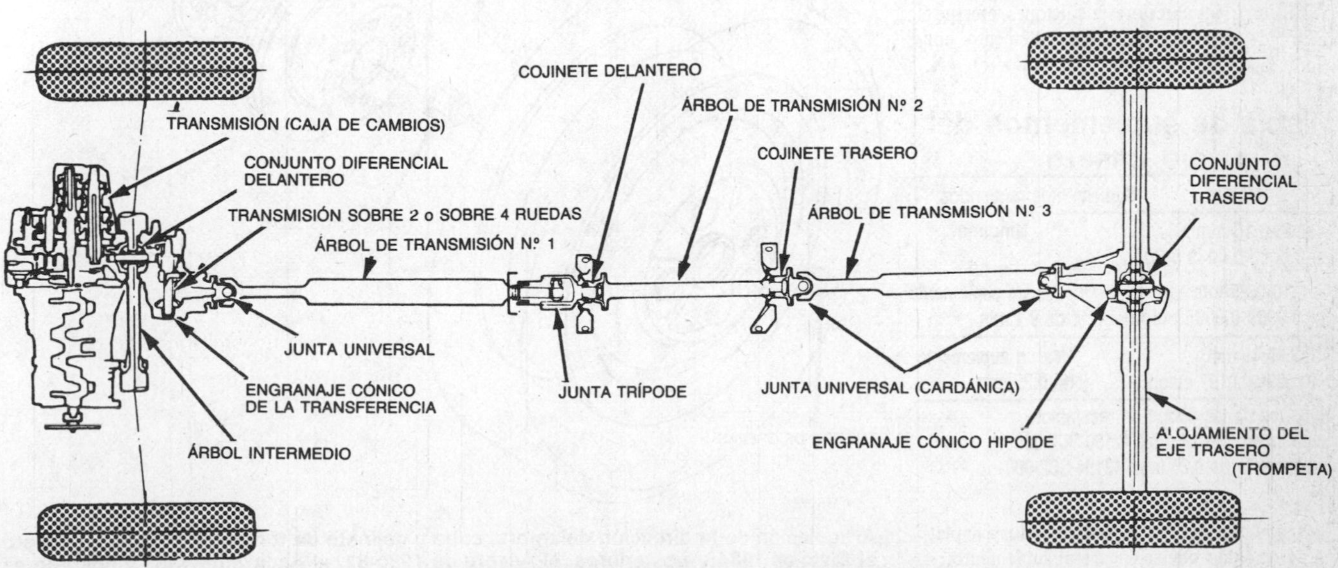

Línea de transmisión del Civic 4 x 4 Station Wagon

4. Desmonte las zapatas del freno y el cable del freno de aparcamiento.

5. Desmonte las tuercas autobloqueantes de 10 mm, de la retención del palier.

6. Utilizando un martillo deslizador, extraiga el palier de su alojamiento.

7. Desmonte el retén del palier, del alojamiento del palier.

8. Con una muela de esmeril, rebaje el grueso de la retención del cojinete sobre el palier hasta que quede reducido a unos 0,5 mm (0,02'') de espesor.

NOTA: Tenga cuidado de no dañar el árbol en dicho proceso.

9. Sujete el árbol en un tornillo de banco y parta el aro de retención del cojinete, utilizando para ello un cortafríos y un martillo.

10. Coloque el árbol y el cojinete en una prensa hidráulica, con los adaptadores apropiados, y extraiga a presión el cojinete del árbol.

MONTAJE

Civic Wagon 4x4

1. Introduzca un retén nuevo en el alojamiento del palier trasero.

2. Unte el labio de cierre del retén de aceite, con grasa.

3. Limpie meticulosamente el palier; monte la retención del palier, el cojinete y el aro de retención del cojinete sobre el palier.

NOTA: NO lubrique con aceite o grasa las superficies de contacto del palier, cojinete o aro de retención del cojinete. El extremo sobresaliente de la pista del cojinete, debe encararse hacia afuera.

4. Utilizando adaptadores apropiados, y una prensa hidráulica, introduzca a presión el nuevo cojinete sobre el palier.

5. Mida las dimensiones siguientes:

a. El ancho de la pista exterior del cojinete del palier.

b. El grueso de la platina de empuje.

c. La profundidad que hay desde el borde del alojamiento del palier hasta la superficie de asiento del cojinete.

Utilizando las anteriores mediciones, efectúe el cálculo del espesor correcto del suplemento, aplicando la fórmula siguiente: a — (b + c) = X.

Tabla de suplementos del eje trasero

X	Suplementos requeridos
— 0.16-0.10 mm (—0.0063-0.0039 pulg.)	Ninguno
— 0.10-0.25 mm (— 0.0039-0.0098 pulg.)	Use un suplemento de 0.1 mm
0.25-0.40 mm (0.0098-0.0157 pulg.)	Use un suplemento de 0.25 mm

Números de las piezas de recambio:
Suplemento de 0.1 mm: 42150-SC2-000
Suplemento de 0.25 mm: 42154-SC2-000

6. Aplique una fina capa de sellador a la platina de respaldo que se encara al suplemento.

7. Aplique una fina capa de sellador a la retención del palier que contacta con la cara del suplemento.

8. Empuje el palier hacia adentro de su alojamiento, alineando sus mortajas con las del piñón lateral del diferencial.

NOTA: Previamente al montaje del palier, cubra con un sellador la esquina interior del asiento del cojinete.

9. Utilizando un martillo deslizador con los adaptadores adecuados, monte el palier dentro de su alojamiento.

10. Monte y apriete los tornillos de la retención del palier.

11. Monte las zapatas del freno, y el cable del freno de aparcamiento.

12. Vuelva a conectar la conducción hidráulica del freno al cilindro de la rueda.

13. Monte el tambor del freno, y sangre los frenos.

14. Monte el conjunto de la rueda y el neumático, y baje el vehículo al suelo.

Cubo y cojinetes del eje delantero

DESMONTAJE Y MONTAJE

NOTA: Los procedimientos que siguen, para el desmontaje y montaje de los cubos y cojinetes de ruedas de Honda, necesitan la utilización de muchas herramientas especiales y una prensa hidráulica. No intente llevarlos a cabo sin disponer de las mismas.

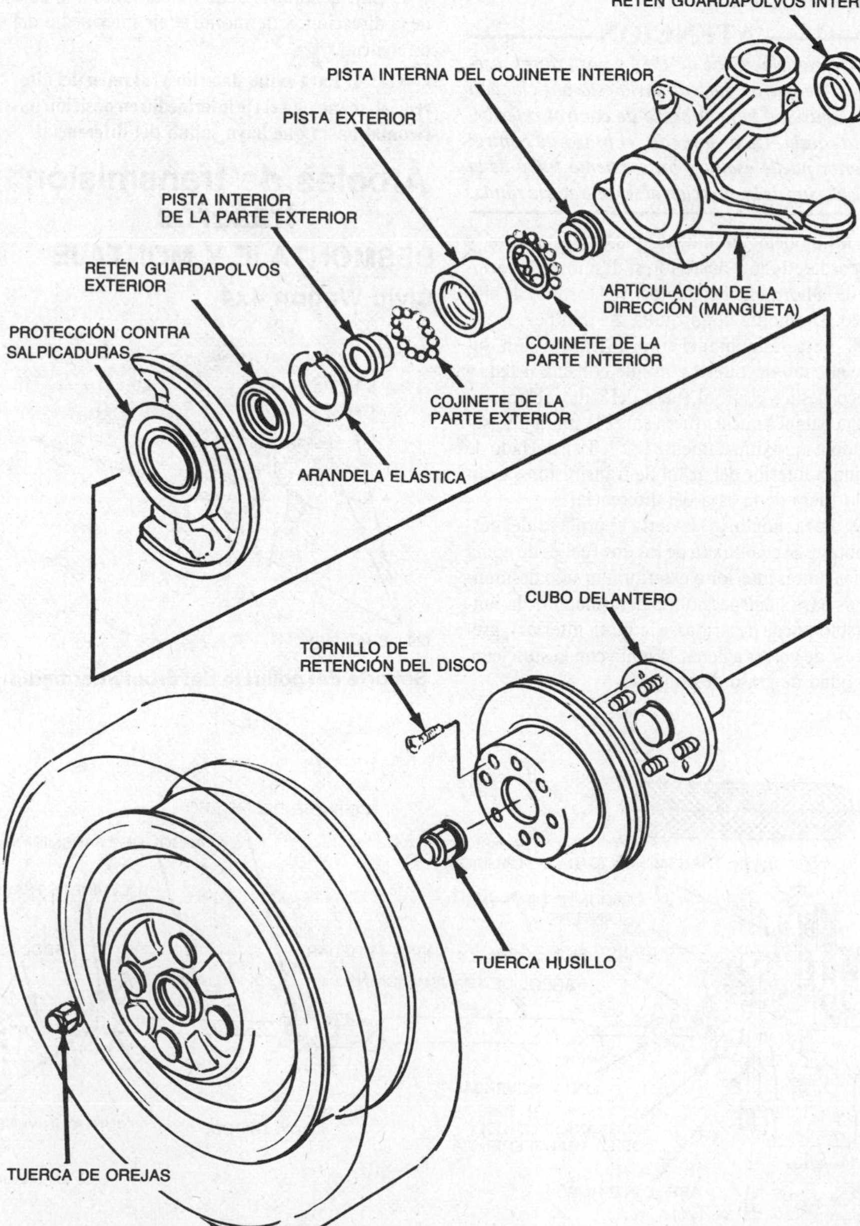

Articulación de la dirección delantera, cubo y cojinete de todos los modelos, excepto el Civic de 1984 y posteriores, el Accord de 1980-82, el Accord de 1986 y posteriores y el Prelude de 1983 y posteriores

Todos los modelos excepto el Civic de 1984 y posteriores, el Accord de 1980-82, el Accord de 1986 y posteriores, y el Prelude de 1983 y posteriores

1. Enderece las pestañas de inmovilización dc la tuerca del husillo, y luego afloje la tuerca. Afloje levemente las tuercas de orejas.

2. Eleve la parte delantera del vehículo y sopórtela con seguridad sobre caballetes. Desmonte la rueda delantera y la tuerca del husillo.

3. Desmonte los tornillos de retención de la mordaza, y desmonte la mordaza de la articulación. No deje suspendida la mordaza por el manguito del freno, sopórtela con un trozo de alambre.

4. Desmonte los tornillos de retención del rotor del freno de disco (si lo lleva como equipo) y atornille dentro de los orificios de desmontaje del freno de disco dos tornillos de 8 x 1.25 x 12 mm, y apriételos para empujar el rotor fuera del cubo.

NOTA: Gire cada tornillo sólo dos vueltas cada vez, para evitar que el disco se incline excesivamente.

5. Desmonte la barra de acoplamiento de la articulación utilizando una herramienta especial para el desmontaje de extremos de barras de acoplamiento. Tenga cuidado de no dañar los retenes de las rótulas.

6. Desmonte el pasador de seguridad de la rótula inferior, y desmonte la tuerca ranurada.

7. Desmonte el brazo inferior de la articulación, utilizando el desmontador de rótulas.

8. Afloje el tornillo de bloqueo que retiene el amortiguador en la articulación. Golpee la parte superior de la articulación con un martillo y deslícela fuera del amortiguador.

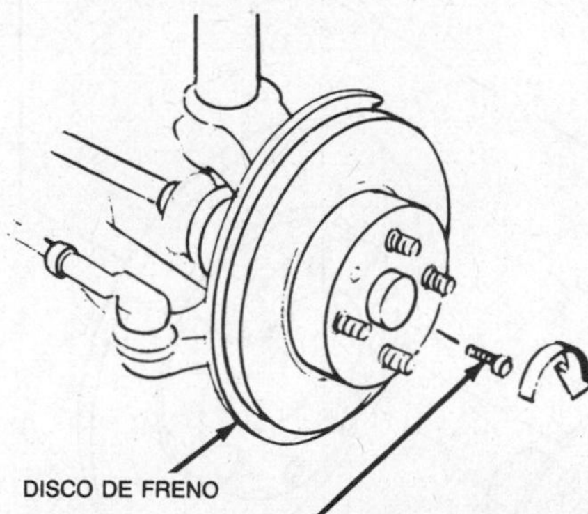

Desmontaje del disco de freno de todos los modelos, excepto el Accord de 1980-81

9. Desmonte la articulación y el cubo, si aún permanece acoplado, deslizando el conjunto fuera del palier.

10. Desmonte el cubo de la articulación, utilizando herramientas especiales y una prensa hidráulica.

Desmontaje del cojinete:

11. Desmonte la protección contra salpicaduras y la arandela elástica y luego desmonte el cojinete exterior.

12. Vuelva hacia arriba la articulación y desmonte el retén guardapolvos interior, cojinete y pista interior.

13. Saque la pista exterior del cojinete fuera de la articulación utilizando herramientas especiales y haciendo presión con una prensa hidráulica.

14. Desmonte del cubo la pista interior del cojinete exterior, utilizando herramientas especiales y un extractor de cojinetes.

15. Desmonte del cubo el retén guardapolvos exterior.

NOTA: Siempre que desmonte los cojinetes de las ruedas, sustitúyalos por un juego nuevo de cojinete y retenes guardapolvos exteriores.

16. Limpie toda la grasa vieja de los palieres y los husillos en el vehículo.

17. Elimine toda la grasa vieja del cubo y la articulación, seque y limpie cuidadosamente, frotándolos con un trapo, todos los componentes.

18. Cuando monte nuevos cojinetes, debe rellenarlos con grasa de cojinetes. Para efectuarlo coloque en la palma de su mano izquierda un puñado de grasa, y luego, sujetando en su mano derecha uno de los cojinetes, arrastre la cara del cojinete fuertemente a través de la grasa. Esta operación debe realizarla para cargar tanta grasa como sea posible a través de las bolas del cojinete y la jaula. Vuelva el cojinete al revés y continúe empujándolo a través de la grasa, hasta que esté completamente relleno de grasa entre las bolas y la jaula, por toda la circunferencia del cojinete. Repita esta operación hasta que todos los cojinetes estén rellenos de grasa.

19. Rellene el interior del rotor y el cubo de la articulación con una moderada cantidad de grasa. No sobrecargue el cubo con grasa.

20. Aplique una pequeña cantidad de grasa al husillo y al labio del retén interior antes del montaje.

21. Para montar los cojinetes, introduzca a presión la pista exterior dentro de la articulación, utilizando herramientas especiales como las usadas anteriormente, además de la herramienta de base para el montaje.

22. Monte el cojinete de bolas exterior y su pista interior en la articulación.

23. Monte la arandela elástica. Rellene de grasa la ranura que hay alrededor del labio de cierre del retén guardapolvos y grasa del exterior.

24. Introduzca el retén de grasa del exterior en la articulación, utilizando una herramienta de montaje y un martillo, hasta que esté a ras de la superficie de la articulación.

25. Monte la protección contra el barro, luego

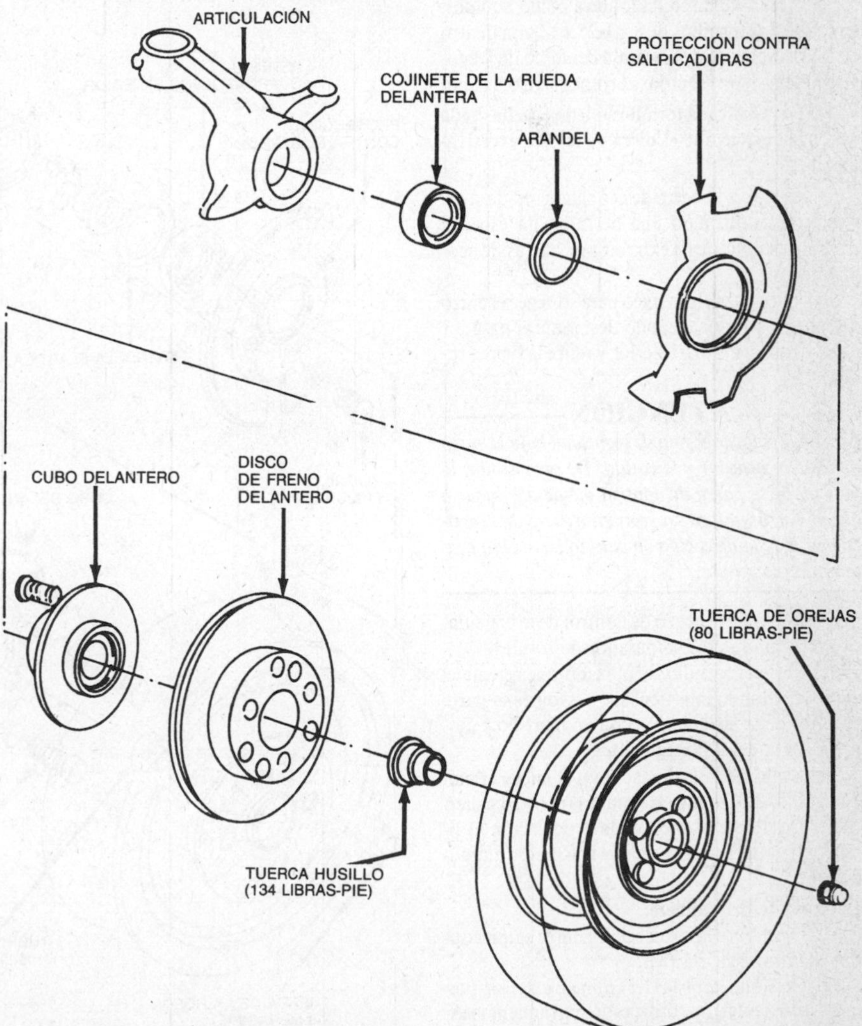

Articulación de la dirección delantera, cubo y cojinete de los Civic de 1984 y posteriores

vuelva la parte de arriba de la articulación hacia abajo y monte el cojinete de bolas interior, y su pista interior.

26. Coloque el cubo en el accesorio especial de fijación, coloque luego la articulación en posición sobre la prensa y presione hacia abajo.

27. Rellene de grasa la ranura que hay alrededor de la articulación, utilizando un montador de retenes.

29. Los pasos restantes se efectúan a la inversa del procedimiento seguido en el desmontaje. Utilice una nueva tuerca de husillo, y doble sobre ella las pestañas de seguridad una vez apretada.

Civic de 1984 y posteriores

1. Enderece las pestañas de la arandela de seguridad de la mangueta y luego afloje la tuerca. Afloje levemente las tuercas con orejas.

2. Eleve la parte delantera del vehículo y sopórtela con seguridad sobre caballetes. Desmonte la rueda delantera y la tuerca del husillo.

3. Desmonte los tornillos de retención de la mordaza del freno y retire la mordaza de la articulación. No deje que la mordaza cuelgue del manguito del freno, sosténgala atada con un trozo de alambre.

4. Desmonte los tornillos de retención del rotor del freno de disco (si lo lleva como equipo). Coloque dos tornillos de 8 x 1.25 x 12 mm dentro de los orificios de desmontaje del disco de freno, y apriételos para empujar al rotor fuera del cubo.

NOTA: Gire cada tornillo sólo dos vueltas cada vez, para evitar que el disco se incline excesivamente.

5. Desmonte la barra de acoplamiento de la articulación, utilizando una herramienta especial para el desmontaje de extremos de barras de acoplamiento.

6. Utilice un gato de suelo para sostener el brazo de control inferior, cuando desmonte el pasador de la rótula del brazo inferior y retire la tuerca ranurada.

ATENCIÓN

No olvide colocar el gato de seguridad bajo el brazo de control inferior y la rótula. De otro modo, la tensión de la barra de control puede dar lugar a que el brazo «salte» bruscamente fuera de la articulación de la dirección en cuanto haya sido desmontada la rótula.

7. Desmonte el brazo de control de la articulación utilizando el desmontador de rótulas.

8. Afloje el tornillo de pinzado que retiene el amortiguador en la articulación. Golpee la parte superior de la articulación con un martillo y deslícela fuera del amortiguador.

9. Desmonte la articulación y el cubo, si aún está unido, deslizando el conjunto fuera del palier.

10. Desmonte el cubo de la articulación utilizando herramientas especiales y una prensa hidráulica.

Desmontaje del cojinete:

11. Desmonte la protección contra salpicaduras y la arandela elástica.

12. Presione la pista del cojinete exterior fuera de la articulación, utilizando herramientas especiales y una prensa hidráulica.

13. Desmonte del cubo la pista interior del cojinete exterior del cubo, utilizando herramientas especiales y un extractor de cojinetes.

NOTA: Siempre que desmonte los cojinetes de las ruedas, sustitúyalos por un juego nuevo de cojinetes y retenes guardapolvos exteriores.

14. Limpie de toda grasa vieja los palieres y husillos en el vehículo.

15. Elimine toda la grasa vieja del cubo y la articulación, seque y limpie meticulosamente.

16. Para montar los cojinetes, introduzca a presión la pista exterior del cojinete dentro de la articulación, utilizando herramientas especiales como las usadas anteriormente, además de la herramienta de base para el montaje.

17. Monte la arandela elástica, y luego monte la protección contra salpicaduras.

18. Coloque el cubo en el accesorio especial de montaje y luego sitúe la articulación en posición sobre la prensa y haga presión hacia abajo.

19. Los pasos restantes son a la inversa del procedimiento del desmontaje. Utilice una nueva tuerca de husillo, y doble las pestañas de seguridad una vez apretada.

Accord de 1980-81

1. Enderece las pestañas de seguridad de la tuerca de husillo, y luego afloje la tuerca. Afloje levemente las tuercas de orejas.

2. Eleve la parte delantera del vehículo y sopórtela con caballetes de seguridad. Desmonte la rueda delantera y la tuerca del husillo.

3. Desmonte los tornillos de retención de la mordaza de freno y desmonte la mordaza de la articulación. No deje colgar la mordaza del manguito de conexión hidráulica de freno; sopórtelo atado con un alambre.

4. Monte un extractor de cubos acoplado contra el cubo y el rotor con las tuercas de orejas.

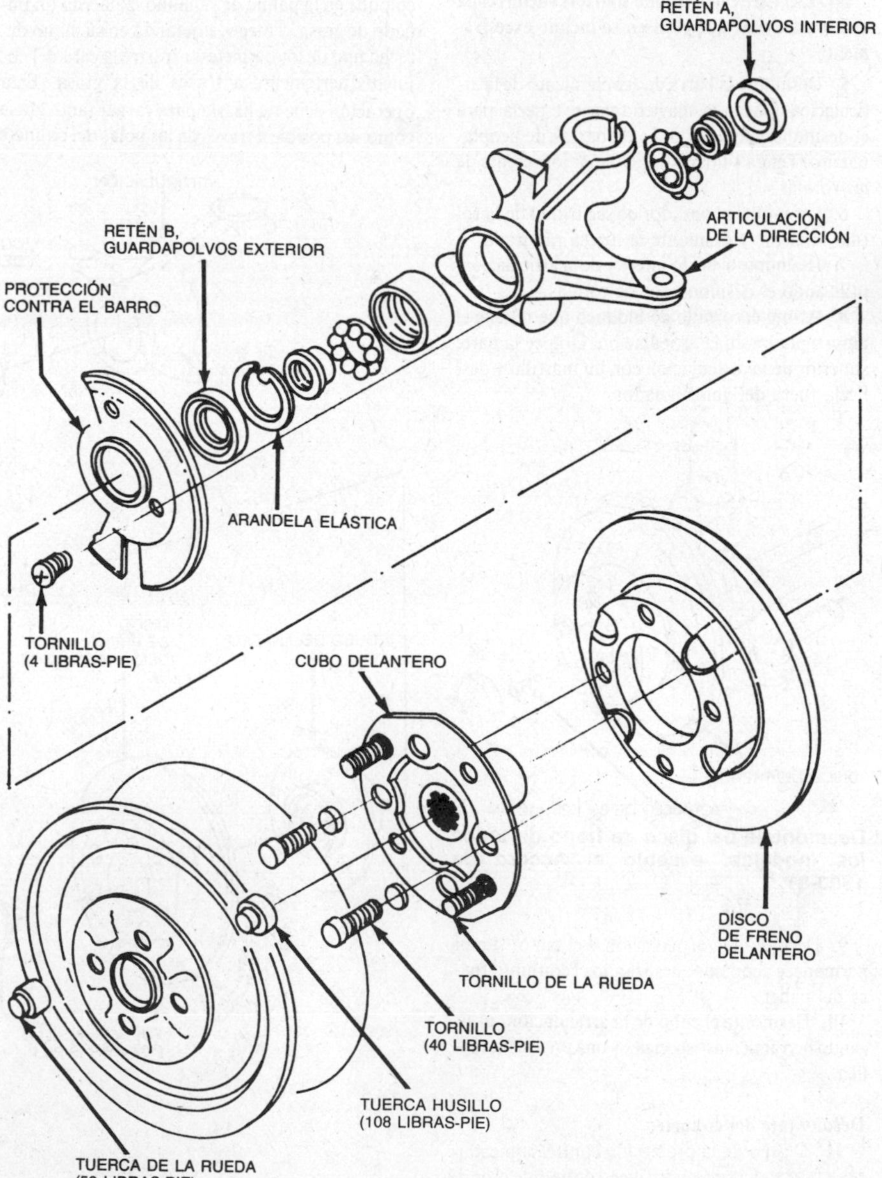

Articulación de la dirección delantera, cubo y cojinete del Accord de 1980-81

5. Acople un martillo deslizador en el orificio central del acoplamiento y extraiga el cubo, con el disco unido, de la articulación. Desatornille y monte el disco de freno del cubo.

6. Desmonte la barra de acoplamiento de la articulación, utilizando una herramienta de desmontaje de extremos de barra de acoplamiento. Tenga cuidado de no dañar los retenes de las rótulas.

7. Desmonte los pasadores de seguridad de las rótulas del brazo inferior, y desmonte la tuerca ranurada.

8. Desmonte el brazo inferior de la articulación, utilizando el desmontador de rótulas.

9. Afloje el tornillo de bloqueo que retiene el amortiguador en la articulación. Golpee la parte superior de la articulación con un martillo y deslícela fuera del amortiguador.

10. Desmonte la articulación deslizando el conjunto fuera del palier.

Desmontaje del cojinete:

11. Desmonte la protección contra salpicaduras y la arandela elástica, y luego desmonte el cojinete exterior.

12. Vuelva hacia arriba la articulación y desmonte el retén guardapolvos interior, cojinete y pista interior.

13. Extraiga a presión la pista del cojinete exterior fuera del husillo, utilizando herramientas especiales y una prensa hidráulica.

14. Desmonte la pista interior del cojinete exterior del cubo, utilizando herramientas especiales y un extractor de cojinetes.

15. Desmonte el retén guardapolvos exterior del cubo.

NOTA: Siempre que desmonte los cojinetes de las ruedas, sustitúyalos por un nuevo juego de cojinetes y retenes guardapolvos exteriores.

16. Limpie toda la grasa vieja de los palieres y husillos del vehículo.

17. Elimine toda la grasa vieja del cubo y la articulación y seque y limpie todos los componentes frotándolos meticulosamente.

18. Cuando encaje nuevos cojinetes, debe rellenarlos con grasa de cojinetes. Para hacerlo, coloque un puñado de grasa en la palma de su mano izquierda, y luego, sujetando uno de los cojinetes en su mano derecha arrastre la cara del cojinete fuertemente a través de la grasa. Esto debe efectuarlo para introducir tanta grasa como sea posible entre los cojinetes de bolas y la jaula. Vuelva el cojinete y continúe empujándolo a través de la grasa, hasta que esté completamente relleno entre las bolas y jaula, por toda la circunferencia del cojinete. Repita esta operación hasta que todos los cojinetes estén rellenos con grasa.

19. Rellene el interior del rotor y el cubo de la articulación con una moderada cantidad de grasa. No sobrecargue el cubo con grasa.

20. Aplique una pequeña cantidad de grasa al husillo y al labio del retén interior antes del montaje.

21. Para montar los cojinetes, introduzca a presión la pista exterior del cojinete dentro de la articulación, utilizando las herramientas especiales usadas anteriormente y la herramienta de base para el montaje.

22. Monte el cojinete de bolas exterior y su pista interior en la articulación.

23. Monte la arandela elástica. Rellene de grasa la ranura que hay alrededor del labio de cierre del retén guardapolvos de grasa exterior.

24. Introduzca el retén de grasa exterior dentro de la articulación, utilizando un montador de retenes y un martillo, hasta que quede a ras de la superficie de la articulación.

25. Monte la protección contra salpicaduras, y luego vuelva el lado de arriba de la articulación hacia abajo, y monte el cojinete interior y su pista interior.

26. Atornille el disco de freno al cubo delantero y coloque el cubo en el accesorio especial de fijación, y luego coloque la articulación en posición sobre la prensa y aplique presión hacia abajo.

27. Rellene de grasa la ranura que hay alrededor del labio de cierre del retén guardapolvos interior.

28. Introduzca el retén guardapolvos dentro de la articulación, utilizando un montador de retenes.

29. Los pasos restantes se efectúan de modo inverso al desmontaje.

Prelude de 1983 y posteriores y Accord de 1986 y posteriores

1. Enderece las pestañas de seguridad del husillo, y luego afloje la tuerca. Afloje levemente las tuercas de orejas.

2. Eleve la parte delantera del vehículo y sopór-

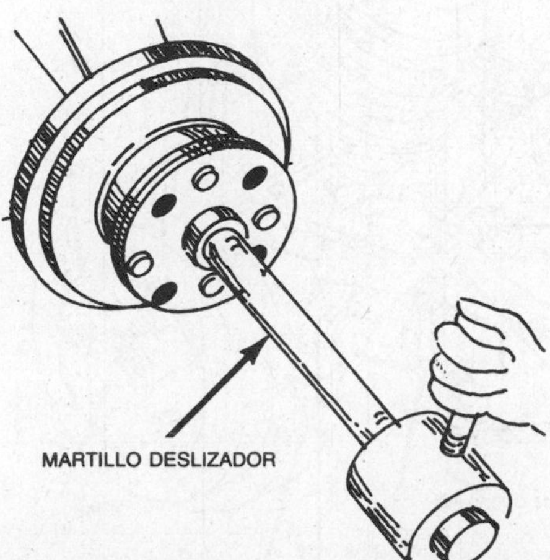

Desmontaje del disco de los Accord de 1980-81

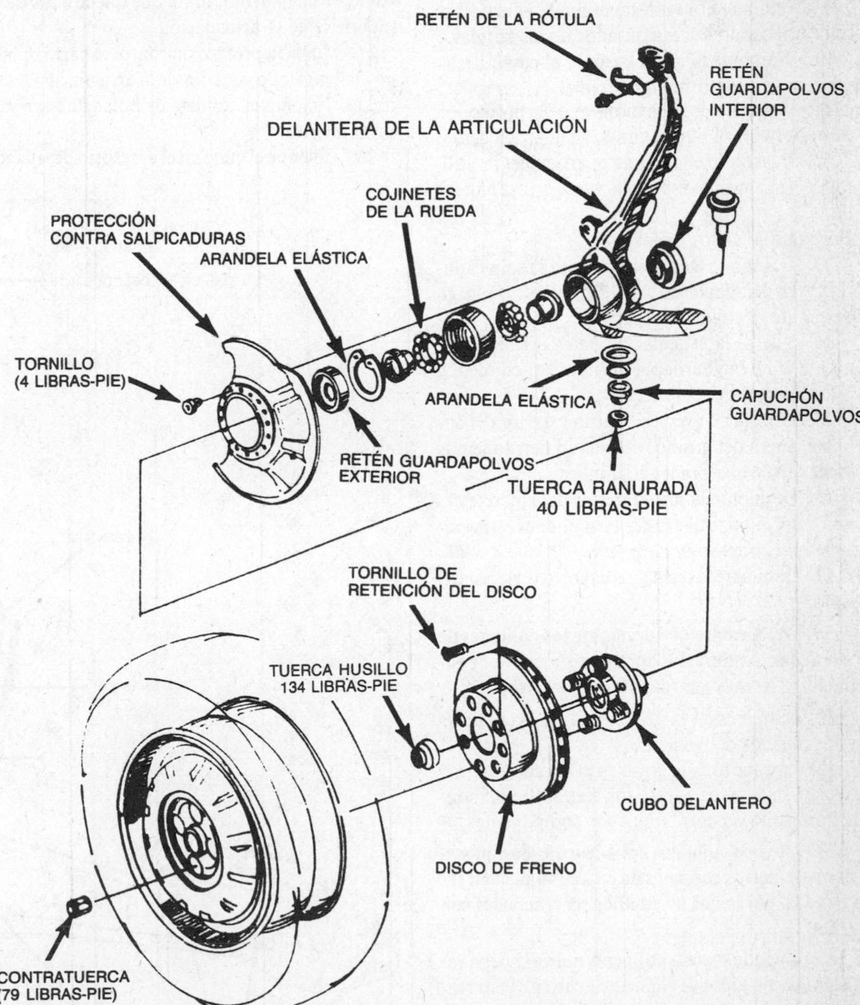

Articulación de la dirección delantera, cubo y cojinete de los Prelude de 1983 y posteriores, y de los Accord de 1986 y posteriores, que son similares

tela con caballetes de seguridad. Desmonte la rueda delantera y la tuerca del husillo.

3. Desmonte los tornillos que retienen la mordaza de freno y desmonte la mordaza de la articulación. No deje colgar la mordaza por el manguito de conexión hidráulica, sopórtela atada con un trozo de alambre.

4. Desmonte los tornillos que retienen el rotor del freno de disco (si lo lleva como equipo). Enrosque dos tornillos de 8 x 1.25 x 12 mm, dentro de los orificios de desmontaje del disco de freno, y gírelos para empujar al rotor fuera del cubo.

NOTA: Gire cada tornillo sólo dos vueltas cada vez, para evitar que el disco se incline excesivamente.

5. Desmonte la barra de acoplamiento de la articulación, utilizando una herramienta de desmontaje de extremos de barra de acoplamiento. Tenga cuidado de no dañar los retenes de las rótulas.

6. Desmonte el pasador de seguridad de la rótula del brazo inferior, y desmonte la tuerca ranurada.

7. Desmonte el brazo inferior de la articulación, utilizando el desmontador de rótulas.

8. Desmonte el pasador de la rótula del brazo superior, y desmonte la tuerca ranurada.

9. Desmonte el brazo superior de la articulación, utilizando el desmontador de las rótulas.

10. Desmonte la articulación y el cubo, deslizando el conjunto fuera del palier

11. Desmonte los dos tornillos de la protección posterior contra salpicaduras, de la articulación.

12. Desmonte el cubo de la articulación utilizando herramientas especiales y una prensa hidráulica.

Desmontaje de los cojinetes:

13. Desmonte la protección contra salpicaduras, retén guardapolvos y arandela elástica, y luego desmonte el cojinete exterior.

14. Vuelva la articulación hacia arriba y desmonte el retén guardapolvos interior, cojinete y pista interior del cojinete.

15. Extraiga a presión la pista exterior del cojinete, fuera del husillo, utilizando herramientas especiales y una prensa hidráulica.

16. Desmonte la pista interior del cojinete exterior del cubo, utilizando herramientas especiales y un extractor de cojinetes.

17. Desmonte el retén guardapolvos exterior del cubo.

NOTA: Siempre que desmonte los cojinetes de las ruedas, sustitúyalos por un juego nuevo de cojinetes y retenes guardapolvos exteriores.

18. Limpie toda la grasa vieja de los palieres y los husillos del vehículo.

19. Elimine toda la grasa vieja del cubo y la articulación, y seque y frote con trapos, limpiándolos meticulosamente, todos los componentes.

NOTA: Los cojinetes del Accord 1986 y posteriores, y ciertos cojinetes de recambio pueden ser cerrados, por lo que no admiten ser rellenados con grasa.

20. Cuando monte cojinetes nuevos, debe rellenarlos con grasa de cojinete de ruedas. Para realizarlo, coloque un puñado de grasa en la palma de su mano izquierda y luego, sujetando uno de los cojinetes con su mano derecha, arrastre la cara del cojinete fuertemente a través de la grasa. Esto debe hacerlo para introducir la mayor cantidad de grasa posible a través de los rodamientos y la jaula. Vuelva el cojinete de la otra cara, y continúe empujándolo entre la grasa, hasta que ésta rellene completamente los espacios que hay entre las bolas del cojinete y la jaula, por todo el derredor del cojinete. Repita esta operación hasta que todos los cojinetes estén rellenos con grasa.

21. Rellene el interior del rotor y el cubo de la articulación con una moderada cantidad de grasa. No sobrecargue el cubo con grasa.

22. Aplique una pequeña cantidad de grasa al husillo y al labio del retén interior antes del montaje.

23. Para montar los cojinetes, introduzca a presión la pista exterior del cojinete dentro de la articulación, utilizando las herramientas especiales usadas anteriormente, y además la herramienta de base del montaje.

24. Monte el cojinete de bolas exterior y su pista interior en la articulación.

25. Monte la arandela elástica. Rellene con grasa la ranura que hay alrededor del labio de cierre del retén guardapolvos de grasa exterior.

26. Introduzca el retén de grasa exterior dentro de la articulación, utilizando un montador de retenes y un martillo, hasta que quede a ras de la superficie de la articulación.

27. Monte la protección contra el barro, y luego vuelva el lado superior de la articulación hacia abajo, y monte el cojinete de bolas interior y su pista interior.

28. Coloque el cubo en el accesorio de fijación especial, y luego sujete la articulación en posición sobre la prensa y aplique presión hacia abajo.

29. Rellene de grasa la ranura que hay alrededor del labio de cierre del retén guardapolvos interior.

30. Introduzca el retén guardapolvos dentro de la articulación, utilizando un montador de retenes.

31. Los pasos restantes se ejecutan en el orden inverso al procedimiento de desmontaje. Utilice una nueva tuerca de husillo, y asegúrela con las pestañas después del apriete.

SUSPENSIÓN TRASERA

Todos los sedán Civic, y los modelos Station Wagon 2x2 Hatchback de 1984 y posteriores, y los Accord y Prelude utilizan una disposición de amortiguadores independientes tipo Mac Pherson, para cada rueda. Cada grupo de suspensión consta de una combinación de puntal, muelle amortiguador de aceite, un brazo de control inferior, y una barra o brazo radial. Los Accord y Prelude tienen una suspensión trasera ajustable.

Los modelos Station Wagon de 1980-83 utilizan una suspensión trasera más convencional, de ballestas con eje trasero rígido. Las ballestas son de tres hojas, del tipo semielíptico, localizadas longitudinalmente por medio de un par de amortigua-

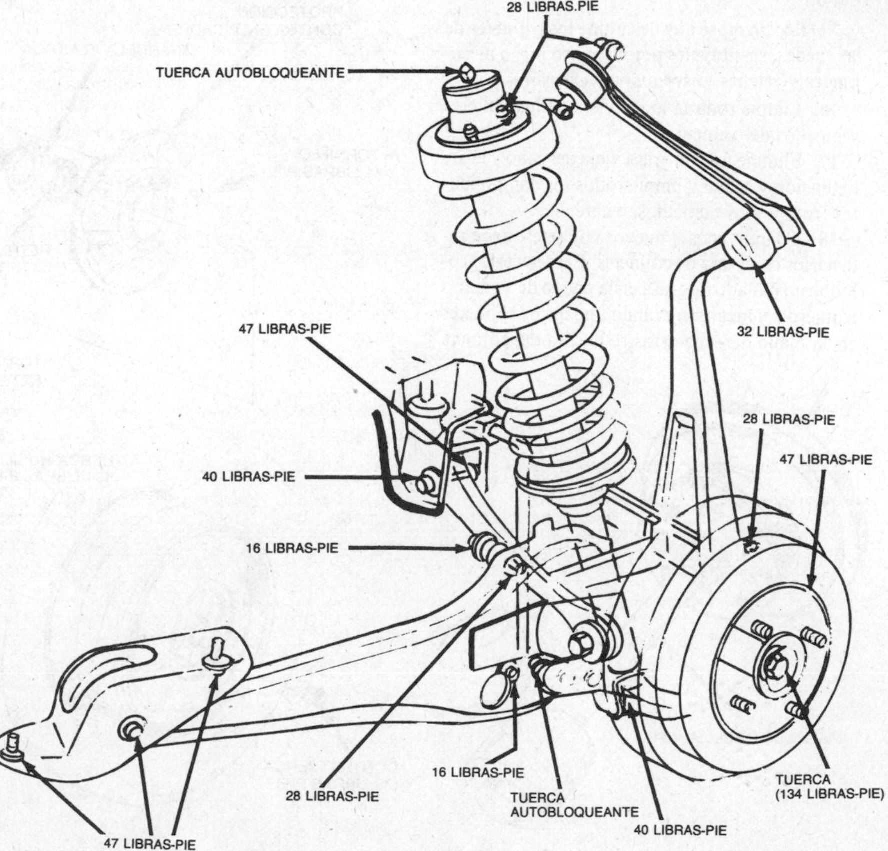

Suspensión trasera de los Accord de 1986 y posteriores

dores telescópicos para controlar el efecto rebote. El eje rígido y las ballestas dotan al Wagon de una gran capacidad para el transporte de carga.

Conjunto de puntal trasero

DESMONTAJE Y MONTAJE

1. Eleve la parte trasera del vehículo y sopórtela sobre caballetes de seguridad.
2. Desmonte la rueda trasera.
3. Desconecte la conducción del freno, del amortiguador (si la lleva como equipo). Desmonte el clip de retención y separe el manguito del freno del amortiguador.
4. Desconecte el cable del freno de aparcamiento, de la palanca de la platina de respaldo.
5. Desmonte el tornillo de retención del puntal inferior, o el tornillo de pinzado y el tornillo-pivote del portador del cubo. Para desmontar el tornillo-pivote, debe desmontar la tuerca ranurada y su pasador de seguridad.
6. Desmonte las tuercas de retención del puntal superior, y retire el puntal del vehículo.
7. Para montarlo, invierta el proceso del desmontaje. Asegúrese de que monta en primer lugar la parte superior del puntal en la carrocería. Después del montaje, sangre las conducciones del freno.

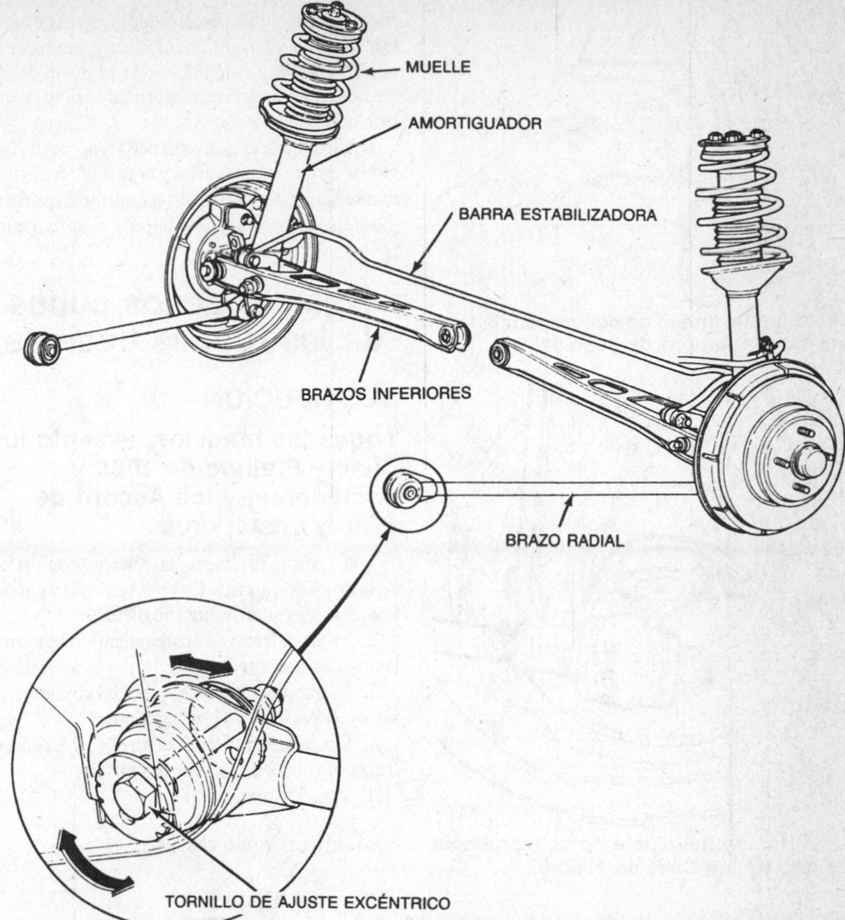

Suspensión trasera de los Accord de 1980-85 y Prelude de 1983 y posteriores

Brazo de control inferior y brazo radial

DESMONTAJE Y MONTAJE

Station Wagon, excepto 1980-83

1. Eleve la parte trasera del vehículo y sopórtela sobre caballetes de seguridad.
2. Desmonte las ruedas traseras y los tambores del freno.
3. Desconecte las conducciones hidráulicas y el cable del freno de aparcamiento.
4. Desmonte el conjunto de la platina de respaldo.
5. Desmonte las tuercas y tornillos del brazo radial, y desmonte el brazo radial. Desenrosque el tornillo estabilizador y desmonte la barra estabilizadora (si la lleva como equipo).
6. Desmonte el tornillo de pinzado del amortiguador y luego separe el portador del cubo del amortiguador.
7. Desmonte los tornillos de retención del brazo de control inferior, y luego desmonte el brazo.

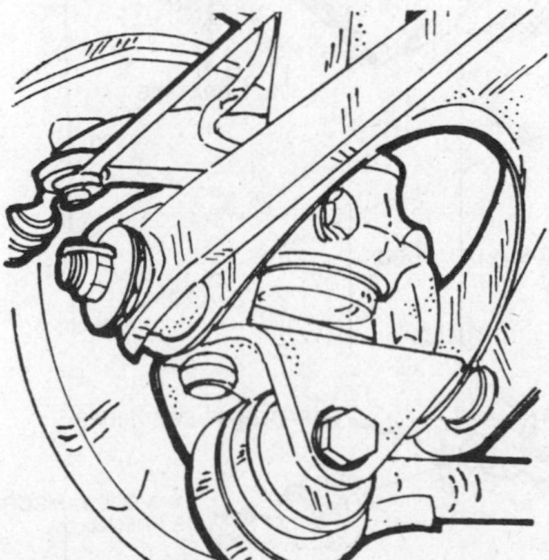

Brazo de control trasero de los Sedán Civic de 1983

Alineación de las ruedas traseras

El avance y la inclinación de las ruedas son fijos, lo mismo que en la suspensión delantera. Sin embargo, la divergencia es ajustable (excepto en los Civic de 1984 y posteriores, y en los Accord de 1986 y posteriores) por medio de un tornillo de ajuste excéntrico que hay en el anclaje delantero del brazo radial.

Ballesta

DESMONTAJE Y MONTAJE

Sólo los Station Wagon de 1980-83

1. Eleve la parte trasera del vehículo y sopór-

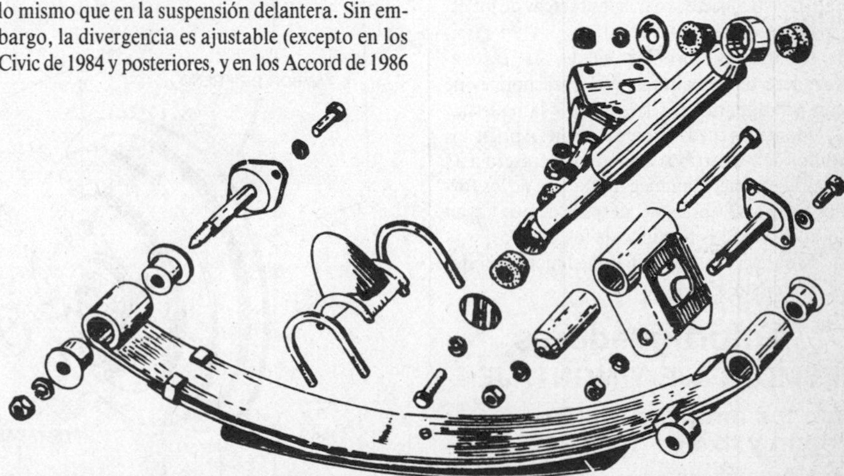

Suspensión trasera de los Station Wagon Civic de 1980-83

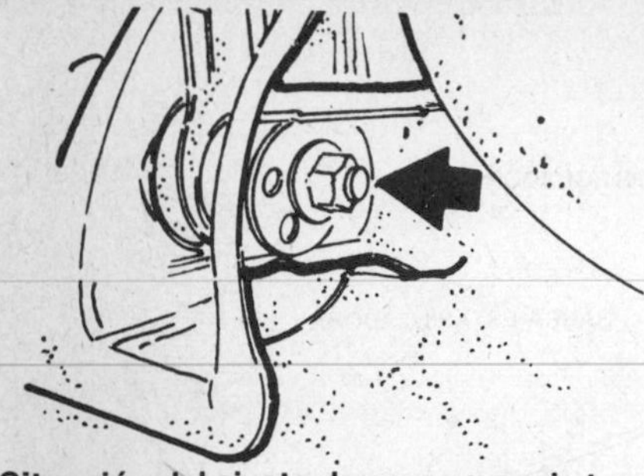

Situación del ajuste de convergencia trasero de los Accord de 1980-82

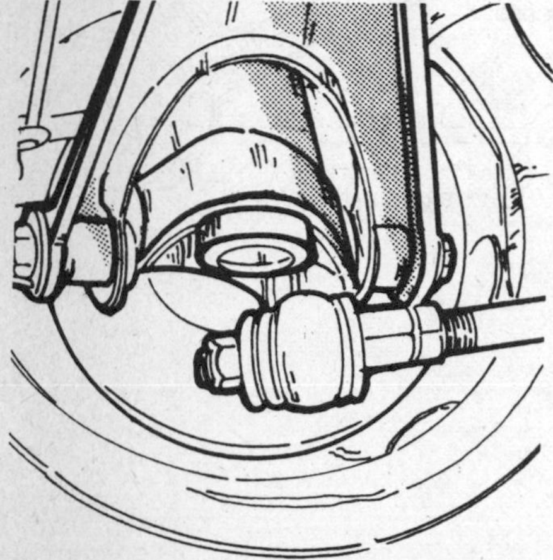

Localización del ajuste de convergencia trasero de los Civic de 1980-82

tela sobre caballetes colocados bajo el bastidor. Desmonte las ruedas.

2. Desmonte el tornillo de montaje inferior del amortiguador.

3. Desmonte las tuercas de los tornillos en U, y retire los tornillos en U, los parachoques de goma, y la cartela abrazadera.

4. Desmonte las tuercas de los tornillos-pivotes de los estribos delantero y trasero de la ballesta, retire los tornillos, y desmonte la ballesta.

5. Para montarla, primero coloque la ballesta sobre el eje y luego monte los tornillos de los estribos delantero y trasero. Aplique una solución de agua jabonosa a los casquillos para facilitar el montaje. No apriete todavía las tuercas de los estribos.

6. Monte los tornillos en U, la cartela-abrazadera de la ballesta, y el parachoques de goma, sin apretarlos, sobre el eje y la ballesta.

7. Monte las ruedas y baje el coche. Apriete los tornillos de los estribos delanteros y trasero a 33 libras-pie. Apriete también las tuercas de los tornillos en U a 33 libras-pie, después de que hayan sido apretados los tornillos de los estribos.

8. Monte el amortiguador en el montaje inferior. Apriételo a 33 libras-pie.

Amortiguadores

DESMONTAJE Y MONTAJE

Sólo los modelos Station Wagon y 4x4 de 1980-83

1. No es necesario elevar el coche con el gato o desmontar las ruedas, a menos que necesite espacio para trabajar. Desenrosque la tuerca de montaje superior y el tornillo inferior, y desmonte el amortiguador. Tome nota de la posición de las arandelas y arandelas de seguridad para su posterior montaje.

2. El montaje es la inversa del desmontaje. Asegúrese de que las arandelas y arandelas de seguridad se hallan montadas correctamente. Apriete el montaje superior a 44 libras-pie y el montaje inferior a 33 libras-pie.

Cojinete de los cubos de las ruedas traseras

SUSTITUCIÓN

Todos los modelos, excepto los Civic y Prelude de 1984 y posteriores, y los Accord de 1986 y posteriores

1. Afloje levemente las tuercas con orejas de las ruedas traseras. Eleve el vehículo y sopórtelo con seguridad sobre caballetes.

2. Suelte el freno de aparcamiento. Desmonte las ruedas traseras.

3. Desmonte la tapa del cubo del cojinete trasero y el pasador y el portapasador.

4. Desmonte la tuerca del husillo, y luego extraiga el cubo y el tambor del husillo.

5. Retire del cubo las pistas de los cojinetes exterior e interior. Golpee con el botador, según una pauta entrecruzada, para evitar que la pista del cojinete se incline en el orificio de alojamiento.

6. Limpie meticulosamente los asientos de los cojinetes antes de ir al paso siguiente.

7. Utilizando un montador de cojinetes, introduzca la pista del cojinete (interior) dentro del cubo.

8. Vuelva el cubo hacia arriba e introduzca la pista del cojinete exterior de la misma manera.

9. Compruebe a la vista, que las pistas de los cojinetes se hallan correctamente asentadas.

10. Cuando monte nuevos cojinetes, debe rellenarlos con grasa de cojinetes de rueda. Para llevarlo a cabo, coloque en la palma de su mano izquierda un puñado de grasa, y luego sujete uno de los cojinetes en la mano derecha, arrastrando la cara del cojinete fuertemente a través de la grasa. Esto debe hacerlo para introducir tanta grasa como sea posible en los espacios que hay entre los cojinetes de bolas y la jaula. Vuelva el cojinete y continúe empujándolo entre la grasa, hasta que ésta rellene todos los huecos entre las bolas y la jaula, por toda la circunferencia del cojinete. Repita esta operación hasta que todos los cojinetes estén rellenos de grasa.

11. Rellene el interior del cubo con una moderada cantidad de grasa. No sobrecargue el cubo con grasa.

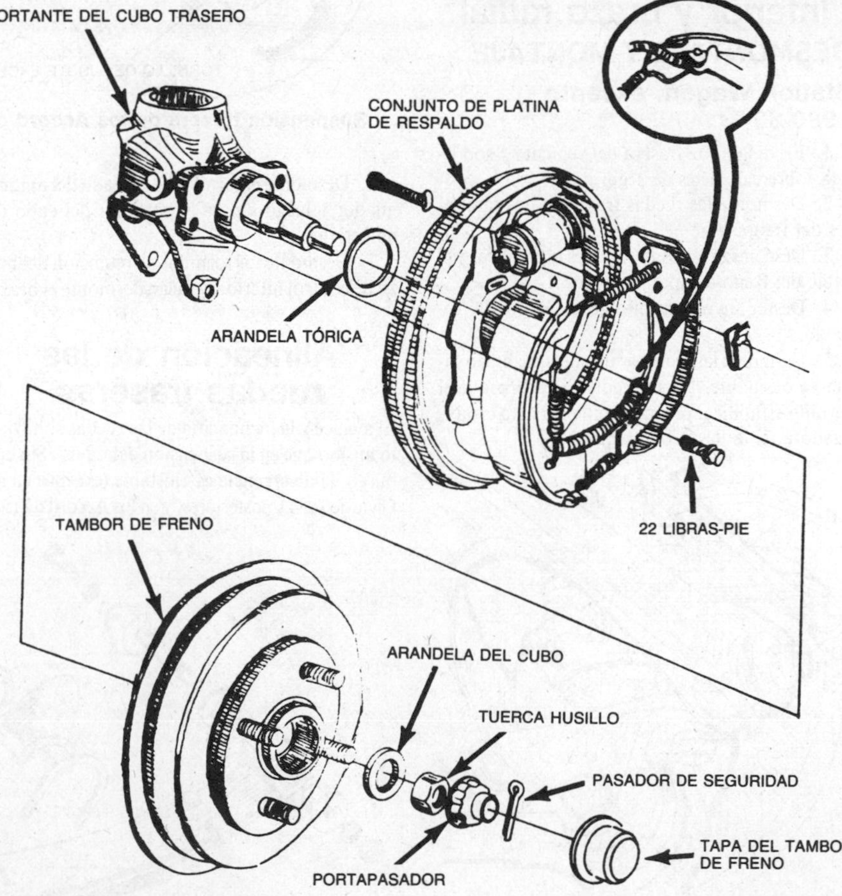

Cubo, cojinete trasero de todos los modelos excepto de los Civic y los Prelude de 1984 y posteriores y de los Accord de 1986 y posteriores

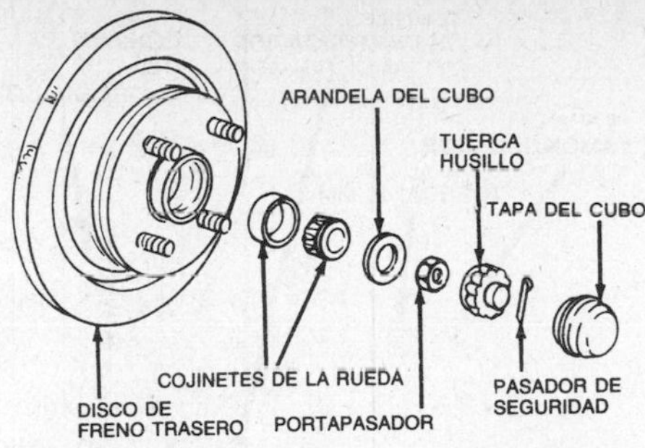

Cubo y cojinete trasero de los Prelude de 1984 y posteriores

12. Aplique una pequeña cantidad de grasa al husillo y al labio del retén interior antes del montaje.

13. Coloque el cojinete interior dentro del cubo.

14. Aplique grasa al retén del cubo, y golpéelo para introducirlo en su emplazamiento. Hágalo según una pauta entrecruzada para evitar que el retén se incline en el interior de su orificio de alojamiento.

15. Deslice el cubo y el tambor sobre el husillo, y luego inserte el cojinete exterior, la arandela del cubo y la tuerca del husillo.

16. Siga los procedimientos descritos más adelante, bajo el título de Ajuste de los cojinetes de ruedas.

Prelude de 1984 y posteriores

1. Afloje levemente las tuercas de orejas de las ruedas traseras. Eleve el vehículo y sopórtelo con seguridad sobre caballetes.

2. Suelte el freno de aparcamiento. Desmonte las ruedas traseras.

3. Desmonte los tornillos de retención de la mordaza del freno y desmonte la mordaza de la articulación. No deje que la mordaza cuelgue del manguito. Sopórtela atada con un trozo de alambre.

4. Desmonte la tapa del cubo del cojinete trasero, y el pasador y el portapasador. Desmonte la tuerca del husillo, y luego tire del cubo y del disco sacándolos fuera del husillo.

5. Extraiga las pistas de los cojinetes exterior e interior fuera del disco. Golpee con el botador siguiendo una pauta entrecruzada para evitar que se incline la pista del cojinete en el orificio de alojamiento.

6. Limpie los asientos completamente antes de pasar al paso inmediato.

7. Utilizando un montador de cojinetes, introduzca la pista del cojinete interior dentro del disco.

8. Vuelva el disco hacia arriba e introduzca la pista del cojinete exterior de la misma manera.

9. Compruebe a la vista que las pistas de los cojinetes se hallan asentadas correctamente.

10. Cuando monte nuevos cojinetes, usted debe rellenarlos con grasa de cojinetes de rueda. Para hacerlo, coloque una cantidad de grasa en la palma de su mano izquierda, y luego sujetando uno de los cojinetes en su mano derecha, arrastre la cara del cojinete fuertemente a través de la grasa. Esto lo debe hacer para cargar tanta grasa como se pueda entre los cojinetes de bolas y la jaula. Vuelva el cojinete y continúe empujándolo entre la grasa, hasta que ésta rellene completamente los huecos entre las bolas del cojinete y la jaula, todo alrededor del cojinete. Repita esta operación hasta que todos los cojinetes se hallen rellenos de grasa.

11. Rellene el interior del cubo con una moderada cantidad de grasa. No sobrecargue el cubo con grasa.

12. Aplique una pequeña cantidad de grasa al husillo y al labio del retén interior antes del montaje.

13. Coloque el cojinete interior dentro del cubo.

14. Aplique grasa al retén del cubo, y con cuidado introdúzcalo golpeando dentro de su alojamiento. Golpéelo según una pauta entrecruzada para evitar que el retén se incline en el orificio.

15. Deslice el cubo y el disco sobre el husillo, y luego inserte el cojinete exterior, la arandela del cubo, y la tuerca del husillo.

16. Siga los procedimientos dados más adelante para efectuar los ajustes.

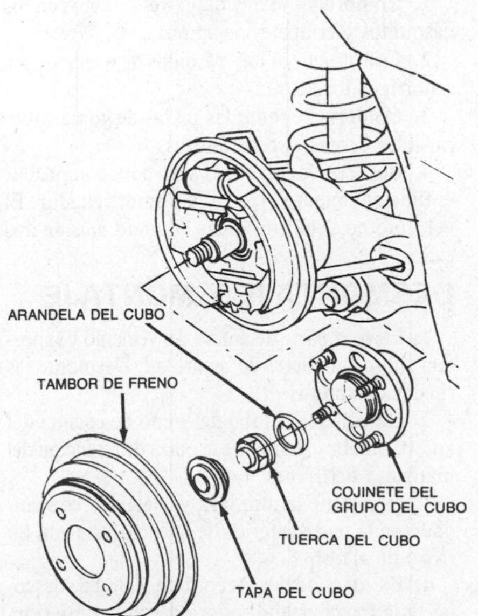

Cubo y cojinete trasero de los Civic de 1984 y posteriores, y de los Accord de 1986 y posteriores

Civic de 1984 y posteriores y Accord de 1986 y posteriores

1. Afloje levemente las tuercas de orejas de las ruedas traseras. Eleve el vehículo y sopórtelo con seguridad sobre caballetes.

2. Suelte el freno de aparcamiento. Desmonte la rueda trasera y el tambor del freno.

3. Desmonte la tapa del cubo del cojinete trasero y la tuerca.

4. Saque el grupo del cubo fuera del husillo.

5. El montaje es la inversa del desmontaje. Apriete la nueva tuerca del husillo a 134 libras-pie, y luego bloquee la tuerca con las pestañas.

AJUSTE

1. Aplique grasa o aceite sobre los hilos de rosca de la tuerca del husillo y a la rosca del mismo.

2. Monte y apriete la tuerca del husillo a 18 libras-pie, y gire el tambor/disco 2-3 vueltas a mano, reapretando la tuerca del husillo a 18 libras-pie.

3. Repita los pasos anteriores hasta que la tuerca del husillo alcance esos valores de torsión de apriete.

4. Afloje la tuerca del husillo a 0 libras-pie.

NOTA: Afloje la tuerca hasta que quede justamente libre, pero no gire suelta.

5. Reapriete la tuerca del husillo a 4 libras-pie.

6. Coloque el portapasador de modo que las ranuras se hallen lo más cerca posibles al orificio del husillo.

7. Apriete la tuerca del husillo lo suficiente para que se alineen la ranura y el orificio, y luego asegúrela con un pasador nuevo.

SUSPENSIÓN DELANTERA

Todos los modelos, excepto los Prelude de 1983 y posteriores, los Civic de 1984 y posteriores y los Accord de 1986 y posteriores utilizan una suspensión delantera del tipo de puntal Mac Pherson. Cada articulación de la dirección está suspendida de un brazo de control inferior en el fondo, y un grupo combinado de muelle/amortiguador en la parte superior. Una barra estabilizadora delantera, montada entre cada brazo de control inferior y la carrocería, refuerza la función de posicionado de la suspensión. El avance y la inclinación no son ajustables y están fijados por la posición del conjunto de amortiguadores en sus respectivas torres de plancha metálica.

Los modelos Prelude de 1983 y posteriores y los Accord de 1986 y posteriores utilizan una suspensión delantera diseñada totalmente de nuevo. Un sistema de doble espolón, cuyo espolón inferior consta de un reenvío transversal forjado, con una barra estabilizadora de posicionado. El extremo inferior del amortiguador tiene una forma de horquilla para permitr que el palier pase a través de ella. El brazo superior está localizado en la caja de la rueda y montado retorcido y en ángulo hacia adelante desde su montaje interior, para soslayar al amortiguador.

Los modelos Civic de 1984 y posteriores también utilizan una suspensión delantera nuevamente desarrollada. Este cambio fue realizado para reducir la altura de la línea del capó, lo cual hace al vehículo más aerodinámico. La nueva suspensión consiste en dos barras de torsión independientes y dos amortiguadores delanteros similares a un conjunto de puntal delantero, pero sin muelle. Ambos brazos radiales forjados inferiores se hallan conectados con una barra estabilizadora.

Amortiguadores

DESMONTAJE Y MONTAJE

Prelude de 1983 y posteriores y Accord de 1986 y posteriores

1. Eleve la parte delantera del vehículo y sopórtela sobre caballetes. Desmonte las ruedas delanteras.

2. Desmonte el tornillo de bloqueo del amortiguador.

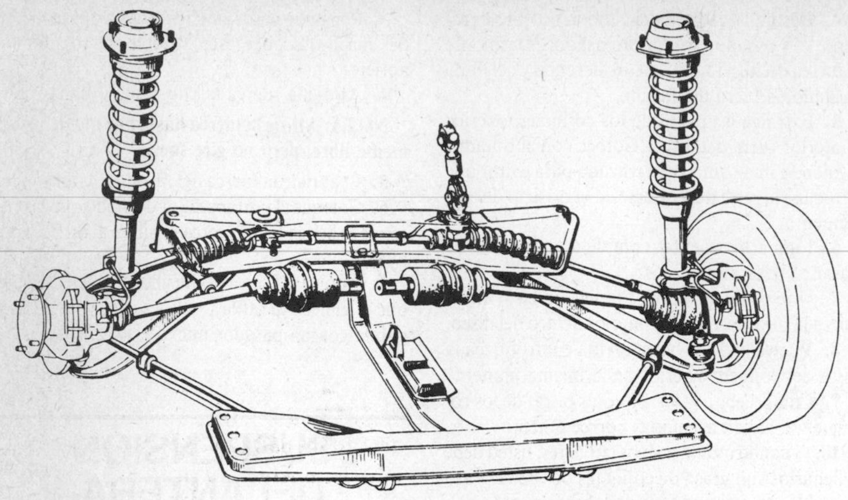

Típica suspensión delantera y caja de dirección de los modelos de 1980-82

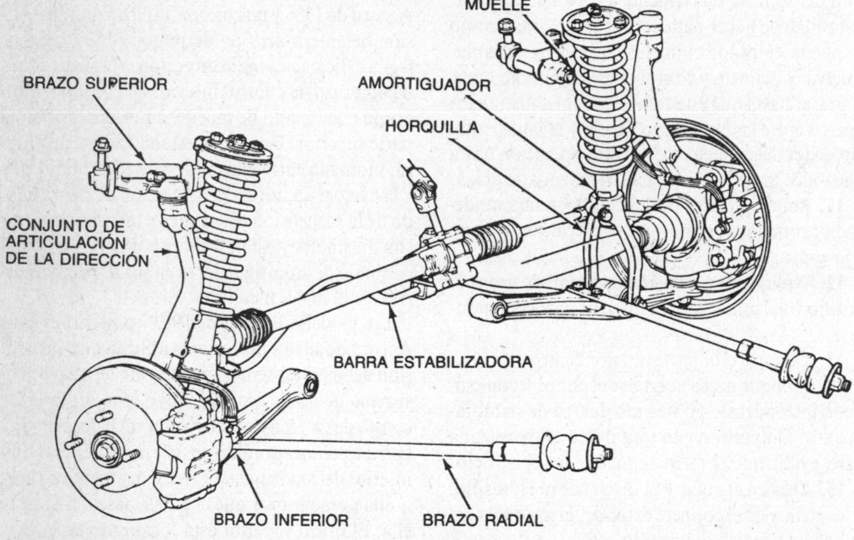

Suspensión delantera de los Prelude de 1983 y posteriores, y de los Accord de 1986 y posteriores

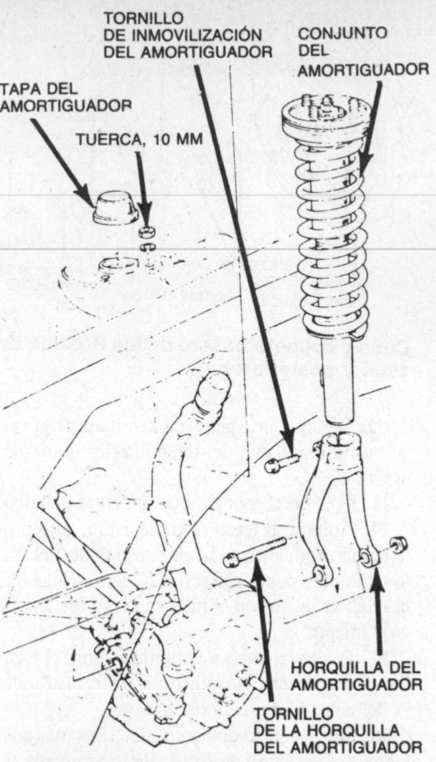

Montaje del amortiguador delantero de los Prelude de 1983 y posteriores y de los Accord de 1986 y posteriores

3. Desmonte el tornillo de la horquilla, y desmonte la horquilla del amortiguador.

4. Desmonte el conjunto del amortiguador.

5. El montaje es a la inversa del desmontaje, tomando nota de lo siguiente:

a. Alinee la pestaña del amortiguador con la ranura de la horquilla del amortiguador.

b. El tornillo de la base de montaje debe apretarlo estando el peso del coche cargado sobre el amortiguador.

c. Apriete los tornillos de montaje superiores a 29 libras-pie, el tornillo de inmovilización del amortiguador a 32 libras-pie y el tornillo de la horquilla del amortiguador a 47 libras-pie.

Modelos Civic de 1984 y posteriores

1. Eleve la parte delantera del vehículo y sopórtela sobre caballetes. Desmonte las ruedas delanteras.

2. Desmonte el tornillo de la abrazadera del manguito del freno.

3. Coloque un gato de suelo bajo el brazo de control inferior y sopórtelo.

4. Desmonte el tornillo de retención del lado inferior del amortiguador de la articulación de la dirección, y luego baje lentamente el gato.

ATENCIÓN

Asegúrese de que el gato se halla colocado correctamente bajo el brazo de control inferior en la rótula. De otro modo la tensión de la barra de torsión puede causar que el brazo de control inferior «salte» bruscamente fuera del amortiguador, en cuanto se haya desmontado el tornillo de pinzado de la sujeción.

5. Comprima a mano el amortiguador, y luego desmonte las dos contratuercas superiores retirando el amortiguador del coche.

6. El montaje es a la inversa del procedimiento del desmontaje, tomando nota de lo siguiente:

a. Utilice contratuercas autoblocantes nuevas en la parte superior del amortiguador y apriételas a 28 libras-pie.

b. apriete el tornillo de pinzado inferior a 47 libras-pie.

c. Monte y apriete la abrazadera del manguito del freno a 16 libras-pie.

Conjunto del puntal

INSPECCIÓN

1. Compruebe si hay desgastes o daños en los casquillos y cojinetes de agujas.

2. Compruebe si hay pérdidas de aceite de los amortiguadores.

3. Compruebe todas las piezas de goma sobre posibles desgastes o deterioros.

4. Bote con las manos el auto para comprobar el funcionamiento efectivo del amortiguador. El vehículo no debe continuar botando más de dos ciclos.

DESMONTAJE Y MONTAJE

1. Eleve la parte delantera del vehículo y sopórtela sobre caballetes de seguridad. Desmonte las ruedas delanteras.

2. Desconecte el tubo del freno de encima del amortiguador y desmonte la pinza de retención del manguito del freno.

3. Desmonte la mordaza y cuélguela con cuidado de la parte inferior de la carrocería con un trozo de alambre.

4. En los modelos Accord de 1980-85, desconecte la barra estabilizadora del brazo inferior.

5. Afloje el tornillo de la articulación que retiene el extremo inferior del amortiguador. Empuje firmemente hacia abajo, mientras lo golpea

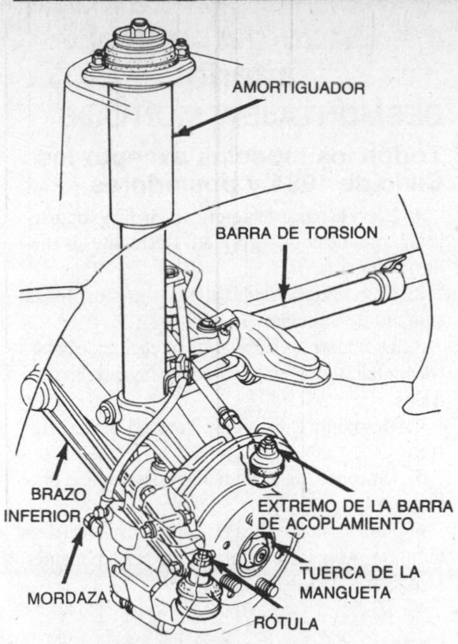

Suspensión delantera de los Civic de 1984 y posteriores

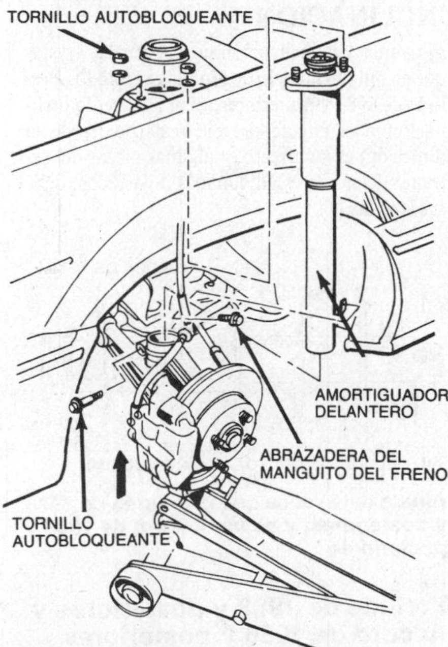

Montaje del amortiguador delantero de los Civic de 1984 y posteriores

con un martillo hasta que la articulación se haya desprendido del amortiguador.

6. Desmonte las tres tuercas que retienen el extremo superior del amortiguador y desmonte el amortiguador del vehículo.

7. Para montarlo, invierta el procedimiento del desmontaje. Asegúrese de que coinciden igualadas correctamente las superficies marcadas del amortiguador y la ranura de la articulación. Apriete el tornillo de la articulación a 40 libras-pie (43-51 libras-pie para los Accord).

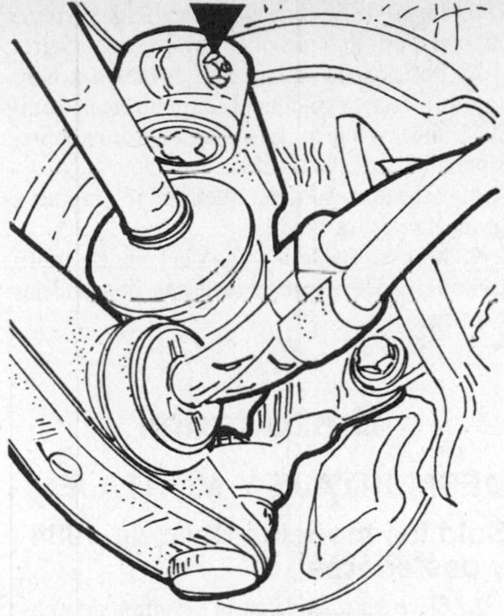

Tornillo inferior de retención (por pinzado) del puntal

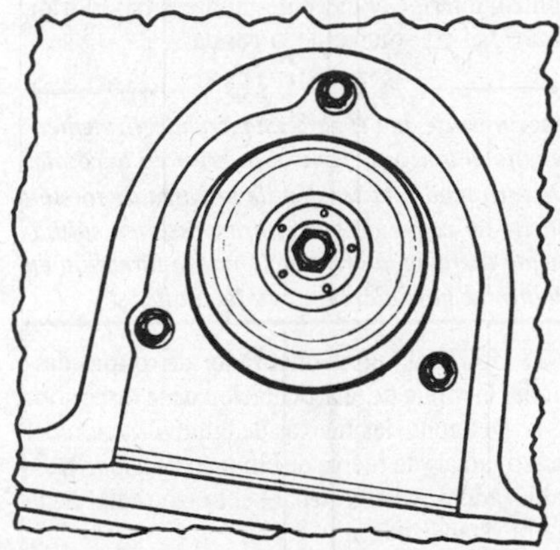

Montaje típico de las tuercas de la montura superior del puntal

Conjunto de barra de torsión

DESMONTAJE Y MONTAJE

Modelos Civic de 1984 y posteriores

1. Eleve la parte delantera del vehículo y sopórtela sobre caballetes de seguridad.

2. Desmonte la tuerca de ajuste de la altura, y desmonte el ajustador del tubo de torsión.

3. Desmonte la arandela elástica de 30 mm.

4. Desmonte la tapa de la barra de torsión, y luego desmonte la arandela elástica de la barra de torsión sacando a golpes la barra del interior del tubo de torsión.

NOTA: La barra de torsión se deslizará más fácilmente si usted mueve el brazo inferior hacia arriba y hacia abajo.

5. Golpee hacia atrás la barra de torsión, fuera del tubo de torsión y desmonte el tubo de torsión.

6. Monte un retén nuevo dentro del tubo de torsión. Cubra con grasa el retén del tubo y el tubo

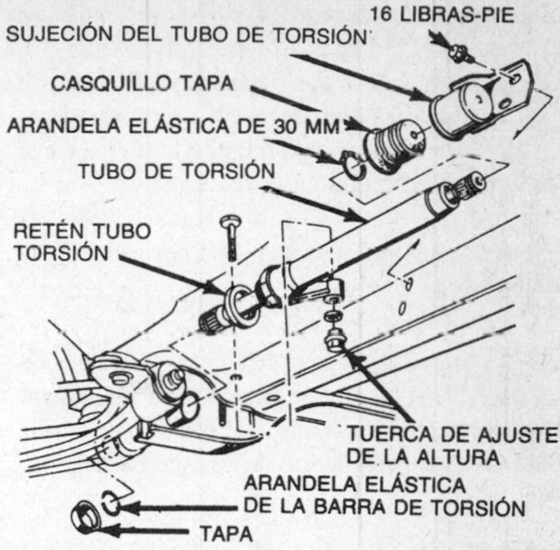

Conjunto de barra de torsión de los Civic de 1984 y posteriores

de torsión, y luego móntelos en el basculante trasero.

7. Engrase los extremos de la barra de torsión e insértela dentro del tubo de torsión desde atrás.

8. Alinee la proyección de las mortajas del tubo de torsión con el rebaje de las mortajas de la barra de torsión, e inserte la barra de torsión aproximadamente 0.394 pulgadas (10 mm).

NOTA: La barra de torsión la deslizará más fácilmente si mueve el brazo inferior hacia arriba y hacia abajo.

9. Monte la arandela elástica de la barra de torsión y la tapa, y luego monte la arandela elástica de 30 mm y la tapa del tubo de torsión.

NOTA: Empuje la barra de torsión hacia delante, de modo que no quede espacio entre el tubo de torsión y la arandela elástica de 30 mm.

10 Cubra con grasa el casquillo-tapa y móntelo sobre el tubo de torsión. Monte el sujetador del tubo de torsión.

11. Apriete provisionalmente la tuerca de ajuste de la altura.

12. Retire los caballetes y baje el coche al suelo. Ajuste la altura de muelle de la barra de torsión.

AJUSTE DE LA BARRA DE TORSIÓN

1. Mida la altura de muelle de la barra de torsión entre el suelo y el punto más elevado del arco de la rueda:

Coupe (CRX) 25.35 ± 0.20''
Hatchback 25.43 ± 0.20''
Sedan 25.63 ± 0.20''
Wagon 25.55 ± 0.20''

2. Si la altura del muelle no coincide con las

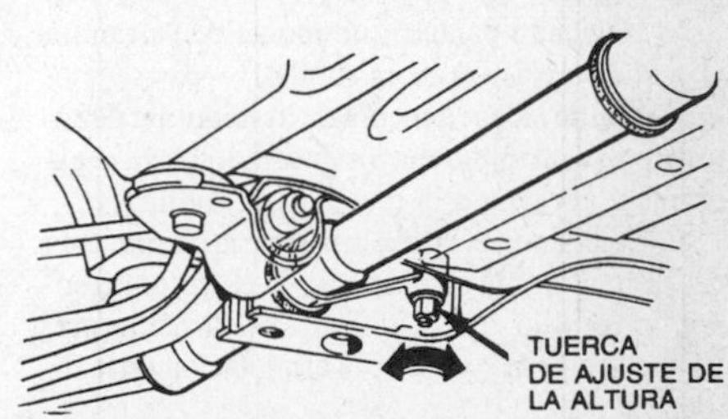

Ajuste de la barra de torsión de los Civic de 1984 y posteriores

especificaciones dadas arriba, efectúe los siguientes ajustes.

a. Eleve las ruedas delanteras del suelo.

b. Ajuste la altura de muelle girando la tuerca de ajuste de la altura. Apretando la tuerca eleva la altura, y aflojándola la reduce.

NOTA: La altura varía 0.20" por cada vuelta de la tuerca de ajuste.

c. Apoye las ruedas delanteras sobre el suelo, luego haga botar el vehículo arriba y abajo varias veces y vuelva a comprobar la altura de muelle para ver si se halla dentro de las especificaciones.

Rótulas inferiores

INSPECCIÓN

Compruebe el juego de las rótulas como sigue:

a. Eleve la parte delantera y sopórtela con seguridad sobre caballetes.

b. Sujete, mediante una abrazadera, un comparador de esfera sobre el brazo de control inferior, y aplique el palpador del indicador sobre la articulación, cerca de la rótula.

c. Aplique una palanca entre el brazo de control inferior y la articulación. Sustituya el brazo de control en el caso de que el juego exceda de 0,020".

DESMONTAJE Y MONTAJE

Todos los modelos excepto el Prelude de 1983 y posteriores y el Accord de 1986 y posteriores

Si el juego de la rótula excede de 0.020", la rótula y el brazo de control inferior, o el brazo radial inferior (en los Civic de 1984 y posteriores), deberán ser cambiados en conjunto.

Prelude de 1983 y posteriores y Accord de 1986 y posteriores

NOTA: Este procedimiento lo debe poner en práctica después de desmontar la articulación de la dirección, y requiere la utilización de las herramientas especiales siguientes, o sus equivalentes: piezas de Honda números 07965-SB00100 desmontador/montador de rótulas, 07965-SB00200 base para el desmontaje de rótulas, 07965-SB00300 base para el montaje de rótulas, y 07974-SA50700 herramienta para la guía de arandelas elásticas.

1. Haciendo palanca, desmonte la arandela elástica y retire el fuelle de protección de goma.
2. Haciendo palanca, desmonte de su ranura la arandela elástica de la rótula.
3. Monte la herramienta de desmontaje de rótulas con el extremo mayor encarado hacia el exterior, y apretando la tuerca de la rótula.
4. Coloque en posición la base de la herramienta desmontadora de rótulas, y sitúe el conjunto sobre un tornillo grande de banco. Haciendo presión, extraiga la rótula de la articulación de la dirección.
5. Coloque en posición la nueva rótula dentro del orificio de la articulación de la dirección.
6. Instale la herramienta de montaje de rótulas con el extremo menor encarado hacia afuera.
7. Posicione la herramienta de base del montaje de rótulas, y coloque el conjunto en un tornillo grande de banco. Introduzca la rótula a presión en la articulación de la dirección.
8. Asiente en su ranura de la rótula la nueva arandela elástica.
9. Monte el fuelle de goma y la arandela elástica utilizando la herramienta de guía de arandelas elásticas.

Brazo radial

DESMONTAJE Y MONTAJE

Sólo los modelos Civic de 1984 y posteriores

1. Eleve del suelo la parte delantera del vehículo y sosténgala sobre caballetes. Desmonte las ruedas delanteras.
2. Coloque un gato de suelo bajo el brazo de control inferior, y luego desmonte el pasador de seguridad y la tuerca de la rótula.

ATENCIÓN

Asegúrese de que el gato está situado firmemente bajo el brazo de control inferior en la rótula. De otro modo, la tensión de la barra de torsión puede ser causa de que el brazo «salte» súbitamente fuera de la articulación de la dirección en cuanto se haya desmontado la rótula.

3. Utilizando un desmontador de rótulas desmonte la rótula de la articulación de la dirección.
4. Desmonte las tuercas de inmovilización del brazo radial y la tuerca de bloqueo de la barra estabilizadora, y luego separe el brazo radial de la barra estabilizadora.
5. Desmonte los tornillos del brazo inferior y desmonte el brazo radial tirando de él primero hacia abajo y luego hacia adelante.
6. El montaje se realiza a la inversa del desmontaje. Apriete todos los manguitos de goma y piezas antivibratorias sólo después de que el coche esté apoyado sobre el suelo.

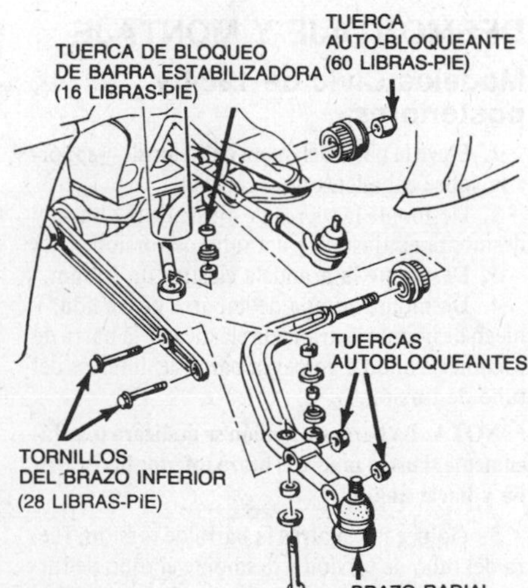

Brazo radial de los Civic de 1984 y posteriores

Brazo de control inferior

DESMONTAJE Y MONTAJE

Todos los modelos excepto los Civic de 1984 y posteriores

1. Eleve la parte delantera del coche y sopórtela con caballetes de seguridad. Desmonte las ruedas delanteras.
2. Desconecte la rótula del brazo inferior. Tenga cuidado de no dañar el retén.
3. Desmonte las cartelas de retención de la barra estabilizadora, empezando por las cartelas centrales.
4. Desmonte el tornillo-pivote del brazo inferior.
5. Desconecte la barra radial y desmonte el brazo inferior.
6. Para montarlo, siga el proceso inverso al desmontaje. Asegúrese de apretar los componentes a sus pares de torsión correctos.

Alineación del extremo delantero

AJUSTE DEL AVANCE Y LA INCLINACIÓN

El avance y la inclinación no pueden ser ajustados en ningún modelo de Honda excepto los Prelude de 1983 y posteriores. Si el avance, la inclinación o el ángulo del eje real (pivote de la dirección) es incorrecto, o algunas piezas del extremo delantero están dañadas o gastadas, debe sustituirlas.

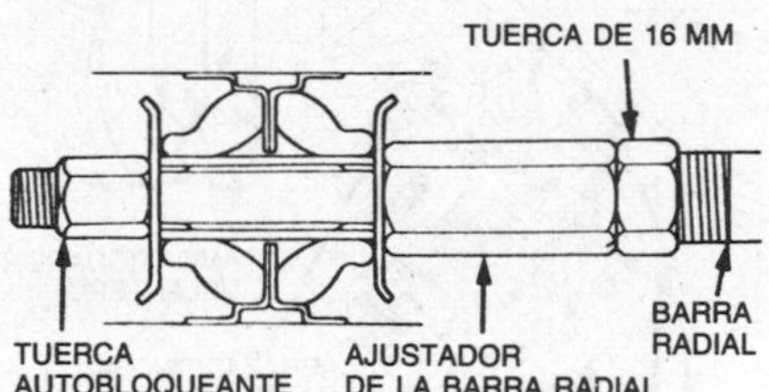

Ajuste del avance de los Prelude de 1983 y posteriores, y de los Accord de 1986 y posteriores

Prelude de 1983 y posteriores y Accord de 1986 y posteriores

NOTA: Los ajustes de alineación de las ruedas debe efectuarlos en el siguiente orden: inclinación, avance y luego convergencia.

El ajuste de la inclinación puede hacerlo aflojando las dos tuercas que hay sobre el brazo de control y deslizando la rótula hasta que la inclinación cumpla con las especificaciones. El ajuste del avance puede hacerlo aflojando las tuercas de 16 mm de las barras radiales del basculante central y girando la contratuerca para llevar a efecto el ajuste. Girando la tuerca en el sentido de las saetas del reloj disminuye el avance y en el sentido contrario aumenta. Después de ajustado el avance a lo especificado, sujete la contratuerca de nylon y apriete ligeramente el ajustador. Apriete la tuerca de 16 mm a 58 libras-pie, y luego apriete la con-

tratuerca a 32 libras-pie, mientras sujeta la tuerca de 16 mm.

Ajuste de divergencia

La convergencia es la diferencia de distancia entre los extremos anteriores y posteriores de los neumáticos delanteros. En los modelos de Honda, los extremos anteriores de los neumáticos están más separados que los traseros para contrarrestar el efecto de convergencia que produce la tracción delantera.

La divergencia puede ajustarla en todos los modelos de Honda, aflojando las contratuercas de cada extremo de las barras de acoplamiento. Para incrementar la divergencia, gire la barra de acoplamiento derecha en la dirección de rotación de la rueda hacia adelante, y gire la barra de acoplamiento izquierda en la dirección opuesta. Gire ambas barras una cantidad igual hasta que la divergencia coincida con las especificaciones.

DIRECCIÓN

Volante

DESMONTAJE Y MONTAJE

1. Desmonte la almohadilla del volante tirando de ella hacia afuera.

2. Desmonte la tuerca de retención del volante. Prudentemente golpee el lado inferior de cada uno de los radios del volante con una fuerza igualada de las palmas de sus manos.

ATENCIÓN

Evite golpear la rueda o el eje con excesiva fuerza. Podría resultar dañado el eje.

3. El montaje se efectúa a la inversa del desmontaje. Asegúrese de apretar la tuerca del volante a 22-36 libras-pie.

Conmutador combinado

DESMONTAJE Y MONTAJE

1. Desmonte el volante.

2. Desconecte el cableado de hilos de la columna y el acoplador.

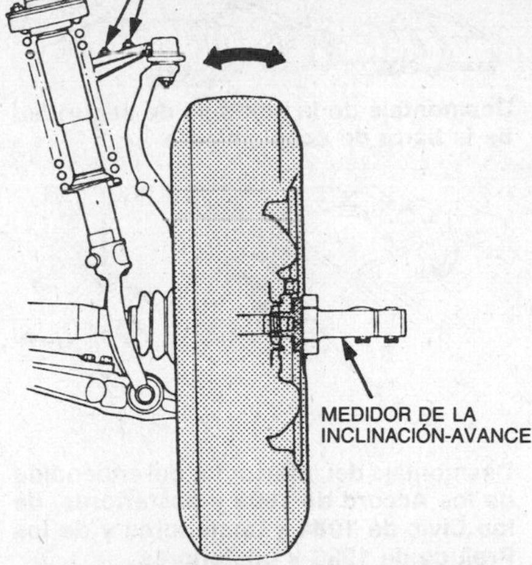

Ajuste de la inclinación de los Prelude de 1983 y posteriores y, de los Accord de 1986 y posteriores

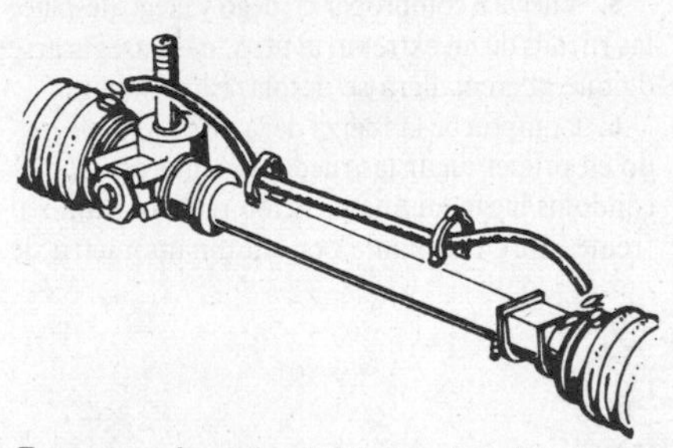

Desconexionado del tubo de aire de los fuelles guardapolvos

ATENCIÓN

Tenga cuidado de no dañar la columna de la dirección o el eje.

3. Desmonte las tapas superior e inferior de la columna.

4. En los modelos equipados de este modo, desmonte el anillo deslizante del control de velocidad de crucero.

5. Desmonte la camisa de cancelación de la señal de giro.

6. En los últimos modelos, desmonte los tornillos de retención del interruptor y luego retire el interruptor.

7. Afloje el tornillo que hay en la tuerca de la leva del interruptor de la señal de giro y golpee ligeramente su cabeza para dejar que se afloje la tuerca de la leva. Luego desmonte el conjunto del interruptor de la señal de giro y el casquillo superior del eje de la dirección.

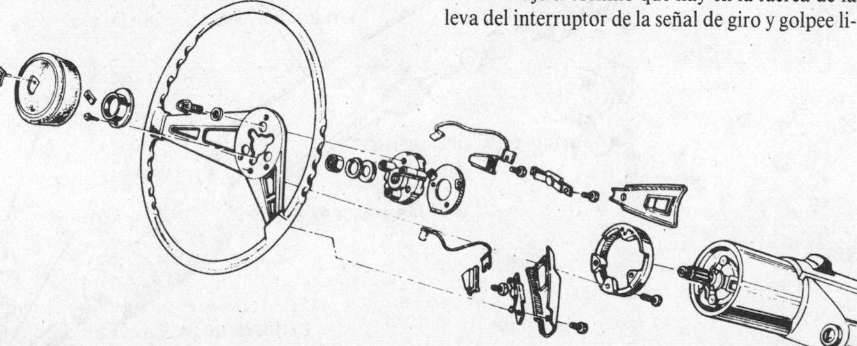

Vista típica del despiece ordenado del volante de la dirección y piezas relacionadas

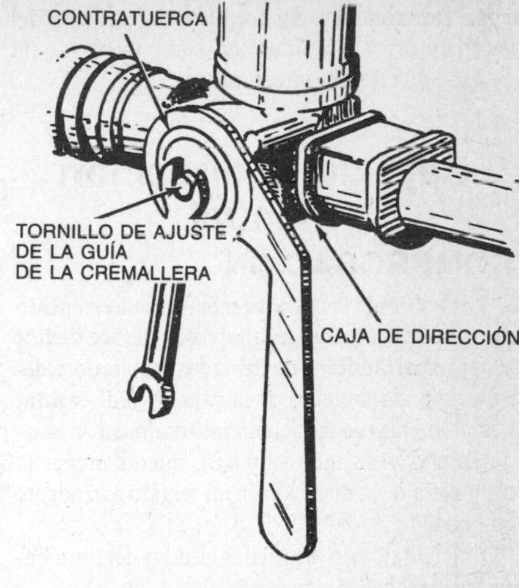

Ajuste de la caja de la dirección

8. Para armarlo y montarlo, invierta el procedimiento dado arriba. Al montar el conjunto del interruptor de la señal de giro, encaje la pestaña del mismo con la ranura de la columna de la dirección. El casquillo superior del eje de la dirección debe montarlo con el lado plano encarado al lado superior de la columna. La ranura de alineación del interruptor de la señal de giro debe centrarla con el lado plano del casquillo.

NOTA: En los modelos antiguos, si se ha desmontado la tuerca, usted debe asegurarse de que la monta con el extremo pequeño arriba.

Interruptor del encendido

DESMONTAJE Y MONTAJE

1. Desmonte la tapa inferior del alojamiento de la columna de la dirección.

2. Desconecte el cableado del interruptor del encendido de los acopladores.

3. El conjunto del interruptor del encendido está sujeto dentro de la columna por dos tornillos de rosca para plancha. Desmonte estos dos tornillos, utilizando un taladro, para separar y desmontar el interruptor del encendido.

4. Para montarlo invierta el procedimiento del desmontaje. Usted deberá sustituir los tornillos por unos nuevos.

En los Accord de 1982 y posteriores, Prelude de 1983 y posteriores y Civic de 1984 y posteriores, la parte mecánica no debe desmontarla para sustituir la parte eléctrica. Para desmontar la parte eléctrica, o base del interruptor, proceda como sigue:

1. Desmonte la tapa inferior de la columna de la dirección.

2. Desconecte el conector eléctrico del interruptor.

3. Introduzca la llave y gírela a la posición de cerrado.

4. Desmonte los dos tornillos de retención del interruptor, y luego desmonte el interruptor (la base) del resto del interruptor.

Caja de la dirección manual

COMPROBACIÓN

1. Desmonte las bandas metálicas de retención del fuelle de cierre guardapolvos, y deslice dichos cierres apartándolos de los lados izquierdo y derecho del alojamiento de la caja de la dirección.
2. Gire las ruedas delanteras totalmente a la izquierda y, utilizando su mano, intente mover la cremallera de la dirección en un sentido ascendente descendente.
3. Repítalo con las ruedas giradas del todo hacia la derecha.
4. Si percibe cualquier movimiento, deberá ajustar la caja de la dirección.

AJUSTE

1. Asegúrese de que la cremallera está bien lubricada.
2. Afloje la contratuerca del ajuste de la guía de la cremallera.
3. Apriete el tornillo de ajuste hasta el punto en que las ruedas delanteras no puedan girar a mano.
4. Retroceda el tornillo de ajuste 45 grados y

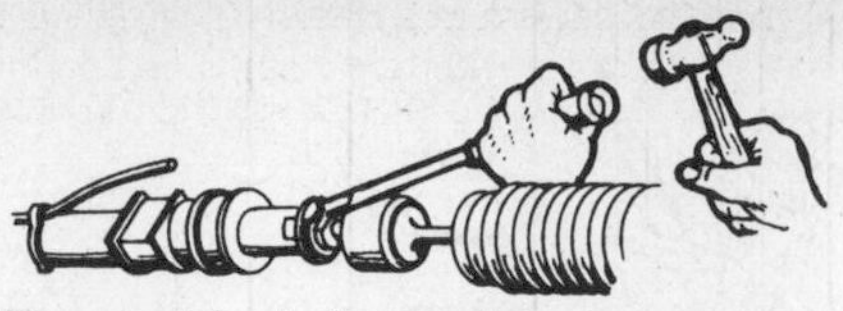

Desmontaje de la arandela de seguridad de la barra de acoplamiento

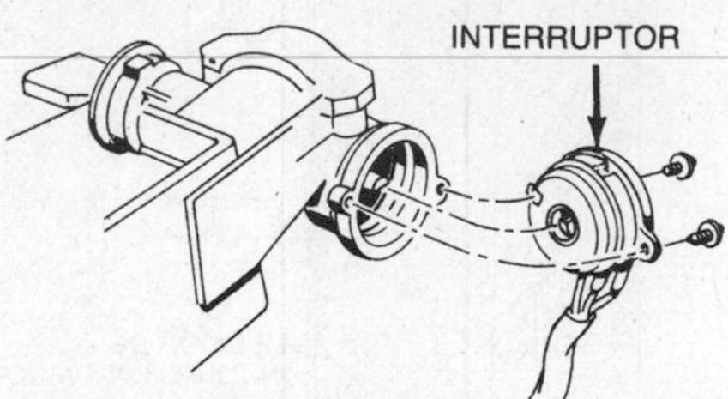

Desmontaje del interruptor del encendido de los Accord de 1982 y posteriores, de los Civic de 1984 y posteriores y de los Prelude de 1983 y posteriores

sujételo en esa posición mientras ajusta la contratuerca.

5. Vuelva a comprobar el juego y luego desplace las ruedas de un extremo al otro, para asegurarse de que la cremallera se desplaza libremente.
6. Compruebe la fuerza de la dirección, elevando en primer lugar las ruedas delanteras, y colocándolas luego en una posición recta mirando al frente. Gire el volante con un dinamómetro de muelle para medir la fuerza que necesita para moverlo. Esta fuerza no deberá exceder de 3,3 libras.

Barras de acoplamiento

DESMONTAJE Y MONTAJE

1. Eleve la parte delantera del vehículo y sopórtela con caballetes de seguridad. Desmonte las ruedas delanteras.
2. Utilice un desmontador de rótulas para desmontar la barra de acoplamiento de la articulación.
3. Desconecte el tubo de aire de la junta de cierre guardapolvos. Desmonte las abrazaderas del fuelle de cierre guardapolvos de la barra de acoplamiento, y desplace el fuelle de goma sobre las juntas de la cremallera de la barra de acoplamiento.
4. Enderece las pestañas de la arandela de seguridad de la barra de acoplamiento en la unión de la barra a la cremallera, y desmonte la barra girándola con una llave fija.
5. Para montarla, invierta el procedimiento del desmontaje. Use siempre al volver a montarla, una arandela de seguridad nueva. Ajuste las orejas de seguridad dentro de las ranuras, sobre la cremallera y doble el borde exterior de la arandela sobre la parte plana de la barra, después de que la tuerca de la barra haya sido apretada correctamente.

Bomba de la dirección asistida

DESMONTAJE Y MONTAJE

1. Drene el fluido del sistema: desconecte el manguito de retorno del refrigerador desde el depósito de reserva y coloque el extremo abierto en un recipiente grande. Arranque el motor y déjelo marchar a la velocidad en vacío. Gire el volante de un extremo al otro varias veces, hasta que cese de manar fluido del manguito. Pare el motor y deseche el fluido del recipiente. Vuelva a conectar el manguito.
2. Desconecte los manguitos de entrada y salida de la bomba.
3. Desmonte la correa de mando.
4. Desmonte los tornillos y retire la bomba.

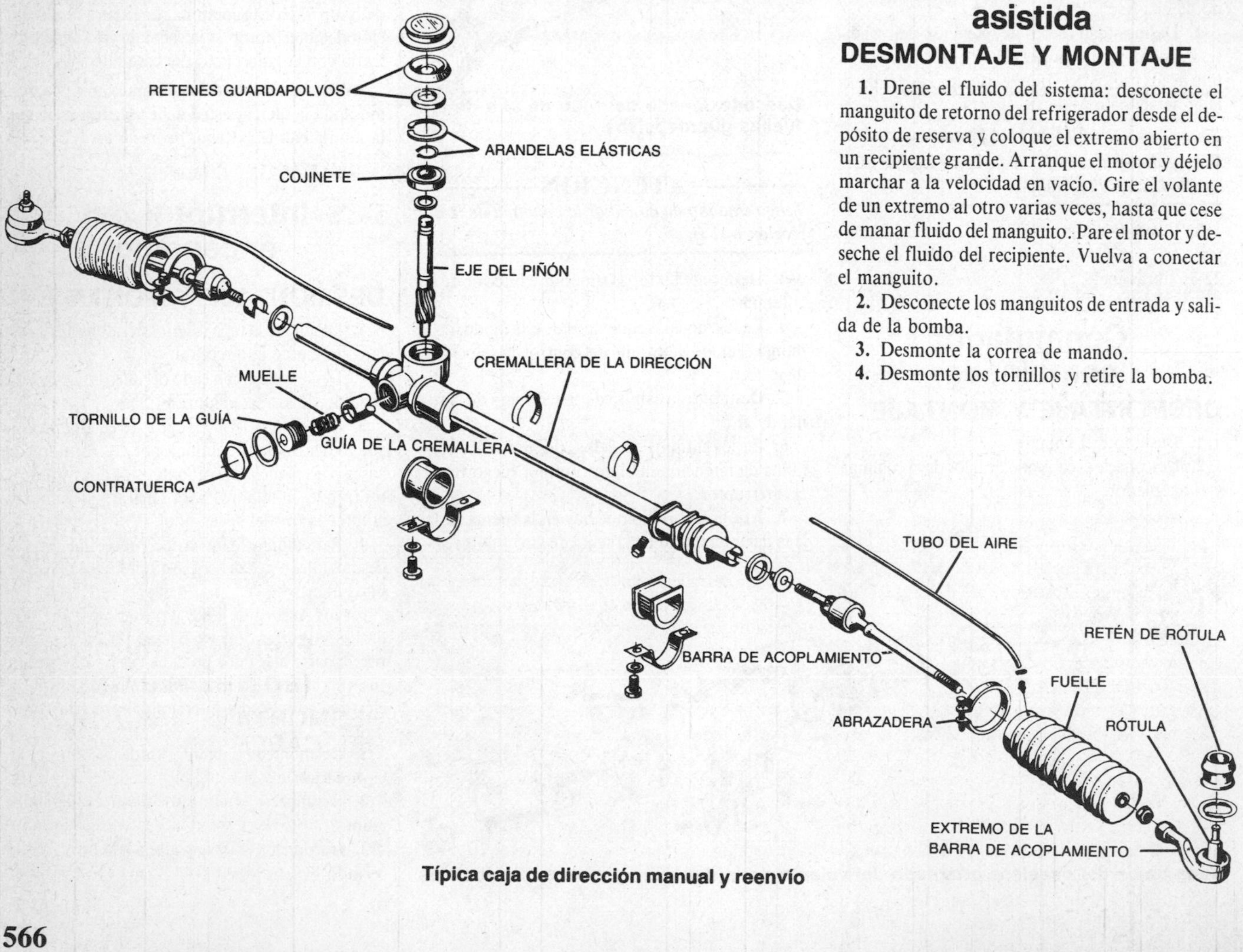

Típica caja de dirección manual y reenvío

5. Para montarla, coloque la bomba en su montaje, monte la correa, ajuste la tensión de la correa, y monte los manguitos del fluido.

6. Llene el depósito de reserva con fluido nuevo, hasta la marca de llenado. Utilice sólo el fluido para dirección asistida original de la Honda; el fluido ATF u otras marcas, pueden dañar el sistema.

7. Arranque el motor y déjelo marchar a la velocidad en vacío. Gire el volante de un extremo al otro varias veces, contactando ligeramente los topes de final de recorrido. Esto sangrará el aire del sistema. Compruebe el nivel del depósito de reserva y añada fluido si es necesario.

AJUSTE DE LA CORREA

1. Afloje el tornillo que hay en el brazo de ajuste.

2. Desplace la bomba hacia adelante o afuera del motor, hasta que la correa pueda ser hundida 9/16 de pulgada aproximadamente, en su punto medio entre las dos poleas, bajo una moderada presión del dedo pulgar. Si el ajuste de la tensión se hace sobre una correa nueva la flecha debe ser sólo de 7/16 de pulgada, para contar con el estirado inicial de la correa.

Hay un elevador de la bomba en la parte superior del brazo de ajuste. Si la correa se ha estirado hasta el punto en que el tornillo de ajuste está en, o detrás de la bomba, deberá cambiar la correa.

3. Apriete el tornillo y vuelva a comprobar el ajuste.

ESPECIFICACIONES DE PARES DE APRIETE DE LA DIRECCIÓN

Componentes	libras-pie
Contratuerca barra acoplamiento	29-35
Tuerca rótula barra acoplamiento	29-35
Contratuerca guía cremallera	29-36
Tuerca(s) retención volante dirección	22-36

SISTEMA DE FRENO

Honda utiliza un sistema hidráulico doble, con los frenos conectados en diagonal. En otras palabras, los frenos de las ruedas delantera derecha y trasera izquierda están sobre el mismo circuito hidráulico y la delantera izquierda y trasera derecha sobre el otro. Esto tiene la ventaja adicional del frenado de emergencia sobre los discos delanteros, en los casos en que fallara uno cualquiera de los circuitos. El freno en diagonal trasero sirve para contrarrestar el desvío del frenado del disco delantero del lado opuesto.

En todos los modelos se utiliza para los frenos traseros un tambor de freno sobre la tracción/trasera, excepto en los Prelude de 1984 y posteriores que tienen freno de disco en las cuatro ruedas. Todos los modelos están equipados con frenos de disco delanteros. Todos los Honda van provistos de una luz de alerta de freno, que se activa cuando se produce un fallo en el sistema de freno.

Para todos los procedimientos de reparación y mantenimiento del sistema de freno no detallados abajo, le rogamos consulte el capítulo Frenos en la sección de Reparación de grupos.

Ajustes

JUEGO LIBRE DEL PEDAL DEL FRENO

El juego libre es la distancia del recorrido del pedal desde el tope (interruptor de la luz de freno) hasta que el vástago de empuje contacta con el servo de vacío que acciona el cilindro principal.

Para comprobar el juego libre, mida primero la distancia (con la esterilla desmontada) desde el piso hasta el pedal del freno. Luego, empuje hacia abajo el pedal hasta que perciba el contacto, y mida de nuevo la distancia desde el piso al pedal del freno. La diferencia entre las dos medidas es el juego libre. El juego libre especificado es de 0,04-0,20''. El ajuste del juego libre se hace aflojando la contratuerca del interruptor de la luz de freno y girando el cuerpo del interruptor hasta que se logre el espacio especificado.

FRENOS DE DISCO DELANTEROS/TRASEROS

Los frenos de disco son autoajustables. Los ajustes no son necesarios ni posibles.

FRENOS DE TAMBOR TRASERO

1. Bloquee las ruedas delanteras, suelte el freno de aparcamiento y eleve la parte trasera del coche, soportándola con caballetes de seguridad.

2. Hunda el pedal del freno dos o tres veces y suéltelo.

3. El ajustador se halla localizado en el lado interior, debajo del brazo de control. Gire el ajustador en el sentido de las saetas del reloj hasta que la rueda no gire.

4. Retroceda el ajustador dos (2) dientes de retenida y gire la rueda para ver si las zapatas de freno rozan. Si rozan, retroceda el ajustador un diente más.

Cilindro principal

DESMONTAJE Y MONTAJE

ATENCIÓN

Antes de desmontar el cilindro principal, cubra las superficies de la carrocería con protectores de guardabarros y trapos para evitar que el fluido de frenos alcance y dañe la pintura.

1. Desconecte y tapone las conducciones de freno del cilindro principal.

2. Desmonte los tornillos de acoplamiento del cilindro principal al servo de vacío, y desmonte el cilindro principal del coche.

3. Para montarlo, invierta el procedimiento de desmontaje. Antes de poner el coche en marcha, debe sangrar el sistema de freno.

Servo de vacío

INSPECCIÓN

Una comprobación preliminar del servo de vacío puede usted hacerla de la siguiente manera:

a. Hunda el pedal de freno varias veces aplicando una presión normal. Asegúrese de que la altura del pedal no varia.

b. Sujete el pedal en posición hundida y arranque el motor. El pedal debe caer levemente.

c. Sujete el pedal en la posición arriba indicada y pare el motor. El pedal debe permanecer en la posición hundida durante unos 30 segundos aproximadamente.

d. Si el pedal no cae cuando se arranca el motor, o se eleva cuando el motor se para, el servo de vacío no funciona correctamente.

DESMONTAJE Y MONTAJE

1. Desconecte el manguito de vacío del servo.

2. Desconecte y tapone las conducciones de freno del cilindro principal.

3. Desmonte el pasador de unión del reenvío del pedal del freno al servo, y los cuatro tornillos de retención del servo. El vástago y las tuercas se encuentran en el interior del vehículo, bajo el panel de instrumentos.

4. Desmonte el servo con el cilindro principal acoplado.

5. Para montarlo, invierta el procedimiento de desmontaje. Compruebe la holgura entre el vástago de empuje del servo de vacío y el cilindro principal, tal como se ha descrito en el procedimiento de desmontaje de dicho cilindro principal. No olvide sangrar el sistema de freno antes de hacer marchar el auto.

Cilindros de las ruedas

DESMONTAJE Y MONTAJE

1. Desmonte los tambores de freno y las zapatas.

2. Desconecte el cable del freno de aparcamiento y las conducciones del freno de la platina de apoyo. Asegúrese de tener a mano un recipiente de drenajes para recoger el fluido de freno.

3. Desmonte las dos tuercas de retención de los cilindros de las ruedas del lado interior de la platina de apoyo, y desmonte los cilindros de las ruedas.

4. Para el montaje, invierta el procedimiento de desmontaje. Al montarlo, aplique una fina capa de grasa a las ranuras del pistón del cilindro de la rueda y superficies de deslizamiento de la platina de apoyo. Sangre los frenos.

Freno de mano (aparcamiento)

DESMONTAJE Y MONTAJE DEL CABLE

1. Desmonte la tuerca de ajuste del equilibrador montado sobre el eje trasero, o bajo la consola (en los Accord de 1982 y posteriores, Prelude de 1983 y posteriores y Civic de 1984 y posteriores), y separe el cable del equilibrador.

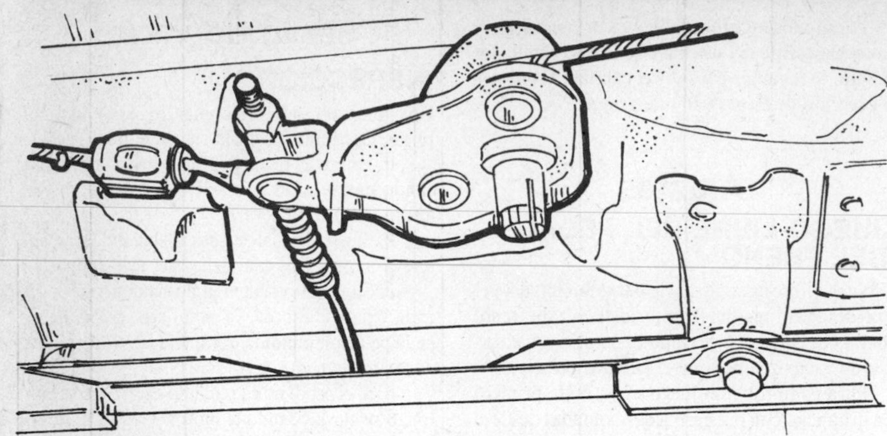

Conjunto del equilibrador (regulador) del freno de aparcamiento

2. Coloque la palanca del freno de aparcamiento en posición totalmente libre, y desmonte el pasador del lado de la palanca de freno.

3. Después de desmontar el pasador de seguridad, saque la clavija que conecta el cable y la palanca.

4. Desacople el cable de las guías del lado delantero y derecho del depósito de combustible y retire el cable.

5. Para montarlo, invierta el procedimiento de desmontaje, asegurándose de que ha aplicado grasa al cable y a las guías.

AJUSTE

Inspeccione los siguientes puntos:

a. Compruebe el desgaste del trinquete.

b. Compruebe el desgaste o daños de los cables, y las guías del cable y el equilibrador para constatar que no están flojos.

c. Compruebe el punto del cable que trabaja sobre el equilibrador y aplique grasa, si es necesario.

d. Compruebe el ajuste del freno trasero.

1. Bloquee las ruedas delanteras y eleve con el gato la parte trasera del vehículo y sopórtelo sobre caballetes.

2. Afloje la tuerca de ajuste, localizada bajo la consola (en los Accord de 1982 y posteriores, Prelude de 1983 y posteriores y Civic de 1984 y posteriores), y en el equilibrador, entre los brazos de control inferiores en los otros modelos.

3. Tire hacia arriba la palanca del freno de aparcamiento un diente del trinquete.

4. Apriete la tuerca de ajuste hasta que el freno trasero roce levemente.

5. Suelte la palanca de freno y compruebe que los frenos traseros no rozan.

6. Los frenos traseros deben bloquearse cuando la palanca del freno de mano se levante de 4-8 dientes o ranuras.

EQUIPO ELÉCTRICO DEL CHASIS

Calefactor

DESMONTAJE Y MONTAJE

NOTA: Estos procedimientos no se aplican en coches equipados con acondicionador de aire. En los así equipados, el desmontaje del calefactor puede diferir de los procedimientos relacionados abajo.

Civic

1. Drene el radiador.

2. Desmonte el salpicadero.

3. Desconecte los dos manguitos del calefactor del tabique cortafuego y drene el refrigerante dentro de un recipiente.

4. Desmonte la tuerca del montaje inferior del calefactor del tabique cortafuegos.

5. Desmonte los clips o tornillos de retención de los dos conductos del calefactor.

6. Desconecte los cables de control del calefactor.

7. Desmonte la tapa del cable de la válvula del calefactor y desmonte el conjunto del calefactor.

8. El montaje es la inversa del desmontaje. Sangre el sistema y asegúrese de que los cables se hallan correctamente ajustados.

Accord de 1980-85

NOTA: Para desmontar el núcleo del calefactor, es necesario en primer lugar desmontar el panel de instrumentos completo y los conjuntos del calefactor.

1. Drene el sistema refrigerante.

2. Desmonte la tapa decorativa inferior de la columna de la dirección.

3. Desmonte las dos tuercas y tornillos de retención de la columna al soporte del tabique cortafuegos.

4. Desmonte los cableados de hilos de instrumentos de los acopladores de la cabina.

5. Alcance con la mano la parte posterior del conjunto de instrumentos y desconecte el cable del velocímetro y los cuatro conectores de los cableados de hilos de la parte posterior del conjunto. Para desconectarlos haga palanca y suelte los resaltes de seguridad.

6. Desconecte la línea de entrada de la radio y el cable de la antena.

7. Desmonte el botón del interruptor del ventilador del calefactor, los botones de las palancas del calefactor y del control, y la máscara del mando de control. Desconecte los conductores del encendedor eléctrico y del motor del ventilador.

8. Desconecte los conductores del reloj.

9. Desmonte los siete tornillos de rosca para plancha metálica que retienen el panel de instrumentos en el tabique cortafuegos. Hay dos en cada extremo del salpicadero (adyacentes al montante del parabrisas), dos debajo de la radio y uno al lado del reloj.

10. Saque el panel de instrumentos y sosténgalo. Compruebe si aún quedan hilos conectados.

11. Dentro del compartimiento del motor, desconecte los dos manguitos del calefactor del tabique cortafuegos. Desmonte la tuerca de retención del grupo calefactor al tabique cortafuegos.

12. Desconecte los tres cables de control del calefactor del grupo calefactor. Desconecte el clip del cable de la válvula del calefactor.

13. Desenrosque el tornillo de montaje inferior del grupo calefactor, y los tornillos de montaje superiores derecho e izquierdo. Separe el manguito del ventilador del calefactor.

14. Extienda algunos trapos debajo para recoger las pérdidas del refrigerante residual. Desmonte el grupo calefactor.

15. Para el mantenimiento del núcleo del calefactor, separe los dos semialojamientos del calefactor.

16. Invierta lo arriba explicado para efectuar el montaje. Sangre el sistema refrigerante utilizando el tornillo a dicho efecto que se localiza cerca del distribuidor del encendido.

1986 y posteriores

1. Drene el refrigerante del fondo del radiador y recójalo para volver a utilizarlo. Coloque un recipiente de drenajes bajo las conexiones de los manguitos en el tabique cortafuegos, tome nota con cuidado de la posición de los manguitos y luego desconecte estas dos conexiones.

2. Desconecte el cable de la válvula del calefactor desde la válvula. Desmonte las dos tuercas inferiores de montaje del calefactor.

3. En los calefactores del tipo de mando por botón, desconecte el cable de la descarga fría del calefactor. En los calefactores del tipo de mando por palanca, desconecte el cable de accionamiento y el de mezcla de aire desde el calefactor.

4. Desmonte el salpicadero.

5. Desmonte el conducto del calefactor (tipo de palanca) o los conductos (tipo de mando por botón).

6. En los calefactores de tipo de mando por botón, desconecte el cable de mezcla de aire, desde el calefactor, y los cableados de hilos desde el conector.

7. Desmonte los cuatro tornillos de sujeción del calefactor y extraiga el calefactor de sus montajes.

8. Móntelo en el orden inverso, anotando los siguientes puntos:

a. Aplique sellador a todos los ojales.

b. Compruebe el recorrido que siguen los manguitos de entrada y salida al núcleo del calefactor para asegurarse de que no han sido invertidos en sus conexiones. Monte abrazaderas en las posiciones correctas y cerciórese de que se aprietan con seguridad.

c. Vuelva a llenar el sistema de refrigeración y luego sángrelo con el tornillo al efecto.

d. Asegúrese de que todos los cables que accionan las compuertas se hallan firmemente conectados y ajustados para la maniobra correcta de las compuertas.

Prelude de 1980-82

1. Desmonte el ventilador retirando la tapa lateral del panel de instrumentos.
2. Desmonte la guantera y los tres tornillos de montaje del ventilador.
3. Desmonte el ventilador de la caja del calefactor.
4. Drene el refrigerante.
5. Desmonte el panel inferior del salpicadero.
6. Sitúe un recipiente de recogida de drenajes bajo la caja, y desconecte los dos manguitos del calefactor de los tubos del núcleo.
7. Desmonte la tuerca de montaje inferior del calefactor sobre el tabique cortafuegos.
8. Desconecte el cable de la válvula del agua.
9. Desmonte los cables de control de la caja del calefactor.
10. Desmonte los tornillos de montaje superiores y retire el calefactor.

Núcleo del calefactor

DESMONTAJE Y MONTAJE

NOTA: Solamente en los modelos Prelude de 1983 y posteriores puede Vd. sustituir el núcleo del calefactor sin desmontar el conjunto del calefactor.

Prelude de 1983 y posteriores

1. Drene el sistema de refrigeración. Desmonte la tapa del tubo del calefactor y las abrazaderas de dicho tubo.
2. Desmonte la platina de retención del núcleo del calefactor.
3. Extraiga el pasador de apriete de la abrazadera del manguito y separe los tubos del calefactor.

NOTA: El refrigerante del motor se drenará por los tubos del calefactor en cuanto se desconecten. Coloque un recipiente de drenajes bajo los tubos para recoger el refrigerante.

4. Cuando se haya drenado todo el refrigerante del núcleo del calefactor, desmóntelo de su alojamiento.
5. El procedimiento de montaje es la inversa del desmontaje. Por favor tome nota de lo siguiente:

  a. Sustituya las abrazaderas de los manguitos por unas nuevas.

  b. Gire el pasador de la abrazadera del manguito apretándolo fuertemente para evitar pérdidas de refrigerante.

  c. Llene el sistema de refrigeración con refrigerante y abra el tornillo de sangrado hasta que el refrigerante comience a fluir por él. Apriete el tornillo cuando haya escapado todo el aire del sistema.

Motor del ventilador

DESMONTAJE Y MONTAJE

Prelude de 1983 y posteriores y Accord de 1986 y posteriores

1. Desmonte los tres tornillos de retención inferiores de la guantera (cajuela). Luego, empuje hacia abajo y desmonte la guantera. Desmonte los tres tornillos del techo de la guantera y desmonte el techo.
2. Desconecte el cable de control del aire fresco del alojamiento del ventilador. Desconecte los

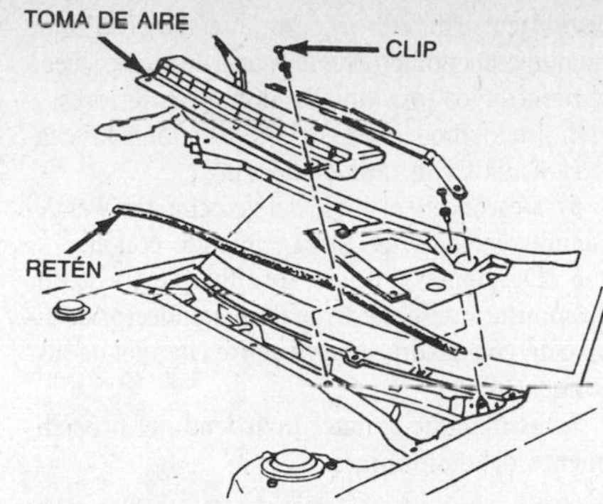

Típico desmontaje de la toma de aire delantera

conductores eléctricos del motor del ventilador.

3. Desmonte los tres tornillos de retención del alojamiento del ventilador al tabique cortafuegos. Separe el manguito de conducción del calefactor del alojamiento del ventilador y desmonte el alojamiento.
4. Para el mantenimiento del motor, separe los semialojamientos del ventilador.
5. Para el montaje, invierta los procedimientos dados arriba.

Radio

DESMONTAJE Y MONTAJE

ATENCIÓN

No haga funcionar nunca la radio sin un altavoz; ello ocasionará graves daños a los transistores de salida. Si debe sustituir el altavoz utilice uno de impedancia correcta (omhs), o de otro modo los transistores de salida resultarán dañados y requerirán su sustitución.

Civic

1. Desmonte el tornillo que sujeta la cartela trasera de la radio a la bandeja posterior, bajo el panel de instrumentos. Luego desmonte la tuerca palomilla que sujeta la radio a la cartela y desmonte la cartela.
2. Desmonte los botones de control, tuercas hexagonales y platina de adorno de los ejes de control de la radio.
3. Desconecte los hilos de conexión de la antena y del altavoz, el fusible de la radio del tipo de cápsula, y el conductor blanco que está conectado directamente sobre la abertura de la radio.
4. Baje y saque la radio, primero la parte inferior, a través de la bandeja porta-objetos.
5. Para montarla, invierta el procedimiento de desmontaje. Cuando introduzca la radio a través de la bandeja porta-objetos, asegúrese de que el lado inferior está arriba y que los ejes de control están encarados hacia el motor. De otro modo no podrá colocar correctamente la radio a través de su abertura.

Accord y Prelude

1. Desmonte el panel embellecedor inferior central de debajo de la radio. Luego desmonte los tres tornillos de retención de la cartela inferior de la radio.
2. Extraiga los botones de mando de la radio y desmonte las tuercas de los ejes de la radio.
3. Desmonte el botón del interruptor del ventilador del calefactor, botones de las palancas de mando del calefactor, bisel del calefactor y el panel embellecedor central del control del calefactor. Desconecte los conductores del encendedor eléctrico de cigarrillos.
4. Extraiga la radio de la parte delantera, y desconecte los hilos de alimentación, altavoz, y antena.
5. Para montarla invierta el procedimiento dado arriba.

Limpiaparabrisas

DESMONTAJE Y MONTAJE

Motor

1. Desmonte el cable negativo (—) de la batería.
2. Desmonte las tuercas de retención de los brazos porta-escobillas y desmonte los brazos.
3. Desmonte la toma de aire delantera (si va equipado así), y el junquillo de cierre del capó localizado sobre el reenvío del limpiaparabrisas en el fondo del parabrisas.
4. Desconecte el reenvío del motor de mando del limpiaparabrisas.
5. Desmonte la abrazadera de la tapa de cierre contra el agua del motor del limpiaparabrisas, y desmonte la tapa (si va equipado de este modo).
6. Desconecte el conector eléctrico del motor

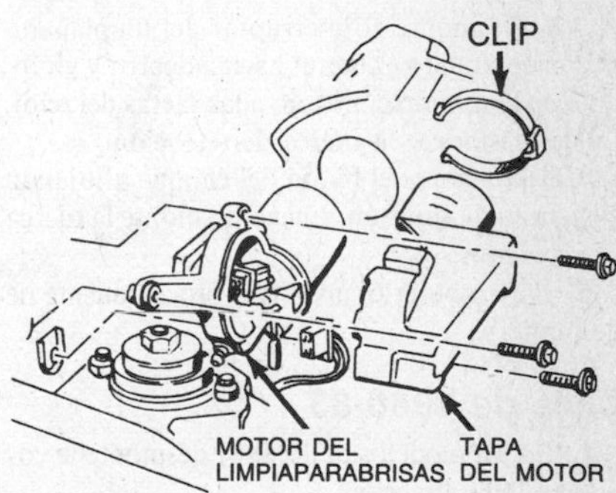

Montaje del motor del limpiaparabrisas

del limpiaparabrisas, desmonte los tornillos de montaje del motor y retire el motor.

7. El montaje es la inversa del procedimiento del desmontaje. Cubra las uniones de los reenvíos con grasa, y asegúrese de que dichos reenvíos funcionan suavemente.

Conjunto de instrumentos

DESMONTAJE Y MONTAJE

Todos los modelos excepto los Civic de 1980 y posteriores, los Accord de 1982 y posteriores y los Prelude de 1983 y posteriores

CONJUNTO DE CAJA DE MEDICIÓN

1. Desmonte las tres tuercas palomillas de mon-

taje de la caja de medición desde la parte trasera del panel de instrumentos.

2. Desconecte los cables de mando del velocímetro y del cuentarrevoluciones del motor.

3. Retire la caja de medición fuera del panel. Desconecte los hilos de los medidores de sus conectores.

NOTA: Asegúrese de etiquetar los conductores para evitar confusiones al volver a montarlos.

4. Desconecte los cables del velocímetro y del cuentarrevoluciones de la caja de medición y desmonte la caja.

5. Para montarla, invierta el procedimiento de desmontaje.

PANEL DE INTERRUPTORES

1. Afloje los cuatro tornillos de la tapa de la columna de la dirección y retire las tapas superior e inferior.

2. Desmonte los cuatro tornillos de la columna de la dirección (desmonte primeramente los dos tornillos superiores) y deje el conjunto de la dirección apoyado en el suelo.

3. Desmonte los cuatro tornillos del panel de interruptores de la parte trasera del panel de instrumentos.

4. Para soltar el panel de instrumentos, desmonte los interruptores de la manera siguiente:

a. Desmonte el interruptor de la luz despegando la tapa del botón de mando. Pince las orejas de retención juntándolas y saque el botón.

b. Desmonte el interruptor del limpiaparabrisas apretando el botón hacia adentro y girándolo en el sentido contrario a las saetas del reloj. Luego desmonte la tuerca de retención.

c. Desmonte el botón del choque aflojando el tornillo de sujeción. Luego desmonte la tuerca de retención.

5. Para montarlo, invierta el procedimiento de desmontaje.

Civic de 1980-83

1. En los modelos de 1980-81 desmonte la columna de la dirección.

2. En los modelos de 1982-83 baje la columna de la dirección.

3. En los modelos de 1980-81 desmonte el panel de acceso al bulbo y desmonte los tornillos de montaje superior a través del panel de acceso; luego el perno y los tornillos de montaje inferiores.

4. En los modelos de 1982-83 desmonte los cuatro tornillos y la tapa de adorno.

5. Desconecte el cable del velocímetro y el del cuentarrevoluciones, si va equipado con él.

6. Desmonte cualquier tornillo que quede por desmontar y desconecte cualquier conector de hilos aún conectado, y luego retire el panel de instrumentos.

7. El montaje se hace invirtiendo el procedimiento del desmontaje.

Civic Coupe (CRX) de 1984 y posteriores

1. Desmonte los tornillos y clips que retienen el panel inferior del salpicadero y desmonte el panel.

2. Desmonte el botón del control inferior del calefactor y el panel inferior.

3. Desmonte los tornillos de montaje del control del calefactor y los tornillos superiores del panel de instrumentos.

4. Extraiga el panel y desconecte los conectores de hilos. Desmonte el panel de instrumentos.

5. Desmonte los cuatro tornillos, y luego extraiga el conjunto de indicadores de modo que pueda desconectar los conectores de hilos.

6. Desconecte el cable del velocímetro y luego desmonte el conjunto de indicadores.

7. Para el montaje, invierta el procedimiento de desmontaje.

Hatchback y Sedan Civic de 1984 y posteriores y Accord de 1986 y posteriores

1. Desmonte las tapas y los cuatro tornillos del panel de instrumentos superior, y luego desmonte el panel.

2. Desmonte los cuatro tornillos de retención del conjunto de indicadores, y luego extraiga el conjunto de indicadores de modo que usted pueda desconectar los conectores de hilos.

3. Desconecte el cable del velocímetro y desmonte el conjunto de indicadores.

4. Para el montaje, invierta el procedimiento de desmontaje.

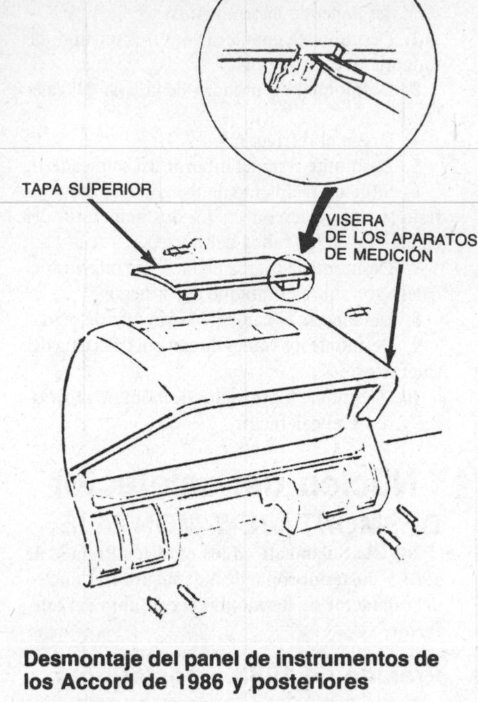

Desmontaje del panel de instrumentos de los Accord de 1986 y posteriores

Wagon Civic de 1984 y posteriores

1. Desmonte los tornillos y el panel inferior del salpicadero. Esto le permitirá tener acceso a los cuatro tornillos de retención del panel de instrumentos.

2. Desmonte los cuatro tornillos de retención del panel de instrumentos, eleve el panel y desconecte los conectores de hilos y el cable del velocímetro. Desmonte el panel de instrumentos con el conjunto de indicadores.

3. El conjunto de indicadores puede separarse del panel de instrumentos desmontando los cuatro tornillos.

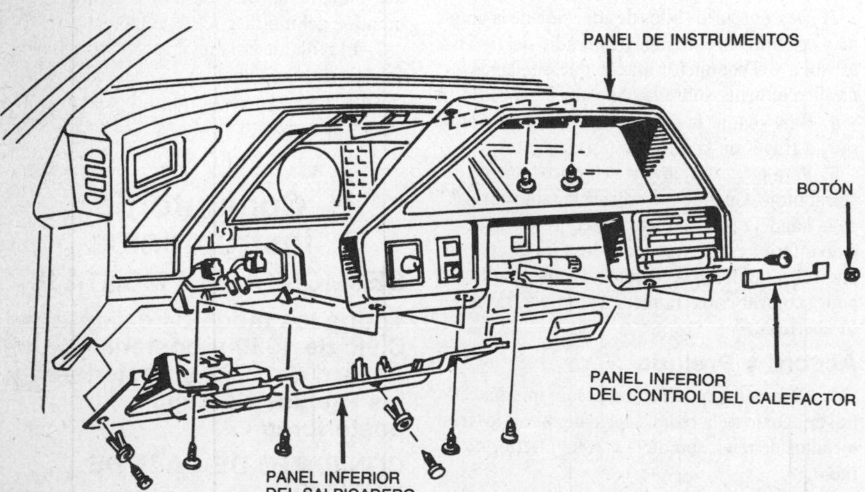

Desmontaje del panel de instrumentos de los Civic Coupe (CRX) de 1984 y posteriores

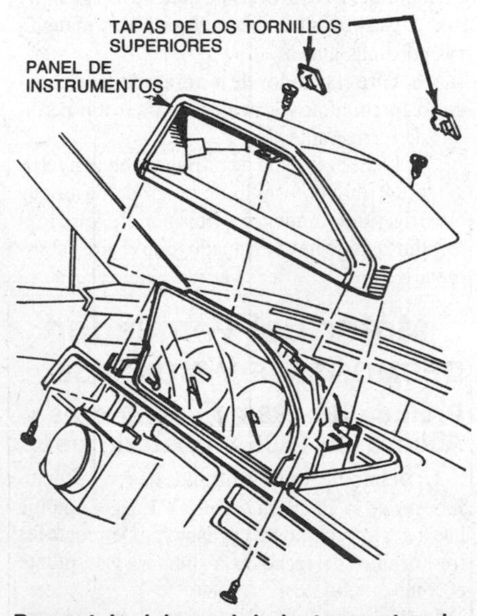

Desmotaje del panel de instrumentos de los Civic Hatchback y Sedán

4. Para montarlo, invierta el proceso de desmontaje.

Accord de 1982-85

1. Baje la columna de la dirección y desmonte el panel inferior del salpicadero.
2. Desmonte los tres tornillos de retención del panel de instrumentos.
3. Extraiga el panel de instrumentos, luego desconecte los conectores de hilos y desmonte el panel.
4. Desmonte los dos tornillos de retención del conjunto de indicadores y desmonte los conectores y el cable del velocímetro.
5. El montaje es a la inversa del procedimiento de desmontaje.

Prelude de 1983 y posteriores

1. Baje la columna de la dirección y desmonte el panel inferior del salpicadero.
2. Desmonte los 4 tornillos de retención del panel de instrumentos.
3. Extraiga el panel de instrumentos y desconecte los conectores de hilos. Desmonte el panel.
4. Desmonte los 2 tornillos de retención del conjunto de medidores, luego saque el conjunto y desmonte los conectores de hilos y el cable del velocímetro.
5. El montaje es a la inversa del procedimiento de desmontaje.

Ubicación de la caja de fusibles del Accord de 1980-81 (el Prelude es similar)

Fusibles y eslabones fusibles

Todos los modelos están equipados con un eslabón fusible conectado entre el relé del motor de arranque y el cableado de hilos principal del vehículo, localizado próximo a la batería.

La caja de fusibles del Civic de 1980-83 está localizada debajo del compartimiento de la guantera, en la mampara derecha. La caja de fusibles del Civic de 1984 y posteriores está localizada bajo una puerta que se abre hacia abajo en la parte inferior del salpicadero, en el lado izquierdo del panel de instrumentos. El valor límite fijado y la función de cada fusible está puesto en una lista dentro de la tapa de la caja de fusibles para una referencia rápida.

La caja de fusibles de los Accord y Prelude de 1980-82 es una puerta que se abre hacia abajo en el compartimiento guarda-objetos, localizado bajo el lado izquierdo del panel de instrumentos. La caja de fusibles de los Accord y Prelude de 1983 y posteriores está localizada detrás de una puerta que se abre hacia abajo, debajo del salpicadero en el lado izquierdo del panel de instrumentos.

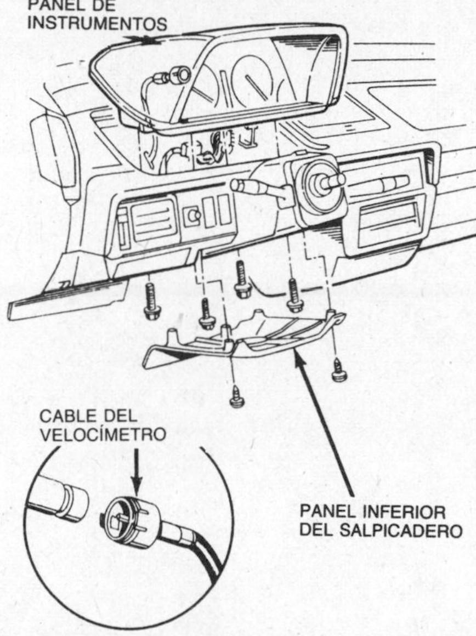

Desmontaje del panel de instrumentos de los Civic Wagon de 1984 y posteriores

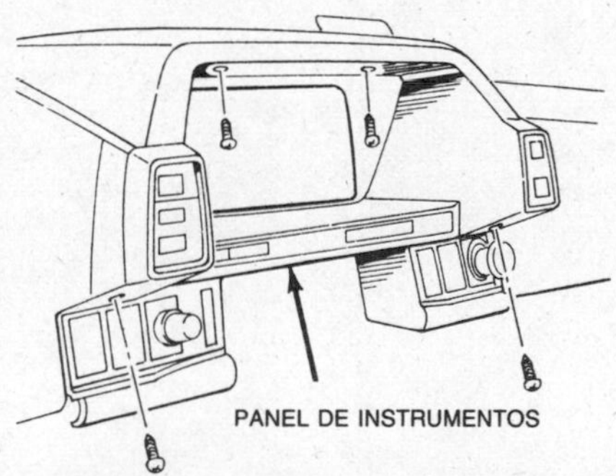

Desmontaje del panel de instrumentos de los Prelude de 1983 y posteriores

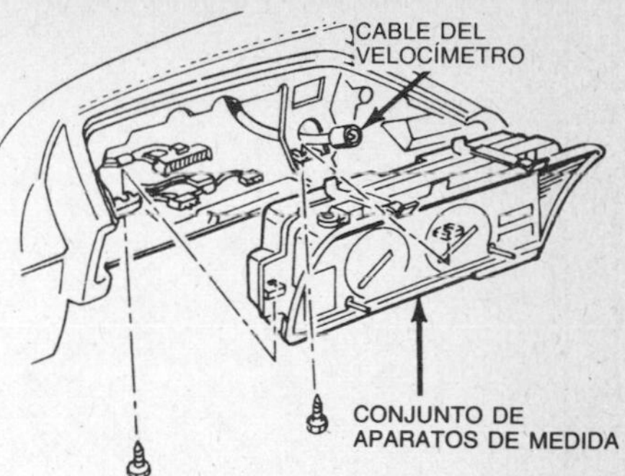

Desmontaje del conjunto de aparatos de medida de los Prelude de 1983 y posteriores

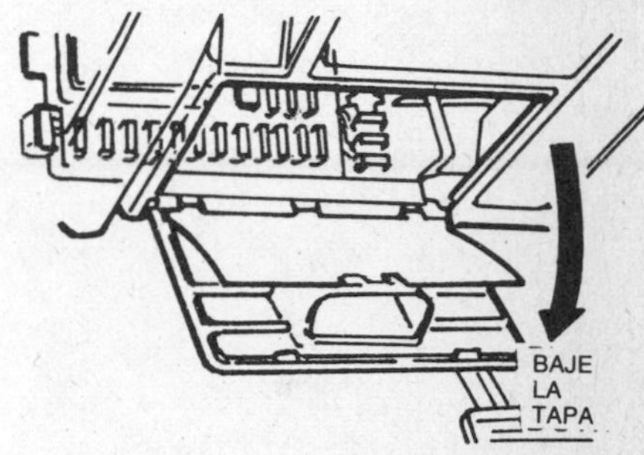

Localización de la caja de fusibles de los Accord de 1982 y posteriores y de los Civic de 1984 y posteriores

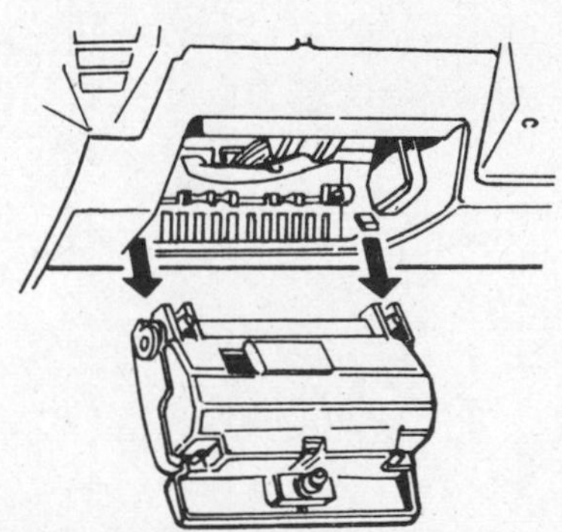

Ubicación de la caja de fusibles de los Prelude de 1983 y posteriores

GM Carrocería «J»

Cavalier, Cimarron, Firenza, 2.000, Skyhawk

IDENTIFICACIÓN POR AÑO

Cavalier 1982-83

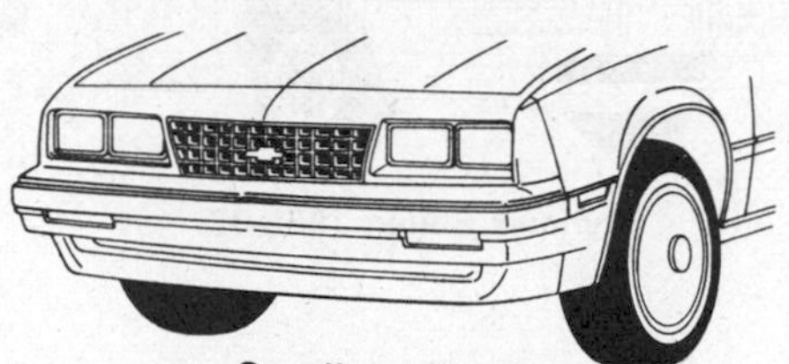

Cavalier 1984-87

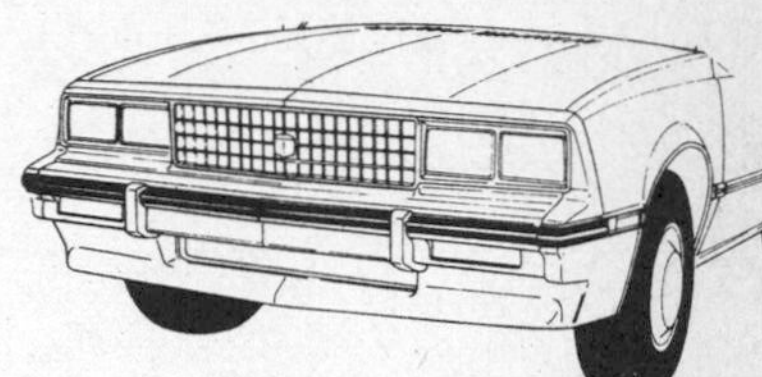

Cimarron 1982-83

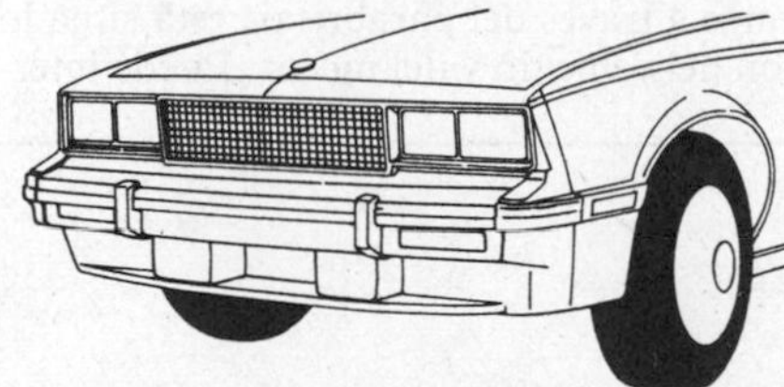

Cimarrón 1984-85

Firenza 1982-83

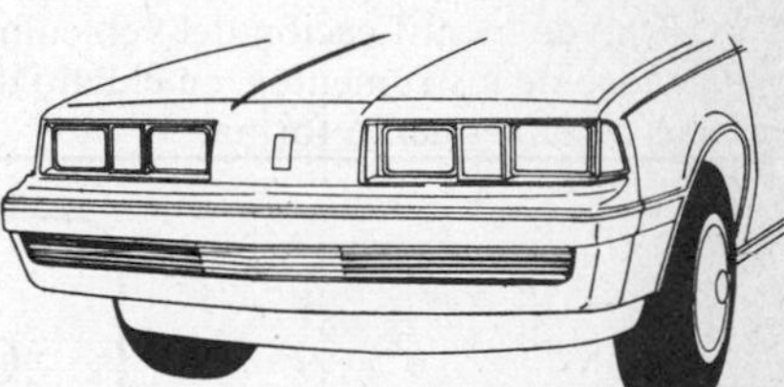

Firenza 1984

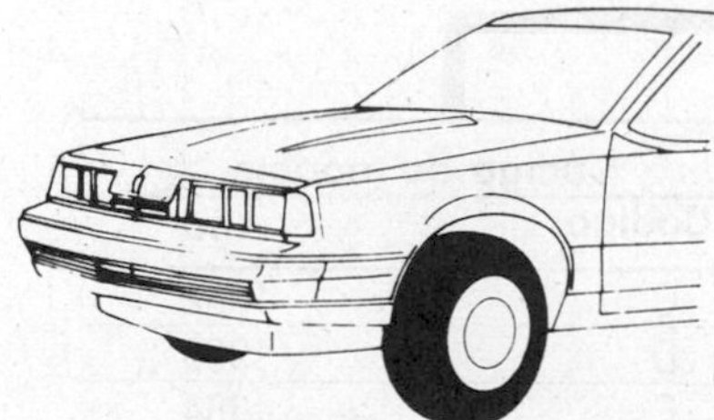

Firenza GT 1984-87

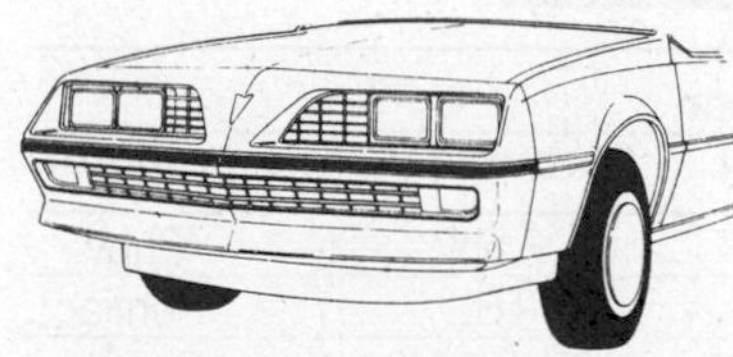

2.000 1982-83

2.000 Sunbird 1984

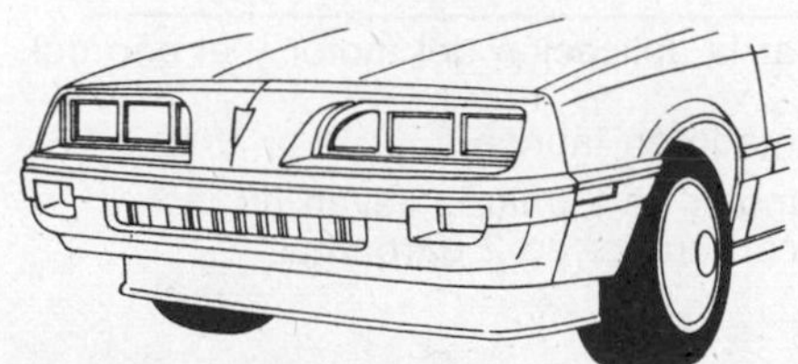

2.000 Sunbird LE. SE 1984-85

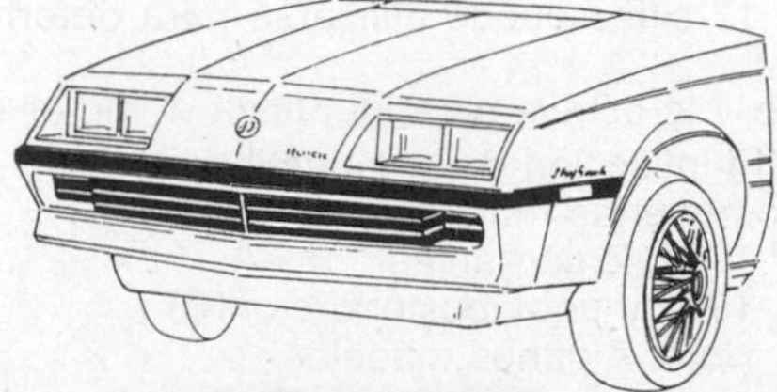

Skyhawk 1982-83

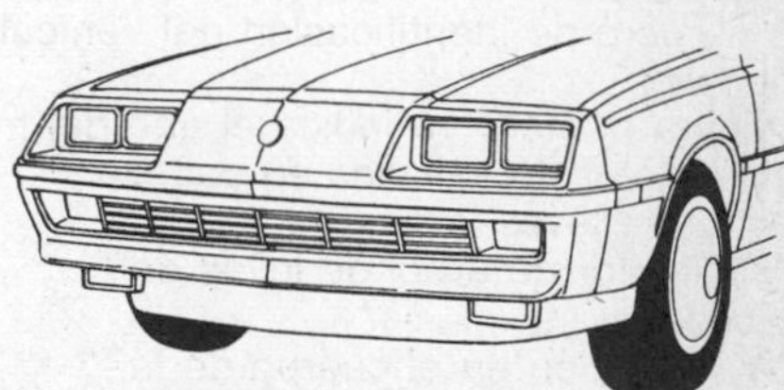

Skyhawk 1984-85

IDENTIFICACIÓN POR AÑO

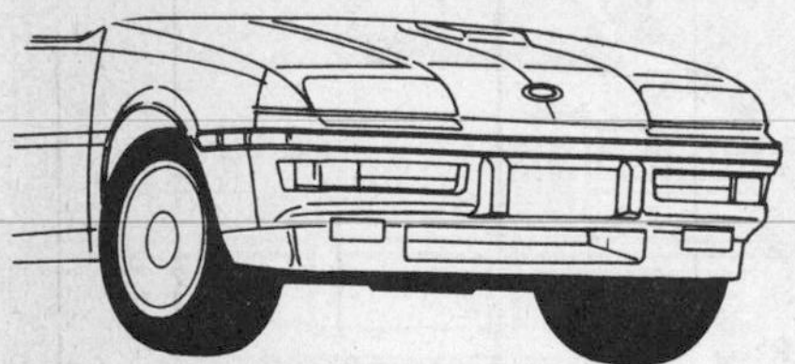
Skyhawk 1986-87

Sunbird GT 1986-87

Cimarron 1986-87

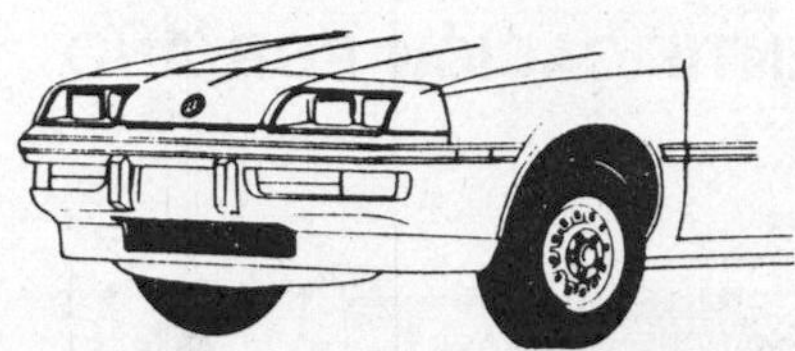
Skyhawk Sedan 1986-87

NÚMERO DE IDENTIFICACIÓN DEL VEHÍCULO (VIN)

Es importante estar seguro de la identificación del vehículo y del motor a la hora de reparar y hacer pedidos de piezas de repuesto. El VIN (n.º de identificación del vehículo) es un número de 13 o 17 cifras que puede observarse a través del parabrisas, está situado en el cuadro de instrumentos, en el lado del conductor, y contiene los códigos de identificación del vehículo y del motor. Puede interpretarse de la siguiente forma:

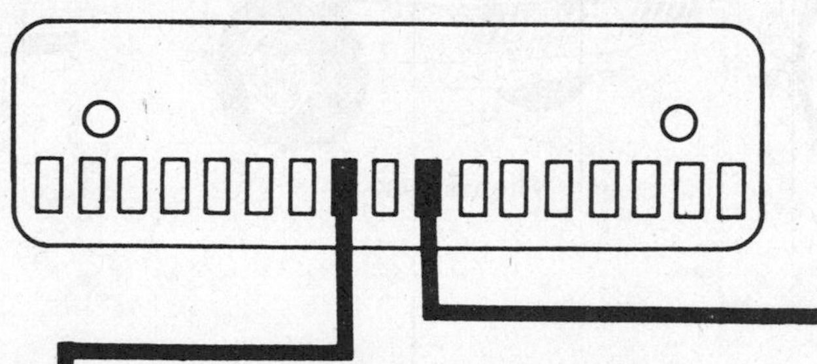

Código del motor					
Cód.	Pulg. cúb.	Cilindrada (L)	n.º cil.	Carburador	Fabr. motor
G	110 (OHV)	1.8	4	2 bbl	Chev.
O	110 (OHC)	1.8	4	TBI	Pontiac
J	110 (OHC)	1.8	4	MFI (Turbo)	Pontiac
B	122	2.0	4	①	Chev.
P	122	2.0	4	TBI	Chev.
W	173	2.8	V6	MFI	Chev.

Código de modelo	
Código	Año
C	1982
D	1983
E	1984
F	1985
G	1986
H	1987

El número de identificación del vehículo de 17 cifras puede utilizarse para determinar la aplicación del motor y el año del modelo

La cifra número 10 indica el año del modelo y la octava cifra identifica el motor montado en fábrica

OHV-Motor de válvulas en cabeza (Arbol de levas lateral)

OHC-Motor de árbol de levas en cabeza

TBI-Inyección en el cuerpo de la válvula de mariposa

MFI-Inyección de combustible de compuertas múltiples

① 1982; 2 gargantas
1983 y años posteriores: TBI
Nota: Algunos modelos canadienses de 1983-85 con el motor de 2.0 litros llevan un carburador de 2 gargantas

ESPECIFICACIONES GENERALES DEL MOTOR

Año	Nº cilindros Cilindrada (pulg. cúb.)	Código VIN del motor	Sistema de suministro de combustible	Fabr. del motor	Potencia (HP) @ rpm	Par motor @ rpm (lbs-pie)	Diámetro × carrera (pulgadas)	Relación de compresión	Presión del aceite @ 2.400 rpm
'82	4-110	G	2-bbl	Chev.	88 @ 5100	100 @ 2800	3.50 × 2.91	9.0:1	45
'83–'87	4-110	O	TBI	Pont.	84 @ 5200	102 @ 2800	3.34 × 3.13	8.8:1	45
	4-110	J	MFI②	Pont.	150 @ 5600	150 @ 2800	3.34 × 3.13	8.0:1	65④
	4-122	P	TBI	Chev.	86 @ 4900	100 @ 3000	3.50 × 3.15	9.3:1	68③
	4-122	B	①	Chev.	90 @ 5100	111 @ 2800	3.50 × 3.15	9.0:1	45
	6-173	W	MFI	Chev.	120 @ 4800	155 @ 3600	3.50 × 2.99	8.9:1	50

① 1982; 2 bbl
1983 y años posteriores: TBI
② Con turbocompresor
③ @1,200 rpm
④ @2,500 rpm

ESPECIFICACIONES DE PUESTA A PUNTO

Cuando analice los resultados de la prueba de compresión, procure que exista uniformidad entre las presiones de los cilindros más que la coincidencia de las presiones específicas de cada uno de ellos

Año	Código VIN del motor	Nº cilindros Cilindrada (pulg. cúb.)	Fabr. motor	HP	Bujías de encendido: Tipo original	Bujías de encendido: Dis. entre electrodos (pulgadas)	Sincronización del encendido (grados): Trans. Man.	Sincronización del encendido (grados): Trans. Aut.	Apertura de la válvula de admisión (grados) •	Presión de la bomba de combustible (psi)	Velocidad de ralentí (rpm): Trans. Man.	Velocidad de ralentí (rpm): Trans. Aut.
'82	G	4-110	Chev.	88	R-42TS	0.045①	12B	12B	30	4.5–6.0	②	②
'83–'86	0	4-110	Pont.	84	R-42XLS6④	0.060	8B	8B	N.A.	9–13	②	②
	B	4-122	Chev.	90	R-42CTS	0.035	—	12B	30	4.5–6.0③	②	②
	P	4-122	Chev	86	R-42CTS	0.035	②	②	N.A.	12	②	②
	J	4-110	Pont.	150	R-42CXLS	0.035	②	②	N.A.	12	②	②
	W	6-173	Chev.	130	R42CTS	0.045	②	②	31	9–13	②	②
87	Todos	Consulte los adhesivos de especificaciones situados bajo el capó										

NOTA: El adhesivo de especificaciones situado bajo el capó suele presentar los cambios en las especificaciones de puesta a punto introducidas durante la fabricación del motor. Se debe dar prioridad a los valores allí especificados si no coinciden con los de la tabla
• Todos los valores antes del punto muerto superior
B = antes del punto muerto superior
Los números de pieza de esta tabla no son recomendaciones de Chilton para ningún producto de ninguna marca.
① Es posible que en algunos modelos la distancia entre electrodos sea de 0.035" — consulte el adhesivo de especificaciones situado bajo el capó para cerciorarse
② Consulte el adhesivo de especificaciones situado bajo el capó
③ 1983-84 con sistema de inyección TBI-12 psi (lb/pulg.²)
④ 1984-85-R44XLS
N.A.: No disponible

ÓRDENES DE ENCENDIDO

NOTA: Para evitar confusiones sustituya siempre los conductores de las bujías de encendido de uno en uno

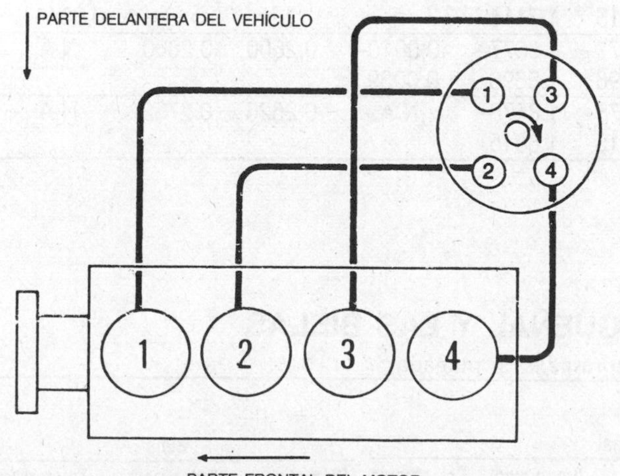

Motores 110 y 122 de válvulas en cabeza (OHV) de GM (Chevrolet)
Orden de encendido del motor: 1-3-4-2
Sentido de giro del distribuidor: el de las agujas del reloj

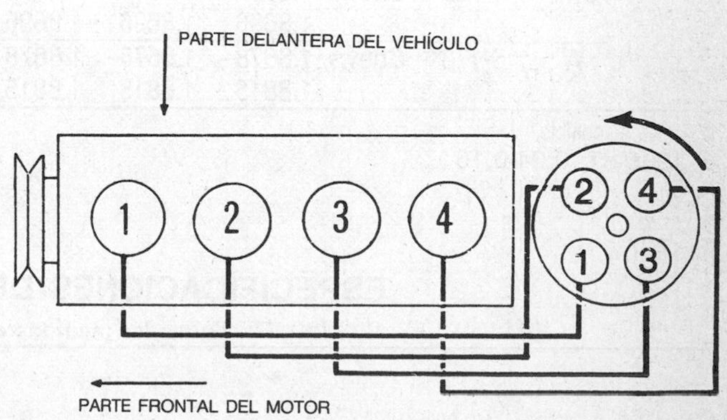

Motor 110 de árbol de levas en cabeza (OHC) de GM (Pontiac)
Orden de encendido del motor: 1-3-4-2
Sentido de giro del distribuidor: el contrario a las agujas del reloj

CAPACIDADES

Año	Código VIN del motor	Cilindrada motor (pulg. cúb.)	Fabr. del motor	Volumen cárter Cuartos (litros) Con filtro	Sin filtro	Cap. Transmisión pintas (L) 4V.	5V.	T. Aut.	Cap. Depós. gasolina Galones (L)	Cap. sis. refrigeración Cuartos (L) Con calef.	Con AC
'82	G	110	Chev.	4.0 (3.8)	4.0 (3.8)	5.9 (2.8)	—	10.5 (5.0)	14 (53)	8.0 (7.57)	8.0 (7.57)
'82–'87	0, J	110	Pont.	①	①	—	2.5 (5.3)	10.5 (5.0)	14 (53)	7.8 (7.4)	7.9 (7.5)
	B, P	122	Chev.	4.0 (3.8)	4.0 (3.8)	5.9 (2.8)	—	10.5 (5.0)	14 (53)	8.3 (7.7)	8.3 (7.7)
	W	173	Chev.	4.0 (3.8)	4.0 (3.8)	6 (2.8)	—	8 (3.8)	14 (53)	12.4 (11.7)	12.4 (11.7)

① Añadir 3 cuartos, compruebe el nivel del aceite mediante la varilla de medición y añada aceite si es necesario

ESPECIFICACIONES DE LAS VÁLVULAS

Año	Código VIN del motor	Nº de cil. Cilindrada (pulg. cúb.)	Fabr. del motor	Ángulo de asiento (grados)	Ángulo de cara (grados)	Presión prueba del muelle (lbs @ pulg.)	Altura muelle montado (pulg.)	Tolerancia del vástago a la guía (pulg.) Admisión	Escape	Diámetro vástago Admisión	Escape
'82	G	4-110	Chev.	46	45	183 @ 1.33	1.60	0.0011–0.0026	0.0014–0.0031	0.3139–0.3144	0.3129–0.3136
'83–'87	O, J	4-110	Pont.	46	46	N.A.	N.A.	0.0006–0.0016	0.0012–0.0024	N.A.	N.A.
	B, P	4-122	Chev.	46	45	183 @ 1.33	1.60	0.0011–0.0026	0.0014–0.0031	0.3139–0.3144	0.3129–0.3136
	W	6-173	Chev.	46	45	195 @ 1.18	1.57	0.0010–0.0027	0.0010–0.0027	N.A.	N.A.

N.A.: No disponible

ESPECIFICACIONES DEL ÁRBOL DE LEVAS

Todas las medidas en pulgadas

Año	Código VIN del motor	Motor	Fabr. del motor	Diámetro de los muñones 1	2	3	4	5	Tolerancia de los cojinetes	Alzada del lóbulo (nariz) Adm.	Escape	Juego axial del árbol de levas
'82	G	4-110	Chev.	1.8677–1.8696	1.8677–1.8696	1.8677–1.8696	1.8677–1.8696	1.8677–1.8696	0.0010–0.0039	0.2625	0.2625	N.A.
'82–'87	0, J	4-110	Pont.	1.6714–1.6720	1.6812–1.6816	1.6911–1.6917	1.7009–1.7015	1.7108–1.7114	N.A.	0.2409	0.2409	0.016–0.064 ①
	B, P	4-122	Chev.	1.8677–1.8696	1.8677–1.8696	1.8677–1.8696	1.8677–1.8696	1.8677–1.8696	0.0010–0.0039	0.2600	0.2600	N.A.
	W	6-173	Chev.	1.8678–1.8815	1.8678–1.8815	1.8678–1.8815	1.8678–1.8815	1.8678–1.8815	N.A.	0.2626	0.2732	N.A.

N.A.: No disponible
① 1986-87; 0.04-0.16

ESPECIFICACIONES DEL CIGÜEÑAL Y LAS BIELAS

Todas las medidas están expresadas en pulgadas

Año	Código VIN del motor	Nº Cilindros cilindrada (pulg. cúb.)	Fabr. motor	Cigüeñal Diámetro del muñón coj. ppal.	Tolerancia aceite coj. ppal.	Juego axial cigüeñal	Coj. empuje en el muñón nº	Biela Diámetro muñón	Tolerancia de aceite	Tolerancia lateral
'82	G	4-110	Chev.	2.4944–2.4954 ②	0.0006–0.0018 ③	0.0019–0.0071	4	1.9983–1.9993	0.0009–0.0031	0.0039–0.0240

ESPECIFICACIONES DEL CIGÜEÑAL Y LAS BIELAS

Todas las medidas están expresadas en pulgadas

Año	Código VIN del motor	Nº cilindros Cilindrada (pulg. cúb.)	Fabr. motor	Cigüeñal: Diámetro del muñón coj. ppal.	Cigüeñal: Tolerancia aceite coj. ppal.	Cigüeñal: Juego axial cigüeñal	Cigüeñal: Coj. empuje en el cil. nº	Biela: Diámetro muñón	Biela: Tolerancia de aceite	Biela: Tolerancia lateral
'83–'87	O, J	4-110	Pont.	①	0.0006–0.0016	0.0118–0.0027	3	1.9278–1.9286	0.0007–0.0024	0.0027–0.0095
	B, P	4-122	Chev.	2.4944–2.4954②	0.0006–0.0018③	0.0019–0.0071	4	1.9983–1.9993	0.0009–0.0031	0.0039–0.0240④
	W	6-173	Chev.	2.6473–2.6482	.0016–.0033	.0024–.0083	3	1.9983–1.9994	0.0014–0.0037	0.0063–0.0173

① Los cojinetes se identifican por el color:
Marrón 2.2830-2.2832
Verde 2.2827-2.2830

② Nº 5: 2.4936-2.4946

③ Nº 5: 0.0014-0.0027

④ 1984-1985: 0.004-0.015

ESPECIFICACIONES DE LOS PISTONES Y ANILLOS

Todas las medidas están expresadas en pulgadas

Año	Código VIN del motor	Nº cilindros Cilindrada (pulg. cúb.)	Fabr. motor	Tolerancia entre el pistón y el cilindro	Entrehierro de los anillos: Anillo sup. compresión	Entrehierro de los anillos: Anillo inf. compresión	Entrehierro de los anillos: Anillo de control aceite	Tolerancia lateral de los anillos: Anillo sup. compresión	Tolerancia lateral de los anillos: Anillo inf. compresión	Tolerancia lateral de los anillos: Anillo de control aceite
'82	G	4-110	Chev.	0.0008–0.0018	0.0098–0.0197	0.0098–0.0197	ajustado	0.0012–0.0027	0.0012–0.0034	0.0078
'83–'87	O, J	4-110	Pont.	0.0008①	0.0010–0.0020	0.0010–0.0020	0.0010–0.0020	0.0020–0.0030	0.0010–0.0024	ajustado
	B, P	4-122	Chev.	0.0008–0.0018②	0.0098–0.0197	0.0098–0.0197	ajustado	0.0012–0.0027	0.0012–0.0034	0.0078
	W	6-173	Chev.	0.0007–0.0017	0.0098–0.0197	0.0098–0.0197	0.020–0.055	0.0012–0.0027	0.0016–0.0037	0.0078 máx

① Código J: 0.0004-0.0012

② 1984-85: 0.0007-0.0017

ESPECIFICACIONES DE PARES DE APRIETE

Todas las lecturas en libras-pie

Año	Código VIN del motor	Nº cilindros Cilindrada (pulg. cúb.)	Litros	Fabr. motor	Pernos de cabeza de cilindros	Perno de la biela	Perno del coj. ppal.	Perno de la polea del cigüeñal	Pernos de sujec. del volante al cigüeñal	Múltiple: Admisión	Múltiple: Escape
'80–'87	G	4-110	1.8	Chev.	65–75	34–40	63–74	66–84	45	20–25	22–28
	O, J	4-110	1.8	Pont.	①	39	57	115	45	25	15
	B, P	4-122	2.0	Chev.	65–75	34–43	63–77	66–89	②45–63	18–25	20–30
	W	6-173	2.8	Chev.	70	37	68	75	45	23	25

ATENCIÓN: Compruebe que el motor del vehículo corresponde al equipo original consultando el código del VIN del motor, antes de proceder al apriete de ningún perno

① Apriete los pernos con un par de 18 libras-pie, a continuación apriete cada uno de ellos 60° adicionales secuencialmente, repita el procedimiento tres veces para obtener un apriete de 180° y a continuación ponga el motor en marcha, déjelo girar hasta que alcance la temperatura normal de funcionamiento y apriete cada perno, secuencialmente, 30°-50° adicionales

② Transmisión automática: 45-59

ESPECIFICACIONES DE ALINEACIÓN DE LAS RUEDAS

Año	Inclinación de las ruedas delanteras (positiva): Intervalo (grados)	Inclinación de las ruedas delanteras (positiva): Valor preferido (grados)	Convergencia: Intervalo (grados)	Convergencia: Valor preferido (grados)
'82	1/16 to 1 1/16	9/16	1/4 to 0	1/8①
'83	7/32 to 1 7/32	23/32	5/16 to 1/16	1/8①
'84–'87	3/16 to 1 3/16	11/16	1/4 to 0	1/8①

① Hacia afuera

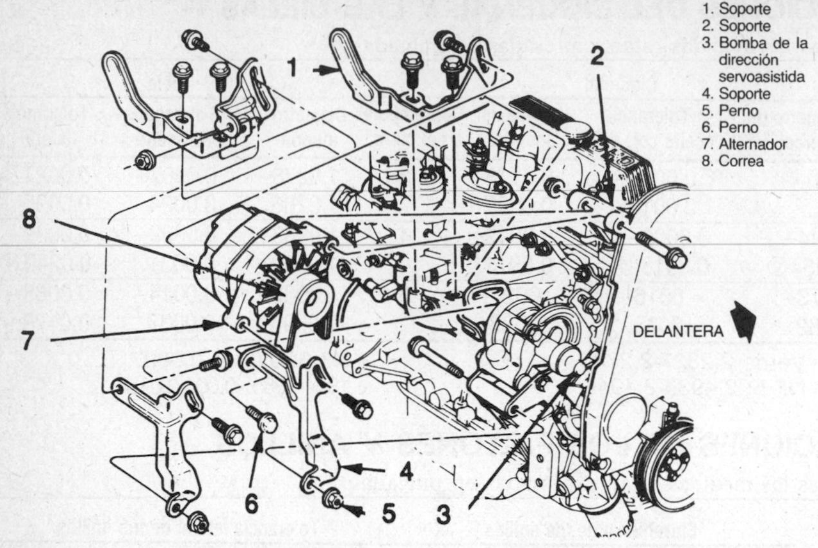

Montaje del alternador, motores de árbol de levas en cabeza con dirección servoasistida

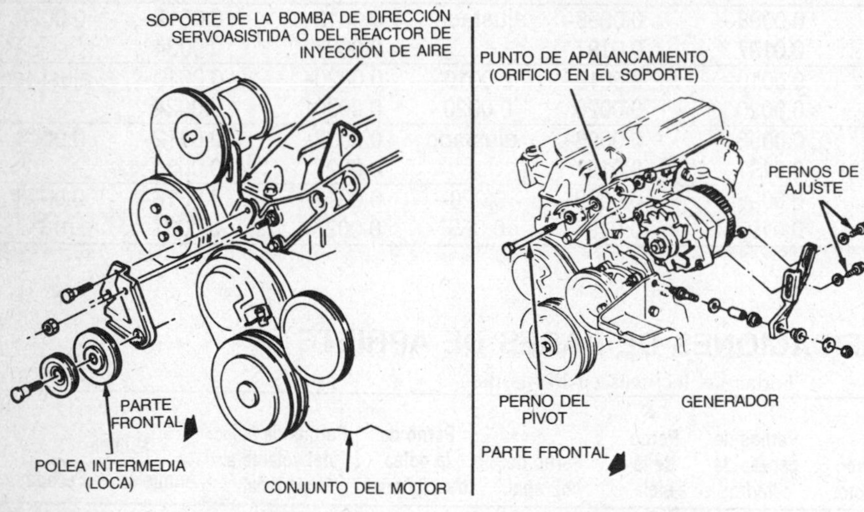

Montaje del alternador, motores de válvulas en cabeza

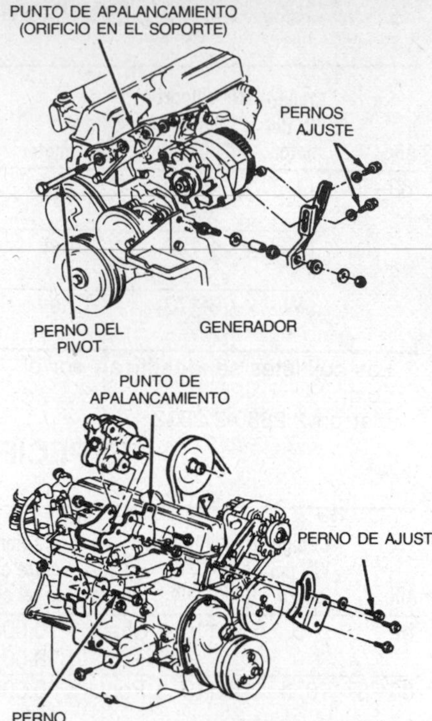

Ajustes de las correas de accionamiento

5. No intente polarizar el alternador.
6. No aplique la tensión de la batería al conector de excitación (marrón).
7. Desconecte siempre el cable a tierra de la batería antes de desconectar el conductor que va al alternador.
8. Desconecte siempre la batería (comenzando por el cable negativo) al cargarla.
9. No someta nunca al alternador a un calor o vapor excesivo. Si limpia el motor utilizando vapor, proteja el alternador.
10. No utilice nunca un equipo de soldadura por arco en el vehículo con el alternador conectado.

PARTE ELÉCTRICA DEL MOTOR

Alternador

Para obtener más información sobre el sistema de carga, véase por favor el apartado Carga y arranque en la sección de Reparaciones del conjunto.

PRECAUCIONES

1. Al instalar la batería asegúrese de que la polaridad es la correcta.
2. Cuando arranque el vehículo empujándolo, asegúrese de que los terminales están bien conectados. Esto se aplica también cuando se utilice un cargador de baterías. Si la polaridad es a la inversa, el alternador y el regulador quedarán destruidos en cuestión de segundos.

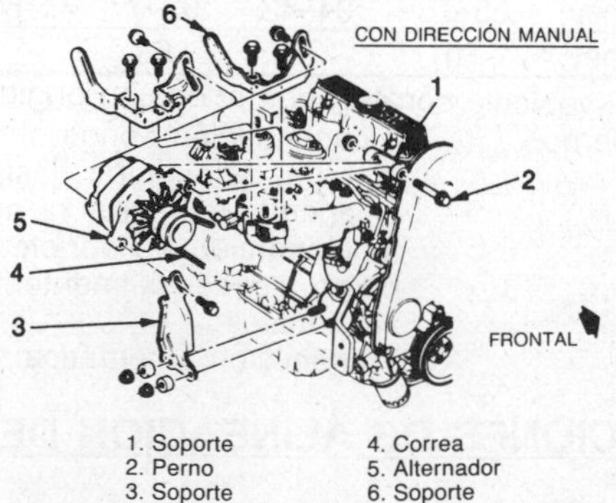

Montaje del alternador, motores de árbol de levas en cabeza con dirección manual

3. Nunca haga funcionar el alternador con la batería desconectada o con un circuito abierto no controlado.
4. No cortocircuite o ponga a masa ninguno de los terminales del alternador o del regulador.

DESMONTAJE Y MONTAJE

1. Desconecte el cable negativo de la batería.

ATENCIÓN

Si no se desconecta el cable negativo, esto puede dar lugar a daños producidos por el conductor positivo del alternador y puede que éste y el regulador sean cortocircuitados durante el proceso de desmontaje.

2. Desconecte y ponga etiquetas a los dos terminales y cables de la batería extrayéndolos por la parte posterior del alternador.
3. Afloje los pernos de fijación. Empuje el alternador hacia adentro y saque la correa de accionamiento de la polea.
4. Quite los pernos de fijación y saque el alternador.
5. Para montarlo, coloque el alternador en los

soportes y coloque los pernos de fijación. No los apriete todavía.

6. Coloque de nuevo la correa sobre la polea. Tire hacia afuera del conjunto y ajuste la tensión de la misma. Apriete los pernos de fijación y ajuste.

7. Instale los conductores eléctricos.

8. Coloque el cable negativo de la batería.

Regulador de tensión

El alternador lleva incorporado un regulador formado por circuitos integrados. Todos los componentes del mismo están alojados en un molde macizo. El regulador no es ajustable y no requiere mantenimiento alguno.

Motor de arranque

Para más información sobre el sistema de arranque, véase por favor el apartado Carga y arranque en la sección de Reparaciones del conjunto.

DESMONTAJE Y MONTAJE

Motor con válvulas en cabeza

1. Desconecte el cable negativo de la batería.

2. Ponga etiquetas y desconecte los cables del solenoide y de la batería.

3. Quite la abrazadera posterior de sujeción del motor. Extraiga la varilla de sujeción del compresor del sistema de aire acondicionado (si dispone de ella).

4. Quite, haciéndolo por la parte inferior del vehículo, los dos pernos de unión del motor de arranque al motor del vehículo, y deje que el primero caiga hacia abajo. Anote la posición y número de arandelas de reglaje si las hay. Saque el motor de arranque.

5. El montaje se efectúa en el orden inverso. Apriete los pernos de sujeción con un par de 25-35 libras-pie.

Motores con árbol de levas en cabeza

1. Desconecte el cable a masa de la batería.

2. Quite el filtro del aire.

3. Saque el perno inferior del motor de arranque.

4. Quite el tirante posterior del motor de arranque.

5. Quite el cableado del motor de arranque.

6. Quite el perno superior del motor de arranque.

7. Levante y asegure el vehículo sobre caballetes.

8. Desconecte el cable del velocímetro.

9. Tire hacia arriba del cable de la palanca de cambio y guíe el motor de arranque, introduciendo primero el lado de la armadura, hacia abajo, entre la barra estabilizadora y el motor.

10. El montaje se efectúa en el orden inverso al de desmontaje.

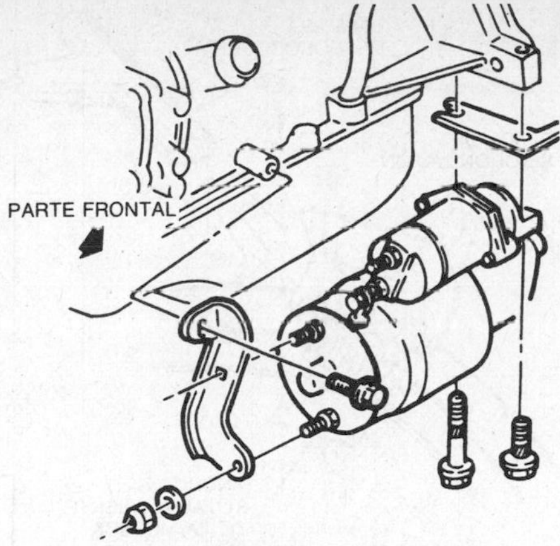

Soporte del motor de arranque, motores con válvulas en cabeza

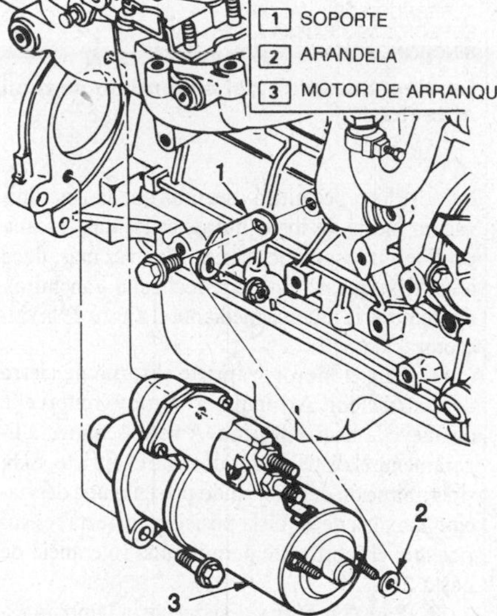

Soporte del motor de arranque, motores con árbol de levas en cabeza

Distribuidor

DESMONTAJE Y MONTAJE

Motores con válvulas en cabeza

1. Desconecte el cable negativo de la batería.

2. Desconecte y ponga etiquetas a todos los cables que salen de la tapa del distribuidor.

3. Saque la carcasa del filtro del aire como se ha descrito anteriormente.

4. Quite la tapa del distribuidor.

5. Quite la manguera que va del tubo del AIR (reactor de inyección de aire) al múltiple de escape en la válvula de dosificación de aire.

6. Desatornille el perno y la tuerca posterior del soporte posterior de elevación del motor, sáquela del espárrago y a continuación aparte todo el conjunto para facilitar el acceso al distribuidor.

7. Haga una señal de referencia de la posición del distribuidor respecto al bloque del motor y a continuación marque el cuerpo del primero indicando la posición inicial del motor.

8. Quite la tuerca de sujeción y la pinza de la base del distribuidor. Saque el distribuidor fuera del motor. El engranaje de accionamiento del eje del distribuidor es helicoidal y el eje girará ligeramente al extraer el distribuidor. Observe y marque la posición del rotor en esta segunda posición. No accione el motor mientras no esté colocado el distribuidor.

9. Para montar el distribuidor, gire el eje hasta que el rotor quede alineado con la segunda marca hecha (cuando el eje dejó de moverse). Lubrique el engranaje de accionamiento con aceite limpio de motores y monte el distribuidor en el motor. Cuando instale el distribuidor, el rotor debería desplazarse a la primera señal hecha. Esto asegurará una sincronización correcta. Si las marcas no están debidamente alineadas, quite el distribuidor e inténtelo de nuevo.

10. Monte la abrazadera y la tuerca de sujeción.

NOTA: Podría ser conveniente que utilizara un imán acoplado a una barra de expansión para colocar la abrazadera sobre el espárrago.

11. El montaje del resto de los componentes se efectúa en el orden inverso al de desmontaje. Verifique la sincronización del encendido.

MONTAJE SI EL MOTOR FUE ACCIONADO

Si se acciona el motor con el distribuidor extraído, tendrá que colocar el motor en el PMS de la carrera de compresión para lograr que la sincronización del encendido sea correcta.

1. Sacar la bujía de encendido n.º 1.

2. Tape el orificio de la bujía colocando el dedo pulgar sobre el mismo. Accione lentamente el motor hasta que sienta compresión. Esta tarea le resultará más fácil si hace que alguien accione el motor manualmente utilizando una llave para hacer girar la polea del cigüeñal.

3. Alinee la señal de sincronización de la polea del cigüeñal con la señal «0» de la escala de sincronización acoplada en la parte frontal del motor. Esto lleva automáticamente el motor al PMS de la carrera de compresión.

4. Gire el eje del distribuidor hasta que el rotor apunte a la torre de la bujía de encendido n.º 1.

5. Monte el distribuidor en el motor. Asegúrese de que la señal de referencia entre el distribuidor y el bloque del motor queda alineada.

6. Ejecute los pasos 10-11 del procedimiento anterior de desmontaje y montaje.

Motores con árbol de levas en cabeza

1. Desconecte el cable a masa de la batería.

2. Ponga etiquetas a los cables de las bujías y extráigalos junto con la bobina.

3. Desconecte los cables del distribuidor.

4. Quite las dos tuercas de sujeción del distribuidor.

5. Saque el distribuidor.

6. El montaje se efectúa en el orden inverso al de desmontaje. Apriete las tuercas de sujeción con un par de 13 libras-pie. Si se hiciera girar el motor sin el distribuidor colocado en su posición: véanse los pasos 1-5 del procedimiento anterior.

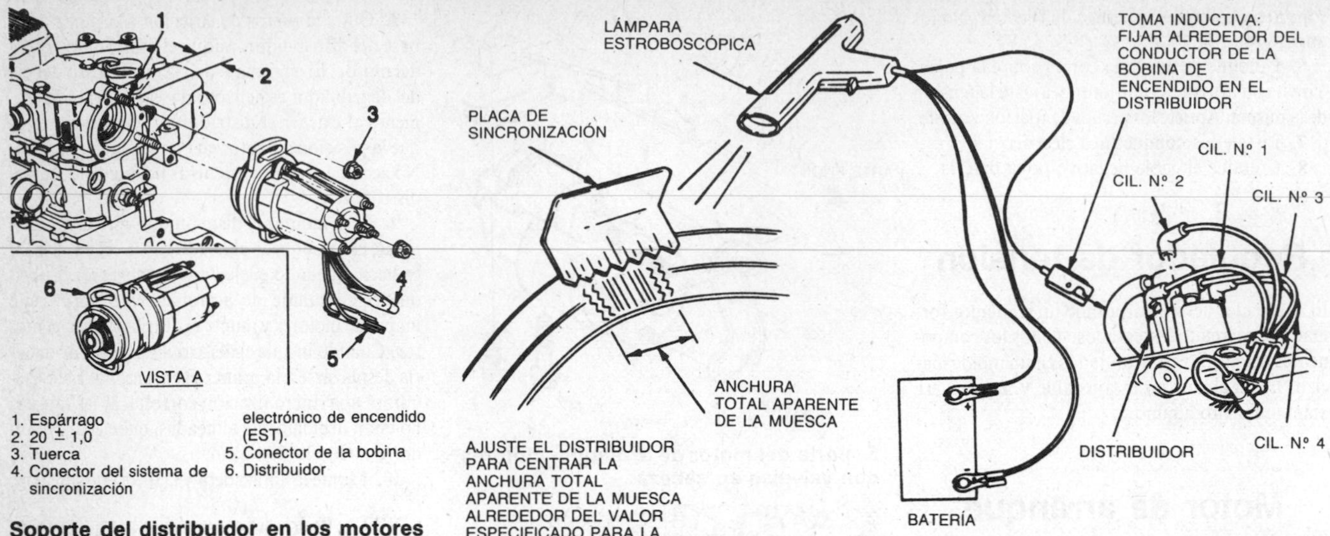

Soporte del distribuidor en los motores con árbol de levas en cabeza

La sincronización del encendido se realiza siguiendo el método del promedio; véase el texto

Sincronización del encendido

AJUSTE

1. Véanse las instrucciones del adhesivo de control de emisiones situado en el interior del compartimiento del motor. Siga todas las instrucciones especificadas en la etiqueta.

2. Localice las señales de sincronización de la polea del cigüeñal y de la parte frontal del motor.

3. Limpie estas señales de forma que queden visibles. Esta visibilidad será mejor si las marca con tiza o pintura blanca.

4. Acople un tacómetro al motor como se ha descrito anteriormente.

5. Desconecte el conector de cuatro terminales EST en el distribuidor, de forma que el motor pase al modo de sincronización paralelo.

6. Acople una lámpara estroboscópica siguiendo las instrucciones del fabricante. Fije la toma inductiva alrededor del cable de la bobina de alta tensión (no al cable de la bujía nº 1) en el distribuidor. Antes de instalar la toma en el cable, será necesario pelar el forro protector de plástico en donde va alojado el cable.

7. Afloje ligeramente el perno de la abrazadera del distribuidor de forma que éste pueda girarse según sea necesario para realizar el ajuste de la sincronización.

8. Compruebe que todos los cables quedan alejados del ventilador y a continuación arranque el motor. Deje que el motor alcance la temperatura normal de funcionamiento.

9. Apunte con la lámpara estroboscópica hacia las señales. Quizá se produzca una ligera oscilación de la muesca de la polea debido al hecho de que cada cilindro se despliega a medida que se produce el encendido del mismo. No puede reducirse la «anchura» aparente de la muesca en un ajuste de la sincronización.

10. Centre la «anchura» total aparente de la muesca alrededor de la señal de sincronización correcta del indicador girando la carcasa del distribuidor. Esto permitirá asegurar que la sincronización media de los cilindros es lo más cercana posible a las especificaciones. Una vez más, debe advertirse que no puede reducirse la «anchura» aparente de la muesca mediante el ajuste de la sincronización.

11. Pare el motor y apriete el torno de cierre del distribuidor. Arranque el motor y compruebe de nuevo la sincronización. A veces se moverá ligeramente el distribuidor durante el apriete. Si la sincronización del encendido presenta una desviación máxima de 1° de la posición correcta, es suficiente; el fabricante permite una tolerancia de hasta 2°.

12. Pare el motor y desconecte la lámpara estroboscópica y el tacómetro. Vuelva a conectar el conector de cuatro terminales EST.

SISTEMA DE GASOLINA

Bomba de combustible

Los motores que disponen de carburador llevan una bomba mecánica de combustible. Es del tipo de diafragma y, debido a su diseño, cuando se estropea debe sustituirse. No es posible realizar ajustes o reparaciones. La bomba está activada por una excéntrica situada en el árbol de levas, los motores de inyección de combustible disponen de una bomba de combustible instalada dentro del depósito. No pueden realizarse ajustes o reparaciones.

VERIFICACIÓN DE LA BOMBA MECÁNICA DE COMBUSTIBLE

Para determinar si la bomba está en buen estado, deberían realizarse pruebas tanto del desplazamiento como de la presión. Las pruebas se realizan con la bomba instalada y el motor a la temperatura normal de funcionamiento y en ralentí (velocidad en vacío). No sustituya nunca una bomba de combustible sin realizar primero estas pruebas sencillas. Asegúrese de que se ha cambiado el filtro de combustible dentro del plazo especificado. En caso de que existan dudas, coloque primero un filtro nuevo.

Prueba de presión

1. Desconecte el tubo de combustible del carburador y conecte un manómetro en la bomba de combustible. Rellene de gasolina la taza del flotador.

2. Arranque el motor y verifique la presión a la velocidad de ralentí (en vacío). Si la bomba dispone de un manguito de retorno de vapor, extráigalo para hacer una lectura exacta, la presión en estas condiciones no debería ser inferior a 4,5 lb/pulg.²

3. Si la presión es incorrecta, sustituir la bomba. Si es la correcta, proceda a la prueba del desplazamiento.

Prueba de desplazamiento

1. Desconecte el manómetro. Coloque un recipiente graduado a la salida del conducto de combustible.

2. Deje que el motor gire en ralentí hasta que haya bombeado una pinta de gasolina. El recipiente debería marcar una pinta en 30 segundos o menos. Normalmente la taza del carburador dispone de la cantidad de combustible suficiente para realizar esta prueba, pero rellénela si es necesario.

3. Si el caudal es inferior al mínimo, compruebe si los conductos están obturados o presentan fugas y a continuación sustituya la bomba.

VERIFICACIÓN DE LA BOMBA ELÉCTRICA DE COMBUSTIBLE

Prueba de presión

ATENCIÓN

Antes de realizar ninguna prueba, haga lo siguiente para evitar daños físicos: quite el fusible de la bomba de combustible del panel de fusibles en el compartimiento de viajeros. Arranque el motor y déjelo girar hasta que consuma todo el combustible del sistema. Accione el motor durante 3 segundos más para eliminar la presión residual que pudiera existir. Quite el contacto (llévelo a la posición OFF) y restituya el fusible.

1. Quite el filtro del aire y tapone la lumbrera de vacío térmico en el conjunto de la válvula de mariposa.

2. Quite el conducto de acero del combustible de entre el conjunto de la válvula de mariposa y el filtro de combustible.

3. Instale un manómetro de una capacidad mínima de 15 lb/pulg.² entre el cuerpo de la válvula de mariposa y el filtro.

4. Arranque el motor y observe la lectura del manómetro. La presión debería situarse entre 9-13 psi. Si la presión no está comprendida dentro de estos límites, la causa podría ser una o más de las siguientes:

a. Un cortocircuito en el sistema.

b. El filtro del combustible está obstruido.

c. El conmutador de presión del aceite está cortocircuitado o estropeado.

d. El relé de la bomba de combustible está estropeado.

e. La bomba de combustible está estropeada.

Compruebe cada uno de estos componentes secuencialmente para diagnosticar el problema antes de proceder a la sustitución de la bomba.

5. Siga las notas de atención señaladas al comienzo de este procedimiento para descomprimir el sistema, y a continuación quite el manómetro y conecte el conducto de combustible. Apriete las tuercas con un par de 19-25 libras-pie.

6. Arranque el motor y compruebe si existen fugas.

7. Destapone la lumbrera de vacío térmico del cuerpo de la válvula de mariposa.

Bomba mecánica

DESMONTAJE Y MONTAJE

La bomba de combustible está situada en la parte posterior central del motor.

1. Desconeete el cable negativo de la batería. Levante y fije el vehículo.

2. Desconecte la tubería de entrada de la bomba. Desconecte la manguera de retorno de vapor, si dispone de ésta.

3. Afloje el conducto de combustible en el carburador, y a continuación desconecte la manguera de salida de la bomba.

4. Quite los dos pernos de fijación y extraiga la bomba de combustible del motor.

5. Para su instalación, coloque una nueva junta de estanqueidad en la bomba de combustible e instale la bomba en el motor. Apriete los pernos de montaje alternativamente y uniformemente.

6. Instale la manguera de salida de la bomba. Esto será más fácil si se desconecta la manguera del carburador. Apriete el rácor manteniendo en una posición fija la tuerca de la bomba con otra llave. Instale la manguera en el carburador.

7. Instale las mangueras de entrada y de vapor, a continuación baje el vehículo y conecte el cable negativo de la batería. Arranque el motor y compruebe si existen fugas.

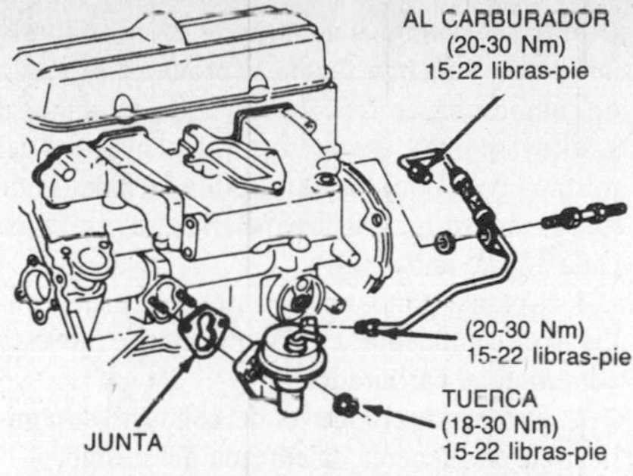

Soporte de la bomba de combustible en los motores que disponen de carburador

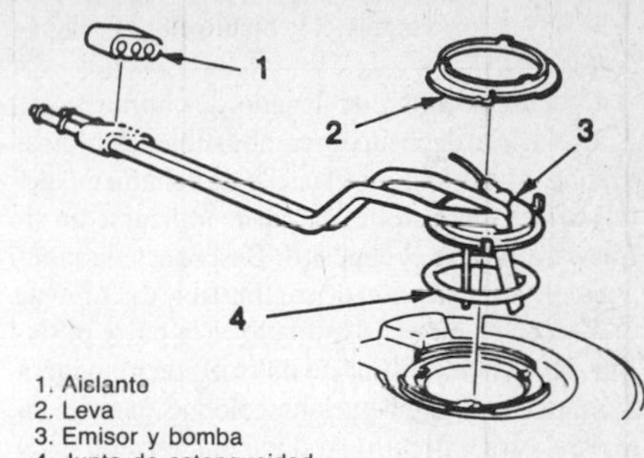

Extracción del medidor de combustible del depósito de combustible en los vehículos que disponen de sistema de inyección de combustible

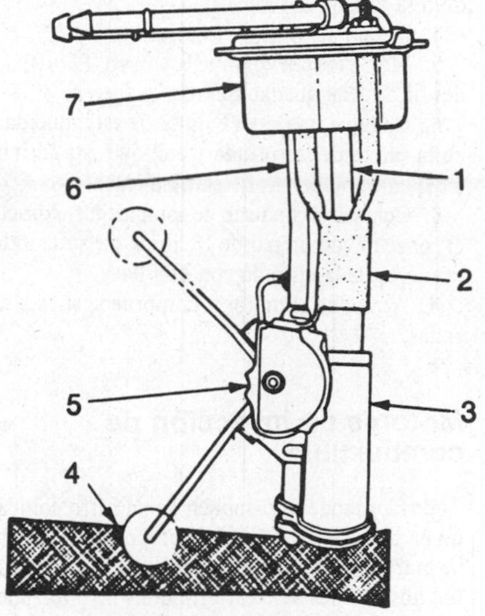

1. Conducto de combustible
2. Acoplador de goma y silenciador
3. Bomba eléctrica de combustible
4. Filtro
5. Emisor del nivel de combustible
6. Tubo de retorno
7. Separador del líquido de la copa del salpicadero/vapor

Bomba de combustible en los motores que disponen de sistema de inyección de combustible

Bomba eléctrica

DESMONTAJE Y MONTAJE

1. Descomprima el sistema de combustible. Véase el procedimiento de prueba de presión descrito anteriormente.

2. Desconecte el cable a masa de la batería.

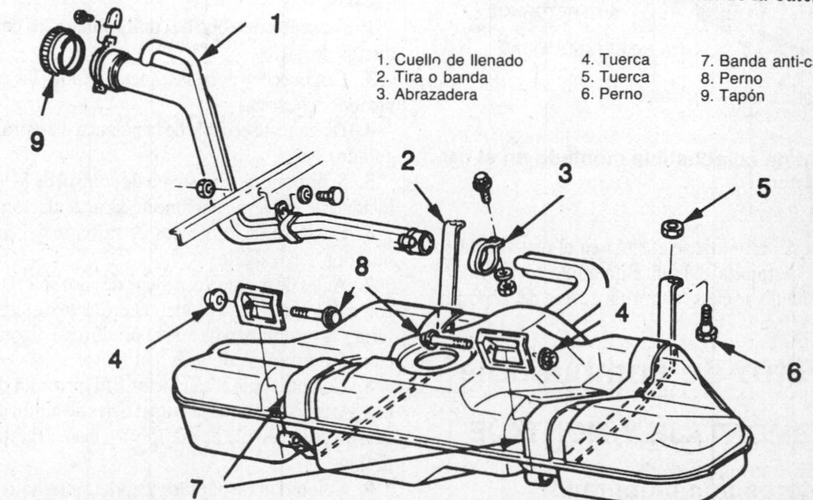

1. Cuello de llenado
2. Tira o banda
3. Abrazadera
4. Tuerca
5. Tuerca
6. Perno
7. Banda anti-chirrido
8. Perno
9. Tapón

Despiece del depósito de combustible en los vehículos que disponen de sistema de combustión de combustible. Se ha de desmontar el depósito para sacar la bomba eléctrica de combustible

3. Levante y asegure el vehículo en unos caballetes.

4. Quite el tapón de llenado de combustible.

5. Vacíe el depósito de combustible. Debido al obturador existente en el cuello de llenado del depósito de combustible, no puede utilizarse un sifón para purgar el depósito. Desconecte la manguera de alimentación de combustible del tubo de alimentación del chasis situado en la parte posterior del vehículo. Conecte un trozo de manguera al conducto de alimentación y coloque un recipiente en el otro extremo. Aplique una tensión en el conductor de verificación de la bomba, terminal G en la conexión de comunicación del conjunto «línea de transmisión», y accione la bomba hasta que el depósito se encuentre vacío. No accione la bomba una vez que éste se haya vaciado, ya que podría resultar dañada.

6. Desconecte el cableado del tanque.

7. Desconecte la manguera del cuello de llenado y la tubería de ventilación.

8. Quite los pernos posteriores de sujeción de la abrazadera del depósito de combustible y apoye el depósito en un gato, a una altura suficiente para desconectar el conducto de alimentación del combustible y los conductos de retorno y de vapor del medidor de combustible.

9. Saque el depósito.

10. Saque el conjunto del medidor y la bomba de combustible girando el anillo de cierre en forma de leva en el sentido contrario a las agujas del reloj. Levante hacia arriba el conjunto sacándolo fuera del depósito y extraiga la bomba del medidor.

11. Tire de la bomba hacia la manguera de acoplamiento tirando a la vez hacia afuera del soporte inferior. Tenga cuidado de no dañar el aislante y el filtro. Una vez que la bomba quede libre del soporte inferior tire de ésta hacia afuera del conector de goma.

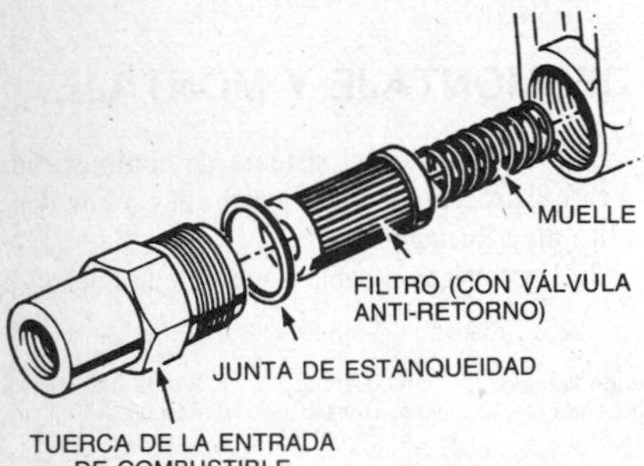

Filtro de combustible montado en el carburador

12. El montaje se efectúa en el orden inverso al de desmontaje. Utilice un anillo tórico nuevo en el anillo de cierre en forma de leva del depósito.

Filtro de combustible

DESMONTAJE Y MONTAJE

Motores con carburador

Todos los modelos disponen de un filtro de combustible situado dentro del cuerpo del carburador. El filtro de combustible dispone de una válvula de bloqueo para impedir que se produzca una fuga de combustible en caso de accidente. Cuando se sustituya el filtro, asegúrese de que el nuevo es del mismo tipo. Todos los filtros están formados por un elemento principal de papel. Sustituya el filtro cada 15,000 millas.

1. Coloque paños absorbentes debajo del conducto de combustible en el punto en que éste está conectado al carburador.

2. Desconecte el conector del conducto de combustible en la tuerca de entrada del mismo.

3. Desatornille la tuerca de la entrada de combustible al carburador. Al desmontar la tuerca, una parte del filtro será empujada hacia afuera debido a la tensión del muelle.

4. Desmonte el filtro y el muelle.

5. Monte los nuevos muelle y filtro. El orificio del filtro debe quedar frente a la tuerca.

6. Coloque una nueva junta de estanqueidad en la tuerca de la entrada y coloque esta última en el carburador. Apriétela firmemente.

7. Coloque el conducto de combustible. Apriete el conector con un par de 18 libras-pie sujetando la tuerca de la entrada con una llave.

8. Arranque el motor y compruebe si existen fugas.

Motores de inyección de combustible

Todos los modelos disponen de un filtro colocado en línea, justo antes del cuerpo de la válvula de mariposa. Para sustituir el filtro, coloque paños absorbentes bajo el filtro, quite las abrazaderas y sustituya el filtro. La mayoría de los filtros vienen con abrazaderas nuevas.

Carburador

DESMONTAJE Y MONTAJE

1. Quite el filtro del aire y la junta de estanqueidad.

2. Desconecte el tubo de combustible y los conductos de vacío.

3. Desconecte y ponga etiquetas a todas las conexiones eléctricas.

4. Desconecte el cable de la palanca del estrangulador.

5. Si dispone de un sistema de control de la velocidad de crucero, desconecte la articulación.

6. Desatornille los pernos de sujeción del carburador y extráigalo.

7. Antes de montarlo, rellene de gasolina el tazón del flotador para reducir el esfuerzo de la batería y la posibilidad de que se produzcan detonaciones al arrancar de nuevo el motor.

8. Compruebe si el calefactor EFE presenta daños. Asegúrese de que las superficies de unión del cuerpo de la válvula de mariposa y del EFE están limpias.

9. Coloque el carburador y apriete alternativamente las tuercas del mismo.

10. El montaje del resto de los componentes se efectúa en el orden inverso al de desmontaje.

AJUSTE DE LA VELOCIDAD DE RALENTÍ (EN VACÍO) Y DE LA MEZCLA-MOTORES CON CARBURADOR

Todos los modelos J con carburador disponen de un motor de control de la velocidad de ralentí (ISC) que a su vez está controlado por el módulo de control electrónico (ECM). Todas las velocidades de ralentí (en vacío) se programan en la memoria del ECM y a continuación se transmiten al motor de control de velocidad de ralentí según sea necesario en una situación determinada. El ralentí lento se establece previamente en fábrica y no puede ajustarse de forma rutinaria. Aunque no debe ajustarse el ralentí lento en una situación normal, puede ser ajustado, aunque sólo cuando se sustituya el motor de control de velocidad de ralentí (ISC).

Los tornillos de ajuste de la mezcla de ralentí (velocidad en vacío) están ocultos debajo de tapas incrustadas. El ajuste de la mezcla de ralentí no se considera un procedimiento normal de puesta a punto, debido a la sensibilidad de los ajustes del control de emisiones. El ajuste de la mezcla requiere no solamente la utilización de herramientas especiales para la extracción de las tapas ocultas, sino también la aplicación de una sustancia artificial de enriquecimiento (generalmente propano) que debe introducirse en el carburador por medio de una válvula de dosificación calibrada con precisión. Normalmente no se dispone de estas herramientas y su utilización requiere una cierta pericia y, por lo tanto, los ajustes de la mezcla no se incluyen en este libro.

REFRIGERACIÓN DEL MOTOR

Radiador

DESMONTAJE Y MONTAJE

1. Desconecte el cable negativo de la batería.

2. Purgue el sistema de refrigeración.

3. Desconecte el conductor eléctrico que va al motor del ventilador.

4. Quite los pernos de fijación de la carcasa del ventilador al soporte del radiador y a continuación extraiga el conjunto del ventilador.

5. Desconecte del radiador los manguitos superior e inferior del mismo y el manguito de retorno del refrigerante.

6. Desconecte el radiador y los conductos del refrigerador del aceite de la transmisión y póngalos aparte.

7. Quite los pernos y abrazaderas de sujeción del radiador al soporte del mismo. Saque el radiador.

8. Coloque el radiador en el vehículo de forma que la parte inferior quede apoyada en las plataformas inferiores de fijación. Apriete los pernos y abrazaderas de sujeción.

9. Conecte los conductos del refrigerador del aceite del motor y apriete los pernos con un par de 20 libras-pie.

10. La instalación del resto de los componentes se efectúa en el orden inverso al de desmontaje.

Bomba de agua

DESMONTAJE Y MONTAJE

Motores con válvulas en cabeza

1. Desconecte el cable negativo de la batería.
2. Vacíe el sistema de refrigeración.
3. Quite todas las correas de accionamiento contiguas.
4. Quite el alternador.
5. Desatornille los pernos de sujeción de la polea de la bomba de agua y a continuación tire de ésta hacia afuera y extráigala.
6. Quite los pernos de fijación y saque la bomba de agua.
7. Coloque un cordón de sellador RTV (vulcanizable a temperatura ambiente) de 1/8 de pulgada en la superficie de sellado de la bomba de agua. Con el sellador todavía húmedo, coloque la bomba y apriete los pernos con un par de 13-18 libras-pie.
8. El montaje del resto de los componentes se efectúa en el orden inverso al de desmontaje.

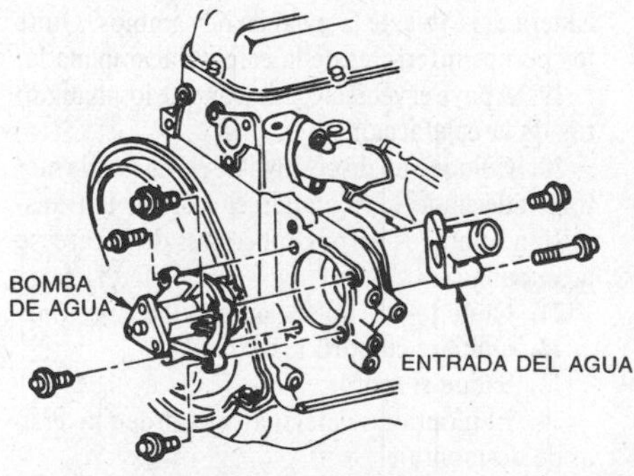

Montaje de la bomba de agua en los motores con válvulas en cabeza

Motores con árbol de levas en cabeza

1. Quite la correa de sincronización como se describe más adelante.
2. Quite las tapas posteriores de protección de la correa de sincronización.
3. Quite el manguito de la bomba.
4. Desatornille y quite la bomba.
5. El montaje se efectúa en el orden inverso al de desmontaje. Apriete los pernos con un par de 19 libras-pie.

Termostato

DESMONTAJE Y MONTAJE

Motores con válvulas en cabeza

El termostato está situado dentro de una carcasa en la parte posterior de la culata. No es necesario sacar el manguito del radiador de la carcasa del termostato al desmontarlo.

1. Desconecte el cable negativo de la batería.
2. Vacíe el sistema de refrigeración y quite el filtro del aire.
3. Desconecte el tubo AIR (reactor inyector de aire) de la válvula superior de bloqueo y el soporte de la salida del agua.
4. Desconecte el conductor eléctrico.
5. Quite los dos pernos de fijación de la carcasa del termostato y extraiga esta última junto con el manguito a ella acoplado. Extraiga el termostato.
6. Introduzca el nuevo termostato, con el extremo del muelle hacia abajo. Aplique un cordón fino de silicona a la superficie de unión de la carcasa e instálela cuando el sellador todavía no se haya secado. Apriete los pernos de fijación de la carcasa con un par de 6 libras-pie.

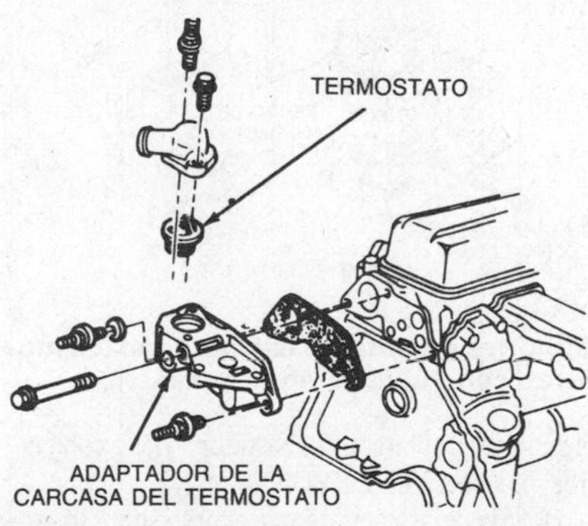

Despiece del termostato en motores con válvulas en cabeza

NOTA: El hecho de que la calefacción no caliente lo suficiente y de que el calentamiento del motor sea lento, suele estar provocado por un termostato atascado en la posición abierta; en ocasiones el termostato se atasca en la posición cerrada provocando un sobrecalentamiento inmediato. No intente eliminar esta situación de sobrecalentamiento quitando el termostato. El sistema dispone de un dispositivo de restricción del flujo del termostato; sin éste, puede producirse un sobrecalentamiento localizado (debido al flujo turbulento del refrigerante) provocando unos daños muy costosos.

7. El montaje del resto de los componentes se efectúa en orden inverso al de desmontaje.

Motores de árbol de levas en cabeza

1. Quite la carcasa del termostato.
2. Agarre el asa del termostato y sáquelo fuera de la carcasa.
3. Introduzca el termostato en la carcasa, empujando hacia abajo todo lo posible para asegurarse de que queda bien apoyado.
4. Coloque la carcasa en el motor, utilizando una junta de estanqueidad nueva recubierta de sellador.

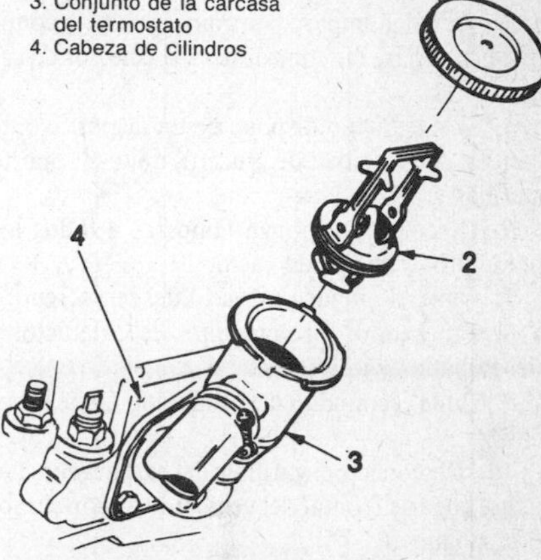

Despiece del termostato en motores con árbol de levas en cabeza

PARTE MECÁNICA DEL MOTOR

NOTA: Los motores de los vehículos «J» son de cuatro cilindros y pueden ser de tres tipos. Dos de ellos son fabricados por Chevrolet, un motor de 1.8L (112 pulgadas³) y un motor de 2.0 L (122 pulgadas³). Estos dos motores fabricados por Chevrolet son del tipo de válvulas en cabeza. Esto quiere decir que el árbol de levas está situado en el bloque del motor y el resto del tren de válvulas está situado en la parte superior de la culata. El otro motor es el fabricado por Pontiac de 1.8 L (112 pulgadas³) del tipo de árbol de levas en cabeza. Esto quiere decir que tanto el árbol de levas como las válvulas están situadas en la culata del motor. Los dos tipos de motores fabricados por Chevrolet son prácticamente idénticos en todos los aspectos, excepto en la cilindrada. El motor fabricado por Pontiac es muy diferente en todos los aspectos. En los modelos fabricados a partir de 1985, puede optarse por un modelo V6 de 2.8 L (173 pulgadas³) fabricado por Chevrolet. El V6 está equipado con un sistema de inyección de combustible de múltiples entradas.

Motor

DESMONTAJE Y MONTAJE

Motores de cuatro cilindros con válvulas en cabeza

NOTA: Este procedimiento requiere la utilización de una herramienta especial de alineación nº M6XIX65.

1. Desconecte los cables de la batería, empezando por el negativo.

2. Saque el filtro del aire. Purgue el sistema de refrigeración.

3. Quite la bomba de la servodirección (si dispone de ésta) y apártela. No desconecte los conductos. Quite la botella del detergente para el limpiaparabrisas.

4. Si el vehículo dispone de sistema de aire acondicionado, quite el soporte del relé del conector situado en el mamparo contraincendios. Quite el conector del mamparo contraincendios y a continuación separe las conexiones del colector de cables.

5. Si el vehículo dispone de un dispositivo de control de velocidad de crucero, quite el soporte auxiliar y apártelo.

6. Desconecte y ponga etiquetas a todos los manguitos y cables de vacío.

7. Quite el cilindro maestro del servofreno.

8. Quite todos los manguitos del calefactor y del radiador y apártelos.

9. Quite el conjunto del ventilador. Quite la bocina.

10. Desconecte el varillaje del carburador. Levante la parte frontal del vehículo y sopórtelo sobre caballetes.

11. Desconecte el conducto de combustible del múltiple de admisión.

12. Quite el tirante del sistema de aire acondicionado (si dispone del mismo).

13. Quite el protector del múltiple de escape. Quite el motor de arranque.

14. Desconecte el tubo de escape del múltiple. Quite las ruedas.

15. Desconecte la barra estabilizadora de los brazos de control inferiores. Quite las rótulas de la articulación de la dirección.

16. Quite de la transmisión los semiejes y a continuación saque el puntal de la caja de cambios.

17. Si dispone de un sistema de aire acondicionado, quite el protector interno. Saque la correa de accionamiento, desconecte y ponga etiquetas a los cables y a continuación saque el compresor. No desconecte ninguno de los conductos del refrigerante.

18. Quite las tuercas y la placa posterior de sujeción del motor.

19. Si dispone de caja de cambios automática, quite el filtro del aceite.

20. Desconecte el cable del velocímetro y apoye el vehículo.

21. Si dispone de transmisión automática, quite el refrigerador del aceite de esta última.

22. Quite las tuercas delanteras de sujeción del motor.

23. Desconecte el cable del embrague si dispone de transmisión manual. Desconectar el cable de sujeción en el caso de que disponga de transmisión automática.

24. Coloque un dispositivo de elevación de motores y quite el soporte y la abrazadera de la transmisión. Saque el motor fuera del vehículo.

25. Coloque el perno de alineación del soporte del motor (M6XIX65) para asegurarse de que la alineación es correcta.

26. Coloque el motor en el vehículo, manteniendo el dispositivo de elevación acoplado.

27. Monte el soporte de la transmisión. Monte

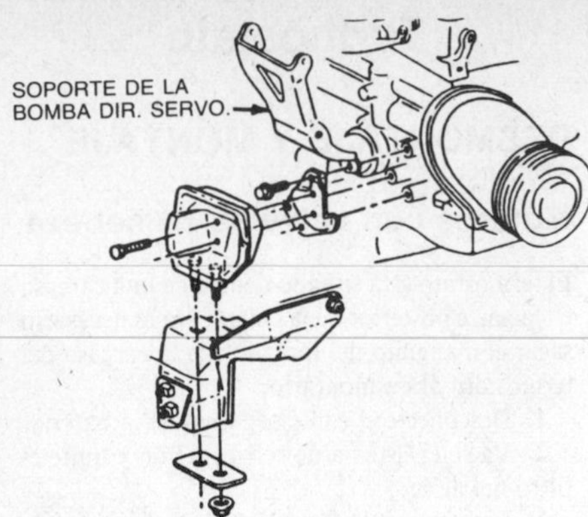

Soportes traseros del motor en los motores con válvulas en cabeza

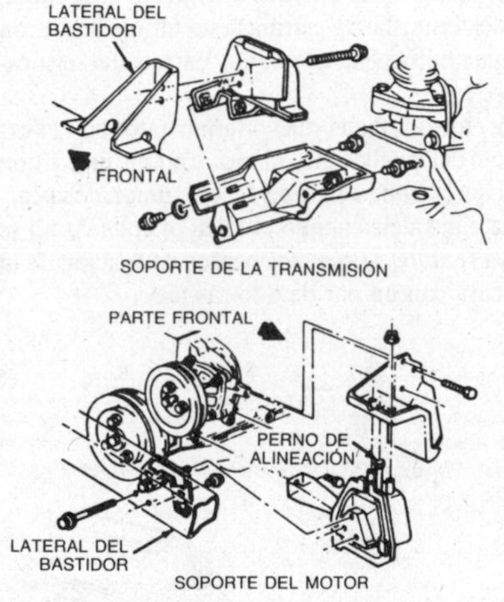

Soportes delanteros del motor en los motores con válvulas en cabeza

el soporte en el lateral del bastidor y fíjelo con pernos de sujeción NUEVOS.

28. Sin dejar caer todavía el peso sobre los soportes, apriete los pernos de la transmisión. Apriete las tuercas delanteras de la parte derecha del soporte.

29. Deje caer todo el peso del motor sobre los soportes, extrayendo el dispositivo de elevación, y a continuación levante la parte frontal del vehículo.

30. El montaje del resto de los componentes se efectúa en el orden inverso al de desmontaje. Compruebe el perno de alineación, del tren de transmisión; si es necesario ejercer mucha fuerza para extraerlo, afloje los pernos de ajuste de la transmisión y vuelva a alinear el tren de transmisión. Ajuste las correas de accionamiento y el cable del embrague (si dispone de transmisión manual).

Motor V6 de 2.8L

1. Desconecte el cable negativo de la batería. Vacíe el sistema de refrigeración y quite el conjunto del filtro del aire.

2. Saque el sensor del caudal de aire. Quite el protector de sobrecalentamiento del tubo transversal del escape y a continuación extraiga este último.

3. Quite el tensor de la correa en serpentina y esta última.

4. Quite el soporte de fijación de la bomba de la servodirección. Desconecte el tubo del calefactor del soporte de fijación de la bomba de la servodirección.

5. Desconecte los manguitos del radiador del motor.

6. Desconecte el acelerador y el cable de la válvula de mariposa.

7. Saque el alternador. Desconecte y ponga etiquetas al colector de cables del motor.

8. Desconecte el manguito de combustible. Desconecte el tubo en derivación del refrigerante y las tuberías de rebosamiento.

9. Quite y ponga etiquetas a los manguitos de vacío.

10. Levante el vehículo y apóyelo firmemente sobre caballetes.

11. Quite la protección interior contra salpicaduras y a continuación saque el equilibrador autovibraciones.

12. Quite la tapa del volante. Quite los pernos del motor de arranque y a continuación desconecte y ponga etiquetas a los conectores eléctricos que van a parar a éste. Saque el motor de arranque.

13. Desconecte los cables de la unidad de detección del nivel del aceite.

14. Quite el compresor del sistema de aire acondicionado y las abrazaderas acopladas.

15. Desconecte el tubo de escape de la parte posterior del múltiple de escape.

16. Quite los pernos de unión de la placa flexible y el convertidor de par.

17. Quite los pernos de unión de la transmisión y el motor. Quite las tuercas de sujeción del motor al soporte posterior al bastidor.

18. Desconecte del árbol de transmisión la abrazadera del cable de la palanca de cambios. Quite los pernos inferiores de la carcasa acampanada.

19. Apoye el vehículo y desconecte los manguitos de la calefacción.

20. Coloque un dispositivo de elevación de motores adecuado y, sujetando el motor y la transmisión, quite los pernos superiores de la carcasa acampanada.

21. Quite los pernos delanteros de sujeción.

22. Quite el cilindro maestro.

23. Saque el motor.

24. El montaje se efectúa en el orden inverso al de desmontaje.

Motores con árbol de levas en cabeza

NOTA: Este procedimiento requiere la utilización de una herramienta especial.

1. Quite los cables de la batería.

2. Vacíe el sistema de refrigeración.

3. Quite el filtro del aire.

4. Desconecte el colector eléctrico del motor situado en el mamparo contraincendio.

5. Desconecte el conector eléctrico del cilindro del freno.

6. Quite el cable de la válvula de mariposa de la abrazadera y del conjunto EFI (inyección electrónica de combustible).

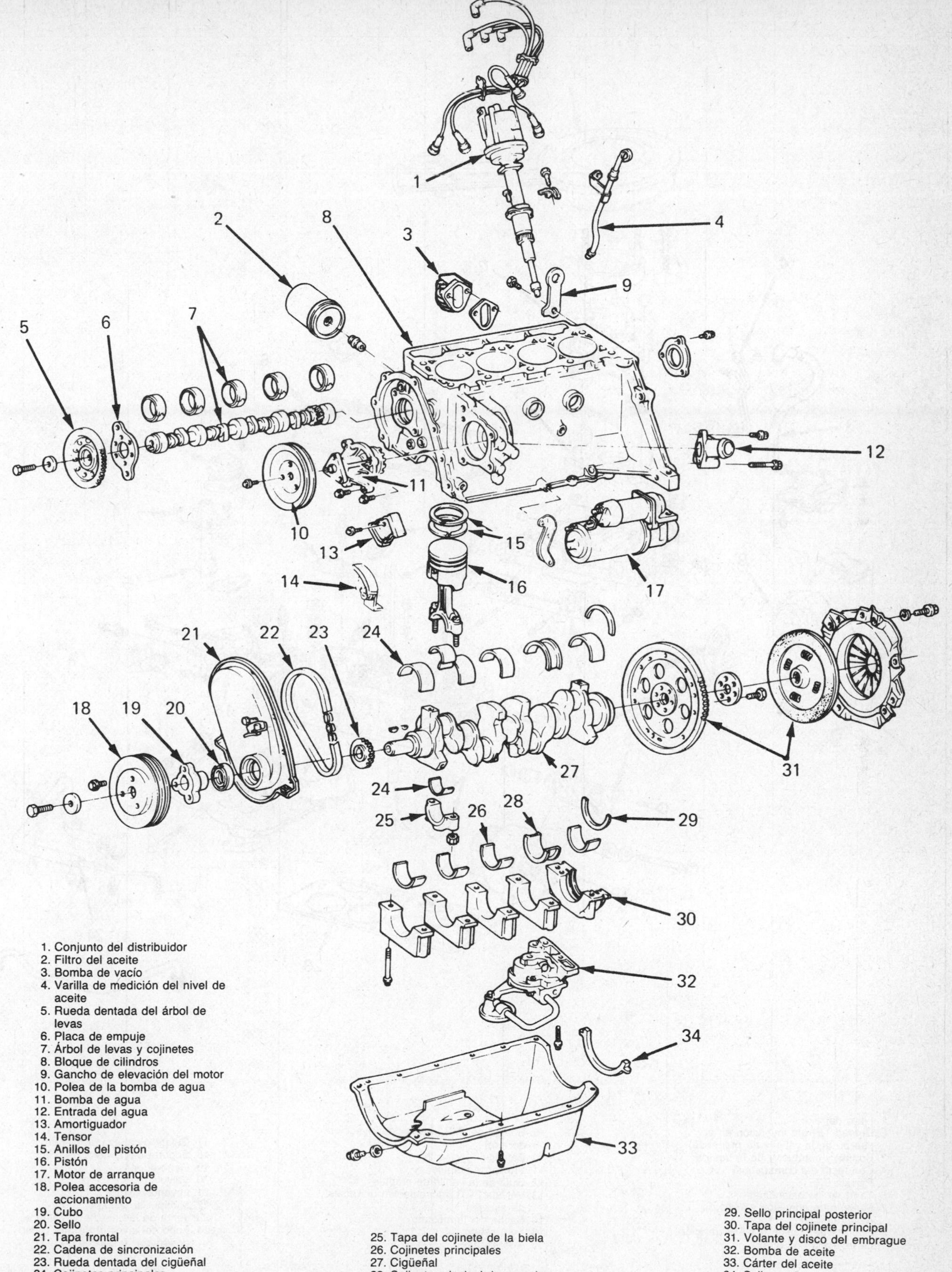

1. Conjunto del distribuidor
2. Filtro del aceite
3. Bomba de vacío
4. Varilla de medición del nivel de aceite
5. Rueda dentada del árbol de levas
6. Placa de empuje
7. Árbol de levas y cojinetes
8. Bloque de cilindros
9. Gancho de elevación del motor
10. Polea de la bomba de agua
11. Bomba de agua
12. Entrada del agua
13. Amortiguador
14. Tensor
15. Anillos del pistón
16. Pistón
17. Motor de arranque
18. Polea accesoria de accionamiento
19. Cubo
20. Sello
21. Tapa frontal
22. Cadena de sincronización
23. Rueda dentada del cigüeñal
24. Cojinetes principales
25. Tapa del cojinete de la biela
26. Cojinetes principales
27. Cigüeñal
28. Cojinete principal de empuje
29. Sello principal posterior
30. Tapa del cojinete principal
31. Volante y disco del embrague
32. Bomba de aceite
33. Cárter del aceite
34. Sello

Despiece del bloque de cilindros - 2.0 L

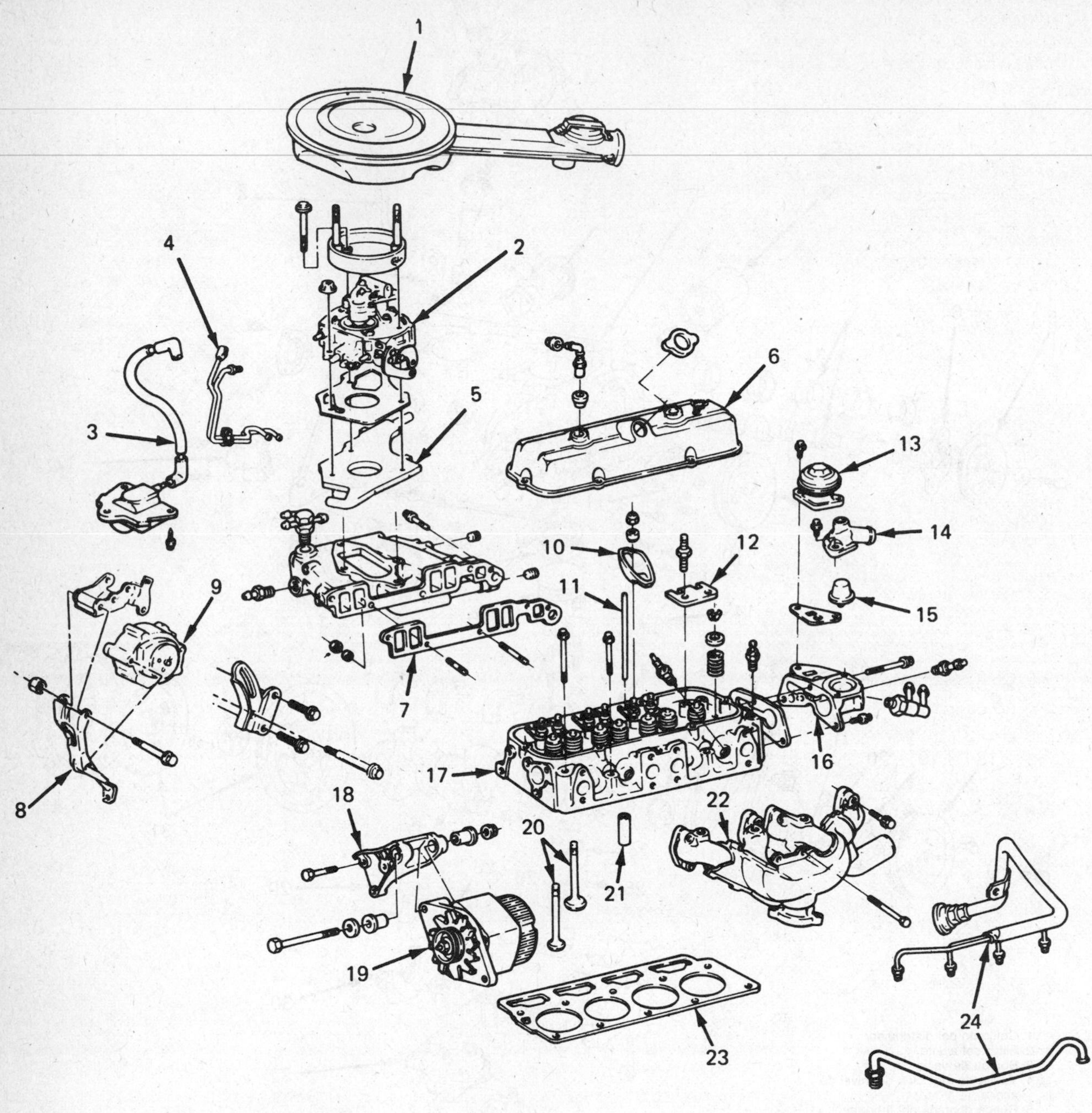

1. Filtro del aire
2. Unidad TBI (de inyección en el cuerpo de la válvula de mariposa)
3. Bobina y conductor de la bobina
4. Conducto del combustible
5. Parrilla EFE
6. Tapa de los balancines
7. Múltiple de admisión y junta de estanqueidad
8. Soporte de fijación del AIR (reactor de inyección de aire)
9. Bomba del AIR (reactor de inyección de aire)
10. Balancín
11. Varilla de empuje
12. Guía de la varilla de empuje
13. Válvula EGR (recirculación de gases de escape)
14. Salida del termostato
15. Termostato
16. Adaptador
17. Culata o cabeza de cilindros
18. Soporte del generador
19. Generador
20. Válvulas
21. Levantaválvulas
22. Múltiple de escape
23. Junta de la cabeza de cilindros
24. Tubo del inyector de aire o del generador de pulsos de aire

Despiece de la culata (cabeza de cilindros) - 2.0 L

7. Quite los manguitos de vacío del conjunto EFI.

8. Quite el manguito de alta presión del dispositivo de la servodirección en su acoplamiento con el conmutador de corte.

9. Quite los manguitos de vacío del sensor del esquema y del bote.

10. Desconecte los conmutadores del conjunto de relés del sistema de aire acondicionado.

11. Quite de la bomba el manguito de retorno de la servodirección.

12. Desconecte las conexiones del cable ECM, pase el colector a través del mamparo y colóquelo sobre el motor.

13. Saque los manguitos superior e inferior del radiador fuera del motor.

14. Quite los conectores eléctricos del conmutador de control de temperatura en la carcasa del termostato.

15. Desconecte el cable de la palanca de la transmisión.

16. Levante el vehículo.

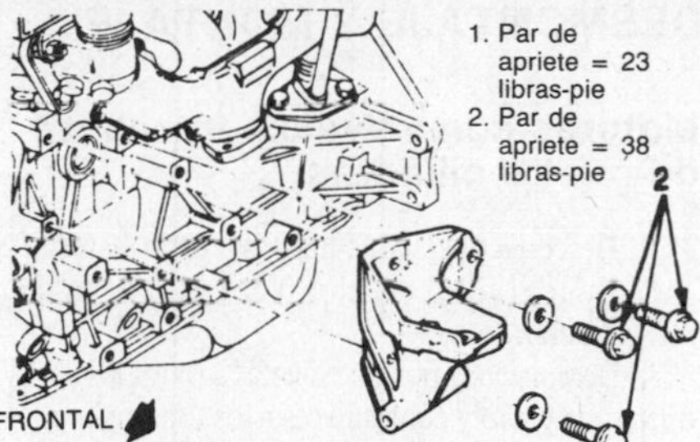

Soporte delantero derecho del motor en los motores con árbol de levas en cabeza con sistema de aire acondicionado

17. Quite el cable del velocimetro de la transmisión y de la abrazadera.

18. Desconecte el tubo de escape del múltiple de escape.

19. Saque el tubo de escape del convertidor.

20. Saque los manguitos del calefactor del núcleo de éste.

21. Saque los conductos de combustible de los manguitos flexibles.

22. Saque los conductos del refrigerador del aceite de la transmisión de los manguitos flexibles.

23. Quite las ruedas delanteras izquierda y derecha.

24. Quite la parte derecha del spoiler y el protector contra salpicaduras.

25. Quite los calibres de los frenos izquierdo y derecho y sujételos con un alambre.

26. Quite los extremos de las barras de acoplamiento derecha e izquierda.

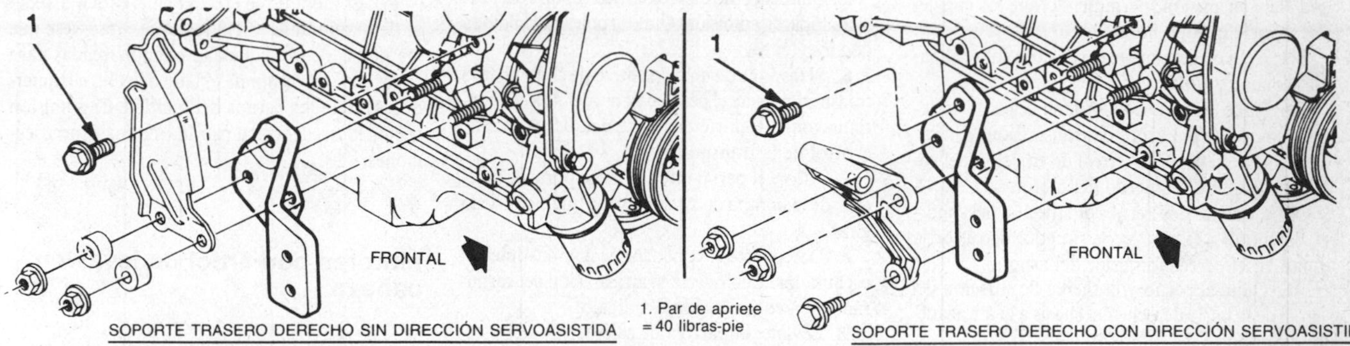

Soportes traseros del motor en los motores con árbol de levas en cabeza

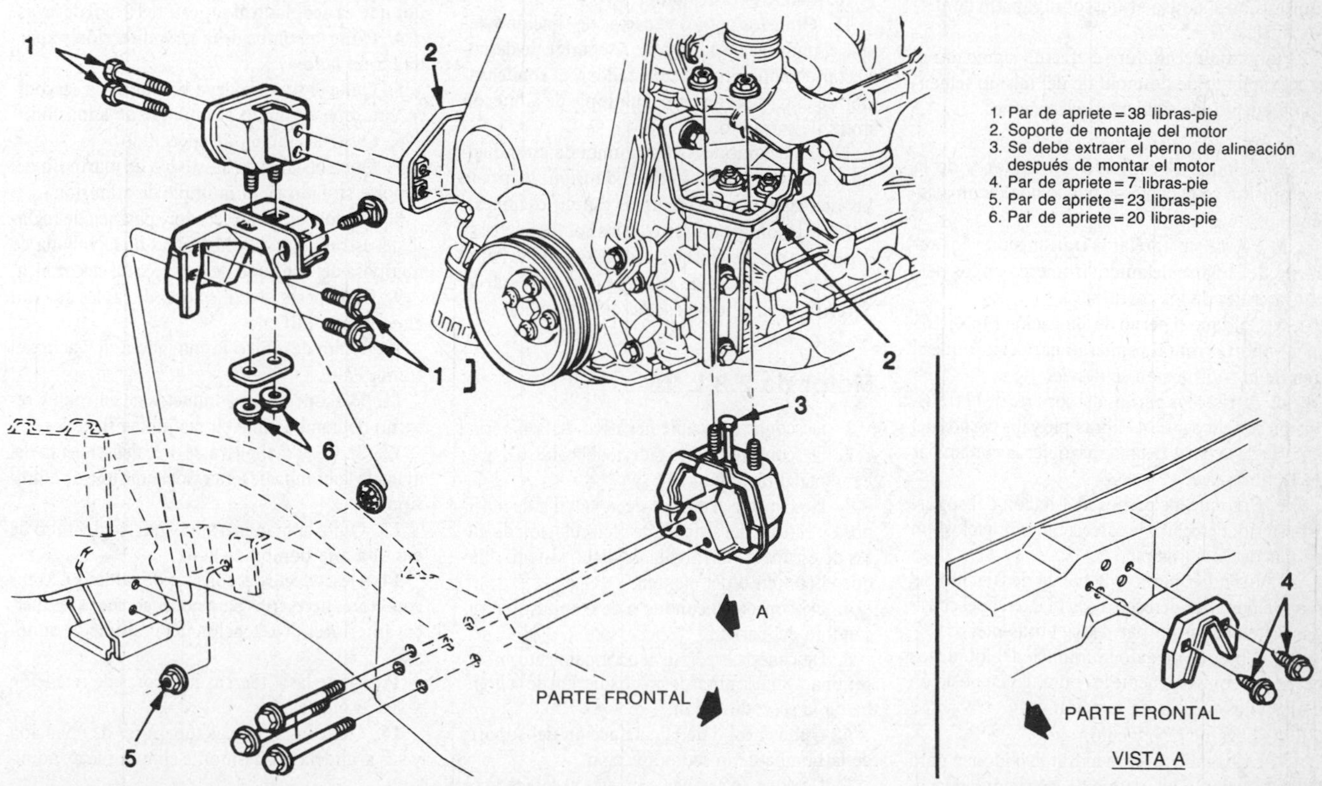

Soportes delanteros del motor en los motores con árbol de levas en cabeza. El soporte derecho es para vehículos que no disponen de sistema de aire acondicionado

27. Desconecte los conectores eléctricos del compresor del sistema de aire acondicionado.

28. Quite el compresor del sistema de aire acondicionado y las abrazaderas de sujeción y sujételo con alambre en el hueco de la rueda.

29. Quite los pernos de sujeción del soporte de la suspensión delantera (seis pernos en cada lado).

30. Apoye el vehículo.

31. Sujete la parte frontal del vehículo colocando dos caballetes debajo del soporte central.

32. Coloque el poste frontal del elevador hidráulico en la parte posterior del vano motor.

33. Coloque una madera de 4 x 4 x 6 en la parte delantera del elevador hidráulico.

34. Levante el vehículo lo suficiente como para poder extraer los caballetes.

35. Coloque un patín de cuatro ruedas bajo el motor y el conjunto de la transmisión.

36. Coloque tres (tres) bloques de madera de 4 x 4 x 12 únicamente bajo el conjunto del motor y de la transmisión, permitiendo que los carriles de soporte queden libres.

37. Apoye ligeramente el vehículo sobre el patín de cuatro ruedas.

38. Quite los pernos (dos) de sujeción posteriores de soporte del árbol de transmisión.

39. Quite los pernos (tres) de sujeción del soporte delantero izquierdo del motor.

40. Quite los dos pernos de sujeción del soporte del motor a la carrocería situados detrás de la junta en U derecha interior del árbol.

41. Quite el perno y la tuerca de sujeción del carril de la parte derecha del chasis a la abrazadera del soporte del motor.

42. Quite las seis tuercas de fijación del puntal.

43. Levante el vehículo apoyando el motor, la transmisión y la suspensión sobre el patín de cuatro ruedas.

El montaje del motor se efectúa siguiendo el procedimiento de desmontaje del mismo teniendo en cuenta las siguientes excepciones:

a. Coloque el conjunto del motor y de la transmisión en el chasis con la ayuda de un asistente.

b. Monte sin apretar la transmisión y los soportes de la parte delantera izquierda en los pernos laterales de los carriles.

c. Coloque el perno de alineación M6XIX65 en el soporte frontal izquierdo para evitar que el tren de la transmisión se desvíe.

d. Apriete los pernos del soporte de la transmisión con un par de 42 libras-pie y los pernos del soporte de la parte delantera izquierda con un par de 18 libras-pie.

e. Coloque los pernos de fijación del soporte posterior derecho a la carrocería y apriételos con un par de 38 libras-pie.

f. Monte el perno y la tuerca de fijación del soporte posterior derecho al carril lateral del chasis y apriételos con un par de 38 libras-pie.

g. Coloque un gato hidráulico debajo de los brazos de control, encaje los puntales en posición y ajuste las tuercas de sujeción.

h. Levante el vehículo.

i. Utilizando un gato hidráulico idóneo para la transmisión o un equipo de elevación adecuado, levante los brazos de control y acople los extremos de las barras de acoplamiento.

Múltiple de admisión

DESMONTAJE Y MONTAJE

Motores con válvulas en cabeza de cuatro cilindros

1. Desconecte el cable negativo de la batería.

2. Quite el filtro del aire. Vacíe el sistema de refrigeración.

3. Desconecte y ponga etiquetas a todos los conductos de vacío y cables necesarios. Saque la polea intermedia.

4. Quite la correa de accionamiento del AIR (reactor de inyección de aire). Si dispone de dirección asistida, quite la correa de accionamiento y a continuación saque la bomba sin desconectar los conductos acoplados. Aparte la bomba a un lado.

5. Quite el perno de sujeción del soporte del AIR al múltiple de admisión. Quite la polea de la bomba de aire.

6. Si dispone de un dispositivo de control de la transmisión quite el perno pasante del AIR y a continuación el soporte de ajuste del dispositivo de control de la transmisión.

7. Afloje el perno inferior del soporte de sujeción de la bomba de aire de forma que éste pueda girar.

8. Desconecte el conducto de combustible del carburador. Desconecte la articulación del carburador y a continuación extráigalo.

9. Levante la parrilla de calefacción del sistema de «evaporación anticipada de combustible» (EFE).

10. Saque el distribuidor.

11. Quite los pernos y tuercas de fijación y saque el múltiple de admisión. Asegúrese de desconectar el manguito del calentador y el condensador de la parte inferior del múltiple de admisión antes de extraerlo.

12. Utilizando una nueva junta de estanqueidad, restituya el múltiple de admisión, y apriete las tuercas y pernos según las especificaciones.

13. El montaje del resto de los componentes se efectúa en el orden inverso al de desmontaje. Ajuste todas las correas de accionamiento necesarias y verifique la sincronización del encendido.

Motor de 2.8 L V6

1. Desconecte el cable negativo de la batería.

2. Desconecte la abrazadera del cable del acelerador del plenum.

3. Desconecte el cuerpo de la válvula de mariposa y el tubo del sistema de recirculación de gases de escape de la válvula de dicho sistema. Saque el conjunto del plenum.

4. Desconecte el conducto de combustible sacándolo del carril.

5. Desconecte la correa de accionamiento en serpentina. Quite la abrazadera de sujeción de la bomba de la servodirección.

6. Quite el tubo de la calefacción del soporte de la bomba de la servodirección.

7. Desconecte y ponga etiquetas al cableado en el alternador y extráigalo.

8. Desconecte los cables del conjunto del inyector de arranque en frío. Saque el conjunto del inyector del múltiple de admisión.

9. Desconecte el manguito de vacío de ralentí que va unido al conjunto de la válvula de mariposa. Desconecte los cables que van a los inyectores.

10. Saque el carril de combustible, el respiradero y los carriles de combustible fuera del motor.

11. Desconecte y ponga etiquetas a los cables de la bobina.

12. Quite las tapas de los balancines. Purgue el sistema de refrigeración y a continuación desconecte el manguito del radiador que va a la carcasa del termostato. Desconecte el manguito de la calefacción de la carcasa del termostato y el cableado del termostato.

13. Saque el distribuidor.

14. Saque la carcasa del conjunto del termostato.

15. Quite los pernos del múltiple de admisión y a continuación sáquelo fuera del motor.

16. El montaje se efectúa en el orden inverso al de desmontaje. En el montaje, obsérvese que las juntas de estanqueidad están marcadas para saber cuál corresponde al lado derecho e izquierdo. Apriete los pernos del múltiple de admisión según la secuencia mostrada en las especificaciones.

Motores con árbol de levas en cabeza

1. Quite el filtro del aire.

2. Purgue el sistema de refrigeración.

3. Quite el generador y el soporte del generador que va acoplado al soporte del árbol de levas.

4. Quite la bomba de la servodirección y apártela a un lado.

5. Quite el soporte de la bomba de la servodirección que va unido al múltiple de admisión.

6. Quite la bobina de encendido

7. Quite el cable de la válvula de mariposa del soporte situado en el múltiple de admisión.

8. Desconecte el acelerador, palanca de reglaje del estrangulador y los cables de la válvula de mariposa del conjunto de la inyección electrónica.

9. Desconecte los conectores de cables que van al conjunto TBI.

10. Quite del filtro la manguera de vacío del freno.

11. Desconecte los conductos de entrada y retorno de combustible en las juntas flexibles.

12. Saque la manguera de precalentamiento del agua de la bomba de agua y del múltiple de admisión.

13. Quite la manguera «S» que va del tubo de entrada a la bomba de agua.

14. Desconecte del colector de cables ECM los conectores necesarios para poder acceder a las tuercas inferiores de retención del multiple de admisión.

15. Quite las 4 tuercas inferiores de retención y sus arandelas.

16. Quite las 5 tuercas superiores de retención y sus arandelas, y desmonte el múltiple de admisión.

17. El montaje es el proceso inverso del desmontaje. Apriete los pernos a 16 libras-pie.

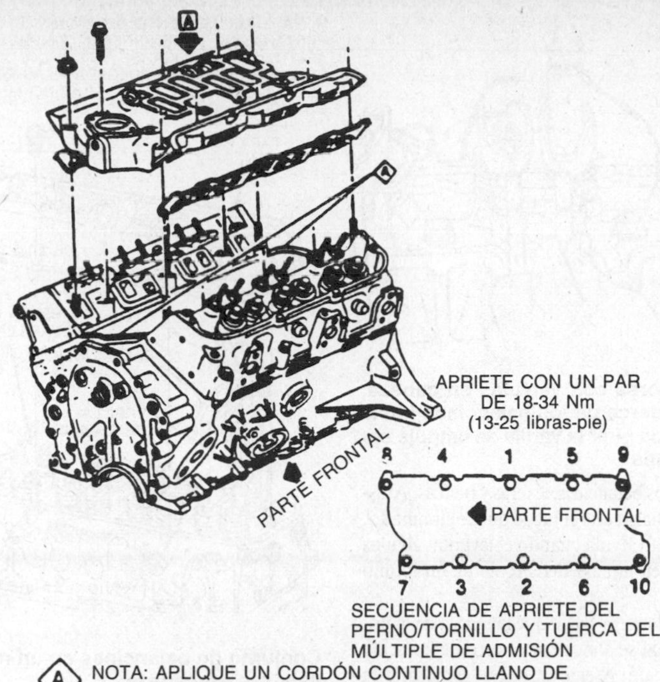
APRIETE CON UN PAR
DE 18-34 Nm
(13-25 libras-pie)
PARTE FRONTAL
8 4 1 5 9
PARTE FRONTAL
7 3 2 6 10
SECUENCIA DE APRIETE DEL
PERNO/TORNILLO Y TUERCA DEL
MÚLTIPLE DE ADMISIÓN
NOTA: APLIQUE UN CORDÓN CONTINUO LLANO DE APROXIMADAMENTE 2.0 - 3.0" DE ANCHO y 3.0 -5.0" DE GROSOR EN AMBAS SUPERFICIES. LA FORMA DEL CORDÓN DEBE ASEGURAR UN CIERRE HERMÉTICO DE LA SUPERFICIE DE FORMA QUE NO PUEDAN SALIR NI AGUA NI ACEITE. LA SUPERFICIE NO DEBE PRESENTAR RESTOS DE ACEITES O DE SUCIEDAD, DE FORMA QUE EL CIERRE SEA ADECUADO.

Montaje del múltiple de admisión en los motores 2. 8L V6

APRIETE LOS CARRILES
GUÍA DEL MÚLTIPLE
NÚMEROS 2 Y 3 ANTES
QUE LOS NÚMEROS 1 Y 4

Secuencia de apriete del múltiple de escape—motores con turbocompresor de 1.8 L

Múltiple de escape

DESMONTAJE Y MONTAJE

Motores de 4 cilindros OHV (árbol de levas lateral).

1. Desconecte el cable negativo de la batería.

2. Desmonte el filtro de aire. Desmonte la pantalla refractaria del múltiple de escape. Eleve y apoye el frontal del vehículo.

3. Desconecte el tubo de escape del múltiple y luego baje el vehículo.

4. Desconecte la manguera de unión de la dosificación del aire a la válvula antirretorno y desmonte el soporte. Desconecte el cable sensor de oxígeno.

5. Quite la correa del alternador. Quite los tornillos de sujeción del alternador, afloje el perno pivote y desplace el alternador hacia arriba.

6. Desmonte la abrazadera del alternador y el tornillo del soporte de la tubería del reactor de inyección de aire.

7. Desenrosque los tornillos de sujeción y desmonte el múltiple de escape. El múltiple debe ser desmontado en conjunto con la instalación del AIR. Si el múltiple debe ser reemplazado, traslade la instalación al nuevo.

8. Limpie las superficies de acoplamiento tanto en la cabeza como en el múltiple, luego presente este último y ajuste los tornillos según las especificaciones indicadas.

9. Instale el resto de los componentes en orden inverso al desmontaje.

CORTE LA PARTE SUPERIOR EN LA
MEDIDA EN QUE SEA NECESARIO

Montaje de la junta de estanqueidad del múltiple de admisión en los motores 2,8L V6

Motor V6 de 2.8 L

Sector izquierdo

1 Desconecte el cable negativo de la batería.

2. Desmonte el conjunto del filtro de aire.

3. Desmonte el fluidómetro de aire. Desmonte la pantalla refractaria de calor del motor.

4. Desconecte de los múltiples el miembro transversal de unión.

5. Desenrosque los tornillos del múltiple de escape.

6. Desmonte el múltiple de escape.

7. El montaje es exactamente el proceso inverso.

Sector derecho

1. Desconecte el cable negativo de la batería.

2. Desmonte el conjunto del filtro de aire.

3. Desmonte el fluidómetro de aire. Desmonte del motor la pantalla refractaria de calor.

4. Desconecte del múltiple el miembro transversal (escape).

5. Desconecte el acelerador y el cable de la válvula de mariposa de la palanca de la misma y la cámara de expansión. Muévalos hacia un lado para disponer de más espacio de trabajo.

6. Desconecte la tubería de la dirección hidráulica de la bomba respectiva.

7. Desmonte el conjunto de recirculación de los gases de escape.

8. Levante el vehículo y apóyelo en forma segura.

9. Desconecte el tubo de escape del múltiple.

10. Baje el vehículo.

11. Desenrosque los tornillos del múltiple y a continuación desmóntelo.

12. El montaje se realiza a la inversa.

Motores con árbol de levas en cabeza (OHC)

1. Desmonte el filtro de aire.

2. Desenchufe los cables de las bujías y los retenes.

3. Desmonte el tubo de la varilla de aceite y el conjunto de respiración.

4. Desconecte el cable del sensor de oxígeno.

5. Desconecte el tubo de escape de las pestañas del múltiple.

6. Desatornille las tuercas de unión del múltiple de escape a la cabeza de cilindros y luego desmonte tanto el múltiple como su junta.

7. La instalación es el proceso inverso. Apriete los pernos a 16-19 libras-pie.

NOTA: Antes de instalar una nueva junta en el motor (código J) de 1.8 L de inyección mecánica y turbo, compruebe la ubicación del número de recambio estampada sobre su superficie. Esta junta debe ser instalada con el número encarado hacia el múltiple. La junta parece ser idéntica en ambas caras, pero no lo es. Si la instala al revés, se producirán fugas en el escape.

Turbocompresor

DESMONTAJE Y MONTAJE

1. Levante el vehículo y sujételo con caballetes.

2. Saque el perno de retención inferior del ventilador.

3. Desconecte el tubo de escape.
4. Quite el soporte posterior del aire acondicionado y afloje los tornillos restantes.
5. Quite el tornillo del soporte del turbo al motor.
6. Desconecte el manguito de drenaje de aceite del turbo.
7. Baje el vehículo.
8. Desconecte el tubo de recuperación del refrigerante y desplácelo a un lado.
9. Desconecte el tubo de inducción.
10. Desconecte el ventilador de refrigeración.
11. Desconecte el sensor de oxígeno.
12. Desconecte de su unión al tubo de alimentación de aceite.
13. Desconecte el conducto de admisión de aire y el manguito de vacío de la válvula de sobrepresión.
14. Desenrosque las tuercas de retención del múltiple de escape y desmonte este último. Desmonte el turbocompresor.
15. La instalación es el proceso inverso. Coloque una junta nueva de múltiple de escape y ajuste los pernos a 16 libras-pie, en la secuencia mostrada en la ilustración. Para motores con árbol de levas en cabeza vea la nota que está bajo el título Múltiple de escape: desmontaje y montaje.

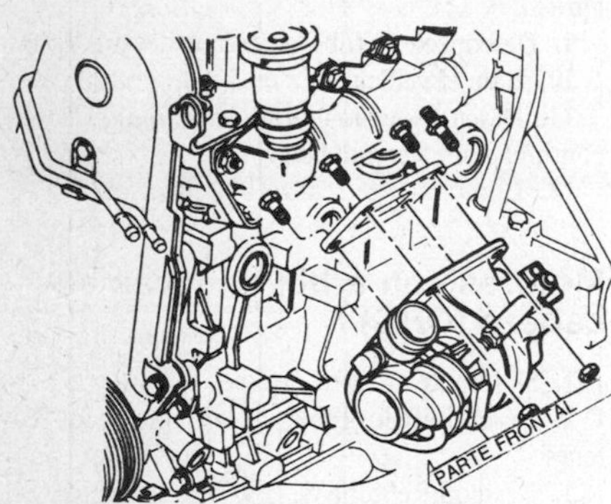
PARTE FRONTAL
Montaje del turbocompresor

Balancines y varillas de empuje

DESMONTAJE, MONTAJE Y AJUSTE

Motores con árbol de levas lateral (OHV)

1. Desmonte el filtro de aire y la cabeza de cilindros.
2. Saque la tuerca y la bola del brazo de balancines. Quite el eje de balancines de sus espárragos, conserve siempre el conjunto del eje de balancines ensamblado e instálelo en espárragos idénticos. Saque las varillas de empuje.
3. Para instalar cubra la superficie de los cojinetes del eje de balancines y las esferas con Molykote® o su equivalente.
4. Instale las varillas de empuje verificando que asientan debidamente en los levantaválvulas.

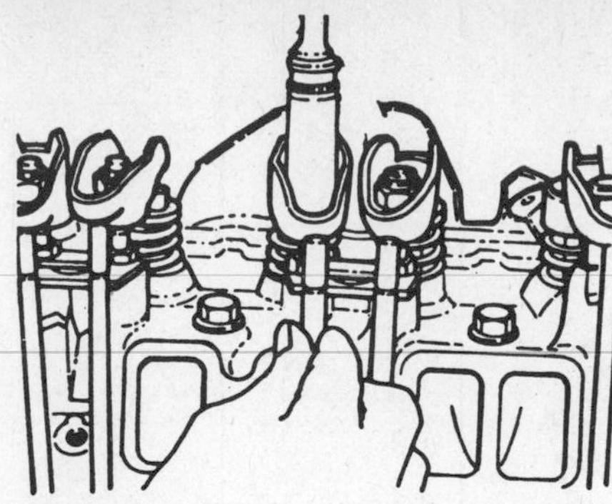
En los motores con válvulas en cabeza, apriete la tuerca de los balancines hasta que no pueda girar la varilla de empuje entre sus dedos

5. Instale los balancines, esferas y tuercas. Ajuste las tuercas hasta que el juego quede eliminado.
6. Ajuste la válvula cuando el levantaválvulas se encuentra en la base del círculo de un lóbulo de la leva:

a. Gire el motor hasta que la marca de la polea del cigüeñal se alinee con el cero de la escala de sincronización. Asegúrese de que el motor está en la posición de encendido en el cilindro n.º 1. Coloque el dedo sobre los balancines del n.º 1 cuando la marca de la polea se acerque al cero. El motor estará en la posición de encendido del primer cilindro si las válvulas no se mueven. Si se movieran, el motor estaría en la posición de encendido para el cilindro n.º 4; gire el motor una vuelta completa para colocar al n.º 1 en posición.

b. Cuando el motor ya está en la posición de encendido del n.º 1, en todos los motores de cuatro cilindros, ajuste las válvulas de escape de los cilindros 1 y 3, y las de admisión del 1 y el 2. En los motores V6, ajuste las válvulas de admisión de los cilindros 1, 5 y 6 y las de escape de los cilindros 1, 2 y 3.

c. Desenrosque la tuerca de ajuste hasta que el juego pueda notarse en la varilla de empuje, reajuste entonces la tuerca hasta que no haya más juego (esto puede hacerse rotando la varilla de empuje al mismo tiempo que se ajusta la tuerca). Cuando el juego desaparezca, gire la tuerca 1 1/2 vuelta más, esto centrará al émbolo del levantaválvulas.

d. Gire el motor una vuelta completa hasta que vuelvan a alinearse las dos marcas. Ahora el motor se encuentra en la posición de encendido del cilindro n.º 4. En todos los motores de cuatro cilindros, ajuste las válvulas de escape de los cilindros 2 y 4, y las de admisión de los cilindros 3 y 4. En los V6 ajuste las de admisión de los cilindros 2, 3 y 4 y las de escape del 4, 5 y 6.

7. La instalación de los componentes restantes se realiza en el orden inverso al de su desmontaje.

Motores con árbol de levas en cabeza (OHC)

NOTA: Para este procedimiento se requiere una herramienta especial.

1. Saque la tapa del portador del árbol de levas.
2. Valiéndose de un útil compresor del tren de válvulas, J-33302, comprima todos los levantaválvulas a la vez.

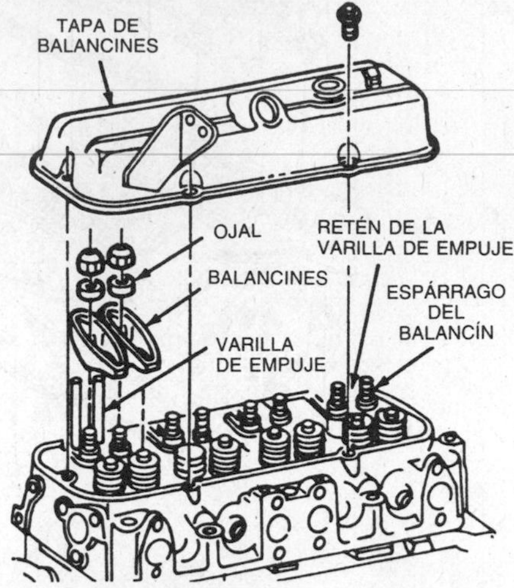
NOTA: EN EL MOMENTO DEL MONTAJE, LAS PESTAÑAS NO DEBEN PRESENTAR RESTOS DE ACEITE, DEBE APLICARSE UN CORDÓN DE SELLADOR DE 1/8 DE PULGADA A LAS PESTAÑAS. EL SELLADOR DEBE ESTAR HÚMEDO AL TACTO CUANDO SE APRIETEN LOS PERNOS
TAPA DE BALANCINES
OJAL
RETÉN DE LA VARILLA DE EMPUJE
BALANCINES
ESPÁRRAGO DEL BALANCÍN
VARILLA DE EMPUJE
Conjunto de balancines en un motor con válvulas en cabeza

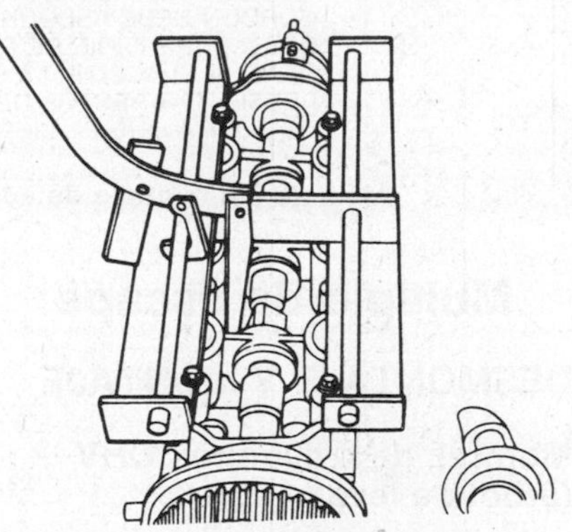
Compresión del muelle de la válvula apretando el compresor de tren de válvulas n.º J-33302, en los motores con árbol de levas en cabeza

3. Desmonte los balancines y colóquelos sobre el banco de trabajo en el mismo orden en que fueron desmontados.
4. Desmonte la válvula hidráulica de compensación del juego y colóquelos en el mismo orden en que fueron desmontados.
5. El montaje se realiza a la inversa. Los balancines y compensadores deben ser reubicados exactamente en los mismos puestos de los que fueron desmontados.

Cabeza de cilindros

DESMONTAJE Y MONTAJE

Motores de cuatro cilindros con árbol de levas lateral (OHV)

NOTA: El motor deberá estar lo suficientemente frío cuando desmonte la culata (tendrá que dejarlo toda la noche sin funcionar).

1. Desconecte el cable negativo de la batería.
2. Vacíe el líquido refrigerante en un recipiente limpio, ya que puede ser recargado si se encuentra en buen estado.
3. Desmonte el filtro de aire. Eleve el frontal del vehículo y déjelo bien apoyado.
4. Desmonte la pantalla refractaria del escape. Desconecte el caño de escape.
5. Desmonte el manguito del calentador del múltiple de admisión y baje el vehículo.
6. Desenrosque los pernos de montaje y quite el soporte de elevación del motor (incluido el sistema de aire).
7. Desmonte el distribuidor; desconecte del soporte del alternador el múltiple de vacío.
8. Desmonte de la válvula antirretorno del escape la tubería del sistema de aire.
9. Desconecte del carburador o de la unidad de inyección en la válvula de mariposa el mando del acelerador y luego el soporte del mando.
10. Desconecte y etiquete todos los cables necesarios. Desmonte el manguito superior del radiador y el termostato.
11. Desenrosque los tornillos que unen el tubo de la varilla de aceite y el soporte del agua caliente.
12. Desmonte la polea intermedia. Desmonte las correas del RIA y la de la bomba de la dirección servoasistida.
13. Quite el perno de unión del soporte del RIA al múltiple de admisión. Si va equipado con dirección asistida, desmonte la polea de la bomba de aire, el tornillo pasante del RIA y el soporte ajustable de la dirección hidráulica.
14. Afloje el tornillo interior del soporte-montura del RIA de forma que el soporte pueda girarse.
15. Desconecte y tape la tubería de combustible del carburador.
16. Desmonte el alternador. Desmonte la abrazadera de la parte superior del alternador y luego el soporte-montura superior.

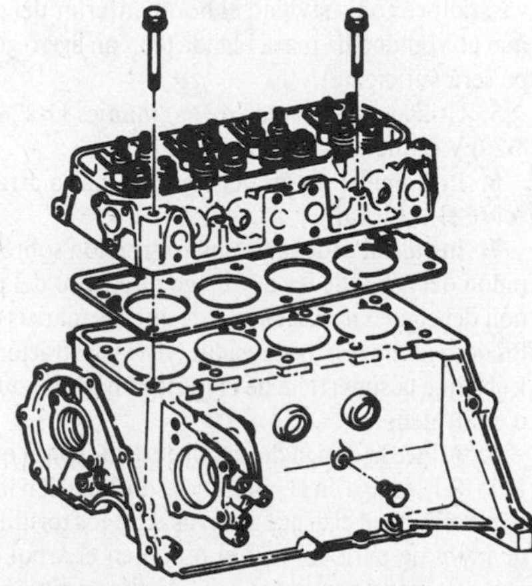

Secuencia de apriete de los pernos de la cabeza de cilindros en motores con válvulas en cabeza

17. Desmonte la tapa de la cabeza de cilindros. Desmonte los balancines y las varillas de empuje.
18. Desmonte los tornillos de la cabeza de cilindros de acuerdo con el orden de la ilustración. Desmonte la cabeza de cilindros junto con el carburador o la unidad de inyección, también con los múltiples de admisión y de escape. Para la instalación, las superficies de contacto con la junta deben estar limpias de todo tipo de partícula extraña y no deben presentar ninguna melladura ni rayadura. Las roscas para los pernos en el bloque y las de los pernos mismos han de estar limpias.
19. Coloque una junta nueva en la cabeza de cilindros, sobre los pernos cónicos que están en el bloque. Ponga con cuidado la cabeza de cilindros en su posición.
20. Recubra los tornillos de la cabeza de cilindros con un componente de sellado e instálelos apretándolos firmemente con la mano.
21. Utilizando una llave de ajuste, apriete gradualmente los tornillos en la secuencia que se indica en la ilustración y de acuerdo con las especificaciones adecuadas.
22. La instalación de los componentes restantes se hace en el orden inverso al de desmontaje.

Motores V6 de 2.8 L

1. Desconecte el cable negativo de la batería.
2. Desmonte el múltiple de admisión.
3. Saque el múltiple de escape.
4. Etiquete y desconecte los cables de las bujías.
5. Desmonte las varillas de empuje.
6. Desmonte los tornillos de la cabeza de cilindros en el orden inverso a la secuencia de apriete, luego desmonte la cabeza de cilindros del motor.
7. La instalación se hace en el orden inverso al desmontaje. Instale la junta con la nota «Esta cara hacia arriba» a la vista. Use el sellador nº 1052080 o equivalente en las roscas de los pernos de la cabeza; luego apriételos según las especificaciones correspondientes y en la secuencia mostrada.

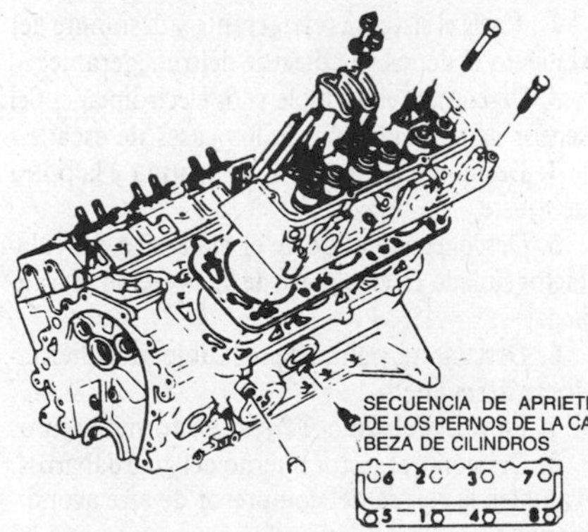

Montaje de la culata en el motor de 2,8L V6

Motores OHC

1. Quite el filtro de aire.
2. Vacíe el sistema de refrigeración.
3. Desmonte de la carcasa portadora del árbol de levas el generador y el soporte pivotante.

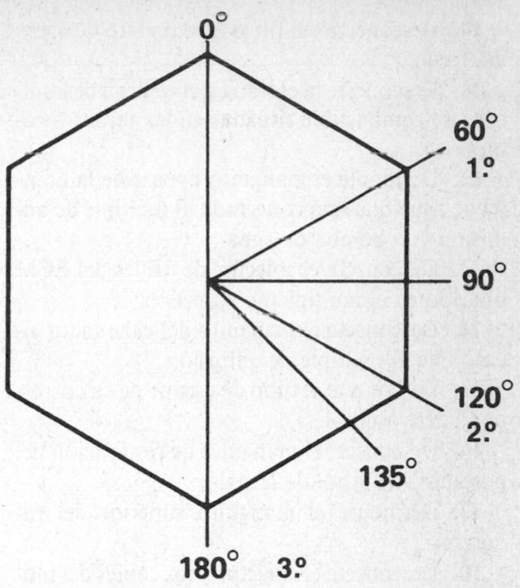

Secuencia de apriete (en grados) de los pernos de la cabeza de cilindros en motores con árbol de levas en cabeza

4. Desconecte la bomba de la dirección asistida y su soporte y apártelos a un lado.
5. Desconecte la bobina de encendido y desmóntela.
6. Desconecte los cables de las bujías, quite la tapa del distribuidor y desmonte el conjunto.
7. Desmonte del soporte del múltiple de admisión el cable de la mariposa.

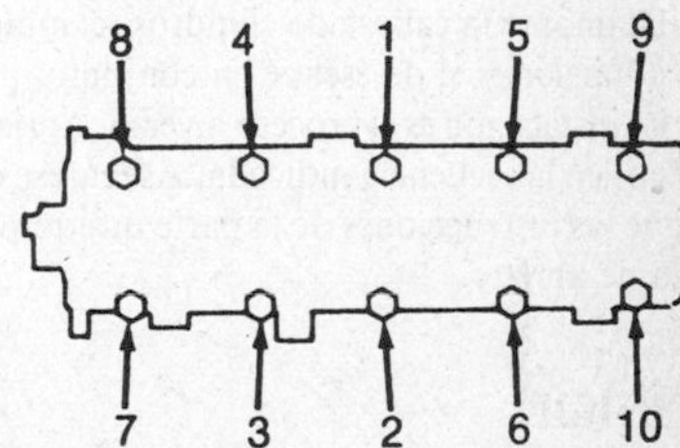

Secuencia de apriete de los pernos de la cabeza de cilindros y del soporte del árbol de levas del motor en motores con árbol de levas en cabeza

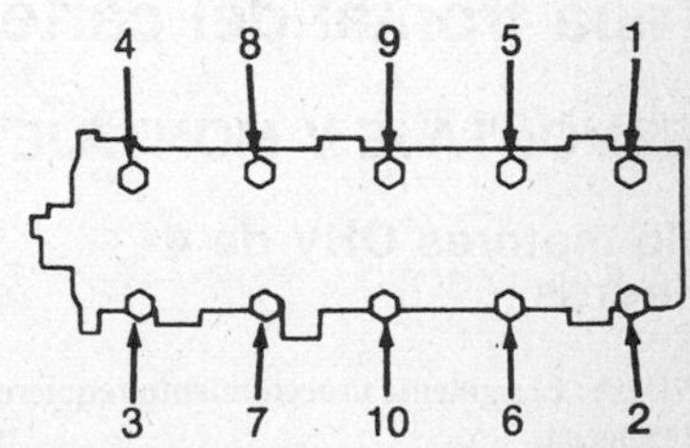

Secuencia de aflojado de los pernos de la cabeza de cilindros y del soporte del árbol de levas en motores con árbol de levas en cabeza

8. Desconecte el cable de la mariposa, el cable del solenoide de cambio descendente y el cable de la válvula de mariposa, todo esto del conjunto de la inyección electrónica.
9. Desconecte los conectores ECM del conjunto de la inyección electrónica.

10. Desconecte del filtro el manguito de vacío del freno.

11. Desconecte la entrada y el retorno de las líneas de combustible situadas en las juntas flexibles.

12. Desmonte el manguito bypass de la bomba de agua que está conectada al múltiple de admisión y la bomba de agua.

13. Desconecte el colector de cables del ECM ubicado en el múltiple de admisión.

14. Desconecte el manguito del calentador situado en el múltiple de admisión.

15. Desconecte el tubo de escape de su correspondiente múltiple.

16. Desconecte el manguito de respiración del portador del árbol de levas.

17. Desmonte el manguito superior del radiador.

18. Desconecte el colector y los cables del motor de la carcasa del termostato.

19. Desmonte la tapa de la sincronización (distribución).

20. Desmonte el casquillo del probador de la sincronización.

21. Afloje los tornillos de la bomba de agua y desmonte la correa de sincronización.

22. Afloje los pernos de unión del portador del árbol de levas a la cabeza de cilindros lentamente, de uno en uno y en la secuencia indicada.

NOTA: Los tornillos del portador sólo pueden ser quitados con el motor frío.

23. Desmonte el conjunto del portador del árbol de levas.

24. Desmonte la cabeza de cilindros, el múltiple de admisión y el de escape en conjunto.

25. La instalación es el proceso inverso. Apriete los pernos en la secuencia indicada. Asegúrese de que sigue las instrucciones de la parte inferior de la tabla de apriete.

REVISIÓN

Para todos los procedimientos referentes a la cabeza de cilindros consulte la sección Reconstrucción del motor en la sección de Reparaciones.

Tapa frontal del cárter

DESMONTAJE Y MONTAJE

Sólo motores OHV de 4 cilindros

NOTA: El siguiente procedimiento requiere un útil especial.

1. Desmonte las correas de accionamiento.

2. Si bien no es absolutamente necesario, el desmontaje del sector interno del guardabarros delantero derecho puede facilitar el acceso a la tapa frontal.

3. Desenrosque el tornillo central de la polea del cigüeñal y quite del cigüeñal la polea y el cubo.

4. Desmonte el soporte inferior del alternador.

5. Quite los tornillos de unión de la tapa frontal al cárter de aceite.

6. Quite los tornillos de unión de la tapa frontal al bloque del motor y desmonte la tapa. Si la tapa estuviera muy fijada, utilice una maza de plástico.

7. Las superficies del bloque y la tapa frontal deben estar limpias y libres de aceite. Aplique a la tapa una línea de 1/8 de pulgada de sellador RTV. El sellador deberá estar seco al tacto cuando ajuste los tornillos.

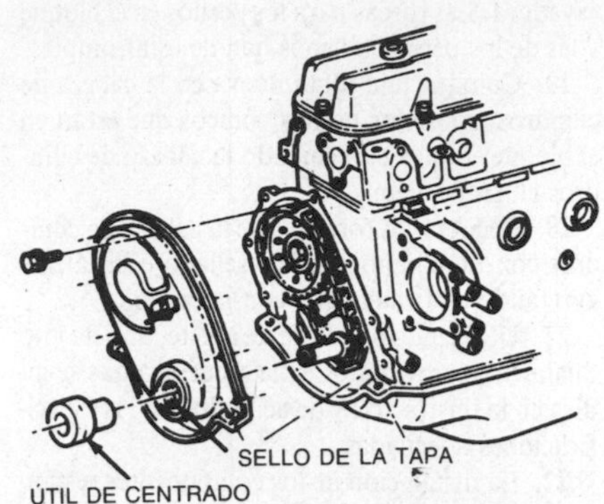

Montaje de la tapa frontal en motores con válvulas en cabeza; la colocación de la misma resultará más fácil si se utiliza un útil de centrado

NOTA: Cuando aplique a la tapa frontal el sellador cuide de no introducirlo en los agujeros de los tornillos.

8. Posicione la tapa frontal sobre el bloque utilizando la herramienta de centrado J-23042. Ajuste los tornillos.

9. Instale los componentes restantes en el orden inverso al de su desmontaje.

Motor V6 de 2.8 L

1. Desconecte el cable negativo de la batería.

2. Vacíe el sistema refrigerante y desmonte del vehículo el depósito colector del refrigerante.

3. Desconecte el múltiple y los electroimanes del sensor de recirculación de los gases de escape.

4. Desmonte la correa en serpentina y la polea de ajuste.

5. Desconecte y etiquete el manguito del calefactor situado en el soporte de la dirección hidráulica.

6. Desconecte y etiquete los cables del alternador y desmóntelo.

7. Eleve el vehículo y fíjelo en forma segura.

8. Desmonte el sector interno del guardabarros. También la correa del compresor de aire acondicionado.

9. Desmonte el balanceador de armónicos si quiere ganar espacio de trabajo.

10. Quite los tornillos de cárter al bloque. Quite los tornillos de la tapa inferior.

11. Baje el vehículo y desconecte de la bomba de agua los manguitos del radiador.

12. Quite de la carcasa del termostato el manguito del calentador.

13. Desconecte los manguitos de rebosamiento y el cartucho de purga del manguito.

14. Desmonte la tapa frontal.

15. Instale todo en el orden inverso al de su desmontaje. Una vez que haya instalado, aplique una línea de 3 mm (continua) de sellador RTV sobre la superficie del cárter y asegúrese de que todas las superficies de contacto estén limpias de material de juntas anteriores al desmontaje.

RETÉN DE ACEITE DE LA TAPA DE SINCRONIZACIÓN

Sólo motores OHV

El retén puede ser sustituido con la tapa tanto montada como desmontada. Si la tapa estuviera montada, debe quitar primero la polea y el cubo del cigüeñal. Con un destornillador largo haga palanca sobre el retén cuidando de no deformar su superficie. Instale el nuevo retén cuidando que su lado abierto o helicoidal apunte hacia el motor. Sitúelo en su sitio con un montador de retenes fabricado para ese propósito. Instale el cubo, si lo había desmontado.

Cadena de sincronización y piñones

DESMONTAJE Y MONTAJE

Sólo motores de 4 cilindros OHV

1. Desmonte la tapa frontal de la forma descrita anteriormente.

2. Coloque el pistón n.º 1 en el PMS del tiempo de compresión, de forma tal que las marcas de los piñones del cigüeñal y el árbol de levas estén alineadas (ver ilustración).

3. Afloje la tuerca del tensor de la cadena de sincronización tanto como le sea posible, sin sacarla por ahora.

4. Desmonte los tornillos del piñón del árbol de levas y quite el piñón junto con la cadena. Si el piñón no saliera con facilidad del árbol de levas, golpee con suavidad el borde inferior del piñón utilizando una maza blanda (con un ligero golpe será suficiente).

5. Utilice un extractor de engranajes (J-2288-8-20) y saque el piñón del cigüeñal.

6. Presione el piñón del cigüeñal hacia atrás, sobre el cigüeñal.

7. Instale la cadena de sincronización sobre el piñón del árbol de levas y luego alrededor del piñón del cigüeñal. Asegúrese de que las marcas de los dos piñones están alineadas (vea la ilustración). Lubrique la superficie de empuje con Molykote® o equivalente.

8. Alinee la espiga del árbol de levas con el orificio de la espiga en el piñón, y a continuación instale el piñón en el árbol de levas. Use los tornillos de montaje para colocar el piñón en el árbol de levas, y luego apriételos a 27-33 libras-pie.

9. Lubrique la cadena de sincronización con aceite limpio de motor. Apriete el tensor de la cadena.

10. La instalación de los componentes restantes se hace en el orden inverso al de su desmontaje.

Motor V6 de 2.8 L

1. Desconecte el cable negativo de la batería.
2. Desmonte la tapa del cárter como fue descrito anteriormente.
3. Coloque el pistón del cilindro n.º 1 en el punto muerto superior con las marcas de los piñones del árbol de levas y el cigüeñal alineadas.
4. Quite los tornillos del piñón del árbol de levas.
5. Quite del frontal del motor el piñón del árbol de levas y la cadena.

NOTA: Si el piñón no saliera con facilidad del árbol, golpéelo suavemente en su borde inferior con un martillo de plástico. Esto permitirá desprenderlo.

6. La instalación se realiza en el orden inverso. Monte el piñón en el árbol valiéndose de los tornillos respectivos. Antes de instalar la cadena, úntela con aceite del motor.

Correa de sincronización

DESMONTAJE Y MONTAJE

Sólo motor con árbol de levas en cabeza (OHC)

NOTA: Este procedimiento requiere un útil especial.

1. Desmonte la tapa de la correa de sincronización.
2. Rote el cigüeñal hasta que su polea se alinee con la marca de 10° APMS de la escala graduada. La marca en el piñón del árbol de levas debe alinearse con la del portador del árbol de levas.
3. Desmonte la polea del cigüeñal como fue descrito anteriormente.
4. Desmonte el casquillo del probador de la sincronización.
5. Afloje los tornillos de fijación de la bomba de agua y rótela para poder aflojar la correa de sincronización.
6. Desmonte la correa de sincronización.
7. Instale la correa de sincronización sobre los piñones.
8. Instale la polea del cigüeñal.
9. Compruebe si la marca del piñón del árbol de levas coincide con la del portador del árbol de levas. La marca de sincronización de la polea del cigüeñal debe coincidir con los 10° APMS de la escala graduada.
10. Rote la bomba de agua en el sentido de las agujas del reloj valiéndose del útil J-33039 hasta que la combadura sea eliminada de la correa. Ajuste en parte los tornillos de retención de la bomba de agua.
11. Instale el útil J-26486 entre la bomba de agua y los piñones del árbol de levas, de forma que el indicador quede situado en el medio de los piñones.

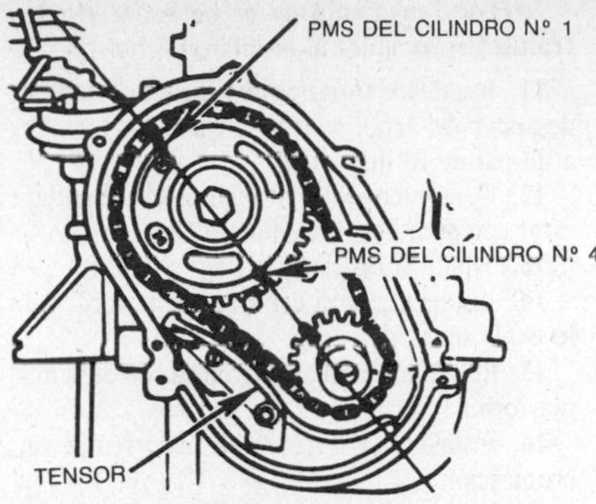

Alineación de las marcas de sincronización en los motores con válvulas en cabeza

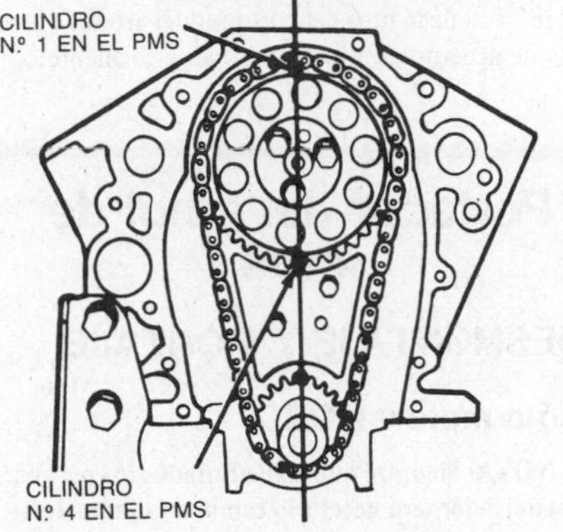

Alineación de las marcas de sincronización en el motor de 2.8L V6

NOTA: Siempre que se instale una correa de sincronización en un motor OHC de 1.8 L (código O, J), el tensado de la misma debe hacerse con el motor a la temperatura normal de funcionamiento (termostato abierto).

12. Si la tensión es incorrecta, afloje y rote la bomba de agua mediante el útil J-33039 hasta obtener la tensión requerida.
13. Ajuste los tornillos de fijación de la bomba a sus valores definitivos de 19 libras-pie, teniendo cuidado de no desplazar la bomba en esta operación.
14. Monte el casquillo del probador de la sincronización y ajuste sus tuercas a 19 libras-pie.
15. Instale la tapa frontal de la correa de distribución ajustando sus tornillos a un par de 5 libras-pie.
16. Instale y ajuste el generador y la correa de la dirección servoasistida. Si fuera necesario, rellene el circuito de líquido refrigerante.

Tapa trasera de la correa de sincronización

DESMONTAJE Y MONTAJE

Sólo motores OHC

1. Saque la correa de sincronización del piñón del cigüeñal, tal como se describió anteriormente.

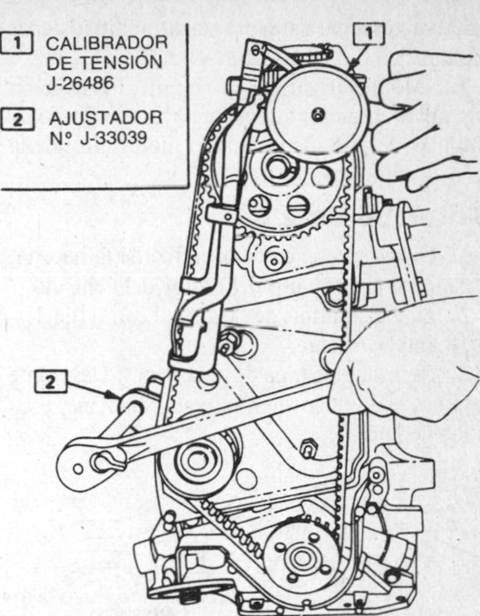

Ajuste de la tensión de la correa de sincronización en los motores con árbol de levas en cabeza

2. Quite los tornillos de sujeción de la tapa y esta última.
3. Instale las tapas traseras y ajuste los tornillos a un par de 19 libras-pie.
4. Monte la correa y ajústela en la forma anteriormente descrita.

Árbol de levas

DESMONTAJE Y MONTAJE

Motores de 4 cilindros OHV

1. Desmonte el motor.
2. Desmonte el múltiple de admisión.
3. Desmonte la cabeza de cilindros, pivote los balancines hacia los lados, desmonte las varillas de empuje, manténgalas en orden. Desmonte también los levantaválvulas manteniéndolos en orden. Hay una herramienta especial que facilita mucho la extracción de los levantaválvulas.
4. Desmonte la tapa frontal.
5. Desmonte el distribuidor.
6. Desmonte la bomba de combustible y sus varillas de empuje.
7. Desmonte la cadena de sincronización y el piñón de acuerdo con lo descrito anteriormente en este capítulo.
8. Empuje el árbol de levas fuera del bloque, evitando que los lóbulos entren en contacto con los cojinetes.
9. Para instalar, lubrique los muñones del árbol de levas con aceite de motor limpio. Los lóbulos deben ser lubricados con Molykote® o su equivalente. Instale el árbol de levas en el motor, cuidando siempre que los lóbulos no entren en contacto con los cojinetes.
10. Instale la cadena y el piñón. Instale la bomba de combustible y las varillas de empuje, instale la tapa de sincronización y el distribuidor.
11. Monte los levantaválvulas. Si ha instalado un árbol de levas nuevo, debe colocar nuevos le-

vantaválvulas para asegurar la durabilidad de los lóbulos.

12. Monte las varillas de empuje, los balancines y el múltiple de admisión. Ajuste el juego de válvulas después de montar el motor. Instale la tapa de cilindros.

Motor V6 de 2.8 L

1. Desconecte el cable negativo de la batería. Desmonte el conjunto del motor del vehículo.

2. Baje el múltiple de escape tal como fue descrito anteriormente.

3. Desmonte la tapa de balancines. Desmonte las tuercas de balancines, esferas, balancines y varillas de empuje.

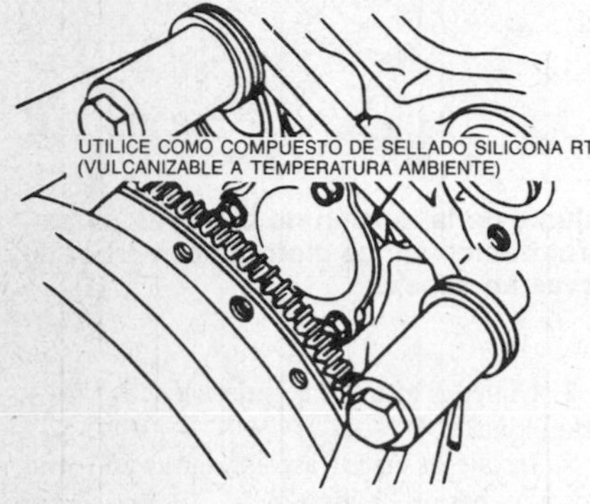

Tapa posterior del árbol de levas en el motor de 2,8L V6

4. Quite los tornillos de la tapa frontal superior. Luego los de la tapa inferior y saque la tapa frontal.

5. Quite los tornillos del piñón del árbol de levas, el piñón y la cadena de sincronización.

6. Deslizándolo suavemente hacia la parte frontal del motor, desmonte con cuidado el árbol de levas. Mida con un micrómetro los muñones de los cojinetes del árbol y reemplácelo si la excentricidad supera las 0,0009".

7. La instalación es el proceso inverso al desmontaje. Al instalar un nuevo árbol lubrique los lóbulos con GM EOS o su equivalente.

Motores OHC

NOTA: Este procedimiento requiere un útil especial.

1. Desmonte la tapa del portador del árbol de levas.

2. Usando la herramienta compresora del tren de válvulas J-33302 comprima los resortes de las válvulas y desmonte los balancines.

3. Desmonte la tapa frontal de la correa de sincronización.

4. Desmonte la correa de acuerdo con lo indicado anteriormente.

5. Desmonte el piñón del árbol de levas de acuerdo con lo descrito anteriormente.

6. Desmonte el distribuidor.

7. Desmonte de la parte trasera del portador del árbol de levas la placa de apoyo.

8. Deslice el árbol de levas hacia atrás, desmontándolo del portador.

9. Instale un nuevo retén frontal en el portador del árbol usando el útil J-333085.

10. Coloque el árbol en el portador.

NOTA: Tenga cuidado de no dañar el retén frontal del portador al instalar el árbol.

11. Instale los tornillos de fijación de la placa de apoyo del árbol de levas. Ajuste los tornillos a un par de 10 libras-pie.

12. Compruebe el juego axial de levas que debe estar comprendido entre 0.04-0.16".

13. Monte el distribuidor.

14. Instale el piñón del árbol de acuerdo con lo explicado.

15. Instale la correa de sincronización de la misma forma.

16. Instale la tapa frontal de la correa de sincronización.

17. Utilizando la herramienta J-33302 comprima los resortes de las válvulas y coloque los balancines.

18. Instale la tapa del portador del árbol de levas de acuerdo con lo descrito anteriormente.

Portador del árbol de levas

DESMONTAJE Y MONTAJE

Sólo motores OHC

NOTA: Siempre que sean aflojados los pernos del portador será necesario cambiar la junta de la cabeza de cilindros. Para hacer esto lea las instrucciones de Desmontaje y montaje de la cabeza de cilindros.

1. Desconecte del portador la manguera de ventilación positiva del cárter.

2. Desmonte el distribuidor.

3. Desmonte el piñón del árbol de levas tal como se describió anteriormente.

4. Afloje los tornillos del portador del árbol de levas y de la culata poco a poco, en la secuencia mostrada en el apartado Cabeza de cilindros: desmontaje y montaje.

NOTA: Los pernos del portador del árbol de levas y la cabeza de cilindros se deben aflojar con el motor frío.

5. Desmonte el portador.

6. Desmonte la placa de apoyo de la parte de atrás del portador.

7. Deslice el árbol de levas hacia atrás hasta desmontarlo del portador.

8. Desmonte el retén delantero de aceite del portador.

9. Instale un retén nuevo con el útil J-33085.

10. Coloque el árbol en el portador.

NOTA: Cuando realice esta operación no dañe el sello delantero.

11. Instale la placa de apoyo del árbol de levas y sus tornillos de fijación. Apriételos a un par de 70 libras-pulgada.

12. Compruebe el juego axial del árbol de levas que debe estar comprendido entre 0,016-0,064".

13. Limpie las superficies de sellado de la cabeza de cilindros y el portador. Aplique una línea continua de sellador RTV de 3 mm de ancho.

14. Instale el portador en la cabeza de cilindros.

15. Instale los pernos del portador y cabeza de cilindros.

16. Apriete los pernos poco a poco y en la secuencia indicada a un par de 18 libras-pie. Entonces, gire otros 60 grados cada perno en la secuencia debida y en el sentido de las agujas del reloj, tres veces, hasta alcanzar una rotación de 180 grados o, lo que es lo mismo, media vuelta. Cuando se haya completado la instalación de los demás componentes (con la excepción de los soportes que fijan al portador) ponga en marcha el motor y déjelo funcionar hasta que se abra el termostato. Apriete todos los pernos de 30 a 50 grados más, siempre en la secuencia correcta.

17. Instale el piñón del árbol como se describe más adelante.

18. Monte el distribuidor.

19. Conecte al portador el manguito de ventilación positiva del cárter.

Piñón del árbol de levas

DESMONTAJE Y MONTAJE

Sólo motores OHC

1. Desmonte la tapa frontal de la correa de sincronización.

2. Alinee la marca del piñón del árbol con la del portador.

Desmontaje de la rueda dentada del árbol de levas en los motores con árbol de levas en cabeza

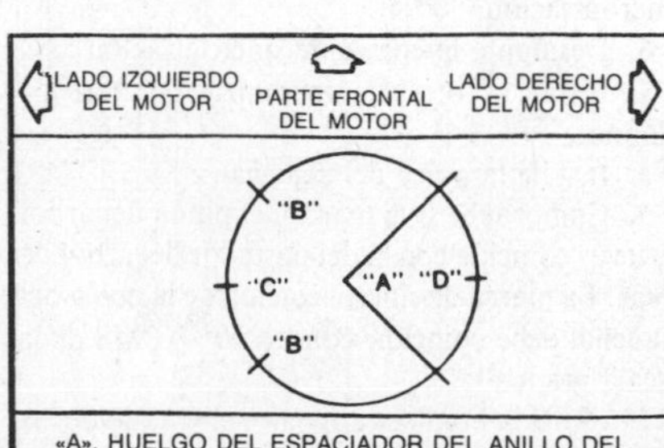

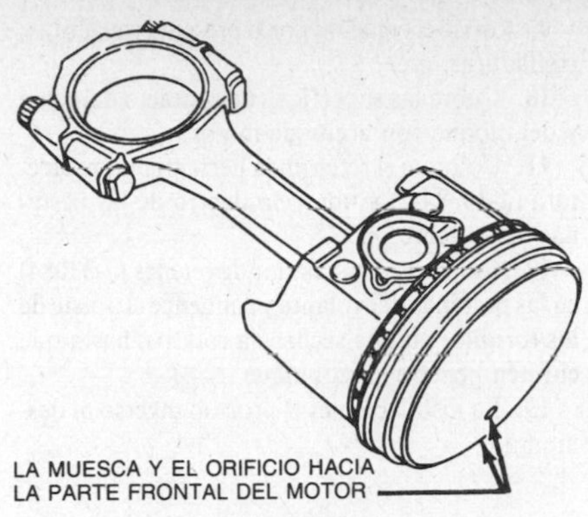
LA MUESCA Y EL ORIFICIO HACIA
LA PARTE FRONTAL DEL MOTOR

Coloque el pistón y la biela con la muesca y/u orificio hacia la parte frontal (extremo frontal del motor)

3. Desmonte el casquillo del probador de la sincronización.

4. Afloje los tornillos de la bomba de agua y desmonte la correa del piñón del árbol.

5. Desmonte la tapa del portador del árbol de acuerdo con lo descrito anteriormente.

6. Sujete el árbol de levas con una llave abierta. Para este propósito el árbol de levas viene provisto de un hexágono. Quite los tornillos y arandelas del piñón y luego este mismo.

7. Instale el piñón del árbol de levas y alinee las marcas de éste y el portador.

8. Sujete el árbol de levas con una llave hexagonal. Instale la arandela del piñón y el tornillo de sujeción. Apriete a 34 libras-pie.

9. Instale la tapa del portador de acuerdo con lo descrito anteriormente.

10. Instale la correa de sincronización en el piñón y ajústela de acuerdo con lo descrito anteriormente.

11. Instale el casquillo del probador de la sincronización. Ajuste las tuercas a 19 libras-pie.

12. Instale la tapa frontal de la correa de sincronización.

Piñón del cigüeñal

DESMONTAJE Y MONTAJE

Sólo motores OHC

1. Desmonte la correa de sincronización del piñón del cigüeñal de acuerdo con lo descrito anteriormente.

2. Desmonte el perno de unión del piñón al cigüeñal y la arandela de apoyo.

3. Desmonte el piñón.

4. Coloque el piñón sobre la chaveta en el final del árbol.

5. Instale la arandela de apoyo y el perno de sujeción. Ajuste a 115 libras-pie.

6. Instale la correa y ajústela de acuerdo con lo descrito anteriormente.

Instalación del pistón y los anillos

Los pistones se instalan con la muesca de su parte superior apuntando hacia el frontal del motor. Vea la figura adjunta para la correcta ubicación de los anillos. Para los procedimientos de revisión vea la sección de Reparaciones del motor.

SISTEMA DE LUBRICACIÓN

Cárter de aceite

DESMONTAJE Y MONTAJE

Sólo motores de 4 cilindros OHV

1. Desconecte el cable negativo de la batería.

2. Vacíe el cárter. Eleve el vehículo y fíjelo sobre soportes seguros.

3. Desmonte el soporte del aire acondicionado, si cuenta con este sistema.

4. Desmonte la pantalla refractaria del múltiple y desacople éste del tubo de escape.

5. Desmonte el motor de arranque y aléjelo para que no estorbe.

6. Desmonte la tapa del volante-motor. Desmonte el cárter.

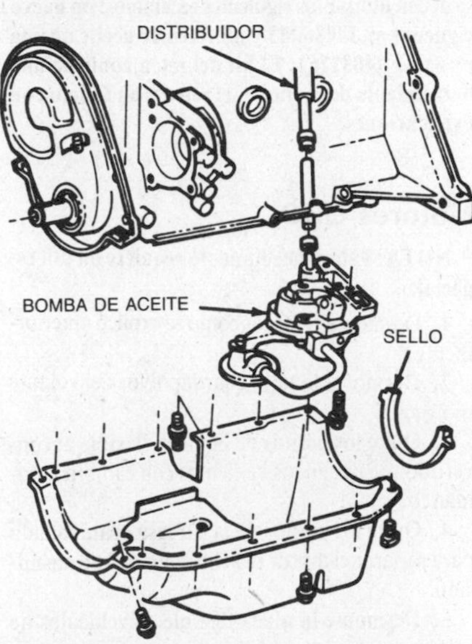
DISTRIBUIDOR
BOMBA DE ACEITE
SELLO

Despiece del cárter y de la bomba de aceite en motores con válvulas en cabeza

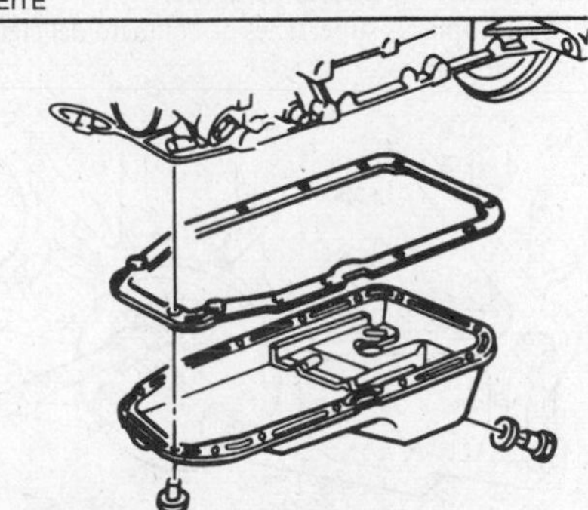
APLIQUE SELLADOR RTV ENTRE LA JUNTA DEL CÁRTER DEL ACEITE Y LA JUNTA DE LA BOMBA DE ACEITE

Despiece del cárter del aceite en motores con árbol de levas en cabeza

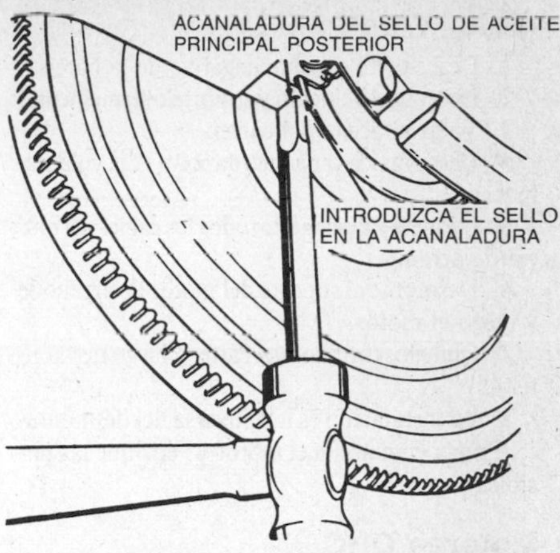
ACANALADURA DEL SELLO DE ACEITE PRINCIPAL POSTERIOR
INTRODUZCA EL SELLO EN LA ACANALADURA

En los motores con válvulas en cabeza, introduzca a compresión el sello superior en su acanaladura, ¼ de pulgada en cada lado

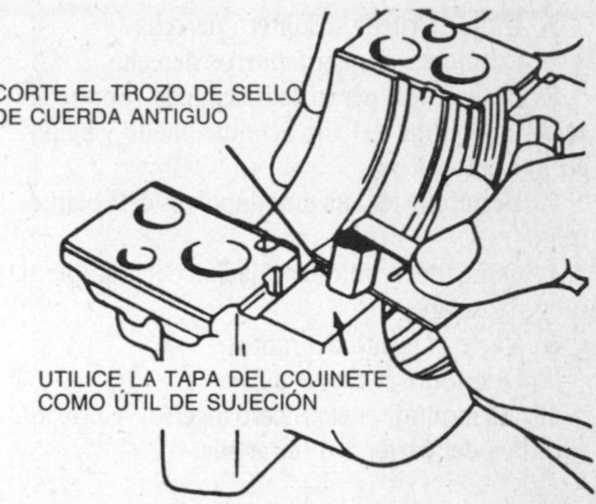
CORTE EL TROZO DE SELLO DE CUERDA ANTIGUO
UTILICE LA TAPA DEL COJINETE COMO ÚTIL DE SUJECIÓN

En los motores con válvulas en cabeza, utilice la tapa del cojinete para sujetar el sello inferior a la vez que lo corta

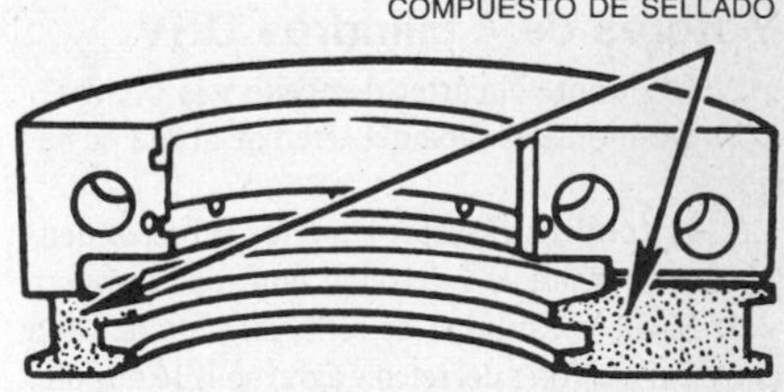
RECUBRA LA ZONA SEÑALADA CON SELLADOR Nº 1052357 O EQUIVALENTE
COMPUESTO DE SELLADO

Aplique compuesto de sellado en la tapa posterior en los motores con válvulas en cabeza

NOTA: Antes de instalar el cárter verifique que las superficies del mismo, el bloque del motor y la tapa frontal se encuentran libres de todo residuo de la junta anterior y limpias de aceite. Si instala el cárter antiguo verifique que no halla restos del sellador RTV usado anteriormente.

7. Aplique una línea de 1/8 de pulg. de sellador RTV a la superficie de sellado del cárter. Use un nuevo retén posterior de aceite e instale el cárter en su posición. Ajuste los tornillos a un par de 9-13 libras-pie.

8. Instale el resto de los componentes en el orden inverso a su desmontaje.

Motor V6 de 2.8 L

1. Desconecte el cable negativo de la batería.
2. Levante el vehículo y sopórtelo firmemente.
3. Vacíe el aceite del cárter.
4. Desmonte la tapa guardapolvos del volante-motor.
5. Etiquete y desconecte todos los cables del motor de arranque.
6. Desmonte el soporte del motor de arranque y luego el motor.
7. Quite los tornillos del cárter y luego desmóntelo.
8. La instalación es a la inversa del desmontaje. Ponga en marcha el motor y verifique las posibles fugas.

Motores OHC

1. Eleve el vehículo y sopórtelo firmemente.
2. Si se vale de un elevador de 2 columnas, coloque caballetes en los puntos correspondientes y baje el elevador.
3. Quite la rueda delantera derecha.
4. Desmonte el guardabarros derecho.
5. Desmonte el perno de fijación del soporte inferior del puntal del aire acondicionado y balancéelo a un lado.
6. Desmonte la tapa guardapolvos del volante-motor.
7. Quite los tornillos de fijación del múltiple al tubo de escape.
8. Vacíe el aceite del motor.
9. Desmonte el cárter de aceite.
10. El montaje es el proceso inverso. Ajuste los tornillos del cárter a 4 libras-pie.

Retén de aceite principal posterior

DESMONTAJE Y MONTAJE

Motores de 4 cilindros OHV

1. Desmonte el cárter de aceite y la bomba.
2. Desmonte la tapa del retén de aceite posterior.
3. Introduzca el sector superior del retén dentro de la ranura 1/4 de pulg. en cada lado.
4. Mida la cantidad de sello extraída de cada uno de los sectores del retén y agregue 1/16 de pulg. Corte esta cantidad de la tapa inferior del retén antiguo. Haga un corte limpio. Repita la operación para el otro sector.
5. Coloque el trozo de sello cortado en la ranura e introduzca el retén en el bloque. Realice esta operación para ambos sectores.
6. Instale un poco de Plastigage en el muñón del cojinete. Coloque la tapa inferior y ajuste a 75 libras-pie.
7. Desmonte la tapa y compruebe su medida para verificar la tolerancia del cojinete. Si no estuviera dentro de ella, los sobrantes de sello podrían deshilacharse provocando un asentamiento incorrecto de la tapa. Corríjalo.
8. Limpie el muñón y aplique una delgada capa de sellador sobre las superficies de unión de la tapa (sombrerete) y ajústelo a 70 libras-pie. Instale la bomba y el cárter.

Motor V6 de 2.8 L

1. Desconecte el cable negativo de la batería.
2. Apoye el motor y desmonte el conjunto de la transmisión como se describe posteriormente en esta misma sección.
3. Desmonte el volante y verifique que la fuga se produce por el retén de aceite principal posterior.
4. Desmonte el retén del borde de la tapa guardapolvos.

NOTA: Se debe prestar mucha atención para no dañar toda el área contigua al cigüeñal.

5. Limpie las superficies de sellado del bloque y del cigüeñal.
6. Inspeccione el cigüeñal para verificar la presencia de posibles rayas, melladuras o desgastes.
7. Cubra las superficies del sello y el motor con aceite lubricante.
8. Instale el nuevo retén de aceite valiéndose del útil J-34686 o equivalente. Siga las instrucciones del fabricante provistas junto con el útil.
9. Para el resto de la instalación, realice a la inversa los pasos comprendidos entre el 3 y el 1 del procedimiento de desmontaje.

NOTA: Algunos motores de 1982 de 1,8 litros (código G) experimentan una determinada pérdida de aceite en el retén. Para corregir este defecto se deben utilizar los siguientes recambios: un nuevo cigüeñal n.º 14086053 y un retén de aceite de una pieza n.º 14081761. El kit del retén contiene una herramienta de montaje, el retén y un folleto con explicaciones.

Motores OHC

NOTA: Este procedimiento requiere un útil especial.

1. Desmonte el motor como se explicó anteriormente.
2. Desmonte la tapa guardapolvos del volante motor.
3. Quite los pernos de la placa flexible al convertidor de par en los vehículos con cambio automático.
4. Quite los pernos de la carcasa acampanada para separar el motor del conjunto de la transmisión.
5. Desmonte la placa flexible en vehículos de cambio automático.
6. Desmonte la placa de presión, el disco de embrague y el volante en vehículos con caja manual.
7. Usando un destornillador, desmonte el retén posterior principal de aceite.
8. Limpie las superficies de contacto del cigüeñal y del bloque.

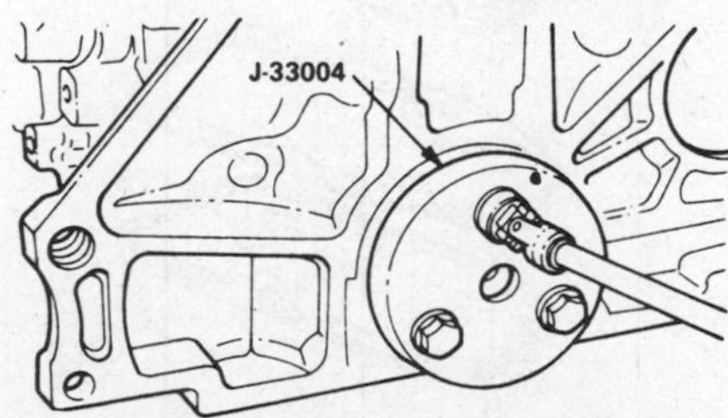

Montaje del sello principal posterior en los motores con árbol de levas en cabeza

9. Revise el cigüeñal por si presenta rayaduras, melladuras, etc.
10. Cubra las superficies de contacto del retén y del bloque con aceite de motor.
11. Coloque el retén en la herramienta protectora (J-33084-2) y ubíquelo dentro de las pestañas del volante.
12. Coloque el instalador de retenes (J-33084) en las pestañas del volante y comience el ajuste de los tornillos en una secuencia rotativa hasta que el retén penetre en el bloque.
13. La instalación es el proceso inverso al desmontaje.

Bomba de aceite

DESMONTAJE Y MONTAJE

Motores de 4 cilindros OHV

1. Desmonte el cárter de aceite.
2. Quite los tornillos de sujeción de la bomba y bájela con cuidado.
3. Instálela en el orden inverso. Para asegurar una presión inmediata en el circuito de lubricación todas las cavidades que se encuentran entre los engranajes deben ser llenadas con petrolato. Ajuste los tornillos a 26-35 libras-pie.

Motor V6 de 2.8 litros

1. Desconecte el cable negativo de la batería.
2. Desmonte el cárter como se describió anteriormente.
3. Desmonte el tornillo sostén de la tapa del retén principal.
4. Desmonte la bomba de aceite junto con su eje.
5. La instalación es el proceso inverso.

Motores OHC

1. Desmonte el piñón del cigüeñal.
2. Desmonte las tapas traseras de la correa de sincronización.
3. Desconecte los cables del interruptor de la presión del aceite.
4. Desmonte el cárter de aceite.
5. Desmonte el filtro de aceite.
6. Desatornille y desmonte el tubo de la varilla de aceite.
7. Desatornille y desmonte la bomba de aceite.
8. La instalación es el proceso inverso. Use nuevas juntas en todos los pasos. Apriete los tornillos de la bomba a 5 libras-pie. Los del cárter a 4 libras-pie, los del tubo portador de la varilla de aceite a 5 libras-pie.

EMBRAGUE

AJUSTE

Las carrocerías J tienen un mecanismo de autoajuste del embrague localizado en el pedal del mismo que elimina la necesidad de ajustes periódicos. Este mecanismo debe ser inspeccionado periódicamente de la siguiente manera:

1. Apriete el pedal del embrague y observe la leva del mecanismo de autoajuste para ver si encaja firmemente en los dientes del trinquete.

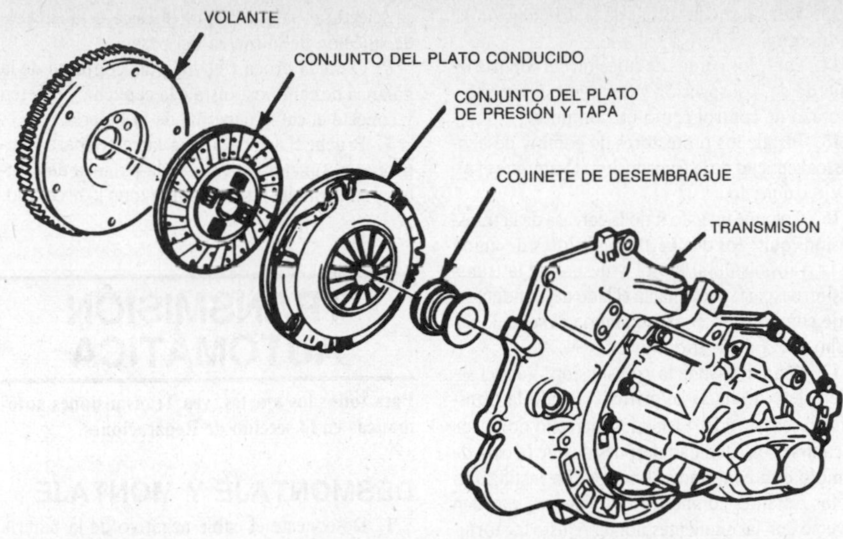

Componentes del embrague

2. Suelte el embrague. La leva debe ser despegada del trinquete por el tope metálico del soporte.

DESMONTAJE Y MONTAJE

1. Desmonte la transmisión.

2. Marque el plato de presión y el volante para que puedan ser montados en la misma posición. Recuerde que en fábrica han sido equilibrados en conjunto.

3. Afloje los pernos de sujeción una vuelta por vez hasta que el resorte de presión sea liberado.

4. Sostenga el plato de presión y quite los pernos. Desmonte el plato de presión y el disco de embrague. No desmonte el conjunto de plato de presión y reemplácelo si está desgastado.

5. Inspeccione el volante, el disco de embrague, el plato de presión, el cojinete de empuje, la horquilla de embrague y el conjunto del eje pivote. Reemplace todas las partes que presenten desgastes excesivos. Si el volante presenta signos de sobrecalentamiento su superficie debe ser rectificada o, en su defecto, debe ser reemplazado.

6. Limpie meticulosamente las superficies de contacto del plato de presión y el volante. Ubique el disco de embrague y el plato de presión en la posición de instalados, sujételos así con una herramienta de alineación o centrado de embragues. La placa del embrague se monta con los salientes de los muelles de amortiguación hacia la transmisión. Una cara del disco de embrague suministrado por la fábrica posee estampada la leyenda «lado del volante» (flywheel side).

7. Instale los pernos de la placa de presión al volante. Ajústelos gradualmente en una secuencia cruzada.

8. Lubrique la ranura exterior y las pistas internas del cojinete de empuje con grasa de alta temperatura. Limpie la grasa excedente y móntelo.

9. Instale la transmisión.

Interruptor de arranque en neutral

Un interruptor de arranque en neutral se encuentra localizado en el conjunto del pedal del embrague; su misión es prevenir que el motor arranque hasta que el embrague sea oprimido. Si el interruptor fallara se lo puede reemplazar sin necesidad de desmontar del vehículo el conjunto del pedal. El interruptor no requiere ajustes.

Cable del embrague

REEMPLAZO

1. Lleve el pedal del embrague hasta su tope superior para liberar a la biela. Desconecte el cable de la palanca de liberación situada en el conjunto de la transmisión. Tenga cuidado de que el cable no retroceda enérgicamente porque podría dañar el mecanismo de ajuste.

2. Remueva la guarnición del salpicadero del habitáculo del vehículo.

3. Desconecte el cable del embrague del sector superior del trinquete. Desacople la biela del trinquete y tire del cable hacia adelante haciéndolo pasar entre la biela y el trinquete.

4. Desmonte el depósito del líquido del limpiaparabrisas.

5. Desde el sector del salpicadero motor tire del cable del embrague para desacoplarlo del soporte del pedal del embrague. Los amortiguadores, arandelas y aisladores podrán ser separados en este proceso.

6. Desconecte el cable del soporte de la transmisión y desmóntelo.

7. Instale el cable pasándolo por los aislantes, amortiguadores y arandelas. Lubrique el aislante trasero con lubricante para instalación de neumáticos, lo que facilitará su colocación en el soporte de montaje del pedal.

8. Desde dentro del vehículo ajuste el cable al trinquete. Asegúrese de que el cable pasa por debajo de la biela y llega a la ranura del trinquete.

9. Eleve el pedal hasta el tope para liberar la biela del trinquete. Instale el otro extremo en la palanca de liberación ubicada en la transmisión.

10. Instale la guarnición del panel y el depósito del líquido limpiaparabrisas.

11. Compruebe si el pedal y el conjunto del embrague funcionan normalmente.

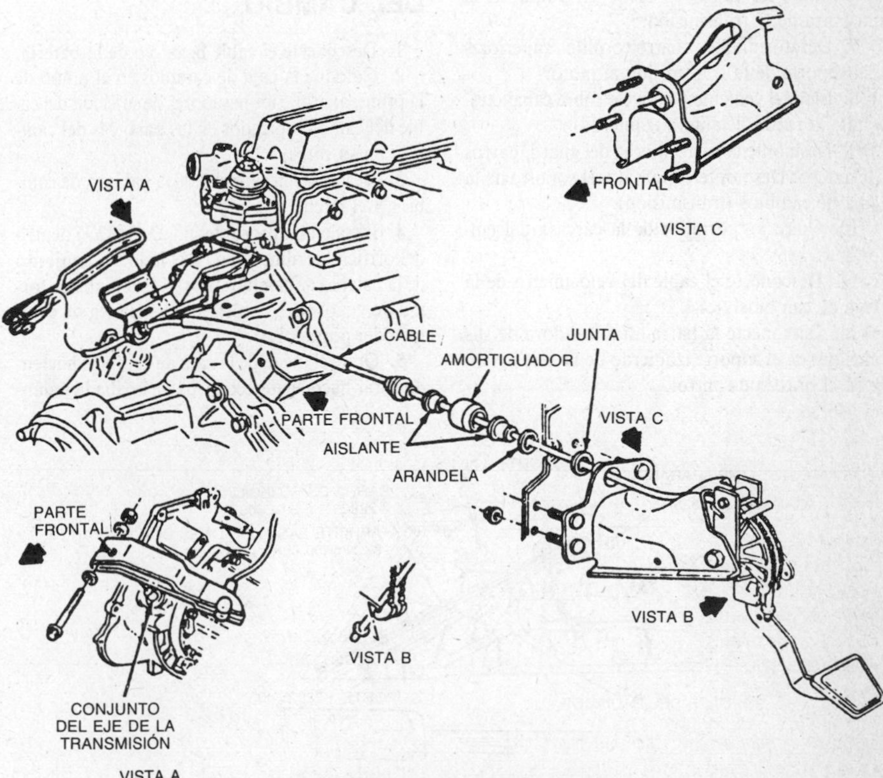

Cable y soporte del embrague

TRANSMISIÓN MANUAL

DESMONTAJE Y MONTAJE

1. Desconecte el cable negativo de la batería.

2. Instale una barra de sujeción del motor de forma tal que un extremo se apoye en el salpicadero motor, por sobre el motor del limpiaparabrisas, y que el otro extremo descanse sobre el soporte del radiador. Use material de relleno para evitar dañar la pintura o la carrocería con la barra. Encaje un gancho de elevación en el aro respectivo del motor y en la barra, para elevar lo suficiente el motor y anular el peso sobre sus montantes.

NOTA: Si no puede conseguir el gancho y la barra, válgase de una cadena de elevación, sin embargo en este proceso el vehículo debe ser elevado, momento en el cual la cadena se tensará para poder hacer tracción sobre el conjunto motor/transmisión.

3. Desmonte el soporte para el manguito del calentador que se encuentra en la montura de la transmisión. Desenchufe el conector eléctrico y desmonte el conjunto de la bocina.

4. Quite los tornillos de sujeción del montante de la transmisión. Descarte los tornillos que unían la montura al larguero del bastidor, pues deberá usar nuevos en la instalación.

5. Desconecte el cable del embrague de la respectiva palanca de desembrague. Quite los tornillos y tuercas del soporte de la transmisión.

6. Desconecte los cables de la palanca de cambio y las chavetas de retención de la transmisión. Desconecte los cables de tierra del puntal de la montura de la transmisión.

7. Desatornille los cuatro tornillos superiores del soporte de la transmisión al motor.

8. Eleve el vehículo y apóyelo sobre caballetes. Quite la rueda delantera izquierda.

9. Desmonte la parte interna del guardabarros delantero. Desmonte el puntal y el soporte de la caja de cambios (transmisión).

10. Quite los tornillos de la carcasa del embrague.

11. Desconecte el cable del velocímetro de la caja de cambios.

12. Desconecte la barra estabilizadora de sus anclajes en el soporte izquierdo de la suspensión y en el brazo de control.

13. Desconecte la rótula de la articulación de la dirección.

14. Quite los pernos de sujeción del soporte izquierdo de la suspensión y desmonte el soporte y el brazo de control como un conjunto.

15. Instale los protectores de goma y desacople los semiejes de la transmisión. Desmonte el semieje izquierdo.

16. Coloque un gato bajo la carcasa de la transmisión, quite los dos pernos inferiores de unión de la transmisión al motor y desmonte la transmisión desplazándola hacia el lado del conductor. Baje con cuidado el gato guiando el semieje derecho fuera de la transmisión.

17. Cuando instale la transmisión, guíe el semieje derecho hacia su orificio cuando la transmisión sea elevada. El semieje derecho no puede encajarse con facilidad después de que la caja de cambio está conectada al motor. La instalación de los restantes componentes se hace en el orden inverso con las siguientes notas. Ajuste los tornillos de la transmisión al motor a 55 libras-pie. Ajuste los tornillos de sujeción del soporte de la suspensión a la carrocería a 75 libras-pie, y los de la carcasa del embrague a 10 libras-pie. Usando nuevos pernos, instale la montura de unión de la transmisión al larguero del bastidor a 40 libras-pie. Cuando instale los pernos de sujeción del montante al soporte de la transmisión, compruebe la alineación de los pernos en el montante del motor. Si se requiere excesivo esfuerzo para desmontar los pernos de alineación, realinee los componentes de todo el tren de transmisión de potencia y ajuste sus pernos a 40 libras-pie, desmonte entonces el perno de alineación.

AJUSTE DEL VARILLAJE DEL CAMBIO

1. Desconecte el cable negativo de la batería.

2. Coloque la caja de cambios en el piñón de la primera; afloje los pasadores de sujeción del cable del cambio ubicados en las palancas del cambio, en su carcasa.

3. Desmonte la capucha de la palanca de cambios y el retén.

4. Instale una broca del n.º 22 (5/32") dentro del orificio de alineación en el lado del conjunto de la palanca de cambios. Instale una grapa en forma de yugo entre la torre de la palanca de cambios del portador.

5. Quite el juego de la caja de cambios haciendo rotar hacia la derecha y hacia arriba la palanca selectora (palanca D) mientras ajusta el cable de sujeción de la tuerca del pasador.

6. Quite la broca y el yugo del conjunto de la palanca de cambios, instale la capucha y el retén y conecte el cable negativo de la batería.

7. Pruebe el vehículo en la carretera para comprobar el funcionamiento de la palanca de cambio y su varillaje. Afine el ajuste todo lo necesario.

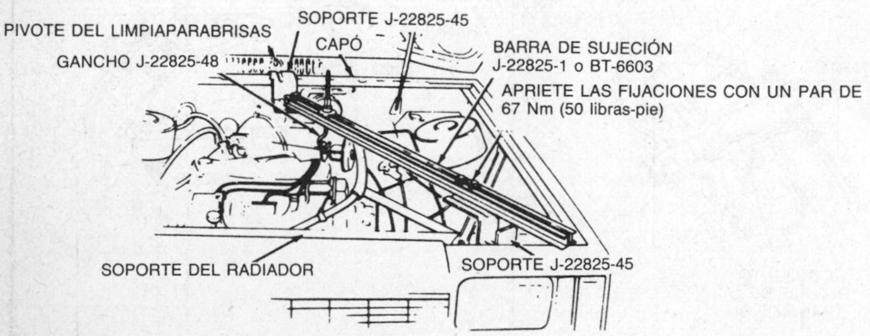

Monte una barra de sujeción en el motor cuando desmonte la transmisión manual

TRANSMISIÓN AUTOMÁTICA

Para todos los ajustes, vea Transmisiones automáticas en la sección de Reparaciones.

DESMONTAJE Y MONTAJE

1. Desconecte el cable negativo de la batería donde se encuentra sujeto a la transmisión.

2. Introduzca un perno de 1/4 x 2 pulgadas en el orificio de la montura delantera derecha del motor para evitar cualquier desplazamiento al extraer la transmisión.

3. Quite el filtro del aire. Desconecte el cable de la válvula de mariposa situado en el carburador.

4. Desatornille el perno que une el cable de la válvula de mariposa a la transmisión. Tire de la cubierta del cable hacia arriba en la transmisión hasta que se haga visible. Desconecte el cable de la varilla de la transmisión.

5. Quite el perno de sujeción del colector de cables situado en la parte superior de la transmisión.

6. Quite el manguito de la válvula de dosificación de aire y a continuación tire del colector de cables hacia arriba y apártelo a un lado.

7. Coloque una barra de sujeción en el motor como se muestra en la figura. Levante el motor lo suficiente como para que deje de apoyarse en las monturas del mismo.

ATENCIÓN

La barra de sujeción del motor debe estar situada en el centro del capó y deben apretarse los pernos antes de intentar sujetar el motor.

8. Extraiga el conjunto de la montura y la abrazadera de la transmisión. Quizá sea necesario levantar ligeramente el motor para facilitar la extracción.

9. Desconecte la palanca de control del varillaje de la transmisión.

10. Quite los pernos superiores que unen la transmisión al motor. Afloje, pero no quite, el perno más cercano al motor de arranque que une la transmisión al motor.

11. Desbloquee la columna de la dirección. Levante y soporte la parte delantera del vehículo. Quite las ruedas delanteras.

12. Extraiga la clavija hendida y afloje la tuerca almenada de la rótula hasta que ésta se separe del brazo de control. Repita esta operación en el otro lado del vehículo.

13. Desconecte la barra estabilizadora del brazo de control interior.

14. Quite los seis pernos que sujetan el conjunto del soporte de la suspensión delantera izquierda.

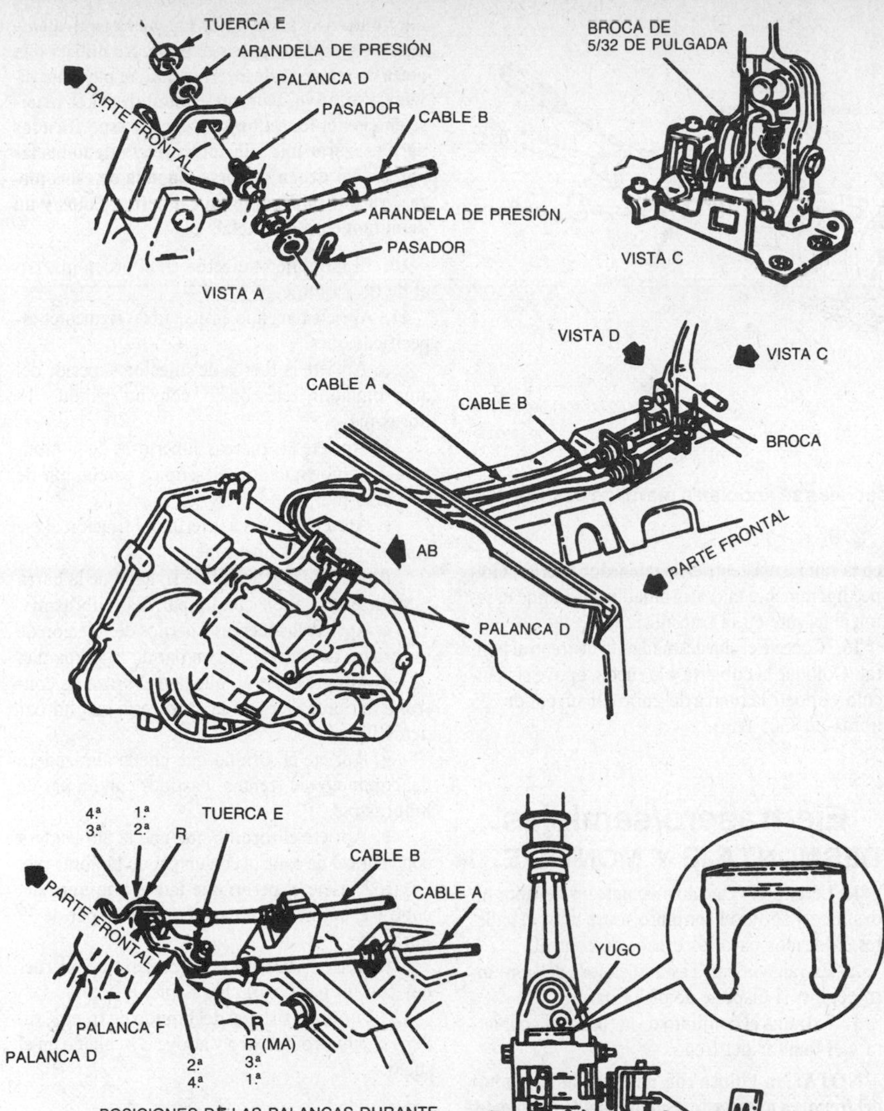

Ajuste del varillaje del cambio

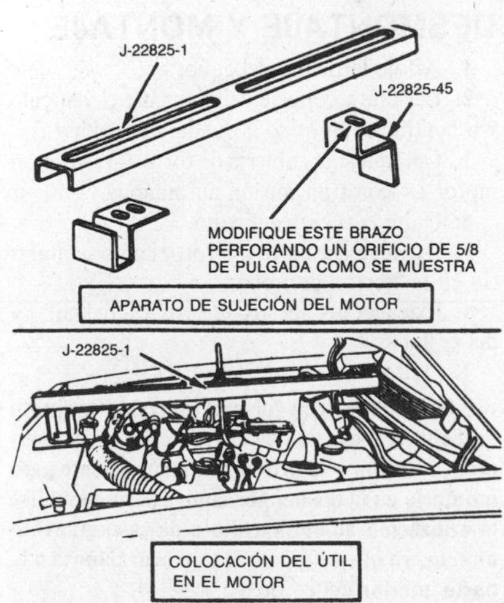

Sujete el motor con una barra de sujeción cuando extraiga la transmisión automática

15. Conecte un extractor de semiejes (J-28468) a un martillo corredizo (J-23907).

16. Coloque la herramienta detrás de los conos del semieje y a continuación extráigalos de la transmisión. Extraiga los semiejes y tapone los orificios de la transmisión para reducir la fuga de líquido.

17. Quite la tuerca que sujeta el soporte del cable de control de la transmisión a ésta última y a continuación extraiga el espárrago que une el motor a la transmisión.

18. Desconecte el cable del velocímetro situado en la transmisión.

19. Desconecte el puntal de la transmisión (estabilizador) situado en ésta.

20. Quite los cuatro tornillos de sujeción y el protector del convertidor de par.

21. Quite los tres pernos que unen el convertidor de par a la placa flexible.

22. Desconecte y tapone los conductos del refrigerador del aceite situados en la transmisión. Quite el motor de arranque.

23. Saque los tornillos que sujetan el freno y las abrazaderas del conducto de combustible al lado izquierdo de la parte inferior del vehículo. Esto permitirá apartar ligeramente los conductos para obtener espacio para la extracción de la transmisión.

24. Extraiga el perno que fue aflojado en el paso 10.

25. Aparte la transmisión hacia la izquierda. El montaje se efectúa en el orden inverso al de desmontaje. Téngase en cuenta por favor las observaciones siguientes:

a. Vuelva a instalar ambos semiejes DESPUÉS DE que la transmisión haya sido colocada en su posición.

b. Cuando coloque el conjunto del soporte de la suspensión delantera debe seguir la secuencia de apriete mostrada en la figura.

c. Compruebe la alineación una vez finalizado el montaje.

EJE PROPULSOR

Semiejes

Los vehículos J disponen de semiejes de diferentes longitudes, con aplicaciones específicas para transmisión automática y transmisión manual. Todos los semiejes, excepto la junta interior izquierda del eje del árbol de transmisión automática, llevan incorporados un macho estriado; los semiejes engranan con los engranajes de la transmisión por medio de anillos de retención del tipo barril. El semieje interno izquierdo en el caso de transmisión automática utiliza un eje hembra estriado que va colocado sobre un final de eje que sobresale de la transmisión. Se utilizan cuatro juntas de velocidad constante, dos en cada uno de los semiejes. Las juntas interiores son del tipo de doble desplazamiento; las juntas exteriores son del tipo Rzeppa.

DESMONTAJE Y MONTAJE

NOTA: Este procedimiento requiere la utilización de herramientas especiales.

1. Quite la tuerca del cubo.

2. Levante la parte delantera del vehículo. Quite la rueda y el neumático.

3. Coloque un forro protector del retén semieje, use en el retén la herramienta especial de GM nº J-28712 o su equivalente.

4. Desconecte el clip del manguito del freno del puntal MacPherson, pero no desconecte el manguito del calibre. Extraiga el calibre del freno del husillo, y mantenga apartado el calibre colgando de un trozo de alambre. No deje que el calibre cuelgue del manguito del freno.

5. Haga una señal en el perno de la leva de alineación de la inclinación de las ruedas delanteras a fin de volver a efectuar su montaje. Extraiga el perno de la leva y el perno superior de fijación del puntal y del husillo.

6. Extraiga el conjunto de la articulación de la dirección del soporte del puntal.

7. Utilizando la herramienta especial de GM, J-28468 o su equivalente, extraiga el semieje de la transmisión.

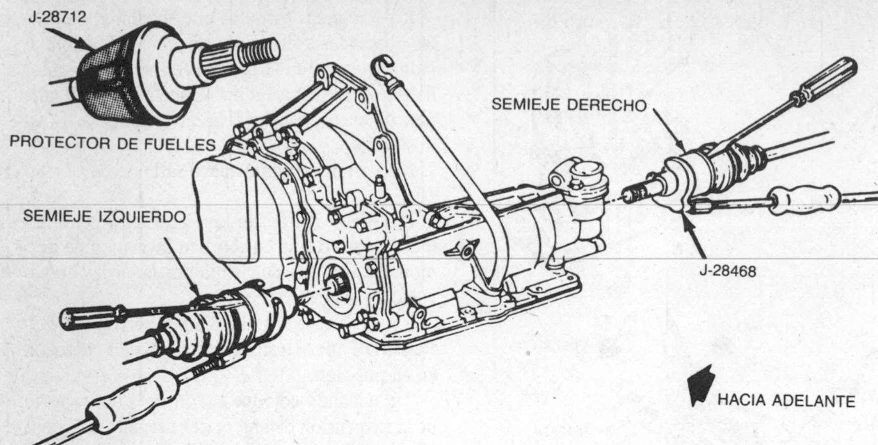

Desmontaje del semieje; las herramientas especiales se acoplan a martillos deslizantes en esta figura

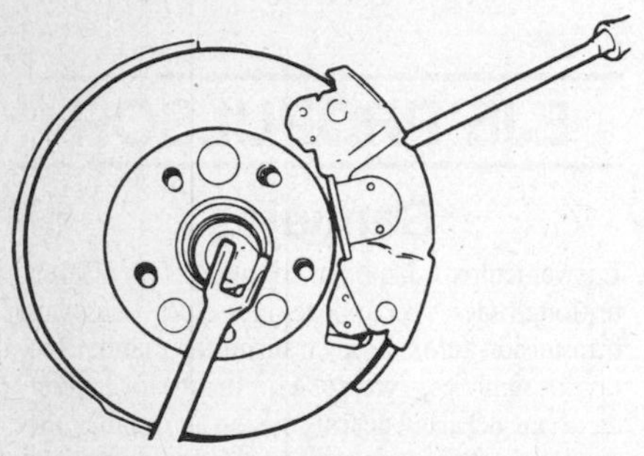

Introduzca una herramienta de sujeción, como por ejemplo un punzón o perforador, en el calibre cuando apriete la tuerca del cubo

8. Utilizando una herramienta especial de GM, J-28733 o un extractor de husillos equivalente, extraiga el semieje del conjunto del cubo y cojinete.

9. Si se ha de colocar un nuevo semieje, debería colocarse primero un sello nuevo en la articulación de la dirección.

10. Coloque sin apretar el semieje en la transmisión y la articulación de la dirección.

11. Acople sin apretar la articulación de la dirección al puntal de la suspensión.

12. Coloque el calibre del freno. Apriete los pernos con un par de 30 libras-pie (40 Nm).

13. El semieje y la articulación de la dirección presentan un ajuste de encaje. Introduzca a presión el semieje en su posición y a continuación coloque la tuerca del cubo. Cuando el eje comience a girar con el cubo, introduzca un punzón a través del calibre hasta que llegue a una de las ranuras de refrigeración del rotor para impedir que gire. Apriete la tuerca del cubo con un par de 70 libras-pie (100 Nm) para que el semieje asiente perfectamente.

14. Apoye el conjunto del cubo en un caballete. Alinee las señales del perno de la leva de la inclinación de las ruedas delanteras hechas durante el desmontaje, coloque el perno y apriételo con un par de 140 libras-pie (190 Nm). Apriete la tuerca superior según este mismo valor.

15. Introduzca totalmente el semieje en la transmisión utilizando un destornillador introducido en la ranura existente en el retenedor interno. Golpee ligeramente el destornillador hasta que el semieje asiente en la transmisión.

16. Conecte el clip del manguito de freno al puntal. Coloque la cubierta y la rueda, apoye el vehículo y apriete la tuerca del cubo con un par de 225 libras-pie (305 Nm).

Eje trasero/semiejes

DESMONTAJE Y MONTAJE

1. Levante el vehículo mediante un elevador hidráulico y apoye el conjunto sobre unos caballetes colocados bajo los brazos de control.

2. Extraiga la barra estabilizadora del conjunto del eje, si dispone de dicha barra.

3. Extraiga el conjunto de la rueda y la cubierta y el tambor del freno.

NOTA: No golpee con un martillo el tambor del freno, ya que puede resultar dañado el cojinete.

4. Extraiga los pernos y tuercas de paletas de sujeción inferiores del amortiguador telescópico situados en el eje y desconecte los amortiguadores telescópicos del brazo de control.

5. Desconecte el cable del freno de mano del conjunto del eje.

6. Para asegurarse de que el conjunto del eje no está suspendido de los conductos del freno, desconecte el conducto del freno situado en las abrazaderas del conjunto del eje.

7. Apoye el eje trasero y extraiga los muelles helicoidales y los aislantes.

8. Extraiga los pernos del brazo de control de la abrazadera situada en la parte interior del vehículo y apoye el eje.

9. Quite los pernos de sujeción del cubo y extraiga el conjunto del cubo, cojinete y placa de refuerzo.

NOTA: Tenga cuidado de no dejar caer el conjunto del cubo y el cojinete, ya que podría resultar dañado éste último. Todos los fijadores de la suspensión trasera son piezas importantes de sujeción, ya que podrían influir en el funcionamiento de piezas y sistemas vitales, y/o podrían ocasionar unos gastos de reparación importantes. Deben ser sustituidos por elementos que lleven el mismo número de pieza o por una pieza equivalente si su sustitución se hace necesaria. No utilizar una pieza de repuesto de inferior calidad o con un diseño sustitutivo. Durante el montaje deben tenerse en cuenta los valores de apriete especificados para asegurar una fijación correcta de todas las piezas. No deben soldarse ninguna de estas piezas, ya que podrían provocar serios daños y un debilitamiento del metal.

10. El montaje se efectúa en el orden inverso al de desmontaje.

11. Apriete teniendo en cuenta las siguientes especificaciones:

a. Apriete la tuerca de sujeción superior del amortiguador telescópico con un par de 13 libras-pie.

b. Apriete las tuercas superiores de la montura del amortiguador telescópico con un par de 13 libras-pie.

c. Apriete la tuerca inferior de fijación al eje con un par de 41 libras-pie.

d. Apriete las tuercas de fijación de la barra estabilizadora al eje con un par de 10 libras-pie.

e. Apriete las tuercas y pernos de sujeción de los brazos de control con un par de 13 libras-pie.

f. Apriete el perno que une el brazo de control a la abrazadera de la carrocería con un par de 67 libras-pie.

g. Apriete el tornillo que une la abrazadera del conducto del freno al bastidor con un par de 8 libras-pie.

h. Apriete el tornillo que une la abrazadera con el brazo de control con un par de 11 libras-pie.

i. Apriete el perno que une el conjunto del cubo y el cojinete al eje trasero con un par de 39 libras-pie.

j. Apriete las tuercas de orejetas de las ruedas con un par de 103 libras-pie.

12. Purgue el sistema del líquido de frenos, rellene el cilindro maestro y apoye el vehículo en el suelo.

Cubo y cojinetes del eje delantero

DESMONTAJE Y MONTAJE

1. Afloje la tuerca del cubo.

2. Levante y soporte debidamente el vehículo y a continuación quite la rueda y la cubierta.

3. Coloque una cubierta de forro J-33162 en el motor L4 con transmisión automática.

4. Quite la tuerca del cubo.

5. Extraiga el calibre y el rotor como se muestra en la sección de frenos.

6. Extraiga los pernos de sujeción del cubo y del cojinete.

7. Quite el protector del cárter.

NOTA: Si se debe volver a utilizar el conjunto del cojinete, haga una señal de referencia en el perno de sujeción y su orificio correspondiente para montarlo en la misma posición. Debería evitarse la utilización de un martillo o de calentamiento directo, ya que esto podría provocar daños en la parte interior del cojinete.

8. Coloque el extractor del conjunto del cubo y cojinete, herramienta J-28733, y gire el perno para extraer el conjunto del eje propulsor.

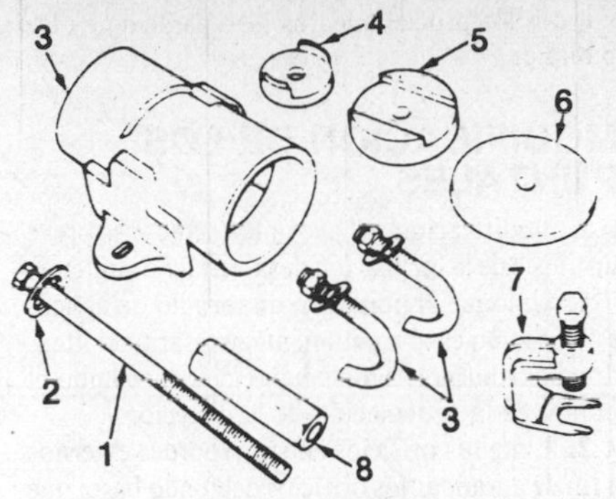

1. Perno J-21474-19
2. Manguito
3. Extractor y montador de los manguitos del brazo de control nº J-29376
4. Extractor J-29376-6
5. Montador J-29376-4
6. Placa J-29376-7
7. Extractor de pernos de rueda J-6627-A
8. Tuerca J-21474-18

Herramientas especiales

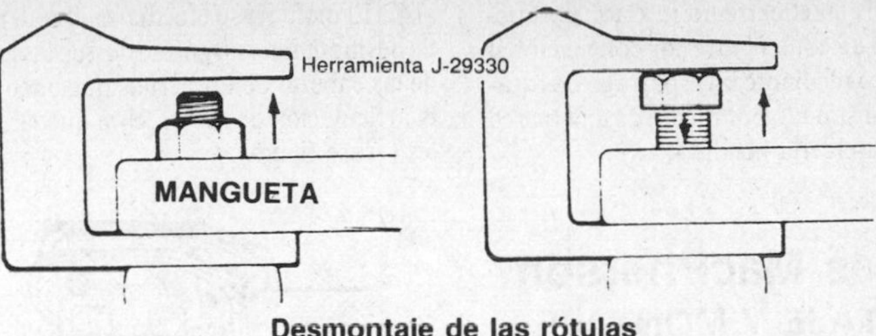

Desmontaje de las rótulas

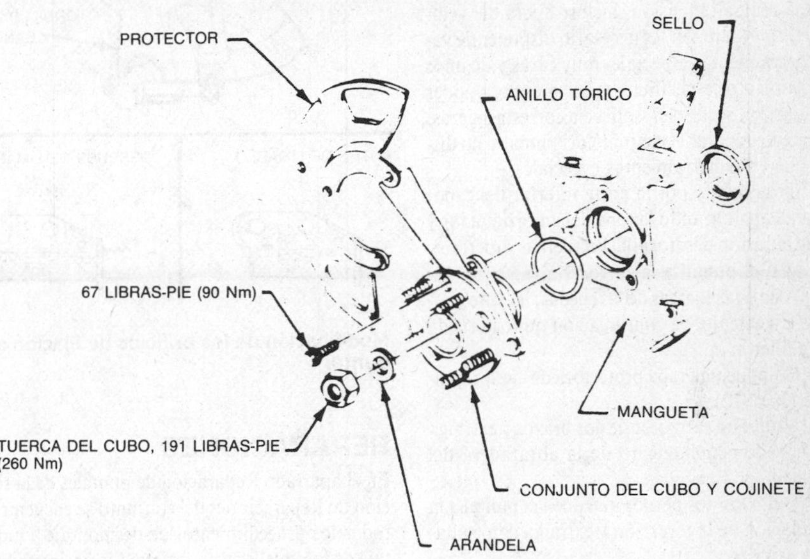

Conjunto de cubo y cojinete típico

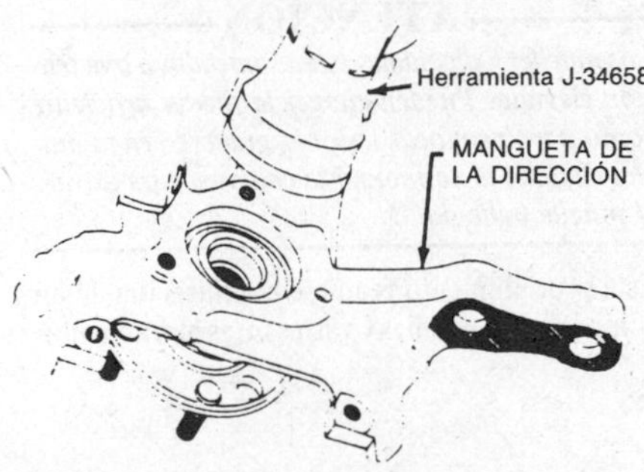

Montaje del sello de la mangueta de la dirección

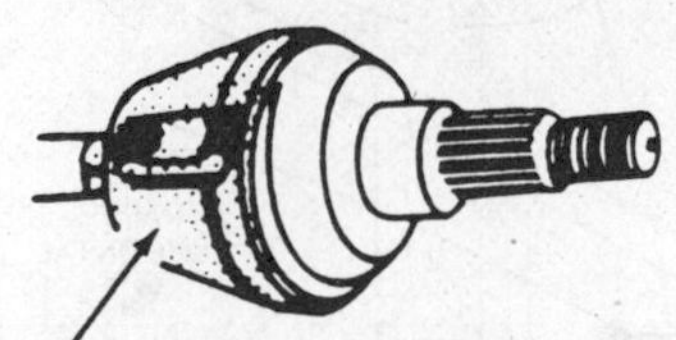

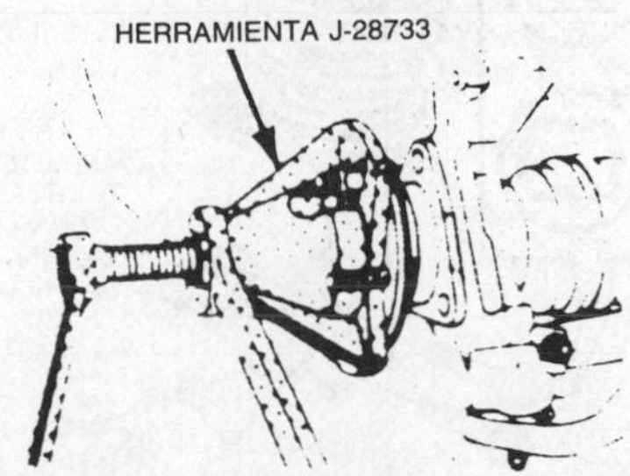

Desmontaje del conjunto del cubo y del cojinete

9. Desconecte el perno de acoplamiento de la barra estabilizadora situado en el brazo inferior de control.

10. Separe la rótula utilizando la herramienta J-29330.

a. Coloque la herramienta J-29330 en su posición correspondiente como se muestra en la figura.

b. Afloje la tuerca hasta que entre en contacto con la herramienta.

c. Continúe aflojando la tuerca hasta que fuerce el espárrago de la rótula a salir de la articulación de la dirección.

11. Extraiga el eje propulsor de la articulación y sujételo apartándolo.

12. Aparte la articulación interna hacia el lado interno utilizando un punzón de latón.

13. Limpie e inspeccione las superficies de unión del cojinete y el orificio de la articulación de la dirección.

14. Coloque un anillo tórico nuevo entre el conjunto del cojinete y el conjunto de la articulación.

15. Coloque el conjunto del cubo y el cojinete y apriételo con un par de 67 libras-pie.

16. Coloque un sello nuevo en la articulación utilizando la herramienta J-34658 por el lado interno, lubrique en abundancia las pestañas del sello y la cavidad entre el sello y el cojinete con GM 9985254 o con una grasa de cojinete de ruedas equivalente.

17. Coloque el eje propulsor en el conjunto del cubo y cojinete teniendo cuidado de no dañar el sello.

18. Vuelva a conectar la rótula inferior y el acoplamiento de la barra estabilizadora.

19. Coloque en el eje propulsor una nueva tuerca de cubo y cojinete y apriete parcialmente con un par de 74 libras-pie.

20. Coloque el rotor y el calibre (véase la sección Frenos).

21. Coloque la rueda y la cubierta.

22. Apoye el vehículo y apriete la tuerca de cubo con un par de 191 libras-pie.

SUSPENSIÓN DELANTERA

Los vehículos J disponen de un diseño de suspensión delantera formado un puntal MacPherson. Un puntal MacPherson combina las funciones de un amortiguador telescópico y un miembro superior de la suspensión (brazo superior) en una unidad. El puntal está rodeado de un muelle helicoidal que realiza las funciones normales de la suspensión delantera.

El puntal va atornillado a la carrocería en su extremo superior y a la articulación de la dirección en su extremo inferior. El puntal gira con la articulación de la dirección por medio de un conjunto de montaje sellado en el extremo superior, que contiene un cojinete previamente instalado y no ajustable. La articulación de la dirección va conectada al chasis en el extremo inferior por medio de un brazo de control inferior convencional y gira en el brazo mediante un espárrago de rótula previamente instalado por medio de una tuerca almenada y una clavija hendida.

Puntales MacPherson

DESMONTAJE Y MONTAJE

Los puntales mantienen sujetos los muelles sometidos a muy alta tensión, incluso fuera del vehículo. Por esta razón, es necesario disponer de varias herramientas especiales muy caras y de unos conocimientos específicos suficientes para poder trabajar con seguridad y eficacia con estas piezas. No intente reparar el conjunto del puntal si no dispone de estas herramientas especiales.

1. Trabajando por la parte inferior del capó, extraiga apalancando la tapa del amortiguador y a continuación desatornille las tuercas superiores que unen el puntal a la carrocería.

2. Afloje las tuercas de las ruedas, levante y soporte el vehículo y a continuación quite la rueda y la cubierta.

3. Coloque una tapa protectora de ejes propulsores (J-28712).

4. Utilice un extractor de dos brazos y extraiga la barra de acoplamiento de la abrazadera del puntal.

5. Quite los dos pernos que unen el puntal a la articulación de la dirección y extraiga con cuidado el primero.

6. El montaje se efectúa en el orden inverso al de desmontaje. Asegúrese de que las caras planas de las cabezas de los pernos que unen el puntal a la articulación de la dirección quedan horizontales (véase figura).

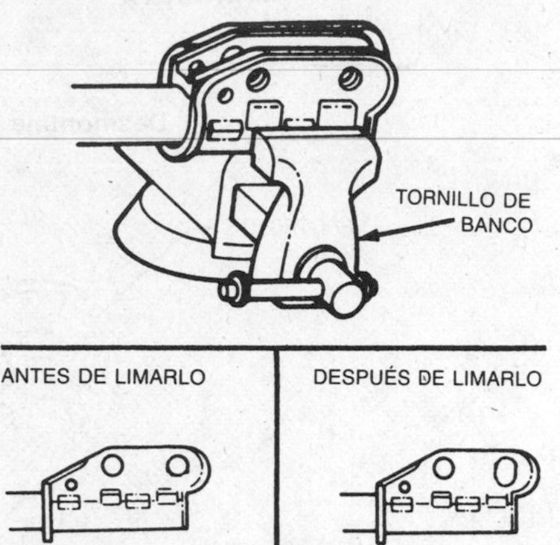

Modificación de los orificios de fijación del puntal

REPARACIONES

En el apartado Reparación de puntales de la sección de Reparaciones del conjunto se encuentran todos los procedimientos de desmontaje y montaje de los muelles y amortiguadores telescópicos y todos los procedimientos de reparación de los puntales.

MODIFICACIÓN DE LOS PUNTALES

Esta modificación se hace únicamente si se prevé un ajuste de la inclinación de las ruedas delanteras.

1. Coloque el puntal en un tornillo de banco, este paso no es absolutamente necesario; el limado puede hacerse simplemente desconectando el puntal de la articulación de la dirección.

2. Lime los orificios en sus rebordes externos a fin de agrandar los orificios del fondo hasta que encajen en las ranuras ya existentes en los rebordes internos.

3. Los procedimientos de ajuste de la inclinación de las ruedas delanteras se detallan más adelante en este mismo capítulo.

Muelles helicoidales

DESMONTAJE Y MONTAJE

ATENCIÓN

Los muelles helicoidales están sometidos a una tensión elevada. Pueden ejercer la fuerza suficiente como para provocar lesiones graves. Tenga mucho cuidado al desmontar la columna para extraer el muelle helicoidal.

Este procedimiento requiere la utilización de un compresor de muelles y varias otras herramientas

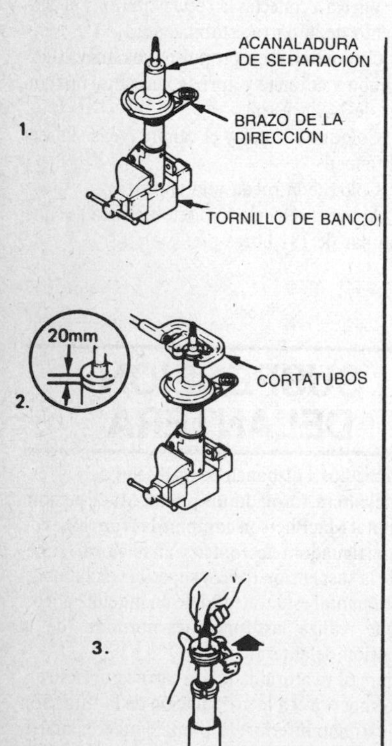

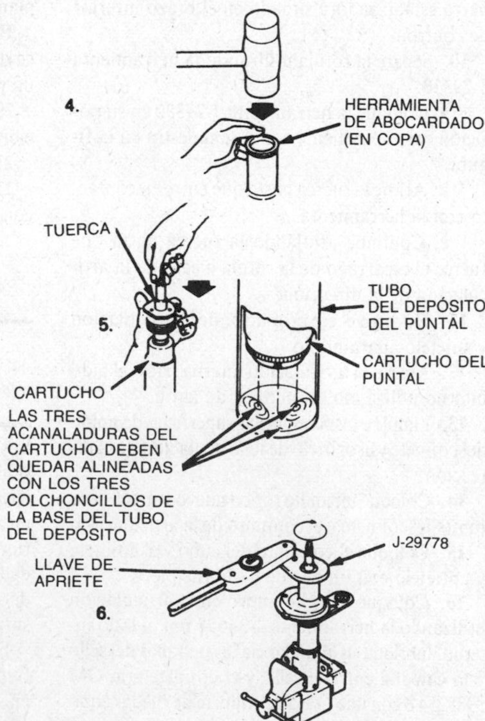

Sustitución del cartucho del puntal

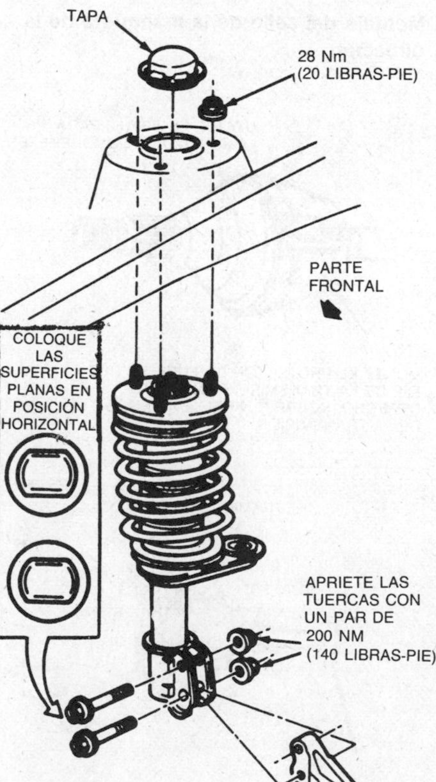

Despiece del conjunto del puntal

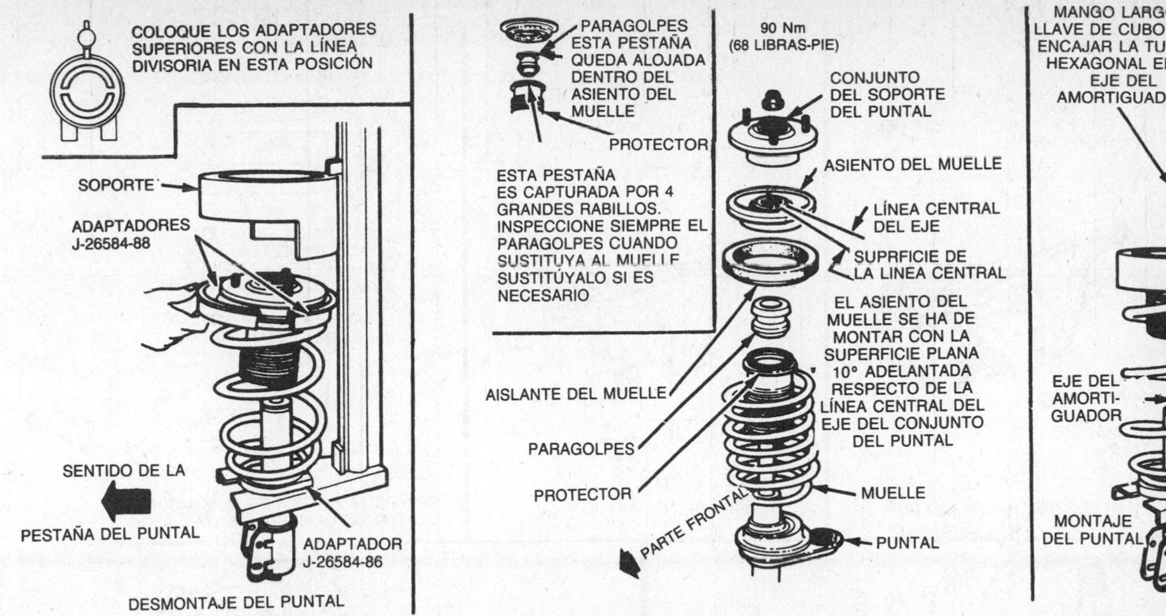

Desmontaje y montaje de los muelles helicoidales

especiales. No puede llevarse a cabo si no se dispone de las mismas. Si no puede conseguir tales herramientas, NO intente desmontar el puntal.

1. Extraiga el conjunto del puntal.

2. Sujete el compresor de muelles (J-26584) en un tornillo de banco. Coloque el conjunto del puntal en el adaptador inferior del compresor y coloque la herramienta especial J-26584-86 (véase figura). Asegúrese de que el adaptador entra en contacto con el puntal y de que han engranado las clavijas de fijación.

3. Gire el conjunto del puntal de forma que la pestaña superior del conjunto de la montura quede alineada con la muesca de sujeción del compresor. Introduzca los dos adaptadores superiores (J-26584-88) entre el conjunto de la montura superior y el asiento superior del muelle. Coloque los adaptadores de forma que las líneas de división queden en las tres y las nueve horas del reloj.

4. Utilizando una llave de cubo de una pulgada, gire el tornillo situado en la parte superior del compresor en el sentido de las agujas del reloj hasta que la pestaña del soporte superior entre en contacto con los adaptadores. Siga girando el tornillo hasta que el muelle helicoidal se haya comprimido aproximadamente media pulgada (cuatro vueltas completas). No llegue nunca al fondo del muelle o hasta la barra del amortiguador del puntal.

5. Desatornille la tuerca del eje del amortiguador del puntal y a continuación extraiga el conjunto del soporte superior.

6. Gire el tornillo de ajuste del compresor en el sentido contrario a las agujas del reloj hasta que desaparezca la tensión del muelle. Extraiga los adaptadores y a continuación el muelle helicoidal.

7. Cuando coloque un muelle nuevo, NUNCA coloque una herramienta dura, como por ejemplo unos alicates o un destornillador, en la superficie pulida del eje del amortiguador. Puede sujetar el eje con los dedos o con una prolongación de ejes para evitar que retroceda hacia el conjunto del puntal cuando se está comprimiendo el muelle.

8. El montaje se efectúa en el orden inverso al de desmontaje.

Amortiguadores telescópicos

DESMONTAJE Y MONTAJE

El conjunto del pistón, el cilindro y líquido pueden sustituirse utilizando un cartucho de repuesto y una tuerca. Las roscas internas están situadas en el interior del tubo inmediatamente debajo de una ranura.

1. Extraiga el puntal y los muelles helicoidales. Fije el puntal en un tornillo de banco. No lo apriete excesivamente, ya que podría resultar dañado el tubo del mismo.

2. Sitúe la ranura justo debajo del extremo superior del tubo del puntal. Es imperioso que esta ranura quede colocada en su posición exacta, ya que cualquier desplazamiento provocará daños en la rosca interna. Utilizando una sierra de tubos, corte alrededor de la acanaladura hasta que se haya cortado el tubo completamente.

3. Extraiga y tire el extremo sobrante, y el conjunto del cilindro y de la varilla del pistón. Extraiga el conjunto del puntal del tornillo de banco y tire el líquido.

4. Vuelva a fijar el puntal en el tornillo de banco. En el cartucho de repuesto se incluye una herramienta de abocardado para abocardar y eliminar las rebabas del extremo cortado del tubo del puntal. Coloque la copa de abocardado en el extremo abierto del tubo y golpéela con una maza hasta que su superficie externa plana quede apoyada en el extremo superior del tubo. Quite la copa y tírela.

5. Intente apretar la nueva tuerca para asegurarse de que rosca correctamente. Si no es así, utilice de nuevo la copa de abocardado hasta que lo haga.

6. Coloque el nuevo cartucho del puntal en el tubo. Gire el cartucho hasta que asiente en las entradas situadas en la base del tubo. Coloque la tuerca sobre el cartucho.

7. Apriete la tuerca con un par de 140-170 libras-pie. Tire de la varilla del pistón hacia arriba y hacia abajo y compruebe si funciona debidamente.

8. El montaje del resto de los componentes se efectúa en el orden inverso al de desmontaje.

Rótulas

INSPECCIÓN

1. Levante y soporte la parte delantera del vehículo y deje que la suspensión cuelgue libremente.

2. Agarre la rueda por sus partes superior e inferior y sacúdala hacia adentro y hacia afuera alternativamente, compruebe si la articulación de la dirección presenta algún movimiento horizontal respecto del brazo inferior de control. Sustituya la rótula si observa tal movimiento.

3. Si la rótula se desconecta de la articulación de la dirección y se detecta que existe un cierto juego, o si puede girarse el espárrago de la rótula en el orificio hembra haciendo presión con los dedos, sustituya la rótula.

DESMONTAJE Y MONTAJE

NOTA: Este procedimiento requiere la utilización de una herramienta especial. Existe sólo una rótula en cada brazo inferior. El diseño de puntal MacPherson no dispone de rótula superior.

1. Afloje las tuercas de la rueda, levante el vehículo y quite la rueda.

UTILIZANDO UNA BROCA DE 1/8 DE PULGADA, PERFORE UN ORIFICIO GUÍA A TRAVÉS DEL REMACHE

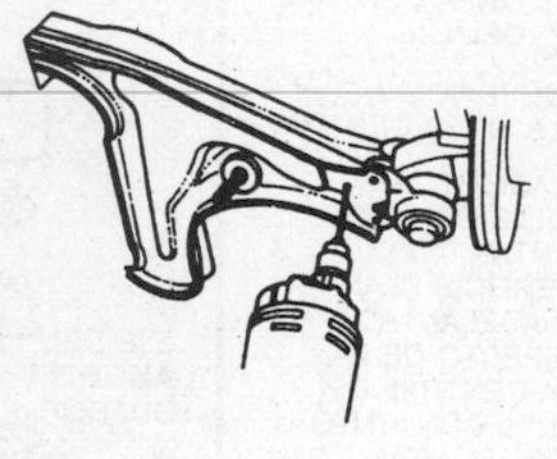

PERFORE UN ORIFICIO GUÍA

UTILIZANDO UNA BROCA DE 1/2 DE PULGADA O 13 mm, PERFORE COMPLETAMENTE EL REMACHE Y SAQUE LA RÓTULA. NO EJERZA DEMASIADA FUERZA PARA DESMONTARLA.

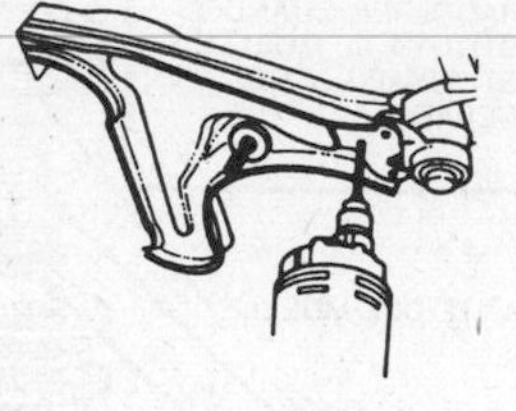

PERFORE EL ORIFICIO FINAL

COLOQUE LA HERRAMIENTA J-29330 EN SU POSICIÓN COMO SE MUESTRA. AFLOJE LA TUERCA Y DESATORNÍLLELA HASTA QUE...

... LA TUERCA ENTRE EN CONTACTO CON LA HERRAMIENTA. CONTINÚE DESATORNILLANDO LA TUERCA HASTA QUE HAGA QUE EL ESPÁRRAGO DE LA RÓTULA SALGA DE LA MANGUETA

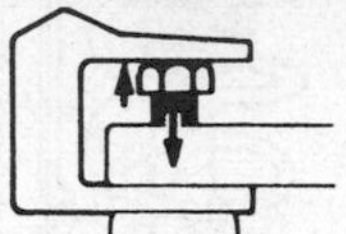

SEPARE LA RÓTULA DE LA MANGUETA UTILIZANDO LA HERRAMIENTA J-29330

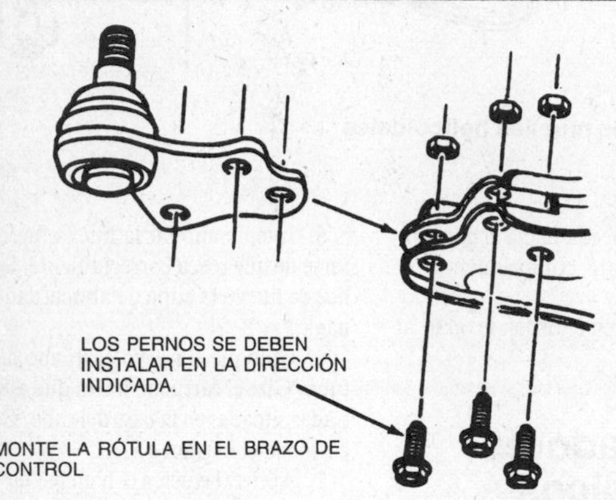

MONTE LA RÓTULA EN EL BRAZO DE CONTROL

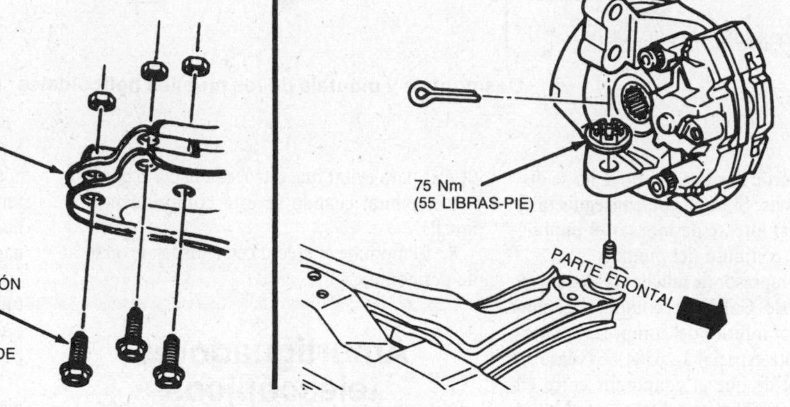

Desmontaje y montaje de las rótulas

2. Utilice una broca de 1/8 de pulgada para taladrar un orificio a través del centro de cada uno de los tres remaches de la rótula.

3. Utilice una broca de 1/2 de pulgada para taladrar completamente el remache.

4. Utilice un martillo y un punzón perforador para extraer los remaches. Extráigalos por la parte inferior.

5. Utilice la herramienta especial J-29330 o un extractor de rótulas para separar la rótula de la articulación de la dirección (véase figura). No olvide sacar la clavija hendida.

6. Desconecte la barra estabilizadora del brazo inferior de control. Saque la rótula.

7. Coloque la nueva rótula en el brazo de control con los tres pernos suministrados como se muestra en la figura. El montaje del resto de los componentes se efectúa en el orden inverso al de desmontaje. Utilice una clavija hendida nueva al colocar la tuerca almenada sobre la rótula. Compruebe la graduación de la convergencia de las ruedas y ajústelas si es necesario.

Brazo de control

DESMONTAJE Y MONTAJE

1. Levante y soporte la parte delantera del vehículo. Extraiga la rueda.

2. Desconecte la barra estabilizadora del brazo de control y/o soporte.

3. Separe la rótula de la articulación como se ha descrito anteriormente.

4. Extraiga los dos pernos que unen el brazo de control al soporte y extraiga el brazo de control.

5. Si es necesario desmontar la barra del soporte del brazo de control, desatornille los seis tornillos de fijación y extraiga el soporte.

6. El montaje se efectúa en el orden inverso al de desmontaje. Apriete los pernos de la guía del soporte del brazo de control siguiendo la secuencia mostrada. Verifique la convergencia de las ruedas y ajústela si es necesario.

Cojinetes de las ruedas

Los cojinetes de las ruedas delanteras están sellados y no son ajustables, lo cual no requiere una atención periódica. Van atornillados a la articulación de la dirección por medio de una pestaña integral.

SUSTITUCIÓN

NOTA: Este procedimiento requiere la utilización de herramientas especiales. Necesitará una herramienta especial para extraer el cojinete del semieje, herramienta GM nº J-28733 o su equivalente. Debería utilizar también un protector de forros de semieje, herramienta GM nº J-28712 o su equivalente para impedir que resulten dañadas las piezas.

1. Quite la tapa de la rueda, afloje la tuerca del cubo y levante y soporte el vehículo. Quite la rueda delantera.

2. Coloque la tapa del forro, pieza GM nº J-28712 o su equivalente. Quite y tire la tuerca del cubo. Asegúrese de utilizar una nueva en el montaje, y no vuelva a colocar la que existía anteriormente.

3. Extraiga el calibre y el rotor del freno:

a. Quite los pernos de cabeza Allen de sujeción del calibre.

b. Saque el calibre de la articulación de la dirección y manténgalo colgando de un trozo de alambre. No deje que el calibre cuelgue del manguito del freno. Extraiga el rotor de la articulación de la dirección.

4. Extraiga los tres pernos de sujeción del cubo y el cojinete. Si se piensa volver a utilizar el mismo cojinete, haga señales de referencia en los pernos y orificios para su montaje. Deberá extraerse también la protección del rotor del freno.

5. Acople un extractor, pieza GM nº J-28733 o su equivalente, y extraiga el cojinete. Si está corroído, asegúrese de que el cojinete tiene un cier-

SECUENCIA DE APRIETE DEL PERNO/TORNILLO DE SUJECIÓN DEL CONJUNTO DEL SOPORTE DE LA SUSPENSIÓN DELANTERA

1. MONTE SIN APRETAR EL PERNO CENTRAL EN EL ORIFICIO (A)
2. MONTE SIN APRETAR EL PERNO DEL TIRANTE EN EL ORIFICIO EXTERIOR (B)
3. MONTE LOS DOS PERNOS POSTERIORES EN LOS ORIFICIOS (C). APRIÉTELOS
4. MONTE EL PERNO EN EL ORIFICIO CENTRAL (D) Y A CONTINUACIÓN APRIÉTELO
5. APRIETE EL PERNO COLOCADO EN EL ORIFICIO (A)
6. MONTE EL PERNO EN EL ORIFICIO FRONTAL (E) Y A CONTINUACIÓN APRIÉTELO
7. APRIETE EL PERNO DEL ORIFICIO (B)

PERNOS ENTRE LOS SOPORTES Y LA CARROCERÍA... 90 Nm (63 LIBRAS-PIE)

PERNOS DEL PIVOT DEL BRAZO INFERIOR DE CONTROL 95 Nm (67 LIBRAS-PIE)

SOPORTE

BRAZO INFERIOR DE CONTROL

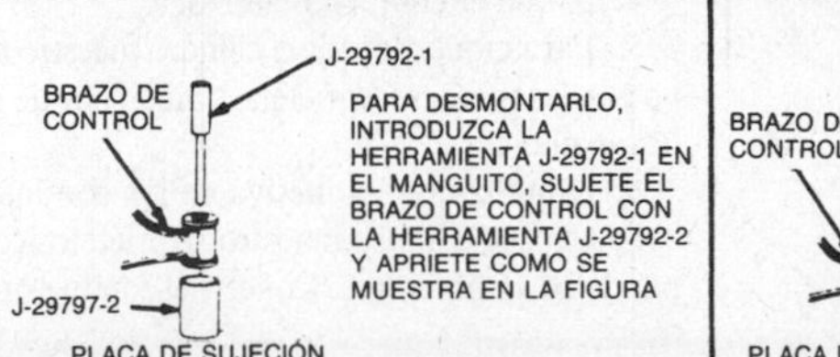

PARA MONTARLO, SUJETE EL BRAZO DE CONTROL MEDIANTE UNA J-29792-3, COLOQUE EL MANGUITO EN LA J-29792-2 Y INTRODUZCA A PRESIÓN EL MANGUITO EN EL BRAZO DE CONTROL UTILIZANDO LA J-29792-1. LUBRIQUE EL MANGUITO

BRAZO DE CONTROL

J-29792-2

J-29792-3

PLACA DE SUJECIÓN

Montaje del carril de sujeción de la suspensión delantera (brazo de control); asegúrese de que sigue la secuencia de apriete al pie de la letra

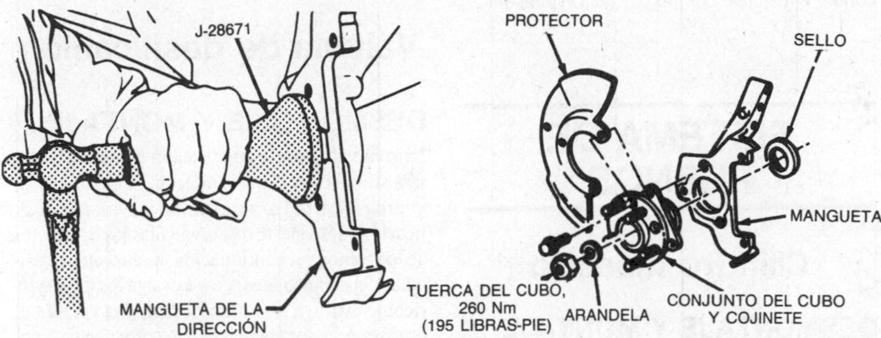

Utilice un montador de sellos cuando monte el nuevo sello en la mangueta

Fijación del conjunto del cubo y cojinete a la mangueta

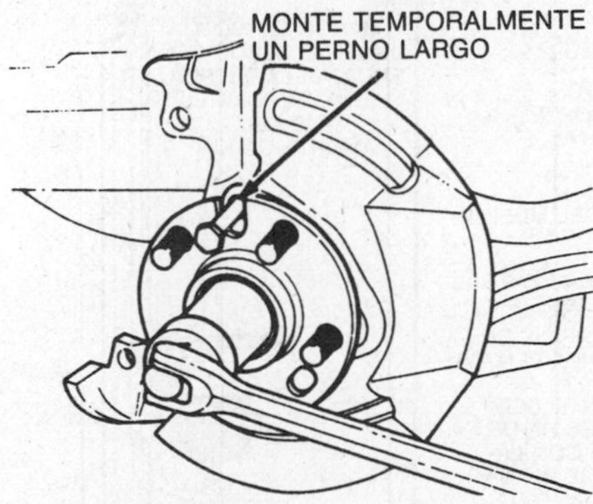

Introduzca un perno en el rotor cuando apriete la tuerca del cubo

to juego en la articulación antes de utilizar el extractor.

6. Elimine toda la suciedad y la corrosión de las superficies de unión. Compruebe si están dañados el orificio y sello de la articulación. Si se piensa colocar un cojinete nuevo, quite el sello de la articulación y coloque uno nuevo. Engrase las pestañas del nuevo sello antes de su colocación; colóquelo con un instalador de sellos hecho específicamente para este fin, herramienta GM nº J-28671 o su equivalente.

7. Empuje el cojinete a través del semieje. Coloque una arandela y tuerca de cubo nuevas.

8. Apriete la nueva tuerca de cubo en el semieje hasta que asiente bien el cojinete. Si el rotor y el cubo comienzan a girar al apretar la tuerca del cubo, introduzca un perno largo a través de la acanaladura existente en el conjunto del cubo para impedir que éste gire. No apriete totalmente la tuerca del cubo por el momento, simplemente coloque el sello del cojinete.

9. Coloque la protección, el freno y los pernos de sujeción del cojinete. Apriételos uniformemente con un par de 40 libras-pie.

10. Coloque el calibre y el rotor. Asegúrese de que el manguito del rotor no está retorcido. Coloque los pernos del calibre y apriételos con un par de 21-35 libras-pie.

11. Coloque la rueda. Apoye el vehículo en el suelo. Apriete la tuerca del cubo con un par de 185 libras-pie.

SUSPENSIÓN TRASERA

Amortiguador telescópico

DESMONTAJE Y MONTAJE

1. Abra la puerta o tapa del maletero, extraiga la tapa de adorno si existe y saque la tuerca superior del amortiguador telescópico.

2. Levante y soporte el vehículo a una altura cómoda para trabajar si así lo desea. No es necesario que los amortiguadores telescópicos queden liberados del peso, así que puede dejar el vehículo apoyado en el suelo si lo prefiere.

3. Extraiga el perno inferior de fijación y el amortiguador telescópico.

4. Si piensa colocar amortiguadores telescópicos nuevos, comprímalos repetidas veces en posición invertida y extiéndalos en su posición vertical normal. Esto permitirá purgar el aire que contienen.

5. Monte los amortiguadores telescópicos en el orden inverso al de desmontaje. Apriete la tuerca y el perno inferior del soporte con un par de 55 libras-pie y la superior con un par de 13 libras-pie.

Muelles helicoidales

DESMONTAJE Y MONTAJE

ATENCIÓN

Los muelles helicoidales están sometidos a una tensión elevada. Tenga cuidado al desmontarlos o colocarlos; pueden ejercer fuerza suficiente como para provocar lesiones muy graves.

1. Levante y soporte el vehículo mediante una grúa de elevación. No utilice un elevador hidráulico de dos brazos. Puede ocurrir que la parte arqueada del árbol de transmisión se deslice de la grúa de elevación al extraer los pernos. Si no se dispone de una grúa adecuada, levante y soporte el vehículo en caballetes y coloque un gato hidráulico bajo el eje.

2. Soporte el eje con un caballete que pueda elevarse y bajarse.

3. Quite las abrazaderas de sujeción del manguito del freno (derecha e izquierda), dejando que los mismos cuelguen libremente. No los desconecte.

4. Extraiga los dos pernos de sujeción inferiores del amortiguador telescópico fuera del eje.

5. Apoye el eje. Saque el muelle helicoidal y el aislante.

6. Para montarlos, coloque el muelle y el aislante sobre el eje. La pierna de la parte superior del muelle helicoidal debe quedar paralela al brazo, de cara al lado izquierdo del vehículo.

7. Coloque los pernos del amortiguador telescópico. Apriételos con un par de 41 libras-pie. Coloque las abrazaderas de los conductos de los frenos. Apriételas con un par de 8 libras-pie.

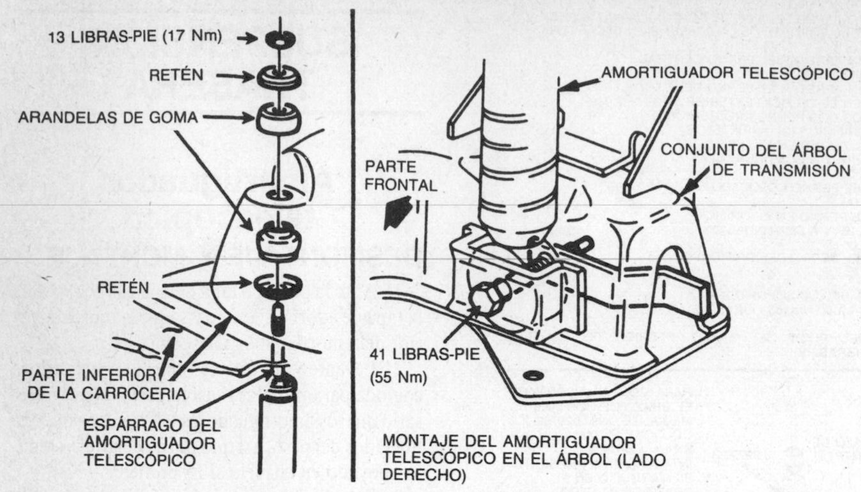

Despiece del amortiguador telescópico

Cubo y cojinete traseros

DESMONTAJE Y MONTAJE

1. Afloje las tuercas de aletas de las ruedas. Levante y soporte el vehículo y quite la rueda.

2. Saque el tambor del freno.

NOTA: No golpee con un martillo el tambor del freno para sacarlo; resultaría dañado el cojinete.

3. Quite los cuatro pernos de fijación del cubo y del cojinete y extraiga el conjunto fuera del eje. Al extraer el conjunto del cubo y del cojinete el perno superior de sujeción trasero no quedará libre de la zapata del freno. Extraiga parcialmente el conjunto del cubo y del cojinete antes de quitar este perno.

4. El montaje se efectúa en el orden inverso al de desmontaje. Apriete el perno del conjunto del cubo y el cojinete con un par de 39 libras-pie.

SISTEMA DE FRENOS

Cilindro maestro

DESMONTAJE Y MONTAJE

1. Desconecte el conector eléctrico del cilindro maestro.

2. Coloque algunos paños o un recipiente bajo el cilindro maestro para recoger el líquido de frenos. Desconecte los tubos de los frenos que salen del cilindro maestro; utilice una llave para tuercas abocardadas si dispone de ella. Cubra con cinta adhesiva los extremos abiertos de los tubos.

NOTA: El líquido de frenos destruye la pintura. Limpie inmediatamente el líquido derramado y a continuación rocíe la zona afectada con agua limpia.

3. Quite las dos tuercas que unen el cilindro maestro al servo o al mamparo contraincendios.

4. Saque el cilindro maestro.

5. Para montarlo, fije el cilindro maestro al servo con las tuercas. Apriételas con un par de 22-30 libras-pie.

6. Quite la cinta adhesiva de los conductos y conéctelos al cilindro maestro. Apriételos con un par de 10-15 libras-pie. Conecte el conductor eléctrico.

7. Purgue el líquido de frenos.

Válvula de dosificación

DESMONTAJE Y MONTAJE

Existen válvulas de dosificación delantera y trasera situadas en la parte inferior izquierda del cilindro maestro. Para extraer las válvulas de dosificación, desconecte de las válvulas los conductos de los frenos y a continuación desconecte las válvulas del cilindro maestro y extraiga los anillos tóricos. Sustituya los anillos tóricos y la válvula de dosificación por elementos nuevos y vuelva a colocarlos en el cilindro maestro. Apriete las válvulas de dosificación con un par de 18-30 libras-pie.

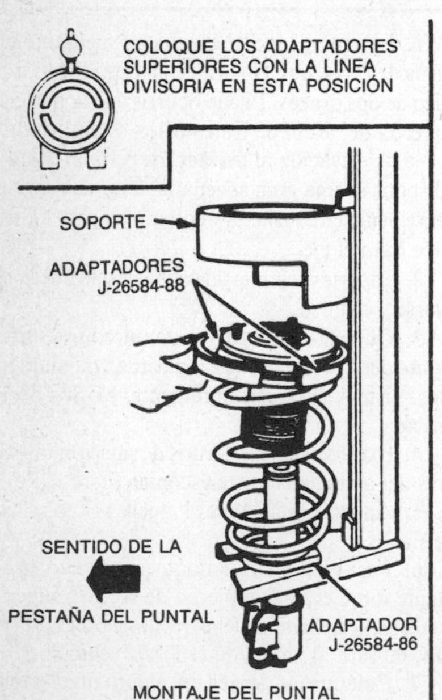

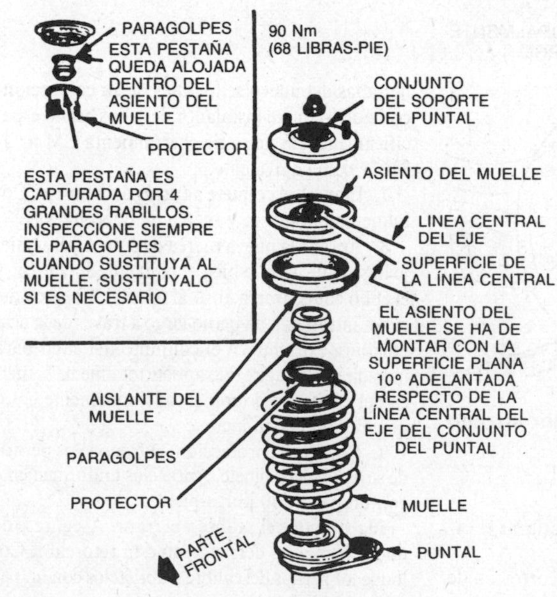

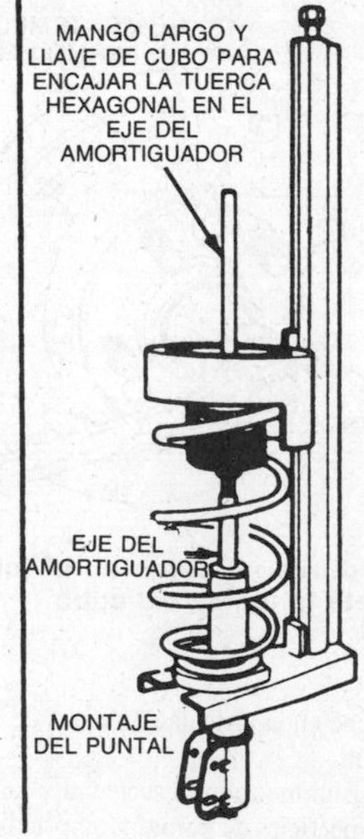

Desmontaje y montaje de los muelles helicoidales

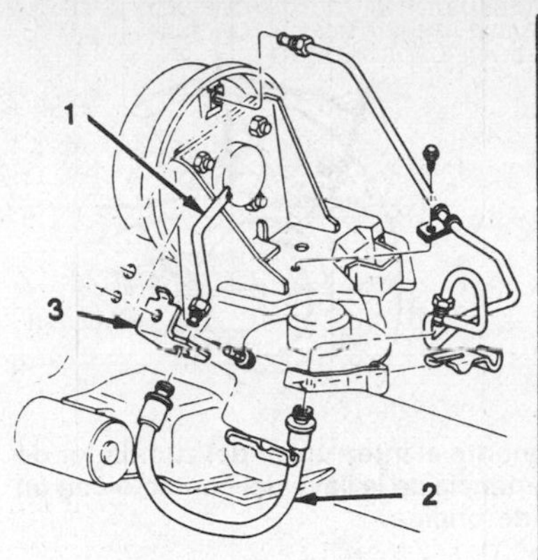

1. Tubo central del freno
2. Manguera del líquido de frenos
3. Soporte del tubo de líquido de frenos
4. Parte inferior de la carrocería
5. Aislante del muelle
6. Muelle
7. Amortiguador de compresión
8. Conjunto del árbol de la transmisión
9. 0,549'' (15 mm) máximo
10. Muelle
11. Pieza tope del asiento del muelle

Despiece del muelle trasero

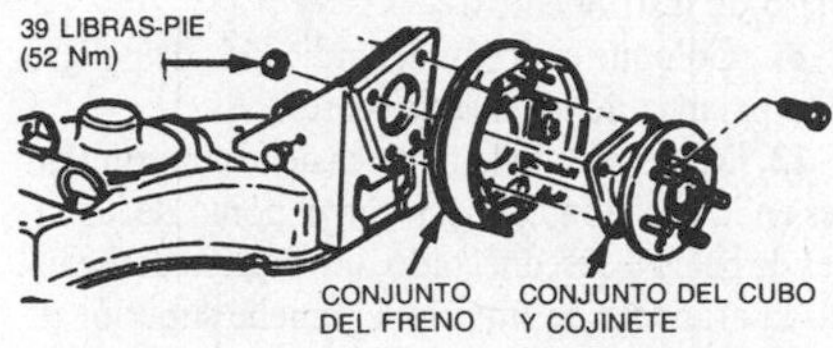

Conjunto del cubo y cojinete trasero

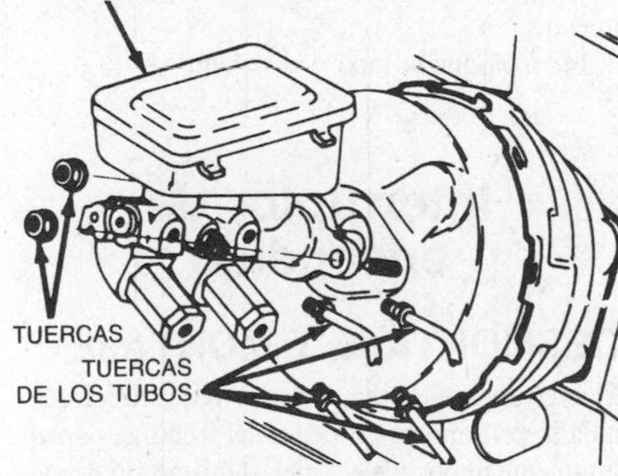

Montaje del cilindro maestro en vehículos que disponen de servofrenos

Reforzador de vacío (Servo)

DESMONTAJE Y MONTAJE

1. Saque el cilindro maestro del reforzador de vacío. No es necesario desconectar los conductos del cilindro maestro. Simplemente aparte el cilindro a un lado.

2. Desconecte la barra de empuje del reforzador de vacío sacándola del pedal del freno en el interior del vehículo. Esta barra está sujeta por un perno. El perno tiene bajo su cabeza una arandela elástica y existe una arandela plana en el otro lado del ojal de la barra de empuje, junto al brazo del pedal.

3. Quite las cuatro tuercas de sujeción por la parte interior del vehículo. Extraiga el reforzador de vacío.

4. Coloque el reforzador de vacío en el mamparo contraincendio. Apriete las tuercas de fijación con un par de 22-33 libras-pie.

5. Conecte la barra de empuje al pedal del freno.

6. Coloque el cilindro. Apriételo con un par de 22-33 libras libras-pie.

Cilindro de la rueda

DESMONTAJE Y MONTAJE

1. Levante la parte trasera del vehículo y sopórtelo con seguridad.

2. Quite el conjunto de la rueda trasera y tambor del freno.

3. Desconecte la tuerca del tubo de entrada y desconéctelo del cilindro de la rueda.

4. Quite el retenedor del cilindro de la rueda utilizando dos punzones o clavijas de 1/8 de pulgada de diámetro o menos.

a. Introduzca los punzones o pasadores en las ranuras de acceso entre la guía del cilindro y las aletas de bloqueo del retenedor.

b. Rompa las dos aletas simultáneamente.

5. Saque el cilindro de la rueda.

Para montarlo:

1. Coloque el cilindro de la rueda y manténgalo en su posición correspondiente utilizando un bloque de madera.

2. Coloque un retenedor nuevo en el empalme del cilindro de la rueda utilizando una llave de cubo de 1/8 de pulgada de doce lados y un mango.

3. Vuelva a conectar la tuerca del tubo de entrada y apriétela con un par de 12 libras-pie.

4. Vuelva a instalar el tambor del freno y purgue el sistema de frenos.

5. Coloque las ruedas, apoye el vehículo y compruebe si existen fugas.

Freno de mano (Estacionamiento)

AJUSTE

1. Levante y soporte el vehículo con las dos ruedas traseras en el aire.

2. Accione la palanca del freno de mano exactamente dos clics de trinquete.

NOTA: Para evitar que resulte dañada la varilla de ajuste roscada, limpie y lubrique totalmente las roscas antes de apretar o aflojar la tuerca de ajuste.

3. Afloje la contratuerca de seguridad del equilibrador y a continuación apriete la tuerca de ajuste hasta que pueda girarse la rueda trasera izquierda hacia atrás con las dos manos, pero quede bloqueada cuando se intente hacerla girar hacia adelante.

4. Apriete la contratuerca de seguridad.

5. Suelte el freno de mano. Gire las ruedas traseras, no debería existir resistencia alguna.

6. Apoye el vehículo.

DESMONTAJE Y MONTAJE DE LOS CABLES

Cable delantero

1. Coloque la palanca de velocidades en punto muerto (Neutral) y accione el freno de mano.

2. Quite la consola central.

3. Desconecte el cable del freno de mano que va a la palanca del mismo.

4. Quite la tuerca de sujeción del cable y la abrazadera que sujeta el cable delantero al panel del fondo.

5. Levante el vehículo y afloje la tuerca del equilibrador.

6. Afloje el protector del convertidor catalítico y a continuación quite el cable del freno de mano de la carrocería.

7. Desconecte el cable del equilibrador y a continuación extráigalo de la guía y de los clips de la parte inferior de la carrocería.

8. Invierta el procedimiento y ajuste el cable.

Cables traseros derecho e izquierdo

1. Levante y soporte la parte trasera del vehículo.

2. Afloje la tuerca del equilibrador hasta que desaparezca la tensión en el cable.

3. Quite las cubiertas, ruedas y tambores de freno.

4. Introduzca un destornillador entre la zapata del freno y la parte superior de la abrazadera del ajustador del freno. Empuje la abrazadera hacia adelante y a continuación suelte la varilla superior del ajustador del freno.

5. Extraiga el muelle de sujeción trasero. Extraiga la palanca del activador y el muelle de recuperación de la palanca.

6. Saque el muelle del tornillo ajustador.

7. Quite el muelle superior de recuperación de la zapata del freno trasero.

8. Desenganche el cable del freno de mano de la palanca del mismo.

9. Doble los rabillos de retención del rácor del

conducto y a continuación extraiga el rácor de la placa de refuerzo.

10. Extraiga del conector el botón del extremo del cable.

11. Presione sobre los rabillos de retención del rácor del conducto y extráigalo del soporte del eje.

12. Invierta el procedimiento para instalar y ajustar el cable.

DIRECCIÓN

Volante

DESMONTAJE Y MONTAJE

Volante estándar

1. Desconecte el cable negativo de la batería.
2. Quite el colchoncillo del volante. El conductor de la bocina va acoplado al taco en un extremo; el otro extremo del taco tiene un cable con un conector de espada. El conductor de la bocina se desconecta tirando y girando el mismo. El conector en espada se desconecta fácilmente.
3. Extraiga el retén situado bajo el colchoncillo (si existe).
4. Quite la tuerca del eje de la dirección.
5. Deberían existir ya señales de alineación en el volante y el eje del mismo. Si no es así, haga señales de referencia en ambas piezas.
6. Saque el volante con un extractor.
7. Coloque el volante sobre el eje, alineando las señales de referencia. Coloque la tuerca del eje del volante y apriétela con un par de 30 libras-pie.
8. Coloque el retén.
9. Conecte el conector en espada y empuje y gire el conector de la bocina para conectarlo. Coloque el colchoncillo. Conecte el cable negativo de la batería.

Volante tipo «sport»

1. Desconecte el cable negativo de la batería.
2. Apalanque el casquillo central del volante.
3. Extraiga el retenedor (si dispone de éste).
4. Quite la tuerca del eje del volante.
5. Si el volante y el eje no disponen de señales de alineación hechas en fábrica, haga marcas de referencia en ambas piezas antes de extraer el volante.
6. Coloque un extractor y saque el volante. Debajo del mismo se encuentran un muelle, un ojal y un aislante de la bocina; no pierda estas piezas.
7. Coloque el muelle, ojal y aislante en la columna de la dirección.
8. Alinee las señales de referencia y coloque el volante en el eje. Coloque la tuerca de sujeción y apriétela con un par de 30 libras-pie.
9. Coloque el retenedor. Coloque el casquillo central. Coloque el cable negativo de la batería.

Interruptor de intermitentes (Luz de giro)

DESMONTAJE Y MONTAJE

1. Quite el volante. Quite la tapa recortada.
2. Apalanque la tapa sacándola de la columna de la dirección.
3. Coloque un compresor de placas de cierre en U en el extremo del eje del volante y comprima la placa de cierre girando la tuerca del eje en el sentido de las agujas del reloj. Apalanque el aro de retención del cable sacándolo de la acanaladura del eje.
4. Quite la herramienta y levante la placa de cierre sacándola del eje.
5. Extraiga la leva de los intermitentes, el muelle de carga inicial superior del cojinete y la arandela de empuje fuera del eje.
6. Extraiga la palanca de los intermitentes. Extraiga el tornillo de sujeción del botón del indicador de peligro y saque el botón, el muelle y el mando.
7. Extraiga el conector del interruptor fuera de la camisa del mástil y coloque cinta adhesiva en la pieza superior para facilitar la extracción del interruptor. Coloque un trozo largo de alambre al conector del interruptor de intermitentes. Al instalarlo, introduzca primero el alambre a través de la columna de la dirección y a continuación utilice este alambre para tirar del conector del interruptor hasta que alcance su posición. En el caso de volantes regulables, coloque la carcasa del interruptor y de la palanca de los intermitentes en la posición inferior y extraiga la tapa del colector de cables.
8. Quite los tres tornillos de sujeción del interruptor. Quite el interruptor tirando de él hacia arriba y guiando a la vez la tapa del colector de cables a través de la columna.
9. Coloque el interruptor de repuesto introduciendo el conector y la tapa hacia abajo a través de la carcasa y colóquelo debajo de la abrazadera. En los modelos con volante regulable, se introduce el conector a través de la carcasa, situándolo debajo de la abrazadera, y a continuación se instala la tapa en el colector de cables.
10. Coloque los tornillos de montaje de los interruptores y del conector en la abrazadera de la camisa del mástil. Coloque la placa recortada que va situada entre la columna de la dirección y el tablero de instrumentos.
11. Coloque el botón del indicador de peligro y la palanca de los intermitentes.
12. Manteniendo la palanca de los intermitentes en la posición neutra y con el pomo de las luces de peligro desconectado, introduzca deslizando la arandela de empuje, el muelle superior de carga inicial del cojinete y la leva de desconexión en el eje del volante.
13. Coloque la placa de cierre en el eje e introdúzcala hasta que pueda introducirse un anillo de retención nuevo en la acanaladura del eje. En el montaje utilice siempre un anillo de retención nuevo.
14. Coloque la tapa y el volante.

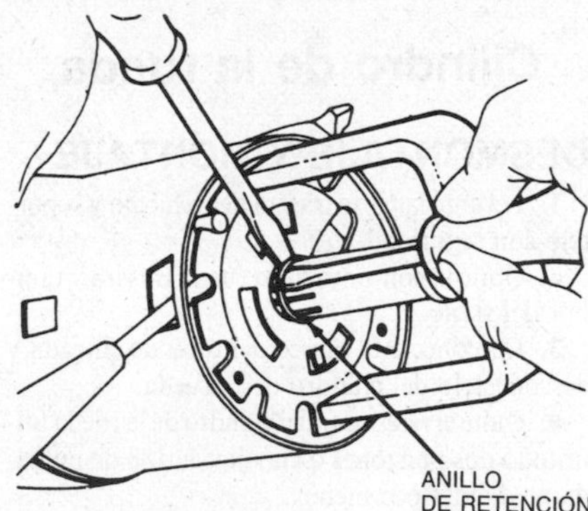

Apriete la placa de cierre y quite el anillo de retención.

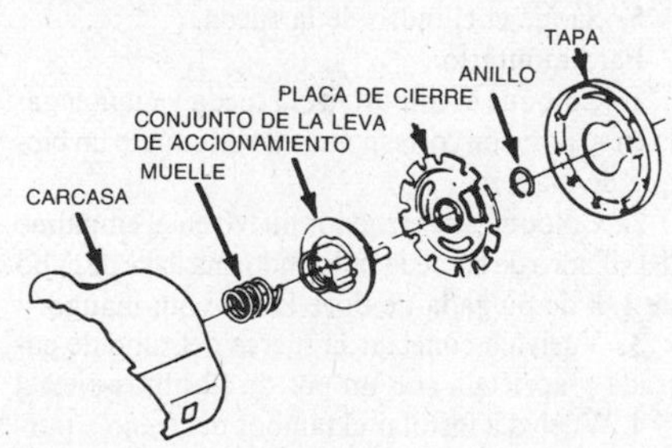

Desmonte estas piezas para acceder al interruptor de los intermitentes

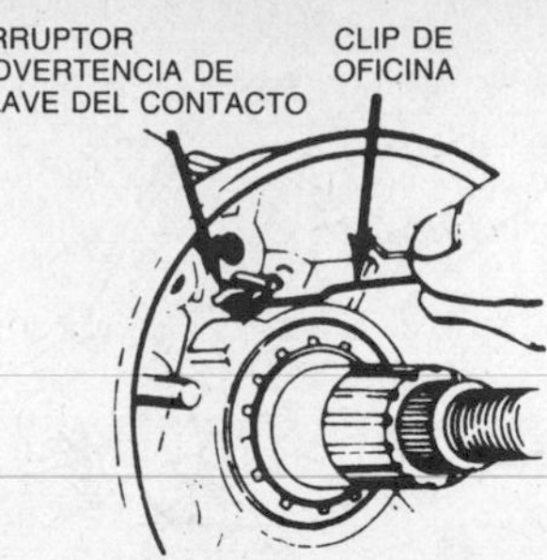

Desmonte el interruptor del zumbador de advertencia de la llave del contacto con un clip de oficina

Interruptor de encendido

DESMONTAJE Y MONTAJE

El interruptor está situado dentro de la sección acanalada del soporte del pedal del freno y es absolutamente imposible acceder al mismo sin primero bajar la columna de la dirección. El contacto se activa mediante un conjunto formado por una varilla y una cremallera. Hay un engranaje en el extremo del cilindro del bloque que engrana con el extremo superior dentado de la varilla.

1. Baje la columna de la dirección; asegúrese de sujetarla.
2. Coloque el contacto en la posición OFF-UNLOCKED. Con el cilindro extraído, la varilla está en la posición OFF-UNLOCKED cuando se encuentra en el diente anterior al más elevado.
3. Quite los dos tornillos del contacto y extraiga el conjunto del mismo.
4. Antes de montarlo, coloque el nuevo contacto en la posición OFF-UNLOCKED y asegúrese de que tanto el cilindro de bloqueo como la varilla de activación están en la posición OFF-UNLOCKED (segundo diente a partir de la parte superior).

5. Coloque la varilla de accionamiento en el interruptor y móntelo en la columna. Apriete los tornillos de montaje. Utilice únicamente los tornillos especificados, ya que unos tornillos excesivamente largos podrían dificultar el abatimiento de la columna.

6. Vuelva a colocar la columna de la dirección.

Cilindro de bloqueo del contacto

DESMONTAJE Y MONTAJE

1. Quite el volante.

2. Coloque el contacto en la posición RUN.

3. Quite la placa de bloqueo, el interruptor de los intermitentes o el interruptor combinado y el interruptor del zumbador de advertencia de la llave. El interruptor del zumbador de advertencia puede extraerse con un clip de papeles doblado.

4. Quite el tornillo de fijación del cilindro de bloqueo y extráigalo.

ATENCIÓN

Si el tornillo se cae eal extraerlo, podría caer dentro de la columna, lo cual haría necesario desmontar ésta completamente para recuperar el tornillo.

5. Gire el cilindro en el sentido de las agujas del reloj para alinear la chaveta del cilindro con el chavetero de la carcasa.

6. Introduzca el cilindro de bloqueo hasta el fondo.

7. Coloque el tornillo. Apriételo con un par de 15 libras-pulgada.

8. El montaje del resto de los componentes se efectúa en el orden inverso al de desmontaje. Coloque el contacto en la posición RUN para instalar el interruptor del zumbador de advertencia del contacto, que se coloca en su posición correspondiente simplemente introduciéndolo a presión.

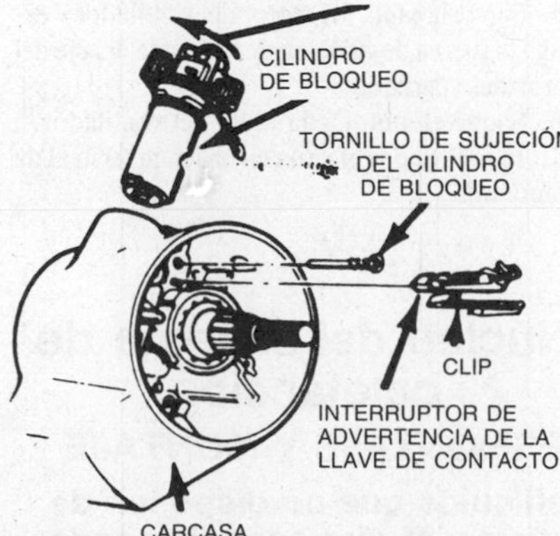

Montaje del cilindro de bloqueo

Bomba de la servodirección

DESMONTAJE Y MONTAJE

1. Desconecte el cable negativo de la batería.

2. Desconecte la manguera de ventilación del carburador.

3. Afloje el perno de ajuste y el perno guía de la bomba y a continuación quite la correa de accionamiento de la bomba.

4. Quite los tres pernos que unen la bomba a la abrazadera y extraiga el perno de ajuste.

5. Quite el rácor de alta presión de la bomba.

6. Desconecte la manguera que va del depósito a la bomba.

7. Saque la bomba.

8. El montaje se efectúa en el orden inverso al de desmontaje. Ajuste la tensión de la correa y purgue el sistema.

Cremallera y piñón

DESMONTAJE Y MONTAJE

1. Saque el silenciador por el lado del conductor.

2. Tire hacia abajo de la columna de la dirección del conjunto del sello, trabajando por debajo del panel de instrumentos, y extraiga el perno superior de la abrazadera del acoplamiento flexible.

3. Saque el filtro del aire y el botc de detergente para el limpiaparabrisas.

4. En los modelos con bomba de dirección hidráulica, desconecte el conducto de presión del mecanismo de la dirección y quite el tornillo de sujeción de la abrazadera del conducto de presión al capó. Aparte a un lado el conducto de presión.

5. Levante y soporte el vehículo en caballetes.

6. Quite las dos ruedas delanteras.

7. Desconecte las dos barras de acoplamiento de los puntales.

8. Apoye el vehículo.

9. Quite la abrazadera derecha del soporte de la cremallera.

10. Quite la abrazadera izquierda del soporte de la cremallera.

11. Mueva el mecanismo de la dirección ligeramente hacia adelante. En los modelos con dirección hidráulica, desconecte la tubería de retorno del líquido del mecanismo de la dirección.

12. Quite el perno de presión inferior de la abrazadera del acoplamiento flexible y separe la cremallera del acoplamiento.

13. Quite el sello del salpicadero del conjunto de la cremallera.

14. Levante y soporte el vehículo en caballetes.

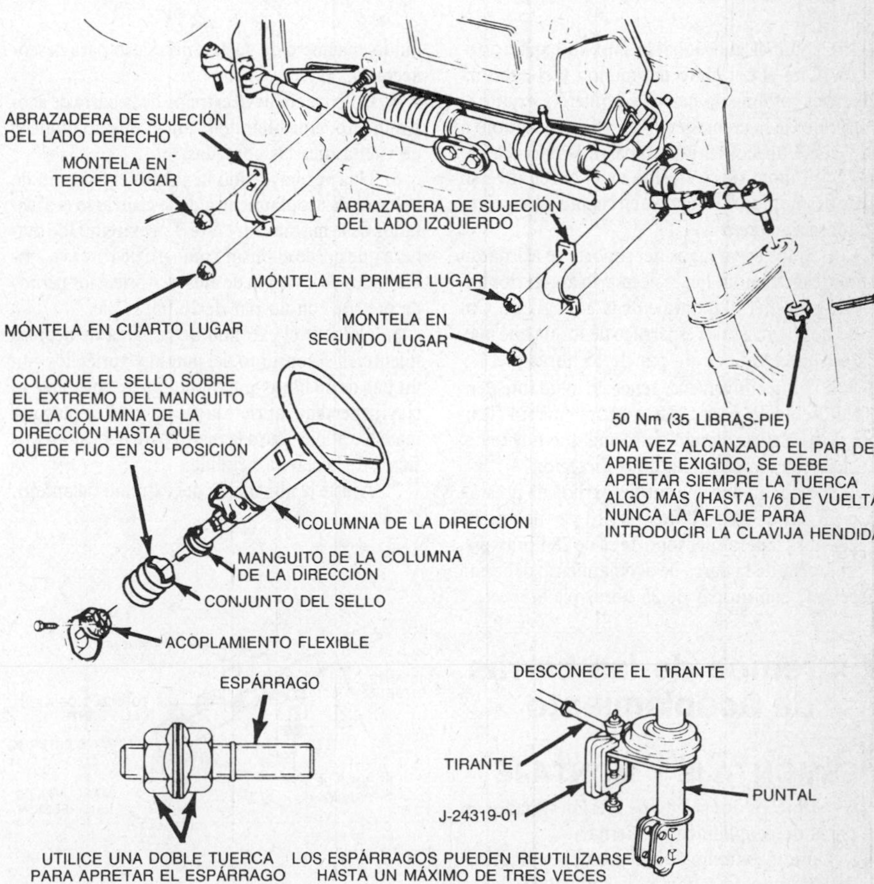

Montaje del conjunto formado por la cremallera y el piñón en los vehículos con dirección servo-asistida

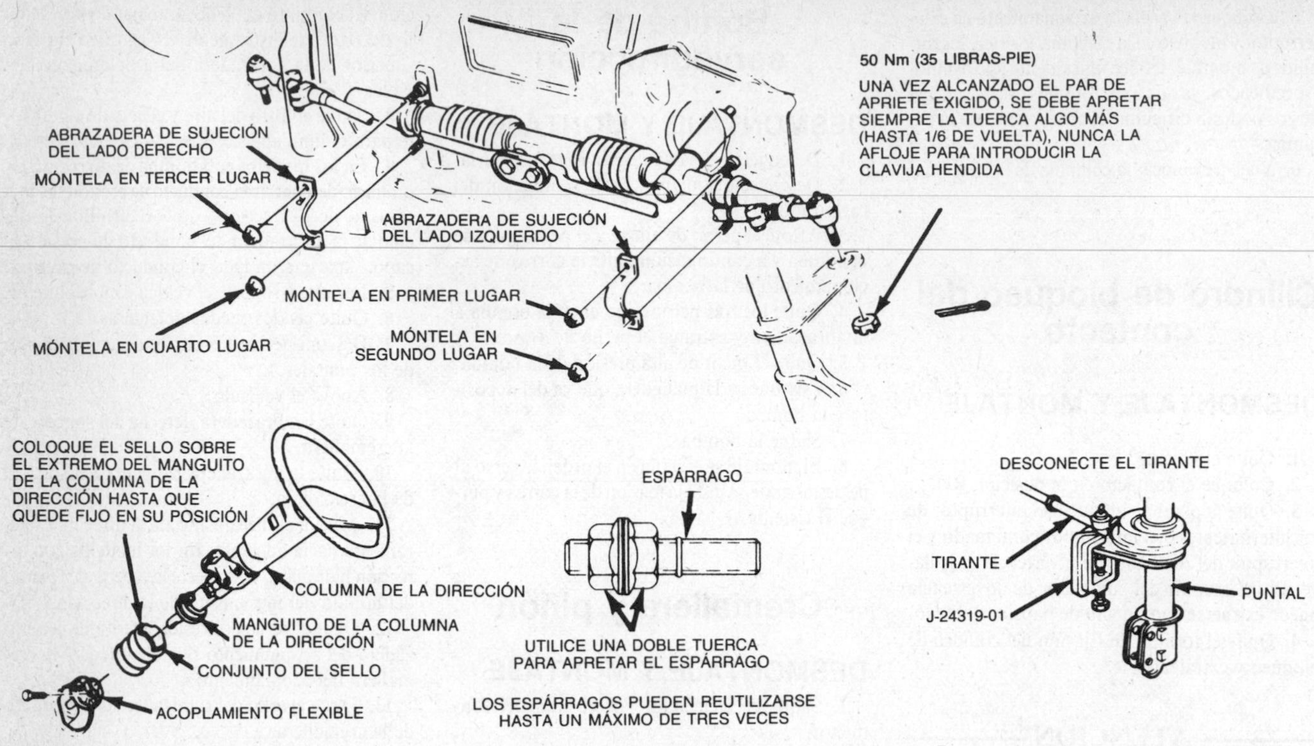

Montaje del conjunto formado por la cremallera y el piñón en vehículos que disponen de dirección manual

15. Quite el guardabarro interno izquierdo.

16. Gire el conjunto del muñón y el cubo izquierdos totalmente hacia la izquierda y quite el conjunto de la cremallera y el piñón sacándolo a través del hueco del guardabarro izquierdo.

17. El montaje se efectúa en el orden inverso al de desmontaje. Ténganse en cuenta las siguientes observaciones:

a. Si los espárragos del soporte se aflojaran durante el desmontaje, es necesario apretarlos antes de proceder al montaje de la cremallera. Colocar dos tuercas en el espárrago de forma que pueda ser apretado con un par de 15 libras-pie.

b. Sería conveniente tener un ayudante dentro de vehículo para guiar el acoplamiento flexible al eje del espárrago de forma que quede conectado con la columna de la dirección.

c. Debería apretar ambos pernos de presión con un par de 29-30 libras-pie. El par de apriete de las abrazaderas del soporte es de 28 libras-pie. Las tuercas de la barra de acoplamiento deberían apretarse con un par de 25 libras-pie.

Extremos de las barras de acoplamiento

DESMONTAJE Y MONTAJE

1. Afloje los dos pernos de presión situados en la barra de acoplamiento externa.

2. Quite el extremo de la barra de acoplamiento del conjunto del puntal utilizando un extractor adecuado.

3. Desatornille el extremo de la barra externa de acoplamiento del ajustador de la misma, contando el número de vueltas necesario para desconectarla.

4. Coloque el nuevo extremo de la barra de acoplamiento, atornillándolo con el mismo número de vueltas que las contadas.

5. Una vez haya sido instalado el extremo de la barra de acoplamiento, debe centrarse el ajustador de la misma entre ésta y su extremo, de manera que quede el mismo número de roscas a ambos lados de la tuerca de ajuste. Apriete los pernos de presión con un par de 20 libras-pie.

6. Coloque el extremo de la barra de acoplamiento en el conjunto del puntal y apriételos con un par de 50 libras-pie. Si no puede colocarse la clavija hendida, apriete la tuerca 1/16 de pulgada más. No afloje nunca la tuerca para alinear los orificios de la clavija hendida.

7. Ajuste la alineación del extremo delantero.

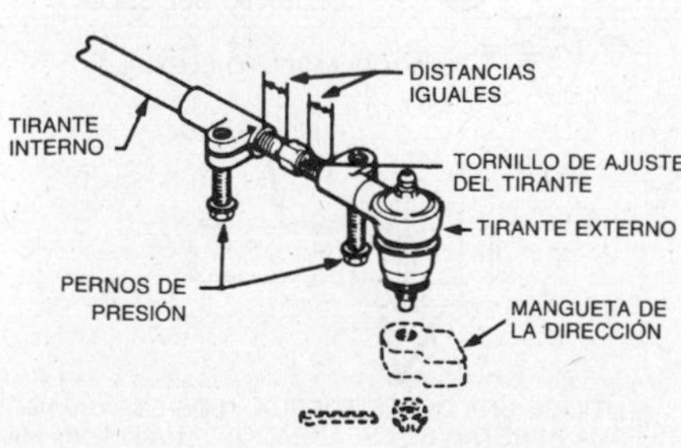

Desmontaje y montaje de los extremos de los tirantes

PARTE ELÉCTRICA DEL CHASIS

Motor del ventilador de la calefacción

DESMONTAJE Y MONTAJE

1. Desconecte el cable negativo de la batería.

2. Desconecte los conectores eléctricos del motor del ventilador y la resistencia del mismo.

3. Extraiga el protector de plástico contra el agua de la parte derecha del capó.

4. Extraiga los tornillos de sujeción del motor del ventilador y a continuación extraiga el motor y la jaula.

5. Sujete la jaula del motor del ventilador y extraiga la tuerca de sujeción de la misma del eje del motor del ventilador.

6. Saque el motor y la jaula del ventilador.

7. El montaje se efectúa en orden inverso al de desmontaje.

Núcleo del sistema de calefacción

DESMONTAJE Y MONTAJE

Vehículos que no disponen de sistema de aire acondicionado

1. Desconecte el cable negativo de la batería y vacíe el sistema de refrigeración.

1. Carcasa del calefactor
2. Panel de protección del espárrago
3. Panel de protección de los espárragos de sujeción
4. Núcleo del calefactor
5. Módulo del calefactor
6. Tapa del módulo

Conjunto del calefactor en los modelos que no disponen de sistema de aire acondicionado

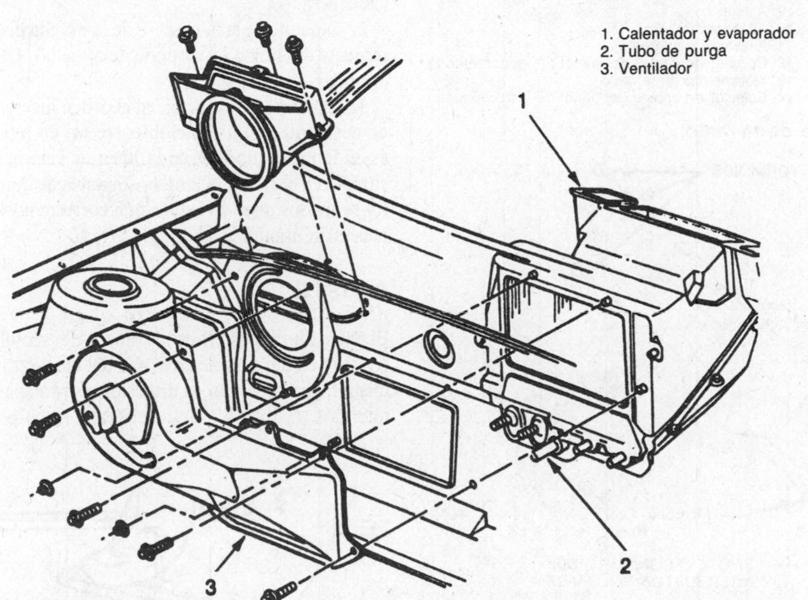

Conjunto del calefactor en los modelos que disponen de aire acondicionado

2. Extraiga los manguitos de entrada y salida del calefactor del núcleo del mismo.
3. Extraiga el deflector de salida del calefactor.
4. Quite los tornillos de sujeción y a continuación saque el núcleo del calefactor.
5. El montaje se efectúa en orden inverso al de desmontaje.

Vehículos que disponen de sistema de aire acondicionado

1. Desconecte el cable negativo de la batería y purgue el sistema de refrigeración.
2. Levante y soporte la parte delantera del vehículo.
3. Desconecte el tubo de purga de la armadura del calefactor.
4. Extraiga los manguitos del calefactor del núcleo del mismo.
5. Apoye el vehículo. Quite los paneles derecho e izquierdo de los guardaobjetos, la tapa recortada de la columna de la dirección, el conducto de salida de la calefacción y la guantera.
6. Quite la tapa del núcleo del calefactor. Asegúrese de extraer la tapa en línea recta hacia la parte trasera del vehículo para no dañar el tubo de drenado.
7. Quite las abrazaderas del núcleo del calefactor y a continuación extráigalo.
8. El montaje se efectúa en el orden inverso al de desmontaje.

Radio

DESMONTAJE Y MONTAJE

NOTA: No ponga en marcha la radio con los altavoces desconectados. La conexión de la radio en vacío dañaría los transistores de la etapa de salida.

1. Desconecte el cable negativo de la batería.
2. Quite la placa de la guarnición del panel de instrumentos.
3. Compruebe si la radio dispone en su parte lateral derecha de una tuerca o de un espárrago para su fijación.
4. Si dispone de tuerca, quite el panel de la guarnición y a continuación afloje la tuerca por debajo en los vehículos que no disponen de sistema de aire acondicionado. En aquellos vehículos que disponen de sistema de aire acondicionado, quite el panel de la guarnición, el conducto del sistema de aire acondicionado y la cabeza de control de dicho sistema para acceder a la tuerca. No la extraiga; aflójela lo suficiente como para poder sacar la radio. Si la radio dispone de un espárrago de goma, vaya al paso 5.
5. Quite los dos tornillos de sujeción del soporte de la radio al panel de instrumentos. Tire de la radio hacia adelante lo suficiente como para desconectar el cableado y la antena y a continuación quite la radio.
6. El montaje se efectúa en el orden inverso al de desmontaje.

Interruptor del limpiaparabrisas

DESMONTAJE Y MONTAJE

1. Quite el volante y el interruptor de los intermitentes. Quizá sea necesario aflojar las dos tuercas del soporte de la columna y quitar los cuatro tornillos que unen el soporte a la camisa del mástil para poder extraer el clip del conector situado en el contacto de encendido, fuera del conjunto de la columna.
2. Desconecte el conector inferior del interruptor del limpiaparabrisas.
3. Quite los tornillos de sujeción de la carcasa de la columna a la camisa del mástil. Asegúrese de anotar la posición de la varilla que activa el interruptor del regulador de la intensidad de las luces para poder volverlo a colocar en la misma posición. Extraiga conjuntamente la carcasa y el interruptor de la columna de la dirección.

NOTA: Las columnas de dirección regulables disponen de una tapa de plástico que puede extraerse situada en la carcasa de la columna. Esto permite acceder al interruptor del limpiaparabrisas sin tener que quitar toda la carcasa de la columna.

4. Dele la vuelta y utilice un punzón para extraer el pasador guía del interruptor del limpiaparabrisas. Saque el interruptor.
5. Coloque el interruptor en su posición dentro de la carcasa y a continuación coloque el pasador guía.
6. Coloque la carcasa de la camisa del mástil

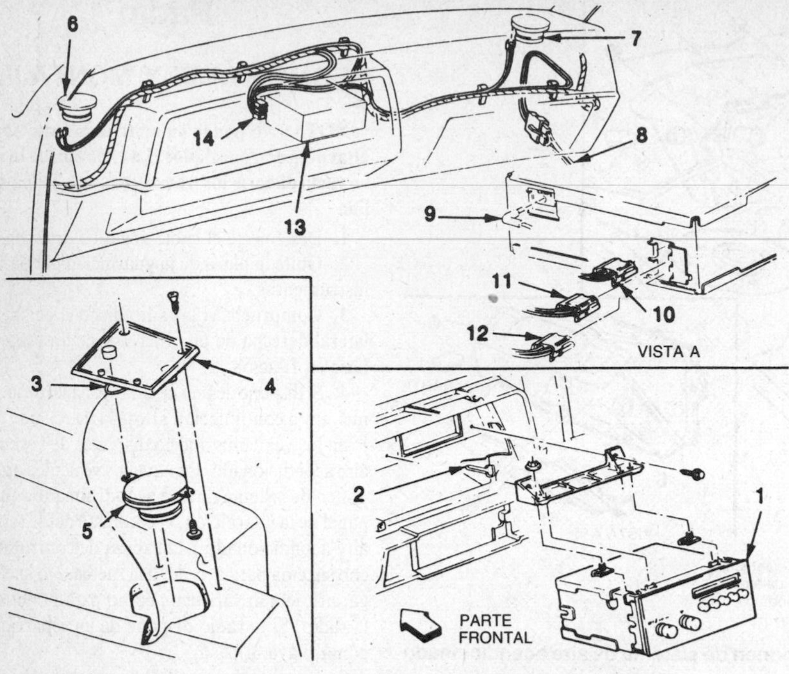

1. Radio
2. El tornillo del lado de la radio va colocado aquí
3. Retén
4. Rejilla
5. Altavoz
6. Altavoz delantero
7. Altavoz delantero
8. Cable del altavoz trasero
9. Antena
10. Altavoces traseros
11. Altavoces delanteros
12. Colector de cables del panel de instrumentos
13. Alojamiento de la radio
14. Colector de cables del panel de instrumentos

Desmontaje y montaje de la radio

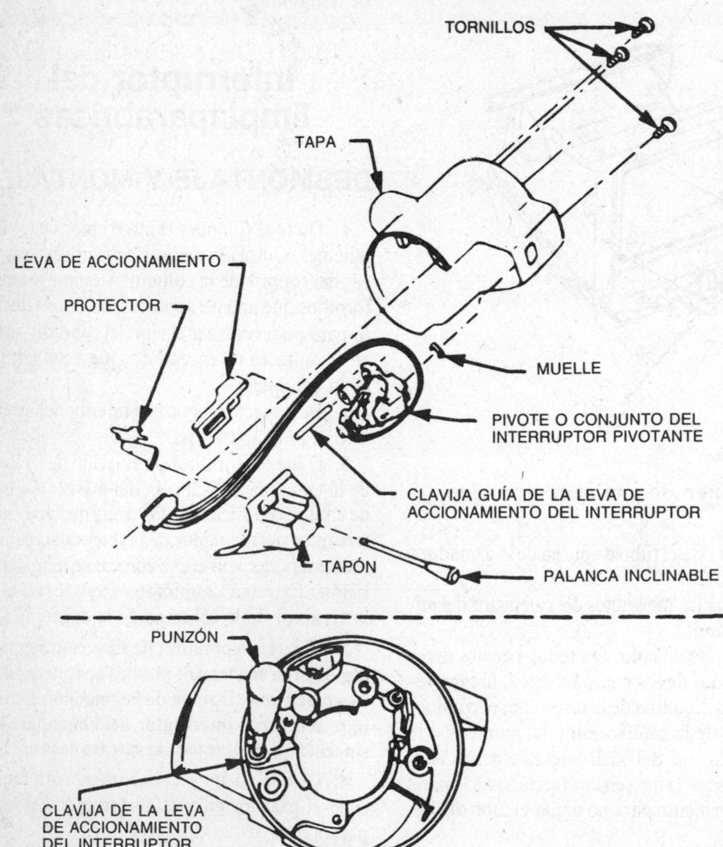

Desmontaje y montaje del interruptor del limpiaparabrisas

y sujétela colocando los tornillos. Coloque la varilla que activa el interruptor del regulador de las luces en la misma posición que se ha anotado en el paso 3. Compruebe el funcionamiento del interruptor.

7. Vuelva a conectar el extremo inferior del conjunto del interruptor.

8. El montaje del resto de los componentes se efectúa en el orden inverso al de desmontaje. Asegúrese de fijar el soporte de la columna de la dirección en su posición original.

Escobillas y brazo

SUSTITUCIÓN

Para el desmontaje de los brazos del limpiaparabrisas es necesaria la utilización de una herramienta especial, GM n.º J-8966 o su equivalente. Generalmente pueden obtenerse diferentes versiones de esta herramienta en las tiendas de repuestos de automóvil.

1. Introduzca la herramienta bajo el brazo del limpiaparabrisas y extráigalo apalancándolo hacia afuera.

2. Desconecte la manguera de la botella de detergente del brazo (si dispone de aquélla). Quite el brazo.

3. El montaje se efectúa en el orden inverso al de desmontaje. La posición correcta, en reposo es en la parte superior de la línea de velo negro situada en el cristal delantero. Si antes de quitarlos se encontraban en la posición correcta no será necesario ningún ajuste.

AJUSTE

El único ajuste posible de los brazos de escobillas consiste en desmontar un brazo del eje de transmisión, girar el brazo, la dirección y distancia requeridos y volver a montar el brazo en su posi-

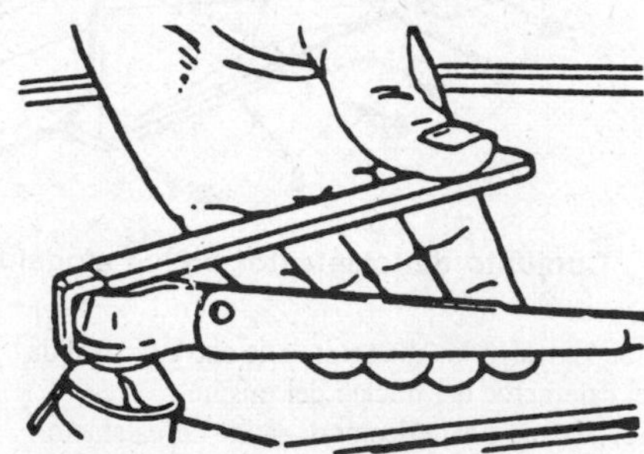

Desmontaje del brazo del limpiaparabrisas con una herramienta especial

ción de modo que esté alineado con la línea de parada sobre el cristal. El motor del limpiador debe estar en la posición de parada.

La posición correcta de las escobillas cuando no están limpiando es tal que existe una distancia de 1 3/32 de pulgada (28 mm) entre el extremo de la escobilla y el borde izquierdo del parabrisas. En el lado del viajero la escobilla debe quedar alineada

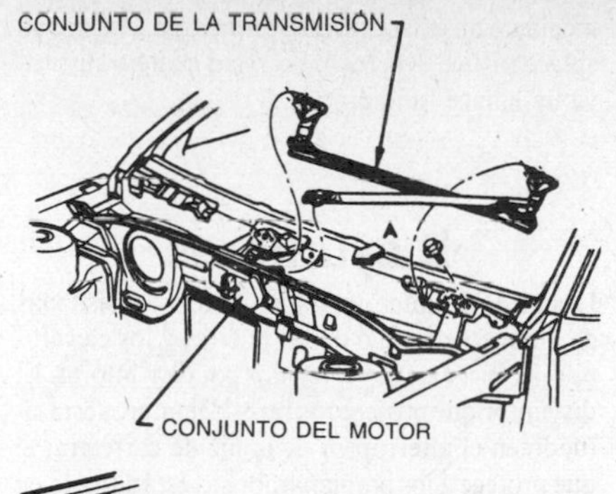

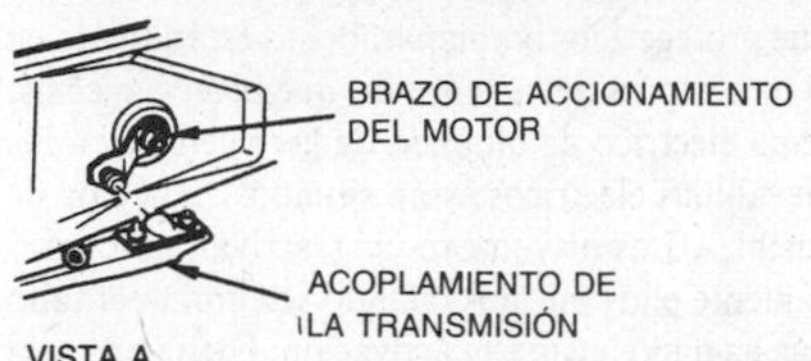

Motor y articulación del limpiaparabrisas

con la línea de velo negro en la parte inferior del cristal delantero.

Acoplamiento

DESMONTAJE Y MONTAJE

1. Quite los brazos del limpiaparabrisas.
2. Quite la rejilla de ventilación situada en la parte superior del capó.
3. Afloje (pero no extraiga) las tuercas de sujeción del acoplamiento de accionamiento al brazo de activación.
4. Desatornille los tornillos de sujeción del acoplamiento al panel del capó y extraiga el primero.
5. El montaje se efectúa en el orden inverso al de desmontaje.

Motor del limpiaparabrisas

DESMONTAJE Y MONTAJE

1. Afloje (pero no extraiga) las tuercas de sujeción del acoplamiento al brazo de accionamiento y desconecte el acoplamiento del accionamiento, del brazo de activación del motor.
2. Desconecte y ponga etiquetas a todos los conductores eléctricos del motor del limpiaparabrisas.
3. Desatornille los pernos de sujeción, gire el motor hacia arriba y hacia afuera y extráigalo.
4. Guíe el brazo de accionamiento a través del hueco de la carrocería y a continuación apriete los pernos de sujeción con un par de 4-6 libras-pie.
5. Conecte el acoplamiento al brazo de accionamiento con el motor en la posición Park.
6. El montaje del resto de los componentes se efectúa en el orden inverso al de desmontaje.

Panel de instrumentos

DESMONTAJE Y MONTAJE

1. Desconecte el cable negativo de la batería.
2. Quite los paneles izquierdo y derecho de la guarnición y la tapa de la guarnición de la columna de la dirección. Desconecte los paneles de ventilación de la parte inferior del panel (si existen).
3. Quite la guantera. Desconecte los cables de temperatura y control de modo de funcionamiento en los vehículos que no dispongan de sistema de aire acondicionado. En aquellos vehículos que disponen de sistema de aire acondicionado, quite el conducto inferior de dicho sistema.
4. Quite los tres pernos de sujeción de la columna de la dirección (los dos situados en el panel de instrumentos y el situado en el capó) y baje la columna de la dirección.
5. Quite la placa de la guarnición inferior derecha. Desconecte el encendedor de cigarrillos y los interruptores de los accesorios.
6. Tire del botón de control del calefactor o sistema de aire acondicionado lo suficiente hacia afuera como para desconectar los colectores de cables o de vacío y a continuación extraiga el botón.
7. Desconecte los colectores de la parte delantera del motor situados en el conector del mamparo contraincendio en el compartimiento del motor y a continuación extraiga el conector del mamparo quitando los dos tornillos del capó.
8. Afloje el tornillo de ajuste y saque la palanca de apertura del capó. Desatornille la tuerca de retención y afloje el cable de apertura del capó.
9. Desatornille los cuatro tornillos superiores de sujeción del panel de instrumentos (en los huecos del conducto del descongelador).
10. Desatornille las dos tuercas de sujeción del panel de instrumentos situadas en el extremo inferior. Extraiga el tornillo del tirante del panel de instrumentos por la parte izquierda del hueco de la guantera.
11. Extraiga el panel de instrumentos lo suficiente como para desconectar el contacto de encendido, el conector de regulación de la intensidad de las luces delanteras y el interruptor de los intermitentes. Ponga etiquetas y desconecte todos los demás cables y conductos de vacío.
12. Extraiga el panel de instrumentos con el colector de cable intacto.
13. El montaje se efectúa en el orden inverso al de desmontaje.

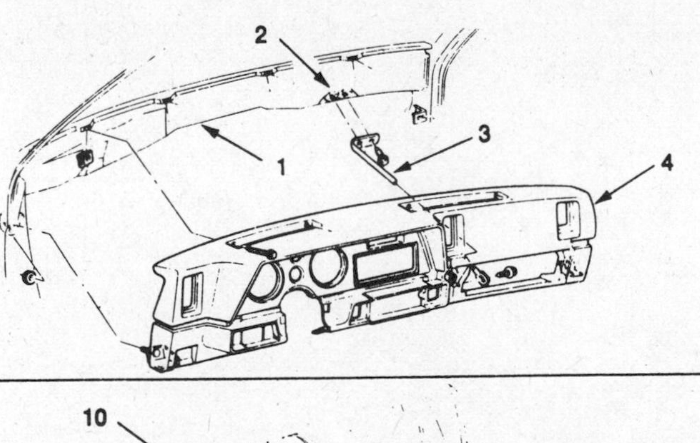

1. Panel de instrumentos
2. Tuercas soldadas
3. Refuerzo central
4. Colchoncillos
5. Clips de introducción a presión
6. Placa inferior derecha de la guarnición del panel de instrumentos
7. Placa inferior izquierda de la guarnición del panel de instrumentos
8. Placa de la guarnición del panel de instrumentos
9. Tornillo Torx
10. Panel de sujeción del cuadro de instrumentos
11. Tapa de la guarnición de la columna de la dirección

Despiece del panel de instrumentos y de la placa de la guarnición

Consola central

DESMONTAJE Y MONTAJE

Transmisión manual

1. Coloque el selector de velocidades en punto muerto (Neutral) y accione el freno de mano.
2. Levante el cenicero de la consola y a continuación extraiga los dos tornillos a través del hueco.
3. Afloje el tornillo de ajuste situado debajo de la empuñadura de la palanca de cambios y extraiga la empuñadura.
4. Saque el tornillo situado bajo la palanca del freno de mano. Quite los dos tornillos de la parte posterior de la consola y extráigala.
5. El montaje se efectúa en el orden inverso al de desmontaje.

Transmisión automática

1. Coloque el sector de velocidades en punto muerto (Neutral) y accione el freno de mano.
2. Extraiga el cenicero de la parte delantera de la consola y los dos tornillos a través del hueco.
3. Apalanque suavemente la insignia a través del centro del botón de la empuñadura de la palanca de cambios y extraiga el anillo de retención que la sujeta. Quite la empuñadura.
4. Quite el conjunto de la placa de la guarnición tirando en primer lugar del extremo frontal hacia arriba. Desconecte el colector de cables.
5. Quite los tres tornillos situados bajo la placa de la guarnición y a continuación extraiga el cenicero trasero y el tornillo situado debajo del mismo. Quite la consola.
6. El montaje se efectúa en el orden inverso al de desmontaje.

Cable del velocímetro

SUSTITUCIÓN

1. Vaya detrás del panel de instrumentos y empuje el forro del cable del velocímetro hacia el mismo a la vez que presiona el muelle de retención situado en la parte posterior de la caja del panel de instrumentos. Una vez se haya liberado el muelle de retención, manténgalo dentro a la vez que tira hacia afuera del forro del cable para desconectarlo del velocímetro.

NOTA: Si se desmonta la placa de la guarnición de la columna de la dirección y/o el indicador del velocímetro, resultará más fácil el acceso al cable.

2. Extraiga el tapón de sellado del forro del cable del panel de instrumentos. A continuación, tire del forro hacia abajo por la parte posterior del panel de instrumentos y extraiga el cable.

3. Si el cable está roto y no puede extraerse totalmente por la parte superior, soporte el vehículo con seguridad y a continuación desatornille el conector del forro del cable situado en la transmisión. Extraiga la parte inferior del cable y a continuación atornille el conector de nuevo en la transmisión.

4. Lubrique el nuevo cable. Introdúzcalo en el forro hasta que llegue al fondo. Presione hacia adentro a la vez que lo gira hasta que la porción cuadrada del fondo entre en contacto con el acoplamiento de la transmisión, dejando que el cable penetre otra pulgada más o menos. A continuación, vuelva a conectar el forro del cable al velocímetro e instale el tapón de sellado en el panel de instrumentos.

Fusibles

Todos los sistemas eléctricos principales están protegidos por fusibles. En el caso de que exista una sobrecarga, el fusible se funde protegiendo así al componente. Si un fusible se funde, debería investigarse la causa antes de sustituirlo. La caja de fusibles está situada bajo el lado izquierdo del panel de instrumentos. El amperaje de cada fusible y el circuito al que protege está grabado en la caja de fusibles.

Enlaces fusibles

Un enlace está formado por un trozo (normalmente alrededor de cuatro pulgadas) de cable situado en el circuito al que protege. En el caso de que exista un cortocircuito o una sobrecarga, el enlace fusible se funde y de esta forma queda interrumpido el flujo de corriente. Los componentes alimentados directamente por la batería están protegidos mediante un enlace fusible. Utilice únicamente un enlace fusible del grosor correcto cuando sustituya un enlace fundido.

Disyuntores

Los faros delanteros, limpiaparabrisas, sistemas de bloqueo eléctrico de las puertas y los elevalunas eléctricos están protegidos por disyuntores. El disyuntor que protege los faros delanteros está situado en el interruptor de la luz de carretera; el que protege a los limpiaparabrisas está situado en el interruptor del mismo, los que protegen al sistema eléctrico de bloqueo de las puertas y a los elevalunas eléctricos están situados en la caja de fusibles. Los disyuntores se reactivan automáticamente ellos mismos cuando se elimina el fallo que ha dado lugar a su activación. Existe una caja de fácil acceso en la parte inferior del panel de instrumentos en los modelos más recientes, de manera que los diferentes relés, la lámpara de advertencia de peligro y el zumbador de advertencia se encuentran situados en un punto central. La lámpara de los intermitentes está situada directamente bajo la columna de la dirección del vehículo. Para poder acceder a los mismos, podría ser necesario extraer el panel de relleno situado bajo el cuadro de instrumentos.

Buick
Tracción trasera
Electra, Century, Regal LeSabre

IDENTIFICACIÓN AÑO

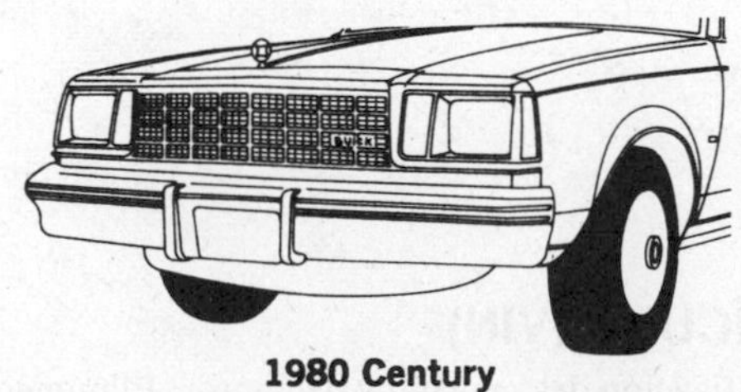

1980 Century

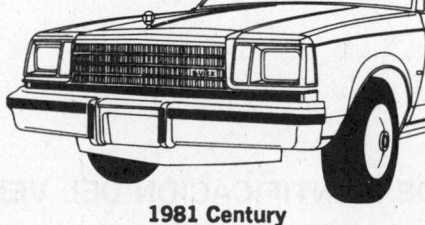

1981 Century

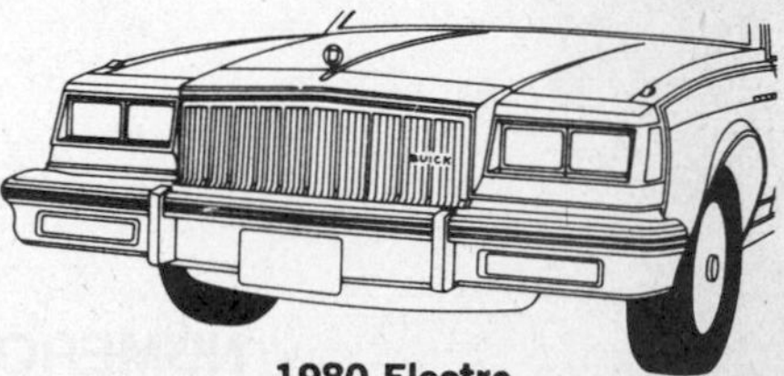

1980 Electra

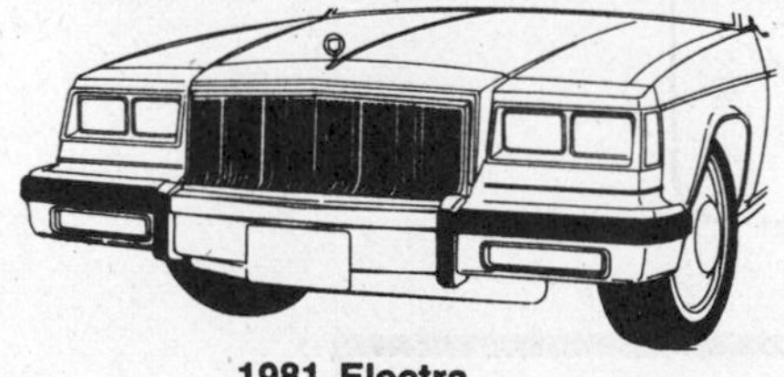

1981 Electra

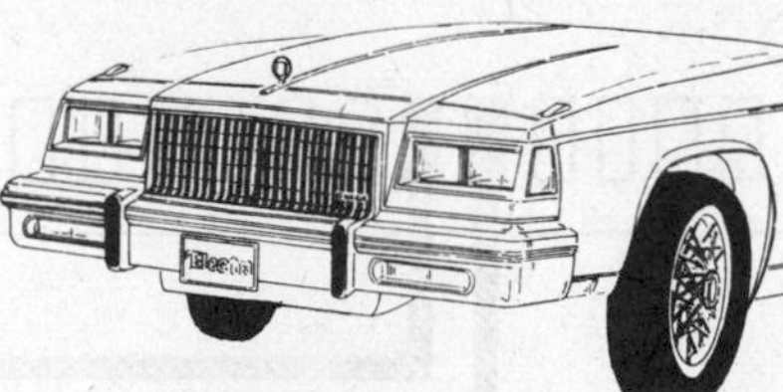

1982–83 Electra

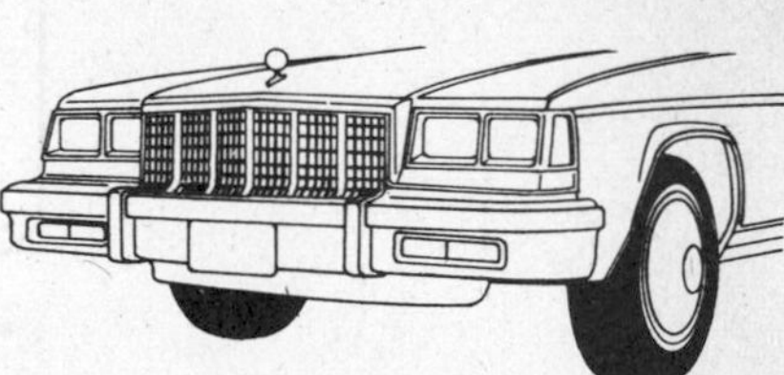

1984 Electra

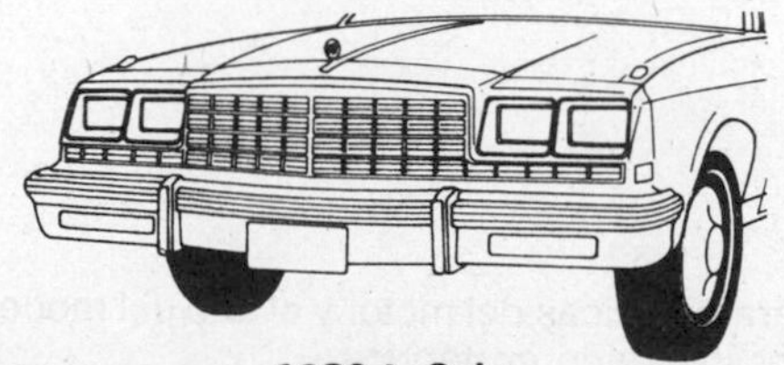

1980 LeSabre

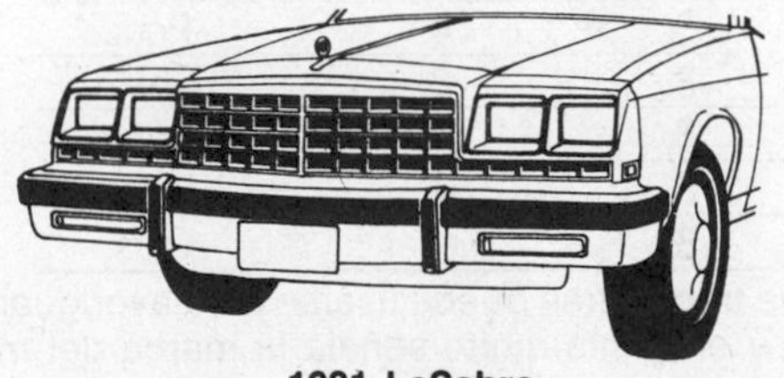

1981 LeSabre

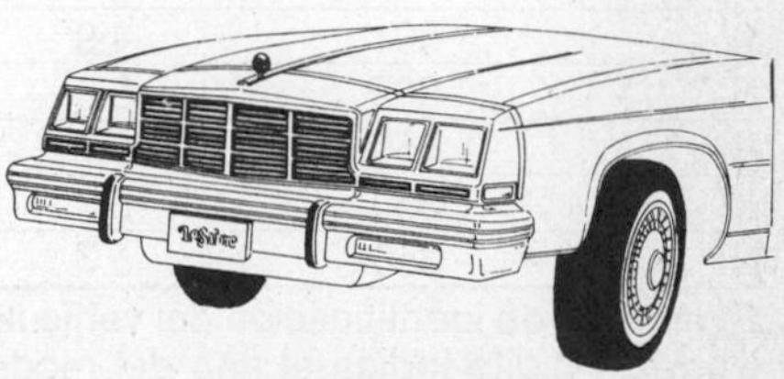

1982–83 LeSabre

IDENTIFICACIÓN AÑO

1984–85 LeSabre — 1980 Regal — 1981 Regal — 1982–83 Regal — 1984 Regal — 1985-87 Regal

NÚMERO DE IDENTIFICACIÓN DEL VEHÍCULO (VIN)

Para operaciones de servicio y el pedido de piezas es importante estar seguro de la identificación del vehículo y del motor. El número de identificación del vehículo (VIN) consta de 13 ó 17 cifras, es visible a través del parabrisas, desde el lado del conductor, y contiene los códigos de identificación del vehículo y del motor. Debe interpretarse de la forma siguiente:

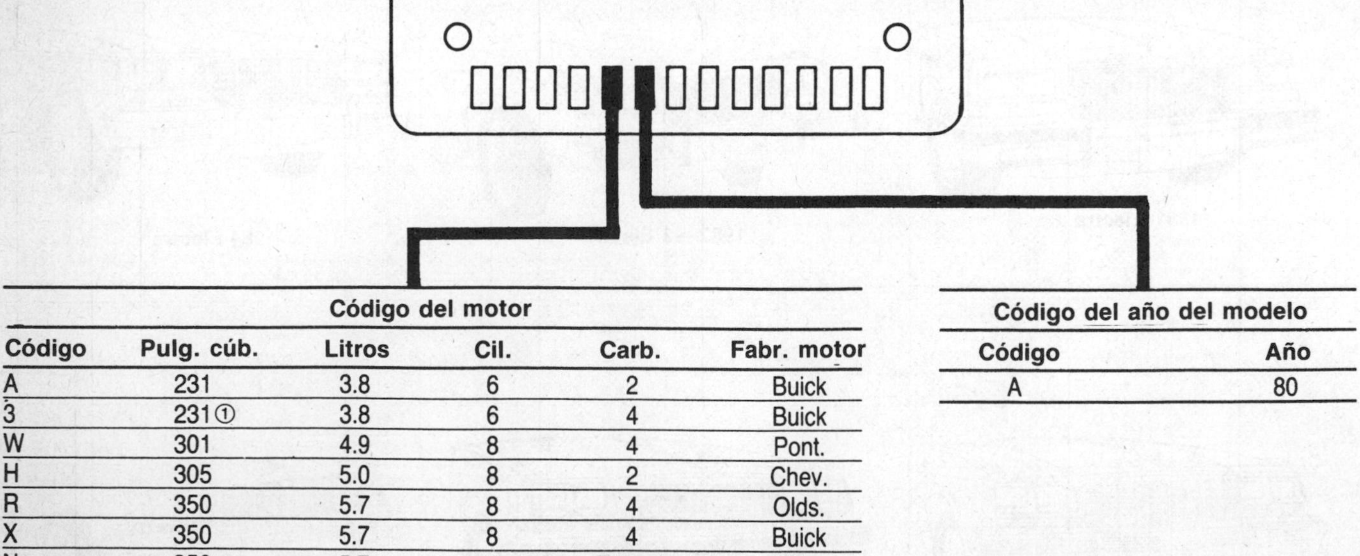

Código del motor

Código	Pulg. cúb.	Litros	Cil.	Carb.	Fabr. motor
A	231	3.8	6	2	Buick
3	231①	3.8	6	4	Buick
W	301	4.9	8	4	Pont.
H	305	5.0	8	2	Chev.
R	350	5.7	8	4	Olds.
X	350	5.7	8	4	Buick
N	350	5.7	8	Diesel	Olds.

Código del año del modelo

Código	Año
A	80

El número de identificación del vehículo de trece cifras puede usarse para averiguar características del motor y el año del modelo
El sexto dígito indica el año del modelo y el quinto dígito señala la marca del motor instalado en fábrica
① Turbo alimentado

NÚMERO DE IDENTIFICACIÓN DEL VEHÍCULO (VIN)

Para operaciones de servicio y el pedido de piezas es importante estar seguro de la identificación del vehículo y del motor. El número de identificación del vehículo consta de 13 ó 17 cifras, es visible a través del parabrisas, desde el lado del conductor, y contiene los códigos de identificación del vehículo y del motor. Debe interpretarse de la forma siguiente:

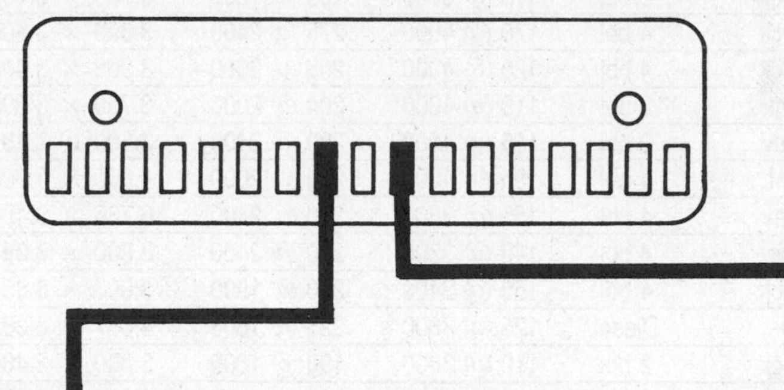

Código del motor					
Código	**Pulg. cúb.**	**Litros**	**Cil.**	**Carb.**	**Fabr. motor**
A	231	3.8	6	2	Buick
3	231 ①	3.8	6	4	Buick
7	231	3.8	6	SFI	Buick
8	231 ①	3.8	6	4	Buick
9	231 ①	3.8	6	SFI	Buick
4	252	4.1	6	4	Buick
V	263	4.3	6	Diesel	Olds.
S	265	4.3	8	2	Pont.
J	267	4.4	8	2	Chev.
W	301	4.9	8	4	Pont.
H	305	5.0	8	4	Chev.
Y	307	5.0	8	4	Olds.
X	350	5.7	8	4	Buick
N	350	5.7	8	Diesel	Olds.

Código del año del modelo	
Código	**Año**
B	81
C	82
D	83
E	84
F	85
G	86
H	87

El número de identificación del vehículo de diecisiete cifras puede usarse para averiguar características del motor y el año del modelo

El décimo dígito indica el año del modelo y el octavo señala la marca del motor instalado en fábrica

SFI = Inyección secuencial de combustible

① Turboalimentado

ESPECIFICACIONES GENERALES SOBRE EL MOTOR

Año	Código VIN del motor	Tipo motor	Fabricante motor	Combustible	Potencia @ rpm ①	Par motor @ rpm (libras-pie)	Diám. cil. x carrera (pulgadas)	Relación de compresión	Presión normal aceite (lb/pulg.^{2} @ rpm)
'80	A	6-231	Buick	2 bbl	115 @ 3800	190 @ 2000	3.800 × 3.400	8.0:1	37 @ 2400
	3	6-231 ②	Buick	4 bbl	165 @ 4000	265 @ 2800	3.800 × 3.400	8.0:1	37 @ 2400
	4	6-252	Buick	4 bbl	125 @ 4000	205 @ 2000	3.965 × 3.400	8.0:1	37 @ 2400
	S	8-265	Pont.	2 bbl	120 @ 3600	210 @ 1600	3.750 × 3.000	8.0:1	40 @ 2600
	W	8-301	Pont.	4 bbl	150 @ 4000	240 @ 2000	4.000 × 3.000	8.2:1	40 @ 2600
	H	8-305	Chev.	4 bbl	155 @ 4000	235 @ 2400	3.736 × 3.480	8.5:1	35-40 @ 2400
	N	8-350	Olds.	Diesel	120 @ 3600	220 @ 2200	4.057 × 3.385	22.5:1	37 @ 1500
	R	8-350	Olds.	4 bbl	170 @ 3800	275 @ 2000	4.057 × 3.385	8.5:1	37 @ 1500
	X	8-350	Buick	4 bbl	155 @ 3400	280 @ 1800	3.800 × 3.850	8.0:1	37 @ 2400

ESPECIFICACIONES GENERALES SOBRE EL MOTOR

Año	Código VIN del motor	Tipo motor	Fabricante motor	Combustible	Potencia @ rpm ①	Par motor @ rpm (libras-pie)	Diám. cil. × carrera (pulgadas)	Relación de compresión	Presión normal aceite (lb/pulg.^{2} @ rpm)
'81	A	6-231	Buick	2 bbl	110 @ 3800	190 @ 1600	3.800 × 3.400	8.0:1	37 @ 2400
	3	6-231②	Buick	4 bbl	170 @ 4000	275 @ 2400	3.800 × 3.400	8.0:1	37 @ 2400
	4	6-252	Buick	4 bbl	125 @ 4000	205 @ 2000	3.965 × 3.400	8.0:1	37 @ 2400
	S	8-265	Pont.	2 bbl	119 @ 4000	204 @ 2000	3.750 × 3.000	8.0:1	35-40 @ 2600
	J	8-267	Chev.	2 bbl	115 @ 4000	200 @ 2400	3.500 × 3.480	8.3:1	45 @ 2000
	W	8-301	Pont.	4 bbl	155 @ 4000	240 @ 2000	4.000 × 3.000	8.2:1	40 @ 2600
	H	8-305	Chev.	4 bbl	155 @ 3800	230 @ 2400	3.736 × 3.480	8.6:1	35-40 @ 2400
	Y	8-307	Olds.	4 bbl	148 @ 3800	250 @ 2400	3.800 × 3.385	8.0:1	40 @ 1500
	X	8-350	Buick	4 bbl	155 @ 3400	280 @ 1800	3.800 × 3.850	8.0:1	37 @ 2400
	N	8-350	Olds.	Diesel	125 @ 3600	225 @ 1600	4.057 × 3.385	22.5:1	40 @ 1500
'82	A	6-231	Buick	2 bbl	110 @ 3800	190 @ 1600	3.800 × 3.400	8.0:1	37 @ 2400
	3	6-231②	Buick	4 bbl	170 @ 3800	275 @ 2600	3.800 × 3.400	8.0:1	37@ 2400
	4	6-252	Buick	4 bbl	125 @ 4000	205 @ 2000	3.965 × 3.400	8.0:1	37 @ 2400
	V	6-263	Olds.	Diesel	85 @ 3600	165 @ 1600	4.057 × 3.385	21.6:1	30-45 @ 1500
	J	8-267	Chev.	2 bbl	115 @ NA	205 @ NA	3.500× 3.480	8.3:1	35-40 @ 2600
	H	8-305	Chev.	4 bbl	140 @ 3600	240 @ 1600	3.736 × 3.480	8.0:1	35-40 @ 2600
	Y	8-307	Olds.	4 bbl	150 @ 3800	260 @ 2400	3.800 × 3.385	8.5:1	30-45 @ 1500
	N	8-350	Olds.	Diesel	105 @ 3200	200 @ 1600	4.057 × 3.385	22.5:1	30-45 @ 1500
'83–'84	A	6-231	Buick	2 bbl	110 @ 3800	190 @ 1600	3.800 × 3.400	8.0:1	37 @ 2400
	8	6-231②	Buick	4 bbl	170 @ 3800	275 @ 2600	3.800 × 3.400	8.0:1	37 @ 2400
	9	6-231②	Buick	SFI	190 @ 4000	300 @ 2480	3.800 × 3.400	8.0:1	37 @ 2400
	4	6-252	Buick	4 bbl	125 @ 4000	205 @ 2000	3.965 × 3.400	8.0:1	37 @ 2400
	V	6-263	Olds.	Diesel	85 @ 3600	165 @ 1600	4.057 × 3.385	21.6:1③	30-45 @ 1500
	Y	8-307	Olds.	4 bbl	150 @ 3800	260 @ 2400	3.800 × 3.385	8.5:1	30-45 @ 1500
	N	8-350	Olds.	Diesel	105 @ 3200	200 @ 1600	4.057 × 3.385	22.5:1	30-45 @ 1500
'85	A	6-231	Buick	2 bbl	110 @ 3800	190 @ 1600	3.800 × 3.400	8.0:1	37 @ 2400
	9	6-231②	Buick	SFI	190 @ 4000	300 @ 2400	3.800 × 3.400	8.0:1	37 @ 2400
	V	6-263	Olds.	Diesel	85 @ 3600	165 @ 1600	4.057 × 3.385	22.5:1	30-45 @ 1500
	Y	8-307	Olds.	4 bbl	140 @ 3600	240 @ 1600	3.800 × 3.385	8.0:1	30-45 @ 1500
	N	8-350	Olds.	Diesel	105 @ 3200	200 @ 1600	4.057 × 3.385	22.5:1	30-45 @ 1500
'86–'87	A	6-231	Buick	2 bbl	110 @ 3800	190 @ 1600	3.800 × 3.400	8.0:1	37 @ 2400
	7	6-231	Buick	SFI	235 @ 4400	330 @ 2800	3.800 × 3.400	8.0:1	37 @ 2400
	Y	8-307	Olds.	4 bbl	140 @ 3200	255 @ 2000	3.800 × 3.385	7.99:1	30 @ 1500

VIN = Número de identificacion del vehículo
NA = No accesible (desconocido en la fecha de publicación)
bbl = Carburador doble cuerpo
SFI = Inyección secuencial del combustible
① La potencia y par motor son indicados en valores netos SAE. Son medidos en la parte posterior de la caja de cambios, con todos los elementos montados y en operación. Dado que estas cifras varían de un motor a otro en los distintos modelos de auto, no tienen una exactitud absoluta
② Motor turboalimentado
③ 1984-22.5:1

ESPECIFICACIONES DE PUESTA A PUNTO DEL MOTOR DE GASOLINA

(Al analizar los resultados de los tests de compresión, es más importante la uniformidad entre los diferentes cilindros, que la concordancia unitaria con las presiones específicas)

Año	Código VIN motor	Tipo motor	Fabr. motor	Bujías: Tipo ①	Bujías: Dis. entre electrodos (pulg.)	Distribución encendido (grados APMS) ②: Cambio manual	Distribución encendido (grados APMS) ②: Cambio automático	Abertura válvula admisión (APMS)	Presión bomba combustible (libras/pulg.^{2})	Veloc. ralentí (rpm) ④: Cambio manual	Veloc. ralentí (rpm) ④: Cambio automático
'80	A	6-231	Buick	R45TSX	.060	15 @ 550	15 @ 550	16	5½–6½	800/600	670/550⑤ (620/550)⑥ 550⑦
	3	6-231	Buick	R45TS	.040	—	15 @ 650	16	5½–6½	—	650
	4	6-252	Buick	R45TSX	.060	—	15 @ 550	—	5½–6½	—	680/550⑧ 550⑦
	S	8-265	Pont.	R45TSX	.060	—	10 @ 700	27	7–8½	—	650/550⑧ 550⑦
	W	8-301	Pont.	R45TSX	.060	—	12 @ 500	27	7–8½	—	650/500⑧ 550⑦
	H	8-305	Chev.	R45TS	.035	—	4 @ 550	28	7½–9	—	650/550⑧ 550⑦
	R	8-350	Olds.	R46SX or R47SX	.080 .080	—	18 @ 1100	16	5½–6½	—	650/550
	X	8-350	Buick	R45TSX	.060	—	15 @ 550	13½	6–7½	—	550
'81	A	6-231	Buick	R45TS8	.080	—⑨—		16	5½–6½	—⑨—	
	3	6-231	Buick	R45TS	.040	—⑨—		16	5½–6½	—⑨—	
	4	6-252	Buick	R45TS8	.080	—⑨—		16	5½–6½	—⑨—	
	S	8-265	Pont.	R45TSX	.060	—⑨—		27	5½–6½	—⑨—	
	J	8-267	Chev.	R45TS	.045	—⑨—		28	5½–6½	—⑨—	
	W	8-301	Pont.	R45TSX	.060	—⑨—		27	5½–6½	—⑨—	
	H	8-305	Chev.	R45TS	.045	—⑨—		28	5½–6½	—⑨—	
	Y	8-307	Olds.	R45TS4	.060	—⑨—		20	5½–6½	—⑨—	
	X	8-350	Buick	R45TSX	.060	—⑨—		13½	5½–6½	—⑨—	
'82	A	6-231	Buick	R45TS8	.080	—⑨—		16	5½–6½	—⑨—	
	3	6-231	Buick	R45TSX	.060	—⑨—		16	5½–6½	—⑨—	
	4	6-252	Buick	R45TS8	.080	—⑨—		16	5½–6½	—⑨—	
	J	8-267	Chev.	R45TS	.045	—⑨—		28	5½–6½	—⑨—	
	H	8-305	Chev.	R45TS	.045	—⑨—		28	5½–6½	—⑨—	
	Y	8-307	Olds.	R46SX	.080	—⑨—		20	5½–6½	—⑨—	
'83	A	6-231	Buick	R45TS8	.080	—⑨—		16	5½–6½	—⑨—	
	8	6-231	Buick	R45TSX	.060	—⑨—		16	5½–6½	—⑨—	
	4	6-252	Buick	R45TS8	.080	—⑨—		16	5½–6½	—⑨—	
	Y	8-307	Olds.	R46SX	.080	—⑨—		20	5½–6½	—⑨—	
'84	A	6-231	Buick	R45TSX	.060	—⑨—		16	5½–6½	—⑨—	
	9	6-231	Buick	R44TS	.045	—⑨—		16	26–51	—⑨—	
	4	6-252	Buick	R45TSX	.060	—⑨—		16	5½–6½	—⑨—	
	Y	8-307	Olds.	R46SX	.080	—⑨—		20	5½–6½	—⑨—	
'85–'87	A	6-231	Buick	R45TSX	.060	—⑨—		16	5½–6½	—⑨—	
	7,9	6-231	Buick	R44TS	.045	—⑨—		16	26–51	—⑨—	
	Y	8-307	Olds.	R45TS	.060	—⑨—		20	5½–6½	—⑨—	

NOTA: La etiqueta de especificaciones adherida debajo del capó a menudo refleja cambios en las especificaciones de puesta a punto introducidos en la fase de fabricación. Los valores de dicha etiqueta deben ser los utilizados si difieren de los indicados en esta tabla

① Todos los modelos usan encendido electrónico
APMS = Antes punto muerto superior (cilindro nº 1)

② En algunos modelos, el motor debe mantenerse a un número específico de rpm para comprobar y ajustar con precisión la distribución de encendido

③ Las cifras entre paréntesis () indican valores especiales para los modelos de California; las cifras entre corchetes [] indican un valor especial para modelos para elevada altitud

④ La mayoría de carburadores fabricados desde 1979 poseen tornillos de ajuste de la mezcla de ralentí (funcionamiento en vacío), ocultos con tapones de acero templado. Estos carburadores no precisan ajuste de ralentí

⑤ Con aire acondicionado, sólo modelos para 49 Estados

⑥ Con aire acondicionado, sólo modelos California

⑦ Todos los modelos sin aire acondicionado

⑧ Todos los modelos con aire acondicionado

⑨ En los vehículos con control de Emisiones por ordenador, la velocidad de funcionamiento en vacío y la distribución del encendido son controladas por el ordenador de control de emisiones

ESPECIFICACIONES DE PUESTA A PUNTO DEL MOTOR DIESEL

Año	Código VIN motor	Motor: nº cil. cilindrada (pulg. cúb.) fabricante	Presión bomba combustible ① (libras/pulg.^{2})	Presión apertura inyector (libs. pulg.^{2})	Presión de compresión (libs. pulg.^{2}) ②	Reglaje bomba inyección (grados)	Apertura válvula admisión (APMS)	Velocidad en vacío (ralentí) rpm
'80–'85	N	8-350 Olds	5.5–6.5	1225	275 mínimo	④	16	⑤
'82–'85	V	6-260 Olds	5.8–8.7	③	275 mínimo	6APMS	16	⑤

NOTA: La etiqueta de especificaciones adherida debajo del capó a menudo refleja cambios en las especificaciones de puesta a punto introducidos en la fase de fabricación. Los valores de dicha etiqueta deben ser los utilizados si difieren de los indicados en esta tabla.

APMS = Antes punto muerto superior (cilindro nº 1)

① Estas presiones corresponden a la bomba de envío de combustible. Las presiones de la bomba de inyección deben ser 8-12 libs. pulg.^{2} a 1,000 rpm. medidas en la toma de presión de la bomba de inyección

② La compresión más baja medida en un cilindro no debería ser inferior al 70% de la más elevada registrada en el cilindro de mayor compresión.

③ Presión de apertura del inyector:
Tobera nueva (banda verde/ningún color) = 1,000 libras/pulg.^{2}
Tobera nueva (banda roja) = 800 libras/pulg.^{2}
Tobera usada: 200 libras/pulg.^{2} menos que nueva

④ Alinear la marca existente en la bomba de inyección con la de la brida motriz en los modelos 1980-81. En los modelos 1982 y posteriores, 4° después punto muerto superior.

⑤ Véase la etiqueta de especificaciones adherida debajo del capó.

ÓRDENES DE ENCENDIDO

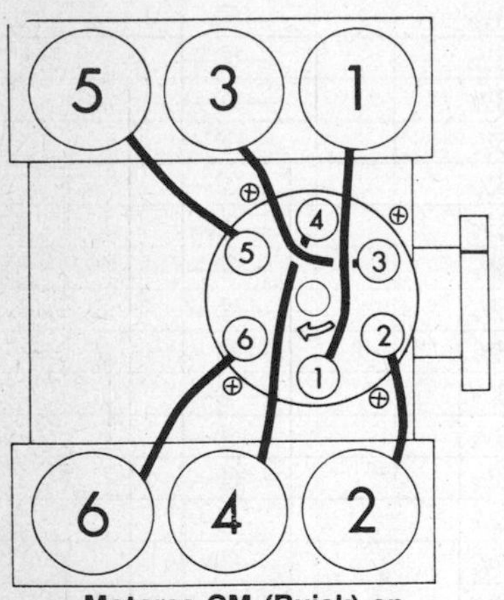

Motores GM (Buick) en 231, 252 6V
Orden de encendido: 1-6-5-4-3-2
Giro del distribuidor: en el sentido de las agujas de un reloj

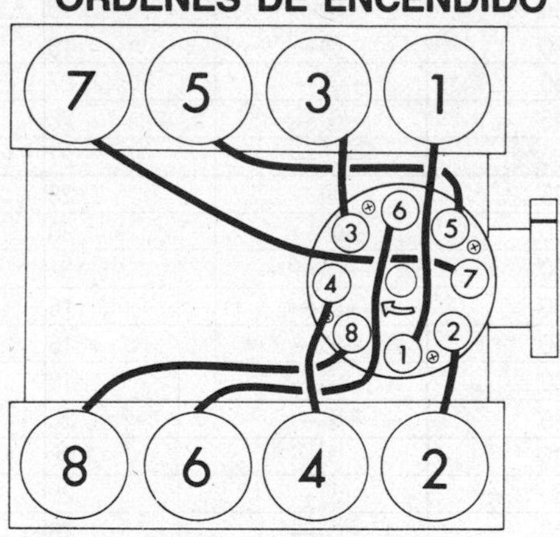

Motores Buick de 8 cilindros en V
Orden encendido cil.: 1-8-4-3-6-5-7-2
Giro del distribuidor: en el sentido de las agujas de un reloj

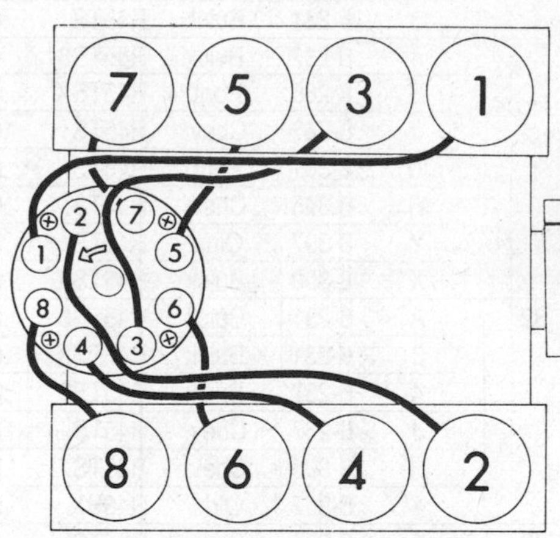

Motores de 8 cilindros en V fabricados por Oldsmobile y Pontiac
Orden encendido cil.: 1-8-4-3-6-5-7
Giro de los 2 distribuidores: en sentido contrario a las agujas de un reloj

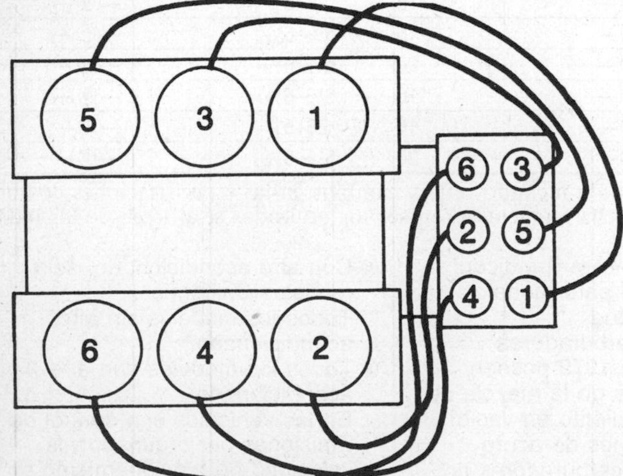

Motores Buick de 6 cilindros en V con sistema de encendido C3I
Orden de encendido cil.: 1-6-5-4-3-2

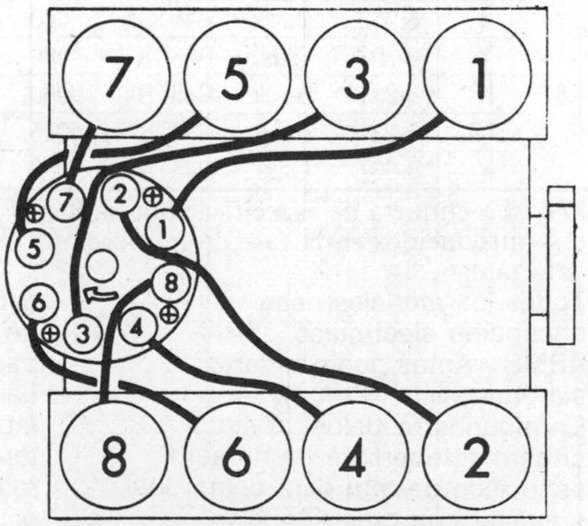

Motores Chevrolet de 8 cilindros en V
Orden de encendido cil.: 1-8-4-3-6-5-7-2
Giro del distribuidor: en el sentido de las agujas de un reloj

CAPACIDADES
Electra y LeSabre

Año	Motor Nº cilindros cilindrada (pulg. cúb.)	Cárter con filtro nuevo agregue ¼ de galón	Caja de cambios (pintas para recargar después de vaciado) Manual 3 vel.	Manual 4 vel.	Automática ●	Eje trasero (pintas)	Depósito gasolina (galones)	Sistema de refrigeración (cuartos de galón) Con calef.	Con aire acond.	Servicio pesado
'80–'81	6-231 Buick	4	—	—	③	①	25.0②	13.0	13.0	13.0
	6-252 Buick	4	—	—	③	①	25.0②	13.0	13.0	13.0
	8-301 Pont.	4	—	—	③	①	25.0②	18.9	18.9	18.9
	8-307 Olds.	4	—	—	③	①	25.0②	15.6	16.3	16.0
	8-350 Buick	4	—	—	③	①	25.0②	14.3	14.2	14.7
	8-350 Olds.	4	—	—	③	①	25.0②	—	14.5	15.2
	8-350 Diesel	6	—	—	⑦	①	23.0④	18.3	18.0	18.0
'82–'84	6-231, 6-252	4	—	—	③	①	25	13	13.1	—
	8-307 Olds.	4	—	—	③	①	25	15.4	16.2	16.1
	8-350 Diesel	6	—	—	③	①	25	—	17.9	—
'85–'86	6-231	4	—	—	③	①	25	13	13.1	—
	8-307 Olds.	4	—	—	③	①	25	15.4	16.2	16.1
	8-350 Diesel	6	—	—	③	①	25	—	17.9	—

● Estas especificaciones no incluyen el convertidor del par
—: No aplicable

① Corona de 7.5 pulg. (9.05 cm): 3,5
Corona de 8.5 pulg. (21.6 cm): 4.25
Corona de 8.75 pulg. (22,2 cm): 5.4

② Estate wagon: 22 gal.
③ Agregar 6 pintas poner el motor en marcha y esperar a que se caliente. Entonces, terminar de llenar la caja de cambio
④ Wagon: 27 gal.

CAPACIDADES
Century y Regal

Año	Motor Nº cilindros cilindrada (pulg. cúb.)	Cárter con filtro nuevo agregue ¼ de galón	Caja de cambios (pintas para recargar después de vaciado) Manual 3 vel.	Manual 4 vel.	Automática ●	Eje trasero (pintas)	Depósito gasolina (galones)	Sistema de refrigeración (cuartos de galón) Con calef.	Con aire acond.	Servicio pesado
'80	6-231 Buick②	4	3.5	—	③	⑤	18.1①①	13.4	13.4	—
	8-265 Pont.	4①	—	—	③	⑤	18.0	20.3	21.0	—
	8-301 Pont.	4①	—	—	③	⑤	18.0	20.3	21.0	20.8
	8-305 Chev.	4	—	—	③	⑤	18.0	17.6	18.0	18.1
'81	6-231 Buick	4	3.5	—	③	⑤	18.1④	13.4	13.4	—
	6-252 Buick	4	3.5	—	③	⑤	18.1④	13.0	13.0	—
	8-265 Pont.	4	—	—	③	⑤	25⑦	20.3	21.0	—
	8-350 Diesel	7	—	—	③	⑤	—	—	17.3	—
'82	6-231 Buick	4	—	—	⑧	⑤	18.1	13	13.1	—
	6-252 Buick	4	—	—	⑧	⑤	18.1	13	13.1	—
	6-263 Diesel	6	—	—	⑧	⑤	18.1⑥	—	14.8	—
	8-267 Chev.	4	—	—	⑧	⑤	18.1⑥	—	21	—
	8-305 Chev.	4	—	—	⑧	⑤	18.1⑥	—	19	—
'83–'84	6-231 Buick	4	—	—	⑧	⑤	19	13	13.1	—
	6-252 Buick	4	—	—	⑧	⑤	19	13	13.1	—
	6-263 Diesel	6	—	—	⑧	⑤	19	—	14.8	—

CAPACIDADES
Century y Regal

Año	Motor Nº cilindros cilindrada (pulg. cúb.)	Cárter con filtro nuevo agregue ¼ de galón	Caja de cambios (pintas para recargar después de vaciado) Manual 3 vel.	Manual 4 vel.	Automática ●	Eje trasero (pintas)	Depósito gasolina (galones)	Sistema de refrigeración (cuartos de galón) Con calef.	Con aire acond.	Servicio pesado
'85	6-231 Buick	4	—	—	⑧	⑤	19	13	13.1	—
	6-263 Diesel	6	—	—	⑧	⑤	19	—	14.8	—
'86–'87	6-231 Buick	4	—	—	⑧	⑤	18	13	13	—
	6-231 Buick (SFI)	5	—	—	⑧	⑤	18	12	12	—
	8-307 Olds	4	—	—	⑧	⑤	18	15.5	15	16

• Estas especificaciones no incluyen el convertidor de par
— No aplicable
SFI = Inyección secuencial de combustible
① 4 cuartos de galón en total
② Century y Regal
③ THM 200: 6; THM 350: 3
④ Wagon: 18.2
⑤ Corona 7.5 (19.05 cm): 3.5
Corona 8.5 (21.6 cm): 4.25
Corona 8.75 (22.2 cm): 5.4
⑥ Station Wagon: 18.2 galones
⑦ Station Wagon: 22 gal.
⑧ THM 220 y 200 R: 4-7 pintas
THM 250C: 8 pintas
THM 350C: 6.3 pintas

ESPECIFICACIONES DE LAS VÁLVULAS

Año	Motor núm. cil. cilindrada (pulg. cúb.)	Ángulo de asiento (grados)	Ángulo cara biselada (grados)	Presión de prueba del resorte (libras @ pulg.)	Altura del resorte montado (pulg.)	Holgura vástago a guía (pulg.) Admisión	Holgura vástago a guía (pulg.) Escape	Diám. del vástago (pulgadas) Admisión	Diám. del vástago (pulgadas) Escape
'80–'81	6-196 Buick	45	45	164 @ 1.340	1 47/64	.0015–.0032	.0015–.0032	.3405–.3412	.3405–.3412
	6-231 Buick	45	45	164 @ 1.34④	1 47/64	.0015–.0035	.0015–.0032	.3401–.3412	.3405–.3412
	6-252 Buick	45	45	164 @ 1.34④	1 47/64	.0015–.0035	.0015–.0032	.3401–.3412	.3405–.3412
	8-265 Pont.	46	45	170 @ 1.260	1 47/64	.0017–.0020	.0017–.0020	.3400	.3400
	8-301 Pont.	46	45	170 @ 1.260	1 47/64	.0017–.0020	.0017–.0020	.3400	.3400
	8-305 Chev.	46	45	200 @ 1.250	1 23/32	.0010–.0037	.0010–.0047	.3410	.3410
	8-307 Olds.	45②	46③	187 @ 1.27	1 47/64	.0010–.0027	.0015–.0032	.3428	.3424
	8-350 Buick	45	45	180 @ 1.340	1 47/64	.0015–.0035	.0015–.0032	.3720–.3730	.3723–.3730
	8-350 Olds.	45①	44①	187 @ 1.27	1 47/64	.0010–.0027	.0015–.0032	.3425–.3432	.3420–.3427
	8-350 Olds. Diesel	45①⑦	44①⑦	151 @ 130⑤	1 47/64	.0010–.0027	.0015–.0032	.3425–.3432	.3420–.3427
	8-403 Olds.	45①	44①	187 @ 1.27	1 47/64	.0010–.0027	.0015–.0032	.3425–.3432	.3420–.3427
'82	6-231 Buick	45	45	182 @ 1.340	1 47/64	.0015–.0035	.0015–.0032	.3407	.3409
	6-252 Buick	45	45	164 @ 1.34④	1 47/64	.0015–.0035	.0015–.0032	.3401–.3412	.3405–.3412
	6-263 Olds. Diesel	45①	44①	217 @ 1.220 in.	—	.0010–.0027	.0015–.0032	.3425–.3432	.3420–.3427
	8-267 Chev.	46	45	180 @ 1.25	1 23/32	.0010–.0027	.0010–.0027	.3414	.3414
	8-305 Chev.	46	45	180 @ 1.25	1 23/32⑥	.0010–.0027	.0010–.0027	.3414	.3414
	8-307 Olds.	45①	44①	187 @ 1.27	1 47/64	.0010–.0027	.0015–.0032	.3425–.3432	.3400–.3427
	8-350 Diesel	45①	44①	210 @ 1.23	1 47/64	.0010–.0027	.0015–.0032	.3425–.3432	.3400–.3427
'83	6-231 Buick	45	45	182 @ 1.34⑧	1 47/64	.0015–.0035	.0015–.0032	.3401–.3412	.3405–.3412
	6-252 Buick	45	45	182 @ 1.34	1 47/64	.0015–.0035	.0015–.0032	.3401–.3412	.3405–.3412
	8-307 Olds.	45①	44①	187 @ 1.27	1 47/64	.0010–.0027	.0015–.0032	.3425–.3432	.3420–.3427
	6-263 Diesel	45①	44①	209 @ 1.22	—	.0010–.0027	.0015–.0032	.3425–.3432	.3420–.3427
	8-350 Diesel	45①	44①	209 @ 1.22	1 47/64	.0010–.0027	.0015–.0032	.3425–.3432	.3420–.3427
'84	6-231 Buick	45	45	182 @ 1.34⑧	1 47/64	.0015–.0035	.0015–.0032	.3401–.3412	.3405–.3412
	6-252 Buick	45	45	182 @ 1.34	1 47/64	.0015-.0035	.0015-.0032	.3401-.3412	.3405-.3412
	8-307 Olds.	45①	44①	187 @ 1.27	1 47/64	.0010–.0027	.0015–.0032	.3425–.3432	.3420–.3427
	6-263 Diesel	45①	44①	209 @ 1.22	—	.0010–.0027	.0015–.0032	.3425–.3432	.3420–.3427
	8-350 Diesel	45①	44①	209 @ 1.22	1 47/64	.0010–.0027	.0015–.0032	.3425–.3432	.3420–.3427

ESPECIFICACIONES DE LAS VÁLVULAS

Año	Motor núm. cil. cilindrada (pulg. cúb.)	Angulo de asiento (grados)	Angulo cara biselada (grados)	Presión de prueba del resorte (libras @ pulg.)	Altura del resorte montado (pulg.)	Holgura vástago a guía (pulg.)		Diám. del vástago (pulgadas)	
						Admisión	Escape	Admisión	Escape
'85	6-231 Buick	45	45	182 @ 1.34⑧	1 47/64	.0015–.0035	.0015–.0032	.3401.–3412	.3405–.3412
	8-307 Olds.	45①	44①	187 @ 1.27	1 47/64	.0010–.0027	.0015–.0032	.3425–.3432	.3420–.3427
	6-263 Diesel	45①	44①	209 @ 1.22	—	.0010–.0027	.0015–.0032	.3425–.3432	.3420–.3427
	8-350 Diesel	45①	44①	209 @ 1.22	1 47/64	.0010–.0027	.0015–.0032	.3425–.3432	.3420–.3427
'86–'87	6-231 Buick	45	45	182 @ 1.34⑧	1 47/64	.0015–.0035	.0015–.0032	.3412–.3401	.3412–.3405
	8-307 Olds	45②	46③	187 @ 1.27	1 47/64	.0010–.0027	.0015–.0032	.3425–.3432	.3420–.3427

① Ángulo de asiento de la válvula de escape: 31°. Ángulo de la cara de la válvula de escape: 30°
② Escape: 59°
③ De escape: 60°
④ De escape: 182 @ 1.34
⑤ 1981 210 @ 1,23
⑥ De escape: 1 19/32
⑦ Asiento: Admisión = 45°, escape = 59° Cara: Válv. admis. = 46°, válv. escape = 60°
⑧ 6-231 con inyección secuencial de combustible: 185 @ 1.34

PARES DE APRIETE

(Todas las medidas en libras-pie)

Año	Núm. cil. cilindrada (pulg. cúb.)	Tornillos de la cabeza del motor	Tornillos de los cojinetes de bielas	Tornillos de cojinetes de bancada (cigüeñal)	Tornillo de polea del cigüeñal	Tornillos del volante al cigëñal	Múltiples	
							Admisión	Escape
'80–'81	6-231 Buick	80	40	100	225②	60	45	25
	6-252 Buick	80	40	100	225②	60	45	25
	6-265 Pont.	95	35	70①	160	95	40	35
	8-301 Pont.	90	35	60①	160	95	40	35
	8-305 Chev.	65	45	70	60	60	30	20
	8-350 Buick	80	40	100	225②	60	45	25
	8-350 Chev.	65	45	70	60	60	30	20
	8-307, 350 Olds.	130	42	80③	255②	60④	40	25
	8-350 Diesel	130	42	120	200–310②	60	40	25
'82	6-231 Buick	80	40	100	225	60	45	25
	6-252 Buick	80	40	100	225②	60	45	25
	6-263 Diesel	142⑤	42	107	160–350	48	41	29
	8-267 Chev.	65	45	70	60	60	30	20
	8-301 Pont.	90	35	60①	160	95	40	35
	8-305 Chev.	65	45	70	60	60	30	20
	8-350 Buick	80	40	100	225②	60	45	25
	8-350 Chev.	65	45	70	60	60	30	20
	8-307, 350 Olds.	130	42	80③	255②	60④	40	25
	8-350 Diesel	130	42	120	200–310②	60	40	25
'83–'84	6-231 Buick	80	40	100	200	60	47	25
	6-252 Buick	80	40	100	225	60	45	25
	6-263 Diesel	142⑤	42	89⑥	203–350	⑦	41	28
	8-307 Olds.	125	42	80③	200–310	60	40	25
	8-350 Diesel	130	42	120	200–310	60	40	25
'85	6-231 Buick	80	40	100	200	60	47	25
	8-307 Olds.	125	42	80③	200–310	60	40	25
	6-263 Diesel	142⑤	42	89⑥	203–350	⑦	41	28
	8-350 Diesel	130	42	120	200–310	60	40	25
'86–'87	6-231 Buick	⑨	40	100	200	60	45	20
	8-307 Olds	125⑧	42	80③	200–310	60	40⑧	25

① Cojinete de bancada posterior: 100 libras-pie
② Fijación polea ventilador al equilibrador: 20 libras-pie (2.76 kg).
③ Coj. bancada posterior: 120 libras-pie (17.56 kg)
④ Cambio manual: 90 libras-pie (12.42 kg)
⑤ N.º 5, 6, 11, 12, 13 y 14: 59 libras-pie (8. 142 kg)
⑥ N.º 2 y 3 exteriores: 52 libras-pie (7.176 kg). Pernos tipo II
⑦ VIN T: 76 libras-pie (10.5 kg) VIN V: 57 libras-pie (7.86 kg) Convertidor torque: 46 libras-pie (6.35 kg)
⑧ Antes de apretar el tornillo, limpiarlo y sumergirlo en aceite de motor
⑨ Vea procedimiento en el texto

ESPECIFICACIONES DE LOS PISTONES Y AROS (ANILLOS)

(Todas las medidas se indican en pulgadas. Para convertir a unidades métricas, véase la tabla de conversión)

Año	Código VIN	Tipo motor cilindrada (pulg. cúb.)	Fabricante motor	Holgura pistón-cilindro	Huelgo entre puntas de anillos: Compresión superior	Compres. inferior	Control aceite	Juego lateral de los anillos: Compresión superior	Compresión inferior	Control aceite
'80	A,3	6-231	Buick	.0008–.0020	.013–.023	.013–.023	.015–.035	.0030–.0050	.0030–.0050	.0035 max
'81–'87	A,3, 7,8,9	6-231	Buick	.0008–.0020 ①	.010–.020	.010–.020	.015–.055	.0030–.0050	.0030–.0050	.0035 max
'81–'84	4	6-252	Buick	.0008–.0020	.010–.020	.010–.020	.015–.055	.0030–.0050	.0030–.0050	.0035 max
'82–'85	V	6-263	Olds Diesel	.0035–.0045	.019–.027	.013–.021	.015–.055	.0050–.0070	.0030–.0050	.001–.005
'79–'80	S	8-265	Pont.	.0025–.0033	.010–.020	.010–.020	.035 max	.0015–.0035	.0015–.0035	.0015–.0035
'81	S	8-265	Pont.	.0025–.0033	.010–.028	.010–.028	.015–.055	.0015–.0035	.0015–.0035	.0015–.0035
'81–'82	J	8-267	Chev.	.0025–.0033	.010–.020	.010–.025	.015–.055	.0012–.0032	.0012–.0032	.0020–.0080
'80–'81	W	8-301	Pont.	.0025–.0033	.010–.020	.010–.020	.035 max	.0015–.0035	.0015–.0035	.0015–.0035
'80–'82	H	8-305	Chev.	.0027 max	.010–.030	.010–.035	.015–.065	.0012–.0032	.0012–.0032	.0020–.0080
'81–'87	Y	8-307	Olds.	.0008–.0018	.009–.019 ②	.009–.019 ②	.015–.055 ③	.0020–.0040	.0020–.0040	.0010–.0050
'80–'81	X	8-350	Buick	.0008–.0020	.010–.020 ④	.010–.020 ④	.015–.035	.0030–.0050	.0030–.0050	.0035 max
'80	R	8-350	Olds.	.0010–.0020	.010–.023 ⑤	.010–.023 ⑤	.015–.055	.0020–.0040	.0020–.0040	.0010–.0050
'80–'85	N	8-350	Olds Diesel	.0035–.0045	.015–.025	.015–.025	.015–.055	.0040–.0060 ⑥	.0018–.0038 ⑦	.0010–.0050

① 1985-86 6-231 Turbo: 0.0022-0.0034 pulg.
② Con anillos TRW: 0.010-0.025 pulg.
③ Con anillos TRW: 0.010-0.025 pulg.
④ 1980: 0.103-0.023 pulg.
⑤ Con anillos de potencia estancos: 0,010-0.020 pulg.
⑥ 1982-85: 0.0050-0.0070 pulg.
⑦ 1982-85: 0.0030-0.0050 pulg.

ESPECIFICACIONES DEL CIGÜEÑAL Y BIELAS

(Todas las medidas en pulgadas)

Año	Núm. cil. cilindrada motor	Cigüeñal: Diám. de los muñones de los coj. bancada	Holgura aceite de bancada	Juego axial	Empuje en el número	Biela: Diám. del muñón	Holgura para aceite	Holgura lateral
'80–'81	6-231 Buick	2.4995	.0003-.0018	.003-.009⑤	2	2.2487-2.2495	.0005-.0026	.006-.023⑪
	265 Pont.	3.000	.0004-.0020⑫	.006-.022⑦	4	2.250⑧	.0005-.0025	.006-.022⑪
	6-252 Buick	2.4995	.0003-.0018	.003-.009	2	2.2487-2.2495	.0005-.0026	.006-.023
	8-301 Pont.	3.000	.0004-.0020	.006-.022	4	2.250	.0005-.0025	.006-.022
	8-305 Chev.	③	④	.002-.006	5	2.099-2.100	.0035 max	.006-.014
	8-307 Olds.	2.49793-2.4998⑥	.0005-.0021①	.0035-.0135	3	2.1238-2.1248	.0004-.0033	.006-.020
	8-350 Buick	3.000	.0004-.0015	.003-.009	3	1.991-2.000	.0005-.0026	.006-.023
	8-350 Olds.	2.4985-2.4995②	.0005-.0021①	.0035-.0135	3	2.1238-2.1248	.0004-.0033	.006-.020
	8-350 Diesel	2.9993-3.0003	.0005-.0021①	.0035-.0135	3	2.2495-2.2500	.0005-.0026	.006-.020

ESPECIFICACIONES DEL CIGÜEÑAL Y BIELAS

(Todas las medidas en pulgadas)

Año	Núm. cil. cilindrada motor	Cigüeñal: Diám. de los muñones de los coj. bancada	Cigüeñal: Holgura aceite cojinetes de bancada	Cigüeñal: Juego axial	Cigüeñal: Empuje en el número	Biela: Diám. del muñón	Biela: Holgura para aceite	Biela: Holgura lateral
'82	6-231 Buick	2.4995	.0003–.0018	.003–.009	2	2.2487–2.2495	.0005–.0026	.006–.023
	6-252 Buick	2.4995	.0003–.0018	.003–.009	2	2.2487–2.2495	.0005–.0026	.006–.023
	6-263 Diesel	2.9993–3.0003	.0005–.0021	.0035–.0135	3	2.1238–2.2148	.0005–.0026	.006–.020
	8-267 Chev.	③	.0008–.0020⑨	.002–.006	5	2.0986–2.0998	.0013–.0035	.006–.014
	8-305 Chev.	③	.0008–.0020	.002–.006	5	2.0986–2.0998	.0013–.0035	.006–.014
	8-307 Olds	2.4973–2.4998⑥	.0005–.0021①	.0035–.0135	3	2.1238–2.1248	.0004–.0033	.006–.020
	8-350 Diesel	2.9993–3.0003	.0005–.0021	.0035–.0135	3	2.2495–2.2500	.0005–.0026	.006–.020
'83–'84	6-231 Buick	2.4995	.0003–.0018	.003–.011	2	2.2487–2.2495	.0005–.0026	.006–.023⑪
	6-252 Buick	2.4995	.0003–.0018	.003–.011	2	2.2487–2.2495	.0005–.0026	.006–.023
	6-263 Diesel	2.9993–3.0003	.0005–.0021	.0035–.0135	3	2.1238–2.2148	.0005–.0026	.006–.020
	8-307 Olds	2.4973–2.4998⑥	.0005–.0021①	.0035–.0135	3	2.1238–2.1248	.0004–.0033	.006–.020
	8-350 Diesel	2.9993–3.0003	.0005–.0021⑩	.0035–.0135	3	2.2495–2.2500	.0005–.0026	.006–.020
'85	6-231 Buick	2.4995	.0003–.0018	.003–.011	2	2.2487–2.2495	.0005–.0026	.003–.015
	6-263 Diesel	2.9993–3.0003	.0005–.0021	.0035–.0135	3	2.2498–2.249	.0004–.0026	.008–.021
	8-307	2.4985–2.4995⑥	.0005–.0021①	.003–.013	3	2.1238–2.1248	.0005–.0026	.006–.020
	8-350 Diesel	2.9993–3.0003	.0005–.0021⑩	.0035–.0135	3	2.2495–2.5000	.0005–.0026	.006–.020
'86–'87	6-231 Buick	2.4995	.0003–.0018	.003–.011②		2.2487–2.2495	.0005–.0026	.003–.015
	8-307 Olds	2.4988–2.4998⑬	.0005–.0021①	.0035–.0135	3	2.1238–2.1248	.0004–.0033	.006–.020

① Holgura cojinete de bancada n.º 5: 0.0015-0.0031
② N.º 1: 2.4988-2.4998
③ N.º 1: 2.4484-2.4493; n.º 2, 3, 4: 2.4481-2.4490: n.º 5: 2.4479-2.4488
④ 1980: n.º 1: 0.0015. n.º 2, 3, 4: 0.0025: n.º 5: 0.0035
⑤ 1981: 0.003-0.011
⑥ 2.4990-2.4995 (n.º 2, 3, 4, 5)
⑦ 1981: 0.0035-0.0085
⑧ 1981: 2.000
⑨ Coj. intermedio: 0.0011-0.0023. Coj. posterior. 0.0017-0.0033
⑩ 0.0020-0.0034 n.º 5
⑪ Total para ambas bielas en cada muñón
⑫ 1981: 0.0002-0.0018
⑬ 2.4985-2.4995 (n.º 2, 3, 4, 5)

ESPECIFICACIONES PARA ALINEACIÓN DE LAS RUEDAS Electra y LeSabre

Año	Modelo	Cáster (ángulo de avance): Gama (grados)	Cáster (ángulo de avance): Ajuste preferente (grados)	Camber (caída): Gama	Camber (caída): Ajuste preferente	Convergencia (pulg.)
'80–'82	Todos	2P–4P	3P	0 - 1.6 P	0.8 P	1/16-1/4
'83–'85	Todos	2P–4P	3P	0 - 1.6 P	—	1/16-1/4

P = Positivo

ESPECIFICACIONES PARA ALINEACIÓN DE LAS RUEDAS Century y Regal

Año	Modelo	Cáster (ángulo de avance): Gama (grados)	Cáster (ángulo de avance): Ajuste preferente (grados)	Camber (caída): Gama	Camber (caída): Ajuste preferente	Convergencia (pulg.)
80-81	Todos con	0.5 - 1.5 P	1 P	0-1 P	0.5	1/16-3/16
	servodirección	2.5 - 3.5 P	3 P	0-1 P	0.5 P	1/16-3/16
82	Todos	2.5 - 3.5 P	3 P	0-1 P	0.5	1/16-3/16
83-87	Todos	2 - 4 P	3 P	0.33-1.33 P	(1)	1/16-1/4

① No disponible N = Negativo P = Positivo

PARTE ELÉCTRICA DEL MOTOR

Todos los modelos están equipados con alternador Delco SI. Véase información adicional sobre el sistema de carga en el capítulo de Carga y arranque de la sección de Reparaciones.

La información sobre el sistema de carga de motores diesel está contenida en la sección Oldsmobile tracción en las ruedas traseras.

Alternador

DESMONTAJE Y MONTAJE

Desconecte el cable negativo de la batería de su respectivo borne. Desconecte todos los cables del alternador, después de ponerles una etiqueta de identificación. Desenrosque el tornillo que sujeta el soporte de ajuste ranurado al alternador. Afloje la correa propulsora. Desenrosque el tornillo de empuje que fija el alternador al motor. Al volver a montar el alternador, ajuste la tensión de la correa propulsora de modo que quede media pulgada de flexión en el tramo más largo entre poleas.

NOTA: En algunos modelos puede ser necesario aflojar la carcasa del ventilador y girarla. En los modelos equipados con aire acondicionado, a veces es necesario desmontar el soporte del compresor; no descargar el líquido del circuito del aire acondicionado.

Regulador de tensión

DESMONTAJE Y MONTAJE

El regulador de tensión está incorporado en el alternador y no precisa ajuste. Si se desea desmontar el regulador debe desarmarse el alternador.

Motor de arranque

Puede consultarse información adicional del sistema de arranque en la sección de Reparación: Carga y arranque. La información sobre el sistema de arranque de motores diesel está contenida en la sección Oldsmobile tracción en las ruedas traseras.

DESMONTAJE Y MONTAJE

1. Desconecte el cable negativo de la batería.
2. Levante con un gato el vehículo y sopórtelo firmemente. Desmonte la abrazadera del motor de arranque y cualquier placa de escudo que estorbe. En algunos modelos de cambio automático a veces es necesario desmontar el tubo transversal de escape. En los modelos de cambio manual, afloje el travesaño del motor mediante la retirada de los seis tornillos del travesaño y los dos tornillos del eje del estabilizador, desde el lado del acompañante, y el aflojamiento de los cuatro tornillos del travesaño existentes en el lado del conductor.
3. Fije etiquetas a los cables del solenoide y desconéctelos de éste.
4. Retire los tornillos que fijan el motor de arranque, tomando nota de cualquier suplemento de montaje que pueda haber, a fin de restituirlo a su misma posición.
5. Retire el motor de arranque.
6. Para el montaje, siga el mismo procedimiento en orden inverso.

Distribuidor

Los vehículos van equipados con un sistema de encendido de alta energía, de estado sólido. En los modelos 1981 y posteriores se usa un distribuidor con sincronización electrónica del encendido (SEE). Este distribuidor no usa avance mecánico ni de vacío y se identifica fácilmente por la ausencia de un avance de vacío y la presencia de un conector de cuatro terminales. En uno y otro distribuidor no hay puntos de contacto ni condensador que requieran sustitución, ni leva o bloque frotador sometidos a desgaste, con lo que se elimina el mantenimiento del distribuidor.

Los motores de 6 cilindros en V sobrealimentados con turbocompresor de los modelos de 1984 y ulteriores que van equipados con inyección de combustible incorporan el sistema de encendido por bobina controlada por ordenador (C3I), que permite prescindir de distribuidor. El sistema C3I utiliza una bobina rectangular que suministra corriente a las bujías bajo el mando del ordenador del sistema. El sistema C3I va equipado también con un control electrónico de encendido (ESC), en el que el ordenador emplea señales de referencia procedentes de un detector de posición del árbol de levas y/o del cigüeñal para determinar el grado de rotación de estos ejes y calcular así la óptima distribución del encendido, según sea la carga del motor y las condiciones de operación.

El proceso de encendido por compresión de los motores diesel se describe en la sección Oldsmobile tracción en las ruedas traseras.

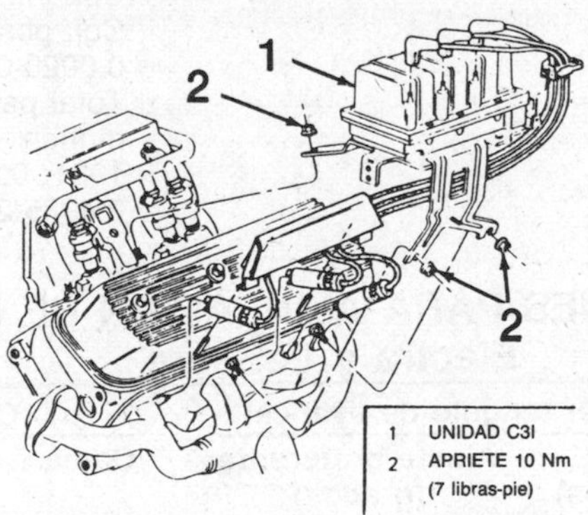

Desmontaje del conjunto de encendido por bobina controlada por ordenador (C3I)

DESMONTAJE Y MONTAJE

1. Saque la tapa del distribuidor y desconecte el hilo del primario de la bobina y el tubo de vacío de sus posiciones en el distribuidor. Desconecte los conectores de encendido de alta energía de la tapa del distribuidor en los motores de 6 y 8 cilindros en V.
2. Marque una señal en el cuerpo del distribuidor para indicar la posición del rotor. Marque luego otra señal en el bloque de cilindros para mostrar la posición del cuerpo del distribuidor en el bloque de cilindros.
3. Retire la abrazadera. Marque la posición del rotor y luego levante el distribuidor de su posición en el bloque de cilindros hasta que el rotor pare de girar. Marque de nuevo la posición del rotor y retire el distribuidor.

NOTA: El orden de encendido y la numeración de los cilindros se indican en las especificaciones al principio de esta sección.

4. Para montar el distribuidor, si el motor no se ha alterado, puede introducirse en el motor prestando atención a que la punta del rotor esté alineada con las señales que se marcaron en el alojamiento del distribuidor y en el bloque de cilindros.
5. Si, en cambio, se ha girado el motor cuando el distribuidor estaba fuera, saque la bujía n.º 1 y cubra la abertura con un dedo. Haga girar lentamente el motor hasta que perciba la compresión. Alinee entonces las señales de distribución de modo que el cilindro n.º 1 esté en posición de encendido. Sitúe el distribuidor en el bloque de cilindros con el rotor en la posición de encendido del cilindro n.º 1. Asegúrese de que el eje intermedio de la bomba de aceite esté correctamente asentado en la misma.
6. Coloque el tornillo de fijación del distribuidor, pero no lo apriete.
7. Gire el cuerpo del distribuidor en el sentido de las agujas del reloj. Apriete el tornillo de fijación.
8. Fije el conductor del primario de la bobina a su borne en el distribuidor y conecte el tubo de vacío. Luego coloque la tapa del distribuidor.
9. Ponga el motor en marcha y compruebe la sincronización del encendido.

SINCRONIZACIÓN DEL ENCENDIDO

NOTA: En todos los modelos con sistema de encendido por ordenador (sin unidad de avance por vacío) consúltese el procedimiento de reglaje específico de la distribución (sincronización) indicado en la etiqueta sobre emisiones, adherida en la parte inferior del capó. Las marcas del encendido están situadas en la cubierta frontal del motor y en el amortiguador de sacudidas o polea.

1. Desconecte el tubo (manguera) flexible de avance por vacío del distribuidor y ponga un tapón en el extremo del tubo flexible.
2. En los modelos de 1981 y ulteriores con distribuidor de sincronización electrónica del encendido (SEE), desconecte el conector de cuatro terminales del colector de cables. Algunos modelos precisan que el terminal para diagnóstico situado debajo del tablero de instrumentos sea puesto a tierra, para que el sistema de control del motor por ordenador esté en el modo de distribución básica. Antes de proseguir consulte la etiqueta adherida debajo del capó, en que se indican instrucciones de distribución específicas del modelo en cuestión.
3. Asegúrese de que las marcas de distribución estén limpias y sean legibles. El motor debe estar a temperatura normal de funcionamiento.

NOTA: En ocasiones puede ser necesario aplicar una pequeña cantidad de pintura blanca o yeso en las marcas de distribución (sincronización) para que sean más visibles.

4. Conecte una lámpara estroboscópica de pruebas de encendido en el cilindro n.º 1, utilizando un reductor de voltaje o un captador inductivo. Procure no dañar el revestimiento de los cables de encendido de alta energía con instrumentos que

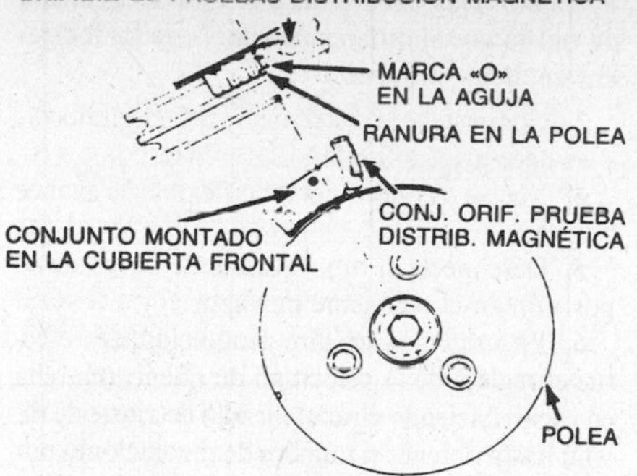

Ubicación del orificio para pruebas en la distribución magnética

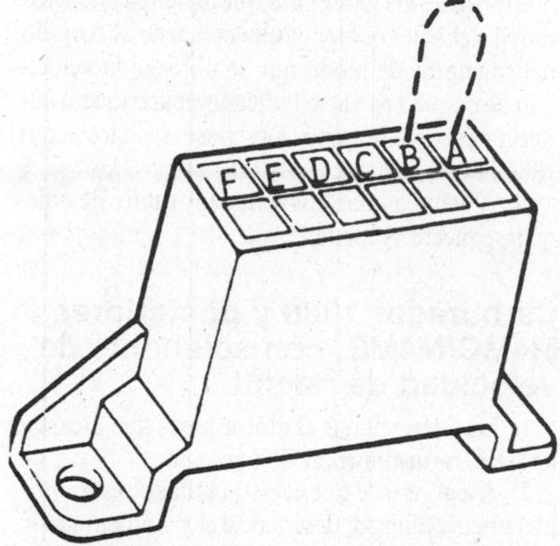

De ser necesario, póngase a tierra el cable para diagnóstico mediante una conexión volante de la forma ilustrada

puedan ser cortantes. Conecte un tacómetro con arreglo a las instrucciones del fabricante.

5. Afloje la abrazadera del distribuidor.

6. Ponga el motor en marcha y hágalo funcionar al número de revoluciones por minuto indicado en la tabla Especificaciones de puesta a punto. Oriente la lámpara de prueba del encendido hacia las marcas impresas en el motor y gire el distribuidor hasta que se alineen las marcas correctas. Apriete la abrazadera de retenida del distribuidor y vuelva a comprobar la distribución.

7. Vuelva a conectar el tubo flexible de vacío o el conector de cuatro terminales.

SISTEMA DE COMBUSTIBLE

El reglaje de la inyección de combustible de los motores diesel y su distribución y procedimientos de desmontaje y montaje se describen en la sección Oldsmobile tracción en las ruedas traseras. Véase información adicional sobre el sistema de combustible del capítulo de Carburadores de la sección de Reparaciones.

Bomba de combustible

Todos los coches equipados con aire acondicionado que poseen motor de 8 cilindros en V con

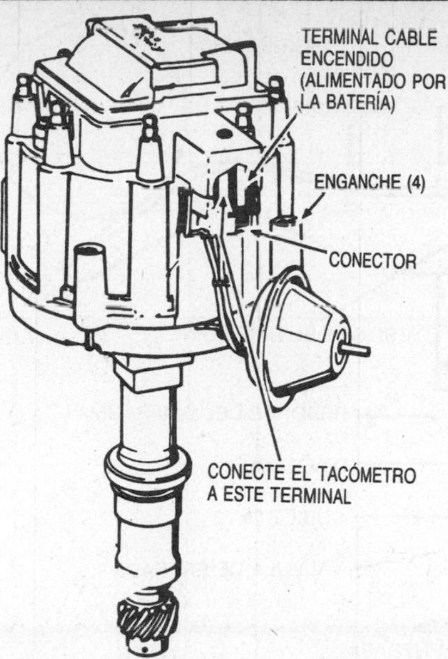

Conexión de un tacómetro para el sistema EAE (encendido de alta energía)

carburador tienen una bomba de combustible especial. Esta bomba cuenta con una tubería de retorno del vapor que conduce combustible caliente y vapores de combustible a través de un circuito que vuelve a desembocar en el depósito de combustible. Con ello se reduce grandemente la posibilidad de bloqueo del vapor, al mantener una circulación continua de combustible frío por la bomba.

La bomba de combustible usada en los motores equipados con inyección de combustible es una unidad eléctrica de alta presión, que mantiene una presión constante de combustible de 28-50 libras/pulg^2 (2-3,3 kg/cm^2). Está acoplada a la unidad de combustible, situada en el depósito de combustible.

DESMONTAJE Y MONTAJE

Bomba de combustible mecánica

1. Desconecte el tubo flexible de entrada de combustible de la bomba. Desconecte el tubo flexible de retorno combustible, de existir. Desconecte el tubo flexible de entrada.

2. Desenrosque los dos tornillos.

3. Retire la bomba de combustible.

4. Coloque una junta nueva.

5. Monte la bomba nueva, con tornillos nuevos.

6. Apriete los tornillos alternativa y uniformemente.

7. Vuelva a conectar los tubos, ponga el motor en marcha y compruebe que no haya fugas.

Bomba de combustible eléctrica

ATENCIÓN

El circuito de inyección de combustible está constantemente bajo presión. Por consiguiente, es necesario reducir la presión del combustible antes de desconectar ningún tubo del sistema. Para aliviar dicha presión, retire el fusible de la bomba de combustible y ponga el motor en marcha. Déjelo funcionar hasta que se pare. Entonces haga girar el motor tres segundos con el arranque, para estar seguro de que se ha consumido todo el combustible del circuito. Vuelva a colocar el fusible de la bomba de combustible, con la llave del arranque en la posición desconectada.

1. Elimine la presión del sistema de combustible de la forma descrita.

2. Desconecte el cable negativo de la batería.

3. Levante el vehículo con un gato y déjelo apoyado sobre soportes de seguridad.

4. Retire el depósito de combustible de la forma descrita en Desmontaje del depósito de combustible.

5. Desmonte el conjunto unidad de envío combustible/bomba de combustible, haciendo girar hacia la izquierda (en sentido contrario a las agujas del reloj) el anillo de bloqueo de la leva. Extraiga el conjunto de su posición en el depósito de combustible y separe luego la bomba de combustible de la unidad de envío, de la forma siguiente:

6. Tire de la bomba de combustible hacia arriba, de modo que penetre en la manguera de acoplamiento, a fin de separarla de su soporte inferior. En este proceso, procure no dañar la goma de aislamiento acústico ni el filtro. Cuando el conjunto de la bomba ya no toque en el soporte inferior, extráigala del conector de goma y retírela.

7. Examine la manguera de acoplamiento a la bomba para detectar indicios de deterioro; de ser necesario, cámbiela. Inspeccione la goma de aislamiento acústico situada en la parte inferior de la bomba y cámbiela, si es necesario.

8. Para montar la bomba, introdúzcala en la manguera de acoplamiento.

9. Instale el conjunto unidad de envío combustible/bomba combustible en el depósito. Para ello use una nueva junta tórica.

10. Monte el dispositivo de fijación de la leva encima del conjunto y bloquéelo girándolo hacia la derecha (en el sentido de las agujas del reloj).

11. Vuelva a montar el depósito de combustible.

Filtro de combustible

DESMONTAJE Y MONTAJE

Modelos con carburador

NOTA: Cuando compre un filtro nuevo, asegúrese de que coincida exactamente con el anteriormente usado.

1. Desconecte el tubo de combustible de la entrada del carburador.

2. Con una llave de muletilla, desenrosque la tuerca del filtro de combustible en el rácor de entrada en el carburador.

3. Retire el elemento filtrante y el resorte.

4. Si el elemento filtrante es de bronce, sople por el extremo del cono: el elemento debería dejar pasar el aire libremente.

5. Coloque el resorte del filtro y un nuevo elemento filtrante en el carburador. Si es un elemento de bronce, colóquelo con su extremo de menor diámetro hacia fuera.

6. Coloque una junta nueva en la tuerca de retención del filtro y enrosque ésta.

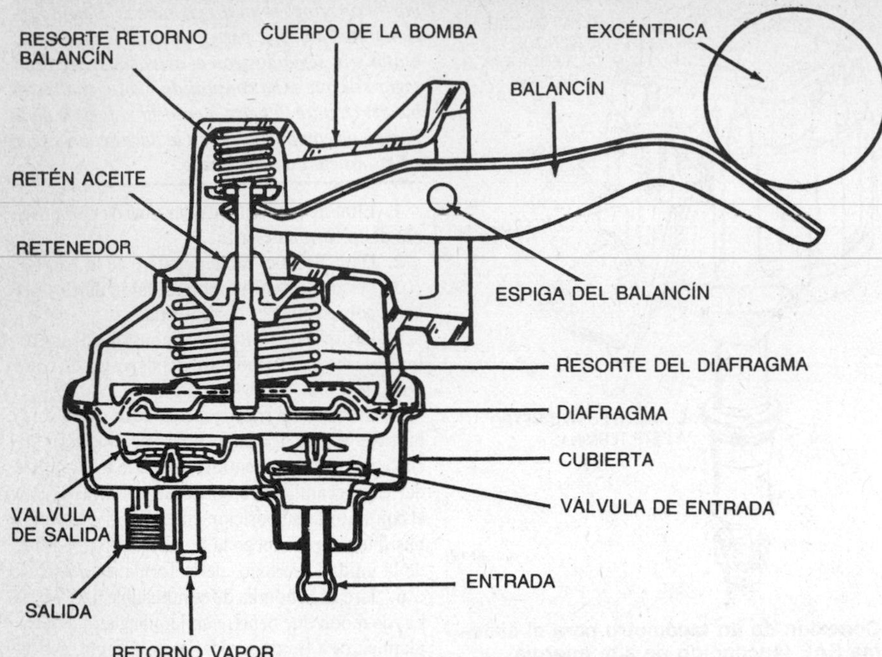

Bomba de combustible tipo retorno vapor

7. Vuelva a montar el tubo de entrada de combustible y apriételo firmemente. Ponga el motor en marcha y asegúrese de que no hay fugas.

Modelos con inyección de combustible

ATENCIÓN

El sistema de combustible está sometido a presión. Antes de desmontar ningún tubo del circuito, retire la presión del combustible de la forma descrita en Desmontaje de la bomba de combustible.

El sistema de inyección de combustible usa un filtro montado en línea en el tubo de alimentación de combustible debajo del capó, fijado al carril del bastidor o al travesaño posterior del vehículo. Para desmontar y volver a montar los tubos que ofrecen acceso al filtro de combustible en línea deben usarse siempre dos llaves, una de ellas para ejercer contrafuerza en el tubo. Otra precaución es no sustituir nunca un tubo metálico del circuito de combustible por otro de goma, dadas las altas presiones a que están sometidos todos los sistemas de inyección de combustible. Vuelva a colocar la junta tórica en la conexión y apriete el rácor del tubo de combustible a 22 libras-pie (30 Nm = 3 m/kg).

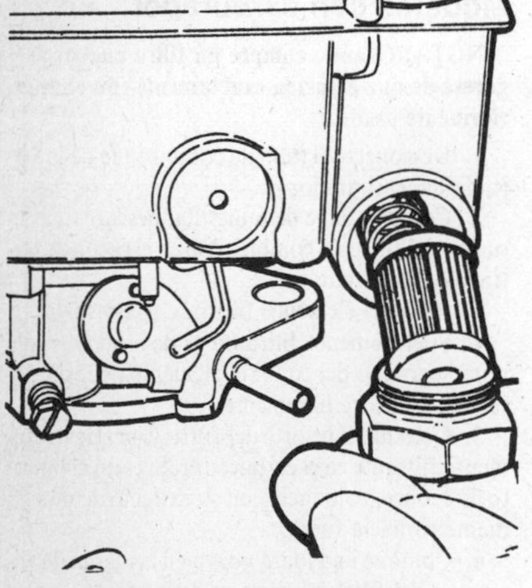

Filtro típico de combustible

Carburadores

DESMONTAJE Y MONTAJE

1. Desmonte el filtro del aire.

2. Desconecte los tubos de combustible y ciérrelos con un tapón.

3. Fije etiquetas de identificación y desconecte todos los tubos de vacío y/o conectores eléctricos del carburador.

4. Desenrosque los tornillos de montaje del carburador.

5. Retire el carburador.

6. Para volver a montar el carburador, siga el mismo procedimiento, en sentido inverso.

REGLAJES DE LA VELOCIDAD DE RALENTÍ (MARCHA EN VACÍO)

Carburador 1980 M2ME/M2MC/E2ME-210

1. Haga funcionar el motor hasta que alcance la temperatura normal de trabajo.

2. Asegúrese de que el estrangulador del aire esté completamente abierto; ponga el freno de mano; bloquee las ruedas; conecte un tacómetro al motor con arreglo a las instrucciones del fabricante; desconecte el cable del embrague del compresor; desconecte el acondicionador de aire; ponga una marcha, y desconecte y tapone el tubo flexible del avance por vacío de su posición en el distribuidor.

NOTA: Compruebe las instrucciones de la etiqueta adherida debajo del capó sobre el control de emisiones. Si difieren de éstas, siga las indicadas en dicha etiqueta.

3. Compruebe la distribución del encendido y, si es necesario, ajústela.

4. Vuelva a conectar el tubo flexible de avance por vacío.

5. Desconecte el tubo flexible de purga de su posición en el recipiente de vapor.

6. En vehículos sin aire acondicionado, efectúe el reglaje de la velocidad de ralentí (marcha en vacío) haciendo girar el tornillo de ajuste de ralentí hasta obtener el número de revoluciones por minuto especificado. En autos con aire acondicionado, ajuste dicho tornillo; luego ponga en marcha el aire acondicionado; abra unos instantes la mariposa de los gases para que extienda el núcleo móvil del solenoide y entonces ajuste el tornillo del solenoide de modo que se obtenga la velocidad de marcha en vacío indicada en la etiqueta adherida debajo del capó. Desconecte el aire acondicionado.

7. Vuelva a conectar todos los tubos flexibles y desconecte el tacómetro.

Carburador 1980 y posteriores M4MC/M4ME, con solenoide de velocidad de ralentí

1. Haga funcionar el motor hasta que alcance la temperatura normal de operación.

2. Asegúrese de que el estrangulador esté completamente abierto; desconecte el acondicionador de aire, ponga el freno de mano y bloquee las ruedas.

3. Conecte un tacómetro al motor con arreglo a las instrucciones del fabricante.

4. Desconecte el tubo flexible de purga de su posición en el recipiente de vapor. Si es un motor de 350 pulgadas cúbicas, aplique un tapón al extremo del tubo flexible.

5. Desconecte el tubo flexible de vacío de recirculación de gases de escape de su posición en la válvula. Desconecte y tapone el tubo flexible del avance por vacío.

6. Ponga la caja de cambio en la posición PARK (aparcamiento).

7. Compruebe la distribución y, de ser necesario, ajústela.

8. Vuelva a conectar el tubo flexible de avance por vacío.

9. Ponga la caja de cambio en una marcha cualquiera.

NOTA: Si las instrucciones de la etiqueta adherida debajo del capó difieren de éstas, siga las de dicha etiqueta.

10. En vehículos sin acondicionador de aire: gire el tornillo de reglaje de la velocidad de marcha en vacío hasta obtener el número de revoluciones por minuto especificado. En autos con aire acondicionado: gire también dicho tornillo hasta obtener el ralentí mínimo, conecte entonces el aire acondicionado y desconecte el cable del embrague del compresor; abra unos instantes la válvula de mariposa para extender el núcleo del solenoide; ajuste el tornillo del solenoide hasta obtener la velocidad de ralentí indicada en la etiqueta adherida debajo del capó; vuelva a conectar el embrague del compresor y desconecte el aire acondicionado.

11. Vuelva a conectar todos los tubos flexibles y retire el tacómetro.

Carburador 1981 y posteriores M4MC/M4ME, sin solenoide de reglaje de la velocidad de ralentí

La mayoría de modelos 1981 y posteriores van equipados con un control de velocidad de ralentí (CVR), montado en la cubeta del flotador del carburador. Las velocidades de marcha en vacío son controladas por el ordenador incorporado, por lo que no requieren reglajes (el sistema CVR no precisa ajuste).

En algunos modelos de 8 cilindros en V se ha incorporado un compensador de carga de ralentí (CCR), montado en la cuba del flotador, para controlar la velocidad de ralentí. Este compensador está ajustado en fábrica y va protegido con un casquete para impedir modificar su ajuste.

En los autos que no incorporan el control de velocidad de ralentí (CVR) ni el compensador de carga de ralentí (CCR), pero que van equipados con aire acondicionado, se usa un solenoide de velocidad de ralentí para mantener la velocidad baja, al nivel deseado. El ajuste de estos modelos se realiza siguiendo los procedimientos de reglaje ya descritos para los modelos de 1980 y posteriores.

NOTA: La etiqueta adherida debajo del capó indica el sistema de ralentí con que está equipado el automóvil.

AJUSTE DE LA MEZCLA DE RALENTÍ

Modelos 1980

No es posible modificar el ajuste de la mezcla de ralentí en los carburadores de vehículos de 1980, a menos que se use un sistema de enriquecimiento de gas propano. Con sólo hacer retroceder el tornillo de ajuste de mezcla no se modifica en absoluto, o apenas, la mezcla. La razón de ello es que estos carburadores poseen tornillos de ajuste de mezcla cubiertos por tapones bloqueados. La modificación del ajuste de la mezcla es posible sólo cuando se produce a una revisión del carburador.

Modelos 1981 y posteriores

En estos modelos la mezcla aire/combustible es controlada por el módulo de mando electrónico del sistema de control por ordenador. No debe intentarse cambiar el ajuste de fábrica.

Modelos con inyección de combustible

La mezcla aire/combustible es controlada por el ordenador incorporado. No es posible modificar el ajuste de fábrica.

③ EL SOLENOIDE DEBE ESTAR EXCITADO, EL CABLE DEL COMPRESOR DEL AIRE ACONDICIONADO DESCONECTADO DE SU POSICIÓN EN EL COMPRESOR, EL ACONDICIONADOR DE AIRE CONECTADO, EL CAMBIO AUTOMÁTICO EN POSICIÓN DE MARCHA (SI ES UN CAMBIO MANUAL, SITUARLO EN PUNTO MUERTO)

① PREPARE EL VEHÍCULO PARA DICHO AJUSTE. VEA LA ETIQUETA SOBRE EMISIONES ADHERIDA DEBAJO DEL CAPÓ NOTA: AJUSTE LA DISTRIBUCIÓN DEL ENCENDIDO CON ARREGLO A DICHA ETIQUETA

⑤ GIRE EL TORNILLO DEL SOLENOIDE PARA AJUSTAR LAS RPM A LO ESPECIFICADO. (DESPUÉS DEL AJUSTE VUELVA A CONECTAR EL CABLE ELÉCTRICO DEL COMPRESOR)

CONEXIÓN ELÉCTRICA

④ ABRIR LIGERAMENTE LA MARIPOSA DE LOS GASES PARA QUE EL NÚCLEO MÓVIL DEL SOLENOIDE ESTÉ COMPLETAMENTE EXTENDIDO

② GIRE EL TORNILLO DE AJUSTE DEL RALENTÍ DE MODO QUE SE OBTENGA LA VELOCIDAD DE MARCHA EN VACÍO MÍNIMA (ES PRECISO QUE EL AIRE ACONDICIONADO ESTÉ DESCONECTADO). VEA LA ETIQUETA DE EMISIONES

Ajuste del solenoide de reglaje de la velocidad de ralentí (marcha en vacío)

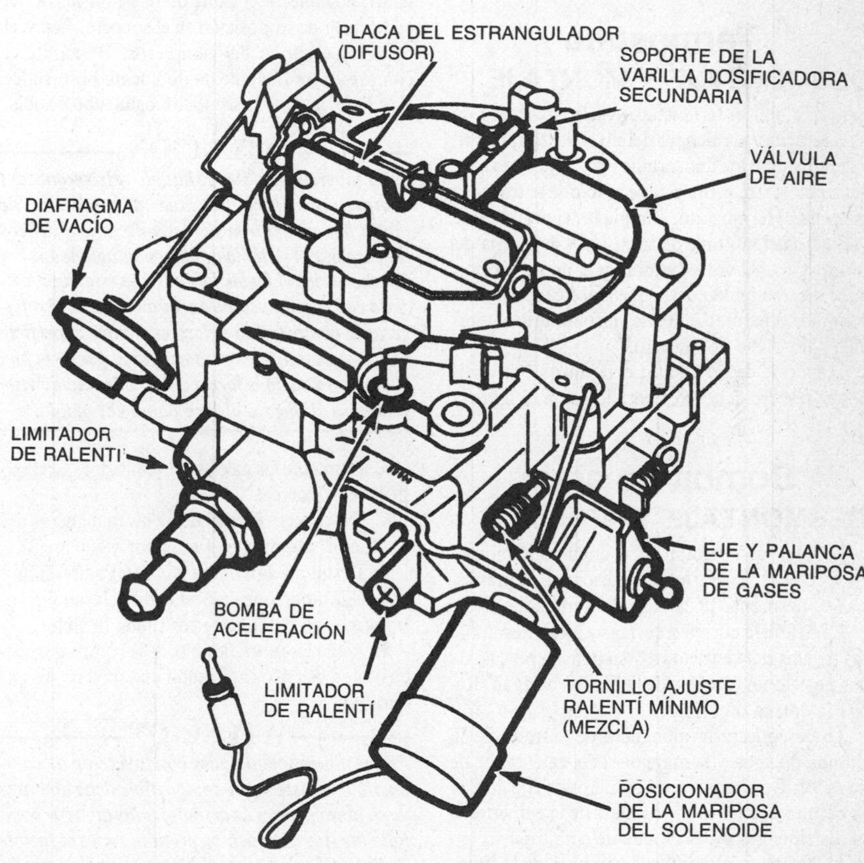

Carburador de 4 cubas

REFRIGERACIÓN DEL MOTOR

Radiador

DESMONTAJE Y MONTAJE

Le Sabre y Electra

1. Vacíe el radiador y desconecte los tubos de agua superior e inferior. Desconecte los tubos de refrigeración de los líquidos de la caja de cambios, de haberlos.

2. Desconecte el tubo flexible de recuperación de líquido refrigerador.

3. Desenrosque los tornillos de fijación de la carcasa del ventilador al radiador. Levante dicha carcasa, extrayéndola de sus clips de retención, y déjela colgada sobre el ventilador.

4. Retire el panel de montaje superior del radiador.

5. Retire el radiador. Para su montaje, siga el mismo procedimiento en sentido inverso.

Century y Regal

1. Siga el mismo procedimiento descrito en los pasos 1 y 2 anteriores.

2. Desmonte la paleta y el embrague del radiador.

3. Desenrosque los tornillos de fijación de la carcasa del ventilador y retire ésta. En los modelos en que la carcasa del ventilador está sujeta con armellas, extráigalas y luego retire la mitad superior de la carcasa. Durante el montaje, las dos mitades de la carcasa deberán taladrarse, y fijarse con tornillos y tuercas.

4. Retire el radiador. Para su montaje siga el mismo procedimiento, en sentido contrario.

NOTA: Algunos modelos con aire acondicionado poseen una tubería de aire acondicionado a alta presión que pasa por la parte superior de la carcasa del radiador. No es necesario desmontar esta tubería para retirar la carcasa. Si la tubería de aire acondicionado está sujeta con una abrazadera a la carcasa, desconecte esta abrazadera. Con cuidado deslice la mitad superior de la carcasa hacia afuera, por debajo de la tubería de aire acondicionado, en dirección al lado del acompañante (el ventilador debe haberse desmontado antes).

Termostato

DESMONTAJE Y MONTAJE

Para cambiar el termostato, vacíe el circuito de refrigeración por debajo del nivel del termostato y desenrosque los dos tornillos que sujetan la caja del termostato; retire ésta, con lo que se extraerá también el termostato. Limpie las superficies de contacto del múltiple de admisión y de la caja del termostato. Al volver a montar el nuevo termostato, use una junta nueva. Si en fábrica se usó sólo compuesto hermetizante de silicona, utilice también sólo dicho compuesto.

Asegúrese de no montar el termostato invertido; el resorte debe ir orientado hacia el motor.

Bomba de agua

DESMONTAJE Y MONTAJE

1. Vacíe completamente el circuito de refrigeración. Si es necesario, para disponer de más espacio, desmonte la carcasa del ventilador.

2. Afloje la correa o correas y luego desmonte las paletas del ventilador, y su polea o poleas, de sus posiciones en el eje de la bomba de agua. Retire la correa o correas.

3. Desconecte la manguera de entrada de la bomba de agua y la manguera del calentador de su rácor. Desenrosque los tornillos de fijación de la bomba y retire ésta y su junta de la cubierta de la distribución o del bloque de cilindros.

4. Al volver a montar el conjunto de la bomba, instale una junta nueva. Los tornillos y las arandelas de seguridad deben apretarse uniformemente.

5. Conecte la manguera del radiador a la entrada de la bomba y la manguera del calentador a su tubo. Vuelva a llenar el sistema de refrigeración y compruebe todos los puntos en que pueda haber fugas de líquido.

6. Monte la polea o poleas del ventilador y la paleta del ventilador. Coloque la correa o correas y ajústelas a la tensión correcta.

MECÁNICA DEL MOTOR

NOTA: Vea en las tablas al comienzo de esta sección el tipo y fabricante del motor del vehículo. La información para reparaciones específicas de los motores no fabricados por Buick se expone en la sección sobre el automóvil correspondiente al fabricante del motor (por ejemplo, los motores del Chevrolet 267 y 305 se tratan en la sección Chevrolet tracción trasera, de este libro).

Motor

DESMONTAJE Y MONTAJE

1. Marque señales en las articulaciones del capó y en los soportes de dichas articulaciones.

2. Desconecte la batería y vacíe el líquido refrigerante.

3. Desmonte el filtro del aire.

4. En los autos equipados con aire acondicionado, desconecte el cable de puesta a tierra del compresor de su posición en el soporte. Retire el conector eléctrico del compresor. Desmonte el compresor y sitúelo de modo que no obstaculice el trabajo, pero no desconecte ningún tubo flexible.

ATENCIÓN

Si las tuberías flexibles de líquido refrigerante del compresor no permiten situar al compresor de modo que no estorbe sin desconectarlas, deberá descargarse el sistema de aire acondicionado. No intente vaciar el freón a menos que esté familiarizado con sistemas de aire acondicionado: el refrigerante comprimido helará cualquier superficie con la que establezca contacto (incluyendo la piel y los ojos) y además forma un gas que es altamente venenoso si llega a alguna llama encendida.

5. Desmonte las paletas del ventilador, así como su polea y correas.

6. Desconecte el radiador y las mangueras del calefactor. Desmonte el radiador y su carcasa.

7. Desmonte la bomba de la servodirección y sitúela de modo que no obstaculice el trabajo; sin embargo, no desconecte sus tubos flexibles.

8. Retire los tubos flexibles de la bomba de combustible y ciérrelos aplicando un tapón en sus extremos.

ATENCIÓN

En los motores equipados con inyección de combustible, el sistema de combustible debe liberarse de su presión antes de desmontar los tubos de combustible. Para reducir su presión, retire el fusible de la bomba de combustible y ponga el motor en marcha; déjelo funcionar hasta que se pare y luego hágalo funcionar unos tres segundos con el motor de arranque para estar seguro de que se haya consumido todo el combustible. Luego, con la llave de contacto en la posición desconectada, vuelva a colocar el fusible de la bomba de combustible.

9. Desconecte los tubos conductores de emisiones de vapor de su posición en el carburador, así como el tubo flexible de suministro de vacío que va del carburador al múltiple de vacío, y los tubos flexibles de vacío del freno hidráulico, de haberlos.

10. Desconecte el varillaje de la mariposa.

11. Desconecte los interruptores del aceite y del refrigerante.

12. Desconecte la conexión de alambre de puesta a tierra que va del motor a la carrocería.

13. Levante el coche y desconecte los cables del motor de arranque.

14. Desconecte los tubos del múltiple de escape y apoye el sistema de escape.

15. En los motores fabricados por Pontiac:

a. En los modelos con cambio automático, retire la cubierta del convertidor y los tornillos de retención de éste, y deslice el convertidor hacia la parte trasera.

b. En los modelos con cambio manual, desconecte el varillaje del embrague y desmonte el eje transversal del embrague, el motor de arranque y la cubierta inferior del volante del motor.

c. Desenrosque dos tornillos de cada lado de la carcasa acampanada.

d. En los modelos con cambio automático desconecte el tubo de llenado de la caja de cambio.

e. Desenrosque las dos tuercas delanteras de montaje del motor.

f. Baje el coche y apoye la caja de cambios.

g. Retire el resto de los tornillos de la carcasa acampanada y levante ligeramente la caja de cambios.

h. Levante y retire el motor usando un dispositivo de izado idóneo.

16. En motores fabricados por Oldsmobile:

a. Retire la cubierta del convertidor de par y los tornillos que fijan éste al volante del motor.

b. Desenrosque los tornillos de montaje del motor.

c. Desenrosque los tres tornillos que fijan el motor a la caja de cambios desde el lado izquierdo y levante y retire el motor.

17. En los motores fabricados por Chevrolet y Buick:

a. Desmonte el volante del motor y la cubierta del convertidor de par.

b. En los vehículos con cambios automáticos, desenrosque los tornillos que fijan el convertidor de par al volante del motor. Marque señales de referencia en el convertidor y el volante que permitan volver a montarlos en sus respectivas posiciones. En todos los modelos con cambio autómatico, desenrosque los tornillos que fijan el motor a la caja de cambios. En los modelos con cambio manual, desconecte el árbol de transmisión, las uniones del árbol, el eje del equilibrador del embrague y la montura de soporte de la caja de cambios.

c. Retire los elementos de fijación de la montura del motor y el soporte del control de velocidad de crucero, si lo hay.

d. Baje el auto y apoye la caja de cambios, excepto en los modelos con cambio manual.

e. Levante ligeramente el motor, a fin de poder retirar los tornillos pasantes que fijan el motor a su bancada. En los modelos con cambio manual, levante y retire el motor y la caja de cambios como un conjunto.

18. Para montar el motor, siga el procedimiento descrito, en sentido inverso. Observe que en el bloque de cilindros hay espigas de posicionamiento que deben coincidir con los orificios existentes en la carcasa acampanada. Estas espigas deben estar perfectamente alineadas con sus respectivos orificios para que el motor pueda acoplarse a la caja de cambios. El procedimiento de alineamiento del embrague se describe en Cambio manual, desmontaje y montaje.

Múltiple de admisión

DESMONTAJE Y MONTAJE

Motores de 6 y 8 cilindros en V

1. Desconecte el cable negativo de la batería y vacíe completamente el radiador.

2. Desmonte el filtro del aire. En los modelos con inyección de combustible, desmonte el sensor del fluidómetro.

3. Desconecte el tubo flexible superior del radiador y la manguera del calefactor, ambos de sus posiciones en el múltiple de admisión. Retire la correa de acondicionamiento del serpentín, de haberla.

4. Desconecte el varillaje del acelerador y el soporte de este varillaje de su posición en el múltiple. Retire la cadena de control de velocidad de crucero, de haberla.

5. Desmonte el tubo de combustible de su posición en el carburador y el tubo de vacío del sobrealimentador de su posición en el múltiple. De haber turbocargador (turbocompresor) desmontarlo.

ATENCIÓN

En los modelos con inyección de combustible debe eliminarse la presión del sistema de combustible antes de desconectar ningún tubo de dicho sistema.

6. Adhiera etiquetas de identificación y desconecte el tubo del modulador de vacío de la caja de cambios, el alambre del solenoide de paro del ralentí (marcha en vacío) (de haberlo), los cables del distribuidor y el cable del sensor de temperatura.

7. Desconecte y marque los tubos flexibles de vacío de su posición en el distribuidor y en el carburador.

8. Desconecte el tubo flexible de derivación de refrigerante en el colector.

9. En los modelos de 6 cilindros, retire la tapa del distribuidor y sus cables para tener acceso al tornillo de cabeza Torx®. Retire este tornillo. En los modelos con inyección de combustible, desmonte el conjunto de la bobina de encendido C3I.

10. Retire los resortes del varillaje de la mariposa de los gases.

11. Retire el soporte superior del compresor del acondicionador de aire, de haberlo.

12. Desmonte el múltiple.

13. Use una nueva junta al volver a montar el múltiple de admisión. Aplique compuesto hermetizante en los extremos de las juntas de goma. Con cuidado, coloque el múltiple de modo que se introduzca la espiga de posicionamiento existente en el bloque de cilindros. Observe las instrucciones expuestas en Precauciones del turbocargador al tratar el turbocargador. Apriete los tornillos en el orden correcto. El resto del montaje se efectúa de la forma descrita para el desmontaje, en orden inverso.

Múltiple de escape

DESMONTAJE Y MONTAJE

Todos los modelos, el múltiple de ambos lados

1. Levante el vehículo y sopórtelo en apoyos seguros. Desconecte y aplique una etiqueta de identificación a los cables de las bujías.

2. Desconecte el tubo de ligazón de los colectores de escape, en ambos lados del motor y bájelo. En los motores de 6 cilindros en V, desconecte el tubo del estrangulador, si se trabaja en el múltiple del lado derecho, o el tubo de evaporación temprana de combustible (ETC), en el caso de que se trate del múltiple del lado izquierdo. Desconecte el cable del sensor de oxígeno. Desmonte la pantalla térmica, de haberla.

3. Si se trata de un vehículo de cambio manual, desmonte el eje equilibrador del embrague. De haber turbocompresor, desmontarlo.

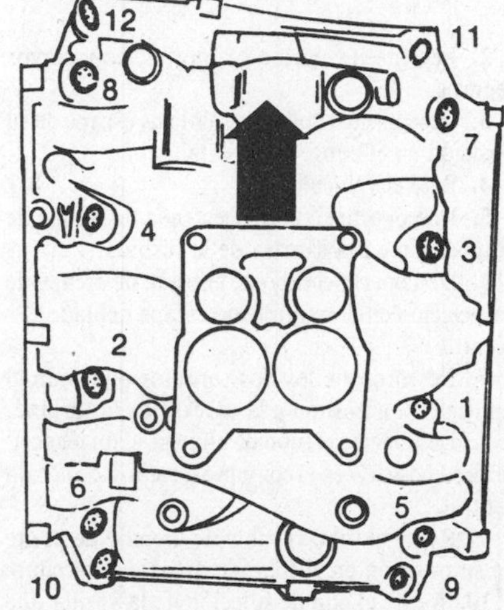

Orden de apriete de los tornillos de fijación del múltiple de admisión en el motor Buick de 8 cilindros en V

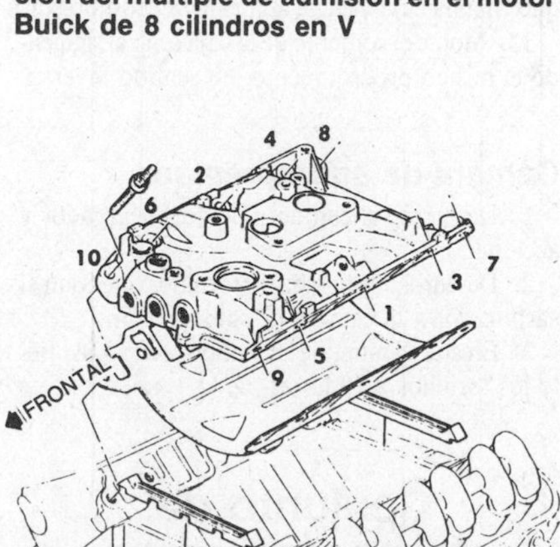

Orden de apriete de los tornillos de fijación del múltiple de admisión en los motores Buick de 6 cilindros en V con carburador

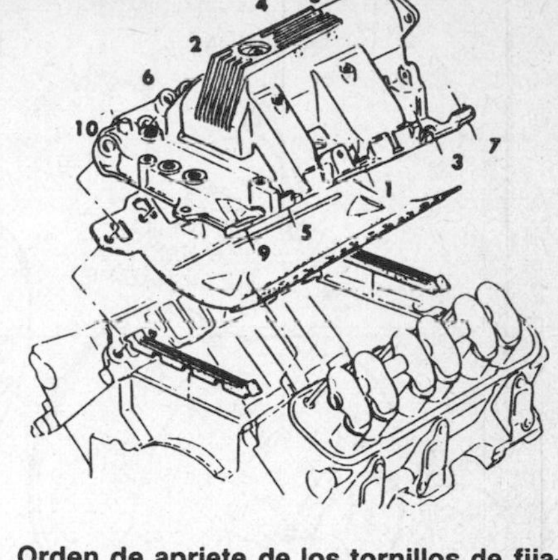

Orden de apriete de los tornillos de fijación del múltiple de admisión en un motor de 6 cilindros en V con inyección de combustible

4. Desenroscar los tornillos que fijan el múltiple a la cabeza de cilindros.

5. Retire el múltiple desde debajo del coche.

6. Efectúe el montaje en el orden inverso. Coloque siempre el dispositivo de bloqueo de los tornillos.

Turbocompresor

PRECAUCIONES

Cuando se realizan operaciones de mantenimiento en motores equipados con turbocompresor deben adoptarse ciertas precauciones:

a. Al cambiar el aceite y el filtro o efectuar cualquier otra tarea que implique pérdida o vaciado del aceite, antes de volver a poner el motor en marcha, desconecte el conductor rosado que va al distribuidor y haga funcionar varias veces el motor a breves intervalos con el motor de arranque, hasta que la lámpara indicadora de aceite se apague.

b. Cada vez que se cambie un cojinete de bancada, un cojinete de cabeza de biela o un cojinete de eje de levas, como parte del procedimiento debería cambiarse también el aceite y el filtro del aceite. Si el cambio es el resultado de un repentino desperfecto del cojinete, el turbocompresor debería lavarse con aceite de motor limpio a presión, para reducir la posibilidad de que queden residuos metálicos.

c. Cada vez que se cambia la caja central u otra pieza del turbocompresor que incluya la caja central, como parte del procedimiento debe cambiarse también el aceite y el filtro de aceite.

DESMONTAJE Y MONTAJE DE COMPONENTES DEL TURBOCOMPRESOR

En ocasiones, como parte de una operación de servicio en el motor, deben desmontarse piezas del conjunto del turbocompresor, incluyendo la propia unidad, tubos, mangueras y cables. En el caso de que se requiera el desmontaje y reposición de componentes del turbocompresor, véase el procedimiento a seguir bajo el título Conjunto del turbocompresor, más adelante.

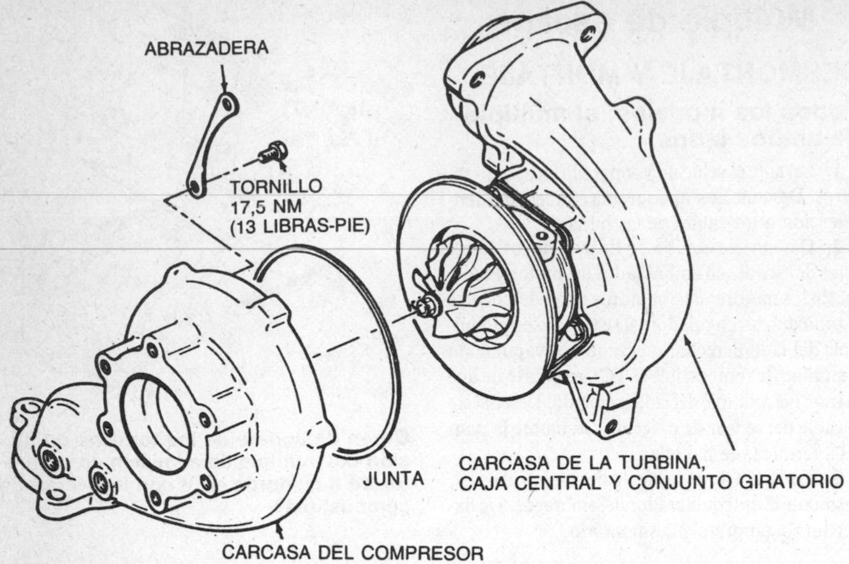

Carcasa del turbocompresor

Si debe desmontarse la unidad del turbocompresor, primero limpie a fondo el área alrededor de la misma, utilizando una solución no corrosiva. Al desmontar el turbo, preste sumo cuidado a no doblar, indentar, ni dañar EN MODO ALGUNO el compresor o las paletas de la turbina. Cualquier desperfecto de las paletas provocará un funcionamiento desequilibrado y el rápido fallo del cojinete de la caja central, así como deterioro de la propia unidad del turbo y posibles daños a personas u otras piezas del motor.

Sensor de detonaciones del control electrónico del encendido

1. Apriete el lado del conector y, con cuidado, estírelo verticalmente hacia arriba.

2. Con una llave de cubo profunda, desenrosque el sensor.

3. Para el montaje, invierta el procedimiento de desmontaje. Enrosque el sensor con un apriete de 14 libras-pie (2 kg). Cuando monte el sensor, no ejerza un apriete excesivo ni lo someta a esfuerzos laterales.

Conjunto del accionador de la salida de exceso de gases de escape (válvula wastegate)

1. Desconecte los dos tubos flexibles de su posición en el acondicionador.

2. Retire el clip de sujeción de la varilla que une el varillaje al accionador.

3. Desenrosque los dos tornillos que fijan el accionador a la caja del compresor.

4. Para la instalación siga el mismo procedimiento, en sentido inverso.

Conjunto de la caja central

1. Desconecte el tubo de salida de escape del conjunto acodado.

2. Levante el vehículo y sopórtelo con apoyos seguros.

3. Desconecte el tubo de salida de escape de su posición en el convertidor catalítico.

4. Baje el vehículo.

5. Desconecte el tubo de entrada de escape de su posición en la carcasa de la turbina.

6. Desconecte el tubo de entrada de escape de su posición en el múltiple de escape del lado derecho.

7. Desenrosque los dos tornillos que fijan el múltiple de admisión a la carcasa de la turbina.

8. Desconecte el tubo de alimentación de aceite de su posición en el conjunto giratorio de la caja central.

9. Retire el tubo flexible de drenaje de aceite de su posición en el tubo de drenaje de aceite.

10. Retire el clip de sujeción de la varilla que une el varillaje al accionador.

11. Retire los seis tornillos y tres abrazaderas que fijan la caja central a la caja del compresor.

12. Monte el conjunto de la caja central siguiendo el mismo procedimiento, en sentido inverso.

Cámara de sobrepresión

1. Desmonte el conjunto del turbocargador y accionador.

2. Desenrosque los cuatro tornillos que fijan el carburador a la cámara de sobrepresión.

3. Efectúe el montaje en sentido inverso. Apriete los tornillos a 20 libras-pie (2.7 kg).

Conjunto del turbocompresor

DESMONTAJE Y MONTAJE

1. Desconecte los tubos de entrada y salida de escape del turbo.

2. Desconecte el tubo de alimentación de aceite de la caja central.

3. Retire la tuerca que fija el codo de entrada de aire al carburador y retire dicho codo y el tubo flexible del carburador.

4. Desconecte el acelerador y los varillajes de control de la velocidad de crucero y de trinquete del carburador. Desconecte el soporte del varillaje de la cámara de sobrepresión.

5. Desenrosque los dos tornillos que fijan la cámara de sobrepresión al soporte lateral.

6. Desconecte la tubería de combustible y todos los tubos de vacío del carburador.

7. Vacíe completamente el sistema de refrigeración.

8. Desconecte los tubos de refrigerante de la parte delantera y trasera de la cámara de presión.

9. Desconecte el tubo de vacío del servofreno de su posición en la caja de sobrepresión.

10. Desenrosque los dos tornillos que fijan la caja de la turbina al soporte del múltiple de admisión.

11. Desenrosque los dos tornillos que fijan el múltiple de la válvula de recirculación de los gases de escape a la caja de sobrepresión. Afloje los dos tornillos que fijan dicha válvula al múltiple de admisión.

12. Retire el tubo del AIR (reactor de inyección de aire) de la válvula antirretorno.

13. Desenrosque los tres tornillos que fijan la caja del compresor al múltiple de admisión.

14. Desmonte del motor el turbocompresor, el accionador, el carburador y la cámara de sobrepresión.

15. Retire los seis tornillos que fijan el carburador y la cámara de sobrepresión al turbocompresor y al accionador.

16. Retire el dispositivo de drenaje del aceite de la caja central.

Para el montaje:

1. Monte el dispositivo de drenaje de aceite en la caja central. Apriételo a 15 libras-pie (2 kg).

2. Coloque los seis tornillos de fijación del turbo y su accionador al carburador y a la cámara de sobrepresión.

3. Coloque el conjunto sobre el motor y conecte los tubos flexibles de vacío.

4. Monte los tres tornillos que fijan la caja del compresor al múltiple de admisión. Apriételos a 35 libras-pie (5 kg).

5. Monte el tubo flexible de derivación del AIR.

6. Coloque sin apretar los dos tornillos que fijan el múltiple de la válvula de recirculación de gases de escape a la cámara de sobrepresión. Apriete los dos tornillos que fijan dicha válvula a 15 libras-pie (2 kg). Apriete los tornillos que fijan el colector de recirculación de gases de escape a la cámara de sobrepresión, también a 15 libras-pie.

7. Coloque los dos tornillos que fijan la caja de la turbina al soporte del múltiple de admisión. Apriételos a 20 libras-pie (3 kg).

8. Conecte la conducción de vacío del servofreno a la cámara de sobrepresión. Apriétela a 10 libras-pie.

9. Conecte el soporte delantero de la caja de sobrepresión y coloque un tornillo para fijar el soporte al múltiple. Apriételo a 120 libras-pie.

10. Conecte los tubos flexibles de refrigerante a la caja de sobrepresión.

11. Vuelva a llenar el sistema de refrigeración.

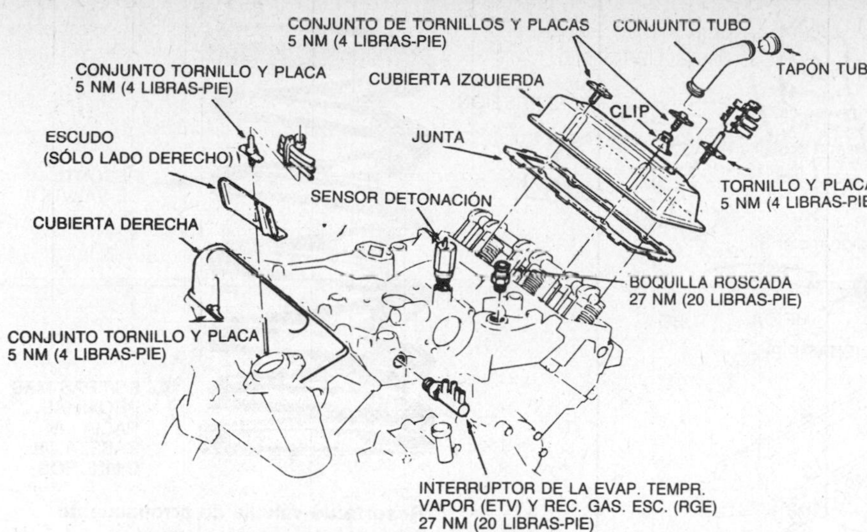

Sensor de detonaciones del control electrónico de encendido (CEE)

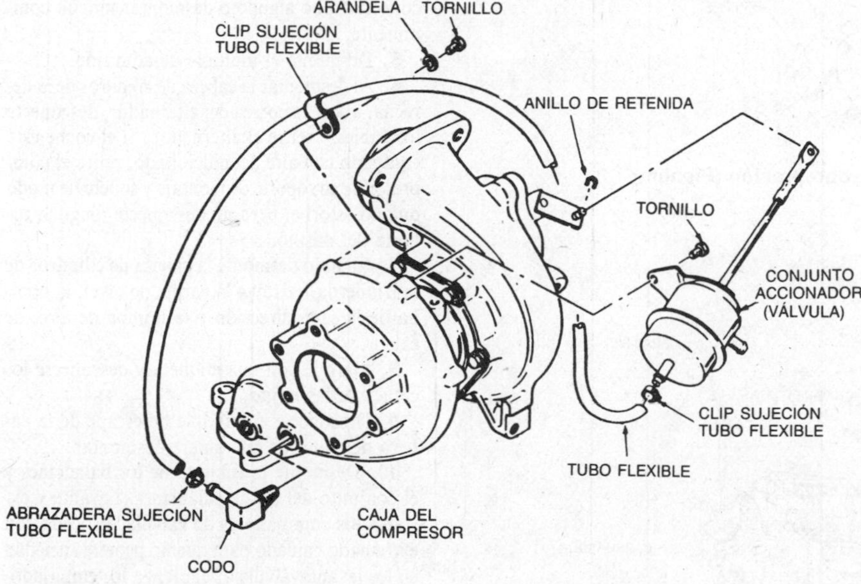

Accionador de salida del exceso de gases de esacape (válvula sobrepresión wastegate)

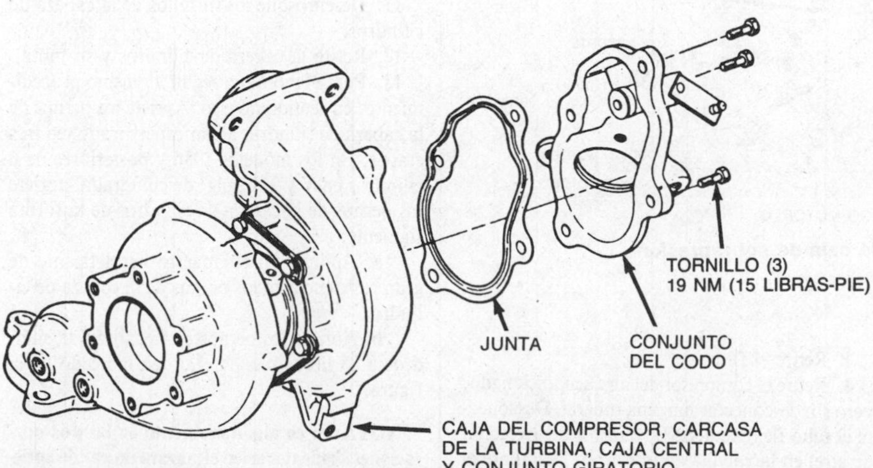

Conjunto del codo

12. Conecte el tubo de combustible del carburador y el resto de tubos flexibles de vacío.

13. Coloque los dos tornillos que fijan la caja de sobrepresión al soporte lateral. Apriételos a 20 libras-pie.

14. Conecte el soporte del varillaje a la caja de sobrepresión. Apriételo a 20 libras-pie.

15. Conecte el varillaje del acelerador, trinquete y control de velocidad de crucero al carburador.

16. Coloque la tuerca que fija el codo de admisión de aire al carburador. Apriétela a 15 libras-pie.

17. Conecte el tubo de alimentación de aceite a la caja central. Apriételo a 7 libras-pie.

18. Conecte los tubos de entrada y salida del turbocargador. Apriételos a 14 libras-pie.

Válvulas

Todos los motores Buick usan ejes de balancines, mientras que los motores de otras Divisiones de la General Motors usan balancines separados montados sobre vástagos. Todos los levantaválvulas son del tipo hidráulico.

NOTA: Algunos de los motores usan resortes de válvula de resistencia progresiva a la compresión: las espiras están más próximas entre sí en un extremo que en el otro. El extremo de espiras más próximas debe apoyarse en la cabeza de cilindros. Véase la NOTA al comienzo de la sección sobre el motor.

REGULACIÓN DE LAS VÁLVULAS

Las válvulas de los motores Buick no pueden ser ajustadas. Si hay una holgura excesiva en el tren de válvulas, la causa puede residir en el desgaste de los empujadores, balancines o resortes de las válvulas, o bien en desperfectos o acuñamiento del levantaválvulas. Los motores Chevrolet requieren un ajuste inicial del juego de las válvulas cuando se desmontan los balancines. Véase la sección Chevrolet.

Balancines

DESMONTAJE Y MONTAJE

1. Retirar la cubierta de los balancines.

2. Retire los tornillos del conjunto del eje de balancines y dicho conjunto.

3. Extraiga los retenedores de nilón de los balancines, ejerciendo acción de palanca.

4. Retire los balancines.

5. Para su montaje, coloque los balancines en el eje y engráselos con aceite.

6. Centre cada balancín en el agujero de 1/4 de pulgada (6.35 mm) del eje. Monte nuevos retenedores de nilón en dichos agujeros, utilizando un botador de 1/2''.

7. Coloque los levantaválvulas en los balancines e introduzca los tornillos de fijación del eje de balancines en la cabeza de cilindros. Apriete los tornillos un poco cada vez, hasta que estén todos a un par de 30 libras-pie.

8. Monte la cubierta de los balancines, instalando una junta nueva.

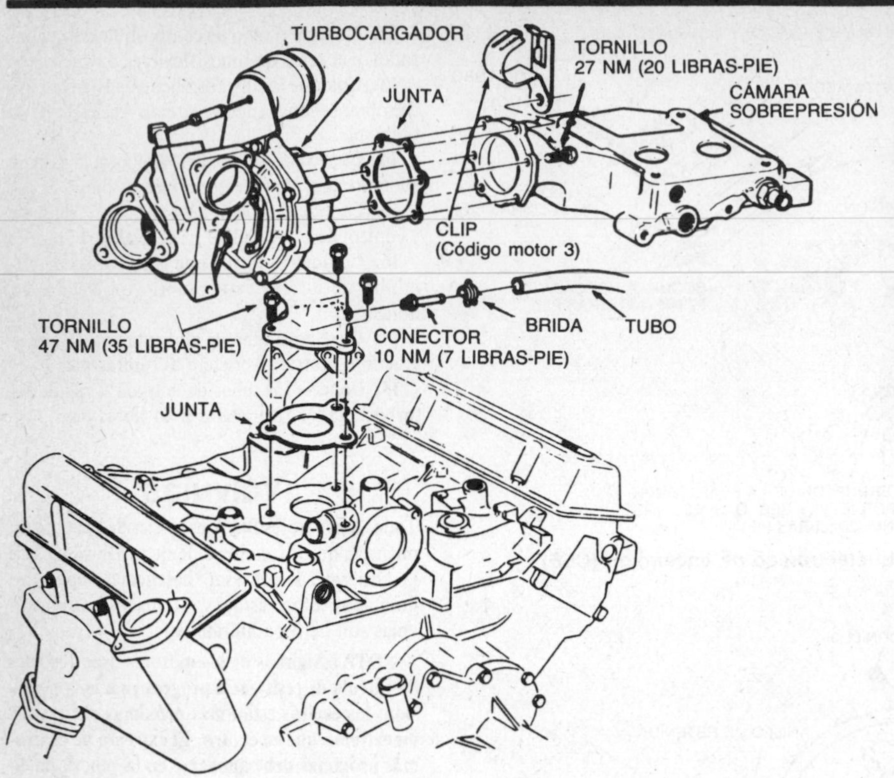

Turbocompresor y caja de sobrepresión (Plenum)

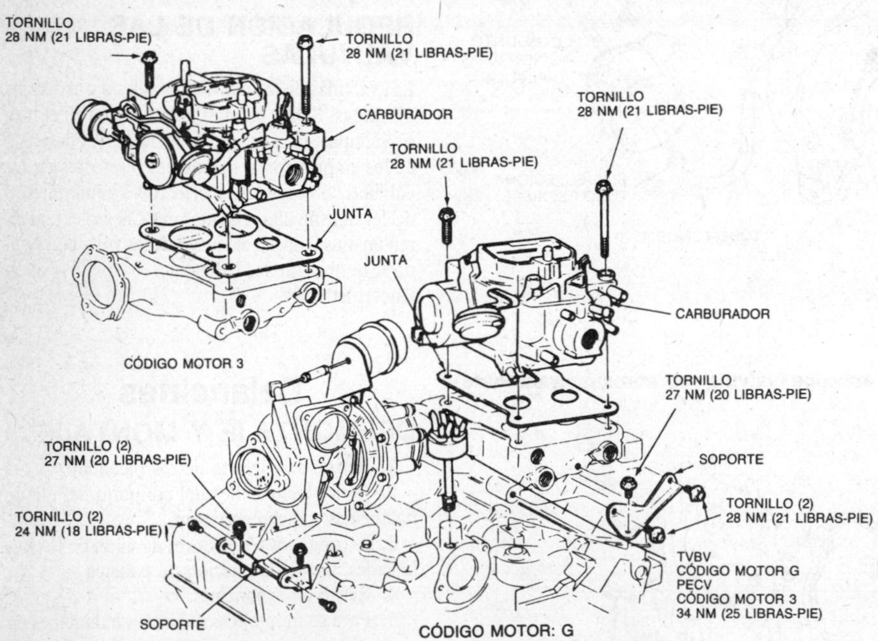

Montaje del carburador en la caja de sobrepresión

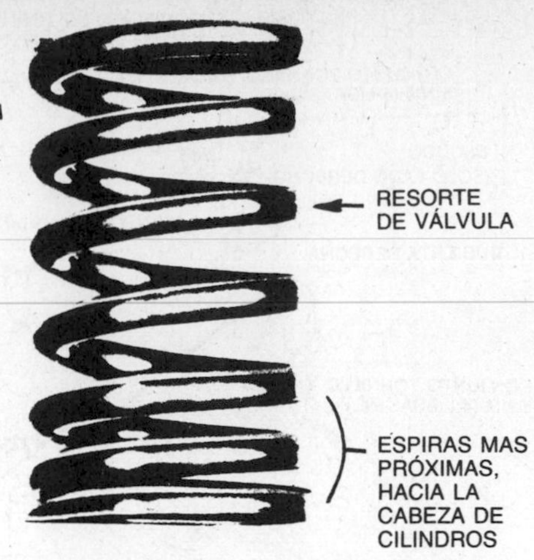

Resorte de válvula de arrollamiento progresivo

Cabeza de cilindros

DESMONTAJE Y MONTAJE

Vea la NOTA al comienzo de esta sección Mecánica del motor.

1. Desconecte la batería.

2. Vacíe completamente el líquido refrigerante.

3. Retire el filtro del aire.

4. Retire el compresor del aire acondicionado, pero sin desconectar ninguna tubería. Desconecte el tubo flexible del AIR (reactor de inyección de aire) en la válvula antirretorno. Desmonte el conjunto del turbocompresor, de haberlo. De ser un vehículo con inyección de combustible, reduzca la presión del circuito de combustible antes de desconectar tubo alguno o desmontar ningún componente.

5. Desmonte el múltiple de admisión.

6. Al desmontar la cabeza de cilindros de la derecha, afloje la correa del alternador, desconecte los cables y retire el alternador. Si el coche está equipado con aire acondicionado, retire el compresor de su soporte de montaje y sitúelo de modo que no estorbe, pero no desconecte ninguna tubería del mismo.

7. Cuando desmonte la cabeza de cilindros de la izquierda, extraiga la varilla de nivel, la bomba de la servodirección y la bomba de aire, de existir.

8. Marque con una etiqueta y desconecte los cables de las bujías.

9. Desconecte el múltiple de escape de la cabeza de cilindros que quiere desmontar.

10. Desmonte la cubierta de los balancines y el conjunto del eje de balancines. Levante y extraiga los empujadores de válvula. Proceda con extremado cuidado para que no penetre suciedad en los levantaválvulas. Mantenga los empujadores en el correcto orden, ya que deberán volver a montarse en sus respectivas posiciones.

11. Desenrosque los tornillos de la cabeza de cilindros.

12. Retire la cabeza de cilindros y su junta.

13. Para el montaje, seguir el mismo procedimiento, en sentido inverso. Apriete los pernos de la cabeza de cilindros al par especificado, en tres etapas. En los modelos 1986 y posteriores de 6 cilindros en V y 231 pulg^3 de cilindrada, apriete los pernos de la cabeza de cilindros de la forma siguiente:

a. Aplique un compuesto hermetizante de gran resistencia en los pernos de la cabeza de cilindros.

b. Apriete los pernos de la cabeza de cilindros a 25 libras-pie, en el orden indicado en la figura.

NOTA: Si en algún momento en las dos operaciones siguientes usted alcanzara un par de apriete de 60 libras-pie, párese en dicho punto, no complete el resto del giro de 90°.

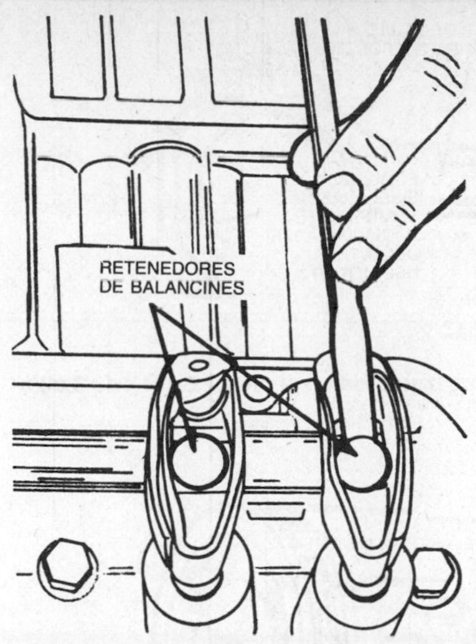

Extracción del retenedor de nilón del balancín

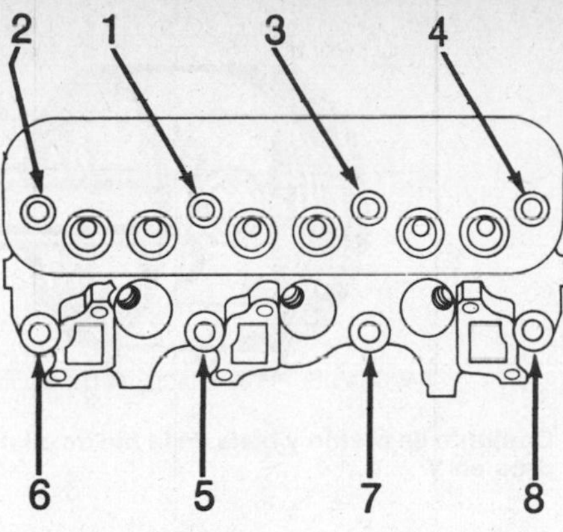

Orden de apriete de los pernos de la cabeza de cilindros en motores de 6 cilindros en V, de 231 y 252 pulg. cúb. de cilindrada

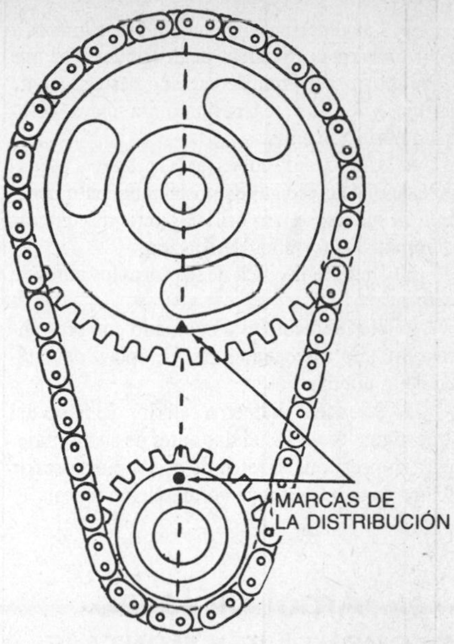

Marcas de la distribución de las válvulas (sincronización-reglaje)

c. Apriete cada perno 1/4 de vuelta (90°) cada vez.

d. Apriete cada perno 1/4 de vuelta (90°) adicional, en el mismo orden.

Orden de apriete de los pernos de la cabeza de cilindros en motores Buick de 8 cilindros en V

Cubierta, cadena y retén de aceite de la distribución

DESMONTAJE Y MONTAJE

1. Vacíe el circuito de refrigeración.
2. Desmonte el radiador, el ventilador, la polea y la correa.
3. Desmonte la bomba de combustible y el alternador, de ser necesario, para desmontar la cubierta.
4. Desmonte el distribuidor, si está situado en la parte delantera del motor. Si la cadena y las ruedas dentadas de distribución no necesitan desmontarse, anote la posición del distribuidor para poder luego restituirlo a la misma posición.
5. Retire la manguera de derivación del termostato.
6. Desmonte el amortiguador de sacudidas.
7. Desenrosque los tornillos que fijan la cadena de distribución al cárter.
8. Desenrosque los tornillos que fijan la cubierta de la cadena de distribución al cárter de aceite y retire dicha cubierta.
9. Con un punzón botador (martillo deslizante), empuje el retén de aceite existente y el eyector, hasta extraerlos por la parte posterior del retén.
10. Enrolle la nueva empaquetadura alrededor de la abertura, de modo que los extremos estén en la parte superior. Introduzca el eyector empujándolo con un punzón botador. Confiera el correcto tamaño a la empaquetadura, girando el mango de un martillo alrededor de la empaquetadura hasta que el cubo del amortiguador de sacudidas pueda introducirse en la abertura.

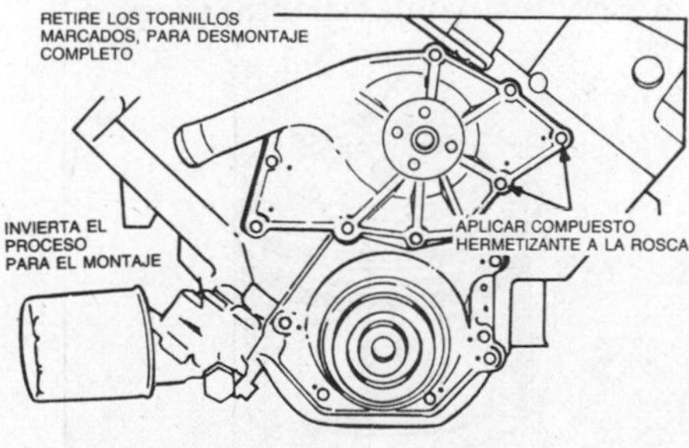

Desmontaje y montaje de la cubierta de la cadena de distribución de los motores Buick de 8 cilindros en V

11. Alinee las marcas de distribución en las ruedas dentadas.
12. Retire el tornillo que fija la rueda dentada al árbol de levas sin cambiar la posición de la rueda dentada. En los motores de 6 cilindros en V, retire el cárter de aceite.
13. Retire el collar deflector de aceite de la parte delantera del cigüeñal.
14. En el modelo de 350 pulg.³ retire el tornillo y arandela que fijan el piñón de accionamiento y la excéntrica de la bomba de combustible. En los motores de 6 cilindros en V, retire los tornillos de la rueda dentada del árbol de levas.
15. Usando dos destornilladores grandes, haga palanca con cuidado sobre la rueda dentada montada en el árbol de levas y la montada en el cigüeñal, empujándolas hacia adelante, hasta que queden libres. Retire las ruedas dentadas y la cadena.

Para su montaje:

1. Monte provisionalmente las ruedas dentadas y compruebe que el pistón del cilindro nº 1 esté en el punto muerto superior y que la marca 0 de la rueda dentada montada en el árbol de levas está orientada verticalmente hacia abajo y en la línea central del árbol de levas y del cigüeñal.
2. Retire la rueda dentada del árbol de levas y coloque la cadena de distribución en ambas ruedas dentadas. Luego monte el conjunto de ruedas dentadas y cadena en el árbol de levas y el cigüeñal, con las marcas 0 en la posición lo más próxima posible entre sí y centradas con respecto a los cubos de las ruedas dentadas.
3. Coloque el collar deflector de aceite en el cigüeñal con su diámetro interior hacia la rueda dentada (lado cóncavo hacia la parte delantera del motor). Monte el cárter de aceite, si se desmontó.
4. En los modelos de 350 pulg³, monte la excéntrica de la bomba de combustible, deslizándola en el árbol de levas, y la cuña Woodruff, con la ranura de paso del aceite hacia adelante. En los vehículos de 6 cilindros en V, enrosque los tornillos de la rueda dentada que va montada al árbol de levas.
5. Monte el piñón de accionamiento del distribuidor.
6. Coloque el tornillo y la arandela de retención del piñón de accionamiento y de la excéntrica. Apriételo a 40-55 libras-pie.
7. Monte la cubierta de la caja de distribución. Instale un nuevo retén de aceite, golpeándolo ligeramente para que entre. El labio de retén debe estar orientado hacia adentro. Preste especial atención a los siguientes puntos:

a. Retire la cubierta de la bomba de aceite y llene el espacio alrededor de los engranajes de la bomba de aceite con petrolato, hasta que quede completamente lleno. No debe quedar espacio ocupado por aire dentro de la bomba. Vuelva a colocar la cubierta de la bomba usando una junta nueva.

b. Las superficies en el bloque de cilindros y en la cubierta de la cadena de distribución en que debe apoyarse la junta deben estar perfectamente limpias y ser suaves. Use una junta nueva, colocada correctamente.

c. Al montar la cubierta de la cadena, asegúrese de que las espigas de posicionamiento penetren en sus respectivos orificios antes de empezar a apretar los tornillos de fijación.

d. Engrase la rosca de los tornillos antes de colocarlos.

e. Si el vehículo está equipado con servodirección, ahora debe montarse el soporte delantero de la bomba.

f. Engrase el diámetro exterior del cubo del amortiguador de sacudidas antes de su montaje, para impedir que el retén de aceite pueda sufrir daños cuando se ponga en marcha el motor.

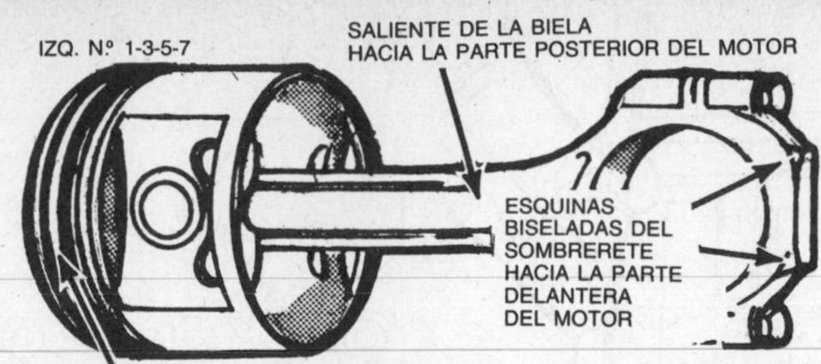

Conjunto de pistón y biela de la fila de cilindros izquierda en el motor Bruick de 8 cilindros en V

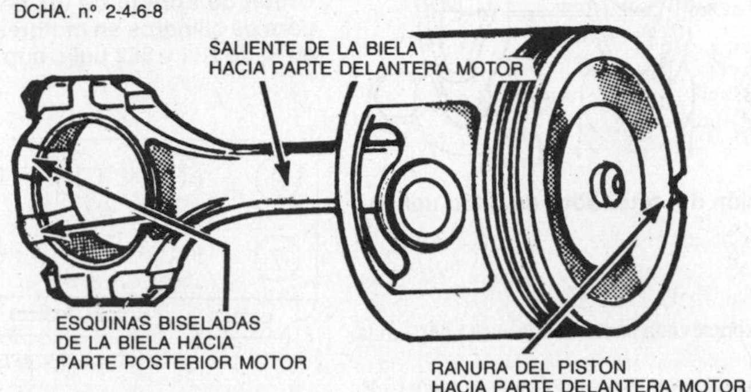

Conjunto de pistón y biela de la fila de cilindros izquierda en el motor Buick de 8 cilindros en V

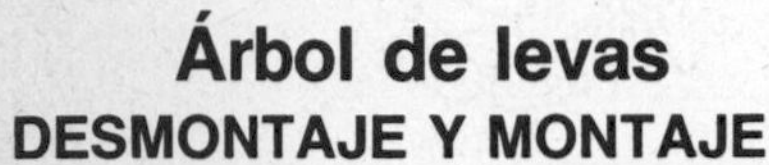

Árbol de levas

DESMONTAJE Y MONTAJE

Vea la NOTA al comienzo de la sección Motor.

1. Realice las operaciones 1-8 acabadas de describir en Cubierta, cadena y retén de aceite de la distribución. Omita las operaciones 9 y 10 y ejecute las nº 11-15.

NOTA: Si el automóvil va equipado con aire acondicionado, desatornille el condensador y retírelo de modo que no estorbe. Si ello no fuera posible, el sistema de aire acondicionado deberá vaciarse. No intente vaciar el freón líquido a menos que esté familiarizado con sistemas de aire acondicionado. El freón helará cualquier superficie que toque (como las manos o los ojos) y si establece contacto con una llama, genera un gas altamente venenoso.

2. Retire los levantaválvulas hidráulicos, manteniéndolos en correcto orden para su montaje en las mismas posiciones en que estaban.

3. Deslice el árbol de levas hacia adelante, de modo que salga de los huecos de los cojinetes. Realice esta operación con sumo cuidado, para evitar que se deterioren las superficies de los cojinetes o los propios cojinetes.

4. Efectúe el montaje siguiendo el mismo procedimiento, en sentido inverso. Limpie completamente todas las superficies en que deban apoyarse las juntas, y use juntas nuevas. Engrase los lóbulos de las levas del árbol con aceite pesado antes del montaje del árbol de levas y adopte precauciones para que ninguno de los cojinetes establezca contacto con los lóbulos de las levas. Asegúrese de que las marcas de la distribución impresas en el árbol de levas estén alineadas con las marcas existentes en el cigüeñal. Vea el procedimiento de montaje en la anterior sección Cubierta, cadena y retén de aceite de la distribución.

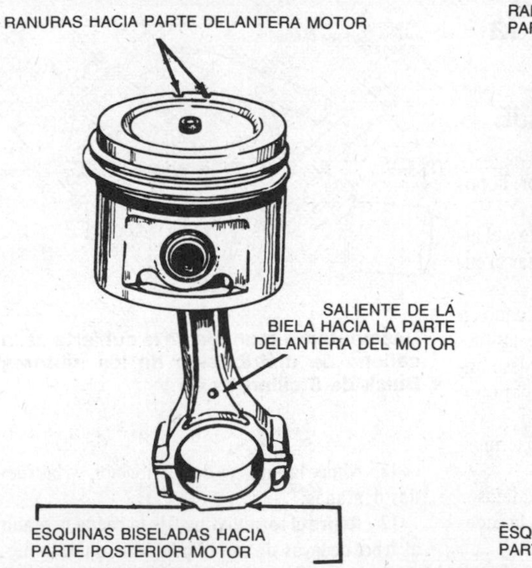

Posicionamiento del pistón y biela en los cilindros de la fila derecha (motores Buick de 231 y 252 pulg. cúb.)

Posicionamiento del pistón y biela en los cilindros de la fila izquierda (motores Buick de 231 y 252 pulg. cúb.)

Pistones y bielas

En los motores de 6 cilindros en V, los cilindros de la fila derecha están numerados 2-4-6, y en la fila izquierda 1-3-5, en ambos casos empezando en la parte delantera del motor. En los motores de 8 cilindros en V, empezando también en la parte delantera, la numeración de la fila derecha es 2-4-6-8, y la de la fila izquierda 1-3-5-7.

Todos los anillos de compresión están marcados con una depresión o una letra T, o una letra O o la palabra TOP, para identificar el lado del anillo que debe ir orientado hacia la parte superior del pistón.

Cuando el conjunto del pistón y biela está debidamente instalado, el orificio de chorro del aceite existente en la biela debe estar orientado hacia el árbol de levas. La ranura entallada en el pistón debe ir orientada hacia la parte delantera del motor. En todos los motores, las esquinas biseladas de los sombreretes de biela deberían estar orien-

tadas hacia la parte delantera, en la fila de cilindros de la izquierda y hacia la parte posterior en la fila derecha. La parte saliente de la biela debe estar orientada hacia la parte delantera del motor en los cilindros de la fila derecha y hacia la parte posterior del motor en los cilindros de la fila de la izquierda.

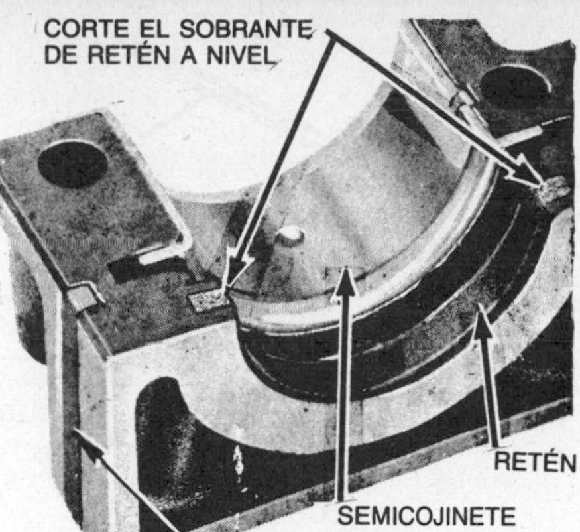

Sombrerete del cojinete de bancada posterior

LUBRICACIÓN DEL MOTOR

Cárter del aceite

DESMONTAJE Y MONTAJE

Motores de 8 cilindros en V

1. Desconecte el cable de toma de tierra de la batería.

2. Desenrosque los tornillos que fijan la carcasa del ventilador al radiador.

3. Retire el filtro del aire y desconecte el varillaje de la mariposa de los gases.

4. Levante la parte delantera del vehículo y déjela apoyada sobre soportes seguros.

5. Vacíe el aceite del sistema de engrase del motor.

6. Desconecte el tubo transversal de escape de su posición en el motor.

7. Desmonte la cubierta inferior del volante del motor.

8. Retire el tornillo del varillaje del cambio y gire el varillaje de modo que no estorbe.

9. Retire los pernos del soporte delantero del motor.

10. Levante la parte frontal del motor, sea colocando un taco de madera y un gato hidráulico debajo de la montura de la polea del cigüeñal, sea elevándolo con un dispositivo de izado.

ATENCIÓN

En los automóviles con aire acondicionado, coloque un soporte debajo de la caja de cambios, en su lado derecho, antes de levantar el motor. Si no adopta esta precaución, el peso del acondicionador de aire hará que el motor y la caja de cambios se inclinen hacia la derecha.

11. Desatornille y retire el cárter del aceite. A veces es necesario girar el cigüeñal, para que no interfiera con la parte delantera del cárter del aceite.

12. Para el montaje, siga el mismo procedimiento, en sentido inverso.

Motores de 6 cilindros en V

1. Levante el vehículo y vacíe completamente el aceite del sistema de lubricación.

2. Desmonte la cubierta del volante del motor.

3. Retire el tubo transversal del tubo de escape.

4. Desenrosque los tornillos de fijación del cárter del aceite y retire éste.

Retén de aceite del cojinete de bancada posterior

DESMONTAJE Y MONTAJE

Se usa un retén de aceite de tejido trenzado. La mitad superior del retén de aceite no puede ser sustituida sin desmontar el cigüeñal, a menos que se use la recomendación «Ahorro de tiempo» descrita en esta sección.

1. Desmonte el cárter del aceite y el sombrerete del cojinete de bancada posterior.

2. Retire el retén existente de su posición en el sombrerete del cojinete y coloque un nuevo retén en la acanaladura, con los dos extremos del retén sobresaliendo de la superficie del sombrerete.

3. Haga entrar el retén en la acanaladura, empujándolo con el mango de un martillo u otra herramienta blanda y lisa, hasta que el retén no sobresalga de la acanaladura más de 1/16 de pulg. (1.6 mm). Entonces corte los extremos del retén con una navaja de afeitar, de modo que queden a ras con la superficie del sombrerete.

4. En los modelos de 231, 252 y 350, introduzca los nuevos retenes de neopreno en las ranuras existentes en los lados del sombrerete del cojinete, después de sumergir los retenes en queroseno por un tiempo de uno o dos minutos.

NOTA: Los retenes de neopreno se hinchan cuando son expuestos al aceite y calor. Es normal que estos retenes tengan fugas durante un corto tiempo hasta que queden perfectamente asentados. Los retenes deben cortarse a la longitud requerida.

5. Para el montaje, siga el mismo procedimiento, en sentido inverso. Aplique una pequeña cantidad de compuesto hermetizante en la superficie de montaje del sombrerete del cojinete de bancada. El motor debe hacerse funcionar a baja velocidad después de cambiar el retén de aceite, durante unos cuantos minutos.

Bomba de aceite

DESMONTAJE Y MONTAJE

Vea la NOTA existente al principio de la sección Motor. En los motores de 6 y 8 cilindros en V, la bomba de aceite está situada a la izquierda de la cubierta de la cadena de distribución y, mediante un orificio taladrado en el cárter del motor, está conectada a una caja de filtro de aceite y tubo limitador de carga, que forman un conjunto.

1. Retire el tamiz de aceite.

2. Desatornille el conjunto de la cubierta de la bomba de su posición en la cubierta de la cadena de distribución.

GUÍA «AHORRO DE TIEMPO»

PARA CAMBIAR EL RETÉN DE ACEITE DE LA MITAD SUPERIOR DEL COJINETE DE BANCADA POSTERIOR

Si bien la fábrica recomienda desmontar el cigüeñal para proceder al cambio de la mitad superior del retén de aceite del cojinete de bancada posterior, puede usarse el procedimiento siguiente sin necesidad de retirar el cigüeñal:

1. **Desmonte el cárter del aceite y el sombrerete del cojinete de bancada posterior.**
2. **Afloje el resto de los cojinetes de bancada, de modo que el cigüeñal descienda unas 1/16" (1.6 mm).**
3. **Extraiga la mitad superior del retén de aceite.**
4. **Enrolle un poco de alambre de cobre blando en un extremo del nuevo retén y deje aproximadamente 12" (31 cm) de alambre sin arrollar. Lubrique bien el nuevo retén con aceite.**
5. **Haga pasar el extremo no enrollado del alambre de cobre por la acanaladura en que debe montarse el retén, de modo que salga por el otro lado del cigüeñal. Tire del alambre hasta que el retén sobresalga igual por cada lado. Gire el cigüeñal al mismo tiempo que tira del alambre para colocar el retén.**
6. **Retire el alambre. Comprima las partes salientes del retén de modo que penetren completamente en la acanaladura.**
7. **Antes de volver a apretar los sombreretes de los cojinetes de bancada, asegúrese mediante una inspección visual de que los cojinetes estén correctamente situados. Apriete los tornillos de los sombreretes al par especificado. Asegúrese de que no haya vestigios de aceite en las superficies que han de establecer contacto.**
8. **Vuelva a montar el cárter del aceite. Haga funcionar el motor lentamente durante unos cuantos minutos.**

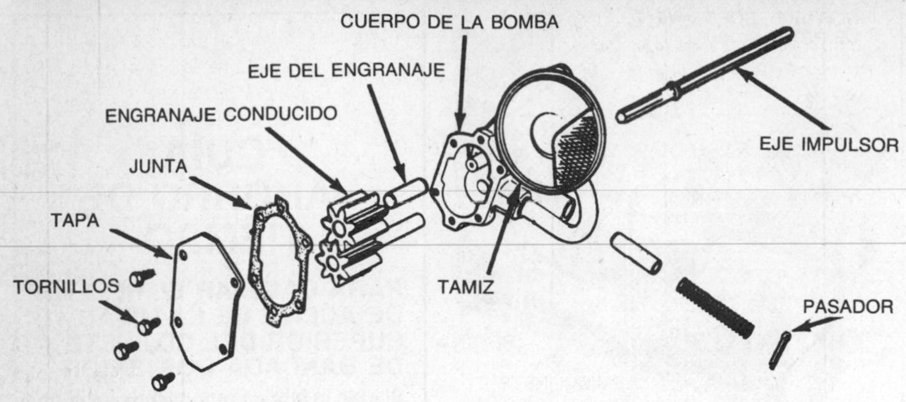

Conjunto típico de la bomba de aceite

3. Retire el conjunto de la cubierta y extraiga los piñones de la bomba.

4. Retire la caperuza de la válvula de alivio de presión del aceite (válvula de seguridad), así como su resorte y la propia válvula. No desmonte la válvula de derivación del filtro de aceite, ni su resorte.

5. Compruebe que el resorte de la válvula de alivio no esté desgastado en su parte lateral, ni roto. Compruebe que la válvula de alivio se deslice con suavidad en su receptáculo en la cubierta, pero sin ningún juego lateral; de detectar indicios de dicho juego lateral, cambie la válvula de alivio; si, a pesar de ello, persistiera el juego lateral, cambie la cubierta.

6. Compruebe que la válvula de derivación del filtro esté en buen estado.

Para el montaje de la bomba:

7. Lubrique la válvula de alivio y su resorte e introdúzcalos en su receptáculo de la cubierta. Coloque la junta y la caperuza y apriete ésta a un par de 35 libras-pie.

8. Instale los piñones y compruebe que la holgura entre los piñones y la cubierta sea entre 0.002 y 0.006". Si la holgura es inferior, compruebe que no haya desgaste en la cavidad para esos piñones en la cubierta de la cadena de distribución.

9. Retire los piñones y llene completamente la cavidad de los piñones con petrolato (petroleum jelly). No use grasas.

ATENCIÓN

A menos que la bomba se cebe de esta forma no generará presión de aceite cuando el motor se ponga en marcha.

10. Coloque los piñones. Coloque una junta nueva y monte la cubierta, apretando uniformemente los tornillos hasta un par de 10 libras-pie. Vuelva a montar el filtro.

EMBRAGUE

El único ajuste requerido en el embrague es mantener el juego correcto de su pedal (véase Ajuste del varillaje, más adelante).

DESMONTAJE Y MONTAJE

1. Retire el resorte de recuperación del pedal de su posición en la horquilla del embrague. Desmonte la caja de transmisión de la forma descrita en Cambio manual.

2. Desmonte la caja del volante del motor.

3. Retire el cojinete de desembrague de su posición en la horquilla del embrague.

4. Desconecte la horquilla de embrague de su perno de rótula.

5. Marque la cubierta del embrague y el volante del motor para asegurar el correcto equilibrio en el montaje.

6. Afloje una vuelta cada vez los tornillos que fijan la cubierta del embrague al volante, hasta que desaparezca la presión del resorte.

7. Mientras retira los últimos tornillos, soporte el conjunto plato de presión/tapa; luego retire el conjunto de la tapa y el plato arrastrado.

8. Inspeccione el volante para detectar rayaduras, ranuras o signos de sobrecalentamiento (decoloración). De ser necesario, rectificarlo o cambiarlo.

9. Al montar el embrague, proceda de la misma forma, en sentido inverso. Use un piloto de alineamiento de embrague o un eje de entrada de la caja de cambios, haciéndolo pasar por el buje del plato arrastrado e introduciéndolo en el buje piloto. Asegúrese de alinear las marcas de referencia existentes en la tapa del embrague y en el volante del motor.

AJUSTE DEL VARILLAJE DEL EMBRAGUE

Century y Regal

1. Retire el resorte de recuperación.

2. Gire el conjunto de la palanca y eje del embrague, hasta que el pedal esté firmemente adosado al final de su carrera.

3. Empuje hacia atrás el extremo exterior de la horquilla del embrague hasta que el cojinete de desembrague (desacoplo) esté en contacto con los topes del resorte.

4. Coloque la barra impulsora inferior en la horquilla, y el pivote en el agujero calibrado. Gire la barra impulsora hacia la derecha (en el sentido de las agujas del reloj) vista desde delante, para cancelar todo el juego del varillaje.

5. Retire el pivote del agujero de calibrado y móntelo en el agujero más distante de la línea central del conjunto palanca/eje del embrague. Coloque las arandelas y retenedores.

6. Apriete la tuerca de seguridad contra el pivote, prestando atención a no cambiar la longitud de la varilla.

7. Monte el resorte del retenedor del embrague. El procedimiento descrito debería producir 2/3-1 1/3" de juego libre, medido en el centro de la almohadilla del pedal.

CAMBIO MANUAL

En estos automóviles se ha montado en ocasiones una caja de cambios Saginaw completamente sincronizada. Puede ser identificada por tener un solo tornillo en la parte superior de la cubierta lateral. Su código de fabricación y el número de serie están indicados en el lado derecho de la caja de cambios. La única caja de cambios de cuatro velocidades que se ha usado es una unidad Saginaw.

DESMONTAJE Y MONTAJE

1. Levante el vehículo con un dispositivo de izado y vacíe completamente el líquido de la caja de cambios.

2. Marque la junta universal y la brida de acoplamiento del árbol de transmisión para facilitar el correcto alineamiento al proceder luego al montaje. Retire los dos tornillos en forma de U y desacople el árbol de transmisión en la junta trasera. Deslice el árbol de transmisión hacia atrás el máximo posible y retírelo.

3. Desconecte el varillaje de la caja de cambios.

4. Desconecte el cable del velocímetro y el interruptor de la luz de retroceso de sus posiciones en la caja de cambios.

5. Retire los tornillos que fijan la caja de cambios al travesaño, el soporte de montaje del convertidor catalítico a la caja de cambios (de haberlo) y los tornillos que fijan el travesaño al bastidor. Levante ligeramente la caja de cambios y retire el travesaño.

6. Desenrosque los dos tornillos superiores que unen la caja de cambios a la caja del volante.

NOTA: Si no se usan las espigas de guía, puede dañarse el plato arrastrado del embrague.

7. Deslice la caja de cambios hacia atrás, hasta que el eje del piñón de accionamiento se desacople del disco del embrague y salga de la caja del volante. Entonces baje la caja de cambios.

8. Al volver a montar la caja de cambios, coloque las espigas de guía en los orificios de los tornillos superior e inferior del lado derecho, para asegurar una correcta alineación. Si las espigas no se usan, podría dañarse el plato del embrague.

AJUSTE DEL VARILLAJE

Cambio de tres velocidades con palanca al piso

1. Sitúe las palancas del cambio en punto muerto.

2. Afloje los tornillos de la abrazadera de ajuste de la varilla del cambio.

3. Coloque una varilla en la ranura de la parte posterior del conjunto del soporte del cambio.

4. Deslice las dos palancas del cambio hacia atrás, hasta que quede adosado a la varilla.

5. Apriete los tornillos de ajuste de la varilla del cambio.

Cambio de cuatro velocidades con palanca al piso

1. Coloque las palancas de cambio en punto muerto.

2. Coloque una varilla de 5/16" (8 mm) de diámetro en la parte inferior trasera del conjunto del soporte del cambio.

3. Ajuste las tres palancas del cambio hacia atrás, contra la varilla.

4. Apriete los tornillos de ajuste de la abrazadera.

CAMBIO AUTOMÁTICO

En los modelos Buick de tracción trasera se han usado diferentes tipos de cambio automático. En términos generales, todos estos cambios pueden clasificarse en tres grupos básicos, descritos a continuación.

DESMONTAJE Y MONTAJE

1. Desconecte el cable negativo de la batería de su posición en ésta.

2. De haberlo, desconecte el cable del solenoide de cambio descendente en su extremo superior (pedal del acelerador o carburador).

3. Levante el vehículo y sopórtelo con apoyos seguros; es preferible que esté apoyado por su parte frontal y trasera, para que haya suficiente espacio para retirar la caja de cambios.

4. Desconecte el tubo de ligazón de escape de su posición en los múltiples, en el caso de que se vea que el sistema de escape va a interferir con el desmontaje de la caja de cambios. A veces es necesario desmontar el convertidor catalítico, el tubo de escape, o simplemente sus soportes, a fin de tener acceso a la caja de cambios.

Tipo de caja de cambio

GRUPO THM-200	
THM-200	3 vel., servicio estándar
THM-200-C	3 vel., con CPI
THM-200-4R	4 vel., con CPI
GRUPO THM-350	
THM-250	3 vel., servicio ligero
THM-350	3 vel., servicio estándar
THM-350-C	3 vel., CPI
THM-375-C	3 vel., servicio pesado
GRUPO THM-400	
THM-400	3 vel., servicio pesado

CPI = Convertidor de par inmovilizador

ATENCIÓN

Las operaciones de servicio en el sistema de escape deben realizarse cuando todos sus componentes están FRÍOS

5. Retire la tapa de inspección de la caja de cambios.

6. Desenrosque los tornillos que fijan el convertidor de par al volante del motor. La relación entre el volante y el convertidor debe marcarse de modo que el convertidor pueda montarse exactamente en la misma posición, a fin de asegurar el equilibrio del conjunto.

7. Marque las posiciones respectivas del árbol de transmisión y de la horquilla posterior (para volverlos a montar correctamente). Coloque una bandeja debajo de la horquilla delantera para recoger el aceite, desatornille el árbol de transmisión y retírelo.

8. Marque y desconecte las tuberías de vacío y los cables, incluyendo el del velocímetro, de sus posiciones en la caja de cambios.

9. Procediendo con sumo cuidado, coloque un soporte especial para cajas de cambios debajo del cárter de aceite de la caja de cambios y sujete de modo seguro la caja al soporte.

10. Desenrosque el tornillo o tornillos de montaje de la caja de cambios; luego, con cuidado, levante la caja justamente lo necesario para que su peso no gravite sobre el travesaño de soporte.

ATENCIÓN

Cuando levante o baje la caja de cambios, preste extremo cuidado a no dañar los componentes situados debajo del capó.

11. Desatornille y retire el travesaño de soporte de la caja de cambios completo con la montura. A veces es necesario elevar o bajar la caja de cambios un poco para poder retirar el travesaño.

12. Extraiga la varilla de nivel de aceite de la caja de cambios. Luego desatornille y retire el tubo de llenado.

13. Desconecte el varillaje del cambio (o el cable, en los modelos equipados con cambio en el piso) y los tubos de enfriamiento del aceite de sus posiciones en la caja de cambios.

14. Soporte el motor usando un elevador aplicado debajo del cárter del motor. Asegúrese de poner un taco de madera entre el elevador y el cárter, para que éste no sufra desperfectos.

15. Con un alambre, fije de modo seguro el convertidor de par a la caja de la transmisión.

16. Desenrosque los tornillos de montaje de la caja de cambios al motor; luego deslice con cuidado la caja de cambios hacia atrás y abajo, extrayéndola por debajo del vehículo.

ATENCIÓN

Si los cables eléctricos, las tuberías del circuito de enfriamiento, etc., estorban para el desmontaje, retire esos componentes antes de bajar la caja de cambios. Vea información adicional en la sección de Reparaciones, bajo el título de Cambio automático.

Efectúe el montaje siguiendo el mismo procedimiento, en orden inverso. Tenga en cuenta los siguientes puntos durante el montaje y después:

1. Apriete los tornillos de montaje de la caja de cambios al motor a un par de 30-40 libras-pie.

2. Alinee las marcas de referencia del árbol de transmisión con las de la horquilla posterior antes de montar los cubrejuntas y tornillos.

3. Alinee las marcas de referencia del convertidor de par y del volante antes de montar los tornillos del convertidor.

4. Ponga aceite de cambio del tipo correcto y en la cantidad requerida. En el caso de cambiarse el convertidor, deberán ponerse unas 4 pintas más (apróx. 2 l). No llene NUNCA en exceso la caja de cambios.

5. Ajuste el varillaje del cambio (o el cable) y el cable del solenoide de cambio.

6. Antes de poner en marcha el vehículo, asegúrese de que ha vuelto a conectar todos los tubos de vacío, cables eléctricos y tuberías del circuito de enfriamiento.

7. Compruebe que no hay ninguna fuga de aceite del cambio. Luego, cuando la caja de cambios esté caliente, vuelva a comprobar el nivel del líquido.

ÁRBOL DE TRANSMISIÓN

Eje trasero

DESMONTAJE Y MONTAJE

1. Marque la horquilla trasera del árbol de transmisión y la brida del diferencial para asegurar su montaje en las mismas posiciones relativas.

2. Retire los tornillos y cubrejuntas de la brida del diferencial.

3. Retire el conjunto del árbol de transmisión. Para ello, primero deslícelo lo bastante hacia adelante como para que quede desacoplado de la brida del diferencial y luego deslícelo hacia abajo y atrás de modo que la horquilla acanalada delantera se separe del eje de salida de la caja de cambios.

4. Efectúe el montaje siguiendo el mismo procedimiento, en sentido inverso. Asegúrese de alinear las marcas de referencia del montaje.

Palieres (semiejes) cojinetes y retenes de aceite

DESMONTAJE Y MONTAJE

Estos vehículos usan dos tipos diferentes de palieres, uno con fiador en C y otro sin dicho fiador. Los palieres del tipo con fiador C son retenidos por fiadores en forma de C, que encajan en una ranura del extremo interior del palier. Los palieres del tipo sin fiador C son retenidos por el plato posterior del freno, que está atornillado a la trompeta del palier. Los cojinetes en el tipo con fiador en C consisten en un collar de rodadura exterior, los rodillos y una pista de retenida de rodillos, sujeta por anillos de seguridad. El palier sin fiador en C usa un cojinete de rodillos formando una unidad integral (collar de rodadura interior, rodillos y collar de rodadura exterior), que debe deslizarse en el palier hasta acoplarla por presión en un resalte. Es indispensable determinar el tipo de palier antes de proceder a su desmontaje.

El número de identificación del palier está estampado en su parte frontal del lado del pasajero, junto a la caja de soporte del diferencial. Ello es válido en todos los modelos excepto los que llevan una corona de 8 1/2", en los que la identificación está impresa en un rótulo situado debajo de uno de los tornillos de la tapa posterior del diferencial.

Tipo sin fiador en C

Este diseño permite un juego axial máximo de 0.022" (0.55 mm), que puede comprobarse con un indicador de juego del tipo con esfera. Si el juego axial excede de dicho valor, el cojinete debe cambiarse. No se recomienda montar suplementos de calce en estos cojinetes, ya que ello no compensa la desviación longitudinal real del cojinete y puede dar lugar a un incorrecto asentamiento del cojinete.

Antes de intentar ninguna operación de servicio del árbol de la transmisión o de los palieres, desmonte la tapa de la caja de soporte del diferencial y determine visualmente si los palieres son retenidos por un fiador en C en el extremo interior o por el plato posterior del freno, en el extremo exterior. Si los palieres no están retenidos por un fiador en C, proceda de la forma siguiente:

1. Desmonte la rueda, el neumático y el tambor del freno.

2. Desenrosque las tuercas que fijan la placa de retenida del plato posterior del freno. Desconecte la tubería del freno.

3. Retire el retenedor y vuelva a montar las dos tuercas inferiores, apretadas sólo con la mano, para evitar que el plato de apoyo del freno se desacople.

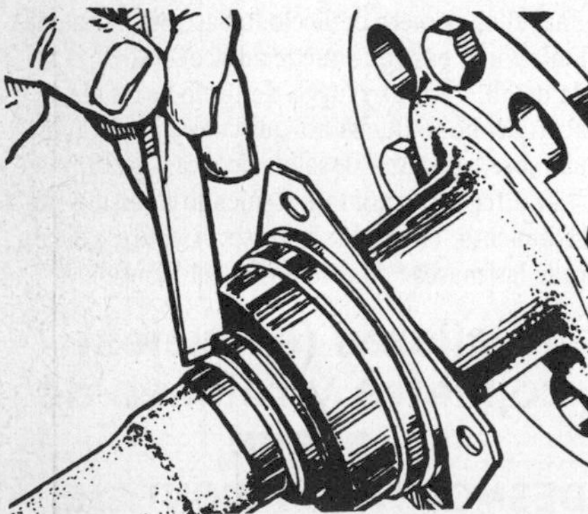

Romper el retén del cojinete con un cincel

4. Extraiga el palier y el conjunto del cojinete, utilizando un martillo deslizante.

5. Con un cincel, indente (haga una muesca) al retenedor del cojinete en tres o cuatro puntos. No es necesario cortar el retenedor, sino simplemente debilitarlo lo suficiente para que pueda sacarse del palier.

6. Extraiga el cojinete ejerciendo presión y monte el nuevo cojinete haciéndolo entrar también con fuerza.

NOTA: No intente colocar el cojinete y su retenedor a la vez.

7. Monte el palier y el cojinete en la trompeta del palier, asegurándose de que el cojinete esté debidamente asentado en la trompeta.

8. Monte el retenedor, el tambor del freno, la rueda y el neumático. Purgue el circuito de los frenos.

Tipo con fiador en C

Antes de intentar ninguna operación de servicio en el árbol de transmisión o en los palieres, desmonte la tapa de la caja de soporte del diferencial y compruebe visualmente si los palieres están retenidos por un fiador en forma de C en su extremo interior o por el plato de apoyo del freno en el extremo exterior. Si están retenidos por fiadores en C, proceda de la forma siguiente:

1. Levante el vehículo y desmonte las ruedas.

2. La tapa de la caja de soporte del diferencial ya ha sido desmontada (véase la Atención anterior). Desenrosque el tornillo de fijación del eje del piñón del diferencial y retire dicho eje.

3. Empuje el extremo embridado del palier hacia el centro del vehículo y extraiga el fiador en C del extremo del palier.

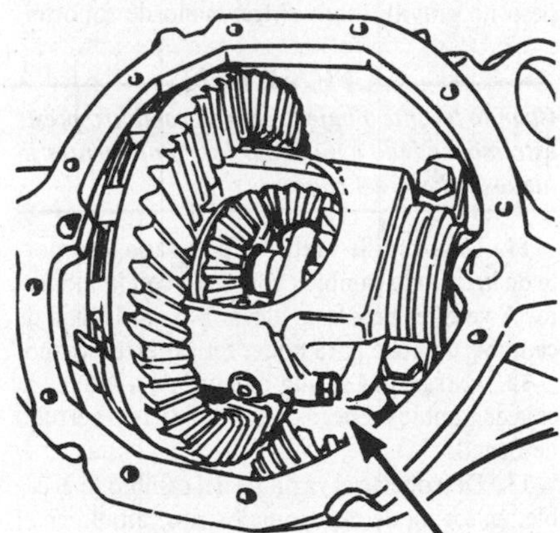

Quitar del diferencial el tornillo de sujeción del eje del piñón

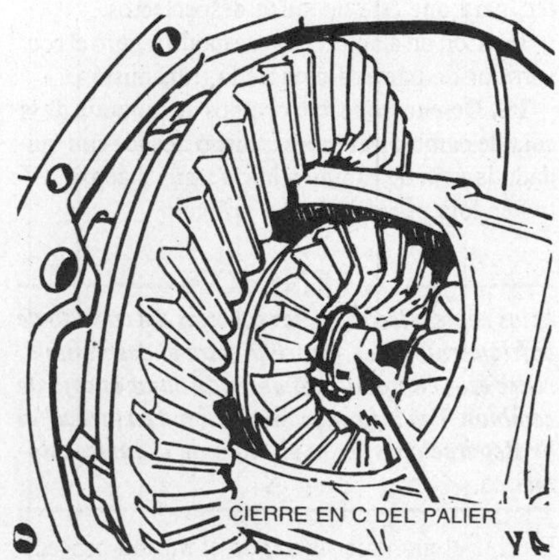

Quitar el cierre (fiador) en "C" del palier (semieje)

4. Extraiga el palier de su trompeta, prestando atención a no dañar el retén de aceite.

5. Retire el retén de aceite insertando el extremo inferior del palier detrás de la caja de acero del retén de aceite. Ejerza acción de palanca sobre el retén para extraerlo de su encaje.

6. Sitúe las patas del extractor de cojinetes detrás del cojinete. Coloque una arandela contra el cojinete y fíjela con una tuerca. Use un martillo deslizante para extraer el cojinete.

7. Llene la cavidad entre los labios del retén de aceite con lubricante de cojinetes de ruedas y aplique dicho lubricante también al nuevo cojinete de la rueda.

8. Con una herramienta idónea de montaje de cojinetes deslice el cojinete hasta que establezca contacto con un tubo. Coloque el retén de aceite.

9. Deslice el palier en su posición, prestando cuidado a que sus estrías no dañen el retén de aceite. Asegúrese de que las estrías engranan con el piñón lateral del diferencial.

10. Inserte el fiador en C del palier en el extremo interno de éste y tire luego del palier hacia afuera, a fin de que el fiador en C se asiente en el encaje existente en el piñón lateral del diferencial.

11. Sitúe el eje del piñón del diferencial a través de la caja y entre los piñones, alineando el agujero de la caja con el orificio para colocar el tornillo de fijación.

12. Coloque el tornillo de fijación del eje del piñón y apriételo.

13. Coloque una junta nueva y monte la tapa de la caja de soporte del diferencial. Para ello, asegúrese de que las superficies de apoyo de la junta en la tapa y en la caja estén perfectamente limpias.

14. Llene el palier con lubricante, hasta la parte inferior del orificio de llenado.

15. Monte el tambor del freno y las ruedas, y baje el vehículo. Compruebe que no haya fugas y pruebe el auto en carretera.

SUSPENSIÓN DELANTERA

Amortiguadores

DESMONTAJE Y MONTAJE

1. Retire la tuerca superior de fijación del amortiguador, así como el retenedor del ojal y éste.

2. Retire el tornillo inferior de retenida. Descienda el amortiguador por el agujero existente en el brazo de control inferior.

NOTA: Purgue el aire de los amortiguadores nuevos antes de su colocación, extendiéndolos repetidamente en su posición normal y luego comprimiéndolos en posición invertida.

3. Para el montaje de los amortiguadores siga el mismo procedimiento, en sentido inverso. Apriete la tuerca superior a un par de 8 libras-pie (1.1 kg) y los tornillos inferiores a 20 libras-pie (2.76 kg).

Rótula

INSPECCIÓN

Rótula inferior

Todos los modelos poseen indicadores visuales de desgaste de las rótulas inferiores. El tapón de grasa de la rótula inferior va enroscado en el indicador de desgaste, el cual se proyecta por debajo de la caja de la rótula. En tanto el indicador de desgaste sobresale de la caja, la rótula no está desgastada. Sin embargo, cuando la punta del indicador de desgaste es paralela con la caja de la rótula o se hunde en ésta, es indicio de que la rótula está defectuosa y debe cambiarse.

Rótula superior

Coloque un gato debajo de cada brazo inferior entre la cavidad del resorte de suspensión y la rótula y levante el vehículo. Tome con las manos la rueda por su parte superior e inferior (es decir, las posiciones de las 6 y 12 horas indicadas por la aguja del reloj), y mueva la parte superior de la rueda hacia adentro y hacia afuera. Observe si la mangueta (articulación) de la dirección posee movimiento relativo con respecto al brazo: si la rueda se mueve sin que lo haga el brazo, es indicio de que la rótula está desgastada y deberá cambiarse.

Brazo de control superior y/o rótula

DESMONTAJE Y MONTAJE

1. Levante el vehículo con un gato colocado bajo el bastidor. Saque la rueda y el neumático.

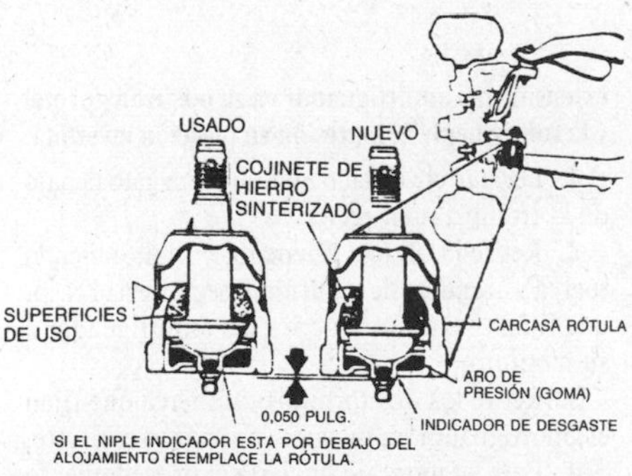

Indicador de desgaste de rótula

2. Con otro gato, soporte el peso del automóvil debajo del borde exterior del brazo de control inferior. Eleve el gato lo suficiente como para que el brazo superior no toque el vástago de la rótula superior.

3. Retire el pasador de chaveta del vástago de la rótula.

4. Afloje la tuerca del vástago; pero no la quite.

ATENCIÓN

Si la tuerca se sacara del todo, podría liberarse toda la tensión del resorte helicoidal. Para soltar el vástago de su posición en la mangueta debe usarse una herramienta especial para desmontaje de rótulas.

5. Sujete con un alambre el freno y la mangueta en sus posiciones, para impedir que se dañe el tubo flexible del freno. Luego extraiga el brazo superior de su posición en la mangueta.

NOTA: Si hay que cambiar sólo las rótulas, ha completado el desmontaje preparatorio. Ahora haga una indentación (muesca) en el centro de los cuatro remaches con un granete y elimínelos con un taladro; luego extraiga sus cabezas con un cincel. Retire la rótula vieja. La nueva se suministra con cuatro tornillos templados especiales, que deben apretarse a un par de 8 libras/pie (1.2 kg); la tuerca ha de ir arriba.

6. Retire las tuercas y arandelas de seguridad que fijan el eje del brazo de control superior a su soporte. Anote cuidadosamente el número, grueso y situación de los calces de ajuste. Retire el conjunto del brazo.

7. Para el montaje, siga el mismo procedimiento, en sentido inverso. Observe los siguientes pares de apriete: tuercas de fijación del brazo de control superior a su soporte en el bastidor, 46 libras-pie; tuerca del vástago de la junta de rótula, 60-65 libras-pie; tuercas del casquillo del brazo de control superior, 85 libras-pie. Las tuercas del casquillo de los brazos de control superiores deben apretarse con el peso del vehículo gravitando sobre las ruedas.

ATENCIÓN

Cuando coloque el pasador de chaveta, nunca afloje la tuerca para que quede alineada con el orificio del pasador; en vez de ello, apriete siempre la tuerca hasta descubrir el siguiente orificio del pasador.

Brazo de control inferior o su resorte

DESMONTAJE Y MONTAJE

1. Levante la parte delantera del vehículo y saque la rueda.

2. Desconecte y extraiga el amortiguador.

3. Desacople el eslabón de la barra estabilizadora delantera de su posición en el brazo de control inferior.

4. Desconecte la varilla de reacción del freno de su posición en el brazo de control inferior.

5. Como medida de precaución y para obtener el máximo espacio, coloque un gato aproximadamente de 1/2" por debajo del vástago de la rótula inferior. Ahora retire el pasador de chaveta del vástago de la junta de rótula y afloje la tuerca aproximadamente 1/8" (3 mm); no retire la tuerca.

ATENCIÓN

Si se quitara la tuerca, quedará liberada por completo la fuerza del resorte helicoidal.

6. Envuelva con un paño la mangueta en el área del vástago o use una herramienta de desmontaje de rótulas y separe el vástago de su posición en la mangueta.

7. Cuando el vástago se haya separado de la mangueta, aplique un gato para elevar el brazo de control. Desenrosque la tuerca y separe la mangueta de su posición en el vástago ahusado.

8. Con cuidado, baje el gato de debajo del brazo de control y libere el resorte de toda presión. Con el gato completamente bajado, puede ser necesario aplicar una acción de palanca con una barra sobre el muelle para extraerlo de su asiento en el brazo de control inferior.

9. Después de haber retirado el resorte helicoidal, puede desmontarse el brazo de control inferior desenroscando la tuerca que lo fija al bastidor.

10. Para el montaje, proceda en sentido inverso. Apriete los tornillos de fijación del brazo de control al bastidor con el coche sobre el suelo, a un par de 85 libras-pie.

Rótulas inferiores

DESMONTAJE Y MONTAJE

1. Siga el procedimiento descrito en Brazos de control inferiores, hasta el punto n.º 7.

2. Entonces instale un extractor de rótulas y apriete la herramienta para extraer la rótula fuera del brazo de control inferior.

3. Para el montaje, proceda de la misma forma, en sentido inverso. Apriete la tuerca almenada a 85-90 libras-pie. Gire siempre la tuerca almenada hasta descubrir el siguiente orificio para que quede debidamente bloqueada por el pasador de chaveta.

Cojinetes de las ruedas delanteras

AJUSTE

1. Levante la rueda del suelo, colocando un gato debajo del brazo de control inferior.

2. Retire la tapa guardapolvo del cubo de la rueda.

3. Extraiga el pasador de chaveta y deséchelo.

4. Apriete la tuerca de la mangueta a 12 libras-pie, mientras gira la rueda. Luego afloje la tuerca entre un 1/4 y 1/2 vuelta.

5. Vuelva a apretar la tuerca al máximo con la mano.

6. Afloje la tuerca no más de 1/6 de vuelta, hasta que el orificio para chaveta más próximo en la mangueta quede alineado con la ranura existente en la tuerca de la mangueta y coloque un nuevo pasador de chaveta.

7. Compruebe la holgura del conjunto del cubo. El juego axial no debería exceder de 0.001-0.005" (0.024-0.122 mm).

8. Vuelva a montar la tapa guardapolvos y baje el vehículo.

SUSPENSIÓN TRASERA

Amortiguadores

DESMONTAJE Y MONTAJE

NOTA: Purgue el aire de los amortiguadores nuevos antes de montarlos, mediante la repetida

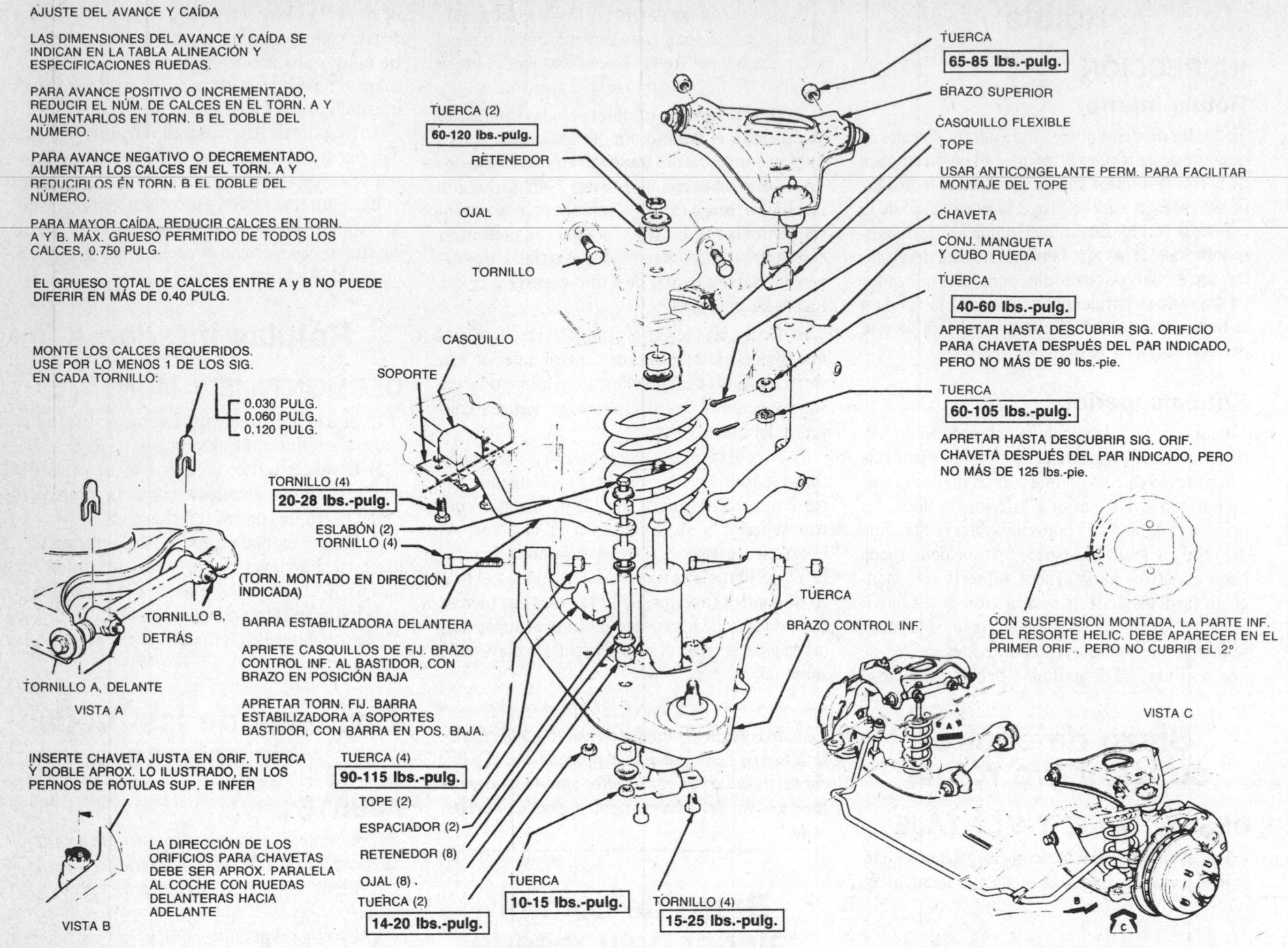

AJUSTE DEL AVANCE Y CAÍDA
LAS DIMENSIONES DEL AVANCE Y CAÍDA SE INDICAN EN LA TABLA ALINEACIÓN Y ESPECIFICACIONES RUEDAS.
PARA AVANCE POSITIVO O INCREMENTADO, REDUCIR EL NÚM. DE CALCES EN EL TORN. A Y AUMENTARLOS EN TORN. B EL DOBLE DEL NÚMERO.
PARA AVANCE NEGATIVO O DECREMENTADO, AUMENTAR LOS CALCES EN EL TORN. A Y REDUCIRLOS EN TORN. B EL DOBLE DEL NÚMERO.
PARA MAYOR CAÍDA, REDUCIR CALCES EN TORN. A Y B. MÁX. GRUESO PERMITIDO DE TODOS LOS CALCES, 0.750 PULG.
EL GRUESO TOTAL DE CALCES ENTRE A y B NO PUEDE DIFERIR EN MÁS DE 0.40 PULG.
MONTE LOS CALCES REQUERIDOS. USE POR LO MENOS 1 DE LOS SIG. EN CADA TORNILLO:
0.030 PULG.
0.060 PULG.
0.120 PULG.
TORNILLO B, DETRÁS
TORNILLO A, DELANTE
VISTA A
INSERTE CHAVETA JUSTA EN ORIF. TUERCA Y DOBLE APROX. LO ILUSTRADO, EN LOS PERNOS DE RÓTULAS SUP. E INFER
LA DIRECCIÓN DE LOS ORIFICIOS PARA CHAVETAS DEBE SER APROX. PARALELA AL COCHE CON RUEDAS DELANTERAS HACIA ADELANTE
VISTA B
TUERCA (2)
60-120 lbs.-pulg.
RETENEDOR
OJAL
TORNILLO
CASQUILLO
SOPORTE
TORNILLO (4)
20-28 lbs.-pulg.
ESLABÓN (2)
TORNILLO (4)
(TORN. MONTADO EN DIRECCIÓN INDICADA)
BARRA ESTABILIZADORA DELANTERA
APRIETE CASQUILLOS DE FIJ. BRAZO CONTROL INF. AL BASTIDOR, CON BRAZO EN POSICIÓN BAJA
APRETAR TORN. FIJ. BARRA ESTABILIZADORA A SOPORTES BASTIDOR, CON BARRA EN POS. BAJA.
TUERCA (4)
90-115 lbs.-pulg.
TOPE (2)
ESPACIADOR (2)
RETENEDOR (8)
OJAL (8)
TUERCA (2)
14-20 lbs.-pulg.
TUERCA
10-15 lbs.-pulg.
TORNILLO (4)
15-25 lbs.-pulg.
TUERCA
BRAZO CONTROL INF.
TUERCA
65-85 lbs.-pulg.
BRAZO SUPERIOR
CASQUILLO FLEXIBLE
TOPE
USAR ANTICONGELANTE PERM. PARA FACILITAR MONTAJE DEL TOPE
CHAVETA
CONJ. MANGUETA Y CUBO RUEDA
TUERCA
40-60 lbs.-pulg.
APRETAR HASTA DESCUBRIR SIG. ORIFICIO PARA CHAVETA DESPUÉS DEL PAR INDICADO, PERO NO MÁS DE 90 lbs.-pie.
TUERCA
60-105 lbs.-pulg.
APRETAR HASTA DESCUBRIR SIG. ORIF. CHAVETA DESPUÉS DEL PAR INDICADO, PERO NO MÁS DE 125 lbs.-pie.
CON SUSPENSION MONTADA, LA PARTE INF. DEL RESORTE HELIC. DEBE APARECER EN EL PRIMER ORIF., PERO NO CUBRIR EL 2°
VISTA C

Suspensión delantera típica

BASTIDOR
CASQUILLO
MANGUITO
GEMELA
TUERCA
100-125 lbs.-pulg.
TORN.
VISTA B
TORN. en U
TUERCA
65-80 lbs.-pulg.
ALMOHADILLA
TORNILLO (2)
ALMOHADILLA
PLACA
VISTA A
BALLESTA
TUERCA
30-45 lbs.-pulg.
PARTE INF. CARROCERÍA
TOPE
SOPORTE
TUERCA
120-180 LB-IN
TUERCA
15-25 lbs.-pulg.
VISTA D
TUERCA
120-180 lbs.-pulg
TORN.
TORN.
AMORTIGUADOR
ARANDELA
TUERCA
55-75 lbs.-pulg.
VISTA E
LUBRICAR ÁREAS INDICADAS ANTES DEL MONTAJE
CONJ. TOPE
TORN.
72 MIN lbs.-pulg.
APRETAR, PERO SIN DAÑAR ROSCA
VISTA C

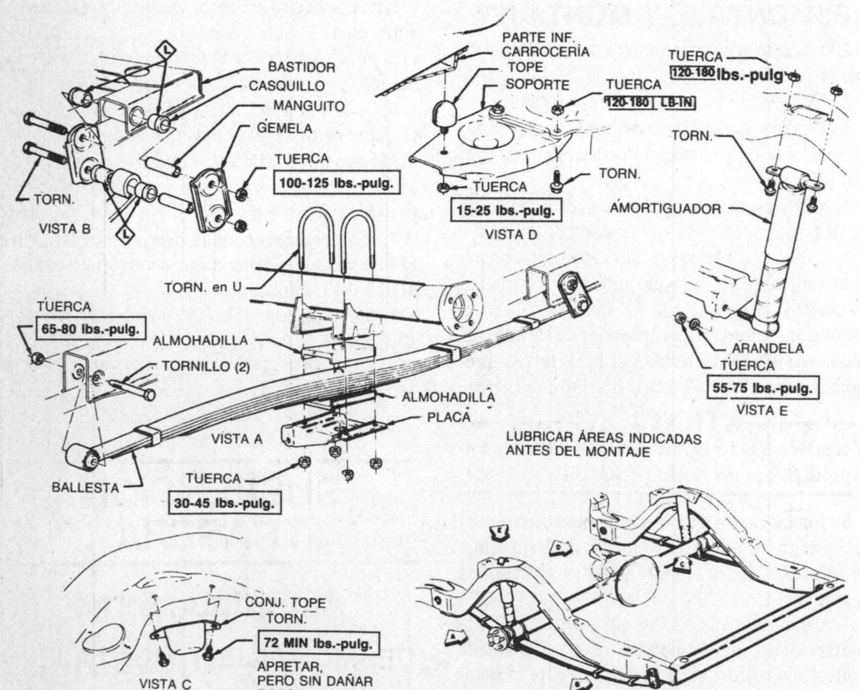

Detalles de la suspensión trasera de ballestas

extensión del amortiguador en su posición normal y la subsiguiente compresión en posición invertida.

1. Levante el vehículo aplicando un gato debajo de la trompeta del palier.
2. Retire la tuerca, retenedor y ojal, o bien la tuerca y arandela de seguridad, según sea el caso, que fijan el extremo inferior del amortiguador a su montura.
3. Retire los dos tornillos sin tuerca que fijan el amortiguador en su parte superior y retire éste.
4. Para su montaje, invierta el procedimiento de desmontaje. Apriete los tornillos superiores a un par de 18-20 libras-pie en todos los modelos. Las tuercas que en algunos modelos bloquean los tornillos superiores deben apretarse a 12 libras-pie. Apriete la tuerca inferior a 65 libras-pie.

Ballestas

CAMBIO

1. Levante la parte posterior del vehículo con un elevador.
2. Soporte el puente trasero, de modo que el peso del vehículo no gravite sobre ninguna de las ballestas.
3. Desconecte el amortiguador en su parte inferior.

4. Afloje el perno de argolla delantero de la ballesta.

5. Desatornille el soporte delantero de la ballesta de su posición en la carrocería.

6. Descienda ligeramente el puente trasero y retire el soporte delantero de su posición en la ballesta.

7. Ejerza palanca y extraiga el cable del freno de mano de su soporte en la placa de montaje de la ballesta.

8. Desatornille la ballesta de su posición en el eje.

9. Retire la placa y el taco elástico de la parte inferior de la ballesta. Debería haber también un taco similar entre la ballesta y la trompeta del palier.

10. Retire el tornillo superior de la gemela trasera de la ballesta. Baje la ballesta y saque el tornillo inferior.

11. Para el montaje, fije primero el soporte delantero al ojo de la ballesta. La cabeza del tornillo debe estar orientada hacia el centro del vehículo.

12. Fije la gemela al ojo trasero de la ballesta, pero no apriete sus tornillos.

13. Levante el extremo posterior de la ballesta y coloque el tornillo superior de la gemela, pero sin apretarlo, asegurándose de que el cable del freno de mano pase debajo de la ballesta.

14. Levante el extremo delantero de la ballesta y atorníllelo sin apretar el soporte delantero a la parte inferior de la carrocería. Asegúrese de que la lengüeta del soporte penetre en su ranura.

15. Compruebe que los tacos elásticos superior e inferior de la ballesta están correctamente alineados. El superior tiene aristas de posicionamiento y el inferior una espiga de alineación.

16. Coloque la placa de montaje inferior de la ballesta de modo que encaje en la espiga de alineación, y enrosque las tuercas, pero sin apretarlas. No se olvide del soporte del cable del freno de mano (estacionamiento).

17. Fije la parte inferior del amortiguador.

18. Fije el cable del freno de mano al soporte existente en la placa inferior de la ballesta.

19. Baje el vehículo de modo que se apoye en las ballestas. Apriete todos los tornillos. El par de apriete es: 40-60 libras-pie para los tornillos de las gemelas; 65-80 libras-pie para el tornillo del ojo delantero y 35-50 libras-pie para los tornillos de fijación a las trompetas.

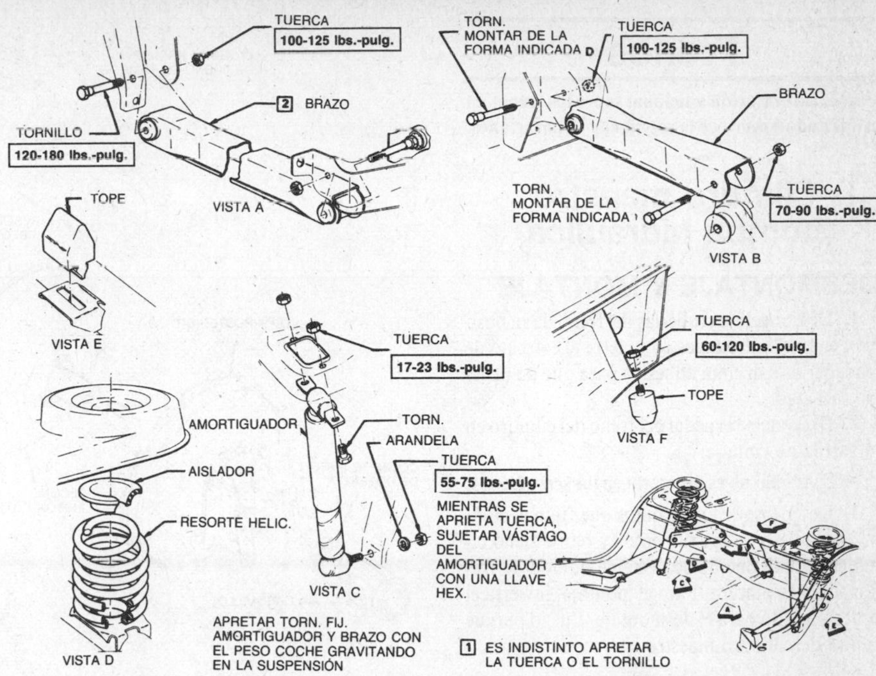

Detalles de una suspensión trasera típica con resortes helicoidales

Resortes helicoidales

DESMONTAJE Y MONTAJE

1. Levante la parte superior del vehículo y sopórtela en ambos lados, con los apoyos aplicados al bastidor, delante del eje trasero. Soporte el puente trasero con un elevador ajustable. Desconecte el amortiguador.

2. Desconecte el brazo de control superior en el diferencial.

3. Desconecte la barra estabilizadora, de haberla.

4. Retire los soportes que pueda haber de los tubos flexibles del freno, pero desconecte los propios tubos sólo de ser necesario.

5. Con cuidado, baje el puente trasero hasta que se libere la tensión que gravita sobre los resortes helicoidales. Asegúrese de que no se estire el tubo flexible del freno. Retire el resorte helicoidal, después de anotar la dirección en que está orientado el extremo de la última espira del resorte. Monte luego el resorte en la misma posición.

6. Al montar un nuevo resorte helicoidal, asegúrese de que la parte inferior de la espira esté correctamente en su zócalo de soporte en el bastidor, así como en la placa de forma en el brazo posterior.

7. Levante el puente trasero de modo que el peso del coche gravite sobre él y vuelva a colocar el tornillo del brazo oscilante de control. Apriete los tornillos con el peso del auto gravitando sobre los resortes helicoidales.

Brazo de control posterior inferior

DESMONTAJE Y MONTAJE

NOTA: Desmonte y vuelva a montar SÓLO un brazo oscilante de control inferior a la vez. Si se desmontaran ambos brazos inferiores, el puente trasero podría deslizarse o girar hacia un lado, lo que luego dificultaría en gran manera el montaje de los brazos oscilantes.

1. Levante la parte trasera del vehículo y sopórtela en ambos lados en apoyos aplicados a las trompetas de los palieres. Si el vehículo está equipado con una barra estabilizadora, desmóntela.

2. Retire los elementos de sujeción del brazo de control inferior y éste.

3. Para volverlo a montar, invierta el procedimiento. Apriete la tuerca que fija el brazo de control al bastidor a 92 libras-pie (LeSabre y Electra) o a 70 libras-pie (Century y Regal); la tuerca que fija el brazo de control al eje, a 92 libras-pie (Impala y Caprice); y el tornillo que fija el brazo de control al eje a 125 libras-pie (LeSabre y Electra) o 79 libras-pie (Century y Regal). Si está equipado con barra estabilizadora, apriete sus tornillos a 52 libras-pie (LeSabre y Electra) o 35 libras-pie (Century y Regal).

NOTA: Antes de apretar las sujeciones, el peso del vehículo debe descansar sobre sus ruedas.

Brazo de control posterior superior

DESMONTAJE Y MONTAJE

NOTA: Desmonte y vuelva a montar SÓLO un brazo superior a la vez. Si desmontara ambos a la vez, el puente trasero podría girar o deslizarse a un lado, lo que dificultaría en gran manera su montaje.

1. Levante la parte trasera del vehículo y sopórtela con apoyos aplicados debajo del eje.

2. Retire la tuerca del brazo de control superior en el eje. Para retirar el tornillo que fija el brazo al eje, a veces es necesario hacer oscilar el eje. En algunos modelos, puede ser preciso retirar el vástago inferior del amortiguador, para tener más espacio para el desmontaje del brazo de control superior.

3. Retire la tuerca y el tornillo que fija el brazo de control superior al bastidor, y luego el propio brazo de control.

4. Para el montaje, invertir el procedimiento descrito. Apriete la tuerca de fijación del brazo de control superior al eje a 70 libras-pie; el tornillo de fijación del brazo al eje a 79 libras-pie, y el tornillo que fija el brazo al bastidor a 92 libras-pie (LeSabre y Electra), o 70 libras-pie (Century y Regal).

Frenos

Véasea información adicional sobre los frenos en el apartado Frenos de la sección de Reparaciones.

Cilindro maestro (bomba hidráulica)

DESMONTAJE Y MONTAJE

1. Desconecte las tuberías del freno de su posición en el cilindro maestro y cierre el extremo de las tuberías con cinta adhesiva para que no penetre suciedad.

2. Desconecte el pedal del freno del cilindro en la varilla de empuje.

NOTA: Ello no es necesario en los servofrenos.

3. Desenrosque los tornillos que fijan el cilindro al tablero de instrumentos y retire dicho cilindro. Cuide que no se derrame líquido de frenos sobre la pintura. Para el montaje, invierta el orden seguido para el desmontaje. Luego purgue el aire del cilindro maestro.

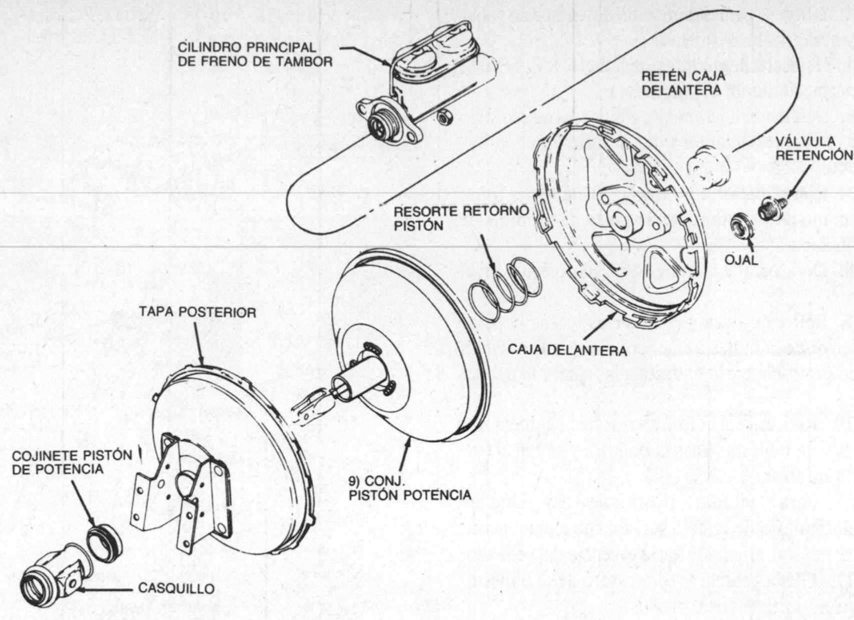

Unidad del servofreno y cilindro principal (maestro)

Válvula de combinación

DESMONTAJE Y MONTAJE

NOTA: La válvula de combinación no es reparable y si se avería debe cambiarse. En algunos modelos es necesario levantar el vehículo.

1. Desconecte el conector eléctrico de su posición en el interruptor de diferencia de presión. Se recomienda que con unos alicates se apriete el anillo de retenida de plástico de forma elíptica y se extraiga. Con ello, las lengüetas de bloqueo se apartan del interruptor.

2. Desconecte y tapone las tuberías de líquido hidráulico en la válvula de combinación. Luego retire la válvula.

3. Efectúe el montaje siguiendo el procedimiento descrito, en sentido inverso.

4. Purgue el aire de todo el circuito del freno.

ATENCIÓN

No ponga el auto en marcha hasta que al apretar el pedal del freno se obtenga un frenado firme.

Servofreno

DESMONTAJE Y MONTAJE

1. Desatornille el cilindro maestro de su posición en la unidad servo. Preste cuidado a no torcer ni doblar las tuberías del freno, y retire el cilindro de la unidad servo sin desconectar las tuberías.

2. Desconecte y ponga un tapón en el tubo flexible de vacío.

3. Desconecte la varilla de empuje del servofreno de su posición en el pedal del freno.

4. Desconecte los elementos de fijación del servofreno.

5. Retire el conjunto.

6. Vuelva a montar el servofreno en la pared posterior del compartimiento del motor.

7. Monte el cilindro en el servofreno y apriete las tuercas a 15 libras-pie en los modelos Century (hasta 1981) y Regal, y a 25 libras-pie en el resto de los modelos.

8. Conecte la tubería flexible de vacío.

9. Conecte la varilla impulsora del freno al pedal del freno.

Cilindros de las ruedas

DESMONTAJE Y MONTAJE

LeSabre y Electra

1. Levante el auto y sopórtelo de modo seguro.

2. Marque señales de referencia que indiquen la posición relativa de la rueda y la brida del eje.

3. Desmonte la rueda, el tambor del freno y las zapatas.

4. Limpie toda la suciedad que pueda haber alrededor del cilindro de freno de la rueda en el punto en que está conectado a la tubería del freno y desconecte ésta.

5. Desmonte el cilindro de freno de la rueda de su posición en el plato posterior.

6. Efectúe el montaje siguiendo el mismo procedimiento, en sentido inverso. Apriete el tubo de líquido de freno de la rueda posterior al cilindro de la rueda a un par de 12 libras-pie.

7. Purgue el aire del circuito de freno.

Century y Regal

1. Inserte espigas o pasadores de 1/8" (3 mm) o menos de diámetro en las ranuras de acceso situadas entre el piloto del cilindro de freno de la rueda y las lengüetas de retenida del clip de fijación del cilindro.

2. Doble hacia el exterior a un mismo tiempo ambas lengüetas, hasta que salten sobre el espaldón de tope, soltando el cilindro. Deseche el clip de retenida viejo.

3. Para el montaje, facilite el trabajo adosando el cilindro de freno de la rueda contra el plato posterior y reteniéndolo entonces con un taco, a insertar entre el cilindro y la brida del palier.

4. Monte el clip de retenida del cilindro de modo que las lengüetas estén en posición horizontal y en sentido opuesto al plato posterior.

5. Comprima el clip de retenida nuevo sobre todo el espaldón del cilindro, en la posición requerida, usando una llave de cubo de 12 muletillas. Asegúrese de que las lengüetas de retenida estén debidamente acopladas debajo del espaldón de tope.

6. Monte las zapatas del freno, el tambor y la rueda.

7. Lave el circuito del freno con líquido de frenos a presión. Reponga el líquido de frenos al nivel requerido y purgue el aire.

Freno de mano (estacionamiento)

AJUSTE

NOTA: Asegúrese de que el freno de mano no roce. En un vehículo con ajustadores automáticos del freno, si el freno de mano está demasiado apretado y roza, se produce un rápido desgaste de los forros del freno posterior.

Es necesario ajustar el freno de mano cuando se han desconectado los cables del freno trasero o cuando, al apretar con fuerza el pedal del freno de mano, dicho pedal recorra más de ocho dientes de trinquete. Para dicho ajuste es necesario levantar el vehículo en un elevador.

1. Asegúrese de que los frenos hidráulicos estén debidamente ajustados.

2. Apriete el pedal del freno de mano dos dientes de trinquete.

3. Afloje la contratuerca de la tuerca de ajuste del equilibrador. Apriete la tuerca de ajuste, hasta que la rueda trasera izquierda pueda justo girarse con las manos, hacia atrás, pero no hacia adelante.

4. Afloje el trinquete un diente: la rueda trasera debería girar libremente hacia atrás, y hacia adelante ejerciendo sólo un ligero roce.

5. Suelte el trinquete completamente: la rueda trasera debería girar libremente en ambas direcciones.

DIRECCIÓN

Volante de la dirección

DESMONTAJE Y MONTAJE

Excepto en los modelos con columna de dirección regulable y telescópica

1. Desconecte el cable de puesta a tierra de la batería y desenchufe la clavija del cable de la bocina de su receptáculo en la columna de la dirección.

2. En los vehículos con volante estándar o volante opcional con aro de madera, extraiga la tapa, retire los tres tornillos y el contacto, el aislador y el resorte. En los modelos con accionador de bocina tipo varilla, retire los tornillos que fijan el accionador, desde la parte inferior del volante; desenganche la clavija del cable y retire el conjunto del accionador.

3. Afloje la tuerca del volante.

4. Utilizando un extractor de volantes, extraiga el volante hasta llegar a la tuerca. Entonces retire el extractor, la tuerca y el volante.

ATENCIÓN

No golpee el volante en ninguna dirección, ya que de lo contrario se dañaría la columna de la dirección y debería sustituirse.

5. En el volante y en su eje hay marcas de referencia para su correcto montaje. Al montar el volante, alinee correctamente estas marcas.

6. Coloque la tuerca de fijación del volante y apriétela a 30 libras-pie.

7. Vuelva a colocar el botón de la bocina o el conjunto del accionador.

Modelos con columna regulable y telescópica

1. Desconecte el cable de puesta a tierra de la batería.

2. Retire los tornillos de fijación y saque la almohadilla de su posición en la columna.

3. Desconecte el cable de la bocina, apretando la clavija hacia adentro y girándola hacia la izquierda.

4. Gire la palanca de bloqueo hacia la izquierda, hasta que quede completamente aflojada.

5. Señale con marcas de referencia la posición de la placa de retenida con respecto a la palanca de bloqueo y retire dicha placa y palanca.

6. Retire la tuerca de fijación del volante y extraiga éste con un extractor de volantes.

7. Para el montaje, coloque un tornillo de sujeción de 5/16 pulgadas x 18 en el eje superior en la posición completamente extendida y apriételа.

8. Monte el volante, con arreglo a las marcas de referencia de alineación existentes en el cubo del volante y en el extremo del eje. Asegúrese de que el extremo suelto del conjunto del contacto superior de la bocina quede asentado a ras con respecto a la parte superior del botón de contacto de la bocina.

9. Coloque la tuerca en el eje superior de la dirección y apriétela a 30 libras-pie.

10. Retire el tornillo de sujeción colocado en el punto 7.

11. Coloque el conjunto del plato y apriételo con las manos.

12. Sitúe la palanca de bloqueo en posición vertical y gírela hacia la izquierda hasta que los orificios del plato queden alineados con los de la palanca. Entonces coloque los tornillos de fijación.

13. Alinee el conjunto de la almohadilla con los orificios existentes en el volante y fije los tornillos de retenida.

14. Conecte la batería.

15. Asegúrese de que la palanca de bloqueo inmoviliza firmemente el volante, impediéndole girar, y que cuando la palanca de bloqueo no está aplicada el volante gira libremente.

Interruptor de señal de giro

DESMONTAJE Y MONTAJE

Excepto en los modelos con columna regulable y telescópica

NOTA: Soporte siempre el volante. Preste también extremo cuidado a no torcer la columna de dirección.

1. Desmonte el volante.

2. Desenrosque los tres tornillos que fijan la tapa y retire ésta. La columna posee un plato de bloqueo que se desmonta insertando un destornillador en la ranura de la tapa y haciendo palanca hacia afuera. Ello se repite en por lo menos en dos de las ranuras, para evitar que el plato sufra daños.

3. Afloje el plato de bloqueo y retire el anillo de resorte. Saque el plato de bloqueo.

4. Retire el resorte y la leva que cancela la señal de contacto de bocina. Saque la arandela de empuje.

5. Sitúe la palanca de la señal de giro en la posición de giro a la derecha; desenrosque el tornillo de fijación de la palanca y saque ésta. En los modelos que poseen un interruptor reductor de intensidad luminosa montado en la columna, retire el tornillo que fija el brazo del accionador y dicho brazo. Extraiga entonces la palanca de señalización de giro tirando de ella hacia afuera. Pulse el botón de luces de emergencia y retire este botón. En algunos modelos hay un tornillo en el extremo del botón que debe sacarse.

6. Desenrosque los tres tornillos de montaje del interruptor de señal de giro.

7. Desmonte el panel de ajuste inferior del panel de instrumentos y desconecte el conector de la señal de giro del colector de cables.

8. Desenrosque los cuatro tornillos de fijación del soporte y retire éste.

9. En los modelos con cambio automático, afloje el tornillo que fija la aguja del indicador de cambio y retire la aguja.

10. Saque los dos tornillos de montaje de la columna de la dirección, mientras apoya la columna. No deje que la columna caiga de golpe.

11. Retire el soporte y el cableado de la columna. Si ha retirado los tornillos de soporte de la columna, vuelva a colocarlos, pero sin apretar.

12. Extraiga el interruptor tirando de él hacia arriba, junto con la protección del cable y el colector de cables.

13. Para el montaje, invierta el procedimiento descrito.

Modelos con columna de dirección regulable y telescópica

1. Desconecte el cable de puesta a tierra de la batería.

2. Desmonte el volante y el plato de bloqueo de la forma antes descrita.

3. Saque el resorte de carga previa del cojinete superior.

Extracción de la placa de retenida

4. Sitúe la palanca de señalización de giro en la posición de giro a la derecha y desmóntela desenroscando su tornillo.

5. En los modelos que incorporan interruptores de regulación de intensidad luminosa en la columna, desmonte el brazo del accionador desenroscando su tornillo y luego extraiga el brazo de señal de giro tirando de él directamente hacia afuera.

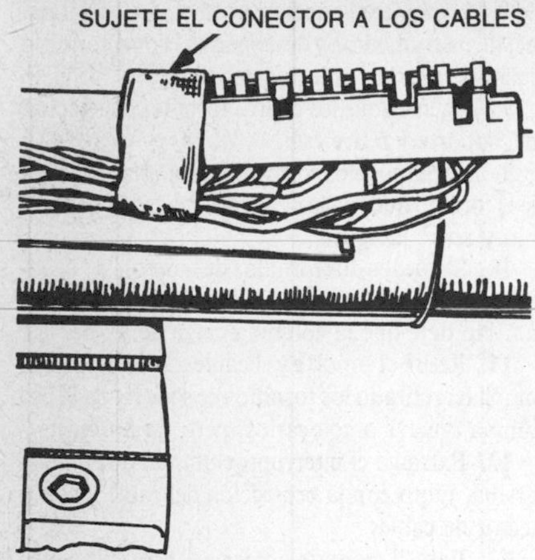
SUJETE EL CONECTOR A LOS CABLES

Sujete el conector a los cables con cinta adhesiva para que se deslice más fácilmente y pueda extraerse de la columna de la dirección

6. Pulse el botón de luz de emergencia y luego desmóntelo, desenroscando su tornillo.

7. Sitúe la columna de dirección en la posición central y saque los tres tornillos de fijación del interruptor de señalización de giro.

8. Retire la montura de ajuste inferior del panel de instrumentos y desconecte el conector del cable de señal de giro de su posición en el colector de cables. Levante el conector de su posición en el soporte de montaje en el lado derecho de la guarnición.

9. Retire los tornillos de la bandeja de pie.

10. Desenrosque los cuatro tornillos que fijan el conjunto del soporte a la guarnición.

11. Extraiga el clip de retenida del indicador de cambio.

12. Soporte la columna y retire el conjunto del soporte. Retire la protección de cables de su posición en el cable de la señal de giro. Extraiga el interruptor de la señal de giro y su cable de la columna.

13. Antes de volver a montar los componentes, lubrique con grasa a base de litio las piezas móviles.

14. Vuelva a colocar los cables del interruptor dentro de la columna.

15. Sitúe el interruptor en la posición giro a la derecha y colóquelo en su receptáculo de modo que quede perfectamente asentado.

NOTA: Si el interruptor se coloca sesgado o desalineado, puede dañarse el terminal o las lengüetas del vibrador.

16. Enrosque los tornillos de fijación del interruptor y apriételos a 25 libras-pie.

17. Sitúe la palanca de la señal de giro a su posición central.

18. Conecte los cables al colector de cables.

19. Monte el botón de luz de emergencia y la palanca de señal de giro.

20. Monte el plato de bloqueo, el soporte y el volante.

21. Coloque la protección del cable y el soporte. Apriete los tornillos de fijación del soporte a 18 libras-pie y las tuercas a 24 libras-pie.

22. Monte la aguja del indicador de cambio o el clip.

23. Sitúe el conector del colector de cables en el soporte existente en el lado derecho de la guarnición.

24. Monte la almohadilla de ajuste inferior del panel de instrumentos y conecte el cable de puesta a tierra de la batería.

Interruptor del encendido y cilindro de la cerradura

DESMONTAJE Y MONTAJE

Modelos con columna estándar

1. Ejecute las operaciones descritas en los puntos 1-6- del procedimiento Cambio del interruptor de señal de giro.

2. Desconecte el conector de la señal de giro de su posición en el colector de cables y extraiga el interruptor de señal de giro. Déjelo que cuelgue.

3. Con el cilindro de cerradura en la posición conectada (RUN), introduzca un pequeño destornillador en la ranura existente junto al resalte del tornillo de montaje del interruptor de señal de giro (ranura de la derecha), comprima el enganche de resorte y retire la cerradura de llave.

4. Extraiga el interruptor del vibrador (buzzer) tirando de él, previa retirada de su clip de retenida con unos alicates.

5. Sitúe el interruptor de encendido ahora en la posición DESCONECTADO, PERO NO CERRADO CON LLAVE; para ello, tire de la varilla de conexión hasta que se perciba un paro definido.

6. Desenrosque los dos tornillos de fijación del interruptor de encendido y retire éste.

7. Para su montaje proceda de la misma forma, en orden inverso. Sin embargo, antes efectúe las siguientes operaciones.

8. Para montar la cerradura, coja la camisa del cilindro de la cerradura y gire el saliente hacia la derecha, hasta que llegue a su tope. Introduzca entonces el cilindro en su receptáculo, con la cuña de la camisa del cilindro alineada con la ranura existente en el receptáculo. Empuje el cilindro hasta que entre a fondo. Mantenga una ligera presión sobre el cilindro hacia adentro y gire el saliente hacia la izquierda, hasta que la sección accionadora del cilindro engrane con el eje accionador. Apriete entonces hacia adentro, hasta que el anillo elástico penetre en la ranura y el cilindro de la cerradura quede firmemente retenido. Compruebe que la llave gira libremente.

9. Deslice la corredera del interruptor a la posición extrema izquierda (ACC); luego dos pasos hacia la derecha, a la posición DESCONECTADO PERO NO CERRADO CON LLAVE. Coloque la varilla accionadora en el orificio y fije el interruptor a la columna.

10. El interruptor de puesta en marcha en punto muerto se ajusta con la palanca de cambio en la posición de marcha (DRIVE).

Modelos con columna regulable

1. Ejecute las operaciones descritas en los puntos 1-6 del procedimiento Cambio del interruptor de señal de giro.

2. Sitúe la columna regulable en la posición central y retire los tres tornillos que fijan el interruptor de señal de giro. Sujete los hilos con cinta adhesiva a la parte superior del conector de cables y ponga la cubeta de cambio a velocidad baja (Low). Extraiga el interruptor tirando de él hacia arriba y déjelo colgando fuera.

3. Introduzca un pequeño destornillador en la ranura existente junto al resalte del tornillo de montaje del interruptor de señal de giro (ranura de la derecha), comprima el enganche de resorte y retire la cerradura de llave. Desenrosque el tornillo de retenida y desacople el cilindro de la cerradura.

4. Extraiga el interruptor del vibrador (buzzer) tirando de él, previa retirada de su clip de retenida con unos alicates.

5. Retire los tres tornillos que fijan la tapa de la caja y saque ésta.

6. Coloque la palanca liberadora de la columna y sitúe ésta en la posición completamente hacia arriba.

7. Introduzca un destornillador en la ranura del retenedor del resorte de regulación de la columna, apriételo hacia adentro aproximadamente 3/16'' (5 mm) y gírelo hacia la izquierda (en sentido contrario a las agujas del reloj. Extraiga el resorte y la guía.

NOTA: El resorte es muy fuerte; proceda con cuidado.

8. Sitúe la columna en posición de punto muerto; empuje hacia adentro el eje superior de la dirección, y extraiga el asiento del casquillo interior y el propio casquillo.

9. Desenrosque el tornillo de apriete superior de la brida; coloque el interruptor de encendido en la posición de encendido de accesorios, y retire los dos tornillos de montaje del interruptor y éste.

NOTA: De requerirse, ahora puede retirarse el interruptor de arranque en punto muerto.

10. Efectúe el montaje en sentido inverso. Sin embargo, lea antes detenidamente las observaciones siguientes:

11. Para volver a montar la cerradura, tome la camisa del cilindro de la cerradura y gire el saliente hacia la derecha, hasta que llegue al tope. Introduzca entonces el cilindro en su receptáculo de la cubierta, con la cuña de la camisa del cilindro alineada con la ranura existente en el receptáculo. Empuje el cilindro hasta que entre a fondo. Mantenga una ligera presión sobre el cilindro hacia adentro y gire el saliente hacia la izquierda, hasta que la sección accionadora del cilindro engrane con el eje accionador. Apriete entonces hacia adentro, hasta que el anillo elástico penetre en la ranura y el cilindro de la cerradura quede firmemente retenido en la cubierta. Compruebe que la llave gire libremente.

12. Cuando monte el interruptor de encendido, asegúrese de que el cilindro de la cerradura esté en la posición bloqueada (LOCK). Sitúe la cubeta o corona de cambio en la posición de paro (PARK). Asegúrese de que el interruptor de encendido esté en la posición bloqueada (LOCK). Introduzca la varilla accionadora en el interruptor y monte éste en la columna.

13. El interruptor de puesta en marcha en punto muerto se ajusta con la palanca de cambio en la posición de marcha (DRIVE).

Caja de la dirección

DESMONTAJE Y MONTAJE

ATENCIÓN

Si no se desconecta el acoplamiento flexible de su posición en el eje corto de la caja de la dirección, puede dañarse el mecanismo de la dirección y/o el eje intermedio. Este daño puede causar la pérdida de control de la dirección, hasta el extremo de provocar un choque del vehículo y daños a sus ocupantes.

1. Retire el escudo del acoplamiento flexible.

2. Desconecte los tubos flexibles de su posición en la caja de la dirección y ponga un tapón que cubra los rácores de dichos tubos.

3. Levante el vehículo.

4. Desenrosque la tuerca del brazo de mando de la dirección (brazo de Pitman) y desconecte éste de su eje (es decir, el eje del brazo de Pitman), usando un extractor J-29107 o similar.

5. Desconecte los tres tornillos que fijan la caja de la dirección al carril lateral del bastidor y retire la caja con los tubos flexibles acoplados.

NOTA: Si las roscas de montaje se deterioraran, no deben repararse, sino que hay que cambiar la carcasa.

6. Efectúe el montaje en el orden inverso. Atornille la caja al bastidor con un par de apriete de 80 libras-pie; apriete la tuerca de fijación del brazo de mando de la dirección a 180 libras-pie.

Bomba de la servodirección

DESMONTAJE Y MONTAJE

1. Desconecte las tuberías flexibles de su posición en la bomba y cubra los rácores y el extremo de los tubos con cinta adhesiva para evitar que penetre suciedad. Sitúe los tubos desconectados en posición elevada, para que no se pierda líquido.

2. Retire la correa de la bomba.

3. Desenrosque los tornillos de retenida y abrazaderas que pueda haber y retire la bomba.

4. Al proceder al montaje, coloque la bomba sobre el motor y apriete sus tornillos con las manos.

5. Conecte y apriete los tubos flexibles a los rácores de la bomba.

6. Vuelva a llenar la bomba con líquido hidráulico y purgue el aire haciendo girar su polea. Luego ajuste la tensión de la correa.

Extremo de la barra de acoplamiento (tirante de la dirección)

DESMONTAJE Y MONTAJE

1. Levante el vehículo y apóyelo sobre soportes. Afloje las tuercas de la mordaza del manguito de ajuste de la barra de acoplamiento.

2. Extraiga el pasador de chaveta de la tuerca del vástago de la barra de acoplamiento y luego desenrosque dicha tuerca.

3. Retire el vástago de la barra de acoplamiento de su posición en la palanca de mando de la dirección (barra intermedia de acoplamiento). Este vástago va encajado muy justo. Para extraerlo se precisa una herramienta de desmontaje de rótulas, o bien puede golpearse con fuerza la palanca de mando de dirección con un martillo mientras se aplica un pesado martillo como contrasoporte.

4. Desenrosque luego la barra de acoplamiento de su posición en el manguito de ajuste. Las barras de acoplamiento exteriores poseen roscas dextrógiras, mientras que las barras de acoplamiento interiores llevan rosca a izquierdas. Cuente el número de vueltas que debe girar la barra de acoplamiento para extraerla del manguito de ajuste. Ello permitirá una alineación bastante aproximada al volver a montarla.

NOTA: Si para aflojar alguna tuerca o tornillo se requiere aplicar un esfuerzo de torsión superior a 7 libras-pie, dichos componentes deberán desecharse y sustituirse.

5. Para el montaje siga el mismo procedimiento, en sentido inverso. Elimine la herrumbre y suciedad. Use los siguientes pares de apriete: tuerca de fijación de la palanca de mando al extremo de la barra de acoplamiento, 35 libras-pie; tuercas de la mordaza de la barra de acoplamiento, 11-14 libras-pie; tuerca de fijación de la barra de acoplamiento a la barra intermedia, 40 libras-pie. Compruebe la alineación y ajústela, de ser necesario.

PARTE ELÉCTRICA DEL CHASIS

Motor del ventilador del calefactor

NOTA: En la caja del calefactor puede haber clips de sujeción de tubos flexibles de vacío, así como cables eléctricos, relés, protecciones impermeabilizantes y otros elementos, por lo que deberán desconectarse y apartarse durante el desmontaje y montaje del núcleo del calentador y/o del motor del ventilador. Fije siempre una etiqueta de identificación a cada tubo flexible o cable que desconecte.

DESMONTAJE Y MONTAJE

Century y Regal

1. Desconecte el cable del motor del ventilador del calefactor.

2. Desenrosque los tornillos de fijación del motor del ventilador y retire éste.

Electra y LeSabre

1. Desconecte los cables del motor del ventilador del calefactor.

2. En los vehículos equipados con aire acondicionado, desconecte el tubo de refrigeración de la caja.

3. Desenrosque los tornillos de fijación del motor y retire éste de su caja.

4. Para el montaje invierta el procedimiento descrito. Cambie cualquier junta o retén dañados.

Núcleo del calefactor

DESMONTAJE Y MONTAJE

Vehículos sin aire acondicionado

Century y Regal

1. Desconecte las mangueras del calefactor de su posición en los tubos del núcleo. Coloque las mangueras en posición alta, de modo que no se pierda líquido de enfriamiento del motor.

2. Desconecte todos los conectores eléctricos de la caja del módulo.

3. Extraiga la caja delantera del módulo, en los modelos 1979, y la tapa superior del módulo, en los modelos 1980 y posteriores.

4. Retire el núcleo del calefactor. En modelos más recientes, deberá retirar el soporte del núcleo y los tornillos de puesta a tierra para tener acceso al núcleo.

5. Invierta el procedimiento de desmontaje para volver a instalar el núcleo del calefactor. Cambie el material de junta si está deteriorado.

Electra y LeSabre

1. Efectúe el drenaje del radiador.

2. Desconecte los tubos flexibles de entrada y salida del núcleo del calefactor de sus posiciones en el tabique cortafuego (salpicadero del motor).

3. Retire los conectores eléctricos.

4. Desenrosque los tornillos que fijan la caja delantera al conjunto del módulo del calefactor.

5. Extraiga la caja delantera y luego el núcleo del calefactor.

6. Al volver a montar el núcleo del calefactor, vuelva a aplicar material de junta en la caja.

Núcleo del calefactor

DESMONTAJE Y MONTAJE

Vehículos con aire acondicionado

Century y Regal

1. Acople el brazo del limpiaparabrisas derecho de modo que esté en la posición ELEVADA.

2. Vacíe el radiador lo suficiente para poder desconectar los tubos flexibles del calefactor de su posición en el tabique cortafuegos. Desconéctelos entonces, así como el cable de puesta a tierra de la batería.

3. Extraiga el material de junta de la guarnición y los tamices del conjunto. Marque y retire cualquier conexión eléctrica que estorbe.

4. Afloje y deslice hacia arriba la guarnición inferior del parabrisas. Retire los soportes del parabrisas de su posición en la moldura del capó fijo.

5. Fije con cinta adhesiva una tira de madera debajo del borde inferior del cristal del parabrisas, cerca del módulo, como protección. Retire todos los tornillos que fijan la tapa del módulo.

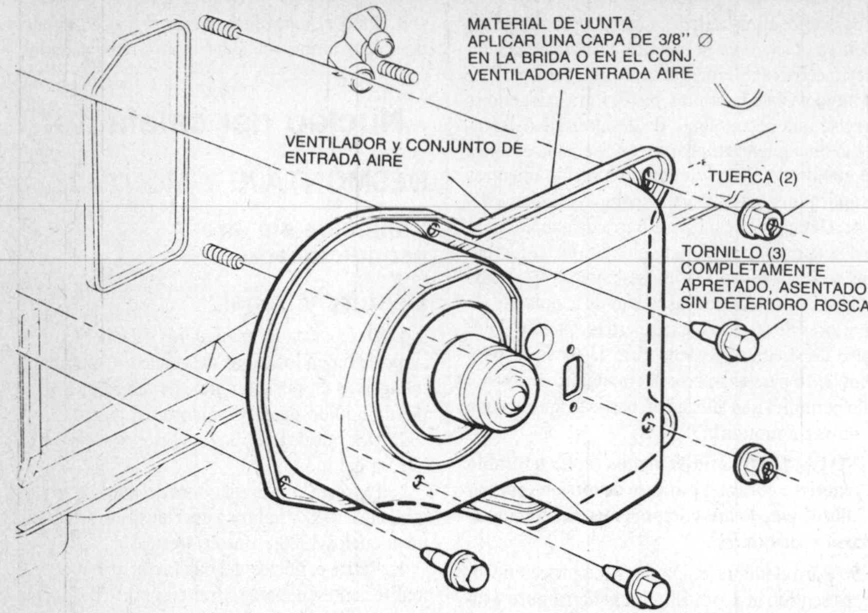

Conjunto de motor del ventilador del calefactor y entrada de aire (Century, Regal).

6. Recorte el material de junta (cinta sellante) a lo largo del capó fijo utilizando un cuchillo.

7. Ejerza acción de palanca sobre la tapa del módulo desde un lado, no hacia abajo desde la parte superior, para que no se dañe el parabrisas.

8. Extraiga la tapa de su posición en la brida del puntal que une entre sí el guardabarros y el capó fijo.

9. Extraiga el núcleo del calefactor.

10. Para el montaje, siga el mismo procedimiento, pero en sentido inverso. Use material de junta, que deberá recortarse con una herramienta para eliminar los residuos.

Electra y LeSabre

1. Desconecte el cable de puesta a tierra de la batería.

2. Vacíe completamente el líquido del circuito de enfriamiento. Desconecte los tubos flexibles del calentador de su posición en el tabique cortafuegos.

3. Retire las conexiones eléctricas. Retire el conector del cable del sistema de diagnóstico.

4. Desmonte el interruptor termostático de la tapa del módulo del calentador/acondicionador de aire.

5. Retire el material de junta impermeable desde el exterior de encima de la tapa del módulo.

6. Retire la pantalla del capó fijo y la tobera del limpiaparabrisas.

7. Desenrosque los tornillos que fijan la tapa del módulo y retire la misma.

8. Extraiga el clip de retenida del núcleo del calefactor, gire éste, levántelo y extráigalo.

9. Al volver a montar el núcleo, cambie el material de junta de la tapa del módulo.

Motor del limpiaparabrisas

DESMONTAJE Y MONTAJE

1. Desconecte la batería.

2. Afloje las dos tuercas del eslabón impulsor del motor del limpiaparabrisas situadas en el brazo de manivela y deslice y extraiga el eslabón impulsor.

3. Retire los conectores eléctricos de sus posiciones en el motor del limpiaparabrisas y en la bomba.

4. Desconecte los tubos flexibles de la bomba del limpiaparabrisas.

5. Desenrosque los tres tornillos que fijan el motor del limpiaparabrisas al capó fijo y con cuidado retire el motor del limpiaparabrisas de su posición en el capó fijo.

6. Para el montaje siga el mismo procedimiento, en sentido inverso.

Escobillas del limpiaparabrisas

DESMONTAJE Y MONTAJE

En estos modelos pueden encontrarse tres diferentes métodos de fijación de las escobillas del limpiaparabrisas. Si hay una pequeña lengüeta en la parte superior de la escobilla, apriétese y extráigase la escobilla. Si, en cambio, hay un pequeño resorte visible en la parte superior de la escobilla, inserte un destornillador en su abertura, apriete el mismo hacia abajo y extraiga la escobilla. Por último, si existe un clip en la parte inferior del brazo del limpiaparabrisas, ejerza presión sobre dicho clip y deslice la escobilla hacia afuera. El cambio del elemento de las escobillas se describe en la Unidad de mantenimiento, sección Reparaciones.

Radio

En las radios AM (modulación de amplitud) debe ajustarse el trimer de la antena cuando ésta se haya reparado o cambiado. El tornillo del trimer está situado detrás del mando derecho de la radio. Primero, extienda la antena a su máxima altura. Sintonice una emisora débil, en el área de aproximadamente 1,400 kHz, y baje el volumen hasta que apenas sea audible. Entonces gire el tornillo del trimer en una u otra dirección hasta obtener el máximo volumen.

DESMONTAJE Y MONTAJE

ATENCIÓN

No encienda la radio de estar desconectado el altavoz, ya que de lo contrario pueden deteriorarse los transistores de salida.

Century y Regal

1. Desconecte el hilo negativo de la batería. Retire las empuñaduras de mando de la radio.

2. Extraiga la placa central del mando.

3. Retire la guantera (cajuela) para tener acceso a la radio.

4. Desconecte el soporte de montaje de la radio.

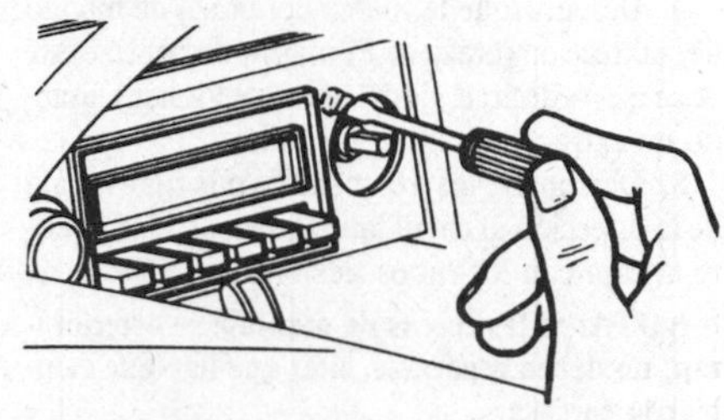

Tornillo de ajuste de antena

5. Desenchufe los cables que están conectados a la parte posterior de la radio.

6. Retire la radio, junto con su soporte. Móntela siguiendo el orden inverso de las instrucciones de desmontaje.

Electra y LeSabre

1. Desconecte el cable de tierra de la batería.

2. Desmonte el cenicero y su soporte.

3. Extraiga las empuñaduras de mando de la radio y las arandelas de guarnición.

4. Retire el conducto de aire inferior izquierdo.

5. Retire las dos tuercas de retenida de los ejes de mando.

6. Desenchufe el cable de conexión al circuito eléctrico, el cable del altavoz y el cable de la antena, todos ellos de la parte posterior de la radio.

7. Desenrosque la tuerca trasera de montaje de la radio.

8. Invierta este procedimiento para el montaje.

NOTA: En los modelos de 1981 y posteriores, retire el interruptor de los faros delanteros y sitúe la palanca de cambio en la posición LOW (marcha baja), a fin de poder retirar el panel de instrumentos izquierdo.

Cable del velocímetro

DESMONTAJE Y MONTAJE

1. Debajo del panel de instrumentos, desconecte la caja de cables de su posición en la carcasa del grupo (cluster). En algunos modelos a veces es necesario desmontar primero el conducto izquierdo del acondicionador de aire.

2. Con cuidado, extraiga la caja del cable de la carcasa del grupo, estirándolo hacia abajo, y saque dicho cable.

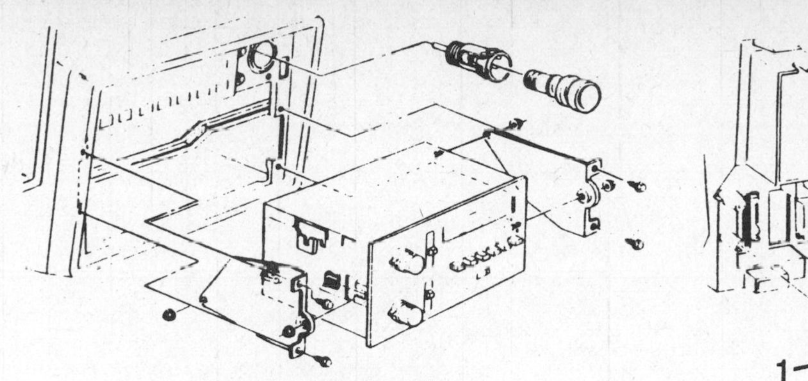

Montaje típico de radio

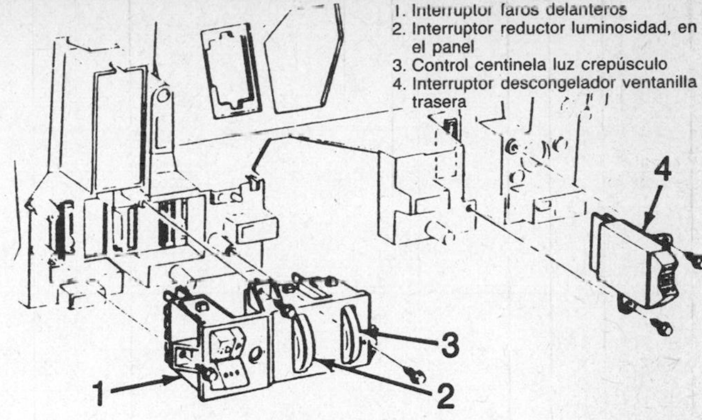

Montaje típico de interruptor

3. Sostenga el cable vertical, de modo que cuelgue libremente, y hágalo pasar lentamente entre los dedos: si está ensortijado, debe cambiarse.

4. Si el cable ha de cambiarse, por estar ensortijado o roto, eleve el vehículo y déjelo apoyado sobre soportes. Desconecte la caja de cables de su posición en la caja de cambios, retire el piñón y extraiga el cable de la caja de cables.

5. Instale el nuevo cable en la caja de cables, después de haber lubricado ésta debidamente.

Tablero de instrumentos

DESMONTAJE Y MONTAJE

1. Extraiga la pieza postiza de collar de la columna de dirección.

2. Retire el mando del interruptor de los faros delanteros y la valona de este interruptor.

a. Para retirar el mando del interruptor, use un punzón y empuje hacia adelante en la ranura del mando para soltar el clip, mientras ejerce tracción hacia afuera sobre el mando del interruptor.

b. La valona se desenrosca, a menos que el vehículo esté equipado con centinela de luz de crepúsculo. De ser éste el caso, extraiga la valona con simplemente tirar de ella hacia afuera.

3. Tome la placa de guarnición en ambos lados y extráigala con cuidado hacia afuera.

NOTA: Los indicadores pueden desmontarse después de retirar la tapa del panel de instrumentos.

4. Para el montaje siga el mismo procedimiento, en sentido inverso.

Interruptor de luces

CAMBIO

1. Desconecte la batería.

2. Desconecte el conector múltiple del interruptor.

3. Extraiga el mando del interruptor a su última ranura y apriete el botón del enganche montado sobre resorte y situado en la parte superior del interruptor, mientras al mismo tiempo estira el mando y su varilla hacia afuera; apriete la lengüeta de retenida situada detrás del mando del interruptor y extraiga el mando.

NOTA: En los vehículos equipados con aire acondicionado, retire el conducto izquierdo.

4. Retire el escudo del interruptor y éste.

5. Efectúe el montaje en sentido inverso.

Fusibles

El bloque de fusibles está situado debajo del panel de instrumentos, por encima del interruptor de piso del reductor de alumbrado de los faros delanteros. Los portafusibles están marcados indicando la línea que sirven y su amperaje. Cambie los fusibles fundidos siempre por otros del mismo amperaje, ya que de lo contrario pueden producirse sobrecargas y daños en el cableado.

Eslabones fusibles

Los eslabones fusibles son secciones de alambre con aislamiento especial, diseñados para que se fundan en el caso de sobrecarga eléctrica. Para cambiarlos basta con empalmar el pertinente eslabón de repuesto. Los eslabones fusibles son siempre dos números de calibre más bajos que los conductores que protegen. Puede haber hasta cinco de estos eslabones en los colectores de cables en el compartimiento del motor. Son los siguientes:

1. Un eslabón entre el relé de la bocina y el panel de fusibles.

2. Dos eslabones en el circuito de carga, entre el solenoide del motor de arranque y el relé de la bocina.

3. Un eslabón entre el solenoide del motor de arranque y el amperímetro.

4. Un eslabón entre el relé de la bocina y el descongelador de la ventanilla trasera.

NOTA: La mayoría de los modelos incorporan eslabones fusibles en estos circuitos.

CAMBIO

1. Desconecte el cable de puesta a tierra de la batería.

2. Desconecte el eslabón fusible de su posición en el bloque de uniones o en el solenoide del motor de arranque.

3. Corte el hilo del paquete de cables directamente detrás del conector para extraer el eslabón fusible dañado.

4. Saque el revestimiento del conductor en aproximadamente media pulgada.

5. Conecte el nuevo eslabón fusible al hilo del paquete de cables utilizando un conector «crimp-on». Suelde la conexión usando soldador de núcleo de resina.

6. Revista el hilo descubierto con cinta aislante.

7. Conecte el eslabón fusible al bloque de uniones o al solenoide del motor de arranque y vuelva a conectar el cable de puesta a tierra de la batería.

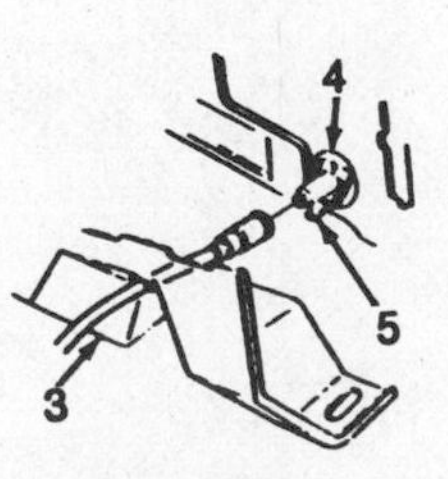

1. Tornillos de 7 mm
2. Tornillos de 6 mm
3. Varilla de unión panel
4. Cabeza del velocímetro
5. Apretar hacia abajo para el desmontaje

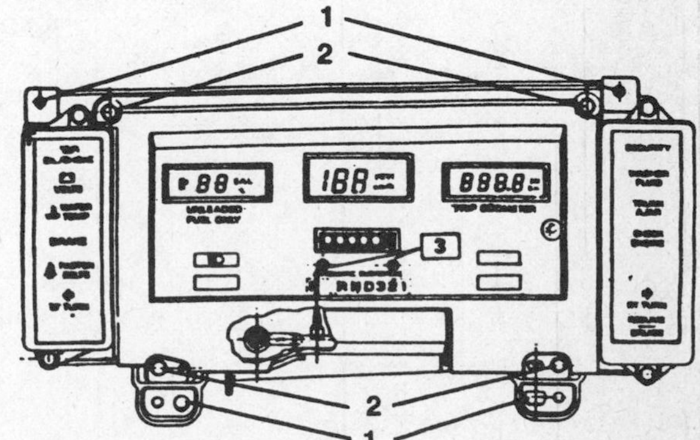

Desmontaje del módulo de indicaciones digitales del panel de instrumentos

Oldsmobile

Tracción trasera

Cutlass, 88, 98

IDENTIFICACIÓN AÑO

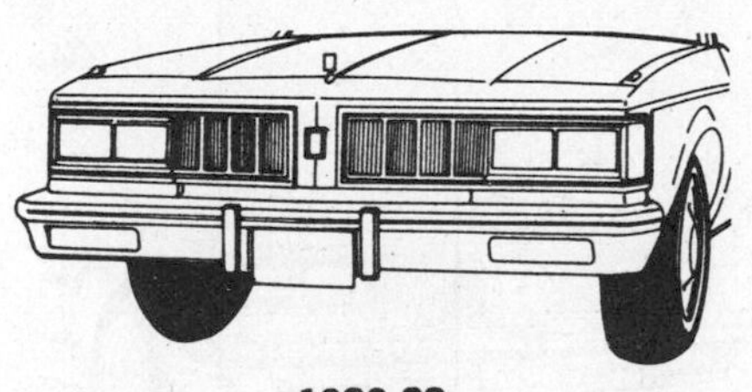

1980 88

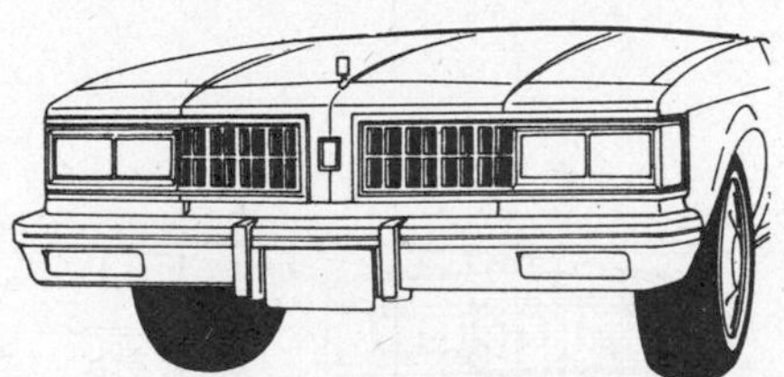

1981 88

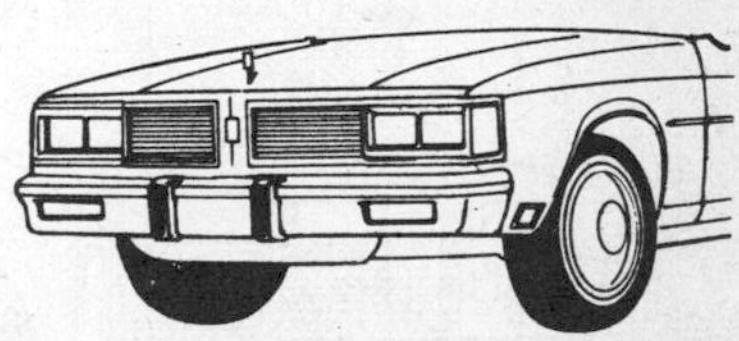

1982 Delta 88

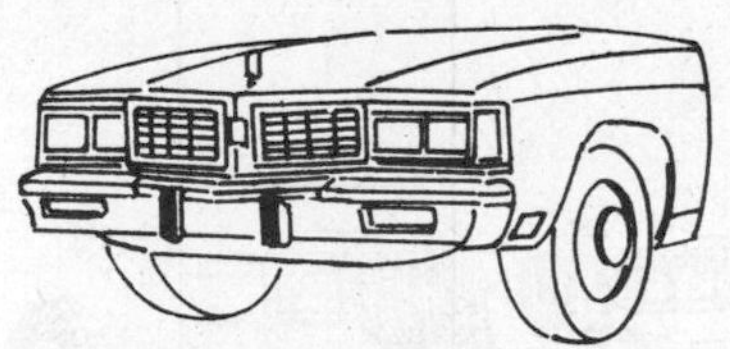

1983–84 Delta 88

1985 Delta 88 Royale Coupe

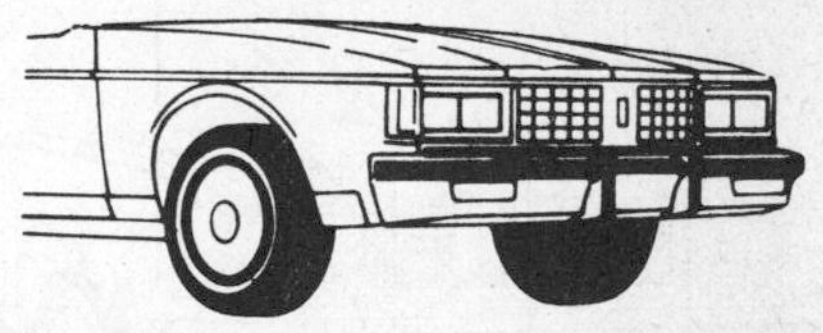

1985 Delta 88 Royale Brougham LS Sedan

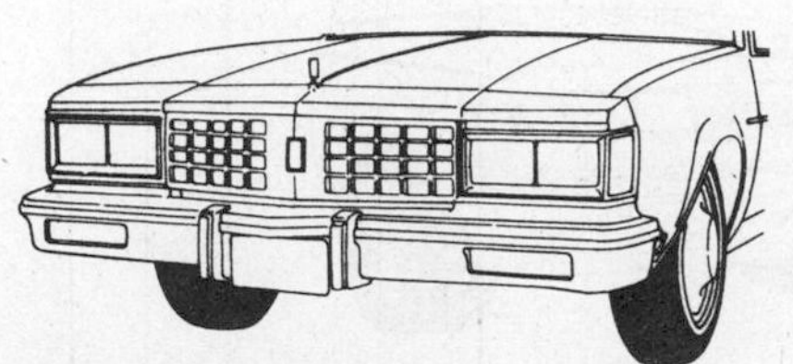

1980 98

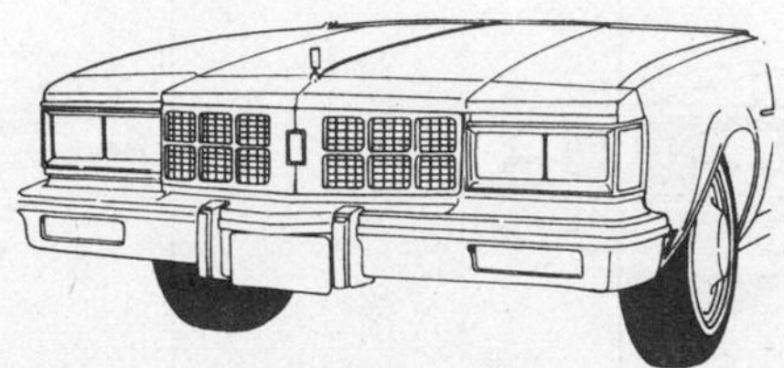

1981-82 98

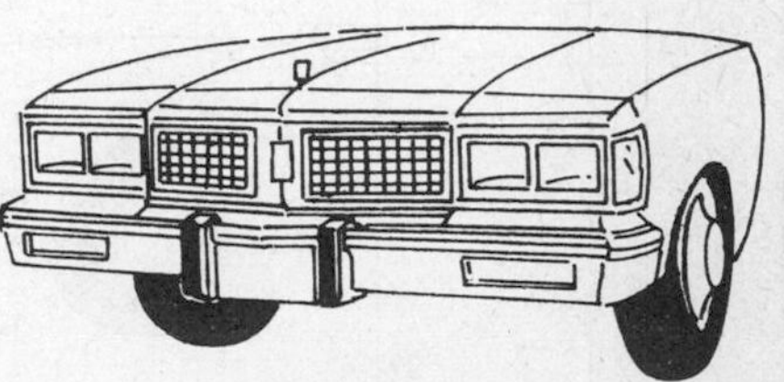

1983–84 98

IDENTIFICACIÓN AÑO

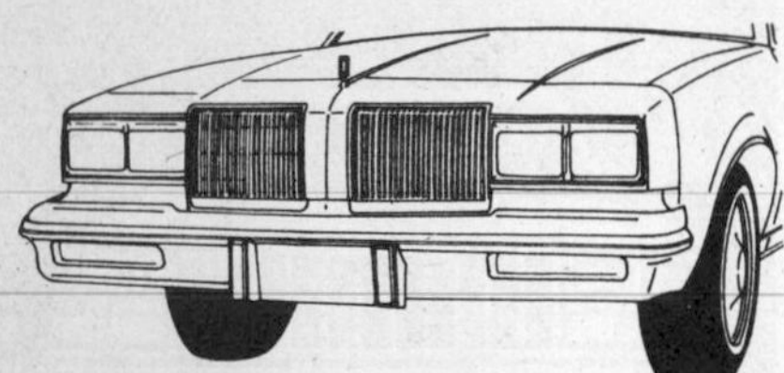
1980 Cutlass Supreme

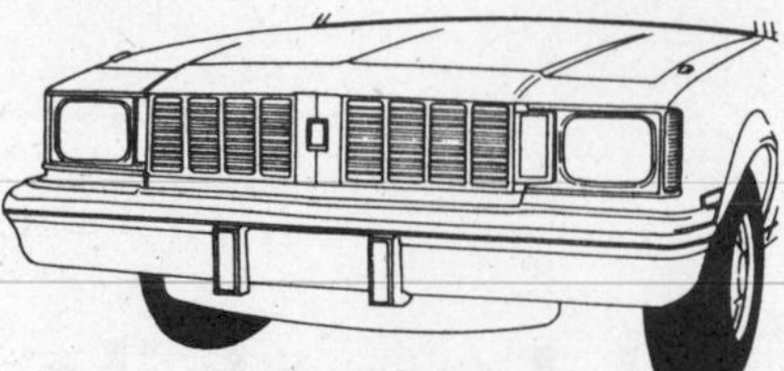
1980 Cutlass Salon

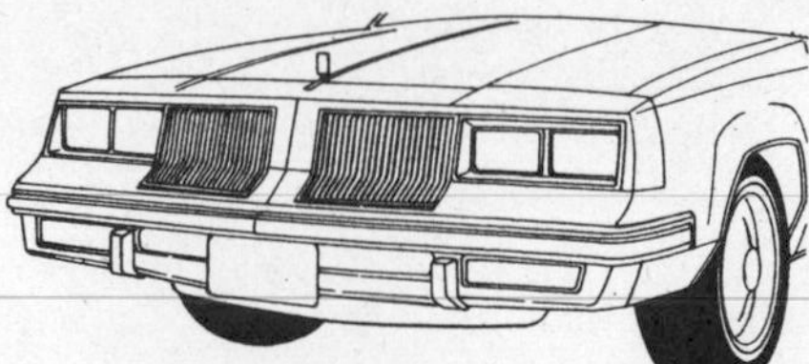
1981-82 Cutlass Supreme

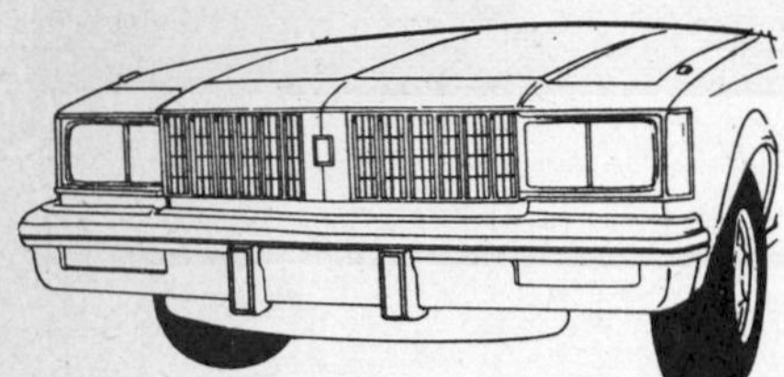
1981-82 Cutlass Salon

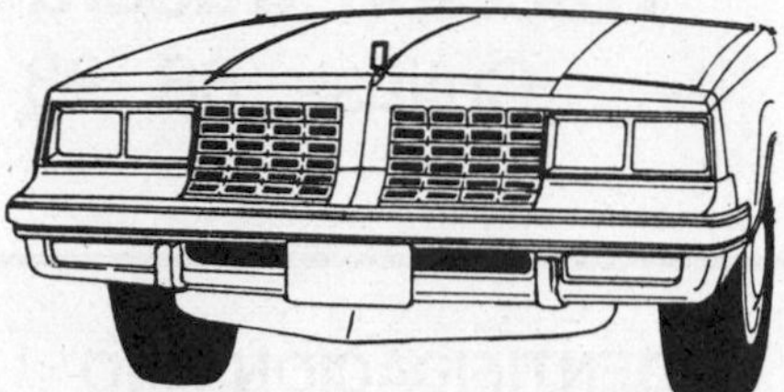
1981 Cutlass Supreme Brougham

1982-83 Cutlass Supreme

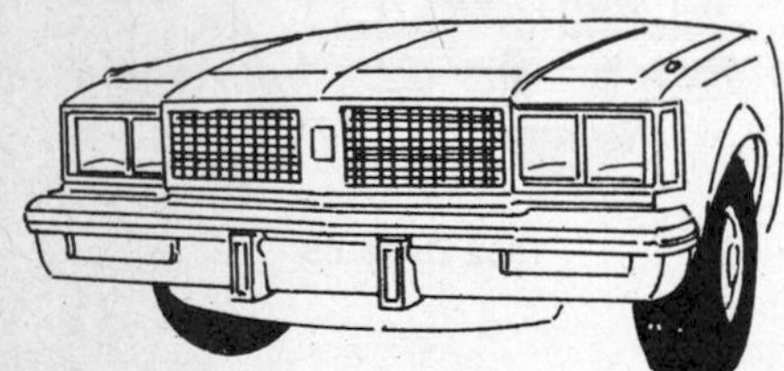
1983 Cutlass Supreme Brougham Sedan

1985-87 Cutlass Supreme Brougham

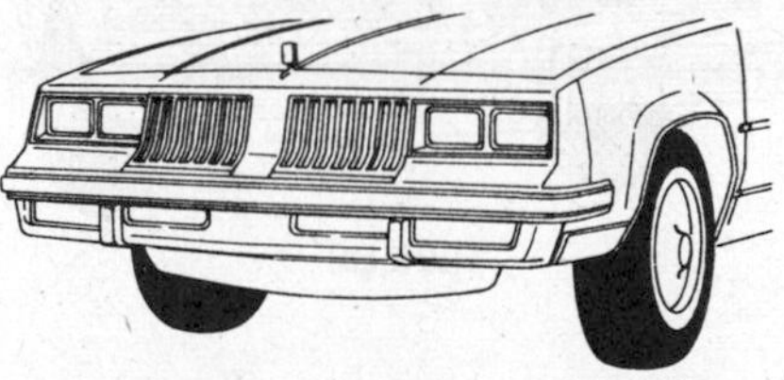
1984 Cutlass Supreme Coupe

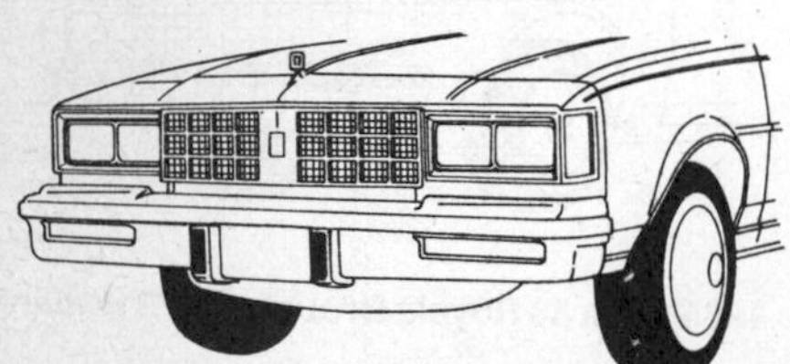
1984 Cutlass Supreme Sedan

1985-87 Cutlass Supreme

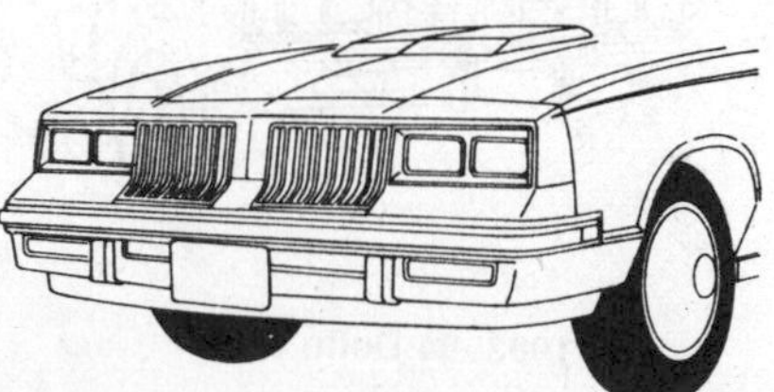
1984-87 Hurst Olds

1986 Cutlass Salon

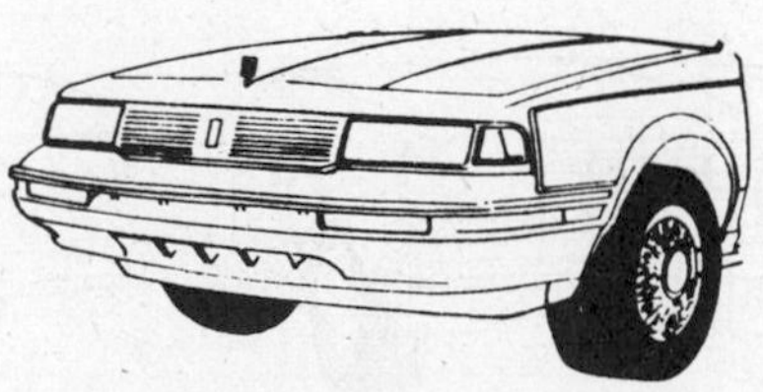
1987 Custom Cruiser

NÚMERO IDENTIFICACIÓN VEHÍCULO (VIN)

Es importante estar seguro de la identificación del vehículo y del motor para realizar operaciones de servicio y efectuar pedidos de piezas de recambio. El número de identificación del vehículo (VIN) es de 13 ó 17 dígitos; puede verse a través del parabrisas, en el lado del conductor del tablero de instrumentos, y contiene el código de identificación del vehículo y el código de identificación del motor. Puede interpretarse de la forma siguiente:

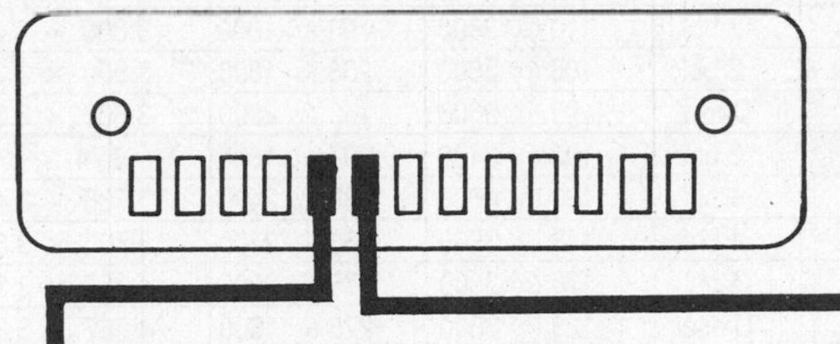

Código del motor

Código	Pulg. cúb.	Litros	Cil.	Carb.	Fabr. motor
C	231	3.8	6	2bbl	Buick
A	231	3.8	6	2bbl	Buick
F	260	4.3	6	2bbl	Olds.
P	260	4.3	8	Diesel	Olds.
S	265	4.3	8	2bbl	Pont.
U	305	5.0	8	2bbl	Chev.
H	305	5.0	8	4bbl	Chev.
Y	307	5.0	8	4bbl	Olds.
9	307	5.0	8	4bbl	Olds.
R	350	5.7	8	4bbl	Olds.
N	350	5.7	8	Diesel	Olds.

Código del año del modelo

Código	Año
A	1980

El número de identificación del vehículo, de trece dígitos puede usarse para determinar la marca del motor y año del modelo: el 6.º dígito indica el año del modelo y el 5.º dígito señala el fabricante del motor

NÚMERO IDENTIFICACIÓN VEHÍCULO (VIN)

Es importante estar seguro de la identificación del vehículo y del motor para realizar operaciones de servicio y efectuar pedidos de piezas de recambio. El número de identificación del vehículo (VIN) es de 13 ó 17 dígitos; puede verse a través del parabrisas, en el lado del conductor del tablero de instrumentos, y contiene el código de identificación del vehículo y el código de identificación del motor. Puede interpretarse de la forma siguiente:

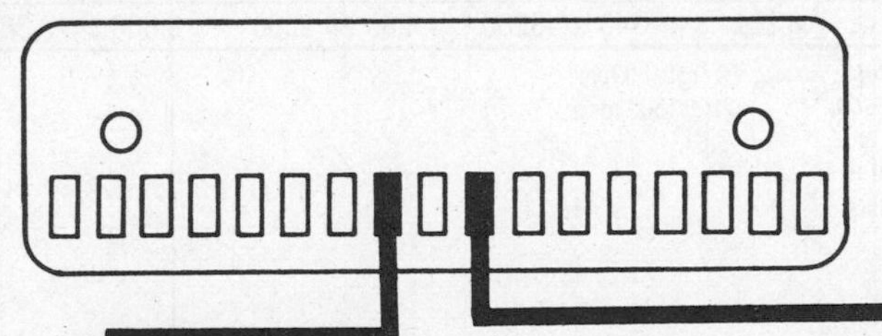

Código del motor

Código	Pulg. cúb.	Litros	Cil.	Carb.	Fabr. motor
A	231	3.8	6	2bbl	Buick
4	252	4.1	6	4bbl	Buick
F	260	4.3	8	2bbl	Olds.
V	263	4.3	6	Diesel	Olds.
Y	307	5.0	8	4bbl	Olds.
9	307	5.0	8	4bbl	Olds
N	350	5.7	8	Diesel	Olds.

Código del año del modelo

Código	Año
B	1981
C	1982
D	1983
E	1984
F	1985
G	1986
H	1987

El número de identificación del vehículo, de 17 dígitos, puede usarse para determinar la marca del motor y el año del modelo: el 10.º dígito indica el año del modelo y el 8.º dígito señala el fabricante del motor

ESPECIFICACIONES GENERALES DEL MOTOR

Año	Código VIN del motor	Nº cil. motor Cilindrada (pulg.³)	Fabr. motor	Tipo carbu-rador	Potencia @ rpm ■	Par @ rpm (libras/pie)	Calibre x Carrera	Relación de compresión	Presión aceite @ 2000 rpm
'80	A	6-231	Buick	2 bbl	110 @ 3800	190 @ 1600	3.800 × 3.400	8.0:1	37
	F	8-260	Olds.	2 bbl	105 @ 3600	205 @ 1800	3.500 × 3.385	7.5:1	40
	P	8-260	Olds.	Diesel	90 @ 3600	170 @ 2200	3.500 × 3.385	22.5:1	40
	S	8-265	Pont.	2 bbl	100 @ 3400	207 @ 1800	3.74 × 3.00	8.2:1	40
	H	8-305	Chev.	4 bbl	160 @ 4000	235 @ 2400	3.736 × 3.480	8.6:1	45
	Y	8-307	Olds.	4 bbl	148 @ 3800	250 @ 2400	3.800 × 3.385	7.9:1	40
	R	8-350	Olds.	4 bbl	170 @ 3800	275 @ 2000	4.057 × 3.385	8.0:1	40
	N	8-350	Olds.	Diesel	125 @ 3600	225 @ 1600	4.057 × 3.385	22.5:1	40
'81	A	6-231	Buick	2 bbl	110 @ 3800	190 @ 1600	3.800 × 3.400	8.0:1	37
	4	6-252	Buick	4 bbl	125 @ 4000	205 @ 2000	3.965 × 3.400	8.0:1	37①
	F	8-260	Olds.	2 bbl	105 @ 3600	205 @ 1800	3.500 × 3.385	7.5:1	40②
	Y	8-307	Olds.	4 bbl	148 @ 3800	250 @ 2400	3.800 × 3.385	8.0:1	40②
	N	8-350	Olds.	Diesel	125 @ 3600	225 @ 1600	4.057 × 3.385	22.5:1	40②
'82	A	6-231	Buick	2 bbl	110 @ 3800	190 @ 1600	3.800 × 3.400	8.0:1	37
	4	6-252	Buick	4 bbl	125 @ 4000	205 @ 2000	3.965 × 3.400	8.0:1	37①
	F	8-260	Olds.	2 bbl	105 @ 3600	205 @ 1800	3.500 × 3.385	7.5:1	40②
	V	6-263	Olds.	Diesel	85 @ 3600	165 @ 1600	4.057 × 3.385	21.6:1	40
	Y	8-307	Olds.	4 bbl	148 @ 3800	250 @ 2400	3.800 × 3.385	8.0:1	40②
	N	8-350	Olds.	Diesel	125 @ 3600	225 @ 1600	4.057 × 3.385	22.5:1	40②
'83	A	6-231	Buick	2 bbl	110 @ 3800	190 @ 1600	3.800 × 3.400	8.0:1	37
	4	6-252	Buick	4 bbl	125 @ 4000	205 @ 2000	3.965 × 3.400	8.0:1	37①
	F	8-260	Olds.	2 bbl	105 @ 3600	205 @ 1800	3.500 × 3.385	7.5:1	40②
	V	6-263	Olds.	Diesel	85 @ 3600	165 @ 1600	4.057 × 3.385	21.6:1	40
	Y	8-307	Olds.	4 bbl	148 @ 3800	250 @ 2400	3.800 × 3.385	8.0:1	40②
	N	8-350	Olds.	Diesel	125 @ 3600	225 @ 1600	4.057 × 3.385	22.5:1	40②
'84–'85	A	6-231	Buick	2 bbl	110 @ 3800	190 @ 1600	3.800 × 3.400	8.0:1	37
	4	6-252	Buick	4 bbl	125 @ 4000	205 @ 2000	3.965 × 3.400	8.0:1	37①
	V	6-263	Olds.	Diesel	85 @ 3600	165 @ 1600	4.057 × 3.385	21.6:1	40
	Y	8-307	Olds.	4 bbl	148 @ 3800	250 @ 2400	3.800 × 3.385	8.0:1	40②
	N	8-350	Olds.	Diesel	125 @ 3600	225 @ 1600	4.057 × 3.385	22.5:1	40②
'86–'87	A	6-231	Buick	2 bbl	110 @ 3800	190 @ 1600	3.800 × 3.400	8.0:1	37
	Y	8-307	Olds.	4 bbl	140 @ 3200	255 @ 2000	3.800 × 3.385	8.0:1	40②
	9	8-307	Olds.	4 bbl	140 @ 3200	255 @ 2000	3.800 × 3.385	8.0:1	40②

■ La potencia y par motor se especifican en valores netos SAE. Están medidos a la salida de la caja de cambios, con todos los accesorios instalados y en operación. Dado que estos valores varían según el motor instalado en los diferentes modelos, algunos son más representativos que exactos

① @2400 rpm
② @1500 rpm

ESPECIFICACIONES PARA LA PUESTA A PUNTO
Cutlass, Omega

(Al analizar los resultados de pruebas de compresión, compruébese que sean uniformes entre los diferentes cilindros, en vez de que coincidan con los valores aquí especificados)

Año	Código VIN del motor	Nº cil. Cilindrada (pulg.³)	Fabric. motor	CV	Bujías: Tipo origin.	Bujías: Separación electrodos ● (pulg.)	Distribuidor: Ángulo leva (grados)	Distribuidor: Apertura contactos (pulg.)	Encendido (grados) ●: Cam. man.	Encendido (grados) ●: Cam. aut.	Válv. admis. se ■ abre ●	Pres. bomba comb. (psi)	Veloc. ralentí ▲ Cambio: M.●	Veloc. ralentí ▲ Cambio: A.
'80	A	6-231	Buick	110	R-45TS (R-45TSX)	0.040 0.060	Electrónico		15B	15B	16	3–4.5	800/600	670/550 (620/550)
	F	8-260	Olds.	Todos	R-46SX	0.080	Electrónico		—	20B⑦	—	5.5–6.5	—	625/500

ESPECIFICACIONES PARA LA PUESTA A PUNTO
Cutlass, Omega

(Al analizar los resultados de pruebas de compresión, compruébese que sean uniformes entre los diferentes cilindros, en vez de que coincidan con los valores aquí especificados)

Año	Código VIN del motor	Nº cil. Cilindrada (pulg.³)	Fabric. motor	CV	Bujías: Tipo origin.	Bujías: Separación electrodos ● (pulg.)	Distribuidor: Ángulo leva (grados)	Distribuidor: Apertura contactos (pulg.)	Encendido (grados) ●: Cam. man.	Encendido (grados) ●: Cam. aut.	Válv. admis. se ■ abre ●	Pres. bomba comb. (psi)	Veloc. ralentí ▲ Cambio: M. ●	Veloc. ralentí ▲ Cambio: A.
'80	H	8-305	Chev.	Todos	R-45TS	(0.045)	Electrónico		—	4B	28	7.5–9	—	600(650)/500(550)
	R	8-350	Olds.	Todos	R-46SX	0.080	Electrónico		—	18B	16	5.5–6.5	—	600(650)/500(550)
'81	A	6-231	Buick	Todos	R-45TSX	0.080	Electrónico		15B	15B	16	4.25–5.75	①	①
	F	8-260	Olds.	Todos	R-46SX	0.080	Electrónico		—	20B②	14	5.5–6.5	—	①
	Y	8-307	Olds.	Todos	R-46SX	0.080	Electrónico		—	15B	14	5.5–6.5	—	①
'82	A	6-231	Buick	Todos	R45TX	0.040	Electrónico		—	①	16	4.25–5.75	—	①
	F	8-260	Olds.	Todos	R46SX	0.080	Electrónico		—	①	—	5.5–6.5	—	①
	Y	8-307	Olds.	Todos	R46SX	0.080	Electrónico		—	①	—	6–7.5	—	①
'83	A	6-231	Buick	Todos	R45TX	0.040	Electrónico		—	①	16	4.25–5.75	—	①
	Y	8-307	Olds	Todos	R46SX	0.080	Electrónico		—	①	—	6–7.5	—	①
'84–'85	A	6-231	Buick	Todos	R45TX	0.040	Electrónico		—	①	16	4.25–5.75	—	①
	Y	8-307	Olds.	Todos	R46SX	0.080	Electrónico		—	①	—	6–7.5	—	①
'86	A	6-231	Buick	110	R45TSX	0.060	Electrónico		—	15B	—	5.5–6.5	—	①
	Y	8-307	Olds.	140	FR3LS6	0.060	Electrónico		—	20B	—	5.5–6.5	—	600
	9	8-307	Olds.	140	FR3LS	.060	Electrónico		—	20B	—	5.5–6.5	—	600
'87	VÉANSE DATOS EN LA ETIQUETA SITUADA DEBAJO DEL CAPÓ													

NOTA: Los datos que constan en la etiqueta adhesiva fijada debajo del capó relejan cambios en las especificaciones de puesta a punto introducidos en el proceso de fabricación. Si los datos de esta tabla difieren de los que constan en la etiqueta, los de esta última son los válidos. Los números de pieza indicados en esta tabla no significan recomendaciones de marcas efectuadas por Chilton

■ Todos los valores Antes Punto Muerto Superior

● Las cifras entre paréntesis indican motor California
Cuando se indican dos velocidades de marcha en vacío separadas por un barra (/), la segunda corresponde al solenoide de velocidad de ralentí desconectado

B Antes Punto Muerto Superior

— No aplicable

① Véase etiqueta adherida debajo del capó

② Station Wagon: 18 B @ 1,100

ESPECIFICACIONES DE PUESTA A PUNTO DE MOTORES DIESEL

Año	Código VIN Motor	Nº cil. Cilindrada (pulg.³)	Fabr. del motor	Presión bomba comb. (PSI)	Compre-sión (libras)	Válvula admisión se abre (grados)	Velocidad ralentí (rpm) ●
'80	N	8-350	Olds.	5.5-6.5	275 mín.	16	750/600
'81	N	8-350	Olds.	5.5-6.5	275 mín.	16	①
'82	V	6-263	Olds.	5-6	②	②	①
	N	8-350	Olds.	5.5-6.5	275 mín.	16	①
'83	V	6-263	Olds.	5-6	②	②	①
	N	8-350	Olds.	5.5-6.5	275 mín.	16	①
'84–'85	V	6-263	Olds.	5-6	②	—	①
	N	8-350	Olds.	5.5-6.5	275 mín.	—	①

NOTA: Los datos que constan en la etiqueta adhesiva fijada debajo del capó reflejan cambios introducidos en el proceso de fabricación. Los mismos tienen prioridad si difieren de los que constan en esta tabla

① Vea etiqueta de datos debajo capó

② No disponible

● Cuando los valores de velocidad de ralenti aparecen separados por una barra (/), el primero corresponde al solenoide de velocidad de ralentí conectado y el segundo, desconectado.

ORDEN DE ENCENDIDO

NOTA: Para evitar confundir las conexiones, cambie los cables de las bujías siempre de uno en uno

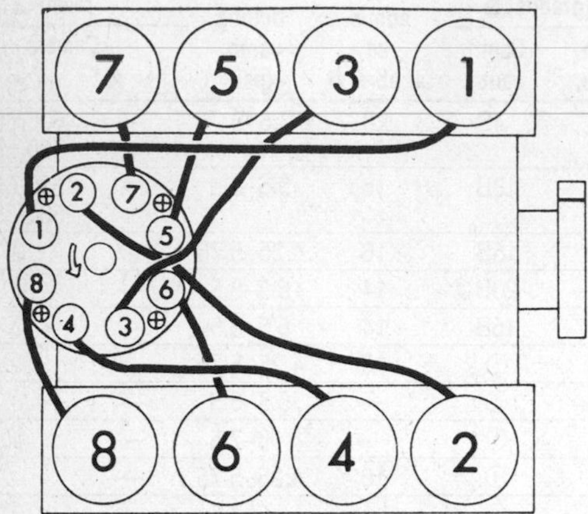

GM (Oldsmobile) 260 V8
Orden encendido: 1-8-4-3-6-5-7-2
Giro distribuidor: a izquierdas

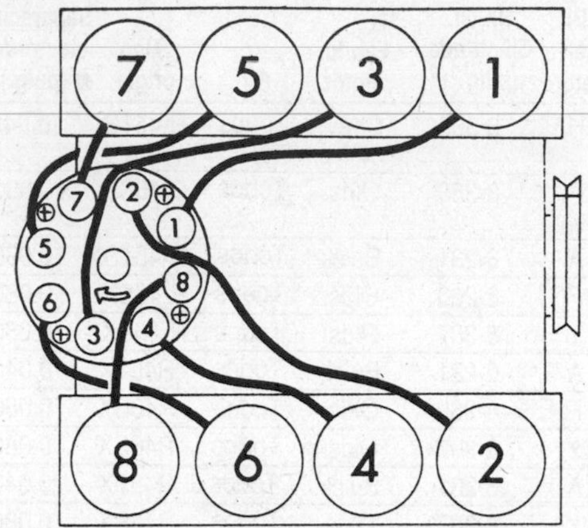

GM (Oldsmobile) 260, 307, 350 V8 GM (Pontiac) 301 V8
Orden encendido: 1-8-4-3-6-5-7-2

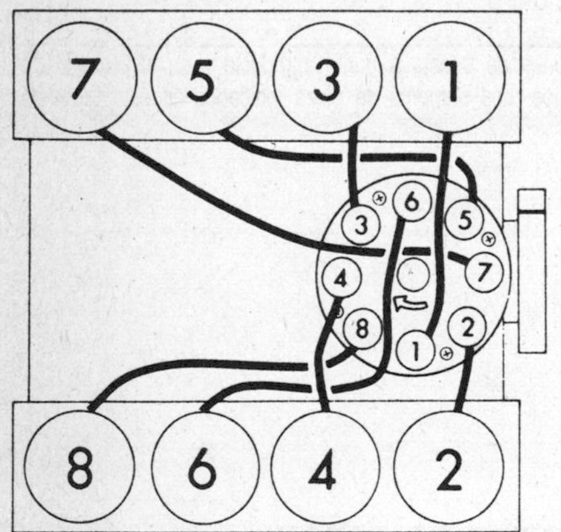

GM (Buick) Omega 350 V8
Orden encendido: 1-8-4-3-6-5-7-2
Giro distribuidor: a derechas

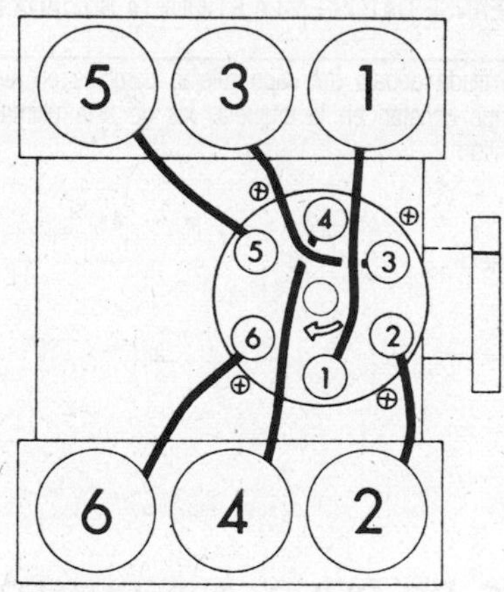

GM (Buick) 231, 252 V6
(3.2 L, 3.8 L, 4.1 L)
Orden encendido: 1-6-5-4-3-2
Giro distribuidor: a derechas

Los amortiguadores de vibraciones en motores V6 llevan dos marcas de encendido: una de 1/8 pulgadas ancho y otra de 1/16 pulgadas. Use la marca de 1/16 pulgades cuando use una lámpara de mano. La marca de 1/8 pulgadas se utiliza sólo con un captor de distribución magnético

CAPACIDADES
Cutlass, Omega

Año	Nº cil. Cilindrada (pulg.³)	Cárter motor Añadir ¼ galón para el nuevo filtro	Caja de cambio (pintas después de drenaje) 3 vel.	4/5 vel.	Autom. ●	Cárter puente trasero (pintas)	Depósito gasolina (galones)	Sistema de enfriamiento (¼ de galón) Con calefactor	Con aire acond.	Enfriamiento de gran capacidad
'80	6-231 Buick	4	—	3	6	3.5	18.5	11.9	12.4	—
	6-231 Buick	4	3	3	6	3.5	18	13	13	—
	8-260 Olds.	4	—	3	6	3.5	18	16	16.5	—
	8-350 Chev.	4	—	3	6	3.5	18	15.25	15.25	16
	8-350 Olds.	4	—	—	6	3.5	18	15	15	—
	8-350 Diesel	7①	—	—	6	3.5	18	17.25	17.25	—

CAPACIDADES
Cutlass, Omega

Año	Nº cil. Cilindrada (pulg.³)	Cárter motor Añadir ¼ galón para el nuevo filtro	Caja de cambio (pintas después de drenaje) 3 vel.	4/5 vel.	Autom. ●	Cárter puente trasero (pintas)	Depósito gasolina (galones)	Sistema de enfriamiento (¼ de galón) Con calefactor	Con aire acond.	Enfriamiento de gran capacidad
'81	6-231 Buick	4	3	—	6	3.5	18.1	N.A.	N.A.	N.A.
	8-260 Olds.	4	—	—	6	3.5	18.1	15.9	15.6	15.5
	8-307 Olds.	4	—	—	6	3.5	18.1	14.9	15.6	15.5
	8-350 Diesel	7①	—	—	6	3.5	19.8	17.4	17.3	17.3
'82	6-231 Buick	4	3	—	6	3.5	18.2	13.3	13.3	—
	6-263 Diesel	6①	—	—	6	—	19.8	—	—	—
	8-260 Olds.	4	—	—	6	3.5	18.2	20.0	20.0	—
	8-305 Olds.	4	—	—	6	3.5	18.2	15.5	15.5	—
	8-350 Diesel	7①	—	—	6	3.5	19.8	18	18	—
'83	6-231 Buick	4	—	—	6	3.5	18.2	13.3	13.3	—
	6-263 Diesel	6①	—	—	6	3.5	19.8	12.9	12.9	—
	8-307 Olds	4	—	—	6	3.5	18.2	15.5	15.5	—
	8-350 Diesel	7①	—	—	6	3.5	19.8	18	18	—
'84–'85	6-231 Buick	4	—	—	6	3.5	19.8	13.3	13.3	—
	6-263 Diesel	6①	—	—	6	3.5	19.8	12.9	12.9	—
	8-307 Olds.	4	—	—	6	3.5	18.2	15.5	15.5	—
	8-350 Diesel	7①	—	—	6	3.5	19.8	18	18	—
'86–'87	6-231 Buick	4	—	—	7	3.5	18.1	13	13	13.5
	8-307 Olds.	4	—	—	7	3.5	18.1	14.9	15.6	15.5
	8-307 Olds.	4	—	—	7	3.5	22.0	—	15.5	16.0

• Compruebe la varilla de nivel y gradualmente llene la caja hasta el nivel correcto. Vea la sección Mantenimiento General de la unidad Reparaciones

① Incluye un cambio obligado del filtro

CAPACIDADES
Oldsmobile, 88, 98

Año	Nº cil. Cilindrada (pulg.³)	Cárter motor Añadir ¼ galón para el nuevo filtro	Caja de cambios (pintas después de drenaje) Automático ●	Cárter puente trasero (pintas)	Depósito gasolina (galones)	Sistema de enfriamiento (¼ de galón) Con calefactor	Con aire acondic.	Enfriamiento de gran capac.
'80	6-231 Buick	4	6	④	20.75	13.0	13.0	—
	8-307 Olds.	4	6	④	25①	15.5	15.25	16.25
	8-350 Olds.	4	6	④	25②	14.5	14.5	15.5
	8-350 Diesel	7⑤	6	④	27③	18.25	18.0	—
'81	6-231 Buick	4	6	4	25③	13.7	13.7	—
	6-252 Buick	4	6	4	25③	13.7	13.7	—
	8-260 Pont.	4	6	4	25③	15.9	15.5	16.6
	8-307 Olds.	4	6	4	25③	14.9	15.6	15.6
	8-350 Diesel	7⑤	6	4	27③	18.0	18.0	18.0
'82	6-231 Buick	4	6	4	25③	13.7	13.7	—
	6-252 Buick	4	6	4	25③	13.7	13.7	—
	8-260 Olds.	4	6	4	25③	16	16.5	—
	8-263 Diesel.	6⑤	6	4	27	⑥	⑥	—
	8-307 Olds.	4	6	4	25③	17.5	17.5	—
	8-350 Diesel	7⑤	6	4	27③	18.0	18.0	18.0

CAPACIDADES
Oldsmobile, 88, 98

Año	Nº cil. Cilindrada (pulg.³)	Cárter motor Añadir ¼ galón para el nuevo filtro	Caja de cambios (pintas después de drenaje) Automático ●	Cárter puente trasero (pintas)	Depósito gasolina (galones)	Sistema de enfriamiento (1/4 de galón) Con calefactor	Con aire acondic.	Enfriamiento de gran capac.
'83	6-231 Buick	4	6	4	25③	13.7	13.7	—
	6-252 Buick	4	6	4	25③	13.7	13.7	—
	8-307 Olds.	4	6	4	25③	17.5	17.5	—
	8-350 Diesel	7⑤	6	4	27③	18	18	—
'84–'85	6-231 Buick	4	6	4	25③	13.7	13.7	—
	8-307 Olds.	4	6	4	25③	17.5	17.5	—
	8-350 Diesel	7⑤	6	4	27③	18	18	—

● Compruebe la varilla de nivel y gradualmente llene la caja hasta el nivel correcto. Vea la sección Mantenimiento general de la unidad Reparaciones
— No aplicable
① Royale, Royal Brougham Coupe y Sedán: 20.75
② 20.75 para California 350 o con asientos accionados por el motor
③ 22 galones en el Station Wagon
④ Corona de 7,5 pulg: 3,5
Corona de 8,5 y 8.75: 4.25
⑤ Incluye cambio obligatorio filtro
⑥ No se conoce en la fecha de publicación

ESPECIFICACIONES DE VÁLVULAS

Año	Nº cil. Cilindrada (pulg.³)	Ángulo asiento (grados)	Ángulo chaflán (grados)	Comprobación resortes ■ Presión (libras @ pulg.)	Altura resortes instalados (pulg.)	Holgura vástago-guía (pulg.) Admisión	Escape	Diámetro vástago (pulg.) Admisión	Escape
'80	6-231 Buick	45	45	168 @ 1.340	$1^{47}/_{64}$	.0015–.0035	.0015–.0032	.3402–.3412	.3405–.3412
	8-260 Olds.	①	④	187 @ 1.270	$1^{43}/_{64}$	.0010–.0027	.0015–.0032	.3425–.3432	.3420–.3427–
	8-260 Diesel	①	④	151 @ 1.300	$1^{43}/_{64}$	.0010–.0027	.0015–.0032	.3425–.3432	.3420–.3427
	8-305 Chev.	46	45	200 @ 1.160	③	.0010–.0037	.0010–.0037	.3414	.3414
	8-307 Olds.	①	④	187 @ 1.270	$1^{43}/_{64}$	.0010–.0027	.0015–.0032	.3429	.3424
	8-350 Chev.	46	45	200 @ 1.160	③	.0010–.0037	.0010–.0037	.3414	.3414
	8-350 Olds.	①	④	187 @ 1.270	$1^{43}/_{64}$	.0010–.0027	.0015–.0032	.3425–.3432	.3420–.3427
	8-350 Diesel	①	④	151 @ 1.300	$1^{43}/_{64}$	.0010–.0027	.0015–.0032	.3425–.3432	.3420–.3427
'81	6-231 Buick	45	45	182 @ 1.340	$1^{47}/_{64}$	.0015–.0035	.0015–.0032	.3407	.3409
	6-252 Buick	45	45	182 @ 1.340	$1^{47}/_{64}$	.0015–.0035	.0015–.0032	.3407	.3409
	8-260 Olds.	①	④	187 @ 1.270	$1^{43}/_{64}$	.0010–.0027	.0015–.0032	.3429	.3424
	8-307 Olds.	①	④	187 @ 1.270	$1^{43}/_{64}$	.0010–.0027	.0015–.0032	.3429	.3424
	8-350 Diesel	①	④	210 @ 1.22	$1^{43}/_{64}$	.0010–.0027	.0015–.0032	.3429	.3424
'82	6-231 Buick	45	45	182 @ 1.340	$1^{47}/_{64}$	.0015–.0035	.0015–.0032	.3407	.3409
	6-252 Buick	45	45	182 @ 1.340	$1^{47}/_{64}$	.0015–.0035	.0015–.0032	.3407	.3409
	6-263 Diesel	①	④	210 @ 1.220	—	.0010–.0027	.0015–.0032	.3429	.3429
	8-260 Olds.	①	④	187 @ 1.270	$1^{43}/_{64}$	.0010–.0027	.0015–.0032	.3429	.3424
	8-307 Olds.	①	④	187 @ 1.270	$1^{43}/_{64}$	.0010–.0027	.0010–.0032	.3429	.3429
	8-350 Diesel	①	④	210 @ 1.22	$1^{43}/_{64}$	.0010–.0027	.0015–.0032	.3429	.3429
'83	6-231 Buick	45	45	182 @ 1.340	$1^{47}/_{64}$	.0015–.0035	.0015–.0032	.3407	.3409
	6-252 Buick	45	45	182 @ 1.340	$1^{47}/_{64}$	.0015–.0035	.0015–.0032	.3407	.3409
	6-263 Diesel	①	④	210 @ 1.220	—	.0010–.0027	.0015–.0032	.3429	.3429
	8-307 Olds	①	④	187 @ 1.270	$1^{43}/_{64}$	.0010–.0027	.0010–.0032	.3429	.3429
	8-350 Diesel	①	④	210 @ 1.22	$1^{43}/_{64}$	.0010–.0027	.0015–.0032	.3429	.3429

ESPECIFICACIONES DE VÁLVULAS

Año	Nº cil. Cilindrada (pulg.³)	Ángulo asiento (grados)	Ángulo chaflán (grados)	Comprobación resortes ■ Presión (libras @ pulg.)	Altura resortes instalados (pulg.)	Holgura vástago-guía (pulg.)		Diámetro vástago (pulg.)	
						Admisión	Escape	Admisión	Escape
'84–'85	6-231 Buick	45	45	182 @ 1.340	1 47/64	.0015–.0035	.0015–.0032	.3407	.3409
	6-263 Diesel	①	④	210 @ 1.220	—	.0010–.0027	.0015–.0032	.3429	.3429
	8-307 Olds	①	④	187 @ 1.270	1 43/64	.0010–.0027	.0010–.0032	.3429	.3429
	8-350 Diesel	①	④	210 @ 1.22	1 43/64	.0010–.0027	.0015–.0032	.3429	.3429
'86–'87	6-231 Buick	46	45	63–71 @ 1.727	1.697–1.757	.0015–.0035	.0015–.0032	3.407	.3409
	8-307(4) Olds.	45⑤	46⑤	76–84 @ 1.67	⑥	.0010–.0027	.0015–.0032	3.428	3.424
	8-307(9) Olds.	45⑤	46⑤	85–95 @ 1.67	⑥	.0010–.0027	.0015–.0032	3.428	3.424

■ Válvula abierta
① Admisión 45°, escape 31°
② Admisión 200 @ 1,25
③ Admisión: 1 45/64, escape: 1 39/64
④ Admisión 44°, escape 30°
⑤ Aplicable a la de admisión. Escape: 59.60
⑥ Debe usarse la herramienta especial GM BT-6428 o bien J-25289

ESPECIFICACIONES DEL CIGÜEÑAL Y BIELAS

(Todas las medidas en pulgadas)

Año	Nº cil. Cilindrada (pulg.³)	Cigüeñal				Bielas		
		Diám. muñones coj. de bancada	Huelgo de engrase	Huelgo axial cigüeñal	Empuje en nº	Diám. muñequillas	Huelgo engrase	Huelgo lateral
'80	6-231 Buick	2.4995	0.0003–0.0018	0.004–0.008	2	2.2487–2.2495	0.0005–0.0026	0.006–0.027
	8-260 Olds.	2.4985–2.4995①	0.0005–0.0021②	0.0035–0.0135	3	2.1238–2.1248	0.0004–0.0033	0.006–0.020
	8-305 Chev.	③	④	0.002–0.006	3	2.0986–2.0998	0.003 max	0.006–0.014
	8-307 Olds.	2.4985–2.4995①	0.0005–0.0021②	0.0035–0.0135	3	2.1238–2.1248	0.0004–0.0033	0.006–0.020
	8-350 Chev.	③	④	0.002–0.006	3	2.0986–2.0998	0.003 max	0.006–0.014
	8-350 Olds.	2.4985–2.4995①	0.0005–0.0021②	0.0035–0.0135	3	2.1238–2.1248	0.0004–0.0033	0.006–0.020
	8-260, 350 Diesel	2.9993–3.0003	0.0005–0.0021②	0.0035–0.0135	3	2.1238–2.1248	0.0005–0.0026	0.006–0.020
'81	6-231 Buick	2.4995	0.0003–0.0018	0.011–0.003	2	2.2487–2.2495	0.0005–0.0026	0.006–0.023
	6-252 Buick	2.4955	0.0003–0.0018	0.011–0.003	2	2.2487–2.2495	0.0005–0.0026	0.006–0.023
	8-260 Olds.	2.5000	0.0005–0.0021②	0.0035–0.0135	3	2.1238–2.1248	0.0004–0.0033	0.006–0.020
	8-307 Olds.	2.4990–2.4995	0.0005–0.0021②	0.0035–0.0135	3	2.1238–2.1248	0.0004–0.0033	0.006–0.020
	8-350 Diesel	2.9993–3.0003	0.0005–0.0021②	0.0035–0.0135	3	2.24995–2.500	0.0005–0.0026	0.006–0.020
'82	6-231 Buick	2.4955	0.0003–0.0018	0.011–0.003	2	2.2487–2.2495	0.0005–0.0026	0.006–0.023
	6-252 Buick	2.4955	0.0003–0.0018	0.011–0.003	2	2.2487–2.2495	0.0005–0.0026	0.006–0.023
	6-263 Diesel	2.9993–3.0003	0.0005–0.0021②	0.0035–0.0135	3	2.2490–2.2510	0.0005–0.0026	0.006–0.020
	8-260 Olds.	2.4990–2.4995⑦	0.0005–0.0021②	0.0035–0.0135	3	2.1238–2.1248	0.0004–0.0033	0.006–0.020
	8-307 Olds	2.4990–2.4995⑦	0.0005–0.0021②	0.0035–0.0135	3	2.1238–2.1248	0.0004–0.0033	0.006–0.020
	8-350 Diesel	2.9993–3.0003	0.0005–0.0021②	0.0035–0.0135	3	2.2495–2.2500	0.0005–0.0026	0.006–0.020
'83	6-231 Buick	2.4995	0.0003–0.0018	0.011–0.003	2	2.2487–2.2495	0.0005–0.0026	0.006–0.015
	6-252 Buick	2.4995	0.0003–0.0018	0.011–0.003	2	2.2487–2.2495	0.0005–0.0026	0.006–0.015
	6-263 Diesel	2.9993–3.0003	0.0005–0.0021②	0.0035–0.0135	3	2.2490–2.2510	0.0005–0.0026	0.006–0.020
	8-307 Olds	2.4990–2.4995⑦	0.0005–0.0021②	0.0035–0.0135	3	2.1238–2.1248	0.0004–0.0033	0.006–0.020
	8-350 Diesel	2.9993–3.0003	0.0005–0.0021②	0.0035–0.0135	3	2.2495–2.2500	0.0005–0.0026	0.006–0.020

ESPECIFICACIONES DEL CIGÜEÑAL Y BIELAS

(Todas las medidas en pulgadas)

Año	Nº Cilindrada (pulg.³)	Cigüeñal: Diám. muñones coj. de bancada	Cigüeñal: Huelgo de engrase	Cigüeñal: Huelgo axial cigüeñal	Cigüeñal: Empuje en nº	Bielas: Diám. muñequillas	Bielas: Huelgo engrase	Bielas: Huelgo lateral
'84–'86	6-231 Buick	2.4995	0.0003–0.0018	0.011–0.003	2	2.2487–2.2495	0.0005–0.0026	0.006–0.015
	6-263 Diesel	2.9993–3.003	0.0005–0.0021 ②	0.0035–0.0135	3	2.2490–2.2510	0.0005–0.0026	0.006–0.020
	8-307 Olds.	2.4990–2.4995 ⑦	0.0005–0.0021 ②	0.0035–0.0135	3	2.1238–2.1248	0.0004–0.0033	0.006–0.020
	8-350 Diesel	2.9993–3.0003	0.0005–0.0021 ②	0.0035–0.0135	3	2.2495–2.2500	0.0005–0.0026	0.006–0.020
'86–'87	6-231	2.2487–2.2495	0.0003–0.0018	0.003–0.011	3	2.2487–2.2495	0.0005–0.0026	0.003–0.015
	8-307	2.4985–2.4995 ⑧	0.005–0.002 ⑨	0.0035–0.0135	3	2.1238–2.1248	0.0004–0.0033	0.006–0.020

① #1: 2.4988 - 2.4998
② #5: 0.0015 - 0.0031
③ #1: 2.4484 - 2.4493
#2,3,4: 2.4481 - 2.4490
#5: 2.4479 - 2.4488
④ Delantero: 0.001-0.0015;
Intermedio: 0.001-0.0025
Trasero: 0.0025-0.0035
⑤ #1: 0.0020 máx.
⑥ El diámetro puede ser también 2.240
⑦ #2,3,4,5 - # 1 2.4993 - 2.4998
⑧ Aplicable al nº 1,2,3,4,5; nº 1: 2.4988- 2.4998
⑨ Aplicable a 1,2,3,4; nº 5 0.0015-0.0031

ESPECIFICACIONES DE LOS PISTONES Y ANILLOS

(Todas las medidas en pulgadas. Para su conversión al sistema decimal, véanse Tablas de Conversión)

Año	Código VIN	Nº cil. Cilindrada (pulg.³)	Fabric. motor	Holgura pistón	Abertura de los tornillos: de compresión superior	Abertura de los tornillos: de compresión inferior	Abertura de los tornillos: de engrase	Holgura lateral de los anillos: Compresión superior	Holgura lateral de los anillos: Compresión inferior	Holgura lateral de los anillos: Engrase
'81	F	8-260	Olds.	0.0008–0.0018	0.010–0.020 ①	0.010–0.020 ①	0.015–0.035	0.0020–0.0040	0.0020–0.0040	0.005–0.011
'80	R	8-350	Olds.	0.0008–0.0018	0.013–0.023 ②	0.013–0.023 ②	0.015–0.055	0.0015–0.0035	0.0015–0.0035	0.001–0.005
'80–'85	A,4	6-231, 252	Buick	0.0016–0.0038	0.013–0.023	0.013–0.023	0.015–0.055	0.0030–0.0050	0.0030–0.0050	0.0015–0.0035
'80	L,H	8-305, 350	Chevy.	0.0027 max.	0.010–0.030	0.010–0.035	—	0.012–0.0032	0.012–0.0032	0.005–0.011
'86	N	8-350	Olds. Diesel	0.005–0.006 ③	0.015–0.025	0.015–0.025	—	0.005–0.007	0.0018–0.0038	0.001–0.005
'80–'86	Y	8-307	Olds.	0.0008–0.0018	0.009–0.019	0.009–0.019	—	0.0020–0.0040	0.0020–0.0040	0.000–0.0035
'82–'86	V	6-263	Olds. Diesel	0.003–0.004	0.015–0.025	0.015–0.025	—	0.005–0.007	0.0018–0.0038	0.001–0.005
'86–'87	A	C-231	Buick	0.0013–0.0035	0.010–0.020	0.010–0.020	0.015–0.055	0.003–0.005	0.003–0.005	0.005–0.009
	Y	8-307	Olds.	0.00075–0.00175	0.009–0.019	0.009–0.019	0.015–0.055	0.0018–0.0038	0.0018–0.0038	0.001–0.005

① Con anillos de potencia herméticos: 0.009-0.009
② Con anillos de potencia herméticos: 0.010-0.020
③ En la parte inferior de la faldilla del pistón

PAR DE APRIETE TORNILLOS

(Todos los valores en libras-pie)

Año	Motor	Tornillos cabeza de cilindros	Tornillos cojinete de bielas	Tornillos cojinetes de bancada	Tornillo polea cigüeñal	Torn. montaje volante al cigüeñal	Múltiples: Admisión	Múltiples: Escape
'81	6-231 Buick	80	40	100	225	60	45	25
	6-252 Buick	80	40	100	225	60	45	25
	8-260 Olds.	85 ③	42	①	200–310	②	40 ③	25
	8-305 Chev.	65	45	70	60	60	30	20
	8-307 Olds.	130 ③	42	①	200–310	60	40 ③	25
	8-350 Buick	80	40	100	225	60	45	25
	8-350 Chev.	65	45	70	60	60	30	③
	8-350 Olds.	130 ③	42	①	200–310	60	40 ③	25
	8-260, 350 Diesel	130 ③	42	120	200–310	60	40 ③	25

PAR DE APRIETE TORNILLOS

(Todos los valores en libras-pie)

Año	Motor	Tornillos cabeza de cilindros	Tornillos cojinete de bielas	Tornillos cojinetes de bancada	Tornillo polea cigüeñal	Torn. montaje volante al cigüeñal	Múltiples	
							Admisión	Escape
'82	6-231 Buick	80	40	100	225	60	45	25
	6-252 Buick	80	40	100	225	60	45	25
	6-263 Diesel	142	42	107	160–350	48	41	29
	8-260 Olds.	85③	42	①	200–310	②	40③	25
	8-307 Olds.	130③	42	①	200–310	60	40③	25
	8-350 Diesel	130③	42	120	200–310	60	40③	25
'83–'85	6-231 Buick	80	40	100	225	60	45	25
	6-252 Buick	80	40	100	225	60	45	25
	6-263 Diesel	142	42	107	160–350	57	41	29
	8-307 Olds.	130③	42	①	200–310	60	40③	25
	8-350 Diesel	130③	42	120	200–310	60	40③	25
'86–'87	6-231 Buick	80	45	100	200	60	45	20
	8-307 Olds.	125③	42	①	200–310	60	40	25

① 80 en los nº 1-4; 120 en el nº 5
② Cambio automático: 60; cambio manual: 90
③ Introduzca el tornillo en aceite antes de apretarlo
④ 70 en los nº 1-4; 100 en el nº 5

ALINEACIÓN RUEDAS

Año	Modelo	Avance (caster)		Caída (camber)		Convergencia (pulg.)	Inclinación eje dirección (grados)	Relación pivote rueda (grados)	
		Gama (grados)	Prefer. (grados)	Gama (grados)	Preferible (grados)			Interna	Externa
'80–'85	Cutlass Pwr. str.	2P a 4P	3P	5/16N a 1 5/16	½P	1/16 a ¼	—	—	—
	Man. str.	0P a 2P	1P	5/16N a 1 5/16	½P	1/16 a ¼	—	—	—
	88-98	2P a 4P	3P	0 to 1 5/8P	¾P	0 a ¼	—	—	—
'86–'87	Cutlass	1 4/5P–2 4/5P	1 4/5P	1/3N–1 1/3P	½P	½P–2½P	—	—	—
	Custom Cruiser	1 4/5P–2 4/5P	1 4/5P	0–1 3/5P	4/5P	½P–2½P	—	—	—

— No especificada
N = Negativo P = Positivo

MOTOR PARTE ELÉCTRICA

Alternador

En todos los modelos se usa el alternador Delco SI, con regulador integral no ajustable. El alternador incorpora condensadores para reducir las radiointerferencias.

En los modelos con motor diesel, un solo Delcotron estándar suministra dos baterías de 12 V conectadas en paralelo. Se precisan dos baterías en razón de la elevada carga impuesta por las ocho bujías de incandescencia y el motor de arranque de considerable tamaño. En el sistema de carga se prescinde de interruptores y relés especiales.

NOTA: Vea las secciones Sistema de carga y Sistema de arranque en la unidad de Reparaciones, en que se describen los tests del sistema de carga.

DESMONTAJE Y MONTAJE

1. Desconecte el cable de tierra de las baterías y los cables de éstas, de sus posiciones en el alternador.
2. Desenrosque el tornillo de montaje del alternador, su tornillo de ajuste y la correa de accionamiento.
3. Retire el alternador.
4. Para su montaje, proceda en orden inverso. Luego conecte el cable a tierra de las baterías y tense la correa del alternador. Para determinar su correcta tensión, ejerza una ligera presión con el dedo pulgar sobre la correa, a mitad de distancia entre sus poleas: si la distancia entre las poleas (medida entre los centros de las poleas) es de 13-16 pulgadas, la correa debe tener una flexión de 1/2 pulgada, o de 1/4 de pulgada, en el caso de que la distancia entre poleas sea de 7-10 pulgadas.

Regulador de tensión

DESMONTAJE Y MONTAJE

El regulador de tensión es una unidad hermética, que no puede ajustarse ni desarmarse. Si debe cambiarse hay que desarmar el alternador.

Motor de arranque

Vea las secciones Sistema de carga y Sistema de arranque de la unidad Reparaciones, en que se describen los procedimientos de servicio del motor de arranque. En los motores diesel, el motor de arranque es de diseño normal, pero algo mayor y de mayor rendimiento, para hacer girar el motor a 100 rpm para su puesta en marcha. Ello es necesario dada la alta relación de compresión de los motores diesel.

DESMONTAJE Y MONTAJE

1. Desconecte la batería y, con cuidado, levante el coche.

2. Desenrosque los tornillos de fijación del soporte superior del motor de arranque y el tornillo del tubo de guía del cable y la abrazadera, de ser el caso.

3. Retire la tapa de la caja del volante del motor.

4. Desenrosque los dos tornillos de montaje del motor.

5. Descienda el motor, desconecte sus cables y extráigalo.

6. Efectúe su montaje en sentido inverso. Si ha retirado los calces, vuélvalos a instalar en su ubicación correcta, para asegurar el correcto engrane del piñón de mando con el volante.

Distribuidor

En todos los modelos se usa un sistema de encendido de alta energía, cuyo distribuidor sustituye los platinos y condensador por una rueda de distribución, un captor magnético y un módulo de control. En los motores V6 y V8, la bobina está incorporada en la tapa del distribuidor. Para mayor información y los procedimientos de servicio a aplicar, consúltese la sección de Encendido electrónico de la unidad de Reparaciones.

Contrariamente a los motores de gasolina, que poseen encendido por chispa, los motores diesel van equipados con encendido por compresión: el aire es comprimido a temperaturas extremadamente altas y se rocía una pequeña cantidad de combustible a alta presión en las cámaras de compresión; la temperatura de compresión enciende las pequeñas gotas de combustible inyectado. Se requiere una temperatura de aproximadamente 1,000 °F para producir el encendido del combustible, por lo que se utilizan bujías de incandescencia para iniciar la combustión, ya que las cámaras de combustión están frías al poner el motor en marcha, y las primeras revoluciones del motor no podrían elevar las temperaturas lo suficiente como para producir la ignición. Las bujías de incandescencia calientan las cámaras en unos segundos, elevándolas a las temperaturas requeridas. Luego las bujías se desconectan automáticamente.

DESMONTAJE Y MONTAJE

1. Retire la tapa del distribuidor, el cable primario (o de alimentación) y la tubería de vacío, de sus posiciones en el distribuidor.

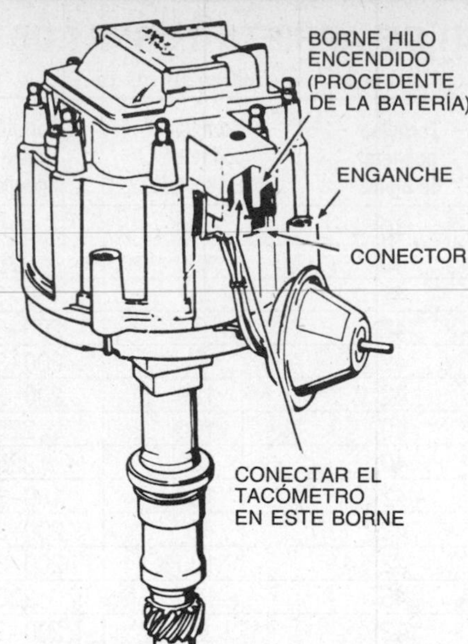

Conexión del tacómetro en vehículos con sistema de encendido de alta energía

2. Con un gramil, marque una señal en el cuerpo del distribuidor para señalar la posición del rotor, así como otra señal en el cuerpo del distribuidor y el bloque de cilindros, que indique la posición del distribuidor en el bloque.

3. Desenrosque su tornillo de retenida y extraiga el distribuidor.

NOTA: No haga girar el cigüeñal cuando el distribuidor está retirado, ya que ello cambiaría la distribución.

Si la distribución no se ha perturbado girando el cigüeñal, el distribuidor puede montarse de la forma siguiente:

1. Gire el rotor hasta que esté aproximadamente 1/8 pulgada (3 mm) más allá de la marca de posicionamiento antes efectuada en la caja del distribuidor.

2. Introduzca el distribuidor en el bloque. Puede que sea necesario hacer girar ligeramente el rotor para que el eje engrane. La marca existente en la caja del distribuidor debe estar alineada con la efectuada en el bloque.

3. Apriete el tornillo de retenida, pero sólo hasta que no haya juego. Entonces conecte la tubería de avance de vacío.

4. Conecte el cable primario a la bobina o, en motores con encendido de alta energía, el cable de alimentación, e instale la tapa del distribuidor.

5. Compruebe la distribución y ajústela, de ser necesario. Apriete el tornillo de retenida. Si se ha girado el cigüeñal después de retirar el distribuidor, proceda de la forma siguiente:

1. Gire el cigüeñal hasta que el pistón del cilindro n.º 1 esté en la parte superior de su carrera de compresión. La carrera de compresión puede determinarse desenroscando la bujía del cilindro n.º 1 y obturando su agujero con el pulgar, mientras un ayudante hace girar lentamente el cigüeñal. Gírese el cigüeñal hasta que se perciba la compresión en el dedo y luego continuar hasta que la marca de distribución de la polea del cigüeñal esté alineada con la marca 0 °.

2. Instale entonces el distribuidor en el bloque, pero sin engranarlo con un piñón de mando. Observe la posición de la unidad de control de vacío del distribuidor: si el distribuidor está situado correctamente, la unidad de vacío estará situada normalmente, es decir, el tubo flexible de vacío podrá conectarse fácilmente a dicha unidad.

3. Sitúe el rotor del distribuidor de modo que esté entre el borne n.º 1 y la torreta de la última bujía en orden de encendido en la tapa del distribuidor.

4. Introduzca a fondo el distribuidor, asegurándose de que su eje engrana con el eje de la bomba de aceite, con lo que el distribuidor quedará en estrecho contacto con el bloque.

5. Coloque la abrazadera de retenida y apriete el tornillo hasta que no haya juego.

6. Coloque la tapa del distribuidor.

7. Conecte todos los cables y la tubería de avance de vacío.

8. Compruebe la distribución y ajústela, de ser necesario. Termine de apretar el tornillo de retenida.

AJUSTE DE LA DISTRIBUCIÓN DEL ENCENDIDO

1. Use un adaptador entre la bujía n.º 1 y su cable y conecte una lámpara de pruebas del encendido a dicho adaptador. NO AGUJEREE el cable de la bujía: a causa del mayor voltaje usado en el sistema de encendido de alta energía, cualquier rotura de la envoltura aislante haría que la electricidad saltara a la masa más próxima, lo que provocaría el fallo de la bujía n.º 1.

2. El borne para conectar el tacómetro está en posición contigua al conector del interruptor de encendido en la tapa del distribuidor, en los motores V6 y V8.

3. La mayoría de los nuevos tacómetros son idóneos. No pueden usarse, en cambio, tacómetros que carezcan de relé. Si usted no está seguro, compruebe las instrucciones del fabricante del tacómetro. Si carece de éstas, conecte el tacómetro y vea la indicación en las escalas de altas y bajas velocidades: si los valores indicados coinciden, el tacómetro es adecuado, en caso contrario, use otro.

4. No es posible ajustar el intervalo de espera (dwell), ya que es controlado por el módulo electrónico.

5. Para hacer girar el cigüeñal sin que el motor arranque, desconecte el cable del interruptor de encendido de su posición en la tapa del distribuidor.

NOTA: Consulte siempre los datos de la etiqueta adherida debajo del capó antes de ajustar la distribución. Si los datos de dicha etiqueta difieren del procedimiento aquí descrito, siga las indicaciones de la etiqueta.

1. Desconecte la tubería de avance de vacío del distribuidor y obtúrela con un tapón.

NOTA: En los modelos de 1981 y ulteriores, el conector del Sensor de Temperatura del Motor (EST), de 4 terminales, debe desconectarse del distribuidor antes de ajustar la distribución. Consulte la etiqueta adhesiva pegada en la parte inferior del capó, por si contiene instrucciones de reglaje de la distribución.

2. Extraiga el filtro del aire. Obture con cinta el rácor del tubo flexible de vacío.

3. Conecte el tacómetro y ajuste la velocidad del motor con arreglo a las especificaciones.

4. Conecte la lámpara de pruebas de la distribución, afloje el tornillo de montaje del distribuidor y gire el distribuidor hasta obtener el valor de distribución especificado.

5. Apriete el tornillo de montaje y vuelva a comprobar la distribución para ver si ahora es correcta.

6. Saque el tapón del tubo flexible de avance de vacío y conecte el tubo al distribuidor.

7. Saque la cinta que obturaba el rácor del tubo flexible de vacío, y conecte dicho tubo, de haberlo.

8. Monte el filtro del aire.

NOTA: Todos los amortiguadores de vibraciones de motores V6 llevan dos marcas de distribución: una de 1/8" de ancho y otra con la anchura normal de 1/16". La marca pequeña se usa para ajustar la distribución con una lámpara de pruebas manual. La marca de 1/8" se utiliza cuando se emplea equipo de distribución magnético. Todos los motores llevan un soporte de montaje en la tapa delantera, para acoplar el captor magnético.

Bujías de incandescencia diesel

En los motores diesel de la General Motors se usan dos tipos de bujías de incandescencia: el tipo de incandescencia rápida y el tipo lento. El tipo rápido utiliza corriente pulsatoria aplicada a bujías incandescentes de 6 V, mientras que el tipo lento usa corriente continua aplicada a bujías incandescentes de 12 V.

Una forma fácil de diferenciar estas bujías es recordar que las de incandescencia rápida (6 V) tienen un conector de 5/16 pulgadas de ancho, mientras que las de incandescencia lenta (12 V) van equipadas con un conector de 1/4 de pulgada. No mezcle nunca componentes de estos dos sistemas de bujías.

SISTEMA DE COMBUSTIBLE EN MOTORES DE GASOLINA

Bomba de combustible

DESMONTAJE Y MONTAJE

Motores de gasolina

NOTA: En los motores equipados con bomba de aire, ésta debe retirarse para tener acceso a la bomba de combustible. En los modelos equipados con aire acondicionado, debe desmontarse también el compresor de este sistema (no desconectar sus tuberías) y apartarlo a un lado para que no estorbe.

1. Desconecte las tuberías de combustible de sus posiciones en la bomba de combustible.

2. Desenrosque los dos tornillos o tuercas de montaje.

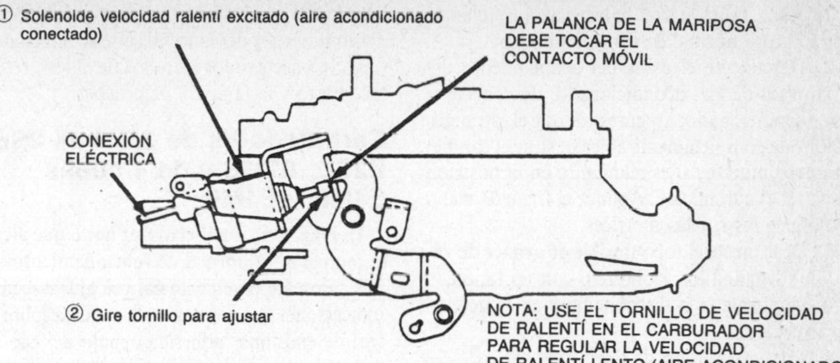

① Solenoide velocidad ralentí excitado (aire acondicionado conectado)
LA PALANCA DE LA MARIPOSA DEBE TOCAR EL CONTACTO MÓVIL
CONEXIÓN ELÉCTRICA
② Gire tornillo para ajustar
NOTA: USE EL TORNILLO DE VELOCIDAD DE RALENTÍ EN EL CARBURADOR PARA REGULAR LA VELOCIDAD DE RALENTÍ LENTO (AIRE ACONDICIONADO DESCONECTADO) (vea etiqueta)

Ajuste del descargador 2 MC, M2MC

3. En los motores de 6 cilindros en V, retire las protecciones y el filtro de aceite.

4. Retire la bomba y su junta. Efectúe el montaje en orden inverso al procedimiento descrito.

Filtro de combustible

DESMONTAJE Y MONTAJE

Todos los carburadores llevan incorporado un filtro de combustible. Para cambiar el elemento filtrante, retire la tubería de entrada de combustible, desmonte el rácor y extraiga el elemento. Proceda con cuidado al volver a enroscar el rácor de latón, ya que sus roscas pueden arrancarse con facilidad.

Carburador

DESMONTAJE Y MONTAJE

1. Desconecte el cable negativo de la batería.
2. Extraiga el filtro de aire.
3. Desconecte el varillaje del acelerador.
4. Desconecte el cable del trinquete del cambio.
5. Desconecte el control de velocidad de crucero, de haberlo.
6. Desconecte la tubería de combustible del carburador.
7. Desconecte todas las tuberías de vacío que sea preciso. Numérelas, para facilitar luego su conexión.
8. Desatornille el carburador y extráigalo.
9. Efectúe el montaje en el orden inverso al descrito.

AJUSTE DE LA VELOCIDAD Y MEZCLA DE MARCHA EN VACÍO

NOTA: Al ajustar la velocidad y la mezcla de marcha en vacío (ralentí), compruebe siempre la etiqueta adherida debajo del capó: si en ésta las instrucciones difieren del procedimiento descrito a continuación, siga las de la etiqueta.

AJUSTE DE LA VELOCIDAD DE RALENTÍ

NOTA: En los vehículos equipados con Control de Velocidad de Ralentí (ISC) no es posible efectuar ningún ajuste.

Carburadores de dos cubas 2GC y 2GE

1. Haga funcionar el motor hasta que alcance la temperatura normal de funcionamiento. Asegúrese de que el estrangulador esté completamente abierto; desconecte el aire acondicionado y conecte al motor un tacómetro y una lámpara de pruebas de la distribución, con arreglo a las instrucciones del fabricante.

2. Aplique el freno de mano y bloquee las ruedas motrices.

3. Desconecte los tubos flexibles de acuerdo con las instrucciones que constan en la etiqueta adherida debajo del capó.

4. Sitúe el cambio en punto muerto, si es manual, y en la posición Park, si es automático.

5. Desconecte y tapone el tubo flexible de avance de vacío en el distribuidor.

6. Compruebe la distribución y, si es necesario, ajústela.

7. Vuelva a conectar el tubo flexible de avance con vacío.

8. Vehículos con cambio manual, sin aire acondicionado: gire el tornillo de ajuste de velocidad de ralentí hasta obtener el número de rpm especificado. Coches con cambio automático, sin aire acondicionado: abra la mariposa momentáneamente para extender el contacto móvil del solenoide; gire el tornillo del solenoide hasta ajustar la velocidad de ralentí lento al número de rpm indicado en la etiqueta adherida debajo del capó; luego gire el tornillo de velocidad de ralentí hasta obtener el número de rpm especificado. Vehículos con aire acondicionado: gire el tornillo de ajuste de velocidad ralentí a las rpm especificadas; desconecte el cable del acoplamiento del compresor del acondicionador de aire; conecte el aire acondicionado; abra la mariposa momentáneamente, para extender el contacto móvil del solenoide; gire el tornillo del solenoide hasta obtener el número de rpm indicado en la etiqueta; vuelva a conectar el cable del embrague del compresor.

9. Conecte los tubos flexibles. Desconecte el tacómetro y la lámpara de pruebas.

Carburadores de 2 cubas M2MC-210 y M2ME

NOTA: Vea la Nota al principio de Ajuste de la velocidad y mezcla de marcha en vacío.

1. Haga funcionar el motor hasta obtener la temperatura normal de funcionamiento.

2. Desconecte el cable del acoplamiento del compresor de aire acondicionado; desconecte el aire acondicionado; asegúrese de que el estrangulador esté completamente abierto; sitúe el cambio en punto muerto, si es manual, o en la posición Drive, si es automático. Aplique el freno de mano y bloquee las ruedas motrices.

3. Desconecte el tubo flexible de avance de vacío del distribuidor y obtúrelo con un tapón.

4. Compruebe la distribución y, si es necesario, ajústela.

5. Conecte el tubo de avance de vacío.

6. Desconecte el tubo flexible de purga en el filtro de vapor.

7. Vehículos sin aire acondicionado: gire el tornillo de ajuste de velocidad de ralentí hasta obtener el número de rpm especificado. Vehículos con aire acondicionado: gire el tornillo de ajuste de velocidad ralentí hasta obtener las rpm especificadas; conecte el aire acondicionado, abra la mariposa momentáneamente, para que se extienda el contacto móvil del solenoide, y ajuste el tornillo del solenoide hasta obtener las rpm indicadas en la etiqueta adherida debajo del capó. Desconecte el aire acondicionado.

8. Conecte todos los tubos flexibles y retire el tacómetro y la lámpara de distribución. Conecte el cable del embrague del compresor.

Carburador de 4 cubas M4MC

Nota: Vea la Nota al principio de la sección Ajuste de la velocidad y mezcla de marcha en vacío.

1. Haga funcionar el motor hasta que alcance la temperatura normal de funcionamiento.

2. Asegúrese de que el estrangulador esté completamente abierto, desconecte el aire acondicionado y conecte un tacómetro y una lámpara de pruebas de distribución al motor, con arreglo a las instrucciones del fabricante. Aplique el freno de mano y bloquee las ruedas motrices.

3. Desconecte el tubo flexible de purga en el filtro de vapor.

4. Desconecte el tubo flexible de vacío de Recirculación de gases de escape (EGR) de su posición en la válvula EGR y obtúrelo con un tapón. En los motores de cilindrada 350, tapone el tubo flexible de purga en el filtro.

5. Sitúe el cambio en punto muerto (Park).

6. Desconecte la tubería de avance de vacío de su posición en el distribuidor y obtúrela con un tapón.

7. Compruebe la distribución y, si es necesario, ajústela.

8. Conecte la tubería de avance de vacío.

9. Sitúe el cambio en accionamiento (posición Drive).

10. En vehículos sin aire acondicionado: ajuste el tornillo de reglaje de velocidad de ralentí hasta obtener el número de rpm especificado. En vehículos con aire acondicionado: desconecte el cable del embrague del compresor; abra momentáneamente la mariposa, para que se extienda el contacto móvil del solenoide; conecte el aire acondicionado y ajuste el tornillo del solenoide; conecte el aire acondicionado y ajuste el tornillo del solenoide hasta obtener las rpm indicadas en la etiqueta adherida debajo del capó. Conecte el cable del embrague del compresor y desconecte el aire acondicionado.

11. Conecte todos los tubos flexibles y retire el tacómetro y la lámpara de pruebas.

Carburadores de 2 cubas 2SE, E2SE, E2ME y de 4 cubas E4ME y E4MC

1. Haga funcionar el motor hasta que alcance la temperatura normal de funcionamiento.

2. Prepare el vehículo para su ajuste según las indicaciones que constan en la etiqueta sobre control de emisiones adherida debajo del capó.

3. Compruebe la distribución del encendido y, si es necesario, ajústela.

4. Vuelva a conectar la tubería de avance de vacío.

5. Con el aire acondicionado desconectado, gire el tornillo de reglaje de velocidad de ralentí hasta obtener las rpm especificadas en la etiqueta sobre emisiones.

6. Con el cambio en punto muerto, si es manual, o en la posición Drive, si es automático, desconecte el cable del compresor de aire acondicionado de su posición en el compresor y conecte el aire acondicionado.

7. Abra la mariposa ligeramente, para extender el contacto móvil del solenoide.

8. Gire el tornillo del solenoide hasta obtener la velocidad correcta.

9. Pare el motor y vuelva a conectar la tubería del compresor de aire acondicionado y todos los tubos flexibles.

AJUSTE DE LA MEZCLA DE RALENTÍ EN MODELOS 1980

Los cambios introducidos en el sistema de ralentí imposibilitan el ajuste de la mezcla de ralentí a menos que se disponga de un sistema enriquecedor de propano, no disponible para el público en general. Aflojando los tornillos de la mezcla no se influye sobre la mezcla, o sólo de modo insignificante. Todos los modelos están ajustados en fábrica y no pueden modificarse, ya que los tornillos de reglaje están cubiertos por tapones que no pueden desenroscarse, por estar picoteados.

AJUSTE DE LA MEZCLA DE RALENTÍ EN MODELOS 1981 Y ULTERIORES

En los modelos 1981 y ulteriores, equipados con control por ordenador, no es posible ajustar la mezcla, ya que es determinada por el Módulo de Control Electrónico.

Se encontrará información adicional sobre carburadores en la sección Carburadores de la unidad Reparaciones.

SISTEMA DE COMBUSTIBLE EN MOTORES DIESEL

El sistema de combustible es el corazón de los motores diesel. Sus principales componentes son la bomba de inyección, las tuberías de inyección y los inyectores. La bomba de inyección es pequeña, tipo giratorio y de alta presión y suministra una pequeña cantidad dosificada de combustible a las toberas en el instante correcto. Las tuberías de alta presión son todas de igual longitud, para evitar diferencias en la sincronización. Las toberas penetran en las cámaras de combustión e inyectan el combustible en dichas cámaras de forma pulverizada y controlada. Se emplea una pequeña bomba de transferencia a baja presión en la tubería que lleva a la bomba de inyección, para mantener ésta debidamente suministrada. La velocidad del motor es controlada por una válvula giratoria que dosifica el combustible, accionada por el varillaje del acelerador. Hay un filtro de combustible situado entre la bomba de transferencia y la bomba de inyección. En todos los motores, la bomba de combustible es del tipo mecánico, de diafragma, montada en el motor.

Bomba de combustible

DESMONTAJE Y MONTAJE

Modelos V8

La bomba de suministro de combustible en los motores diesel V8 se desmonta de la misma forma que la bomba de combustible en motores de gasolina. Véase el procedimiento descrito antes en la sección Sistema de combustible en motores de gasolina.

Modelos V6

NOTA: La bomba de combustible usada en los motores diesel V6 está situada en la parte delantera del motor, junto al calentador del combustible.

1. Desconecte el cable negativo de la batería; extraiga el filtro del aire y desenchufe todos los conectores eléctricos que haya en la bomba.

2. Coloque un paño debajo de los rácores de entrada y salida de la bomba y, con cuidado, desenrosque dichos rácores. Coloque una tapa en todos los rácores de tubos, para evitar la penetración de suciedad.

3. Desenrosque la tuerca del soporte de montaje de la bomba y retire ésta.

4. Para el montaje de la bomba, invierta el procedimiento descrito. Apriete la tuerca del soporte de montaje a 18 libras-pie. Luego apriete los rácores de entrada y salida a 19 libras-pie.

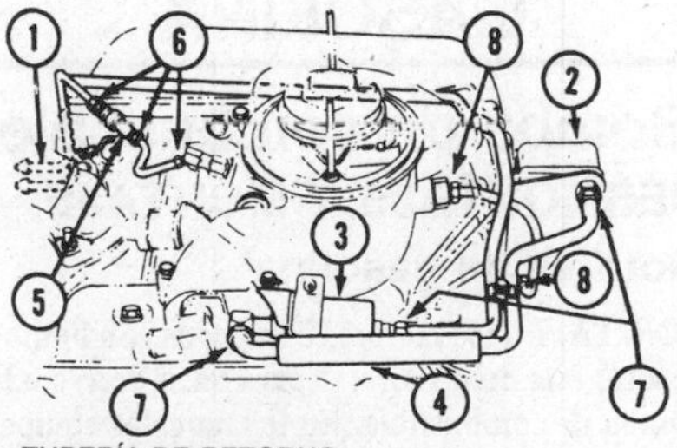

1. TUBERÍA DE RETORNO
2. FILTRO DE COMBUSTIBLE
3. BOMBA DE COMBUSTIBLE
4. CALENTADOR DE TUBERÍA DE COMBUSTIBLE (OPCIONAL)
5. AVANCE DE ALTITUD DE PRESIÓN
6. 10 LIBRAS-PIE
7. 19 LIBRAS-PIE
8. 11 LIBRAS-PIE

Tuberías de combustible en motores V6 diesel

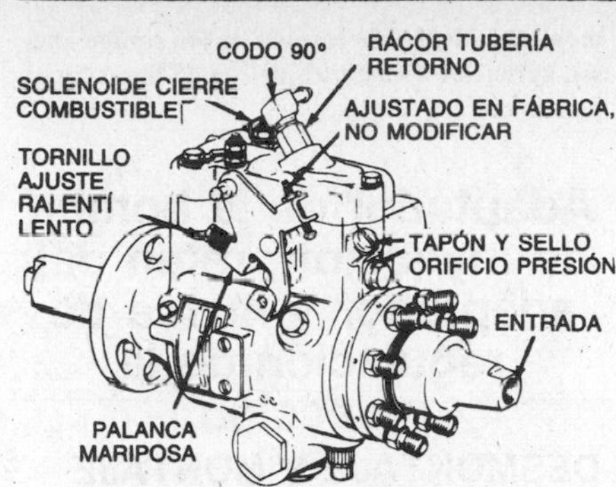

Tornillo de ajuste ralentí lento en la bomba de inyección

NOTA: En algunos casos puede ser preciso ajustar ligeramente la posición de la bomba para alinear sus rácores con las tuberías de combustible.

5. Después de montar la bomba de combustible, coloque un recipiente idóneo para recoger el combustible y desconecte la tubería al filtro de combustible. Accione el interruptor de encendido, para cebar y purgar las tuberías. Si, después de haber apretado de nuevo la tubería de combustible, la bomba funcionara con un sonido de chasquidos o se vieran burbujas en el combustible, compruebe que no haya ninguna fuga en las tuberías. Cuando la bomba vuelva a funcionar silenciosamente, apriete la tubería de combustible en el filtro.

Filtro de combustible en motores diesel

DESMONTAJE Y MONTAJE

El filtro de combustible es una unidad cuadrada, situada en la parte posterior del motor, por encima del múltiple de admisión. Desconecte los tubos de combustible y extraiga el filtro. Monte el nuevo filtro, ponga el motor en marcha y compruebe que no haya fugas.

CONEXIÓN DE UN TACÓMETRO EN MOTORES DIESEL

Se precisa un tacómetro magnético (de corrientes) de Foucault al no haber un sistema de encendido. El captador del tacómetro se introduce en el agujero del indicador de la distribución.

AJUSTE DE LA VELOCIDAD DE MARCHA EN VACÍO

1. Haga funcionar el motor hasta que alcance la temperatura de funcionamiento.

2. Introduzca el captador de un tacómetro magnético en el agujero del indicador de distribución.

3. Aplique el freno de mano y bloquee las ruedas motrices.

4. Ponga el cambio en accionamiento (posición Drive) y, de haberlo, desconecte el aire acondicionado.

5. Gire el tornillo de ajuste velocidad de ralentí lento en la bomba de inyección, hasta obtener la velocidad de ralentí especificada en la etiqueta de control de emisiones.

AJUSTE DEL SOLENOIDE DE MARCHA EN VACÍO RÁPIDA

1. Con el encendido desconectado, suelte el cable verde monoconductor de su posición en el relé de ralentí rápido, situado en la parte delantera del tabique guardafuegos. Con ello se excitará el solenoide y el ajuste afectará sólo la velocidad de ralentí rápido.

2. Aplique el freno de mano y bloquee las ruedas motrices.

3. Ponga el motor en marcha y ajuste el solenoide con arreglo a las especificaciones que constan en la etiqueta de control emisiones.

4. Desconecte el interruptor de encendido y vuelva a conectar el cable verde.

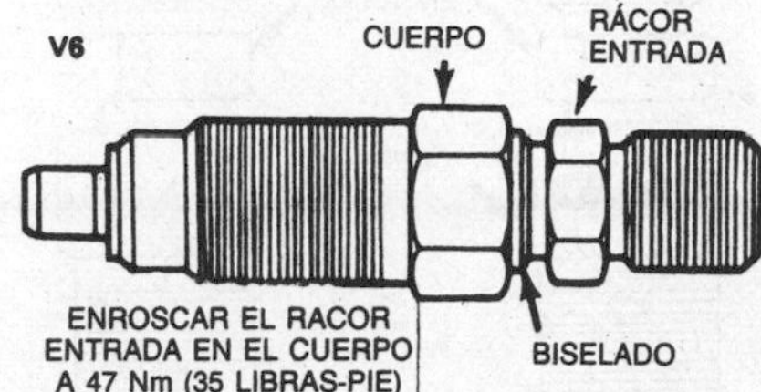

Inyección combustible en motores V6

Varilla del relé servo de control crucero

AJUSTE

1. Pare el motor.

2. Ajuste la varilla de modo que su juego sea mínimo y entonces ponga el clip en el primer agujero libre que haya lo más cerca posible de la palanca acodada, pero dentro de la bola servo.

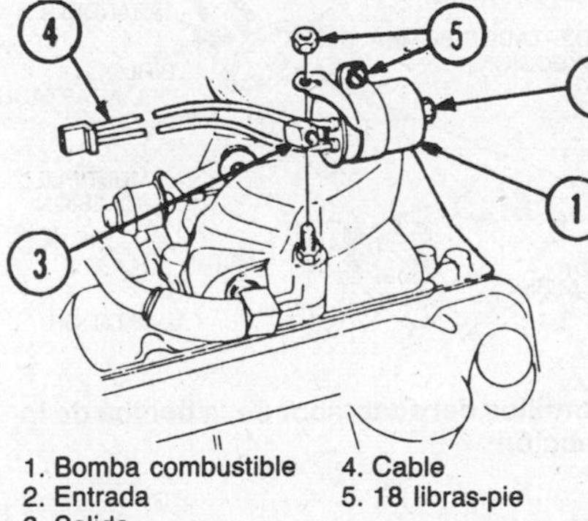

1. Bomba combustible 2. Entrada 3. Salida 4. Cable 5. 18 libras-pie

Bomba de combustible en motores diesel V6

Bomba y tuberías de inyección diesel

DESMONTAJE Y MONTAJE

NOTA: Este procedimiento exige el ajuste de la varilla de la mariposa y del cable del cambio.

1. Extraiga el filtro del aire.

2. Desmonte los filtros y tubos en las tapas de las válvulas y en el conducto de ligazón.

3. Retire el conducto de ligazón y obture el múltiple de admisión con tapas especiales (código J-26996-1, en motores V8, o 29657, en motores V6) o, de carecer de ellas, con cinta.

4. Desconecte la varilla de la mariposa y el resorte de retorno.

5. Retire la palanca acodada.

6. Suelte los cables de la mariposa y del cambio de sus posiciones en los soportes del múltiple de admisión.

7. Desconecte las tuberías de combustible en el filtro y extraiga éste.

8. Suelte la tubería que lleva el combustible a a bomba.

9. Retire la abrazadera posterior del compresor de aire acondicionado y retire la tubería de combustible.

10. Suelte la tubería de retorno de combustible en la bomba de inyección.

11. Retire las abrazaderas y extraiga las tuberías de retorno de combustible de cada tobera de inyección.

12. Empleando dos llaves, desconecte las tuberías de alta presión en las toberas.

13. Desenrosque las tres tuercas de retenida de la bomba de inyección, utilizando la herramienta J-26987 u otra equivalente.

14. Extraiga la bomba y cubra con tapas todas las tuberías y toberas.

Para el montaje:

15. Retire las tapas protectoras de todas las tuberías y toberas. Sitúe el motor en el PMS del cilindro n.º 1. La marca del amortiguador de vibraciones debe estar alineada con la marca 0 existente en la lengüeta de la distribución, y las dos válvulas del cilindro n.º 1 han de estar cerradas. La marca de referencia existente en el piñón mandado de la bomba de inyección debe estar algo hacia la derecha cuando el cilindro n.º 1 está en PMS. Antes de continuar, compruebe que se den todas esas condiciones.

16. Alinee la lengüeta descentrada del eje de mando de la bomba con su piñón mandado e instale la bomba.

17. Coloque las tuercas de retenida de la bomba, pero no las apriete.

18. Conecte las tuberías de alta presión a las toberas.

19. Empleando dos llaves, apriete las tuercas de las tuberías de alta presión a 25 libras-pie.

20. Conecte las tuberías de retorno de combustible a las toberas y a la bomba.

21. Alinee la marca de distribución de la bomba de inyección con la línea existente en el adaptador de marcas de distribución y apriete las tuercas de montaje de la bomba a 35 libras-pie en motores V6 y a 18 libras-pie en motores V8.

NOTA: La aplicación de una llave de boca de 3/4" al saliente de la parte delantera de la bomba de inyección facilitará el giro de la bomba para alinear las marcas citadas.

22. Ajuste la varilla de la mariposa:

a. Extraiga el clip de la varilla del control de crucero y desconecte dicha varilla de la palanca acodada.

b. Afloje la tuerca de bloqueo de la varilla de la mariposa unas cuantas vueltas y entonces acorte la varilla varias vueltas.

c. Gire la palanca acodada hasta el tope total de la mariposa y luego alargue la varilla de la ma-

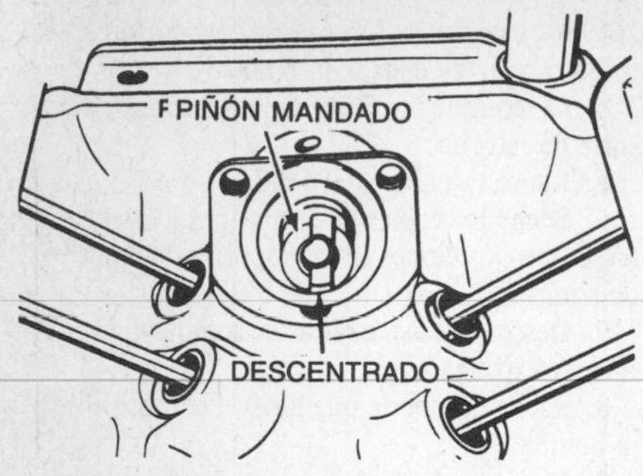

Descentrado del piñón mandado de la bomba

riposa hasta que la palanca de la bomba de inyección establezca contacto con el tope total de la mariposa en la bomba de inyección; entonces suelte la palanca acodada.

d. Apriete la tuerca de bloqueo de la varilla de la mariposa.

23. Monte la tubería de entrada de combustible entre la bomba de transferencia y el filtro.

24. Monte la abrazadera posterior del compresor de aire acondicionado.

25. Monte la palanca acodada y el clip.

26. Conecte la varilla de la mariposa y el resorte de retorno.

27. Ajuste el cable del cambio.

a. Empuje el cierre de resorte a la posición desacoplada.

b. Gire la palanca de la bomba de inyección hasta el tope total de la mariposa y sujétela en dicha posición.

c. Empuje el cierre de resorte hasta que quede enrasado.

d. Suelte la palanca de la bomba de inyección.

28. Ponga el motor en marcha y compruebe que no haya fugas de combustible.

29. Saque las tapas especiales antes citadas o la cinta obturadora y monte el conducto de ligazón de aire.

30. Monte los tubos en la válvula de control de flujo de aire, situada en el conducto de ligazón de aire y monte los filtros de la ventilación en las tapas de las válvulas.

31. Monte el filtro del aire.

32. Ponga el motor en marcha y déjelo que funcione unos dos minutos. Pare el motor, espere unos dos minutos y vuélvalo a arrancar: de este modo se purga el aire de la bomba.

Regulación del avance de la inyección

AJUSTE

Para que la inyección esté debidamente ajustada es preciso que la línea que hay en la parte superior del adaptador de la bomba de inyección esté alineada con la línea impresa en la brida de la bomba de inyección.

1. El motor debe estar preparado para este tipo de ajuste.

2. Afloje las tres tuercas de retenida de la bomba, utilizando la herramienta J-26987 en motores V8 o J-25304 en motores V6, o bien llaves equivalentes.

3. Alinee las marcas de la distribución y apriete las tuercas de retenida de la bomba a 35 libras-pie.

NOTA: El uso de una llave de boca de 3/4" aplicada al saliente en la parte delantera de la bomba facilita el giro de la bomba para alinear dichas marcas.

4. Ajuste la varilla de la mariposa. Vea la sección Bomba de inyección de combustible: Desmontaje y montaje, paso 22.

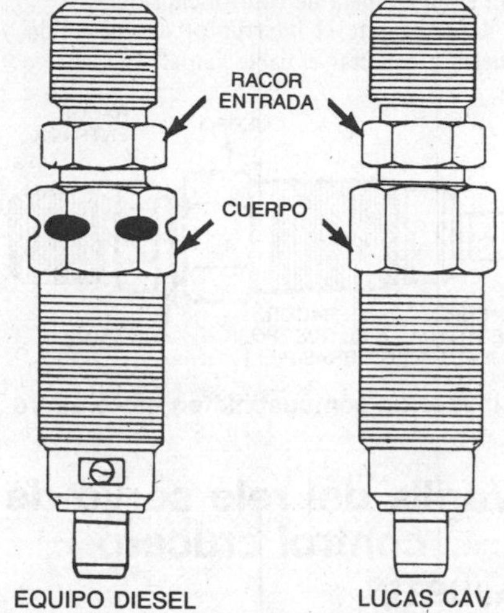

Identificación del inyector combustible en motores diesel V8: 1980 y posteriores

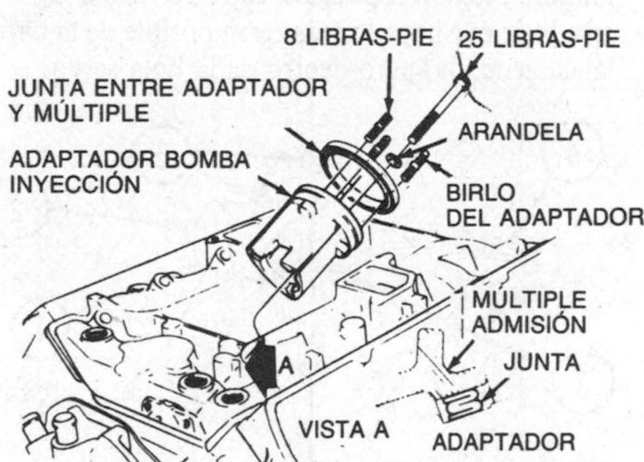

Tornillos del adaptador de la bomba de inyección

Toberas de inyección

DESMONTAJE Y MONTAJE

Las toberas de inyección en estos motores se desatornillan simplemente desde la cabeza de cilindros, una vez retiradas las tuberias de combustible. Tenga cuidado en no dañar el extremo de las toberas y en retirar la junta de cobre de las toberas de su encaje en la cabeza de cilindros, en el caso de que no salga con la tobera.

Elimine la carbonilla acumulada en la punta de las toberas, utilizando un cepillo de hilos de latón suaves, y monte las toberas con su junta.

NOTA: Los modelos 1981 y ulteriores usan dos tipos de inyectores: Lucas CAV y Diesel. Cuando monte los rácores de entrada, si son equipo Diesel, apriételos a 45 libras-pie, y a 25 libras-pie si pertenecen a CAV Lucas.

Adaptador de la bomba de inyección, retén del adaptador y marca de regulación de la inyección

DESMONTAJE Y MONTAJE

NOTA: Omita los pasos 4 y 9 si no ha de instalar un nuevo adaptador.

1. Retire la bomba de inyección y las tuberías, de la forma antes descrita.

2. Retire el adaptador de la bomba de inyección.

3. Retire el retén hermético del adaptador.

4. Elimine con una lima la marca de regulación de la inyección que hay en el adaptador, pero no las de la bomba.

5. Sitúe el cilindro n.º 1 en el PMS. Alinee la marca del amortiguador de vibraciones del cigüeñal con la marca cero del indicador. Dicha marca cero está ligeramente descentrada hacia la derecha cuando el cilindro n.º 1 está en el PMS.

6. Aplique lubricantes de chasis en las áreas de contacto del retén. Instale la bomba de inyección, pero no apriete sus tuercas.

7. Instale el nuevo retén en el adaptador, usando una herramienta especial J-28425 o similar.

8. Apriete los tornillos del adaptador a 25 libras-pie.

9. Instale la herramienta J-26896 en el adaptador. Apriete dicha herramienta, hacia el cilindro n.º 1, a 50 libras-pie. Marque una señal en el adaptador. Retire la herramienta.

10. Instale la bomba de inyección.

SISTEMA DE ENFRIAMIENTO

El sistema de enfriamiento en los motores diesel es idéntico al de los de gasolina, excepto que el depósito del radiador tiene dos enfriadores para el aceite: uno conectado a la caja de cambios, el otro a la base del filtro de aceite.

Radiador

DESMONTAJE Y MONTAJE

1. Vacíe el circuito de enfriamiento.

2. Retire el deflector superior del radiador y deslice su carcasa hacia atrás, encima del ventilador.

3. Suelte las mangueras superior e inferior.

4. Desconecte la manguera de rebose, o la manguera del sistema de recuperación de líquido de enfriamiento, ésta montada como equipo opcional.

5. En los modelos equipados con cambio automático, desconecte y obture con un tapón hembra las tuberías que van al enfriador del aceite. En vehículos con motor diesel, desconecte del radiador las tuberías del enfriador de aceite del motor.

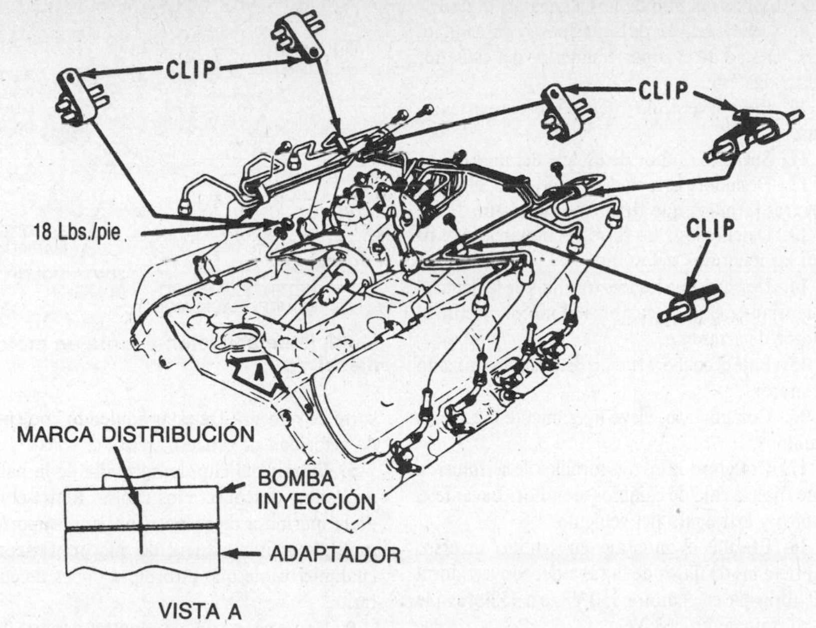

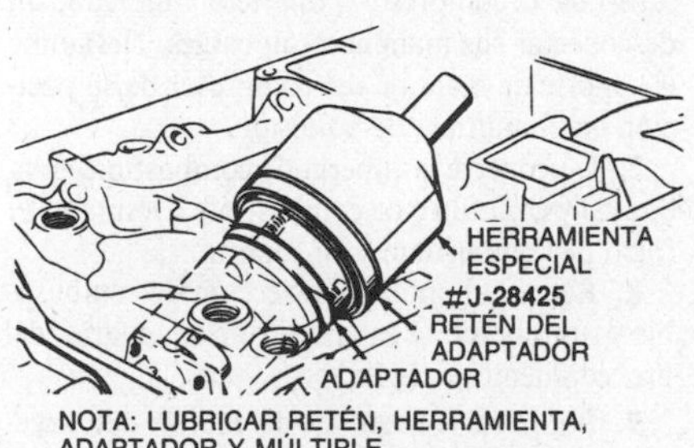

Marcas regulación avance inyección en motores diesel V8 - V6 similar

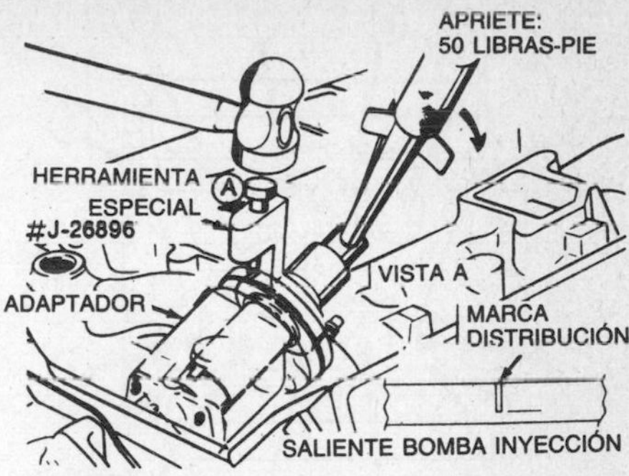

Marcado del adaptador de la bomba de inyección

HERRAMIENTA ESPECIAL #J-28425
RETÉN DEL ADAPTADOR
ADAPTADOR
NOTA: LUBRICAR RETÉN, HERRAMIENTA, ADAPTADOR Y MÚLTIPLE

Montaje retén del adaptador

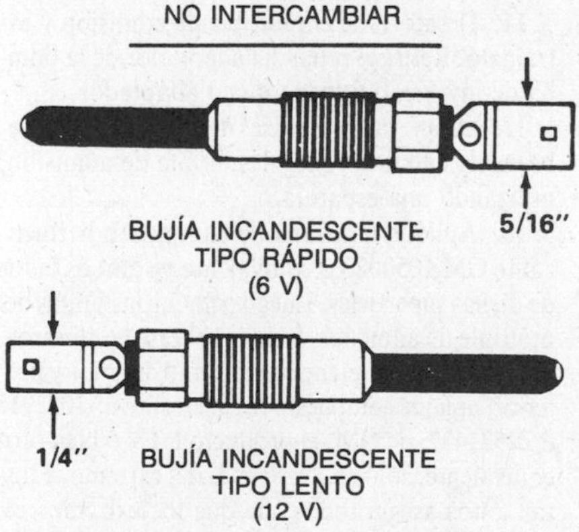

Identificación bujías incandescencia

6. Desatornille el radiador, deslícelo hacia arriba para separarlo de sus soportes y extráigalo del coche.

NOTA: Puede que sea necesario girar las paletas del ventilador para que no obstruyan la retirada del radiador.

7. Efectúe el montaje en el orden inverso al descrito. Vuelva a llenar el circuito de enfriamiento.

Bomba de agua

DESMONTAJE Y MONTAJE

1. Vacíe el circuito de enfriamiento.

2. Desconecte la manguera del calefactor, la de derivación y la inferior del radiador de sus posiciones en la bomba.

3. Afloje las correas de accionamiento. Extraiga el conjunto del ventilador y los cuatro tornillos del espaciador. Si el coche tiene aire acondicionado, extraiga el conjunto del ventilador y su acoplamiento.

NOTA: Mantenga el ventilador en posición derecha durante el desmontaje y después de su extracción, para evitar que el líquido de silicona se vierta del acoplamiento.

4. Desmonte el alternador, el compresor de aire acondicionado y los soportes de la servodirección, de ser el caso. No desconecte ninguna manguera del aire acondicionado.

5. Desenrosque los tornillos que fijan la bomba de agua y extraiga ésta.

Efectúe el montaje de la forma siguiente:

1. Aplique una ligera capa de compuesto hermetizante sobre la superficie del cuerpo de la bomba que establece contacto con la junta.

2. Instale una junta nueva en el cuerpo.

3. Coloque el conjunto de la bomba. Aplique una fina capa de compuesto hermetizante en los tornillos y apriételos a 13 libras-pie.

4. Apriete los tornillos de 5/16" a 10 libras-pie.

5. Efectúe el resto del montaje en orden inverso al desmontaje. Ajuste la tensión de las correas y vuelva a llenar el circuito de enfriamiento.

Termostato

CAMBIO

1. Vacíe el líquido de enfriamiento hasta que esté por debajo del termostato.

2. Suelte las mangueras de la caja del termostato.

3. Retire los tornillos de la caja del termostato, su salida de agua y su junta.

4. Monte el nuevo termostato, con su junta. Si va marcado con el rótulo «front», instálelo con dicha parte orientada hacia el radiador.

5. Conecte las mangueras y vuelva a llenar el circuito de enfriamiento.

MOTOR PARTE MECÁNICA

En ciertos modelos Oldsmobile se usan motores Chevrolet V8 de 305 y 350 y Buick 231, 252 y 350. Los procedimientos de servicio de estos motores se describen en los capítulos destinados a estas marcas, es decir, Chevrolet tracción trasera y Buick tracción trasera. A continuación se tratan los motores producidos por Oldsmobile (8-260, 6-263 diesel, 307 y 350 gasolina y diesel).

Véase la identificación del motor en la tabla al principio de este capítulo.

Motor de gasolina

DESMONTAJE Y MONTAJE

1. Desconecte el cable negativo de la bateria. Extraiga el conjunto del filtro de aire y la tubería del calefactor.

2. Marque con un gramil el perímetro de las bisagras del capó y desmonte éste.

3. Vacíe el circuito de enfriamiento y desconecte las mangueras del radiador y del calefactor de sus posiciones en el motor. Retire la paleta del ventilador y sus poleas y correas. En motores 307 de 1986, retire el radiador.

4. Desconecte el alambre de tierra del motor de su posición en la cabeza de cilindros. Desmonte la carcasa del ventilador.

5. Desconecte y marque con etiquetas todas las tuberías de vacío y cables eléctricos del motor.

6. Suelte el varillaje de la mariposa. Desconecte la tubería de combustible en la bomba de combustible. En los coches con cambio manual, retire el equilibrador del eje del embrague.

7. Si el coche está equipado con cambio automático, desconecte del radiador las tuberías de líquido enfriador de dicha sección. De ser un vehí-

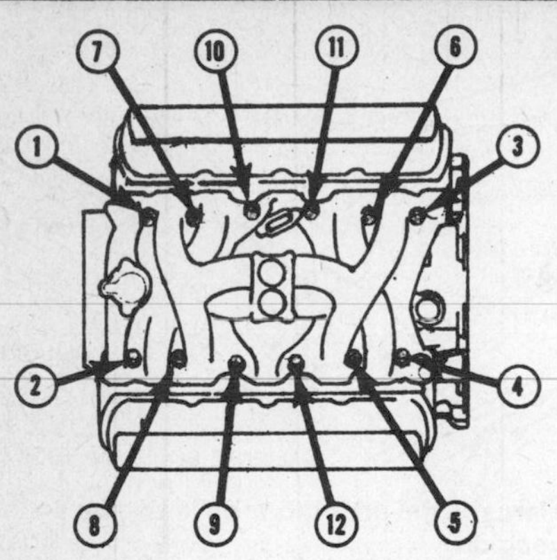

Orden de apriete tornillos en el múltiple de admisión en motores V8, tanto de gasolina como diesel

culo con dirección servoasistida o aire acondicionado, retire la bomba y su soporte, o el compresor y su soporte, respectivamente, pero sin desconectar sus tuberías.

ATENCIÓN

Si desconectase las tuberías del aire acondicionado, podría sufrir graves lesiones.

8. Retire el radiador. También el ventilador, de ser necesario para tener más espacio. Eleve el vehículo y vacíe el aceite del motor.

9. Desconecte los tubos de escape y tubos de ligazón de sus posiciones en los múltiples de escape. Retire los tornillos pasantes de las monturas del motor. Desatornille y extraiga el motor de arranque.

10. En los modelos con cambio automático, retire la tapa del convertidor de par. Marque señales de referencia en el volante del motor y el convertidor. Gire la polea del cigüeñal para tener acceso a los tres tornillos que fijan el convertidor de par al volante y desenrosque esos tornillos.

11. Desenrosque los tornillos que fijan la caja de cambios o el embrague al motor; coloque un gato debajo de la caja de cambios y eleve ésta ligeramente.

12. Con un aparato de izado con cadenas, levante el motor y extráigalo del vehículo.

13. Para el montaje siga el mismo procedimiento en sentido inverso.

Motor diesel

DESMONTAJE Y MONTAJE

1. Vacíe el circuito de enfriamiento.

2. Extraiga el filtro del aire.

3. Marque la posición del capó con respecto a sus bisagras y desmóntelo.

4. Desconecte los cables de puesta a tierra de las baterías.

5. Desconecte los cables de tierra en los paneles del guardabarros y la tira de tierra en la carrocería.

6. Suelte las mangueras del radiador, las tuberías de líquido de enfriamiento, mangueras del calefactor, tubos flexibles de vacío, tubos flexibles de la bomba de la servodirección, el compresor del aire acondicionado (sin desconectar sus tuberías), el tubo flexible de entrada de combustible y todos los cables que interfieran en el desmontaje.

7. Extraiga el clip de la palanca acodada.

8. Suelte los cables de la mariposa y del cambio.

9. Desmonte el soporte superior del radiador y extraiga éste.

10. Eleve el vehículo y déjelo sobre soportes seguros.

11. Suelte los tubos de escape del múltiple.

12. Desmonte la tapa del convertidor de par y los tres tornillos que fijan éste al volante.

13. Desenrosque los tornillos o tuercas que fijan las monturas del motor.

14. Desenrosque los tres tornillos de la derecha que fijan la caja de cambios al motor. Retire el motor de arranque.

15. Baje el coche y fije un dispositivo de izado al motor.

16. Con un gato, eleve ligeramente la caja de cambios.

17. Desenrosque los tres tornillos de la izquierda que fijan la caja de cambios al motor. Levante el motor y extráigalo del vehículo.

18. Efectúe el montaje en sentido inverso. Apriete los tornillos de la tapa del convertidor a 40 libras-pie en el motor 350 V8, o a 35 libras-pie si se trata de un 263 V6.

Múltiple de admisión

DESMONTAJE Y MONTAJE

Motor de gasolina

1. Extraiga el filtro del aire, vacíe el radiador y desconecte el borne negativo de la batería.

2. Desconecte la manguera superior del radiador, la manguera de derivación y la manguera del calefactor, en el múltiple.

3. Desconecte el varillaje de la mariposa, las tuberías de vacío y de gasolina y la tubería de refuerzo del freno, de sus posiciones en el carburador.

4. Retire el alternador y, de ser necesario, los soportes del compresor del aire acondicionado (en los motores del reciente modelo 307 debe desmontarse el soporte posterior).

ATENCIÓN

No desconecte las tuberías del aire acondicionado, ya que podría sufrir graves lesiones.

5. Desconecte el cable del indicador de temperatura y, en modelos recientes, el cable de control de emisiones (CCR).

6. Desatornille el múltiple de admisión y extraiga éste junto con el carburador.

7. Efectúe el montaje en sentido inverso. Apriete todos los tornillos del múltiple primero a 15 libras-pie y luego al valor especificado, en la secuencia ilustrada. Aplique una ligera capa de compuesto hermetizante a todas las superficies de contacto.

Motor diesel

1. Extraiga el filtro del aire.

2. Vacíe el radiador. Afloje la abrazadera de la manguera superior y de derivación, desatornille la caja del termostato y extraiga dicha caja y el termostato del múltiple de admisión.

3. Retire los tubos de respiradero de las tapas de balancines y del conducto de ligazón de aire. Desmonte dicho conducto.

4. Desconecte la varilla de la mariposa y el re-

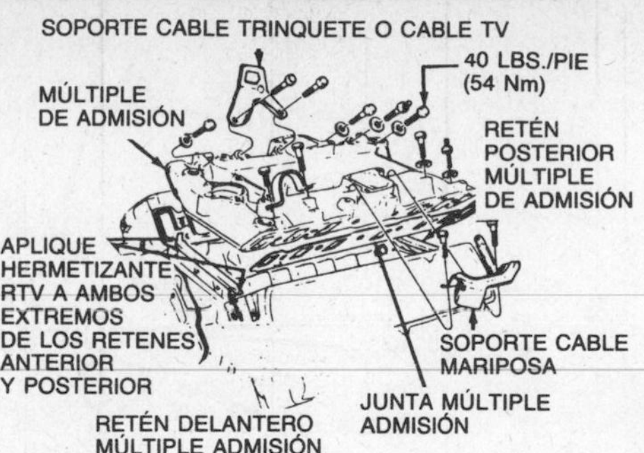

Múltiple de admisión y junta en motores diesel V8

sorte de retorno. De estar equipado con control de velocidad de crucero, retire el servo.

5. Extraiga el clip de horquilla de la palanca acodada y desconecte los cables. Retire el cable de la mariposa de su posición en el soporte del múltiple y sitúelo fuera del motor. Desconecte cualquier cable que estorbe, después de etiquetarlo.

6. De ser necesario, desmonte el soporte del alternador. En los motores de 350 pulgadas cúbicas, de haberse instalado aire acondicionado, desatornille el compresor y apártelo a un lado, sin desconectar sus mangueras ni cables. Desmonte el soporte de montaje del compresor de su posición en el múltiple de admisión.

7. Desconecte la tubería de combustible en la bomba y en el filtro de combustible. Desmonte el filtro de combustible y su soporte.

8. Retire la bomba de inyección de combustible y sus tuberías. Vea la descripción anterior del procedimiento a seguir.

9. Por la parte posterior del motor, desconecte y extraiga el conjunto de accionamiento de la bomba de vacío/bomba de aceite.

10. Retire el tubo de drenaje del múltiple de admisión.

11. Desatornille el múltiple de admisión y extráigalo. Retire el retén del adaptador de la bomba de inyección y luego dicho adaptador.

12. Limpie las superficies de contacto en las cabezas de cilindros y en el múltiple de admisión, utilizando una espátula.

13. Aplique una capa de compuesto hermetizante GM 1050026 o equivalente en ambos lados de dichas superficies. Luego coloque las juntas del múltiple de admisión en las cabezas de cilindros. Para montar los retenes de extremo anterior y posterior, aplique compuesto hermetizante n.º 1052915 o 22521437, de GM, el producto RTV o bien otro equivalente, sólo en los retenes del extremo, e instale éstos asegurándose de que los extremos estén situados debajo de las cabezas de cilindros.

14. Con cuidado, introduzca el múltiple de admisión en su ubicación en el motor.

15. Limpie a fondo los tornillos de montaje del múltiple de admisión y luego introduzca su rosca en aceite de motor limpio. Apriete dichos tornillos a 15 libras-pie en los motores 350 V8, en la secuencia ilustrada; luego incremente el par a 30 libras-pie, también en la misma secuencia; termine con una última pasada, en el mismo orden, que eleve el par a 40 libras-pie. En los motores 263 V6, efectúe el primer apriete a 15 libras-pie, en el mis-

mo orden, y luego gradualmente, hasta 41 libras-pie.

16. Monte el tubo de drenaje del múltiple de admisión y su abrazadera.

17. Monte el adaptador de la bomba de inyección. Vea la sección Sistema de combustible, en sus subsecciones motor diesel: Adaptador de la bomba de inyección, retén del adaptador, desmontaje y montaje, marcado de sincronización del nuevo adaptador. Si no instala un nuevo adaptador, omita los pasos 4 y 9.

18. Monte la bomba de inyección, con arreglo al procedimiento descrito ya en Motor diesel: Sistema de combustible.

19. Monte el conjunto de accionamiento de la bomba de vacío o de la bomba de aceite.

ATENCIÓN

No haga funcionar el motor sin el conjunto de accionamiento de la bomba de vacío/bomba de aceite, dado que opera también esta última bomba.

20. Monte el resto de los componentes en orden inverso al procedimiento de desmontaje descrito. Para ajustar la varilla de la mariposa y el cable del cambio, siga los procedimientos descritos en Motor diesel, bomba de inyección de combustible: Desmontaje y montaje, pasos 22 y 27.

Múltiple de escape

DESMONTAJE Y MONTAJE

Lado derecho, excepto motores diesel

1. Desconecte el cable negativo de la batería.

2. Eleve el vehículo y saque la rueda delantera derecha, de ser necesario; retire el tubo de escape y el tubo de ligazón; desatornille el múltiple. De haberlo, desconecte el cable del sensor de oxígeno.

3. Desenrosque el tornillo inferior de montaje del motor y levante ligeramente el motor, de ser necesario, para disponer de más espacio.

4. Extraiga el múltiple por debajo.

Lado izquierdo, 88 y 98

1. Extraiga el filtro de aire.

2. Retire el deflector del aire caliente.

3. Desmonte el soporte inferior del alternador.

4. Eleve el vehículo y retire el tubo de ligazón.

5. Baje el vehículo y desmonte el múltiple.

Cutlass: lado izquierdo

1. Eleve el vehículo y desconecte el tubo de ligazón en el lado izquierdo.

2. Baje el vehículo y desconecte el eje intermedio de la columna de dirección.

3. Desmonte el deflector de aire caliente.

4. Desmonte el múltiple.

Motores diesel: lado izquierdo

1. Extraiga el filtro del aire.

2. Desmonte el soporte inferior del alternador.

3. Eleve el vehículo y déjelo soportado.

4. Desmonte el tubo de ligazón.

5. Baje el vehículo.

6. Desmonte el múltiple.

7. Efectúe el montaje en orden inverso.

Motores diesel: lado derecho

1. Eleve el vehículo y déjelo soportado.

2. Retire el tubo de ligazón.

3. Desconecte el tubo de escape.

4. Saque la rueda delantera derecha.

5. Desmonte el múltiple y extráigalo por debajo del vehículo.

6. Efectúe el montaje en sentido inverso.

Válvulas

En todos los motores se usan seguidores hidráulicos. Las guías de las válvulas no pueden cambiarse, pero sí escariarse a un mayor diámetro interior. En ocasiones, en la fabricación se montan guías de mayor diámetro; en este caso, ello se indica con un marcaje en el lado de la cabeza de cilindros que da hacia el interior del coche, en la superficie mecanizada justamente por encima del múltiple de admisión. Los seguidores y los empujadores deben depositarse en el correcto orden cuando se desmontan, para poder volverlos a montar en la válvula a que corresponden. Los seguidores de válvulas en motores diesel son diferentes de los usados en motores de gasolina. Vea la Nota al comienzo de esta sección sobre el motor.

Balancines

DESMONTAJE Y MONTAJE

Motores de gasolina

Desmonte las tapas de válvulas. Desenrosque los dos tornillos que fijan el pivote de balancines a la cabeza de cilindros. Retire los balancines por pares. Luego instale los balancines de cada cilindro sólo cuando los seguidores estén fuera del lóbulo de la leva y las válvulas cerradas. Aplique grasa blanca en todos los puntos sometidos a desgaste en el pivote y en los balancines. Apriete los tornillos de cabeza endurecida que fijan el pivote a 25 libras-pie.

Motores diesel V8

NOTA: Cuando se sacan o aflojan los balancines en motores diesel, es preciso aliviar los seguidores de válvulas, para evitar que la presión de aceite se acumule dentro de los mismos, lo que podría provocar su elevación excesiva, abriendo las válvulas hasta un punto en que fueran tomadas por el pistón.

1. Desmonte la tapa del área de válvulas.

2. Desenrosque los tornillos que fijan el pivote de los balancines y retire el pivote y los balancines.

3. Retire cada juego de balancines como una unidad.

4. Para el montaje, engrase los puntos sometidos a desgaste en el pivote y sitúe cada juego de balancines en su posición correcta. No apriete los tornillos de fijación del pivote para evitar el riesgo de que las válvulas se tuerzan al girar el cigüeñal.

5. Es posible aliviar los seguidores simultáneamente para seis cilindros con el cigüeñal en una de las dos posiciones siguientes:

a. En los cilindros n.º 3, 5, 7, 2, 4 y 8, gire el cigüeñal de modo que la ranura aserrada en el amortiguador de vibraciones esté a 0° en el indicador de la distribución.

b. Para los cilindros 1, 3, 7, 2, 4 y 6, gire el cigüeñal de modo que la ranura aserrada en el amortiguador de vibraciones esté en la posición correspondiente a la aguja de un reloj a las 4 horas.

6. Apriete los tornillos que fijan el pivote de los balancines a 28 libras-pie. Se requieren 45 minutos para que, en las posiciones citadas, los seguidores se vacíen lo necesario. Si deben aliviarse otros seguidores, gire el motor a la otra posición, apriete los tornillos del pivote y espere de nuevo 45 minutos antes de girar el cigüeñal.

7. Monte el resto de los componentes en orden inverso al desmontaje. Las tapas de los balancines no usan juntas, sino un cordón de compuesto hermetizante a base de silicona RTV (vulcanización a temperatura ambiente).

Motores diesel V6

NOTA: Cuando en motores diesel se sacan o aflojan los balancines, es preciso aliviar los seguidores de válvulas, para evitar que la presión del aceite se acumule dentro de los mismos, lo que podría provocar su excesiva apertura, de modo que empujaran las válvulas hasta un punto en que fueran tomadas por el pistón.

1. Desmonte la tapa de las válvulas.

2. Retire los tornillos del pivote de balancines, el pivote y los balancines.

3. Retire cada juego de balancines como una unidad.

4. Antes de volver a colocar cualquier balancín, gire el cigüeñal de modo que el cilindro n.º 1 esté 32° antes del PMS, es decir 2 pulgadas hacia la izquierda del punto 0°. Para comprobar que el cilindro n.º 1 está acercándose al PMS, en el caso de que haya retirado sólo la tapa de válvulas de la derecha, saque la bujía de dicho cilindro y coloque el pulgar sobre su agujero: al girar el cigüeñal, percibirá la presión de la compresión, que expulsa aire por el agujero. Si, en cambio, ha desmontado la tapa de válvulas de la izquierda, gire el cigüeñal hasta que la bola del empujador de la válvula de admisión del cilindro n.º 5 esté 0.28 pulgadas (7.11 mm) por encima de la bola del empujador de la válvula de escape del cilindro n.º 5.

NOTA: Para apretar los tornillos de los pivotes de balancines, use sólo llaves manuales, para evitar que el motor sufra daños.

5. Si ha sacado el pivote y los balancines del cilindro n.º 5, móntelos primero y apriete los tornillos alternativamente entre la válvula de admisión y la de escape, hasta que la de admisión empiece a abrirse; entonces deténgase.

6. Monte el resto de balancines, excepto el de la válvula de escape del cilindro n.º 3 (de haberlo desmontado).

7. Si lo retiró, instale el pivote de la válvula de escape del cilindro n.º 3, pero no lo apriete más allá del punto en que la válvula se abre completamente. Ello es indicado por una fuerte resistencia mientras se están apretando los tornillos. Si se continuara el apriete, se torcería el empujador. Apriete los tornillos LENTAMENTE, para que el seguidor de la válvula vaya vaciándose.

8. Termine ahora de apretar los tornillos del pivote de balancines del cilindro n.º 5. Proceda también lentamente, sin rebasar el punto en que la válvula quede completamente abierta, como en el paso 7.

9. Espere por lo menos 45 minutos a hacer girar el cigüeñal.

10. Mientras los seguidores de la válvula van

vaciándose, termine el montaje del resto de los componentes.

REGLAJE DEL JUEGO DE LAS VÁLVULAS

Estas válvulas no pueden ajustarse. Si hay un juego excesivo en el tren de válvulas, compruebe que no haya excesivo desgaste en los empujadores, balancines o resortes, o algún seguidor roto o agarrotado.

Culata

Vea la Nota al comienzo de la sección sobre el Motor.

DESMONTAJE Y MONTAJE

ATENCIÓN

No desconecte las tuberías del aire acondicionado, ya que su contenido podría provocar graves lesiones.

Motor de gasolina

1. Vacíe el circuito de enfriamiento.

2. Desmonte como un conjunto el múltiple de admisión y el carburador.

3. Desmonte el múltiple de escape.

4. Afloje o retire cualquier soporte de accesorios que interfiera.

5. Saque la tapa de las válvulas, retirando cualquier soporte de accesorios que estorbe.

6. Retire el alambre de tierra de la batería de su posición en la cabeza de cilindros.

7. Desenrosque los tornillos de los pivotes de balancines y retire esos pivotes, los balancines y los empujadores. Marque con un gramil los pivotes, balancines y empujadores, para facilitar su montaje en las mismas ubicaciones.

8. Desatornille la cabeza o cabezas de cilindros y retírelas.

9. Efectúe el montaje en sentido inverso. Se recomienda aplicar una capa de compuesto hermetizante en ambas caras de las juntas de la cabeza de cilindros. Antes de colocar los tornillos de la cabeza de cilindros, introduzca su rosca en aceite, pero deje que éste gotee completamente, para que no se acumule en el orificio y perturbe el apretado. En los motores V6 de cilindrada 231, aplique en la rosca de los tornillos un compuesto hermetizante espeso, en vez de aceite. Apriete estos tornillos en el orden correcto, primero hasta 60-70 libras-pie y luego hasta el par indicado en la tabla al principio de este capítulo. Luego, haga funcionar el motor hasta que se caliente y complete el apriete de nuevo al valor indicado. En los modelos 1985-87, aplique un cordón de 1/4 de pulgada de diámetro de compuesto hermetizante de silicona RTV a lo largo de la superficie horizontal de la tapa, dejando que penetre también en los orificios de los tornillos.

NOTA: En los modelos de 1981 y ulteriores, las juntas de la cabeza de cilindros deben colocarse sin compuesto hermetizante. En los motores V8 de 260 pulgadas cúbicas, las juntas deben colocarse con la cara que lleva una franja hacia arriba. Las juntas del V8 307 carecen de dicha raya.

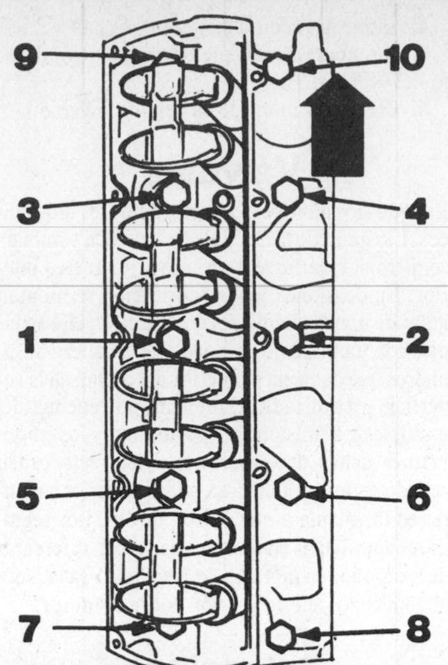

Orden de apretado tornillos en cabezas de cilindros V8

APLICAR UN CORDÓN DE 6 MM DE HERMETIZANTE 1052915, GE 1673 O EQUIVALENTE EN LA TAPA DE LAS VÁLVULAS

Aplicación de hermetizante RTV en las tapas de las válvulas en motores V8 307

Motor diesel

1. Desmonte el múltiple de admisión, de la forma antes descrita.

2. Desmonte la tapa o tapas de los balancines, después de retirar los soportes de los accesorios que puedan interferir.

3. Desconecte los cables de las bujías, después de marcarlos con etiquetas de identificación.

4. Si ha de desmontar la cabeza de cilindros de la derecha, retire la tira de puesta a tierra.

5. Desatornille los pivotes de los balancines y retire dichos pivotes, los balancines y los empujadores, depositándolos ordenadamente en lugar seguro, para poder montar luego cada componente de nuevo en su misma ubicación. A este fin, se recomienda marcarlos con un gramil o etiquetarlos.

6. Retire de las toberas los tubos de retorno de combustible.

7. Desmonte el múltiple o múltiples de escape de la forma antes descrita.

8. Retire el tapón de drenaje del bloque en el lado de motor cuya cabeza de cilindros quiere desmontar. En motores V6, desenrosque los tapones de rosca de tubo que cubren los tornillos superiores de la cabeza de cilindros.

9. Desatornille la cabeza de cilindros y retírela.

10. Para proceder al montaje, limpie primero completamente las superficies de contacto en la cabeza de cilindros y en el bloque. Coloque en éste juntas nuevas, sin aplicar compuesto hermetizante. Estas juntas llevan un revestimiento especial que

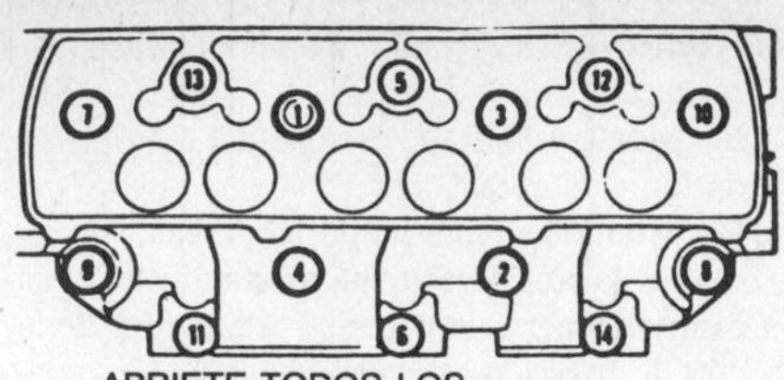

APRIETE TODOS LOS TORNILLOS A 193 Nm (142 LIBRAS-PIE), EXCEPTO LOS N.º 5, 6, 11, 12, 13 y 14, QUE DEBEN APRETARSE A 80 Nm (59 LIBRAS-PIE)

Orden de apretado tornillos en cabezas de cilindros de motores diesel V6

evita tener que aplicar hermetizante. Si, por error, aplicara hermetizante, se provocarían fugas. Monte la cabeza de cilindros.

11. Limpie a fondo los tornillos de la cabeza de cilindros (y los tapones de rosca de tubo, en motores V6). En motores V8, introduzca la rosca de los tornillos en aceite de motor limpio, deje que éste gotee y coloque los tornillos hasta que su cabeza establezca contacto con la cabeza de cilindros. En motores V6, use hermetizante/lubricante n.º 1052080 o equivalente y aplique una ligera capa en la rosca de los tornillos, en el área debajo de dicha rosca, así como en la rosca de los orificios de los tornillos.

NOTA: Debe aplicarse el hermetizante correcto, ya que de lo contrario se producirán pérdidas del líquido de enfriamiento y el apretado de los tornillos será incorrecto.

12. En los motores V8, apriete los tornillos en el orden indicado hasta 100 libras-pie. Cuando haya apretado todos los tornillos a ese valor, empiece una nueva pasada, hasta 130 libras-pie.

13. En motores V6, apriete todos los tornillos en el orden correcto a 100 libras-pie, excepto los n.º 5, 6, 11, 12, 13 y 14, que deben apretarse a 41 libras-pie. Finalmente, apriete todos los tornillos a 142 libras-pie, excepto los citados, que deben apretarse a 59 libras-pie. Efectúe cada vez dicho apretado en el orden numérico ilustrado. Luego monte los tapones de rosca de tubo.

14. Monte el tapón o tapones de drenaje, el múltiple o múltiples de escape, los tubos de retorno de combustible, los cables de las bujías y la tira de puesta a tierra en la cabeza de cilindros derecha.

15. Monte el conjunto del tren de válvulas. Observe el procedimiento de alivio de los seguidores de válvula descrito en Motores Diesel, Montaje de los balancines.

16. Monte el múltiple de admisión.

17. Monte la tapa o tapas de las válvulas, usando hermetizante RTV (vulcanización a temperatura ambiente), sea GM n.º 1052434 o equivalente. Dentro de los 10 minutos siguientes de aplicar el compuesto de silicona (todavía húmedo), coloque la tapa.

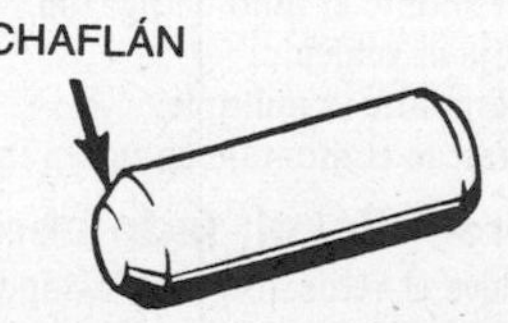

Chaflán de la espiga de alineación

REVISIÓN

Las tareas de revisión de la cabeza de cilindros se describen en el apartado de Reparaciones.

Cárter de la distribución y árbol de levas

Vea Nota al comienzo de la sección Motor.

TAPA DE LA DISTRIBUCIÓN EN MOTORES V8 DESMONTAJE Y MONTAJE

Motor de gasolina

1. Vacíe el líquido de enfriamiento. Desconecte la manguera del radiador y la de derivación.

2. Desmonte el amortiguador de vibraciones y la polea del cigüeñal.

3. Vacíe el aceite y desmonte el cárter del aceite.

4. Desatornille la tapa de distribución y sáquela. Retire el indicador de distribución y la bomba de agua.

5. Produzca un chaflán en el extremo de cada espiga de centrado, tal como se muestra en la ilustración. Al instalar esas espigas, debe introducirse el extremo achaflanado primero. Corte aproximadamente 1/8" (3 mm) de cada extremo de la nueva junta delantera del cárter, así como todo sobrante del borde delantero de la junta del cárter del aceite. Asegúrese de que todas las superficies de contacto estén perfectamente limpias.

6. Efectúe el montaje en orden inverso al desmontaje, empleando una junta nueva con compuesto hermetizante. Apriete los tornillos de la bomba de agua a 13 libras-pie; los tornillos de 5/16" de la tapa a 25 libras-pie y los cuatro tornillos inferiores (placa de la tapa) a 35 libras-pie. Apriete el tornillo del cubo de la polea del cigüeñal a 310 libras-pie, y los tornillos de la propia polea a 10 libras-pie. Apriete los tornillos del ventilador a 20 libras-pie.

Motor diesel

NOTA: **Para realizar esta operación en motores V8 se requiere un juego de herramientas especiales para extraer la polea del cigüeñal sin dañar el suplemento de goma que separa la mitad interior de la mitad exterior de la polea. Use las herramientas GM nº J-8614-3, J-8614-2, J-8614-1 y J-7583-3, o equivalentes.**

1. Vacíe el circuito de enfriamiento y desconecte las mangueras del radiador.

2. Retire todas las correas, el ventilador y su polea. Desmonte la polea del cigüeñal y el amortiguador de vibraciones, utilizando las herramientas especiales acabadas de describir para motores V8. Vea en la ilustración la correcta colocación de estas herramientas. En motores V6, asegúrese de usar un extractor que se atornille en el exterior del amortiguador de vibraciones y ejerza tracción aplicando la presión contra un punto de guía inserto en el centro del cigüeñal.

ATENCIÓN

Si se intenta desmontar el amortiguador de vibraciones con algún otro tipo de extractor, como por ejemplo uno universal de tipo garras que ejerza su tracción fuera del cubo, puede dañarse el amortiguador. El anillo exterior del amortiguador está aglomerado con goma al cubo del amortiguador. Si se ejerce la tracción fuera del cubo, se rompe dicha aglomeración. La marca de la distribución está impresa en el anillo exterior. Si hay indicios de que la aglomeración esté rota, compruebe que el centro del chavetero esté a 16° del centro de la ranura de distribución. Además hay marcas de alineación efectuadas con cincel entre el contrapeso y el cubo.

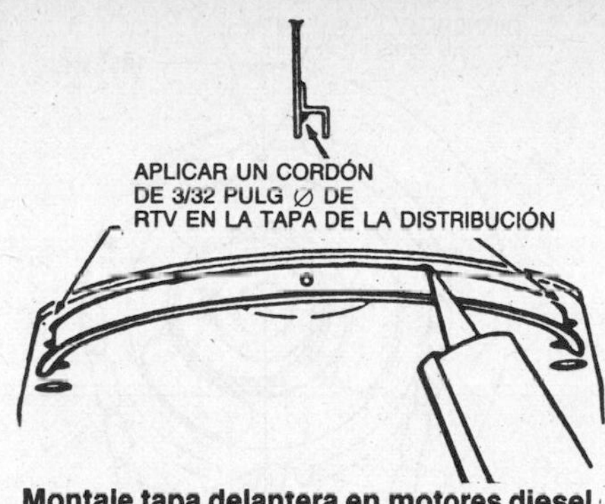

Montaje tapa delantera en motores diesel V6: aplicar hermetizante RTV en el retenedor del retén de aceite de la tapa de distribución de la forma ilustrada

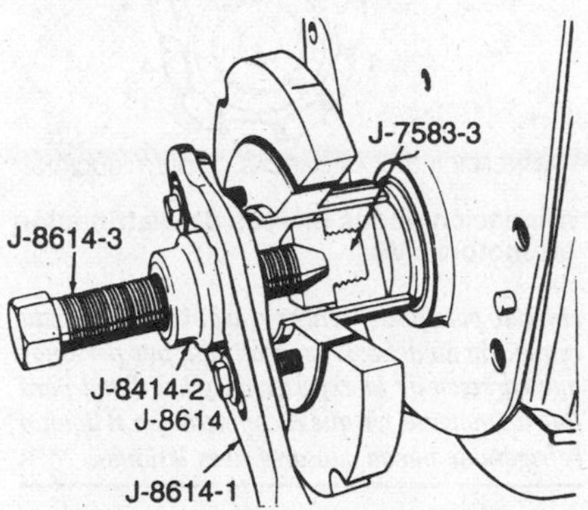

Correcta colocación de las herramientas especiales de extracción de la polea del cigüeñal (V8, 307).

3. Desatornille y extraiga la tapa, el indicador de distribución y la bomba de agua.

4. Puede que sea necesario limar o rectificar un punto de la tapa para producir un área plana en que aplicar una herramienta para extraerla.

5. Corte un chaflán en un extremo de cada espiga de centrado, de la forma ilustrada.

6. Recorte el exceso de material del extremo delantero de la junta del cárter de aceite, en cada lado del bloque.

7. Con disolvente, limpie las superficies de contacto en el bloque, en el cárter de aceite y en la tapa de distribución.

8. Corte aproximadamente 1/8 de pulgada (3 mm) en cada extremo de la nueva junta delantera del cárter del aceite.

9. Coloque una nueva junta para la tapa de distribución en el bloque, y un nuevo retén en la tapa.

10. Aplique compuesto hermetizante sobre la junta, alrededor de los orificios de paso del líquido de enfriamiento.

11. Aplique compuesto hermetizante en el bloque, en el área de unión entre el cárter y la tapa. En motores V6, aplique compuesto hermetizante de silicona RTV sobre el retenedor de la junta del cárter del aceite en la tapa de distribución.

12. Coloque la tapa en el bloque y apriétela para comprimir el material hermetizante. Haga girar la tapa a izquierda y derecha y al mismo tiempo guíe la junta del cárter a su cavidad, utilizando un destornillador. Aplique aceite a la rosca y a la cabeza de los tornillos, coloque dos de ellos para sujetar la placa y entonces instale dos espigas de centrado (primero el extremo biselado). Coloque el resto de los tornillos en la tapa.

13. Aplique un lubricante que sea compatible con goma en la superficie de la junta del amortiguador de vibraciones.

14. Coloque el amortiguador y apriete su tornillo. Apriete este tornillo a 200-300 libras-pie en los motores V8 y a 160-350 libras-pie en motores V6.

15. Monte el resto de los componentes en orden inverso al desmontaje.

Cadena de distribución en motores V8

CAMBIO DE LA CADENA Y REGLAJE DE LAS VÁLVULAS

1. Retire la tapa de distribución, gire el cigüeñal de modo que se alineen las marcas de la distribución y desmonte la rueda dentada del árbol de levas de la forma descrita a continuación.

NOTA: La leva que opera la bomba de combustible está atornillada a la parte delantera de la rueda dentada del árbol de levas y dicha rueda va montada en el árbol de levas mediante una espiga de centrado.

2. Retire el collar deflector de aceite, la cadena de distribución y la rueda dentada del árbol de levas. Si se ha de cambiar la rueda dentada del cigüeñal, desmóntela también ahora. Extraiga la chaveta del cigüeñal antes de aplicar el extractor. Si no puede extraer dicha chaveta, alinee el extractor de modo que no quede solapado sobre la chaveta, ya que el chavetero es la única parte mecanizada que permite acceso a la rueda dentada del cigüeñal.

3. Al volver a montar la rueda dentada del cigüeñal, preste atención a empezar con la misma perfectamente alineada, ya que es difícil corregir cualquier desalineación cuando la rueda ha empezado a entrar en el cigüeñal. Gire la marca de distribución existente en la rueda dentada hasta que esté orientada hacia el centro del árbol de levas. Coloque la cadena de distribución en la rueda dentada del árbol de levas y empiece a introducir dicha rueda en el árbol de levas con las marcas de distribución lo más cerca posible entre sí y alineadas entre el centro del árbol de levas y el centro del cigüeñal. Gire el árbol de levas para alinearlo con la nueva rueda dentada.

NOTA: Para ajustar las marcas existentes en las ruedas dentadas del cigüeñal y del árbol de levas al instalar la cadena, sitúe el pistón del cilindro nº 6 en su PMS. Gire entonces lentamente el cigüeñal una revolución hasta que la marca de la rue-

da dentada del árbol de levas esté en la posición señalada por la aguja de un reloj a las 12 horas: el cilindro nº 1 estará ahora en su PMS de la carrera de compresión.

4. Sitúe la leva de la bomba de combustible con su cara plana orientada hacia atrás.

5. Inserte la chaveta con un martillo de latón, hasta que llegue a su tope.

6. Coloque el anillo deflector de aceite.

NOTA: Siempre que se cambien la cadena de distribución y sus ruedas dentadas en motores diesel es necesario proceder a un nuevo reglaje del motor. Vea la sección Motor diesel, Regulación del avance de la inyección.

Cadena de distribución y ruedas dentadas en motores diesel V6

CAMBIO

1. Retire la tapa de la distribución, siguiendo el procedimiento antes descrito. Retire las tapas del área de válvulas.

2. Afloje uniformemente los tornillos de todos los pivotes de balancines, de modo que haya cierta holgura entre los balancines y las válvulas. No es necesario desmontar los balancines, a menos que se precise reparación de los mismos.

3. Retire el collar deflector de aceite del cigüeñal y el tornillo y arandela de retenida de la rueda dentada del árbol de levas.

4. Retire la cadena de distribución y la rueda dentada del árbol de levas y del cigüeñal. De ser necesario, use un extractor para desmontar esta última.

5. Si la chaveta de fijación de la rueda dentada al árbol de levas sale con dicha rueda, retire el retenedor del cojinete delantero del árbol de levas y monte la chaveta en el piñón de mando de la bomba de inyección. Vuelva a colocar el retenedor del cojinete.

6. Si la chaveta de la rueda dentada del cigüeñal sale al extraer dicha rueda, vuélvala a colocar.

7. Al proceder al montaje, instale la rueda dentada del árbol de levas y la del cigüeñal conjuntamente con la cadena, alineando las marcas existentes en el árbol de levas y en el cigüeñal. Apriete el tornillo de fijación de la rueda dentada del árbol de levas a 70 libras-pie.

8. Monte el collar deflector de aceite y el resto de componentes de la distribución.

9. Después de colocar la tapa de la distribución, alivie la presión de los seguidores de válvulas de la forma descrita anteriormente en Motor diesel, Montaje de los balancines.

10. El resto del montaje es en sentido inverso al desmontaje. En vez de juntas, para el montaje de las tapas de las válvulas se usa compuesto hermetizante.

Árbol de levas en motores V8

DESMONTAJE Y MONTAJE

ATENCIÓN

Todos los vehículos con motor V8 Oldsmobile precisan que se descargue el circuito de aire acondi-

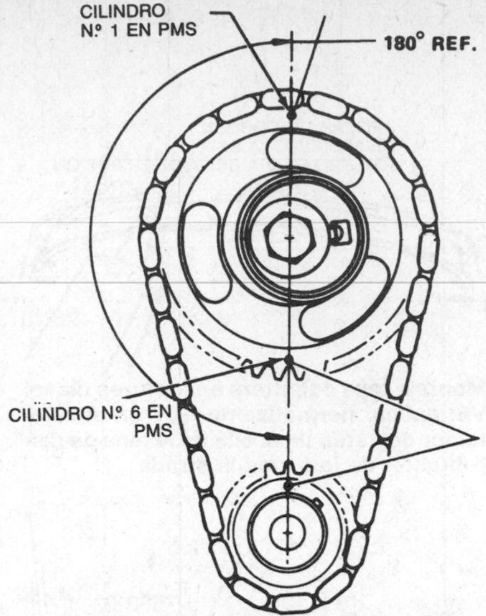

Alineación de las marcas de distribución en motores V8

cionado para poder retirar el árbol de levas. Esta operación no debería ser realizada por personas que carezcan de la experiencia y habilidad para este desmontaje, ya que el contacto con el líquido refrigerante puede causar graves lesiones.

Motores de gasolina

1. Desconecte la batería.

2. Vacíe y retire el radiador.

3. Desconecte la tubería de combustible en la bomba de combustible y retire ésta.

4. Desconecte el cable de la mariposa y el filtro del aire.

5. Retire la correa del alternador, afloje los tornillos de éste y apártelo a un lado.

6. Suelte de sus soportes la bomba de la servodirección y sitúela de modo que no estorbe.

7. Desmonte el compresor de aire acondicionado de sus soportes y sitúelo de modo que no interfiera con el desmontaje, pero no desconecte sus tuberías.

8. Suelte las mangueras de la bomba de agua.

9. Desconecte los cables eléctricos y tuberías de vacío.

10. Marque la posición del distribuidor en el bloque y retírelo.

11. Eleve el vehículo y vacíe el cárter del aceite.

12. Retire el tubo de ligazón de los tubos de escape y el motor de arranque.

13. Desconecte el tubo de escape de su múltiple.

14. Desmonte la polea del cigüeñal y el amortiguador de vibraciones.

15. Deje el vehículo firmemente apoyado y retire las monturas delanteras del motor.

16. Retire la tapa de inspección del volante.

17. Desmonte el cárter del aceite.

18. Soporte el motor colocando tacos de madera entre el múltiple de escape y el travesaño delantero.

19. Retire la tapa de la distribución.

20. Retire las tapas de las válvulas.

21. Desmonte el múltiple de admisión, el tubo de llenado de aceite y el interruptor de detección de temperatura.

22. Marque los seguidores de las válvulas, los empujadores y los balancines, para que pueda instalarlos luego en sus mismas ubicaciones. Extraiga esas piezas.

23. Si el vehículo tiene aire acondicionado, descargue su circuito y retire el condensador. Vea la ATENCIÓN anterior.

24. Retire la excéntrica de la bomba de combustible, la rueda dentada del árbol de levas, el collar deflector de aceite y la cadena de distribución.

25. Con cuidado, extraiga el árbol de levas del motor.

26. Examine el árbol de levas para detectar desgaste excesivo o deterioro.

27. Para el montaje, aplique una capa abundante de aceite pesado de motor en el árbol de levas y en sus cojinetes e introduzca el árbol en el motor.

28. Alinee las marcas de distribución existentes en las ruedas dentadas del árbol de levas y del cigüeñal. Vea el procedimiento a seguir en Cadena de distribución, cambio y regulación de las válvulas.

29. Monte el distribuidor, utilizando las marcas de referencia impresas antes. Si encuentra dificultades, consulte la anterior sección de montaje del distribuidor.

30. Efectúe el montaje en sentido inverso, pero prestando atención a los siguientes puntos:

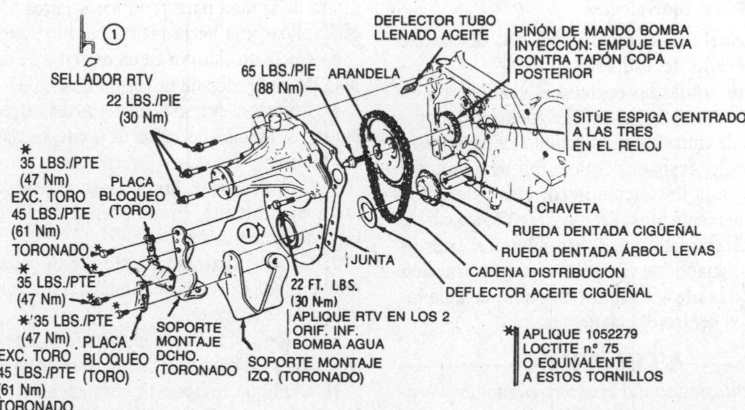

Montaje de la cadena de distribución y tapa de distribución en motores diesel V8

a. Coloque el indicador de distribución antes de instalar el soporte de la bomba de la servodirección.

b. Coloque la tapa de inspección del volante antes de instalar el motor de arranque.

c. Cambie el aceite del motor y el líquido del circuito de enfriamiento.

Motor diesel

NOTA: Para retirar el árbol de levas debe descargarse el circuito de aire acondicionado, lo que debe ser efectuado por un mecánico profesional con experiencia en dicha operación. Luego se desmonta el condensador del aire acondicionado. Deben desmontarse también los piñones de mando y mandado de la bomba de inyección, el múltiple de admisión y los seguidores de las válvulas. Luego debe ajustarse la regulación de la bomba de inyección.

1. Desconecte los cables negativos de las baterías. Vacíe el líquido de enfriamiento. Desmonte el radiador.

2. Retire el múltiple de admisión, su junta y sus retenes anterior y posterior. Vea el procedimiento a seguir antes descrito. En motores V6, retire el conjunto accionador de la bomba de aceite.

3. Retire la polea del cigüeñal y el amortiguador de vibraciones. Vea la ATENCIÓN al tratar el montaje y desmontaje de la tapa de distribución en motores diesel V8. Retire la tapa de distribución siguiendo el procedimiento descrito. Gire el cigüeñal de modo que se alineen las marcas de distribución (motores V6).

4. Desmonte las tapas de las válvulas. Extraiga los balancines, empujadores y seguidores de las válvulas, siguiendo el procedimiento antes descrito. Asegúrese de depositar todas esas piezas en el orden correcto, para poder volver a montarlas en su misma ubicación.

5. En motores V8 equipados con aire acondicionado, descargue el condensador y extráigalo del vehículo.

ATENCIÓN

El refrigerante contenido en el circuito de aire acondicionado hierve en contacto con el aire atmosférico a la temperatura de 26 °F (—4 °C), provocando la congelación de cualquier superficie con la que establezca contacto, incluyendo la piel y los ojos.

6. Desenrosque el tornillo de fijación de la rueda dentada del árbol de levas y extraiga dicha rueda, junto con la cadena, utilizando el procedimiento antes descrito.

7. En motores V6, desenrosque el tornillo del retenedor del cojinete delantero del árbol de levas y luego retire dicho retenedor, la chaveta de la rueda dentada del árbol de levas y el piñón de mando de la bomba de inyección.

8. En motores V8, sitúe la espiga de centrado del árbol de levas en la posición de las tres en las agujas del reloj.

9. En motores V8, empuje el árbol de levas hacia atrás y sujételo en dicha posición, procurando no desalojar el tapón de aceite en la parte posterior del motor. Extraiga el piñón de mando de la bomba de inyección, deslizándolo fuera del árbol de levas mientras hace oscilar el piñón mandado de la bomba.

10. Para desmontar el piñón mandado, retire primero el adaptador intermedio de la bomba (V6) y el adaptador de la bomba (todos los motores), y luego el anillo elástico y la arandela selectora. Extraiga entonces el piñón mandado y el resorte.

11. Extraiga el árbol de levas deslizándolo hacia la parte delantera del motor. Proceda con extremo cuidado, para que las levas del árbol no rocen con los cojinetes, ya que podrían desplazarlos de sus posiciones. No fuerce el árbol, para que no se rayen los cojinetes.

12. Si ha de cambiarse el piñón de mando o el piñón mandado de la bomba de inyección, cambie ambos. Antes de introducir la chaveta del piñón del árbol de levas en motores V6, asegúrese de que las marcas estén alineadas en ambos piñones.

13. Engrase el árbol de levas y sus cojinetes aplicando una capa de lubricante GM n.º 1052365 o equivalente.

14. Introduzca el árbol de levas con cuidado.

15. Monte las ruedas dentadas en el cigüeñal y en el árbol de levas, alineando las marcas de distribución de la forma descrita en el procedimiento de Montaje y desmontaje de la cadena de distribución. Procure siempre desmontar las ruedas dentadas sin perturbar la distribución.

16. Monte el piñón mandado de la bomba de inyección, su resorte, calce y anillo elástico. Compruebe el juego de extremo de este piñón: si no se halla comprendido entre 0.001 y 0.015", en motores V8 o entre 0.002-0.006" en motores V6, cambie el calce de modo que dé la holgura especificada. Se suministran calces en incrementos de 0.003" en la gama 0.080-0.115".

RANURA HACIA FRENTE MOTOR
HOYUELO HACIA ADELANTE
CHAFLÁN GRANDE HACIA FRENTE MOTOR

Montaje pistón y biela en motores V8: 260, 307, 350 y 403

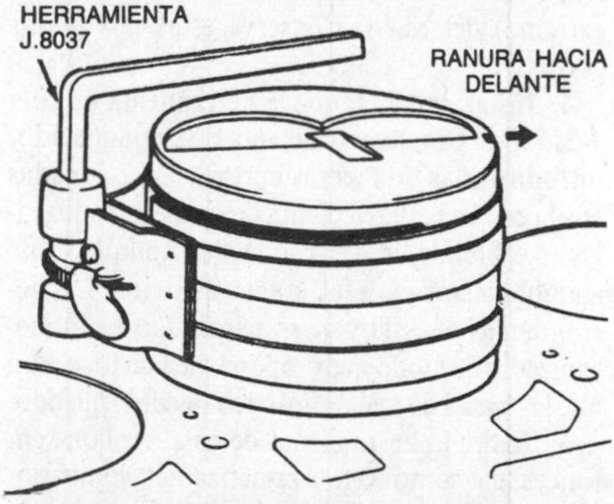

Montaje pistón en motores diesel V6 y V8

17. En motores V8, sitúe la espiga de centrado en la posición de las tres en las agujas del reloj. Alinee las marcas cero del piñón de mando de la bomba y del piñón mandado. Mantenga el árbol de levas apretado hacia atrás y monte en él el piñón de mando de la bomba. En motores V6, alinee igualmente las marcas cero de ambos piñones y entonces coloce la chaveta de la rueda dentada del árbol de levas. Monte el retén del cojinete del árbol de levas.

18. Monte la cadena de distribución y las ruedas dentadas, asegurándose de que las marcas de distribución estén alineadas.

19. Monte los seguidores de las válvulas, los empujadores y los balancines. Aplique el procedimiento de alivio de los seguidores descrito en Motor diesel: Montaje y desmontaje de balancines. Si no se efectúa este alivio, las válvulas pueden torcerse.

20. Monte el adaptador de la bomba de inyección y ésta. Vea el procedimiento a seguir en Sistema de combustible.

21. Monte el resto de los componentes en orden inverso al desmontaje.

Posicionamiento de los pistones y bielas

La posición correcta de los pistones y bielas se muestra en las ilustraciones.

Cárter de aceite

DESMONTAJE Y MONTAJE

Motores de gasolina

1. Saque la caja del distribuidor y alinee el rotor en la posición de encendido del cilindro n.º 1. En el modelo Cutlass, alinee las marcas de distribución de modo que el cilindro n.º 1 esté en su PMS.

2. Desconecte el cable de tierra de la batería. Extraiga la varilla de nivel aceite.

3. Desmonte el soporte superior del radiador y desatornille la carcasa del ventilador.

4. Eleve el vehículo y vacíe el aceite.

5. Retire la tapa del volante del motor.

6. Retire el conjunto del motor de arranque.

7. Desconecte los tubos de escape y el tubo de ligazón.

8. Desconecte las monturas del motor y eleve al máximo la parte delantera del motor.

9. Desatornille el cárter de aceite y extráigalo.

10. Para el montaje, use una junta nueva y aplique en sus dos caras compuesto hermetizante. Efectúe el montaje en orden inverso al descrito. Apriete los tornillos de fijación del cárter de aceite a 10 libras-pie.

Motores diesel

1. En motores V8, retire la bomba de vacío y su accionamiento (vehículos con aire acondicionado) o sólo el accionamiento de dicha bomba (vehículos sin aire acondicionado). En motores V6, retire el accionamiento de la bomba del aceite, así como la bomba de vacío.

2. Desconecte las baterías. Retire la varilla del nivel de aceite.

3. Retire el soporte superior del radiador y la carcasa del ventilador.

4. Eleve el vehículo y déjelo soportado. Vacíe el aceite.

5. Saque la tapa del volante del motor.

6. Desconecte los tubos de escape y el tubo de ligazón.

7. Retire las tuberías de enfriamiento del aceite de la base del filtro.

8. Retire el conjunto del motor de arranque. Soporte el motor con un gato.

9. Retire las monturas del motor de sus posiciones en el bloque.

10. Eleve la parte delantera del motor y desmonte el cárter del aceite.

11. Efectúe el montaje en sentido inverso al desmontaje.

Bomba de aceite

DESMONTAJE Y MONTAJE

Motores de gasolina y diesel, excepto los V6 de cilindrada 231

La bomba del aceite va montada en la parte inferior del bloque y es accesible sólo después de desmontar el cárter del aceite. En motores V8, incluyendo diesel, y en los diesel V6, desmonte el cárter del aceite y luego desatornille y extraiga la bomba de aceite y el tamiz del aceite como un conjunto.

V6 de cilindrada 231

1. Coloque un recipiente debajo del área de la bomba y filtro y retire el filtro.

2. Desenrosque los tornillos que fijan la tapa de la bomba de aceite a la tapa de la cadena de distribución. Extraiga la tapa de la bomba y los piñones de mando y mandado de la bomba de aceite.

3. Retire la caperuza de la válvula de alivio de presión de aceite, su resorte y la propia válvula.

NOTA: No desmonte la válvula de derivación del filtro de aceite ni su resorte (están remachados en su posición).

4. Efectúe el montaje en orden inverso. Justamente antes de instalar el conjunto de la tapa, llene cuidadosa y completamente con vaselina (petrolato) la bomba del aceite. Si no lo hace, la bomba de aceite no se cebará por sí sola, lo que provocaría graves daños al motor. Apriete los tornillos del conjunto de la tapa alternativa y uniformemente, a 12 libras-pie.

Retén de aceite del cojinete de bancada posterior

CAMBIO

Motores de gasolina y diesel, excepto V6 de cilindrada 231

No es necesario desmontar el cigüeñal para cambiar el retén de aceite superior del cojinete de la banda posterior.

1. Vacíe el cárter del aceite y desmonte éste y el sombrerete del cojinete de banda superior.

2. Con una herramienta de extremo no puntiagudo, deslice el retén superior de modo que penetre en su ranura en cada lado, hasta que esté completamente encajado en la ranura. Ello suele ser 1/4-3/4".

3. Corte tramos de nuevo material de retén 1/16" (1.6 mm) más largos de lo requerido para llenar las ranuras y comprímalos en su posición.

4. Con cuidado corte el material de retén que sobresalga, prestando cuidado a no dañar la superficie del cojiente.

5. Instale también nuevos trozos de retén en el sombrerete del cojinete. Asiente dicho material utilizando una herramienta idónea, como la BT-7923 o la J-2528-A. Bascule la herramienta ligeramente y luego corte la hilaza que sobre en cada extremo, de modo que quede a ras con el sombrerete, mientras retiene el retén comprimido con la herramienta. Aplique una fina capa de grasa de chasis al retén. Aplique un compuesto hermetizante, como el n.º 1050026 o similar al área del sombrerete alrededor de los extremos del retén. Use sólo un poco de hermetizante y preste cuidado a que no penetre en las roscas de los tornillos. Coloque el sombrerete, apriete sus tornillos a 120 libras-pie (107 libras-pie en motores diesel V6). Monte el cárter del aceite.

V6 de cilindrada 231

NOTA: Este procedimiento precisa el uso de un juego especial de herramientas de guía y de empaquetado del retén, a saber J-21526-1, J-21526-2 y BT-7923 o J-2528-A.

1. Vacíe el cárter del aceite y desmóntelo. Retire el sombrerete del cojinete de bancada trasero.

2. Introduzca la herramienta de empaquetado en la ranura del retén y sitúela contra un extremo del retén en el bloque. Entonces golpee ligeramente la herramienta para comprimir el retén en el bloque, entre 1/4 y 3/4 de pulgada. Repita esta operación en el otro lado.

3. Mida la magnitud del retén introducido en un lado, observando la inserción de la herramienta de empaquetado. Entonces, con una hoja de afeitar de filo único, corte dicha longitud del retén viejo extraído del sombrerete, utilizando el sombrerete posterior como un dispositivo de fijación del retén. Repita este procedimiento en el otro lado (o extremo) del retén. Conserve estas dos piezas cortas.

4. Instale en el bloque la herramienta de guía J-21526-1. Con la herramienta de empaquetado, introduzca las dos piezas cortas confeccionadas en el paso en la herramienta de guía e introdúzcalas en el bloque, una en cada lado. Aplique aceite a ambas piezas para facilitar su inserción. Las herramientas de guía y de empaquetado están mecanizadas de modo que proporcionen un tope para que las piezas de retén se inserten sólo lo requerido.

5. Retire la herramienta de guía. Aplique entonces un compuesto hermetizante, como por ejemplo Loctite 414® o Fel-Pro Mighty Grip® en la ranura del retén. Dentro del minuto de aplicar este hermetizante, introduzca el retén en la ranura y hágalo girar de modo que penetre, empujándolo con un pasador de madera o dispositivo similar, hasta que sobresalga de la ranura no más de 1/16" (1,6 mm). Aplique una fina capa de grasa de chasis en el retén. Deposite un compuesto hermetizante, como el n.º 1052756 o Fel-Pro-Set and Seal® en la superficie de contacto del sombrerete. Asegúrese de que el hermetizante no contamine la rosca de los tornillos y úselo en escasa cantidad. Coloque las tiras del retén en aceite ligero y déjelas en remojo durante 5 minutos; luego instálelas en el sombrerete. Coloque tiras preparadas en el taller dentro de las ranuras, a lo largo de los lados del sombrerete.

6. Monte el sombrerete, apretándolo al valor especificado. Realice el resto del montaje en orden inverso al procedimiento descrito.

EMBRAGUE

Pedal del embrague

AJUSTE DEL PEDAL

Cutlass 1980-82

1. Afloje la tuerca de bloqueo del eslabón giratorio de la barra impulsora del embrague.

2. Suelte el resorte de retorno del pedal.

3. Gire el conjunto de la palanca y eje del embrague hasta que el pedal quede adosado al tope de goma del estribo.

4. Empuje hacia atrás el extremo exterior de la horquilla del embrague, de modo que el cojinete de desembrague toque justamente el disco del embrague.

5. Retire el clip de retenida existente en el eslabón giratorio inferior de la barra impulsora y coloque dicho eslabón en el agujero superior de calibración. Vuelva a colocar el clip.

6. Alargue la barra impulsora hasta eliminar su juego.

7. Retire el clip de retenida y restituya el eslabón giratorio en el orificio inferior del conjunto de la palanca y el eje.

8. Apriete la tuerca de bloqueo contra el eslabón giratorio. Asegúrese de que no haya variado la longitud de la barra.

9. Monte el resorte de retorno del pedal y compruebe la carrera libre.

CAMBIO DEL EMBRAGUE

Cutlass

1. Saque la caja de cambios.

2. Retire el resorte de retorno del embrague y el conjunto de la barra de desembrague.

3. Retire el cojinete de desembrague.

4. Sin desmontar el motor de arranque, saque la caja del volante del motor.

NOTA: Deje en la caja la horquilla de desembrague, la cubierta de goma y la cabeza roscada.

5. Con el gramil imprima una marca frente a la X impresa en la tapa del volante. Esta marca sirve para el correcto equilibrado del volante al proceder luego al montaje.

6. Afloje el plato de presión uniformemente, una vuelta cada vez.

ATENCIÓN

No engrase las estrías, ya que el lubricante sería arrastrado hacia el amortiguador, provocando chirridos en el embrague.

Efectúe el montaje de la siguiente forma:

1. Coloque el conjunto disco/tapa del embrague y apriete con los dedos sus tornillos de fijación.

NOTA: Alinee la marca efectuada durante el desmontaje con la X impresa en la tapa del volante.

2. Use una herramienta de alineación del embrague o un eje de embrague viejo y alinee el disco, introduciendo la herramienta o eje a través del disco y luego en el cojinete de guía.

3. Apriete los tornillos uno sí y otro no, hasta que el conjunto de la tapa esté a 1/4" del volante.

4. Repita el paso 3 para los otros 3 tornillos.

5. Apriete los tres primeros tornillos a 30 libras-pie y luego los otros tres al mismo par.

6. Retire la herramienta. Engrase la ranura interna del cojinete de desembrague y la cabeza roscada de la horquilla de desembrague, utilizando grasa para cojinetes de rueda.

7. Monte el cojinete de desembrague.

8. Monte la caja del volante y la caja de cambios. Ajuste la carrera libre del embrague de la forma antes descrita.

TRANSMISIÓN MANUAL

El cambio de 3 velocidades es una unidad Saginaw. También el cambio estándar de 4 velocidades en todos los modelos es Saginaw. En la unidad Saginaw, las tres barras de cambio están acopladas a palancas en la tapa lateral. La cantidad de aceite a usar en el llenado de la caja se indica en la tabla de Capacidades al comienzo de este Capítulo.

Caja de cambios

DESMONTAJE Y MONTAJE

1. Desconecte el varillaje de la mariposa y eleve el vehículo. De ser aplicable, desconecte el interruptor del sistema de chispa controlada por el cambio (TCS).

2. Retire de la caja el árbol de la transmisión.

3. Soporte la parte posterior del motor. Retire los soportes del convertidor catalítico e incluso éste, de interferir.

4. En vehículos con cambio montado en el piso, desconecte el conjunto del cambio de velocidades de su acoplamiento en la caja, dejándolo dentro del vehículo.

5. Desconecte los cables del freno de mano y retire el travesaño.

6. Desconecte el cable del velocímetro y el interruptor de las luces de marcha atrás.

7. Desenrosque los tornillos superiores e inferiores de montaje de la caja de cambios.

ATENCIÓN

Durante el desmontaje, use birlos de alineación para soportar la caja, ya que de lo contrario puede deformarse el plato mandado del embrague.

8. Deslice la caja de cambios hacia atrás y extráigala. En los modelos equipados con dos tubos de escape, puede que sea necesario desmontar el tubo izquierdo del múltiple.

9. Efectúe el montaje en sentido inverso. Apriete los tornillos a los valores indicadores en la tabla.

Montaje caja de cambios al embrague	Libras-pie
Tornillos montaje caja	53
Torn. montaje travesaño al bastidor	25
Torn. montaje travesaño a la caja de cambio	35
Torn. abrazadera junta universal	15

Varillaje de los cambios de 3 velocidades

REGLAJE

Cutlass

1. Apague el interruptor del encendido.

2. Eleve y soporte el vehículo.

3. Retire el retenedor de las varillas del cambio.

4. Sitúe las palancas del cambio en la posición correspondiente a punto muerto.

5. Alinee las palancas de control y coloque un pasador de calibración de 1/4 de pulgada en las palancas y los soportes a manivela de selección de velocidades.

6. Afloje las tuercas de las varillas del cambio y ajuste el conjunto del muñón y pasador Primera y Segunda; luego apriete las tuercas y monte la varilla del cambio y su retenedor.

7. Afloje la tuerca de las varillas del cambio y ajuste el conjunto del muñón y pasador en la Segunda y Tercera; luego apriete las tuercas y monte la varilla del cambio y su retenedor.

8. Retire el pasador de calibración del conjunto de la palanca de control y compruebe la operación de la palanca de control. De ser necesario, corrija el ajuste.

9. Baje el vehículo.

Varillaje de los cambios de 4 velocidades 1980-82

REGLAJE

1. Apague el interruptor del encendido.

2. Eleve el vehículo y déjelo firmemente soportado.

3. Afloje las tuercas de bloqueo de los eslabones giratorios de las varillas del cambio.

4. Ajuste las palancas del cambio a la posición correspondiente a punto muerto.

5. Sitúe la palanca de selección de velocidades en punto muerto.

6. Alinee las palancas de control y coloque un pasador de calibración dentro de las palancas y el soporte.

7. Apriete la tuerca de la varilla de cambio de Primera/Segunda contra el eslabón giratorio, a un par de 10 libras-pie.

8. Apriete la tuerca de la varilla de cambio de Tercera/Cuarta contra el eslabón giratorio, a un par de 10 libras-pie.

9. Apriete la tuerca de la varilla de control de la marcha atrás a 10 libras-pie.

10. Retire el pasador de calibración, compruebe la correcta operación de las palancas y baje el vehículo.

TRANSMISIÓN AUTOMÁTICA

Todos los modelos de Oldsmobile de cambio automático usan una caja Hydra-Matic Turbo. Este tipo de caja puede identificarse visualmente. Los modelos 200, 250, 350 y 375B poseen una cubeta cuadrada u oblonga con su esquina posterior derecha recortada. Los modelos 375 y 400 poseen una cubeta de forma irregular. Algunos modelos 200 llevan la palabra METRIC impresa en relieve en la cubeta. Los modelos 200 tienen diez tornillos en la cubeta; los 350 y 375 B llevan trece. El 250 incorpora un tornillo intermedio de ajuste de la cinta en el lado derecho de la caja. Los 200, 250, 350 y 375B llevan un cable de cambio decreciente entre el varillaje del carburador y la caja de cambios; los 375 y 400 poseen un interruptor eléctrico de cambio decreciente en el varillaje del pedal del acelerador. El cambio automático con superdirecta de 4 velocidades del 200-R4 fue introducido en 1981.

Los procedimientos de servicio de las cajas de cambio automático se describen en la sección de Reparaciones.

Caja de cambios

DESMONTAJE Y MONTAJE

1. Extraiga el conjunto del filtro del aire.

2. Desconecte el cable del trinquete de la mariposa.

3. Extraiga la varilla del nivel de aceite (y el tornillo que fija el tubo de dicha varilla, de ser accesible).

4. Eleve el vehículo y déjelo firmemente soportado.

5. Desconecte el árbol de transmisión.

6. Suelte el cable del velocímetro y el varillaje del cambio.

7. Desconecte cualquier cable eléctrico de la caja de cambios.

8. Desmonte la tapa del volante del motor; marque señales de referencia en el volante y en el convertidor de par, para mantener el equilibrio original.

9. Desenrosque los tornillos/tuercas que fijan el convertidor de par al volante.

NOTA: Puede que sea necesario desmontar el soporte de apoyo del convertidor catalítico.

10. Retire el soporte de la caja de cambios (travesaño posterior).

11. Retire las tuberías de enfriamiento del aceite del cambio.

12. Apoye la caja de cambios con un gato especial para este fin y desenrosque los tornillos de la caja de la campana.

13. Apoye el motor con un gato y separe la caja de cambios.

NOTA: Extraiga la caja de cambios con sumo cuidado, para que el convertidor de par no caiga del eje principal.

14. Efectúe el montaje en sentido inverso al descrito.

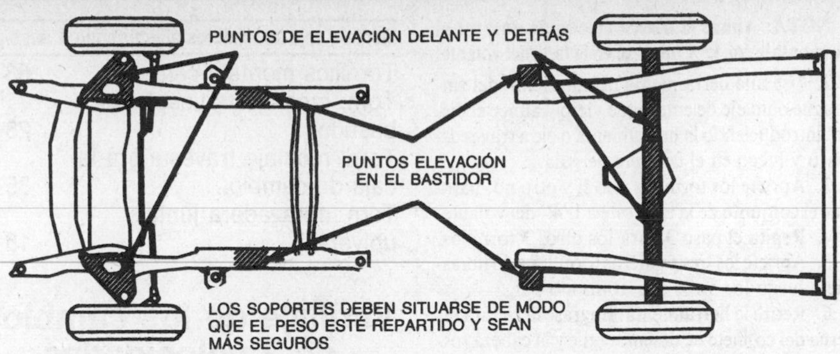
PUNTOS DE ELEVACIÓN DELANTE Y DETRÁS
PUNTOS ELEVACIÓN
EN EL BASTIDOR
LOS SOPORTES DEBEN SITUARSE DE MODO
QUE EL PESO ESTÉ REPARTIDO Y SEAN
MÁS SEGUROS

Puntos en que elevar el Omega, hasta 1979

ÁRBOL DE TRANSMISIÓN Y JUNTAS UNIVERSALES

Árbol de transmisión

DESMONTAJE Y MONTAJE

1. Marque señales de la posición relativa entre el árbol de transmisión y la brida del diferencial.

2. Desatornille las abrazaderas o la brida. Fije con cinta adhesiva los casquillos de los cojinetes, para que no se pierdan sus rodillos. Soporte el árbol de transmisión, para que no gravite con peso excesivo sobre la junta universal.

3. Empuje el árbol de transmisión hacia atrás y extráigalo. Proceda con cuidado para que no se dañen las estrías en el extremo acoplado a la caja de cambios.

4. Para el montaje, si la horqueta deslizante estriada de la caja de cambios no posee un orificio de respiradero en el centro, debe lubricarse con aceite de motor. Si, en cambio, posee un respiradero, debe lubricarse con grasa. Deslice la horqueta deslizante en su posición.

5. Alinee las marcas de referencia y apriete los tornillos. Los tornillos de las abrazaderas deben apretarse a 16 libras-pie.

PUENTE TRASERO

Semiejes, cojinetes y retenes de aceite

DESMONTAJE Y MONTAJE

Tipo con fiador en C

Estos modelos usan semiejes tipo Cierre C: el semieje es retenido por un fiador en forma de C, encajado en una ranura en el extremo interior del eje. Los cojinetes usados en este tipo de semieje consisten en una pista de rodadura externa, rodillos y una pista de retenida de rodillos, sujeta por anillos elásticos.

1. Levante el vehículo y saque las ruedas traseras y el tambor del freno.

2. Limpie la tapa del diferencial, sáquela y vacíe el líquido del portadiferencial. Retire el eje del piñón de mando del diferencial.

3. Deslice el extremo con brida del semieje hacia el centro del vehículo y retire el fiador en C del extremo del semieje.

4. Extraiga el semieje de la caja del diferencial, prestando cuidado para no dañar el retén de aceite.

5. Saque el retén de aceite insertando una barra de palanca detrás de la caja de acero del retén. Ejerza acción de palanca y extraiga el retén.

6. Sitúe las patas de un extractor de cojinetes detrás del cojinete. Asiente una arandela en el cojinete y sujétela con una tuerca. Con un martillo deslizante, extraiga el cojinete.

7. Para el montaje, llene la cavidad entre las pestañas del retén con grasa de lubricación de ruedas. Utilice la misma grasa para lubricar el nuevo cojinete de rueda que desea montar.

8. Con una herramienta adecuada, instale el cojinete hasta el tope. Lubrique las pestañas del retén de aceite e introdúzcalo golpeándolo ligeramente hasta que esté a ras con el tubo del semieje.

9. Deslice el semieje en su posición. Asegúrese de que las estrías del semieje no dañen el retén de aceite, y que engranen con el piñón lateral diferencial.

10. Monte el fiador en C en el semieje, introduciéndolo en el extremo interior del semieje y tirando luego de éste hacia afuera, de modo que el fiador encaje en la entalladura del piñón lateral.

11. Introduzca el eje del piñón de mando del diferencial a través de la caja del diferencial y los piñones; para ello, alinee el agujero de la caja con el agujero para el tornillo de fijación.

12. Monte el tornillo de fijación del eje del piñón de mando.

13. Use una junta nueva y monte la tapa del portadiferencial. Asegúrese de que las superficies de apoyo de la junta estén limpias antes de colocar la junta y la tapa.

14. Llene la caja del diferencial con el aceite idóneo, hasta la parte inferior del orificio de llenado.

15. Monte el tambor del freno y las ruedas y baje el vehículo. Compruebe que no haya fugas y pruebe el vehículo en carretera.

SUSPENSIÓN DELANTERA

Amortiguadores

CAMBIO

1. Retire los dos tornillos y arandelas de seguridad que fijan el amortiguador al brazo oscilante inferior.

2. Retire la tuerca superior, el retenedor y el ojal del amortiguador.

3. Para el montaje, invierta este procedimiento. Antes de montar un nuevo amortiguador, purgue su aire, extendiéndolo en su posición normal y luego comprimiéndolo en posición invertida; efectúe esta operación varias veces.

Junta de rótula inferior

INSPECCIÓN

Todos los modelos

Las juntas de rótula inferiores contienen un indicador visual de desgaste: el tapón de engrase de la junta se enrosca en el indicador de desgaste, el cual se proyecta por la parte inferior de la caja de la junta de rótula. En tanto el indicador de desgaste se proyecta fuera de dicha caja, la junta no está desgastada. Si, en cambio, la punta del indicador de desgaste está paralela o hundida en la caja, la junta de rótula debe cambiarse.

DESMONTAJE Y MONTAJE

1. Eleve el vehículo y sopórtelo firmemente por debajo del bastidor.

2. Saque la rueda.

3. Coloque un gato debajo del asiento del resorte helicoidal del brazo oscilante.

ATENCIÓN

Deje el gato debajo del asiento del resorte helicoidal en tanto dure el desmontaje y montaje, a fin de mantener el resorte y el brazo oscilante en la posición correcta.

4. Extraiga la chaveta de aletas del eje de la junta de rótula y, con una herramienta de desmontaje de ejes de junta de rótula, separe la junta de rótula de la mangueta.

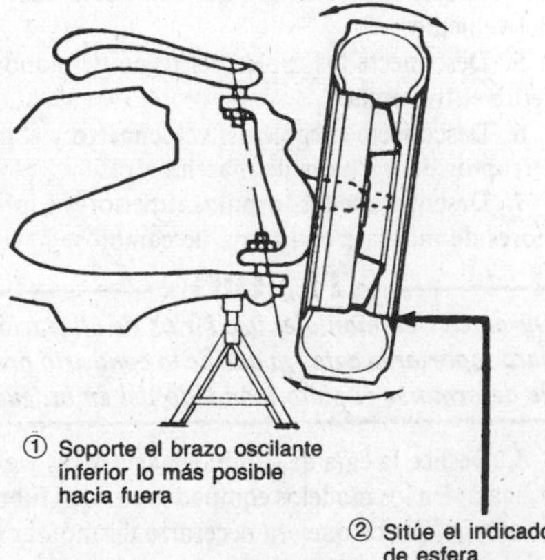
③ Oscile la rueda hacia dentro en la parte inferior y hacia fuera en la superior, y viceversa
① Soporte el brazo oscilante inferior lo más posible hacia fuera
② Sitúe el indicador de esfera en este punto

Comprobación desgaste junta de rótula

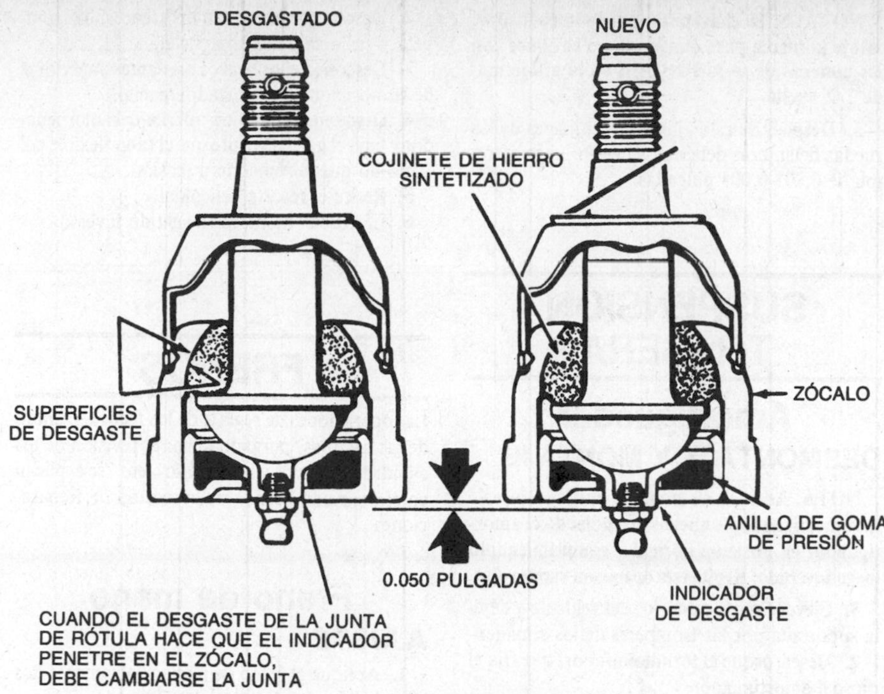

Indicador de desgaste inferior

5. Cuando el eje quede suelto, desenrosque su tuerca.

6. Guíe el brazo oscilante inferior a través de la abertura del salpicadero, con un destornillador.

7. Sitúe la mangueta de modo que no estorbe, bloqueándola con un taco de madera entre el bastidor y el brazo oscilante superior.

8. Con un botador, ejerza acción de palanca y extraiga el retenedor del retén de la junta de rótula y retire dicho retén.

9. Con un extractor de juntas de rótula, extraiga la junta de rótula inferior de su posición en el brazo oscilante.

10. Introduzca a presión una nueva junta de rótula, hasta que quede acoplada en el brazo oscilante inferior.

NOTA: En coches con freno de disco, asegúrese de que el punto de purga de grasa del retén está orientado fuera del freno.

11. Para el montaje, apriete la tuerca del eje de la junta de rótula a 95 libras-pie. Inserte la chaveta y doble sus aletas hacia los lados de la tuerca, no encima de ella. Esta chaveta, en el modelo Cutlass, debe ir paralela a la línea central del vehículo.

12. Monte el engrasador de la junta de rótula y alimente de grasa hasta que la misma aparezca en el punto de purga del retén.

13. Monte la rueda.

Junta de rótula superior

COMPROBACIÓN DEL JUEGO

1. Eleve el vehículo y sopórtelo debajo de los brazos oscilantes izquierdo y derecho, lo más cerca posible de las juntas de rótula inferiores. Asegúrese de que el vehículo esté firmemente soportado.

2. Sitúe un indicador de esfera de modo que su botón esté en contacto con la pestaña interior de la guarnición de la rueda.

3. Tome la rueda por su parte inferior y superior. Apriete hacia dentro en la parte inferior de la rueda y estire hacia fuera la parte superior. Observe la posición de la aguja en la esfera del indicador y repita el procedimiento de apretar y tirar, pero al revés: si la deflexión total de la aguja excede de 0.125", la junta de rótula está desgastada y debe cambiarse.

MONTAJE Y DESMONTAJE

1. Eleve la parte delantera del vehículo, soportándolo por debajo de los brazos oscilantes inferiores, entre el asiento del resorte helicoidal y la junta de rótula.

ATENCIÓN

Deje el gato debajo del asiento del muelle helicoidal en tanto dure el desmontaje y montaje, a fin de mantener el resorte y el brazo oscilante en sus posiciones.

2. Saque la rueda.

3. Extraiga la chaveta de aletas del eje de la junta de rótula superior y afloje su tuerca.

4. Con un extractor de juntas de rótula, suelte el eje y desenrosque completamente la tuerca y separe el eje y la mangueta. Soporte la mangueta, para que la tubería del freno no sufra desperfectos.

5. Con una broca de 1/8 " de diámetro, taladre un agujero de 1/2 pulgada de profundidad en cada una de las cuatro cabezas de remache.

6. Elimine luego las cabezas de los remaches con una broca de 1/2 pulgada.

7. Con un punzón botador, expulse el resto de los remaches y desmonte la junta de rótula.

8. Para el montaje, coloque la nueva junta de rótula en el brazo oscilante superior y fíjela con cuatro tornillos y tuercas, en vez de remaches. Apriete las tuercas a 8 libras-pie.

9. Acople la junta de rótula a la mangueta, apretando la tuerca a 65 libras-pie.

NOTA: Cuando cambie juntas de rótula, use sólo piezas de recambio y tornillos y tuercas de la más alta calidad, especificados para resistir los grandes esfuerzos a que están sometidos. Para alinear el orificio para la chaveta, apriete un poco más la tuerca, en vez de aflojarla.

10. Monte el engrasador y aplique grasa hasta que la misma salga por el punto de purga del retén.

11. Monte la rueda.

Brazo oscilante superior

DESMONTAJE Y MONTAJE

1. Eleve el vehículo y sopórtelo con gatos apoyados entre el asiento del muelle helicoidal y la junta de rótula, debajo de los brazos oscilantes inferiores.

2. Saque la rueda.

3. Coloque un gato debajo del asiento del resorte helicoidal del brazo inferior.

ATENCIÓN

Deje el gato debajo del asiento del resorte helicoidal en tanto dure el desmontaje y montaje, a fin de mantener el resorte y el brazo oscilante en sus posiciones.

4. Separe el eje de la junta de rótula y la mangueta, extrayendo su chaveta, desenroscando la tuerca y ejerciendo tracción con un extractor para separar ambas unidades. Soporte el conjunto del cubo de la rueda, para que no se dañe la tubería del freno.

5. Afloje las tuercas que fijan el eje del pivote al bastidor y retire los calces de alineación. Soporte el conjunto del cubo de la rueda y extraiga el brazo oscilante superior deslizando el eje fuera del extremo de los tornillos.

NOTA: Marque los calces de alineación, para restituirlos luego a sus posiciones originales.

6. Es necesario retirar los tornillos de fijación del brazo oscilante superior a fin de tener espacio para retirar el conjunto de dicho brazo.

7. Extraiga el brazo oscilante.

8. Para volver a montarlo, instale los tornillos en el bastidor y sitúe el eje del pivote en los tornillos.

9. Coloque los calces de alineación en su ubicación original. Apriete las tuercas a 73 libras-pie para los modelos 88 y 98 (y a 45 libras-pie para el Cutlass 1980-82).

10. Acople el eje de la junta de rótula a la mangueta y apriete su tuerca a 65 libras-pie como mínimo para el Cutlass 88 y 98. Monte la chaveta. Monte la rueda y compruebe la alineación.

Brazo oscilante inferior y/o resorte helicoidal

DESMONTAJE Y MONTAJE

1. Sitúe el cambio en punto muerto, a fin de que el volante de dirección esté libre para girar.

2. Eleve el vehículo y saque la rueda. Deje el vehículo firmemente soportado.

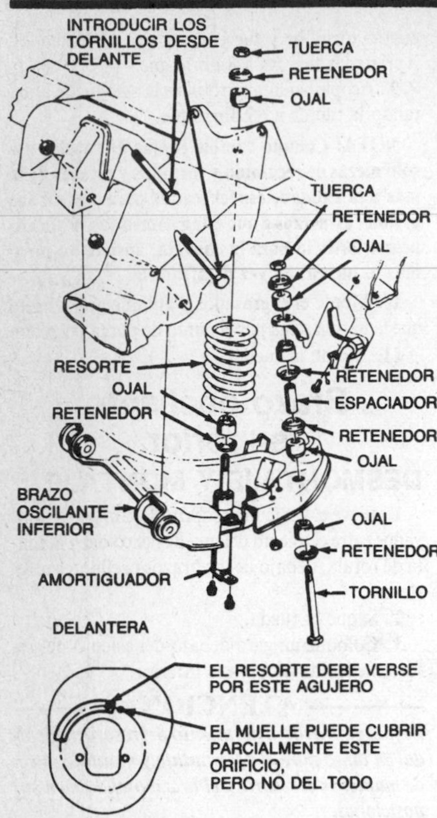

Suspensión delantera inferior: 88 y 98, Cutlass 1978 y ulteriores

3. Desmonte el amortiguador.

4. Introduzca una herramienta de desmontaje de muelles helicoidales en el agujero del amortiguador. Gire la herramienta de modo que la misma esté perfectamente apoyada en el asiento del resorte helicoidal, en el brazo oscilante inferior.

5. Gire la tuerca de la herramienta para comprimir ligeramente el resorte helicoidal, sólo lo suficiente para que deje libre su asiento.

6. En todos los modelos, retire los dos tornillos del pivote del brazo oscilante inferior y separe el brazo del bastidor.

7. Gire el brazo oscilante y extraiga el resorte helicoidal.

8. Afloje varias vueltas la tuerca del eje de la junta de rótula inferior. Con una herramienta de desmontaje de juntas de rótula, extienda la herramienta y separe la junta de la mangueta.

9. Retire la tuerca del eje y extraiga el brazo oscilante.

10. Efectúe el montaje en orden inverso al desmontaje. Apriete la tuerca del eje de la junta de rótula 95 libras-pie.

Cojinete de la rueda

AJUSTE

1. Eleve el vehículo de modo que la rueda pueda girarse libremente. Saque la tapa guardapolvo.

2. Apriete la tuerca de ajuste a 12 libras-pie mientras la rueda gira.

3. Afloje ahora la tuerca media vuelta.

4. Apriete la tuerca con los dedos e inserte la chaveta de aletas o el anillo de retenida.

NOTA: Si la chaveta no puede introducirse, afloje la tuerca para que la ranura se alinee con las almenas de la tuerca, pero no la afloje más de 1/2 vuelta.

5. Después de este ajuste, los cojinetes de las ruedas delanteras deberían tener un juego extremo de 0.001-0.005 pulgadas.

SUSPENSIÓN TRASERA

Amortiguador

DESMONTAJE Y MONTAJE

NOTA: Antes de su montaje, purgue el aire de los amortiguadores nuevos extendiendo el amortiguador en posición normal y comprimiéndolo luego invertido. Repita esta operación varias veces.

1. Eleve la parte posterior del vehículo y déjela soportada por las trompetas de los semiejes.

2. Desenrosque el tornillo inferior, que fija el ojo del amortiguador.

3. Desenrosque los tornillos del soporte de montaje superior y extraiga el amortiguador.

4. Efectúe el montaje en sentido inverso, excepto que los tornillos del soporte superior deben dejarse flojos mientras se aprieta el tornillo inferior (ojo).

Resortes helicoidales

DESMONTAJE Y MONTAJE

1. Eleve la parte posterior del coche por las trompetas de los semiejes. Coloque soportes también debajo del bastidor. No baje el gato.

2. Desconecte la tubería del freno en la trompeta y en la caja del diferencial.

3. Desconecte los brazos oscilantes superiores de su posición en el portadiferencial.

4. Desmonte la montura inferior del amortiguador y baje el gato. Procure que el tubo flexible del freno no quede sometido a tensión.

5. Retire el resorte helicoidal.

6. Efectúe el montaje en sentido inverso.

FRENOS

Las operaciones de reglaje de los frenos, cambio de las pastillas, purgado del aire, revisión de los cilindros maestros y secundarios, etc., se explican en el apartado Frenos de la sección de Reparaciones.

Freno de mano

AJUSTE

1. Aplique el freno de mano exactamente dos clics de trinquete y luego eleve la parte posterior del coche.

2. Afloje la tuerca de bloqueo situada detrás de la tuerca de ajuste del equilibrador. Apriete la tuerca de ajuste hasta que las ruedas traseras puedan apenas girarse hacia atrás (usando las dos manos) y queden bloqueadas al intentar girarlas hacia adelante. Los frenos de disco traseros no inmovilizan completamente las ruedas, sino que aplican un fuerte roce. Apriete la tuerca de bloqueo contra la tuerca de ajuste.

3. Suelte luego el freno de mano: las ruedas traseras deben ahora poder girar libremente en cada sentido, sin roce alguno.

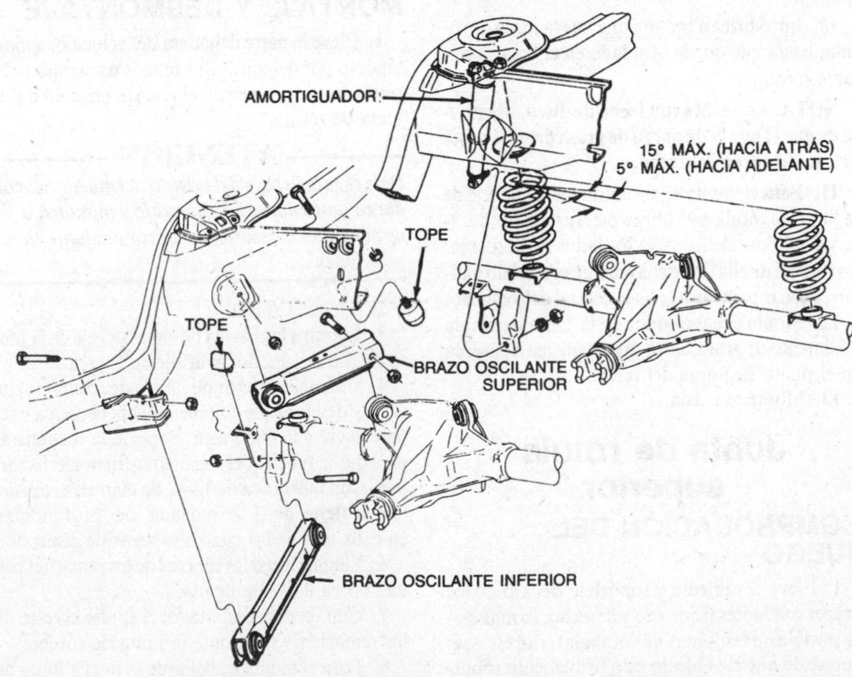

Suspensión trasera Cutlass 88 y 98 (excepto Wagon)

Cilindro maestro

DESMONTAJE Y MONTAJE

NOTA: Antes de desmontar el cilindro maestro del freno, limpie su área circundante.

1. Desconecte las tuberías hidráulicas y obtúrelas con tapones o tapas. Desconecte el cable eléctrico, de haberlo.

2. Si los frenos no son servoasistidos, desconecte la varilla de empuje en el pedal del freno.

3. Desatornille el cilindro maestro y extráigalo.

4. Efectúe el montaje en orden inverso al desmontaje. Llene el circuito con líquido de frenos y purgue el aire.

Unidad del servofreno

DESMONTAJE Y MONTAJE

1. Desenrosque las dos tuercas que fijan el cilindro maestro a la unidad del servofreno. Con cuidado, sitúe dicho cilindro de modo que no interfiera, procurando que no se pliegue ninguna tubería hidráulica. No es necesario desconectar las tuberías del freno.

2. Desconecte el tubo flexible de vacío de la válvula antirretorno, en la caja delantera. Tapone dicho cubo. En vehículos con motor diesel, suelte las tres tuberías hidráulicas procedentes del cilindro de presión y obtúrelas inmediatamente.

3. Afloje las cuatro tuercas que fijan la unidad del servofreno al tabique guardafuegos.

4. Desconecte la varilla de empuje en el pedal del freno. Al desconectarla, no fuerce dicha varilla hacia ningún lado.

5. Retire las cuatro tuercas de montaje y extraiga la unidad del servofreno de sus birlos.

6. Efectúe el montaje en sentido inverso. Apriete las tuercas de los birlos que fijan el cilindro maestro a la unidad del servofreno a 24 libras-pie. En los motores de motor diesel con servodirección, vuelva a llenar el depósito. Luego purgue el circuito con arreglo a la sección Bomba de la servodirección, Desmontaje y montaje.

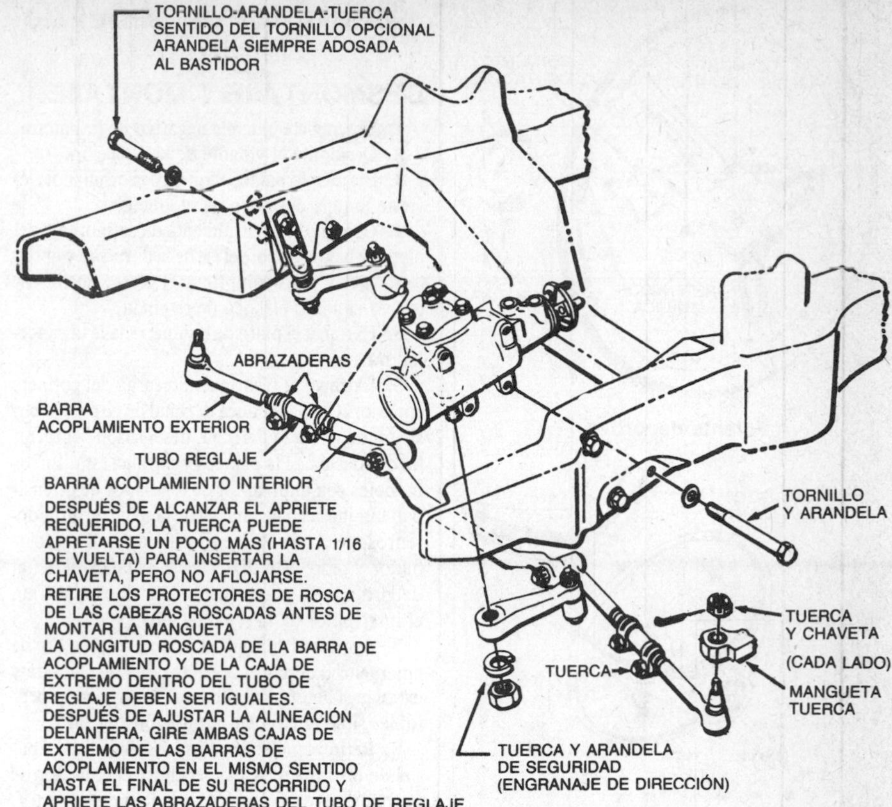

TORNILLO-ARANDELA-TUERCA
SENTIDO DEL TORNILLO OPCIONAL
ARANDELA SIEMPRE ADOSADA
AL BASTIDOR
ABRAZADERAS
BARRA
ACOPLAMIENTO EXTERIOR
TUBO REGLAJE
BARRA ACOPLAMIENTO INTERIOR
DESPUÉS DE ALCANZAR EL APRIETE REQUERIDO, LA TUERCA PUEDE APRETARSE UN POCO MÁS (HASTA 1/16 DE VUELTA) PARA INSERTAR LA CHAVETA, PERO NO AFLOJARSE.
RETIRE LOS PROTECTORES DE ROSCA DE LAS CABEZAS ROSCADAS ANTES DE MONTAR LA MANGUETA
LA LONGITUD ROSCADA DE LA BARRA DE ACOPLAMIENTO Y DE LA CAJA DE EXTREMO DENTRO DEL TUBO DE REGLAJE DEBEN SER IGUALES.
DESPUÉS DE AJUSTAR LA ALINEACIÓN DELANTERA, GIRE AMBAS CAJAS DE EXTREMO DE LAS BARRAS DE ACOPLAMIENTO EN EL MISMO SENTIDO HASTA EL FINAL DE SU RECORRIDO Y APRIETE LAS ABRAZADERAS DEL TUBO DE REGLAJE
TORNILLO
Y ARANDELA
TUERCA
Y CHAVETA
(CADA LADO)
MANGUETA
TUERCA
TUERCA
TUERCA Y ARANDELA
DE SEGURIDAD
(ENGRANAJE DE DIRECCIÓN)

Varillaje de la dirección

DIRECCIÓN

Extremos de las barras de acoplamiento

DESMONTAJE Y MONTAJE

1. Eleve el vehículo y déjelo firmemente soportado.

2. Extraiga las chavetas de aletas de las cabezas roscadas y extraiga las tuercas almenadas.

3. Desconecte el extremo de la barra de acoplamiento de la palanca de mando de la dirección o de la mangueta, utilizando un separador de juntas de rótula.

4. Extraiga la cabeza roscada interna de la barra intermedia, utilizando un extractor. Antes del desmontaje, marque la posición del extremo de la barra de acoplamiento.

5. Afloje los tornillos de las abrazaderas y desenrosque los extremos de su acoplamiento en los tubos de reglaje. Si se requiere una fuerza superior a 7 libras-pie para extraer los extremos después de completado su desenroscado, deben cambiarse los elementos de fijación.

6. Limpie todas las piezas e inspecciónelas. En el montaje, vuelva a introducir el extremo de las barras de acoplamiento hasta la posición marcada. Apriete las tuercas de las cabezas roscadas a 30 libras-pie.

Engranaje de la dirección

DESMONTAJE Y MONTAJE

1. Retire el escudo del acoplamiento flexible.

NOTA: Si no se desconecta el acoplamiento flexible de su posición en el eje corto, puede dañarse el engranaje de la dirección o el eje intermedio. Dicho deterioro puede provocar la pérdida de control de la dirección, con el riesgo de choque del vehículo y lesiones a personas.

2. Desconecte los tubos flexibles en el engranaje de la dirección y obture con una tapa sus rácores.

3. Eleve el vehículo y déjelo firmemente soportado.

4. Desenrosque la tuerca del brazo de mando de la dirección (brazo Pitman). Luego separe dicho brazo de su eje vertical. Para ello se requiere un extractor J29107 o similar.

5. Desenrosque los tres tornillos que fijan el engranaje de la dirección al carril lateral del bastidor. Extraiga el engranaje.

6. Efectúe el montaje en sentido inverso.

NOTA: Si las roscas se desgarran, no las repare, cambie la caja del engranaje. Apriete los tornillos que fijan la caja del engranaje al bastidor a 70 libras-pie, el eje vertical del brazo de mando a 85 libras-pie y los tornillos del cubo de la brida del acoplamiento a 30 libras-pie.

Volante de la dirección

DESMONTAJE Y MONTAJE

Excepto los modelos con volante orientable o telescópico

1. Desconecte el cable a masa de la batería.

2. En el volante normal, saque los dos tornillos que fijan el conjunto de la guarnición de la bocina al volante. Desconecte el contacto de la bocina del conjunto de la guarnición. En el volante de lujo, desenrosque los tornillos que fijan la guarnición, levante ésta y desconecte el cable de la bocina apretando su interruptor y girándolo hacia la izquierda. En el volante deportivo, tire del emblema y extráigalo. Desenrosque los tornillos de fijación del conjunto del contacto y extraiga dicho conjunto.

3. En todos los modelos, extraiga el retenedor de la tuerca de fijación del volante.

4. Desenrosque la tuerca de fijación y extraiga el volante, usando un extractor idóneo.

5. Efectúe el montaje en el orden inverso. Alinee las marcas existentes en el cubo del volante y en el eje de la dirección. Si los rayos del volante no están horizontales, deberá ajustar los extremos de las barras de acoplamiento. Apriete el tornillo de fijación a 30 libras-pie.

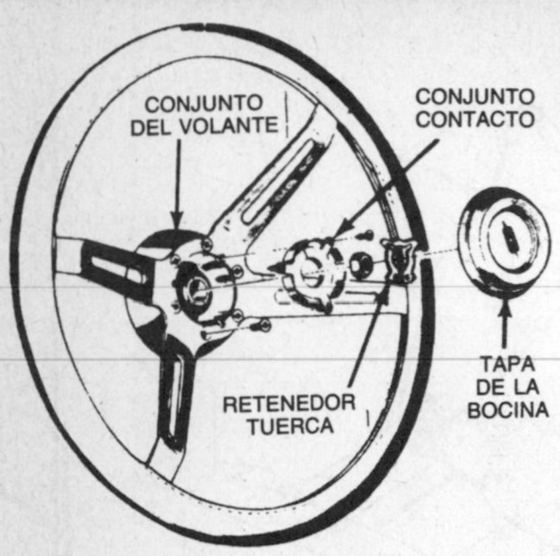

Volante deportivo

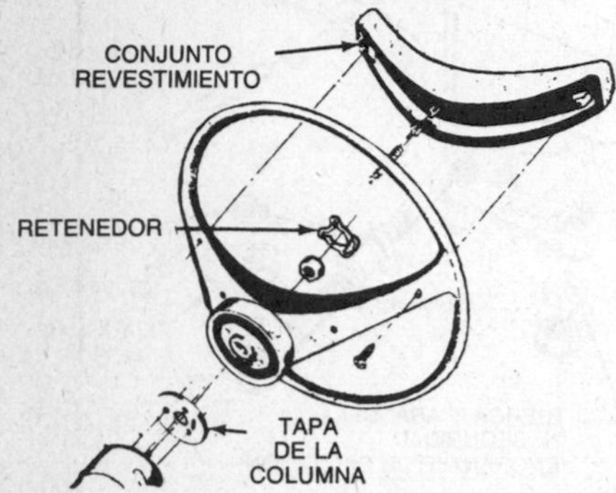

Volante estándar. Versión de lujo, similar

ATENCIÓN

No golpee con un martillo sobre el eje de la dirección. La columna absorbedora de energía quedaría deteriorada y debería cambiarse.

Modelos de columna orientable y telescópica

1. Desconecte el terminal de tierra de la batería.

2. Desenrosque los tres tornillos que fijan la guarnición, levante ésta y desconecte el hilo de la bocina.

3. Empuje la palanca de bloqueo hacia la izquierda, hasta la posición suelta.

4. Marque el conjunto del plato en el punto que los dos tornillos fijan el conjunto del plato a la palanca de bloqueo y desenrosque estos dos tornillos.

5. Desenrosque el conjunto del plato y extráigalo. Desenrosque la tuerca de fijación del volante.

6. Con un extractor, saque el volante.

7. Para el montaje, coloque provisionalmente un tornillo de fijación de 5/16'' × 18 en el eje superior, en la posición completamente extendida de la columna, y apriételo.

8. Coloque el volante, alineando la marca impresa en el cubo con la marca de rayitas existente en el extremo del eje. Asegúrese de que el extremo fijo del conjunto del contacto superior de la bocina está asentado a ras con respecto a la parte superior del conjunto del contacto de la bocina.

9. Coloque la tuerca de fijación del volante y apriétela a 30 libras-pie. El resto del montaje es en sentido contrario al desmontaje. Terminada la instalación del volante, retire el tornillo de fijación colocado con carácter provisional.

Interruptor de señal de giro

DESMONTAJE Y MONTAJE

1. Desconecte el cable negativo de la batería.

2. Desmonte el volante de la dirección.

3. Ejerciendo palanca con un destornillador, levante la tapa del plato de bloqueo.

4. Coloque una herramienta de desmontaje del plato de bloqueo sobre el eje de la dirección y apriete su tuerca para comprimir el plato. Suelte entonces el anillo elástico de retenida.

5. Extraiga el plato de bloqueo y la leva canceladora.

6. Extraiga el resorte de precarga del cojinete superior. Con la palanca de señal de giro en la posición de giro a la derecha, desenrosque el tornillo de fijación de la palanca y extraiga ésta. En los modelos con interruptor de regulador de intensidad luminosa en la palanca de la señal de giro, desenrosque el tornillo de fijación del brazo accionador y retire éste. Extraiga la palanca de señal de giro. Desenrosque los tres tornillos que fijan el interruptor de la señal de giro.

7. Apriete el botón del interruptor de luz de emergencia, desenrosque el tornillo de retenida y extraiga el botón. En columnas de dirección orientable, sitúe la caja en la posición central.

8. Retire el panel de guarnición inferior del panel de instrumentos y desenchufe el conector de la señal de giro en el haz de hilos. Retire el conector.

9. Desenrosque los tornillos que fijan el conjunto del soporte circundante a la camisa. En todas las columnas con indicador del cambio automático, desenrosque el tornillo que fija la aguja indicadora del cambio y extraiga o desconecte la aguja.

10. Sujete la columna de dirección y desenrosque desde debajo las dos tuercas de fijación. Retire el conjunto del soporte y el protector de cables. Vuelva a colocar las tuercas sin apretarlas, para que sujeten la columna en su posición.

11. Con cuidado, extraiga el interruptor de la señal de giro y sus cables.

12. Para el montaje, coloque el interruptor en la posición de giro a la derecha y empújelo hasta que quede debidamente asentado. Apriete sus tres tuercas de fijación a 35 libras-pie. Sitúe el interruptor a la posición neutra y continúe el montaje en sentido inverso al desmontaje.

Bomba de la servodirección

DESMONTAJE Y MONTAJE

1. Desconecte el cable negativo de la batería. Retire la correa de accionamiento.

2. Con un extractor, retire la bomba.

3. Desconecte los tubos flexibles y obtúrelos.

4. Extraiga la bomba y su soporte de montaje.

5. Para el montaje, invierta este procedimiento. Purgue el aire del circuito girando las ruedas de un lado a otro, pero sin tocar sus topes; las rue-

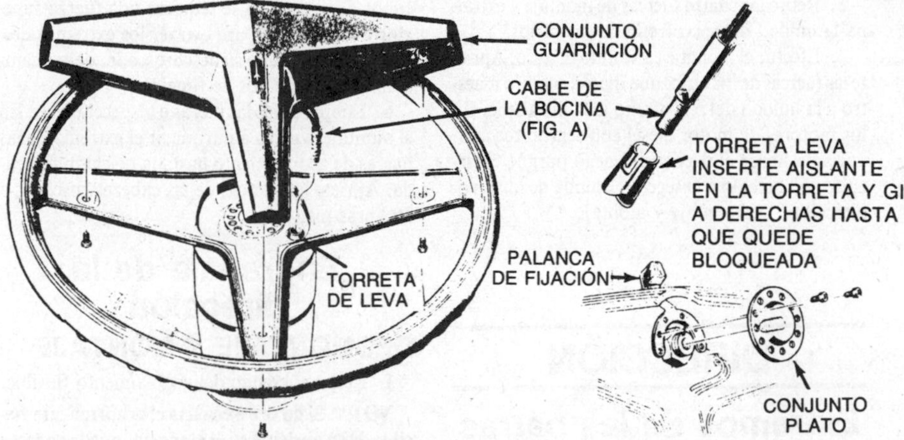

Volante en columnas orientables y telescópicas

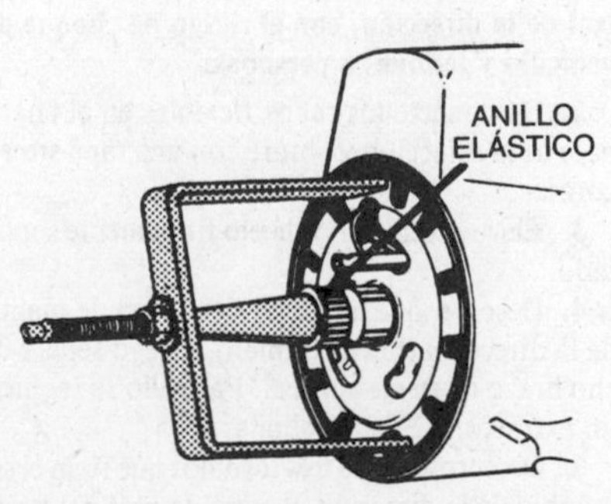

Herramienta de desmontaje plato de bloqueo

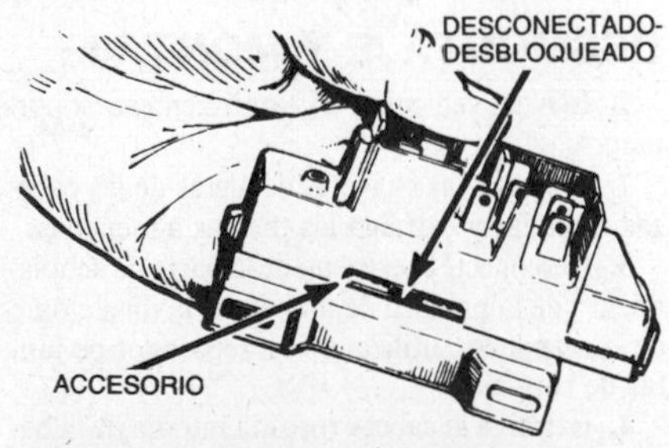

DESLICE LA CORREDERA DEL INTERRUPTOR AL EXTREMO IZQUIERDO (ACCESORIOS) Y LUEGO A LA DERECHA (DESCONECTADO NO BLOQUEADO = OFF-UNLOCK)

Interruptor de encendido en posición apagada-desbloqueada (OFF-UNLOCK)

das no han de tocar el suelo y el motor ha de estar funcionando.

Interruptor del encendido y cilindro de la cerradura

DESMONTAJE Y MONTAJE

Interruptor de encendido

1. Desconecte el cable negativo de la batería.

2. Apague el interruptor de encendido (OFF-UNLOCKED), o si la columna es tipo orientable, sitúelo a la posición accesorios (ACC).

3. Retire la tapa de la cubeta de convergencia/divergencia (de ser aplicable) y afloje los tornillos de la abrazadera de convergencia/divergencia.

4. Retire la guarnición del panel inferior del módulo de instrumentos y el panel de guarnición de la cubeta de convergencia/divergencia.

5. Retire la aguja del indicador de marcha en coches de cambio automático.

6. Retire el soporte de la columna de dirección en el panel de instrumentos y deje el volante apoyado en el asiento del conductor.

7. Desenrosque los dos tornillos de retenida del interruptor del regulador de iluminación y extraiga dicho interruptor.

8. Desenrosque los dos tornillos que fijan el interruptor del encendido y separe el interruptor de la varilla del accionador.

9. Desconecte los cables.

10. Para el montaje, compruebe que el cilindro de la cerradura esté todavía en la posición apagada-desbloquedada (OFF-UNLOCKED) o accesorios (ACC) si es un volante orientable, y mueva la parte deslizante del interruptor hasta que su orificio esté correctamente situado. Inmovilice el interruptor en esta posición con un pasador de 0.090 pulgadas.

11. Conecte los hilos en el interruptor.

12. Sitúe el interruptor sobre la varilla del accionador, apriete los tornillos de fijación y retire el pasador de 0.090 pulgadas.

13. Continúe el montaje, con los pasos 1-6, en sentido inverso.

Cilindro de la cerradura

1. Efectúe los pasos 1-7 del procedimiento de desmontaje de la señal de giro.

2. Suelte el conector de la señal de giro en el haz de cables. Saque el conector del soporte de montaje.

3. Con cuidado, extraiga el interruptor de la señal de giro de su posición en la columna y déjelo colgando.

4. Sitúe el conjunto de la cerradura en la posición de funcionamiento (RUN) y retire el tornillo de retenida y la cerradura.

5. Para montar el cilindro de la cerradura, tome el cilindro y gire hacia la derecha sus lengüetas, hasta su tope. Introduzca el cilindro en su receptáculo, alineando la ranura. Empuje el cilindro y gire las lengüetas hacia la izquierda, mientras aprieta ligeramente el cilindro hacia adentro, hasta que la sección motriz del cilindro engrana con el eje de mando. Para el resto del montaje, invierta el procedimiento de desmontaje.

PANEL DE INSTRUMENTOS

Interruptor faros delanteros

DESMONTAJE Y MONTAJE

Cutlass sin aire acondicionado

1. Desconecte el cable negativo de la batería.

2. Retire el panel de mandos de la izquierda, para tener acceso al conector.

3. Retire el conector de su posición en el interruptor.

4. Tire del interruptor para situarlo en la posición de encendido, pulse el botón de liberación montado sobre resorte en el cuerpo del interruptor y extraiga la empuñadura y el vástago de sus posiciones en el interruptor.

5. Retire el casquillo en que está montado el eje.

6. Extraiga el interruptor. Para el montaje, invierta el procedimiento descrito.

Cutlass con aire acondicionado

1. Desconecte el cable negativo de la batería.

2. Retire la guarnición del módulo de instrumentos.

3. Desenrosque los dos tornillos que fijan el interruptor y extraiga éste.

Modelos 88 y 98

1. Desconecte el cable negativo de la batería.

2. Gire el interruptor de los faros, de modo que su ranura esté en la parte inferior. Tuerza el extremo de un clip sujetapapeles, de modo que forme un pequeño gancho, y úselo para extraer el clip de retenida de la empuñadura; retire ésta.

3. Retire la tapa de la guarnición izquierda.

4. Desenrosque los tornillos que fijan la placa de montaje del interruptor y extraiga éste a través de la abertura.

5. Retire el conector y extraiga el interruptor.

Cable del velocímetro

DESMONTAJE Y MONTAJE

El cable del velocímetro está retenido por un clip en la parte posterior de la cabeza del velocímetro. Para retirar el cable, trabajando detrás del velocímetro, apriete el clip y tire del cable. El cable puede entonces extraerse del tabique guardafuegos hacia el compartimiento del motor. Eleve el vehículo y déjelo firmemente soportado. Desconecte el cable en la caja de cambios y retire el núcleo. Al volver a montar el núcleo, aplique una capa de lubricante para cables en la totalidad del cable del velocímetro, excepto su tercera parte superior. Para volver a colocar el cable, siga el mismo procedimiento, en sentido inverso.

Módulo de instrumentos

DESMONTAJE Y MONTAJE

Cutlass

1. Desconecte el cable del velocímetro en el transductor de control de la velocidad de crucero, de estar equipado el vehículo con dicha opción.

2. Retire el conjunto de la guarnición del módulo de instrumentos.

3. Saque la tapa de guarnición de la columna de dirección.

4. Desconecte el clip del indicador de marcha en la cubeta de cambio en la columna de la dirección.

5. Desatornille el módulo de instrumentos.

6. Estire el módulo hacia atrás. Desconecte el cable del velocímetro.

7. Desconecte el sensor de velocidad, de haberlo.

8. Extraiga el módulo.

9. Efectúe el montaje en sentido inverso.

Modelos 88 y 98

1. Retire la tapa de la guarnición de la columna de dirección.

2. Desenrosque los tornillos que fijan el módulo de indicadores a la tapa de la guarnición izquierda.

3. Estire el módulo de indicadores hacia atrás. Desconecte los cables de los indicadores, los zócalos de lámparas y el cable del velocímetro.

4. Extraiga el módulo de indicadores.

5. Efectúe el montaje en sentido inverso.

LIMPIAPARABRISAS

Motor del limpiaparabrisas

DESMONTAJE Y MONTAJE

1. Retire la pantalla o rejilla del limpiaparabrisas en la carrocería.

2. Desenrosque las tuercas que fijan el eslabón impulsor del varillaje al brazo de manivela y separe el eslabón de dicho brazo.

3. Desconecte los hilos y los tubos flexibles del lavaparabrisas.

4. Desenrosque los tres tornillos de fijación del motor del limpiaparabrisas, guíe el brazo de manivela a través del agujero en el tablero de instrumentos y retire el motor.

5. Efectúe el montaje en sentido inverso.

Escobilla del limpiaparabrisas

CAMBIO

Se usa uno de los métodos de desmontaje siguientes, según el tipo de escobillas:

1. Se aprieta una lengüeta en el asiento de la escobilla.

2. Se aprieta un clip elástico en la escobilla.

3. Con un destornillador se aprieta un retenedor elástico en forma de espira.

Vea detalles en la sección de Reparaciones

RADIO

DESMONTAJE Y MONTAJE

Modelos 88 y 98

1. Desconecte el cable negativo de la batería.

2. Retire los mandos de la radio. Extraiga el encendedor.

3. Desenrosque los dos tornillos que fijan la tapa de la guarnición y retire la tapa.

4. Desenrosque los tornillos que fijan el soporte de la radio a la barra de acoplamiento inferior.

5. Desenrosque los cuatro tornillos que fijan la placa de montaje y extraiga la radio para tener acceso a sus conexiones. Desconecte el haz de cables y el hilo de la antena.

6. Desenrosque las tuercas de la placa de montaje y retire la radio. Efectúe su instalación en sentido inverso.

Cutlass

1 Desconecte el cable negativo de la batería.

2. Retire los mandos de la radio. Tire hacia afuera de la tapa de guarnición inferior, separándola de los clips de retenida.

3. Desenrosque los cuatro tornillos de la placa de montaje y el tornillo que fija el soporte de apoyo de la radio a la barra de acoplamiento inferior.

4. Extraiga la radio y desconecte los hilos eléctricos y de la antena.

PROTECCIÓN DE CIRCUITOS

Fusibles

El bloque de fusibles está situado debajo del panel de instrumentos, en el lado del conductor del tabique guardafuegos. Los portafusibles están etiquetados con su finalidad y su correcto amperaje. Sustituya los fusibles fundidos siempre por otros del mismo amperaje, de lo contrario pueden generarse cargas eléctricas excesivas que lleven a la destrucción de los cables.

Eslabones fusibles

Los eslabones fusibles son secciones de conductores con aislamiento especial, concebidos para fundirse con ciertas cargas eléctricas. Para su cambio se empalma simplemente el nuevo eslabón entre los dos extremos del hilo afectado. Puede haber hasta cinco de estos eslabones en el haz de cables en el compartimiento del motor. Son los siguientes:

1. Circuito que va del relé de la bocina al panel de fusibles: 1 eslabón.

2. Circuito de carga, desde el solenoide del motor de arranque al relé de la bocina: dos eslabones.

3. Circuito del solenoide del motor de arranque al amperímetro: 1 eslabón.

4. Circuito del relé de la bocina al desempañador de la ventanilla posterior: 1 eslabón.

NOTA: Los eslabones fusibles son siempre dos calibres menores que los hilos que protegen. La mayoría de los modelos poseen los eslabones citados.

CAMBIO

1. Desconecte el cable de tierra de la batería.

2. Desconecte el eslabón fusible del bloque de empalme o del solenoide del motor de arranque.

3. Corte el hilo directamente detrás de la cápsula de empalme para extraer el eslabón fundido.

4. Desnude el hilo aproximadamente media pulgada.

5. Conecte el nuevo eslabón fusible al hilo así preparado, usando una cápsula de empalme nueva. Suelde la conexión con soldadura con alma de colofonia.

6. Revista el área de hilo descubierto con cinta aislante.

7. Conecte el eslabón al bloque de empalmes o al solenoide del motor de arranque y vuelva a conectar el cable de tierra de la batería.

CALEFACTOR

Motor del ventilador de la calefacción y núcleo calefactor

DESMONTAJE Y MONTAJE

Sin aire acondicionado

Motor del ventilador calefacción en modelos 88 y 98

1. Desconecte el cable negativo de la batería y los cables del motor de la calefacción.

2. Desatornille el motor y extráigalo. En el montaje use compuesto hermetizante para asegurar la estanqueidad al agua.

Núcleo calefactor en modelos 88 y 98

1. Desconecte el cable negativo de la batería, los cables del motor del ventilador de calefacción y la tira de puesta a tierra del núcleo calefactor.

2. Efectúe el drenaje del circuito de enfriamiento y desconecte las mangueras de agua caliente.

3. Puede que sea necesario apartar la válvula de aire de temperatura, desconectando el cable y golpeando ligeramente el pasador de la articulación, para liberar el pivote superior.

4. Desenrosque los tornillos que fijan la caja del ventilador de calefacción a la caja del calefactor. Afloje los tornillos que fijan la carcasa del núcleo calefactor y extraiga la carcasa y el núcleo.

Motor del ventilador de calefacción y núcleo calefactor en modelos Cutlass

1. Retire la guantera, la salida de distribución del aire caliente, el conducto superior de la ventilación y el tornillo que fija la salida del desempañador.

2. Desconecte los cables del motor del ventilador de sus posiciones en el motor.

3. Vacíe el circuito de enfriamiento.

4. Retire el brazo derecho del limpiaparabrisas.

5. Retire el tamiz laminar.

6. Desconecte las mangueras del calefactor de éste. Desenrosque los tornillos que fijan el conjunto del calefactor a la carrocería y extraiga este conjunto.

7. Desenrosque los tornillos que fijan el motor del ventilador de la calefacción y separe el motor del conjunto.

8. Desenrosque los tornillos de la tapa delantera y retire el núcleo del calefactor. Efectúe el montaje en sentido inverso.

Motor del ventilador de la calefacción

DESMONTAJE Y MONTAJE

Modelos 88 y 98 con aire acondicionado

Este motor va montado en la caja superior del evaporador y ventilador de la calefacción y está fijado por 6 tornillos (más uno que fija el supresor de ruido). Suelte los conectores eléctricos y desenrosque esos tornillos. Extraiga el ventilador levantándolo verticalmente y separe el motor.

Cutlas con aire acondicionado

1. Desconecte el cable de tierra de la batería.

2. Desconecte los cables de este motor.

3. Desatornille y extraiga el motor.

4. Efectúe el montaje en sentido inverso. Cambie cualquier elemento de estanqueidad dañado.

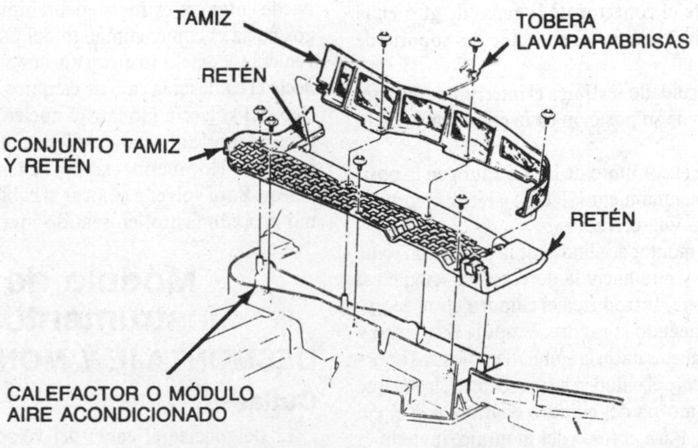

Tamiz entrada aire, en modelos 88 y 98

Núcleo del calefactor

DESMONTAJE Y MONTAJE

Modelos 88 y 98 con aire acondicionado

1. Desconecte el cable de tierra de la batería.

2. Desconecte los cables del motor del ventilador de calefacción.

3. Retire el interruptor termostático y el conector de diagnóstico.

4. Retire el extremo derecho del retén del capó y los tornillos que fijan el tamiz de entrada de aire.

5. Desenrosque los 5 tornillos que fijan la caja al tabique guardafuegos en la parte superior, los 9 tornillos que fijan la caja superior a la inferior en la brida y otros dos tornillos en el recinto impelente.

6. Levante y extraiga la caja superior. Desenrosque los tornillos que fijan el soporte del tubo en la caja. Suelte las mangueras y sitúelas de modo que no se vierta el agua.

7. Desconecte y levante el núcleo calefactor.

8. Efectúe el montaje en el orden inverso. Sustituya cualquier elemento de estanqueidad deteriorado.

Cutlass con aire acondicionado

1. Vacíe el circuito de enfriamiento.

2. Desconecte las mangueras en los tubos del núcleo calefactor.

3. Retire el soporte de retenida y la tira de puesta a tierra.

4. Retire la junta de goma del módulo.

5. Retire el tamiz del módulo.

6. Retire el brazo del limpiaparabrisas derecho.

7. Retire el conector de diagnóstico, el relé alto del ventilador de calefacción y los tornillos que fijan el interruptor termostático.

8. Suelte todas las conexiones eléctricas del módulo.

9. Retire la tapa superior del módulo.

10. Extraiga el núcleo calefactor.

11. Efectúe el montaje en sentido inverso. Sustituya cualquier elemento de aislamiento deteriorado.

Ford Motor Co.

Tracción delantera
Escort, EXP, LN7, Lynx, Tempo, Topaz

IDENTIFICACIÓN DEL AÑO

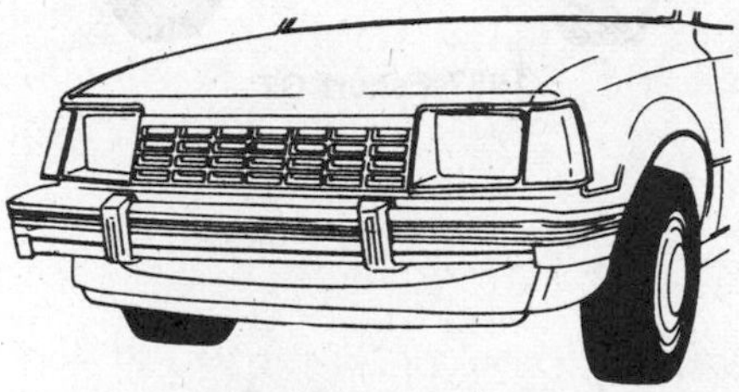

1981-82 Escort

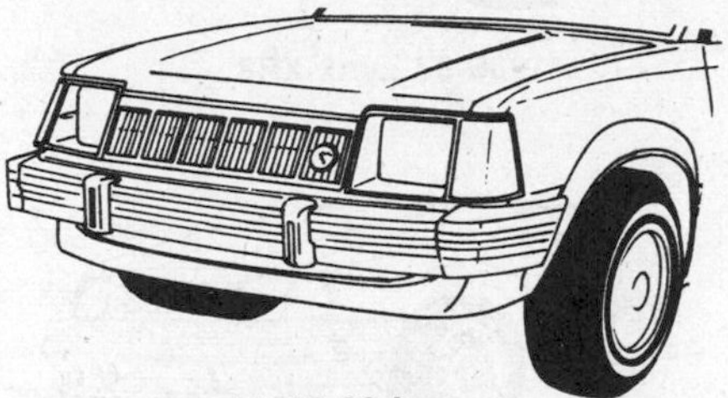

1981-82 Lynx

1981-82 LN7

1981-82 EXP

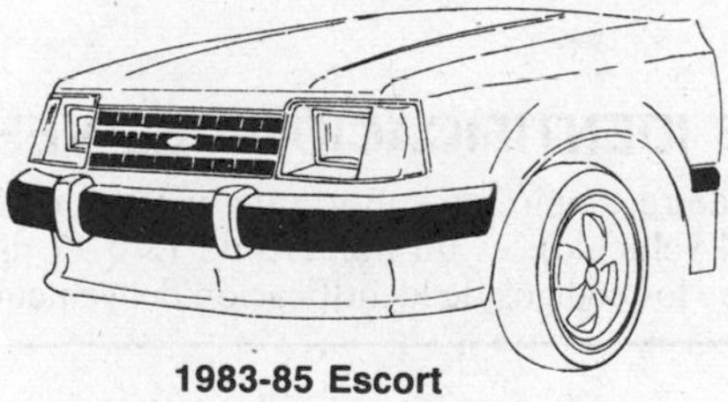

1983-85 Escort

1983-84 Lynx

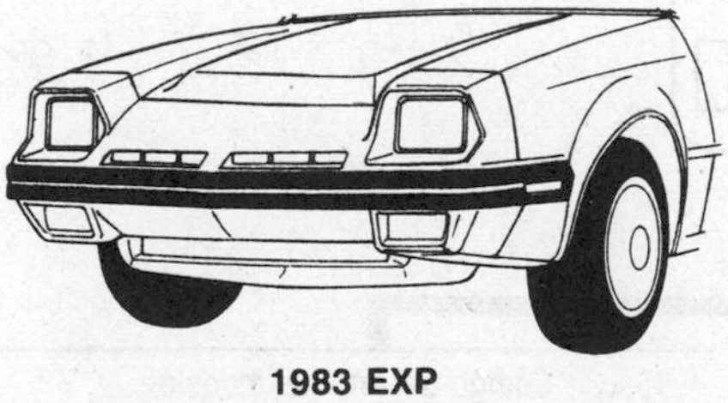

1983 EXP

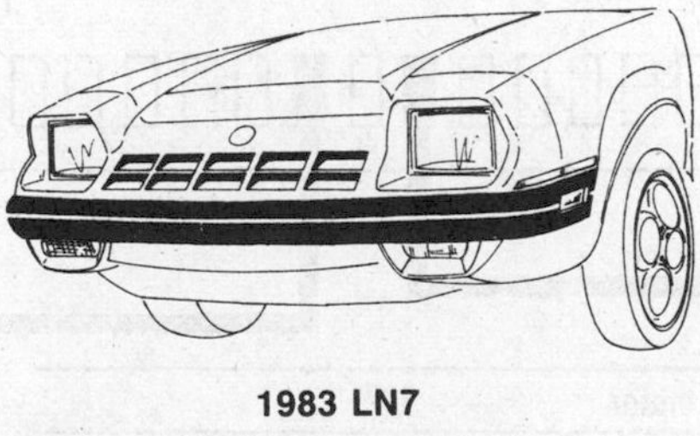

1983 LN7

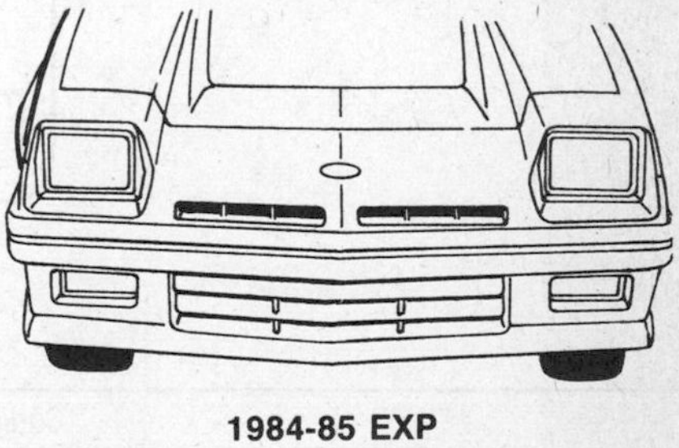

1984-85 EXP

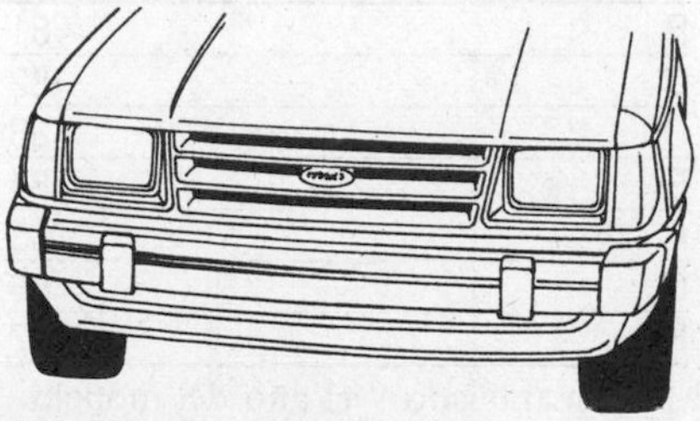

1984 Tempo

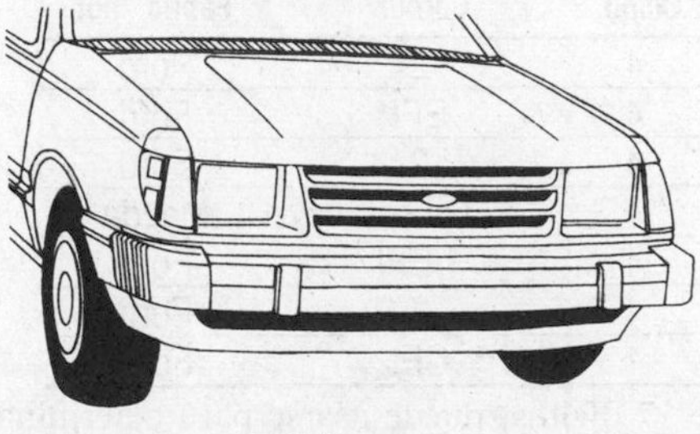

1985 Tempo

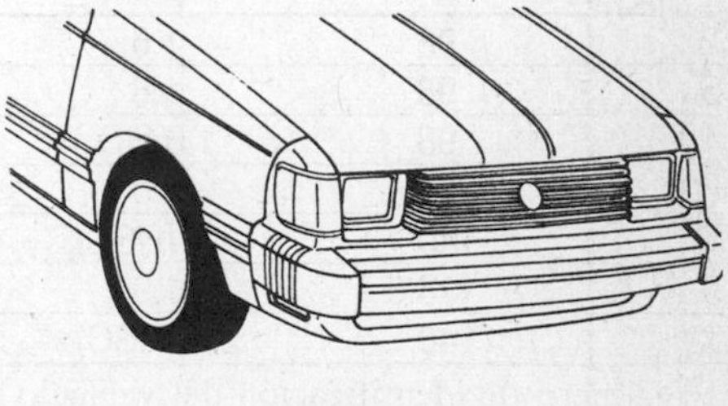

1984-85 Topaz

IDENTIFICACIÓN DEL AÑO

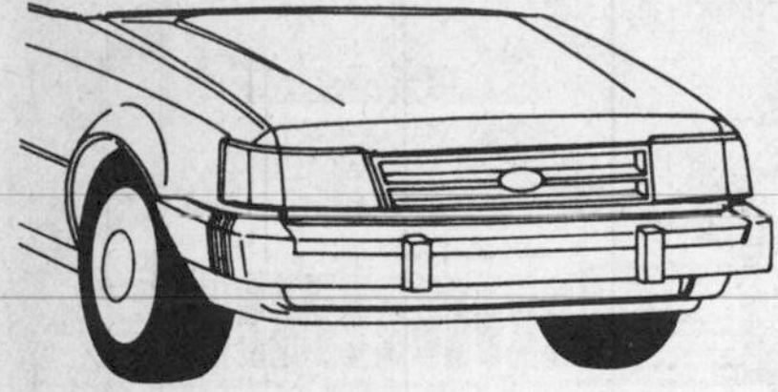
1985 1/2-87 Escort

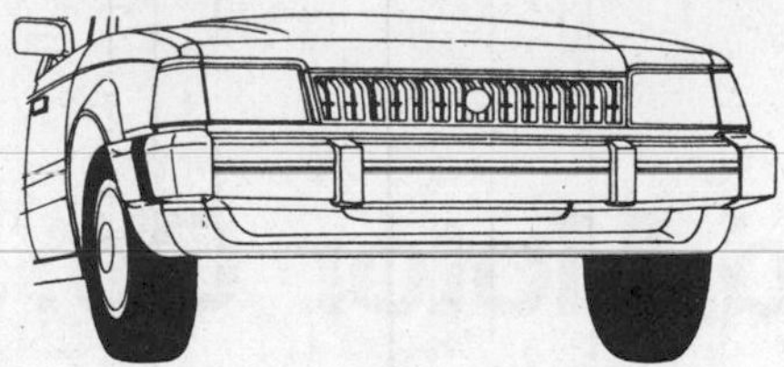
1985 1/2-87 Lynx

1986-87 Tempo

1986-87 Topaz

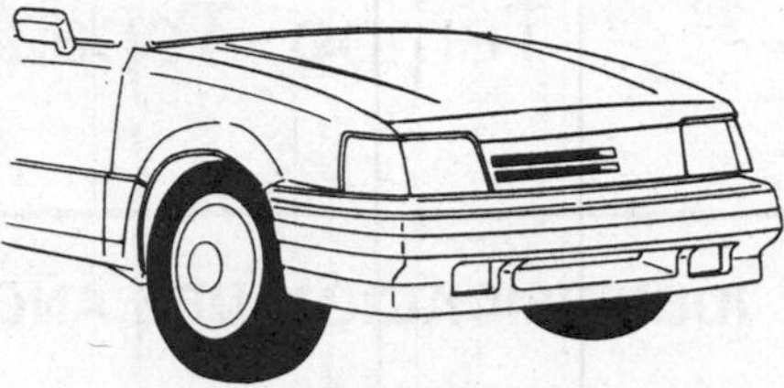
1986-87 Lynx XR3

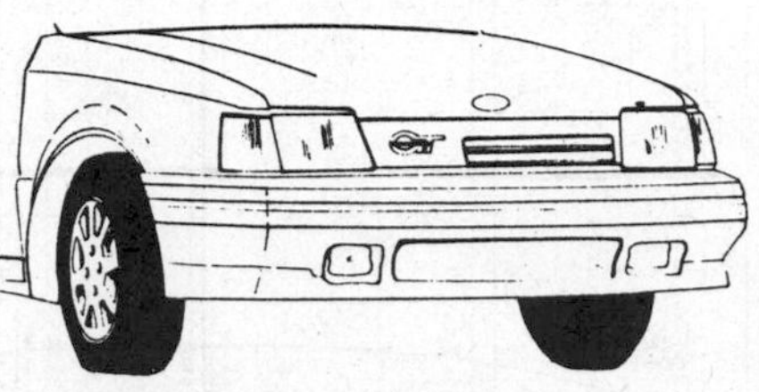
1987 Escort GT

1987 Escort EXP

NÚMERO DE IDENTIFICACIÓN DEL VEHÍCULO (VIN)

Para el mantenimiento y el pedido de piezas de recambio, es importante que Vd. esté seguro de la identificación del vehículo y del motor. El VIN (número de identificación del vehículo), es un número de 13 ó 17 dígitos, visible a través del parabrisas, sobre el salpicadero, en el lado del conductor, y contiene los códigos de identificación del vehículo y del motor. Puede interpretarlo como sigue:

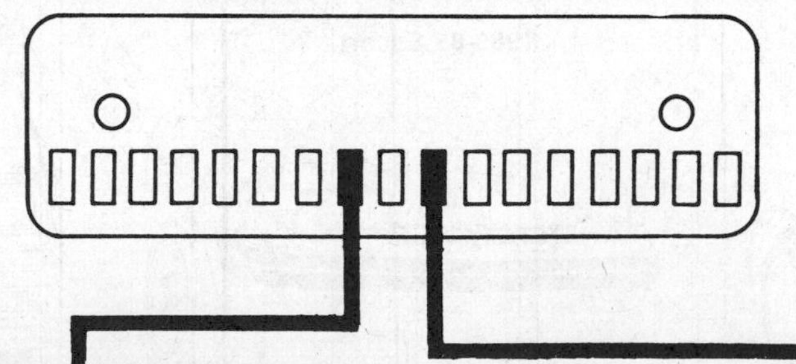

Código del motor					
Código	**Pulg. cúb.**	**Litros**	**Cilind.**	**Carbur.**	**Fabric. mot.**
2	98	1.6	4	2	Ford
5	98	1.6	4	EFI	Ford
4	98	1.6 HO	4	2	Ford
H	121	2.0	4	Diesel	Mazda
R	140	2.3 (HSC)	4	1/EFI	Ford
9	113.5	1.9	4	2	Ford
X	140	2.3 (HSC)	4	CFI	Ford

Código del año del modelo	
Código	**Año**
B	'81
C	'82
D	'83
E	'84
F	'85
G	'86
H	'87

El número de identificación del vehículo de 17 dígitos, puede usarse para determinar el motor aplicado y el año del modelo. El décimo dígito indica el año del modelo, y el octavo identifica el código del motor

ESPECIFICACIONES GENERALES DEL MOTOR

Año	Código VIN del motor	Cilindros motor y desplazamiento (cc)	Fabricante del motor	Tipo de carburador	Caballos de potencia @ rpm ■	Par motor @ rpm (libr.-pies) ■	Diámetro x carrera (mm)	Relación compresión	Presión aceite @ 2000 rpm
'81	2	4-1597	Ford	2bbl	69 @ 5000	86 @ 3200	80.0 × 79.5①	8.8:1	40
'82	2	4-1597	Ford	2bbl	69 @ 5000	86 @ 3200	80.0 × 79.5①	8.8:1	40
	2	4-1597	Ford	2bbl	80 @ 5800	88 @ 3400	80.0 × 79.5①	9.0:1	40
'83–'85	2	4-1597	Ford	2bbl	70 @ 4600	89 @ 3000	80.0 × 79.5①	8.8:1	40
	4	4-1597	Ford	2bbl	80 @ 5800	88 @ 3400	80.0 × 79.5①	9.0:1	40
	5	4-1597	Ford	EFI	90 @ 5800	89 @ 3000	80.0 × 79.5①	9.0:1	40
	8	4-1597	Ford	Turbo	120 @ 5200	120 @ 3400	80.0 × 79.5①	8.0:1	35–65
	6	4-1860	Ford	2bbl	86 @ 4800	100 @ 3000	82.0 × 88.0⑥	9.0:1	40
	H	4-2000	Mazda	Diesel	52 @ 4000	82 @ 2400	86.0 × 86.0②	22.5:1	③
	R	4-2300	Ford	1bbl①	84 @ 4600	118 @ 2600	93.5 × 84⑤	9.0:1	55–70
'86–'87	9	4-1860	Ford	2bbl⑦	86 @ 4800	100 @ 3000	82.0 × 88⑥	8.0:1	35–65
	H	4-2000	Mazda	Diesel	52 @ 4000	82 @ 2400	86.0 × 86.0②	22.5:1	③
	R	4-2300	Ford	CFI	86 @ 4000	124 @ 2800	93.5 × 84⑤	9.0:1	55–70
	X	4-2300	Ford	CFI	100 @ 4600	125 @ 3200	93.5 × 84⑤	9.0:1	55–70

■ Los caballos de potencia y el par motor, son valores netos SAE (Sociedad de ingeniería de América). Están medidos sobre la parte posterior de la transmisión, con todos los accesorios montados y funcionando

① 3.15 x 3.13 pulgadas

② 3.39 x 3.39 pulgadas

③ Mayor que 0.7 Kg/cm² a 700 rpm con el aceite a 80 grados de temperatura

④ CFI-'84½ y posteriores

⑤ 3.70 x 3.30 pulgadas

⑥ 3.23 x 3.46 pulgadas

⑦ EFI opcional

EFI-Inyección electrónica de combustible

CFI-Inyección continua de combustible

VIN-Número de identificación vehículo

bbl-carburador de doble cuerpo

ESPECIFICACIONES DE PUESTA A PUNTO

(Cuando analice los resultados de las pruebas de compresión atienda, más bien, a la uniformidad de los cilindros que a las presiones específicas)

Motor				Bujías		Distribuidor		Sincronización de encendido (grados)		Presión combustible (libr. pulg. cuad.)	Velocidad en vacío (rpm)	
Año	Cód. VIN del motor	Nº de cilindros y desplazamiento (cc)	Fabricante del motor	Tipo orig.	Abert. (pul.)	Ángul. conta. (grad.)	Abert. conta. (pul.)	Trans. man.	Trans. aut.		Trans. man.	Trans. aut.
81	2	4-97.6 (1597)	Ford	AGSP-32④	.042–.046	Electrónico		10B①	10B①	4–6	①	①
82	2	4-97.6 (1597)	Ford	AWSF-32④	.042–.046	Electrónico		①	①	4–6	①	①
83-84	4	4-97.6 (1597)	Ford	AWSF-34②④	.042–.046	Electrónico		①	①	4–6③	①	①
84	6	4-113.5 (1860)	Ford	AWSF-34C	.044	Electrónico		①	①	4–6	①	①
84-86	R,X	4-140 (2300)	Ford	AWSF-62	.044	Electrónico		10B	15B	5③	①	①
85-86	9	4-113.5 (1860)	Ford	⑤	⑤	Electrónico		①	①	4–6③	①	①
87	Vea el adhesivo de especificaciones bajo el capó											

NOTA: El adhesivo de especificaciones bajo el capó a menudo refleja los cambios de especificaciones de puesta a punto realizados en la producción. Así pues los valores consignados en el adhesivo deberán ser usados si no concuerdan con los de esta tabla. Las piezas relacionadas en esta tabla no se recomiendan por Chilton para ninguna marca de fábrica.

B Antes punto muerto superior

① Los niveles de calibrado varían de un modelo a otro. Consulte siempre el adhesivo bajo el capó, para conocer los datos exigidos por su coche

② Modelos EFI (inyección electrónica de combustible): AWSF24

③ Presión para los de EFI: 35-45 lb/pulg²

④ ATENCIÓN: En los motores 1.6L se utilizan dos modelos de bujías diferentes. El equipado con una junta de cierre y el de cierre por asiento cónico (sin necesidad de junta). Todos los modelos Escort/Lynx de 1981; y los EXP/LN7 de 1982, construidos antes del 04/09/81, utilizan bujías provistas de una junta. Todos los Escort/Lynx de 1982 y posteriores; y los modelos EXP/LN7 de 1982, construidos después del 04/09/81, están equipados con bujías de asiento cónico. NO INTERCAMBIE LOS DOS TIPOS. Apriete las bujías equipadas con una junta (arandela de cierre), a un par de 17-22 libras-pie. Las bujías cónicas debe apretarlas a 10-15 libras-pie. Por favor, NO LAS APRIETE EXCESIVAMENTE

⑤ Vea el adhesivo de especificaciones bajo el capó

ORDEN DE ENCENDIDO

NOTA: Para evitar confusiones, al cambiar los cables de las bujías hágalo siempre de uno en uno

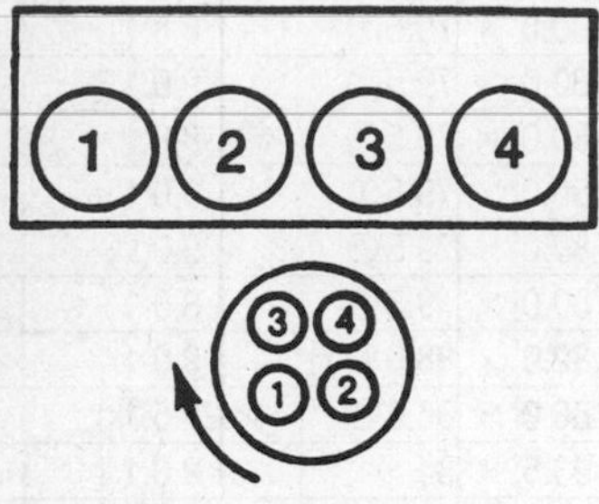

Motor de 2300 HSC Tempo/Topaz
Orden de encendido 1-3-4-2
Rotación del distribuidor en el sentido de las saetas del reloj

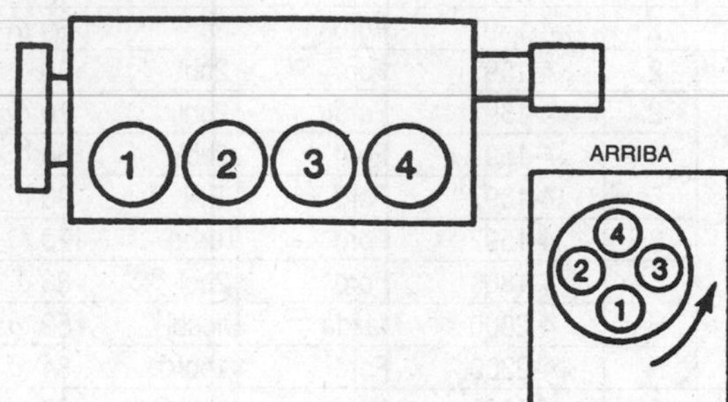

Motor de 1600 cc Escort, Lynx
Orden de encendido 1-3-4-2
Rotación del distribuidor en el sentido de las saetas del reloj

CAPACIDADES

Año	Nº de cilindros motor y desplazamiento (cc)	Capacidad del cárter del motor incluido filtro (cuartos)	Pintas necesarias para rellenar la transmisión después de drenar: Manual	Automática (capacidad total)	Árbol de transmisión (pintas)	Depósito gasolina (galon.)	Sistema refrigerante (cuartos): Con calefac.	Con cond. de aire
'81–'85	4-1597	4.0	5.0①	②	③	④	6.7	8.1
'84–'87	4-2000	7.2⑤	①	—	③	⑥	8.1	8.1
'84–'87	4-2300	4.5⑦	6.1	②	③	⑥	8.1	8.1
'85–'87	4-160	4.0	5.0①	②	③	⑥	8.1	8.1

① 5 velocidades: 6.1
② Totalmente seca la capacidad del convertidor y el colector drenados.
1981-82: 20 pintas
1983-87: 16 pintas
Cambio parcial de fluido (solo el cárter colector de aceite), añada el fluido necesario hasta alcanzar el nivel correcto
③ Incluida la capacidad en la transmisión
④ 1981-82: 10 galones estándar,
11.3 galones
Autonomía ampliada
1983-85: 10 galones modelos FE,
13 galones estándar
13 galones EXP/LN7
⑤ La capacidad para el sistema completo de cárter es de 5.3 cuartos
⑥ 1984: 14 galones;
1985-87: 15.2 galones
⑦ Después de cambiar el filtro, añada 4 cuartos de aceite y ponga en marcha el motor.
Pare el motor y compruebe el nivel de aceite.
Añada ½ cuarto más, si es necesario

ESPECIFICACIONES DEL ÁRBOL DE LEVAS

(Todas las medidas están dadas en pulgadas)

Año	Nº de cilindros motor y desplazamiento (cc)	Alzado de la leva	Alzado de válvula con juego @ cero: Admis.	Escape	Juego axial árbol de levas	Holgura de lubricación entre muñón y cojinete	Diámetro del muñón	Límite de desvío de la redondez del muñón
81–'85	4-1597	.229①	.377②	.377②	.0018–.006	.0008–.0028	③	.008
84–'87	4-2000	—	—	—	.008–.0059	.001–.0026	1.2582–1.2589	—
84–'87	4-2300	④	.392	.377	.009	.001–.003	⑤	.005
85–'87	4-1860	.240	.468②	.468②	.0018–.006	.0013–.0033	1.8017–1.8007	.003

① HO y EFI: 0.240
② HO y EFI: 0.396
③ Nº 1: 1.761-1.762
Nº 2: 1.771-1.772
Nº 3: 1.781-1.782
Nº 4: 1.791-1792
Nº 5: 1.801-1.802
④ Admisión: 0.249
Escape: 0.239
⑤ No está disponible
CFI - Inyección continua de combustible
HO - Elevado rendimiento
HSC - Combustión elevada por torbellino

ESPECIFICACIONES DEL CIGÜEÑAL Y LAS BIELAS

(Todas las medidas están dadas en pulgadas)

		Cigüeñal				Biela		
Año	N.º de cilindros motor y desplazamiento (cc)	Diámetro muñequilla cojinete principal	Holgura lubricación cojinete principal	Juego axial árbol	Apoyo de empuje en el N.º	Diámetro muñón	Holgura lubricación	Holgura lateral
'81–'85	4-1597	2.2826–2.2834	0.0008–0.0015	0.004–0.008	3	1.885–1.886	0.0002–0.0003	0.004–0.011
'84–'87	4-2000	2.3598–2.3605	0.0012–0.0020	0.0016	3	2.0055–2.0061	0.0031	0.0043–0.0103
'84–'87	4-2300	2.2489–2.2490	0.0008–0.0024	0.004–0.008	3	2.1232–2.1240	0.0008–0.0015	0.0035–0.0105
'85–'87	4-1860	2.2835–2.2827	0.0008–0.0015	0.004–0.008	3	1.8862–1.8854	0.0008–0.0015	0.004–0.011

ESPECIFICACIONES DE VÁLVULAS

Año	N.º de cilindros motor y desplazamiento (cc)	Ángulo de asiento (grad.)	Ángulo de la cara (grad.)	Presión prueba muelle (lib. @ pulg.)	Altura muelle montado (pulg.)	Holgura entre vástago y guía (pulgadas) Admis.	Holgura entre vástago y guía (pulgadas) Escape	Diámetro del vástago (pulgadas) Admis.	Diámetro del vástago (pulgadas) Escape
'81	4-1597	45	45½	180 @ 1.09	1.46	0.0008–0.0027	0.0015–0.0032	0.316	0.315
'82	4-1597	45	45½	180 @ 1.09	1.46	0.0010	0.00210	0.320	0.310
'83–'85	4-1597	45	45½	200 @ 1.09①	1.480②	0.0008–0.0027	0.0018–0.0037	0.316	0.315
'84–'87	4-2000	45	45	—	1.7760	0.0016–0.0029	0.0018–0.0031	0.3138	0.3138
'84–'87	4-2300	45	45½	182 @ 1.107	1.49	0.0018	0.0023	0.3415	0.3411
'85–'87	4-1860	45	45.6	200 @ 1.09③	1.86④	0.0008–0.0027	0.0018–0.0037	0.3167	0.3156

① Motores HO y EFI: 206 @ 1.09
② Motores HO y EFI: 1.450-1.480
③ Motores EFI: 216 @ 1.016
④ Motores EFI: 1.90

ESPECIFICACIONES DE PISTONES Y SEGMENTOS

(Todas las medidas están dadas en pulgadas)

			Abertura entre extremos segmento			Holgura lateral del segmento		
Año	N.º de cilindros motor y desplazamiento (cc)	Holgura del pistón	De fuego	De compresión inferior	De engrase	De fuego	De compresión inferior	De engrase
81	1597	0.0008–0.0016	0.012–0.020	0.012–0.020	0.016–0.055	0.001–0.003	0.002–0.003	Ajustado
82	1597	0.0012–0.0020	0.012–0.020	0.012–0.020	0.016–0.055	0.001–0.003	0.002–0.003	Ajustado
83-85	1597	0.0018–0.0026	0.012–0.020	0.012–0.020	0.016–0.055	0.001–0.003	0.002–0.003	Ajustado
84-87	2000	0.0013–0.0020	0.0079–0.0157	0.0079–0.0157	0.0079–0.0157	0.0020–0.0035	0.0016–0.0031	Ajustado
84-87	2300	0.0013–0.0021	0.008–0.016	0.008–0.016	0.015–0.055	0.002–0.004	0.002–0.004	Ajustado
85-87	1860	0.0016–0.0024	0.010–0.020	0.010–0.020	0.016–0.055	0.0015–0.0032	0.0015–0.0035	Ajustado

ESPECIFICACIONES DE APRIETE

(Todas las lecturas en libras-pie)

Año	N.º de cilindros motor y desplazamiento (cc)	Tornillos de culata	Tornillos de cojinete de biela	Tornillos de cojinete principal	Tornillo de cigüeñal	Tornillos de volante a cigüeñal	Múltiple Admis.	Múltiple Escape
'81–'85	4-1597	①	19–25	67–80	74–90	59–69	12–15②	15–20
'84–'87	4-2000	①	51–54	61–65	115–123	130–137	12–16	16–19③
'84–'87	4-2300	81③	21–26	60–74	82–103	54–64	15–23	20–30③
'85–'87	4-1860	①	19–25	67–80	74–90	54–64	12–15	15–20

① Para las indicaciones vea el procedimiento de desmontaje de la culata
② Tuercas de espárragos del múltiple: 12-13 libras-pie
③ Apriete en dos etapas

ESPECIFICACIONES DE ALINEACIÓN DE RUEDAS

		Avance		Inclinación			Inclinación eje dirección
Año	Modelo	Campo (grav.) ■ ▲	Posición preferente (grad.) ■	Campo (grad.)	Posición preferente (grad.)	Convergencia (pulg.)	(grad.)
81-83	Escort, Lynx, EXP/LN7	9/16P to 2 1/16P	1 5/16P	—	—	1/32 to 7/32	—
		—	—	(izquierda) 1 13/32P to 2 29/32P	2 5/32 P	—	14 21/32
		—	—	(derecha) 31/32P to 2 15/32P	1 23/32P	—	15 3/32
84-87	Escort, Lynx, EXP	5/8P to 2 1/8P	1 2/3P	—	—	1/64 (dentro) a 7/32 (fuera)	—
				(izquierda) 1 3/8P to 2 7/8P	2 1/8P	—	14 21/32
				(derecha) 15/16P to 2 7/16P	1 11/16P	—	15 3/32
84-87	Tempo, Topaz	9/16P to 2 1/16P	1 5/16P	—	—	1/32 (dentro) a 7/32 (fuera)	—
				(izquierda) 1 1/8P to 2 5/8P	1 7/8P		14 5/8
				(derecha) 11/16P to 2 3/16P	1 1/2P		15 1/8

■ El avance y la inclinación están preposicionados por fábrica y no pueden ajustarse.

Las mediciones del avance en el lado izquierdo deben hacerse girando la rueda a través del ángulo de barrido prescrito, y las del ángulo derecho girando la rueda derecha a través del ángulo de barrido prescrito por el equipo que está utilizando. Cuando use un equipo de alineación previsto para la medida del avance en los dos lados, derecho e izquierdo, girando sólo una rueda, producirá un error significativo en el ángulo del avance de la rueda del lado opuesto

EQUIPO ELÉCTRICO

Alternador

DESMONTAJE Y MONTAJE

Para los ensayos y diagnosis del alternador, consulte el capítulo Carga y arranque, en la sección de Reparación.

1. Desconecte el cable negativo de la batería.

2. Si el alternador está equipado con una tapa de protección de la correa, desmonte en este momento dicha protección.

3. Afloje el tornillo-pivote del alternador. Desmonte el tornillo de unión de la cartela de ajuste al alternador (y la tuerca, si la lleva). Gire el alternador sobre su pivote para aflojar la correa conductora y desmontarla.

4. Desconecte y etiquete, para un correcto montaje posterior, el cableado del alternador.

NOTA: Algunos modelos utilizan un conector rápido del cableado en las conexiones de la bobina de campo. Extráigalo o introdúzcalo rectamente, pues en otro caso podrían resultar dañados los pitones del conector.

5. Desmonte el tornillo-pivote y el alternador.

6. Móntelo en el orden inverso al desmontaje. Ajuste la tensión de la correa de modo que haya una flecha de 1/4-1/2 de pulgada, en el tramo de correa más largo entre poleas. Vuelva a montar la protección de la polea, si la lleva, y conecte el cable negativo de la batería.

Regulador de tensión

NOTA: Hay tres tipos diferentes de reguladores en uso, dependiendo del modelo, motor, salida del alternador y tipo usado como indicador de carga montado en el salpicadero (luz o amperímetro). Los reguladores son del tipo de estado sólido en un cien por cien, y están calibrados y preajustados por el fabricante. No se requieren reajustes, ni son posibles en estos reguladores.

REVISIÓN

Siempre que estén siendo sustituidos componentes del sistema, debe seguir las precauciones que le damos a continuación para que el sistema de carga trabaje luego correctamente y no resulten dañados los componentes.

1. Utilice siempre el alternador apropiado.

2. Los reguladores electrónicos están codificados con colores para su identificación. No monte jamás un regulador con el código diferente del que está siendo sustituido. La identificación general de códigos la damos a continuación; si el regulador desmontado no tiene el color mencionado, identifique la indicación de la salida del alternador y el método de carga, y luego consulte en un establecimiento de piezas de recambio con el objeto de conseguir el regulador apropiado. En los sistemas que utilizan como indicador de carga una lámpara de señal, se aplica un regulador de código negro. Los reguladores de código gris pardo se utilizan con un amperímetro. Los reguladores de código gris indefinido, se utilizan en modelos equipados con un motor diesel. El regulador especial debe utilizarse en vehículos equipados con un motor diesel para evitar los fallos de las bujías de incandescencia.

3. Los modelos que utilizan un indicador de carga con lámpara, están equipados con una resistencia de 500 ohmios en la parte posterior del panel de instrumentos.

DESMONTAJE Y MONTAJE

1. Desconecte el cable negativo de la batería.

2. Desenchufe los mazos de cables del regulador.

3. Desmonte los tornillos de retención del regulador.

4. Monte en el orden inverso al desmontaje.

Motor de arranque

Para todos los procedimientos de mantenimiento de los motores de arranque sírvase consultar el capítulo Carga y arranque, en la sección de Reparación.

DESMONTAJE Y MONTAJE

1. Desconecte el cable negativo de la batería.

2. Eleve y soporte con seguridad sobre caballetes la parte delantera del vehículo. Desconecte el cable del motor de arranque desde dicho motor.

3. En los modelos equipados con un grupo motopropulsor de transmisión manual, desmonte las tres tuercas que unen el brazo de la resistencia arrollada a los montantes (espárragos) del motor de

arranque en la transmisión. Desmonte el brazo. En los modelos que están equipados con una transmisión automática, desmonte la cartela del manguito montada en los espárragos del motor de arranque.

4. Desmonte los dos tornillos de unión de la cartela trasera del motor de arranque, la tuerca de retención de la parte posterior de dicho motor, y desmonte la cartela.

5. En los modelos equipados con transmisión manual, desmonte los tres espárragos de montaje del motor de arranque y el motor. En los modelos equipados con transmisión automática, desmonte los dos espárragos de montaje del motor de arranque, el tornillo de montaje y el motor de arranque.

6. Sitúe el motor de arranque sobre el alojamiento de la transmisión, y móntelo en el orden inverso al desmontaje. Apriete los tornillos o espárragos de montaje a 30-40 libras-pie.

Distribuidor

NOTA: Según el año y el modelo se utiliza uno cualquiera de los tres sistemas siguientes: un sistema convencional Duraspark, un sistema Thickfilm Integrated (TFI), o un Thickfilm Integrated IV (TFI-IV).

DESMONTAJE Y MONTAJE

Motor de 1.6L y 1.9L

El distribuidor conducido por el árbol de levas se halla localizado en la parte superior izquierda de la culata. Está retenido por dos tornillos de sujeción a la base del alojamiento del árbol del distribuidor.

1. Gire el motor hasta que el pistón nº 1 se halle en el PMS (punto muerto superior) de la carrera de compresión. Desconecte el cable negativo de la batería. Desconecte el(los) manguito(s) de vacío, si va equipado de este modo, de la unidad de avance. Desconecte el cableado del distribuidor.

2. Desmonte los tornillos de la tapa y retire la tapa del distribuidor.

3. Inscriba una marca en el cuerpo del distribuidor, mostrando la posición de encendido del rotor. Inscriba otra marca en el cuerpo del distribuidor y en la culata, indicando la posición del cuerpo respecto a la culata. Estas marcas puede usarlas como referencia cuando monte el distribuidor, siempre y cuando el motor permanezca inalterado en su posición (no haya sido girado).

4. Desmonte los dos tornillos de fijación del distribuidor. Extraiga el distribuidor de la culata.

5. Para montar el distribuidor con el motor inalterado en su posición, coloque el distribuidor en la culata, encaje en su asiento el saliente escalonado del acoplamiento de mando, dentro del hueco correspondiente, en el extremo del árbol de levas. Monte los dos tornillos de sujeción del distribuidor y apriételos de modo que el distribuidor pueda moverse a duras penas. Monte el rotor (si lo desmontó), la tapa del distribuidor y todos los cables, ajustando luego la sincronización del encendido.

6. Si el cigüeñal fue movido cuando estaba desmontado el distribuidor, debe llevar el motor al PMS (punto muerto superior), de la carrera de compresión del pistón n.º 1. Desmonte la bujía de dicho cilindro n.º 1. Coloque su dedo tapando el orificio de la bujía, y gire el cigüeñal lentamente (utilice para ello una llave de vaso acodada, aplicada sobre el tornillo de la polea del cigüeñal), en dirección de la rotación normal del motor, hasta que perciba la compresión del motor en el dedo.

ATENCIÓN

Gire el motor únicamente en la dirección de rotación normal. El giro hacia atrás producirá el deslizamiento o pérdida de dientes de la correa dentada, alterando la sincronización del motor.

7. Cuando sienta la compresión del motor en el orificio de la bujía, indicando que el pistón se aproxima al PMS, continúe girando el cigüeñal hasta que la marca de sincronización de la polea esté alineada con la marca «0» (marca de sincronización) que hay sobre la tapa delantera del motor. Gire el árbol del distribuidor hasta que el rotor del encendido esté en la posición nº 1. Monte el distribuidor dentro de la culata, tal como se ha descrito en el paso 5 de este procedimiento.

Motor de 2.3L

El distribuidor TFI-IV (integrado de película gruesa) está montado al lado del bloque motor. Algunos motores están equipados con un tornillo de sujeción del distribuidor, del tipo de «seguridad», que requiere una llave especial para desmontarlo. El distribuidor TFI-IV incorpora un conjunto de estator de «Efecto Hall», con un interruptor magnético de obturador giratorio, y un módulo de película gruesa de montaje integrado. Cuando el dispositivo de efecto Hall gira, hace variar el campo magnético y genera un impulso eléctrico. El EEC-IV (control electrónico del motor) computa electrónicamente la posición del cigüeñal y el requerimiento del motor, para calibrar con precisión el avance de la chispa. Cuando se ha desmontado el distribuidor es necesario efectuar un ajuste/comprobación de la sincronización del encendido inicial. Las reparaciones del distribuidor se llevan a cabo mediante una sustitución del mismo.

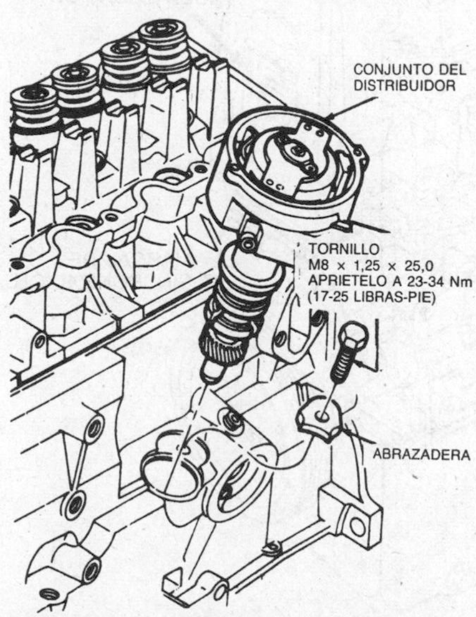

Montaje del distribuidor en el motor de 2.3L HSC (combustión por torbellino)

1. Gire el motor a la posición PMS del pistón nº 1, en su carrera de compresión. Desconecte el cable negativo de la batería.

2. Desconecte los cableados del distribuidor. Marque la situación del terminal del cable de la bujía en la tapa sobre el cuerpo del distribuidor. Desmonte el cable de la bobina desde la tapa.

3. Desmonte la tapa del distribuidor con los cables de las bujías conectados y colóquela apartada a un lado. Desmonte el rotor.

4. Desmonte el tornillo de sujeción y la abrazadera de la base del distribuidor. Lentamente extraiga el distribuidor del motor. Tenga cuidado de no variar la posición del árbol de transmisión intermedio.

5. Móntelo en el orden inverso después de alinear la paleta central del rotor con la marca de referencia hecha en el cuerpo del distribuidor, para la posición terminal del cable de la bujía nº 1.

6. Si movió el motor mientras se hallaba desmontado el distribuidor, tendrá que volver a poner el motor en el PMS antes del montaje.

AJUSTE DE LA SINCRONIZACIÓN DEL ENCENDIDO

NOTA: Si el vehículo (motores de 1.6L o 1.9L) está equipado con un interruptor de presión barométrica (12A243), desconéctelo del módulo de encendido y coloque un hilo conductor haciendo un puente eléctrico entre los pitones del conector del módulo de encendido (hilos amarillo y negro). En los modelos de 1.6L equipados con EFI (inyección electrónica de combustible), desconecte el conector sencillo, inmediato al distribuidor, antes de efectuar la sincronización.

1. Las marcas de sincronización de los motores de 1.6L y 1.9L consisten en una entalladura hecha sobre la polea del cigüeñal y una escala graduada, moldeada dentro de la tapa de la correa conductora del árbol de levas. El número de grados antes o después del PMS (punto muerto superior) representado por cada una de las marcas, puede ser interpretado de acuerdo con las instrucciones adheridas a la parte superior de la tapa de la correa (decálogo de emisiones).

2. Las marcas de sincronización de los motores de 2.3L se localizan en el borde del volante (transmisión manual), o en la cara del volante (transmisión automática), y son visibles a través de una ranura que hay en la caja de transmisión, en la parte posterior del motor. Para ver dichas marcas debe retirar una tapa sujeta por dos tornillos, en los coches de transmisión manual. Cada marca (graduación pequeña) equivale a 2 grados. Los coches automáticos antiguos tienen marcas de sincronización grabadas con un punzón sobre el volante. Estas marcas están separadas entre sí 5 grados. La marca del grado requerido debe alinearla con la ranura indicadora de sincronización. A menos que el decálogo de emisiones especifique otra cosa, la sincronización para los modelos de transmisión manual es de 10 grados APMS (antes punto muerto superior), y para los modelos de transmisión automática, de 15 grados APMS.

3. Gire el motor hasta que el pistón nº 1 se halle en el PMS de su ciclo de compresión. Aplique

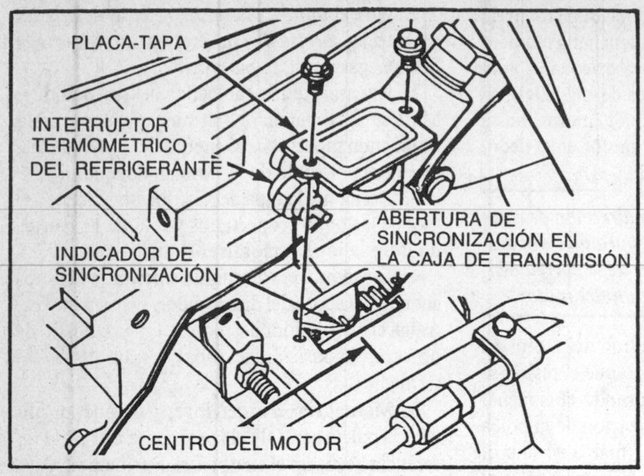

LOCALIZACIÓN DE LA SINCRONIZACIÓN EN LOS MTX (transmisión manual)

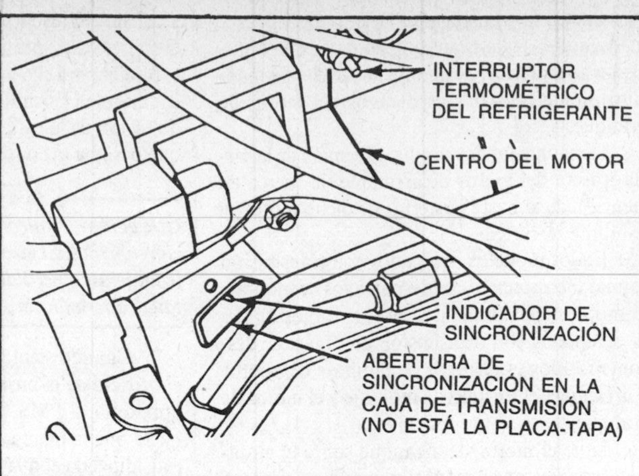

LOCALIZACIÓN DE LA SINCRONIZACIÓN PARA LOS ATX (transmisión automática)

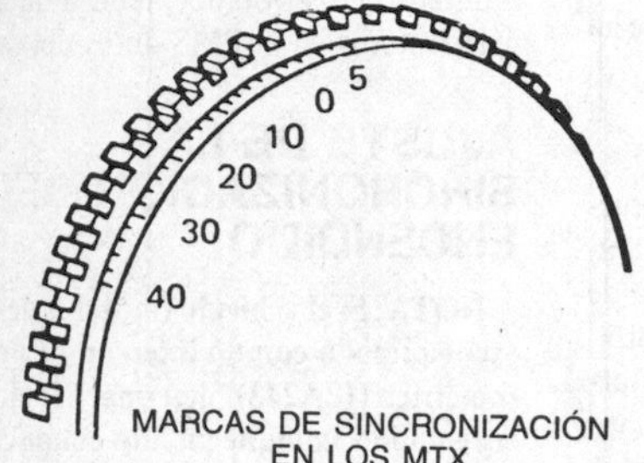

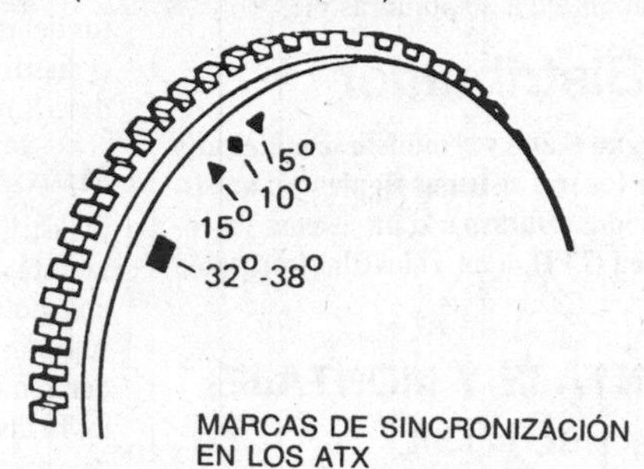

Marcas de sincronización para los modelos Tempo/Topaz

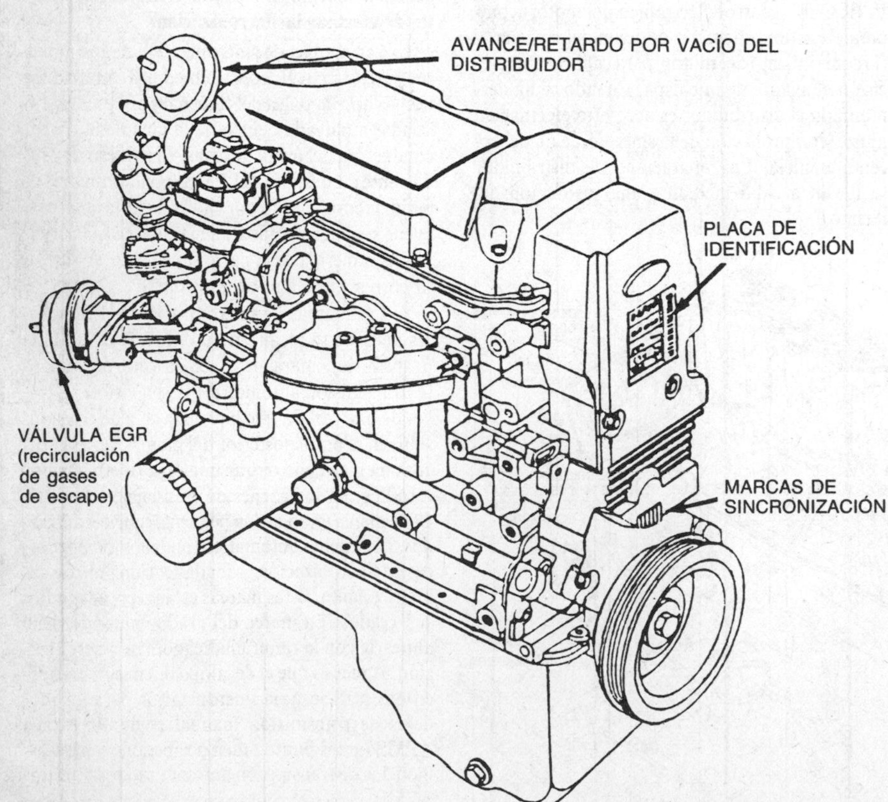

Las marcas de sincronización del motor de 1,6L están en la tapa delantera

pintura blanca o tiza a la marca de sincronización giratoria (muesca sobre la polea o el volante), después de limpiar la superficie metálica.

4. Conecte y acople al motor una lámpara estroboscópica y un tacómetro. Arranque el motor y deje que marche en vacío hasta que alcance su temperatura normal de funcionamiento.

5. Pare el motor. Consulte el decálogo de emisiones para la sincronización, y la situación de las rpm del motor-manguito de vacío (si lo lleva como equipo). Si es necesario, desconecte y tape el conducto o conductos de vacío del distribuidor. En los modelos equipados con un motor de 1.6L EFI (inyección electrónica de combustible), o de 2.3L (EEC-IV) (control electrónico del motor), desconecte el conductor de chispa afuera del pitón de contacto del encendido (normalmente de color verde o amarillo/verde claro con puntos), del conector de un solo hilo del distribuidor.

6. Cerciórese de que el freno de estacionamiento está aplicado y las ruedas bloqueadas. Arranque el motor y ponga la transmisión en el piñón especificado en las instrucciones del catálogo de emisiones. Compruebe las rpm de la marcha en vacío y ajústelas si es necesario.

7. Dirija el haz de destellos de la lámpara estroboscópica sobre las marcas de sincronización. Si las marcas no se hallan correctamente alineadas, afloje el tornillo/tuerca de sujeción del distribuidor ligeramente y gire el cuerpo del distribuidor hasta que las marcas estén alineadas. Apriete la sujeción.

8. Vuelva a comprobar la sincronización del encendido y reajústela si es necesario. Pare el mo-

tor y vuelva a conectar los manguitos de vacío, o el pitón del conector, y el interruptor de presión barométrica (si lo lleva como equipo). Arranque el motor y vuelva a ajustar las rpm de marcha en vacío, si es necesario.

Conexión del tacómetro

Los modelos equipados con un tipo de bobina «convencional», tienen un adaptador sobre la parte superior de la bobina, que provee una abrazadera marcada «Tach Test» (verificación por tacómetro). En los modelos TFI (película gruesa integrada), equipados con una bobina de tipo «E», la conexión del tacómetro se hace en la parte posterior del conector del cableado de hilos. Está previsto un cortocircuito, y la pinza de cocodrilo del hilo eléctrico del tacómetro puede conectarla al hilo verde oscuro/amarillo punteado del enchufe eléctrico del cableado.

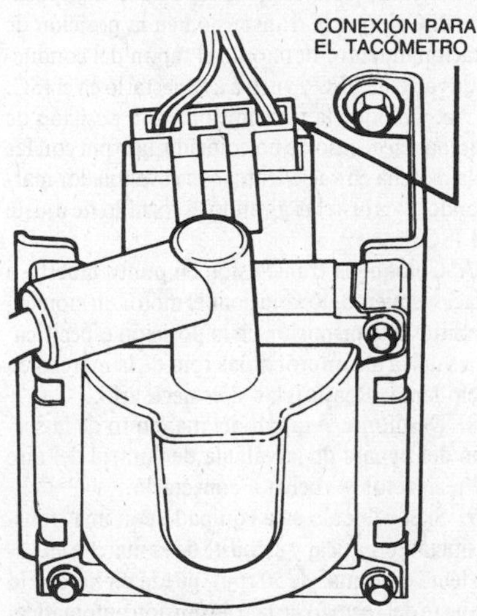

Conexión del tacómetro, en las bobinas de tipo 'E'

Bujías de incandescencia diesel

DESMONTAJE Y MONTAJE

1. Desconecte el cable a masa de la batería, desde la batería, localizada en el maletero.
2. Desconecte el cableado de las bujías de incandescencia desde las bujías.
3. Utilizando una llave de vaso de 12 mm, desmonte las bujías de incandescencia.
4. Monte las bujías de incandescencia utilizando una llave de vaso largo de 12 mm. Apriete las bujías a 11-15 libras-pie.
5. Conecte los cableados de las bujías a éstas. Apriete las tuercas a 5-7 libras-pie.
6. Conecte el cable a masa de la batería, a la batería.
7. Compruebe el funcionamiento del sistema de bujías de incandescencia.

SISTEMA DE COMBUSTIBLE DE GASOLINA

NOTA: Muchos modelos utilizan sistemas de acoplamiento de conducciones de combustible conectadas a presión. Consulte el capítulo Tracción trasera de Ford, en la sección de Procedimientos de desmontaje y montaje.

Bomba mecánica de combustible

DESMONTAJE Y MONTAJE

1. Afloje ligeramente las conducciones de combustible roscadas de la bomba de combustible. Tenga a mano un trapo para recoger la gasolina derramada.
2. Afloje dos vueltas los tornillos de montaje de la bomba de combustible y despegue la bomba del motor.
3. Haga girar el motor con el motor de arranque, hasta que se note que se reduce la presión (sujete la bomba con el motor). El lóbulo de la leva de mando de la bomba y el vástago de empuje se hallan en este momento en su punto inferior.
4. Desmonte las conducciones de combustible y los manguitos de vapor (si los lleva como equipo). Desmonte los tornillos de montaje de la bomba de combustible y la bomba.
5. Desmonte la junta de montaje de la bomba de combustible y limpie la superficie de montaje del motor.
6. Desmonte y verifique el vástago de empuje. Sustitúyalo si el desgaste es visible. Monte el vástago de empuje, una junta nueva y la bomba en el orden inverso al desmontaje. Los tornillos de montaje de la bomba de combustible se aprietan a 11-19 libras-pie. La longitud del vástago de empuje debe ser: motores de 1.6L = a 3.88-3.90''; motores de 2.3L = 2.43''.

Bomba eléctrica de combustible

DESMONTAJE Y MONTAJE

NOTA: El sistema de combustible, en los modelos de combustible inyectado, se halla bajo presión. La presión del sistema de combustible debe descargarse mediante la conexión de una herramienta de servicio a la válvula de seguridad de la conducción de combustible, antes de que pueda llevarse a cabo la revisión del sistema.

1. Descargue toda la presión del sistema de combustible. Eleve y soporte con seguridad la parte trasera del coche sobre caballetes.
2. Desmonte el tornillo superior de montaje de la bomba después de desconectar el cable del freno de estacionamiento de la grapa de montaje.

NOTA: Consulte la sección de Tracción trasera de Ford, para detalles acerca del desacople de conectores a presión, en conducciones de combustible.

3. Desacople el conector eléctrico de la bomba. Desconecte la conducción de combustible de la bomba y de los inyectores.
4. Desconecte y tape la conducción de combustible desde el depósito de gasolina. Desmonte la bomba de combustible.
5. Móntela en el orden inverso. Restablezca la presión del sistema girando la llave de encendido a la posición de conectado y desconectado varias veces, dejando la llave en posición de conectado, al menos dos segundos cada vez.
6. Arranque el motor y verifique si existen pérdidas de combustible.

Filtro de combustible

DESMONTAJE Y MONTAJE

NOTA: Antes de desmontar el filtro de combustible, en los motores equipados con inyección de combustible, debe descargar la presión del sistema.

1. Si el filtro de combustible se halla localizado en la entrada del carburador, y conectado con un manguito de goma, desmonte las abrazaderas y el manguito de entrada de goma. Desatornille el filtro y sáquelo del carburador.
2. Si el filtro de combustible se halla montado en la entrada del carburador y conectado con tubería de acero, sujete la tuerca del filtro con una llave fija de tamaño apropiado, y desenrosque la tuerca del rácor de acoplamiento del tubo de acero utilizando una llave de vaso u otra adecuada. Desmonte la conducción y desenrosque el filtro.

NOTA: Consulte la sección de Tracción trasera de Ford para detalles acerca de desacople de conectores a presión, en conducciones de combustible.

3. Si el filtro de combustible está conectado al carburador con conducciones de acero, sujete las tuercas del filtro con la llave plana adecuada y desconecte las conducciones de acero con una llave de vaso u otra similar.
4. Monte el filtro de combustible en el orden inverso al del desmontaje.

Carburadores

DESMONTAJE Y MONTAJE

1. Desmonte el conjunto del filtro del aire. Desconecte el cable de control de la mariposa y el de control de velocidad (si lo lleva como equipo).
2. Desconecte la conducción de combustible desde el filtro o el carburador. Etiquete (para su identificación y localización) y desconecte todos los conductos de vacío, los eléctricos, y los reenvíos acoplados al carburador. Desconecte el reenvío TV (válvula de mariposa) si el coche está equipado con transmisión automática.
3. Desmonte las tuercas de fijación de la base del carburador y retire el carburador.
4. Móntelo en el orden inverso. Arranque el motor y deje que alcance su temperatura normal de funcionamiento. Ajuste la velocidad de marcha en vacío lenta.

REVISIÓN

Para toda la información sobre revisión, consulte el capítulo Carburadores, en la sección de Reparación.

AJUSTE DE LA VELOCIDAD EN VACÍO Y DE LA MEZCLA

NOTA: Muchos de los ajustes de la mezcla de los carburadores vienen pre-establecidos y fijados de fábrica, y preparados para reducir las emisiones nocivas del motor. Los ajustes de mezcla sólo debe hacerlos si es absolutamente necesario y en este caso comprobarlos sobre una máquina tan pronto como sea posible, para verificar que el nivel de emisión es correcto. Debe utilizar un tacómetro siempre que efectúe cualquier ajuste de la velocidad en vacío.

Consulte la sección anterior para las instrucciones sobre el conexionado del tacómetro. Consulte también el decálogo de emisiones para la velocidad en vacío y las instrucciones específicas.

Motor de 1,6L con carburador 740-2V, sin control de velocidad en vacío

1. Sitúe la transmisión en posición de punto muerto o de estacionamiento, aplique el freno de estacionamiento y bloquee las ruedas.

2. Lleve el motor hasta la temperatura normal de funcionamiento.

3. Desconecte y tape el manguito de vacío de la sección de bypass de la válvula de control de aire del termactor (actuador por temperatura).

4. Coloque el tornillo de ajuste de la velocidad en vacío en el segundo escalón elevado de la leva de la velocidad en vacío rápida. Ponga en marcha el motor hasta que entre en funcionamiento el ventilador de la refrigeración.

5. Presione ligeramente la mariposa para permitir que gire la leva de la velocidad de marcha en vacío. Coloque la transmisión en la marcha especificada, y compruebe/ajuste las rpm de la velocidad en vacío lenta, según lo especificado.

NOTA: Cuando compruebe las rpm de la velocidad en vacío lenta, el ventilador de la refrigeración del motor debe funcionar. Haga un puente, si es necesario, con un conductor eléctrico.

6. Coloque la transmisión en posición de punto muerto o de estacionamiento. Acelere el motor un momento. Coloque la transmisión en la posición especificada, y vuelva a comprobar las rpm de la velocidad en vacío. Si es necesario vuelva a ajustarlas.

7. Si el vehículo está equipado en el carburador con un cilindro de retardo neumático de la mariposa, para que el motor no se «cale», compruebe/ajuste la holgura según lo especificado.

8. Retire el tapón del manguito de la sección del bypass de la válvula de control del aire del termactor y vuelva a conectarlo.

9. Si el vehículo está equipado con una transmisión automática, y el ajuste de la velocidad en vacío lenta es de más de 50 rpm, es posible que sea necesario un ajuste del reenvío de la transmisión automática.

Motor de 1,6L con carburador 740-2V (VV = venturi variable) y control mecánico, por vacío, de la velocidad en vacío (ISC)

1. Coloque la transmisión en la posición de punto muerto o estacionamiento, aplique el freno de estacionamiento y bloquee las ruedas.

2. Lleve el motor a la temperatura normal de funcionamiento.

3. Desconecte y tape el manguito de vacío de la sección del bypass de la válvula de control de aire del termactor.

4. Coloque el tornillo de ajuste de la marcha en vacío rápida en el segundo escalón más elevado de la leva de marcha en vacío rápida. Haga funcionar el motor hasta que el ventilador se ponga en marcha.

5. Hunda levemente la mariposa, para permitir que gire la leva de marcha en vacío rápida. Sitúe la transmisión en la posición de marcha (con el ventilador funcionando), y compruebe las rpm de la marcha en vacío lenta, según lo especificado.

NOTA: El ventilador de la refrigeración del motor debe estar funcionando cuando compruebe las rpm de la marcha en vacío lenta.

6. Si se requiere que las ajuste:

a. Coloque la transmisión en la posición de estacionamiento, desactive el ISC (control de la velocidad en vacío), retirando el manguito de vacío del ISC, y tape el manguito.

b. Gire el tornillo de ajuste del ISC hasta que el émbolo del ISC se separe de la palanca de la mariposa.

c. Coloque la transmisión en la posición de

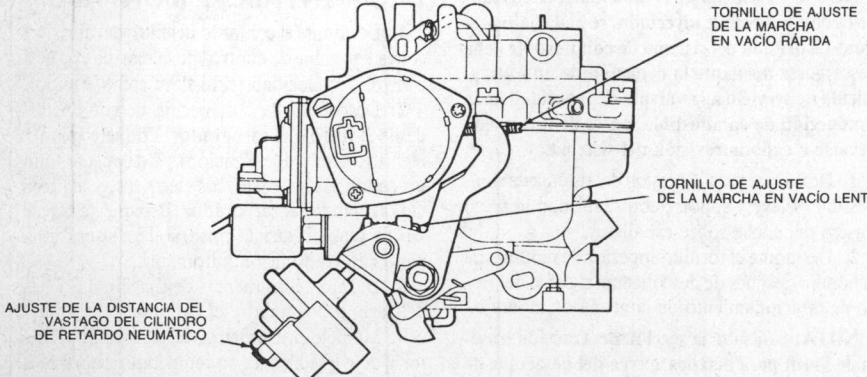

TORNILLO DE AJUSTE DE LA MARCHA EN VACÍO RÁPIDA

TORNILLO DE AJUSTE DE LA MARCHA EN VACÍO LENTA

AJUSTE DE LA DISTANCIA DEL VASTAGO DEL CILINDRO DE RETARDO NEUMÁTICO

Puntos de ajuste de las marchas en vacío rápida y lenta, en el motor de 1,6L

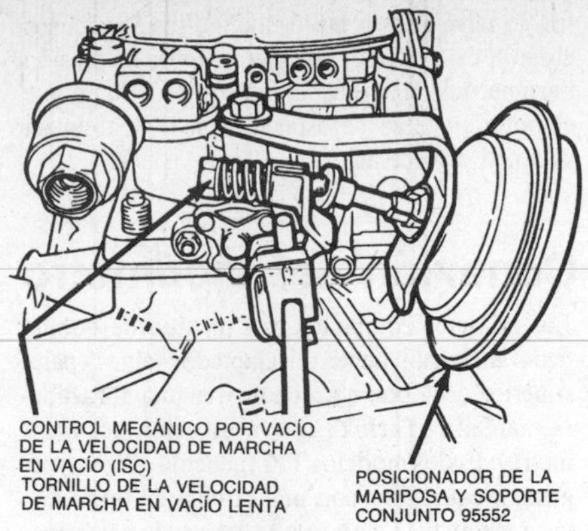

Puntos de ajuste de la marcha en vacío rápida, y del tope de la mariposa

marcha. Si las rpm no coinciden con las del motor teniendo el ISC retraído de su acción (con el ventilador en marcha), ajuste dichas rpm girando el tornillo de ajuste del tope de la mariposa.

d. Coloque la transmisión en la posición de estacionamiento, desmonte el tapón del conducto de vacío del ISC y vuelva a conectarlo en el ISC.

e. Coloque la transmisión en la posición de marcha, en el caso de no coincidir las rpm con las de la marcha en vacío lento (con el ventilador marchando), y ajústelas girando el tornillo de ajuste del ISC.

7. Coloque la transmisión en punto muerto o estacionamiento. Revolucione el motor un momento. Sitúe la transmisión en la posición especificada y vuelva a comprobar las rpm de la marcha en vacío lenta. Reajústelas si es necesario.

8. Desmonte el tapón del manguito de la sección del bypass de la válvula de control del aire del termactor y vuelva a conectarlo.

9. Si el vehículo está equipado con una transmisión automática, y el ajuste de la marcha en vacío lenta es de más de 50 rpm, puede ser necesario el ajuste del reenvío de la transmisión automática.

Motor de 1,6L con el carburador 740-2V (VV = venturi variable), con modulador de la mariposa operado por vacío (VOTM)

1. Coloque la transmisión en punto muerto o estacionamiento, aplique el freno de estacionamiento y bloquee las ruedas.

2. Lleve el motor a su temperatura normal de funcionamiento.

3. Para la comprobación/ajuste de las rpm del VOTM (modulador de la mariposa operado por vacío):

a. Coloque el selector del calor del acondicionador de aire en la posición de calor, y el interruptor del ventilador en la posición de alto.

b. Desconecte el manguito de vacío del VOTM y tápelo, monte un manguito auxiliar de vacío desde el múltiple de admisión al VOTM.

4. Desconecte y tape el manguito de vacío de la sección del bypass de la válvula de control del aire del termactor.

5. Haga marchar el motor hasta que el ventilador entre en funcionamiento.

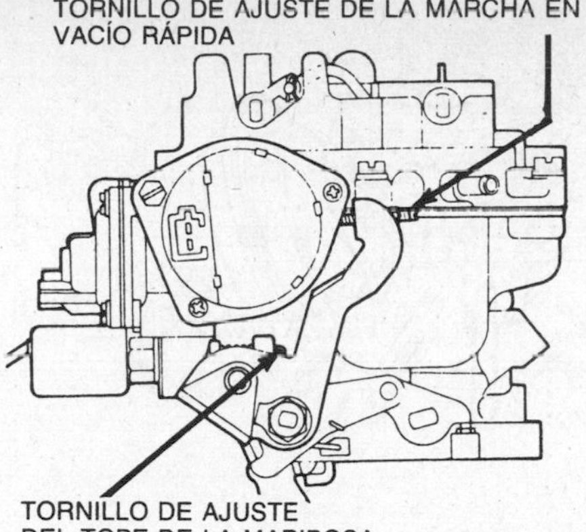

Puntos de ajuste del control de la velocidad de marcha en vacío (ISC) en el motor de 1.6L

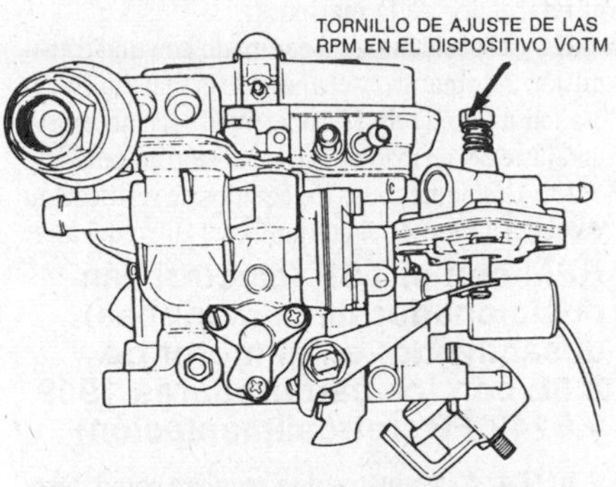

Puntos de ajuste de la marcha en vacío del motor de 1.6L con el VOTM (modulador de la mariposa operado por vacío)

6. Coloque la transmisión en la marcha especificada, y compruebe/ajuste las rpm del VOTM según lo especificado.

NOTA: El ventilador de la refrigeración del motor debe marchar cuando compruebe usted las rpm del VOTM. Ajuste las rpm girando el tornillo del VOTM.

7. Desmonte el manguito auxiliar de vacío. Retire el tapón del manguito de vacío del VOTM, y vuelva a conectar el manguito al VOTM.

8. Vuelva a poner en su sitio original la toma de suministro auxiliar de vacío del múltiple de admisión.

9. Retire el tapón del manguito de vacío de la sección del bypass de la válvula de control del aire del termactor y vuelva a conectarlo.

Motor de 1.9L con carburador 740-2V y control mecánico, por vacío, de la velocidad en vacío

1. Conecte un tacómetro y una lámpara estroboscópica al motor. Sitúe la transmisión en punto muerto o estacionamiento, y el selector del calefactor del acondicionador de aire en la posición de OFF. Aplique el freno de estacionamiento y bloquee las ruedas.

2. Haga marchar el motor hasta que alcance su temperatura normal de funcionamiento.

3. Compruebe la sincronización del encendido del motor. Si es necesario, ajústela.

4. Desconecte y tapone el manguito de vacío del bypass del control del aire del termactor.

5. Coloque el tornillo de ajuste de la marcha en vacío rápida sobre el segundo escalón de la leva de marcha en vacío rápida. Haga marchar el motor hasta que entre en funcionamiento el ventilador.

6. Hunda levemente la mariposa. El ventilador de la refrigeración del motor deberá mantenerse funcionando para permitir que gire la leva de marcha en vacío rápida. Coloque el selector de la ATX (transmisión automática) en la posición de marcha. Compruebe las rpm de la marcha en vacío, y ajústelas si es necesario.

7. Si se requiere el ajuste; coloque la transmisión en la posición de estacionamiento o punto muerto (si es manual). Desactive el ISC (control de la velocidad en vacío), desconectando el manguito de vacío del ISC y taponando el manguito.

8. Si las rpm de la carrera total no son las especificadas, ajústelas girando el tornillo de ajuste de la velocidad de la carrera total.

9. Conecte una bomba manual de hacer vacío al ISC y proporcione el suficiente vacío para que se retraiga el vástago del pistón del ISC, haciendo que se separe del tornillo de ajuste de la carrera total.

10. Coloque la transmisión en la posición de marcha, si es automática, y en punto muerto si es manual. Si las rpm del tope de la mariposa difieren de las especificadas, ajústelas girando el tornillo de ajuste del tope de la mariposa.

11. Ajuste el cilindro de retardo neumático, si es necesario, en este punto; pare el motor y asegúrese de que el vástago del pistón del ISC está retraído.

12. Hunda el vástago del pistón del cilindro de retardo dentro de su conjunto. Mida la distancia entre la palanca de la mariposa y el vástago. Ajústela según lo especificado, aflojando al contratuerca del cilindro de retardo y girando el conjunto. Cuando haya completado el ajuste, apriete la contratuerca. Vuelva a arrancar el motor y déjelo que alcance la temperatura normal de funcionamiento, con el ventilador marchando.

13. Coloque la transmisión en la posición de estacionamiento si es automática, o en punto muerto si es manual, y desmonte la bomba de vacío manual del ISC. Retire el tapón del conducto de vacío y vuelva a conectar el ISC.

14. Sitúe la transmisión en la posición de marcha si es automática, o en punto muerto si es manual, y verifique las rpm de la velocidad de la marcha en vacío. Si las rpm no se hallan dentro de lo especificado (con el ventilador funcionando), ajústelas girando el tornillo de ajuste del ISC para la marcha en vacío lenta. Durante el ajuste debe retirar el tapón de la parte trasera del grupo. Vuelva a montar dicho tapón después de completado el ajuste.

15. Coloque la transmisión en punto muerto o estacionamiento. Revolucione el motor un momento. Coloque la transmisión en la posición de marcha, o punto muerto si es manual, y vuelva a comprobar las rpm. Reajústelas si es necesario.

16. Retire el tapón del manguito de la sección del bypass del control del aire del termactor y vuelva a conectar el manguito.

17. Si el vehículo está equipado con una transmisión automática y la marcha en vacío exige un ajuste de más de 50 rpm, consulte el capítulo de Ajuste del reenvío de la transmisión automática.

Ajuste de la separación del cilindro retardador en el motor de 1.6L

NOTA: Si el carburador está equipado con un cilindro retardador, éste también deberá ajustarse si se tuvo que ajustar la velocidad en vacío lenta.

1. Con el motor PARADO, empuje el vástago del retardador hacia adentro todo lo posible y verifique la separación entre el vástago y el encaje de la palanca de la mariposa.

NOTA: Consulte el decálogo de emisiones para conocer la separación correcta. Si no lo tiene, ajuste la separación a 0.138 + 0.020".

2. Ajuste la separación del retardador aflojando la contratuerca de montaje y girando el retardador.

ATENCIÓN

Si la contratuerca está fuertemente apretada, desmonte el soporte de montaje, sujételo en un dispositivo adecuado de modo que no se doble, y afloje la contratuerca. Vuelva a montar el soporte con el retardador.

3. Después de conseguir la separación requerida, apriete la contratuerca y vuelva a comprobar el ajuste.

RPM de la marcha en vacío rápida en los motores de 1.6L y 1.9L

NOTA: Consulte el decálogo de emisiones para conocer la velocidad requerida de la marcha en vacío.

1. Coloque la transmisión en punto muerto o estacionamiento, aplique el freno de estacionamiento y bloquee las ruedas.

2. Lleve el motor a la temperatura normal de funcionamiento.

3. Desconecte el manguito del EGR (recirculación de los gases de escape) y tapónelo.

4. Coloque el tornillo de ajuste de la marcha en vacío en el segundo escalón más elevado de la leva de marcha en vacío rápida. Haga funcionar el motor hasta que el ventilador entre en acción.

5. Compruebe/ajuste las rpm de la marcha en vacío según lo especificado. Si se requiere el ajuste, afloje la contratuerca, ajuste las rpm, y vuelva a apretar la contratuerca.

NOTA: El ventilador de la refrigeración debe estar en funcionamiento cuando efectúe la comprobación de las rpm de la marcha de vacío rápida. Si es necesario, aplique un puente eléctrico confeccionado con un hilo conductor.

6. Desmonte la tapa del manguito del EGR (recirculación de los gases de escape), y vuelva a conectarlo en su sitio.

Ajuste del retardador por vacío (Kicker), con acondicionador de aire o mariposa en el motor de 1.6L

1. Coloque la transmisión en punto muerto o estacionamiento.

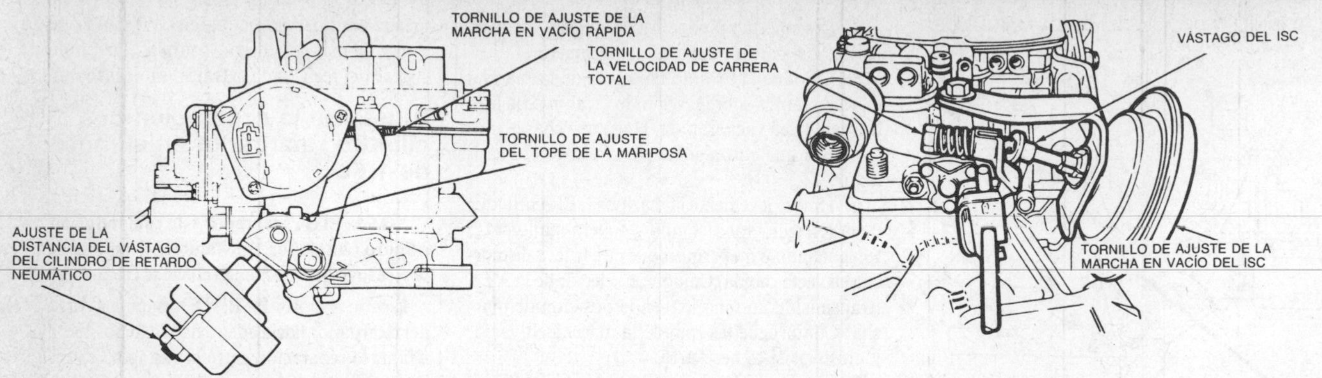

Ajustes de las marchas en vacío rápida y lenta del carburador 740

2. Lleve el motor a su temperatura normal de funcionamiento.

3. Identifique el manguito de suministro de vacío a la sección del bypass del aire de la válvula de control del suministro de aire. Si el manguito de vacío está conectado al carburador, desconecte y tapone el manguito desde la válvula de control del suministro de aire. Monte el manguito de vacío auxiliar entre el múltiple de admisión y la conexión del bypass de aire, en la válvula de control del suministro de aire.

4. Para comprobar/ajustar las rpm del retardador con acondicionador de aire o mariposa:

- Si el vehículo está equipado con acondicionador de aire, coloque el selector del acondicionador en la posición de máxima refrigeración y con el interruptor del ventilador en Alto. Desconecte la conexión eléctrica del embrague del compresor del acondicionador de aire.
- Si el vehículo está equipado con el retardador de vacío y no tiene acondicionador de aire, desconecte el manguito de vacío del retardador y tapónelo, colocando luego un manguito de vacío auxiliar desde el múltiple de admisión al retardador.

5. Haga marchar el motor hasta que el ventilador de refrigeración del motor entre en funcionamiento.

6. Coloque la transmisión en la posición de marcha especificada y compruebe/ajuste las rpm del retardador con acondicionador de aire o mariposa.

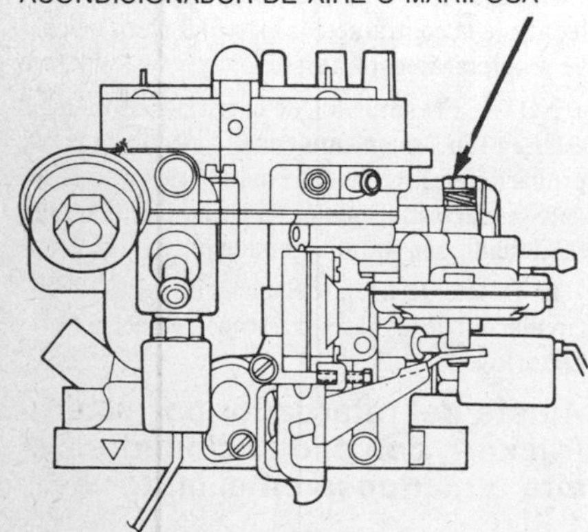

Ajuste del retardador por vacío con acondicionador de aire o mariposa

NOTA: El ventilador de refrigeración del motor debe funcionar cuando usted compruebe las rpm del retardador con acondicionador de aire o mariposa. Ajuste las rpm girando el tornillo que hay en el retardador con dicho objeto.

7. Si el manguito de vacío estaba montado para la comprobación/ajuste de las rpm del retardador por vacío, desmóntelo. Retire el tapón del manguito del vacío del retardador y vuelva a conectar el manguito al retardador.

8. Retire el manguito del vacío auxiliar. Reponga la fuente de suministro de vacío del múltiple de admisión a su función original. Desmonte el tapón del manguito de vacío del carburador y vuelva a conectar la válvula del bypass de aire.

RPM de la marcha en vacío lenta en los motores de 2.3L con los carburadores 1949 y 6149 con FB (retroalimentación)

NOTA: Las rpm, con el acondicionador de aire funcionando, no admiten ajuste. El ajuste de las rpm con el TSP (electroimán posicionador de la mariposa) desactivado no es necesario. Verifique que el vástago del núcleo móvil del TSP avanza cuando se conecta la llave del encendido.

1. Coloque la transmisión en punto muerto o estacionamiento, aplique el freno de estacionamiento y bloquee las ruedas.

2. Desconecte la conducción de vacío del retardador de la mariposa y tapónela.

3. Lleve el motor a la temperatura normal de funcionamiento (el ventilador de refrigeración del motor debe marchar).

4. Coloque el selector del acondicionador de aire en la posición OFF.

5. Coloque el selector de marcha en la posición especificada.

6. Ponga en funcionamiento el ventilador de la refrigeración del motor conectando a masa el conductor eléctrico del control mediante un hilo que efectúe un puente.

7. Controle/ajuste las rpm de la marcha en vacío lenta. Si requieren ajuste, gire el tornillo de ajuste de la marcha en vacío lenta.

8. Coloque la transmisión en punto muerto o estacionamiento. Revolucione el motor un momento. Coloque la transmisión en la posición especificada y vuelva a comprobar las rpm de la marcha en vacío. Vuelva a ajustarla si es preciso.

9. Conecte de nuevo los cables del ventilador.

10. Gire la llave de encendido a la posición de parado.

11. Vuelva a conectar la conducción de vacío al retardador de la mariposa.

12. Si el vehículo está equipado con una transmisión automática, y el ajuste de la marcha en vacío lenta excede de 50 rpm, puede ser necesario un ajuste del reenvío de la transmisión automática.

13. Desmonte todos los equipos de verificación y vuelva a montar el conjunto del filtro del aire.

RPM con el TSP (electroimán posicionador de la mariposa) desactivado, en el motor de 2.3L con los carburadores 1949 y 6149 FB (retroalimentación)

NOTA: Este ajuste no se requiere como parte de una comprobación/ajuste normal de las rpm de la marcha en vacío del motor. Sólo si el motor continúa marchando después de haber girado la llave de encendido a la posición de DESCONECTADO.

1. Coloque la transmisión en punto muerto o estacionamiento, aplique el freno de estacionamiento y bloquee las ruedas.

2. Lleve el motor a la temperatura normal de funcionamiento.

3. Desconecte la conducción de vacío del retardador de la mariposa y tapónela.

4. Coloque el selector del acondicidonador de aire en la posición OFF.

5. Desconecte el conductor eléctrico del TSP y verifique que el vástago retrocede desactivado. Compruebe/ajuste las rpm del motor según lo especificado (600 rpm).

6. Ajuste las rpm con el TSP desactivado, según lo especificado.

7. Pare el motor, vuelva a conectar el conductor eléctrico del TSP y la conducción de vacío del retardador de la mariposa.

RPM de la marcha en vacío del motor 2.3L con los carburadores 1949 y 6149 FB (retroalimentación)

1. Coloque la transmisión en punto muerto o estacionamiento, aplique el freno de estacionamiento y bloquee las ruedas.

2. Lleve el motor a su temperatura normal de funcionamiento con el carburador colocado en el segundo escalón de la leva de marcha en vacío rápida.

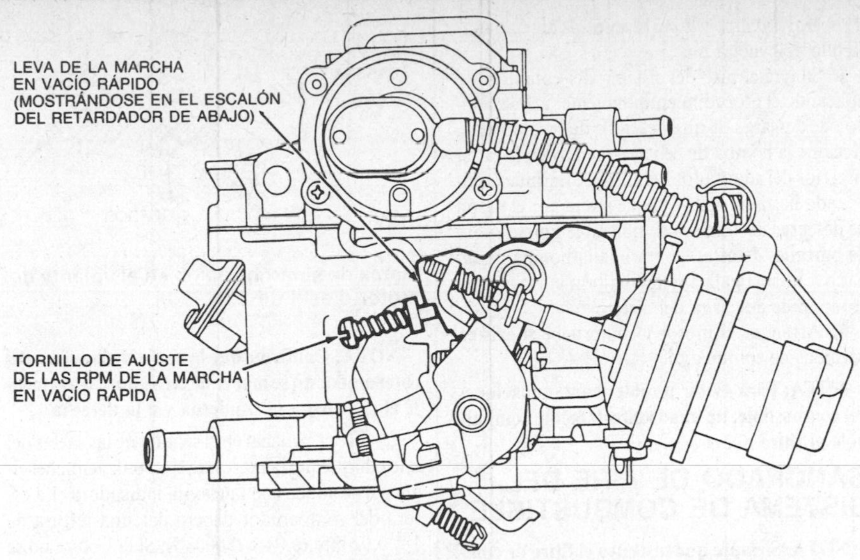

Ajuste de la marcha en vacío lenta del motor de 2.3L con el HSC

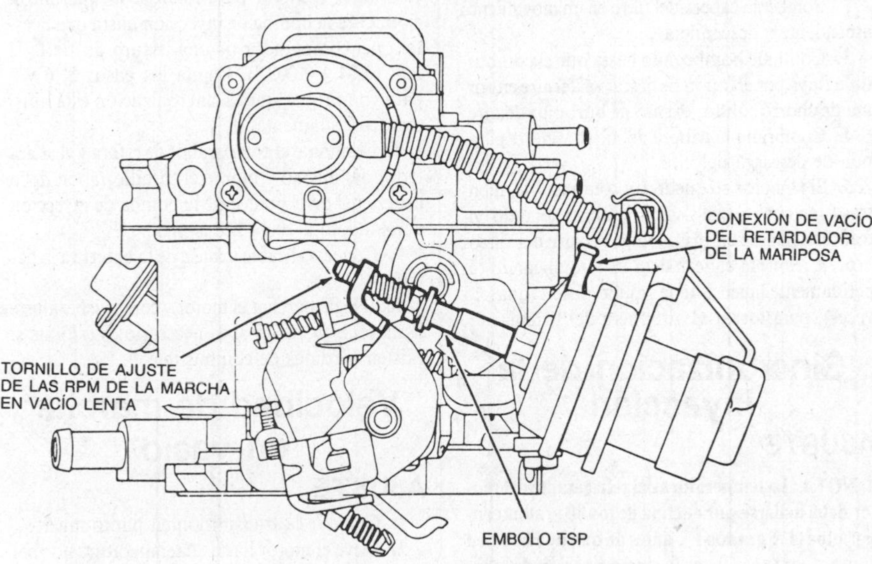

Ajuste de la marcha en vacío rápida del motor de 2.3L con el HSC

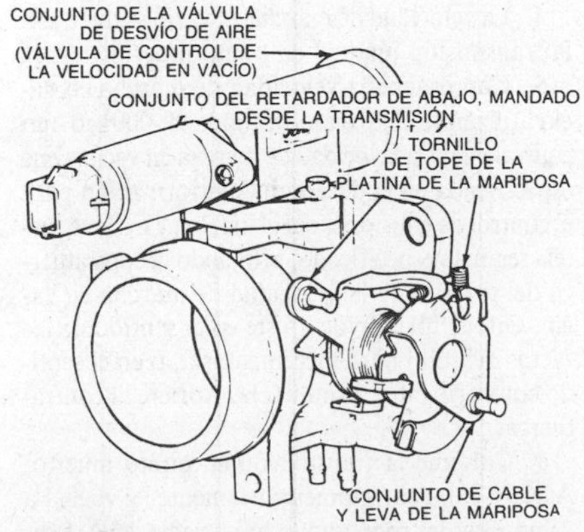

Punto de ajuste de los modelos de 1.6L con EFI (inyección electrónica de combustible)

3. Retorne la mariposa a la posición normal de marcha en vacío.

4. Coloque el selector del acondicionador de aire en la posición OFF.

5. Desconecte el manguito de vacío de la válvula EGR (recirculación de gases de escape) y tapónelo.

6. Coloque el tornillo de ajuste de la marcha en vacío rápida en el escalón especificado de la leva de marcha en vacío rápida.

7. Compruebe/ajuste las rpm de marcha en vacío rápida, según lo especificado.

8. Revolucione momentáneamente, dejando que el motor vuelva a la marcha en vacío, y gire la llave de encendido a la posición de Parado.

9. Desmonte el tapón del manguito de vacío del EGR y vuelva a conectarlo.

Inyección de combustible

AJUSTE DE LA VELOCIDAD DE MARCHA EN VACÍO

Ajuste de las rpm iniciales del motor (con el ISC —control de la velocidad de marcha en vacío— desconectado), en el motor de 1.6L con inyección electrónica de combustible (EFI)

El objeto de este procedimiento es proveerle de unos medios de verificación de las rpm iniciales del motor que está ajustando, con el ISC desconectado. Si las rpm de la marcha en vacío no se hallan dentro de las especificaciones después de ejecutado este procedimiento, será necesario que efectúe los diagnósticos del EFI EEC-IV del motor de 1.6L (inyección electrónica de combustible, control electrónico del motor-IV).

NOTA: Las rpm de marcha en vacío lenta se controlan con el procesador EEC-IV y el dispositivo de control de la velocidad de marcha en vacío (ISC) (pieza del conjunto de carga de combustible).

1. Sitúe la transmisión en punto muerto o estacionamiento, aplique el freno de estacionamiento y bloquee las ruedas.

2. Lleve el motor a la temperatura normal de funcionamiento y párelo.

3. Desconecte la conexión de vacío de la electroválvula del EGR y tapone ambas canalizaciones.

4. Desconecte el conductor eléctrico de alimentación del control de la velocidad de marcha en vacío (ISC).

5. El ventilador de refrigeración del motor debe estar funcionando durante el proceso de puesta a punto de la velocidad de marcha en vacío.

6. Arranque el motor y hágalo funcionar a 2.000 rpm durante 60 segundos.

7. Coloque la transmisión en punto muerto para la transmisión manual y en marcha para la transmisión automática, compruebe/ajuste las rpm iniciales del motor en 120 segundos ajustando el tornillo de la platina de la mariposa.

8. Si el ajuste de la marcha en vacío no lo ha podido completar dentro del tiempo límite de 120 segundos, pare el motor, vuelva a arrancarlo y repita los pasos 6 y 7.

9. Si el vehículo está equipado con una transmisión automática y el ajuste de las RPM iniciales se incrementa o disminuye más de 50 rpm, puede ser necesario que efectúe un ajuste de reenvío de la transmisión automática.

10. Pare el motor y retire los tapones de las conducciones de vacío del EGR, en la electroválvula del EGR, y vuelva a conectarlas.

11. Vuelva a conectar el conductor eléctrico de alimentación del control de la velocidad de marcha en vacío (ISC).

Motor de 2.3L con CFI (marcha en vacío lenta y rápida), y control de la velocidad de marcha en vacío (ISC)

NOTA: Las velocidades de marcha en vacío lenta y rápida están controladas por el procesador

EEC-IV (control electrónico del motor) y el dispositivo de control ISC. Si el sistema de control opera correctamente, estas velocidades son fijas y no se pueden cambiar por medio de las técnicas de ajuste tradicionales. Si existe un problema por demasiado rápida o lenta, será necesaria una comprobación, con el diagnóstico apropiado, del EEC-IV.

1. Para verificar el correcto funcionamiento del motor del ISC, arranque el motor y hágalo marchar por lo menos 30 segundos, pare el motor e inspeccione visualmente el árbol del motor del ISC en cuanto a su retracción y reposición.
2. Para comprobar la velocidad de marcha en vacío lenta y rápida; aplique el freno de estacionamiento y bloquee las ruedas. Conecte un tacómetro al motor. Si el vehículo está equipado con una transmisión automática, suelte el freno de estacionamiento y coloque el selector de la transmisión en la posición de marcha atrás, cuando efectúe la comprobación de las rpm de la velocidad de marcha en vacío.
3. Asegúrese de que el motor se halla a la temperatura normal de funcionamiento y de que todos los accesorios están desconectados. Compruebe todos los manguitos de vacío con el objeto de detectar posibles fugas.
4. Haga marchar el motor en vacío durante unos 120 segundos y compruebe las rpm con la transmisión en la marcha apropiada, Drive o Reverse para la automática y punto muerto para la manual. Coloque la transmisión en Neutral o Park, y las rpm del motor deberán incrementarse aproximadamente en 100 rpm.
5. Pise suavemente el acelerador y suéltelo. Las rpm del motor deberán volver a ser las especificadas. Si las rpm de marcha en vacío permanecen elevadas, repita la secuencia. Este proceso puede requerir al menos 120 segundos al sistema para «aprender». Si las especificaciones de la marcha en vacío correcta no se alcanzan, se impone una verificación del sistema EEC-IV.

SISTEMA DE COMBUSTIBLE DIESEL

NOTA: Muchos modelos utilizan rácores de conexión para conductos de combustible del tipo de enchufe rápido a presión. Consulte la sección de Tracción trasera de Ford, para los procedimientos de desmontaje y montaje.

Filtro de combustible

DESMONTAJE Y MONTAJE

1. Desmonte el filtro del sistema interior girándolo con las manos o con una herramienta adecuada, en el sentido contrario a las agujas de reloj. Deséchelo.
2. Limpie las superficies de montaje del filtro.
3. Cubra la junta del nuevo filtro con combustible diesel limpio.
4. Apriete el filtro hasta que la junta toque con el cabezal del filtro y luego termine de apretar añadiendo 1/2 vuelta más.
5. Sangre el aire del sistema del combustible aplicando el procedimiento siguiente: afloje el tapón de descarga de aire del filtro de combustible. Accione la bomba de cebado que hay en la parte superior del adaptador del filtro. Continúe bombeando hasta que el flujo que mana por el tapón de descarga del aire sea combustible limpio, libre de burbujas de aire. Comprima la bomba de cebado y manténgala sujeta abajo mientras cierra el tapón de descarga del aire.
6. Arranque el motor y compruebe si existen pérdidas de combustible.

NOTA: Para evitar posibles contaminaciones del combustible, no añada directamente combustible al filtro nuevo.

SANGRADO DE AIRE DEL SISTEMA DE COMBUSTIBLE

NOTA: Siempre que sustituya el filtro de combustible o efectúe alguna reparación en el sistema, debe sangrar el filtro como sigue.

1. Afloje el tapón de descarga del aire del filtro.
2. Bombee la cabeza del filtro en un movimiento ascendente y descendente.
3. Continúe bombeando hasta que el combustible fluya por el tapón de descarga del aire en forma de chorro sólido, exento de burbujas de aire.
4. Comprima la cabeza del filtro y cierre el tapón de descarga del aire.
5. Si el motor se quedó sin combustible mientras funcionaba, o el sistema se abrió dejando entrar aire, sangre en primer lugar el aire del filtro.
6. Accione la cabeza del filtro bombeando repetidamente hasta que le resulte difícil (unas 15 veces), para forzar el aire fuera del sistema.

Sincronización de la inyección

AJUSTE

NOTA: La temperatura del refrigerante del motor debe hallarse por encima de los 80 grados centígrados (176 grados F), antes de que pueda usted comprobar y/o ajustar la sincronización de la inyección.

1. Desconecte el cable a masa de la batería, localizada en el maletero.
2. Desmonte el tornillo-tapón de la cabeza del distribuidor de la bomba de inyección y la arandela de cierre.
3. Monte el adaptador del calibrador de sincronización estática, modelo Rotunda 14-0303, o uno equivalente, con un comparador métrico de esfera, de modo que la punta del palpador del comparador esté en contacto con el émbolo de la bomba de inyección.
4. Desmonte la tapa de la marca de sincronización del alojamiento de la transmisión. Alinee la marca de sincronización (PMS) con el indicador de la platina-tapa trasera del motor.
5. Gire la polea del cigüeñal lentamente, en sentido contrario a las saetas del reloj, hasta que el palpador del comparador detenga su movimiento (aproximadamente 30-50 grados APMS).
6. Ajuste la aguja de la esfera del comparador a cero.

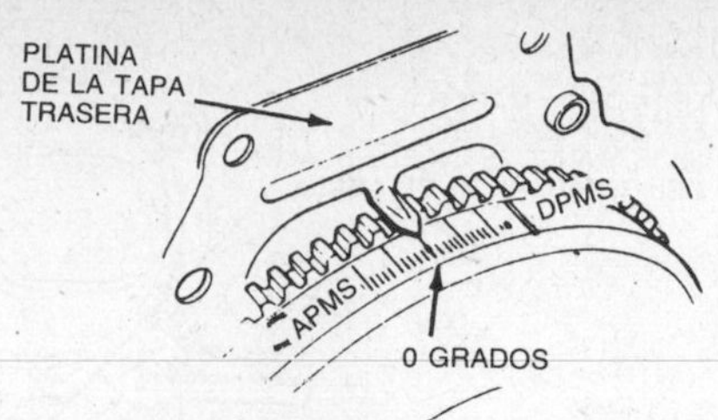

Marca de sincronización en el volante del motor diesel de 2.0L

NOTA: Confirme que la aguja de la esfera del comparador no se mueve de cero girando levemente el cigüeñal a la izquierda y a la derecha.

7. Gire el cigüeñal en el sentido de las saetas del reloj, hasta que la marca de sincronización del cigüeñal se alinee con la clavija indicadora. La esfera del comparador deberá dar una lectura de 1 ± 0.02 mm (0.04 ± 0,0008"). Si la lectura no se ajusta a la especificación, efectúe el ajuste como sigue: afloje el tornillo y las tuercas de unión de la bomba de inyección. Gire la bomba de inyección hacia el motor para retardar la sincronización. Gire la bomba de inyección hasta que la esfera del comparador dé una lectura de 1 ± 0.02 mm (0.04 ± 0.008"). Repita los pasos 5, 6 y 7 para comprobar que la sincronización está ajustada correctamente.
8. Desmonte el comparador de esfera y el adaptador del mismo y monte el tornillo-tapón de la cabeza del distribuidor de la bomba de inyección apretándolo a 10-14 libras-pie.
9. Conecte el cable a masa de la batería a la batería.
10. Haga marchar el motor y compruebe/ajuste la marcha en vacío, si es necesario. Verifique si existen pérdidas de combustible.

Velocidad de marcha en vacío

AJUSTE

1. Coloque la transmisión en punto muerto.
2. Lleve el motor hasta su temperatura normal de funcionamiento. Pare el motor.
3. Retire la tapa del registro de la sincronización. Limpie la superficie del volante y monte cinta adhesiva reflectante.
4. La velocidad de marcha en vacío se mide con la transmisión manual en punto muerto.
5. Compruebe la velocidad de marcha en vacío utilizando el aparato Rotunda 99-0001, o uno equivalente. La velocidad de marcha en vacío viene especificada en el decálogo de información para el control de emisiones del vehículo (VECI). Ajústela según lo especificado, aflojando la contratuerca del tornillo de la velocidad de marcha en vacío. Gire el tornillo de ajuste en el sentido de las saetas del reloj para incrementarla, o en el sentido contrario para disminuirla. Apriete la contratuerca.
6. Coloque la transmisión en punto muerto. Acelere el motor momentáneamente, y vuelva a comprobar las rpm de marcha en vacío lenta. Reajústelas si es necesario.
7. Ponga en marcha el acondicionador de aire. Compruebe la velocidad de marcha en vacío. Ajús-

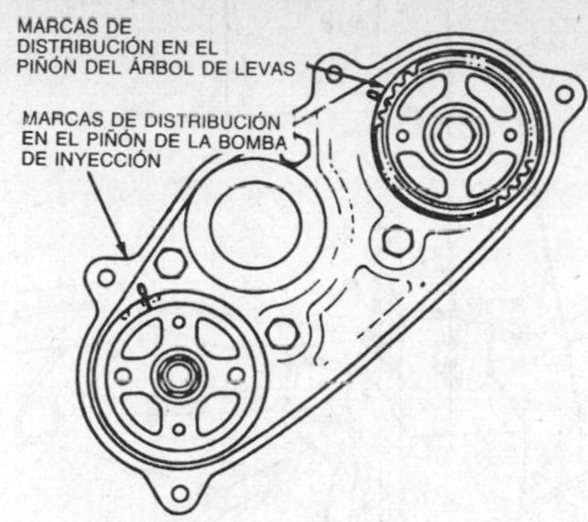

Marcas de sincronización del árbol de levas y de la bomba de inyección en el motor diesel de 2.0L

tela según lo especificado aflojando la tuerca del retardador de acondicionador de aire o mariposa y girando el tornillo.

Bomba de inyección

DESMONTAJE Y MONTAJE

1. Desconecte el cable negativo de la batería.

2. Desconecte el conducto del aire de admisión desde el filtro de aire y el múltiple de admisión. Cubra la abertura del múltiple de admisión para evitar la entrada de suciedad.

3. Desmonte la tapa de la correa de sincronización trasera y la tapa de la marca de sincronización del volante.

4. Desmonte la correa de sincronización trasera.

5. Desconecte los cables de control de la velocidad y de la mariposa. Desconecte el manguito de vacío del compensador de altitud y del diafragma de arranque en frío. Etiquete los manguitos para su identificación en el montaje.

6. Desconecte el conector de la electroválvula de cierre del combustible.

7. Desconecte las conducciones de suministro y retorno de combustible de la bomba de inyección.

8. Desmonte las conducciones de inyección desde la bomba de inyección y los inyectores. Tape las conducciones para evitar la entrada de suciedad en el sistema.

9. Gire el piñón de la bomba de inyección hasta que las marcas de sincronización estén alineadas. Monte dos tornillos de M8 × 1.25 mm en los orificios de sujeción del piñón de la bomba de inyección para inmovilizarlo y poder desmontar la tuerca de retención del piñón.

10. Desmonte el piñón utilizando un extractor adecuado sobre los dos tornillos de M8 × 1.25 mm roscados dentro de los orificios previstos en el piñón.

11. Desmonte el tornillo de retención de la bomba de inyección al soporte delantero de la bomba. Desmonte las dos tuercas de unión de la bomba de inyección al soporte trasero de la bomba y desmonte la bomba.

12. Monte la bomba en el orden inverso al desmontaje. Apriete las tuercas del soporte trasero a 23-24 libras-pie. El tornillo de montaje delantero a 12-16 libras-pie. La tuerca del piñón a 51-58 libras-pie. Las tuercas-capuchón de los rácores de las conducciones de los inyectores a 18-22 libras-pie.

13. Compruebe y ajuste la sincronización de la bomba de inyección. Sangre el aire del sistema de combustible.

14. Haga marchar el motor y compruebe las posibles pérdidas de combustible.

Inyectores y conducciones de la bomba de inyección

DESMONTAJE Y MONTAJE

1. Desconecte y desmonte las conducciones de inyección desde la bomba y los inyectores. Tape todas las conducciones y rácores para evitar contaminaciones con suciedad.

2. Desmonte las tuercas de unión de la conducción de retorno del combustible a los inyectores, y desmonte la conducción de retorno y los retenes.

3. Desmonte los inyectores utilizando una llave de vaso de 27 mm. Desmonte las juntas de los inyectores y las arandelas de los asientos de los inyectores, utilizando la herramienta extractora de juntas tóricas, T71P-19703-C, o una equivalente.

4. Limpie el exterior de los inyectores con disolvente de seguridad y séquelos meticulosamente.

5. Coloque nuevas juntas en los asientos de los inyectores, con la superficie pintada de rojo encarada hacia arriba.

6. Coloque nuevas juntas de cobre en los orificios de los inyectores. Monte los inyectores y apriételos a 44-51 libras-pie.

7. Coloque la conducción de retorno de combustible sobre los inyectores utilizando juntas nuevas. Monte las tuercas de retención y apriételas a 10 libras-pie.

8. Monte las conducciones de combustible sobre la bomba de inyección y sobre los inyectores. Apriételas a 18-22 libras-pie.

9. Sangre el aire del sistema. Haga marchar el motor y compruebe si existen pérdidas de combustible.

REFRIGERACIÓN DEL MOTOR

Radiador

DESMONTAJE Y MONTAJE

1. Desconecte el cable negativo de la batería. Drene el sistema de refrigeración.

2. En los modelos que van equipados de ese modo, desmonte el tubo de admisión de aire del carburador y el tubo de aire del alternador desde el soporte del radiador.

3. Desmonte los montajes superiores de la protección, desconecte los hilos conductores del motor eléctrico del ventilador y desmonte la protección y el ventilador como un conjunto.

4. Desmonte los manguitos superior e inferior del radiador. Desconecte el depósito de recuperación del refrigerante.

5. En los modelos equipados con transmisión automática, desconecte y tapone las conducciones del refrigerante de la transmisión en el radiador.

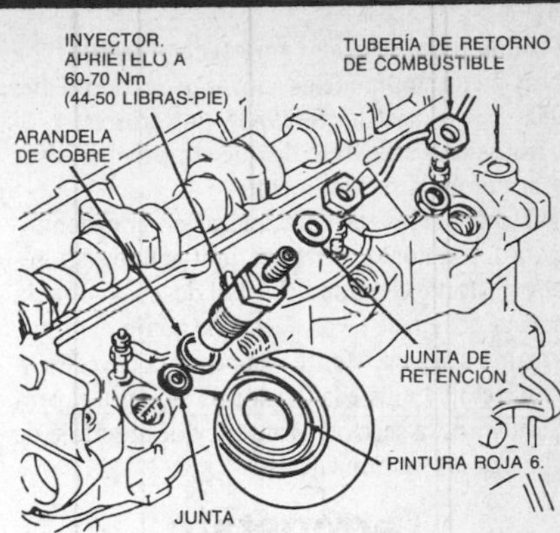

Montaje del inyector en el motor diesel de 2.0L

6. Monte el radiador en el orden inverso al desmontaje. Asegúrese de que los montajes inferiores del radiador se hallan posicionados correctamente sobre el soporte del radiador.

Bomba del agua

DESMONTAJE Y MONTAJE

Motores de 1.6L y 1.9L

1. Desconecte el cable negativo de la batería. Drene el sistema de refrigeración.

2. Desmonte la correa de mando del alternador. Si va equipado con acondicionador de aire o con dirección asistida, desmonte las correas de mando de los compresores.

3. Utilice una llave de vaso aplicada sobre el tornillo de fijación de la polea del cigüeñal para girar el motor de modo que el pistón nº 1 esté en el PMS de su ciclo de compresión.

ATENCIÓN

Gire el motor únicamente en la dirección normal de rotación. La rotación hacia atrás haría que la correa dentada del árbol de levas se deslice o pierda el paso de un diente.

4. Desmonte la tapa de la correa del árbol de levas.

5. Afloje los tornillos de unión del tensor de la correa y luego asegure el tensor alejándolo hacia arriba lo máximo.

6. Extraiga la correa del piñón tensor del árbol de levas y del de la bomba de agua. No la desmonte, ni permita que cambie de posición, del piñón del cigüeñal.

NOTA: No gire el motor estando desmontada la correa del árbol de levas.

7. Desmonte el piñón del árbol de levas.

8. Desmonte el espárrago de la tapa de la sincronización trasera. Desmonte la conexión del manguito del tubo de retorno del calefactor, en el tubo de entrada de la bomba de agua.

9. Desmonte las fijaciones del tubo de entrada de la bomba de agua y el tubo y la junta.

10. Desmonte los tornillos de unión de la bomba de agua al bloque de cilindros y retire la bomba de agua y su junta.

11. Para montarla, asegúrese de que las superficies de contacto de la bomba y del bloque estén limpias.

12. Utilizando una junta nueva y sellador, monte la bomba de agua y apriete los tornillos 5-7 libras-pie, en los modelos a lo largo de todo el año 1982. En los modelos de 1983 y posteriores, a 30-40 libras-pie, asegúrese de que el rotor impulsor de la bomba gira libremente.

13. Monte las restantes piezas en el orden inverso al desmontaje. Utilice juntas nuevas y sellador. Monte el piñón del árbol de levas sobre la chaveta del eje de levas. Vea más abajo el procedimiento a seguir. Monte una nueva correa de sincronización y ajuste la tensión. Vea, para el procedimiento, la sección Montaje y desmontaje de la correa de sincronización.

Termostato

DESMONTAJE Y MONTAJE

1. Drene el sistema de refrigeración por debajo del nivel del termostato.

2. No es necesario que desmonte el manguito del radiador del alojamiento del termostato.

3. Desmonte los tornillos de retención del alojamiento del termostato y retire el termostato.

4. Utilice una junta nueva cuando sustituya el termostato. Unte con sellador RTV la junta.

NOTA: Algunos termostatos utilizan un sellador de silicona en lugar de la junta.

Motor diesel de 2.0L

1. Desmonte la tapa superior de la correa de distribución delantera.

2. Afloje y desmonte la correa de sincronización delantera. Consulte en los talleres de reparación sobre las correas de sincronización.

3. Drene el sistema de refrigeración.

4. Eleve el vehículo y sopórtelo con seguridad sobre caballetes.

5. Desconecte el manguito inferior del radiador y el del calefactor desde la bomba de agua.

6. Desconecte el tubo del refrigerante del alojamiento del termostato y deseche la junta.

7. Desmonte los tres tornillos que unen la bomba de agua al cárter del cigüeñal. Desmonte la bomba de agua. Deseche la junta.

8. Limpie de junta las superficies de contacto de la bomba de agua y el cárter del cigüeñal.

9. Monte la bomba de agua utilizando una junta nueva. Apriete los tornillos a 23-34 libras-pie.

10. Conecte el tubo del refrigerante del alojamiento del termostato en la bomba de agua utilizando una junta nueva. Apriete los tornillos a 5-7 libras-pie.

11. Conecte el manguito caliente y el manguito inferior del radiador a la bomba de agua.

12. Baje el vehículo.

13. Llene y sangre el sistema refrigerante.

14. Monte y ajuste la correa de sincronización delantera.

15. Haga marchar el motor y compruebe si hay pérdidas de refrigerante.

16. Monte la tapa superior de la correa de sincronización delantera.

Motor de 2.3L

1. Desconecte el cable negativo de la batería. Drene el sistema de refrigeración.

2. Afloje el montaje de la bomba del termactor y desmonte la correa de mando. Desconecte y desmonte la abrazadera del manguito bajo la bomba. Desmonte los tornillos de montaje del soporte de la bomba del termactor y desmonte conjuntamente el termactor y el soporte.

3. Afloje la correa intermedia de la correa conductora de la bomba de agua y desmonte la correa conductora.

4. Desconecte el manguito del calefactor de la bomba de agua.

5. Desmonte los tornillos de montaje de la bomba de agua y la bomba.

6. Limpie la superficie de montaje del motor. Aplique cemento de junta a ambas caras de la junta de montaje y coloque la junta sobre el motor.

7. Monte la bomba en el orden inverso al desmontaje. Apriete los tornillos a 15-22 libras-pie.

8. Añada la mezcla refrigerante apropiada, arranque el motor y verifique si hay pérdidas.

Termostato

DESMONTAJE Y MONTAJE

1. Desconecte el cable negativo de la batería. Drene el radiador hasta que el nivel del refrigerante se halle por debajo del termostato.

2. Desconecte el conector de hilos conductores del termorruptor del alojamiento del termostato.

3. Afloje la abrazadera del manguito superior del radiador. Desmonte los tornillos de montaje del alojamiento del termostato y extraiga el alojamiento.

4. Desmonte el termostato girándolo en el sentido contrario a las saetas del reloj.

5. Limpie de junta las superficies de montaje del alojamiento del termostato y del motor. Monte una nueva junta e inserte totalmente el termostato para comprimir la junta de montaje. Gire el termostato en el sentido de las saetas del reloj para asegurarlo dentro del alojamiento.

6. Posicione el alojamiento sobre el motor. Coloque los tornillos de montaje y apriételos a 6-8 libras-pie, en los motores de 1.6L y 1.9L; y a 12-18 libras-pie en los motores de 2.3L.

7. El resto del montaje se realiza en el orden inverso al de desmontaje.

CONTROLES DE EMISIÓN

SISTEMA RECORDATORIO DEL MANTENIMIENTO DEL EGR

Algunos vehículos están equipados con un sistema recordatorio del mantenimiento del EGR, que consiste en un módulo sensor cuentamillas, una luz de alerta en el panel de instrumentos y el cableado necesario. Este sistema provee de una alerta visual que le indica que el sistema EGR necesita ser revisado a las 30,000 millas. El sensor cuentamillas es una caja de plástico azul montada bajo el salpicadero, detrás de la guantera. La luz de alerta está en el panel de instrumentos, a la izquierda de la columna de mando de la dirección.

NOTA: La luz permanecerá encendida hasta que el módulo sensor sea repuesto en su función a cero.

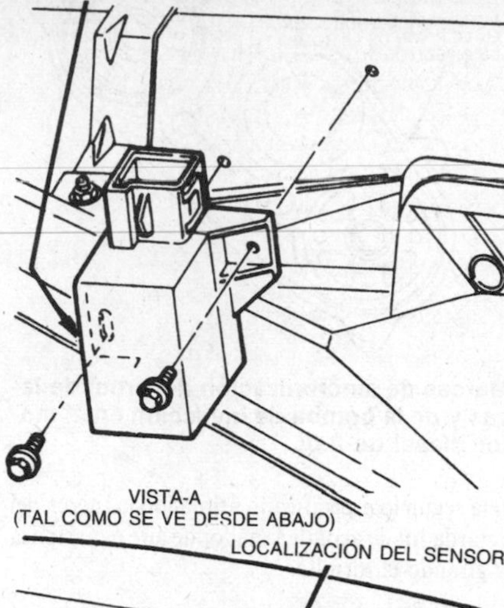

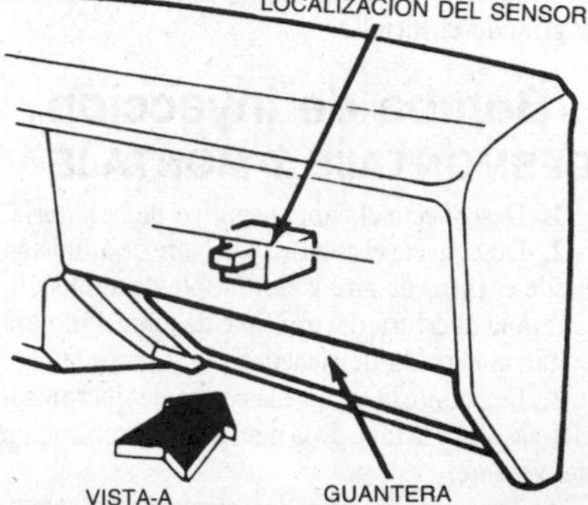

Localización del sensor EGR (recirculación de gases de escape). Vuelva a montar el dispositivo de alerta de la luz de servicio que hay en el salpicadero del sensor del canal EGR

PARTE MECÁNICA DEL MOTOR

Motores de gasolina

DESMONTAJE Y MONTAJE

Motores de 1.6L y 1.9L

Excepto los modelos turboalimentados

NOTA: El procedimiento siguiente sólo es para el desmontaje y montaje del motor.

1. Marque la posición de las bisagras en el lado inferior del capó y desmonte el capó.

2. Desmonte el conjunto del filtro de aire. Desmonte el conducto de alimentación de aire y el tubo del calor. Desmonte el conducto de aire del alternador.

3. Desconecte los cables de la batería desde la batería. Retire la batería. Si va equipado con acondicionador de aire, desmonte el compresor manteniendo conectada la conducción y apártelo a un lado.

ATENCIÓN

No afloje las conducciones del refrigerante, ya que el refrigerante que se escape es un veneno mortal,

y puede además congelarle la piel instantáneamente.

4. Drene el sistema de refrigeración. Desmonte las correas de mando del alternador y de la bomba del termactor. Desconecte el manguito de suministro de aire del termactor. Desconecte el cableado de hilos del alternador. Desmonte el alternador y el termactor.

5. Desconecte y desmonte los manguitos superior e inferior del radiador. Si está equipado con una transmisión automática, desconecte y tapone las conducciones del fluido refrigerante en el radiador.

6. Desconecte los manguitos del calefactor desde el motor. Desenchufe los cableados de hilos eléctricos del ventilador de la refrigeración. Desmonte conjuntamente el ventilador y la protección del radiador.

7. Desmonte el radiador. Etiquete y desconecte todas las conducciones de vacío, incluidas las del servo del freno, desde el motor. Etiquete y desconecte todos los reenvíos, incluido el reenvío del kickdown, si es automático, y los conectores de cableados de hilos desde el motor.

8. Si está equipado con inyección de combustible, descargue la presión del sistema. Desmonte las conducciones de suministro y retorno de combustible a la bomba de combustible. Tapone la conducción desde el depósito de gasolina.

9. Eleve y soporte con seguridad el auto sobre caballetes. Desmonte las abrazaderas de los tubos de alimentación y retorno del calefactor y desmonte los tubos.

10. Desconecte el cable de la batería desde el motor de arranque. Desmonte el tirante del soporte desde la parte posterior del motor de arranque y desmonte el motor de arranque.

11. Desmonte el sistema de escape del múltiple de escape. Drene el aceite del motor.

12. Desmonte el tirante de la parte delantera de la tapa del registro del alojamiento acampanado (volante o convertidor). Desmonte la tapa del registro de inyección.

13. Desmonte la polea del cigüeñal. Si está equipado con una transmisión manual, desmonte los tornillos de unión de la tapa inferior de la correa de sincronización.

14. Si está equipado con una transmisión automática, desmonte las tuercas de montaje del convertidor de par al volante.

15. Desmonte los tornillos inferiores de la unión del motor a la transmisión.

16. Afloje las abrazaderas del manguito del bypass y desmonte el manguito del múltiple de admisión.

17. Desmonte el tornillo y la tuerca de unión del taco elástico de montaje delantero derecho con el soporte del motor.

18. Baje el coche de los caballetes.

19. Ate al motor una eslinga de elevación de motores. Conecte un polipasto de cadena a la eslinga y elévelo hasta tensar la cadena suprimiendo el juego totalmente. Desmonte el tornillo pasante del montaje delantero derecho del motor y desmonte el taco elástico.

20. Si el coche está equipado con una transmisión manual, desmonte los tornillos de montaje de la tapa superior de la correa de sincronización, y retire la tapa.

21. Desmonte la ménsula-soporte de unión del taco elástico delantero derecho del motor.

22. Coloque bajo la transmisión un gato móvil. Eleve el gato lo suficiente para descargar el peso de la transmisión.

23. Desmonte los tornillos superiores de unión del motor a la transmisión.

24. Eleve lentamente el motor y sepárelo de la transmisión. Asegúrese de que el convertidor de par se mantiene sobre la transmisión. Desmonte el motor del coche. En los modelos equipados con transmisiones manuales, el motor debe separarse del eje de salida de la transmisión antes de elevarlo.

25. Monte el motor en el orden inverso al desmontaje. En los modelos de transmisión manual, tenga cuidado cuando encaje las estrías del disco de embrague. En los modelos con transmisión automática, asegúrese de que los espárragos de montaje del convertidor encajan con el volante. Asegúrese de que las clavijas de alineación de la parte posterior del motor encajan con la transmisión y el motor y la transmisión se acoplan enrasando juntos.

Modelos con turboalimentación

1. Marque la posición de las bisagras del capó y desmonte el capó.

2. Desconecte el cable negativo de la batería y drene el sistema refrigerante.

3. Desmonte el filtro del aire y el conjunto medidor de la compuerta, incluyendo el conjunto del tubo de admisión de aire.

4. Desconecte el cable del secundario de la bobina de encendido. Desmonte la correa de mando del alternador, los tornillos de montaje del alternador, y desplace el alternador hacia un lado.

5. Desconecte los manguitos del radiador del motor. Desmonte la protección del radiador, el conjunto del ventilador y el radiador.

6. Desconecte el calefactor del tubo de metal. Etiquete y desconecte todos los conectores eléctricos y las conducciones de vacío.

7. Desconecte las conducciones de suministro y retorno de combustible del múltiple de admisión. Desconecte la conducción de vacío del servofreno (si lo lleva como equipo). Desconecte el cable y el soporte de la mariposa del conjunto de la trompa de aire. Desconecte el tubo del recipiente de carbón activo. Desconecte el manguito de purga desde la toma de la electroválvula de purga del recipiente de carbón activo.

8. Eleve y soporte la parte delantera del vehículo sobre caballetes. Drene el sistema del motor. Desmonte el refrigerador de aceite.

9. Desmonte los tubos de suministro y retorno del calefactor. Desconecte el cable de la batería desde el motor de arranque.

10. Desmonte el tirante-rodillera de la parte anterior del motor de arranque y desmonte el motor de arranque.

11. Desconecte el tubo de escape del turboalimentador. Desmonte la ménsula-soporte situada en la parte anterior de la tapa del registro de inspección del alojamiento acampanado y retire la tapa de inspección.

12. Desmonte la polea del cigüeñal. Desmonte los tornillos inferiores de unión de la tapa de la sincronización.

13. Desmonte los tornillos de montaje inferiores del alojamiento del volante. Desmonte el tornillo del soporte que une el cable negativo de la batería al bloque motor. Desmonte la tuerca y el tornillo que unen el soporte del taco elástico de montaje al soporte del motor, localizado en la parte delantera del motor.

14. Desconecte el tubo del EGR del múltiple de admisión. Desconecte el manguito del impulsor de aire de la válvula de control y del conjunto del filtro del aire.

15. Baje el vehículo de los caballetes.

16. Monte sobre el motor soportes de elevación adecuados. Acople un polipasto elevador de cadena al dispositivo de elevación y aplique una ligera tensión hacia arriba.

17. Desmonte las tuercas que unen la sujeción del taco elástico delantero del motor y desmonte la sujeción. Desmonte los restantes tornillos de unión de la tapa de la sincronización y desmonte la tapa.

18. Coloque un gato bajo la transmisión, y eleve el gato lo suficiente para soportar el peso de la transmisión.

19. Desmonte los tornillos superiores de montaje del alojamiento del volante.

20. Desmonte el motor del vehículo. Monte el motor en el orden inverso al de desmontaje.

Motor de 2.3L

ATENCIÓN

El motor y el conjunto de la transmisión se desmontan como un grupo (grupo motopropulsor), por la parte inferior del coche. Debe preveerse la elevación y soporte seguro del coche cuando usted desmonte y monte el grupo motopropulsor. El sistema del acondicionador de aire (si va equipado con él) debe descargarse antes del desmontaje. El refrigerante está contenido bajo alta presión, y es muy peligroso cuando se deja en libertad. El sistema debe ser descargado por una persona que conozca el procedimiento y disponga del equipo apropiado.

NOTA: El procedimiento siguiente está destinado al desmontaje y montaje del motor y la transmisión como un conjunto. Si la reparación que se efectúa mientras el motor y la transmisión están separados incluye el desmontaje del cárter de aceite del motor, el motor y la transmisión, deberá unirlos antes de volver a montar el cárter de aceite del motor.

1. Marque la posición de las bisagras en el lado inferior del capó y desmonte el capó.

2. Desconecte los cables de la batería desde la batería, en primer lugar el cable negativo. Desmonte el conjunto del filtro del aire.

3. Desmonte la tapa del radiador y desconecte el manguito inferior del radiador, desde el radiador, para drenar el sistema refrigerante.

4. Desmonte los manguitos superior e inferior del radiador. En los modelos equipados con transmisión automática, desconecte y tapone las conducciones del refrigerador de aceite desde los conectores de goma que hay en el radiador.

5. Desconecte y desmonte la bobina de la culata. Desconecte los cables del ventilador de la refrigeración. Desmonte la protección del radiador y el ventilador eléctrico como un conjunto.

6. Asegúrese de que el sistema del acondicionador de aire ha sido descargado correctamente y con seguridad. Desmonte los manguitos desde el compresor. Etiquete y desconecte todas las conexiones de cableados eléctricos, reenvíos y conducciones de vacío desde el motor.

7. En los modelos con transmisión automática, desconecte el reenvío de la TV (válvula mariposa) desde la transmisión. En los modelos de transmisión manual, desconecte el cable del embrague desde la palanca que hay en la transmisión.

8. Desconecte las conducciones de suministro y retorno de combustible. Tapone la conducción de combustible desde el depósito de gasolina. Desconecte el manguito de descarga de la bomba del termactor desde la bomba.

9. Desconecte las conducciones del servo de la dirección desde la bomba. Desmonte el soporte del manguito de la culata.

10. Acople una eslinga-soporte de motor (utillaje de Ford, T79L-5000-A, o equivalente), y soporte el peso del conjunto motor/transmisión.

11. Eleve y soporte con seguridad el motor sobre caballetes.

12. Desmonte el cable del motor de arranque desde el terminal del motor de arranque. Drene el aceite del motor y el lubricante de la transmisión.

13. Desconecte el manguito del convertidor catalítico. Desmonte los tornillos de retención del soporte del tubo de escape sobre el cárter de aceite.

14. Desmonte las tuercas de montaje del tubo de escape al múltiple de escape. Desmonte los tubos de los tacos elásticos del soporte de montaje y apártelos a un lado.

15. Desconecte el cable del velocímetro desde la transmisión. Desmonte los manguitos del calefactor desde la entrada de la bomba de agua y del conector del múltiple de admisión.

16. Desmonte el soporte del tubo de admisión de agua desde el bloque motor. Desmonte los dos tornillos de unión de la abrazadera del fondo del cárter de aceite. Desmonte el tubo de entrada de la bomba de agua.

17. Desmonte los tornillos de unión de los brazos oscilantes a la carrocería. Desmonte los tornillos de retención de los soportes de la barra estabilizadora y desmonte los soportes.

18. Desmonte los semi-ejes desde la transmisión.

19. En los modelos equipados con transmisión manual, desmonte las tuercas del rodillo restrictor de la transmisión y extraiga el rodillo restrictor del soporte de montaje.

20. En los modelos equipados con transmisión manual, desmonte los tornillos de unión de la barra estabilizadora del cambio a la transmisión. Desmonte la tuerca y el tornillo de unión del mecanismo del cambio de velocidades al eje del cambio en la transmisión.

21. En los modelos equipados con transmisión automática, desconecte la grapa del cable del cambio desde la palanca de la transmisión. Desmonte los tornillos de la ménsula del reenvío del cambio manual desde la transmisión y desmonte la ménsula.

22. Desmonte la ménsula de montaje del taco elástico nº 4 trasero izquierdo desde la carrocería, desmontando las tuercas de retención.

23. Desmonte los tornillos de montaje del taco elástico nº 1 delantero izquierdo.

24. Baje el coche y sopórtelo con caballetes de modo que las ruedas delanteras estén justamente sobre el suelo. No deje que las ruedas toquen el suelo.

25. Conecte una eslinga de motor a las anillas de elevación previstas en el motor. Enganche un elevador a la eslinga y aplíquele una ligera tensión. Desmonte la eslinga del soporte (paso 10).

26. Desmonte los tornillos de unión del soporte intermedio del taco elástico del lado derecho, a la ménsula del motor, las tuercas de unión del soporte intermedio al taco elástico, y la tuerca del fondo del espárrago del doble extremo, que une el soporte intermedio y la ménsula del motor. Desmonte el soporte intermedio.

27. Baje el conjunto de motor y transmisión al suelo.

28. Eleve y soporte el coche a una altura adecuada para que el conjunto pueda ser retirado.

29. El montaje se efectúa procediendo de modo inverso al desmontaje.

Motor diesel

DESMONTAJE Y MONTAJE

Motor diesel de 2.0L

NOTA: **Para el desmontaje del conjunto motor y transmisión (grupo motopropulsor), es necesario disponer de caballetes o equipo de elevación adecuados, ya que dicho conjunto se desmonta por la parte inferior del vehículo.**

ATENCIÓN

El sistema del acondicionador de aire contiene refrigerante R-12, bajo alta presión. Ponga el máximo cuidado al descargar el sistema. Si no tiene usted los conocimientos necesarios y no dispone a mano de las herramientas imprescindibles, no proceda al desmontaje del motor sin tener previamente descargado el sistema.

1. Marque la posición de las bisagras del capó, y desmonte el capó.

2. Desmonte el cable negativo de la batería desde la batería, que está localizada en el maletero.

3. Desmonte el conjunto del filtro del aire.

4. Coloque un recipiente colector de drenajes bajo el manguito inferior del radiador. Desmonte el manguito y drene el refrigerante.

5. Desmonte el manguito superior del radiador, desde el motor.

6. Desconecte el ventilador de refrigeración del conector eléctrico.

7. Desmonte como un conjunto el ventilador de refrigeración y la protección del radiador. Desmonte el radiador.

8. Desmonte el cable del motor de arranque desde el motor de arranque.

9. Descargue el sistema del acondicionador de aire, si lo lleva (para el procedimiento vea la ATENCIÓN precedente). Desmonte las conducciones de presión y succión (retorno) desde el compresor del acondicionador de aire.

10. Identifique y desconecte todas las conducciones de vacío que sea necesario.

11. Desconecte los conectores (2) de cables del motor del panel del salpicadero. Desconecte los conectores del relé de las bujías de incandescencia desde el panel del salpicadero.

NOTA: Los conectores se hallan bajo la protección de plástico del panel del salpicadero. Desmonte y conserve las clavijas de retención del plástico. Desconecte el conector de hilos del alternador, que se halla sobre el faldón del guardabarros de la mano derecha.

12. Desconecte el cable del embrague de la palanca de cambio, en la transmisión.

13. Desconecte el reenvío de la bomba de inyección a la mariposa.

14. Desconecte los manguitos de suministro y retorno de combustible del motor.

15. Desconecte las conducciones de presión y retorno del servo de la dirección asistida desde la bomba del servo, si va equipada con ella. Desmonte las abrazaderas de las conducciones del servo de la dirección de la culata.

16. Monte la herramienta de soporte de motor D79L-8000-A, o equivalente, a la anilla de elevación existente en el motor.

17. Eleve el vehículo y sopórtelo con seguridad sobre caballetes.

18. Desmonte el tornillo de unión del soporte de los tubos de escape al cárter de aceite.

19. Desmonte las tuercas de unión de los dos tubos de escape al múltiple de escape.

20. Extraiga el sistema de escape de las arandelas aisladoras de goma y póngalo a un lado.

21. Desmonte el cable del velocímetro desde la transmisión.

22. Coloque un recipiente colector de drenajes bajo los manguitos del calefactor. Desmonte un manguito del calefactor desde la entrada de la bomba de agua. Desmonte el otro manguito del calefactor desde el refrigerador del aceite.

23. Desmonte los tornillos de unión de los brazos oscilantes a la carrocería. Desmonte los tornillos de retención de los soportes de la barra estabilizadora y desmonte los soportes.

24. Los conjuntos de semi-ejes los ha de desmontar usted en este momento.

25. En los modelos MTX (transmisión manual), desmonte los tornillos de unión de la barra estabilizadora del cambio a la transmisión. Desmonte la tuerca y el tornillo de unión del mecanismo de cambio al eje del cambio, en la transmisión.

26. Desmonte la ménsula de montaje del taco elástico trasero del LADO IZQUIERDO de la ménsula de la carrocería, desmontando las dos tuercas.

27. Desmonte los tornillos de montaje del taco elástico delantero del LADO IZQUIERDO, a la transmisión.

28. Baje el vehículo (vea la ATENCIÓN que sigue). Monte un equipo de elevación en las anillas que a dicho efecto existen en el motor.

ATENCIÓN

No deje que las ruedas delanteras toquen el suelo.

29. Desmonte la herramienta de soporte de motor, D79L-8000-A, o equivalente.

30. Desmonte los tornillos de unión del soporte intermedio del taco elástico del LADO DERECHO al soporte del motor, las tuercas de unión del soporte intermedio al taco elástico, y la tuerca del fondo del espárrago de dos extremos que une el soporte intermedio al soporte del motor. Desmonte el soporte intermedio.

31. Con cuidado, baje el conjunto de motor y transmisión hasta el suelo.

32. Eleve el vehículo y sopórtelo con seguridad.

33. Coloque el conjunto de motor y transmisión directamente bajo el compartimiento del motor.

34. Lentamente, baje el vehículo sobre el conjunto de motor y transmisión.

ATENCIÓN

No deje que las ruedas delanteras toquen el suelo.

35. Monte el equipo de elevación en las anillas que hay con ese objeto en el motor.

36. Eleve el conjunto de motor y transmisión hacia arriba, a través del compartimiento del motor, posicionándolo correctamente.

37. Monte las tuercas de unión del taco elástico intermedio del LADO DERECHO al soporte del motor. Monte la tuerca del fondo del espárrago de doble extremo que une el soporte intermedio al soporte del motor. Apriétela a 75-100 libras-pie.

38. Monte la herramienta-soporte de motor, D79L-8000-A, o equivalente, a la anilla de elevación del motor.

39. Desmonte el equipo de elevación.

40. Eleve el vehículo.

41. Sitúe bajo el motor un gato móvil, o de transmisiones, adecuado. Eleve conjuntamente el motor y la transmisión dentro de su posición de montaje.

42. Monte la tuerca de unión del taco elástico al soporte, y apriétela a 75-100 libras-pie.

43. Apriete las tuercas de unión del soporte del taco elástico trasero del LADO IZQUIERDO, a la ménsula de la carrocería, a 75-100 libras-pie.

44. Monte el manguito inferior del radiador y monte el soporte de retención y el tornillo.

45. Monte el tornillo de unión de la barra estabilizadora del cambio a la transmisión. Apriételo a 23-35 libras-pie.

46. Monte el tornillo y tuerca de unión del mecanismo del cambio al eje de entrada del cambio (en la transmisión). Apriételos a 7-10 libras-pie.

47. Monte el manguito inferior del radiador en el radiador.

48. Monte el cable del velocímetro en la transmisión.

49. Conecte los manguitos del calefactor a la bomba de agua y al refrigerador del aceite.

50. Posicione el sistema de escape arriba y dentro de las arandelas de goma situadas en la parte posterior del vehículo.

51. Monte los tornillos de unión del tubo de escape al múltiple.

52. Monte el tornillo de unión del soporte del tubo de escape al cárter de aceite.

53. Coloque el conjunto de barra estabilizadora y brazo oscilante en su posición. Monte los tornillos de unión del brazo oscilante a la carrocería. Monte los soportes de la barra estabilizadora y apriete todas las sujeciones.

54. En este momento usted debe montar los conjuntos de los semi-ejes.

55. Baje el vehículo.

56. Desmonte la herramienta de soporte de motor, D79L-8000-A, o equivalente.

57. Acople el conector de los cables del alternador en el faldón guardabarros del LADO DERECHO.

58. Conecte los cables del motor a los cableados principales y a los relés de las bujías en el panel del salpicadero.

NOTA: Vuelva a montar la protección de plástico.

59. Conecte las conducciones de vacío.

60. Monte las conducciones de descarga y retorno del acondicionador de aire al compresor del acondicionador, si lo lleva como equipo. No cargue el sistema en este momento.

61. Conecte las conducciones de suministro y retorno de combustible a la bomba de inyección.

62. Conecte el cable de la mariposa a la bomba de inyección.

63. Monte las conducciones de presión y retorno de la dirección asistida. Monte la ménsula-soporte.

64. Conecte el cable del embrague a la palanca de cambio en la transmisión.

65. Conecte el cable de la batería al motor de arranque.

66. Monte conjuntamente la protección del radiador y el ventilador de la refrigeración. Apriete los tornillos de unión.

67. Acople el conector eléctrico del ventilador de la refrigeración.

68. Monte el manguito superior del radiador al motor.

69. Llene y sangre el sistema de refrigeración.

70. Monte el cable negativo de la batería a la batería.

71. Monte el conjunto del filtro de aire.

72. Monte el capó.

73. Cargue el sistema del acondicionador de aire, si lo lleva como equipo. El sistema puede variar últimamente si se utiliza una fuente de carga exterior.

74. Compruebe y complete los niveles de fluidos (dirección asistida, motor, MTX = transmisión manual).

75. Arranque el vehículo. Compruebe si hay pérdidas.

Múltiple de admisión

DESMONTAJE Y MONTAJE

Motor de gasolina, excepto los modelos turboalimentados

1. Desconecte el terminal negativo de la batería.

2. Desmonte el alojamiento del filtro de aire.

3. Drene parcialmente el sistema refrigerante y desconecte el manguito del calefactor bajo el múltiple de admisión.

4. Desconecte y etiquete todas las conexiones de vacío y eléctricas.

5. Desconecte la conducción de combustible y el reenvío del carburador.

6. Desconecte el manguito de vacío del EGR y el tubo de alimentación.

7. En los modelos Escort y Lynx, eleve con un gato el vehículo y sopórtelo con caballetes.

8. En los modelos Escort y Lynx, desmonte las tuercas del fondo (3) del múltiple de admisión.

9. En los modelos Escort y Lynx, desmonte el vehículo de los caballetes.

10. Si el vehículo está equipado con transmisión automática, desconecte el reenvío de la válvula mariposa del carburador y desmonte los tornillos de unión del soporte del cable.

11. Si está equipado con dirección asistida (Escort/Lynx), desmonte la correa conductora de la bomba del termactor, la bomba, el soporte de montaje y el manguito del bypass.

12. Desmonte la bomba de combustible (Escort/Lynx). Vea usted el procedimiento de desmontaje de la bomba de combustible.

13. Desmonte los tornillos de la admisión, el múltiple y la junta.

NOTA: No deje el múltiple de admisión apoyado plano, puesto que las superficies de junta pueden resultar dañadas.

14. El montaje es a la inversa del desmontaje.

Modelos turboalimentados

1. Desconecte el cable negativo de la batería.

2. Desmonte el manguito de suministro de aire del conjunto del cuerpo de la mariposa del aire.

3. Etiquete y desconecte los manguitos de vacío. Desmonte el tubo de suministro del EGR (recirculación de los gases de escape). Desconecte el conector eléctrico de la electroválvula del bypass de aire de la mariposa.

4. Eleve y soporte la parte delantera del vehículo sobre caballetes. Desmonte las tres tuercas del múltiple de admisión y baje el vehículo.

5. Desconecte las conducciones de suministro y retorno de combustible del múltiple de admisión. Desconecte el cable del acelerador del conjunto del cuerpo de la mariposa del aire.

6. Desconecte los cableados de hilos de la torre del choque. Desconecte el manguito del PCV (ventilación positiva del cárter) de la tapa de balancines y del múltiple de admisión. Desmonte la válvula del PCV.

7. Desmonte las tres tuercas de montaje restantes. La tuerca central puede requerir la herramienta T81P-9425-A para su desmontaje y montaje.

8. Monte el múltiple de admisión en el orden inverso al desmontaje, utilizando una junta nueva. Apriete las tuercas de montaje a 12-15 libras-pie.

Motor diesel

1. Desconecte el conducto de entrada de aire del múltiple de admisión y monte la tapa de protección en el múltiple de admisión (pieza o juego de tapa de protección T84P-9395-A, o equivalente.

2. Desconecte el conector eléctrico de las resistencias de las bujías de incandescencia.

3. Desconecte el manguito del respiradero.

4. Drene el sistema refrigerante.

5. Desconecte el manguito superior del radiador del alojamiento del termostato.

6. Desconecte los dos manguitos refrigerantes del alojamiento del termostato.

7. Desconecte los conectores de los sensores de temperatura del alojamiento del termostato.

8. Desmonte los tornillos de unión del múltiple de admisión a la culata y desmonte el múltiple de admisión.

9. Limpie la superficie de contacto de la junta del múltiple de admisión y de la culata.

10. Monte la admisión, utilizando una junta nueva, apretando los tornillos a 12-16 libras-pie.

11. Conecte los conectores de los sensores de temperatura.

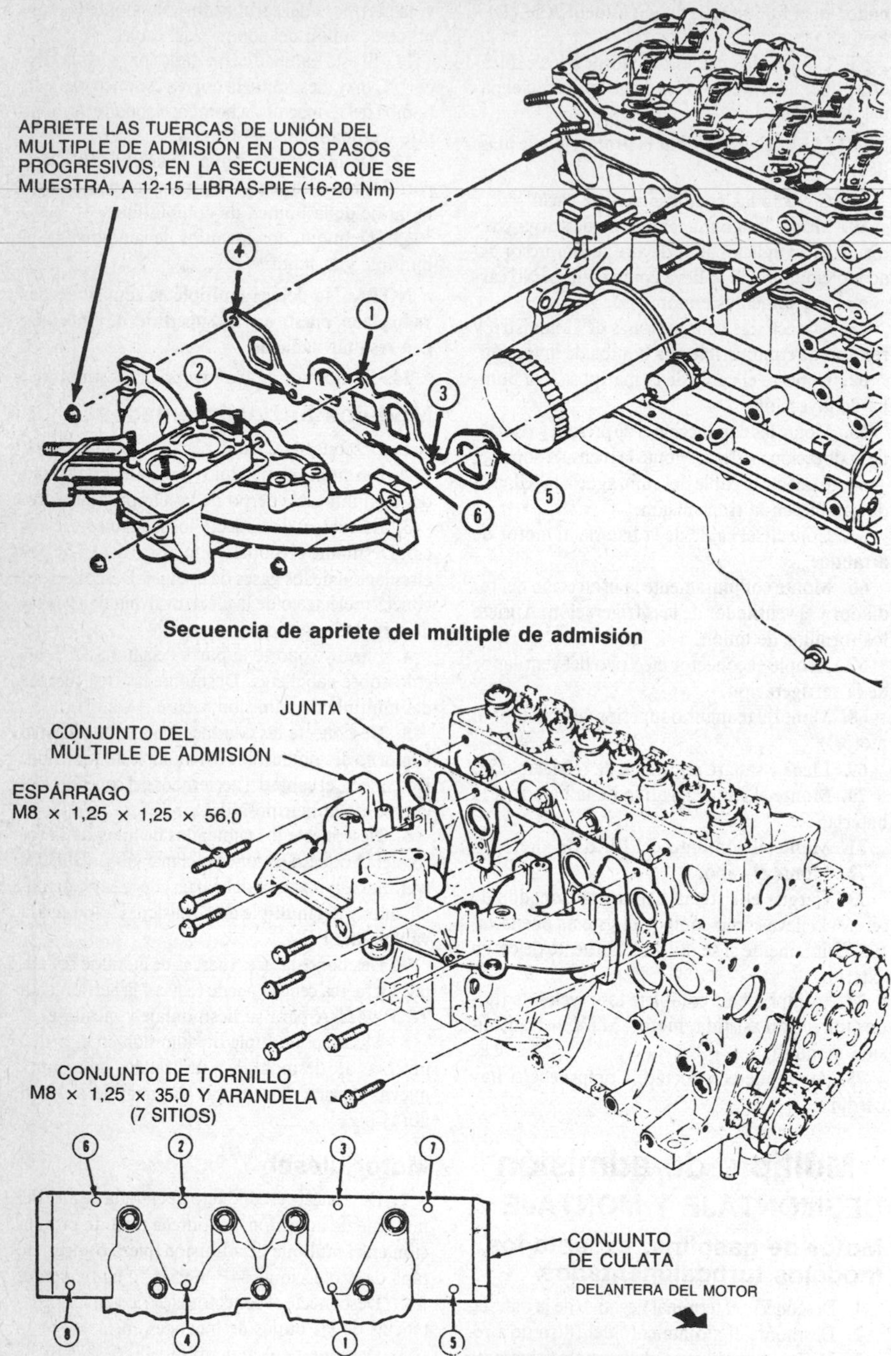

Secuencia de apriete del múltiple de admisión

Montaje del múltiple de admisión en el motor de 2,3L HSC (combustión por torbellino)

12. Conecte el manguito refrigerante inferior del alojamiento del termostato y apriete la abrazadera del manguito.

13. Conecte el tubo refrigerante superior, utilizando una junta nueva, y apriete los tornillos a 5-7 libras-pie.

14. Conecte el manguito superior del radiador al alojamiento del termostato.

15. Conecte el manguito del respiradero.

16. Conecte el conector eléctrico de las resistencias de las bujías de incandescencia.

17. Desmonte la tapa protectora y monte el conducto de entrada del aire.

18. Llene y sangre el sistema refrigerante.

19. Haga marchar el motor y compruebe si hay pérdidas en la entrada de aire o de refrigerante.

Múltiple de escape

DESMONTAJE Y MONTAJE

Motor de gasolina, excepto los turboalimentados

1. Desconecte el cable negativo de la batería.

2. Desmonte el conducto del filtro de aire para acceder al múltiple.

3. Desconecte la conducción del termactor (bomba de aire) desde el múltiple. Desconecte el tubo del EGR (recirculación de los gases de escape). Desmonte la protección contra el calor. Desconecte el cableado del sensor, si lo lleva como equipo. Desatornille el tubo de escape de la brida del múltiple.

4. Desatornille y desmonte el múltiple de escape.

5. Limpie las superficies de contacto de junta del múltiple. Coloque una junta nueva en la unión del tubo de escape a la brida del múltiple.

6. Monte el múltiple. Apriete los tornillos siguiendo una pauta circular, procediendo desde el centro hacia los extremos en tres pasos progresivos.

Modelos turboalimentados

1. Desconecte el cable negativo de la batería. Desmonte la protección del radiador.

2. Afloje al abrazadera del manguito de salida del turbo en el alojamiento de la mariposa. Desmonte el manguito desde el alojamiento del turbo y gire el manguito hacia arriba apartándolo del paso.

3. Desconecte el manguito de entrada del turbocompresor.

4. Desmonte el alternador y el soporte. Desconecte el conector eléctrico del sensor EGO (oxígeno en los gases de escape).

5. Eleve y soporte la parte delantera del vehículo sobre caballetes. Desconecte el conducto de suministro de aceite en la salida del refrigerante del turboalimentador. Desconecte la conducción de retorno del aceite desde el fondo del alojamiento central del turboalimentador y del bloque motor.

6. Baje el vehículo de los caballetes. Desmonte las tuercas de montaje que unen el tubo de escape al turboalimentador y desplace el tubo de escape fuera de los espárragos. Desmonte el tornillo que une la protección del escape al conector de la salida de agua.

7. Desmonte las tuercas de unión del múltiple de escape a la culata. Extraiga el múltiple y el turboalimentador fuera de la culata lo suficiente para desmontar la protección contra el calor. Desmonte el turboalimentador y el múltiple de escape como un conjunto.

8. Monte el múltiple de escape y el turboalimentador utilizando una nueva junta del múltiple de escape. La junta del múltiple tiene una parte superior y otra inferior, por lo que debe asegurarse de ello para montarla correctamente. Después de posicionado el múltiple, monte las tuercas de retención sin apretarlas. Conecte las canalizaciones de aceite del turbo antes de apretar las tuercas del múltiple. Apriete las tuercas del múltiple a 16-19 libras-pie.

Motor diesel

1. Desmonte las tuercas de unión del tubo de entrada del silencioso al múltiple de escape.

2. Desmonte los tornillos de unión de la protección contra el calor al múltiple de escape.

3. Desmonte las tuercas que unen el múltiple de escape a la culata y desmonte el múltiple de escape.

4. Monte el múltiple de escape, utilizando juntas nuevas, y apriete las tuercas a 16-20 libras-pie.

5. Monte la protección contra el calor, y apriete los tornillos a 12-16 libras-pie.

6. Conecte el tubo de entrada del silencioso al múltiple de escape y apriete las tuercas a 25-35 libras-pie.

7. Haga marchar el motor y verifique las pérdidas del escape.

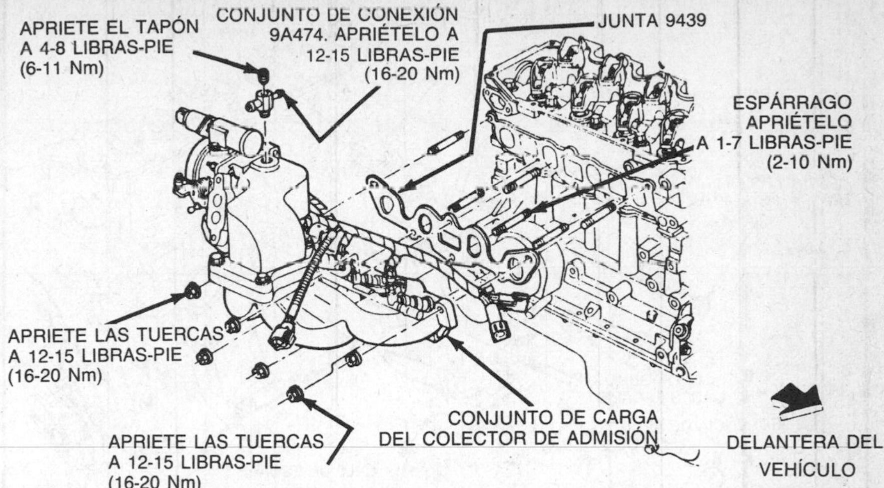

Monte el múltiple de admisión y apriete los tornillos de retención en la secuencia mostrada sobre el motor de 1.6L

Turboalimentador

DESMONTAJE Y MONTAJE

NOTA: Siga el procedimiento descrito bajo el título de Múltiple de escape. Desmonte el múltiple y el turboalimentador como un conjunto, y luego desmonte el turboalimentador del múltiple.

Ejes de balancines

DESMONTAJE Y MONTAJE

Motores de gasolina

1. Desconecte el cable negativo de la batería. Desmonte el filtro del aire. Desconecte y etiquete todos los manguitos y conductores conectados, o que se cruzan en la tapa de válvulas. Desmonte la tapa.

2. Desmonte las tuercas de los balancines (motores de 1.6L y 1.9L), o tornillos (motor de 2.3L), apoyos, balancines y arandelas de apoyo. Mantenga las piezas en orden, puesto que deben montarse en sus posiciones originales.

3. Antes del montaje, cubra las áreas de contacto de los extremos de las válvulas, balancines y apoyos con Lubriplate®, o un lubricante equivalente.

4. Gire el motor hasta que el empujador se encuentre en el círculo de la base de la leva (válvula cerrada).

ATENCIÓN

En los motores de 1.6L y 1.9L, gire el motor sólo en la dirección de rotación normal. La rotación hacia atrás sería causa de que la correa dentada del árbol de levas se deslice o pierda dientes, de que altere la sincronización de válvulas y de que cause serios daños al motor.

5. Monte los balancines y componentes. Cerciórese de que el empujador esté apoyado en la base circular de la leva para cada balancín, cuando lo esté montando.

6. Limpie las superficies de contacto de la tapa de válvulas. Aplique un cordón de sellador a la pestaña de la tapa y monte la tapa. Monte todos los manguitos e hilos conductores desconectados.

Holgura de las válvulas

Las válvulas de admisión y escape están mandadas por el árbol de levas, trabajando a través de los ajustadores de juegos hidráulicos y balancines estampados (motores de 1.6L y 1.9L), o a través de empujadores hidráulicos, varillas de empuje y balancines (motor de 2.3L). Los ajustadores de juego hidráulicos o empujadores eliminan la necesidad de ajustes de juego periódicos.

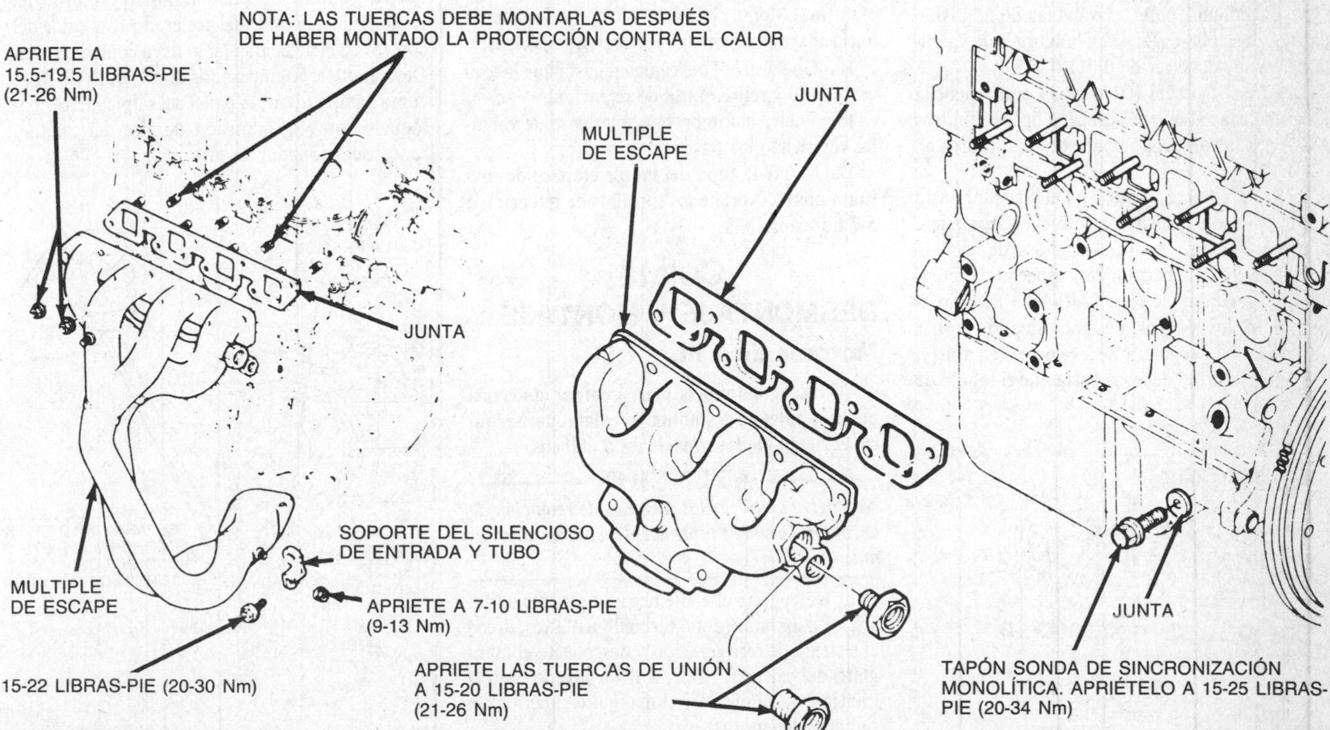

Montaje del múltiple de escape; apriete los tornillos de retención en la secuencia de apriete mostrada sobre el motor de 1.6L

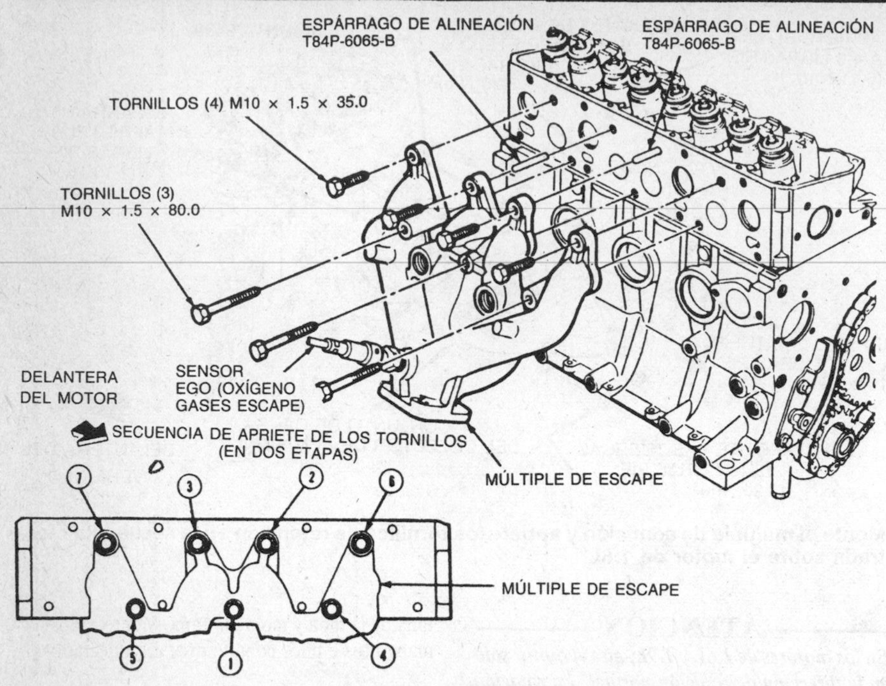

Montaje del múltiple de escape en el motor de 2.3L HSC

AJUSTE DE VÁLVULAS

Motor diesel

1. Eleve la temperatura del motor a la normal de funcionamiento.
2. Desmonte la tapa de la culata.
3. Ponga el cilindro nº 1 en el PMS de su ciclo de compresión, y compruebe la holgura de la válvula de admisión de los cilindros nº 1 y nº 2, y de escape del nº 1 y del nº 3.
4. La holgura para las válvulas de admisión debe ser de 0.008-0.011''. La holgura de la válvula de escape debe ser de 0.011-0,015''.
5. Gire el cigüeñal 360 grados y compruebe la holgura de la válvula de admisión de los cilindros nº 3 y 4, y la válvula de escape de los cilindros nº 2 y 4.
6. Si se requiere ajuste, gire el cigüeñal hasta que el lóbulo de la leva de la válvula que requiere ajuste esté abajo, contra el seguidor de leva.
7. Posicione la herramienta especial de retención del seguidor de leva T84P-6513-B, bajo la leva, entre los lóbulos, de modo que los bordes de contacto del seguidor de leva necesiten ajuste.
8. Gire el árbol de levas hasta que el lóbulo de la leva (de la válvula necesitada de ajuste) esté en su círculo base (el lóbulo apuntando verticalmente hacia arriba).
9. Extraiga el suplemento de ajuste del seguidor de leva. Los suplementos de ajuste de válvulas se encuentran disponibles en una gama de espesores que va desde 3.40 hasta 4.60 mm. Si la válvula estaba demasiado apretada o demasiado fuerte, monte un suplemento del espesor apropiado. El espesor del suplemento está estampado en el mismo. Monte el suplemento con los números hacia abajo para evitar que se borren por desgaste.
10. Gire el árbol del cigüeñal hasta que la leva esté abajo y retire el útil de retención.
11. Vuelva a comprobar la holgura de válvulas repitiendo los pasos anteriores.
12. Monte la tapa del motor empleando una junta nueva. Apriete los tornillos de retención a 5-7 libras-pie.

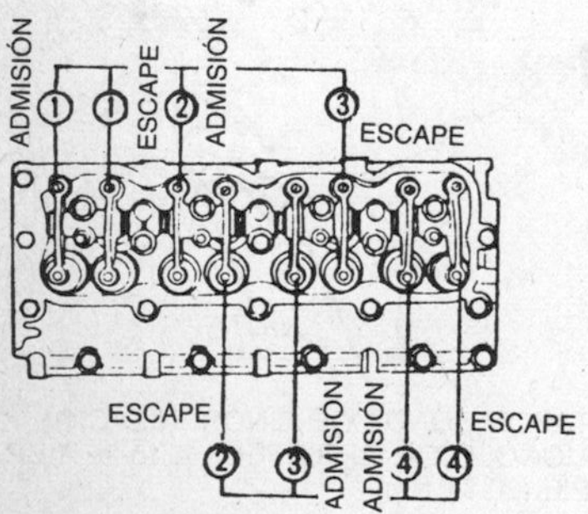

Secuencia de ajuste de válvulas del motor diesel

Culata

DESMONTAJE Y MONTAJE

Motores de 1.6L y 1.9L

NOTA: El motor debe dejarse enfriar «toda una noche», antes de desmontar la culata, para reducir el riesgo de deformaciones o alabeos.

ATENCIÓN

No vuelva a utilizar los tornillos de retención de la culata. Cuando monte la culata utilice tornillos nuevos.

1. Desconecte el cable negativo de la batería.
2. En los motores no turboalimentados, drene el sistema de refrigeración y desconecte el manguito del calefactor del rácor localizado bajo el múltiple de admisión y el manguito superior del radiador del motor.
3. Desmonte el terminal conductor del interruptor del ventilador de refrigeración.
4. En los motores con turboalimentación drene el sistema refrigerante y desconecte el manguito superior del radiador del motor.
5. En los motores no turboalimentados, desmonte el conjunto del filtro de aire y manguito de PCV (ventilación positiva del cárter del cigüeñal), y desconecte todos los manguitos de vacío que interfieran con el montaje, después de haberlos marcado para facilitar su posterior montaje. En los motores turboalimentados, desmonte el manguito de suministro de aire del conjunto del cuerpo de la mariposa y desmonte el separador de aceite del PCV.
6. Gire el motor hasta que el pistón nº 1 se halle en el PMS (punto muerto superior) del ciclo de compresión, y las marcas de sincronización estén alineadas.
7. Desmonte la tapa de válvulas y todas las correas de mando accesorias. Desmonte la polea del cigüeñal. (Utilice la llave de polea de cigüeñal T81P-6312-A, y la llave de tornillo de cigüeñal YA-826, o una equivalente). Desmonte la tapa de la correa de sincronización.
8. Desmonte la tapa del distribuidor y los cables de las bujías como un conjunto.
9. Afloje los tornillos de unión del tensor de la correa, utilizando la herramienta especial de Ford T81P-6254-A, o una equivalente. Asegure el tensor de la correa separándolo hacia la izquierda tanto como sea posible. Desmonte la correa de sincronización.
10. Desconecte el tubo de la válvula EGR (recirculación de los gases de escape), y luego desmonte los conectores de los manguitos del PVS, utilizando la herramienta T81P-8564-A, o equivalente. Etiquete los conectores y apártelos a un lado.
11. Desconecte el conductor eléctrico del choque, las conducciones de suministro y retorno del combustible, el cable del acelerador y el cable del control de la velocidad (si lo lleva como equipo). Desconecte el compensador de altitud, si lo lleva como equipo, desde el panel del salpicadero y colóquelo sobre la admisión de aire del calefactor/acondicionador de aire.

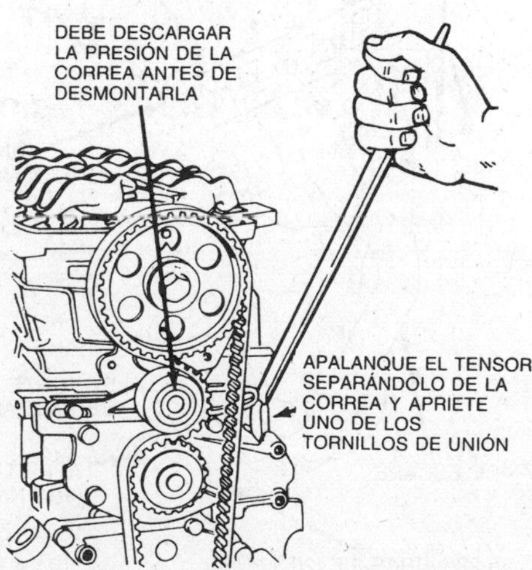

El tensor de la correa de sincronización debe aflojarlo y alejarlo de la correa antes de desmontar la correa

12. Desconecte y desmonte el alternador.

13. Si está equipado con dirección asistida, desmonte la correa conductora de la bomba del termactor, la bomba y su soporte. Desconecte el manguito de entrada del turboalimentador (si lo lleva como equipo). Desconecte el tubo de suministro de aceite al turboalimentador de la salida del refrigerante del turbo y del bloque motor. Desmonte la conducción de suministro.

14. Eleve el vehículo y sopórtelo sobre caballetes. Desconecte el tubo de escape del múltiple o del turboalimentador. Desconecte el conducto de retorno de aceite del turboalimentador.

15. Baje el vehículo y desmonte los tornillos y arandelas de la culata. Deseche los tornillos, pues no puede volver a usarlos.

16. Desmonte la culata con los múltiples (y el turboalimentador) acoplados. Desmonte y deseche la junta de culata. No ponga la culata apoyada con las cámaras de combustión hacia abajo, pues pueden resultar dañadas las bujías o las superficies de junta.

ATENCIÓN

Antes de montar la culata sobre un motor con turboalimentador, compruebe la altura a la que se eleva el pistón, tal como lo describe el procedimiento que sigue.

17. Para montarla, limpie todo el material de juntas de la cara del bloque y de la culata. Antes de montar la culata gire el cigüeñal de modo que el pistón nº 1 se halle en APMS (antes del punto muerto superior). Gire el cigüeñal hacia atrás hasta que el chavetero de la polea del cigüeñal, esté a las 9 horas del reloj (si ésta es la posición de 90 grados APMS). Esto evitará que se causen daños a las válvulas y a los pistones. Para sincronizar el tren de válvula a esta posición del pistón, gire el árbol de levas hasta que el chavetero se halle en la posición de las 6 horas del reloj. El árbol de levas y el cigüeñal no debe usted girarlo hasta después de que haya montado los piñones y la correa de la sincronización.

18. Coloque la junta de culata sobre el motor. La junta del motor turboalimentado es diferente de la del motor sin turboalimentación. Asegúrese de la correcta colocación de la junta de culata. Posicione la culata sobre el bloque de cilindros. Lubrique ligeramente con aceite la rosca de los tornillos de culata y móntelos. (No vuelva a utilizar los tornillos de culata viejos. Monte siempre tornillos nuevos.) Siga la secuencia de apriete que le mostramos. Apriete los tornillos a 44 libras-pie. Afloje todos los tornillos aproximadamente dos vueltas, y luego vuelva a apretarlos a 44 libras-pie, siguiendo de nuevo la secuencia de apriete. Después de apretar todos los tornillos por segunda vez, gire todos los tornillos 90 grados más, en secuencia. Cuando se complete la secuencia de los primeros 90 grados, repita otro giro adicional de 90 grados, una vez más siguiendo la secuencia.

19. El montaje del resto se efectúa a la inversa del desmontaje. Vea el capítulo Desmontaje y montaje de la correa de sincronización para los procedimientos de montaje de la correa de sincronización y vuelva a comprobar la sincronización del motor, con el pistón nº 1 en el PMS.

20. Llene el sistema de refrigeración empleando únicamente el fluido para sistemas refrigerantes de Ford, E1FZ-19549-A, o el Preston II, o uno equivalente. Utilizando un tipo de refrigerante erróneo puede usted dañar el motor. Arranque el motor, compruebe la sincronización del encendido y verifique si hay pérdidas de fluido.

ADMISIÓN

9 3 1 5 7

8 6 2 4 10

ESCAPE

Secuencia de apriete de la culata. Para el procedimiento vea el texto

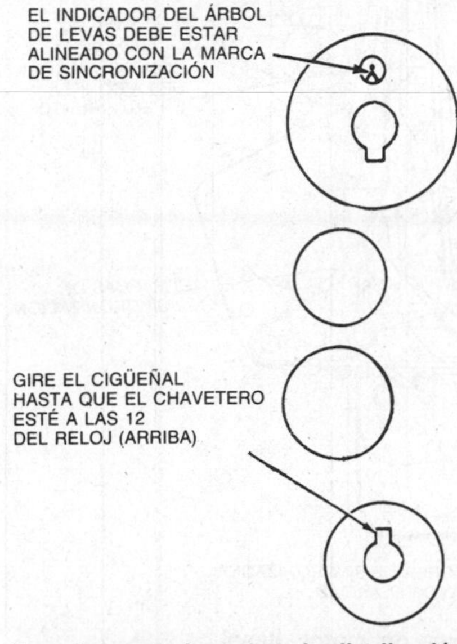

Cuando monte la correa de distribución, el chavetero del cigüeñal debe estar a las 12 del reloj (arriba), el indicador del árbol de levas estará alineado con la marca de sincronización, y el chavetero del árbol de levas deberá estar a las 6 del reloj (abajo)

Holgura de elevación del pistón en motores con turbo

NOTA: Si no ha efectuado en el motor más reparación o sustitución de piezas que la junta de culata, la holgura de elevación del pistón debe mantenerse dentro de las especificaciones. Pero si ha debido mecanizar la superficie de la culata, rectificándola, o sustituir otras piezas tales como un cigüeñal, biela o pistón, debe volver a comprobar la holgura de elevación entre la cabeza del pistón y la cámara de combustión de la culata.

1. Limpie todas las superficies de junta, la cabeza del pistón y la cámara de combustión.

2. Coloque una pequeña cantidad de hilo de soldadura de plomo blanda en varios puntos, sobre la parte alta de la cabeza del pistón.

3. Gire el cigüeñal para bajar el pistón en el interior del cilindro. Monte la culata con una junta de culata usada (es preferible una junta usada, porque ya ha sido comprimida, sin embargo se puede usar una junta nueva) entre la culata y el bloque.

4. Monte los tornillos de culata usados y apriételos a 44 libras-pie, en la secuencia de apriete establecida.

5. Gire el cigüeñal para desplazar el pistón a través de la posición de su PMS. Desmonte la culata y mida el grueso de la soldadura. La holgura correcta es de 0.039-0.070''.

Motor de 2.3L

1. Desconecte el cable negativo de la batería. Drene el sistema de refrigeración, desconectando el manguito inferior del radiador.

2. Desconecte el manguito del calefactor de la toma inferior del múltiple de admisión. Desconecte

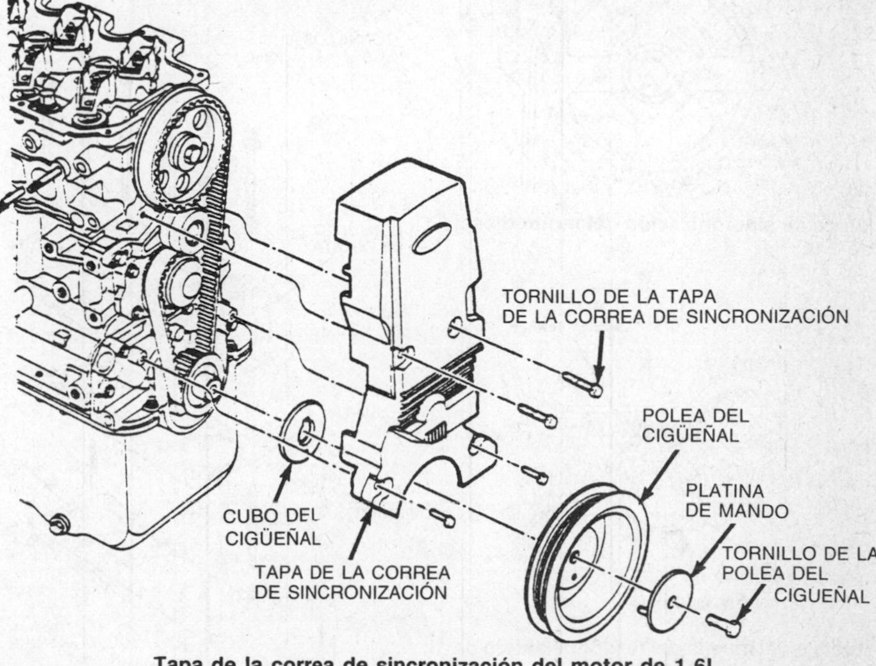

Tapa de la correa de sincronización del motor de 1.6L

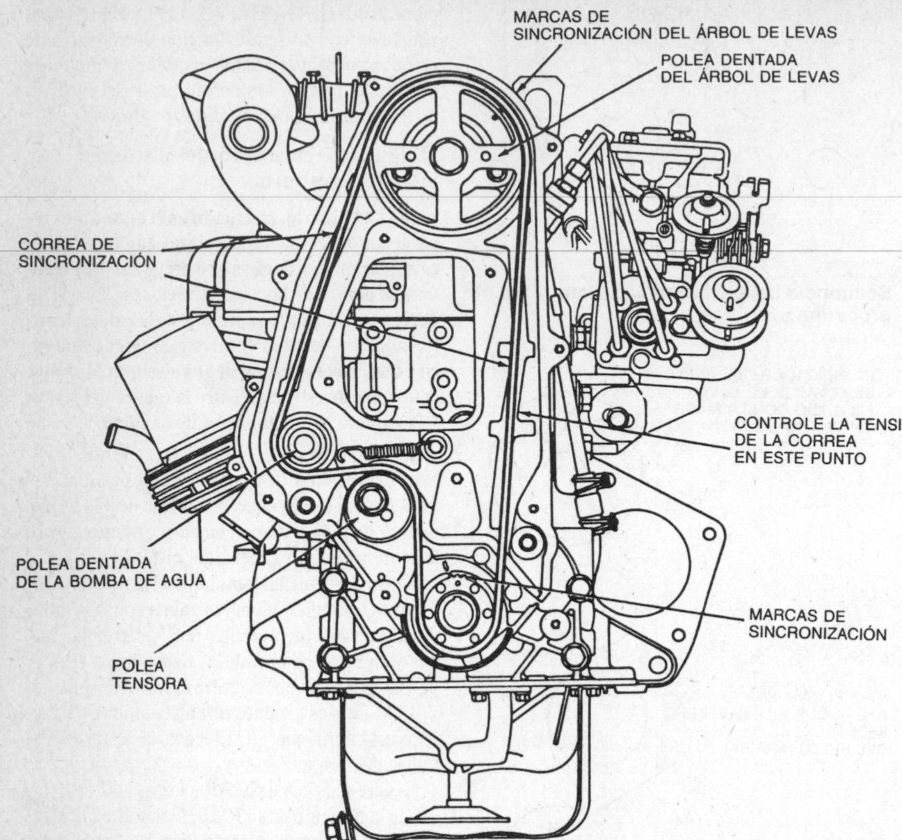

Montaje de la correa de sincronización del motor diesel de 2.0L

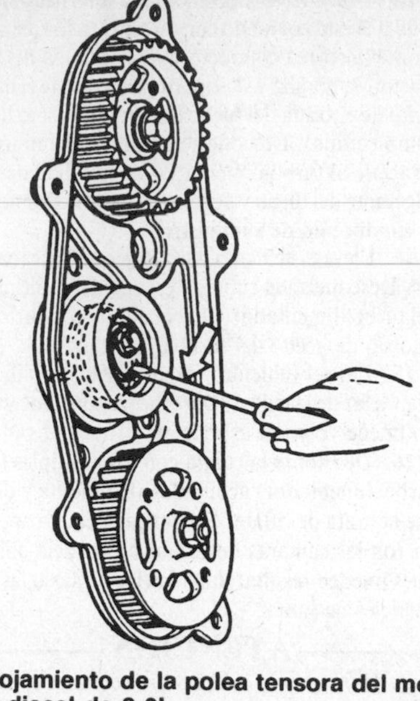

Aflojamiento de la polea tensora del motor diesel de 2.0L

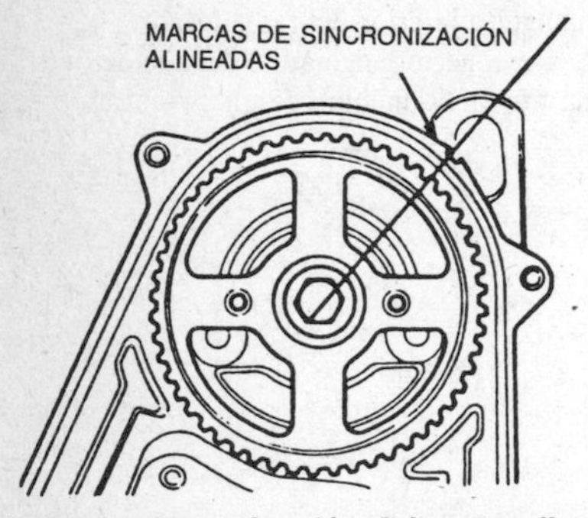

Marca de sincronización del motor diesel de 2.0L

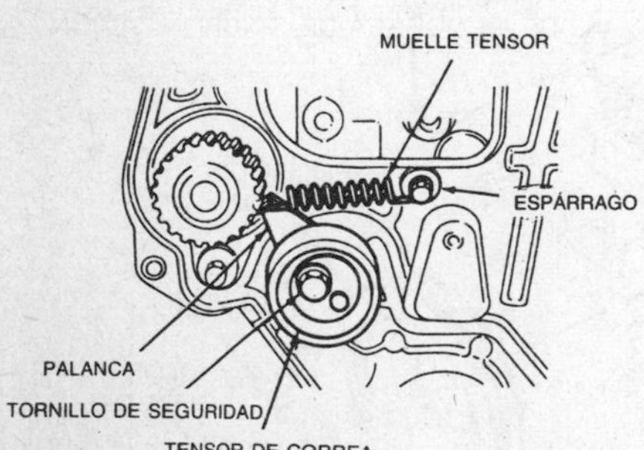

Montaje del muelle del tensor delantero de la correa

el manguito superior del radiador del colector de la culata.

3. Desconecte el interruptor eléctrico del ventilador de la refrigeración del conector de plástico. Desmonte el conjunto del filtro del aire. Etiquete y desconecte cualquier manguito de vacío que interfiera en el desmontaje de la culata.

4. Desconecte todas las correas conductoras. Desmonte la tapa de balancines. Desmonte conjuntamente la tapa del distribuidor con los cables de bujías acoplados.

5. Desconecte el tubo del EGR (recirculación de los gases de escape), de la válvula EGR. Desconecte el hilo conductor del choque desde el choque.

6. Descargue la presión del sistema de combustible, si está equipado con CFI (inyección de combustible). Desconecte las conducciones de suministro y retorno de combustible. Desconecte el

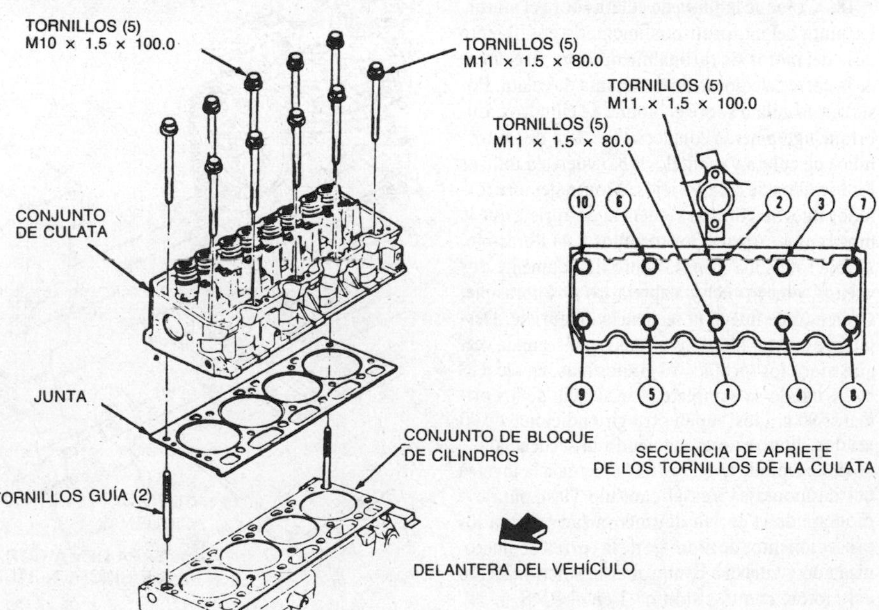

Secuencia de apriete de la culata del motor de 2.3L HSC

cable del acelerador y el de control de la velocidad, si va equipado con él. Afloje los tornillos de retención de la polea de la bomba del termactor.

7. Eleve y soporte con seguridad la parte delantera del coche. Desconecte el tubo de escape del múltiple de escape. Baje el coche.

8. Afloje los tornillos de los balancines hasta que los balancines puedan pivotar para el desmontaje de los vástagos de empuje. Desmonte los vástagos de empuje y consérvelos en orden para su posterior montaje.

9. Desmonte los tornillos de la culata. Desmonte la culata, la junta, la bomba del termactor, y los múltiples de admisión y escape como un conjunto. No deje la culata apoyada horizontalmente antes de desmontar las bujías; tome precauciones para no dañar la superficie de junta.

10. Limpie todo el material de junta de las superficies de la culata y el bloque.

11. Colcque una nueva junta de culata sobre la superficie del bloque y utilice un sellador para retener la junta.

12. Para ayudarle en la alineación del montaje de la culata, adquiera dos tornillos de culata y córteles la cabeza. Monte los tornillos «modificados» en las esquinas opuestas del bloque para que actúen como guías.

13. Posicione la culata sobre los tornillos-guía, y bájela sobre el bloque motor.

14. Monte los tornillos de culata, desmonte los dos tornillos-guía y sustitúyalos por los tornillos normales.

15. Apriete los tornillos de culata a 53-59 libras-pie, en dos etapas y en la secuencia mostrada.

16. El resto del montaje de la culata debe hacerlo en el orden inverso al de desmontaje.

Motor diesel

1. Desconecte el cable de masa de la batería desde la batería, que está ubicada en el maletero.

2. Drene el sistema de refrigeración.

3. Desmonte la tapa del árbol de levas, las tapas de las correas de sincronización delantera y trasera, y las correas de sincronización delantera y trasera.

4. Eleve el vehículo y sopórtelo sobre caballetes.

5. Desconecte el tubo de entrada del silencioso en el múltiple de escape. Baje el vehículo.

6. Desconecte el conducto de entrada de aire desde el filtro de aire y del múltiple de admisión. Monte una tapa de protección.

7. Desconecte los conectores eléctricos y los manguitos de vacío de los sensores de temperatura localizados en el alojamiento del termostato.

8. Desconecte los manguitos superior e inferior del refrigerante y el manguito superior del radiador del alojamiento del termostato.

9. Desconecte y desmonte las conducciones de inyección desde la bomba de inyección y desde los inyectores. Tape todas las conducciones y rácores con el juego de tapa de protección T84P-9395-A, o equivalente.

10. Desconecte el cableado de las bujías de incandescencia del cableado principal del motor.

11. Desmonte los tornillos de la culata en la secuencia mostrada. Desmonte la culata.

12. Desmonte las bujías de incandescencia. Desmonte luego los vasos de las precámaras de la culata, utilizando un botador de latón.

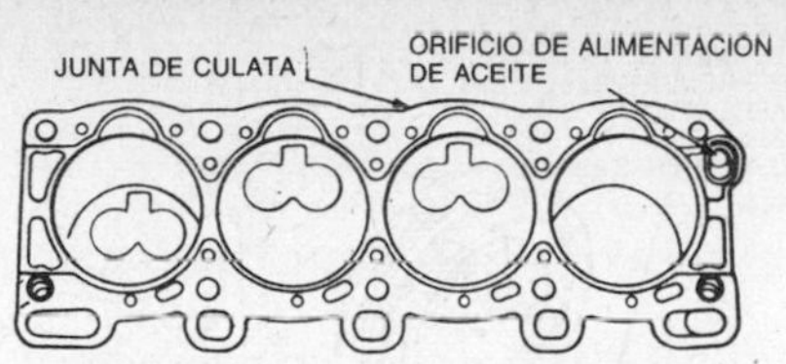

Identificación de la junta de culata del motor diesel de 2.0L

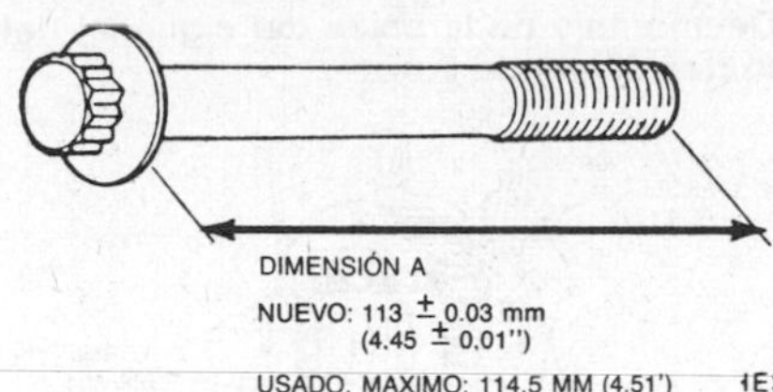

Medición del tornillo de culata del motor diesel de 2.0L

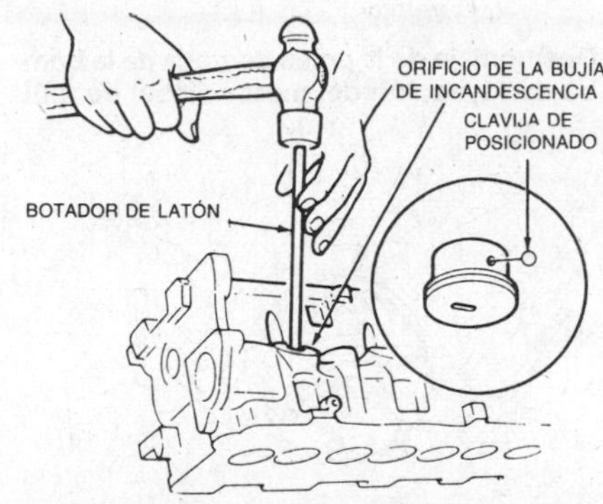

Desmontaje de los tornillos de culata del motor diesel de 2.0L

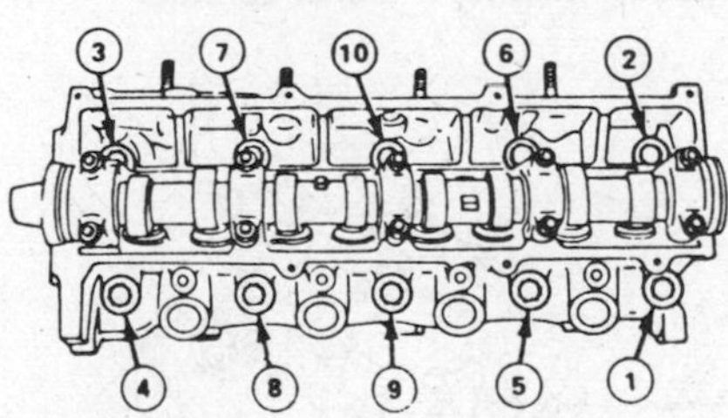

Desmontaje de la precámara del motor diesel de 2.0L

13. Limpie los vasos de las precámaras, las precámaras de la culata, y las superficies de montaje de junta en la culata y el bloque motor.

14. Monte las precámaras en la culata, cerciorándose de que los tetones de posicionado se hallan alineados con las ranuras previstas.

15. Monte las bujías de incandescencia y apriételas a 11-15 libras-pie. Apriete las tuercas a 5-7 libras-pie.

ATENCIÓN

Cuidadosamente, sople con aire comprimido los orificios roscados de los tornillos de culata, en el bloque de cilindros, para limpiarlos meticulosamente. Un error en la limpieza de los orificios roscados puede dar lugar a un apriete incorrecto de la culata, o a posibles agrietamientos y rotura del cárter del cigüeñal.

16. Coloque una nueva junta de culata sobre el bloque de cilindros, asegurándose de que el orificio de alimentación de aceite de la culata no está bloqueado.

17. Mida la dimensión A de cada uno de los tornillos de culata. Si dicha medida es mayor que 114 mm (4.51"), sustituya el tornillo.

ATENCIÓN

Gire el árbol de levas en la culata hasta que los lóbulos de las levas del cilindro nº 1 estén en el círculo base (ambas levas cerradas). Luego, gire el cigüeñal en el sentido de las saetas del reloj hasta que el pistón nº 1 esté a medio camino subiendo en el cilindro hacia su PMS. Esto se efectúa para evitar el posible contacto entre pistones y válvulas.

18. Monte la culata sobre el cárter del cigüeñal.

NOTA: Antes de colocar los tornillos de culata, pinte una raya de referencia blanca en cada uno de ellos, y aplique una ligera capa de aceite de motor en los hilos de rosca de los tornillos.

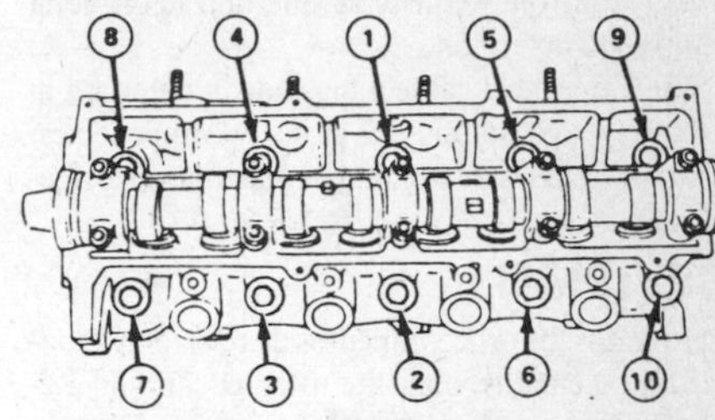

Secuencia de apriete de los tornillos de culata del motor diesel de 2.0L

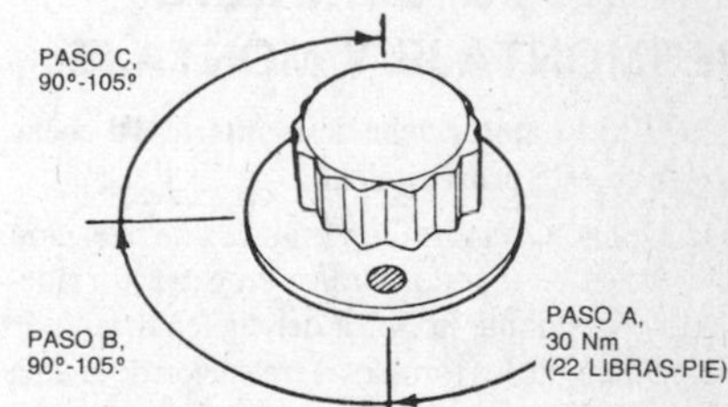

Pasos de apriete de los tornillos de culata del motor diesel de 2.0L

19. Apriete los tornillos de culata como sigue:

a. Apriete los tornillos a 22 libras-pie, en la secuencia mostrada.

b. Utilizando las marcas de referencia pintadas apriete cada uno de los tornillos en dicha secuencia, adicionalmente, otros 90 a 105 grados.

c. Repita el paso «b» girando los tornillos otros 90-105 grados.

20. Conecte los cableados de las bujías de incandescencia al cableado principal del motor.

21. Desmonte las tapas de protección y monte las conducciones de inyección a la bomba de inyección y a los inyectores. Apriete las tuercas de sombrerete a 18-20 libras-pie.

22. Sangre el aire del sistema.

23. Conecte (con una nueva junta) los manguitos superior e inferior del refrigerante y el manguito superior del radiador al alojamiento del termostato. Apriete los tornillos del manguito superior del refrigerante a 5-7 libras-pie.

24. Conecte los conectores eléctricos y los manguitos de vacío a los sensores de temperatura en el alojamiento del termostato.

25. Desmonte la tapa protectora y monte el conducto de entrada de aire al múltiple de admisión y al filtro de aire.

26. Eleve el vehículo y sopórtelo sobre caballetes. Conecte el tubo de entrada del silencioso al múltiple de escape. Apriete las tuercas a 25-35 libras-pie.

27. Baje el vehículo.

28. Monte y ajuste la correa de sincronización delantera.

29. Monte y ajuste la correa de sincronización trasera.

30. Monte la tapa superior de la correa de sincronización delantera y la tapa de la correa de sincronización trasera. Apriete los tornillos a 5-7 libras-pie.

31. Compruebe y ajuste las válvulas tal como se ha descrito. Monte la tapa de válvulas y apriete los tornillos a 5-7 libras-pie.

32. Llene y sangre el sistema de refrigeración.

33. Controle y ajuste la sincronización de la bomba de inyección.

34. Conecte el cable a masa de la batería a la batería. Haga marchar el motor y compruebe si existen pérdidas de aceite, combustible o refrigerante.

REVISIÓN

Para todos los procedimientos de revisión y reparación de culatas, consulte usted el capítulo Reconstrucción del motor en la sección de Reparación.

Tapa delantera

DESMONTAJE Y MONTAJE

NOTA: El motor debe desmontarlo del coche siguiendo este procedimiento.

1. Desmonte el tornillo y arandela de retención de la polea de mando. Utilice un extractor adecuado y desmonte la polea del cigüeñal.

2. Desmonte los tornillos de retención de la tapa delantera, separe la parte superior de la tapa del bloque motor y desmonte la tapa.

3. El montaje es en el orden inverso al desmontaje.

Correa de sincronización

DESMONTAJE Y MONTAJE

Motor de 1.6L y 1.9L

NOTA: Con la correa de sincronización desmontada y los pistones en el PMS, no gire el árbol de levas ante el riesgo de doblar las válvulas. Si ha de girar el árbol de levas, alinee la polea del cigüeñal a 90 grados APMS (la chaveta del cigüeñal a las 9 horas del reloj).

1. Desconecte el cable negativo de la batería. Desmonte todas las correas de mando de los accesorios y desmonte la tapa de la correa de sincronización.

NOTA: Alinee la marca de sincronización del piñón del árbol de levas con la marca de sincronización de la culata.

2. Después de alineadas las marcas de sincronización vuelva a montar la tapa de la correa, y confirme que la marca de sincronización de la polea del cigüeñal sigue alineada con la marca del PMS en la tapa delantera. Desmonte la tapa de la correa de sincronización.

3. Afloje los dos tornillos de unión del tensor de la correa de sincronización utilizando la herramienta T81P-6254-A, o una equivalente. Separe el tensor de la correa tan lejos como pueda y sujételo en esa posición apretando uno de los tornillos de unión del tensor.

4. Desmonte la polea del cigüeñal y desmonte y deseche la correa de sincronización.

NOTA: Debido a lo limitado del espacio, se requieren herramientas especiales para desmontar la polea del cigüeñal. La llave de correa de cigüeñal de Ford, herramienta nº YA-826 (para sujetar la polea inmovilizada) y la llave de polea de cigüeñal de Ford, herramienta nº T81P-6312-A, o herramientas equivalentes, le facilitarán el trabajo.

5. Para montar la correa nueva, coloque la correa de sincronización sobre los piñones en la dirección contraria a las saetas del reloj, empezando por el piñón del cigüeñal. Asegúrese de que el tramo de correa entre el cigüeñal y el árbol de levas se mantiene tenso cuando monta la correa sobre los piñones restantes.

6. Afloje los tornillos de unión del tensor de la correa y deje que el tensor avance contra la correa.

7. Apriete uno de los tornillos de unión del tensor, utilizando la herramienta especial mencionada anteriormente o su equivalente.

8. Monte la polea del cigüeñal, la platina de mando y la tuerca de unión de la polea.

9. Sujete la polea del cigüeñal inmovilizada utilizando la herramienta YA-826, o equivalente, y apriete el tornillo de la polea a 74-90 libras-pie.

10. Desconecte el cable de la bobina del distribuidor, y haga girar el motor durante 30 segundos después de volver a conectar el cable negativo de la batería. Desconecte el cable negativo de la batería y vuelva alinear las marcas. Compruebe que la señal indicadora del piñón del árbol de levas se halla alineada con la marca del PMS, y que el cigüeñal se encuentra en la posición del PMS. Si las marcas de sincronización no están alineadas, desmonte la correa y vuelva a montarla.

11. Afloje el tornillo de unión del tensor de la correa (apretado en el paso 7) 1/4 o 1/2 vuelta como máximo, mientras sujeta inmovilizado el cigüeñal con la llave T81P-6312-A, o equivalente.

12. Mientras asegura el cigüeñal de modo que no pueda girar, gire el piñón del árbol de levas en dirección contraria a las saetas del reloj, utilizando la herramienta de sujeción del árbol de levas D81P-6256-A, o una equivalente, y una llave dinamométrica. Apriete los tornillos de unión del tensor de la correa cuando la llave dinamométrica indique la medida de 27-32 libras-pie para una correa nueva, o de 10 libras-pie si montó una correa vieja.

NOTA: No aplique esfuerzos de torsión sobre

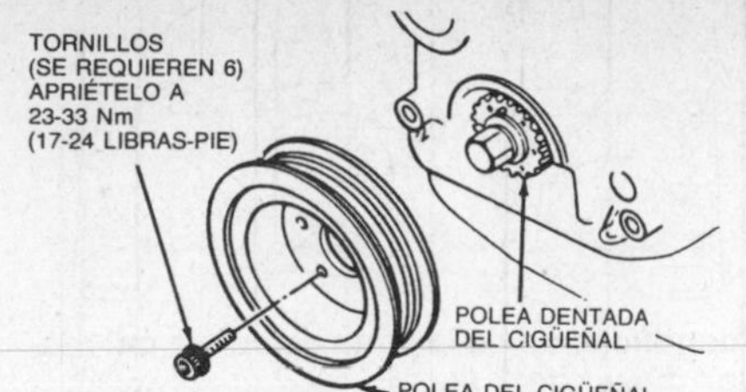

Desmontaje de la polea del cigüeñal del motor diesel de 2.0L

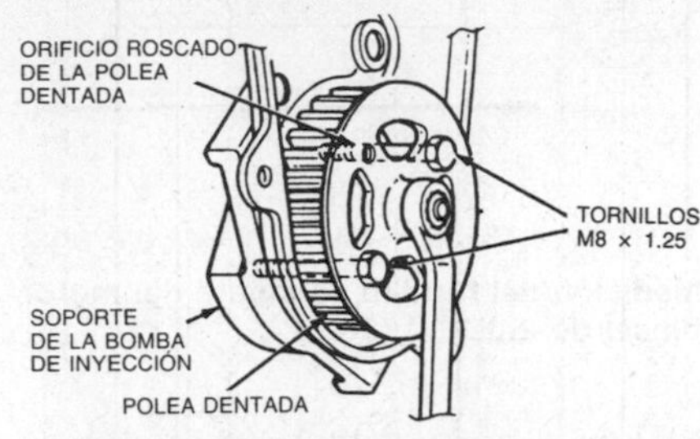

Desmontaje de la polea dentada de la bomba de inyección del motor diesel de 2.0L

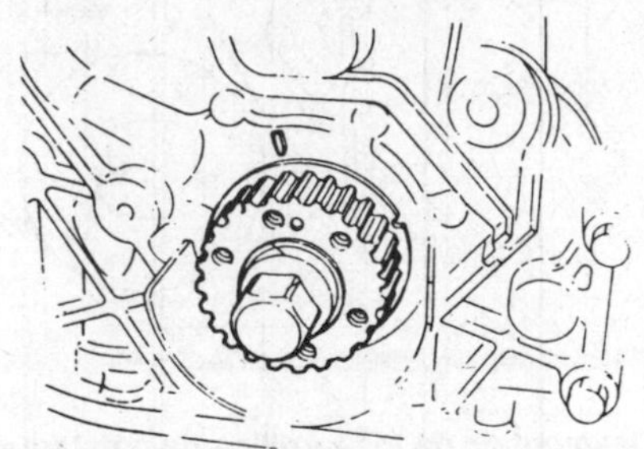

Marcas de sincronización de la polea del cigüeñal del motor diesel de 2.0L

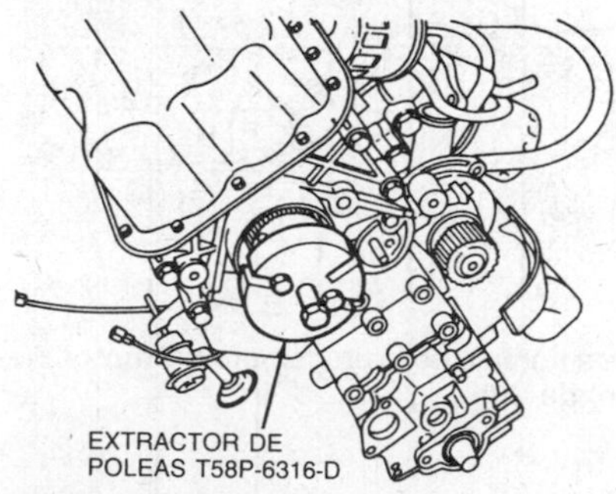

Desmontaje de la polea dentada del cigüeñal del motor diesel de 2.0L

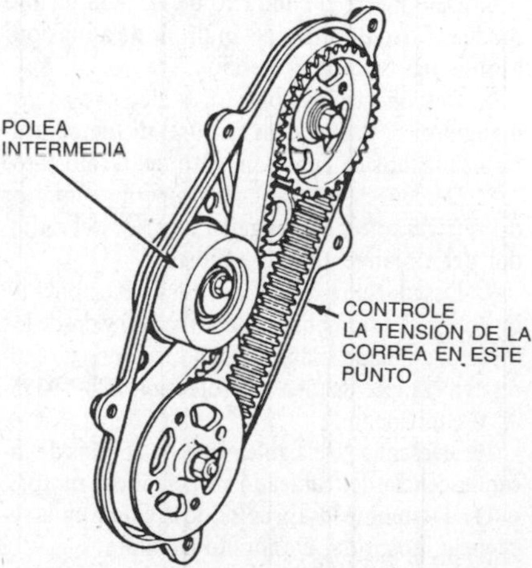

Tensor de la correa trasera de distribución del motor diesel de 2.0L

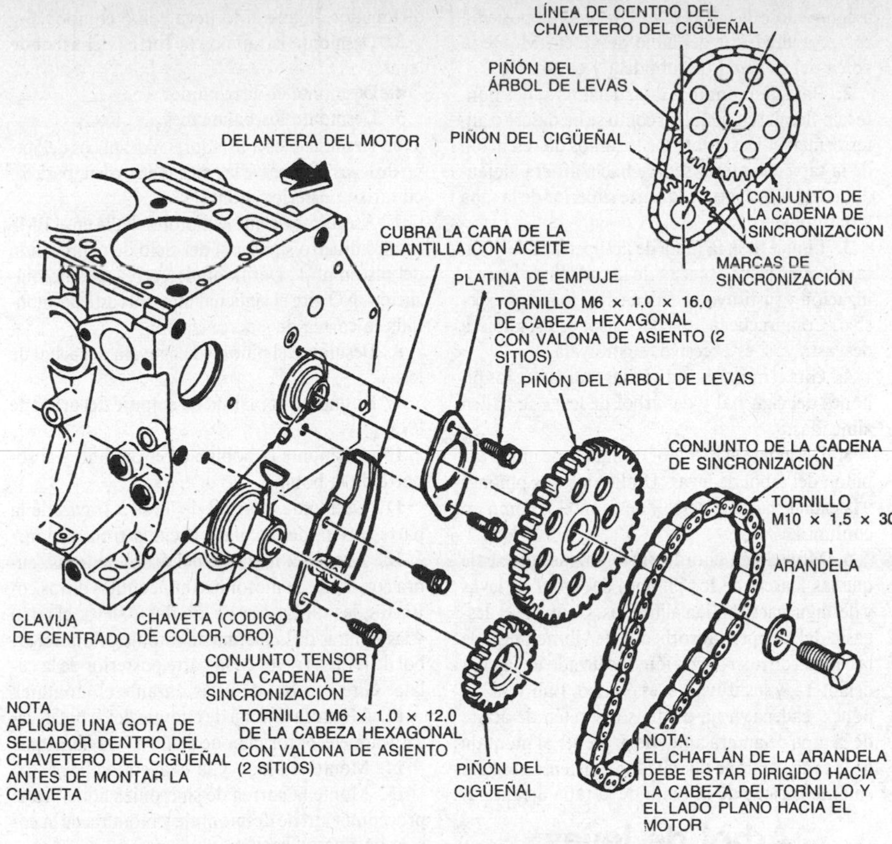

Conjunto de cadena y piñones de sincronización del motor de 2.3L HSC

el tornillo de unión del piñón del árbol de levas. Aplíquelos sobre el hexágono del piñón.

13. Monte la tapa de la correa de sincronización y las restantes piezas en el orden inverso al desmontaje.

Motor diesel

EN REPARACIÓN DE COCHES

NOTA: Este procedimiento tiene aplicación para los vehículos que se hallan reparando la bomba de agua, el árbol de levas o la culata. La correa de sincronización no puede sustituirla con el motor montado sobre el vehículo.

1. Desmonte la tapa superior de la correa de sincronización y la tapa de la marca de sincronización del volante.
2. Gire el motor en el sentido de las saetas del reloj hasta que las marcas de sincronización del volante y del piñón delantero del árbol de levas se hallen alineadas con sus respectivos indicadores.
3. Afloje el tornillo de bloqueo de la polea tensora y deslice la correa de sincronización fuera de los piñones de la bomba de agua y del árbol de levas.
4. Ahora usted puede reparar la bomba de agua y/o el árbol de levas.

ATENCIÓN

NO gire el cigüeñal con la correa de sincronización delantera desmontada, a menos que también desmonte el árbol de levas.

AJUSTES

Correa delantera

1. Desmonte la tapa de la marca de sincronización del volante.
2. Desmonte la tapa superior de la correa de sincronización delantera.
3. Desmonte el muelle tensor de la correa de su alojamiento de almacenaje de la tapa delantera.
4. Monte el muelle tensor en la palanca tensora de la correa y sobre el espárrago montado en la parte delantera del cárter del cigüeñal.
5. Afloje el tornillo de bloqueo de la correa tensora.
6. Gire la polea del cigüeñal dos revoluciones en el sentido de las saetas del reloj hasta que la marca del PMS de la sincronización del volante se alinee con el indicador que hay sobre la platina-tapa trasera.
7. Verifique que el piñón delantero del árbol de levas se halla alineado con su marca de sincronización.
8. Apriete el tornillo de bloqueo del tensor a 23-34 libras-pie.
9. Compruebe la tensión del tornillo utilizando el aparato de medición de tensión de correas, Rotunda modelo 21, o uno equivalente. La tensión de la correa debe ser de 33-44 libras-pie.
10. Desmonte el muelle tensor y móntelo en el alojamiento de la tapa delantera.
11. Monte la tapa delantera y apriete los tornillos de unión a 5-7 libras-pie.
12. Monte la tapa de la marca de sincronización del volante.

Correa trasera

1. Desmonte la tapa de la marca de sincronización del volante.
2. Desmonte la tapa de la correa de sincronización trasera.
3. Afloje la contratuerca de la polea tensora.
4. Gire el cigüeñal dos revoluciones hasta que la marca PMS de sincronización del volante se alinee con el indicador de la platina-tapa trasera.
5. Compruebe que el piñón del árbol de levas y el de la bomba de inyección se hallan alineados con sus respectivas marcas de sincronización.
6. Apriete la contratuerca del tensor a 15-20 libras-pie.
7. Compruebe la tensión de la correa utilizando el aparato medidor de tensión de correa Rotunda, modelo 21-0028, o uno equivalente. La tensión de la correa debe ser de 22-33 libras-pie.
8. Monte la tapa de la correa de sincronización trasera. Apriete los tornillos de 6 mm a 5-7 libras-pie, y el de 8 mm a 12-16 libras-pie.
9. Monte la tapa de la marca de sincronización del volante.

SUSTITUCIÓN

Correa trasera

1. Desmonte la tapa de la correa de sincronización trasera.
2. Desmonte la tapa de la marca de sincronización del volante del alojamiento del embrague.
3. Gire el cigüeñal hasta que la marca de sincronización del volante se halle en el PMS del cilindro nº 1.
4. Compruebe que las marcas de sincronización de los piñones de la bomba de inyección y del árbol de levas se hallan alineadas.
5. Afloje la contratuerca del tensor. Con un destornillador o herramienta similar, insertada en la ranura prevista, gire el tensor en el sentido de las saetas del reloj para descargar la correa. Apriete ligeramente la contratuerca.
6. Desmonte la correa de sincronización.
7. Monte la correa.
8. Afloje la contratuerca del tensor y ajuste la correa de sincronización tal como se ha descrito en la sección anterior.
9. Monte la tapa de la correa de sincronización trasera y apriete los tornillos a 5-7 libras-pie.

Correa delantera

NOTA: Para sustituir la correa de sincronización delantera debe usted desmontar el motor del vehículo.

1. Con el motor del vehículo desmontado y montado en un soporte para motores, desmonte la tapa superior de la correa de sincronización.
2. Monte una herramienta de sujeción del volante T84P-6375-A, o equivalente.
3. Desmonte los seis tornillos que unen la polea del cigüeñal al piñón del cigüeñal.
4. Monte un extractor de poleas de cigüeñal T85P-63616-D, o equivalente, utilizando el adaptador T74P-6700-B, o equivalente, y desmonte la polea del cigüeñal.
5. Desmonte la tapa inferior de la correa de sincronización delantera.
6. Afloje la polea tensora y desmonte la correa de sincronización.

7. Alinee el piñón del árbol de levas con la marca de sincronización.

NOTA: Compruebe si las marcas del piñón del cigüeñal se hallan alineadas.

8. Desmonte el muelle tensor del alojamiento que hay en la tapa superior de la correa de sincronización delantera, y móntelo en la ranura de la palanca tensora y sobre el espárrago que hay en el cárter del cigüeñal.

9. Empuje la palanca tensora hacia la bomba de agua, tanto como dé su recorrido, y apriete el tornillo de inmovilización ligeramente.

10. Monte la correa de sincronización.

11. Ajuste la tensión de la correa de sincronización tal como se ha descrito en la sección anterior.

12. Monte la tapa inferior de la correa de sincronización delantera y apriete los tornillos a 5-7 libras-pie.

13. Monte la polea del cigüeñal y apriete los tornillos a 17-24 libras-pie.

14. Monte la tapa superior de la correa de sincronización delantera y apriete los tornillos a 5-7 libras-pie.

Cadena de sincronización, piñones, tapa y retén

DESMONTAJE Y MONTAJE

Motor de 2.3L

NOTA: Para aplicar el procedimiento siguiente, debe desmontar el motor del vehículo.

1. El retén delantero puede sustituirlo después de que haya extraído la polea conductora. Desmonte el tornillo y la arandela de retención de la polea. Utilice un extractor adecuado y desmonte la polea del cigüeñal. Monte un útil de desmontaje de retenes delanteros (Ford nº T74P-6700-A, o uno equivalente), y desmonte el retén. Cubra con grasa un retén nuevo y móntelo con el útil adecuado (Ford nº T83T-4676-A, o equivalente). Introduzca el retén hasta que esté plenamente asentado. Compruebe el retén después del montaje, asegurándose de que el muelle se halla en posición correcta alrededor del labio del retén. Monte la polea del cigüeñal, la arandela y el tornillo.

2. Para desmontar la tapa delantera, desmonte la polea del cigüeñal tal como se ha descrito anteriormente. Desmonte los tornillos de retención de la tapa delantera, separe hacia afuera alejándola del bloque motor la parte superior de la tapa y desmóntela.

3. Limpie toda la junta de la superficie de montaje. Compruebe el juego de la cadena de sincronización y sustituya la cadena si el juego es excesivo. Compruebe la hoja del tensor por si hubiera desgaste y, si es excesivo, sustitúyala.

4. Gire el motor hasta que las marcas de los piñones del cigüeñal y del árbol de levas se hallen alineadas.

5. Desmonte el tornillo y arandela de unión del piñón del árbol de levas. Deslice los dos piñones y la cadena hacia afuera, y desmóntelos como un conjunto.

6. Móntelo en el orden inverso. Asegúrese de que las marcas de los piñones del árbol de levas y del cigüeñal se hallan alineadas. Controle el desgaste del damper (absorbedor de vibraciones) de la cadena de sincronización, localizado en la tapa delantera, y sustitúyalo si es preciso. Lubrique piñones, cadena, hoja del tensor y retén de aceite de la tapa delantera antes de proceder al montaje de la tapa. Aplique un sellador resistente al aceite en ambas caras de la junta de la tapa delantera.

Árbol de levas

DESMONTAJE Y MONTAJE

Motores de 1.6L y 1.9L

NOTA: El árbol de levas puede desmontarlo con el motor sobre el coche.

1. Desmonte la bomba de combustible y el vástago. Posicione el motor en el PMS del ciclo de compresión del pistón nº 1. Desmonte el cable negativo de la batería.

2. Desmonte la correa conductora del alternador. Desmonte las correas de mando de la bomba de la dirección asistida y del compresor del acondicionador de aire si lo lleva como equipo.

3. Desmonte la tapa de la correa del árbol de levas.

4. Desmonte el distribuidor.

5. Desmonte los balancines.

6. Desmonte los ajustadores hidráulicos del juego de levas. Conserve las piezas en orden, para facilitar su posterior montaje.

7. Asegúrese de que el motor se halla en el PMS (punto muerto superior) del ciclo de compresión del pistón nº 1. Desmonte la correa de sincronización. NO gire el cigüeñal mientras esté desmontada la correa de sincronización.

8. Desmonte el piñón y la chaveta del árbol de levas.

9. Desmonte la platina de empuje del árbol de levas.

10. Desmonte la bobina de encendido y el soporte de la bobina.

11. Desmonte el árbol de levas a través de la parte trasera de la culata hacia la transmisión.

12. Antes del montaje del árbol de levas, cubra con aceite de motor las muñequillas de los cojinetes, las superficies de lóbulos de leva, el retén y las ranuras de la platina de empuje. Monte el árbol de levas a través de la parte posterior de la culata. Gire el árbol de levas durante el montaje.

13. Monte la platina de empuje del árbol de levas y apriete los tornillos de unión a 7-11 libras-pie.

14. Monte el piñón y la chaveta de levas.

15. Monte la correa de sincronización. Vea el procedimiento de desmontaje y montaje de la correa de sincronización.

16. Monte las piezas restantes en el orden inverso al de su desmontaje.

Motor de 2.3L

NOTA: Para aplicar el procedimiento siguiente, debe desmontar el motor del coche.

1. Desmonte la varilla de control del nivel de aceite, todas las correas de mando y la culata.

2. Utilice un imán o una herramienta adecuada para el desmontado de los empujadores hidráulicos del motor. Mantenga los empujadores en orden, si ha de volver a utilizarlos.

3. Desmonte la polea del cigüeñal y la tapa de

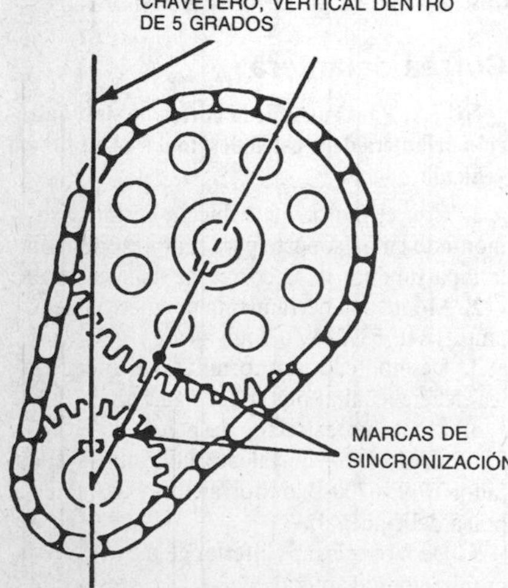

Alineación de las marcas de sincronización en el motor de 2.3L HSC

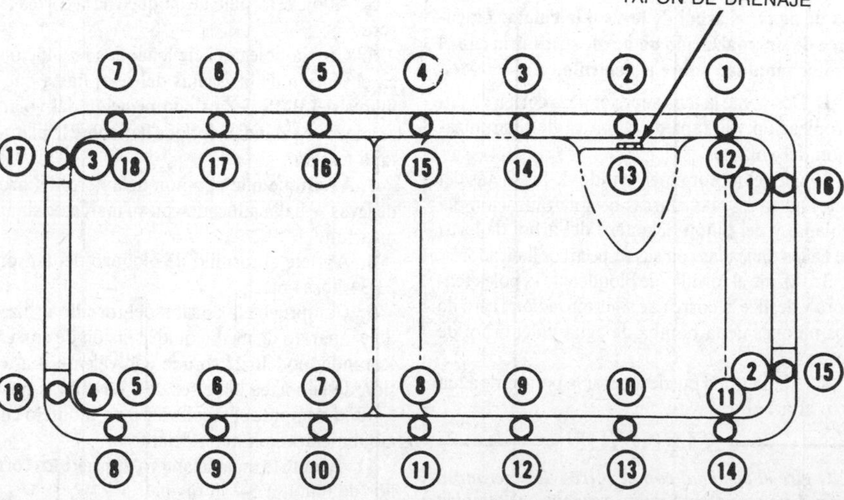

Desmontaje y montaje del cárter de aceite: apriete los tornillos aplicando la secuencia interior del diagrama, y luego reapriete los tornillos aplicando la secuencia exterior

la caja de sincronización.

4. Compruebe el juego axial del árbol de levas y, si es excesivo, sustitúyalo.

5. Desmonte la bomba de combustible y el vástago de empuje. Desmonte la cadena de sincronización, los piñones y el tensor.

6. Desmonte los tornillos de retención de la platina de empuje del árbol de levas y la platina.

7. Desmonte con cuidado el árbol de levas del motor. Procure no dañar los cojinetes, muñequillas y lóbulos de las levas.

8. Móntelo en el orden inverso. Aplique lubricante a los lóbulos y muñequillas del árbol de levas, y sobre el fondo de los empujadores. Lubrique todos los conjuntos con aceite.

Posicionado del pistón y la biela

Para todos los procedimientos de reparación de pistones y bielas, consulte el capítulo Reconstrucción del motor en la sección de Reparación.

Motores de gasolina

1. La expresión «Delante» y la flecha marcadas deben encararse hacia la delantera del motor cuando vuelva a montar las bielas y los pistones.

2. La expresión «Delante» y la flecha marcadas deben encararse hacia la delantera del motor cuando vuelva a montar los conjuntos de pistón y biela.

3. Sitúe la abertura del segmento de engrase en la parte trasera del pistón y la del segmento superior (de fuego) y el segundo de compresión a unos ángulos de 180 grados y 90 grados respectivamente de la abertura del segmento de engrase.

NOTA: Sumerja el conjunto del pistón en un recipiente lleno de aceite de motor antes de comprimir los segmentos. Cerciórese de que las paredes del cilindro y las muñequillas de las bielas están limpias y aceitadas antes de que proceda al montaje del conjunto pistón/biela.

Motor diesel

1. Cuando monte segmentos, asegúrese de que el lado con la marca estampada está encarado hacia arriba.

2. Monte los segmentos de compresión y engrase. La abertura de los segmentos superior y segundo debe posicionarlas en el lado opuesto al de la cámara de flujo turbulento.

3. La abertura del segmento no debe dirigirla hacia el lado de empuje, ni al lado contrario al de empuje, y la abertura del segmento superior o de fuego, debe estar opuesta (180 grados) a la del segmento de engrase.

4. Monte la biela y la tapa del cojinete y asegúrese de que las marcas del paso de la biela y la tapa se hallan correctamente emparejadas.

LUBRICACIÓN DEL MOTOR

Cárter de aceite

DESMONTAJE Y MONTAJE

Motores de gasolina

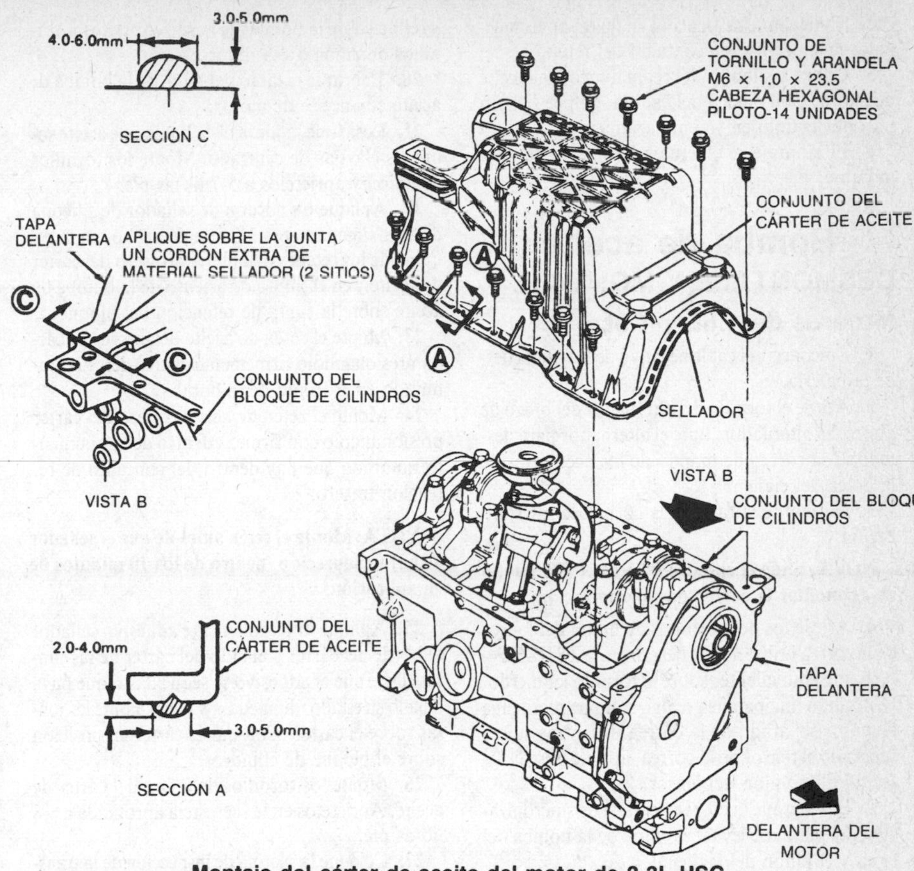

Montaje del cárter de aceite del motor de 2.3L HSC

NOTA: El cárter de aceite puede desmontarse con el motor situado sobre el coche. No es preciso que desmonte usted componentes de la suspensión o el chasis.

1. Desconecte el terminal negativo de la batería.

2. Eleve el vehículo con el gato y sopórtelo sobre caballetes.

3. Drene el aceite. En los modelos Tempo/Topaz, drene el sistema de refrigeración y desmonte el tubo de refrigeración (manguito inferior). Desconecte el tubo de escape. Desplace el conducto del acondicionador de aire fuera del paso.

4. Desconecte los cables del motor de arranque.

5. Desmonte el tirante-rodillera, o rodillo restrictor.

6. Desmonte los tornillos del motor de arranque y el motor de arranque.

7. Desmonte los tirantes-rodillera de la transmisión en los modelos Escort/Lynx.

8. Desmonte los tornillos del cárter de aceite y el cárter.

9. Desmonte los retenes delantero y trasero del cárter de aceite y la junta del cárter.

10. El montaje es a la inversa del desmontaje. Cuando monte el cárter de aceite en los modelos Escort/Lynx, aplique una fina capa de sellador a los retenes delantero y trasero, y a la superficie del cárter, antes de montar la junta. Apriete los tornillos del cárter a 6-8 libras-pie.

11. Cuando monte el cárter en los modelos Tempo-Topaz, aplique sellador RTV en forma de cordón continuo de 3/16 de pulgada de ancho, a la ranura del cárter de aceite. Monte el cárter y los tornillos del cárter. Apriételos lo suficiente para que el sellador RTV se aplaste hasta un punto en el que los dos orificios de la transmisión se alineen. Afloje los tornillos media vuelta. Apriete los tornillos de montaje del cárter a 6-9 libras-pie.

Motor diesel

1. Desconecte el cable negativo de la batería.

2. Eleve y soporte con seguridad el vehículo sobre caballetes. Drene el aceite del motor.

3. Desmonte los tornillos que unen el cárter de aceite al motor y desmonte el cárter de aceite.

4. Limpie todas las superficies de montaje de junta.

5. Aplique un cordón de 1/8 de pulgada de ancho de sellador de silicona en la superficie de montaje del cárter de aceite.

6. Monte el cárter de aceite y apriete los tornillos a 5-7 libras-pie.

Retén de aceite del cojinete principal trasero

DESMONTAJE Y MONTAJE

NOTA: Se utiliza un retén de aceite principal trasero del tipo de anillo de una sola pieza.

1. Desmonte la transmisión.

2. Desmonte la platina-tapa trasera.

3. Desmonte el volante, o el acoplamiento elástico, si va equipado con él.

4. Desmonte el retén principal trasero, perforando con mucho cuidado un orificio en el retén y desmontándolo con un martillo deslizante roscado. Ponga mucha atención en no rayar el cigüeñal o la superficie de contacto del retén.

5. Cubra los labios del retén nuevo con aceite de motor. Con mucha delicadeza, golpee el retén introduciéndolo en su emplazamiento.

6. El montaje se efectúa a la inversa del desmontaje.

Bomba de aceite

DESMONTAJE Y MONTAJE

Motores de 1.6L y 1.9L

1. Desconecte el cable negativo de la batería desde la batería.

2. Afloje el tornillo del alternador del brazo de ajuste del alternador. Baje el alternador para desmontar la correa de mando de los accesorios de la polea del cigüeñal.

3. Desmonte la tapa de la correa de sincronización.

NOTA: Sitúe el cilindro nº 1 en el PMS antes de desmontar la correa de sincronización.

4. Afloje los dos tornillos de unión del tensor de la correa utilizando la herramienta T81P-6254-A, o una equivalente, sobre el tornillo izquierdo. Utilizando una palanca o algo similar, mantenga el tensor separado de la correa. Mientras sujeta separado el tensor de la correa, apriete uno de los tornillos de unión del tensor.

5. Desengrane la correa dentada de sincronización del piñón de levas, el piñón de la bomba del agua y el piñón del cigüeñal.

6. Eleve el vehículo y sopórtelo con seguridad sobre caballetes. Drene el cárter del cigüeñal.

7. Desmonte el tornillo de unión de la polea del cigüeñal utilizando una llave de polea de cigüeñal T81P-6312-A, y una llave de tornillo de cigüeñal YA-826, o equivalente.

8. Desmonte la correa de sincronización.

9. Desmonte el conjunto de platina conductora del cigüeñal. Desmonte la polea del cigüeñal. Desmonte el piñón del cigüeñal.

10. Desconecte el cable del motor de arranque desde el motor de arranque.

11. Desmonte el tirante-rodillera desde el motor.

12. Desmonte el motor de arranque.

13. Desmonte la sección trasera del tirante-rodillera y la platina de inspección de la transmisión.

14. Desmonte los tornillos de retención del cárter de aceite y el cárter de aceite. Desmonte los retenes delantero y trasero del cárter de aceite. Desmonte las juntas laterales del cárter de aceite. Desmonte los tornillos de unión de la bomba de aceite, la bomba de aceite y la junta. Desmonte el retén de la bomba de aceite.

15. Asegúrese de que las superficies de contacto del bloque de cilindros y de la bomba de aceite estén limpias y libres de material de junta.

16. Desmonte el conjunto del tubo de aspiración y rejilla de la bomba para limpiarlo.

17. Lubrique el diámetro exterior del retén de la bomba de aceite con aceite de motor.

18. Monte el retén de la bomba de aceite utilizando el montador de retenes T81P-6700-A, o equivalente.

19. Monte el conjunto del tubo de aspiración y rejilla sobre la bomba de aceite. Apriete los tornillos de unión a 6-9 libras-pie.

20. Lubrique el labio del retén de la bomba de aceite con aceite de motor.

21. Posicione la junta de la bomba de aceite sobre las clavijas de centrado. Monte los tornillos de unión y apriételos a 5-7 libras-pie.

22. Aplique un cordón de sellador de silicona de aproximadamente 3.0 mm de ancho, en la esquina de los retenes delantero y trasero del cárter de aceite y en el punto de asiento de la bomba de aceite sobre la junta de retención del bloque.

23. Monte el retén de aceite delantero del cárter presionándolo firmemente dentro del corte ranurado en el fondo de la bomba.

24. Monte el retén de aceite trasero del cárter presionándolo con firmeza dentro del alojamiento ranurado que hay dentro del conjunto de retención trasero.

NOTA: Monte el retén antes de que el sellador se haya endurecido (dentro de los 10 minutos de su aplicación).

25. Aplique uniformemente adhesivo sellador al borde del cárter y al lado del cárter de las juntas. Deje que el adhesivo se seque hasta que haya dejado su estado «húmedo», y luego monte las juntas sobre el cárter. Coloque el cárter en posición sobre el bloque de cilindros.

26. Monte los tornillos de unión del cárter de aceite. Apriételos en la secuencia apropiada a 6-8 libras-pie.

27. Coloque la platina de inspección de la transmisión y la sección trasera del tirante-rodillera de la transmisión. Monte los dos tornillos de unión y apriételos según lo especificado.

28. Monte el motor de arranque.

29. Monte el tirante-rodillera.

30. Conecte el cable del motor de arranque.

31. Monte el piñón del cigüeñal. Monte la polea del cigüeñal. Monte el conjunto de la platina de mando del cigüeñal. Monte la correa de sincronización sobre la polea del cigüeñal.

32. Monte el tornillo de unión de la polea del cigüeñal utilizando la llave de la polea de cigüeñal T81P-6312-A y la llave de tornillo de cigüeñal YA-826 o equivalente. Apriete el tornillo según lo especificado. (Consulte la sección Correa de sincronización.)

33. Baje el vehículo.

34. Monte la tapa de la sincronización delantera del motor.

35. Coloque las correas de mando de los accesorios sobre las poleas del alternador y del cigüeñal. Apriete las correas de mando según lo especificado.

36. Conecte el cable negativo en la batería. Llene el cárter del cigüeñal al nivel correcto y con el aceite especificado.

37. Arranque el motor y compruebe si existen pérdidas de aceite. Cerciórese de que la lámpara indicadora de la presión de aceite se ha apagado. Si la lámpara permanece encendida pare inmediatamente el motor, determine la causa y corrija la situación.

Motor de 2.3L

1. Desmonte el cárter de aceite.

2. Desmonte los tornillos de unión de la bomba de aceite y desmonte la bomba de aceite y el eje de mando intermedio.

3. Cebe la bomba de aceite llenado la lumbrera de entrada con aceite de motor. Gire el eje de la bomba hasta que el aceite fluya por la lumbrera de salida.

4. Si desmontó usted el conjunto de rejilla y tapa, sustituya la junta. Limpie la rejilla y vuelva a montar el conjunto de rejilla y tapa.

5. Coloque el eje del mando intermedio en el zócalo del distribuidor.

6. Inserte el eje del mando intermedio en el interior de la bomba de aceite. Monte la bomba y el árbol como un conjunto.

ATENCIÓN

No intente forzar la bomba dentro de su posición si no se asienta. El eje hexagonal puede estar desalineado con respecto al eje del distribuidor. Para alinearlo, desmonte la bomba y gire el eje intermedio a una nueva posición.

7. Apriete los dos tornillos de unión según lo especificado.

8. Para montar el cárter de aceite y todas las piezas relacionadas con el mismo, consulte el capítulo de Montaje del cárter.

9. Llene el cárter del cigüeñal al nivel correcto. Arranque el motor y compruebe la presión del aceite. Haga funcionar el motor a la marcha en vacío y compruebe si existen pérdidas de aceite.

Motor diesel

NOTA: El motor debe desmontarse del vehículo.

1. Desconecte el cable de masa de la batería desde la batería, que se halla en el maletero.

2. Desmonte el motor del vehículo.

3. Desmonte las correas de mando de los accesorios.

4. Drene el aceite del motor.

5. Desmonte el cárter de aceite.

6. Desmonte la polea del cigüeñal, correa de sincronización delantera, tensor de la correa de sincronización delantera, y piñón del cigüeñal tal como se ha descrito anteriormente.

7. Desmonte los tornillos de unión de la bomba al cárter del cigüeñal y desmonte la bomba. Desmonte el retén de aceite delantero del cárter del cigüeñal.

8. Limpie las superficies de contacto de junta de la bomba de aceite y del cárter del cigüeñal.

9. Aplique un cordón de 1/8 de pulgada de sellador de silicona sobre las superficies de contacto de la bomba de aceite con el cárter del cigüeñal.

10. Monte una nueva junta tórica.

11. Monte la bomba de aceite, asegurándose de que el piñón interior de la bomba de aceite engrana con las estrías del cigüeñal. Apriete los tornillos de 10 mm a 23-34 libras-pie y los de 8 mm a 12-16 libras-pie.

12. Monte un nuevo retén de aceite delantero del cigüeñal.

13. Limpie las superficies de contacto del cárter de aceite al cárter del cigüeñal.

14. Aplique un cordón de 1/8 de pulgada de sellador de silicona sobre la superficie de contacto del cárter de aceite con el cárter del cigüeñal.

15. Monte el cárter de aceite y apriete los tornillos a 5-7 libras-pie.

16. Monte y ajuste lo necesario el piñón del cigüeñal, el tensor de la correa de sincronización delantera y la correa de sincronización delantera.
17. Monte y ajuste las correas de mando de los accesorios.
18. Monte el motor en el vehículo.
19. Llene y sangre el sistema de refrigeración.
20. Llene el cárter del cigüeñal con la cantidad y calidad especificadas de aceite.
21. Haga marchar el motor y compruebe si hay pérdidas de combustible o refrigerante.

EMBRAGUE

DESMONTAJE Y MONTAJE

1. Desmonte la transmisión.
2. Marque el conjunto de la platina de presión y el volante, de modo que pueda volver a montarlos en la misma posición.
3. Afloje los tornillos de unión solamente una vuelta cada vez, en la secuencia establecida, hasta que haya remitido la tensión del muelle.
4. Soporte la platina de presión y desmonte los tornillos. Desmonte la platina de presión y el disco de embrague.
5. Inspeccione el volante, el disco de embrague, la platina de presión, el cojinete de desacoplo y la horquilla de embrague, sobre posibles desgastes. Sustituya las piezas que lo requieran. Si el volante muestra cualquier signo de sobrecalentamiento (de coloración azul), o si está gravemente erosionado o rayado, deberá ser mecanizada la cara de contacto y vuelto a montar.
6. Limpie las superficies de la platina de presión y el volante meticulosamente. Coloque el disco de embrague y la platina de presión dentro de su posición de montaje, alineando las marcas hechas previamente. Sujételo con un falso eje, o un útil de alineación de embragues.
7. Monte los tornillos de unión de la platina de presión al volante. Apriételos gradualmente, siguiendo una pauta entrecruzada. Desmonte el útil de alineación.
8. Lubrique el cojinete de desacople y móntelo en la horquilla.
9. Monte la transmisión.

AJUSTE

NOTA: Todos los modelos están equipados con embragues ajustados automáticamente. No son necesarios ajustes por separado del recorrido libre del pedal.

Cable del embrague

DESMONTAJE Y MONTAJE

1. Empuje hacia arriba el pedal del embrague para soltar el trinquete del sector dentado que forma parte del mecanismo de ajuste automático.
2. Desmonte el conjunto del filtro de aire para disponer de espacio que le permita el acceso al cable del embrague.
3. Sujete con unos alicates el extremo saliente del cable del embrague y desenganche el cable de la palanca de desacople del cojinete de embrague.

NOTA: No sujete la porción de hilo trenzado del cable porque podría cortar algunos hilos que luego trabarían el cable.

4. Desconecte el cable del aislador situado en el borde de la transmisión.
5. Desmonte el panel situado sobre la zapata del pedal de embrague en los modelos Tempo/Topaz.
6. Coloque la protección del embrague separada del soporte del pedal del freno, desmontando el tornillo de retención trasero (localizado en la proximidad del panel de instrumentos). Afloje el tornillo de retención delantero y gire la protección apartándola a un lado. Asegure la protección apretando con los dedos el tornillo delantero.
7. Con el pedal del embrague levantado hacia arriba para desacoplar el trinquete, gire el sector dentado hacia adelante. Desenganche el cable de embrague del sector dentado. Deje que el sector dentado gire hacia atrás. NO DEJE QUE EL SECTOR DENTADO SALTE HACIA ATRÁS.
8. Tire el cable hacia afuera a través del espacio que existe entre el pedal de embrague y el sector dentado, y del aislador del conjunto del pedal.
9. Retire el cable desde el compartimiento del motor.

Para montarlo:
10. Inserte el conjunto del cable de embrague desde el motor o desde el compartimiento de pasajeros a través del panel del salpicadero, y la arandela de ajuste.

NOTA: Si usted desmontó el conjunto del pedal de embrague, deberá montar el cable a través del compartimiento de pasajeros. Asegúrese de que encamina el cable bajo las conducciones hidráulicas del freno y no queda atrapado en la torre del muelle por dichas conducciones. Si el vehículo está equipado con dirección asistida, el cable del embrague debe encaminarlo con el manguito de la dirección asistida.

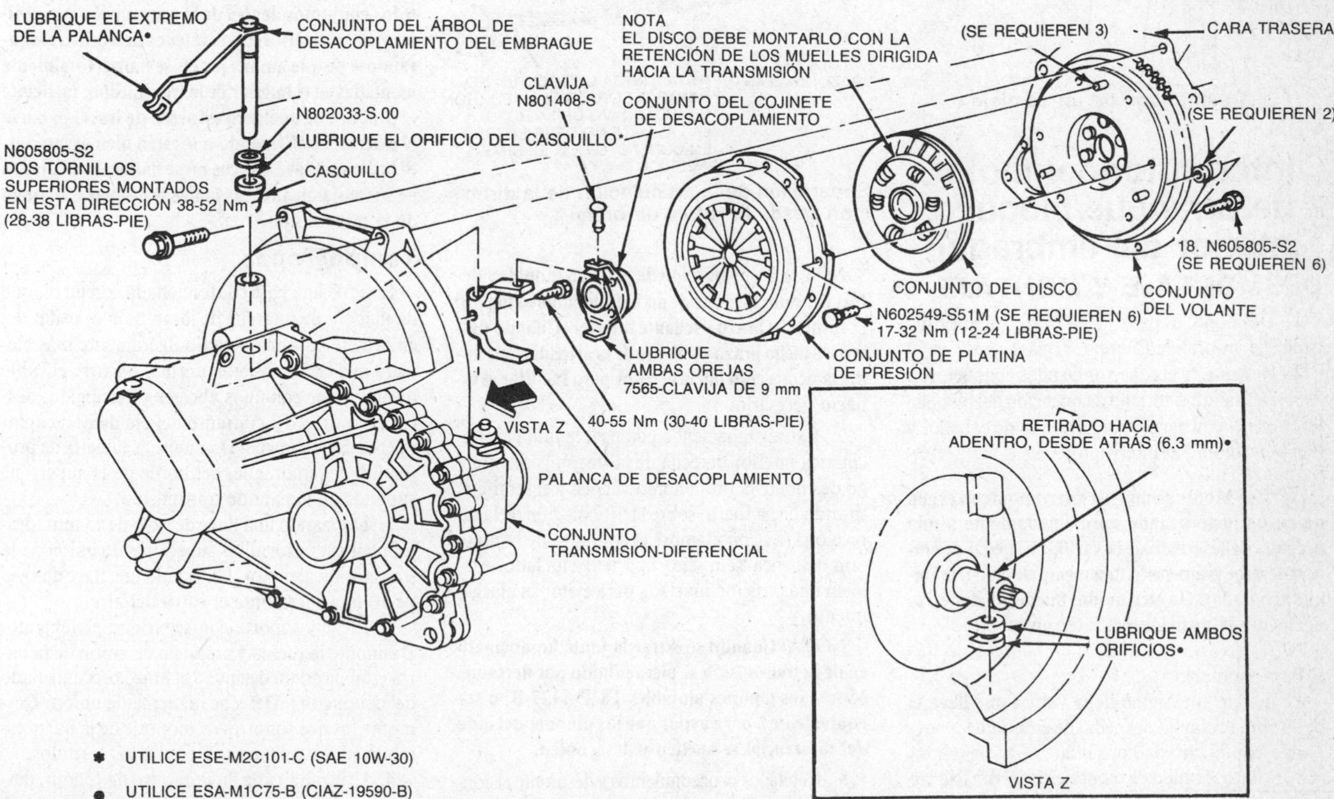

Montaje típico de un conjunto de embrague

11. Empuje el cable del embrague a través del aislador del soporte del tope y a través del hueco disponible entre el pedal y el sectòr dentado.

12. Con el pedal levantado para desacoplar el trinquete del sector dentado, gire dicho sector. Enganche el cable en el sector dentado.

13. Monte la protección del embrague en el soporte del pedal del freno.

14. Monte el panel de encima del pedal de embrague.

15. Asegure el pedal en su posición más elevada, utilizando para ello un trozo de alambre, cuerda o cinta.

16. Enganche el cable en la palanca de desacople del embrague, dentro del compartimiento del motor.

17. Desmonte el dispositivo utilizado para asegurar temporalmente el pedal.

18. Ajuste el embrague pisando a fondo el pedal varias veces.

19. Monte el filtro de aire.

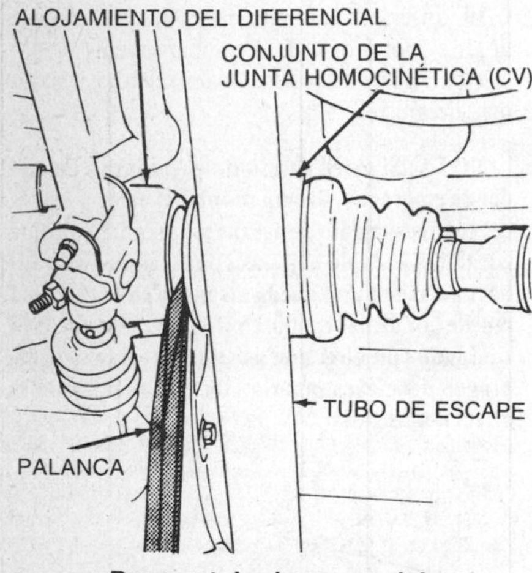

Desmontaje de un semieje

Interruptor del motor de arranque/bloqueo interior del embrague

DESMONTAJE Y MONTAJE

1. Desmonte el panel de la parte superior del pedal de embrague (Tempo/Topaz).

2. Desconecte el conector de hilos conductores.

3. Desmonte el tornillo de retención del bloqueo interior del embrague y la horquilla de cabello, y luego desmonte el interruptor.

NOTA: Monte siempre el interruptor con el clip de auto-ajuste situado aproximadamente a una pulgada del extremo de la varilla. El pedal de embrague debe mantenerlo totalmente elevado (embrague acoplado). De otro modo, puede ajustar erróneamente la posición del interruptor.

Para montarlo:

4. Inserte el extremo de la varilla que lleva el ojal sobre la clavija del pedal de embrague, y asegúrelo con el clip de horquilla.

5. Alinee el bulbo de montaje con el orificio correspondiente en el soporte. Sujételo con el tornillo.

6. Vuelva a situar el interruptor de bloqueo interior presionando el pedal de embrague hasta el piso.

7. Conecte el conector de hilos conductores.

8. Monte el panel (Tempo/Topaz).

TRANSMISIÓN MANUAL

DESMONTAJE Y MONTAJE

Escort/Lynx

1. Desmonte el terminal negativo de la batería.

2. Desmonte los dos tornillos de sujeción de la transmisión a la parte superior del motor.

3. Desmonte el cable del embrague de la palanca de desacople del embrague.

4. Eleve el vehículo y sopórtelo sobre caballetes.

5. Desmonte las abrazaderas que sitúan en su recorrido las canalizaciones del freno de las ruedas delanteras.

6. Desmonte el tornillo que asegura la rótula del brazo oscilante inferior al conjunto de articulación de la dirección y extraiga haciendo palanca el brazo oscilante inferior de la articulación. Al montarlo, debe usted utilizar una tuerca y un tornillo nuevos.

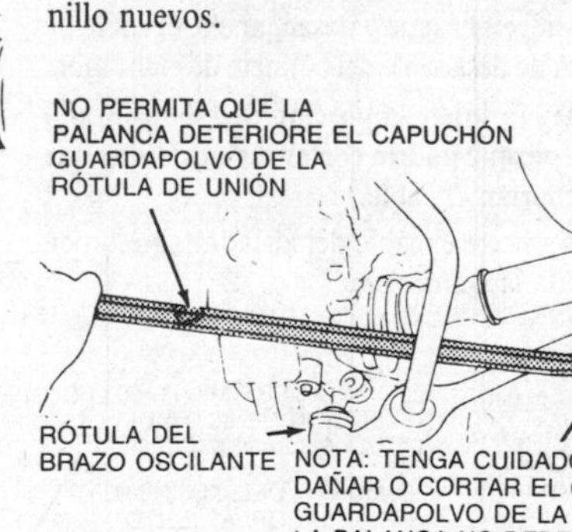

Separación de la articulación de la dirección desde la rótula de unión

NOTA: La protección de plástico montada detrás del rotor dispone de un bolsillo moldeado para la rótula del brazo oscilante inferior. Cuando desmonte dicho brazo oscilante de la articulación, doble la protección hacia el rotor para facilitar el espacio necesario.

7. Extraiga, haciendo palanca, la junta homocinética interior derecha de la transmisión y luego desmonte la junta homocinética y el semi-eje, tirando hacia fuera, sobre la articulación de la dirección. Ate con alambre el conjunto de la junta homocinética/semi-eje y apártelo a un lado. Átelo en una posición nivelada para evitar su alargamiento.

NOTA: Cuando se extrae la junta homocinética de la transmisión se pierde fluido por derrame. Monte los tapones alojables T81P-1177-B, o sus equivalentes, para evitar que los piñones del lado del diferencial se suelten y desacoplen.

8. Repita los procedimientos y desmonte el conjunto de junta homocinética/semi-eje de la mano izquierda de la transmisión.

9. Desmonte la barra estabilizadora.

10. Desconecte el cable del velocímetro y el de la luz de marcha atrás.

11. Desmonte las tuercas (3) de los espárragos de montaje del motor de arranque, que sujetan el soporte del rodillo restrictor del motor.

12. Desmonte los tornillos-espárragos del rodillo restrictor y del motor de arranque.

13. Desmonte el tirante de refuerzo.

14. Desmonte el muelle del cruzador del mecanismo de cambio.

15. Desmonte la barra estabilizadora del mecanismo de cambio.

16. Desmonte el mecanismo de cambio.

17. Coloque bajo la transmisión un gato de transmisiones.

18. Desmonte los montajes traseros de la transmisión.

19. Desmonte los montajes delanteros de la transmisión.

20. Baje el gato soporte de la transmisión hasta que la transmisión se separe del soporte trasero y soporte el motor con un gato situado bajo el cárter de aceite.

21. Desmonte los cuatro tornillos restantes que unen el motor a la transmisión.

22. Desmonte la transmisión.

NOTA: La caja de transmisión puede tener bordes agudos. Use guantes protectores para manipular la transmisión.

23. El montaje se efectúa a la inversa del desmontaje.

NOTA: Cuando monte los conjuntos de juntas homocinéticas/semi-ejes dentro de la transmisión, monte arandelas elásticas nuevas en los muñones de los ejes interiores, posicionando cuidadosamente los conjuntos dentro de la transmisión para evitar que se deterioren los retenes de aceite, asegurándose de que ambas juntas se hallan totalmente asentadas en el interior de la transmisión, mediante la práctica de un ligero esfuerzo de tracción hacia el exterior confirmando que están bien asentadas. Si las arandelas elásticas no se hallaran encajadas en sus alojamientos, las juntas se desplazarán fuera de la transmisión.

Tempo/Topaz

1. Sitúe una base confeccionada con un bloque de madera de unas 7" de largo bajo el pedal del embrague para mantenerlo ligeramente más elevado que en su posición normal. Agarre el cable de embrague con unos alicates y extráigalo, desconectándolo del conjunto del eje de desacoplamiento del embrague. Desmonte la cubierta de protección del embrague, del borde de la superficie superior de la caja de transmisión.

2. Utilizando una llave de vaso de 13 mm, desmonte los dos tornillos superiores de unión de la transmisión al motor. Utilizando una llave de vaso de 10 mm, desmonte el filtro del aire.

3. Eleve y soporte con seguridad el vehículo. Desmonte la tuerca y arandela de unión de la barra estabilizadora delantera al brazo oscilante (lado del conductor). Deseche la tuerca de unión. Desmonte los dos soportes de montaje de la barra estabilizadora delantera. Deseche los tornillos.

4. Utilizando una llave de vaso de 15 mm, desmonte la tuerca y el tornillo que aseguran la rótula del brazo oscilante inferior sobre el conjunto

de la articulación de la dirección. Deseche la tuerca y el tornillo. Repita este procedimiento en el lado opuesto.

5. Utilizando una palanca grande, extraiga el brazo oscilante inferior de la articulación.

ATENCIÓN

Ponga mucho cuidado en no dañar o cortar el capuchón de la rótula. La palanca no debe contactar con el brazo oscilante. Repita este procedimiento en el lado opuesto.

6. Utilizando una palanca grande, extraiga el conjunto interior de la junta homocinética de la transmisión.

NOTA: En este momento drenará lubricante del retén. Monte tapones alojables (T81P-1177-B, o equivalente). Se requieren dos tapones (uno para cada retén). Desmonte la junta homocinética interior de la transmisión, agarrando la articulación de la dirección de la mano izquierda, y moviendo con un cierto balanceo la articulación y el semieje, extráigalos de la transmisión.

ATENCIÓN

Ponga el máximo cuidado al utilizar una palanca para desmontar el conjunto de junta homocinética. Si no es cuidadoso, puede averiar el retén de aceite del diferencial.

7. Si el conjunto de la junta homocinética no se puede extraer de la transmisión, inserte el útil girador del diferencial (T81P-4026-A, o equivalente), a través de la abertura del lado izquierdo, y golpee sobre la junta hacia afuera. El útil puede usarse desde ambos lados de la transmisión.

8. Ate con un alambre el conjunto del semi-eje sosteniéndolo en una posición nivelada para evitar daños al conjunto en el transcurso de las operaciones restantes. Repita este procedimiento en el lado opuesto.

9. Utilizando una pequeña barra de palanca, desmonte el conector del interruptor de la lámpara de marcha atrás de la parte superior de dicho interruptor.

10. Utilizando una llave de vaso de 15 mm, desmonte las tres tuercas de los espárragos de montaje del motor de arranque que sujetan el soporte del rodillo restrictor. Desmonte el rodillo restrictor del motor.

11. Utilizando una llave de vaso profunda, de 13 mm, desmonte la tuerca y el tornillo de unión del mecanismo de cambio a la palanca de cambio, y el brazo del interruptor del indicador de posición del selector de control. Desmonte la palanca de cambio.

12. Utilizando una llave de vaso de 15 mm, desmonte el tornillo de unión de la barra estabilizadora a la transmisión. Desmonte el tornillo de rosca para plancha metálica, de 7/32 de pulgada, y el conjunto interruptor del indicador de posición del selector de control y el soporte.

13. Utilizando una llave acodada de 22 mm (7/8 de pulgada), desmonte el cable del velocímetro de la transmisión.

14. Utilizando una llave de vaso universal de 13 mm, desmonte los dos tornillos de unión del puntal de refuerzo desde el cárter de aceite al alojamiento del embrague.

15. Coloque un gato apropiado bajo la transmisión. Utilizando una llave de vaso de 18 mm, desmonte las dos tuercas que aseguran el taco elástico trasero nº 4 de mano izquierda al soporte de la carrocería.

16. Utilizando una llave de vaso de 13 mm, desmonte los tornillos que aseguran el taco elástico nº 1 delantero de mano izquierda al soporte de la carrocería. Baje el gato de la transmisión hasta que la transmisión deje el taco elástico trasero. Soporte el motor con un caballete de husillo bajo el cárter de aceite. Utilice un bloque de madera de 2×4", en la parte superior del caballete de husillo.

17. Utilizando una llave de vaso de 13 mm, desmonte los cuatro tornillos de unión del motor a la transmisión. Uno de estos tornillos sujeta la banda de trenza metálica de la masa eléctrica, y mantiene el cableado apartado del soporte.

18. Desmonte la transmisión de la cara trasera del motor y baje la transmisión del vehículo.

19. Móntela en el orden inverso al desmontaje.

ATENCIÓN

La caja de fundición de la transmisión puede tener aristas cortantes. Utilice usted guantes de protección cuando manipule el conjunto de la transmisión.

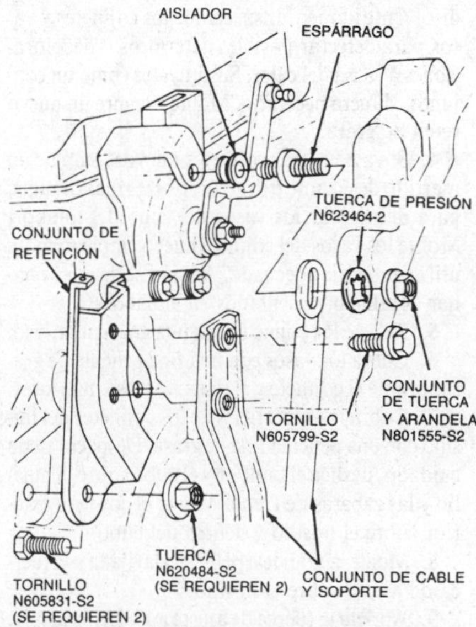

Conjunto de cable y soporte del control del cambio de la ATX (transmisión automática)

TRANSMISIÓN AUTOMÁTICA

Para todos los procedimientos de ajuste de la transmisión automática, consulte usted el capítulo Transmisiones automáticas en la sección de Reparaciones.

DESMONTAJE Y MONTAJE

Escort/Lynx

NOTA: El desmontaje de la transmisión automática básicamente es el mismo que el de la transmisión estándar, con las siguientes recomendaciones. Debido a la configuración de la caja ATX (transmisión automática), el conjunto del semi-eje del lado derecho debe desmontarlo en primer lugar. Luego inserte la herramienta especial T81P-4026-A dentro de la transmisión, para extraer el conjunto de la junta homocinética interior de mano izquierda de la transmisión.

1. Desmonte los tornillos de unión de la válvula de aire gobernada sobre el cuerpo de la válvula.

2. Desconecte el interruptor de seguridad del punto muerto.

3. Desconecte el reenvío del cable de la válvula mariposa y de la palanca manual.

4. Desmonte los dos extremos de la barra de acoplamiento de las articulaciones de la dirección.

5. Desmonte la tapa guardapolvos del alojamiento del convertidor de par.

6. Desmonte las tuercas de unión del convertidor de par al volante.

NOTA: Gire el tornillo de la polea del cigüeñal para situar las tuercas de unión en una posición accesible.

7. Inserte una palanca pequeña entre el volante y el convertidor de par y luego cuidadosamente desplace la transmisión y el convertidor, separándolos del motor.

Tempo/Topaz

NOTA: El motor y la transmisión automática debe usted desmontarlos como un conjunto. Consulte el capítulo Desmontaje del motor. Separe la transmisión del motor después de haberlos desmontado del vehículo. Si las reparaciones que usted ha efectuado, mientras estaban separadas la transmisión y el motor, incluyen el desmontaje del cárter de aceite del motor, antes de volver a montar el cárter de aceite deberá tener acoplados la transmisión y el motor.

ATENCIÓN

Cuando desmonte los dos semi-ejes de la izquierda y la derecha, deberá montar los tapones especiales T81P-1177-B. El hecho de no aplicar estos tapones puede ser la causa de que se desacoplen y suelten los piñones del lado del diferencial. Si estos piñones llegan a desalinearse, deberá desmontar el diferencial de la transmisión para volver a alinear los piñones.

El procedimiento de desmontaje del semi-eje es el mismo para la ATX (transmisión automática) y la MTX (transmisión manual), con las siguientes salvedades: debido a la configuración de la caja en la ATX, el conjunto del semi-eje del lado derecho debe desmontarse en primer lugar. Debe insertar el útil de guía T81P-4026-A, o equivalente, dentro de la transmisión para extraer el conjunto de la junta homocinética interior del lado izquierdo de la transmisión. Si sólo ha de desmontar para su reparación el conjunto semi-eje del lado izquierdo, desmonte en primer lugar el conjunto semi-eje del lado derecho, sólo de la transmisión. Después de desmontado, sosténgalo atado con un alambre, y luego extraiga el conjunto semi-eje del lado izquierdo de la transmisión.

EJE PROPULSOR

Semi-eje

DESMONTAJE Y MONTAJE

NOTA: Antes de intentar la puesta en práctica de este procedimiento, asegúrese de que dispone de una tuerca de cubo nueva, y un nuevo tornillo y tuerca de unión del brazo oscilante a la articulación de la dirección. Una vez que estas piezas han sido desmontadas no pueden volver a utilizarse.

1. Desmonte la tapa del cubo y afloje la tuerca del cubo.
2. Eleve el vehículo con el gato y sopórtelo sobre caballetes.
3. Desmonte la tuerca y la arandela del cubo.
4. Desmonte el tornillo que une la grapa que guía el manguito del freno sobre el montante de la suspensión.
5. Desmonte el tornillo y la tuerca de unión de la rótula a la articulación de la dirección.
6. Separe la rótula de la articulación de la dirección, utilizando una palanca.

NOTA: La rótula del brazo oscilante inferior encaja dentro de un bolsillo formado en la protección de plástico del rotor del freno de disco. Esta protección debe doblarla apartándola de ésta mientras efectúa la extracción de la rótula de la articulación de la dirección.

7. Desmonte el semi-eje del alojamiento del diferencial, utilizando una palanca. Tenga cuidado de no deteriorar ningún retén o capuchón guardapolvos.
8. Mantenga atado con un trozo de alambre el extremo del eje apartándolo del paso.
9. Separe del cubo la junta homocinética exterior utilizando un extractor.
10. El montaje es a la inversa del desmontaje, con las siguientes observaciones. Monte una arandela elástica nueva sobre el muñón del eje de la junta homocinética. Inmovilice la tuerca nueva deformándola con un cincel, después de apretarla a 180-200 libras-pie.

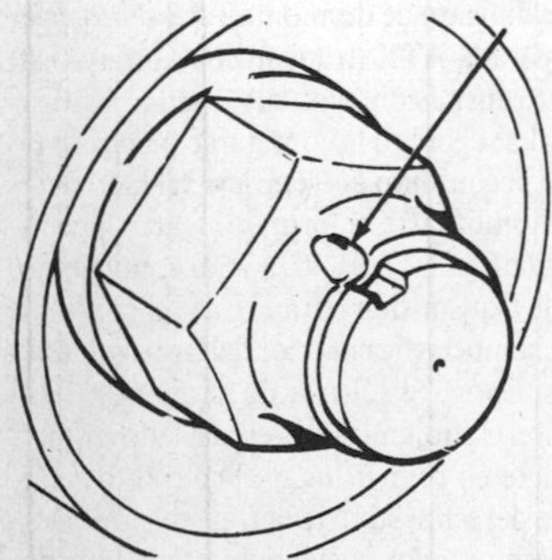
LA TUERCA DEL CUBO SE CLAVA SOBRE EL MUÑÓN DEL EJE DE LA JUNTA HOMOCINÉTICA

Bloquee la tuerca del eje de la rueda delantera

EJE TRASERO

Cojinetes de las ruedas traseras

DESMONTAJE, RELLENADO DE GRASA, MONTAJE Y AJUSTE

NOTA: Los cojinetes de las ruedas traseras se hallan localizados en el cubo del tambor del freno. El cojinete interior de la rueda está protegido por un retén de grasa. El conjunto de cubo/tambor está retenido por una arandela y una tuerca de montaje, que controla el juego axial del cojinete.

1. Desmonte la rueda, la tapa guardapolvos, el pasador de seguridad, la tuerca y el tambor.
2. El cojinete exterior puede aflojarlo cuando haya desmontado el tambor y extraerlo con la mano. El cojinete interior se halla retenido por un retén de grasa. Para desmontar el cojinete interior, inserte un tarugo de madera, o un botador blando, a través del cubo, desde el lado del cojinete exterior, extrayendo con cuidado dicho cojinete interior y el retén de grasa.
3. Limpie los cojinetes, vasos y cubos con un disolvente idóneo. Inspeccione los cojinetes y vasos para detectar posibles deterioros o decoloraciones a causa del calor. Sustitúyalos como un conjunto, si fuera necesario. Monte siempre un nuevo retén de grasa.
4. Si va a utilizar cojinetes nuevos, emplee un martillo deslizante extractor, de tres mandíbulas, para desmontar los vasos del cubo del tambor. Monte los vasos del cojinete nuevo empleando un útil de montaje adecuado. Asegúrese de que se hallan totalmente asentados en el cubo.
5. Rellene los cojinetes con una grasa multi-uso.
6. Cubra los vasos con una fina película de grasa. Monte el cojinete y el retén de grasa interiores.
7. Cubra las superficies de los cojinetes del husillo con una película fina de grasa. Despacio y con cuidado, deslice el tambor y el cubo sobre el husillo y las zapatas de freno. Monte el cojinete exterior sobre el husillo y dentro del cubo.
8. Monte la arandela plana enclavijada y la tuerca de ajuste sobre el husillo.
9. Apriete la tuerca de ajuste a 17-25 libras-pie.
10. Desenrosque la tuerca de ajuste 1/2 vuelta. Luego vuelva a apretarla entre 10-15 libras-pie.
11. Coloque la tuerca de retención sobre la tuerca y monte el pasador de seguridad. No apriete la tuerca para montar el pasador de seguridad.
12. Separe los extremos del pasador de seguridad y dóblelos alrededor de la tuerca de retención. Monte la tapa central de grasa.
13. Monte el conjunto de neumático y rueda. Baje el vehículo y apriete las tuercas de fijación de la rueda.

SUSPENSIÓN DELANTERA

Todos los modelos están equipados con suspensión delantera de montante Mac Pherson, con articulaciones de la dirección de fundición. El conjunto del montante del amortiguador hidráulico incluye un montaje superior elástico y un aislador del muelle espiral, montado sobre el puntal del amortiguador. El conjunto completo del montante está unido a la parte superior por medio de dos tornillos. El extremo inferior del conjunto va unido a la articulación de la dirección. Dentro de la articulación de la dirección se ha diseñado una unión de pinza. El conjunto del brazo oscilante inferior forjado está unido a la plancha del lado inferior de la carrocería, y a la articulación de la dirección. Una barra estabilizadora conecta el extremo exterior del brazo oscilante inferior al soporte de montaje del motor. El avance y la inclinación están prefijados, y no son ajustables. Los montajes de la suspensión están «lubricados de por vida»; por lo mismo no hay previstos rácores de engrase.

Puntal y amortiguador

DESMONTAJE Y MONTAJE

1. Eleve el vehículo con un gato y sopórtelo con caballetes.
2. Desmonte las ruedas delanteras. Desmonte la pinza y el rotor.
3. Desmonte la grapa de retención del manguito flexible de la conducción del freno, del puntal.
4. Eleve con el gato el brazo oscilante inferior, y levante el puntal tanto como pueda, sin llegar a elevar el vehículo de los caballetes.
5. Monte un compresor de muelles sobre el muelle helicoidal.
6. Apriete el muelle hasta que haya aproximadamente 1/8 de pulgada entre dos espiras.

ATENCIÓN

El muelle debe usted comprimirlo antes de desmontar el puntal, para asegurar que no se aplique una fuerza excesiva a las juntas homocinéticas.

7. Desmonte el tornillo de pinzado de la articulación de la dirección.
8. Afloje los dos tornillos de montaje superiores, pero no los desmonte.
9. Baje el gato y retírelo del brazo oscilante.
10. Utilice una herramienta adecuada para separar la junta de pinza.
11. Coloque una pieza de madera de 2 × 4" de sección y 7 1/2 de largo, contra el hombro de la articulación.
12. Inserte una palanca entre el bloque de madera y la base del puntal, o la chapa. Separe el puntal de la articulación.
13. Desmonte las tuercas de montaje superiores.
14. Desmonte el conjunto de puntal y muelle.
15. El montaje es a la inversa del desmontaje. Apriete los tornillos de montaje superiores a 20-30 libras-pie, y el tornillo de pinzado a 37-44 libras-pie.

REVISIÓN

Para todos los procedimientos de Desmontaje y montaje de muelles y amortiguadores, y todos los procedimientos de Reparación de puntales, consulte el capítulo Reparación de puntales, en la sección de Reparación de grupos.

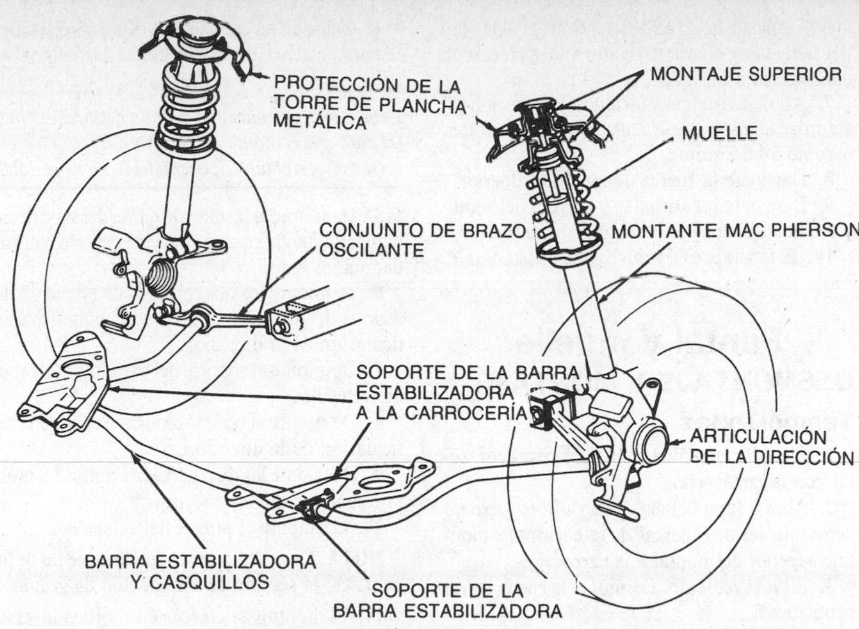

Componentes de la suspensión delantera

Muelles

DESMONTAJE Y MONTAJE

Para todos los procedimientos de Desmontaje y montaje de muelles y amortiguadores, consulte el capítulo Reparación del puntal, en la sección de Reparación.

Brazos oscilantes delanteros y rótulas

DESMONTAJE Y MONTAJE

1. Afloje las tuercas de la rueda, eleve y soporte el coche y desmonte la rueda y el neumático.
2. Desmonte la tuerca de la barra estabilizadora. Extraiga la arandela cóncava grande.
3. Desmonte el tornillo y tuerca del pivote de montaje inferior del brazo oscilante.
4. Desmonte el tornillo de pinzamiento del espárrago de la rótula de la articulación de la dirección.
5. Tire hacia abajo del brazo oscilante y la rótula, extrayéndolos de la articulación de la dirección. Separe levemente las orejas del pinzado con una palanca pequeña, si es necesario.
6. Desmonte los casquillos espaciadores de la barra estabilizadora. Desmonte el brazo oscilante.
7. El montaje es a la inversa. Apriete el tornillo de pinzado a 37-44 libras-pie. El tornillo y la tuerca de montaje del brazo oscilante interior a 48-55 libras-pie. La tuerca de la barra estabilizadora a 98-115 libras-pie.

NOTA: Asegúrese de que la columna de la dirección esté desbloqueada y no utilice de ningún modo un martillo para separar la rótula de la articulación.

Cojinetes de las ruedas delanteras

NOTA: Se utilizan cojinetes blindados de ruedas delanteras, con engrase permanente que no requieren lubricaciones o ajustes periódicos.

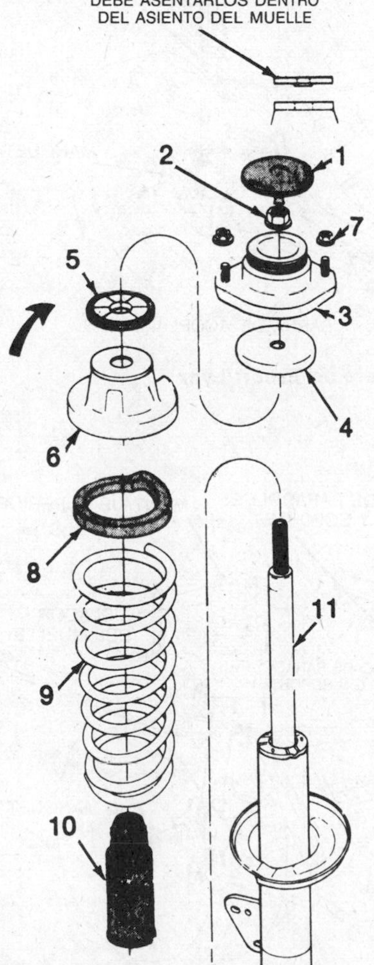

Vista en despiece ordenado de un conjunto montante

SUSPENSIÓN TRASERA

Puntal Mac Pherson

Los Escort, EXP, Lynx y LN7, tienen una suspensión trasera independiente, de puntales Mac Pherson, destacablemente modificada. Cada lado se compone de un puntal-amortiguador, brazo oscilante inferior, barra de acoplamiento, husillo forjado y un muelle helicoidal montado sobre el brazo oscilante.

El puntal-amortiguador consta del taco elástico montado encima, un conjunto de paragolpes de goma/protección guardapolvos, y un amortiguador hidráulico integral. El conjunto completo de puntal está unido al panel lateral de la carrocería por un conjunto de montaje superior de taco elástico y una tuerca. El extremo inferior del conjunto está atornillado a la articulación delantera. El brazo oscilante inferior se une a la traviesa de montaje y a la articulación de la dirección. Sobre la traviesa de montaje se localiza un muelle espiral. La barra de acoplamiento se une al larguero del bastidor y al conjunto de la articulación de la dirección.

Los Tempo/Topaz utilizan una verdadera suspensión trasera independiente de puntales Mac Pherson. Cada lado consta de un conjunto puntal-amortiguador, dos brazos oscilantes paralelos por cada lado, husillo forjado y un paragolpes de goma y soporte. El conjunto puntal-amortiguador incluye un montaje superior de taco elástico, asiento superior del muelle. El conjunto del puntal está unido a la parte superior por dos espárragos, que retienen el montaje superior del puntal sobre el panel lateral de la carrocería. El extremo inferior del conjunto se atornilla a la articulación de la dirección. Los dos brazos oscilantes estampados se unen con tuercas y tornillos a los bajos de la carrocería y a la articulación de la dirección. Una barra de acoplamiento une la parte inferior de la carrocería a la articulación de la dirección forjada. El soporte del paragolpes de goma se une con tornillos al puntal inferior.

REVISIÓN

Para todos los procedimientos de revisión, consulte el capítulo Revisión de puntales en la sección de Reparación de grupos.

Muelle espiral

DESMONTAJE Y MONTAJE

Escort/Lynx

1. Eleve con un gato el vehículo y sopórtelo con caballetes.
2. Coloque un gato bajo el brazo oscilante y elévelo lo suficiente para cargar tensión sobre el muelle.

NOTA: Cuide de que no se eleve y se separe el vehículo de los caballetes.

3. Desmonte el tornillo de unión del brazo oscilante a la articulación de la dirección.

4. Baje despacio el brazo oscilante hasta que pueda extraer el muelle.

5. El montaje es a la inversa del desmontaje.

Puntal-amortiguador

DESMONTAJE Y MONTAJE

Escort/Lynx

1. Desmonte los paneles de acceso del compartimiento trasero. Los modelos de cuatro puertas requieren el desmontaje del accesorio embellecedor de los paneles de los cuarterones.

2. Afloje, pero no desmonte, la tuerca del espárrago superior. Si el amortiguador tiene que volver a usarlo, no sujete el vástago del mismo con alicates, pues dañaría su superficie.

3. Eleve el vehículo con un gato y sopórtelo con caballetes.

4. Desmonte el neumático trasero.

5. Soporte con un gato el brazo oscilante inferior.

6. Desmonte la grapa de retención del manguito del freno sobre el amortiguador y desplácelo con cuidado hacia un lado.

7. Afloje las tuercas y tornillos de retención del amortiguador sobre la articulación de la dirección, pero no los desmonte.

8. Desmonte la tuerca de montaje superior.

9. Desmonte los tornillos y tuercas del fondo y desmonte el conjunto del amortiguador.

10. El montaje es a la inversa del desmontaje.

Puntal y muelle

DESMONTAJE Y MONTAJE

Tempo/Topaz

1. Eleve el gato sólo lo suficiente para contactar con la carrocería.

2. Abra la tapa del maletero y afloje, pero no desmonte, las dos tuercas de retención del montaje superior del puntal a la carrocería.

3. Eleve el vehículo. Desmonte la rueda con el neumático.

4. Coloque un caballete bajo el brazo oscilante para sostener la suspensión.

ATENCIÓN

Debe tomar precauciones cuando desmonte el puntal para que el manguito flexible del freno trasero no se estire, o el tubo de acero del freno no se doble.

5. Desmonte el tornillo de unión del soporte del manguito del freno al puntal y desplácelo con cuidado a un lado.

6. Desmonte los dos tornillos de retención del soporte del paragolpes elástico y el puntal a la articulación de la dirección.

7. Desmonte el soporte del paragolpes elástico del vehículo.

8. Desmonte el puntal-amortiguador de la articulación de la dirección.

9. Desmonte las dos tuercas de unión del montaje superior a la carrocería.

10. Desmonte el puntal del vehículo.

NOTA: Consulte, para el mantenimiento de los puntales, la sección de Reparación de grupos.

11. El montaje se efectúa en el orden inverso. Apriete los tornillos de unión del montaje superior a la carrocería a 20-30 libras-pie, y los tornillos de unión del puntal a la articulación de la dirección a 70-96 libras-pie. Monte siempre tornillos nuevos para la unión del puntal a la articulación de la dirección.

Brazos oscilantes traseros

DESMONTAJE Y MONTAJE

Tempo/Topaz

1. Eleve y soporte con seguridad el vehículo.

2. Desmonte el conjunto de neumático y rueda.

3. Desmonte los tornillos y tuercas de unión del brazo a la articulación de la dirección.

4. Desmonte el tornillo y la tuerca del montaje central.

5. Desmonte el brazo del vehículo.

6. El montaje es en orden inverso. Apriete el

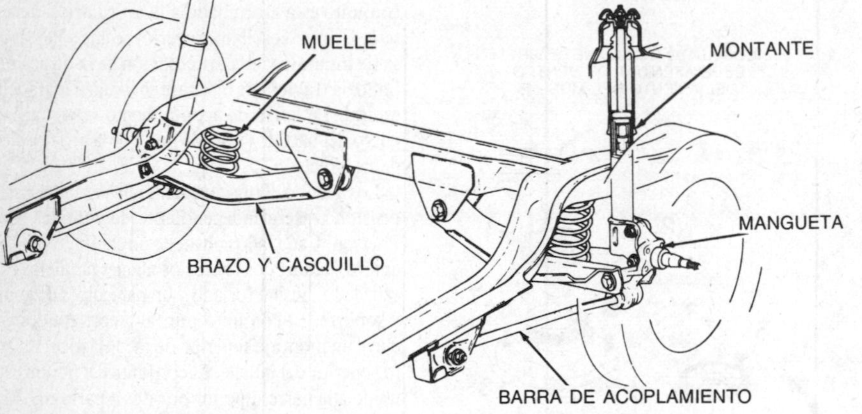

Componentes de la suspensión trasera del Escort/Lynx

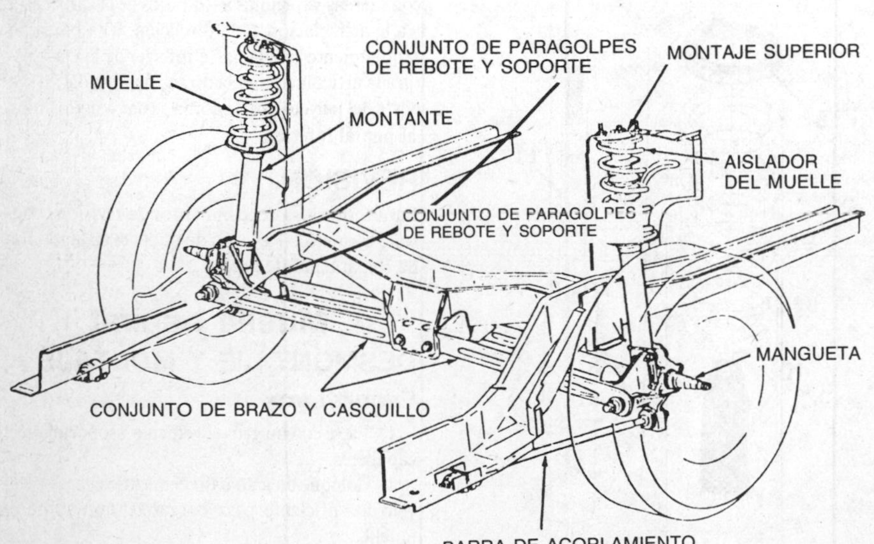

Suspensión trasera del Tempo/Topaz

Montaje del brazo oscilante trasero del Tempo/Topaz

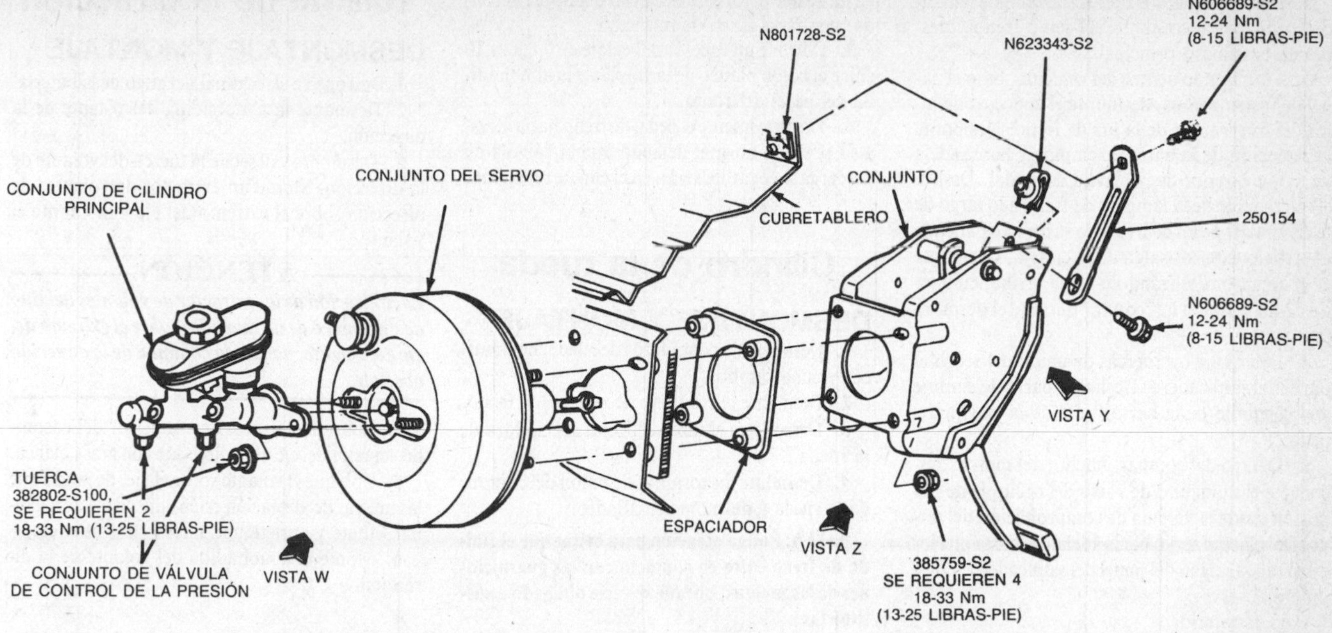

Montaje típico de cilindro principal y servo del freno asistido

tornillo de unión del brazo a la carrocería, a 40-50 libras-pie, y el tornillo del brazo a la articulación de la dirección a 60-86 libras-pie.

Barra de acoplamiento

DESMONTAJE Y MONTAJE

Tempo/Topaz

1. Eleve el gato lo suficiente para que entre en contacto con la carrocería. Desde el interior del maletero, afloje pero NO desmonte, las dos tuercas de unión del montaje superior del puntal a la carrocería.

2. Eleve el vehículo y coloque un caballete bajo la suspensión para soportarla. Desmonte el conjunto de rueda y neumático.

3. Desmonte los dos espárragos de montaje superiores.

4. Desmonte la tuerca de retención de la barra de acoplamiento a la articulación de la dirección. Desmonte la tuerca de retención de la barra de acoplamiento a la carrocería.

5. Baje el caballete lo suficiente para que los espárragos de montaje superiores salgan de los orificios de la carrocería.

6. Desplace la articulación de la dirección hacia atrás lo suficiente, de modo que la pueda desmontar.

7. Coloque nuevos casquillos y arandelas en cada extremo de la nueva barra de acoplamiento. Los casquillos delantero y trasero de la barra de acoplamiento son diferentes. Los casquillos traseros están dentados.

8. Inserte un extremo dentro del soporte de la carrocería y monte un casquillo nuevo, arandela y tuerca. No apriete aún, en este momento.

9. Tire hacia abajo, sobre la articulación de la dirección, lo suficiente, de modo que el extremo de la barra de acoplamiento pueda montarse dentro de la articulación de la dirección.

10. Monte un casquillo nuevo, arandela y tuerca. No apriete aún, en este momento.

11. Eleve el caballete lo suficiente para sujetar los dos espárragos de montaje del puntal en su emplazamiento.

12. Monte dos nuevas tuercas de unión del puntal al montaje de la carrocería. Apriételas a 20-30 libras-pie.

13. Eleve la suspensión a la altura de sujeción y apriete las dos tuercas de la barra de acoplamiento a 52-74 libras-pie.

14. Desmonte el caballete. Monte el conjunto de neumático y rueda. Baje el vehículo.

Cojinetes de las ruedas traseras

Para el desmontaje, montaje y ajuste de los cojinetes de las ruedas traseras, consulte el capítulo Eje trasero.

FRENOS

Para todos los procedimientos de reparaciones y mantenimiento del sistema de frenos no detallados más adelante, consulte por favor el capítulo Frenos de la sección de Reparaciones.

Cilindro principal

DESMONTAJE Y MONTAJE

Frenos estándar

1. Desconecte el terminal negativo de la batería.

2. Trabajando bajo el panel de instrumentos, desconecte la varilla de empuje del pedal del freno.

3. Desconecte el interruptor de la luz de freno y desmóntelo.

4. Dentro del compartimiento del motor, desconecte las conducciones del freno desde el cilindro principal.

5. Desatornille el cilindro principal del tabique cortafuegos y desmóntelo. Tenga cuidado en no dañar el ojal pasamuros del tabique cortafuegos.

6. Para montarlo, invierta el proceso de desmontaje, dejando los tubos del freno un poco flojos en los rácores del cilindro principal.

7. Llene el cilindro principal con fluido de frenos nuevo. Utilice el pedal del freno para sangrar el cilindro principal. Apriete los rácores de las conducciones del freno.

Frenos asistidos

1. Desconecte las conducciones del freno desde el cilindro principal.

2. Desatornille el cilindro principal del servo y desmonte el cilindro.

3. Para montarlo, monte el cilindro principal sobre el servo. Acople las conducciones del fluido de freno al cilindro principal, pero deje los rácores ligeramente flojos.

4. Llene los depósitos de reserva con fluido de frenos nuevos. Utilice el pedal para sangrar el cilindro principal. Apriete los rácores de las conducciones del freno.

Válvula proporcional

La válvula proporcional regula la presión hidráulica del sistema de frenos trasero. Ésta se localiza entre las lumbreras de entrada y salida del sistema de frenos trasero. No hay ajustes posibles en esta válvula. Si encuentra usted que es defectuosa, debe sustituirla.

Servo-freno

DESMONTAJE Y MONTAJE

1. Desconecte la batería y desmonte los tubos desde las lumbreras de salida primaria y secundaria del cilindro principal.

2. Desmonte las dos tuercas de unión del cilindro principal al conjunto del servo-freno y desmonte el cilindro principal.

3. Trabajando dentro del vehículo, bajo el panel de instrumentos, desmonte el conector de hilos del interruptor de la luz de freno. Desmonte la retención de la barra de empuje y la arandela de nylon exterior de la clavija del pedal. Deslice el interruptor de la lámpara de freno a lo largo de la clavija del pedal de freno, lo suficiente para que el orificio exterior salga de la clavija. Desmonte el interruptor deslizándolo hacia arriba, cuidando de no dañar el interruptor durante el desmontaje.

4. Desmonte las tuercas de unión del servo al panel del salpicadero. Deslice la barra de empuje y el casquillo de la barra fuera de la clavija del pedal.

5. Dentro del compartimiento del motor, desconecte el manguito de vacío del múltiple de admisión desde la válvula de comprobación del servo. Desplace el servo hacia adelante, hasta que los espárragos salgan del panel del salpicadero, y desmonte el servo.

Para montarlo:

1. Alinee el soporte del pedal y el distanciador dentro del vehículo y coloque el servo en posición sobre el panel del salpicadero. Inicie a mano el roscado de las tuercas de unión.

2. Trabajando dentro del vehículo, monte la barra de empuje y el casquillo de la barra sobre la clavija del pedal del freno. Apriete las tuercas de unión del servo al panel del salpicadero a 13-25 libras-pie.

3. Sitúe el interruptor de la lámpara de freno de modo que quede a horcajadas sobre la barra de empuje, con la ranura del interruptor hacia la hoja del pedal y el orificio saliendo justamente de la clavija. Deslice el interruptor hacia abajo sobre la clavija. Deslice el conjunto hacia el brazo del pedal, cuidando de no deteriorar el interruptor. Monte la arandela de nylon sobre la clavija y asegure todas las piezas a la clavija con el pasador de horquilla de retención. Asegúrese de que la retención esté plenamente montada e inmovilizada sobre la clavija del pedal. Monte el conector del cableado del interruptor de la lámpara de freno sobre la lámpara de freno.

4. Conecte el manguito de vacío del múltiple a la válvula de comprobación del servo utilizando una abrazadera de manguito.

5. Posicione el conjunto del cilindro principal sobre los espárragos del conjunto del servo. Apriete las tuercas a 13-25 libras-pie.

6. Monte los rácores de los tubos del freno en las lumbreras del cilindro principal, y apriételos a 10-18 libras-pie.

7. Sangre el sistema de freno.

8. Conecte la batería y arranque el motor. Luego compruebe el sistema del servo-freno para asegurarse de que funciona correctamente.

NOTA: En los vehículos equipados con control de velocidad, la válvula de descarga de vacío debe ajustarla si desmontó el servo-freno.

Para ajustar la válvula de descarga de vacío:

1. Pise firmemente y sujete abajo el pedal del freno.

2. Empuje hacia adentro la válvula de descarga hasta que el collarín de la válvula llegue al fondo, contra la grapa de retención.

3. Coloque un espesor de reglaje de 0,050-0,10 entre el botón blanco de la válvula y la almohadilla del pedal del freno.

4. Tire firmemente el pedal de freno hacia atrás, a su posición normal dejando que la válvula de descarga se engatille atrás, en el clip de retención.

Cilindro de la rueda

DESMONTAJE Y MONTAJE

1. Desmonte los conjuntos de rueda/neumático, y cubo/tambor.

2. Desmonte el conjunto de zapatas de freno.

3. Desconecte el tubo del freno del cilindro de la rueda.

4. Desmonte los tornillos de unión del cilindro de la rueda y desmonte el cilindro.

NOTA: Ponga atención para evitar que el fluido de freno entre en contacto con las guarniciones de las zapatas, porque se vería obligado a sustituirlas.

5. El procedimiento de montaje es en orden inverso al de desmontaje.

6. Ajuste los frenos y sangre el sistema.

Freno de estacionamiento

AJUSTE

1. Aplique aproximadamente 100 libras de fuerza, tres veces, sobre el pedal, para activar el funcionamiento del freno, antes de efectuar el ajuste del freno de estacionamiento.

NOTA: En los coches equipados con servofreno, el motor debe estar funcionando antes de completar el paso 1.

2. Coloque la transmisión en punto muerto.

3. Eleve con el gato la parte trasera del vehículo y sopórtela con caballetes.

4. Apriete la tuerca de ajuste hasta que las ruedas se frenen ligeramente.

5. Tire de la palanca hasta la duodécima posición (a dos desde la aplicación total), y compruebe la aplicación del freno.

6. Suelte la palanca y afloje el ajustador sólo lo suficiente para eliminar el roce del freno.

7. Baje el vehículo y compruebe el ajuste del freno.

DIRECCIÓN

ATENCIÓN

Si el vehículo está equipado con un sistema de protección al conductor con bolsa de aire (airbag), cualquier mantenimiento requerido deberá ser efectuado por personal preparado para el entretenimiento del sistema, de modo que no pueda producirse un incendio accidental de la bolsa de aire.

Volante de la dirección

DESMONTAJE Y MONTAJE

1. Desconecte el terminal negativo de la batería.

2. Desmonte la almohadilla del volante de la dirección.

3. Desmonte y deseche la tuerca del volante de la dirección. Monte un extractor de volantes de dirección sobre el extremo del eje y desmonte el volante.

ATENCIÓN

La utilización de un extractor de volantes del tipo de «golpe», o de un martillo, sobre el extremo del eje del volante, dañará la columna de la dirección abatible.

4. Lubrique la superficie superior del casquillo superior del eje de la dirección con grasa blanca.

5. Coloque el volante sobre el eje, de modo que las marcas de alineación estén alineadas hacia arriba. Monte y apriete una nueva contratuerca.

6. Monte la almohadilla del volante de la dirección.

Interruptor de la señal de giro, interruptor del limpiaparabrisas

DESMONTAJE Y MONTAJE

NOTA: Estos dos interruptores se hallan montados sobre la columna de mando de la dirección, de la misma manera.

1. Desconecte el terminal negativo de la batería.

2. Desmonte los tornillos de la protección inferior y la protección.

3. Desmonte la protección superior.

4. Desmonte la palanca, tirando de ella y girando rectamente hacia fuera (sólo el interruptor del limpiaparabrisas).

5. Desprenda el recubrimiento de espuma del interruptor apropiado.

6. Desconecte los conectores eléctricos.

7. Desmonte los dos tornillos autoperforantes (cabeza hexagonal-interruptor de lavar/limpiar), que unen el interruptor al alojamiento del cilindro de la cerradura y desmonte el interruptor.

NOTA: En los vehículos equipados con control de velocidad de crucero, transfiera la escobilla de contacto eléctrico a masa que hay en la leva de cancelamiento del interruptor de la señal de giro, al nuevo interruptor

8. El montaje es la inversa del desmontaje.

Cerradura/interruptor de encendido

DESMONTAJE Y MONTAJE

1. Desconecte la masa del cable negativo de la batería.

2. Desmonte la tapa inferior de la columna de mando de la dirección del panel de instrumentos, desmontando los dos tornillos del fondo. Desmonte el anillo elástico de retención de la parte superior.

3. Desmonte la protección de la columna de

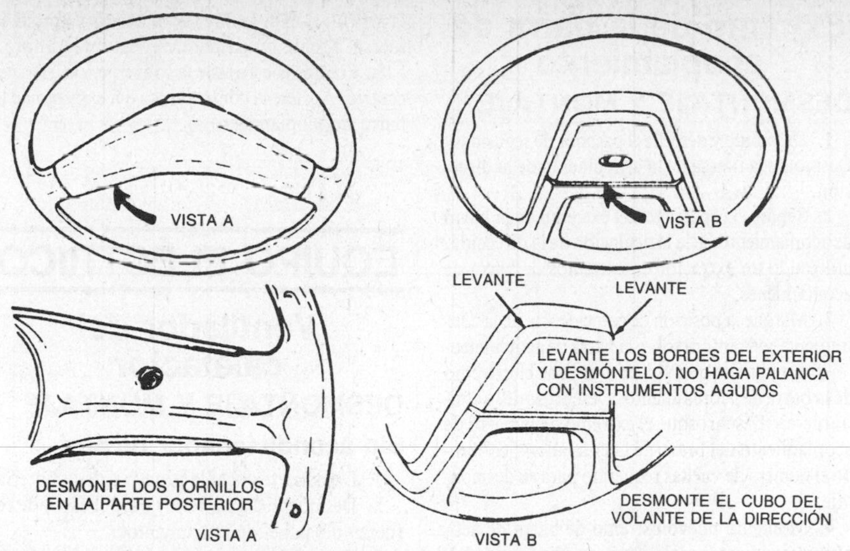
VISTA A
VISTA B
LEVANTE
LEVANTE
LEVANTE LOS BORDES DEL EXTERIOR
Y DESMÓNTELO. NO HAGA PALANCA
CON INSTRUMENTOS AGUDOS
DESMONTE DOS TORNILLOS
EN LA PARTE POSTERIOR
VISTA A
DESMONTE EL CUBO DEL
VOLANTE DE LA DIRECCIÓN
VISTA B

Desmontaje de la tapa del volante de la dirección

mando de la dirección, desenroscando los cuatro o cinco tornillos autoperforantes.

4. Desmonte los dos tornillos y tuercas que unen la columna de mando de la dirección al soporte y baje la columna.

5. Desacople el conector eléctrico del interruptor de encendido.

6. Gire el cilindro de la cerradura de la llave de encendido a la posición de MARCHA.

7. Taladre los tornillos de cabeza cortada, que unen el interruptor al alojamiento del cilindro de la cerradura, utilizando una broca de 1/8 de pulgada.

8. Desmonte los dos tornillos con una herramienta extractora de tornillos.

9. Desacople el interruptor de encendido de su clavija de accionamiento.

Para montarlo:

1. Ajuste el interruptor de encendido deslizando el portante hacia la posición de marcha.

NOTA: El conjunto de recambio nuevo deberá ajustarlo en la posición de MARCHA tal como lo reciba.

2. Compruebe asegurándose de que el cilindro de la cerradura de la llave de encendido se halla aproximadamente en la posición de MARCHA (RUN). La posición de MARCHA se alcanza girando el cilindro de la cerradura 90 grados aproximadamente, desde la posición de CERRADO (LOCK).

3. Monte el interruptor de encendido dentro de la clavija de accionamiento. Puede ser necesario desplazar el interruptor atrás y adelante levemente, para alinear los orificios de montaje del interruptor con los orificios roscados del alojamiento de la cerradura en la columna.

4. Monte tornillos nuevos de cabeza autocortante, y apriételos hasta que se corten la cabeza.

5. Conecte el conector eléctrico del interruptor de encendido.

6. Conecte el cable de masa del negativo de la batería. Compruebe el correcto funcionamiento del interruptor de encendido, incluyendo las posiciones de ARRANQUE y ACC (conexión del acondicionador de aire). Asimismo, cerciórese de que la columna está bloqueada en la posición de bloqueo de la dirección.

7. Alinee los orificios de montaje de la columna de mando de la dirección con el soporte. Monte los dos tornillos y tuercas.

8. Monte las protecciones decorativas de la columna de la dirección.

9. Monte la tapa inferior de la columna de la dirección sobre el panel de la dirección.

Cremallera y piñón de la dirección

DESMONTAJE Y MONTAJE

Escort/Lynx

1. Desconecte el cable negativo de la batería desde la batería. Eleve con un gato delantero del coche y sopórtela con seguridad sobre caballetes.

2. Gire el interruptor de encendido a la posición de ENCENDIDO. Desmonte el panel de acceso inferior (apoya pies) de debajo del volante de la dirección.

3. Desmonte los tornillos del eje intermedio que hay en el eje de entrada del piñón y en el eje de la columna de mando de la dirección.

4. Ensanche las ranuras de la abrazadera para aflojar el eje intermedio desde cada extremo. Los pasos siguientes deberá efectuarlos antes de que pueda separar el eje intermedio y el eje de entrada del piñón.

5. Gire el volante de la dirección totalmente a la izquierda, de manera que la barra de acoplamiento se separe del reenvío del cambio. Separe los extremos exteriores de la barra de acoplamiento de la articulación de la dirección utilizando un desmontador de extremos de barra de acoplamiento.

6. Desmonte el extremo izquierdo de la barra de acoplamiento, (la rueda debe estar situada totalmente a la izquierda). Desconecte el cable del velocímetro, desde la transmisión, si el coche está equipado con una transmisión automática. Desconecte el tubo del aire secundario de la válvula de comprobación. Desconecte el tubo de escape desde el múltiple de escape, y manténgalo atado con un alambre, apartado del paso, dejando espacio suficiente para desmontar el piñón de la dirección.

7. Desmonte el soporte de suspensión del escape de la parte inferior de la caja de la dirección. Desmonte los soportes de montaje de la caja de la dirección y los tacos elásticos de montaje.

8. Disponga de un ayudante para sostener la caja de la dirección desde el interior del coche. Separe el eje intermedio del eje de entrada.

9. Asegúrese de que la caja de la dirección se halla todavía en la posición de giro total a la izquierda. Gire la caja hacia adelante y abajo para pasar el eje de salida a través de la abertura. Desplace la caja hacia la derecha para sortear el panel contra las salpicaduras y otros reenvíos que interfieren con el desmontaje. Baje la caja y retírela por la parte inferior del coche.

10. El montaje se efectúa en el orden inverso al desmontaje. Realice el ajuste de la convergencia de las ruedas después del montaje de un conjunto nuevo de cremallera y piñón.

NOTA: El desmontaje y montaje es básicamente el mismo para la cremallera y piñón de la dirección asistida, sin embargo, las conducciones de presión y retorno debe usted desconectarlas por los conectores intermedios y drenarlas del fluido. Es necesario que lo haga para que pueda efectuar el desmontaje del interruptor de la conducción de presión.

Tempo/Topaz

1. Desconecte el cable negativo de la batería desde la batería.

2. Gire la llave de encendido a la posición de MARCHA.

3. Desmonte el panel de acceso del salpicadero, bajo la columna de la dirección.

4. Desmonte los tornillos de unión del eje intermedio al eje de entrada de la caja y al eje de la columna de mando de la dirección.

5. Con una herramienta de hoja ancha, abra la ranura lo suficiente para que se afloje el eje intermedio en sus dos extremos. El eje intermedio y el eje de entrada de la caja no puede separarlos aún.

6. Desde la parte inferior del vehículo, separe los extremos de la barra de acoplamiento de las articulaciones de la dirección, utilizando la herramienta 3290-C y el adaptador T81P-3504-W, o su equivalente. Gire la rueda derecha totalmente hacia su posición izquierda de giro.

7. Desconecte el cable del velocímetro desde la transmisión (sólo en transmisión automática).

8. Desconecte el tubo del aire secundario de la válvula de control. Desconecte el sistema de escape del múltiple de escape. Desmonte el sistema de escape.

9. Desmonte los soportes y tacos elásticos de montaje de la caja de la dirección.

NOTA: Los soportes de montaje y los tacos elásticos de la derecha y la izquierda no son intercambiables de un lado al otro.

10. Gire el volante de la dirección totalmente a la izquierda, de modo que la barra de acoplamiento se separe del reenvío del cable durante el desmontaje.

11. Separe la caja del eje intermedio con la ayuda de un colaborador tirando hacia arriba sobre el eje, desde el interior del vehículo.

ATENCIÓN

Usted debe tener cuidado al desmontar y montar la caja, para evitar que se caiga o se dañe la parte baja de la caja de la dirección.

12. Gire la caja hacia adelante y abajo para sacar el eje de entrada a través de la abertura del panel del salpicadero.

13. Asegúrese de que el eje de entrada se halla en su posición de giro total a la izquierda. Desplace la caja a través de la abertura de la chapa de protección del lado derecho (pasajero) hasta que la barra de acoplamiento izquierda se separe del reenvío del cambio y otras piezas que interfieran, de modo que pueda bajarla.

14. Baje el lado izquierdo de la caja y retire la caja fuera del vehículo.

15. El montaje es a la inversa del desmontaje. Apriete los tornillos de montaje de la caja de la dirección a 48-55 libras-pie.

Extremo de la barra de acoplamiento

DESMONTAJE Y MONTAJE

1. Desmonte y deseche el pasador de seguridad Desmonte la tuerca de la articulación de la dirección.

2. Separe el espárrago del extremo de la barra de acoplamiento de la articulación de la dirección, utilizando un extractor de extremos de barra de acoplamiento.

3. Marque la posición de coincidencia de la contratuerca con pintura sobre la barra de acoplamiento, si usted tiene que volver a utilizar el extremo de la barra de acoplamiento. Desenrosque la contratuerca. Desenrosque el extremo de la barra de acoplamiento del brazo de la cremallera, contando el número de vueltas requerido para su desmontaje.

4. Monte un nuevo extremo de barra de acoplamiento, enroscándolo el mismo número de vueltas contado en el paso 3. Acople el espárrago roscado del extremo de la barra de acoplamiento a la articulación de la dirección. Monte y apriete la tuerca. Monte un pasador de seguridad nuevo.

5. Compruebe y ajuste la convergencia, si es necesario. Apriete la contratuerca del extremo de la barra de acoplamiento.

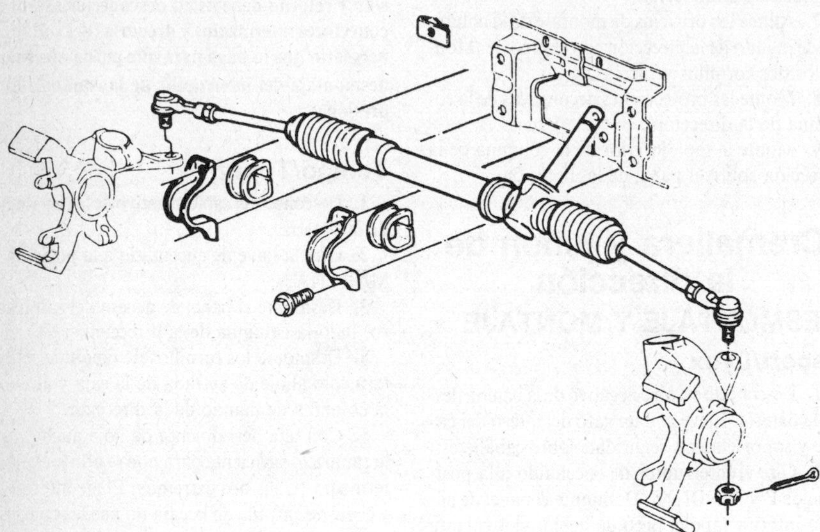

Montaje de la cremallera y piñón de la dirección manual en el Tempo/Topaz

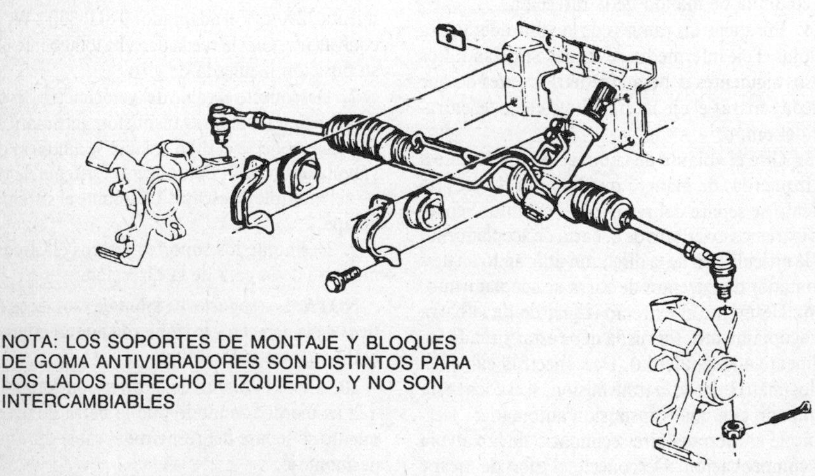
NOTA: LOS SOPORTES DE MONTAJE Y BLOQUES DE GOMA ANTIVIBRADORES SON DISTINTOS PARA LOS LADOS DERECHO E IZQUIERDO, Y NO SON INTERCAMBIABLES

Conjunto de cremallera y piñón de la dirección asistida en el Tempo/Topaz

EQUIPO ELÉCTRICO

Ventilador del calefactor

DESMONTAJE Y MONTAJE

Sin acondicionador de aire

1. Desconecte el cable negativo de la batería.

2. Desmonte la guantera y baje el carril de refuerzo del panel de instrumentos.

3. Desacople los conectores eléctricos del ventilador.

4. Desmonte los tornillos de unión del motor del ventilador a la caja. Desmonte el ventilador con el rotor centrífugo como un conjunto.

5. El montaje es a la inversa.

Con acondicionador de aire

1. Localice y desmonte los dos tornillos de la abertura de la guantera a lo largo del borde inferior del panel de instrumentos. Luego desmonte la puerta de la guantera y el refuerzo inferior del panel de instrumentos desde este mismo.

2. Desconecte los hilos eléctricos del motor del ventilador desde el cableado del conector de protección dura.

3. Desmonte los tornillos de unión del motor del ventilador y la platina de montaje de la caja del evaporador.

4. Gire el motor hasta que los planos de la platina de montaje se separen del borde de la abertura de la guantera y retire el motor.

5. Desmonte el muelle abrazadera del cubo de encima del cubo del rodete-soplante. Luego, desmonte el rodete-soplante centrífugo del eje del motor.

6. El montaje es a la inversa del desmontaje.

Núcleo del calefactor

DESMONTAJE Y MONTAJE

NOTA: En algunos casos puede ser necesario el desmontaje del panel de instrumentos.

Sin acondicionador de aire

1. Desconecte el cable negativo de la batería.

2. Drene el refrigerante.

3. Desconecte los manguitos del calefactor desde los tubos del núcleo en el tabique cortafuego, dentro del compartimiento del motor. Tapone los tubos del núcleo para evitar que se derrame el refrigerante cuando se desmonte el núcleo.

4. Abra la guantera. Desmonte la guantera. Desmonte la guarnición de la guantera.

5. Desmonte los tornillos de la platina de acceso al núcleo y desmonte la platina de acceso.

6. Trabajando bajo el capó, desmonte las dos tuercas de unión del conjunto del calefactor y caja al panel del salpicadero.

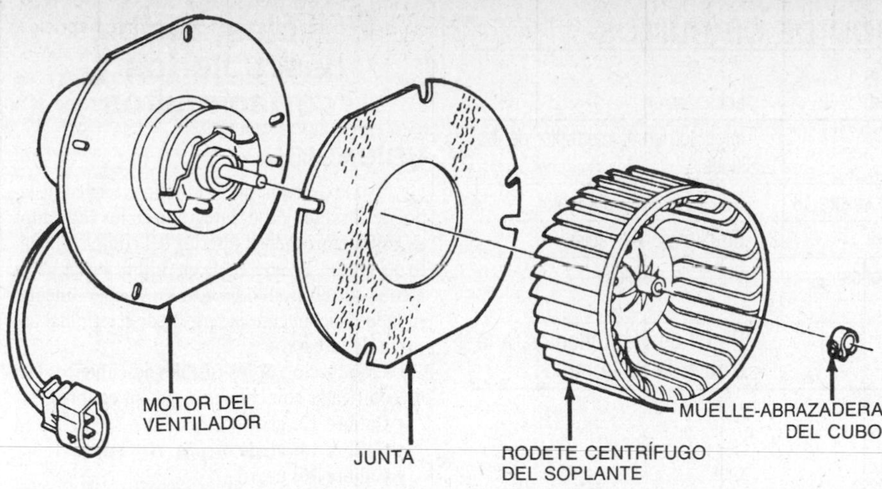

Desensamblado del motor y el rodete soplante del ventilador

7. Desmonte el núcleo a través de la abertura de la guantera. El procedimiento de montaje es a la inversa del desmontaje.

Con acondicionador de aire

1. Desconecte el cable negativo de la batería y drene el sistema refrigerante.
2. Desconecte los manguitos del calefactor del núcleo del calefactor.
3. Trabajando en el interior del vehículo, desmonte el conducto inferior desde el recinto cámara de expansión (2 tornillos).
4. Desmonte los cuatro tornillos de unión de la tapa del núcleo del calefactor al recinto, desmonte la tapa, y desmonte el núcleo del calefactor.
5. El montaje es a la inversa del desmontaje.

Radio

Para la recepción óptima de la FM (frecuencia modulada), ajuste la antena a 31'' de altura. El fading (desvanecimiento) o debilitación de la recepción de la AM (onda media), puede ajustarse mediante el ajuste del condensador de compensación de la antena, localizado en la parte trasera derecha o delantera lateral del chasis de la radio. Para su posición, vea el manual del propietario. Para ajustar el condensador de compensación:

1. Extienda la antena a su altura máxima.
2. Sintonice la radio con una estación emisora débil, de una frecuencia de unos 1.600 KC (kilociclos). Ajuste el volumen de modo que el sonido apenas sea audible.
3. Ajuste el condensador de compensación para conseguir el máximo volumen.

DESMONTAJE Y MONTAJE

1. Desconecte el cable negativo de la batería.

NOTA: Desmonte el conducto del aire acondicionado que va por el suelo, si lo lleva como equipo.

2. Desmonte el cenicero de los cigarrillos y su soporte.
3. Extraiga los pomos de los ejes.
4. Trabajando bajo el panel de instrumentos, desmonte la tuerca del soporte del chasis de la radio.
5. Desmonte las tuercas y arandelas de los ejes de mando.
6. Baje la radio por la parte posterior del panel de instrumentos. Desconecte la línea de alimentación, la antena, y los cables de los altavoces. Desmonte la radio.
7. El montaje es a la inversa del desmontaje.

Motor del limpiaparabrisas

DESMONTAJE Y MONTAJE

NOTA: El motor se halla ubicado en la esquina trasera derecha del compartimiento del motor, en la zona de la bóveda que hay sobre el tabique cortafuegos.

1. Desconecte el cable negativo de la batería.
2. Desmonte la tapa de plástico de la bóveda.
3. Desconecte el conector del motor eléctrico.
4. Desmonte los tornillos que fijan el motor. Desacople el motor del reenvío, y desmonte el motor. El montaje es a la inversa del desmontaje.

Reenvío del limpiador

DESMONTAJE Y MONTAJE

NOTA: El reenvío del limpiador está montado bajo la bóveda situada sobre el panel, y puede accederse a él levantando el capó.

1. Desmonte el conjunto del brazo limpiador y la escobilla del eje-pivote. Levante el pestillo (sobre el brazo) alejándolo del eje, para destrabar el brazo del eje-pivote.
2. Levante el capó y desconecte el cable negativo de la batería.
3. Desmonte la grapa y desconecte el brazo de mando del reenvío de la manivela del motor.
4. En los modelos Tempo/Topaz, desmonte los tornillos de retención de los conjuntos de pivotaje sobre la bóveda.
5. En los modelos Escort/Lynx, EXP/LN7, desmonte las tuercas grandes que retienen los pivotes de cada eje pivotante.
6. Desmonte el conjunto de reenvío y pivote de la cámara de la bóveda.
7. El montaje es a la inversa del desmontaje.

Conmutador de las luces de carretera

DESMONTAJE Y MONTAJE

1. Desconecte el terminal negativo de la batería.
2. Desmonte el cable de control de la entrada de aire, y deje caer el cable y el soporte fuera del paso (sólo en los coches sin acondicionador de aire).
3. Desmonte los tornillos de retención del soporte del panel de fusibles, y desplace el conjunto del panel de fusibles a un lado.
4. Sitúe el pomo del mando de las luces de carretera en la posición de Encendidas (ON).
5. Alcance, con la mano, la parte trasera del salpicadero, y suelte el botón del alojamiento del conmutador, mientras simultáneamente tira del pomo y del eje del conmutador.
6. Desmonte la tuerca de retención del salpicadero.
7. Extraiga el conmutador del tablero y desmonte las conexiones eléctricas.
8. El montaje es a la inversa del desmontaje.

Cuadro de instrumentos

DESMONTAJE Y MONTAJE

1. Desconecte el terminal negativo de la batería.
2. Desmonte el revestimiento del fondo de la columna de mando de la dirección.
3. Desmonte los tornillos de refuerzo del revestimiento de la abertura de la columna de mando de la dirección.

NOTA: En los coches equipados con control de velocidad de crucero, desconecte los hilos conductores del conjunto amplificador.

4. Desmonte los tornillos de retención de la columna de mando de la dirección del soporte de la columna, y baje la columna.
5. Desmonte las protecciones embellecedoras de la columna.
6. Desconecte todas las conexiones eléctricas de la columna.
7. Desmonte los tornillos del panel de acabado, y el panel.
8. Desmonte el cable del velocímetro.
9. Desmonte los cuatro tornillos del cuadro de instrumentos, y desmonte el cuadro.
10. El montaje es a la inversa del desmontaje.

Cable del velocímetro

DESMONTAJE Y MONTAJE

1. Desmonte el cuadro de instrumentos.
2. Extraiga el cable del velocímetro del interior de su funda. Si el cable está roto, desconecte la funda desde la transmisión y retire el trozo roto desde el extremo de la transmisión.
3. Lubrique el nuevo cable con lubricante de grafito. Introdúzcalo en su funda desde el extremo del panel de instrumentos.
4. Acople el cable al velocímetro. Monte el cuadro de instrumentos.

TABLA DE PROTECCIÓN DE CIRCUITOS

Circuito	Clase de protección del circuito y límite	Localización
Faros de carretera y cruce Indicador	CB 22 amperios	Integrado en el interruptor de las luces
Luneta térmica trasera	Fusible descubierto calibre 16	Compartimiento del motor
Circuito de carga	Fusible descubierto	En el mazo de cables
Lámpara del compartimiento del motor (Tempo/Topaz)	Fusible de 15 amperios	Panel de fusibles
Elevalunas de las puertas y limpiaparabrisas Escort/Lynx	CB 4.5 amperios	Panel de instrumentos, a la izquierda de la radio

CB Disyuntor (cortacircuitos)

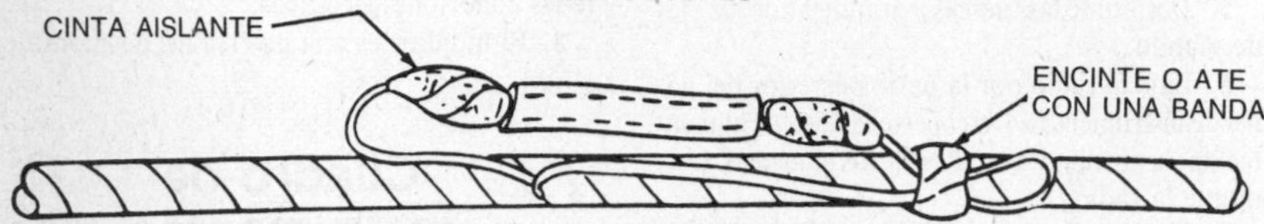
RETIRE EL TUBO DE PROTECCIÓN DE VINILO EXISTENTE, Y VUELVA A MONTARLO SOBRE EL FUSIBLE, ANTES DE ARRUGAR APLASTANDO EL FUSIBLE DESCUBIERTO EN LOS EXTREMOS CONDUCTORES
CINTA AISLANTE
ENCINTE O ATE CON UNA BANDA

REPARACIÓN TÍPICA UTILIZANDO EL FUSIBLE DESCUBIERTO ESPECIAL DE CALIBRE 17

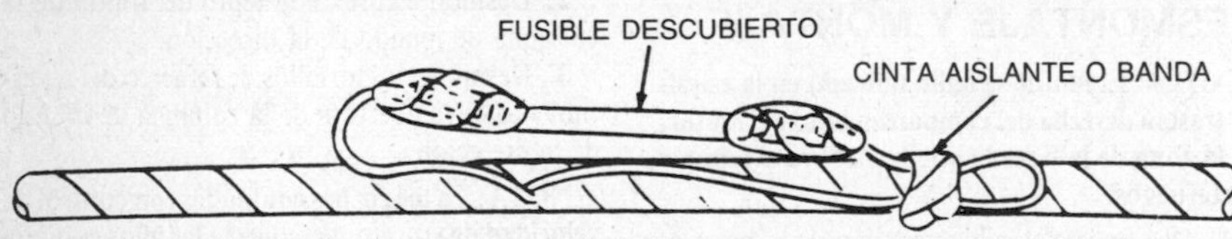
FUSIBLE DESCUBIERTO
CINTA AISLANTE O BANDA

REPARACIÓN TÍPICA DE CUALQUIER FUSIBLE DESCUBIERTO UTILIZANDO EL FUSIBLE DE CALIBRE ESPECIFICADO PARA EL CIRCUITO ESPECÍFICO

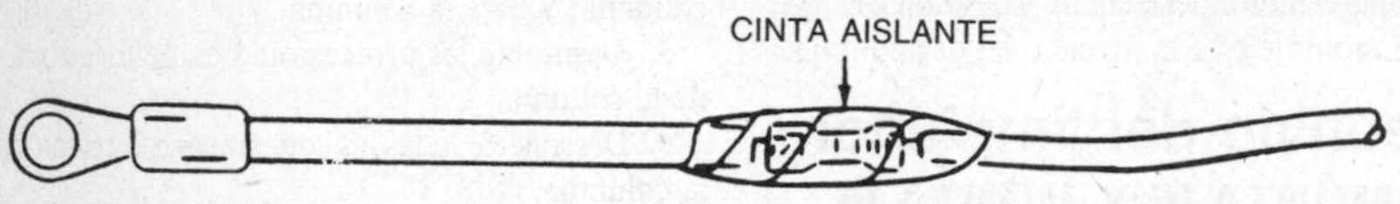
CINTA AISLANTE

REPARACIÓN TÍPICA UTILIZANDO UN FUSIBLE DESCUBIERTO DEL CALIBRE ESPECIFICADO, CON TERMINAL DE OJAL, PARA SU UNIÓN AL EXTREMO DEL CONDUCTOR DEL CIRCUITO

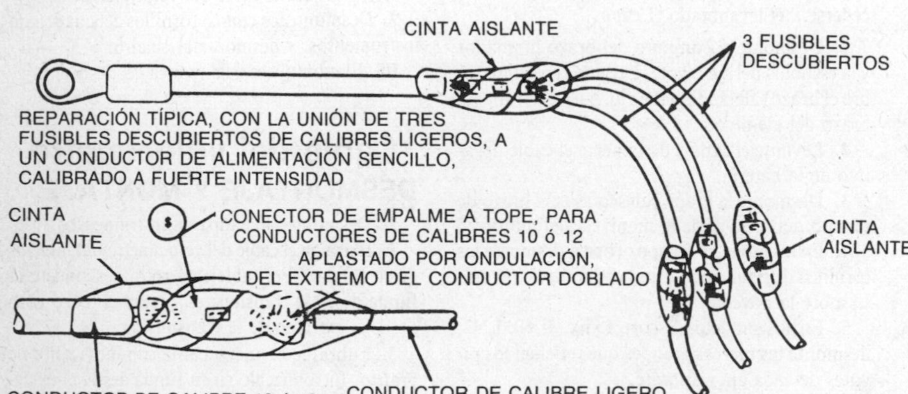
CINTA AISLANTE
3 FUSIBLES DESCUBIERTOS
REPARACIÓN TÍPICA, CON LA UNIÓN DE TRES FUSIBLES DESCUBIERTOS DE CALIBRES LIGEROS, A UN CONDUCTOR DE ALIMENTACIÓN SENCILLO, CALIBRADO A FUERTE INTENSIDAD
CINTA AISLANTE
CONECTOR DE EMPALME A TOPE, PARA CONDUCTORES DE CALIBRES 10 ó 12 APLASTADO POR ONDULACIÓN, DEL EXTREMO DEL CONDUCTOR DOBLADO
CINTA AISLANTE
CONDUCTOR DE CALIBRE 10 ó 12
CONDUCTOR DE CALIBRE LIGERO

Fusibles, fusibles descubiertos y cortacircuitos

UBICACIÓN

Un fusible descubierto es un hilo eléctrico aislado, de corta longitud, integrado en los cableados de conductores, en el interior del compartimiento del motor. Es un hilo de un calibre varias veces menor que el circuito protegido, y generalmente, situado directamente en serie desde el terminal positivo de la batería.

La producción de los fusibles descubiertos viene codificada con colores según su calibre.

- Calibre 12: gris.
- Calibre 14: verde oscuro.
- Calibre 16: negro
- Calibre 18: marrón.
- Calibre 20: azul oscuro.

NOTA: El código de color de los fusibles descubiertos de recambio, puede variar del código de color de los fusibles descubiertos de producción. Cuando circulan fuertes intensidades, tales como las que se producen al conectar incorrectamente una batería de ayuda, o al establecerse accidentalmente un cortocircuito a masa en los cableados, el fusible descubierto se funde y proteje el alternador o los cableados.

Fusible descubierto

DESMONTAJE Y MONTAJE

1. Desconecte el cable negativo de la batería.
2. Corte el fusible descubierto averiado, sepárelo del cableado de hilos y deséchelo. Si el fusible descubierto es uno de los tres circuitos de alimentado con un conductor único, córtelo separándolo del cableado en cada extremo de empalme y deséchelo.
3. Identifique y obtenga el fusible descubierto de recambio y los conectores de empalme adecuados para la unión del fusible al cableado.

CONECTOR DE EMPALME A TOPE, PARA CONDUCTORES DE CALIBRES 14 ó 16

PROCEDIMIENTO DE REPARACIÓN DE FUSIBLE DESCUBIERTO—I.

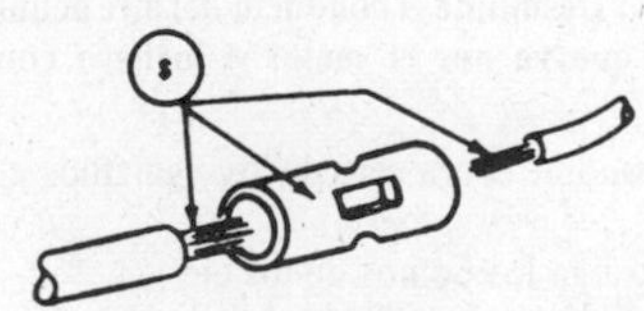

Procedimientos generales para la reparación de fusibles descubiertos

4. Dele aproximadamente 1/2 pulgada del recubrimiento aislante de ambos extremos de los hilos conductores. Una el fusible descubierto de recambio a los extremos pelados, con dos conectores de empalme del tamaño apropiado.

5. Suelde los conectores y los hilos conductores y aíslelos con cinta aislante.

Fusibles y cortacircuitos

UBICACIÓN

Un panel combinado de fusibles y cortacircuitos contiene la mayor parte de los fusibles y cortacircuitos utilizados en el sistema. El montaje del panel de fusibles se halla corrientemente en el lado izquierdo del compartimiento del pasajero, bajo el salpicadero, en el lado del panel de apoyo de los pies, o en el tabique cortafuegos, a la izquierda de la columna de mando de la dirección. Algunos modelos tienen el panel de fusibles expuesto a la vista, mientras que otros modelos lo tienen cubierto con una tapa embellecedora desmontable. Estos fusibles y cortacircuitos tienen los códigos de color relacionados con su amperaje de protección.

- 4 amperios: Rosa.
- 5 amperios: Tostado.
- 10 amperios: Rojo.
- 15 amperios: Azul claro.
- 20 amperios: Amarillo.
- 25 amperios: Natural.
- 30 amperios: Verde claro.

La localización y los valores de los fusibles y cortacircuitos no contenidos en los paneles, vienen dados en la tabla de protección de circuitos.

DESMONTAJE Y MONTAJE

1. Desmonte el fusible o cortacircuitos que funciona mal, extrayéndolo de su alojamiento.

NOTA: Si el fusible o cortacircuitos está montado sobre el panel de fusibles, desmonte la tapa de guarnición.

2. Sustituya el fusible o cortacircuitos con uno del amperaje apropiado para el circuito, empujándolo rectamente dentro de su alojamiento, hasta que se asiente totalmente.

3. Vuelva a su posición el panel de guarnición.

GM Carrocerías «A» y «X»

Celebrity, Century, Cutlass Ciera, 6.000, Citation, Omega, Phoenix, Skylark

IDENTIFICACIÓN POR AÑO

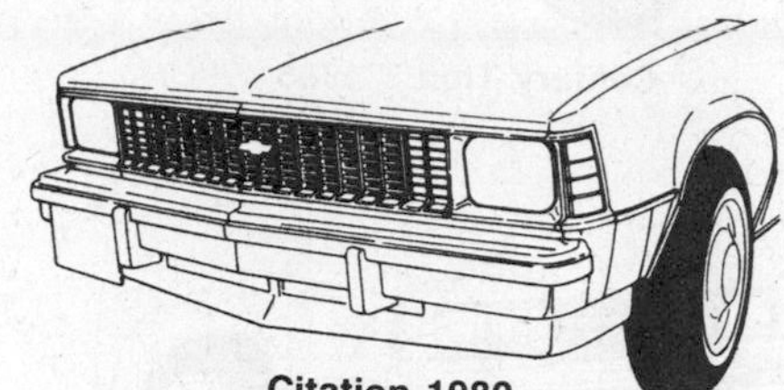

Citation 1980

Citation 1981-85

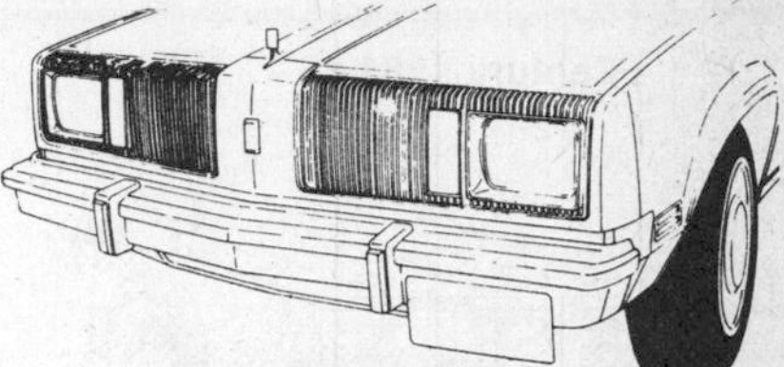

Omega 1980-81

Omega 1982-83

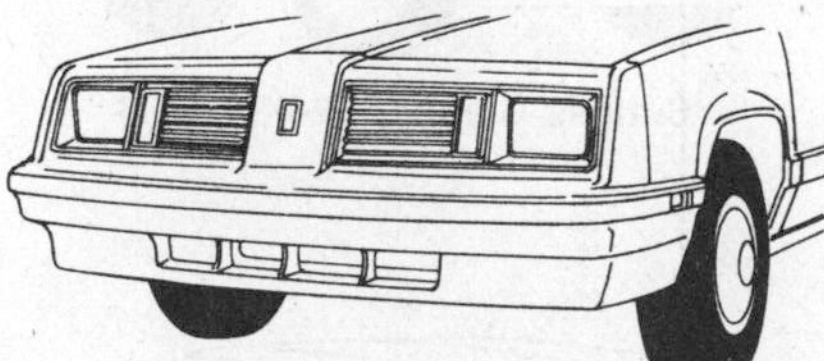

Omega ES 1984

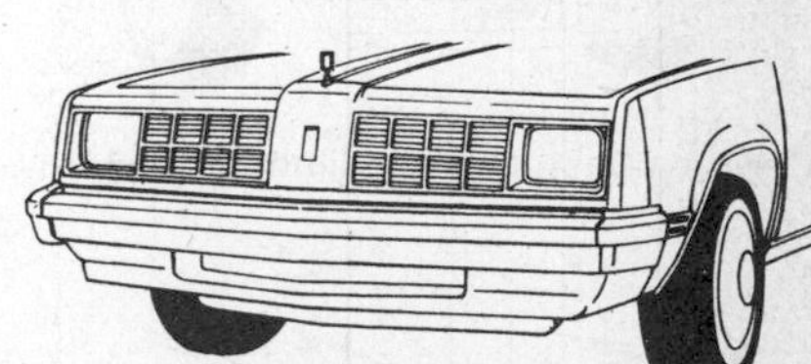

Omega Sedan 1984

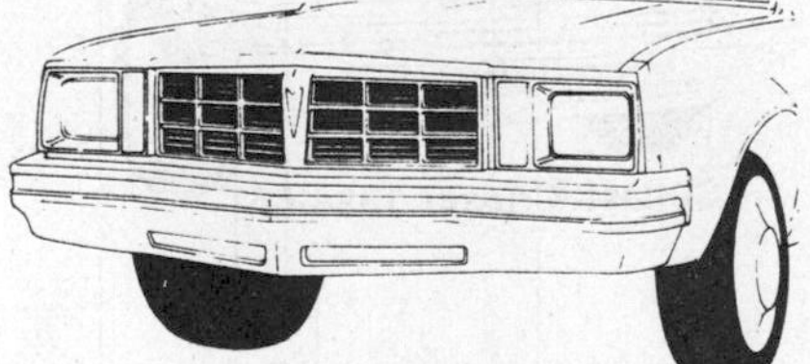

Phoenix 1980

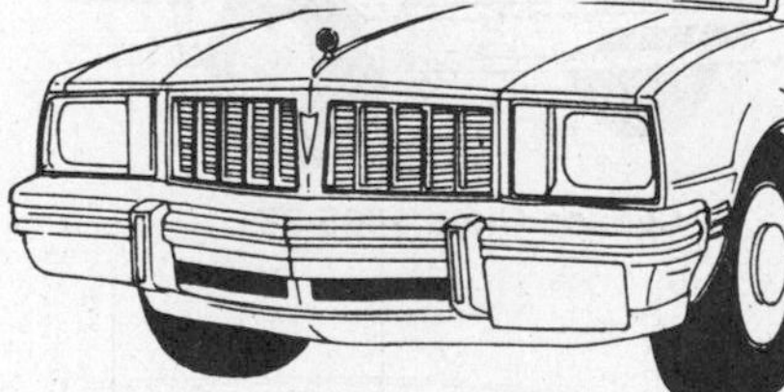

Phoenix 1981

Phoenix 1982

Phoenix 1983

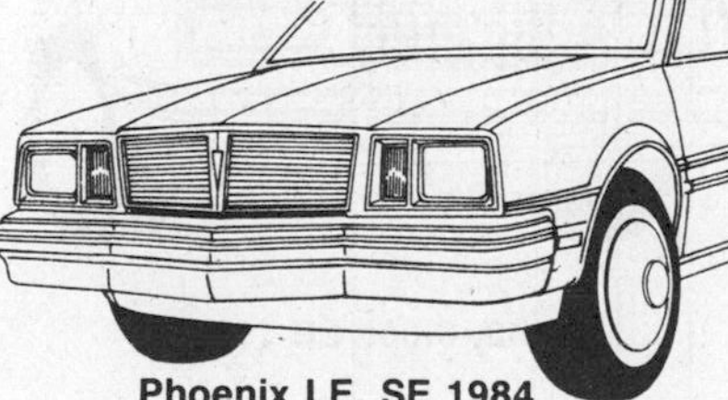

Phoenix LE, SE 1984

Skylark 1980

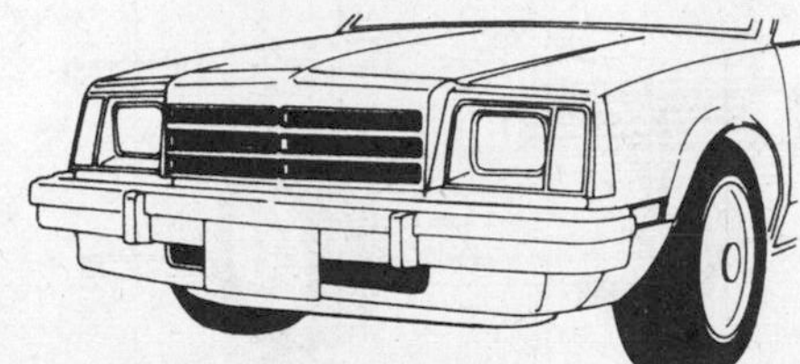

Skylark 1981

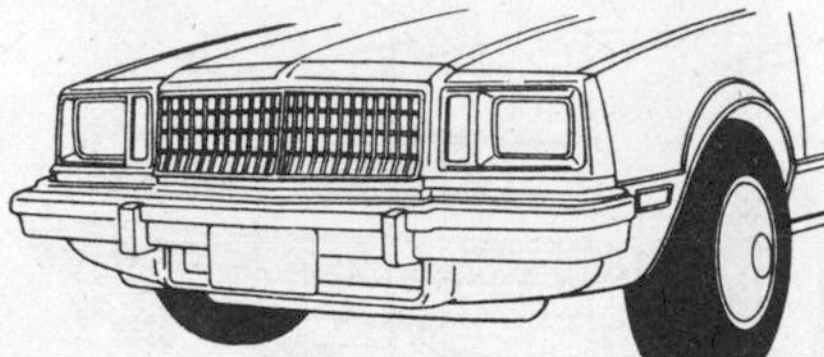

Skylark Tipo T 1984-85

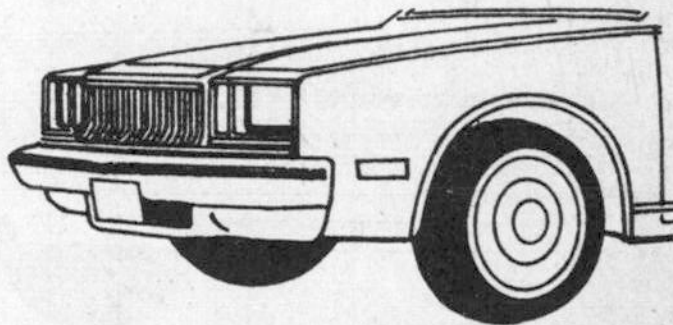

Skylark Sport Coupe 1981-85

IDENTIFICACIÓN POR AÑO

Celebrity 1982-83

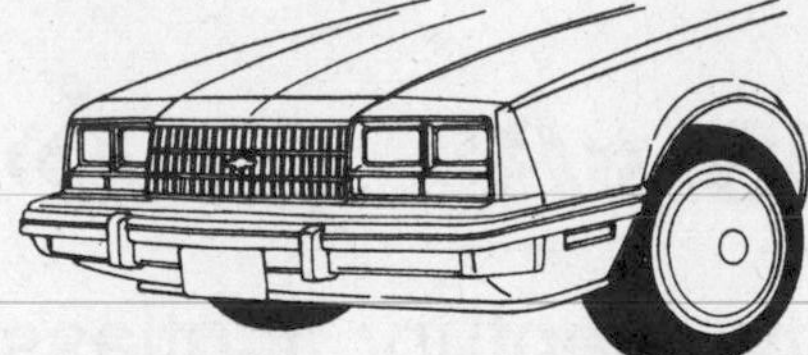
Celebrity 1984-85

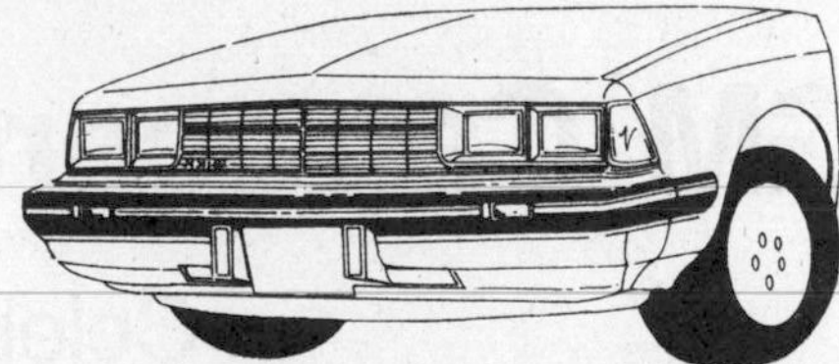
Century 1982-83

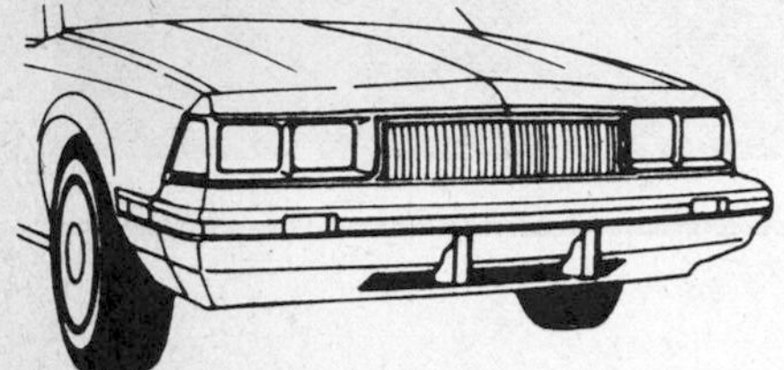
Century 1984-85

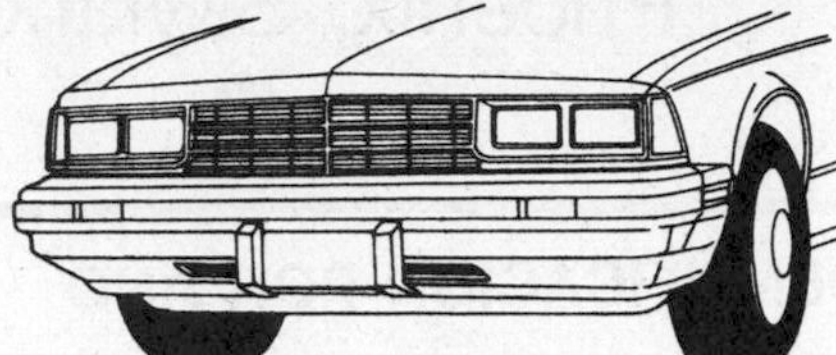
Century Tipo T 1984

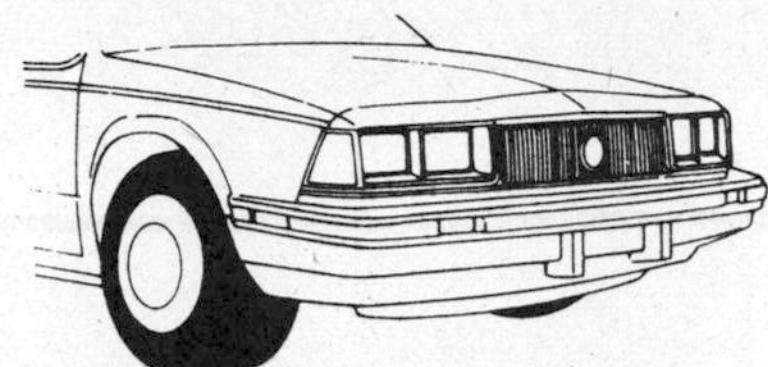
Century Tipo T 1985

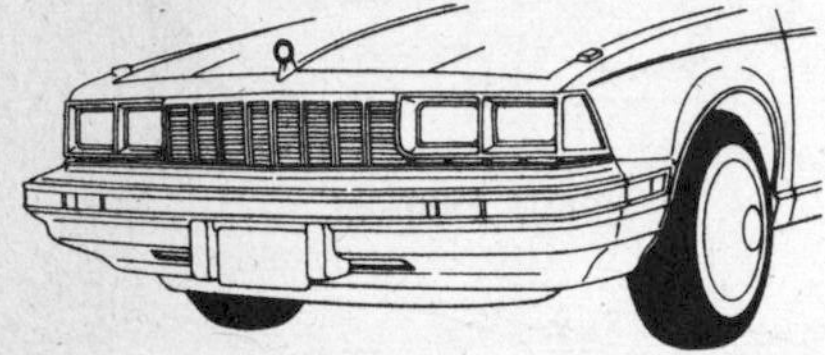
Century Custom Serie limitada 1984

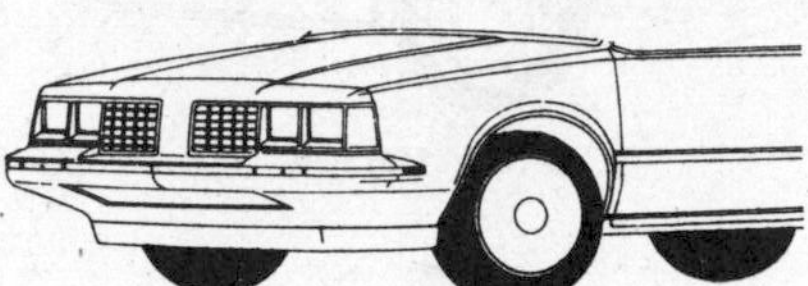
Cutlass Ciera 1982-83

Cutlass Ciera ES 1983

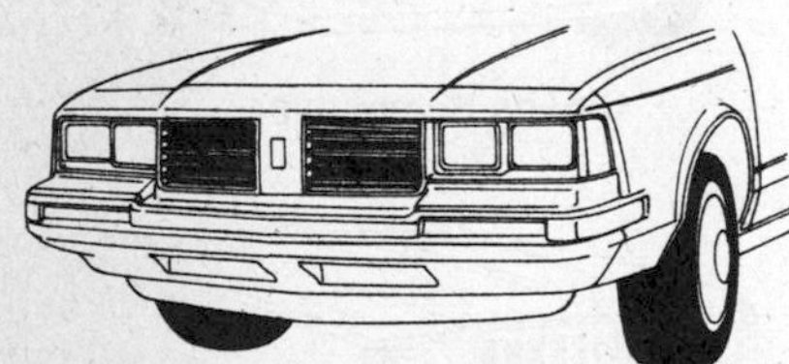
Cutlass Ciera 1984

Cutlass Ciera 1985-86

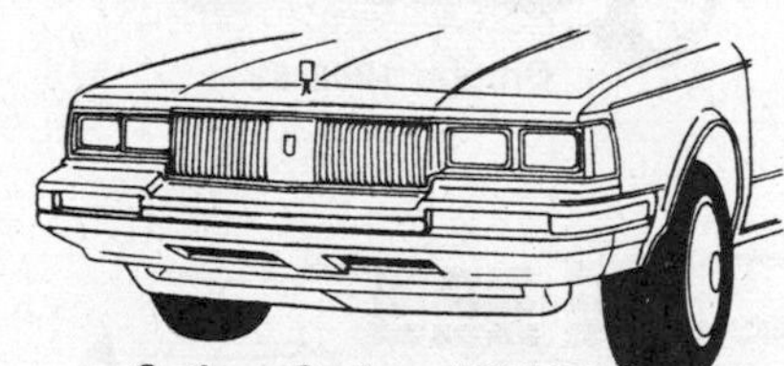
Cutlass Cruiser 1984-86

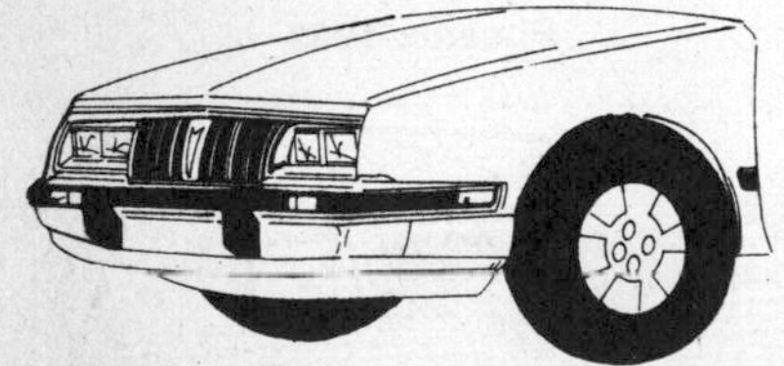
6.000 1982-83

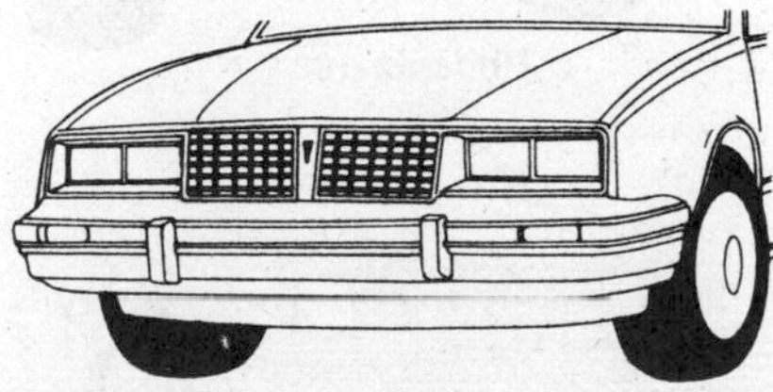
6.000, 6.000 LE 1984

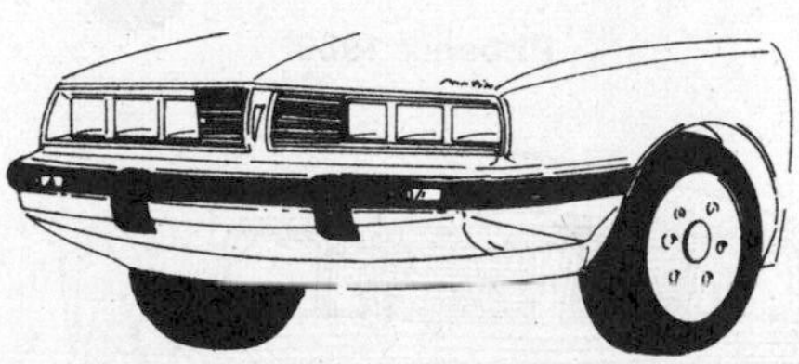
6.000 STE 1983-85

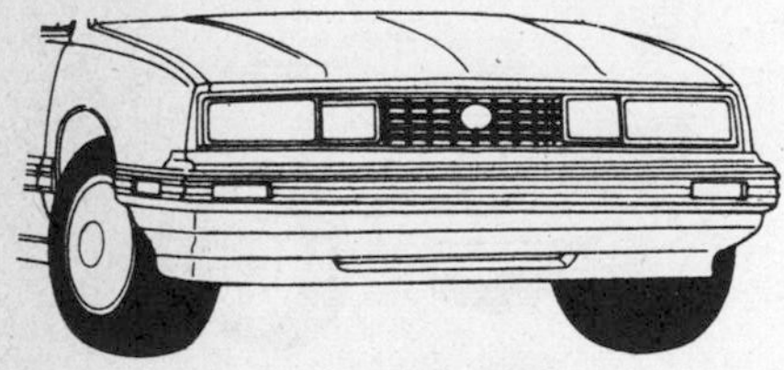
6.000 STE 1986

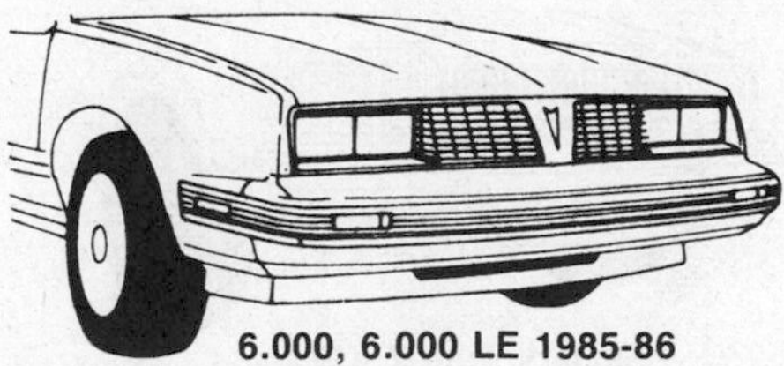
6.000, 6.000 LE 1985-86

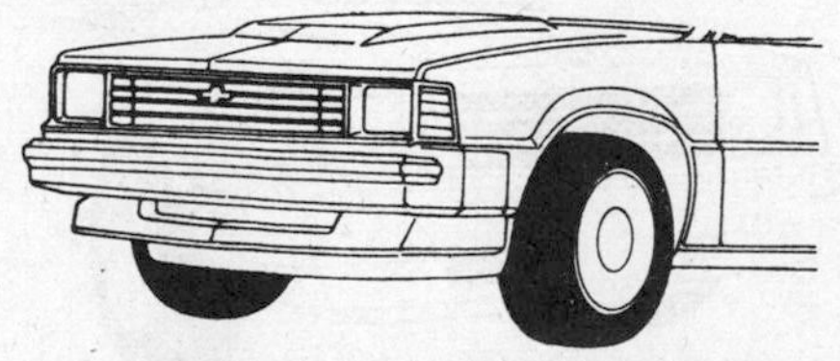
Citation 1982-85

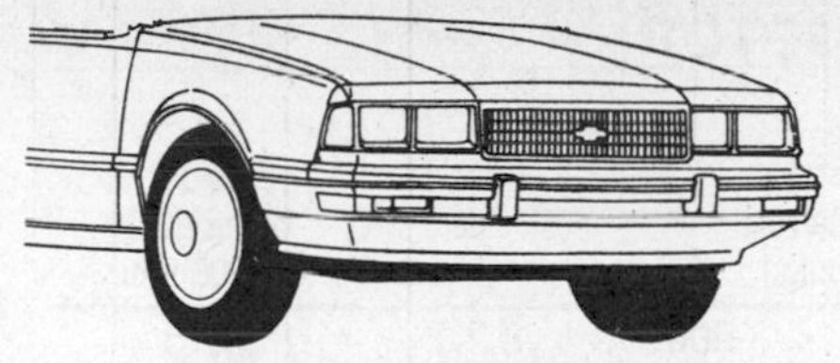

Celebrity 1986-87

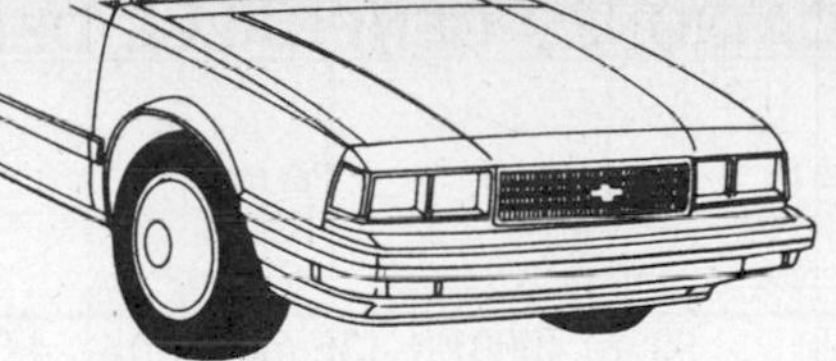

Celebrity Eurosport 1985-87

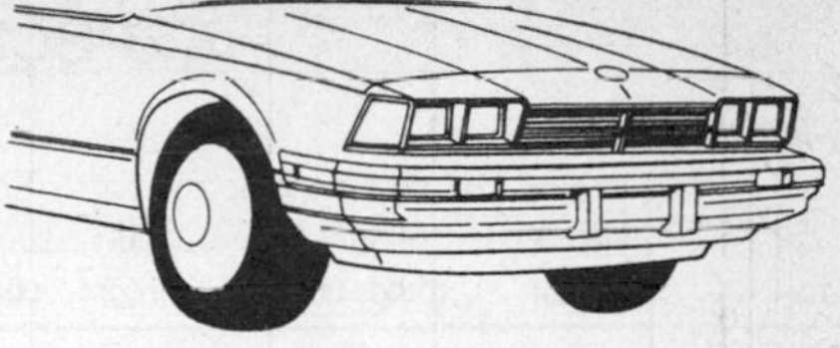

Century 1986-87

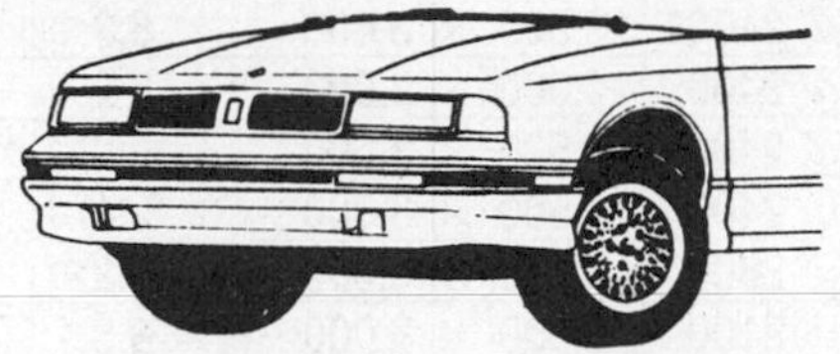

Cutlass Ciera GT 1987

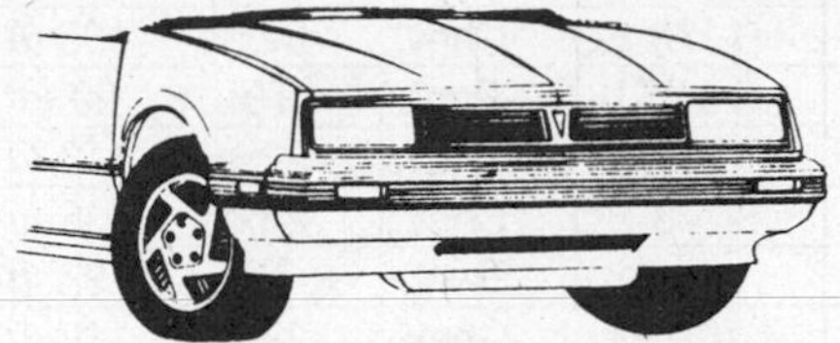

Pontiac 6.000 SE 1987

NÚMERO DE IDENTIFICACIÓN DEL VEHÍCULO (VIN)

Es importante estar seguro de la identificación del vehículo y del motor a la hora de reparar y hacer pedidos de piezas de repuesto. El VIN (n.º de identificación del vehículo) es un número de 13 o 17 cifras que puede observarse a través del parabrisas, está situado en el cuadro de instrumentos en el lado del conductor y contiene los códigos de identificación del vehículo y del motor. Puede interpretarse de la siguiente forma:

Código del motor					
Cód.	**Pulg. cúb.**	**Cilindrada (L)***	**N.º cil.**	**Carburador**	**Fabr. motor**
5	151	2.5	4	2	Pont.
7	173	2.8	V6	2	Chev.

Código de modelo	
Código	**Año**
A	1980

El número de identificación del vehículo de 13 cifras puede utilizarse para determinar la aplicación del motor y el año del modelo. El sexto dígito indica el año del modelo y el quinto identifica el motor montado en fábrica

NÚMERO DE IDENTIFICACIÓN DEL VEHÍCULO (VIN)

Es importante estar seguro de la identificación del vehículo y del motor a la hora de reparar y hacer pedidos de piezas de repuesto. El VIN (n.º de identificación del vehículo) es un número de 13 o 17 cifras que puede observarse a través del parabrisas, está situado en el cuadro de instrumentos en el lado del conductor y contiene los códigos de identificación del vehículo y del motor. Puede interpretarse de la siguiente forma:

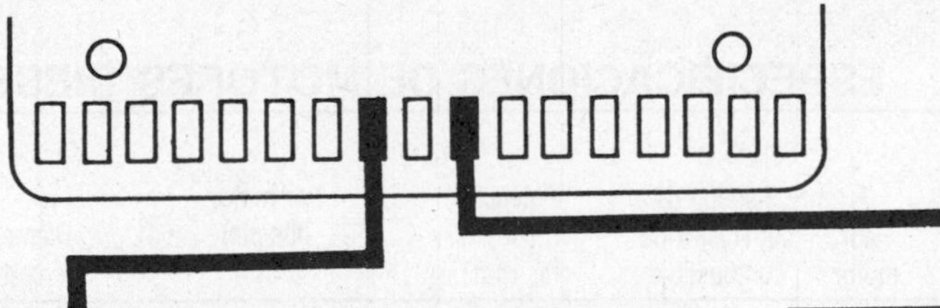

Código del motor					
Cód.	**Pulg. cúb.**	**Cilindrada (L)***	**N.º cil.**	**Carburador**	**Fabr. motor**
5	151	2.5	4	2	Pont.
R	151	2.5	4	TBI	Pont.
X	173	2.8	V6	2	Chev.
Z	173(HO)	2.8	V6	2	Chev.
E	181	3.0	V6	2	Buick
3	231	3.8	V6	MFI	Buick
T	263	4.3	V6	Diesel	Olds.
W	173	2.8	V6	MFI	Chev.
L	181	3.0	V6	MFI	Buick
B	231	3.8	V6	SFI	Buick

Código de modelo	
Código	**Año**
B	1981
C	1982
D	1983
E	1984
F	1985
G	1986
H	1987

El número de identificación del vehículo de 17 cifras puede utilizarse para determinar la aplicación del motor y el año del modelo. El décimo dígito indica el año del modelo y el octavo identifica el motor montado en fábrica

TBI: Inyección en el cuerpo de la válvula de mariposa
MFI: Inyección de combustible en múltiples compuertas

ESPECIFICACIONES GENERALES DEL MOTOR

Año	Código VIN del motor	N.º de cil. motor cilindrada (pulg. cúb.)	Fabr. motor	Sistema de suministro de combustible	Potencia (HP) @ rpm	Par motor (lbs-pie) @ rpm	Diámetro x carrera (pulg.)	Relación de compresión	Presión del aceite @ 2.000 rpm
1980–81	5	4-151	Pont.	2-bbl	90 @ 4000	135 @ 2400	4.000 × 3.000	8.2:1	37.5
	5	4-151 Calif.	Pont.	2-bbl	90 @ 4400	128 @ 2400	4.000 × 3.000	8.2:1	37.5
	X	6-173	Chev.	2-bbl	115 @ 4800	150 @ 2000	3.500 × 3.000	8.5:1	30–45
	X	6-173 Calif.	Chev.	2-bbl	110 @ 4800	140 @ 2000	3.500 × 3.000	8.5:1	30–45
	Z	6-173 HO	Chev.	2-bbl	135 @ 4800	165 @ 2400	3.500 × 3.000	8.9:1	30–45
1982	R	4-151	Pont.	TBI	90 @ 4000	134 @ 2400	4.000 × 3.000	8.2:1	37.5
	X	6-173	Chev.	2-bbl	112 @ 5100	148 @ 2400	3.500 × 3.000	8.42:1	30–45
	Z	6-173 HO	Chev.	2-bbl	135 @ 5400	142 @ 2400	3.500 × 3.000	8.94:1	30–45
1983	R	4-151	Pont.	TBI	92 @ 4000	134 @ 2800	4.000 × 3.000	8.2:1	37.5
	X	6-173	Chev.	2-bbl	112 @ 4800	145 @ 2100	3.500 × 3.000	8.5:1	50–65
	Z	6-173 HO	Chev.	2-bbl	135 @ 5400	145 @ 2400	3.500 × 3.000	8.9:1	①
	E	6-181	Buick	2-bbl	110 @ 4800	145 @ 2600	3.800 × 2.660	8.45:1	35–42
1984	R	4-151	Pont.	TBI	92 @ 4000	134 @ 2800	4.000 × 3.000	9.0:1	37.5
	X	6-173	Chev.	2-bbl	112 @ 4800	145 @ 2100	3.500 × 2.990	8.5:1	①
	Z	6-173 HO	Chev.	2-bbl	130 @ 5400	145 @ 2400	3.500 × 2.900	8.9:1	①
	E	6-181	Buick	2-bbl	110 @ 4800	145 @ 2600	3.800 × 2.660	8.45:1	35–42
1985	R	4-151	Pont.	TBI	92 @ 4400	134 @ 2800	4.000 × 3.000	9.0:1	37.5
	X	6-173	Chev.	2-bbl	112 @ 4800	145 @ 2100	3.500 × 2.990	8.5:1	50–65
	W	6-173	Chev.	MFI	130 @ 4800	155 @ 3600	3.500 × 2.990	8.9:1	50–65
	Z	6-173 HO	Chev.	MFI	125 @ 4500	165 @ 3600	3.500 × 2.990	8.9:1	50–65
	E	6-181	Buick	2-bbl	110 @ 4800	145 @ 2600	3.800 × 2.660	8.45:1	35–42
	3	6-231	Buick	MFI	125 @ 4400	195 @ 2000	3.800 × 3.400	8.0:1	35–42
1986–87	R	4-151	Pont.	TBI	92 @ 4400	134 @ 2800	4.000 × 3.000	9.0:1	37.5
	X	6-173	Chev.	2-bbl	112 @ 4800	145 @ 2100	3.500 × 2.990	8.0:1	①
	W	6-173	Chev.	MFI	125 @ 4800	160 @ 3600	3.500 × 2.990	8.5:1	①
	L,E	6-181	Buick	MFI	125 @ 4900	150 @ 2400	3.800 × 2.660	8.45:1	②
	B,3	6-231	Buick	SFI	125 @ 4400	195 @ 2000	3.800 × 3.400	8.0:1	②

① 50-65 (lbs./pulg.^{2}) @ 1,200 rpm
② 37 lbs./pulg.^{2} @ 2,400 rpm

ESPECIFICACIONES DE MOTORES DIESEL

Año	Código VIN del motor	N.º de cil. motor Cilindrada (pulg. cúb.)	Fabr. motor	Sistema de suministro de combustible	Potencia (HP) @ rpm	Par motor (lbs-pie) @ rpm	Diámetro x carrera	Relación de compresión	Presión del aceite @ 2.000 rpm
1983–85	T	6-263	Olds.	Diesel	85 @ 3600	165 @ 1600	4.057 × 3.385	21.6:1	40–45

ESPECIFICACIONES DE PUESTA A PUNTO

Cuando analice los resultados de la prueba de compresión, procure que exista uniformidad entre las presiones de los cilindros más que la coincidencia de las presiones específicas de cada uno de ellos

Año	Código VIN del motor	N.º de cil. motor cilindrada (pulg. cúb.)	Fabr. motor	HP	Bujías de encendido: Tipo original	Bujías de encendido: Dist. entre electrodos (pulgadas)	Sincronización del encendido (grados) ◄: Trans. Man.	Sincronización del encendido (grados) ◄: Trans. Aut.	Apertura válvula admisión (grados) ■	Presión de la bomba de combustible (lb/pulg.^{2})	Velocidad de ralentí (rpm) ◄: Trans. Man.	Velocidad de ralentí (rpm) ◄: Trans. Aut.
'80	5	4-151	Pont.	90	R-43TSX	0.060	10B③	10B	33	6.5–8.0	1000	650
	X	6-173	Chev.	110	R-44TS	0.045	2B④	6B⑤	25	6.0–7.5	750⑥	750⑥
'81	5	4-151	Pont.	90	R-44TSX	0.060	4B	4B	33	6.5–8.0	1000	675
	X	6-173	Chev.	110	R-43TS	0.045	6B	10B	25	6.0–7.5	850	850⑦
	Z	6-173 HO	Chev.	135	R-42TS	0.045	10B	10B	31	6.0–7.5	700	700

ESPECIFICACIONES DE PUESTA A PUNTO

Cuando analice los resultados de la prueba de compresión, procure que exista uniformidad entre las presiones de los cilindros más que la coincidencia de las presiones específicas de cada uno de ellos

Año	Código VIN del motor	Nº de cil. motor Cilindrada (pulg. cúb.)	Fabr. motor	HP	Bujías de encendido: Tipo original	Bujías de encendido: Dist. entre electrodos (pulgadas)	Sincronización del encendido (grados) ◄ Trans. Man.	Sincronización del encendido (grados) ◄ Trans. Aut.	Apertura válvula admisión (grados) ■	Presión de la bomba de combustible (lb/pulg.²)	Velocidad de ralentí (rpm) ◄ Trans. Man.	Velocidad de ralentí (rpm) ◄ Trans. Aut.
'82–'84	5,R	4-151	Pont.	90	R-44TSX	0.060	8B	8B	33	6.0–8.0	950①	750②
	X	6-173	Chev.	112	R-43CTS	0.045	10B	10B	25	6.0–7.5	800	600
	Z,W	6-173 HO	Chev.	135⑩	R-42CTS	0.045	6B	10B	31	6.0–7.5	850⑧	750
	E	6-181	Buick	110	R-44TS8	0.080	—	15B	16	6.0–8.0	—	vea texto
	3	6-231	Buick	125	R-44TS8	0.080	⑨	⑨	4.0–6.5	⑨	⑨	
	T	6-263	Olds.	85	—	—	—	6A	N.A.	5.8–8.7	—	650
'85–'86	5	4-151	Pont.	92	R-43TXS	0.045	⑨	⑨	33	6.0–7.0	⑨	⑨
	R	4-151	Pont.	92	R-43TXS	0.60	⑨	⑨	33	12.0	⑨	⑨
	X	6-173	Chev.	112	R-43CTS	.045	⑨	⑨	25	6.0–7.5	⑨	⑨
	Z	6-173 HO	Chev.	—	R-42CTS	.045	⑨	⑨	—	—	⑨	⑨
	W	6-173	Chev.	125	R-42CTS	.045	⑨	⑨	—	24.0–37.0	⑨	⑨
	B,3	6-231	Buick	125	R-44TS8	.080	⑨	⑨	—	—	⑨	⑨
	T	6-263	Diesel Olds	—	—	—	⑨	⑨	—	5.5–6.5	⑨	⑨
	L,E	6-181	Buick	110	R-44TS	.060	⑨	⑨	—	3.9–6.5	⑨	⑨
'87	Vea las especificaciones situadas debajo del capó											

NOTA: El adhesivo de especificaciones situado bajo el capó suele reflejar cambios en las especificaciones de puesta a punto introducidos durante la fabricación del motor. Debe darse prioridad a los valores especificados en las etiquetas adhesivas si no coinciden con los de la tabla

◄ Véase el texto para el procedimiento
■ Todos los valores antes del punto muerto superior
B: Antes del punto muerto superior
A: Después del punto muerto superior
Los números de pieza de esta tabla no son recomendaciones de Chilton para ningún producto de una marca concreta.
N.A.: Información no disponible
① Sin aire acondicionado: 850
② Sin aire acondicionado: 680
③ Calif.:12B
④ Calif.: 6B
⑤ Calif.: 10B
⑥ Calif.: 700
⑦ Sin sistema de AA (A/C): 900
⑧ Calif.: 750
⑨ Consulte la etiqueta adhesiva de especificaciones situada bajo el capó
⑩ 130 en el motor de código W, únicamente para los años 1982-84

ÓRDENES DE ENCENDIDO

NOTA: Para evitar confusiones, sustituya siempre los cables de las bujías de encendido de uno en uno

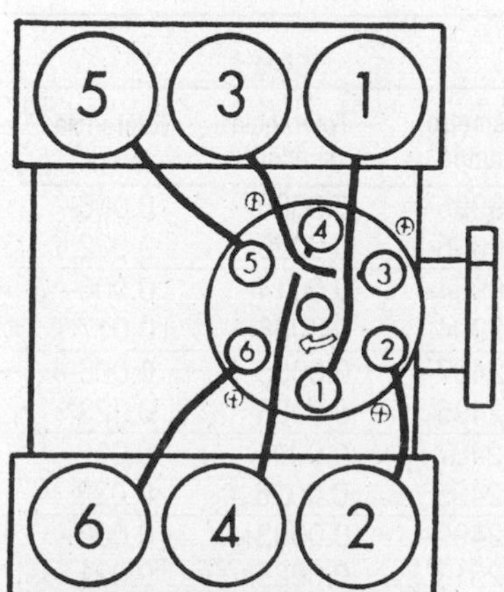

GM (Buick) 181 V6 (3.0L)
GM (Buick) 231 V6 (3.8L)
Orden de encendido del motor: 1-6-5-4-3-2
Sentido de giro del distribuidor: el de las agujas del reloj

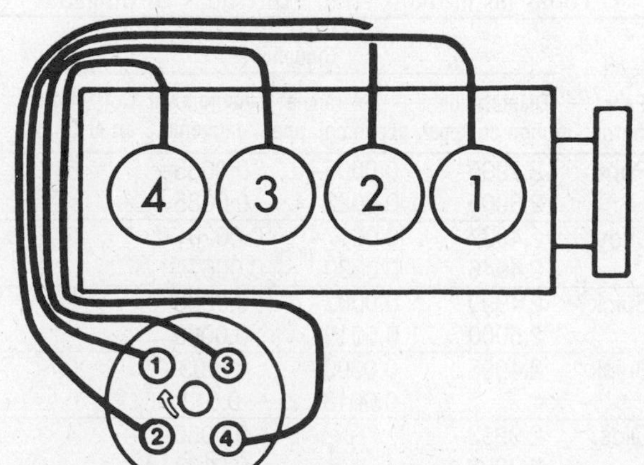

GM Pontiac (151-4)
Orden de encendido del motor: 1-3-4-2
Sentido de giro del distribuidor: el de las agujas del reloj

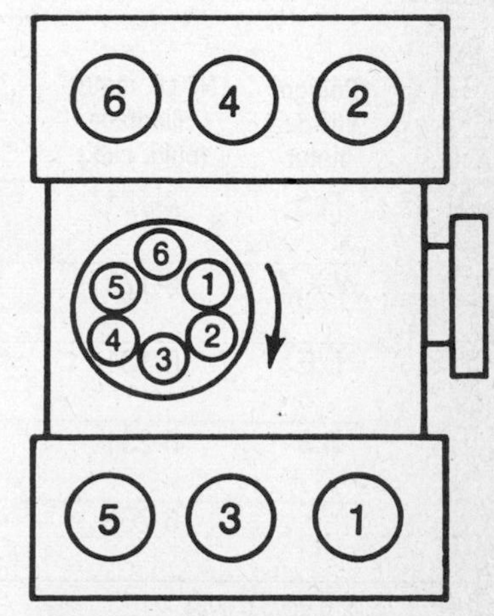

GM (Chevrolet 173 V6 (2.8L)
Orden de encendido del motor: 1-2-3-4-5-6
Sentido de giro del distribuidor: el de las agujas del reloj

CAPACIDADES
Carrocería A

Año	Cód. VIN del motor	Nº cil. motor cilindrada (pulg. cúb.)	Fabr. motor	Volumen cárter cuartos		Cap. transmisión (pintas)		Cap. depós. gasolina (galones)	Cap. sis. refrigeración (cuartos)	
				Con filtro	Sin filtro	T. Man.	T. Aut.		Con calef.	Con AA(AC)
'82–'85	R	4-151	Pont.	3.0	2.8	6.0	10.0	16.0	9.5	9.75
	X,W	6-173	Chev.	4.0	3.0	6.0	10.0	16.0	11.5	11.75
	E	6-181	Buick	4.0	3.0	—	10.0②	16.0	13.5	14.25
	3	6-231	Buick	4.0①	4.0	—	13.0	16.0	12.25	12.75
	T	6-263	Olds.	6.0	5.5	—	10.0②	16.0	13.25	13.75
'86–'87	R	4-151	Pont.	3.0	3.0	6.0	18	15.7	9.8	9.6
	X,W	6-173	Chev.	4.0	4.0	6.0	18	16.4	12.5	12.6
	L,E	6-181	Buick	4.0	4.0	6.0	18	16.0	14.4	14.0
	B,3	6-231	Buick	4.0	4.0	6.0	18	16.0	11.4	12.0
	T	6-263	Olds.	6.0	6.0	6.0	18	16.6	13.2	13.9

① Añada aceite si es necesario para mantener el nivel correcto
② 13.0 pintas con transmisión 440T4

CAPACIDADES
Carrocería X

Año	Cód. VIN del motor	Nº cil. motor cilindrada (pulg. cúb.)	Cárter motor, añadir 1 cuarto para nuevo filtro	Cap. transmisión (nº de pintas a rellenar después de purga)		Eje de la transmisión (pintas)	Cap. depós. gasolina (galones)	Cap. sis. refrigeración (cuartos)	
				Manual	Automática			Con calef.	Con AA(AC)
'80–'81	5,R	4-151	3	5.9	10.5	①	14	8.3	8.6
	7	6-173	4	5.9	10.5	①	14	10.2	10.6
'82	5,R	4-151	3	5.9	10.5	①	14	8.3	8.6
	X	6-173	4	5.9	10.5	①	14	10.6	10.8
'83–'85	5,R	4-151	3	5.9	10.5	①	14.6	8.3	8.6
	X	6-173	4	5.9	10.5	①	15.1	10.6	10.8
	Z,W	6-173 HO	4	5.9	10.5	①	15.5	10.6	10.8

① La cantidad a rellenar de la caja transaxle se refiere a la capacidad de la transmisión

ESPECIFICACIONES DEL CIGÜEÑAL Y BIELAS

Todas las medidas están expresadas en pulgadas

Año	Código VIN del motor	Nº cil. motor cilindrada (pulg. cúb.)	Fabr. motor	Cigüeñal: Diámetro de muñón coj. ppal.	Cigüeñal: Tolerancia aceite coj. ppal.	Cigüeñal: Juego axial cigüeñal	Cigüeñal: Coj. empuje en el cil. nº	Biela: Diámetro muñón	Biela: Tolerancia de aceite	Biela: Tolerancia lateral
'80–'87	R,5	4-151	Pont.	2.2995–2.3005	0.0005–0.0022	0.0035–0.0085	5	1.9995–2.0005	0.0005–0.0026	0.006–0.022
	W,X,Z	6-173	Chev.	2.4937–2.4946	0.0017–0.0030	0.0020–② 0.0067③	3	1.9984–1.9994	0.0014–0.0036	0.006–0.017
	L,E	6-181	Buick	2.4990–2.5000	0.0003–0.0018	0.0030–0.0090	2	2.2487–2.2495	0.0005–0.0026	0.006–0.023
	B,3	6-231	Buick	2.4995	0.0003–0.0018	0.003–0.011	2	2.2487–2.2495	0.0005–0.0026	0.006–0.023
	T	6-263	Olds.	2.9993–3.0003	①	0.0035–0.0135	4	2.2490–2.2510	0.0003–0.0025	0.008–0.021

① Nº 1, 2, 3: 0.0005-0.0021
Nº 4: 0.0020-0.0034
② 1980: 0.0020-0.0079
③ 1986-87: 0.0020-0.0033

ESPECIFICACIONES DE LAS VÁLVULAS

Año	Código VIN del motor	Nº de cil. motor cilindrada (pulg. cúb.)	Fabr. del motor	Ángulo de asiento (grados)	Ángulo de cara (grados)	Presión prueba del muelle (lbs @ pulg.)	Altura muelle montado (pulg.)	Tolerancia del vástago a la guía (pulg.)		Diámetro vástago	
								Admisión	Escape	Admisión	Escape
'80–'85	R,5	4-151	Pont.	46	45	176 @ 1.254	1.660	0.0010–0.0027	0.0010–0.0027	0.3418–0.3425	0.3418–0.3425
	W,X,Z	6-173	Chev.	46	45	155 @ 1.160	1.610	0.0010–0.0027	0.0010–0.0027	0.3410–0.3416	0.3410–0.3416
	E	6-181	Buick	45	45	220 @ 1.340	1.727	0.0015–0.0035	0.0015–0.0032	0.3401–0.3412	0.3402–0.3415
	3	6-231	Buick	45	45	220 @ 1.340	1.727	0.0015–0.0035	0.0015–0.0032	0.3401–0.3412	0.3405–0.3412
	T	6-263	Olds.	①	②	210 @ 1.220	1.670	0.0010–0.0027	0.0015–0.0032	0.3425–0.3432	0.3420–0.3427
'86–'87	R	4-151	Pont.	46	45	170–180 @ 1.260	1.690	—	—	0.3420–0.3430	0.3420–0.3430
	W,X	6-173	Chev.	46	45	155 @ 1.160	1.610	0.0260–0.0268	0.0260–0.0268	—	—
	L,E	6-181	Buick	45	45	220 @ 1.340	1.727	0.0015–0.0032	0.0015–0.0032	0.3405–0.3412	0.3405–0.3412
	B,3	6-231	Buick	45	45	220 @ 1.340	1.727	0.0015–0.0032	0.3405–0.3412	0.3405–0.3412	
	T	6-263	Olds.	①	②	210 @ 1.220	1.670	0.0010–0.0027	0.0015–0.0027	0.3425–0.3432	0.3420–0.3427

① Admisión: 45
Escape: 32
② Admisión: 44
Escape: 30

ESPECIFICACIONES DEL ÁRBOL DE LEVAS

Todas las medidas en pulgadas

Año	Código VIN del motor	Motor	Fabr. motor	Diámetro de los muñones					Tolerancia de los cojinetes	Alzada del lóbulo		Juego axial del árbol de levas
				1	2	3	4	5		Admisión	Escape	
'80–'85	R,5	4-151	Pont.	1.869	1.869	1.869	—	—	0.0007–0.0027	0.398	0.398	0.0015–0.0050
	W,X,Z	6-173	Chev.	1.869	1.869	1.869	1.869	—	0.0010–0.0040	0.231	0.263	—
	E	6-181	Buick	1.786	1.786	1.786	1.786	1.786	①	0.406	0.406	—
	3	6-231	Buick	1.786	1.786	1.786	1.786	1.786	①	N.A.	N.A.	—
	T	6-263	Olds.	②	2.205	2.185	2.165	—	0.0020–0.0059	N.A.	N.A.	0.0008–0.0228
'86–'87	R	4-151	Pont.	1.869	1.869	1.869	—	—	0.0007–0.0027	0.398	0.398	0.0015–0.0050
	W	6-173	Chev.	1.8678	1.8678	1.8678	1.8678	—	.001–.004	.2626	.2732	—
	X	6-173	Chev.	1.8678	1.8678	1.8678	—	.001–.004	.231	.2626	—	—
	L,E	6-181	Buick	1.786	1.786	1.786	1.786	①	.358	.384	—	—
	B	6-231	Buick	1.786	1.786	1.786	1.786	①	.392	.392	—	—
	T	6-263	Olds.	②	2.205	2.185	2.165	—	0.0020–0.0059	N.A.	N.A.	0.0008–0.0228
	3	6-231	Buick	1.786	1.786	1.786	1.786	①	.368	.384	—	

① Nº 1: 0.0005-0.0025
Nº 2-5: 0.0005-0.0035
② El cojinete nº 1 no se puede perforar y se debe sustituir por separado
N.A.: No disponible

ESPECIFICACIONES SOBRE EL PISTÓN Y ANILLOS

Todas las medidas vienen expresadas en pulgadas

Año	Código VIN del motor	n.º cil. motor cilindrada (pulg. cúb.)	Fabr. motor	Tolerancia entre el pistón y cilindro	Huelgo entre anillos (Entrehierro)			Tolerancia lateral de los anillos		
					Anillo sup. compresión	Anillo inf. compresión	Anillo de control aceite	Anillo sup. compresión	Anillo inf. compresión	Anillo de control aceite
'80–'85	R,5	4-151	Pont.	0.0025–0.0033	0.010–① 0.022	0.020–② 0.027	0.015–0.055	0.0015–0.0030	0.0015–0.0030	ajustado
	W,X,Z	6-173	Chev.	0.0017–0.0027	0.0098–0.0197	0.0098–0.0197	0.020–③ 0.055	0.0012–④ 0.0028	0.0016–④ 0.0037	0.008 máx
	L,E	6-181	Buick	0.0008–0.0020	0.013–0.023	0.013–0.023	0.015–0.035	0.0030–0.0050	0.0030–0.0050	0.0035 máx
	B,3	6-231	Buick	0.0008–0.0020	0.010–0.020	0.010–0.020	0.015–0.055	0.0030–0.0050	0.0030–0.0050	0.0035 máx
	T	6-263	Olds.	0.0030–0.0040	0.015–0.025	0.015–0.025	0.015–0.055	0.0050–0.0070	0.0030–0.0070	0.001–0.005
'86–'87	R	4-151	Pont.	0.0014–0.0022	0.010–0.020	0.010–0.020	0.020–0.060–	0.002–0.003	0.001–0.003	0.015–0.055
	W	6-173	Chev.	0.001 – 0.002	0.0012–0.0027	0.0016–0.0037	0.020–0.055	0.0098–0.0197	0.0098–0.0197	0.020–0.055
	L,E	6-181	Buick	0.0008–0.0020	0.010–0.020	0.010–0.020	0.015–0.055	0.0030–0.0050	0.0030–0.0050	0.0035 máx
	B,3	6-231	Buick	0.0008–0.0020	0.010–0.020	0.010–0.020	0.015–0.055	0.0030–0.0050	0.0030–0.0050	0.0035 máx
	X	6-173	Chev.	0.0007–0.0017	0.0012–0.0027	0.0016–0.0037	0.020–0.055	0.0098–0.0197	0.0098–0.0197	0.020–0.055

① 1980: 0.015-0.025
② 1980: 0.009-0.019
③ 1980: 0.015-0.055
④ 1980: 0.012-0.032

ESPECIFICACIONES DE PAR DE APRIETE

Todas las lecturas en libras-pie

Año	Código VIN del motor	N.º cil. motor cilindrada (pulg. cúb.)	Fabr. motor	Pernos de cabeza de cilindros	Pernos. de la biela	Perno del coj. ppal.	Pernos del cigüeñal	Pernos de sujec. del volante al cigüeñal	Múltiple	
									Admisión	Escape
'80–'87	R,5	4-151	Pont.	85③	32	70	200	44④	29	44
	W,X,Z	6-173	Chev.	70⑤	37	68	75	50	23	25
	L,E	6-181	Buick	80	40–45	100	225	60	32	25–37
	B,3	6-231	Buick	80	40–45	100	225	60	32	25–37
	T	6-263	Olds.	①	42	107	255②	76	41	29

① Todos excepto los n.º 5, 6, 11, 12, 13, 14: 142
Los n.º 5, 6, 11, 12, 13, 14: 59
② Intervalo: 160-350 libras-pie
③ 1980-81: 75
1984-87: 92
④ 1986-87: 55
⑤ 1986-87: 65-90

ESPECIFICACIONES DE ALINEACIÓN DE LAS RUEDAS

Año	Modelo	Avance*		Inclinación de las ruedas delanteras			Inclinación eje dirección
		Intervalo (grados)	Valor preferido (grados)	Intervalo (grados)	Valor preferido (grados)	Convergencia (grados)	
'80–'81	Todos	2N–2P	0	0–1P	½P	0–3/16	14.5
'82–'87	Todos	0–4P	2P	½N–½P	0	13/64–13/64	14.5

* El avance no es ajustable N. negativo P. positivo

PARTE ELÉCTRICA DEL MOTOR

Alternador

NOTA: Los procedimientos referentes a la inspección y reparación del alternador y regulador se incluyen en el apartado Sistemas de carga y arranque de la sección de reparaciones del conjunto.

DESMONTAJE, MONTAJE Y AJUSTE DE LA TENSIÓN DE LA CORREA

1. Desconecte el cable a masa de la batería para evitar que se estropeen los diodos.

2. Desconecte y ponga etiquetas a los cables del alternador.

3. Quite el perno del tirante. Si dispone de un sistema de dirección hidráulica, afloje el tirante de la bomba y las tuercas del soporte. Quite la(s) correa(s) de accionamiento.

4. En los motores de cuatro cilindros, quite el soporte superior.

5. Soporte el alternador y extraiga el perno o pernos de sujeción. Extráigalo del vehículo.

6. El procedimiento de montaje es justamente el inverso del de desmontaje. Ajuste la correa de accionamiento de forma que presente un juego de 1/4-1/2 de pulgada en el recorrido más largo de la misma.

Regulador integral de tensión

Los vehículos van equipados normalmente con un regulador integral de tensión en el alternador. No es posible realizar ajustes en el mismo; los procedimientos de verificación se detallan en el apartado Sistemas de carga y arranque de la sección de reparaciones del conjunto del motor.

Motor de arranque

Los procedimientos de inspección y reparación del motor de arranque se especifican en el apartado Sistemas de carga y arranque de la sección de reparaciones del conjunto.

DESMONTAJE Y MONTAJE

Todos los modelos excepto los diesel

NOTA: En algunos modelos podría ser necesario apartar los conductos de combustible. Extraiga los conductos de combustible de la abrazadera de sujeción y aflójelos en su conexión con el regulador. Si el vehículo dispone de un sistema de inyección de combustible, descomprima dicho sistema antes de desconectar los conductos de combustible. Véase el apartado Desmontaje de la bomba eléctrica de combustible, donde se detalla este procedimiento.

1. Desconecte el cable a masa de la batería.

2. Levante y soporte el vehículo.

3. Desconecte todos los cables en los terminales del solenoide. Anote la codificación de colores de los conductores para su posterior colocación.

4. Extraiga los pernos del soporte del motor de arranque (los motores de cuatro cilindros llevan dos tuercas; los motores de seis cilindros en V llevan una sola tuerca). En los motores que disponen de un protector refractario en el solenoide, extraiga el perno superior del soporte delantero y separe el soporte del motor de arranque.

5. Afloje el perno o tuerca del soporte delantero y gírelo. Baje y extraiga el motor de arranque. Anote la posición de las arandelas de reglaje para que puedan ser colocadas en la misma posición al efectuar el montaje.

6. El montaje se efectúa en el orden inverso al de desmontaje.

Diesel

1. Desconecte el cable negativo de la(s) batería(s).

2. Levante y soporte el vehículo sobre caballetes.

3. Quite la tuerca inferior del protector del motor de arranque y aparte el protector doblándolo.

4. Desconecte los conductores del motor de arranque. Es conveniente ponerles etiquetas.

5. Quite el perno anterior del motor de arranque. Afloje el perno posterior del motor de arranque y saque este último manteniendo el perno posterior en la carcasa del mismo.

6. El montaje se efectúa en el orden inverso al de desmontaje.

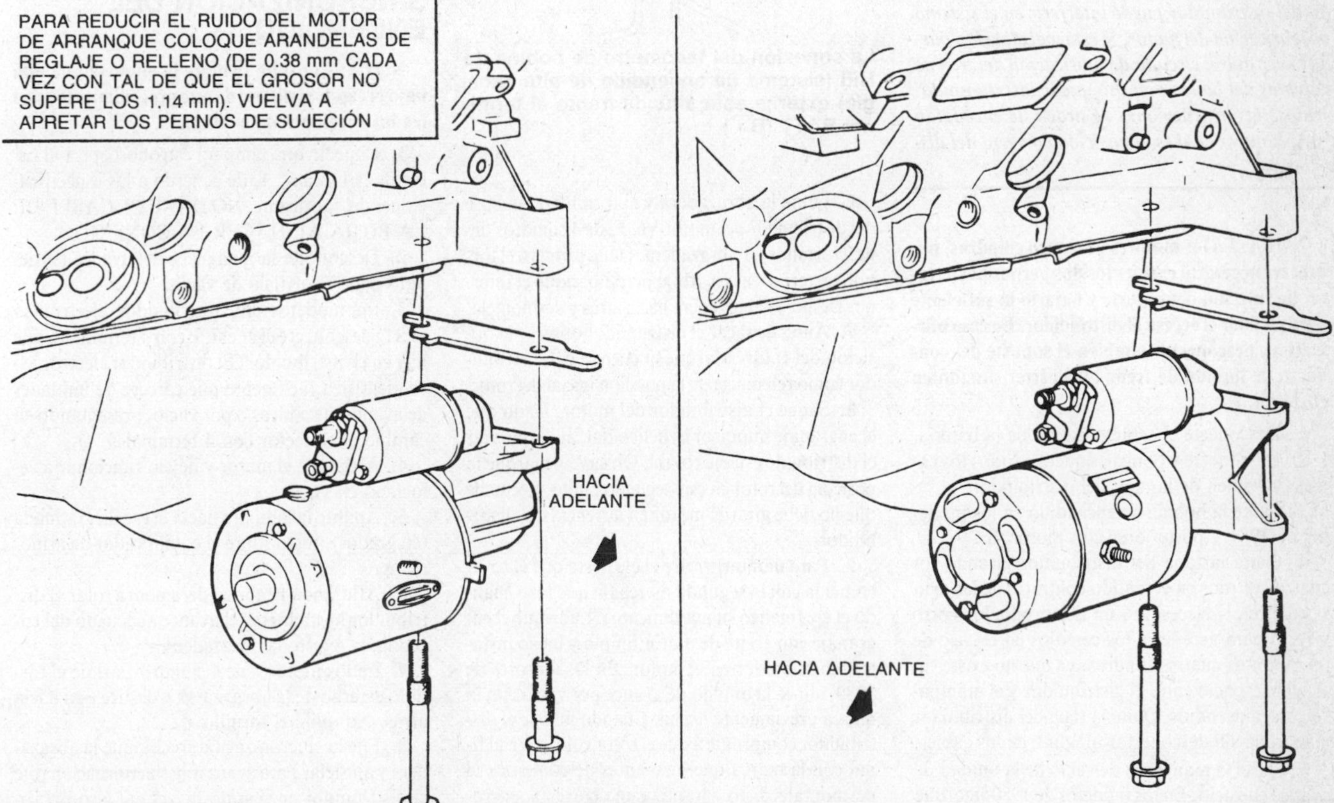
PARA REDUCIR EL RUIDO DEL MOTOR DE ARRANQUE COLOQUE ARANDELAS DE REGLAJE O RELLENO (DE 0.38 mm CADA VEZ CON TAL DE QUE EL GROSOR NO SUPERE LOS 1.14 mm). VUELVA A APRETAR LOS PERNOS DE SUJECIÓN
HACIA ADELANTE
HACIA ADELANTE

Montaje del motor de arranque en los modelos diesel

Distribuidor

Todos los modelos disponen de un distribuidor y sistema de encendido de alta energía (HEI). Cuando utilice un interruptor auxiliar para el motor de arranque en sistemas que dispongan de un distribuidor de alta energía (HEI), el conductor del distribuidor marcado con BATT debe estar desconectado. Si esto no se cumple podría resultar dañado el circuito de masa del interruptor de encendido.

TOMA DEL TACÓMETRO DEL SISTEMA HEI

En todo los modelos de los años 1980 y 81 y en modelos posteriores que dispongan de un motor 6V, existe una terminal en la tapa del distribuidor que lleva grabado la palabra TACH. En todos los modelos de 1981 y años posteriores que tengan un motor L4, existe un terminal en la bobina de encendido en donde hay conectado un conductor marrón. Conecte un conductor del tacómetro a este terminal y el otro a una buena masa. En algunos tacómetros, los conductores deben conectarse al terminal TACH y a continuación al terminal positivo de la batería.

No ponga nunca a masa el terminal TACH; el módulo y bobina de encendido podrían resultar seriamente dañados. Si existen dudas sobre si la toma del tacómetro es la correcta, consulte al fabricante del tacómetro.

DESMONTAJE Y MONTAJE

ATENCIÓN

En los modelos Chevrolet con motor 6V el cuerpo del distribuidor puede interferir en el sistema de lubricación del motor. Si está mal alineado puede hacer que el circuito de lubricación del tren de válvulas del banco derecho quede interrumpido. Véanse las instrucciones de orden de encendido para conocer cuál es la posición correcta del distribuidor.

NOTA: En los motores de cuatro cilindros, podría ser necesario extraer los dos pernos posteriores de sujeción del soporte y bajarlo lo suficiente para facilitar el acceso al distribuidor. En caso afirmativo, desconectar también el soporte del conducto de líquido de frenos del cárter situado en el fondo.

1. Desconecte el cable negativo de la batería.
2. Desconecte y ponga etiqueta a todos los cables que salen de la tapa del distribuidor.
3. Quite la bobina de encendido en los modelos de 1981 y posteriores con motor 4L.
4. Quite la tapa del distribuidor girando los cuatro cerrojos en el sentido contrario de las agujas del reloj. Necesitará un destornillador corto y recio para acceder a los cerrojos en el caso de un motor de cuatro cilindros, ya que no existe suficiente espacio entre el distribuidor y el mamparo contraincendios. Quite la tapa del distribuidor y apártela sin desconectar ninguno de los cables.
5. Quite la manguera de vacío de la unidad de avance en vacío. En los modelos de 1980, marque la posición de la unidad de avance en vacío con relación al motor para su montaje correcto.

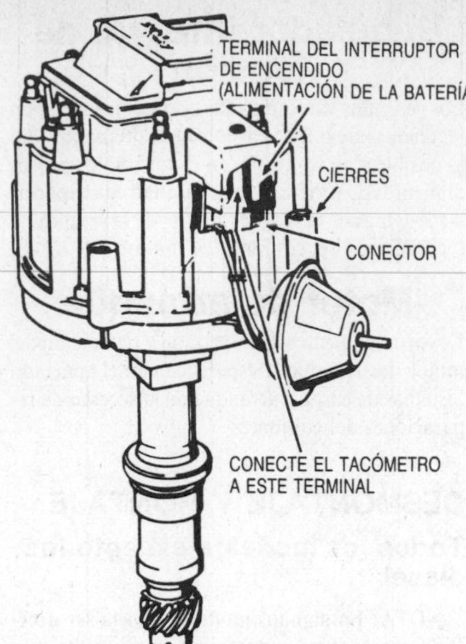

Toma del tacómetro del distribuidor que lleva la bobina del sistema de encendido de alta energía en la tapa del mismo

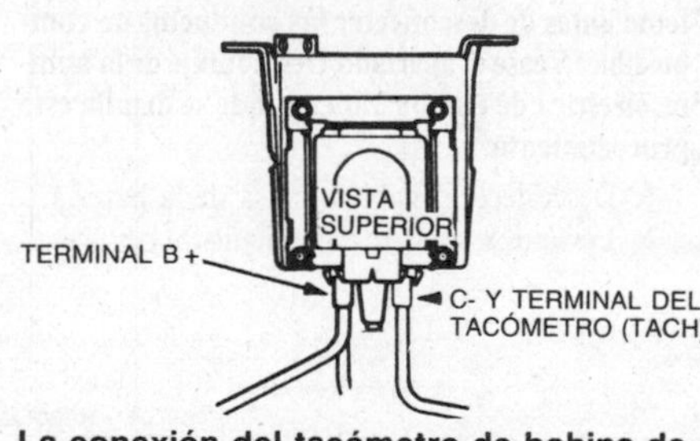

La conexión del tacómetro de bobina de HEI (sistema de encendido de alta energía) externa está situada frente al terminal BATT (B+)

6. Quite la abrazadera y el tornillo de la base del distribuidor del motor V6. El de 4 cilindros tiene 2 tornillos y 1 abrazadera. Quite primero el tornillo externo, luego afloje pero no saque el interno. Deslice la abrazadera hacia atrás y desmóntela.
7. Antes de sacar el distribuidor observe la posición del rotor. Marque el cuerpo del distribuidor como referencia de la posición inicial del rotor.
8. Saque el distribuidor del motor. Dado que el engranaje impulsor es helicoidal, al desmontar el distribuidor su eje rotará. Observe y marque la posición del rotor en este segundo punto. Recuerde que no debe girar el motor en ausencia del distribuidor.
9. Para montarlo, gire el eje hasta que el rotor coincida con la segunda marca (la que hizo cuando el eje finalizó su movimiento). Lubrique el engranaje con aceite de motor limpio y luego instale el distribuidor en el motor. En los motores de 1980, alinee la unidad de avance por vacío con la marca previamente hecha. Cuando instale el distribuidor comprobará que el rotor coincidirá al final con la marca que hizo antes de comenzar el desmontaje. Esto garantiza una correcta sincronización. Si las marcas no coinciden, quite el distribuidor y pruebe nuevamente.
10. Instale el tornillo y la abrazadera. Ajústelos hasta que el distribuidor pueda ser girado con un pequeño esfuerzo.
11. Conecte los cables de encendido y tacómetro y coloque la tapa del distribuidor. Tape la manguera de avance por vacío (si es que cuenta con ella). Ajuste sincronización. Conecte la manguera de vacío.

MONTAJE SI EL MOTOR SE GIRÓ

Si el motor fue girado en ausencia del distribuidor, debe colocar el motor en el PMS de compresión para obtener una sincronización correcta.

1. Desmonte la bujía n.º 1.
2. Ponga el dedo en el orificio de la bujía y gire el motor hasta sentir la compresión. Para esto deberá contar con un ayudante.
3. Alinee la marca de distribución de la polea del cigüeñal con el 0° de la escala que se encuentra en el frontal del motor. Esto asegura que el motor está en el PMS del tiempo de compresión.
4. Gire el eje del distribuidor hasta que el rotor se coloque entre las torres de las bujías n.º 1 y n.º 3 en el motor de 4 cilindros. O entre el n.º 1 y n.º 6 en el V6.
5. Monte el distribuidor en el motor. En los modelos de 1980, asegúrese de que la unidad de avance por vacío quede alineada con la marca hecha previamente.
6. Realizar los pasos 9 a 11 del procedimiento de montaje y desmontaje.

AJUSTE DE LA SINCRONIZACIÓN DEL ENCENDIDO

NOTA: Consulte siempre la etiqueta que está bajo el capó. Si difiere de este procedimiento, siga las instrucciones de la etiqueta.

1. Conecte una lámpara estroboscópica al cable de la bujía n.º 1, de acuerdo a las especificaciones del fabricante. NO DAÑE EL CABLE DE LA BUJÍA AL HACER LA CONEXIÓN.
2. Desconecte la manguera del avance (si tiene) y tape el orificio de vacío.
3. En modelos con distribuidor electrónico (EST) desconecte el enchufe con 4 terminales que hay en el distribuidor. El distribuidor electrónico se identifica fácilmente por carecer de unidades de avance mecánicas o por vacío, presentando en cambio el conector con 4 terminales.
4. Arranque el motor y déjelo funcionar a velocidad en vacío.
5. Apunte la lámpara hacia la escala graduada (en grados), justo sobre el equilibrador de armónicos.
6. Aflojando la abrazadera podrá rotar el distribuidor hasta lograr el avance adecuado del encendido. Ajuste la abrazadera.
7. En los motores de 4 cilindros, afloje el tornillo externo de la abrazadera y deslice ésta hacia atrás. No quite el tornillo.
8. Fije la sincronización, recoloque la abrazadera y ajústela. Para avanzar la sincronización rote el distribuidor en sentido inverso al giro del rotor. Para retrasarla se gira en el mismo sentido que el rotor.

SISTEMA DE GASOLINA

La bomba de combustible en el modelo 151-4 de 1980 y 1981 y en los vehículos con motor de 6 cilindros en V es el tipo de diafragma de accionamiento simple. La bomba es activada por una excéntrica situada en el árbol de levas del motor. En los vehículos con motor de 6 cilindros en V existe una barra de empuje entre la excéntrica del árbol de levas y la bomba de combustible que acciona el balancín de la bomba. Los motores de 4 cilindros de 1982 y años posteriores que disponen de un sistema de inyección en el cuerpo de la válvula de la mariposa (TBI), tienen una bomba eléctrica de combustible situada en el depósito de combustible. La bomba es accionada por las señales que le llegan del módulo de control electrónico a través del relé de la bomba de combustible.

Bomba mecánica de combustible

DESMONTAJE Y MONTAJE

1. Desconecte el cable negativo de la batería. Levante la parte delantera del vehículo y sujételo con caballetes.

2. Desconecte la entrada de combustible y los conductos de salida de la bomba y tapone el conducto de entrada de la misma.

3. Si es necesario, en los motores de 6 cilindros en V, quite los protectores y el filtro del aceite.

4. Quite los dos pernos y las arandelas de seguridad del soporte de la bomba; saque la bomba y la junta de estanqueidad.

5. Coloque la bomba con una junta de estanqueidad nueva recubierta de sellador. Recubra las roscas con sellador y apriete los pernos.

NOTA: En los motores Chevrolet de 6 cilindros en V, pueden utilizarse uñas mecánicas o grasa pesada para mantener la barra de empuje de la bomba en su posición durante el montaje. Recubra las roscas del tapón de la tubería o la junta del adaptador con sellador si extrajo la barra de empuje.

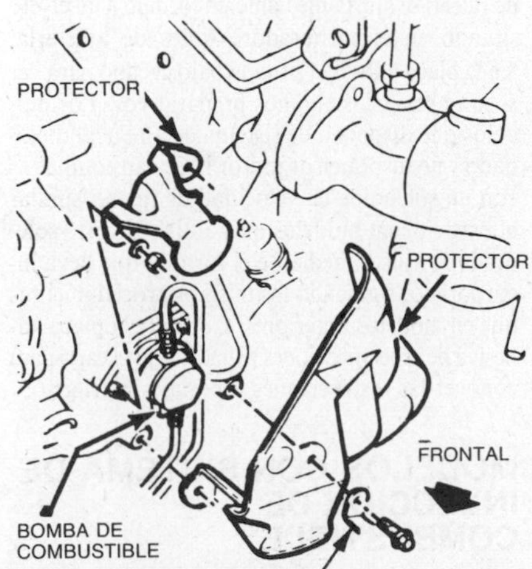

Detalles del montaje de la bomba de combustible en el motor 173 6V

6. Coloque los protectores, y el filtro del aceite en el motor de 6 cilindros en V, si se ha extraído.

7. Coloque los conductos de entrada y salida, arranque el motor y compruebe si existen fugas.

Bomba eléctrica de combustible

DESMONTAJE Y MONTAJE

ATENCIÓN

Antes de abrir cualquier pieza del sistema de combustible, debe descomprimir el sistema. Siga el siguiente procedimiento:

1. Quite el fusible de la bomba de combustible situado en el panel de fusibles.

2. Arranque el motor y déjelo en marcha hasta que consuma todo el combustible del conducto.

3. Accione el motor de arranque tres segundos más para liberar la posible presión residual.

4. Con el contacto en la posición OFF, vuelva a colocar el fusible.

5. Vacíe el depósito de combustible.

6. Desconecte el cableado del depósito.

7. Extraiga el tornillo de sujeción del conductor de masa por debajo de la carrocería.

8. Desconecte todos los manguitos del depósito.

9. Soporte el depósito en un gato y quite las tuercas de las tiras de sujeción.

10. Apoye el depósito y extráigalo.

11. Desmonte el anillo de retención del medidor del nivel de combustible de la bomba utilizando una llave ajustable tal como la herramienta J-24187.

12. Desmonte la unidad de medición del nivel del depósito y la bomba.

13. El montaje se efectúa en el orden inverso al de desmontaje. Sustituya el anillo tórico situado bajo el anillo de retención del medidor de nivel de combustible de la bomba.

Filtro de combustible

DESMONTAJE Y MONTAJE

Motores con carburador

1. El filtro está alojado en el carburador. Con el motor frío, desconecte el tubo de entrada de combustible que va al carburador. Sujete la tuerca grande con una llave a la vez que afloja la tuerca más pequeña. Quite la tuerca grande de la entrada del carburador.

2. Saque el filtro y el muelle del carburador.

3. Normalmente los filtros nuevos vienen con una junta de estanqueidad nueva para la tuerca de entrada. Si no es así, hágase con una. No vuelva a reutilizar la junta de estanqueidad y tuerca. No apriete excesivamente la tuerca.

4. Coloque el conducto de combustible. Utilice dos llaves para evitar que resulte dañado el tubo de combustible.

Modelos con inyección de combustible

Antes de inspeccionar y reparar cualquier pieza del sistema de combustible, es necesario descom-

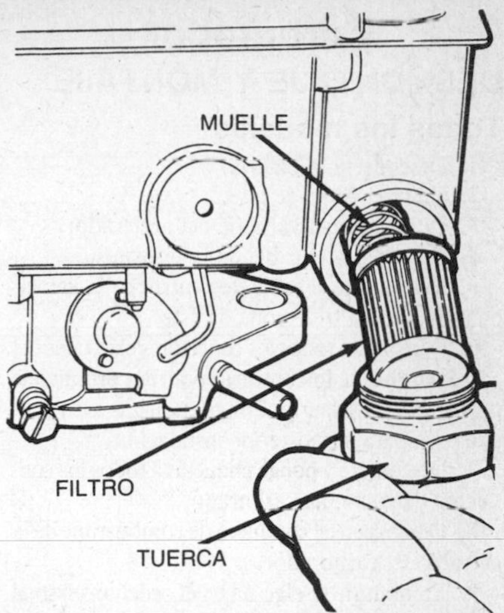

Filtro de combustible (cartucho de papel)

primir el circuito. Esto reducirá el riesgo de incendio o lesión personal. El sistema dispone de un orificio en el regulador de presión que permite descargar la presión del combustible una vez parado el motor. Para descomprimir el sistema de combustible:

Sistema de inyección en el cuerpo de la válvula de mariposa (TBI)

1. Quite el fusible que lleva grabado «Fuel Pump» del bloque de fusibles en el habitáculo.

2. Arranque el motor, éste seguirá en marcha hasta que se agote el combustible que queda en los conductos. Cuando el motor se detenga, accione de nuevo el motor de arranque durante 3.0 segundos para asegurarse de que desaparezca totalmente la presión residual que pudiera permanecer.

3. Con el contacto en la posición OFF, vuelva a colocar el fusible Fuel Pump.

ATENCIÓN

Si no se sigue este procedimiento antes de inspeccionar y reparar los conductos de combustible o conexiones, podría producirse una fuga a presión del combustible.

Inyección de combustible en compuerta (MFI)

1. Desconecte el medidor de combustible J-34730-1 o equivalente en la válvula de combustible. Cubra el rácor de conexión con un paño de taller cuando conecte el medidor para evitar el derrame de combustible.

2. Coloque el manguito de purga en un recipiente adecuado y abra la válvula para eliminar la presión del sistema.

DESMONTAJE DEL FILTRO

El filtro es un elemento situado en serie delante de la unidad de inyección en el cuerpo de la válvula de mariposa (TBI). Para extraer el filtro, asegúrese de que el motor está frío, suelte y saque la manguera de combustible y a continuación desatornille el filtro del conducto de combustible, que es de acero. El montaje se efectúa en el orden inverso al de desmontaje.

Carburador

DESMONTAJE Y MONTAJE

Todos los modelos

1. Desconecte la batería.
2. Quite el filtro de aire.
3. Desconecte el varillaje del acelerador.
4. Desconecte el cable de la transmisión.
5. Desconecte el cable de control de la velocidad de crucero si dispone de éste.
6. Desconecte todos los conectores eléctricos del carburador o de lo contrario podrían producirse problemas al extraerlo. Ponga etiquetas a los conductores para su posterior instalación.
7. Desconecte y ponga etiquetas a todos los conductos de vacío del carburador.
8. Desconecte el conducto de combustible de la entrada del carburador.
9. El montaje se efectúa en el orden inverso al de desmontaje. Apriete los pernos largos con un par de 7 libras-pie; los cortos con un par de 11 libras-pie.

AJUSTE DE LA VELOCIDAD DE RALENTÍ Y DE LA RIQUEZA DE LA MEZCLA

Modelos con carburador

1980

1. Ponga en marcha el motor y déjelo girar hasta que alcance la temperatura normal de funcionamiento.
2. Asegúrese de que el estrangulador está totalmente abierto, desconecte el sistema de aire acondicionado, accione el freno de mano, bloquee las ruedas tractoras y conecte un tacómetro al motor siguiendo las instrucciones del fabricante.
3. Desconecte y tapone los manguitos de vacío en la válvula de recirculación de gases de escape y en el depósito de vapor.
4. Coloque la transmisión en Park (en el caso de transmisión automática) o en Neutral (en el caso de transmisión manual).
5. Desconecte y tapone el manguito de avance de vacío situada en el distribuidor. Compruebe y ajuste la sincronización.
6. Conecte el conducto de vacío del distribuidor.
7. En el caso de vehículos con transmisión manual que disponen de sistema de aire acondicionado y no disponen de solenoide, coloque el tornillo de ajuste de velocidad de ralentí (en vacío) en la posición inferior de la leva de ralentí rápido y apriete o afloje el tornillo hasta alcanzar la velocidad de ralentí (en vacío) especificada.

En el caso de vehículos que disponen de sistema de aire acondicionado: Ajuste el tornillo de la velocidad de ralentí (en vacío) hasta alcanzar la velocidad (rpm) especificada. Desconecte el compresor del sistema de aire acondicionado. Abra la válvula de mariposa momentáneamente para extender el émbolo del solenoide. Gire el tornillo del solenoide hasta obtener la velocidad especificada (rpm).

En los vehículos con transmisión automática que no dispongan de sistema de aire acondicionado, y en los vehículos con transmisión manual que no dispongan de sistema de aire acondicionado, con carburador dotado de solenoide: abrir momentáneamente la válvula de mariposa para extender el émbolo del solenoide. Gire el tornillo del solenoide para alcanzar la velocidad (rpm) especificada. Desconecte el cable del solenoide y apriete o afloje el tornillo de la velocidad de ralentí (en vacío) para obtener la velocidad de ralentí lenta del motor.

(1) PREPARE EL VEHÍCULO PARA EL AJUSTE — VÉASE LA ETIQUETA DE EMISIONES DEL VEHÍCULO. NOTA: LA SINCRONIZACIÓN DEL ENCENDIDO SE AJUSTA DANDO PREFERENCIA A LAS ESPECIFICACIONES DE LA ETIQUETA
(3) SOLENOIDE ACTIVADO —DESCONECTE EL CONDUCTOR DEL COMPRESOR DEL SISTEMA DE AIRE ACONDICIONADO—, PONGA EN MARCHA EL SISTEMA DE AIRE ACONDICIONADO, COLOQUE LA TRANSMISIÓN AUTOMÁTICA EN DRIVE, LA TRANSMISIÓN MANUAL EN NEUTRAL
(5) AFLOJE O APRIETE EL TORNILLO DEL SOLENOIDE PARA AJUSTAR LA VELOCIDAD DEL MOTOR A LA ESPECIFICADA. (VUELVA A CONECTAR EL CONDUCTOR DEL COMPRESOR DEL SISTEMA DE AIRE ACONDICIONADO DESPUÉS DE REALIZAR EL AJUSTE)
(2) AFLOJE O APRIETE EL TORNILLO DE LA VELOCIDAD DE RALENTÍ PARA AJUSTAR LA VELOCIDAD DE RALENTÍ MÍNIMA A LAS ESPECIFICACIONES — DESCONECTE EL SISTEMA DE AIRE ACONDICIONADO (VÉASE LA ETIQUETA DE EMISIONES)
(4) ABRA LIGERAMENTE LA VÁLVULA DE MARIPOSA PARA QUE EL ÉMBOLO DEL SOLENOIDE PUEDA DESPLEGARSE EN SU TOTALIDAD
CONEXIÓN ELÉCTRICA

Ajuste de la velocidad de ralentí (en vacío) en los modelos de 1980 con sistema de aire acondicionado

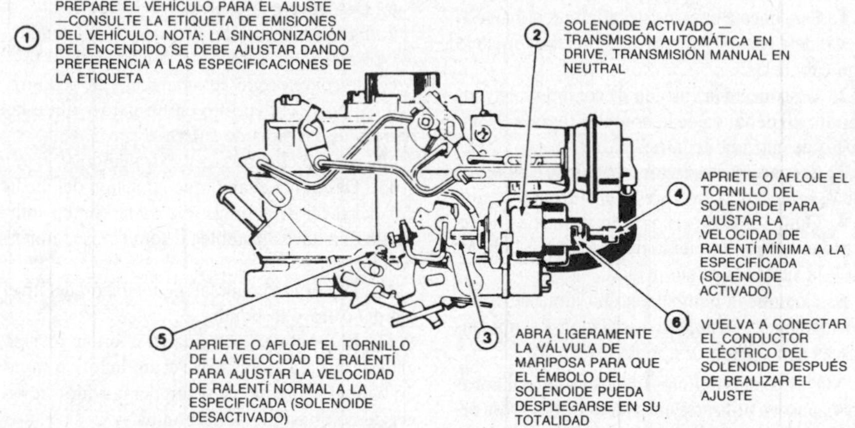
(1) PREPARE EL VEHÍCULO PARA EL AJUSTE —CONSULTE LA ETIQUETA DE EMISIONES DEL VEHÍCULO. NOTA: LA SINCRONIZACIÓN DEL ENCENDIDO SE DEBE AJUSTAR DANDO PREFERENCIA A LAS ESPECIFICACIONES DE LA ETIQUETA
(2) SOLENOIDE ACTIVADO — TRANSMISIÓN AUTOMÁTICA EN DRIVE, TRANSMISIÓN MANUAL EN NEUTRAL
(4) APRIETE O AFLOJE EL TORNILLO DEL SOLENOIDE PARA AJUSTAR LA VELOCIDAD DE RALENTÍ MÍNIMA A LA ESPECIFICADA (SOLENOIDE ACTIVADO)
(6) VUELVA A CONECTAR EL CONDUCTOR ELÉCTRICO DEL SOLENOIDE DESPUÉS DE REALIZAR EL AJUSTE
(5) APRIETE O AFLOJE EL TORNILLO DE LA VELOCIDAD DE RALENTÍ PARA AJUSTAR LA VELOCIDAD DE RALENTÍ NORMAL A LA ESPECIFICADA (SOLENOIDE DESACTIVADO)
(3) ABRA LIGERAMENTE LA VÁLVULA DE MARIPOSA PARA QUE EL ÉMBOLO DEL SOLENOIDE PUEDA DESPLEGARSE EN SU TOTALIDAD

Ajuste de la velocidad de ralentí (en vacío) en los modelos de 1980 que no disponen de sistema de aire acondicionado

1981-87

Los ajustes de la riqueza de la mezcla están en función del sistema de control regulado por ordenador (CCC). La velocidad de ralentí (en vacío) en aquellos modelos que disponen de un motor de control de la velocidad de ralentí (ISC) es ajustada también automáticamente por el sistema de control regulado por ordenador, a fin de que sea innecesario un ajuste manual. En la placa adhesiva de especificaciones situada bajo el capó se indica si el modelo dispone de un motor ISC.

En los modelos que no disponen de sistema de aire acondicionado ni de motor ISC, la velocidad de ralentí se ajusta mediante un tornillo a tal efecto situado en el carburador. Antes de ajustarla, lea la placa adhesiva situada bajo el capó para ver si son necesarios algunos preparativos. Los modelos que disponen de sistema de aire acondicionado y no disponen de motor ISC, van equipados con un solenoide de velocidad de ralentí similar al existente en modelos más antiguos. Este solenoide se ajusta mediante el tornillo que lleva incorporado, siguiendo los mismos procedimientos que en modelos anteriores. Consulte la placa adhesiva de especificaciones situada bajo el capó para conocer las instrucciones especiales pertinentes.

MODELOS CON SISTEMA DE INYECCIÓN DE COMBUSTIBLE

No es posible ajustar la velocidad de ralentí o la riqueza de la mezcla en los motores de 1982 y posteriores que dispongan de inyección de combustible.

SISTEMA DE COMBUSTIBLE DIESEL

Filtro de combustible

DESMONTAJE Y MONTAJE

Modelos con NB9

El NB9 es un conjunto que realiza varias funciones:

a. Filtrado.

b. Separación del agua.

c. Detección de la existencia de agua.

d. Drenaje del agua y calentamiento del combustible (el calentamiento del combustible es optativo).

Para extraer el filtro de combustible:

1. Desconecte los conductos de combustible de las compuertas de entrada y salida.

2. Desconecte la manguera de drenaje, drene la lámpara del filtro de combustible, el conector del colector de cables y el conector del colector del calentador de combustible (si dispone de éste).

3. Quite los pernos que unen la abrazadera del conjunto del filtro al soporte y quite la abrazadera.

4. Gire el conjunto del filtro para que éste se libere del soporte y extráigalo.

5. Sujete fijamente con cuidado el conjunto del filtro en un tornillo de banco. A continuación, utilizando un paño, sujételo entre las garras del tornillo de banco por las aberturas de los conductos y la superficie del lado opuesto de la tapa.

6. Quite el filtro y limpie la superficie de la junta de estanqueidad de la tapa del filtro.

7. Recubra la junta de estanqueidad nueva con aceite de motores o combustible diesel.

8. Coloque el filtro sobre la tapa y apriételo 2/3 de vuelta más allá de la posición inicial de la junta de estanqueidad.

9. Monte sin apretar el conjunto del filtro en el soporte. Introduzca la lengüeta de cierre en el mismo. Utilizando anillos tóricos nuevos, monte sin apretar los conductos de combustible en el conjunto del filtro.

10. Coloque las abrazaderas y apriete los pernos según las especificaciones.

11. Coloque la manguera de drenaje y apriete la abrazadera.

12. Apriete los conductos de combustible según las especificaciones.

13. Conecte los conectores del colector de cables al módulo de la lámpara del filtro de combustible y al calentador de combustible.

14. Suelte con cuidado las abrazaderas que sujetan los manguitos de combustible al filtro en línea (vidrio transparente).

15. Desconecte los manguitos y extraiga el filtro en línea.

16. Coloque un nuevo filtro en línea con los manguitos apuntando hacia el motor. Suelte con cuidado las abrazaderas y colóquelas en la posición original.

17. Afloje el tornillo de purga del aire.

18. Coloque el contacto de encendido en la posición «RUN». Esto accionará la bomba de combustible..

19. Cierre el tornillo de purga del aire cuando salga combustible por las lumbreras de purga del mismo. Limpie el combustible derramado.

20. Arranque el motor y compruebe si existen fugas.

PURGA DEL SISTEMA DE COMBUSTIBLE

Véanse los tres últimos pasos del procedimiento anterior.

Modelos que no disponen de NB9

1. Quite el filtro del aire y coloque una tapa nº J-26996-1 sobre el conducto transversal del aire.

2. Coloque un paño bajo el filtro de combustible para recoger el combustible que se derramará.

3. Desconecte los conductos del combustible del filtro.

4. Extraiga la tuerca de aletas y el filtro de combustible.

5. Coloque un nuevo filtro en su posición.

6. Monte sin apretar los conductos de combustible en el filtro. El filtro puede instalarse en una sola dirección ya que los rácores son de diferentes tamaños.

7. Coloque y apriete la tuerca de aletas.

8. Apriete los conductos según las especificaciones correspondientes.

NOTA: Se sugiere que después de cambiar el filtro de combustible en un motor Diesel, se accione manualmente el solenoide de avance en frío por variación de la presión en la carcasa, si la temperatura del motor es superior a 125 °F (52 °C). Al accionar este solenoide se reducirá el tiempo de arranque.

Para accionar este solenoide:

a. Desconecte el conector de dos conductores situado en el interruptor del medidor de la temperatura del motor.

b. Coloque un hilo puente en lugar del conector y arranque el motor.

c. Una vez que el motor esté girando quite el hilo puente y vuelva a colocar el conector al interruptor del medidor de la temperatura del motor.

9. Arranque el motor y compruebe si existen fugas en los conductos y rácores de combustible.

Sincronización de la inyección

VERIFICACIÓN Y/O AJUSTE DE LA SINCRONIZACIÓN UTILIZANDO EL TEMPORIZADOR J-33705

El temporizador mide la velocidad del motor y la posición del cigüeñal en el equilibrador del cigüeñal. Utilice una señal luminosa a través de una sonda de bujía de incandescencia para determinar la sincronización de la combustión. Algunas anomalías del motor pueden dar lugar a lecturas de sincronización incorrectas. Deberían eliminarse estas anomalías del motor antes de proceder al ajuste de la sincronización. Normalmente las marcas de la bomba y de la pestaña del adaptador deberán estar alineadas con una tolerancia de 0.050 pulgadas (1.27 mm).

NOTA: La alineación de las marcas de sincronización puede utilizarse en situaciones de emergencia (esto es, cuando no se disponga de un temporizador). Sin embargo, para que el funcionamiento del motor sea óptimo, debería ajustarse la sincronización con el temporizador tan pronto como sea posible.

1. Coloque la palanca de selección de velocidades en Park, accione el freno de estacionamiento y bloquee las ruedas tractoras.

2. Arranque el motor y déjelo en marcha al ralentí (velocidad de vacío) hasta que esté bien caliente. A continuación pare el motor.

NOTA: Si no se permite que el motor se caliente bien esto dará lugar a una lectura incorrecta de ajustes de la sincronización.

3. Extraiga el conjunto del filtro del aire y coloque la tapa J-26996-1. Debe desconectarse la manguera de la válvula de recirculación de los gases de escape.

4. Limpie la suciedad del soporte de la sonda del motor (cuentarrevoluciones) y del borde del equilibrador del cigüeñal.

5. Limpie el cristal en ambos extremos de la sonda de la bujía de incandescencia y limpie asimismo el cristal de la toma fotoeléctrica. Utilice un pico con un diente poco afilado para arrancar la carbonilla de la parte de la sonda de bujía de incandescencia que da a la cámara de combustión. Mire a través de la sonda para asegurarse de que está limpia. Si la sonda no está limpia se obtendrán lecturas retardadas.

6. Coloque la sonda de medición de la velocidad en el cuentarrevoluciones del cigüeñal (soporte de la sonda).

7. Quite la bujía de luminiscencia del cilindro número uno. Coloque la sonda de incandescencia en el hueco de la bujía. Apriete la sonda con un par de 9 libras-pie.

8. Coloque el selector saliente del temporizador en A (20).

9. Conecte los cables de la batería. El rojo al positivo y el negro al negativo.

10. Arranque el motor y ajuste la velocidad (rpm) del mismo a la especificada en la placa adhesiva de control de emisiones situada bajo el capó del vehículo.

11. Observe la lectura de sincronización y, a continuación, observe de nuevo la lectura a intervalo de 2 minutos. Cuando las lecturas se estabilicen a lo largo del intervalo de 2 minutos, compare la lectura con la especificada en la placa adhesiva situada bajo el capó. La lectura de sincronización una vez ajustada según las especificaciones deberá estar situada después del punto muerto superior (DPMS).

12. Desconecte el temporizador.

13. Lubrique únicamente las roscas de la bujía de incandescencia desmontada con lubricante 9985462 o equivalente.

NOTA: Si utiliza un lubricante incorrecto el motor resultará dañado.

14. Coloque la bujía de incandescencia extraída. Apriétela con un par de 15 libras-pie.

15. Coloque el filtro del aire asegurándose de volver a conectar el manguito de la válvula de recirculación de gases de escape.

AJUSTE

1. Pare el motor.

2. Anote la posición relativa de las marcas de la pestaña de la bomba y del adaptador intermedio de la misma.

3. Afloje los pernos que unen la bomba al adaptador hasta un punto en el que la bomba pueda girar. Utilice una llave de extremo abierto de una pulgada. La herramienta J-25304 tiene el saliente adecuado en el mango para esquivar el conducto de retorno de combustible.

4. Para avanzar la sincronización gire la bomba hacia la izquierda y para retardarla gírela hacia la derecha. La anchura de la señal existente en el adaptador intermedio es de aproximadamente 2/3 de grado. Mueva la bomba lo necesario para el ajuste y apriete los pernos de sujeción de la misma con un par de 35 libras-pie.

5. Arranque el motor y vuelva a comprobar la lectura de sincronización como se ha descrito anteriormente. Vuelva a establecer y a comprobar la sincronización si es preciso.

6. Vuelva a ajustar la velocidad de ralentí (en vacío). Tenga en cuenta las siguientes observaciones:

a. Unas sondas ennegrecidas o sucias darán lugar a lecturas retardadas.

b. La sonda luminosa se llenará de carbonilla rápidamente si se utiliza con el motor en frío.

c. La existencia de fluctuaciones acentuadas de la aguja en el temporizador son señal de que un cilindro no enciende correctamente. Debe eliminar esta anomalía antes de proceder al ajuste de la sincronización.

Velocidad de ralentí (en vacío)

AJUSTE

1. Accione el freno de mano, coloque la palanca de selección de velocidades en Park y bloquee las ruedas tractoras.

2. Arranque el motor y déjelo en marcha hasta que se caliente, normalmente entre 10 y 15 minutos.

3. Pare el motor y extraiga el conjunto del filtro del aire.

4. Limpie el cuentarrevoluciones de la tapa frontal (soporte de la sonda) y el reborde del equilibrador del cigüeñal.

5. Coloque la sonda de la toma magnética de la herramienta J-26925 introduciéndola totalmente en el cuentarrevoluciones. Conecte los conductores de la batería; el rojo al terminal positivo (+) y el negro al terminal negativo (—).

6. Desconecte el conector de dos conductores del generador.

7. Desconecte todos los accesorios eléctricos.

8. No permita que nadie toque el volante o accione el pedal del freno.

9. Arranque el motor y coloque la palanca de selección de la transmisión en Drive.

10. Compruebe la lectura de la velocidad de ralentí lenta comparándola con la indicada en la placa adhesiva de control de emisiones situada bajo el capó del vehículo. Reajústela si es necesario.

11. Desconecte el conector del interruptor de avance en frío del ralentí rápido (temperatura del motor) e instale un hilo puente entre los terminales del conector. No permita que el hilo puente toque masa.

12. Compruebe la velocidad obtenida utilizando el solenoide de ralentí rápido, comparándola con la especificada en la placa adhesiva situada bajo el capó, y reajústela si es necesario.

13. Extraiga el hilo puente y vuelva a conectar el conector al interruptor de la temperatura.

14. Vuelva a comprobar y ajustar la velocidad lenta de ralentí si es necesario.

15. Pare el motor.

16. Vuelva a conectar el conductor del generador.

17. Desconecte y extraiga el tacómetro.

18. Si el vehículo dispone de control de velocidad de crucero, ajuste el cable de la servoválvula de mariposa de forma que la holgura sea mínima y a continuación coloque el clip en el espárrago de la servoválvula.

Saliente de la bomba de inyección

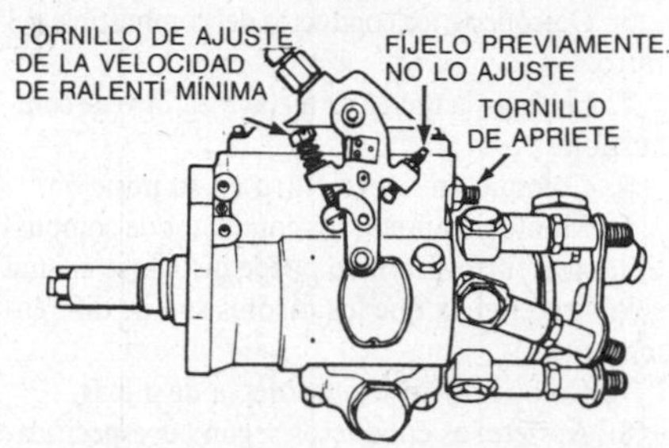

Puntos de ajuste de la velocidad de ralentí; en la figura se muestra la bomba CAV

Bomba de inyección

DESMONTAJE

1. Extraiga el conjunto del filtro del aire.

2. Quite el filtro de ventilación del cigüeñal y los conductos de la tapa de la válvula y del conducto transversal del aire.

3. Quite el conducto transversal del aire y coloque las tapas protectoras del múltiple de admisión, pieza n.º J-29657. Quite los conductos de combustible, el filtro de combustible y la bomba de combustible en conjunto.

4. Desconecte el cable de la válvula de mariposa y desconéctelo de la palanca del estrangulador de la bomba. Desconecte el muelle de recuperación del estrangulador.

5. Quite el estrangulador y los cables de la válvula de mariposa y de sujeción de los soportes del múltiple de admisión. Aparte los cables del motor.

6. Desconecte el conducto de retorno de combustible de la bomba de inyección.

7. Desconecte las abrazaderas del conducto de inyección más cercanas a la bomba.

8. Desconecte los conductos de inyección de la bomba y tapone todas las aberturas. Vuelva a colocar en otro lugar con cuidado los conductos para obtener espacio suficiente para la extracción de la bomba.

9. Quite los dos pernos de sujeción de la bomba de inyección.

10. Saque la bomba y tire el anillo tórico entre la bomba y el adaptador.

MONTAJE

1. Coloque el cilindro n.º 1 en la posición de encendido alineando la marca del equilibrador con la señal «0» en el indicador situado en la parte delantera del motor (el indicador puntero se desplaza a la derecha cuando el cilindro n.º 1 se encuentra en el PMS).

2. Alinee el saliente del eje de accionamiento de la bomba con el engranaje conducido de la misma. Coloque un anillo tórico nuevo entre la bomba y el adaptador y a continuación coloque la bomba en su posición final, apoyándola manualmente.

3. Si se coloca un adaptador intermedio nuevo, coloque la bomba en el centro de las ranuras de la pestaña de montaje de la misma. Si se mantiene el adaptador intermedio original, alinee la señal de sincronización de la bomba con la existente en el adaptador intermedio. Coloque los dos pernos y arandelas de sujeción de la bomba y apriételos con un par de 35 libras-pie.

4. Extraiga los tapones de las aberturas y conecte los conductos de inyección a la bomba. Coloque las abrazaderas de los conductos de inyección que se han desconectado previamente.

5. Conecte el conducto de retorno de combustible.

6. Coloque los cables de la válvula de mariposa y del estrangulador en el soporte del múltiple de admisión.

7. Conecte el cable de la válvula de mariposa y el cable del estrangulador a la palanca del estrangulador de la bomba. Conecte el muelle de recuperación del estrangulador. Ajuste el cable de la válvula de mariposa. Véase el apartado Transmisión automática de la sección de reparaciones del conjunto donde se especifican los procedimientos de ajuste.

8. Coloque los conductos de combustible restantes y el filtro de combustible.

9. Arranque el motor y compruebe si existen fugas.

10. Compruebe, y si es necesario vuelva a ajustar la sincronización de la bomba. Véase el apartado Verificación y/o ajuste de la sincronización de la bomba.

11. Ajuste la válvula del regulador de vacío. Véase la sección de reparaciones del conjunto del motor.

12. Ajuste las velocidades de ralentí (en vacío).

13. Quite las tapas protectoras del múltiple de admisión y a continuación coloque el conducto transversal del aire.

14. Coloque tubos del aire asegurándose de conectar de nuevo la manguera de la válvula de recirculación de gases de escape.

Bomba eléctrica de transferencia de combustible

La bomba está situada en la parte delantera del motor, junto al calentador de combustible.

DESMONTAJE Y MONTAJE

1. Coloque el contacto en la posición OFF.

2. Quite el filtro del aire.

3. Desconecte el cable de alimentación de la bomba.

4. Desatornille el tubo de entrada del conducto de combustible utilizando una llave de 1/4 de pulgada en el rácor de entrada.

5. Siguiendo el mismo procedimiento, desatornille el conducto de salida.

6. Desatornille el soporte de fijación de la bomba y ésta última.

7. El montaje se efectúa en el orden inverso al de desmontaje. Utilizando dos llaves, apriete los conductos de combustible con un par de 19 libras-pie. El par de apriete del soporte de la bomba es de 18 libras-pie. En algunos casos podría ser necesario ajustar ligeramente la posición de la bomba para lograr una buena alineación de los conductos de combustible. Cuando se coloque la bomba desconecte el conducto de combustible que va al filtro y active la bomba con el contacto en la posición ON para purgar los conductos.

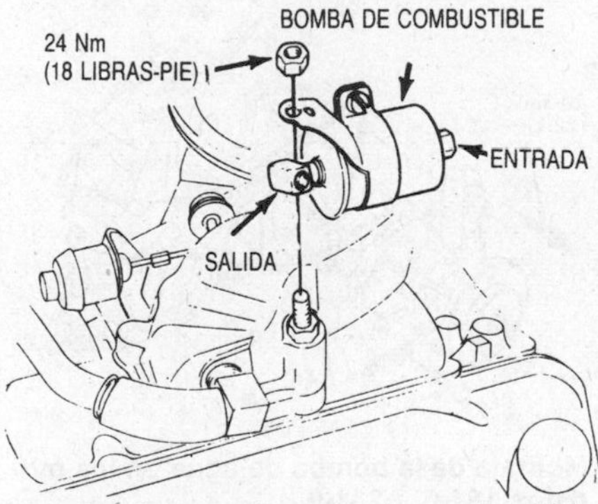

Bomba de transferencia de combustible diesel

Conductos de la bomba de inyección de combustible

DESMONTAJE Y MONTAJE

1. Quite el filtro del aire.

2. Quite los filtros y conductos de las tapas de las válvulas y del conducto transversal del aire.

3. Quite el conducto transversal del aire y cubra la boca de admisión.

4. Quite las abrazaderas de los conductos de la bomba de inyección y a continuación extráigalos y tapone las aberturas.

NOTA: Para sacar los conductos del lado derecho, véase el procedimiento de elevación del motor que se describe en el apartado de la tapa derecha de válvulas en motores diesel más adelante en esta misma sección.

5. El montaje se efectúa en el orden inverso al de desmontaje. Coloque cada conducto sin apretarlo en ambos extremos y a continuación apriete cada extremo uniformemente. Si se va a proceder a colocar varios conductos comience por los inferiores.

Inyectores

DESMONTAJE Y MONTAJE

NOTA: Siempre que se desconecten los conductos, utilice una llave de apoyo para evitar que resulten dañados.

1. Quite los conductos de inyección como se ha descrito anteriormente. Cuando trabaje en el lado derecho, deje el motor en la posición descrita en el apartado Desmontaje de los conductos para proceder al desmontaje de los inyectores.

2. Extraiga el inyector colocando la llave en el tornillo hexagonal grande del inyector.

3. Quite la junta de cobre de la cabeza del inyector si no quedó pegada al mismo.

4. El montaje se efectúa en el orden inverso al desmontaje. Utilice lubricante 9985462 o su equivalente y aplíquelo a las roscas de los inyectores. Coloque siempre una junta de cobre nueva en cada inyector. Apriete el inyector y los conductos con un par de 25 libras-pie cada uno de ellos.

REFRIGERACIÓN DEL MOTOR

Radiador

DESMONTAJE Y MONTAJE

1. Desconecte el cable negativo de la batería.

2. Vacíe el sistema de refrigeración.

3. Quite el soporte del puntal delantero que dispone el motor en el radiador. Afloje el perno para evitar que se rasgue el manguito de goma y a continuación gire el puntal hacia atrás.

4. Desconecte el colector de cables de los faros delanteros del bastidor del ventilador. Desconecte el conector eléctrico del ventilador.

5. Quite los pernos de sujeción del ventilador.

6. Grabe la posición de cierre del capó en el soporte del radiador y a continuación quite el cierre del capó.

7. Desconecte los manguitos de refrigerante del radiador. Quite el manguito de retorno del refrigerante del cuello del radiador. Desconecte y tapone los conductos del refrigerador del líquido de la transmisión del radiador, si dispone de ellos.

8. Quite los pernos de sujeción del radiador y sáquelo. Si el vehículo dispone de sistema de aire acondicionado, quizá sea necesario primero levantar el lado izquierdo del radiador de forma que el cuello pueda pasar sin tocar el compresor.

Para montarlo:

1. Coloque el radiador en el vehículo, y apriete los pernos de sujeción con un par de 7 libras-pulgada. Conecte los conductos y manguitos del refrigerador de la transmisión. Coloque el manguito de retorno de refrigerante.

2. Coloque el cierre del capó. Apriételo con un par de 6 libras-pie.

3. Coloque el ventilador, asegurándose de que la columna inferior del bastidor encaja en la arandela de goma situada en el soporte inferior. Coloque los conductores del ventilador y el colector de cables de los faros delanteros. Gire el puntal y el tirante hacia adelante y apriételo con un par de 11 libras-pie. Conecte la tira de masa del motor al tirante del puntal. Coloque el cable negativo de la batería, rellene el sistema de refrigeración y compruebe si existen fugas.

Bomba de agua

DESMONTAJE Y MONTAJE

Motor de 4 cilindros

1. Desconecte el cable negativo de la batería.

2. Extraiga las correas de accionamiento contiguas.

3. Extraiga los pernos de sujeción de la bomba de agua y sáquela del motor.

4. Si pretende instalar una bomba de agua nueva, haga servir la polea de la que va a retirar. Limpie las superficies de sellado y coloque un cordón de compuesto de sellado n.º 1052289 de 1/8 de pulgada (3 mm) o equivalente, en la superficie de sellado de la bomba de agua. Con el compuesto de sellado todavía sin secar, coloque la bomba y apriete los pernos con un par de 6 libras-pie.

5. Coloque las correas de accionamiento contiguas.

6. Conecte el cable negativo de la batería.

Motor 173-V6

1. Desconecte el cable negativo de la batería.

2. Vacíe el sistema de refrigeración y quite el manguito del calentador.

3. Quite los pernos y la tuerca de sujeción de la bomba de agua y extráigala.

4. Con las superficies de sellado bien limpias, coloque un cordón de compuesto de sellado n.º 1052357 o equivalente de 3/32 de pulgada (2 mm) en la superficie de sellado de la bomba de agua.

5. Elimine los restos de compuesto de sellado de la bomba.

6. Recubra las roscas de los pernos con compuesto de sellado de tubos n.º 1052080 o equivalente.

7. Coloque la bomba y apriete los pernos con un par de 10 libras-pie.

8. Conecte el cable negativo de la batería.

NOTA: Al volver a montar la bomba de agua en un vehículo que disponga de un motor de 6 cilindros en V, debe fijar la tapa de sincronización al bloque de cilindros antes de extraer los pernos de la bomba de agua. Algunos pernos de sujeción de la bomba de agua pasan a través de la tapa frontal y, cuando se extraen, podrían hacer que la tapa frontal se separe del bloque de cilindros rompiendo el sello. Puede que esto no sea claramente visible y, si no se detecta, podría ocurrir que el refrigerante entre en el cárter del aceite. Para evitar esta posible separación durante el desmontaje de la bomba de agua, se debe colocar la herramienta especial n.º J-29176.

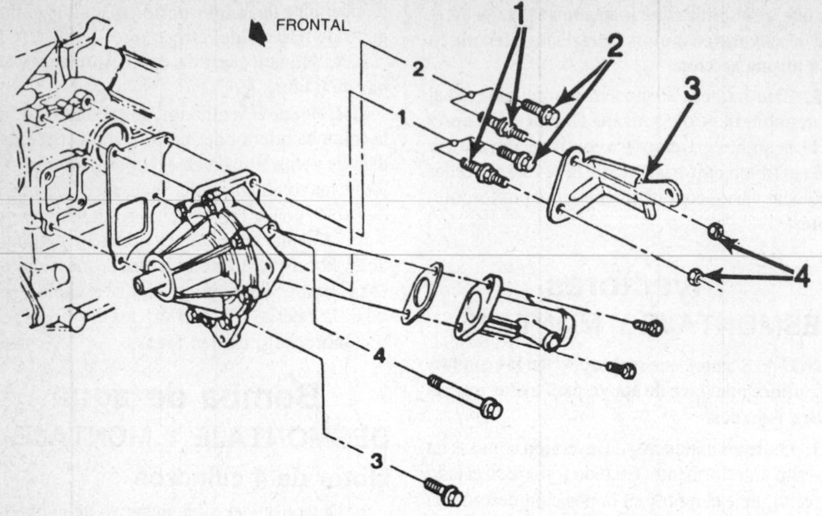

Montaje de la bomba de agua en los modelos 151-4

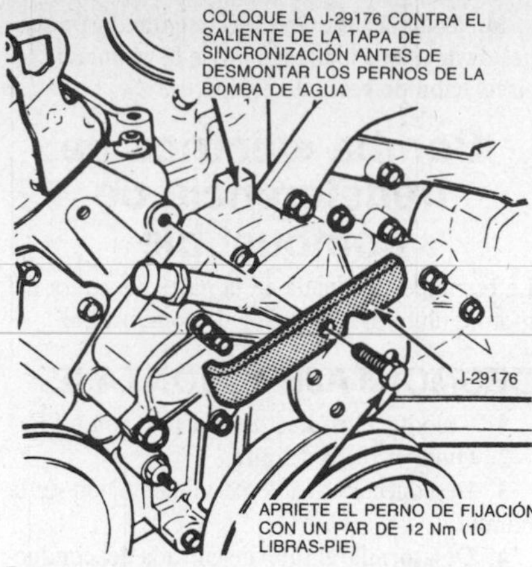

Coloque la herramienta especial en el motor 173-6 para asegurarse de que la tapa frontal no se separa del cárter al desmontar la bomba

Motor 181-V6 1982-83

1. Desconecte el cable negativo de la batería.

2. Quite las correas de accionamiento contiguas.

3. Quite los pernos de sujeción de la bomba de agua.

4. Quite el puntal del soporte del motor.

5. Coloque un gato hidráulico bajo el miembro transversal delantero del chasis y levante el gato hasta que comience a elevarse el vehículo.

6. Quite los dos pernos delanteros del soporte de la carrocería junto con los dos tacos de goma y los retenedores.

7. Rosque los pernos del soporte de la carrocería junto con los retenedores un mínimo de tres vueltas en la jaula, de forma que los pernos impidan el movimiento del chasis.

8. Baje lentamente el gato hasta que el miembro transversal entre en contacto con los retenes de los pernos del soporte de la carrocería. A medida que se va bajando el gato hidráulico observe y elimine las interferencias con manguitos, conductos, tubos y cables.

NOTA: No apoye el chasis sin controlar su movimiento, ya que podría resultar dañada la carrocería y algunas piezas situadas bajo el capó.

9. Saque la bomba de agua del motor.

10. El procedimiento de montaje es el inverso al de desmontaje.

11. Coloque la bomba y apriétela con un par de 25 libras-pie.

12. Conecte el cable negativo de la batería.

13. Rellene de refrigerante y compruebe si existen fugas.

Motores 181, 231 - V6 de 1984 y años posteriores

1. Desconecte el cable negativo de la batería.

2. Vacíe el sistema de refrigeración.

3. Quite las correas de accionamiento contiguas.

4. Desconecte el radiador y los manguitos del calefactor que van a la bomba de agua.

5. Quite los pernos de la polea de la bomba de agua (el perno largo se extrae a través del orificio de acceso existente en el carril lateral de la carrocería) y a continuación extraiga la polea.

6. Quite los pernos de sujeción de la bomba de agua y a continuación extráigala.

7. Limpie todas las superficies de unión de las juntas de estanqueidad.

8. Utilizando una nueva junta de estanqueidad, coloque la bomba de agua en el motor. Apriete los pernos según las especificaciones correspondientes.

9. Coloque la polea de la bomba de agua y a continuación apriete los pernos según las especificaciones. (Véase figura.)

10. El montaje del resto de los componentes se efectúa inversamente al desmontaje.

Motor 263-V6

1. Vacíe el radiador.

2. Desconecte el manguito inferior del radiador que va a la bomba de agua.

3. Quite el manguito de retorno del calefactor o la bomba de agua. Quite el perno que une el tubo de retorno del agua del calefactor al múltiple de admisión y apártelo a un lado.

4. Si dispone de sistema de aire acondicionado, quite la correa de accionamiento de la bomba de vacío.

5. Quite la correa de accionamiento en serpentina.

6. Desmonte el generador, el compresor del sistema de aire acondicionado o los soportes de la bomba de vacío.

7. Extraiga los pernos de sujeción de la bomba de agua y extraiga el conjunto de la bomba.

8. Quite la polea de la bomba de agua.

9. Limpie el material de junta de estanqueidad del bloque del motor.

10. Aplique una capa fina de compuesto de sellado 1050026 o equivalente a la carcasa de la bomba de agua para retener la junta y a continuación coloque una junta nueva en la carcasa. Aplique también compuesto de sellado a los pernos de sujeción de la bomba de agua. Apriete los pernos con un par de 12-15 libras-pie.

Termostato

DESMONTAJE Y MONTAJE

1. Desconecte el cable negativo de la batería.

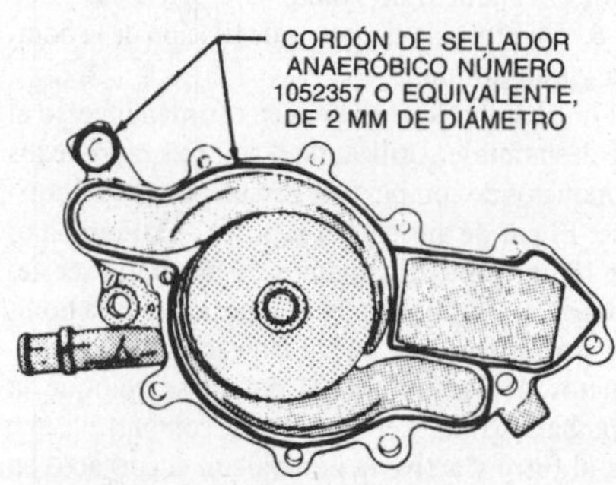

Aplicación de sellado a la bomba de agua del motor 173-6

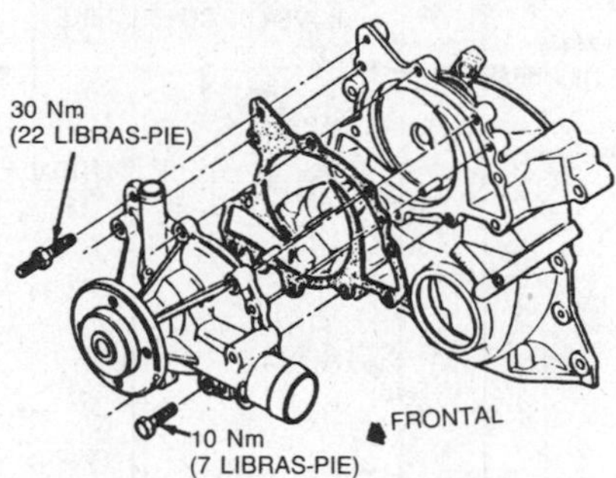

Montaje de la bomba de agua en los modelos 181-6 y 231-6

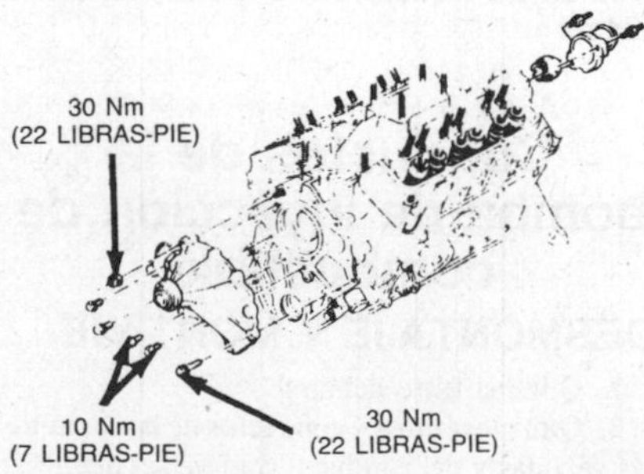

Montaje de la bomba de agua en el modelo 173-6

2. Vacíe el sistema de refrigeración.

3. Algunos modelos que disponen de control de la velocidad de crucero llevan un modulador de vacío acoplado a la carcasa del termostato me-

diante un soporte. En caso de ser así, extraiga el soporte de la carcasa.

4. En un motor de 4 cilindros, desatornille la salida del agua de la carcasa del termostato, quite esta salida y extráigalo de la carcasa. En todos los demás modelos, desatornille la salida del agua del múltiple de admisión y extraiga el termostato del múltiple.

5. Limpie las dos superficies de unión e introduzca un cordón de sellador RTV (vulcanizable a temperatura ambiente) de 1/8 de pulgada en la acanaladura de la salida del agua.

6. Coloque el termostato con el muelle cara al motor y atornille la boca de salida del agua en su posición correspondiente con el sellador todavía sin secar. Apriete los pernos con un par de 21 libras-pie. El montaje del resto de los componentes se efectúa en el orden inverso al de su desmontaje. Compruebe si existen fugas una vez puesto en marcha el vehículo y elimínelas según sea necesario.

MECÁNICA DEL MOTOR

Motor

DESMONTAJE Y MONTAJE

Motor 151-4 con transmisión manual

NOTA: Antes de intentar realizar este procedimiento, elimine la presión del sistema de combustible como se describe en el apartado Bomba de combustible.

1. Desconecte los cables de la batería.
2. Levante el vehículo y sujételo con seguridad.
3. Quite las tuercas de unión del sub-bastidor al chasis.
4. Quite el tubo de escape delantero.
5. Quite el conjunto del motor de arranque (cables acoplados) y apártelo a un lado.
6. Quite la tapa de inspección del volante.
7. Baje el vehículo.
8. Quite el filtro del aire.
9. Quite todos los pernos de la carcasa acampanada.
10. Saque la barra delantera de reacción al par fuera del motor y el soporte principal.
11. Si dispone de un sistema de aire acondicionado, quite la correa del compresor y apártelo a un lado.
12. Quite los manguitos de emisión situados en el recipiente.
13. Quite el manguito de la dirección asistida (si dispone de ella).
14. Quite los manguitos de vacío y los conectores eléctricos del solenoide
15. Desmonte el motor del ventilador de la calefacción.
16. Desconecte el cable del acelerador.
17. Vacíe el sistema de refrigeración.
18. Desconecte el manguito del calefactor.
19. Desconecte el colector de cables del motor en su punto de unión con el conector situado en el mamparo contraincendios.
20. Con la herramienta de elevación del motor, eleve el motor (quite el manguito del calefactor de múltiple de admisión y desconecte el conducto de combustible).
21. El montaje se efectúa en el orden inverso al de desmontaje.

Motor 151-4 con transmisión automática

NOTA: Elimine la presión del sistema de combustible como se describe en el apartado Bomba de combustible.

1. Desconecte los cables de la batería.
2. Vacíe el sistema de refrigeración.
3. Quite el filtro y el tubo de calentamiento previo.
4. Desconecte el conector del colector de cables del motor.
5. Desconecte todas las conexiones externas de los manguitos de vacío.
6. Quite la válvula de mariposa y la articulación de la transmisión del conjunto de inyección electrónica de combustible y el múltiple de admisión.
7. Quite el manguito superior del radiador.
8. Si dispone de sistema de aire acondicionado, quite el compresor de los soportes y apártelo a un lado. No desconecte los manguitos.
9. Quite el conjunto del puntal delantero del motor.
10. Desconecte los manguitos del calefactor del múltiple de admisión.
11. Quite los pernos que unen la transmisión al motor pero deje los dos pernos superiores en su posición.
12. Quite las tuercas de sujeción del soporte delantero al chasis.
13. Quite el tubo de escape delantero.
14. Quite la tapa de inspección del volante y el motor de arranque.
15. Quite los pernos de sujeción del convertidor del par al volante.
16. Quite la bomba de dirección asistida y el soporte, y apártela a un lado.
17. Quite el manguito del calefactor y baje el manguito del radiador.
18. Quite los dos pernos traseros del puntal de apoyo de la transmisión.
19. Quite el conducto de suministro de combustible que va al filtro de combustible.
20. Utilizando un gato hidráulico y un bloque de madera colocado bajo la transmisión, levante el motor y la transmisión hasta que los espárragos del soporte delantero del motor se liberen del chasis.
21. Conecte un elevador de motores y tire hacia arriba del mismo.
22. Extraiga los dos pernos restantes de la transmisión.
23. Corra el motor hacia adelante y hacia la izquierda del vehículo. Coloque el motor sobre un apoyo.
24. El montaje se efectúa en el orden inverso al de desmontaje. No apoye totalmente el motor en el gato hidráulico que soporte a la transmisión.

Motor 173-6 con transmisión manual

1. Desconecte los cables de la batería.
2. Quite el filtro de aire.
3. Vacíe el sistema de refrigeración.
4. Desconecte los manguitos de vacío que van a todos los componentes montados que no pertenezcan al motor.
5. Desconecte la articulación del acelerador del carburador.
6. Desconecte el conector del colector de cables del motor.
7. Desconecte los manguitos del radiador.
8. Desconecte los manguitos del calentador del motor.
9. Si dispone de bomba de dirección asistida, saque el conjunto de ésta y el soporte fuera del motor.
10. Desconecte el cable del embrague de la transmisión.
11. Desconecte el varillaje del cambio de las palancas de cambio de la transmisión. Quite los cables de los salientes de la transmisión.
12. Desconecte el cable del velocímetro sacándolo de la transmisión.
13. Coloque un aparato de sujeción del motor. Levante el motor hasta que deje de apoyarse en las monturas.
14. Quite el conducto transversal de escape.
15. Extraiga todos los pernos, excepto los que unen la transmisión al motor.
16. Quite el conjunto formado por el miembro lateral y el transversal.
17. Desconecte el tubo de escape.
18. Extraiga todas las fijaciones entre la montura del tren de la transmisión y el chasis.
19. Utilizando la herramienta J-28468 o J-33008, extraiga ambos ejes propulsores del conjunto de la transmisión.
20. Apoye el vehículo.
21. Baje la parte izquierda del conjunto motor/transmisión aflojando la herramienta J-22825.
22. Coloque un gato hidráulico bajo la transmisión.
23. Extraiga el último perno de sujeción de la transmisión al motor y separe la transmisión del motor apoyándola a continuación.
24. Baje el vehículo.
25. Coloque el aparato de elevación del motor.
26. Si dispone de un sistema de aire acondicionado, extraiga el compresor del soporte de montaje y apártelo a un lado.
27. Desconecte el soporte del puntal delantero del soporte del radiador. Apártelo a un lado.
28. Extraiga el motor fuera del vehículo.
29. El montaje se efectúa en el orden inverso al de desmontaje.

Motor 173-6 con transmisión automática

1. Desconecte los cables de la batería.
2. Extraiga el filtro del aire.
3. Vacíe el sistema de refrigeración.
4. Desconecte las mangueras de vacío que van a todos los componentes no montados en el motor.
5. Desconecte el cable de sujeción de la palanca del carburador.
6. Desconecte la articulación del acelerador.
7. Desconecte el conector del colector de cables del motor.
8. Desconecte la tira que va a masa del motor situada en el puntal delantero del mismo.
9. Desconecte las mangueras del radiador.

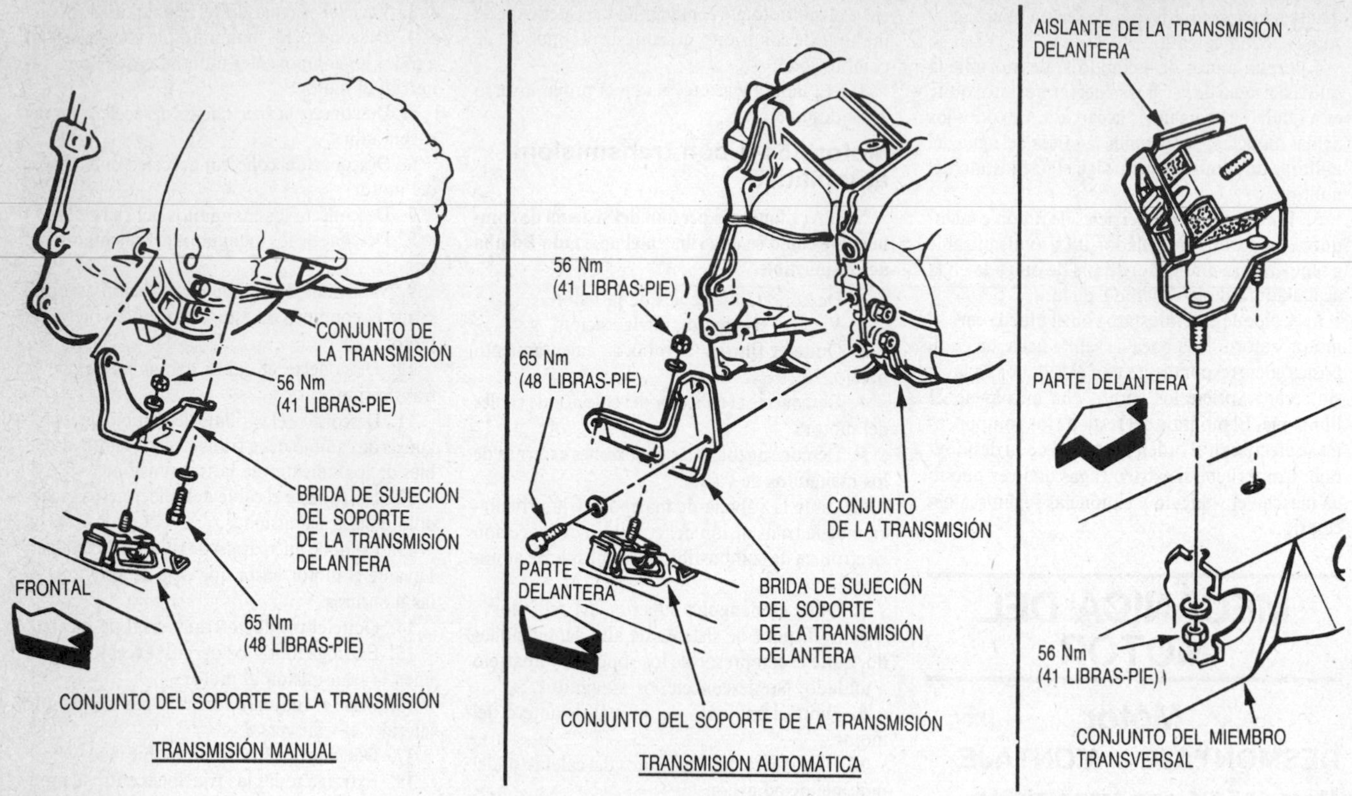

CONJUNTO DE LA TRANSMISIÓN
56 Nm (41 LIBRAS-PIE)
BRIDA DE SUJECIÓN DEL SOPORTE DE LA TRANSMISIÓN DELANTERA
FRONTAL
65 Nm (48 LIBRAS-PIE)
CONJUNTO DEL SOPORTE DE LA TRANSMISIÓN
TRANSMISIÓN MANUAL

56 Nm (41 LIBRAS-PIE)
65 Nm (48 LIBRAS-PIE)
CONJUNTO DE LA TRANSMISIÓN
PARTE DELANTERA
BRIDA DE SUJECIÓN DEL SOPORTE DE LA TRANSMISIÓN DELANTERA
CONJUNTO DEL SOPORTE DE LA TRANSMISIÓN
TRANSMISIÓN AUTOMÁTICA

AISLANTE DE LA TRANSMISIÓN DELANTERA
PARTE DELANTERA
56 Nm (41 LIBRAS-PIE)
CONJUNTO DEL MIEMBRO TRANSVERSAL

Soportes delanteros del modelo 151-4

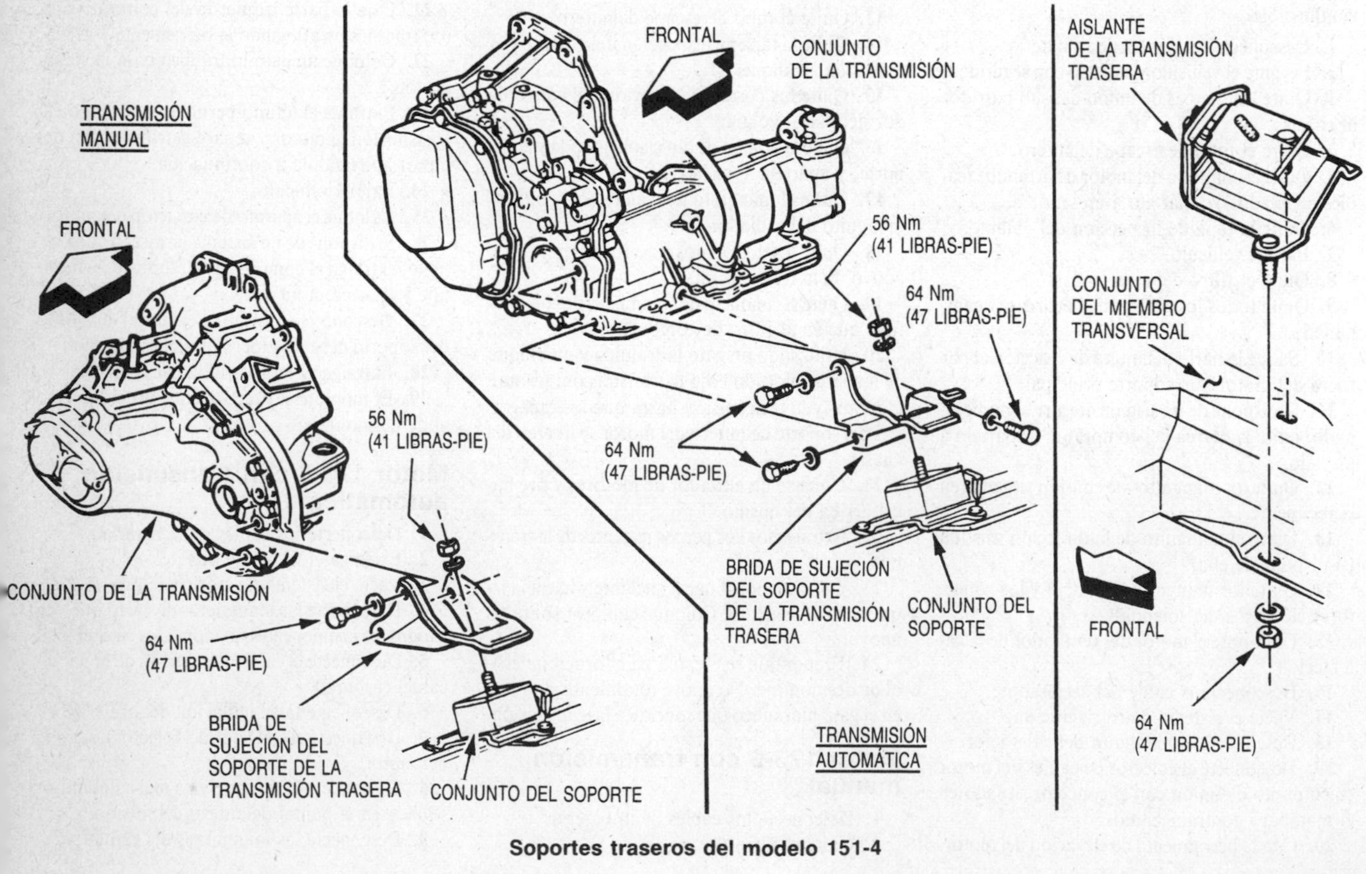

TRANSMISIÓN MANUAL
FRONTAL
56 Nm (41 LIBRAS-PIE)
CONJUNTO DE LA TRANSMISIÓN
64 Nm (47 LIBRAS-PIE)
BRIDA DE SUJECIÓN DEL SOPORTE DE LA TRANSMISIÓN TRASERA
CONJUNTO DEL SOPORTE

FRONTAL
CONJUNTO DE LA TRANSMISIÓN
56 Nm (41 LIBRAS-PIE)
64 Nm (47 LIBRAS-PIE)
64 Nm (47 LIBRAS-PIE)
BRIDA DE SUJECIÓN DEL SOPORTE DE LA TRANSMISIÓN TRASERA
CONJUNTO DEL SOPORTE
TRANSMISIÓN AUTOMÁTICA

AISLANTE DE LA TRANSMISIÓN TRASERA
CONJUNTO DEL MIEMBRO TRANSVERSAL
FRONTAL
64 Nm (47 LIBRAS-PIE)

Soportes traseros del modelo 151-4

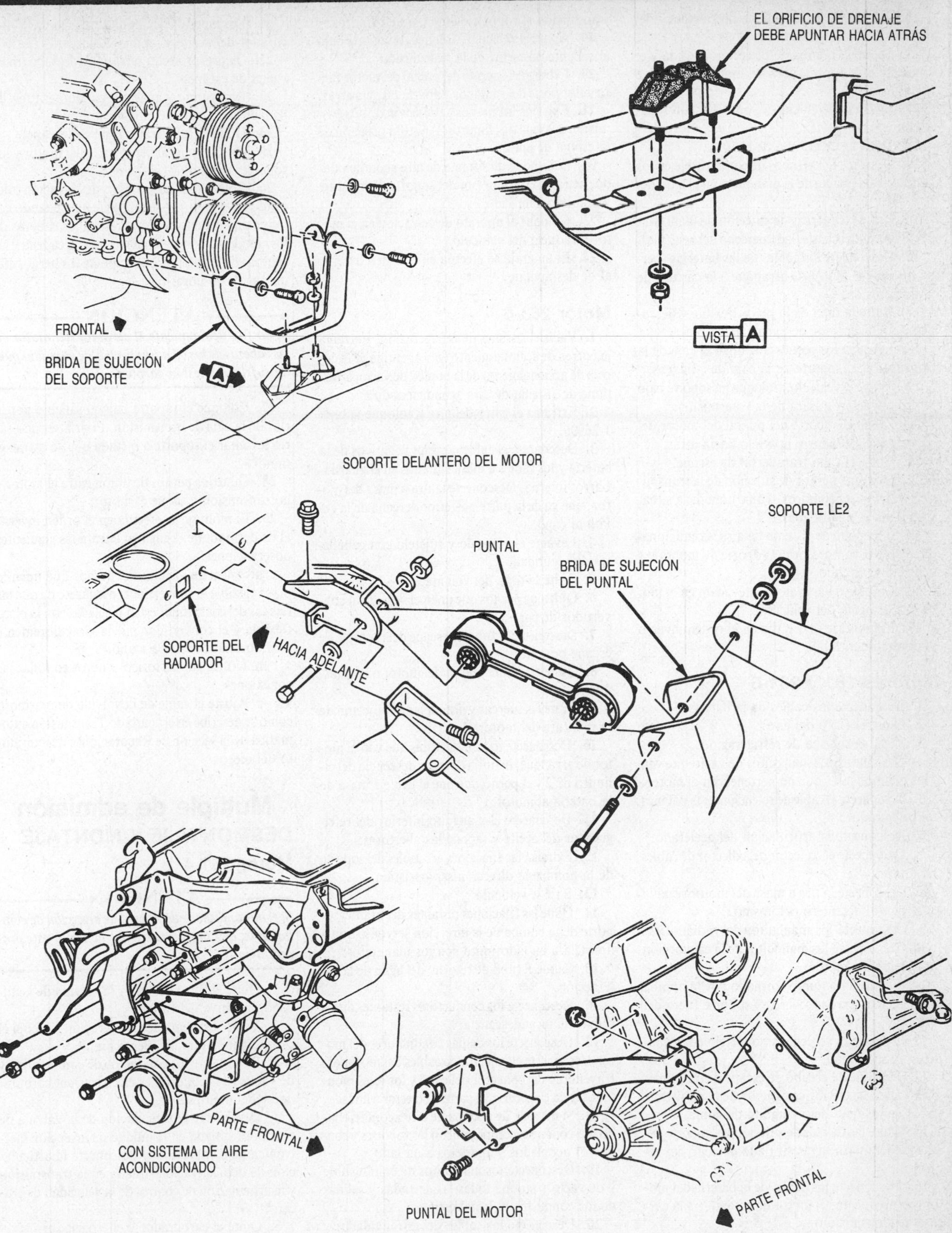

Soportes del modelo 173-6

10. Desconecte las mangueras del calefactor del motor.

11. Saque la bomba de dirección asistida y el conjunto del soporte fuera del motor, si dispone de la misma.

12. Levante el vehículo y sopórtelo con seguridad.

13. Desconecte el tubo de escape.

14. Desconecte los tubos de combustible en los conectores de goma de la manguera en el lado derecho del motor.

15. Quite las tuercas de sujeción de la montura del motor del chasis (lado derecho del vehículo).

16. Desconecte los cables de las baterías (perno que une el motor de arranque a la carcasa de la transmisión).

17. Quite la tapa de la placa flexible y desconecte el convertidor de par de dicha placa.

18. Extraiga los pernos que unen la caja de la transmisión al soporte de la caja de cilindros.

19. Apoye el vehículo. Coloque un soporte bajo la prolongación trasera de la transmisión.

20. Saque el soporte del puntal del motor del soporte del radiador y apártelo hacia atrás.

21. Quite el tubo transversal de escape.

22. Quite los pernos de sujeción de la transmisión a la caja de cilindros. Tome nota de la situación de la espiga de masa.

23. Si dispone de sistema de aire acondicionado, saque el compresor del soporte de montaje y apártelo a un lado.

24. Coloque el aparato de elevación en el motor y extráigalo del vehículo.

25. El montaje se efectúa en el orden inverso al de desmontaje.

Motores 181 y 231-6

1. Desconecte los cables de la batería.

2. Quite el filtro del aire.

3. Vacíe el sistema de refrigeración.

4. Desconecte los manguitos de vacío que van a los componentes que no pertenezcan al motor.

5. Desconecte el cable de retención de la palanca del carburador.

6. Desconecte la articulación del acelerador.

7. Desconecte el conector del colector de cables del motor.

8. Desconecte la tira a masa del motor situada en el puntal delantero del mismo.

9. Desconecte los manguitos del radiador.

10. Desconecte los manguitos de la calefacción y sáquelos del motor.

11. Saque el conjunto formado por la bomba de dirección servoasistida y el soporte fuera del motor.

12. Levante el vehículo y sopórtelo con caballetes de seguridad.

13. Desconecte el tubo de escape del múltiple.

14. Desconecte los conductos de combustible en las conexiones del manguito de goma.

15. Quite las tuercas de sujeción del soporte delantero del motor al chasis (lado derecho del vehículo).

16. Desconecte los cables de la batería del motor (perno que une el motor de arranque a la carcasa de transmisión).

17. Quite la tapa de la placa flexible y desconecte el convertidor de par de dicha placa.

18. Extraiga los pernos que unen la caja de la transmisión al soporte de la caja de cilindros.

19. Apoye el vehículo. Coloque un soporte bajo el saliente posterior de la transmisión.

20. Extraiga el soporte del puntal del motor fuera del soporte del radiador y apártelo hacia atrás.

21. Extraiga los pernos de sujeción de la transmisión a la caja de cilindros. Anote la posición de la espiga de masa.

22. Si dispone de sistema de aire acondicionado, extraiga el compresor del soporte de montaje y apártelo a un lado.

23. Coloque el aparato de elevación en el motor y sáquelo del vehículo.

24. El montaje se efectúa en el orden inverso al de desmontaje.

Motor 263-6

1. Vacíe el sistema de refrigeración. Extraiga la correa de accionamiento en serpentina (y la correa de accionamiento de la bomba de vacío, si dispone de sistema de aire acondicionado).

2. Extraiga el filtro del aire y coloque la tapa J-26996.

3. Desconecte el cable o cables negativos de la batería y los cables a masa situados en el guardabarros interno. Desconecte la tira a masa del motor, que va de la parte posterior derecha de la culata al capó.

4. Levante el vehículo y sujételo con caballetes de seguridad.

5. Quite la tapa del volante.

6. Quite los pernos que unen el volante al convertidor de par.

7. Desconecte el tubo de escape del múltiple de escape posterior.

8. Quite el tirante que va del motor a la transmisión.

9. Quite las tuercas y arandelas de sujeción de la montura del motor al chasis.

10. Desconecte los conductores que van al motor de arranque, la bujía de incandescencia del cilindro n.º 2 y el perno que une el cable a masa de la batería al motor.

11. Desconecte el manguito inferior del refrigerador del aceite y tapone las aberturas.

12. Extraiga las fijaciones accesibles del soporte de la bomba de dirección servoasistida.

13. Baje le vehículo.

14. Quite las fijaciones restantes del tirante/soporte de la bomba de la dirección servoasistida y apártela a un lado junto con los manguitos.

15. Saque el tubo de retorno del agua de la calefacción.

16. Desconecte los conductores restantes de las bujías de incandescencia.

17. Desconecte los demás conductores del motor, desconecte el colector de cables del motor extrayéndolo del conector del capó y los relés montados en la carrocería y aparte el colector a un lado.

18. Si dispone de sistema de aire acondicionado, desconecte el compresor con los soportes y conductos acoplados y apártelos a un lado.

19. Desconecte los manguitos de combustible y de vacío y tapone todas las entradas y salidas de los conductos de combustibles.

20. Desconecte los cables del estrangulador y de la válvula de mariposa de la bomba de inyección y el soporte del cable. Aparte los cables a un lado.

21. Desconecte el manguito superior del refrigerador del aceite y tapone la salida.

22. Quite el protector refractario del tubo transversal de escape.

23. Desconecte y aparte a un lado el tubo de llenado de la caja de la transmisión.

24. Quite el tubo transversal del escape.

25. Quite el puntal del soporte del motor y los soportes del puntal.

26. Coloque un dispositivo de elevación adecuado en el motor. Asegúrese de que, cuando coloque una cadena de elevación en las cabezas de los cilindros, coloca arandelas bajo la cadena y las cabezas de los pernos y que aprieta los pernos con un par de 20 libras-pie.

ATENCIÓN

Si no fija debidamente el elevador del motor en las cabezas de los cilindros hechas de aluminio puede sufrir una lesión corporal.

27. Coloque el soporte bajo el saliente posterior de la caja de transmisión. Podría ser necesario levantar el soporte a medida que se extrae el motor.

28. Quite los pernos de unión entre el motor y la transmisión y saque el motor.

29. El montaje se efectúa en el orden inverso al de desmontaje. Tenga en cuenta las siguientes observaciones:

a. Antes de instalar los pernos que unen la placa flexible al convertidor, asegúrese de que las tuercas del convertidor están niveladas con la placa flexible y el convertidor puede girar libremente cuando es accionado a mano.

b. Utilice anillos tóricos nuevos en todas las conexiones.

c. Ajuste el cable de la válvula de mariposa como se describe en el apartado Transmisión automática de la sección de Reparaciones del conjunto del motor.

Múltiple de admisión

DESMONTAJE Y MONTAJE

Motor 151-4

ATENCIÓN

Si el motor dispone de sistema de inyección de combustible, descomprímalo antes de seguir este procedimiento.

1. Quite el filtro del aire y la válvula de ventilación positiva del cárter.

2. Vacíe el sistema de refrigeración y recoja el refrigerante en un recipiente limpio.

3. Desconecte los conductos de combustible y de vacío y las conexiones eléctricas del carburador y del múltiple.

4. Desconecte la articulación de la válvula de mariposa situada en la unidad de inyección electrónica de combustible y desconecte la articulación de desaceleración situada en la transmisión y la articulación de control de la velocidad de crucero.

5. Quite el carburador y el espaciador.

6. Quite la palanca acodada y la articulación de la válvula de mariposa. Apártela a un lado para ganar espacio.

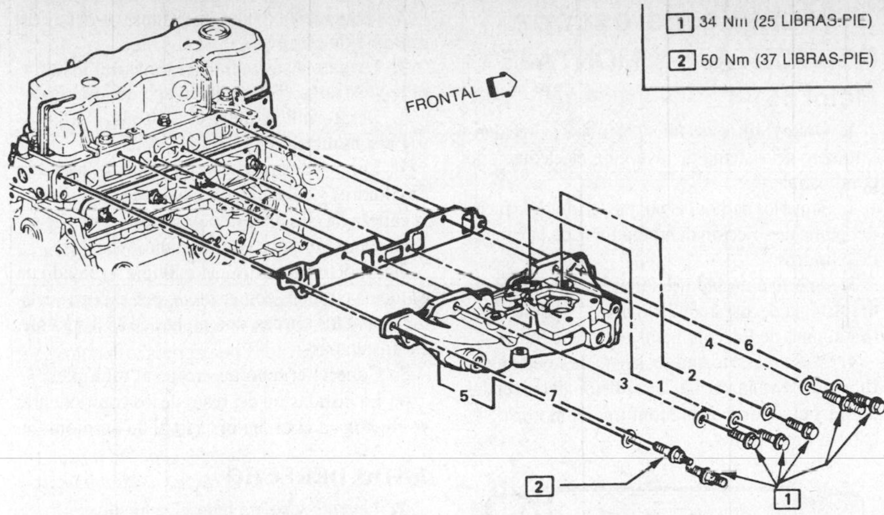

Secuencia de apriete de los pernos del múltiple de admisión en el modelo 151-4

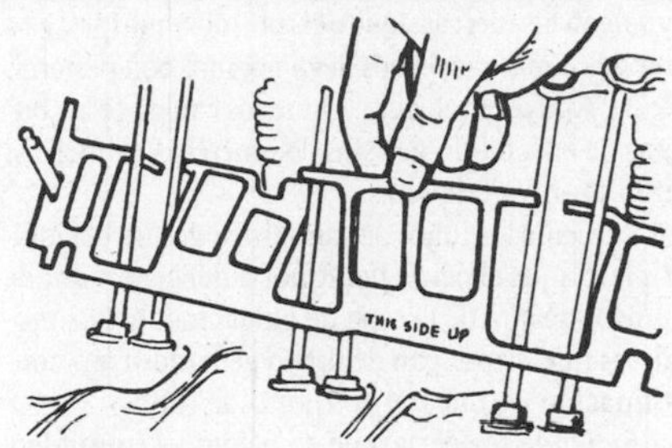

Corte la junta de estanqueidad del múltiple de admisión en el modelo 173-6 a la medida y que sea necesaria

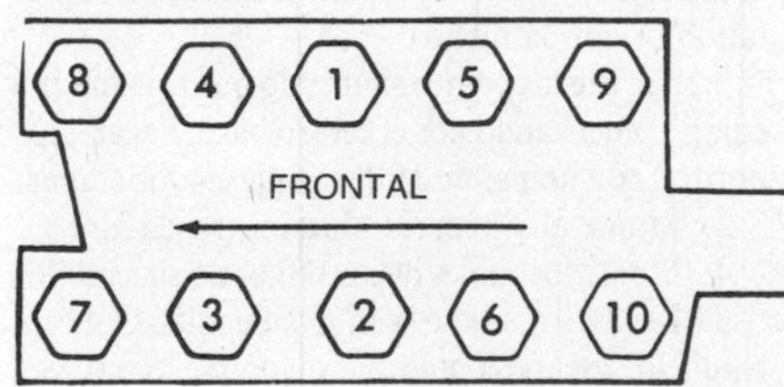

Secuencia de apriete de los pernos del múltiple de admisión en los modelos 173-6

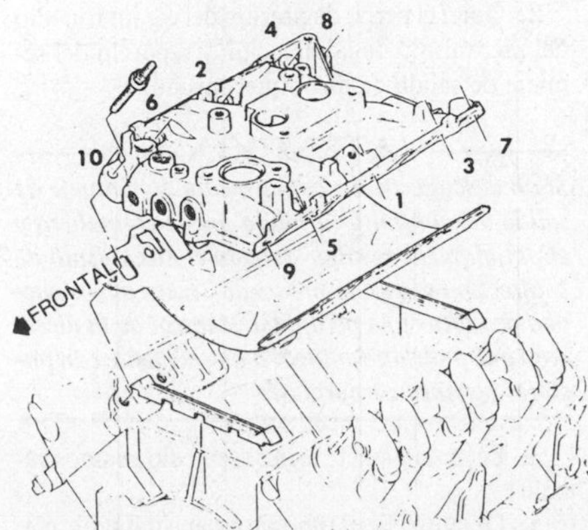

Secuencia de apriete de los pernos del múltiple de admisión en los modelos 181-6 y 231-6

7. Quite el manguito de la calefacción del múltiple de admisión.

8. Quite el soporte de la válvula de bloqueo del sistema generador de pulsos de aire del múltiple.

9. Quite los pernos de sujeción del múltiple y extráigalo.

Motor 173-6

1. Quite las tapas de los balancines.

2. Vacíe el sistema de refrigeración.

3. Si dispone de una bomba en el reactor de inyección de aire extráigala junto con el soporte.

4. Quite la tapa del distribuidor. Marque la posición del rotor de la bobina de encendido respecto al cuerpo del distribuidor y extráigalo. No accione el motor cuando se haya quitado el distribuidor.

5. Quite los manguitos de la calefacción y del radiador del múltiple de admisión.

6. Quite los manguitos de vacío de accionamiento del freno.

7. Desconecte y ponga etiquetas a los manguitos de vacío. Quite el tubo EFE de la parte posterior del múltiple.

8. Quite la articulación del carburador. Desconecte y tapone el conducto de combustible.

9. Quite los pernos y tuercas de sujeción del múltiple.

10. Quite el múltiple de admisión.

11. Quite y tire las juntas de estanqueidad y elimine los restos de silicona del sello que va en los bordes anterior y posterior.

Para instalarlo:

1. Las juntas de estanqueidad están marcadas para su montaje en los lados derecho e izquierdo; no las intercambie. Limpie la superficie de sellado del bloque del motor y aplique un cordón de silicona de 3/16 de pulgada en cada reborde.

2. Coloque las juntas de estanqueidad nuevas en las cabezas de los cilindros. Deben recortarse las juntas de estanqueidad ligeramente para que encajen a través del centro de las barras de empuje. No corte más material del necesario. Sujete las juntas de estanqueidad en su posición correspondiente extendiendo el cordón de sellado de 1/4 de pulgada hasta los extremos de las juntas.

3. Coloque el múltiple de admisión. El área entre los rebordes y el múltiple debería quedar completamente sellada.

4. Coloque los pernos y tuercas restantes y apriételos secuencialmente con un par de 23 libras-pie. No los apriete excesivamente; el múltiple es de alumino y puede resultar agrietado o combado si se ejerce una fuerza excesiva.

5. El montaje del resto de los componentes se efectúa en el orden inverso al de desmontaje. Ajuste la sincronización del encendido después del montaje y compruebe el nivel del refrigerante una vez el motor esté caliente.

Motores 181-6 y 231-6

LADO DERECHO

1. Desconecte el cable a masa de la batería.

2. Vacíe el sistema de refrigeración.

3. Quite el filtro del aire.

4. Desconecte todos los manguitos y cables del múltiple.

5. Desconecte la articulación del acelerador y la cadena de control de la velocidad de crucero.

6. Desconecte el conducto de combustible del carburador.

7. Quite la tapa del distribuidor y el rotor y extraiga el perno de cabeza TORX® por el lado izquierdo del múltiple.

8. Desatornille y quite el múltiple.

9. El montaje se efectúa en el orden inverso al de desmontaje. Al montar los sellos anterior y posterior, asegúrese de que los extremos de los mismos están perfectamente ajustados en el bloque y en la culata. Coloque primero los pernos 1 y 2 y apriételos hasta que el ajuste sea perfecto y a continuación coloque los demás pernos por orden.

Motor 263-6

NOTA: Este procedimiento requiere la extracción, desmontaje, vaciado y nuevo montaje de los levantaválvulas. Lea el procedimiento correspondiente a estas operaciones (más adelante) antes de continuar.

1. Quite el conjunto del filtro del aire.

2. Vacíe el radiador y a continuación desconecte el manguito superior del radiador de la salida del agua.

3. Desconecte el manguito de entrada de la calefacción de la salida situada en el múltiple de admisión y desconecte el tubo de salida de la calefacción de las fijaciones del múltiple de admisión y apártelo a un lado.

4. Quite el conducto transversal del aire y la bomba de inyección de combustible.

5. Desconecte los cables del generador que estime necesarios, el compresor del sistema de aire acondicionado y los interruptores, si dispone de dicho sistema.

6. Quite el servocontrol de velocidad de crucero si dispone del mismo.

7. Quite el soporte del compresor del sistema de aire acondicionado y los pernos del tirante y aparte a un lado el compresor (si dispone del mismo) con los conductos acoplados a éste.

8. Saque el conjunto del generador.

9. Desconecte el puntal de la montura del motor.

10. Quite los conductos de combustible, filtro y soportes. Tapone las salidas.

11. Desconecte los conductores eléctricos que van al controlador de las bujías de incandescencia y a las unidades de medición y transmisión de diversos parámetros.

12. Desconecte el protector frontal del tubo transversal de escape.

13. Quite los conductos izquierdos delanteros de inyección y tape todas las salidas. Utilice una llave de fijación colocándola en los inyectores.

14. Desconecte los cables del estrangulador y de la válvula de mariposa del soporte.

15. Quite el tubo de purga.

16. Saque el adaptador intermedio de la bomba.

17. Quite el adaptador de la bomba y el sello.

18. Saque el múltiple de admisión.

19. Limpie las superficies mecanizadas de la cabeza del cilindro y del múltiple de admisión con una espátula para aplicar masilla. Tenga cuidado de no estriar o rayar las superficies mecanizadas. Limpie todos los pernos y orificios de los mismos.

20. Recubra ambos lados de la superficie de sellado de la junta de estanqueidad que sirven para sellar el múltiple de admisión con la cabeza, con sellador 1050026 o su equivalente y coloque la junta de estanqueidad del múltiple de admisión. Coloque los sellos de los extremos, asegurándose de que éstos quedan situados bajo las cabezas de cilindros. Los sellos y las superficies de unión deben estar secos. Cualquier líquido, incluido el mismo sellador, actuará de lubricante y hará que el sello se desplace durante el montaje. Aplique sellador RTV (vulcanizable a temperatura ambiente) únicamente en los extremos de cada sello.

21. Coloque el múltiple de admisión en el motor. Lubrique todos los pernos del múltiple de admisión desde la cabeza hasta el final con lubricante 1052080 o equivalente.

22. Apriete los pernos siguiendo la secuencia mostrada con un par de 20 libras-pie. A continuación vuelva a apretarlos hasta 41 libras-pie.

23. Coloque el tubo de purga.

24. Coloque el adaptador de la bomba.

25. Aplique grasa de chasis a la zona de sellado del múltiple de admisión y del adaptador de la bomba.

26. Aplique grasa de chasis al círculo interno y externo del sello y al área del sello de la herramienta J-28425.

27. Coloque el sello en la herramienta e instálelo en su lugar correspondiente.

28. Coloque el adaptador intermedio de la bomba.

29. El montaje del resto de las piezas se efectúa en el orden inverso al de desmontaje, excepto el del conducto transversal del aire.

30. Rellene el sistema de refrigeración.

31. Coloque las tapas del múltiple, J-29657.

32. Arranque el motor y compruebe si existen fugas.

33. Verifique y reajuste la sincronización de la bomba si es necesario.

34. Quite las tapas protectoras del múltiple.

35. Coloque el conducto transversal del aire.

36. Coloque el filtro del aire.

37. Haga una prueba del rodaje del vehículo y compruebe si existen fugas.

Múltiple de escape

DESMONTAJE Y MONTAJE

Motor 151-4

1. Quite el filtro del aire y el tubo de precalentamiento del sistema de inyección electrónica de combustible.

2. Saque los pernos del puntal del múltiple fuera del panel de sujeción del radiador y de la cabeza de cilindros.

3. Aparte a un lado el soporte del compresor del sistema de aire acondicionado. No desconecte ninguno de los conductos del refrigerante.

4. Si es necesario quite el perno de sujeción del tubo donde va la varilla de medición del nivel del aceite y el soporte de la montura del motor de la cabeza de cilindros.

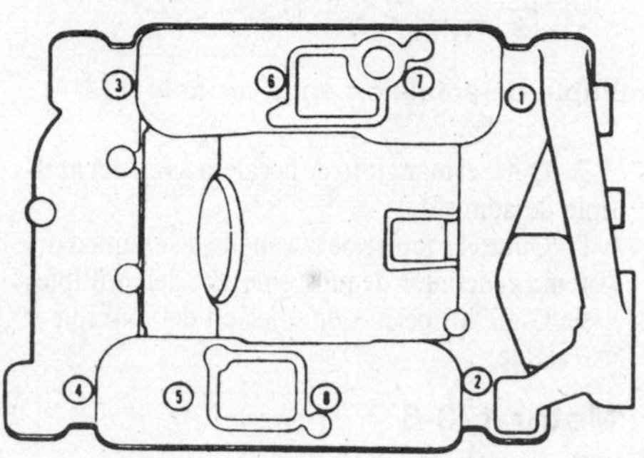

Secuencia de apriete de los pernos del múltiple de admisión en el modelo 263-6

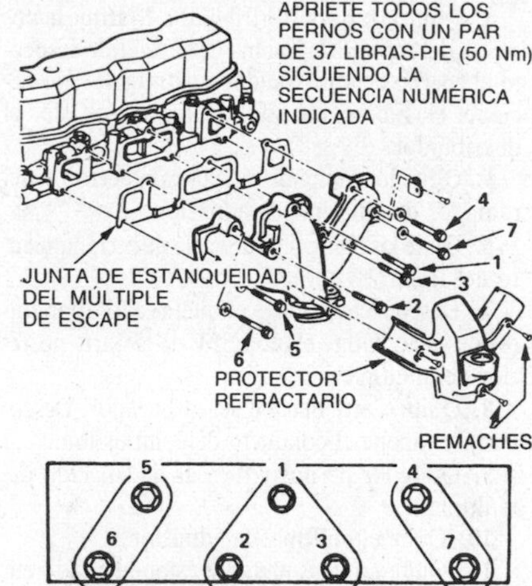

POSICIÓN DE LOS PERNOS

Secuencia de apriete de los pernos del múltiple de escape en el modelo 151-4

5. Levante el vehículo y desconecte el tubo de escape del múltiple.

6. Quite los pernos de sujeción del múltiple y extráigalo.

7. El montaje se efectúa en el orden inverso al de desmontaje.

Motor 173-6

LADO IZQUIERDO

1. Quite el filtro del aire. Quite el tubo del calentador del carburador.

2. Quite los conductos de suministro de aire del múltiple de escape.

3. Levante y sujete bien el vehículo. Desatornille y extraiga el tubo de escape del múltiple.

4. Desatornille y quite el múltiple.

Para montarlo:

1. Limpie las superficies de unión de la cabeza de cilindros y del múltiple. Coloque el múltiple en la cabeza de cilindros y coloque los pernos de sujeción apretándolos con la mano.

2. Apriete los pernos del múltiple siguiendo un esquema circular, comenzando por el centro hasta llegar a los bordes, con un par de 25 libras-pie, en dos etapas.

3. Conecte el tubo de escape al múltiple.

4. La instalación del resto de los componentes se efectúa en el orden inverso al de desmontaje.

LADO DERECHO

1. Levante y sujete bien el vehículo.

2. Apriete los pernos que unen el tubo de escape a la pestaña del múltiple hasta que se rompan y salgan las tuercas. Quite el tubo del múltiple. Los modelos más modernos llevan pernos con pestaña.

3. Apoye el vehículo. Quite los cables de las bujías de encendido de éstas. Numérelos primero si no llevan ya etiquetas.

4. Quite los tubos de suministro de aire del múltiple. Saque el perno del soporte del generador de pulsos de aire de la tapa de balancines en los modelos que dispongan de dicho generador y a continuación extraiga el conjunto de tubos.

5. Quite los pernos de sujeción del múltiple y extráigalo.

Para montarlo:

1. Limpie las superficies de unión de la cabeza de cilindros y del múltiple. Coloque el múltiple sobre la culata y coloque los pernos de sujeción apretándolos con la mano.

2. Apriete los pernos siguiendo un esquema circular, comenzando por el centro hasta llegar a los bordes, con un par de 25 libras-pie en dos etapas.

3. Monte el sistema de suministro de aire.

4. Monte los cables de las bujías de encendido.

5. Levante y sujete bien el vehículo. Conecte el tubo de escape al múltiple y coloque los nuevos pernos con pestaña.

Motores 181-6 y 231-6

1. Desconecte el cable a masa de la batería.

2. Quite el perno de presión del eje intermedio del mecanismo de la dirección y sepárelo del semieje de salida de dicho mecanismo.

ATENCIÓN

Si no desconecta el eje intermedio del semieje de salida del conjunto formado por la cremallera y el piñón puede resultar dañado el mecanismo de la dirección y/o el eje intermedio. Estos daños pueden provocar una pérdida de control de la dirección que podrían dar lugar a un accidente con posibles lesiones corporales.

3. Levante y sujete bien el vehículo en unos caballetes.

4. Desatornille el tubo de escape del múltiple.

5. Apoye el vehículo.

6. Quite el puntal superior del soporte del motor.

7. Coloque un gato bajo el miembro transversal delantero y apoye el peso del vehículo sobre el mismo.
8. Quite los dos pernos delanteros del soporte de la carrocería junto con los tacos de goma y los retenes.
9. Quite los colchoncillos de los pernos y rosque los pernos y los retenes un mínimo de 3 vueltas en las tuercas almenadas del chasis, de forma que los pernos sirvan para sujetar el chasis e impedir que se desplace.
10. Baje el gato de forma que el miembro transversal se apoye sobre los retenes de los pernos del soporte de la carrocería. Compruebe si se producen estorbos con los manguitos o cables.
11. Saque el alternador, desconecte la bomba de la dirección asistida y quite el soporte de la misma.
12. Desconecte el múltiple del tubo transversal.
13. Desatornille y extraiga el múltiple.
14. El montaje se efectúa en el orden inverso al de desmontaje.

LADO IZQUIERDO

1. Desconecte el cable a masa de la batería.
2. Desatornille y quite el conducto transversal.
3. Quite el puntal superior del soporte del motor.
4. Desatornille y extraiga el múltiple.
5. El montaje se efectúa en el orden inverso al de desmontaje.

Motor 263-6

LADO IZQUIERDO

1. Quite el tubo transversal de los múltiples.
2. Levante y sujete bien el vehículo con caballetes.
3. Desatornille y saque el múltiple.
4. El montaje se efectúa en el orden inverso al de desmontaje. Lubrique todos los pernos del múltiple con lubricante 1052080 o equivalente.

LADO DERECHO

1. Quite el puntal del soporte del motor.
2. Coloque un gato hidráulico bajo el miembro del motor. Extraiga los colchoncillos de los pernos.
3. Quite los dos pernos delanteros del soporte del motor. Extraiga los colchoncillos de los pernos.
4. Rosque los pernos del soporte de la carrocería con los retenes en las tuercas almenadas de forma que impidan el desplazamiento del chasis del motor.
5. Baje el gato hasta que el miembro transversal entre en contacto con los retenes de los pernos del soporte de la carrocería. Compruebe si hay algún manguito o cable que estorbe.
6. Quite el tubo transversal.
7. Levante y soporte el vehículo sobre caballetes.
8. Desconecte el tubo de escape del múltiple.
9. Apoye el vehículo.
10. Desatornille y extraiga el múltiple.
11. El montaje se efectúa en el orden inverso al de desmontaje. Lubrique completamente todos los pernos del múltiple con lubricante 1052080 o equivalente.

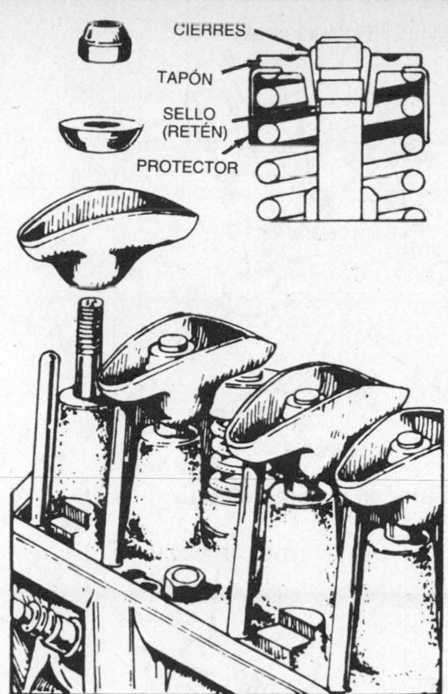

Balancín, pivote y tuerca en los modelos 151-4 y 173-6

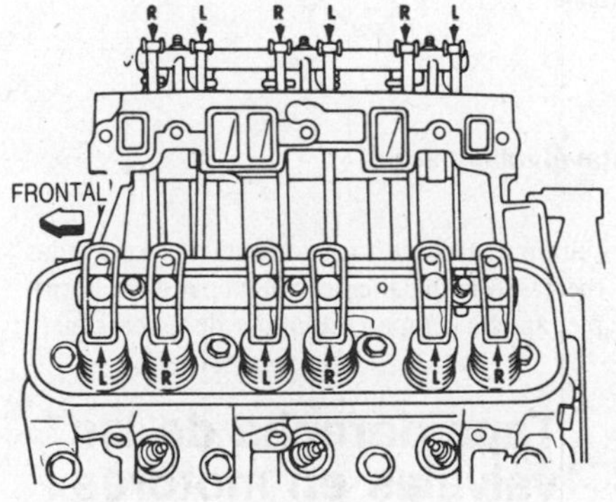

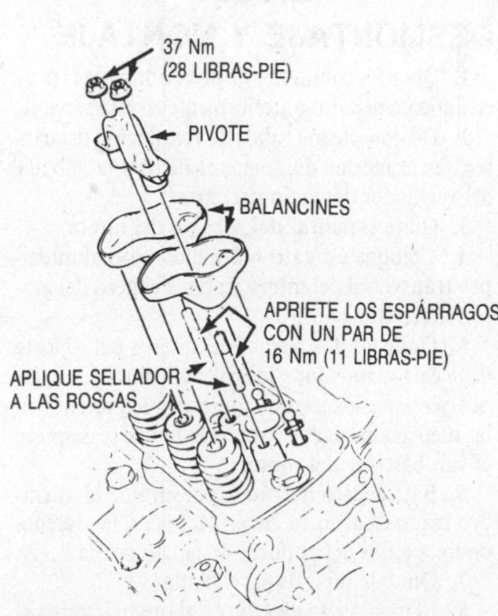

Posición de los balancines en el eje en el modelo 181-6

Guías de las válvulas

REACONDICIONAMIENTO

Las guías de las válvulas, en todos los motores, forman una parte integral de la culata de los cilindros. Si las guías están desgastadas pueden ser escariadas o abocardadas de forma que puedan alojarse en las mismas vástagos de válvula sobredimensionados, o pueden ser moleteadas para mantener los vástagos del mismo tamaño. Véase la tabla al comienzo de esta sección para determinar el diámetro original del vástago.

Balancines, ejes y varillas de empuje

DESMONTAJE Y MONTAJE

Motor 151-4

1. Quite la tapa de las válvulas.
2. En los motores que dispongan de un sistema de inyección de combustible, véase la sección Bomba de combustible para descomprimir dicho sistema antes de desconectar los conductos de combustible.
3. Si se va a proceder a la sustitución de únicamente la barra de empuje, afloje el perno del balancín y apártelo a un lado. Gírelo a un lado.
4. Quite la tuerca y la rótula del balancín.
5. Extraiga el balancín del espárrago y coloque los balancines por orden para volver a montarlos en la posición que les corresponde.

Motor 173-6

NOTA: Algunos motores se montan utilizando silicona RTV (vulcanizable a temperatura ambiente) en lugar de una junta de estanqueidad en la tapa de balancines. Si el motor se montó utilizando silicona RTV, no utilice nunca una junta de estanqueidad al volver a montar la tapa de balancines. Por el contrario, si el motor se montó utilizando una junta de estanqueidad en la tapa de balancines, no la sustituya por silicona RTV. Cuando utilice silicona RTV, bastará con aplicar un cordón de 1/8 de pulgada. Introduzca siempre el cordón en el interior de los orificios de los pernos.

Los balancines se extraen quitando la tuerca de ajuste. Asegúrese de que ajusta el huelgo de la válvula después de volver a colocar los balancines. Cuando sustituya un balancín de escape, coloque un balancín de admisión antiguo en el espárrago del balancín de escape y coloque el balancín nuevo en el espárrago roscado en los balancines. Si resultan dañadas o estropeadas las roscas de la culata, puede volver a roscarse e instalar una inserción de tipo helicoidal. Si el motor dispone de un sistema de control de emisión de gases de escape con un reactor de inyección de aire (bomba de aire), debe sacar aquellos componentes del sistema que estorben. Desconecte los conductos de los inyectores de aire de los múltiples de escape.

Motores 181-6 y 231-6

1. Quite la(s) tapa(s) de los balancines.
2. Quite el(los) eje(s) de los balancines.

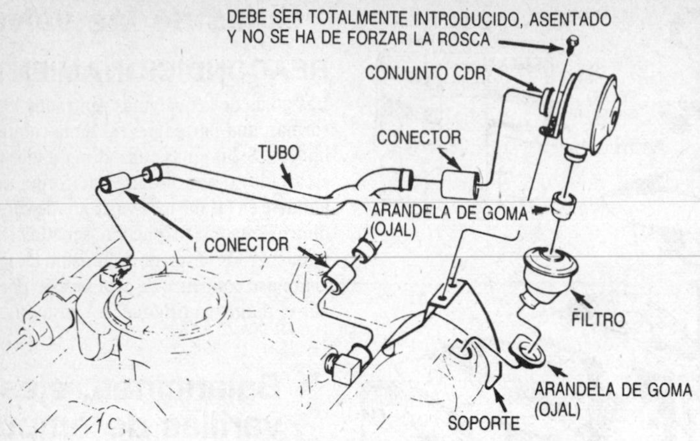

Sistema de ventilación del cárter en motores diesel

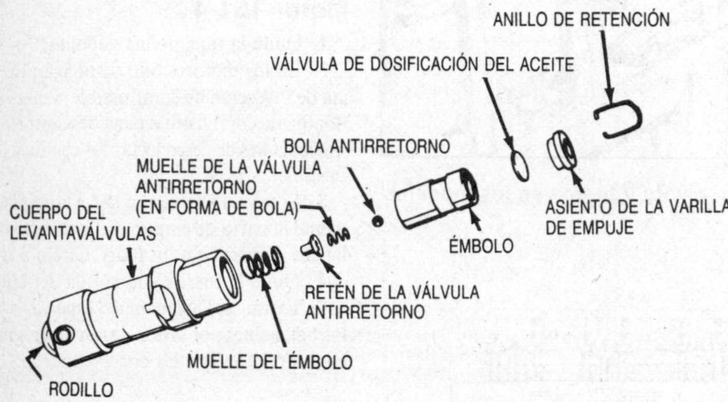

Despiece de un levantaválvulas (taqué)

3. Coloque el eje en una superficie limpia.

4. Quite los retenes de nylon de los balancines. Un par de alicates será suficiente para esta operación.

5. Corra los balancines y sáquelos del eje e inspeccione si presentan desgastes o daño alguno. Guárdelos bien ordenados.

6. El montaje se efectúa en el orden inverso al de desmontaje. Si piensa colocar balancines nuevos, tenga en cuenta que llevan grabado una R (lado derecho) o una L (lado izquierdo). Cada balancín debe ser centrado en su orificio para el aceite. Deben utilizarse nuevos retenes de nylon.

Motor 263-6

NOTA: Este procedimiento requiere la purga de los levantaválvulas.

1. Quite la(s) tapa(s) de las válvulas como se describe más adelante.

2. Quite las tuercas y pivote de los balancines y extráigalos.

3. Si se han de colocar los mismos balancines, esta operación debe llevarse a cabo por cilindros. Nunca vuelva a colocar solamente un balancín en cada cilindro. Si se va a sustituir el espárrago, recubra las roscas con compuesto de bloqueo y apriete el espárrago con un par de 11 libras-pie.

4. El montaje se efectúa en el orden inverso al de desmontaje. Véase la sección de purga de los levantaválvulas. Esto es absolutamente necesario; si no se purgan los levantaválvulas, el motor resultará dañado de forma inevitable. Apriete las tuercas de los balancines con un par de 28 libras-pie, apriete la tapa con un par de 5 libras-pie.

Tapa derecha de las válvulas en motores diesel

DESMONTAJE Y MONTAJE

1. Quite los conductos de inyección. Vea el procedimiento descrito anteriormente en esta sección.

2. Desconecte los tubos de ventilación del cárter, las arandelas de goma, el filtro y la válvula del regulador de vacío del cárter.

3. Quite el puntal del soporte del motor.

4. Coloque un gato hidráulico bajo el miembro transversal delantero y apoye el peso del motor sobre el mismo.

5. Quite los dos pernos delanteros del soporte de la carrocería. Quite los colchoncillos de los pernos y rosque los pernos junto con los retenes en las tuercas almenadas para impedir que se desplace el sub-bastidor del motor.

6. Baje el gato hidráulico hasta que el miembro transversal entre en contacto con los retenes de los pernos del soporte de la carrocería.

7. Quite la tapa de las válvulas.

8. El montaje se efectúa en el orden inverso al de desmontaje. Estas tapas se colocan aplicando un cordón de silicona RTV de 1/8 de pulgada en lugar de utilizar una junta de estanqueidad. Recubra completamente todos los pernos con lubricante número 1052080 o equivalente.

Purga de los levantaválvulas en motores diesel

Si se han extraído el múltiple de admisión y los balancines de las válvulas, será necesario extraer, desmontar, purgar y volver a montar los levantaválvulas de ese lado. Si se han aflojado o extraído los balancines, pero no se ha extraído el múltiple de admisión, puede saltarse este apartado y vaya al procedimiento de purga.

EXTRACCIÓN

Mantenga los levantaválvulas y las barras de empuje bien ordenados. Esto es absolutamente necesario para su posterior montaje, ya que estas piezas presentan diferencias que podrían dar lugar a daños en el motor si no se colocan en sus posiciones originales correspondientes.

1. Quite el múltiple de admisión. Véase el apartado Múltiple de admisión.

2. Quite las tapas de las válvulas, el conjunto de balancines y las barras de empuje.

3. Quite los pernos de los retenes de las guías de los levantaválvulas.

4. Quite las guías de los retenes y los levantaválvulas.

DESMONTAJE

1. Quite el anillo del retén con un destornillador pequeño.

2. Quite el asiento de la barra de empuje y la válvula de dosificación de aceite.

3. Quite el émbolo y el muelle del mismo.

4. Extraiga el retén de la válvula de bloqueo fuera del émbolo y a continuación saque la válvula y el muelle.

LIMPIEZA E INSPECCIÓN

Una vez haya desmontado los levantaválvulas, debe limpiar todas las piezas con disolvente. Una pequeña partícula extraña bajo la válvula de bloqueo hará que el levantaválvulas no funcione correctamente. Debería hacer una inspección minuciosa para comprobar si existen muescas, rebabas o si las piezas están rayadas. Si el cuerpo del rodillo o el émbolo están estropeados, sustituya el conjunto del levantaválvulas por uno nuevo. Siempre que se extraigan los levantaválvulas compruebe lo siguiente:

1. Que los rodillos giran libremente, pero sin un juego excesivo.

2. Compruebe si falta o está roto algún rodamiento de agujas.

3. El rodillo no debería presentar pequeños agujeros o rugosidad alguna. Si existen, compruebe asimismo si el árbol de levas presenta un estado similar. Si esto es así sustituya el levantaválvulas y el árbol de levas.

MONTAJE

1. Recubra las piezas del levantaválvulas con una capa de queroseno o combustible diesel limpio.

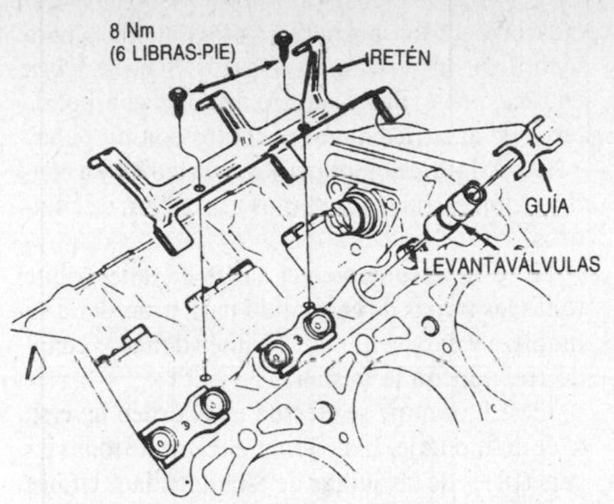

Levantaválvulas, guías y retenes en los motores diesel

2. Monte la válvula antirretorno, el muelle y el retén en el émbolo.

3. Coloque el muelle del émbolo sobre el retén de la válvula antirretorno.

4. Sujete el émbolo con el muelle hacia arriba e introdúzcalo en el cuerpo del levantaválvulas. Sujete el émbolo en posición vertical para impedir que salte el muelle.

5. Sumerja el levantaválvulas en queroseno o combustible diesel limpio.

6. Coloque la válvula de dosificación de aceite y el asiento de la barra de empuje en el levantaválvulas y coloque el anillo de retención.

INSTALACIÓN

Haga un cebado de los nuevos levantaválvulas a la vez que los mantiene sumergidos en queroseno o combustible diesel limpio. El levantaválvulas podría resultar dañado al levantar el motor si está seco.

1. Cuando se afloje o extraiga el balancín, es necesario purgar el levantaválvulas. Deben purgarse los levantaválvulas, ya que podrían producirse posibles interferencias entre la válvula y el pistón debido a que las tolerancias son demasiado pequeñas. Antes de colocar un levantaválvulas nuevo o usado en el motor, lubrique el rodillo y los cojinetes del mismo con lubricante n.º 1052365.

2. Coloque los levantaválvulas y válvulas de empuje en su posición original en el bloque de cilindros. Véase la nota en el apartado Extracción.

3. Coloque las juntas de estanqueidad del múltiple y este último.

4. Coloque los balancines, pivotes y pernos en la cabeza del cilindro.

5. Coloque las tapas de las válvulas.

6. Coloque el conjunto del múltiple de admisión.

PURGA

1. Antes de colocar los balancines extraídos, gire el cigüeñal hasta que el cilindro n.º 1 se coloque a 32° antes del PMS (BTDC). Esto equivale a una distancia de 2 pulgadas (50 mm) de recorrido en el sentido contrario de las agujas del reloj a partir del indicador 0°. Si hubiera extraído únicamente la tapa de válvulas derecha, quite la bujía de incandescencia del cilindro n.º 1 para determinar si la posición del pistón es correcta. La presión de compresión indicará si la posición es correcta o no. Si se hubiera quitado la tapa izquierda de las válvulas, gire el cigüeñal hasta que la rótula de la barra de empuje de la válvula de admisión del cilindro n.º 5 se sitúe a 0.28'' (7.0 mm) por encima de la rótula de la barra de empuje de la válvula de escape de este mismo cilindro.

NOTA: Utilice únicamente llaves manuales para apretar las tuercas del pivote del balancín a fin de que no resulte dañado el motor.

2. Si se han extraído, coloque el pivote y los balancines del cilindro n.º 5. Apriete las tuercas alternativamente entre las válvulas de admisión y escape hasta que la válvula de admisión comience a abrirse y a continuación deje de apretar.

3. Coloque los balancines restantes excepto el de la válvula de escape del cilindro n.º 3 (si se ha extraído este balancín).

4. Si se han extraído, coloque pero no apriete los pivotes de las válvulas del cilindro n.º 3 más allá de un punto en el que la válvula estaría totalmente abierta. Esto viene indicado por una fuerte resistencia cuando todavía se intenta apretar los pernos de sujeción de los pivotes. Si se sobrepasa este punto, la barra de empuje quedaría doblada. Apriete las tuercas LENTAMENTE, de manera que el levantaválvulas permita la salida del líquido.

5. Finalice el apriete de la tuerca del pivote de los balancines del cilindro n.º 5, LENTAMENTE. No sobrepase el punto en que la válvula estaría completamente abierta. Esto viene indicado por una fuerte resistencia cuando se sigue intentando apretar los pernos de sujeción de los pivotes. Si se sobrepasa este punto la barra de empuje quedaría doblada.

6. NO gire el cigüeñal durante al menos 45 minutos.

7. Finalice el montaje del motor mientras que se produce la purga de los levantaválvulas.

NOTA: No gire el motor hasta que haya finalizado la purga de los levantaválvulas, ya que de lo contrario resultaría dañado.

Juego de las válvulas

AJUSTE

Motores 151-4, 181-6, 231-6 y 263-6

No es necesario ningún ajuste rutinario.

Motor 173-6

Siempre que se haya trabajado en el tren de válvulas de un motor de 6 cilindros en V, debe ajustarse el juego de las mismas. Accione el motor hasta que la señal de sincronización quede alineada con la señal «0.º» en la escala de sincronización y las dos válvulas del cilindro n.º 1 estén cerradas. Si las válvulas se mueven cuando quedan alineadas las señales de sincronización, el motor está en la posición de encendido del cilindro n.º 4. Gire el cigüeñal una vuelta más. Con el motor en la posición de encendido del cilindro n.º 1, ajuste las siguientes válvulas:

- De escape - 1, 2, 3.
- De admisión - 1, 5, 6.

Gire el cigüeñal una vuelta completa hasta que se sitúe en la posición de encendido del cilindro n.º 4. Ajuste las siguientes válvulas:

- De escape - 5, 6.
- De admisión - 3, 4.

El ajuste se realiza aflojando la tuerca de ajuste de los balancines hasta que aparezca juego en la barra de empuje. Apriete la tuerca para eliminar la tolerancia de las barras de empuje (esto puede determinarse girando la barra de empuje con los dedos, apretando a la vez la tuerca de ajuste). Si la barra de empuje no puede girar libremente, apriete la tuerca 1 y 1/2 vueltas adicionales para colocar el levantaválvulas hidráulico en el centro de su recorrido. No es necesario realizar ningún ajuste adicional.

Cabeza de cilindros

DESMONTAJE Y MONTAJE

Motor 151-4

ATENCIÓN

En los motores que dispongan de sistema de inyección de combustible, descomprima el sistema de combustible antes de desconectar los conductos de combustible. El motor debería estar bien frío (parado desde el día anterior).

1. Vacíe el sistema de refrigeración y recoja el contenido en un recipiente limpio.

2. Quite el filtro del aire.

3. Quite los múltiples de admisión y escape como se ha descrito anteriormente.

4. Quite los pernos del soporte del alternador.

5. Quite los pernos del soporte del compresor del sistema de aire acondicionado y aparte el compresor a un lado. No desconecte ninguno de los conductos del refrigerante.

6. Desconecte todas las conexiones de vacío y eléctricas de la culata.

7. Desconecte el manguito superior del radiador.

8. Desconecte los cables de las bujías de encendido y extráigalas.

9. Extraiga la tapa de balancines, los balancines y las barras de empuje.

10. Desatornille y extraiga la culata.

11. Limpie completamente las superficies de las juntas de estanqueidad.

12. Coloque una nueva junta de estanqueidad sobre los tacos y la culata.

13. Recubra las roscas de los pernos de la culata con compuesto de sellado y colóquelos apretándolos con los dedos.

14. Apriete los pernos secuencialmente, en tres etapas uniformes, hasta alcanzar el par especificado.

15. Coloque todos los componentes en el orden inverso al de desmontaje.

Motor 173-6

LADO IZQUIERDO

1. Levante el vehículo y sujételo con caballetes de seguridad.

2. Vacíe el refrigerante del bloque y apoye el vehículo.

3. Quite el múltiple de admisión.

4. Quite el conducto transversal.

5. Quite el alternador y los soportes de la bomba del reactor de inyección de aire.

6. Quite el tubo de la varilla de medición del nivel del aceite.

7. Afloje los pernos de los balancines y extraiga las barras de empuje. Coloque las barras en el mismo orden que el de desmontaje.

8. Quite los pernos de la cabeza de cilindros por etapas y en el orden inverso de la secuencia de apriete.

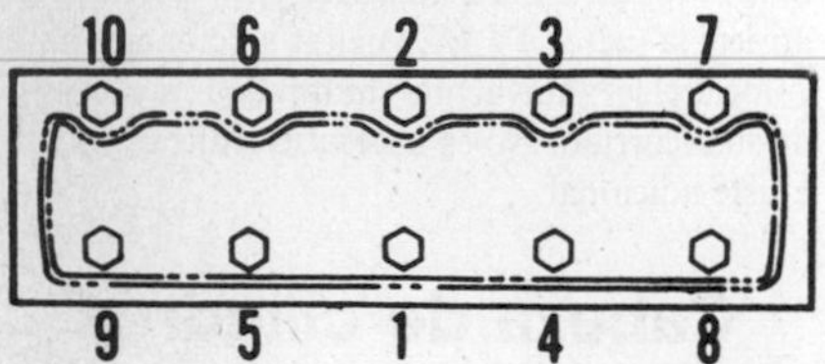

Secuencia de apriete de los pernos del múltiple de escape en el modelo 151-4

9. Quite la cabeza de cilindros. No la apalanque para aflojarla.

10. El montaje se efectúa en el orden inverso al de desmontaje. Las palabras «This Side Up» de la junta de estanqueidad nueva de la cabeza de cilindros debería quedar hacia arriba. Recubra los pernos de la cabeza de cilindros con sellador y apriételos según las especificaciones, siguiendo la secuencia que se muestra en la figura. Asegúrese de que las barras de empuje asientan en los asientos de los levantaválvulas y ajuste las válvulas.

LADO DERECHO

1. Levante el vehículo y vacíe el refrigerante del bloque.

2. Desconecte el tubo de escape y apoye el vehículo.

3. Si dispone de servocontrol de velocidad de crucero, extraiga el soporte del mismo.

4. Quite la válvula y el manguito de dosificación de aire.

5. Quite el múltiple de admisión.

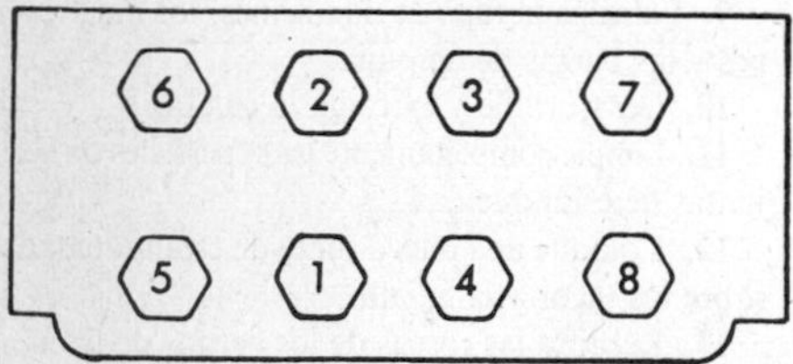

Secuencia de apriete de los pernos de la cabeza de cilindros en los modelos 173-6

6. Quite el conducto transversal de escape.

7. Afloje las tuercas de los balancines y extraiga las barras de empuje. Colóquelas por orden de desmontaje.

8. Quite los pernos de la cabeza de cilindros por etapas y en el orden inverso al de la secuencia de apriete.

9. Quite la cabeza de cilindros. No la apalanque para aflojarla.

10. El montaje se efectúa en el orden inverso al de desmontaje. Las palabras «This Side Up» de la junta de culata nueva deberían quedar hacia arriba. Recubra los pernos de la cabeza de cilindros con compuesto de sellado y apriételos según las especificaciones, siguiendo la secuencia que se muestra en la figura. Asegúrese de que los extremos inferiores de las barras de empuje se apoyan en los asientos de los levantaválvulas y ajuste las válvulas.

Motores 181-6 y 231-6

1. Desconecte el cable negativo de la batería.

2. Quite el múltiple de admisión.

3. Afloje y saque la correa o correas.

4. Cuando quite la cabeza de cilindros IZQUIERDA:

a. Quite la varilla de medición del nivel del aceite.

b. Quite las bombas de aire y de vacío con el soporte de fijación, si existe, y apártela manteniendo las mangueras acopladas.

5. Cuando quite la cabeza de cilindros DERECHA.

a. Quite el alternador.

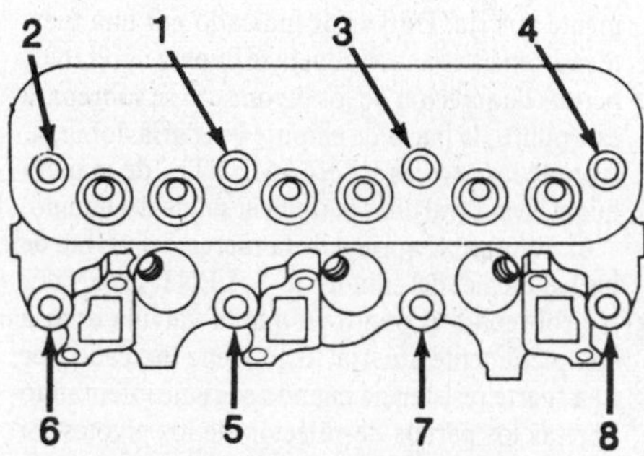

Secuencia de apriete de los pernos de la cabeza de cilindros en los modelos 181-6 y 231-6

b. Desconecte la bomba del mecanismo de dirección asistida y los soportes unidos a la cabeza de cilindros.

6. Desconecte los cables de las bujías de encendido y quite los clips de los mismos situados en los espárragos de la tapa de balancines.

7. Quite los pernos del múltiple de escape situados en la cabeza de cilindros que esté desmontando.

8. Limpie, con una manguera de aire y paños, la suciedad de la cabeza de cilindros y zona contigua para evitar que entre al motor. Es sumamente importante evitar que entre la suciedad en los levantaválvulas hidráulicos.

9. Quite la tapa de balancines y el conjunto formado por los balancines y ejes de la cabeza de cilindros. Extraiga las barras de empuje. Si se ha de proceder a la inspección y reparación de los levantaválvulas, extráigalos en este momento y colóquelos en un contenedor que disponga de orificios numerados o un dispositivo similar, para identificar su posición en el motor. Si no se deben extraer, protéjalos y proteja también el árbol de levas de la suciedad cubriéndolos con un paño.

10. Afloje todos los pernos de la culata y a continuación extraiga los pernos y la cabeza de cilindros.

11. Con la cabeza en el banco de taller, quite todas las bujías de encendido para proceder a su limpieza y para evitar que resulten dañadas cuando trabaje con la misma.

12. El montaje se efectúa en el orden inverso al de desmontaje. Limpie completamente todas las superficies de las juntas de estanqueidad. Utilice siempre una junta de estanqueidad nueva. La junta de estanqueidad de la culata se coloca con el cordón hacia abajo. Recubra las roscas del perno de la cabeza de cilindros con compuesto de sellado para roscas. Apriete los pernos de la culata en tres etapas uniformes. Vuelva a verificar el par de apriete de los pernos de la cabeza de cilindros una vez que el motor haya alcanzado la temperatura normal de funcionamiento.

Motor 263-6

NOTA: Este procedimiento requiere desmontar completamente los levantaválvulas como se explica en el apartado Purga de los levantaválvulas en motores diesel.

1. Quite el múltiple de admisión.

2. Quite la tapa de las válvulas. Afloje o extraiga los soportes contiguos o abrazaderas de tubos que estorben.

3. Desconecte los cables de las bujías de incandescencia (y el conductor del calentador del bloque del motor si dispone del mismo en el banco posterior).

4. Quite la tira que va a masa de la cabeza de cilindros derecha (posterior).

5. Extraiga las tuercas y pivotes de los balancines, los balancines y las barras de empuje. Haga marcas de referencia en los pivotes y coloque los balancines por orden de desmontaje de forma que puedan ser montados en su posición original.

6. Desconecte el tubo transversal de escape del múltiple de escape del lado en el que se está trabajando y aflójelo en el otro lado.

7. Quite el tapón roscado de purga del bloque del lado del bloque en que se ha desmontado la cabeza de cilindros.

8. Quite los tapones tubulares que cubren los pernos superiores de la cabeza de cilindros.

9. Quite todos los pernos de la cabeza de cilindros y extráigala.

10. Si es necesario para desmontar la precámara de combustión, quite la bujía de incandescencia

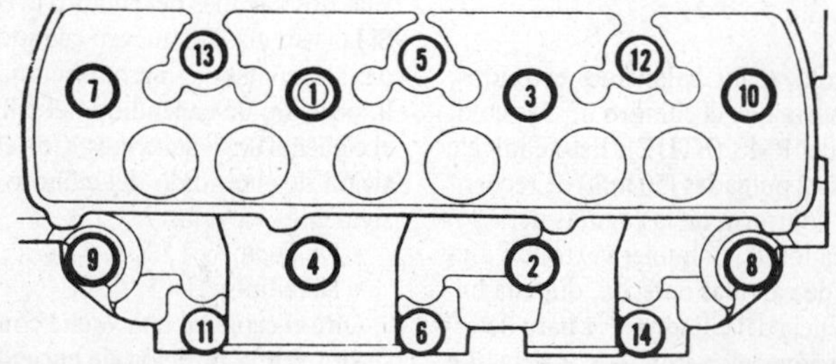

Secuencia de apriete de los pernos de la cabeza de cilindros en los modelos 263-6

y el inyector y a continuación extraiga la precámara golpeándola ligeramente con un pequeño punzón desfilado de 1/8 de pulgada. NO utilice un punzón cónico.

11. El montaje se efectúa en el orden inverso al de desmontaje. No aplique sellador a la junta de la culata. Si se ha sustituido alguna de las precámaras de combustión, mida la altura de la cámara y haga un esmerilado de la nueva con una tolerancia de 0.001'' respecto de la altura de la antigua cámara, utilizando lija húmeda de dureza 80 para pulirla. Recubra los pernos de la cabeza de cilindros con sellador.

REVISIÓN

Los procedimientos de revisión de la cabeza de cilindros vienen detallados en el apartado Reconstrucción del motor en la sección de Reparaciones del conjunto del motor.

Tapa frontal

DESMONTAJE Y MONTAJE

Motor 151-4

ATENCIÓN

En los motores que disponen de inyección de combustible, descomprima el sistema antes de desconectar los conductos de combustible.

1. Quite el cubo del cigüeñal. Es necesario desmontar el guardabarro interno.

2. Quite el soporte inferior del alternador.

3. Quite los soportes delanteros del motor.

4. Utilizando un gato hidráulico, levante el motor.

5. Quite los pernos que unen el soporte de sujeción del motor al bloque de cilindros. Extraiga el soporte y la montura conjuntamente.

6. Quite los tornillos que unen el cárter a la tapa frontal.

7. Quite los tornillos que unen la tapa frontal al bloque del motor.

8. Tire de la tapa suavemente hacia adelante, justo lo suficiente para poder cortar el sello frontal del cárter de forma que quede nivelado con el bloque en ambos lados.

9. Quite la tapa frontal y la parte unida del sello del cárter.

10. Limpie completamente las superficies de las juntas de estanqueidad.

11. Corte las lengüetas del nuevo sello anterior del cárter del aceite.

12. Coloque el sello en la tapa frontal, introduciendo los salientes en los orificios existentes.

13. Recubra la nueva junta de estanqueidad con compuesto de sellado y colóquela en la tapa frontal.

14. Aplique un cordón de silicona de 1/8 de pulgada a la junta formada por el cárter y el bloque del motor.

15. Alinee el sello de la tapa frontal con un útil de centrado y colóquela. Apriete los tornillos y coloque el cubo.

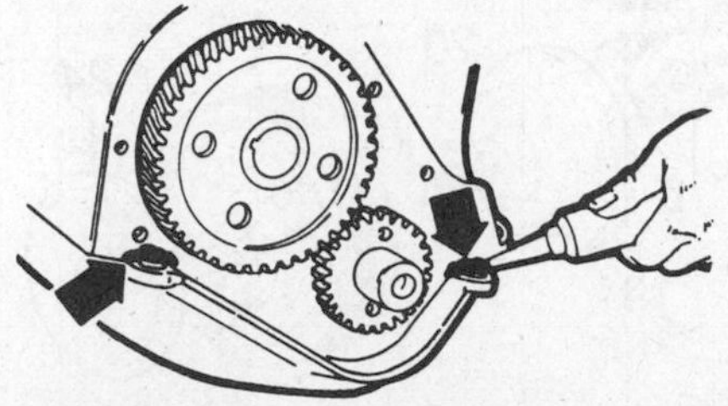

Aplique sellador en los puntos señalados en la figura en los modelos 151-4

Motor 173-6

ATENCIÓN

El anillo externo (PESA) del equilibrador de armónicos está unido al cubo mediante una junta de goma. Podría romperse esta junta si se golpea el equilibrador para montarlo sobre el cigüeñal. Es necesaria una prensa o útil especial de montaje.

1. Saque la bomba de agua.

2. Quite el compresor sin desconectar los conductos del sistema de aire acondicionado y póngalo a un lado.

3. Quite el equilibrador de armónicos utilizando un extractor.

NOTA: El anillo externo (PESA) del equilibrador de armónicos está unido al cubo por una junta de goma. Debe extraerse el equilibrador utilizando un extractor que actúe únicamente sobre el cubo interno. Si tira de la porción externa del equilibrador romperá la junta de goma o estropeará el ajuste del amortiguador de torsión.

4. Desconecte el manguito inferior del radiador y el de la calefacción.

5. Quite los pernos de sujeción de la tapa del engranaje de sincronización y la tapa y la junta de estanqueidad.

6. Limpie todas las superficies de unión de la junta de estanqueidad en la tapa frontal y en el bloque. Aplique un cordon continuo de sellador de 3/22 de pulgada (GM n.º 1052357 o equivalente) a la superficie de sellado de la tapa frontal y alrededor de las lumbreras de circulación del refrigerante y en los orificios centrales de los pernos.

7. Aplique un cordón de silicona a la junta que va entre el cárter del aceite y el bloque de cilindros.

8. Coloque un útil de centrado en el orificio del saliente del cigüeñal en la tapa frontal y colóquela en su posición.

9. Coloque los pernos de la tapa frontal apretándolos con la mano, quite el útil de centrado y apriete los pernos de la tapa. Coloque el equilibrador de armónicos, la polea, la bomba de agua, las correas, el radiador y todas las demás piezas.

Motores 181-6 y 231-6

1. Vacíe el sistema de refrigeración.

2. Desconecte el manguito inferior del radiador y el manguito de la calefacción de la bomba de agua.

3. Quite las dos tuercas del soporte delantero del motor situado en el sub-bastidor y levante el vehículo utilizando un dispositivo de elevación adecuado.

4. Saque la polea de la bomba de agua y todas las correas de accionamiento.

5. Saque el alternador y los soportes del mismo.

6. Extraiga el distribuidor.

NOTA: Si no se pretende tocar la cadena de sincronización y las ruedas dentadas, anote la posición del rotor del distribuidor para su posterior montaje en la misma posición.

7. Quite el perno y la arandela del equilibrador utilizando un extractor, sáquelo fuera del motor.

8. Quite los pernos que unen la tapa al bloque. Quite los dos pernos que unen el cárter del aceite con la tapa.

9. Quite la tapa y la junta de estanqueidad.

10. El montaje se efectúa en el orden inverso al de desmontaje. Utilice siempre una junta de estanqueidad nueva recubierta de sellador. Quite la tapa de la bomba de aceite y rellene la zona contigua a los engranajes con petrolato de forma que no quede espacio de aire dentro de la bomba. Aplique compuesto de sellado a las roscas de los pernos de la tapa.

Motor 263-6

1. Purgue el sistema de refrigeración.

2. Desconecte la manguera inferior del radiador y la manguera de calefacción que va a la bomba de agua. Desconecte el tubo de salida de la calefacción situado en el múltiple.

3. Desconecte la bomba de dirección asistida, la bomba de vacío, el tensor de la correa, el compresor del sistema de aire acondicionado y los soportes del alternador.

ATENCIÓN

No desconecte ningún conducto de refrigerante.

4. Quite el equilibrador del cigüeñal utilizando un extractor.

5. Desatornille y quite la tapa frontal y la junta de estanqueidad.

6. El montaje se efectúa en el orden inverso del de desmontaje. Bisele el extremo de cada uno de los tacos de alineación para facilitar el montaje de la tapa. Recorte 1/8 de pulgada de los bordes del nuevo sello frontal del cárter. Aplique sellador RTV al retén del cárter del aceite. Una vez que haya colocado en su posición la junta de estanqueidad de la tapa, aplique sellador a la junta formada por el cárter, la junta de estanqueidad y el bloque. Cuando coloque la tapa, gírela hacia la derecha y hacia la izquierda a la vez que introduce el sello del cárter hasta su posición correspondiente mediante un pequeño destornillador.

Retén de aceite

DESMONTAJE Y MONTAJE

1. Quite primero la tapa de sincronización y a continuación apalanque el retén extrayéndolo por la parte anterior de la tapa.

2. Coloque un nuevo retén de pestaña con ésta (lado abierto del sello) hacia adentro e introduzca o coloque el sello a presión con cuidado en su posición correspondiente.

NOTA: Puede sustituirse el retén de aceite de la tapa de sincronización sin quitarla. Saque las correas del ventilador, la polea del cigüeñal y el equilibrador de armónicos. Apalanque el retén de aceite extrayéndolo de la tapa, teniendo cuidado de no dañar la superficie de unión del retén. Lubrique el nuevo retén y colóquelo en su posición con el extremo abierto hacia el motor. Utilice un montador de retenes para evitar dañarlo y que salte de su posición.

Engranaje y/o cadena de sincronización

DESMONTAJE Y MONTAJE

Motor 151-4

Véase el procedimiento de Desmontaje y montaje del árbol de levas.

Motor 173-6

Para sustituir la cadena, quite la tapa frontal del cárter del aceite. Esto le permitirá acceder a la cadena de sincronización. Accione el motor hasta que las señales perforadas en ambas ruedas dentadas queden lo más cerca posible entre ellas y alineadas entre los centros de los ejes. Extraiga los tres pernos que sujetan la rueda dentada al árbol de levas. Esta rueda dentada presenta un ligero ajuste a presión en el árbol de levas y su extracción resultará fácil. Está fijada por un taco. La cadena de sincronización sale junto con la rueda dentada del árbol de levas. Será necesario un extractor de engranajes para sacar la rueda dentada del cigüeñal.

Sin modificar la posición del motor, monte la nueva rueda dentada del cigüeñal sobre éste y a continuación monte la cadena sobre la rueda dentada del árbol de levas. Coloque esta rueda de tal forma que las señales de sincronización queden alineadas entre los centros de los ejes y que el taco de fijación del árbol de levas entre en el orificio correspondiente situado en la rueda dentada del árbol de levas.

Coloque la rueda dentada del árbol de levas, con su cadena montada sobre la misma, en su posición en la parte delantera del árbol de levas y tire hacia arriba de los tres pernos que la fijan al mismo. Una vez estén en su posición las ruedas dentadas, gire el motor dos vueltas completas para asegurarse de que las señales de sincronización están correctamente alineadas entre los centros de los ejes.

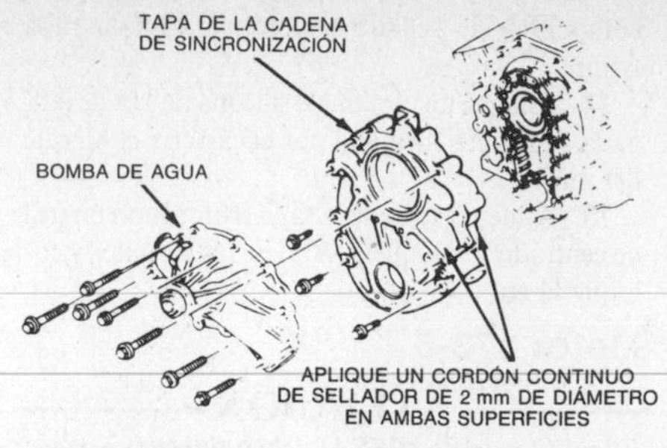

Desmontaje de la tapa de sincronización en el modelo 173-6

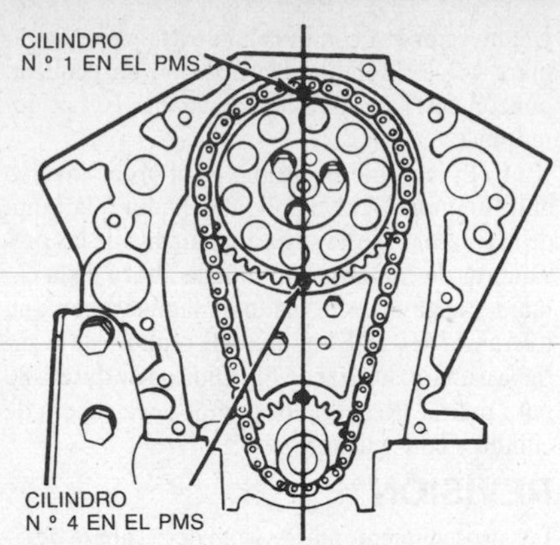

Alineamiento de los engranajes de sincronización en el modelo 173-6

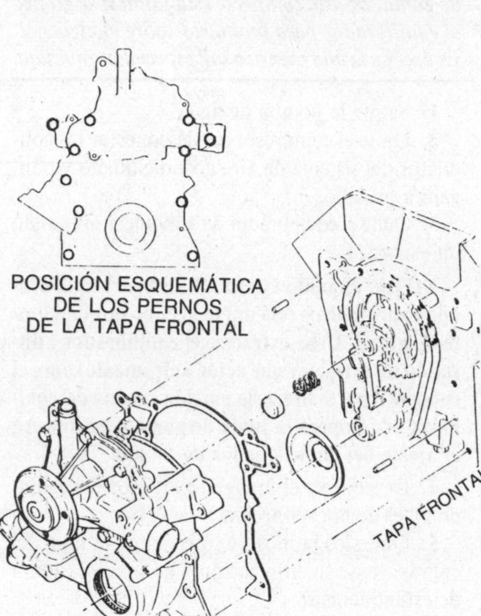

Desmontaje de la tapa de sincronización en los modelos 181-6 y 231-6

Cadena de sincronización y ruedas dentadas en el modelo 173-6

Motores 181-6 y 231-6

1. Quite la tapa de la cadena de sincronización como se ha descrito anteriormente.

2. Gire el cigüeñal de forma que queden alineadas las señales de sincronización.

3. Quite el esparcidor de aceite del cigüeñal.

4. Quite los pernos de la rueda dentada del árbol de levas.

5. Utilice dos palancas para extraer alternativamente las ruedas dentadas del árbol de levas y del cigüeñal junto con la cadena de sincronización.

6. El montaje se efectúa en el orden inverso al de desmontaje. Si gira el motor, asegúrese de que el cilindro n.º 1 está situado en el PMS.

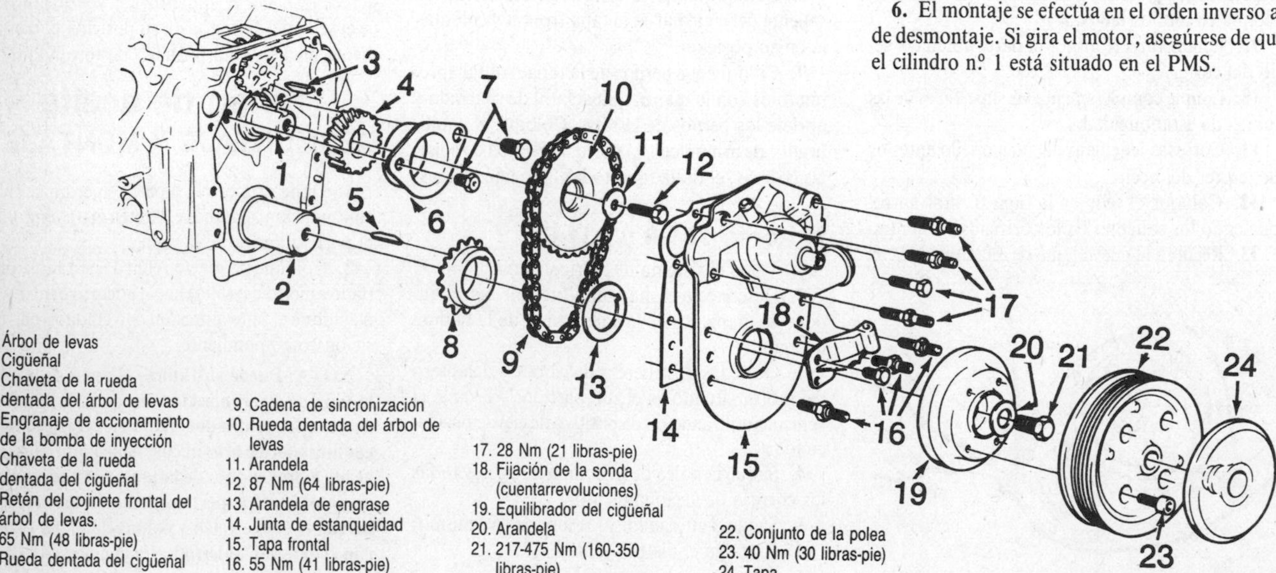

1. Árbol de levas
2. Cigüeñal
3. Chaveta de la rueda dentada del árbol de levas
4. Engranaje de accionamiento de la bomba de inyección
5. Chaveta de la rueda dentada del cigüeñal
6. Retén del cojinete frontal del árbol de levas.
7. 65 Nm (48 libras-pie)
8. Rueda dentada del cigüeñal
9. Cadena de sincronización
10. Rueda dentada del árbol de levas
11. Arandela
12. 87 Nm (64 libras-pie)
13. Arandela de engrase
14. Junta de estanqueidad
15. Tapa frontal
16. 55 Nm (41 libras-pie)
17. 28 Nm (21 libras-pie)
18. Fijación de la sonda (cuentarrevoluciones)
19. Equilibrador del cigüeñal
20. Arandela
21. 217-475 Nm (160-350 libras-pie)
22. Conjunto de la polea
23. 40 Nm (30 libras-pie)
24. Tapa

Desmontaje de la tapa y cadena de sincronización en el modelo 263-6

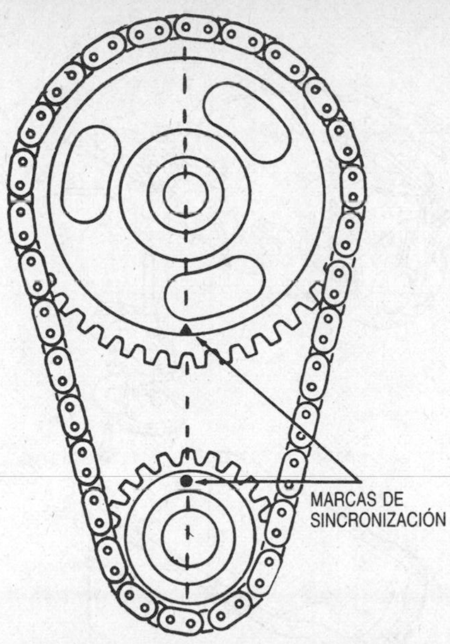

Alineación de los engranajes de sincronización en los modelos 181-6 y 231-6

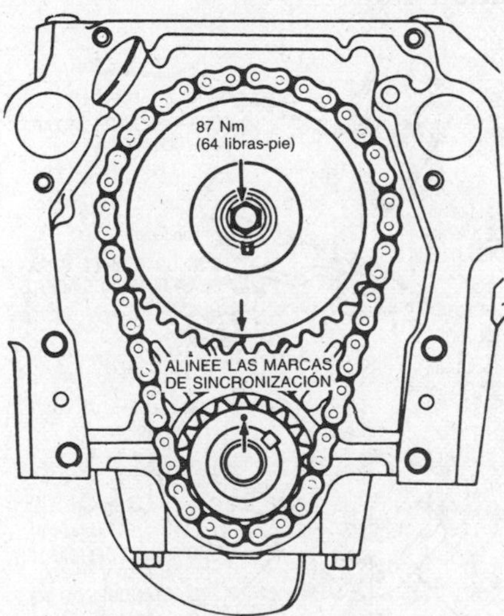

Alineación de los engranajes de sincronización en el modelo 263-6

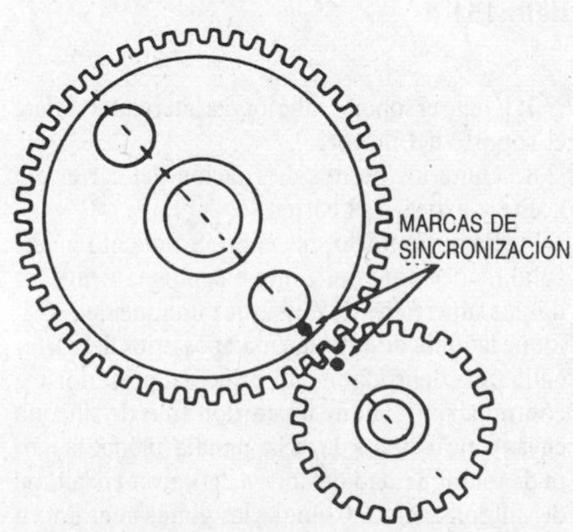

Alineación de los engranajes de sincronización en el modelo 151-4

Motor 263-6

NOTA: El siguiente procedimiento requiere la purga de los levantaválvulas. Lea el procedimiento correspondiente a esta operación antes de proseguir.

1. Quite la tapa frontal.

2. Afloje todos los balancines. Véase el apartado Desmontaje y montaje de los balancines.

3. Quite el lubricador (esparcidor) del cigüeñal.

4. Quite el perno de la rueda dentada del árbol de levas.

5. Utilizando dos barras de apalancamiento, vaya extrayendo alternativamente las ruedas dentadas del árbol de levas y del cigüeñal de sus ejes, junto con la cadena de sincronización. Quizá sea necesario extraer la rueda dentada del cigüeñal con un extractor.

6. El montaje se efectúa en el orden inverso al de desmontaje. Si girase el motor, asegúrese de que el pistón del cilindro nº 1 está situado en el PMS. Purgue los levantaválvulas siguiendo el procedimiento especificado en el apartado Purga de los levantaválvulas en los motores diesel.

Árbol de levas

DESMONTAJE Y MONTAJE

Motor 151-4

ATENCIÓN

En los motores que disponen de sistema de inyección de combustible debe descomprimir el sistema de inyección electrónica de combustible antes de desconectar los conductos de combustible.

1. Saque el motor como se ha descrito anteriormente.

2. Quite la tapa de balancines, los balancines y las varillas de empuje.

3. Quite el distribuidor, las bujías de encendido y la bomba de combustible.

4. Quite la tapa de las varillas de empuje y la junta de estanqueidad. Extraiga los levantaválvulas.

5. Quite el alternador, el soporte inferior del alternador y el conjunto del soporte delantero de la montura del motor.

6. Quite el conjunto formado por el eje de accionamiento y los engranajes de la bomba de aceite.

7. Quite el cubo del cigüeñal y la tapa de los engranajes de sincronización.

8. Quite los dos tornillos de la placa de empuje del árbol de levas a través de los orificios de engranaje.

9. Quite el conjunto del árbol de levas y el engranaje extrayéndolo a través de la parte delantera del bloque. Tenga cuidado de no estropear los cojinetes.

10. Coloque los componentes en el orden inverso al de desmontaje. Apriete los tornillos de la placa de empuje con un par de 75 libras-pulgada.

Motor 173-6

Siga el procedimiento de desmontaje del motor 173-6 y a continuación extraiga el árbol de levas de la siguiente forma:

1. Quite el múltiple de admisión, los levantaválvulas y la tapa de la cadena de sincronización como se describe en este apartado. Si el vehículo dispone de sistema de aire acondicionado, desatornille el condensador y apártelo a un lado sin desconectar los conductos a él acoplados.

2. Quite la bomba de combustible y la barra de empuje de la bomba.

3. Quite los pernos de la rueda dentada del árbol de levas, la rueda y la cadena de sincronización. Si la rueda dentada ofrece resistencia bastará golpearla ligeramente en el extremo inferior para que salga. Utilice una maza de plástico.

4. Coloque dos pernos en los orificios de los pernos del árbol de levas y extráigalo del bloque.

5. Para colocarlo, siga el procedimiento inverso al de desmontaje asegurándose de que quedan alineadas las marcas de sincronización existentes en la rueda dentada.

Motores 181-6 y 231-6

1. Quite el motor como se ha descrito anteriormente.

2. Quite el múltiple de admisión.

3. Quite las tapas de los balancines.

4. Quite los balancines, las varillas de empuje y los levantaválvulas.

5. Quite la tapa de la cadena de sincronización.

NOTA: Alinee las marcas de sincronización de las ruedas dentadas del árbol de levas y del cigüeñal para evitar que el cigüeñal raye los muñones del árbol de levas.

6. Extraiga la cadena de sincronización y la rueda dentada del árbol de levas como se ha descrito anteriormente.

7. El montaje se efectúa en el orden inverso al de desmontaje.

Motor 263-6

NOTA: Este procedimiento requiere la extracción, desmontaje, limpieza, posterior montaje y purga de todos los levantaválvulas. Lea el procedimiento correspondiente que se ha descrito anteriormente, antes de proseguir.

1. Saque el motor como se ha descrito anteriormente.

2. Quite el múltiple de admisión.

3. Extraiga el conjunto de accionamiento de la bomba de aceite.

4. Quite la tapa de la cadena de sincronización.

5. Alinee las señales de sincronización.

6. Quite los balancines, barras de empuje y levantaválvulas, colocándolos por orden para su posterior montaje.

7. Quite la cadena de sincronización y la rueda dentada del árbol de levas como se ha descrito anteriormente.

8. Saque el retén del cojinete del árbol de levas.

9. Saque la chaveta de la rueda dentada del árbol de levas.

10. Saque el engranaje de accionamiento de la bomba de inyección.

11. Saque el engranaje de conducido de la bomba de inyección, el adaptador intermedio y el adaptador de la bomba. Quite el anillo de retención y la arandela selectiva. Quite el engranaje conducido y el muelle.

12. Extraiga el árbol de levas del bloque del motor.

13. Si se pretende sustituir los cojinetes del ár-

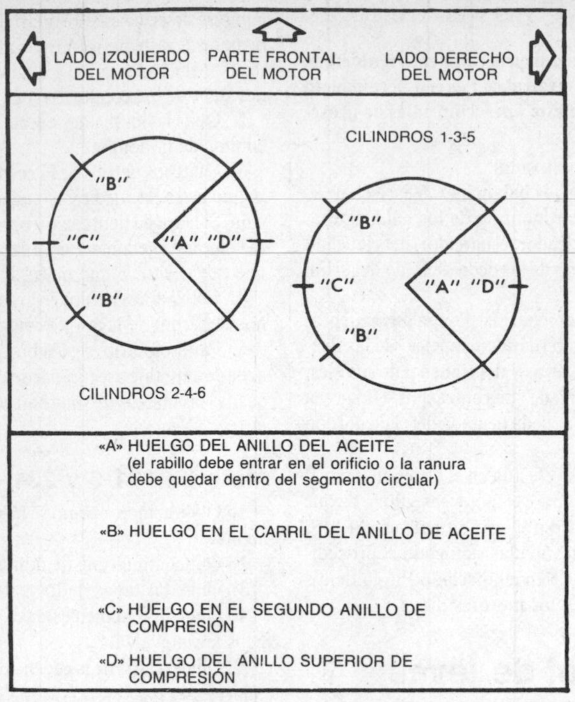

Disponga los anillos de los pistones en todos los motores V6 como se muestra en la figura

bol de levas, tendrá que sacar el cárter del aceite.

14. El montaje se efectúa en el orden inverso al de desmontaje. Ejecute el procedimiento completo de purga de los levantaválvulas detallado anteriormente.

En todos los motores, los conjuntos de los pistones se montan con la muesca hacia adelante

Colocación del pistón y la biela

NOTA: Los procedimientos de reparación del pistón y la biela vienen especificados en el apartado Reconstrucción del motor en la sección de Reparaciones del conjunto. Véase las figuras adjuntas para instalar correctamente los conjuntos de pistones y bielas.

LUBRICACIÓN DEL MOTOR

Cárter de aceite

DESMONTAJE Y MONTAJE

Motor 151-4

1. Levante y sujete el vehículo con caballetes de seguridad. Purgue el aceite.

2. Quite las monturas existentes entre el subbastidor (cuna) y la parte delantera del motor.

3. Desconecte el tubo de escape tanto del múltiple de escape como de la montura trasera de la transmisión.

4. Desconecte y saque el motor de arranque. Quite la carcasa del volante o la tapa del convertidor de par.

5. Quite el soporte superior del alternador.

6. Coloque una cadena de elevación en el motor y levántelo.

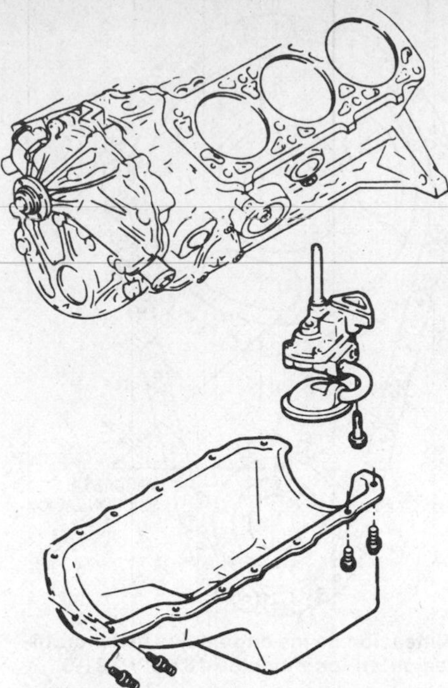

Desmontaje del cárter del aceite en el modelo 173-6

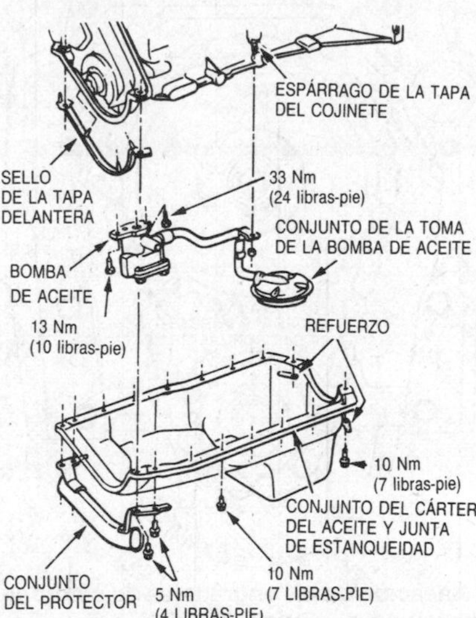

Desmontaje del cárter del aceite en el modelo 151-4

7. Quite el soporte inferior del alternador. Quite el soporte del motor.

8. Quite los pernos de fijación del cárter del aceite y extraiga el cárter.

9. Para montarlo siga el procedimiento inverso al de desmontaje. Limpie completamente todas las superficies de juntas de estanqueidad. Coloque la junta de estanqueidad posterior del cárter en la tapa del rodamiento principal posterior y a continuación aplique un cordón fino de silicona en las concavidades de dicha junta. Coloque la junta de estanqueidad delantera del cárter en la tapa de sincronización. Coloque las juntas laterales en el cárter y no en el bloque. Pueden mantenerse en su posición si se les añade un poco de grasa. Apli-

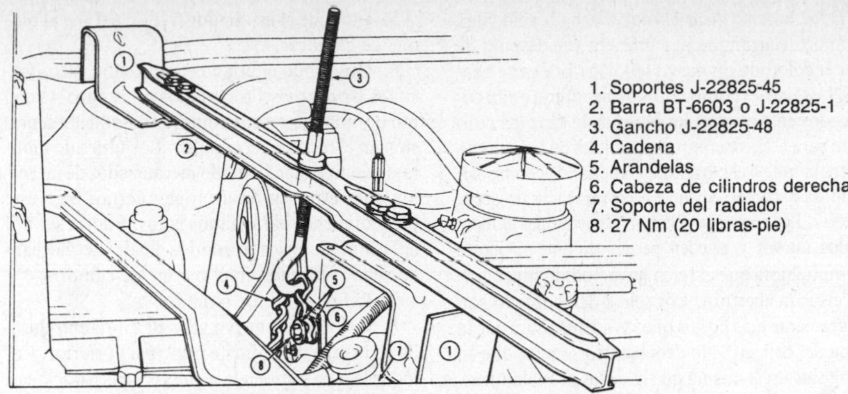

Aparato de sujeción del motor en el modelo 263-6

que un cordón fino de silicona a las superficies de unión de las juntas. Coloque el cárter; coloque en último lugar los pernos del engranaje de sincronización una vez haya apretado los demás pernos.

Motor 173-6

1. Desconecte el cable a masa de la batería.
2. Levante y soporte el vehículo en unos caballetes.
3. Vacíe el aceite.
4. Quite la tapa de la carcasa acampanada.
5. Saque el motor de arranque.
6. Sujete el vehículo en caballetes.
7. Desatornille el motor de las monturas del mismo.
8. Quite los pernos del cárter.
9. Levante el vehículo con un gato hidráulico, lo suficiente para poder extraer el cárter.
10. El montaje se efectúa en el orden inverso al de desmontaje. El cárter se monta utilizando silicona RTV (vulcanizable a temperatura ambiente) en lugar de una junta de estanqueidad. Asegúrese de que las superficies de sellado no tienen restos de silicona RTV. Aplique un cordón de silicona RTV de 1/8 de pulgada en la pestaña de sellado del cárter. Apriete los pernos del cárter con un par de 8-10 libras-pie.

Motores 181-6 y 231-6

1. Desconecte el cable a masa de la batería.
2. Levante y soporte el vehículo en unos caballetes.
3. Vacíe el aceite.
4. Quite la tapa de la carcasa acampanada.
5. Desatornille y saque el cárter.
6. El montaje se efectúa en el orden inverso al de desmontaje. Se utiliza silicona RTV en lugar de una junta de estanqueidad. Asegúrese de que las superficies de sellado no tienen restos de silicona RTV. Aplique un cordón de esta sustancia de 1/8 de pulgada a la pestaña de sellado del cárter. Apriete los pernos del cárter con un par de 10-14 libras-pie.

Motor 263-6

ATENCIÓN

El procedimiento siguiente puede resultar peligroso si no se siguen al pie de la letra los procedimientos especificados.

1. Coloque el aparato de sujeción del motor que se muestra en la figura adjunta. Asegúrese de que las arandelas quedan en el aparato de forma que pueda apretarse el perno que une la cadena a la cabeza de cilindros con un par de 20 libras-pie. ESTO ES ABSOLUTAMENTE NECESARIO.

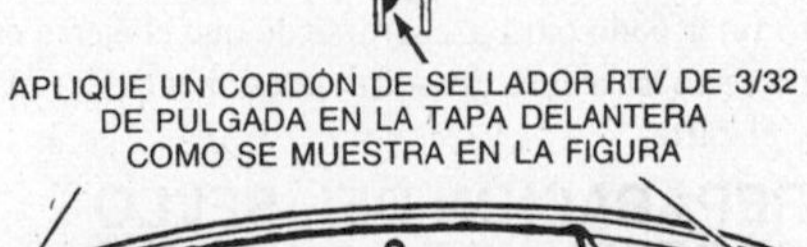

Aplicación de sellador a la tapa delantera en el modelo 263-6

2. Levante la parte delantera y trasera del vehículo y sujételo en unos caballetes con la parte trasera ligeramente menos elevada que la delantera. Los apoyos delanteros deberían estar situados en los puntos de elevación correspondiente.
3. Vacíe el aceite.
4. Quite el perno izquierdo del sub-bastidor donde va fijada la caja de la dirección y afloje los pernos del lado derecho del chasis.
5. Quite la barra estabilizadora delantera.
6. Taladre utilizando una broca de 1/2 pulgada la soldadura local situada entre los orificios posteriores y el soporte izquierdo anterior de la barra estabilizadora.
7. Quite las tuercas que fijan el motor y la transmisión al sub-bastidor.
8. Desconecte la rótula inferior izquierda de la mangueta de la dirección.
9. Coloque un taco de madera sobre un gato hidráulico y levante la transmisión bajo el cárter hasta que los espárragos de la montura salgan del chasis.
10. Extraiga los pernos que sujetan el miembro transversal delantero al lado derecho del chasis.
11. Quite los pernos de las monturas de la carrocería situadas en el lado izquierdo delantero.
12. Quite los conjuntos del miembro transversal izquierdo y delantero. Será necesario apoyar el miembro transversal trasero antes de hacerlo con el situado en el lado izquierdo de la carrocería utilizando con cuidado una gran barra de apalancamiento.
13. Quite la tapa de la carcasa acampanada.
14. Saque el motor de arranque.
15. Saque el soporte de la montura delantera del motor.
16. Desatornille y saque el cárter del aceite.
17. El montaje se efectúa en el orden inverso al de desmontaje. Aplique compuesto de sellado a ambos lados dc la junta dc estanqucidad del cárter y asegúrese de que las lengüetas de las juntas de estanqueidad están colocadas en las muescas del sello. Aplique compuesto de sellado RTV al retén del cárter que va en la tapa frontal, y a cada uno de los retenes en la superficie de contacto con el bloque. Limpie la superficie de sellado del cárter con aceite de motores limpio antes de colocar el cárter. Apriete los pernos del cárter con un par de 10 libras-pie.

Retén de aceite del cojinete principal posterior

DESMONTAJE Y MONTAJE

Motor 151-4

1. Quite la transmisión y el volante.
2. Extraiga, apalancando, el retén existente con un destornillador, teniendo cuidado de no arañar el cigüeñal.
3. Recubra el nuevo retén con aceite de motores limpio y colóquelo con la mano en el cigüeñal. El reborde del retén debe quedar nivelado con la abertura del bloque.
4. Coloque el resto de los componentes en el orden inverso al de desmontaje.

Motor 173-6

1. Quite el cárter y la bomba.
2. Quite la tapa del rodamiento principal posterior.
3. Introduzca suavemente el sello superior en su acanaladura aproximadamente 1/4 de pulgada en cada lado.
4. Mida la longitud de penetración del sello en un lado y súmele a ese valor 1/16 de pulgada. Corte un trozo de esta longitud del sello antiguo de la tapa inferior. Haga un corte perfecto. Repita la operación para el otro lado.
5. Coloque el trozo de sello en la acanaladura y presione el sello de forma que quede bien asentado en el bloque. Repita esta operación en cada uno de los lados.

NOTA: La General Motors fabrica un útil de montaje (J-29114-1) que se atornilla al bloque en el orificio del perno del cárter y un útil de compresión de sellos (J-29114-2) que está mecanizado de forma que dispone de un tope interno para el montaje de trozos de sello. Utilizando el útil de compresión de sellos, introduzca los trozos de sello en el útil de montaje y a continuación colóquelos en el bloque comprimiéndolos con el útil de compresión.

6. Coloque el nuevo sello inferior en la tapa del cojinete principal posterior.
7. Coloque un trozo de Plastigage o equivalente en la mangueta del cojinete. Coloque la tapa posterior y apriételа con un par de 70 libras-pie. Quite la tapa y compruebe la tolerancia del cojinete.

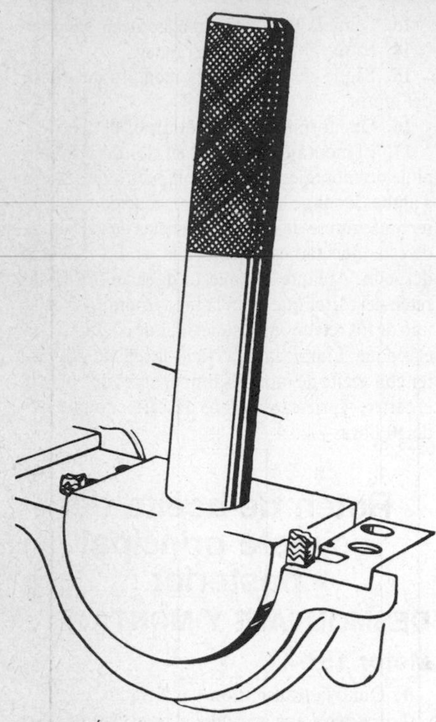

DESPUÉS DE COLOCAR EL SELLO EN SU POSICIÓN CORRECTA, GIRE LIGERAMENTE LA HERRAMIENTA Y CORTE CADA UNO DE LOS EXTREMOS DEL MISMO DEJÁNDOLO NIVELADO

Montaje de la mitad inferior del sello

Si no coincide con las especificaciones, es posible que los extremos del sello estén deshilachados y no queden bien nivelados, impidiendo que la tapa cierre debidamente. Corrija esta anomalía si es necesario.

8. Limpie el muñón y aplique una capa fina de compuesto de sellado a las superficies de unión de la tapa y del bloque. No permita que entre compuesto de sellado al muñón o rodamiento. Coloque la tapa del rodamiento y apriétela con un par de 70 libras-pie. Coloque el cárter y la bomba.

Motores 181-6, 231-6 y 263-6

Los sellos de fibra entrelazada se comprimen en las acanaladuras formadas en el cigüeñal y en la tapa del cojinete posterior hasta llegar a la parte posterior de la acanaladura de recogida del aceite, para impedir la fuga de aceite alrededor del cigüeñal.

Puede colocarse un nuevo sello de fibra entrelazada en el cigüeñal únicamente cuando éste se haya desmontado, pero puede repararse con el cigüeñal en el motor, como se describe en el apartado Reparación del sello superior del aceite del cojinete principal posterior. El sello puede sustituirse en la tapa siempre que ésta esté desmontada. Quite el sello anterior y coloque un sello nuevo en la acanaladura con los dos extremos, sobresaliendo de la superficie divisoria de la tapa. Coloque el sello en la acanaladura golpeándolo ligeramente con un mango de martillo o palo ligero hasta que el sello sobresalga de la acanaladura no más de 1/16 de pulgada. Corte los extremos de forma que queden nivelados con la superficie de la tapa, utilizando un cuchillo afilado o cuchillas de afeitar.

Debe hacerse girar el motor a baja velocidad cuando se arranque por primera vez después de haber colocado un nuevo sello de fibra entrelazada. Los retenes compuestos de neopreno están colocados en ranuras a los lados de la tapa del cojinete para el cierre contra las pérdidas en las uniones entre la tapa y el cárter del cigüeñal. La composición de neopreno se hincha en presencia de aceite y calor. Los retenes se deben subdimensionar al montarlos nuevos y pueden perder durante un corto tiempo, hasta que el retén haya podido hincharse y cerrar la abertura. Los sellos de neopreno son ligeramente más largos que las acanaladuras de la tapa del cojinete. No deben cortarse para que su longitud sea la misma que la de las acanaladuras. Antes de su montaje, remójelos durante 1 o 2 minutos en aceite ligero o queroseno. Después de montar la tapa del cojinete en el cárter, coloque el sello sobre la misma.

Para impedir la fuga de aceite de la junta formada por la tapa y el cárter, aplique silicona o equivalente a la línea divisoria de la tapa del cojinete principal posterior. Cuando aplique la silicona, procure que la capa sea fina, ya que si aplica una cantidad excesiva es posible que la tapa no pueda asentar debidamente. Una vez colocado el sello, comprima los sellos en la tapa con un instrumento no afilado para asegurarse de que el cierre es perfecto en la línea divisoria superior entre la tapa y el cárter.

REPARACIÓN DEL SELLO SUPERIOR DE ACEITE DEL COJINETE PRINCIPAL POSTERIOR

1. Quite el cárter.

2. Coloque el útil de compresión de sellos (J-21526-2) contra uno de los extremos del sello en el bloque de cilindros. Introduzca el sello antiguo suavemente hacia la acanaladura hasta que quede bien introducido en la misma. Esto varía entre 1/4 y 3/4 de pulgada, dependiendo de cuán compacto deba ser el ajuste.

3. Repita el paso 2 en el otro extremo del sello, en el bloque de cilindros.

4. Mida el desplazamiento hacia arriba del sello en uno de los lados y añada a este valor 1/16 de pulgada. Utilizando una cuchilla de afeitar de un solo filo corte un trozo de esa misma longitud del sello antiguo extraído de la tapa del cojinete principal posterior. Repita el procedimiento para el otro lado. Utilice la tapa del cojinete principal posterior como instrumentos de sujeción para cortar el sello.

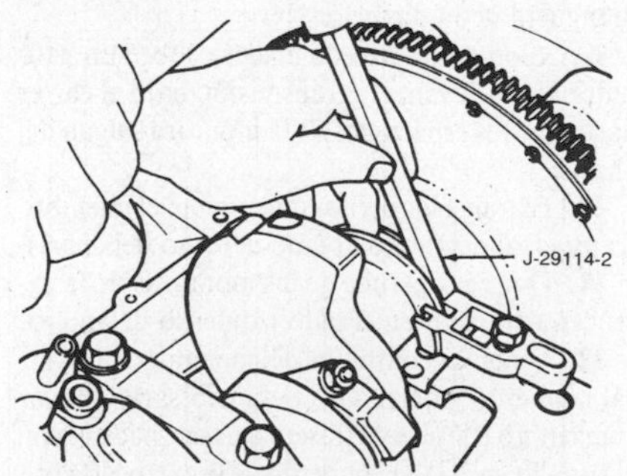

Montaje del sello superior principal trasero en los motores 173-6

5. Coloque el instalador (J-21526-1) en el bloque de cilindros.

6. Utilizando el útil de compresión, introduzca los trozos de sello cortados en el paso 4 en el útil de montaje y a continuación colóquelos a presión en el bloque del cilindro. Los útiles de montaje y compresión han sido mecanizados de tal forma que disponen de un tope interno. Siga este procedimiento para ambos lados. Podría ser útil aplicar aceite en los trozos de sello de cuerda cuando sean colocados en el bloque de cilindros.

7. Retire el útil de montaje.

8. Coloque un nuevo sello de fibra entrelazada en la tapa del cojinete principal posterior. Coloque la tapa y apriétela según las especificaciones.

9. Coloque el cárter.

Bomba de aceite

DESMONTAJE Y MONTAJE

Motores 151-4 y 173-6

1. Quite el cárter como se ha descrito anteriormente.

2. Desatornille y quite la bomba de aceite y el tubo de captación del aceite.

3. El montaje se efectúa en el orden inverso al de desmontaje. Apriete los pernos de la bomba del motor 151-4 con un par de 22 libras-pie y los de la bomba del motor 173-6 con un par de 26-35 libras-pie.

Motores 181-6 y 231-6

1. Quite el filtro del aceite.

2. Desatornille la tapa de la bomba de aceite de la cadena de sincronización.

3. Extraiga los engranajes de la bomba de aceite. Limpie completamente todas las piezas en disolvente y compruebe si presentan desgastes. Quite la tapa de la válvula de descompresión del aceite, el muelle y la válvula.

4. El montaje se efectúa en el orden inverso al de desmontaje. Apriete la tapa de la válvula de descompresión del aceite con un par de 35 libras-pie. Coloque los engranajes de la bomba y compruebe sus tolerancias:

a. Tolerancia en los extremos: 0.002-0.006''.
b. Tolerancia lateral: 0.002-0.005''.

Coloque una escuadra a través de la cara de la tapa de la bomba y compruebe su horizontalidad con una tolerancia de 0.001''. Rellene la cavidad de la bomba con petrolato, de forma que no quede aire dentro. Coloque la tapa y apriete los pernos con un par de 10 libras-pie.

Motor 263-6

1. Quite el cárter del aceite.

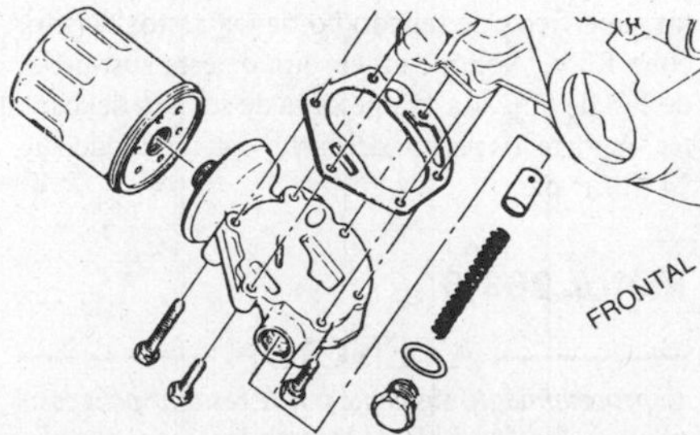

Bomba de aceite en los modelos 181-6 y 231-6

2. Desatornille y extraiga la bomba de aceite y el saliente del eje de accionamiento.

3. El montaje se efectúa en el orden inverso al de desmontaje. Apriete los pernos de la bomba con un par de 18 libras-pie.

EMBRAGUE

El único ajuste necesario del embrague es mantener el juego libre del pedal. El juego libre del pedal del embrague o el huelgo del cojinete de desembrague disminuye a medida que aumenta el desgaste del disco conducido.

DESMONTAJE Y MONTAJE

1. Quite la transmisión.

2. Haga una señal en el conjunto del plato de presión y el volante de forma que puedan volver a montarse en la misma posición. Fueron equilibrados.

3. Afloje los pernos de sujeción una vuelta cada vez hasta que desaparezca.

4. Sujete el plato de presión y quite los pernos. Quite el plato de presión y el disco del embrague. No desmonte el conjunto del plato de presión; sustitúyalo si está estropeado.

5. Compruebe si están desgastados el volante, el disco del embrague, el plato de presión, el cojinete de desembrague y el conjunto formado por la horquilla y el eje pivotante del embrague. Sustituya las piezas que estime necesario. Si el volante muestra señales de sobrecalentamiento o si presenta acanaladuras o rayas profundas, debería ser sustituido.

6. Limpie completamente las superficies de unión del plato de presión y del volante. Coloque el disco del embrague y el plato de presión en su posición correspondiente y sujételos con un eje falso o útil de alineación del embrague. El plato del embrague se monta con los muelles de amortiguación desplazados hacia la transmisión. Una de las caras del disco de embrague que viene de fábrica lleva grabadas las palabras Flywheel Side (lado del volante).

7. Coloque los pernos de unión del plato de presión al volante. Apriételos gradualmente en zigzag. Lubrique la acanaladura externa y la concavidad interna del cojinete de liberación con grasa resistente a altas temperaturas. Elimine el exceso de la misma. Coloque el cojinete de liberación.

8. Coloque la transmisión.

Varillaje del embrague y ajuste de la altura del pedal/recorrido libre

Todos los vehículos disponen de un mecanismo de autoajuste del embrague que puede ser verificado de la siguiente forma: A medida que se va desgastando el material de fricción del embrague, debe alargarse el cable. Esto puede lograrse simplemente tirando del pedal del embrague hacia el retén de goma, esto hace que el retén se desplace hasta el tope y que quede desconectado del diente del cuadrante, de forma que el cable puede seguir saliendo hasta que la carga del muelle del cuadrante quede equilibrada por la carga aplicada por el cojinete de desembrague. Este procedimiento de ajuste debe llevarse a cabo cada 5,000 millas o menos.

1. Con el motor en marcha y el pedal de freno pisado, mantenga el pedal del embrague aproximadamente a media pulgada de las esterillas y mueva varias veces la palanca de velocidades entre las velocidades primera y marcha atrás. Si esto puede hacerse suavemente sin dificultad en la marcha atrás, indica que el embrague está totalmente desembragado. Si la palanca no se desplaza suavemente, esto indica que el embrague no está totalmente desembragado y la articulación debería ser inspeccionada y reparada según sea necesario.

2. Compruebe si los manguitos del pedal del embrague se quedan adheridos o presentan un desgaste excesivo.

3. Haga que un ayudante se siente en el asiento del conductor y pise el pedal del embrague hasta el fondo. Observe el recorrido de la palanca horquilla de embrague, debería hacer un recorrido total de aproximadamente 1,5-1.7''.

4. Si la palanca de la horquilla no está en buen estado, inspeccione el mecanismo de ajuste pisando el pedal del embrague y comprobando que el trinquete engrana correctamente en los dientes del cuadrante.

Cable del embrague

DESMONTAJE

1. Sujete el pedal del embrague hacia arriba contra el tope del paragolpes para liberar el trinquete del cuadrante. Desconecte el extremo del cable de la palanca de liberación del embrague en la transmisión. Tenga cuidado de que el cable no se escape rápidamente hacia la parte trasera del vehículo. Puede resultar dañado el cuadro del mecanismo de ajuste si se permite que el cable se deslice hacia atrás.

2. Desconecte el cable del embrague del cuadrante. Extraiga el trinquete de fijación fuera del cuadrante, y a continuación extraiga el cable por el lado derecho del cuadrante.

3. Desconecte las dos tuercas superiores que fijan el retén del cable a los espárragos superiores haciéndolo por el lado del capó donde va colocado el motor. Desconecte el cable del soporte situado en la transmisión y extráigalo.

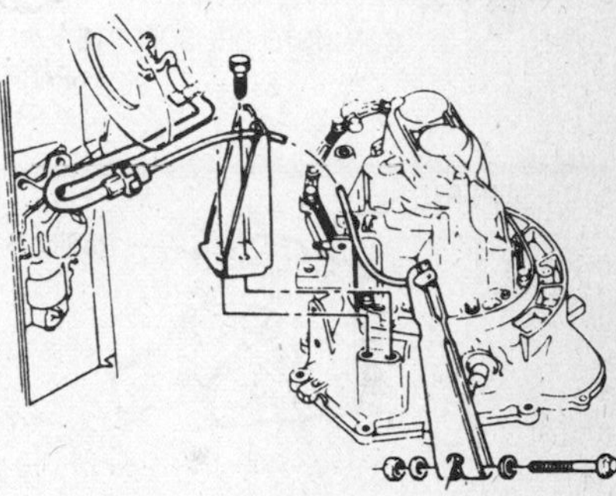

Recorrido del cable del embrague

4. Compruebe si el cable del embrague presenta alambres deshilachados, enroscaduras, extremos desgastados o rozamiento excesivo. Si observa cualquiera de estas anomalías, sustituya el cable.

MONTAJE

1. Con la junta de estanqueidad en su posición correspondiente en los dos espárragos superiores, coloque el nuevo cable con la pestaña de sujeción contra el soporte.

2. Acople el extremo del cable al cuadrante, asegurándose de que el cable pasa por debajo del trinquete.

3. Acople las dos tuercas superiores a los espárragos de sujeción del retén y apriételas según las especificaciones correspondientes.

4. Fije el cable en el soporte situado en la transmisión.

5. Sujete el pedal del embrague hacia arriba contra el tope del paragolpes para liberar el trinquete del cuadrante. Acople el extremo externo del cable a la palanca de desembrague. Asegúrese de que no da un tirón al cable, ya que el cuadrante podría resultar dañado.

6. Compruebe el funcionamiento del embrague y ajústelo levantando el pedal hacia arriba para permitir que el mecanismo ajuste la longitud del cable. Pise el pedal lentamente varias veces para que el trinquete engrane con los dientes del cuadrante.

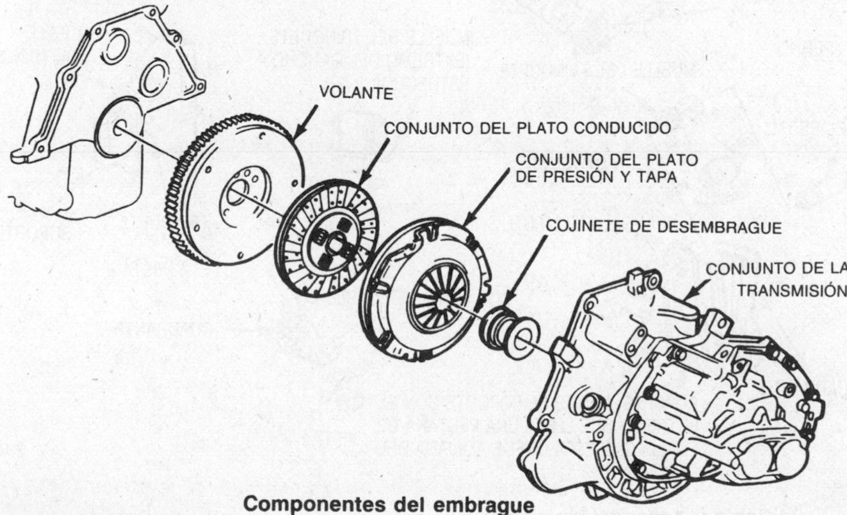

Componentes del embrague

TRANSMISIÓN MANUAL

Todos los modelos disponen de una transmisión de cuatro velocidades Muncie, modelo MT-125.

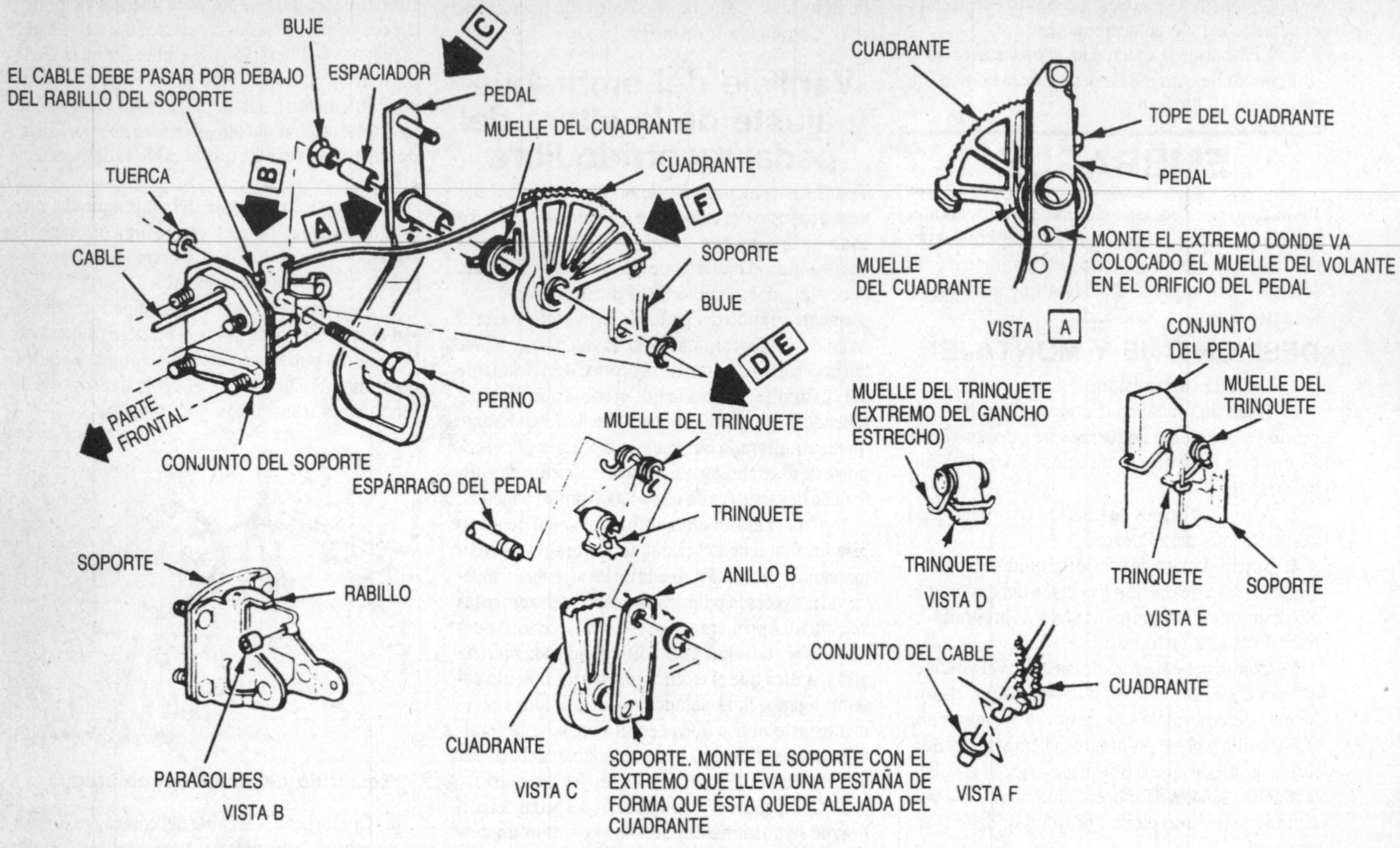

BUJE
EL CABLE DEBE PASAR POR DEBAJO DEL RABILLO DEL SOPORTE
ESPACIADOR
C
PEDAL
MUELLE DEL CUADRANTE
CUADRANTE
TUERCA
B
A
F
CABLE
SOPORTE
BUJE
DE
PERNO
PARTE FRONTAL
CONJUNTO DEL SOPORTE
MUELLE DEL TRINQUETE
ESPÁRRAGO DEL PEDAL
TRINQUETE
SOPORTE
RABILLO
ANILLO B
CUADRANTE
PARAGOLPES
VISTA B
SOPORTE. MONTE EL SOPORTE CON EL EXTREMO QUE LLEVA UNA PESTAÑA DE FORMA QUE ÉSTA QUEDE ALEJADA DEL CUADRANTE
VISTA C
CUADRANTE
TOPE DEL CUADRANTE
PEDAL
MUELLE DEL CUADRANTE
MONTE EL EXTREMO DONDE VA COLOCADO EL MUELLE DEL VOLANTE EN EL ORIFICIO DEL PEDAL
VISTA A
CONJUNTO DEL PEDAL
MUELLE DEL TRINQUETE (EXTREMO DEL GANCHO ESTRECHO)
MUELLE DEL TRINQUETE
TRINQUETE
VISTA D
TRINQUETE
SOPORTE
VISTA E
CONJUNTO DEL CABLE
CUADRANTE
VISTA F

Fijación del pedal del embrague

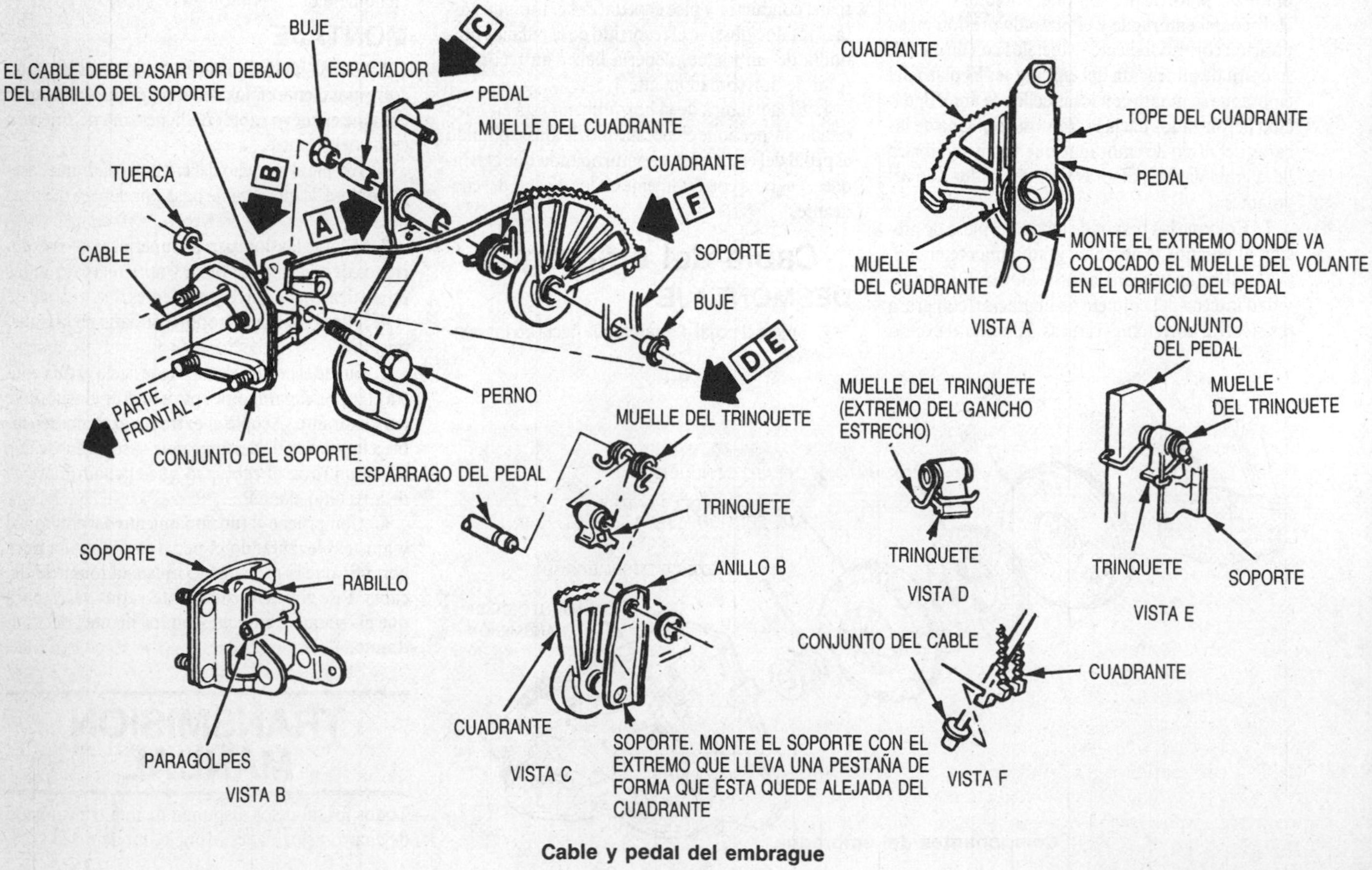

BUJE
EL CABLE DEBE PASAR POR DEBAJO DEL RABILLO DEL SOPORTE
ESPACIADOR
C
PEDAL
MUELLE DEL CUADRANTE
CUADRANTE
TUERCA
B
A
F
CABLE
SOPORTE
BUJE
DE
PERNO
PARTE FRONTAL
CONJUNTO DEL SOPORTE
MUELLE DEL TRINQUETE
ESPÁRRAGO DEL PEDAL
TRINQUETE
SOPORTE
RABILLO
ANILLO B
CUADRANTE
PARAGOLPES
VISTA B
SOPORTE. MONTE EL SOPORTE CON EL EXTREMO QUE LLEVA UNA PESTAÑA DE FORMA QUE ÉSTA QUEDE ALEJADA DEL CUADRANTE
VISTA C
CUADRANTE
TOPE DEL CUADRANTE
PEDAL
MUELLE DEL CUADRANTE
MONTE EL EXTREMO DONDE VA COLOCADO EL MUELLE DEL VOLANTE EN EL ORIFICIO DEL PEDAL
VISTA A
CONJUNTO DEL PEDAL
MUELLE DEL TRINQUETE (EXTREMO DEL GANCHO ESTRECHO)
MUELLE DEL TRINQUETE
TRINQUETE
VISTA D
TRINQUETE
SOPORTE
VISTA E
CONJUNTO DEL CABLE
CUADRANTE
VISTA F

Cable y pedal del embrague

El cambio está controlado por un dispositivo de dos cables en contrafase. La tracción final forma parte integral del conjunto de la transmisión.

DESMONTAJE Y MONTAJE

1. Desconecte el cable negativo de la batería de la caja de la transmisión.

2. Quite los dos pernos del soporte del puntal de la transmisión del lado izquierdo del compartimiento del motor, si los hay.

3. En algunos modelos que disponen de un motor de seis cilindros en V, desconecte los conductos de combustible y las abrazaderas de los mismos situadas en el soporte del cable del embrague.

4. Quite los cuatro pernos superiores de unión entre el motor y la transmisión y el situado en la parte posterior cerca del mamparo contraincendios. Éste se monta desde el lado del motor.

5. Afloje el perno que une el motor a la transmisión situado cerca del motor de arranque, pero no lo extraiga.

6. Desconecte el cable del velocímetro situado en la transmisión o en el transductor de control de velocidad en los vehículos que dispongan de este dispositivo.

7. Quite el clip de sujeción y la arandela de la articulación del cambio situada en la transmisión. Quite los clips que sujetan los cables a los salientes de montaje situados en la caja de la transmisión.

8. Sujete el motor con una cadena de elevación.

9. Desbloquee la columna de la dirección y levante y sujete el vehículo. Purgue la caja de la transmisión. Quite las dos tuercas que sujetan la barra estabilizadora al brazo de control inferior. Extraiga los cuatro pernos que sujetan la placa izquierda de sujeción al chasis del motor. La placa de sujeción cubre y sostiene a la barra estabilizadora.

10. Afloje los cuatro pernos que sostienen al soporte derecho de la barra estabilizadora.

11. Desconecte y desmonte el tubo de escape y el conducto transversal, si es necesario.

12. Tire de la barra estabilizadora hacia abajo por el lado izquierdo.

13. Quite las cuatro tuercas y desconecte las monturas anterior y posterior de la caja de la transmisión del sub-bastidor del motor. Quite los dos pernos centrales posteriores del miembro transversal.

14. Quite los tres pernos de sujeción del lado derecho del sub-bastidor. El acceso a los mismos puede efectuarse por debajo del guardabarros.

15. Quite el perno superior del amortiguador telescópico inferior delantero de la transmisión si dispone del mismo.

16. Quite la rueda delantera izquierda. Extraiga los pernos anteriores que unen el sub-bastidor a la carrocería en el lado izquierdo y los pernos posteriores que unen el sub-bastidor a la carrocería.

17. Tire del semieje del lado izquierdo y extráigalo de la transmisión utilizando el útil especial GM n.º J-28468 o equivalente. El semieje del lado derecho podrá ser desconectado fácilmente de la caja de la transmisión. Una vez que se haya extraído la transmisión, puede apartarse fácilmente el semieje derecho. Debería utilizarse un protector de fuelles cuando se desconecten los semiejes.

18. Aparte el sub-bastidor girándolo hacia el lado izquierdo. Sujételo de forma que no estorbe, fuera del guardabarro.

19. Quite los pernos del volante y del protector del motor de arranque y quite los protectores.

20. Extraiga los dos pernos del eje saliente de la transmisión del soporte que une la transmisión al motor, si existe.

21. Coloque un gato hidráulico bajo la caja de la transmisión. Quite el último perno que une el motor a la transmisión. Tire de la transmisión hacia la izquierda y sáquela del motor por la parte inferior del vehículo.

22. El montaje se efectúa en el orden inverso al de desmontaje. Coloque el eje propulsor derecho en su orificio a medida que procede al montaje de la transmisión. Si la transmisión va atornillada al motor, gire el sub-bastidor y llévelo a su posición correspondiente y coloque inmediatamente los pernos que la sujetan a la carrocería. Asegúrese de que introduce el eje propulsor izquierdo en su posición cuando vuelva a colocar el sub-bastidor en su posición original.

AJUSTE DEL VARILLAJE DEL CAMBIO

1. Quite el fuelle y el retén de la palanca de cambios situada dentro del vehículo. Meta la primera velocidad.

2. Coloque dos brocas del número 22, o dos varillas de 5/32 de pulgada, en los dos orificios de alineación situados en el conjunto de la palanca de cambios para que ésta se mantenga fija en la primera velocidad.

3. Coloque la transmisión en la primera velocidad introduciendo el eje del selector de carril justo hasta el punto en que sienta la resistencia del muelle de inhibición. A continuación gire la palanca del cambio lo máximo posible en el sentido contrario a las agujas del reloj.

4. Coloque el espárrago, con el cable acoplado, en el área ranurada de la palanca de selección de velocidades a la vez que tira suavemente de la misma para eliminar todo el huelgo o juego.

5. Quite las dos brocas o clavijas de la palanca de cambios.

6. Compruebe si ésta funciona correctamente. Quizá sea necesario afinar el ajuste después de realizar una prueba de rodaje.

TRANSMISIÓN AUTOMÁTICA

Todos los modelos disponen de transmisión automática Turbo Hidro-Matic 125 o 125C. El modelo 125C dispone de un embrague de convertidor de par (TCC) que en determinadas situaciones acopla mecánicamente el motor a la transmisión para lograr una transmisión de potencia más eficaz y disminuir el consumo de combustible. El mando que acciona la válvula de mariposa está activado por cable. El funcionamiento de la transmisión automática se basa en un convertidor de par convencional de tres elementos, un conjunto formado por una rueda dentada doble y un enlace de accionamiento.

AJUSTE DEL VARILLAJE DEL CAMBIO, AJUSTE DE LA BANDA Y CAMBIO DEL LÍQUIDO Y FILTRO DE LA TRANSMISIÓN

Todos los procedimientos de inspección y reparación de la transmisión automática se incluyen en el apartado Transmisión automática de la sección de Reparaciones de conjuntos de este libro.

ATENCIÓN

Cualquier imprecisión en los ajustes del varillaje del cambio puede dar lugar a un fallo prematuro de la transmisión debido a que los controles no están correctamente fijados. El funcionamiento en tales condiciones hace que disminuya la presión del líquido de la transmisión y, a su vez, que los embragues engranen parcialmente. Un engrane parcial de los embragues, junto con la presión suficiente para permitir que aparentemente el vehículo funcione normalmente, provocará una avería de los embragues y/o otras piezas internas después de haber recorrido pocos kilómetros.

DESMONTAJE Y MONTAJE

1. Desconecte el cable negativo de la batería situado en la transmisión. Fije el cable con cinta adhesiva al manguito superior del radiador para evitar que estorbe.

2. Quite el filtro del aire y desconecte el cable de sujeción. Apártelo hacia un lado en el sentido contrario al del cable para sacarlo del carburador.

3. Desatornille el soporte de sujeción del cable de fijación de la transmisión.

4. Tire hacia arriba del forro del cable de fijación situado en la transmisión hasta que quede a la vista. Desconecte el cable de la varilla.

5. Quite los dos pernos del soporte del puntal de la transmisión situados en la misma, si dispone de éstos.

6. Quite todos los pernos que unen la transmisión al motor, excepto el que está situado cerca del motor de arranque. El más cercano al mamparo contraincendios ha sido montado por el lado del motor; tendrá que utilizar una llave de cubo de mango corto o carraca para acceder al mismo.

7. Afloje, pero no extraiga, el perno que une el motor a la transmisión situado cerca del motor de arranque.

8. Desconecte el cable del velocímetro del acoplamiento superior e inferior. En los vehículos que disponen de control de velocidad de crucero, quite el cable del velocímetro del transductor.

9. Quite el clip y la arandela de sujeción del varillaje del cambio situada en la transmisión. Quite la articulación de dos palancas situada en la transmisión. Quite los dos pernos del soporte de la articulación del cambio.

10. Desconecte y tapone los dos conductos del líquido del refrigerador situados en la transmisión. Éstos son rácores muy pequeños (de 1/2 y 11/16 de pulgada); utilice una llave de sujeción para evitar que se retuerzan los conductos.

11. Coloque una cadena o grúa de elevación de motores. Levante el motor lo suficiente para eliminar el peso del mismo de los soportes.

12. Desbloquee la columna de la dirección y levante el vehículo.

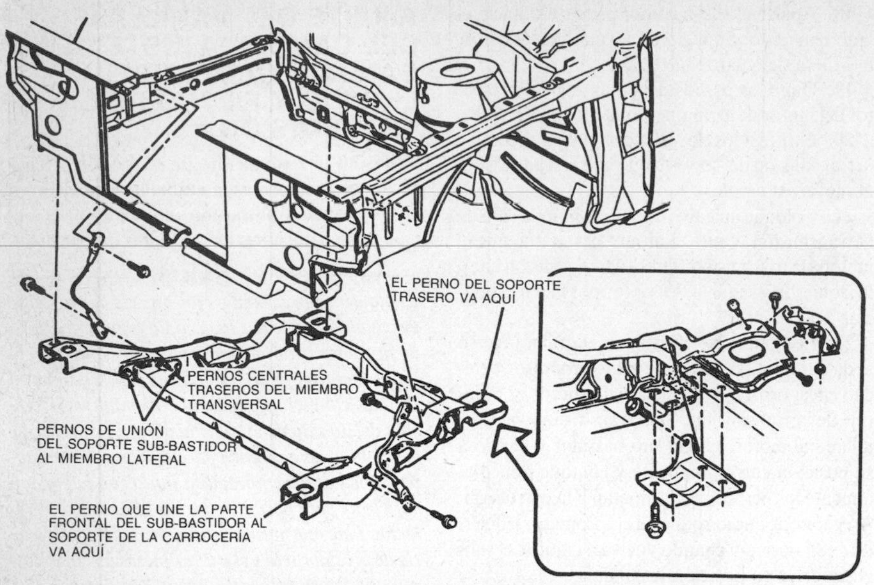

Soporte sub-bastidor típico del motor/transmisión (tracción delantera)

13. Quite las dos tuercas que sujetan la barra antibalanceo (estabilizadora) al brazo de control inferior (el del lado del conductor).

14. Quite los cuatro pernos que sujetan la cubierta situada sobre la barra estabilizadora al sub-bastidor del motor en la lado izquierdo (lado del conductor).

15. Afloje pero no extraiga los cuatro pernos que sujetan el soporte de la barra estabilizadora al lado derecho (lado de viajeros) del sub-bastidor del motor. Empuje de la barra hacia abajo en el lado del conductor.

16. Desconecte las monturas anterior y posterior de la transmisión del sub-bastidor del motor.

17. Quite los dos pernos centrales posteriores del miembro transversal.

18. Quite los tres pernos delanteros del lado derecho (lado de viajeros) que unen el sub-bastidor al motor. Puede accederse a las tuercas por debajo del guardabarros situado junto al carril del bastidor.

19. Quite el perno superior del amortiguador telescópico anterior inferior de la transmisión, si existe (únicamente en los motores V6).

20. Quite los pernos anteriores y posteriores del lado izquierdo (lado del conductor) que unen el sub-bastidor a la carrocería.

21. Quite la rueda delantera izquierda. Acople un extractor de semiejes (herramienta GM n.º J-28468 o equivalente) a un martillo corredizo. Coloque la herramienta detrás de los conos del semieje y extráigalos de la transmisión. Quite el derecho de la misma forma. Aparte los semiejes a un lado. Tapone las aberturas de la transmisión para impedir que se produzca una fuga de líquido o la entrada de suciedad.

22. Gire el sub-bastidor hacia el lado izquierdo (lado del conductor) y sujételo con un alambre en la parte exterior del guardabarros.

23. Quite los cuatro pernos del convertidor de par y del protector del motor de arranque. Quite los dos pernos salientes de la transmisión que unen el soporte de éste al motor.

24. Coloque un gato hidráulico bajo la caja de la transmisión.

25. Utilice un rotulador para hacer marcas de referencia en el convertidor de par y en el volante. Extraiga los tres pernos que unen el convertidor de par al volante.

26. Quite el perno que sujeta la transmisión al motor situado cerca del motor de arranque. Quite la transmisión corriéndola hacia la izquierda, de forma que quede alejada del motor.

27. El montaje se efectúa en el orden inverso al de desmontaje. Cuando monte la transmisión, introduzca el eje propulsor derecho en la caja de la transmisión. Coloque los pernos que unen el chasis a la carrocería antes de montar la barra estabilizadora. Para facilitar el montaje de la barra estabilizadora existe un orificio de apalancamiento en el chasis del motor.

EJE PROPULSOR

Ejes de transmisión, semiejes y juntas en U

DESMONTAJE Y MONTAJE

ATENCIÓN

Tenga cuidado al extraer el semieje. Los sombreretes triples pueden resultar dañados si se tira excesivamente del semieje.

1. Quite la tuerca del cubo.

2. Levante la parte delantera del vehículo. Quite la rueda y la cubierta.

3. Coloque un protector de sellos de fuelle de ejes propulsores, herramienta especial GM n.º J-28712 o equivalente, en el sello.

4. Desconecte el clip de la manguera del freno del puntal MacPherson, pero no desconecte la manguera del calibre. Saque el calibre del freno del husillo y sujételo con un trozo de alambre de forma que no estorbe. No cuelgue el calibre de la manguera del freno.

5. Haga una marca de referencia en la leva de alineación de la inclinación de las ruedas delanteras para su posterior montaje. Quite el perno de la leva y el perno superior de sujeción del puntal y del husillo.

6. Extraiga el conjunto de la mangueta de la dirección fuera del soporte del puntal.

7. Utilizando la herramienta especial GM n.º J-28733 o un extractor de husillos equivalente, extraiga el semieje del conjunto formado por el cubo y el cojinete.

8. Si se pretende instalar un semieje nuevo, debería instalarse primero un sello nuevo en la mangueta de la dirección.

9. Sin apretar excesivamente, coloque el semieje en la transmisión y en la mangueta de la dirección.

10. Acople sin apretar excesivamente la mangueta de la dirección al puntal de la suspensión.

11. El semieje y la mangueta de la dirección forman un ajuste de interferencia. Coloque a presión el eje propulsor en su posición correspondiente y a continuación coloque la tuerca del cubo. Cuando el eje propulsor comience a girar con el cubo, introduzca un punzón a través del calibre de forma que llegue hasta una de las ranuras de refrigeración del rotor para impedir que éste gire. Coloque un perno largo en el plato del cubo para impedir que el eje pueda girar. Apriete la tuerca del cubo con un par de 70 libras-pie para asentar completamente el eje.

12. Coloque el calibre del freno. Apriete los pernos con un par de 30 libras-pie.

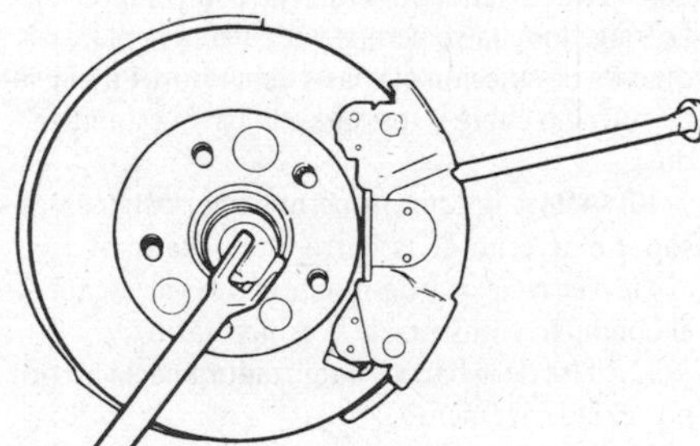

Introduzca un punzón en el calibre cuando apriete la tuerca del cubo

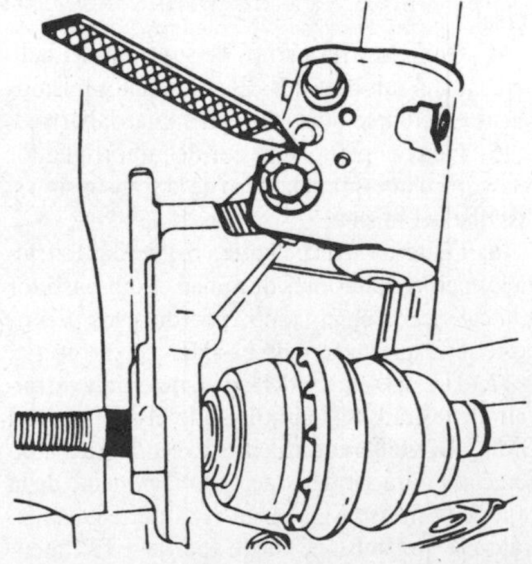

Marque la excéntrica de la inclinación de las ruedas delanteras antes de su desmontaje

13. Apoye el conjunto del cubo en un gato hidráulico. Alinee las marcas hechas en el perno de la leva de alineamiento de la inclinación de las ruedas delanteras durante el desmontaje, coloque el perno y apriételo con un par de 140 libras-pie. Apriete la tuerca superior con ese mismo par.

14. Coloque el semieje introduciéndolo en la transmisión utilizando un destornillador colocado sobre la acanaladura existente en el retén interno. Golpee ligeramente el destornillador hasta que el eje quede apoyado en la transmisión. Quite el protector del sello del fuelle.

15. Conecte el clip de la manguera del freno al puntal. Coloque la rueda y la cubierta y apoye el vehículo apretando a continuación la tuerca del cubo con un par de 225 libras-pie (1980-82); 185 libras-pie (modelos de 1983 y años posteriores).

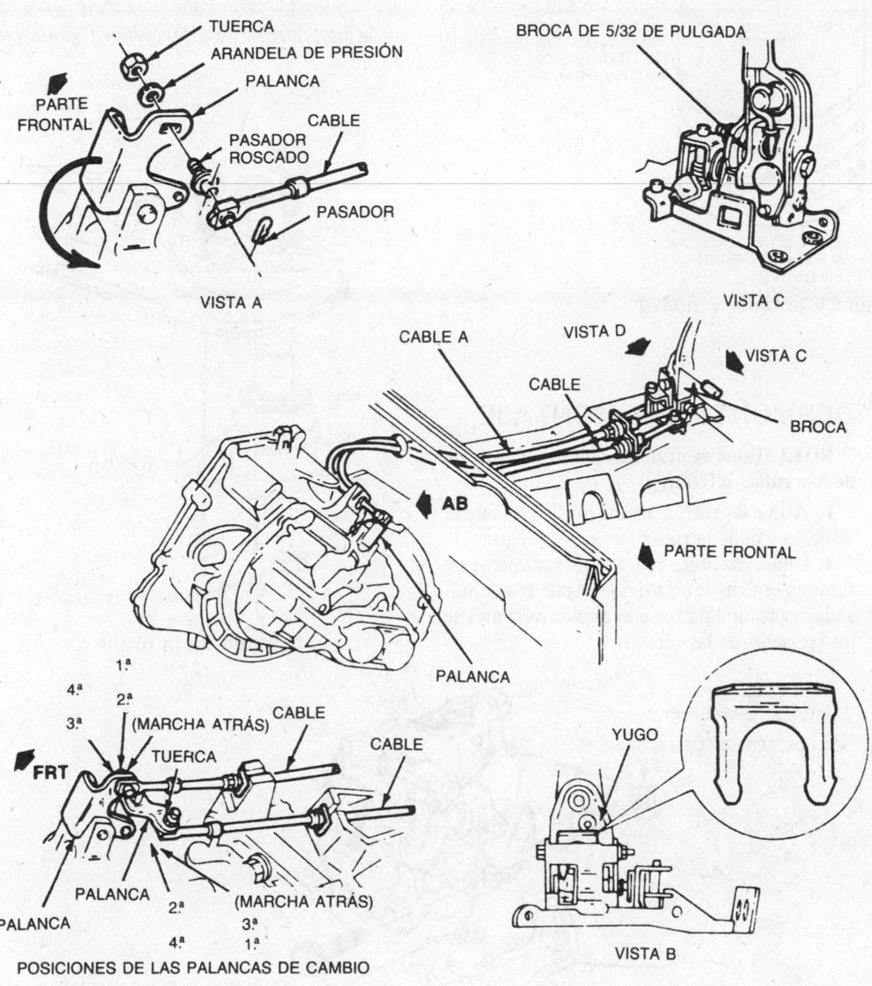

Varillaje del cambio en vehículos que disponen de transmisión manual

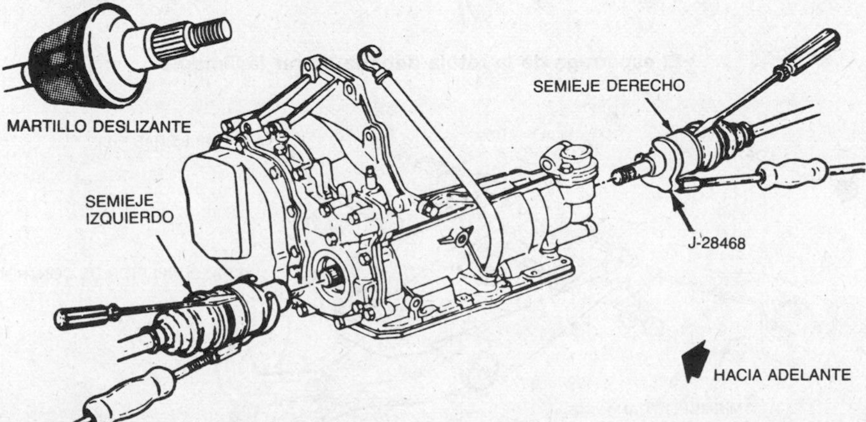

Desmontaje de los semiejes utilizando herramientas especiales acopladas a martillos deslizantes

EJE TRASERO

Cubo y cojinete

DESMONTAJE Y MONTAJE

El conjunto del eje trasero dispone de un cubo y un cojinete en una sola unidad, atornillados a ambos extremos del mismo. Éstos desempeñan la función de los «árboles traseros» utilizados en los vehículos de tracción trasera. El conjunto formado por el cubo y el cojinete va en una unidad sellada que no requiere mantenimiento. Esta unidad se ha de sustituir como conjunto y no puede ser desmontada o ajustada.

El cubo y el cojinete pueden extraerse sacando el tambor del freno trasero, quitando los cuatro pernos de sujeción del cubo y el cojinete al eje y extrayendo la unidad. El montaje se efectúa en el orden inverso al desmontaje. Apriete los pernos con un par de 35-39 libras-pie.

SUSPENSIÓN DELANTERA

Puntal MacPherson

DESMONTAJE Y MONTAJE

El puntal MacPherson es una unidad combinada formada por un muelle helicoidal y un amortiguador telescópico. El puntal se extrae del vehículo como un conjunto. Debe utilizarse un compresor de puntales especial para desmontar el conjunto formado por el puntal y el muelle helicoidal. **Todos los procedimientos de desmontaje e instalación de los muelles y amortiguadores telescópicos y todos los procedimientos de inspección y reparación de los puntales se encuentran detallados en el apartado Revisión del puntal de la sección de Reparaciones del conjunto.**

1. Afloje las tuercas de las ruedas, levante el vehículo y quite la rueda y la cubierta.

2. Quite el perno que une el clip de la manguera del freno al puntal (si existe). No desconecte la manguera del calibre. Coloque una tapa de semiejes para proteger el fuelle del mismo.

3. Haga una marca de referencia en el ajustador de la excéntrica de la leva de inclinación de ruedas para su posterior montaje.

4. Quite los dos pernos inferiores que unen el puntal a la mangueta de la dirección y las tres tuercas superiores que unen el puntal a la carrocería. Saque el puntal.

Rótulas

INSPECCIÓN

1. Levante la parte delantera del vehículo con un elevador colocado bajo el chasis. Las ruedas delanteras no deben quedar apoyadas en el suelo.

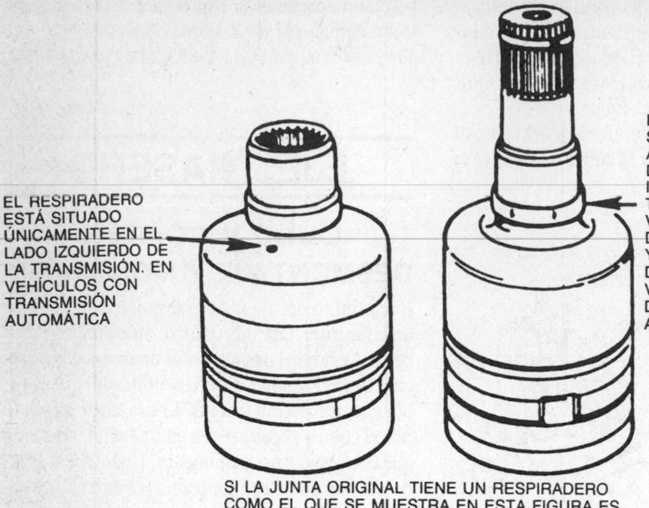
EL RESPIRADERO ESTÁ SITUADO ÚNICAMENTE EN EL LADO IZQUIERDO DE LA TRANSMISIÓN. EN VEHÍCULOS CON TRANSMISIÓN AUTOMÁTICA
EL RESPIRADERO ESTÁ SITUADO DEBAJO DEL ANILLO, TANTO EN EL LADO DERECHO COMO EN EL IZQUIERDO DE LA TRANSMISIÓN, EN LOS VEHÍCULOS QUE DISPONEN DE TRANSMISIÓN MANUAL, Y ÚNICAMENTE EN EL LADO DERECHO EN LOS VEHÍCULOS QUE DISPONEN DE TRANSMISIÓN AUTOMÁTICA
SI LA JUNTA ORIGINAL TIENE UN RESPIRADERO COMO EL QUE SE MUESTRA EN ESTA FIGURA ES NECESARIO COLOCAR UN SELLO NUEVO

Comparación de las juntas CV antigua y nueva

3. Utilice una broca de 1/2 pulgada para perforar y extraer las cabezas de los remaches. Perfore únicamente lo suficiente para extraer la cabeza de los mismos.

4. Utilice un martillo y un punzón para extraer los remaches. Extráigalos por la parte inferior.

5. Afloje el perno de presión de la rótula que va unido a la mangueta de la dirección.

6. Saque la rótula.

7. Coloque una nueva rótula en el brazo de control. Apriete los pernos que se suministran junto con la junta de repuesto con un par de 13 libras-pie.

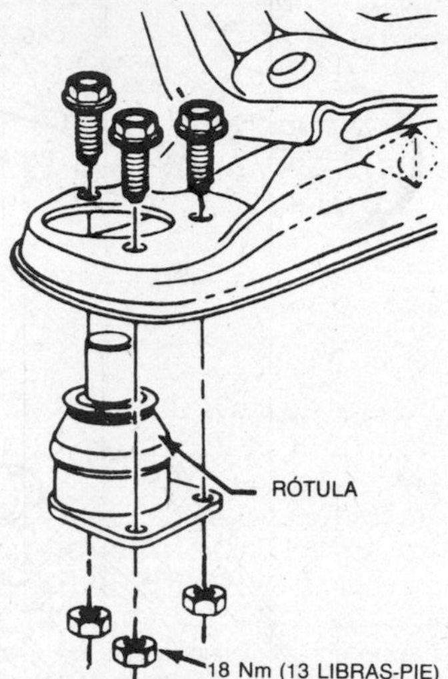
RÓTULA
18 Nm (13 LIBRAS-PIE)

Montaje de la rótula

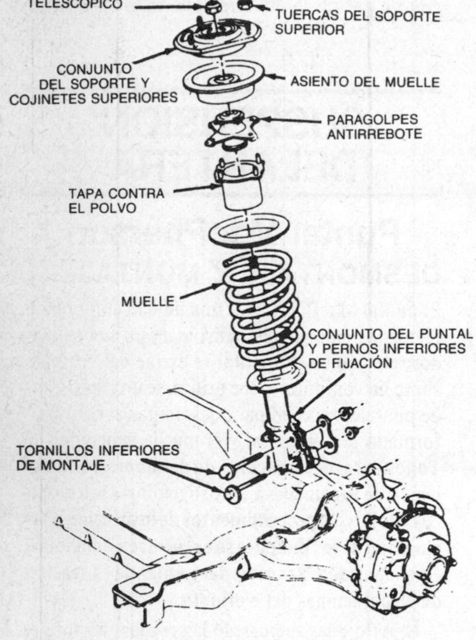
TUERCA DEL AMORTIGUADOR TELESCÓPICO
TUERCAS DEL SOPORTE SUPERIOR
CONJUNTO DEL SOPORTE Y COJINETES SUPERIORES
ASIENTO DEL MUELLE
PARAGOLPES ANTIRREBOTE
TAPA CONTRA EL POLVO
MUELLE
CONJUNTO DEL PUNTAL Y PERNOS INFERIORES DE FIJACIÓN
TORNILLOS INFERIORES DE MONTAJE

Componentes de la suspensión delantera

DESMONTAJE Y MONTAJE

NOTA: Estos vehículos disponen únicamente de una rótula inferior.

1. Afloje las tuercas de las ruedas, levante el vehículo y quite la rueda.

2. Utilice una broca de 1/8 de pulgada para perforar un orificio de aproximadamente 1/4 de pulgada de profundidad en el centro de cada uno de los remaches de las rótulas.

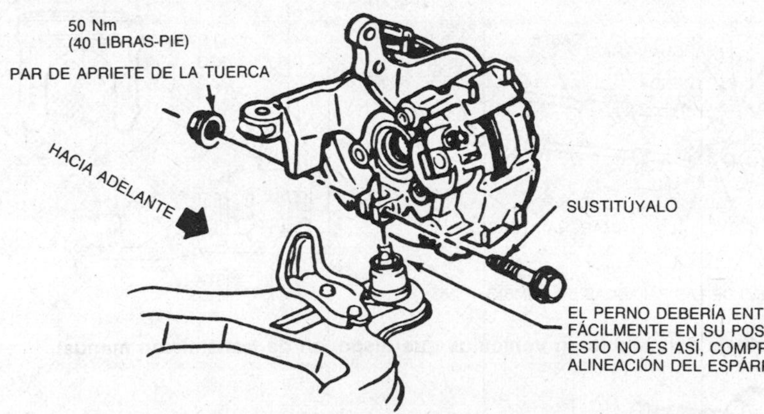
50 Nm (40 LIBRAS-PIE)
PAR DE APRIETE DE LA TUERCA
HACIA ADELANTE
SUSTITÚYALO
EL PERNO DEBERÍA ENTRAR FÁCILMENTE EN SU POSICIÓN. SI ESTO NO ES ASÍ, COMPRUEBE LA ALINEACIÓN DEL ESPÁRRAGO

El espárrago de la rótula debería entrar fácilmente

2. Agarre la rueda por las partes superior e inferior y muévala hacia adentro y hacia afuera.

3. Si observa un desplazamiento relativo de la mangueta de la dirección respecto del brazo de control, esto indica que las rótulas están estropeadas y deben sustituirse. Observe que la existencia de movimientos en cualquier otra parte puede ser debida a que los cojinetes de las ruedas están flojos o a otros problemas; observe la conexión entre la mangueta de la dirección y el brazo de control.

4. Si se desconecta el espárrago de la rótula de la mangueta de la dirección y se observa que la conexión no es muy sólida, es decir, si puede girarse el espárrago de la rótula en el orificio hembra con los dedos, sustituya las rótulas.

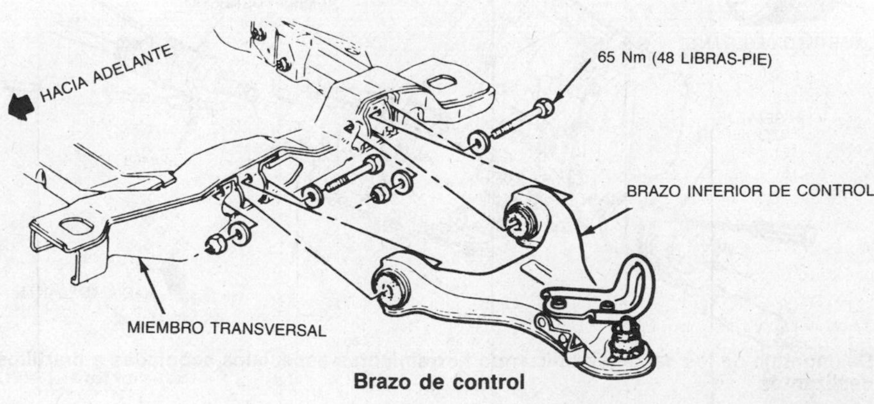
HACIA ADELANTE
65 Nm (48 LIBRAS-PIE)
BRAZO INFERIOR DE CONTROL
MIEMBRO TRANSVERSAL

Brazo de control

8. Coloque el espárrago de la rótula en el orificio donde va el perno de presión de la mangueta de la dirección. Debería entrar fácilmente; si no es así, verifique la alineación del espárrago. Coloque el perno de presión introduciéndolo de la parte posterior a la anterior. Apriételo con un par de 45 libras-pie.

9. Coloque la rueda y apoye el vehículo.

Brazo inferior de control

DESMONTAJE Y MONTAJE

1. Afloje las tuercas de la rueda, levante el vehículo y saque la rueda.

2. Quite la barra estabilizadora del brazo de control.

3. Quite la rótula de la mangueta de la dirección.

4. Quite los pernos del pivote del brazo de control y extraiga este último.

5. Para efectuar el montaje, introduzca el brazo de control en sus encajes, coloque los pernos del pivote de la parte posterior hacia la anterior. Apriete los pernos con un par de 48 libras-pie en los modelos de 1980 y con un par de 50 libras-pie en los modelos de 1981-85.

6. Introduzca el espárrago de la rótula en el encaje del perno de presión. Debería entrar fácilmente. Si no es así, compruebe la alineación del espárrago de la rótula.

7. Introduzca el perno de presión desde la parte posterior hacia la anterior. Apriételo con un par de 45 libras-pie en los modelos de 1980 y con un par de 40 libras-pie en los modelos de 1981-85.

8. Coloque la fijación de la barra estabilizadora. Apriétela con un par de 35 libras-pie.

9. Coloque la rueda y apoye el vehículo.

Cojinete de la rueda delantera

AJUSTE

Estos modelos disponen de un cojinete en la rueda delantera permanentemente sellado y lubricado. No es necesario, ni siquiera posible, realizar ningún ajuste.

SUSPENSIÓN TRASERA

Amortiguador telescópico

DESMONTAJE Y MONTAJE

1. Abra la puerta del portamaletas, quite la tapa recortada y extraiga la tuerca superior del amortiguador telescópico. Quite y sustituya los amortiguadores uno por uno cuando sustituya ambos.

2. Levante el vehículo con un gato hidráulico a una altura cómoda para trabajar. Sujete bien el conjunto del eje trasero.

3. Extraiga el perno inferior de sujeción y el amortiguador telescópico. En los vehículos que dispongan de amortiguadores neumáticos, desconecte el conducto del aire.

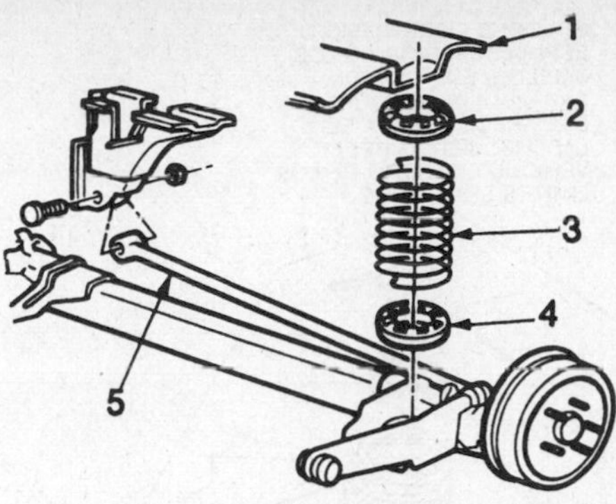

1. Parte inferior
2. Aislante
3. Muelle
4. Aislante inferior, únicamente en algunas series
5. Barra de alineación

Suspensión trasera en carrocerías A

NOTA: Purgue el aire de los nuevos amortiguadores comprimiéndolos repetidas veces en posición invertida y llevándolos a su posición normal de montaje.

4. Coloque el amortiguador telescópico siguiendo el procedimiento inverso al de desmontaje. Apriete las tuercas inferiores con un par de 43 libras-pie; la tuerca superior con un par de 13 libras-pie.

Muelle

DESMONTAJE Y MONTAJE

1. Levante y sujete el vehículo por medio de un elevador. No utilice un elevador hidráulico de dos brazos. Podría ocurrir que la parte curva del eje haga que el elevador se deslice al extraer los pernos. Si no se dispone de una grúa adecuada, levante el vehículo y sujételo mediante caballetes y coloque un apoyo hidráulico bajo el árbol.

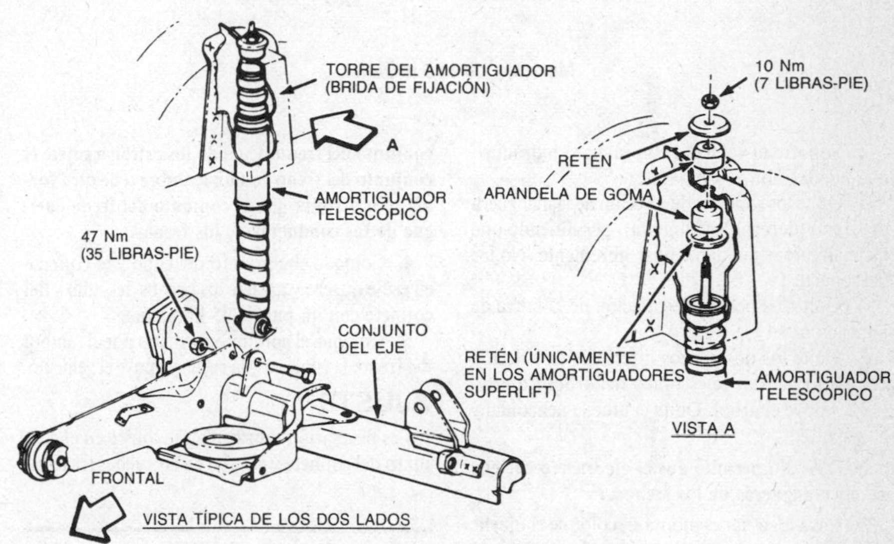

Montaje del amortiguador telescópico

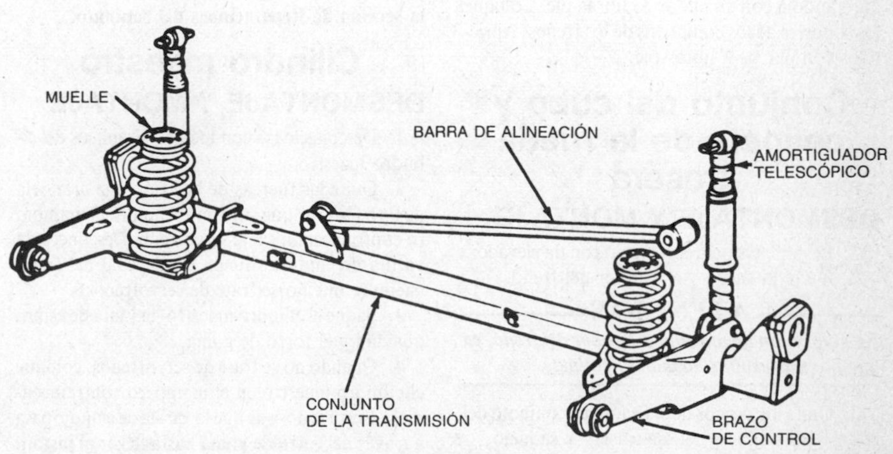

Suspensión trasera en carrocerías "X"

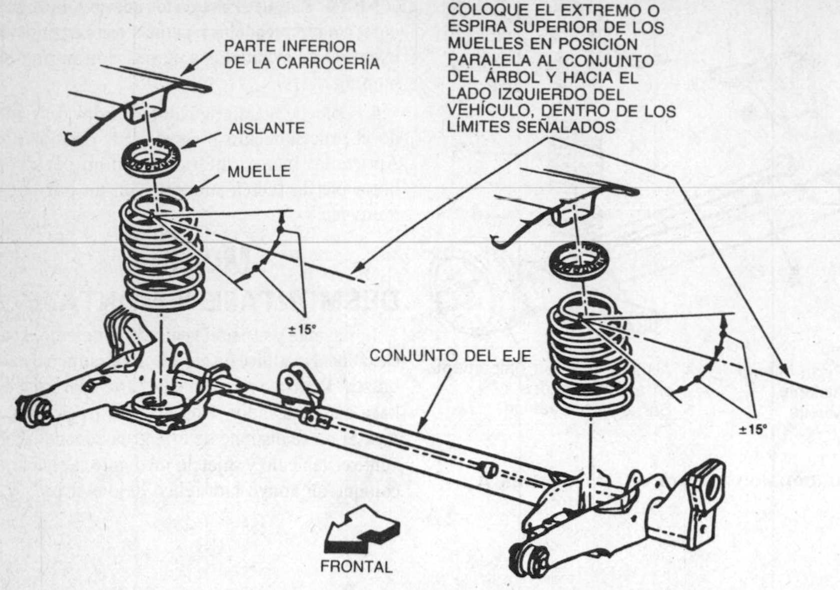

Montaje de los muelles

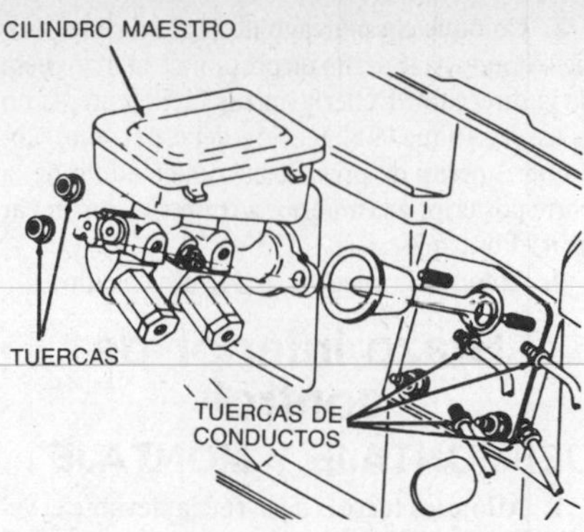

Montaje típico del cilindro maestro

2. Soporte el vehículo con un gato hidráulico que pueda subirse y bajarse.

3. Quite los soportes de sujeción de la manguera del freno (derecha e izquierda), permitiendo que las mangueras puedan colgar libremente. No las desconecte.

4. Quite los pernos de sujeción de la barra de alineación del eje trasero.

5. Quite los dos pernos inferiores de sujeción del amortiguador telescópico del árbol trasero.

6. Apoye el árbol. Quite el muelle helicoidal y el aislante.

NOTA: No permita que el eje trasero cuelgue de las mangueras de los frenos.

7. Para efectuar el montaje, coloque el muelle y el aislante en el eje. El brazo de la parte superior del muelle helicoidal debe quedar paralelo al eje, de cara al lado izquierdo del vehículo.

8. Coloque los pernos del amortiguador telescópico. Apriételos con un par de 43 libras-pie. Coloque la barra de alineación, si dispone de ésta, apretándola con un par de 33 libras-pie. Coloque los soportes de los conductos de los frenos. Apriételos con par de 8 libras-pie.

Conjunto del cubo y cojinete de la rueda trasera

DESMONTAJE Y MONTAJE

1. Levante y sujete el vehículo con un elevador.
2. Quite la rueda y el tambor del freno.

ATENCIÓN

No golpee con un martillo el tambor del freno, ya que podría resultar dañado el cojinete.

3. Quite los pernos de sujeción del conjunto del cubo y del cojinete del eje trasero y sáquelo.

NOTA: Los pernos de sujeción del conjunto del cubo y del cojinete también sirven para sujetar el conjunto del freno. Cuando los extraiga sujete el conjunto del freno con un alambre o de otra forma. No permita que el conjunto del freno cuelgue de los conductos de los frenos.

4. Coloque el conjunto del cubo y el cojinete en el eje trasero y apriete los pernos del cubo y del cojinete con un par de 45 libras-pie.

5. Coloque el conjunto formado por el tambor del freno, la cubierta y la rueda y apoye el vehículo.

AJUSTE

No es necesario realizar ningún ajuste en el conjunto del cojinete y el cubo de las ruedas traseras.

FRENOS

Los procedimientos de ajuste y sustitución del forro del freno, de inspección y reparación de la rueda y cilindro maestro y de purga del líquido de frenos pueden encontrarse en el apartado Frenos en la sección de Reparaciones del conjunto.

Cilindro maestro

DESMONTAJE Y MONTAJE

1. Desconecte los conductos hidráulicos del cilindro maestro.

2. Quite las tuercas de sujeción y la arandela de tipo Grower que sujetan el cilindro al mamparo contraincendios o al servofreno. Desconecte la varilla de empuje situada en el pedal del freno (siempre que no se trate de servofrenos).

3. Saque el cilindro maestro, la junta de estanqueidad y el forro de goma.

4. Cuando no se trate de servofrenos, coloque el cilindro maestro en el mamparo contraincendios, asegurándose de que la varilla de empuje pasa a través del forro de goma hasta llegar al pistón. Vuelva a conectar el grillete de la varilla de empuje al pedal del freno. En el caso de servofrenos, coloque el cilindro en el servo de vacío. Apriete las tuercas de sujeción con un par de 25 libras-pie.

5. Coloque las tuercas y las arandelas de seguridad.

6. Coloque los conductos hidráulicos y a continuación verifique el juego libre del pedal del freno.

7. Purgue el líquido de frenos, como se describe en la sección de Reparaciones del conjunto.

NOTA: Los vehículos que llevan frenos de disco no disponen de una válvula antirretorno en la de salida delantera del cilindro maestro. Si se coloca dicha válvula, los discos delanteros se desgastarán rápidamente debido a la presión residual provocada por la sujeción de los tacos de goma contra el rotor.

Válvula de dosificación e interruptor de advertencia de fallo

DESMONTAJE Y MONTAJE

Estas piezas van colocadas en el cuerpo del cilindro maestro. No existe una válvula de dosificación separada del conjunto. La sustitución de estas piezas requiere el desmontaje del cilindro maestro.

Los procedimientos de desmontaje, inspección y reparación del cilindro maestro vienen detallados en el apartado Frenos en la sección de Reparaciones del conjunto.

Servofreno de potencia

DESMONTAJE Y MONTAJE

1. Desconecte el manguito de vacío de la válvula antirretorno de vacío.

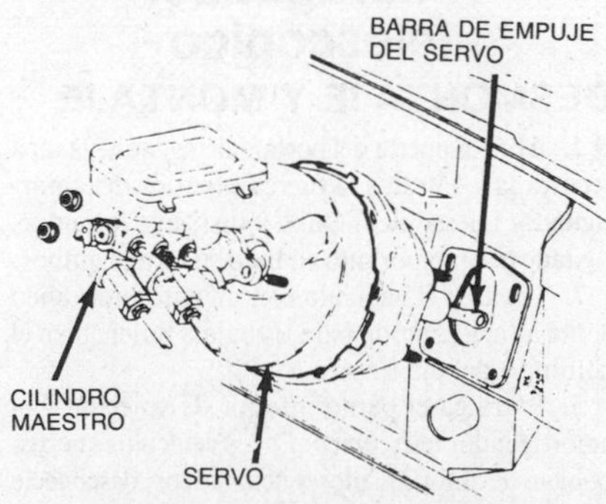

Desmontaje del servofreno

2. Desatornille el cilindro maestro y apártelo con cuidado hacia un lado sin desconectar los conductos hidráulicos.
3. Desconecte la varilla de empuje del conjunto del pedal del freno.
4. Quite las tuercas y arandelas de seguridad y fije el servofreno al mamparo contraincendios y extráigalo del compartimiento del motor.
5. El proceso de montaje es el inverso al de desmontaje. Apriete las tuercas de sujeción con un par de 25 libras-pie. Asegúrese de que verifica el funcionamiento de las luces de frenado. Deje que se forme vacío en el motor antes de accionar los frenos.

Cilindro de la rueda

DESMONTAJE Y MONTAJE

1. Afloje las tuercas de aletas de las ruedas, levante y sujete bien el vehículo y quite la rueda. Quite el tambor y zapatas de los frenos. Deje en su posición el conjunto formado por el cubo y el cojinete de la rueda.
2. Elimine la suciedad de la zona situada alrededor del acoplamiento del conducto del líquido de frenos. Desconéctelo.
3. Quite el retén del cilindro de la rueda utilizando siempre dos punzones o leznas con un diámetro en la punta de 1/8 de pulgada o inferior. Introduzca las leznas o punzones en las ranuras de acceso situadas entre la guía del cilindro de la rueda y las aletas de fijación del retén. Rompa ambas aletas simultáneamente. Extraiga el cilindro de la rueda de la placa de sujeción.
4. Para montarlo, coloque el cilindro de la rueda contra la placa de sujeción y manténgalo en su posición con un taco de madera colocado entre el cilindro y el conjunto formado por el cubo y el cojinete.
5. Coloque un nuevo retén en el empalme de la parte posterior de la placa de sujeción introduciéndolo hasta llegar a su posición con una llave de cubo de 12 lados de 1 1/8 de pulgada y un mango.
6. Coloque un tornillo de purga nuevo en el cilindro de la rueda. Coloque el conducto del líquido de frenos y apriételos con un par de 10-15 libras-pie.
7. El montaje del resto de los componentes se efectúa en el orden inverso al de desmontaje. Una vez haya instalado el tambor del freno, purgue el sistema.

Freno de estacionamiento

AJUSTE

1. Levante la parte trasera del vehículo y sujétela bien mediante caballetes, de manera que las ruedas traseras no queden apoyadas en el suelo.
2. Accione el freno de mano dos clics de cremallera (en los modelos de 1980-81) o tres clics de cremallera (en los modelos de 1982 y años posteriores) a partir de la posición en que el freno de mano está desactivado.
3. Afloje la contratuerca de seguridad del equilibrador y a continuación apriete la tuerca de ajuste hasta que pueda sentir una resistencia entre ligera y moderada al girar las ruedas traseras.
4. Apriete la contratuerca de seguridad.
5. Suelte totalmente el freno de estacionamiento y gire las ruedas traseras, no debería existir resistencia alguna.

DIRECCIÓN

Volante

DESMONTAJE Y MONTAJE

ATENCIÓN

Desconecte el cable a masa de la batería antes de sacar el volante. Cuando lo coloque, asegúrese siempre de que la palanca de los intermitentes está en la posición neutral.

1. Quite los tornillos de sujeción de la guarnición por detrás del volante. En aquellos volantes que lleven una tapa en el centro, extráigala.
2. Extraiga la guarnición y los cables de la bocina de la leva de cancelación de los intermitentes.
3. Quite el retén y la tuerca del volante.
4. Haga una marca de referencia entre el volante y el eje del mismo y a continuación extráigalo con un extractor.
5. Coloque el volante en el eje alineando las marcas hechas anteriormente. Apriete la tuerca con un par de 30 libras-pie.

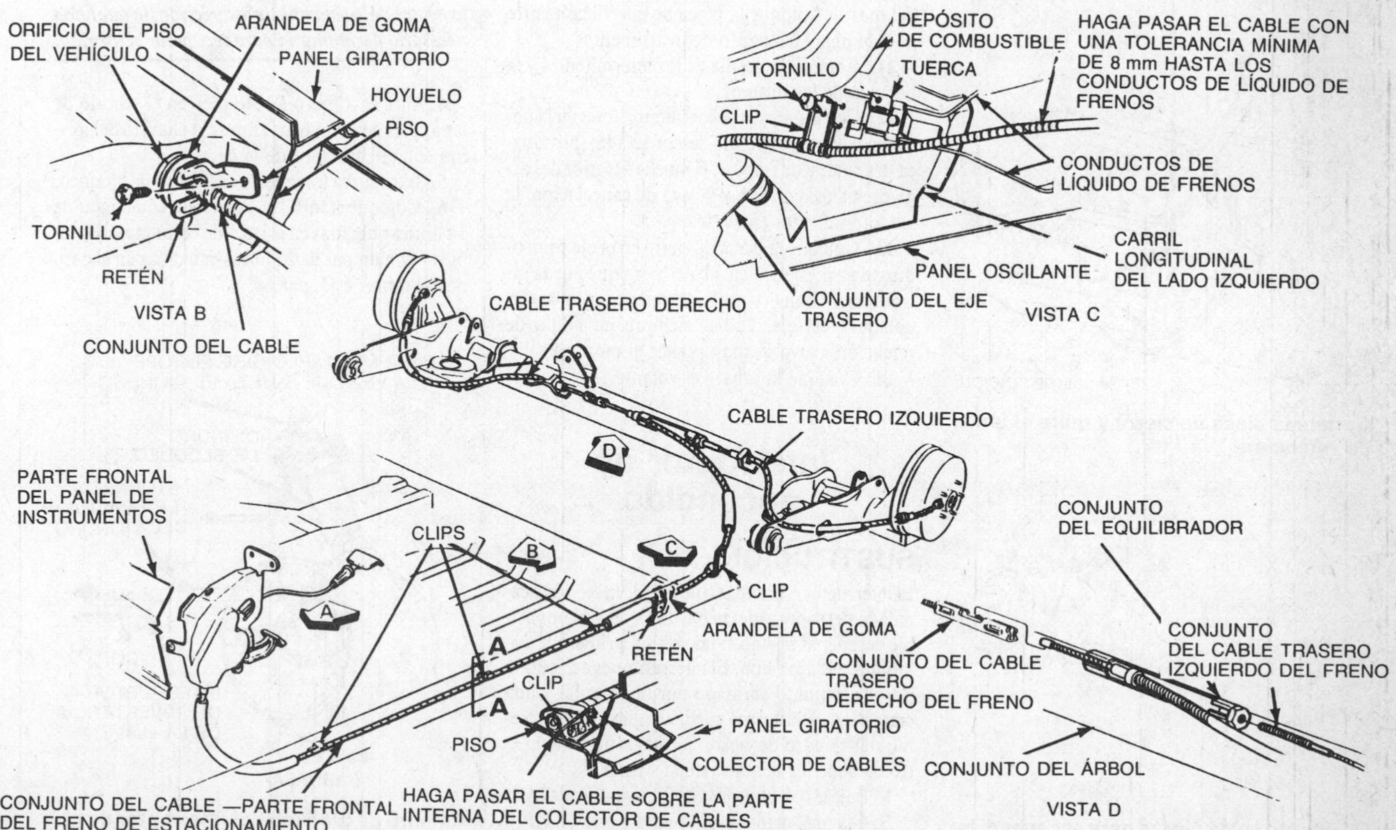

Cable del freno de estacionamiento

6. Coloque los cables de la bocina en la leva de cancelación.

7. Coloque la parte central de la guarnición y vuelva a conectar el cable de la batería.

Intermitentes

DESMONTAJE Y MONTAJE

1. Quite el volante como se ha descrito anteriormente. Quite la tapa de la guarnición.

2. Afloje los tornillos de la tapa. Suelte la tapa apalancándola con un destornillador y extráigala del eje.

3. Coloque el compresor de la placa del bloque en U en el extremo del eje del volante y comprima la placa de cierre girando la tuerca del eje en el sentido de las agujas del reloj. Apalanque el anillo de retención del cable extrayéndolo de la acanaladura del eje.

4. Quite la herramienta y saque la placa de cierre del eje.

5. Deslice la leva de cancelación, el muelle superior de carga previa del cojinete y la arandela de empuje, sacándolos del eje.

6. Quite la palanca de los intermitentes. Introduzca hacia adentro la perilla de los intermitentes y desatorníllela. Quite el tornillo de sujeción del botón y extraiga este último junto con el muelle y la perilla.

7. Extraiga el conector del interruptor fuera de la camisa del mástil y cubra con cinta adhesiva la parte superior para facilitar la extracción del interruptor. Acople un trozo de alambre largo al conector del interruptor de intermitentes. Cuando lo instale, haga pasar primero este alambre a través de la columna y a continuación utilícelo para llevar el conector hasta su posición. En el caso de volantes regulables, coloque la carcasa de los intermitentes y de la palanca en la posición inferior y quite la tapa del colector.

8. Quite los tres tornillos de sujeción del interruptor. Sáquelo tirando del mismo hacia arriba y guiando a la vez el forro del colector de cables por el interior de la columna.

9. Coloque el interruptor de repuesto introduciéndolo a través de la carcasa por debajo del soporte. En los modelos con volantes regulables, el conector se introduce a través de la carcasa por debajo del soporte y a continuación se coloca el forro en el colector de cables.

10. Coloque los tornillos de sujeción del interruptor y el conector en el soporte de la camisa del mástil. Coloque la placa de guarnición entre la columna y el cuadro de instrumentos.

11. Coloque la perilla de los intermitentes y la palanca de los mismos.

12. Con la palanca de los intermitentes en la posición neutral y la perilla desconectada, introduzca la arandela de empuje, el muelle superior de carga previa del cojinete y la leva de cancelación de los intermitentes en el eje.

13. Coloque la placa de cierre en el eje e introdúzcala a presión hacia abajo hasta que pueda introducirse un nuevo anillo de retención en la acanaladura del eje. Utilice siempre un anillo de retención nuevo cuando realice el montaje.

14. Coloque la tapa y el volante.

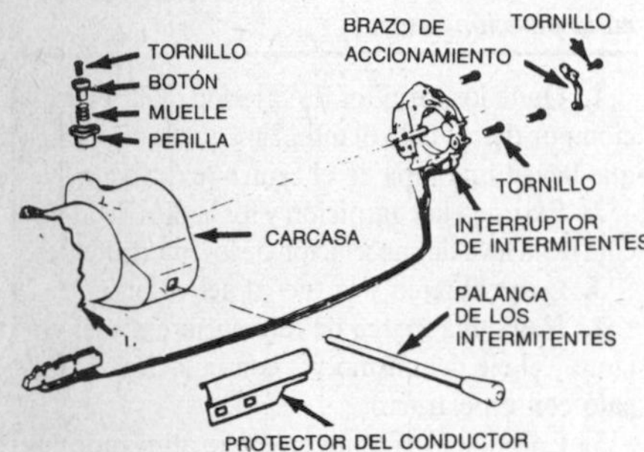

Interruptor de los intermitentes (luz de giro)

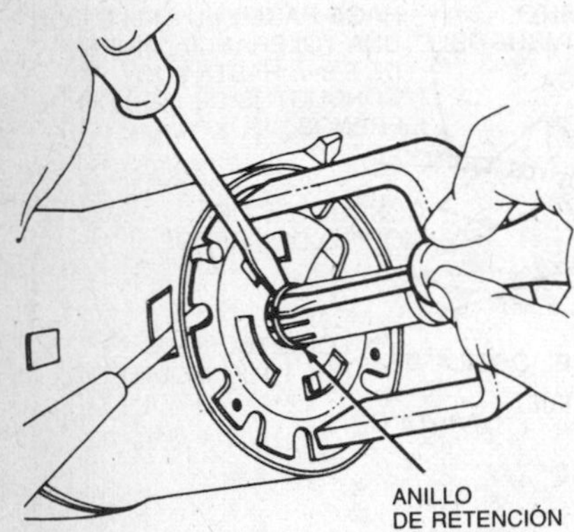

Apriete la placa de cierre y quite el anillo de retención

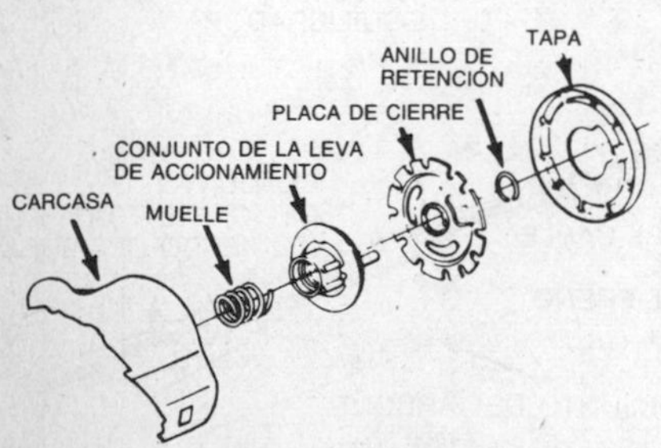

Desmonte estas piezas para acceder al interruptor de los intermitentes

Interruptor de encendido

SUSTITUCIÓN

El interruptor está situado dentro de la sección acanalada del soporte del pedal de freno y es imposible acceder al mismo si no se baja primero la columna de la dirección. El interruptor es accionado por un conjunto formado por una varilla y una cremallera. Existe una rueda dentada en el extremo del cilindro de cierre que engrana con el extremo superior dentado de la varilla.

1. Baje la columna de la dirección; sujétela bien.

2. Coloque el interruptor en la posición OFF-UNLOCKED. Con el cilindro desmontado, la varilla está en la posición LOCK cuando se encuentra en el diente inmediato después del más alto. La posición OFF-UNLOCKED se encuentra a dos dientes de la parte superior.

3. Quite los dos tornillos del interruptor y extráigalo.

4. Antes de colocarlo, coloque la posición OFF-UNLOCKED y asegúrese de que el cilindro de bloqueo y la varilla de accionamiento se encuentran en la posición OFF-UNLOCKED (tercer diente a partir de la parte superior).

5. Coloque la varilla de accionamiento en el contacto y móntelo sobre la columna. Apriete los tornillos de sujeción. Utilice únicamente los tornillos especificados, ya que si utiliza tornillos más largos podrían impedir la regulación de la columna.

6. Coloque de nuevo la columna de la dirección.

Cilindro de bloqueo del interruptor de encendido

SUSTITUCIÓN

1. Coloque el cilindro de bloqueo en la posición RUN.

2. Quite la placa de cierre, el interruptor de intermitentes y el interruptor del zumbador.

3. Quite el tornillo y saque el cilindro de bloqueo.

ATENCIÓN

Si al extraer el tornillo lo deja caer, podría hacerlo dentro de la columna de la dirección, lo que haría necesario desmontarla para recuperar el tornillo.

4. Gire el cilindro de bloqueo en el sentido de las agujas del reloj para alinear la chaveta del mismo con el chavetero de la carcasa.

5. Introduzca totalmente el cilindro de bloqueo.

6. Coloque el tornillo. Apriételo con un par de 14 libras-pulgadas en el caso de columnas ajustables y con un par de 25 libras-pulgadas en el caso de columnas estándar.

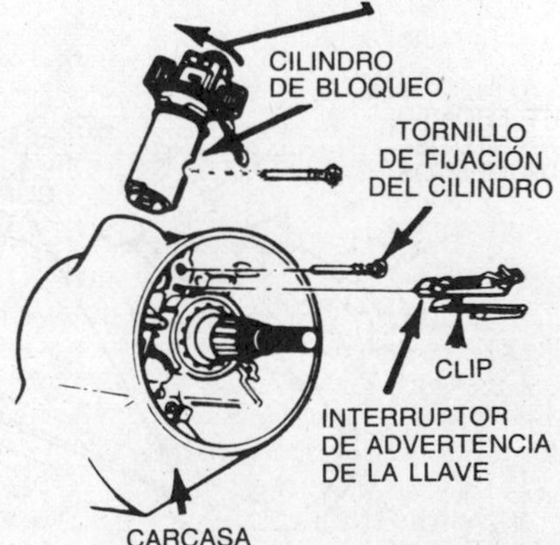

Cilindro de bloqueo del interruptor de encendido

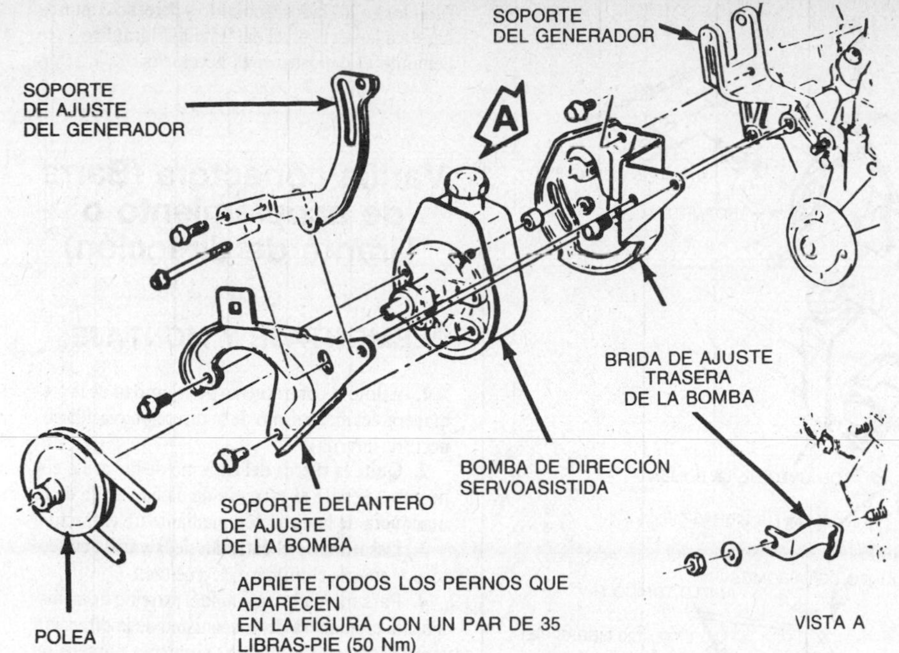

Desmontaje de la bomba de dirección servo-asistida en el modelo 181-6

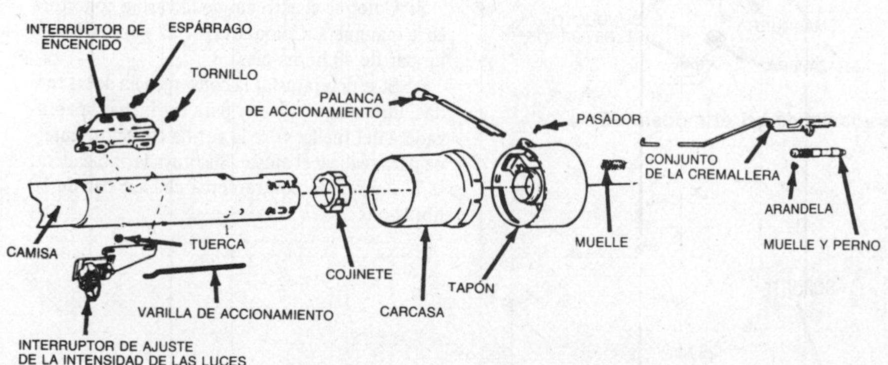

Interruptor de encendido

Mecanismo de la dirección

DESMONTAJE Y MONTAJE

1. Levante y sujete la parte delantera del vehículo con caballetes situados bajo los bastidores. El vehículo debe quedar de forma que la suspensión delantera cuelgue libremente. Desconecte las manguetas de la dirección hidráulica del mecanismo de dirección, si dispone de las mismas.

2. Mueva el sello del eje intermedio hacia arriba y extraiga el perno de presión que va entre el eje intermedio y el eje de accionamiento.

3. Quite las dos ruedas delanteras.

4. Quite las clavijas hendidas y la tuerca de los extremos de la varilla conectora (barra de acoplamiento). Desconecte los extremos de la varilla conectora de las manguetas de la dirección.

5. Quite el perno del soporte del tubo del sistema de dosificación de aire del miembro transversal.

6. Sujete el sub-bastidor del motor con un gato. Extraiga los dos pernos traseros de sujeción del chasis y, utilizando un gato hidráulico, baje la parte posterior del chasis aproximadamente 4-5''. NO LO BAJE DEMASIADO, YA QUE PODRÍAN RESULTAR DAÑADOS LOS COMPONENTES CONTIGUOS.

7. Quite el protector refractario del conjunto formado por el piñón y la cremallera.

8. Quite los dos pernos de sujeción del conjunto formado por el piñón y la cremallera.

9. Extraiga el conjunto formado por el piñón y la cremallera por el hueco de la rueda izquierda.

10. El montaje se efectúa en el orden inverso al de desmontaje. Apriete los pernos de sujeción con un par de 70 libras-pie; las tuercas de los extremos de la varilla conectora con un par de 30 libras-pie; el perno de presión con un par de 45 libras-pie.

Bomba de la dirección hidráulica (Servodirección)

DESMONTAJE Y MONTAJE

Motores de gasolina

Todos los modelos disponen de dirección hidráulica accionada por un mecanismo de piñón y cremallera. Disponen de una bomba que ejerce presión a través de dos mangueras sobre el mecanismo de la dirección misma.

1. Quite los manguitos de la bomba y cubra las salidas con cinta adhesiva para impedir que entre suciedad. Coloque los conductos desconectados en posición vertical para impedir que se escape el fluido.

2. Quite la correa de la bomba.

3. En motores de cuatro cilindros, quite el perno de la abrazadera del manguito del radiador. En el motor 173-6, desconecte el cable negativo de la batería y el conector eléctrico del motor del ventilador, vacíe el sistema de refrigeración y quite el manguito de la calefacción situado en la bomba de agua. En el motor 183-6 quite el alternador.

4. Afloje los pernos de sujeción y los tirantes que puedan existir y saque la bomba.

5. Coloque la bomba en el motor y apriete los pernos de sujeción con la mano.

6. Conecte y apriete los encajes de los manguitos.

7. Rellene la bomba con líquido hidráulico y púrguela girando la polea en el sentido contrario a las agujas del reloj (vista desde la parte frontal). Interrumpa la purga cuando dejen de salir burbujas de aire.

8. Coloque la correa de la bomba en la polea y ajuste la tensión.

9. Vuelva a colocar el resto de los componentes en el orden inverso al de desmontaje.

Motor diesel 263-6

1. Quite la correa de accionamiento.

2. Extraiga mediante el sistema de sifón el líquido del depósito de la bomba de dirección hidráulica.

3. Desconecte los manguitos de la bomba.

4. Quite los tres pernos de la parte frontal de la bomba sacándolos por los orificios de acceso situados en la polea.

5. Quite las dos tuercas de sujeción del tirante inferior al motor. Saque el tirante.

6. Saque la bomba.

7. El montaje se efectúa en el orden inverso al de desmontaje. Apriete las tuercas del tirante con un par de 40 libras-pie; y el perno de la bomba con un par de 40 libras-pie.

PURGA DEL SISTEMA DE DIRECCIÓN HIDRÁULICA

1. Rellene el depósito de líquido hidráulico.

2. Deje reposar el líquido durante dos minutos y a continuación accione el motor durante apro-

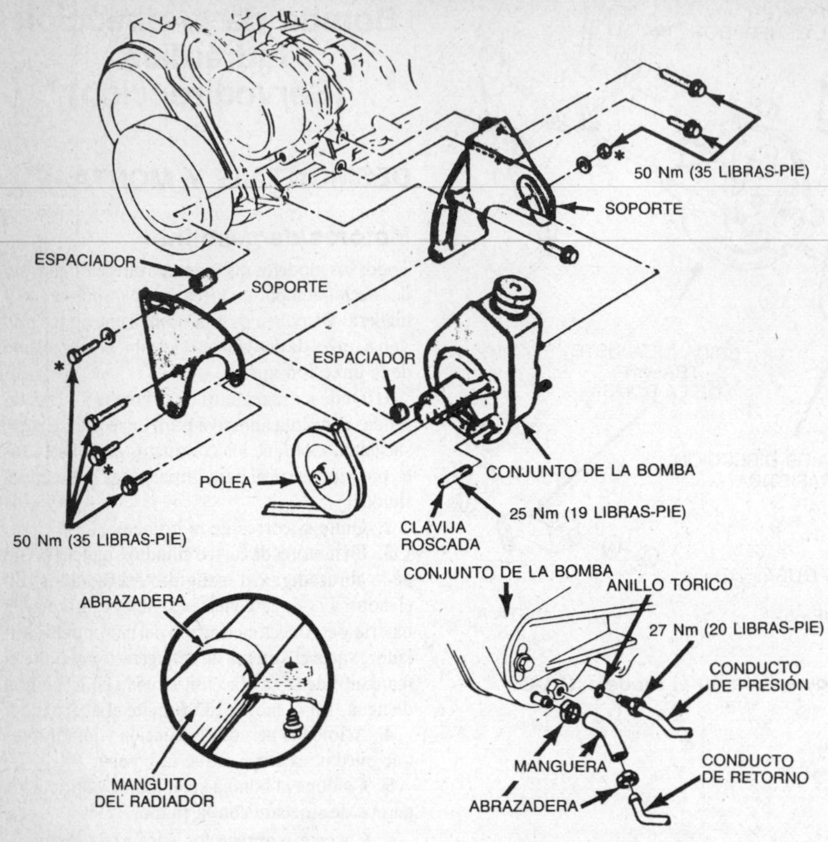

Desmontaje de la bomba de dirección servoasistida en el modelo 151-4

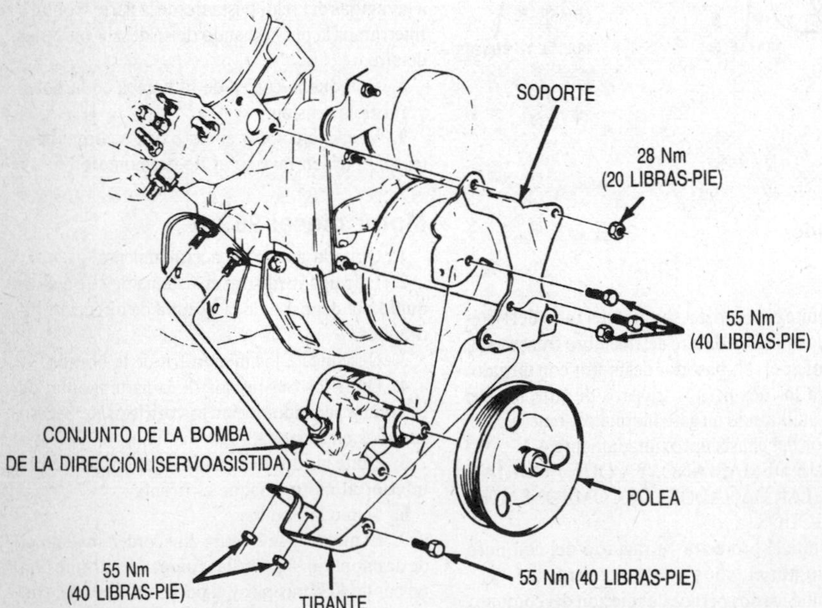

Desmontaje de la bomba de dirección servoasistida en el modelo 263-6

ximadamente dos segundos. Rellene el depósito si es necesario.

3. Repita los pasos anteriores hasta que el nivel del líquido permanezca constante después de accionar el motor.

4. Levante la parte delantera del vehículo hasta que las ruedas queden en el aire y a continuación arranque el motor. Aumente la velocidad del motor hasta aproximadamente 1,500 rpm.

5. Gire ligeramente las ruedas contra los topes situados en los lados izquierdo y derecho comprobando a la vez el nivel del líquido hidráulico y rellenando el depósito si es necesario.

Varilla conectora (Barra de acoplamiento o Tirante de dirección)

DESMONTAJE Y MONTAJE

1. Afloje la contratuerca de seguridad de la cremallera del mecanismo de la dirección (varilla conectora interna).

2. Quite la tuerca del extremo de la varilla conectora. Separe el extremo de dicha varilla de la mangueta de la dirección mediante un extractor.

3. Desatornille el extremo de la varilla conectora y cuente el número de vueltas.

4. Para montarla, atornille el extremo de la misma a la cremallera del mecanismo de la dirección (varilla conectora interna) el mismo número de vueltas que las contadas en el paso 3. Esto permitirá obtener una convergencia correcta de las ruedas.

5. Coloque el extremo de la varilla conectora en la mangueta. Coloque la tuerca y apriétela con un par de 40 libras-pie.

6. Si se debe ajustar la convergencia de las ruedas, utilice unos alicates para ensanchar la abrazadera del fuelle. Gire la varilla conectora interna para realizar el ajuste. Sustituya la abrazadera.

7. Apriete la contratuerca con un par de 50 libras-pie.

PARTE ELÉCTRICA DEL CHASIS

Ventilador de la calefacción

DESMONTAJE Y MONTAJE

Este procedimiento es aplicable a todos los vehículos, independientemente de si disponen o no de sistema de aire acondicionado.

1. Desconecte el cable negativo de la batería.

2. Desconecte los cables del motor del ventilador haciéndolo por la parte interior del motor.

3. Quite los pernos de sujeción del motor y extraiga el motor del ventilador.

4. Para montarlo siga el procedimiento inverso.

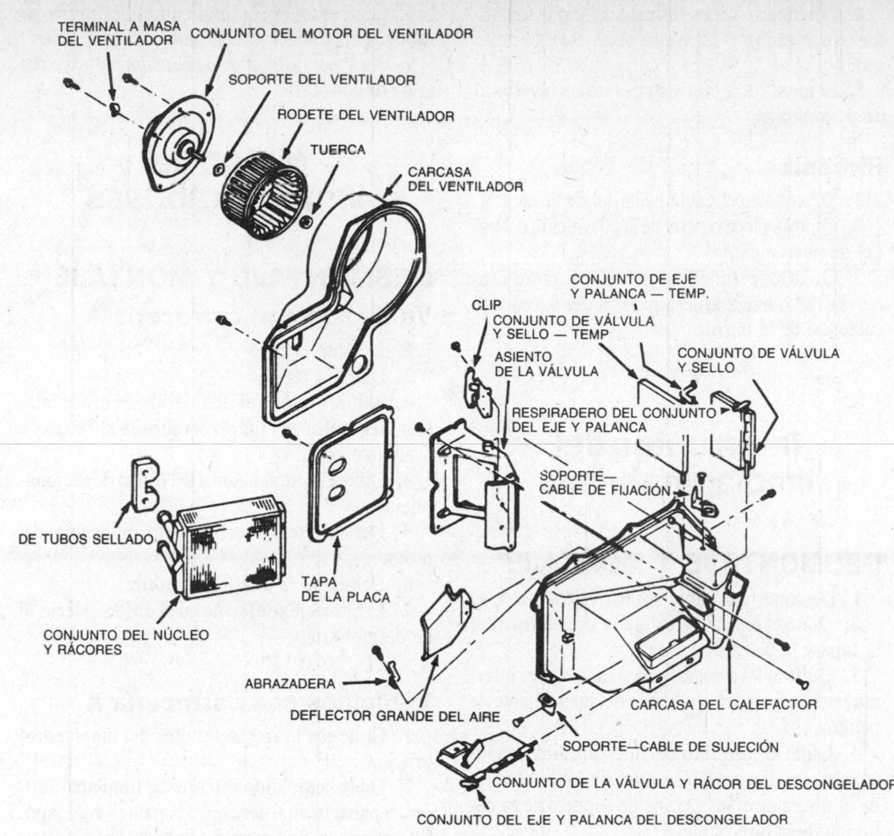

Conjunto del calefactor en modelos que no disponen de sistema de aire acondicionado

Núcleo del sistema de calefacción

DESMONTAJE Y MONTAJE

Vehículos que no disponen de sistema de aire acondicionado

1. Vacíe el sistema de refrigeración.

2. Quite los manguitos de entrada y salida del calefactor situados en el mamparo contraincendios, dentro del compartimiento del motor.

3. Quite la tira de supresión de ruidos de la radio.

4. Extraiga los tornillos de sujeción de la tapa del núcleo del calefactor. Saque la tapa.

5. Extraiga el núcleo. Para colocarlo de nuevo siga el procedimiento inverso al de desmontaje.

Vehículos que disponen de sistema de aire acondicionado

VEHÍCULOS CON CARROCERÍA A

1. Vacíe el sistema de refrigeración.

2. En los vehículos con motor diesel, levante y sujete el vehículo con caballetes.

3. Desconecte los manguitos del núcleo.

4. En los vehículos con motor diesel, quite el silenciador inferior del panel de instrumentos.

5. Quite el conducto del calentador y baje las tapas laterales.

6. Quite el conducto inferior de salida del calefactor.

7. Quite los dos clips situados entre la tapa de la carcasa de la válvula del aire y ésta.

8. Quite la tapa de la carcasa.

9. Quite las tiras de sujeción del núcleo.

10. Quite los retenes de los tubos del núcleo y extráigalo.

11. El montaje se efectúa en el orden inverso al de desmontaje.

VEHÍCULOS CON CARROCERÍA X

1. Vacíe el sistema de refrigeración.

2. Quite los manguitos del calefactor de los tubos del núcleo situados en el mamparo contraincendios.

3. Quite el conducto del calefactor y la tapa lateral de la caja del mismo sacándolo por debajo del panel de instrumentos.

4. Quite las abrazaderas de sujeción del núcleo. Quite las abrazaderas del soporte de las tuberías de entrada y salida del núcleo.

5. Saque el núcleo. Para colocarlo siga el procedimiento inverso al de desmontaje.

Radio

DESMONTAJE Y MONTAJE

Celebrity

1. Desconecte el cable a masa de la batería.

2. Desconecte la guarnición de la columna de la dirección, incluyendo el panel tapacables.

3. Quite el cenicero y el bloque de fusibles situado en el conjunto del mismo, y separe el conjunto del bloque de fusibles. Aparte ambos componentes para facilitar el acceso.

4. Desconecte el encendedor de cigarrillos y los conectores del interruptor de la luna térmica trasera.

5. Extraiga el encendedor de cigarrillos.

6. Extraiga la guantera.

7. Quite las tuercas de sujeción centrales que unen el panel de instrumentos a la guarnición del volante.

8. Aparte el panel de la guarnición del panel de instrumentos (lo suficiente como para extraer la radio).

9. Extraiga la radio.

10. El montaje se efectúa en el orden inverso al de desmontaje.

Century

1. Desconecte el cable a masa de la batería.

2. Quite la placa de la guarnición del panel de instrumentos.

3. Quite el panel de la guarnición del interruptor del lado derecho del panel de instrumentos quitando los tres tornillos y girándolo suavemente hacia afuera.

4. Quite los cuatro pernos de fijación de la radio.

5. Desconecte la antena y todos los demás conductores.

6. Saque la radio.

7. El montaje se efectúa en el orden inverso al de desmontaje.

Ciera

1. Desconecte el cable a masa de la batería.

2. Quite la guarnición izquierda de panel de instrumentos.

3. Quite la tapa del panel de instrumentos.

4. Desatornille la radio de los soportes superior e inferior de sujeción.

5. Saque la radio para desconectar los conductores y a continuación extráigala.

6. El montaje se efectúa en el orden inverso al de desmontaje.

6.000

1. Desconecte el cable a masa de la batería.

2. Quite la placa de guarnición central inferior del panel de instrumentos.

3. Desatornille y extraiga la radio.

4. El montaje se efectúa en el orden inverso al de desmontaje.

Citation

1. Desconecte el cable a masa de la batería.

2. Quite los mandos de la radio, las tuercas de los ejes y el mando del reloj, si dispone del mismo.

3. Quite los tornillos de sujeción de la guarnición del cuadro de instrumentos y empújela hacia atrás.

4. Quite la varilla y el mando de los faros delanteros. Por detrás de la guarnición del panel de instrumentos y utilizando un destornillador largo, empuje el botón de liberación de la varilla de los faros delanteros para liberar el mando o botón.

5. Desconecte los cables y quite la guarnición.

6. Quite los dos tornillos que sujetan el soporte de la radio al panel de instrumentos.

7. Tire de la radio hacia atrás y al mismo tiempo gírela ligeramente hacia la izquierda y desconecte los conectores eléctricos y el cable de la antena. Quite el portalámparas.

8. Saque la radio.

9. El montaje se efectúa en el orden inverso al de desmontaje.

Omega

1. Quite la moldura del panel de instrumentos.
2. Quite el receptáculo del cenicero.
3. Quite los cuatro pernos de sujeción del conjunto del cenicero y extraiga el conjunto formado por la bombilla y el portalámparas del cenicero.
4. Saque la radio y el conjunto de retén del cenicero lo suficiente como para desconectar los cables de la radio y extraiga la radio.
5. El montaje se efectúa en el orden inverso al de desmontaje.

Skylark

1. Desconecte el cable negativo de la batería.
2. Quite la placa central de la guarnición del panel de instrumentos.
3. Quite los pernos de sujeción de la radio y saque la radio hacia afuera para poder acceder al cableado. Es posible que tenga que extraer el conjunto del retén del cenicero para poder acceder a los cables de la radio.
4. Desconecte todos los cables. Saque los botones o mandos y separe la placa frontal de la radio.
5. El montaje se efectúa en el orden inverso al de desmontaje.

Phoenix

1. Desconecte el cable negativo de la batería.
2. Quite la placa central de la guarnición del panel de instrumentos.
3. Quite los pernos de sujeción de la radio y saque la radio hacia afuera para poder acceder al cableado de la misma.

Interruptor del limpiaparabrisas

DESMONTAJE Y MONTAJE

1. Desconecte el cable negativo de la batería.
2. Quite el conjunto formado por el volante, la tapa y la placa de bloqueo.
3. Quite la leva de accionamiento de los intermitentes, la palanca y el botón del intermitente de peligro.
4. Quite los tornillos del interruptor de los intermitentes, la guarnición inferior de la columna de la dirección y los pernos de soporte de la columna de la dirección.
5. Desconecte los cables del interruptor de intermitentes y del interruptor del limpiaparabrisas.
6. Empuje hacia atrás el interruptor de los intermitentes entre 6 y 8 pulgadas y a continuación quite el interruptor del zumbador de la llave de encendido y el cilindro de bloqueo.
7. Quite y tire de la columna de la dirección hacia atrás y a continuación quite el tornillo de la tapa de la carcasa de la misma.
8. Quite el pivote del interruptor del limpiaparabrisas y saque el interruptor.
9. Para montarlo, siga el procedimiento inverso al de desmontaje.

Motor del limpiaparabrisas

DESMONTAJE Y MONTAJE

Vehículos con carrocería A

1. Levante el capó.
2. Quite la rejilla.
3. Afloje las tuercas de sujeción de la articulación del motor del limpiaparabrisas al brazo de accionamiento.
4. Quite el acoplamiento del brazo de accionamiento.
5. Desconecte los cables y la manguera del motor.
6. Desatornille y saque el motor.
7. El montaje se efectúa en el orden inverso al de desmontaje.

Vehículos con carrocería X

1. Quite los brazos del motor del limpiaparabrisas.
2. Quite la moldura inferior del limpiaparabrisas, el panel frontal del capó y la pantalla del capó. Desconecte la manguera del bote de detergente situado bajo la pantalla.
3. Desconecte los conductores eléctricos del motor.
4. Afloje, pero no extraiga, las tuercas de sujeción del acoplamiento del accionamiento al brazo de transmisión del motor.
5. Desconecte los conductores eléctricos del motor.
6. Quite los tres pernos de sujeción del motor. En los modelos que disponen de sistema de aire acondicionado, saque los pernos y, mientras sostiene el motor, quite la tuerca del brazo de accionamiento del motor utilizando unos alicates del tipo «de anillo de cierre» y una llave cerrada. Debe extraer en primer lugar los pernos de sujeción del motor para evitar que resulte dañado el engranaje de nylon situado dentro del motor. En todos los modelos, gire el motor hacia arriba y afuera para extraerlo.
7. Para instalarlo siga el procedimiento inverso al de desmontaje.

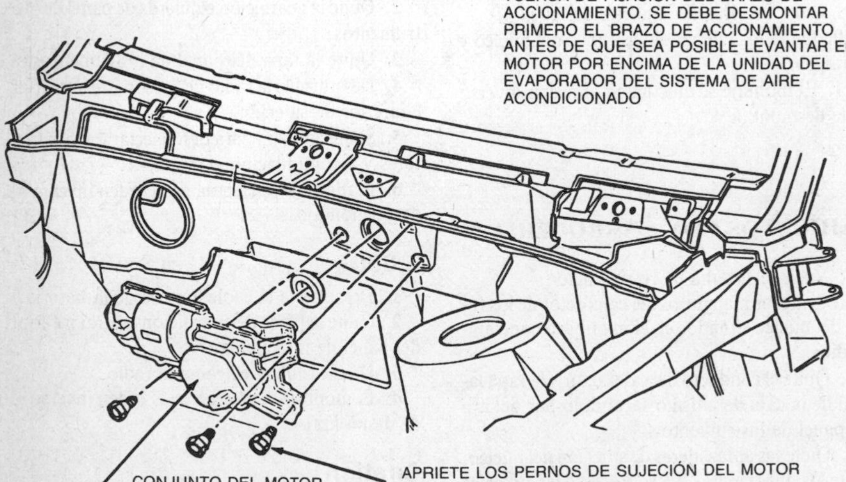
EN LOS MODELOS QUE DISPONEN DE AIRE ACONDICIONADO, QUITE LOS PERNOS DE SUJECIÓN DEL MOTOR ANTES DE SOLTAR LA TUERCA DE FIJACIÓN DEL BRAZO DE ACCIONAMIENTO. SE DEBE DESMONTAR PRIMERO EL BRAZO DE ACCIONAMIENTO ANTES DE QUE SEA POSIBLE LEVANTAR EL MOTOR POR ENCIMA DE LA UNIDAD DEL EVAPORADOR DEL SISTEMA DE AIRE ACONDICIONADO
CONJUNTO DEL MOTOR DEL LIMPIAPARABRISAS
APRIETE LOS PERNOS DE SUJECIÓN DEL MOTOR CON UN PAR 3.5 - 5.0 Nm (31-44.3 LIBRAS-PULGADA)

Desmontaje del motor del limpiaparabrisas

Interruptor de los faros delanteros

SUSTITUCIÓN

Modelo Citation 1980

1. Desconecte el cable negativo de la batería
2. Tire del botón o mando hacia afuera de forma que quede en la posición ON.
3. Quite los tornillos de sujeción de la guarnición del panel de instrumentos.

4. Quite los mandos de la radio y las tuercas de las clavijas y el botón del reloj, si dispone del mismo.
5. Tire de la guarnición ligeramente hacia atrás y apriete el botón de sujeción del eje. Extraiga el botón y el eje del interruptor.
6. Desconecte los conectores eléctricos contiguos.
7. Quite la guarnición.
8. Quite la tuerca de sujeción del interruptor y extráigalo del orificio de sujeción.
9. Desconecte el conector eléctrico y quite el interruptor.

Citation 1981-85

1. Desconecte el cable negativo de la batería.
2. Saque el botón del interruptor de los faros delanteros hasta el último tope.
3. Quite el retén de los muelles situado en el eje del botón y extraiga el eje.
4. Desconecte todos los conectores de los interruptores contiguos.
5. Quite la tuerca del casquillo del interruptor de los faros delanteros y extraiga el interruptor fuera del orificio de montaje.
6. Levante el interruptor hacia arriba y extráigalo a través de la abertura situada por encima del soporte del interruptor y desconecte el conductor eléctrico del mismo.
7. Extraiga el interruptor del panel de instrumentos.
8. El montaje se efectúa en el orden inverso al de desmontaje.

Celebrity

1. Desconecte el cable a masa de la batería.
2. Quite el botón del interruptor de los faros delanteros.
3. Quite la almohadilla de la guarnición del panel de instrumentos.

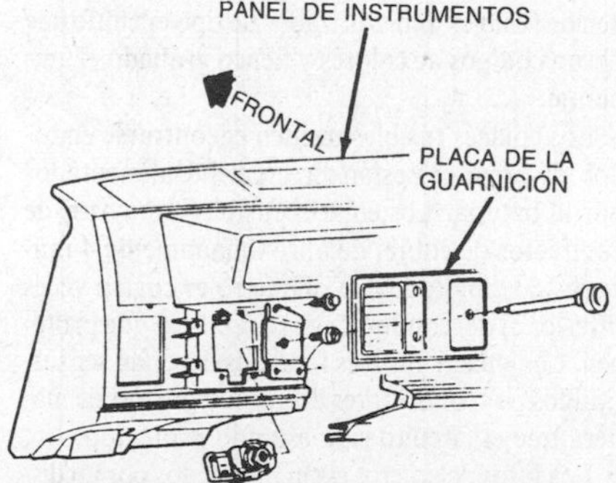

Interruptor de los faros delanteros, modelo Celebrity

4. Desatornille la placa de sujeción del interruptor del soporte del panel de instrumentos.
5. Desconecte el cableado del interruptor.
6. Extraiga el interruptor.
7. El montaje se efectúa en el orden inverso al de desmontaje.

Ciera y Omega

1. Quite la almohadilla izquierda de la guarnición del panel de instrumentos.
2. Quite los tornillos de fijación del interruptor al panel de instrumentos.
3. Tire del interruptor hacia atrás y extráigalo.
4. El montaje se efectúa en el orden inverso al de desmontaje.

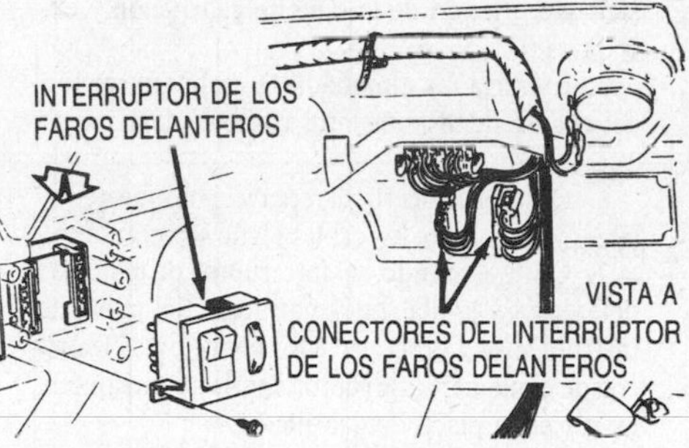

Interruptor de los faros delanteros, modelo Ciera

6,000 y Phoenix

1. Desconecte el cable a masa de la batería.
2. Quite la tapa de la guarnición de la columna de la dirección y la barra y el botón de los faros delanteros por detrás del panel de instrumentos y presione sobre la lengüeta de cierre con un destornillador.
3. Quite la guarnición del panel de instrumentos.
4. Desatornille y extraiga el conjunto formado por el interruptor y el soporte del panel de instrumentos.
5. Afloje el engaste y extraiga el interruptor del soporte.
6. El montaje se efectúa en el orden inverso al de desmontaje.

Skylark

1. Desconecte el cable negativo de la batería.
2. Quite el mando del interruptor de la luz presionando el clip de sujeción situado detrás del botón o mando y extráigalo del eje.
3. Gire el manguito en el sentido contrario a las agujas del reloj y extraiga el mando fuera del eje.
4. Quite la placa de guarnición del panel de instrumentos.
5. Quite los tornillos de sujeción y desconecte el interruptor.
6. El montaje se efectúa en el orden inverso al de desmontaje.

Century

1. Desconecte el cable a masa de la batería.
2. Extraiga la placa de guarnición del panel de instrumentos.
3. Extraiga el panel de la guarnición del interruptor de la parte izquierda del panel de instrumentos quitando los tres tornillos y sacando el panel suavemente.
4. Extraiga los tres tornillos y el interruptor en línea recta.
5. El montaje se efectúa en el orden inverso al de desmontaje.

Cuadro de instrumentos

Para más informaciones sobre los instrumentos, véase el apartado Medidores e indicadores en la sección de Reparaciones del conjunto.

DESMONTAJE Y MONTAJE

Citation

1. Desconecte el cable negativo de la batería.
2. Saque los mandos o botones de la radio (se extraen simplemente tirando hacia afuera de los mismos), las tuercas de los ejes y el mando o botón del reloj.
3. Quite los tornillos de sujeción del engaste (placa de guarnición) del cuadro de instrumentos; existen tres en la parte superior y uno en cada uno de los dos extremos inferiores. Tire de engaste ligeramente hacia atrás.
4. Quite el eje y el botón del interruptor de los faros delanteros.
5. Desconecte los cables contiguos al interruptor.
6. Saque el engaste.
7. Quite los cuatro tornillos que sujetan el cuadro de instrumentos al panel de instrumentos. Desconecte el cable del indicador de intermitentes de la concavidad existente a tal efecto en la columna de la dirección en los modelos que dispongan de transmisión automática.
8. Tire del cuadro hacia sí mismo y desconecte el cable del velocímetro y los conectores eléctricos de los instrumentos.
9. Extraiga el cuadro de instrumentos. El montaje se efectúa en el orden inverso del de desmontaje.

Omega

1. Quite la tapa de la guarnición de la columna de la dirección.
2. Baje la columna de la dirección.
3. Quite los cuatro tornillos que sujetan la tapa de guarnición del panel de instrumentos al panel.
4. Tire de la tapa de la guarnición hacia atrás y desconecte el cableado del interruptor y el cable del espejo de control remoto si su vehículo dispone del mismo. Extraiga el panel de la guarnición.
5. Quite los cuatro tornillos que sujetan el cuadro de instrumentos al panel.
6. Desconecte el cable del indicador de intermitentes de la concavidad que existe a tal efecto en la columna de la dirección si su Omega dispone de transmisión automática.
7. Tire del cuadro de instrumentos hacia sí mismo y desconecte el cable del velocímetro y el cableado eléctrico.
8. Extraiga el cuadro de instrumentos. El montaje se efectúa en el orden inverso.

Phoenix

1. Desconecte el cable negativo de la batería.
2. Quite la placa de guarnición del cuadro de instrumentos. Dispone de un tornillo en cada extremo.
3. Quite los tornillos de sujeción de la tapa de

guarnición de la columna de la dirección al panel de instrumentos y extraiga dicha tapa.

4. Quite los cuatro tornillos de sujeción del cuadro.

5. Si el vehículo dispone de transmisión automática, desconecte el cable del indicador de intermitentes marcando la posición del cable en la concavidad existente a tal efecto en la columna de la dirección antes de desconectarlo.

6. Desconecte el cable del velocímetro y tire del cuadro hacia sí mismo. Desconecte los cables eléctricos de la parte posterior del cuadro y extráigalo. El montaje se efectúa en el orden inverso al de desmontaje.

Skylark

1. Desconecte el cable negativo de la batería.

2. Saque la radio y los mandos de interruptores contiguos.

3. Extraiga la placa de guarnición del panel de instrumentos.

4. Si su modelo dispone de transmisión automática, desconecte el cable del interruptor de intermitentes de la concavidad a tal efecto existente en la columna de la dirección.

5. Quite los cuatro tornillos de sujeción del cuadro de instrumentos.

6. Desconecte el cable del velocímetro y el cableado eléctrico de la parte posterior del cuadro. Extraiga el cuadro. El montaje se efectúa en el orden inverso al de desmontaje.

Century

1. Desconecte el cable a masa de la batería.

2. Desconecte el cable del velocímetro y extráigalo a través del mamparo contraincendios.

3. Quite la parte izquierda del panel de la guarnición extrayendo los tres tornillos de 7 mm y la tuerca de 11 mm.

4. Quite la parte derecha de la guarnición extrayendo los cinco tornillos de 7 mm y las dos tuercas de 11 mm.

5. Extraiga el clip del cable del indicador de intermitentes.

6. Quite la placa de guarnición de la columna de la dirección.

7. Coloque el selector de velocidades en LOW, extraiga los nueve tornillos de sujeción y extraiga suavemente la placa de guarnición del panel de instrumentos.

8. Desconecte el cable del freno de estacionamiento tirando del mismo hacia adelante y extrayéndolo de la ranura en que se aloja.

9. Desatornille y baje la columna de la dirección (tres pernos y una tuerca).

10. Desmonte el cuadro de instrumentos quitando los cuatro tornillos y sacándolo lo suficiente hacia afuera para poder desconectar los cables que puedan existir y a continuación extráigalo.

11. El montaje se efectúa en el orden inverso al de desmontaje.

Celebrity

1. Desconecte el cable a masa de la batería.

2. Desconecte el panel de guarnición del panel de instrumentos.

3. Desconecte la carcasa de control de ventilación (únicamente en los vehículos que dispongan de calefacción).

4. En los vehículos que no dispongan de sistema de aire acondicionado saque los tornillos de la tapa de guarnición de la columna de la dirección y apoye la tapa con los cables de ventilación acoplados. En los vehículos que disponen de sistema de aire acondicionado saque los tornillos (seis) de sujeción de la tapa de guarnición y extráigala.

5. Extraiga las almohadillas de la guarnición del cuadro de instrumentos como se describe en esta sección.

6. Quite el cenicero, el retén y el bloque de fusibles y desconecte los cables según sea necesario.

7. Quite el mando del interruptor de los faros delanteros y la placa de guarnición del panel de instrumentos y desconecte los conectores eléctricos de cualquier interruptor continuo que pueda existir en la placa de guarnición.

8. Quite el conjunto del cuadro de instrumentos y desconecte el cable del velocímetro, el indicador del selector de la transmisión automática y los conectores eléctricos del cuadro de instrumentos.

9. El montaje se efectúa en el orden inverso al de desmontaje.

Ciera

1. Quite la almohadilla izquierda de la guarnición del panel de instrumentos.

2. Quite la tapa de la guarnición del panel de instrumentos.

3. Desconecte el cable del velocímetro de la transmisión y del transductor de control de velocidad de crucero si dispone del mismo.

4. Quite la tapa de la guarnición de la columna de la dirección.

5. Desconecte el clip de indicador de intermitentes de la concavidad a tal efecto que existe en la columna de la dirección.

6. Quite los cuatro tornillos de sujeción del conjunto del cuadro al panel de instrumentos.

7. Saque el conjunto lo suficiente hacia afuera como para poder llegar a la parte posterior del cuadro y desconectar el cable del velocímetro.

8. Extraiga el conjunto del cuadro de instrumentos.

9. El montaje se efectúa en el orden inverso al de desmontaje.

6,000

1. Quite las placas de guarnición inferiores central e izquierda del panel de instrumentos.

2. Quite los 6-8 tornillos que sujetan el cuadro de instrumentos al soporte del panel de instrumentos.

3. Quite el cristal del cuadro de instrumentos para facilitar el acceso a la cabeza del velocímetro e instrumentos/medidores.

4. El montaje se efectúa en el orden inverso al de desmontaje.

Cable del velocímetro

SUSTITUCIÓN

1. Quite el cuadro de instrumentos.

2. Extraiga el cable deslizándolo del forro. Si el cable está roto, será necesario desatornillar el forro de la caja de la transmisión y extraer el trozo roto por ese extremo.

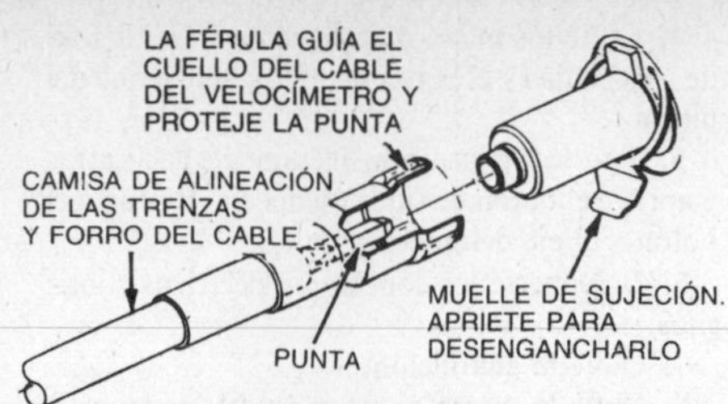

Desmontaje del cable del velocímetro

3. Antes de instalar un cable nuevo, introduzca un trozo de cable en el velocímetro y gírelo entre los dedos en el sentido normal de giro. Si el mecanismo se atasca o roza, debería repararse el cable o debería ser sustituido.

4. Inspeccione el forro; si presenta grietas, torceduras o está roto, debería sustituirse el forro.

5. Introduzca un nuevo cable en el forro, enganchándolo fijamente en el extremo de la transmisión, algunas veces resulta más fácil desatornillar el forro del extremo de la transmisión y colocar el cable en el conector de la transmisión y atornillar el forro en su posición. Coloque el cuadro de instrumentos.

Fusibles, enlaces fusibles y disyuntores

En algunos modelos el bloque de fusibles es de los que se introduce presionando y girando a la vez y está situado en la parte inferior del panel de instrumentos, junto a la columna de la dirección. En otros modelos, se accede al bloque de fusibles a través de la guantera. Todos los modelos disponen de fusibles miniaturizados de tipo enchufe que llevan códigos de colores y tienen grabado el amperaje.

Los enlaces fusibles pueden encontrarse en todos los circuitos y están directamente alimentados por la batería. Los enlaces fusible son trozos de conductor de cobre, de aproximadamente 4 pulgadas de longitud, y su diámetro es cuatro veces inferior al del conductor del circuito al que protegen. Los enlaces fusibles fundidos deberían ser sustituidos por conductores del mismo grosor, de manera que el circuito siga estando protegido.

Los faros delanteros están protegidos por un disyuntor situado en el interruptor de conexión y desconexión de los mismos. Si el disyuntor se dispara, los faros delanteros producirán destellos o bien se apagarán. El disyuntor se vuelve a accionar automáticamente una vez que desaparece la sobrecarga.

Los limpiaparabrisas están también protegidos por un disyuntor. Si el motor se calienta excesivamente, se disparará el disyuntor y permanecerá desconectado hasta que el motor se enfríe y desaparezca la sobrecarga.

Los disyuntores que protegen los circuitos de bloqueo eléctrico de las fuerzas y de los elevalunas eléctricos están situados en la caja de fusibles.

Datsun/Nissan

ESPECIFICACIONES GENERALES DEL MOTOR

Año	Motor cilindrada cc (pulg. cúb.)	Tipo de carburador	Potencia (HP @ rpm)	Par motor (libras-pie @ rpm)	Diámetro × carrera (pulg.)	Relación de compresión	Presión de aceite a ralentí (libs./pulg.^{2} en marcha en vacío)
'79–'80	1952 (119)	2 bbl	97@5600	102@3200	3.35 × 3.39	8.5:1	50–57
'81	2164 (132)	Diesel	61@4000	102@1800	3.27 × 3.94	21.6:1	60
	2187 (133.5)	2 bbl	98@4000	117@1800	3.43 × 3.62	8.5:1	60
'82–'83	2187 (133.5)	2 bbl	98@4000	117@1800	3.43 × 3.62	8.5:1	60
	2164 (132)	Diesel	61@4000	102@1800	3.27 × 3.94	21.6:1	60
'84–'86	1952 (119)	2 bbl	97@5600	102@3200	3.35 × 3.39	9.4:1	60
	2389 (146)	2 bbl	103@4800	134@2800	3.50 × 3.78	8.3:1	60
	2488 (152)	Diesel	70@4000	115@2000	3.50 × 3.94	21.4:1	60

bbl - carburador de doble cuerpo

ESPECIFICACIONES DE PUESTA A PUNTO PARA MOTORES DE GASOLINA

Año	Nº cilindros motor cilindrada cc (pulg. cúb.)	Bujías		Distribuidor		Sincronización del encendido (grados)		Abertura válvulas de admisión (grados)	Presión de la bomba de combustible (lib/pulg.^{2})	Presión de la compresión (lib/pulg.^{2}) ▲	Ralentí (Veloc. en vacío) rpm		Holgura de válvulas (pulg.) ●	
		Tipo	Distancia entre electrodos (pulg.)	Ángulo de leva (grados)	Abertura de platinos (pulg.)	Trans. man.	Trans. aut.				Manual	Autom.	Admisión	Escape
'79	4-119 (1952)	BP6ES-11	0.041	—	④	12B	12B	16B	3.0–3.9 ③	171 ②	650	630 ①	0.010	0.012
'80	4-119 (1952)	BP6ES-11	0.041	—	④	12B ⑤	12B ⑤	16B	3.0–3.9 ③	171 ②	600	600	0.010	0.012
'81	4-133.5 (2187)	BP6ES ⑥	0.033	—	④	5B	5B	16B	3.0–3.9	171 ②	650 ⑦	650	0.012	0.012
'82–'83	4-133.5 (2187)	⑧	0.033	—	④	3B	3B	16B	3.0–3.9	171 ②	650 ⑦	650	0.012	0.012

ESPECIFICACIONES DE PUESTA A PUNTO PARA MOTORES DE GASOLINA

Año	Nº cilindros motor cilindrada cc (pulg. cúb.)	Bujías: Tipo	Bujías: Distancia entre electrodos (pulg.)	Distribuidor: Angulo de leva (grados)	Distribuidor: Abertura de platinos (pulg.)	Sincronización del encendido (grados): Trans. man.	Sincronización del encendido (grados): Trans aut.	Abertura válvulas de admisión (grados)	Presión de la bomba de combustible (lib/pulg.²)	Presión de la compresión (lib/pulg.²)▲	Ralentí (Veloc. en vacío) rpm: Manual	Ralentí (Veloc. en vacío) rpm: Autom.	Holgura de válvulas (pulg.)●: Admisión	Holgura de válvulas (pulg.)●: Escape
'84-'86	4-119 (1952)	⑧	0.033	—	④	5B	—	16B	2.7-3.4	171 ②	600	—	0.012	0.012
	4-146 (2389)	⑧	0.033	—	④	3B	3B	16B	2.7-3.4	171 ②	650 ⑦	650	0.012	0.012

NOTA: La numeración de algunos de los productos de marca que figuran en esta tabla no implica ningún tipo de recomendación especial por parte de Chilton

• Ajuste en caliente

► La lectura más baja debe ser como mínimo el 80 % de la máxima

B: Antes del punto muerto superior

① Transmisión en marcha (Drive)

② El mínimo es de 128 libras/pulg.²

③ Con bomba de combustible eléctrica 4.6 o menos (modelos con aire acondicionado)

④ Entrehierro del encendido electrónico: 0.012-0.020

⑤ Modelos California Servicio Pesado: 10B

⑥ Canadá: BPR 6ES

⑦ Tracción en las cuatro ruedas: 800
Lado de admisión: BPR 6ES
Lado de escape: BPR 5ES

ESPECIFICACIONES DE PUESTA A PUNTO PARA MOTORES DIESEL

Año	Presión de la boquilla de inyección (libras/pulg.²)	Ralentí bajo (rpm)	Velocidad del amortiguador (rpm)	Holgura de la válvula (pulg.): Admisión	Holgura de la válvula (pulg.): Escape	La válvula de admisión se abre (grad.)	Sincronización de la inyección (rpm)	Orden de encendido
'81-'83	1422.5	550-700	1280-1350	.014	.014	28	20 BTDC	1-3-4-2
'84-'86	1422.5	650-800	1280-1350	.014	.014	28	18 BTDC	1-3-4-2

BTDC-APMS (antes punto muerto superior)

ÓRDENES DE ENCENDIDO

NOTA: Extraiga los cables de las bujías de uno en uno

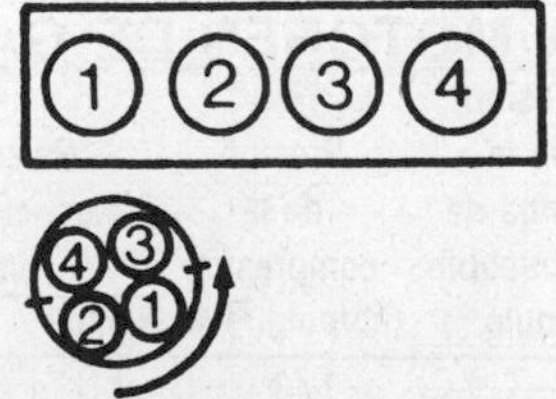

Orden de encendido del L20B: 1-3-4-2

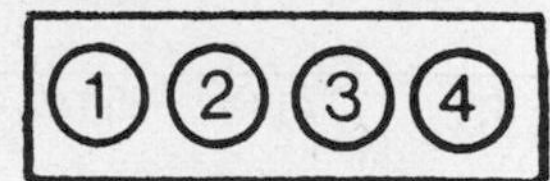

Orden de encendido de los motores SD22 y SD25: 1-3-4-2

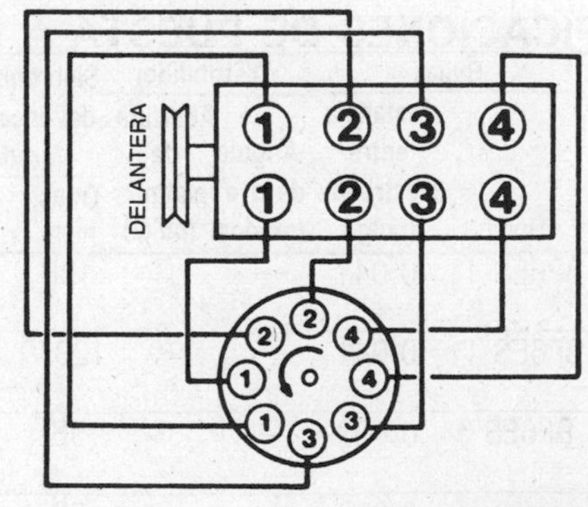

Orden de encendido en los motores Z20, Z22 y Z24: 1-3-4-2

CAPACIDADES

Año	Motor cilindrada cc (pulg. cúb.)	Cárter cigüeñal (cuartos de gal.)		Transmisión (caja de cambios) (pintas)			Caja de transferencia (pintas)	Eje propulsor trasero (pintas)	Eje propulsor delantero (pintas)	Depósito de gasolina (galones)	Sistema de refrigeración (cuartos de gal.)	
		con filtro	sin filtro	4 vel.	5 vel.	Aut.					Manual	Automático
'79	1952 (119.1)	4.5	4.0	3.6	4.2	11.7	—	2.1	—	13.2 ①	9.3	9.2
'80	1952 (119.1)	4.5	4.0	3.6	4.2	11.7	3.0	2.6	2.1	13.2 ①	9.3	9.2
'81 2-WD	2187 (133.5)	4.6	4.12	3.6	4.2	11.7	—	2.6	—	13.2 ①	10.75	10.6
4-WD	2187 (133.5)	4.5	3.8	3.6	4.2	11.7	3.0	2.6	2.1	15.8 ②	10.75	10.6
Diesel	2164 (132)	5.8	—	—	4.2	—	—	2.6	—	15.8 ②	—	—
'82–'83 2-WD	2187 (133.5)	4.6	4.12	3.6	4.2	11.7	—	2.6	—	13.25 ①	10.75	10.6
4-WD	2187 (133.5)	4.5	3.8	3.6	4.2	11.7	3.0	2.6	2.1	15.8 ②	10.75	10.6
Diesel	2164 (132)	6.4 ③	—	—	4.2	—	—	2.6	—	13.25 ①	10.5	—
'84–'86 2-WD	1952(119) 2389(146)	4.3	3.9	—	4.2	11.7	—	2.6 ④⑤	—	13.25 ①	10.75	10
4-WD	1952(119) 2389(146)	4.5	4.0	—	4.2	—	3.0	2.6 ⑤	2.1	15.8 ②	10.75	—
Diesel	2488(152)	5.3	4.8	—	4.2	—	—	2.6	—	13.25 ①	11.1	—

① Batalla larga
② Batalla larga con tracción en las 4 ruedas
③ Con ruedas traseras dobles
④ Canadá '85-'86
⑤ No disponible

ESPECIFICACIONES DE CIGÜEÑAL Y BIELAS

(Todas las medidas en pulgadas)

Año	Motor cilindrada cc (pulg. cúb.)	Cigüeñal: Diámetro del muñón del cojinete principal	Cigüeñal: Tolerancia del aceite del cojinete principal	Cigüeñal: Juego axial	Cigüeñal: Empuje en el Nº	Bielas: Diámetro del múñon (muñeq.)	Bielas: Tolerancia de aceite	Bielas: Tolerancia lateral
'79–'80	1952 (119)	2.3599–2.3604	0.0008–0.0026	0.0020–0.0071	3	1.9670–1.9675	0.0009–0.0026	0.008–0.012
'81	2164 (132)	2.7918–2.7988	0.0013–0.0038	0.0024–0.0094	3	2.0840–2.0906	0.0013–0.0038	0.0039–0.0079
	2187 (133.5)	2.1631–2.1636	0.0008–0.0024	0.0021–0.0070	3	1.9670–1.9675	0.0010–0.0022	0.008–0.012
'82–'83	2164 (132)	2.7916–2.7921	0.0014–0.0037	0.0024–0.0055	3	2.0832–2.0837	0.0014–0.0034	0.004–0.008
	2187 (133.5)	2.1631–2.1636	0.0008–0.0024	0.0021–0.0071	3	1.9670–1.9675	0.0010–0.0022	0.008–0.012
'84–'86	1952 (119)	2.1631–2.1636	0.0008–0.0024	0.0020–0.0071	3	1.9670–1.9675	0.0005–0.0021	0.008–0.012
	2389 (146)	2.1631–2.1636	0.0008–0.0024	0.0020–0.0071	3	1.9670–1.9675	0.0005–0.0021	0.008–0.012
	2488 (152)	2.7916–2.7921	0.0014–0.0034	0.0024–0.0055	3	2.0832–2.0837	0.0014–0.0032	0.004–0.008

ESPECIFICACIONES DE LAS VÁLVULAS

Año	Motor cilindrada cc (pulg. cúb.)	Ángulo de asiento (grados)	Ángulo de cara (grados)	Prueba de presión del resorte (libras @ pulg.) Exterior	Interior	Longitud libre resorte (pulg.) Exterior	Interior	Tolerancia de vástago a guía (pulg.) Admisión	Escape	Diámetro del vástago (pulg.) Admisión	Escape
'79–'80	1952 (119)	45	45 ①	47@ 1.58	27@1.38	1.97	1.77	0.0008–0.0021	0.0016–0.0029	0.3139	0.3131
'81	2164 (132)	45.5	44.5	33@ 1.634	—	1.929	—	0.0006–0.0018	0.0016–0.0028	0.3137–0.3143	0.3137–0.3143
	2187 (133.5)	45.5	44.5	51@ 1.575	24@1.378	1.959	1.736	0.0008–0.0021	0.0016–0.0029	0.3136–0.3142	0.3128–0.3134
'82–'83	2164 (132)	45.5	44.5	134.7@ 1.197	—	1.9764	—	0.0006–0.0018	0.0016–0.0028	0.3138–0.3144	0.3128–0.3134
	2187 (133.5)	45.5	44.5	115.3@ 1.180	57@0.98	1.9594	1.7362	0.0008–0.0021	0.0016–0.0029	0.3136–0.3142	0.3128–0.3134
'84–'86	1952 (119)	45.5	44.5	115.3@ 1.180	57@0.98	1.959	1.7362	0.0008–0.0021	0.0016–0.0029	0.3136–0.3142	0.3128–0.3134
	2389 (146)	45.5	44.5	115.3@ 1.180	57@0.98	1.959	1.7362	0.0008–0.0021	0.0016–0.0029	0.3136–0.3142	0.3128–0.3134
	2488 (152)	45.5	44.5	148@ 1.224	—	1.982	—	0.0006–0.0018	0.0016–0.0028	0.3138–0.3144	0.3128–0.3134

① 45°30′–'79

ESPECIFICACIONES DE PISTONES Y AROS

(Todas las medidas en pulgadas)

Año	Motor cilindrada (pulg. cúb.)	Tolerancia de pistón a cilindro	Huelgo entre puntas de aros: Compresión superior	Huelgo: Compresión inferior	Huelgo: Control de aceite	Tolerancia lateral de aros: Compresión superior	Tolerancia lateral: Compresión inferior	Tolerancia lateral: Control de aceite
'79–'80	1952 (119)	0.0010-0.0018	0.0098-0.0157	0.0118-0.0197	0.0118-0.0354	0.0016-0.0029	0.0012-0.0028	Sin holgura
'81	2187 (133.5)	0.0010-0.0018	0.0098-0.0157	0.0059-0.0118	0.0118-0.0354	0.0016-0.0029	0.0012-0.0025	Sin holgura
	2164 (132)	0.0047-0.0075	0.0118-0.0197	0.0118-0.0197	0.0018-0.0197	0.0024-0.0039	0.0016-0.0031 ①	0.0008-0.0024
'82–'83	2187 (133.5)	0.0010-0.0018	0.0098-0.0157	0.0059-0.0118	0.0118-0.0354	0.0016-0.0029	0.0012-0.0025	Sin holgura
	2164 (132)	0.0016-0.0043	0.0118-0.0177	0.0079-0.0138	0.0059-0.0118	0.0024-0.0039	0.0016-0.0031 ①	0.0008-0.0024
'84–'86	1952 (119)	0.0010-0.0018	0.0098-0.0157	0.0059-0.0118	0.0118-0.0354	0.0016-0.0029	0.0012-0.0025	Sin holgura
	2389 (146)	0.0010-0.0018	0.0098-0.0157	0.0059-0.0118	0.0118-0.0354	0.0016-0.0029	0.0012-0.0025	Sin holgura
	2488 (152)	0.0031-0.0041	0.0118-0.0177	0.0079-0.0138	0.0059-0.0118	0.0024-0.0039	0.0016-0.0031 ①	0.0008-0.0024

① Diesel: Aros 2° y 3°

PARES DE APRIETE

(Lectura en libras-pie)

Año	Motor cilindrada cc (pulg. cúb.)	Tornillos de culata (cab. de cilindros)	Tornillos del cojinete de bielas	Tornillos del cojinete principal	Tornillo de la polea del cigüeñal	Tornillos del volante al cigüeñal	Múltiples: Admisión	Múltiples: Escape
'79–'80	1952 (119)	61	37	37	102	109	11	11
'81–'83	2187 (133.5)	51–58	33–40	33–40	87–116	101–116	12–15	12–16
	2164 (132)	94 grande 40 pequeño	36–40	109–116 ①	217–239	33–36	11–13	11–13
'84–'86	1952 (119)	②	33–40	33–40	87–116	101–116	12–15	12–15
	2389 (146)	②	33–40	33–40	87–116	101–116	12–15	12–15
	2488 (152)	94 grande 40 pequeño	49–52	123–127	217–239	108–123	11–13	11–13

① 1982-'83: 123-127
② Procedimiento de apriete en cinco puntos: Punto 1, 22 libras-pie; Punto 2, 58 libras-pie; Punto 3, afloje completamente todos los tornillos; Punto 4, 22 libras-pie; Punto 5, de 54 a 61 libras-pie

ESPECIFICACIONES SOBRE LA BATERÍA Y EL MOTOR DE ARRANQUE

Año	Motor cilindrada cc (pulg. cúb.)	Batería: Capacidad amp/hora	Batería: Voltaje	Batería: Term. a masa	Motor de arranque — Prueba bajo carga: Amperios	Prueba bajo carga: Voltios	Par libras-pie	Prueba en vacío: Amperios	Prueba en vacío: Voltios	Prueba en vacío: rpm	Tensión en muelle de escobillas (oz.)
'79–'80	1952 (119)	①	12	Neg	No se recomienda			60—	12	7000 + ②	56
'81–'83	2187 (133.5)	①	12	Neg	No se recomienda			60 ③	11.5 ④	6000–7000 ⑤	56
	2164 (132)	①	12	Neg	800	5.0	21.0	150	12	3500	123.2
'84–'86	1952 (119)	①	12	Neg	No se recomienda			60 ③	11.5	6000–7000 ⑤	56
	2389 (146)	①	12	Neg	No se recomienda			60 ③	11.5	6000–7000 ⑤	56
	2488 (152)	①	12	Neg	No se recomienda			150	12	3500	123.2

① Están disponibles las baterías de 60 y 80 amp-horas
② 6000 + si está equipado con transmisión automática
③ Canadá: 100
④ Canadá: 11.0
⑤ Canadá: 3900

ESPECIFICACIONES DEL ALTERNADOR Y EL REGULADOR

Año	Alternador: Fabricante y/o Nº del alternador	Alternador: Potencia @ rpm del alternador	Regulador — Relé indicador de carga: Entrehierro trasero	Relé: Entrehierro de aire	Relé: Entrehierro contactos	Regulador de voltaje: Entrehierro trasero	Regulador de voltaje: Entrehierro de aire	Regulador de voltaje: Entrehierro contactos	Voltaje regulado
'79–'80	Hitachi								
	LT135-44	27.5 @ 2500	Transistorizado no ajustable						14.4–15.0
	LR138-01 ①	30.0 @ 2500							
'81	Hitachi								
	LR150-98	50 @ 5000							
	LR160-78	60 @ 5000	Transistorizado no ajustable						14.4–15.0
	LR150-52	50 @ 5000							
	LR160-78	60 @ 5000							
'82	Hitachi								
	LR150-98B	40 @ 2500							
	LR160-78 & 78B	50 @ 2500	Transistorizado no ajustable						14.4–15.0
	LR160-97B	52 @ 2500							
'83	Hitachi								
	LR150-98B	40 @ 2500							
	LR160-78 & 78B	50 @ 2500	Transistorizado no ajustable						14.4–15.0
	LR160-97B	42 @ 2500							
	LR150-133E	42 @ 2500							
'84	Hitachi								
	LR150-98B	40 @ 2500							
	LR160-78B	50 @ 2500							
	LR150-177	50 @ 2500	Transistorizado no ajustable						14.4–15.0
	LR160-120	50 @ 2500							
	LR150-403	42 @ 2500							
	LR155-401	50 @ 2500							
'85–'86	Hitachi								
	LR150-98B	40 @ 2500							
	LR150-197B	40 @ 2500							
	LR160-78B	50 @ 2500							
	LR160-140B	50 @ 2500	Transistorizado no ajustable						14.4–15.0
	LR150-177	40 @ 2500							
	LR150-194B	40 @ 2500							
	LR160-120	50 @ 2500							
	LR150-403	42 @ 2500							
	LR155-401	50 @ 2500							

① Con aire acondicionado

ESPECIFICACIONES DE FRENOS

(Todas las medidas en pulgadas)

Año	Diámetro del cilindro maestro	Cilindro de la rueda o calibre del cilindro		Holgura del pistón al cilindro	Freno de tambor o diámetro del rotor		Espesor mínimo de forros	Disco de freno	
		Delantero	Trasero		Delantero	Trasero		Espesor mínimo	Desviación máxima
'79	0.813	2.125	0.625	0.006	10.67	10.00	0.08 (disco) 0.06 (tambor)	0.413	0.0059
'80–'83	0.875	2.125	0.625	0.006	10.67	10.00	0.08 (disco) 0.06 (tambor)	0.413	0.0059
'84–'86	0.945	2.386	0.687 ①	—	9.84 ②	10.00 ③	0.08 (disco) 0.06 (tambor)	0.787	0.0028

① 4 WD: 0.630 (transmisión a las cuatro ruedas)
② 4 WD: 10.50
③ Con ruedas traseras dobles: 8.66

Años	Designación del motor	Cilindrada (cc)
1979–80	L20B	1952
1981–83	Z22	2187
1981–83	SD22	2164
1984–86	Z20	1952
1984–86	Z24	2389
1984–86	SD25	2488

PUESTA A PUNTO

Encendido electrónico

El encendido electrónico se diferencia del convencional sólo en los componentes del distribuidor. El sector secundario de este sistema de encendido electrónico es el mismo que el de puntos de ruptura convencional.

Además del rotor de encendido normal, este sistema contiene otro de cuatro radios (reluctor) que se encuentra ubicado en el eje del distribuidor en el mismo lugar en el que en los sistemas anteriores estaba colocada la leva de los puntos de ruptura. Una bobina captora, compuesta por un imán, una bobina del tipo anillo que rodea al reluctor y el cableado, se apoya sobre la «placa del ruptor» al lado del reluctor. La unidad de encendido de circuito integrado (IC) va montada sobre el lateral del distribuidor.

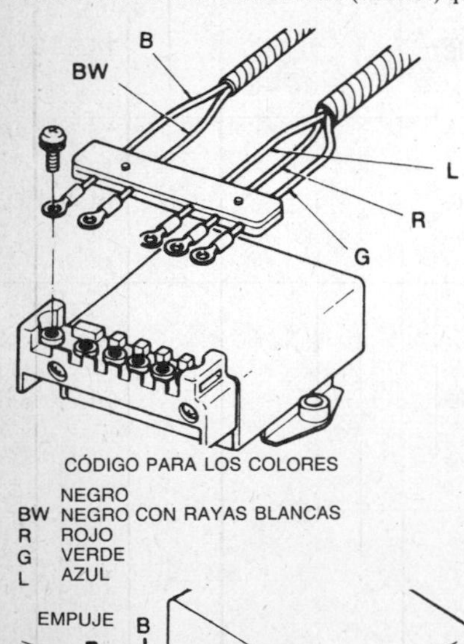

Conexión de la unidad de control electrónica

Cuando un radio del reluctor no está alineado con la bobina captora se generan grandes líneas de fuerza entre él mismo, el imán y la bobina. Esta gran variación de fuerza hace que en la bobina captora se produzca un alto voltaje que, de esta forma, previene que la corriente fluya hacia ella. Si un radio del reluctor queda alineado con la bobina, la variación de fuerza es baja y el voltaje inducido es cero, permitiendo así que la corriente llegue a la bobina captora. Es entonces cuando la unidad electrónica corta la corriente primaria, y el campo en la bobina de encendido se *desploma,* indicando un alto voltaje secundario de la forma convencional. En consecuencia, el voltaje alto fluye a través del distribuidor hacia la bujía de encendido como de costumbre.

En este sistema no es necesario realizar ajustes debido a que la parada momentánea está determinada por la unidad electrónica y a que no se utilizan ni platinos ni condensador. La sincronización del encendido se comprueba de la forma habitual y, en el caso de que el distribuidor presente perturbaciones, tampoco es aconsejable que se lo modifique demasiado. El servicio consiste en inspeccionar la tapa del distribuidor, el rotor y los cables de encendido, cambiándolos cuando sea necesario. Estos componentes están preparados para tener una duración de 40,000 millas por lo menos. El entrehierro del reluctor deberá revisarse periódicamente.

1. La tapa del distribuidor está sujeta por dos abrazaderas. Suéltelas con un destornillador y levante la tapa hacia arriba con los cables sujetados. Inspeccione la tapa para ver si presenta grietas, rastros de carbón o alguna zona de contacto desgastada. Sustitúyala si es necesario, traspasando los cables uno por uno a la tapa nueva.

2. Tire hacia arriba del rotor de encendido (no haga lo mismo con el reluctor dentado) para extraerlo. Cámbielo si las zonas de contacto están gastadas, quemadas o picadas. No lime estas zonas. Para cambiarlo presiónelo con firmeza sobre el eje. Para asegurarse de que está completamente asentado, recuerde que sólo va en una dirección.

3. Antes de cambiar el rotor de encendido, revise el entrehierro del reluctor. Utilice un calibrador de láminas que no sea magnético. Rote el motor hasta que un radio del reluctor quede alineado con la bobina captora (puede hacerlo impulsando el motor con el motor de arranque o haciéndolo girar mediante una llave colocada sobre el perno de la polea del cigüeñal). La separación deberá medir 0.012-0.020 pulgadas. El ajuste, en el caso de que sea necesario, se realiza aflojando los tornillos de montaje de la bobina captora y cambiando su posición para centrar (el anillo) alrededor del reluctor. Ajuste los tornillos y vuelva a revisar la separación.

4. Inspeccione los cables para comprobar si presentan grietas o si están resecos. Cámbielos uno por uno para prevenir cruces y, además, presione con cuidado los cables nuevos en su lugar. Los núcleos de los cables electrónicos se rompen con más facilidad que los estándar, así que manipúlelos con suavidad.

Sincronización del encendido

NOTA: La sincronización del encendido es la medida en grados de la rotación del cigüeñal y del

punto en el cual las bujías de encendido encienden en cada uno de los cilindros. Se mide en grados antes o después del punto muerto superior (PMS) de la carrera de compresión.

Debido a que la bujía del encendido tarda una fracción de segundo en encender la mezcla en el cilindro, ésta debe encenderse un poco antes de que el pistón alcance el PMS. De lo contrario, la mezcla no habrá terminado de encenderse completamente cuando el pistón alcance el PMS imposibilitando al motor para utilizar todo el poder de la explosión.

La medida de la sincronización se expresa en grados e indica la rotación del cigüeñal antes de que el pistón alcance el PMS (APMS). Si la regulación para la sincronización del encendido es de 5° APMS, la bujía debe encender 5° antes de que cada pistón alcance el PMS. Pero, de todas formas, esto ocurre solamente cuando el motor está en ralentí (marcha en vacío).

Cuando la velocidad del motor aumenta, los pistones trabajan con mayor rapidez. Las bujías del encendido tienen que encender el combustible aun antes para que esté completamente encendido cuando el pistón alcance el PMS. Para esto, el distribuidor cuenta con un medio para hacer avanzar la sincronización de la chispa al aumentar la velocidad del motor. Esta operación la realizan unos pesos centrífugos que se encuentran dentro del distribuidor y un diafragma vacío que va montado sobre un lado del mismo. En las pickups Datsun no es necesario desconectar la tubería de vacío del diafragma cuando se realiza el ajuste de la sincronización del encendido.

Si la chispa se adelanta demasiado (APMS), el encendido y la expansión del combustible en el cilindro se anticiparán y tenderán a forzar al pistón a ir hacia abajo cuando éste está desplazándose hacia arriba, lo que ocasionará golpeteo en el motor. Si la chispa del encendido está demasiado atrasada, después del PMS (DPMS), el pistón ya habrá pasado el PMS y habrá comenzado a bajar cuando el combustible se encienda. Esto hará que el pistón se vea forzado a ir hacia abajo sólo durante una parte de su recorrido. El resultado se traducirá en un funcionamiento pobre del motor y en una pérdida de potencia.

Las marcas de sincronización consisten en una muesca en el aro de la polea del cigüeñal y en una escala de grados que va sujeta a la parte delantera del motor. La muesca corresponde a la posición del pistón en el cilindro n.º 1. Se utiliza una lámpara estroboscópica de sincronización (dinámica) que va conectada al circuito de la bujía de encendido del cilindro n.º 1. Cada vez que la bujía se enciende, la lámpara de sincronización centellea. Apuntando la lámpara a las marcas, se puede leer la posición exacta del pistón dentro del cilindro, ya que al producirse el centelleo aparecerá la marca sobre la polea. La sincronización adecuada se indica cuando la muesca queda alineada con el número correcto de la escala. Hay tres tipos básicos de lámparas de sincronización disponibles. El primero consiste en una simple bombilla de neón con dos conexiones de cable (una para la bujía de encendido y la otra para el cable de la bujía, conectando la lámpara en serie). Este tipo de lámpara es bastante débil y hay que colocarla muy cerca de las marcas para que sean visibles, pero, por otra parte, tiene la ventaja de ser bastante barata. El segundo tipo de lámpara funciona con la batería del vehículo y consta de unas pinzas que van conectadas a los terminales de la batería, mientras que un tercer cable va conectado a la bujía de encendido por medio de un adaptador. Este tipo de lámpara es más caro, pero tiene la ventaja de proporcionar un destello brillante que resulta visible aun bajo la luz del sol. El tercer tipo reemplaza la fuerza de la batería por una corriente de 110 voltios. Algunas lámparas de sincronización tienen otras funciones, tales como un contador de parada momentánea, tacómetros o interruptores de encendido por control remoto. Estos tipos son convenientes, ya que reducen el embrollo de cables debajo del capó; pero, por otra parte, no podrá utilizar las herramientas con las que ya cuenta.

Como su Datsun está equipado con encendido electrónico, deberá utilizar una lámpara de sincronización con una pinza captora. Simplemente, tendrá que sujetar la pinza sobre el cable de la bujía n.º 1, eliminando así el adaptador. Además, tiene la ventaja de no ser susceptible a un encendido por inducción o a destellos falsos, lo cual puede ocurrir con una lámpara convencional debido a que el encendido electrónico produce voltajes más elevados.

AJUSTE

1. Localice las marcas de sincronización en la polea del cigüeñal y en la parte delantera del motor.
2. Limpie las marcas de sincronización para que resulten visibles.
3. Utilice tiza o pintura blanca para señalar la marca en la polea del cigüeñal y en la de la escala, éstas indicarán la sincronización correcta al quedar alineadas.
4. Conecte un tacómetro al motor.
5. Conecte la lámpara de sincronización al motor, según las indicaciones del fabricante.
6. Remítase a la etiqueta adhesiva que está debajo del capó para determinar si tiene que dejar conectada la manguera de vacío al distribuidor. Si las indicaciones no indican lo contrario, deje la línea de vacío conectada al diafragma de vacío del distribuidor.
7. Asegúrese de que ningún cable trabe al ventilador, y a continuación ponga en marcha el motor. Dé tiempo para que el motor alcance su temperatura operativa normal.

ATENCIÓN

Bloquee las ruedas delanteras y ponga el freno de mano. Coloque la transmisión manual en Neutral o punto muerto. ¡No se ponga delante del camión cuando esté haciendo los ajustes!

8. Ajuste el ralentí (marcha en vacío) correctamente.
9. Apunte la lámpara hacia las marcas de sincronización. Si las marcas que trazó en la polea y en el motor están alineadas, el destello de la lámpara indicará que la sincronización es correcta. Apague el motor y quite el tacómetro y la lámpara. Si las marcas no están alineadas, lleve a cabo los siguientes pasos.
10. Pare el motor.
11. Afloje la tuerca de cierre del distribuidor lo suficiente como para que éste se pueda girar con poco esfuerzo.
12. Ponga en marcha el motor. Cuide que los cables de la lámpara de sincronización no traben al ventilador.
13. Con la lámpara apuntando hacia la polea y a las marcas en el motor, gire el distribuidor en la dirección de giro del rotor para retardar la chispa, y en dirección opuesta al giro del rotor para avanzarla. Alinee las marcas en la polea y en el motor con los destellos de la lámpara.
14. Apriete la tuerca de cierre del distribuidor y vuelva a comprobar la sincronización.

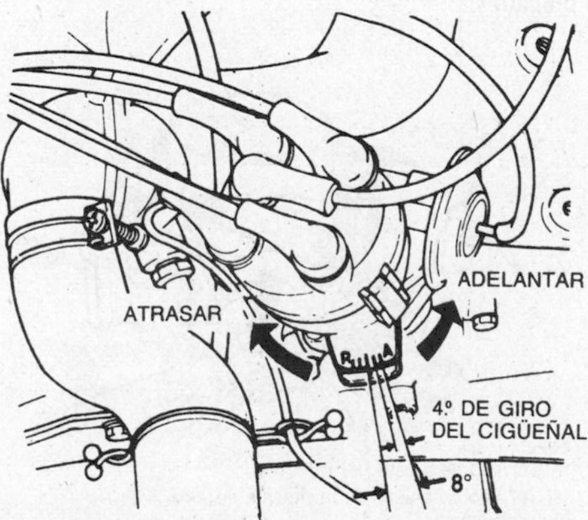

Marcas para la sincronización del encendido en el distribuidor

Holgura de las válvulas

El ajuste de la válvula determina la distancia que las válvulas recorren dentro del cilindro y la duración en la que permanecen abiertas o cerradas.

Si el juego de la válvula es demasiado grande, deberá valerse del elevador del árbol de levas para quitar la holgura excesiva. En consecuencia, la válvula no permanecerá abierta durante tanto tiempo como debería, produciéndose así dos efectos: los componentes del tren de válvulas emitirán un sonido de golpeteo debido a la excesiva holgura y el motor tendrá un funcionamiento pobre, ya que las válvulas al no abrirse completamente no permitirán que la cantidad de gases adecuada fluya hacia adentro y fuera del motor.

Si la holgura de la válvula es demasiado pequeña, tanto las de admisión como las de escape se abrirán en exceso sin poder asentar completamente sobre los asientos al cerrar. Si la válvula se asienta correctamente sella la cámara de combustión para que no escape ninguno de los gases del cilindro y, además, se enfría transfiriendo parte del calor que absorbe de la combustión del cilindro hacia la culata y hacia el sistema de refrigeración del motor. Si la holgura de la válvula es demasiado pequeña, el motor trabaja deficientemente debido a que los gases se escapan de la cámara de combustión. Además, las válvulas se recalientan y se queman al no transferir el calor, dado que sólo pueden transmitirlo al tocar el asiento.

NOTA: Todos los ajustes de válvulas han de realizarse con la mayor precisión posible, es preferible que los ajustes sean ligeramente holgados que apretados, ya que la válvula se puede quemar si el ajuste es excesivo.

AJUSTE

1979-80 motores de gasolina

1. Las válvulas se ajustan con el motor a la temperatura normal de trabajo. La temperatura del aceite y la dilatación resultante de las piezas son mucho más importantes que la temperatura del agua. Ponga el motor en marcha durante por lo menos 15 minutos para asegurarse de que todas las piezas han llegado a una dilatación completa. Una vez que el motor alcance su temperatura normal, párelo.

2. Compre una junta nueva o algún sellador de junta con silicona antes de quitar la tapa de levas. Tenga en cuenta la colocación de cualquier manguito o cable que pueda interferir con el desmontaje de la tapa, desconéctelos y póngalos a un lado. Luego quite los tornillos que sujetan la tapa de levas y retírela.

3. Coloque una llave en el perno de la polea del cigüeñal y haga rotar el motor hasta que las válvulas del cilindro n.º 1 estén cerradas. Si no ha realizado esta operación anteriormente, conviene rotar el motor lentamente varias veces y observar la acción de las válvulas hasta tener una idea clara acerca del momento en que las válvulas están cerradas.

NOTA: En todos los motores, excepto en los de la serie Z, las válvulas están cerradas cuando ambos lóbulos de la leva apuntan hacia arriba. En los motores de la serie Z, las válvulas están cerradas cuando el lóbulo de la leva señala directo hacia abajo.

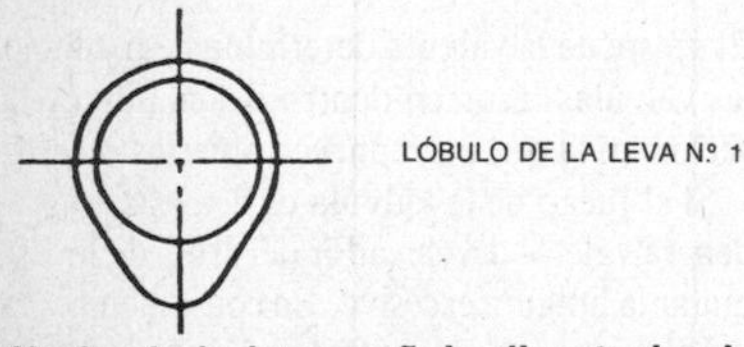

El lóbulo de la leva señala directo hacia abajo - motores de la serie Z

4. Compruebe la holgura de las válvulas de admisión y escape. Puede distinguirlas relacionándolas con los tubos de los múltiples de admisión y de escape. La lámina correcta del calibrador deberá pasar entre el círculo de la base de la leva y el balancín con un ligero roce. Asegúrese de que el calibrador entra derecho y no formando ángulo.

5. Si las válvulas requieren ajuste, afloje la contratuerca y reduzca el juego usando el tornillo para ajustar. Probablemente encontrará necesario sujetar la contratuerca mientras gira el ajustador. Después de lograr el juego correcto, apriete la contratuerca y revise el juego. Recuerde que es mejor que las válvulas queden holgadas que apretadas, especialmente las de escape.

6. Repita este procedimiento hasta que revise y/o ajuste todas las válvulas. Tenga presente que lo que hace falta es que las válvulas estén cerradas y los lóbulos del árbol de levas apunten hacia arriba. La carrera en que se encuentra el motor no tiene especial importancia.

7. Instale la junta de la tapa de levas, la tapa de levas y los cables y manguitos que haya quitado.

1981 Motor Z22

1. Se deben ajustar las válvulas con el motor caliente, por lo que deberá poner en marcha el motor y hacerlo funcionar hasta que la aguja del indicador de temperatura llegue a mitad de su esfera. Una vez que el motor esté caliente, párelo.

2. Consiga una junta nueva o un sellador de silicona para juntas, antes de sacar la tapa de levas. Es inútil esperar que la junta vieja se encuentre en buen estado, utilice siempre juntas nuevas. Observe la colocación de cualquier cable y manguito que pueda interferir al quitar la tapa de levas, desconéctelos y póngalos a un lado. Quite los pernos que sujetan la tapa y sáquela. Recuerde que debe tener cuidado, ya que el motor está caliente.

3. Coloque una llave en el perno de la polea del cigüeñal y rote el motor hasta que el lóbulo de la primera leva, a partir del piñón de la cadena de sincronización del cigüeñal, esté señalando directamente hacia abajo.

NOTA: Si prefiere rotarlo usando el motor de arranque, asegúrese de desconectar el cable de alta tensión de la bobina o bobinas, para evitar que el motor se ponga en marcha accidentalmente y arroje aceite por todo el compartimiento del motor.

ATENCIÓN

Nunca intente rotar el motor aplicando una llave al perno del piñón del árbol de levas; la relación entre el árbol de levas y el cigüeñal es de uno a dos, y por este motivo se aplicaría un esfuerzo tremendo a la cadena de sincronización.

4. Para el ajuste primario de las válvulas consulte la ilustración «Ajuste primario». A continuación, ajuste de las válvulas 1, 4, 6 y 7 a 0.012 pulgadas utilizando un calibrador de láminas. Éste deberá pasar entre el extremo del vástago de la válvula y el tornillo del balancín con un ligero roce. Inserte el calibrador bien derecho y no en ángulo.

5. Si el juego no se encuentra dentro de los valores especificados, afloje la contratuerca del balancín y gire el tornillo del mismo hasta lograr el juego correcto. Una vez conseguido, apriete la contratuerca.

6. Rote el motor de manera que el lóbulo de la primera leva detrás del piñón de la cadena de sincronización del árbol de levas esté señalando directamente hacia arriba, y ajuste las válvulas marcadas 2, 3, 5 y 8 en la ilustración de Ajuste secundario. También, deberán tener una holgura de 0.012 pulgadas.

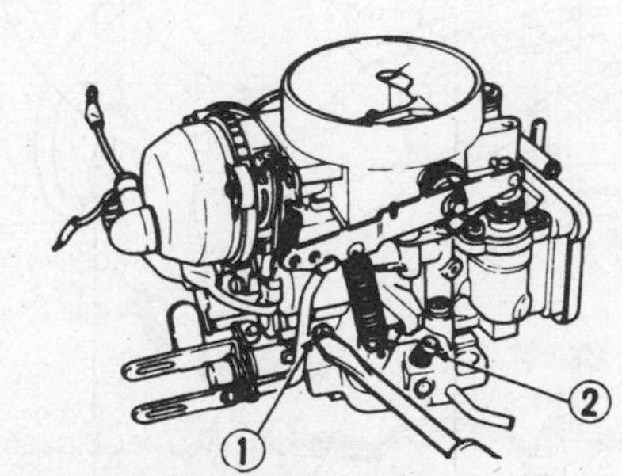

1. Tornillo de ajuste del ralentí
2. Tornillo de ajuste de la mezcla de aire y combustible

Ajustes de la mezcla y del ralentí

7. Instale la junta de la tapa de levas, la tapa de levas y los cables y manguitos que haya quitado.

1983-86 Z20, Z22, Z24 y 1981-86 motores diesel

NOTA: Los ajustes deberán hacerse con el motor caliente. La holgura de las válvulas es de 0.012 pulgadas.

1. Tenga el motor en marcha hasta que llegue a la temperatura normal de trabajo.

2. Pare el motor y quite la tapa de válvulas.

3. Gire el cigüeñal hasta que las marcas de sincronización indiquen que el cilindro n.º 1 está en el PMS de la carrera de compresión. Si no está seguro de la carrera, un procedimiento fácil para identificarla consiste en buscar la bujía n.º 1 y colocar el pulgar sobre el agujero. Sentirá una presión cuando el pistón comience la carrera de compresión.

4. Con el pistón n.º 1 en el PMS puede ajustar las válvulas 1, 2, 4 y 6 en los motores de gasolina y las 1, 2, 3 y 5 en los de diesel, siempre cuente desde la parte delantera hacia atrás.

5. De forma similar, coloque el pistón n.º 4 en el PMS de la carrera de compresión. Ahora debe ajustar las válvulas 3, 5, 7 y 8 en los motores de gasolina y las 4, 6, 7 y 8 en los de diesel.

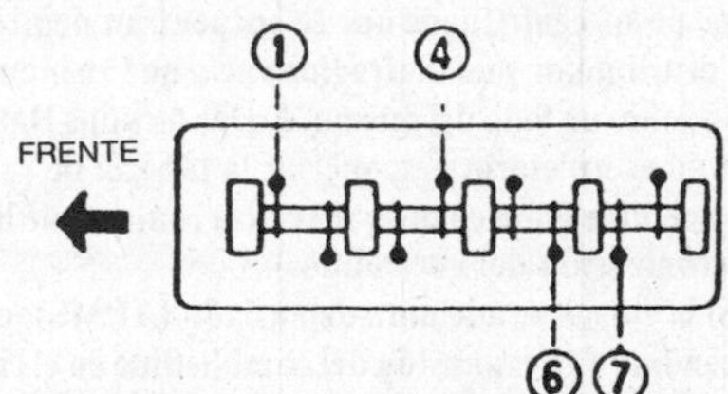

Ajuste primario en los motores de la serie Z, 1982 y anteriores

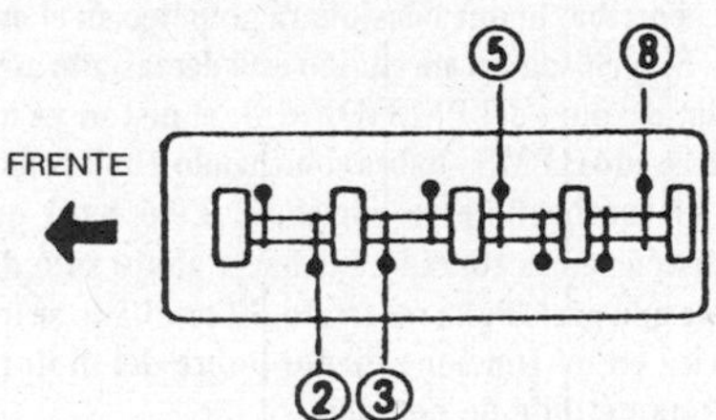

Ajuste secundario en los motores de la serie Z, 1982 y anteriores

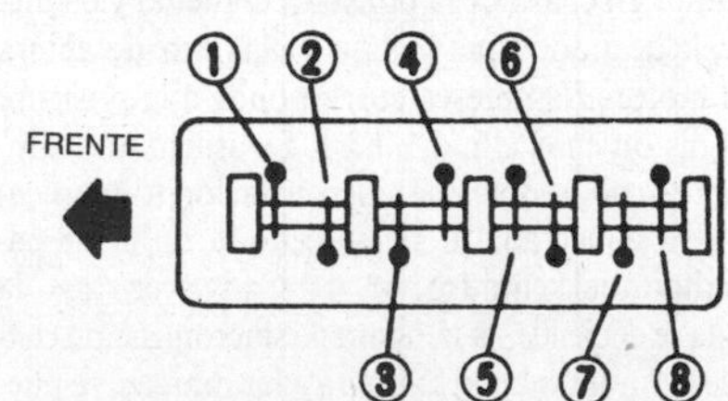

Disposición de las válvulas en los motores de la serie Z, 1983-86

Carburador

Tanto para los ajustes como para obtener información específica, consulte la sección de Carburador en Reparaciones.

Cuando el motor de su Datsun está funcionando, la mezcla de aire y combustible pasa del car-

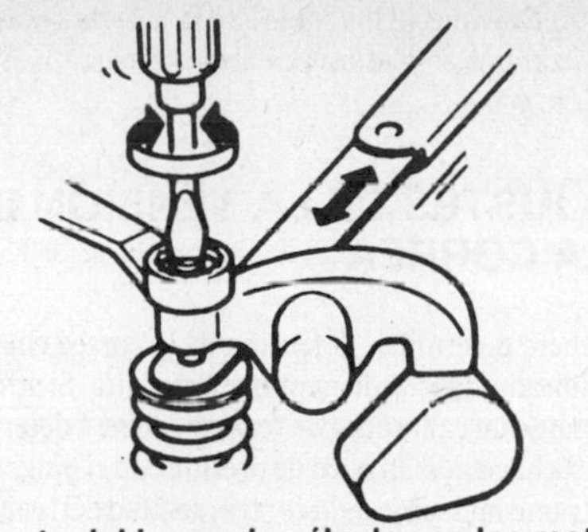

Ajuste del juego de válvulas en los motores de la serie Z, 1983-86

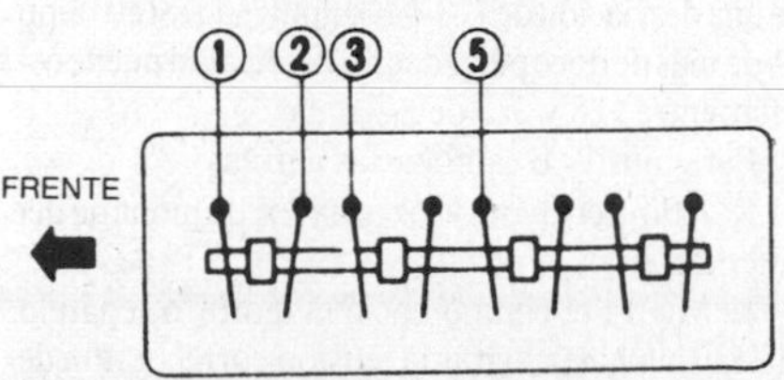

Ajuste de válvulas con el pistón N.º 1 en el PMS, todos los motores diesel y los de la serie Z 1983-86

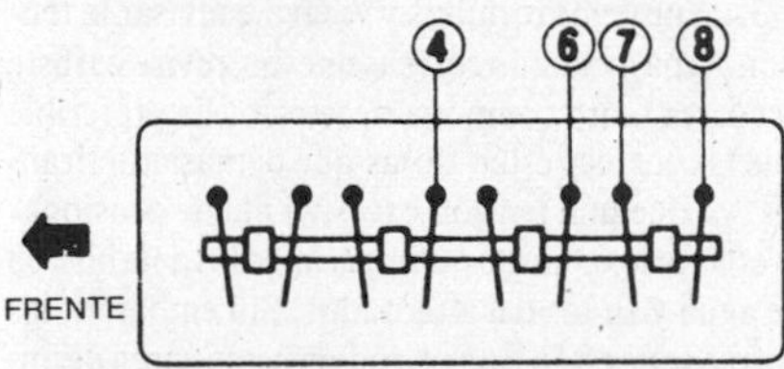

Ajuste de válvulas con el pistón N.º 4 en el PMS, todos los motores diesel y los de la serie Z 1983-86

burador al motor por medio de un vacío parcial provocado por el movimiento descendente de los pistones en la carrera de admisión. Unos platos de mariposa situados en la parte inferior del carburador controlan la cantidad de mezcla que entra en el motor. Cuando el motor no marcha, los platos de mariposa están cerrados, bloqueando completamente el fondo del carburador del interior del motor. Estos platos de mariposa están conectados al pedal de aceleración del conductor por medio de un varillaje de aceleración. Cuando usted pisa el pedal, las mariposas del carburador se abren para permitir que una cantidad mayor de mezcla pase al motor.

Cuando el motor no está en funcionamiento, los platos de mariposa permanecen cerrados, pero cuando está en ralentí (marcha en vacío), es necesario que los platos estén ligeramente abiertos. Para evitar tener que estar presionando el pedal, su vehículo cuenta con un tornillo de ralentí ubicado en el varillaje del carburador.

El tornillo de ajuste del ralentí se pone en contacto con una palanca (palanca de mariposa) en la parte exterior del carburador. Cuando el tornillo está girado, abre o cierra los platos de mariposa del carburador aumentando o reduciendo el ralentí del motor. A este tornillo se le denomina tornillo de ajuste del ralentí (velocidad en vacío).

Un circuito especial de mezcla está incorporado dentro del carburador para permitir que el motor tenga un funcionamiento parejo en ralentí. Este circuito está regulado por un tornillo de mezcla que determina la cantidad de combustible admitido en el ralentí.

Velocidad en vacío y mezcla

AJUSTE

1979-81

1. Ponga el motor en marcha y déjelo funcionando hasta que llegue a la temperatura normal de trabajo.

2. Deje que la velocidad del motor en vacío se estabilice haciéndolo funcionar en dicha velocidad durante un minuto por lo menos.

3. Si no lo hizo anteriormente, revise y ajuste la sincronización del encendido de forma correcta.

4. Apague el motor y conecte un tacómetro.

5. Desconecte y tapone la manguera de aire entre el conector de tres vías y la válvula automática, si está instalada. Ponga el motor en marcha. Con la transmisión en Neutral, compruebe la velocidad en vacío en el tacómetro. Si la lectura es la correcta, gire el tornillo de ajuste de la velocidad en vacío en el sentido de las agujas del reloj con un destornillador para aumentar la velocidad en vacío, o en sentido contrario para disminuirla.

6. Con la transmisión automática en Drive (las ruedas bloqueadas y el freno de mano colocado) o con la transmisión manual en Neutral, gire el tornillo de mezcla hacia afuera hasta que las rpm del motor comiencen a bajar debido a una mezcla excesivamente rica.

7. Gire el tornillo de mezcla más allá del punto de partida hasta que las rpm comiencen a bajar a consecuencia de una mezcla excesivamente pobre. La velocidad en vacío deberá bajar 45-55 rpm en el caso de transmisión manual o 25-35 rpm cuando se trate de transmisión automática (en Drive). Si la tapa del limitador de mezclas no permite lograr este ajuste, quítela, lleve a cabo el ajuste, y vuelva a instalarla.

8. Instale la manguera de aire. Si la velocidad del motor aumenta, redúzcala utilizando el tornillo de velocidad en vacío.

1982 y posteriores

1. Conecte el tacómetro de acuerdo con las instrucciones del fabricante.

2. Apague todas las luces y accesorios. En los modelos con dirección hidráulica asegúrese de que todas las ruedas están rectas hacia adelante.

3. Bloquee las ruedas.

4. Ponga en funcionamiento el motor a 2,000 rpm durante dos minutos y con la transmisión en Park o Neutral.

5. Ponga en marcha el motor a la velocidad en vacío durante un minuto en Park o Neutral.

6. Compruebe la velocidad en vacío utilizando las cifras que están en el adhesivo ubicado debajo del capó. Si la velocidad en vacío indicada no corresponde a la especificada, ajústela haciendo girar el tornillo de ajuste de la mariposa.

NOTA: Es improbable que se realice un ajuste incorrecto, ya que sobre los tornillos de ajuste de la mezcla hay unos tapones de limitación de la velocidad en vacío. En el caso de que no se pueda obtener una velocidad en vacío satisfactoria dentro del campo de los tapones de limitación o si estos tapones impiden el acceso a los tornillos de mezcla, sáquelos y realice el ajuste tal como se ha indicado anteriormente. Vuelva a instalar los tapones de limitación de manera que el tapón quede girado sólo 1/8 de vuelta en el sentido contrario a las agujas del reloj antes de alcanzar el tope. Compruebe el motor con un medidor de CO después de realizar el ajuste.

COMPONENTES ELÉCTRICOS DEL MOTOR

Distribuidor

DESMONTAJE Y MONTAJE

1. Suelte las dos grapas de retención de la tapa del distribuidor sin desconectar el cableado de la tapa.

2. Anote la posición del rotor en relación con la base. Trace una marca en la base del distribuidor y el bloque del motor, para facilitar la reinstalación. Alinee las marcas con la dirección que señale la punta metálica del rotor.

3. Desconecte del distribuidor la manguera de avance. Saque el tornillo que sujeta el distribuidor al motor.

4. Levante el conjunto del distribuidor del motor.

5. Introduzca el eje del distribuidor y el conjunto en el motor. Alinee la marca del distribuidor y la del motor con la punta metálica del rotor. Asegúrese de que el diafragma de avance de vacío señala en la misma dirección que originalmente. Esto se logra automáticamente si las marcas en el motor y en el distribuidor están alineadas con el rotor.

6. Instale el tornillo y la grapa del distribuidor. Deje suelto el tornillo, lo suficiente como para mover el distribuidor aplicando una fuerte presión con la mano.

7. Conecte el arnés del distribuidor. Instale la tapa sobre la carcasa del distribuidor. Sujete la tapa con las grapas de resorte.

8. Ajuste la sincronización del encendido tal como sea necesario.

NOTA: Si hizo girar el cigüeñal o se alteró el motor de cualquier otra manera (por ejemplo, desarmándolo y volviéndolo a armar) mientras el distribuidor estaba fuera, o si no trazó las marcas indicadas, inicialmente será necesario sincronizar el motor. Siga el procedimiento que se da más adelante.

9. Es necesario colocar el cilindro n.º 1 en la posición de encendido para instalar correctamente el distribuidor. Para determinar esta posición se usan las marcas de encendido situadas en la polea del cigüeñal.

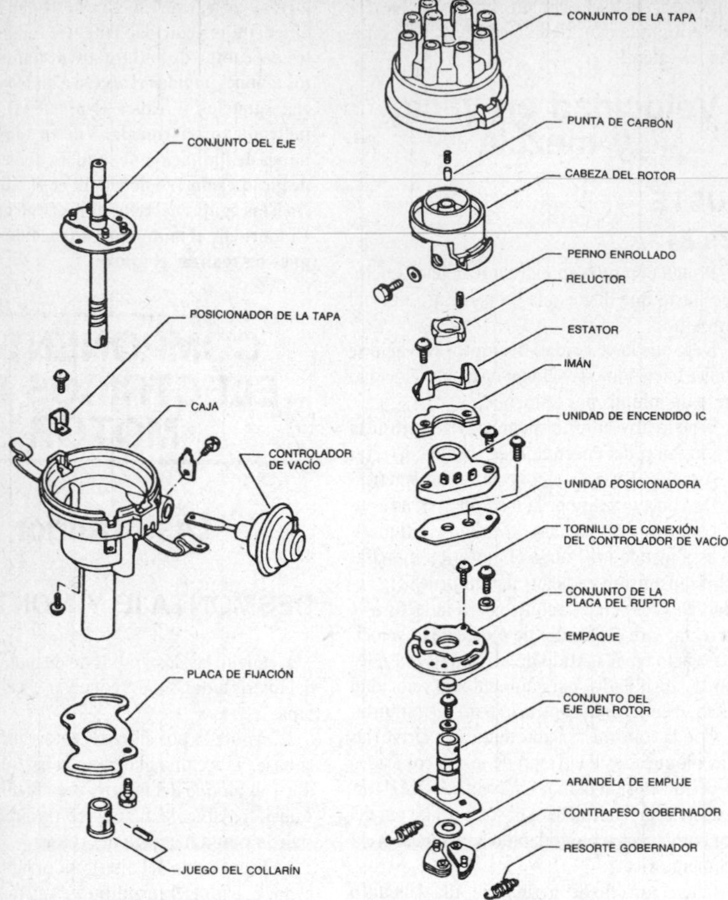

Distribuidor típico de los motores de la serie Z

10. Saque la bujía del cilindro n.º 1. Haga girar el cigüeñal hasta que el pistón del cilindro n.º 1 se encuentre en la carrera de compresión. Esto puede determinarse colocando el pulgar sobre el agujero de la bujía y observando cómo el aire es forzado a salir del cilindro. Deje de girar el cigüeñal cuando las marcas de sincronización que utilizó se encuentren alineadas.

11. Aceite ligeramente el alojamiento del distribuidor en el punto en que se apoya en el bloque de cilindros.

12. Instale el distribuidor de manera que el rotor, que va montado en el eje, señale hacia la posición de la torre correspondiente a la terminal de la bujía n.º 1 cuando se instale la tapa. Por supuesto que no es posible ver la dirección que señala el rotor si la tapa está colocada sobre el distribuidor. Coloque la tapa en la parte alta del distribuidor y haga una marca en el lado del alojamiento del distribuidor bajo el terminal correspondiente a la bujía n.º 1. Asegúrese de que el rotor señala hacia dicha marca cuando instale el distribuidor.

13. Cuando el eje del distribuidor haya alcanzado el fondo del agujero, mueva el rotor ligeramente hacia atrás y adelante, hasta que el saliente impulsor del extremo del eje entre en las ranuras cortadas al extremo del eje de la bomba de aceite y el conjunto del distribuidor se deslice en su lugar.

14. Instale el tornillo de sujeción del distribuidor y reajuste la sincronización tanto como sea necesario.

Alternador

PRECAUCIONES

Cuando trabaje con el sistema eléctrico deberá tener en cuenta las siguientes medidas de prevención para evitar que se produzcan averías en el alternador o en el regulador.

1. Nunca invierta las conexiones de la batería. Observe siempre la polaridad. Esto deberá hacerlo antes de realizar cualquier tipo de conexión, ya que de esta forma podrá asegurarse de que todas las conexiones corresponden a la polaridad a tierra de la batería.

2. Debe conectar correctamente los acumuladores. Asegúrese de que el cable positivo del acumulador esté conectado a la terminal positiva de la batería.

3. Desconecte los cables de la batería antes de utilizar un cargador rápido, ya que éste tiene tendencia a obligar a la corriente a circular a través de los diodos en la dirección opuesta a la correcta, produciéndose así la fusión de los diodos.

4. Nunca desconecte el regulador de voltaje mientras el motor está en marcha.

6. No conecte a tierra el terminal de salida del alternador.

7. No trabaje con el alternador sobre un circuito abierto con el campo cargado de energía.

8. No intente polarizar un alternador.

9. Desconecte los cables de la batería antes de utilizar una soldadura por arco eléctrico en el camión.

AJUSTES DE LA TENSIÓN DE LA CORREA

Deberá determinar la tensión de la correa con un calibrador fabricado para este propósito. Si no dispone de un calibrador de tensión, deberá determinarla haciendo un poco de presión con el pulgar en el tramo más largo de la correa, a mitad del recorrido entre las poleas. Si la correa tiene un tramo menor de doce pulgadas, deberá tener aproximadamente una desviación de 1/8-1/4 de pulgada. Si el tramo es de más de doce pulgadas, la desviación puede oscilar entre 1/8 y 3/8 de pulgada.

Para ajustar o cambiar las correas:

1. Afloje el pivote y los tornillos de montaje del alternador.

2. Mueva el equipo hacia el motor o sepárelo del mismo hasta lograr la tensión correcta. Puede utilizar como palanca el mango de madera de un martillo o el palo de una escoba, no use ningún tipo de instrumento metálico.

3. Ajuste los tornillos y vuelva a revisar la tensión. Si ha instalado correas nuevas, revise y ajuste la correa tanto como sea necesario. Es preferible que las correas estén flojas que demasiado tirantes, ya que una tensión excesiva puede ocasionar averías en los cojinetes, en especial en los de la bomba de agua y en los del alternador. Sin embargo, las correas que están flojas producen una carga de impacto extremadamente alta sobre el elemento impulsor debido a la acción del restallido de la correa.

DESMONTAJE Y MONTAJE

1. Desconecte el terminal negativo de la bateria.

2. Desconecte del alternador los dos cables de plomo y el conector.

3. Afloje los tornillos de ajuste de la correa y quítela.

4. Desatornille estos últimos tornillos y retire el alternador del vehículo.

5. Instale el alternador en el orden inverso al de su desmontaje.

Regulador

DESMONTAJE Y MONTAJE

El regulador transistorizado está soldado al conjunto de la escobilla dentro del alternador. No es ajustable y debe cambiarse todo el conjunto de la escobilla, si su funcionamiento es defectuoso.

1. Saque el alternador.

2. Quite los pernos pasantes y separe del alojamiento del estator la tapa delantera.

3. Desuelde el cable que conecta la placa de diodos a la escobilla.

4. Extraiga el tornillo de retención de la placa de diodos a la tapa trasera.

5. Retire la tuerca de ajuste del tornillo del terminal de la batería.

6. Levante ligeramente el estator junto con la placa de diodos, para así acceder con mayor facilidad al tornillo. Saque el tornillo.

NOTA: En algunos modelos el conjunto de la escobilla y regulador está remachado al conjunto del diodo. Deberá extraer la soldadura y los remaches y, luego, volver a instalarlos con remaches nuevos.

7. Separe el estator del diodo y quite el conjunto de escobilla y regulador.

8. El montaje se realiza a la inversa. Realice la soldadura con moderación y lo más rápido posible, ya que el calor puede dañar a los transistores y a los diodos. Antes de montar las mitades del alternador, doble un trozo de cable en L y deslícelo a través de la tapa trasera que está junto a las escobillas. Utilice el cable para sostener las escobillas hasta que monte las mitades de la caja. Saque el cable con cuidado, para evitar dañar los anillos de deslizamiento.

Motor de arranque

DESMONTAJE Y MONTAJE

1. Desconecte el cable negativo de la batería.

2. Desconecte el cableado del motor de arranque; tome note de las posiciones para no equivocarse cuando lo reinstale.

3. Saque los tornillos que aseguran el motor de arranque al motor, y retire el motor de arranque del vehículo.

4. Instale el motor de arranque en el orden inverso.

SISTEMA MECÁNICO

Motor

DESMONTAJE Y MONTAJE

Resulta más conveniente extraer el motor y la caja de cambios en conjunto que sacar sólo el motor del compartimiento. Después de extraerlos del vehículo podrá separarlos.

1. Desconecte el cable de masa de la batería. Quite la batería.

2. Marque las bisagras del capó para facilitar la instalación y quite el capó.

3. Retire el filtro de aire después de desconectar la manguera PVC (Ventilación positiva del cárter) de la tapa del balancín.

4. Purgue el radiador de refrigerante y el cárter de aceite.

5. Desconecte del motor las mangueras superior e inferior del radiador. Desconecte y tape las tuberías de refrigeración de la transmisión automática que van al radiador, si el vehículo cuenta con ellas. Si se dispone de una llave para tuercas abocinadas es conveniente utilizarla.

6. Quite los cuatro tornillos que soportan el radiador. Retire el radiador del vehículo.

7. Desconecte el cable a tierra de la cabeza de cilindro.

8. Desconecte las conexiones eléctricas del motor de arranque, del alternador, del distribuidor, el cable de alta tensión de la bobina de encendido y los cables de las unidades indicadoras de presión y temperatura del aceite.

9. Desconecte la bomba de combustible (o el filtro en los modelos con bomba eléctrica), la manguera del calefactor que está sobre un lado del motor, y el cable del estrangulador y el cable del acelerador en el carburador. Desconecte las mangueras o los cables de emisión que van al filtro de carbón, la bomba de aire, el solenoide BCDD (Dispositivos de enriquecimiento de la mezcla en deceleración), y el solenoide de corte de combustible; la manguera de vacío que va al servofreno (en los modelos así equipados), o cualquier otra manguera o cable que vayan al motor. Señale todos los cables a medida que los vaya sacando para facilitar el montaje.

10. Quite la conexión del control de transmisión; en los vehículos con la transmisión automática, retire el eje transversal de la transmisión. Desconecte el varillaje de cambio del selector de la transmisión automática. En las transmisiones manuales, levante la funda de caucho y retire la tuerca o chaveta de la palanca de cambios y, por último, separe la palanca de la transmisión.

11. Extraiga los dos tornillos de sujeción del cilindro esclavo del embrague. Desconecte este último junto con la tubería flexible.

12. Saque el cable del velocímetro y el interruptor de la marcha atrás (y el de neutral si cuenta con él) de la parte trasera de la transmisión.

13. Desconecte del múltiple de escape el tubo de escape.

14. Desconecte el soporte del cojinete del eje de transmisión del tercer travesaño del bastidor. Desconecte el eje de transmisión de la carcasa del diferencial. Quite el eje de transmisión del vehículo y tape el extremo posterior de la carcasa para evitar que se produzca una pérdida de lubricante de la transmisión.

15. Sujete el motor a un dispositivo de elevación adecuado y súbalo ligeramente.

16. Saque los tornillos de los soportes delanteros del motor en los dos laterales.

17. Coloque un gato debajo de la transmisión y súbala un poco.

18. Afloje las dos combinaciones de tornillos: la de los soportes traseros del motor y la de los soportes de la transmisión. En los modelos que cuentan con un convertidor catalítico, afloje los dos tornillos del soporte del tubo de escape.

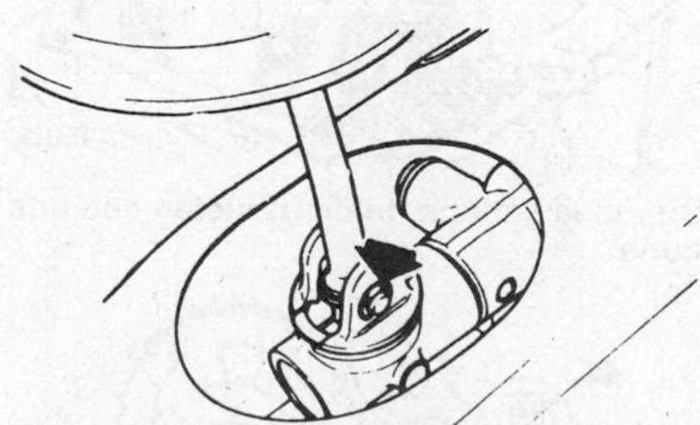

Para la extracción de la palanca de cambio, en los últimos modelos, saque la chaveta y el pasador

19. Quite los tornillos de sujeción del brazo auxiliar y apriete el tensor.

20. Saque el motor hacia adelante tan lejos como sea posible y, con precaución, levántelo junto con la transmisión hacia arriba y afuera del vehículo.

21. Instale el motor en el orden inverso al de su desmontaje. No conecte ninguna parte al motor o a la transmisión hasta que éstos se encuentren colocados sobre los respectivos soportes y que además, estén asegurados con los tornillos de fijación. Primero, asegure los soportes posteriores y, luego, los delanteros; utilice como guía el orificio del perno superior.

Culata (Cabeza de cilindros)

DESMONTAJE Y MONTAJE

Motores L20B

1. Rote el motor hasta que el pistón n.º 1 se encuentre en el PMS de la carrera de compresión y desconecte el cable negativo de la batería; vacíe el sistema de enfriamiento y quite el filtro de aire y las mangueras relacionadas con el mismo.

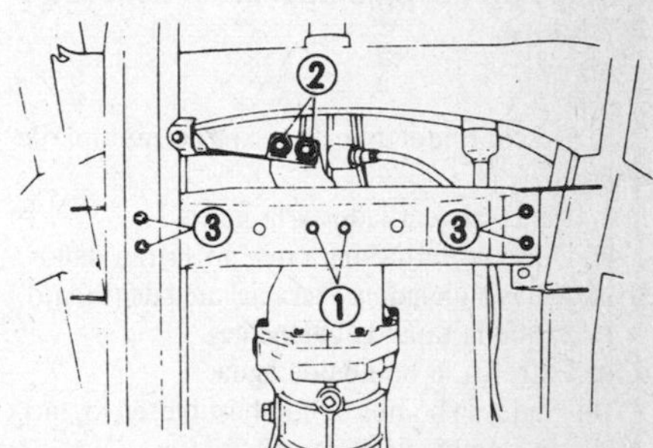

1. Tornillos de montaje del motor
2. Tornillos del tubo de escape
3. Tornillos del travesaño

Desmontaje del travesaño de la transmisión y del motor

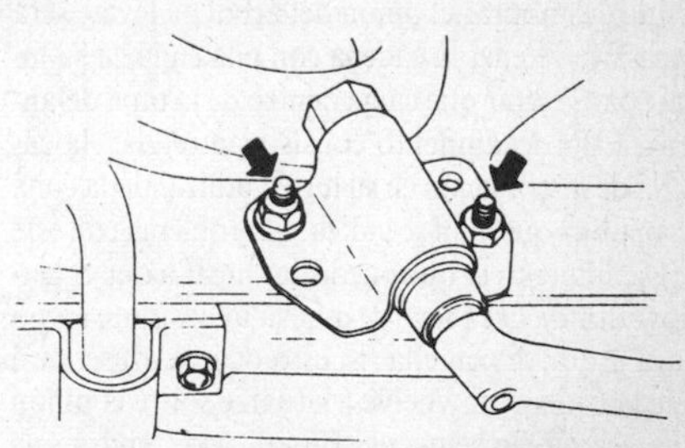

Extracción del brazo auxiliar

2. Saque el alternador.

3. Si cuenta con aire acondicionado, desatornille el compresor y póngalo a un lado sobre el guardabarro. No desconecte las tuberías del compresor; el refrigerante que se escape congelará cualquier superficie con la que entre en contacto, inclusive su propia piel.

4. Desconecte la articulación de la mariposa del carburador, la tubería del combustible y cualesquiera otras tuberías de vacío o cables eléctricos. Desmonte el carburador.

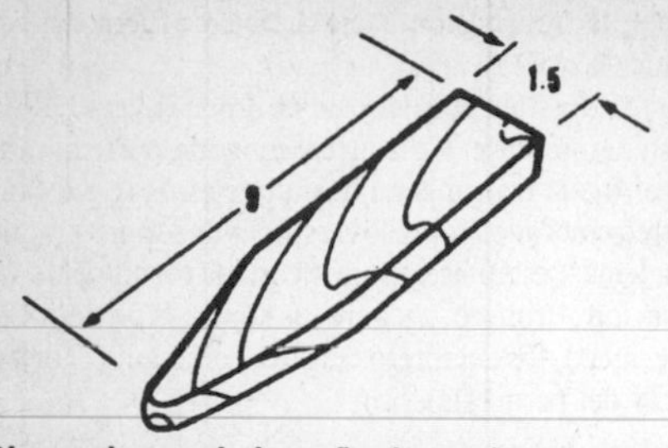

Dimensiones de la cuña de madera que se utiliza para mantener la cadena de distribución en su lugar

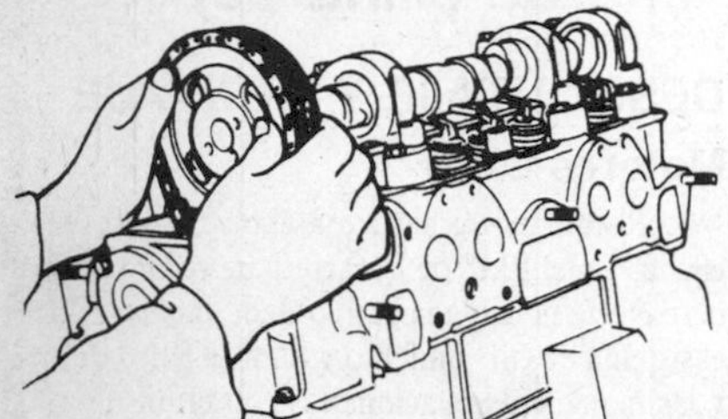

Extracción del piñón del árbol de levas y la cadena

5. Desconecte el tubo de escape del múltiple de escape.

6. Retire el ventilador y la polea.

7. Quite las bujías para que no sufran daños. Colóquelas a un lado y fuera del área de trabajo.

8. Saque la tapa de balancines.

9. Extraiga la bomba de agua.

10. Saque la bomba de combustible, en los modelos sin bomba eléctrica.

11. Desmonte la leva de impulsión de la bomba de combustible.

12. Marque con tiza o pintura la posición del piñón del árbol de levas en relación con la cadena de distribución. Si lo hace, resulta innecesario localizar las marcas de sincronización de fábrica. Antes de desmontar el piñón del árbol de levas, será necesario retener la cadena con una cuña en su lugar, para evitar que caiga dentro de la tapa delantera. El procedimiento consiste en retener la cadena de distribución en su lugar, utilizando la cuña de madera que aquí se indica. El problema con este procedimiento es que puede dar lugar a que el tensionador de la cadena se mueva lo bastante como para atorarse con ella. Si esto ocurre, observará que la cadena no vuelve a situarse sobre el piñón una vez que la reinstale. En tal caso, tendrá que quitar la tapa frontal y empujar hacia atrás el tensionador. Después de detener la cadena con una cuña, desatornille el piñón del árbol de levas y sáquelo.

13. Afloje y quite los tornillos de la culata. Para hacerlo necesitará una llave Allen de 10 mm. Conserve los tornillos en su orden, ya que son de diferentes tamaños. Levante el conjunto de la culata retirándola del motor. Retire los múltiples de admisión y de escape si es necesario.

14. Limpie cuidadosamente las superficies coincidentes del bloque y de la culata. Revise si hay deformación (alabeo) antes de instalar la culata. Instale una junta nueva para la culata. No utilice sellador en la junta.

15. Con el cigüeñal girado de manera que el pistón nº 1 se encuentre en el PMS de la carrera de compresión (si no lo hubiere hecho ya, tal como se indica en el punto 1), asegúrese de que la marca de sincronización del piñón del árbol de levas y la ranura oblonga de la placa estén alineadas.

16. Coloque la culata en su posición sobre el bloque de cilindros, teniendo cuidado que ninguna de las válvulas se ponga en contacto con ninguno de los pistones. No gire por separado el cigüeñal ni el árbol de levas para evitar posibles daños a las válvulas.

17. Apriete por el momento los dos tornillos, derecho e izquierdo, al centro de la culata a 14.5 libras-pie.

18. Instale el piñón del árbol de levas junto con la cadena de distribución en el árbol de levas. Asegúrese de que las marcas que hizo anteriormente coincidan. Si la cadena no queda tensada sobre el piñón es por causa del tensionador. Si es necesario relea el apartado Desmontaje y montaje de la cadena de distribución, donde encontrará procedimientos para la sincronización.

19. Instale los tornillos de la culata. Observe que se utilizan dos tamaños de tornillos; los más largos van instalados en el motor, del lado del conductor, con un tornillo más pequeño en la posición central. Los tornillos pequeños restantes van instalados en el lado opuesto de la culata.

20. Apriete en tres etapas los tornillos de la culata: primero a 29 libras-pie, en segundo lugar a 43 libras-pie y por último a 47-62 libras-pie. En todos los modelos apriete los tornillos en la secuencia correcta.

21. Instale y ensamble los componentes restantes del motor en el orden inverso al de su desmontaje.

Motores Z20, Z22 y Z24

1. Lleve a cabo los pasos 1-5 del motor L20 con árbol de levas en la cabeza.

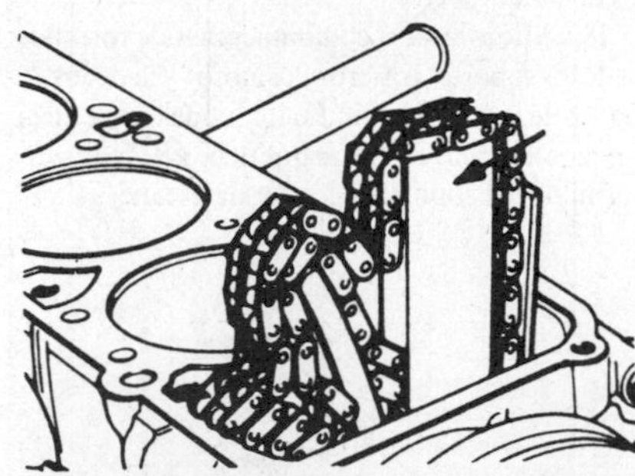

Sujete la cadena de distribución con una cuña

Instalación del piñón del árbol de levas

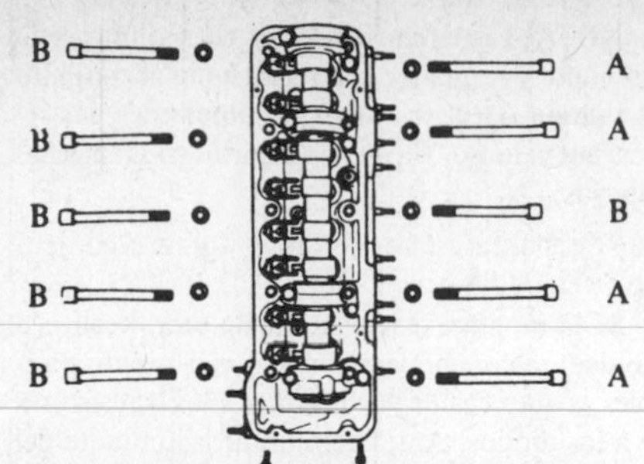

Tornillos de la culata de diferentes tamaños

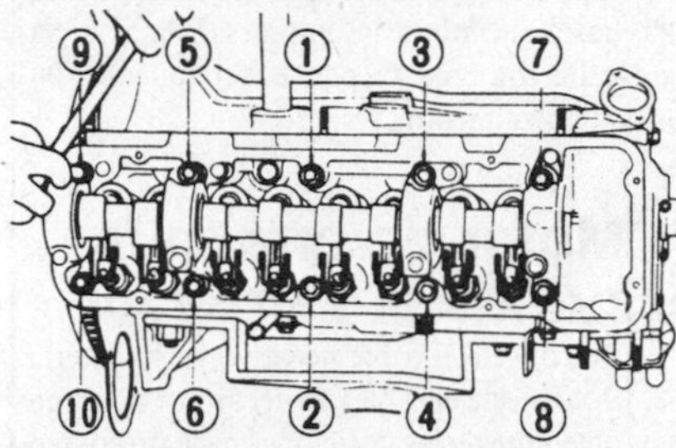

Secuencias de apriete de los tornillos de la culata, motores L20B

2. Desconecte el varillaje de la mariposa, el filtro de aire o el conjunto de su manguera de admisión (inyección de combustible). Desconecte la tubería de combustible, la tubería de retorno de combustible, y cualesquiera otras tuberías de vacío o conductores eléctricos. Marque las tuberías, cables y mangueras para facilitar la reinstalación. Saque el carburador para evitar causarle daños mientras quita la culata.

3. Retire el tubo de recirculación del gas de escape (EGR) de la parte trasera del motor.

4. Saque las tuberías de inducción de aire de escape desde la parte delantera del motor.

5. Desatornille el múltiple de escape del tubo de escape. Quite la bomba de combustible.

6. Saque la válvula de la ventilación positiva del cárter (PCV) desde la parte trasera del motor, si es necesario.

7. Retire las bujías para evitar que sufran daños. Quite la tapa de válvulas.

8. Marque la relación entre el piñón del árbol de levas y la cadena de distribución utilizando pintura o tiza. Si lo hace no será necesario localizar las marcas de sincronización de la fábrica. Antes de desmontar el piñón del árbol de levas, será necesario retener la cadena en su lugar para evitar que caiga dentro de la tapa delantera. El procedimiento consiste en retener la cadena de distribución en su lugar utilizando una cuña de madera como la que aquí se indica. El problema con este procedimiento consiste en que puede dar lugar a que el tensionador de la cadena se mueva lo suficiente como para trabarse contra la misma. Si esto ocurre observará que la cadena no volverá a situarse sobre el piñón. En tal caso, tendrá que sacar la tapa delantera y empujar hacia atrás el tensionador. Una vez retenida la cadena, suelte el piñón y sáquelo.

9. Trabajando desde ambos extremos hacia adentro afloje los pernos de la culata y quítelos. Saque los pernos que aseguran la culata al conjunto de la tapa delantera.

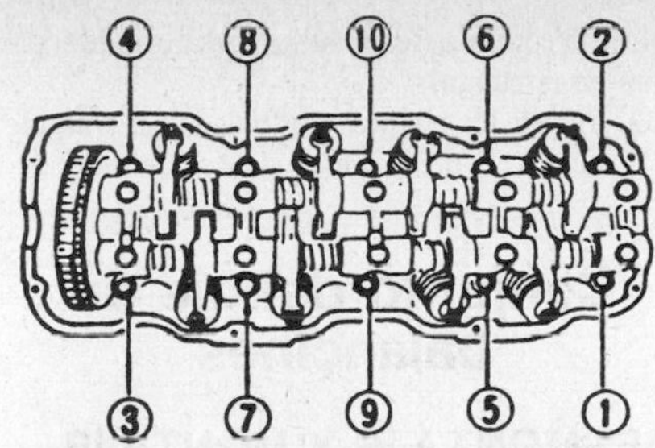

Secuencia de afloje de los tornillos de la culata en motores de la serie Z

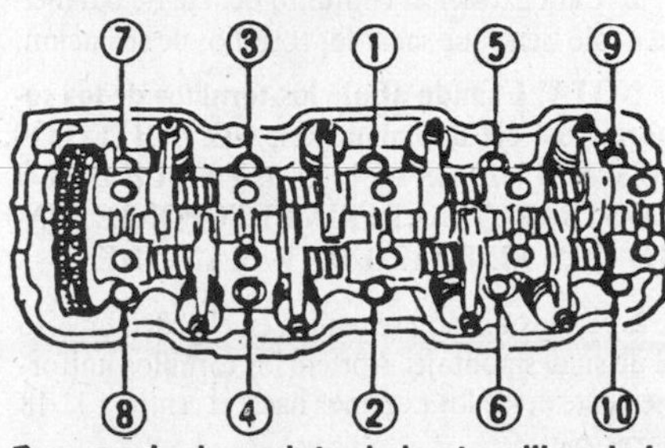

Secuencia de apriete de los tornillos de la culata en los motores de la serie Z

10. Saque la culata del bloque del motor. Puede ser necesario tener que golpear ligeramente la culata con un martillo de cobre o latón para aflojarla.

11. Para instalar la culata: limpie cuidadosamente las superficies del bloque y de la culata, y observe si están deformadas.

12. Coloque una junta nueva en la culata. No utilice sellador. Asegúrese de que no hay ninguna válvula abierta que estorbe a los pistones elevados y no haga girar el cigüeñal ni el árbol de levas por separado para evitar algún posible daño a las válvulas.

13. Apriete temporalmente los dos pernos derecho e izquierdo del centro de la culata a 14 libras-pie.

14. Instale el piñón del árbol de levas junto con la cadena de distribución en el árbol de levas. Asegúrese de que coincidan entre sí las marcas que hizo anteriormente. Consulte la sección Desmontaje y montaje de la cadena de distribución.

15. Instale los tornillos de la culata y apriételos a 20 libras-pie, luego a 40 libras-pie y por último a 58 libras-pie en el orden que se indica en la ilustración.

16. Monte el resto de los componentes en el orden inverso al de su desmontaje. Es preferible vaciar el aceite del cárter del cigüeñal después de haber instalado la culata para así evitar la contaminación del líquido de enfriamiento.

Motores diesel SD22 y SD25

1. Quite el filtro de aire.
2. Retire la manguera de ventilación del cárter y saque los múltiples de admisión y escape. Ambos están atornillados juntos.
3. Quite el alternador, el soporte y las correas.
4. Desconecte la manguera del refrigerante que está entre la culata y el radiador de aceite.
5. Saque el conjunto del filtro de combustible.
6. Desconecte las tuberías de la bomba de inyección y de los inyectores. Tape todas las aberturas con rapidez.
7. Quite las mangueras *by-pass* entre la bomba de agua y el alojamiento del termostato.
8. Saque el ventilador.
9. Retire la tapa del brazo del balancín.
10. Extraiga el conjunto del brazo del balancín.
11. Saque las varillas de empuje y consérvelas en el mismo orden para su reinstalación.
12. Quite las mangueras de retorno de combustible.
13. Quite los inyectores de culata.
14. Saque los tornillos de la culata tal como se indica en la secuencia de la ilustración.

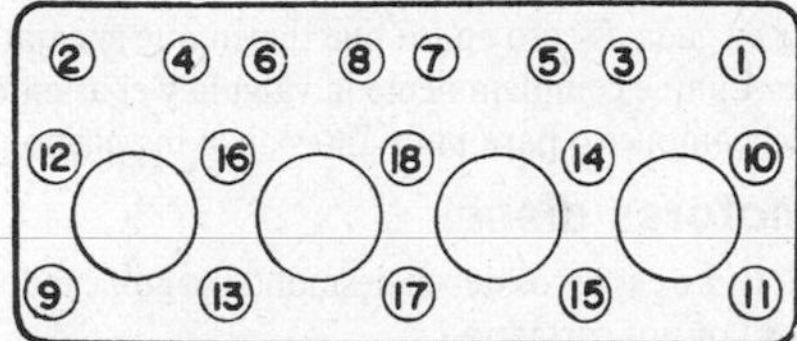

Secuencia de afloje en los tornillos de la culata en los modelos SD22 y SD25

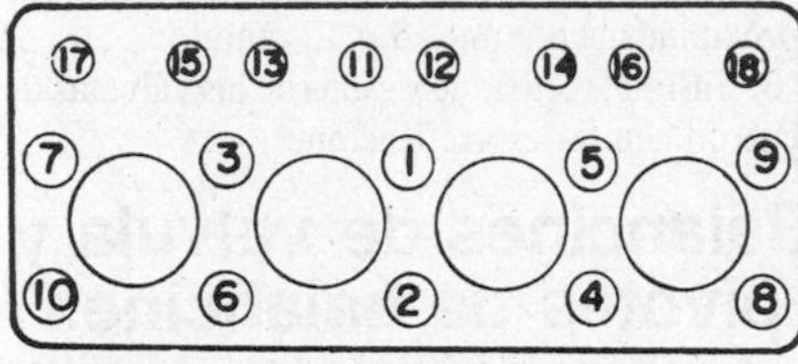

Secuencia de apriete de los tornillos de la culata en los modelos SD22 y SD25

15. Coloque un elevador en la culata para poder separarla del bloque. Puede ocurrir que las cámaras de precombustión se caigan, en particular si manipula o golpea la culata con violencia. Si esto ocurre, vuelva a colocarlas en su posición original.
16. Retire la junta de la culata y los anillos tóricos.
17. Limpie y revise todas las piezas.
18. Compruebe la culata con una regla y un calibrador de láminas. La deformación máxima es de 0.0079''. Si la rectifica, el fresado no debe superar las 0.011 pulgadas.
19. Instale una junta nueva en la culata colocando la superficie de acero inoxidable hacia arriba.
20. Coloque los anillos tóricos alrededor de los pasos de agua y de aceite.
21. Coloque la culata sobre el bloque.
22. Cubra los tornillos de la culata con aceite limpio del motor y atorníllelos en secuencia, siguiendo este orden:

Grandes: 43, 94; Pequeños: 21, 36.

23. Instale las varillas de empuje, presionándolas hacia abajo y girándolas para asegurarse de que están colocadas correctamente.
24. Coloque el conjunto del eje del balancín atornillando los pernos a 18 libras-pie, en secuencia y desde el centro hacia cada extremo.
25. Instale los inyectores.
26. Instale los restantes componentes en el orden inverso al de su desmontaje.

Guías de válvula

DESMONTAJE Y MONTAJE

NOTA: Las guías de válvula no son reemplazables en los motores diesel.

1. Con la culata fuera del motor y las válvulas fuera de la culata, y valiéndose de una broca, un martillo o una prensa, saque las guías de válvula del lateral de la cámara de combustión hacia el lado de la tapa de balancines. Se facilitará la operación si la culata está caliente.

2. Escaríe el orificio de la guía a la temperatura ambiente. El orificio deberá tener 0,4719-0,4723'' para las válvulas estándar, y 0,4797-0,4802'' para las válvulas sobredimensionadas de 0.0079, las cuales están disponibles en los establecimientos del ramo.

3. Después de calentar la culata a 302-392 °F, presione con cuidado la guía de la válvula nueva dentro de la culata. El borde superior de la guía de válvula deberá sobresalir 0,4173'' del borde superior del orificio para la guía.

4. Escaríe el orificio de la guía de válvula con ésta presionada dentro de la culata. La medida del orificio de las guías estándar es de 0,3150-0,3157''.

5. Monte la culata e instálela en el motor en el orden inverso al de su desmontaje.

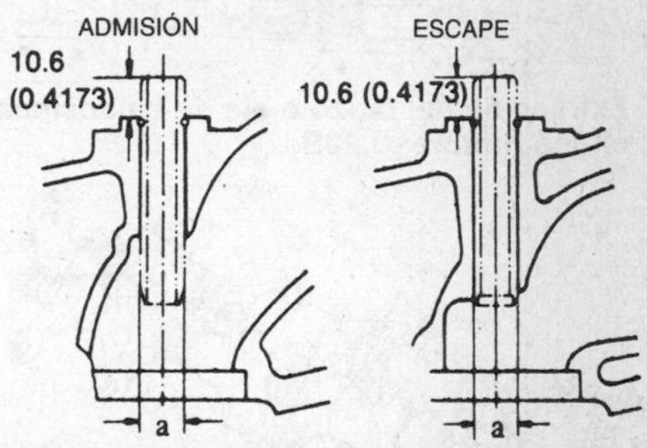

Instalación de la guía de válvula en los motores de gasolina

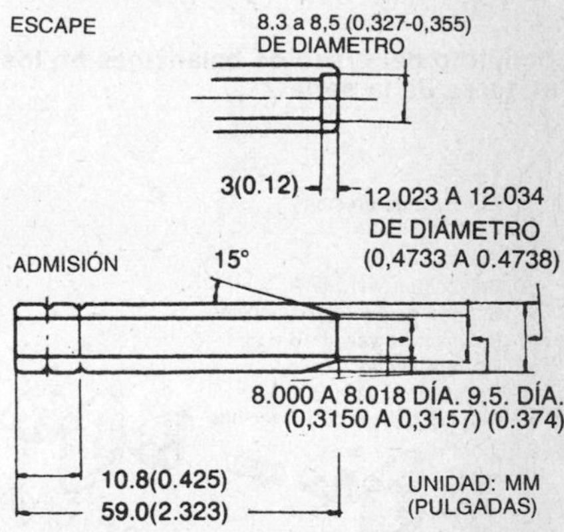

Dimensiones de la guía de válvula

Asiento de válvula

DESMONTAJE Y MONTAJE

Motores de gasolina

1. Con la culata fuera del motor y con las válvulas extraídas de la culata, saque los insertos usados de los asientos de válvula taladrándolos hasta que se rompan. Tenga cuidado de no taladrar más allá de la cara inferior del hueco del inserto en la culata.
2. Seleccione un inserto de asiento de válvula adecuado y revise su diámetro exterior.
3. Mecanice el hueco de la culata utilizando el centro de la guía de válvula como centro del in-

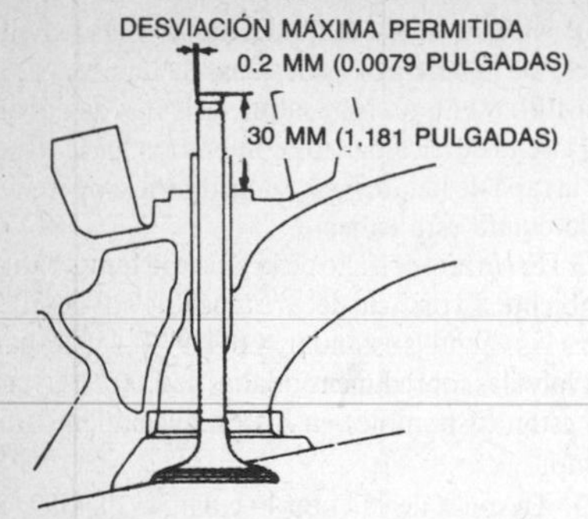

Medición de la holgura de la guía al vástago

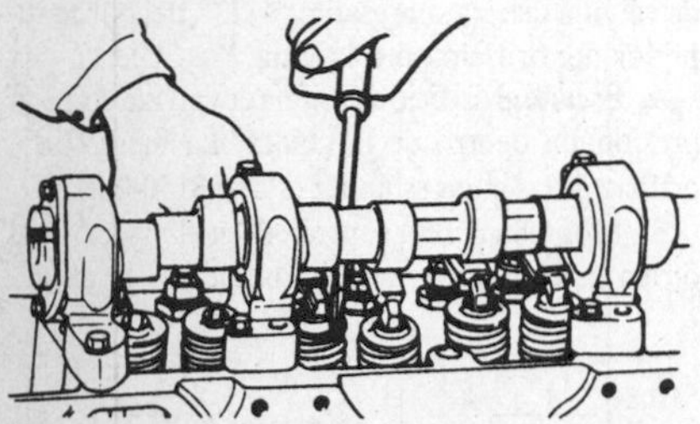

Extracción del brazo o eje de balancines en los motores L20B.

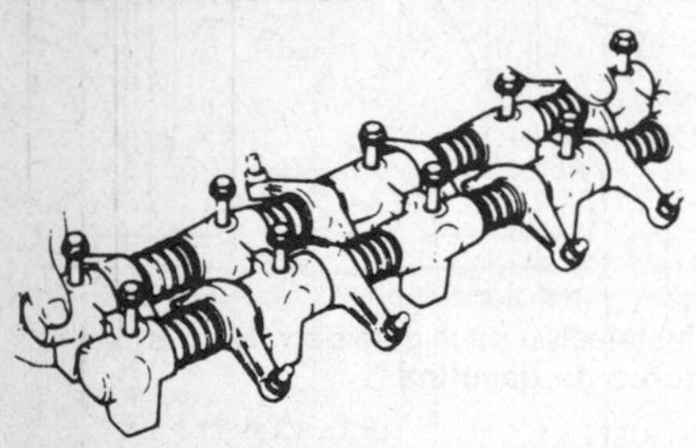

Conjunto del brazo de balancines en los motores de la serie Z

serto del asiento, de forma tal que el inserto encaje correctamente.

4. Escaríe el alojamiento de la culata a temperatura ambiente.

5. Caliente la culata a 302-392 °F.

6. Encaje el inserto asegurándose de que se asienta completamente en el alojamiento de la culata. Sujételo con punzones en por lo menos cuatro puntos distribuidos con igualdad alrededor de su circunferencia.

7. Esmerile los asientos de válvula hasta obtener el ángulo adecuado.

8. Lapee las válvulas con compuesto para pulir en cada asiento en los que tienen que encajarse. Limpie completamente la válvula y el asiento del compuesto para pulir antes de la instalación.

Motores diesel

1. Los asientos deben desmontarse golpeándolos con un cortafrío.

2. Sumerja la culata en agua a una temperatura de 175° F y, al mismo tiempo, enfríe los asientos en hielo seco. Esta operación deberá durar aproximadamente unos 5 o 10 minutos.

3. Instale, rectifique y esmerile las válvulas de acuerdo con las especificaciones.

Balancines de válvula y pivotes de balancines

DESMONTAJE Y MONTAJE

L20B

1. Afloje la contratuerca del pivote de balancines, baje el pivote atornillándolo hacia abajo dentro de la culata y quite el brazo de balancines presionándolo hacia abajo en el resorte de válvula.

2. Para desmontar los pivotes de balancines, afloje la contratuerca y, luego, desatornille el pivote de la culata.

3. Instale los pivotes y los balancines y monte el motor en el orden inverso al de su desmontaje.

Conjunto del eje de balancines

DESMONTAJE Y MONTAJE

Z20, Z22 y Z24

1. Para extraer el conjunto del eje de balancines sólo tiene que sacar los tornillos de retención.

NOTA: Cuando afloje los tornillos de los soportes del eje de balancines, NO QUITE LOS DEL Nº 1 NI LOS DEL Nº 5, YA QUE DE LO CONTRARIO SALTARÍA EL SOPORTE JUNTO CON EL BRAZO DE BALANCINES.

2. La instalación se realiza en el orden inverso al de su desmontaje. Apriete los tornillos uniformemente desde los extremos hacia el centro a 11-18 libras-pie.

Motores diesel SD22 y SD25

1. Quite les tornillos de retención del eje uniformemente, desde el centro hacia los extremos.

2. Levante el conjunto del eje fuera de la culata.

3. Si desmonta el eje y los brazos de balancines será necesario sumergir el conjunto en agua, a una temperatura de 160° F, durante unos pocos minutos ¡NO LOS GOLPEE CON EL MARTILLO!

4. La instalación se hará a la inversa de su desmontaje. Atornille los tornillos de retención con uniformidad desde los extremos hacia el centro a 14-18 libras-pie.

Múltiple de admisión

DESMONTAJE Y MONTAJE

Todos los motores

1. Quite el conjunto del filtro de aire junto con todas las mangueras relacionadas. Saque el tubo de recirculación del gas de escape (EGR).

NOTA: Sustituya la junta siempre que extraiga el múltiple de admisión. Como este último y el de escape comparten la misma junta, es necesario desmontarlos para tener acceso a la junta.

2. Desconecte la articulación de la mariposa, las tuberías de combustible y de vacío del carburador. Etiquete todos los cables y mangueras a me-

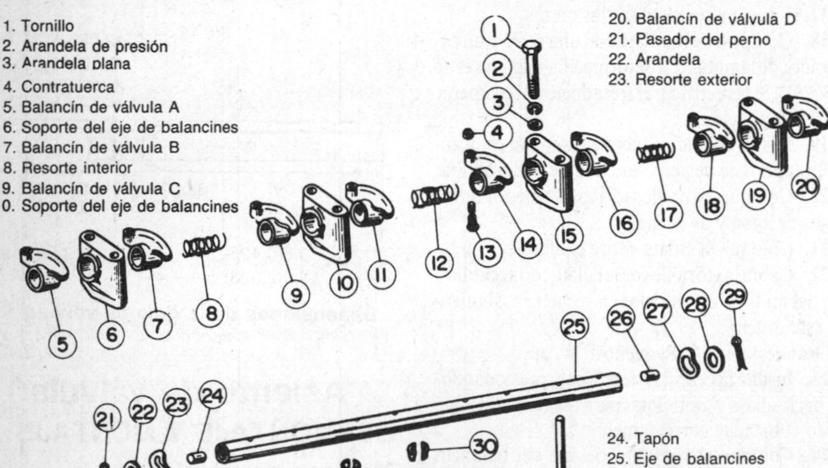

Conjunto del brazo de balancines en los SD22 y SD25

Múltiple de admisión y junta

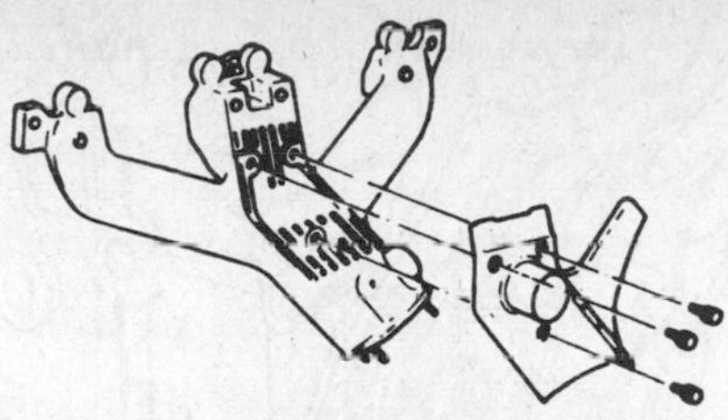

Múltiple de escape y estufa de calor

dida que los saca para simplificar la instalación.

3. Al llegar a este punto, puede desmontar el carburador del múltiple o sacarlo en bloque junto con el múltiple de admisión.

4. Afloje las tuercas de sujeción del múltiple de admisión, comenzando desde los extremos hacia el centro y, a continuación, quítelas.

5. Saque del motor el múltiple de admisión.

6. Instale el múltiple de admisión siguiendo el orden inverso al de su desmontaje. Utilice siempre una junta nueva, ya que las fugas de aire quemarán las válvulas. Apriete los tornillos del múltiple desde el centro hacia afuera en dos etapas progresivas, a 9-12 libras-pie.

Múltiple de escape

DESMONTAJE Y MONTAJE

Todos los motores

1. Quite el conjunto del filtro de aire.

2. Desconecte el tubo de escape del múltiple de escape.

NOTA: No es indispensable cambiar la junta si sólo desmonta el múltiple de escape, a menos que la junta no esté en buen estado o que haya pérdidas.

3. Afloje y saque las tuercas de sujeción del múltiple de escape, así como el múltiple del motor.

4. Instale el múltiple de escape en el orden inverso al de su desmontaje. Utilice, si es necesario, juntas nuevas en la culata y en el tubo de escape. Ajuste los tornillos de montaje en forma circular, desde el centro hacia los extremos, en dos etapas sucesivas y de acuerdo con las cifras de la tabla de apriete.

Tapa de engranajes de distribución

DESMONTAJE Y MONTAJE

Motores de gasolina

1. Desconecte el cable negativo de la batería, purgue el sistema de enfriamiento, y saque el radiador junto con las mangueras superior e inferior.

2. Afloje el tornillo de ajuste de la banda impulsora del alternador y saque la banda. Quite los tornillos que sujetan el soporte del alternador al motor y coloque el alternador donde no estorbe.

3. Retire el distribuidor.

4. Quite los tornillos de sujeción de la bomba de aceite, y retire la bomba y su eje impulsor.

5. Quite el ventilador de enfriamiento y la polea del ventilador junto con la banda impulsora.

6. Saque la bomba de agua.

7. Quite el perno de la polea del cigüeñal y saque la polea.

8. Desatornille los tornillos que sujetan la tapa delantera a la parte frontal del bloque de cilindros, los cuatro tornillos que retienen el frente del cárter de aceite a la parte baja de la tapa frontal, y los dos tornillos que pasan a través de la parte frontal de la culata y llegan a la parte alta de la tapa delantera.

9. Con mucho cuidado palanquee la tapa delantera para sacarla de la parte frontal del motor.

10. Corte la sección frontal que queda expuesta de la junta del cárter de aceite, separándola del recipiente. Haga lo mismo con la junta de la parte de la tapa delantera. Quite las dos juntas laterales y limpie todas las superficies coincidentes.

11. Corte las partes necesarias de una junta nueva para el recipiente de aceite y una junta para la tapa superior delantera.

12. Aplique sellador a todas las juntas y póngalas en el motor en los lugares correspondientes.

13. Aplique una leve capa de grasa al sello de aceite del cigüeñal, coloque cuidadosamente la tapa delantera en la parte frontal del motor e instale todos los tornillos de montaje. Apriete los tornillos de 8 mm a 7-12 libras-pie y de los 6 mm a 3-6 libras-pie. Apriete los tornillos de sujeción del cárter del aceite a 4-7 libras-pie.

14. Antes de instalar la bomba de aceite, coloque la junta sobre el eje y asegúrese de que la marca en el eje impulsor está frente al agujero de la bomba de aceite (es decir, alineada con el mismo). En los motores L20B, instale la bomba de aceite de manera que la proyección en la parte alta del eje quede ubicada en la posición exacta de la que fue desmontada, o en la posición de las 11:25 del reloj, con el pistón en el cilindro nº 1 colocado en el PMS de la carrera de compresión, si se movió el motor después del desmontaje. Apriete los tornillos de sujeción de la bomba de aceite a 8-10 libras-pie. Para los motores Z, vea Desmontaje y montaje de la bomba de aceite.

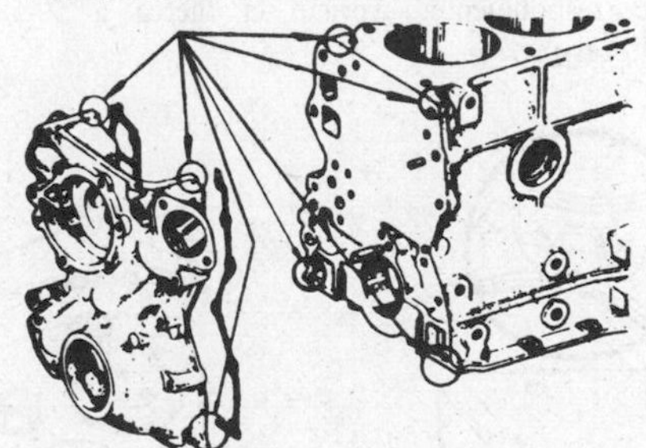
APLIQUE SELLADOR EN ESTOS PUNTOS

Instalación de la tapa delantera en los motores de gasolina

Motores diesel

NOTA: Utilice una llave de tubo de 41 mm (1.614") para esta operación.

1. Quite el ventilador y la polea.

2. Saque la manguera *by-pass* de la bomba de agua y deje que el sistema de enfriamiento drene por debajo del nivel de la bomba de agua.

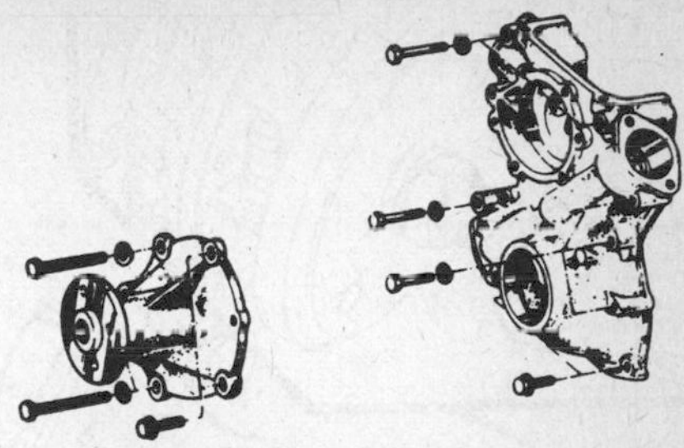

Tornillos de la tapa delantera en los motores de gasolina

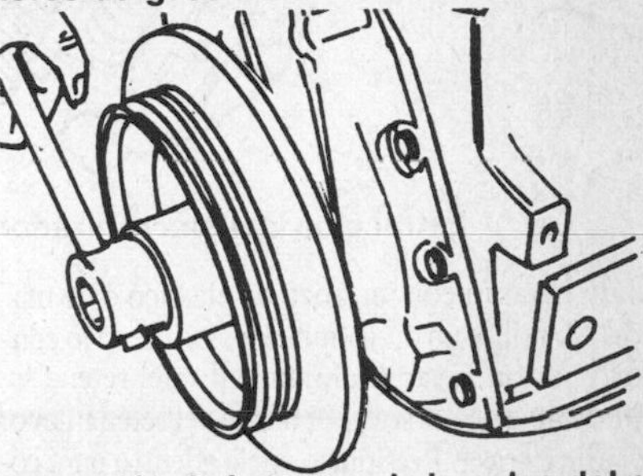

Extracción de la tuerca de la polea del cigüeñal

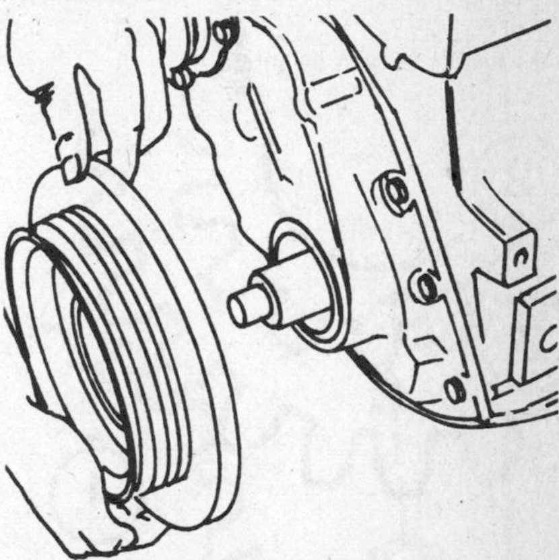

Elevación del conjunto de la polea

3. Quite los tres tornillos y levante la bomba de agua con la junta fuera del bloque. Tire la junta.

4. Saque la tuerca de la polea del cigüeñal con una llave de vaso de 41 mm.

5. Retire la polea del cigüeñal con un mazo de madera o de plástico.

6. Saque los cinco tornillos y levante la tapa de distribución.

7. La instalación se hace a la inversa del desmontaje. Siempre sustituya el retén de aceite de la tapa por uno nuevo. Cambie la junta. Apriete los tornillos de la tapa a 8 libras-pie, la tuerca de la polea del cigüeñal a 238 libras-pie y los tornillos de la bomba de agua a 8 litras-pie, el de 8 mm y los de 10 mm, a 16 libras-pie.

NOTA: No ajuste los tornillos de la bomba de agua hasta que el tensador de la correa esté colocado al instalar el alternador.

Retén de aceite de la tapa de distribución

DESMONTAJE Y MONTAJE

1. Quite la tapa delantera.

2. Retire de la tapa el retén de aceite usado ha-

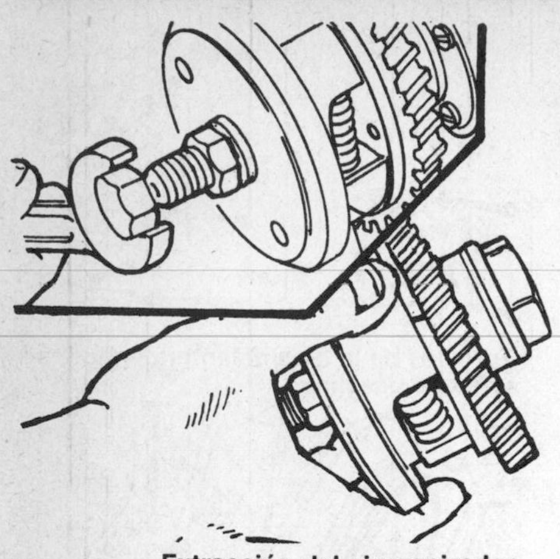
Extracción del sincronizador

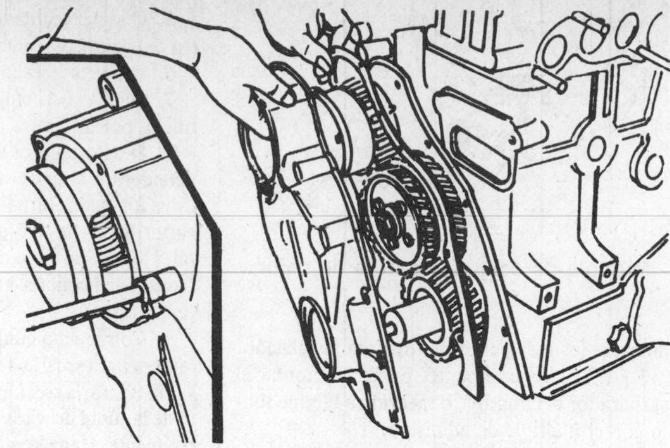
Extracción de la tapa de engranajes de distribución

ciendo palanca con un trozo de plástico o de madera. No utilice un destornillador, ya que de lo contrario podría rayar el alojamiento del retén.

3. Ponga aceite sobre el borde del retén nuevo. No utilice grasa. Presiónelo hacia adentro para colocarlo en su sitio; cuide que el lateral plano mire hacia adelante y que el borde lo haga hacia el motor.

4. Instale la tapa delantera.

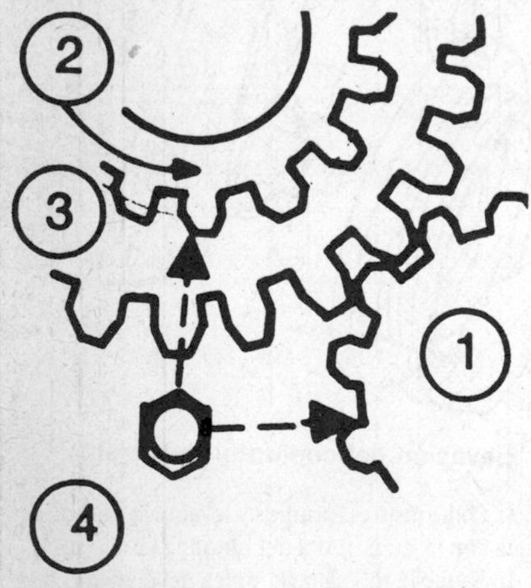

1. Engranaje del cigüeñal 3. Engranaje del árbol de levas
2. Polea intermedia 4. Surtidor de aceite

Orientación del surtidor de aceite

Tapa y engranajes de distribución

NOTA: Para realizar las siguientes operaciones deberá utilizar herramientas especiales.

DESMONTAJE Y MONTAJE

Motores diesel SD22 y SD25

1. Quite la tapa de distribución.
2. Saque la tuerca del engranaje de distribución.
3. Rosque un extractor 57926-581 en el cubo del cigüeñal. Quite el conjunto del engranaje de distribución accionando el tornillo del extractor.
4. Desatornille y saque el conjunto del piñón del árbol de levas.
5. Quite el esparcidor de aceite. Desatornille el piñón del cigüeñal con un extractor de engranajes.
6. Instale el piñón del árbol de levas.
7. Instale el piñón del cigüeñal y el esparcidor de aceite cuidando que las marcas de distribución queden alineadas, tal como se muestra en la ilustración. Mida el juego: deberá ser de 0.0028-0.0079''.
8. Con el pistón n.º 1 en PMS, engrane el piñón de distribución y el piñón intermedio mediante las marcas Y. Después de alinear el engranaje con la ranura de chaveta, ajuste el conjunto de distribución con una arandela de seguridad y la tuerca correspondiente. Apriete la tuerca a 50-58 libras-pie.

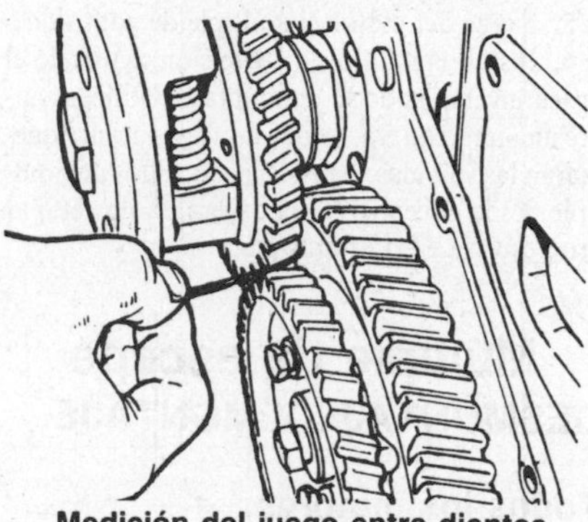
Medición del juego entre dientes

9. Instale la tapa.

NOTA: Si quitó el surtidor del aceite, móntelo siguiendo el orden especificado en la ilustración.

Cadena de distribución y tensionador

DESMONTAJE Y MONTAJE

Motores de gasolina

1. Antes de iniciar cualquier desmontaje, sitúe el pistón n.º 1 en el PMS de su carrera de compresión.

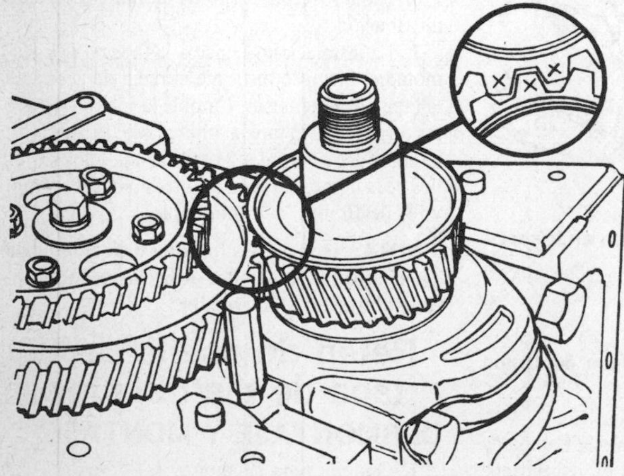
Alineación de las marcas de distribución

Instalación del esparcidor de aceite

2. Quite la tapa delantera. Saque la tapa del árbol de levas.

3. Con el pistón n.º 1 en su PMS, las marcas de distribución del piñón del árbol de levas y la cadena de distribución deben estar visibles. Márquelas con pintura. Señale también la relación del piñón con el árbol de levas. Al llegar a este punto, observará que hay tres juegos de marcas de distribución y perforaciones de ubicación en el piñón. Sirven para realizar ajustes que compensen el estiramiento de la cadena de distribución. Para más detalles, vea a continuación Ajuste de la cadena de distribución.

4. Con las marcas de distribución en el piñón de levas claramente colocadas localice y señale las marcas de distribución en el piñón del cigüeñal. Marque también la señal de distribución en la cadena. Por supuesto, si va a utilizar una cadena nueva, resulta inútil marcarla.

5. Suelte el tornillo del piñón del árbol de levas y quítelo junto con la cadena. Mientras saca la cadena, manténgala en el punto en que el tensionador de la cadena hace contacto con ella. Al quitar la cadena se soltará el tensionador. Sujételo para no perder ninguna de las piezas. Si es necesario, se puede sacar el piñón del cigüeñal con un extractor. No es necesario sacar la guía de la cadena, a menos que vaya a cambiarla.

6. Instale juntos la cadena de distribución y el piñón del árbol de levas, después de colocar en primer lugar la cadena sobre el piñón del árbol de levas. Coloque el piñón de manera que queden alineadas las marcas que hizo anteriormente. Se supone que el motor no ha sido alterado. Las cuñas del árbol de levas y del cigüeñal deberán estar ambas hacia arriba. Si está instalando una cadena o un piñón nuevos, coloque el piñón de manera que las marcas de distribución en la cadena se alineen con las marcas del piñón del árbol de levas y las del cigüeñal (con ambas cuñas hacia arriba). Las marcas están en el lado derecho de los piñones cuando el operador está de cara al motor. El motor

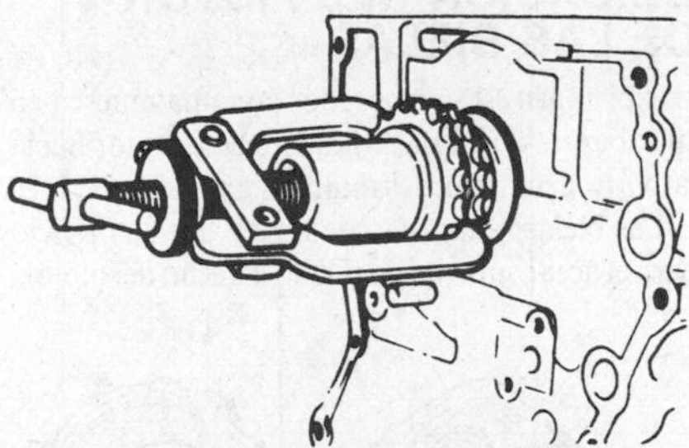

Extracción del piñón del cigüeñal en los motores de gasolina

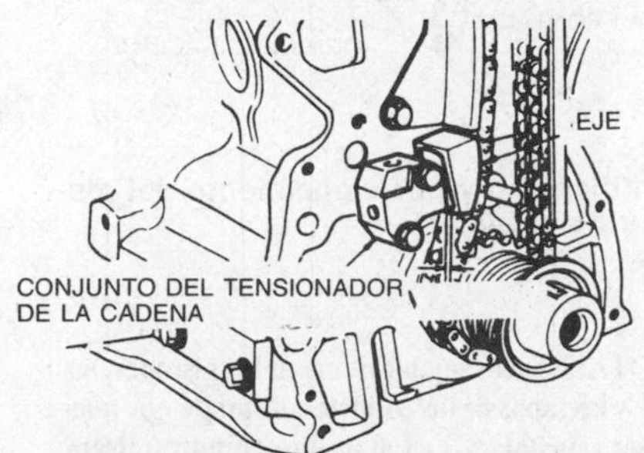

Instalación del tensionador de la cadena de distribución

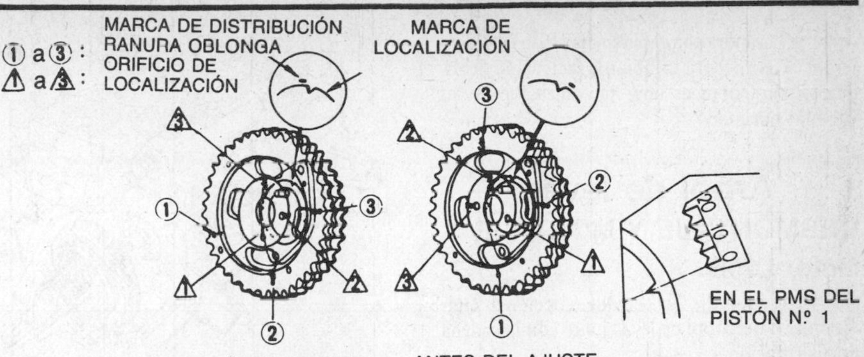

Ajuste de la rueda dentada del árbol de levas para obtener una sincronización de válvulas adecuada cuando la cadena de distribución está gastada

L20B tiene 44 puntas entre las marcas de coincidencia de la cadena y los piñones cuando la cadena está instalada correctamente. Cuente las puntas. Hay dos puntas por eslabón. Ésta es una comprobación importante. Si no logra obtener el número exacto de puntas entre las marcas de distribución, la sincronización de las válvulas será in-

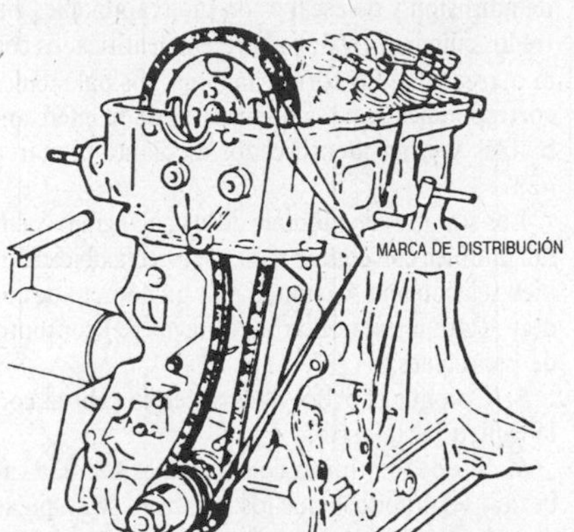

Alineación de los engranajes y de la cadena de distribución en los motores Z20, Z22 y Z24

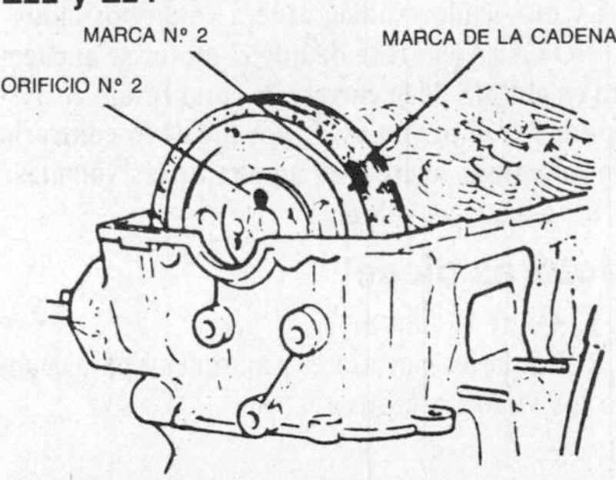

Utilice la marca N.º 2 y el orificio para alinear el árbol de levas en los motores Z20, Z22 y Z24

correcta, y el motor o bien no funcionará en absoluto o lo hará deficientemente. Los motores Z20 y Z22 no utilizan el método de comprobación de las puntas para encontrar la sincronización correcta de las válvulas. En lugar de esto, coloque la chaveta en el piñón del cigüeñal de manera que esté señalando hacia arriba, e instale el piñón del árbol de levas en él, con la espiga en la parte alta, utilizando la perforación de montaje y la marca de sincronización n.º 2 (n.º 1 para el L24 y el L28). Los eslabones pintados de la cadena deberán encontrarse al lado derecho de los piñones cuando estén de cara al motor. Vea la ilustración.

7. Instale el tensionador de la cadena. Ajuste el saliente del eje del tensionador para obtener un juego cero.

8. Con un sello nuevo instalado en la tapa delantera y con una ligera capa de aceite colocada en el sello, monte los componentes restantes en el orden inverso al de su desmontaje.

AJUSTE DE LA CADENA DE DISTRIBUCIÓN

Cuando la cadena de distribución se estira excesivamente, resulta afectada la sincronización de las válvulas. Si el estiramiento de los eslabones de la cadena de rodillos es excesivo, ajuste la ubicación del piñón del árbol de levas cambiando la posición que el mismo trae de fábrica en el n.º 1 o n.º 2 a una de las otras posiciones, en la forma siguiente:

1. Gire el cigüeñal hasta que el pistón n.º 1 se encuentre en el PMS de su carrera de compresión. Observe si la muesca de ubicación del piñón del árbol de levas se encuentra a la izquierda de la ranura oblonga de la placa de retención del árbol de levas. Si se encuentra a la izquierda de la ranura de la placa de retención, esto quiere decir que la cadena se ha estirado y necesita ajustarla.

2. Saque el piñón del árbol de levas junto con la cadena y reinstale el piñón y la cadena con la espiga de ubicación en el árbol de levas insertada bien sea en la perforación n.º 2 o en la n.º 3 del piñón. La marca de distribución de la cadena deberá estar alineada con la marca n.º 2 en el piñón. la modificación es de 4 grados de giro del cigüeñal

3. Vuelva a revisar la sincronización de las válvulas tal como se describe en el paso 1. La muesca en el piñón debe estar al lado derecho de la ranura en la placa de retención del árbol de levas.

4. Cuando no pueda situar la muesca a la de-

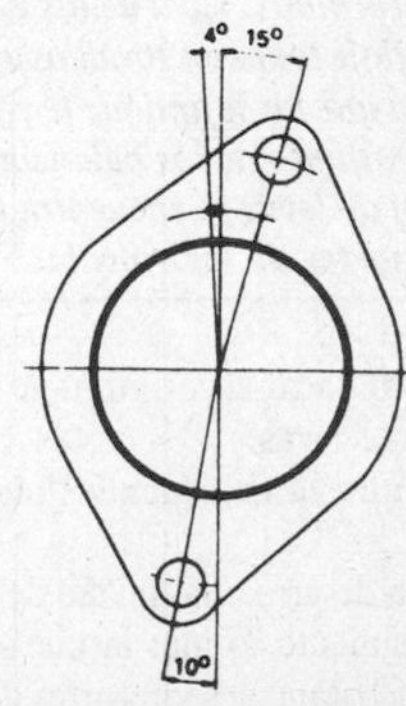

Placa de retención del árbol de levas

recha de la ranura con el piñón instalado en el agujero n.º 2, se deberá cambiar la cadena de distribución para obtener una sincronización de las válvulas adecuada.

Árbol de levas

DESMONTAJE Y MONTAJE

Motor L20B

1. El desmontaje de la culata es opcional. Quite el piñón del árbol de levas junto con la cadena de distribución.

2. Afloje la contratuerca del pivote de los balancines en las válvulas y quite el brazo de balancines oprimiendo hacia abajo el resorte de la válvula. De esta misma forma saque todos los brazos de balancines.

3. Saque las dos tuercas de retención situadas en la parte delantera de la culata del árbol de levas, en la placa de retención, y deslícelo con cuidado sacándolo del portador del mismo.

4. Recubra ligeramente los cojinetes del árbol de levas con aceite limpio de motor, y deslice con cuidado el árbol de levas a su lugar en el portador.

5. Instale la placa de retención del árbol de levas con la ranura oblonga en la cara de la placa hacia la parte frontal del motor.

6. Compruebe la sincronización de las válvulas en la forma que se indica bajo el título Desmontaje y montaje de la cadena de distribución, e instale el piñón de distribución en el árbol de levas, apretando el tornillo junto con la leva de combustible a 86-116 libras-pie.

7. Instale los brazos de balancines presionando hacia abajo los resortes de las válvulas con un destornillador, e instale los resortes de los balancines de las válvulas.

8. Instale la culata, si antes la había quitado, y arme el resto del motor en el orden inverso al del montaje.

Motores Z20 y Z22

1. Es opcional retirar la culata del motor. Saque el piñón del árbol de levas junto con la cadena de distribución, después de situar el pistón n.º 1 en el PMS de la carrera de compresión.

2. Afloje los tornillos que sujetan el conjunto del eje de balancines en su lugar, quite los seis tornillos del centro. No retire los cuatro tornillos de los extremos del conjunto de los balancines, porque son los que conservan junta la unidad.

ATENCIÓN

Al aflojar los tornillos, vaya de los extremos hacia adentro y afloje todos los tornillos un poco cada vez, de manera que no se aplique tensión al árbol de levas o al conjunto de los balancines. Recuerde que el árbol de levas se encuentra bajo la presión de los resortes de las válvulas.

3. Después de sacar el conjunto de balancines, quite el árbol de levas.

NOTA: Mantenga en orden las piezas que va desmontando.

4. Si necesita desarmar la unidad de balancines, ármela de la siguiente forma: instale los soportes de montaje, los balancines y resortes de las válvulas, teniendo presente las siguientes observaciones:

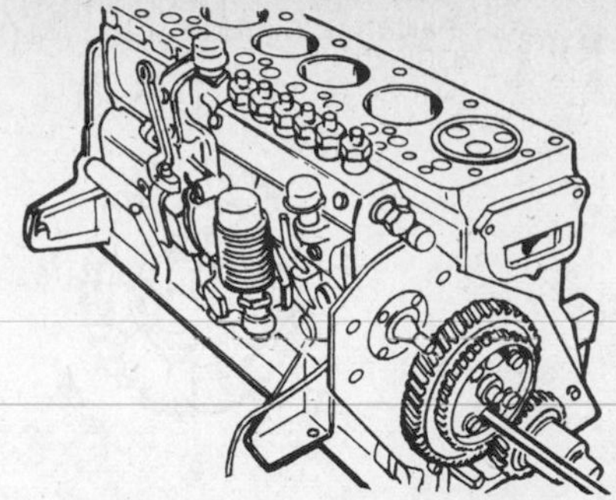

Extracción de los tornillos de retención del árbol de levas en los SD22 y SD25

Los ejes de balancines son diferentes. Los dos tienen marcas en sus extremos que dan cara a la parte delantera del motor. El eje de balancines que va al lado del múltiple de admisión tiene dos ranuras en su extremo justamente debajo de la marca. El eje situado al lado del escape no cuenta con dichas ranuras.

Los balancines correspondientes a las válvulas de admisión y de escape son intercambiables entre los cilindros 1 y 3, y aparecen identificados con la marca «1». En forma análoga, los balancines correspondientes a los cilindros 2 y 4 son intercambiables y están identificados mediante la marca «2».

Los soportes de montaje de los balancines cuentan también con código para su correcta ubicación, bien sea con una A o una Z más un número de código. Para instalar el árbol de levas y el conjunto de balancines:

5. Coloque el árbol de levas en la cabeza con la espiga hacia arriba.

6. Sitúe el conjunto de balancines sobre la cabeza, asegurándose que los monta en sus espigas de golpeo.

7. Apriete los tornillos a 11-18 libras-pie en varias etapas, trabajando desde los tornillos centrales y moviéndose hacia afuera en ambos lados.

NOTA: Asegúrese de que el motor se encuentra en el PMS de la carrera de compresión correspondiente al pistón n.º 1, porque de lo contrario podrá causar averías en alguna de las válvulas.

8. Ajuste las válvulas.

Motores diesel

1. Quite la culata.

2. Saque los elevadores y márquelos para cuando los vuelva a montar.

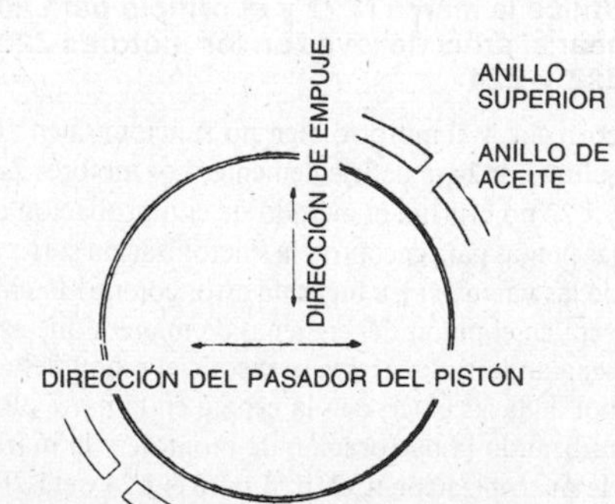

Posicionamiento del entrehierro de los anillos de los pistones alrededor del pistón

3. Quite la tapa de distribución.

4. Retire las tuercas de sujeción del acople al tacómetro.

5. Extraiga la tuerca del sincronizador.

6. Enrosque el extractor ST57926-581 en el cubo del sincronizador. Quite el conjunto de distribución apretando el tornillo del extractor.

7. Saque el eje de la bomba de aceite.

8. Quite los tornillos de la placa del árbol de levas y deslícelo con suavidad hacia afuera del motor.

9. Cubra el eje de levas con aceite de motor limpio y deslícelo suavemente hacia el interior del motor. Instale la placa centradora.

10. Conecte el conjunto impulsor de la bomba de aceite al engranaje respectivo del árbol de levas, valiéndose del impulsor del primero.

11. Instale todos los componentes restantes en el orden inverso de su desmontaje.

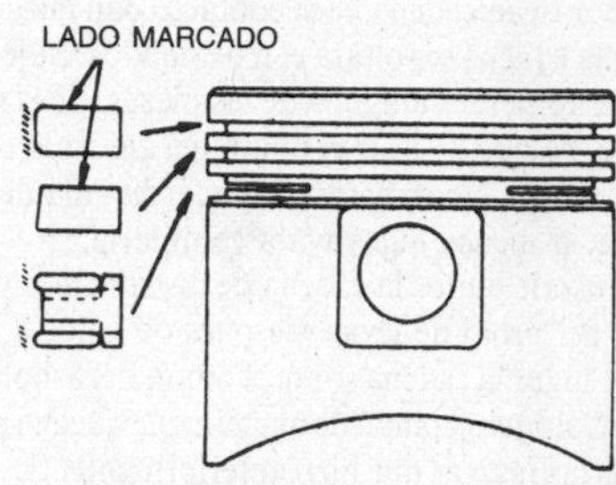

Instalación del anillo del pistón

Pistones y bielas

IDENTIFICACIÓN Y UBICACIÓN DEL PISTÓN Y DE LAS BIELAS

Los pistones están marcados con una muesca en su cabeza. Al instalarlos ésta debe apuntar hacia la parte delantera del motor.

Las bielas se instalan de forma que su orificio para el aceite mire hacia el lado derecho del motor.

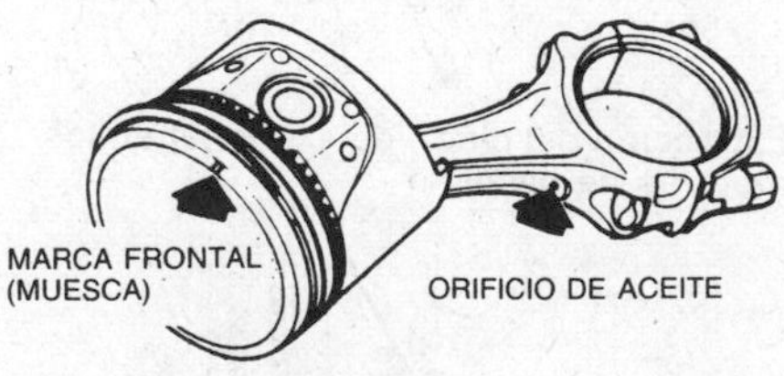

Identificación y posicionamiento del pistón y de la biela

NOTA: Es aconsejable numerar los pistones, las bielas y las tapas de los cojinetes, de modo que puedan ser reinstalados en el mismo cilindro mirando hacia la misma dirección en que estaban cuando fueron desmontados.

LUBRICACIÓN DEL MOTOR

Cárter de aceite

DESMONTAJE Y MONTAJE

Para sacar el cárter de aceite deberá desatornillar los pernos de montaje del motor y levantar este último con la ayuda de un gato hidráulico. Vacíe el aceite del motor y quite los tornillos, el cárter de aceite y la junta. Instale el cárter, en el orden inverso, utilizando una junta nueva. Aplique un cordón delgado de sellador de silicona al bloque del motor en el punto de unión del bloque y la tapa delantera y en la unión del bloque y la tapa del cojinete principal. A continuación aplique un delgado recubrimiento de sellador de silicona a la nueva junta de la tapa del cárter e instale el cárter. Apriete los tornillos de la tapa del cárter siguiendo un círculo desde el centro hacia los extremos, a 4-7 libras-pie. Si aprieta en exceso puede dañar la tapa, lo que ocasionará fugas.

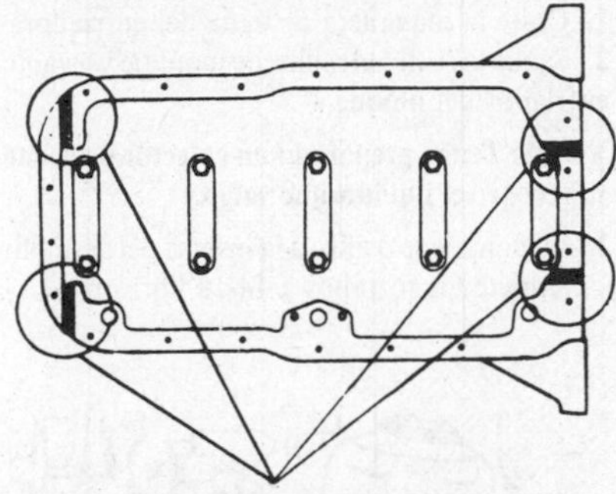

Antes de la instalación, aplique en estas zonas una capa delgada de sellador de silicona

Retén principal de aceite (posterior)

CAMBIO

A fin de cambiar el retén posterior principal de aceite es necesario desmontar la tapa del cojinete principal. El desmontaje de esta tapa requiere el empleo de un extractor especial. Además, el retén de aceite se instala usando una guía especial para retenes de aceite traseros del cigüeñal.

1. Quite el motor y el conjunto de la transmisión del vehículo.
2. Desmonte la transmisión del motor.
3. Quite el embrague del volante motor.
4. Saque el volante motor del cigüeñal.
5. Retire la tapa del cojinete trasero principal junto con los sellos laterales de la tapa del cojinete.
6. Saque el retén trasero principal de aceite de alrededor del cigüeñal.
7. Coloque aceite alrededor del reborde de sellado del retén de aceite e instale este último alrededor del cigüeñal utilizando la herramienta apropiada.
8. Aplique sellador a la tapa del cojinete trasero principal en la forma que se indica, instale la tapa del cojinete trasero principal y apriete los tornillos de la tapa a 33-40 libras-pie.
9. Ponga sellador a los sellos laterales de la tapa del cojinete trasero principal e instale los sellos laterales, empuje los sellos utilizando una guía adecuada.
10. Ensamble el motor e instálelo en el vehículo en el orden inverso al de su desmontaje.

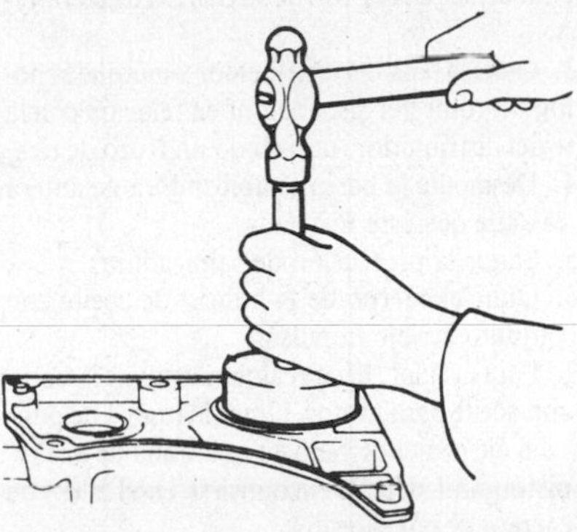

Instalación del retén trasero principal

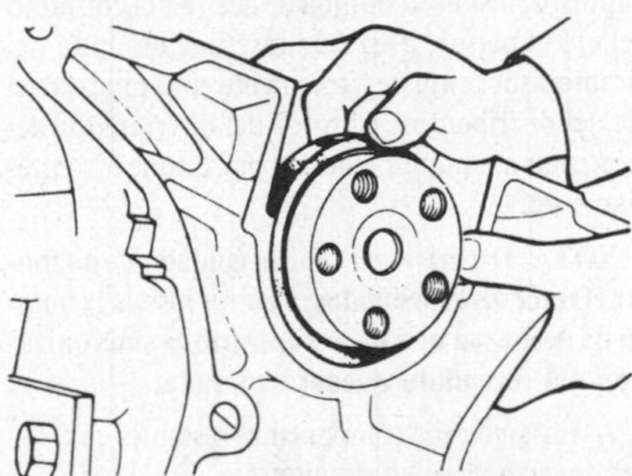

Extracción del retén trasero principal

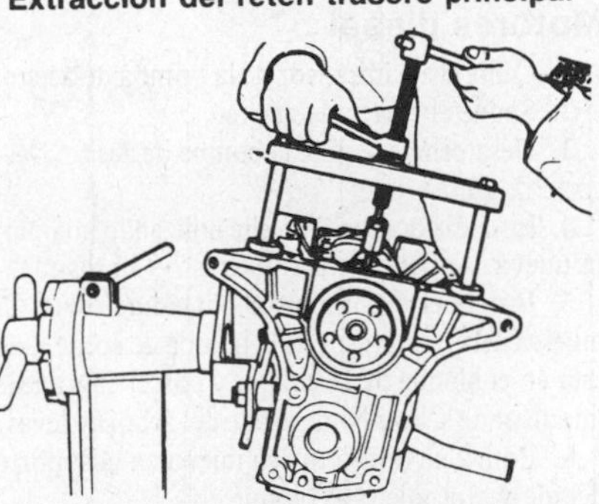

Extracción del casquete del cojinete trasero principal con un extractor

Extracción de la bomba de aceite en motores de gasolina

Bomba de aceite

DESMONTAJE Y MONTAJE

Motores de gasolina 1979

Como la bomba de aceite va montada en la parte externa del motor, para su extracción no es necesario sacar el cárter de aceite.

1. Quite el distribuidor.
2. Vacíe el aceite del motor.
3. Retire el estabilizador delantero.
4. Extraiga la protección contra salpicaduras.
5. Saque el cuerpo de la bomba con el conjunto del eje impulsor.
6. Antes de instalar la bomba de aceite en el motor, gire el cigüeñal de forma tal que el pistón nº 1 esté en PMS de la carrera de compresión.

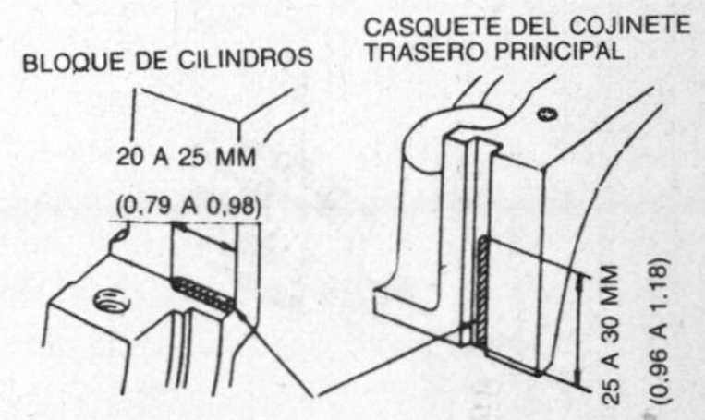

Aplicación de sellador al casquete del cojinete trasero principal

Alineación de la marca de punzón en el eje con el orificio en la bomba de aceite en los motores de gasolina

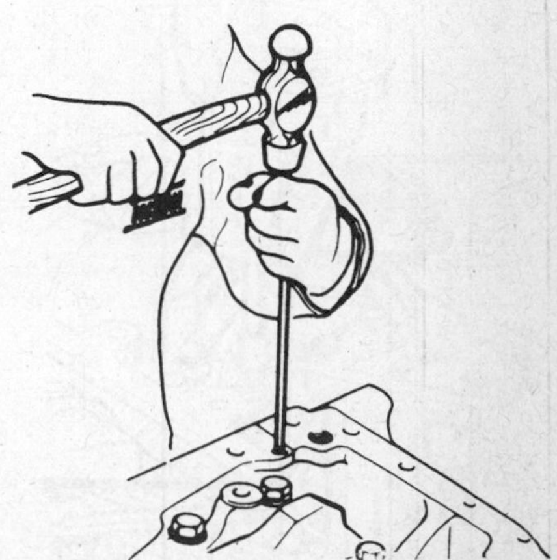

Instalación de los sellos laterales del casquete del cojinete trasero principal

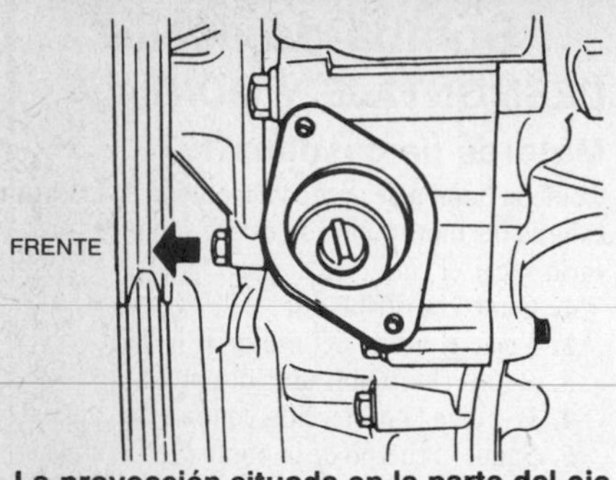

La proyección situada en la parte del eje impulsor de la bomba de aceite debe quedar ubicada en la posición de las 11: 25 del reloj. La medialuna más pequeña formada por la muesca deberá mirar hacia adelante

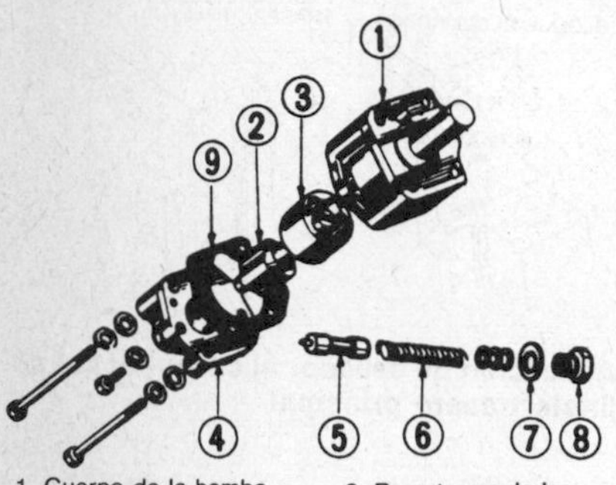

1. Cuerpo de la bomba de aceite
2. Rotor y eje interiores
3. Rotor exterior
4. Tapa de la bomba
5. Válvula reguladora
6. Resorte regulador
7. Arandela
8. Tapa del regulador
9. Junta de la tapa

Bomba de aceite, motores de gasolina

7. Llene el alojamiento de la bomba de aceite con aceite para el motor y a continuación alinee la marca de punzón que aparece en el eje con el orificio de la bomba de aceite.

8. Con una junta nueva colocada sobre el eje impulsor, instale la bomba de aciete y el conjunto del eje impulsor, de manera que la proyección situada en la parte alta del eje impulsor quede ubicada en la posición de las 11:25 del reloj.

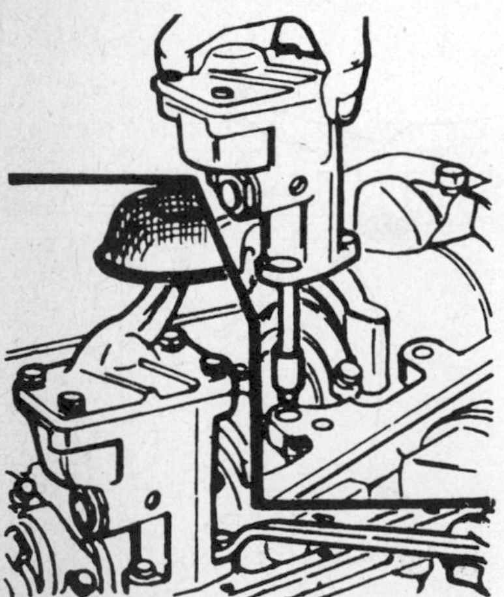

Extracción de la bomba de aceite en un motor diesel

9. Instale el distribuidor con la punta metálica del rotor señalando hacia la torre de la bujía nº 1 de la tapa del distribuidor.

Motores de gasolina 1980 y posteriores

1. Drene el cárter del cigüeñal.
2. Gire el cigüeñal de manera que el pistón nº 1 se encuentre en el PMS de su carrera de compresión.
3. Quite la tapa del distribuidor y marque la posición del rotor del distribuidor en relación con la base del distribuidor, utilizando un trozo de tiza.
4. Desmonte la barra estabilizadora delantera en caso de que esté instalada.
5. Saque la protección de salpicaduras.
6. Quite el cuerpo de la bomba de aceite con el conjunto del eje impulsor.
7. Para instalar, llene el alojamiento de la bomba con aceite para motor, alinee la marca de punzón del eje con el orificio en la bomba de aceite. El pistón nº 1 deberá encontrarse en el PMS de su carrera de compresión.
8. Con una junta nueva colocada sobre el eje impulsor, instale la bomba de aceite y el conjunto del eje impulsor, asegurándose que la punta del eje impulsor se ajuste firmemente en la muesca del eje del distribuidor. El rotor del distribuidor deberá estar apuntando hacia la marca que hizo previamente.

NOTA: Deberá tener mucho cuidado de no mover el rotor del distribuidor mientras instala la bomba de aceite, ya que de lo contrario la sincronización del encendido quedará alterada.

9. Ensamble los componentes restantes en el orden inverso al de su desmontaje.

Motores diesel

1. Quite el eje impulsor de la bomba de aceite.
2. Saque el cárter de aceite.
3. Desatornille y quite la bomba de aceite. Descarte la junta.
4. Instale la bomba de aceite utilizando una junta nueva. Apriete los tornillos a 7-9 libras-pie.
5. Instale el eje impulsor alineándolo con la muesca del eje impulsor de la bomba de aceite, que está en el bloque de la culata, y con el engranaje impulsor de la bomba de aceite del árbol de levas.
6. Ponga un anillo tórico nuevo en el soporte del eje y atorníllelo al bloque.

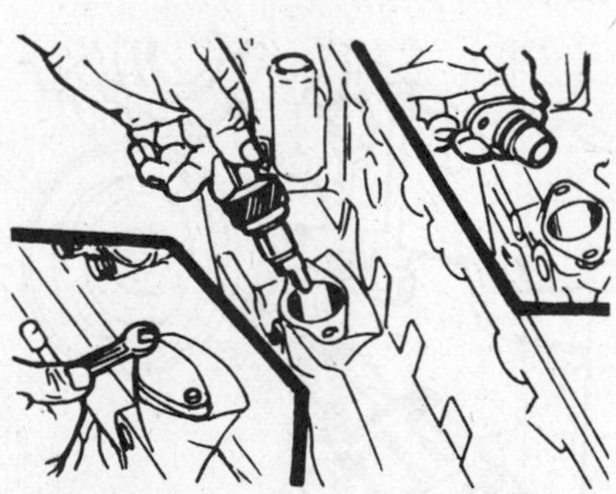

Extracción del eje impulsor de la bomba de aceite en un motor diesel

Conjunto del filtro de aceite

DESMONTAJE Y MONTAJE

Motores diesel SD22 y SD25

1. Quite los tornillos que están ubicados en el extremo del filtro de aceite de las tuberías de entrada y salida de aceite.
2. Saque los cuatro tornillos de montaje del conjunto del filtro y separe este último del bloque.

NOTA: Tenga preparado un colector de aceite para recoger el líquido que salga.

3. El montaje se realiza a la inversa del desmontaje. Apriete los tornillos a 14-18 libras-pie.

Enfriador de aceite

DESMONTAJE Y MONTAJE

Motores diesel SD22 y SD25

1. Quite la manguera de agua del enfriador.
2. Saque los ocho tornillos de montaje y levante el enfriador del bloque.

NOTA: Tenga preparado un colector de aceite para recoger el líquido que salga.

3. El montaje se realiza a la inversa del desmontaje. Apriete los tornillos a 14-18 libras-pie.

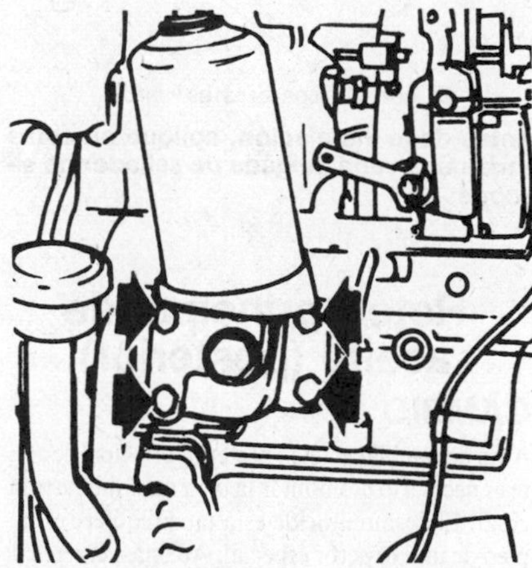

Filtro de aceite con los cuatro tornillos de montaje

Extracción del enfriador de aceite.

REFRIGERACIÓN DEL MOTOR

Radiador

DESMONTAJE Y MONTAJE

1. Vacíe el líquido de refrigeración en un recipiente limpio.
2. Quite la parrilla delantera.
3. Desconecte las mangueras superior e inferior del radiador. En los vehículos con transmisión automática, desconecte del radiador las tuberías de entrada y de salida del refrigerante. Tape las tuberías para que no entre suciedad y para evitar el escape del líquido de la transmisión. Si el ventilador tiene protección, quítela.
4. Desmonte los tornillos de retención del radiador de los soportes laterales y desmonte el radiador hacia arriba.
5. Monte el radiador en el orden inverso al desmontaje.

Bomba de agua

DESMONTAJE Y MONTAJE

1. Vacíe el líquido refrigerante del motor en un recipiente limpio. En los motores diesel, quite la manguera *by-pass* de la bomba.
2. Afloje los cuatro tornillos que retienen la protección del radiador y quítela.
3. Afloje la banda y, a continuación, desmonte el ventilador y la polea del cubo de la bomba de agua.
4. Quite los tornillos de retención de la bomba (tres, en los diesel; cinco en los de gasolina) y saque, de la tapa delantera, la bomba junto con la junta.

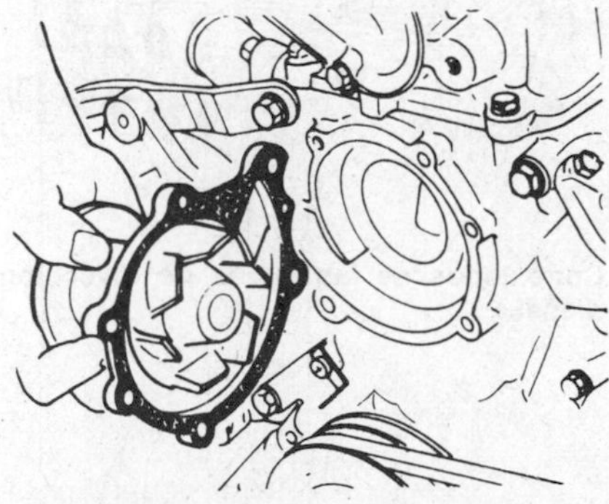

Extracción de la bomba de agua

5. Quite todos los restos de material de la junta e instale la bomba de agua en el orden inverso, utilizando una junta y un sellador nuevos. Apriete con suavidad los tornillos.

Termostato

La abertura del termostato instalado de fábrica tiene lugar a los 180 °F, para los vendidos en EE.UU.; y a los 190 °F, para los vendidos en Canadá.

DESMONTAJE Y MONTAJE

1. Vacíe el líquido refrigerante en un recipiente limpio de forma tal que el nivel quede debajo de la caja del termostato.
2. Quite la manguera alta del radiador que está en la salida del agua.

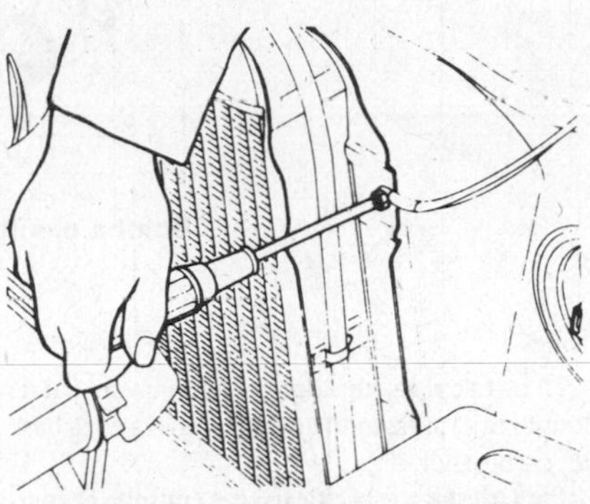

Extracción de los tornillos de sujeción del radiador

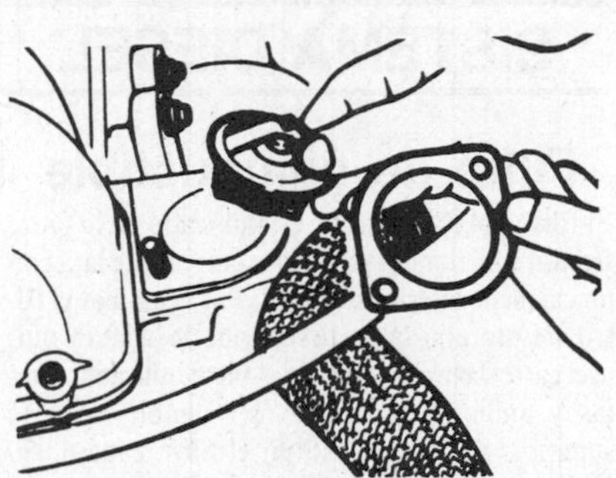

Extracción del termostato

3. Afloje las dos tuercas de fijación y quite la salida de agua, la junta y el termostato de la caja del termostato.
4. Invierta el procedimiento de desmontaje para instalar el termostato. Utilice una junta nueva con sellador y asegúrese de que el resorte del termostato quede hacia el interior del motor.

SISTEMA DE GASOLINA

Si cree que la bomba de combustible no funciona perfectamente, deberá comprobar la presión y el volumen. Nunca cambie la bomba sin antes realizar esta simple comprobación y, previamente, revise siempre todas las mangueras para ver si hay pérdidas u obstrucciones.

Filtro de combustible

El filtro de gasolina está ubicado en el lado derecho de la parte interior del guardabarro en el compartimiento del motor. Es de tipo cartucho y se debe cambiar cada 24,000 millas.

Para cambiar el filtro, afloje las abrazaderas de las tuberías de combustible deslizándolas hacia abajo de las mangueras más allá del punto hasta el cual las tuberías del filtro se extienden. Poco a poco tuerza y tire de las mangueras para sacarlas del filtro. Tenga cuidado pues algo de gasolina se derramará por la parte inferior de la tubería de combustible. Asegúrese de que la tubería del tanque esté conectada con la de entrada y que, al mismo tiempo, la tubería del carburador esté conectada con la de salida. Arranque el motor y compruebe si hay fugas.

Bomba mecánica de combustible

Esta bomba de combustible funciona mecánicamente, es del tipo de diafragma y la impulsa una leva excéntrica que se encuentra en la parte delantera del árbol del levas. El diseño de esta bomba de combustible permite el desmontaje, limpieza y reparación o cambio de cualquier componente defectuoso.

COMPROBACIÓN

1. Desconecte la tubería de combustible del carburador.
2. Conecte un manómetro de presión para la bomba de combustible dentro de la tubería.
3. Arranque el motor. La presión deberá mantenerse entre 3.0-3.9 lbs./pulg.^{2}. En general, hay suficiente gasolina en la cuba del flotador como para llevar a cabo esta comprobación.
4. Si la presión es la correcta, haga esta comprobación de la capacidad. Saque el manómetro de la tubería. Utilice un recipiente graduado para recoger la gasolina que salga de la tubería de combustible. Llene la cuba del flotador del carburador con gasolina. Arranque el motor durante un minuto aproximadamente a 1,000 rpm. La bomba deberá entregar 1,000 cc en un minuto o menos.

DESMONTAJE Y MONTAJE

1. Desconecte las dos tuberías de combustible de la bomba. Asegúrese de mantener la tubería del tanque hacia arriba para evitar una excesiva pérdida de combustible.
2. Saque las dos tuercas de montaje de la bomba y retire el conjunto de la bomba del lado del motor.
3. Monte la bomba de combustible en el orden inverso al de su desmontaje. Utilice una junta y sellador nuevos en la superficie de acoplamiento.

Bomba eléctrica de combustible

Esta bomba va, por lo general, montada sobre un soporte que se encuentra en el larguero de la parte derecha del bastidor al lado del tanque de combustible. El filtro que va montado en el cuerpo de la bomba normalmente no requiere reparaciones. Si es necesario, se puede desmontar la bomba, pero todas las partes electrónicas que se encuentran en el interior del cuerpo (un transistor, dos diodos y tres resistencias) deben cambiarse en conjunto.

COMPROBACIÓN

1. Desconecte la manguera de la salida de la bomba.

2. Conecte un pedazo de manguera en la salida. La manguera deberá tener un diámetro interior de 1/4 de pulgada (6 mm). Este diámetro es muy importante para poder obtener medidas precisas.

3. Levante el extremo de la manguera sobre el nivel de la bomba. Encienda el interruptor de encendido y recoja la gasolina en un recipiente graduado. El rendimiento de la bomba deberá ser de 1,400 cc en un minuto o menos. La presión de la bomba deberá estar entre 3.1-3.8 lbs./pulg.^{2}.

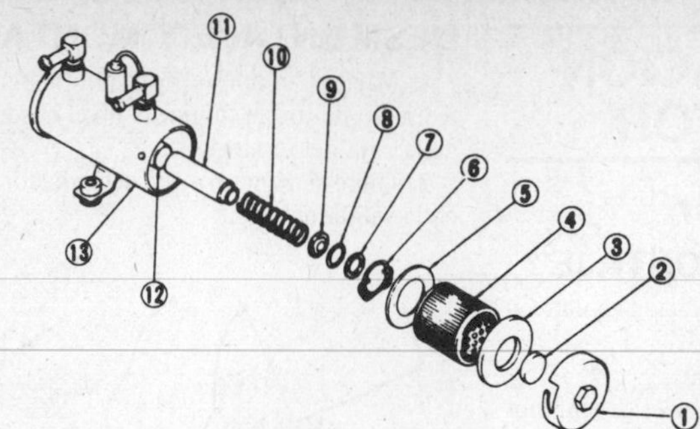

Bomba eléctrica de combustible

DESMONTAJE Y MONTAJE

1. Saque las mangueras de salida y de entrada y recoja el combustible que salga en un recipiente graduado.

2. Desconecte el cableado del conector.

3. Quite los dos tornillos de fijación de la bomba al soporte y, luego, retire la bomba.

4. El montaje es a la inversa. Si las abrazaderas de las mangueras no están en buenas condiciones sustitúyalas.

Carburador

DESMONTAJE Y MONTAJE

1. Saque el filtro de aire.

2. Desconecte y etiquete las tuberías de combustible y de vacío del carburador.

3. Quite la articulación de la mariposa.

4. Extraiga las cuatro tuercas y arandelas que retienen el carburador sobre el múltiple.

5. Retire el carburador del múltiple.

6. Saque y descarte la junta utilizada entre el carburador y el múltiple.

7. Instale el carburador en orden inverso al de desmontaje, utilizando una junta nueva en la base del carburador.

Para ajustes y especificaciones consulte el apartado Carburador en la sección de Reparaciones.

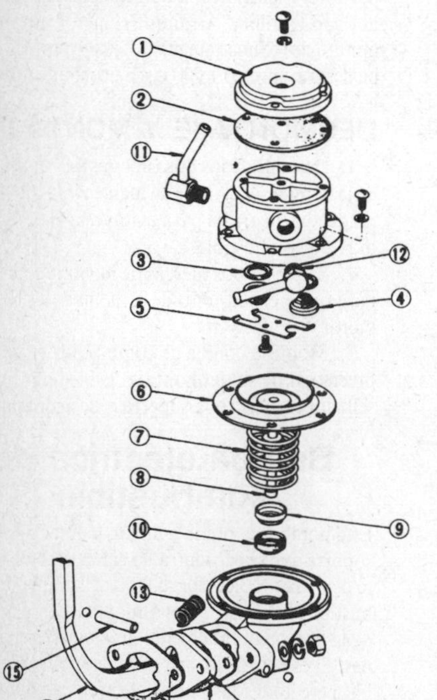

Bomba mecánica de combustible

SISTEMA DIESEL

Filtro de combustible

El filtro del combustible está ubicado en la parte frontal superior derecha del motor. Es de lata con un cartucho interior de papel. Para cambiar el filtro, desatornille la parte superior de la lata y quite el cartucho usado. Instale el filtro utilizando juntas y anillos tóricos nuevos. Cambie la parte superior. Se deberá sustituir el filtro cada 6,000 millas.

Bomba de inyección

DESMONTAJE Y MONTAJE

NOTA: Para la siguiente operación necesitará herramientas especiales. Si retira el motor del vehículo podrá realizar algunos de los siguientes pasos con mayor facilidad.

1. Quite las tuberías de entrada y de salida del refrigerador de aceite.

2. Saque los cuatro tornillos y retire el filtro de aceite junto con las tuberías del radiador.

3. Quite la manguera del refrigerante que está ubicada entre el radiador de aceite y la culata.

4. Saque los diez tornillos y retire el radiador del bloque.

5. Desconecte las tuberías de combustible y quite el filtro del soporte.

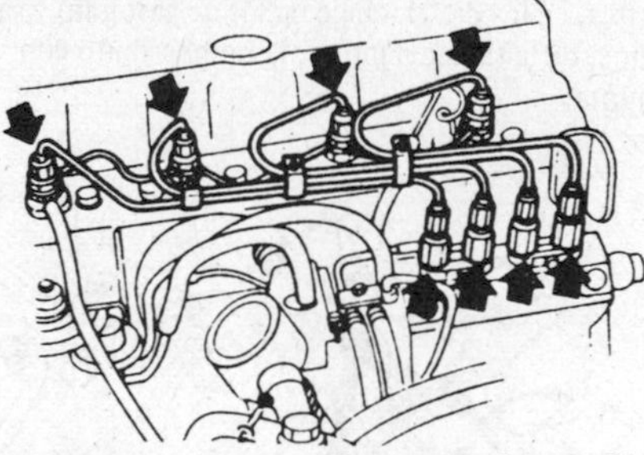

Conexiones de las líneas de inyección diesel

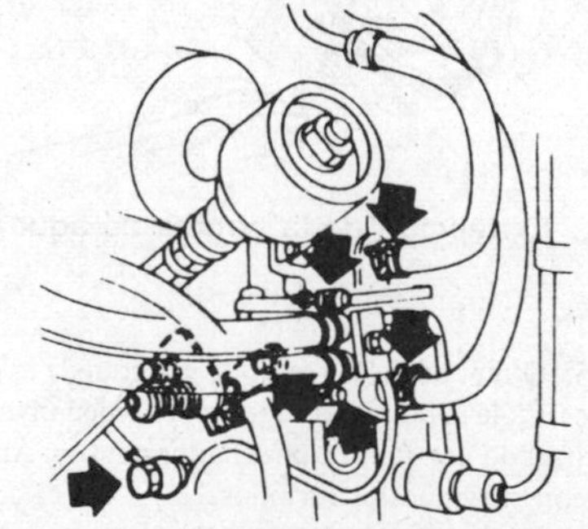

Puntos de conexión de las mangueras

6. Quite las tuberías de inyección de los inyectores y de la bomba. Tape todas las aberturas con rapidez.

7. Saque el ventilador, el espaciador y la polea de la bomba de agua.

8. Retire la manguera *by-pass* de la bomba y de la caja del termostato.

9. Extraiga los tres tornillos y retire la bomba de agua y la junta.

10. Quite la tapa de inspección y el indicador de la carcasa del volante y trabe el volante en su sitio con una herramienta para cerrar.

11. Aplane la arandela de presión y quite la tuerca de la polea del cigüeñal.

12. Golpee ligeramente el borde de la polea utilizando un botador de latón, hasta que el cono sobresalga de la polea. Quite el cono.

13. Saque la polea y el amortiguador del cigüeñal con un mazo blando.

14. Quite la tapa interior de la caja del engranaje de distribución.

15. Retire con una palanca el sello de aceite.

16. Extraiga los tornillos de sujeción y golpee la caja; aflójela con un mazo blando.

17. Retire las tuercas de soporte del mando del tacómetro.

18. Quite la tuerca redonda del sincronizador.

19. Ajuste el extractor del sincronizador 57926-581 en el cubo del cigüeñal. Quite el conjunto del sincronizador apretando el extractor.

20. Desatornille y retire de la placa del extremo frontal la bomba de inyección.

21. Provisionalmente, instale la bomba de inyección y la junta sobre la placa frontal.

22. Compruebe las marcas de distribución y coloque el pistón 1 en el PMS.

23. Encaje el piñón impulsor de la bomba de inyección y el piñón loco en las marcas de distribución.

24. Después de alinear la muesca de cuña de la bomba de inyección, instale la arandela de presión y la tuerca redonda. Apriete a 50-58 libras-pie.

25. Instale el acoplamiento impulsor del tacómetro.

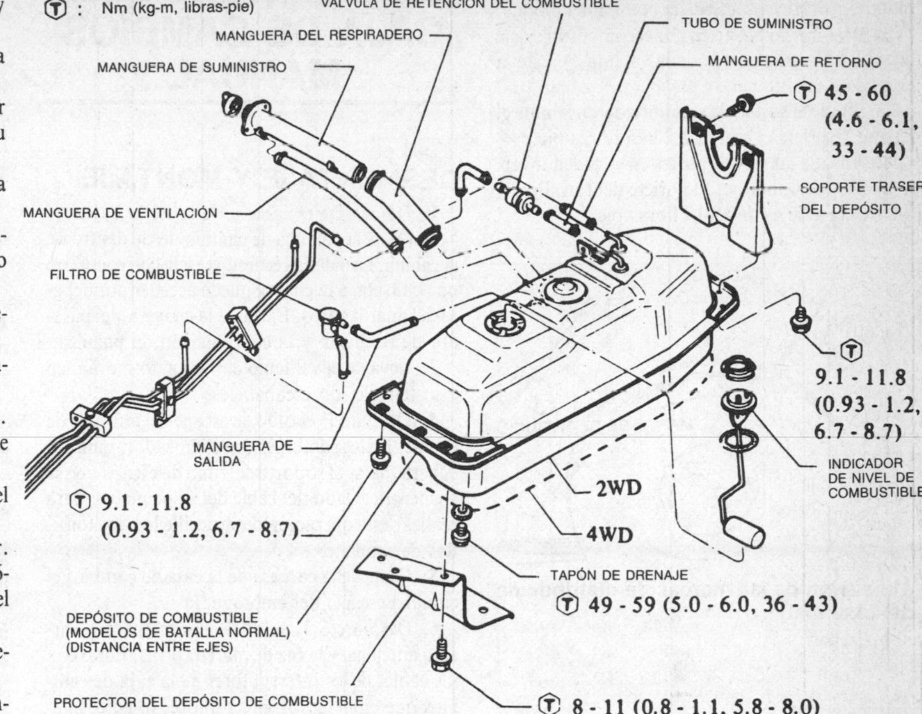

Tuberías y depósito de combustible típicos en todos los modelos de 1980 y posteriores

26. Compruebe el juego entre el piñón impulsor de la bomba y el piñón loco. El juego deberá tener 0.0028-0.0079''. Ajústelo si es necesario.

27. Quite la abrazadera del sostén del cilindro nº 1, afloje la válvula de suministro y retire el resorte de suministro. Ajuste la guía-sostén de la válvula a 22-25 libras-pie.

28. Conecte las líneas de suministro de combustible.

29. Coloque el pistón 1 a 20º APMS. Esta operación la puede realizar alineando la primera marca de la polea del cigüeñal, en rotación normal, con la línea saliente de la caja de engranajes.

30. Cebe a mano la bomba y empújela hacia el

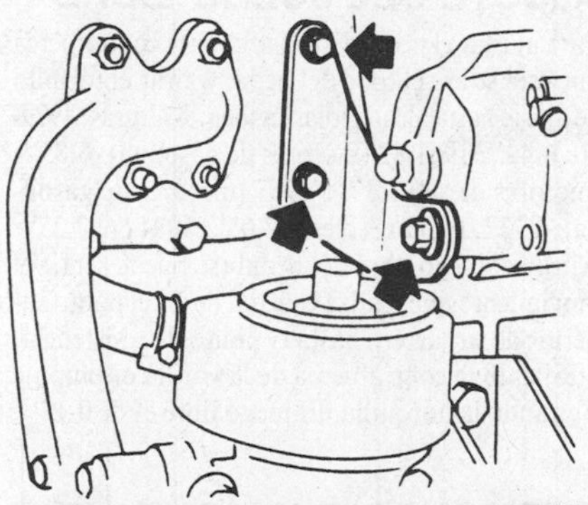

Soporte trasero de la bomba de inyección

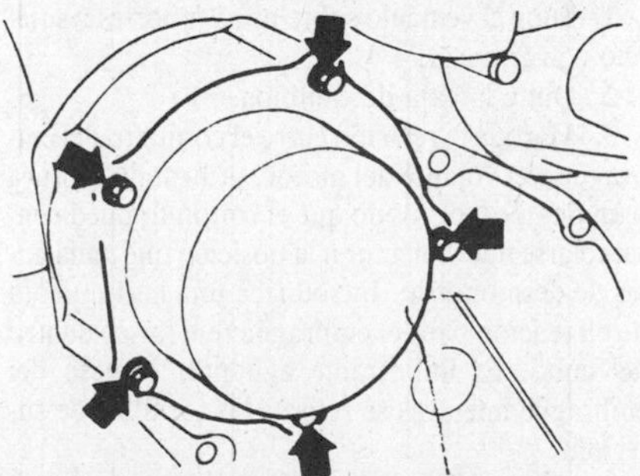

Tapa del sincronizador

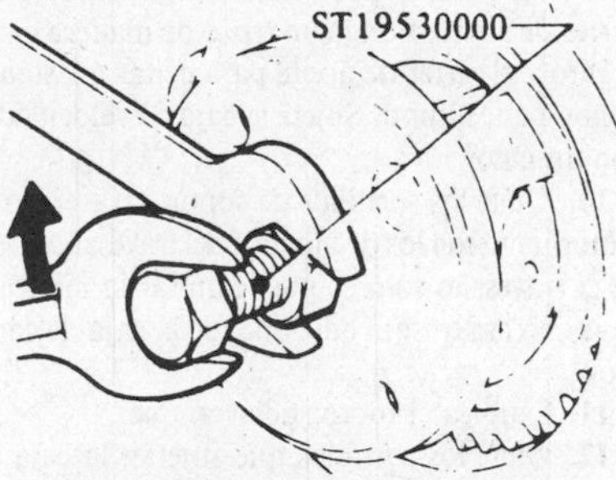

Extracción del sincronizador

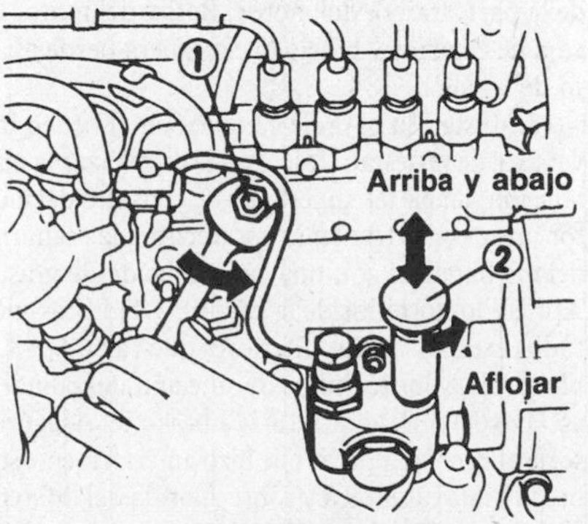

Purga del sistema

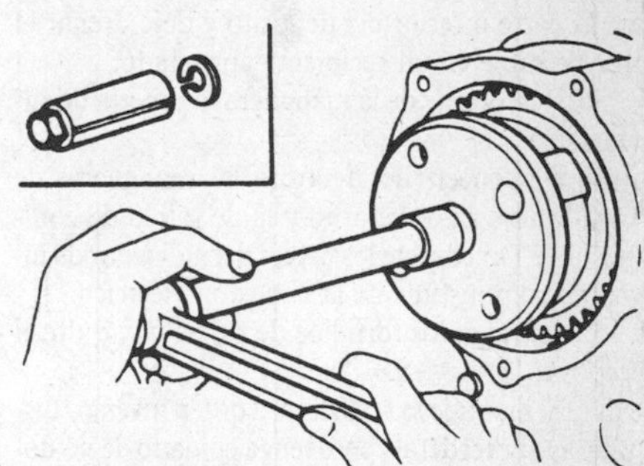

Instalación de la tuerca redonda

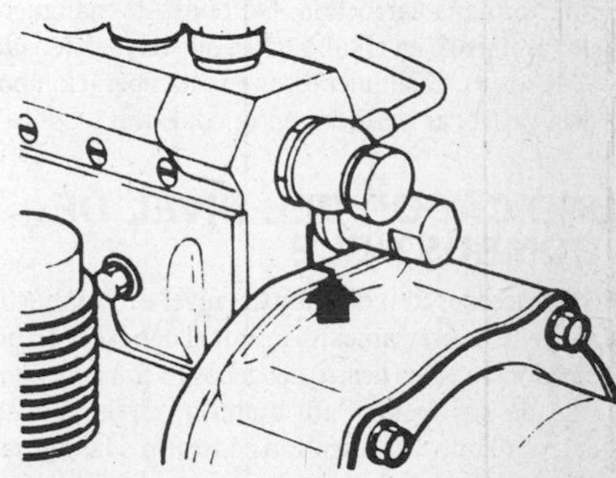

Alineación de las marcas de distribución de la bomba de inyección

bloque. Aparte lentamente la bomba del bloque, hasta el momento exacto en que el combustible deje de salir de la guía-sostén de la válvula. Ajuste la bomba en el sitio.

31. Quite el sostén de suministro y ensamble el resorte. Apriete el sostén a 22-25 libras-pie.

32. Instale las demás partes en el orden inverso al de su desmontaje. El apriete del tornillo del filtro de aceite es de 15-18 libras-pie.

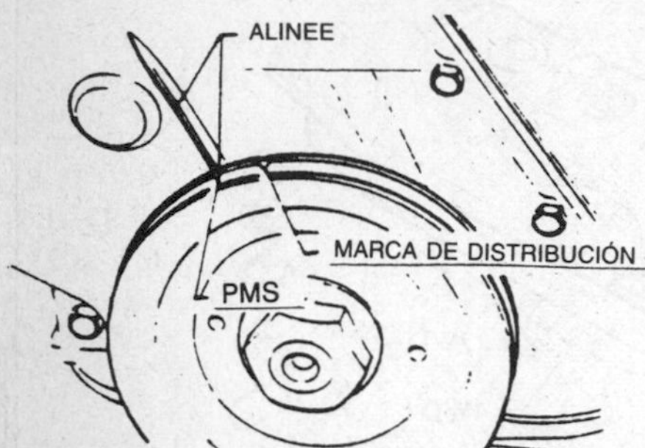

Alineación de las marcas de distribución del cigüeñal

Depósito de combustible

El depósito de combustible está localizado debajo del suelo del chasis, en la parte derecha, debajo de la cabina.

DESMONTAJE Y MONTAJE

1. Desconecte el cable a tierra de la batería.

2. Quite el tapón de drenaje, que se encuentra en la parte inferior del depósito y deje drenar el combustible en un recipiente apropiado.

3. Desconecte de la manguera la tubería de suministro.

4. Desconecte del depósito las mangueras de ventilación, la de retorno y la de salida de combustible. Desconecte los cables del indicador de nivel de combustible de la conexión eléctrica.

5. Extraiga los tornillos de sujeción y quite el depósito.

6. El montaje se realiza en el orden inverso. Instale las abrazaderas, pero tenga cuidado de no doblar ninguna de las tuberías. Instale los sujetadores, colocando el tubo de combustible en la parte inferior de la carrocería. No ponga la manguera de suministro en el tubo hasta que haya colocado el depósito. Cualquier error en esta operación podría provocar pérdidas en la conexión.

INDICADOR DEL NIVEL DE COMBUSTIBLE

Para acceder al indicador del nivel de combustible deberá, previamente, retirar el depósito. El indicador se instala dentro del depósito con una montura de bayoneta. Para quitarla, gírela con un destornillador en el sentido contrario a las agujas del reloj. Para la instalación utilice un anillo tórico nuevo y alinee la lengüeta del indicador con la muesca del depósito.

CAJA DE CAMBIOS MANUAL

DESMONTAJE Y MONTAJE

1. Desconecte el cable a tierra de la batería.

2. Quite la palanca de cambio desde dentro de la cabina. La palanca está sujeta a la corredera con una chaveta, a la cual se puede acceder por debajo del guardapolvo. Extraiga la chaveta y el pasador de retención y, a continuación, la palanca.

3. Levante el vehículo con un gato hidráulico y sosténgalo sobre caballetes.

4. Desconecte el tubo de escape del múltiple de escape. En los camiones con catalizador, también deberá quitar el soporte del tubo de escape que se encuentra al lado del cable del velocímetro; para realizar esta operación desatornille los dos tornillos de montaje.

5. Quite de la carcasa de la caja de cambios el cilindro esclavo del embrague.

6. Desconecte el cable del velocímetro de la carcasa adicional y la luz de marcha atrás, junto con los cables de los interruptores de la caja de cambios que están en los interruptores (o en el interruptor).

7. Quite el soporte que sostiene el cojinete central del árbol de mando ubicado sobre el travesaño del bastidor.

8. Saque el(los) árbol(es) de mando.

NOTA: En los modelos con tracción en las cuatro ruedas deberá, en este punto, sacar la caja de transferencia.

9. Sujete el motor colocando un gato debajo del cárter de aceite. Ponga un trozo de madera entre el gato y el cárter de aceite para evitar ocasionar daños a este último. Sujete la caja de velocidades con un gato.

10. Quite los tornillos de soporte traseros del motor junto con los de montaje del travesaño. Desde el travesaño sólo se puede quitar la montura de la carcasa trasera adicional de la caja de cambios.

11. Extraiga el motor de arranque.

12. Quite los tornillos que sujetan la caja de cambios al motor; baje la transmisión y llévela hacia atrás hasta que el eje principal esté separado de la parte trasera del motor. Retire del motor la caja de cambios y bájela hacia afuera desde abajo del camión.

13. Instale la caja de cambios en el orden inverso al de su desmontaje. Antes de realizar la instalación, limpie las superficies de contacto del motor junto con la transmisión. Recubra las ranuras del eje impulsor con una capa delgada de grasa. Apriete los tornillos de la caja a 32-43 libras-pie, todos excepto los dos inferiores que van a 6,5-8,7 libras-pie, y los tornillos de sujeción del cilindro esclavo del embrague a 18-22 libras-pie. Asegúrese de alinear las marcas que hizo anteriormente sobre la junta cardánica y sobre la brida del diferencial cuando instale el árbol de mandos para, así, evitar desequilibrar el balance.

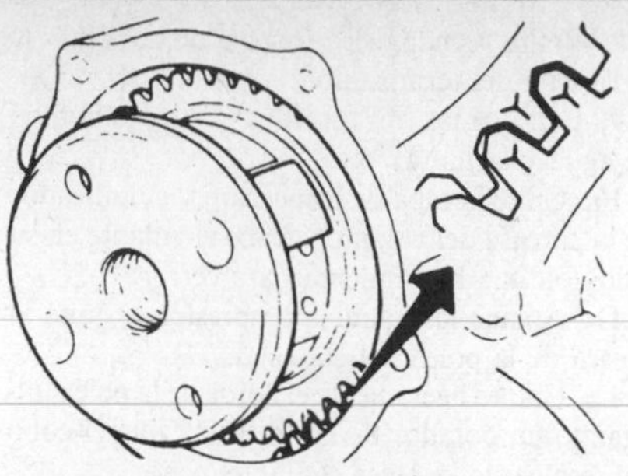

Alineación de las marcas «Y» en el sincronizador

EMBRAGUE

Este embrague es de accionamiento hidráulico, con monodisco de fricción en seco y del tipo diafragma.

El embrague se acciona por intermedio de un pedal que, a su vez, está conectado mecánicamente a un cilindro maestro. Al presionar el pedal, el pistón del cilindro maestro se mueve en el interior del cilindro. Este movimiento hace que el líquido en el interior del cilindro maestro se comprima, originando así una presión hidráulica que, al mismo tiempo, se transmite al cilindro esclavo a través de una tubería. Este último va montado sobre la carcasa del embrague y su pistón está conectado a la horquilla de desembrague. La presión hidráulica que se origina en el interior del cilindro esclavo mueve al pistón que, a su vez, acciona la horquilla que suelta el embrague.

ALTURA DEL PEDAL Y AJUSTE DEL JUEGO LIBRE

Para ajustar el pedal deberá aflojar la contratuerca que está sobre el tope del pedal y girar el tornillo de ajuste hasta alcanzar las siguientes alturas. 1979-80: 6.42"; 1981-82 (motores de gasolina): 6.85", (motores diesel) 7.17"; 1983 (motores de gasolina): 6,73", (motores diesel) 7,05"; 1984-86: 7.25". Ajuste el juego libre del pedal (se puede sentir el movimiento que realiza el pedal desde el punto superior de su carrera hasta el punto de resistencia) aflojando la contratuerca de la varilla de empuje y girando la horquilla. El juego libre es de 0.12".

DESMONTAJE Y MONTAJE

1. Suba el vehículo sobre unos soportes y sujételo con firmeza.

2. Quite la caja de cambios.

3. Marque la relación entre el conjunto del embrague y el volante del motor, utilizando pintura o un puntero, de modo que el conjunto pueda ensamblarse nuevamente en la posición que tenía antes de desmontarlo. Introduzca una herramienta de alineación para el embrague (eje falso) dentro del cubo. Es importante aguantar el peso del embrague mientras se retiran los tornillos de sujeción.

4. Afloje en secuencia los seis tornillos de sujeción de la tapa del volante del motor al embra-

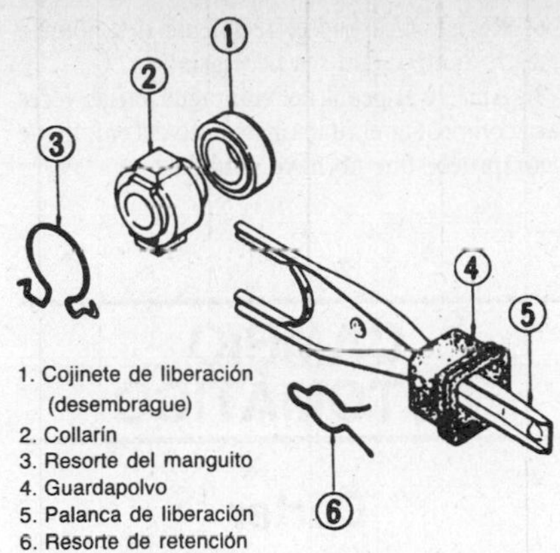
1. Cojinete de liberación (desembrague)
2. Collarín
3. Resorte del manguito
4. Guardapolvo
5. Palanca de liberación
6. Resorte de retención

Mecanismo de liberación del embrague

gue, una vuelta por vez, hasta que desaparezca la tensión del resorte, de este modo evitará que la tapa del embrague se deforme o se doble. Quite el conjunto del embrague.

5. Revise el volante del motor, observando si presenta rayaduras, desgaste o señales de recalentamiento. Las rayaduras superficiales deberán limpiarse con una tela de esmeril, pero si observa estrías profundas o importantes tendrá que cambiar o rectificar, si es posible, el volante. Si las caras del embrague o del volante están aceitosas, revise el sello de aceite de la tapa de la caja de cambios, la guía del buje, las juntas de la parte trasera del motor, etc., y corrija los desperfectos antes de cambiar el embrague. Si la guía del buje en el cigüeñal está gastada, cámbiela o instale una nueva utilizando un martillo blando. Los repuestos originales de fábrica no tienen por qué estar aceitosos, pero si utiliza repuestos de otras marcas deberá revisar todo el procedimiento. Revise la tapa del embrague para ver si presenta desgaste o estrías y, si es necesario, sustitúyala. Ni el disco de presión ni el resorte pueden desmontarse, y la tapa del embrague debe cambiarse como un conjunto.

6. Revise el cojinete de liberación del embrague y cámbielo si hace ruido o está duro. Puede extraer el cojinete de su alojamiento con un extractor, pero para la instalación de uno nuevo necesitará una prensa. Después de instalarlo, cubra con grasa la ranura del collarín, las superficies de contacto de la horquilla de desembrague, el pivote y el collarín, así como las superficies de contacto del cojinete de desembrague con la tapa frontal de la caja de cambios. No coloque grasa en exceso, ya que a alta temperatura podría penetrar en las superficies de rozamiento. Vuelva a instalar el cojinete de desembrague sobre la horquilla.

7. Aplique una capa delgada de grasa al plato de apriete, al resorte del diafragma, a las ranuras de la campana y a los apoyos de las palancas de presión.

8. Aplique una capa delgada de Lubriplate® en las ranuras del disco impulsado. Deslice el disco de embrague dentro de las ranuras y muévalo hacia adelante y hacia atrás, varias veces. Quite el disco y elimine el exceso de lubricante. Tenga cuidado de que no quede nada de grasa sobre las superficies del embrague.

9. Monte en el árbol de alineación del embrague la tapa del embrague y el disco de fricción.

10. Alinee las marcas realizadas en la tapa del embrague y en el volante (si utiliza la tapa usada) y monte los seis tornillos de unión de la tapa del embrague al volante. Para ubiçar correctamente la tapa en relación al volante debe valerse de las tres espigas. Ajuste los tornillos alternativamente a 12-15 libras-pie. Desmonte el árbol de alineación.

11. Instale la caja de cambios.

Cilindro maestro del embrague

DESMONTAJE Y MONTAJE

1. Desconecte el brazo del pedal del embrague de la varilla empujadora. Quite la tapa contrapolvo del cuerpo del cilindro maestro y de la varilla. No la saque a través del muro contrafuego, porque se rompería.

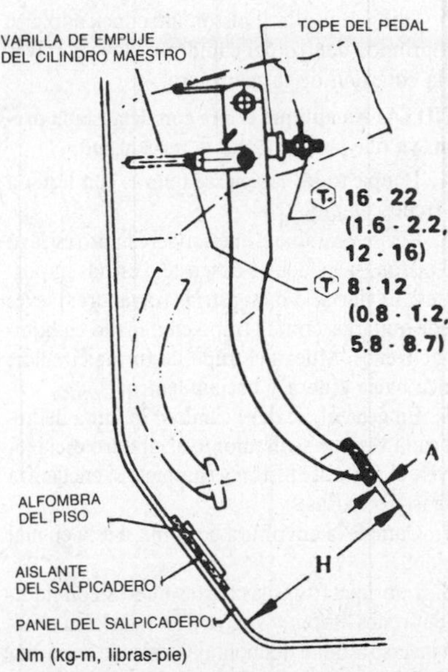

Ajuste del pedal del embrague: «A» es el juego libre del pedal y «H» es la altura

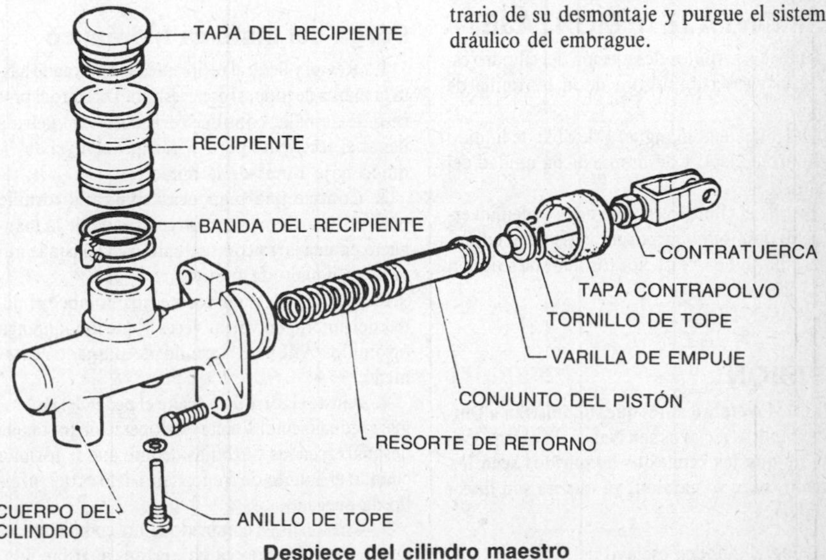

Despiece del cilindro maestro

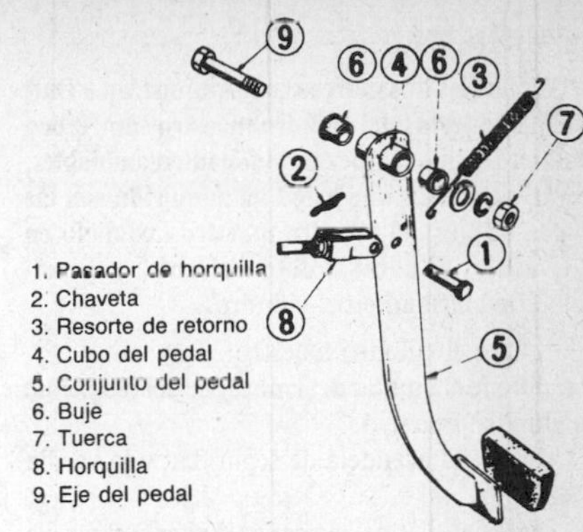
1. Pasador de horquilla
2. Chaveta
3. Resorte de retorno
4. Cubo del pedal
5. Conjunto del pedal
6. Buje
7. Tuerca
8. Horquilla
9. Eje del pedal

Conjunto del pedal del embrague

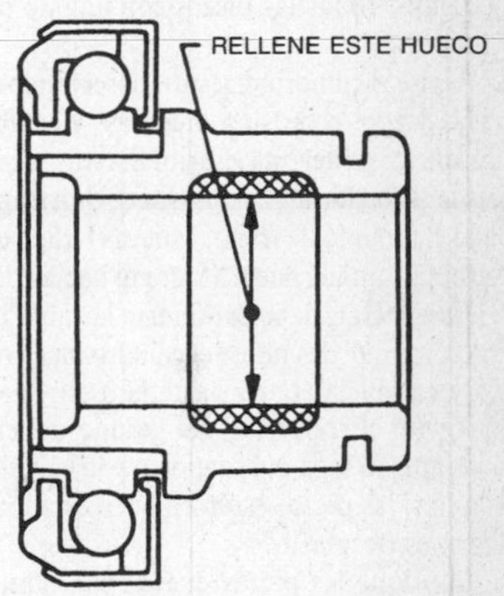

Recubra con grasa la zona indicada en el manguito del cojinete

2. Desconecte del cilindro maestro la tubería hidráulica del embrague.

NOTA: Tome precauciones para evitar que el líquido del freno se ponga en contacto con cualquiera de las superficies pintadas.

3. Quite las tuercas que sujetan el cilindro maestro; desmonte el cilindro maestro y la varilla empujadora llevándolas hacia el lado del compartimiento del motor.

4. Instale el cilindro maestro en el orden contrario de su desmontaje y purgue el sistema hidráulico del embrague.

REVISIÓN

NOTA: Las dos marcas que suministran a Datsun los repuestos del cilindro maestro son Nabco y Tokico. Como las piezas no son intercambiables, asegúrese que las que usted ha adquirido son las adecuadas para el cilindro maestro instalado en su vehículo. El nombre del fabricante va estampado con claridad en el cilindro.

1. Quite el cilindro maestro.
2. Drene el líquido del embrague del recipiente del cilindro maestro.
3. Saque la arandela de seguridad y la varilla de empuje.
4. Extraiga el tope, el pistón, el retén y el muelle de retorno.
5. Limpie todas las piezas con líquido de frenos limpio.
6. Revise el cilindro maestro, observando si presenta desgaste, corrosión o estrías, y cambie las piezas que considere necesario. Si éstas presentan estrías leves o vidriados, quítelas con un trapo empapado en líquido de freno. Mueva el trapo de forma circular, nunca hacia afuera ni hacia adentro.
7. En general, debe cambiarse la junta del retén cada vez que desmonte el cilindro maestro. Revísela y cámbiela si está gastada o estropeada.
8. Revise el recipiente del líquido del embrague, la tapa, la tapa guardapolvo y la válvula, observando si las piezas están en buen estado; cámbielas si es necesario.
9. Lubrique las piezas nuevas con líquido de frenos limpio.
10. Vuelva a montar todas las partes del cilindro maestro en el orden inverso al de su desmontaje, teniendo en cuenta lo siguiente: reinstale la junta del retén con cuidado, ya que podría estropear los bordes; ajuste la altura del pedal del embrague después de instalar el cilindro maestro en el vehículo; llene el cilindro maestro y el recipiente del embrague, y luego purgue el sistema hidráulico del embrague.

Cilindro esclavo del embrague

DESMONTAJE Y MONTAJE

1. Quite los tornillos de sujeción del cilindro esclavo y la varilla impulsora de la horquilla de cambio.
2. Desconecte la manguera flexible de líquido del cilindro esclavo y desmonte dicha unidad del vehículo.
3. Instale el cilindro esclavo en el orden inverso al de su desmontaje y purgue el sistema hidráulico del embrague. Ajuste los tornillos de sujeción a 18-25 libras-pie.

REVISIÓN

NOTA: Los fabricantes que suministran a Datsun los cilindros esclavos son Nabco y Tokico. Asegúrese de que los repuestos adquiridos sean los adecuados para su camión, ya que no son intercambiables.

1. Quite el cilindro esclavo del vehículo.

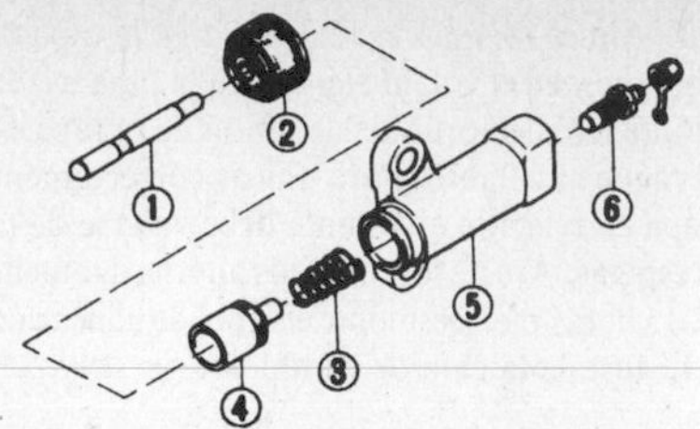

1. Varilla de empuje
2. Tapa contrapolvo
3. Resorte del pistón
4. Pistón
5. Cilindro
6. Tornillo para purgar

Cilindro esclavo del embrague

2. Quite la varilla impulsora y la tapa guardapolvo.
3. Obligue a salir al pistón introduciendo aire comprimido dentro del cilindro esclavo a través de la conexión de la manguera.

NOTA: No aplique el aire con demasiada presión, ya que podría dañar el mecanismo.

4. Limpie todas las piezas nuevas con líquido de frenos limpio.
5. Revise y cambie el interior del cilindro esclavo y el pistón, si encuentra desgaste o estrías importantes. El vidriado o las estrías (rayaduras) leves puede quitarlas con un trapo empapado en líquido de frenos. Mueva el trapo de forma circular, nunca hacia afuera y hacia adentro.
6. En general, se debe cambiar la junta del retén cada vez que se desmonta el cilindro esclavo. Revise el retén del pistón y cámbielo si encuentra desgaste o estrías.
7. Cambie la envoltura de goma si está en mal estado.
8. Lubrique todas las partes nuevas con líquido de frenos limpio y vuelva a instalarlo en el orden inverso al de su desmontaje, teniendo en cuenta lo siguiente: tenga cuidado cuando instale el retén del pistón, ya que podría dañar los rebordes; llene el cilindro maestro con líquido de frenos y purgue el sistema hidráulico del embrague.

Purga del sistema hidráulico

1. Revise y llene el recipiente del embrague hasta la marca de tope, si es necesario. Durante el proceso de drenaje, continúe revisándolo y vuelva a llenar el recipiente para evitar que el nivel del líquido baje a más de la mitad.
2. Conecte una manguera vinílica al tornillo para purgar. Sumerja el otro extremo de la manguera en una jarra transparente, llena hasta la mitad con líquido de frenos.
3. Indíquele a un asistente que bombee el pedal del embrague varias veces y que lo mantenga oprimido. Afloje el tornillo de purgado lentamente.
4. Ajuste el tornillo y suelte el pedal del embrague gradualmente. Repita esta operación hasta que desaparezcan las burbujas de aire que se forman cuando el líquido de frenos sale a través del tornillo de purgado.
5. Cuando haya eliminado el aire completamente, ajuste el tornillo y cambie la tapa guardapolvo.
6. Revise y cargue el recipiente del cilindro maestro tanto como sea necesario.
7. Apriete el pedal del embrague varias veces para comprobar el funcionamiento del embrague y compruebe que no haya pérdidas.

CAMBIO AUTOMÁTICO

Cárter

DESMONTAJE Y MONTAJE

Afloje los tornillos de sujeción del cárter del cambio automático, más en una esquina que en las otras tres. Deje que por esta esquina drene el líquido. Quite todos los tornillos de sujeción del cárter y este último. Para su instalación proceda en el orden inverso al de su desmontaje. Utilice siempre una junta nueva.

AJUSTES

Varillaje de cambios

1. Afloje la contratuerca de la varilla a la palanca de control.
2. Coloque la palanca de cambios en D y la palanca de control de la transmisión en la posición D.
3. Apriete la contratuerca y mueva la palanca de cambios en todas las posiciones, observando las paradas en cada posición y asegurándose de que la transmisión responde correctamente en cada marcha. Realice una doble comprobación para ver si la posición Park encaja bien y retiene al camión. Si no es posible llevar a cabo un ajuste correcto en cada posición, cambie toda la palanca de cambios y los anillos protectores.

Interruptor de kick-down y solenoide de cambio descendente

Con el interruptor de arranque en posición de contacto y el pedal del acelerador apretado a fondo, los contactos del interruptor del kick-down deben quedar cerrados y el solenoide de cambio descendente activado emitiendo un sonido sincrónico. Si los componentes fallaran y no funcionaran de esta forma, primero revise la conducción en el interruptor y, si ésta resulta positiva, revise el solenoide. Cambie los componentes que sea necesario.

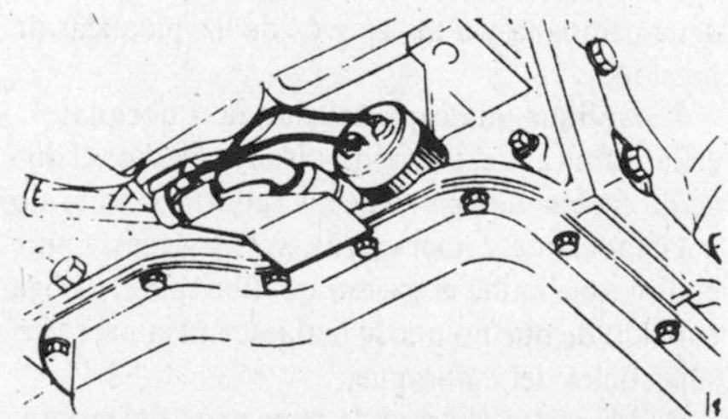

Solenoide de cambio descendente

Interruptor de seguridad en neutral

El interruptor está localizado sobre la palanca de cambios de la transmisión. El interruptor controla las luces de marcha atrás y el funcionamiento del arranque. Impide que el motor sea puesto en marcha en cualquier posición de la transmisión que no sea Park o Neutral. Para ajustar el interruptor de seguridad en Neutral, desatornille la tuerca de seguridad de la palanca de cambios y los dos tornillos de sujeción del cuerpo del interruptor. Quite el tornillo de la caja situada debajo del interruptor. Coloque la palanca de cambios en Neutral (en posición vertical compruebe el clic característico). Mueva el interruptor ligeramente hacia el lado de forma que el agujero del tornillo quede alineado con el orificio del rotor interno encajado en el eje manual, y revise esta alineación insertando a través de los agujeros un pasador de 0.080" (2.0 mm). Una mecha de # 47 le será útil para esta operación. Ajuste los tornillos del cuerpo del interruptor, quite el pasador y ajuste el tornillo dentro del agujero. Conecte la varilla selectora. Si después de este ajuste el interruptor de seguridad no funcionara correctamente en neutral, cámbielo.

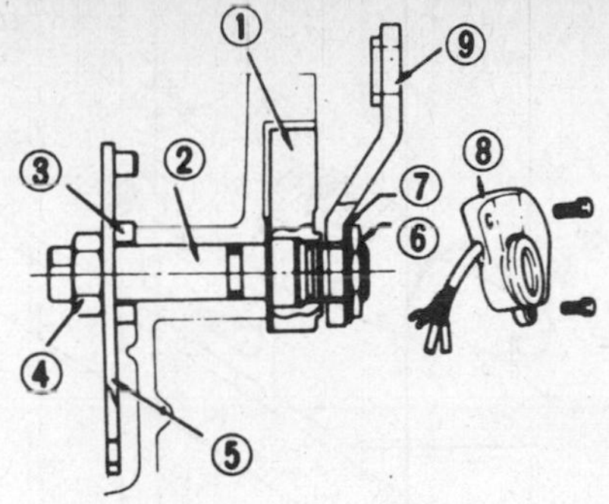

1. Interruptor de seguridad en neutral
2. Eje manual
3. Arandela
4. Tuerca
5. Placa manual
6. Arandela
7. Tuerca
8. Interruptor de seguridad en neutral
9. Palanca de cambios de la transmisión

Interruptor de seguridad en neutral

Caja de cambios

DESMONTAJE Y MONTAJE

1. Quite el cable a tierra de la batería.

2. Desconecte del varillaje del acelerador el eje.

3. Levante y sujete el camión.

4. Señale la junta cardánica con la unión del diferencial y desconéctelos. Quite los tornillos de sujeción del cojinete central y extraiga el eje de transmisión. Tape el cárter de la extensión de la carcasa de la caja.

5. Desconecte el tubo de escape del múltiple; quite la junta y sustitúyala por una nueva. Si el vehículo cuenta con un convertidor catalítico, desconecte la ménsula del tubo de escape.

6. Desconecte el varillaje del cambio de la caja de cambios.

7. Desconecte los cables del interruptor en neutral, la manguera de vacío del diafragma y el cable del solenoide de cambio descendente. Desconecte el cable del velocímetro del cárter de la extensión.

8. Quite el tubo de llenado del líquido.

9. Desconecte las tuberías de refrigeración de la transmisión. Utilice una llave para tuercas abocinadas.

10. Sujete el motor con un gato colocado debajo del cárter de aceite y, además, ponga un bloque de madera entre el gato y el cárter como si fuera un amortiguador. Coloque otro gato para sujetar la caja de cambios.

11. Saque la tapa del convertidor de par. Señale la unión del convertidor con el volante para su posterior montaje; estas piezas vienen equilibradas de fábrica como un conjunto. Retire los tornillos que sujetan el convertidor al volante. Para realizar esta operación tendrá que rotar el motor colocando una llave sobre el perno de la polea del cigüeñal.

12. Quite los tornillos de soporte traseros del motor y del travesaño. Saque el travesaño.

13. Extraiga el motor de arranque.

14. Quite los tornillos que unen el motor con la caja de cambios. Desplácela hacia atrás y hacia abajo, luego sáquela por debajo del vehículo.

15. Antes de instalar la caja de cambios revise la desviación del volante con un comparador. Gire el cigüeñal una vuelta completa. La desviación máxima permitida es de 0.012" (0.3 mm). Cambie el volante si la desviación excede las 0.020" (0.5 mm) o, de lo contrario, rectifíquelo.

16. Cuando instale el convertidor de par, asegúrese de alinear la muesca del convertidor con la prolongación situada sobre la bomba de aceite. Alinee las marcas que hizo anteriormente durante el desmontaje y atornille el convertidor al volante, apretando los tornillos a 29-36 libras-pie. Luego, rote el motor dándole unas pocas vueltas para asegurarse de que la caja de cambios gira sin trabarse. El apriete del tornillo que une la caja al motor es de 29-36 libras-pie. Ajuste el varillaje del cambio y el interruptor en Neutral, después de instalarlos.

CAJA DE TRANSFERENCIA

DESMONTAJE Y MONTAJE

1. Desconecte el cable a tierra de la batería.

2. Suba el vehículo y sujételo con unos soportes.

3. Quite el protector de la caja de transferencia.

4. Extraiga las tuercas de sujeción del árbol de mando primario.

5. Quite el árbol frontal y el trasero.

6. Desconecte el cable del interruptor para tracción en las cuatro ruedas.

7. Desconecte el cable del velocímetro.

8. Saque el tubo de escape.

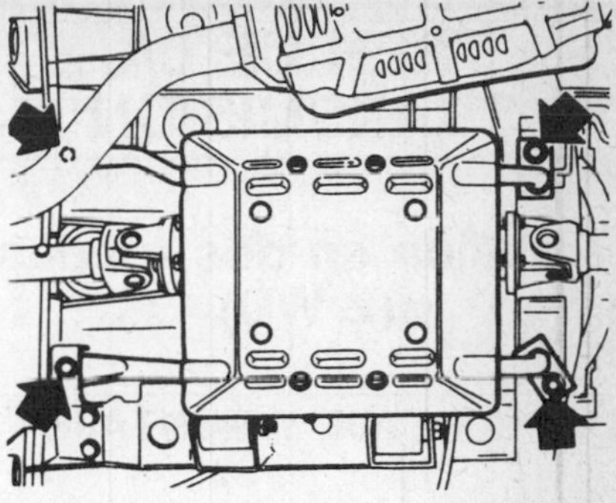

Tornillos de protección de la caja de transferencia

9. Sujete la caja de transferencia con un gato.

10. Afloje, por el momento, los tornillos de los aisladores de la caja de transferencia.

11. Quite el guardapolvo de la palanca de cambios del suelo.

12. Desatornille y quite la caja de transferencia.

13. El montaje se hace en el orden inverso al de su desmontaje. Apriete los tornillos de sujeción a 20-26 libras-pie.

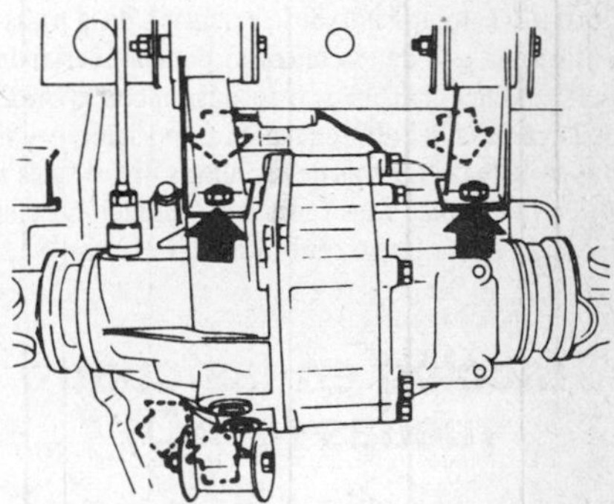

Tornillos de montaje de la caja de transferencia

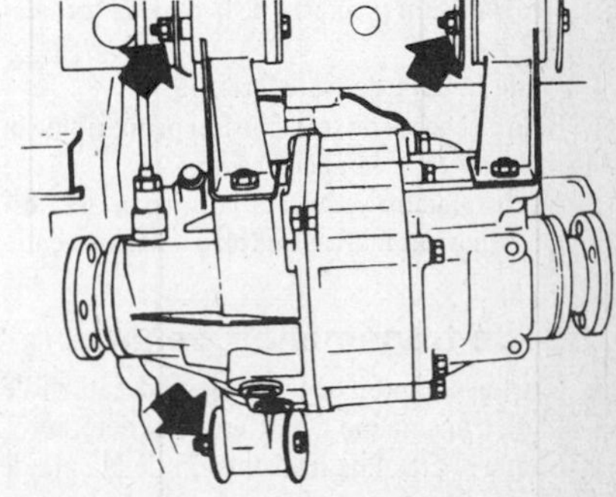

Tornillos de los aisladores de la caja de transferencia

TREN DE LA TRANSMISIÓN

Tracción en dos ruedas (2 WD)

DESMONTAJE Y MONTAJE

Árbol de transmisión y juntas universales

1. Coloque el vehículo sobre un elevador. Haga marcas coincidentes en el árbol de transmisión y en la brida del diferencial, de manera que pueda reinstalarse en su posición original.

2. Quite los tornillos de soporte de la ménsula del cojinete central.

3. Saque los tornillos que conectan el árbol de transmisión con la brida de la carcasa del diferencial (en la brida delantera, en los modelos más recientes).

4. Mueva el conjunto del árbol de transmisión hacia la parte trasera del vehículo, pasándolo por debajo del eje trasero y quitando el estribo de fijación de la transmisión. Observe que no haya pérdidas de aceite por el extremo de la transmisión y, si es necesario, tápelas.

5. Instale el árbol de transmisión en el orden inverso al de su desmontaje. Tenga cuidado de no golpear el estribo de fijación con la junta que está dentro del alojamiento de la extensión de la transmisión, ya que de lo contrario podría averiar la junta. Alinee el árbol de transmisión con la brida de la carcasa del diferencial en su posición original. Ajuste las tuercas de las juntas universales a 17-24 libras-pie, y las tuercas de retención de la ménsula del cojinete central a 12-16 libras-pie.

Tracción en las cuatro ruedas (4 WD)

DESMONTAJE Y MONTAJE

Árbol de transmisión primario

1. Señale la unión de las bridas y separe el árbol de transmisión primario de la caja de transferencia.

2. Quite la caja de transferencia.

3. Retire el árbol de transmisión primario de la transmisión y tape la abertura.

4. La instalación se hace a la inversa del desmontaje. Alinee las marcas que hizo anteriormente.

Árbol de transmisión delantero

1. Marque la unión de las bridas y desatornille el árbol de transmisión del diferencial delantero.

2. Saque el árbol de transmisión de la caja de transferencia y tape la abertura.

3. La instalación es a la inversa. Alinee las marcas.

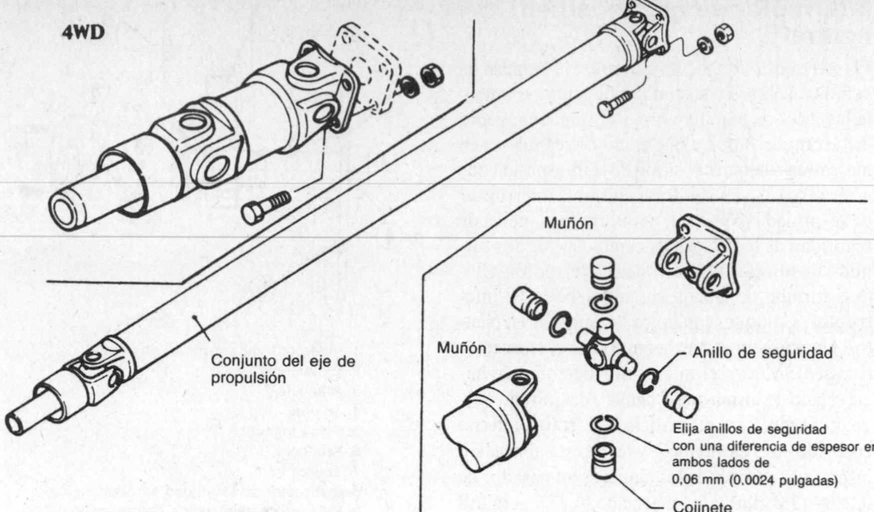

Eje de propulsión delantero: el dibujo de la izquierda nos muestra el árbol de transmisión primario que conecta la caja de transferencia con la transmisión

Árbol de transmisión trasero

1. Señale la unión de las bridas y desatornille el árbol de transmisión del diferencial trasero.

2. Quite la ménsula del cojinete central.

3. Saque el árbol de transmisión de la transmisión y tape la abertura.

4. Para su instalación proceda en el orden inverso. Alinee las marcas.

Revisión de juntas universales

Cojinete central

CAMBIO

El cojinete central es una unidad sellada que debe cambiarse como un conjunto en caso de encontrarlo defectuoso.

1. Quite el árbol de transmisión.

2. Señale la unión de las bridas que unen la mitad delantera del árbol de transmisión a la trasera. También marque la relación entre la brida auxiliar y el árbol de transmisión delantero. Quite los tornillos y separe los dos árboles.

3. Deberá idear un procedimiento para sostener el árbol de transmisión mientras desatornilla la brida auxiliar del árbol delantero. No coloque el tubo del árbol de transmisión delantero en un tornillo de banco, ya que podría aplastarlo. El mejor procedimiento consiste en sujetar la brida mientras afloja la tuerca. Para desmontarla necesitará hacer cierta fuerza.

4. Empuje la brida auxiliar para sacarla del árbol de transmisión delantero y quite el cojinete central de su montaje.

5. El nuevo cojinete ya viene lubricado. Instálelo en el montaje, asegurándose de que los sellos y demás elementos miren hacia el mismo lugar que antes de ser desmontados.

6. Deslice la brida auxiliar sobre el árbol de transmisión delantero, alineando las marcas que hizo anteriormente. Instale la arandela y la contratuerca. Apriete la tuerca a 145-175 libras-pie. Compruebe que el cojinete gire libremente alrededor del árbol.

7. Conecte la brida auxiliar al yugo del árbol de transmisión, alineando las marcas hechas al desmontarlo. Ajuste a 18-23 libras-pie.

8. Instale el árbol de transmisión, alineando las marcas que hizo durante el desmontaje.

EJE TRASERO

Palier, cojinete y retén de aceite

DESMONTAJE Y MONTAJE

Ruedas traseras sencillas

1. Levante la parte trasera del vehículo y colóquelo sobre soportes. Quite la rueda trasera y el neumático.

2. Desconecte el cable del freno de mano, sacando la tuerca de ajuste y la abrazadera.

3. Desconecte la tubería del freno de la placa del respaldo del freno trasero. Tape el extremo de la tubería para evitar que se produzcan pérdidas de líquido de freno.

4. Quite el tambor del freno.

5. Retire las tuercas de fijación del retén del cojinete de la rueda que están en la placa del respaldo del freno.

6. Extraiga el conjunto del palier junto con la placa del respaldo del freno, utilizando un martillo deslizante.

7. Quite, si es necesario, el retén de aceite del alojamiento del palier. Puede retirarlo haciendo palanca con un destornillador. Recubra con aceite los bordes del retén nuevo e instálelo con precaución, ya que podría dañar el borde.

8. Para cambiar el cojinete afloje la arandela de presión y luego descártela. Retire la contratuerca con una broca blanda y un martillo.

El juego axial se ajusta poniendo o sacando las láminas que están detrás de la placa del respaldo del freno

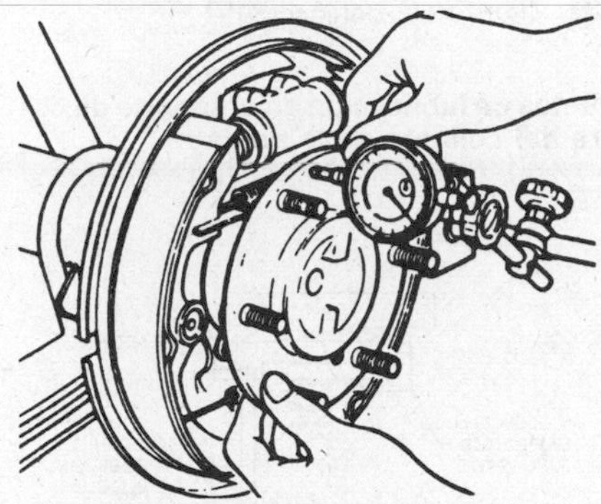
Mida el juego axial con un calibre

9. Tire hacia afuera del eje del cojinete usado y de la jaula.

10. Retire el retén de aceite que se encuentra dentro de la jaula. Utilice un botador de latón para quitar la taza del cojinete después de que haya sacado el retén.

11. Instale una taza nueva con un botador de latón. Coloque un retén de aceite nuevo sobre la taza del cojinete. Después de instalarlo, recubra con grasa la zona comprendida entre los bordes del retén.

12. Coloque la jaula del cojinete y el espaciador sobre el palier, luego encaje el cojinete golpeándolo ligeramente con un botador blando y un martillo.

13. Coloque la arandela del cojinete sobre éste y, posteriormente, la arandela de la tuerca nueva. Instale la contratuerca, apretando a 108 libras-pie. Continúe apretando hasta que las ranuras queden alineadas con las lengüetas de las arandelas. La tuerca puede ajustarse hasta 145 libras-pie. Coloque las lengüetas de la arandela en su lugar.

14. Lubrique el cojinete y el encaje en el alojamiento del palier con grasa para cojinetes de ruedas. Recubra con aceite para engranajes las ranuras del palier, y con grasa la superficie del retén.

15. Instale el palier en el orden inverso al de su desmontaje. El juego axial deberá ser de 0.012-0.035''. El juego axial se ajusta poniendo o sacando láminas detrás de la placa del respaldo del freno. Ajuste las tuercas de sujeción de la placa a 39-46 libras-pie.

Ruedas traseras dobles

1. Siga los pasos 1-6 del procedimiento anterior.
2. Quite los tornillos de sujeción y separe la contratuerca de la tuerca del cojinete de la rueda trasera.
3. Retire la tuerca del cojinete de la rueda trasera.
4. Saque los cojinetes y el retén; extraiga las pistas con una broca de bronce.
5. Recubra las ranuras del palier con aceite para engranajes 90W y el borde del retén con lubricador de chasis.
6. Instale las pistas nuevas con un útil específico y envuelva el cubo con lubricante de chasis.
7. Recubra cada cojinete y el anillo tórico con lubricante de chasis.
8. Instale los cojinetes y el palier. Tenga cuidado de no averiar el retén con el palier. Utilice siempre retenes nuevos. Asegúrese de que el juego axial sea de 0.0031''. Tenga en cuenta los siguientes ajustes: contratuerca del cojinete, 123-145 libras-pie; tuerca de la placa del respaldo, 62-80 libras-pie; pernos de rueda, 159-188 libras-pie.

EJE DELANTERO

Cubo de rueda libre

DESMONTAJE Y MONTAJE

Modelos 1983 y anteriores

1. Levante el eje delantero y colóquelo sobre soportes.
2. Coloque el cubo en la posición de cerrado.
3. Quite el embrague impulsado, girándolo en el sentido de las agujas del reloj.

NOTA: El pasador que cierra el embrague impulsado se encuentra dentro de la caja del cubo. Tire del embrague y gírelo mientras lo atrae con un imán.

4. Quite el pasador de cierre.
5. Coloque el cubo en la posición de libre.
6. Atornille el embrague impulsado en su sitio girándolo en el sentido contrario a las agujas del reloj hasta el final.
7. Gírelo en el sentido de las agujas del reloj hasta alinearlo con el orificio del tornillo.
8. Instale el pasador de cierre.

1984 y posteriores

1. Levante el eje delantero y colóquelo sobre soportes.
2. Saque las ruedas.
3. Retire la tapa del cubo de cierre utilizando una llave Torx®.
4. Tire del cubo para sacarlo.
5. Quite el anillo de seguridad y el embrague impulsor.
6. Extraiga el anillo de seguridad. Saque la contratuerca del cojinete utilizando una herramienta KV40104300 o equivalente.

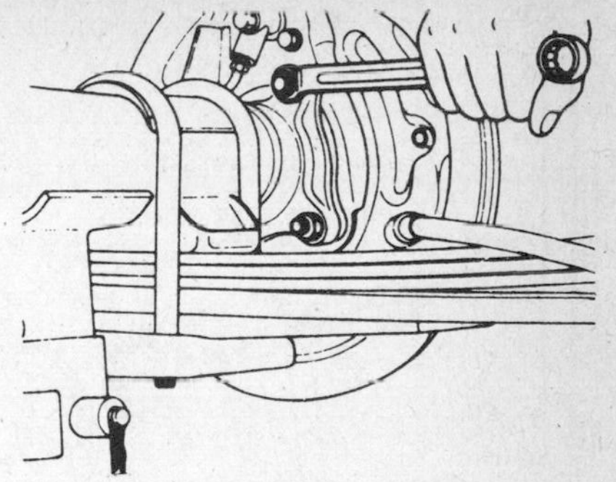

Desconexión del alojamiento del palier de la placa del respaldo del freno

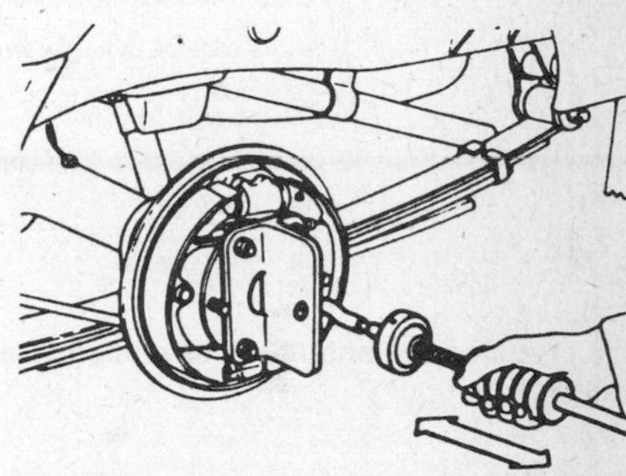
Extracción del palier con un martillo deslizante

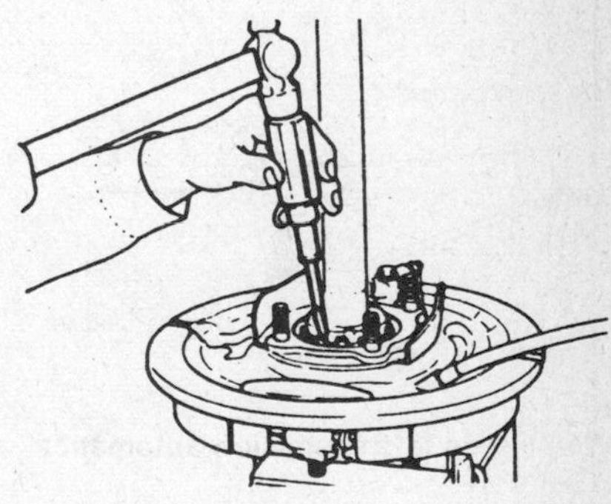
Afloje la arandela de presión para sacar la contratuerca del cojinete; en la instalación, utilice una tuerca nueva

Palier

DESMONTAJE Y MONTAJE

Modelos 1983 y anteriores

1. Quite el cubo de la rueda libre.
2. Retire el anillo de seguridad y el embrague impulsado.
3. Saque el tope de amortiguación.
4. Desconecte la barra estabilizadora que está en la conexión inferior.
5. Quite los tornillos que sujetan el palier al soporte. ¡NO QUITE LAS FUNDAS DE CAUCHO!
6. Retire el palier de la suspensión.
7. El montaje se hace en el orden inverso al de

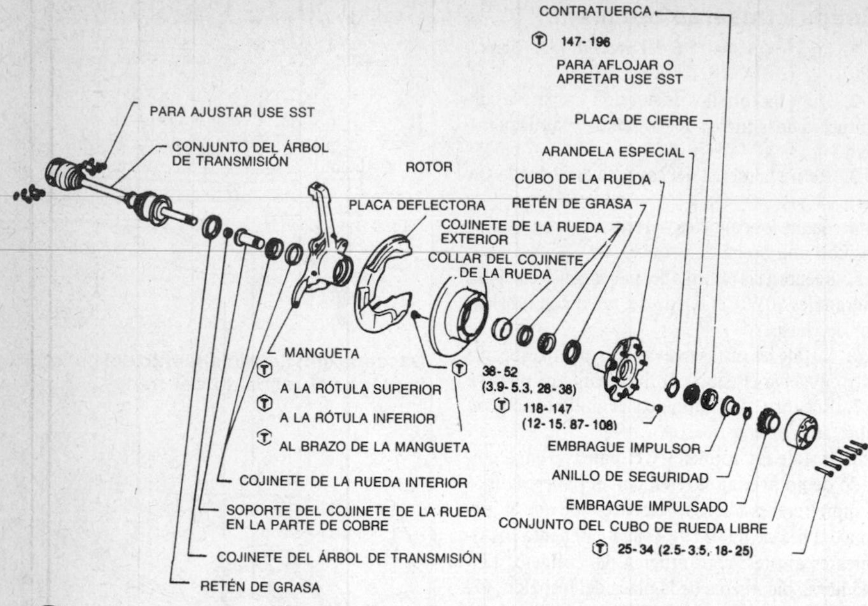

Eje propulsor delantero en los modelos con tracción en las cuatro ruedas, 1983 y anteriores

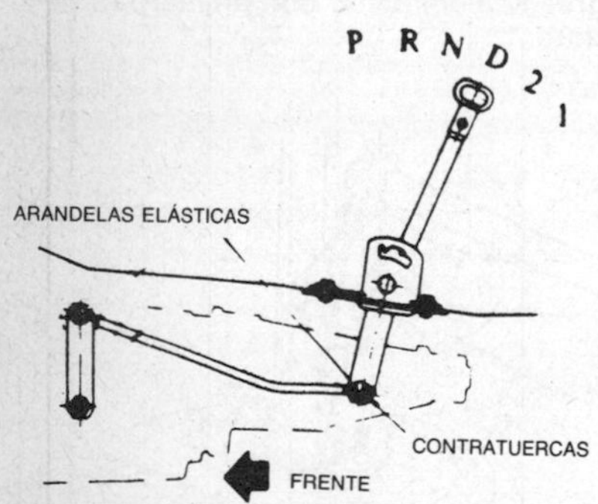

Varillaje de la transmisión automática

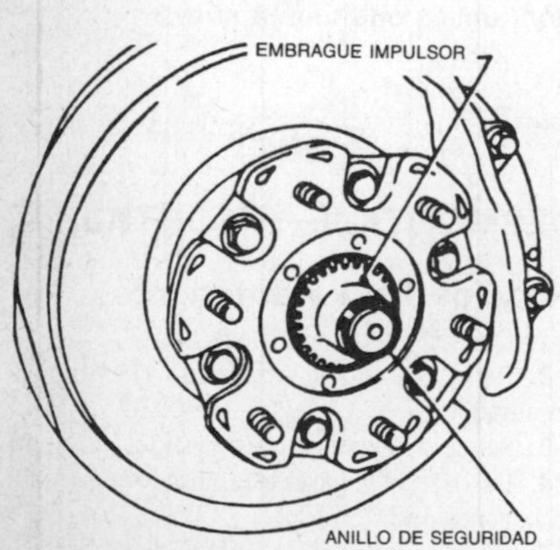

Ubicación del anillo de seguridad del cubo de rueda libre y del embrague impulsado

su desmontaje. Tenga en cuenta los siguientes pasos: aplique grasa para cojinetes de rueda en la parte de cobre del soporte del cojinete. Ajuste el juego axial del palier colocando el espesor adecuado de los anillos de seguridad sobre el extremo del palier. Apriete los tornillos de las bridas del palier a 20-27 libras-pie; los tornillos de la barra estabilizadora del bastidor a 12-16 libras-pie; los tornillos del cubo de la rueda libre a 18-25 libras-pie; los tornillos de la conexión inferior a la barra estabilizadora a 12-16 libras-pie y las tuercas de la rueda a 87-108 libras-pie.

1984 y posteriores

1. Saque el cubo de cierre.
2. Quite el anillo de seguridad y el embrague impulsor.
3. Desconecte la rótula inferior.
4. Desconecte el extremo inferior del amortiguador.
5. Desconecte el árbol de transmisión del eje delantero.
6. Retire el palier de su alojamiento. Esto ayudará a girar el volante de la dirección a la derecha cuando empuje el eje derecho, y hacia la izquierda cuando empuje el eje en esa misma dirección.
7. El montaje se realiza en el orden inverso al de su desmontaje. Tenga en cuenta lo siguiente: aplique lubricante de chasis en todas las superficies del cojinete. Antes de instalar el palier asegúrese de que el espaciador está en su lugar. Ajuste el juego axial utilizando anillos de seguridad de varios espesores. El juego deberá ser de 0,004-0,012''. Tenga en cuenta los siguientes aprietes: el del árbol de transmisión al palier es de 20-27 libras-pie; el del cubo de cierre a 18-25 libras-pie; el de la rótula a la mangueta de 87-123 libras-pie.

Puntos de lubricación en el soporte de cobre del cojinete de la rueda

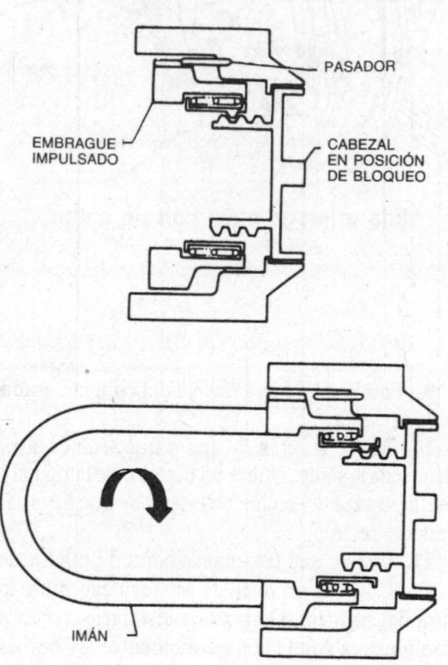

Secuencia de la extracción del cubo

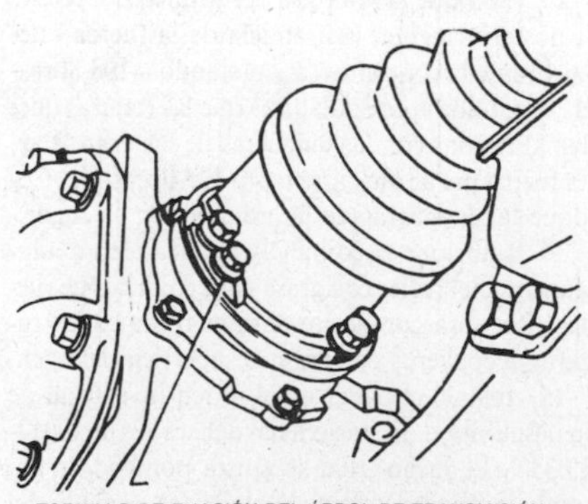

Tornillos del soporte al palier al portante

SUSPENSIÓN DELANTERA

Tracción en dos ruedas (2 WD)

La suspensión delantera de las pick-ups es independiente, con brazos de control de largo desigual y barras de torsión. Los brazos de control están sujetos a una ménsula que va soldada al bastidor en los puntos del pivote interno y a la mangueta en sus puntos externos. La barra de torsión tiene ranuras en cada extremo, el extremo frontal está instalado en el brazo de torsión, el cual va sujeto al brazo de control inferior; y el extremo posterior está montado en el anclaje de la barra de torsión que, a su vez, va sujeta al bastidor del chasis. El movimiento longitudinal de la suspensión delantera está controlado por unos tirantes que van conectados a los brazos de mando en un extremo, y montados al bastidor del chasis en el extremo delantero. Una barra estabilizadora opcional va conectada a los brazos de mando inferiores a través de unas uniones verticales. La mangueta está sujeta al soporte por medio de rótulas.

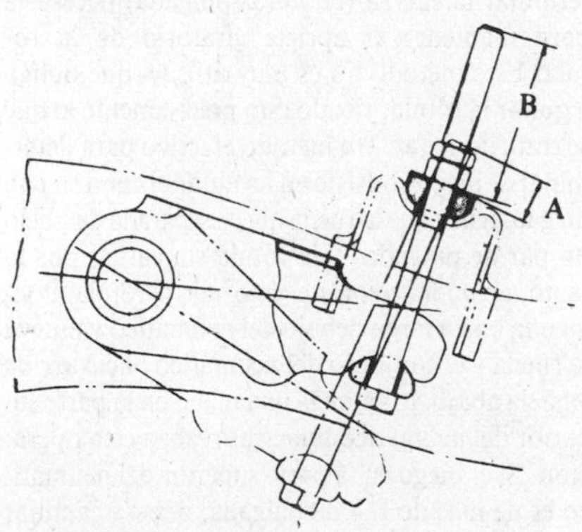

Instalación del extremo del anclaje de la barra de torsión en los modelos con tracción en dos ruedas

Barras de torsión

DESMONTAJE Y MONTAJE

Modelos 1983 y anteriores

1. Levante el tren delantero del vehículo con un gato y apóyelo sobre unos soportes. Quite la rueda. En los modelos equipados con convertidor catalítico deberá extraerlo si saca la barra de torsión izquierda.

2. Afloje las tuercas de regulación de la altura en el extremo del anclaje de la barra de torsión; deje colgando el soporte del anclaje.

3. Quite la tapa contrapolvo del extremo posterior de la barra de torsión junto con el anillo de seguridad.

4. Tire del brazo de anclaje, hacia atrás y hacia afuera de la barra de torsión. Retire esta última del brazo de mando inferior y sáquelo por debajo del vehículo.

5. Antes de instalar la barra de torsión, aplique una ligera capa de grasa en las ranuras. Instale la barra de torsión en el brazo de mando inferior.

NOTA: Las barras de torsión tienen una L (izquierda) estampada sobre uno de los extremos o una R (derecha), y se deben instalar en el mismo lugar del que fueron desmontadas.

6. Instale el brazo de anclaje en el extremo posterior de la barra de torsión. La dimensión A debe ser de 0.28-0.67''. Tenga en cuenta que hay dos métodos diferentes para medir esta distancia. Asegúrese de que utiliza la ilustración adecuada para su vehículo.

7. Instale un anillo de seguridad nuevo y un guardapolvo en el extremo del anclaje de la barra de torsión.

NOTA: Utilice siempre un anillo de seguridad nuevo, no vuelva a poner el usado.

8. Ajuste la tuerca, hasta encontrar las salidas de la unión debajo del soporte, a 2.36-2.76'' en todos los modelos (dimensión B).

9. Instale la rueda y baje el vehículo.

10. Regule la altura de pretensado del vehículo con el peso del camión «en orden de marcha» (depósito lleno de combustible y sin pasajeros). Consulte Ajuste de la regulación de la altura. Apriete la contratuerca a 23-30 libras-pie.

Modelos 1984 y posteriores

1. Bloquee las ruedas traseras y levante el tren delantero del vehículo apoyándolo sobre caballetes colocados debajo de los largueros del bastidor.

2. Saque el tornillo de anclaje de la barra de torsión.

3. Quite la tapa contrapolvo y extraiga del brazo de anclaje el anillo de seguridad.

4. Tire del brazo de anclaje hacia atrás.

5. Tire de la barra de torsión hacia atrás.

6. Retire el brazo de control de la barra de torsión.

7. Revise las barras de torsión para ver si presentan desgaste, rayaduras u otros desperfectos. Si es así, cámbielas.

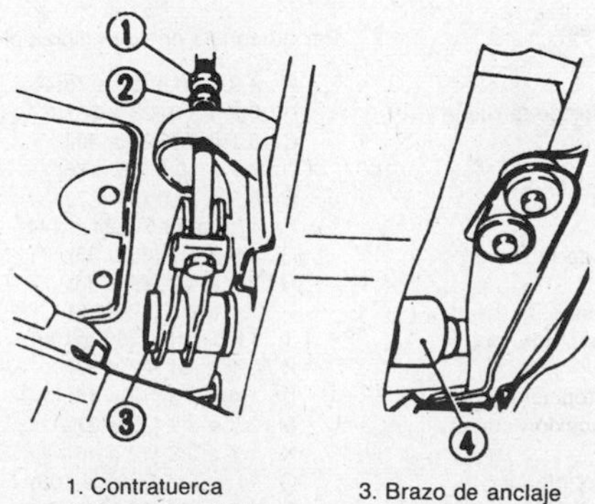

Anclaje de la barra de torsión en modelos con tracción en dos ruedas

8. Instale el brazo de control en la conexión inferior. Apriete el lateral exterior a 20-27 libras-pie y el interior a 26-33 libras-pie.

9. Instale el anillo de seguridad y la tapa contrapolvo en la barra de torsión.

10. Recubra las ranuras de la barra de torsión con lubricante de chasis e instálela en el brazo de control. Las barras de torsión están marcadas con una L o con una R y no son intercambiables.

11. Coloque la conexión inferior en su lugar de tal manera que la holgura entre esta última y el tope de amortiguador sea nula.

12. Instale el brazo de anclaje de forma tal que la dimensión G de la ilustración sea de: motores de gasolina (lado izquierdo): 4.33-4.72'', (lado derecho): 5.12-5.51''. Motores diesel (lado izquierdo): 4.53-4.92'', (lado derecho): 5.31-5.71''.

13. Por el momento, apriete el tornillo del brazo de anclaje de forma tal que la dimensión H de la ilustración sea de 2.72'' en el lado izquierdo, y de 2.83'' en el lado derecho.

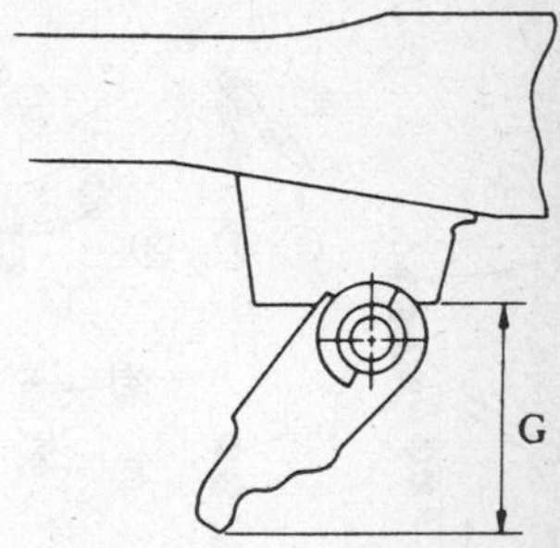

Instalación del brazo de anclaje

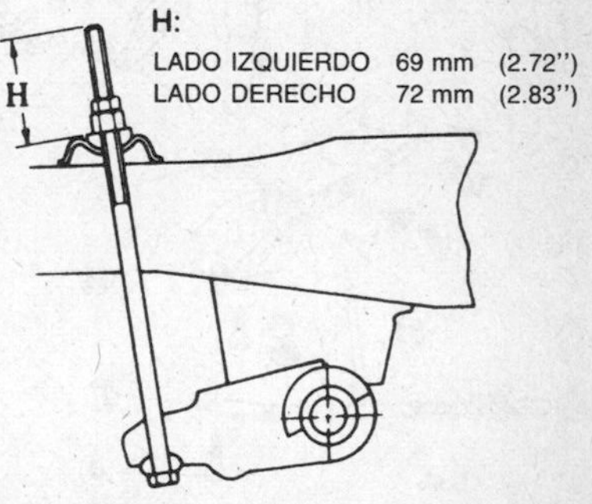

Ajuste preliminar del brazo de anclaje

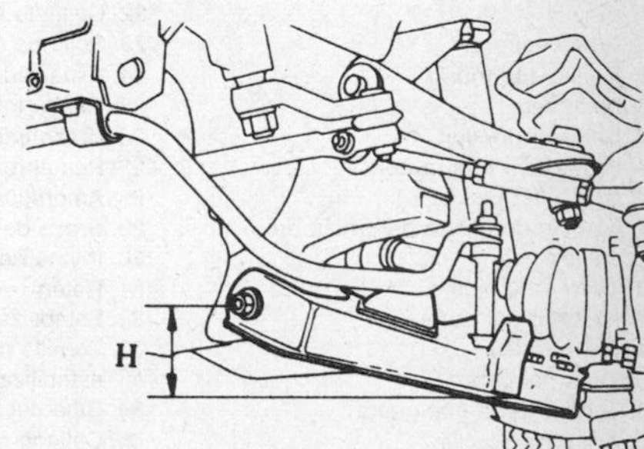

Ajuste de la altura de pretensado en modelos con tracción en las cuatro ruedas

14. Instale el anillo de seguridad en el brazo de anclaje, gírelo para asegurarse de que está completamente en la ranura.

15. Instale la tapa contrapolvo.

16. Baje el vehículo para que se apoye sobre las ruedas. Gire la tuerca de ajuste del tornillo de anclaje de forma tal que la dimensión H de la ilustración sea de 4.65-4.80'' en los modelos de cabina regular y de 4.45-4.61'' en los modelos King Cab. Apriete la tuerca de ajuste a 22-30 libras-pie.

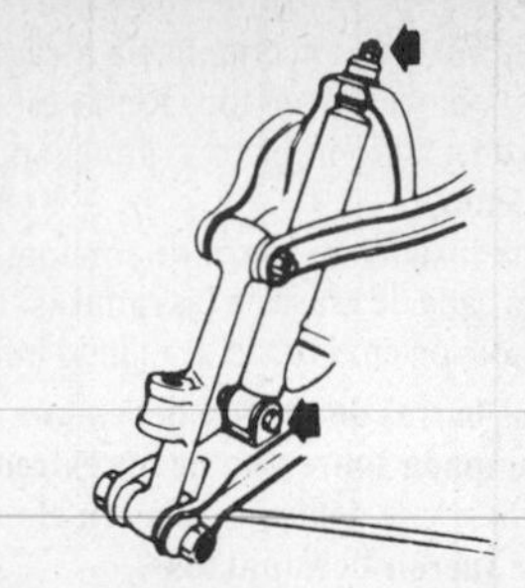

Tornillos de sujeción de los amortiguadores delanteros

Amortiguadores

COMPROBACIÓN

Inspeccione el amortiguador. Si encuentra algún indicio de pérdida o el amortiguador está cubierto de aceite, deberá sustituirlo por uno nuevo. Si comprueba que no hay indicios de pérdida excesiva (una pequeña cantidad de líquido es normal), haga oscilar el vehículo en una esquina presionando el guardabarro o el paragolpes hacia arriba y hacia abajo. Haga oscilar el camión tanto como pueda y luego suéltelo. El vehículo deberá dejar de oscilar después del primer rebote. Si la oscilación continúa es que los amortiguadores están averiados y, por lo tanto, deberá sustituirlos.

DESMONTAJE Y MONTAJE

1. Levante el vehículo con un gato y apóyelo. Saque la rueda.

2. Sujete el vástago superior del amortiguador y quite las tuercas, la arandela y el buje de caucho.

3. Quite el tornillo del extremo inferior del amortiguador y retire este último del vehículo.

4. Monte el amortiguador en el orden inverso al de su desmontaje. Cambie todos los bujes de caucho si instala un amortiguador nuevo. Instale el tornillo de retención inferior desde la parte delantera del vehículo. Apriete la tuerca de sujeción superior a 12-16 libras-pie, y la tuerca inferior a 23-30 libras-pie.

Rótulas

INSPECCIÓN

La rótula deberá cambiarse cuando el juego resulte excesivo. Datsun no publica especificaciones a este respecto, dando en su lugar un método para determinar la fuerza (en libras-pulgada) necesaria para mantener el apriete giratorio de la rótula. Este método no es muy útil, ya que obliga a quitar la rótula, siendo esto precisamente lo que se trata de evitar. Un método efectivo para determinar el juego consiste en levantar el camión con un gato hasta que la rueda quede separada del suelo un par de pulgadas y la rótula sin carga; por lo tanto, no podrá colocar el gato bajo la rótula. Ponga una barra larga debajo del neumático y mueva la rueda y el conjunto del neumático hacia arriba y hacia abajo. Mantenga una mano en la parte superior del neumático mientras realiza esta operación. Si el juego en la parte superior del neumático es de más de 1/4 de pulgada, deberá cambiar la rótula. Antes de realizar esta medición, asegúrese de que los cojinetes de la rueda están en buen estado y ajustados correctamente. Para hacer esta comprobación, puede observar la rótula mientras mueve con la barra el neumático hacia arriba y hacia abajo. Si hay un juego considerable en la misma y además, observa que también hay juego en la parte superior de la rueda, tendrá que cambiar las rótulas.

DESMONTAJE Y MONTAJE

SUPERIOR

Modelos 1983 y anteriores

1. Levante el camión y apóyelo sobre soportes colocados en el bastidor.

2. Quite las ruedas.

3. Afloje el cierre de anclaje de la barra de torsión y las tuercas de ajuste para que el resorte quede sin tensión.

4. Saque y descarte el pasador del perno del pasador roscado de la rótula y extraiga la tuerca. Re-

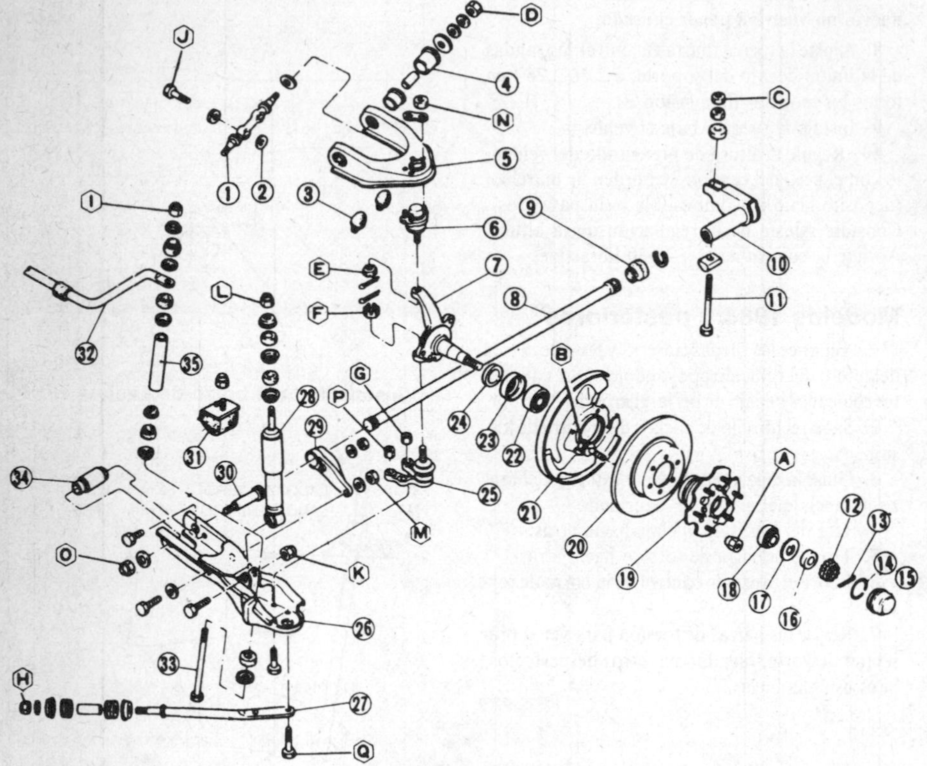

1. Pivote del brazo superior
2. Lámina de ajuste de la caída
3. Tope de amortiguación
4. Buje
5. Brazo superior
6. Rótula superior
7. Mangueta
8. Barra de torsión
9. Protección contra polvo
10. Brazo de anclaje
11. Tornillo de ajuste del brazo de anclaje
12. Tuerca de ajuste
13. Pasador del perno
14. Anillo tórico
15. Tapa del cubo
16. Tuerca de la mangueta
17. Arandela
18. Cojinete exterior de la rueda
19. Cubo de la rueda
20. Rotor
21. Placa trasera
22. Cojinete interior de la rueda
23. Sello de grasa
24. Espaciador
25. Rótula inferior
26. Brazo inferior
27. Puntal (barra de tensión)
28. Amortiguador
29. Brazo de torsión
30. Pivote del brazo inferior
31. Retén
32. Estabilizador (opcional)
33. Tornillo de conexión con el estabilizador
34. Buje del brazo inferior
35. Collarín estabilizador

Par de apriete en kg-m (libras-pie)

A . 8.0 a 10.0 (58 a 78)
B . 3.9 a 5.3 (28 a 38)
C . 3.1 a 4.1 (22 a 30)
D . 7.7 a 10.5 (56 a 76)
E . 8.0 a 10.0 (58 a 72)
F . 17.2 a 19.5 (124 a 141)
G . 3.9 a 5.3 (28 a 38)
H . 3.0 a 4.2 (22 a 30)
I . 1.6 a 2.2 (12 a 16)
J . 11.1 a 15.0 (90 a 108)
K . 3.1 a 4.1 (22 a 30)
L . 1.6 a 2.2 (12 a 16)
M . 2.7 a 3.7 (20 a 27)
N . 1.7 a 2.2 (12 a 16)
O . 11.1 a 15.0 (80 a 108)
P . 3.6 a 4.6 (26 a 33)
Q . 3.9 a 5.3 (28 a 38)

Suspensión delantera típica en los modelos 1979 y posteriores

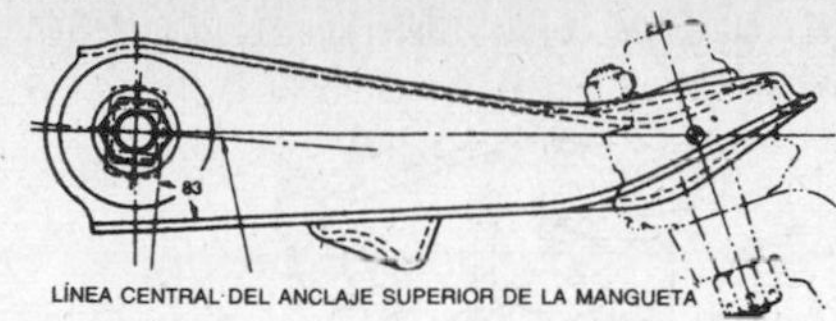

Instalación del pivote del brazo superior antes de ajustar las tuercas, modelos 1979-83

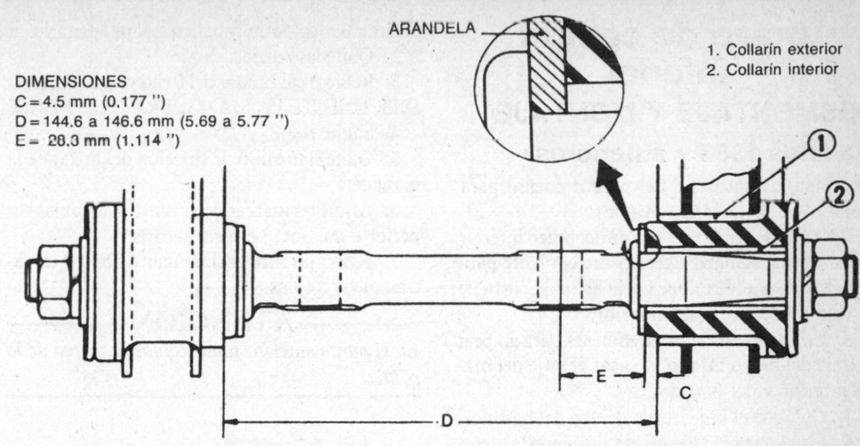

Dimensiones para la instalación del pivote del brazo superior y del buje, modelos 1983 y anteriores

tire el pasador roscado de la mangueta con un extractor de rótulas.

5. Afloje los tornillos que ajustan la articulación al brazo de control y saque la rótula.

6. Instale la rótula nueva en el brazo de control, ajuste los tornillos a 12-16 libras-pie. Coloque el pasador roscado de la rótula en la mangueta y ponga la tuerca. Apriételа a 60 libras-pie, luego siga apretando hasta que los orificios queden alineados (el límite es de 72 libras-pie). Coloque un pasador de perno nuevo. Instale la rueda, baje el camión y ajuste la altura de marcha. Compruebe la alineación.

Modelos 1984 y posteriores

1. Levante el tren delantero del vehículo apoyándolo sobre unos caballetes colocados debajo de los largueros del bastidor.

2. Quite las ruedas delanteras.

3. Sujete el brazo de control inferior con un soporte y retire la tuerca de la mangueta de la rótula superior.

4. Saque la rótula de la mangueta utilizando un separador de rótulas, como por ejemplo el ST29020001.

5. Desatornille la rótula del brazo superior.

6. La instalación se realiza en el orden inverso al de su desmontaje. Compruebe la alineación del extremo delantero. Tenga en cuenta los siguientes aprietes: rótula al brazo de soporte a 12-15 libras-pie; rótula a la mangueta a 58-72 libras-pie.

INFERIOR

Modelos 1983 y anteriores

1. Siga los pasos 1-2 del procedimiento de desmontaje de la rótula superior. Saque el tornillo de montaje del amortiguador inferior.

2. Afloje el cierre de anclaje del resorte de la barra de torsión y las tuercas de sujeción. Retire el tornillo del brazo de anclaje.

3. Quite el anillo de seguridad, luego mueva el brazo de anclaje y la barra de torsión totalmente hacia atrás.

4. Desconecte la barra estabilizadora del brazo inferior, si el camión está equipado así.

5. Desconecte el puntal (barra de tensión) del brazo inferior.

6. Saque y descarte el pasador del perno del pasador roscado de la rótula y quite la tuerca. Separe la rótula de la mangueta con un extractor de rótulas.

7. Quite los tornillos de sujeción y la rótula del brazo inferior.

8. Instale la rótula nueva en el brazo, ajustando los tornillos a 28-38 libras-pie. Coloque el pasador roscado de la articulación dentro de la mangueta y ajuste la tuerca a 127 libras-pie. Continúe ajustando hasta que los orificios queden alineados y luego instale el nuevo pasador del perno (el límite es de 141 libras-pie). La regulación de la altura de la barra de torsión debe ajustarse después del montaje.

Modelos 1984 y posteriores

1. Levante el tren delantero del vehículo apoyándolo sobre caballetes colocados debajo de los largueros del bastidor.

2. Saque las ruedas delanteras.

3. Quite la barra de torsión tal como fue descrito anteriormente.

4. Desatornille el amortiguador del brazo inferior.

5. Retire la tuerca de la rótula.

6. Separe la rótula de la mangueta utilizando un separador de rótulas, como por ejemplo el ST29020001.

7. Desatornille la rótula del brazo inferior.

8. La instalación se realiza en el orden inverso al de su desmontaje. Tenga en cuenta los siguientes aprietes: rótula al brazo inferior, 28-39 libras-pie; rótula a la mangueta, 87-123 libras-pie.

Brazo de mando superior

DESMONTAJE Y MONTAJE

Modelos 1983 y anteriores

1. Lleve a cabo los pasos 1-4 del procedimiento de extracción de la rótula superior.

2. Quite los tornillos de retención del pivote del brazo superior y retírelo junto con el brazo y las láminas del ajuste de la caída. Tenga en cuenta la posición de las láminas para que las pueda volver a colocar en su sitio durante el montaje.

3. Para sacar el eje del brazo superior y los bujes, retire del eje las tuercas y las arandelas. Utilice una prensa para retirar los bujes, colóquela primero en un extremo del eje y luego sobre el otro. Saque el eje.

4. Para la instalación, recubra el buje con agua jabonosa y presiónelo hacia adentro del brazo superior. Instale las arandelas sobre el eje y coloque este último dentro del brazo. Asegúrese de que la parte ranurada de la arandela coincida con la brida del eje. Mida la distancia entre el collarín externo que está sobre el buje y la arandela del eje (dimensión C en la ilustración), debería sobrepasar los 4.5 mm (0.177").

5. Introduzca el otro buje dentro del brazo y compruebe la dimensión C. Revise la distancia entre los collarines externos de ambos bujes (dimensión D) y la distancia entre el extremo del buje y la línea central del calibre del tornillo de soporte del eje (dimensión E). D debería ser de 144.6-146.6 mm (5.69-5.77") y E de 28.3 mm (1.114").

6. Rote el pivote en el brazo hasta que el ángulo coincida con el de la ilustración. Instale las tuercas y arandelas en el eje. Ajuste los bujes a 56-76 libras-pie.

7. Monte el conjunto de brazo superior y eje en la carrocería, volviendo a colocar los suplementos de ajuste de la inclinación en sus posiciones originales. Apriete los tornillos a 80-108 libras-pie.

8. Lleve a cabo el paso 6 del procedimiento para el desmontaje de la rótula superior.

Modelos 1984 y posteriores

1. Separe la rótula de la mangueta en la forma descrita anteriormente.

2. Desatornille el eje del brazo de control. Saque el brazo de control.

3. Ahora, deberá presionar los bujes hacia afuera a ambos lados del brazo de control.

4. Aplique una solución jabonosa en los bujes nuevos y colóquelos en su posición en un extremo del brazo, de forma tal que la brida del buje se ponga en contacto con la superficie del extremo del collarín superior.

5. Instale el eje y coloque los bujes restantes.

NOTA: Las arandelas internas están instaladas con los bordes redondeados hacia adentro.

6. Por el momento, apriete las tuercas del extremo del eje.

7. Instale la rótula superior. Apriete los tornillos a 12-15 libras-pie.

8. Atornille el brazo de control al bastidor. Apriete los tornillos a 80-100 libras-pie.

9. Apriete la tuerca del extremo del eje junto con las láminas del ajuste de la caída. Ajuste las tuercas a 56-76 libras-pie. Compruebe las dimensiones A y B de la ilustración. Instale la rótula en la mangueta y compruebe la alineación del extremo frontal.

Brazo de control inferior

DESMONTAJE Y MONTAJE

Modelos 1983 y anteriores

1. Siga los pasos 1-6 del procedimiento para desmontaje de la rótula inferior.

2. Quite el tornillo del pivote del brazo inferior y la arandela. Golpee ligeramente el pivote para sacarlo del buje. Presione hacia abajo la barra de torsión y retire el brazo inferior.

3. Utilice un extractor de cojinetes para golpear el buje del brazo inferior y sacar el buje del brazo inferior y del bastidor.

4. Coloque el buje nuevo dentro del bastidor.

5. Instale el brazo y el pivote ajustando la tuerca a 80-108 libras-pie.

6. Lleve a cabo el paso 8 del procedimiento de desmontaje de la rótula inferior.

Modelos 1984 y posteriores

1. Desconecte la rótula inferior de la mangueta tal como se describió anteriormente.

2. Quite la barra de torsión tal como se describió anteriormente.

3. Desatornille del brazo inferior el amortiguador.

4. Desatornille la barra estabilizadora y el puntal del brazo.

5. Saque el brazo de torsión del brazo de control.

6. Desatornille el brazo del control del bastidor.

7. Desatornille la rótula.

8. Con un extractor de cojinetes retire del bastidor los bujes del eje del brazo inferior.

9. Provéase de bujes nuevos.

10. Instale la rótula en el brazo, apriete los tornillos a 28-38 libras-pie.

11. Utilizando un extractor de cojinetes, instale los bujes nuevos en el bastidor. Los bujes deberán estar recubiertos con una solución jabonosa.

12. Instale el brazo de torsión en la barra de torsión.

13. Instale el brazo de control en el bastidor.

14. Instale el brazo de torsión en el brazo de control. Apriete el tornillo del lado interno a 26-33 libras-pie y el del lado exterior a 20-27 libras-pie.

15. Instale la rótula en la mangueta.

16. Conecte el amortiguador.

17. Instale el puntal y la barra estabilizadora.

18. Baje el camión hasta que quede apoyado sobre las ruedas.

19. Gire la tuerca de ajuste del tornillo de anclaje hasta que esté en la dimensión H, en la ilustración es de 4.45-4.61'' para los modelos «King Cab» y de 4.65-4.80'' para los modelos de serie.

20. Compruebe el alineamiento del extremo frontal.

Modelos con tracción en las cuatro ruedas (4WD)

DESMONTAJE Y MONTAJE

Cubo y mangueta

MODELOS 1983 Y ANTERIORES

1. Bloquee las ruedas traseras, levante el tren delantero y coloque caballetes para sujetarlo.

2. Quite las ruedas.

3. Retire el calibrador del freno y apártelo. ¡NO DESCONECTE LA MANGUERA DEL FRENO!

4. Saque el eje.

5. Quite el tornillo de sujeción del brazo de la mangueta.

6. Afloje las tuercas de ajuste de las rótulas superior e inferior, pero sin sacarlas.

7. Separe las rótulas de la mangueta con un extractor de rótulas.

ATENCIÓN

En el punto anterior nunca saque la tuerca de la rótula.

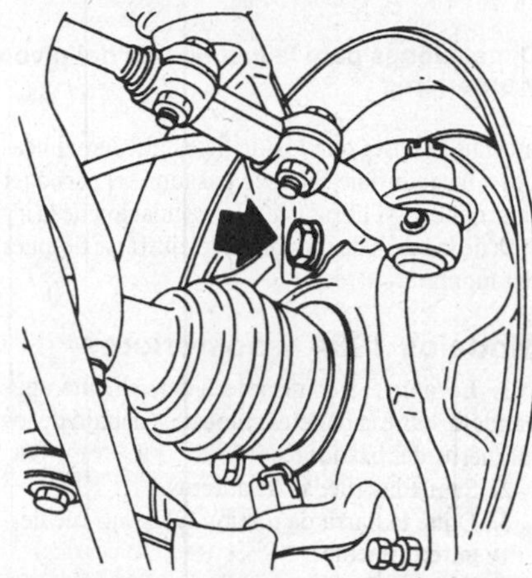

Tornillo de sujeción del brazo de la mangueta

8. Suba con el gato el enganche inferior y quite la tuerca de ajuste de la rótula.

9. Extraiga la mangueta.

10. Afloje la arandela de presión con un destornillador y quite la contratuerca del cubo delantero.

11. Saque la arandela de presión y la arandela especial.

12. Extraiga el soporte del cojinete de la rueda del cubo.

13. Separe la mangueta del cubo con un extractor.

14. Saque el collarín del cojinete.

15. Extraiga el cojinete interior y el sello. Quite la pista con una barra de latón.

16. Separe el cubo del rotor.

17. Golpee el cubo sobre un trozo de madera para sacar el cojinete exterior de la superficie del cubo, luego sáquelo con un extractor de cojinete. Retire el sello de aceite.

18. Quite el cojinete del eje del soporte con un extractor de latón.

19. Limpie y reempaque los cojinetes completamente.

20. El montaje se realiza en el orden inverso al de su desmontaje. Tenga en cuenta los siguientes puntos: instale la pista exterior del cojinete en cada lateral de la mangueta con una barra de latón. Instale el sello exterior de grasa y el cojinete con una barra de latón. Empaque el borde del sello con grasa de cojinetes de rueda. Asegúrese de que el sello mire hacia la dirección correcta. El espesor del collarín del cojinete determina el juego longitudinal.

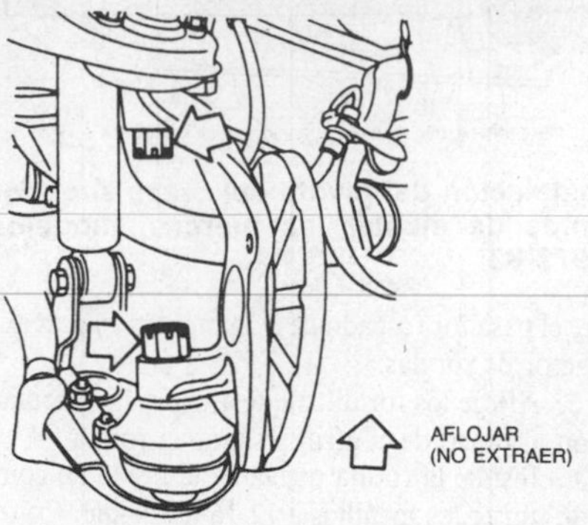

Tuercas de las rótulas superior e inferior

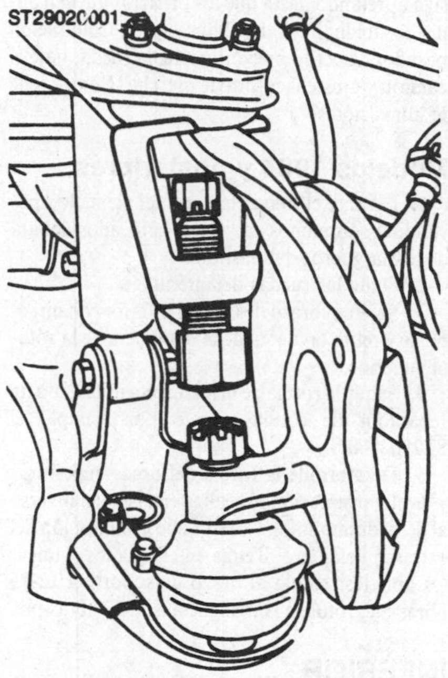

Extracción de la rótula utilizando un extractor de rótulas

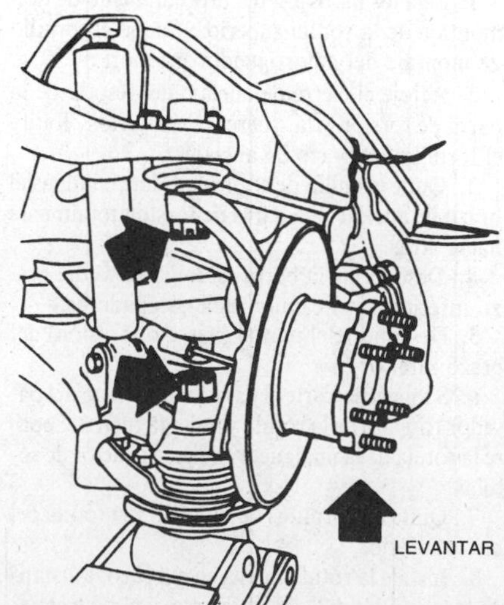

Extracción de las tuercas de sujeción de la rótula

21. Determine el espesor adecuado de la siguiente forma: instale el collarín que quitó anteriormente. Instale el cojinete interior con un extractor de bronce. Instale la arandela especial y la arandela de presión. Ajuste la contratuerca a 108-145 libras-pie. Gire el cubo en ambas direcciones varias veces para, así, ajustar los cojinetes. Con un dinamómetro, compruebe que la precarga esté entre 2.2 y 9.5 libras-pie. Si no es así, ajústela cambiando el collarín por otro de distinto espesor; el número del espesor va estampado en el collarín. Cuanto más alto es el número, más grueso es el collarín. Cuando haya colocado la precarga adecuada, asegure la tuerca doblando la extremidad de la arandela de presión.

MODELOS 1984 Y POSTERIORES

1. Levante y apoye el tren delantero del vehículo sobre caballetes colocados debajo de los largueros del bastidor.
2. Saque las ruedas delanteras.
3. Retire los calibradores y apártelos del área de trabajo.
4. Quite el conjunto del cubo de cierre.
5. Extraiga el tirante utilizando una herramienta HT72520000 o equivalente.
6. Desatornille el brazo de la mangueta de esta última.
7. Sujete el brazo de control inferior con un caballete y retire las tuercas de la mangueta a las rótulas superior e inferior.
8. Saque de la mangueta las rótulas.
9. Quite del cubo el anillo de seguridad y la arandela.
10. Retire la contratuerca del cubo utilizando una herramienta KV40104300 o equivalente.
11. Extraiga de la mangueta el cubo y el rotor.
12. El montaje y la instalación se hacen en el orden inverso al de su extracción y desmontaje.

Amortiguadores

Vea la sección de tracción en dos ruedas.

Barras de torsión

MODELOS 1983 Y ANTERIORES

1. Levante el tren delantero del vehículo y sosténgalo sobre caballetes.

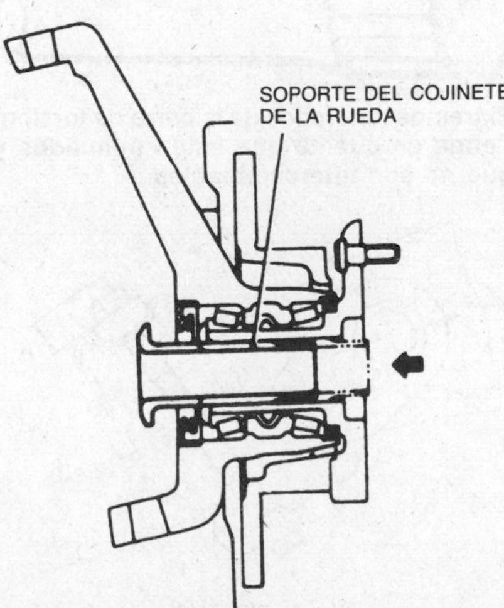

Ubicación de la lubricación del soporte del cojinete de la rueda

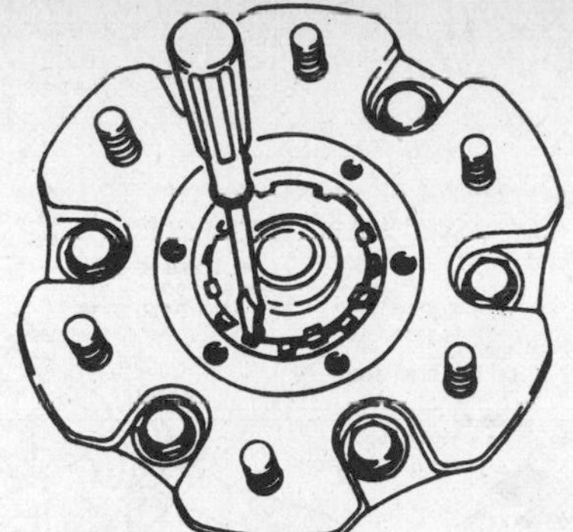
Extracción de la arandela de presión

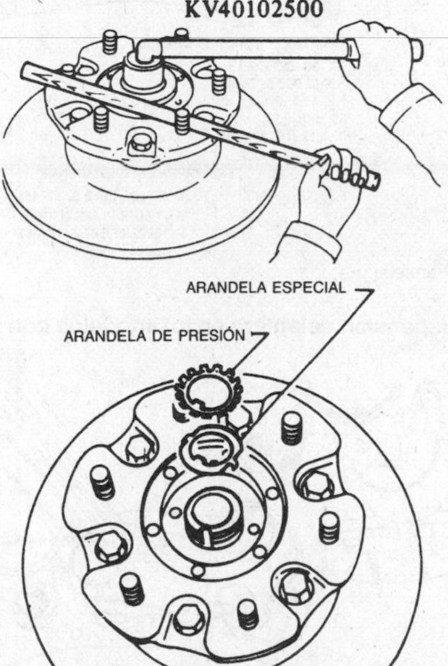

Extracción de la arandela especial y de la de presión

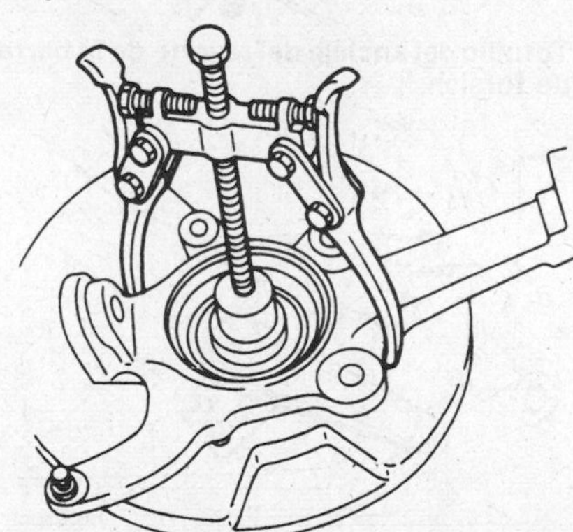
Utilice un extractor para separar el cubo de la mangueta

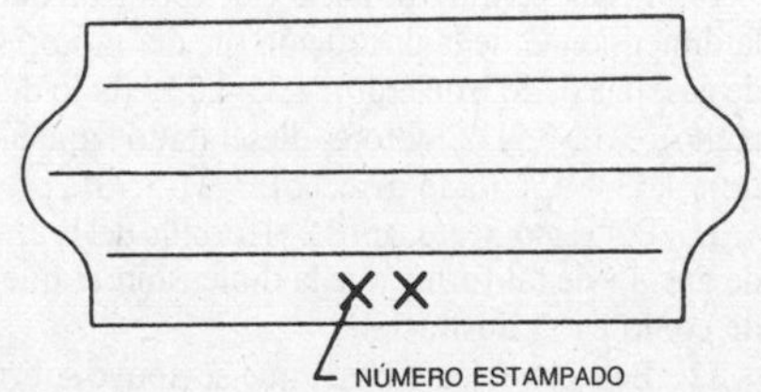

Los collarines del cojinete llevan estampado un número que indica el espesor

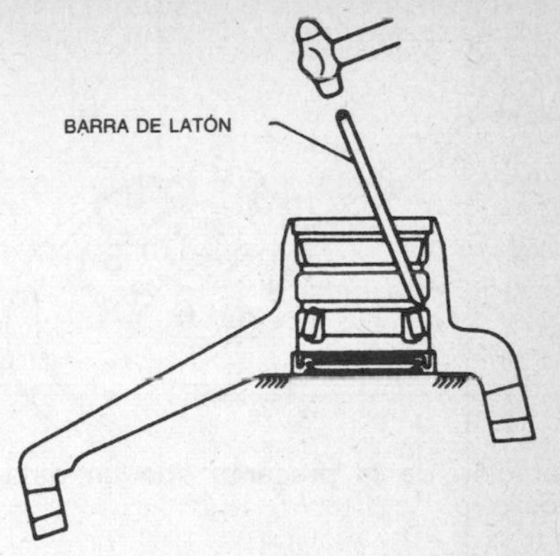

Extracción del cojinete interior y del sello

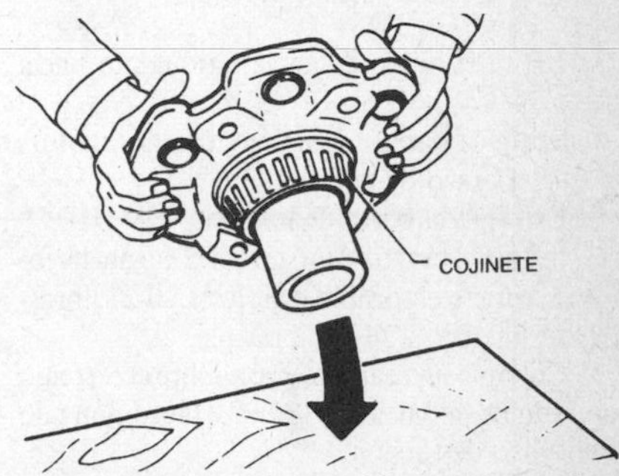

Golpee el cubo sobre un bloque de madera para sacar el cojinete exterior de la superficie del cubo

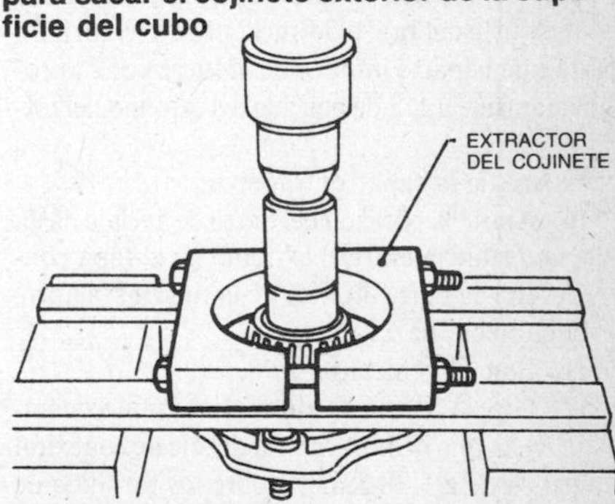

Extracción del cojinete exterior con un extractor

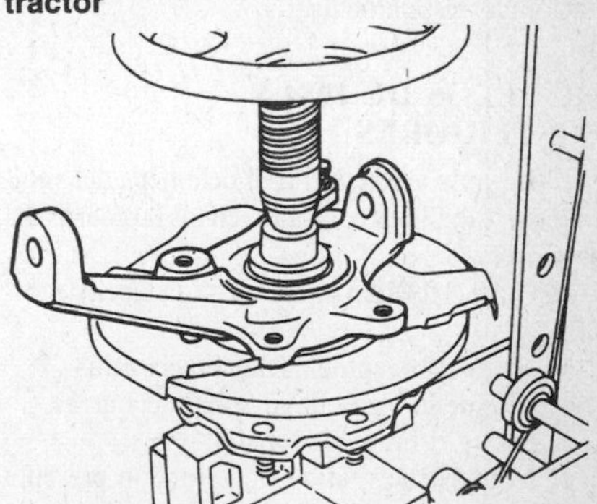
Instalación del cojinete exterior dentro de la mangueta

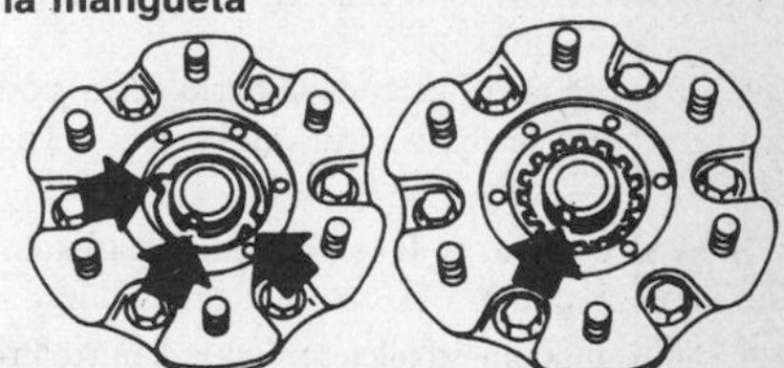
Posición correcta de la arandela de presión y de la especial

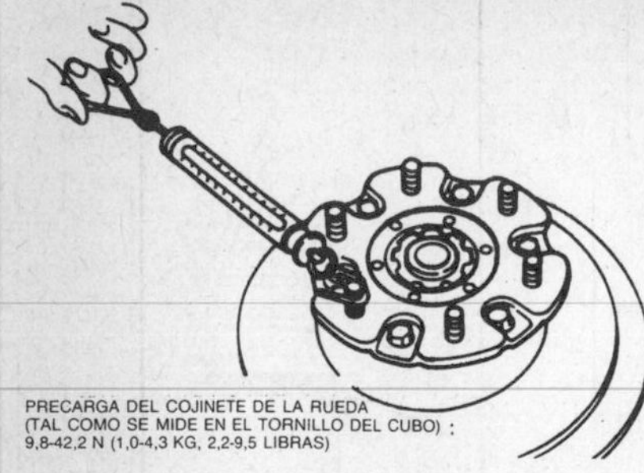

Medición de la precarga con un dinamómetro

2. Quite el tornillo de anclaje de la barra de torsión.

3. Retire el brazo de anclaje tirándolo hacia atrás.

4. Saque la barra de torsión de la misma forma que el brazo de anclaje.

5. Extraiga la barra de torsión.

6. Instale el brazo de torsión en el enganche inferior. Apriete el tornillo exterior a 20-27 libras-pie y el interior a 26-33 libras-pie.

7. Coloque una capa de grasa sobre el extremo ranurado de la barra de torsión y luego póngalo en el brazo de torsión.

8. Instale el brazo de anclaje en el extremo ranurado de la barra de torsión y coloque el tornillo de ajuste del brazo de anclaje. Gire el tornillo hasta que la parte inferior de la tuerca esté aproximadamente a 1/2 de pulgada del extremo del tornillo.

9. Instale la tapa contrapolvo.

10. Ajuste la posición del brazo de anclaje hasta que la distancia entre el extremo de la tapa contrapolvo y la parte inferior de la tuerca sea aproximadamente de 2½ pulgadas.

11. Baje el vehículo.

12. Gire la tuerca de ajuste del tornillo de anclaje hasta que la línea central del eje de conexión inferior esté a 5.28-5.47 " sobre los tornillos de sujeción del puntal. Vea la dimensión H en la ilustración correspondiente.

MODELOS DE 1984 Y POSTERIORES

1. Levante y sujete el tren delantero del vehículo con caballetes colocados en los largueros del bastidor.

2. Quite el tornillo de anclaje de la barra de torsión.

3. Tire del brazo de anclaje hacia atrás.

4. Tire de la barra de torsión hacia atrás.

5. Saque el brazo de torsión.

6. Compruebe si la barra de torsión presenta desgaste o averías, cámbiela si es necesario.

7. Instale el brazo de torsión. Apriete los tornillos a 66-87 libras-pie.

8. Recubra las ranuras de la barra de torsión con lubricante de chasis e instálela en el brazo de torsión.

NOTA: Las barras de torsión están marcadas con una L y una R y no son intercambiables.

9. Utilizando un caballete, coloque el brazo inferior de forma tal que la holgura entre éste y el tope de amortiguación sea nula.

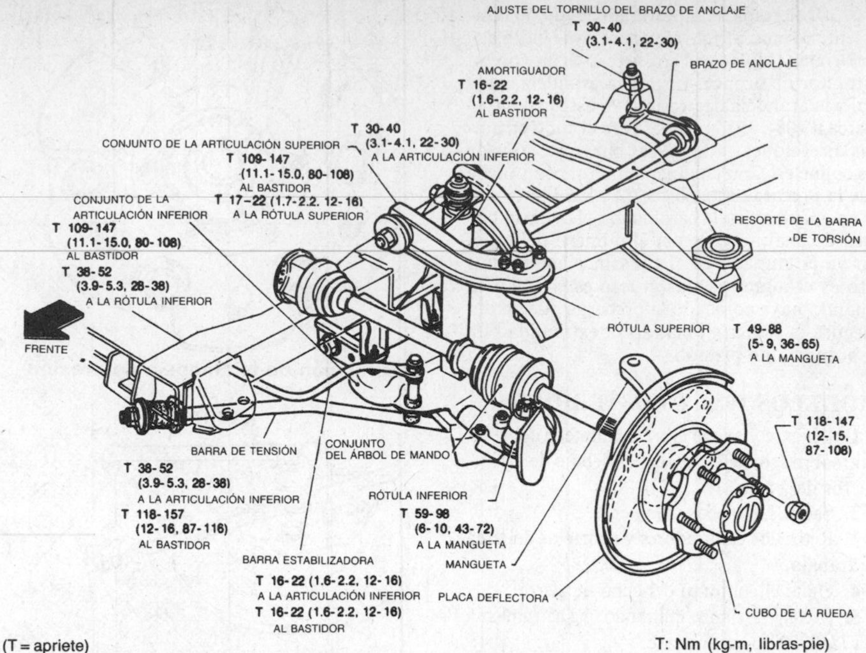

Suspensión delantera en los modelos con tracción en las cuatro ruedas, 1983 y anteriores

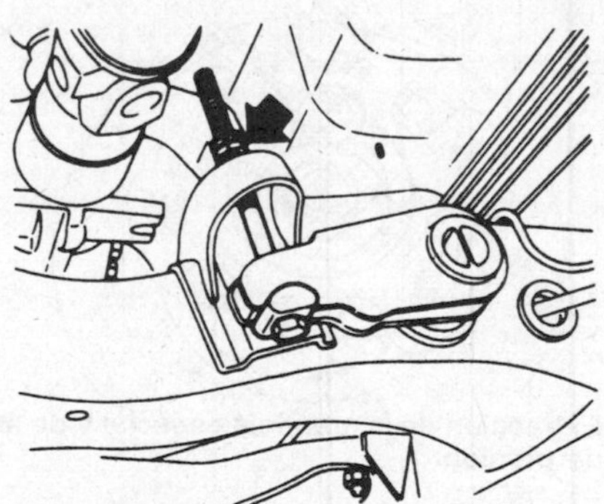

Tornillo del anclaje del resorte de la barra de torsión

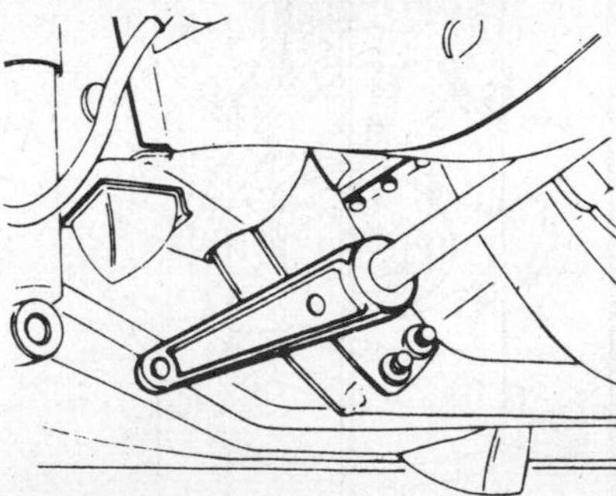

Encaje de la barra de torsión al brazo

10. Instale el brazo de anclaje de forma tal que la dimensión G de la ilustración sea de: motores de gasolina (lado izquierdo): 4.33-4.72" (lado derecho): 5.12-5.51"; motores diesel (lado izquierdo): 4.53-4.92" (lado derecho): 5.31-5.73".

11. Por el momento, apriete el tornillo del brazo de anclaje de tal forma que la dimensión H quede como en la ilustración.

12. Baje el vehículo hasta que se apoye sobre las ruedas. Ajuste el tornillo de anclaje de forma tal que la dimensión H sea de 1.54-1.69" para los modelos King Cab, y de 1.73-1.89" para los modelos de serie.

Barra de tensión y eslabón estabilizador

Vea la sección de tracción en dos ruedas.

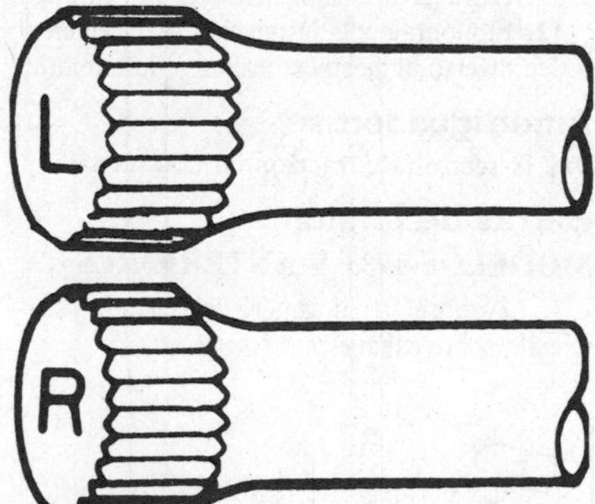

Extremos ranurados de la barra de torsión. Tenga en cuenta que están marcados y que no son intercambiables

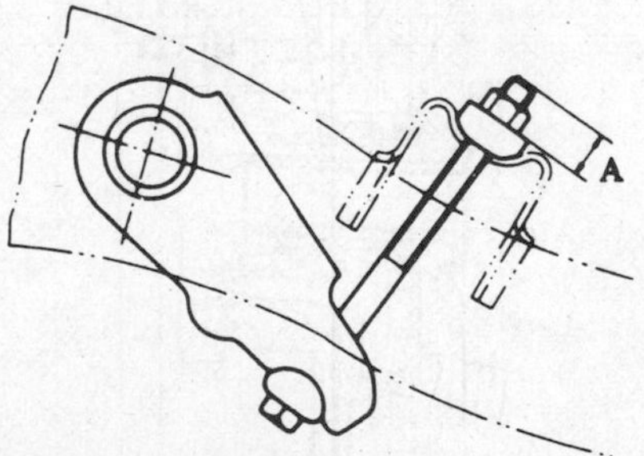

Medición del tornillo de ajuste del brazo de anclaje

Tornillos del brazo de control a la rótula

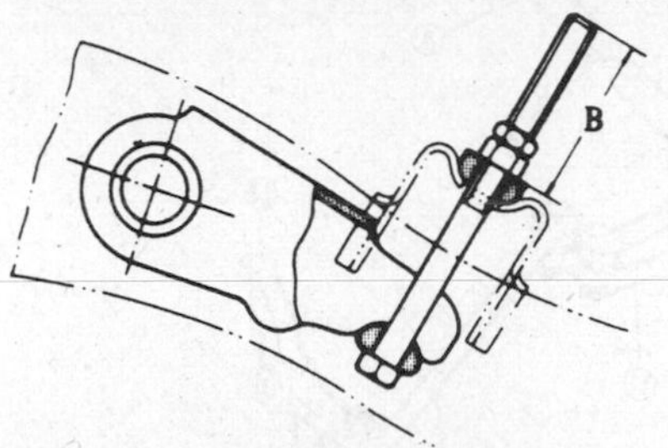

B: 60-70 mm (2.36-2.76 ")

Ajuste de la posición del brazo de anclaje

Rótulas y brazos de control

Consulte la sección de tracción en dos ruedas, con las siguientes excepciones:

MODELOS 1983 Y ANTERIORES (BAJOS)

1. Instale la rótula inferior en el brazo de control. Ajuste los tornillos de sujeción a 28-38 libras-pie.

2. Coloque el buje del eje del brazo de control inferior en el bastidor.

3. Asegure el brazo de torsión a la barra de torsión.

4. Instale el brazo de control inferior.

5. Coloque el brazo de torsión en el brazo de control inferior. Ajuste la parte inferior a 26-33 libras-pie y la exterior a 20-27 libras-pie.

6. Levante con un gato el brazo inferior.

7. Instale la rótula inferior en el eje y apriete la tuerca a 43-72 libras-pie.

8. Coloque el extremo inferior del amortiguador en el brazo de control y apriete a 22-30 libras-pie.

9. Instale el puntal y la barra estabilizadora en el brazo de control.

10. Baje el vehículo.

11. Gire la tuerca de ajuste del tornillo de anclaje hasta obtener la dimensión especificada en el punto 12 del apartado Desmontaje y montaje de la barra de torsión.

12. Después de la instalación revise la alineación de las ruedas.

MODELOS 1984 Y POSTERIORES (BAJOS)

1. Quite la barra de torsión tal como se ha descrito en el apartado anterior.

2. Saque la barra estabilizadora de la misma forma que en el apartado anterior.

3. Sujete el brazo de control inferior con un gato de suelo.

4. Retire la tuerca de la mangueta a la rótula. Extraiga de la mangueta la rótula de la misma forma que en el apartado anterior.

5. Desatornille el brazo de control del bastidor, pero antes quite los tornillos traseros.

6. Utilizando un impulsor adecuado, extraiga el buje del bastidor.

7. Cambie el buje si presenta desgaste o averías.

8. El montaje se hace en el orden inverso al de su desmontaje. Apriete los tornillos de montaje del brazo de control a 66-87 libras-pie.

SUSPENSIÓN TRASERA

Ballestas (Muelles de láminas)

DESMONTAJE Y MONTAJE

ATENCIÓN

Como las ballestas soportan una considerable cantidad de presión, tenga cuidado cuando las saca o instala, ya que pueden producir una fuerza suficiente como para ocasionarle lesiones importantes.

1. Levante con un gato el tren trasero y apóyelo sobre caballetes.

2. Desconecte los amortiguadores del extremo inferior.

3. Quite las tuercas de sujeción de los pernos en U situados alrededor del alojamiento del eje.

4. Coloque un gato debajo del alojamiento del eje trasero y súbalo para quitar el peso de la ballesta.

5. Retire de los gemelos de ballesta las tuercas, saque los pasadores de los gemelos y, finalmente, quite la ballesta del vehículo.

6. Instale la ballesta en el orden inverso al de su desmontaje. Antes de ajustar el pasador delantero, el gemelo y las tuercas de sujeción del amortiguador, el peso del camión deberá estar sobre las ruedas traseras. Ajuste el pasador y las tuercas del gemelo a 83-94 libras-pie (37-50 libras-pie para las tuercas del gemelo de la ballesta en los modelos de 1982 y anteriores), las tuercas de los pernos en U a 53-72 libras-pie y la tuerca del extremo inferior del amortiguador a 12-16 libras-pie (para los modelos con tracción en dos ruedas) y a 22-30 libras-pie (para los modelos con tracción en las cuatro ruedas).

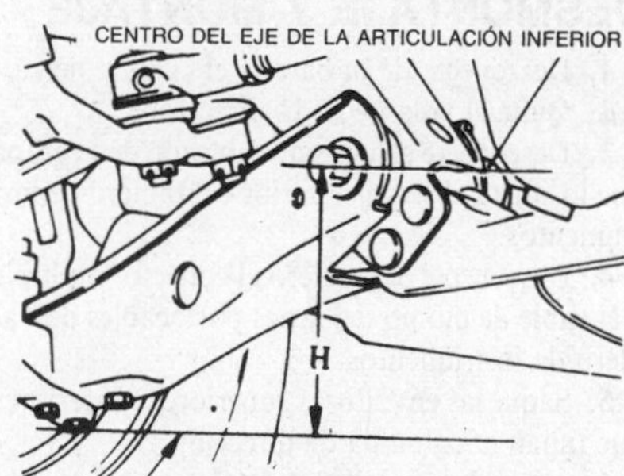

Ajuste de la altura

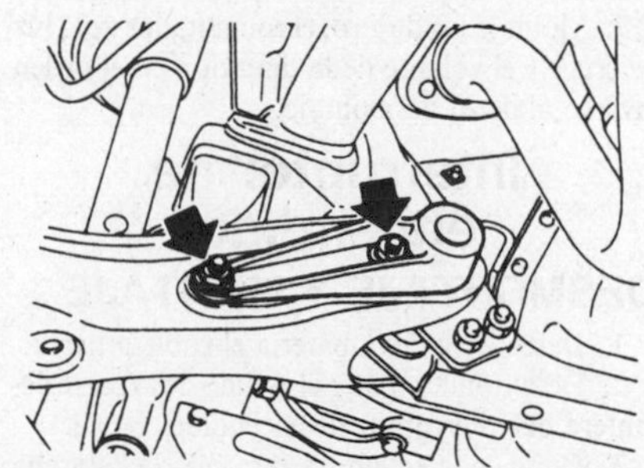
Tornillos de la articulación al brazo de torsión

Amortiguadores

INSPECCIÓN Y COMPROBACIÓN

Inspeccione y compruebe los amortiguadores traseros de la misma forma que los delanteros.

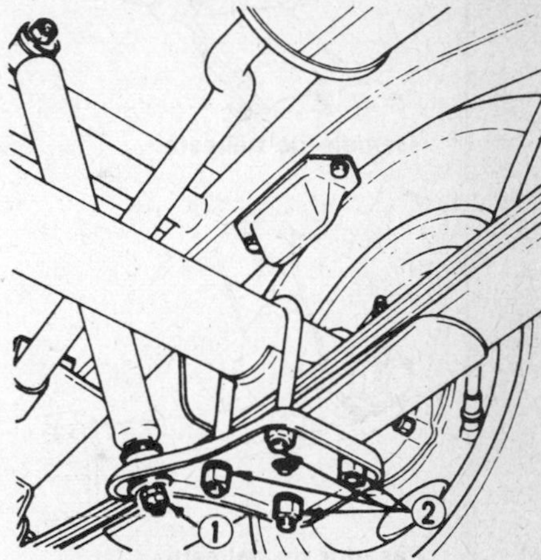

1. Tuerca de sujeción inferior del amortiguador
2. Tuerca de sujeción del perno en U

Extremo inferior del amortiguador y tuercas de sujeción de los pernos en «U»

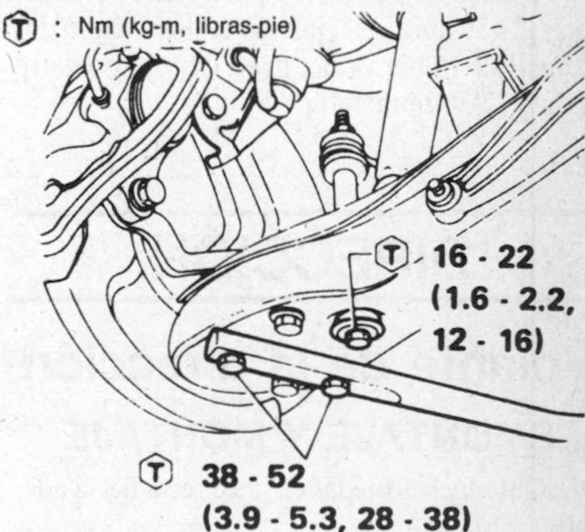

Anclaje de las barras de tensión y estabilizadora con el brazo de control inferior

DESMONTAJE Y MONTAJE

Los amortiguadores traseros se desmontan sacando las tuercas de sujeción superior e inferior y, a continuación, lo único que tendrá que hacer es re-

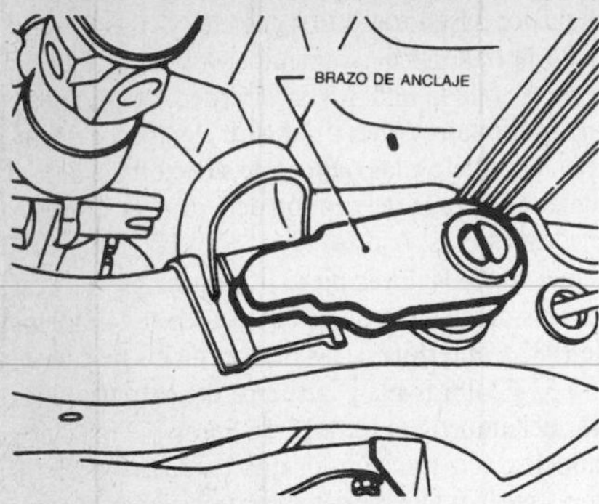

Brazo de anclaje de la barra de torsión

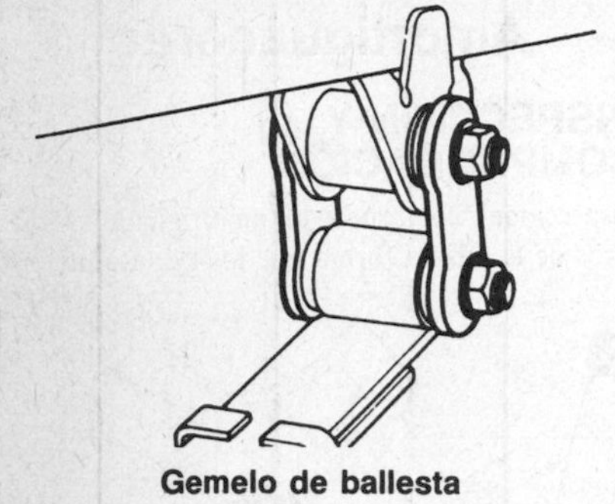

Gemelo de ballesta

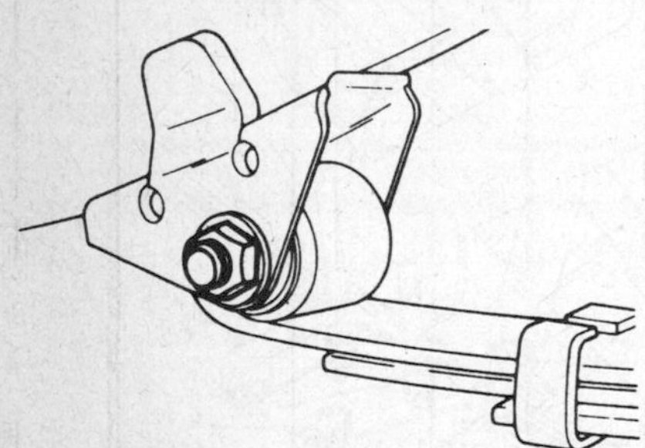

Pasador de ballesta

tirar del vehículo el conjunto de la pieza. Móntelos en el orden inverso. El peso del camión deberá estar sobre las ruedas traseras antes de ajustar las tuercas de sujeción del amortiguador a: superiores, 22-30 libras-pie; inferiores (tracción en dos ruedas), 12-16 libras-pie; (tracción en las cuatro ruedas) 22-30 libras-pie.

DIRECCIÓN

Volante de la dirección

DESMONTAJE Y MONTAJE

1. Coloque las ruedas en línea recta hacia adelante.
2. Desconecte de la batería el cable a tierra.
3. Quite la almohadilla de la bocina, desatornillando los dos tornillos de la parte trasera de la barra transversal del volante.
4. Haga marcas de ensamble en la parte superior del eje de la columna de dirección y en la brida del volante de dirección.
5. Quite la tuerca de sujeción y desmonte el volante con un extractor.

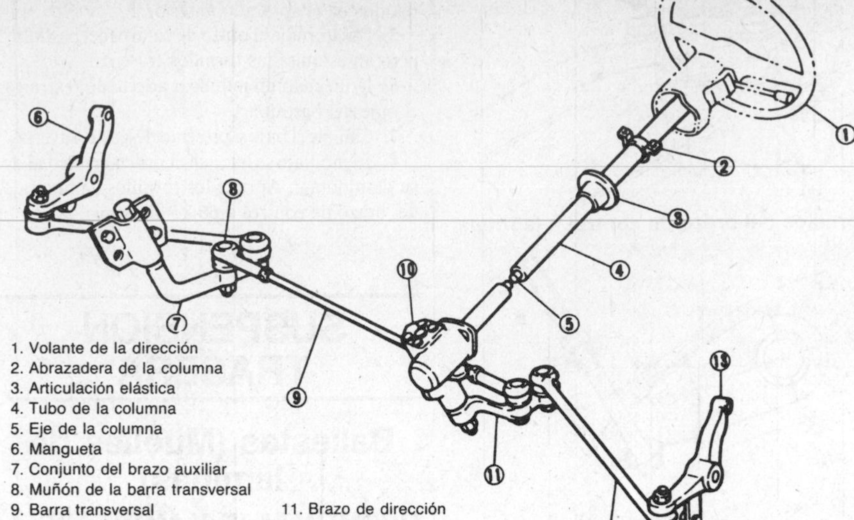

1. Volante de la dirección
2. Abrazadera de la columna
3. Articulación elástica
4. Tubo de la columna
5. Eje de la columna
6. Mangueta
7. Conjunto del brazo auxiliar
8. Muñón de la barra transversal
9. Barra transversal
10. Conjunto del mecanismo de la dirección
11. Brazo de dirección
12. Barra lateral
13. Mangueta

Sistema del varillaje de la dirección en los modelos de 1979

ATENCIÓN

No golpee el eje con un martillo porque puede aplastar la columna.

6. Monte el volante en el orden inverso, alineando las marcas. Ajuste las tuercas de sujeción del volante de dirección a 51-54 libras-pie (para los modelos de 1979 y anteriores) y a 29-39 libras-pie (para los modelos de 1980 y posteriores).

Luz de giro y conmutador de la luz de cruce

DESMONTAJE Y MONTAJE

1. Desconecte de la batería el cable a tierra.
2. Quite el volante de la dirección.
3. Desconecte el arnés de cableado de la grapa que lo sujeta al sector inferior del tablero de instrumentos.
4. Desconecte del tablero el conector múltiple y el cable de plomo del arnés portacables del tablero de instrumentos.
5. Saque las envolturas superiores e inferiores que tapan la columna de dirección.
6. Afloje los tornillos que sujetan el conjunto del conmutador al tubo de la columna de dirección y, a continuación, retire el conjunto del conmutador.
7. Monte la luz de giro, el conmutador de la luz de cruce y el volante de la dirección en el orden inverso al de su desmontaje.

Interruptor de encendido

DESMONTAJE Y MONTAJE

1. Desconecte de la batería el cable a tierra.
2. Desatornille y retire el escudo de la parte delantera del interruptor de encendido.
3. Quite de la envoltura que tapa la columna el interruptor de encendido y el arnés de cables. Realice esta operación con un separador.
4. Desconecte de la parte trasera del interruptor de encendido el conector de cables.
5. Monte el interruptor de encendido en el orden inverso al de su desmontaje.

NOTA: En los modelos equipados con un cilindro opcional de cierre de la dirección, quite el interruptor retirando de la parte trasera del cilindro de cierre los dos tornillos de sujeción.

Cerradura de la dirección

DESMONTAJE Y MONTAJE

1. Saque el interruptor de encendido.
2. Extraiga, taladrándolos, los dos tornillos de cizalla.

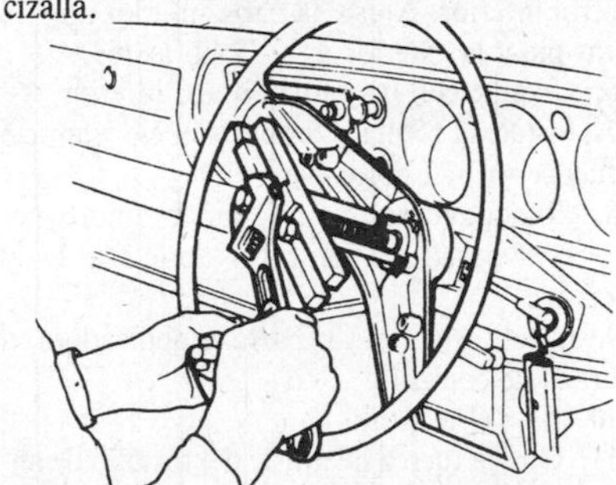

Extracción del volante de la dirección con un extractor

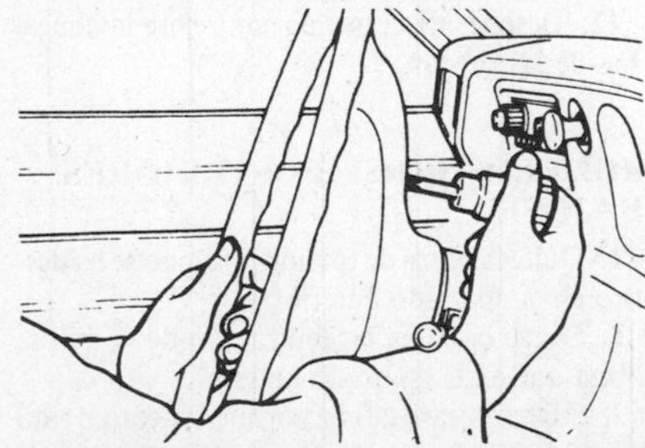

Extracción de la almohadilla de la bocina del volante de la dirección

3. Extraiga los otros dos tornillos normales y desmonte la cerradura del tubo de la dirección.

4. Instale la nueva cerradura de la dirección en el orden inverso al de su desmontaje, asegurándose de ajustar los dos tornillos de cizalla hasta que éstos cizallen.

Varillaje de la dirección

DESMONTAJE Y MONTAJE

Modelos 1979

1. Levante con un gato el tren delantero del camión y sosténgalo sobre caballetes colocados bajo el bastidor.

2. Extraiga los pasadores de pernos y las tuercas que sujetan los pasadores roscados de la rótula de la barra lateral con la mangueta.

3. Utilice un extractor para sacar de la mangueta los pasadores roscados. Si no dispone de un extractor, golpee con un martillo el lado de la salida de la mangueta y hágala retroceder poniendo un martillo pesado sobre el lateral opuesto. Al mismo tiempo, haga que un ayudante saque de la mangueta el pasador de la rótula.

NOTA: No golpee la cabeza del pasador de la rótula, la rótula de la barra transversal o la barra transversal con un martillo.

4. Saque la tuerca de sujeción del brazo de dirección que se encuentra sobre el eje y quite el brazo de dirección con un extractor. Si no dispone de uno y si además no tiene que extraer el brazo de dirección, desconecte de este último el tirante lateral y los pasadores de la rótula del tirante, de la misma forma que en el paso 3.

5. Retire del bastidor el conjunto del brazo auxiliar desatornillando las dos tuercas de sujeción.

6. Instale el varillaje de la dirección en el orden inverso al de su desmontaje. Ajuste las tuer-

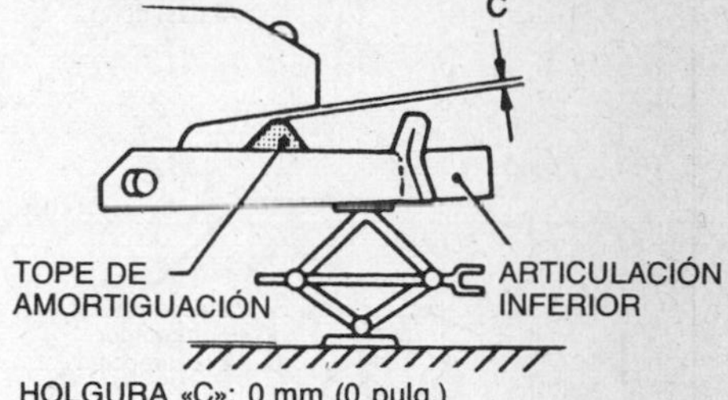

Colocación del brazo de control inferior en los modelos 1984 y posteriores

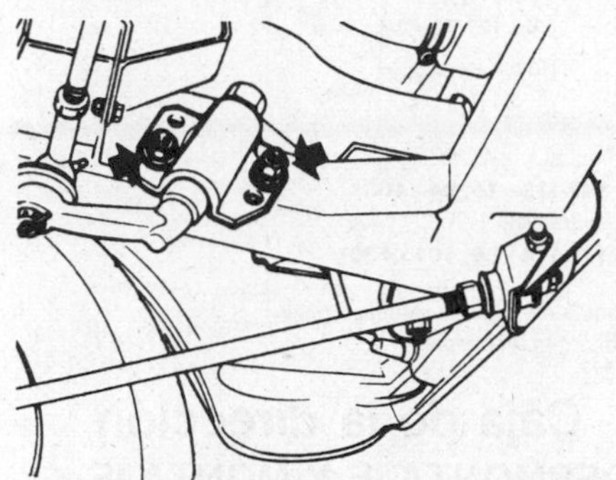

Tuercas de sujeción del brazo auxiliar

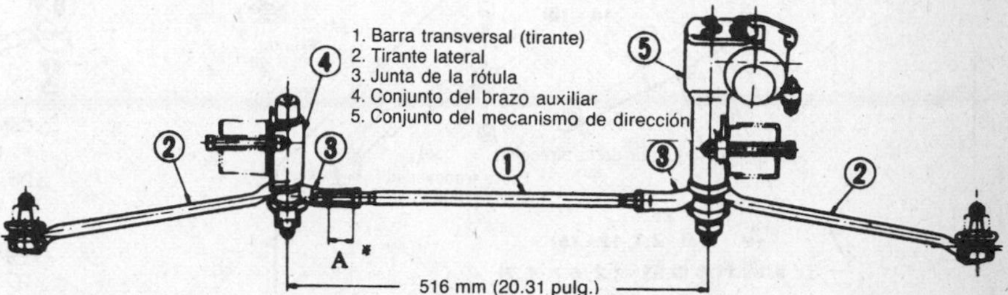

Después del ajuste de la convergencia, asegúrese de que la dimensión «A», en ambos lados del tirante, sea menor de 20 mm (0.79 pulgadas)

Medidas para la instalación del varillaje de dirección, todos los modelos

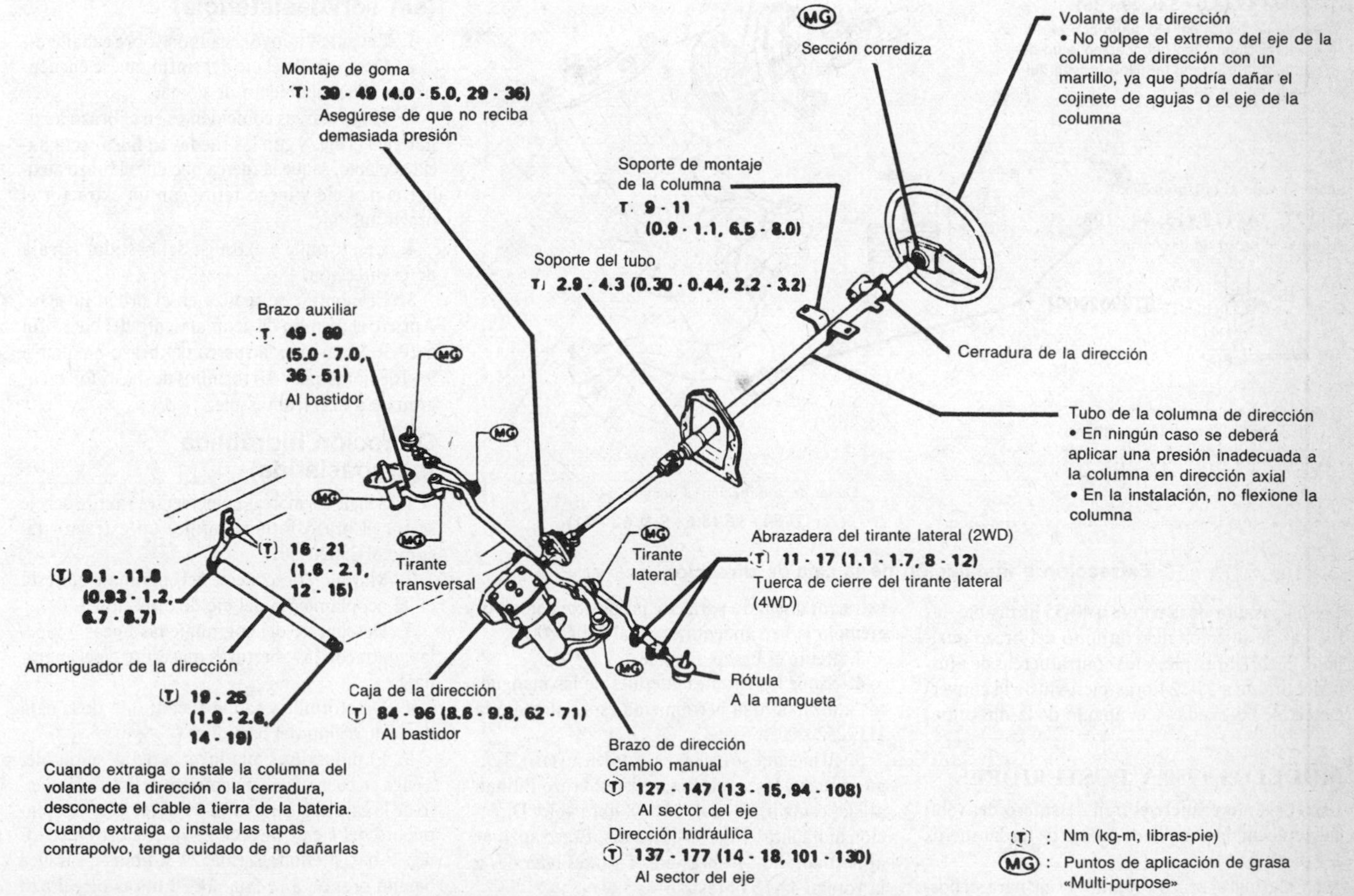

MG Sección corrediza

Volante de la dirección
• No golpee el extremo del eje de la columna de dirección con un martillo, ya que podría dañar el cojinete de agujas o el eje de la columna

Montaje de goma
T 39 - 49 (4.0 - 5.0, 29 - 36)
Asegúrese de que no reciba demasiada presión

Soporte de montaje de la columna
T 9 - 11
(0.9 - 1.1, 6.5 - 8.0)

Soporte del tubo
T 2.9 - 4.3 (0.30 - 0.44, 2.2 - 3.2)

Brazo auxiliar
T 49 - 69
(5.0 - 7.0, 36 - 51)
Al bastidor

Cerradura de la dirección

Tubo de la columna de dirección
• En ningún caso se deberá aplicar una presión inadecuada a la columna en dirección axial
• En la instalación, no flexione la columna

T 16 - 21
(1.6 - 2.1, 12 - 15)

Tirante transversal

Tirante lateral

Abrazadera del tirante lateral (2WD)
T 11 - 17 (1.1 - 1.7, 8 - 12)
Tuerca de cierre del tirante lateral (4WD)

T 9.1 - 11.8
(0.93 - 1.2, 6.7 - 8.7)

Amortiguador de la dirección
T 19 - 25
(1.9 - 2.6, 14 - 19)

Caja de la dirección
T 84 - 96 (8.6 - 9.8, 62 - 71)
Al bastidor

Rótula
A la mangueta

Brazo de dirección
Cambio manual
T 127 - 147 (13 - 15, 94 - 108)
Al sector del eje
Dirección hidráulica
T 137 - 177 (14 - 18, 101 - 130)
Al sector del eje

Cuando extraiga o instale la columna del volante de la dirección o la cerradura, desconecte el cable a tierra de la bateria.
Cuando extraiga o instale las tapas contrapolvo, tenga cuidado de no dañarlas

T : Nm (kg-m, libras-pie)
MG : Puntos de aplicación de grasa «Multi-purpose»

Sistema de la dirección, modelos 1980 y posteriores

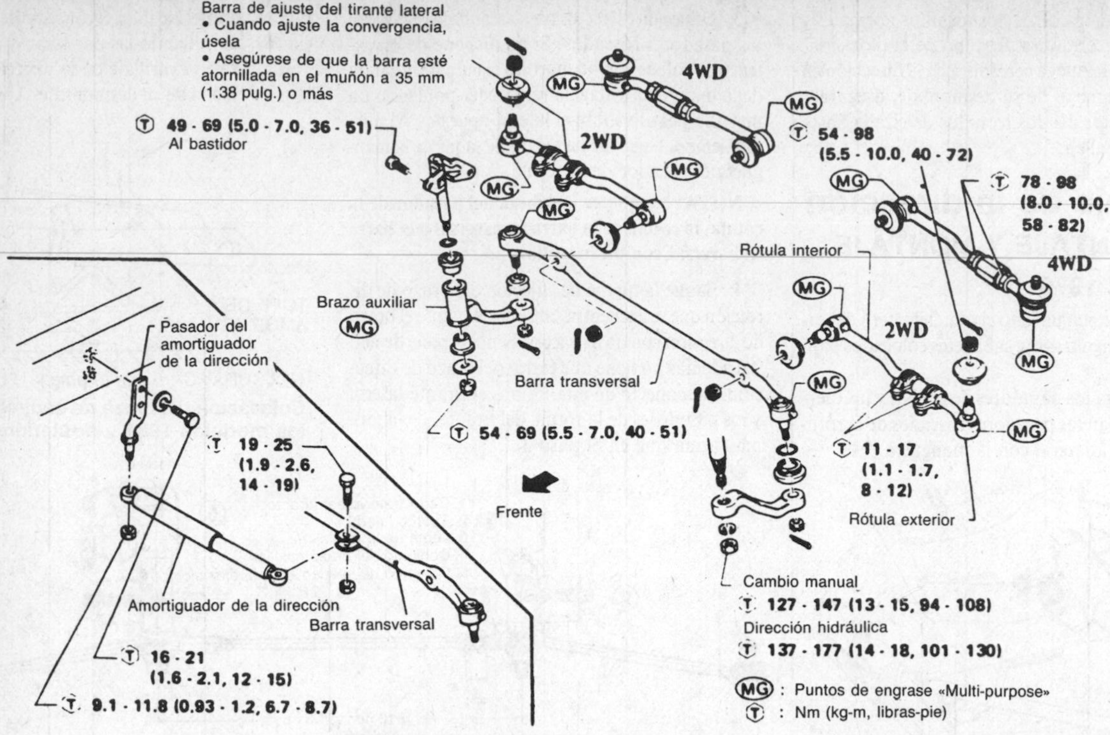

Varillaje de la dirección en los modelos 1980 y posteriores

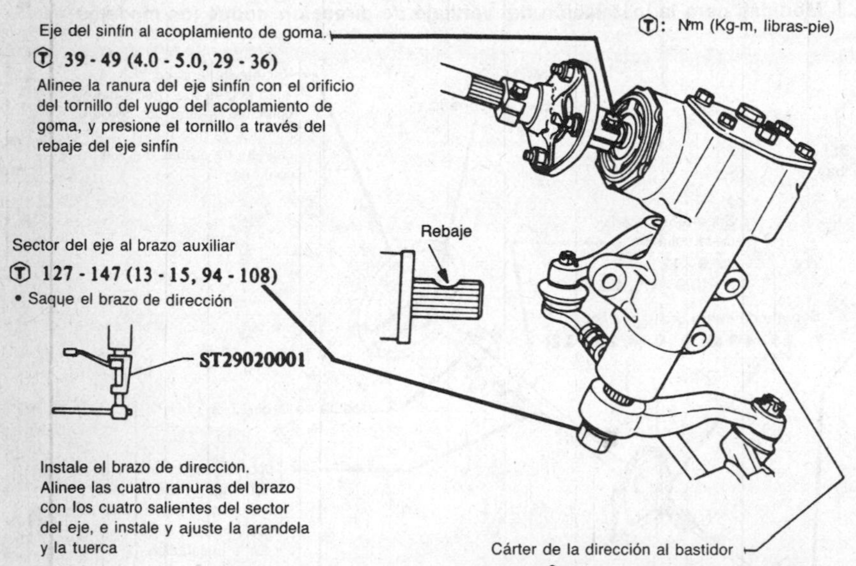

Extracción e instalación de la caja de dirección

cas del pasador de la rótula a 40-55 libras-pie, las tuercas de sujeción del conjunto del brazo auxiliar a 23-27 libras-pie, y las contratuercas de ajuste del tirante a 58-72 libras-pie. Ajuste la convergencia de las ruedas y el ángulo de la dirección.

MODELOS 1980 Y POSTERIORES

1. Levante y sujete el tren delantero del vehículo colocando caballetes debajo de los largueros del bastidor.
2. Marque el brazo Pitman y el eje para su posterior instalación. Quite el brazo Pitman con un extractor diseñado para este propósito, como por ejemplo la herramienta especial 290200001.
3. Retire el brazo auxiliar.
4. Saque los tirantes laterales de las manguetas utilizando una herramienta especial como la HT72520000.
5. El montaje se realiza en el orden inverso. Tenga en cuenta los siguientes aprietes: brazo Pitman al eje, cambio manual: 94-108 libras-pie. Dirección hidráulica: 101-130 libras-pie. Brazo auxiliar al bastidor: 36-51 libras-pie. Tirantes laterales a la rótula: 40-72 libras-pie.
6. Compruebe la alineación de las ruedas.

Caja de la dirección

DESMONTAJE Y MONTAJE

Dirección manual (sin servoasistencia)

1. Levante y apoye el camión sobre caballetes.
2. Desatornille el eje del sinfín que se encuentra en el acoplamiento de goma.
3. Haga marcas coincidentes en el brazo auxiliar y en el eje, y con las ruedas en línea recta hacia adelante, saque la tuerca que une el brazo auxiliar con el eje y luego retire con un extractor el brazo auxiliar.
4. Desatornille y extraiga del bastidor la caja de la dirección.
5. El montaje se realiza en el orden inverso. Apriete el tornillo de acoplamiento del eje sinfín a 29-36 libras-pie, la tuerca del brazo auxiliar a 94-108 libras-pie y los tornillos del bastidor al engranaje a 62-71 libras-pie.

Dirección hidráulica (servoasistida)

1. Señale las marcas coincidentes y retire del eje sector el brazo Pitman, utilice un extractor tal como el 290200001.
2. Marque y desconecte del engranaje que está en el acoplamiento del eje de dirección.
3. Desconecte del engranaje las líneas y tápelas junto con las aberturas que están en el engranaje.
4. Desatornille y saque el conjunto de la caja de la dirección del bastidor.
5. El montaje es a la inversa del desmontaje. Tenga en cuenta los siguientes aprietes: alojamiento de la caja al bastidor: 62-71 libras-pie. Acoplamiento del eje de dirección: 24-28 libras-pie. Línea de baja presión a la caja: 29-36 libras-pie. Línea de alta presión a la caja: 14-22 libras-pie. Brazo Pitman al eje sector: 101-130 libras-pie.

FRENOS

Para todos los procedimientos de reparación y servicio del sistema de frenos que no se detallan a continuación, consulte la sección de Frenos en Reparaciones.

AJUSTE

Los frenos del disco delantero son autoajustables, por lo tanto no es posible realizar ningún tipo de ajuste. Para ajustar los frenos de tambor traseros, siga las siguientes indicaciones:

1. Levante con un gato la rueda hasta que no toque el suelo.

2. Si está ajustando los frenos traseros, asegúrese de que el freno de mano esté completamente suelto.

3. Quite el tapón de goma de la parte posterior de la placa trasera del freno.

4. Golpee ligeramente hacia adelante la envoltura del ajustador con un martillo y un destornillador.

5. Gire la rueda del ajustador hacia abajo para soltar las zapatas del freno. Deje de girar la rueda del ajustador cuando el tambor del freno se cierre y ya no pueda girar la rueda con la mano.

6. Gire la rueda del ajustador hacia arriba, haciendo retroceder las zapatas del tambor del freno unas 12 muescas, de esta forma obtendrá la holgura correcta entre las zapatas y el tambor. Gire la rueda para asegurarse que el tambor gira libremente.

7. Instale el tapón de goma.

AJUSTE DEL PEDAL DE FRENO

Los camiones están equipados con una varilla de empuje del cilindro maestro ajustable, por medio de la cual se obtiene el juego libre.

1. Ajuste la altura del interruptor de la luz de stop de manera que entre la superficie superior del pedal y el suelo del vehículo (sin la alfombra) haya una distancia de: 6,06" en los modelos de 1979 y de 6,7" en los de 1980 y posteriores. Ajuste la contratuerca del interruptor de la luz de stop.

2. Ajuste la longitud de la horquilla de la varilla de empuje del cilindro maestro de manera que se establezca el juego libre adecuado entre el pedal y la varilla de empuje. El juego libre deberá ser de 0,04-0,20".

3. Accione el pedal para asegurarse de que trabaja correctamente y sin ruidos o interferencias.

Cojinetes de las ruedas

Este apartado es sólo para vehículos con tracción en dos ruedas. Para los de tracción en las cuatro ruedas, consulte la sección Semi-ejes delanteros.

Sólo los cojinetes de las ruedas delanteras requieren un servicio periódico. El lubricante adecuado es una grasa que soporte las altas temperaturas que generan los frenos de disco y que cumpla las especificaciones NLGI nº 2. (Esta grasa deberá utilizarse incluso si su Datsun está equipado con frenos de tambor, ya que proporcionará una mejor protección.) Para realizar esta operación no necesitará ninguna herramienta especial, aunque se recomienda disponer de una llave de torsión para obtener una medición más exacta de la precarga de los cojinetes. El procedimiento es básicamente el mismo para los frenos de tambor o de disco. Es importante tener en cuenta que aunque los cojinetes de las ruedas son duraderos también son en algunos aspectos extremadamente frágiles. Los malos tratos, granos de arena, desalineación, raspones, una precarga inadecuada, etc., podrían destrozar cualquier cojinete de rodillos, aunque su resistencia y calidad fueran óptimas.

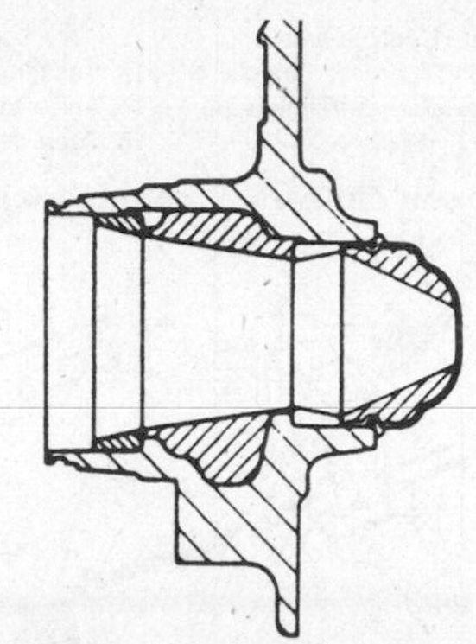

Llene la parte sombreada del cubo y la tapa de grasa con grasa de cojinetes de ruedas. Además, engrase las tazas

DESMONTAJE Y MONTAJE

1. Afloje las tuercas de la rueda, levante el camión y retire la rueda con el neumático. Saque el tambor y el calibrador del freno.

2. No es necesario quitar del cubo el tambor o el disco. El cojinete exterior saldrá junto con el cubo. Simplemente saque del eje el conjunto del cubo y el disco o el tambor. Asegúrese de tomar el cojinete antes de que se caiga al suelo.

3. Desde el interior del cubo, extraiga el sello de grasa y levante el cojinete interior. Descarte el sello de grasa.

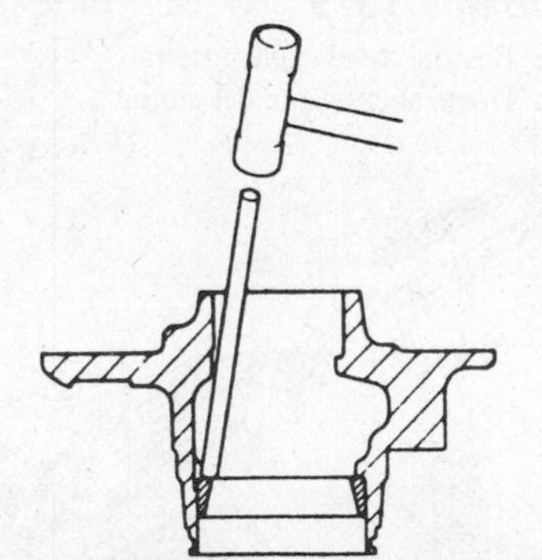

Saque del cubo las tazas de cojinetes gastadas utilizando una broca blanda y un martillo

4. Limpie los cojinetes en disolvente y déjelos secar. No lo haga con un trapo, ya que corre el riesgo de dejar pelusas en las pistas. Limpie la tapa de grasa, las tuercas, el eje de la mangueta y las ranuras del cubo y luego déjalas secar.

5. Revise el cojinete. Si encuentra señales de desgaste o daños deberá cambiarlos junto con las tazas. No coloque piezas viejas junto con las nuevas.

6. Si las tazas están usadas, quítelas del cubo utilizando una barra de latón como si fuera una broca.

7. Para la instalación: si ha cambiado las tazas viejas, instale las nuevas (las exteriores y las interiores) dentro del cubo, utilizando una herramienta adecuada o una llave de tubo o un trozo de tubo que tenga un diámetro apropiado para presionar únicamente el aro exterior de la taza.

ATENCIÓN

Tenga cuidado de que las tazas de los cojinetes no se levanten en el cubo. Si no están totalmente encajadas, le será imposible ajustar los cojinetes correctamente.

8. Recubra las zonas interiores del cubo y de las tazas con grasa, tal como se muestra en la ilustración. Ponga grasa en el interior de la tapa del cubo, pero no la instale dentro del cubo.

9. Recubra con grasa el cojinete interior. Ponga una pequeña cantidad de grasa en la palma de la mano y haga deslizar el cojinete interior a través de la palma. De esta manera, logrará que la grasa penetre a través del lado de cojinete y dentro de cada rodillo. Continúe hasta que la grasa comience a rezumar hacia afuera por el otro lateral, a través de las brechas entre los rodillos; el cojinete deberá estar completamente recubierto de grasa penetre a través del lado del cojinete y dentro de cada rodillo. Continúe hasta que la grasa

10. Instale el conjunto del cubo y el rotor o el tambor sobre el eje de la mangueta. Recubra el cojinete exterior con grasa, de la misma forma que lo hizo con el cojinete interior, luego instale el cojinete exterior dentro del cubo.

11. Aplique una capa delgada de grasa a la arandela y a la parte roscada del eje de la mangueta y, por último, instale la arandela y la tuerca de ajuste. Continúe con el siguiente apartado.

AJUSTE DE LA PRECARGA DEL COJINETE

1. Mientras gira el cubo hacia adelante, ajuste la tuerca de ajuste a 22-29 libras-pie.

2. Rote el cubo unas pocas veces más para permitir que los cojinetes se asienten.

3. Reajuste la tuerca a 22-29 libras-pie. Desatornille la tuerca de ajuste 1/8 de vuelta (45 grados). Instale la contratuerca (tuerca encastellada) y encájela en la tuerca de ajuste hasta que una de sus ranuras quede alineada con el orificio del eje de la mangueta. Es correcto apretar la tuerca de ajuste más de 15 grados para permitir que los orificios de la contratuerca queden alineados. Instale un nuevo pasador de perno, doblando sus extremos alrededor de la contratuerca.

4. Instale la rueda y rosque un par de tuercas. Revise el juego axial de la rueda sacudiéndola hacia atrás y hacia adelante. El juego libre del cojinete deberá aproximarse a cero y la rueda deberá girar libremente.

5. Si el juego del cojinete es el correcto, quite la rueda, cambie el calibrador y luego instale la rueda y la tapa de grasa.

Cilindros de las ruedas traseras

DESMONTAJE Y MONTAJE

1. Levante el vehículo con un gato y quite la rueda, el tambor del freno y las zapatas.

2. Desconecte de la parte trasera del cilindro de la rueda el tubo del freno.

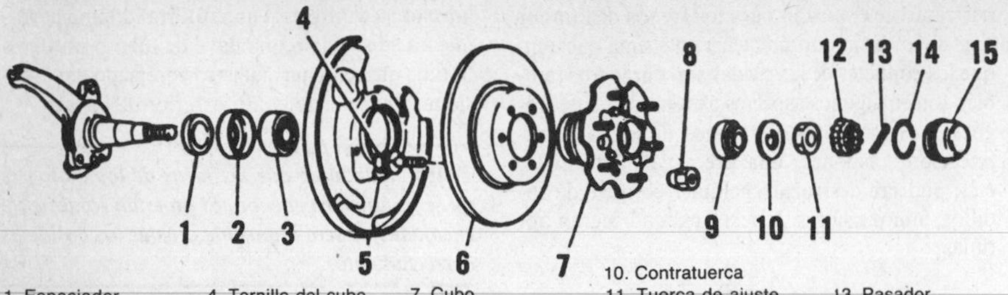

1. Espaciador
2. Sello de grasa
3. Cojinete interior
4. Tornillo del cubo
5. Placa trasera
6. Disco (rotor)
7. Cubo
8. Tuerca del perno
9. Cojinete exterior
10. Contratuerca
11. Tuerca de ajuste
12. Tuerca (almenada) de cierre
13. Pasador
14. Anillo tórico
15. Tapa de grasa

Cubo y cojinetes con frenos de disco (los de tambor son similares), para modelos con tracción en dos ruedas

3. Extraiga las tuercas de retención del cilindro y saque del disco del freno el cilindro de la rueda.
4. Instale el cilindro de la rueda y monte el freno en el orden inverso al de su desmontaje.
5. Purgue el sistema hidráulico del freno.

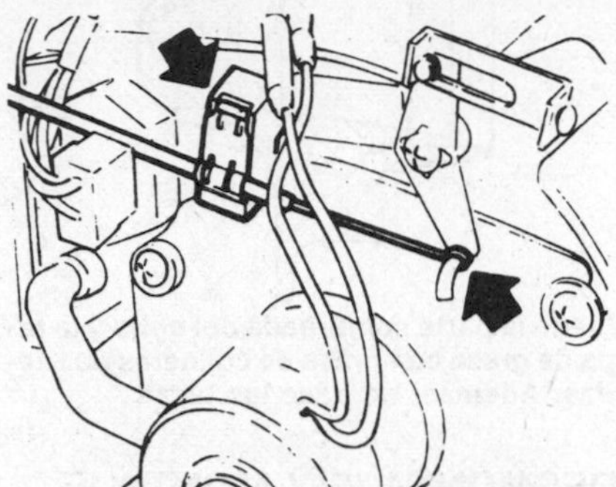

Posición del cable de control

Cable del freno de mano

AJUSTE

1. Levante el vehículo con un gato hasta que las ruedas traseras no toquen el suelo.
2. Ajuste los frenos traseros.
3. Afloje la contratuerca del conjunto de la palanca del freno de mano que va montada sobre el travesaño del cojinete central del árbol de transmisión.
4. Gire la tuerca de ajuste hasta que la carrera de la palanca de control quede entre 3 y 4".
5. Suelte el freno de mano y asegúrese de que las ruedas traseras giran libremente.
6. Baje el vehículo.

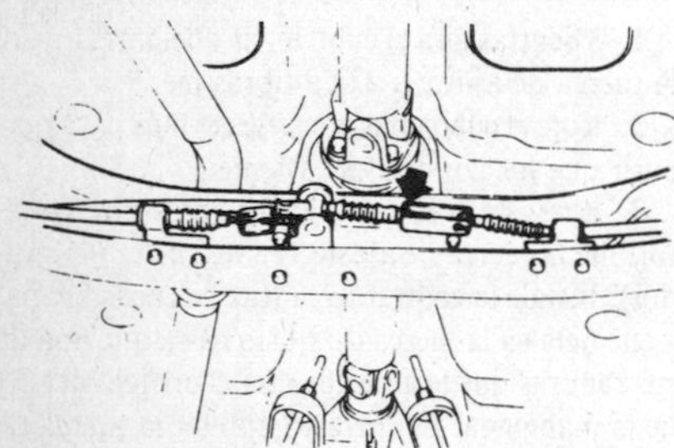

Tuerca de ajuste del freno de mano

DESMONTAJE Y MONTAJE

1. Suelte totalmente la palanca de control del freno de mano.
2. Afloje la tuerca de ajuste de la palanca que está montada en el travesaño del bastidor.
3. Desconecte el cable de la palanca de control.
4. Quite los tambores del freno trasero y desconecte los cables del freno de mano de las palancas acodadas de los conjuntos del ajuste del freno trasero.
5. Extraiga la placa de traba, el resorte y el sujetador, y tire hacia afuera y hacia la palanca el cable del freno de mano.
6. Quite el pasador que está en la palanca y desconecte el cable.
7. Instale los cables en el orden inverso al de su desmontaje. Aplique una ligera capa de grasa a los cables para asegurarse de que se deslizan correctamente. Ajuste los cables del freno de mano.

EQUIPO ELÉCTRICO DEL CHASIS

Conjunto del calefactor

DESMONTAJE Y MONTAJE

Modelos 1979

1. Desconecte el cable a tierra.
2. Drene el enfriante del motor.
3. Quite las mangueras del descongelante.
4. Saque las tres abrazaderas de retención del cable y desconecte de las válvulas y del grifo de agua los cables de control.
5. Desconecte de cada conector los dos cables del motor del ventilador.
6. Desconecte de cada conector los dos cables del resistor.
7. Desconecte del núcleo del calefactor y del grifo del agua las mangueras del agua.
8. Extraiga los tres tornillos de montaje de la carcasa del calefactor y saque del vehículo el conjunto del calefactor.
9. Instale el conjunto del calefactor en el orden inverso al de su desmontaje.

Modelos 1980 y posteriores

1. Desconecte el cable a tierra.
2. Drene el sistema de enfriamiento.
3. En los modelos con aire acondicionado, desconecte del motor la manguera de la calefacción.
4. En los modelos sin aire acondicionado, quite el conducto de calefacción y desconecte la manguera de la calefacción que está en el calefactor.
5. Saque la consola y el conjunto del panel de instrumentos.
6. Desconecte del ventilador el cable de control de la entrada de aire.
7. En los modelos equipados con A/C (aire acondicionado), quite el ventilador. Saque los tornillos y las tuercas de la unidad de evaporación, pero sin retirar la unidad.
8. Quite el conjunto del calefactor.
9. El montaje es en el orden inverso al desmontaje. Ajuste el cable de control.

Ventilador

DESMONTAJE Y MONTAJE

Modelos 1979

1. Quite el conjunto del calefactor del vehículo, tal como se indica en el apartado anterior.

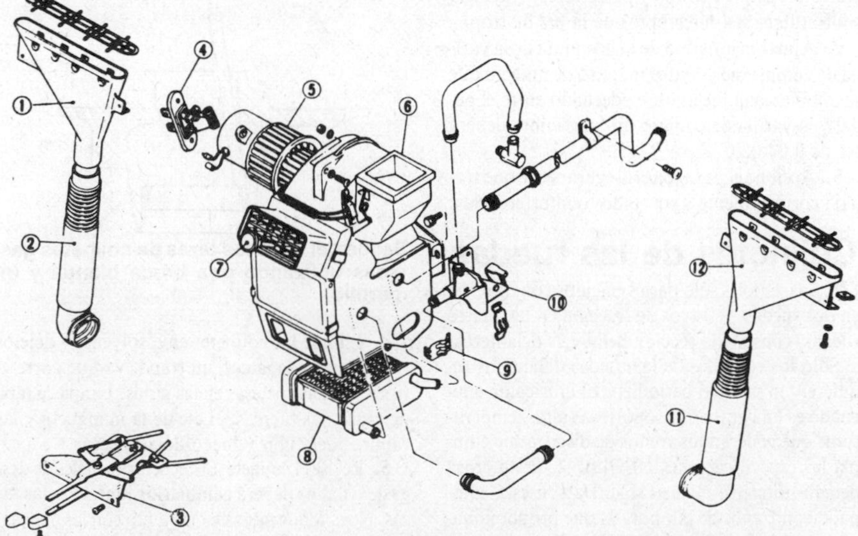

1. Tobera del descongelador (LI)
2. Conducto del descongelador
3. Mando del calefactor
4. Resistencia
5. Motor del calefactor
6. Caja del calefactor
7. Interruptor del ventilador
8. Núcleo de calefactor
9. Grapa del cable de control
10. Llave del calefactor
11. Conducto del descongelador (LD)
12. Tobera del descongelador (LD)

Unidad de calefacción, modelos 1979

2. Quite las nueve abrazaderas de muelle y desmonte la carcasa del calefactor.

3. Saque del motor eléctrico el ventilador.

4. Retire los tornillos de retención del motor del ventilador y saque el motor.

5. Instale el motor del ventilador y el conjunto del calefactor en el orden inverso.

Modelos 1980 y posteriores

1. Desconecte la conexión a tierra.
2. Quite la bandeja.
3. En los modelos sin aire acondicionado, saque el conducto de la calefacción.
4. Retire el conector del resistor y desconecte el cable de control.
5. Saque el ventilador.
6. El montaje es en el orden inverso al de su desmontaje. Ajuste el cable de control.

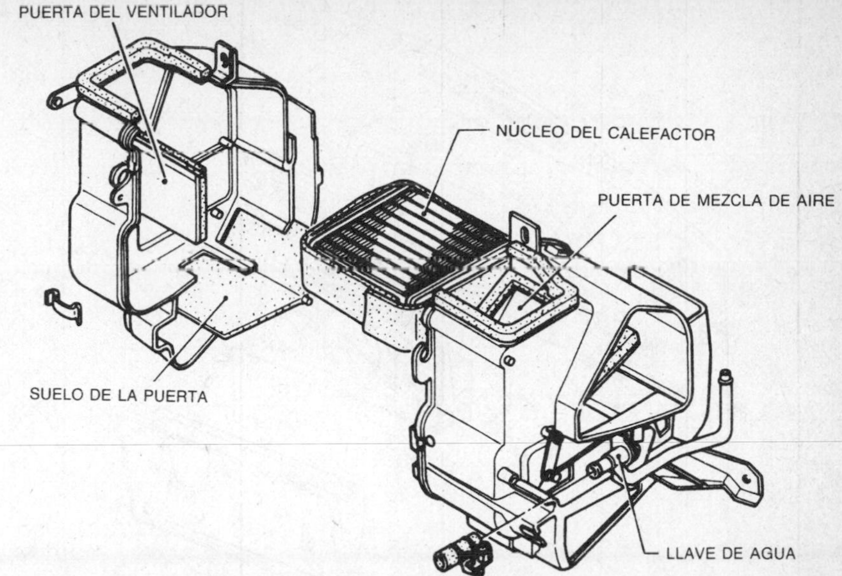

Conjunto del calefactor en los modelos 1980 y posteriores

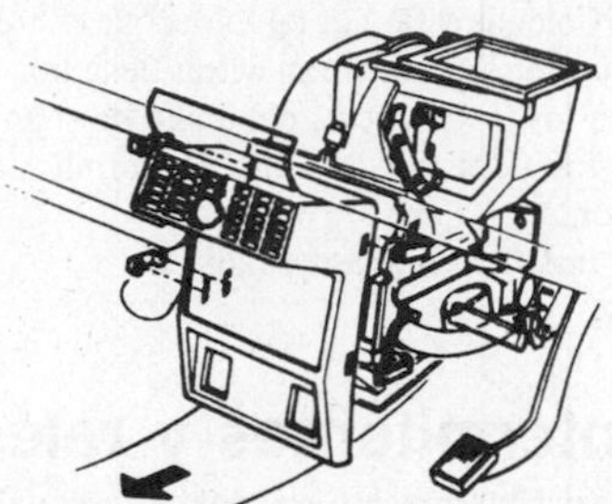

Extracción de la tapa delantera del conjunto del calefactor

Núcleo del calefactor

DESMONTAJE Y MONTAJE

Modelos 1979

1. Drene el enfriante del motor.
2. Desconecte las mangueras del descongelador.
3. Desconecte de las tuberías de entrada y de salida en el núcleo las mangueras de agua.
4. Retire las cuatro grapas y la tapa delantera.
5. Saque de la carcasa del calefactor el núcleo.
6. Instale el núcleo en el orden inverso al de desmontaje.

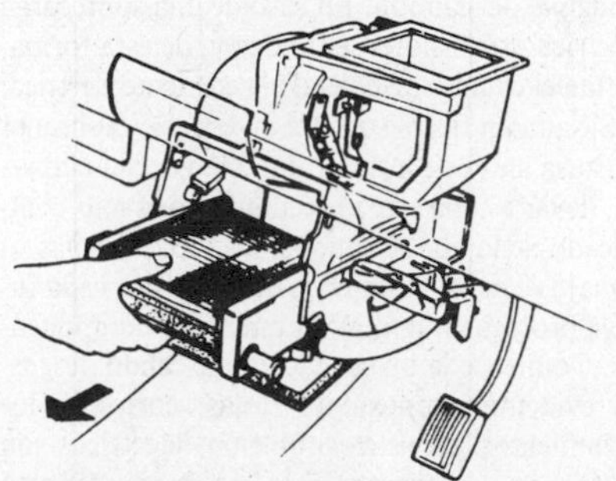

Extracción del núcleo del calefactor

Modelos 1980 y posteriores

Consulte los procedimientos de Conjunto del calefactor.

Radio

Cuando trabaje con la radio, tenga en cuenta las siguientes precauciones.

1. Siempre tenga cuidado de poner la polaridad adecuada en las conexiones (positivo a positivo y negativo a negativo).

2. No trabaje nunca sin un altavoz, de esta forma evitará ocasionar daños de consideración a los transistores de salida. Si tiene que instalar un altavoz nuevo, asegúrese que tenga la impedancia correcta (ohmios). Si utiliza una antena nueva o un cable de antena, o si nota que la recepción de AM es débil. deberá ajustar el calibrador de antena. Sintonice la radio en una estación débil cerca de los 1,400kc. Ajuste el tornillo del calibrador hasta conseguir una mejor recepción y el máximo volumen. En las radios equipadas de fábrica el tornillo calibrado está situado en el ángulo izquierdo inferior de la parte trasera del receptor, en la mayoría de los casos. Para obtener una mejor recepción de FM, suba la antena hasta las 31"; para AM, súbala hasta alcanzar su altura máxima.

DESMONTAJE Y MONTAJE

Modelos 1979

1. Quite las perillas de los ejes de mando de la radio.
2. Saque de los ejes de mando las tuercas de retención de la radio y la arandela.
3. Retire la placa frontal de la parte delantera de la radio.
4. Desconecte por debajo del tablero de instrumentos, el cable de la antena, los de energía y el del altavoz.
5. Extraiga la radio.
6. Instale la radio en el orden inverso al de su desmontaje.

Modelos 1980 y posteriores

1. Desconecte el cable a tierra de la batería.
2. Saque el cenicero y el panel de control del aire acondicionado/calefacción.
3. Desconecte la clavija de conexión del cableado, situada en la parte trasera de la radio.
4. Quite la tapa que cubre los tornillos de sujeción y luego los tornillos; a continuación, saque la radio del tablero.
5. Desconecte la antena y el arnés de cables.
6. El montaje se realiza en el orden inverso.

Motor del limpiaparabrisas

DESMONTAJE Y MONTAJE

1. Saque de los pivotes el conjunto de las hojas y los brazos de los limpiadores. Los brazos están sujetos a los pivotes mediante tuercas. Quite las tuercas y tire de los brazos en línea recta hacia afuera.

2. Extraiga la rejilla de la parte superior del cubretablero, ésta va montada en el borde delantero por medio de cuatro tornillos. Retire estos últimos y tire hacia adelante la rejilla para desenganchar las lengüetas de la parte trasera.

3. Saque el anillo de retención que conecta el brazo del motor del limpiaparabrisas a la biela.

4. Desconecte, debajo del tablero de instrumentos, el arnés del motor del limpiaparabrisas que está en el conector sobre el cuerpo del motor.

5. Retire los tres tornillos de retención, tire del motor hacia afuera y sáquelo del vehículo.

6. Instale el motor del limpiaparabrisas en el orden inverso al de su desmontaje. Se deberán instalar los brazos de forma tal que las hojas queden 25 mm por encima de la moldura del limpiaparabrisas. Si ha puesto el motor en funcionamiento, asegúrese de que éste y la articulación están en su posición de paro antes de instalar los brazos. Para efectuar esta operación, accione el

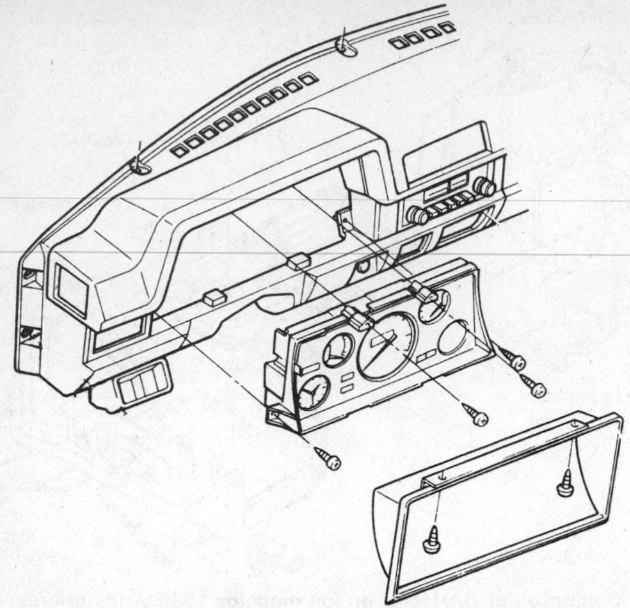

Extracción del tablero de instrumentos, modelos 1984 y posteriores

interruptor de encendido y deje funcionar el motor durante tres o cuatro ciclos. Apague el motor con la perilla del limpiaparabrisas (no con la de encendido) y deje que el motor vuelva a la posición de paro.

Articulación del limpiaparabrisas

DESMONTAJE Y MONTAJE

1. Quite del pivote la hoja y el brazo.
2. Saque la rejilla de la parte superior.
3. Extraiga las dos tuercas de la brida que retienen el pivote de la articulación a la parte superior.
4. Retire el anillo de retención que sujeta la biela al brazo del motor.
5. Saque del camión el conjunto del eslabón.
6. Instale el eslabón en el orden inverso al de desmontaje.

Tablero de instrumentos

DESMONTAJE Y MONTAJE

Modelos 1979

1. Desconecte el cable a tierra de la batería.
2. Quite los tres tornillos que sujetan la tapa del tablero de instrumentos y sáquela. Deberá realizar esta operación trabajando a través de los orificios de la tapa del tablero de instrumentos.
3. Desde la parte inferior del tablero, quite el tornillo que sujeta el conjunto del tablero de instrumentos a la parte inferior del panel.
4. Retire un poco la tapa del tablero. Presione la perilla de mando del limpiaparabrisas, gírela en el sentido opuesto a las agujas del reloj y sáquela hacia afuera. Quite el interruptor de la luz de la misma forma.
5. Por detrás del tablero de instrumentos, desconecte el cable del cuentakilómetros en el lugar que se une a la cabeza del cuentakilómetros, junto con el conector múltiple.
6. En los vehículos equipados con reloj, desconecte los cables de cada conexión en el circuito del tablero.
7. Extraiga los cuatro tornillos que unen el conjunto del tablero con la tapa.
8. Quite por debajo del panel el conjunto del tablero.
9. Instale el tablero en el orden inverso al de su desmontaje.

Modelos 1980 y posteriores

1. Desconecte el cable a tierra de la batería.
2. Quite la tapa del tablero de instrumentos.
3. Saque el conjunto del tablero.
4. Extraiga, por separado, los indicadores del tablero.
5. La instalación se realiza en el orden inverso.

Cable del cuentakilómetros

SUSTITUCIÓN

1. Meta la mano por debajo del tablero de instrumentos y desconecte de la parte trasera del cuentakilómetros la envoltura del cable, ésta está sujeta por medio de una perilla estriada que simplemente se desatornilla.
2. Saque el cable de su envoltura. Si el cable está roto, tendrá que quitar del extremo de la transmisión la otra mitad del cable. Desatornille la perilla de retención y saque el cable del alojamiento de la extensión de la transmisión.
3. Lubrique el cable con polvo de grafito (curiosamente se vende como lubricante para el cable del cuentakilómetros) y luego meta el cable dentro de la envoltura. Es mejor comenzar en el extremo del cuentakilómetros e introducir el cable hacia abajo y hacia la transmisión. Es absolutamente necesario desatornillar la conexión de la transmisión e instalar el extremo del cable en el embrague y, posteriormente, volver a conectar la envoltura en la transmisión. Deslice el extremo del cable dentro del cuentakilómetros, y vuelva a conectar la envoltura.

Faros

DESMONTAJE Y MONTAJE

1. Saque los tornillos de retención de la rejilla del radiador y luego la rejilla.
2. Afloje y quite, si es necesario, los tres tornillos de retención del faro.
3. Saque el anillo de retención rotándolo en el sentido de las agujas del reloj.
4. Retire del faro el anillo del soporte y desconecte el conector eléctrico por detrás de la luz.
5. Cambie el faro y conecte el conector del cableado a la luz nueva.
6. Coloque el faro de tal forma que las tres lengüetas, que se encuentran detrás de la luz, encajen en los tres orificios del anillo de soporte.
7. Instale el anillo y ajuste los tornillos de retención.
8. Instale la rejilla del radiador.

Intermitentes y relés

La luz del intermitente y las cuatro luces de señalización de emergencia están localizadas debajo del tablero de instrumentos sobre los laterales opuestos a la columna de dirección. El intermitente es el más largo de los dos. Para cambiarlo se desenchufa el viejo y se enchufa el nuevo.

Los relés se utilizan para la bocina, los faros, el limpiaparabrisas, el calefactor, el estrangulador del calefactor, el sensor del catalizador, el compresor del aire acondicionado y los interruptores de la transmisión, aunque, obviamente, no se utilizan todos los relés en todos los modelos. Los relés están agrupados juntos y van montados sobre el guardabarro derecho en el compartimiento del motor.

Fusibles

Los fusibles protegen a todo el sistema eléctrico principal del camión. En caso de una sobrecarga eléctrica, los fusibles se funden y, de esta forma, cortan el circuito deteniendo la corriente eléctrica.

Si salta un fusible deberá investigar y subsanar la causa antes de instalar uno nuevo. Sin embargo, llevar a cabo este procedimiento es más complicado de lo que se supone. De todas formas su trabajo se reducirá un poco debido a que cada fusible protege un limitado número de componentes. Comience la investigación buscando desgastes evidentes, conexiones flojas, cortes en los aislamientos, etc. Los problemas eléctricos son siempre un verdadero quebradero de cabeza, pero con paciencia, constancia y un poco de lógica se solucionan sin demasiados inconvenientes.

El amperaje de cada fusible y del circuito de protección están señalizados sobre la tapa de la caja de fusibles, la cual se encuentra ubicada debajo del tablero de instrumentos al lado de la columna de la direccción.

Eslabones fusibles

Un eslabón fusible es un dispositivo de protección que se utiliza en un circuito eléctrico. Al aumentar la corriente más allá de un determinado amperaje, el cable de metal del eslabón se funde, cortando el circuito eléctrico y evitando así que se produzcan más averías en el cableado. Siempre que por causa de un cortocircuito un eslabón fusible se funda, busque y repare la causa del desperfecto antes de instalar un nuevo eslabón fusible.

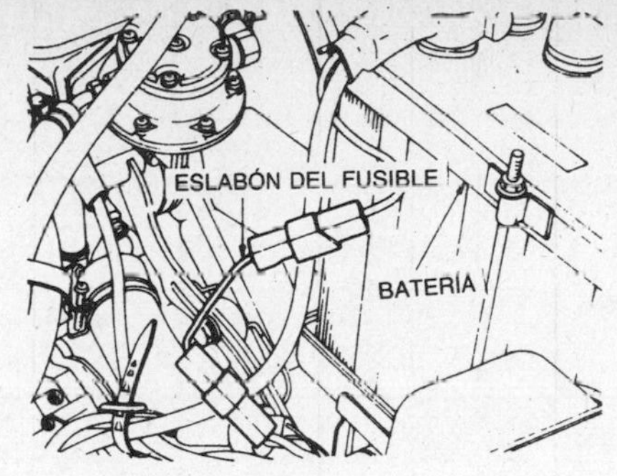

Eslabón fusible

Las pick-ups Datsun llevan instalado únicamente un eslabón fusible, el cual se encuentra ubicado en la parte más delgada de los dos cables conectados a la terminal positiva de la batería. Los cambios se realizan simplemente enchufando los conectores en el citado cable.

ATENCIÓN

Utilice únicamente recambios que tengan la misma capacidad eléctrica que los originales, ya que si son diferentes no proporcionarán una protección adecuada del sistema.

Dodge/Plymouth

Pickups, Van, Ramcharger, Trail Duster, Rampage

ESPECIFICACIONES GENERALES DEL MOTOR

Año	Cilindrada del motor (pulg. cúb.)	Potencia (@ rpm)	Par del motor @ rpm (libras-pie)	Diámetro x carrera (pulg.)	Relación de compresión	Presión del aceite (libra-pulg.^{2} @ rpm)
'79	6-225	90 @ 3600	160 @ 1600	3.40 × 4.12	8.4 : 1	30–70 @ 2000
	6-243 Diesel	100 @ 3700	163 @ 2200	3.62 × 3.94	20 : 1	43 @ 1000
	8-318	140 @ 4000	245 @ 1600	3.91 × 3.31	8.6 : 1	30–80 @ 2000
	8-360	155 @ 3600	270 @ 2400	4.00 × 3.58	8.5 : 1	30–80 @ 2000
'80–'81 ④	6-225	90 @ 3600	160 @ 1600	3.40 × 4.12	8.4 : 1	35–65 @ 2000
	8-318 ②	120 @ 3600	245 @ 1600	3.91 × 3.31	8.5 : 1	35–65 @ 2000
	8-318 ③	155 @ 4000	240 @ 2000	3.91 × 3.31	8.5 : 1	35–65 @ 2000
	8-360 ②	130 @ 3200	255 @ 2000	4.00 × 3.58	8.4 : 1	35–65 @ 2000
	8-360 ③	185 @ 4000	275 @ 2000	4.00 × 3.58	8.0 : 1	35–65 @ 2000
'82–'84 ④	4-135	84 @ 4800	111 @ 2400	3.44 × 3.62	8.5 : 1	50 @ 2000
	4-155.9	92 @ 4500	131 @ 2500	3.59 × 3.86	8.2 : 1	56 @ 2000
	6-225	90 @ 3600	160 @ 1600	3.40 × 4.12	8.4 : 1	35–65 @ 2000
	8-318 ②	120 @ 3600	245 @ 1600	3.91 × 3.31	8.5 : 1	35–65 @ 2000
	8-318 ③	155 @ 4000	240 @ 2000	3.91 × 3.31	8.5 : 1	35–65 @ 2000
	8-360 ②	130 @ 3200	255 @ 2000	4.00 × 3.58	8.4 : 1	35–65 @ 2000
	8-360 ③	185 @ 4000	275 @ 2000	4.00 × 3.58	8.0 : 1	35–65 @ 2000
'85–'86	4-135	96 @ 5200	119 @ 3200	3.44 × 3.62	9.5 : 1	25–80 @ 3000
	4-153.9	104 @ 4800	142 @ 2800	3.59 × 3.86	8.7 : 1	45–90 @ 3000
	6-225	90 @ 3600	160 @ 1600	3.40 × 4.12	8.4 : 1	25–70 @ 3000
	8-318 ②	104 @ 3600	140 @ 3600	3.91 × 3.31	9.0 : 1	30–80 @ 3000
	8-318 ③	155 @ 4000	240 @ 2000	3.91 × 3.31	9.0 : 1	30–80 @ 3000
	8-360 ②	130 @ 3200	255 @ 2000	4.00 × 3.58	—	30–80 @ 3000
	8-360 ③	185 @ 4000	275 @ 2000	4.00 × 3.58	—	30–80 @ 3000

① 10 HP más con carburador de dos cuerpos
② Carburador de dos cuerpos
③ Carburador de cuatro cuerpos
④ La potencia y el par motor se indican con valores netos SAE. Son medidos en la parte posterior de la transmisión con todos los accesorios montados y en funcionamiento. Como sea que los valores varían cuando un determinado motor va montado en modelos diferentes, algunas cifras son más representativas que precisas.

ESPECIFICACIONES DE PUESTA A PUNTO

Año	Nº cilindros del motor y cilindrada en pulg. cúb.	Bujías		Distribuidor	Sincronización encendido (± 2°) (grados)		Abertura válvulas admisión (grados)	Presión bomba combust. (lbs-pulg.^{2})	Velocidad ralenti (rpm)		Juego válvulas (pulg.)	
		Tipo original	Dist. entre electrodos		Camb. Man.	Camb. Aut.			C.M.	C.A.	Adm.	Esc.
'79	6-225 LD	P-560PR	.035	Electrónico	12B	12B	16B	3.5–5.0	675	675	.010	.020
	6-225 LD Calif.	P-560PR	.035	Electrónico	8B	8B	16B	3.5–5.0	800	800	.010	.020
	6-225 HD	P-560PR	.035	Electrónico	12B	12B	16B	3.5–5.0	675	675	.010	.020
	6-243 Diesel	—	—	—	—	18B	32B	—	—	650	.012	.012
	V8-318 LD	P-64PR	.035	Electrónico	12B	12B	10B	5.0–7.0	680	680	Hid.	Hid.
	V8-318 LD Calif.	P-64PR	.035	Electrónico	6B	6B ①	10B	5.0–7.0	750	750	Hid.	Hid.
	V8-318 HD	P-64PR	.035	Electrónico	2A	2A ②	10B	5.0–7.0	750 ③	750 ③	Hid.	Hid.
	V8-360 LD	P-65PR	.035	Electrónico	10B ③	10B ③	18B	5.0–7.0	750 ③	750 ③	Hid.	Hid.
	V8-360 LD Calif.	P-65PR	.035	Electrónico	10B	10B	18B	5.0–7.0	750	750	Hid.	Hid.
	V8-360 HD	P-65PR	.035	Electrónico	4B	4B	18B	5.0–7.0	750	750	Hid.	Hid.
	V8-360 HD Calif.	P-65PR	.035	Electrónico	—	4B	18B	5.0–7.0	750	750	Hid.	Hid.
'80	6-225 LD	560PR	.035	Electrónico	12B	12B	16B	3.5–5.0	600 ㉓	600 ㉓	.010	.020
	6-225 MD Calif.	560PR	.035	Electrónico	12B	12B	16B	3.5–5.0	800	800	.010	.020
	6-225 HD Canada	560PR	.035	Electrónico	12B	12B	16B	3.5–5.0	675	675	.010	.020
	V8-318 LD ㉔	64PR	.035	Electrónico	12B	12B	10B	5.0–7.0	600	600	Hid.	Hid.
	V8-318 LD ㉕	64PR	.035	Electrónico	10B	10B	10B	5.0–7.0	750	750	Hid.	Hid.
	V8-318 MD Calif.	64PR	.035	Electrónico	10B ④	10B ④	10B	5.0–7.0	750	750	Hid.	Hid.
	V8-318 HD	64PR	.035	Electrónico	8B ④	8B ④	10B	5.0–7.0	750	750	Hid.	Hid.
	V8-360 Canada	65PR	.035	Electrónico	—	4B ⑤	18B	5.0–7.0	—	750	Hid.	Hid.
	V8-360 Canada	65PR	.035	Electrónico	12B	12B ⑥	18B	5.0–7.0	650	650	Hid.	Hid.
	V8-360 LD	65PR	.035	Electrónico	12B	12B	18B	5.0–7.0	650	650	Hid.	Hid.
	V8-360 LD	65PR	.035	Electrónico	—	10B	18B	5.0–7.0	—	750	Hid.	Hid.
	V8-360 MD	65PR	.035	Electrónico	10B	10B	18B	5.0–7.0	750	750	Hid.	Hid.
	V8-360 HD	65PR	.035	Electrónico	10B	10B	18B	5.0–7.0	750	750	Hid.	Hid.
	V8-360 HD	65PR	.035	Electrónico	4B	4B	18B	5.0–7.0	700	700	Hid.	Hid.
'81	6-225 LD	560PR	.035	Electrónico	12B	16B	6B	3.5–5.0	⑧	⑧	Hid.	Hid.
	6-225 HD	560PR	.035	Electrónico	12B	16B	6B	3.5–5.0	725	750	Hid.	Hid.
	V8-318 LD ⑤	64PR	.035	Electrónico	10B	16B	10B	5.0–7.0	650	650	Hid.	Hid.
	V8-318 HD Canada ⑤	64PR	.035	Electrónico	2A	2A	10B	5.0–7.0	750	750	Hid.	Hid.
	V8-318 LD ⑦	64PR	.035	Electrónico	12B	16B	10B	5.0–7.0	750	750	Hid.	Hid.
	V8-318 HD ⑦	64PR	.035	Electrónico	12B	12B	10B	5.0–7.0	750	750	Hid.	Hid.
	V8-360-1 LD ⑦	64PR	.035	Electrónico	12B	16B	18B	5.0–7.0	600	625	Hid.	Hid.
	V8-360-1 HD ⑤	64PR	.035	Electrónico	—	4B	18B	5.0–7.0	—	750	Hid.	Hid.
	V8-360-1 HD ⑦	64PR	.035	Electrónico	—	4B	18B	5.0–7.0	—	700	Hid.	Hid.
	V8-360-3 HD	73SR	.035	Electrónico	—	4B	18B	5.0–7.0	—	700	Hid.	Hid.
	V8-360-3 HD	73SR	.035	Electrónico	—	10B	18B	5.0–7.0	—	750	Hid.	Hid.
'82	4-135	65PR	.035	Electrónico	12B	12B	14B	4.5–6.0	850	900	Hid.	Hid.
	6-225-1	560PR	.035	Electrónico	12B	16B	6B	3.5–5.0	600	600	Hid.	Hid.
	V8-318 ⑤	64PR	.035	Electrónico	12B	12B	10B	4.75–6.25	750	750	Hid.	Hid.
	V8-318 ⑨	64PR	.035	Electrónico	12B	16B	10B	4.75–6.25	750	750	Hid.	Hid.
	V8-360 ⑤	65PR	.035	Electrónico	4B	4B	18B	5.0–7.0	—	700	Hid.	Hid.
	V8-360 ⑦	65PR	.035	Electrónico	—	4B	18B	5.0–7.0	—	700	Hid.	Hid.
'83–'84	4-135	65PR	.035	Electrónico	12B	12B	14B	4.5–6.0	800	800	Hid.	Hid.
	6-225	560PR	.035	Electrónico	12B	16B	6B	3.5–5.0	⑨	⑨	Hid.	Hid.
	8-318 ⑤	64PR	.035	Electrónico	12B	12B	10B	4.75–6.25	⑩	⑩	Hid.	Hid.
	8-318 ⑦	64PR	.035	Electrónico	12B	12B	10B	4.75–6.25	750	750	Hid.	Hid.
	8-360 ⑤	65PR	.035	Electrónico	—	4B	18B	5.0–7.0	—	750	Hid.	Hid.
	8-360 ⑦	RF10	.035	Electrónico	4B	4B	18B	5.0–7.0	700	700	Hid.	Hid.
'85–'86	4-135	RN12Y	.035	Electrónico	6B	6B	16B	4.5–6.0	850	900	Hid.	Hid.
	4-155.9	RN12Y	.035–.040	Electrónico	7B	7B	25B	—	800	800	Hid.	Hid.
	4-155.9HA	RN12Y	.035–.040	Electrónico	12B	12B	25B	—	850	850	Hid.	Hid.
	6-225	RBL16Y	.035	Electrónico	12B	16B	6B	4.0–5.5	725	750	Hid.	Hid.
	6-225 Calif.	RBL16Y	.035	Electrónico	12B	16B	6B	4.0–5.5	775	775	Hid.	Hid.
	8-318	RN12YC	.035	Electrónico	12B	12B	10B	5.75–7.25	700	750	Hid.	Hid.
	8-318 Calif.	RN12YC	.035	Electrónico	8B	8B	10B	5.75–7.25	650	650	Hid.	Hid.
	8-318HA	RN12YC	.035	Electrónico	8B	8B	10B	5.75–7.25	650	650	Hid.	Hid.

ESPECIFICACIONES DE PUESTA A PUNTO

Año	Nº cilindros del motor y cilindrada en pulg. cúb.	Bujías Tipo original	Bujías Dist. entre electrodos	Distribuidor	Sincronización encendido (± 2°) (grados) ▲ Camb. Man.	Sincronización encendido (± 2°) (grados) ▲ Camb. Aut.	Abertura válvulas admisión (grados)	Presión bomba combust. (lbs-pulg.²)	Velocidad ralenti (rpm) C.M.	Velocidad ralenti (rpm) C.A.	Juego válvulas (pulg.) Adm.	Juego válvulas (pulg.) Esc.
'85–'86	8-360	RN12YC	.035	Electrónico	16B	16B	18B	5.75–7.25	800	800	Hid.	Hid.
	8-360HA	RN12YC	.035	Electrónico	16B	16B	18B	5.75–7.25	710	710	Hid.	Hid.
	8-360HD	RN12YC	.035	Electrónico	10B	10B	18B	5.75–7.25	710	710	Hid.	Hid.

NOTA: La etiqueta adherida debajo del capó puede indicar variaciones en las especificaciones, llevadas a cabo al fabricar el vehículo. En caso de que sean diferentes a las indicadas en esta tabla, deberán aplicarse las de la etiqueta.

NOTA: Todas las especificaciones para el Canadá son las mismas que las Federales, salvo que se indique lo contrario.

• Cambio manual en punto muerto, cambio automático en aparcamiento.

— No se utiliza

▲ Con el avance al vacío desconectado y taponado

B Antes del punto muerto superior

A Después del punto muerto superior

TDC Punto muerto superior

CAP Grupo del filtro de aire

Fed. Todos los estados salvo California

(Min) Mínimo

Hyd. Levantaválvulas hidráulicos; no precisan ningún ajuste durante el mantenimiento

LD Emisiones de baja carga

MD Emisiones de carga media

HD Emisiones de alta carga

① Para GVWR inferiores a 6000 libras - 8B

② Modelos canadienses w/4bbl - 8B

③ Modelos canadienses w/4bbl - 4B @ 700 rpm

④ Motor canadiense HD w/2bbl - 2A

⑤ 2bbl

⑥ w/4bbl canadiense y distribuidor 4111487-10B

⑦ 4bbl

⑧ Federal - 660: California - 800: Canadá - 725 MT, 750 AT; todos 2bbl - 700

⑩ Federal y Canadá - 750: HA y California - 700

ORDEN DE ENCENDIDO

NOTA: A fin de evitar confusiones, siempre debe cambiar los cables de las bujías de uno en uno.

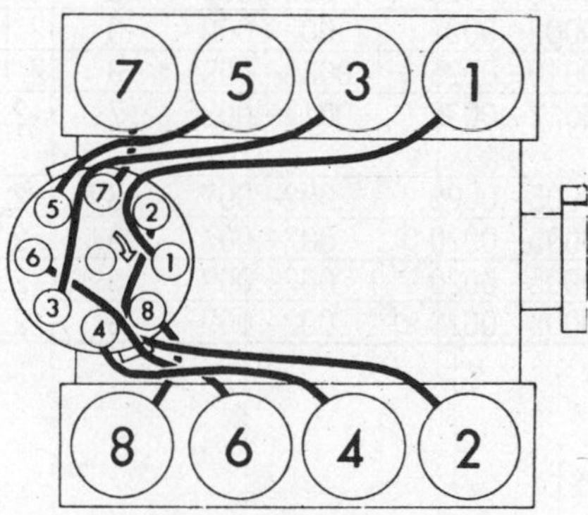

Motores modelos 318, 360 V8

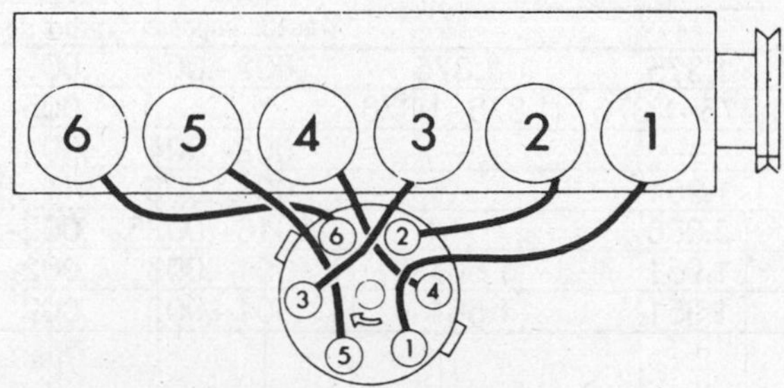

Motores de 6 cilindros

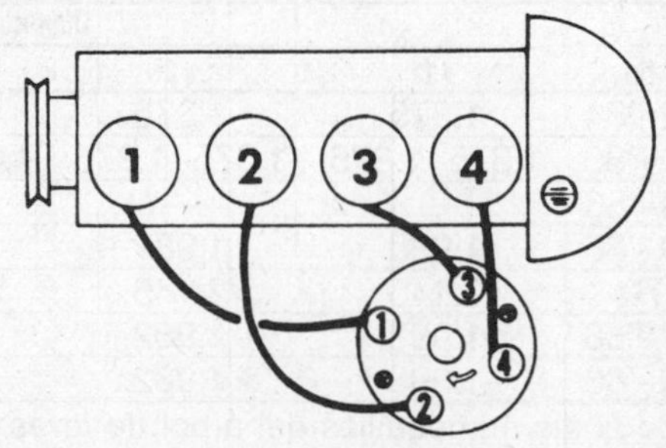

Motores de 4 cilindros

ESPECIFICACIONES DE LAS VÁLVULAS

Año	Cilindrada del motor (pulg. cúb.)	Ángulo de asiento (grados)	Ángulo de la cara (grados)	Prueba de presión del resorte (libras @ pulg.)	Altura del resorte montado (pulg.)	Tolerancia de vástago a guía (pulg.) Admisión	Escape	Diámetro del vástago (pulg.) Admisión	Escape
'82-'86	4-135	45	45	175 @ 1.22	1.65	.001-.003	.002-.004	.312-.313	.311-.312
'84-'86	4-155.9	45	45	16 @ 1.59	1.59	.0012-.0024	.0020-.0035	.315	.315
'79-'86	6-225	45	①	137-150 @ 1 5/16	1 11/16	.001-.003	.002-.004	.372-.373	.371-.372
'79	6-243 Diesel	45	45	NA	1 49/64	.002-.003	.003-.004	.314	.314
'79-'81	8-318	45	45	②	③	.001-.003	.002-.004	.372-.373	.371-.372
'82-'86	8-318	45	45	④	④	.001-.003	.002-.004	.372-.373	.371-.372
'79-'81	8-360	45	45	②	③	.001-.003	.002-.004	.372-.373	.371-.372
'82-'86	8-360	45	45	②	②	.001-.003	.002-.004	.372-.373	.371-.372

① Admisión: 45°; Escape: 43°
② Admisión: 170-184 @1 5/16; Escape: 181-197 @1 1/16
③ Admisión: 1 11/16; Escape: 1 33/64
④ Admisión: 170-184 @1 5/16; Escape: 180-194 @1 1/16

ESPECIFICACIONES DEL CIGÜEÑAL Y BIELAS

(Todas las medidas en pulgadas)

Año	Cilindrada del motor (Pulg. cúb.)	Cigüeñal: Diámetro muñequilla principal	Tolerancia aceite cojinete principal	Juego axial	Empuje en el nº	Bielas: Diámetro muñequilla	Tolerancia del aceite	Tolerancia lateral
'82-'86	4-135	2.362-2.363	.0004-.0026 ①	.002-.007	3	1.968-1.969	.0004-.0026 ②	.005-.015 ③
'84-'86	4-155.9	2.3622	.0008-.0028	.002-.007	3	2.0866	.0008-.0028	.004-.010
'79-'80	6-225	2.7495-2.7505	.0002-.0022	.002-.009	3	2.1865-2.1875	.0002-.0022	.006-.025
'81-'84	6-225	2.7495-2.7505	.0010-.0025	.0035-.0095	3	2.1865-2.1875	.0010-.0022	.007-.013
'79	6-243 Diesel	2.754-2.755	.0012-.0035	.0012-.0035	7	2.281-2.282	.0015-.0044	.006-.018
'79-'80	8-318	2.4995-2.5005	.0005-.0020	.002-.007	3	2.124-2.125	.0005-.0025	.006-.014
'81-'86	8-318	2.4995-2.5005	.0005-.0020 ④	.002-.007	3	2.124-2.125	.0005-.0022	.006-.014
'79-'80	8-360	2.8095-2.8105	.0005-.0020	.002-.009	3	2.124-2.125	.0005-.0025	.006-.014
'81-'86	8-360	2.8095-2.8105	.0005-.0020 ④	.002-.009	3	2.124-2.125	.0005-.0022	.006-.014

① 85-86: 0,0003-0.0031
② 85-86: 0,0008-0,0034
③ 85-86: 0.005-0,013
④ 85-86: Cojín, nº 1. 0,0005-0,0015 máx.

ESPECIFICACIONES ÁRBOL DE LEVAS

Motor	Año	Diámetro de la muñequilla #1	#2	#3	#4	#5	Tolerancia aceite cojinete	Juego axial del árbol de levas
4-135	'82-'84	1.375	1.375	1.375	1.375	1.375	.002-.004	.005-.013
4-135	'85-'86	1.375-1.376	1.375-1.376	1.375-1.376	1.375-1.376	1.375-1.376	①	.005-.013
4-155.9	'84-'86	—	—	—	—	—	.002-.004	.004-.008
6-225	'79-'86	1.998	1.982	1.967	1.951	—	.001-.003	.0
6-243	'79	2.145	2.145	2.125	2.086	—	.0016-.0035	.002-.008
8-318	'79-'86	1.998	1.982	1.967	1.951	1.561 ②	.001-.003	.002-.010
8-360	'79-'86	1.998	1.982	1.967	1.951	1.561 ②	.001-.003	.002-.010

① Compruebe si las muñequillas del árbol de levas están rayadas o el desgaste excede 0.010 pulgadas, en cuyo caso deberá cambiarlas
② En los modelos 1985-86: 1.5605

ESPECIFICACIONES DE LOS PARES DE APRIETE

Año	Cilindrada del motor (Pulg. cúb.)	Tornillos de la cabeza de cilindros	Tornillos del cojinete de la biela	Tornillos cojinete principal	Tornillo del cigüeñal	Tornillos del volante al cigüeñal	Múltiples Admisión	Múltiples Escape
'82–'86	4-135	①⑥	②	③	50	55 ④	15 ⑤	15 ⑤
'84–'86	4-155.9	⑥⑦	34	58	87	—	⑧	⑧
'77–'86	6-225	70	45	85	Montado a presión	55	20 ⑨	10
'79	Diesel	90	65	69 ⑩	289	80	—	—
'79–'86	8-318 8-360	105	45	85	100	55	40	20 ⑪

① Modelos 82-85: Apretar en cuatro etapas - 30, 45, 45 más ¼ de vuelta
Modelos del 86: El tamaño de los tornillos de la cabeza de cilindros se ha aumentado a 11 mm: Apriételos en 4 etapas: 45, 65, 65, más ¼ de vuelta
② 40 más ¼ de vuelta
③ 30 más ¼ de vuelta
④ Mod. 86: 70
⑤ Mod. 86: 16,6
⑥ Tornillos de la tapeta de levas - Motor 135: 165 libras-pulgada, motor 155.9: 160 libras-pulgada
⑦ Tornillos de la tapa a la cabeza de cilindros frontales - 160 libras-pulgada. Tornillos de la cabeza 69 en frío
⑧ 180 libras-pulgada
⑨ Apoyo-30 tuerca-20
⑩ 80 libras-pie en los tornillos con la marca «H»
⑪ 15 libras-pie en las tuercas

ESPECIFICACIONES DE PISTONES Y AROS

Motor	Año	Tolerancia de pistón a cilindro	Huelgo entre puntas de aros: Compresión superior	Huelgo entre puntas de aros: Compresión inferior	Huelgo entre puntas de aros: Control de aceite	Tolerancia lateral de aros: Compresión superior	Tolerancia lateral de aros: Compresión inferior	Tolerancia lateral de aros: Control de aceite
4-135	'83–'86	.0005-.0240	.011-.021	.011-.021	.015-.055	.0015-.0031	.0015-.0037	.00024-.00075
4-155.9	'83–'86	.0008-.0016	.010-.018	.010-.018	.0078-.035	.0024-.0039	.0008-.0024	.00020-.00035
6-225	'79–'86	.0005-.0015	.010-.020	.010-.020	.015-.055	.0015-.0030	.0015-.0030	.0002-.0050
6-243	'79	.0008-.0020	.012-.020	.010-.020	.010-.020	.0010-.0020	.0010-.0020	.0010-.0020
8-318	'79–'86	.0005-.0015	.010-.020	.010-.020	.015-.055	.0015-.0030	.0015-.0030	.0002-.0050
8-360	'79–'86	.0005-.0015	.010-.020	.010-.020	.015-.055	.0015-.0030	.0015-.0030	.0002-.0050

CAPACIDADES

Año	Cilindrada del motor (pulg. cub) Nº de cilindros	Cárter del cigüeñal (¼ galón) Con filtro	Cárter del cigüeñal (¼ galón) Sin filtro	Transmisión (pintas) Manual	Transmisión (pintas) Automática	Árbol de transmisión (pintas)	Caja de transferencia (pintas)	Sistema de refrigeración (¼ de galón)
'79–'80	6-225	6	5	①	16⅔	③	9 ④	12 ⑤
	V8-318	6	5	①	16⅔	③	9 ④	16 ⑤
	V8-360	6	5	①	16⅔	③	9 ④	14½ ⑤
'81	6-225	6	5	①	⑥	③	④	12 ②
	V8-318	6	5	①	⑥	③	④	16 ②
	V8-360	6	5	①	⑥	③	④	14½ ②
'82	4-135	4	3.5	4	15 ⑦	⑦	④	7
	6-225	6	5	①	⑥	③	④	12 ②
	V8-318	6	5	①	⑥	③	④	16 ②
	V8-360	6	5	①	⑥	③	④	14½ ②
'83–'84	4-135	4	3.5	⑧	⑨	⑩	④	9
	4-155.9	5	4.5	⑧	⑨	⑩	④	9
'85–'86	4-135	4	3.5	4.6	17.8	⑩	④	8.5
	4-155.9	5	4.5	4.6	17.8	⑩	④	9.5

CAPACIDADES

Año	Cilindrada del motor (pulg. cub) Nº de cilindros	Cárter de cigüeñal (¼ galón) Con filtro	Sin filtro	Transmisión (pintas) Manual	Automática	Árbol de transmisión (pintas)	Caja de transferencia (pintas)	Sistema de refrigeración (¼ de galón)
'83–'86	6-225	6	5	7 ⑪	⑥	③	④	12 ②
	V8-318	6	5	7 ⑪	⑥	③	④	16 ②
	V8-360	6	5	7 ⑪	⑥	③	④	14.5 ②

① 4,25 w/A230
3,50 w/A390
7,50 w/4 multiplicadora
7,50 w/NP435
② Añada 1 pinta (pt). w/aux. calefactor posterior o aire acondicionado
③ Véase la tabla del eje posterior
④ Mod. 79 - 9 pintas
Mod. 80 - NP208; 6 pintas, NP205: 4.5 pintas
⑤ Añada 2 cuartos de galón, para refrigeración HD o aire acondicionado
⑥ A904T/A999 - 17.1 (seco)
A727 - 7.7 sin descarga del convertirdor
⑦ Diferencial del eje transversal automático - 2.4 (sólo Mod. 82)
⑧ 4 Velocidades - 4
5 Velocidades - 4.6
⑨ 8.9 cuartos de galón con descarga del convertidor. 4 cuartos de galón sin descarga del convertidor
⑩ Modelos del 83, comparten el colector entre transmisión y diferencial
⑪ Superdirecta A833 - 7.5

TABLA DE IDENTIFICACIÓN DEL EJE POSTERIOR

Identificación	Dimensiones de la corona (pulg.)	Fabricante y modelo	Capacidad aproximada en pintas
tapa de 10 tornillos, tapón frontal	8 3/8	Chrysler	4.4
tapa de 12 tornillos, tapón en tapa	9 1/4	Chrysler	4.5
tapa de 10 tornillos, tapón en tapa	9 3/4	Spicer 60	6.0
tapa de 10 tornillos, tapón en tapa	10 1/2	Spicer 70	6.5

① Estas capacidades son las de diseño y pueden variar ligeramente de las que figuran en la tabla de capacidades

PUESTA A PUNTO

Encendido electrónico

Para la comprobación del encendido electrónico, consulte a la sección Eléctrica de la unidad de Reparación.

Hay un sistema de encendido electrónico montado como equipo estándar. La caja del distribuidor, la tapa, el rotor y la unidad de avance son iguales como los utilizados en el sistema de platinos. Un captor magnético y de control (reluctor) sustituyen a los platinos y la leva. El condensador ya no es necesario. El único mantenimiento necesario con un sistema de encendido electrónico consiste en la inspección de los cables, la tapa y el rotor, así como su limpieza periódica junto con el cambio de bujías. En los modelos de los últimos años, es posible que el distribuidor tenga dos captores. Uno de ellos sirve para controlar el arranque mientras que el otro sirve para la marcha. Si el distribuidor precisa algún cambio de piezas o reparación, es necesario conservar la distancia correcta entre el captor y el reluctor. El motor de 2.2 litros y cuatro cilindros utiliza un grupo captor tipo Hall Effect, donde un rotor giratorio, montado sobre el eje del distribuidor, actúa como unidad captora estacionaria. Con este tipo de distribuidor, no es posible llevar a cabo ningún ajuste de la separación. El sistema de encendido electrónico elimina los platinos y la necesidad de ajustar el ángulo de leva. Por lo tanto, el ángulo de leva no se puede ajustar ni modificar de ningún modo.

Abertura

Salvo los motores de 4 cilindros

La abertura del distribuidor no constituye un tema normal de ajuste. No obstante, si la abertura es excesiva no puede producirse el arranque. La apertura no puede ajustarse en ninguno de los motores de cuatro cilindros.

NOTA: Al verificar la abertura del captor no utilice nunca una lámina calibradora magnética. Caso de que no disponga de una lámina calibradora antimagnética, emplee una plancha de latón que tenga el grueso adecuado. Los dientes del reluctor pueden presentar mellas en los bordes, pero no debe limpiarse de ningún modo. Se precisa un borde muy agudo para reducir rapidamente el campo magnético y generar una tensión negativa en la bobina del captor. Si los dientes son redondeados, la señal de tensión a la unidad de control puede ser errónea.

ATENCIÓN

No toque el transistor redondo que va montado en la unidad de control cuando el interruptor de encendido está conectado, puede ocasionarle una desagradable descarga eléctrica.

AJUSTE

Los modelos que llevan un solo captor, requieren un ajuste de 0.006 pulgadas. Los distribuidores provistos de dos captores requieren: el captor de arranque (identificado mediante los dos conectores salientes) 0.006 pulgadas; el captor de marcha (identificado por un conector macho y un conector hembra) 0.012 pulgadas en los modelos hasta 1984 y 0.008 pulgadas para los modelos posteriores.

Distribuidor de un solo captor

1. Alinee un diente del reluctor con el diente de la bobina del captor. Afloje el tornillo de fijación de la bobina del captor.
2. Introduzca una lámina calibradora antimagnética, del tamaño adecuado, entre el diente del reluctor y el diente de la bobina del captor. Ajuste la abertura de manera que el contacto se haga entre el diente del reluctor, la lámina calibradora y el diente de la bobina del captor. Apriete el tornillo de fijación.
3. Saque la lámina calibradora. No debe ser necesario ejercer fuerza para retirar la lámina calibradora.

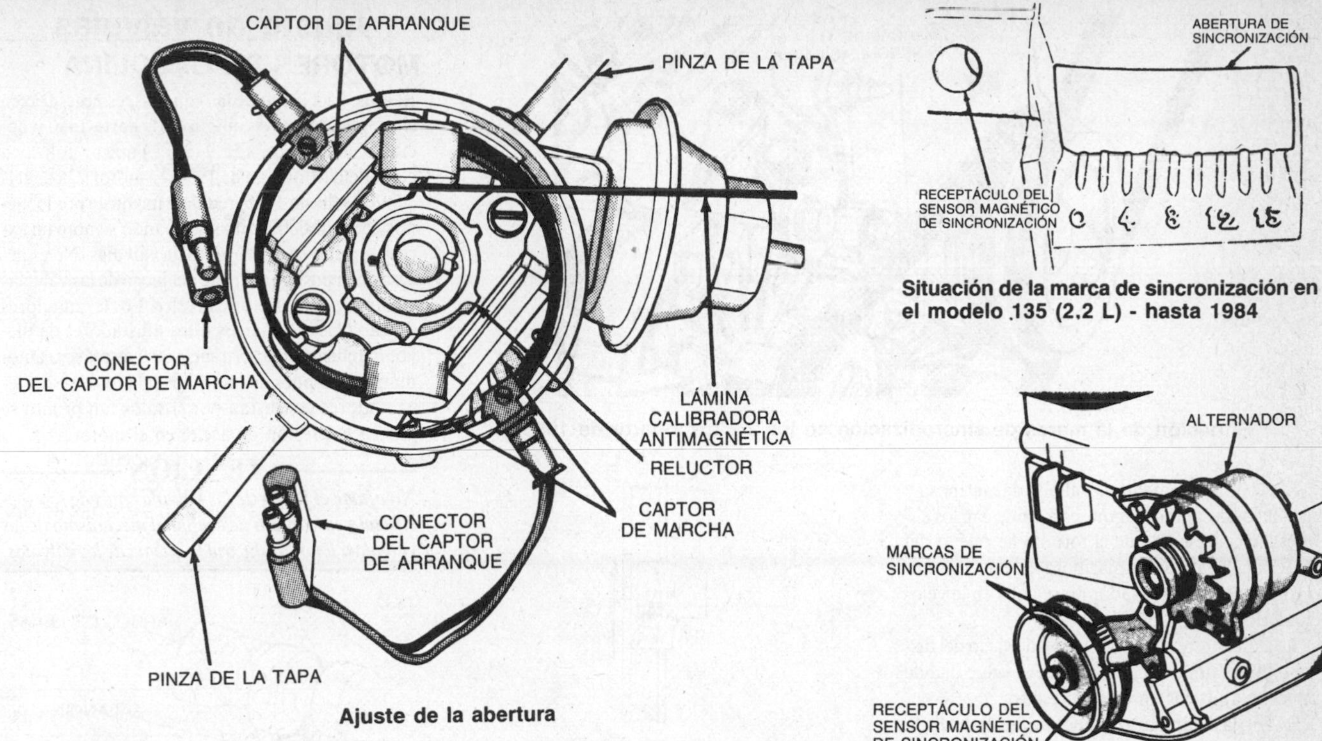

Ajuste de la abertura

Situación de la marca de sincronización en el modelo 135 (2.2 L) - hasta 1984

Situación de la marca de sincronización en el modelo 155.9 (2.6 L)

4. Compruebe la abertura con una lámina calibradora de mayor tamaño (aproximadamente 0.002 pulgadas más ancha). No ha de entrar en la abertura, por lo que no debe forzarla.

Distribuidor con dos captores

Se sigue el mismo procedimiento que con el distribuidor de un solo captor. Primero hay que ajustar el captor de arranque y luego el de marcha. Compruebe cada ajuste con una lámina calibradora más grande, tal como se ha indicado para el ajuste de la abertura del distribuidor con un solo captor.

Sincronización del encendido

NOTA: En motores provistos con encendido electrónico, su luz de sincronización puede o no funcionar, según sea la construcción de la lámpara. En caso de duda consulte con el fabricante de dicha lámpara.

AJUSTE

135 (2,2 L) 4 cilindros

1. Conecte una lámpara de sincronización, siguiendo las instrucciones del fabricante.

2. Haga funcionar el motor a la temperatura normal de marcha.

3. Asegúrese de que la velocidad de ralentí es la correcta.

4. Afloje el tornillo de sujeción del distribuidor, tan sólo lo que sea necesario para que el distribuidor pueda girar.

5. Conecte a masa el interruptor del carburador (si existe). Desconecte y tapone el(los) tubo(s) de vacío del control del distribuidor. Si el motor está equipado con un ESC (control electrónico de chispa), desconecte el conducto de avance al vacío de dicha unidad computadora.

6. Saque la tapa del agujero de acceso a la sincronización y dirija la lámpara de sincronización hacia al agujero de la caja del embrague. Haga rotar cuidadosamente el distribuidor hasta que las marcas de sincronización queden alineadas.

7. Apriete el distribuidor y vuelva a comprobar la sincronización.

8. Verifique, y en caso necesario ajuste, la velocidad de ralentí.

155.9 (2.6 L) 4 cilindros

1. Coloque, limpie y marque la escala graduada de la sincronización y el indicador de la polea del cigüeñal y la tapa frontal.

2. Conecte una lámpara de sincronización y un tacómetro en el motor (siguiendo las instrucciones del fabricante de los aparatos). Ponga el motor en marcha y déjelo funcionando, a la velocidad de ralentí, hasta que haya alcanzado su temperatura de funcionamiento normal.

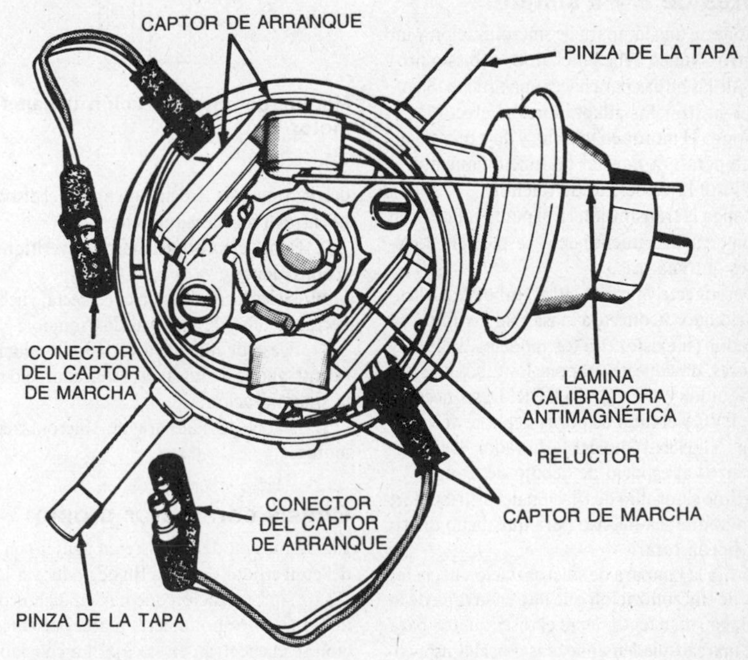

Distribuidor de doble captor

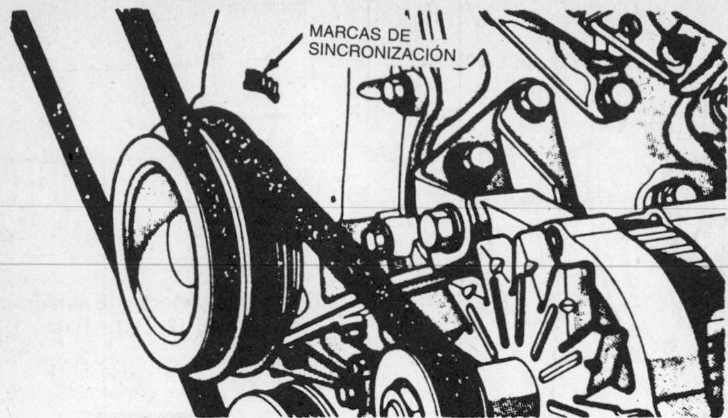

Situación de la marca de sincronización en los 2.2 L - a partir de 1985

3. Abra un momento la válvula de mariposa y suéltela para comprobar que está unida con los enlaces. Asegúrese de que el tornillo de ralentí del enlace de la válvula de mariposa descansa contra el tope y que el carburador no se halla en la velocidad de ralentí rápida.

4. Desconecte y tapone el tubo de vacío del distribuidor. Compruebe las rpm de la velocidad de ralentí y ajústelas en caso necesario.

5. Dirija la lámpara de sincronización hacia la polea del cigüeñal y verifique la sincronización. Afloje la contratuerca del distribuidor y haga rotar el distribuidor en la dirección necesaria para alinear las marcas de sincronización. Apriete la contratuerca y vuelva a verificar la sincronización. Compruebe las rpm de la velocidad de ralentí y proceda al reajuste de la velocidad de ralentí y sincronización si resulta necesario.

6. Vuelva a conectar el tubo de vacío del distribuidor. Pare el motor y desconecte el tacómetro y la lámpara de sincronización.

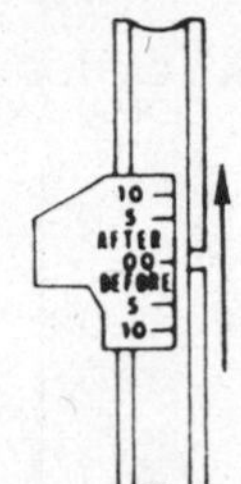

Marcas usuales de la sincronización del encendido en el motor de 6 cilindros

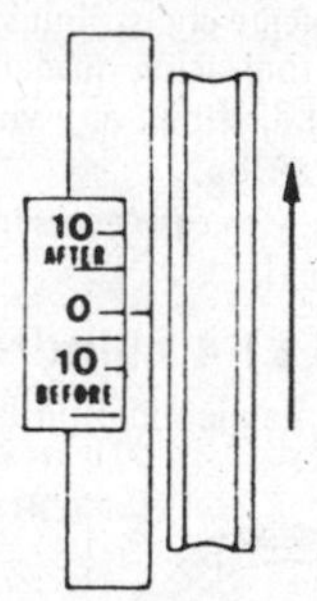

Marcas de sincronización usuales en el motor V8

Motores de 6 y 8 cilindros

1. Conecte una lámpara de sincronización y un tacómetro. Nunca debe pinchar los cables o protectores de las bujías para hacer una prueba. Siempre debe utilizar los adaptadores al efecto.

2. Ponga el motor en marcha y deje que alcance la temperatura normal de funcionamiento.

3. Ajuste la velocidad de ralentí.

4. Ponga la transmisión en el punto muerto; en posición de aparcamiento en el caso de las transmisiones automáticas.

5. Desconecte y tapone el(los) tubo(s) de vacio del distribuidor. Conecte a masa el interruptor del carburador (si existe). En los modelos de 1981 y posteriores, desconecte y tapone los tubos que van al distribuidor y a la válvula EGR. Desconecte la válvula PVC y el tubo de purga del bote de vaporización, por el extremo del carburador. Deje ambos abiertos al espacio de debajo del capó.

6. Afloje el tornillo de fijación del distribuidor, tan sólo lo que sea preciso para que dicho distribuidor pueda rotar.

7. Dirija la lámpara de sincronización hacia las marcas de sincronización que hay en la tapa de la caja. Haga rotar lentamente el distribuidor para que las marcas queden alineadas con el ajuste correcto.

8. Pare el motor y apriete el tornillo de fijación del distribuidor. Procure no mover el distribuidor mientras procede al apriete.

9. Ponga el motor en marcha y verifique la sincronización.

10. Si la sincronización es correcta, vuelva a conectar el tubo de vacio al distribuidor.

11. Caso de que haya variado la velocidad de ralentí, vuelva a ajustar el carburador. No reajuste la sincronización.

12. Saque la lámpara de sincronización del motor.

Chasis con motor propio

En algunos modelos existe un agujero en la caja del convertidor de par a fin de poder ver las marcas de sincronización que hay en dicho convertidor. Las correspondientes marcas de sincronización se encuentran en la caja. La conexión de la lámpara de sincronización es igual como en la polea de sincronización del cigüeñal.

Ajuste de válvulas

MOTORES DE GASOLINA

El ajuste del juego de las válvulas, es necesario en el motor 225 de seis cilindros de hasta 1980 y opcional en el motor 155.9 (2.6 L) que se utiliza en el modelo Mini-Van de 1984. El motor 225 de seis cilindros (hasta 1980) requiere un ajuste por lo menos cada 20,0000 millas, o cuando se note un excesivo ruido en el conjunto de válvulas. No es necesario ni posible el ajuste del juego de las válvulas en ningún otro motor Chrysler. Los levantadores de válvulas hidráulicos o los ajustadores de juego, mantienen una tolerancia cero de manera automática. Después del montaje del motor, estos levantadores se ajustan por sí solos tan pronto se genera la presión de aceite en el motor.

ATENCIÓN

No ajuste el juego de las válvulas más de lo especificado con objeto de acallar el mecanismo de las válvulas. Esto produciría la quema de las válvulas.

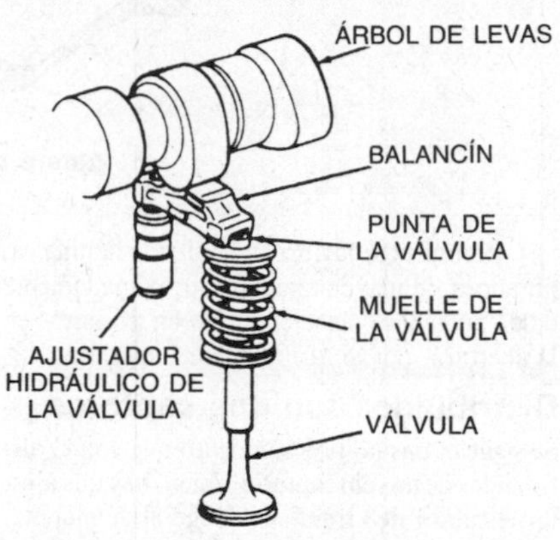

Ajustador hidráulico de válvula utilizado en el motor (2.2) de 4 cilindros

155.9 (2.6) 4 cilindros

NOTA: En los modelos para Estados Unidos se añade una válvula de chorro. El ajustador de dicha válvula se encuentra situado en el balancín de la válvula de admisión y debe ser ajustado antes que la válvula de admisión.

1. Ponga el motor en marcha y deje que alcance la temperatura normal de funcionamiento.

NOTA: No haga funcionar el motor con la tapa de balancines sacada, el aceite salpicaría sobre el múltiple de escape caliente.

2. Pare el motor y saque la tapa del balancín.

3. Vigile el funcionamiento de la válvula en el cilindro nº 1 (el cilindro nº 1, en los motores montados transversalmente, se encuentra en el costado del conductor) mientras hace rotar el cigüeñal para cerrar la válvula de escape y empieza a abrirse la válvula de admisión. Esto hace que el cilindro nº 4 se coloque en el PMS de su carrera de encendido y permite llevar a cabo el ajuste de las válvulas.

4. Las válvulas de chorro tienen que ajustarse antes que las válvulas de admisión. Para el ajuste de las válvulas de chorro: afloje la contratuerca de la válvula de admisión y retroceda el anillo de ajuste dos o más vueltas. Afloje la contratuerca

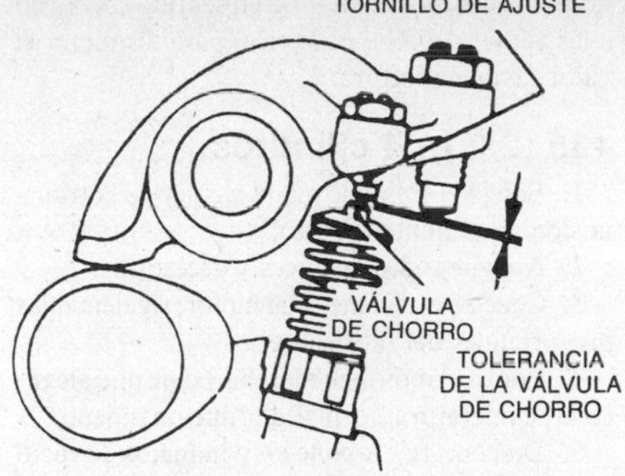

Ajuste de la válvula de chorro en los motores 155.9 (2.6 L)

del tornillo de ajuste de la válvula de chorro. Dé vueltas al tornillo de ajuste de la válvula de chorro, en sentido contrario al de las agujas del reloj, e introduzca una lámina calibradora entre el vástago de la válvula y el tornillo de ajuste. Apriete el tornillo de ajuste hasta que toque la lámina calibradora.

NOTA: El muelle de la válvula de chorro es débil, procure no forzar la válvula de chorro.

5. Una vez llevado a cabo el ajuste, sostenga el tornillo de ajuste con un destornillador y apriete la contratuerca. Proceda al ajuste de las válvulas de admisión y de escape del mismo cilindro del que acaba de ajustar la válvula de chorro. El ajuste se realiza aflojando la contratuerca y haciendo pasar una lámina calibradora, del grueso correcto, entre la parte inferior del balancín y la parte superior del vástago de la válvula. Si la tolerancia es demasiado grande o excesivamente pequeña, haga rotar el tornillo de ajuste hasta que el calibre pase con una ligera tracción. Apriete la contratuerca y pase a la válvula siguiente. Consulte la tabla para la secuencia de apriete, en la fase 3.

6-225 hasta 1980

1. El motor debe encontrarse a la temperatura normal de funcionamiento. Marque la polea del cigüeñal en tres segmentos iguales de 120°, empezando por la señal PMS.

2. Saque la tapa de válvulas (balancines) y la tapa del distribuidor.

3. Coloque el motor de manera que el n.º 1 se encuentre en el PMS, alineando la señal de la polea del cigüeñal con la marca «O» de la tapa del indicador de sincronización. El rotor del distribuidor debe señalar la posición del cable de la bujía n.º 1 en la tapa del distribuidor. Ambos balancines del cilindro n.º 1 deben poder moverse ligeramente con libertad.

4. Los cilindros van numerados desde la parte anterior a la posterior.

5. El juego se mide entre el balancín y el extremo de la válvula. Para comprobar el juego, introduzca la lámina calibradora correcta entre el balancín y la válvula. Apriete ligeramente en el otro extremo del balancín. Si no se puede introducir el calibre, afloje la tuerca de autobloqueo que hay en la parte superior del balancín. Apriete la tuerca hasta que el calibre pueda pasar justo y volver a retirarse sin combarse.

6. Una vez ajustadas las dos válvulas del cilindro n.º 1, haga rotar el motor de manera que la polea se mueva 120° en el sentido de giro normal (la dirección de las agujas del reloj). El rotor del distribuidor se desplazará 60°, ya que lo hace a la mitad de la velocidad del motor.

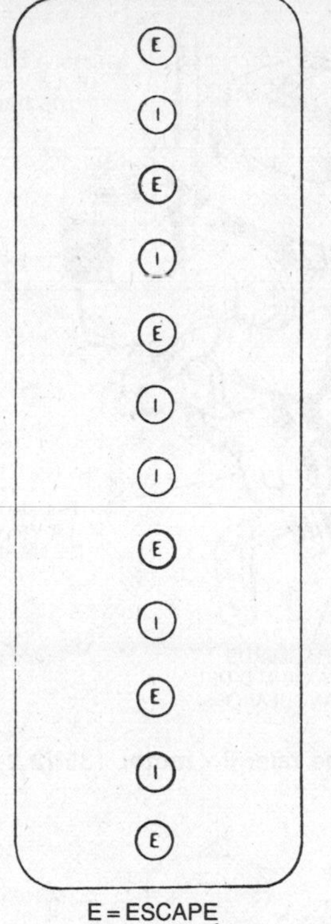

Situación de las válvulas en el motor de 6 cilindros

7. Compruebe si los balancines quedan libres y proceda al ajuste de las válvulas del siguiente cilindro, de acuerdo al orden de encendido, n.º 5. El orden de encendido es 1-5-3-6-2-4.

8. Vuelva a rotar 120° el motor para ajustar cada uno de los cilindros restantes, en el orden del encendido. Una vez hecho, el cigüeñal habrá dado dos vueltas completas (720°) y el rotor del distribuidor una vuelta completa (360°).

9. Coloque la tapa de balancines con una junta nueva. Monte la tapa del distribuidor. Ponga el motor en marcha y compruebe si hay fugas.

Motor diesel

6-243

El ajuste de las válvulas debe efectuarse en los motores diesel cada 36,000 millas.

ATENCIÓN

No ajuste el juego de las válvulas más de lo especificado con objeto de acallar el mecanismo de las válvulas. Esto produciría la quema de las válvulas.

1. Para proceder a este ajuste, el motor debe estar frío. Marque la polea del cigüeñal en tres secciones de 120°, empezando en la marca PMS ó «O».

2. Saque la tapa de válvulas.

3. Desconecte el tubo de combustible del inyector que hay en el cilindro n.º 1. Tenga cuidado de no retorcer el tubo.

4. Con ayuda de una llave para tuercas y una barra sobre el tornillo del cigüeñal, haga rotar el motor en el mismo sentido de giro normal, hasta que la marca «O» que hay en la cara posterior del compensador del cigüeñal queda alineada con la señal del fondo de la caja del engranaje de sincronización. Mientras lo hace rotar, observe el tubo de combustible desconectado. El combustible saldrá del tubo cuando falten unos pocos grados para llegar a la marca «O». En caso contrario, está llevando al PMS un cilindro equivocado. Haga rotar el motor otros 360° (una revolución y tendrá el cilindro n.º 1 en el PMS).

5. Los cilindros están numerados desde la parte anterior a la posterior del motor.

6. El juego se mide entre el balancín y el extremo de la válvula. Para comprobar el juego, introduzca una lámina calibradora de 0.012 pulgada entre el balancín y la válvula. Ajuste la tolerancia adecuada aflojando la contratuerca del balancín y haciendo girar el tornillo de ajuste. Una vez conseguido el ajuste, apriete la contratuerca y vuelva a verificar si la tolerancia ha cambiado mientras estaba apretando la contratuerca.

7. Una vez ajustadas las dos válvulas del cilindro n.º 1, haga rotar el motor de manera que la polea se mueva 120° en el sentido normal de giro (dirección de las agujas del reloj). El rotor del distribuidor se moverá 60°, ya que gira a la mitad de la velocidad del motor.

8. Compruebe si los balancines quedan libres y ajuste las válvulas del cilindro siguiente, en el orden de encendido, el cual es el n.º 5. El orden de encendido es 1-5-3-6-2-4.

9. Haga rotar 120° el motor para proceder al ajuste de cada uno de los siguientes cilindros, en el mismo orden de encendido. Cuando haya terminado, el cigüeñal habrá dado dos vueltas completas (720°).

10. Vuelva a montar la tapa de balancines con una junta nueva. Fije el tubo de combustible al inyector. Ponga el motor en marcha y compruebe si se producen pérdidas.

Carburador

AJUSTE

Velocidad de ralentí y mezcla

NOTA: Se emplean diversas calibraciones cuando se ajusta la velocidad de ralentí o la mezcla, las cuales aparecen en la etiqueta de salida de fábrica que figura debajo del capó.

Antes de sospechar del carburador como el causante de bajo rendimiento o mal ajuste de la velocidad de ralentí, verifique completamente el sistema de encendido, incluidos el distribuidor, la sincronización, bujías y cables. También debe comprobar el filtro de aire, el sistema de emisión de vapores, el sistema PCV, la válvula EGR y la compresión del motor. Compruebe el múltiple de admisión, los tubos de vacío y otras conexiones de vacío para ver si tienen pérdidas o roturas. En los modernos carburadores, la mezcla viene ajustada de fábrica y el toque del tornillo de mezcla producirá muy ligera variación. Algunos carburadores tienen los tornillos de mezcla escondidos lo cual impide el ajuste a no ser que se disponga de herramientas especiales. Al llevar a cabo la puesta a punto, ajuste la velocidad de ralentí a las rpm

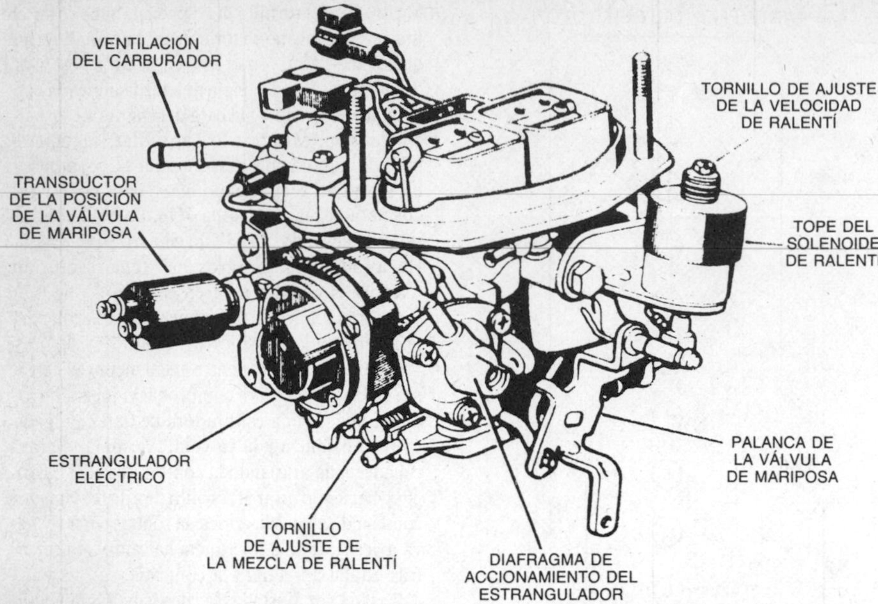

Situación de los ajustes para la velocidad de ralenti - motor 135 (2.2 L)

especificadas (con el tacómetro conectado), utilizando el tornillo de ajuste de la velocidad o el solenoide.

6 y 8 cilindros

NOTA: Ajuste con el filtro de aire montado.

1. Haga funcionar el motor a la velocidad de ralentí para estabilizar la temperatura del mismo.

2. Asegúrese de que la placa del estrangulador está completamente abierta.

3. Conecte un tacómetro al motor. Con encendido electrónico hay que conectar el aparato a la terminal negativa de la bobina y la masa.

NOTA: No todos los tacómetros o medidores del ángulo de leva funcionan con encendidos electrónicos; algunos pueden sufrir averías. Lea atentamente las instrucciones del fabricante.

4. Conecte un analizador de escape al motor e introduzca el sensor todo lo que pueda en el tubo de escape. En los vehículos provistos de doble escape, introduzca el sensor en el tubo de escape izquierdo, ya que es el lado que no lleva la válvula impulsadora de calor.

5. Compruebe la sincronización del encendido y ajústela si es necesario.

6. Si el vehículo lleva aire acondicionado, desconecte el interruptor. En los motores de seis cilindros, conecte los faros largos.

7. Ponga la transmisión manual en punto muerto; en las transmisiones automáticas se colocará en la posición de aparcamiento. Asegúrese de que la válvula compensadora de ralentí en caliente (si existe) en el carburador queda perfectamente asentada en su posición de cierre.

8. Haga rotar el tornillo de ajuste de la velocidad de ralentí del motor, en uno u otro sentido, para que dicha velocidad esté de acuerdo a las especificaciones. Si el carburador dispone de un solenoide eléctrico, haga rotar el tornillo de ajuste del solenoide, en uno u otro sentido, para conseguir las rpm especificadas. Luego, ajuste la velo-

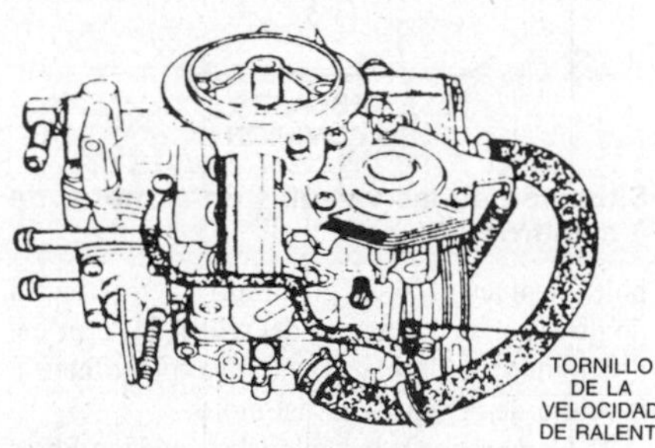

Ajuste de la velocidad de ralentí - motores 155.9 (2.6 L)

cidad de ralentí con el tornillo de contención, hasta que toque el tope del cuerpo del carburador. Una vez hecho esto, haga retroceder el tornillo de contención de la velocidad de ralentí una vuelta completa.

9. Haga rotar cada tornillo de ajuste de mezcla al ralentí 1/16 vuelta más rica (en sentido contrario a las agujas del reloj). Espere 30 segundos y observe la lectura en el analizador de gases de escape. Siga con este proceso hasta que el aparato de medición indique un aumento definitivo de la mezcla.

NOTA: Esta fase es muy importante. Un carburador que esté ajustado demasiado pobre hará que el analizador de gases nos dé una lectura errónea, indicando una mezcla rica. Por lo tanto, el carburador debe dar una mezcla rica conscientemente, a fin de verificar la lectura del analizador de gases de escape.

10. Después de haber verificado la lectura facilitada por el medidor, ajuste los tornillos de mezcla para conseguir la relación de aire/combustible y el porcentaje de CO que figura en la etiqueta del compartimiento motor. Haga rotar los tornillos de ajuste en el sentido de las agujas del reloj (más pobre) para que se aumente el valor indicado por el aparato medidor o en sentido contrario a las agujas del reloj (más rica) para disminuir el valor de dicha lectura.

135 (2.2 L) 4 cilindros

1. Ponga el freno de mano y coloque la transmisión en el punto muerto.

2. Apague todas las luces y accesorios.

3. Conecte el tacómetro al motor, siguiendo las instrucciones del fabricante.

4. Ponga el motor en marcha y deje que alcance la temperatura normal de funcionamiento.

5. Desconecte y tapone los conductos de vacío de la válvula EGR y del distribuidor.

6. Desconecte el conector del ventilador del radiador y monte un puente para que gire continuamente.

7. En los modelos previstos de computadora para el control de combustible, conecte un puente entre el interruptor del carburador y masa.

8. Saque el PCV del conector de caucho moldeado y desconecte el tubo de purga del bote de vaporización que hay en el extremo del carburador. Deje abierta la válvula PCV al ambiente de debajo del capó. Tapone el tubo de control de 3/16 pulgadas de diámetro del bote.

9. En los modelos de Van y Wagon con tracción delantera, desconecte el conector eléctrico del motor del ventilador y establezca un puente con las conexiones de manera que el ventilador funcione continuamente.

10. Si el vehículo tiene un carburador 6520 (con sensor de oxígeno), desconecte el sensor de oxígeno del conector de prueba situado en el guardabarros izquierdo.

11. Lea las rpm indicadas por el tacómetro. Si la velocidad no es la misma que figura en la etiqueta de salida respecto a las rpm de ajuste al ralentí, haga rotar el tornillo de la velocidad de ralentí (en la parte superior del solenoide) para corregirlas.

12. Destape y vuelva a conectar todos los tubos y también todos los cables.

155.9 (2.6 L) y 4 cilindros

1. Ponga el freno de mano y coloque la transmisión en el punto muerto.

2. Apague todas las luces y accesorios, y desconecte el ventilador de refrigeración.

3. Conecte un tacómetro al motor, siguiendo las instrucciones del fabricante.

4. Ponga el motor en marcha y permita que alcance la temperatura normal de funcionamiento. Luego, haga funcionar el motor a 2,500 rpm durante 10 segundos, permitiendo que luego vuelva a la velocidad de ralentí. Asegúrese que hayan transcurrido dos minutos antes de comprobar la velocidad de ralentí.

5. Compruebe la sincronización y ajústela si es preciso.

6. Saque la lámpara de sincronización y lea las rpm que indica el tacómetro. Si no son las mismas que figuran en la etiqueta de salida, ajuste la velocidad de ralentí por medio del tornillo correspondiente. El tornillo se alcanza a través del agujero existente en la tapa del estrangulador, utilizando un destornillador largo e introduciéndolo con un ángulo de 45°.

7. Después de ajustar la velocidad de ralentí,

presione el botón del aire acondicionado. Con el compresor en marcha, ajuste la velocidad del motor a 900 rpm rotando el tornillo de ajuste máximo de ralentí. El tornillo de ajuste máximo es accesible a través de un agujero de la placa que sirve de tapa al estrangulador, utilizando para ello un destornillador largo con un ángulo de 45° hacia abajo.

8. Pare el motor, desconecte el tacómetro y vuelva a conectar el ventilador de refrigeración.

Solenoide de la velocidad de ralentí

Este solenoide recibe corriente cuando el circuito de encendido está conectado. Su misión es permitir que las placas de la válvula de mariposa se cierren más cuando se desconecta la ignición, con lo que se evita que el motor pase de vueltas.

1. Permita que el motor alcance la temperatura de trabajo y conéctele un tacómetro.

2. Con el motor en marcha, ajuste el tornillo del solenoide hasta conseguir las rpm correctas.

3. Ajuste el tornillo de marcha de ralentí lenta hasta que el extremo de dicho tornillo entre en contacto con el tope del cuerpo del carburador. Retroceda media vuelta el tornillo.

4. Compruebe el proceso anterior desconectando el cable del solenoide en el conector. Tenga cuidado de que el conductor no haga cortocircuito con el motor. Al quedar el solenoide sin corriente, la velocidad de ralentí debe quedar por debajo de la normal. Ahora, vuelva a conectar el cable. Una vez el solenoide conectado de nuevo, mueva con la mano el enlace de la válvula de mariposa, ya que el solenoide no tiene fuerza suficiente para hacerlo él.

Tapones de la mezcla al ralentí

NOTA: Tocar el carburador constituye una violación de las leyes Federales. El ajuste de la mezcla de combustible y aire a la velocidad de ralentí tan sólo puede llevarse a cabo en determinadas circunstancias. Los tornillos de ajuste de la mezcla al ralentí están cubiertos con tapones precinto. Si se sacan los tapones y se ajusta la mezcla, deben volverse a montar nuevos tapones y pasadores.

La mezcla tan sólo debe ajustarse si persiste algún defecto en el ralentí una vez un diagnóstico completo demuestre que no existe otro defecto, tal como un cable de bujía estropeado o una pérdida en el sistema de vacío. También, el sistema de combustible controlado por computadora debe funcionar como es debido. El ajuste de la mezcla al ralentí debe llevarse a cabo después de un repaso a fondo del carburador.

1. En los modelos de 6 y 8 cilindros: saque el carburador del motor.

2. Sujete el carburador en una fijación adecuada a fin de poder sacar el pasador y el tapón de ocultación.

3. Taladre un pequeño agujero de guía en la fundición, dentro de la base de la superficie de la junta con un ángulo de 45° en dirección al tapón de ocultación. Agrande el taladro con otra broca.

4. Introduzca un punzón romo, dentro del agujero y saque el tapón.

5. Meta un punzón afilado por el agujero de ajuste de la mezcla al ralentí y saque el pasador.

6. Monte el carburador en el motor y lleve a cabo los ajustes de la mezcla al ralentí, utilizando el método de enriquecimiento por propano.

7. Desmonte el carburador y monte el pasador y el tapón de ocultación en el carburador.

8. Monte el carburador.

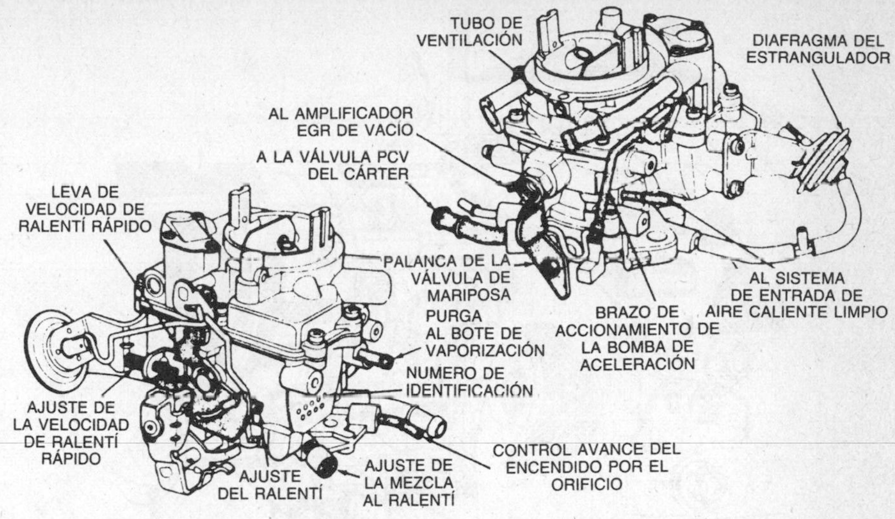

Carburador Holley de dos cuerpos

Enriquecimiento por propano - Motores de 6 y 8 cilindros (salvo los indicados)

1. En los modelos de 6 y 8 cilindros: Coloque la transmisión en el punto muerto y ponga el freno de mano. Apague todas las luces y desconecte todos los accesorios. Conecte un tacómetro y una lámpara de sincronización al motor. Ponga el motor en marcha y deje que se caliente hasta alcanzar el segundo tope de la leva de la velocidad de ralentí rápida. Haga esto hasta que se alcance la temperatura normal de funcionamiento, luego vuelva el motor a la velocidad de ralentí.

2. Desconecte y tapone el tubo de vacío EGR y el tubo de vacío del distribuidor. Compruebe la sincronización del motor y, en caso necesario, proceda a su ajuste. Desconecte el tubo de vacío de aire caliente en el conducto de unión del carburador y en su lugar monte el tubo de suministro de propano. En los motores de 440 pulgadas cúbicas sin sistema de calefacción de aire, introduzca el tubo de suministro de propano de 12 pulgadas dentro del tubo del filtro de aire. Asegúrese de que la botella de propano esté en posición vertical y perfectamente segura. Saque la válvula PCV de la tapa de la cabeza de cilindros y desconecte el tubo de purga del bote de vaporización en el extremo del carburador. Deje ambos abiertos dentro del compartimiento motor.

3. Abra la llave principal del propano. Con el filtro de aire en su sitio, vaya abriendo lentamente la válvula de regulación del propano hasta alcanzar las rpm máximas del motor. Si se proporciona demasiado propano, las rpm del motor bajarán. Ajuste exactamente la válvula de regulación a fin de conseguir las máximas rpm.

4. Mientras el propano sigue fluyendo, ajuste el tornillo de la velocidad de ralentí hasta alcanzar las rpm para el propano que se especifican en la etiqueta de salida. Si se produce un cambio en las rpm máximas, reajuste el tornillo de la velocidad de ralentí hasta las rpm de propano especificadas.

5. Cierre la válvula principal del propano y deje que la velocidad del motor se estabilice. Con el filtro de aire en su sitio, ajuste lentamente los tornillos de la mezcla de aire a la velocidad de ralentí hasta alcanzar la más regular velocidad de ralentí que se especifica. Haga una pausa entre los ajustes para permitir que la velocidad del motor se estabilice. Si resulta necesario desmontar las tapetas del limitador para poder ajustar las rpm al ralentí, compruebe primero si el motor funciona mal o existen pérdidas en el vacío. Si se desmontan las tapetas del limitador, deben colocarse tapetas de mantenimiento con la cola contra el tope máximo de mezcla rica.

6. Abra la válvula principal del propano. Si la velocidad máxima es superior en 25 rpm a las especificaciones indicadas para el propano, vuelva a repetir las fases 3 a 6.

7. Cierre tanto la válvula principal del propano como la válvula de regulación. Saque el tacómetro. Desmonte el tubo de suministro de propano y vuelva a montar el tubo de vacío del aire caliente (salvo en los modelos sin aire calentado). Destape y monte el tubo de aire en la válvula EGR y al distribuidor.

8. Monte la válvula PVC. Vuelva a conectar el tubo de purga del bote en su sitio. Puede producirse un cambio en las rpm del motor, pero no hay que volver a reajustarla.

Motor 2.2 L de 4 cilindros

1. Saque el tapón de ocultación. Ponga el freno de mano. Compruebe que la transmisión se halla en el punto muerto. Apague luces y accesorios.

2. Conecte un tacómetro al motor. Ponga el motor en marcha y caliéntelo mientras se encuentra en la segunda etapa de la leva de velocidad máxima de ralentí. Cuando el motor alcance la temperatura normal de funcionamiento, abra la válvula de mariposa y vuelva el motor a la velocidad de ralentí normal.

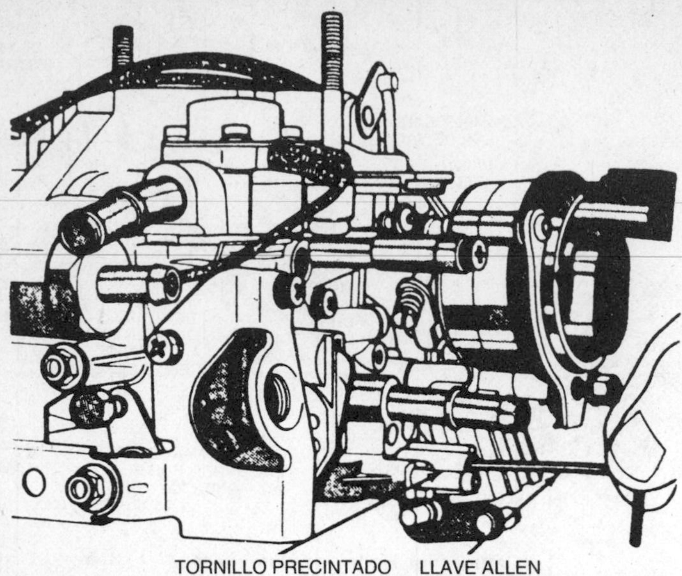

Ajuste de la mezcla de ralentí con propano - motor 2.2 L

3. Desconecte el conector del ventilador del radiador (tan sólo en los vehículos con tracción delantera) y haga un puente para que el ventilador gire continuamente. Saque la válvula PCV de la ventilación del cárter y deje que aspire aire de debajo del capó. Si el vehículo tiene un sensor de oxígeno, desconecte el conector de prueba del sistema de retroalimentación de oxígeno que se encuentra en el guardabarros izquierdo.

4. Desconecte el conjunto de tubos de vacío de la válvula CVSCC (interruptor de vacío cerrado por el refrigerante frío), y tapone ambos manguitos. Desconecte el cableado del solenoide retardador, en el guardabarros izquierdo.

5. Asegúrese de que ambas válvulas de propano están completamente cerradas y de que la botella está bien segura en posición vertical. Desconecte el tubo de vacío que conduce al sensor de aire caliente, en el conector de tres vías. Conecte el tubo de propano que viene de la botella en vez de este tubo.

6. Abra la válvula principal de propano. Luego, muy lenta y gradualmente, abra la válvula de regulación del propano mientras vigila la lectura del tacómetro para determinar cuando alcanza las rpm máximas. Tenga en cuenta que el filtro de aire debe estar en su sitio al efectuar esto. La rápida abertura de la válvula de regulación de propano normalmente ocasionaría el paso del ajuste del carburador a un estado más rico y el motor marcharía más despacio. Encontrará un punto en que abriendo más la válvula de regulación, las revoluciones empezarán a bajar. La abertura de la válvula debe hacerse muy despacio, dejando que el motor tenga tiempo de ajustarse, pues el motor funciona a las máximas rpm posibles.

7. Consulte la etiqueta pegada en el compartimiento del motor y ajuste el tornillo de la velocidad de ralentí (situado en la parte superior del solenoide del carburador) para conseguir las rpm especificadas para el enriquecimiento con propano. Aumente las rpm del motor hasta 2,500 durante 15 segundos. Luego, deje que el motor vuelva a la velocidad de ralentí. Repita la última parte de la fase para optimizar las rpm. Si esto hace aumentar las rpm, vuelva a repetir el ajuste de la velocidad de ralentí. Proceda de este modo, adelante y atrás, hasta conseguir que el motor marche a las rpm especificadas con el ajuste mediante propano, a un nivel óptimo. Deje el motor libre haciéndolo funcionar a 2,500 rpm tal como se ha indicado arriba.

8. Ahora, cierre la válvula principal del propano y deje que el motor estabilice sus rpm. Luego, ajuste el tornillo de la mezcla al ralentí para conseguir las rpm de velocidad al ralentí especificadas. Cada vez que ajuste el tornillo, haga luego una pausa a fin de dejar que las rpm se estabilicen. Aumente las rpm del motor hasta 2,500 durante un período de 15 segundos, dejando que luego vuelva a la velocidad de ralentí., y volviendo a comprobar las rpm. En caso necesario proceda a su ajuste.

9. Ahora, vuelva a verificar la exactitud del ajuste utilizando nuevamente el enriquecimiento por propano a fin de optimizar las rpm, tal como se ha descrito en la fase 6. Si la lectura difiere en más de 25 rpm de las indicadas para el enriquecimiento por propano, repita las etapas 6-8, puesto que no ha conseguido la mezcla óptima en las rpm indicadas para el enriquecimiento.

10. Cierre ambas válvulas de propano. Desconecte el depósito de propano y vuelva a conectar el tubo de vacío. Vuelva a colocar el tapón de ocultación. Invierta todas las partes restantes de las fases 1-4.

Motor 225 con carburador de retroalimentación electrónico Holley 6145

NOTA: Para llevar a cabo este procedimiento necesitará equipo de enriquecimiento con propano y un suministro de vacío de exacta regulación.

1. Saque el tapón de ocultación que permita el acceso al tornillo de la mezcla. Conecte un tacómetro siguiendo las intrucciones de su fabricante. Con el freno de mano puesto y el cambio en punto muerto, ponga el motor en marcha y hágalo funcionar en la segunda etapa de la leva de velocidad de ralentí máxima, hasta que esté caliente. Luego, abra la válvula de mariposa para que el motor adopte la velocidad de ralentí normal.

2. Desconecte y tapone el tubo de vacío en la válvula EGR. Establezca un puente en el interruptor del carburador a fin de establecer una buena masa. Deje el filtro de aire en su sitio.

3. Siga el tubo de vacío que va desde el diafragma del estrangulador a la conexión en forma de T, y desconecte únicamente dicho tubo; luego conecte el conducto de suministro de propano en su lugar.

4. Asegúrese de que la botella de propano se encuentra en su sitio seguro y en posición vertical. Luego, saque la válvula PCV de la tapa y deje que aspire aire del compartimiento motor. Desmonte el tubo de control (que tiene un diámetro de 3/16 de pulgada) del bote de carbón vegetal y tápelo.

5. Teniendo cuidado para no tocar el múltiple de escape caliente, y tirando directamente del conector tipo bala, desconecte la fijación del cable en el sensor de oxígeno. Luego, haga un puente para conectar a masa la fijación del cable.

ATENCIÓN

Tenga mucho cuidado para no ejercer ningún esfuerzo sobre el cable del sensor de oxígeno cuando lleve a cabo esta operación.

6. Espere un par de minutos para que la desconexión del sensor de oxígeno cause un efecto completo. Mientras espera, desconecte el tubo de vacío del transductor de la computadora de control de chispa. Luego, conecte un suministro auxiliar de vacío al transductor y ajústelo con un vacío de 16 pulgadas. Una vez transcurridos los dos minutos, pase a la siguiente etapa.

7. Abra la válvula principal del propano y luego la válvula de regulación, procediendo con suma lentitud, ya que si suministra excesivo propano hará que las rpm del motor bajen súbitamente puesto que la mezcla es demasiado rica. Encontrará un punto en que abriendo más la válvula de regulación empezarán justo a bajar las rpm. La abertura de la válvula debe hacerse con cuidado, dejando que el motor tenga tiempo para ajustarse, de manera que el motor funcione con las rpm más altas posibles.

8. Consulte la etiqueta adhesiva que hay en el compartimiento del motor y ajuste el tornillo de la velocidad de ralentí (colocado en la parte superior del solenoide del carburador) hasta alcanzar las rpm que indique para el enriquecimiento con propano. Repita la última parte de la etapa 7 a fin de optimizar las rpm. Si esto aumenta las rpm, vuelva a repetir el ajuste de la velocidad de ralentí. Proceda una y otra vez con este sistema, adelante y atrás, hasta que el motor marche a las rpm especificadas, con el ajuste de propano a nivel óptimo.

9. Cierre la válvula de regulación del propano y la válvula principal. Deje que el motor funcione durante un minuto para dejar que las rpm se estabilicen. Luego, ajuste muy lentamente el tornillo de mezcla, deteniéndose después de cada cambio a fin de que el motor pueda estabilizarse de nuevo, hasta conseguir las rpm especificadas y, al mismo tiempo, la velocidad de ralentí más regular que sea posible.

10. Vuelva a abrir la válvula principal de propano y luego ajuste cuidadosamente la válvula de regulación a fin de optimizar las rpm del motor sin modificar el ajuste de la válvula de mariposa. Mida las rpm las cuales no deben ser superiores en 25 rpm a las de la fase 9. En caso contrario repita las fases 7-9, puesto que no ha conseguido el nivel óptimo de la mezcla de propano con las rpm especificadas para el propano. En caso necesario vuelva a llevar a cabo la prueba.

11. Cierre ambas válvulas de propano. Desconecte el tubo de propano y vuelva a colocar todas las conexiones de vacío y eléctricas que se hubieran modificado al iniciar el procedimiento. Monte un nuevo tapón de ocultación sobre el tornillo de ajuste de la mezcla.

EQUIPO ELÉCTRICO DEL MOTOR

Distribuidor

DESMONTAJE Y MONTAJE

1. Desmonte el guardabarros (si lo lleva). Desconecte el(los) tubo(s) de vacío del distribuidor.

2. Desconecte el conector del cable del captor o los conectores de las fijaciones de cables.

3. En el distribuidor utilizado en el motor 2,6 litros, no es necesario sacar la tapa sino, simplemente, retirar los cables de la misma. En los otros motores, aflojar las pinzas o tornillos que fijan la tapa del distribuidor y sacar dicha tapa.

NOTA: Los cables de las bujías y de la bobina que se utilizan en el motor 2.2 L llevan conectores tipo horquilla para la tapa del distribuidor. La tapa debe sacarse del distribuidor y hay que comprimir la pinza de horquilla antes de poder sacar cada cable de la tapa.

4. Haga rotar el motor hasta que el rotor esté dirigido a la posición de encendido del cilindro n.º 1, y las marcas de sincronización que hay en la polea del cigüeñal y la caja delantera queden alineadas. Desconecte el cable negativo de la batería.

5. Marque el cuerpo del distribuidor y el monobloque a fin de indicar la posición de dicho distribuidor con respecto al motor. Marque el cuerpo del distribuidor para indicar la posición del rotor. Estas marcas servirán de guía al volver a montar el distribuidor.

6. Saque el tornillo y el soporte de fijación del distribuidor. Levante con cuidado el distribuidor del motor. El eje puede rotar un poco cuando el distribuidor se desmonte. Tome nota del lugar donde se detiene el movimiento. Este punto es donde el rotor debe señalar cuando el distribuidor vuelva a ser montado en el monobloque.

7. Si el cigüeñal no se ha movido mientras el distribuidor estaba desmontado del motor, el montaje se lleva a cabo siguiendo el orden inverso al empleado para el desmontaje. Utilice las marcas de referencia hechas antes del desmontaje para poner el distribuidor sobre el bloque en la posición correcta. El eje puede tener que rotarse un poco para que se acople con el engranaje de la leva (4 y 6 cilindros) o el engranaje del eje intermedio (V8).

8. Si el cigüeñal se hizo rotar o se ha variado por una u otra causa su posición (por ejemplo, en el caso de reconstrucción del motor) cuando el distribuidor estaba desmontado, proceda del siguiente modo.

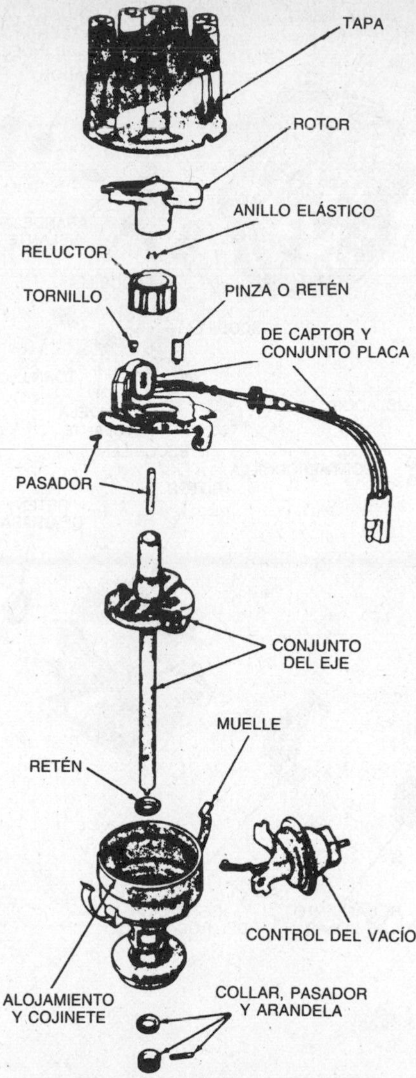

Distribuidor tipo de un solo captor

9. En los motores de 4 ó 6 cilindros: saque la bujía n.º 1 y, tapando el agujero con el dedo pulgar, haga rotar el motor hasta que el pistón del cilindro n.º 1 se encuentre en el punto muerto superior de su carrera de compresión. Notará la presión de la carrera de compresión sobre su dedo, y la marca «O» de la polea del cigüeñal quede alineada con el índice de sincronización.

10. Mueva el rotor hasta una posición en que quede dirigido exactamente a la terminal n.º 1 de la tapa del distribuidor.

11. Baje el distribuidor dentro de la abertura, acoplando el engranaje del mismo con el mecanismo de accionamiento de la leva. Con el distribuidor bien colocado en el motor, el rotor debe quedar debajo de la torrecita n.º 1 de la tapa.

12. Monte la tapa y apriete el tornillo de fijación en el soporte. Conecte los cables y el tubo de vacío. Compruebe la sincronización con una lámpara adecuada. En caso necesario proceda a su ajuste.

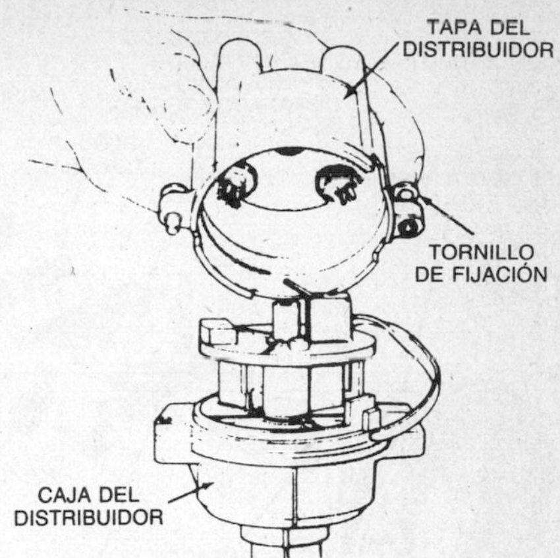

Distribuidor usual en motor de 4 cilindros

13. En los motores V8: haga rotar el cigüeñal hasta que el cilindro n.º 1 se encuentre en el punto muerto superior (PMS) de la carrera de compresión. Para ello, saque la bujía del cilindro n.º 1 y coloque su dedo pulgar sobre el agujero. Haga rotar lentamente el motor, a mano, en su dirección normal de funcionamiento hasta que se note la compresión en el agujero. La marca «O» de la polea del cigüeñal deberá quedar alineada con el índice que hay en la tapa de la caja de sincronización.

14. Mantenga el distribuidor sobre la pista de montaje del bloque de cilindros de manera que la brida del cuerpo del distribuidor coincida con la pista de montaje y las puntas del rotor con la posición de encendido del cilindro n.º 1.

15. Monte el distribuidor mientras sostiene el rotor en dicha posición, dejando que se mueva tan sólo lo suficiente para acoplarse con la ranura del engranaje de accionamiento.

16. Monte la tapa, apriete el tornillo de fijación en el soporte. Conecte los cables y el tubo de vacío. Compruebe la sincronización con ayuda de una lámpara adecuada. En caso necesario, proceda a su ajuste.

Alternador

PRECAUCIONES

Seguidamente se indican algunas precauciones a tener en cuenta cuando se efectúen trabajos en el alternador.

1. Nunca debe cambiar la polaridad de la batería.

2. Cuando monte una batería, siempre ha de conectar en primer lugar el terminal que no está a masa (positivo).

3. Nunca debe desconectar la batería estando el motor en marcha.

4. Si el conector moldeado está desconectado del alternador, no ponga a masa el cable que lleva corriente.

5. En ningún caso debe hacer funcionar el alternador con el cable principal de salida desconectado.

6. Nunca hay que hacer soldaduras eléctricas cerca del vehículo estando el alternador conectado.

7. Nunca hay que aplicar un voltaje superior al de la batería cuando se efectúan pruebas.

8. Nunca «haga puente» con una batería de más de 12 voltios para poner el motor en marcha.

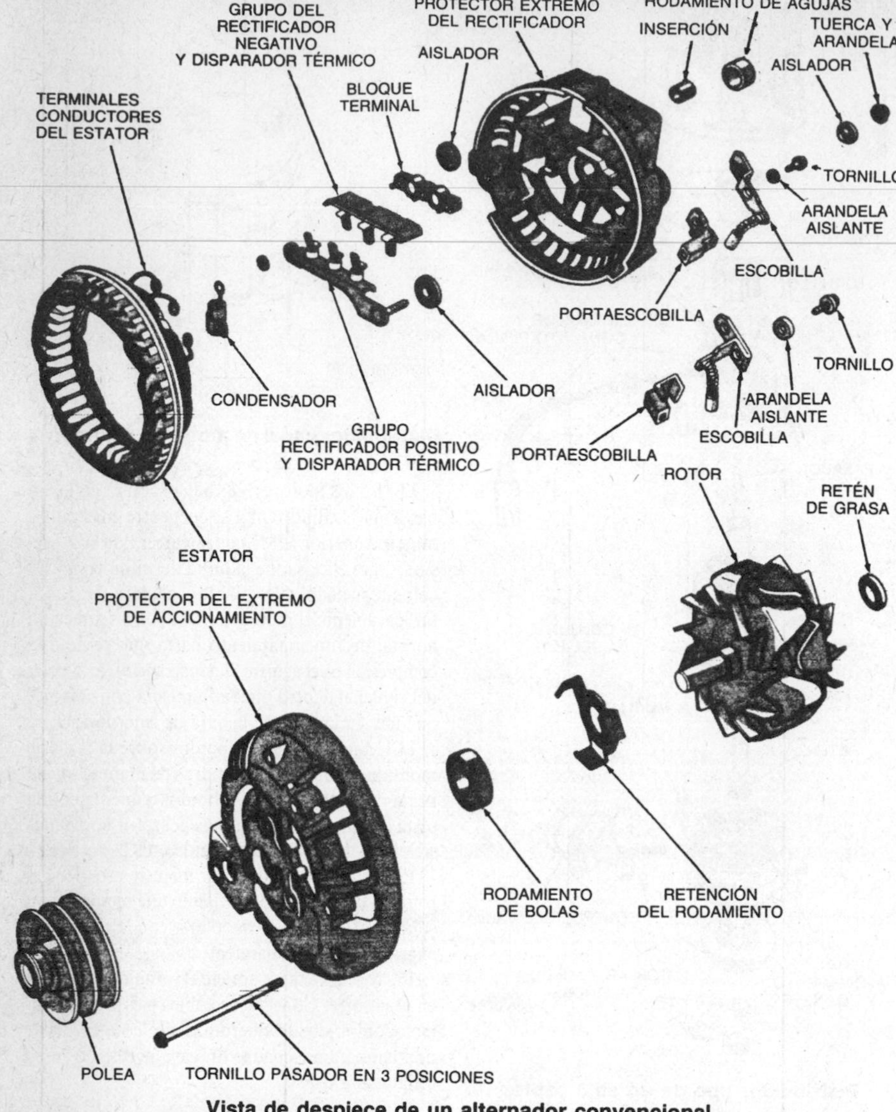

Vista de despiece de un alternador convencional

AJUSTE DE LA TENSIÓN DE LA CORREA

NOTA: En algunos modelos puede ser preciso desmontar el guardabarros inferior para tener sitio al montar una nueva correa.

La tensión de la correa debe comprobarse con un calibre hecho para ello. Si no se dispone de tal calibre, la tensión puede comprobarse ejerciendo una presión moderada sobre la correa, en el centro de su tramo de más amplitud, entre ambas poleas. Si la correa tiene un tramo libre inferior a doce pulgadas, debe ceder aproximadamente 1/4 de pulgada. Si el tramo libre es mayor de doce pulgadas, la flexión puede oscilar entre 1/4 y 3/8 de pulgada.

1. Afloje el pivote de accionamiento del accesorio y los tornillos de fijación.
2. Desplace el accesorio hacia o afuera del motor hasta que la tensión sea la correcta. Puede utilizar el mango de madera de un martillo o un palo de escoba como palanca, pero nunca emplee nada metálico.

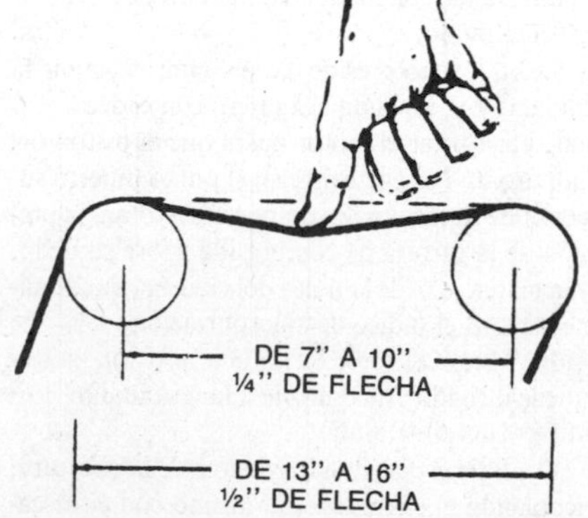

Comprobación de la flexión de la correa de transmisión

3. Apriete los tornillos y vuelva a comprobar la tensión. Si se ha montado una nueva correa, haga rotar el motor algunos minutos y luego verifique nuevamente la tensión, reajustándola si es preciso.

NOTA: Si el elemento a accionar tiene dos correas, las mismas deberán cambiarse a pares con objeto de conservar la tensión adecuada. Es preferible que las correas estén demasiado flojas que excesivamente tensas, puesto que una tensión excesiva perjudica los cojinetes, de modo especial los de la bomba de agua y del alternador. No obstante, las correas flojas ejercen un impacto sumamente elevado en el elemento accionado debido a la acción oscilante de la correa.

DESMONTAJE Y MONTAJE

1. Desconecte el conmutador de encendido. Desconecte el cable de masa de la batería.
2. Desconecte y ponga etiqueta de identificación al cable de salida del alternador (BATT). Luego, desconecte los cables del campo (FLD) (en el alternador Mitsubishi R y L). Por último, desconecte el cable de masa. Si los cables están fijados mediante una retención, saque la tuerca de fijación y luego retire dicha retención.
3. Afloje el tornillo de ajuste del alternador y haga oscilar dicho alternador hacia al motor. Saque la correa de accionamiento del alternador.
4. Saque los tornillos de montaje del alternador y retire el citado alternador del vehículo.
5. El montaje se lleva a cabo siguiendo el orden inverso al indicado para el desmontaje. Asegúrese de haber conectado todos los cables a masa y conductores de manera segura.
6. Ajuste la tensión de la correa.

Regulador

AJUSTES

El regulador electrónico de tensión no tiene piezas móviles y por tanto no precisa ningún ajuste una vez ha dejado la fábrica. Las reparaciones se efectúan mediante un cambio por un regulador nuevo. Algunos motores de 2.6 L pueden llevar un regulador Chrysler montado en el exterior del alternador de la misma marca. En tal caso, consulte los procedimientos antes indicados para el desmontaje del regulador. La mayor parte de motores de 2,6 L llevan alternadores Mitsubishi que contienen un regulador integrado. Véase los procedimientos de sustitución del alternador para el desmontaje y montaje del mismo.

DESMONTAJE Y MONTAJE

1. Afloje las pinzas muelle y tire de la clavija de cables del regulador.
2. Destornille y saque el regulador.
3. El montaje se lleva a cabo siguiendo el orden inverso al empleado para el desmontaje. Asegúrese de que las pinzas muelle agarran la clavija de los cables.

Los procedimientos para el mantenimiento de alternadores y motores de arranque se encuentran en la sección Eléctrica de la Unidad de Reparación.

Motor de arranque

DESMONTAJE Y MONTAJE

1. Desconecte el cable de masa de la batería.
2. Saque el cable del motor de arranque. Saque la brida protectora del calor y el protector, si lo lleva.
3. Desconecte los conductores del solenoide por las terminales de dicho solenoide.

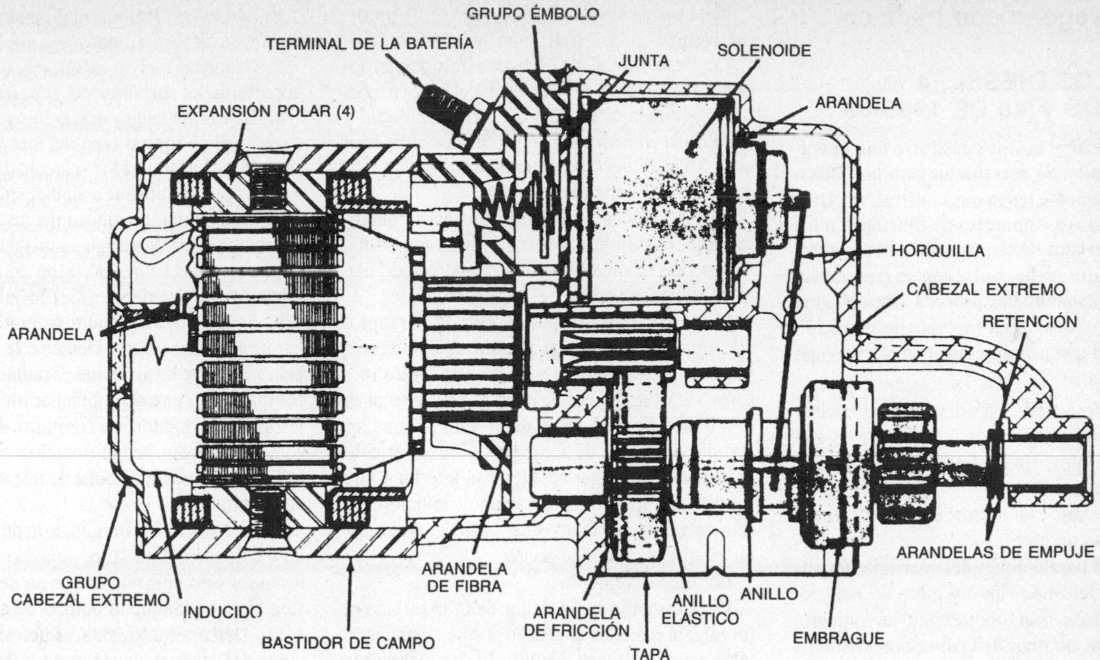

Motor de arranque convencional con reductor

4. Saque los tornillos de fijación del motor de arranque y retire dicho motor del alojamiento del volante del motor. En algunos modelos con transmisión automática, el soporte del tubo de refrigeración de aceite interfiere el desmontaje del motor de arranque. En tal caso, saque los tornillos de fijación del motor de arranque, desplace el soporte del tubo del refrigerador de su apoyo y luego retire el motor de arranque.

5. El montaje se realiza siguiendo el orden inverso al arriba indicado. Asegúrese que las superficies de acoplamiento del motor de arranque y el alojamiento del volante estén libres de polvo y aceite haciendo un buen contacto eléctrico.

MECÁNICA DEL MOTOR

Motor

DESMONTAJE Y MONTAJE

Motor de 4 cilindros con transmisión manual

1. Marque el contorno de las bisagras del capó y luego sáquelo.

2. Descargue el sistema de refrigeración. Desconecte los cables de la batería y saque la batería.

3. Saque todos los tubos de agua que van desde el radiador al motor. Desmonte el radiador y el conjunto del ventilador de refrigeración.

4. Saque el filtro de aire, el conducto y el grupo de tubos. Ponga etiquetas a los tubos de vacío para su identificación al volver a montarlos.

5. Saque el compresor de aire acondicionado y los soportes de montaje. Deje los tubos unidos y coloque el compresor fuera de la zona de trabajo.

6. Saque la bomba de la dirección asistida y los soportes. Deje los tubos conectados y coloque la bomba fuera de la zona de trabajo.

7. Ponga un recipiente adecuado debajo del filtro de aceite a fin de recoger el aceite que pueda salir, y luego saque el filtro de aceite.

8. Desconecte y ponga etiquetas de identificación en todos los conectores eléctricos que puedan interferir el desmontaje del motor. Desconecte los tubos de combustible, los enlaces del acelerador, los conductores del calefactor y los de la bomba de aire.

9. Saque el alternador. Desconecte el cable del embrague del brazo del cojinete de salida.

10. Saque la tapa inferior de la caja de transmisión baja. Desconecte el tubo de escape del múltiple de escape.

11. Saque el motor de arranque. Monte un gato hidráulico debajo del conjunto de la transmisión.

12. Coloque una eslinga para elevación del motor y fíjela a un polipasto de cadena. Separe la eslinga de la cadena de elevación. Levante el gato situado debajo de la transmisión hasta que entre en contacto con el eje de la misma.

13. Saque el guardabarros interior derecho. Retire la brida que sirve para que el motor haga masa con el chasis.

14. Saque los tornillos que fijan el eje de la transmisión al motor.

15. Saque la(s) tuerca(s) y tornillo(s) «pasantes» de la fijación anterior del motor, así como puntales antibalanceo. Saque el tornillo pasante del soporte izquierdo o los tornillos de montaje del aislador. Levante o baje lentamente el motor con el polipasto para eliminar la presión sobre los tornillos pasantes.

16. Levante el motor, separado del eje de la transmisión, y sáquelo del vehículo.

17. Para el montaje: bájelo hasta la posición adecuada con ayuda del polipasto de cadena y acople el eje de la transmisión.

18. Coloque el motor contra el eje de la transmisión y monte los «tornillos pasantes» de fijación. No los apriete hasta que no estén colocados todos los tornillos de fijación. Luego, apriételos con un par de 40 libras-pie.

19. Coloque los tornillos de fijación del eje de la transmisión al motor y apriételos con un par de 70 libras-pie.

20. Saque la eslinga utilizada para la elevación del motor y el gato hidráulico colocado debajo de la transmisión.

21. El resto de elementos se montan siguiendo el orden inverso al empleado para el desmontaje.

22. Llene el sistema de refrigeración, añada aceite (si es necesario) conecte la batería y deje que el motor alcance la temperatura normal de funcionamiento. Compruebe si se producen pérdidas. En caso necesario, reajuste la sincronización y la velocidad de ralentí.

Motor de 4 cilindros con transmisión automática

1. Siga los mismos procedimientos indicados en las etapas 1 a 10 del vehículo con transmisión manual.

2. Saque la tapa inferior de la caja de transmisión, haga una marca entre el convertidor y el volante para que sirva de referencia para el montaje. Saque los tornillos de fijación del convertidor al volante. Fije una brida C en la parte frontal de la caja del convertidor a fin de evitar que pueda caer dicho convertidor cuando se saque el motor.

3. Con las siguientes etapas hay que proceder tal como se ha indicado para el caso de transmisión manual. Cuando monte el motor, deben quedar alineados los agujeros de fijación y las marcas de referencia del convertidor y el volante.

Vans y Wagons con tracción trasera

SALVO LOS DIESEL, 4 CILINDROS y V8 DE 1985-86

NOTA: Sacar el motor constituye una operación complicada. Se necesita un gato hidráulico y muy posiblemente tenga que construirse varios soportes de apoyo y aparatos de fijación. En los vehículos provistos de aire acondicionado, antes de sacar el motor, debe contar con un especialista en aire acondicionado que proceda a descargar el sistema. Luego, desconecte los tubos de aspiración y descarga del compresor y tape con total seguridad las aberturas.

1. Desconecte la batería y descargue el refrigerante del radiador y del monobloque. Descargue el aceite del motor. En los motores V8, saque el filtro de aceite.
2. Saque la tapa del motor, el filtro de aire y el motor de arranque.
3. Retire el parachoques delantero, la parrilla y el soporte. Desconecte los dos tubos del radiador y saque el radiador y su soporte como un conjunto.
4. Retire las bombas de la dirección asistida y la de aire junto con los tubos unidos a ellas, y átelas aparte.
5. Desconecte los enlaces del acelerador, los tubos del calentador y de vacío y todos los conductores eléctricos para el encendido, alternador y demás conexiones eléctricas.
6. Saque el alternador, el ventilador, la polea y las correas de accionamiento.
7. Saque el motor del soplador de aire caliente.

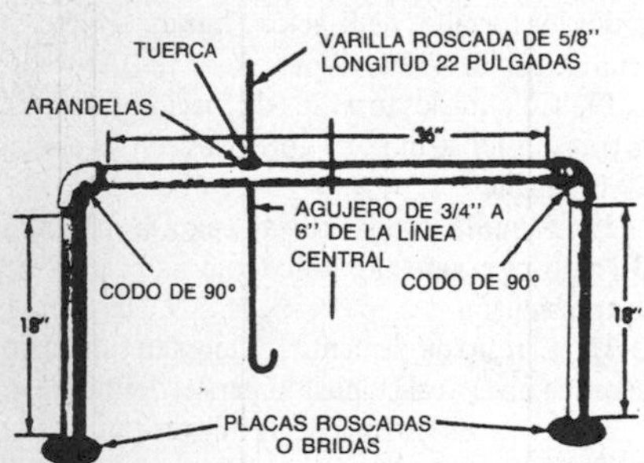

Dimensiones para construir un elevador para el motor de furgonetas

8. Saque y tapone el tubo de entrada a la bomba de combustible.
9. Saque el tubo de la varilla de nivel de aceite. En los motores V8, retire el múltiple de admisión y el múltiple de escape izquierdo. Si el vehículo está equipado con aire acondicionado, saque la tapa de válvulas del costado derecho.
10. Para conseguir espacio para poder sacar el motor, deben desmontarse el cárter de aceite y la transmisión.
11. Levante despacio el motor como preparación para desmontar la transmisión. Sopórtelo mediante un dispositivo de elevación del motor. Esta herramienta puede fabricarse con accesorios de tubería adquiridos en la localidad. Emplee únicamente piezas galvanizadas con un diámetro interno de 1 1/2 pulgadas o mayor. Asegúrese de que están bien roscadas entre si a fin de que ofrezcan una resistencia máxima.
12. Levante el vehículo y apóyelo sobre soportes. Saque el motor de arranque y el distribuidor.
13. Desmonte el árbol de transmisión y el soporte posterior del motor. Saque el soporte posterior previa la extracción del tornillo pasador y la ménsula en forma de U que se encuentra en el miembro transversal. Saque el aislante del fondo de la caja de transmisión.
14. Si el vehículo lleva transmisión automática, saque el conjunto de la transmisión con el tubo de llenado y el convertidor de par separado del plato de accionamiento.
15. Levante la parte posterior del motor, aproximadamente 2 pulgadas y saque el embrague o placa de accionamiento y el volante. En los motores V8, sitúe el corte de la brida del cigüeñal en la posición de las 3 horas de un reloj. Saque los tornillos del cárter de aceite y baje dicho cárter lo suficiente para poder acceder a su interior y gire ligeramente el tubo de captación de la bomba de lubricación, hacia la derecha, para liberar el cárter. Retire el cárter de aceite.
16. Baje el vehículo.
17. Utilizando un elevador de brazo fijado al motor con el menor enganche posible, ejerciendo tensión para sostener el motor. El elevador o grúa de brazo es un elemento ideal para este trabajo. Si no dispone de tal elemento, puede ser factible soportar el motor con un elevador estacionario y desplazar el vehículo de debajo del motor.
18. Saque los soportes frontales y aislantes del motor.
19. Retire cuidadosamente el motor del vehículo.
20. El montaje se realiza siguiendo el orden inverso al empleado para el desmontaje. Compruebe el nivel de los fluidos y lleve a cabo los ajustes de puesta a punto si hubiera desmontado el motor. Si el motor ha sido reconstruido o si le hubiesen montado un nuevo árbol de levas o cigüeñal o levantadores, añada 1 cuarto de galón de aceite de motor adicional para hacer el rodaje. Esta cantidad deberá dejarse en el motor hasta, por lo menos, unas 500 millas.

Modelos V8 de 1985-86

1. En los vehículos con transmisión manual, consulte el procedimiento de Desmontaje y Montaje de la Transmisión y saque dicha transmisión. En todos los vehículos, desconecte la batería y saque la varilla de nivel de aceite del motor.
2. Levante y apoye el vehículo con total seguridad. Desmonte el tubo de traspaso del escape.
3. Saque la tapa de inspección, si el vehículo lleva transmisión automática. Descargue el aceite del motor. Mientras está saliendo el aceite, saque el montante entre el motor y la transmisión.
4. Destornille y saque el cárter de aceite; puede resultarle más fácil si hace rotar el cigüeñal para ganar sitio. Luego saque la bomba de lubricación y el captor.
5. En los vehículos con transmisiones automáticas, saque los tornillos de la placa al convertidor de par. Saque los cables eléctricos del motor de arranque, luego retire los tornillos y separe el motor de arranque a un lado.
6. En los vehículos con transmisiones automáticas, saque los tornillos que fijan la caja inferior de la transmisión al motor.
7. Saque las tuercas inferiores, únicamente de la parte de los aislantes del soporte del motor.
8. Baje el vehículo y descargue el sistema de refrigeración. Saque la tapa del motor, el filtro de aire y el carburador. Si el vehículo dispone de aire acondicionado, busque a alguien que entienda en aire acondicionado y que tenga las herramientas adecuadas para descargar la instalación. Luego, desconecte el compresor y tubo de condensador, y tape herméticamente todas las aberturas.
9. Saque el parachoques frontal, la parrilla y la ménsula de soporte. Desconecte ambos tubos del radiador y luego saque el radiador (y, si está equipado con aire acondicionado), condensador y soporte formando un conjunto. Destornille el compresor de aire acondicionado y colóquelo a un lado, si el vehículo dispone de instalación de aire acondicionado.
10. Destornille la bomba de la dirección asistida y colóquela a un lado, dejando los tubos conectados y procurando no ejercer demasiado tensión en ellos. Saque la bomba de aire.
11. Desconecte los enlaces del acelerador, los tubos del calefactor y de vacío y todas las conexiones eléctricas de la bobina de encendido, alternador y otros accesorios del motor. Saque el alternador.
12. Saque la pala del ventilador o el embrague y pala del ventilador junto con las correas trapezoidales.
13. Desconecte el tubo flexible del combustible en la bomba de alimentación y luego tape cuidadosamente las aberturas para evitar pérdidas.
14. Saque el múltiple de escape de la izquierda y el protector contra el calor. Señale y luego desmonte los cables de las bujías y tapa del distribuidor.
15. Fije un elevador hidráulico portátil al múltiple de admisión. Coloque un gato hidráulico debajo de la transmisión automática y sopórtela correctamente para no estropear el cárter.
16. Saque los tornillos de la caja de transmisión superior (en los vehículos con cambio automático). Con cuidado, conduzca el motor fuera de la parte frontal del vehículo. Puede ser de ayuda levantar un poco el vehículo de manera que el brazo del elevador quede horizontal.
17. Monte el motor siguiendo exactamente el mismo procedimiento en orden inverso. El apriete de las tuercas y tornillos del soporte del motor se hace de acuerdo a los valores que aparecen en las correspondientes ilustraciones. Apriete las tuercas del múltiple de escape en el soporte de la cabeza de cilindros con un par de 15 libras-pie. Apriete los tornillos de montaje del múltiple de admisión con un par de 45 libras-pie. Cuando monte el cárter de aceite, emplee juntas nuevas y ponga una gota de selladora RTV en cada junta entre las juntas de caucho y de corcho. Vuelva a llevar a cabo todos los ajustes básicos del motor. Tenga la instalación de aire acondicionado lista y nuevamente cargada.

MOTOR DIESEL

NOTA: Si el vehículo dispone de aire acondicionado, haga vaciar la instalación por parte de un técnico especialista. Tenga en cuenta la nota

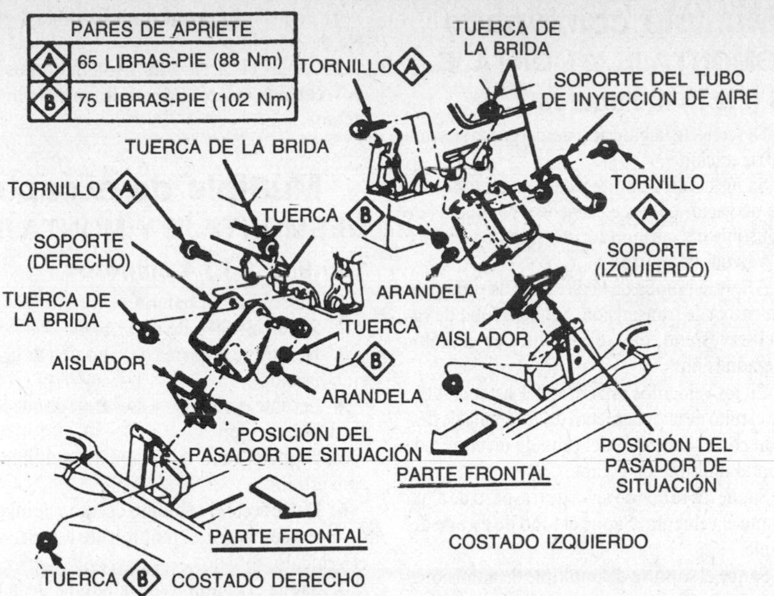

Apriete del soporte del motor en los V8 de 1985

que hace referencia a las precauciones que hay que observar, la cual figura al inicio de esta sección.

1. Desconecte los cables de la batería y saque dicha batería.

2. Desmonte el filtro de aire.

3. Haga unas señales en las bisagras del capó y luego saque dicho capó.

4. Descargue el sistema de refrigeración.

5. Saque los tubos superior e inferior del radiador.

6. Saque el recipiente de reserva de refrigerante.

7. Levante el vehículo y apóyelo sobre soportes. Desconecte y saque los tubos del refrigerador de aceite de la transmisión que se encuentran en el radiador. Saque los tornillos inferiores del radiador y del protector del ventilador.

8. Baje el vehículo y saque los tornillos superiores del radiador y del protector del ventilador, retirando luego radiador y protector.

9. Desconecte los tubos del calefactor del motor y empújelos a un lado.

10. Desconecte el cable del velocímetro del motor.

11. Desconecte las conexiones eléctricas del alternador, la unidad termostática, los cables del relé del motor de arranque al solenoide, la unidad medidora del aceite y del motor de control de la bomba de inyección. Coloque a un lado los conectores de cables.

12. Desconecte y tape el tubo de combustible en la entrada de la bomba de transferencia. Desconecte y tape el tubo de retorno del conector de retorno que hay en el inyector.

13. Desconecte y saque el enlace de la bomba de inyección. Desconecte y saque el cable del acelerador y la válvula de mariposa.

14. Desconecte el cable entre el motor de arranque y el solenoide. Saque el motor de arranque.

15. Saque el cable de masa de la batería del bloque motor.

16. Desconecte y tape los tubos de la dirección asistida en el mecanismo de la bomba de dirección.

17. Levante el vehículo y desconecte el tubo de escape del múltiple correspondiente.

18. Descargue el aceite del motor y retire el tubo de la varilla de nivel del cárter de aceite. Saque el tubo del refrigerador de la transmisión y el soporte del tubo de ventilación del cárter de aceite.

19. Saque los tornillos del cárter de aceite.

20. Saque la placa de inspección de la transmisión. En las furgonetas, desmonte el cárter de aceite para tener acceso, si fuera necesario. Al montar, utilice una junta nueva.

21. Saque los cuatro tornillos que unen la placa con el convertidor de par.

22. Saque el soporte del tubo de escape y luego los tornillos inferiores de la caja de transmisión.

23. Retire cualquier otro soporte que pueda impedir el desmontaje.

24. Soporte la transmisión con un gato hidráulico.

25. Saque la tapa de la cabeza de cilindros (válvulas) y la junta.

26. Fije un elevador de brazo al motor, envolviendo la cadena todo lo más fuerte y cerca que sea posible.

27. Saque los cuatro tornillos y seis tuercas de los soportes del motor.

28. Saque los dos tornillos de la caja superior de la transmisión.

29. Levante el brazo del elevador y saque el motor del vehículo.

30. El montaje se efectúa en orden inverso al desmontaje.

Pickup, Ramcharger y Trail Duster

1. Descargue el refrigerante del radiador y del monobloque.

2. Desconecte el cable de masa de la batería. En los modelos V8, retire la batería.

3. Marque el contorno de las bisagras del capó y luego desmonte el capó.

4. Si el vehículo va equipado con aire acondicionado, saque el compresor junto con los tubos conectados, y sepárelo a un lado.

ATENCIÓN

No desconecte ningún tubo de refrigerante. Podría sufrir serias heridas.

5. Desconecte las conexiones eléctricas del alternador, bobina de encendido, unidades de envío de temperatura y presión del aceite, la que va desde el motor de arranque al solenoide y el de masa del motor a la carrocería.

6. Saque el filtro de aire. Desconecte los enlaces de la válvula de mariposa a la transmisión, en la parte del carburador.

7. Saque la tapa del distribuidor, cables y rotor.

8. Desconecte y tape el tubo de la bomba de combustible.

9. Desconecte los tubos del radiador y calefactor. Desconecte y tape los tubos del refrigerador de aceite.

10. Saque el ventilador, separador, transmisión hidráulica y radiador. No guarde el accionamiento del ventilador con el eje hacia abajo. Saldría el líquido contenido en su interior.

11. Levante el vehículo y apoye la parte posterior del motor.

12. Desconecte los tubos de escape de los múltiples.

13. En los modelos V8 desmonte el motor de arranque.

14. Saque la tapa protectora y la brida C de fijación de la transmisión automática, en la parte frontal inferior de la caja del convertidor de par a fin de evitar que pueda caer dicho convertidor. Saque los tornillos de la placa de accionamiento del convertidor de par. En los modelos con transmisión manual, saque el miembro transversal posterior, transmisión, caja de transferencia y adaptador. Puede dejar la caja de transferencia en su sitio, cuando se trate de modelos de seis cilindros.

15. Soporte la transmisión y saque sus tornillos de fijación.

16. Baje el vehículo y fije un cabo de elevación para sacar el motor.

17. Saque las tuercas y arandelas del tornillo de montaje de la parte anterior del motor.

18. Saque con cuidado el motor.

19. El montaje se realiza siguiendo el orden inverso al del desmontaje. Llene el motor con refrigerante y aceite nuevo. Ajuste los enlaces de la transmisión, el carburador y la sincronización del encendido.

Múltiple de admisión

DESMONTAJE Y MONTAJE

155.9 (2.6 L) de 4 cilindros

1. Desconecte el cable negativo de la batería.

2. Descargue el sistema de refrigeración y desconecte los tubos de la bomba de agua en el múltiple de admisión.

3. Desconecte el adaptador del conducto de aire del carburador y sepárelo a un lado.

4. Desconecte los tubos de vacío y los enlaces de la válvula de mariposa del carburador.

5. Desconecte el tubo de admisión de combustible del filtro correspondiente.

6. Saque el filtro y la bomba de combustible y déjelos a un lado.
7. Retire las tuercas de fijación del múltiple de admisión y desmonte el múltiple.
8. El montaje se lleva a cabo siguiendo el orden inverso al empleado para el desmontaje. Apriete las tuercas de fijación a 150 libras-pulgada.

243 (3.9 L) diesel

1. Desconecte el cable negativo de la batería.
2. Saque el conjunto del filtro de aire y los soportes de montaje del múltiple de admisión.
3. Desconecte o retire cualquier enlace, control o tubos que puedan interferir el desmontaje del múltiple.
4. Desconecte los tubos del filtro de combustible en las bombas de transferencia y de inyección. Descargue el filtro de combustible y sáquelo (conjuntamente con los soportes de montaje) del múltiple de admisión.
5. Desconecte los tubos del inyector de los cilindros 3 y 6, de la parte de la bomba de inyección, si esto resulta necesario para ganar sitio. Desconecte las bridas que fijan los tubos de combustible al múltiple y empuje los tubos a uno y otro lado para dejar sitio libre.
6. Saque los tornillos de fijación del múltiple a la cabeza del cilindro, y luego retire el múltiple. Limpie todas las superficies de las juntas.
7. Monte una nueva junta en el múltiple de admisión y coloque dicho múltiple, siguiendo el orden inverso al utilizado para el desmotanje.

Motores V8

1. Descargue el sistema de refrigeración y primero desconecte el cable negativo de la batería.
2. Saque el alternador, filtro de aire del carburador y tubo de combustible.
3. Desconecte los enlaces del acelerador.
4. Saque los controles de vacío entre el carburador y el distribuidor.
5. Saque la tapa del distribuidor y los cables.
6. Desconecte los cables de la bobina, el cable de la unidad del termostato, tubos del calefactor y de derivación.
7. Saque el múltiple de admisión, bobina de inyección y carburador formando un conjunto.
8. El montaje se lleva a cabo siguiendo el orden inverso al procedimiento arriba indicado. El apriete de los tornillos del múltiple de admisión a la cabeza de cilindros debe hacerse en la secuencia indicada, partiendo desde el centro y de manera alternativa.

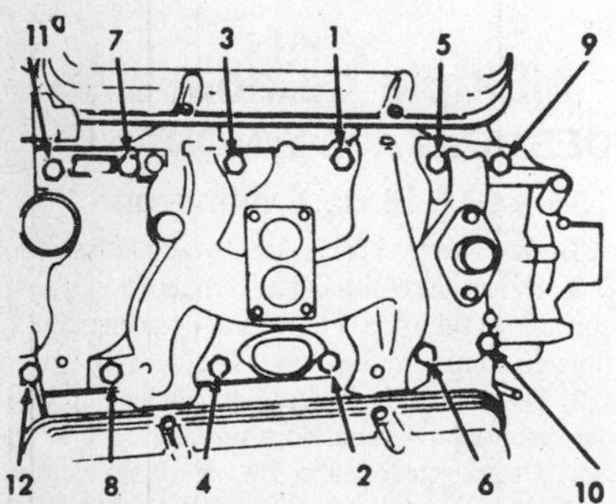

Secuencia de apriete del múltiple de admisión del V8

Múltiple combinado

DESMONTAJE Y MONTAJE

135 (2.2 L) 4 cilindros

1. Desconecte la batería y descargue el sistema de refrigeración.
2. Saque el filtro de aire y desconecte todos los tubos de vacío, cables eléctricos y conductos de combustible del carburador. Desmonte el enlace de la válvula de mariposa.
3. Afloje la bomba de la dirección asistida y saque la correa de transmisión. Saque el tubo de vacío del servofreno, que se encuentra en el múltiple de admisión.
4. En los vehículos provistos del sistema AIR, saque el tubo de acoplamiento de la válvula de desviación con el conjunto del tubo de inyección de aire en el múltiple de escape.
5. Saque los tubos de agua de traspaso de agua y levante el vehículo. Saque el tubo de escape del múltiple.
6. Saque el soporte del múltiple de admisión y el tubo EGR.
7. En los vehículos equipados con AIR, saque los cuatro tornillos del tubo de inyección y retire el conjunto del tubo del múltiple de escape.
8. Saque el múltiple de admisión y luego el de escape.
9. En caso necesario saque la tapa del traspaso de agua del múltiple de admisión.
10. El montaje se efectúa siguiendo el orden inverso al indicado para el desmontaje. Utilice nuevas juntas para los múltiples. Apriete los tornillos del múltiple de escape, empezando por el centro y siguiendo hacia los extremos. Apriete las tuercas del múltiple a 16,7 libras-pie y repita la secuencia hasta que todos los tornillos estén apretados de acuerdo a la especificación.
11. Apriete los tornillos del múltiple de admisión empezando por el centro de la cabeza de cilindros, avanzando progresivamente hacia los extremos. Apriete los tornillos con un par de 16,7 libras-pie y repita la secuencia hasta que todos los tornillos estén apretados según las especificaciones.

Motores de 6 cilindros, excepto los diesel

1. Saque los tubos, los cables y el filtro de aire del carburador.
2. Desconecte todos los enlaces del carburador y saque dicho carburador del múltiple.
3. Desconecte el tubo de escape del múltiple y saque las tuercas y arandelas de fijación del múltiple, retirando luego dicho múltiple de la cabeza de cilindros.
4. Separe el múltiple de escape del múltiple de admisión, si resulta necesario, e instale una nueva junta entre ambos antes de proceder a su montaje.

NOTA: No apriete los tres tornillos de fijación hasta que el conjunto del múltiple no haya sido colocado en la cabeza de cilindros.

5. Coloque el múltiple sobre la cabeza de cilindros utilizando una junta nueva, luego monte las arandelas cónicas y triangulares, las tuercas de retención y apriete las tuercas de fijación y los tres tornillos de seguridad de acuerdo a las especificaciones.
6. Fije el tubo de escape en la brida del múltiple de escape.
7. Monte el carburador y coloque todos los tubos, cables y enlaces. Monte el conjunto del filtro de aire.

Múltiple de escape

DESMONTAJE Y MONTAJE

155.9 (2.6 L) 4 cilindros

1. Desconecte la batería.
2. Saque el filtro de aire.
3. Desmonte la correa de la bomba de la dirección asistida.
4. Levante el vehículo y asegúrese de que se apoya debidamente.
5. Saque el tubo de escape del múltiple o del convertidor.
6. Desconecte el conjunto del tubo de inyección de aire que hay en el múltiple de escape, y baje el vehículo.
7. Saque el conjunto de la bomba de la dirección asistida y colóquela a un lado.
8. Saque el sombrerete de calor del múltiple de escape.
9. Saque las tuercas de fijación del múltiple de escape y retire el conjunto del vehículo.
10. Saque el calentador de aire del carburador que se encuentra en el múltiple.
11. Separe el múltiple de escape del catalizador, sacando los tornillos de fijación.
12. El montaje se realiza siguiendo el orden inverso al desmontaje. Utilice una junta nueva entre el múltiple de escape y la parte frontal del catalizador, apretando los tornillos de fijación con un par de 24 libras-pie. Emplee una nueva junta para el múltiple y recubra el costado de la cabeza de cilindros con una fina capa de selladora. Apriete las tuercas centrales del múltiple con un par de 150 libras-pulgada, y después apriete las tuercas exteriores a 150 libras-pulgada.

243 (3.9 L) diesel

NOTA: Consulte la sección «Cabeza de cilindros» para el procedimiento.

Motores V8

1. Desconecte el múltiple de escape de la brida donde se acopla en el tubo de escape.
2. Si el vehículo está equipado con inyector de aire y/o calefactor del aire del carburador, deberá sacarlos.
3. Saque el múltiple de escape previa la retirada de los tornillos de fijación y las arandelas. Para poder acceder a dichos tornillos puede ser necesario levantar un poco el motor de su soporte frontal. Una vez sacado el múltiple de escape, a veces los pernos de fijación y las tuercas pueden aflojarse. En tal caso, deberán volverse a poner los pernos con un poco de compuesto de sellado aplicado en los extremos de rosca más bastos. Si no se hiciera esto, pueden producirse pérdidas de agua por los pernos.
4. Para el montaje, invierta el orden seguido para el desmontaje. En el ramal central del múltiple de escape 318 y 360 no se emplean arandelas cónicas.

Cabeza de cilindros

DESMONTAJE Y MONTAJE

135 (2.2 L) de 4 cilindros

ATENCIÓN

Esta operación no debe realizarse estando el motor caliente. Saque los tornillos de la cabeza aplicando la secuencia inversa a la del montaje. Deberán aflojarse regularmente en varias etapas. No intente deslizar la cabeza de cilindros para sacarla del monobloque. La cabeza debe levantarse verticalmente para sacarla del monobloque.

1. Desconecte el cable negativo de la batería. Descargue el sistema de refrigeración.

2. Saque el conjunto del filtro de aire. Marque los tubos para facilitar su identificación al hacer el montaje.

3. Desconecte todos los tubos, conductos, cables, conexiones, etc. del múltiple, carburador y cabeza de cilindros.

4. Desconecte los enlaces del acelerador. Saque el carburador. Desconecte el convertidor y el tubo de escape. Retire los múltiples de admisión y escape.

5. Saque la parte superior de la caja de sincronización (tapa frontal).

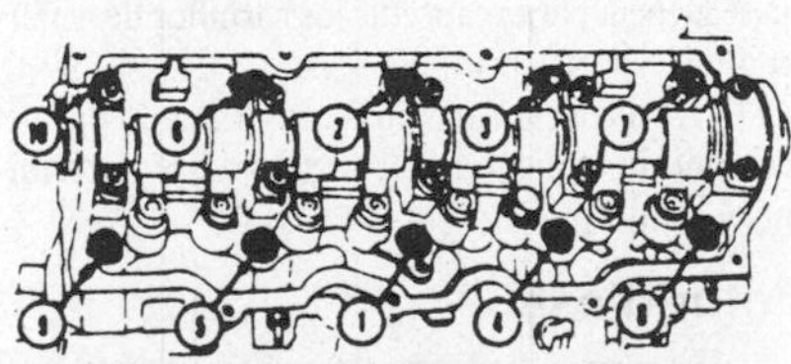

Secuencia de apriete de la cabeza de cilindros del motor 135 (2.2 L). Los modelos que utilizan tornillos de 11 mm requieren un mayor apriete

6. Haga rodar el motor a mano, hasta que todas las marcas de los engranajes de sincronización queden alineadas (con el pistón n.º 1 en el PMS).

7. Afloje el tensor de la correa de transmisión y saque la correa de sincronización del mecanismo del árbol de levas.

8. Si el vehículo tiene aire acondicionado, saque el compresor y los soportes de montaje, apartándolo para que no entorpezca el trabajo. No debe desconectar ninguno de los conductos del sistema, salvo que la instalación haya sido descargada de freón.

9. Saque la tapa de válvulas, juntas y retenes. Saque los tornillos de la cabeza siguiendo el orden inverso al utilizado para su colocación y apriete.

10. Levante la cabeza de cilindros y limpie todas las superficies de junta.

11. El montaje se realiza siguiendo el orden inverso al desmontaje. Para verificar la sincronización del árbol de levas consulte la sección que trata del cambio de la correa de distribución. Asegúrese de que todas las superficies de junta están limpias y que no presentan estrías ni mellas. Siempre debe montar nuevas juntas y retenes. Apriete los tornillos en el orden indicado en la figura. Asegúrese de que todas las marcas de sincronización están alineadas antes de montar la correa. La correa está debidamente tensada cuando resulta posible doblarla 90° con los dedos pulgar e índice colocados a mitad de camino entre las levas y el eje intermedio.

155.9 (2.6 L) 4 cilindros

1. Desconecte la batería y descargue el sistema de refrigeración. Desconecte el tubo superior del radiador.

2. Saque los tubos de respiración y el de purga.

3. Saque el filtro de aire y el tubo de combustible.

4. Saque el tubo de vacío en el distribuidor y descargue la válvula de control. Desmonte la correa del alternador. Saque la bomba de la dirección asistida y el compresor del aire acondicionado con los soportes y tubos fijados al mismo. NO DESCONECTE LOS TUBOS DEL COMPRESOR.

5. Desconecte los cables de las bujías previo su marcado para facilitar el posterior montaje.

6. Haga rodar el motor hasta que el pistón n.º 1 se encuentra en el PMS (punto muerto superior) de su carrera de compresión. Saque la tapa del distribuidor y el distribuidor, desmontando la tuerca de fijación y extrayéndolo de la unidad.

7. Desconecte el tubo del calefactor del múltiple de admisión.

8. Desconecte el cable del termostato del agua.

9. Desconecte los tubos de combustible y tapone el conducto que viene del depósito para evitar que el combustible pueda salir.

10. Saque las tuercas o tornillos de fijación de la bomba de combustible y retire todo el conjunto. Saque el aislante y las juntas.

11. Desconecte el tubo de escape en la brida del múltiple de escape.

12. Saque la tapa de balancines.

13. Saque su respirador y el retén semicircular.

14. Una vez aflojado un poco el tornillo de la rueda de engranaje del árbol de levas, asegúrese de que el pistón n.º 1 se encuentra en el PMS superior de su carrera de compresión (ambas válvulas cerradas).

NOTA: Nunca debe hacer rodar el motor utilizando el tornillo del árbol de levas; ejerce una tensión indebida sobre la cadena y demás elementos.

15. Señale la cadena de distribución y la rueda correspondiente con pintura blanca para que exista una referencia para el montaje. Saque el tornillo de la rueda del árbol de levas y el mecanismo de accionamiento del distribuidor. Saque la rueda dentada del árbol de levas y deje que descanse con la cadena colocada, en el soporte inferior.

16. Saque los tornillos de la cabeza de cilindros en la secuencia indicada. Los tornillos de la cabeza deben aflojarse en dos o tres etapas para evitar que se deforme la cabeza de cilindros.

17. Saque la cabeza de cilindros y su junta.

18. Monte la cabeza de cilindros y empiece a colocar los tornillos sin apretarlos. Una vez colocados, apriete los tornillos numerados del 1 al 10, tan sólo aplicando la secuencia indicada, con un par de 34 libras-pie.

19. Ahora, apriete los mismos tornillos (sólo los números 1-10), en la misma secuencia, con un par de 69 libras-pie. Apriete los tornillos numerados con 11 tan sólo ligeramente.

20. Seguidamente, termine los procedimientos básicos de montaje, utilizando el orden inverso del desmontaje, incluyendo el llenado del sistema de refrigeración. Ponga el motor en marcha y hágalo funcionar hasta que esté caliente. Por último, vuelva a sacar la tapa de levas y apriete los tornillos 1-10, en la debida secuencia, con un par de 75 libras-pie. Finalmente, apriete los tornillos 11 con un par de 156 libras-pulgada.

94 Nm (69 LIBRAS-PIE) MOTOR FRIO
103 Nm (75 LIBRAS-PIE) MOTOR CALIENTE

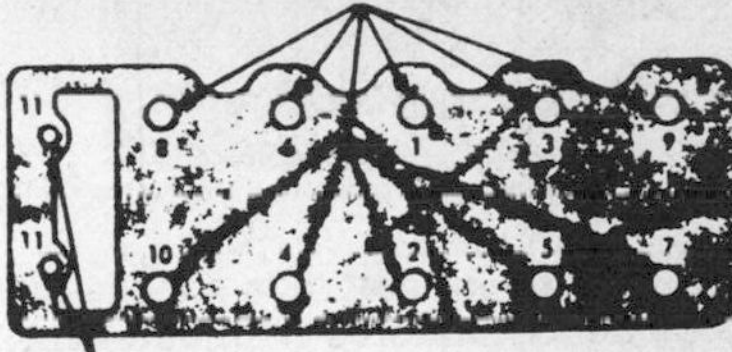

18 Nm (156 libras-pulgada)

Secuencia de apriete de la cabeza de cilindros del motor 155.9 (2.6 L)

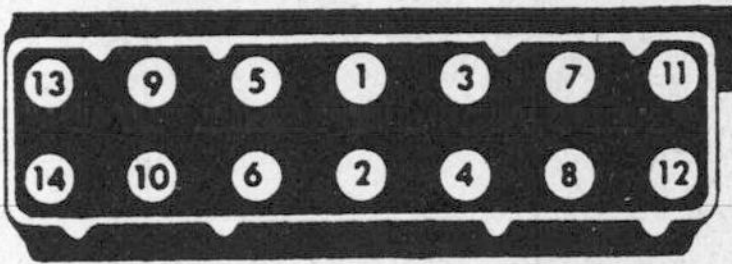

Secuencia de apriete de la cabeza de cilindros del motor de 6 cilindros

Motores de 6 cilindros, salvo diesel

1. Descargue el sistema de refrigeración y desconecte la batería.

2. Saque el filtro de aire y el tubo de combustible del carburador.

3. Desconecte el enlace del acelerador.

4. Saque el tubo de avance por vacío entre el carburador y el distribuidor.

5. Desconecte los cables de las bujías.

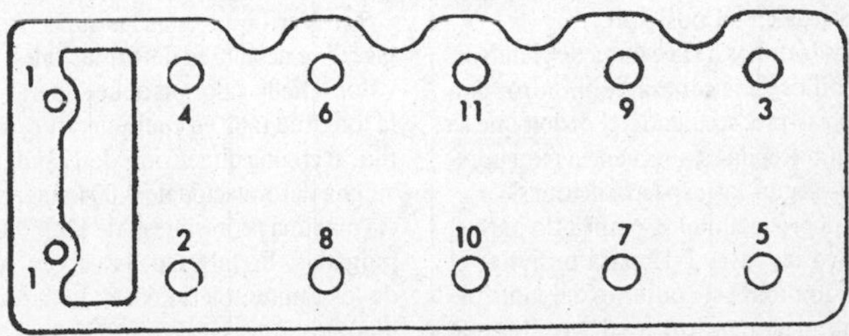

Secuencia para aflojar la cabeza de cilindros

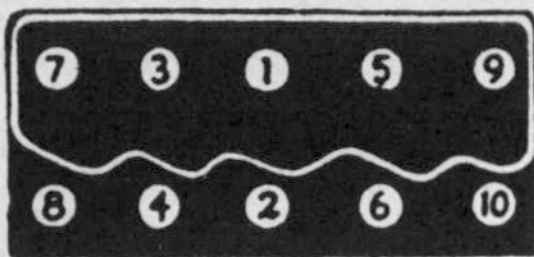

Secuencia de apriete de la cabeza de cilindros de los motores 318, 360-V8

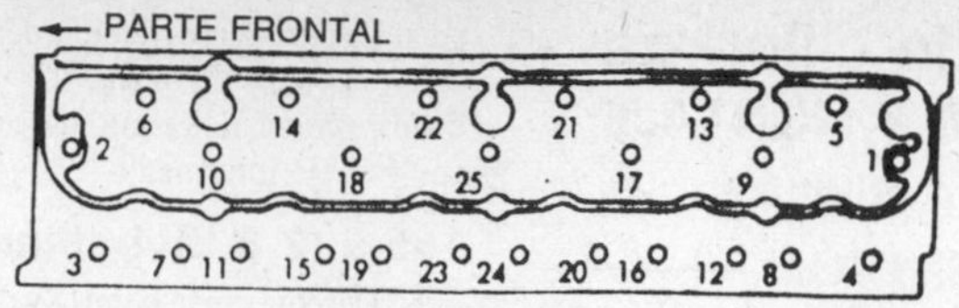

Secuencia para aflojar los tornillos de la cabeza de cilindros del motor diesel

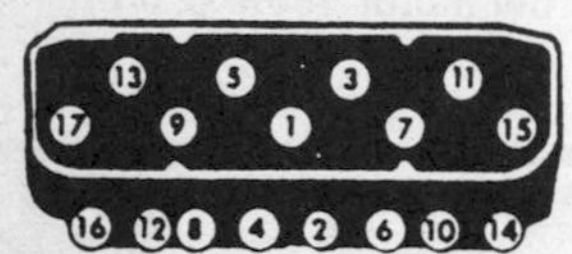

Secuencia de apriete de la cabeza de cilindros de los motores 400, 440-V8

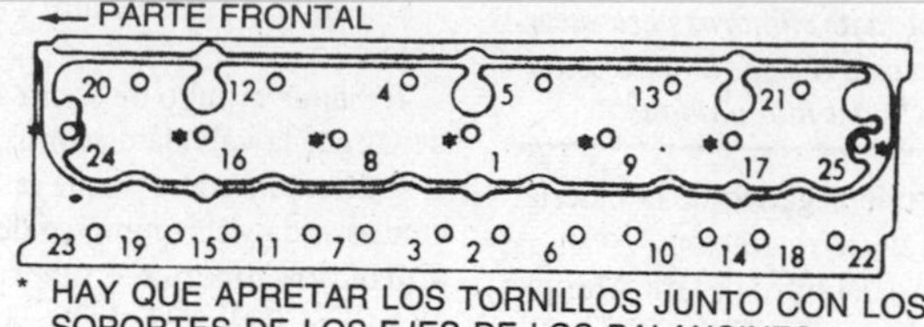

Secuencia de apriete de la cabeza de cilindros del motor diesel

6. Desconecte el tubo calefactor y la brida que fija el conducto de derivación.

7. Desconecte la unidad termostática del agua.

8. Desconecte el tubo de escape de la brida del múltiple de escape. Desconecte el tubo de la válvula diversora (si existe) del múltiple de admisión y saque el conjunto del conducto de aire de la cabeza de cilindros.

9. Saque los múltiples de admisión y escape y el carburador, formando un conjunto.

10. Saque el sistema cerrado de ventilación, el sistema de control de evaporación (si existe) y la tapeta de la válvula.

11. Saque los balancines y el eje como un conjunto.

12. Saque los empujadores y manténgalos ordenados de manera que se puedan volver a montar en el mismo orden.

13. Saque los tornillos de la cabeza y retire la cabeza de cilindros.

14. Limpie todas las superficies de junta del monobloque y cabeza de cilindros, y monte las bujías.

15. Compruebe todas las superficies con una regla. Si se descubre deformación, mida su valor. Dicho valor no debe superar 0.00075 veces la longitud total en cualquiera de los sentidos. Por ejemplo, si una longitud de 12 pulgadas presenta una deformación de 0.004 , el máximo permisible es de $12 \times 0.00075 = 0.009$ pulgadas. En este caso, la cabeza se encuentra dentro de los límites tolerados. Si la deformación supera los límites indicados, o bien deberá sustituir la cabeza de cilindros o rectificar un poco la superficie de la junta de dicha cabeza.

16. Recubra con selladora la nueva junta de la cabeza de cilindros, colocando luego la junta y la cabeza de cilindros en su posición.

17. Monte los tornillos de la cabeza de cilindros. Apriete los tornillos de la cabeza de cilindros con un par de 50 libras-pie, siguiendo el orden que se indica en la figura. Repita esta secuencia para apretar los tornillos según las especificaciones.

18. Invierta el procedimiento empleado para el desmontaje. Siga las fases 1-12 para terminar el montaje. Cuando monte el conjunto del múltiple de escape y de admisión, afloje los 3 tornillos que fijan el múltiple de admisión al de escape, a fin de conseguir la correcta alineación. Después del montaje, apriete los tres tornillos en este orden: tornillo interior, tornillos exteriores. Para conocer la secuencia adecuada de apriete, consulte la sección que trata del múltiple, en este capítulo. Compruebe el ajuste de las válvulas.

V8

1. Descargue el sistema de refrigeración y desconecte el cable de masa de la batería.

2. Saque el alternador, el filtro de aire y el conducto de combustible.

3. Desconecte el enlace del acelerador.

4. Saque el tubo de avance de vacío que está entre el carburador y el distribuidor.

5. Saque la tapa del distribuidor junto con los cables.

6. Desconecte los cables de la bobina, la unidad termostática del agua, tubos del calefactor y el de derivación.

7. Saque el sistema cerrado de ventilación, el sistema de control de evaporación (si existe) y las tapas de válvulas.

8. Saque el múltiple de admisión, bobina de encendido y carburador en su conjunto.

9. Saque los múltiples de escape.

10. Saque los conjuntos de balancines y eje.

11. Saque los empujadores y manténgalos en el mismo orden que se retiran para poder volver a montarlos en sus posiciones originales.

12. Saque los tornillos de cada cabeza de cilindros y retire dichas cabezas.

13. Limpie todas las superficies de juntas del monobloque y las cabezas de cilindros. Monte las bujías.

14. Verifique todas las superficies con una regla. Si se descubren deformaciones, compruebe su valor. Dicho valor no debe superar 0.00075 veces la longitud total en cualquier dirección. Por ejemplo, si en una dimensión de 12 pulgadas se observa una deformación de 0.004 pulgadas, la diferencia máxima permisible es de $12 \times 0.00075 = 0.009$ pulgadas. En tal caso, la cabeza se halla dentro de los límites tolerados. Si la deformación excediera los límites indicados, deberá cambiar la cabeza o rectificar un poco la superficie de junta.

15. Recubra las nuevas juntas de la cabeza del cilindro con selladora, monte las juntas y coloque luego las cabezas de cilindros.

16. Monte los tornillos de la cabeza de cilindros. Apriete dichos tornillos con un par de 50 libras-pie en la secuencia indicada. Repita la misma secuencia para reapretar los tornillos de acuerdo a las especificaciones.

17. Invierta el procedimiento utilizado para el desmontaje, aplicando las fases 1-12 para terminar el montaje.

Motor diesel

1. Descargue el sistema de refrigeración.

2. Desconecte el cable negativo de la batería.

3. Saque el filtro de aire.

4. Desconecte los tubos del filtro de combustible en las bombas de transferencia y de inyección. Descargue el filtro y retírelo del múltiple.

5. Saque las tuercas del múltiple y las de fijación del soporte de montaje del filtro de aire.

6. Desconecte los tubos de inyección de los cilindros 3 y 6, que se encuentran en la bomba de inyección.

7. Saque el múltiple de admisión y las juntas de la cabeza.

8. Retire a un lado el protector del múltiple de escape.

9. Saque el tubo del calefactor y de derivación.

10. Saque la carcasa del termostato y el tubo superior del radiador del múltiple de agua. Saque la junta del atomizador.

11. Desconecte el cable de la unidad termostática.

12. Saque los soportes de montura del conducto de combustible de la cabeza de cilindro y desplace los tubos de combustible a un lado.

13. Saque los tres puentes del múltiple de escape.

14. Saque el múltiple de agua y la junta de la cabeza de cilindros.

15. Levante el vehículo y apóyelo sobre soportes.

16. Desconecte el tubo de escape del correspondiente múltiple.

17. Baje el vehículo. Saque el múltiple de escape, el protector del calor y la junta.

18. Desconecte y saque el cable de la conexión de la bujía de incandescencia.

19. Saque los tubos de inyección de la bomba de inyección.

20. Desconecte el tubo de inyección de combustible de la cabeza. Saque el soporte y la tira de toma de masa.

21. Desconecte el soporte del alternador y accesorios de elevación del motor. Empújelos a un lado.

22. Saque la tapa y la junta de la cabeza de cilindros.

23. Afloje y saque los tornillos de la cabeza de cilindros, aplicando la secuencia indicada.

24. Levante el brazo de balancines y su eje, conjuntamente.

25. Saque los empujadores, manteniéndolos en orden. Los empujadores TIENEN que montarse en su posición original.

26. Saque los tubos del inyector, sus soportes y los inyectores.

27. Desconecte y saque la conexión de la bujía de incandescencia.

28. Saque las seis bujías de incandescencia de la cabeza de cilindros.

29. Saque la cabeza de cilindros. Verifique si hay señales de grietas, daños o evidencia de fugas de agua. Limpie la cabeza de cilindros para eliminar todo el aceite, la grasa, incrustaciones, selladora o carbonilla. Limpie completamente las superficies de junta. También, debe comprobar si el chorro de la cámara de combustión presenta fisuras o fusión. Si el chorro está agrietado o fundido, extráigalo con ayuda de un empujador introducido por el agujero de la bujía de incandescencia. Inspeccione la superficie de la cabeza de cilindros con una regla. La falta de planitud no debe exceder a 0.010 pulgadas. En caso contrario, debe rectificarse la superficie para conseguir que la planitud de la cabeza de cilindros sea superior a 0.006 pulgada.

30. Monte las bujías de incandescencia en la cabeza y apriételas a fondo.

31. Monte la conexión de las bujías de incandescencia. Asegúrese de que las conexiones están en buen estado.

32. Monte los inyectores, tubos de inyección y soportes en la cabeza. Apriete las tuercas de fijación del soporte del inyector con un par de 37 libras-pie.

33. Cubra ligeramente la nueva junta con selladora. Coloque la junta sobre el bloque y luego monte la cabeza de cilindros en sus clavijas.

34. Coloque los tornillos de la cabeza de cilindros y apriételos a 90,4 libras-pie en el orden indicado en el dibujo. No monte los tornillos que fijan el conjunto del eje de balancines.

35. Monte los empujadores en sus posiciones originales.

36. Monte el conjunto de balancines y el eje. Apriete los tornillos de fijación igual como los de la cabeza de cilindros, es decir, a 90.4 libras-pie.

37. Ajuste la tolerancia de válvula a 0.012 pulgadas del punto muerto superior de cada carrera de compresión.

38. Monte la tapa y la junta de la cabeza de cilindros.

39. Monte el soporte del alternador y el accesorio para la elevación del motor.

40. Conecte los tubos de combustible a la bomba de inyección (salvo los n.º 3 y 6). Monte el soporte y la tira de toma de masa.

41. Monte el tubo de combustible a la bomba de transferencia.

42. Monte el múltiple de escape y el conjunto del protector de calor, utilizando una junta nueva.

43. Levante el vehículo y apóyelo con seguridad. Fije el tubo de escape al múltiple correspondiente.

44. Baje el vehículo y monte el múltiple de agua en la cabeza, utilizando una junta nueva.

45. Monte los tres puentes del múltiple de escape.

46. Monte los tubos de combustible en los soportes.

47. Conecte el cable de la unidad termostática.

48. Utilizando una junta nueva, monte la caja del termostato. Fije el tubo superior del radiador a la caja del termostato.

49. Monte el tubo de derivación y del calefactor.

50. Monte la protección del calor del múltiple de escape y dicho múltiple.

51. Utilizando una nueva junta y protector de aspersión, monte el múltiple de admisión de aire.

52. Conecte los tubos de inyección de los cilindros 3 y 6 a la bomba de inyección.

53. Monte el filtro de combustible detrás del múltiple.

54. Conecte los tubos de combustible.

55. Monte el soporte del filtro de aire y luego coloque dicho filtro.

56. Llene el sistema de refrigeración y conecte los cables de la batería.

Balancines y ejes

DESMONTAJE Y MONTAJE

135 (2.2 L) 4 cilindros

ATENCIÓN

Cuando apriete el muelle de la válvula con la herramienta Chrysler 4682, o equivalente, pueden alterarse los cierres de las válvulas. Compruebe y asegúrese de que ambos cierres están bien asentados en las ranuras y retenciones de las válvulas.

1. Saque la tapa de válvulas.

2. Haga rodar el árbol de levas hasta que la base del lóbulo se encuentre sobre el balancín que deba ser desmontado.

3. Apriete ligeramente el muelle de la válvula, utilizando la herramienta Chrysler 4682 o equivalente. Deslice el balancín fuera del ajustador y punta de válvula, y luego sáquelo. Ponga etiquetas en los balancines para identificar su posición. Pase al siguiente balancín y repita las etapas 2 y 3.

4. Monte siguiendo el orden inverso al indicado para el desmontaje. Verifiquc las chavetas de las válvulas para asegurarse de que no están deformadas.

155.9 (2.6 L) 4 cilindros

1. Rote el motor hasta que el pistón n.º 1 se encuentra en el PMS (punto muerto superior) de la carrera de compresión. Saque la tapa del distribuidor y confirme que la punta del rotor queda dirigida hacia el lugar donde se encuentra el cable de la bujía n.º 1. Desconecte el cable negativo de la batería. Saque el distribuidor.

2. Saque la tapa de la bomba de agua (protección superior) y la tapa de válvulas.

3. Confirme que el pistón n.º 1 se encuentra en el PMS de la carrera de compresión. Utilice pintura blanca para marcar la posición de la cadena de sincronización con respecto a la marca de la rueda dentada del árbol de levas.

4. Saque el tornillo de la rueda dentada del árbol de levas, el mecanismo de accionamiento del distribuidor y la rueda dentada junto con la cadena colocada. Asegure la rueda dentada y la cadena en el soporte.

5. Afloje los tornillos del soporte de cojinetes del árbol de levas y del conjunto de los balancines. Empiece por los extremos y vaya hacia adentro. No saque los tornillos de retención. Una vez aflojados todos los tornillos, levante el conjunto de la cabeza de cilindros.

6. Saque los tornillos de las tapetas de cojinetes del árbol de levas y luego saque balancines y ejes. Mantenga todas las piezas ordenadas. Observe la manera como están montados los ejes y balancines, los muelles y las arandelas; el eje izquierdo tiene 12 agujeros de aceite dirigidos hacia abajo. El eje derecho tiene 4 agujeros de aceite dirigidos hacia abajo.

7. Lubrique todas las piezas y efectúe el montaje siguiendo el orden inverso. Fije los ejes montados en su debida posición con ayuda de los tornillos de fijación a través de las tapetas de los cojinetes y móntelos sobre la cabeza de cilindros.

6 cilindros (salvo diesel)

El eje de balancines tiene 12 balancines rectos de acero colocados con separadores del mismo material endurecido entre cada par de balancines. El

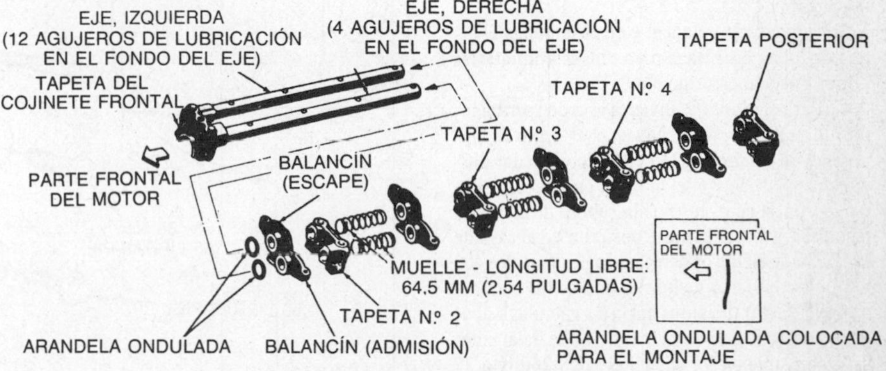

Motor 155.9 (2.6 L) - grupo de balancín y eje

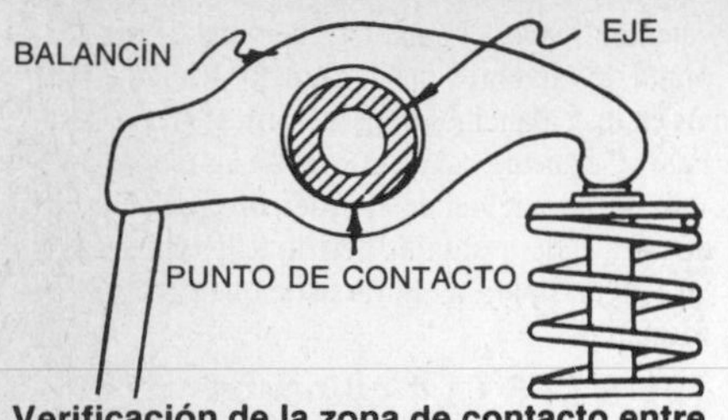

Verificación de la zona de contacto entre el balancín y el eje

eje se fija mediante tornillos y retenes de acero que están fijados a los siete soportes de la cabeza de cilindros. Para sacar balancín y eje:

1. Saque el sistema de ventilación cerrado.
2. Saque el sistema de control de la evaporación (si existe).
3. Saque la tapa de válvulas y la junta.
4. Saque los tornillos de los balancines y los retenes.
5. Saque el balancín y el conjunto del eje.
6. Para el montaje, invierta el orden antes indicado. El agujero de aceite en el extremo del eje debe quedar en la parte superior y estar dirigido hacia la parte frontal del motor a fin de que los balancines dispongan de la lubricación adecuada. El tornillo especial va hacia atrás.
7. Apriete los tornillos con un par de 25 libras-pie.
8. Provisionalmente, coloque el vástago levantaválvulas de admisión a 0.015 pulgadas y el de escape a 0.025 pulgadas.
9. Haga funcionar el motor a 550 rpm hasta que alcance la temperatura normal de funcionamiento, y luego ajuste las válvulas.

V8

Los balancines estampados de acero están dispuestos en un eje de balancines para cada cabeza de cilindros del motor. Dado que el ángulo de los empujadores tiende a obligar a los pares de balancines entre sí, se han colocado separadores de oilite para absorber el empuje lateral de cada balancín. El eje está fijado con tornillos y retenes de acero unido a los soportes de la cabeza de cilindros. Para sacar el balancín y el eje de cada cabeza de cilindros:

1. Desconecte los cables de las bujías.
2. Desconecte el sistema de ventilación cerrado y el sistema de control de evaporación (si lo lleva) de la tapa de válvulas.
3. Saque cada tapa de válvulas y junta.
4. Saque los tornillos y retenes del eje de balancines.
5. Saque cada balancín y eje. Mantenga el orden de todas las piezas para volver a montarlas en sus posiciones originales.
6. Para el montaje, invierta el orden arriba indicado. La muesca que hay en el extremo de ambos ejes de balancines 318 y 360 debe quedar dirigida hacia al centro del motor y en dirección a la parte frontal en el caso de la cabeza de cilindros izquierda, y hacia la parte posterior en el caso de la cabeza de cilindros derecha. En los modelos 400 y 440, los agujeros de lubricación de los balancines deben estar dirigidos hacia las válvulas y abajo. Apriete los tornillos de los ejes de balancines a 17 libras-pie en los modelos 318 y 360, y a 25 libras-pie en los demás.

Motor diesel

1. Saque la tapa de válvulas y la junta.
2. Saque los soportes de los inyectores y las bujías de incandescencia.
3. Saque los tornillos de retención del eje de balancines.
4. Saque el balancín y el conjunto del eje. Mantenga todas las piezas en orden para volver a montarlas en sus posiciones originales.
5. Para el montaje, coloque el conjunto del balancín y el eje de modo que el soporte con el agujero de aceite quede hacia la parte frontal del motor.
6. Monte los tornillos de fijación del eje de balancines y apriételos con un par de 90.4 libras-pie.
7. Monte los soportes de los inyectores y las bujías de incandescencia.
8. Monte y apriete los tubos de inyección. Apriete las tuercas de fijación de los soportes de inyectores con un par comprendido entre 43.3 y 57.9 libras-pie.
9. Ajuste las válvulas.

Retén del vástago de la válvula

CAMBIO

Si se descubre que los retenes de los vástagos de las válvulas son la causa de un consumo excesivo de aceite, pueden cambiarse sin necesidad de sacar las cabezas de cilindros.

1. Saque el filtro de aire.
2. Saque las tapas de los balancines y las bujías.
3. Desconecte el cable de la bobina que se encuentra en el distribuidor.
4. Haga rodar el motor de modo que el cilindro nº 1 quede en el punto muerto superior de la carrera de compresión. Las dos válvulas del cilindro nº 1 deben estar completamente cerradas y la marca PMS debe coincidir con la señal que hay en el amortiguador del cigüeñal. La punta del rotor debe quedar señalando hacia el cable correspondiente a la bujía nº 1.
5. Saque el eje de balancines y monte un eje provisional para que sirva para el compresor del muelle.
6. Aplique aire a la presión de 90 a 100 psi al cilindro nº 1, utilizando un adaptador para conectar el tubo de aire al agujero de la bujía.
7. Utilice un compresor de muelles de válvula para comprimir el muelle de la válvula del cilindro nº 1 y saque los cierres de seguridad y el muelle. Saque los retenes viejos.
8. Monte un protector en forma de copa en el vástago de la válvula de escape. La posición se hace hacia abajo contra la guía de válvulas.
9. Empuje el retén del vástago de la válvula de

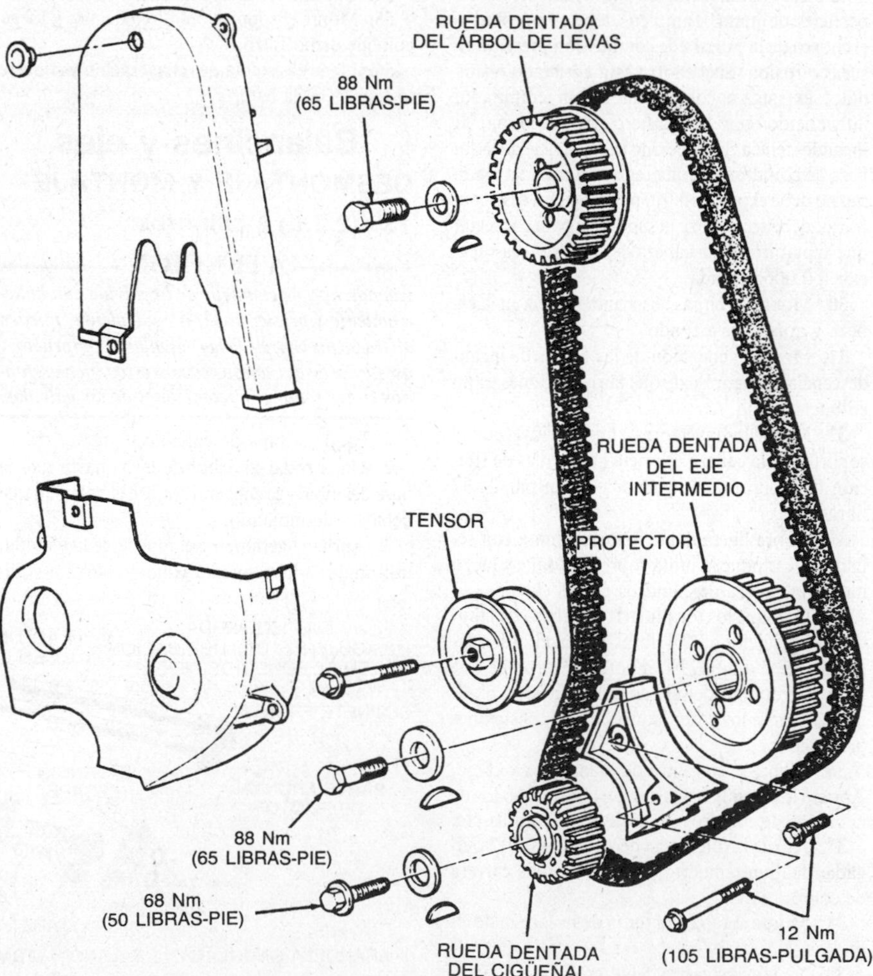

Correa de distribución y componentes - motor 135 (2.2 L)

admisión, firme y de manera escuadrada sobre la guía de válvulas.

10. Comprima el muelle de la válvula tan sólo lo que sea necesario para montar el cierre.

11. Debe repetir la misma operación para cada cilindro sucesivo, en el orden de encendido, asegurándose de que el cigüeñal se encuentra exactamente en el PMS para cada cilindro.

12. Vuelva a colocar los balancines, tapetas, bujías y cable de la bobina.

Tapa, correa y ruedas de sincronización

DESMONTAJE Y MONTAJE

135 (2,2 L) 4 cilindros

TAPA DE LA SINCRONIZACIÓN

1. Afloje el tornillo de fijación del alternador y también el de ajuste. Saque la correa de accionamiento.

2. Saque el tornillo de fijación de la bomba de la dirección asistida. Saque el tornillo pivote y la tuerca. Saque la correa. Saque la bomba de la dirección asistida y el soporte de montaje. No es necesario desconectar los tubos; ponga la bomba en un lugar que no impida las demás operaciones.

3. Afloje y saque los tornillos de fijación de la polea de la bomba de agua y retire dicha polea.

4. Desde la parte inferior del vehículo saque el guardabarros interior derecho.

5. Saque la polea del cigüeñal.

6. La parte superior de la tapa de sincronización está fijada con tuercas, la parte inferior está fijada con tornillos. Saque las fijaciones y las dos mitades de la tapa de sincronización.

7. Para el montaje invierta el orden empleado para el desmontaje.

Correa de sincronización

1. Siga las etapas 1 a 6 para el desmontaje y montaje de la tapa de sincronización.

2. Coloque un gato hidráulico debajo del motor, utilizando un pedazo de madera para que el gato no toque directamente al motor.

3. Saque el tornillo derecho de la montura del motor y levante un poco el motor. Asegúrese de que el motor queda bien apoyado.

4. Afloje el tensor de la correa y saque dicha correa de sincronización.

5. Haga rotar el cigüeñal hasta que la marca que hay en la rueda dentada se encuentra aproximadamente a las dos horas del reloj. Rote la rueda dentada intermedia hasta que la marca quede a las ocho del reloj. Alinee las marcas del cigüeñal y la rueda dentada intermedia.

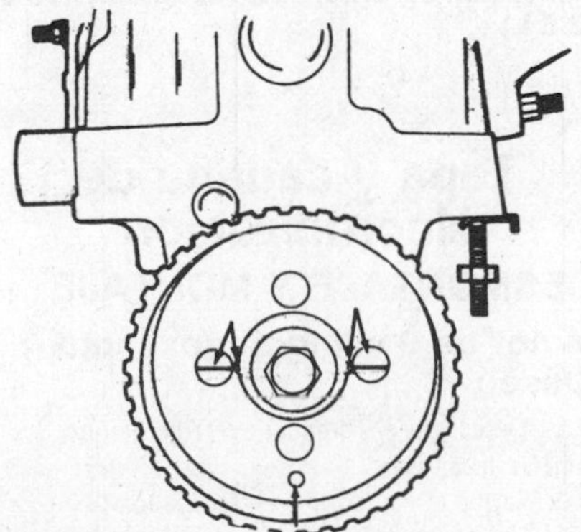

Sincronización del árbol de levas - Motor 135 (2.2 L)

6. Haga rotar el árbol de levas hasta que las flechas del cubo se queden alineadas con los puntos planos que hay en la tapeta de fijación del árbol de levas (n.º 1). El pequeño agujero de la rueda dentada del árbol de levas debe quedar en la parte superior y en la vertical del centro del motor.

7. Monte la correa de sincronización. Ajuste y apriete el tensor de la correa.

8. Ajuste el tensor haciendo rotar la gran tuerca hexagonal hacia la derecha. La tensión será correcta cuando la correa pueda girarse 90° con ayuda de los dedos pulgar e índice situados a mitad de camino entre el árbol de levas y la rueda dentada intermedia.

9. Acabe el montaje de la correa, aplicando las mismas fases del desmontaje, pero en orden invertido.

NOTA: Una vez colocado el tensor de la correa, dé un par de vueltas completas al motor y vuelva a comprobar la correcta alineación de la sincronización.

Ruedas de sincronización

Las ruedas del árbol de levas, eje intermedio y del cigüeñal llevan las correspondientes chavetas en sus ejes, y cada una de ellas queda fijada mediante un tornillo. Para sacar alguna o todas las poleas, primero saque la tapa de la correa de distribución y la correa, luego aplique los siguientes procedimientos.

NOTA: Cuando saque la polea del cigüeñal, no retire los cuatro tornillos de cabeza hueca que fijan la polea de la correa externa a la polea de sincronización.

1. Saque el tornillo central.

2. Apalanque con cuidado la polea para sacarla del eje.

3. Si la polea se resiste, utilice un extractor. No debe golpear con el martillo la polea.

4. Saque polea y chaveta.

5. El montaje de la polea se realiza en orden inverso a su desmontaje.

6. Apriete el tornillo central con un par de 58 libras-pie.

7. Monte la correa de sincronización, compruebe la puesta a punto de las válvulas, la tensión de la correa y coloque la tapa.

Cadena de distribución, tapa «ejes silenciosos» y tensor

DESMONTAJE Y MONTAJE

155.9 (2.6 L) 4 cilindros

1. Lleve el pistón n.º 1 del motor en la posición PMS (punto muerto superior) de su carrera de compresión.

2. Desconecte el cable negativo de la batería. Saque el conjunto del filtro de aire.

3. Saque la correa de transmisión del alternador. Desconecte los cables de las bujías y quite los cables de los soportes. Retire el distribuidor con la tapa y los cables unidos.

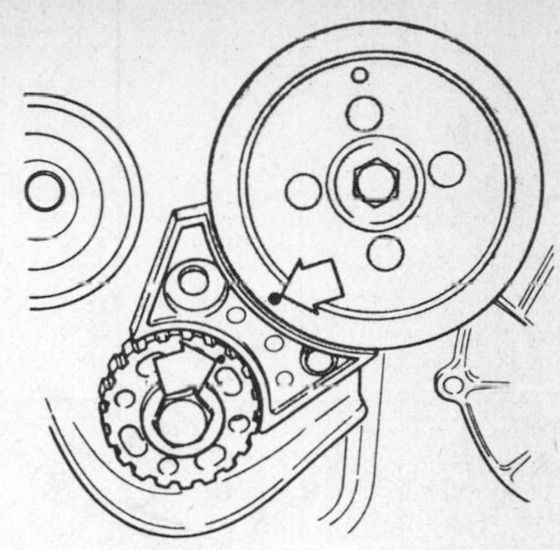

Alineación para la sincronización entre el cigüeñal y el eje intermedio - motor 135 (2,2 L)

4. Saque la correa de accionamiento del compresor del aire acondicionado. Retire el compresor y los soportes de fijación, con los tubos conectados, y colóquelos apartados de la zona de trabajo.

5. Saque la correa de accionamiento de la dirección asistida. Saque la bomba de la dirección asistida y los soportes, con los tubos conectados, y colóquelos fuera de la zona de trabajo.

6. Levante la parte frontal del vehículo y apóyela sobre soportes.

7. Saque el guardabarros interior derecho de la parte frontal. Descargue el aceite del motor. Saque la polea del cigüeñal.

8. Coloque un gato hidráulico debajo del motor, interponiendo un pedazo de madera entre el gato y el punto de aplicación.

9. Levante el gato hasta que entre en contacto con el motor. Aligere la presión accionando un poco el gato hidráulico y saque el tornillo central de la bancada derecha del motor.

10. Saque la varilla de nivel de aceite del motor. Desconecte todos los tubos de vacío que pasen a través de la tapa de válvulas. Saque la tapa de válvulas.

11. Saque los dos tornillos delanteros de la cabeza de cilindros con la tapa de la caja de sincronización (los tornillos que hay delante de la rueda dentada del árbol de levas) NO AFLOJE NINGÚN OTRO TORNILLO DE LA CABEZA DE CILINDROS.

12. Saque los tornillos de fijación del cárter de aceite y baje dicho cárter. Desmonte el indicador de sincronización y la placa de montaje del motor que hay en la tapa de la caja de la cadena de sincronización. Saque los tornillos restantes que fijan la tapa de la cadena y luego retire dicha tapa.

13. Saque las tres guías de la cadena de accionamiento de los ejes «sin ruido». Retire los tornillos de fijación del eje «sin ruido» izquierdo y de la rueda de accionamiento de la bomba de aceite del costado derecho.

14. Saque la cadena de accionamiento del eje «sin ruido», la rueda dentada del cigüeñal y las ruedas dentadas del eje «sin ruido».

15. Saque el tornillo de fijación de la rueda dentada al árbol de levas. Saque el mecanismo de accionamiento del distribuidor. Saque el soporte de la rueda dentada y las guías de cadena derecha e izquierda.

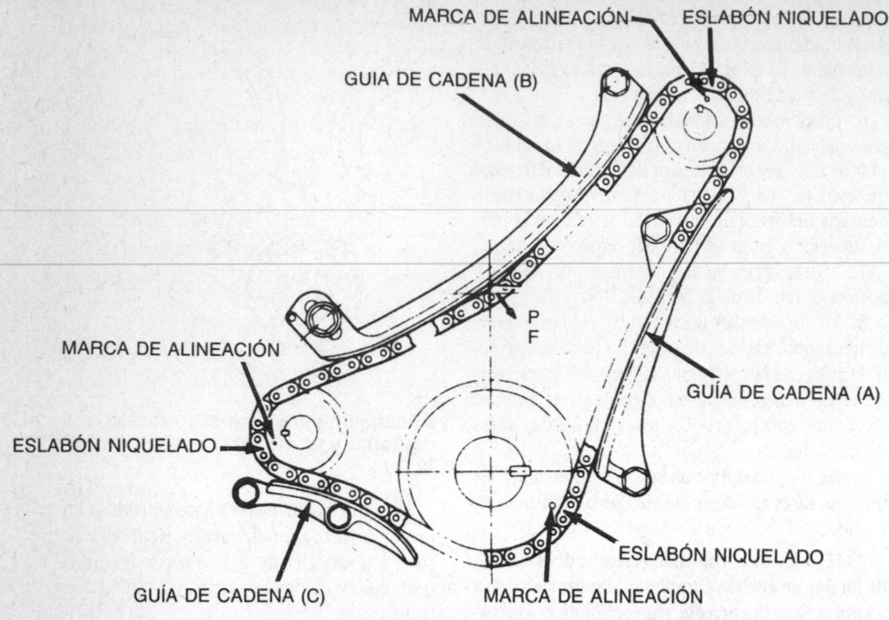

Marcas de alineación para la sincronización en el sistema de equilibrado «ejes silenciosos» - motor 155.9 (2.6 L)

16. Apriete el tensor de la cadena de sincronización y saque dicha cadena, así como las ruedas dentadas del árbol de levas y del cigüeñal. Saque el tensor, el muelle y la arandela de la bomba de lubricación.

17. Si los ejes «sin ruido» precisan mantenimiento, saque la placa de empuje o los tornillos de retención de la bomba, sacando la placa o la bomba y el eje.

18. Limpie todas las piezas, especialmente las superficies que llevan juntas. Verifique todas las piezas para ver si presentan grietas, daños o desgaste. Sustituya las piezas en mal estado.

19. Monte el eje «sin ruido» de la izquierda y la placa de empuje junto con una nueva junta tórica. Los tornillos se aprietan con un par de 71 libras-pulgada.

20. Monte el eje «sin ruido» de la derecha, cebe la bomba de lubricación con aceite nuevo y móntela. Los tornillos se aprietan con un par de 71 libras-pulgada.

21. Compruebe que el pistón n.º 1 se encuentre en el PMS de la carrera de compresión (chaveta aproximadamente situada a las tres horas del reloj). Asegúrese de que el agujero del pasador de la parte frontal del árbol de levas se encuentra en posición vertical, o a las 12.

22. Monte el soporte de la rueda dentada del árbol de levas. Monte las guías de cadena derecha e izquierda. Monte el muelle del tensor, la arandela y la zapata del cuerpo de la bomba de lubricación.

23. Coloque las ruedas dentadas del cigüeñal y del árbol de levas en la cadena de sincronización, con las marcas alineadas. Las ruedas del cigüeñal y del árbol de levas tienen una marca de punzón en uno de los dientes. La cadena de sincronización lleva dos eslabones niquelados. El diente marcado de cada rueda debe encontrarse en el eslabón niquelado.

24. Utilizando ambas manos, levante las ruedas dentadas y la cadena con las marcas debidamente alineadas, deslice las ruedas en sus respectivos ejes, con el agujero para el pasador y la chaveta en posiciones adecuadas. Compruebe las señales de las ruedas para ver si coinciden con los eslabones niquelados.

25. Monte el pasador, el mecanismo de accionamiento del distribuidor y el tornillo de la rueda dentada en el árbol de levas. Apriete el tornillo con un par de 40 libras-pie.

26. Monte en el cigüeñal la rueda de accionamiento de la cadena del eje «sin ruido».

27. Monte las ruedas dentadas de la bomba de lubricación y del eje «sin ruido», procurando que las marcas de punzón que hay en uno de los dientes coincida con los eslabones niquelados de la cadena de sincronización.

28. Sostenga las ruedas dentadas y la cadena con ambas manos, levántelas y alinee el eslabón niquelado restante con el diente que lleva la marca de punzón de la rueda del cigüeñal.

29. Monte el eslabón niquelado sobre el diente marcado de la rueda del cigüeñal. Monte el eje «sin ruido» y la rueda de la bomba, de manera que los eslabones niquelados y los dientes marcados queden alineados.

30. Apriete los tornillos de la bomba de lubricación y del eje «sin ruido» con un par de 25 libras-pie.

31. Monte las guías de la cadena del eje «sin ruido». No apriete todavía los tornillos de fijación.

32. Después de haber montado las guías, sin apretarlas, apriete los tornillos de fijación de la guía de cadena A.

33. Apriete los tornillos de fijación de la guía de cadena C. Mueva la cadena en todas las ruedas dentadas para asegurar un perfecto ajuste. Asegúrese de que el seno de la cadena queda en el punto (P) tal como aparece en la figura.

34. Ajuste la guía de cadena B de manera que el seno sea empujado en la dirección de la flecha F, tal como se indica en la figura. La tolerancia entre la guía de cadena y los eslabones, debe ser del orden de 0,04 a 0.14 pulgadas. Apriete los tornillos de fijación de la guía de cadena B.

35. Coloque nuevas juntas en la tapa de la cadena. Retoque las juntas lo que sea preciso para que ajusten en la parte superior e inferior. Recubra las juntas con selladora y monte la tapa de la caja.

36. El montaje se realiza, a partir de este punto, invirtiendo el orden indicado para el desmontaje.

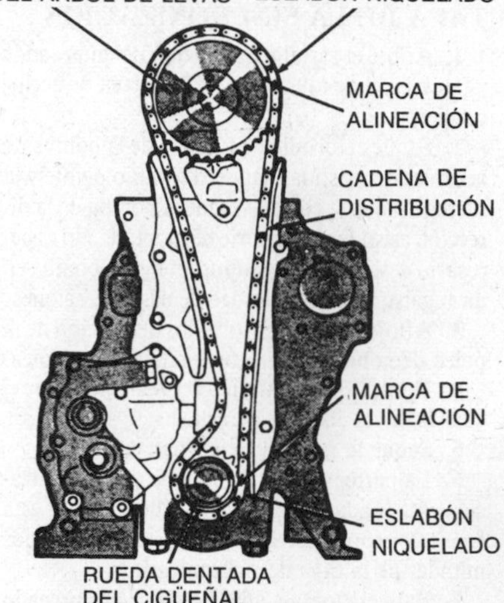

Alineación de los engranajes y la cadena de distribución - motor 155,9 (2.6 L)

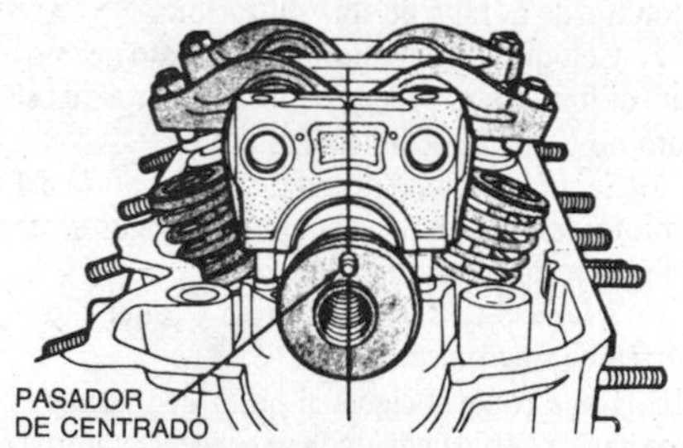

Alineación del árbol de levas - motor 155.9 (2.6 L)

Tapa y cadena de sincronización

DESMONTAJE Y MONTAJE

Motor de 6 cilindros (excepto diesel)

1. Descargue el sistema de refrigeración y desconecte la batería.
2. Saque el radiador y el ventilador.
3. Con un extractor, saque el amortiguador de vibraciones.
4. Afloje los tornillos del cárter de aceite a fin

de tener más acceso, y luego saque la tapa y la junta de la caja de sincronización.

5. Deslice el anillo de lubricación del cigüeñal para alejarlo de la parte frontal de dicho cigüeñal.

6. Saque el tornillo de la rueda dentada del árbol de levas.

7. Saque la cadena de sincronización junto con la rueda dentada del árbol de levas.

8. Para el montaje: haga rotar el cigüeñal para alinear la marca de sincronización de la rueda dentada del cigüeñal con el centro del árbol de levas (sin la cadena).

9. Monte la rueda dentada del árbol de levas y la cadena. Alinee las marcas de sincronización.

10. Apriete el tornillo de la rueda dentada del árbol de levas a 35 libras-pie.

11. Vuelva a colocar el anillo de lubricación.

12. Coloque la tapa de la caja de sincronización con una junta nueva y apriete los tornillos con un par de 17 libras-pie. Vuelva a apretar los tornillos del cárter de aceite del motor con un par de 17 libras-pie.

13. Coloque nuevamente el amortiguador de vibraciones.

14. Vuelva a colocar el radiador y los tubos.

15. Llene el sistema de refrigeración.

Motores V8

1. Desconecte la batería y descargue el sistema de refrigeración. Saque el radiador.

2. Saque la polea amortiguadora de vibraciones. Destornille y saque el amortiguador de vibraciones con un extractor. En los motores 318 y 360 saque los conductos de combustible y la bomba de alimentación, luego afloje los tornillos del cárter de aceite y saque el tornillo delantero de cada costado.

3. Quite la tapa del engranaje de sincronización y el anillo de lubricación del cigüeñal.

4. En los motores 318 y 360, sacar el tornillo de bloqueo de la rueda dentada del árbol de levas, la arandela cónica de seguridad y el excéntrico de la bomba de combustible. Saque la cadena de sincronización con ambas ruedas dentadas.

5. Para empezar el montaje, coloque las ruedas dentadas del árbol de levas y del cigüeñal sobre una superficie plana, de manera que los indicadores de sincronización queden situados en una línea media imaginaria, que pasa por los centros de los agujeros de las ruedas. Coloque la cadena de sincronización alrededor de ambas ruedas dentadas. Asegúrese de que las marcas de sincronización siguen alineadas.

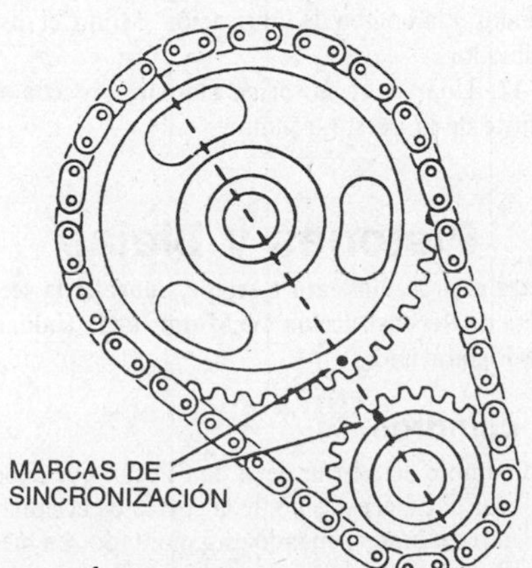

Alineación de las marcas de sincronización - motor de 6 cilindros

ATENCIÓN

Al montar la cadena de sincronización, haga que un ayudante sostenga el árbol de levas con una herramienta adecuada a fin de evitar que entre en contacto con el tapón que hay detrás del monobloque. Saque el distribuidor y el mecanismo de accionamiento de la bomba de lubricación y el distribuidor. Coloque la herramienta adecuada contra el costado posterior del engranaje de levas procurando no dañar los lóbulos de las mismas.

6. Haga rotar el cigüeñal y el árbol de levas para alinearlo con las posiciones del chavetero que hay en la rueda dentada del cigüeñal y el chavetero o agujero de pasador de la rueda dentada del árbol de levas.

7. Levante las ruedas dentadas y cadena de sincronización al tiempo que mantiene las ruedas dentadas apretadas contra la cadena, en sus correctas posiciones. Deslice ambas ruedas, regularmente, sobre sus correspondientes ejes.

8. Utilice una regla para comprobar la alineación de las marcas de sincronización de las ruedas. Deben quedar perfectamente alineadas.

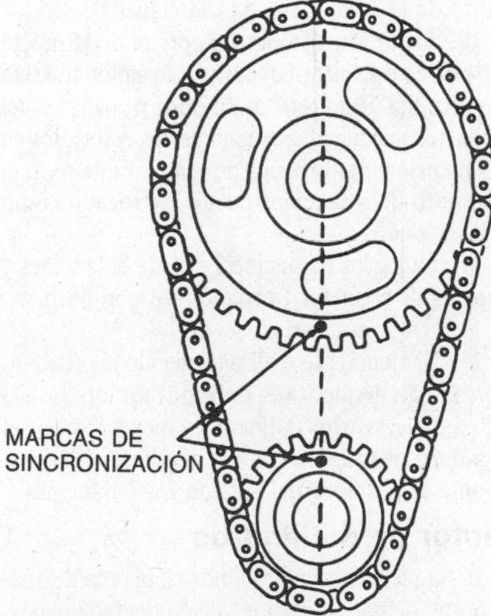

Alineación de las marcas de sincronización - motor V8

9. En los motores 318 y 360, monte el excéntrico de la bomba de combustible, la arandela cónica y el tornillo de bloqueo de la rueda dentada del árbol de levas, apretándolo con un par de 35 libras-pie. Si el juego del extremo del árbol de levas es superior a 0,010 pulgadas, monte una nueva placa de empuje. Debe existir de 0,002 a 0,006 pulgadas de tolerancia con la placa nueva.

Comprobación del seno de la cadena de sincronización

1. Ponga una regla (o bien una escuadra) junto a la cadena de sincronización a fin de detectar cualquier movimiento de la cadena.

2. Coloque una llave dinamométrica sobre el tornillo de fijación de la rueda dentada del árbol de levas. Aplique un par de 30 libras-pie (si las cabezas de cilindros están montadas en el motor) o de 15 libras-pie (caso de que las cabezas de cilindros estuvieran desmontadas) sobre el tornillo, en el sentido de giro del cigüeñal, a fin de eliminar el seno de la cadena.

3. Mientras aplica el par de apriete al tornillo de la rueda dentada del árbol de levas, no debe permitirse que el cigüeñal ruede. Puede ser necesario bloquear el cigüeñal para impedir que se mueva.

4. Coloque la regla sobre el borde del eslabón de la cadena de sincronización y aplique una misma cantidad de par en el sentido contrario. Si el movimiento de la cadena excede 1/8 de pulgada, cambie la cadena.

Retén de la tapa de sincronización

CAMBIO

NOTA: Se requiere una herramienta para desmontar y montar retenes a fin de evitar estropearlos.

1. Utilizando un extractor de retenes, saque el retén de su fijación.

2. Saque el retén de la caja.

3. Para montar el retén colóquelo cara abajo en la caja, con los labios dirigidos hacia abajo.

4. Ajuste el retén fuertemente contra la cara de la tapa. Debe haber un juego máximo de 0,0014 pulgadas entre el retén y la tapa. Tenga cuidado para no comprimir demasiado el retén.

Mecanismo de sincronización (diesel)

DESMONTAJE Y MONTAJE

1. Saque la tapa del mecanismo de sincronización, la junta y el retén de aceite frontal. Saque el soporte de la polea loca.

2. Alinee las marcas de sincronización.

3. Utilizando un extractor, saque el mecanismo de accionamiento del árbol de levas.

4. Rote la bomba de inyección para conseguir

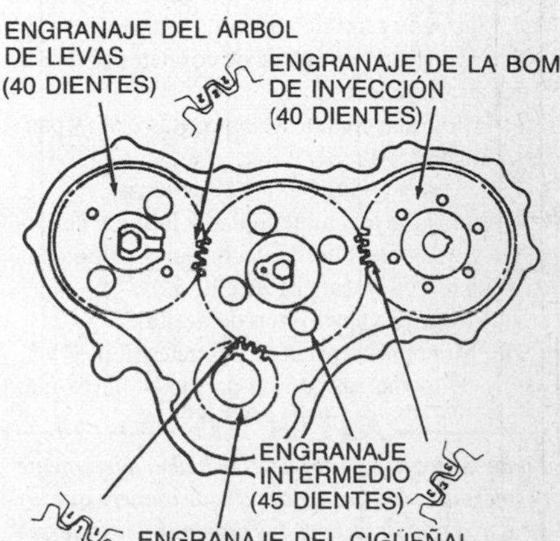

Alineación de los engranajes de sincronización - motor diesel

que la muesca del mecanismo de accionamiento sea pasado por el diente de la rueda loca.

5. Afloje el tornillo de fijación del engranaje loco. Saque la placa de apoyo y retire el engranaje loco.

6. Asegúrese de que el cigüeñal está colocado de manera que el cilindro n.º 1 se encuentra en el PMS.

7. Monte el engranaje loco en el eje, de manera que el mecanismo de accionamiento del árbol de levas coincida con las marcas de dicho engranaje loco.

8. Monte la placa de empuje y el tornillo de fijación.

9. Monte el engranaje del árbol de levas y la placa de empuje en dicho árbol. Asegúrese de que todas las marcas quedan alineadas con la señal del engranaje loco. Apriete el tornillo de fijación.

10. Coloque la bomba de inyección en posición y haga que el engranaje de accionamiento de la misma engrane con el engranaje loco, de manera que las marcas del engranaje loco y de la bomba coincidan correctamente entre sí. Asegúrese de que la escala de la brida de la bomba se halla en el punto adecuado de inyección.

11. Monte las tuercas de fijación en la caja del mecanismo de sincronización y luego apriételas.

12. Conecte el tubo de alimentación de combustible y los conductos del filtro a la bomba.

13. Descargue el aire del sistema de alimentación de combustible.

14. Conecte los tubos del inyector.

15. Compruebe el juego del engranaje loco, utilizando una lámina calibradora introducida entre el engranaje y la placa de empuje. Debe ser de 0,002 a 0.006 pulgadas. Si es superior a 0.014 pulgadas, deberá cambiar la placa de empuje.

16. Monte un nuevo retén de aceite frontal (utilizando una junta nueva), la tapa del mecanismo de sincronización y la polea de accionamiento del cigüeñal.

Árbol de levas

DESMONTAJE Y MONTAJE

135 (2.2 L) 4 cilindros

1. Saque la tapa de la correa de sincronización.

2. Saque la correa de sincronización.

3. Desmonte el conjunto del filtro de aceite.

4. Saque la tapa de válvula.

5. Desmonte las tapetas de cojinetes n.º 1, 3 y 5 del árbol de levas.

6. Afloje diagonalmente las tapetas 2 y 4, y paulatinamente.

7. Levante y saque el árbol de levas.

8. Lubrique las muñequillas y lóbulos del árbol de levas con el aceite del motor y colóquelas en posición en la cabeza de cilindros.

9. Monte el nuevo retén de aceite.

10. Monte las tapetas de cojinetes n.º 1, 3 y 5, y apriete las tuercas con un par de 14 libras-pie.

ATENCIÓN

Todas las tapetas de cojinetes se hallan ligeramente desplazadas. Deberán montarse de manera que los números que figuran en las tapetas puedan leerse derechos desde el asiento del conducto

12. Coloque un indicador de reloj de manera que el palpador toque el extremo frontal del árbol de levas. Compruebe el juego final. El juego no debe exceder de 0.006 pulgadas.

13. Coloque un nuevo retén en la tapeta de cojinetes n.º 1. En caso necesario sustituya el tapón final de la cabeza de cilindros.

14. Para el montaje y puesta a punto de la correa siga el procedimiento indicado en el apartado Correa de sincronización - Desmontaje y montaje.

15. Compruebe el juego de válvulas y la puesta a punto del encendido.

155.9 (2.6 L) 4 cilindros

1. Saque los tubos de respiración y el tubo de descarga.

2. Saque el filtro de aire y el tubo de combustible.

3. Saque la bomba de combustible. Saque el distribuidor.

4. Desconecte los cables de las bujías.

5. Saque la tapa de los balancines.

6. Saque el respiradero y el retén semicircular.

7. Una vez ligeramente aflojado el tornillo de la rueda dentada del árbol de levas, haga rotar el cigüeñal hasta que el pistón n.º 1 se encuentre en el punto muerto superior de la carrera de compresión (ambas válvulas deben estar cerradas).

8. Saque el tornillo de la rueda dentada del árbol de levas y el mecanismo de accionamiento del distribuidor.

9. Saque la rueda dentada del árbol de levas con la cadena, y deje que se apoye sobre el soporte de la rueda dentada del cigüeñal.

10. Saque los tornillos de apriete de la tapeta del cojinete del árbol de levas. No saque todavía los tornillos de las tapetas anterior y posterior del cojinete, sino que debe mantenerlos colocados en las mencionadas tapetas, de manera que todo el conjunto de balancines pueda ser sacado como una unidad.

11. Saque los balancines, ejes de balancines y tapetas de cojinetes formando un conjunto.

12. Saque el árbol de levas.

13. El montaje se realiza siguiendo el orden inverso al del desmontaje. Lubrique los lóbulos del árbol de levas y los cojinetes, y luego coloque el árbol de levas dentro de la cabeza de cilindros. Monte el conjunto del eje con los balancines.

Motor de 6 cilindros

1. Saque la cabeza de cilindros, la tapa del mecanismo de sincronización, rueda dentada del árbol de levas y cadena de distribución.

2. Saque los levantaválvulas, manteniendo el orden en que se van sacando para facilitar su posterior montaje en los mismos lugares.

3. Saque la rueda dentada del cigüeñal.

4. Saque el distribuidor y la bomba de aceite.

5. Saque la bomba de combustible.

6. Coloque un largo tornillo dentro de la parte frontal del árbol de levas a fin de facilitar su desmontaje.

7. Saque el árbol de levas, teniendo cuidado para no dañar las tapetas de los cojinetes con los lóbulos de las levas.

8. Antes de su montaje, lubrique los lóbulos del árbol de levas y las muñequillas de los cojinetes. Se recomienda añadir 1/8 de galón de acondicionador para cigüeñales en el primer aceite que se coloque.

9. Monte el árbol de levas en el monobloque. A partir de este punto, invierta el procedimiento empleado en el desmontaje.

Motores V8

1. Saque el múltiple de admisión, las tapas de la cabeza de cilindros, los conjuntos de balancines, empujadores y levantaválvulas, conservando el orden en que son sacados para volver a montarlos en sus mismos sitios.

2. Saque la tapa del mecanismo de sincronización, las ruedas dentadas del árbol de levas y del cigüeñal, y la cadena de distribución.

3. Saque el distribuidor y retire la bomba de aceite y el eje de accionamiento del distribuidor. En los motores de 400 y 440 pulgadas cúbicas, saque la bomba de combustible para dejar que el empujador se separe del excéntrico.

4. Saque la placa de empuje del árbol de levas (en los modelos 318 y 360).

5. Monte un tornillo largo dentro de la parte frontal del árbol de levas y sáquelo, procurando no estropear los cojinetes con los lóbulos de las levas.

6. Antes del montaje, lubrique los lóbulos del árbol de levas y las muñequillas. Se recomienda añadir 1/8 de galón de acondicionador de cigüeñales al primer aceite que se utilice. Coloque el árbol de levas en el monobloque, dejándolo a 2 pulgadas de su posición definitiva.

7. Tenga un ayudante para que sostenga el árbol de levas con una herramienta adecuada a fin de evitar que toque al tapón que hay en la parte posterior del monobloque. Coloque la herramienta adecuada contra la parte trasera del engranaje de las levas y vigile para no estropear los lóbulos.

8. Coloque la placa de empuje del árbol de levas. Si el juego axial del árbol de levas es superior a 0.010 pulgadas, monte una placa de empuje. Debe ser de 0.002 a 0.006 pulgadas una vez montada la nueva placa.

9. Monte la cadena de distribución y las ruedas dentadas, la tapa de mecanismo de sincronización y la polea.

10. Monte los levantaválvulas, empujadores, balancines y tapas de la cabeza de cilindros. Si se hubiera desmontado, volver a montar la bomba de combustible.

11. Monte el eje de accionamiento del distribuidor y la bomba de lubricación. Monte el distribuidor.

12. Una vez el motor en marcha, proceda al ajuste de la puesta a punto.

Pistones y bielas

Para el procedimiento a seguir, consulte la sección de Reconstrucción del Motor, de la Unidad de Reparación.

4 cilindros

La cumbre del pistón lleva una flecha que debe señalar hacia el extremo de la correa de accionamiento del motor, cuando está montado. La biela y la tapeta van marcadas con señales forjadas rectangulares que deben coincidir cuando se montan y encontrarse en el costado del eje intermedio del motor, cuando se instalan.

6 y 8 cilindros

La muesca en la parte superior de cada pistón debe quedar cara a la parte frontal del motor.

Para montar correctamente la biela, el agujero del aceite debe estar dirigido hacia la derecha, en los motores de seis cilindros. En todos los motores V8, el amplio chaflán del agujero inferior de la biela, debe quedar ante la parte posterior del banco derecho y hacia la parte frontal del banco izquierdo.

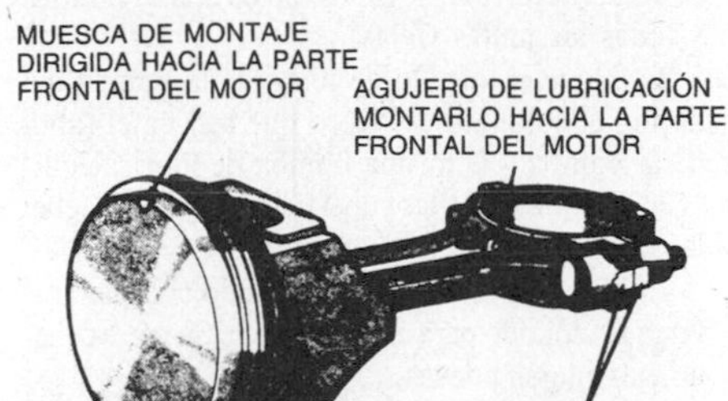

Montaje del pistón en el motor 135 (2.2 L)

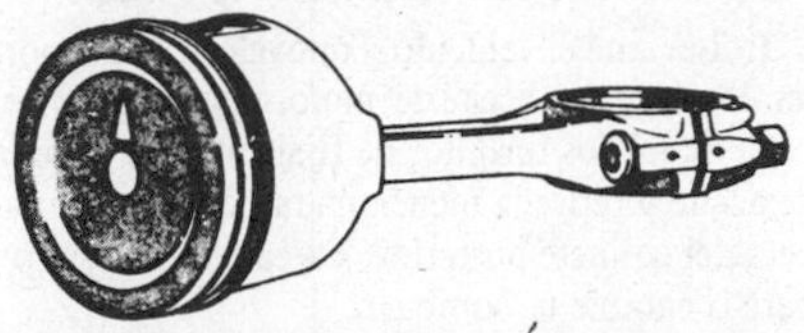

Montaje del pistón en el motor 155.9 (2.6 L) (marcas dirigidas hacia la parte frontal)

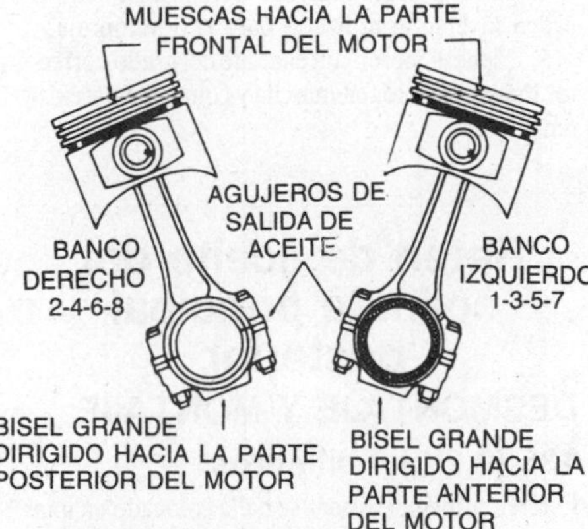

Relación entre el pistón y la biela - V8

Relación entre el pistón y la biela - 6 cilindros

Cigüeñal y cojinetes principales

Para el procedimiento a seguir, consulte la sección de Reconstrucción del Motor, de la Unidad de Reparación.

LUBRICACIÓN DEL MOTOR

Cárter de aceite

DESMONTAJE Y MONTAJE

4 cilindros

1. Levante el vehículo y apóyelo sobre soportes. Descargue el aceite del cárter.
2. Soporte el cárter y saque los tornillos de fijación.
3. Baje el cárter y deseche las juntas.
4. Limpie todas las superficies de junta, y monte el cárter utilizando selladora para juntas y una junta nueva.

NOTA: Los modelos de 1985 y posteriores utilizan juntas en el extremo y juntas conformadas laterales con selladora RTV. Siempre que monte cárters de aceite en estos modelos, debe tener en cuenta lo siguiente: rasque todas las superficies de juntas, para dejarlas bien limpias, utilizando una rasqueta o cepillo metálico. Asegúrese de que los bordes de la junta estén bien planos; si no lo fueran, aplánelos con un martillo y una superficie plana. Saque todo el aceite y suciedad. Asegúrese de que se elimina toda la masilla RTV de los agujeros ciegos. Aplique parcamente el material de junta, de modo que el cordón sólo tenga 0.12 pulgadas de diámetro. Asegúrese de que los cordones rodean cada agujero de montaje. Utilice nuevas juntas extremas. Coloque el cárter bien escuadrado contra el bloque motor, de manera que la selladora no quede embadurnada. Apriete los tornillos del cárter mientras la masilla todavía está húmeda, dentro de unos 10 minutos.

5. Apriete los tornillos del cárter con un par de 7 libras-pie.
6. Vuelva a llenar el cárter, ponga el motor en marcha y compruebe si hay pérdidas.

Van y Pickup de 6 cilindros

1. Desconecte la batería y saque la varilla de nivel.
2. Saque la tapa del motor y retire el motor de arranque y el filtro de aire.
3. Levante el vehículo y apóyelo sobre soportes, luego descargue el aceite del cárter.
4. Monte un soporte para el motor, tal como se ha explicado en el apartado «Desmontaje del Motor».
5. Desconecte y aparte de la zona de trabajo: árbol de transmisión, enlaces de la transmisión y tubo de escape del múltiple.
6. Saque el eje del par de embrague (si los lleva) y los tubos del refrigerador de aceite (si los lleva).
7. Desconecte el cable del velocímetro y las conexiones eléctricas de la transmisión.
8. Saque el soporte, la placa de inspección y los tornillos de fijación de la placa de accionamiento al convertidor.
9. Saque los tornillos que fijan la transmisión a la caja del embrague. Saque cuidadosamente de los pasadores de la parte posterior del motor la transmisión y convertidor, desacoplando el cubo del convertidor del extremo del cigüeñal. Saque la transmisión.
10. Soporte la parte posterior del motor y levántelo un par de pulgadas.
11. Saque los tornillos de fijación del cárter de aceite. Coloque el cigüeñal de manera que los contrapesos queden separados del cárter, gire el cárter hacia al costado de la dirección y sáquelo. Puede ser necesario tener que girar el tubo captador de la bomba para disponer de sitio.
12. El montaje se realiza en orden inverso al desmontaje. Asegúrese de que el filtro del captor está en contacto con el fondo del cárter. Llene el motor con aceite y compruebe si se producen fugas.
13. Saque los tornillos de fijación del cárter y coloque el cigüeñal de manera que el cárter quede libre de los contrapesos. Saque el cárter.
14. El montaje se realiza en orden inverso al desmontaje. Compruebe todos los niveles de líquidos y asegúrese de que no hay pérdidas.

Van y Pickup 318 y 360 V8

1. Desconecte el cable de masa de la batería. Saque la varilla de nivel y el tubo, la tapa del motor y el filtro de aire.
2. Desconecte el enlace de la válvula de mariposa situada en la parte posterior del motor, así como los enlaces del embrague o la transmisión automática.
3. Levante ligeramente el motor y sosténgalo con el dispositivo que se ha descrito en «Desmontaje del motor».
4. Levante y soporte el vehículo, descargando el aceite. Quite el motor de arranque.
5. Saque el árbol de transmisión y el soporte posterior del motor.
6. Saque la transmisión del vehículo. Saque la transmisión automática con el tubo de relleno montado y el convertidor de par separado de la placa de accionamiento.
7. Saque el conjunto del embrague y el volante (o placa de accionamiento) del cigüeñal.
8. Levante el motor unas 2 pulgadas.
9. Haga rotar el cigüeñal de manera que los contrapesos queden separados del cárter de aceite. La máxima separación se consigue con la muesca de la brida del cigüeñal colocada en la posición de las 3 horas del reloj. Saque el cárter de aceite. Será necesario llegar al interior del cárter y girar el tubo de captación de aceite y el filtro, ligeramente hacia la derecha, para que el cárter quede libre.
10. El montaje se realiza siguiendo el orden inverso al del desmontaje. En los modelos de 1985 y posteriores, ponga una gota de selladora RTV en las uniones entre las juntas de caucho y de corcho. Asegúrese de verificar el nivel de todos los líquidos y de que no hay pérdidas.

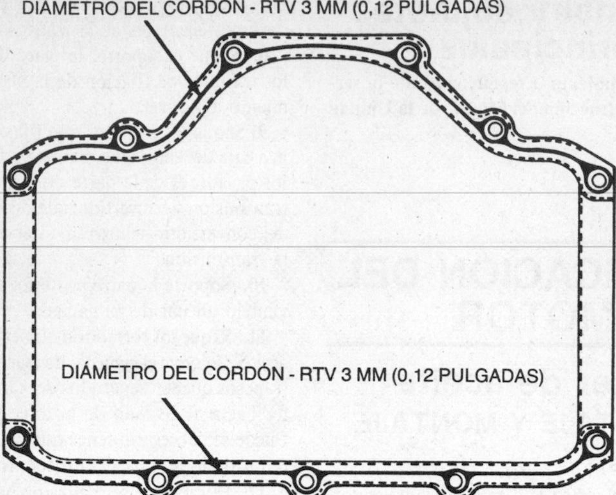

Aplicación de selladora RTV en el cárter del motor 2.2 L

Ramcharger y Trail Duster con tracción en 2 ruedas

1. Desconecte el cable de la batería y saque la varilla de nivel.

2. Levante y soporte el vehículo.

3. Descargue el aceite.

4. Saque el convertidor de par o soporte del embrague.

5. En caso necesario, saque el tubo de escape.

6. Saque los tornillos del cárter de aceite y retire el cárter.

7. El montaje se efectúa en orden inverso al desmontaje.

Ramcharger y Trail Duster con tracción en 4 ruedas

1. Levante el vehículo y apóyelo sobre gatos hidráulicos.

2. Saque los dos tornillos frontales del soporte del motor.

3. Saque el soporte izquierdo, conectando el convertidor y el monobloque.

4. Levante el motor, aproximadamente 2 pulgadas.

5. Descargue el aceite.

6. Saque los tornillos del cárter de aceite, baje el cárter dirigiéndolo hacia atrás. (No cambie el captador de aceite de su posición.)

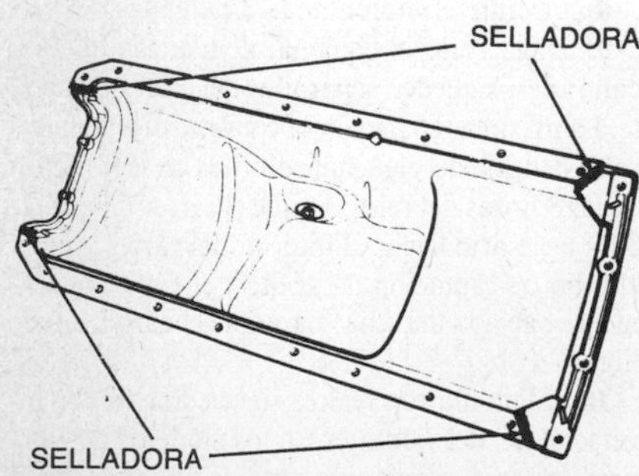

Aplique un cordón de 1/8 pulgada de selladora de silicona en los ángulos del cárter - se muestra el 6 cilindros

Bomba de aceite

DESMONTAJE Y MONTAJE

135 (2.2 L) 4 cilindros

1. Levante el vehículo y sopórtelo de manera segura. Descargue el aceite. Saque el cárter de aceite.

2. Saque los dos tornillos de montaje del captador (uno de ellos en la tapeta del cojinete principal n.º 3 y otro en la bomba de aceite) y saque el captador de aceite y el retén de la admisión de la bomba.

3. Saque los dos tornillos de fijación de la bomba.

4. Empuje hacia abajo la bomba y sáquela del motor.

5. Cebe la bomba con aceite limpio. Aplique una selladora como Loctite 515 ® o una calidad equivalente en la superficie de contacto entre el cuerpo de la bomba y el bloque. Monte la bomba, asegurándose de que la unión de accionamiento se acopla (la bomba se coloca llena) y luego haga girar la bomba hacia atrás y adelante ligeramente, para asegurar la posición correcta y el total contacto entre la superficie del bloque y de la bomba. Sostenga la bomba en posición y coloque los cuatro tornillos de fijación. Los tornillos de fijación de la bomba se aprietan con un par de 16 libras-pie.

155.9 (2.6 L) 4 cilindros

NOTA: Consulte a la sección: «Cadena, tapa y eje sin ruido de sincronización», para conocer el sistema de desmontaje y montaje de la bomba de aceite.

6 cilindros (excepto diesel)

La bomba de aceite del tipo rotor va montada externamente a mano derecha (junto al árbol de levas) del motor y es accionada a través de engranajes (helicoidales) del árbol de levas. El filtro de aceite va roscado dentro del cuerpo de la bomba.

1. Saque los tornillos de fijación y retire la bomba y el filtro, conjuntamente, del motor.

2. Saque el filtro de aceite, repare la bomba o cámbiela si es preciso.

3. Cebe la bomba llenándola con aceite limpio. Monte la bomba y coloque una nueva junta, utilizando el mismo procedimiento indicado para el desmontaje, pero en orden inverso. Limpie todas las superficies de las juntas.

Motor diesel

1. Levante y apoye el vehículo sobre soportes. Descargue el aceite del motor. Desmonte el cárter de aceite, el tubo de captación de aceite, el filtro y todas las juntas viejas.

2. Saque el tornillo de junta de la bomba de aceite, el conjunto del filtro que hay en el tubo de la bomba y la misma bomba de lubricación.

3. Limpie todas las superficies de junta. Cebe la bomba llenándola de aceite.

4. El montaje se realiza siguiendo el orden inverso al indicado para el desmontaje. Siempre debe utilizar juntas nuevas.

Motores 318, 360 en V8

NOTA: Es preciso sacar el cárter de aceite y la bomba de lubricación de la tapeta del cojinete posterior a fin de poder trabajar en la bomba.

1. Levante el vehículo y apóyelo sobre soportes. Descargue el aceite del motor y saque el cárter.

2. Saque los tornillos de fijación de la bomba de aceite y retire la mencionada bomba de la tapeta del cojinete posterior. En caso necesario repare o cambie la bomba.

3. Cebe la bomba de lubricación, antes de su montaje, llevando la cavidad del rotor con aceite del motor. Monte la bomba en el motor y apriete los tornillos de fijación con un par de 30 libras-pie.

4. El resto del montaje se efectúa siguiendo el orden inverso al utilizado para el desmontaje.

5. Llene el motor con el aceite del grado correcto. Ponga el motor en marcha y compruebe si existen fugas.

Retén de aceite del cojinete principal posterior

DESMONTAJE Y MONTAJE

135 (2.2 L) 4 cilindros

El retén principal trasero se halla colocado en una caja de la parte posterior del monobloque. Para cambiar el retén hay que sacar el motor.

1. Desmonte el eje de la transmisión y el volante.

ATENCIÓN

Antes de sacar el eje de transmisión, alinear el hueco del volante con la flecha que se encuentra en la caja del volante. Si no se efectuara esta alineación, el eje de la transmisión no coincidiría con el motor al efectuar el montaje.

2. Con sumo cuidado, apalanque el retén viejo para sacarlo del anillo de soporte.

3. Recubra el nuevo retén con aceite de motor nuevo, y empújelo en su alojamiento con una pieza plana de metal. Tenga mucho cuidado para no rayar el retén ni el cigüeñal.

4. Monte el volante y el eje de la transmisión.

155,9 (2.6 L) 4 cilindros

El retén de aceite posterior principal se encuentra en una caja situada detrás del monobloque. Para cambiar el retén, saque el eje de transmisión y trabaje desde debajo del vehículo o bien saque el motor y trabaje en un banco.

1. Saque el alojamiento del monobloque.
2. Desmonte el separador del alojamiento.
3. Apalanque el viejo retén para sacarlo.
4. Lubrique ligeramente el retén nuevo. El retén debe montarse de manera que la placa ajuste dentro de la superficie de contacto del alojamiento. Monte el separador con los agujeros para el aceite dirigidos hacia abajo.

Motores de 6 y 8 cilindros (salvo diesel)

Los retenes de recambio son del tipo de composición de caucho con hendidura. Este tipo de retén permite cambiar el retén superior trasero sin necesidad de desmontar el cigüeñal. El retén debe utilizarse en forma de juego superior e inferior y no puede emplearse con el retén de cuerda.

NOTA: Los retenes del tipo cuerda se incluyen en los juegos de retenes de mantenimiento para utilizarlos cuando se desmonta el cigüeñal, en todos los motores, salvo el modelo 360 V8, el cual sólo utiliza retenes de compuesto.

El procedimiento siguiente sirve para sacar el retén tipo cuerda posterior y sustituirlo por un retén tipo caucho.

1. Desmonte el cárter de aceite, y tanto la fijación del retén posterior como la tapeta del cojinete principal trasero, si van por separado.
2. Saque el retén de cuerda inferior de la tapeta o de la fijación, apalancándolo fuera de su ranura.
3. Utilizando las herramientas adecuadas, tire o empuje el retén de su asiento, mientras hace rotar el cigüeñal, procurando no estropear la superficie de la muñequilla. Si es preciso, afloje un poco todas las tapetas de los cojinetes principales, a fin de bajar el cigüeñal, con lo cual se facilitará el desmontaje y montaje del retén.
4. Limpie y lubrique la muñequilla del cigüeñal. Mantenga el retén apretado contra el cigüeñal, con la tira pintada hacia atrás, y monte dicho retén en la ranura del monobloque.
5. Haga rotar el cigüeñal mientras empuja el retén dentro de la ranura. Tenga cuidado para que los cantos agudos de la ranura del bloque no corten ni estropeen la parte posterior del retén.
6. Monte la mitad inferior del retén dentro de la fijación o la tapeta del cojinete posterior, si van separados, con la tira pintada dirigida hacia atrás.
7. Monte la fijación del retén inferior y/o la tapeta del cojinete principal posterior. Apriete todas las tapetas de cojinetes de acuerdo a las especificaciones.
8. Monte el cárter de aceite, añada aceite y compruebe si hay pérdidas.

Motor diesel

El retén de aceite posterior principal es una pieza diseñada conjuntamente con un manguito. También se utilizan dos retenes laterales en las ranuras situadas en la tapeta del cojinete principal n.º 7.

1. Desmonte el cárter de aceite y el volante.
2. Saque los tornillos de fijación del retén posterior, la misma fijación y la tapeta del cojinete principal n.º 7.
3. Los dos retenes laterales se montan una vez instalada la tapeta del cojinete principal n.º 7, y apriételos de acuerdo a las especificaciones. Aplique selladora para juntas en los retenes. Introduzca los retenes en su lugar, pero no los fuerce. Una vez bien colocados, cada retén debe ajustar con los ángulos de las ranuras.
4. El retén posterior principal se fija mediante un manguito y una placa. Saque el retén viejo de su alojamiento, limpie la fijación, monte un retén nuevo, lubricando los labios del mismo, y vuelva a montar retén y fijación. Los tornillos de montaje se aprietan con un par de 2.2 libras-pie. Monte el volante, el cárter, etc.

REFRIGERACIÓN DEL MOTOR

Radiador

DESMONTAJE Y MONTAJE

4 cilindros

1. Desconecte el cable negativo de la batería. Abra el grifo de descarga del radiador.
2. Saque los tubos superior e inferior y el de conexión con el recipiente de recuperación de refrigerante.
3. Desconecte las conexiones de cables del motor del ventilador. Saque los tornillos de fijación de la protección superior.
4. Saque la protección y el conjunto del ventilador.
5. Desconecte y tape los tubos del liquido de refrigeración de la transmisión automática, si los lleva. Desmonte los tornillos superiores de fijación del radiador.
6. Saque los tornillos inferiores del radiador, si existen
7. Levante el radiador del compartimiento motor.
8. El montaje se efectúa siguiendo el orden inverso al desmontaje. Durante el montaje, primero introduzca el radiador en los agujeros inferiores, a no ser que la parte baja vaya atornillada.

Motores de 6 y 8 cilindros

1. Descargue el sistema de refrigeración.
2. Desconecte el cable de masa de la batería.
3. Desmonte el tubo superior del radiador.
4. Saque los tornillos de fijación de la protección y retírela para que no estorbe el trabajo.
5. Saque los tornillos superiores de fijación del radiador. Si el vehículo va equipado con aire acondicionado, retire los tornillos de fijación accesibles a través de la parrilla. No desconecte ninguno de los conductos del aire acondicionado.
6. Levante el vehículo y apóyelo sobre soportes. Desconecte y tapone los tubos del refrigerador de la transmisión y tapone las aberturas de dicho refrigerador.
7. Mantenga el radiador en su sitio y saque los tornillos inferiores de montaje. Baje cuidadosamente el radiador para separarlo del ventilador o bien levántelo y sáquelo fuera del vehículo.
8. El montaje se hace siguiendo el orden inverso al desmontaje. Compruebe los niveles de líquidos y ponga el motor en marcha, asegurándose de que no se producen fugas.

Bomba de agua

DESMONTAJE Y MONTAJE

135 (2.2 L) 4 cilindros

1. Descargue el sistema de refrigeración.
2. Saque el tubo superior del radiador.
3. Sin descargar el sistema, saque el compresor del aire acondicionado de los soportes del motor y colóquelo aparte.
4. Saque el alternador y sepárelo para que no entorpezca los trabajos.
5. Desconecte el tubo inferior del radiador y el tubo de derivación, desmontando luego la bomba de agua, previa la retirada de los tornillos de fijación al motor.
6. El montaje se realiza siguiendo el orden inverso al utilizado para el desmontaje. Apriete los tres tornillos superiores de fijación con un par de 250 libras-pulgada, y el tornillo inferior con un par de 50 libras-pie.

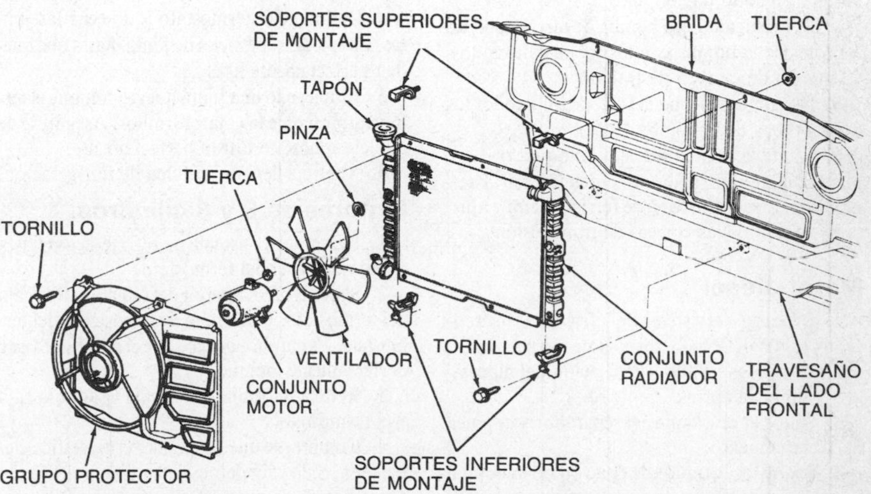

Componentes típicos del sistema de refrigeración del motor de 4 cilindros

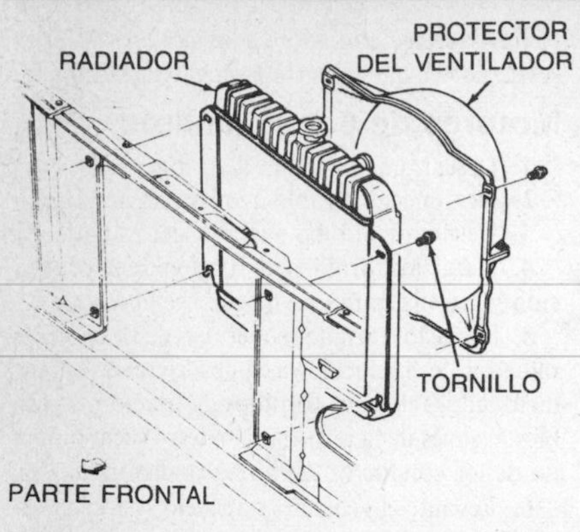

Montaje típico del radiador y protector del ventilador en los motores de 6 cilindros y V8

155.9 (2.6 L) 4 cilindros

1. Descargue el sistema de refrigeración.
2. Saque el tubo del radiador, el tubo de derivación y el tubo del calefactor de la bomba de agua.
3. Saque el protector de la polea de accionamiento.
4. Saque el tornillo de fijación y los tornillos pivote.
5. Saque la correa de transmisión y la bomba de agua del motor.
6. Monte una junta nueva y la bomba. El montaje se efectúa siguiendo el orden inverso al desmontaje. Los tornillos de fijación se aprietan con un par de 80 libras-pulgada. Una vez ajustada la tensión de la correa, apriete el tornillo de fijación y los pivotes a 204 libras-pulgada. Apriete el protector de la polea de accionamiento con un par de 105 libras-pulgada.

6 cilindros (excepto diesel)

NOTA: A veces este trabajo puede hacerse sin necesidad de desmontar el radiador, cuando se trata de modelos que no llevan aire acondicionado, puesto que existe espacio suficiente para acceder a los tornillos de la bomba de agua.

1. Desmonte el radiador.
2. Saque todas las correas de transmisión.
3. Saque el ventilador, separador, polea y tornillos formando un conjunto.
4. Si el vehículo lleva bomba de aire, saque los soportes de la bomba con los tubos conectados, y sepárela de la zona de trabajo.
5. Desconecte el tubo del calefactor y todos los demás tubos de la bomba.
6. Saque la bomba del monobloque.
7. El montaje se realiza en orden inverso al desmontaje. Llene el sistema de refrigeración y ajuste la tensión de las correas de transmisión.

Motor diesel

1. Descargue el sistema de refrigeración y retire los tubos del calefactor y el de derivación.
2. Afloje los tornillos de fijación del alternador y saque la correa.
3. Saque el ventilador, el separador y la polea de accionamiento.
4. Saque los tornillos de fijación de la bomba de agua y la polea de accionamiento.
5. Para el montaje, invierta el orden.

318 y 360 V8

1. Saque el radiador. Tenga en cuenta que podrá dejarse instalado en aquellos modelos de 1985-86 sin aire acondicionado.
2. Afloje todos los accesorios accionados por correa y retire todas las correas.
3. En los motores sin aire acondicionado, saque los tornillos de fijación del soporte del alternador y ate alternador y soporte separados de la zona de trabajo.
4. En los motores con aire acondicionado, retire el conjunto de la polea loca, el alternador y el soporte de ajuste.
5. Saque las palas del ventilador, separador (o unidad de fluido), polea y tornillos formando un conjunto.

NOTA: Para evitar que el líquido de siliconas penetre en el cojinete de accionamiento y en el lubricante, no coloque la unidad termostática de accionamiento del ventilador con el eje dirigido hacia abajo.

6. Desconecte todos los tubos de la bomba de agua.
7. Saque los tornillos frontales del compresor de aire acondicionado.
8. Saque tornillos y soporte delantero de la bomba de agua al compresor.

NOTA: No debe desmontar ninguno de los tubos de refrigeración del compresor.

9. Saque la bomba de agua.
10. El montaje se realiza siguiendo el orden inverso al del desmontaje. Llene el sistema con refrigerante y compruebe si hay fugas.

Termostato

DESMONTAJE Y MONTAJE

Motores de 4 cilindros

El termostato se encuentra en el cuello de la bomba de agua que corresponde al tubo inferior del radiador, en los motores de 2.2 L, o bien en el múltiple de admisión debajo del tubo superior del radiador, en los motores de 2.6 L.

1. Descargue el sistema de refrigeración hasta que su nivel esté por debajo del termostato.
2. Saque los tubos de la caja del termostato.
3. Saque la caja del termostato.
4. Desmonte el termostato y deseche las juntas. Limpie las superficies de junta, hasta que queden perfectamente lisas.
5. Empleando una junta nueva, coloque el termostato y monte la caja y tornillos. Asegúrese de que el termostato ajusta perfectamente.
6. Vuelva a llenar el sistema de refrigeración.

Motores de 6 y 8 cilindros

1. Descargue el sistema de refrigeración hasta debajo del nivel del termostato.
2. Saque el tubo superior del radiador de la caja del termostato. Tome nota de la posición del termostato. Es muy importante que el termostato esté perfectamente montado.
3. Retire los tornillos de la caja y saque la caja y el termostato.
4. Compruebe que la válvula termostática cierre bien. Si la válvula no cierra bien por la existencia de materias extrañas, limpie cuidadosamente el borde de cierre de la válvula procurando no estropear dicho borde. Si, una vez hecho esto, la válvula sigue sin cerrar, hay que montar un termostato nuevo.
5. Sumerja el termostato en un recipiente lleno de agua caliente de modo que la bola de la válvula quede bien cubierta, pero sin llegar a tocar los costados o el fondo del recipiente.
6. Caliente el agua y, mientras agita continuamente el agua (para que la temperatura sea lo más uniforme posible) compruebe la temperatura del agua con un termómetro, en el momento en que pueda introducirse una lámina calibradora de 0.001 pulgadas en la abertura de la válvula, debiendo encontrarse en + 5 grados dentro de la temperatura normal de abertura del termostato. En caso contrario, deberá sustituirse por un termostato nuevo.
7. Siga calentando el agua para conseguir que su temperatura sea aproximadamente 20 grados por encima de la temperatura normal de abertura del termostato. En este punto, el termostato debe estar completamente abierto. En caso contrario, monte un nuevo termostato.
8. Para el montaje, utilice una nueva junta y coloque el termostato de manera que el extremo de la bola (la parte con el muelle) quede dirigido hacia el monobloque. En los motores de seis cilindros, el agujero de ventilación debe quedar hacia arriba. Las juntas deben ser mojadas antes de su montaje. También puede utilizarse un cordón de selladora de caucho. Vuelva a llenar la caja del termostato y apriete los tornillos de fijación.
9. Vuelva a colocar el tubo superior del radiador.
10. Llene el sistema de refrigeración hasta que el nivel esté 1.25 pulgadas por debajo del cuello de llenado, con el agua y anticongelante adecuado. Caliente el motor y observe el tubo superior del radiador y la caja del termostato, para ver si se producen fugas.

NOTA: El calentamiento del motor con frecuencia se debe a que el termostato ha quedado pegado en posición abierta; ocasionalmente una obstrucción produce un inmediato sobrecalentamiento. No se esfuerce para corregir un estado de sobrecalentamiento con un constante desmontaje del termostato. El termostato sirve para regular el caudal del sistema; si no hay dicho termostato, se pueden producir sobrecalentamientos locales a causa de turbulencias.

SISTEMA DE ALIMENTACIÓN DE GASOLINA

Carburador

DESMONTAJE Y MONTAJE

Lo que sigue a continuación es el procedimiento general que se utiliza para desmontar todos los carburadores.

1. Desconecte el cable de masa de la batería.
2. Saque el filtro de aire. En el caso del carburador del motor de 2.6 L, hay que sacar el alojamiento de admisión de aire del tubo.

3. Saque la tapa del tubo de llenado de presión-vacío del depósito de combustible. El depósito debe mantenerse bajo una ligera presión. En el carburador del modelo 2.6 L, descargue el radiador hasta que el nivel del refrigerante se halla por debajo del carburador, y luego desconecte los tubos de refrigerante del carburador.

4. Desconecte y tapone los tubos de combustible. Utilice dos llaves para evitar doblar el tubo de alimentación de combustible. También, será útil un recipiente metálico para recoger cualquier combustible que salga de los tubos.

5. Desconecte el enlace de la válvula de mariposa y del estrangulador.

6. Desconecte todos los tubos de vacío.

7. Saque los tornillos de fijación (y, en el carburador del motor de 2.6 L, la tuerca).

8. Saque con cuidado el carburador del motor y colóquelo sobre un banco de trabajo, manteniéndolo a nivel.

9. El montaje se realiza siguiendo el orden inverso al utilizado en el desmontaje. Ajuste la velocidad de ralentí. Asegúrese de volver a llenar el sistema de refrigeración, si es necesario.

Para conocer la manera de ajustarlo y las especificaciones, consulte la sección del carburador del apartado de Unidad de Reparación.

Filtro de combustible

DESMONTAJE Y MONTAJE

Motores de 4 cilindros

Se utilizan dos filtros. Uno de ellos forma parte de la captación del depósito de combustible. El otro es una unidad sellada de papel que se encuentra en la entrada del carburador (motores 2.2 L) o bien un filtro incorporado (motores 2.6 L). Normalmente, el filtro del depósito no requiere ser sustituido, pero puede ser cambiado en caso necesario. El filtro del carburador debe cambiarse con una cierta periodicidad. Para cambiar el filtro de entrada, coloque un trapo o recipiente debajo de la entrada y desconecte el tubo de combustible. Afloje el accesorio de entrada. El filtro lleva un muelle detrás, por lo que debe tener cuidado para no perderlo. El montaje se efectúa siguiendo el mismo proceso que el desmontaje pero en orden inverso.

El filtro incorporado puede cambiarse colocando un trapo debajo del filtro y sacando las bridas. Saque el filtro del tubo y deséchelo. Monte un filtro nuevo, vigilando la dirección del caudal que, normalmente, viene indicada por una flecha.

Motores de 6 y 8 cilindros

Coloque el filtro en el tubo de combustible, entre la bomba de alimentación y el carburador. Con ayuda de unas pinzas para bridas de tubos, saque dichas bridas y retire el filtro. Para el montaje, proceda a la inversa. Asegúrese de que la flecha del filtro señala hacia el carburador (dirección del caudal de combustible). Debe cambiar el filtro cada 30,0000 millas.

NOTA: Algunos filtros disponen de un tercer tubo, cuyo objeto es evitar el bloqueo de vapores, dejando que éstos vuelvan al depósito.

Bomba de alimentación mecánica

DESMONTAJE Y MONTAJE

1. Desconecte los tubos de combustible de los costados de entrada, salida y retorno (si existe) de la bomba de combustible.

2. Tapone dichos tubos para evitar que salga gasolina.

3. Destornille los tornillos de fijación de la bomba de alimentación de combustible y saque dicha bomba del motor.

4. Saque la junta vieja que hay entre el motor y/o bomba. Tenga en cuenta que en la bomba utilizada en los motores de 2.2 L existe un separador con una junta a cada costado.

5. Limpie todas las superficies de montaje.

6. Utilizando una nueva junta o, en el 2.2 L dos juntas nuevas, monte la bomba de combustible. El montaje se efectúa en orden inverso al utilizado en el desmontaje.

Depósito de combustible

DESMONTAJE Y MONTAJE

Van y Pickup con tracción trasera

1. Desconecte el cable de masa de la batería.

2. Saque el tapón de llenado del depósito de combustible.

3. Con una bomba, saque todo el combustible del depósito y colóquelo en un recipiente adecuado. Levante el vehículo con un elevador.

4. Desconecte el tubo de combustible y el cable del medidor de nivel. Saque la tira de toma de masa.

5. Saque el protector del tubo de ventilación y las abrazaderas de los tubos que van a la ventilación de vapores.

6. Saque las abrazaderas del tubo de llenado y desconecte el tubo del depósito.

7. Coloque un gato debajo del centro del depósito y ejerza la presión necesaria para sostener el depósito.

8. Desconecte los dos tornillos en forma de J y saque las tiras de fijación de la parte posterior del depósito. Baje el depósito del vehículo; haga pasar los dos tubos de ventilación y el de llenado a través de las arandelas aislantes del bastidor, cuando se baje el depósito. saque el medidor de nivel del depósito.

9. Inspeccione el filtro de combustible y cámbielo si está obstruido o estropeado.

10. Ponga una nueva junta en el rebaje de la abertura del medidor de nivel e introduzca dicho medidor en el depósito. Alinee las espigas de situación del medidor con las del depósito. Coloque la arandela de bloqueo y apriétela para fijarla.

11. Coloque el depósito sobre un gato hidráulico y levántelo para volver a montarlo en su sitio, haciendo pasar los tubos de ventilación a través de las arandelas aislantes.

12. Conecte los tornillos en forma de J y las tiras de fijación, y luego apriete los tornillos. Saque el gato hidráulico.

13. Conecte el tubo de llenado y todos los tubos de ventilación.

14. Conecte el tubo de suministro de combustible, la tira de masa y el cable del medidor de nivel.

15. Vuelva a llenar el depósito y compruebe si se producen fugas. Conecte el cable de masa de la batería.

Van con tracción delantera

1. Desconecte el cable de masa de la batería.

2. Saque el tapón de llenado del depósito de combustible.

3. Desconecte el tubo de suministro de combustible y luego, con ayuda de una bomba, transvase el contenido del depósito a un recipiente adecuado, a través del tubo metálico de suministro que se encuentra a la derecha, frente el amortiguador.

4. Saque los tornillos que fijan el tubo de llenado a los paneles interior y exterior. Levante el vehículo con un elevador.

5. Desconecte los tubos y cables del depósito. Luego, sostenga el depósito de manera segura con un gato hidráulico colocado debajo. Saque los tornillos de las tiras de fijación del depósito.

6. Baje lentamente el depósito para poder tener sitio y luego saque el tubo de llenado fuera del

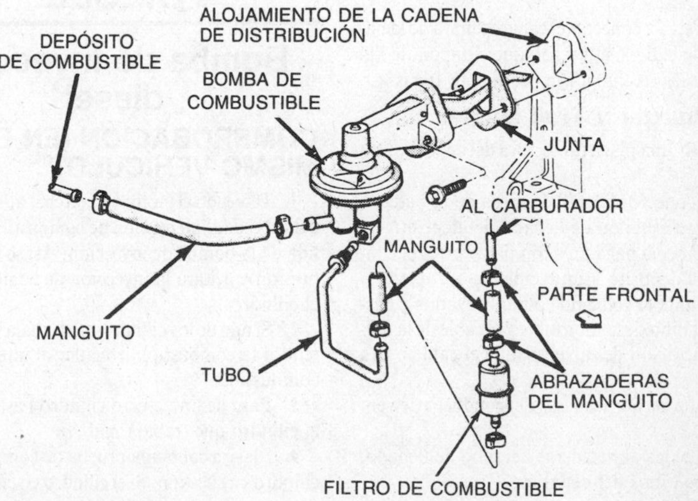

Detalles de la bomba de combustible de los motores 318 y 360 V8

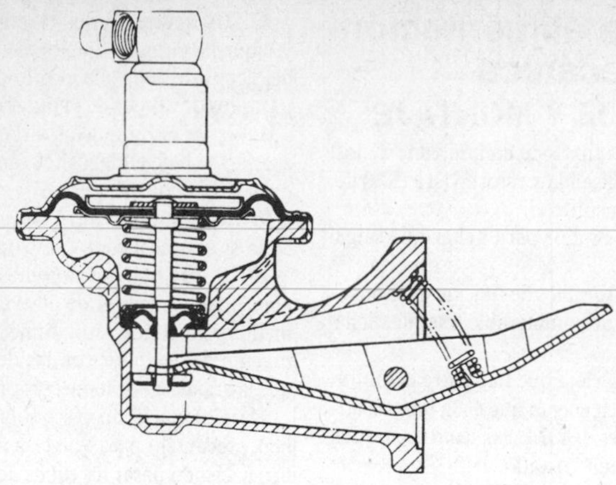

Bomba de combustible del motor de 6 cilindros

depósito. Baje más el depósito y desmonte el tubo de la válvula del separador de vapores. Saque el depósito y el forro aislante del vehículo.

7. Para el montaje, primero coloque el depósito sobre el gato hidráulico; luego conecte el tubo de la válvula del separador de vapores y coloque el forro aislante en el depósito.

ATENCIÓN

Compruebe que el tubo de ventilación de vapores se halle bien fijado al depósito. Luego, espere a haber montado el depósito para asegurarse de que el tubo no está pinzado entre el depósito y el piso.

8. Levante el depósito casi hasta su posición de montaje y coloque el tubo de llenado en el depósito. Coloque el depósito en su posición de montaje, coloque los tornillos de las tiras y luego apriételas con un par de 40 libras-pie. Compruebe que las tiras no queden dobladas antes y después de haber colocado los tornillos. Saque el gato hidráulico.

9. Conecte los tubos de combustible y los cables.

10. Si el vehículo lleva una junta entre el tubo de llenado y el panel, asegúrese de volver a montarla. Luego, coloque los tornillos de fijación del tubo al panel y apriételos con un par de 17 libras-pulgada

11. Vuelva a conectar el cable de masa de la batería, llene el depósito y coloque el tapón de llenado. Verifique que no se produzcan fugas.

Ramcharger y Trail Duster

1. Si hay una placa protectora del depósito, sáquela.
2. Desconecte el cable de masa de la batería.
3. Saque el tapón de llenado del depósito.
4. Bombee o haga un sifón para verter el contenido del depósito a un recipiente apropiado.
5. Levante el vehículo con un elevador y desconecte el tubo de combustible y el cable de la unidad de medición del nivel. Saque el cable o tira de masa.
6. Saque las abrazaderas del conducto de ventilación.
7. Saque las abrazaderas del tubo de llenado. Separe los tubos del depósito.
8. Sostenga el depósito con un gato protegido por un forro acolchado.
9. Desconecte los dos tornillos en forma de J y retire las tiras de detrás del depósito.
10. Saque la unidad de medición del nivel del depósito.
11. Utilice una nueva junta para la unidad de medición del nivel. Compruebe el estado del filtro del extremo del tubo de aspiración.
12. Utilice un aislante del bastidor que sea nuevo o que no esté estropeado. Levante el depósito para colocarlo en la debida posición.
13. Conecte los tornillos en forma de J y las tiras de fijación, luego apriete los tornillos.
14. Conecte el tubo de llenado y todos los demás conductos. Apriete las abrazaderas.
15. Conecte el tubo de combustible, la tira o cable de masa y el cable de la unidad de medición. Asegúrese de que están en su sitio todas las protecciones del tubo de combustible.
16. Vuelva a conectar el cable de masa de la batería y coloque la placa de protección.

SISTEMA DE ALIMENTACIÓN DIESEL

Bomba de inyección diesel

COMPROBACIÓN (EN EL MISMO VEHÍCULO)

1. Teniendo el motor en marcha, aflojar la tapa del tubo de alimentación de combustible de la salida de la bomba de inyección. Asi se reducirá la presión y evitará la inyección de combustible en el cilindro.
2. Si uno de los cilindros no trabaja bien, se detendrá la combustión irregular al interrumpir el combustible.
3. Pase de uno a otro cilindro hasta localizar el cilindro que trabaja mal.
4. Lleve a cabo una prueba de compresión del cilindro en cuestión. Si el cilindro en cuestión está de acuerdo a las especificaciones, sustituya la bomba de inyección.

DESMONTAJE Y MONTAJE

1. Desconecte las baterías.
2. Desconecte la varilla de interrupción de combustible en la palanca de paro.
3. Saque la bomba de la dirección asistida y el soporte que se encuentra en el motor, y déjelo aparte.
4. Limpie completamente la zona contigua a las fijaciones del tubo y de los tubos de inyección.
5. Descargue el aceite del motor y saque la varilla de nivel y su tubo.
6. Desconecte el cable de la válvula de mariposa y el enlace de la palanca de control de la bomba de inyección.
7. Saque el conjunto del soporte del control de la válvula de mariposa, que se encuentra en el cárter del cigüeñal, la bomba de inyección y el soporte de control, dejándolo a un lado.
8. Desconecte el tubo de alimentación de combustible a la bomba y colóquelo aparte, aflojando si es necesario las abrazaderas de fijación.
9. Desconecte los tubos de combustible que van al filtro desde la bomba de alimentación y a la bomba de inyección. Vuelva a colocar los tornillos y juntas para impedir que entre polvo dentro de la bomba.
10. Haga rotar el motor de manera que el pistón nº 1 se encuentre aproximadamente 7° antes del punto muerto superior de la carrera de compresión.
11. Desconecte los tubos de inyección de las válvulas de alimentación, y colóquelos a un lado. Tape los extremos de las válvulas para evitar que entre suciedad.
12. Desconecte los tubos de lubricación de la bomba de inyección.
13. Saque los cinco tornillos y el perno que fija la bomba.

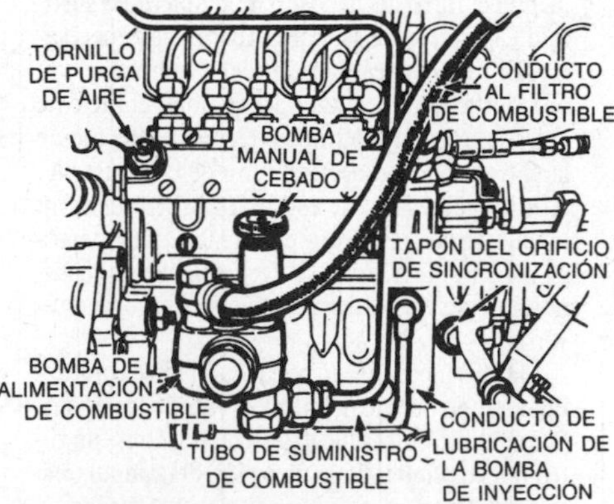

Detalles de la bomba de inyección del motor diesel

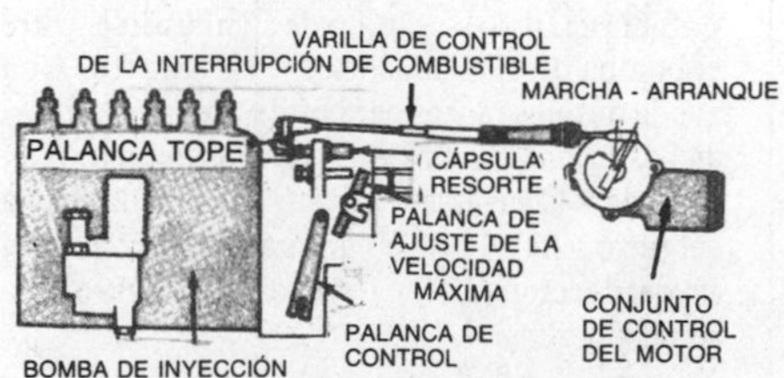

Componentes de enlace de la bomba de inyección diesel

14. Empuje la bomba hacia atrás y sepárela de la placa frontal y de la caja del mecanismo de sincronización. Haga rotar la bomba hacia el cárter al tiempo que sigue llevando la bomba hacia atrás hasta que se libere el temporizador automático.

15. Afloje las cuatro tuercas de fijación de la bomba a la brida de montaje, alineando la marca central de sincronización de la bomba con la flecha que hay en la placa. Apriete las cuatro tuercas.

16. Asegúrese de que la junta tórica está en su sitio sobre la cara frontal de la brida de montaje de la bomba.

17. Saque el tapón roscado de la caja del regulador, detrás de la palanca de control, a fin de poder ver la marca de sincronización que hay en el casquillo del árbol de levas. Haga rotar el mecanismo de la bomba hasta que quede alineada la marca del casquillo del árbol de levas con la flecha de sincronización del regulador. La muesca de la placa de guía está aproximadamente en la posición de las 8 del reloj, mirándola desde la parte frontal. Asegúrese de que el motor está colocado tal como se indica en la etapa 10 del procedimiento de desmontaje.

18. Coloque el temporizador automático dentro de la caja de sincronización y con la bomba de inyección vuelta hacia el cigüeñal, haga rotar el mecanismo de la bomba para que engrane con las ruedas loca y de accionamiento. No fuerce la bomba para colocarla en su lugar.

19. Empuje la bomba hacia delante para entrarla en la caja. Hágala rotar alejándola del cigüeñal para alinear los agujeros de fijación.

20. Fije la bomba a la caja del mecanismo de sincronización.

21. Haga rotar el cigüeñal del motor en sentido contrario al normal de funcionamiento, hasta que el cigüeñal quede 18° antes de la marca PMS que figura en la polea del mismo. La flecha del regulador y las marcas del casquillo del árbol de levas de la bomba de inyección deben quedar alineadas. En caso contrario, significa que la bomba no se ha montado bien por lo que deberá volver a desmontarse y montarse.

22. Coloque el tapón de la abertura de la caja del regulador y monte la bomba siguiendo el orden inverso al resto de las fases que quedan de desmontaje. No conecte el tubo de inyección n.º 1, la varilla de control de combustible o las baterías.

23. Purgue el aire del filtro y de la bomba de combustible sacando los tornillos de purga. Sincronice la bomba de inyección

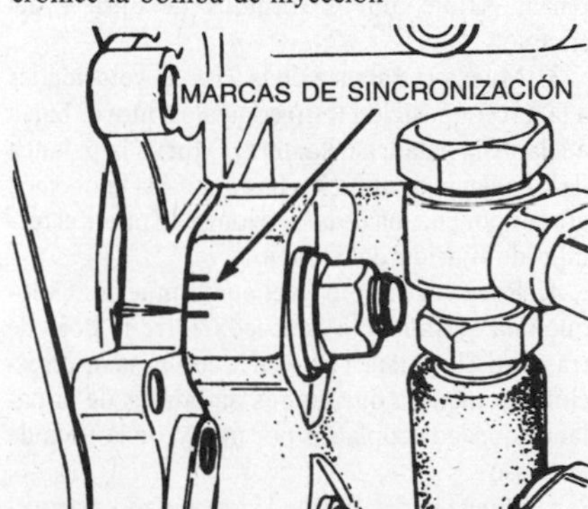

Marcas de sincronización en la bomba de inyección

SINCRONIZACIÓN DE LA BOMBA DE INYECCIÓN

1. Desconecte las baterías y la varilla de interrupción de combustible de la palanca de paro.

2. Haga rotar el cigüeñal en el sentido normal de funcionamiento hasta que el cilindro n.º 1 llegue al punto muerto superior de su carrera de compresión. Esto se hace alineando las señales de la cara posterior de la polea del cigüeñal con la flecha del fondo de la caja.

3. Saque el tapón de llenado de aceite delantero que se encuentra en la tapa de balancines y compruebe si las válvulas del cilindro n.º 1 están sueltas. Si lo están, es que se encuentra en el PMS.

4. Haga rotar el cigüeñal en el sentido normal de marcha del motor 1 3/4 vueltas.

5. Desconecte el tubo de inyección n.º 1 del soporte de la válvula de suministro.

6. Haga rotar el cigüeñal en el sentido normal de marcha del motor a pequeños pasos. Pare tan pronto empiece a salir por el soporte de la válvula de suministro. En este punto empieza la inyección. La palanca de control debe estar en posición libre.

7. Lea el punto de sincronización de inyección de la escala que hay detrás del amortiguador del cigüeñal. Si la sincronización es correcta, la marca debe señalar el valor que figura en la etiqueta del control de salida del vehículo que figura en la tapa de balancines, menos 2 grados.

8. Si el punto de sincronización difiere de los valores indicados, menos 2 grados, afloje las cuatro tuercas que fijan la bomba a la brida y gire la bomba (hacia el cigüeñal para adelantar la sincronización o en sentido contrario para retrasarla) a fin de corregir la diferencia. Cada una de las marcas que hay en la escala de sincronización de la bomba de inyección equivale a 6 grados. Apriete las tuercas de la brida y repita el procedimiento de sincronización hasta estar seguro de que dicha sincronización es correcta.

TRANSMISIÓN MANUAL/EJE DE TRANSMISIÓN

Eje de transmisión manual

1. Desconecte el cable de la batería y monte un cáncamo de elevación en el tornillo del múltiple de escape del cilindro n.º 4. Monte un soporte especialmente construido para el motor a través de los apoyos de los amortiguadores del compartimento motor.

2. Desconecte los enlaces del cambio y el cable de embrague del eje de transmisión.

3. Saque el guardabarros frontal izquierdo.

4. Saque los árboles de transmisión izquierdo y derecho del eje de transmisión y sosténgalos. No deje que los árboles de transmisión cuelguen libremente.

5. Saque la unión antigiratoria del eje de transmisión y sostenga la transmisión con un gato o soporte adecuado. Coloque una cadena alrededor del soporte y la transmisión para tener mayor seguridad.

6. Desmonte el adaptador del velocímetro y el piñón del eje de transmisión.

7. Saque la fijación del motor del miembro transversal delantero y el tornillo pasante de la fijación frontal. Saque los tornillos de la carcasa superior del cigüeñal.

8. Saque la fijación izquierda del motor y saque los tornillos de la carcasa inferior del cigüeñal.

9. Apalanque el eje de transmisión para sacarlo del motor y retire el conjunto por debajo del vehículo.

NOTA: Cuando monte el eje de transmisión utilice dos tornillos sin cabeza para que sirvan de guía en el momento de la colocación. Coloque guías en la parte superior de las fijaciones entre el monobloque y el eje de transmisión. Una vez el eje en su lugar, saque las guías y coloque los tornillos definitivos.

10. El montaje se lleva a cabo siguiendo el orden inverso al utilizado para el desmontaje. Llene el eje de transmisión con Dexron® II o un producto líquido para transmisiones automáticas que sea equivalente. Ajuste el juego libre del embrague y los enlaces de la transmisión.

11. Apriete los tornillos de fijación del motor con un par de 40 libras-pie. Los tornillos de fijación de la transmisión al bloque se aprietan con un par de 70 libras-pie. Apriete la tuerca del cubo a 180 libras-pie y las tuercas de aletas a 80 libras-pie.

Transmisión manual

Modelos de 3 velocidades con tracción en 2 ruedas

1. Levante el vehículo y apóyelo sobre soportes. Descargue el lubricante.

2. Desconecte y haga señales de posición en el árbol de transmisión. En los tipos de estrías, desconecte el árbol de transmisión en la junta. universal posterior, luego saque con cuidado la brida del eje de la caja de prolongación de la transmisión. No deforme o raye las estrías.

3. Desconecte las varillas de control de la palanca del cambio y el cable del velocímetro.

4. Saque el interruptor de luz de marcha atrás, si existe.

5. Soporte el motor.

6. Saque el miembro transversal y el aislador de caucho en los modelos que llevan la transmisión A-390. En todos los demás modelos, destornille el aislador o montura del miembro transversal. Soporte la transmisión con un gato hidráulico.

7. Saque los tornillos de fijación de la transmisión a la carcasa del embrague.

8. Deslice hacia atrás la transmisión hasta que el eje del piñón se aparte completamente del embrague, luego baje la transmisión para sacarla del vehículo.

9. El montaje se realiza siguiendo el orden inverso al empleado en el desmontaje. Antes de introducir el eje del piñón de la transmisión en el embrague, asegúrese de que el agujero de la caja del embrague, el disco y la cara están alineados. Los tornillos de fijación de la caja del embrague, a la transmisión se aprietan con un par de 50 libras-pie.

10. Llene con lubricante.

11. Ajuste los enlaces de la palanca de cambio.

12. Circule para comprobar si todo es correcto.

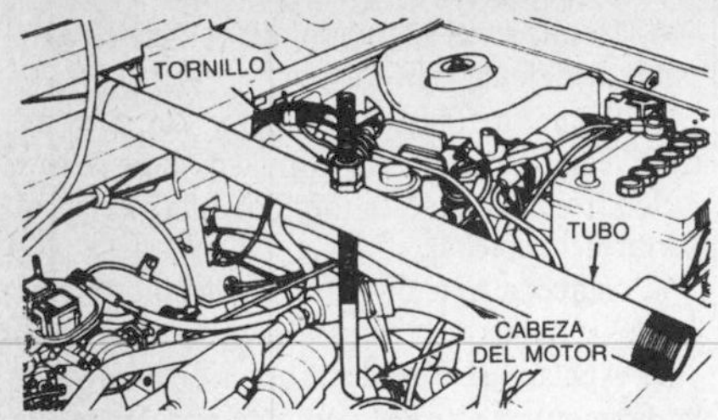

Construcción de un soporte para el motor

Modelos de 4 velocidades con tracción en las 4 ruedas

1. Levante y apoye el vehículo. Ponga el cambio en alguna marcha. Descargue el lubricante.

2. Desconecte la junta universal y afloje la tuerca de fijación de la brida.

3. Desconecte el freno de mano (si está unido a la transmisión) y el cable del velocímetro de la transmisión.

4. Desmonte el fiador de la palanca apretándolo hacia abajo, haciendo girarlo un poco en sentido contrario a las agujas del reloj y luego soltándolo.

5. Saque la palanca junto con sus muelles y arandelas.

6. Apoye la parte posterior del motor y retire el miembro transversal. Saque los tornillos que unen la transmisión al alojamiento del embrague y retire la transmisión hasta que el piñón de ataque se separe del embrague, luego saque la transmisión.

7. Para el montaje, vierta 1/2 cucharilla de grasa de fibra corta en el casquillo del eje del piñón, procurando que no vaya grasa en el costado del volante.

8. Alinee le disco de embrague y la placa posterior con un eje del piñón que sea de repuesto o bien con una herramienta de alineación del embrague, y luego monte con cuidado la transmisión.

9. Coloque los tornillos de fijación de la transmisión a la caja, apretándolos con un par de 50 libras-pie. Vuelva a colocar el miembro transversal.

10. Monte la palanca de cambio, ponga una marcha y apriete la tuerca de la brida con un par de 95 a 105 libras-pie.

11. Monte la junta universal, el cable del velocímetro y el del freno.

12. Ajuste el embrague.

13. Ponga el tapón de descarga de la transmisión y llénela con lubricante.

14. Haga una prueba de rodaje.

Modelos de 3 y 4 velocidades con tracción en las 4 ruedas

1. Levante y apoye el vehículo. Descargue el lubricante.

2. Saque la placa protectora, si hay alguna.

3. Desconecte el cable del velocímetro.

4. Desconecte y marque las posiciones respectivas de los árboles de transmisión anterior y posterior. Suspenda cada árbol de un lugar adecuado; no permita que cuelguen libremente.

5. Desconecte las varillas de cambio de la caja de transferencia. En las transmisiones de 4 velocidades, saque el fiador de la palanca de cambio, empujándolo hacia abajo y haciéndolo girar en sentido contrario a las agujas del reloj. Saque la palanca de cambio junto con los muelles y arandelas.

6. Saque el árbol de transmisión posterior. Haga marcas de posición entre el árbol y las juntas en U antes de sacar dicho árbol de transmisión.

7. Soporte la caja de transferencia.

8. Saque los tornillos de fijación de la extensión a la caja de transferencia

9. Desplace hacia atrás la caja de transferencia a fin de que quede libre de la ranura del eje de ataque.

10. Baje y retire la caja de transferencia.

11. Desconecte el interruptor de marcha atrás.

12. Soporte el motor.

13. Soporte la transmisión.

14. Saque el miembro transversal de la transmisión.

15. Saque los tornillos que unen la transmisión a la caja del embrague.

16. Desplace la transmisión hacia atrás hasta que el eje principal se separe del disco de embrague.

17. Baje y retire la transmisión.

18. El montaje se realiza siguiendo el orden inverso al desmontaje. El casquillo de la transmisión, en su extremo del cigüeñal, precisa grasa resistente a altas temperaturas. Se empleará grasa de uso múltiple. No lubrique el extremo del eje principal, las estrías del embrague o las palancas de accionamiento del embrague. Ajuste los enlaces del cambio en las transmisiones de 3 velocidades.

Multiplicador de 4 velocidades

1. Desconecte el cable negativo de la batería. Levante y apoye el vehículo. Descargue el lubricante.

2. Saque los tornillos de fijación de la protección del piso y levante dicha protección para sacarla de la palanca del cambio.

3. Saque la palanca del cambio, las pinzas de fijación, arandelas y varillas de control del cambio de marchas.

4. Saque los dos tornillos y arandelas que fijan el cambio a la placa de la caja de prolongación y retire el cambio.

5. Descargue el fluido de la transmisión.

6. Desconecte el eje de accionamiento de la junta universal posterior, haciendo señales en las piezas para poder volver a montarlas en las mismas posiciones. Saque con cuidado la garra del eje de la caja de prolongación de la transmisión.

7. Desconecte el cable del velocímetro y los cables del interruptor de la luz de marcha atrás.

8. Monte la fijación del soporte del motor C3487-A u otra equivalente. Asegúrese de que los puntos de apoyo están bien apretados contra la brida del cárter.

9. Levante un poco el motor con la fijación de soporte. Desconecte la caja de prolongación del miembro transversal central.

10. Sostenga la transmisión con un gato o soporte adecuado y saque el miembro transversal central.

11. Saque los tornillos que unen la transmisión a la caja de embrague. Desplace la transmisión hacia atrás hasta que el piñón de ataque se separe del disco de embrague, antes de bajar la transmisión. Saque la transmisión.

12. El montaje se lleva a cabo siguiendo el orden inverso al desmontaje. Aplique grasa de uso múltiple en el casquillo correspondiente al extremo del cigüeñal, alrededor del extremo interno del casquillo del eje del piñón en el volante y en la zona de apoyo del cojinete del piñón. No ponga grasa al extremo del eje del piñón, las estrías del disco de embrague o las palancas de accionamiento del embrague.

13. Apriete los tornillos de la caja del embrague con un par de 50 libras-pie. Apriete los tornillos del miembro transversal a 30 libras-pie. Apriete las monturas del motor y la transmisión a 50 libras-pie.

14. Llene la transmisión con 7.5 octavos de galón de Dexron II® (o equivalente) para transmisiones automáticas.

15. Haga una prueba de circulación con el vehículo.

Caja de transferencia

DESMONTAJE Y MONTAJE

1. Levante y apoye el vehículo sobre soportes.

2. Saque la placa de protección, si la lleva.

3. Descargue el líquido de la caja de transferencia sacando el tornillo del fondo de la tapa posterior de salida.

4. Desconecte el cable del velocímetro.

5. Desconecte los ejes de salida anterior y posterior. Debe suspenderlos de algún punto adecuado, para que no cuelguen libremente.

6. Desconecte las varillas de cambio de la caja de transferencia.

7. Soporte la caja de transferencia.

8. Saque los tornillos de fijación del adaptador a la caja de transferencia, y desplace dicha caja hacia atrás para que se separe de las estrías de ataque frontal.

9. Baje y retire la caja de transferencia.

10. El montaje se realiza siguiendo el orden inverso al desmontaje. Ajuste los enlaces.

Palancas del cambio

AJUSTE

Van y Pickup A230 y A250

1. Ajuste la longitud de la varilla de 2-3 velocidades de manera que la posición de la palanca de cambio de la columna de dirección, sea la correcta.

2. Monte la varilla de la 1.ª velocidad, la marcha atrás y de la 2.ª y 3.ª velocidades, y coloque cada una en su posición normal, fijándola con una pinza. Afloje ambos tornillos de apriete del cambio.

3. Mueva la palanca de la 2.ª y 3.ª velocidades a la tercera posición (esto equivale a mover hacia adelante la palanca delantera). Mueva la palanca de la columna de dirección hasta situarla unos cinco grados por encima de la horizontal. Apriete el tornillo de fijación del cambio.

4. Ponga el cambio en el punto muerto. Coloque una herramienta adecuada entre la hoja de traspaso y la palanca 2 y 3 en la columna de dirección, de manera que ambos pasadores de la palanca queden acoplados por medio de la hoja de traspaso.

5. Ponga la palanca de 1.ª velocidad y retroceso en el punto muerto. Apriete el tornillo de fijación.

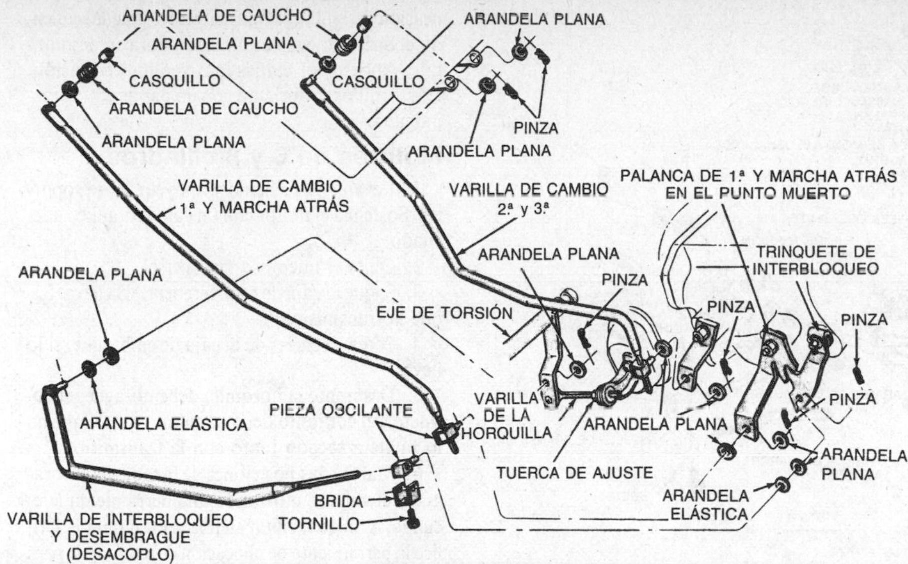

Enlaces del cambio del tipo A250

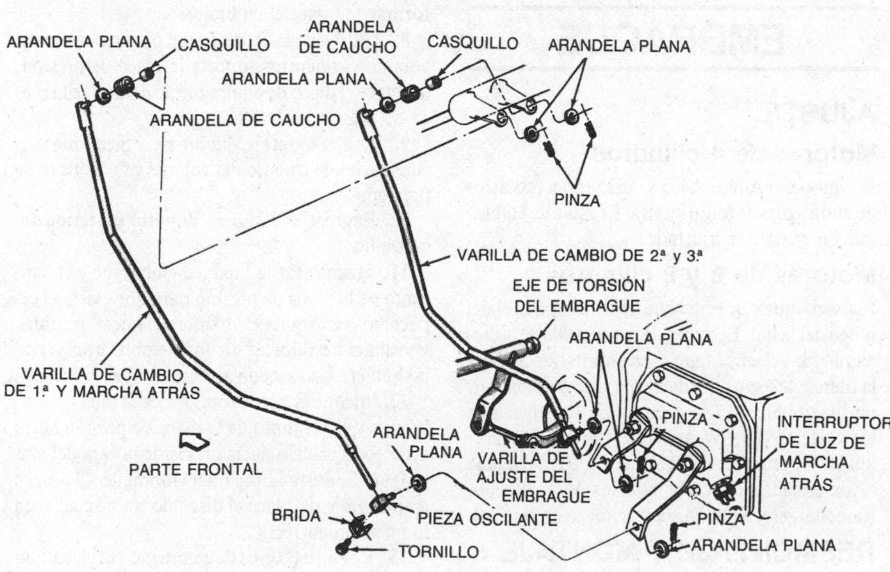

Enlaces del cambio del tipo A230

6. Retire la herramienta colocada en la hoja de traspaso, y compruebe si todas las velocidades entran con suavidad.

Ramcharge y Trail Duster A230

1. Saque ambas fijaciones oscilantes del cambio de las palancas del cambio. Asegúrese de que las palancas del cambio están en punto muerto (en el tope central).

2. Mueva la palanca del cambio para que se alinee con las ranuras del fondo de la caja de la columna de dirección y la caja de soporte.

3. Coloque una herramienta adecuada entre la hoja de traspaso y la palanca 2 y 3 de la columna de dirección, de manera que ambos pasadores de la palanca queden acoplados por medio de la hoja de traspaso.

4. Ponga la palanca de 1.ª velocidad y retroceso del cambio en la posición de retroceso (girando en el sentido del reloj).

5. Ajuste la varilla oscilante de la 1.ª velocidad y marcha atrás aflojando el tornillo de apriete y deslizando la pieza a lo largo de la varilla de manera que entre la palanca de la 1.ª velocidad y marcha atrás en la transmisión. Apriete de nuevo el tornillo de fijación.

6. Saque la herramienta colocada en la caja de cambio, y sitúe la palanca de la transmisión en el punto muerto.

7. Ajuste la 2.ª y 3.ª varillas oscilantes, aflojando el tornillo de apriete y desplazando la pieza a lo largo de la varilla hasta que entre la palanca 2.ª y 3.ª de la transmisión. Monte las arandelas y pinzas. Apriete el tornillo de fijación.

8. Retire la herramienta de la hoja de traspaso de la columna de dirección y pruebe todas las marchas de la transmisión para verificar la suavidad y ajuste del cambio.

Todos los modelos A390

1. Afloje las dos piezas oscilantes de las varillas de cambio. Asegúrese de que las palancas del cambio se encuentran en el punto muerto (tope central).

2. Mueva la palanca de cambio para alinearla con las ranuras de posicionamiento que hay en el fondo de la caja de la columna de dirección y la caja de soporte. Coloque una herramienta adecuada en la ranura.

3. Coloque una herramienta adecuada entre la hoja de traspaso y la palanca de la 2.ª y 3.ª velocidades, en la columna de dirección, de manera que ambos pasadores queden acoplados mediante la hoja de traspaso.

4. Apriete los dos tornillos de fijación de la pieza oscilante. Saque la herramienta colocada en el cambio.

5. Saque la herramienta de la hoja de traspaso en la columna de dirección y ponga todas las marchas para comprobar su ajuste y suavidad.

6. Compruebe el correcto funcionamiento de la columna de dirección en retroceso. Con el ajuste correcto, el encendido sólo se cerrará en marcha atrás, con la mano alejada de la palanca de cambio.

Multiplicador de 4 velocidades

1. Coloque el cambio de sobre el piso en el punto muerto. Introduzca una broca de 1/4 de pulgada por el fondo de la palanca para que dicha palanca se mantenga fija en su posición.

2. Afloje las varillas del cambio. Asegúrese de que las tres palancas de la transmisión se encuentran en sus puntos muertos.

3. Ajuste las varillas del cambio para que su longitud sea la adecuada para alojarse exactamente en las palancas de cambio. Empiece con las varillas de la 1.ª y 2.ª velocidades. Puede ser necesario sacar la pinza del extremo de la pieza oscilante de la varilla a fin de poder hacerla girar.

4. Vuelva a colocar arandelas y pinzas.

5. Saque la broca y compruebe el funcionamiento del cambio.

Eje de transmisión

Para fijar los enlaces en su lugar, antes de su ajuste, se utiliza un pasador de doble extremo.

1. Saque el tornillo de la parte superior e inserte el otro extremo bloqueando los enlaces en su sitio.

2. Los enlaces se fijan en el tope del punto muerto, entre las marchas 1.ª y 2.ª.

3. Alinee las marcas que hay en los enlaces.

4. Saque el pasador y vuélvalo a colocar en su posición original. Compruebe el funcionamiento del cambio.

Acoplamiento del embrague

AJUSTE

A250 de 3 velocidades

Este ajuste tan sólo se requiere en las transmisiones A250 de 3 velocidades. Se trata de una unidad de tapa superior que tan sólo sirve como equipo

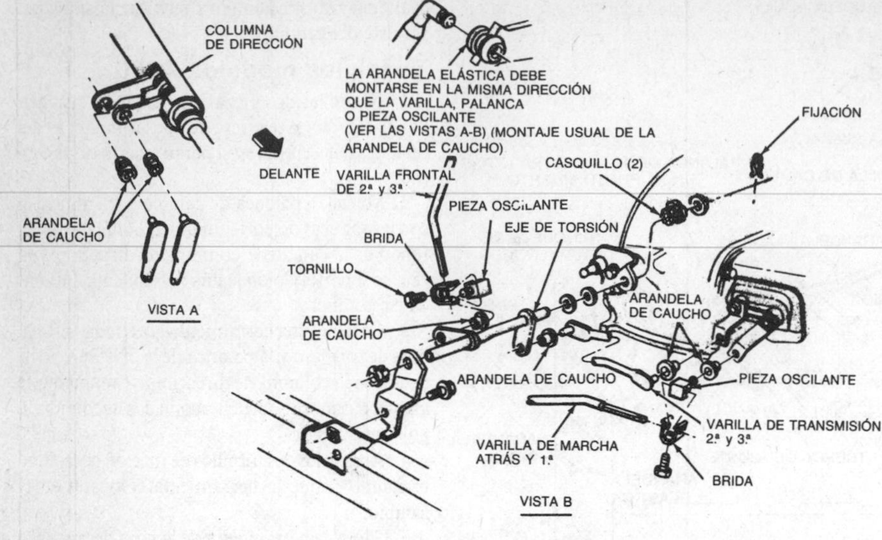

Enlaces del cambio tipo A390

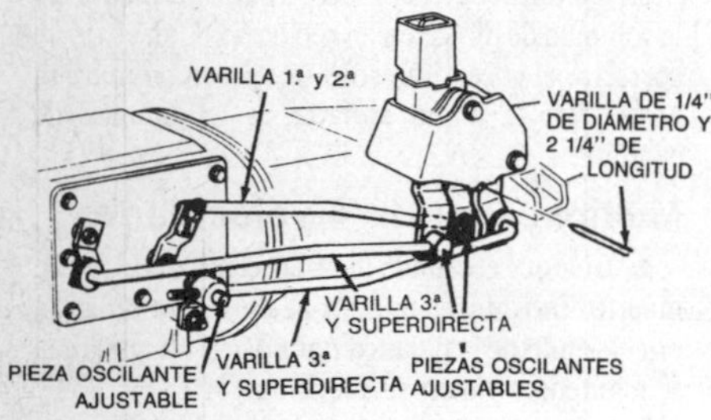

Ajustes del cambio de 4 marchas y multiplicadora

básico en los modelos ligeros de 6 cilindros. Tan sólo tiene sincronizadas la segunda y tercera velocidades.

1. Desconecte la pieza oscilante de la varilla del cambio del trinquete de acoplamiento. Ajuste el juego del pedal de embrague.

2. Ponga el cambio en el punto muerto. Afloje el tornillo de fijación de la pieza oscilante y desplace dicha pieza hasta que el trinquete se encuentre totalmente dentro de la ranura de la palanca de marcha atrás y primera. Coloque arandelas y pinza.

3. Sostenga el trinquete de acoplamiento hacia adelante mientras apriete el tornillo de fijación de la pieza oscilante. Durante el ajuste, el pedal de embrague debe estar completamente en su posición de retorno.

NOTA: No haga retroceder la varilla del embrague para que la pieza oscilante se acople con el trinquete.

4. Coloque el cambio en la primera y marcha atrás, y deje el pedal de embrague en cada marcha para verificar el trabajo normal del embrague. Luego, cambie a medio camino entre el punto muerto y cada una de las marchas, y suelte el embrague. El acoplamiento debe mantenerlo dentro de una o dos pulgadas del piso.

EMBRAGUE

AJUSTE

Motores de 4 cilindros

Los modelos A460, A465 y A525 están provistos de embragues autoajustables. El cable de embrague no puede ser ajustado.

Motores de 6 y 8 cilindros

El único ajuste que hay que llevar a cabo es el del juego del pedal. El ajuste de la horquilla de accionamiento del embrague se realiza haciendo girar la tuerca de seguridad de ajuste a fin de conseguir un juego libre de 1/8 pulgada (3/32 pulgada en los modelos Van y Wagon) en el extremo de la horquilla. De este modo se obtienen la 1 1/2 pulgada recomendada (1 en los modelos Van, Wagon, Ramcharger y Trail Duster) de juego en el pedal.

DESMONTAJE Y MONTAJE

Motores de 4 cilindros

1. Saque el eje de transmisión.

2. Señale las posiciones relativas entre la tapa del embrague y el volante a fin de facilitar su montaje.

3. Monte una herramienta de alinear embragues para que sirva de soporte.

4. Afloje una o dos vueltas los tornillos de fijación, sucesivamente, para evitar que la tapa se deforme.

5. Saque la placa de presión y el disco de embrague.

6. En caso necesario repare el cojinete y la horquilla.

7. Compruebe si existen pérdidas de aceite en el retén principal posterior. En caso necesario, proceda a su reparación. Examine la superficie del volante, sustituyendo dicho volante si estuviera muy estropeado.

8. Coloque el disco de embrague en la debida posición y apriete el conjunto del plato de presión sobre el volante. Coloque la herramienta de alineación del embrague y monte el embrague siguiendo el orden inverso al utilizado para su desmontaje. Apriete por etapas los tornillos de fijación. Los tornillos se aprietan con un par de 250 libras-pulgada.

Motores de 6 y 8 cilindros

1. Levante el vehículo y apóyelo sobre soportes. Sostenga el motor con un gato hidráulico adecuado.

2. Quite el miembro transversal.

3. Saque la caja de transferencia, si la lleva. Saque la transmisión.

4. Saque el cárter de la caja de embrague, si lo lleva.

5. Desmonte la horquilla del embrague, el cojinete y el conjunto del manguito, caso de que no lo hubiera sacado junto con la transmisión.

6. Marque las posiciones de la tapa del embrague y el volante utilizando una herramienta adecuada, a fin de facilitar su posterior montaje. Utilice la herramienta de alineación del embrague para que sirva de soporte.

7. Saque los tornillos de fijación de la tapa del embrague, aflojándolos regularmente para no deformar la tapa del embrague.

8. Tire de la placa de presión para separarla del volante y, mientras soporta la placa de presión, desplace el disco de embrague de dentro de la placa de presión y el volante.

9. Para el montaje, limpie muy bien todas las superficies de trabajo del volante y de la placa de presión.

10. Engrase el radio en la parte posterior del casquillo.

11. Haga rotar la tapa del embrague y el conjunto de la placa de presión para que exista el espacio máximo entre el volante y el miembro transversal del bastidor, si dicho miembro transversal no hubiera sido sacado al desmontar el embrague.

12. Incline el borde superior de la tapa del embrague y el conjunto de la placa de presión hacia atrás y desplácelo hacia arriba de la caja del embrague. Soporte la tapa del embrague y la placa de presión y desplace el disco de embrague hasta la posición correcta.

13. Coloque el disco de embrague y la placa contra el volante e introduzca un eje de recambio del engranaje de la transmisión o bien una herramienta especial para el montaje del embrague a través del cubo del disco de embrague y dentro del cojinete del eje principal.

14. Haga rotar la tapa hasta que las marcas de punzón que hay sobre la tapa queden alineadas con las del volante.

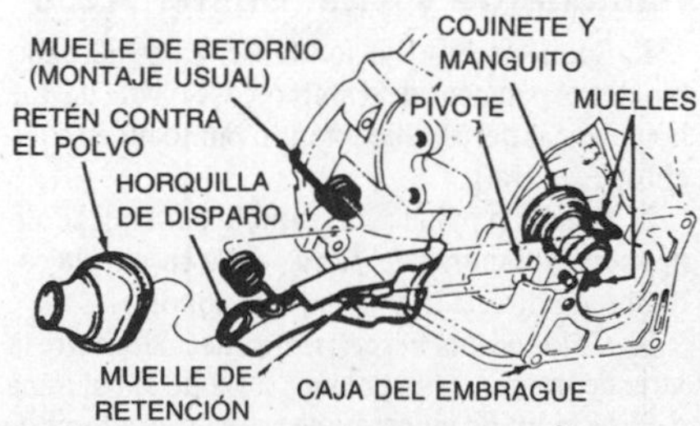

Horquilla de disparo del embrague, cojinete y manguito

15. Atornille la tapa sobre el volante, pero sin apretarla. Los tornillos de la tapa se van apretando unas pocas vueltas cada vez, progresivamente, hasta que estén totalmente apretados. Luego acabe de apretarlos con un par de 20 libras-pie.

16. Monte la transmisión.

17. Monte los miembros transversales del bastidor y aislador, apretando todos los tornillos.

EJE DE TRANSMISIÓN AUTOMÁTICO

DESMONTAJE Y MONTAJE

El eje de transmisión automático se puede sacar estando el motor todavía montado en el vehículo, pero hay que desmontar el eje transversal y el convertidor como un conjunto. La placa de accionamiento, el retén de la bomba de aceite y el casquillo de la bomba no pueden soportar pesos como el convertidor. Si el convertidor no fuera sacado con el eje de transmisión, podrían ocasionarse averías.

1. Desconecte el cable negativo de la batería.

2. Desconecte los enlaces de la válvula de mariposa y del cambio que se encuentran en el eje de transmisión.

3. Levante el vehículo y apóyelo sobre soportes para que esté bien seguro.

4. Saque las ruedas delanteras. Saque los protectores interiores del guardabarros.

5. Descargue el líquido del eje de transmisión. Saque el adaptador del velocímetro, el cable y el piñón de accionamiento formando un conjunto.

6. Saque la barra de inclinación. Saque los tornillos que unen a la rótula inferior con la mangueta de dirección. Apalanque la rótula inferior para sacarla de la mangueta.

7. Saque los palieres de los cubos de las ruedas delanteras. Véa en la próxima sección cómo desmontar los *palieres*.

8. Señale las posiciones entre el convertidor de par y la placa de accionamiento. Saque los tornillos de fijación del convertidor de par. En algunos modelos, se puede sacar el guardabarros delantero derecho para disponer de sitio para hacer rotar el motor.

9. Saque el tubo inferior del refrigerador de aceite, si lo lleva. Desconecte cualquier tipo de conexión de cables (interruptor de seguridad de punto muerto, etc.).

10. Monte un soporte portátil para el motor, o ingenie un sistema para soportar el motor desde la parte superior del mismo.

11. Saque los tornillos superiores de la carcasa. Saque el soporte de montura del motor del miembro transversal frontal. Sostenga la transmisión.

12. Saque los tornillos «pasantes» del aislador de la montura delantera y de la carcasa acampanada.

13. Saque el largo tornillo «pasante» de la montura izquierda del motor.

14. Levante el eje de transmisión, sacando cualquier tornillo que quedara y sepárelo del motor. Baje lentamente el eje de transmisión hasta colocarlo en el suelo.

15. El montaje se lleva a cabo siguiendo el orden contrario al empleado para el desmontaje. Llene el eje de transmisión con la cantidad necesaria de Dexron II® . Compruebe si existen pérdidas.

NOTA: Las juntas del cárter se hacen con selladora RTV, siguiendo las indicaciones que figuran en el tubo para su aplicación.

Enlaces del cambio

AJUSTE

NOTA: Siempre que deba desmontarse el cable de enlace de la palanca, que lleva arandelas de plástico como fijaciones, dichas arandelas deberán ser cambiadas.

1. Asegúrese de que el bloque oscilante puede desplazarse libremente por el cable del cambio.

2. Coloque la palanca del cambio en posición de aparcamiento.

3. Con el enlace montado, y el tornillo de bloqueo del bloque oscilante aflojado, mueva el cambio en el eje de transmisión todo el recorrido hasta llegar al tope posterior.

4. Apriete el tornillo de bloqueo del bloque oscilante con un par de 8 libras-pie.

5. Compruebe el funcionamiento del enlace.

NOTA: El botón de disparo del selector de marchas de la transmisión automática puede saltar cuando se pasa de la posición de APARCAMIENTO a la de MARCHA, lo cual se debe a una retención incorrecta de la lengüeta que sostiene el botón de disparo. El botón de disparo siempre trabajará pero puede ser molesto si está suelto. Para corregir este defecto, hay un manguito y arandelas. Si no dispusiera de ello, proceda del siguiente modo:

1. Saque el botón de disparo.

2. Corte y pliegue un pedazo normal de papel igual como el vástago.

3. Con ayuda de unas pinzas, introduzca el papel doblado todo lo que pueda dentro de la ranura. La pieza debe quedar debajo de la superficie del botón.

4. Coloque el botón. procurando no romper el vástago del mismo.

Cable del acelerador

AJUSTE

1. Ajuste la velocidad al ralentí tal como se ha descrito antes.

2. Haga funcionar el motor hasta que alcance la temperatura normal de marcha.

3. Afloje el tornillo de fijación del bloque de ajuste.

4. Asegúrese de que el bloque de ajuste puede desplazarse libremente en su ranura.

5. Sostenga firmemente la palanca de la transmisión hacia atrás, contra su tope interno, y apriete el tornillo de fijación del bloque con un par de 105 libras-pulgada.

6. Compruebe el funcionamiento del cable.

Conexión

AJUSTES

Conexión frontal (reducción)

Chrysler recomienda efectuar el ajuste de las conexiones cada vez que se lleva a cabo un cambio de líquido. El tornillo de ajuste se encuentra a la izquierda de la caja.

1. Afloje la contratuerca y haga retroceder la tuerca unas cinco vueltas.

2. Apriete el tornillo de ajuste de la conexión, con un par de 72 libras-pulgada.

3. Haga retroceder el tornillo de ajuste exactamente 2,5 vueltas.

4. Sostenga el tornillo de ajuste y apriete la contratuerca con un par de 35 libras-pie.

Conexión posterior (Inferior e inversión)

1. Descargue el líquido y saque el cárter del eje de transmisión.

2. Afloje y haga retroceder la contratuerca, aproximadamente unas 5 vueltas. Utilizando una llave dinamométrica de libras-pulgada, apriete el tornillo de ajuste con un par de 45 libras-pulgada.

3. Haga retroceder el tornillo de ajuste 3.5 vueltas.

4. Apriete la contratuerca con un par de 10 libras-pie.

5. Vuelva a montar el cárter de aceite y llénelo con el líquido adecuado.

Interruptor de puesta en marcha en punto muerto

El circuito de arranque en punto muerto es el contacto central de tres interruptores terminales situados en la caja de transmisión.

1. Saque el conector de cables y compruebe si existe continuidad entre el pasador central y la caja. Tan sólo debe existir continuidad en las posiciones de aparcamiento y punto muerto.

2. Saque el interruptor y compruebe si las palancas de accionamiento están centradas en la abertura del interruptor.

3. Monte el interruptor y una junta nueva, apretándolo con un par de 24 libras-pie. Vuelva a efectuar la comprobación con una lámpara.

4. Vuelva a llenar con el líquido que se hubiera podido perder.

5. Si los enlaces del cambio son correctos, y el interruptor todavía funciona mal, deberá cambiar dicho interruptor.

Cárter, líquido y filtro

DESMONTAJE Y MONTAJE

NOTA: Se emplea una masilla RTV de siliconas en lugar de una junta de cárter.

Chrysler recomienda no efectuar ningún cambio de líquido o filtro durante la vida normal del vehículo. En caso de un empleo muy duro, se deberá efectuar un cambio de líquido y filtro cada 15,000 millas. Consideraremos que el vehículo está sometido a un empleo duro cuando:

1. Hace más del 50 % de recorrido por ciudad con mucho tráfico y con temperaturas de 90°F.

2. Se utiliza para fines comerciales o como vehículo tractor de un remolque.

NOTA: Cuando se efectúe el cambio de líquido, tan sólo deberá emplearse Dexron II® . El cambio de filtro debe hacerse cada vez que se cambie el líquido.

1. Levante el vehículo y apóyelo sobre soportes.

2. Coloque un recipiente grande debajo del cárter, afloje los tornillos del cárter y dé un golpe en

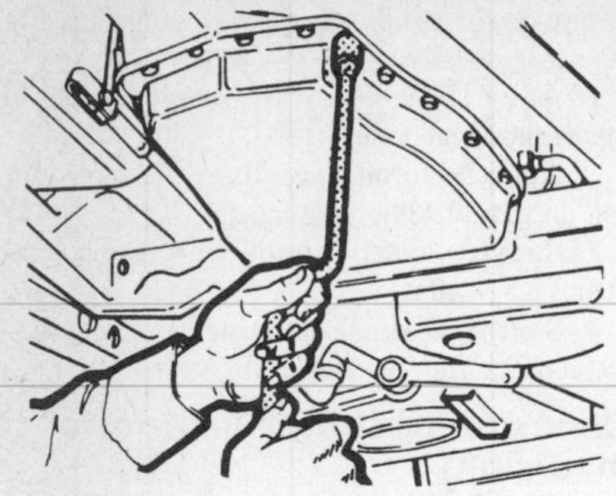
Sacando los tornillos del cárter de la transmisión

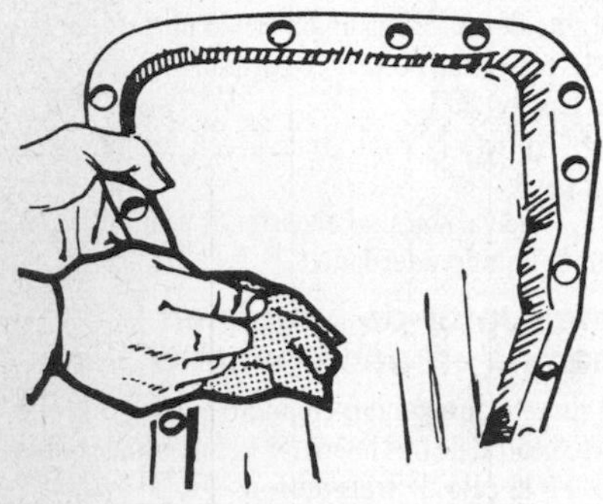
Limpie el cárter con disolvente de seguridad y un trapo

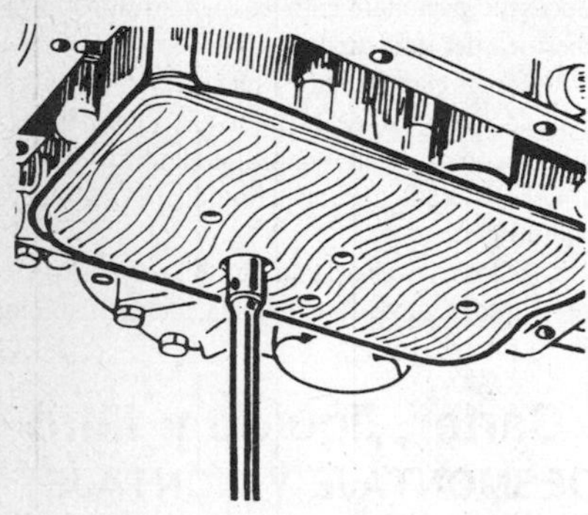
Saque los tornillos de fijación del filtro

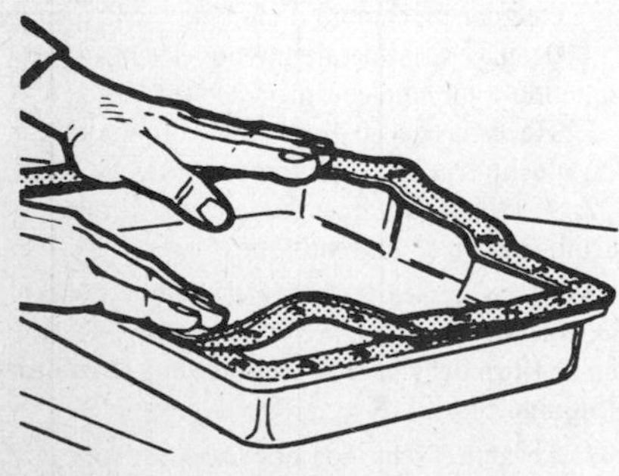
Coloque una junta nueva

uno de los bordes para que se desprenda. Descargue el líquido.

3. Una vez descargado el líquido, saque los tornillos del cárter.

4. Saque los tornillos de fijación y sustituya el filtro. Apriete los tornillos con un par de 35 libras-pulgada.

5. Limpie el cárter del líquido, elimine toda la selladora RTV de silicona vieja y monte el cárter, utilizando un nuevo cordón de 1/8 pulgada de selladora RTV nueva. Siempre debe hacer pasar el cordón de silicona por el interior de los agujeros. Apriete los tornillos del cárter con un par de 165 libras-pulgada.

6. Vierta cuatro cuartos de galón de líquido Dexron II® por el tubo de llenado.

7. Ponga el motor en marcha y deje que funcione a la velocidad de ralentí durante por lo menos 2 minutos. Ponga el freno de mano y mueva el selector de una a otra posición, terminando en la de aparcamiento.

8. Añada suficiente líquido para que el nivel llegue a la marca LLENO de la varilla. El nivel debe comprobarse en posición de aparcamiento, con el motor al ralentí y a temperatura normal de funcionamiento.

TRANSMISIÓN AUTOMÁTICA

DESMONTAJE Y MONTAJE

1. Desmonte el conjunto formado por la transmisión y el convertidor; de no hacerse así podría sufrir daños el casquillo de la bomba del convertidor y el retén de aceite. La placa de accionamiento no debe soportar ninguna carga. Por lo tanto, no hay que permitir que el peso de la transmisión descanse sobre la placa durante su desmontaje. En caso necesario, saque la caja de transferencia.

2. Fije un interruptor de control remoto del motor de arranque en el solenoide del mismo, de manera que se pueda hacer funcionar el motor desde debajo del vehículo.

3. Desconecte el cable de alta tensión de la bobina de encendido.

4. Saque los protectores de salpicaduras.

5. Descargue el líquido de la transmisión.

6. Haga marcas de posición entre el convertidor y la placa de accionamiento para facilitar el posterior montaje.

7. Haga rotar el motor con el interruptor de control remoto a fin de que los dos tornillos entre el convertidor y la placa de accionamiento queden situados en la posición de 5 y 7 horas del reloj. Saque los dos tornillos, vuelva a hacer rotar el motor y retire los otros dos tornillos.

ATENCIÓN

No haga rotar el convertidor en la placa de accionamiento utilizando un destornillador o herramientas similar como palanca, ya que la placa de accionamiento podría quedar deformada. Tampoco el motor de arranque debe acoplarse si la placa de accionamiento no está fijada al convertidor con, por lo menos, un tornillo o bien están flojos los tornillos entre la caja de transmisión y el monobloque.

8. Desconecte el cable de masa de la batería. Saque los apoyos entre el motor y la transmisión, si ello es preciso. En algunos modelos también puede verse obligado a sacar el sistema de escape.

9. Desmonte el motor de arranque.

10. Saque el cable del motor neutral de arranque.

11. Saque el cable o la varilla del cambio de marchas de la transmisión y la palanca.

12. Desconecte la varilla de la válvula de mariposa del lado izquierdo de la transmisión.

13. Desconecte los tubos del refrigerador de aceite de la transmisión y saque el tubo de llenado de aceite. Desconecte el cable del velocímetro.

14. Desconecte el árbol de transmisión.

15. Monte el soporte del motor para sostener la parte posterior del citado motor.

16. Levante lentamente la transmisión con un gato hidráulico a fin de eliminar la carga y retire el soporte o el miembro transversal. Saque todos los tornillos de la caja y, con cuidado, haga retroceder la transmisión y el convertidor para sacarlos de las espigas del motor, desacoplando el cubo del convertidor del extremo del cigüeñal.

ATENCIÓN

Fije una pequeña brida C al borde de la caja a fin de mantener el convertidor en su sitio durante la extracción de la transmisión; en caso contrario, podría dañarse el casquillo delantero de la bomba.

NOTA: Monte la transmisión y el convertidor formando un conjunto. La placa de accionamiento no debe soportar ninguna carga. No permita que el peso de la transmisión descanse sobre la placa mientras se lleva a cabo el montaje.

17. Haga girar los rotores de la bomba hasta que las proyecciones estén en posición vertical.

18. Deslice cuidadosamente el grupo convertidor sobre el eje de entrada y el árbol de reacción. Asegúrese de que las ranuras del impulsor del convertidor también están en posición vertical y totalmente acopladas con las proyecciones del rotor interno delantero de la bomba.

19. Utilice una brida C en el borde de la caja del convertidor a fin de mantener dicho convertidor en su sitio durante el montaje de la transmisión.

20. La placa de accionamiento del convertidor debe estar desprovista de deformaciones y los tornillos entre dicha placa y el cigüeñal han de estar apretados con un par de 55 libras-pie.

21. Con ayuda de un gato, coloque el conjunto de la transmisión y el convertidor alineado con el motor.

22. Haga rotar el convertidor para que la marca del mismo (hecha al desmontarlo) coincida con la marca de la placa de accionamiento. Los agujeros desplazados de la placa están situados junto al agujero de 1/8 del círculo interior de la placa. Una V estampada indica el agujero desplazado de la tapa frontal del convertidor. Avance con cuidado el conjunto de la transmisión hacia las espigas del monobloque de manera que el cubo del convertidor penetre en la abertura del cigüeñal.

23. Monte los tornillos entre la caja del convertidor y el motor y apriételos con un par de 28 libras-pie.

24. Monte los dos tornillos inferiores entre la

placa de accionamiento y el convertidor, y apriételos con un par de 270 libras-pulgada.

25. Monte los apoyos entre el motor y la transmisión, en caso necesario. Monte el motor de arranque y conecte el cable de masa de la batería.

26. Haga rotar el motor y monte los otros dos tornillos restantes entre la placa de accionamiento y el convertidor.

27. Monte el miembro transversal y apriete los tornillos de fijación con un par de 90 libras-pie. Baje la transmisión de manera que la caja de prolongación quede alineada y descanse sobre la montura posterior. Coloque los tornillos y apriételos con un par de 40 libras-pie.

28. Saque el gato de la transmisión y el soporte del motor, luego coloque los tirantes debajo de la transmisión.

29. Vuelva a montar el árbol de transmisión.

30. Conecte los tubos del refrigerador de aceite, coloque el tubo de llenado de aceite y conecte el cable del velocímetro.

31. Conecte el cable o varilla del cambio de marchas y el conjunto del eje de torsión a la caja de transmisión, y a la palanca.

32. Conecte la varilla de la válvula de mariposa a la palanca del costado izquierdo de la caja de la transmisión.

33. Conecte el cable al interruptor de retroceso y de arranque en punto muerto.

34. Monte la placa de tapa en la parte frontal del conjunto convertidor.

35. Llene la transmisión con líquido adecuado.

36. Ajuste los enlaces del acelerador y del cambio de marcha.

MANTENIMIENTO DEL CÁRTER Y DEL FILTRO

1. Levante la parte frontal del vehículo y apóyelo sobre soportes. Coloque una cubeta grande debajo de la transmisión.

2. Afloje los tornillos de fijación del cárter y dé un golpe en uno de los bordes para que se suelte dicho cárter.

3. Deje que el líquido caiga dentro de la cubeta preparada al efecto.

4. Una vez descargada la mayor parte del líquido, saque con cuidado los tornillos de fijación, baje el cárter y descargue el resto del líquido.

5. Saque los tornillos de fijación del filtro y retire dicho filtro.

6. Monte un filtro nuevo. Apriete los tornillos con un par de 35 libras-pulgada.

7. Limpie completamente el cárter con un disolvente seguro y deje que se seque.

8. Con una junta nueva, monte el cárter en la transmisión. Apriete los tornillos de fijación con un par de 150 libras-pulgada.

9. Vierta cuatro cuartos de galón de Dexron® II especial para transmisiones automáticas por el tubo de la varilla de nivel.

10. Ponga el motor en marcha y deje que funcione algunos minutos. Con el freno de mano colocado, mueva lentamente el cambio pasándolo de una a otra posición. Vuelva a situarlo en la posición de punto muerto.

11. Compruebe el nivel del líquido. Añada más líquido, si es preciso, a fin de alcanzar el nivel de «AÑADIR UN OCTAVO DE GALÓN».

12. Haga funcionar el vehículo para que la transmisión alcance la temperatura normal de marcha. Vuelva a comprobar el nivel. Debe estar entre las marcas de «AÑADA» y «LLENO».

AJUSTE DE CONEXIÓN

Conexión de reducción

El tornillo de ajuste de la conexión de reducción se encuentra en el costado izquierdo de la caja de transmisión, junto al eje de la palanca del acelerador.

1. Afloje la contratuerca y haga retroceder unas cinco vueltas. Asegúrese de que el tornillo de ajuste puede rotar libremente en la caja.

2. Apriete el tornillo de ajuste con un par de 72 libras-pulgada.

3. Haga retroceder el tornillo de ajuste del modo siguiente: V8 = 21/2 vueltas; 6 cilindros = 2 vueltas; diesel = 2 vueltas. Apriete la contratuerca con un par de 30 libras-pie.

Conexión inferior e inversión

El cárter debe sacarse de la transmisión para tener acceso al tornillo de ajuste de la conexión inferior y de inversión.

1. Saque la placa protectora, si la hay. Descargue el líquido de la transmisión y saque el cárter.

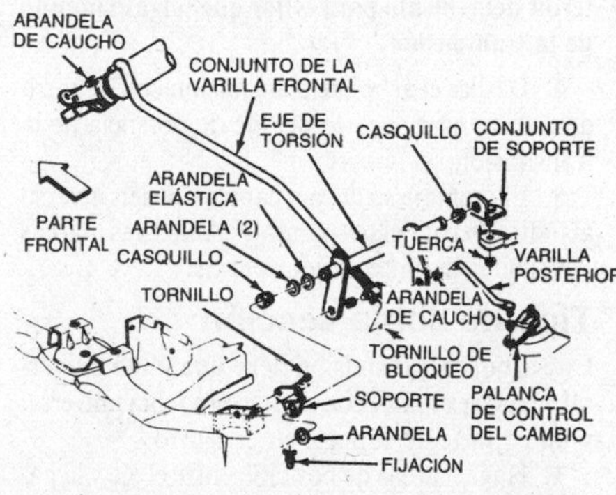

Enlaces del cambio - normales, de 1979 y posteriores

2. Afloje la contratuerca del tornillo de ajuste de la conexión y hágala retroceder unas cinco vueltas. Asegúrese de que el tornillo de ajuste puede rotar libremente en la palanca.

3. Apriete el tornillo de ajuste con un par de 72 libras-pulgada.

4. Haga retroceder el tornillo de ajuste: para todos los «Load Flite» hasta 1980 = 2 vueltas; modelos de 1981 y posteriores A904T y A999 (amplia relación) = 4 vueltas, modelos de 1981 y posteriores A727 = 2 vueltas. Evite que el tornillo de ajuste dé vueltas mientras aprieta la contratuerca con un par de 30 libras-pie.

5. Utilice una junta nueva y monte el cárter de la transmisión. Los tornillos del cárter se aprietan con un par de 150 libras-pulgada. Vuelva a llenar la transmisión con líquido Dexron® II.

Ajuste de los enlaces del cambio

NOTA: Para conseguir un correcto ajuste, se recomienda el montaje de arandelas aislantes nuevas.

1. Coloque la palanca de cambio en posición de aparcamiento.

2. Mueva la palanca de cambio todo el recorrido hacia atrás (hasta el tope de aparcamiento).

3. Ajuste la varilla a la longitud adecuada y móntela sin que se ejerza ninguna carga ni en uno ni en otro sentido. Apriete el tornillo de la pieza oscilante.

4. Los enlaces del cambio deben estar sin ninguna doblez y resultar positivos en todas las posiciones. Asegúrese de que el motor puede ponerse únicamente en marcha cuando la palanca del cambio están en la posición de aparcamiento o de punto muerto. Asegúrese de que la palanca de cambio no salta a una marcha no deseada.

Ajuste de la varilla de reducción del acelerador

1. Haga funcionar el motor hasta que alcance la temperatura normal de marcha. Luego, pare el motor.

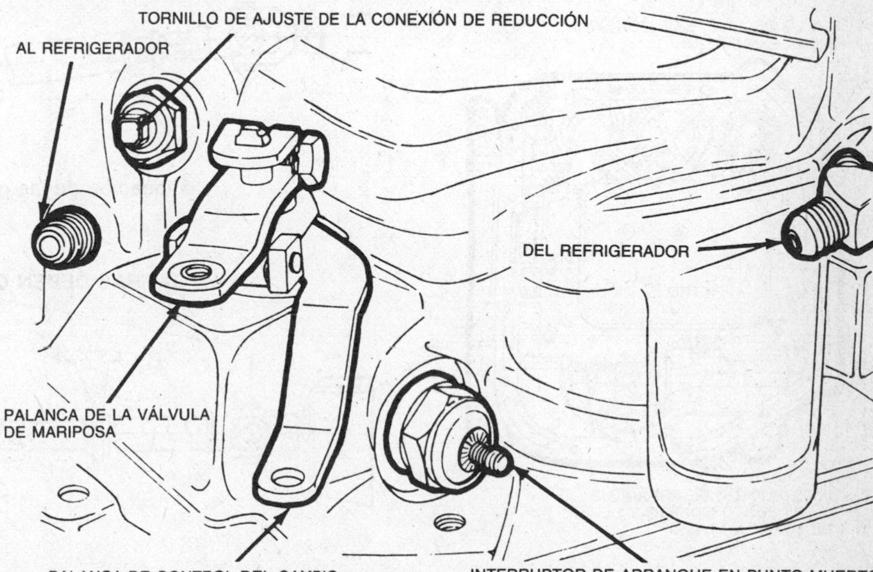

Puntos de ajuste de la oscilación de carga

2. Fije la placa del estrangulador en la posición abierta.

3. Levante el vehículo y apóyelo sobre soportes.

4. Afloje el tornillo de la pieza oscilante de ajuste.

5. Para conseguir el ajuste adecuado, la pieza oscilante debe poder deslizarse libremente a lo largo del extremo plano de la varilla del acelerador, de manera que no limite la acción del muelle de carga previa. En caso necesario, limpie las piezas.

6. Sostenga firmemente la palanca de transmisión hacia adelante, contra el tope interior, y apriete el tornillo de fijación de la pieza oscilante con un par de 100 libras-pulgada. Automáticamente se compensará el juego de los enlaces mediante el muelle de precarga.

Ajuste del interruptor de arranque en punto muerto

El interruptor de seguridad en punto muerto va roscado en la caja de transmisión. Cuando la palanca del cambio se coloca en la posición de aparcamiento o en el punto muerto, una leva que está fijada a la palanca del acelerador de la transmisión, entra en contacto con el interruptor de seguridad y facilita una toma de masa para el solenoide del motor de arranque.

El interruptor de la luz de marcha atrás está incorporado al interruptor de seguridad en punto muerto. La terminal central sirve para el interruptor de seguridad en punto muerto y las dos terminales externas son para las lámparas de marcha atrás.

No existe ningún tipo de ajuste para el interruptor. Si no funciona correctamente, debe sacarse y cambiarse el interruptor.

Para sacar el interruptor, desconecte los cables eléctricos y destornille el interruptor. Utilice una cubeta para recoger el líquido de la transmisión. Emplee un retén nuevo, monte el interruptor de repuesto y apriételo con un par de 24 libras-pie. Luego vuelva a llenar la transmisión.

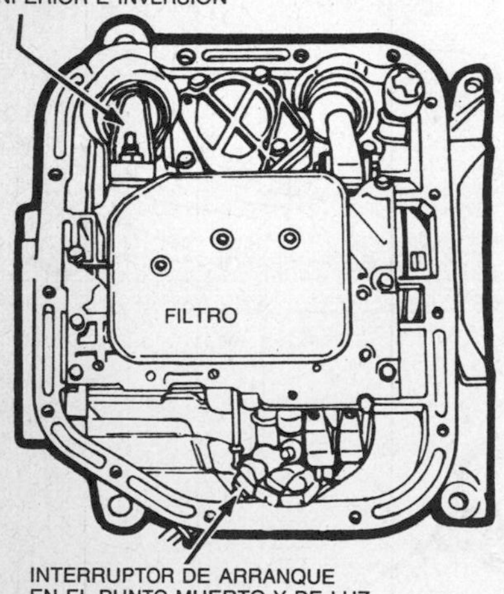

Situación del tornillo de ajuste de conexión inferior e inversión

ÁRBOL DE TRANSMISIÓN Y JUNTAS «U»

DESMONTAJE Y MONTAJE

Transmisión en las ruedas posteriores (tipo de simple sección)

Este árbol de transmisión posee una junta universal en cada extremo y ningún soporte exterior.

1. Levante y apoye el vehículo con la parte posterior elevada.

2. Haga marcas de posición entre el árbol y la brida del piñón para asegurar un buen equilibrado al efectuar el montaje.

3. Saque las dos juntas «U» posteriores y las bridas de casquillo de la brida del piñón del palier trasero. No toque la tira de fijación que mantiene los conjuntos de casquillos en la cruz de juntas «U».

NOTA: No deje que el árbol de transmisión quede colgando durante el desmontaje. Cuélguelo del bastidor con ayuda de un alambre. Antes de sacar el árbol de transmisión, levante el extremo posterior del vehículo para evitar que salga el líquido de la transmisión.

4. Deslice el árbol de transmisión con la garra delantera, para sacarlo del eje de potencia de la transmisión.

5. El montaje se lleva a cabo en orden inverso al indicado para el desmontaje. Alinee las marcas efectuadas durante el desmontaje.

Tipo de doble sección

Este árbol de transmisión tiene una junta universal en cada extremo, con una tercera junta universal y un cojinete de soporte en el centro.

1. Haga marcas de posición entre el eje y la garra del cubo del piñón del palier posterior. Haga marcas de posición entre la ranura del cojinete central y la garra deslizable.

NOTA: No deje que el árbol de transmisión quede colgado durante su desmontaje. Cuélguelo del bastidor. Levante la parte posterior del vehículo para evitar que salga líquido de la transmisión.

2. Saque ambas juntas U posteriores y las bridas de montaje de los casquillos de la garra del piñón del eje trasero. No toque la tira de fijación utilizada para mantener los montajes de los casquillos en la cruz de junta U.

3. Deslice la mitad posterior del eje de las estrías del árbol delantero, en el cojinete central. Saque la mitad posterior.

4. En el extremo de la transmisión de la mitad delantera, retire los tornillos de fijación del casquillo y las bridas, previa su señalización con marcas de posición. Si hay freno del árbol de transmisión, existirán tuercas con brida.

5. Destornille las tuercas y tornillos de montaje del cojinete central y retire la mitad frontal del árbol.

6. Para el montaje, alinee las marcas efectuadas en la transmisión y coloque los tornillos, empezando a fijarlos, así como las tuercas en la junta U delantera y en el cojinete central de apoyo.

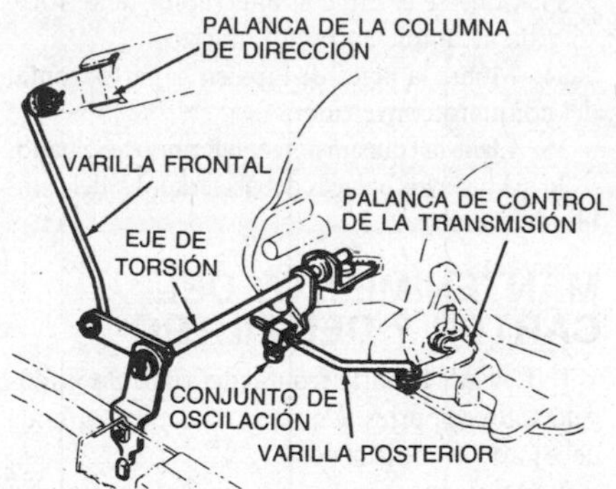

Enlaces de cambio normales - hasta 1978

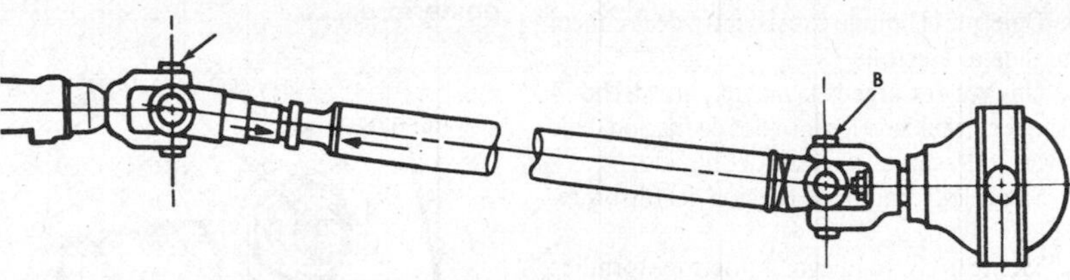

Alineación de las garras de un eje único

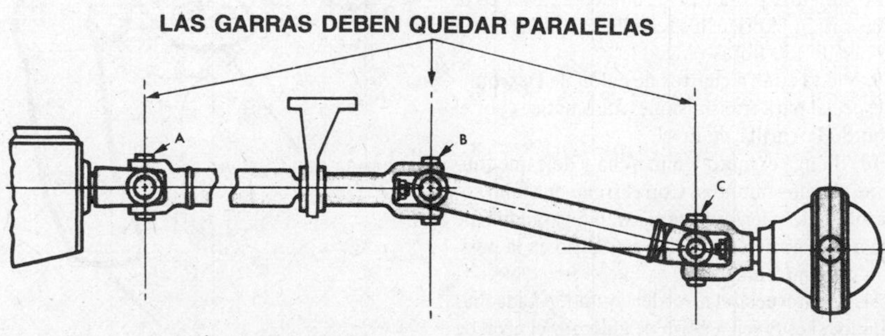

Alineación vertical de las garras del eje de dos piezas

7. Apriete los tornillos de 1/4 pulgada de la brida con un par de 170 libras-pulgada, y los de 5/16 pulgada a 300 libras-pulgada. Las tuercas de brida del freno del árbol de transmisión se aprietan con un par de 35 libras-pie. Apriete hasta el tope los tornillos del cojinete central.

8. Alinee las marcas del árbol posterior y deslice la garra sobre las estrías frontales del árbol.

9. Alinee las marcas de la junta U trasera y monte las bridas de casquillo y tornillos. Apriete los tornillos con el par de apriete indicado en la fase 7. Engrase juntas y estrías.

10. Levante las ruedas posteriores con ayuda de un gato hidráulico y deje que el motor haga rotar el árbol. El cojinete de apoyo central se alineará automáticamente por sí solo.

11. Apriete los tornillos del cojinete central con un par de 50 libras-pie.

Árbol de transmisión frontal con tracción en 4 ruedas

1. Saque los cuatro tornillos y arandelas de seguridad de la brida de la junta U de velocidad constante que hay en la caja de transferencia. Marque las piezas para volver a montarlas en la misma posición. Para evitar que la junta de velocidad constante ruede mientras se sacan las tuercas, utilice una palanca.

2. Saque las tuercas y arandelas de seguridad de los tornillos U en la brida del diferencial, y saque los tornillos U.

3. Soporte el árbol de transmisión y separe la junta U de delante de la garra del árbol, tirando hacia abajo para liberar la brida. El árbol de transmisión nunca debe colgar de ninguna de las juntas universales.

4. Saque el árbol de transmisión.

5. El montaje se realiza siguiendo el orden inverso al indicado.

Junta universal

DESMONTAJE Y MONTAJE

Tipos de anillo de bloqueo y de anillo elástico

1. Golpee los casquillos (copas) ligeramente hacia adentro para suprimir presión de las fijaciones. Saque las fijaciones.

2. Coloque la garra en un tornillo de banco con una base mayor que el casquillo en un costado y otra de menor que el casquillo en el otro costado.

3. Aplique presión, obligando a uno de los casquillos a salir encima de la base mayor.

4. Invierta el tornillo de banco y la disposición de bases, para sacar el otro casquillo y la cruz.

5. Para el montaje, apriete el nuevo casquillo lo bastante para poder colocar la fijación.

Tipo de brida de collar (garra del eje posterior)

Destornille las bridas de collar y saque los collares, casquillos, retenes y fijaciones de las arandelas. En caso necesario, utilice piezas nuevas. Al efectuar el montaje, engrase los cojinetes. El montaje de los engrasadores debe quedar paralelo con los demás existentes en el tren de la transmisión. Apriete los tornillos con un par de 20 libras-pie.

Junta U de velocidad constante

Se trata de la junta universal doble que se utiliza en el árbol de transmisión delantero de los vehículos con tracción en las cuatro ruedas. Se desmontan igual como la junta universal del tipo con anillo elástico. Las juntas U originales se mantienen unidas por medio de fijaciones de plástico, las cuales se rasgan al ser apretadas. Las copas de los cojinetes de la parte central de la junta deben ser apretadas antes de las de la garra. No pueden volver a montarse las juntas universales de velocidad constante del equipo original. Los conjuntos de reparación disponen de copas de cojinetes con ranuras para los anillos de fijación.

Juntas deslizantes

Al volver a montar las juntas deslizantes asegúrese de que las flechas estampadas a cada lado coinciden. De este modo se consigue una alineación correcta de la junta universal.

Cojinete central

Cuando se utilizan dos o más árboles de transmisión en tándem, hay un cojinete central de caucho que sostiene el centro del tren de transmisión. El cojinete central va montado con caucho en un soporte atornillado al miembro transversal del bastidor.

DESMONTAJE Y MONTAJE

1. Señale las piezas para facilitar el montaje y saque los árboles de transmisión tal como se ha explicado antes.

2. Coloque el eje central en un tornillo de banco y saque el soporte del cojinete y el aislante del cojinete.

3. Doble el anillo del cojinete, utilizando un martillo, para conseguir sitio para el montaje del extractor de cojinetes.

4. Saque el cojinete con un extractor. Retire el anillo. Deseche las piezas sacadas. El juego de repuestos comprende todas las piezas necesarias.

5. Coloque un nuevo anillo, conjunto de cojinete y fijación en el árbol de transmisión. Cada pieza va ajustada a presión.

6. Utilice un tubo fuerte que no toque la ranura del árbol. Presione o entre las piezas hasta su correcta posición.

7. Conecte el árbol de transmisión de dos piezas y móntelo utilizando el orden contrario al indicado para el desmontaje.

EJE DELANTERO DE TRANSMISIÓN PARA TRACCIÓN EN 4 RUEDAS

Cubos de bloqueo frontales

DESMONTAJE Y MONTAJE

1. Enderece las lengüetas de bloqueo y retire los seis tornillos de montaje del cubo.

2. Golpee con cuidado el cubo con un mazo para sacarlo.

3. Separe el grupo embrague del conjunto.

4. Saque el anillo elástico del conjunto haciendo uso de unas pinzas adecuadas. Saque el cubo del palier, por la parte frontal.

5. Saque el tornillo Allen del interior del cubo y retire el grupo indicador de bronce de la parte delantera del conjunto embrague.

6. Saque el conjunto embrague de la parte posterior del alojamiento, junto con los doce pasadores.

7. Recubra todas las piezas móviles con grasa a prueba de agua.

8. Deslice el cubo del palier dentro del cuerpo desde delante, y sustituya el anillo elástico.

9. Vuelva a montar el grupo indicador de bronce y el embrague interior. Apriete el tornillo Allen y fije el borde del tornillo con un punzón a fin de evitar que pueda aflojarse.

10. Con el indicador en posición libre, haga rotar el cuerpo externo del embrague dentro del interino hasta que toque el fondo de la caja. Hágalo retroceder hasta el primer agujero y ponga los pasadores.

11. Coloque el cubo y el grupo embrague junto con una nueva junta entre ambos.

12. Coloque el grupo embrague en el extremo del palier y vuelva a montar los seis tornillos de fijación y las lengüetas de fijación.

13. Apriete los tornillos con un par de 35 libras-pie, y doble las lengüetas para fijar los tornillos.

14. Compruebe el funcionamiento haciendo una prueba de rodaje.

Cubos de bloqueo frontales Dana y «Dualmatic»

DESMONTAJE Y MONTAJE

1. Coloque el cubo en posición de bloqueo. Saque los tornillos de fijación con la cabeza Allen y las arandelas.

2. Saque con cuidado la fijación, la junta tórica, el retén y el botón. Separe el botón de la fijación.

3. Saque el gran anillo elástico interno. Deslice el anillo de fijación y la leva del cubo.

4. Mientras aprieta contra el conjunto de manguito y anillo, saque el anillo elástico del palier. Suprima la posición y retire manguito y anillo, anillo y casquillo, muelle y placa.

5. Verifique todas las piezas para ver si presentan desgaste, deformaciones o rebabas. Sustituya todas las piezas que no ofrezcan garantía.

6. Deslice placa y muelle (primero las espiras mayores) dentro del alojamiento del cubo de la rueda.

7. Monte el anillo y el casquillo, manguito y casquillo. Deslice todo el grupo dentro del alojamiento.

8. Comprima el muelle y coloque el anillo elástico del palier.

9. Coloque leva y fijación en el alojamiento y monte el anillo elástico grande del interior.

10. Coloque un pequeño retén de junta tórica en el botón, lubríquelo con grasa a prueba de agua y monte la fijación en la posición de bloqueo.

11. Coloque un retén de junta tórica grande so-

EJE
FIJACIÓN DEL RETÉN
CASQUILLOS Y RODILLOS
RETÉN
RETÉN Y FIJACIÓN
FIJACIÓN DEL CASQUILLO
CRUZ
GARRA DESLIZANTE
FIJACIÓN DEL CASQUILLO
FIJACIÓN DEL RETÉN
RETÉN
CASQUILLOS Y RODILLOS
FIJACIÓN DEL CASQUILLO
CASQUILLO Y RODILLOS

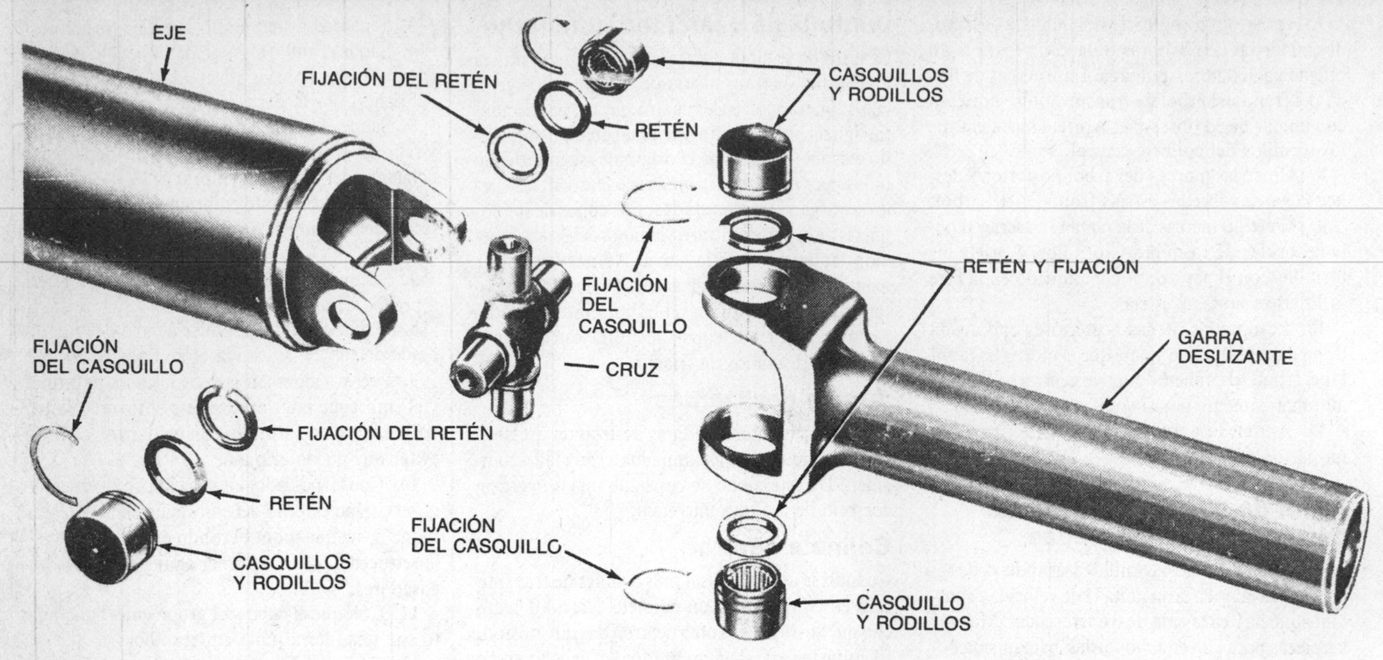

Junta universal con garra deslizante

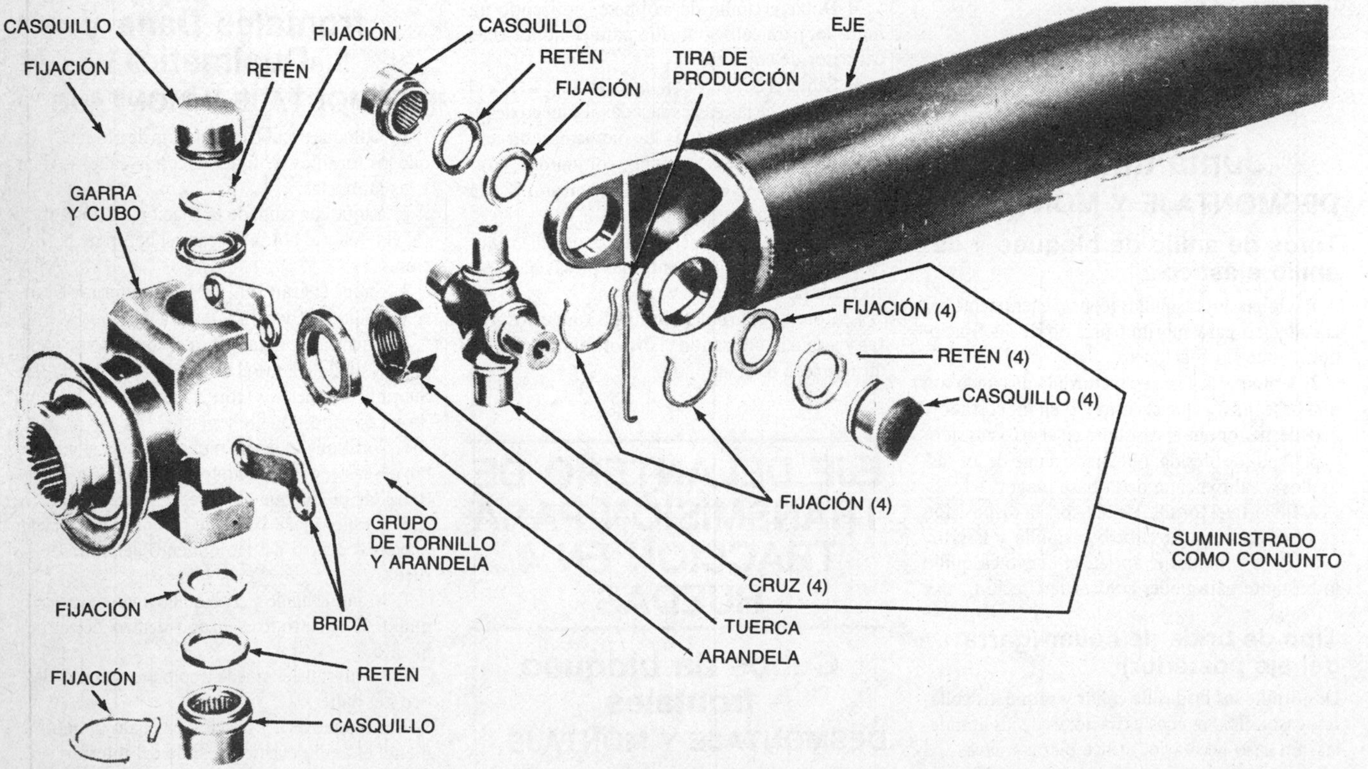

CASQUILLO
FIJACIÓN
FIJACIÓN
RETÉN
CASQUILLO
RETÉN
FIJACIÓN
TIRA DE PRODUCCIÓN
EJE
GARRA Y CUBO
FIJACIÓN (4)
RETÉN (4)
CASQUILLO (4)
FIJACIÓN (4)
SUMINISTRADO COMO CONJUNTO
GRUPO DE TORNILLO Y ARANDELA
CRUZ (4)
FIJACIÓN
BRIDA
TUERCA
ARANDELA
FIJACIÓN
RETÉN
CASQUILLO

Junta universal del tipo de garra de empalme y cubo

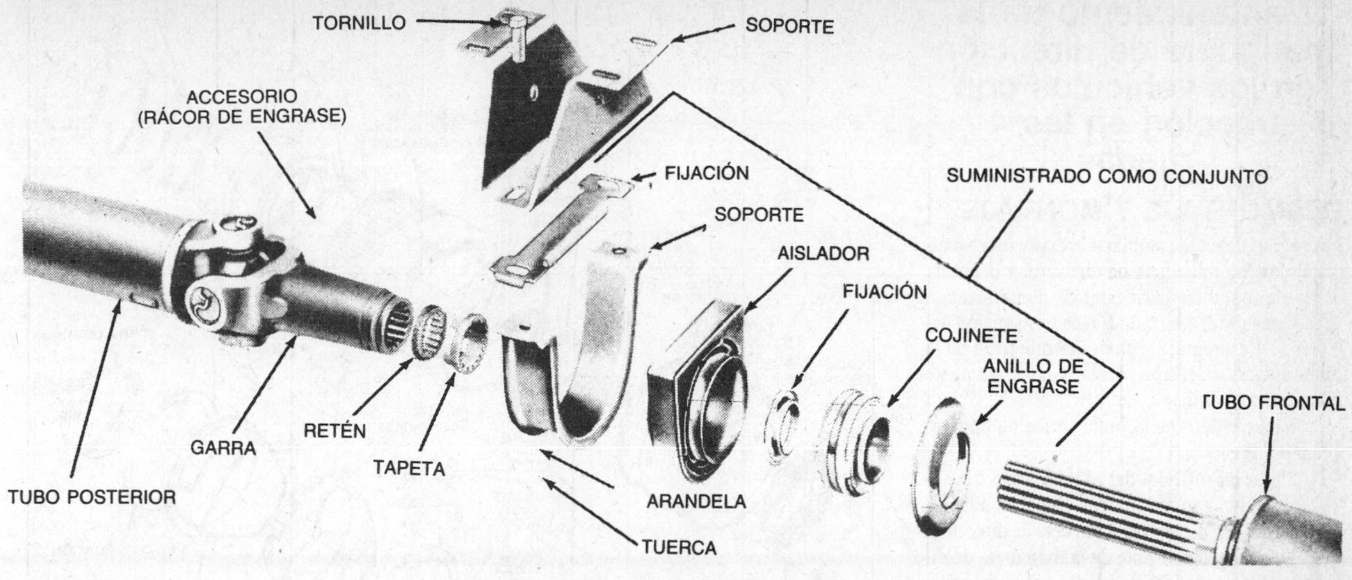

Cojinete central con garra de deslizamiento

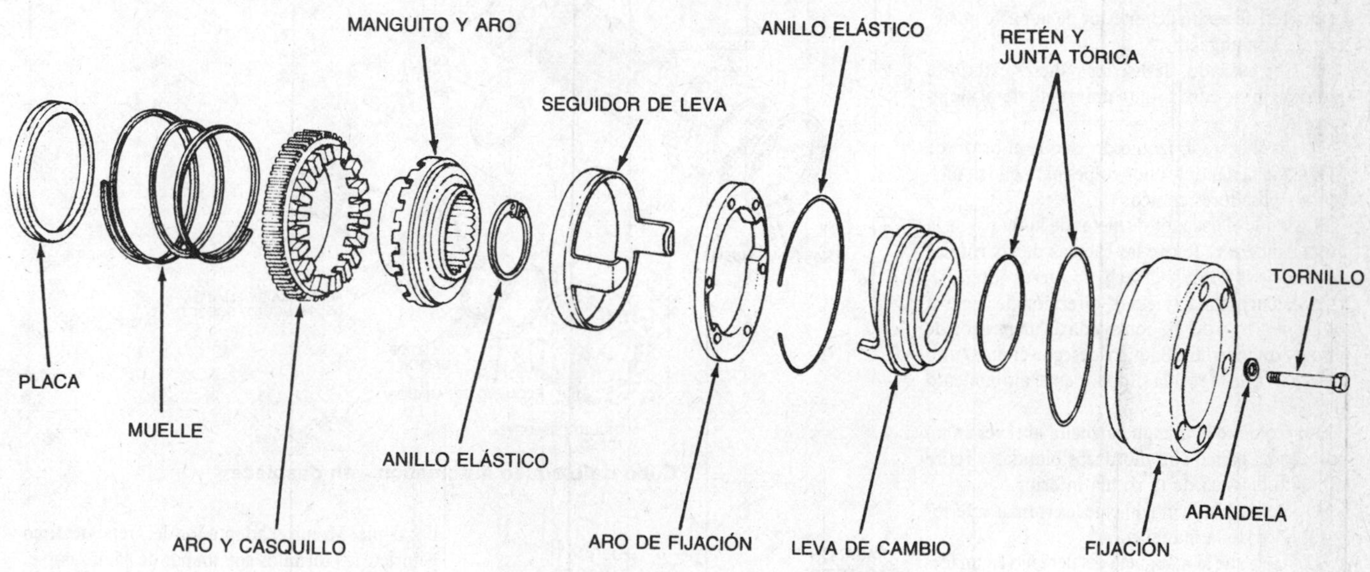

Piezas componentes del cubo de bloqueo

bre la fijación. Alinee la fijación y el anillo, montando arandelas y tornillos de cabeza Allen.

12. Compruebe el funcionamiento.

Palier, cojinete y retén
DESMONTAJE Y MONTAJE

1. Levante y soporte el vehículo. Saque los cubos de bloqueo. Retire la chaveta y afloje la tuerca del palier.

2. Bloquee el pedal de freno. Retire la rueda.

3. Desmonte y cuelgue el calibre apartado de la zona de trabajo. Saque el forro interior.

4. Trabajando a través del agujero del disco del cubo, saque los tornillos de cabeza hueca.

5. Saque la tuerca del palier y utilice un extractor para retirar disco y cubo.

6. Saque la junta tórica de la mangueta de dirección. Retire el adaptador del freno de disco que hay en la mangueta. Extraiga con un punzón el retén interno de aceite de la parte posterior de la mangueta.

7. Deslice el palier del alojamiento.

8. Al efectuar el montaje, primero deslice el eje dentro de su alojamiento y luego introduzca un nuevo retén en la mangueta de dirección.

9. Monte el adaptador del disco de freno y apriete los tornillos de montaje con un par de 85 libras-pie.

10. Monte una nueva junta tórica en la mangueta.

11. Deslice disco y cubo, fijación y conjunto de cojinete sobre el eje y apúntelo dentro del alojamiento. Monte la tuerca del palier.

12. Monte los tornillos que fijan la brida de la mangueta de dirección. Apriételos con un par de 30 libras-pie siguiendo una secuencia alternativamente.

13. Apriete la tuerca del palier a 100 libras-pie, y siga apretando lo que sea necesario para poder entrar el pasador de aletas.

14. Coloque el forro interior del adaptador con las zapatas en sus alojamientos. Deslice el calibre en la debida posición, teniendo cuidado de no sacar el protector del polvo de sus ranuras.

15. Monte los muelles antirruido, asegurándose de que el interior se encuentra en la parte superior de la placa de fijación del muelle. Apriete las pinzas de fijación con un par de 200 libras-pulgada.

16. Monte la rueda y baje el vehículo. Compruebe el funcionamiento.

Mantenimiento de la mangueta de dirección en los vehículos con tracción en las 4 ruedas

DESMONTAJE Y MONTAJE

Las rótulas deberán cambiarse si existe juego o están flojas. La mangueta de dirección y la rótula deben desmontarse para cambiar dicha rótula.

1. Consulte al apartado Eje de transmisión delantero - Desmontaje y montaje, que trata de la junta universal del tipo rótula, y concretamente a las etapas 1 a 6.

2. Saque y deseche la junta tórica de la mangueta de dirección.

3. Saque los tornillos del guardabarros del freno y retire dicho guardabarros. Saque el adaptador del freno de disco de la mangueta de dirección.

4. Desconecte el tirante de la mangueta de dirección. En el lado izquierdo, desmonte la varilla de dirección de la mangueta.

5. Con ayuda de un punzón y un martillo, retire el retén de aceite del interior de la parte posterior de la mangueta.

6. Con cuidado, deslice los palieres exterior e interior, junto con la junta universal, de su alojamiento.

7. En el costado izquierdo, saque el brazo de la mangueta dándole unos golpes para que se suelten los pasadores cónicos.

8. Saque el pasador de aletas de la tuerca de la rótula superior. Retire las tuercas de las rótulas superior e inferior y deseche la tuerca inferior.

9. Separe la mangueta de dirección de la garra de alojamiento del eje con ayuda de un punzón de latón y un martillo. Saque y deseche el manguito de la garra de la rótula superior en el alojamiento del eje.

10. Coloque la mangueta vuelta al revés en un tornillo de banco con mordazas blandas y retire el anillo elástico de la rótula inferior.

11. Apriete individualmente las rótulas inferior y superior de la mangueta.

12. Coloque la mangueta del derecho en un tornillo de banco con mordazas blandas. Apriete la rótula inferior en su posición y monte el anillo elástico.

13. Apriete la rótula superior en posición. Coloque forros nuevos en ambas rótulas.

14. Atornille un nuevo manguito en la garra de la rótula superior en el alojamiento del eje, dejando que salgan aproximadamente dos filetes de rosca por la parte superior.

15. Monte la mangueta de dirección en el alojamiento del eje y coloque una nueva tuerca de la rótula inferior, apretando con un par de 80 libras-pie.

16. Apriete el manguito dentro de la garra de la rótula superior con un par de 40 libras-pie. Monte la tuerca de la rótula superior y apriétela con un par de 100 libras-pie. Alinee el agujero del pasador de aletas y luego coloque dicho pasador. No debe aflojar la tuerca para alinear los agujeros.

17. En el costado izquierdo, coloque el brazo de la mangueta sobre los apoyos de la mangueta. Coloque los pasadores cónicos y las tuercas. Apriete las tuercas con un par de 90 libras-pie. Monte la varilla de dirección sobre el brazo de dirección., Monte la tuerca y apriétela con un par de 60 libras-pie. Monte el pasador de aletas.

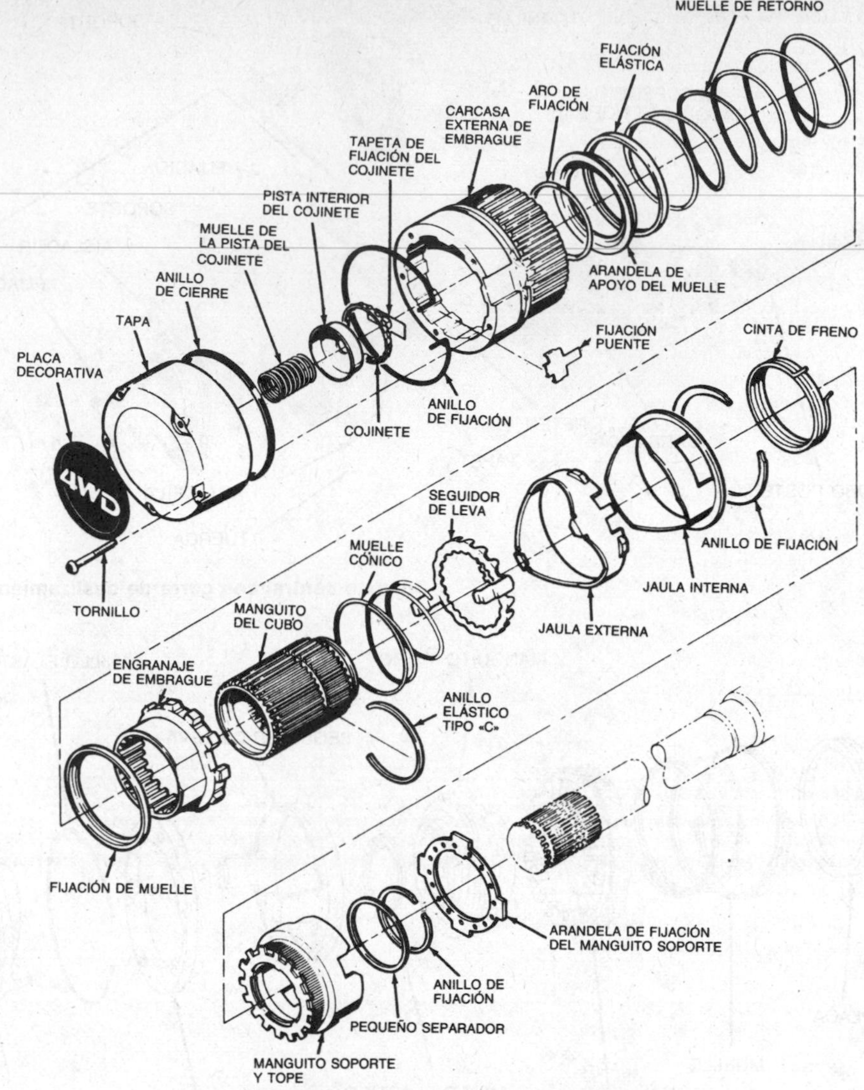

Cubo de bloqueo automático - en despiece

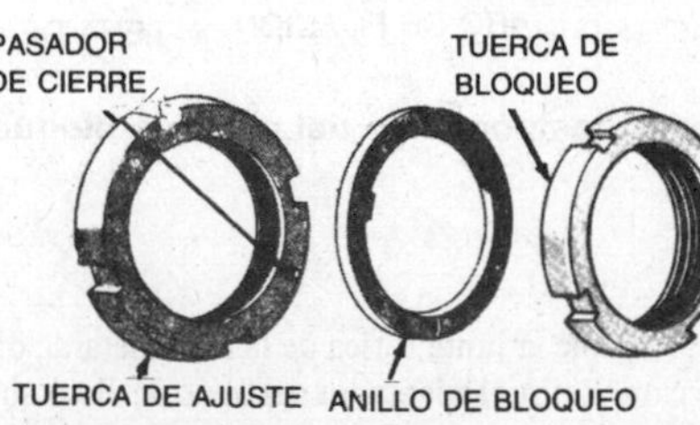

Tuerca de ajuste, de bloqueo y anillo para cojinete de rueda en los últimos modelos con tracción en las 4 ruedas

18. Monte la barra de dirección con el extremo sobre la mangueta. Apriete la tuerca con un par de 45 libras-pie y luego coloque el pasador de aletas.

19. Monte el palier. Coloque el guardabarros del freno y apriete los tornillos con un par de 13 libras-pie. Monte el adaptador del freno de disco y apriete los tornillos con un par de 85 libras-pie.

20. Monte una nueva junta tórica en la mangueta de dirección.

21. Limpie cualquier señal de oxidación que exista en las estrías del palier.

22. Deslice cuidadosamente el cubo, el rotor y la fijación, así como el cojinete, sobre el palier y empiece a introducirlo en el alojamiento. Coloque la tuerca del palier.

23. Alinee la fijación con la brida de la mangueta de dirección. Monte los tornillos y apriételos siguiendo una secuencia cruzada con un par de 30 libras-pie.

24. Apriete la tuerca del palier con un par de 100 libras-pie. Apriete la tuerca hasta que la siguiente ranura de la tuerca quede alineada con el agujero del palier. Monte el pasador de aletas.

25. Monte la zapata de freno dentro del adaptador con los bordes de la zapata dentro de las guías del adaptador. Monte el calibre en el adaptador y sobre el disco. Alinee el calibre sobre las pistas mecanizadas del adaptador. Procure que no salga el forro contra el polvo de su ranura cuando el pistón y el forro se deslizan encima de la zapata interna.

26. Monte los muelles antirruidos y las pinzas de fijación. Aplique un par de 16 a 17 libras-pie. El muelle antirruido de la zapata interna siempre debe colocarse en la parte superior de la placa del muelle de fijación.

27. Monte la rueda, neumático y cubo de bloqueo, y luego baje el vehículo. Lubrique todas las fijaciones.

Conjunto del palier delantero

DESMONTAJE Y MONTAJE

1. Levante el vehículo y coloque apoyos debajo de los refuerzos del bastidor, detrás de los muelles delanteros.

2. Desconecte el árbol de transmisión delantero en la garra del piñón de accionamiento.

3. Desconecte los enlaces de la dirección y la varilla de dirección.

4. Desconecte los amortiguadores frontales y el tubo de freno en el bastidor. Desconecte la barra de balanceo de la placa del muelle.

5. Saque las tuercas de los tornillos de fijación del muelle y retire el conjunto del eje por debajo del vehículo.

6. Para el montaje, coloque el conjunto del eje debajo del vehículo y alinee los tornillos del centro del muelle con el agujero en el amortiguador donde se aloja el eje.

7. Monte las pinzas muelle o tornillos en forma de U, una nueva arandela de seguridad y las tuercas.

8. Conecte los amortiguadores y el tubo de frenos en el bastidor.

9. Conecte los enlaces de la dirección a la varilla de dirección, y el árbol de transmisión a la garra del piñón. Compruebe los lubricantes y sangre los frenos.

10. Baje el vehículo y verifique su funcionamiento.

TRACCIÓN DELANTERA

Para el mantenimiento consulte la sección que trata de la Transmisión en la Unidad de Reparación

Ejes de transmisión

DESMONTAJE Y MONTAJE

En los modelos antiguos, las juntas CV pueden estar fijadas en los engranajes laterales del diferencial. En los modelos más recientes, los mismos ejes llevan un muelle con los conjuntos de juntas trípodes a derecha e izquierda, y no hacen uso de clips.

Para saber si existe un eje con muelle, coloque una palanca entre la prolongación de la caja del eje de transmisión (eje derecho) y la cara de la caja de la junta trípode, apalancando hacia al exterior del vehículo procurando no estropear el retén de la prolongación. Si la junta puede moverse, por lo menos, 1/2 pulgada de la prolongación, significa que el eje lleva muelle y no dispone de un circlip como fijación.

Si hay que desmontar todos los ejes de transmi-

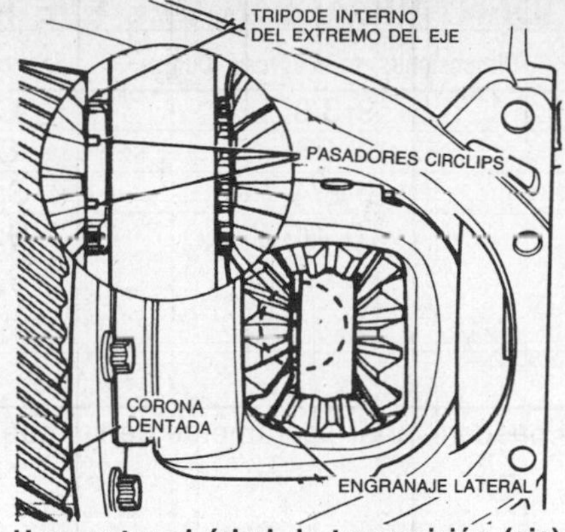

Haga rotar el árbol de transmisión (eje) para tener acceso a los pasadores «circlips»

sión, las estrías de los ejes pueden sacarse fácilmente sin necesidad de entrarlos.

NOTA: En los modelos provistos de ejes con muelle, excluya las fases 2, 4 y 5.

1. Con el vehículo sobre el suelo, afloje la tuerca del cubo.

2. Descargue el diferencial del eje transversal y saque la tapa en el caso de que los ejes estén fijados con circlips. Cada vez que se saque la tapa del diferencial del eje transversal deberá formarse una nueva junta con un sellador RTV.

3. Para sacar el eje transversal derecho, desconecte el cable del velocímetro y saque cable y engranaje antes de retirar el eje transversal.

4. Haga rotar el árbol de transmisión para que queden a la vista los circlips.

5. Comprima el circlip con unas pinzas adecuadas y empuje el eje dentro de la cavidad lateral del engranaje.

6. Saque el tornillo de fijación del apoyo esférico y mangueta.

7. Separe el apoyo de la rótula de la mangueta de dirección, para lo cual se apalanca contra el saliente de la mangueta y el brazo de control.

8. Separe el eje estriado externo del CV (velocidad constante) del cubo sosteniendo la caja CV y retirando el cubo. No apalanque en el anillo o junta externa de la CV.

9. Sostenga el eje en las juntas CV, retire los seis tornillos Allen (si los lleva) de la brida del eje transversal de accionamiento, y saque el eje. No tire del eje.

NOTA: La extracción del eje izquierdo puede resultar más fácil si se introduce la hoja de una palanca delgada entre el eje del piñón del diferencial y apalancando contra la cara extrema del eje.

10. El montaje se realiza siguiendo el orden inverso al indicado. Asegúrese que las colas del circlip estén colocadas contra el extremo plano del eje, antes de instalarlo. Con un ligero empujón se introducirá el circlip en la ranura. Apriete la tuerca del cubo estando las ruedas en el suelo, aplicando un par de 180 a 200 libras-pie.

Mangueta de dirección (tracción delantera)

DESMONTAJE Y MONTAJE

Para llevar a cabo el mantenimiento o la reparación del cojinete, cubo, protector de polvo del freno o la misma mangueta de dirección, hay que sacar dicha mangueta. Antes de efectuar este trabajo, tenga en cuenta que para el montaje de las piezas será necesario apretar la tuerca frontal del cubo con un par de, por lo menos, 200 libras-pie. Por lo tanto, precisará una llave dinamométrica muy grande para que sea capaz de medir y conseguir aplicar tan notable par sobre la tuerca.

1. Saque el pasador de aletas y la contratuerca.

2. Afloje la tuerca del cubo mientras el vehículo descansa sobre sus ruedas y se mantienen los frenos accionados.

NOTA: El cubo y el árbol de transmisión llevan estrías con la mangueta y se sostienen con la tuerca del cubo.

3. Levante y apoye el vehículo.

4. Saque la rueda y neumático.

5. Saque la tuerca del cubo. Asegúrese de que el eje estriado puede separarse de las estrías del cubo cuando se haya sacado la mangueta.

6. Desconecte la barra de dirección del brazo.

7. Desconecte la fijación del tubo del brazo del puntal.

8. Saque el tornillo de apriete que sostiene el apoyo de la rótula en la mangueta.

9. Saque el adaptador del calibre de freno, retirando tornillo y arandela.

10. Soporte el calibre con un gancho de alambre.

11. Saque el disco de freno.

12. Haga señales de posición en las levas de ajuste de curvatura y afloje ambos tornillos.

13. Sostenga la mangueta de dirección y saque los tornillos de ajuste de la leva y los tornillos pasantes. Saque el saliente superior de la mangueta del soporte y levante dicha mangueta del apoyo de la rótula. No deje que el árbol de transmisión quede colgando mientras efectúa este trabajo.

14. Cuando el mantenimiento o reparación exija el desmontaje del cubo, también es preciso colocar un nuevo cojinete.

15. El montaje se efectúa siguiendo el orden inverso al desmontaje. Se requiere un cubo nuevo. Cuando el vehículo esté en el suelo, apoyado sobre las ruedas y con el freno accionado, apriete la tuerca del cubo con un par de 180 a 200 libras-pie.

EJE POSTERIOR

Consulte la sección del Eje de accionamiento en el apartado de Unidad de Reparación para efectuar el mantenimiento.

Palier y cojinete

DESMONTAJE Y MONTAJE

Posteriores de 8 3/8 y 9 1/4 pulgadas

NOTA: No existe la posibilidad de efectuar ajustes del juego en este tipo de palieres.

1. Levante el vehículo y saque las ruedas traseras.

2. Saque todo el polvo y suciedad de la tapa del alojamiento y retire luego dicha tapa para descargar el lubricante.

3. Saque el tambor de freno.

TABLA DE IDENTIFICACIÓN DEL EJE POSTERIOR

Identificación	Dimensiones de la corona (pulg.)	Fabricante y modelo	Capacidad aproximada en pintas ①
tapa de 10 tornillos, tapón frontal	8 3/8	Chrysler	4.4
tapa de 12 tornillos, tapón en tapa	9 1/4	Chrysler	4.5
tapa de 10 tornillos, tapón en tapa	9 3/4	Spicer 60	6.0
tapa de 10 tornillos, tapón en tapa	10 1/2	Spicer 70	7.0 hasta 1976, 6.5 para 1977 y posteriores

① Estas capacidades son las de diseño y pueden variar ligeramente de las que figuran en la tabla de capacidades

4. Haga rotar la caja del diferencial hasta que pueda ser sacado el tornillo de bloqueo del eje del piñón del diferencial. Saque el tornillo de bloqueo y el eje del piñón.

5. Empuje los palieres hacia al centro del vehículo y saque los cierres C de las ranuras que hay en los palieres.

6. Tire de los palieres para sacarlos del alojamiento, procurando no estropear el cojinete que sigue en el alojamiento.

7. Inspeccione los cojinetes de los palieres y sustituya todas las piezas sospechosas. Cada vez que se cambien los palieres, también deberán sustituirse los cojinetes.

8. Saque el retén del palier que se encuentra en el agujero del alojamiento utilizando el extremo del palier.

9. Saque el cojinete del palier de su alojamiento. No vuelva a utilizar el cojinete ni el retén.

10. Compruebe el apoyo del cojinete en el alojamiento, para ver si hay irregularidades. En tal caso, deberán arreglarse con una lima.

11. Limpie la cavidad del cojinete del palier.

12. Aplique grasa y monte el cojinete del palier en su alojamiento. Asegúrese de que el cojinete no está torcido y de que se apoya firmemente contra su apoyo.

13. Coloque el retén del cojinete del palier. Debe quedar ajustado detrás del extremo de la cara de la brida.

14. Introduzca el palier, asegurándose de que las estrías no estropean el retén. Compruebe que las estrías estén bien acopladas con las estrías del engranaje lateral del diferencial.

15. Monte los cierres C en las ranuras de los palieres. Tire de los ejes para que los cierres C se introduzcan en los agujeros de los engranajes laterales del diferencial.

16. Monte el eje del piñón del diferencial a través de la caja y los piñones. Coloque el tornillo de fijación y apriételo en su posición.

17. Limpie la caja y las superficies de junta. Coloque la tapa y una junta nueva. Vuelva a llenar el palier con el lubricante apropiado.

NOTA: Puede que no se encuentren juntas de recambio para la tapa del diferencial. Se recomienda el empleo de selladora no adhesiva de tipo gel.

18. Monte el tambor de freno y la rueda.

Posteriores de 9 3/4 y 10 1/2 pulgadas

1. Saque las tuercas y arandelas de la brida del palier.

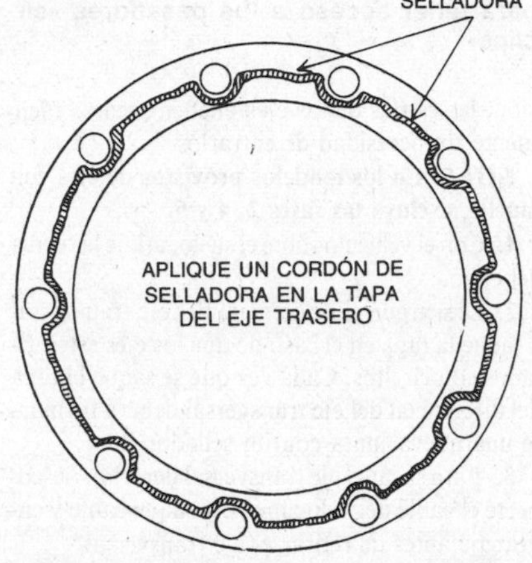
SELLADORA
APLIQUE UN CORDÓN DE SELLADORA EN LA TAPA DEL EJE TRASERO

Aplicación de selladora en la tapa del eje trasero

2. Dé un golpe seco a los palieres, en el centro de la brida, con un martillo a fin de liberar los pasadores.

3. Saque los pasadores cónicos y los palieres. Algunos modelos van provistos de tornillos en lugar de pasadores.

4. Limpie la zona de la junta con disolvente y coloque una junta nueva en la brida.

5. Monte el palier dentro de su alojamiento.

6. Si el palier tiene un retén de cojinete en la rueda, coloque una nueva junta a cada costado de la brida de montaje del retén.

7. Monte pasadores cónicos, arandelas de seguridad y tuercas. Apriete las tuercas con un par de 40-70 libras-pie en el caso de los apoyos de 7/16 pulgada, y con 65-105 libras-pie en los de 1/2 pulgada. Algunos palieres tienen tornillos en lugar de pasadores y apoyos. Los tornillos deben apretarse con un par de 45-75 libras- pie.

Ajuste del cojinete

1. Levante y soporte el eje posterior.

2. Saque el palier, tuerca exterior y anillo de seguridad.

3. Haga rotar la rueda y neumático, apretando la tuerca de ajuste hasta que se note una ligera unión. Retroceda la tuerca 1/6 de vuelta.

4. Monte el anillo de seguridad y la tuerca de apriete. No apriete excesivamente dicha tuerca o podría alterar el ajuste.

5. Coloque una junta nueva y el palier. Baje el vehículo.

Cojinetes de la rueda posterior (modelos con tracción delantera)

Los cojinetes de la rueda, en los modelos con tracción delantera, deberán inspeccionarse y lubricarse cada vez que los frenos posteriores son mantenidos o, por lo menos, cada 30,000 millas. Vuelva a aplicar grasa de uso múltiple de alta temperatura en los cojinetes.

Verifique el lubricante para ver si está contaminado. Si hay señales de suciedad o tiene aspecto lechoso, lo cual indica la presencia de agua, deberán limpiarse los cojinetes y volver a llenarse de grasa.

Limpie los cojinetes con queroseno, espíritus minerales u otro líquido adecuado para la limpieza. Para su secado no haga rodar los cojinetes. Deje siempre que sequen en el aire.

1. Levante y apoye el vehículo con las ruedas traseras separadas del suelo.

2. Saque la tapeta de engrase de la rueda, el pasador de aletas, la tuerca de seguridad y la de ajuste del cojinete.

3. Saque la arandela de apoyo y el cojinete.

4. Saque el tambor del eje.

5. Limpie completamente el lubricante viejo de los cojinetes y de la cavidad del cubo. Inspeccione los rodillos del cojinete para ver si están picados o muestran señales de desgaste. Es normal que presenten una ligera decoloración.

6. Llene los cojinetes con grasa EP de uso múltiple, adecuada para altas temperaturas y añada un poco de grasa nueva en la cavidad del cubo. Asegúrese de que el lubricante penetra entre todos los rodillos del cojinete.

7. Monte el tambor en el eje una vez recubiertas las superficies pulimentadas del eje con lubricante de cojinete de ruedas.

8. Monte el cono exterior del cojinete, arandela de empuje y tuerca de ajuste.

9. Apriete la tuerca de ajuste con un par de 20-25 libras-pie, mientras se hace rodar la rueda.

10. Haga retroceder la tuerca de ajuste, hasta eliminar completamente la carga sobre el cojinete.

11. Apriete la tuerca de ajuste sólo con los dedos.

12. Coloque la tuerca de bloqueo con un par de ranuras alineadas con el agujero del pasador de aletas. Luego, monte el pasador de aletas.

13. Limpie y monte la tapa del engrasador y la rueda.

14. Baje el vehículo.

SUSPENSIÓN DELANTERA

Modelos con tracción trasera

Pivotes de articulación de la rueda (Eje oscilante en I)

DESMONTAJE Y MONTAJE

1. Levante la parte frontal del vehículo y apóyelo sobre soportes. Desmonte las ruedas, calibres y rotores.
2. Saque los tornillos de fijación de la placa soporte del freno, y retire la placa de soporte de la mangueta de dirección. Fije la placa al bastidor para que no quede colgando del tubo de freno. Si lleva frenos neumáticos, saque la varilla de empuje y retire la cámara de aire.
3. Saque el brazo de dirección de la mangueta.
4. Saque el tornillo o pasador de bloqueo que sirve de pivote en la mangueta. En algunos modelos pueden haber dos tornillos de bloqueo.
5. Saque el tapón del retén de aceite del pivote superior que se encuentra en la mangueta y desplace el pivote hacia abajo, forzando el tapón del retén inferior en su asiento.

NOTA: En algunos modelos hay un anillo de seguridad que mantiene el tapón del retén de aceite en su lugar. Otros tapones llevan tornillos de fijación.

6. Saque la mangueta del eje y, si lleva casquillos de bronce, saque los viejos con una prensa e introduzca los nuevos vigilando que queden alineados para colocar el nuevo pasador. Si lleva casquillos tipo Delrin o Zytel, deberán utilizarse casquillos de bronce como recambio. Después de haber montado los casquillos, alinee el agujero de grasa en el casquillo de manera que coincida con el agujero de engrase de la mangueta.
7. Monte la mangueta en el eje. Coloque el cojinete de apoyo y monte el pivote a través de mangueta y eje, asegurándolo con pasadores o tornillos de bloqueo.
8. Monte los tapones del retén de aceite y asegúrelos fijándolos en cuatro puntos.
9. Lubrique para asegurarse de que los canales de grasa están abiertos. Termine el montaje invirtiendo las etapas 1 a 3.

Ballestas

DESMONTAJE Y MONTAJE

1. Levante el vehículo hasta que su peso no descanse sobre los muelles.
2. Coloque apoyos debajo de los miembros del bastidor como precaución de seguridad.
3. Desconecte la barra de oscilación de la placa del muelle. Saque las tuercas, arandelas de seguridad y tornillos en U que fijan el muelle al eje.
4. Saque los tornillos del grillete del muelle, los grilletes y el tornillo-cáncamo frontal.
5. Saque el muelle.
6. Monte siguiendo el orden inverso.

Suspensión delantera independiente

NOTA: Estos procedimientos se utilizan en todos los Van, Wagon y camiones convencionales que llevan suspensión delantera independiente.

Muelles espirales

DESMONTAJE Y MONTAJE

1. Levante el vehículo y apóyelo con soportes colocados debajo de los extremos delanteros del bastidor.
2. Saque la rueda.
3. Retire el amortiguador y el casquillo y manguito superiores del amortiguador.
4. Si el vehículo la lleva, saque la barra de oscilación.
5. Retire el apoyo.
6. Monte un compresor de muelles y apriételo con los dedos.
7. Saque los pasadores de aletas y las tuercas de la rótula.
8. Monte un útil rompedor de rótulas y haga rotar la parte roscada del útil para que toque contra el apoyo inferior.
9. Mueva el útil para ejercer presión sobre el apoyo inferior y luego con fuerza la mangueta de dirección con ayuda de un martillo para separar el apoyo. No intente sacar el apoyo de la mangueta con el útil.
10. Saque el útil. Afloje lentamente el compresor del muelle hasta eliminar toda la tensión del muelle.
11. Saque el compresor del muelle y dicho muelle.
12. El montaje se realiza en orden inverso al desmontaje. Comprima el muelle hasta poder colocar correctamente la rótula en la mangueta de dirección.

Amortiguador

DESMONTAJE Y MONTAJE

1. Levante y apoye el vehículo sobre soportes colocados en los extremos delanteros del bastidor.
2. Saque la rueda.
3. Saque la tuerca superior y la fijación.
4. Saque los dos tornillos inferiores de montaje.
5. Saque el amortiguador.
6. El montaje se efectúa siguiendo el orden inverso al desmontaje.

Brazo superior

DESMONTAJE Y MONTAJE

NOTA: Cada vez que se saque el brazo superior, es necesario alinear el extremo delantero.

1. Levante y apoye el vehículo colocando soportes debajo de los refuerzos del bastidor.
2. Saque la rueda.
3. Saque el amortiguador y el casquillo y manguito de encima del amortiguador.
4. Monte un compresor de muelles y apriételos con los dedos.
5. Saque los pasadores de aletas y las tuercas de la rótula.
6. Monte un útil rompedor de rótulas y haga rotar la parte roscada de dicho útil, fijándolo contra el apoyo superior. Extienda el útil lo suficiente para ejercer presión sobre la rótula superior y golpee con fuerza la mangueta para soltar el apoyo. No intente sacar el apoyo de la mangueta con el útil.
7. Saque el útil.
8. Saque los tornillos excéntricos, después de marcar sus posiciones relativas en el brazo de control.
9. Saque el brazo superior.
10. El montaje se realiza siguiendo el orden inverso al desmontaje. Apriete las tuercas de la rótula con un par de 135 libras-pie. Apriete los tornillos excéntricos con un par de 70 libras-pie.
11. Ajuste el ángulo de la rueda y el alabeo.

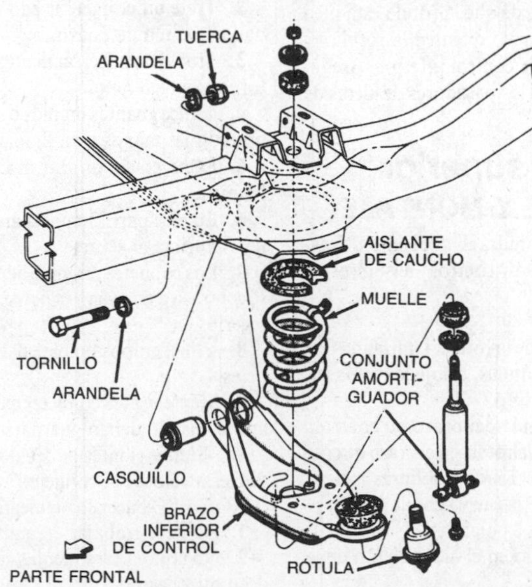

Componentes del muelle espiral y brazo de control de los modelos de 1979 y posteriores

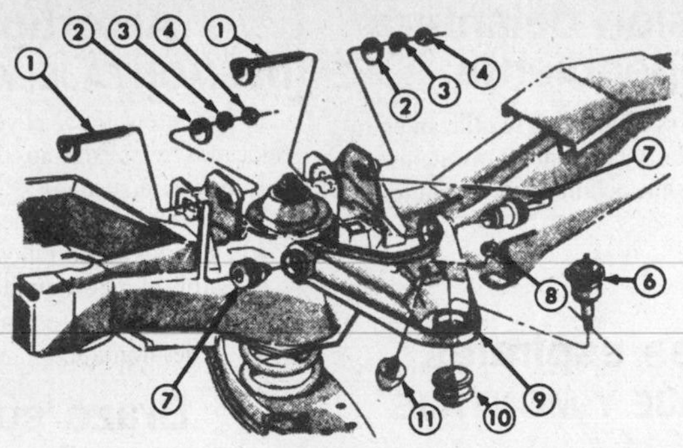

1. Conjunto de leva y tornillo
2. Leva
3. Arandela de seguridad
4. Tuerca
6. Conjunto de la rótula
7. Conjunto del casquillo
8. Tuerca de seguridad
9. Brazo superior de control
10. Conjunto de la rótula superior
11. Parachoques

Brazo de control superior típico hasta el 1978

Brazo inferior

DESMONTAJE Y MONTAJE

1. Siga el procedimiento indicado en Muelles espirales - Desmontaje y montaje.

2. Saque el tornillo de fijación en el miembro transversal.

3. Saque el brazo inferior del vehículo.

4. El montaje se efectúa siguiendo el orden inverso al desmontaje. Una vez el vehículo nuevamente en el suelo, apriete el tornillo de fijación con un par de 210 libras-pie.

Rótula inferior

DESMONTAJE Y MONTAJE

1. Saque el brazo de control inferior.

2. Saque el retén de la rótula.

3. Con ayuda de una prensa y un manguito, apriete la rótula para sacarla del brazo de control.

4. El montaje se lleva a cabo siguiendo el orden inverso. Asegúrese de que la rótula está bien ajustada. Monte un nuevo retén en la rótula.

5. Monte el brazo de control inferior. Asegúrese de haber colocado los pasadores de aletas de la rótula.

Rótula superior

DESMONTAJE Y MONTAJE

1. Coloque un gato hidráulico debajo del extremo del brazo inferior de control y levante el vehículo.

2. Saque la rueda.

3. Saque las tuercas de la rótula. Utilizando una herramienta de sacar rótulas, afloje la rótula superior.

4. Destornille la rótula del brazo de control.

5. Atornille una nueva rótula en el brazo de control y apriételа con un par de 125 libras-pie.

6. Monte el retén de la nueva rótula, utilizando una llave de vaso de 2 pulgadas. Asegúrese de que el retén ha ajustado en el alojamiento de la rótula.

7. Monte la rótula en la mangueta y coloque las tuercas de la rótula. Apriete las tuercas con un par de 135 libras-pie y coloque los pasadores de aletas.

8. Monte la rueda y baje el vehículo al suelo.

Cojinetes de la rueda

Se recomienda que los cojinetes de la rueda delantera estén bien limpios, revisados y periódicamente rellenos de grasa, lo antes posible, una vez los cubos delanteros hayan sido sumergidos en agua.

NOTA: La grasa que contiene sodio no es compatible con la que lleva litio. Procure no mezclar ambos tipos. La mejor manera de evitarlo es limpiar por completo la grasa antigua del cubo antes de aplicar la nueva.

Antes de trabajar en los cojinetes hay algunas cosas que debe recordar y procurar evitar.

HAGA lo siguiente:

1. Elimine la suciedad exterior del alojamiento antes de exponer el cojinete.

2. Trate un cojinete usado con el mismo cuidado que uno de nuevo.

3. Trabaje con herramientas limpias en un entorno también limpio.

4. Utilice guantes limpios o secos, o por lo menos con las manos bien limpias y secas.

5. Es necesario utilizar disolventes y líquidos limpios.

6. Emplee papel limpio para colocar los cojinetes encima al secarse.

7. Los cojinetes desmontados deben protegerse contra la oxidación y el polvo. Tápelos para protegerlos.

8. Utilice trapos limpios para limpiar los cojinetes.

9. Mantenga los cojinetes en papel a prueba de aceite cuando deban guardarse o no se utilicen.

10. Limpie el interior del alojamiento antes de volver a colocar el cojinete.

NO DEBE hacer lo siguiente:

1. No debe trabajar en ambientes sucios.

2. No utilice herramientas sucias, en mal estado o estropeadas.

3. Procure no trabajar en bancos de madera o utilizar mazos de madera.

4. No toque los cojinetes con las manos sucias o húmedas.

5. No emplee gasolina para la limpieza: utilice un disolvente de seguridad.

6. No seque los cojinetes con aire comprimido. Podrían estropearse.

7. No haga girar cojinetes sucios.

8. Evite el empleo de trapos de algodón o sucios para frotar los cojinetes.

9. Procure no rayar o deformar las superficies del cojinete.

10. No permita que los cojinetes entren en contacto con suciedad u oxidación en ningún momento.

Relleno de grasa

NOTA: La grasa a base de sodio no es compatible con la que contiene litio. Procure no mezclar ambos tipos. La mejor manera de evitarlo es limpiar completamente la grasa vieja del conjunto del cubo, antes de colocar la nueva grasa.

1. Levante la parte delantera del vehículo y coloque soportes debajo del vehículo. Saque la rueda.

2. Saque la tapa de grasa del cubo frontal y saque el anillo elástico del cubo.

3. Saque el cubo estriado y el muelle de presión. Puede requerir una ligera presión con ayuda de una palanca.

4. Saque la contratuerca, arandela de seguridad y tuerca de ajuste del cojinete de la rueda.

5. Saque el calibre del freno y sosténgalo de un alambre en un lugar que no moleste el trabajo.

6. Saque con cuidado el cono interior del cojinete y el retén de grasa del cubo.

7. Verifique las pistas de rodadura de los cojinetes, para ver si hay fisuras o picaduras. Si las copas están demasiado deformadas o presentan excesivas fisuras o picados, sustitúyalas junto con los conos. Las copas se sacan del cubo con ayuda de un punzón. Pueden montarse del mismo modo.

8. Si se considera que las copas están en buenas condiciones y se han quedado en el cubo, limpie y verifique los conos (cojinetes). Consulte la tabla de diagnosis de los cojinetes. En caso necesario cambie los cojinetes. Si hay que cambiar el cono o la copa, deberán cambiarse ambas piezas como una unidad.

9. Limpie completamente todas las piezas con un disolvente adecuado y utilice aire comprimido para secarlas o bien deje que sequen mientras están colocadas sobre un papel limpio. No deje que los cojinetes rueden mientras se utiliza el aire comprimido para secarlos.

10. Cubra el eje con un trapo limpio y elimine toda la suciedad y polvo del grupo del freno. Saque el trapo y limpie completamente el interior del cubo y del eje.

11. Rellene el interior del cubo con grasa de cojinetes de rueda. Añada grasa al cubo hasta que salga al mismo nivel del diámetro interior de la copa del cojinete.

12. Rellene el cono y los rodillos del cojinete con grasa de cojinetes de rueda. Es conveniente disponer de un engrasador para llevar a cabo esta operación. Si no dispone de engrasador, coloque la grasa en la palma de su mano y haga pasar el costado de la jaula del cojinete por la grasa con ayuda de la otra mano, repitiéndolo las veces necesarias hasta que haya grasa entre los rodillos.

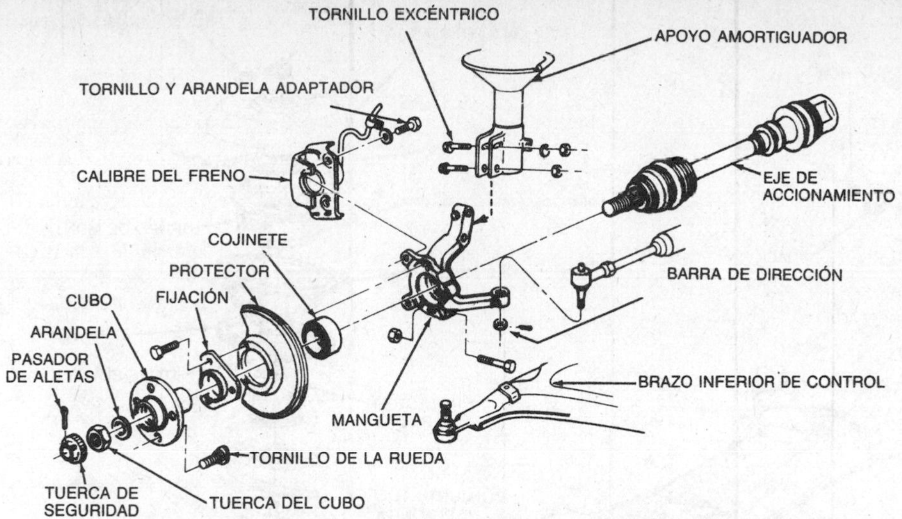

Despiece de la suspensión delantera - Mod. Rampage

13. Coloque el cojinete interior dentro de la copa interior y monte el nuevo retén de grasa.

14. Ponga con cuidado el grupo del cubo en el eje. Procure no estropear el nuevo retén. Monte el rotor o el calibre.

15. Coloque el cojinete externo en la debida posición sobre el eje y dentro de la copa del cojinete.

16. Monte la tuerca de ajuste del cojinete y apriétela mientras mueve el cubo hacia delante y atrás para que ajuste el cojinete.

17. Haga retroceder la tuerca de ajuste 1/4 de vuelta.

18. Monte la tuerca de bloqueo haciéndola girar hasta la muesca siguiente en que pueda entrar el pasador de aletas. Monte la contratuerca.

19. Monte la fijación del muelle de presión, el muelle, el cubo de accionamiento y el anillo elástico de dicho cubo. Esto sirve para aquellos vehículos desprovistos de cubos de giro libre.

20. Monte la tapeta de grasa y ajuste los frenos, si es que hubieran sido retirados para poder sacar el grupo del cubo. Saque los soportes y baje el vehículo.

Modelos con tracción delantera

Grupo puntal

DESMONTAJE Y MONTAJE

1. Afloje las tuercas de la rueda.

2. Levante el vehículo y retire el conjunto de la rueda.

3. Señale la posición de la leva de alabeo con respecto al soporte del amortiguador, antes de sacar el tornillo de fijación de la leva.

4. Saque la tuerca del apoyo del amortiguador en el guardabarros y el tornillo de fijación del soporte del tubo de frenos en el amortiguador.

5. Saque la tuerca de montaje del protector del apoyo del amortiguador en el guardabarros, así como la arandela.

6. Monte el grupo de apoyo en el guardabarros y coloque la tuerca y arandela. Las tuercas de fijación se aprietan con un par de 20 libras-pie.

7. Coloque el cuello de la mangueta de dirección dentro del soporte de apoyo del amortiguador, monte la leva y los tornillos pasantes.

8. Fije el soporte del tubo de frenos al soporte del amortiguador, apretando los tornillos con un par de 10 libras-pie.

9. Ajuste el alabeo en su posición original.

10. Coloque una brida C de 4 pulgadas o más grande sobre el apoyo y la mangueta. Apriete la brida justo lo necesario para suprimir cualquier juego entre la mangueta y el apoyo. Compruebe nuevamente las señales de alineación y apriete los tornillos con un par de 45 libras-pie. Haga rotar los tornillos 1/4 de vuelta más (90°) más allá del par especificado.

11. Monte el conjunto de rueda y neumático. Apriete las tuercas de la rueda con un par de 80 libras-pie.

Muelle espiral de tipo puntal

1. Utilice un compresor de muelles (tipo puntal) para comprimir el muelle espiral.

2. Mantenga la varilla de apoyo mientras la saca.

3. Retire el conjunto del montaje del amortiguador y el muelle espiral.

Si hay que sacar los muelles de puntal para luego volver a montarlos, hágales señales a fin de volver a colocarlos en su posición original.

ATENCIÓN

Si utiliza la herramienta especial Chrysler L-4514 como compresor de muelles, no abra las mordazas de la herramienta más de 9 1/4 pulgadas.

4. Vuelva a montar la tuerca de la varilla de apoyo y apriétela a 60 libras-pie, antes de soltar el compresor de muelles.

Brazo inferior

DESMONTAJE Y MONTAJE

1. Levante y apoye el vehículo sobre soportes.

2. Saque el tornillo pasante del pivote interior frontal, la tuerca posterior de apoyo, fijación y casquillo.

3. Saque el tornillo entre la rótula y la mangueta de dirección.

4. Separe el apoyo de la rótula con la mangueta de dirección.

ATENCIÓN

No tire de la mangueta para sacarla del vehículo, mientras está desconectada la rótula, puesto que podría separarse la junta CV.

5. Saque las tuercas de fijación de la barra de oscilación al casquillo del extremo del brazo de control, y haga rotar el brazo de control por encima de la barra de oscilación. Saque el casquillo, manguito y fijación del apoyo posterior.

6. Monte la fijación, el casquillo y manguito sobre el apoyo.

7. Coloque el brazo de control sobre la barra de oscilación y monte el apoyo posterior y el pivote delantero en el miembro transversal.

8. Monte el tornillo frontal de pivote y coloque la tuerca sin enfrentarla.

9. Monte el casquillo y fijación del apoyo y coloque la tuerca sin apretarla.

10. Monte el apoyo de la rótula sobre la mangueta de dirección y coloque el tornillo de la brida. Apriete el tornillo de la brida con un par de 50 libras-pie.

11. Coloque la barra de oscilación con el casquillo de fijación en el brazo de control. Monte los tornillos de fijación y apriete las tuercas con un par de 22 libras-pie.

12. Baje el vehículo y soporte el brazo de control a la altura de diseño. Apriete el tornillo frontal con un par de 105 libras-pie y la tuerca del apoyo con un par de 70 libras-pie.

Rótula inferior

INSPECCIÓN

1. Con el peso del vehículo descansando sobre las ruedas, agarre el engrasador e intente moverlo.

2. No hay que aplicar ninguna fuerza mecánica. Si la rótula está deformada, el engrasador se moverá con facilidad. Sustituya las rótulas.

DESMONTAJE Y MONTAJE

Las rótulas inferiores delanteras están entradas a presión en el brazo de control inferior y se requerirá una prensa para desmontarlas y montarlas.

1. Apalanque el retén para sacarlo de la rótula.

2. Coloque la herramienta especial C-4699-2 u otra de equivalente para que sirva de soporte al brazo inferior de control mientras se monta el conjunto de la rótula.

3. Utilice una llave de vaso con una profundidad de 1 1/16 pulgadas colocada en la prensa, para sacar la rótula.

4. Coloque la rótula en la cavidad del brazo de control.

5. Coloque el conjunto del brazo de control en la prensa con la herramienta especial C-4699-1 o equivalente para sostener el brazo de control.

6. Alinee el conjunto y ejerza presión hasta que el alojamiento de la rótula haga tope contra la brida inferior de la cavidad del brazo de control.

7. Sostenga el alojamiento de la rótula con la herramienta especial C-4699-2 o equivalente y coloque un nuevo retén en el apoyo de la rótula.

8. Utilizando una llave de vaso de 1 1/2 colocada en la prensa, obligue el retén contra el asiento del brazo de control.

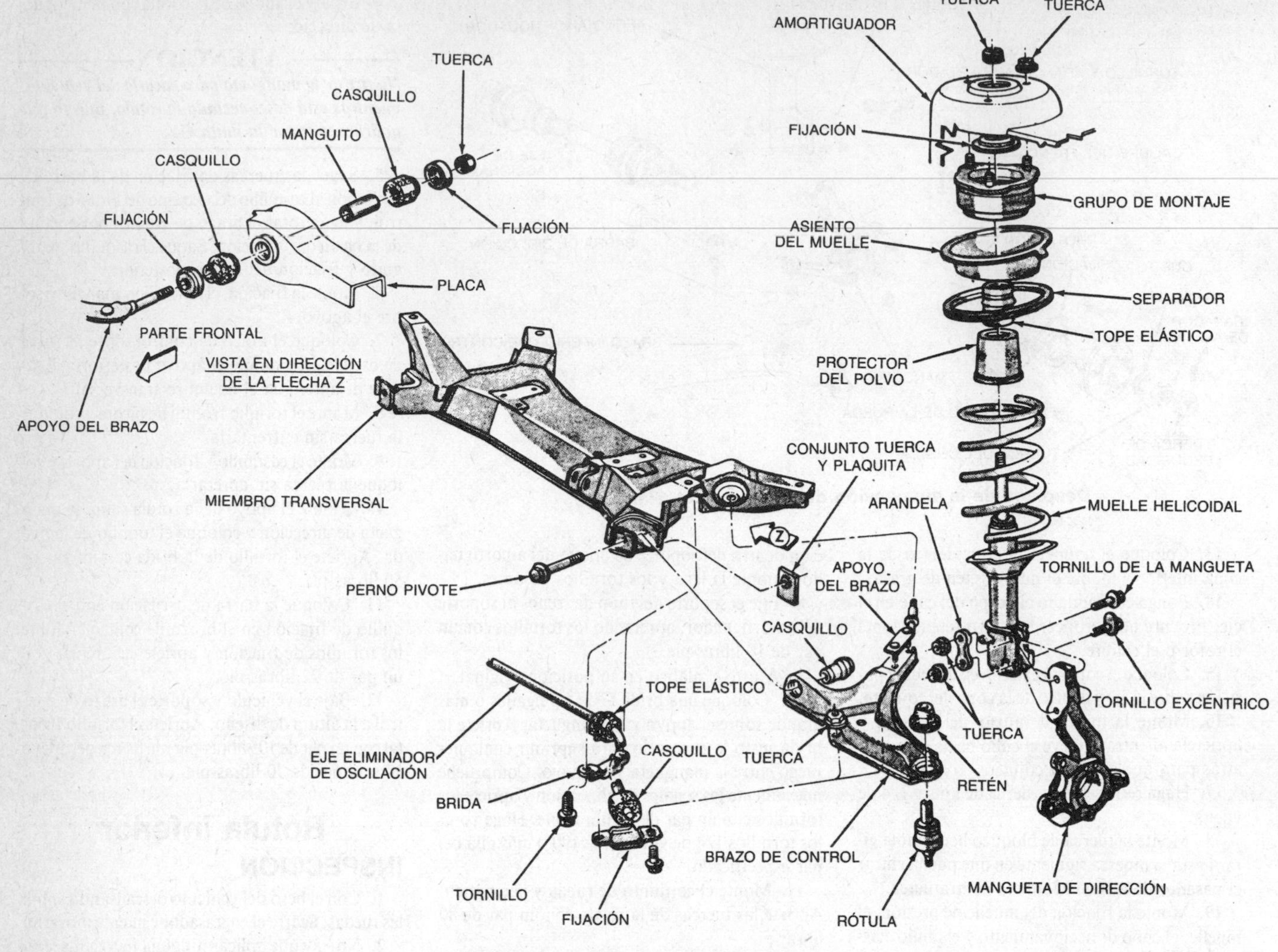

Suspensión delantera del modelo Mini-Van

Ajuste de los cojinetes de la rueda

1. Saque el conjunto de la rueda y neumático.
2. Saque el pasador de aletas y la tuerca de seguridad del cubo.
3. Afloje la tuerca del cubo y aplique los frenos.
4. Con los frenos accionados, apriete la tuerca del cubo con un par de 180 a 200 libras-pie.
5. Monte la contratuerca y un nuevo pasador de aletas. Apriete fuertemente las aletas del pasador contra la contratuerca.
6. Monte el conjunto de la rueda y el neumático y apriete las tuercas de la rueda con un par de 80 libras-pie.

SUSPENSIÓN TRASERA

Ballestas

DESMONTAJE Y MONTAJE

1. Levante el vehículo y apoye la parte posterior con soportes colocados debajo de los amortiguadores. Asegúrese de que las ruedas delanteras no pueden girar y de que hay puesto el freno de mano. Soporte el eje con un gato hidráulico.
2. Saque los tornillos en forma de U y la placa del tornillo U que fija el eje a los muelles.
3. Saque el tornillo pivote delantero.
4. Saque las tuercas del tornillo posterior y luego la placa de fijación.
5. Saque la fijación externa y el grupo del tornillo del colgador, sacando luego el muelle.
6. El montaje se realiza invirtiendo el orden utilizado para el desmontaje. Asegúrese de que el extremo de fijación del muelle se encuentra sobre el pivote del soporte.

Amortiguadores

DESMONTAJE Y MONTAJE

1. Levante y apoye el vehículo. Saque la rueda.
2. Saque la tuerca del apoyo o tornillo del extremo superior. Retire el apoyo o tornillo del extremo superior.
3. Saque la tuerca inferior del extremo con el casquillo.
4. Haga oscilar el amortiguador y las arandelas para que salga del apoyo inferior.
5. Saque el amortiguador y las arandelas del apoyo inferior.
6. El montaje se realiza invirtiendo el orden utilizado para el desmontaje. Descargue el aire del nuevo amortiguador, estirándolo en su posición normal y comprimiéndolo cuando se está invirtiendo. Repita esto varias veces. Es normal que exista mayor resistencia al extenderlo que al comprimirlo.

DIRECCIÓN

Volante

DESMONTAJE Y MONTAJE

Salvo en los vehículos con tracción delantera

1. Saque el botón del claxon de su fijación, haciéndolo rodar hacia la izquierda, o retire el forro del claxon de la fijación una vez sacados los dos tornillos que hay debajo.
2. Desconecte el cable del claxon de la terminal del interruptor.
3. Saque tres tornillos y retire el interruptor del claxon y el botón o forro como un conjunto.

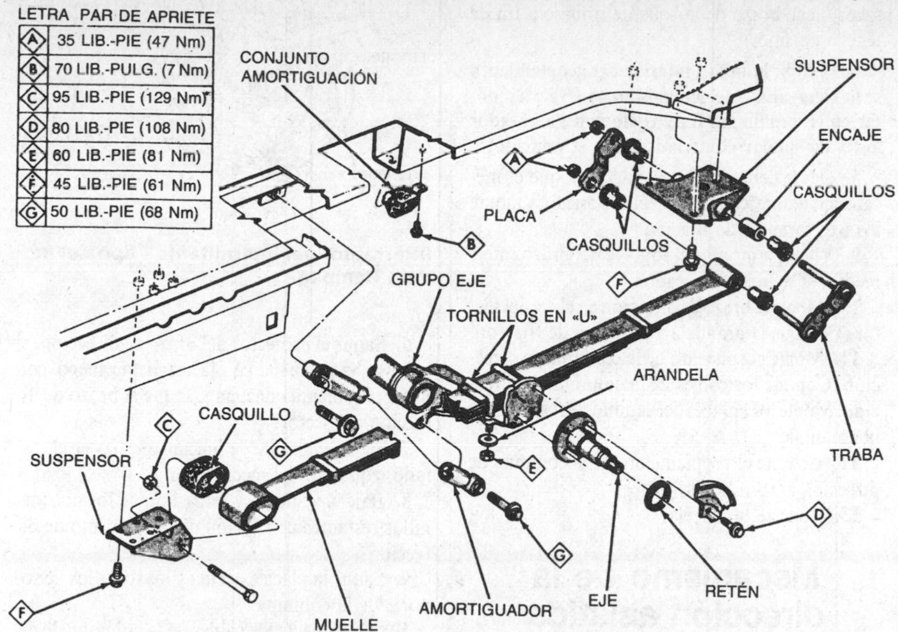

Suspensión posterior del modelo Mini-Fan

4. Afloje la tuerca de fijación del volante que se encuentra en la parte superior del eje.

5. Coloque un extractor de volantes y saque el volante de las estrías que hay en el eje de la dirección.

6. Saque del todo la tuerca del volante y retire dicho volante del eje de dirección.

7. El montaje se hace en sentido inverso al indicado para el desmontaje. Apriete las tuercas con un par de 60 libras-pie.

Vehículos con tracción delantera

1. Saque el botón o forro de claxon y el interruptor. Vea lo indicado en la fase 1 de la sección precedente.

2. Saque la tuerca del volante de dirección.

3. Con ayuda de un extractor de volantes, saque dicho volante.

4. Alinee el dentado del cubo del volante con el diente que falta en el eje. Apriete la tuerca con un par de 60 libras-pie.

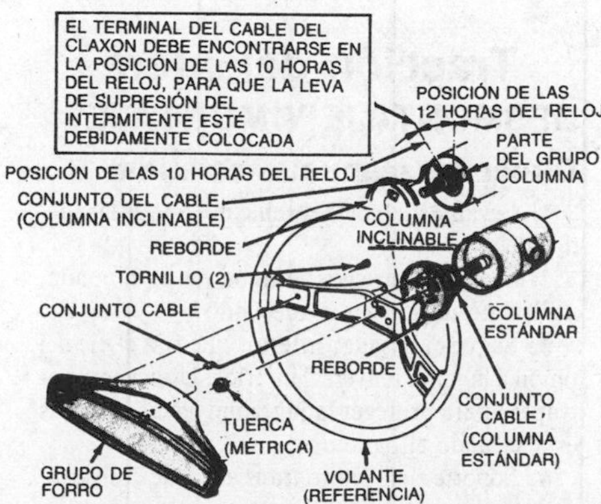

Volante característico de los modelos 1978 y posteriores

ATENCIÓN

No apriete la tuerca contra el cierre de la columna de dirección puesto que podría estropearlo.

5. Vuelva a colocar el interruptor del claxon y el botón.

Intermitente e interruptor de luces de emergencia

DESMONTAJE Y MONTAJE

Salvo en los vehículos con tracción delantera

1. Desconecte el cable de masa de la batería. Retire el volante.

2. Saque el tornillo de la palanca del intermitente y dicha palanca. No toque el control de velocidad, sino que debe dejarlo colgando.

3. Quite los tornillos de fijación del interruptor.

4. Levante y saque la luz del selector de la transmisión automática.

5. Quite la placa de retención.

6. Saque la extensión de la tapa del cable, si existe, debajo de la abrazadera de la columna. Saque la abrazadera de montaje de la columna de dirección. Saque la tapa del cable de la columna.

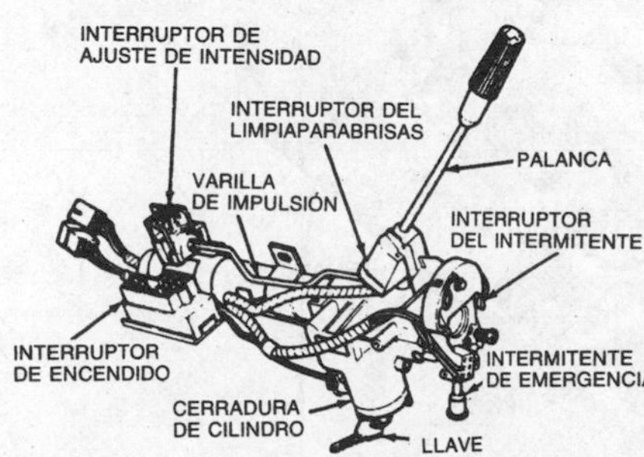

Componentes interruptores de la columna de dirección - Mod. Rampage

7. Separe el conector de cables de debajo del panel de instrumentos.

8. Saque el interruptor.

9. Para el montaje invierta el orden indicado para el desmontaje. Apriete los tornillos de la abrazadera de la columna con un par de 30 libras-pie.

Vehículos con tracción delantera

SIN VOLANTE INCLINABLE

1. Desconecte el cable negativo de la batería.

2. Saque el volante tal como se ha indicado antes.

3. En los vehículos equipados con limpiaparabrisas intermitente o con control de la velocidad, saque los dos tornillos que fijan la tapa de la palanca del intermitente a la carcasa y retire dicha tapa.

4. Retire el conjunto del interruptor del limpiaparabrisas.

5. Tire de la protección del vástago de control y retire los dos tornillos que fijan el manguito del mismo al interruptor del limpiaparabrisas.

6. Haga rotar el vástago de control totalmente en el sentido de las agujas del reloj y saque dicho vástago del interruptor, tirando directamente hacia afuera del interruptor.

7. Saque el interruptor del intermitente y los tornillos de fijación del cojinete superior. Saque la fijación y levante el interruptor para sacarlo.

8. El montaje se realiza en sentido inverso al indicado para el desmontaje.

CON VOLANTE INCLINABLE

1. Desconecte el cable negativo de la batería.

2. Saque el volante tal como se ha indicado antes.

3. Desmonte la palanca de inclinación y empuje el botón del interruptor de las luces de emergencia hacia el interior, destornillándolo para sacarlo.

4. Retire el conjunto de la luz de encendido.

5. Tire hacia afuera del botón del interruptor del limpiaparabrisas.

6. Levante la protección del vástago y retire los dos tornillos que fijan el manguito al interruptor del limpiaparabrisas, sacando luego el manguito.

7. Haga rotar el vástago en el interruptor del limpiaparabrisas en el sentido de las agujas del reloj, y retire el eje tirando directamente hacia afuera del interruptor del limpiaparabrisas.

8. Saque la tapa de plástico de la placa de fijación. Apriete la placa de fijación con ayuda de la herramienta C-4156, u otra de equivalente. Con una palanquita saque el anillo de fijación de la ranura. Saque la placa de fijación, la leva de paro y el muelle superior de apoyo.

9. Retire el tornillo del actuador del interruptor y el brazo.

10. Saque los tres tornillos del interruptor del intermitente y coloque la pieza deslizante en posición baja. Enrolle un trozo de cinta alrededor del conector y los cables para evitar que salgan cuando saque el interruptor y los cables.

11. El montaje se realiza en sentido inverso al desmontaje.

Mecanismo de dirección manual

DESMONTAJE Y MONTAJE

Salvo para los modelos de tracción delantera

RAMCHARGER Y TRAIL DUSTER

1. Saque los dos tornillos del acoplamiento del tornillo sin fin.
2. Retire el brazo de dirección del mecanismo utilizando una herramienta adecuada.
3. Saque los tornillos que unen el mecanismo de dirección al bastidor y retire todo el mecanismo del vehículo.
4. Para el montaje, coloque el mecanismo de dirección en el bastidor y monte los tornillos de fijación.
5. Monte el brazo de la dirección y sitúe las ruedas delanteras en posición derecha hacia adelante.
6. Coloque el volante en posición derecha.
7. Monte los tornillos de fijación del tornillo sin fin a la columna.

MODELOS VAN Y PICKUP

1. Desconecte la batería.
2. Levante y apoye el vehículo sobre soportes. Desconecte el acoplamiento de «caucho y tejido» (dejando la mitad del acoplamiento en el tornillo sin fin).
3. Desconecte el enlace del cambio de la columna de dirección.
4. Saque la tuerca y la arandela de fijación del brazo de dirección. Con una herramienta adecuada, saque el brazo de dirección del sector.
5. Saque los tres tornillos de fijación del mecanismo. Baje el vehículo y retire los tornillos de la placa extrema con la columna.
6. Desconecte los cables y retire el conjunto de la columna.
7. Levante y apoye el vehículo sobre soportes. Saque el mecanismo de dirección a través de la abertura que se encuentra en el costado interno del bastidor. (Puede ser de ayuda sacar los tres tornillos del soporte del brazo intermedio izquierdo y sacar dicho brazo de la zona de trabajo a fin de tener más sitio.)

NOTA: Si la mitad inferior del acoplamiento se hubiera sacado del mecanismo, vuélvalo a montar en el tornillo sin fin y fíjelo con un pasador antes de montar el mecanismo en el vehículo.

8. Desde debajo del vehículo, coloque el mecanismo de dirección en la debida posición y monte los tres tornillos de fijación.
9. Vuelva a montar el soporte del brazo intermedio, si se hubiera sacado.
10. Monte el brazo de dirección en el eje del sector. Coloque la arandela y la tuerca de fijación.
11. Monte el conjunto de la columna de dirección. Conecte los cables de la columna de dirección. Monte los enlaces del cambio de marchas en la columna.
12. Conecte el acoplamiento de la columna de dirección al tornillo sin fin.
13. Conecte la batería.

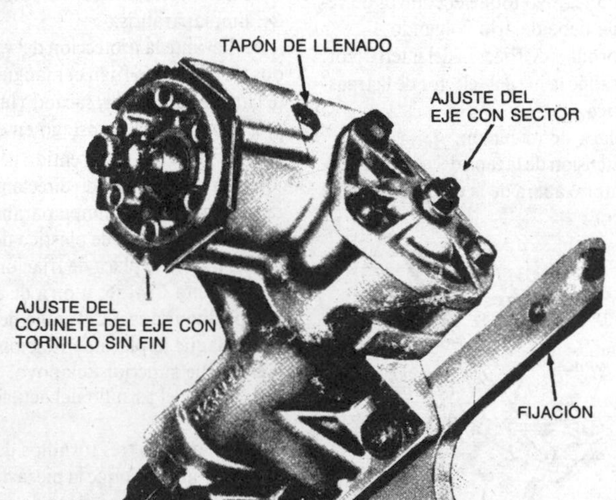

Puntos para el ajuste de la dirección manual - normal

Mecanismo de la dirección asistida

DESMONTAJE Y MONTAJE

Excepto vehículos con tracción delantera

1. Levante el capó y saque la batería.
2. Desconecte los cables de la bomba del limpiaparabrisas. Retire los tornillos de fijación del recipiente del limpiaparabrisas y coloque dicho recipiente fuera de la zona de trabajo.
3. Desconecte los tubos de la dirección asistida del mecanismo de dirección. Tape los accesorios del mecanismo de dirección y ate los tubos por encima del nivel del líquido del recipiente de la bomba para evitar la salida del aceite.
4. Levante el vehículo y apóyelo sobre soportes. Desconecte el acoplamiento de «caucho y tejido» del mecanismo de dirección (dejando la mitad inferior del acoplamiento en el tornillo sin fin).
5. Desconecte el enlace del cambio de marchas en la columna de dirección.

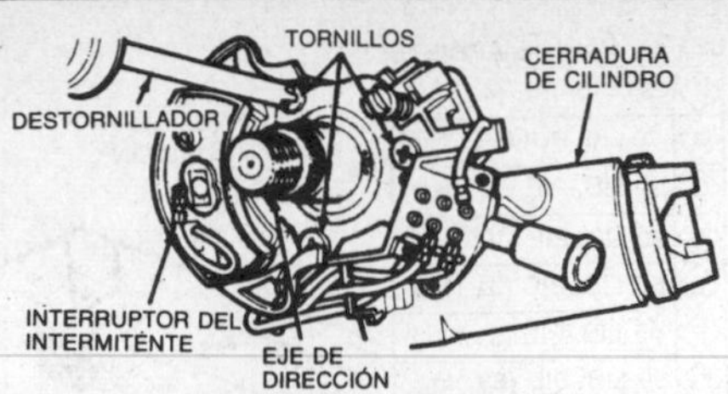

Interruptor del intermitente - tipo del modelo Rampage

6. Saque el protector del brazo de dirección, si lo lleva. Saque la tuerca y la arandela y luego, con una herramienta adecuada, saque el brazo de dirección del sector.
7. Saque el tornillo de fijación que hay en el costado izquierdo del mecanismo.
8. Baje el vehículo y retire uno de los dos tornillos restantes de fijación del mecanismo de dirección.
9. Saque la placa extrema y los tornillos de soporte de la columna.
10. Desconecte los cables de la columna de dirección y retire el conjunto.
11. Levante y soporte el vehículo. Saque los tres tornillos del soporte del brazo intermedio izquierdo, haciendo oscilar dicho brazo para sacarlo de la zona de trabajo.
12. Saque el tornillo restante y el mecanismo de dirección de abajo del vehículo, haciéndolo pasar por el agujero que se encuentra en el costado del bastidor.

NOTA: Antes de montar el mecanismo de dirección en el vehículo, coloque la mitad del acoplamiento del tornillo sin fin y fíjelo con un pasador.

13. Desde la parte inferior del vehículo, coloque el mecanismo de dirección en la debida posición sobre el soporte de montaje y monte los tres tornillos de fijación.
14. Continúe el montaje invirtiendo el orden utilizado en el desmontaje.
15. Baje el vehículo, ponga el motor en marcha y mueva el volante varias veces en uno y otro sentido, de tope a tope, para que salga el aire de la instalación.
16. Pare el motor y verifique el nivel del líquido, añadiendo el que sea necesario. Compruebe si se producen fugas.

Tracción delantera

DESMONTAJE Y MONTAJE

Dirección manual o asistida

1. Levante y soporte el vehículo. Saque las ruedas delanteras.
2. Saque los extremos de las barras de dirección, utilizando un extractor adecuado.
3. Saque el pasador inferior que fija el eje del piñón a la junta universal inferior. Utilice un contrapeso para proteger la junta universal mientras está sacando el pasador.
4. Soporte el miembro transversal de la suspensión con un gato hidráulico. Saque las dos tuercas posteriores que fijan el miembro transversal al bastidor. Afloje los dos tornillos delanteros que

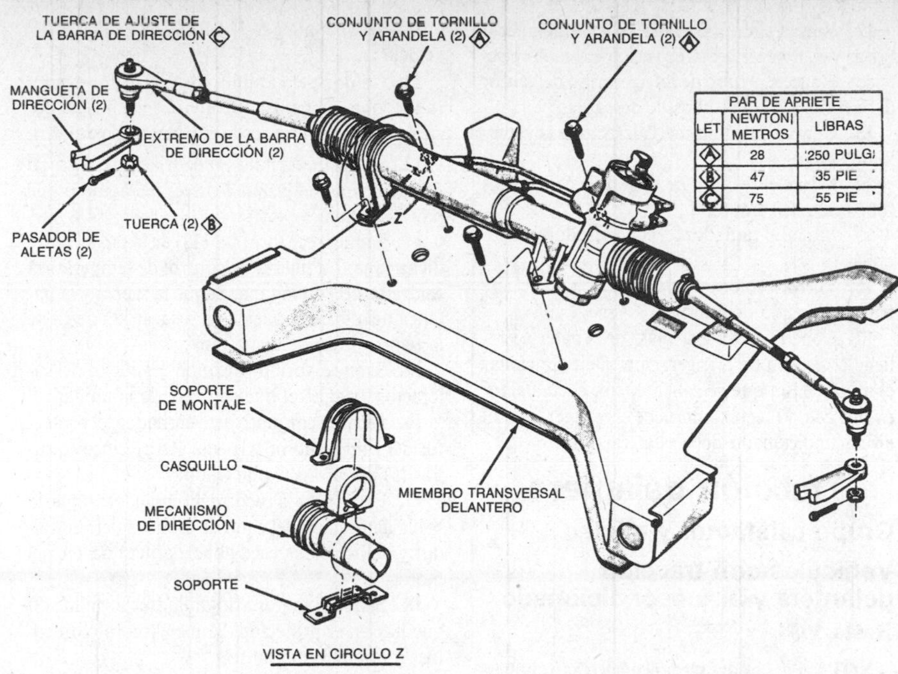

PAR DE APRIETE		
LET	NEWTON METROS	LIBRAS
A	28	250 PULG
B	47	35 PIE
C	75	55 PIE

Grupo característico de la dirección - Mod. Mini-Van

fijan el miembro transversal al bastidor y baje lentamente dicho miembro transversal para ganar acceso a los protectores del retén.

5. Saque los protectores de salpicaduras y los del retén.

6. En los modelos con dirección asistida saque los tubos de la caja del mecanismo de dirección.

7. Desconecte los extremos de las barras de dirección de las manguetas y retire los tornillos que fijan el mecanismo al miembro transversal de la suspensión delantera.

8. Saque el mecanismo del costado del conductor.

9. El montaje se realiza siguiendo el orden inverso al desmontaje.

10. Apriete los tornillos entre el mecanismo de dirección y el miembro transversal con un par de 20,8 libras-pie.

Bomba de la dirección asistida

DESMONTAJE Y MONTAJE

Salvo para los vehículos con tracción delantera

1. Afloje los tornillos de fijación y la montura de la bomba, sacando luego la correa de transmisión.

2. Desconecte y tapone ambos tubos.

3. Saque los tornillos de fijación y la montura, retirando la bomba.

4. Monte la bomba en el motor y coloque la montura y los tornillos de fijación.

5. Monte y ajuste la correa de transmisión. Apriete los tornillos de la montura con un par de 30 libras-pie.

6. Conecte los tubos de presión y de retorno. Haga pasar los tubos del mismo modo como se encuentran antes de sacarlo. Deben pasar sin dobleces ni curvas muy cerradas. Apriete el extremo del tubo fijado en la bomba con un par de 25 libras-pie. Los tubos deben quedar por lo menos a 1 pulgada de distancia de las poleas, caja de baterías y tubos de frenos, y como mínimo a 2 pulgadas de distancia de los múltiples de escape. Si existen, los manguitos de caucho esponjoso de protección, se utilizarán para evitar que los tubos entren en contacto con otras piezas.

7. Llene la bomba con líquido de servodirección de acuerdo a las especificaciones o bien uno de equivalente.

8. Ponga el motor en marcha y mueva el volante hacia uno y otro lado, de tope a tope, y reiteradas veces hasta que el sistema quede libre de aire. Compruebe si hay pérdidas y vuelva a verificar el nivel del líquido.

Tracción delantera

1. Desconecte los tubos de la bomba de dirección asistida.

2. Saque el tornillo de ajuste y saque la correa.

3. Sostenga la bomba y retire los tornillos de fijación, sacando luego la bomba.

4. El montaje se realiza siguiendo el orden inverso al desmontaje. Ajuste la correa de acuerdo a las especificaciones.

Extremos de las barras de dirección

DESMONTAJE Y MONTAJE

Salvo para vehículos con tracción delantera

1. Levante la parte anterior del vehículo y apóyelo con seguridad sobre soportes.

2. Saque el pasador de aletas y la tuerca del extremo de la barra de dirección.

3. Monte un extractor y ejerza suficiente presión para aflojar el extremo de la barra de dirección de la mangueta. Mida o cuente la cantidad de roscas que sobresalen.

4. Afloje el tornillo de fijación del manguito de la barra de dirección y destornille el extremo de dicha barra.

5. Monte la nueva barra de dirección dentro del manguito, de manera que queden el mismo número de vueltas contadas antes de sacar la vieja.

6. Conecte el extremo de la barra de dirección a la mangueta y apriete la tuerca del siguiente modo: tuerca de 1/2 pulgada con un par de 45 libras-pie; tuerca de 9/16 pulgada con un par de 55 libras-pie; tuerca de 5/8 pulgada con un par de 75 libras-pie. Monte el pasador de aletas.

7. Baje el vehículo y ajuste la convergencia.

8. Apriete los tornillos de fijación.

Vehículos con tracción delantera

1. Levante la parte delantera del vehículo y apóyela sobre soportes.

2. Saque el pasador de aletas y la tuerca del extremo de la barra de dirección.

3. Monte un extractor y aplique suficiente presión para sacar la barra de dirección de la mangueta.

4. Afloje la tuerca y destornille el extremo de la barra de dirección.

5. El montaje se realiza siguiendo el orden inverso al desmontaje. Compruebe el ajuste de la convergencia.

FRENOS

Para el procedimiento a seguir, consulte la sección de Frenos de la Unidad de Reparación.

EQUIPO ELÉCTRICO DEL BASTIDOR

Núcleo del calefactor

DESMONTAJE Y MONTAJE

Sin aire acondicionado (salvo vehículos con tracción delantera)

1. Desconecte el cable de masa de la batería.

2. Descargue el radiador.

NOTA: En caso necesario, saque el radiador y la parrilla para disponer de más sitio.

3. Recubra el alternador con un protector a prueba de agua.

4. Desconecte la resistencia del motor del ventilador y los cables de masa del calefactor.

5. Desconecte y tapone los tubos del núcleo del calefactor.

6. Desconecte los cables de control y las abrazaderas de debajo del panel de instrumentos.

7. Saque los tornillos de fijación de la válvula de agua. No desconecte los tubos de la válvula de agua; coloque la válvula de agua con los tubos conectados a un lado para que no estorben.

8. Saque el tubo del refrigerador del motor del ventilador.

9. Saque las tuercas que sostienen la caja en los apoyos de montaje y golpee toda la unidad para sacarla de su emplazamiento.

10. Para sacar el núcleo del calefactor: saque las tuercas de fijación y retire el conjunto del ventilador de su alojamiento.

11. Saque las tuercas de fijación de la tapa y retire la tapa del alojamiento.

12. Saque los tornillos de fijación del núcleo y retírelo del alojamiento.

13. El montaje se efectúa siguiendo el orden inverso al indicado para su desmontaje. Llene el sistema de refrigeración.

14. Deje funcionar el motor hasta que se caliente, con el calefactor conectado, y luego compruebe el nivel del refrigerante.

Van y Pickup con aire acondicionado (excepto los vehículos con tracción delantera)

ATENCIÓN

Para poder sacar el núcleo hay que descargar el sistema de aire acondicionado. No intente hacerlo usted si no está familiarizado con el mantenimiento del aire acondicionado; tenga a alguien que esté familiarizado con este trabajo y que le descargue el sistema.

1. Desconecte el cable de masa de la batería y descargue el refrigerante.

2. Saque la parrilla, el condensador y el radiador, si es preciso.

3. Coloque una protección impermeable sobre el alternador.

4. Desconecte los tubos del calefactor en la válvula de agua y saque válvula y soporte. Desconecte y tapone los tubos de refrigerante.

5. Saque la guantera, el bisel del aire frío y el escudo de adorno.

6. Trabajando a través de la abertura de la guantera, saque los tornillos y tuercas del evaporador al tabique cortafuegos.

7. Saque el motor del limpiaparabrisas. Desconecte todas las conexiones de vacío y eléctricas del evaporador. Desconecte el tubo de refrigerante del motor del ventilador y los conductos de descarga.

8. Saque los dos tornillos de 2 1/4 pulgada del travesaño y los cuatro tornillos de la placa de cierre situada delante del alojamiento. Separe los alojamientos del evaporador y del motor del ventilador, sacando seguidamente dicho alojamiento del evaporador.

9. Saque el secador de entrada y tape las aberturas. Con cuidado, apalanque el núcleo del calefactor para sacarlo, dejando tal cual el retén de aire de la parte delantera.

10. Al efectuar el montaje, conecte todos los tubos del núcleo. Coloque el alojamiento del evaporador encima del alojamiento del ventilador. Coloque los tornillos y tuercas de fijación.

11. Coloque el travesaño debajo del labio del alojamiento del ventilador y monte dos tornillos de 2 1/4 pulgadas. Monte los cuatro tornillos de la placa de cierre en la parte frontal del alojamiento.

12. Vuelva a montar el motor del limpiaparabrisas y conecte los tubos de vacío y los cables eléctricos. Conecte el tubo de refrigeración del motor del ventilador y los tubos de descarga.

13. Conecte los tubos del calefactor a la válvula de agua.

14. Monte el secador de entrada y conecte los tubos de refrigerante.

15. Monte el radiador, el condensador y la parrilla.

16. Vuelva a colocar la guantera, el bisel del aire frío y el escudo de adorno.

17. Conecte el cable de masa de la batería y rellene el sistema de refrigeración. Deje funcionar el motor hasta que se caliente, con el *calefactor en marcha*, y luego compruebe el refrigerante. El aire acondicionado debe estar cargado.

Tracción delantera

Grupo calefactor y núcleo

Vehículos con tracción delantera y aire acondicionado

Hasta 1984

NOTA: Para poder sacar el núcleo hay que desmontar la unidad de evaporador y núcleo. Deben ser dos personas para llevar a cabo esta operación. Es necesario llevar a cabo la descarga, evacuación y volver a cargar, con prueba de fugas del sistema de refrigeración.

ATENCIÓN

Este trabajo únicamente debe hacerlo un técnico experimentado que disponga de las herramientas adecuadas. Antes de intentar desmontarlo debe haber descargado el sistema (o hágalo usted mismo si está debidamente equipado para ello).

1. Descargue el sistema antes de desconectar cualquier tubo y deje salir el refrigerante del motor. Desconecte el cable negativo de la batería.

2. Desconecte los tubos del núcleo del calefactor. Tapone las aberturas de los tubos del núcleo calefactor para evitar que pueda salir refrigerante al desmontar el conjunto.

3. Desconecte los tubos de vacío del servofreno y en la válvula de agua.

4. Retire la válvula H.

5. Saque el tubo de descarga del condensador.

6. Saque las tuercas de fijación del conjunto calefactor evaporador del panel de instrumentos.

7. Retire el conector de cables del bloque de resistencia, extraiga la arandela aislante, pasando el cable a través del agujero de dicha arandela al compartimento de pasajeros.

8. Saque el volante y baje la columna de dirección hasta el asiento del conductor.

9. Saque el panel de instrumentos inferior. El panel inferior debe desconectarse de manera que el costado derecho pueda ser retirado y colocado en el asiento del pasajero. El costado izquierdo del panel de instrumentos puede seguir conectado eléctricamente. Esto desconectará el motor del ventilador y los conectores de cables del bloque de resistencia, el cable del control de temperatura y la conexión de vacío del control del panel.

10. Saque la tira de suspensión de la unidad del calentador evaporador y desplácela fuera de la zona.

11. Tire de la unidad hacia atrás y sáquela del vehículo.

12. Coloque el conjunto de calefactor evaporador sobre un banco de trabajo en la misma posición como se vería desde el asiento del pasajero.

13. Saque un tornillo (1) de fijación del grupo de vacío. Pase el grupo a través del agujero que hay en la tapa.

14. Saque trece tornillos (13) de la tapa y retire dicha tapa. La puerta de control de temperatura saldrá junto con la tapa. Saque la tuerca y la palanca del eje de la puerta para sacar la puerta de la temperatura de dicha tapa.

15. Saque el tornillo del tubo del núcleo del calefactor y saque el núcleo fuera de la unidad.

16. Sacar el conjunto del ventilador, el protector del ruido, motor y rueda. Retire cinco tornillos (5) del protector de ruido.

17. Para sacar la rueda del ventilador, saque la brida de fijación del cubo de la rueda del ventilador y deslice dicha rueda hacia afuera del eje del motor.

18. Saque el motor aflojando tres tornillos (3) que hay en el protector. Saque el motor con cables y arandelas aislantes.

19. Coloque el núcleo del calefactor en la unidad y fíjelo con tornillos.

20. Vuelva a montar la rueda del ventilador en el eje del motor y coloque la brida de fijación.

21. Haga pasar los cables del motor a través del agujero del protector de ruido. Baje el conjunto del ventilador (con la junta de caucho en su sitio) dentro del protector. Coloque la arandela aislante de los cables en su sitio y monte los tres tornillos (3) de fijación. Todo el grupo ventilador y el protector puede montarse dentro de la caja del ventilador con cinco tornillos (5).

22. Monte la tapa: alinee el alojamiento con ayuda de un pasador de guía, la puerta de temperatura y los agujeros para los tornillos. Coloque trece (13) tornillos.

23. El grupo de vacío pasa a través de los agujeros de la tapa. Coloque un tornillo (1) para aguantar los conectores de vacío. Haga todas las conexiones de tubos de vacío a los actuadores.

ATENCIÓN

Hay que tener cuidado para que los tubos de vacío del compartimento motor no queden colgando sobre el acelerador o queden pinzados entre el conjunto y el tablero. En tal caso se pinzarían los tubos y tendría que volverse a desmontar la unidad para liberarlos. Se necesitarán dos personas para asegurarse de que tales tubos pasan correctamente por el tablero.

24. Coloque la unidad en el suelo, todo lo más lejos que se pueda del tablero de instrumentos.

25. Levante la unidad procurando no tocar los salientes del forro del tablero. Haga pasar los tubos de vacío a través de las aberturas.

26. Coloque el conjunto en su sitio y fije la tira para colgarlo.

27. Vuelva a colocar el resto de tuercas restante en el tablero y apriételas.

28. Monte el tubo de descarga del condensador.

29. Saque los tapones de los agujeros del núcleo del calefactor y monte los tubos de calefacción.

30. Monte los tubos de vacío (el tubo negro al servofreno y el gris a la válvula de agua).

31. Monte la válvula H. Vea el montaje de la válvula H.

32. Compruebe que la junta del conjunto evaporador calefactor se encuentra bien alineada con la parte superior de la abertura central del conducto de distribución.

33. Monte de nuevo el panel de instrumentos inferior.

34. Haga pasar los cables del bloque de resistencia a través del tablero y monte las piezas restantes siguiendo el orden inverso al utilizado para su desmontaje. Vuelva a cargar el sistema.

Modelos 1985-86

NOTA: Para poder sacar el núcleo, hay que desmontar la unidad de evaporación-calefacción. Para llevar a cabo este trabajo se requieren dos personas. Es necesario descargar, evacuar y recargar, así como efectuar una prueba de fugas del sistema de refrigeración.

ATENCIÓN

Este trabajo tan sólo debe ser efectuado por un técnico especializado que disponga de las herramientas necesarias. Antes de intentar desmontarlo, debe haberse descargado el sistema (o hágalo usted mismo si dispone del equipo necesario para ello).

1. Descargue el sistema antes de abrir ninguno de los tubos y dar salida al refrigerante del motor. Desconecte el cable negativo de la batería.

2. Saque el panel inferior de instrumentos del costado del pasajero. Retire los siete tornillos de fijación y saque la tapa de la columna de dirección que se encuentra debajo de la misma.

3. Saque los tornillos (3) de refuerzo del montaje de la columna inferior y saque el refuerzo citado (situado debajo de la columna).

4. Desmonte el recubrimiento y adorno del costado derecho. Saque el tornillo del costado derecho del panel de instrumentos para retirar el recubrimiento. Luego, afloje los dos soportes que sostienen el borde inferior del calefactor/aire acondicionado o el alojamiento del calefactor.

5. Saque el refuerzo de la moldura de adorno del panel de instrumentos. Saque los tornillos que unen el costado derecho del panel de instrumentos a la columna de dirección.

6. Desconecte el tubo de suministro de vacío al servofreno (en el compartimento motor). Si el vehículo lleva aire acondicionado, también deberá desconectar el tubo de vacío de la válvula de agua.

7. Desembride los tubos del núcleo del calefactor para evitar pérdidas de líquido y seguidamente saque los tubos del núcleo. Tapone todos los tubos del núcleo para que no salga refrigerante.

8. Desconecte los tubos de aire acondicionado de la válvula H. *Debe taponar todas las aberturas para evitar que pueda entrar humedad en el sistema de aire acondicionado.*

9. Saque las cuatro tuercas de los apoyos de montaje del grupo calefactor o calefactor/aire acondicionado. Luego tire del costado derecho del panel de instrumentos inferior hasta que llegue al asiento del pasajero. Estando el panel en dicha posición, desconecte el cable del motor del ventilador, los cables de la resistencia y el cable de control de temperatura.

10. Desconecte la tira de sostenimiento de la unidad y dóblela hacia atrás para que no estorbe. Luego tire del conjunto hacia atrás para retirarlo del panel y sacarlo del vehículo.

11. Coloque el conjunto del evaporador y calefactor sobre un banco de taller, en la misma posición como lo vería el pasajero del asiento delantero.

12. Saque un tornillo (1) que fija el conjunto de tubos de vacío. Haga pasar este conjunto a través del agujero de la tapa.

13. Saque trece tornillos (13) de la tapa y retire la misma. La puerta de control de la temperatura saldrá junto con la tapa. Saque la tuerca y la palanca del eje de la puerta para retirar la puerta de temperatura de la tapa.

14. Saque el tornillo del soporte del tubo del núcleo del calefactor y saque el núcleo de la unidad.

15. Monte el núcleo y luego la unidad, siguiendo el orden inverso. Asegúrese de que ha llenado correctamente el sistema de refrigeración y cargue el sistema de aire acondicionado (el trabajo en la instalación de aire acondicionado debe ser hecho por alguien cualificado para hacerlo y que disponga de las herramientas apropiadas para ello). Haga funcionar el motor y compruebe si existen pérdidas de refrigerante.

Calefactor auxiliar, núcleo y ventilador

En algunos Van, el calefactor auxiliar es de recirculación y va montado en la parte posterior, estando su temperatura controlada mediante un cable Bowden.

DESMONTAJE Y MONTAJE

1. Descargue el radiador.

2. Desconecte el cable negativo de la batería.

3. Desde debajo del vehículo, desconecte los tubos de admisión y salida del calefactor. Saque la válvula de agua junto con los tubos unidos.

4. Retire los tornillos que fijan el calefactor al cárter del suelo y desconecte los cables del mismo.

5. Saque los tornillos de fijación de la tapa del calefactor. El núcleo del calefactor va unido a la tapa del calefactor y saldrá junto con dicha tapa.

6. Saque el núcleo de la tapa.

7. Para sacar el ventilador del calefactor auxiliar, retire los tornillos que fijan el motor del ventilador al calefactor y luego saque dicho motor.

8. El montaje se efectúa siguiendo el orden inverso al desmontaje. Asegúrese de haber llenado el sistema de refrigeración y compruebe si hay fugas. Compruebe el funcionamiento del calefactor auxiliar.

Radio

DESMONTAJE Y MONTAJE

Modelos de 1979 y posteriores (salvo los vehículos con tracción delantera)

1. Desconecte el cable negativo de la batería.

2. Saque los siete tornillos de fijación del panel de instrumentos y del bisel. Tire del bisel para sacarlo de las pinzas de retención.

3. Saque los cinco tornillos del tablero de instrumentos.

4. Tire del tablero de instrumentos todo lo que sea necesario para tener acceso al cable del velocímetro. Empuje la pinza del cable hacia el tablero y desconecte dicho cable.

5. Saque los conectores múltiples de los circuitos impresos derecho e izquierdo.

6. Saque el tablero de instrumentos.

7. Retire los tornillos de fijación de la radio.

8. Saque el tornillo de la tira de masa.

9. Extraiga la radio del tablero de instrumentos y desconecte los cables de conexión.

10. Invierta el orden para proceder al montaje.

Tracción delantera

1. Saque los siete tornillos de fijación del bisel y abra el compartimento de la guantera.

2. Retire el bisel conduciendo el extremo derecho alrededor de la guantera y separándolo del tablero.

3. Desconecte la tira de masa de la radio y retire los dos tornillos de fijación de la misma.

4. Saque la radio del tablero y desconecte los cables y el conductor de la antena.

5. El montaje se realiza siguiendo el orden inverso al indicado.

Ajuste de la antena

Todas las radios vienen ajustadas de fábrica y no precisan más reajustes a no ser que el aparato se vuelva a montar una vez sufrida una reparación, o bien se desee un reajuste debido a su bajo rendimiento.

1. Tire de la antena al máximo o de 31 a 33 pulgadas para la recepción de FM.

2. Ajuste la radio a una débil señal entre 1.440 y 1.600 kilociclos de la banda de AM.

3. Aumente el volumen de la radio y coloque el control de tono lo más agudo posible.

4. El mando de ajuste se encuentra, en la mayoría de las radios, en el ángulo trasero inferior derecho del aparato y se accede al mismo mediante un destornillador que se introduce en el agujero al efecto.

5. Ajuste haciéndolo girar a uno u otro lado hasta que se obtiene la máxima señal en el volumen.

Motor limpiaparabrisas

DESMONTAJE Y MONTAJE

Salvo para vehículos con tracción delantera

El motor del limpiaparabrisas se saca desde debajo del capó. No es preciso sacar el cubretablero.

1. Desconecte los cables eléctricos del motor.

2. Saque los tres tornillos de montaje de la brida del motor.

3. Haga bajar el motor lo suficiente para poder acceder a la biela del casquillo de accionamiento. Apalanque el casquillo para sacarlo de la biela.

4. Retire el motor.

5. Sostenga la biela de accionamiento con una llave mientras desmonta la tuerca de la misma. Saque la biela de accionamiento del motor.

6. El montaje se efectúa siguiendo el orden inverso al desmontaje. Compruebe y ajuste (si es necesario) la posición de aparcamiento del brazo del limpiaparabrisas.

Vehículos con tracción delantera

1. Coloque los limpiaparabrisas en posición de aparcamiento.
2. Saque los brazos y hojas del limpiaparabrisas, y desconecte los tubos de los conectores.
3. Abra el capó.
4. Retire el cubretablero y desconecte el tubo de agua de conector.
5. Saque el tamiz de plástico de la cámara del cubretablero.
6. Saque los tornillos pivote del limpiaparabrisas.
7. Desmonte los pivotes de las posiciones de montaje en el cubretablero.
8. Empuje los pivotes hacia abajo en la cámara de llenado.
9. Desconecte los conectores de cables del motor del limpiaparabrisas.
10. Saque tres (3) tuercas del motor del limpiaparabrisas.
11. Saque el conjunto del motor del limpiaparabrisas y los mecanismos de enlace.
12. Fije la biela del motor en un tornillo de banco y saque la tuerca del extremo del eje. No mueva el eje de salida del motor de su posición de aparcamiento. Saque la biela del motor.
13. Efectúe el mantenimiento necesario en el motor, pivotes, enlaces y bielas.

Conexión de accionamiento

1. Saque los brazos limpiaparabrisas.
2. Quite la tapa del cubretablero.
3. A través del agujero de acceso, desmonte la conexión de accionamiento del brazo y de la biela. Saque los pasadores de fijación con ayuda de una palanca.
4. Saque la conexión de accionamiento a través de agujero de acceso.
5. Para su montaje invierta el orden indicado. Utilice pinzas de junta deslizante para unir conexiones y pasadores.

Conexión de enlace

Salvo para vehículos con tracción delantera

1. Saque la tapa del cubretablero.
2. A través del agujero de acceso alcance y desmonte la conexión de enlace de la biela y los pasadores, separando el casquillo con presión.
3. Retire la conexión de enlace a través del agujero de acceso.
4. Para el montaje, invierta el orden del desmontaje. Utilice pinzas de junta deslizante para unir conexiones y pasadores.

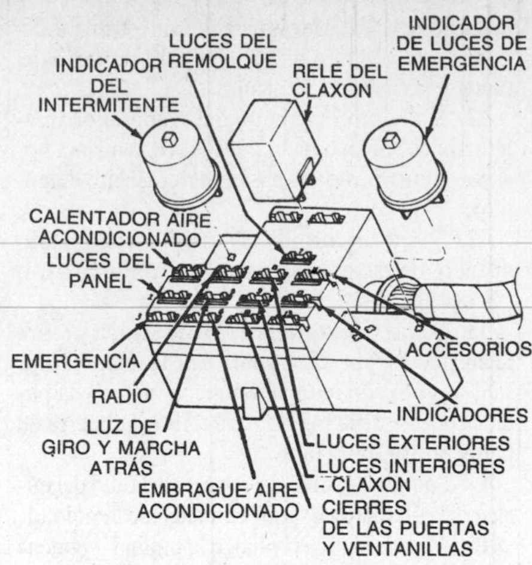

Caja de fusibles característica, de 1981

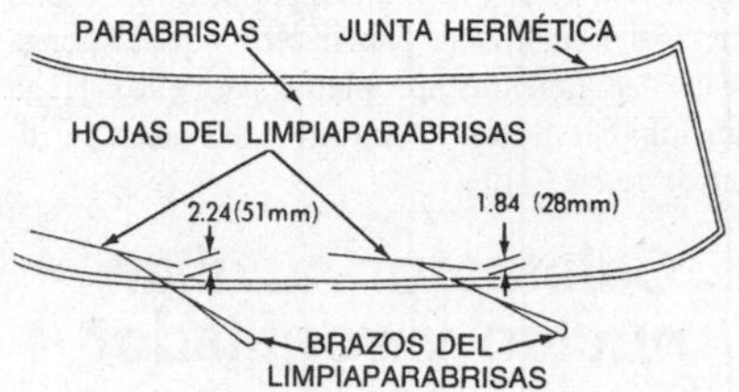

AJUSTAR EL BRAZO DEL LIMPIAPARABRISAS DE MODO QUE LA HOJA SE ENCUENTRE ENCIMA DE LA JUNTA HERMÉTICA EN POSICIÓN DE APARCAMIENTO, TAL COMO PUEDE VERSE, 0.25 PULGADAS

Ajuste de los limpiaparabrisas

Ajuste del limpiaparabrisas

Salvo en vehículos con tracción delantera

A fin de determinar si es necesario proceder a un reajuste, ejerza una fuerza de 25 onzas hacia abajo, paralelamente al parabrisas, en la punta del limpiaparabrisas (en el punto donde la hoja va unida al brazo). Con esta fuerza aplicada, tire de la hoja del limpiaparabrisas para separarla del cristal, varias veces a fin de evitar el roce que pueda incluir en su movimiento de descenso. La tolerancia entre la punta de la hoja del limpiaparabrisas y la moldura del parabrisas debe ser la que figura en la ilustración. Si fuera diferente, hay que reajustar el brazo del limpiaparabrisas.

Para cambiar el brazo, levántelo y fíjese en el retén del muelle del fondo. Sostenga el retén fuera de la zona, mueva el brazo y tire de él para sacarlo. Para volver a ponerlo, empújelo y asegúrese de que el cierre no está separado.

Tablero de instrumentos

DESMONTAJE Y MONTAJE

Salvo para vehículos con tracción delantera

Para el procedimiento a utilizar en el desmontaje y montaje del tablero de instrumentos consulte las fases 1 a 6 del apartado que versa sobre la radio, desmontaje y montaje, para los modelos de 1979 y posteriores.

Vehículos con tracción delantera

1. Abra el cenicero, sáquelo y desconecte el encendedor.
2. Desde debajo del tablero, saque los tornillos de fijación que unen los tableros superior e inferior.
3. Empuje del alojamiento hacia delante y baje la parte inferior para sacarlo.
4. Para el montaje, invierta el orden indicado.

Faros

DESMONTAJE Y MONTAJE

1. Retire el bisel de adorno del faro, sacando los tornillos y luego dicho bisel. En algunos modelos puede que no sea necesario sacar el bisel, según que el anillo de fijación del faro resulte o no accesible.
2. Saque los tornillos de fijación del anillo y retire el anillo. No toque los tornillos de orientación del faro.
3. Saque con cuidado el haz sellado y desconecte el conector.
4. Para el montaje invierta el orden indicado. Mientras no se muevan los tornillos de ajuste, el faro conservará su ajuste correcto gracias al anillo de fijación.

Fusibles y enlaces fusibles

Normalmente, el panel de fusibles se encuentra al costado izquierdo de la columna de dirección, o bien en el panel de protección, columna de dirección o cortafuegos.

Siempre que cambie un fusible debe sustituirlo por otro del mismo valor. Si el fusible vuelve a fundirse, compruebe el circuito para determinar si hay sobrecarga o cortocircuito.

Cuando se funde un fusible es muy importante conocer los motivos. Se encuentran en los circuitos eléctricos para protegerlos de los cortocircuitos debidos a mal funcionamiento de los componentes eléctricos u otros tipos de averías en los circuitos. No hay que cambiar un fusible para solucionar un problema, sino que hay que saber qué es lo que ha ocasionado el problema.

DIAGNÓSTICO DEL MOTOR DEL VENTILADOR DEL CALEFACTOR Y SISTEMA DE CONTROL (PARTE ELÉCTRICA)

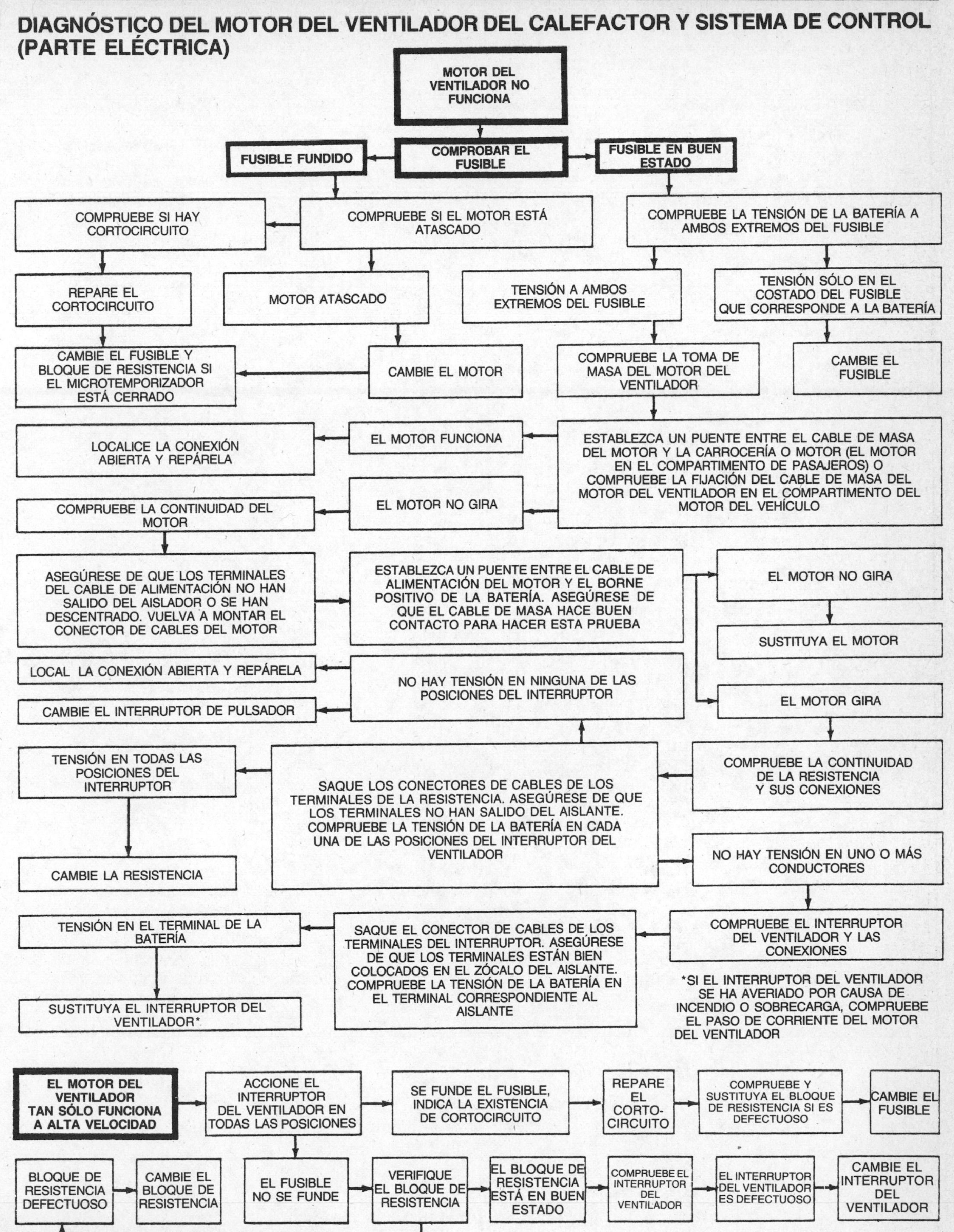
MOTOR DEL VENTILADOR NO FUNCIONA
COMPROBAR EL FUSIBLE
FUSIBLE FUNDIDO
FUSIBLE EN BUEN ESTADO
COMPRUEBE SI HAY CORTOCIRCUITO
COMPRUEBE SI EL MOTOR ESTÁ ATASCADO
COMPRUEBE LA TENSIÓN DE LA BATERÍA A AMBOS EXTREMOS DEL FUSIBLE
REPARE EL CORTOCIRCUITO
MOTOR ATASCADO
TENSIÓN A AMBOS EXTREMOS DEL FUSIBLE
TENSIÓN SÓLO EN EL COSTADO DEL FUSIBLE QUE CORRESPONDE A LA BATERÍA
CAMBIE EL FUSIBLE Y BLOQUE DE RESISTENCIA SI EL MICROTEMPORIZADOR ESTÁ CERRADO
CAMBIE EL MOTOR
COMPRUEBE LA TOMA DE MASA DEL MOTOR DEL VENTILADOR
CAMBIE EL FUSIBLE
LOCALICE LA CONEXIÓN ABIERTA Y REPÁRELA
EL MOTOR FUNCIONA
ESTABLEZCA UN PUENTE ENTRE EL CABLE DE MASA DEL MOTOR Y LA CARROCERÍA O MOTOR (EL MOTOR EN EL COMPARTIMENTO DE PASAJEROS) O COMPRUEBE LA FIJACIÓN DEL CABLE DE MASA DEL MOTOR DEL VENTILADOR EN EL COMPARTIMENTO DEL MOTOR DEL VEHÍCULO
COMPRUEBE LA CONTINUIDAD DEL MOTOR
EL MOTOR NO GIRA
ASEGÚRESE DE QUE LOS TERMINALES DEL CABLE DE ALIMENTACIÓN NO HAN SALIDO DEL AISLADOR O SE HAN DESCENTRADO. VUELVA A MONTAR EL CONECTOR DE CABLES DEL MOTOR
ESTABLEZCA UN PUENTE ENTRE EL CABLE DE ALIMENTACIÓN DEL MOTOR Y EL BORNE POSITIVO DE LA BATERÍA. ASEGÚRESE DE QUE EL CABLE DE MASA HACE BUEN CONTACTO PARA HACER ESTA PRUEBA
EL MOTOR NO GIRA
SUSTITUYA EL MOTOR
LOCAL LA CONEXIÓN ABIERTA Y REPÁRELA
NO HAY TENSIÓN EN NINGUNA DE LAS POSICIONES DEL INTERRUPTOR
CAMBIE EL INTERRUPTOR DE PULSADOR
EL MOTOR GIRA
TENSIÓN EN TODAS LAS POSICIONES DEL INTERRUPTOR
SAQUE LOS CONECTORES DE CABLES DE LOS TERMINALES DE LA RESISTENCIA. ASEGÚRESE DE QUE LOS TERMINALES NO HAN SALIDO DEL AISLANTE. COMPRUEBE LA TENSIÓN DE LA BATERÍA EN CADA UNA DE LAS POSICIONES DEL INTERRUPTOR DEL VENTILADOR
COMPRUEBE LA CONTINUIDAD DE LA RESISTENCIA Y SUS CONEXIONES
CAMBIE LA RESISTENCIA
NO HAY TENSIÓN EN UNO O MÁS CONDUCTORES
TENSIÓN EN EL TERMINAL DE LA BATERÍA
SAQUE EL CONECTOR DE CABLES DE LOS TERMINALES DEL INTERRUPTOR. ASEGÚRESE DE QUE LOS TERMINALES ESTÁN BIEN COLOCADOS EN EL ZÓCALO DEL AISLANTE. COMPRUEBE LA TENSIÓN DE LA BATERÍA EN EL TERMINAL CORRESPONDIENTE AL AISLANTE
COMPRUEBE EL INTERRUPTOR DEL VENTILADOR Y LAS CONEXIONES
SUSTITUYA EL INTERRUPTOR DEL VENTILADOR*
*SI EL INTERRUPTOR DEL VENTILADOR SE HA AVERIADO POR CAUSA DE INCENDIO O SOBRECARGA, COMPRUEBE EL PASO DE CORRIENTE DEL MOTOR DEL VENTILADOR
EL MOTOR DEL VENTILADOR TAN SÓLO FUNCIONA A ALTA VELOCIDAD
ACCIONE EL INTERRUPTOR DEL VENTILADOR EN TODAS LAS POSICIONES
SE FUNDE EL FUSIBLE, INDICA LA EXISTENCIA DE CORTOCIRCUITO
REPARE EL CORTO-CIRCUITO
COMPRUEBE Y SUSTITUYA EL BLOQUE DE RESISTENCIA SI ES DEFECTUOSO
CAMBIE EL FUSIBLE
BLOQUE DE RESISTENCIA DEFECTUOSO
CAMBIE EL BLOQUE DE RESISTENCIA
EL FUSIBLE NO SE FUNDE
VERIFIQUE EL BLOQUE DE RESISTENCIA
EL BLOQUE DE RESISTENCIA ESTÁ EN BUEN ESTADO
COMPRUEBE EL INTERRUPTOR DEL VENTILADOR
EL INTERRUPTOR DEL VENTILADOR ES DEFECTUOSO
CAMBIE EL INTERRUPTOR DEL VENTILADOR

GM Carrocería «F»

Camaro, Firebird

IDENTIFICACIÓN POR AÑO

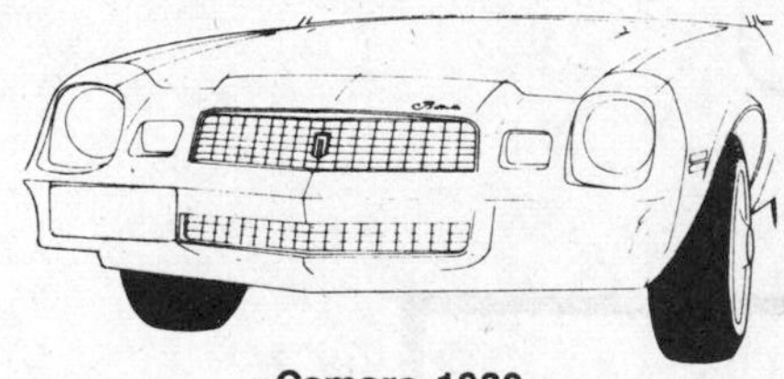

Camaro 1980

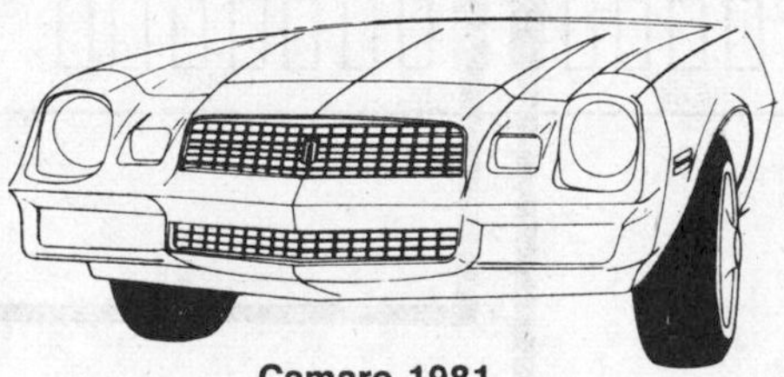

Camaro 1981

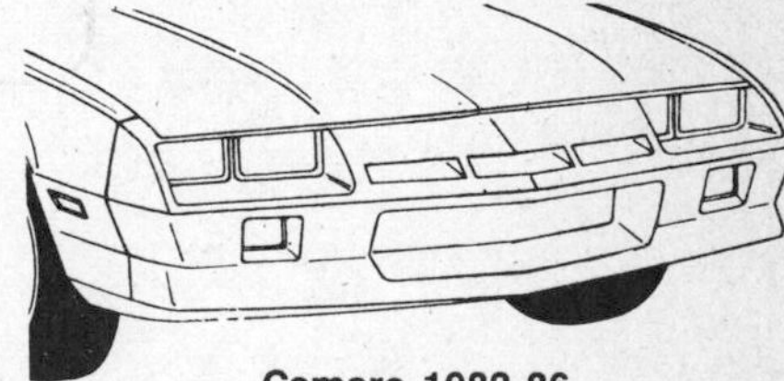

Camaro 1982-86

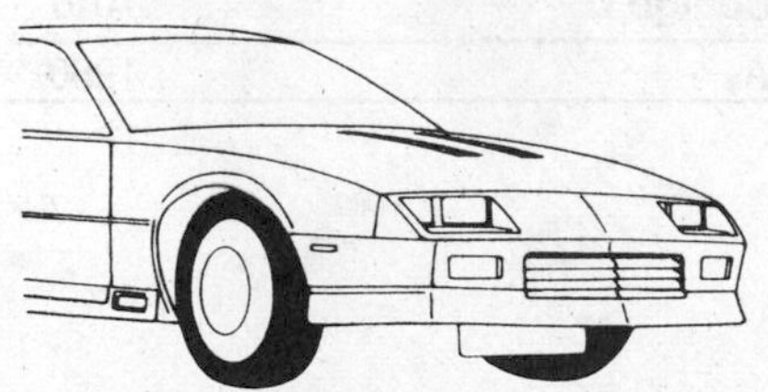

1982-87 Camaro Z-28

Camaro IROC 1985-87

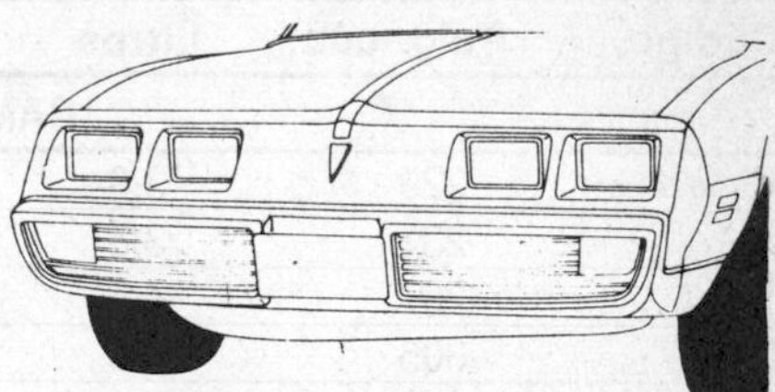

Firebird 1980

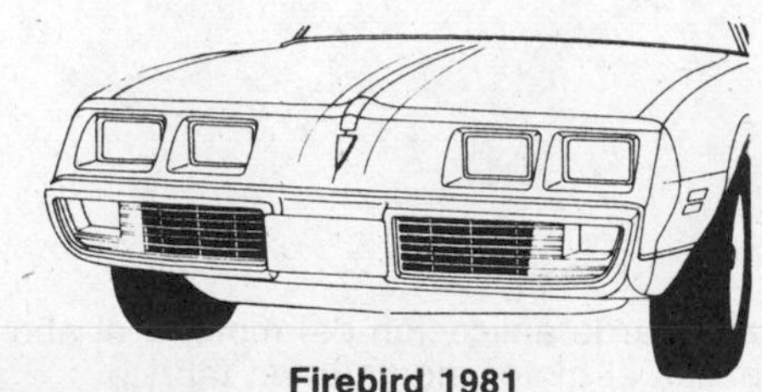

Firebird 1981

Firebird 1982-86

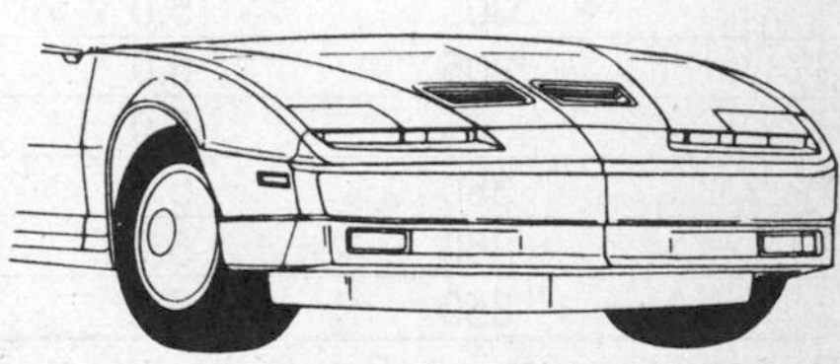

Trans-Am 1985-87

IDENTIFICACIÓN POR AÑO

Firebird Formula 1987

NÚMERO DE IDENTIFICACIÓN DEL VEHÍCULO (VIN)

Es importante estar seguro de la identificación del vehículo y del motor a la hora de reparar y hacer pedidos de piezas de repuesto. El VIN (n.º de identificación del vehículo) es un número de 13 o 17 cifras que puede observarse a través del parabrisas, que está situado en el cuadro de instrumentos en el lado del conductor y contiene los códigos de identificación del vehículo y del motor. Puede interpretarse de la siguiente forma:

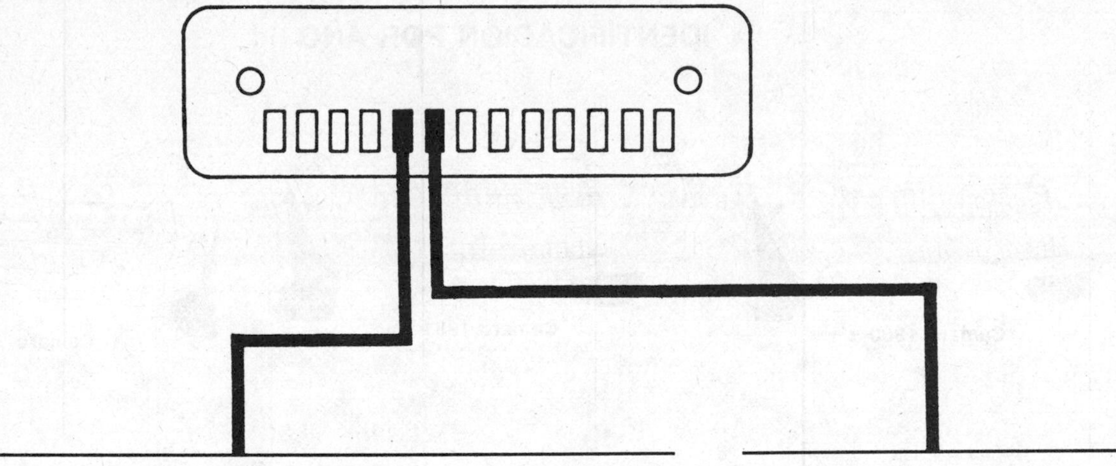

Código del motor

Código	Pulg. cúb.	Litros	N.º cil.	Carburador	Fabr. motor
			CAMARO		
K	229	3.8	6	2	Chev.
A	231	3.8	6	2	Buick
J	267	4.4	8	2	Chev.
U	305	5.0	8	2	Chev.
G	305	5.0	8	2	Chev.
H	305	5.0	8	4	Chev.
L	350	5.7	8	4	Chev.
			FIREBIRD		
A	231	3.8	V6	2	Buick
S	265	4.3	8	2	Pont.
W	301	4.9	8	4	Pont.
U	305	5.0	8	2	Chev.
G	305	5.0	8	2	Chev.
H	305	5.0	8	4	Chev.
P	350	5.7	8	4	Pont.
R	350	5.7	8	4	Olds.
L	350	5.7	8	4	Chev.

Código del modelo

Código	Año
A	1980

Puede utilizarse el número de trece cifras de identificación del vehículo para determinar la aplicación del motor y el año del modelo. La cifra número seis indica el año del modelo y la número cinco identifica el motor montado en fábrica

NÚMERO DE IDENTIFICACIÓN DEL VEHÍCULO (VIN)

Es importante estar seguro de la identificación del vehículo y del motor a la hora de reparar y hacer pedidos a piezas de repuesto. El VIN (n.º de identificación del vehículo) es un número de 13 ó 17 cifras que puede observarse a través del parabrisas, que está situado en el cuadro de instrumentos en el lado del conductor y contiene los códigos de identificación del vehículo y del motor. Puede interpretarse de la siguiente forma:

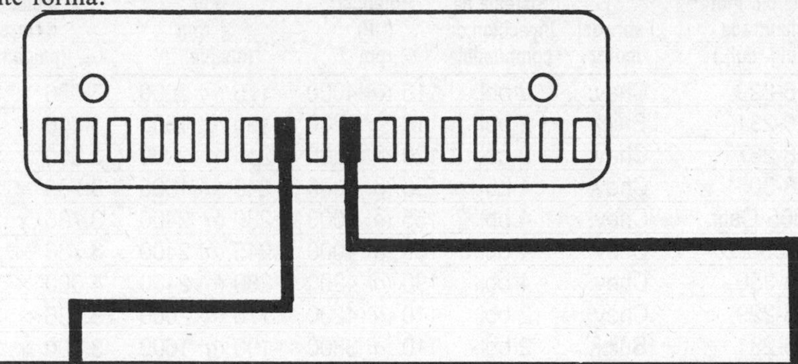

Código del motor

Código	Pulg. cúb.	Litros	Nº cil.	Carburador	Fabr. motor
CAMARO					
2	151	2.5	4	TBI	Pont.
F③	151	2.5	4	2	Pont.
1	173	2.8	V6	2	Chev.
L	173	2.8	V6	2	Chev.
S②	173	2.8	6	MFI	Chev.
K	229	3.8	6	2	Chev.
A	231	3.8	V6	2	Buick
J	267	4.4	8	2	Chev.
H	305	5.0	8	4	Chev.
7③	305	5.0	8	TBI	Chev.
G	305	5.0	8	4	Chev.
S③	305	5.0	8	TBI	Chev.
F②	305	5.0	8	TPI	Chev.
L④	350	5.7	8	4	Chev.
8	350	5.7	8	TPI	Chev.
FIREBIRD					
2	151	2.5	4	TBI	Pont.
F③	151	2.5	4	2	Pont.
1	173	2.8	V6	2	Chev.
L	173	2.8	V6	2	Chev.
S②	173	2.8	6	MFI	Chev.
A	231	3.8	V6	2	Buick
S④	265	4.3	8	2	Pont.
W	301	4.9	8	4	Pont.
T	301①	4.9	8	4	Pont.
H	305	5.0	8	4	Chev.
7③	305	5.0	8	TBI	Chev.
G	305	5.0	8	4	Chev.
F②	305	5.0	8	TPI	Chev.

Código del modelo

Código	Año
B	1981
C	1982
D	1983
E	1984
F	1985
G	1986
H	1987

Puede utilizarse el número de diecisiete cifras de identificación del vehículo para determinar la aplicación del motor y el año del modelo. La cifra número diez indica el modelo y la cifra número ocho identifica el motor montado en fábrica

① Motor con turbocompresor
② Modelos de 1985 y años posteriores
③ 1982-83
④ Únicamente para los modelos de 1981

TBI-Inyección en el cuerpo de la válvula mariposa
TPI-Inyección sincronizada en la compuerta
MFI-Inyección de combustible en múltiples compuertas

ESPECIFICACIONES GENERALES DEL MOTOR
Camaro

Año	Código VIN del motor	Nº de cil. motor cilindrada (pulg. cúb.)	Fabr. del motor	Sistema de inyección de combustible	Potencia (HP) @ rpm ①	Par @ rpm (lbs-pie) ①	Diámetro x carrera (pulgadas)	Relación de compresión	Presión del aceite @ 2.000 rpm
'80	K	6-229	Chev.	2 bbl.	115 @ 4000	175 @ 2000	3.736 × 3.480	8.6:1	45
	A	6-231	Buick	2 bbl.	110 @ 3800	190 @ 1600	3.800 × 3.400	8.0:1	45
	J	8-267	Chev.	2 bbl.	120 @ 3600	215 @ 2000	3.500 × 3.480	8.3:1	45
	H	8-305	Chev.	4 bbl.	155 @ 4000	240 @ 1600	3.736 × 3.480	8.6:1	45
	H	8-305 Calif.	Chev.	4 bbl.	155 @ 4000	230 @ 2400	3.736 × 3.480	8.6:1	45
	H	8-305/Z28	Chev.	4 bbl.	165 @ 4000	245 @ 2400	3.736 × 3.480	8.6:1	45
	L	8-350	Chev.	4 bbl.	190 @ 4200	280 @ 2400	4.000 × 3.480	8.2:1	45
'81	K	6-229	Chev.	2 bbl.	110 @ 4200	170 @ 2000	3.736 × 3.480	8.6:1	45
	A	6-231	Buick	2 bbl.	110 @ 3800	190 @ 1600	3.800 × 3.400	8.0:1	45
	J	8-267	Chev.	2 bbl.	115 @ 4000	200 @ 2400	3.500 × 3.480	8.3:1	45
	H	8-305	Chev.	4 bbl.	150 @ 3800	240 @ 2400	3.736 × 3.480	8.6:1	45
	H	8-305/Z28	Chev.	4 bbl.	165 @ 4000	245 @ 2400	3.736 × 3.480	8.6:1	45
	L	8-350	Chev.	4 bbl.	175 @ 4000	275 @ 2400	4.000 × 3.480	8.2:1	45
'82	2	4-151	Pont.	TBI	90 @ 4000	134 @ 2400	4.000 × 3.000	8.2:1	36–41
	1	6-173	Chev.	2 bbl.	102 @ 4800	145 @ 2400	3.503 × 2.992	8.5:1	40
	H	8-305	Chev.	4 bbl.	145 @ 4000	240 @ 2400	3.736 × 3.480	8.6:1	40
	7	8-305	Chev.	TBI	165 @ 4200	240 @ 2400	3.736 × 3.480	9.5:1	40
'83	2	4-151	Pont.	TBI	92 @ 4000	134 @ 2400	4.000 × 3.000	8.2:1	36–41
	1	6-173	Chev.	2 bbl.	102 @ 4800	145 @ 2400	3.503 × 2.992	8.5:1	40
	H	8-305	Chev.	4 bbl.	145 @ 4000	240 @ 2400	3.736 × 3.480	8.6:1	40
	S	8-305	Chev.	TBI	175 @ 4200	250 @ 2800	3.736 × 3.480	9.5:1	50–65
'84	2	4-151	Pont.	TBI	90 @ 4000	134 @ 2400	4.000 × 3.000	8.2:1	36–41
	1	6-173	Chev.	2 bbl.	102 @ 4800	145 @ 2400	3.503 × 2.992	8.5:1	40
	H	8-305	Chev.	4 bbl.	145 @ 4000	240 @ 2400	3.736 × 3.480	8.6:1	40
	G	8-305	Chev.	4 bbl.	190 @ 4800	240 @ 3200	3.736 × 3.480	9.5:1	40
'85–'87	2	4-151	Pont.	TBI	90 @ 4000	134 @ 2400	4.000 × 3.000	9.0:1	36–41
	F	8-305	Chev.	TPI	265 @ 4400	275 @ 3200	3.736 × 3.480	9.5:1	40
	S	6-173	Chev.	MFI	135 @ 5100	165 @ 3600	3.503 × 2.992	8.9:1	40
	H	8-305	Chev.	4 bbl.	155 @ 4200	245 @ 2000	3.736 × 3.480	9.5:1	40
	G	8-305	Chev.	4 bbl.	190 @ 4800	240 @ 3200	3.736 × 3.480	9.5:1	40
	8	8-350	Chev.	TPI	230 @ 4000	330 @ 3200	4.000 × 3.480	9.5:1	50–65

① Los valores de potencia (HP) y par son valores netos SAE. Se miden en la parte trasera de la transmisión con todos los accesorios montados y en funcionamiento. Dado que estos valores varían cuando un motor concreto se monta en diferentes modelos, algunos son más representativos que exactos

ESPECIFICACIONES GENERALES DEL MOTOR
Firebird

Año	Código VIN del motor	Nº de cil. cilindrada (pulg. cúb.)	Fabr. del motor	Sistema de inyección de combustible	Potencia (HP) @ rpm ①	Par @ rpm (lbs-pie) ①	Diámetro x carrera (pulgadas)	Relación de compresión	Presión del aceite @ 2.000 rpm
'80	A	6-231	Buick	2 bbl.	115 @ 3800	188 @ 2000	3.800 × 3.400	8.0:1	37
	S	8-265	Pont.	2 bbl.	120 @ 3600	210 @ 1600	3.750 × 3.000	8.3:1	37③
	W	8-301	Pont.	4 bbl.	150 @ 4000	240 @ 2000	4.000 × 3.000	8.1:1	38③
	H	8-305	Chev.	4 bbl.	150 @ 3800	230 @ 2400	3.736 × 3.480	8.4:1	40

ESPECIFICACIONES GENERALES DEL MOTOR
Firebird

Año	Código VIN del motor	Nº de cil. cilindrada (pulg. cúb.)	Fabr. del motor	Sistema de inyección de combustible	Potencia (HP) @ rpm ①	Par apriete @ rpm (lbs-pie) ①	Diámetro × carrera (pulgadas)	Relación de compresión	Presión del aceite @ 2.000 rpm
'81	A	6-231	Buick	2 bbl.	115 @ 3800	190 @ 1600	3.800 × 3.400	8.0:1	37
	S	8-265	Pont.	2 bbl.	119 @ 4000	205 @ 2000	3.750 × 3.000	8.3:1	38③
	W	8-301	Pont.	4 bbl.	155 @ 4000	245 @ 2000	4.000 × 3.000	8.1:1	38③
	T	8-301②	Pont.	4 bbl.	210 @ 4000	340 @ 2000	4.000 × 3.000	7.5:1	58③
	H	8-305	Chev.	4 bbl.	155 @ 3800	240 @ 2400	3.736 × 3.480	8.6:1	40
'82	2	4-151	Pont.	TBI	90 @ 4000	134 @ 2400	4.000 × 3.000	8.2:1	36–41
	1	6-173	Chev.	2 bbl.	102 @ 4800	145 @ 2400	3.503 × 2.992	8.5:1	40
	H	8-305	Chev.	4 bbl.	145 @ 4000	240 @ 2400	3.736 × 3.480	8.6:1	40
	7	8-305	Chev.	TBI	175 @ 4200	240 @ 2400	3.736 × 3.480	9.5:1	40
'83	2	4-151	Pont.	TBI	90 @ 4000	134 @ 2400	4.000 × 3.000	8.2:1	36–41
	1	6-173	Chev.	2 bbl.	102 @ 4800	145 @ 2400	3.503 × 2.992	8.5:1	40
	L	6-173	Chev.	2 bbl.	125 @ 5400	145 @ 2400	3.503 × 2.992	8.9:1	50–65
	H	8-305	Chev.	4 bbl.	145 @ 4000	240 @ 2400	3.736 × 3.480	8.6:1	40
	S	8-305	Chev.	TBI	175 @ 4200	250 @ 2800	3.736 × 3.480	9.5:1	50–65
'84	2	4-151	Pont.	TBI	90 @ 4000	134 @ 2400	4.000 × 3.000	8.2:1	36–41
	1	6-173	Chev.	2 bbl.	102 @ 4800	145 @ 2400	3.503 × 2.992	8.5:1	40
	L	6-173HO	Chev.	2 bbl.	125 @ 5400	145 @ 2400	3.503 × 2.992	8.9:1	50–65
	H	8-305	Chev.	4 bbl.	145 @ 4000	240 @ 2400	3.736 × 3.480	8.6:1	40
	G	8-305	Chev.	4 bbl.	190 @ 4800	240 @ 3200	3.736 × 3.480	9.5:1	40
'85–'87	2	4-151	Pont.	TBI	90 @ 4000	134 @ 2400	4.000 × 3.000	8.2:1	36–41
	S	6-173	Chev.	MFI	135 @ 5100	165 @ 3600	3.503 × 2.992	8.9:1	40
	H	8-305	Chev.	4 bbl.	155 @ 4200	245 @ 2000	3.736 × 3.480	8.6:1	40
	G	8-305	Chev.	4 bbl.	180 @ 4800	240 @ 3200	3.736 × 3.480	9.5:1	40
	F	8-305	Chev.	TPI	215 @ 4400	275 @ 3200	3.736 × 3.480	9.5:1	50–65

TBI-Inyección en el cuerpo de la válvula de mariposa
MFI-Inyección de combustible múltiples compuertas
TPI-Inyección sincronizada en la compuerta
① Los valores de potencia (HP) y par de apriete son valores netos SAE. Se miden en la parte trasera de la transmisión con todos los accesorios montados y en funcionamiento. Dado que estos valores varían cuando un motor concreto se monta en diferentes modelos, algunos son más representativos que exactos
② Motor con turbocompresor
③ Presión del aceite por encima de 2,600 rpm

ESPECIFICACIONES DE PUESTA A PUNTO
Camaro

Año	Código del VIN del motor	Nº de cil. motor cilindrada (pulg. cúb.)	Fabr. motor	Bujías de encendido: Tipo original	Bujías de encendido: Dist. entre electrodos (pulgadas)	Sincronización del encendido (grados) ① ②: Trans. Man.	Sincronización del encendido (grados) ① ②: Trans. Aut.	Apertura de la válvula de admisión (grados) ③	Presión de la bomba de combustible (lb/pulg.²)	Velocidad de ralentí (rpm) ① ②: Trans. Man.	Velocidad de ralentí (rpm) ① ②: Trans. Aut.
'80	K	6-229	Chev.	R-45TS⑤	0.045	8B	12B	42	4½–6	700	600
	A	6-231	Buick	R-45TSX	0.060	—	15B	16	4¼–5¾	—	600
	J	8-267	Chev.	R-45TS	0.045	—	4B	28	7½–9	—	500
	H	8-305	Chev.	R-45TS	0.045	4B	4B	28	7½–9	700	500(550)
	L	8-350	Chev.	R-45TS	0.045	6B	6B	28	7½–9	700	500
'81	K	6-229	Chev.	R-45TS	0.045	6B	6B	42	4½–6	700⑥	600⑥
	A	6-231	Buick	R-45TS8	0.080	—	15B	16	4¼–5¾	—	500⑥
	J	8-267	Chev.	R-45TS	0.045	—	6B	44	7½–9	—	500⑥
	H	8-305	Chev.	R-45TS	0.045	6B	6B	44	7½–9	700	500
	L	8-350	Chev.	R-45TS	0.045	—	6B	38	7½–9	—	500⑥

ESPECIFICACIONES DE PUESTA A PUNTO
Camaro

Año	Código del VIN del motor	Nº de cil motor. cilindrada (pulg. cúb.)	Fabr. motor	Bujías de encendido Tipo original	Dist. entre electrodos (pulgadas)	Sincronización del encendido (grados) ① ② Trans. Man.	Trans. Aut.	Apertura de la válvula de admisión (grados) ③	Presión de la bomba de combustible (lb/pulg.²)	Velocidad de ralentí (rpm) ① ② Trans. Man.	Trans. Aut.
'82	2	4-151	Pont.	R-44TSX	0.060	⑦	⑦	—	9–13	⑦	⑦
	1	6-173	Chev.	R-43TS	0.045	⑦	⑦	—	5½–6½	⑦	⑦
	H	8-305	Chev.	R-45TS	0.045	⑦	⑦	—	5½–6½	⑦	⑦
	7	8-305	Chev.	R-45TS④	0.045	⑦	⑦	—	9–13	⑦	⑦
'83	2	4-151	Pont.	R-44TSX	0.060	⑦	⑦	—	9–13	⑦	⑦
	1	6-173	Chev.	R-43CTS	0.045	⑦	⑦	—	5½–6½	⑦	⑦
	H	8-305	Chev.	R-45TS	0.045	⑦	⑦	—	5½–6½	⑦	⑦
	S	8-305	Chev.	R-45TS	0.045	⑦	⑦	—	9–13	⑦	⑦
'84	2	4-151	Pont.	R-44TSX	0.060	⑦	⑦	—	9–13	⑦	⑦
	1	6-173	Chev.	R-43CTS	0.045	⑦	⑦	—	5½–6½	⑦	⑦
	H	8-305	Chev.	R-45TS	0.045	⑦	⑦	—	5½–6½	⑦	⑦
	G	8-305	Chev.	R-45TS	0.045	⑦	⑦	—	9–13	⑦	⑦
'85	2	4-151	Pont.	R-43TSX	0.060	⑦	⑦	—	9–13	⑦	⑦
	S	6-173	Chev.	R-42CTS	0.045	⑦	⑦	—	40.5–47	⑦	⑦
	F	8-305	Chev.	R-43CTS	0.045	⑦	⑦	—	40.5–47	⑦	⑦
	H	8-305	Chev.	R-45TS	0.045	⑦	⑦	—	5½–6½	⑦	⑦
	G	8-305	Chev.	R-44TS	0.045	⑦	⑦	—	9–13	⑦	⑦
'86	2	4-151	Pont.	R-43CTS6	0.060	⑦	⑦	—	9–13	⑦	⑦
	S	6-173	Chev.	R-42CTS	0.045	⑦	⑦	—	40½–47	⑦	⑦
	F	8-305	Chev.	R-43TS	0.035	⑦	⑦	—	40½–47	⑦	⑦
	H	8-305	Chev.	R-45TS	0.045	⑦	⑦	—	5½–6½	⑦	⑦
	G	8-305	Chev.	R-43TS	0.035	⑦	⑦	—	9–13	⑦	⑦
'87	Todos			Ver la etiqueta de especificaciones bajo el capó							

NOTA: La etiqueta adhesiva de especificaciones situada bajo el capó suele reflejar cambios en las especificaciones de puesta a punto introducidos durante la fabricación del motor. Debe darse prioridad a los valores de la etiqueta adhesiva si no coinciden con los de la tabla. Los números de pieza de esta tabla no son recomendaciones de Chilton para ningún producto ni ninguna marca

Todos los modelos van equipados con sistema de encendido electrónico
B: Antes del punto muerto superior
TDC: Punto muerto superior
— No aplicable
① Véase el texto para el procedimiento
② El valor entre paréntesis se refiere al motor California
③ Todos los valores antes del punto muerto superior (BTCD)
④ R-44TS si es necesario una bujía de encendido en frío
⑤ Con transmisión automática-R-45TS
⑥ Equipado con control de velocidad de ralentí (ISC)
⑦ Estas funciones están controladas por el microprocesador de emisiones. En casos raros, cuando sea necesario realizar algún ajuste, consulte las especificaciones de la etiqueta de emisiones situada bajo el capó

ESPECIFICACIONES DE PUESTA A PUNTO
Firebird

Año	Código del VIN del motor	Nº de cil. motor cilindrada (pul. cúb.)	Fabr. motor	Bujías de encendido Tipo original	Dist. entre electrodos (pulgadas)	Sincronicación del encendido (grados) ③ ④ Trans. Man.	Trans. Aut.	Apertura de la válvula de admisión (grados) ⑤	Presión de la bomba de combustible (lb/pulg.²)	Velocidad de ralentí (rpm) ① ② Trans. Man.	Trans. Aut.
'80	A	6-231	Buick	R-45TSX⑥	0.060⑥	15B	15B	16	3–4.5	800/600①	620/550①
	S	8-265	Pont.	R-45TSX	0.060	—	10B	27	7.5–9	—	650/550①
	W	8-301	Pont.	R-45TSX	0.060	—	12B	16	7.5–9	—	650/500①
	W	8-301⑦	Pont.	R-45TSX	0.060	—	12B	17	7.5–9	700	550
	H	8-305	Chev.	R-45TS	0.045	—	4B	28	7.5–9	—	650/550①
'81	A	6-231	Buick	R-45TS8	0.080	15B	15B	16	4.25–5.75	800	500
	S	8-265	Pont.	R-45TSX	0.060	—	12B	16	7.5–9	—	450 ± 24
	W	8-301	Pont.	R-45TSX	0.060	—	12B	16	7.5–9	—	450 ± 32
	T	8-301⑧	Pont.	R-45TSX	0.060	—	6B	16	7.5–9	—	450 ± 32
	H	8-305	Chev.	R-45TS	0.045	6B	6B	44	7.5–9	800	800

ESPECIFICACIONES DE PUESTA A PUNTO
Firebird

Año	Código del VIN del motor	Nº de cil. motor cilindrada (pul. cúb.)	Fabr. motor	Bujías de encendido Tipo original	Bujías de encendido Dist. entre electrodos (pulgadas)	Sincronización del encendido (grados) ③ ④ Trans. Man.	Sincronización del encendido (grados) ③ ④ Trans. Aut.	Apertura de la válvula de admisión (grados) ⑤	Presión de la bomba de combustible (lb/pulg.²)	Velocidad de ralentí (rpm) ① ② Trans. Man.	Velocidad de ralentí (rpm) ① ② Trans. Aut.
'82	2	4-151	Pont.	R-44TSX	0.060	⑨	⑨	—	9–13	⑨	⑨
	1	6-173	Chev.	R-43TS	0.045	⑨	⑨	—	5.5–6.5	⑨	⑨
	H	8-305	Chev.	R-45TS	0.045	⑨	⑨	—	5.5–6.5	⑨	⑨
	7	8-305	Chev.	R-45TS②	0.045	⑨	⑨	—	9–13	⑨	⑨
'83	2	4-151	Pont.	R-44TSX	0.060	⑨	⑨	—	9–13	⑨	⑨
	1	6-173	Chev.	R-43CTS	0.045	⑨	⑨	—	5.5–6.5	⑨	⑨
	L	6-173HO	Chev.	R-42CTS	0.045	⑨	⑨	—	6–7½	⑨	⑨
	H	8-305	Chev.	R-45TS	0.045	⑨	⑨	—	5.5–6.5	⑨	⑨
	S	8-305	Chev.	R-45TS	0.045	⑨	⑨	—	9–13	⑨	⑨
'84	2	4-151	Pont.	R-44TSX	0.060	⑨	⑨	—	9–13	⑨	⑨
	1	6-173	Chev.	R-43CTS	0.045	⑨	⑨	—	5½–6½	⑨	⑨
	L	6-173	Chev.	R-42CTS	0.045	⑨	⑨	—	6–7½	⑨	⑨
	H	8-305	Chev.	R-45TS	0.045	⑨	⑨	NA	5½–6½	⑨	⑨
	G	8-305	Chev.	R-45TS	0.045	⑨	⑨	—	9–13	⑨	⑨
'85	2	4-151	Pont.	R-43TSX	0.060	⑨	⑨	—	9–13	⑨	⑨
	S	6-173	Chev.	R-42CTS	0.045	⑨	⑨	—	40.5–47	⑨	⑨
	F	8-305	Chev.	R-43CTS	0.045	⑨	⑨	—	40.5–47	⑨	⑨
	H	8-305	Chev.	R-45TS	0.045	⑨	⑨	—	5½–6½	⑨	⑨
	G	8-305	Chev.	R-44TS	0.045	⑨	⑨	—	9–13	⑨	⑨
'86	2	4-151	Pont.	R-43CTS6	0.060	⑨	⑨	—	9–13	⑨	⑨
	S	6-173	Chev.	R-42CTS	0.045	⑨	⑨	—	40½–47	⑨	⑨
	F	8-305	Chev.	R-43TS	0.035	⑨	⑨	—	40½–47	⑨	⑨
	H	8-305	Chev.	R-45TS	0.045	⑨	⑨	—	5½–6½	⑨	⑨
	G	8-305	Chev.	R-43TS	0.035	⑨	⑨	—	9–13	⑨	⑨
'87	Todos	Ver la etiqueta de especificaciones bajo el capó									

NOTA: La etiqueta adhesiva de especificaciones situada bajo el capó suele reflejar cambios en las especificaciones de puesta a punto introducidos durante la fabricación del motor. Debe darse prioridad a los valores de la etiqueta adhesiva si no coinciden con los de la tabla. Los números de pieza de esta tabla no son recomendaciones de Chilton para ningún producto ni ninguna marca

Todos los modelos van equipados con un sistema de encendido electrónico
B: Antes del punto muerto superior
TDC: Punto muerto superior
—No aplicable
NA—No disponible
① El valor inferior indica la velocidad de ralentí con el solenoide desconectado
② R-44TS si es necesaria una bujía de encendido en frío
③ Véase el texto para el procedimiento
④ El valor entre paréntesis se refiere al motor California
⑤ Todos los valores son en grados antes del punto muerto superior (BTDC). Cuando aparezcan dos valores, el primero se refiere a la sincronización con transmisión manual y el segundo con transmisión automática
T. Aut.-29
T. Man.-16
⑥ En todos los vehículos de T. Man. y de T. Aut. de bajas altitudes-R-45TS, espacio entre electrodos 0,040 pulgadas
⑦ Con el equipo de prestaciones
⑧ Motor con turbocompresor
⑨ Estas funciones están controladas por el microprocesador de emisiones. En casos raros cuando sea necesario realizar algún ajuste, consulte la etiqueta adhesiva de emisiones situada bajo el capó

ÓRDENES DE ENCENDIDO

NOTA: Para evitar confusiones sustituya siempre los conductores de las bujías de encendido de uno en uno

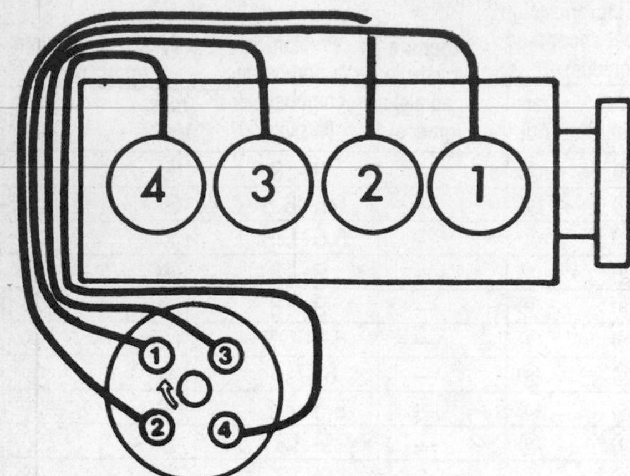

Motor 151 de cuatro cilindros fabricado por Pontiac
Orden de encendido del motor: 1-3-4-2
Sentido de giro del distribuidor: el de las agujas del reloj

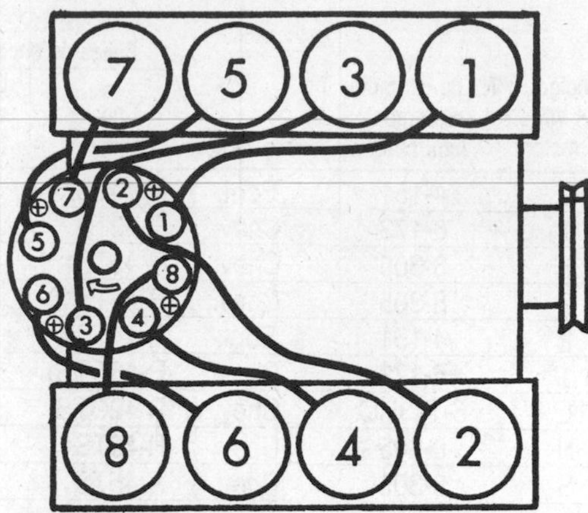

Motores de 8 cilindros en V fabricados por Chevrolet
Orden de encendido del motor: 1-8-4-3-6-5-7-2
Sentido de giro del distribuidor: el de las agujas del reloj

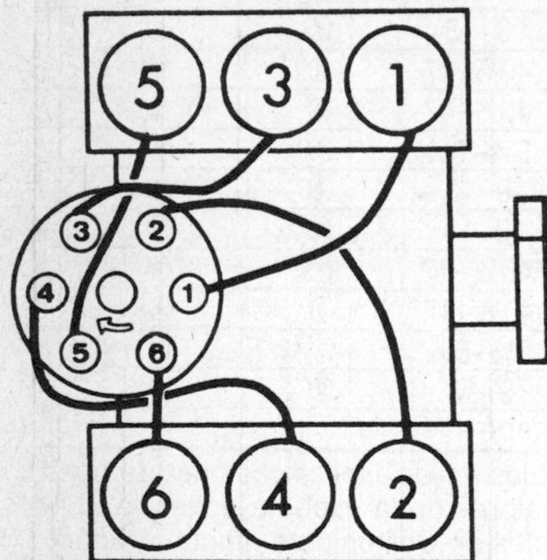

Motor 229-6V fabricado por Chevrolet
Orden de encendido del motor: 1-6-5-4-3-2
Sentido de giro del distribuidor: el de las agujas del reloj

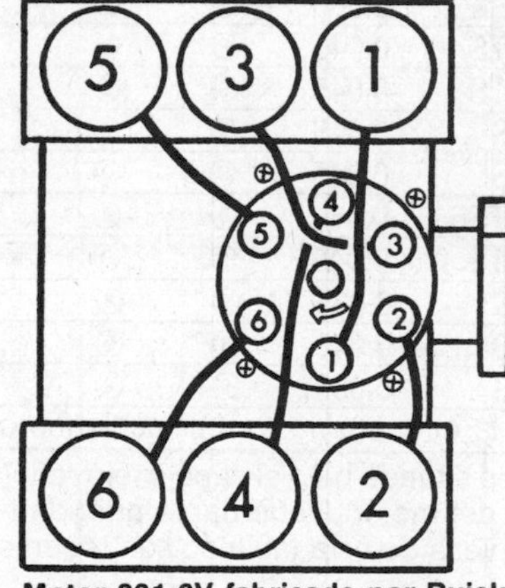

Motor 231-6V fabricado por Buick
Orden de encendido del motor: 1-6-5-4-3-2
Sentido de giro del distribuidor: el de las agujas del reloj

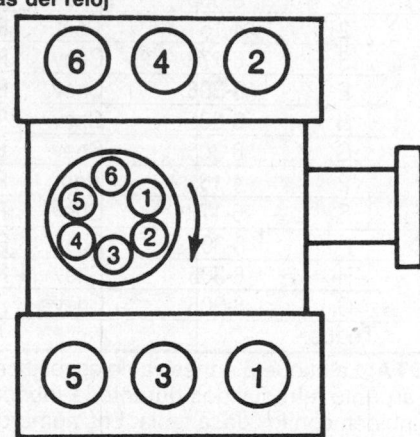

Motor 173-6V fabricado por Chevrolet
Orden de encendido del motor: 1-2-3-4-5-6
Sentido de giro del distribuidor: el de las agujas del reloj

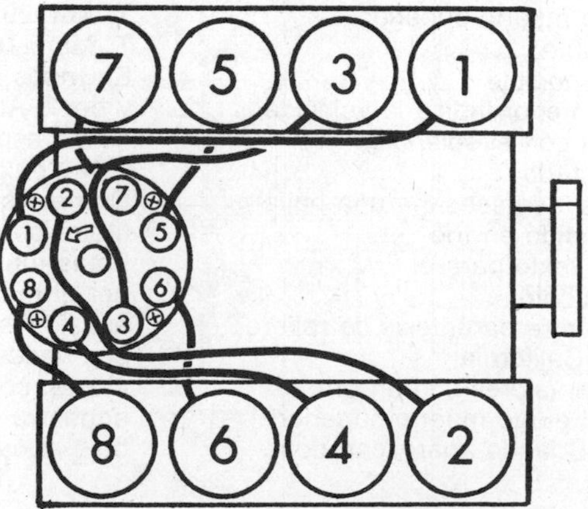

Motores 8V fabricados por Pontiac
Orden de encendido del motor: 1-8-4-3-6-5-7-2
Sentido de giro del distribuidor: el contrario al de las agujas del reloj

Motores 8V fabricados por Oldsmobile
Orden de encendido del motor: 1-8-4-3-6-5-7-2
Sentido de giro del distribuidor: el contrario al de las agujas del reloj

CAPACIDADES
Camaro

Año	Cód. VIN del motor	Nº cil. motor cilindrada (pulg. cúb.)	Cárter motor, añada 1 cuarto para filtro nuevo	Transmisión Nº pintas a rellenar después vaciado T. Man. 3 V.	T. Man. 4 V.	T. Aut. ①	Árbol transmisión (pintas)	Depósito gasolina (galones)	Sistema de refrigeración (cuartos) Con calef.	Con AA (A/C)
'80–'81	K	6-229	4②	3	—	7③	4.25④	21	14.5	15.5
	A	6-231	4②	—	—	7③	4.25④	21	12.0	13.0
	J	8-267	4	—	—	7③	4.25④	21	15.0	16.0
	H	8-305	4	—	3.4	7③	4.25④	21	15.0	16.0
	L	8-350	4	—	—	7④	4.25④	21	16.0	17.0
'82	2	4-151	3②	—	4.3	8.5	3.5	16	12.8	13.0
	1	6-173	4②	—	4.3	8.5	3.5	16	12.8	12.8
	H	8-305⑤	4	—	4.3	8.5	3.5	16	17.2	17.2
	7	8-305⑥	4	—	4.3	8.5	3.5	16	15.9	15.9
'83	2	4-151	3②	—	4.3⑦	8.5⑧	3.5	16	12.8	13.0
	1	6-173	4②	—	4.3⑦	8.5⑧	3.5	16	12.8	12.8
	H	8-305⑤	4	—	4.3⑦	8.5⑧	3.5	16	17.2	17.2
	S	8-305⑥	4	—	4.3⑦	8.5⑧	3.5	16	15.9	15.9
'84	2	4-151	3②	—	3.5⑦	8.5⑧	3.5	16	8.8	9.1
	1	6-173	4②	—	3.5⑦	8.5⑧	3.5	16	12.5	12.5
	H	8-305⑤	4	—	3.5⑦	8.5⑧	3.5	16	15.0	15.0
	G	8-305⑥	4	—	3.5⑦	8.5⑧	3.5	16	15.0	15.0
'85–'87	2	4-151	3②	—	2.5⑦	9.5	3.5	15.5	12.75	13.0
	S	6-173	4②	—	2.5⑦	9.5	3.5	15.5	12.5	12.5
	H	8-305	4	—	2.5⑦	9.5	3.5	16	15.5	16.0
	G	8-305	4	—	2.5⑦	9.5	3.5	16	17.0	17.0
	F	8-305	4	—	2.5⑦	9.5⑧	3.5	15.5	17.0	17.0
	8	8-350	4	—	—	9.5⑧	3.5	20	17.0	—

— No aplicable
① Únicamente vaciado y llenado - no incluye el convertidor de par
② La capacidad es la misma con o sin el cambio del filtro
③ Con 350 - 6 pintas
④ Con una corona de 7 ½'' - 3,5 pintas; con corona dentada de 8 ¾'' - 5,4 pintas
⑤ Con carburador de 4 bbl (gargantas)
⑥ Con inyección de combustible en el cuerpo de la válvula mariposa
⑦ 5 velocidades - 6,87 pintas
⑧ Transmisión con «overdrive» - 9,9 pintas: añada 4 pintas, arranque el motor y verifique el nivel del aceite con la varilla de medición; rellene si es necesario

CAPACIDADES
Firebird

Año	Cód. VIN del motor	Nº cil. motor cilindrada (pulg. cúb.)	Cárter motor, añada 1 cuarto para filtro nuevo	Transmisión Nº pintas a rellenar después vaciado T. Man. 3 V.	T. Man. 4 V.	T. Aut. ①	Árbol transmisión (pintas)	Depósito gasolina (galones)	Sistema de refrigeración (cuartos) Con calef.	Con AA (A/C)
'80	A	6-231	4	3.5	3.5	6	4.25	20.8	13.2	13.2
	S	8-265	4②	—	—	6	4.25	20.8	20.4	20.4
	W	8-301	4②	3.5	3.5	6	4.25	20.8	20.4	20.4
	H	8-305	4	—	—	6	4.25	20.8	—	16.4
'81	A	6-231	4	3.5	—	6	4.25	21.0	20.9	—
	S	8-265	4	—	—	6	4.25	21.0	20.9	—
	W	8-301	4	—	—	6	4.25	21.0	20.9	—
	T	8-301	4	—	—	6	4.25	21.0	20.9	—
	H	8-305	4	—	—	6	4.25	21.0	20.9	—

CAPACIDADES
Firebird

Año	Cód. del VIN del motor	Nº cil. motor cilindrada (pulg. cúb.)	Cárter motor, añada 1 cuarto para filtro nuevo	Transmisión Nº pintas a rellenar después vaciado — T. Man. 3 V.	T. Man. 4 V.	T. Aut. ①	Árbol transmisión (pintas)	Depósito gasolina (galones)	Sistema de refrigeración (cuartos) Con calef.	Con AA (A/C)
'82	2	4-151	3②	—	4.3	8.5	3.5	16.0	12.8	13.0
	1	6-173	4②	—	4.3	8.5	3.5	16.0	12.8	12.8
	H	8-305	4	—	4.3	8.5	3.5	16.0	17.2	17.2
	7	8-305	4	—	4.3	8.5	3.5	16.0	15.9	15.9
'83	2	4-151	3②	—	4.3③	8.5④	3.5	16.0	12.8	13.0
	1,L	6-173	4②	—	4.3③	8.5④	3.5	16.0	12.8	12.8
	H	8-305	4	—	4.3③	8.5④	3.5	16.0	17.2	17.2
	S	8-305	4	—	4.3③	8.5④	3.5	16.0	15.9	15.9
'84	2	4-151	3②	—	3.5③	8.5④	3.5	16.0	8.8	9.1
	1,L	6-173	4②	—	3.5③	8.5④	3.5	16.0	12.5	12.5
	H	8-305	4	—	3.5③	8.5④	3.5	16.0	15.0	15.0
	G	8-305	4	—	3.5③	8.5④	3.5	16.0	15.0	15.0
'85–'87	2	4-151	3②	—	2.5③	9.5④	3.5	15.5	13.0	12.4
	S	6-173	4②	—	2.5③	9.5④	3.5	15.5	12.5	12.5
	H	8-305	4	—	2.5③	9.5④	3.5	16.0	17.2	17.2
	G	8-305	4	—	2.5③	9.5④	3.5	16.0	17.2	17.2
	F	8-305	4	—	2.5③	9.5④	3.5	15.5	17.0	16.9

— No aplicable
① Únicamente vaciado y llenado - no incluye el convertidor de par
② La capacidad es la misma con o sin el cambio de filtro
③ 5 velocidades - 6.87 pintas
④ Transmisión «overdrive» -9,9 pintas: añada 4 pintas, arranque el motor y compruebe el nivel; rellénelo si es necesario

ESPECIFICACIONES DE LAS VÁLVULAS
Camaro

Año	Código VIN del motor	Nº de cil. cilindrada (pulg. cúb.)	Ángulo de asiento (grados)	Ángulo de cara (grados)	Presión prueba del muelle (lbs @ pulg.)	Altura muelle montado (pulg.)	Tolerancia del vástago a la guía (pulg.) Admisión	Escape	Diámetro vástago Admisión	Escape
'80–'81	K	6-229	46	45	200 @ 1.25	$1\frac{23}{32}$	.0010–.0027	.0010–.0027	.3414	.3414
	A	6-231	45	45	168 @ 1.33	$1\frac{47}{64}$	.0015–.0032	.0015–.0032	.3407	.3409
	J	8-267	46	45	200 @ 1.25	$1\frac{23}{32}$	.0010–.0027	.0010–.0027	.3414	.3414
	H	8-305	46	45	200 @ 1.25	$1\frac{23}{32}$	.0010–.0027	.0010–.0027	.3414	.3414
	L	8-350	46	45	200 @ 1.25	$1\frac{23}{32}$	.0010–.0027	.0010–.0027	.3414	.3414
'82–'84	2	4-151	46	45	122–180 @ 1.25	1.69	.0010–.0027	.0010–.0027 ①	.3418–.3425	.3418–.3425
	1	6-173	46	45	194 @ 1.18	1.57	.0010–.0026	.0010–.0026	.3410–.3420	.3410–.3420
	H,7, S,G	8-305	46	45	194–206 @ 1.25	$1\frac{23}{32}$	.0010–.0027	.0010–.0027	.3410–.3420	.3410–.3420
'85–'87	2	4-151	46	45	170–180 @ 1.25	1.69	.0010–.0027	.0010–.0027 ①	.3420–.3430	.3420–.3430
	S	6-173	46	45	194 @ 1.18	1.57	.0010–.0026	.0010–.0026	.3410–.3420	.3410–.3420
	F,G,H	8-305	46	45	194–206 @ 1.25	$1\frac{23}{32}$	.0010–.0027	.0010–.0027	.3410–.3420	.3410–.3420
	8	8-350	46	45	194–206 @ 1.25	$1\frac{23}{32}$	.0010–.0027	.0010–.0027	.3410–.3420	.3410–.3420

① El valor facilitado se mide en la parte superior de la guía; 0,0020-0,0037 se mide en la parte inferior de la guía

ESPECIFICACIONES DE LAS VÁLVULAS
Firebird

Año	Código VIN del motor	Nº de cil. motor cilindrada (pulg. cúb.)	Angulo de asiento (grados)	Ángulo de cara (grados)	Presión prueba del muelle (lbs @ pulg.)	Altura muelle montado (pulg.)	Tolerancia del vástago a la guía (pulg.)		Diámetro vástago (pulg.)	
							Admisión	Escape	Admisión	Escape
'80	A	6-231	45	45	182 @ 1.34	1 47/64	.0015–.0032	.0015–.0032	.3402–.3412	.3405–.3412
	S	8-265	46	45	175 @ 1.29	1 43/64	.0010–.0027	.0010–.0027 ②	.3425	.3425
	W	8-301	46	45	175 @ 1.29	1 43/64	.0010–.0027	.0010–.0027 ②	.3425	.3425
	H	8-305	46	45	199 @ 1.25	1 23/32	.0010–.0037	.0010–.0047	.3414	.3414
'81	A	6-231	45	44	182 @ 1.34	1 47/64	.0015–.0035	.0015–.0032	.3401–.3412	.3405–.3412
	S	8-265	46	45	175 @ 1.29	1 43/64	.0010–.0027	.0010–.0027 ②	.3425	.3425
	W,T	8-301	46	45	175 @ 1.29	1 43/64	.0010–.0027	.0010–.0027 ②	.3425	.3425
	H	8-305	46	45	194 @ 1.25	1 23/32	.0010–.0027	.0010–.0027	.3425–.3432	.3420–.3427
'82–'84	2	4-151	46	45	122–180 @ 1.25	1.69	.0010–.0027	.0010–.0027 ①	.3418–.3425	.3418–.3425
	1,L	6-173	46	45	194 @ 1.18	1.57	.0010–.0026	.0010–.0026	.3410–.3420	.3410–.3420
	7,G,H,S	8-305	46	45	194–206 @ 1.25	1 23/32	.0010–.0027	.0010–.0027	.3410–.3420	.3410–.3420
'85–'87	2	4-151	46	45	170–180 @ 1.25	1.69	.0010–.0027	.0010–.0027 ①	.3420–.3430	.3420–.3430
	S	6-173	46	45	194 @ 1.18	1.57	.0010–.0026	.0010–.0026	.3410–.3420	.3410–.3420
	F,G,H	8-305	46	45	194–206 @ 1.25	1 23/32	.0010–.0027	.0010–.0027	.3410–.3420	.3410–.3420

NA: No disponible
① El valor facilitado se mide en la parte superior de la guía; 0,0020-0,0037 se mide en la parte inferior de la guía
② Valor correspondiente a la parte inferior de la válvula de escape: 0,0020-0,0037

ESPECIFICACIONES DE PAR DE APRIETE
Camaro

Todas las lecturas en libras-pie

Año	Código VIN del motor	Nº cil. motor cilindrada (pulg. cúb.)	Pernos de cabeza de cilindros	Perno de la biela	Perno del Cojinete principal	Perno de la polea del cigüeñal	Pernos de sujec. del volante al cigüeñal	Múltiple	
								Admisión	Escape
'82–'84	2	4-151	85	32	70	160	44	29	44
'82–'84	1	6-173	70	37	69	75	50	23	25
'80–'81	K	6-229	65	45	70	60	60	30	20
'80–'81	A	6-231	80	40	100	175	60	45	25
'80–'81	J	8-267	65	45	70	60	60	30 ①	20
'85	2	4-151	92	32	70	200	44	④	④
'80–'81	L	8-350	65	45	70	60	60	30 ①	20
'85–'87	S	6-173	65–90	34–45	63–83	75	50	13–25	19–31
'85–'87	F,G,H	8-305	60–75	45	③	60	60	25–45	②
'80–'84	H,7,S,G	8-305	65	45	70	60	60	30 ①	20
'86–'87	2	4-151	92	32	70	162	55	④	④
'87	8	8-350	60–75	42–47	③	60	63–85	25–45	20–32

① Para los pernos de la placa del sistema de inyección TBI
② Internos: 20-32 libras-pie
Externos: 14-26 libras-pie
③ Internos: 70-85 libras-pie
Externos: 60-75 libras-pie
④ Consulte el texto y la figura

ESPECIFICACIONES DE PAR DE APRIETE
Firebird

Todas las lecturas en libras-pie

Año	Código VIN del motor	Nº cil. motor cilindrada (pulg. cúb.)	Pernos de cabeza de cilindros	Perno de la biela	Perno del coj. ppal.	Perno de la polea del cigüeñal	Pernos de sujec. del volante al cigüeñal	Múltiple Admisión	Múltiple Escape
'80–'81	A	6-231	80	40	100	225	60	45	25
	S	8-265	95	30	①	160	95	35	40
	W	8-301	95	30	①	160	95	35	40
	T	8-301 Turbo	93	28	100	163	—	37	40
	H	8-305	65	45	70	60	60	30	20
'82–'84	2	4-151	85	32	70	160	44	29	44
	1,L	6-173	65–75	34–40	63–74	66–84	45–55	20–25	22–28
	7,G,H,S	8-305	65	45	70	60	60	30②	20
'85	2	4-151	92	32	70	200	44	29④	④
'85–'87	S	6-173	65–90	34–45	63–83	75	50	13–25	19–31
'85–'87	F,G,H	8-305	60–75	45	⑤	60	60	25–45	③
'86–'87	2	4-151	92	32	70	162	55	④	④

① Perno de 7/16''-70; perno de 1/2''-100; cojinete principal posterior-100
② 20-34 para los pernos de la placa del sistema de inyección TBI
③ Internos: 20-32 libras-pie
Externos: 14-26 libras-pie
④ Consulte el texto y la figura
⑤ Internos: 70-85 libras-pie
⑥ Externos: 60-75 libras-pie

ESPECIFICACIONES DEL CIGÜEÑAL Y BIELAS
Camaro

Todas las medidas están expresadas en pulgadas

Año	Código VIN del motor	Nº cil. motor cilindrada (pulg. cúb.)	Cigüeñal: Diámetro del muñón coj. ppal.	Cigüeñal: Tolerancia aceite coj. ppal.	Cigüeñal: Juego axial cigüeñal	Cigüeñal: Coj. empuje en el cil. nº	Biela: Diámetro muñón	Biela: Tolerancia de aceite	Biela: Tolerancia lateral
'80–'81	K	6-229	①	②	.0020–.0060	4	2.0986–2.0998	.0013–.0035	.0060–.0140
	A	6-231	2.4995	.0004–.0015	.0040–.0080	2	2.2495–2.2487	.0005–.0026	.0060–.0270
	J	8-267	①	②	.0020–.0060	5	2.0986–2.0998	.0013–.0035	.0060–.0140
	H	8-305	①	②	.0020–.0060	5	2.0986–2.0998	.0013–.0035	.0060–.0140
	L	8-350	①	②	.0020–.0060	5	2.0986–2.0998	.0013–.0035	.0060–.0140
'82–'84	2	4-151	2.300	.0005–.0022	.0035–.0085	5	2.000	.0005–.0026	.0060–.0220
	1	6-173	2.493–2.494	.0017–.0029	.0019–.0066	3	1.998–1.999	.0014–.0035	.0060–.0170
	H,7,S,G	8-305	①	②	.0020–.0060	5	2.098–2.099	.0018–.0039	.0080–.0140
'85–'87	2	4-151	2.300	.0005–.0022	.0035–.0085	5	2.000	.0005–.0026	.0060–.0220
	S	6-173	2.647–2.648	.0016–.0032	.0019–.0067	3	1.998–1.999	.0014–.0035	.0060–.0170
	F,G,H	8-305	①	②	.0020–.0060	5	2.098–2.099	.0018–.0039	.0080–.0140
'87	8	8-350	①	②	.0020–.0060	5	2.098–2.099	.0018–.0039	.0080–.0140

① Nº 1 - 2,4484-2,4493
Nº 2, 3, 4 - 2,4481-2,4490
Nº 5-2, 4479-2,4488
② Nº 1-0,0008-0,0020
Nº 2, 3, 4 - 0.0011-0,0023
Nº 5-0,0017-0,0032

ESPECIFICACIONES DEL CIGÜEÑAL Y BIELAS
Firebird

Todas las medidas están expresadas en pulgadas

Año	Código VIN del motor	Nº cil. motor cilindrada (pulg. cúb.)	Cigüeñal: Diámetro del muñón coj. ppal.	Cigüeñal: Tolerancia aceite coj. ppal.	Cigüeñal: Juego axial cigüeñal	Cigüeñal: Coj. empuje en el cil. nº	Biela: Diámetro muñón	Biela: Tolerancia de aceite	Biela: Tolerancia lateral
'80–'81	A	6-231	2.499	.0003-.0018	.0030–.0090	2	2.000	.0005–.0026	.0060–.0230
	S	8-265	3.000	.0002-.0018	.0030–.0090	4	2.250	.0005–.0025	.0060–.0220①
	W,T	8-301	3.000	.0002-.0018	.0030–.0090	4	2.250	.0005–.0025	.0060–.0220①

ESPECIFICACIONES DEL CIGÜEÑAL Y BIELAS
Firebird

Todas las medidas están expresadas en pulgadas

Año	Código VIN del motor	Nº cil. motor cilindrada (pulg. cúb.)	Cigüeñal: Diámetro del muñón coj. ppal.	Cigüeñal: Tolerancia aceite coj. ppal.	Cigüeñal: Juego axial cigüeñal	Cigüeñal: Coj. empuje en el cil. nº	Biela: Diámetro muñón	Biela: Tolerancia de aceite	Biela: Tolerancia lateral
'80–'81	H	8-305	④	②	.0020–.0060	5	2.098–2.099	.0030	.0060–.0140
'82–'84	2	4-151	2.300	.0005–.0022	.0035–.0085	5	2.000	.0005–.0026	.0060–.0220
	1,L	6-173	2.493–2.494	.0017–.0029	.0019–.0066	3	1.998–1.999	.0014–.0035	.0060–.0170
	7,G,H,S	8-305	④	③	.0020–.0060	5	2.098–2.099	.0018–.0039	.0080–.0140
'85–'87	2	4-151	2.300	.0005–.0022	.0035–.0085	5	2.000	.0005–.0026	.0060–.0220
	S	6-173	2.647–2.648	.0016–.0032	.0019–.0067	3	1.998–1.999	.0014–.0035	.0060–.0170
	F,G,H	8-305	④	③	.0020–.0060	5	2.098–2.099	.0018–.0039	.0080–.0140

① Valor total para dos bielas
② Nº 1: 0.001-0,0015
Nº 2, 3, 4: 0,001-0,0025
Nº 5: 0,0025-0,0035
③ Nº 1: 0,0008-0,0020
Nº 2, 3, 4: 0,0011-0,0023
Nº 5: 0,0017-0,0033
④ Nº 1: 2,4484-2,4493
Nº 2, 3, 4: 2,4481-2,4490
Nº 5: 2,4479-2,4488

ESPECIFICACIONES DEL ÁRBOL DE LEVAS
Camaro

Todos los valores vienen expresados en pulgadas. Para convertir las pulgadas en unidades métricas, consulte la sección de información métrica

Año	Código VIN del motor	Nº cil. motor cilindrada litros (pulg. cúb.)	Diámetro de los muñones 1 2 3 4 5	Alzada del lóbulo: Admisión	Alzada del lóbulo: Escape	Juego axial del árbol de levas
'80–'81	K	3.8(6-229)	Todos 1.8682–1.8692	0.3570	0.3900	0.004–0.012
	A	3.8(6-231)	Todos 1.7850–1.7860	—	—	—
	J	4.4(8-267)	Todos 1.8682–1.8692	0.3570	0.3900	0.004–0.012
	H	5.0(8-305)	Todos 1.8682–1.8692	0.2484	0.2667	0.004–0.012
	L	5.7(8-350)	Todos 1.8682–1.8692	0.2600	0.2733	0.004–0.012
'82	2	2.5(4-151)	Todos 1.8690	0.3980	0.3980	0.0015–0.0050
	1	2.8(6-173)	Todos 1.8976–1.8996	0.2350	0.2660	—
	H	5.0(8-305)	Todos 1.8682–1.8692	0.2380	0.2600	0.004–0.012
	7	5.0(8-305)	Todos 1.8682–1.8692	0.2600	0.2730	0.004–0.012
'83	2	2.5(4-151)	Todos 1.8690	0.3980	0.3980	0.0015–0.0050
	1	2.8(6-173)	Todos 1.8976–1.8996	0.2350	0.2660	—
	H	5.0(8-305)	Todos 1.8682–1.8692	0.2340	0.2570	0.004–0.012
	G	5.0(8-305)	Todos 1.8682–1.8692	0.2690	0.2760	0.004–0.012
	S	5.0(8-305)	Todos 1.8682–1.8692	0.2570	0.2690	0.004–0.012
'84	2	2.5(4-151)	Todos 1.8690	0.3980	0.3980	0.0015–0.0050
	1	2.8(6-173)	Todos 1.8976–1.8996	0.2350	0.2660	—
	H	5.0(8-305)	Todos 1.8682–1.8692	0.2340	0.2570	0.004–0.012
'85–'87	2	2.5(4-151)	Todos 1.8690	0.3980	0.3980	0.0015–0.0050
	S	2.8(6-173)	Todos 1.8976–1.8996	0.2625	0.2732	—
	H	5.0(8-305)	Todos 1.8682–1.8692	0.2340	0.2570	0.004–0.012
	F,G	5.0(8-305)	Todos 1.8682–1.8692	0.2690	0.2760	0.004–0.012
	8	5.7(8-350)	Todos 1.8682–1.8692	0.273	0.282	.0040–.0120

— No disponible

ESPECIFICACIONES DEL ÁRBOL DE LEVAS
Firebird

Todos los valores vienen expresados en pulgadas. Para convertir las pulgadas en unidades métricas, consulte la sección de información métrica

Año	Código VIN del motor	Nº cil. motor cilindrada litros (pulg. cúb.)	Diámetro de los muñones 1	2	3	4	5	Alzada del lóbulo Admisión	Escape	Juego axial del árbol de levas
'80–'81	A	3.8(6-231)	Todos 1.7850–1.7860					—	—	—
	S	4.3(8-265)	Todos 1.9000					—	—	—
	W,T	4.9(8-301)	Todos 1.9000					—	—	—
	H	5.0(8-305)	Todos 1.8682–1.8692					0.2484	0.2667	0.004–0.012
'82	2	2.5(4-151)	Todos 1.8690					0.3980	0.3980	0.0015–0.0050
	1,L	2.8(6-173)	Todos 1.8976–1.8996					0.2350	0.2660	—
	H	5.0(8-305)	Todos 1.8682–1.8692					0.2380	0.2600	0.004–0.012
	7	5.0(8-305)	Todos 1.8682–1.8692					0.2600	0.2730	0.004–0.012
'83	2	2.5(4-151)	Todos 1.8690					0.3980	0.3980	0.0015–0.0050
	1,L	2.8(6-173)	Todos 1.8976–1.8996					0.2350	0.2660	—
	H	5.0(8-305)	Todos 1.8682–1.8692					0.2340	0.2570	0.004–0.012
	G	5.0(8-305)	Todos 1.8682–1.8692					0.2690	0.2760	0.004–0.012
	S	5.0(8-305)	Todos 1.8682–1.8692					0.2570	0.2690	0.004–0.012
'84	2	2.5(4-151)	Todos 1.8690					0.3980	0.3980	0.0015–0.0050
	1,L	2.8(6-173)	Todos 1.8976–1.8996					0.2350	0.2660	—
	H	5.0(8-305)	Todos 1.8682–1.8692					0.2340	0.2570	0.004–0.012
	G	5.0(8-305)	Todos 1.862–1.8692					0.2690	0.2760	0.004–0.012
'85–'87	2	2.5(4-151)	Todos 1.8690					0.3980	0.3980	0.0015–0.0050
	S	2.8(6-173)	Todos 1.8976–1.8996					0.2625	0.2732	—
	H	5.0(8-305)	Todos 1.8682–1.8692					0.2340	0.2570	0.004–0.012
	F,G	5.0(8-305)	Todos 1.8682–1.8692					0.2690	0.2760	0.004–0.012

—No disponible

ESPECIFICACIONES DE LOS ANILLOS
Camaro

Todos los valores vienen expresados en pulgadas

Año	Código VIN del motor	Nº cil. motor cilindrada (pulg. cúb.)	Huelgo de los anillos (Entrehierro) Anillo sup. compresión	Anillo inf. compresión	Anillo control del aceite	Tolerancia lateral de los anillos Anillo sup. compresión	Anillo inf. compresión	Anillo control del aceite
'82–'87	2	4-151	.0100–.0220	.0100–.0270	.0150–.0550	.0015–.0030	.0015–.0030	.0010–.0050
'82–'84	1	6-173	.0098–.0196	.0098–.0196	.0020–.0550	.0011–.0027	.0015–.0037	.0078 max.
'80–'81	K	6-229	.0100–.0200	.0100–.0250	.0150–.0550	.0012–.0032	.0012–.0032	.0020–.0070
'80–'81	A	6-231	.0100–.0200	.0100–.0200	.0150–.0350	.0030–.0050	.0030–.0050	.0035 max.
'80–'81	J	8-267	.0100–.0200	.0100–.0250	.0150–.0550	.0012–.0032	.0012–.0032	.0020–.0070
'80–'81	L	8-350	.0100–.0200	.0100–.0250	.0150–.0550	.0012–.0032	.0012–.0032	.0020–.0070
'80–'87	G	8-305	.0100–.0200	.0100–.0250	.0150–.0550	.0012–.0032	.0012–.0032	.0020–.0070
'85–'87	S	6-173	.0098–.0196	.0098–.0196	.0020–.0550	.0011–.0027	.0015–.0037	.0078 max.

ESPECIFICACIONES DE LOS ANILLOS
Camaro

Todos los valores vienen expresados en pulgadas

Año	Código VIN del motor	Nº cil. motor cilindrada (pulg. cúb.)	Huelgo de los anillos (Entrehierro)			Tolerancia lateral de los anillos		
			Anillo sup. compresión	Anillo inf. compresión	Anillo control del aceite	Anillo sup. compresión	Anillo inf. compresión	Anillo control del aceite
'85–'87	F	8-305	.0100–.0200	.0100–.0250	.0150–.0550	.0012–.0032	.0012–.0032	.0020–.0070
'80–'87	H	8-305	.0100–.0200	.0100–.0250	.0150–.0550	.0012–.0032	.0012–.0032	.0020–.0070
'83	S	8-305	.0100–.0200	.0100–.0250	.0150–.0550	.0012–.0032	.0012–.0032	.0020–.0070
'82	7	8-305	.0100–.0200	.0100–.0250	.0150–.0550	.0012–.0032	.0012–.0032	.0020–.0070
'87	8	8-350	.0100–.0200	.0100–.0250	.0150–.0500	.0012–.0032	.0012–.0032	.0020–.0070

ESPECIFICACIONES DE LOS ANILLOS
Firebird

Todos los valores vienen expresados en pulgadas

Año	Código VIN del motor	Nº cil. motor cilindrada (pulg. cúb.)	Huelgo de los anillos (Entrehierro)			Tolerancia lateral de los anillos		
			Anillo sup. compresión	Anillo inf. compresión	Anillo control del aceite	Anillo sup. compresión	Anillo inf. compresión	Anillo control del aceite
'80–'87	G	8-305	.0100–.0200	.0100–.0250	.0150–.0550	.0012–.0032	.0012–.0032	.0020–.0070
'80–'81	W	8-301	.0100–.0200	.0100–.0200	.0150–.0550	.0015–.0035	.0015–.0035	.0015–.0035
'80–'81	S	8-265	.0100–.0200	.0100–.0200	.0150–.0550	.0015–.0035	.0015–.0035	.0015–.0035
'81	T	8-301	.0100–.0200	.0100–.0200	.0150–.0550	.0015–.0035	.0015–.0035	.0015–.0035
'80–'81	A	6-231	.0130–.0230	.0130–.0230	.0150–.0350	.0030–.0050	.0030–.0050	.0035 max.
'82–'86	2	4-151	.0100–.0220	.0100–.0270	.0150–.0550	.0015–.0030	.0015–.0030	.0010–.0050
'82–'84	1,L	6-173	.0098–.0196	.0098–.0196	.0200–.0550	.0011–.0027	.0015–.0037	.0078 max.
'85–'87	S	6-173	.0098–.0196	.0098–.0196	.0020–.0550	.0011–.0027	.0015–.0037	.0078 max.
'80–'86	H	8-305	.0100–.0200	.0100–.0250	.0150–.0550	.0012–.0032	.0012–.0032	.0020–.0070
'85–'87	F	8-305	.0100–.0200	.0100–.0250	.0150–.0550	.0012–.0032	.0012–.0032	.0020–.0070
'83	S	8-305	.0100–.0200	.0100–.0250	.0150–.0550	.0012–.0032	.0012–.0032	.0020–.0070
'82	7	8-305	.0100–.0200	.0100–.0250	.0150–.0550	.0012–.0032	.0012–.0032	.0020–.0070

TOLERANCIA DE LOS PISTONES
Camaro

Año	Código VIN del motor	Nº de cil. motor cilindrada (pulgadas cúb.)	Tolerancia entre el pistón y el cilindro (pulgadas)
'80–'81	K	6-229	.0007–.0017①
'80–'81	A	6-231	.0008–.0020②
'80–'81	J	8-267	.0007–.0017①
'80–'87	H	8-305	.0007–.0017①
'80–'81	L	8-350	.0007–.0017①
'82	7	8-305	.0007–.0017①
'82–'87	2	4-151	.0017–.0033③
'82–'84	1	6-173	.0007–.0016
'83	S	8-305	.0007–.0017①
'84–'87	G	8-305	.0007–.0017①
'85–'87	S	6-173	.0007–.0017①
'85–'87	F	8-305	.0007–.0017①
'87	8	8-350	.0025–.0035

① 0,75'' por debajo de la línea central del bulón del pistón
② 2,5'' a partir de la parte superior del cilindro (orificio); a través de la línea central del bulón del pistón
③ 2,25'' a partir de la parte superior del cilindro (orificio); 1 13/16'' a partir de la parte superior del pistón

TOLERANCIA DE LOS PISTONES
Firebird

Año	Código VIN del motor	Nº de cil. motor cilindrada (pulgadas cúb.)	Tolerancia entre el pistón y el cilindro (pulgadas)
'81	T	8-301	.0017–.0025
'80–'81	W	8-301	.0025–.0033②
'80–'81	A	6-231	.0008–.0020②
'80–'81	S	8-265	.0017–.0025②
'82	7	8-305	.0007–.0017①
'82–'87	2	4-151	.0017–.0033③
'82–'84	1,L	6-173	.0007–.0016
'81–'87	H	8-305	.0007–.0017①
'83	S	8-305	.0007–.0017①
'84–'87	G	8-305	.0007–.0017①
'85–'87	S	6-173	.0007–.0017
'85–'87	F	8-305	.0007–.0017①

① 0,75'' por debajo de la línea central del bulón del pistón
② 2,5'' a partir de la parte superior del cilindro (orificio); a través de la línea central del bulón del pistón
③ 2,25'' a partir de la parte superior del cilindro (orificio); 1 13/16'' a partir de la parte superior del pistón

ESPECIFICACIONES DE ALINEACIÓN DE LAS RUEDAS
Firebird

Year	Avance: Intervalo (grados)	Avance: Valor preferido (grados)	Inclinación de las ruedas delanteras: Intervalo (grados)	Inclinación de las ruedas delanteras: Valor preferido (grados)	Convergencia (pulgadas)	Inclinación del eje de la dirección
'80–'81	½P a 1½P	1P	½P a 1½P	1P	1/16 a 3/16	10.35
'82–'87	2½P a 3½P	3P	½P a 1½P	1P	①	—

N—Negativo
P—Positivo
—No disponible
① Excepto Trans Am-0,2° ±0,05°; Trans Am-0,15° ±0,05°

ESPECIFICACIONES DE ALINEACIÓN DE LAS RUEDAS
Camaro

Año	Avance: Intervalo (grados)	Avance: Valor preferido (grados)	Inclinación de las ruedas delanteras: Intervalo (grados)	Inclinación de las ruedas delanteras: Valor preferido (grados)	Convergencia (pulgadas)	Inclinación del eje de la dirección
'80–'81	0 a 2P	1P	1/5N a 1 4/5P	1P	1/16–1/4	10.35①
'82–'87	2½P a 3½P③	3P	½P a 1½P	1P	②	NA

N—Negativo
P—Positivo
—No disponible
① Para una inclinación de las ruedas delanteras de 1°
② Excepto el Z28-0,2° ±0,5°; Z-28-0,15° ± ±0,5°
③ Z28: 3P-4P

PARTE ELÉCTRICA DEL MOTOR

El sistema de carga es del tipo de regulador integral SI. El generador dispone de un regulador de tensión macizo de estado sólido, que va fijado en el bastidor del alternador.

Alternador

DESMONTAJE Y MONTAJE

NOTA: Los procedimientos de verificación y diagnosis del alternador se pueden encontrar en el apartado Carga y arranque de la sección de Reparaciones.

1. Desconecte el cable a masa de la batería para impedir que los diodos resulten dañados.

2. Ponga etiquetas y desconecte el cableado del alternador.

3. Saque el perno del tirante del alternador. Si el vehículo dispone de dirección hidráulica, afloje el tirante de la bomba y la tuerca de sujeción. Quite la correa o correas de accionamiento.

4. Sujete el alternador y extraiga el perno o pernos de fijación. Extraiga el conjunto fuera del vehículo.

5. Para montarlo, siga el procedimiento inverso al de desmontaje. Ajuste la correa de accionamiento de forma que quede un juego de aproximadamente 1/2 de pulgada en el trozo de correa más largo entre poleas.

Regulador de tensión

El regulador de tensión es de tipo electrónico y está alojado dentro del alternador. No es posible realizar ningún ajuste en el mismo. Si fuera necesario sustituir el regulador, se debe desmontar el alternador.

Motor de arranque

NOTA: Para los procedimientos de inspección y revisión del motor de arranque véase el apartado Carga y arranque de la sección de Reparaciones.

DESMONTAJE Y MONTAJE

1. Desconecte el cable negativo de la batería

2. Levante y asegure el vehículo con caballetes.

3. Quite los tirantes del motor de arranque, protectores y otros componentes que pudieran estorbar.

NOTA: En algunos modelos, quizá sea necesario extraer el soporte del bastidor. El soporte va del extremo del bastidor al miembro transversal delantero. Para extraerlo: afloje el perno o pernos de fijación del soporte al bastidor. Extraiga el perno o pernos de sujeción del soporte al miembro transversal y aparte el soporte.

4. Quite los dos pernos entre el motor de arranque y el motor. Baje el motor de arranque y desmonte las conexiones eléctricas.

5. Para montarlo, siga el procedimiento inverso al de desmontaje. Apriete los pernos de fijación con un par de 25-35 libras-pie.

NOTA: Si se colocaron arandelas de reglaje entre el motor de arranque y el bloque del motor, deben volver a colocarse en su posición original.

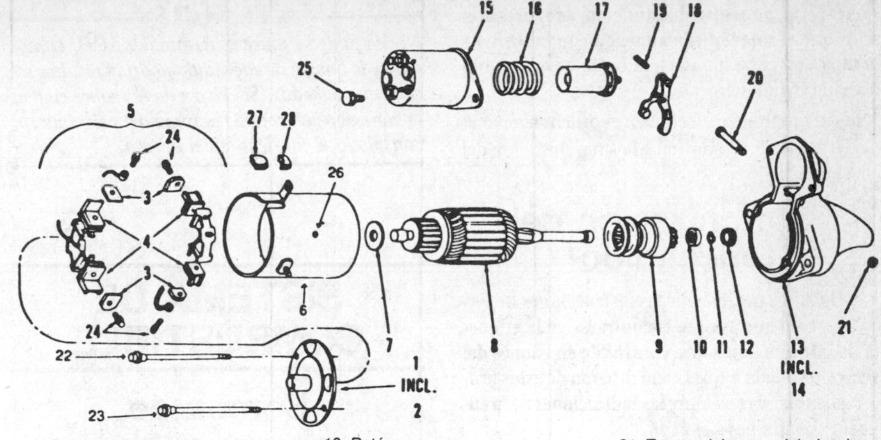

1. Bastidor extremo del conmutador
2. Buje (no mostrado)
3. Escobilla
4. Portaescobillas
5. Conjunto de escobilla y portaescobillas
6. Conjunto de la excitación y la carcasa
7. Arandela
8. Armadura
9. Conjunto del accionamiento
10. Retén
11. Anillo de retención
12. Arandela de empuje
13. Carcasa final del accionamiento
14. Buje (no mostrado)
15. Conjunto del solenoide
16. Muelle del émbolo
17. Émbolo
18. Palanca
19. Tapador de hoja enrollada
20. Perno de giro de la palanca
21. Tuerca del perno del giro de la palanca
22. Perno pasante
23. Perno pasante
24. Tornillo de la escobilla
25. Perno
26. Tornillo de sujeción de la excitación
27. Tapón
28. Arandela de goma

Despiece de un típico motor de arranque

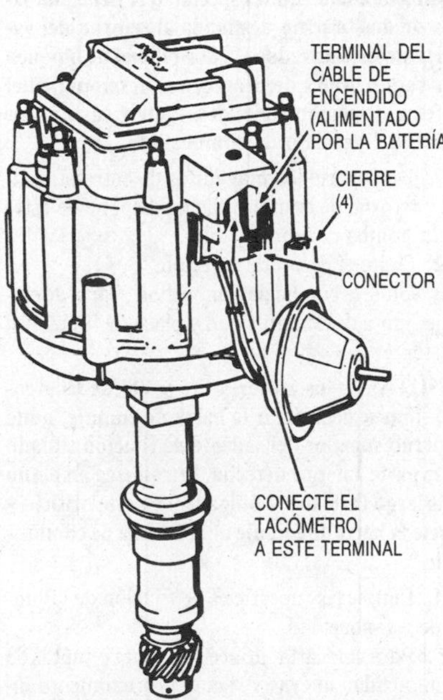

Toma del tacómetro en un distribuidor de bobina en la tapa (sistema de encendido de alta energía)

Distribuidor

DESMONTAJE

1. Desconecte el cable negativo de la batería.

2. Ponga etiquetas y desconecte los conectores eléctricos de la tapa del distribuidor.

3. Desconecte la manguera de la unidad de avance de vacío, si dispone de ésta.

4. Gire los cuatro tornillos de sujeción de la tapa del distribuidor a la carcasa en el sentido contrario al de las agujas del reloj y extraiga el conjunto de la tapa.

NOTA: Quizá sea necesario extraer los cables secundarios de la tapa del distribuidor

5. Utilizando un lápiz o tiza, haga marcas de referencia en el rotor, en la carcasa del distribuidor y en el motor, para su posterior montaje.

6. Quite el perno de la abrazadera del distribuidor y la abrazadera y a continuación extraiga el distribuidor (girando el rotor en el sentido contrario al de las agujas del reloj) del motor.

MONTAJE

El motor no ha sido girado

1. Coloque un nuevo anillo tórico en la carcasa del distribuidor.

2. Coloque el distribuidor en el hueco del motor, alineando las marcas hechas durante el procedimiento de desmontaje.

3. Coloque la abrazadera del distribuidor, el perno de sujeción y la tapa del distribuidor.

4. Verifique la sincronización del encendido.

El motor ha sido girado

1. Quite la bujía de encendido del cilindro número uno.

ATENCIÓN

Cuando verifique la compresión, desconecte el conductor de alimentación del contacto de encendido (de color rosa) que sale de la bujía de encendido.

2. Coloque un dedo sobre el orificio de la bujía de encendido del cilindro nº 1 y gire el motor hasta que sienta el efecto de la compresión.

3. Alinee la marca de sincronización de la polea del cigüeñal con la marca «0» de la placa de sincronización.

4. Alinee el rotor del distribuidor situándolo cerca de la torre de la bujía de encendido número uno.

5. Coloque el distribuidor, la abrazadera de sujeción, el perno y la tapa. Quizá sea necesario girar el rotor un poco en cualquier sentido de manera que engranen los engranajes.

NOTA: Con el distribuidor colocado, asegúrese de que el rotor queda alineado con la torre de la tapa que corresponde a la bujía de encendido del cilindro número uno.

6. El montaje se efectúa en el orden inverso al de desmontaje. Compruebe la sincronización del encendido.

Sincronización del encendido

NOTA: Es posible que las instrucciones de sincronización que pueden encontrarse en la etiqueta de información sobre control de emisiones del vehículo situada bajo el capó difieran de estos procedimientos; siga siempre las indicaciones de la etiqueta situada bajo el capó.

1. Si el vehículo dispone de un sistema de avance en frío de vacío desconecte la manguera del distribuidor y tapónela. Si dispone del sistema de sincronización electrónica de encendido (EST), desconecte el conector de cuatro cables que va al distribuidor. Si dispone de un motor con inyección en el cuerpo de la válvula de mariposa (TBI) de 5,0 L, NO desconecte el conector de cuatro cables que va al distribuidor. Desconecte el cable de rayas de colores tostadas y negras cerca de la parte posterior de la tapa de la cabeza de cilindros derecha.

2. Asegúrese de que las marcas de sincronización están limpias y son legibles. El motor debe estar a la temperatura normal de funcionamiento.

NOTA: Quiza sea necesario colocar una pequeña cantidad de pintura blanca o tiza en las marcas de sincronización para que sean más visibles.

3. Conecte una lámpara estroboscópica al cilindro número uno.

4. Afloje la abrazadera del distribuidor.

5. Arranque el motor y déjelo girar a la velocidad (rpm) especificada en el gráfico de puesta a punto. Gire el distribuidor para alinear las marcas de sincronización. Apriete la abrazadera del distribuidor y vuelva a verificar la sincronización.

6. Vuelva a conectar la manguera de vacío o el conector de cuatro cables.

Toma del velocímetro en el encendido de alta energía

Existe un terminal que lleva grabada la palabra TACH en la tapa del distribuidor. Conecte un conductor del velocímetro a este terminal y el otro a masa. En algunos velocímetros, los conductores deben conectarse al terminal de TACH y al terminal positivo de la batería.

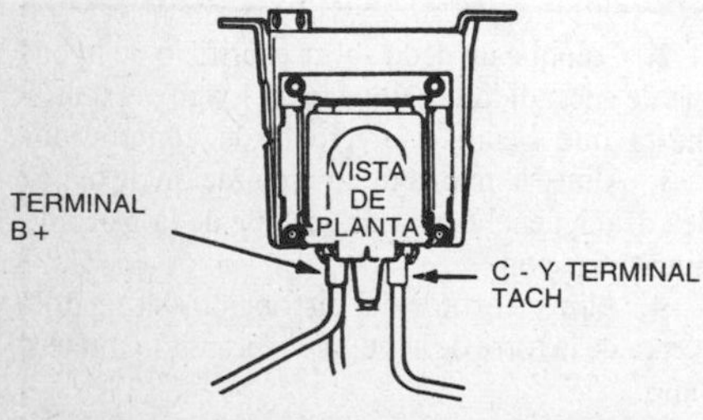

La conexión para el tacómetro de bobina externa en sistemas de encendido de alta energía se efectúa en el terminal opuesto al BATT (B+)

ATENCIÓN

Nunca ponga a masa el terminal TACH; el módulo y la bobina de encendido podrían resultar seriamente dañados. Si existen dudas sobre cuál es la conexión correcta de la toma del velocímetro, consúltelo al fabricante del mismo.

SISTEMA DE COMBUSTIBLE

Bomba de combustible

DESMONTAJE Y MONTAJE

Bomba mecánica

Las bombas mecánicas de combustible están accionadas por diafragma y situadas al lado derecho del motor. La presión del combustible debería ser de 4-6,5 lb./pulg.^{2}

NOTA: Algunos vehículos disponen de una bomba de combustible especial, que tiene una salida de dosificación destinada al retorno del vapor; este sistema reduce la posibilidad de bloqueo por vapor. Antes de proceder al desmontaje del sistema de combustible, desmonte y sustituya el tapón del depósito de combustible.

1. Desconecte los manguitos de entrada, salida y retorno de combustible (si dispone de ésta) de la bomba de combustible.

2. Quite el perno de sujeción.

3. Quite la bomba de combustible, barra de empuje, junta de estanqueidad y placa de fijación si existe.

NOTA: En los motores (V6 y V8) de Chevrolet, si no se debe sacar la barra de empuje, quite el perno superior del saliente de fijación situado en la parte anterior derecha. Introduzca un perno más largo (3/8-16 x 2 pulgadas) en este orificio y sujete la barra de empuje de la bomba de combustible

4. Limpie las superficies de fijación de la junta de estanqueidad.

5. Para colocarla, utilice una junta o juntas de estanqueidad nuevas y siga el procedimiento inverso al de desmontaje. Apriete los pernos de la placa de fijación con un par de 3 libras-pie y los pernos de la bomba de combustible con un par de

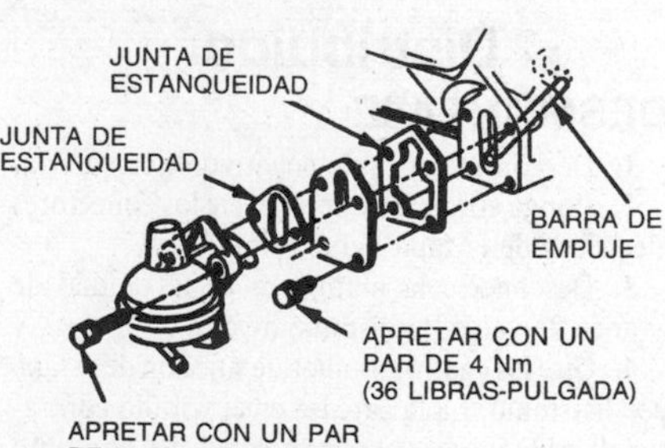

Montaje típico de una bomba mecánica de combustible en un motor V8

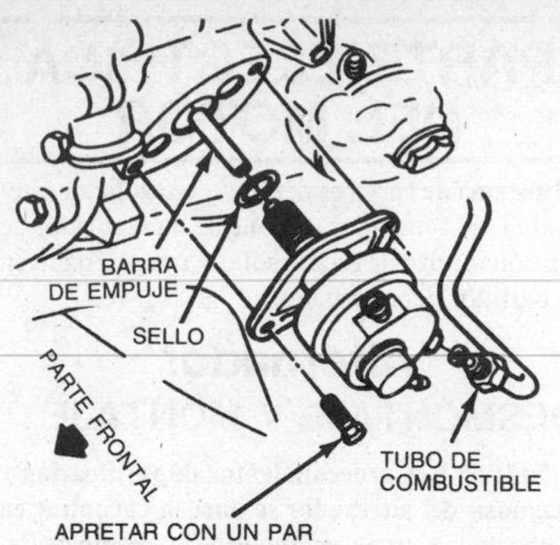

Montaje de la bomba mecánica de combustible en el motor 173 V6

27 libras-pie. Arranque el motor y compruebe si existen fugas de combustible.

Bomba eléctrica

La bomba eléctrica de combustible forma parte de la unidad de detección del nivel de combustible que está situada en el depósito mismo. La presión del combustible es de 3 lb/pulg.^{2} (modelos que disponen de carburador), 4-13 lb/pulg.^{2} (modelos con inyección en el cuerpo de la bomba de mariposa) o como mínimo 50 lb/pulg.^{2} (inyección en compuerta).

ATENCIÓN

Antes de desmontar cualquier componente del sistema de combustible, lea los procedimientos de Descompresión del sistema de combustible de esta sección y descomprima el sistema.

1. Desconecte el cable negativo de la batería.

2. Saque el depósito de combustible.

3. Conecte los tubos de combustible y los conectores eléctricos de la unidad de detección del nivel del depósito de combustible.

4. Utilizando un punzón de latón y un martillo afloje la unidad de detección del nivel de combustible y el anillo de retención del conjunto de la bomba.

5. Extraiga la unidad de detección y el conjunto de la bomba fuera del depósito de combustible.

6. Separe la bomba de combustible de la unidad de detección.

7. Para montarla, utilice un anillo tórico de sellado nuevo y siga el procedimiento inverso al de desmontaje.

Descompresión del sistema de combustible

Modelos con carburador

Para descomprimir el sistema de combustible en los que llevan carburador quite y vuelva a colocar el tapón del depósito de combustible.

Modelos con inyección en el cuerpo de la válvula de mariposa (TBI)

Para descomprimir el sistema de combustible en los modelos con sistema TBI, quite el fusible de la bomba de combustible del panel de fusibles,

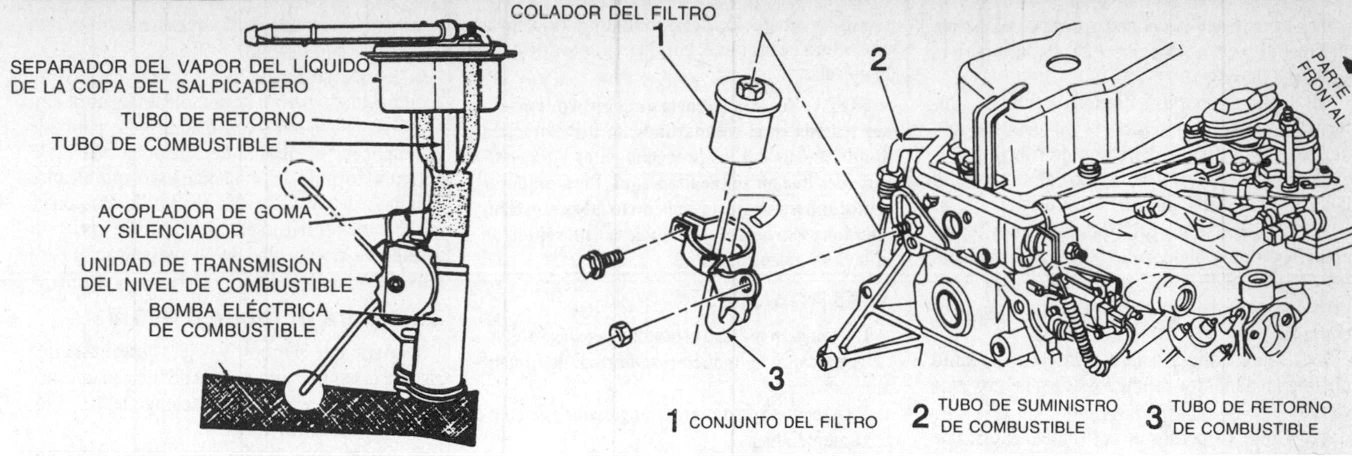

Conjunto de la bomba eléctrica de combustible y medidor de combustible en un motor con sistema de inyección TBI

Montaje del filtro de combustible en un motor 151 de 4 cilindros con sistema de inyección TBI

arranque y deje girar el motor hasta que se «cale» y a continuación vuelva a colocar el fusible.

Modelos con inyección sincronizada en las compuertas (TPI)

Para descomprimir el sistema de combustible en los modelos que disponen de un sistema TBI, conecte un tubo al rácor de descompresión del carril de combustible, coloque el otro extremo del tubo en un contenedor. Abra el rácor de descompresión, purgue el combustible y ciérrelo.

Filtro de combustible

Existen tres tipos de filtros de combustible; internos (dentro del rácor del carburador), en línea (en el conducto de combustible) e interiores del depósito (la media situada en el tubo de la toma de combustible). Antes de desmontar cualquier componente del sistema de combustible, lea los procedimientos del apartado Descompresión del sistema de combustible en esta sección y descomprímalo.

DESMONTAJE Y MONTAJE

Filtro interno

1. Desconecte el conducto de combustible de la tuerca del filtro de entrada de combustible situada en el carburador.

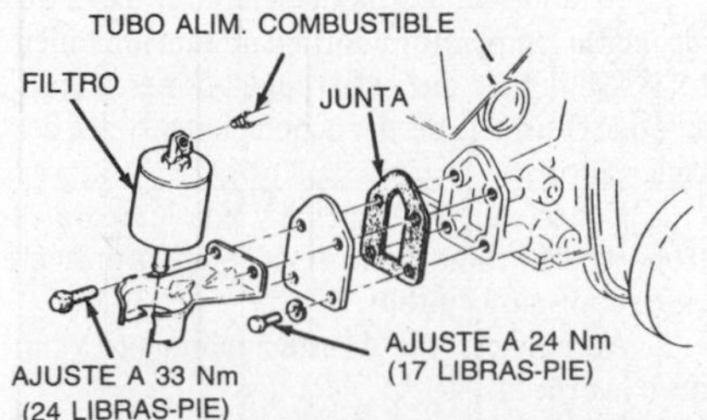

Montaje del filtro de combustible en un motor de V8 que dispone de un sistema de inyección TVI. Observe que la posición de montaje es la misma que la de una bomba de combustible en los motores con carburador

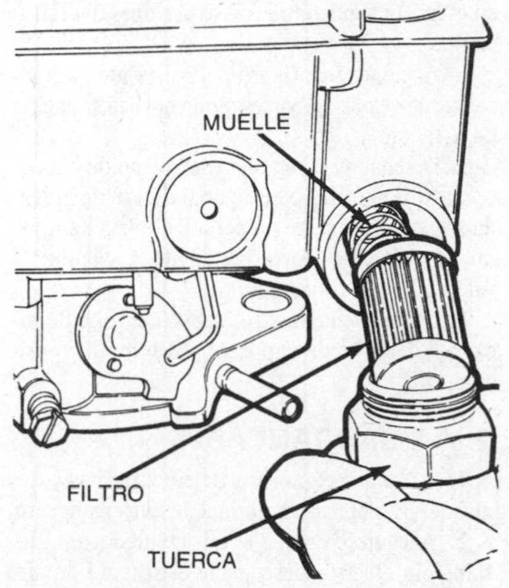

Filtro de combustible típico en motores con carburador

2. Quite la tuerca del filtro de entrada de combustible del carburador.
3. Quite el filtro y el muelle.

NOTA: Si el filtro no lleva válvula antirretorno, debe colocarse una cuando vuelva a montarse el filtro.

4. Coloque el muelle, filtro y válvula antirretorno (que debe quedar de cara al conducto de combustible) y a continuación siga el procedimiento inverso al de desmontaje.
5. Arranque el motor y compruebe si existen fugas.

Filtro en línea

1. Desconecte los conductos de combustible.
2. Extraiga el filtro de combustible del retén o perno de sujeción.
3. Para montarlo, siga el procedimiento inverso al de desmontaje. Arranque el motor y compruebe si existen fugas.

NOTA: El filtro lleva una flecha (que indica el sentido del flujo de combustible) en el lado de la carcasa. Asegúrese de que lo coloca correctamente en el sistema con la flecha apuntando en sentido contrario al depósito de combustible.

Filtro interno del depósito

Para inspeccionar y reparar el filtro de combustible interno del depósito véanse los procedimientos del apartado Desmontaje y montaje de la bomba eléctrica de combustible de esta sección.

Depósito de combustible

ATENCIÓN

Antes de desmontar cualquier componente de combustible, véase el procedimiento del apartado Descompresión del sistema de combustible de esta sección y descomprímalo.

DESMONTAJE Y MONTAJE

1. Descomprima el sistema de combustible.
2. Levante y asegure el vehículo sobre caballetes.
3. Quite el tapón del depósito de combustible y vacíelo.
4. Desconecte el tubo de escape del convertidor catalítico y el soporte posterior. Deje que el sistema de escape cuelgue del conjunto del árbol trasero.
5. Quite el tubo de escape y los protectores refractarios del silenciador.
6. Quite el protector del cuello de llenado de combustible por la parte posterior de la rueda trasera izquierda.
7. Quite la barra de alineación de la suspensión trasera y el tirante.
8. Desconecte la bomba de combustible y el conector eléctrico de la unidad de detección del nivel de combustible del conector del colector de cables eléctricos situado en la carrocería.

ATENCIÓN

No apalanque el conector de la tapa. La bomba y el colector de cables de la unidad de detección del nivel de combustible forman parte integral de la unidad de detección.

9. Desconecte los conductos de combustible flexibles de los tubos metálicos de combustible que salen del depósito.

10. Quite el soporte de fijación del tubo de combustible del lado izquierdo y el clip del conducto del líquido de frenos del perno de fijación.

11. Coloque un gato hidráulico bajo el conjunto del árbol trasero y sopórtelo sobre éste.

12. Desconecte los extremos inferiores de los amortiguadores telescópicos y la barra estabilizadora trasera (si dispone de ésta) del bastidor. Apoye el conjunto del árbol y saque los muelles helicoidales.

13. Baje el conjunto del eje trasero lo máximo posible sin dañar los conductos de los pernos y los cables.

14. Quite los pernos de la tira del depósito de combustible.

15. Quite el depósito de combustible girando la parte delantera del mismo hacia abajo y córralo al lado derecho.

16. Para montarlo, siga el procedimiento inverso al de desmontaje.

Carburadores

Para todos los ajustes y especificaciones del carburador, véase el apartado Carburador de la sección de Reparaciones.

ATENCIÓN

Antes de desmontar cualquier componente del sistema de combustible, véanse los procedimientos del apartado Descompresión del sistema de combustible de esta sección y descomprímalo.

DESMONTAJE Y MONTAJE

1. Desconecte el cable negativo de la batería.
2. Quite el filtro de aire y la junta de estanqueidad.
3. Desconecte los conductos del combustible y de vacío.
4. Desconecte el conector eléctrico del estrangulador.
5. Desconecte la articulación de la válvula de mariposa.
6. Si dispone de transmisión automática, desconecte la articulación de la válvula de mariposa.
7. Si dispone de un conducto de recirculación de gases de escape, desconecte dicho conducto y el solenoide del tope de ralentí.
8. Quite las tuercas y pernos de sujeción del carburador, las juntas de estanqueidad y el carburador.
9. Limpie las superficies de fijación de la junta de estanqueidad.
10. Para montarlo, utilice una nueva junta de estanqueidad y siga el procedimiento inverso al de desmontaje. Compruebe las velocidades de ralentí y ralentí rápido.

AJUSTES DE LA VELOCIDAD DE RALENTÍ (EN VACÍO)

Camaro 1980-81

Todos los modelos llevan tornillos sellados para la regulación de la riqueza de la mezcla en ralentí; en la mayoría de los casos éstos se encuentran ocultos bajo tapas incrustadas. La riqueza de la mezcla de ralentí es ajustable únicamente durante la revisión y reparación del carburador y requiere la añadidura de propano, enriquecedor artificial de la mezcla.

NOTA: Véase la etiqueta de control de emisiones situada en el compartimiento del motor, en donde se detallan los procedimientos y especificaciones que no se facilitan aquí. Para preparar el motor para su ajuste, caliéntelo, abra el estrangulador y extraiga el tornillo de ralentí rápido de la leva de ralentí rápido.

1 GARGANTA

1. Ponga en marcha el motor y déjelo girar hasta que alcance la temperatura normal de funcionamiento.
2. Asegúrese de que el estrangulador está completamente abierto.
3. Desconecte el sistema de aire acondicionado y el conducto de vacío del depósito de vapor. Tapone este conducto.
4. Accione el freno de estacionamiento, bloquee las ruedas tractoras y coloque la transmisión en Drive (TA) o Neutral (N). Coloque un tacómetro en el motor siguiendo las instrucciones del fabricante.
5. Accione el conjunto del solenoide para alcanzar la velocidad correspondiente a la situación de activado.
6. Desconecte el conducto del solenoide y apriete o afloje el tornillo hexagonal de 1/8 de pulgada situado en el extremo del solenoide para ajustar la velocidad correspondiente a cuando el solenoide está conectado.
7. Quite el velocímetro, conecte el tubo de vacío del depósito de vapor y pare el motor (posición OFF).

2 Y 4 GARGANTAS

1. Arranque el motor y déjelo girar hasta que alcance la temperatura normal de funcionamiento.
2. Asegúrese de que el estrangulador está totalmente abierto, desconecte el sistema de aire acondicionado, accione el freno de mano, bloquee las ruedas delanteras y conecte un tacómetro al motor siguiendo las instrucciones del fabricante.
3. Desconecte y tapone las mangueras de vacío de la válvula de recirculación de gases de escape y del depósito de vapor.
4. Coloque la transmisión en Park (TA) o neutral (TM).
5. Desconecte y tapone la manguera de la unidad de avance por vacío situada en el distribuidor. Compruebe y ajuste la sincronización.
6. Conecte el conducto del sistema de avance por vacío del distribuidor.
7. En los vehículos que no disponen de sistema de aire acondicionado o de solenoide, coloque el tornillo de ajuste de la velocidad de ralentí en el escalón inferior de la leva del ralentí rápido y apriete o afloje el tornillo hasta alcanzar la velocidad del ralentí especificada.
8. En los vehículos que disponen de sistema de aire acondicionado, ajuste el tornillo de la velocidad de ralentí (en vacío) al número de rpm especificado. Desconecte el conductor del embrague del compresor y conecte el sistema de aire acondicionado (posición «OFF»). Abra momentáneamente la válvula de mariposa para que se despliegue el émbolo del solenoide. Apriete o afloje el tornillo del solenoide hasta que alcance el número especificado de rpm.
9. En los vehículos que no disponen de aire acondicionado pero sí llevan solenoide, abra momentáneamente la válvula de mariposa para que se despliegue el émbolo del solenoide. Afloje o apriete el tornillo del solenoide hasta que alcance el número de revoluciones especificado. Desconecte el conductor del solenoide y afloje o apriete el tornillo de la velocidad de ralentí (en vacío) para ajustarla cuando ésta sea inferior a la normal.

Sólo para el modelo 350 V8

1. Arranque el motor y déjelo girar hasta que alcance la temperatura normal de funcionamiento.
2. Accione el freno de estacionamiento y bloquee las ruedas tractoras.
3. Conecte un velocímetro al motor siguiendo las instrucciones del fabricante. Desconecte y tapone la manguera de purga del depósito de vapor. Desconecte y tapone la manguera de vacío de recirculación de gases de escape que va conectada a la válvula de recirculación de gases de escape (EGR).
4. Desconecte el sistema de aire acondicionado.
5. Coloque la transmisión en Park (TA) o Neutral (TM).
6. Desconecte y tapone el conducto del sistema de avance por vacío situado en el distribuidor. Compruebe y ajuste la sincronización.
7. Conecte el conducto de avance por vacío. Coloque la transmisión (automática) en Drive.
8. En los vehículos que dispongan de transmisión manual sin sistema de aire acondicionado, ajuste el tornillo del tope del ralentí hasta alcanzar el número de revoluciones especificado.
9. En los vehículos que disponen de sistema de aire acondicionado, desconéctelo y ajuste el tornillo del tope de la velocidad de ralentí (en vacío) hasta alcanzar el número de revoluciones especificado. Desconecte el conductor del embrague del compresor y conecte el sistema de aire acondicionado. Abra ligeramente la válvula de mariposa para permitir que se despliegue el émbolo del solenoide. Afloje o apriete el tornillo del solenoide hasta alcanzar el número de revoluciones con solenoide activado que se especifica en el adhesivo de control de emisiones situado bajo el capó.
10. Conecte todas las mangueras y quite el velocímetro.

Firebird 1980-81

231 6V y 305 V8

1. Arranque el motor y déjelo girar hasta que alcance la temperatura normal de funcionamiento. Asegúrese de que el estrangulador está abierto y que el sistema de aire acondicionado está desconectado.
2. Conecte un velocímetro y una lámpara estroboscópica como se ha descrito anteriormente en este mismo capítulo.
3. Accione el freno de estacionamiento y bloquee las ruedas.
4. Ponga etiquetas, desconecte los tapones de todas las mangueras del depósito de vapor y de vacío del sistema de refrigeración de gases de escape (EGR).
5. Arranque el motor y coloque la transmisión en Drive (TA) o Neutral (TM).

6. Desconecte la manguera del sistema de avance de vacío y a continuación ajuste la sincronización según las especificaciones correspondientes.
7. Vuelva a conectar la manguera del sistema de avance de vacío y ajuste la velocidad de ralentí según las especificaciones.
8. Conecte todas las mangueras y pare el motor.

301 V8

1. Arranque el motor y déjelo girar hasta que alcance la temperatura normal de funcionamiento. Asegúrese de que el estrangulador está totalmente abierto y de que el sistema de aire acondicionado está desconectado.
2. Conecte un velocímetro y una lámpara estroboscópica como se ha descrito anteriormente en este mismo capítulo.
3. Accione el freno de estacionamiento y bloquee las ruedas.
4. Desconecte el conductor del embrague del compresor del sistema de aire acondicionado.
5. Arranque el motor y coloque la transmisión en Drive (TA) o Neutral (TM).
6. Compruebe el ajuste de sincronización del encendido.
7. Desconecte y purgue la manguera del depósito de vapor.
8. Si dispone de sistema de aire acondicionado, ajuste el tornillo de la velocidad de ralentí según el número de revoluciones especificado.

Conecte el sistema de aire acondicionado. Abra momentáneamente la válvula de mariposa para asegurarse de que el émbolo del solenoide está totalmente desplegado. Ajuste el solenoide de la velocidad de ralentí a la velocidad indicada en el adhesivo situado bajo el capó. Desconecte el sistema de aire acondicionado.

9. En los vehículos que no dispongan de dicho sistema, afloje o apriete el tornillo de la velocidad de ralentí hasta alcanzar la velocidad de ralentí (rpm) especificada.
10. Si dispone de dicho sistema, coloque la transmisión (automática) en Park.
11. Desconecte y tapone la manguera de vacío de la válvula de recirculación de gases de escape (EGR).
12. Coloque el tornillo de ralentí rápido en el segundo escalón de la leva de ralentí rápido y ajuste dicho tornillo a la velocidad (rpm) especificada.
13. Pare el motor y vuelva a conectar la manguera de vacío del sistema de recirculación de gases de escape (EGR), la manguera del depósito de vapor y el conector del embrague del compresor del sistema de aire acondicionado.

350, 400 y 403 V8

1. Repita los pasos 1-3 del procedimiento anterior correspondiente al «301 V8»
2. Desconecte y tapone la manguera del depósito de vapor.
3. Desconecte y tapone la manguera de vacío que sale de la válvula EGR.
4. Arranque el motor y coloque la transmisión en Park (TA) o Neutral (TM).
5. Compruebe y ajuste la sincronización del encendido.

NOTA: Después de verificar la sincronización en el modelo 400 V8 de transmisión manual, NO vuelva a conectar el conducto del sistema de avance de vacío.

6. Coloque la transmisión automática en Drive.
7. Si dispone de sistema de aire acondicionado, conéctelo y desconecte el conector eléctrico del embrague del compresor. Abra momentáneamente la válvula de mariposa para asegurarse de que el émbolo del solenoide está totalmente desplegado. Ajuste el tornillo del solenoide hasta alcanzar la velocidad (rpm) especificada. Vuelva a conectar el conector del embrague del compresor y desconecte el sistema de aire acondicionado.
8. Si NO dispone de aire acondicionado, afloje o apriete el tornillo de ralentí (de velocidad en vacío) hasta alcanzar la velocidad (rpm) especificada.
9. Vuelva a conectar las mangueras conectadas y pare el motor.

Modelos Rochester E2SE 1982-84

Los procedimientos de inspección, reparación y ajuste se encuentran en el apartado Carburadores de la sección de Reparaciones del conjunto.

ATENCIÓN

Antes de realizar los ajustes de ralentí bloquee las ruedas tractoras y accione el freno de estacionamiento.

CON AIRE ACONDICIONADO

1. Consulte la etiqueta de emisiones situada en el compartimiento del motor y siga las instrucciones que allí se especifican para la reparación del vehículo para su ajuste.
2. Coloque la transmisión (automática) en Drive o la transmisión (manual) en Neutral y abra ligeramente la válvula de mariposa para permitir que el émbolo del solenoide se despliegue completamente.
3. Afloje o apriete el tornillo del solenoide para ajustar la velocidad de ralentí lento y a continuación desconecte el conductor de solenoide.
4. Afloje o apriete el tornillo de la velocidad de ralentí para ajustar la velocidad de ralentí básica. Vuelva a conectar el conductor eléctrico del solenoide una vez realizado el ajuste.

SIN AIRE ACONDICIONADO

1. Consulte la etiqueta de emisiones situada en el compartimiento del motor y siga las intrucciones para preparar el vehículo para su ajuste.
2. Con el sistema de aire acondicionado desconectado. Afloje o apriete el tornillo de la velocidad de ralentí para ajustar la velocidad de ralentí lenta.
3. Conecte el sistema de aire acondicionado, desconecte el conductor del compresor del sistema de aire acondicionado situado en el mismo y coloque la transmisión (automática) en Drive o transmisión (manual) en Neutral.
4. Abra ligeramente la válvula de mariposa para permitir que el émbolo del solenoide se extienda totalmente.
5. Afloje o apriete el tornillo del solenoide para ajustar la velocidad (rpm) especificada. Después del ajuste, vuelva a conectar el conductor del compresor del sistema de aire acondicionado.
6. Desconecte el sistema de aire acondicionado. Ajuste la velocidad de ralentí lento girando el tornillo de ajuste de la velocidad de ralentí.

Modelos Rochester E4 ME de 1982 y años posteriores

NOTA: No es necesario ajustar la velocidad de ralentí; pues la determina el módulo de control electrónico.

AJUSTE DEL RALENTÍ RÁPIDO

Modelos Rochester E2SE 1982-84

1. Consulte la etiqueta de emisiones y prepárese el vehículo para su ajuste.

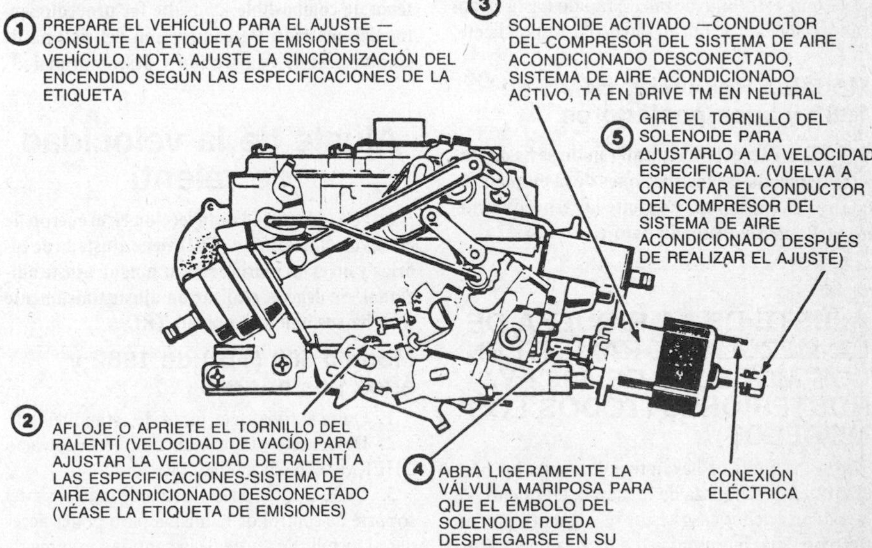

1 PREPARE EL VEHÍCULO PARA EL AJUSTE — CONSULTE LA ETIQUETA DE EMISIONES DEL VEHÍCULO. NOTA: AJUSTE LA SINCRONIZACIÓN DEL ENCENDIDO SEGÚN LAS ESPECIFICACIONES DE LA ETIQUETA
3 SOLENOIDE ACTIVADO —CONDUCTOR DEL COMPRESOR DEL SISTEMA DE AIRE ACONDICIONADO DESCONECTADO, SISTEMA DE AIRE ACONDICIONADO ACTIVO, TA EN DRIVE TM EN NEUTRAL
5 GIRE EL TORNILLO DEL SOLENOIDE PARA AJUSTARLO A LA VELOCIDAD ESPECIFICADA. (VUELVA A CONECTAR EL CONDUCTOR DEL COMPRESOR DEL SISTEMA DE AIRE ACONDICIONADO DESPUÉS DE REALIZAR EL AJUSTE)
2 AFLOJE O APRIETE EL TORNILLO DEL RALENTÍ (VELOCIDAD DE VACÍO) PARA AJUSTAR LA VELOCIDAD DE RALENTÍ A LAS ESPECIFICACIONES-SISTEMA DE AIRE ACONDICIONADO DESCONECTADO (VÉASE LA ETIQUETA DE EMISIONES)
4 ABRA LIGERAMENTE LA VÁLVULA MARIPOSA PARA QUE EL ÉMBOLO DEL SOLENOIDE PUEDA DESPLEGARSE EN SU TOTALIDAD
CONEXIÓN ELÉCTRICA

Ajuste de la velocidad ralentí (en vacío) - Modelo E2SE (sin sistema de aire acondicionado

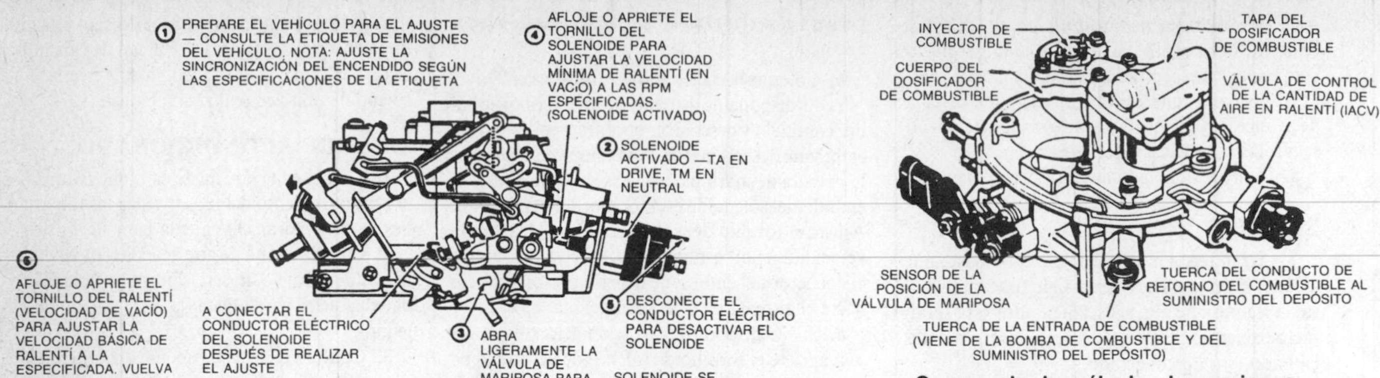
1 PREPARE EL VEHÍCULO PARA EL AJUSTE — CONSULTE LA ETIQUETA DE EMISIONES DEL VEHÍCULO. NOTA: AJUSTE LA SINCRONIZACIÓN DEL ENCENDIDO SEGÚN LAS ESPECIFICACIONES DE LA ETIQUETA
4 AFLOJE O APRIETE EL TORNILLO DEL SOLENOIDE PARA AJUSTAR LA VELOCIDAD MÍNIMA DE RALENTÍ (EN VACÍO) A LAS RPM ESPECIFICADAS. (SOLENOIDE ACTIVADO)
2 SOLENOIDE ACTIVADO —TA EN DRIVE, TM EN NEUTRAL
6 AFLOJE O APRIETE EL TORNILLO DEL RALENTÍ (VELOCIDAD DE VACÍO) PARA AJUSTAR LA VELOCIDAD BÁSICA DE RALENTÍ A LA ESPECIFICADA. VUELVA
A CONECTAR EL CONDUCTOR ELÉCTRICO DEL SOLENOIDE DESPUÉS DE REALIZAR EL AJUSTE
3 ABRA LIGERAMENTE LA VÁLVULA DE MARIPOSA PARA PERMITIR QUE EL ÉMBOLO DEL
5 DESCONECTE EL CONDUCTOR ELÉCTRICO PARA DESACTIVAR EL SOLENOIDE
SOLENOIDE SE DESPLIEGUE TOTALMENTE
INYECTOR DE COMBUSTIBLE
TAPA DEL DOSIFICADOR DE COMBUSTIBLE
CUERPO DEL DOSIFICADOR DE COMBUSTIBLE
VÁLVULA DE CONTROL DE LA CANTIDAD DE AIRE EN RALENTÍ (IACV)
SENSOR DE LA POSICIÓN DE LA VÁLVULA DE MARIPOSA
TUERCA DEL CONDUCTO DE RETORNO DEL COMBUSTIBLE AL SUMINISTRO DEL DEPÓSITO
TUERCA DE LA ENTRADA DE COMBUSTIBLE (VIENE DE LA BOMBA DE COMBUSTIBLE Y DEL SUMINISTRO DEL DEPÓSITO)

Cuerpo de la válvula de mariposa — modelo 300

Ajuste de la velocidad ralentí (en vacío) - modelo E2SE (sin sistema de aire acondicionado)

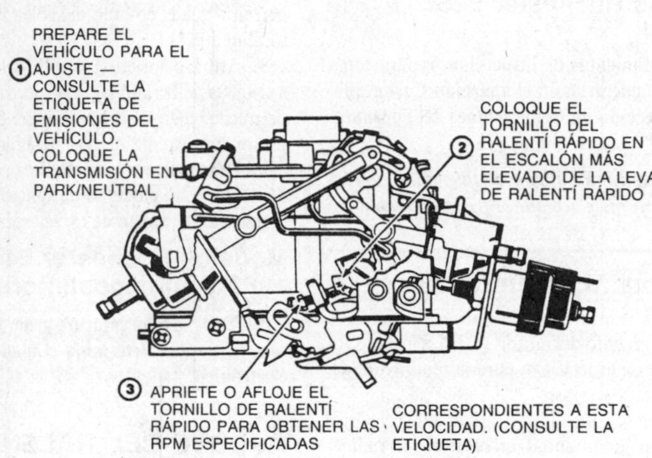
1 PREPARE EL VEHÍCULO PARA EL AJUSTE — CONSULTE LA ETIQUETA DE EMISIONES DEL VEHÍCULO. COLOQUE LA TRANSMISIÓN EN PARK/NEUTRAL
2 COLOQUE EL TORNILLO DEL RALENTÍ RÁPIDO EN EL ESCALÓN MÁS ELEVADO DE LA LEVA DE RALENTÍ RÁPIDO
3 APRIETE O AFLOJE EL TORNILLO DE RALENTÍ RÁPIDO PARA OBTENER LAS RPM ESPECIFICADAS
CORRESPONDIENTES A ESTA VELOCIDAD. (CONSULTE LA ETIQUETA)

Ajuste de la velocidad de ralentí rápido

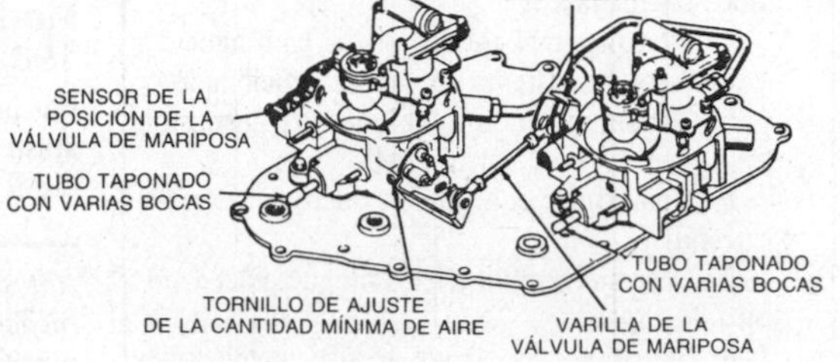
TORNILLO DE EQUILIBRADO DEL RALENTÍ
SENSOR DE LA POSICIÓN DE LA VÁLVULA DE MARIPOSA
TUBO TAPONADO CON VARIAS BOCAS
TUBO TAPONADO CON VARIAS BOCAS
TORNILLO DE AJUSTE DE LA CANTIDAD MÍNIMA DE AIRE
VARILLA DE LA VÁLVULA DE MARIPOSA

Sistema de inyección de encendido cruzado —modelo 400

2. Coloque la transmisión en Park (TA) o Neutral (TM).

3. Coloque el tornillo de ralentí rápido en el escalón superior de la leva de ralentí rápido.

4. Gire el tornillo de ralentí rápido hasta alcanzar la velocidad de ralentí rápido correspondiente.

Modelos Rochester E4ME de 1982 y años posteriores

NOTA: El ajuste del ralentí rápido se ha de realizar siguiendo las instrucciones de la etiqueta de control de emisiones. Consulte las especificaciones del adhesivo situado bajo el capó.

AJUSTE DE LA RIQUEZA DE LA MEZCLA DE RALENTÍ EN LOS MODELOS DE 1982 Y POSTERIORES (TODOS LOS MODELOS)

Todos los modelos llevan tornillos sellados para el ajuste de la riqueza de la mezcla en ralentí; en la mayoría de los casos éstos se encuentran ocultos bajo tapas incrustadas. La mezcla puede ajustarse únicamente durante el proceso de revisión y reparación del carburador y requiere la utilización de propano como enriquecedor artificial.

Inyección electrónica del combustible

Antes de desmontar cualquier componente del sistema de combustible, consulte los procedimientos del apartado Descompresión del sistema de combustible de esta sección y descomprímalo.

Ajuste de la velocidad de ralentí

NOTA: La unidad de inyección en el cuerpo de la válvula de mariposa (TBI) viene ajustada de fábrica y no es necesario realizar ningún ajuste adicional. Se debería realizar un ajuste únicamente si se ha sustituido la unidad TBI.

Modelo 300 (TBI) de 1982 y años posteriores

1. Quite el filtro y la junta de estanqueidad.

2. Desconecte y tapone la compuerta de vacío THERMAC de la unidad TBI.

3. Quite el cable de la válvula de mariposa del soporte de control de la misma para poder acceder al tornillo de ajuste de la cantidad mínima de aire.

4. Conecte un tacómetro al motor.

5. Quite el conector del control de la cantidad de aire en ralentí (IAC) de la unidad TBI (de inyección en el cuerpo de la válvula de mariposa).

6. Arranque el motor, coloque la transmisión en Park (TA) o Neutral (TM) y deje que se estabilice la velocidad del motor.

7. Coloque la herramienta J-33047 en el conducto del aire en ralentí de la unidad TBI. Asegúrese de que la herramienta está bien asentada y de que no existen fugas.

8. Utilizando un útil Torx Bit n.º 20, apriete o afloje el tornillo del tope de ralentí (velocidad en vacío) hasta que la velocidad del motor sea de 475-525 rpm (TA) o 750-800 rpm (TM).

9. Pare el motor y quite el útil de la unidad TBI (inyección en el cuerpo de la válvula de mariposa).

10. Para montarlo, cierre el tornillo del tope de la válvula de mariposa con silicona y siga el procedimiento inverso al de desmontaje.

Modelo 400 (CFI) de 1982-83

1. Quite el filtro del aire y la junta de estanqueidad.

2. Desconecte y tapone la lumbrera de vacío THERMAC de la parte posterior de la unidad TBI.

3. Si es necesario, quite el tapón que cubre el tornillo de ajuste de la cantidad mínima de aire.

4. Bloquee las ruedas, accione el freno de estacionamiento, conecte un velocímetro al motor, arranque el motor y deje que se estabilice la velocidad del mismo.

5. Coloque la transmisión automática en Drive.

6. Utilizando dos útiles J-33047, tapone los conductos de aire de ralentí de cada una de las válvulas de mariposa. Asegúrese de que los útiles están bien asentados y de que no existen fugas.

NOTA: Cuando coloque los tapones, la velocidad (n.º de rpm) debería caer por debajo de la ve-

locidad de ralentí lento. Si no cae la velocidad, compruebe si existe una fuga de aire.

7. En la parte posterior de la unidad TBI, quite el tapón del tubo que dispone de una salida y conecte un manómetro de agua J-23951.

8. Ajuste el tornillo de ajuste de la cantidad mínima de aire de forma que la presión en el manómetro sea de 6'' de agua. Quite el manómetro y coloque la tapa en el tubo.

9. En la parte frontal de la unidad TBI, quite el tapón de tubo con salida y conecte en ella un manómetro de agua J-23951. La lectura del manómetro debería ser de 6'' de agua.

NOTA: Si la lectura del manómetro no es correcta, localice el tornillo de equilibrado del ralentí (velocidad de vacío) en la articulación de la válvula de mariposa. Si el tornillo está soldado, rompa la soldadura y coloque un nuevo tornillo fijándolo con compuesto de sellado de roscas. Ajuste el tornillo de manera que la presión del manómetro sea de 6'' de agua.

10. Quite el manómetro y coloque el tapón en el tubo.

11. En la parte posterior de la unidad TBI, ajuste el tornillo de ajuste de la cantidad mínima de aire de forma que la velocidad sea de 475 rpm.

12. Pare el motor y quite los tapones del conducto de aire del ralentí.

13. Coloque la transmisión en Neutral (punto muerto) y arranque el motor.

NOTA: El motor girará a una velocidad elevada, pero ésta disminuirá cuando los motores del IAC (control de la cantidad de aire de ralentí) cierren los conductos de aire. Cuando caiga la velocidad (número de rpm) pare el motor.

14. Verifique la tensión del sensor de la posición de la válvula de mariposa (TPS) y ajústela si es necesario.

15. Para montarlo, siga el procedimiento inverso al de desmontaje. Reajuste los motores del control de la cantidad de aire del ralentí (IAC).

NOTA: Para reajustar los motores del IAC, conduzca el vehículo a una velocidad de 30 millas por hora o, si éste dispone de sistema de control de la velocidad de crucero, desconecte el cable del velocímetro del transductor, ponga la llave del contacto en la posición ON y gire el cable hasta llegar a 30 millas por hora.

Motores V6 y V8 con inyección sincronizada en las lumbreras (TPI) de 1985 y años posteriores

NOTA: El tornillo del tope de ralentí del cuerpo de la válvula de mariposa, utilizado para regular la velocidad de ralentí mínima, ha sido ajustado y sellado en fábrica. Si es necesario ajustar la velocidad de ralentí, siga los siguientes procedimientos:

1. Utilizando una lezna o punzón, perfore el tapón del tornillo del tope de ralentí y extráigalo apalancándolo de la carcasa del cuerpo de la válvula de mariposa.

2. Con la válvula de control de la cantidad de aire en ralentí (IAC) conectada al cuerpo de la válvula de mariposa, ponga a masa el conductor de diagnóstico.

3. Coloque el contacto de encendido en la posición ON (NO arranque el motor) espere 30 segundos, desconecte el conector eléctrico del IAC, quite el conductor a masa del IAC y arranque el motor.

4. Si el vehículo dispone de transmisión automática, colóquela en la posición Drive y ajuste el tornillo de ralentí con un par de 450-550 rpm girando el tornillo del tope del ralentí. Si dispone de transmisión manual, colóquela en la posición Neutral y ajuste la velocidad de ralentí a 550-650 rpm (V6).

5. Coloque el contacto de encendido en la posición OFF y vuelva a colocar el conector eléctrico a la válvula IAC.

6. Coloque tres hilos puente entre el sensor de la posición de la válvula de mariposa (TPS) y el conector del colector de cables.

7. Conecte un voltímetro digital a los terminales «A» y «B» del sensor TBS. Ponga el interruptor de encendido en la posición ON y compruebe que las tensiones son de 0,50-0,60 voltios (V6) o 0,465-0,615 voltios (V8).

Si las tensiones del sensor TPS no son correctas, afloje los tornillos de fijación y ajústelo. Si las tensiones cumplen las especificaciones, apriete los tornillos de sujeción.

8. Una vez se haya realizado el ajuste del sensor TPS, vuelva a verificar las lecturas.

9. Coloque el contacto de encendido en la posición OFF, quite los hilos puente y vuelva a conectar el conector eléctrico al sensor TPS.

10. Arranque el motor y compruebe si funciona correctamente en ralentí. Selle el alojamiento del tornillo de tope de ralentí con silicona.

REFRIGERACIÓN DEL MOTOR

Radiador

DESMONTAJE Y MONTAJE

Modelos de 1980-81

1. Desconecte el cable negativo de la batería.
2. Vacíe el sistema de refrigeración.
3. Desconecte los manguitos superior e inferior.
4. Si dispone de transmisión automática, desconecte y tapone los conductos del refrigerador del aceite.
5. Quite el protector superior del ventilador en los modelos 6 cilindros (o el soporte superior de la cubierta en los V8).
6. Saque los pernos de sujeción del radiador y el conjunto formado por el radiador y la cubierta fuera del vehículo.
7. Para realizar el montaje, siga el procedimiento inverso al de desmontaje. Apriete los pernos de sujeción con un par de 12 libras-pie. Rellene el sistema de refrigeración. Si dispone de transmisión automática, asegúrese de que el nivel de líquido de transmisión es el correcto.

Modelos de 1982 y posteriores

1. Desconecte el cable negativo de la batería.
2. Purgue el sistema de refrigeración.
3. Quite el ventilador de refrigeración del motor. Si el ventilador lleva embrague, DEBE apartar el embrague a un lado en posición vertical para impedir que se produzcan fugas a través del sello.
4. Desconecte los manguitos del radiador.
5. Si dispone de transmisión automática, desconecte y tapone los conductos del refrigerador del líquido de la transmisión que van al radiador.
6. Si el ventilador lleva protector, saque el conjunto del mismo.
7. Desmonte el conjunto formado por el radiador y la tapa de protección y a continuación extráigalo verticalmente.

NOTA: El conjunto del radiador está sujeto en el fondo por dos soportes que van a su vez fijados al soporte del radiador. Si pretende instalar un radiador nuevo, traspase los rácores del radiador anterior al nuevo.

8. Para montarlo siga el procedimiento inverso al de desmontaje. Rellene el sistema de refrigeración, accione el motor y déjelo girar hasta que alcance la temperatura normal de funcionamiento y compruebe si existen fugas. Si dispone de transmisión automática, compruebe el nivel del líquido de la transmisión y ajuste el nivel si es necesario.

Bomba de agua

DESMONTAJE Y MONTAJE

NOTA: Cuando inspeccione los motores V6 y V8 desconecte el cable negativo de la batería.

1. Purgue el sistema de refrigeración.
2. Si el ventilador lleva una tapa protectora, quite la tapa del ventilador y el soporte superior del radiador.
3. Quite las correas de accionamiento.
4. Quite el ventilador y la polea de la bomba de agua.

NOTA: No deberían almacenarse horizontalmente los ventiladores con accionamiento viscoso. La silicona podría escaparse del conjunto del ventilador si no se mantiene en posición vertical.

5. En los motores V6 y V8, quite los soportes superior e inferior, el tirante hidráulico, el soporte, y baje el soporte de la bomba de la dirección hidráulica (si dispone de ésta) y aparte el soporte a un lado.
6. Desconecte las mangueras de la calefacción y las inferiores del radiador de la bomba de agua.
7. Extraiga los pernos que unen la bomba de agua al bloque de cilindros y sáquela.

NOTA: En los motores de 4 cilindros, saque la bomba tirando de la misma en línea recta hacia afuera del bloque

8. Limpie la superficie de fijación de la junta de estanqueidad.
9. Para montarla, coloque una junta de estanqueidad nueva y siga el procedimiento inverso al de desmontaje. Apriete los pernos de la bomba de agua con un par de 15 libras-pie y los pernos de fijación de los accesorios con un par de 30 libras-

pie. Ajuste la flecha de la correa de accionamiento a 1/2 de pulgada entre el tramo más largo entre las dos poleas. Rellene el sistema de refrigeración. Arranque el motor y compruebe si existen fugas.

Termostato

DESMONTAJE Y MONTAJE

1. Purgue el sistema de refrigeración hasta que el nivel de refrigerante quede por debajo del termostato.

2. Quite el conjunto del filtro del aire (excepto en los modelos de 4 cilindros).

3. Quite el manguito superior del radiador.

4. Quite los pernos de la carcasa del termostato y extraiga el conjunto de la carcasa y el termostato.

5. Limpie las superficies de fijación de la junta de estanqueidad.

6. Para montarlo, coloque una junta o juntas de estanqueidad nuevas y añada compuesto de sellado RTV, coloque el termostato y siga el procedimiento inverso al de desmontaje. Apriete los pernos de la carcasa con un par de 20 libras-pie en los motores de 4 cilindros (o de 30 libras-pie en todos los demás). Rellene el sistema de refrigeración. Arranque el motor y compruebe si existen fugas.

NOTA: Asegúrese de que el muelle del termostato queda colocado hacia el motor; NO hacia el radiador.

ATENCIÓN

NO utilice sellador RTV cuando coloque la junta de estanqueidad en los motores de 4 cilindros.

PARTE MECÁNICA DEL MOTOR

Motor

DESMONTAJE Y MONTAJE

NOTA: En los modelos de mediados de 1986, la General Motors presentó una serie limitada (1,000) del Camaro IROC, que está equipado con un motor 350 de 5.7L similar al motor Corvette. No existe información sobre este vehículo concreto al cierre de esta publicación.

Motor de 4 cilindros

1. Desconecte el cable negativo de la batería.

2. Marque la posición del capó en las bisagras del mismo y quítelo.

3. Vacíe el sistema de refrigeración.

4. Quite el compresor del sistema de aire acondicionado y los soportes que sea necesario para obtener espacio de trabajo.

ATENCIÓN

NO desconecte ningún conducto de refrigerante del sistema de aire acondicionado a no ser que conozca bien los procedimientos de descarga. Si se escapa refrigerante, éste puede congelar cualquier superficie con la que entre en contacto, incluyendo la piel y los ojos.

5. Quite los manguitos del radiador del motor. Quite el conjunto del ventilador. Quite la tapa del radiador y sáquelo.

6. Si el vehículo dispone de dirección hidráulica, quite la bomba de la dirección.

7. Ponga etiquetas y desconecte el conector eléctrico del colector de cables situado en el mamparo contraincendios.

8. Desconecte los conductos de combustible del carburador.

9. Quite los manguitos de los frenos del filtro y la tira de masa de la parte posterior de la cabeza de cilindros.

10. Quite, por el interior del vehículo, el panel derecho de la guarnición y el colector del módulo de control electrónico (ECM) situado en el conector principal del ECM. Quite el salpicadero derecho del guardabarros derecho y extraiga el colector de cables del ECM por la parte interior del vehículo.

11. Desconecte los manguitos del calefactor del núcleo del mismo. Quite el manguito del depósito del vapor y el cable de la válvula de mariposa del sistema de inyección electrónica de combustible, si dispone de éste.

12. Levante el vehículo y sujételo con seguridad. Desconecte los conectores eléctricos de la transmisión.

13. Quite la tapa guardapolvos del volante. Si el vehículo lleva transmisión automática, quite los pernos de sujeción del convertidor de par al volante.

14. Quite los pernos que sujetan la carcasa acampanada al volante. Quite el soporte entre la carcasa acampanada y el tubo de escape del motor.

15. Quite el tubo de escape del múltiple. Saque el conjunto del convertidor catalítico.

16. Quite el conjunto del motor de arranque.

17. Quite el muelle de recuperación de la horquilla del embrague si el vehículo dispone de transmisión manual.

18. Quite los pernos de montaje del motor.

19. Baje el vehículo y coloque un dispositivo adecuado para la elevación del motor.

20. Coloque un gato hidráulico bajo la caja de transmisión y sopórtela.

21. Extraiga el motor del vehículo y coloque un aparato adecuado para la sujeción del mismo.

22. El montaje se efectúa en el orden inverso al de desmontaje.

Motores V6 y V8

1. Desconecte el cable negativo de la batería.

2. Marque la posición del capó y sáquelo del vehículo.

3. Vacíe el sistema de refrigeración. Quite el manguito inferior del radiador y la cubierta superior del ventilador. Saque el conjunto del ventilador.

4. Quite el maguito superior del radiador y el manguito de retorno del refrigerante. Saque el radiador.

5. Quite los conductos del refrigerador de la transmisión.

6. Saque los manguitos del calefactor.

7. Desconecte la articulación del carburador. Si el vehículo dispone de sistema de control de velocidad de crucero, desconecte el cable de acoplamiento.

8. Quite el conducto del multiplicador de fuerza al vacío del freno.

9. Quite la tapa del distribuidor y apártela junto con el cableado para obtener espacio de trabajo.

10. Desconecte todos los cables y manguitos necesarios.

11. Saque la bomba de la dirección hidráulica y colóquela aparte.

12. Levante el vehículo y asegúrelo bien.

13. Quite los tubos de escape del múltiple. Quite la tapa guardapolvos del vehículo. Quite los pernos del convertidor.

14. Desconecte los cables del motor de arranque y extraiga el conjunto del mismo.

15. Quite los pernos de la carcasa acampanada. Extraiga los pernos pasantes de la montura del motor.

16. Desconecte los conductos de combustible de la bomba de combustible.

17. Baje el vehículo y soporte la transmisión utilizando un aparato adecuado.

18. Quite el sistema de reacción de inyección de aire si dispone de éste.

19. Acople un dispositivo de elevación de motores adecuado y saque el motor del vehículo.

20. El montaje se efectúa en el orden inverso al de desmontaje

Múltiple de escape

DESMONTAJE Y MONTAJE

Modelos de 1980-81

MOTORES V6 y V8

1. Si dispone del sistema de reactor de inyección de aire (AIR) desmonte el conjunto del múltiple del inyector del aire.

NOTA: Las roscas del tubo de 4'' del múltiple son rectas.

2. Desconecte el cable negativo de la batería.

3. Si el filtro del aire lleva un precalentador quite la tapa de éste.

4. Quite los protectores refractarios de los cables de las bujías de encendido.

5. Desconecte el alternador del múltiple izquierdo de escape y extráigalo.

6. Desconecte el tubo de escape del múltiple y déjelo colgar.

7. Desdoble las lengüetas de cierre. Quite los pernos externos, los frontales y saque el multiple de escape.

NOTA: Para desdoblar las lengüetas de cierre puede utilizarse una llave de cubo de 6 lados fina de 9/16 de pulgada, afilada en el extremo y roscada en la cabeza del perno. Si pretende colocar un múltiple nuevo en el lado derecho del motor de 8 cilindros en V de 1980-81, traspase el calentador del múltiple anterior al nuevo.

8. Limpie las superficies de fijación de la junta de estanqueidad.

9. Para montarlo, coloque juntas de estanqueidad nuevas y siga el procedimiento inverso al de desmontaje. Apriete los pernos según las especificaciones correspondientes partiendo del centro hasta llegar a los bordes.

Modelos de 1982 y años posteriores

MOTOR DE 4 CILINDROS

1. Desconecte el cable negativo de la batería.
2. Quite el conjunto del filtro del aire y haga marcas en los manguitos para su correcta identificación.

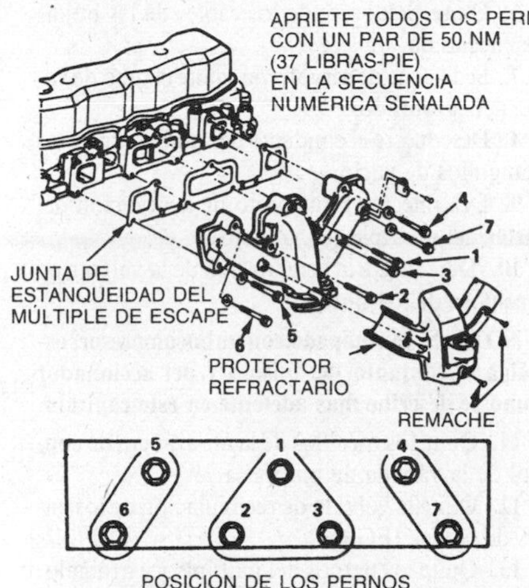
APRIETE TODOS LOS PERNOS CON UN PAR DE 50 NM (37 LIBRAS-PIE) EN LA SECUENCIA NUMÉRICA SEÑALADA
JUNTA DE ESTANQUEIDAD DEL MÚLTIPLE DE ESCAPE
PROTECTOR REFRACTARIO
REMACHE
POSICIÓN DE LOS PERNOS

Secuencia de apriete de los pernos del múltiple de escape —motor 151 de 4 cilindros hasta 1984

3. Quite el tubo de precalentamiento de la válvula de inyección electrónica de combustible.
4. Quite el sensor de oxígeno y desconecte el tubo de escape del múltiple.
5. Saque la varilla y el tubo de medición del nivel del aceite del motor.
6. Quite los pernos de sujeción del múltiple de escape y desmóntelo.
7. Para montarlo, utilice una junta de estanqueidad nueva y siga el procedimiento inverso al de desmontaje. Apriete los pernos con un par de 44 libras-pie.

MOTOR V6 (lado izquierdo)

1. Desconecte el cable negativo de la batería.
2. Levante y asegure el vehículo con caballetes.
3. Desconecte el tubo de escape del múltiple.
4. Quite los 4 pernos posteriores del múltiple y la tuerca, y a continuación apoye el vehículo.
5. Desconecte los manguitos de dosificación de aire y los cables.
6. Si dispone de dirección servoasistida hidráulicamente, quite el soporte de la bomba de la dirección y apártelo.
7. Quite los pernos de sujeción del múltiple y sáquelo del motor.
8. Para montarlo, utilice una junta de estanqueidad nueva y siga el procedimiento inverso al de desmontaje. Apriete los pernos del múltiple con un par de 25 libras-pie partiendo del centro hasta el exterior.

MOTOR V6 (lado derecho)

1. Desconecte el cable negativo de la batería.
2. Levante y asegure el vehículo con caballetes.
3. Desconecte el tubo de escape del múltiple.
4. Apoye el vehículo y quite los pernos del múltiple de escape.
5. Desconecte los manguitos de dosificación de aire y extraiga el múltiple.
6. Para montarlo, siga el procedimiento inverso al de desmontaje. Apriete los pernos del múltiple partiendo del centro hasta llegar a los bordes.

MOTOR V8 (lado izquierdo)

1. Desconecte el cable negativo de la batería.
2. Haga la marca y desconecte los cables de las bujías de encendido.
3. Desconecte los manguitos del sistema de inyección del aire.
4. Si dispone de aire acondicionado, desatornille el compresor del sistema (NO desconecte los manguitos de refrigerante) y apártelo a un lado.
5. Desmonte la bomba de la dirección servoasistida (NO desconecte los conductos de líquido hidráulico) y apártela a un lado.
6. Quite los soportes de ajuste posteriores del compresor del sistema de aire acondicionado y de la bomba de la dirección servoasistida.
7. Levante y asegure el vehículo con caballetes.
8. Desconecte el tubo de escape del múltiple de escape y a continuación baje el vehículo.
9. Apoye el vehículo en el piso.
10. Quite los pernos de sujeción del múltiple y extráigalo.
11. Limpie las superficies de fijación de la junta de estanqueidad.
12. Para montarlo, utilice una junta de estanqueidad nueva y siga el procedimiento inverso al de desmontaje. Apriete los pernos del múltiple con un par de 20 libras-pie partiendo del centro hasta llegar a los bordes.

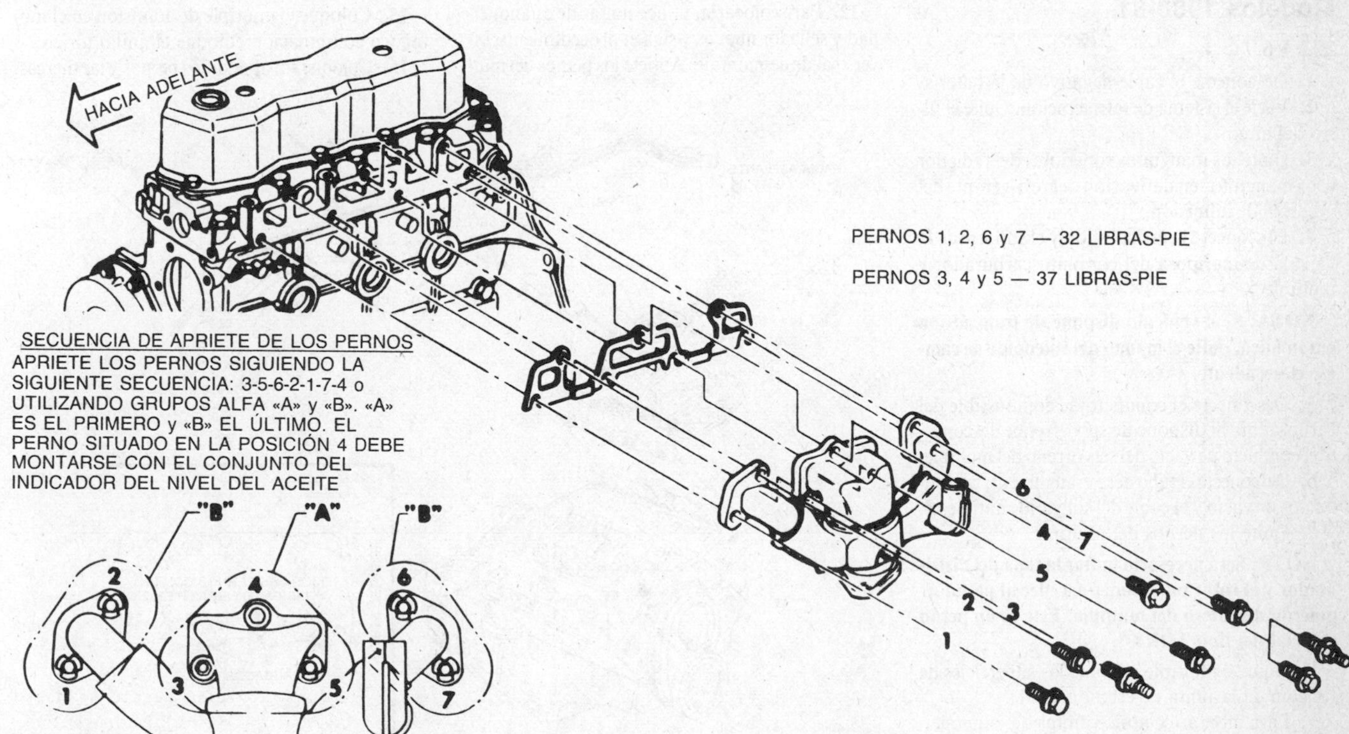
HACIA ADELANTE
PERNOS 1, 2, 6 y 7 — 32 LIBRAS-PIE
PERNOS 3, 4 y 5 — 37 LIBRAS-PIE
SECUENCIA DE APRIETE DE LOS PERNOS
APRIETE LOS PERNOS SIGUIENDO LA SIGUIENTE SECUENCIA: 3-5-6-2-1-7-4 o UTILIZANDO GRUPOS ALFA «A» y «B». «A» ES EL PRIMERO y «B» EL ÚLTIMO. EL PERNO SITUADO EN LA POSICIÓN 4 DEBE MONTARSE CON EL CONJUNTO DEL INDICADOR DEL NIVEL DEL ACEITE
"B"
"A"
"B"

Secuencia de apriete de los pernos del múltiple de escape — motor 151 de 4 cilindros de 1985 y años posteriores

MOTOR V8 (lado derecho)

1. Desconecte el cable negativo de la batería.

2. Haga marcas y desconecte los cables de las bujías de encendido.

3. Desconecte los manguitos del sistema de inyección de aire y quite la válvula de dosificación de aire.

4. Levante y soporte el vehículo sobre caballetes.

5. Desconecte el tubo de escape del múltiple y a continuación apoye el vehículo.

6. Quite los pernos de sujeción del múltiple y extráigalo.

7. Limpie la superficie de fijación de la junta de estanqueidad.

8. Para montarlo, utilice juntas de estanqueidad nuevas y siga el procedimiento inverso al de desmontaje.

Múltiple de admisión

DESMONTAJE Y MONTAJE

NOTA: Cuando proceda a la reparación e inspección de vehículos más recientes, no olvide hacer marcas de referencia en los manguitos de vacío y en el cableado de forma que pueda montarse de nuevo en la posición original. Además, cuando desconecte los rácores o conductos metálicos (conductos de combustible, conductos de vacío del servofreno), utilice siempre dos llaves para tuercas abocardadas. Sujete la llave como si fuera a apretar el rácor (en el sentido de las agujas del reloj), y A CONTINUACIÓN afloje y desconecte el rácor pequeño del grande. Si esto no se hace así, resultará dañado el conducto.

Modelos 1980-81

231 V6

1. Desconecte el cable negativo de la batería.

2. Vacíe el sistema de refrigeración. Quite el filtro del aire.

3. Quite los manguitos superiores del radiador y los manguitos en derivación del refrigerante del múltiple de admisión.

4. Desconecte la articulación y el soporte de la válvula de mariposa del conjunto carburador y múltiple.

NOTA: Si el vehículo dispone de transmisión automática, quite el mando del solenoide de cambio descendente.

5. Desconecte el conducto de combustible del carburador. Si dispone de servofreno, desconecte el conducto de vacío del servofreno del múltiple.

6. Desconecte el tubo del estrangulador, los conductos de vacío y el cable del solenoide antidiesel.

7. Quite los pernos del múltiple.

NOTA: Será necesario quitar la tapa del distribuidor y el rotor para poder acceder al perno izquierdo delantero del múltiple. Éste es un perno especial del tipo TORX®.

8. Quite el múltiple y limpie las superficies de fijación de la junta de estanqueidad.

9. Para montarlo, utilice juntas de estanqueidad y sellos nuevos, recubra los sellos con silicona que no se endurezca y siga el procedimiento inverso al de desmontaje. Apriete secuencialmente los pernos de la cabeza de cilindros, comenzando por el centro hasta llegar a los bordes. Rellene el sistema de refrigeración, arranque el motor y compruebe si existen fugas.

CAMARO V6 y V8 (EXCEPTO EL 231 V6)

1. Quite el filtro de aire. Vacíe el sistema de refrigeración.

2. Desconecte el cable negativo de la batería.

3. Quite los manguitos superiores del radiador, los del calefactor y los de ventilación positiva del cárter (PCV).

4. Quite el conducto o conductos de combustible, la articulación del acelerador y los conectores de los cables eléctricos.

5. Si dispone de servofreno quite los manguitos de vacío del distribuidor y del servofreno.

6. Quite la tapa del distribuidor y extráigalo.

NOTA: Antes de sacar el distribuidor, marque la posición del rotor, respecto de la carcasa del distribuidor y el motor.

7. Si es necesario, quite el soporte superior del alternador, el del filtro del aire y la palanca acodada del acelerador.

8. Si dispone de sistema de aire acondicionado, quite el compresor y el soporte del mismo y coloque el compresor a un lado.

9. Si dispone de control de la velocidad de crucero quite el servocontrol y el soporte.

10. Quite los pernos de sujeción del múltiple a la cabeza de cilindros y a continuación extraiga el conjunto del múltiple del carburador.

NOTA: Si se debe sustituir el múltiple, traspase los componentes del múltiple anterior al nuevo.

11. Limpie las superficies de sujeción de la junta de estanqueidad.

12. Para colocarla, utilice juntas de estanqueidad y sellador nuevos y siga el procedimiento inverso al de desmontaje. Apriete los pernos del múltiple con un par de 25-45 libras-pie. Rellene el sistema de refrigeración y a continuación arranque el motor y compruebe si existen fugas. Verifique la sincronización de la inyección.

FIREBIRD V8

1. Purgue el sistema de refrigeración.

2. Quite el conjunto del filtro del aire.

3. Extraiga el rácor de salida del agua dejando acoplado el manguito del radiador.

4. Si es necesario, desconecte el manguito del calefactor de su rácor.

5. Desconecte el cable de la unidad de medición de la temperatura.

6. Quite el soporte de los cables de las bujías de encendido.

7. Si dispone de servofreno, quite el tubo de vacío del carburador.

8. Desconecte el conducto de combustible y los manguitos de vacío.

9. Desconecte el manguito de ventilación del cárter del múltiple.

10. Desconecte la articulación de la válvula de mariposa del carburador.

NOTA: Si va equipado con turbocompresor, extraiga el conjunto del mismo y del accionador como se describe más adelante en este capítulo.

11. Quite los tornillos de la abrazadera de control de la válvula de mariposa.

12. Quite la válvula de recirculación de los gases de escape (EGR).

13. Quite los pernos del múltiple y extráigalo.

NOTA: Quizá sea necesario quitar el distribuidor para facilitar el acceso.

14. Para montarlo, utilice juntas de cabeza de cilindros nuevas manteniéndolas en su posición con retenes de plástico.

15. Coloque el múltiple de admisión en el motor y a continuación coloque el anillo tórico.

16. Coloque sin apretar los pernos y las tuercas.

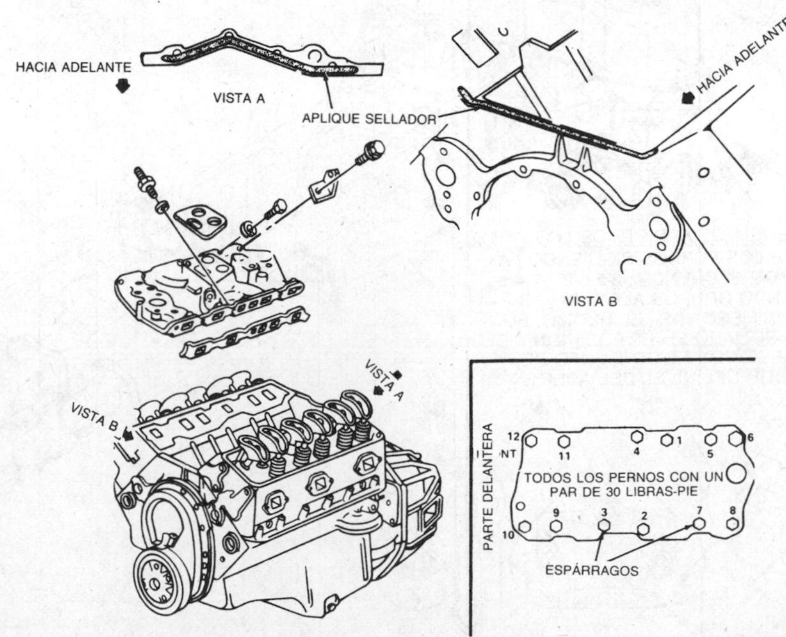

Secuencia de apriete de los pernos del múltiple de admisión para el motor 229 V6 fabricado por Chevrolet

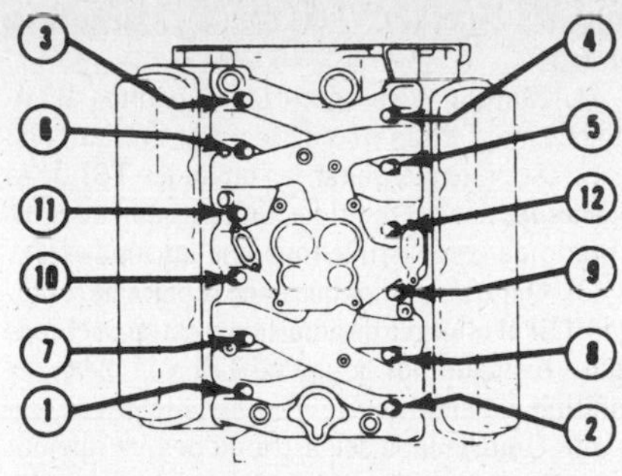

Secuencia de apriete de los pernos del múltiple de admisión para los motores de 8 cilindros en V fabricados por Oldsmobile

17. Coloque el conjunto del soporte del control de la válvula de mariposa.

18. Coloque un anillo tórico nuevo entre la tapa de la cadena de sincronización y el múltiple de admisión y apriete el perno con un par de 15 libras-pie.

19. Apriete todos los pernos y tuercas uniformemente con un par de 40 libras-pie partiendo del centro hasta llegar a los bordes.

20. El resto del montaje se efectúa en el orden inverso al de desmontaje.

Motores con carburador de 1982 y años posteriores

MOTOR 173 V6

1. Desconecte el cable negativo de la batería.

2. Quite el conjunto del filtro del aire.

3. Vacíe el sistema de refrigeración.

4. Marque y desconecte los cables y manguitos del carburador.

5. Desconecte el conducto de combustible del carburador.

6. Desconecte la válvula de mariposa, el solenoide de cambio descendente y los cables del sistema de control de la velocidad de crucero (si dispone del mismo) del carburador.

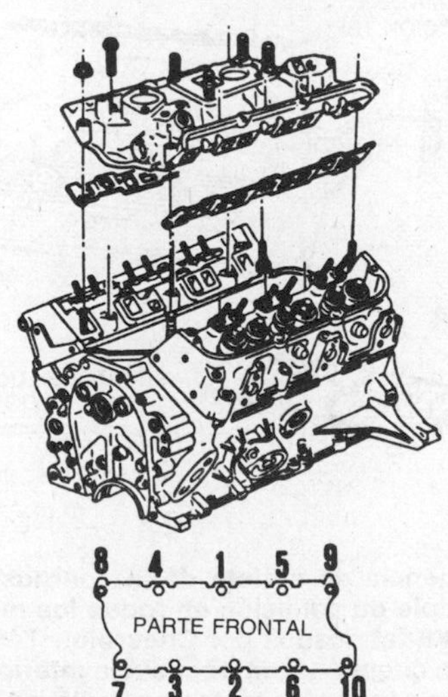

Secuencia de apriete de los pernos del múltiple de admisión para el motor 173 V6

7. Haga marcas de referencia y desconecte el cableado de la bobina de encendido.

8. Quite la tapa del distribuidor y extráigalo.

NOTA: Antes de sacar el distribuidor, marque la posición del rotor respecto de la carcasa del distribuidor y del motor.

9. Quite el manguito de dosificación del aire.

10. Haga marcas de referencia y desconecte los manguitos del depósito del control de emisiones. Quite el soporte del tubo de la tapa izquierda de válvulas.

11. Quite la tapa izquierda de válvulas.

12. Quite el soporte del manguito de dosificación de aire de la tapa derecha de válvulas.

13. Quite la tapa derecha de válvulas.

14. Quite el manguito superior del radiador y la del calefactor del múltiple de admisión.

15. Desconecte el cableado de los interruptores del sistema de refrigeración.

16. Quite los pernos de sujeción del múltiple y extráigalo del motor.

17. Limpie las superficies de fijación de las juntas de estanqueidad.

18. Para colocarlo utilice juntas de estanqueidad y compuesto de sellado nuevos y siga el procedimiento inverso al de desmontaje. Apriete los pernos del múltiple con un par de 23 libras-pie siguiendo la secuencia correspondiente. Rellene el sistema de refrigeración, arranque el motor y compruebe si existen fugas. Verifique la velocidad de ralentí.

NOTA: Las juntas de estanqueidad del múltiple llevan una marca que determina si son del lado derecho o izquierdo del motor.

MOTORES V8

1. Desconecte el cable negativo de la batería.

2. Quite el conjunto del filtro del aire.

3. Vacíe el sistema de refrigeración.

4. Desconecte el manguito superior del radiador y el del calentador del múltiple de admisión.

5. Desconecte la válvula de mariposa, el solenoide de cambio descendente de la transmisión y las articulaciones del sistema de control de la velocidad de crucero (si dispone del mismo) del carburador.

6. Desconecte el conducto de combustible del carburador.

7. Desconecte los cables de las bujías de encendido del lado derecho del motor.

8. Marque y desconecte los cables y manguitos del múltiple de admisión y del carburador.

9. Saque el distribuidor como se ha descrito anteriormente.

NOTA: Antes de sacar el distribuidor, marque la posición del rotor respecto de la carcasa del distribuidor y del motor.

10. Si dispone del sistema de aire acondicionado quite el compresor de los soportes y apártelo a un lado. NO desconecte los manguitos del refrigerante.

11. Si dispone de aire acondicionado y control de velocidad de crucero, quite los soportes del compresor del sistema de aire acondicionado y el servocontrol y soporte del sistema de velocidad de crucero y apártelos a un lado.

12. Quite el soporte superior de sujeción del alternador.

13. Quite el solenoide de la válvula EGR (de recirculación de gases de escape) y el soporte.

14. Quite el manguito del servofreno de la conexión entre el múltiple de admisión y el carburador.

15. Quite los pernos de sujeción del múltiple y extráigalo del motor.

16. Limpie las superficies de fijación de las juntas de estanqueidad.

17. Para montarlo, utilice juntas de estanqueidad y sellador nuevos y siga el procedimiento inverso al de desmontaje. Rellene el sistema de refrigeración, arranque el motor y compruebe si existen fugas. Verifique la velocidad de ralentí del motor.

Motores equipados con TBI (inyección en el cuerpo de la válvula de mariposa)

MOTOR 151 de 4 cilindros

1. Desconecte el cable negativo de la batería.

2. Quite el conjunto del filtro y el tubo del calentador.

3. Quite la válvula de mariposa de ventilación positiva del cárter (PCV).

4. Vacíe el sistema de refrigeración.

5. Desconecte los conductos de combustible de la unidad de inyección en el cuerpo de la válvula de mariposa (TBI).

ATENCIÓN

Antes de desmontar cualquier componente del sistema de refrigeración, véase el apartado Descompresión del sistema de combustible de esta sección y descomprima dicho sistema.

6. Marque y desconecte los conductos de vacío y los conectores eléctricos de la unidad TBI (de inyección en el cuerpo de la válvula de mariposa).

7. Desconecte las articulaciones de la válvula de mariposa de la palanca acodada de la unidad TBI (de inyección en el cuerpo de la válvula de mariposa) y a continuación apártelas a un lado.

8. Desconecte la palanca de desaceleración de la transmisión y la válvula de control de velocidad de crucero (si dispone de la misma).

9. Quite la bobina de encendido y el tirante del alternador.

10. Desconecte el manguito del calentador del múltiple de admisión.

11. Quite los soportes del compresor y extraiga el compresor colocándolo a un lado. NO desconecte los conductos de refrigerante del compresor.

12. Quite los pernos de sujeción del múltiple y extráigalo.

13. Limpie las superficies de fijación de las juntas de estanqueidad.

14. Para montarlo, utilice juntas de estanqueidad y sellador nuevos y siga el procedimiento inverso al de desmontaje. Apriete los pernos del múltiple con un par de 29 libras-pie. Rellene el sistema de refrigeración, arranque el motor y compruebe si existen fugas. Ajuste la velocidad de ralentí (en vacío).

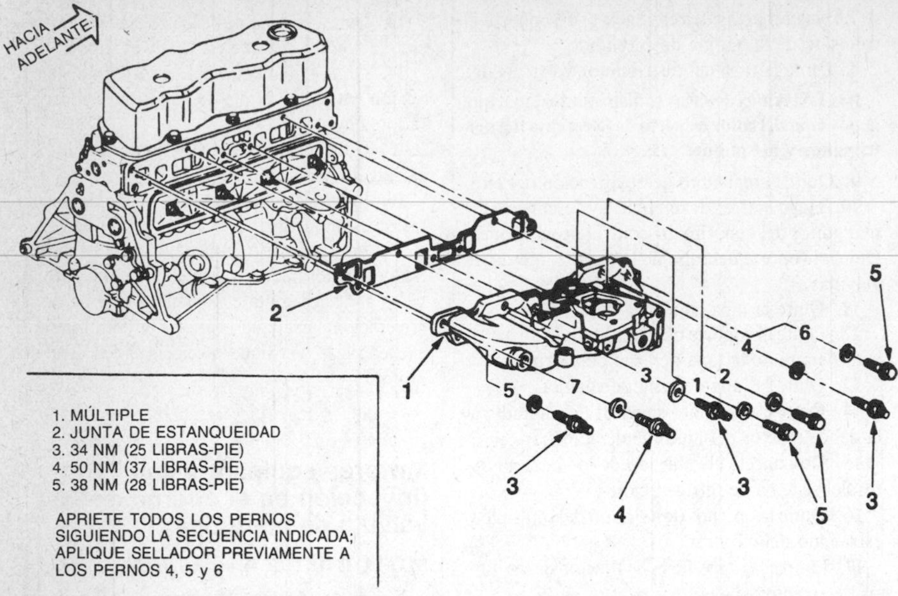

Secuencia de apriete de los pernos del múltiple de admisión —motor 151 de 4 cilindros de 1986 y años posteriores

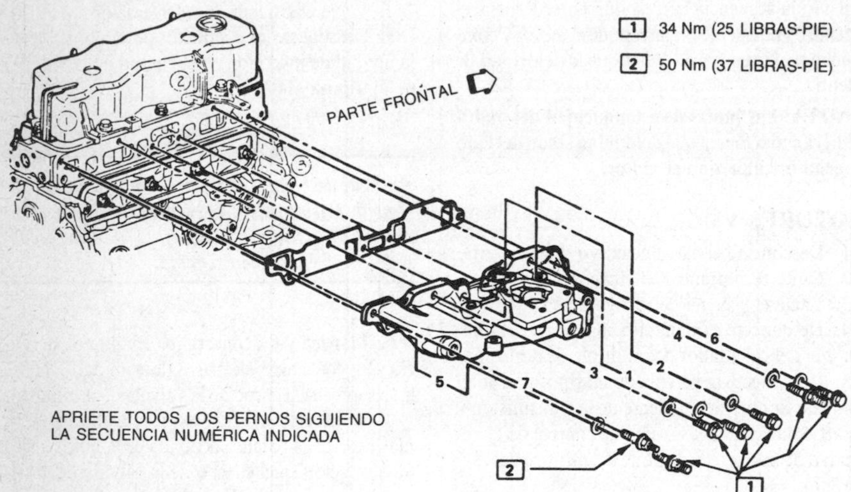

Secuencia de apriete de los pernos del múltiple de admisión —motor 151 de 4 cilindros de 1982-85

MOTOR 305 V8 CON TBI (INYECCIÓN EN EL CUERPO DE LA VÁLVULA DE MARIPOSA)

1. Desconecte el cable negativo de la batería.

2. Quite el conjunto del filtro del aire. Vacíe el sistema de refrigeración.

3. Desconecte el conducto de entrada del combustible de la parte delantera de la unidad de inyección en el cuerpo de la válvula de mariposa (TBI).

ATENCIÓN

Antes de quitar cualquier componente del sistema de combustible, véanse los procedimientos del apartado Descompresión del sistema de combustible de esta sección y descomprima dicho sistema.

4. Quite el solenoide EGR (de recirculación de gases de escape).

5. Quite el soporte de ajuste del alternador.

6. Desconecte el cableado de los motores de control de la cantidad de aire en ralentí, los inyectores y el sensor de la posición de la válvula de mariposa (TPS).

7. Desconecte el conducto de retorno de combustible de la parte posterior de la unidad TBI.

8. Quite el conducto del servofreno.

9. Desconecte los cables del acelerador y el control de velocidad de crucero y fije el conjunto del cable y el soporte a un lado.

NOTA: Si dispone de aire acondicionado, quite el puntal del compresor.

10. Desconecte el manguito de ventilación positiva del cárter (PCV) del múltiple y apártelo a un lado.

11. Marque y desconecte los manguitos de vacío que interferirán en el desmontaje del múltiple.

12. Si pretende quitar las unidades TBI de la placa superior del múltiple, quite el tubo de equilibrado de combustible (que une las unidades).

13. Quite los pernos que unen la placa de la unidad TBI al múltiple de admisión y extraiga el conjunto formado por la unidad TBI y la placa del múltiple de admisión.

14. Quite la tapa del distribuidor y extráigalo.

NOTA: Antes de sacar el distribuidor, marque la posición del rotor respecto de la carcasa del distribuidor y del motor.

15. Desconecte el manguito superior del radiador de la carcasa del termostato.

16. Desconecte el manguito del calefactor del múltiple de admisión.

17. Quite los pernos que unen el múltiple de admisión a la culata y extraiga el conjunto del múltiple con el motor.

18. Limpie las superficies de fijación de las juntas de estanqueidad.

19. Para montarlo, utilice juntas de estanqueidad y compuesto de sellado nuevos y siga el procedimiento inverso al de desmontaje. Apriete los

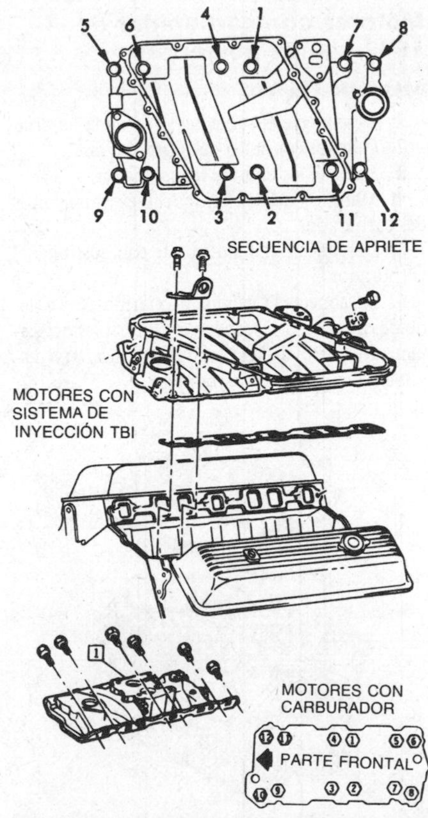

Secuencia de apriete de los pernos del múltiple de admisión en todos los motores V8 fabricados por Chevrolet. Téngase en cuenta que la frecuencia inferior se aplica a todos los motores que llevan carburador, mientras que la superior se aplica a los motores que disponen de un sistema de inyección TBI

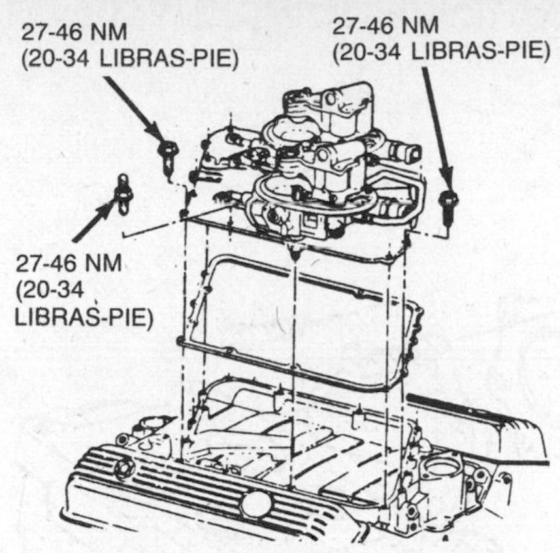

Montaje de la placa y junta de estanqueidad del sistema de inyección TBI en los motores de 8 cilindros en V, si disponen de dicho sistema

pernos del múltiple con un par de 25-45 libras-pie. Los pernos del conjunto de la unidad TBI y placa con un par de 20-34 libras-pie. Rellene el sistema de refrigeración. Ajuste las articulaciones del cuerpo de la válvula mariposa. Compruebe la velocidad de ralentí.

173 V6 CON MFI (CON INYECCIÓN MECÁNICA DE COMBUSTIBLE)

1. Desconecte el cable negativo de la batería.
2. Quite el filtro del aire y purgue el sistema de refrigeración.
3. Quite el conjunto formado por el plenum (cámara de expansión) de admisión del aire y el conjunto del carril de combustible.

ATENCIÓN

Antes de desmontar cualquier componente del sistema de combustible, véanse los procedimientos del apartado Descompresión del sistema de combustible de esta sección y descomprima dicho sistema.

4. Desconecte los cables de las bujías y bobina de encendido.
5. Quite la tapa del distribuidor y los cables de las bujías de encendido.

NOTA: Marque la posición del rotor respecto a la carcasa del distribuidor y del motor.

6. Saque el distribuidor.
7. Si dispone de transmisión manual, quite el manguito de dosificación de aire y el soporte del mismo.
8. Desconecte los manguitos del depósito de emisiones.
9. Quite el soporte del tubo de la tapa izquierda de válvulas y saque dicha tapa.
10. Quite la tapa derecha de válvulas, el manguito superior del radiador y el manguito del calefactor.
11. Desconecte los interruptores del sistema de refrigeración.
12. Quite los pernos y el múltiple.
13. Limpie las superficies de fijación de las juntas de estanqueidad.
14. Para montarlo, utilice juntas de estanqueidad y sellador nuevos y siga el procedimiento inverso al de desmontaje. Apriete los pernos de montaje con un par de 13-25 libras-pie. Rellene el sistema de refrigeración. Arranque el motor y compruebe si existen fugas. Verifique la sincronización.

305 V8 PFI (INYECCIÓN DE COMBUSTIBLE EN COMPUERTA)

1. Desconecte el cable negativo de la batería.
2. Vacíe el sistema de refrigeración.
3. Desconecte los cables del acelerador, la válvula de mariposa y del sistema de control de la velocidad de crucero.
4. Quite el conducto de entrada del aire.
5. Desconecte los manguitos de refrigerante y los conectores de los cables eléctricos del cuerpo de la válvula de mariposa.
6. Desconecte los manguitos de vacío y el respiradero del cuerpo de la válvula de mariposa.
7. Quite el cuerpo de la válvula de mariposa del plenum (cámara de expansión).
8. Quite el protector del distribuidor y extráigalo.

NOTA: Antes de extraer el distribuidor, marque la posición del rotor respecto a la carcasa del distribuidor y del motor.

9. Quite el servofreno y los manguitos de vacío del plenum.
10. Quite el plenum, el raíl de combustible, el inyector de arranque en frío y las guías de los carriles.

(NOTA)
APLIQUE UN CORDÓN CONTINUO PLANO DE APROXIMADAMENTE 2,0-3,0" DE ANCHURA Y 3,0-5,0" DE GROSOR EN AMBAS SUPERFICIES. LA FORMA DEL CORDÓN DEBE ASEGURAR UNA HERMETICIDAD ABSOLUTA. LA SUPERFICIE NO DEBE MOSTRAR RESTOS DE ACEITE Y SUCIEDAD PARA QUE EL CIERRE SEA SUFICIENTEMENTE BUENO

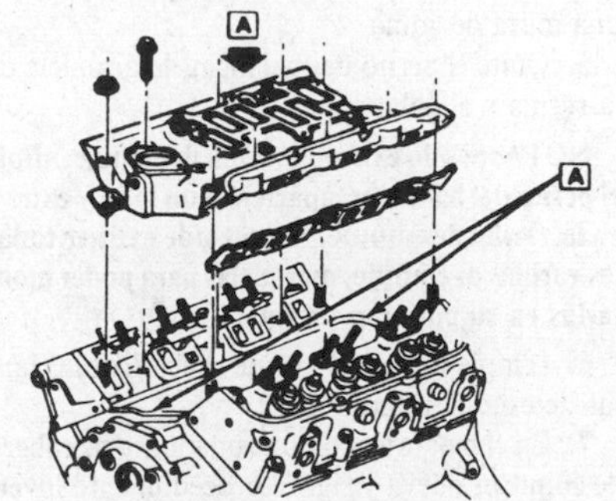

APRIETE LOS PERNOS DEL MÚLTIPLE DE ADMISIÓN CON UN PAR DE 18-34 NM (13-25 LIBRAS-PIE)

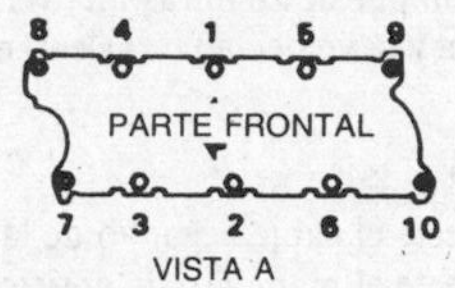

Vista del múltiple de admisión en motores con sistema de inyección PFI

ATENCIÓN

Antes de desmontar cualquier componente del sistema de combustible, véanse los procedimientos del apartado Descompresión del sistema de combustible de esta sección y descomprima dicho sistema.

11. Desconecte el solenoide de recirculación de gases de escape (EGR).
12. Quite los pernos y el múltiple de admisión.
13. Limpie las superficies de fijación de las juntas de estanqueidad.
14. Para montarlo, utilice juntas de estanqueidad y sellador nuevos y siga el procedimiento inverso al de desmontaje. Apriete los pernos del múltiple con un par de 25-45 libras-pie. Rellene el sistema de refrigeración, arranque el motor y compruebe si existen fugas. Verifique la sincronización.

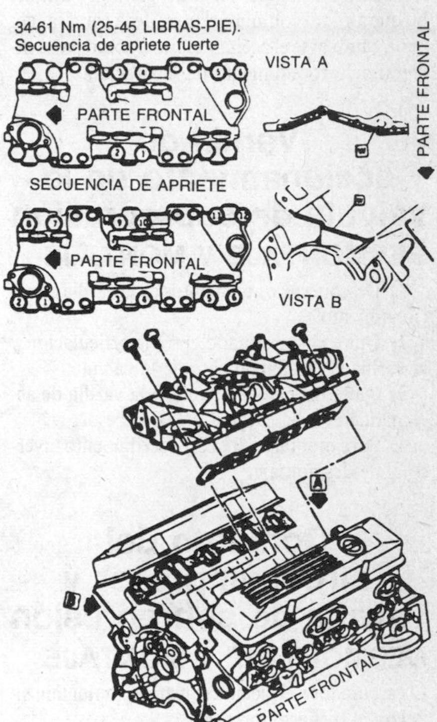

EN EL MOMENTO DEL MONTAJE, EL ÁREA DE FIJACIÓN NO DEBE PRESENTAR MUESTRAS DE ACEITE O SELLADOR Y DEBE ESTAR TODAVÍA SIN SECAR CUANDO SE APRIETEN LOS PERNOS/TORNILLOS. APLIQUE SELLADOR DE 0,12" DE GROSOR.

Vista del múltiple de admisión en los motores que disponen de sistema de inyección MFI

Turbocompresor

En el período 1980-81 el turbo era optativo en el caso del motor 301 V8. El 301 turbo, aunque es más complicado que su gemelo de aspiración natural, sigue disponiendo de la mayoría de los mismos rasgos de diseño.

PRECAUCIONES

Antes de dar comienzo a cualquier procedimiento de desmontaje del turbo, deberían tenerse en cuenta las siguientes precauciones:

1. Limpie el área contigua al turbo con solución no cáustica antes de desmontar el conjunto.

2. Cuando desmonte el conjunto del turbo, tenga cuidado de no doblar o hacer muescas en el compresor o rodete de la turbina. El rodete de la turbina y el compresor suelen alcanzar velocidades de hasta 130,000 rpm durante la aceleración y el menor desequilibrio puede ser destructor.

3. Antes de desconectar el conjunto central giratorio de la carcasa, ya sea la del compresor o de la turbina, haga una señal de referencia en los componentes y asegúrese de que se vuelven a montar en el mismo orden.

4. Independientemente de cuando se proceda a la sustitución del conjunto giratorio central de la carcasa o cualquier parte del conjunto del turbo que aloje al conjunto central de la carcasa, debería cambiarse el aceite y el filtro como parte integral del procedimiento de reparación.

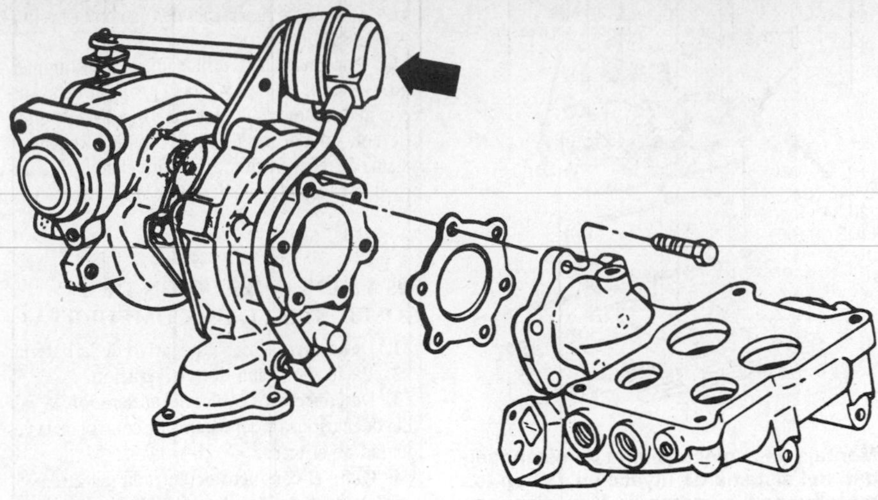

Posición de montaje del turbocompresor en el plenum (cámara de expansión). La flecha apunta al dispositivo de accionamiento de la válvula de sobrepresión

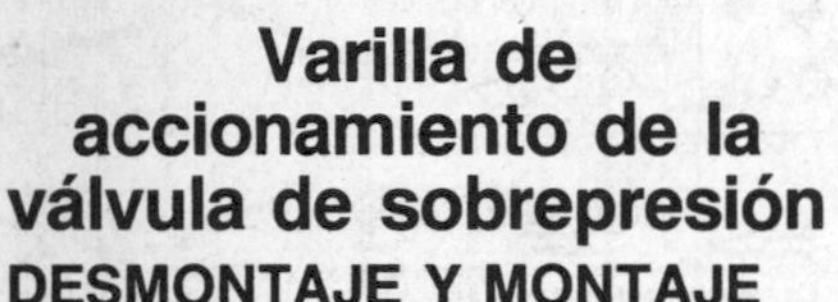

Varilla de accionamiento de la válvula de sobrepresión

DESMONTAJE Y MONTAJE

1. Desconecte los manguitos de la varilla de accionamiento.

2. Quite el clip situado entre la articulación y la varilla de accionamiento de la válvula.

3. Quite los pernos que unen la varilla de accionamiento a la carcasa del compresor.

4. Para montarla, siga el procedimiento inverso al de desmontaje.

Conjunto del turbocompresor y válvula de sobrepresión

DESMONTAJE Y MONTAJE

El carburador y el plenum se extraen conjuntamente con el turbocompresor.

1. Desconecte los tubos de entrada y salida de escape del turbo situados en éste. Quite el filtro del aire.

2. Desconecte las articulaciones del control del carburador y de la transmisión situados en el carburador. Desconecte y tapone el conducto de combustible del carburador y los conductos de vacío necesarios.

3. Vacíe aproximadamente tres cuartos de litro de refrigerante del radiador. Desconecte los manguitos de refrigerante de la parte frontal y posterior del plenum.

4. Desconecte el tubo EGR del rácor del múltiple de admisión. Quite los dos pernos de sujeción de la carcasa de la turbina al soporte situados en el múltiple de admisión.

5. Quite los tres pernos que unen la carcasa del compresor al múltiple de admisión.

6. Desmonte turbo, varilla de accionamiento, carburador y plenum en conjunto. Desconecte los manguitos de vacío.

7. Quite los seis pernos que unen el turbo al conjunto del carburador y plenum y a continuación separe los componentes.

8. Para montarlos, utilice juntas de estanqueidad nuevas y siga el procedimiento inverso al de desmontaje.

Balancín y varilla de empuje

DESMONTAJE Y MONTAJE

Motor de 4 cilindros

1. Quite el filtro del aire y los cables y clips de las bujías de encendido.

2. Desconecte la válvula PCV (de ventilación positiva del cárter) y el manguito.

3. Saque la válvula EGR (recirculación de los gases de escape).

4. Quite los pernos de la tapa de la cabeza de cilindros y extráigala golpeando ligeramente con una maza de goma.

5. Quite el perno del balancín, la arandela de la rótula y el balancín.

NOTA: Si sólo extrae la varilla de empuje, afloje el perno del balancín, apártelo a un lado y extraiga la varilla de empuje. Si pretende extraer todas las varillas de empuje, márquelas para poder montarlas en su posición original.

6. Limpie las superficies de fijación de las juntas de estanqueidad.

7. En el montaje, coloque una junta de cabeza de cilindros nueva y siga el procedimiento inverso al de desmontaje. Apriete el perno de los balancines con un par de 20 libras-pie, verifique la sincronización y la velocidad de ralentí en vacío.

Motor V6

1. Desconecte el cable negativo de la batería.

2. Desconecte el manguito de dosificación de aire, los manguitos de vacío, el cableado eléctrico, la bobina y los soportes de los tubos.

3. Si el motor lleva carburador, quite los conductos de combustible, los controles de la válvula de mariposa y el soporte del carburador.

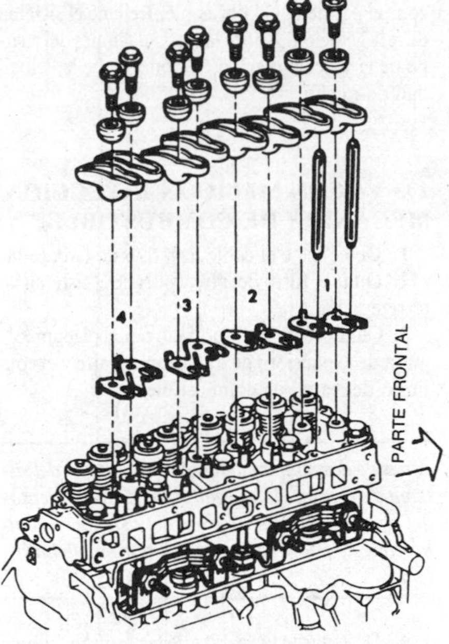

Vista del conjunto formado por los balancines y las barras de empuje en el motor 151 de 4 cilindros

4. Quite las tuercas de la tapa de la cabeza de cilindros y extraiga las tapas, golpeándolas ligeramente con una maza de goma.

5. Quite las tuercas de los balancines, las arandelas de las rótulas y los balancines y las barras de empuje.

NOTA: Si pretende extraer sólo la varilla de empuje, afloje la tuerca del balancín, apártelo a un lado y extraiga la varilla de empuje. Si pretende extraer todas las varillas de empuje, márquelas para poder montarlas en su posición original.

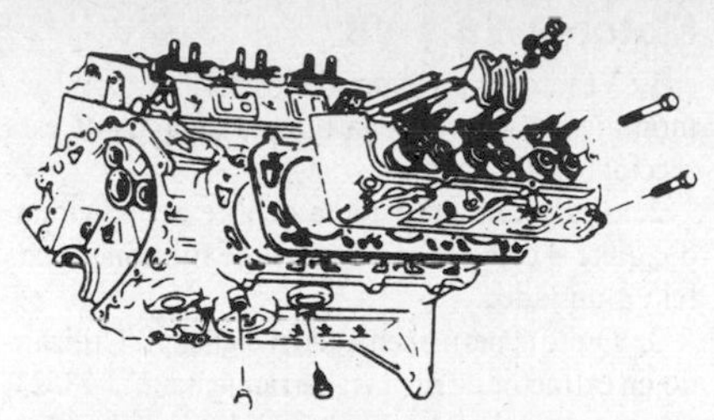

Vista del conjunto de balancines y varillas de empuje —la figura corresponde a un motor V6 (motores V8, similares)

6. Limpie las superficies de fijación de la junta de estanqueidad.

7. En el montaje, utilice juntas de cabeza de cilindros y sellador nuevos y siga el procedimiento inverso al de desmontaje. Apriete las tuercas de los balancines con un par de 10-15 libras-pie y las tuercas de la tapa de la cabeza de cilindros con un par de 7-15 libras-pie. Ajuste las válvulas. Arranque el motor y compruebe la sincronización y la velocidad de ralentí.

Motor V8

1. Desconecte el cable negativo de la batería.
2. Quite el filtro del aire.
3. Desconecte el reactor de inyección de aire (AIR), el solenoide EGR, el sistema de dosificación de aire y los manguitos y/o tubos del multiplicador de fuerza al vacío y del servofreno.
4. Quite el solenoide EGR.
5. Quite la válvula PCV (de ventilación positiva del cárter) del soporte de la válvula de dosificación de aire y apártela a un lado.
6. Aparte el soporte de dosificación de aire y el colector de cables a un lado.
7. Desconecte el cableado del alternador.
8. Quite las tuercas de las tapas de la cabeza de cilindros y extráigalas golpeándolas ligeramente con una maza de plástico.
9. Quite las tuercas de los balancines, las arandelas de las rótulas, los balancines y las barras de empuje.

NOTA: Si pretende quitar sólo la varilla de empuje, afloje la tuerca del balancín, apártelo a un lado y extraiga la barra de empuje. Si pretende extraer todas las varillas de empuje, márquelas para poder montarlas en su posición original.

10. Limpie las superficies de fijación de las juntas de estanqueidad.
11. En el montaje, utilice juntas de cabeza de cilindros y sellador nuevos y siga el procedimiento inverso al de desmontaje. Apriete las tuercas de los balancines con un par de 5-11 libras-pie y las tuercas de la tapa de la cabeza de cilindros con un par de 4-6 libras-pie. Ajuste las válvulas. Arranque el motor y verifique la sincronización y la velocidad de ralentí.

AJUSTE DEL JUEGO DE VÁLVULAS

Motor de 4 cilindros

Todos los motores disponen de levantaválvulas hidráulicos que hacen innecesaria la realización de ajustes periódicos del juego. Si se han extraído o sustituido los balancines y/o cabezas de cilindro, deben ajustarse los balancines de forma que la tolerancia sea nula.

Motor V6

1. Véanse los procedimientos del apartado Desmontaje y montaje de balancines y varillas de empuje de esta sección y quite la tapa de la cabeza de cilindros.
2. Gire el cigüeñal de forma que el cilindro n.º 1 se sitúe en el PMS de su carrera de compresión y que la señal de sincronización de la polea del cigüeñal quede a la par del «0» de la placa de sincronización.

NOTA: Con el cilindro n.º 1 en la posición PMS, ajuste las válvulas de admisión de los cilindros números 1, 5 y 6 y las válvulas de escape de los cilindros números 1, 2 y 3.

3. Afloje la tuerca del balancín hasta que pueda sentirse un cierto juego en la válvula. Apriete la tuerca hasta que desaparezca el juego y a continuación apriételа 1 1/2 vueltas adicionales.
4. Gire el cigüeñal una vuelta completa, de forma que el cilindro número 4 se sitúe en el PMS y que la polea del cigüeñal se sitúe en la señal «0» de la placa de sincronización.

NOTA: Con el cilindro número 4 en el PMS, ajuste las válvulas de admisión de los cilindros números 2, 3 y 4 y las válvulas de escape de los cilindros números 4, 5 y 6.

5. Ajuste las válvulas restantes de manera similar.
6. Limpie las superficies de fijación de las juntas de estanqueidad.
7. Para el montaje, utilice juntas de cabeza de cilindros y sellador nuevos y siga el procedimiento inverso al de desmontaje. Apriete las tuercas de las tapas de la cabeza de cilindros con un par de 7-15 libras-pie. Arranque el motor y verifique la sincronización y la velocidad de ralentí.

Motor V8

1. Véanse los procedimientos del apartado Desmontaje y montaje de balancines y varillas de empuje de esta sección y quite las tapas de la cabeza de cilindros.
2. Gire el cigüeñal de forma que el cilindro n.º 1 quede en el PMS de su carrera de compresión y que la señal de sincronización de la polea del cigüeñal quede a la par del «0» de la placa de sincronización.

NOTA: Con el cilindro n.º 1 en el PMS, ajuste las válvulas de admisión de los cilindros números 1, 2, 5 y 7 y las válvulas de escape de los cilindros números 1, 3, 4 y 8.

3. Afloje la tuerca del balancín hasta que pueda sentirse un cierto juego, apriétela hasta que desaparezca el juego y a continuación apriétela una vuelta completa más.
4. Gire el cigüeñal una vuelta completa de forma que el cilindro n.º 6 quede en el PMS y la polea del cigüeñal quede a la par de la señal «0» de la placa de sincronización.

NOTA: Con el cilindro n.º 6 en el PMS, ajuste las válvulas de admisión de los cilindros números 3, 4, 6 y 8 y las válvulas de escape de los cilindros números 2, 5, 6 y 7.

5. Ajuste las válvulas restantes de manera similar.
6. Limpie las superficies de fijación de las juntas de estanqueidad.
7. Para el montaje, utilice juntas de cabeza de cilindros y sellador nuevos y siga el procedimiento inverso al de desmontaje. Apriete las tuercas de las tapas de la cabeza de cilindros con un par de 4-6 libras-pie. Arranque el motor y verifique la sincronización y la velocidad de ralentí.

Culata

DESMONTAJE Y MONTAJE

NOTA: Cuando proceda a la inspección y reparación de modelos recientes, no olvide hacer marcas de referencia en los manguitos de vacío y cableado para que pueda montarse correctamente al efectuar el montaje. Además, si desconecta rácores de conductos metálicos (conductos de combustible, y manguitos de vacío de servofreno), utilice siempre dos llaves para tuercas abocardadas o llaves de tubo. Coloque la llave en el rácor grande y gírela como si fuese a apretarlo (en el sentido de las agujas del reloj). A CONTINUACIÓN afloje y desconecte el rácor pequeño del grande. Si esto no se hace así, el conducto resultará dañado.

1. Véanse los procedimientos del apartado Desmontaje y montaje del múltiple de admisión de esta sección y extráigalo.
2. Quite el alternador y colóquelo a un lado. Si es necesario, quite los soportes del mismo.
3. Desconecte el tubo o tubos de escape y extraiga el múltiple o múltiples de escape. Si dispone de sistema de aire acondicionado, desmonte el compresor del mismo y colóquelo a un lado.

NOTA: En los motores de 4 cilindros, quite la bomba de dirección hidráulica si está colocada en la parte superior. En el motor de 6 cilindros en V podría ser necesario extraer el tubo de medición del nivel del aceite. En el motor de 8 cilindros en V, quite la válvula de desviación si dispone de ésta.

4. Quite la tapa o tapas de la cabeza de cilindros.
5. Afloje las tuercas de los balancines y gírelos de forma que puedan extraerse las varillas de empuje. Identifíquelas de forma que puedan volver a colocarse en su posición original.
6. Quite los pernos de la culata y la culata o culatas.
7. Limpie las superficies de fijación de las juntas de estanqueidad.
8. En el montaje, utilice juntas de estanqueidad nuevas y siga el procedimiento inverso al de desmontaje. La junta de cabeza de cilindros se coloca con el cordón de silicona hacia arriba. Apriete los pernos de la cabeza con un par de 60-75 libras-pie (V8), 65-90 libras-pie (V6) y 92 libras-pie (4 cilindros) poco a poco, secuencialmente, comenzando por el centro hasta llegar a ambos extremos. Ajuste las válvulas. Rellene el sistema de refrigeración, arranque el motor y compruebe si existen fugas. Verifique la velocidad de ralentí (en vacío).

NOTA: En los motores que lleven una junta de estanqueidad de acero, recúbrala uniformemente con una capa fina por ambos lados con sellador. Si el vehículo dispone de una junta de estanqueidad de acero de asbesto NO la recubra con sellador. Limpie las roscas de los pernos, recúbralas con sellador y colóquelos apretándolos con las manos.

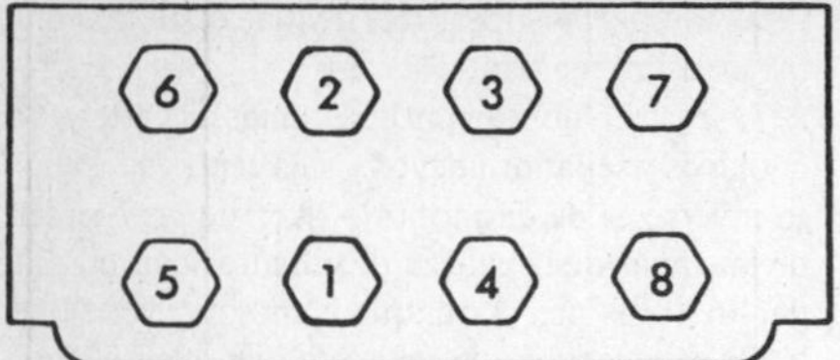

Secuencia de apriete de los pernos de la cabeza de cilindros — motor 173 V6

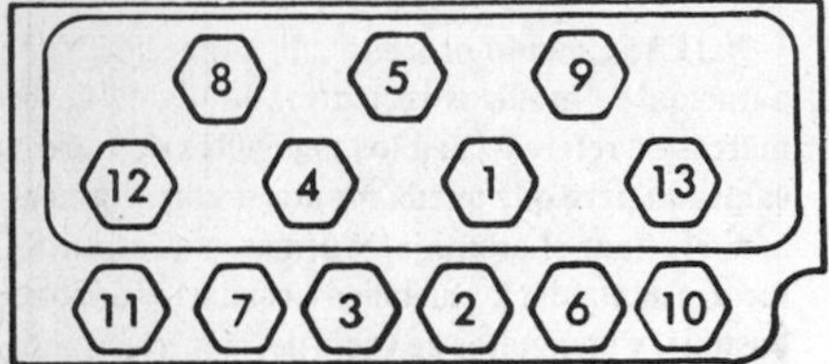

Secuencia de apriete de los pernos de la cabeza de cilindros — motor 229 V6 fabricado por Chevrolet

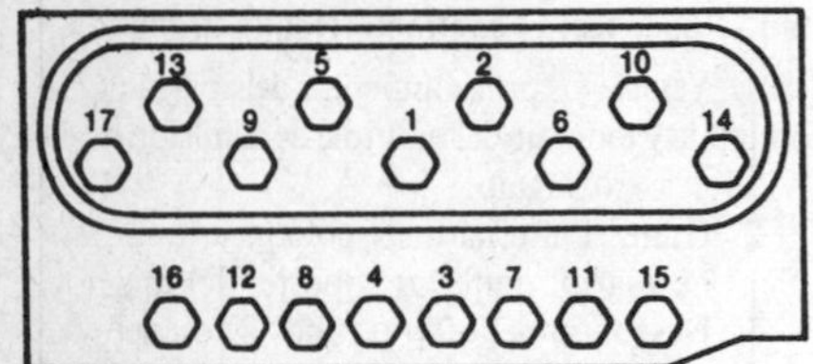

Secuencia de apriete de los pernos de la cabeza de cilindros — motor 8V fabricado por Chevrolet

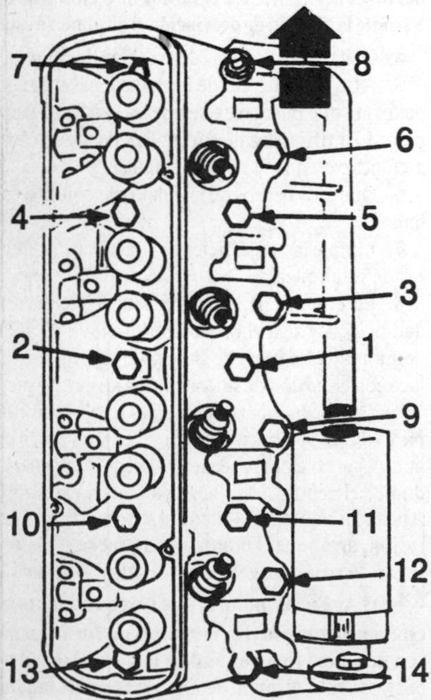

Secuencia de apriete de los pernos de la cabeza de cilindros — motor V8 fabricado por Pontiac

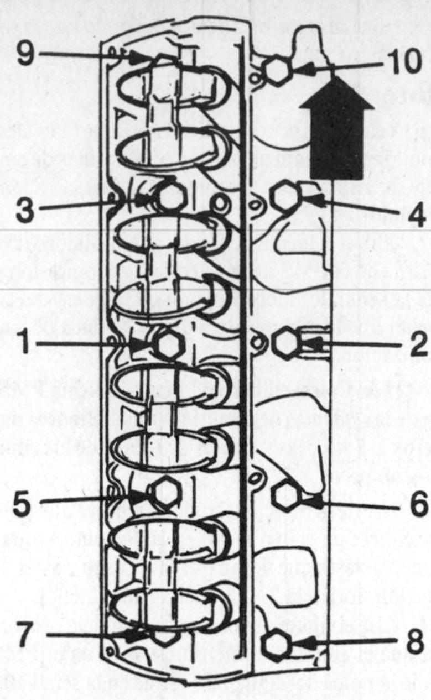

Secuencia de apriete de los pernos de la cabeza de cilindros — motor V8 fabricado por Oldsmobile

Tapa de sincronización y retén del aceite

DESMONTAJE Y MONTAJE

Motor de 4 cilindros

1. Quite las correas de accionamiento de la polea del cigüeñal.

2. Quite el perno de la polea del amortiguador y extraiga la polea del cigüeñal.

3. Quite los pernos que unen el cárter a la tapa de sincronización y los que unen la tapa de sincronización al motor.

4. Quite la tapa de sincronización.

5. Limpie las superficies de fijación de la junta de estanqueidad.

6. Utilizando una barra pequeña de apalancamiento, extraiga el retén del aceite de la tapa de sincronización.

NOTA: Puede extraerse el retén del aceite de la tapa de sincronización sin sacar la tapa. Para hacerlo, quite la polea del amortiguador y extraiga el retén utilizando una pequeña barra de apalancamiento.

7. En el montaje, utilice un retén del aceite nuevo, una junta nueva en la tapa y sellador nuevo y siga el procedimiento inverso al de desmontaje. Apriete los pernos de la tapa de sincronización con un par de 7 libras-pie y el perno de la polea del amortiguador con un par de 160 libras-pie.

NOTA: Coloque un instalador de retén J-34995 en el cigüeñal (para impedir que el sello resulte dañado) cuando coloque el nuevo retén del aceite o la tapa frontal. Para montar el nuevo retén del aceite, coloque el extremo abierto del retén hacia la parte inferior de la tapa e introdúzcalo en la misma.

Motores V6 y V8

1. Véanse los procedimientos del apartado Desmontaje y montaje de la bomba de agua de esta sección y extráigala.

2. Si dispone de sistema de aire acondicionado, quite el compresor y soporte de fijación y apártelo a un lado.

3. Quite el perno central del cigüeñal. Utilizando un extractor de ruedas, herramienta nº J-23523, extraiga la polea del amortiguador del cigüeñal.

NOTA: En el motor V6, desconecte el manguito inferior del radiador de la tapa de sincronización y el manguito del calefactor de la bomba de agua.

4. Quite los pernos de la tapa de sincronización y sáquela.

5. Utilizando una barra de apalancamiento, extraiga el retén del aceite de la tapa de sincronización.

NOTA: Puede extraerse el retén del aceite de la tapa de sincronización sin sacarla. Para hacerlo, quite la polea del amortiguador y extraiga el retén apalancándolo con una pequeña barra.

6. Limpie las superficies de fijación de las juntas de estanqueidad.

7. En el montaje, utilice un retén del aceite nuevo, una junta en la tapa y compuesto de sellado nuevos y siga el procedimiento inverso al de desmontaje. Apriete los pernos de la tapa de sincronización con un par de 20 (V6) o 6-8 (V8) libras-pie, los pernos de la bomba de agua con un par de 22 (V6) o 25-35 (V8) libras-pie y el perno de la polea del amortiguador con un par de 67-85 libras-pie.

NOTA: Para montar el retén nuevo, coloque el extremo abierto del mismo hacia la parte interior de la tapa, introdúzcalo en la misma utilizando la herramienta nº J-233042. Para colocar la polea del amortiguador lubríquela con aceite de motores y utilice la herramienta J-29113 (V6) o J-23523 (V8) para introducirla en el cigüeñal.

Engranaje de sincronización

DESMONTAJE Y MONTAJE

Motor de 4 cilindros

NOTA: El engranaje de sincronización está colocado a presión en el árbol de levas. Para desmontarlo o montarlo debe utilizarse un prensa-árboles.

1. Véanse los procedimientos del apartado Desmontaje y montaje del árbol de levas de esta sección y extráigalo del motor.

2. Utilizando una prensa de árboles, una placa de presión y un extractor de engranajes, herramienta nº J-971, extraiga el engranaje de sincronización del árbol de levas.

NOTA: Cuando lo extraiga del árbol de levas, asegúrese de que la posición de la placa de presión no permite que ésta entre en contacto con la chaveta.

3. En el montaje, coloque la placa de presión para sujetar el árbol de levas en la parte posterior del muñón frontal. Coloque el anillo espacia-

dor del engranaje y la placa de presión en el extremo del árbol de levas y a continuación coloque la chaveta. Introduzca el engranaje de sincronización a presión en el árbol de levas hasta que entre en contacto con el anillo espaciador del mismo.

NOTA: La tolerancia axial de la placa de presión debería ser de 0,0015-0,005". Si es inferior a 0,0015", se sustituye el anillo espaciador; si es superior a 0,005", sustituya la placa de presión.

4. Para finalizar el montaje, alinee las marcas de los engranajes de sincronización y siga el procedimiento inverso al de desmontaje.

Cadena de sincronización y rueda dentada

DESMONTAJE Y MONTAJE

Motores V6 y V8

1. Véanse los procedimientos del apartado Desmontaje y montaje de la tapa de sincronización de esta sección y extráigala.

2. Gire el cigüeñal de forma que el cilindro nº 1 quede en el PMS y de forma que la señal correspondiente al PMS del cilindro nº 4 (V6) o del cilindro nº 8 (V8) existente en la rueda dentada del árbol de levas quede alineada con la marca de la rueda dentada del cigüeñal. Quite los pernos de la rueda dentada del árbol de levas, la rueda dentada y la cadena de sincronización.

NOTA: Si no resulta fácil extraer la rueda dentada del árbol de levas, golpee ligeramente el extremo de la misma con una maza de plástico.

4. Para colocarla, lubrique la cadena de sincronización, alinee las marcas de la rueda dentada de sincronización, el taco de alineación del árbol de levas con la rueda dentada e introduzca los pernos. Apriete los pernos de la rueda dentada del árbol de levas con un par de 15-20 libras-pie.

5. Para finalizar el montaje siga el resto de los procedimientos en orden inverso.

Árbol de levas

DESMONTAJE Y MONTAJE

Motor de 4 cilindros

1. Desconecte el cable negativo de la batería.
2. Purgue el sistema de refrigeración y el cárter.
3. Quite los manguitos superiores e inferiores del radiador. Saque el radiador.

NOTA: Si dispone de sistema de aire acondicionado, saque el compresor y póngalo a un lado.

4. Quite el ventilador y la polea de la bomba de agua.

5. Quite la tapa de la culata. Afloje los pernos de los balancines de las válvulas y gírelos a un lado.

6. Quite las bujías de encendido. Gire el cigüeñal de forma que el cilindro nº 4 se sitúe en el PMS.

NOTA: Para determinar cuándo está situado el cigüeñal en el PMS, coloque un dedo en el orificio de la bujía del cilindro nº 4. Gire el cigüeñal hasta que el dedo sea expulsado por efecto de la presión del orificio de la bujía; verifique también la posición del rotor del distribuidor.

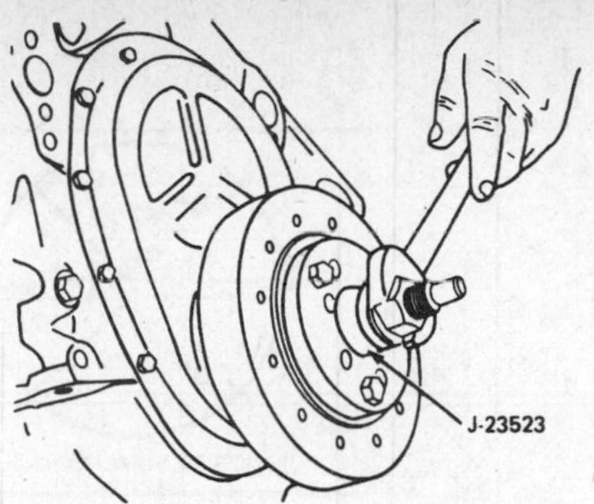

Desmontaje y montaje de la polea del amortiguador — motor V8 (motor V6 similar)

Desmontaje de los tornillos de la placa de empuje del árbol de levas — motor 151 de 4 cilindros

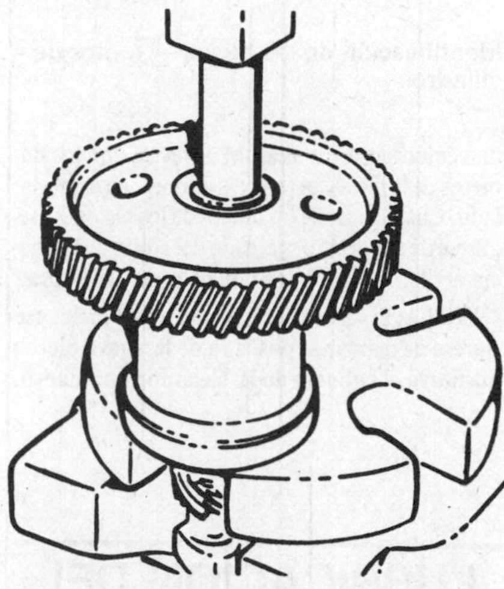

Desmontaje del engranaje de sincronización del árbol de levas — motor 151 de 4 cilindros

7. Quite el conjunto del eje y el engranaje de accionamiento de la bomba de agua.

8. Haga marcas de referencia de la posición del rotor del distribuidor respecto de la carcasa y de la carcasa del distribuidor respecto del motor. Saque el distribuidor.

9. Quite la tapa de la varilla de empuje, las varillas de empuje y los levantaválvulas.

NOTA: Cuando extraiga las válvulas de empuje y los levantaválvulas, colóquelos en orden para su posterior montaje.

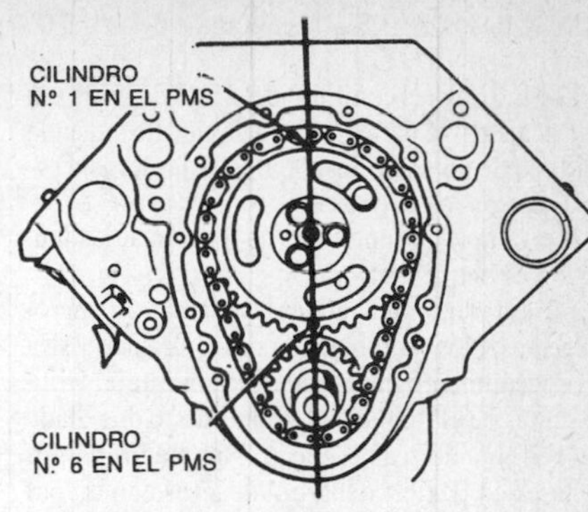

Montaje de la cadena de sincronización y rueda dentada — motor V8

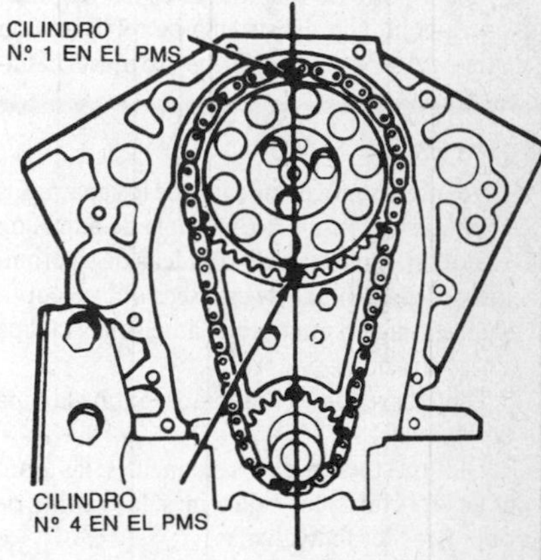

Montaje de la cadena de sincronización y rueda dentada — motor V6

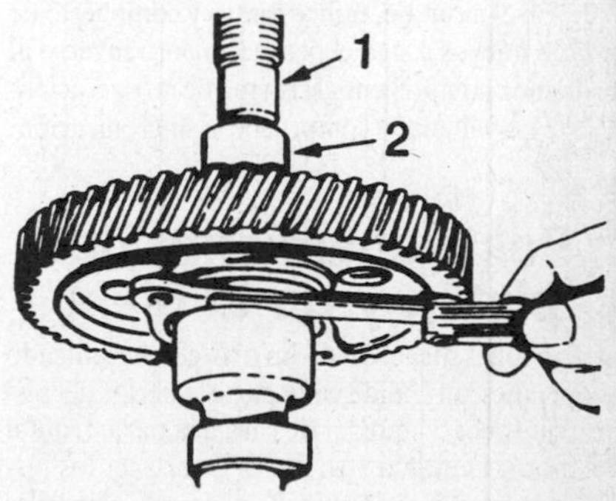

Comprobación de la tolerancia axial de la placa de empuje — motor 151 de 4 cilindros

10. Quite la polea del amortiguador y la tapa del engranaje de sincronización.

11. Quite los dos pernos de la placa de presión

a través de los orificios de engranaje del árbol de levas.

12. Extraiga el conjunto del árbol de levas y el engranaje por la parte frontal del vehículo teniendo cuidado de no dañar los lóbulos de las levas o superficies de los cojinetes.

13. Limpie las superficies de fijación de las juntas de estanqueidad.

14. En el montaje, alinee las marcas de sincronización de los engranajes de sincronización y siga el procedimiento inverso al de desmontaje. Utilice juntas de estanqueidad y compuesto de sellado nuevos cuando sea necesario. Apriete los pernos de la placa flexible del árbol de levas con un par de 7 libras-pie, los pernos de la placa de sincronización con un par de 8 libras-pie, los pernos de los balancines con un par de 20 libras-pie y el perno de la polea del amortiguador con un par de 160 libras-pie. Ajuste las tolerancias de las válvulas. Sustituya el líquido del sistema de refrigeración y el aceite del motor. Compruebe y/o ajuste la sincronización.

Motores V6 y V8

1. Véanse los procedimientos de los apartados Desmontaje y montaje del múltiple de admisión y Desmontaje y montaje de la cadena de sincronización y rueda dentada de esta sección, y a continuación extraiga el múltiple de admisión y la tapa de sincronización.

2. Quite la rejilla y el radiador. Saque la tapa de las válvulas.

3. Quite las tuercas de los balancines, las arandelas de las rótulas, los balancines, las varillas de empuje y los levantaválvulas.

NOTA: Cuando extraiga los balancines, las varillas de empuje y los levantaválvulas, colóquelos por orden para su posterior instalacion.

4. Quite la bomba de combustible y la varilla de empuje.

5. Coloque los pernos en los orificios del árbol de levas y extráigalo con cuidado del bloque del motor teniendo cuidado de no dañar los lóbulos o cojinetes del mismo.

6. Limpie las superficies de fijación de las juntas.

7. En el montaje, utilice juntas y compuesto de sellado nuevos y siga el procedimiento inverso al de desmontaje. Rellene el sistema de refrigeración. Ajuste las válvulas y compruebe la sincronización.

Posicionamiento del pistón y de la biela

Los pistones disponen de un orificio mecanizado o una muesca fundida en la parte superior del pistón, que debería quedar de cara a la parte frontal del motor al montarlos. Antes de extraer los pistones de los cilindros, utilice un lápiz de color plateado o pintura de secado rápido para marcar sus posiciones. Los bulones del pistón son desplazados hacia el lado de presión (lado derecho).

NOTA: En el motor de 4 cilindros, asegúrese de que el lado de la muesca en relieve de la biela (en el extremo del cojinete) queda frente a la muesca de la cabeza del pistón.

Asegúrese de que las ranuras de las bielas donde van colocados los rabillos de los cojinetes que-

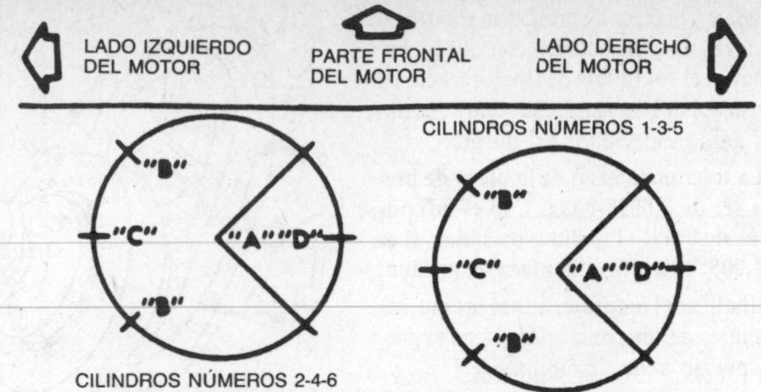

«A» ESPACIADO DEL ANILLO DEL ACEITE (el rabillo dentro del orificio o la ranura dentro del segmento circular)
«B» ESPACIADO DE LOS CARRILES DE LOS ANILLOS DEL ACEITE
«C» ESPACIADO DEL SEGUNDO ANILLO DE COMPRESIÓN
«D» ESPACIADO DEL ANILLO SUPERIOR DE COMPRESIÓN

Distribución de los entrehierros de anillos en un motor V6 — distribución similar en un motor V8

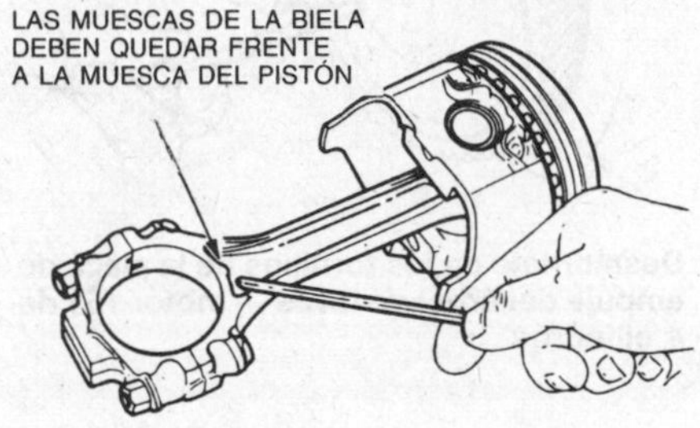

Identificación de las bielas — motor de 4 cilindros

dan colocados cara al árbol de levas, con los números de la biela y la tapa del cojinete en el mismo lado. Cuando instale los anillos de los pistones asegúrese de que el lado marcado del anillo queda hacia arriba. Coloque los anillos según la figura.

NOTA: Si sustituye un pistón o una biela, asegúrese de marcar la posición de la nueva pieza y sustituya el cojinete de la biela por uno nuevo.

LUBRICACIÓN DEL MOTOR

Cárter del aceite

DESMONTAJE Y MONTAJE

Motores de 6 cilindros en V de 1980-81

1. Desconecte el cable negativo de la batería.

2. Levante la parte delantera del vehículo y vacíe el aceite.

3. Quite del múltiple las tuercas de sujeción del tubo transversal y bájelo.

4. Si dispone de transmisión automática, quite la tapa del convertidor de par.

5. Quite el tirante del motor de arranque y el perno interior del mismo y a continuación aparte el conjunto del motor de arranque a un lado.

6. Quite los pernos de sujeción y el cárter.

7. Limpie las superficies de fijación de las juntas de estanqueidad.

8. En el montaje, utilice juntas de estanqueidad, sellos y compuesto de sellado nuevos y siga el procedimiento inverso al de desmontaje. Apriete los pernos del cárter de 1/4 de pulgada con un par de 7 libras-pie y los de 5/16 de pulgada con un par de 22 libras-pie. Rellene el cárter.

Motores de 8 cilindros en V de 1980-81

1. Desconecte el cable negativo de la batería.

2. Quite la tapa del distribuidor y extráigalo.

3. Quite el filtro del aire y el respiradero.

4. Extraiga la mitad superior de la cubierta del ventilador.

5. Levante el vehículo con un elevador hidráulico y vacíe el aceite del motor.

6. Desconecte el tubo transversal del múltiple y el convertidor.

7. Extraiga la tapa del convertidor de par.

NOTA: Si dispone de transmisión manual, extraiga el motor de arranque antes que la tapa del volante.

8. Extraiga los pernos pasantes de la montura delantera del motor.

9. Levante el vehículo y coloque de nuevo los pernos pasantes de la montura del motor, NO los apriete.

10. Quite los pernos del cárter del aceite y extráigalo. Apriete los pernos de 1/4 de pulgada del cárter con un par de 7 libras-pie y los pernos de 5/16 de pulgada con un par de 22 libras-pie. Rellene el cárter.

NOTA: Si la cubierta frontal del cigüeñal impide la extracción del cárter, gire el cigüeñal de forma que la cubierta quede en posición horizontal.

11. Limpie las superficies de fijación de juntas de estanqueidad y el cárter.

12. Para instalarlo, utilice juntas de estanqueidad, sellos y compuesto de sellado nuevos y siga el procedimiento inverso al de desmontaje.

Motores de 4 cilindros de 1982 y posteriores

1. Desconecte el cable negativo de la batería.

2. Levante y asegure el vehículo con caballetes.

3. Vacíe el aceite del motor.

4. Quite el tubo de escape del múltiple y afloje el soporte de sujeción del mismo y a continuación deje colgando el sistema del escape.

5. Quite los pernos pasantes de la montura del motor.

6. Levante el motor para obtener espacio suficiente para extraer el cárter.

7. Quite los pernos del cárter y extráigalo.

8. Limpie las superficies de fijación de juntas de estanqueidad y el cárter.

9. En el montaje, utilice juntas de estanqueidad y sellos nuevos y aplique compuesto de sellado donde sea necesario.

NOTA: Al colocar las nuevas juntas de estanqueidad del cárter, aplique una pequeña cantidad de compuesto de sellado RTV (mecanizable a temperatura ambiente) en los puntos de contacto de la junta con el bloque del motor. Coloque las juntas laterales, utilizando grasa como compuesto de sellado. Coloque en último lugar los pernos de sujeción del cárter en la tapa de sincronización, ya que estos orificios no quedarán alineados hasta que los demás pernos del cárter estén bien prietos.

10. El montaje del resto de los componentes se efectúa en el orden inverso al de desmontaje. Apriete los pernos del cárter con un par de 6 libras-pie.

Motores V6 y V8

1. Desconecte el cable negativo de la batería.

2. Quite el filtro del aire, la tapa del distribuidor y la cubierta del ventilador.

NOTA: En los motores V6, quite la mitad superior de la cubierta del ventilador.

3. Levante y asegure el vehículo en caballetes.

4. Purgue el aceite del motor.

ATENCIÓN

Asegúrese de que el convertidor catalítico esté frío antes de proseguir.

5. Quite el tubo de escape del múltiple y la abrazadera del tubo de inyección de aire (AIR), si dispone de esta unidad.

6. Quite la tapa guardapolvos del convertidor catalítico (si dispone de éste), los pernos del soporte colgante del convertidor, y deje que el sistema de escape quede colgando.

7. Quite el tirante del motor de arranque, los pernos de fijación y a continuación extraiga el motor y colóquelo aparte.

NOTA: Si dispone de transmisión manual, quizá sea necesario sacar el filtro del aceite para poder quitar la tapa de inspección.

8. Quite la tapa de inspección y los pernos pasantes de la montura frontal del motor.

9. Levante el motor lo suficiente para obtener el espacio suficiente para la extracción del cárter del aceite.

10. Quite los pernos del cárter del aceite.

NOTA: Si el protector frontal del cigüeñal impide la extracción del cárter, gírelo de forma que quede en posición horizontal.

11. Extraiga el cárter del aceite.

12. Limpie las superficies de fijación de las juntas de estanqueidad y el cárter.

13. En el montaje, utilice juntas, sellos y sellador nuevos y siga el procedimiento inverso al de desmontaje. En los motores de 8 cilindros en V, apriete los pernos del cárter de 1/4 de pulgada con un par de 6-8 libras-pie y los pernos de 5/16 de pulgada con un par de 13-15 libras-pie. En los motores de 6 cilindros en V, apriete los pernos de 6 mm del cárter con un par de 6-15 libras-pie y los pernos de 8 mm con un par de 15-30 libras-pie.

Bomba de aceite

DESMONTAJE Y MONTAJE

Motores V6 de 1980-81 (excepto 3.8L)

1. Consulte los procedimientos del apartado Desmontaje y montaje del cárter del aceite de esta sección y extráigalo.

2. Quite los pernos de la bomba de aceite de la tapa posterior del cojinete principal.

3. Saque la bomba de aceite y el eje saliente si es necesario.

4. Limpie las superficies de fijación de las juntas de estanqueidad.

5. En el montaje, utilice juntas de estanqueidad nuevas y siga el procedimiento inverso al de desmontaje. Apriete los pernos de la bomba de aceite con un par de 65 libras-pie. Rellene el cárter.

Motor V6 3,8L

NOTA: La bomba de aceite está situada en la tapa de la cadena de sincronización y está conectada por un conducto perforado en el cárter que va al alojamiento del tamiz y al tubo de aceite. La bomba descarga el aceite al conjunto de la tapa de la bomba de aceite en donde está instalado el filtro.

1. Quite el filtro del aceite.

2. Quite los tornillos que unen el conjunto de la tapa de la bomba de aceite a la tapa de la cadena de sincronización.

3. Desmonte el conjunto de la tapa y extraiga los engranajes de la bomba de aceite. Limpie y compruebe si los engranajes presentan desgaste o daños.

4. Desmonte el casquillo de la válvula de sobrepresión del aceite, el muelle y la válvula. Limpie y compruebe si presenta desgaste o daño alguno. Compruebe si el muelle de la válvula de sobrepresión presenta desgaste y compruebe su resistencia, y sustitúyala en caso de duda.

NOTA: Debería resultar fácil introducirla en el orificio deslizándola. Si observa que se mueve dentro del mismo hacia derecha e izquierda, sustituya la válvula y/o la tapa.

5. En el montaje, lubrique la válvula de sobrepresión y el muelle y a continuación colóquelos en la tapa. Coloque el casquillo y la junta de estanqueidad. Apriete el casquillo con un par de 35 libras-pie.

NOTA: Rellene la cavidad de la bomba con petrolato, NO utilice lubricante de engranajes. Vuelva a colocar los engranajes de la bomba de aceite de forma que el petrolato entre en todas las bolsas de aire. No debe quedar ningún espacio con aire. Si la bomba no queda bien llena es posible que no bombee aceite cuando arranque el motor.

6. El montaje del resto de los componentes se efectúa en el orden inverso al de desmontaje. Apriete los tornillos que unen la bomba de aceite a la tapa del engranaje de sincronización con un par de 10 libras-pie.

Motor de 4 cilindros de 1982 y años posteriores

1. Consulte los procedimientos del apartado Desmontaje y montaje del cárter del aceite de esta sección y extráigalo.

2. Quite los pernos de la bomba de aceite de la tapa posterior del cojinete principal.

3. Saque la bomba de aceite y el eje saliente (si es necesario).

4. Limpie las superficies de fijación de las juntas de estanqueidad.

5. En el montaje, utilice juntas de estanqueidad nuevas y siga el procedimiento inverso al de desmontaje. Apriete los pernos de la bomba de aceite con un par de 25-35 libras-pie (2,8L V6) o 65 libras-pie (en todos los demás). Rellene el cárter del aceite.

Retén principal posterior

DESMONTAJE Y MONTAJE

Motor de 4 cilindros

1. Consulte los procedimientos del apartado Desmontaje y montaje de la transmisión de esta sección y extráigala.

NOTA: Si dispone de transmisión manual, quite la placa de presión y el embrague.

2. Extraiga los pernos de fijación y el volante.

3. Utilizando una barra de apalancamiento, extraiga el retén del aceite del motor.

4. Limpie las superficies de unión del retén.

5. Para colocar el nuevo retén, lubríquelo con aceite de motores e introdúzcalo a presión en la carcasa del motor empujándolo con los dedos. El montaje del resto de los componentes se efectúa en el orden inverso al de desmontaje. Apriete el volante con un par de 44-68 libras-pie.

2,8L V6

1982-84 (tipo de una sola pieza)

1. Véanse los procedimientos del apartado Desmontaje y montaje de la transmisión de esta sección y desmonte la transmisión.

NOTA: Si el vehículo dispone de transmisión manual, extraiga la placa de presión y el embrague.

2. Saque el volante del cigüeñal.

3. Utilizando una pequeña palanca, extraiga el retén posterior del aceite de la carcasa apalancándolo.

4. Cuando apalanque el retén del aceite de la carcasa, tenga cuidado de no arañar las superficies mecanizadas.

5. Utilizando el instalador de retenes J-34686, lubrique la pestaña del nuevo retén del aceite e introdúzcalo (del lado de la pestaña contra la herramienta) hasta que ésta quede apoyada.

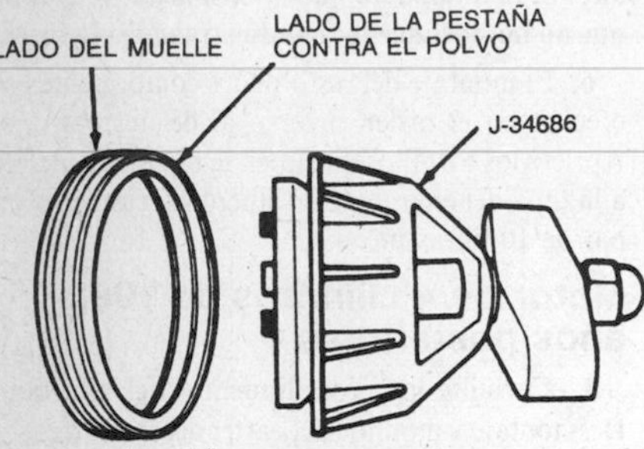

Montaje del retén de aceite en el instalador de retenes — motor de 2,8 L de 1982-84

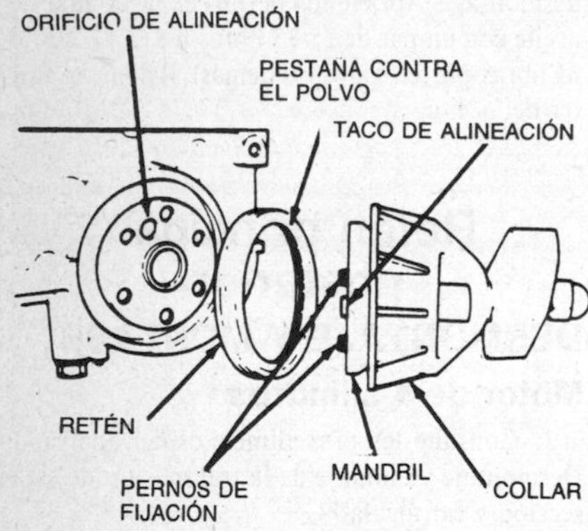

Montaje del retén del aceite en el motor — motor de 2,8 L de 1982-84

6. Alinee el taco del instalador con el orificio existente en el cigüeñal para dicho taco. Apriete los tornillos de fijación con un par de 2-5 libras-pie.

7. Gire la manivela en «T» e introduzca el retén en la carcasa hasta que quede bien asentado en la misma.

8. Afloje la manivela en «T» hasta que llegue al tope. Quite los tornillos de sujeción del instalador.

9. Compruebe el retén y asegúrese de que está apoyado horizontalmente en el orificio.

10. El montaje del resto de los componentes se efectúa en el orden inverso al de desmontaje. Apriete los pernos del volante con un par de 50 libras-pie.

Modelos de 1985 y años posteriores (tipo de dos piezas)

1. Saque el cárter y la bomba de aceite.

2. Quite la tapa posterior del cojinete principal.

3. Quite los sellos superior e inferior de cuerda del retén. Limpie la acanaladura del sello a fin de eliminar cualquier trozo de cuerda o gota de aceite que pueda haber.

NOTA: Quizá sea necesario aflojar los pernos números 2 y 3 del cojinete principal, tanto en el desmontaje del sello superior de cuerda del retén como en el montaje del nuevo sello.

4. Coloque una capa muy fina de compuesto de sellado de juntas GM n.º 1050026, o equivalente, alrededor de la circunferencia externa del retén de goma. No permita que el compuesto de sellado llegue a las pestañas del retén.

5. Introduzca el retén en su posición en la camisa del cilindro girando el cigüeñal a la vez que lo coloca. Debe utilizarse un trozo de relleno, como por ejemplo un trozo de punta de zapato, entre el diámetro externo del retén y el extremo de la acanaladura del sello del bloque para impedir que resulte dañado en el montaje.

NOTA: La pestaña debe quedar hacia la parte interna del motor y la pequeña pestaña guardapolvos hacia el lado del volante.

6. Aplique compuesto de sellado a la otra mitad del nuevo retén como se describe en el paso 4.

7. Aplique aproximadamente 1/32 de pulgada de sellador RTV (vulcanizable a temperatura ambiente) GM n.º 1952357 o equivalente, al casquillo situado entre el retén del cojinete principal posterior y la acanaladura del retén posterior del cárter.

NOTA: No permita que entre sellador al retén principal posterior, de cojinete o a la ranura de vaciado.

8. Justo antes del montaje, aplique una ligera capa de aceite de motores a la superficie del cigüeñal que estará en contacto con el retén.

9. Coloque la tapa posterior del cojinete principal y apriétela con un par de 70 libras-pie.

Motor 3,8L V6

1. Consulte los procedimientos del apartado Desmontaje y montaje del cárter del aceite de esta sección y extráigalo.

2. Quite la tapa posterior del cojinete principal del motor.

3. Utilizando un útil de compresión de retenes J-21526-2, introduzca ligeramente un extremo del sello anterior en el bloque del motor hasta que quede ligeramente comprimido. Repita el procedimiento en el otro lado.

4. Mida la distancia que ha entrado el retén en uno de los lados y súmele a este valor 1/16 de pulgada.

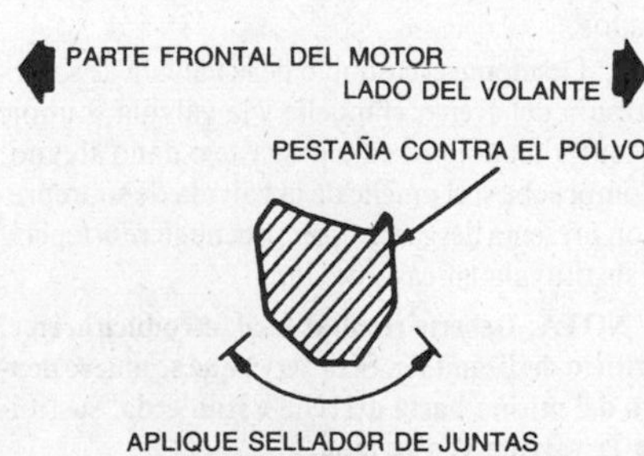

Montaje del nuevo retén posterior — motor de 2,8 L de 1985 y años posteriores

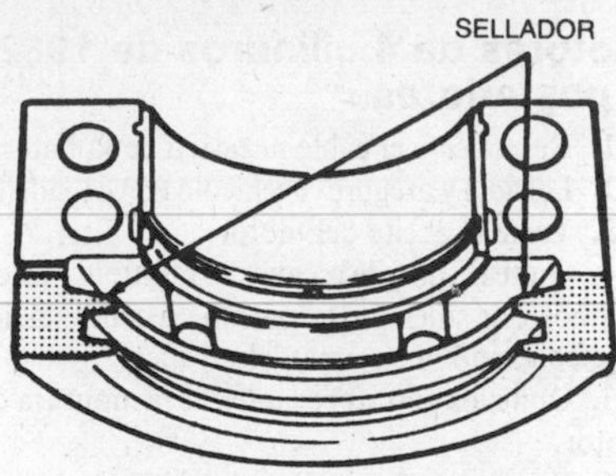

Aplique sellador a la tapa del cojinete principal posterior — motor de 2,8 L de 1985 y años posteriores

5. Utilizando una cuchilla de afeitar de un solo filo, y valiéndose de los retenes usados, corte las cantidades necesarias para la mitad inferior y la superior.

6. Atornille la herramienta guía n.º J-21526-1 a la mitad superior del cojinete principal posterior.

7. Utilizando el compresor y guía de sellos, introduzca los trozos de sello cortados en el bloque de cilindros hasta que queden a la misma altura de la línea divisoria. Repita esta operación en el otro lado.

NOTA: La herramienta guía y el compresor han sido mecanizados de manera que lleven topes incorporados. Aplique aceite a los trozos de sello cortados antes de introducirlos en el bloque del motor.

8. Coloque un sello de fibra nuevo en la tapa del cojinete principal posterior y recorte los extremos de forma que queden nivelados con la línea divisoria.

9. El montaje del resto de los componentes se efectúa en el orden inverso al de desmontaje. Apriete la tapa del cojinete principal posterior con un par de 100 libras-pie.

Motor V8

1. Véanse los procedimientos del apartado Desmontaje y montaje del cárter de aceite de esta sección y sáquelo.

2. Desmonte la bomba de aceite y la tapa del cojinete principal posterior.

3. Extraiga el retén de la tapa del cojinete principal posterior apalancándolo con una barra.

4. Utilizando un pequeño martillo y un punzón de latón, extraiga la mitad superior del retén de aceite del cojinete principal posterior. Sáquelo lo suficiente de manera que pueda ser extraído con un par de alicates.

5. Utilice una sustancia de limpieza no abrasiva; limpie la tapa del cojinete principal posterior y el cigüeñal.

6. Construya un instalador de sellos de aceite mediante trozos de relleno de 0,004'', y forme en el extremo un rectángulo de 1/2 pulgada de largo por 11/64 de pulgada de ancho.

7. Recubra el nuevo retén con aceite de motores; NO recubra los bordes.

8. Coloque el instalador construido entre el cigüeñal y el asiento del retén dentro del cárter.

9. Coloque la mitad del retén nuevo entre el ci-

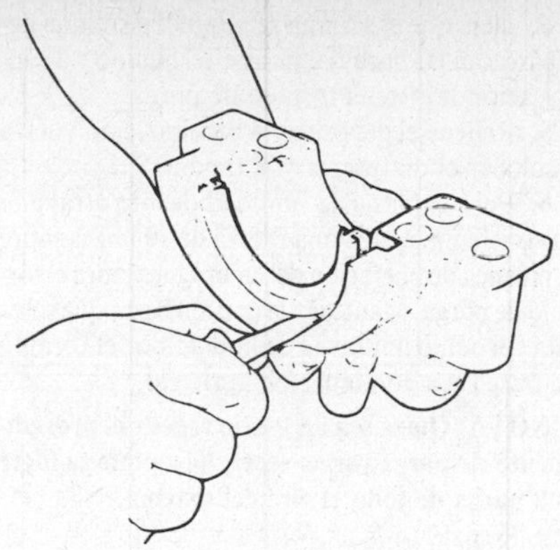

Extracción del retén de aceite de la mitad inferior — motor V8

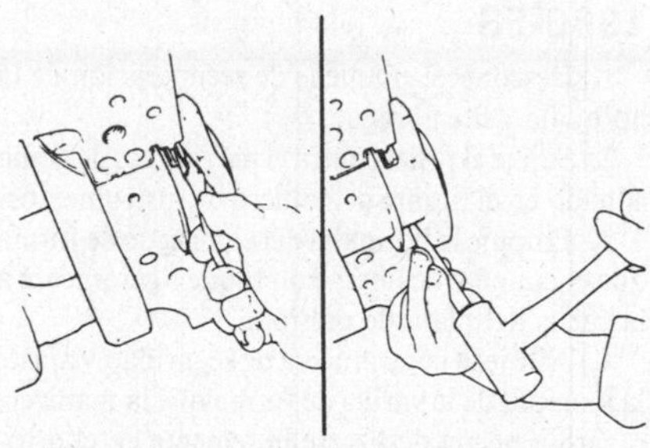

Extracción del retén de aceite de la mitad superior — motor V8

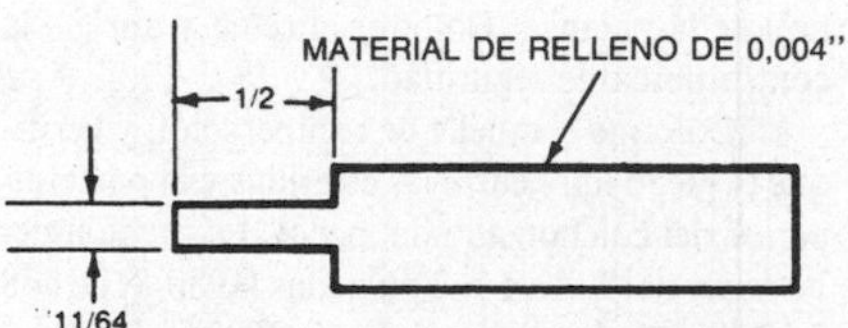

Instalador de retenes de aceite

güeñal y la punta de la herramienta de forma que el cordón del sello esté en contacto con dicho extremo.

NOTA: Asegúrese de que la pestaña del retén quede hacia la parte frontal del motor.

10. Utilizando la herramienta construida en forma de punta de zapato, para proteger el cordón del sello del extremo afilado de la superficie de asiento del mismo dentro del cárter, enrolle el sello alrededor del cigüeñal. Cuando los extremos del mismo queden nivelados con el bloque del motor, quite el instalador.

11. Utilizando el mismo tipo de instalador, coloque la mitad inferior en la mitad inferior de la tapa del cojinete principal posterior.

12. Aplique compuesto de sellado a las superficies de unión entre la tapa y el cárter y coloque en el motor la mitad inferior del cojinete principal posterior; no permita que entre compuesto de sellado más allá de la línea de unión del retén.

13. Coloque los pernos de la tapa del cojinete principal posterior y apriételos con un par de 10-12 libras-pie. Utilizando un martillo de plomo, golpee el cigüeñal hacia adelante y hacia atrás, para alinear las superficies de presión. Apriete los pernos del cojinete principal con un par de 70-85 libras-pie y siga el procedimiento inverso al de desmontaje. Rellene el cárter.

EMBRAGUE

DESMONTAJE Y MONTAJE

ATENCIÓN

Si dispone de un sistema de embrague hidráulico, desconecte el cilindro maestro del pedal del embrague ANTES de sacar el cilindro esclavo de la palanca de embrague. Este procedimiento tiene como fin impedir que el cilindro esclavo resulte dañado.

1. Vea los procedimientos del apartado Desmontaje y montaje de la transmisión de esta sección y quite la transmisión.

NOTA: Los vehículos de 1984 y años posteriores disponen de embrague hidráulico. Al desmontarlo, quite el protector refractario del cilindro esclavo y extraiga el cilindro de la carcasa del embrague.

2. Desconecte la varilla de empuje y el muelle de la horquilla del embrague.

3. Extraiga la carcasa del embrague.

4. Saque la horquilla del embrague del espárrago de la rótula y extraiga la horquilla del forro guardapolvos. El espárrago de la rótula va roscado a la carcasa del embrague y puede ser sustituido si es necesario.

5. Coloque una herramienta de alineación nº J-5824 (motor de cuatro velocidades) o J-33169 (motor de cinco velocidades) para sujetar el conjunto del embrague durante su desmontaje. Haga marcas de referencia en el volante y en la placa de presión para su montaje posterior si no se ven ya las marcas «X».

6. Afloje uniformemente los pernos de sujeción de la placa (plato) de presión al volante, una vuelta cada vez, hasta que se elimine la tensión del muelle. Quite los pernos y el conjunto del embrague.

7. Para realizar el montaje, coloque el disco de embrague con los muelles de los amortiguadores hacia la transmisión y siga el procedimiento inverso al de desmontaje. Apriete los pernos que unen la carcasa del embrague al motor con un par de 55 libras-pie, el perno que une el cilindro esclavo a la carcasa del embrague con un par de 15 libras-pie y los pernos que unen el protector refractario a la carcasa del embrague con un par de 15 libras-pie.

Sistema hidráulico del embrague

El sistema hidráulico del embrague fue incorporado en 1984 y se ha de inspeccionar y reparar como un conjunto.

DESMONTAJE Y MONTAJE

ATENCIÓN

Desconecte el cilindro maestro del pedal del embrague ANTES de sacar el cilindro esclavo de la palanca del embrague; este procedimiento tiene por objetivo impedir que el cilindro esclavo resulte dañado.

1. Desconecte el cable negativo de la batería.

2. Quite el panel de la guarnición y la guarnición de la columna de la dirección.

3. Desconecte la varilla de empuje del cilindro maestro del pedal del embrague.

4. Quite las tuercas que unen el cilindro maestro del embrague al capó, las tuercas que unen el

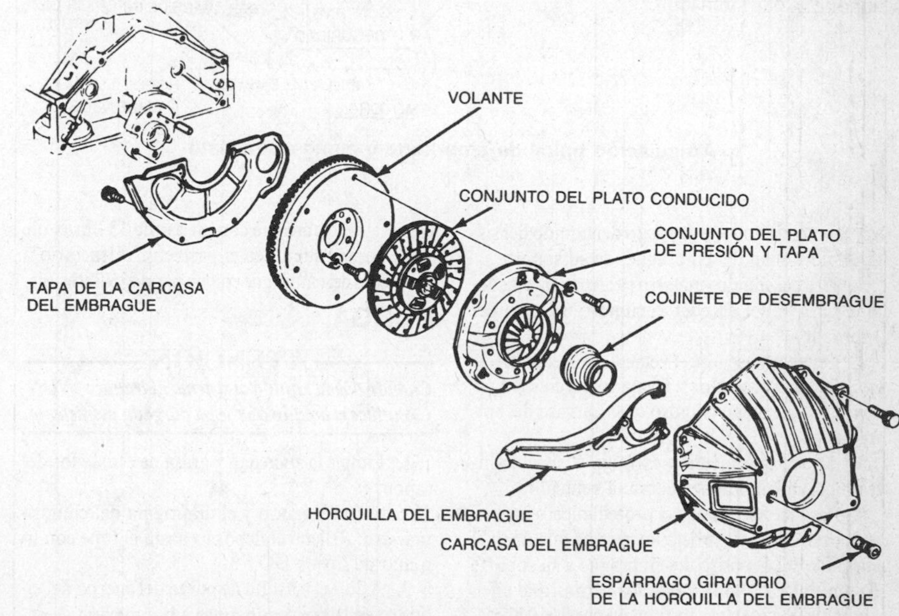

Despiece del conjunto de embrague

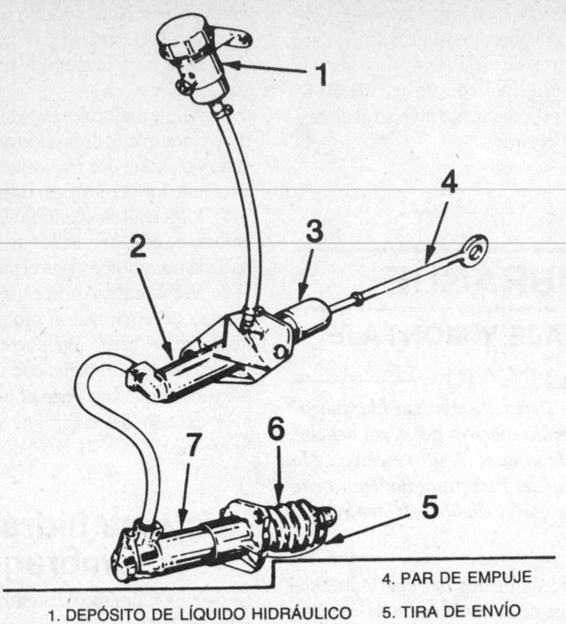

Conjunto de embrague hidráulico

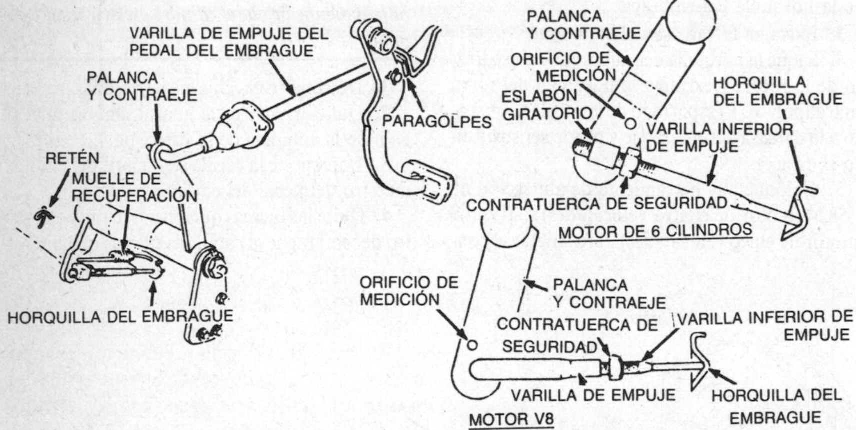

Articulación típica de embrague y puntos de ajuste

servofreno al capó y el depósito del líquido del sistema hidráulico del embrague, de su soporte.

5. Tire del cilindro maestro del freno hacia adelante para poder acceder al cilindro maestro del embrague.

6. Levante y asegure el vehículo con caballetes.

7. Quite el protector refractario del cilindro esclavo y saque dicho cilindro de la carcasa del embrague.

8. Apoye el vehículo y extraiga el sistema hidráulico del embrague fuera del vehículo.

9. Para montarlo, siga el procedimiento inverso al de desmontaje. Apriete los pernos que unen el conjunto del depósito del embrague a su soporte con un par de 30 libras-pie, los pernos que unen el cilindro maestro al capó con un par de 10 libras-pie, los pernos que unen el cilindro esclavo a la carcasa del embrague con un par de 15 libras-pie y los pernos que unen el protector refractario a la carcasa del embrague con un par de 15 libras-pie.

PURGA

ATENCIÓN

Cuando añada líquido al sistema hidráulico, NUNCA utilice el líquido que se ha purgado del sistema.

1. Limpie la suciedad y grasa de alrededor del tapón.

2. Saque el tapón y el diafragma del cilindro maestro. Rellene el depósito hasta el tope con líquido de frenos DOT 3.

3. Afloje el tornillo de purga del cuerpo del cilindro esclavo situado junto a la conexión de entrada.

4. Deje que el sistema se purgue hasta que desaparezcan las burbujas de aire del líquido y a continuación apriete el tornillo de purga.

5. Rellene el depósito y a continuación vuelva a colocar el diafragma y el tapón.

6. Para expulsar la cantidad de aire atrapado en el sistema, ejerza una fuerza de 20 libras sobre la palanca de liberación del embrague y abra el tornillo de purga. Mantenga la presión hasta que salga una corriente uniforme de líquido por el tornillo de purga y a continuación apriételo.

NOTA: Quizá sea necesario repetir el procedimiento de purga varias veces, hasta que se logre una purga de todo el aire del sistema.

7. Rellene el depósito.

8. Verifique el sistema, arrancando el motor, accionando el embrague y metiendo varias velocidades; los engranajes no deberían rechinar.

AJUSTE DEL JUEGO LIBRE - 1980-83

1. Desconecte el muelle de recuperación de la horquilla del embrague.

2. Sujete el pedal contra el paragolpes de goma situado en el tirante del tablero de instrumentos.

3. Empuje la horquilla del embrague de forma que el cojinete de liberación toque ligeramente a las uñas del plato de presión.

4. Afloje la contratuerca de seguridad y ajuste la longitud de la varilla de forma que la manivela o varilla pueda deslizarse libremente en el orificio de calibración de la palanca. Alargue la longitud de la varilla hasta que se elimine el juego libre.

5. Saque la varilla o manivela del orificio de calibración e introdúzcala en el otro orificio (original) de la palanca. Coloque el retén y apriete la contratuerca de seguridad.

6. Coloque el muelle de recuperación y verifique el juego libre entre las esterillas y la parte superior del colchoncillo del pedal. La medida debería ser de: 7/8 a 1 1/2 pulgadas (1980-81) o 7/8 a 1 1/8 de pulgada (modelos de 1982 y años posteriores).

TRANSMISIÓN MANUAL

DESMONTAJE Y MONTAJE

Modelos de 1980-81

1. En los modelos en que la palanca de cambios está situada en el piso del vehículo, quite la empuñadura de la palanca y la guarnición de la consola.

2. Levante y asegure el vehículo con caballetes.

3. Desconecte el cable del velocímetro y el cableado del interruptor TCS, si dispone del mismo.

4. Saque el árbol de la transmisión.

5. Quite los pernos que unen las monturas de la transmisión al miembro transversal, los pernos que unen el miembro transversal al bastidor y saque dicho miembro.

6. Desmonte las palancas del cambio de la transmisión.

7. Desconecte la varilla de accionamiento de la marcha atrás de la palanca acodada.

8. Quite los pernos del conjunto de control del

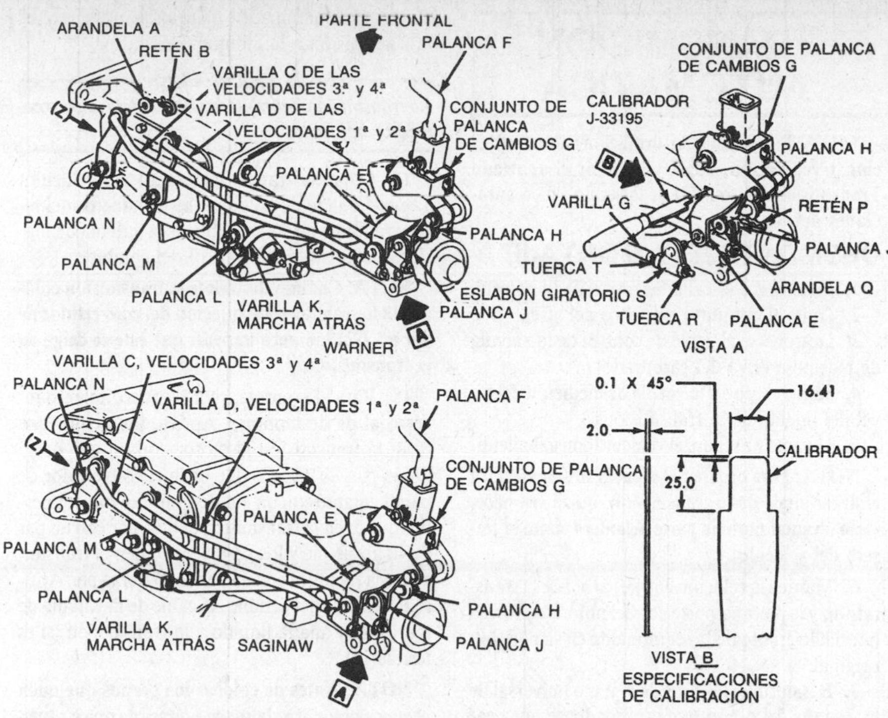

Ajuste del varillaje del cambio en los modelos de 1982-84. Obsérvese que todas las referencias a los componentes de esta figura se corresponden a las hechas en el texto y que las dimensiones vienen expresadas en milímetros

cambio y bájelo hasta que la palanca del cambio salga del fuelle de goma de la misma. Saque el conjunto del vehículo.

9. Quite los pernos que unen la transmisión a la carcasa del embrague y extraiga la transmisión por debajo del vehículo.

10. Para montarla, siga el procedimiento inverso al de desmontaje. Rellene la transmisión y ajuste la articulación del cambio.

Modelos de 1982-84 de cuatro velocidades

1. Desconecte el cable negativo de la batería.
2. Levante y asegure el vehículo con apoyos hidráulicos.
3. Vacíe el lubricante de la transmisión.
4. Saque el brazo de apriete del vehículo.
5. Haga una marca de referencia en el árbol de la transmisión y en la pestaña del piñón del eje trasero para indicar su relación. Quite las tiras de la junta universal, baje la parte posterior del árbol de la transmisión, extráigalo de la transmisión y sáquelo del vehículo.

NOTA: Cuando desmonte el árbol de la transmisión, tenga cuidado de no sacar los casquillos de la junta universal de su posición.

6. Desconecte el cable del velocímetro y los conectores eléctricos de la transmisión.
7. Quite el tirante del tubo de escape.
8. Quite los pernos que unen el soporte de la palanca de cambios de la transmisión a ésta.
9. Desconecte el varillaje del cambio de la palanca de cambios.
10. Levante la transmisión y quite los pernos de sujeción del miembro transversal.
11. Quite los pernos de la montura de la transmisión y extraiga la montura y el miembro transversal del vehículo.
12. Quite los pernos de la transmisión y saque la transmisión del vehículo.
13. Para montarla, siga el procedimiento inverso al de desmontaje. Apriete los pernos que unen la transmisión a la carcasa del embrague con un par de 55 libras-pie, los pernos que unen el miembro transversal a la carrocería con un par de 35 libras-pie, los pernos que unen la transmisión al miembro transversal con un par de 35 libras-pie, los pernos que unen la montura a la transmisión con un par de 35 libras-pie y los pernos que unen el soporte de la palanca de cambios a la carcasa de la extensión del eje con un par de 25 libras-pie. Ajuste el varillaje del cambio y rellene la transmisión con lubricante.

NOTA: Aplique una ligera capa de grasa resistente a altas temperaturas al retén del cojinete del engranaje principal de accionamiento y a la parte estriada del mismo. Esto permitirá asegurar que el embrague y los componentes de la transmisión se desplacen libremente durante el montaje.

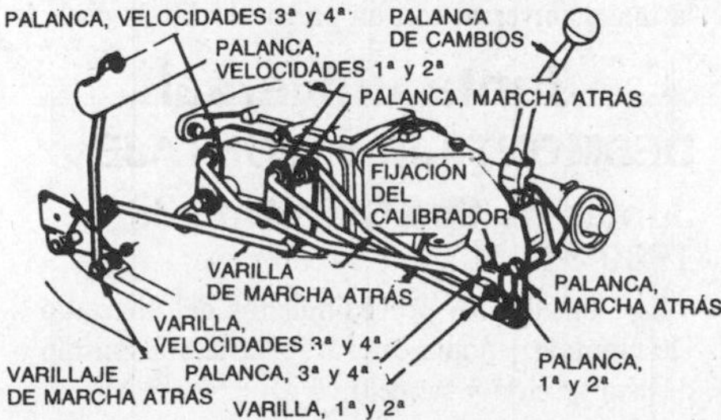

Varillaje de cambio típico en motores de 4 velocidades — hasta 1981

Modelos de 1982 y años posteriores de cinco velocidades

1. Desconecte el cable negativo de la batería.
2. Quite los tornillos del fuelle de la palanca de cambios y extráigalo hacia arriba deslizándolo a través de la palanca de cambios.
3. Quite la palanca de cambios de la transmisión.
4. Levante y soporte el vehículo con apoyos hidráulicos.
5. Purgue el lubricante de la transmisión.
6. Quite el brazo de apriete del vehículo.
7. Haga una marca en el eje de accionamiento y la pestaña del piñón del árbol trasero para poder colocarlos en su posición original. Quite las tiras de la junta universal trasera, baje la parte posterior del árbol de la transmisión, extráigalo de la transmisión y sáquelo fuera del vehículo.

NOTA: Cuando desmonte el árbol de transmisión tenga cuidado de no sacar los casquillos de la junta universal de su posición.

8. Desconecte el cable del velocímetro y los conectores eléctricos de la transmisión.
9. Desmonte el soporte de suspensión del convertidor catalítico.
10. Levante la transmisión y quite los pernos del miembro transversal.
11. Quite los pernos de la montura de la transmisión y saque la montura y el miembro transversal fuera del vehículo.
12. Quite los pernos que unen la tapa guardapolvos a la transmisión.
13. Quite los pernos que unen la transmisión al motor y saque la transmisión fuera del vehículo.
14. Para montarla, siga el procedimiento inverso al de desmontaje. Apriete los pernos que unen la transmisión a la carcasa del embrague con un par de 55 libras-pie, los pernos que unen el miembro transversal a la carrocería con un par de 35 libras-pie, los pernos que unen la montura al miembro transversal con un par de 35 libras-pie y los pernos que unen la montura a la transmisión con un par de 35 libras-pie. Ajuste el varillaje del cambio y rellene la transmisión con lubricante.

NOTA: Aplique una ligera capa de grasa resistente a las altas temperaturas al retén del cojinete del engranaje principal de accionamiento en la parte extraída del mismo. Esto permitirá asegurar que el embrague y los componentes de la transmisión se desplazan libremente durante el montaje.

AJUSTE DEL VARILLAJE DEL CAMBIO

Modelos de 4 velocidades

NOTA: La palanca de cambios en los modelos de cinco velocidades está situada en la consola y está alojada en la parte superior del saliente de la carcasa. El mecanismo de la palanca de cambios no requiere ningún ajuste.

Modelos de 1980-81

1. Quite el contacto (OFF), levante el vehículo y asegúrelo con caballetes.

2. Afloje las contratuercas de seguridad de la manivela en todas las varillas del cambio y en la varilla de control de la marcha atrás.

3. Coloque las palancas de la transmisión (en el lado de la transmisión) en la posición Neutral (centrada).

4. Coloque la palanca de cambios del piso en la posición Neutral y bloquéela en esta posición colocando una clavija en el conjunto del soporte de la palanca justo debajo de la misma.

5. Desplace la tuerca de la varilla del cambio hacia arriba de forma que quede contra la manivela en cada varilla del cambio y manténgala en esta posición apretando las contratuercas de seguridad.

6. Quite la clavija de fijación del conjunto del soporte de control y coloque la transmisión en la posición Reverse (marcha atrás). Coloque la llave de contacto en LOCK (bloqueo). Para eliminar el juego del mecanismo de la columna de la dirección, tire hacia abajo de la varilla de la marcha atrás y a continuación apriete la tuerca. Cuando la palanca de la transmisión esté en la posición Reverse (marcha atrás), debe resultar fácil girar la llave de contacto para llevarla a la posición LOCK y sacarla de esta posición. Si existe un cierto rozamiento, deje la llave en la posición LOCK y vuelva a ajustar la varilla de control de la marcha atrás.

7. Verifique el funcionamiento de la palanca de cambios y reajústela si es necesario.

Modelos de 1982-84

NOTA: Todos los términos utilizados en el procedimiento siguiente corresponden a los existentes en la figura adjunta.

1. Desconecte el cable negativo de la batería.

2. Coloque la palanca de control del cambio (F) en Neutral.

3. Levante y sujete el vehículo con apoyos hidráulicos.

4. Quite los retenes de la manivela (P) de las palancas (E, H y J).

5. Quite las manivelas (S) del conjunto de la palanca de cambios (G) y afloje las contratuercas de las manivelas (R y T).

6. Asegúrese de que las palancas L, M y N estén situadas en la posición Neutral (punto central de fijación).

7. Alinee los orificios de las palancas E, H y J con la muesca del conjunto de la palanca de cambios (G). Introduzca un calibrador de alineación (J-33195) para mantener las palancas en esta posición.

8. Introduzca la manivela S en la palanca E y coloque la arandela Q. Sujétela con el retén P.

9. Ejerza una cierta presión hacia atrás (Z) en la palanca N. Apriete las contratuercas de seguridad R y T (a la vez) contra la manivela S con un par de 25 libras-pie.

10. Repita los pasos 8 y 9 para la varilla D y las palancas J y M.

11. Repita los pasos 8 y 9 para la varilla K y palancas H y L.

12. Saque el calibrador de alineación, apoye el vehículo y compruebe el funcionamiento del mecanismo de la palanca de cambios.

13. Vuelva a conectar el cable negativo de la batería.

TRANSMISIÓN AUTOMÁTICA

NOTA: Para toda la información sobre inspección y reparación, véase por favor el apartado Transmisión automática de la sección de reparaciones del conjunto.

DESMONTAJE Y MONTAJE

1. Desconecte el cable negativo de la batería.

2. Quite el conjunto del filtro del aire.

3. Desconecte el cable de control de la válvula de mariposa (TV) del carburador.

4. Saque el tubo y la varilla de medición del nivel del líquido de la transmisión.

5. Levante y asegure el vehículo con caballetes.

NOTA: Para obtener el espacio suficiente para el desmontaje de la transmisión, quizá sea necesario levantar tanto la parte delantera como la trasera del vehículo.

6. Marque la relación entre el árbol de la transmisión y la pestaña posterior del piñón, de forma que dicho árbol pueda ser montado en su posición original.

7. Desatornille las tiras de la junta universal de la pestaña del piñón (tenga cuidado de no sacar los casquillos de la junta universal de su posición) y baje y extraiga el eje de accionamiento del vehículo.

8. Desconecte el soporte de sujeción del convertidor catalítico de la transmisión.

NOTA: Si dispone de un generador electromagnético para medir la velocidad, en lugar de desconectar el cable del velocímetro, desconecte el conector eléctrico del generador.

9. Desconecte el cable del velocímetro, los conectores eléctricos y el cable de control del cambio de la transmisión.

ATENCIÓN

Durante el próximo paso, la fuerza del muelle posterior hará que el brazo de torsión se desplace hacia la parte inferior del cárter. Cuando desconecte el brazo de la transmisión, coloque con cuidado un trozo de madera entre la parte inferior del cárter y el brazo. Esto evitará lesiones corporales y/o daños en la parte inferior del cárter.

10. Quite los pernos que unen el brazo a la transmisión.

11. Quite la tapa del volante y a continuación marque la relación entre el convertidor de par y el volante, de forma que estas piezas puedan montarse de nuevo en la misma posición.

NOTA: En los modelos de 1980-81 quite la tira del túnel.

12. Quite los pernos que unen el convertidor de par al volante.

13. Sujete la transmisión con un gato hidráulico y quite los pernos de la montura de la transmisión.

14. Desatornille y quite el miembro transversal de la transmisión.

15. Baje ligeramente la transmisión. Desconecte el cable de la válvula de mariposa y los conductos del refrigerador del aceite de la transmisión.

16. Fije la herramienta de sujeción BT-6224 en el motor y a continuación quite los pernos que unen la transmisión a la montura del motor.

ATENCIÓN

La transmisión debe quedar bien sujeta al gato colocado bajo ella.

17. Saque la transmisión fuera del vehículo. Tenga cuidado de no dañar los conductos del refrigerador de aceite, el cable de la válvula de mariposa o el cable del control del cambio.

NOTA: Cuando desmonte la transmisión coloque la herramienta de sujeción del convertidor de par n.º J-21366 para impedir que éste se caiga de la transmisión.

18. Para el montaje, siga el procedimiento inverso al de desmontaje. Apriete los pernos que unen la transmisión al motor con un par de 35 libras-pie, los pernos que unen el convertidor de par al volante con un par de 35 libras-pie, los pernos que unen la transmisión al bastidor con un par de 40 libras-pie y los pernos que unen la transmisión a la montura con un par de 25 libras-pie. Ajuste el varillaje del cambio, el cable de la válvula de mariposa y añada líquido a la transmisión (si es necesario).

NOTA: Antes de colocar los pernos que unen el convertidor al volante, asegúrese de que las tuercas soldadas del convertidor quedan niveladas con el volante y de que el convertidor gira libremente cuando se acciona manualmente en esta posición. Coloque un anillo tórico en el tubo de la varilla de medición del nivel del líquido de la transmisión.

EJE PROPULSOR

Árbol de transmisión

DESMONTAJE Y MONTAJE

1. Levante y sujete el vehículo con caballetes.

2. Marque la relación del árbol de la transmisión respecto a la pestaña del piñón.

3. Quite los retenes de la junta universal posterior y sepárela de la pestaña del piñón.

NOTA: Si las copas de la junta universal están flojas, únalas con cinta adhesiva a la junta universal para impedir que se salgan de la misma.

4. Sujete el árbol de la transmisión y sáquelo de ésta. Cuando desmonte o monte el árbol, NO permita que las juntas universales se inclinen demasiado, ya que podría provocar la ruptura de los sellos internos que han sido inyectados.

5. Para su montaje, siga el procedimiento inverso al de desmontaje. Apriete las fijaciones de la junta universal con un par de 15 libras-pie.

Junta universal

DESMONTAJE Y MONTAJE

Juntas de tipo Cleveland de 1980-81

1. Consulte los procedimientos del apartado Desmontaje y montaje del árbol de la transmisión de esta sección y sáquelo.

NOTA: NUNCA fije el tubo del árbol de transmisión en un tornillo de banco, ya que éste podría hacer muescas o hendiduras en el tubo. Suje-

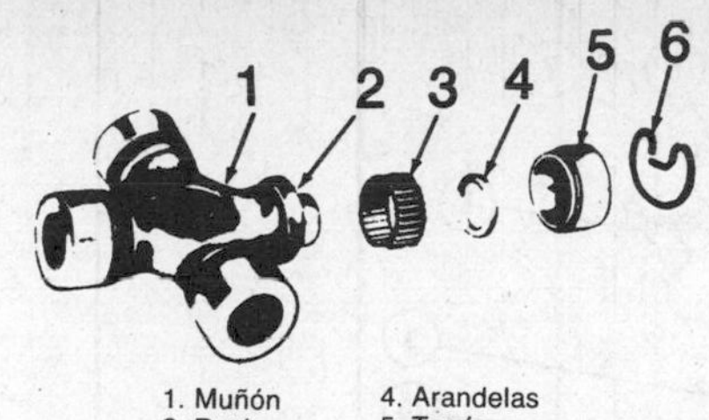

Conjunto de junta universal — tipo Cleveland

te horizontalmente el árbol de la transmisión y fíjelo en los yugos de las juntas universales.

2. Quite los anillos de bloqueo de los extremos del muñón del yugo.

3. Sujete el árbol de transmisión en la posición horizontal con la placa base de una prensa, de forma que el lóbulo inferior del yugo quede apoyado en un trozo de tubo de 1 1/4 de pulgada de diámetro interior.

4. Coloque una llave de cubo en la guía superior del cojinete y extraiga la guía inferior del lóbulo del yugo.

NOTA: Puesto que no puede extraerse completamente la guía del cojinete del lóbulo del yugo, fije la guía en las garras de un tornillo de banco y extráigalo del yugo.

5. Gire el árbol de la transmisión hacia la guía opuesta del cojinete y extráigala del yugo siguiendo el mismo procedimiento de desmontaje.

6. Con ambas guías del cojinete fuera del yugo, sepárelo del árbol de la transmisión.

7. Repita las mismas operaciones de desmontaje para las guías de los demás cojinetes.

8. Limpie e inspeccione todas las piezas.

NOTA: Si pretende reutilizar las juntas universales, rellénelas con grasa nueva.

9. En el montaje, utilice juntas universales nuevas o rellene de grasa las anteriormente existentes. Coloque una guía de cojinete parcialmente en un lado del yugo (coloque el lóbulo del yugo en el fondo).

10. Coloque la cruceta en el yugo de forma que el muñón se apoye libremente en la guía del cojinete.

11. Introduzca la guía opuesta del cojinete parcialmente en el lóbulo del yugo. Coloque la cruceta en la guía, asegurándose de que ambos muñones quedan rectos y alineados con las guías de los cojinetes.

12. Utilizando una prensa de árbol, introduzca a presión las guías de los cojinetes en el yugo, asegurándose de que los muñones de la cruceta pueden girar libremente. Coloque los retenes de los cojinetes.

13. Monte el otro lado del yugo de la misma forma.

14. El montaje del resto de los componentes se efectúa en el orden inverso al de desmontaje.

Junta de tipo Saginaw de 1980 y años posteriores

1. Vea los procedimientos del apartado Desmontaje y montaje del árbol de la transmisión de esta sección y desmóntelo.

NOTA: NUNCA fije el tubo del árbol de transmisión en un tornillo de banco, ya que esto podría provocar hendiduras o muescas en el tubo. Sujételo horizontalmente y fíjelo en los yugos de las juntas universales.

2. Sujete el eje árbol en la posición horizontal con la placa base de una prensa de forma que el lóbulo inferior del yugo quede sujeto en una llave de cubo de 1 1/8 de pulgada.

3. Coloque la herramienta de extracción de crucetas n.º J-9522-3 en las guías abiertas horizontales de los cojinetes y extraiga (corte el anillo de retención de plástico) la guía del cojinete del lóbulo del yugo.

NOTA: Si la guía del cojinete no sale totalmente, quite el extractor de crucetas y coloque una herramienta de espaciado n.º J-9522-5 entre el sello y la guía del cojinete. Repita el procedimiento de extracción para sacar la guía del cojinete del yugo.

4. Gire el árbol de forma que pueda trabajarse con la guía opuesta del rodamiento y extráigala del yugo.

5. Una vez haya quitado las dos guías del cojinete del yugo, sepárelo del árbol de la transmisión.

6. Repita las mismas operaciones de desmontaje con las guías de los demás cojinetes.

NOTA: Puesto que no existen acanaladuras de retención de cojinetes en las copas de los cojinetes de repuesto, no puede reutilizarse la junta universal.

7. Quite los restos de las copas de cojinete que se hayan cortado y compruebe si existen muescas en los lóbulos del yugo.

8. En el montaje, utilice juntas universales nuevas y coloque una copa de cojinete parcialmente introducida en un lado del yugo (coloque el lóbulo del yugo en la parte inferior).

9. Coloque la cruceta en el yugo de forma que los muñones queden apoyados libremente en la copa de los cojinetes.

10. Introduzca la copa del cojinete opuesto parcialmente en el lóbulo del yugo. Coloque la cruceta en la guía, asegurándose de que ambos muñones quedan rectos y nivelados con las guías del cojinete.

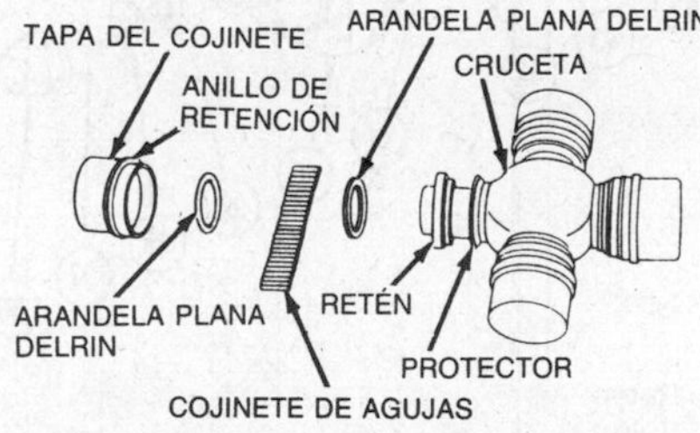

Conjunto de junta universal — tipo Saginaw

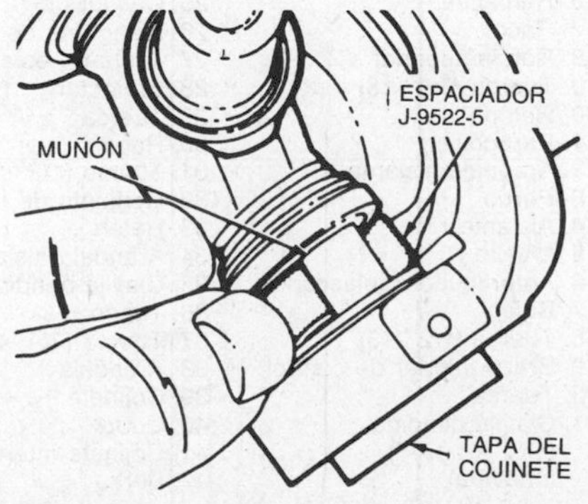

Extracción de la tapa del cojinete del yugo

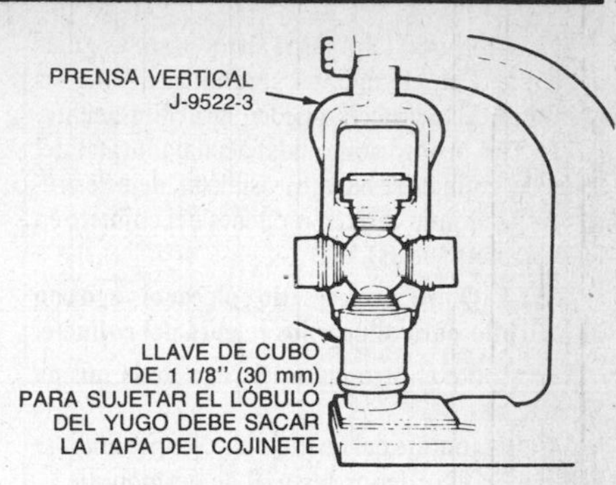

Extracción de la junta universal del yugo

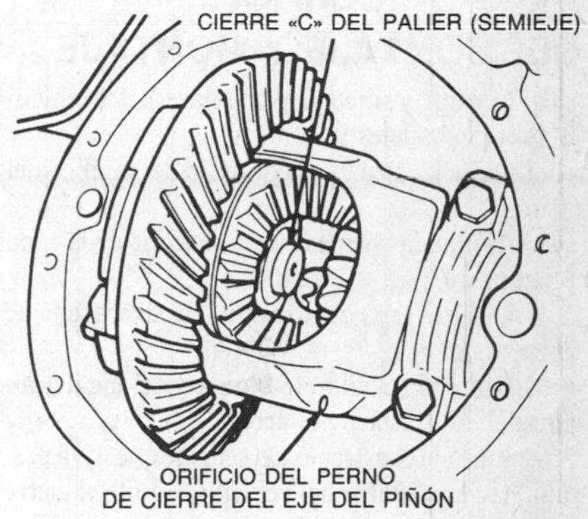

Desmontaje del cierre «C» del palier

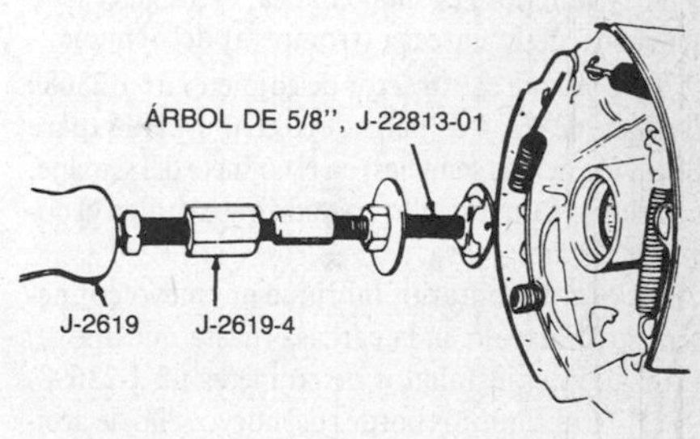

Desmontaje del cojinete de la carcasa del palier

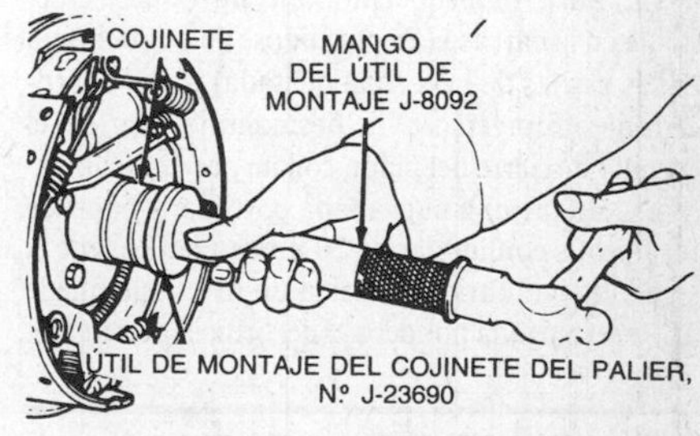

Montaje del cojinete del palier

11. Utilizando la prensa, introduzca las guías del cojinete en el yugo, asegurándose de que los muñones de la cruceta pueden girar libremente.

12. Tan pronto como la(s) acanaladura(s) del retén del cojinete se haga(n) visible(s), deje de presionar y coloque el retén o retenes del cojinete en la(s) acanaladura(s).

NOTA: Quizá sea necesario golpear el yugo con un martillo para alinear los retenes del cojinete.

13. Monte el otro lado del yugo de la misma forma.

14. El montaje del resto de los componentes se efectúa en el orden inverso al de desmontaje.

Semieje (palier) y cojinete

DESMONTAJE Y MONTAJE

1. Levante y sujete la parte trasera del vehículo sobre caballetes.

2. Quite la rueda y el conjunto del tambor del freno.

3. Limpie la suciedad de alrededor de la tapa del soporte.

4. Quite la tapa del soporte y vacíe el aceite de la carcasa.

5. Quite el tornillo de bloqueo del eje del piñón del eje trasero y el árbol.

6. Empuje el extremo del semieje que lleva pestaña hacia el centro del vehículo y quite el cierre «C» del extremo.

7. Tire del semieje hacia la carcasa, teniendo cuidado de no dañar el sello del aceite.

8. Valiéndose de una palanca, extraiga el sello de aceite de la carcasa (trompeta) del semieje.

9. Coloque el extractor de cojinetes n.º J-23689 (semieje de 8 3/4 de pulgada) o el n.º J-22813 (para todos los demás semiejes) en el cojinete del semieje, conéctelo a un martillo corredizo y extraiga el cojinete de la carcasa.

10. Para montarlo, lubrique un nuevo cojinete e introdúzcalo en la carcasa (hasta que apoye) utilizando el instalador de cojinetes n.º J-23690.

11. Lubrique los bordes del nuevo sello de aceite e introdúzcalo en la carcasa (hasta que quede nivelado con la misma), utilizando el instalador de sellos n.º J-21128.

12. Para finalizar el montaje, introduzca el semieje en la carcasa (asegurándose de que engrana en las estrías de la corona dentada) y siga el procedimiento inverso al de desmontaje. Apriete el tornillo de cierre del piñón con un par de 20 libras-pie. Coloque una nueva tapa portadora y apriete los pernos con un par de 20 libras-pie. Rellene el semieje con lubricante hasta un nivel que quede a 3/8 de pulgada por debajo del orificio de llenado.

SUSPENSIÓN DELANTERA

Muelle helicoidal

DESMONTAJE Y MONTAJE

Modelos de 1980-81

1. Quite el amortiguador telescópico y desconecte la barra estabilizadora.

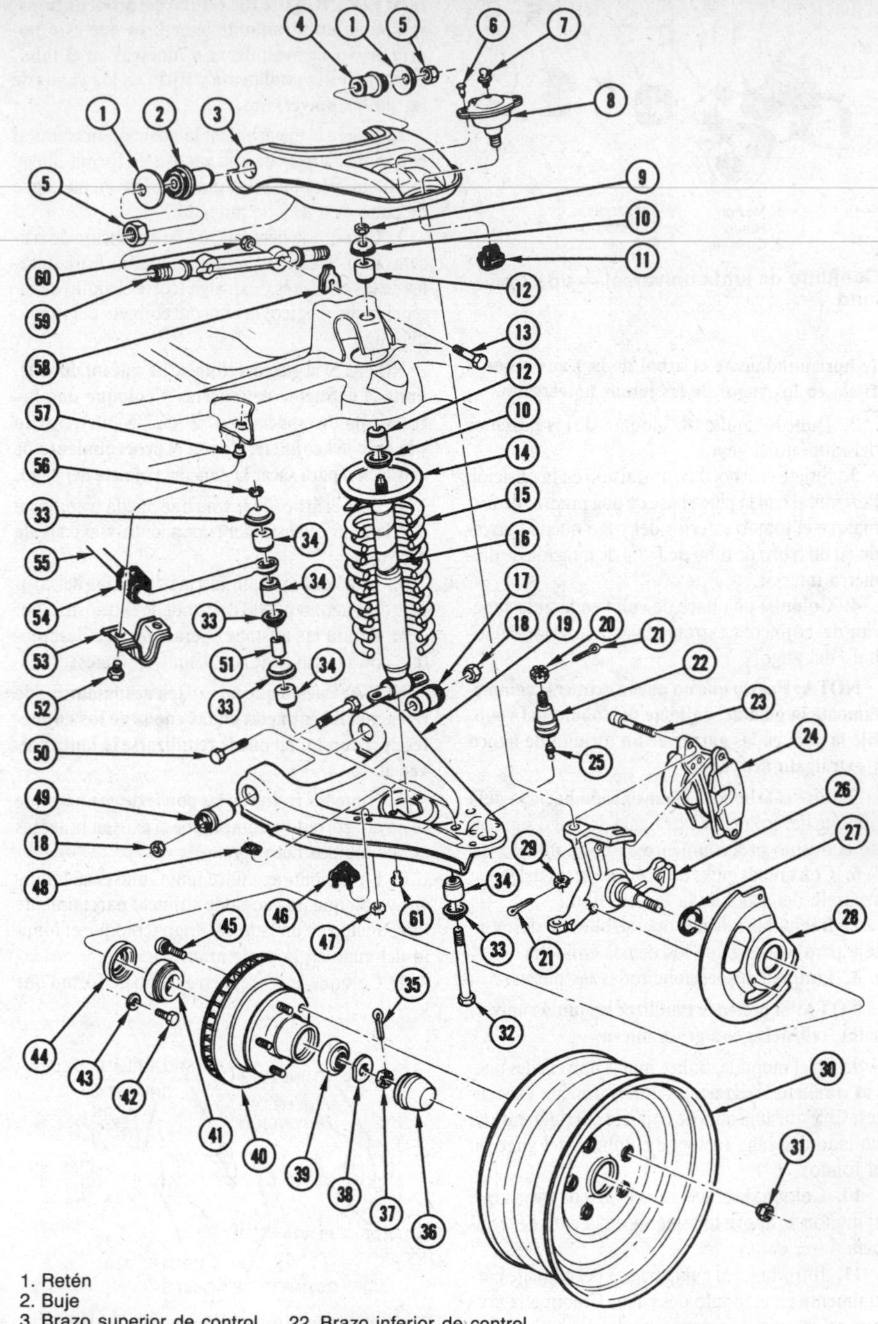

1. Retén
2. Buje
3. Brazo superior de control
4. Buje
5. Tuerca (5/8''-18)
6. Remache
7. Rácor
8. Rótula superior
9. Tuerca (3/8''-16)
10. Retén
11. Paragolpes
12. Arandela aislante
13. Perno
14. Aislante
15. Muelle
16. Amortiguador telescópico
17. Buje
18. Tuerca (1/2''-13)
19. Brazo inferior de control
20. Tuerca
21. Clavija hendida (1/8'' × 1 1/4'') (chaveta)
22. Brazo inferior de control
23. Perno
24. Calibre
25. Casquillos
26. Mangueta de la dirección
27. Junta de estanqueidad
28. Protector
29. Tuerca
30. Rueda
31. Tuerca (1/2''-20)
32. Conjunto de tornillos del estabilizador
33. Retén
34. Arandela aislante
35. Clavija hendida (1/4'' × 1 1/4'')
36. Tapón
37. Tuerca (3/4''-20)
38. Arandela
39. Cojinete
40. Cubo
41. Cojinete interno de la rueda delantera
42. Perno
43. Arandela (9/16'')
44. Sello
45. Perno
46. Paragolpes
47. Tuerca (3/8''-16)
48. Tuerca
49. Buje
50. Perno (1/2''-13 × 3 3/4'')
51. Espaciador
52. Tornillo
53. Soporte
54. Buje
55. Eje delantero del estabilizado
56. Tuerca (5/16''-18)
57. Tuerca (3/8''-16)
58. Placas de reglaje
59. Conjunto del eje
60. Tuerca (1/2''-13)
61. Perno

Despiece de la suspensión delantera en los modelos hasta 1981

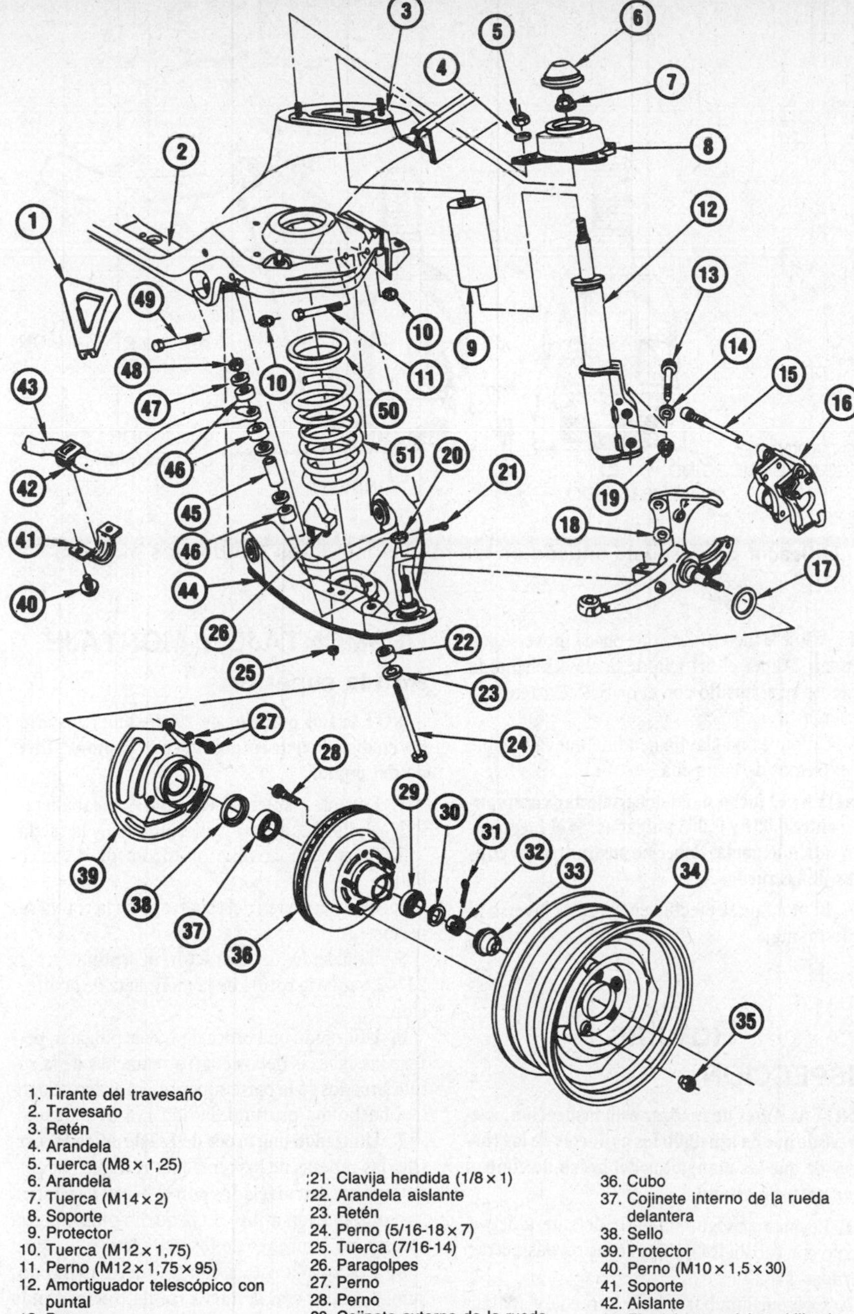

1. Tirante del travesaño
2. Travesaño
3. Retén
4. Arandela
5. Tuerca (M8 x 1,25)
6. Arandela
7. Tuerca (M14 x 2)
8. Soporte
9. Protector
10. Tuerca (M12 x 1,75)
11. Perno (M12 x 1,75 x 95)
12. Amortiguador telescópico con puntal
13. Perno
14. Arandela
15. Perno
16. Calibre
17. Junta de estanqueidad
18. Mangueta de la dirección
19. Tuerca (M16 x 2)
20. Tuerca (9/16"-18)
21. Clavija hendida (1/8 x 1)
22. Arandela aislante
23. Retén
24. Perno (5/16-18 x 7)
25. Tuerca (7/16-14)
26. Paragolpes
27. Perno
28. Perno
29. Cojinete externo de la rueda delantera
30. Arandela
31. Clavija hendida (M3,2 x 25)
32. Tuerca
33. Tapón
34. Rueda
35. Tuerca
36. Cubo
37. Cojinete interno de la rueda delantera
38. Sello
39. Protector
40. Perno (M10 x 1,5 x 30)
41. Soporte
42. Aislante
43. Eje delantero del estabilizador
44. Brazo inferior de control
45. Espaciador
46. Arandela aislante
47. Retén
48. Tuerca
49. Perno (M12 x 1,75 x 115)
50. Aislante

Despiece de la suspensión delantera en los modelos de 1982 y años posteriores

2. Sujete la parte delantera del vehículo en el bastidor de forma que los brazos de control cuelguen libremente.

3. Sujete el extremo interior del brazo de control con un gato hidráulico; los concesionarios disponen de un dispositivo que protege los bujes internos.

4. Levante el gato hidráulico de forma que quede eliminada la tensión de los pernos pivotantes del brazo inferior de control.

5. Cambie el muelle del brazo inferior de control por razones de seguridad.

6. Quite primero el perno posterior del pivote y a continuación hágalo con el perno anterior.

7. Baje el gato hasta que el muelle quede sin tensión.

8. Observe de qué forma está colocado el muelle en el brazo de control y extráigalo.

9. Para montarlo, coloque el muelle en el brazo de control y empuje el mismo hacia arriba hasta que quede en su posición y a continuación siga el procedimiento inverso al de desmontaje. Coloque los pernos pivotantes y apriete las tuercas a 90 libras-pie.

Modelos de 1982 y años posteriores

1. Levante y asegure la parte delantera del vehículo con caballetes.

2. Quite la rueda o ruedas delanteras.

3. Desconecte el acoplamiento de la barra estabilizadora del brazo inferior del control.

NOTA: Si el mecanismo de la dirección estorba para el desmontaje, desmóntelo y póngalo aparte.

4. Desconecte la varilla protectora del muñón de la dirección utilizando un extractor de rótulas nº J-24292A.

5. Utilizando un compresor de muelles helicoidales de ajuste interno, comprima el muelle helicoidal de forma que quede sin tensión en el asiento.

ATENCIÓN

Siga las instrucciones del fabricante cuando utilice el compresor de muelles. Los muelles helicoidales comprimidos tienen mucha energía almacenada y si se libera accidentalmente puede provocar lesiones graves.

6. Para desmontar el muelle helicoidal, desconecte el brazo inferior de control del miembro transversal quitando los pernos pivotantes. Si es necesario obtener más espacio de trabajo, desconecte el brazo inferior de control de la articulación de la dirección en la rótula.

7. Para montarlo, comprima el muelle helicoidal hasta que la altura del muelle sea la misma que la extraída, y a continuación colóquelo en el brazo de control. Asegúrese de que el extremo inferior del muelle helicoidal queda en su posición correcta en el brazo inferior de control y que el extremo superior encaja perfectamente en el colchoncillo.

8. El montaje del resto de los componentes se efectúa en el orden inverso al de desmontaje. Apriete los pernos que unen el brazo inferior de control a la mangueta de la dirección con un par de 78 libras-pie, las tuercas del perno pivotante con un par de 63 libras-pie, las tuercas que unen la varilla conectora a la mangueta de la dirección con un par de 35 libras-pie, las tuercas que unen la barra estabilizadora al brazo de control con un par de 13 libras-pie.

Amortiguador telescópico

DESMONTAJE Y MONTAJE

Modelos de 1980-81

1. Quite la tuerca superior del vástago a la vez que lo sujeta para que no gire.

2. Quite los pernos que sujetan el amortiguador telescópico al brazo inferior de control y extráigalo a través del brazo.

3. Despliegue el nuevo amortiguador telescópico e introdúzcalo hacia arriba a través del brazo inferior de control. Asegúrese de que el vástago superior pasa a través del orificio existente en el soporte del bastidor del brazo superior de control.

NOTA: Purgue el aire de los nuevos amortiguadores telescópicos comprimiéndolos repetidas veces en posición invertida y desplegándolos en su posición normal de montaje.

4. Coloque un ojal protector, la tapa de retén y la tuerca en el vástago superior del amortiguador telescópico.

5. Sujete el vástago del amortiguador y apriete la tuerca superior con un par de 8 libras-pie.

6. Coloque los pernos de sujeción del brazo inferior de control y apriételos con un par de 20 libras-pie.

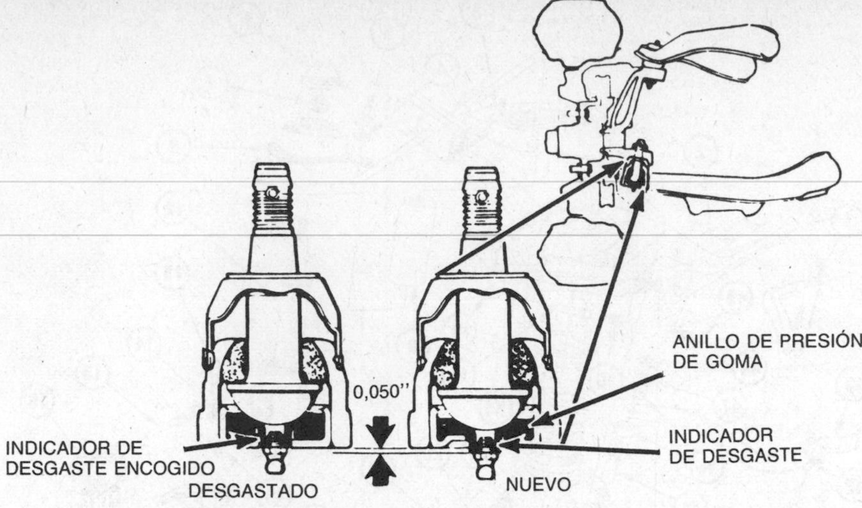

Indicador de desgaste situado en las rótulas inferiores —todos los modelos

Puntal (Poste)

DESMONTAJE Y MONTAJE

Modelos de 1982 y años posteriores

1. Coloque la llave de contacto en la posición UNLOCKED (desbloqueo) de forma que puedan moverse las ruedas delanteras.

2. Quite la tapa y tuerca que existe entre el puntal y la montura superior situados en el refuerzo del alojamiento de la rueda delantera.

ATENCIÓN

No intente mover el vehículo con la fijación superior del puntal desmontado.

3. Levante y asegure la parte delantera del vehículo y coloque caballetes bajo los brazos inferiores de control.

4. Quite el conjunto de la rueda y el neumático.

5. Quite la manguera del freno del soporte del puntal.

6. Quite los pernos de sujeción del puntal a la mangueta de la dirección.

7. Levante el puntal por encima de la mangueta (articulación) de la dirección para comprimir la varilla conectora y a continuación tire hacia abajo y extraiga el puntal.

8. Para montarlo, despliegue la varilla (barra de acoplamiento) a través de la montura superior y coloque la fijación superior y a continuación siga el procedimiento inverso al de desmontaje. Apriete la tuerca que une el puntal al alojamiento de la rueda con un par de 44 libras-pie y los pernos que unen el puntal a la mangueta de la dirección con un par de 202 libras-pie.

REPARACIONES

NOTA: Para toda la información sobre reparaciones, véase por favor el apartado Reparaciones del puntal de la sección de reparaciones del conjunto.

AJUSTE DEL COJINETE DE LA RUEDA DELANTERA

1. Levante y asegure la parte delantera del vehículo con caballetes.

2. Quite la tapa de protección guardapolvos del cubo de la rueda, la clavija hendida (chaveta) y afloje la tuerca del cubo.

3. Gire la rueda y apriete la tuerca de forma que asienten los cojinetes. NO la apriete con un par superior a 12 libras-pie.

4. Afloje la tuerca hasta que pueda moverse con la mano. Alinee el orificio de la clavija hendida existente en el husillo con el orificio existente en la tuerca.

5. Coloque una clavija hendida nueva y doble los extremos de la misma.

NOTA: El juego axial debería estar comprendido entre 0,001 y 0,005 pulgadas. Si el juego supera esta tolerancia, deberían sustituirse los cojinetes de las ruedas.

6. El montaje se efectúa en el orden inverso al de desmontaje.

Rótulas

INSPECCIÓN

NOTA: Antes de realizar esta inspección, asegúrese de que ha ajustado los cojinetes de las ruedas y de que los manguitos del brazo de control están en buen estado.

1. Levante y asegure la parte delantera del vehículo con caballetes hasta que las ruedas queden elevadas 1 o 2''.

2. Coloque una barra bajo la rueda y apalánquela hacia arriba. Si la rueda se eleva más de 1/8 de pulgada, esto indica que las rótulas están desgastadas. Determine, por inspección visual, si la rótula superior o inferior están desgastadas mientras apalanca la rueda.

3. Puede inspeccionarse adicionalmente la rótula superior después de desmontar parcialmente la suspensión. Si el espárrago presenta un cierto movimiento oscilante, o si puede girarse con los dedos, debería sustituirse.

NOTA: Debido a la distribución de fuerzas en la suspensión, normalmente la rótula inferior suele ser la que primero se estropea. Por este motivo, la mayoría de los modelos disponen de indicadores de desgaste en la rótula inferior. Mientras que el indicador sobresalga por debajo del asiento del espárrago de la rótula, no es necesaria su sustitución.

DESMONTAJE Y MONTAJE

Rótula superior

NOTA: Los modelos de 1982 y años posteriores no disponen de rótula superior debido al diseño del puntal.

1. Levante y sujete el vehículo con caballetes.

2. Quite el conjunto del neumático y la rueda.

3. Sujete el brazo inferior de control con un caballete.

4. Quite la tuerca del espárrago de la rótula superior.

5. Utilizando un extractor de rótulas nº J-23742, saque la rótula de la mangueta de la dirección.

6. Utilizando una broca de 1/8 de pulgada, perfore las cabezas de los cuatro remaches de la rótula situados en la parte superior del brazo de control hasta una profundidad de 1/4 de pulgada.

7. Utilizando una broca de 1/2 de pulgada, perfore las cabezas de los remaches restantes de forma que queden nivelados con el brazo de control y a continuación utilice un pequeño punzón para extraer los remaches de los orificios.

8. Coloque la rótula con las tuercas y pernos suministrados con la nueva rótula (tuercas en la parte superior). Apriete las tuercas y pernos con un par de 8 libras-pie.

9. Coloque la válvula de engrase en la nueva rótula.

10. Una el brazo superior de control a la articulación de la dirección y coloque el espárrago de la rótula a través del saliente de la articulación. Apriete el espárrago de la rótula con un par de 65 libras-pie (modelos de 1980-81). Coloque la clavija hendida.

ATENCIÓN

NO afloje la tuerca para alinear la clavija hendida (chaveta).

11. El montaje se efectúa en el orden inverso al de desmontaje.

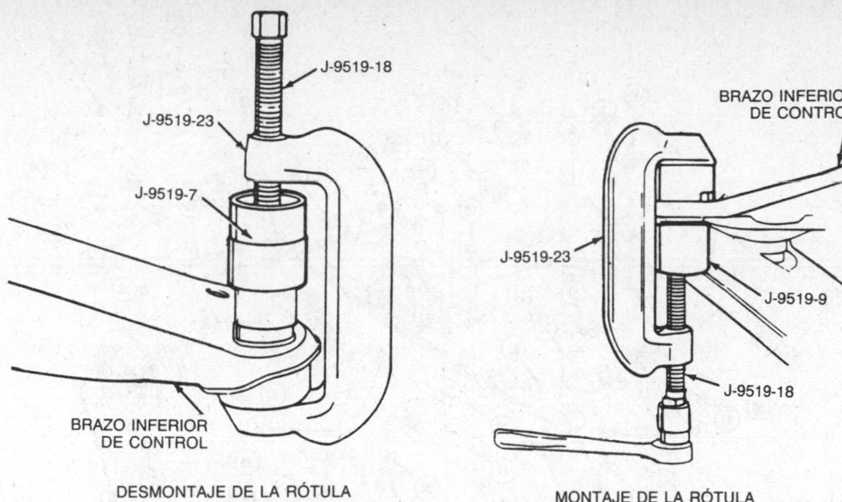

Desmontaje y montaje de la rótula inferior

Rótula inferior

1. Levante y asegure la parte delantera del vehículo por debajo del bastidor con caballetes. Quite el conjunto de la rueda y su cubierta.

2. Sujete el brazo inferior de control con un gato hidráulico.

3. Saque la clavija hendida y afloje la tuerca del espárrago de la rótula inferior.

4. Utilizando la herramienta J-24292A, afloje el espárrago de la rótula sacándolo de la mangueta de la dirección. Separe el brazo de control de la mangueta de la dirección.

5. Utilizando el extractor de rótulas J-9519-10 (modelos de 1980-81) o J-9529-23 (modelos de 1982 y años posteriores) y un adaptador J-9519-7, extraiga a presión el espárrago de la rótula del brazo inferior de control.

6. Coloque la nueva rótula en el brazo inferior de control. Utilizando un montador-instalador J-9510-10 (1980-81) o J-9519-23 (modelos de 1982 y años posteriores) y adaptador J-9519-9, introduzca a presión la rótula en el brazo inferior de control hasta que llegue al fondo del mismo.

NOTA: Cuando coloque una rótula nueva, coloque la válvula de purga en el fuelle de goma mirando hacia adentro.

7. Para finalizar el montaje, conecte el conjunto formado por la rótula y el brazo de control a la mangueta de la dirección y apriete la tuerca de la rótula con un par de 83 libras-pie (modelos de 1980-81) o 77 libras-pie (modelos de 1982 y años posteriores) y a continuación siga el procedimiento inverso al de desmontaje.

Brazo inferior de control

DESMONTAJE Y MONTAJE

1. Véanse los procedimientos del apartado Desmontaje y montaje de los muelles helicoidales de esta sección y saque el muelle helicoidal.

2. Saque el espárrago de la rótula de la mangueta de la dirección.

3. Quite los pernos pivotantes y el brazo inferior de control.

4. Para montarlo, siga el procedimiento inverso al de desmontaje. Apriete los pernos pivotantes del brazo de control con un par de 40 libras-pie (1980-81) o 63 libras-pie (modelos de 1982 y años posteriores).

Brazo superior de control

DESMONTAJE Y MONTAJE

1. Consulte los procedimientos del apartado Desmontaje y montaje de la rótula superior de esta sección y extráigala de la mangueta de la dirección.

2. Quite las tuercas pivotantes del eje del brazo superior de control.

NOTA: Coloque juntas las arandelas de reglaje con cinta adhesiva e identifíquelas de manera que puedan ser colocadas posteriormente en su posición original.

3. Sujete el conjunto del cubo para evitar que resulte dañado el conjunto del conducto del líquido de frenos.

4. Saque el brazo superior de control fuera de vehículo.

5. Para montarlo siga el procedimiento inverso al de desmontaje. Asegúrese de que están colocados los pernos que unen el eje al bastidor en la misma posición en que estaban antes de su extracción y que las arandelas de reglaje quedan en su posición original. Apriete las tuercas de los pernos pivotantes del brazo de control con un par de 85 libras-pie.

Articulación de la dirección (mangueta)

DESMONTAJE Y MONTAJE

Modelos de 1980-81

1. Extraiga por el procedimiento de sifón algo de líquido del cilindro maestro del freno.

2. Levante y sujete el vehículo con caballetes.

3. Quite el conjunto de la rueda y el neumático.

4. Quite el calibre de la mangueta de la dirección y sujételo con un alambre.

5. Quite el tapón de engrase, la clavija hendida, la tuerca almenada y el conjunto del cubo.

6. Quite los tres pernos que sujetan el protector a la mangueta de la dirección.

7. Utilizando el extractor de rótulas J-6627, desconecte la varilla conectora de la mangueta de la dirección.

8. Utilizando el extractor de rótulas J-23742, desconecte las rótulas de la mangueta de la dirección.

9. Coloque un gato bajo el brazo inferior de control (junto al asiento del muelle) y desconecte la rótula de la mangueta a la dirección.

10. Levante el brazo superior de control y desconecte la rótula de la mangueta de la dirección.

11. Saque la mangueta de la dirección fuera del vehículo.

12. Para montarlo siga el procedimiento inverso al de desmontaje. Apriete la tuerca que une la rótula superior a la mangueta de la dirección con un par de 65 libras-pie, la tuerca que une la rótula inferior a la mangueta de la dirección con un par de 90 libras-pie y la tuerca que une la varilla conectora a la mangueta de la dirección con un par de 40 libras-pie. Ajuste el cojinete de la rueda y rellene el cilindro maestro.

Modelos de 1982 y años posteriores

1. Extraiga por el procedimiento de sifón algo de líquido del cilindro maestro del freno.

2. Levante y sujete el vehículo con caballetes.

3. Quite el conjunto de la rueda y la cubierta.

4. Quite el manguito del líquido de frenos del puntal.

5. Quite el calibre de la mangueta de la dirección y sujételo con un alambre.

6. Quite el tapón de la grasa, saque la clavija hendida, la tuerca almenada y el conjunto del cubo.

7. Quite el guardabarros.

8. Desconecte la varilla conectora de la mangueta de la dirección.

9. Sujete el brazo inferior de control mediante caballetes. Utilizando un extractor de rótulas n.º J-24292A, desconecte la rótula de la mangueta de la dirección.

10. Quite los pernos que unen el puntal a la mangueta de la dirección y saque esta última.

11. Para montarla, siga el procedimiento inverso al de desmontaje. Apriete los pernos que unen el puntal a la mangueta de la dirección con un par de 202 libras-pie, la tuerca que une la rótula a la mangueta de la dirección con un par de 78 libras-pie y la tuerca que une la varilla conectora a la mangueta de la dirección con un par de 35 libras-pie. Ajuste el cojinete de la rueda y rellene el cilindro maestro.

Barra estabilizadora

DESMONTAJE Y MONTAJE

1. Levante y asegure la parte delantera del vehículo con caballetes.

2. Desconecte los pernos del acoplamiento de la barra estabilizadora situados en los brazos inferiores de control.

3. Quite las abrazaderas que unen la barra estabilizadora al bastidor.

4. Saqué la barra estabilizadora.

5. Para montarla, siga el procedimiento inverso al de desmontaje. Apriete los pernos que unen la barra estabilizadora al brazo inferior de control con un par de 13 libras-pie y los pernos que unen la barra estabilizadora con un par de 24 libras-pie (en los modelos de 1980-81) o con un par de 37 libras-pie (en los modelos de 1982 y años posteriores).

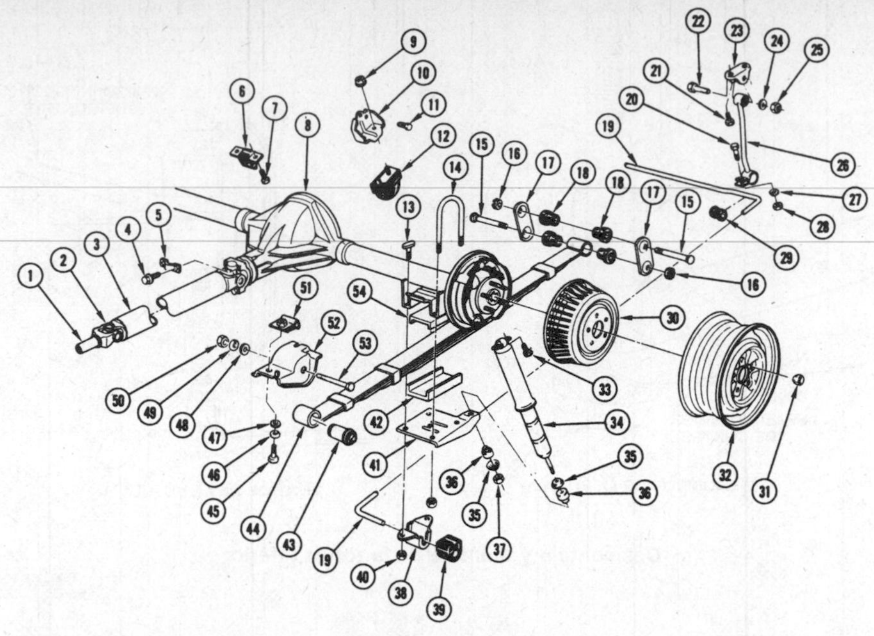

1. Yugo de junta universal
2. Junta universal
3. Árbol de la transmisión
4. Perno (5/16"-24 x 1 7/16")
5. Cinta
6. Paragolpes
7. Perno (5/16"-12 x 3/4")
8. Carcasa
9. Tuerca
10. Soporte
11. Tornillo (3/8" - 16 x 1 1/8")
12. Conjunto del paragolpes
13. Perno (7/16" - 20 x 1 5/16")
14. Perno (7/16" - 20 en U)
15. Perno
16. Tuerca (7/16" - 20)
17. Grillete
18. Manguito
19. Eje del estabilizador trasero
20. Perno (5/16" - 18 x 3/8")
21. Tornillo (3/8" - 16 x 1 1/8")
22. Perno (3/8" - 16 x 2 ¼")
23. Soporte
24. Arandela (1" x 25/64")
25. Tuerca (3/8" - 16)
26. Soporte
27. Arandela (1/4")
28. Tuerca (5/16" - 18)
29. Buje
30. Tambor del freno
31. Tuerca
32. Rueda
33. Tornillo (5/16" - 18 x 1")
34. Amortiguador telescópico
35. Retén
36. Arandela de presión
37. Tuerca
38. Soporte
39. Buje
40. Tuerca
41. Placa
42. Colchoncillo
43. Conjunto del manguito
44. Ballesta trasera
45. Perno
46. Arandela (3/8")
47. Arandela
48. Arandela
49. Arandela (1/2")
50. Tuerca (1/2" - 20)
51. Tuerca (3/8" - 16)
52. Soporte
53. Perno (1/2" - 20 x 4 7/8")
54. Colchoncillo (Tope contra golpes)

Suspensión trasera de ballesta utilizada en los modelos hasta 1981

SUSPENSIÓN TRASERA

Los modelos de 1980-81 disponen de suspensión trasera de ballesta; los modelos de 1982 y años posteriores disponen de suspensión de muelles helicoidales con un brazo de apriete y una barra guía para estabilizar el conjunto del eje. Las barras antibalanceo (estabilizadoras) pueden montarse también en aquellos modelos que no las lleven.

Amortiguador telescópico

DESMONTAJE Y MONTAJE

1. Levante y sujete la parte trasera del vehículo con caballetes.

2. Si el vehículo dispone de amortiguadores telescópicos Superlift, desconecte el conducto neumático.

3. En los modelos de 1980-81, quite la tuerca inferior del amortiguador telescópico, el retén y la arandela de goma. Quite los pernos superiores y extraiga el amortiguador.

4. En los modelos de 1982 y años posteriores, tire hacia atrás de la alfombrilla, desconecte la tuerca superior de sujeción del amortiguador, quite el perno inferior de sujeción del amortiguador al eje y extraiga el amortiguador.

5. Para montarlo, siga el procedimiento inverso al de desmontaje. En los modelos de 1980-81 apriete los pernos superiores con un par de 18 libras-pie y los inferiores con un par de 7 libras-pie. En los modelos de 1982 y años posteriores, apriete los pernos superiores con un par de 13 libras-pie y los inferiores con un par de 70 libras-pie.

Muelles

DESMONTAJE Y MONTAJE

Modelos de 1980-81

1. Levante y sujete la parte trasera del vehículo con el bastidor de forma que pueda levantarse y bajarse independientemente el eje trasero.

2. Sujete el eje trasero con un gato hidráulico.

3. Desconecte el soporte inferior del amortiguador telescópico.

4. Afloje el perno de sujeción a través del ojal delantero del muelle. Desatornille el soporte delantero de la carrocería.

5. Baje el árbol y a continuación quite el soporte y el perno de sujeción del ojal del muelle.

6. Extraiga, utilizando una palanca, el cable del freno de mano del retén de la placa de sujeción del muelle.

7. Quite las tuercas del perno en U, la placa del muelle y los colchoncillos superior e inferior del muelle.

8. A continuación quite el perno inferior posterior del grillete y el muelle.

9. Para montarlo, coloque el soporte frontal en el ojal del muelle, coloque el grillete posterior, atornille el soporte frontal en su posición, coloque los pernos en U y el amortiguador telescópico. Apriete los pernos sirviéndose del peso del vehículo sobre los muelles. Apriete el perno de sujeción del soporte delantero con un par de 25 libras-pie, los pernos en U con un par de 40 libras-pie y los pernos del grillete posterior trasero con un par de 50 libras-pie.

Modelos de 1982 y años posteriores

1. Levante y sujete el vehículo con caballetes colocados bajo el bastidor, de forma que se pueda subir y bajar independientemente el eje trasero.

2. Sujete el eje trasero con un gato hidráulico.

3. Si dispone de soportes de sujeción para las mangueras de los frenos, desconéctelos dejando que cuelguen libremente. NO desconecte las mangueras. Realice este paso únicamente si las mangueras son excesivamente estiradas al bajar el eje.

4. Desconecte la barra de alineación o guía del eje.

5. Quite los pernos interiores del amortiguador telescópico y baje el eje. Asegúrese de que el eje está bien sujeto en el gato hidráulico y de que no es posible que se corra después de desconectar los amortiguadores telescópicos.

6. Baje el eje y quite el muelle helicoidal, NO baje el eje por debajo de los conductos del líquido de frenos, ya que de lo contrario éstos resultarán dañados.

7. Para montarlos, siga el procedimiento inverso al de desmontaje. Asegúrese de que el muelle queda en la misma posición que antes de su desmontaje. Apriete el perno que une la barra guía al eje con un par de 93 libras-pie, el perno que une la barra a la carrocería con un par de 58 libras-pie y los pernos que unen el amortiguador telescópico al eje con un par de 70 libras-pie.

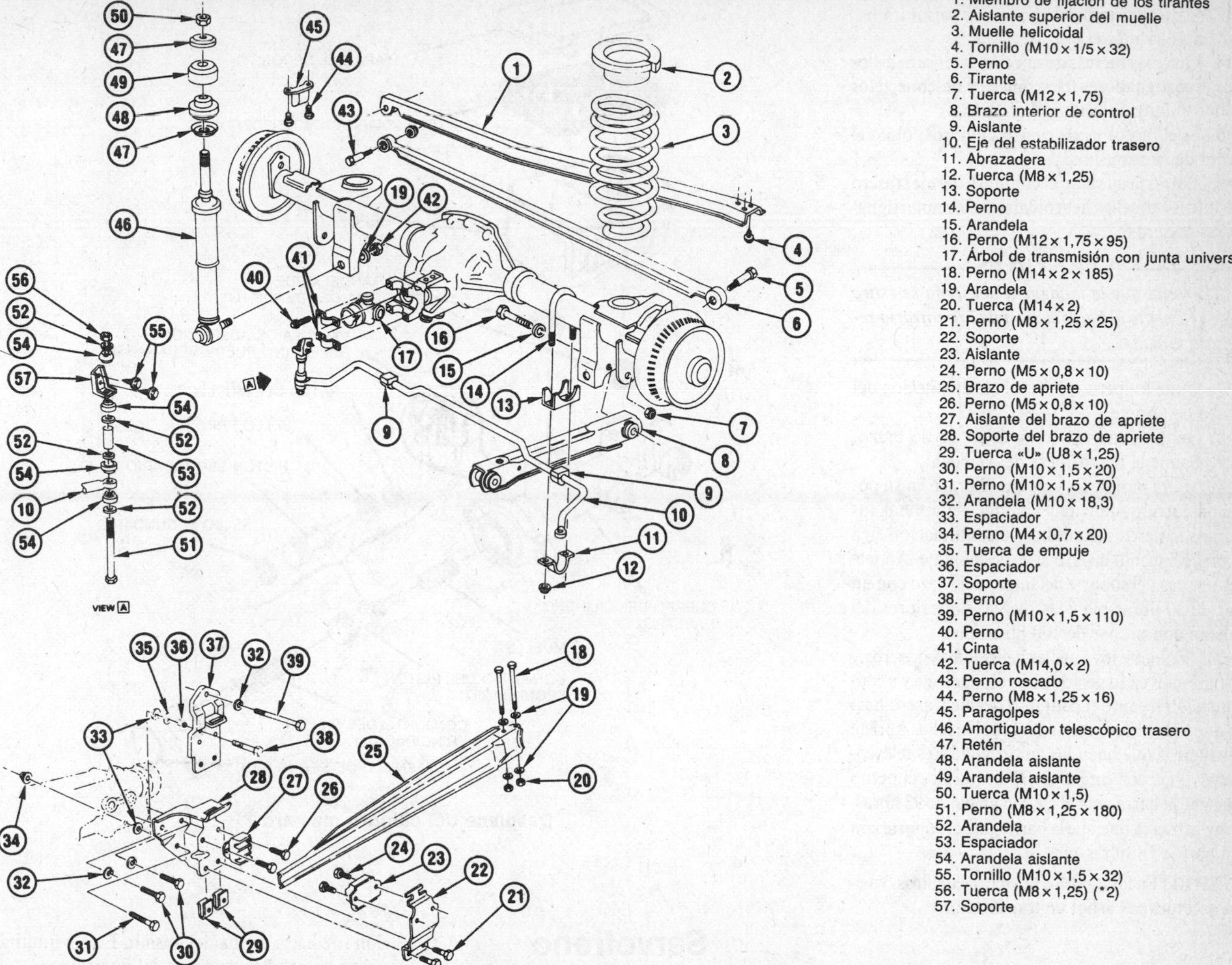

Suspensión trasera de muelles helicoidales en los modelos de 1982 y años posteriores

Barra guía

DESMONTAJE Y MONTAJE

Modelos de 1982 y años posteriores

1. Levante y sujete la parte trasera del vehículo con caballetes, manteniéndolo a una altura mínima.

2. Quite los pernos de sujeción de la barra guía y extráigala.

3. Para montarla, limpie los pernos de sujeción de la misma y siga el procedimiento inverso al de desmontaje. Apriete los pernos que unen la barra estabilizadora al conjunto del árbol con un par de 93 libras-pie y los pernos que la unen al soporte de la carrocería con un par de 58 libras-pie.

Tirante de la barra guía

DESMONTAJE Y MONTAJE

Modelos de 1982 y años posteriores

1. Levante y sujete la parte trasera del vehículo con caballetes colocados bajo el eje trasero.

2. Quite los tornillos del protector refractario del tirante de la barra.

3. Quite los tornillos que unen el tirante de la barra al tirante de la carrocería.

4. Quite los pernos que unen la barra al soporte de la carrocería y extraiga el tirante de la barra.

5. Para montarla, siga el procedimiento inverso al de desmontaje. Apriete la tuerca que une la barra al tirante de la carrocería con un par de 58 libras-pie y los tornillos que unen el tirante de la barra al soporte de la carrocería con un par de 34 libras-pie.

Brazo inferior de control trasero

DESMONTAJE Y MONTAJE

Modelos de 1982 y años posteriores

NOTA: Desmonte y monte los brazos inferiores de control DE UNO EN UNO. Si se desmontan los dos brazos a la vez, el eje podría girar o deslizarse hacia un lado haciendo que el montaje de los brazos se complique.

1. Levante y soporte la parte trasera del vehículo con caballetes situados bajo el eje trasero.

2. Quite los pernos de sujeción del brazo de control y extráigalo.

3. Para montarlo, siga el procedimiento inverso al de desmontaje.

Apriete los pernos del brazo de control con un par de 68 libras-pie.

Brazo de par

DESMONTAJE Y MONTAJE

Modelos de 1982 y años posteriores

OTA: Deben desmontarse los muelles helicoidales ANTES DE el brazo de par . Si se desmonta en primer lugar el brazo de apriete, éste resultará dañado.

1. Levante y sujete la parte trasera del vehículo con caballetes colocados debajo del bastidor. Coloque un gato hidráulico debajo del eje trasero.

2. Quite el perno de sujeción de la barra guía del conjunto del eje y a continuación afloje del tirante de la carrocería el perno de la barra de desplazamiento.

3. Desconecte el clip de la manguera del freno trasero de conjunto del eje, lo que permitirá bajar un poco más el eje.

4. Quite las tuercas de sujeción inferiores de los dos amortiguadores telescópicos y desconéctelos de sus puntos inferiores de fijación.

5. Si el motor es de cuatro cilindros, quite el árbol de transmisión.

6. Baje con cuidado el conjunto del eje trasero y quite los muelles helicoidales de los amortiguadores traseros.

ATENCIÓN

NO permita que la manguera del freno se estire excesivamente al bajar el eje o de lo contrario resultará dañada.

7. Quite los pernos posteriores de sujeción del brazo de apriete.

8. Quite el soporte exterior delantero del brazo.

9. Saque el brazo fuera del vehículo.

10. Para montarlo, coloque el brazo en su posición correspondiente y coloque sin apretar los pernos traseros del mismo y a continuación siga el procedimiento inverso al de desmontaje. Apriete las tuercas del soporte delantero del brazo con un par de 20 libras-pie y las tuercas posteriores del mismo con un par de 100 libras-pie.

11. Coloque los muelles helicoidales traseros y los aislantes en su posición correspondiente y a continuación levante el conjunto del eje trasero hasta que todo el peso recaiga sobre el muelle. Apriete las tuercas que unen los amortiguadores telescópicos al eje con un par de 70 libras-pie, el perno que une la barra guía al eje con un par de 93 libras-pie y la tuerca que une la barra guía al soporte con un par de 58 libras-pie.

NOTA: En los modelos de cuatro cilindros, vuelva a colocar el árbol de transmisión.

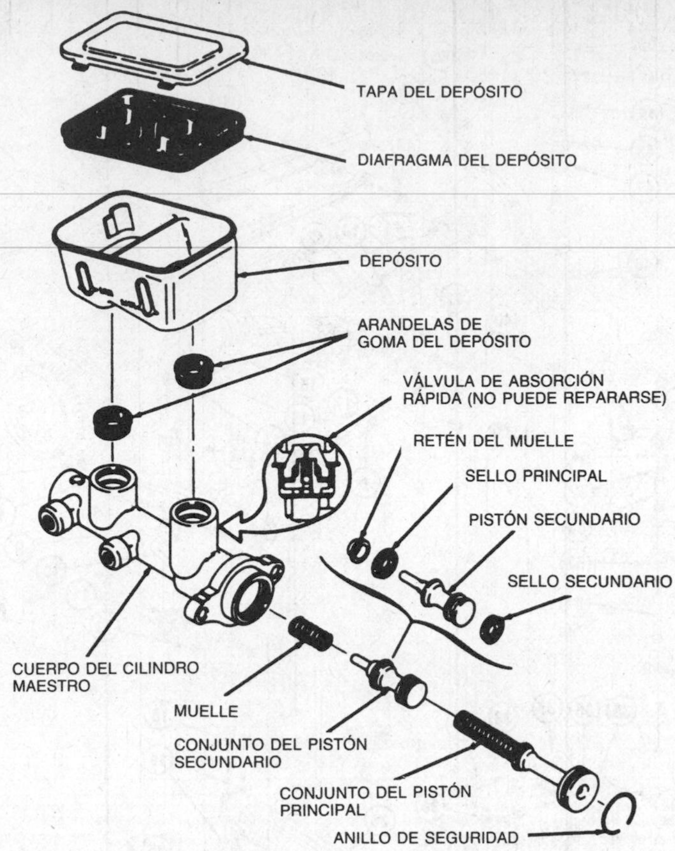

Despiece del cilindro maestro

FRENOS

Toda la información sobre inspección y reparaciones que no se incluya en los apartados siguientes, se encuentra en el apartado Frenos de la sección de reparaciones del conjunto.

Cilindro maestro

DESMONTAJE Y MONTAJE

1. Desconecte los conductos de los frenos del cilindro maestro. Si NO disponen de servofreno, desconecte el pedal del freno de la varilla de empuje del cilindro maestro.

2. Quite las tuercas que sujetan el cilindro maestro al salpicadero o al servofreno.

3. Saque el cilindro maestro fuera del vehículo.

ATENCIÓN

Tenga cuidado de no dejar escapar el líquido de frenos sobre las superficies pintadas. El líquido de frenos levanta la pintura.

4. Para montarlo, siga el procedimiento inverso al de desmontaje. Apriete las tuercas de sujeción del cilindro maestro con un par de 20-30 libras-pie. Purgue el sistema de líquido de frenos.

Servofreno

DESMONTAJE Y MONTAJE

1. Vea los procedimientos del apartado Desmontaje y montaje del cilindro maestro de esta sección y desmóntelo.

2. Desconecte la varilla de empuje del pedal del freno. Desmonte la manguera de vacío del servo del pedal del freno.

3. Quite las cuatro tuercas de sujeción del servofreno desde la parte inferior del panel de instrumentos.

4. Desmonte el servofreno.

5. Para montarlo, siga el procedimiento inverso al de desmontaje. Apriete las tuercas de fijación del servofreno al salpicadero y las de sujeción del cilindro maestro al servo con un par de 22-30 libras-pie.

Válvula combinada

DESMONTAJE Y MONTAJE

NOTA: La válvula combinada no puede repararse y se ha de sustituir si está estropeada. En algunos modelos podría ser necesario elevar el vehículo.

1. Desconecte el conector eléctrico del interruptor del diferencial de presión. Se recomienda que aplaste el anillo de cierre de plástico en forma de elipse con la ayuda de unos alicates y a continuación tire hacia arriba del mismo. Esto permitirá quitar los rabillos de cierre del interruptor.

2. Desconecte y tapone los conductos hidráulicos de la válvula combinada y a continuación extráigala.

3. El montaje se efectúa en el orden inverso al de desmontaje.

4. Purgue todo el sistema del líquido de frenos.

ATENCIÓN

No mueva el vehículo hasta no obtener un considerable tacto de freno.

Cilindro de la rueda

DESMONTAJE Y MONTAJE

Modelos de 1980-81

1. Levante y sujete bien el vehículo.

2. Marque la relación del cilindro al borde del eje.

3. Quite el cilindro, el tambor y las zapatas de los frenos.

4. Limpie toda la suciedad que rodea al cilindro en el conducto del freno y desconéctelo.

5. Saque el cilindro de la rueda de la placa de refuerzo.

6. El montaje se efectúa en el orden inverso al de desmontaje. Apriete el conducto del freno de la rueda trasera al rodillo de la misma con un par de 12 libras-pie.

7. Purgue el sistema.

Modelos de 1982 y posteriores

1. Introduzca punzones o clavijas, de 1/8 de pulgada de diámetro o menos, en las ranuras de acceso entre la guía del rodete de la rueda y las lengüetas de cierre del retén.

2. Desdoble las dos lengüetas a la vez hasta que queden por encima del saliente dejando así libre el rodillo de la rueda. Tire del clip de retención frontal.

3. Para facilitar el montaje sujete el cilindro de la rueda contra la placa de refuerzo introduciendo un bloque entre el cilindro de la rueda y el borde del eje.

4. Coloque el clip de retención del cilindro de forma que las lengüetas queden apartadas y en posición horizontal respecto a la placa de refuerzo al realizar el montaje.

5. Coloque a presión el nuevo anillo de retención sobre el estribo del cilindro de la rueda e introdúzcalo en su posición utilizando una llave de cubo de 12 lados de 1 1/8 de pulgada. Asegúrese de que las lengüetas del retén quedan debidamente encajadas en el empalme.

6. Coloque las zapatas de los frenos, tambor y rueda.

7. Purgue el sistema hidráulico.

Freno de mano (Estacionamiento)

AJUSTE

Frenos de tambor trasero

1. Accione el pedal del freno de mano exactamente dos clics de la cremallera.

2. Levante y sujete la parte trasera del vehículo con caballetes.

3. Apriete la tuerca de ajuste del cable del freno hasta que pueda girarse la rueda trasera izquierda hacia atrás con las dos manos, pero quede bloqueada cuando se intente moverla hacia adelante.

4. Suelte el pedal del freno de mano; las dos ruedas traseras deben girar libremente en cualquier dirección sin que roce el freno.

Frenos de disco trasero

1. Compruebe que los cables del freno de mano se mueven libremente y lubrique los puntos de roce de los cables situados bajo la carrocería. Lubrique también los enganches del equilibrador.

2. Suelte totalmente el pedal del freno de mano.

3. Levante y sujete la parte trasera del vehículo con caballetes.

4. No permita que gire el espárrago del cable del freno y a continuación apriete la tuerca de ajuste hasta que se elimine el juego del cable.

NOTA: Asegúrese de que las palancas del freno de mano de los calibres traseros quedan contra los topes de la carcasa del calibre. Si las palancas no quedan en contacto con los topes, afloje la tuerca de ajuste del cable hasta que esto ocurra.

5. Accione varias veces el cable del freno de mano. El recorrido del pedal del freno de mano debería ser de 5 1/4-6 3/4 de pulgada (en los modelos de 1980-81) o de 14 clics (en los modelos de 1982 y años posteriores) cuando se ejerza una fuerza de aproximadamente 130-150 libras sobre el pedal.

DIRECCIÓN

Extremos de la varilla conectora (barra de acoplamiento)

DESMONTAJE Y MONTAJE

1. Levante y asegure la parte delantera del vehículo con caballetes.

2. Saque las clavijas hendidas y las tuercas almenadas de los espárragos de las rótulas.

3. Saque la rótula utilizando un extractor de rótulas J-24319-01 o J-6627. Si es necesario, tire hacia abajo de la varilla conectora para desconectarla del brazo de la dirección.

4. Utilizando el mismo extractor, saque el espárrago interno de la rótula de la varilla de recolocación siguiendo un procedimiento similar.

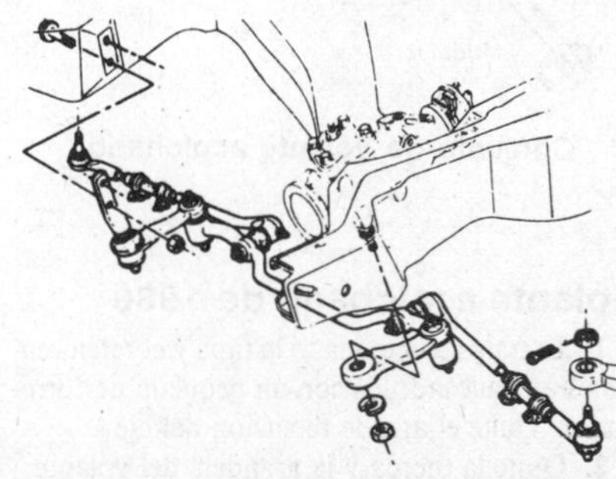

Varillaje de la dirección típico de todos los modelos

NOTA: Cuando quite los extremos de la varilla conectora de ésta, asegúrese de que marca su posición relativa o cuente el número necesario de vueltas para extraerlos.

5. Para desmontar el extremo o extremos de la varilla conectora de ésta, afloje el perno de la abrazadera y desatornille los extremos.

NOTA: Lubrique las roscas de la varilla conectora con grasa de chasis y coloque una o unas nuevas. Asegúrese de que ambos extremos quedan a una distancia igual de la varilla conectora y apriete los pernos de la abrazadera. Asegúrese de que los pernos de la rótula, las superficies cónicas y las superficies roscadas están limpias, lisas y no tienen grasas. Coloque sellos nuevos en los espárragos de las rótulas y a continuación colóquelas en la mangueta de la dirección y en la varilla de recolocación.

6. Asegúrese de que las ranuras de la abrazadera y el manguito están bien alineados antes de proceder a apretar las abrazaderas. Asegúrese de que el apriete de los pernos se haga en posición horizontal a 50° hacia arriba (hacia adelante) cuando la varilla de empuje está en su posición normal.

7. Para montarlos, siga el procedimiento inverso al de desmontaje. Apriete las tuercas de las rótulas con un par de 35 libras-pie y las abrazaderas de las varillas conectoras con un par de 14 libras-pie. Coloque clavijas hendidas nuevas. Lubrique los nuevos tirantes. Compruebe la alineación de las ruedas.

Mecanismo de la dirección (manual o hidráulico)

DESMONTAJE Y MONTAJE

1. Desconecte el cable negativo de la batería. Quite el protector del acoplamiento. Si dispone de dirección hidráulica, quite las mangueras del líquido hidráulico del mecanismo de la dirección y tapónelas para impedir que entren partículas extrañas al sistema.

2. Quite los pernos, arandelas de seguridad y tuercas de sujeción que unen el acoplamiento de la dirección a la pestaña del eje de la misma.

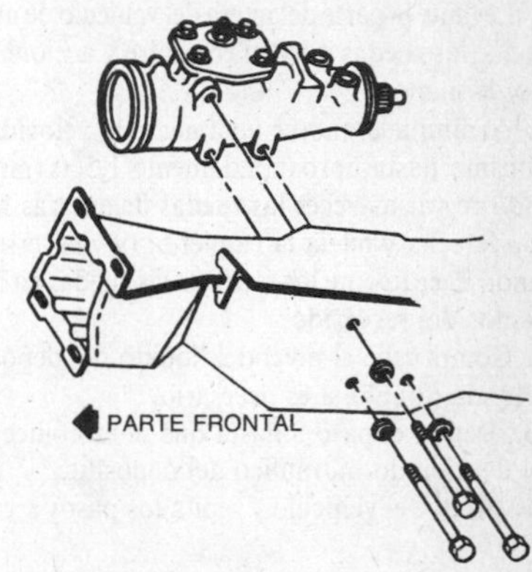

Montaje del mecanismo de la dirección servoasistida típico de todos los modelos

3. Quite la tuerca y la arandela del brazo Pitman. Marque la relación entre la posición del brazo y el eje.

4. Saque el brazo Pitman del mecanismo de la dirección utilizando el extractor J-6632.

5. Quite los pernos que unen el mecanismo de la dirección al bastidor. Saque dicho mecanismo fuera del vehículo.

6. Para montarlo, siga el procedimiento inverso al de desmontaje.

Bomba de dirección servoasistida

DESMONTAJE Y MONTAJE

1. Saque las mangueras de la bomba y proteja las bocas con cinta adhesiva para impedir que entre la suciedad. Coloque los conductos desconectados en posición vertical para impedir que se produzcan fugas.

2. Quite la correa de accionamiento de la bomba.

3. Afloje los pernos de sujeción, los tirantes (si existen) y la bomba.

4. Para montarla, siga el procedimiento inverso al de desmontaje. Apriete los pernos que unen el soporte al motor con un par de 24 libras-pie y los pernos de sujeción de la bomba a la montura con un par de 27 libras-pie. Ajuste la tensión de la correa de accionamiento. Rellene la bomba con líquido hidráulico y purgue el sistema.

PURGA DEL SISTEMA

1. Rellene el depósito con líquido para dirección hidráulica.

NOTA: NO se recomienda la utilización de líquido para transmisión automática en el sistema de la dirección hidráulica. Utilice únicamente líquido específico para direcciones hidráulicas.

2. Deje que se estabilice el depósito y el líquido hidráulico durante algunos minutos.

3. Arranque el motor, déjelo girar durante aproximadamente 3-5 minutos para que se caliente el líquido hidráulico, y a continuación párelo.

4. Verifique el nivel del líquido del depósito y añada líquido hidráulico, si es necesario.

5. Repita los pasos anteriores hasta que se estabilice el nivel del líquido hidráulico.

6. Levante la parte delantera del vehículo de manera que las ruedas queden en el aire y accione el freno de mano.

7. Arranque el motor y aumente la velocidad del mismo hasta aproximadamente 1,500 rpm.

8. Gire varias veces las ruedas delanteras hacia la derecha y hacia la izquierda (y viceversa), tocando ligeramente los topes de las ruedas en los extremos del recorrido.

9. Compruebe el nivel del líquido del depósito. Añada líquido si es necesario.

10. Repita el paso 8 hasta que se estabilice el nivel del líquido hidráulico del depósito.

11. Apoye el vehículo y repita los pasos 8 y 9.

Volante

DESMONTAJE Y MONTAJE

ATENCIÓN

Desconecte el cable a masa de la batería antes de quitar el volante. Cuando lo monte, asegúrese siempre de que la palanca de los intermitentes está en la posición Neutral.

Volante estándar

1. Quite los tornillos de la cubierta de acabado situados detrás del volante.

2. Extraiga la cubierta y el conjunto de conductores de la bocina del volante.

3. Quite el anillo de retención del eje y la tuerca del volante.

4. Marque la relación de posiciones entre el volante y el eje. Extraiga el volante del eje del mismo utilizando un extractor de volantes nº J-2927 o equivalente.

5. Para montarlo, alinee las marcas de referencia, e introduzca el volante deslizándolo sobre el eje del mismo y siga el procedimiento inverso al de desmontaje. Apriete la tuerca del volante con un par de 35 libras-pie (modelos de 1980) y con un par de 30 libras-pie (modelos de 1981 y años posteriores) y los tornillos de la cubierta de acabado del volante con un par de 8 libras-pie.

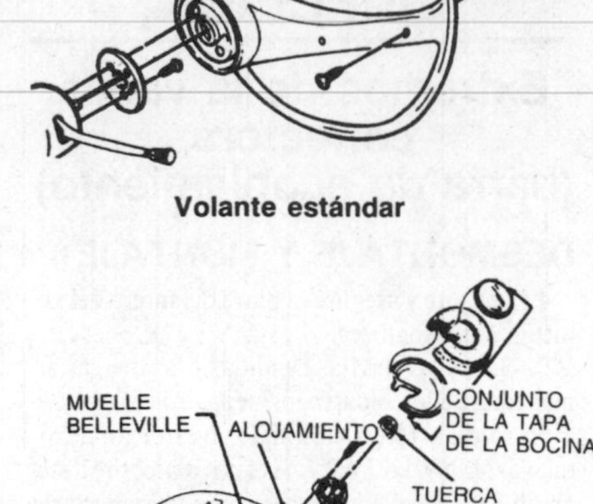

Volante estándar

MUELLE BELLEVILLE
ALOJAMIENTO
CONJUNTO DE LA TAPA DE LA BOCINA
TUERCA DEL EJE
AISLANTE SUPERIOR DE LA BOCINA
AISLANTE INFERIOR DE LA BOCINA
VOLANTE
OJAL
MUELLE

Conjunto de volante acolchado

Volante acolchado de 1980

1. Extraiga con cuidado la tapa y el retén centrales apalancándolos con un pequeño destornillador. Quite el aro de retención del eje.

2. Quite la tuerca y la arandela del volante.

3. Quite los tres tornillos superiores de la bocina, el aislante, la copa de alojamiento, el muelle belleville y la arandela de reglaje.

4. Marque la relación entre el volante y el eje. Extraiga el volante de la columna de la dirección utilizando un extractor J-2927 o su equivalente.

5. Para montarlo, alinee las marcas de referencia e introduzca el volante deslizándolo a través del eje del mismo. Apriete las tuercas del volante con un par de 35 libras-pie.

Interruptor de los intermitentes

DESMONTAJE Y MONTAJE

1. Vea los procedimientos del apartado Desmontaje y montaje del volante de esta sección y extráigalo.

2. Quite la cubierta de acabado que va entre la columna de la dirección y el panel de instrumentos.

3. Extraiga la tapa de la columna de la dirección apalancándola mediante un pequeño destornillador.

4. Coloque el compresor de placas de cierre, herramienta nº J-23653 o equivalente, en el extremo del eje de la dirección y comprima la placa de cierre girando la tuerca del eje en el sentido de las agujas del reloj. Extraiga el anillo de retención del cable de la acanaladura del eje y tire el anillo.

5. Quite la herramienta y extraiga la placa de cierre del eje del volante.

6. Extraiga la leva de cancelación, el muelle de carga previa del cojinete superior y la arandela de empuje, deslizándolos a lo largo del eje.

7. Quite el tornillo de fijación y la palanca de intermitentes. Pulse el botón de los intermitentes y desatorníllelo.

NOTA: Si dispone de un botón y un mando o pomo, quite el tornillo de sujeción del botón y a continuación saque el botón, el muelle y mando.

8. Quite los tres pernos de sujeción. Extraiga el conector del interruptor del soporte de la camisa del mástil, envuélvalo con cinta adhesiva, tire hacia arriba del interruptor y extraiga el conector a través del soporte de la columna de la dirección.

NOTA: En los volantes regulables, coloque la carcasa del interruptor de los intermitentes y de la palanca en la posición baja y quite la tapa del colector de cables.

9. Para montarlo, acople un trozo largo de alambre al conector del interruptor de los intermitentes, haga pasar este alambre a través de la carcasa de la columna de la dirección y por debajo del soporte y a continuación tire del alambre y del conector del interruptor y de la tapa hasta que queden en su posición correspondiente.

NOTA: En los modelos con volantes regulables, tire del conector hacia abajo a través de la carcasa por debajo del soporte y a continuación coloque la tapa sobre el colector de cables.

10. Coloque los tornillos de sujeción del interruptor y el conector en el soporte de la camisa. Coloque la cubierta de acabado entre la columna de la dirección y el panel de instrumentos.

11. Coloque la perilla de los intermitentes y la palanca de los mismos.

12. Con la placa de los intermitentes en la posición Neutral o desconectada y la perilla de los intermitentes también desconectada, deslice la arandela de empuje, muelle superior de carga previa del cojinete y la leva de cancelación a lo largo del eje.

13. Utilizando el útil J-23653 o equivalente, introduzca a presión la placa de cierre sobre el eje y coloque un anillo de retención NUEVO en la acanaladura del eje. No vuelva a utilizar el anillo de retención anterior.

14. Coloque la tapa del volante, apriete los tornillos del interruptor de intermitentes con un par de 3 libras-pie y la tuerca que une el volante al eje con un par de 35 libras-pie.

Interruptor de encendido

DESMONTAJE Y MONTAJE

El interruptor está alojado dentro de la sección acanalada del soporte del pedal del freno y no puede accederse al mismo si no se abate primero la columna de la dirección. El interruptor es accionado por un conjunto formado por una varilla y una cremallera. Un mecanismo en el extremo del cilindro de bloqueo engrana con el extremo superior dentado de la varilla.

1. Sujete y abata la columna de la dirección.

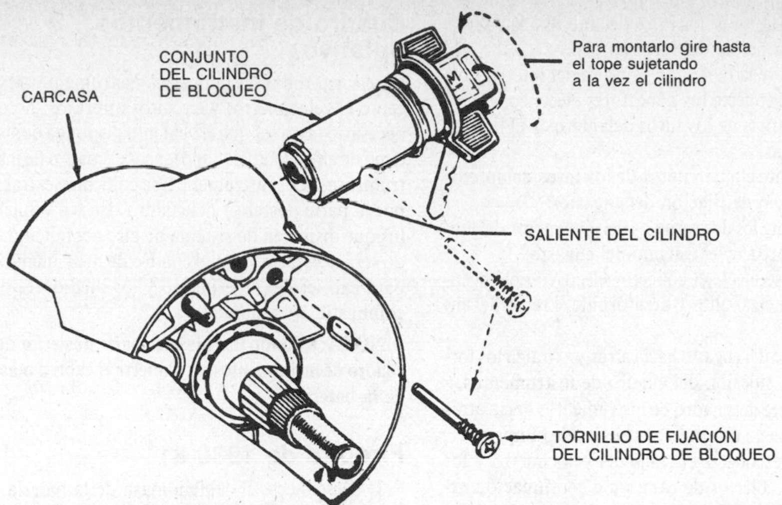

Sustitución del cilindro de bloqueo del encendido en modelos de 1979 y años posteriores

2. Coloque el interruptor de encendido en la posición OFF-UNLOCKED y desplace la varilla de accionamiento dos dientes a partir de la parte superior.

3. Quite los dos tornillos de fijación y el conjunto del interruptor de encendido.

4. Antes de montarlo, coloque el nuevo en la posición OFF-UNLOCKED y asegúrese de que el cilindro de bloqueo del encendido y la varilla de accionamiento están también en la posición OFF-UNLOCKED (segundo diente a partir de la parte superior).

5. Coloque la varilla de accionamiento en el interruptor, móntelo en la columna de la dirección y apriete los tornillos de fijación con un par de 3 libras-pie.

NOTA: Utilice únicamente los tornillos especificados ya que si utiliza tornillos demasiado largos la columna de dirección no se podría plegar.

6. Coloque la columna de la dirección y apriete las tuercas que la unen al soporte con un par de 25 libras-pie.

Cilindro de bloqueo del encendido

DESMONTAJE Y MONTAJE

1. Desconecte el cable a masa de la batería y a continuación consulte el procedimiento de Desmontaje y montaje del interruptor de los intermitentes de esta sección y levante el interruptor de los intermitentes para poder acceder al cilindro de bloqueo.

NOTA: Cuando levante el interruptor de los intermitentes, tire del mismo hacia atrás lo suficiente como como para extraerlo del eje del volante. NO extraiga el colector de cables de la columna de la dirección.

2. Coloque el contacto de encendido en la posición ON.

3. Quite el interruptor del zumbador, el tornillo del cilindro de bloqueo y extráigalo.

ATENCIÓN

Si se deja caer el tornillo durante su desmontaje y cae dentro de la columna de la dirección, será necesario desmontarla totalmente para recuperarlo.

Desmontaje del cierre del muelle del cilindro de bloqueo

4. Para montarlo, gire el cilindro en el sentido de las agujas del reloj para alinear la chaveta del cilindro con el chavetero de la carcasa. Introduzca totalmente el cilindro de bloqueo y a continuación coloque el tornillo y apriételo con un par de 22 libras-pie en el caso de columnas de dirección regulables y con un par de 40 libras-pulgada en el caso de columnas estándar.

PARTE ELÉCTRICA DEL CHASIS

Interruptor de los faros delanteros

DESMONTAJE Y MONTAJE

Camaro 1980-81

1. Desconecte el cable negativo de la batería y coloque el interruptor de las luces en la posición ON.

2. Quite la tapa inferior de la columna de la dirección (lleva seis tornillos).

3. Acceda al lado izquierdo detrás del tablero de instrumentos y presione sobre el retén del eje del interruptor de los faros (fijado sobre el mismo interruptor), a la vez que tira suavemente de la perilla del interruptor.

4. Quite la tuerca que sujeta el interruptor al panel de instrumentos.

5. Quite los cuatro tornillos del soporte del panel de instrumentos de la parte delantera y los dos de la parte trasera, y a continuación incline hacia afuera la parte derecha del panel de instrumentos.

6. Desconecte el conector del colector de cables y quite el interruptor.

7. Para montarlo siga el procedimiento inverso al de desmontaje.

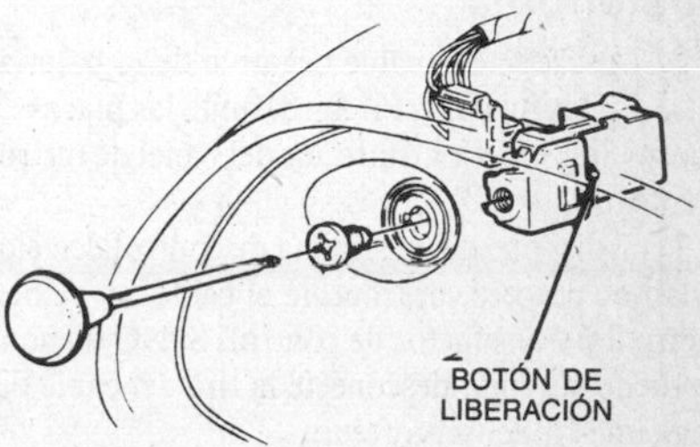

Interruptor típico de faros delanteros. Observe la posición del mando y el botón de liberación del eje

Firebird de 1980-81

1. Desconecte el cable negativo de la batería.

2. Coloque la perilla del interruptor de los faros delanteros en la posición ON.

3. Acceda a la parte inferior del panel de instrumentos y presione el botón de bloqueo correspondiente a la perilla y el eje (situado en el interruptor) y a continuación extraiga la perilla y el eje.

4. Quite la tuerca de sujeción del interruptor.

5. Quite el interruptor del panel de instrumentos y desconecte el conector eléctrico.

6. Para montarlo siga el procedimiento inverso al de desmontaje.

Modelos de 1982 y años posteriores (todos los modelos)

1. Desconecte el cable negativo de la batería.

2. Quite las placas de guarnición inferiores derecha e izquierda; NO quite la tapa inferior del panel de instrumentos.

3. Quite la placa de guarnición del cuadro del panel de instrumentos.

4. Quite los dos tornillos que sujetan el conjunto del interruptor.

5. Presione los rabillos laterales y extraiga el conjunto del interruptor.

6. Desconecte el conector y el colector de cables y extraiga el interruptor de los faros delanteros del conjunto.

7. El montaje se efectúa en el orden inverso al de desmontaje.

Cable del velocímetro

DESMONTAJE Y MONTAJE

Modelos de 1980-81

1. Desconecte el cable a masa de la batería.

2. Por la parte posterior del velocímetro desdoble la lengüeta de retención a la vez que aprieta hacia adentro y luego hacia afuera el extremo del cable.

3. Quite el tapón de cierre del panel del mamparo contraincendios de forma que pueda moverse el cable.

4. Extraiga el núcleo de los cables del velocímetro del forro. Si el núcleo está roto, será necesario levantar el vehículo y desconectar el cable de la transmisión para extraer el otro extremo.

5. Para montarlo lubrique el núcleo con lubricante de cables y siga el procedimiento inverso al de desmontaje. Asegúrese de que el núcleo queda enganchado al accionamiento de la transmisión.

Modelos de 1982 y años posteriores

1. Desconecte el cable negativo de la batería.

2. En los modelos Firebird, quite las placas de guarnición superior e inferior del panel de instrumentos.

3. Si dispone de un sistema de control de velocidad de crucero, desconecte el cable del velocímetro del transductor de control. Si NO dispone de dicho sistema, desconecte la tira del cable del velocímetro del servofreno.

4. En los modelos Camaro, quite el engaste del cuadro de instrumentos.

5. Quite los seis tornillos del cuadro de instrumentos y sáquelo lo suficiente hacia afuera como para poder acceder a la parte posterior de la cabeza del velocímetro.

6. Por debajo de la conexión del cable en la cabeza del velocímetro empuje hacia adentro del muelle de sujeción del cable y desconéctelo del velocímetro.

7. Extraiga el cable anterior deslizándolo a lo largo del forro del cable del velocímetro. Si está roto, extráigalo por ambos extremos del forro.

NOTA: **Utilizando un trozo pequeño de cable viejo para encajar el conector del velocímetro, gírelo para aumentar la velocidad indicada en la esfera y compruebe si durante el giro existe rozamiento alguno. Si esto es así, se ha de extraer para su reparación o sustitución. Compruebe si en alguna parte del forro del cable existen dobleces, rascaduras, roturas, etc., y sustitúyalo si es necesario.**

8. Para montarlo, limpie el cable utilizando un paño que no tenga pelusa. Lave el forro en su interior con petrolato y séquelo con aire comprimido, lubricando a continuación el cable del velocímetro con un lubricante apropiado (asegúrese de recubrir las dos terceras partes inferiores del cable). Introduzca el cable en el forro y siga el procedimiento inverso al de desmontaje.

Cuadro de instrumentos

DESMONTAJE Y MONTAJE

Modelo Camaro de 1980-81

1. Desconecte el cable negativo de la batería.

2. Quite los seis tornillos del engaste del cuadro de instrumentos.

3. Por la parte posterior izquierda del cuadro de instrumentos apriete el botón del retén del eje del interruptor de los faros delanteros a la vez que tira de la perilla del interruptor.

4. Quite la tuerca de sujeción del interruptor.

5. Desconecte los conectores eléctricos de los interruptores de los faros delanteros y el limpiaparabrisas.

6. Quite el interruptor de los faros delanteros del orificio de fijación del engaste.

7. Quite los dos tornillos del interruptor del limpiaparabrisas y extráigalo del engaste.

8. Desconecte el conector eléctrico del encendedor de cigarrillos y desatornille el retén del engaste.

9. Tire del engaste hacia atrás y extraiga los tornillos de sujeción del cuadro de instrumentos.

10. Tire del cuadro de instrumentos hacia atrás y desconecte el conector del circuito impreso.

11. Desconecte el cable del velocímetro y los clips del colector de cables y a continuación extraiga el cuadro de instrumentos.

12. Para montarlo, siga el procedimiento inverso al de desmontaje.

Cuadro de instrumentos optativo

Para sacar todas las lámparas, instrumentos (excepto el velocímetro) y circuitos impresos, no es necesario (a no ser que el vehículo disponga de sistema de aire acondicionado) sacar el cuadro de instrumentos. Los instrumentos se colocan y extraen por la parte posterior del cuadro. En los vehículos que disponen de sistema de aire acondicionado será necesario sacar el cuadro de instrumentos para extraer el amperímetro y los medidores de combustible y temperatura.

NOTA: **Cuando trabaje en la parte posterior del cuadro de instrumentos, desconecte el cable a masa de la batería.**

Firebird de 1980-81

1. Desconecte el cable a masa de la batería.

2. Quite la placa superior de la guarnición del panel de instrumentos.

3. Saque la placa inferior de la guarnición del

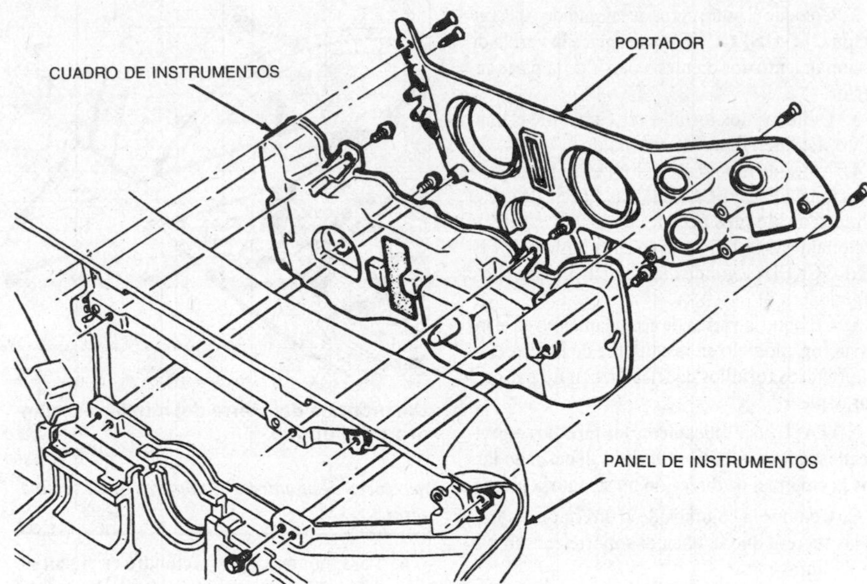

Despiece típico de un cuadro de instrumentos - modelos hasta 1981

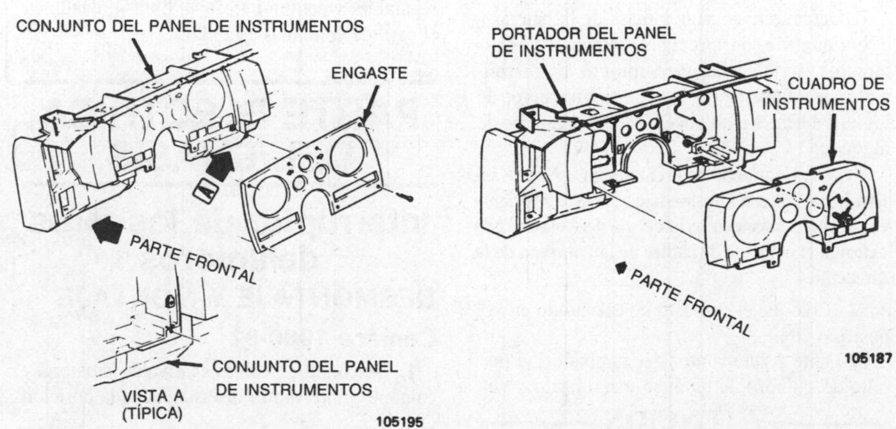

Cuadro de instrumentos y engaste típicos - modelos de 1982 y años posteriores

panel de instrumentos y el soporte fuera de la columna de la dirección.

4. Afloje las dos tuercas de la columna de la dirección y bájela con cuidado.

5. Quite los tornillos del cuadro y extráigalo. Desconecte el cable del velocímetro y el colector de cables del circuito impreso.

6. Quite el cuadro de instrumentos.

7. Para montarlo siga el procedimiento inverso al de desmontaje.

Modelos Camaro de 1982 y años posteriores

MODELO SPORT COUPE

1. Desconecte el cable negativo de la batería.

2. Quite el engaste (marco) del cuadro de instrumentos.

3. Quite los seis pernos de sujeción del cuadro.

4. Saque el cuadro hacia afuera y a continuación desconecte el cable del velocímetro de los conectores eléctricos.

5. Quite el cristal del cuadro.

6. Para montarlo siga el procedimiento inverso al de desmontaje.

MODELO BERLINETTA

1. Desconecte el cable negativo de la batería.

2. Quite el engaste del cuadro de instrumentos.

3. Quite los ocho tornillos de la tapa de guarnición de la columna de la dirección y desmonte la tapa.

4. Quite los tornillos de sujeción de los grupos de mandos derecho e izquierdo de la parte inferior de cada uno de ellos. Empuje los grupos de mando hacia atrás y desconecte los conectores eléctricos.

5. Quite los cinco tornillos del cristal del cuadro de instrumentos y extraiga el cristal.

6. Quite los dos pernos de la columna de la dirección y abátala.

7. Empuje el cuadro de instrumentos hacia atrás y desconecte el conector eléctrico. Saque el cuadro de instrumentos.

8. Para montarlo, siga el procedimiento inverso al de desmontaje.

Modelos Firebird de 1982 y años posteriores

1. Desconecte el cable negativo de la batería.

2. Quite las placas de guarnición inferiores derecha e izquierda.

3. Quite la placa de guarnición del panel de instrumentos.

4. Quite los tornillos de sujeción del cuadro, tire del cuadro hacia atrás y a continuación desconecte el cable del velocímetro y los conectores eléctricos.

5. Quite el odómetro (aparato que mide el recorrido de un viaje), el botón de puesta a cero (si dispone del mismo) y el cristal del cuadro de instrumentos.

6. Para montarlo, siga el procedimiento inverso al de desmontaje.

Indicador de emisiones

Es posible que en algunos vehículos (modelos de 1980 y años posteriores) aparezca una banderita como indicador de emisiones en la ventanilla del odómetro (cuentakilómetros). La banderita podría indicar «Sensor», «Emissions» o «Catalyst» dependiendo de la parte o conjunto que esté previsto sustituir cuando existan problemas con las emisiones. La palabra «Sensor» indica que es necesario sustituir el sensor de oxígeno y las palabras «Emissions» o «Catalyst» indican que es necesario sustituir el convertidor catalítico.

PROCEDIMIENTO DE PUESTA A CERO

1. Quite la placa de la guarnición del panel de instrumentos.

2. Quite el cristal del cuadro de instrumentos.

3. Localice las muescas de reajuste del indicador de la banderita en el lado del odómetro del lado del conductor.

4. Utilice una herramienta puntiaguda para ejercer una ligera presión hacia abajo sobre las muescas hasta que el indicador se ponga de nuevo a cero.

NOTA: Una vez que el indicador se haya puesto de nuevo a cero aparecerá una marca de alineación en la parte central izquierda de la ventanilla del odómetro.

Motor del limpiaparabrisas

DESMONTAJE Y MONTAJE

1. Desconecte el cable negativo de la batería.

2. Quite la pantalla o protector del salpicadero-motor.

3. Quite los acoplamientos del accionamiento de la transmisión del brazo de accionamiento del motor del limpiaparabrisas.

4. Desconecte los conectores eléctricos y mangueras de detergente.

5. Quite los tornillos de fijación del motor y extráigalo.

NOTA: Cuando desmonte el motor, guíe el brazo de accionamiento a través del orificio.

6. Para montarlo, siga el procedimiento inverso al de desmontaje. El motor debe estar en la posición Park antes de montar el brazo de accionamiento en el acoplamiento o acoplamientos de accionamiento de la dirección.

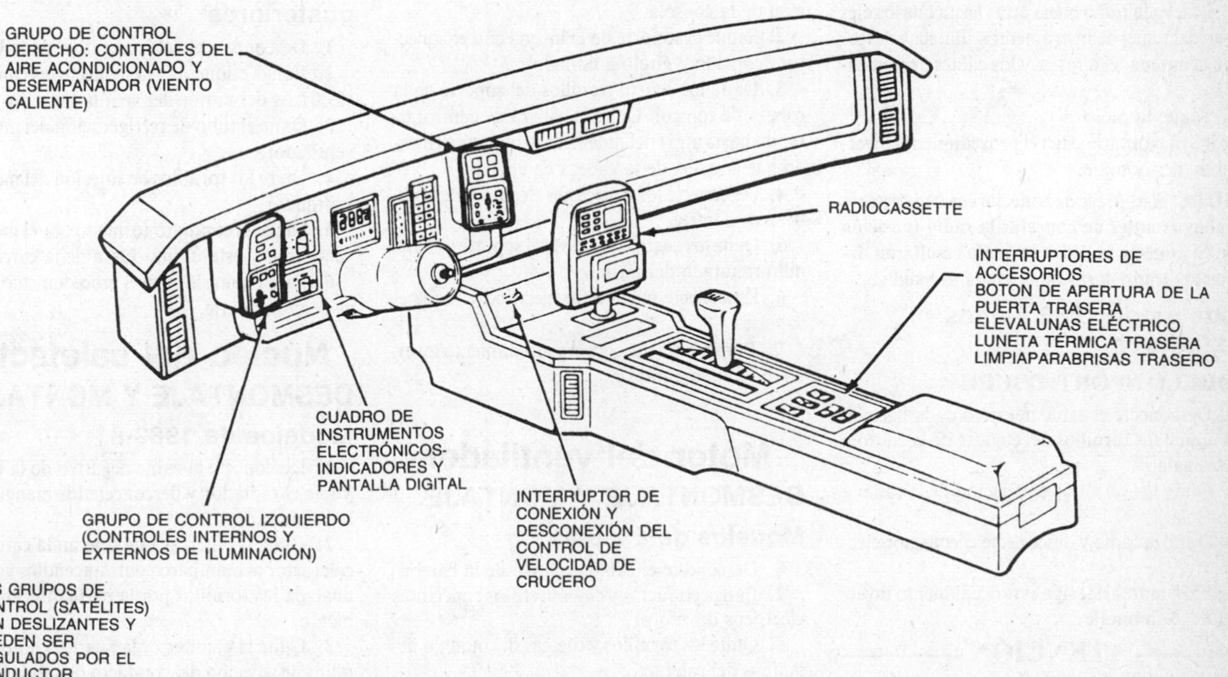

Vista del panel de instrumentos y consola en el modelo Berlinetta

Brazos y escobillas del limpiaparabrisas

DESMONTAJE Y MONTAJE

Si el conjunto del limpiaparabrisas dispone de una lengüeta de liberación de las que se deben apretar, simplemente apriétela y saque la escobilla. Si la escobilla no tuviera lengüeta de liberación, utilice un destornillador para apretar el muelle en el centro. Esto permitirá liberar al conjunto. Para instalar el conjunto, coloque la escobilla sobre la clavija en el extremo superior del brazo e introdúzcala a presión hasta que el retén de muelle entre en la acanaladura de la clavija. Para extraer la escobilla, apriete el botón de liberación o aplaste el clip de retención de tipo elástico en el extremo exterior y extraiga la escobilla deslizándola. Introduzca la nueva escobilla deslizándola hasta que quede bloqueada.

1. Introduzca la herramienta J-8966 o equivalente bajo el brazo del limpiaparabrisas y extráigalo fuera del eje.

2. Si dispone de depósito de detergente desconecte la manguera de éste del brazo. Quite el brazo del limpiaparabrisas.

3. Para montarlo, siga el procedimiento inverso al de desmontaje.

Radio

DESMONTAJE Y MONTAJE

Modelos de 1980-81

1. Desconecte el cable a masa de la batería.

2. Extraiga los mandos y engastes.

3. Quite las tuercas y arandelas del eje de control, utilizando una llave de cubo profunda. Si dispone de aire acondicionado, quite el conducto y la manguera transversal del mismo.

4. Quite los tornillos o tuercas del soporte de fijación.

5. Mueva la radio hacia atrás hasta que los ejes salgan del panel de instrumentos. Bájela y desconecte la antena, el altavoz y los cables de alimentación.

6. Saque la radio

7. Para montarla, siga el procedimiento inverso al de desmontaje.

NOTA: Asegúrese de conectar los conductores del altavoz antes de conectar la radio (posición ON). Si conecta la radio en vacío resultarán dañados los transistores de la etapa de salida.

Modelos de 1982 y años posteriores

MODELO SPORT COUPE

1. Desconecte el cable negativo de la batería.

2. Quite los tornillos del engaste de la consola y extráigala.

3. Quite los tornillos de fijación de la radio a la consola.

4. Quite la radio y desconecte el conector eléctrico.

5. Para montarla, siga el procedimiento inverso al de desmontaje.

ATENCIÓN

No conecte la radio en vacío ya que podrían resultar dañados los transistores de la etapa de salida.

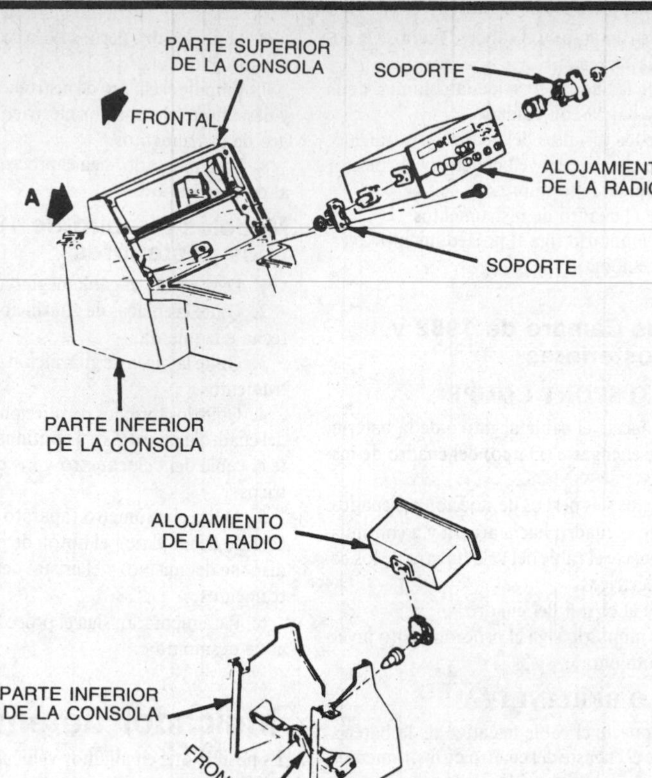

Desmontaje de la radio - modelo Sport Coupe

MODELO BERLINETTA

1. Desconecte el cable negativo de la batería. Quite los cuatro tornillos de la placa de guarnición de la consola.

2. Saque el soporte de la misma con el conector acoplado y gírelo a un lado.

3. Quite los cuatro tornillos del soporte de la cabeza de control. Quite la cabeza de control tirando hacia atrás del muelle del trinquete y tirando hacia arriba de la cabeza de control.

4. Desconecte los conectores eléctricos de la cabeza de control.

5. Quite los cuatro tornillos del soporte y el tornillo ranurado del mismo.

6. Desconecte el conector eléctrico y saque el soporte.

7. Para montarla, siga el procedimiento inverso al de desmontaje.

Motor del ventilador

DESMONTAJE Y MONTAJE

Modelos de 1980-81

1. Desconecte el cable negativo de la batería.

2. Ponga etiquetas y desconecte los conectores eléctricos del motor.

3. Quite los tornillos y tuercas del módulo delantero del calefactor.

4. Levante hacia arriba el módulo delantero y el motor.

5. El montaje se efectúa en el orden inverso al de desmontaje. Cambie todo el sellador.

Modelos de 1982 y años posteriores

1. Desconecte el cable negativo de la batería.

2. Ponga etiquetas y desconecte los conectores eléctricos del motor del ventilador.

3. Quite el tubo de refrigeración del motor del ventilador.

4. Quite los tornillos de sujeción del motor del ventilador.

5. Saque el conjunto formado por el motor del ventilador y este último fuera de la carcasa.

6. Para montarlo, siga el procedimiento inverso al de desmontaje.

Núcleo del calefactor

DESMONTAJE Y MONTAJE

Modelos de 1980-81

1. Desconecte el cable negativo de la batería. Vacíe el radiador y desconecte los manguitos de la calefacción.

2. Quite las tuercas que sujetan la carcasa del calefactor al mamparo contraincendios y a continuación los tornillos por la parte inferior del vehículo.

3. Quite la guantera y la puerta. Quite los tornillos de sujeción del conducto de salida de la calefacción a la carcasa del calefactor y dicho conducto.

4. Quite el tornillo del descongelador y extraiga la carcasa del calefactor. Ahora puede extraerse el núcleo de la carcasa.

5. Para montarlo, siga el procedimiento inverso al de desmontaje.

NOTA: Utilice sellos nuevos entre la carcasa del calefactor y el mamparo contraincendios.

Modelos de 1982 y años posteriores

1. Desconecte el cable negativo de la batería.

2. Vacíe el sistema de refrigeración.

3. Desconecte los manguitos del calefactor del núcleo del mismo.

4. Quite el panel inferior derecho de la guarnición.

5. Quite el panel inferior derecho de la guarnición del panel de instrumentos y el módulo de control electrónico de encendido si es necesario.

6. Quite el tornillo de sujeción del soporte inferior derecho del panel de instrumentos al capó.

7. Quite los cuatro tornillos de la tapa de la carcasa del calefactor.

NOTA: Puede accederse al tornillo superior izquierdo de la tapa de la carcasa del calefactor sirviéndose de un mango de llave de cubo larga. Levante con cuidado el extremo inferior derecho del panel de instrumentos para alinear el mango.

8. Quite la tapa de la carcasa del calefactor.

9. Quite los tornillos del soporte del núcleo del calefactor y los del deflector.

10. Quite el núcleo del calefactor. La placa soporte y el deflector de la carcasa del calefactor.

11. Para montarlo, siga el procedimiento inverso al de desmontaje. Rellene el sistema de refrigeración y compruebe si existen fugas una vez haya arrancado el motor.

Disyuntores

El circuito de los faros delanteros está protegido por un disyuntor alojado en el interruptor de los mismos. Los circuitos del elevalunas eléctrico, de reglaje de los asientos y de apertura eléctrica del toldo están protegidos por un disyuntor separado de 30 amperios fijado en el mamparo contraincendios. En los modelos de 1982 y años posteriores este disyuntor está situado en la caja de fusibles. Los disyuntores se abren y cierran rápidamente para proteger el circuito correspondiente si la corriente sobrepasa un valor concreto.

Fusibles e indicadores de destello

La caja de fusibles está situada bajo el panel de instrumentos, en el lado izquierdo. El indicador de los intermitentes está situado bajo el panel de instrumentos, a la derecha de la columna de la dirección. El indicador de peligro está situado bajo el panel de instrumentos a la izquierda de la columna de la dirección. En los modelos de 1980-81, tanto el indicador de los intermitentes como el de peligro están situados en los extremos inferior izquierdo y superior derecho de la caja de fusibles respectivamente. En los modelos de 1982 y posteriores, el indicador de peligro está situado en la parte inferior del panel de instrumentos a la derecha de la columna de la dirección. El indicador de los intermitentes está situado en un clip detrás del panel de instrumentos a la derecha de la columna de la dirección. Existe un fusible en la línea que protege el circuito que va bajo el capó y la lámpara de la luz de estribo. La caja de fusibles lleva indicaciones sobre el amperaje de los fusibles y el circuito o circuitos protegidos por los mismos.

Enlaces fusibles

Además de los disyuntores y fusibles, el colector de cables lleva incorporados enlaces fusibles para su protección. Se emplean enlaces fusibles, en lugar de fusibles, en los circuitos de cables que normalmente no se funden, tales como el circuito de encendido. Los enlaces fusibles son de color rojo en los circuitos de carga que protegen. Cada enlace fusible tiene un grosor cuatro veces inferior al cable al que protege y va marcado en el aislante con el amperaje, ya que el aislante ha de aparecer más pesado de lo que realmente es.

El colector de cables del compartimiento del motor dispone de varios enlaces fusibles. Cuando se sustituyan debe utilizarse un conductor del mismo grosor con un aislante especial de hypalon. Los enlaces fusibles suelen estar situados en las siguientes zonas:

1. Un empalme moldeado en el terminal «Bat» del solenoide del motor de arranque, un cable rojo del calibre 14.

2. Un enlace fusible rojo de calibre 16 en el bloque de unión para proteger el cableado que no lleva fusibles de calibre 12 o calibre más grueso. Este enlace fusible va a parar al conector del mamparo contraincendios.

3. La lámpara de advertencia del alternador y circuito de excitación está protegido por un enlace fusible rojo de calibre 20 en el terminal n.º 3 que va de la alimentación de la batería al regulador de tensión. El enlace fusible está colocado como empalme moldeado en el circuito en el bloque de unión.

4. El circuito del amperímetro está protegido por dos enlaces fusibles de calibre 20 colocados como empalmes moldeados en el circuito en el bloque de unión y en el circuito entre la batería y el motor de arranque.

Ford Motor Co.

Tracción trasera

Ford, Lincoln, Mercury
todos los modelos

IDENTIFICACIÓN DEL AÑO

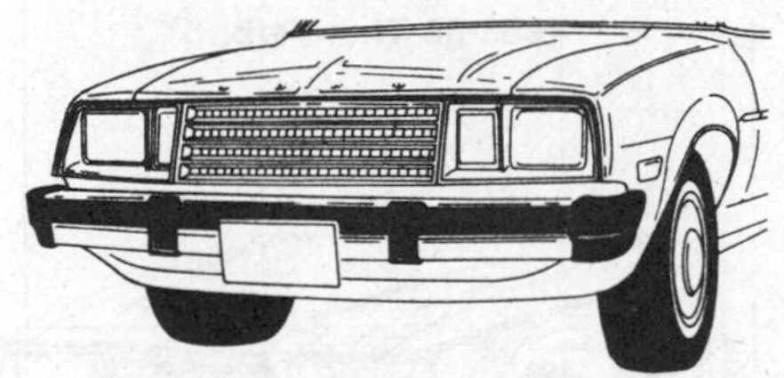

1980 Pinto

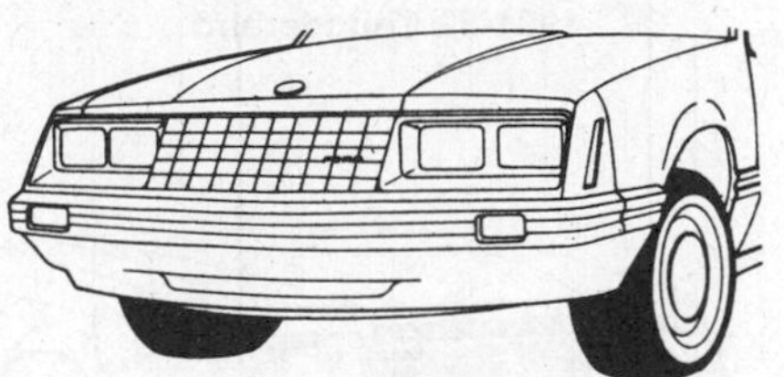

1980-81 Mustang

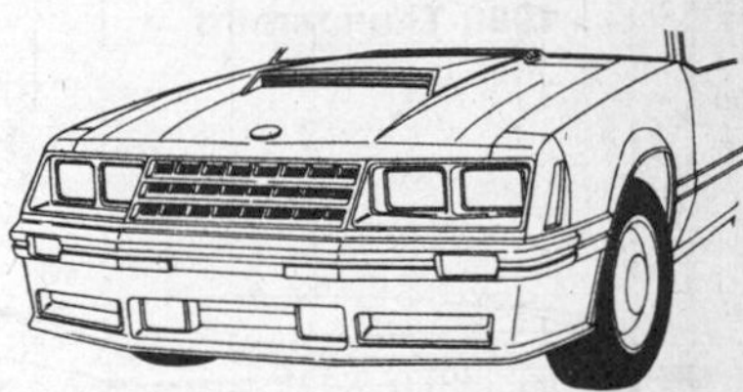

1982 Mustang

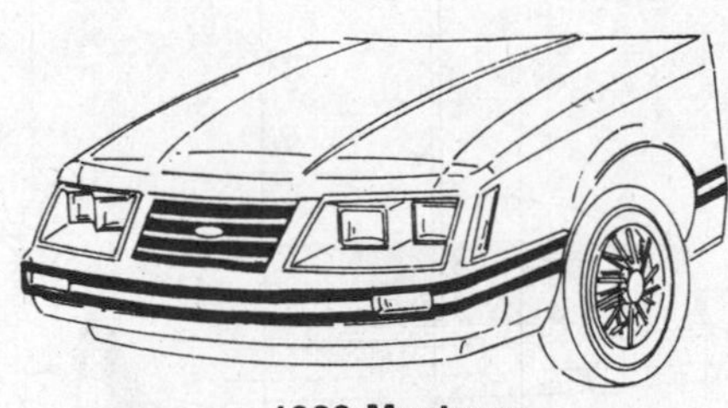

1983 Mustang

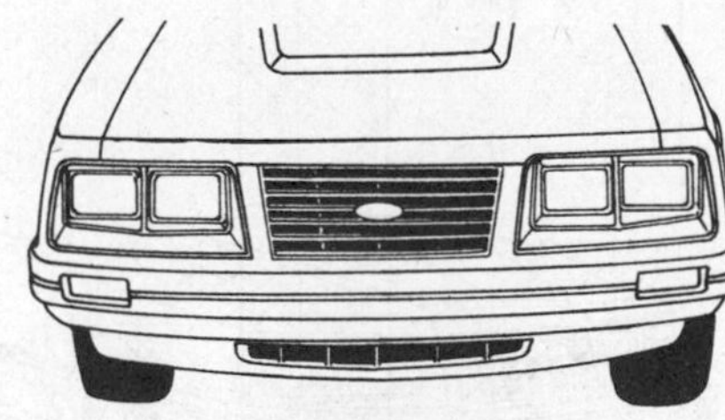

1984-86 Mustang

1985-86 Mustang GT

1984-86 Mustang SVO

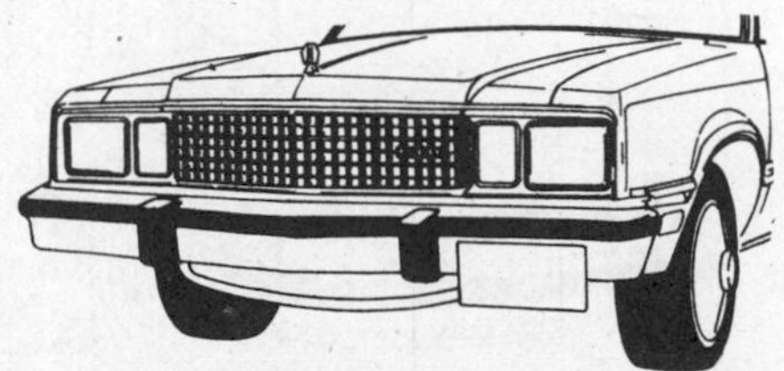

1980-81 Fairmont

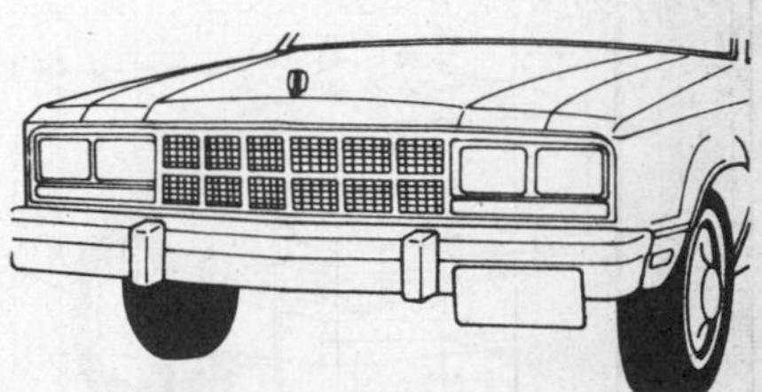

1981-83 Fairmont Futura

IDENTIFICACIÓN DEL AÑO

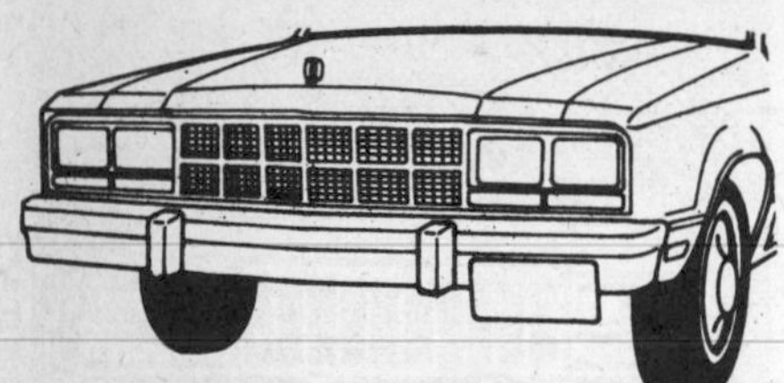

1980 Fairmont Futura

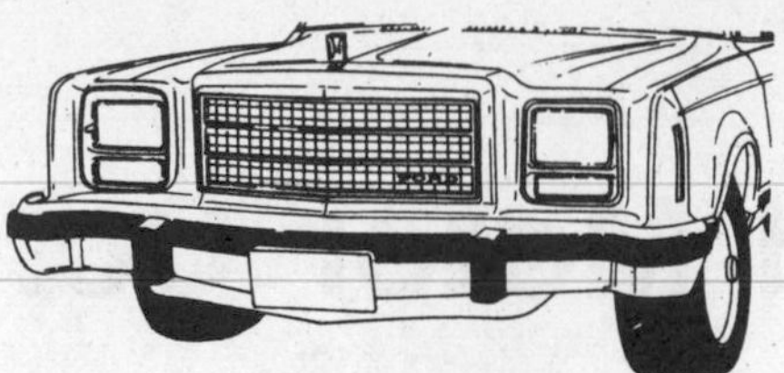

1979-80 Granada

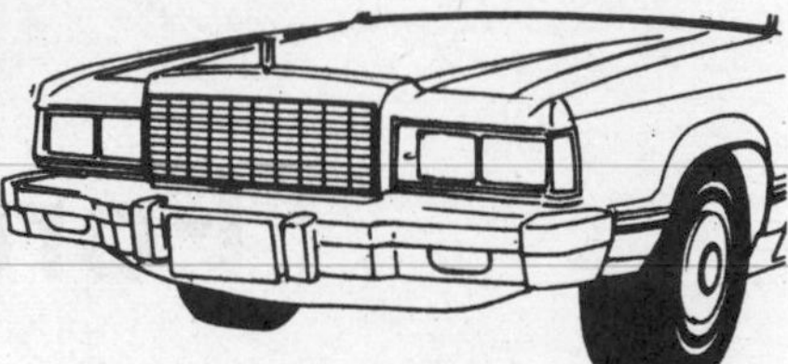

1981-82 Granada

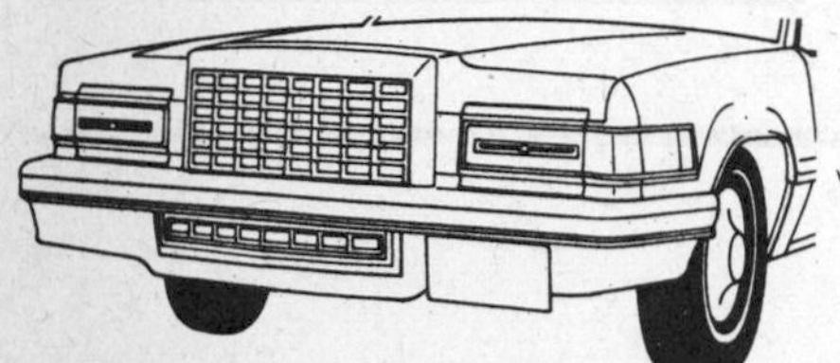

1980 Thunderbird

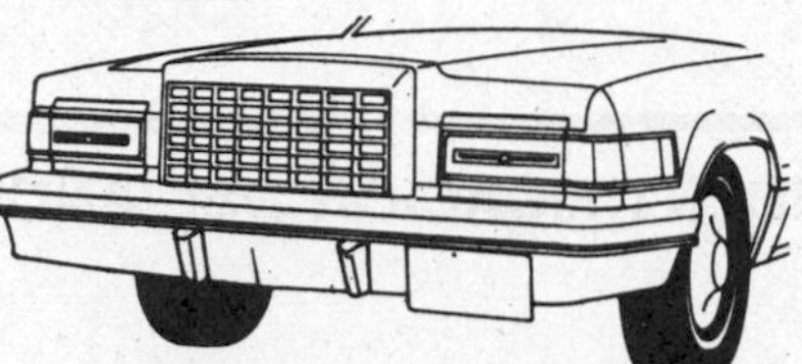

1981-82 Thunderbird

1983-86 Thunderbird

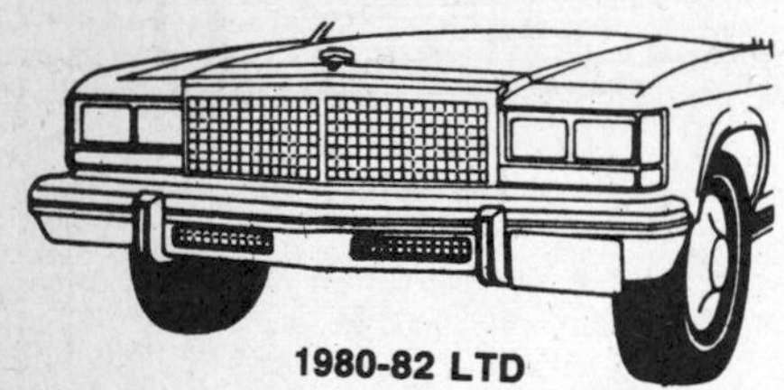

1980-82 LTD

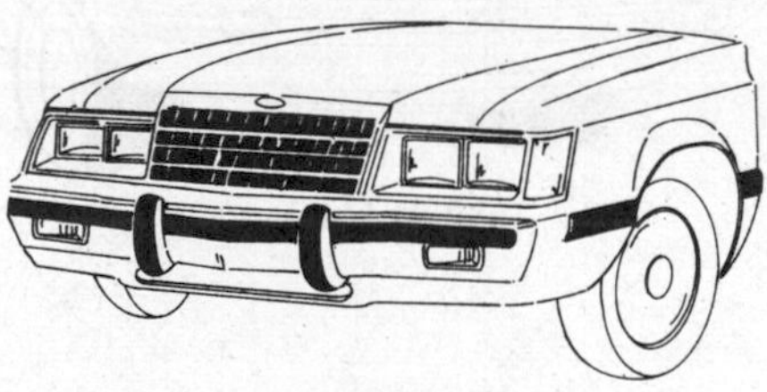

1983 LTD

1984-86 LTD

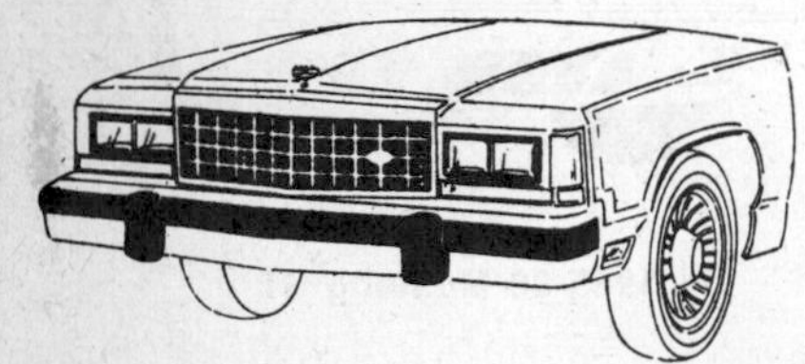

1983-86 Crown Victoria y Country Squire

1985-86 Thunderbird Turbo Coupe

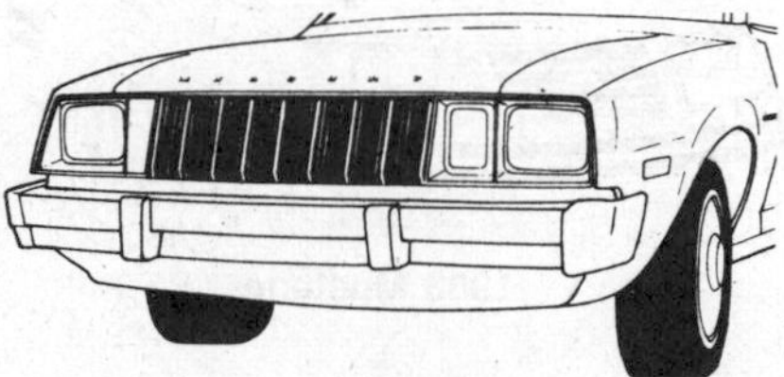

1980 Bobcat

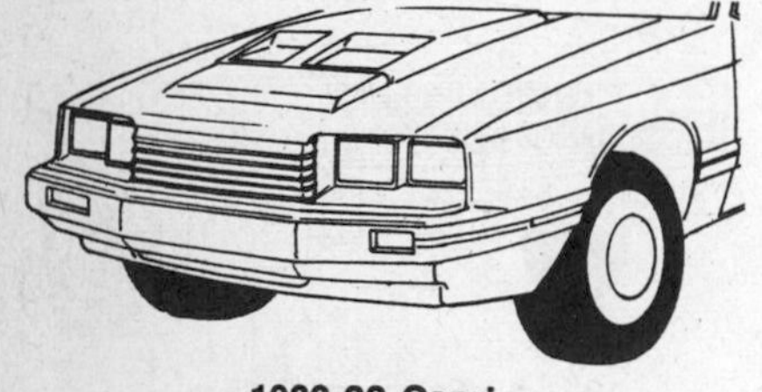

1980-82 Capri

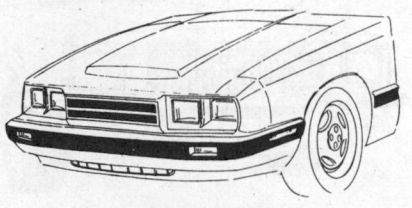

1983-86 Capri

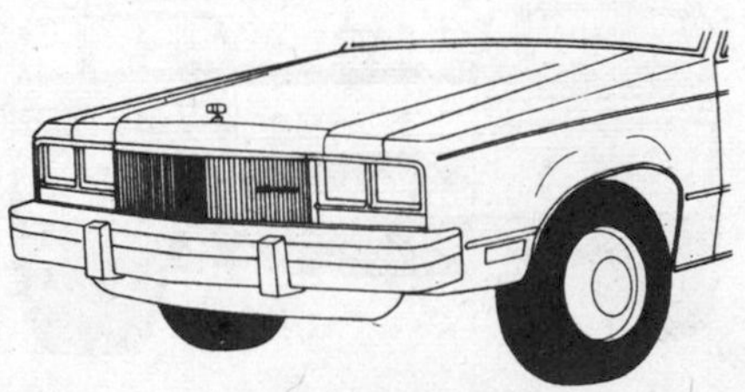

1980 Zephyr

IDENTIFICACIÓN DEL AÑO

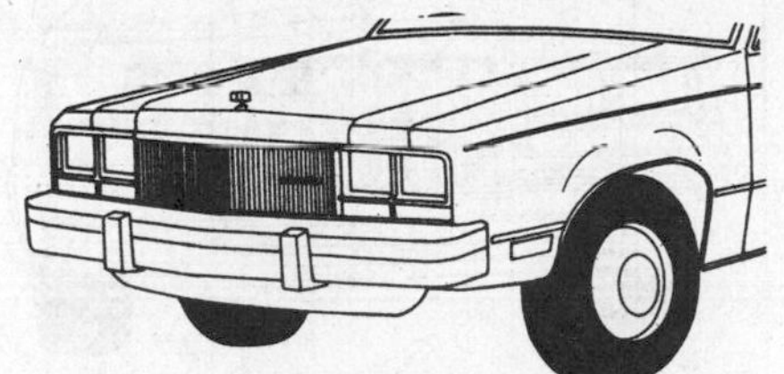

1981-83 Zephyr

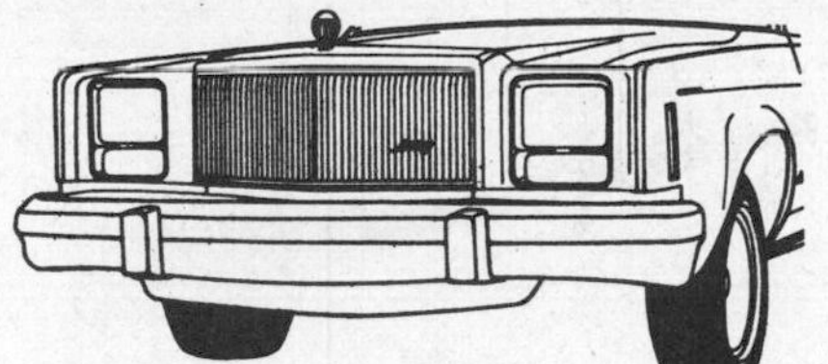

1980 Monarch

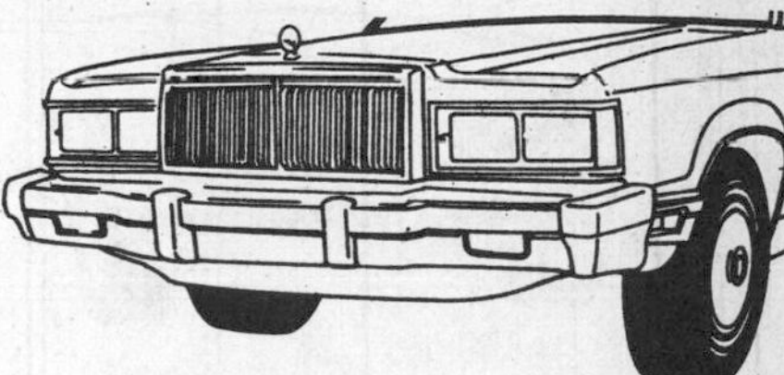

1981-82 Cougar

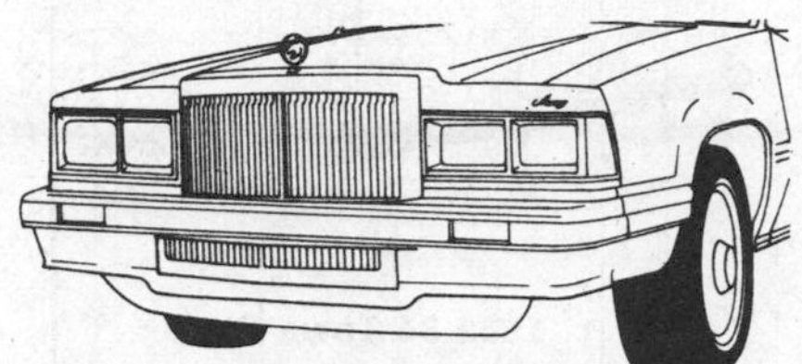

1980 Cougar XR-7

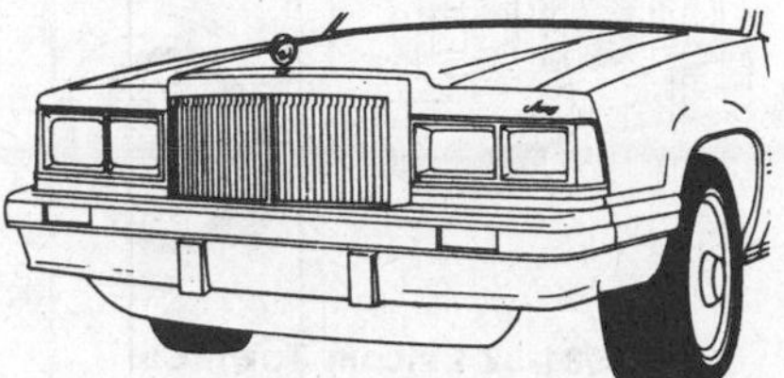

1981-82 Cougar XR-7

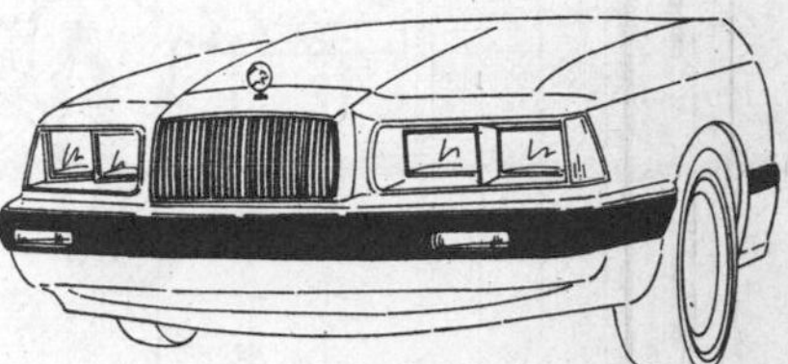

1983-86 Cougar

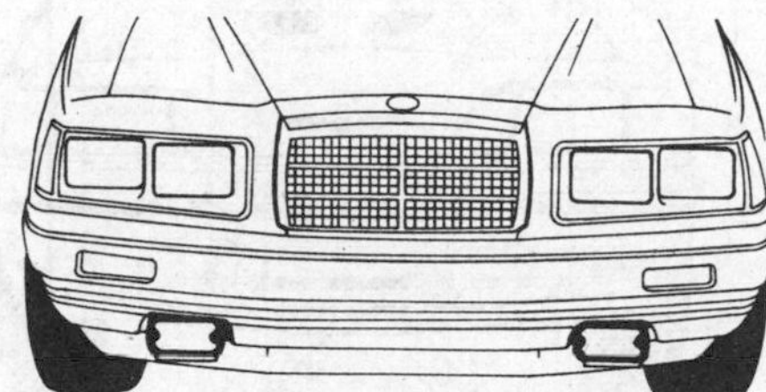

1985 Cougar XR-7

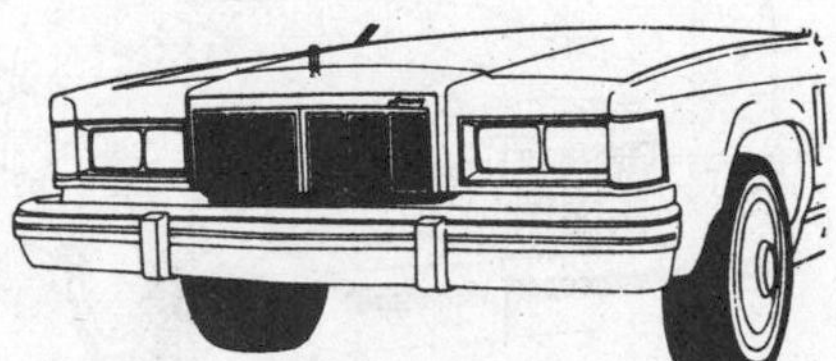

1980 Marquis

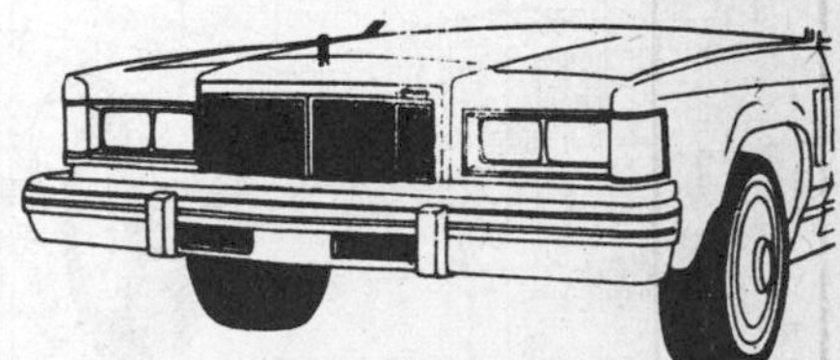

1981-82 Marquis

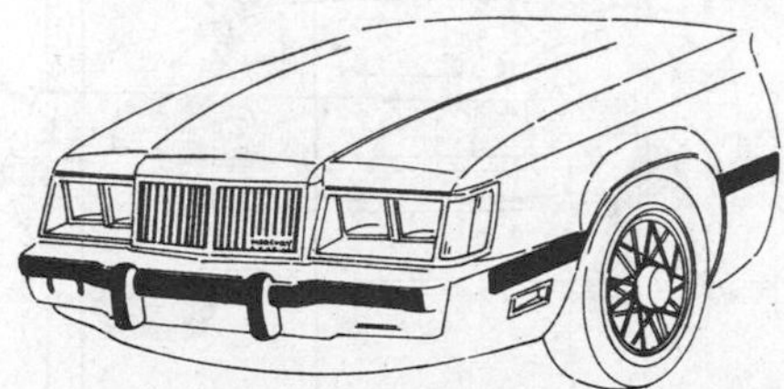

1983-86 Marquis

1983-86 Grand Marquis y Colony Park

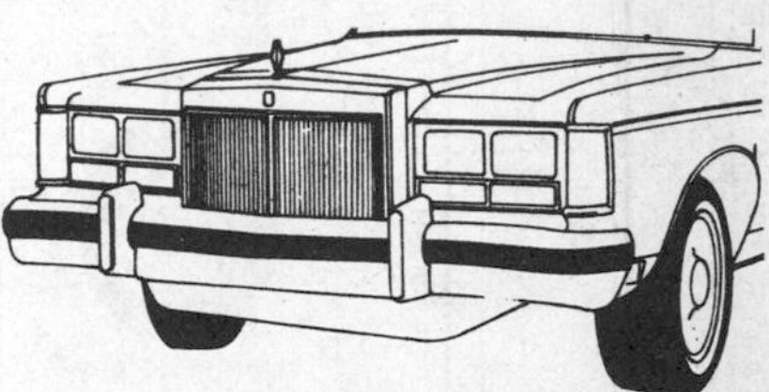

1980 Versailles

1980 Lincoln Continental

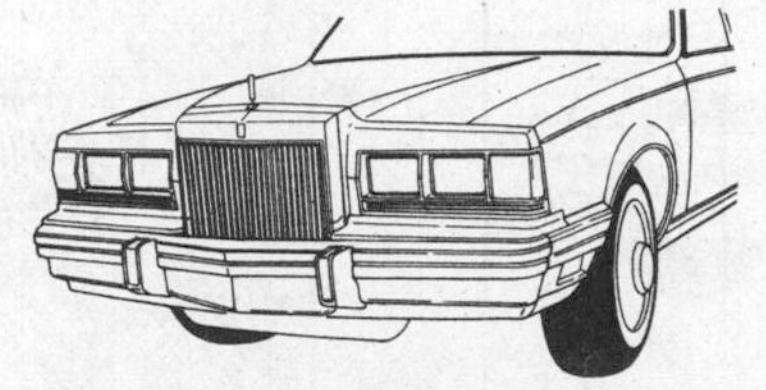

1982 Continental

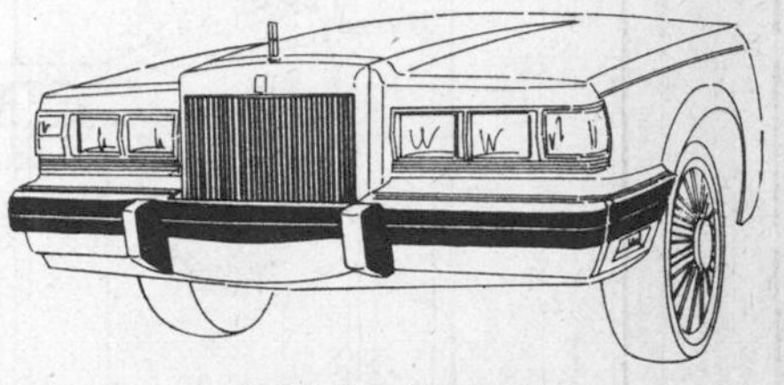

1983 Continental

IDENTIFICACIÓN DEL AÑO

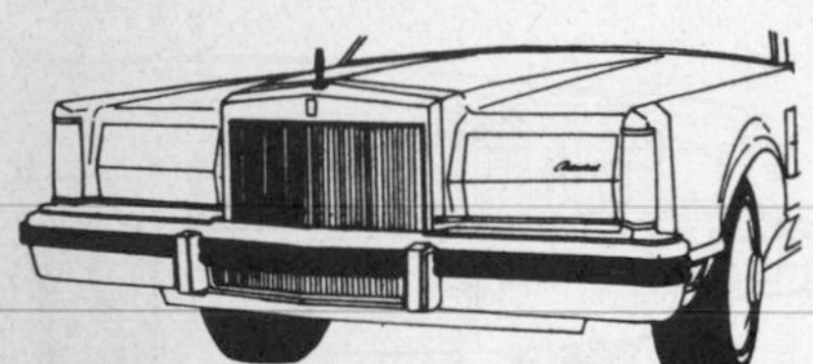

1980-82 Continental Mark VI

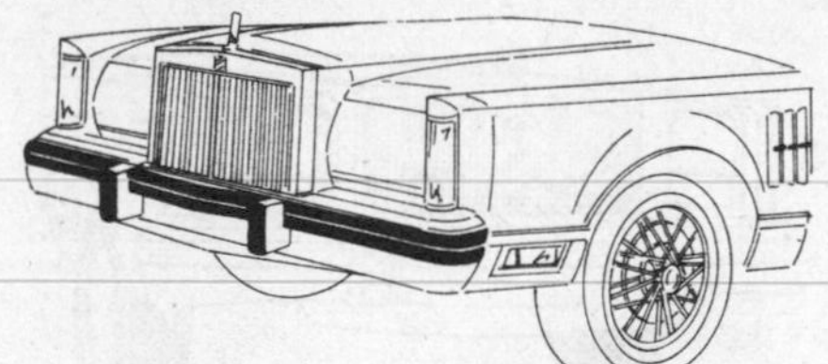

1983 Continental Mark VI

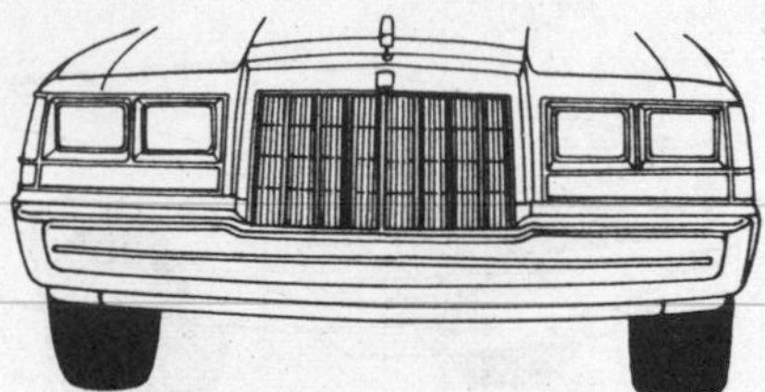

1984-85 Continental

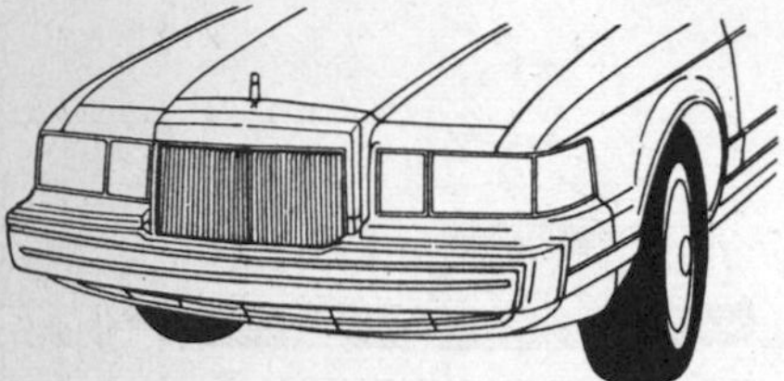

1984-86 Mark VII

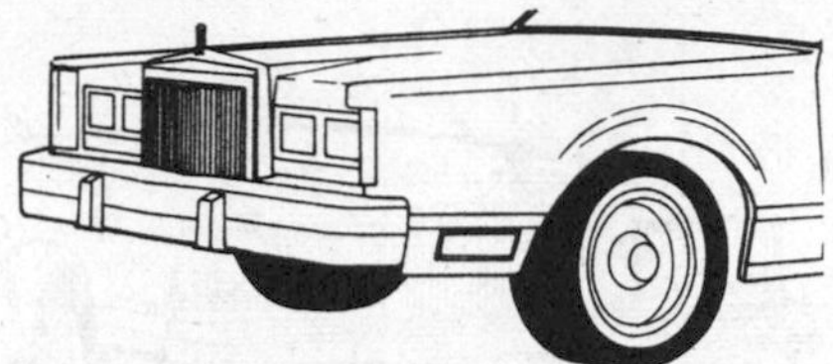

1981-82 Lincoln Town Car

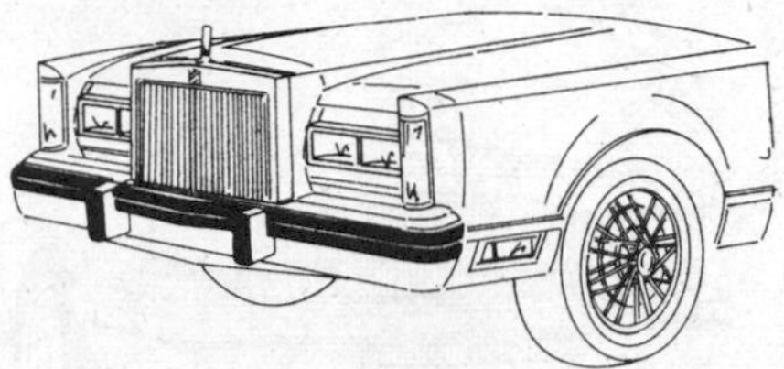

1983-84 Town Car

1985-86 Mark VII LSC

1985-86 Lincoln Town Car

1987 Thunderbird Turbo

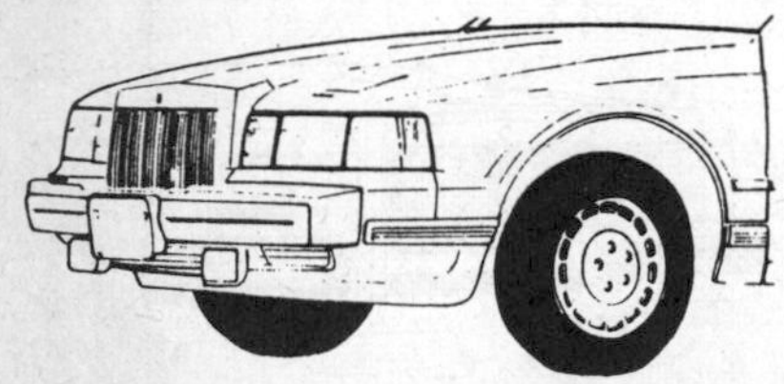

1987 Mark VII LSC

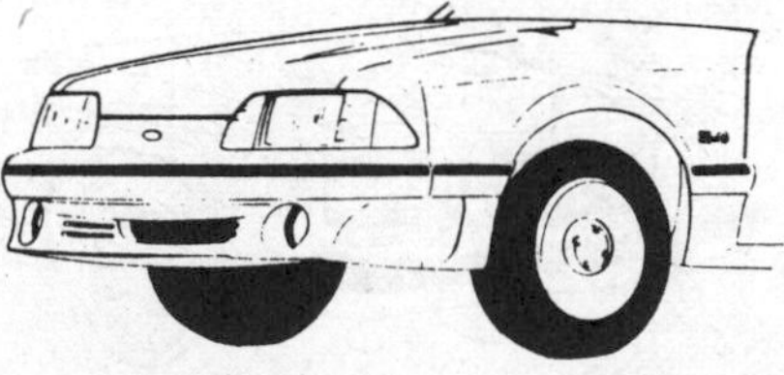

1987 Mustang GT

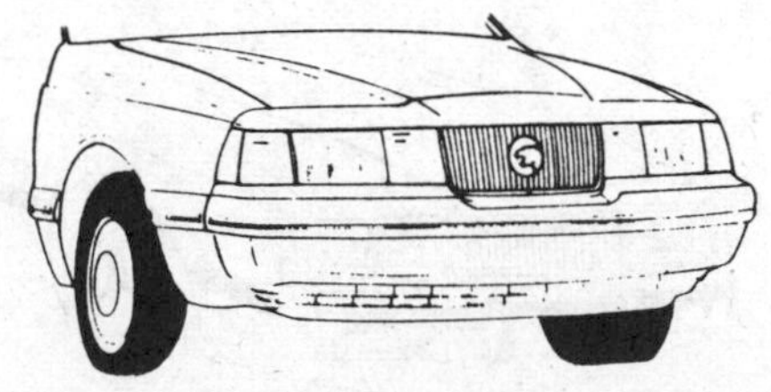

1987 Cougar

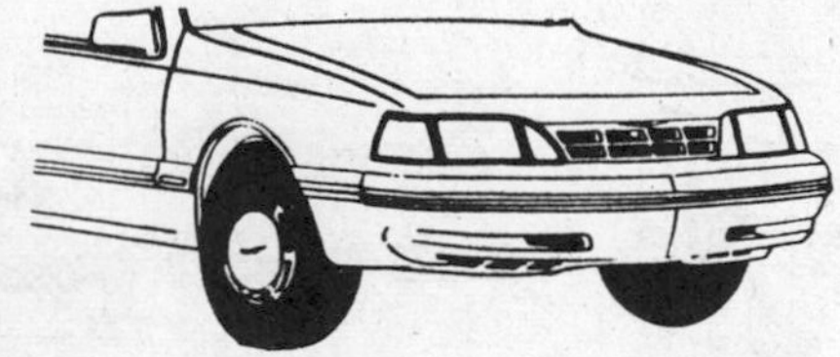

1987 Thunderbird

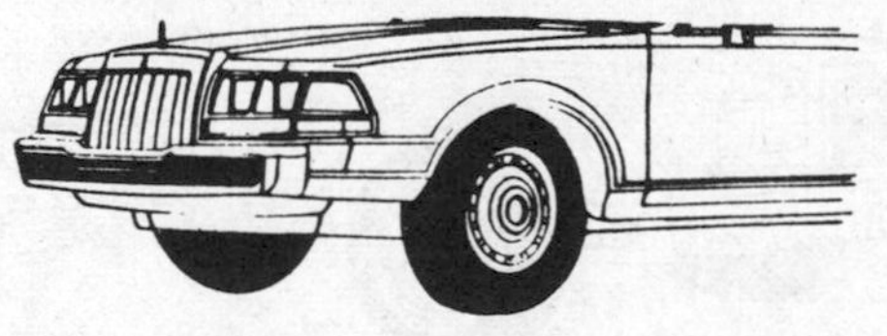

1987 Lincoln Continental

NÚMERO DE IDENTIFICACIÓN DEL VEHÍCULO

Para el mantenimiento y el pedido de piezas de recambio, es importante que Vd. esté seguro de la identificación del vehículo y del motor. El VIN (número de identificación del vehículo) es un número de 13 ó 17 dígitos, visible a través del parabrisas, en el salpicadero del lado del conductor, que contiene los códigos de identificación del vehículo y del motor. Puede Vd. interpretarlo como sigue:

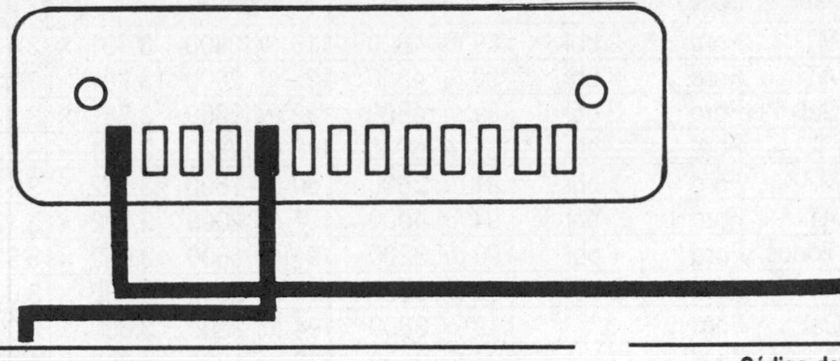

Código del motor

Código	Pulg. cúb.	Litros	Cilind.	Carbur.	Fabric. motor
Y	140	2.3	4	2	Ford
T('80)	140	2.3	4	Turbo	Ford
A('80)	140	2.3	4	2	Ford
Z	170	2.8	6	2	Ford
T	200	3.3	6	1	Ford
B('80)	200	3.3	6	1	Ford
L	250	4.1	6	1	Ford
C('80)	250	4.1	6	1	Ford
D	255	4.2	8	2(W)	Ford
F	302	5.0	8	2①	Ford
G,E	351W	5.8	8	2②	Ford

Código del año del modelo

Código	Año
0	1980

El número de identificación del vehículo de trece dígitos puede utilizarlo Vd. para determinar el motor que se aplica y el año del modelo. El primer dígito indica el código del modelo, y el quinto dígito indica el motor aplicado al vehículo

① EFI (Inyección electrónica de combustible) en varios modelos de 1980

② Carburador VV (Venturi variable) en varios modelos de 1980

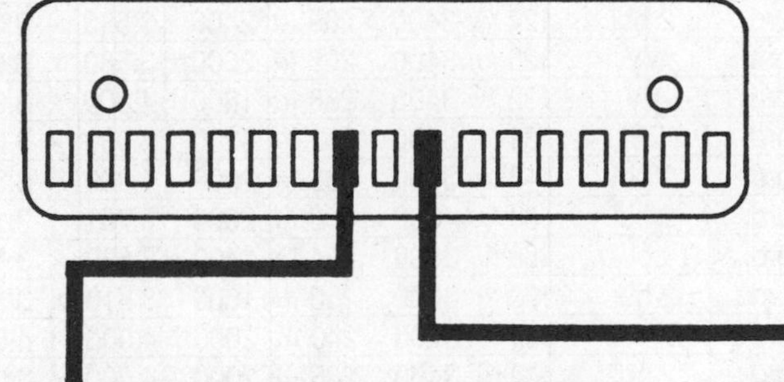

Código del motor

Código	Pulg. cúb.	Litros	Cilind.	Carbur.	Fabric. motor
A	140	2.3	4	2(1)	Ford
T	140	2.3	4	Turbo	Ford
6	140	2.3	4	Propano	Ford
W	140	2.3	4	Turbo	Ford
B	200	3.3	6	1	Ford
3	232	3.8	V6	①	Ford
D	255	4.2	V8	2(VV)	Ford
F	302	5.0	V8	①	Ford
M	302HO	5.0	V8	①	Ford
G	351W	5.8	V8	①	Ford
G	351HO	5.8	V8	①	Ford

Código del año del modelo

Código	Año
B	1981
C	1982
D	1983
E	1984
F	1985
G	1986
H	1987

El número de identificación del vehículo de diecisiete dígitos puede Vd. utilizarlo para determinar el motor aplicado y el año del modelo. El décimo dígito indica el año del modelo, y el octavo identifica el código del motor

① EFI, VV, 2bbl, ó 4bbl, dependiendo del modelo y año

bbl-carburador de doble cuerpo

ESPECIFICACIONES GENERALES DEL MOTOR

Año	Código VIN motor	Nº de cil. motor y desplazamiento (pulg. cúb.)	Fabricante del motor	Tipo de carburador	Caballos de potencia @ rpm ■	Par motor @ rpm (libras-pie) ■	Diámetro × carrera (pulg.)	Relación de compresión	Presión aceite @ 2000 rpm
'80	A	4-140 MT	Ford	2 bbl	88 @ 4800	118 @ 2800	3.781 × 3.126	9.0:1	50
	A	4-140 AT	Ford	2 bbl	90 @ 4800	125 @ 2600	3.781 × 3.126	9.0:1	50
	A	4-140 Cal	Ford	2 bbl	89 @ 4800	122 @ 2600	3.781 × 3.126	9.0:1	50
	T	4-140 T	Ford	2 bbl	135 @ 6000	143 @ 2800	3.781 × 3.126	9.0:1	55
	B	6-200 MT	Ford	1 bbl	91 @ 3800	160 @ 1600	3.682 × 3.126	8.6:1	30–50
	B	6-200 AT	Ford	1 bbl	94 @ 4000	157 @ 2000	3.682 × 3.126	8.6:1	30–50
	C	6-250 Todos	Ford	1 bbl	90 @ 3200	194 @ 1600	3.682 × 3.910	8.6:1	50
	D	8-255 49	Ford	2 bbl	119 @ 3800	194 @ 2200	3.680 × 3.000	8.8:1	40–60
	D	8-255 Cal	Ford	VV	119 @ 3800	194 @ 2200	3.680 × 3.000	8.8:1	40–60
	F	8-302	Ford	2 bbl	134 @ 3600	232 @ 1600	4.000 × 3.000	8.4:1	40–65
	F	8-302	Ford	VV	131 @ 3600	231 @ 1400	4.000 × 3.000	8.4:1	40–65
	G	8-351 W	Ford	VV	142 @ 3200	286 @ 1400	4.000 × 3.500	8.3:1	40–65
	E	8-351 W	Ford	2 bbl	138 @ 3200	260 @ 2200	4.000 × 3.500	8.3:1	40–65
	G	8-351	Ford	VV	140 @ 3400	265 @ 2000	4.000 × 3.500	8.3:1	40–65
'81	A	4-140	Ford	2 bbl	88 @ 4600	118 @ 2600	3.781 × 3.126	9.0:1	40–60
	B	6-200	Ford	1 bbl	88 @ 3800	154 @ 1400	3.680 × 3.130	8.6:1	30–50
	D	8-255	Ford	2 bbl	115 @ 3400	195 @ 2200	3.680 × 3.000	8.2:1	40–60
	D	8-255	Ford	VV	120 @ 3400	205 @ 2600	3.680 × 3.000	8.2:1	40–60
	F	8-302	Ford	2 bbl	130 @ 3400	235 @ 1600	4.000 × 3.000	8.4:1	40–60
	F	8-302	Ford	VV	130 @ 3400	235 @ 1800	4.000 × 3.000	8.4:1	40–60
	F	8-302	Ford	EFI	130 @ 3400	230 @ 2000	4.000 × 3.000	8.4:1	40–60
	G	8-351	Ford	VV	145 @ 3200	270 @ 1800	4.000 × 3.500	8.3:1	40–60
	G	8-351 HO	Ford	VV	165 @ 3600	285 @ 2200	4.000 × 3.500	8.3:1	40–60
'82	A	4-140	Ford	2 bbl	86 @ 4600	117 @ 2600	3.781 × 3.126	9.0:1	40–60
	B	6-200	Ford	1 bbl	87 @ 3800	154 @ 1400	3.680 × 3.130	8.6:1	30–50
	3	6-232	Ford	2 bbl	112 @ 4000	175 @ 2600	3.810 × 3.390	8.8:1	54–59
	3	6-232	Ford	VV	118 @ 4000	186 @ 2600	3.810 × 3.390	8.8:1	54–59
	D	8-255	Ford	2 bbl	122 @ 3400	209 @ 2400	3.680 × 3.000	8.2:1	40–60
	D	8-255	Ford	VV	120 @ 3400	205 @ 2600	3.680 × 3.000	8.2:1	40–60
	F	8-302	Ford	VV	132 @ 3400	236 @ 1800	4.000 × 3.000	8.4:1	40–60
	F	8-302	Ford	EFI	134 @ 3400	232 @ 3200	4.000 × 3.000	8.4:1	40–60
	G	8-351	Ford	2 bbl	140 @ 3400	265 @ 2000	4.000 × 3.500	8.3:1	40–60
'83	A	4-140	Ford	2 bbl	88 @ 4800	118 @ 2800	3.781 × 3.126	9.0:1	40–60
	X	6-200	Ford	1 bbl①	88 @ 3800	154 @ 1400	3.680 × 3.130	8.6:1	30–50
	3	V6-232	Ford	2 bbl	120 @ 3600	250 @ 1600	3.810 × 3.340	8.7:1	40–60
	F	8-302	Ford	EFI②	130 @ 3200	240 @ 2000	4.000 × 4.000	8.4:1	40–60
	G	8-351	Ford	2 bbl	140 @ 3400	265 @ 2000	4.000 × 3.500	8.3:1	40–60
'84	A	4-140	Ford	1 bbl	88 @ 4000	122 @ 2400	3.781 × 3.126	9.0:1	40–60
	W	4-140T	Ford	EFI	145 @ 4600	180 @ 3600	3.781 × 3.126	8.0:1	40–60
	T	4-140T③	Ford	EFI	175 @ 4400	210 @ 3000	3.781 × 3.126	8.0:1	40–60
	3	V6-232	Ford	CFI①	120 @ 3600	250 @ 1600	3.810 × 3.390	8.7:1	40–60
	F	8-302	Ford	CFI	140 @ 3200	250 @ 1600④	4.000 × 3.000	8.4:1	40–60
	M	8-302 HO	Ford	4 bbl	205 @ 4400	265 @ 3200	4.000 × 3.000	8.3:1	40–60
	G	8-351	Ford	2 bbl	180 @ 3600	285 @ 2400	4.000 × 3.500	8.3:1	40–60
'85	A	4-140	Ford	1 bbl	88 @ 4000	124 @ 2800	3.781 × 3.126	9.0:1	40–60
	W	4-140T	Ford	EFI	145 @ 4600	180 @ 3600	3.781 × 3.126	8.0:1	40–60
	T	4-140T③	Ford	EFI	175 @ 4400	210 @ 3000	3.781 × 3.126	8.0:1	40–60
	R	4-140 HSC	Ford	1/EFI	86 @ 4000	124 @ 2800	3.781 × 3.126	9.0:1	40–60
	3	V6-232	Ford	2 bbl	120 @ 3600	250 @ 1600	3.810 × 3.390	8.7:1	40–60
	C	V6-232	Ford	CFI	120 @ 3600	250 @ 1600	3.810 × 3.390	8.7:1	40–60
	F	8-302	Ford	CFI	165 @ 3200	250 @ 1600	4.000 × 3.000	8.4:1	40–60
	M	8-302	Ford	4 bbl	210 @ 4400	265 @ 3200	4.000 × 3.000	8.3:1	40–60
	G	8-351	Ford	2 bbl	180 @ 3600	285 @ 2400	4.000 × 3.500	8.3:1	40–60

ESPECIFICACIONES GENERALES DEL MOTOR

Año	Código VIN motor	Nº de cil. motor y desplazamiento (pulg. cúb.)	Fabricante del motor	Tipo de carburador	Caballos de potencia @ rpm ■	Par motor @ rpm (libras-pie) ■	Diámetro × carrera (pulg.)	Relación de compresión	Presión aceite @ 2000 rpm
'86–'87	A	4-140	Ford	1 bbl	88 @ 4200	122 @ 2600	3.781 × 3.126	9.0:5	40–60
	T	4-140T	Ford⑥	EFI	145 @ 4400	180 @ 3000	3.781 × 3.126	8.0:1	40–60
	W	4-140T	Ford⑦	EFI	155 @ 4600	190 @ 2800	3.781 × 3.126	8.0:1	40–60
	3	V6-232	Ford	CFI①	120 @ 3600	205 @ 1600	3.810 × 3.390	8.7:1	40–60
	F	8-302	Ford	SEFI	150 @ 3200	270 @ 2000	4.000 × 3.000	8.9:1	40–60
	M	8-302 HO	Ford	4 bbl	210 @ 4400	265 @ 3200	4.000 × 3.000	8.3:1	40–60
	G	8-351	Ford	2 bbl	180 @ 3600	285 @ 2400	4.000 × 3.500	8.3:1	40–60

■ Los caballos de potencia y el par motor son valores netos SAE (Sociedad americana de ingeniería). Están medidos sobre la parte trasera de la transmisión, con todos los accesorios montados y funcionando. Desde el momento en que estos valores varían cuando un motor determinado va montado sobre diferentes modelos de vehículo, algunos son antes bien representativos que exactos

T Turbo-alimentación
EFI Inyección electrónica de combustible
SEFI Inyección electrónica secuencial de combustible
HO Alto rendimiento
HSC Elevada combustión por torbellino
CFI Inyección central de combustible
VV Carburador con venturi variable

① Algunos modelos están equipados con un carburador doble, de dos cuerpos
② Algunos modelos Mustang-Capri están equipados con un carburador cuádruple de doble cuerpo
③ SVO

④ En los modelos equipados con doble escape, los caballos de potencia son 155 @ 3600 rpm, y el par motor es de 265 @ 2000 rpm
⑤ Algunos modelos están equipados con EFI
⑥ Transmisión manual
⑦ Transmisión automática

ESPECIFICACIONES DE PUESTA A PUNTO

(Cuando analice los resultados de las pruebas de compresión, atienda más bien a la uniformidad de los cilindros que a las presiones específicas)

Motor				Bujías			Sincronización encendido (grados)		Abertura válvulas admisión (grad.)	Presión combustible (lib. × pulg. cuad.)	Velocidad en vacío (rpm)	
Año	Código VIN motor	Nº de cil. motor y desplazamiento	Fabricante motor	Tipo orig.	Abert. (pulg.)	Distribuidor	Man.	Aut.			Trans. man.	Trans. aut.
'80	A	4-140	Ford	AWSF-42	.035	Electrónico	6B	20B(12B)	22	5½–6½	850	750
	T	4-140T	Ford	AWSF-32	.050	Electrónico	6B(2B)	8B(2B)	22	6½–7½	900	800①
	B	6-200	Ford	BRF-82	.050	Electrónico	10B	12B	20	5½–6½	900	700
	C	6-250	Ford	BSF-82	.050	Electrónico	8B	10B	18	5½–6½	700	550
	D	8-255	Ford	ASF-42	.050	Electrónico	8B	8B(6B)④	16	4–6	500	550(500)④
	F	8-302	Ford	ASF-52	.050	Electrónico	—	8B④	16	5½–6½	—	550④
	G	8-351	Ford	ASF-52	.050	Electrónico	—	①④	23	6½–8	—	600④
'81	A	4-140	Ford	AWSF-42	.034	Electrónico	6B	6B	22	5½–6½	700	700
	T	4-140T	Ford	AWSF-32	.034	Electrónico	6B	8B	22	5½–6½	850	750(650)
	B	6-200	Ford	BSF-92	.050	Electrónico	10B	10B	20	5½–6½	900	700①
	D	8-255	Ford	ASF-52	.050	Electrónico	10B	10B	16	5½–6½	900	700①
	F	8-302	Ford	ASF-52	.050	Electrónico	8B	8B	16	5½–6½	800	800
	G	8-351	Ford	ASF-52	.050	Electrónico	—	①④	23	6½–8	—	600④
'82	A	4-140	Ford	AWSF-42	.034	Electrónico	①	①	22	5½–6½	850	750
	B	6-200	Ford	BSF-92	.050	Electrónico	①	①	20	6–8	700①	600(700)①
	3	6-232	Ford	AGSP-52	.044	Electrónico	①	①	13	6–8	①	①
	F	8-302	Ford	ASF-52	.050	Electrónico	—	①④	16	6–8⑧	①④	①④
	G	8-351	Ford	ASF-52	.050	Electrónico	—	①④	23	6½–8	—	600④
'83	A	4-140	Ford	AWSF-44	.044	Electrónico	①	①	16	5½–6½	850	800
	X	6-200	Ford	BSF-92	.050	Electrónico	①	①	20	6–8	600	600
	3	V-6-232	Ford	AWSF-52	.044	Electrónico	①	①	13	39	550	550
	F	8-302	Ford	ASF-52②	.050	Electrónico	①	①	16	6–8③	—	550
	G	8-351	Ford	ASF-42	.044	Electrónico	①	①	23	6–8	—	700/600
'84	A	4-140	Ford	AWSF-44	.044	Electrónico	①	①	16	5–7	850	750
	W	4-140-T	Ford	AWSF-32	.034	Electrónico	①	①	—	39	①④	①④
	T	4-140-T⑤	Ford	AWSF-32	.034	Electrónico	①	①	—	39	①④	①④
	3	V6-232	Ford	AWSF-54	.044	Electrónico	①	①	13	39	—	550
	F	8-302	Ford	ASF-52	.050	Electrónico	①	①	16	39	550	550
	M	8-302HO	Ford	ASF-42	.044	Electrónico	①	①	—	6–8	700	700
	G	8-351	Ford	ASF-42	.044	Electrónico	①	①	23	6–8	—	600⑥

ESPECIFICACIONES DE PUESTA A PUNTO

(Cuando analice los resultados de las pruebas de compresión, atienda más bien a la uniformidad de los cilindros que a las presiones específicas)

	Motor			Bujías			Sincronización encendido (grados)				Velocidad en vacío (rpm)	
Año	Código VIN motor	Nº de cil. motor y desplazamiento	Fabricante motor	Tipo orig.	Abert. (pulg.)	Distribuidor	Man.	Aut.	Abertura válvulas admisión (grad.)	Presión combustible (lib. × pulg. cuad).	Trans. man.	Trans. aut.
'85	A	4-140	Ford	AWSF-44	.044	Electrónico	①	①	16	6–8	850	750
	W	4-140T	Ford	AWSF-32	.034	Electrónico	①	①	—	39	750	750
	T	4-140T⑤	Ford	AWSF-32	.034	Electrónico	①	①	—	39	①④	①④
	R	4-140-HSC	Ford	AWSF-52	.044	Electrónico	①	①	—	39	800	700
	3	V6-232	Ford	AGSP-52	.044	Electrónico	①	①	13	6–8	600	600
	F	8-302	Ford	ASF-52	.050	Electrónico	①	①	13	39	—	550
	M	8-302HO	Ford	ASF-42	.044	Electrónico	①	①	—	6–8	700	700
	G	8-351	Ford	ASF-42	.044	Electrónico	①	①	—	6–8	—	600⑥
'86	A	4-140	Ford	AWSF-44C	.044	Electrónico	①	①	16	6–8	750	750
	T	4-140T	Ford	AWSF-32C	.034	Electrónico	①	①	—	39	825/975	825/975
	W	4-140T	Ford	AWSF-32C	.034	Electrónico	①	①	—	39	825/975	825/975
	3	V6-232	Ford	AWSF-54	.044	Electrónico	①	①	13	39	—	550
	F	8-302	Ford	ASF-32C	.044	Electrónico	①	①	—	39	①④	①④
	M	8-302HO	Ford	ASF-42	.044	Electrónico	①	①	—	6–8	700	700
	G	8-351	Ford	ASF-32C	.044	Electrónico	①	①	—	6–8	650	650
'87	Vea el adhesivo de especificaciones bajo el capó											

NOTA: El adhesivo de especificaciones bajo el capó a menudo refleja los cambios de especificaciones de puesta a punto realizados en la producción. Así pues los valores consignados en el adhesivo deberá usarlos en el caso de que no concuerden con los de esta tabla

T Turbo-alimentador
B Antes punto muerto superior
HO Alto rendimiento
— No aplicable
HSC Elevada combustión por torbellino

① Las calibraciones varían según el modelo; consulte el adhesivo de calibre
② Los modelos con carburador utilizan bujías ASF42 (0.044), y la velocidad en vacío es de 700 rpm
③ En los modelos con inyección de combustible la presión es de 39 libras × pulgada cuadrada
④ En los modelos con control electrónico del motor, la sincronización del encendido, la velocidad en vacío y la mezcla de la marcha en vacío no son ajustables
⑤ SVO Mustang
⑥ Con el VOTM (modulador de mariposa operado por vacío): 700 rpm

ÓRDENES DE ENCENDIDO

NOTA: Para evitar confusiones, al cambiar los cables de las bujías, hágalo siempre de uno en uno

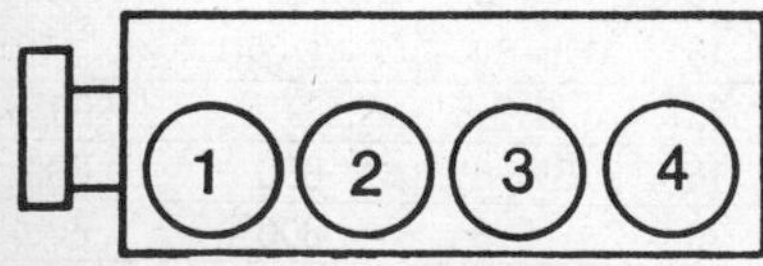

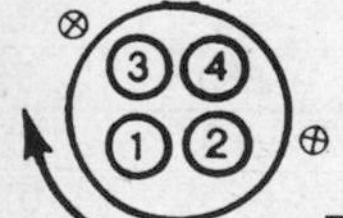

FORD MOTOR CO. 2300 cc
4 cilindros
Orden de encendido del motor:
1-3-4-2 Rotación del distribuidor: en el sentido de las saetas del reloj

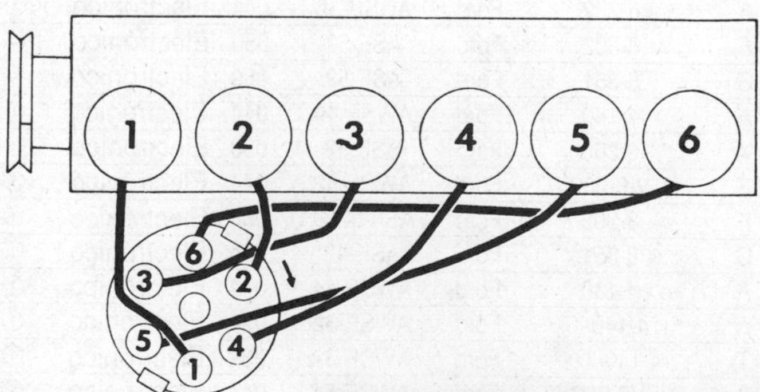

FORD MOTOR CO. 200, 250 6 cilindros
Orden de encendido del motor:
1-5-3-6-2-4
Rotación del distribuidor: en el sentido de las saetas del reloj

ÓRDENES DE ENCENDIDO

NOTA: Para evitar confusiones, al cambiar los cables de las bujías hágalo siempre de uno en uno

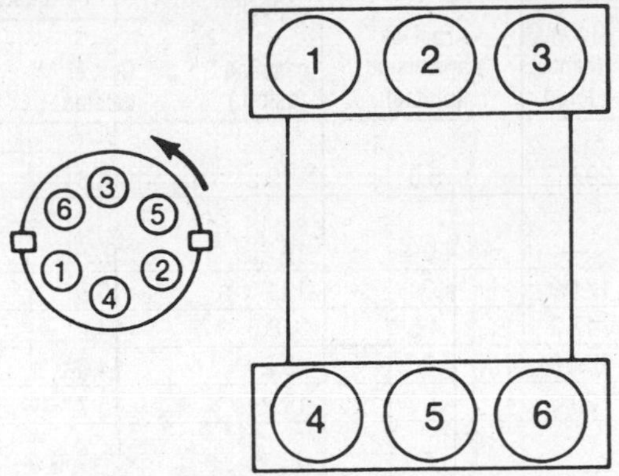

FORD MOTOR CO. 236 V6
Orden de encendido del motor:
1-4-2-5-3-6
Rotación del distribuidor: en sentido contrario a las saetas del reloj

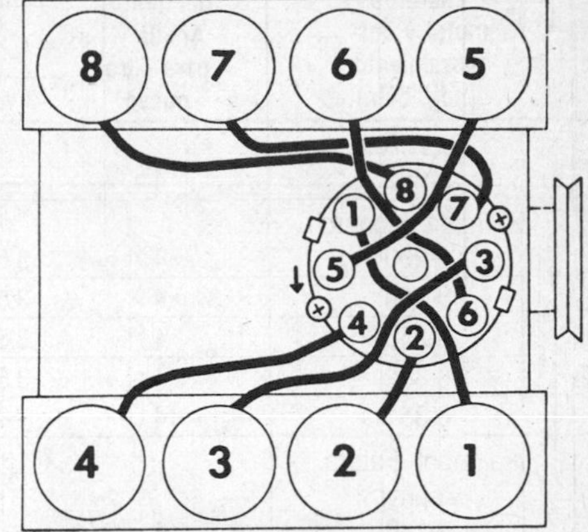

FORD MOTOR CO. 225 y 302 (excepto los HO-alto rendimiento)
Orden de encendido del motor
1-5-4-2-6-3-7-8
Rotación del distribuidor: en sentido a las saetas del reloj

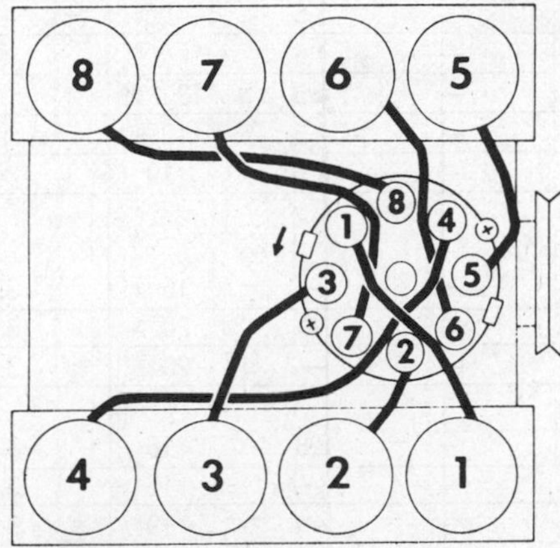

FORD MOTOR CO. Motores 302 HO y 351
Orden de encendido del motor:
1-3-7-2-6-5-4-8
Rotación del distribuidor: en sentido contrario a las saetas del reloj

ABASTECIMIENTOS-PINTO/BOBCAT

Año	Nº de cilindros motor y desplazamiento (pulg. cúbic.)	Cárter del motor Añada ¼ para filtro nuevo ■	Pintas necesarias para rellenar transmi. después drenaje		Arbol de transmisión (pintas)	Depósito de gasolina (galon.)	Sistema refrigerante (cuartas)	
			Manual 4 vel.	Automát. (capac. total)			Con el calefac.	Con el acond. de aire
'80	4-140 (2300cc)	4.0	2.8	①	2.5②	13③④	8.6	9.0
	6-171 (2800cc)	4.5	2.8	①	4.5	13③④	8.5	9.1

■ ½ cuarta para 2800
— No aplicable
① Transmisión C3-16
Transmisión C4-14
② Diferencial de 8.00 pulgadas-4.5
③ En el Station Wagon-14 galones
④ Opcional en algunos modelos de 1980-11.7

ABASTECIMIENTOS EN LOS MODELOS DE TAMAÑO MEDIO

Año	Nº de cilindros motor y desplazamiento (pulg. cúb.)	Cárter del motor. Añada ¼ para filtro nuevo	Pintas necesarias para rellenar transmisión después de drenar: Manual 3 vel.	Manual 4/5 vel.	Automát. (capac. total).	Árbol de transmisión (pintas)	Depósito de gasolina (galon.)	Sistema refrigerante (cuartas): Con el calefac.	Con el acond. de aire
'80	Versailles								
	8-302	4	—	—	20.5③	5.0	19.2	14.6	14.6
'80	Granada, Monarch								
	6-200	4	3.5	4.0④	—	4.0⑤	19.2⑥	9.9	9.9
	6-250	4	3.5	4.0④	17.0⑦	4.0⑤	19.2⑥	10.5	10.7
	8-255	4	3.5	4.0④	17.2	4.5	18.0	14.2	14.3
	8-302	4	3.5	4.0④	20.0⑧	4.0⑤	19.2⑥	14.6	14.6
	8-351	4	—	—	20.0	4.0⑤	19.2⑥	15.7	16.7
'80–'82	Fairmont, Futura, Zephyr								
	4-140	4	—	2.8④	16⑨	⑩	16⑪⑫⑬	8.6⑭	10.2
	6-200	4	3.5	2.8④	19⑨	⑩	16⑪⑬	9.0⑬⑯	9.0⑮⑯
	8-255	4	—	—	16⑨	⑩	16⑪⑬	13.4	13.5
	8-302	4	—	—	20.5⑨	⑩	16⑪	13.9	14.0
'80–'82	Mustang, Capri								
	4-140	4	—	2.8	⑰⑨		11.5⑳	8.6⑭	10㉓
	4-140T	4.5	—	3.5	⑰⑨	⑩	11.5⑳	8.6㉒	10.2㉒
	6-170	4.5	—	4.5	⑰⑨	⑩	12.5	9.2	9.2
	6-200	4	—	4.5	12⑰⑲	⑩	16㉑⑳	9⑮	9⑮
	8-255	4	—	4.5	19⑲	⑩	12.5⑳	13.4㉙	13.7㉕
	8-302	4	—	4.5	19	⑩	12.5⑳	13.9	14.2
'80–'81	Cougar XR-7, Thunderbird								
	6-200	4	—	—	16⑲	3.5	17.5	13.0	13.2
	8-255	4	—	—	20㉖	3.5	17.5	13.2	13.3
	8-302	4	—	—	20㉖	3.5	17.5	12.7	12.8
'81	Cougar, Granada								
	4-140	4	—	2.8	16	3.5	14.7	8.6	8.6
	6-200	4	—	—	16	3.5	16.0	8.1	8.1
	8-255	4	—	—	19	3.5	16.0	13.4	13.5
'82	Cougar XR-7, Thunderbird, Lincoln Continental								
	6-200	4	—	—	22	3.25	21	8.4	8.4
	6-232	4	—	—	24	3.25	21㉗	8.3	8.6
	8-255	4	—	—	24	3.25	21	14.9	15
	8-302	4	—	—	24	3.25	22.6	13.3	13.4
'82	Cougar, Granada								
	4-140	4			16	⑩	16.0㉘	10.2	10.2
	6-200	4	—	—	22	3.25	16.0㉘	8.4	8.4
	6-232	4	—	—	22	3.25	16.0㉘	8.3	8.3
'83–'87	LTD/Marquis								
	4-140	4	—	2.8	16	3.25㉙	16	8.6	9.4
	4-140P	4	—	—	16	3.25㉙	24	8.6	9.4
	6-200	4	—	—	22	3.25㉙	16	8.4	8.5
	6-232	4	—	—	22㉚	3.25㉙	16	10.7	10.8
'83–'87	Mustang/Capri								
	4-140	4㉜	—	2.8㉛	16	3.25㉙	15.4	8.6	9.4㉚
	6-232	4	—	—	22	3.25㉙	15.4	8.4	8.4
	8-302	4	—	4.5	—	3.55	15.4	13.1	13.4
'83	Fairmont Futura								
	4-140	4	—	2.8	16	3.25㉙	16	10.2	10.2
	6-200	4	—	—	22	3.25㉙	16	8.4	8.4

ABASTECIMIENTOS EN LOS MODELOS DE TAMAÑO MEDIO

Año	Nº de cilindros motor y desplazamiento (pulg. cúb.)	Cárter del motor. Añada ¼ para filtro nuevo	Pintas necesarias para rellenar transmisión después de drenar: Manual 3 vel.	Manual 4/5 vel.	Automát. (capac. total)	Árbol de transmisión (pintas)	Depósito de gasolina (galon.)	Sistema refrigerante (cuartas): Con el calefac.	Con el acond. de aire
'83–'87	Thunderbird, Cougar Continental								
	4-140 Turbo	4.5㉜	—	4.75	—	3.25㉙	18	8.4	8.7
	6-232	4	—	—	22㉞	3.25㉙	21	10.4	10.7
	8-302	4	—	—	22㉞	3.25㉙	20.7㉝	13.3	13.4

T-Turbo-alimentación
P-Propano
N/A-Especificaciones no disponibles en el momento de la presente edición
① C4-20 pintas
C6-25 pintas
FMX-22 pintas
② Station Wagon; 21.2 galones
③ 80 y posteriores; 20.0 pintas
④ 4 vel. y superdirecta; 4.5 pintas
⑤ 8.0 pulgadas-4.5 pint.
8.7 pulgadas-4.5 pint.
9.0 pulgadas-5.0 pint.
⑥ 1 galón menos en ciertos modelos del 76; 78-80; 18 galones
⑦ Con la C4-16.5 pintas
⑧ Para los del 76-17.0 pintas
⑨ En los del 81-con la C4-13.25 pintas; con 6 cil.-14.5 pintas; con V8-19.0 pintas
⑩ Diferencial de 6.75 pulgadas-2.5 pintas; 7.5 pulgadas-3.5 pintas
⑪ 80-81 Station Wagon; 14 galones
⑫ 81; 14.7 galones
⑬ 82; Opcional-20 gal.
⑭ 82; 10.2 cuartas
⑮ 80-82; 8.1 cuartas
⑯ 82; 8.4 cuartas
⑰ C3-16.0 pintas
C4-14.0 pintas
⑱ Añada ½ cuarta con cambio de filtro
⑲ 82; C5-22 pintas
⑳ 82; 15.4 galones
㉑ 80-81; 12.5 galones
㉒ 80-81; 9.2 cuartas
㉓ 80-81; 9.0 cuartas
82; 10.2 cuartas
㉔ 82; 14.7 cuartas
㉕ 82; 15.0 cuartas
㉖ Transmisión AOD (automática superdirecta); 24 pintas
㉗ Continental; 20 galones en estándar; 22.6 galones opcional
㉘ 20 galones opcional
㉙ Traction-Lok; 3.55 pintas
㉚ Transmisión AOD; 24 pintas
㉛ Transmisión 5 veloc.; 4.75 pintas
㉜ Turbo; 4.5 y añada 0.5 con filtro
㉝ Continental; 22.3
㉞ Modelos con turbo; 10.5

CAPACIDADES EN LOS MODELOS DE TAMAÑO TOTAL

Año	Motor: Nº de cil. Motor y desplaz. (pulg. cúbic.)	Cárter del motor. Añada una cuarta para filtro nuevo	Transmisión automát. (capac. total)	Árbol de transmisión (pintas)	Depósito de gasolina (galon.) ▪	Sistema refrigerante (cuartas): Con el calefac.	Con el acond. de aire
'80	8-302	4	①	②	19	13.3	13.4
	8-351W	4	①	②	19	14.4	14.5
'81	8-255	4	24	②	20	14.8	15.2
	8-302	4	24	②	20	13.0	13.3
	8-351	4	24	②	20	13.9	14.0
'82–'87	8-225④	4	24	②	20	14.8	15.2
	8-302	4	24	②	20③	13.3	13.4
	8-351	4	24	②	20	13.8	13.8

▪ Station Wagons: 1980-20 galones
PI Interceptor de la policía
— No aplicable
① Vea la tabla de capacidades de las transmisiones automáticas
② Diferencial de 7.5 pulgadas-3.5 de 8.5 pulgadas-4.0
③ Lincoln: 18
④ Suspendido en 1983

CAPACIDADES DE LAS TRANSMISIONES AUTOMÁTICAS

(Pintas)

Código	Capacidades
X	22
W	20.5
U, Z	25
T	24

NOTA: Capacidad estando totalmente seco

ESPECIFICACIONES DE VÁLVULAS

Año	Nº de cil. motor y desplazamiento (pulg. cúbic.)	Ángulo del asiento (grad.)	Ángulo de la cara (grad.)	Presión prueba muelle (libr. @ pulg.)	Altura muelle montado (pulg.)	Holgura entre vástago y guía (pulgadas)		Diámetro del vástago (pulgadas)	
						Admis.	Escape	Admis.	Escape
'80–'84	6-200	45	44	150 @ 122①	1 19/32	.0008–.0025	.0010–.0027	.3104	.3102
'80	6-250	45	44	150 @ 122①	1 19/32	.0008–.0025	.0010–.0027	.3104	.3102
'80–'86	4-140	45	44	②	1 9/16	.0010–.0027	.0015–.0032	.3420	.3415
'80–'81	8-255	45	44	③	④	.0010–.0027	.0015–.0032	.3420	.3415
'80–'87	8-302	45	44⑧	③	④	.0010–.0027	.0015–.0032	.3420	.3415
'80–'81	8-351W	45	44	③	⑤	.0010–.0027	.0015–.0032	.3420	.3415
'82–'87	8-351	45	45	204 @ 1.33⑪	1 49/64⑫	.0010–.0027	.0015–.0027	.3416–.3423	.3411–.3418
'82–'87	V6-232	⑥	⑥	215 @ 1.79	⑩	.0010–.0027	.0015–.0032	.3420	.3415
'82	8-255	⑥	⑦	⑨	—	.0010–.0027	.0015–.0032	.3420	.3415

① 1980-81: Admisión: 51-57 @ 1.59
② 1980-81: Admisión: 71-79 @ 1.56
Escape: 159-175 @ 1.16
1982: 167 @ 1.16
1983: 149 @ 1.12
Desde 1984: 154 @ 1.12
③ Admisión: 196-212 @ 1.36
Escape: 190-210 @ 1.20
④ Admisión: 1 11/16
Escape: 1 19/32
⑤ Admisión: 1 25/32
Escape: 1 19/32
⑥ 44° 30'-45°
⑦ 45° 30'-45° 45'
⑧ 1982-45
⑨ Admisión: 192 @ 1.40
Escape: 191 @ 1.23
⑩ 1 3/4
⑪ Escape: 205 @ 1.15
⑫ Escape: 1 37/64

ESPECIFICACIONES DE CIGÜEÑAL Y BIELA

Todas las medidas están dadas en pulgadas

Año	Nº de cil. motor y desplazamiento (pulg. cúbic)	Cigüeñal: Diámetro muñequilla coj. pral.	Cigüeñal: Holgura lubricación coj. pral.	Cigüeñal: Juego axial del árbol	Apoyo empuje en el Nº	Biela: Diámetro muñequilla	Biela: Holgura lubricación	Biela: Holgura lateral
'80–'84	6-200	2.2482–2.2490	.0005–.0022①	.004–.008	5	2.1232–2.1240	.0008–.0015	.0035–.0105
	6-250	2.3982–2.3990	.0005–.0022①	.004–.008	5	2.1232–2.1240	.0008–.0015	.0035–.0105
	8-255, 302	2.2482–2.2490	.0005–.0015②	.004–.008	3	2.1228–2.1236	.0008–.0026③	.010–.020
	8-351W	2.9994–3.0002	.0008–.0015②	.004–.008	3	2.3103–2.3111	.0008–.0026③	.010–.020
'80–'87	4-140	2.3990–2.3982	.0008–.0015	.004–.008	3	2.0464–2.0472	.0008–.0015	.0035–.0105
'82–'87	V6-232	2.5190	.0001–.001	.004–.008	3	2.3103–2.3111	.0008–.0026	.0047–.0114

① 0.0008-0.0015 pulgadas en 1980-81
②. 0.0001-0.0015 sólo el cojinete Nº 1
③ 0.0008-0.0015 pulgadas en 1980-81

ESPECIFICACIONES DE PISTONES Y SEGMENTOS

Todas las medidas en pulgadas

Motor y desplazamiento (pulg. cúbic.)	Holgura del pistón	Abertura entre extremos segmento: de fuego	Abertura entre extremos segmento: de compresión inferior	Abertura entre extremos segmento: de engrase	Holgura lateral segmento: de fuego	Holgura lateral segmento: compresión inferior	Holgura lateral segmento: de engrase	Holgura lateral segmento: límite desgaste
4-140(2.3L)	0.0014–0.0022	.010–.020	.010–.020	.015–.055	.002–.004	.002–.004	Ajustado	.006
4-140(2.3L) ('80–'82 Turbo)	0.0034–0.0042	.010–.020	.010–.020	.015–.055	.002–.004	.002–.004	Ajustado	.006
4-140(2.3L) ('83–'87 Turbo)	0.0030–0.0038	.010–.020	.010–.020	.015–.055	.002–.004	.002–.004	Ajustado	.006
6-200(3.3L) 250(4.1L)	0.0013–0.0021	.008–.016	.008–.016	.015–.055	.002–.004	.002–.004	Ajustado	.006
6-232(3.8L)	0.0014–0.0028	.010–.020	.010–.020	0.15–.055	.002–.004	.002–.004	Ajustado	.006
8-255(4.2L) 302(5.0L) 351W(5.8L)	0.0018–0.0026	.010–.020	.010–.020	.015–.055	.002–.004	.002–.004	Ajustado	.006

ESPECIFICACIONES DEL ÁRBOL DE LEVAS

(Todas las medidas en pulgadas)

Motor	Diámetro muñequillas 1	2	3	4	5	Holgura cojinete	Alzado de leva Admis.	Escape	Juego axial
4-140 (2.3L)	1.7713–1.7720	1.7713–1.7720	1.7713–1.7720	1.7713–1.7720	—	.001–.003	.2437①	.2437①	.001–.007
6-200 (3.3L)	1.8095–1.8105	1.8095–1.8105	1.8095–1.8105	1.8095–1.8105	—	.001–.003	.245	.245	.001–.007
6-232 (3.8L)	2.0505–2.0515	2.0505–2.0515	2.0505–2.0515	2.0505–2.0515	—	.001–.003	.240	.241	②
6-250 (4.1L)	1.8095–1.8105	1.8095–1.8105	1.8095–1.8105	1.8095–1.8105	—	.001–.003	.245	.245	.001–.007
8-255 (4.2L)	2.0805–2.0815	2.0655–2.0665	2.0505–2.0515	2.0355–2.0365	2.0205–2.0215	.001–.003	.2375	.2375	.001–.007
8-302 (5.0L)	2.0805–2.0815	2.0655–2.0665	2.0505–2.0515	2.0355–2.0365	2.0205–2.0215	.001–.003	.2375③	.2474③	.001–.003
8-351W (5.8L)	2.0805–2.0815	2.0655–2.0665	2.0505–2.0515	2.0355–2.0365	2.0205–2.0215	.001–.003	.260④	.260④	.001–.007

① 84 y posteriores: 0.2381
② Juego axial controlado mediante un botón y muelle en el extremo del árbol de levas.
③ Motor HO (alto rendimiento) Admisión-0.2600; escape-0.2780
④ Motor HO Admisión-0.2780; escape-0.2830

ESPECIFICACIONES DE APRIETE

Todas las lecturas en libras-pie

Año	Nº de cil. motor y desplazamiento (pulg. cúbic.)	Tornillos de culata	Tornillos de cojinete de biela	Tornillos de cojinete principal	Tornillo de polea de cigüeñal o damper	Tornillos de volante a cigüeñal	Múltiple de Admis.	Escape
'80–'87	6-200	70–75	21–26	60–70	85–100	75–85	—	13–18②
	6-250	70–75	21–26	60–70	85–100	75–85	—	13–18②
	8-255, 302	65–72	19–24	60–70	70–90	75–85	23–25① ⑨	18–24
	8-351W	105–112	40–45	95–105	70–90	75–85	23–25①	18–24
'80–'87	4-140	80–90⑧	30–36	80–90	100–120	54–64	③	16–23
'82–'87	V6-232	⑤	⑥	⑦	85–100	75–85	18.4	15–22

① Reapriete con motor caliente
② 1977 y posteriores: 18-24
③ Dos pasos: 5-7, luego 14-21, sin turbo; 13-18 para los modelos con turbo
④ Cuatro pasos: 3-6, 6-11, 11-15, 15-18; reapriete a 15-18; reapriete a 15-18 con el motor caliente
⑤ Empape los tornillos en aceite, apriételos en secuencia, a 65-81 libras-pie, afloje todos los tornillos dos vueltas completas y luego vuelva a apretarlos a 65-81 libras-pie
⑥ Empape las tuercas en aceite, apriételas a 30-36 libras-pie, aflójelas dos vueltas completas y luego reapriételas a 30-36 libras-pie
⑦ Empape los tornillos en aceite, apriételos a 62-81 libras-pie, aflójelos dos vueltas completas y luego reapriete los tornillos a 62-81 libras-pie
⑧ Apriete en dos pasos: 50-60 y luego 80-90
⑨ 1981-82-255 V8-18-20

ESPECIFICACIONES DE ALINEACIÓN DE RUEDAS PINTO/BOBCAT

Año	Modelo	Avance Límites de campo (grados)	Avance Ajuste preferente (grados)	Inclinación Límites de campo (grados)	Inclinación Ajuste preferente (grados)	Convergencia (pulg.)	Inclinación eje dirección (grados)	Relación de pivotaje de la rueda® Rueda inter.	Rueda exter.
'80	Pinto, Bobcat	¼P a 1¾P	1P	¼N a 1¼P	½P	0 a ¼	10.018	20	18.84
'80	Sta. Wag.	½N a 1P	¼P	¼N a 1¼P	½P	0 a ¼	10.018	20	18.84

N Negativo P Positivo

ESPECIFICACIONES DE ALINEACIÓN DE RUEDAS MODELOS DE TAMAÑO MEDIO

Año	Modelo	Avance: Límites de campo (grados)	Avance: Ajuste preferente (°)	Inclinación: Límites de campo (grados)	Inclinación: Ajuste preferente (°)	Convergencia (pulg.)	Inclin. eje dirección (grados)	Relación de pivotaje de la rueda (°): Rueda inter.	Relación de pivotaje de la rueda (°): Rueda exter.
'80	Monarch, Granada, Versailles	1¼N a ¼P	½N	½N a 1P	¼P	0 a ¼	6¾	20	①
'80–'81	Fairmont and Zephyr (excepto Station Wagon)	⅛P a 1⅞P②	1P	5/16N a 1 3/16P②	7/16P	1/16 a 5/16	15¼	20	19.84
'80–'81	Fairmont and Zephyr (Station Wagon)	⅛N a 1⅝P②	¾P	¼N a 1¼P②	½P	1/16 a 5/16	15¼	20	19.84
'80–'82	Thunderbird, Cougar XR-7	⅛ a 1⅞P②	1P	½N a 1¼P②	⅜P	1/16 a 5/16	15⅓	20	24.9③
'80–'82	Mustang, Capri	¼P a 1¾P②	1P	½N a 1P②	¼P	1/16 a 5/16	15¼	20	19.84
'81–'82	Cougar, Granada	⅛P a 1⅞P	1P	5/16N a 1 3/16P②	7/16P	1/16 a 5/16	15¼	20	19.84
'82–'83	Fairmont, Futura, Zephyr	⅛P a 1⅞P	1P	5/16N a 1 3/16P②	7/16P	1/16 a 5/16	15¼	20	19.84
'83–'86	Thunderbird Cougar XR-7	½P a 2P	1¼P	½N a 1P	¼P	1/16 a 5/16	—	20	19.73
'83–'86	LTD, Marquis (Sedan)	1⅛P a 2⅛P	1⅛P	5/16N a 1 3/16P	7/16P	1/16 a 5/16	—	20	19.84
'83–'86	LTD, Marquis (Station Wagon)	⅛N a 1⅞P	⅞P	¼N a 1¼P	½P	1/16 a 5/16	—	20	19.84
'83–'86	Mustang, Capri	½P a 2P	1¼P	¾N a ¾P	0	1/16 a 5/16	—	20	19.84
'82–'83	Lincoln Continental	⅜P a 2⅛P	1¼P	½N a 1¼P	⅜P	0 a ¼	—	20	19.13
'87	Especificaciones no disponibles en el momento de la publicación								

N Negativo P Positivo
N.A - No disponible
① Granada/Monarch, Versailles con dirección asistida (PS) - 18.20; sin dirección asistida - 18.43
② El avance y la inclinación vienen preajustados y no son ajustables
③ 1981-82-19.77; 83-85 N.A. (No disponibles)

ESPECIFICACIONES DE ALINEACIÓN DE RUEDAS-MODELOS DE TAMAÑO NORMAL

Año	Modelo	Avance: Límites de campo (grados)	Avance: Ajuste preferente (°)	Inclinación: Límites de campo (grados)	Inclinación: Ajuste preferente (°)	Convergencia (pulg.)	Inclin. eje dirección (grados)	Relación de pivotaje de la rueda (°): Rueda inter.	Relación de pivotaje de la rueda (°): Rueda exter.
'80–'86	Lincoln	2¼P a 3¾P	3P	¼N a 1¼P	½P	1/16–3/16	10.87	—	18.50
'80–'86	Ford, Mercury	2¼P a 3¾P	3P	¼N a 1¼P	½P	1/16 a 3/16	10 31/32	—	18.50
'87	Especificaciones no disponibles en el momento de la publicación								

N Negativo P Positivo

ESPECIFICACIONES DEL MOTOR DIESEL DE 2.4L

MOTOR

Tipo . 6 cilind., en línea, 4 tiemp., válv. sobreculata, refrigerado por agua
Diámetro .... 3.150 pulgadas (80 mm)
Carrera .... 3.189 pulgadas (81 mm)
Desplazamiento .... 149 pulgadas cúbicas (2442.9 cc)
Relación de compresión 23:1
Caballos de potencia .... 114 a 4800 rpm
Par motor mínimo .... 150 libras-pie a 2400 rpm
Presión de compresión .... 348 libras × pulgada cuadrada (2400 kPa)
Holgura de válvulas (motor frío) .... Admisión: 0.10 pulgadas (0.3 mm)
Holgura de válvulas (motor frío) .... Escape: 0.010 pulgadas (0.3 mm)

ESPECIFICACIONES DEL MOTOR DIESEL DE 2.4L

MOTOR

Sincronización de levas
- Válvula de admisión abre a .... 6° APMS
- Válvula de admisión cierra a .... 34° DPMS
- Válvula de escape abre a .... 46° APMS
- Válvula de escape cierra a .... 6° DPMS
- Válvula de admisión se levanta .... 0.374 pulgadas (9.5 mm)
- Válvula de escape se levanta .... 0.376 pulgadas (9.55 mm)

Peso .... 433 libras (196.4 kg) seco

SISTEMA DE COMBUSTIBLE

Orden de encendido de la inyección 1 5 3 6 2 4
Velocidad en vacío .... 750 + 50 - 0 rpm
Velocidad en vacío rápida (arranque en frío) .... 900-1050 rpm
Sincronización de la bomba de inyección .... 2.5° APMS a 750-800 rpm

SISTEMA DE LUBRICACIÓN

Sistema completo sin refrigerador de aceite .... 7.1 cuartas (6.7L)
Sistema completo .... 7.9 cuartas (7.5L)
Presión de aceite del motor 57-58 libras por pulgadas cuadradas a 4000 rpm

NOTA: Debido a la reciente introducción de este motor, las especificaciones normales no se hallan aún disponibles en el momento de la publicación.

ESPECIFICACIONES DE APRIETE DEL MOTOR DIESEL DE 2.4L

Descripción	Libras-pie
Tapas de cojinetes principales	43-48
Sujeciones de soporte del motor	28-34
Tapa de válvulas	6-7
Colador de aceite a la tapa de válvulas	11-14
Tornillos de culata	
Paso 1	36-43
Paso 2	65-69
Paso 3 (ángulo de apriete)	90 ± 5°
Barra del chorro de aceite a la culata	14-17
Tapón de drenado del aceite	24-26
Cárter de aceite al cárter del cigüeñal	6.5-7
Tapas de los extremos delantero y trasero al cárter del cigüeñal	6-7 14-17
Volante al cigüeñal (montados con Loctite N.º 270)	71-81
Cubo del damper de vibración al cigüeñal	282-311
Polea/damper de vibración al cubo del damper de vibración	16-17
Tornillos de bielas	
Paso 1	14
Paso 2 (ángulo de apriete)	70°
Piñón al árbol de levas	40-47
Tapa de cojinete del árbol de levas	6-7 14-17
Sujeción del rodillo tensor al cárter del cigüeñal	14-17
Tornillo de sujeción del balancín	5-6.5
Piñón al eje auxiliar	40-47
Interruptor de presión de aceite	22-29
Bomba de aceite al cárter del cigüeñal	16-17
Tapa de la bomba de aceite	6-7

Descripción	Libras-pie
Conducto de aceite desde el turbo-alimentador al cárter del cigüeñal, tornillo hundido de 22 mm de ancho entre caras planas	29-36
Bomba de agua al cárter del cigüeñal	14-17
Tuerca con rosca a la izquierda del embrague del ventilador a la bomba del agua	36
Ventilador al embrague del ventilador	6-7
Polea a la bomba del agua	6-7
Alojamiento del termostato	6-7
Tornillo de sangrado	4-7
Sensor de temperatura/interruptor de temperatura	12-14
Múltiple de admisión a la culata	14-17
Múltiple de escape a la culata (fila superior de tornillos de sujeción, montados con Loctite N.º 270)	14-17
Turbo-alimentador al múltiple de escape	17-20
Escape al turbo-alimentador	31-35
Bomba de vacío	6-7
Sensor de impulsos al motor (fijación)	6-7
Bujías de incandescencia	14-22
Interruptor de temperatura al alojamiento del filtro de combustible	22
Cable a la bujía de incandescencia	3-4
Alojamiento del filtro de combustible a la sujeción	31-35
Bomba de inyección a la sujeción trasera (tuercas y tornillos)	14-17
Bomba de inyección a la sujeción delantera	14-17

ESPECIFICACIONES DE APRIETE DEL MOTOR DIESEL DE 2.4L

Descripción	Libras-pie	Descripción	Libras-pie
Alojamiento del filtro de aceite al cárter del cigüeñal	14-17	Desconectador eléctrico a la bomba de inyección	11-18
Tapa del filtro de aceite	15-18	Electro-válvula para el acelerador del arranque en frío, a la bomba de inyección	11-14
Tapón de drenado del filtro de aceite	7-9	Piñón de la bomba de inyección a la bomba de inyección	33-36
Chorro pulverizador de aceite al cigüeñal	6-7	Tensión de apriete para el soporte del rodillo tensor	33-36
Conductos de aceite del refrigerador del aceite al alojamiento del filtro de aceite	22-29	Soporte del rodillo tensor al motor (tuerca y tornillo M8)	18
Conductos de aceite al turbo-alimentador	14-17	Combinación del inyector de combustible en la culata	29-33
		Conducto de inyección (tuerca de acoplamiento)	14-18
		Porta-inyector a la bomba de inyección	33
		Válvula de derrame a la bomba de inyección (tornillo hundido)	14-22

EQUIPO ELÉCTRICO DEL MOTOR

Para todos los procedimientos de control de los sistemas de carga, por favor, remítase usted al apartado Sistemas de carga y motores de arranque, en la sección de Reparaciones.

Alternador

DESMONTAJE Y MONTAJE
AJUSTE DE LA CORREA

1. Desconecte el cable de masa (negativo) de la batería.

2. Afloje el tornillo tensor de ajuste (si lo lleva), y(o) el tornillo ranurado de ajuste y montaje del alternador. Desmonte la(s) correa(s) de mando. En los modelos equipados con una sola correa (montaje en serpentina): extraiga, haciendo palanca, el tensor de encima de la correa, y desmonte la correa de la polea del alternador.

NOTA: Hay varios modelos equipados con una correa de sección en K (acanalada en V), con 5 o 6 canales, y un absorbedor de tensión automático. Debe usted fabricarse una herramienta especial, en algunos modelos, para descargar la tensión del brazo absorbedor de tensión, de modo que pueda desmontar y montar la correa. Afloje los tornillos de pivotaje y ajuste de la polea intermedia, utilizando la herramienta de desmontaje de la correa.

3. Desconecte los conectores eléctricos del alternador. Desmonte los tornillos de ajuste y montaje del alternador. En algunos modelos, es necesario desmontar el alternador de sus soportes, antes de desconectar el cableado eléctrico, debido a las dificultades de espacio.

4. Monte el alternador en su soporte y conecte los conectores eléctricos. Ajuste la tensión de la correa de modo que haya aproximadamente de 1/4 a 1/2 pulgada de flecha en el tramo de correa más largo, entre las dos poleas. Aplique presión sobre la parte delantera del alojamiento del alternador, cuando ajuste la tensión de la correa. En algunos modelos están previstos unos planos que permiten el uso del extremo de una llave fija para tensar la correa.

5. En los modelos equipados con una sola correa de mando, monte el alternador en el soporte, acople los conectores eléctricos, deslice la correa de serpentina sobre la polea del alternador y suelte el tensor automático. Si el vehículo está equipado con una transmisión AOD (con superdirecta automática), y acondicionador de aire, monte la correa sobre las poleas del cigüeñal y del compresor del A/C (acondicionador del aire) y luego sitúe la herramienta de deflexión del brazo absorbedor sobre el brazo, y empuje la polea del absorbedor hacia abajo, al fondo de la ranura (no empuje nunca sobre los canales de la polea). Encaje la correa sobre el resto de las poleas. Mientras sujeta la polea del absorbedor abajo, ajuste la polea intermedia con la mano hasta que esté apretada y luego apriete el tornillo de ajuste y el tornillo del pivote sobre el conjunto de la polea intermedia. Retire la herramienta de deflexión; la tensión correcta se aplicará automáticamente.

Regulador de voltaje

DESMONTAJE Y MONTAJE

1. Desconecte el cable negativo de la batería.

2. Desconecte el conector de hilos eléctricos.

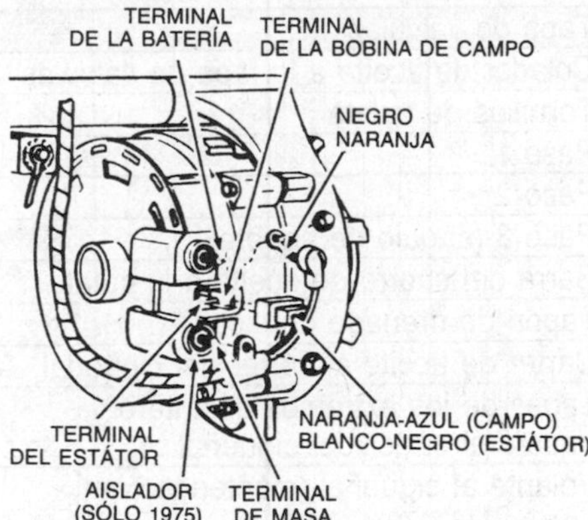

Detalles del conector típico para el terminal lateral del alternador

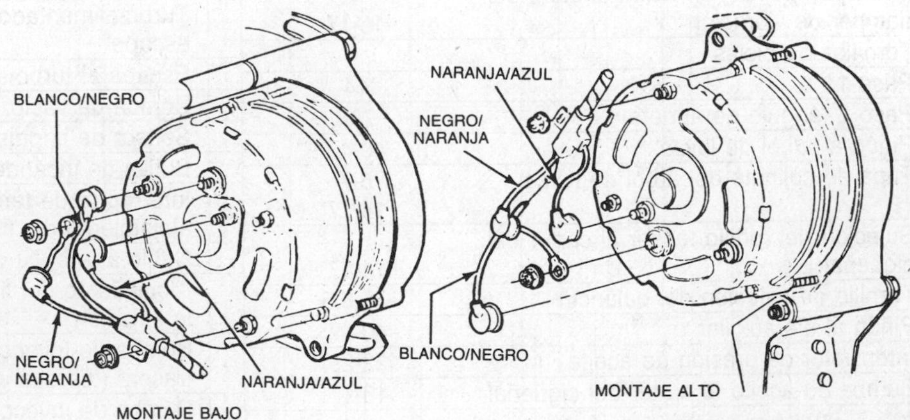

Detalles del conector típico para el terminal trasero del alternador

Desmonte los tornillos de montaje y el regulador.

3. Monte el regulador en su emplazamiento y apriete los tornillos de montaje. Si dispone de un condensador supresor, monte el condensador en su sitio.

4. Conecte el cableado de hilos. Para los procedimientos de desmontaje y montaje de los reguladores de voltaje integrales, consulte el apartado Carga y arranque del motor, en la sección de Reparaciones.

Motor de arranque

Los procedimientos de revisión del motor de arranque puede encontrarlos en el apartado Carga y arranque del motor, de la sección de Reparaciones.

DESMONTAJE Y MONTAJE

Motores de gasolina

1. Desconecte el cable negativo de la batería.

2. Eleve el vehículo y sopórtelo con seguridad.

3. Desconecte el cable del motor de arranque desde el motor de arranque.

NOTA: Si el problema es la falta de espacio, puede ser necesario que desmonte un tirante, la elevación del motor, etc. Consulte el paso 4.

4. En los modelos Granada, Monarch y Versailles equipados con el motor 302, desmonte el montaje derecho del motor y eleve el motor. En los modelos Fairmont y Zephyr con el motor CID 200, desmonte el tirante en espolón. En los modelos Pinto, Bobcat y Mustang, desmonte la traviesa de montaje de la parte inferior de la campana-alojamiento del embrague y el conjunto del mecanismo de la dirección del larguero lateral. En los modelos Thunderbird y Cougar, XR-7, LTD Marquis y Continental de 1980 y posteriores, desmonte el tirante cruzado.

5. Desmonte los tornillos del alojamiento del motor de arranque y la traviesa de montaje de la parte inferior del motor. Desmonte la protección contra el calor, si la lleva.

6. Maniobre con el motor de arranque de modo que pueda bajarlo a través del mecanismo de la dirección. En algunas combinaciones de chasis/motor, esto puede llevarse a cabo girando las ruedas delanteras a la derecha o a la izquierda, o bien desmontando los tornillos de unión del soporte del brazo intermedio de la articulación de la dirección, bajando la articulación de la dirección alejándola del motor.

7. El procedimiento de montaje del conjunto del motor de arranque es la inversa del de desmontaje. Apriete los tornillos de montaje a 15-20 libras-pie.

Motor diesel de 2,4L

1. Desconecte el cable de masa (negativo) de la batería.

2. Desmonte el tornillo que sujeta el tubo del control del nivel de aceite al múltiple de admisión.

3. Desmonte los hilos conductores del relé del motor de arranque. Desmonte el soporte delantero del motor de arranque.

4. Desmonte los dos tornillos de montaje del motor de arranque en el alojamiento del motor de arranque.

5. Empuje ligeramente hacia afuera el tubo del control del nivel de aceite, dejando espacio para el desmontaje del motor de arranque. Desmonte el motor de arranque.

6. Posicione el motor de arranque en su alojamiento en el convertidor de par y monte los dos tornillos. Apriételos a 30-40 libras-pie.

7. Monte el soporte del motor de arranque y apriete los tornillos de unión a 14-20 libras-pie.

8. Conecte los cables del relé del motor de arranque. Apriete el cable rojo a 80-120 libras-pulgada. Apriete el cable negro a 25 libras-pulgada.

9. Reponga el tubo del control del nivel de aceite sobre el múltiple de admisión y apriételo a 6-7 libras-pie.

10. Monte el cable de masa de la batería.

Distribuidor

DESMONTAJE Y MONTAJE

1. Desmonte el filtro del aire en los motores V6 y V8. En los motores de 4 y 6 cilindros en línea el desmontaje de un tornillo de sujeción de la bomba (de aire) del termactor y la correa de mando permitirán que pueda desplazar la bomba a un lado y acceder al distribuidor. Si es necesario desconecte el filtro de aire del termactor y, aún mejor, las conducciones.

2. Desmonte la tapa del distribuidor y colóquela con los cables de encendido a un lado.

3. Desconecte la clavija de enchufe de los hilos del conector del distribuidor. Desconecte y tapone los manguitos de vacío del conjunto del diafragma de vacío (si lo lleva).

4. Gire el motor (en la dirección normal de rotación) hasta que el pistón n.º 1 se halle en el PMS (punto muerto superior) de la carrera de compresión. La marca del PMS en la polea del cigüeñal y el indicador deben alinearse. La punta del rotor debe estar señalando a la posición del conductor de la bujía n.º 1 en el distribuidor.

5. En los Dura Spark I o II, gire el motor un poquito más (si es preciso) para alinear el polo del conjunto del estator (bobina sensora) con un polo (el más próximo) de la armadura de polos. En el Dura Spark III, la ranura de la camisa del distribuidor (mirando hacia abajo desde la parte superior) y la ranura del adaptador de la tapa, deben estar alineadas. En los modelos equipados con Dura Spark IV (de 1984 y posteriores) desmonte el rotor (2 tornillos) y tome nota de la posición del «cuadrado de polarización» y la platina del eje para referencia del montaje posterior.

6. Trace una marca sobre el cuerpo del distribuidor y el bloque motor indicando la posición de la punta del rotor y la del distribuidor sobre el motor. Los distribuidores Dura Spark III y algunos EEC IV (control electrónico del motor) están equipados con una base indicada mediante una ranura y sólo puede colocarla en una posición determinada sobre el motor.

7. Desmonte el tornillo de sujeción y la abrazadera localizados en la base del distribuidor. Algunos distribuidores de los sistemas Dura Spark III y ECC IV están equipados con tornillos especiales que requieren el uso de una llave especial de cabeza Torx para su desmontaje y montaje. Desmonte el distribuidor del motor. Preste atención a la dirección de las puntas del rotor, ya que si lo desplaza de la posición n.º 1 el piñón de mando queda desacoplado. Para volver a montarlo, el rotor debe estar en esa posición, asegurando el acoplamiento y la sincronización correcta.

8. Evite girar el motor, si es posible, mientras se halle el distribuidor desmontado. Si gira el motor de su posición del PMS, debe volver a ajustar las marcas de sincronización del PMS antes de montar el distribuidor; pasos 4 y 5.

9. Posicione el distribuidor en el motor, con el rotor alineado con las marcas hechas sobre el distribuidor o en la posición que señalaba el rotor cuando lo desmontó. El estator y la armadura, o cuadrado de polarización, y la platina del eje, debe también alinearlos. Engrane el eje intermedio de la bomba de aceite, e inserte el distribuidor hasta que asiente plenamente sobre el motor y, en caso

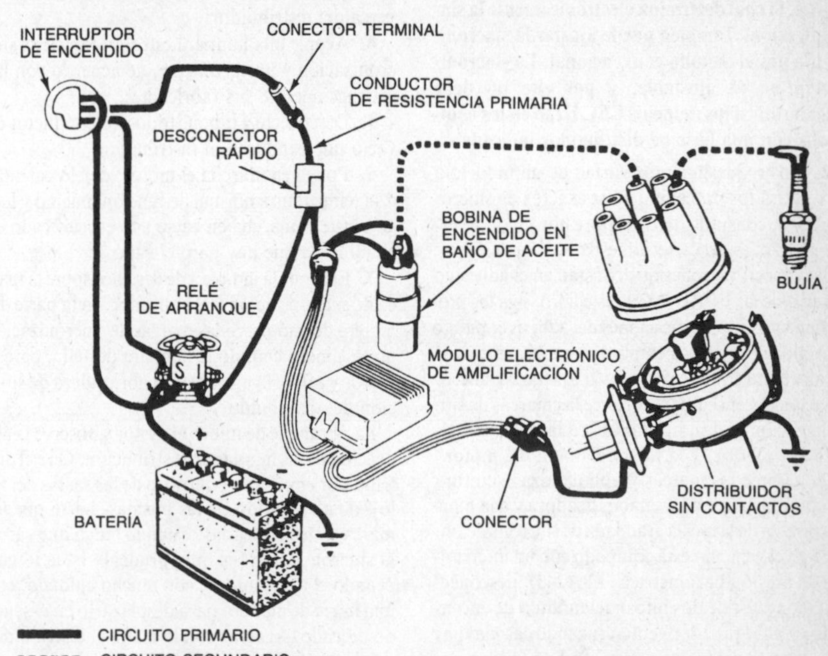

Esquema de sistema típico de encendido electrónico

de que no asiente de modo correcto, gire ligeramente el motor para que se acople totalmente el eje intermedio.

10. Siga los procedimientos anteriores sobre los modelos equipados con una base de distribuidor indicada. Asegúrese al posicionar el distribuidor, de que la ranura de la base encaja en el saliente del bloque, y de que las ranuras de la camisa/adaptador se hallan alineadas.

11. Una vez que el distribuidor ha quedado asentado correctamente sobre el bloque, verifique las alineaciones de la marca de sincronización y del rotor. Monte el soporte de sujeción y el tornillo. En los modelos provistos de una base indiciada, apriete el tornillo de montaje. En los demás modelos, apriete con la mano el tornillo de montaje de manera que usted pueda girar el distribuidor para la sincronización del encendido.

12. El resto del montaje debe efectuarlo en el orden inverso al desmontaje. Verifique y ajuste la sincronización del encendido.

NOTA: Se utiliza una composición de silicona aplicada sobre las puntas del rotor, contactos de la tapa del distribuidor y sobre el lado interior de los conectores de los cables de bujías y en los acopladores del módulo. Después del mantenimiento de cualquier componente del sistema de encendido, aplique siempre Silicone Dielectric Compound. Varios modelos utilizan un rotor multipunta, que no requiere la aplicación de compuesto dieléctrico.

AJUSTE DE LA SINCRONIZACIÓN DEL ENCENDIDO

NOTA: Algunos modelos tienen un ajuste de sincronización monolítico en la fábrica. El sistema monolítico utiliza un receptáculo de sincronización sobre la parte delantera del motor, que usted puede conectar al equipo exterior de lectura digital, la cual determina electrónicamente la sincronización. También puede ajustar la sincronización por el método convencional. La sincronización no es ajustable, y por ello no debe intentarlo, en los modelos EEC III, o en los equipados con una base de distribuidor indicada.

1. Los requerimientos varían de un modelo a otro. Para los procedimientos exactos de sincronización, consulte usted siempre por favor las especificaciones del cartel adhesivo sobre emisiones. Si las especificaciones que constan en el adhesivo difieren de las FORD RX de este libro, siga los procedimientos y especificaciones del adhesivo, puesto que ellos reflejan los cambios y calibraciones de producción. Para verificar y/o ajustar la sincronización del encendido, localice las marcas de sincronización y el indicador sobre la polea del cigüeñal (inferior) y la tapa delantera del motor.

2. Limpie las marcas y aplique tiza o pintura de color brillante a la señal indicadora y a la marca correcta de la escala graduada de sincronización.

3. Si el vehículo está equipado con un interruptor de presión barométrica (12 A243), desconéctelo (conector de dos hilos) del módulo de encendido, y coloque un puente cruzando las clavijas del conector del módulo de encendido (hilos amarillo y negro). En motores equipados con el sistema EEC IV, desconecte el conector de un solo hilo, cerca del distribuidor.

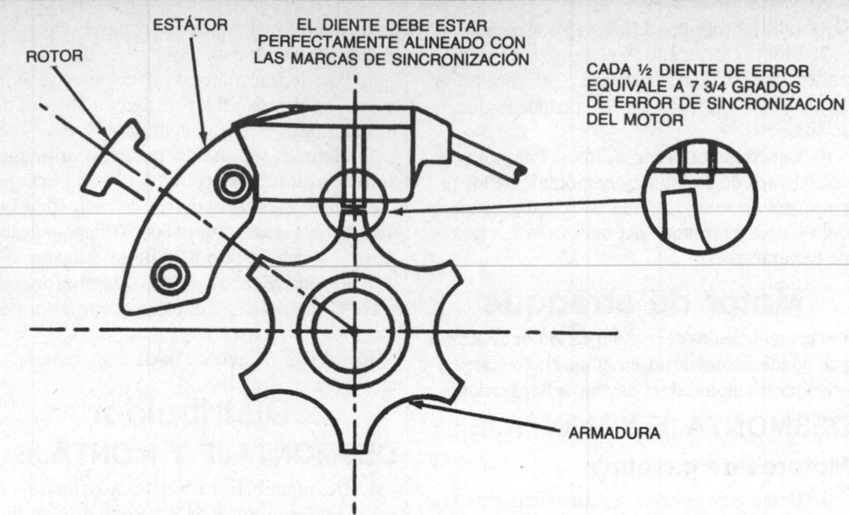

Posición de chispa del distribuidor con encendido electrónico

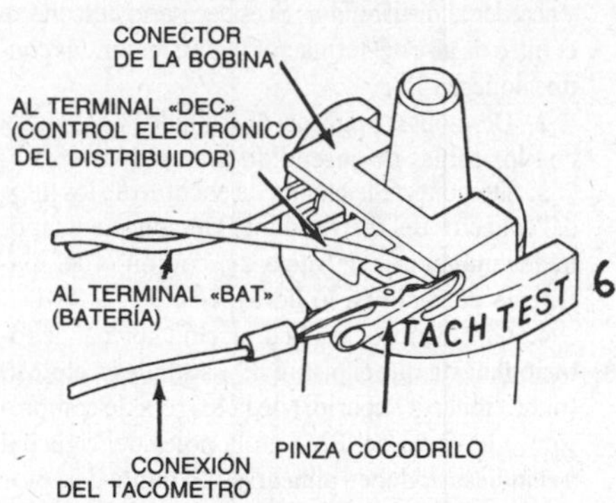

Conexionado del tacómetro de comprobación del encendido electrónico

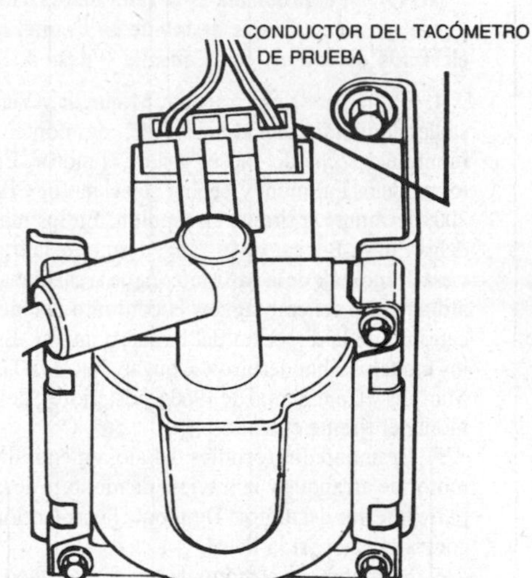

Conexión del tacómetro en la bobina «E»

4. Acople una lámpara estroboscópica de sincronización y un tacómetro, de acuerdo con las instrucciones de sus fabricantes.

5. Desconecte y tapone todos los conductos de vacío que conducen al distribuidor.

6. Ponga en marcha el motor, déjelo calentar a su temperatura normal de funcionamiento y luego ajuste la marcha en vacío a lo especificado en el adhesivo que hay bajo el capó.

7. Enfoque la lámpara de destellos sobre la marca de sincronización y el indicador, en la parte delantera del motor. Si las marcas de sincronización no se alinean cuando la lámpara destella, pare el motor y afloje ligeramente la abrazadera de sujeción del distribuidor.

8. Arranque de nuevo el motor y observe la alineación de las marcas de distribución. Gire el distribuidor en sentido contrario de las saetas del reloj, o en el sentido de las mismas, hasta que las marcas estén alineadas. Cuando tenga que variar la sincronización, es muy prudente hacerlo golpeando el distribuidor, con mucho cuidado, con una maza de madera para desplazarlo en el sentido deseado. Agarrar con la mano el distribuidor puede producirle desagradables descargas eléctricas. Cuando estén alineadas las marcas de sincronización, pare el motor y apriete la abrazadera de sujeción del distribuidor. Desmonte el equipo de verificación, vuelva a conectar los manguitos de vacío, el conector de un solo hilo (EEC IV) y/o el interruptor de presión barométrica (en los vehículos equipados de ese modo).

Conexión del tacómetro

El conector de la bobina utilizado con la Dura Spark, está provisto de una cavidad para la conexión del tacómetro, de modo que no es necesario que desmonte el conector para la verificación de las rpm del motor. Monte el conductor del tacómetro en la cavidad marcada TACH TEST (verificación por tacómetro), y conecte el otro conductor a una buena masa. Si el conector de la bobina (excepto en los vehículos equipados con una bobina E) debe desmontarse, tire de él horizontalmente hacia afuera, hasta que se desacople del terminal de la bobina.

Bujías de incandescencia diesel

DESMONTAJE Y MONTAJE

1. Desconecte el cable negativo de la batería.
2. Desatornille el conector eléctrico de la bujía de incandescencia y desmonte el conductor.
3. Desmonte la bujía de incandescencia, utilizando una llave de vaso profunda, de 12 mm.
4. Cubra la rosca de la bujía de incandescencia con una composición antigripaje, a base de cobre.
5. Monte la bujía de incandescencia en el motor.
6. Apriete la bujía de incandescencia a 15-22 libras-pie.
7. Conecte el hilo eléctrico a la bujía de incandescencia, con una tuerca, y apriételа a 3-4 libras-pie.
8. Conecte el cable negativo de la batería.

SISTEMA DE COMBUSTIBLE DE GASOLINA

Bomba mecánica de combustible

DESMONTAJE Y MONTAJE

NOTA: Antes de desmontar la bomba, gire el motor de modo que el punto inferior del lóbulo de la leva esté aplicado contra el brazo de la bomba. Esto lo puede determinar aflojando ligeramente los tornillos de montaje de la bomba y girando el motor; cuando la tensión (resistencia) desaparezca del brazo, proceda al desmontaje.

1. Desmonte las conducciones de entrada, salida y retorno del vapor (si va equipado de ese modo) de la bomba.
2. Desmonte los tornillos de sujeción de la bomba de combustible y desmonte la bomba y la junta. Desmonte la varilla de la bomba de combustible, en los motores 2,800 V6.
3. Limpie todo resto de material de junta de la superficie de montaje sobre el motor, y aplique un recubrimiento de sellador resistente al aceite, en la junta nueva.
4. Vuelva a montar la varilla en los modelos que la llevan. Posicione la bomba sobre el motor y monte los tornillos de retención.
5. Vuelva a montar las conducciones, arranque el motor y verifique si hay fugas.

NOTA: Si nota resistencia al colocar la bomba de combustible sobre el bloque, es que la excéntrica del árbol de levas está en la posición elevada. Para facilitar el montaje, conecte un mando a distancia en el interruptor del motor de arranque, y vaya tanteando el pulsador del mando, haciendo girar el motor, hasta que desaparezca la resistencia (excéntrica baja).

Bomba eléctrica de combustible

DESMONTAJE Y MONTAJE

NOTA: En los modelos de 1983, 1984 y posteriores, Lincoln Town Car, Ford Crown Victoria y Mercury Gran Marquis (con CFI-marcha en vacío lenta y rápida) de inyección de combustible, se utiliza una sola bomba, montada en el interior del depósito de gasolina. Los demás modelos de 1984 y posteriores, equipados con motores de inyección de alto rendimiento, o turbo-alimentados, están equipados con dos bombas eléctricas. Una bomba de baja presión está montada en el depósito, y otra de alta presión fuera del depósito.

ATENCIÓN

Antes de efectuar el mantenimiento de cualquier parte del sistema de inyección de combustible, es necesario eliminar la presión del sistema. Hay disponible una herramienta especial para la verificación y el sangrado del sistema.

Para eliminar la presión del sistema de inyección de combustible:

a. Si el sistema de carga de combustible está montado en el motor, desmonte el tapón del depósito, y luego reduzca la presión del sistema abriendo la válvula reductora de presión de la conducción de combustible, situada en el ángulo superior, a mano derecha del compartimiento del motor. Utilice el manómetro de presión de combustible T80L-9974-A, o uno equivalente.

NOTA: Debe desmontar la tapa de la válvula reductora.

b. Utilizando una llave fija (de extremo abierto), desmonte la válvula reductora de la conducción de combustible.

c. Monte la válvula reductora y la tapa. Apriete la válvula a 48-84 libras-pulgada. Apriete la tapa a 4-6 libras-pulgada.

Bomba en el interior del depósito

1. Desconecte el cable negativo de la batería.
2. Suprima la presión del sistema, y drene toda la gasolina que pueda, mediante bombeo, por la boca de llenado del depósito.
3. Eleve la parte trasera del coche y sopórtelo con seguridad, sobre caballetes.
4. Desconecte las conducciones de suministro de combustible, retorno y descarga, del lado derecho e izquierdo del bastidor.
5. Desconecte los conjuntos de hilos conductores de la bomba de combustible.
6. Sostenga el depósito, afloje y desmonte los flejes metálicos de montaje. Desmonte el depósito.
7. Desconecte las conducciones y los cableados de la brida de la bomba.
8. Limpie el lado exterior de la brida de montaje y el anillo de retención. Gire el anillo de bloqueo de la bomba de combustible, en el sentido contrario a las saetas del reloj, y desmóntelo.
9. Desmonte la bomba de combustible.
10. Limpie las superficies de montaje. Aplique un ligero recubrimiento de grasa en las superficies de montaje y sobre la arandela de cierre nueva. Monte la bomba de combustible nueva.
11. El montaje se efectúa en el orden inverso

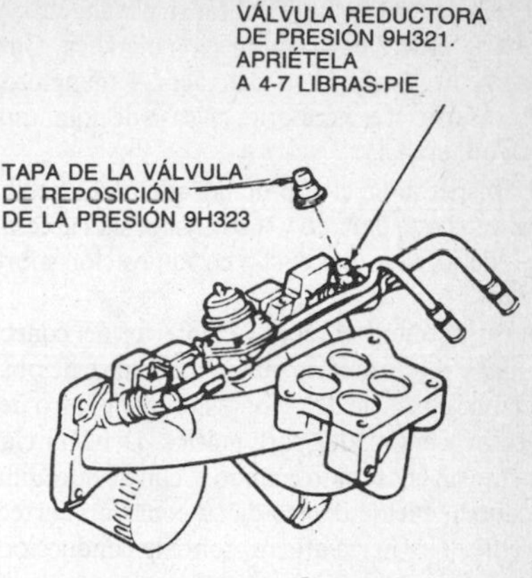

Desmontaje y montaje de la válvula reductora de presión del combustible

al desmontaje. Si se trata de un sistema de una sola bomba de alta presión, llene el depósito con, al menos, 10 galones de gasolina. Cierre el contacto con la llave de encendido durante tres segundos. Repita 6 ó 7 veces la operación, hasta que el sistema de combustible se halle bajo presión. Compruebe si hay alguna toma que pierde. Arranque el motor y verifique si hay fugas.

Bomba externa

1. Desconecte el cable negativo de la batería.
2. Suprima la presión del sistema de combustible.
3. Eleve y soporte la parte trasera del vehículo sobre caballetes.
4. Desconecte los conductos de entrada y salida de combustible.
5. Doble hacia abajo las lengüetas de retención, y desmonte la bomba del anillo-soporte de montaje.
6. Móntela en el orden inverso, asegurándose de que la bomba está acoplada correctamente en el aislador-soporte de montaje.

Rácores de acoplamiento de conducciones de «conexión rápida»

DESMONTAJE Y MONTAJE

NOTA: El tipo de rácores de «conexión rápida» (empujando) debe desconectarlo utilizando procedimientos correctos, pues puede resultar dañado el rácor. En los acoplamientos de conexión empujando, se utilizan dos tipos de retención. El tamaño destinado a tubos de 3/8 y 5/16 de pulgada utiliza una retención del tipo de clip de horquilla de cabello. Los conectores aplicados en los tubos de 1/4 de pulgada, utilizan el sistema de retención de clip de «ornitorrinco».

Clip de horquilla de cabello

1. Limpie toda la suciedad o grasa del rácor. Separe las patas del clip aproximadamente 1/8 de pulgada, cada una de ellas, para desacoplarlo del rácor, y saque el clip fuera del rácor. Utilice sólo la presión de los dedos. No use herramientas.

2. Agarre el conjunto del rácor y manguito, y tire hacia afuera de la conducción metálica. Gire ligeramente el conjunto del rácor y manguito, mientras tira, si es necesario, en caso de notar una cierta adherencia.

3. Inspeccione el clip de horquilla de cabello para ver si está dañado y sustitúyalo, si es necesario. Vuelva a montar el clip en su posición sobre el rácor.

4. Inspeccione el rácor y el interior del conector, para asegurarse de que se halla libre de obstrucciones o suciedad. Monte el rácor dentro del conector y empújelos para unirlos. Debe oir claramente un chasquido cuando el clip de horquilla de cabello encaje dentro de su conexión correctamente. Tire hacia afuera, sobre la conducción, para asegurarse de que está plenamente acoplado.

Clip de ornitorrinco

1. Existe una herramienta especial de Ford, para el desmontaje de los clips de retención (herramienta Ford nº T82L-9500-AH). Si no tiene a mano la herramienta, vea el paso 2. Alinee la ranura de la herramienta de desconexión del conector de empuje, con la lengüeta correspondiente del clip de retención. Extraiga la conducción del conector.

2. Si no tiene la herramienta especial, utilice unos alicates de 6 pulgadas de canal de cierre estrecho, con una mordaza de 0.2 pulgadas o menos, de anchura. Alinee las mordazas de los alicates con las aberturas de la caja del rácor, y comprima la parte del clip de retención que se acopla en la caja. Comprimiendo el clip de retención soltará el rácor, que puede usted sacar del conector. Debe comprimir simultáneamente ambos lados del clip para desacoplarlo.

3. Revise el clip de retención, el extremo del rácor y el conector. Sustituya el clip, si observa que está dañado.

4. Empuje la conducción dentro del conector de acero, hasta que oiga un chasquido que indicará que el clip ha encajado correctamente en su sitio. Tire de la conducción para verificar el acoplamiento.

Filtro de combustible

DESMONTAJE Y MONTAJE

Motores con carburador

FILTROS CONECTADOS EN LÍNEA CON EL MANGUITO

1. Desmonte el filtro de aire.
2. Afloje las abrazaderas del manguito.
3. Desatornille el filtro del carburador.
4. Desconecte el filtro del manguito y deseche el filtro, manguito y abrazaderas. Los filtros de recambio vienen normalmente con un trozo de manguito y abrazaderas nuevas, y por ello debe usarlos siempre que sea necesario cambiar el filtro.
5. Para montar el filtro de combustible, invierta el procedimiento. Después del montaje, arranque el motor y compruebe si hay pérdidas de combustible.

FILTROS CONECTADOS (EN CONDUCCIONES DE ACERO) CON TUERCA INVERTIDA

1. Desconecte el conjunto del filtro de aire.
2. Posicione una llave fija de 11/16 de pulgada, sobre la tuerca hexagonal del filtro para sujetarlo en posición, y desmontar la conducción de acero del combustible, del filtro, utilizando una llave apropiada.
3. Desatornille el filtro del carburador.
4. Monte el filtro nuevo en el orden inverso al desmontaje.

FILTROS EN EL INTERIOR DEL CARBURADOR (CARBURADORES VV-VENTURI VARIABLE)

1. Desmonte el filtro de aire.
2. Desconecte la conducción de combustible del rácor de entrada del carburador mientras sujeta el rácor de entrada con una llave apropiada.
3. Desmonte el rácor de entrada y el filtro de combustible.
4. Monte el muelle, filtro, junta y rácor.
5. Conecte la conducción de entrada, arranque el motor y verifique si hay fugas.

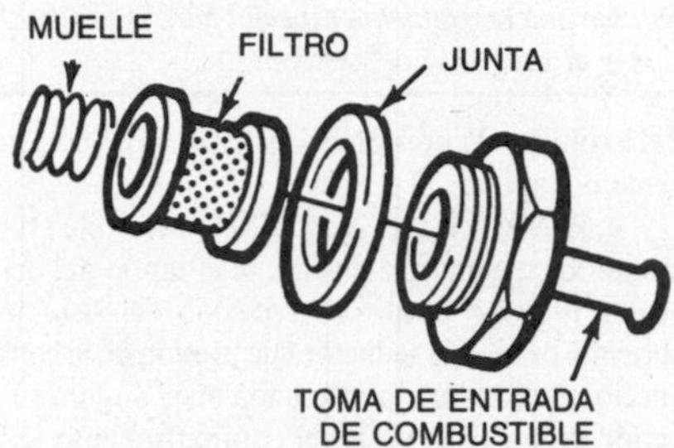

Filtro de combustible del carburador VV (Venturi variable)

Motores de inyección de combustible

NOTA: Los modelos equipados con inyección de combustible actualmente disponen de cuatro filtros; uno de malla de nylon, en la entrada del combustible al depósito; un elemento de filtraje de papel grande, montado en la conducción de combustible, bajo el coche; un filtro pequeño de recipiente montado en el compartimiento del motor; y filtros individuales de malla en cada entrada de inyector de combustible. De estos, sólo el elemento filtrante de papel, situado bajo el coche, está programado para su sustitución periódica (a intervalos de 50,000 millas). La sustitución del filtro requiere la descarga de la presión del sistema de combustible antes de cambiar el filtro. Descargue la presión, desconecte las canalizaciones de combustible, y desmonte la retención del filtro. Tome nota de la dirección de la flecha que señala el flujo de combustible en el filtro. Monte el filtro nuevo en el orden inverso.

Carburadores

DESMONTAJE Y MONTAJE

1. Desmonte el filtro del aire.
2. Desconecte el cable de la mariposa, o la varilla de la palanca de la mariposa. Desconecte el conducto de vacío del distribuidor, el conducto de recirculación de gases de escape, el filtro de combustible en línea, el tubo de calor del estrangulador y el manguito de ventilación positiva del cárter del cigüeñal, en el carburador.
3. Desconecte el solenoide de la mariposa (si lo lleva como equipo) y la asistencia eléctrica del estrangulador y sus conectores.
4. Desmonte las tuercas de retención del carburador. Extraiga el carburador con cuidado, procurando no salpicar combustible. Desmonte la junta de montaje del carburador y deséchela. Desmonte el espaciador de montaje del carburador si lo lleva, del múltiple de admisión.
5. Antes del montaje, limpie las superficies de montaje de juntas del múltiple de admisión, espaciador (si lo lleva), y carburador. Cuando utilice espaciador, coloque dos juntas nuevas, intercalando el espaciador entre ellas. Si no se utiliza espaciador, sólo se requiere una junta de montaje.
6. Coloque la(s) nueva(s) junta(s) y el espaciador (si lo lleva), sobre las espigas de montaje del carburador. Sitúe el carburador sobre la parte superior de la junta, y apriete a mano las tuercas de retención. Luego apriete las tuercas, según una pauta entrecruzada, a 10-15 libras-pie.
7. Conecte el reenvío de la mariposa, y el conducto de vacío del distribuidor, el de recirculación de gases de escape, el filtro de combustible en línea, el tubo del calor del estrangulador, el manguito de la ventilación positiva del cárter del cigüeñal (si lo lleva) y la asistencia eléctrica del estrangulador. Ajuste correctamente la marcha en vacío.

Velocidad de la marcha en vacío

AJUSTES

NOTA: Si el adhesivo bajo el capó refleja diferentes procedimientos y/o especificaciones de los expuestos en este libro, siga el adhesivo toda vez que refleja los últimos cambios de producción y calibraciones.

Motor OHC (árbol de levas sobre la culata) de 2.3L (140) de 1980

1. Aplique el freno de estacionamiento y bloquee las ruedas. Desconecte todos los accesorios, lleve el motor a su temperatura normal de funcionamiento, conecte un tacómetro y una lámpara estroboscópica para la sincronización del encendido.
2. Desmonte o cambie de posición, el filtro del aire. Desmonte el tapón y el acoplamiento de goma moldeada, del modulador de tiempo frío del EGR (recirculación de gases de escape) en el filtro de aire (si lo lleva como equipo).
3. En los motores con sistemas de termactor: aplique vacío a las válvulas de carga de 1 lumbrera y tapone todos los manguitos de las válvulas de carga de 2 lumbreras. Desconecte y tapone el manguito de purga del vacío de la válvula de purga, de la purga del recipiente del carbón activo, poniendo gran cuidado en no dañar la válvula de purga.
4. Compruebe la libertad de movimientos del reenvío de la mariposa.
5. Haga funcionar el motor durante 15 segundos a 2,500 rpm, antes de cada verificación de velocidad.
6. Se usan varios dispositivos diferentes de control de la velocidad de marcha en vacío. Algunos modelos no tienen otro dispositivo de control de

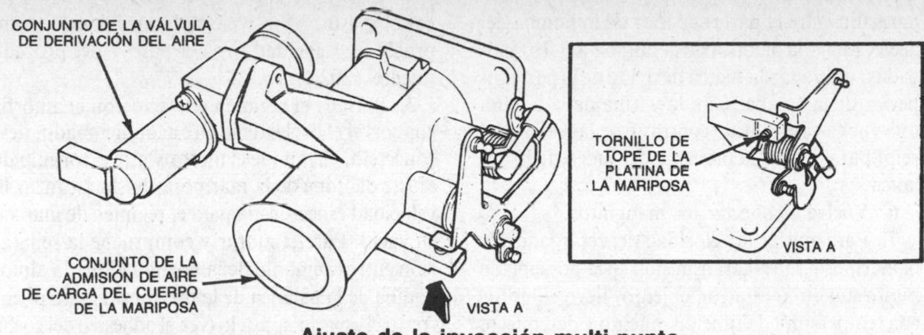

Ajuste de la inyección multi-punto

velocidad que el tornillo de la marcha en vacío lenta. Otros están equipados con un solenoide posicionador del tope de la mariposa (TSP), que puede estar acompañado por un modulador de la mariposa (sólo A/C, acondicionador de aire), o un amortiguador. Los modelos de acondicionador de aire sin el TSP, están equipados sólo con el modulador de la mariposa.

7. En los modelos que sólo disponen del tornillo de ajuste de la marcha en vacío lenta, utilice dicho tornillo para el ajuste de la velocidad de marcha en vacío. En los modelos con el TSP, o con el TPS y A/C (acondicionador de aire), ajuste la marcha en vacío con el tornillo de ajuste del TSP-ON (conectado), y luego hunda el émbolo (núcleo móvil) del TSP, con la palanca de la mariposa, y ajuste la velocidad de marcha en vacío del TSP-OFF (desconectado), según lo especificado. En los modelos que sólo disponen del modulador de la mariposa (equipados con A/C), afloje la contratuerca que asegura el modulador de la mariposa, y gire el modulador hasta que haya una separación entre el vástago del modulador y la almohadilla de la mariposa. Ajuste la marcha en vacío lenta girando el tornillo de ajuste del tope de la mariposa. Ajuste el modulador girándolo hacia atrás hasta que su vástago contacte con la almohadilla de la palanca de la mariposa, y luego apriete la contratuerca.

NOTA: En los motores con el carburador 2700 VV (venturi variable), el juego de la palanca de la bomba del acelerador lo debe ajustar cada vez que ajuste la velocidad de marcha en vacío. Para ajustarlo, aplique una suave presión hacia abajo, sobre la parte superior de la tuerca de nylon del vástago de la bomba del acelerador y la palanca. El juego debe ser de 0.010 pulgadas. Gire la tuerca de ajuste para llevarlo a cabo.

Motores sin EEC (control electrónico del motor) 255, 302,y 351 W de 1980

NOTA: Si está equipado con una transmisión con superdirecta automática, vea la sección que sigue: Ajuste de la velocidad de la marcha en vacío.

1. El filtro de aire debe estar montado. Si la velocidad del motor oscila, utilice la velocidad media del motor. No pise a fondo el pedal del freno en los modelos con freno hidráulico asistido. En los coches con desacoplador automático del freno de estacionamiento, desconecte y tapone el manguito de vacío del pedal del freno de estacionamiento. Ajuste el freno de estacionamiento, desconecte todos los accesorios, caliente el motor a la temperatura de funcionamiento y párelo.

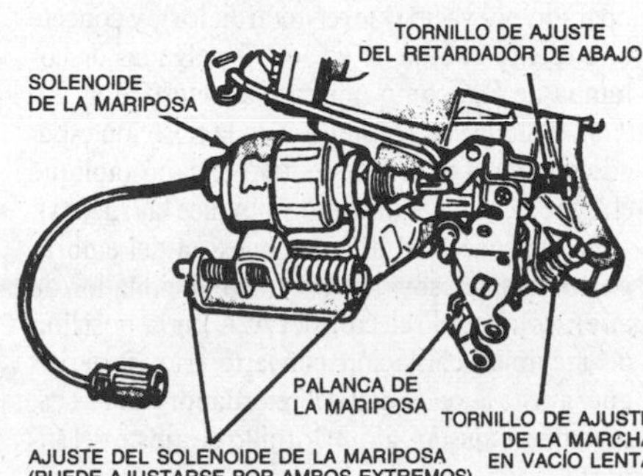

Localización de los ajustes del solenoide típico de regulación de la velocidad de marcha en vacío

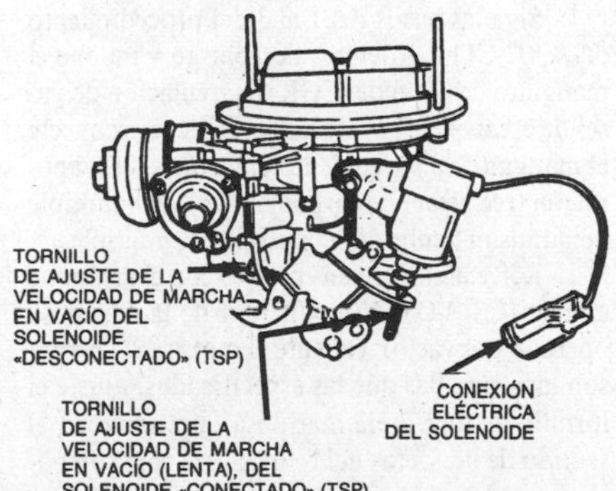

Ajustes de la marcha en vacío del carburador modelo 6500, con TSP (posicionador del tope de la mariposa)

2. Desconecte el manguito de válvula de purga de la evaporación de combustible siguiendo el recorrido del manguito desde el recipiente del carbón activo hasta el primer acoplamiento. Desconecte y tapone el manguito: tape también el acoplamiento. Conecte un tacómetro.

3. En todos los modelos, excepto los que están equipados con el carburador modelo 2700 VV: desmonte la válvula de retardo de encendido (si la lleva), y dirija el manguito directamente al rácor del avance del distribuidor. En los motores con carburador VV: desconecte y tapone el manguito del avance por vacío del distribuidor.

4. Siga el recorrido del manguito del EGR hasta el carburador. Si en ese manguito se localiza una válvula EGR/PVS (sistema de vacío en las lumbreras), desconecte y tapone el manguito de la válvula EGR.

5. Arranque el motor (estrangulador plenamente abierto y la transmisión en estacionamiento). Coloque la palanca de la marcha en vacío rápida en el paso especificado de la leva (vea el control de emisión en el adhesivo del motor, para las especificaciones). Ajuste las rpm si no se hallan dentro de ± 100 respecto a las especificaciones. Haga marchar el motor a 2,500 rpm durante 15 segundos y vuelva a verificar el ajuste.

6. En los motores con el carburador VV solamente, pare el motor y desconecte y tapone el manguito del modulador de la mariposa. Una un trozo de manguito de vacío desde una fuente de vacío del motor al modulador. Arranque el motor, abra la mariposa hasta que el émbolo del modulador esté completamente extendido. Suelte la mariposa. Compruebe las rpm del régimen auxiliar de marcha en vacío (adhesivo del motor). El ajuste se hace aflojando la contratuerca del modulador y girando el modulador o, en algunos modelos, girando el tornillo de ajuste sobre el cual se mueve el modulador. Vuelva a conectar el manguito después del ajuste.

7. Después de ajustar las rpm del régimen en vacío rápido, vuelva a conectar los conductos de vacío (y la válvula retardadora del encendido, si la lleva), desmontadas anteriormente.

8. Antes de cada verificación de la velocidad de marcha en vacío, haga funcionar el motor a 2,500 rpm durante 15 segundos (transmisión en punto muerto), dejando luego que el motor retorne al régimen de marcha en vacío lento.

9. El aire acondicionado debe estar cerrado, el motor caliente, el estrangulador abierto del todo, el freno de estacionamiento aplicado, y la transmisión en la posición especificada en el adhesivo del motor (normalmente en tracción). Si las rpm del motor, en cada caso, no se hallan dentro de ± 50 de las especificadas, se requiere el ajuste.

10. Si no existe solenoide; gire el tornillo de ajuste del tope de la mariposa hasta lograr las rpm especificadas (en el adhesivo del motor). Si lleva un amortiguador, pare el motor, hunda el émbolo del amortiguador y mida el espacio entre el émbolo y la almohadilla de la palanca de la mariposa. Ajústelo según las especificaciones (adhesivo), si es necesario.

11. En los coches sin aire acondicionado, con un TSP (solenoide posicionador de la mariposa) anti-diesel: ajuste el TSP girando el tornillo largo (parte del soporte de montaje), hasta lograr las rpm del régimen de marcha en vacío especificadas (en el adhesivo del motor). Luego hunda el émbolo del TSP, forzando la palanca de la almohadilla de la mariposa contra el émbolo. Ajuste el tornillo de tope de la mariposa hasta lograr las rpm especificadas para el TSP-OFF (solenoide desconectado) que indican en el adhesivo.

12. En los modelos con aire acondicionado, con un A/C TSP: conecte el aire acondicionado y abra la mariposa dejando que se prolongue el émbolo del TSP, y luego suelte la mariposa. Desconecte la conexión eléctrica del embrague del compresor del A/C. Compruebe las rpm del A/C-ON (aire acondicionado conectado), y ajústelas si es necesario, girando el tornillo largo del soporte del TSP hasta que las RPM especificadas se logren. Luego desconecte el aire acondicionado, conecte el conductor eléctrico del embrague del compresor, y ajuste el tornillo de tope de la mariposa, hasta lograr las rpm especificadas para A/C OFF (aire acondicionado desconectado).

Motores con EEC (control electrónico del motor) de 1980

Si va equipado con transmisión con superdirecta automática, vea en la sección siguiente: Ajuste de la marcha en vacío.

1. El filtro del aire debe estar montado. Si la velocidad del motor fluctúa, utilice la velocidad media del motor. No pise el pedal del freno en los modelos equipados con freno hidráulico con servo. En los coches con desacople automático del freno de estacionamiento, desconecte y tape el manguito de vacío del pedal del freno de estacionamiento. Aplique el freno de estacionamiento, y desconecte todos los accesorios, caliente el motor hasta la temperatura de funcionamiento y párelo.

2. Conecte un tacómetro.

3. Desconecte y tape el conducto del EGR y su válvula.

4. Desconecte el manguito de purga de la emisión evaporativa, del múltiple de admisión. Tape el manguito de conexión.

5. Arranque el motor y déjelo marchar al menos un minuto. Haga marchar el motor a 2,500 rpm durante 15 segundos, y coloque la palanca de la marcha en vacío en el escalón correcto de la leva de la marcha en vacío rápida (vea el adhesivo bajo el capó). Deje que la velocidad del motor se estabilice durante unos 15 segundos y mida la velocidad de la marcha en vacío rápida. Consulte el adhesivo para comprobar si el ajuste es correcto. Si no se sitúa dentro de ± 100 rpm de las especificaciones, vuelva a ajustar y repita este paso para verificarlo.

6. Gire el tornillo de ajuste del tope de la mariposa para ajustar la velocidad de la marcha en vacío.

Motores 225, 302 y 351 de 1981 y posteriores (excepto con CFI velocidad en vacío lenta y rápida)

NOTA: Si está equipado con una transmisión con superdirecta automática, vea: Ajuste de la marcha en vacío, en la sección siguiente.

1. Coloque la transmisión en la posición de estacionamiento. Aplique el freno de emergencia y bloquee las ruedas.

2. Lleve el motor a su temperatura normal de funcionamiento. Desconecte todos los accesorios y conecte un tacómetro.

3. Desconecte y tape el manguito de vacío del retardador de la mariposa, coloque la transmisión en la posición especificada en el adhesivo bajo el capó, y verifique y ajuste las rpm de marcha en vacío lenta. Ajuste el tornillo de la marcha en vacío lenta en la palanca de la válvula de mariposa, o en el tornillo de ajuste del soporte.

4. Coloque la transmisión en la posición de punto muerto o estacionamiento, revolucione el motor una vez, coloque la transmisión en la posición especificada (en el adhesivo), y vuelva a verificar las rpm de marcha en vacío lenta.

5. En los carburadores 7200 VV, vuelva a conectar el manguito de vacío del retardador de la mariposa, y aplique una presión a la tuerca de nylon que hay sobre la bomba del acelerador, para suprimir el juego del reenvío, y luego ajuste la separación entre la parte superior de la bomba del acelerador y la palanca de la bomba a 0.010 pulgadas, utilizando la tuerca de nylon de la parte superior de la bomba. Gire la varilla de la bomba una vuelta en el sentido contrario de las saetas del reloj para ajustar la precarga del juego de la palanca.

6. Vuelva a conectar los manguitos.

7. Para ajustar la velocidad del retardador de la mariposa, sitúe la transmisión en la posición de punto muerto o estacionamiento, lleve el motor a la temperatura de funcionamiento y desconecte todos los accesorios. Desconecte el manguito (del VOTM) de vacío del modulador de la mariposa operado por vacío (kicker-retardador), y conecte una fuente externa de vacío (10 pulgadas de columna de Hg, como mínimo) al retardador.

8. Coloque la transmisión en la posición especificada en el adhesivo de bajo el capó (aplique el freno de estacionamiento y bloquee las ruedas).

9. Desconecte el hilo de conexión del embrague del compresor del A/C (acondicionador de aire), coloque el selector del A/C en la posición de máxima ventilación con aire frío, y verifique/ajuste la velocidad del retardador VOTM. Si se requiere ajustar, gire el tornillo de ajuste del soporte.

10. Vuelva a conectar todos los componentes.

Motor 351 W con el carburador 7200 VV (venturi variable)

1. Siga los pasos del 1 al 3 del procedimiento del «302 CFI». Además, desconecte y tapone el manguito de vacío del EGR (recirculación de gases de escape), de la válvula del EGR. Desconecte el manguito de purga de las emisiones de evaporación (recipiente de carbón activo), del múltiple de admisión; cubra la conexión del múltiple.

2. Refrene el régimen en vacío con el arranque en frío (CS) VOTM (modulador de la mariposa operado por vacío): caliente el motor. Si las rpm son más elevadas que las especificadas, ajuste el tornillo de tope de la mariposa, girándolo en el sentido de las saetas del reloj. Si las rpm son bajas, pare el motor, gire el tornillo de ajuste del tope de la mariposa una vuelta en el sentido de las saetas del reloj, arranque el motor, y vuelva a verificar el ajuste. Abra y cierre la mariposa, y compruebe la velocidad. Vea el paso 7 del procedimiento «302 CFI».

3. Refrene el régimen en vacío con el amortiguador: si el coche tiene aire acondicionado, desconéctelo. Arranque el motor y gire el tornillo de ajuste del tope de la mariposa, hasta alcanzar la velocidad especificada para el régimen de marcha en vacío. Pare el motor y compruebe la separación entre el émbolo del amortiguador y la almohadilla de la palanca de la mariposa. Si no es correcto el espacio, ajústelo (vea el adhesivo del coche para conocer la medida correcta de dicho espacio). Arranque el motor, abra y cierre la mariposa y vuelva a verificar la velocidad de la marcha en vacío; pare el motor y vuelva a comprobar el espacio del amortiguador. Vea el paso 7 del procedimiento «302 CFI».

4. Refrene el régimen en vacío con el amortiguador: si el coche no dispone de amortiguador, ni de VOTM, arranque simplemente el motor (con el acondicionador de aire desconectado, si lo lleva), y gire el tornillo de ajuste del tope de la mariposa hasta que alcance la velocidad especificada de régimen de marcha en vacío. Abra y cierre la mariposa y vuelva a verificar el ajuste. Vea el paso 7 del procedimiento «302 CFI».

Motor 302 CFI, y V6 (232) CFI de 1980 y posteriores

1. Deje conectados a la caja del filtro del aire todos los manguitos y conductores eléctricos. El conjunto del filtro del aire puede desmontarse para los ajustes, pero debe estar montado cuando efectúe la medición de la velocidad de marcha en vacío. Si el vehículo tiene control de velocidad, y el valor correcto de la velocidad en vacío no lo puede alcanzar, desconecte el cable del acelerador por la palanca de la mariposa.

2. Aplique el freno de estacionamiento y bloquee las ruedas. Si el coche tiene un desaplicador del freno de estacionamiento operado por vacío, desconecte y tapone el manguito del freno de estacionamiento.

3. Desconecte todos los accesorios. Arranque el motor y déjelo alcanzar su temperatura normal de funcionamiento. Compruebe que el varillaje de

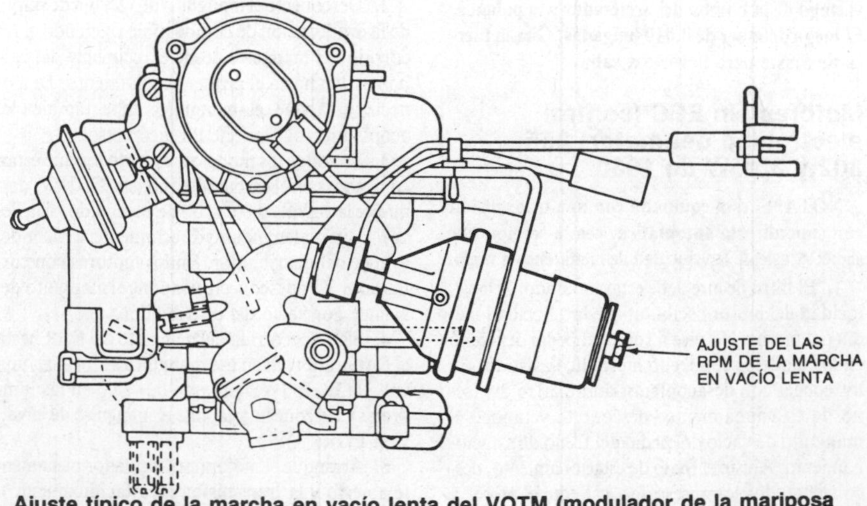

Ajuste típico de la marcha en vacío lenta del VOTM (modulador de la mariposa operado por vacío)

la mariposa se mueve correctamente y con plena libertad, tal como es necesario. Conecte un tacómetro al motor.

4. No debe ajustar el tornillo de tope de la mariposa.

5. Si la velocidad de la mariposa es alta, ajuste el tornillo de ajuste del modulador de la mariposa operado por vacío (VOTM) girándolo en el sentido contrario a las saetas del reloj. Cuando la velocidad en vacío sea la especificada, abra y cierre la mariposa y vuelva a verificarla.

6. Si las rpm son bajas, pare el motor. Gire el tornillo de ajuste de soporte del VOTM una vuelta en el sentido de las saetas del reloj. Arranque el motor y hágalo funcionar a 2,000 rpm durante 10 segundos. Deje estabilizarse la velocidad en vacío durante un minuto (el tiempo no debe exceder de dos minutos), y vuelva a comprobar la velocidad en vacío. Repita cuanto sea necesario.

7. Si la velocidad ha variado en más de 50 rpm, debe ajustar el reenvío del control de la válvula de mariposa de la transmisión con superdirecta automática.

AJUSTE DE LA VELOCIDAD EN VACÍO CON TRANSMISIÓN SUPERDIRECTA AUTOMÁTICA (AOD)

Si el vehículo está equipado con la transmisión Ford con superdirecta automática, y la velocidad en vacío se ha ajustado en más de 50 rpm, debe ajustar también el tornillo de ajuste de la palanca de reenvío en el carburador.

AJUSTE DE LA MEZCLA DE COMBUSTIBLE

El procedimiento recomendado por la fábrica para el ajuste de la mezcla de marcha en vacío, requiere la adición de una sustancia artificial de enriquecimiento de la mezcla (propano) en la admisión del aire. El ajuste con enriquecimiento de propano requiere un equipo profesional especial y, en caso de no realizarse correctamente, afectará negativamente a las calibraciones de las emisiones.

BOMBA ELÉCTRICA DE COMBUSTIBLE EN EL INTERIOR DEL DEPÓSITO
COMPUTADOR EEC-III (BAJO LA GUANTERA)
SOLENOIDE DE LA VÁLVULA DE PURGA
CONJUNTO DE CARGA DE COMBUSTIBLE
RECIPIENTE DEL CARBÓN ACTIVO
FILTRO PRIMARIO DE COMBUSTIBLE
CONDUCCIÓN DE VAPORES
CONDUCTO DE SUMINISTRO DE COMBUSTIBLE
PROTECCIÓN DEL FILTRO CONTRA GRAVA
FILTRO SECUNDARIO DE COMBUSTIBLE
CONDUCTO DE RETORNO DE COMBUSTIBLE

Componentes del sistema EFI (inyección electrónica de combustible)

Cambio de la velocidad del régimen en vacío	Vueltas del tornillo de la palanca de reenvío
Menos de 50 rpm	No se varía
Incremento de 50-100 rpm	1½ vueltas hacia afuera
Incremento de 50-100 rpm	1½ vueltas hacia adentro
Incremento de 100-150 rpm	2½ vueltas hacia afuera
Disminución de 100-150 rpm	2½ vueltas hacia adentro

SISTEMA DE COMBUSTIBLE PROPANO

El sistema de combustible propano, es un sistema completamente cerrado que contiene una provisión de combustible propano, en estado líquido, bajo presión. El propano líquido se entrega por unos conductos de combustible, especialmente homologados, a una válvula de cierre del combustible, y a un convertidor/regulador. El convertidor/regulador cambia el estado del combustible en fase líquida bajo presión, al estado en fase de vapor a baja presión, y dosifica la entrega del vapor combustible a un carburador simple. El carburador, respondiendo al vacío del motor, mezcla el vapor combustible con aire y regula el suministro al motor.

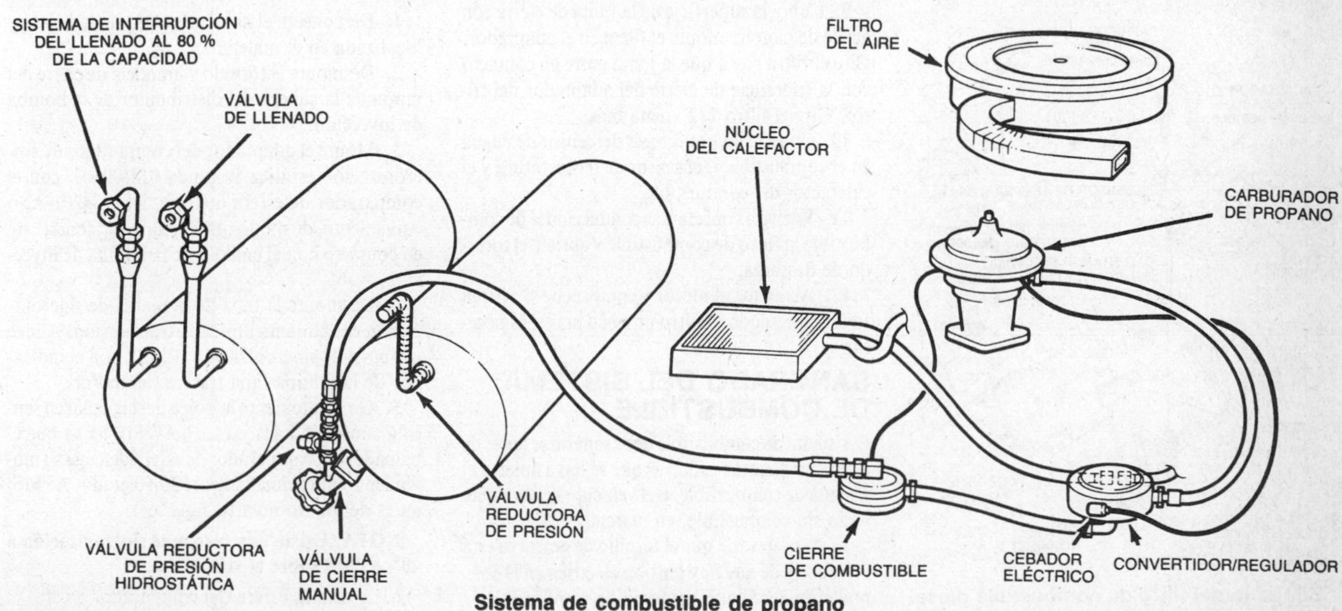

Sistema de combustible de propano

ATENCIÓN

Cierre con seguridad la válvula de cierre manual del depósito de combustible antes de efectuar cualquier mantenimiento, excepto el ajuste de la marcha en vacío, en un vehículo alimentado con combustible de propano. Si ha de revisar el sistema de combustible, haga marchar el motor con la válvula del depósito de combustible cerrada. Si el motor continúa marchando más de 2-3 minutos, ponga un asiento nuevo en la válvula del depósito. El fallo del cierre de la válvula del depósito y el funcionamiento del motor con la válvula «cerrada», puede dar lugar a fugas de gas y peligro de incendio o explosiones.

NOTA: Abra la válvula de combustible lentamente después de efectuado el mantenimiento. Escuche el ruido producido por el llenado de las canalizaciones. Cuando cese el sonido del llenado, abra la válvula plenamente. Si abre la válvula demasiado rápidamente, el flujo súbito causará el bloqueo del suministro de combustible, debido al cierre de la válvula de seguridad para el caso de flujo excesivo. De haberse producido el cierre de la válvula de seguridad de flujo excesivo, cierre la válvula manual durante 10 segundos. Oirá un imperceptible chasquido en el interior del depósito, cuando se reponga la válvula de seguridad de flujo excesivo. Lentamente vuelva a abrir la válvula de cierre manual.

SISTEMA DE COMBUSTIBLE DIESEL

Filtro de combustible

DESMONTAJE Y MONTAJE

1. Drene el combustible del filtro de combustible abriendo el tornillo de descarga de la parte superior del filtro y hundiendo la válvula de drenaje en el fondo del filtro.

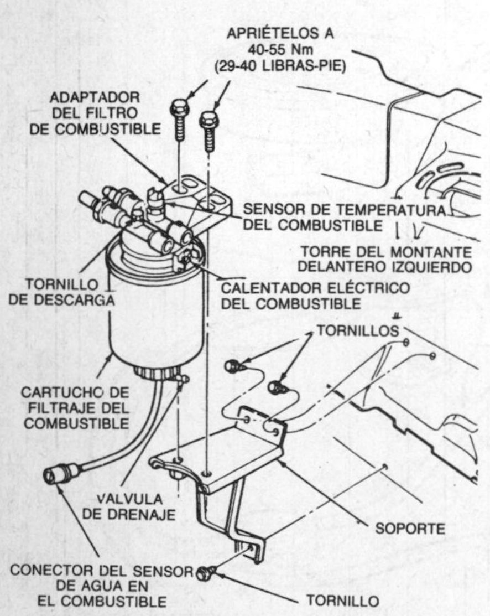

Conjunto del filtro de combustible diesel

2. Desconecte el conector del sensor de «agua en el combustible».
3. Desmonte el cartucho de filtraje, utilizando una llave de filtros de aceite estándar, si es necesario.
4. Desmonte la tapa protectora.
5. Desmonte la válvula de drenaje del filtro del aceite viejo y móntelo en el nuevo.
6. Monte la tapa protectora.
7. Cubra la superficie de la junta de cierre con aceite de motor y monte el filtro en el adaptador. Gire el filtro hasta que la junta contacte con la superficie de cierre del adaptador del filtro.
8. Gire el filtro adicionalmente 1/2 vuelta más.
9. Cierre el tornillo de descarga.
10. Arranque el motor y compruebe si hay fugas, apretando luego el filtro si es necesario.

Calentador del combustible

DESMONTAJE Y MONTAJE

1. Desconecte el conector del sensor de «agua en el combustible», el sensor de temperatura y el conector del calefactor del combustible.
2. Drene el combustible del filtro de combustible, abriendo el tornillo de descarga de la parte superior del filtro y hundiendo la mariposa de drenaje del fondo del filtro.
3. Desmonte el cartucho filtrante, utilizando una llave para filtros estándar, si es necesario.
4. Desmonte los conductos de combustible del adaptador del filtro de combustible.
5. Desmonte los dos tornillos de retención del adaptador del calefactor de combustible/filtro, al soporte, y desmóntelo del vehículo.
6. Desatornille el conjunto del calefactor del combustible del adaptador del filtro de combustible.
7. Cubra el retén con aceite de motor y monte el adaptador del filtro de combustible.
8. Posicione el adaptador del filtro de combustible (con el calefactor del combustible acoplado) al soporte, y móntelo con dos tornillos. Apriete a 29-40 libras-pie.
9. Cubra la superficie de la junta de cierre con aceite de motor y monte el filtro en el adaptador. Gire el filtro hasta que la junta entre en contacto con la superficie de cierre del adaptador del filtro. Gire el filtro 1/2 vuelta más.
10. Conecte los conectores del sensor de «agua en el combustible», el sensor de temperatura y el calefactor del combustible.
11. Vuelva a conectar las conducciones de combustible al filtro de combustible y apriete el tornillo de descarga.
12. Arranque el motor y compruebe si existen fugas, apretando el filtro un poco más si es necesario.

SANGRADO DEL SISTEMA DE COMBUSTIBLE

El sistema de combustible debe sangrarse antes de arrancar el motor cada vez que se haya abierto el sistema de combustible, o el vehículo se haya quedado sin combustible, en marcha.

1. Asegúrese de que el tornillo de descarga está cerrado, y de que hay tensión eléctrica en el solenoide de la válvula de cierre de combustible.
2. Conecte el interruptor del encendido y deje la bomba de elevación eléctrica funcionando durante uno o dos minutos. Haga girar el motor. Si el motor arranca y marcha correctamente, inmediatamente después de haber arrancado, PÁRELO. El sangrado ha sido completado. Si el motor no arranca o marcha mal, proceda con el siguiente paso.
3. Afloje las tuercas de acoplamiento de los inyectores individualmente, mientras el motor está marchando o girando (para arrancar).

ATENCIÓN

Ponga mucho cuidado para evitar ser alcanzado por combustible a alta presión.

4. Si el motor marcha correctamente, PÁRELO, si no, proceda con el paso siguiente.
5. Si se requiere un sangrado adicional, lo debe hacer en el orden siguiente, con el motor girando, mediante el motor de arranque o marchando por sí mismo.
   - Tornillo de fijación del acoplamiento (banjo) de la canalización de retorno de combustible (etiquetada fuera).
   - Tornillo del tapón de la cabeza del distribuidor de la bomba de inyección.
   - Solenoide de cierre del combustible.
   - Conductos de combustibles de las boquillas de inyección en la bomba de inyección.
6. Apriete todas las conexiones y verifique si hay fugas.

Sincronización de la inyección

NOTA: Este procedimiento requiere la utilización de herramientas especiales.

AJUSTE

NOTA: La temperatura del refrigerante del motor debe estar por encima de los 80 °C (176 °F), antes de poder efectuar la comprobación y/o el ajuste de la sincronización de la inyección.

1. Desconecte el cable negativo de la batería, localizada en el maletero.
2. Desmonte el tornillo y arandela de cierre del tapón de la cabeza del distribuidor de la bomba de inyección.
3. Monte el adaptador del comparador de sincronización estática Rotunda 014-00303, con el comparador de esfera métrico, D82L-4201-A, o equivalente, de modo que el palpador-sonda esté en contacto con el émbolo de la bomba de inyección.
4. Desmonte la tapa de la marca de sincronización del alojamiento de la transmisión. Alinee la marca de sincronización (PMS), con el indicador de la platina-tapa trasera del motor.
5. Gire lentamente la polea del cigüeñal en sentido contrario a las saetas del reloj, hasta que el palpador del comparador de esfera detenga su movimiento (aproximadamente 30-50 grados APMS, antes del punto muerto superior).

NOTA: Existe una marca de sincronización a 40° APMS sobre el volante.

6. Ajuste la esfera del comparador a cero.

NOTA: Confirme que el indicador de la esfera del comparador no se desplaza de cero, girando ligeramente el cigüeñal a izquierda y a derecha.

7. Gire el cigüeñal en el sentido de las saetas del reloj, hasta que la marca de sincronización se alinee con la clavija indicadora. La esfera del comparador debe dar una lectura de 0,04 ± 0,0008 pulgadas. Si la lectura no se halla dentro de lo especificado, ajuste como sigue:

a. Afloje los tornillos y tuercas de la bomba de inyección.

b. Gire la bomba de inyección hacia el motor para avanzar la sincronización y sepárela del motor para retardar la sincronización. Gire la bomba de inyección hasta que el indicador de la esfera dé la lectura de 0,04 ± 0,0008 pulgadas.

c. Apriete las tuercas y tornillos de unión de la bomba de inyección a 13-20 libras-pie.

d. Repita los pasos 5, 6 y 7 para comprobar que la sincronización está ajustada correctamente.

8. Desmonte el comparador de esfera y el adaptador, monte el tornillo del tapón de la cabeza del distribuidor de la bomba de inyección a 10-15 libras-pie.

9. Conecte el cable negativo de la batería.

10. Haga funcionar el motor y ajuste las rpm de marcha en vacío, si es necesario. Compruebe si hay fugas.

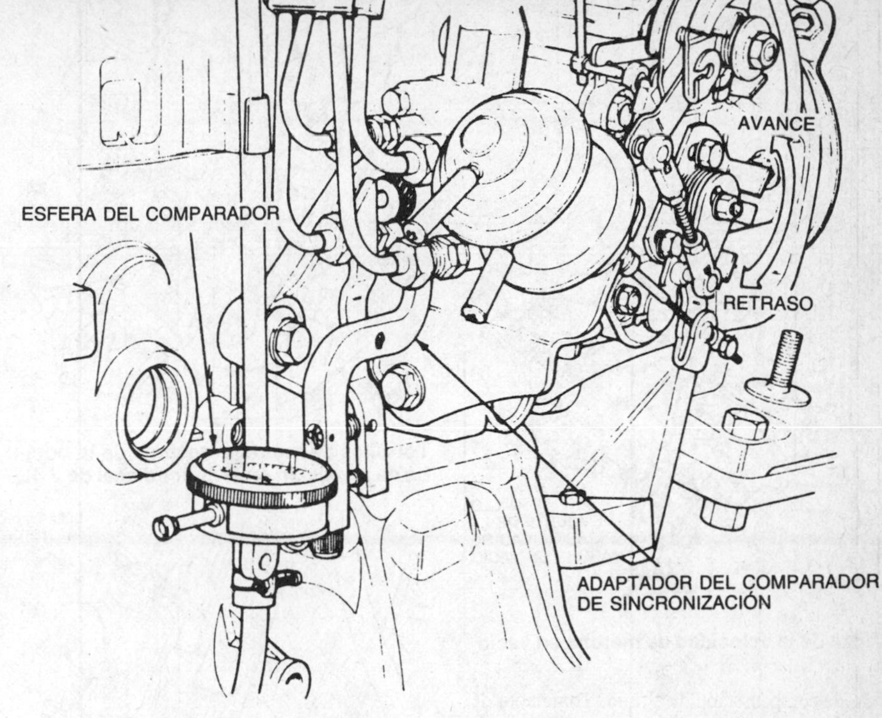

Montaje de un comparador de sincronización en un motor diesel

Velocidad de la marcha en vacío

AJUSTE

1. Coloque la transmisión en punto muerto y aplique el freno de estacionamiento.

2. Lleve el motor a su temperatura normal de funcionamiento. Pare el motor.

NOTA: La velocidad en vacío se mide con la transmisión manual en punto muerto.

3. Desmonte la tapa del orificio de sincronización. Limpie la superficie del volante y coloque cinta reflectante.

4. Compruebe la velocidad en vacío lenta, utilizando el Rotunda 099-00001, o equivalente. La velocidad en vacío lenta viene especificada en el cartel que contiene el decálogo de la información del control de emisiones del vehículo (VECI). Ajústela según lo especificado, aflojando la contratuerca del tornillo de la velocidad en vacío. Gire el tornillo de ajuste de la velocidad en vacío en el sentido de las saetas del reloj para incrementarla, o en el sentido contrario para disminuirla. Apriete la contratuerca.

5. Sitúe la transmisión en punto muerto. Revolucione momentáneamente el motor y vuelva a comprobar las rpm de la marcha en vacío lenta. Reajústela si es necesario.

6. Conecte el A/C (acondicionador de aire). Compruebe la velocidad en vacío. Ajústela según lo especificado, aflojando la tuerca del retardador de la mariposa con A/C y girando el tornillo.

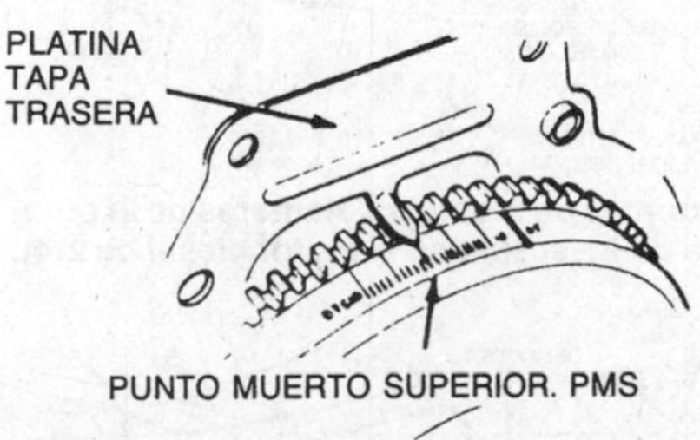

Marcas típicas de sincronización en el volante

Bomba de inyección y conducciones

DESMONTAJE Y MONTAJE

1. Desconecte el cable de masa de la batería. Drene el sistema de refrigeración.

2. Desmonte las correas de mando de los accesorios.

3. Desmonte el conjunto del ventilador y embrague, o el conjunto de motor eléctrico y ventilador.

4. Desmonte la correa de mando del árbol de levas.

5. Monte la clavija de alineación del piñón de la bomba de inyección T84P-9000-A o equivalente, y desmonte la tuerca y arandela de unión del piñón a la bomba de inyección.

6. Monte el extractor T67L-3600-A o equivalente, y desmonte el piñón. Desmonte la chaveta escalonada del eje de la bomba.

7. Desconecte la abrazadera de unión del tubo del control del nivel de aceite al múltiple y apártelo a un lado.

8. Desconecte el conector del interruptor del indicador de presión del turbo. Desmonte el soporte del enchufe de diagnosis y apártelo a un lado.

9. Afloje la abrazadera que une el fuelle-tubo que cruza el turbo, al múltiple de admisión.

10. Desmonte las tuercas de unión del múltiple de admisión a la culata y desmonte el múltiple de admisión.

NOTA: Para prevenir la posible contaminación del sistema de combustible, tape todas las conducciones y acoplamientos de combustible.

11. Desconecte y tape los conductos de combustible a los inyectores y los inyectores.

12. Desmonte los conductos de los inyectores desde la bomba de inyección, utilizando la llave de tuercas de conducción de combustible T84P-9396-A, o equivalente. Monte tapas sobre cada extremo o conducción de combustible y acoplamiento de la bomba, así que estén desmontados, e identifique cada conducción de combustible, en consecuencia.

13. Desconecte los manguitos del refrigerante, desde el alojamiento del apoyo de la marcha en vacío.

14. Desconecte los conectores eléctricos de las válvulas del cierre de combustible y del acelerador del arranque en frío, microrruptor e interruptor de la presión del combustible.

15. Desconecte la conducción de retorno del inyector en la bomba de inyección.

16. Desconecte el manguito de retorno del combustible desde el conducto de retorno del combustible en el faldón del guardabarros izquierdo.

17. Desconecte el manguito de entrada de combustible de la conducción de entrada de combustible, situada en el faldón del guardabarros izquierdo.

18. Desconecte los manguitos de vacío de la vál-

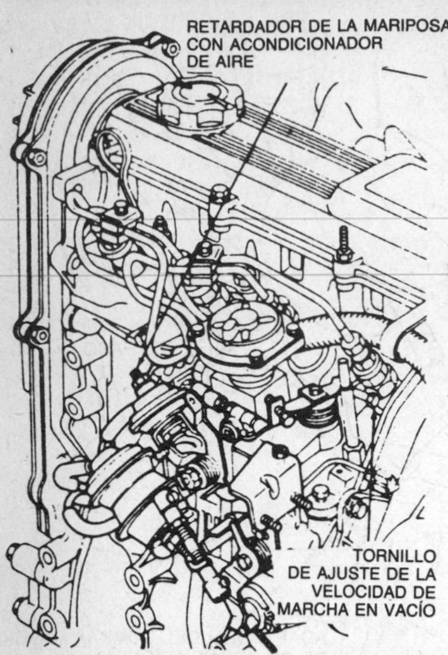

Ajuste de la velocidad de marcha en vacío

vula de compensación de altitud. Tome nota de la posición de los manguitos, para volver a montarlos en su posición de origen.

19. Desconecte el cable de la mariposa y el cable de control de la velocidad, si lo lleva, desde la bomba de inyección.

20. Desmonte las tres tuercas que unen la bomba de inyección al soporte de montaje.

21. Desmonte las dos tuercas de unión de la bomba de inyección a la tapa delantera del motor, y desmonte la bomba de inyección.

22. Monte la bomba de inyección en posición. Alinee la marca de la tapa delantera con la marca que hay sobresaliente del montaje de la bomba de inyección. Monte las tuercas y tornillos de unión. Apriételos a 14-17 libras-pie.

23. Conecte el cable de la mariposa y el cable de control de la velocidad, si lo lleva.

24. Desmonte los tapones protectores y monte el manguito de entrada de combustible a la conducción de entrada de combustible, sobre el faldón del guardabarros izquierdo.

25. Conecte los manguitos de vacío a la válvula de compensación de altitud. Consulte el decálogo VECI (información para el control de emisiones del vehículo).

26. Conecte el conducto de retorno del inyector a la bomba de inyección.

27. Conecte los conectores eléctricos al sensor de presión del combustible, microrruptor, válvula del acelerador del arranque en frío y válvula de cierre de combustible.

28. Conecte los manguitos del refrigerante al alojamiento del apoyo de la marcha en vacío.

29. Monte los conductos de combustible en la bomba de inyección, utilizando la herramienta T84P-9396-A o equivalente, y apriete a 14-17 libras-pie.

30. Conecte las conducciones de combustible a los inyectores, y apriételas a 14-17 libras-pie.

31. Limpie las superficies de contacto de la junta del múltiple de admisión y la culata. Posicione una

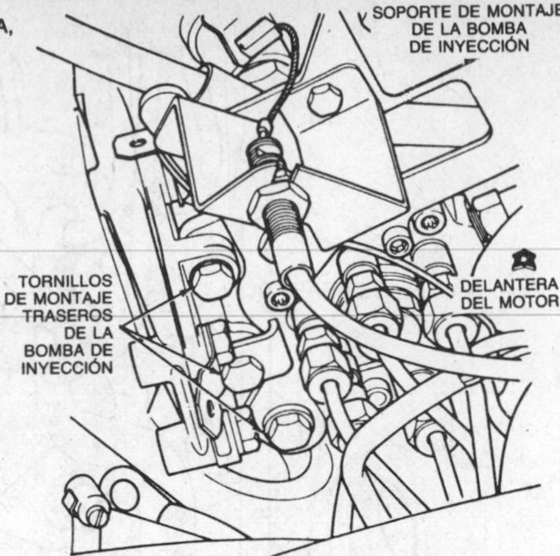

Tornillos de montaje traseros de la bomba de inyección en el motor diesel de 2.4L

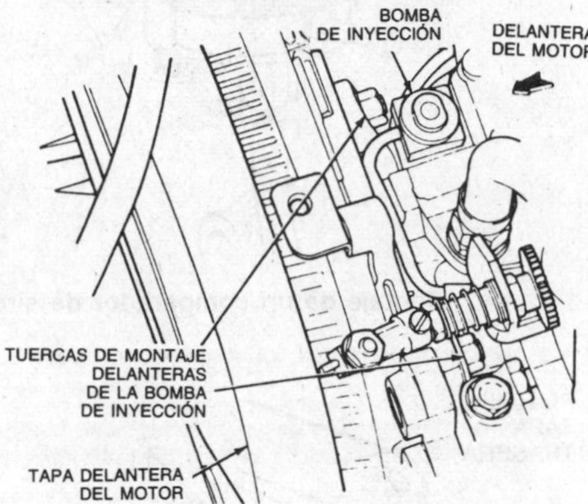

Tuercas de montaje delanteras de la bomba de inyección en el motor diesel de 2.4L

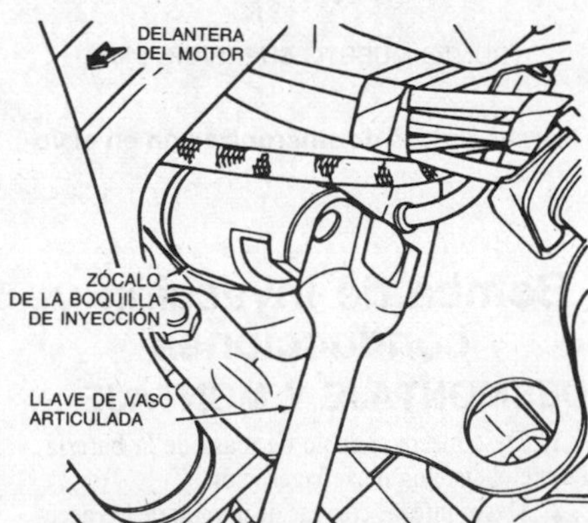

Desmontaje y montaje de la boquilla de inyección

nueva junta de culata sobre la culata, y monte el múltiple de admisión. Asegúrese de que la lumbrera de admisión del múltiple está insertada dentro del fuelle del tubo que cruza el turbo. Apriete los tornillos de unión a 14-17 libras-pie. Apriete la abrazadera del fuelle del tubo que cruza el turbo.

32. Monte el soporte del enchufe de diagnosis sobre la culata y apriételo a 14-17 libras-pie.

33. Conecte el conector del interruptor del indicador de presión del turbo.

34. Posicione el tubo del control del nivel de aceite en el múltiple de admisión y monte la abrazadera.

35. Monte la chaveta escalonada en el eje de la bomba de inyección.

36. Monte el piñón en la bomba de inyección. Monte la clavija de alineación de la bomba de inyección T84P-9000-A, o equivalente, en el piñón. Monte la arandela y tuerca de unión del piñón y apriétela a 33-36 libras-pie.

37. Monte y ajuste la correa de mando del árbol de levas.

38. Monte la tapa de la correa del árbol de levas, y apriétela a 6-7 libras-pie.

39. Monte el conjunto de ventilador y embrague, o el conjunto del motor eléctrico y ventilador.

40. Monte y ajuste las correas de mando de los accesorios.

41. Llene y sangre el sistema de refrigeración.

42. Sangre el aire del sistema de combustible.

43. Ajuste la sincronización de la bomba de inyección.

44. Conecte el cable de masa de la batería.

45. Arranque el motor y compruebe si hay fugas de combustible, refrigerante o aceite.

46. Ajuste el régimen de marcha en vacío lenta, rápida y la sincronización de la bomba de inyección.

Válvula de cierre del combustible

DESMONTAJE Y MONTAJE

1. Desconecte el cable de masa de la batería.

2. Desmonte la tuerca de unión del conector eléctrico a la válvula de cierre y desmonte el conector.

3. Desmonte la válvula de cierre.

ATENCIÓN

El pistón y el muelle se le pueden caer al suelo cuando desmonte usted la válvula.

4. Vuelva a colocar el anillo tórico y la válvula, y monte la válvula sobre la bomba de inyección. Apriete la tuerca a 11-18 libras-pie.

5. Monte el conector sobre la válvula de cierre. Apriete la tuerca a 3-3,5 libras-pie.

6. Conecte el cable de masa de la batería. Ponga en marcha el motor y compruebe si hay fugas de combustible.

Inyectores

DESMONTAJE Y MONTAJE

1. Retire de los inyectores las conducciones del aceite de las fugas.

NOTA: Asegúrese de que la zona que rodea el inyector esté limpia.

2. Desmonte los conductos de combustible de los inyectores y la bomba de inyección con la llave de conducciones de combustible T84P-9527-A o equivalente. Tape todas las conducciones de combustible y aberturas, a medida que las conducciones vayan siendo desmontadas.

3. Desenrosque los inyectores de combustible con la llave de vaso de inyectores T84P-9527-A o equivalente. Tome nota del orden para el posterior montaje.

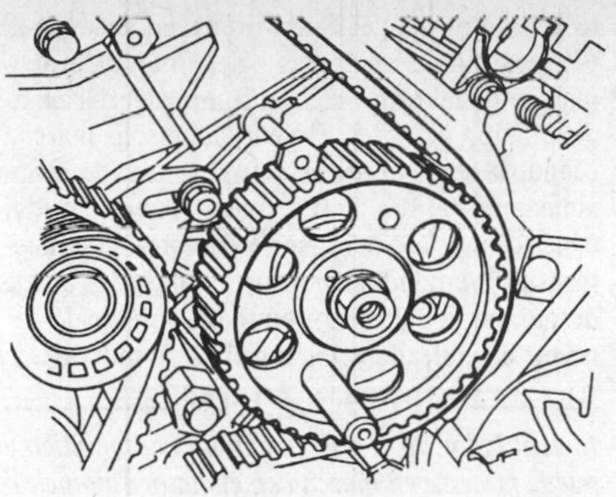

Utillaje de alineación de la bomba de inyección-motores diesel de 2.4 L

NOTA: En los inyectores equipados con un sensor, desconecte el acoplamiento de los hilos eléctricos del sensor, y pase los hilos conductores del sensor a través del vaso de la llave T84P-9527-A o equivalente, cuando sitúe la herramienta sobre el inyector.

4. Tape la abertura del inyector en el bloque de cilindros.

5. Limpie la abertura del inyector en el bloque de cilindros.

6. Monte una nueva protección contra el calor en el bloque de cilindros.

7. Aplique a las roscas de los inyectores una composición anti-gripante, a base de cobre. Desmonte los tapones protectores de la culata y monte los inyectores en sus posiciones originales con la llave de vaso T84P-9527-A o equivalente. Apriételos a 30-33 libras-pie.

NOTA: En los inyectores con sensor, pase los hilos conductores del sensor a través del vaso de la llave, antes de montar el inyector. Vuelva a conectar los hilos eléctricos del sensor después de montar el inyector.

8. Desmonte las tapas protectoras de las conducciones, bomba de inyección e inyectores y monte las conducciones utilizando la llave de conducciones de combustible T84P-9527-A o equivalente. Apriete las 15-18 libras-pie.

Conducciones de combustible de los inyectores

DESMONTAJE Y MONTAJE

1. Si han de desmontar todas las conducciones de combustible, desmonte el múltiple de admisión y luego desmonte todas las conducciones como un conjunto.

NOTA: No desmonte las dos abrazaderas que mantienen juntas las conducciones de combustible.

2. Desmonte la(s) conducción(es) de combustible por el(los) inyector(es) y la bomba de inyección con llave de conducciones de combustible T84P-9395-A o equivalente. Tape todas las conducciones y aberturas tal como las haya desmontado.

3. Si desmonta solamente la conducción, desmonte las abrazaderas que mantienen unidas las conducciones de combustible y retire la conducción.

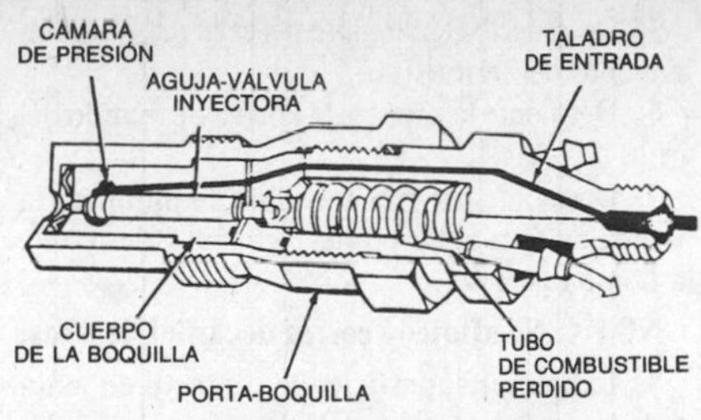

Boquilla de inyección

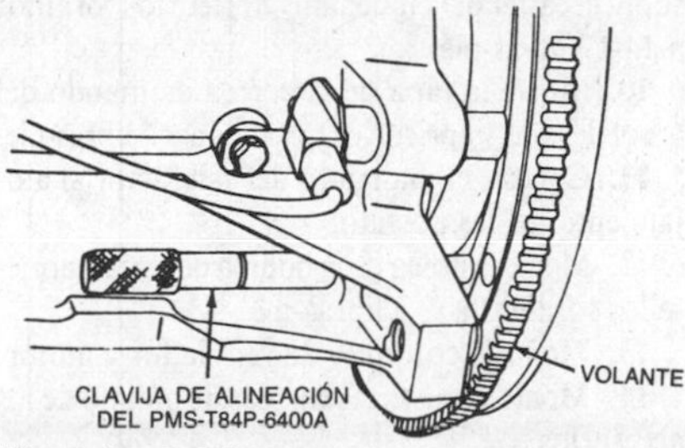

Montaje del útil de ajuste del PMS en el motor diesel de 2.4L

4. Si monta las conducciones de combustible como un conjunto, desmonte las tapas de protección y monte las conducciones (con las abrazaderas montadas) en los inyectores y en la bomba de inyección utilizando la llave de conducciones de combustible T84P-9395-A o equivalente.

5. Si monta sólo una conducción, desmonte las tapas de protección y posicione la conducción en el inyector y en el conducto de inyección utilizando la llave de conducciones de combustible T84P-9395-A o equivalente. Monte todas las abrazaderas que mantienen juntas las conducciones de combustible.

6. Monte el múltiple de admisión si lo desmontó previamente.

Bomba eléctrica de combustible

DESMONTAJE Y MONTAJE

1. Desconecte el conector eléctrico de la bomba.

2. Desmonte la abrazadera del manguito de las conducciones de entrada y salida, y desmonte los manguitos de la bomba.

3. Desmonte los dos tornillos de retención de la bomba de combustible y desmonte la bomba.

4. Para el montaje, invierta los pasos del desmontaje. Apriete los tornillos de unión a 9-11 libras-pie.

REFRIGERACIÓN DEL MOTOR

Radiador

DESMONTAJE Y MONTAJE

1. Drene el sistema refrigerante.

2. Desconecte los manguitos superior, inferior y de rebosadero del radiador.

3. En los modelos equipados con transmisión automática, desconecte las conducciones del refrigerante del radiador.

4. Dependiendo del modelo; desmonte los dos tornillos de montaje superiores y desmonte el conjunto de radiador y protección, o bien desmonte los tornillos de montaje de la protección y aparte ésta a un lado. Si el condensador del acondicionador de aire está unido al radiador, desmonte los tornillos de retención y ponga el condensador a un lado. NO DESCONECTE los conductos del refrigerante.

5. Desmonte los tornillos de unión del radiador, o los soportes superiores, y levante y retire el radiador.

6. Si ha de montar un radiador nuevo, traslade el grifo de drenaje del radiador viejo al nuevo. En los modelos equipados con transmisión automática, transfiera los rácores de acoplamiento de las conducciones del fluido refrigerante del radiador viejo.

7. Posicione el radiador y monte sin apretar los tornillos de soporte del radiador. En los coches equipados con transmisión automática, conecte los conductos del fluido refrigerante. Luego apriete los tornillos de soporte, o la protección y los tornillos de soporte.

8. Conecte los manguitos del radiador. Cierre el grifo de drenaje del radiador. Llene y sangre el sistema refrigerante.

9. Arranque el motor y llévelo a su temperatura normal de funcionamiento. Verifique si hay fugas.

10. En los modelos equipados con transmisión automática, compruebe las conducciones del refrigerante sobre fugas e interferencias. Verifique el nivel del fluido en la transmisión.

Bomba de agua

DESMONTAJE Y MONTAJE

Motores de gasolina

1. Drene el sistema de refrigeración.

2. Desconecte el cable negativo de la batería.

3. En los modelos con dirección asistida, desmonte la correa de mando.

4. Si el vehículo está equipado con acondicionamiento de aire, desmonte el soporte de la polea intermedia y la correa de mando del acondicionador de aire.

5. En los motores con termactor, desmonte la correa.

6. Desmonte el manguito inferior del radiador y el manguito del calefactor desde la bomba de agua.

7. En los coches equipados con una protección del ventilador, desmonte los tornillos de retención y póngala hacia atrás.

8. Desmonte el ventilador, embrague del ventilador y espaciador del motor y, si el coche está equipado con un ventilador accionado por motor eléctrico, desmonte el ventilador como un conjunto, para despejar la zona de trabajo.

9. En los motores de 4 cilindros, desmonte la tapa exterior de la correa del árbol de levas.

10. En los coches equipados con alternadores «montados sobre la bomba de agua», afloje los tornillos de montaje del alternador desmonte la correa del alternador y el soporte del brazo de ajus-

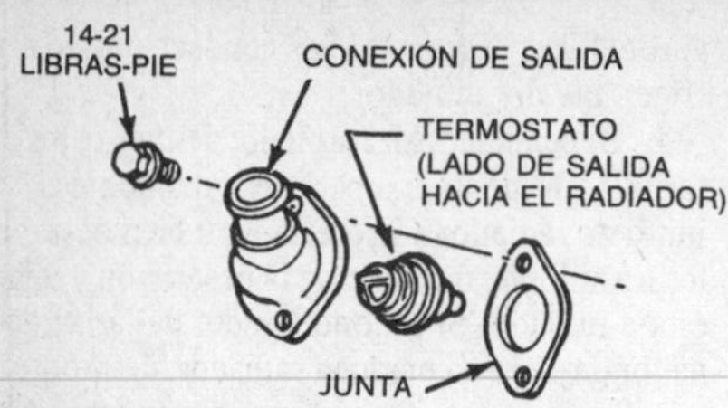

Montaje del termostato en el motor de 2300 cc

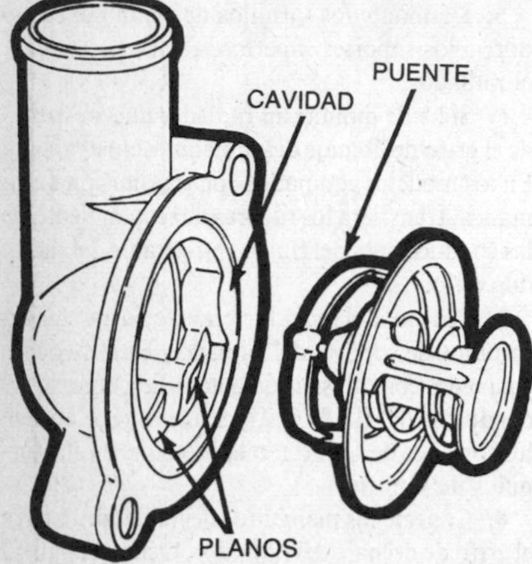

Montaje del termostato en el motor V8

te del alternador de la bomba de agua. Si encuentra dificultades, desmonte la polea de la bomba de aire y el tornillo-pivote. Desmonte el soporte de ajuste de la bomba de aire. Gire a un lado el soporte superior. Desacople el compresor del acondicionador de aire y póngalo a un lado. No desconecte ninguna de las conducciones del A/C (acondicionador del aire). Desmonte todos los soportes de montaje de los accesorios de la bomba de agua.

11. Afloje la abrazadera del manguito de la derivación de la bomba de agua si la lleva.

12. Desmonte los tornillos de montaje de la bomba de agua, y retire la bomba del motor.

13. Limpie cualquier resto de material de junta de la superficie de montaje de la bomba. En los motores equipados con una platina-soporte de la bomba de agua; desmonte la platina, limpie las superficies de montaje, monte una junta nueva y la platina sobre la bomba de agua.

NOTA: El motor 250 de 6 cilindros, utiliza originalmente una junta de una sola pieza para la tapa delantera de cilindros y la bomba de agua. Arregle la junta vieja en el borde de la tapa de cilindros y vuelva a montarla con reparador de juntas.

14. Desmonte el acoplamiento del manguito calefactor de la bomba vieja y móntelo en la nueva.

15. Cubra ambos lados de la junta nueva con un sellador resistente al agua, y luego monte la bomba siguiendo el procedimiento inverso al del desmontaje.

Motor diesel

1. Drene el sistema refrigerante.

2. Afloje y desmonte las correas de mando de los accesorios.

3. Desmonte el conjunto de ventilador y motor.

4. Desmonte la polea de la bomba de agua.

5. Desconecte el manguito del calefactor del alojamiento del termostato.

6. Desmonte la tapa de la correa de mando del árbol de levas.

7. Desmonte los tres tornillos de unión de la bomba de agua al cárter del cigüeñal y desmonte la bomba de agua.

NOTA: No afloje la correa del árbol de levas.

8. Limpie las superficies de contacto de junta de la bomba de agua y del cárter del cigüeñal.

9. Monte la bomba de agua con una junta nueva sobre el cárter del cigüeñal, y apriete los tornillos a 14-17 libras-pie.

10. Monte la tapa de la correa de mando del árbol de levas y apriete los tornillos a 6-7 libras-pie.

11. Conecte el manguito del calefactor al alojamiento del termostato.

12. Monte la polea de la bomba de agua y apriete los tornillos a 6-7 libras-pie.

13. Monte el conjunto de ventilador y motor.

14. Monte y ajuste las correas de mando de los accesorios.

Termostato

DESMONTAJE Y MONTAJE

1. Abra el grifo de drenaje y drene el radiador de modo que el nivel del refrigerante se sitúe por debajo del codo de salida del refrigerante, que sirve de alojamiento del termostato.

NOTA: En algunos modelos necesitará desmontar la tapa del distribuidor, rotor y diafragma de vacío, al objeto de ganar espacio para poder acceder a los tornillos del alojamiento del termostato.

2. Desmonte los tornillos de retención del codo de salida y posicione el codo lo suficientemente alejado del múltiple de admisión, o de la culata, para que haya acceso al termostato.

3. Desmonte el termostato y la junta.

4. Limpie las superficies de contacto del codo de salida y del motor, y retire todo el material de la junta vieja y del sellador. Cubra la junta nueva con sellador resistente al agua. Monte el termostato en el codo del refrigerante. El termostato debe girarlo en el sentido de las saetas del reloj para bloquearlo en posición, sobre los motores V8. En los de 4 cilindros, asegúrese de que la anchura total del tubo de salida del calefactor es visible con la lumbrera del termostato.

5. Monte el codo de salida y los tornillos de retención sobre el motor. Apriete los tornillos a 12-15 libras-pie.

6. Vuelva a llenar el radiador. Haga funcionar el motor a la temperatura de régimen y verifique si hay fugas. Vuelva a comprobar el nivel del refrigerante.

Ventilador de la refrigeración con accionamiento eléctrico

DESMONTAJE Y MONTAJE

Motores de gasolina

Varios modelos están equipados con un ventilador de la refrigeración eléctrico, montado en un soporte, que sustituye al ventilador convencional montado en la bomba de agua. El funcionamiento del motor del ventilador es dependiente de la temperatura del refrigerante del motor y del acoplamiento del embrague del compresor del acondicionador del aire. El ventilador sólo marcha cuando la temperatura del refrigerante es de, aproximadamente, 108 °F (Farenheit), o más elevada, o bien cuando el embrague del compresor está acoplado. El ventilador, motor y montaje, los puede desmontar como un conjunto después de desconectar el cableado y los tornillos de montaje.

ATENCIÓN

El ventilador de la refrigeración es automático y puede ponerse en marcha en cualquier momento sin alertas, incluso si el interruptor del encendido está DESCONECTADO. Para evitar posibles daños, desconecte siempre el cable negativo de la batería cuando trabaje en las inmediaciones del ventilador eléctrico del refrigerante.

Motor diesel

1. Desconecte el cable de masa de la batería.

2. Eleve el vehículo y sopórtelo sobre caballetes.

3. Desmonte los tornillos y tuercas de unión de los soportes de montaje al soporte del radiador.

4. Desconecte el conector eléctrico del ventilador.

5. Desmonte los tornillos que aseguran el pestillo de cierre del capó al soporte del radiador y aparte el pestillo a un lado.

6. Desmonte los tornillos y tuercas de unión de los soportes de montaje al conjunto de ventilador y motor.

7. Desmonte el conjunto de ventilador y motor del vehículo.

8. Coloque el conjunto del ventilador y motor en el vehículo.

9. Coloque los soportes de montaje sobre el conjunto de ventilador y motor. Apriete las tuercas a 4-5 libras-pie.

10. Monte el pestillo del capó.

11. Acople el conector eléctrico al conjunto de ventilador y motor.

12. Coloque los soportes de montaje en el vehículo. Apriete los tornillos de montaje a 6-8 libras-pie. Apriete las tuercas de montaje a 4-5 libras-pie.

13. Baje el vehículo.

14. Conecte el cable de masa de la batería.

PARTE MECÁNICA DEL MOTOR

Motor

DESMONTAJE Y MONTAJE

NOTA: Desconecte el cable negativo de la batería antes de comenzar cualquier trabajo. Etiquete siempre todos los manguitos desconectados, conductos de vacío y cableados de hilos, para evitar montajes incorrectos. No desconecte ninguna conducción del acondicionador del aire, a menos que usted se halle profundamente familiarizado con los sistemas de A/C (acondicionador de aire), y los riesgos inherentes; los escapes de refrigerante (gas freón) congelarán cualquier superficie que toquen, incluyendo la piel y los ojos. Tenga el sistema descargado por profesionales, antes de iniciar las reparaciones requeridas.

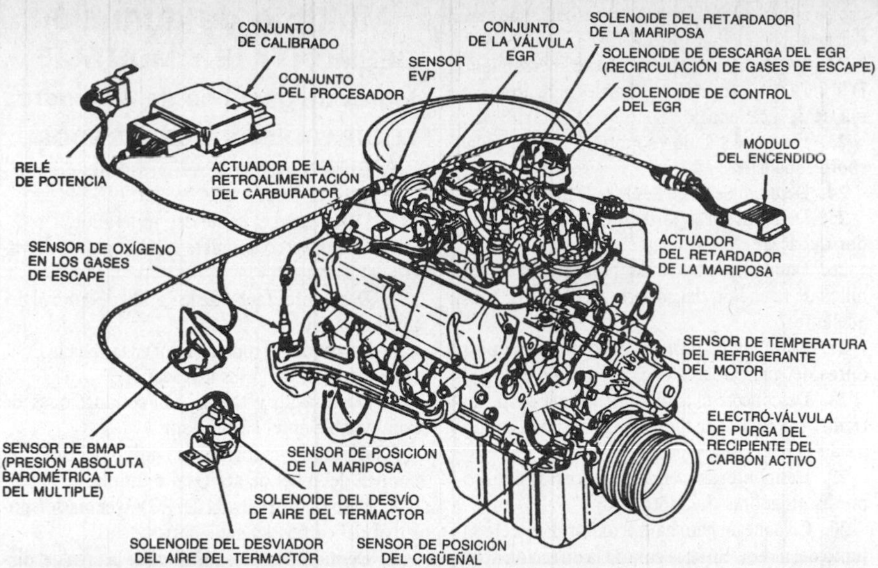

Componentes típicos del sistema EEC (se muestra el EEC II) (control electrónico del motor)

Motor de gasolina

1. Trace la silueta de las bisagras del capó, desconecte el capó y desmóntelo.

2. Drene el sistema completo de refrigeración y el cárter del cigüeñal.

3. Desmonte el filtro del aire, desconecte la batería de la culata. En los modelos equipados con transmisión automática, desconecte los conductos del fluido refrigerante del radiador. En los motores de cuatro cilindros, desmonte la protección del múltiple de escape.

4. Desmonte los manguitos superior e inferior del radiador y desmonte el radiador. Si está equipado con aire acondicionado, desatornille el compresor y colóquelo a un lado, fuera del paso, con los conductos del refrigerante intactos. Desatornille y aparte a un lado el condensador del refrigerante, hacia adelante, sin desconectar los conductos refrigerantes.

ATENCIÓN

Si no hay bastante sobrante de longitud en las conducciones del refrigerante, para posicionar el compresor fuera del paso, deberá evacuar el refrigerante del sistema (utilizando las precauciones de seguridad correctas), antes de que pueda desconectar las conducciones del compresor.

5. Desmonte el ventilador, la correa del ventilador y la polea superior. En los modelos equipados con un ventilador de la refrigeración eléctrico, desconecte el hilo eléctrico de alimentación y desmonte el ventilador y la protección como un conjunto.

6. Desconecte los manguitos del calefactor del motor. En los motores de cuatro cilindros, desconecte el manguito del calefactor de la bomba de agua y los acoplamientos del estrangulador.

7. Desmonte los hilos eléctricos del alternador, el cable del motor de arranque en el motor de arranque, y la varilla del acelerador en el acelerador.

8. En los modelos equipados con inyección de combustible, descargue toda la presión del sistema. Desconecte y tapone la conducción del depósito de combustible en la bomba de combustible.

9. Desconecte la conexión eléctrica de la bobina primaria en la bobina. Desconecte los hilos de las unidades de transmisión de la presión de aceite y la temperatura del agua. Desconecte la conducción de vacío del servofreno, si lo lleva.

10. Desmonte el motor de arranque y el retén guardapolvo.

11. Con transmisión manual, desmonte el muelle de recuperación del embrague. Desconecte el eje del ecualizador del embrague y el soporte del brazo del larguero, bajo el bastidor, y desmonte el soporte del brazo y el eje equalizador.

12. Eleve el coche y sopórtelo con seguridad sobre caballetes. Desmonte los tornillos de retención superiores del alojamiento del volante, o del convertidor.

13. Desconecte el tubo, o tubos, de escape del múltiple de escape, o del turbo alimentador. Desconecte los montajes derecho e izquierdo del motor, del soporte de la parte inferior de la carrocería. Desmonte la tapa del alojamiento del volante o del convertidor. En los modelos que lo llevan como equipo, desmonte el rodillo absorbedor de vibraciones del motor, sobre la parte delantera izquierda, del motor al bastidor.

14. Si tiene cambio en el cambiador manual, desmonte los tornillos inferiores del alojamiento de la rueda.

15. En los de transmisión automática, desconecte la conducción de vacío de la válvula mariposa, en el múltiple de admisión, y desconecte el convertidor del volante. Desmonte los tornillos de retención del alojamiento inferior del convertidor. En los que tienen dirección asistida, desconecte la bomba de la dirección asistida de la culata. Desmonte la correa de mando y las conexiones eléctricas de la bomba de la dirección asistida apartándolas a un lado. No desconecte los manguitos.

16. Baje el coche. Soporte la transmisión y el alojamiento del volante o del convertidor de par, con un gato.

17. Acople un gancho de elevación de motores. Eleve el motor y extráigalo del compartimiento depositándolo en un soporte de motores.

18. Coloque una junta nueva en la brida del tubo de escape.

19. Acople una eslinga de motor y un dispositivo de elevación. Eleve el motor de su soporte de motores.

20. Baje el motor e introdúzcalo en el compartimiento. Asegúrese de que el(los) múltiple(s) de escape se hallan correctamente alineados con el(los) tubo(s) del silenciador, y que los salientes-guía del bloque encajan en los huecos correspondientes del alojamiento del volante. En un coche con transmisión automática inicie la introducción del piloto del convertidor en el cigüeñal, asegurándose de que los espárragos del convertidor se alinean con los orificios de la platina flexible. En los vehículos con transmisión manual, inicie la entrada del piñón de mando principal de la transmisión en el disco de embrague. Si el motor queda suspendido arriba después de que el eje haya entrado, gire lentamente el cigüeñal (con la transmisión acoplada) hasta que las estrías del disco de embrague encajen. Gire los motores de 4 cilindros solamente en el sentido de las saetas del reloj, según se mira el motor desde la parte delantera.

21. Monte los tornillos superiores del alojamiento del volante o convertidor.

22. Monte las tuercas de retención del aislador del soporte del motor al soporte-cartela. Desconecte la eslinga de elevación del motor y retire los ganchos de elevación.

23. Eleve la parte delantera del motor. Conecte las conducciones de escape y apriete las uniones.

24. Monte el motor de arranque.

25. En los motores de transmisión manual, monte los tornillos restantes de unión del alojamiento del volante al motor. Conecte la varilla de desacople del embrague. Posicione la barra equalizadora y el soporte, y monte los tornillos de retención. Monte el muelle de recuperación del pedal de embrague.

26. En los de transmisión automática, desmonte la retención de la sujeción del convertidor en el alojamiento. Una el convertidor al volante. Monte la tapa de inspección del alojamiento del convertidor y los restantes tornillos de retención del alojamiento del convertidor.

27. Desmonte el soporte de la transmisión y baje el coche.

28. Conecte la trenza metálica de la masa eléctrica del motor y la conexión del primario de la bobina.

29. Conecte el hilo eléctrico del indicador de temperatura del agua y el manguito del calefactor en el alojamiento de salida del refrigerante. Conecte la varilla del acelerador a la palanca articulada.

30. En los de transmisión automática, conecte el soporte del tubo de llenado de la transmisión. Conecte el conducto de vacío de la válvula de mariposa.

31. En los de dirección asistida, monte la correa de mando y el soporte de la dirección asistida. Monte los tornillos de retención del soporte. Ajuste la correa de mando a la tensión correcta.

32. Desmonte el tapón del conducto del depósito de combustible. Conecte la conducción de combustible flexible y el hilo eléctrico de la unidad de transmisión de la presión de aceite.

33. Monte la polea, correa, espaciador y ventilador. Ajuste la tensión de la correa.

34. Apriete los tornillos de ajuste del alternador. Conecte los hilos y el cable de masa de la batería. En los motores de cuatro cilindros, monte la protección del múltiple de escape.

35. Monte el radiador. Conecte los manguitos del radiador. En los coches con aire acondicionado, monte el compresor y el condensador.

36. En los coches con transmisión automática, conecte los conductos del refrigerante del fluido. En los coches con frenos asistidos, conecte el conducto del servofreno.

37. Monte el filtro de aceite. Conecte el manguito del calefactor a la bomba del agua y al estrangulador del carburador (en los de 4 cilindros).

38. Lleve el cárter del cigüeñal a su nivel con el aceite de la calidad y el grado correctos. Haga marchar el motor a la velocidad en vacío lenta y compruebe si hay fugas. Monte el filtro del aire y haga los ajustes finales.

39. Monte y ajuste el capó.

Motor diesel

1. Desconecte el cable negativo de la batería.

2. Desconecte el conjunto de hilos de la luz bajo el capó.

3. Trace las marcas de situación de las bisagras y desmonte el capó.

4. Drene el sistema refrigerante. Drene el aceite del motor.

5. Desmonte el conjunto del filtro del aire.

6. Desmonte los tornillos de unión de la protección del ventilador, y desmonte la protección del ventilador. Desmonte el conjunto del ventilador de refrigeración del motor.

7. Desmonte los manguitos superior e inferior del radiador.

8. Desconecte los tubos del refrigerante del aceite de la transmisión desde las tomas del radiador.

9. Desconecte la entrada del silencioso.

10. Etiquete y desconecte los manguitos de vacío y los cableados de hilos.

11. Desconecte los manguitos del refrigerador de aceite del motor.

12. Desconecte el cable del acelerador de la bomba de inyección.

13. Desconecte la conducción de combustible del depósito a la bomba de inyección de combustible.

14. Desconecte el reenvío del cambio de marcha de la transmisión.

15. Desconecte el cable de masa de la batería en el motor.

16. Desmonte la botella de expansión del refrigerante, y colóquela a un lado.

17. Desconecte los manguitos del calefactor del panel del salpicadero (tabique cortafuegos).

18. Desconecte el hilo de conexión eléctrica del embrague del compresor del A/C (acondicionador de aire).

19. Desconecte el(los) manguito(s) de la bomba de la dirección asistida.

20. Desconecte los conductos de combustible a los inyectores.

21. Desconecte los cableados de hilos al cuadro de instrumentos. Desconecte los cables de masa del motor.

22. Monte un soporte de motor, herramienta D79T-6000-A o equivalente (barra y gancho en forma de J, o cadena).

23. Eleve el vehículo y sopórtelo con seguridad sobre caballetes.

24. Desmonte el tubo de entrada del silencioso.

25. Desmonte el soporte inferior del refrigerador del aceite del motor y el tirante.

26. Desmonte la barra estabilizadora y los tornillos de retención del soporte y colóquela hacia adelante.

27. Desmonte la protección contra las salpicaduras del guardabarros delantero izquierdo.

28. Desconecte el acoplamiento del eje de entrada de la caja de la dirección al eje de la columna de la dirección.

29. Desmonte las tuercas de retención a los soportes aisladores del motor.

30. Coloque un gato bajo el motor. Eleve el conjunto del motor. Sitúe la caja de la dirección apartada a un lado.

31. Baje el conjunto del motor.

32. Desmonte la tapa de acceso al alojamiento del convertidor.

33. Desmonte las tuercas de retención del conjunto del convertidor.

34. Introduzca unas mordazas de sujeción permanente en el interior del alojamiento del convertidor y sujete el convertidor en su sitio durante el desmontaje del motor.

NOTA: Asegúrese de que la mandíbula superior de la mordaza de sujeción está en contacto con el convertidor mientras abraza el alojamiento del convertidor. Esto aplicará la presión adecuada sobre el convertidor para evitar la separación al efectuar los movimientos y el desmontaje.

35. Desmonte las tuercas de retención de la traviesa de montaje n.º 3.

36. Desmonte la palanca articulada del cambio de marcha en la transmisión.

37. Eleve la transmisión.

38. Desmonte los tornillos de retención de la traviesa de montaje n.º 3. Baje la transmisión.

39. Desmonte los tornillos de retención del motor al alojamiento del convertidor y transmisión.

40. Monte los tornillos de retención de la traviesa de montaje (n.º 3).

41. Baje el vehículo.

42. Monte el equipo de elevación del motor.

43. Desmonte el soporte del motor, herramienta D79T-6000-A o equivalente.

44. Desmonte el conjunto del motor.

45. Posicione el motor y móntelo sobre un soporte de motores para trabajo, y repare o revise lo necesario.

46. Monte el equipo de elevación del motor. Eleve el motor y móntelo en el vehículo.

47. Monte el soporte del motor, herramienta D79T-6000-A o equivalente.

48. Desmonte el equipo de elevación del motor. Eleve el vehículo y sopórtelo con seguridad sobre caballetes.

49. El resto del procedimiento de montaje se efectúa en el orden inverso al desmontaje.

Múltiple de admisión

DESMONTAJE Y MONTAJE

Motor de gasolina de 4 cilindros

EQUIPADO CON CARBURADOR

1. Drene el sistema de refrigeración y desmonte el filtro de aire.

2. Desconecte el cable del acelerador.

3. Desconecte y etiquete los manguitos de vacío del carburador.

4. Desmonte el tubo de la varilla de control del nivel de aceite.

5. Desconecte el tubo de calor en la válvula EGR (recirculación de gases de escape).

6. Desconecte y tapone las conducciones de combustible en el carburador.

7. Desmonte el tornillo de unión del tubo del control del nivel de aceite al múltiple.

8. Desmonte la válvula del PCV (ventilación positiva del cárter del cigüeñal).

9. Desmonte los dos tornillos de la tapa del distribuidor y la tapa del distribuidor.

10. Desmonte los tornillos de unión del múltiple de admisión y desmonte el múltiple.

11. Limpie toda suciedad y material de junta de las superficies de la culata y del múltiple de admisión.

12. Coloque una junta nueva y el múltiple sobre los espárragos. Apriete los tornillos y tuercas al par especificado en dos etapas.

13. Conecte el manguito de ventilación del cárter del cigüeñal al múltiple. Conecte los manguitos del calefactor a la tapa del estrangulador y múltiple, si lo lleva como equipo.

14. Reponga el tubo de calor, cable del acelerador y conjunto del control del nivel de aceite.

15. Conecte las conducciones de vacío del distribuidor al múltiple.

16. Conecte la conducción del combustible al carburador.

17. Monte el conjunto del filtro de aire. Llene el sistema refrigerante si lo drenó, y verifique si hay fugas.

MODELOS CON COMBUSTIBLE INYECTADO

1. Desconecte el cable negativo de la batería. Desconecte los conectores eléctricos de la electrotransmisión de la derivación de aire, del sensor de posición de la mariposa, de los cableados de hilos del inyector, del sensor de «picado», del sensor de temperatura del ventilador y del sensor de temperatura del refrigerante. Etiquete los conectores para su posterior montaje.

2. Desconecte las conexiones de las tomas de vacío superiores del múltiple de admisión, desconectando la toma del conducto de vacío del aire impulsado, conducto de vacío trasero en el árbol de distribución del panel del salpicadero, conducto de vacío de la válvula del EGR, y conducto de vacío del regulador de la presión de combustible. Etiquete todos los conductos para su identificación durante el montaje.

3. Desconecte el reenvío de la mariposa. Desatornille el cable del acelerador del soporte y sitúelo a un lado.

4. Desmonte los tornillos que unen el conjunto del tubo del aire impulsado al turbo-

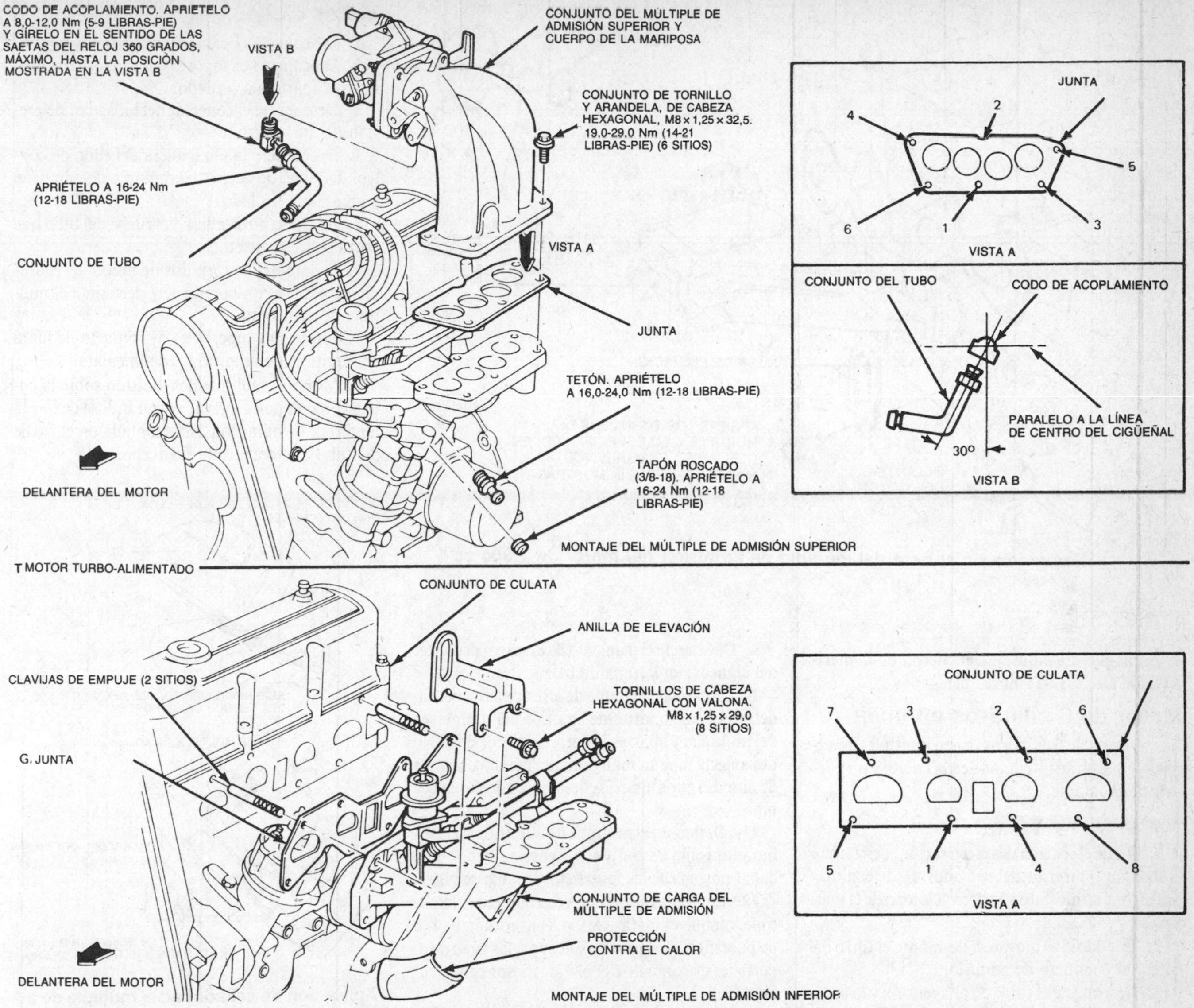

CODO DE ACOPLAMIENTO. APRIÉTELO A 8,0-12,0 Nm (5-9 LIBRAS-PIE) Y GÍRELO EN EL SENTIDO DE LAS SAETAS DEL RELOJ 360 GRADOS, MÁXIMO, HASTA LA POSICIÓN MOSTRADA EN LA VISTA B

VISTA B

CONJUNTO DEL MÚLTIPLE DE ADMISIÓN SUPERIOR Y CUERPO DE LA MARIPOSA

CONJUNTO DE TORNILLO Y ARANDELA, DE CABEZA HEXAGONAL, M8 × 1,25 × 32,5. 19,0-29,0 Nm (14-21 LIBRAS-PIE) (6 SITIOS)

APRIÉTELO A 16-24 Nm (12-18 LIBRAS-PIE)

CONJUNTO DE TUBO

VISTA A

JUNTA

TETÓN. APRIÉTELO A 16,0-24,0 Nm (12-18 LIBRAS-PIE)

TAPÓN ROSCADO (3/8-18). APRIÉTELO A 16-24 Nm (12-18 LIBRAS-PIE)

DELANTERA DEL MOTOR

MONTAJE DEL MÚLTIPLE DE ADMISIÓN SUPERIOR

JUNTA

4 2 5 6 1 3

VISTA A

CONJUNTO DEL TUBO

CODO DE ACOPLAMIENTO

PARALELO A LA LÍNEA DE CENTRO DEL CIGÜEÑAL

30°

VISTA B

T MOTOR TURBO-ALIMENTADO

CONJUNTO DE CULATA

ANILLA DE ELEVACIÓN

CLAVIJAS DE EMPUJE (2 SITIOS)

TORNILLOS DE CABEZA HEXAGONAL CON VALONA. M8 × 1,25 × 29,0 (8 SITIOS)

G. JUNTA

CONJUNTO DE CARGA DEL MÚLTIPLE DE ADMISIÓN

PROTECCIÓN CONTRA EL CALOR

DELANTERA DEL MOTOR

MONTAJE DEL MÚLTIPLE DE ADMISIÓN INFERIOR

CONJUNTO DE CULATA

7 3 2 6 5 1 4 8

VISTA A

Desmontaje y montaje del múltiple de admisión superior e inferior del motor de inyección multi-punto de 2.3L (140)

alimentador.

5. Desmonte las tuercas que unen el cuerpo de la mariposa al conjunto de carga del combustible.

6. Separe el tubo de aire impulsador del turbo-alimentador.

7. Desmonte y deseche la junta de montaje que hay entre el tubo de impulsión y el turbo-alimentador. Desmonte el cuerpo de la mariposa y el tubo de impulsión.

8. Desconecte el manguito del sistema PCV (ventilación positiva del cárter del cigüeñal), de la toma del lado de debajo del múltiple de admisión superior.

9. Desconecte el manguito de la derivación de agua del múltiple de admisión inferior.

10. Afloje la tuerca de la brida del EGR y desconecte el tubo del EGR.

11. Desmonte las tuercas de retención del soporte del cableado del inyector de combustible y el soporte, después de apartar el soporte del tubo de control del nivel de aceite.

12. Desmonte los tornillos o los espárragos de retención del múltiple de admisión superior, y desmonte el conjunto del múltiple de admisión superior.

13. Descargue la presión del sistema de combustible y desconecte la conducción de «conexión a presión» del suministro de combustible. (Vea Rácores de conexión a presión, en la sección anterior sobre combustible.)

14. Desconecte el conducto de retorno de combustible del múltiple de suministro de combustible.

15. Desconecte los conectores eléctricos de los inyectores de combustible, y desplace los cableados a un lado.

16. Desmonte los tornillos de retención del múltiple de suministro de combustible, y desmonte con cuidado el múltiple. Los inyectores puede desmontarlos ahora, efectuando un ligero movimiento de giro/tracción.

17. Desmonte los tornillos de retención de la parte inferior y superior del múltiple inferior. Desmonte el múltiple.

18. Limpie e inspeccione todas las superficies de montaje de los múltiples de carga de combustible y de la culata.

19. Limpie y lubrique todas las roscas de los espárragos. Monte una junta de montaje nueva sobre los espárragos.

20. Monte el múltiple inferior sobre la culata, con el soporte de elevación situado en posición. Monte las cuatro tuercas superiores del múltiple, apretadas con los dedos. Monte las cuatro tuercas restantes y apriételas todas a 12-15 libras-pie. Vea la figura para la secuencia de apriete a seguir.

21. Monte los componentes restantes en el orden inverso al del desmontaje. Los tornillos del múltiple de suministro de combustible se aprietan a 12-15 libras-pie. Los tornillos de montaje del múltiple superior a 15-22 libras-pie. Los tornillos del control del nivel de aceite y de los cableados de hilos del inyector a 15-22 libras-pie. La unión del tubo del aire impulsado al turbo alimentador a 14-

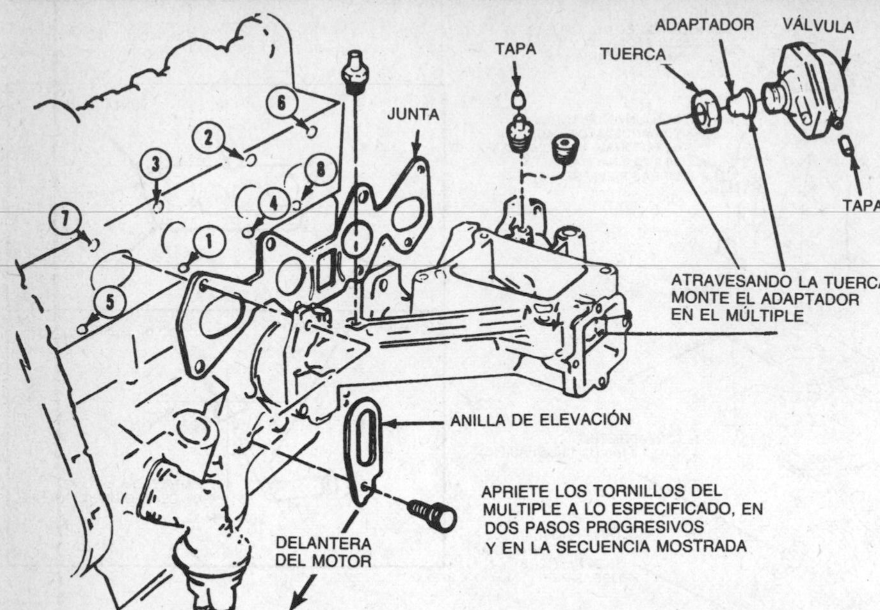

Secuencia de apriete del múltiple de admisión del motor de 2,300 cc

21 libras-pie. El montaje del cuerpo de la mariposa de aire a 12-15 libras-pie.

Motor de 6 cilindros en línea

Los motores de 6 cilindros tienen múltiples de admisión que están integrados en la culata y no pueden desmontarse.

Motores V6 y V8

1. Drene el sistema de refrigeración, desconecte el manguito inferior del radiador desde el alojamiento del termostato y la derivación desde el múltiple.

2. En todos los motores, desmonte el filtro del aire y el conducto de admisión.

3. Desconecte el cable de alta tensión y los conductores de la bobina. Desconecte la regleta del cableado del motor y apártela a un lado.

4. Desconecte los cables de las bujías y las bujías, girando y tirando sólo del capuchón moldeado de la bujía. Desmonte la tapa del distribuidor y los cables como un conjunto. Desconecte el o los manguito(s) de vacío del distribuidor. Desconecte el cable de la unidad de transmisión de temperatura.

5. Marque la posición del rotor y del cuerpo del distribuidor en relación con el múltiple, desmonte el tornillo de sujeción del distribuidor, y desmonte el distribuidor.

6. Desmonte los manguitos de la válvula de derivación del termactor y del suministro de aire, si lo lleva.

7. Desmonte los conductos de vacío desde el múltiple.

NOTA: En los motores de inyección descargue la presión del combustible antes de desconectar la conducción de combustible.

8. Desconecte la conducción de combustible y el manguito de vacío del carburador. Desconecte el reenvío del acelerador y el reenvío de abajo, del cambio, si lo lleva, y colóquelos a un lado.

9. Desconecte el manguito de descarga del cárter del cigüeñal en la tapa de balancines.

10. Si el coche dispone de aire acondicionado, desmonte los soportes de montaje del compresor del múltiple, y aparte el compresor a un lado. No desconecte ningún manguito del acondicionador de aire. En estos modelos desmonte además la bobina.

11. Desmonte el múltiple de admisión y el carburador como un conjunto. Tenga cuidado en no dañar ninguna de las superficies de junta de cierre.

12. Limpie las superficies de contacto del múltiple, bloque y culatas. Aplique un cordón de 1/8 de pulgada de sellador de silicona a las cuatro superficies de contacto del bloque motor con la culata.

13. Posicione nuevos cierres de extremo en sus emplazamientos sobre el bloque, presionando sus lengüetas de posicionado dentro de sus sitios. Coloque nuevas juntas de múltiple en sus lugares sobre las culatas, y aplique un cordón de 1/8 de pulgada de sellador de silicona a las cuatro uniones de los cierres de los extremos, con la junta del múltiple. No deje que el sellador caiga dentro del «valle» del motor.

NOTA: El motor de 232 pulgadas cúbicas V6, utiliza sellador RTV en lugar de cierres de extremo. Asegúrese de aplicar un cordón uniforme de sellador cuando monte el múltiple.

14. Deposite con cuidado el múltiple en su emplazamiento. Después de posicionado, recorra con sus dedos alrededor de la periferia de los cierres para cerciorarse de que están situados correctamente. Si no es así, desmonte el múltiple y vuelva a posicionar los cierres.

15. Apriete el múltiple según lo especificado, en tres etapas, y de acuerdo con la pauta establecida. El resto del montaje es la inversa del desmontaje. Después del montaje, ponga en marcha el motor hasta la temperatura de funcionamiento y reapriete los tornillos del múltiple.

Motor diesel

1. Desconecte el cable de masa de la batería.

2. Desconecte el soporte del enchufe de diagnosis y apártelo a un lado.

3. Desconecte el conector del indicador de presión del turbo-compresor.

4. Desconecte la abrazadera del tubo de control del nivel de aceite del múltiple de admisión y apártelo a un lado.

5. Afloje la abrazadera del fuelle del tubo que cruza sobre el turbo.

6. Desmonte los tornillos de unión del múltiple de admisión a la culata, y desmonte el múltiple de admisión.

7. Limpie las superficies de contacto de junta del múltiple de admisión y de la culata.

8. Monte el múltiple de admisión sobre la culata con una junta nueva, asegurándose de que la lumbrera de admisión está montada en el fuelle del tubo que cruza sobre el turbo.

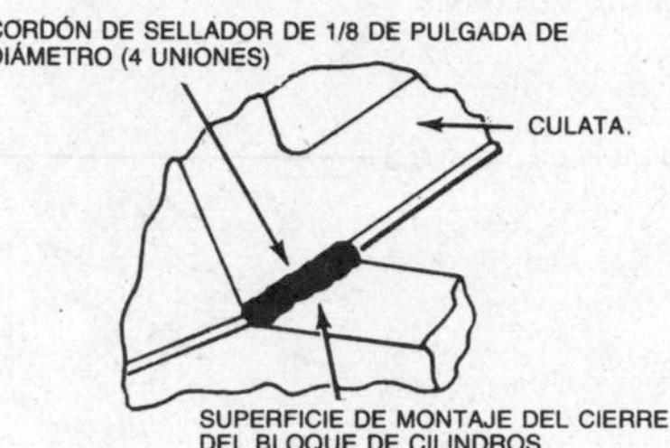

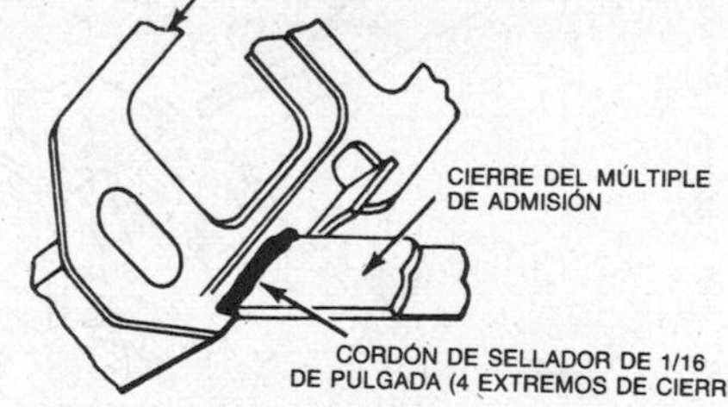

Aplicación de sellador en el múltiple de admisión

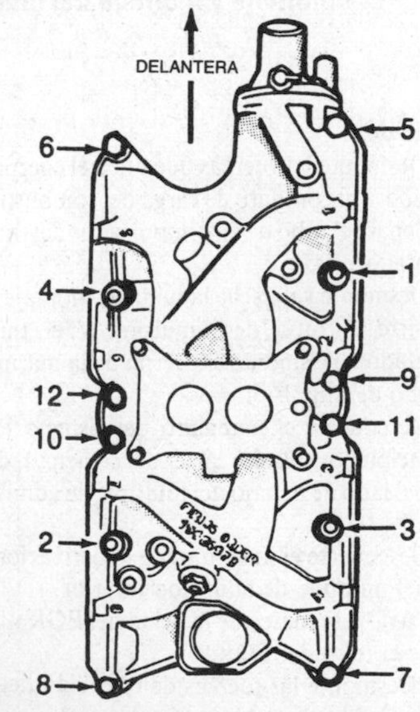

Secuencia de apriete del múltiple de admisión en los motores 255, 302 y 351W; el V6 es similar

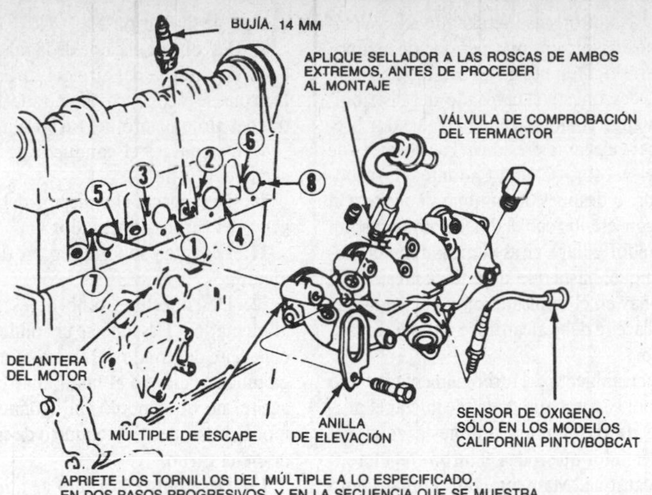

Montaje y secuencia de apriete del múltiple de escape del motor de 2300 cc

9. Apriete los tornillos del múltiple de admisión a 14-17 libras-pie, y apriete la abrazadera del fuelle del tubo que cruza el turbo.

10. Conecte el conector del interruptor del indicador de presión del turbo-compresor.

11. Monte el soporte del enchufe de diagnosis y apriete los tornillos a 14-17 libras-pie.

12. Conecte el cable de masa de la batería. Arranque el motor y compruebe si hay fugas en la admisión.

Múltiple de escape

DESMONTAJE Y MONTAJE

Motor de gasolina de 4 cilindros

MODELOS SIN TURBO-ALIMENTADOR

1. Desmonte el filtro del aire. Desmonte la protección del calôr del múltiple de escape. Desconecte los manguitos de las válvulas anti-retorno de termactor, si las lleva. Desconecte los cables del sensor de oxígeno, en los modelos así equipados.

2. Coloque un bloque de madera bajo el tubo de escape, y luego desconéctelo del múltiple.

3. Desmonte las tuercas de unión y desmonte el múltiple de la culata. Limpie las superficies de contacto.

4. Aplique una ligera capa de grasa grafitada sobre la superficie de contacto del múltiple de escape, y posicione el múltiple sobre la culata.

5. Monte las tuercas de unión y apriételas al par indicado.

6. Conecte el tubo de escape al múltiple y retire el soporte de madera de debajo del tubo.

7. Monte el filtro del aire, el manguito de la válvula anti-retorno y los hilos del sensor de oxígeno, si lo lleva.

MODELOS CON TURBO-ALIMENTADOR

1. Desmonte el conjunto de conducto y filtro de aire. Desmonte el conjunto del turbo-alimentador. Desmonte la protección contra el calor del múltiple de escape. Desconecte el cable del sensor de oxígeno.

2. Desmonte las tuercas y tornillos de montaje que retienen el múltiple sobre la culata. Desmonte el múltiple.

3. Aplique una ligera capa de grasa grafitada sobre la superficie de contacto del múltiple de escape, y sitúe el múltiple sobre la culata.

4. Monte las tuercas de unión y apriételas a 16-23 libras-pie.

5. Complete el montaje del múltiple de escape en el orden inverso al de desmontaje.

Motor de 6 cilindros en línea

1. Desmonte el filtro del aire y el cuerpo del conducto del calor.

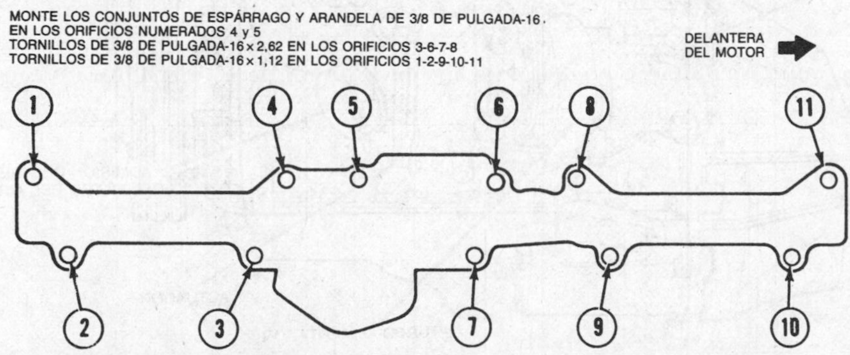

Secuencia de apriete del múltiple de escape del motor de 6 cilindros

2. Desconecte el tubo de entrada del silencioso y desmonte el tubo del aire caliente del estrangulador desde el múltiple.

3. Desmonte el tubo del EGR (recirculación de gases de escape), y cualquier otro componente de emisiones que dificulte el desmontaje del múltiple.

NOTA: Algunos modelos tienen un convertidor catalítico atornillado al múltiple; el convertidor se monta sobre los cuatro espárragos de la brida del múltiple.

4. Doble hacia atrás las lengüetas de bloqueo de los tornillos de unión del múltiple de escape, y desmonte los tornillos y el múltiple.

5. Limpie todas las superficies de contacto del múltiple y coloque una junta nueva sobre el tubo de entrada del silencioso.

6. Monte el múltiple invirtiendo el procedimiento. Apriete los tornillos de unión aplicando la secuencia mostrada. Después del montaje, caliente el motor hasta la temperatura de funcionamiento y reapriete según a lo especificado.

Motores V6 y V8

1. En el múltiple de escape de la derecha, desmonte el filtro del aire, tubos del calor del estrangulador automático y filtro del aire. Desmonte el control del nivel de aceite y el tubo, y los soportes del control de velocidad, si lo lleva como equipo.

2. Desconecte el o los múltiple(s) de escape del o de los tubo(s) de entrada del silencioso.

3. Desmonte los cables de las bujías, bujías y protectores del calor. Desconecte el sensor de oxígeno de los gases de escape, si lo lleva. Etiquete todos los cables antes de desmontarlos, si no están ya marcados.

4. Desmonte los tornillos de unión del múltiple y retire el(los) múltiple(s).

5. Para el montaje invierta el procedimiento, utilizando nuevas juntas de tubo de entrada. Apriete los tornillos del múltiple en secuencia, desde el centro a los extremos.

Motor diesel

1. Desconecte el cable de masa de la batería.

2. Desconecte el tubo de entrada del silencioso de la salida del turbo y tape la salida del turbo.

3. Desconecte la conducción del vacío de la válvula EGR (recirculación de gases de escape).

4. Desconecte el conducto de entrada del turbo y tape la entrada del turbo.

5. Afloje la abrazadera del fuelle del tubo que cruza a través del turbo.

6. Desmonte la abrazadera de unión del tubo de alimentación de aceite al turbo al tubo de retorno del aceite.

7. Desmonte los tornillos de unión del tubo de alimentación de aceite al turbo.

ATENCIÓN

Tape el tubo de alimentación de aceite y la lumbrera de suministro del aceite del turbo para evitar la contaminación del sistema de lubricación del turbo.

8. Desconecte el conducto de retorno del aceite de la lumbrera de drenaje del aceite del turbo.

ATENCIÓN

Tape el conducto de retorno del aceite y la lumbrera de retorno del aceite del turbo para evitar la contaminación del sistema de lubricación del turbo.

9. Desmonte los tornillos de unión del múltiple de escape a la culata y desmonte el múltiple de escape y el turbo como un conjunto. Tape la salida del turbo al tubo que cruza a través de él.

10. Limpie de junta las superficies de contacto de junta del múltiple de escape y de la culata.

11. Monte el múltiple de escape con una nueva junta, asegurándose de que la salida del turbo está montada en el fuelle del tubo que cruza a traves. Apriete los tornillos a 14-17 libras-pie, y apriete la abrazadera del fuelle del tubo que cruza a través.

12. Desmonte las tapas y monte el conducto de alimentación del aceite con una junta nueva sobre la lumbrera de entrada de aceite del turbo. Apriete los tornillos a 14-17 libras-pie.

13. Desmonte las tapas y conecte el conducto de retorno del aceite a la lumbrera de retorno del aceite del turbo. Apriete los acoplamientos a 29-36 libras-pie.

14. Monte la abrazadera del tubo de alimentación del aceite al múltiple de escape y apriételo a 6,5-7 libras-pie.

15. Desmonte la tapa y conecte el tubo de entrada a la entrada del turbo.

16. Desmonte la tapa y conecte el tubo de entrada del silencioso a la salida del escape del turbo. Apriete los tornillos a 31-35 libras-pie.

17. Conecte el conducto de vacío de la válvula ERG.

18. Conecte el cable de masa de la batería.

19. Haga marchar el motor y compruebe las fugas de la admisión, el escape y el aceite.

Turbo-alimentador

DESMONTAJE Y MONTAJE

Motor de gasolina

AÑO 1980

1. Deje enfriar el motor. Desconecte el manguito de admisión entre el turbo-alimentador y el grupo inyector.

2. Desconecte los conductos de suministro del aceite.

3. Desatornille el tubo de escape. Desconecte los sensores.

4. Afloje y desmonte los tornillos de montaje.

5. Móntelo en el orden inverso.

1983 Y POSTERIORES

Se utiliza un sistema de turbo-alimentador de soplado continuo. El combustible se introduce aguas abajo del compresor, y provee de una respuesta casi inmediata al movimiento del pedal del acelerador, debido a una reducción en el tiempo del suministro del combustible, que resulta en un funcionamiento uniforme y suave cualquiera que fuese la situación de conducción. El hecho de acelerar el motor al máximo de las rpm estando frío puede dañar al motor o al turbo-alimentador. El paro del motor efectuado inmediatamente después de que haya estado funcionando al máximo de las rpm durante un largo período de tiempo, también puede dañar al motor y/o al turbo-alimentador. Deje siempre que el motor siga marchando a la velocidad en vacío durante un corto período de tiempo, antes de pararlo. Después de un cambio de aceite y de filtro, desconecte el cableado del distribuidor y haga girar el motor con el arrancador brevemente, para elevar la presión del aceite antes de arrancar el motor. Cuando monte el turbo-alimentador, o después de cambiar el aceite y el filtro, desconecte los cableados de alimentación del distribuidor y haga girar el motor con el motor de arranque, hasta que la luz de la presión del aceite que hay en el salpicadero, se encienda. La presión del aceite debe alcanzarse antes de arrancar el motor.

1. El mantenimiento del turbo-alimentador sólo se efectúa por sustitución. Antes de iniciar el procedimiento de desmontaje, limpie la zona del turbo-alimentador que rodea el turbo con una solución no cáustica. Mantenga tan limpias como sea posible las condiciones de trabajo, mientras desmonta y monta el turbo-alimentador.

2. Cuando desconecte las conducciones y tubos de alimentación, cubra o tape las aberturas.

3. Desconecte el cable negativo de la batería. Drene el sistema de refrigeración.

4. Desmonte los tornillos de retención del tubo del aire impulsado al turbo-alimentador. Afloje la abrazadera del manguito de admisión en el cuerpo de la mariposa.

5. Etiquete, a efectos de identificación, y desconecte todos los manguitos de vacío y tubos que interfieran con el desmontaje del turbo-alimentador.

6. Desconecte el tubo del PCV (ventilación positiva del cárter del cigüeñal), del codo de entrada de aire del turbo-alimentador.

7. Desmonte el conjunto de tubo y manguito del aire impulsado entre el turbo y el conjunto del cuerpo de la mariposa.

8. Desconecte el cable de la masa eléctrica, del codo de entrada del aire del turbo-alimentador. Desconecte el conducto de entrada del agua del centro del alojamiento del turbo-alimentador.

9. Desconecte el conducto de suministro del aceite del turbo.

10. Desconecte el conector del sensor de oxígeno del turbo-alimentador.

11. Levante y soporte la parte delantera del vehículo.

12. Desconecte el tubo de escape del turbo-alimentador. Desconecte el conducto de retorno del aceite del fondo del turbo-alimentador. Tenga mucho cuidado al manipular el conducto del aceite, no doblándolo, ni dañándolo de ningún modo. Desconecte el conducto de entrada del agua desde el turbo.

13. Desmonte el tornillo de unión del soporte inferior del tubo-alimentador al motor.

14. Baje el vehículo.

15. Desmonte la tuerca delantera de montaje del turbo.

16. Afloje las restantes tuercas de montaje del turbo-alimentador, poco a poco, y deslice el turbo sobre los espárragos de montaje hasta que las tuercas puedan ser desmontadas. Desmonte el turbo-alimentador.

17. Limpie de junta todas las superficies de montaje. Monte el turbo-alimentador en el orden inverso al desmontaje. Utilice una junta nueva sobre el turbo y la conducción de retorno del aceite. Utilice nuevas tuercas de montaje cuando monte el turbo-alimentador. Apriételas como sigue: tornillo del soporte inferior; 28-40 libras-pie. Conducto de retorno del aceite; 14-21 libras-pie. Tubo de escape; 25-35 libras-pie. Tuercas de montaje del turbo; 28-40 libras-pie. Tubo del aire impulsado al turbo; 15-22 libras-pie.

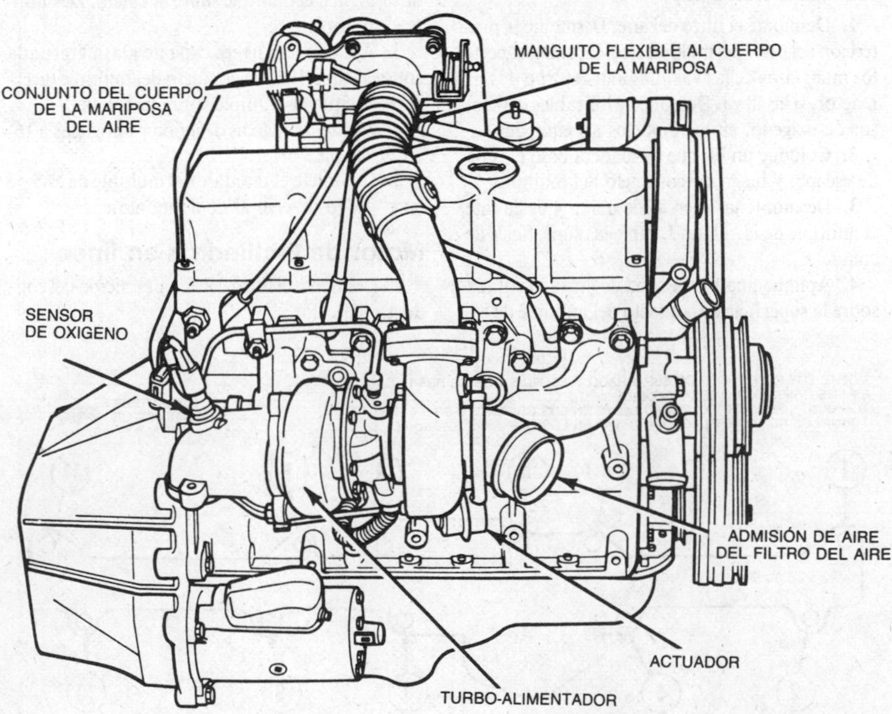

Montaje típico de turbo-alimentador

NOTA: Cuando monte el turbo-alimentador, o después de un cambio de aceite y filtro, desconecte los cableados de alimentación del distribuidor y haga girar el motor con el motor de arranque hasta que la lámpara indicadora de la presión del aceite, que hay en el tablero, se encienda. La presión del aceite debe estar restablecida antes de que arranque el motor.

Motor diesel

ATENCIÓN

No acelere el motor antes de que la presión del aceite se haya elevado a su valor normal. De la misma manera, no pare el motor cuando ha estado funcionando a altas velocidades: el turbo-alimentador continuará girando durante un largo tiempo sin presión de aceite. Estas condiciones pueden dañar al motor y/o al turbo-alimentador.

1. Desmonte los dos tornillos de unión del tubo de escape al turbo-alimentador.

2. Desmonte el tubo y la abrazadera del EGR.

3. Afloje las cuatro abrazaderas del manguito del tubo que cruza el turbo, y luego desmonte el tubo.

4. Desmonte el conjunto del filtro de aire y los fuelles. Tape las aberturas del turbo-alimentador.

5. Desmonte los dos tornillos del conducto de suministro de aceite de la parte superior del alojamiento central del turbo-alimentador.

6. Desmonte las abrazaderas de los conductos de aceite.

7. Desmonte el conducto de retorno del aceite.

8. Desmonte el tornillo y arandelas de cierre que unen el conducto de suministro de aceite al alojamiento del filtro de aceite.

9. Desconecte y desmonte la válvula del EGR.

10. Desmonte los cuatro tornillos de unión del turbo-alimentador al múltiple de escape, y desmonte el turbo-alimentador.

11. Limpie las superficies de contacto del turbo-alimentador y del múltiple de escape.

12. Posicione el turbo-alimentador sobre el múltiple de escape y monte los cuatro tornillos de sujeción. Apriételos a 17-20 libras-pie.

13. Monte la válvula EGR. Apriétela a 18 libras-pie.

14. Monte el conducto de suministro de aceite utilizando juntas nuevas. Apriete el tornillo a 26-33 libras-pie.

15. Monte las abrazaderas de retención de los conductos de aceite.

Especificaciones de apriete	Libras-pie (libs.-pulg.)
Válvula EGR (recirculación de gases de escape)	18
Abrazaderas de manguitos	(15-22)
Conducción de suministro de aceite, al turbo	15-18
Al bloque motor	26-33
Conducción de retorno de aceite del turbo	15-18
Turbo alimentador al múltiple de escape	17-20
Turbo alimentador al tubo de escape	17-20

16. Monte los tornillos del conducto de suministro de aceite al alojamiento del turboalimentador, y apriételos a 15-18 libras-pie.

17. Desmonte las tapas protectoras del turbo-alimentador y monte el conjunto del filtro de aire y los fuelles.

18. Monte el tubo que cruza sobre el turbo. Apriete las abrazaderas del manguito ajustadas.

19. Monte la abrazadera del tubo del EGR.

20. Monte los dos tornillos de unión del tubo de escape al turbo-alimentador y apriételos a 17-20 libras-pie.

21. Haga marchar el motor y verifique si hay fugas de aceite o aire.

Juego de las válvulas

AJUSTE

Motor diesel

NOTA: El procedimiento de ajuste es sólo para el motor en frío.

1. Desmonte la tapa de válvulas.

2. Coloque el árbol de levas de modo que la base circular del lóbulo de la leva de la válvula que va a ajustar esté dando la cara al balancín.

3. Afloje la contratuerca de la excéntrica de ajuste, utilizando una llave de ajuste de juegos de válvulas, herramienta T84P-6575-A o equivalente y una llave fija de extremo abierto, de 12 mm.

4. Gire la excéntrica utilizando un punzón pequeño, hasta que el juego de la válvula esté ajustado a lo especificado admisión: 0,012 pulgadas; escape: 0,016 pulgadas. Apriete las contratuercas de la excéntrica.

5. Repita los pasos 2, 3 y 4 para cada válvula.

6. Monte la tapa de válvulas.

7. Arranque el motor y verifique si hay fugas de aceite.

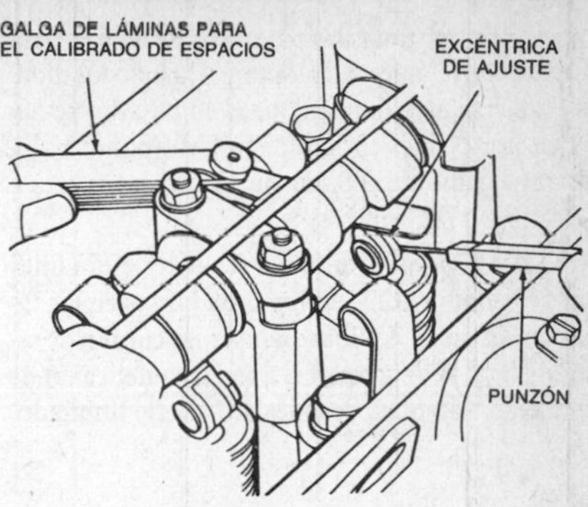

Ajuste de válvulas en el motor diesel de 2.4L

Balancines/ejes de balancines

DESMONTAJE Y MONTAJE

Motor de gasolina de 4 cilindros

1. Desmonte la tapa de válvulas y las partes relacionadas, según sea necesario.

2. Gire el árbol de levas de modo que el círculo base de la leva esté contra el seguidor de la leva que usted intenta desmontar.

3. Desmonte el muelle de retención del seguidor de leva, si lo lleva.

4. Utilice un compresor de muelles de válvula, hunda el ajustador del juego y/o comprima el muelle de la válvula, según sea necesario, y deslice el seguidor de leva sobre el ajustador del juego, retirándolo de la parte inferior del árbol de levas.

5. Monte el seguidor de leva en el orden inverso al desmontaje. Asegúrese de que el ajustador de juego está hundido y suelto, antes de girar el árbol de levas.

Motor de 6 cilindros en línea

1. Desmonte el filtro del aire, el conducto del PCV, y el soporte del cable de control del acelerador.

2. Desmonte la tapa de balancines y la junta.

3. Desmonte los tornillos de los balancines, dos vueltas cada vez, trabajando desde los extremos hacia el centro.

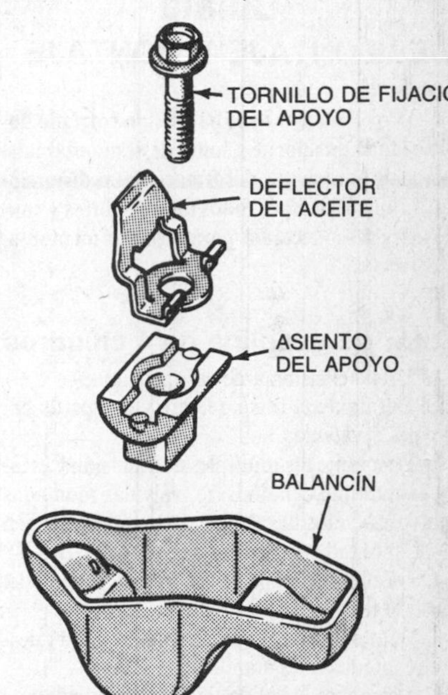

Montaje del balancín en el último modelo de V8; el V6 es similar

4. Levante y retire el conjunto de balancines. Mantenga los empujadores en orden, si los desmonta, para su posterior montaje en las posiciones originales.

5. El montaje es a la inversa del desmontaje. Ajuste los tornillos de los balancines dos vueltas cada vez, trabajando desde el centro hacia los extremos, a 30-35 libras-pie.

Motores V6 y V8

1. Lado derecho: desconecte el manguito de entrada del aire a la cámara de calor del estrangulador automático. Desmonte el filtro de aire y conducto. Desmonte el tubo del calor del estrangulador automático (232, 302). Desmonte el tubo de aire fresco del PCV de la tapa de balancines y desconecte los manguitos del amplificador de vacío del EGR.

2. Desmonte los manguitos de la válvula de derivación del termactor y del suministro de aire.

3. Desconecte los cables de bujías.

4. En el lado izquierdo: desmonte los cableados de los clips, y desmonte la tapa de balancines.

5. Desmonte la tuerca del espárrago o tornillo del balancín, asiento del apoyo y balancín.

6. Lubrique todas las piezas con aceite SE, para servicio duro, antes del montaje. Cuando los monte, gire el cigüeñal hasta que el empujador se halle en la base del círculo de la leva (punto bajo, no alto), y monte el balancín. Apriete la tuerca o tornillo a 17-23 libras-pie.

NOTA: Algunos motores recientes están utilizando sellador RTV en lugar de juntas en las tapas de válvulas. Aplique siempre un cordón de sellador de 1/8 de pulgada, a lo largo del canal de la tapa de válvulas, después de haberlo limpiado.

Culata

DESMONTAJE Y MONTAJE

NOTA: El motor debe haber sido enfriado durante «toda una noche», antes de desmontar la(s) culata(s), para evitar deformaciones o distorsiones. Etiquete siempre todos los manguitos y conductores desconectados para asegurar un montaje correcto.

Motor de gasolina de 4 cilindros

1. Drene el sistema de refrigeración.
2. Desmonte el filtro del aire y la tapa de balancines y válvulas.
3. Desmonte los múltiples de admisión y escape. El múltiple de admisión, válvulas montadas y sensores (si los lleva), y el carburador, pueden ser desmontados como un conjunto.
4. Desmonte la tapa de la correa de mando del árbol de levas.
5. Afloje el tensor de la correa de mando y desmonte la correa de mando.
6. Desmonte la salida de agua de la culata.
7. Desmonte uniformemente los tornillos de la culata y desmonte la culata.
8. Posicione una junta de culata nueva sobre el bloque. Gire el árbol de levas de modo que la clavija de localización se halle en la posición de las cinco horas del reloj, para evitar daños a las válvulas.
9. Coloque el conjunto de culata y árbol de levas sobre el bloque. Monte los tornillos apretando con los dedos, y luego apriételos según lo especificado, en dos etapas.

NOTA: Si tiene dificultades en el posicionado de la culata sobre el bloque, puede usted fabricarse unas clavijas-guía, cortando la cabeza de dos tornillos de culata sobrantes.

10. Ponga el cigüeñal en el PMS, y asegúrese de que el piñón de mando del árbol de levas y el distribuidor se hallan correctamente posicionados, tal como se desarrolla bajo el título de Sustitución de la correa de sincronización.
11. Monte la correa de mando del árbol de levas y suelte el tensor. Gire el cigüeñal dos vueltas completas, en el sentido de las saetas del reloj (de cara al motor), para eliminar la distensión de la correa. Las marcas de sincronización debe usted alinearlas otra vez. Apriete el tornillo de seguridad del tensor y los tornillos pivote.
12. Monte la tapa de la correa de mando del árbol de levas.

AHORROS DE TIEMPO DE CHILTON

El siguiente es un método de sustitución de muelles de válvulas, retenes de aceite o retenciones de muelles, sin necesidad de desmontar la culata.

1. **Adquiera un acoplador de manguera de aire comprimido con un adaptador al orificio de la bujía en la culata.**
2. **Desmonte la tapa de balancines y válvulas. Desmonte el balancín de la válvula en la que se ha de trabajar.**
3. **Desmonte la bujía del cilindro en el que se ha de trabajar.**
4. **Gire el cigüeñal para llevar el pistón de este cilindro hacia abajo, alejándolo del posible contacto con la cabeza de la válvula. Golpee con golpes secos, vivamente, el retenedor de la válvula para aflojar el bloqueo de la válvula.**
5. **Luego gire el cigüeñal para llevar el pistón de este cilindro al punto superior exacto de su carrera de compresión.**
6. **Rosque el rácor del acoplador del aire comprimido, en el orificio de la bujía.**
7. **Conecte una manguera de aire comprimido al acoplador y eleve la presión (hasta unas 200 libras por pulgada cuadrada).**
8. **Con un suministro fuerte y sostenido de aire comprimido sujetando cerrada la válvula, comprima el muelle de la válvula y desmonte el bloqueo y el retenedor.**

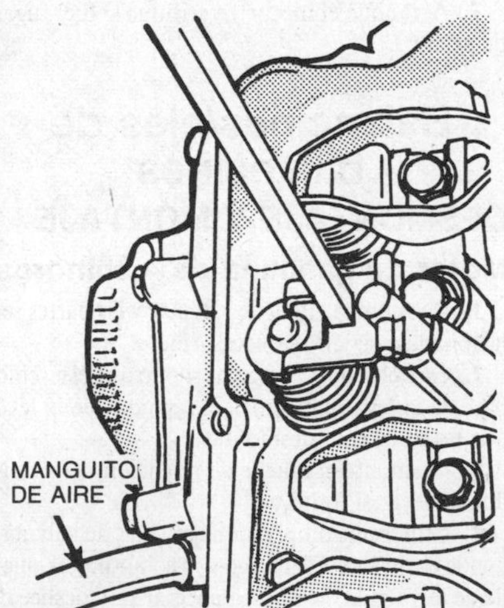

Muelle de compresión de la válvula

9. **Efectúe las sustituciones necesarias y proceda al ensamblado.**
NOTA: Es importante que la operación la ejecute exactamente tal como se expone, en este orden. El pistón en el cilindro, debe hallarse exactamente en el punto superior, para evitar que la presión del aire haga girar el cigüeñal.

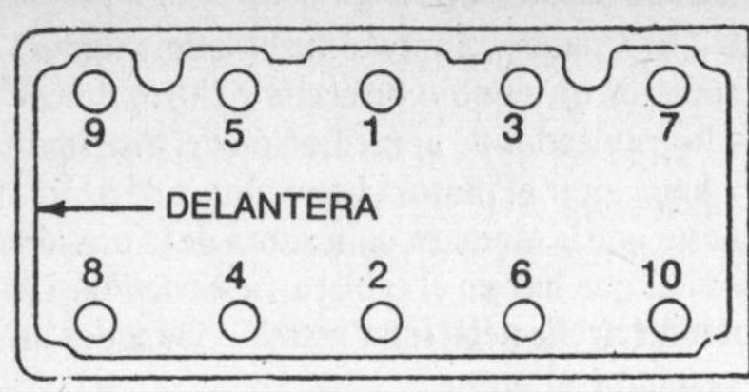

Secuencia de apriete de los tornillos de culata del motor de 2300 cc

Secuencia de apriete de los tornillos de culata de los motores 200 y 250 de 6 cilindros

13. Aplique sellador a la salida del agua, y una junta nueva, y móntela.
14. Monte los múltiples de admisión y escape.
15. Ajuste el juego de las válvulas.

AHORROS DE TIEMPO DE CHILTON

Frecuentemente las válvulas se doblan o deforman, o sus asientos quedan bloqueados con carbonilla u otro material. Dejar sin resolver este problema puede ser la causa de que las válvulas se quemen, se dañen las culatas y otras dificultades más antieconómicas. Para detectar a tiempo las válvulas con fugas (que no cierran bien), efectúe esta verificación siempre que la culata esté desmontada.

1. **Una vez desmontada la culata, reponga las bujías. Desmontar las bujías antes de desmontar la culata le evitará roturas.**
2. **Coloque la culata en el banco de taller con las válvulas, muelles, retenedores y semiconos de bloqueo montados, y con las cámaras de combustión boca arriba.**
3. **Vierta suficiente gasolina en cada una de las cámaras de combustión para cubrir completamente ambas válvulas. Observe las cámaras de combustión durante dos minutos, para ver si existe alguna fuga.**

16. Monte una junta de tapa de válvulas y monte la tapa de válvulas.

17. Monte el filtro del aire y el manguito de la ventilación del cárter del cigüeñal.

18. Vuelva a llenar el sistema de refrigeración.

Motor de 6 cilindros en línea

1. Drene el sistema de refrigeración, desmonte el filtro de aire y desconecte el cable de la batería desde la culata.

2. Desconecte el tubo de escape del extremo del múltiple, girando hacia abajo el tubo de escape y desmontando la junta de la brida.

3. Desconecte los conductos de combustible y de vacío del carburador. Desconecte el conducto del múltiple de admisión en el múltiple de admisión.

4. Desconecte el acelerador y el muelle de recuperación del carburador. Desconecte el varillaje del retardador de debajo de la transmisión, si lo lleva como equipo.

5. Desconecte el conducto de salida del espaciador del carburador en el espaciador. Desconecte el manguito superior del radiador y el manguito del calefactor en el codo de salida de agua. Desconecte el manguito inferior del radiador y el manguito del calefactor de la bomba de agua.

6. Desconecte la(s) conducción(es) del control de vacío del distribuidor en el distribuidor. Desconecte el conducto del filtro de gasolina sobre el lado de salida del filtro.

7. Desconecte y etiquete los cables de las bujías y desmonte las bujías. Desconecte el hilo eléctrico de la unidad de transmisión de temperatura.

8. Desmonte la tapa de balancines.

9. Afloje un tornillo de culata de cada extremo de la culata (en las esquinas opuestas), y monte los espárragos-guía para la elevación de la culata. Desmonte los restantes tornillos de culata y levante y retire la culata. No haga palanca bajo la culata pues puede dañar con facilidad las superficies de contacto.

NOTA: Para ayudar en el desmontaje y montaje de la culata, el uso de dos tornillos de 6 pulgadas 7/16 × 14, con las cabezas cortadas y separadas, y con el extremo ligeramente cónico y ranurado para poder montarlo y desmontarlo con un destornillador, reducirá la posibilidad de daños durante la reposición. Esos espárragos-guía hacen la labor de un útil de maniobra en el desmontaje de la culata y en la reposición de la junta y culata.

10. Limpie las superficies de la culata y el bloque. Compruebe si hay deformaciones o daños en la superficie; corrija lo que sea neesario.

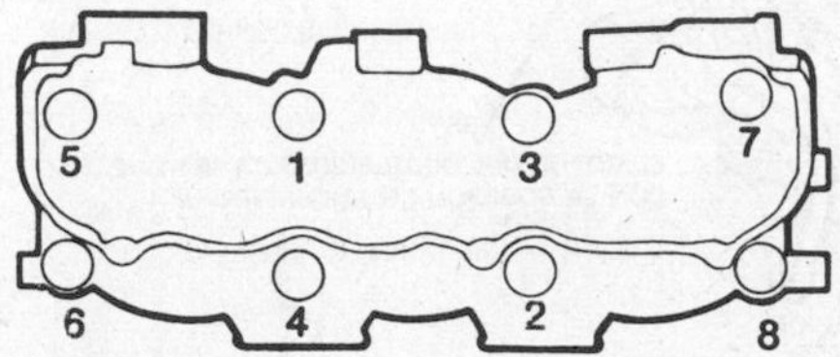

Secuencia de apriete de los tornillos de culata del motor V6

11. Aplique sellador de juntas de culata a ambos lados de la junta nueva y deslice la junta hacia abajo, sobre los dos espárragos-guía, en la culata.

NOTA: Aplique sellador sólo en las juntas de culata con hoja de acero. Las juntas de culata compuesta de acero/amianto debe usted montarlas sin sellador.

12. Baje cuidadosamente la culata sobre los espárragos-guía. Coloque la brida del tubo de escape sobre los espárragos del múltiple (con una junta nueva).

13. Cubra las roscas de los extremos de los tornillos del lado derecho de la culata con una pequeña cantidad de sellador resistente al agua. Monte, pero no apriete, dos tornillos de culata en los extremos opuestos para sujetar la junta de culata en su sitio. Desmonte los espárragos-guía y monte los tornillos restantes.

14. El apriete de la culata lo debe usted efectuar en tres etapas, y según el orden prescrito. Apriete a 55 libras-pie, y luego déles un segundo apriete a 65 libras-pie. La etapa final es a 75 libras-pie en la cual los tornillos deben permanecer invariables.

15. Lubrique los dos extremos de los empujadores y móntelos en sus posiciones de origen.

16. Aplique lubricante a las almohadillas de los balancines y extremos de los vástagos de válvulas, y coloque en posición el conjunto del eje de balancines sobre la culata. Asegúrese de que los orificios de engrase del eje se hallan en la posición inferior.

17. Apriete todos los tornillos del eje de balancines a 30-35 libras-pie. Inicie el apriete en el centro y continúe uniformemente hacia ambos extremos.

18. Acople el tubo de escape.

19. Vuelva a conectar los manguitos del calefactor y del radiador.

20. Conecte el conducto de vacío del distribuidor, el conducto de gasolina del carburador y el conducto de vacío del múltiple de admisión del motor.

21. Conecte la varilla del acelerador y el muelle de recuperación. Conecte el hilo eléctrico del estrangulador. Conecte el reenvío del retardador de abajo.

22. Lubrique ligeramente las roscas de las bujías y móntelas. Conecte los cables a las bujías y asegúrese de que se hallan plenamente acoplados dentro de sus zócalos. Conecte la conexión de la unidad de transmisión de la temperatura. Conecte el cable negativo de la batería.

23. Cubra un lado de la nueva junta de la tapa de balancines con sellador resistente al aceite. Ponga el lado tratado de la junta sobre la tapa y monte la tapa. Asegúrese de que la junta cierra uniformemente por toda la periferia de la culata.

24. Llene el sistema refrigerante. Monte el sistema PCV (ventilación positiva del cárter del cigüeñal), y el filtro de aire. Arranque el motor y verifique si hay fugas.

Motores V6 y V8

1. Desmonte las tapas de válvulas y desconecte el cable negativo de la batería.

2. Desmonte el conjunto del múltiple de admisión y el carburador.

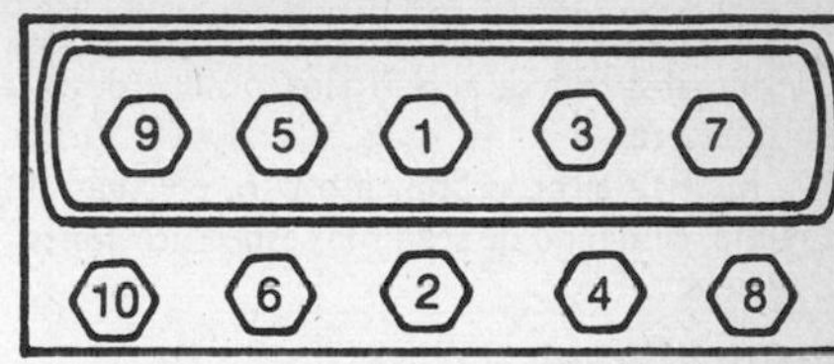

Secuencia de apriete de los tornillos de culata de todos los motores V8

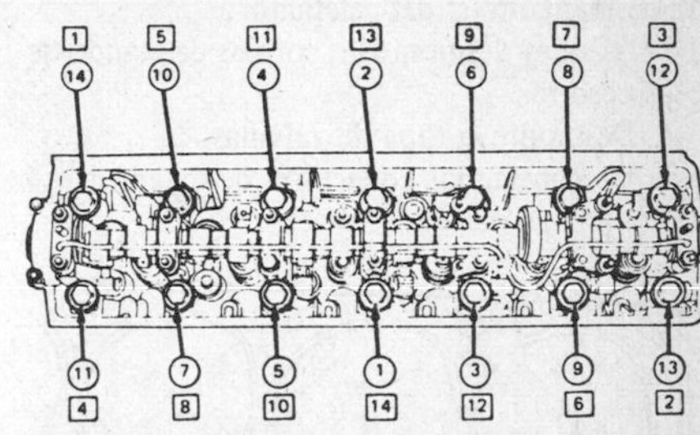

Secuencia de apriete de los tornillos de culata del motor diesel de 2.4L

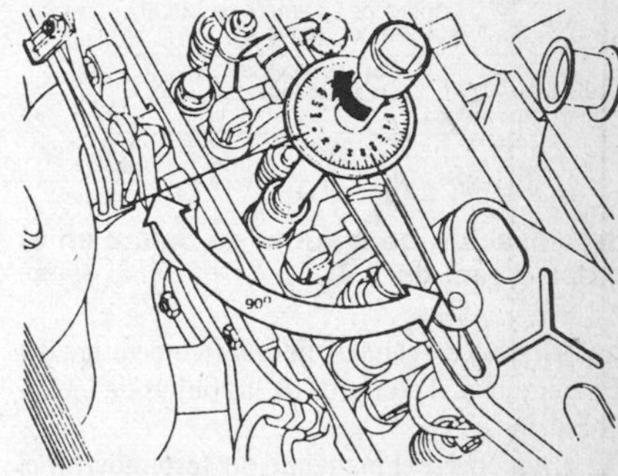

Apriete de los tornillos de culata en el motor diesel de 2.4L

3. En los coches equipados con aire acondicionado, desmonte el compresor del motor y colóquelo a un lado, sin desconectar los conductos del refrigerante.

4. Si está desmontando usted la culata izquierda, en los coches con dirección asistida, desmonte la bomba, soporte y correa de mando, y posiciónela a un lado, sin desconectar las conducciones. En los coches con el sistema de control de emisiones Thermactor, desconecte el manguito del múltiple de admisión en la culata izquierda.

5. Si se halla desmontando usted la culata derecha, retire el tornillo del soporte de montaje del alternador y el espaciador, bobina de encendido, y filtro de aire y conducto. En los coches equipados con control de emisiones Thermactor, desmonte la bomba de aire y su soporte. Desconecte el manguito de la culata derecha.

6. Desconecte los múltiples de escape de los tubos de escape.

7. Afloje las tuercas de los espárragos de los balancines, o los tornillos puente, de modo que puedan girar los balancines a un lado, para separarlos de los empujadores. Desmonte los empujadores. Manténgalos ordenados para facilitar su posterior montaje en las posiciones originales.

8. Desmonte los tornillos de la culata y levante la culata. En algunos motores 351, puede ser que

le resulte necesario desmontar el múltiple de escape para disponer de acceso a los tornillos de culata inferiores.

9. Invierta el procedimiento para efectuar el montaje, cuidando de seguir las especificaciones de apriete.

Motor diesel

1. Desconecte el cable de masa de la batería.

2. Drene el sistema de refrigeración. Desconecte el(los) manguito(s) del calefactor.

3. Afloje y desmonte las correas de mando de los accesorios.

4. Desmonte la tapa de válvulas.

5. Desconecte los conectores de diagnosis.

Valor del mayor exceso de elevación de los 6 pistones de la junta de culata	Nº de orificios del código de la junta de culata	Grueso de la junta de culata
0.60-0.70	1	1.4
0.70-0.85	2	1.5
0.85-1.00	3	1.6

Identificación de la junta de culata en el motor diesel de 2.4L

6. Desconecte el interruptor de temperatura del refrigerante y el conector de las bujías de incandescencia.

7. Desconecte el manguito del respiradero y el soporte.

8. Desmonte la abrazadera de unión del tubo de control del nivel de aceite al múltiple de admisión, y póngalo a un lado.

9. Desconecte el conector del interruptor de presión del servo.

10. Desconecte el manguito refrigerante del apoyo controlado por temperatura de la marcha en vacío.

11. Desmonte la bomba de vacío de la culata.

12. Desconecte el manguito de las pérdidas desde el inyector nº 1 a la bomba de inyección.

13. Desconecte las conducciones de inyección, de los inyectores a la bomba de inyección.

ATENCIÓN

Tape todos los inyectores y conductos para evitar que la suciedad pueda contaminar el sistema de combustible.

14. Desconecte los conductos de aceite del turbo-alimentador.

15. Gire el cigüeñal hasta que el cilindro nº 1 esté en el PMS de la carrera de compresión (válvulas de admisión y de escape en la base circular de la leva). Monte la clavija de alineación del PMS, T84P-6400-A o equivalente.

16. Afloje el tornillo de retención del piñón de mando del árbol de levas.

17. Afloje la tuerca y el tornillo del rodillo tensor de la correa de mando del árbol de levas, y desmonte la correa de mando.

18. Afloje los tornillos de culata en secuencia, y desmonte la culata.

19. Limpie las superficies de cierre de junta en la culata y el cárter del cigüeñal.

20. Compruebe posibles deformaciones de la culata.

ATENCIÓN

Tenga cuidado al limpiar las superficies de junta. Ligeras rayas en esta superficie pueden ser causa de fugas debido a las elevadas presiones de compresión.

21. Limpie la parte superior de cada pistón.

22. Utilizando un comparador de esfera, D82L-4201-A y un medidor de la elevación del pistón, D84P-6100-A o equivalente, mida el exceso que sobresale el pistón por encima de la junta del cárter del cigüeñal, del siguiente modo: monte el comparador de esfera con su soporte, situando el palpador del compador apoyado sobre el pistón. Gire el cigüeñal para posicionar el pistón en el PMS, utilizando el indicador de la esfera. Sitúe a cero el indicador de la esfera con el palpador apoyado sobre el cárter del cigüeñal. Desplace el palpador sobre la parte delantera del pistón. Tome nota de la medida. Repita este proceso en cada cilindro. Promedie las dos medidas de cada cilindro. Utilizando la medida del pistón más elevado, consulte la tabla suministrada y seleccione la junta de culata correcta. Limpie los depósitos de carbonilla y aceite de los tornillos de culata.

ATENCIÓN

Evite que entre en los orificios de los tornillos de culata, aceite y/o anticongelante. Si cualquiera de ambos fluidos entra en los orificios, sóplelos cuidadosamente, con aire comprimido, para limpiarlos. La presencia de aceite y/o anticongelante en dichos orificios puede producir un par de apriete insuficiente en los tornillos de culata, o que se agriete el cárter del cigüeñal.

23. Coloque sobre el cárter del cigüeñal la junta de culata adecuada.

24. Con cuidado, baje la culata sobre el cárter del cigüeñal, poniendo atención en no dañar la junta.

25. Monte y apriete los tornillos de culata en secuencia, a 36-43 libras-pie. Espere 15 minutos y apriete los tornillos en secuencia a 65-69 libras-pie.

26. Monte y ajuste la correa de mando.

27. Conecte los conductos de aceite del turboalimentador y apriételos a 14-17 libras-pie.

28. Conecte los conductos de alta presión de los inyectores, a los inyectores y a la bomba de inyección. Apriételos a 14-18 libras-pie, utilizando la llave de conducciones de combustible.

29. Conecte el manguito de pérdidas del inyector nº 1 a la bomba de inyección.

30. Monte la bomba de vacío sobre la culata, y apriétela a 6-7 libras-pie.

31. Conecte el manguito del refrigerante del apoyo de la marcha en vacío, controlado por temperatura.

32. Conecte los manguitos del radiador a la culata.

33. Conecte el conector del interruptor de la presión de aceite.

34. Monte el tubo del control del nivel de aceite.

35. Monte el manguito de respiración y el soporte.

36. Conecte el interruptor de la temperatura del refrigerante y los conectores de las bujías de incandescencia.

37. Conecte los conectores de diagnosis.

38. Monte la tapa de válvulas.

39. Monte y ajuste las correas de mando de los accesorios.

40. Conecte el(los) manguito(s) del calefactor.

41. Llene y sangre el sistema refrigerante. Conecte el cable de masa de la batería.

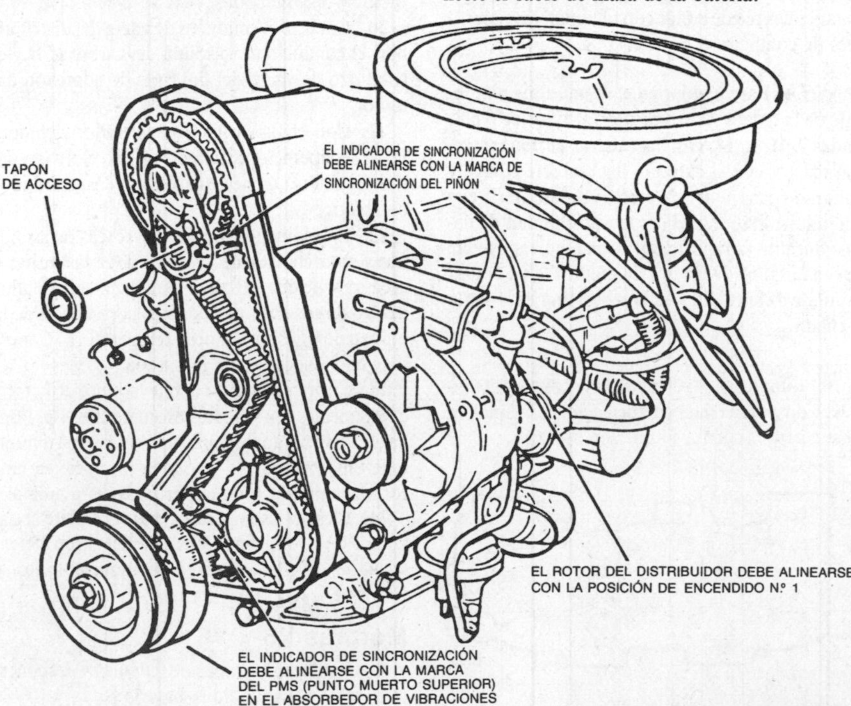

Marcas de sincronización del cigüeñal, árbol de levas y distribuidor, en el motor de 2300 cc

REVISIÓN

Para todos los procedimientos de revisión de culata, por favor consulte usted el capítulo Reconstrucción del motor, en la sección de Reparación.

Cadena/correa de sincronización y tensor

DESMONTAJE Y MONTAJE

Motor de gasolina de 4 cilindros

Cuando la correa de mando del árbol de levas se salta un diente o dos, el motor aún puede seguir marchando, pero muy mal. Para una comprobación visual acerca de la sincronización correcta del cigüeñal, eje auxiliar y árbol de levas, siga este procedimiento:

Hay previsto un tapón de acceso en la tapa de la correa de mando del árbol de levas, a través del cual puede verificarse la sincronización del árbol de levas sin desmontar la tapa de la correa de mando. Desmonte el tapón de acceso, gire el cigüeñal hasta que la marca de sincronización sobre el damper del cigüeñal, señale al PMS, y observe que la marca de sincronización, del piñón de mando del árbol de levas, está alineada con el indicador del interior de la tapa de la correa. También el rotor del distribuidor debe alinearse con la posición de encendido del cilindro nº 1.

NOTA: No gire nunca el cigüeñal en dirección opuesta a la rotación normal. La rotación del cigüeñal hacia atrás puede producir el deslizamiento de la correa de sincronización y alterar la sincronización.

ATENCIÓN

Después de un proceso que haya requerido el desmontaje de los balancines, cada uno de los ajustadores de juego debe ser totalmente hundido después de su montaje, y luego soltado. Esto debe realizarlo antes de girar el árbol de levas.

Correa de sincronización

1. Posicione el motor en el PMS, tal como se describe para la verificación de la sincronización de válvulas. Las marcas de sincronización del cigüeñal y del árbol de levas deben alinearse con sus respectivos indicadores, y el rotor del distribuidor debe apuntar a la torre de la bujía nº 1.
2. Afloje los tornillos de ajuste del alternador y sus accesorios, y desmonte las correas de mando. Para proveer del espacio que le permita el desmontaje de la correa del árbol de levas, desmonte el ventilador y polea.
3. Desmonte la tapa exterior de la correa.
4. Desmonte la tapa del distribuidor y póngala a un lado.
5. Afloje los tornillos de ajuste del tensor de la correa y de pivotaje. Apalanque el tensor fuera de la correa y reapriete el tornillo para mantenerlo alejado.
6. Desmonte el tornillo de la polea del cigüeñal y desmonte la polea. Desmonte la guía de la correa, de detrás de la polea.
7. Desmonte la correa de mando del árbol de levas.
8. Monte la correa nueva, primero sobre la polea del cigüeñal y luego, en sentido contrario a las saetas del reloj, sobre el piñón del eje auxiliar y el piñón del árbol de levas. Ajuste la correa adelante y atrás, de modo que quede centrada sobre los piñones.
9. Afloje el tornillo de ajuste del tensor, dejándolo saltar hacia atrás, contra la correa.
10. Gire el cigüeñal dos vueltas completas, en la dirección de rotación normal, para eliminar cualquier distensión de la correa. Gire el cigüeñal hasta que las marcas de comprobación de la sincronización estén alineadas. Si la sincronización se ha deslizado, desmonte la correa y repita el proceso.
11. Apriete los tornillos de ajuste del tensor a 14-21 libras-pie y el tornillo-pivote a 28-40 libras-pie.
12. Reponga la guía de la correa y la polea del cigüeñal, tapa del distribuidor, tapa exterior de la correa, ventilador y polea, correas de mando y accesorios. Ajuste la tensión de la correa de mando de los accesorios. Arranque el motor y verifique la sincronización del encendido.

Motores de 6 cilindros en línea

1. Drene el sistema refrigerante y el cárter del cigüeñal.
2. Desconecte el manguito superior del radiador del múltiple de admisión, y el inferior de la bomba de agua. En los coches con transmisión automática, desconecte las conducciones del refrigerante desde el radiador.
3. Desmonte el radiador, ventilador y polea, y correas de mando del motor. En los modelos con aire acondicionado, desmonte los tornillos de retención del condensador y coloque el condensador apartado a un lado. No desconecte las conducciones del refrigerante.
4. Desmonte el tornillo de la polea del cigüeñal y utilice un extractor para desmontar el damper de vibraciones.
5. En los motores de 200 pulgadas cúbicas, desmonte los tornillos de retención de la tapa delantera de cilindros y los tornillos delanteros del cárter de aceite y, prudentemente, apalanque la tapa fuera del bloque. En los motores de 250 es necesario desmontar el cárter de aceite antes de desmontar la tapa delantera.
6. Con una llave de vaso de tamaño apropiado, colocada en el tornillo de la polea del cigüeñal, gire suavemente el cigüeñal, en dirección de las saetas del reloj, hasta que desaparezca toda distensión del lado izquierdo de la cadena de sincronización. A continuación, gire el cigüeñal en dirección contraria a las saetas del reloj, para eliminar toda distensión del lado derecho de la cadena. Fuerce el lado izquierdo de la cadena hacia afuera con los dedos, y mida la distancia entre el punto de referencia y la posición presente de la cadena. Si la distancia excede de 1/2 pulgada, sustituya cadena y piñones.
7. Haga girar el motor hasta que las marcas de sincronización se hallen alineadas tal como se muestra en la figura. Desmonte el tornillo, deslice hacia adelante el piñón y cadena y extráigalos como un conjunto.
8. Posicione los piñones y cadena, sobre el motor; asegúrese de que las marcas de sincronización están alineadas punto a punto.
9. En los motores de 250 monte el repulsor de la cadena en la tapa delantera.
10. Vuelva a montar la tapa delantera; aplique sellador resistente al aceite a la junta nueva.
11. En los motores de 250, vuelva a montar el cárter de aceite.
12. Monte el ventilador, polea y correas. Ajuste la tensión de la correa.
13. Monte el radiador, conecte los manguitos del radiador y los conductos de refrigeración de la transmisión. Si está equipado con aire acondicionado, monte el condensador.
14. Llene el cárter del cigüeñal y el sistema de refrigeración. Arranque el motor y compruebe si hay fugas.

Motor diesel

CORREA DE SINCRONIZACIÓN

1. Desconecte el cable de masa de la batería.
2. Drene el sistema de refrigeración.
3. Desmonte las correas de mando de los accesorios.
4. Desmonte el conjunto del ventilador y el conjunto de la bomba.
5. Desmonte el damper de vibración y la polea.
6. Desconecte el manguito del calefactor del alojamiento del termostato.
7. Desmonte los cuatro tornillos de unión de la tapa de la correa del árbol de levas al cárter del cigüeñal, y desmonte la tapa.
8. Desmonte la tapa de balancines.
9. Gire el motor hasta que el cilindro nº 1 se halle en el PMS de su carrera de compresión (válvulas de admisión y escape en el círculo base del lóbulo de la leva).
10. Monte la clavija de alineación del PMS, T84P-6256-A o equivalente.

NOTA: El lado plano de la tuerca, o herramienta de posición de leva, debe estar cara abajo.

11. Afloje el tornillo del piñón del árbol de levas.
12. Con un trozo de tiza, o marcador similar, marque la dirección de rotación del motor en la correa de mando, a menos que deba sustituirla por una nueva.
13. Afloje los dos tornillos del tensor de la correa.
14. Desmonte la correa de mando del árbol de levas.
15. Inserte una galga de láminas de 0,098 pulgadas (2,5 mm) de espesor entre la herramienta de posicionado de la leva, T84P-6256-A o equivalente, y la esquina delantera derecha de la superficie de contacto de la junta de culata, si utiliza una correa de mando nueva, o una correa de mando usada con menos de 10,000 millas.
16. Monte la clavija de alineación de la bomba de inyección, T84P-9000-A o equivalente, a través del piñón de la bomba de inyección.
17. Gire el piñón de levas en el sentido de las saetas del reloj, contra la clavija.
18. Monte la correa de mando del árbol de levas. Empezando por el cigüeñal, guíe la correa alrededor del piñón del eje intermedio, piñón de la bomba de inyección, piñón del árbol de levas, por último, rodillo tensor, manteniendo la laxitud al mínimo.

ATENCIÓN

Las correas de mando usadas debe volver a montarlas en la misma dirección de rotación en que fueron desmontadas. Asegúrese de que el lado de la V de la correa se halla correctamente posicionado sobre las V de las poleas.

19. Apriete a mano la correa con el tensor, hasta que se elimine toda distensión.

20. Desmonte la clavija de alineación de la bomba, T84P-9000-A o equivalente, del piñón de la bomba de inyección.

21. Ajuste la tensión de la correa apretando el tensor. Apriete el tensor de la correa a 34-36 libras-pie, en las correas con menos de 10,000 millas y a 23-35 libras-pie para las correas con más de 10,000 millas.

22. Apriete los dos tornillos de sujeción del tensor de correa a 15-18 libras-pie.

23. Apriete el piñón del árbol de levas a 41-47 libras-pie.

24. Desmonte la herramienta posicionadora del árbol de levas, T84P-6256-A o equivalente.

25. Monte la tapa de la correa de mando del árbol de levas y apriete los tornillos a 6-7 libras-pie.

26. Conecte el manguito del calefactor en el alojamiento del termostato.

27. Monte el damper de vibración.

28. Monte el conjunto del ventilador y bomba de agua.

29. Monte y ajuste las correas de mando de los accesorios.

30. Llene y sangre el sistema de refrigeración.

31. Conecte el cable de masa de la batería.

32. Haga marchar el motor y verifique si hay fugas de aceite o refrigerante.

33. Compruebe la sincronización de la bomba de inyección.

Tapa delantera

DESMONTAJE Y MONTAJE

1. Desconecte el cable de masa de la batería.

2. Drene el sistema de refrigeración.

3. Afloje y desmonte las correas de mando de los accesorios.

4. Desmonte el ventilador de la refrigeración del motor.

5. Desmonte el damper de vibración.

6. Desconecte el manguito del calefactor del alojamiento del termostato.

7. Desmonte los cuatro tornillos de unión de la tapa de la correa de mando del árbol de levas al cárter del cigüeñal, y desmonte la tapa.

8. Desmonte la correa de mando del árbol de levas.

9. Desmonte los tornillos de unión del piñón del eje intermedio, utilizando la herramienta de sujeción, T84P-6316-A o equivalente.

NOTA: Asegúrese de que los tornillos de cabeza Allen están alineados con los orificios del piñón del eje intermedio.

10. Desmonte el tornillo de retención de la brida del damper de vibración y el piñón y desmonte la brida y el piñón utilizando el extractor, T67L-3600-A o equivalente.

11. Desmonte los tres tornillos de unión del cárter de aceite a la tapa delantera. Afloje, pero NO DESMONTE, el resto de los tornillos.

12. Desmonte los seis tornillos que unen la tapa delantera al cárter del cigüeñal y desmonte la tapa.

13. Limpie de junta las superficies de contacto de la tapa delantera y cárter del cigüeñal.

14. Inspeccione y sustituya los retenes de aceite del cigüeñal y eje intermedio, si es necesario.

15. Si la junta del cárter de aceite está dañada, monte una nueva.

16. Monte la junta nueva de la tapa delantera.

NOTA: Cubra las zonas donde se encuentran la tapa delantera y el cárter de aceite con un cordón de 1/4 de pulgada de sellador RTV, D64Z-19562-A o equivalente. El sellador RTV debe ser aplicado inmediatamente antes del montaje de la tapa delantera. Cuando aplique el sellador RTV, use siempre el tamaño de cordón especificado, y una los componentes dentro de los 15 minutos siguientes a su aplicación. Después de ese tiempo el sellador comienza a «fraguar» y su efectividad de cierre puede resultar reducida.

17. Posicione la tapa delantera del motor sobre el cárter del cigüeñal y apriete los tornillos de 6 mm a 6.5-7 libras-pie.

18. Monte los tres tornillos de unión del cárter de aceite a la tapa delantera. Apriete los tornillos del cárter de aceite a 6.5-7 libras-pie.

19. Posicione la brida del damper de vibración y el piñón sobre el cigüeñal, con el apoyo hacia la delantera del vehículo.

20. Posicione el piñón del eje intermedio sobre el eje intermedio introduciendo la clavija de posicionado dentro de su orificio.

21. Monte la herramienta de sujeción, T84P-6316-A o equivalente.

NOTA: Alinee los tornillos de cabeza Allen en la herramienta, con los orificios en el eje intermedio.

22. Monte y apriete el tornillo de la brida del damper de vibración y piñón a 282-311 libras-pie.

23. Monte y apriete el tornillo del piñón del eje intermedio a 40-70 libras-pie. Desmonte la herramienta T84P-6316-A o equivalente.

24. Monte y ajuste la correa de mando del árbol de levas.

25. Monte la tapa de la correa de mando del árbol de levas y apriete los tornillos a 6-7 libras-pie.

26. Conecte el manguito del calefactor al alojamiento del termostato.

27. Monte el damper de vibración y la polea. Apriete a 16-17 libras-pie.

28. Monte el conjunto del ventilador.

29. Monte y ajuste las correas de los accesorios.

30. Conecte el cable de masa de la batería.

31. Arranque el motor a la marcha en vacío. Compruebe si hay fugas de aceite.

SUSTITUCIÓN DEL RETÉN DE ACEITE

1. Desmonte la tapa delantera del motor.

2. Utilizando una prensa de husillo, extraiga el retén o retenes viejo(s) de la tapa delantera.

3. Posicione los nuevos retenes sobre la tapa delantera y monte, utilizando la herramienta T84P-6019-A para el retén del cárter del cigüeñal o la T84P-6020-A o equivalente, para el retén del eje intermedio.

4. Lubrique los labios del retén con aceite de motor.

5. Monte la tapa delantera del motor.

Piñones/engranajes de sincronización

DESMONTAJE Y MONTAJE

Motores V6 y V8

1. Drene el sistema de refrigeración, desmonte el filtro de aire y desconecte la batería.

2. Desconecte los manguitos del radiador y desmonte el radiador.

3. Desconecte el manguito del calefactor de la bomba de agua. Deslice la abrazadera del manguito de la derivación de la bomba de agua hacia la bomba.

4. Afloje los tornillos de montaje del alternador en el mismo. Desmonte el tornillo del soporte del alternador en la bomba de agua. Desmonte la bomba del Thermactor (aire), en todos los motores que lo lleven como equipo. Si van equipados con dirección asistida o aire acondicionado, desatornille el componente, desmonte la correa, y aparte a un lado la bomba con las conducciones acopladas.

5. Desmonte el ventilador, espaciador, polea y correa de mando.

6. Drene el cárter del cigüeñal.

7. Desmonte la polea del cigüeñal del adaptador de la polea. Desmonte el tornillo-tapa y la arandela del extremo del cigüeñal. Desmonte el adaptador de la polea del cigüeñal con la ayuda de un extractor.

8. En los modelos equipados con inyección de combustible, elimine la presión del sistema de combustible. Desconecte el conducto de salida de la bomba de combustible, en la bomba. Desmonte los tornillos de retención de la bomba de combustible y aparte la bomba a un lado. Desmonte el control del nivel de aceite del motor. Desmonte el distribuidor, en los motores 232 V6.

NOTA: En los motores 232 V6, es necesario bajar el cárter de aceite antes de desmontar la tapa delantera.

9. Desmonte los tornillos de unión de la tapa delantera. En el motor 232 V6, desmonte la bomba de agua y la tapa delantera como un conjunto.

10. Desmonte el anillo de engrase del cigüeñal, si lo lleva como equipo. En el motor 232 V6, desmonte el botón de empuje y el muelle del árbol de levas.

11. Compruebe la deflexión de la cadena de sincronización, utilizando el procedimiento desarrollado en el paso 6 sobre el desmontaje de la tapa y cadena de seis cilindros.

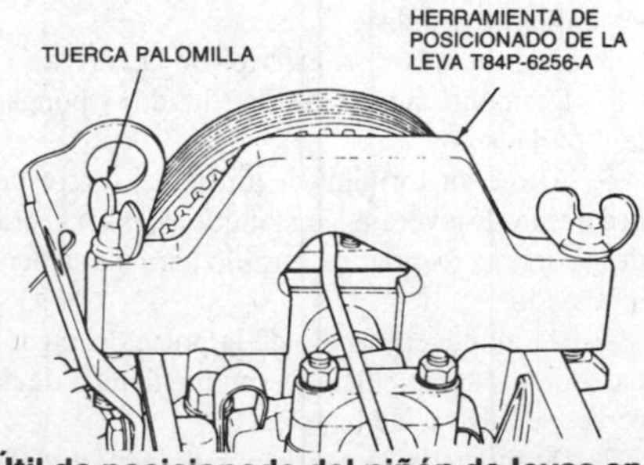

Útil de posicionado del piñón de levas en el motor diesel de 2.4L

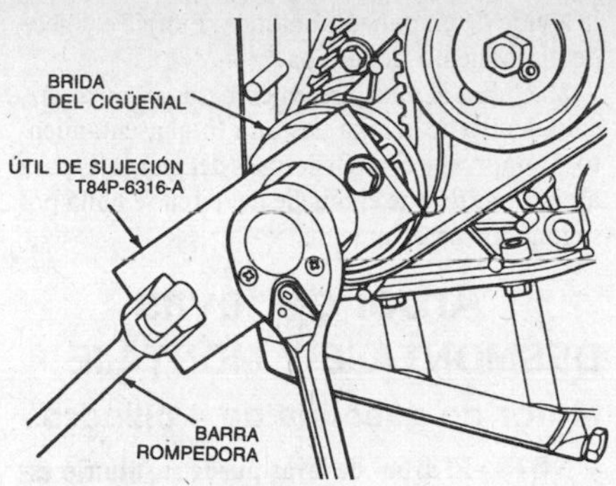

Desmontaje de la brida del cigüeñal en el motor diesel de 2.4 L

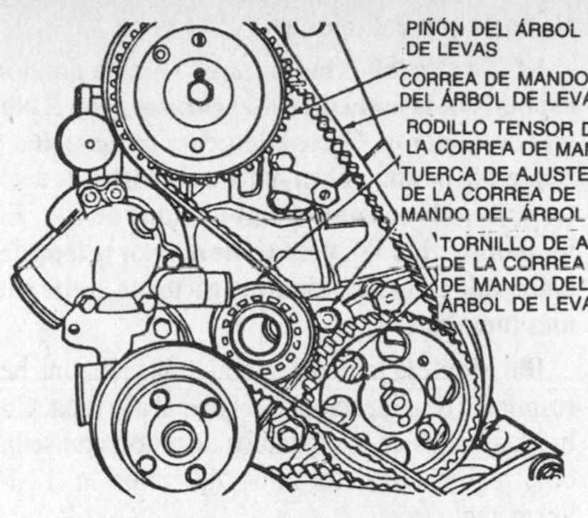

Montaje de la correa de mando del árbol de levas en el motor diesel de 2.4L

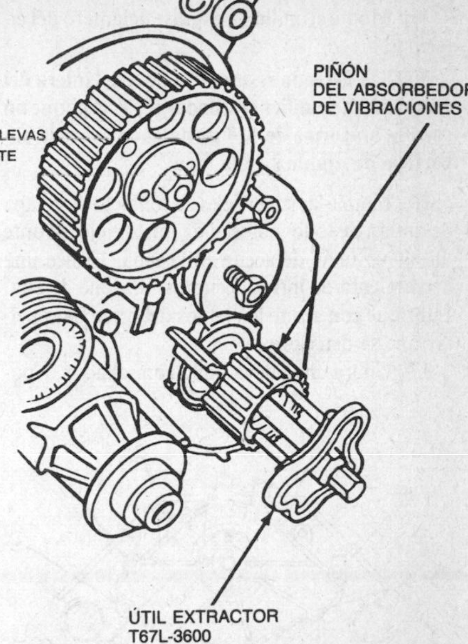

Desmontaje del piñón del absorbedor de vibraciones del motor diesel de 2.4L

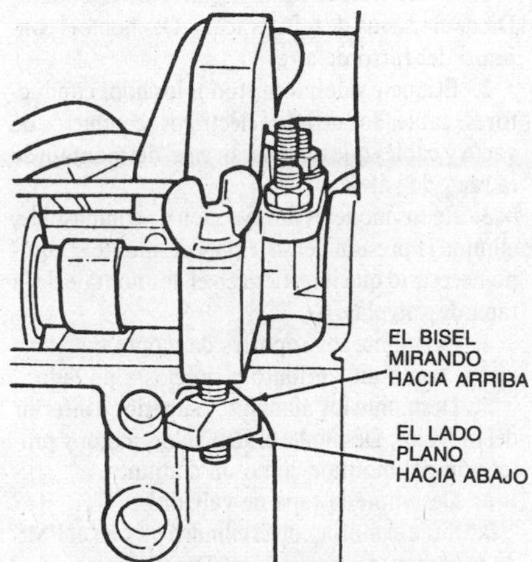

Tuerca del útil de posicionado del piñón de levas en el motor diesel de 2.4L

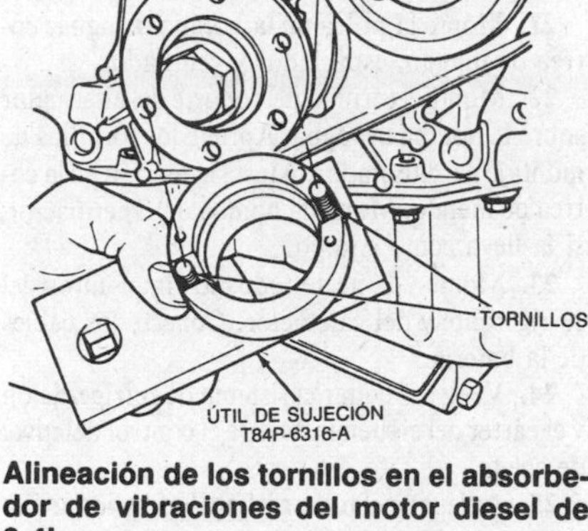

Alineación de los tornillos en el absorbedor de vibraciones del motor diesel de 2.4L

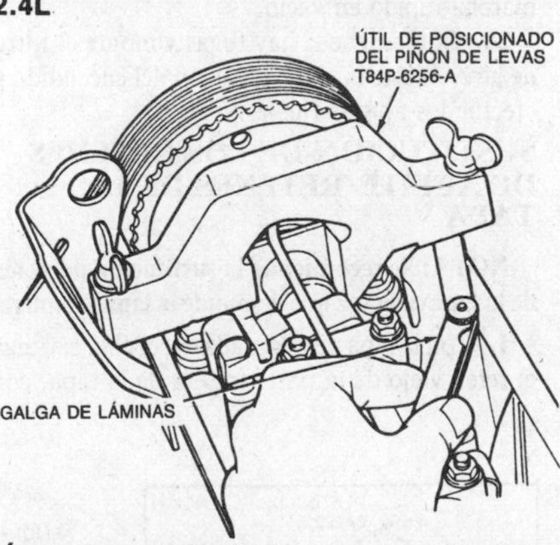

Útil de posicionado del piñón de levas con la galga de láminas en el motor diesel de 2.4L

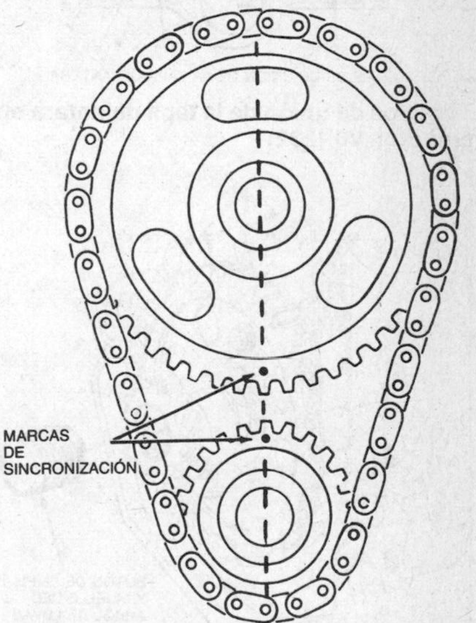

Alineación de las marcas de sincronización

Se detalla el muelle trasero para los modelos Aspen, Cordoba de 1980 y posteriores, Diplomat, LeBaron hasta el 1981, Imperial de New Yorker 5th Avenue de 1983 y posteriores, y Gran Fury de 1982 y posteriores

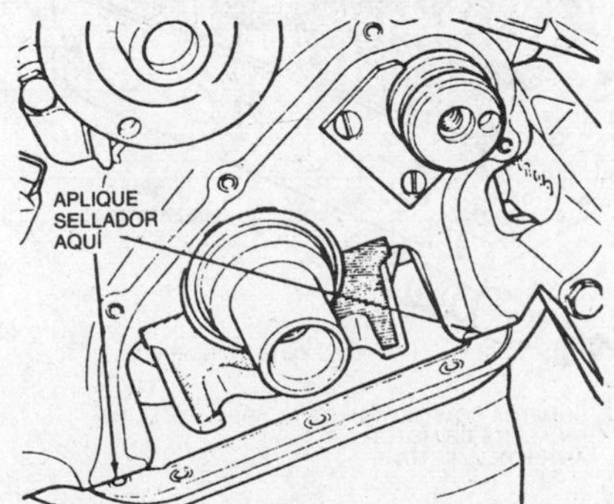

Tornillos de cabeza Allen del eje intermedio en el motor diesel de 2.4L

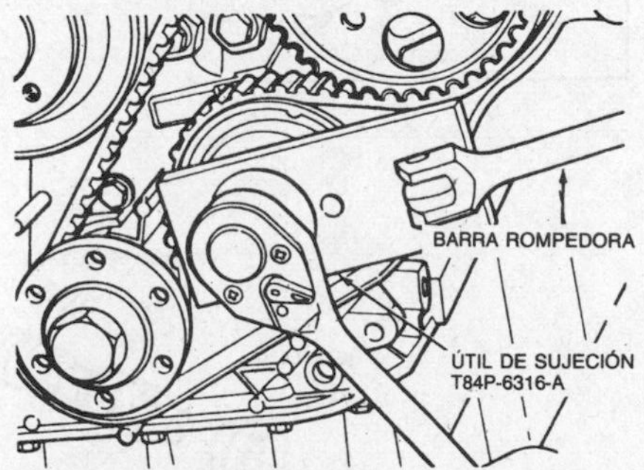

Desmontaje del piñón del eje intermedio del motor diesel de 2.4L

Zonas de cierre de junta de la tapa delantera en el motor diesel de 2.4L

APLIQUE SELLADOR AQUÍ

12. Gire el motor hasta que las marcas de sincronización del piñón estén alineadas tal como se muestra en la ilustración de la sincronización de válvulas.

13. Desmonte el tornillo-tapa del piñón del cigüeñal, las arandelas, y la excéntrica de la bomba de combustible. Deslice ambos piñones y cadena hacia adelante y afuera, como un conjunto.

14. Posicione los piñones de cadena sobre el árbol de levas y cigüeñal, con sus correspondientes puntos de marcaje de la sincronización alineados sobre una línea central. Monte la excéntrica de la bomba, arandelas y tornillo de unión del piñón.

Apriete el tornillo de unión a 40-45 libras-pie.

15. Monte el anillo de engrase delantero del cigüeñal.

NOTA: Cuando restituya la tapa delantera del motor 232 V6, utilice el sellador RTV. Aplique un cordón uniforme de 1/8 de pulgada sobre la superficie de «junta» de la tapa.

16. Limpie las superficies de contacto de la tapa delantera de todo material de junta viejo. Monte un nuevo retén de aceite en la tapa. Utilice una herramienta de introducción, si dispone de ella. Lubrique con aceite los labios del retén para evitar que se deteriore.

17. Cubra una nueva junta con sellador, y posiciónela sobre el bloque.

NOTA: En todos los motores, corte la porción expuesta de la junta del cárter enrasada con el bloque de cilindros. Corte la porción posicionada y requerida de una nueva junta en el cárter de aceite, aplicando sellador a ambos lados de ella. En los motores 232 V6, después de montar la tapa delantera de cilindros, monte el cárter de aceite con una junta nueva.

18. Monte la tapa delantera, utilizando una herramienta de alineación del cigüeñal a la tapa. Cubra las roscas de los tornillos de unión con sellador. Apriete los tornillos de unión a 12-15 libras-pie.

19. Monte la bomba de combustible y conecte el tubo de salida de la bomba de combustible.

20. Monte el adaptador de la polea del cigüeñal y apriete el tornillo de unión. Monte la polea del cigüeñal.

21. Monte la polea de la bomba de agua, correa de mando, espaciador y ventilador.

22. Monte el tornillo del soporte del alternador sobre la bomba del agua. Apriete los tornillos de montaje del alternador. Ajuste la tensión de la correa de mando. Monte la bomba del Thermactor, si la lleva como equipo.

23. Monte y conecte todos los manguitos del refrigerante y del calefactor. Conecte los cables de la batería.

24. Vuelva a llenar el sistema de refrigeración y el cárter del cigüeñal. Monte el control del nivel de aceite.

25. Arranque el motor y hágalo funcionar a la marcha rápido en vacío.

26. Compruebe si hay fugas y monte el filtro de aire. Ajuste la sincronización del encendido y efectúe los ajustes finales.

SUSTITUCIÓN DE LOS RETENES DE ACEITE/RETENES DE LA TAPA

NOTA: Se recomienda la sustitución del retén de la tapa cada vez que desmonte la tapa delantera.

1. Con la tapa desmontada del coche, extraiga el retén viejo de la parte trasera de la tapa, con la ayuda de un punzón-botador. Limpie el hueco de alojamiento de la tapa.

2. Cubra el nuevo retén con grasa e introdúzcalo dentro de la tapa hasta su total asentamiento. Compruebe el retén después del montaje, para asegurarse de que el muelle del retén se halla posicionado correctamente.

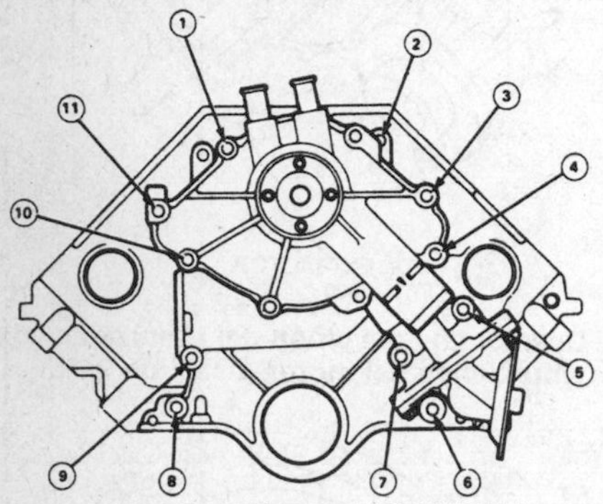

Tornillos de unión de la tapa delantera en el motor V6 (232)

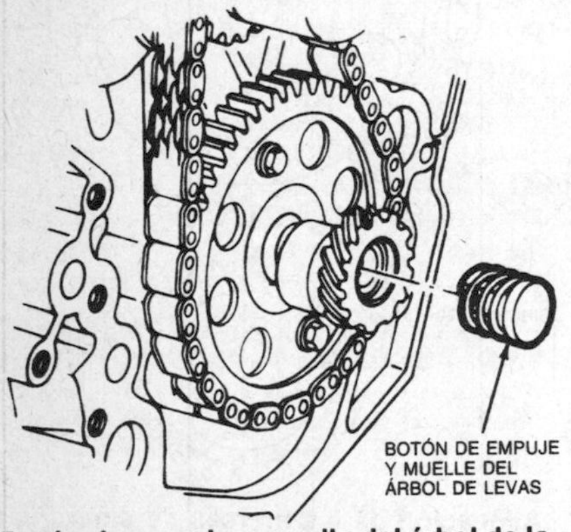

Botón de empuje y muelle del árbol de levas en el motor V6 (232)

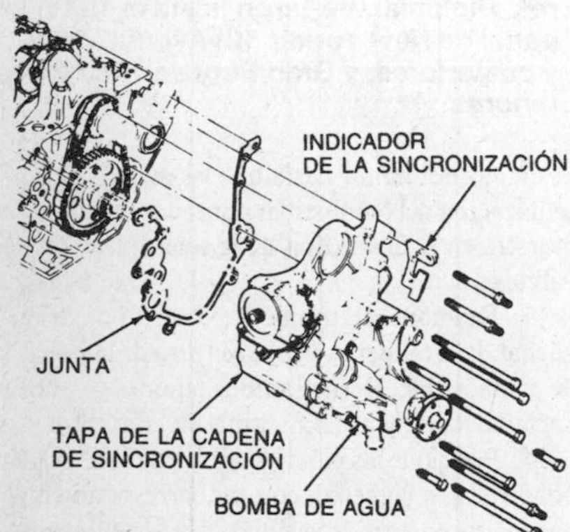

Desmontaje y montaje de la tapa delantera en el motor V6 (232)

Árbol de levas

DESMONTAJE Y MONTAJE

Motor de gasolina de 4 cilindros

NOTA: El árbol de levas puede sustituirlo estando la culata montada sobre el motor, en el vehículo, o con la culata desmontada del vehículo.

1. Desconecte el cable negativo de la batería. Drene el sistema de refrigeración. Desmonte el conjunto del filtro de aire.

2. Etiquete y desmonte todos los hilos conductores, cableados de hilos eléctricos, conductos de vacío y cables que interfieran en el desmontaje de la tapa de válvulas.

3. En los modelos de inyección de combustible, elimine la presión del sistema y desmonte el equipo necesario que interfiera en el desmontaje de la tapa de válvulas.

4. Desmonte los soportes de montaje y alternador como un conjunto y sitúelos a un lado.

5. Desmonte los manguitos superior e inferior del radiador. Desmonte el ventilador, motor y protección del montaje como un conjunto.

6. Desmonte la tapa de válvulas.

7. Sitúe el motor con el cilindro nº 1 en el PMS de su carrera de compresión. Desmonte la correa de sincronización.

8. Eleve y soporte la parte delantera del vehículo sobre caballetes. Desmonte los tornillos pasantes de los montajes derecho e izquierdo del motor y los tornillos de retención de la junta al soporte.

9. Coloque un bloque de madera sobre un gato de suelo y eleve el motor con cuidado, tanto como pueda elevarse. Coloque bloques de madera en-

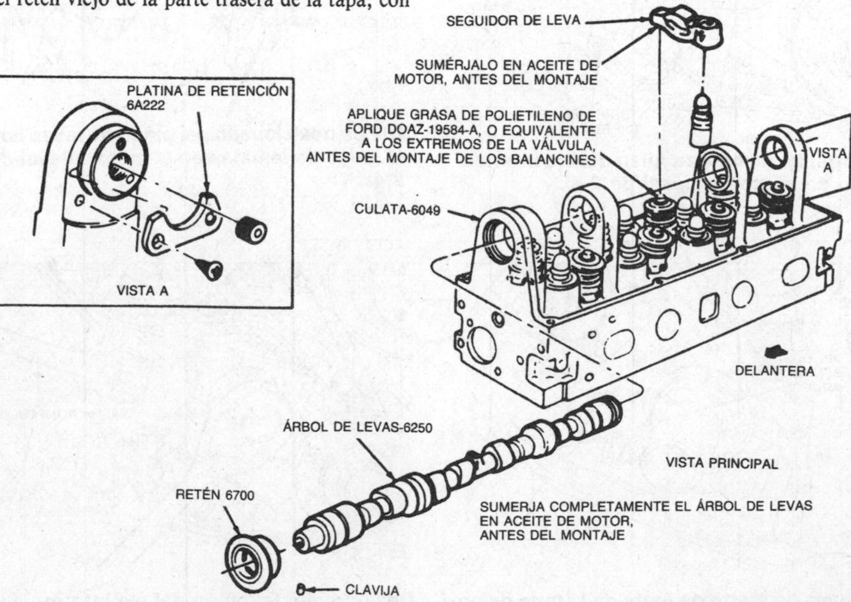

Montaje del árbol de levas en el motor de 2.3L (140)

tre los montajes del motor y el pedestal de la traviesa de montaje n.º 2. Baje el gato y descienda el vehículo hasta el suelo.

10. Desmonte los balancines.

11. Desmonte el tornillo y arandela de unión del piñón de mando del árbol de levas y desmonte el piñón y la platina-guía de la correa.

12. El árbol de levas se desmonta a través de la delantera de la culata, después de desmontar el retén delantero del cojinete de levas. Utilice un nuevo retén al volver a montarlo.

13. Para montar el árbol de levas y culata (si lo desmontó), invierta el proceso del desmontaje.

NOTA: Cubra el árbol de levas con aceite, antes de deslizarlo en la culata. Aplique una capa de sellador, o cinta de teflón, al tornillo del piñón de mando del árbol de levas, antes del montaje.

ATENCIÓN

Después de cualquier proceso que haya requerido el desmontaje de los balancines, todos y cada uno de los ajustadores de juego deben ser hundidos después del montaje, y luego soltados. Esto debe usted hacerlo antes de girar el árbol de levas.

DESMONTAJE EJE AUXILIAR

1. Desmonte la tapa de la correa de mando del árbol de levas.

2. Desmonte la correa de mando. Desmonte el piñón del eje auxiliar. Puede usted necesitar un extractor para desmontar el piñón.

3. Desmonte el distribuidor y la bomba de combustible.

4. Desmonte la tapa del eje auxiliar y la platina de empuje.

5. Retire el eje auxiliar del bloque.

NOTA: No debe usted permitir que el piñón de mando del distribuidor y la excéntrica de la bomba de combustible, sobre el eje auxiliar, toquen a los cojinetes del eje auxiliar durante el desmontaje y montaje. Cubra el eje completamente con aceite, antes de deslizarlo en su emplazamiento.

6. Deslice el eje auxiliar en su alojamiento e inserte la platina de empuje para sujetar el eje.

7. Monte una nueva junta y la tapa del eje auxiliar.

NOTA: La tapa de eje auxiliar y la tapa delantera de cilindros comparten una misma junta. Corte y retire la junta vieja alrededor de la tapa de cilindros y utilice la mitad de una junta nueva sobre la tapa del eje auxiliar.

8. Ajuste una nueva junta dentro de la bomba de combustible y monte la bomba.

9. Inserte el distribuidor y monte el piñón del eje auxiliar.

10. Alinee las marcas de sincronización y monte la correa de mando.

11. Monte la tapa de la correa de mando.

12. Verifique la sincronización del encendido.

Motor diesel

1. Desconecte el cable de masa de la batería.

2. Desmonte la tapa de válvulas.

3. Desmonte la bomba de vacío.

4. Desmonte el conjunto del ventilador.

5. Desmonte la tapa de la correa de mando del árbol de levas.

6. Desmonte los balancines.

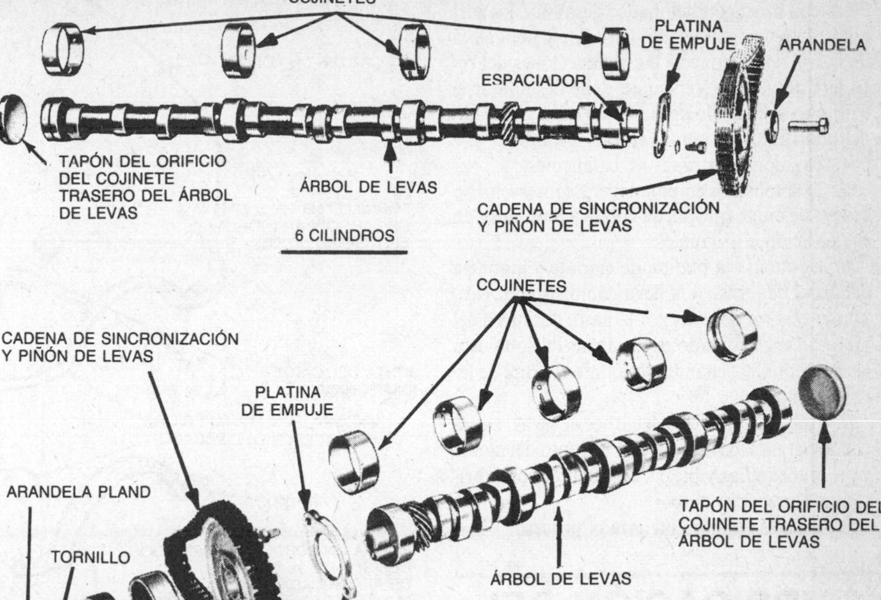

Arbol de levas y piezas relacionadas con el mismo

7. Gire el motor hasta que el cilindro n.º 1 esté en el PMS de su carrera de compresión. Monte la clavija de alineación en el PMS, T84P-6400-A o equivalente.

8. Afloje el tornillo del piñón del árbol de levas.

9. Afloje la tuerca y tornillo del rodillo tensor de la correa de mando.

10. Desmonte el piñón del árbol de levas.

11. Desmonte las tapetas del cojinete del árbol de levas, y márquelas de modo que pueda volver a montarlas en sus posiciones originales, desmonte el árbol de levas.

12. Monte el árbol de levas en posición sobre la culata.

13. Monte las tapetas de los cojinetes del árbol de levas, asegurándose de que se hallan montadas en sus posiciones correctas. Apriete las tuercas de 6 mm a 6-7 libras-pie, y las tuercas de 8 mm a 14-17 libras-pie.

14. Monte el piñón del árbol de levas, pero no lo apriete aún.

15. Monte y ajuste la correa de mando del árbol de levas.

16. Ajuste la sincronización del árbol de levas y la bomba.

17. Desmonte la clavija de alineación en el PMS, herramienta T84P-6400-A o equivalente.

18. Monte los balancines.

19. Monte la tapa de la correa de mando del árbol de levas y apriete los tornillos a 6-7 libras-pie.

20. Monte el conjunto del ventilador.

21. Monte la bomba de vacío.

22. Monte la tapa de balancines.

23. Conecte el cable de masa de la batería.

24. Haga marchar el motor y verifique si hay fugas de aceite, aire de admisión y refrigerante.

Motor de 6 cilindros en línea

1. Desmonte la culata.

2. Desmonte la tapa de la correa de sincronización (y el cárter de aceite en los motores 250), cadena de sincronización y piñones, tal como se ha descrito en la sección anterior.

3. Desconecte y desmonte la parrilla. Desmonte el radiador. Si está equipado con aire acondicionado, desatornille el condensador y déjelo a un lado, sin desconectar ninguna conducción.

4. Utilizando un imán, desmonte los empujadores de válvulas y manténgalos en orden, de modo que pueda volver a montarlos en sus posiciones originales.

5. Desmonte la platina de empuje del árbol de levas, y desmonte el árbol de levas tirando de él, por la parte delantera del motor. Tenga cuidado en no dañar el árbol de levas o los cojinetes, mientras lo desmonta del motor.

6. Antes de montar el árbol de levas, cubra los lóbulos con lubricante del motor, y las muñequillas y todas las piezas de las válvulas con aceite para servicio duro. Limpie los pasos del aceite de la parte trasera del bloque de cilindros con aire comprimido.

7. Para el montaje invierta el proceso, siguiendo los aprietes de ajuste y las secuencias de apriete recomendados.

Motores V6 y V8

1. Desmonte el múltiple de admisión, tal como se describe anteriormente.

2. Desmonte la tapa delantera de cilindros, cadena y piñones de sincronización, tal como también se ha descrito.

3. Desmonte la parrilla y el radiador. En los modelos con aire acondicionado, desmonte los tornillos de retención del condensador y póngalo a un lado. No desconecte las conducciones del refrigerante. En los Versailles, debe desmontar el conjunto del pestillo de cierre del capó, cableado del interruptor de temperatura y soporte.

4. Desmonte las tapas de balancines.

5. Desmonte los empujadores y consérvelos en orden, de modo que pueda volver a montarlos en sus posiciones originales.

6. Desmonte la platina de empuje y arandela del árbol de levas, si la lleva como equipo. Desmonte el árbol de levas por la parte delantera del motor. Tenga cuidado en no dañar los lóbulos o las muñequillas, cuando desmonte el árbol de levas del motor.

7. Antes del montaje del árbol de levas, cubra con lubricante los lóbulos del conjunto del motor y las muñequillas y piezas de válvulas con lubricantes de servicio duro.

8. Para el montaje invierta el proceso.

LUBRICACIÓN DEL MOTOR

Cárter de aceite

DESMONTAJE Y MONTAJE

NOTA: En ciertas combinaciones de motor/chasis, puede usted encontrarse con interferencias entre el cárter de aceite y la bomba de aceite, al intentar desmontar el cárter de aceite. Si así ocurre, baje el cárter de aceite tanto como sea posible, alcance el interior y desmonte los tornillos de montaje de la bomba de aceite o del tubo de aspiración. Baje la bomba y/o el tubo de aspiración, dentro del cárter de aceite. Desmonte el cárter de aceite. También se le pueden presentar a usted interferencias entre el cárter de aceite y el contrapeso trasero del cigüeñal. Gire el cigüeñal para posicionar el contrapeso hacia adentro y arriba, si es necesario. Ciertos modelos recientes utilizan acoplamientos de conexión rápida en los conductos de refrigeración del aceite de la transmisión. Por favor, consulte usted los procedimientos de desmontaje y montaje en la sección Combustible.

Motor de gasolina de 4 cilindros

BOBCAT/PINTO

1. Drene el cárter del cigüeñal.

2. Desmonte el control del nivel de aceite.

3. Desconecte la conexión del eje de la dirección de la cremallera y el piñón.

4. Desconecte la cremallera y el piñón de la traviesa de montaje, y desplácelos hacia adelante para dejar espacio libre.

5. Desmonte la tapa de inspección del alojamiento del volante.

6. Desmonte los tornillos de unión del cárter de aceite y desmonte el cárter de aceite.

7. Limpie de junta las superficies de montaje del bloque y del cárter de aceite.

8. Cubra la superficie del bloque y la junta del cárter con sellador resistente al aceite, y sitúe la junta sobre el bloque.

9. Cubra el retén de aceite delantero del cárter de aceite y la tapa delantera con sellador resistente al aceite, y posicione el retén en la tapa delantera, asegurándose de que los extremos del retén contactan con las juntas del cárter de aceite.

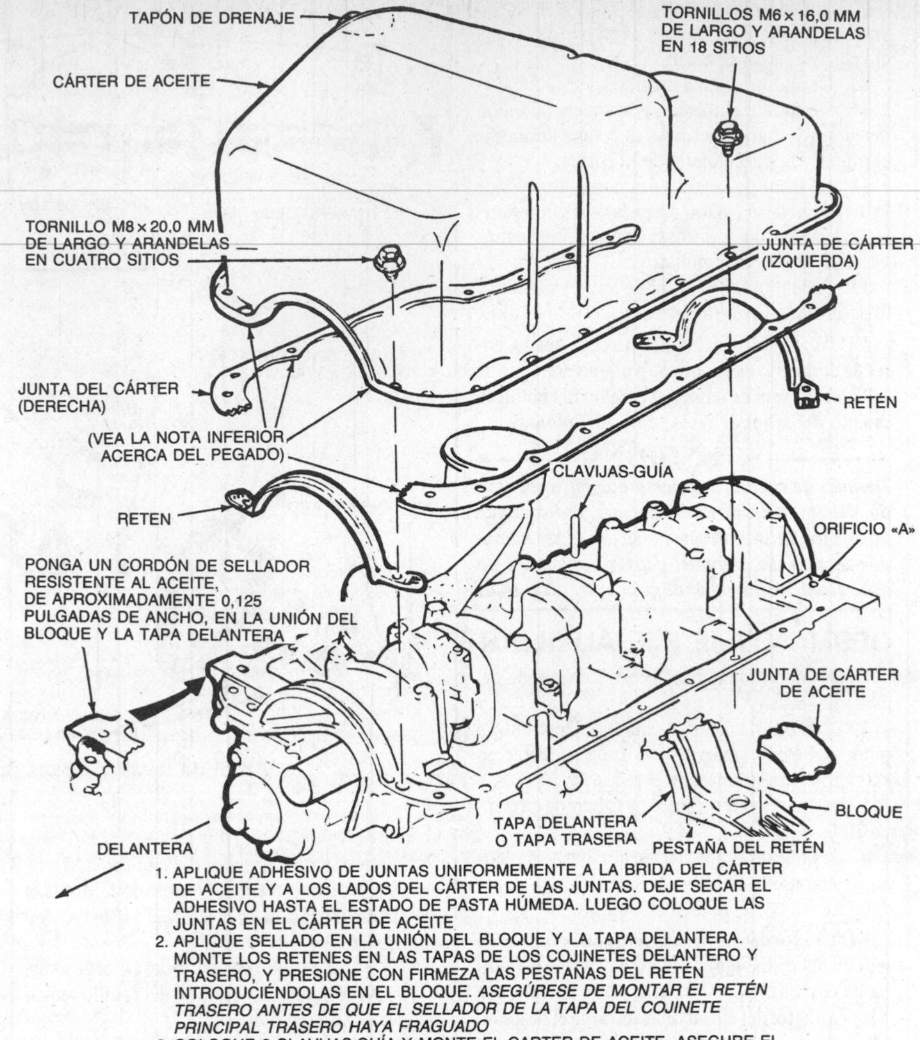
TAPÓN DE DRENAJE
TORNILLOS M6 × 16,0 MM DE LARGO Y ARANDELAS EN 18 SITIOS
CÁRTER DE ACEITE
TORNILLO M8 × 20,0 MM DE LARGO Y ARANDELAS EN CUATRO SITIOS
JUNTA DE CÁRTER (IZQUIERDA)
JUNTA DEL CÁRTER (DERECHA)
RETÉN
(VEA LA NOTA INFERIOR ACERCA DEL PEGADO)
CLAVIJAS-GUÍA
RETEN
ORIFICIO «A»
PONGA UN CORDÓN DE SELLADOR RESISTENTE AL ACEITE, DE APROXIMADAMENTE 0,125 PULGADAS DE ANCHO, EN LA UNIÓN DEL BLOQUE Y LA TAPA DELANTERA
JUNTA DE CÁRTER DE ACEITE
BLOQUE
TAPA DELANTERA O TAPA TRASERA
PESTAÑA DEL RETÉN
DELANTERA
1. APLIQUE ADHESIVO DE JUNTAS UNIFORMEMENTE A LA BRIDA DEL CÁRTER DE ACEITE Y A LOS LADOS DEL CÁRTER DE LAS JUNTAS. DEJE SECAR EL ADHESIVO HASTA EL ESTADO DE PASTA HÚMEDA. LUEGO COLOQUE LAS JUNTAS EN EL CÁRTER DE ACEITE
2. APLIQUE SELLADO EN LA UNIÓN DEL BLOQUE Y LA TAPA DELANTERA. MONTE LOS RETENES EN LAS TAPAS DE LOS COJINETES DELANTERO Y TRASERO, Y PRESIONE CON FIRMEZA LAS PESTAÑAS DEL RETÉN INTRODUCIÉNDOLAS EN EL BLOQUE. ASEGÚRESE DE MONTAR EL RETÉN TRASERO ANTES DE QUE EL SELLADOR DE LA TAPA DEL COJINETE PRINCIPAL TRASERO HAYA FRAGUADO
3. COLOQUE 2 CLAVIJAS-GUÍA Y MONTE EL CARTER DE ACEITE. ASEGURE EL CARTER CON LOS CUATRO TORNILLOS M8 MOSTRADOS ENCIMA
4. DESMONTE LAS CLAVIJAS-GUIA Y MONTE Y APRIETE LOS DIECIOCHO TORNILLOS M6 EMPEZANDO EN EL ORIFICIO «A» y CONTINUANDO, EN EL SENTIDO DE LAS SAETAS DEL RELOJ, ALREDEDOR DEL CÁRTER

Secuencia de apriete del cárter de aceite del motor de 2300 cc

10. Cubra el retén trasero del cárter de aceite con sellador resistente al aceite y móntelo en la tapa del cojinete principal trasero.

11. Posicione el cárter de aceite sobre el bloque y apriete los tornillos según lo especificado. Apriete todos los tornillos a 7-9 libras-pie, excepto los tornillos de 8 mm, en el modelo 2300. Apriete estos tornillos a 11-13 libras-pie.

12. Para completar el montaje, invierta los pasos 1-5.

MUSTANG/CAPRI

1. Desconecte el cable negativo de la batería.

2. Desmonte la protección del ventilador, o la protección del ventilador y el conjunto del ventilador eléctrico.

3. Drene el cárter del cigüeñal.

4. Desmonte los tornillos y tuercas de los soportes derecho e izquierdo del motor.

5. Utilizando un gato con un bloque de madera entre punto de elevación y los puntos de contacto del gato, eleve el motor tan alto como sea posible. Coloque bloques de madera entre los montajes y los soportes del chasis. Retire el gato. Desmonte el tirante de tracción.

6. Desmonte los tornillos de retención de la barra anti-balanceo y baje la barra anti-balanceo.

7. Desmonte el motor de arranque.

8. Desmonte los tornillos de retención de la caja de la dirección y baje la caja.

9. Desmonte los tornillos de retención del cárter de aceite. Deje apoyarse el cárter de aceite sobre la traviesa de montaje y retírelo.

10. Monte una junta nueva de cárter de aceite y retenes extremos nuevos.

11. Posicione el cárter de aceite en el bloque de cilindros y monte los tornillos de retención.

12. Vuelva a su emplazamiento la caja de la dirección y monte los tornillos y tuercas.

13. Monte el motor de arranque.

14. Eleve el motor lo suficiente para retirar los bloques de madera, baje el motor y retire el gato.

Monte el tirante de reacción.

15. Monte los tornillos y tuercas de los soportes derecho e izquierdo del motor.

16. Monte la barra anti-balanceo.

17. Monte la protección del ventilador.

18. Llene con aceite el cárter del cigüeñal.

19. Conecte el cable de la batería, haga marchar el motor y verifique si hay fugas.

FAIRMONT/ZEPHYR/GRANADA/ COUGAR/THUNDERBIRD

1. Desconecte el cable negativo de la batería.

2. Drene el cárter del cigüeñal.

3. Desmonte los tornillos y tuercas de los soportes derecho e izquierdo del motor.

4. Utilizando un gato, eleve el motor todo lo que sea posible. Coloque bloques de madera entre los montajes y los soportes del chasis. Desmonte el gato.

5. Desmonte los tornillos y tuercas de retención de la caja de dirección. Desmonte el tornillo de retención del acoplamiento flexible de la dirección a la caja de dirección. Posicione la caja de dirección hacia adelante y abajo.

6. Desmonte el tirante de reacción y el motor de arranque.

7. Desmonte las tuercas de unión del soporte trasero del motor a la traviesa de montaje.

8. Sitúe un gato bajo la transmisión y elévela.

9. Desmonte los tornillos de retención del cárter de aceite. Desmonte el cárter de aceite.

10. Coloque una junta nueva de cárter de aceite y cierres de extremo en el bloque de cilindros con cemento adhesivo.

11. Posicione el cárter de aceite en el bloque de cilindros y monte sus tornillos de retención.

12. Quite el gato de debajo de la transmisión y monte las tuercas de la traviesa de montaje.

13. Vuelva a colocar el filtro de aceite.

14. Posicione el acoplamiento flexible en la caja de dirección y monte los tornillos de retención.

15. Monte la caja de dirección.

16. Monte el tirante de reacción. Monte el motor de arranque.

17. Eleve el motor lo suficiente para retirar los bloques de madera. Baje el motor y retire el gato. Monte los tornillos y tuercas de soporte del motor.

18. Baje el vehículo y llene el cárter del cigüeñal con aceite.

19. Conecte la batería.

20. Arranque el motor y verifique las fugas.

Motor de 6 cilindros en línea

1. Desconecte las dos conducciones del refrigerador de aceite en el radiador.

2. Desmonte los dos tornillos de soporte superiores del radiador. Desmonte, o posicione, la protección del ventilador hacia atrás, sobre el ventilador.

3. Desmonte el control del nivel de aceite y drene el cárter del cigüeñal.

4. Desmonte los cuatro tornillos y tuercas de unión de la barra anti-balanceo al chasis, y deje la barra colgando hacia abajo.

5. Desmonte el tirante en forma de K.

6. Baje la cremallera y el piñón de la dirección delantera, o la articulación y el reenvío si necesita espacio.

7. Desmonte el motor de arranque.

8. Desmonte las dos tuercas de unión de los montajes del motor a los soportes.

9. Afloje los dos tornillos de unión del aislador trasero a la traviesa de montaje.

10. Eleve el motor y coloque un espaciador de 1 1/4 de pulgada entre el aislador del soporte del motor y los soportes del chasis.

11. Posicione un gato bajo la transmisión y elévelo ligeramente.

12. Desmonte los tornillos de unión del cárter de aceite y baje el cárter hasta la traviesa de montaje. Posicione las conducciones del refrigerante de la transmisión apartadas a un lado, y desmonte el cárter de aceite (girando el cigüeñal, si es necesario).

13. El cárter de aceite tiene una junta de dos piezas. Cubra la superficie del bloque y las de juntas del cárter con sellador resistente al aceite, y posicione las juntas sobre el bloque de cilindros.

14. Sitúe los retenes del cárter de aceite en la tapa delantera de cilindros y en la tapa del cojinete trasero.

15. Inserte las lengüetas de la junta bajo los retenes delantero y trasero.

16. Posicione el cárter de aceite en el bloque de cilindros y monte los tornillos de unión.

17. Coloque las conducciones del refrigerante de la transmisión.

18. Baje el gato de debajo de la transmisión.

19. Eleve el motor para retirar los espaciadores y baje el motor sobre el chasis.

20. Apriete las dos tuercas de unión del aislador del soporte trasero a la traviesa de montaje.

21. Monte los dos tornillos pasantes y tuercas del soporte del motor al chasis.

22. Monte el motor de arranque y la barra antibalanceo.

23. Monte el tirante en K; llene con aceite el cárter del cigüeñal.

24. Conecte los conductos del refrigerador de aceite al radiador y monte el soporte superior del radiador.

25. Baje el vehículo, arranque el motor y verifique si hay fugas.

Motor V6

1. Desmonte el conjunto del filtro de aire incluyendo el conducto de admisión de aire.

2. Desmonte los tornillos de unión de la protección del ventilador y retire la protección hacia atrás, sobre el ventilador.

3. Desmonte el control del nivel de aceite.

4. Desmonte los tornillos de unión de los solenoides de vacío al panel del salpicadero. Deje los solenoides sobre el motor sin desconectar los manguitos de vacío o los conectores eléctricos.

5. Desmonte las tuercas de unión del múltiple de escape al tubo de escape.

6. Drene el cárter del cigüeñal.

7. Desmonte el filtro de aceite.

8. Desmonte los tornillos de unión del soporte del reenvío del cambio de marchas al alojamiento acampanado de la transmisión. Desmonte el motor de arranque para disponer de más espacio, si es necesario.

9. Desconecte los conductos del refrigerante de la transmisión del radiador. Desmonte la abrazadera de retención del manguito de la dirección asistida del bastidor.

10. Desmonte la tapa del convertidor.

11. En los modelos de vehículos equipados con cremallera y piñón, proceda con los pasos siguientes: desmonte el tornillo de unión del damper del motor al soporte de la traviesa de montaje n.º 2. El damper debe ser desconectado de la traviesa de montaje. Desconecte el acoplamiento flexible de la dirección. Desconecte los dos tornillos que unen el mecanismo de dirección a la traviesa de montaje principal, y deje descansar el mecanismo de dirección sobre el bastidor, alejado del cárter de aceite.

12. Desmonte el conjunto de la tuerca y arandela que unen el aislador delantero del motor al chasis.

13. Eleve el motor 2-3 pulgadas e inserte bloques de madera entre los montajes del motor y el bastidor del vehículo.

NOTA: En algunos modelos equipados con dirección de cremallera y piñón, tales como el Granada/Cougar, Thunderbird/XR-7, LTD/Marquis, puede ser necesario que eleve el motor unas 5 pulgadas, para proveer del espacio adecuado a la unión del cárter a la traviesa de montaje.

ATENCIÓN

Observe el espacio que hay entre el tubo de control del nivel de la transmisión y el tubo de aire, aguas abajo del Thermactor. Si los tubos se tocan antes de proveer del espacio adecuado a la unión del cárter a la traviesa, baje el motor y desmonte el tubo del control de nivel de la transmisión y el tubo del aire aguas abajo.

14. Desmonte los tornillos de unión del cárter de aceite. Afloje el cárter de aceite y desmóntelo.

15. En los modelos con espacio limitado, baje el cárter de aceite sobre la traviesa de montaje. Desmonte la tuerca de unión del tubo de aspiración de aceite. Baje el conjunto del tubo de aspiración/rejilla dentro del cárter y desmonte el cárter a través de la parte delantera del vehículo.

16. Desmonte el retén del cárter de aceite, de la tapeta del cojinete principal.

17. Limpie las superficies de junta del bloque de cilindros, cárter de aceite y tubo de aspiración.

18. Aplique un cordón de sellador RTV a todas las superficies de contacto del cárter de aceite y tapa delantera del motor.

19. Monte el cárter de aceite.

NOTA: En los modelos con el espacio limitado, coloque el conjunto tubo de aspiración/rejilla en el cárter de aceite.

20. Monte todos los demás componentes desmontados.

21. Llene el cárter del cigüeñal con aceite hasta el nivel correcto.

22. Arranque el motor y verifique los niveles de fluido de la transmisión.

23. Compruebe si hay fugas de aceite en el motor o en la transmisión.

Motor V8

NOTA: En los vehículos equipados con cárter de doble colector de aceite, debe desmontar usted los dos tapones de drenaje para efectuar un drenaje minucioso del cárter del cigüeñal. Cuando eleve el motor haciendo espacio para desmontar el cárter de aceite; drene el sistema de refrigeración

y desconecte los manguitos. Compruebe el espacio del ventilador al radiador cuando lo eleve con el gato. Desmonte el radiador si el espacio es insuficiente.

1. Desmonte los tornillos de unión de la protección del ventilador y coloque la protección hacia atrás, sobre el ventilador. Desmonte el conjunto del control del nivel de aceite y el tubo. Desconecte el cable negativo de la batería.

2. Drene el cárter del cigüeñal.

3. Desmonte la barra estabilizadora del chasis (sólo en el Versailles). Desconecte el estabilizador del motor, en los modelos que lo lleven como equipo.

4. En los modelos de cremallera y piñón, desconecte el acoplamiento flexible de la dirección. Desmonte los dos tornillos de unión del mecanismo de dirección a la traviesa de montaje principal, y deje descansar el mecanismo sobre el bastidor, alejado del cárter de aceite.

5. Desconecte la abrazadera de retención del manguito de la dirección asistida del bastidor. Desmonte el motor de arranque.

6. Desmonte los tornillos de retención del soporte del brazo intermedio (si lo lleva como equipo), extraiga el reenvío, y apártelo a un lado.

7. Desconecte y tapone la conducción de combustible desde el depósito de gasolina y de la bomba de combustible. Desconecte y baje los conjuntos de tubo de escape/convertidor, si interfieren en el desmontaje/montaje del cárter. Eleve el motor y coloque dos bloques de madera entre los montajes del motor y el bastidor del vehículo. Desmonte la tapa de inspección del convertidor.

NOTA: En los modelos de inyección de combustible, elimine la presión del sistema de combustible antes de desconectar la conducción.

8. Desmonte los tirantes en forma de "K" (cuatro tornillos).

9. Desmonte los tornillos de unión del cárter de aceite y baje el cárter hasta el bastidor.

10. Desmonte los tornillos de unión de la bomba de aceite y la tuerca de unión del tubo de aspiración al espárrago de la tapeta del cojinete principal n.º 3 y baje la bomba de aceite al interior del cárter de aceite.

11. Desmonte el cárter de aceite, girando el cigüeñal si es necesario, para facilitar espacio apartando los contrapesos.

12. Limpie meticulosamente las superficies de montaje de junta. Cubra las superficies del bloque y cárter con sellador. Coloque las juntas laterales del cárter sobre el bloque motor. Monte el retén de la tapeta principal trasera, con las lengüetas sobre las juntas laterales del cárter.

13. Posicione la bomba de aceite y el tubo de entrada dentro del cárter de aceite. Deslice el cárter de aceite en su posición bajo el motor. Con el eje intermedio de la bomba de aceite en posición dentro de la bomba, coloque ésta en el bloque de cilindros, y el tubo de entrada en el espárrago sobre el tornillo de la tapeta del cojinete principal n.º 3. Monte los tornillos de unión y apriételos según lo especificado. Posicione el cárter de aceite sobre el motor y monte los tornillos de unión. Apriete los tornillos (comenzando desde el centro hacia los extremos), a 9-11 libras-pie, para los tornillos de 5/16 de pulgada, y a 7-9 libras-pie para los tornillos de 1/4 de pulgada.

14. Posicione el mecanismo de dirección en la traviesa de montaje principal. Monte los dos tornillos de unión y apriételos según lo especificado. Conecte el acoplamiento flexible de la dirección.

15. Sitúe en posición los tirantes K traseros, y monte los cuatro tornillos de unión.

16. Eleve el motor y retire los bloques de madera.

17. Monte la barra estabilizadora (sólo en el Versailles).

18. Baje el motor y monte los tornillos de unión del montaje del motor. Apriételos según lo especificado. Monte la tapa de inspección del convertidor.

19. Monte el conjunto del control del nivel de aceite y tubo, y llene el cárter del cigüeñal con el aceite de motor especificado. Monte el brazo intermedio.

20. Conecte los conductos del refrigerador del aceite de la transmisión. Conecte el cable de la batería.

21. Sitúe la protección en el radiador y monte los dos tornillos de unión. Arranque el motor y compruebe si hay fugas.

Pistón y biela

POSICIONAMIENTO

Los motores de cuatro y seis cilindros en línea, y los de tipo en V, deben tener los pistones y bielas montados con la muesca de la cabeza del pistón hacia la parte delantera, y el orificio surtidor de aceite de la biela hacia el lado derecho. Los pistones de los V8 están montados con la muesca o flecha de la cabeza del pistón hacia la parte delantera del vehículo y el lateral numerado de la biela hacia el lado exterior.

Bomba y cárter de aceite

DESMONTAJE Y MONTAJE

Motor diesel

1. Con el motor desmontado del vehículo y colocado sobre un soporte de motor, desmonte los tornillos que unen el cárter de aceite al cárter del cigüeñal.

2. Desmonte los dos tornillos que unen el tubo de aspiración de la bomba de aceite al cárter del cigüeñal.

3. Desmonte los tres tornillos que unen la bomba de aceite al cárter del cigüeñal, y desmonte la bomba de aceite.

4. Desmonte el eje de mando de la bomba de aceite, si es necesario.

5. Monte el eje de mando de la bomba de aceite, si lo desmontó, y asegúrese de que se halla plenamente acoplado al eje intermedio.

6. Monte la bomba de aceite sobre el cárter del cigüeñal, asegúrese de que el árbol de mando está plenamente engranado en la bomba de aceite. Apriete los tornillos de la bomba de aceite y del tubo de aspiración del aceite a 16-17 libras-pie.

Bomba de aceite

DESMONTAJE Y MONTAJE

Excepto el motor V6

1. Desmonte el cárter de aceite.

2. Desmonte el conjunto del tubo de entrada de la bomba de aceite y rejilla.

3. Desmonte los tornillos de unión de la bomba de aceite, y desmonte la junta de la bomba y el eje intermedio.

4. Cebe la bomba de aceite llenando las lumbreras de entrada y salida con aceite de motor, y girando el eje de la bomba para que se distribuya.

5. Coloque el eje de mando intermedio dentro del zócalo del distribuidor.

6. Posicione una nueva junta sobre el cuerpo de la bomba e inserte el eje de mando intermedio en el interior del cuerpo de la bomba.

7. Monte la bomba y el eje intermedio como un conjunto.

NOTA: No fuerce la bomba si no asienta fácilmente. El eje de mando puede hallarse desalineado con respecto al eje del distribuidor. Para alinearlo, gire el eje de mando intermedio hacia una nueva posición.

8. Monte y apriete los tornillos que unen la bomba de aceite a 12-15 libras-pie, en el motor de 6 cilindros en línea, y a 20-25 libras-pie en el V8.

9. Monte el cárter de aceite.

Motor V6

NOTA: La bomba de aceite está montada en el conjunto de la tapa delantera. Es necesario que desmonte usted el cárter de aceite para efectuar la sustitución o el mantenimiento del tubo de aspiración/rejilla.

1. Eleve y soporte con seguridad el vehículo sobre caballetes.

2. Desmonte el filtro de aceite.

3. Desmonte el conjunto de montaje tapa/filtro.

4. Extraiga los dos piñones de la bomba de sus cavidades de montaje en la tapa delantera.

5. Limpie todas las superficies de montaje de junta.

6. Inspeccione las cavidades de montaje sobre desgastes. Si existe un desgaste excesivo, será necesario que sustituya el conjunto completo de la tapa de sincronización.

7. Inspeccione las superficies de junta de montaje de la tapa/filtro a la tapa de sincronización, respecto a su planitud. Coloque una regla de ajustador cruzando la superficie plana y verifique las separaciones con una galga de láminas. Si la medida del huelgo excede de 0,004 pulgadas, sustituya el montaje de la tapa/filtro.

8. Sustituya los piñones de la bomba si el desgaste es excesivo.

9. Desmonte el tapón del extremo del paso de la válvula reductora de presión, utilizando un taladro pequeño y un martillo deslizante. Tenga cuidado al taladrar.

10. Desmonte el muelle y válvula del orificio de alojamiento. Limpie toda suciedad, gomas y virutas de metal del orificio y de la válvula. Inspeccione todas las piezas sobre desgastes. Sustituya lo que sea necesario.

11. Monte la válvula y el muelle después de lu-

bricarlos con aceite de motor. Coloque el montaje de la tapa/filtro utilizando una junta nueva. Apriete los tornillos de montaje a 18-22 libras-pie. Monte el filtro de aceite y añada el aceite necesario para el nivel correcto.

Retén de aceite principal trasero

DESMONTAJE Y MONTAJE

NOTA: Consulte usted por favor, las fechas de «construcción» listadas abajo, para determinar si el motor está equipado con un retén de aceite principal trasero de tipo partido, o de una sola pieza. Los motores posteriores a la fecha indicada disponen de un retén de una sola pieza, 2.3L (140) OHC (levas sobre culatas): después de 28/09/81; 232 V6: después de 01/04/83; 302 V8: después de 01/12/82; 351 W-V8 después de 11/07/83.

Retén de tipo partido - Motores de gasolina

1. Desmonte el cárter de aceite y, si es necesario, la bomba de aceite.

2. Afloje las tapetas de los cojinetes principales dejando descender ligeramente el cigüeñal.

NOTA: No debe dejar caer el cigüeñal más de 1/32 de pulgada.

3. Desmonte la tapeta del cojinete principal trasero y desmonte el retén de la tapeta y del bloque. Tenga cuidado de no rayar la superficie de cierre. Desmonte la clavija del retén de aceite de la tapeta, si la lleva como equipo. No se utiliza con el retén de recambio.

4. Limpie cuidadosamente las ranuras-alojamiento en la tapeta y bloque con disolvente limpio.

5. Empape con aceite de motor limpio los dos nuevos medios retenes.

6. Monte la mitad superior del retén en el bloque, con el lado rebajado del retén hacia la parte delantera del motor. Deslice el retén alrededor de la muñequilla del cigüeñal, hasta que sobresalga 3/8 de pulgada por debajo de la base del bloque.

7. Apriete todas las tapetas de los cojinetes principales (excepto los cojinetes principales traseros), según lo especificado.

8. Monte el retén inferior en la tapeta trasera, con el lado rebajado hacia la delantera del motor. Deje sobresalir 3/8 de pulgada sobre la superficie, en el extremo opuesto al del retén del bloque.

9. Ponga un cordón de sellador de silicona de 1/16 de pulgada, sobre el borde exterior central de la tapeta del cojinete.

10. Monte la tapeta y apriétela según lo especificado.

11. Monte la bomba de aceite y el cárter. Llene el cárter del cigüeñal con aceite, arranque el motor y verifique si hay fugas.

Retén de una sola pieza - Motores de gasolina

1. Desmonte la transmisión, embrague y volante, o el plato de mando, después de que usted consulte la sección apropiada de este texto para conocer las instrucciones necesarias.

2. Pinche dos orificios en el retén de aceite trasero del cigüeñal sobre lados opuestos del cigüeñal, justo sobre la línea divisoria de la tapeta del cojinete al bloque. Monte un tornillo con rosca para plancha metálica en cada uno de los orificios, o bien utilice un pequeño martillo deslizador, y extraiga el retén de aceite principal trasero del cigüeñal del bloque.

DESDE LA CARA DELANTERA DE LA RANURA DE ENGRASE HASTA LA CARA TRASERA

CARA TRASERA DEL BLOQUE

APLIQUE UN CORDÓN DE SELLADOR DE 1/16 DE PULGADA DEL DIÁMETRO EN LA ZONA OSCURECIDA ANTES DEL MONTAJE DE LA TAPA DEL COJINETE (EN AMBOS LADOS) NO PERMITA QUE EL SELLADOR LLEGUE AL LADO INTERIOR DEL LABIO DEL RETÉN PARTIDO

DEJE UN ESPACIO DE 1/8 DE PULGADA PARA LA EXPANSIÓN DEL SELLADOR

APLIQUE UN CORDÓN DE SELLADOR DE 1/16 DE PULGADA DE DIÁMETRO TAL COMO SE HA INDICADO PARA LA TAPA DEL COJINETE (EN AMBOS LADOS)

DESCRIPCIÓN GRÁFICA DE LA APLICACIÓN DE SELLADOR EN EL RETÉN DEL TIPO DE LABIO PARTIDO MOSTRANDO LAS ÁREAS BÁSICAS DE APLICACIÓN. PARA EL MONTAJE DE OTROS TIPOS DE RETÉN ES LO MISMO.

Aplicación de sellador a la tapa del cojinete principal trasero con retén partido

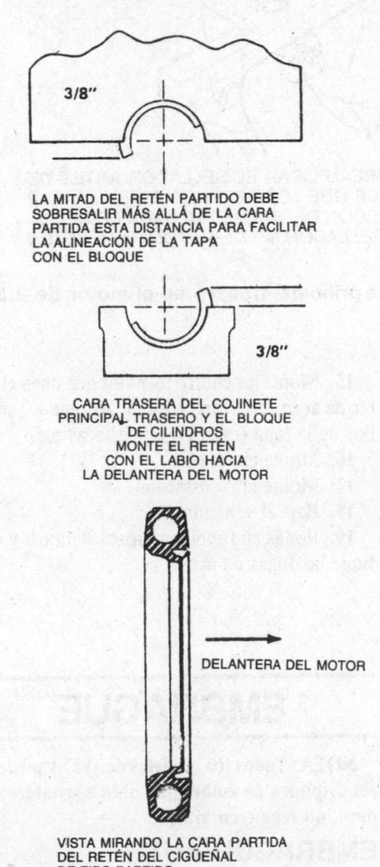
3/8"
LA MITAD DEL RETÉN PARTIDO DEBE SOBRESALIR MÁS ALLÁ DE LA CARA PARTIDA ESTA DISTANCIA PARA FACILITAR LA ALINEACIÓN DE LA TAPA CON EL BLOQUE
3/8"
CARA TRASERA DEL COJINETE PRINCIPAL TRASERO Y EL BLOQUE DE CILINDROS
MONTE EL RETÉN CON EL LABIO HACIA LA DELANTERA DEL MOTOR
DELANTERA DEL MOTOR
VISTA MIRANDO LA CARA PARTIDA DEL RETÉN DEL CIGÜEÑAL DE TIPO PARTIDO

Montaje del retén del cojinete principal trasero con retén partido

NOTA: Tenga cuidado de no rayar la superficie del retén de aceite en el cigüeñal.

3. Limpie las cavidades de alojamiento del retén de aceite en el bloque de cilindros y tapa del cojinete principal.

4. Cubra el retén y todas las superficies de montaje del retén con aceite, y monte el retén en su alojamiento, introduciéndolo en su posición con una herramienta de montaje de retenes de aceite o un casquillo largo.

5. Monte el plato de mando, o el volante y el embrague y la transmisión, en orden inverso al desmontaje.

Motor diesel

1. Eleve el vehículo y sopórtelo con seguridad sobre caballetes.

2. Desmonte la transmisión.

3. Desmonte el volante.

4. Desmonte los cuatro tornillos que unen el cárter de aceite a la tapa trasera del motor.

5. Afloje, pero NO DESMONTE, los restantes tornillos del cárter de aceite.

6. Desmonte los tornillos de la tapa trasera en el motor de 6 cilindros y retire la tapa.

7. Limpie las superficies de montaje de junta del cárter del cigüeñal y tapa trasera del motor.

8. Utilizando una prensa de husillo, extraiga el retén viejo de la tapa.

9. Posicione un nuevo retén sobre la tapa e introdúzcalo a presión utilizando el reemplazador de retenes de cigüeñal trasero, T84P-6701-A o equivalente.

10. Lubrique los labios de retención sobre el retén con aceite de motor.

11. Posicione una nueva junta de tapa trasera sobre el cárter del cigüeñal.

12. Aplique sellador de juntas en los puntos donde la junta de la tapa trasera coincide con la junta del cárter de aceite.

13. Posicione la tapa trasera sobre el cigüeñal.

14. Monte los tornillos de la tapa trasera, y apriete los tornillos de 6 mm a 6-7 libras-pie, y los de 8 mm a 14-17 libras-pie.

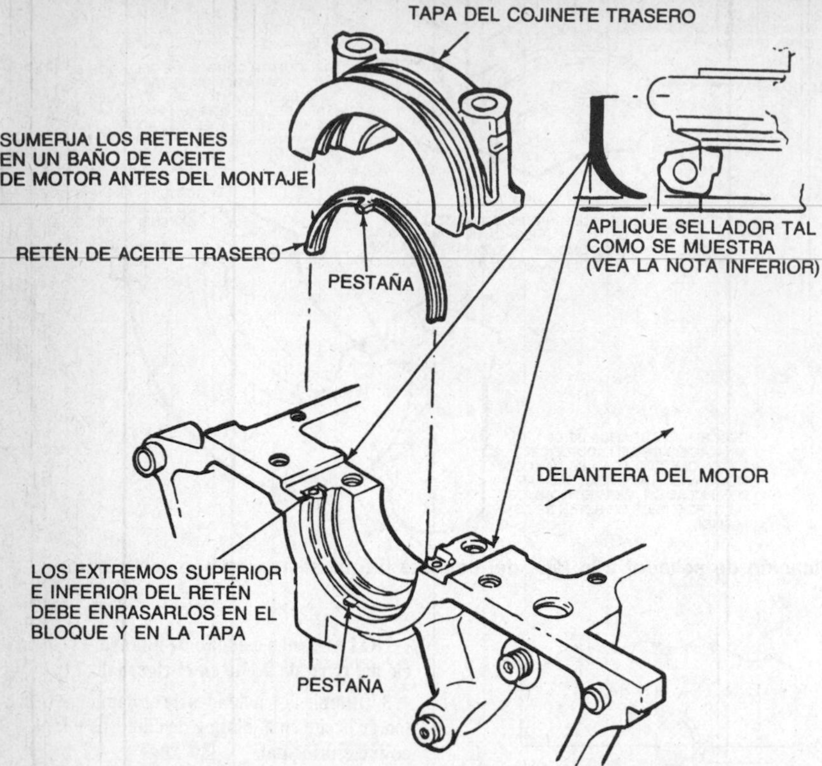
TAPA DEL COJINETE TRASERO
SUMERJA LOS RETENES EN UN BAÑO DE ACEITE DE MOTOR ANTES DEL MONTAJE
RETÉN DE ACEITE TRASERO
PESTAÑA
APLIQUE SELLADOR TAL COMO SE MUESTRA (VEA LA NOTA INFERIOR)
DELANTERA DEL MOTOR
LOS EXTREMOS SUPERIOR E INFERIOR DEL RETÉN DEBE ENRASARLOS EN EL BLOQUE Y EN LA TAPA
PESTAÑA
NOTA: LIMPIE LA ZONA EN QUE DEBE APLICAR EL SELLADOR ANTES DE MONTAR LOS RETENES. DESPUÉS DE QUE LOS RETENES ESTÉN EN SUS EMPLAZAMIENTOS APLIQUE UN CORDÓN DE 1/16 DE PULGADA DE SELLADOR, TAL COMO SE MUESTRA. *EL SELLADOR NO DEBE TOCAR AL RETÉN*

Sustitución del retén de aceite del cojinete principal trasero en el motor de 2.3L (140) con retén partido

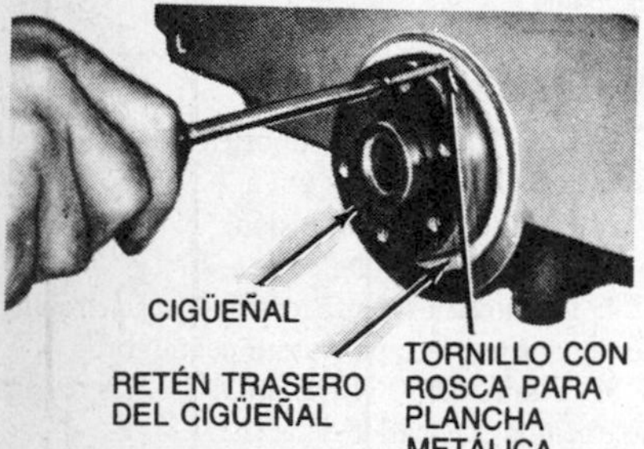
CIGÜEÑAL
RETÉN TRASERO DEL CIGÜEÑAL
TORNILLO CON ROSCA PARA PLANCHA METÁLICA

Desmontaje de un típico retén principal trasero de una sola pieza

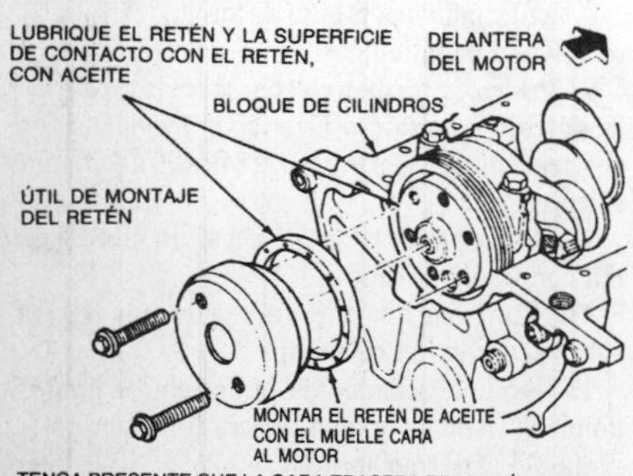
LUBRIQUE EL RETÉN Y LA SUPERFICIE DE CONTACTO CON EL RETÉN, CON ACEITE
DELANTERA DEL MOTOR
BLOQUE DE CILINDROS
ÚTIL DE MONTAJE DEL RETÉN
MONTAR EL RETÉN DE ACEITE CON EL MUELLE CARA AL MOTOR
TENGA PRESENTE QUE LA CARA TRASERA DEL RETÉN DEBE ESTAR DENTRO DE 0,127 MM (0,005 PULGADAS) DE LA CARA TRASERA DEL BLOQUE

Montaje de un retén de aceite de cojinete principal trasero de una pieza

15. Monte los cuatro tornillos que unen el cárter de aceite a la tapa trasera. Apriete los tornillos de la tapa trasera a 6,5-7 libras-pie.

16. Monte el volante.

17. Monte la transmisión.

18. Baje el vehículo.

19. Ponga en funcionamiento el motor y verifique las fugas de aceite.

EMBRAGUE

NOTA: Todos los modelos de 1981 y posteriores disponen de embragues auto-ajustables. Así pues, no requieren ajustes.

EMBRAGUE AUTO-AJUSTABLE

El juego libre en el embrague se ajusta mediante un mecanismo construido en su interior, que permite al embrague controlar los auto-ajustes durante el funcionamiento normal. El dispositivo de ajuste automático debe verificarse cada 5,000 millas. Esto se efectúa para asegurar que el pedal viaja hasta su posición más elevada. Agarre el pedal de embrague con la mano, o ponga el pie bajo el pedal del embrague y tire hacia arriba de él hasta que se detenga. Se necesita muy poco esfuerzo (unas 10 libras). Durante la aplicación de la presión hacia arriba, usted puede percibir un chasquido que quiere significar que era necesario un ajuste, y ha sido efectuado.

AJUSTE

Pinto y Bobcat

1. Afloje la cobertura del cable sobre el lado de la transmisión del alojamiento del volante.

2. Tire del cable hacia la parte delantera del coche, hasta que los salientes de la tuerca de ajuste dejen el alojamiento. Gire la tuerca hacia la delantera del coche aproximadamente 1/4 de pulgada.

3. Suelte el cable. Luego tire de él hacia adelante otra vez, hasta que no haya movimiento libre en la palanca de desacople. Gire la tuerca de ajuste hacia el alojamiento, hasta que el saliente toque en el alojamiento, y luego deje caer los salientes dentro de la ranura inmediata.

4. Apriete la contratuerca.

Todos, excepto el Fairmont, Zephyr, Mustang y Capri

1. Desconecte el muelle de retorno del embrague de la palanca de desacoplamiento.

2. Afloje la contratuerca de la varilla de la palanca de desacople, y ajuste la tuerca. En los modelos hasta 1980, inclusive, desmonte la clavija de bloqueo de la varilla de la palanca de desacople, y afloje la tuerca de ajuste.

3. Desplace hacia atrás la palanca de desacople del embrague, hasta que el cojinete de desacople contacte ligeramente con los dedos de desacoplamiento de la platina de presión del embrague.

4. Ajuste la longitud de la varilla, hasta que la varilla se asiente en la cavidad de la palanca de desacople.

5. Inserte la galga de láminas especificada, entre la tuerca de ajuste y el manguito giratorio. Apriete la tuerca de ajuste contra la galga.

6. Apriete la contratuerca contra la tuerca de ajuste, procurando no variar el ajuste. En los modelos hasta 1980, incluso gire la varilla para alinear el plano con el orificio de la clavija en la tuerca de ajuste y monte la clavija. Desmonte la galga de laminillas.

7. Monte el muelle de retorno del embrague.

8. Compruebe el recorrido libre del pedal. Reajuste, si es necesario, para lograr el recorrido especificado. El desplazamiento de la tuerca de ajuste, alejándola del manguito giratorio, incrementa la carrera del pedal. El desplazamiento de la tuerca de ajuste hacia la camisa giratoria disminuye el recorrido.

9. Como verificación final, mida la carrera libre del pedal con la transmisión en punto muerto y el motor funcionando a 3.000 rpm. Si el recorrido del pedal no es como mínimo de 1/2 pulgada, vuelva a ajustar la carrera libre.

Fairmont, Zephyr, Mustang y Capri

NOTA: Estos modelos ya no necesitan ajustes de carrera libre. En vez de ello, se reajusta la altura del pedal.

4 CILINDROS, 255 Y 302 V8

1. Por la parte inferior del coche, desmonte la protección contra el polvo.

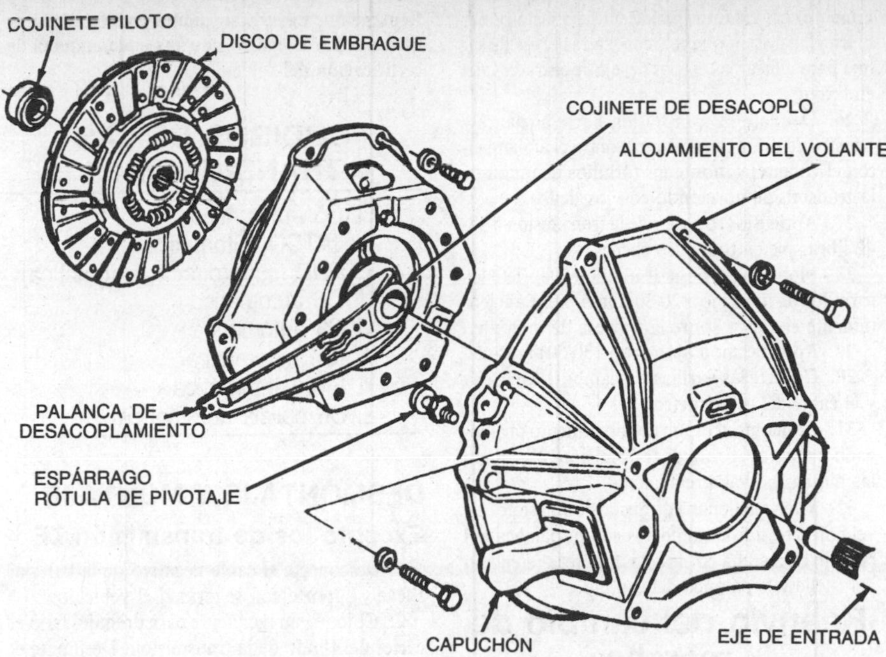

Vista en despiece ordenado del embrague y las piezas relacionadas con el mismo

2. Afloje la contratuerca del cable del embrague. Para elevar el pedal, gire la tuerca de ajuste en el sentido de las saetas del reloj; para bajar el pedal, gírela en sentido contrario.

3. En los motores de cuatro cilindros, ajuste la altura del pedal a 3,5 pulgadas; en los 255 y 302 V8, ajuste la altura a 6,5 pulgadas.

4. Apriete la contratuerca. Cuando el pedal esté ajustado correctamente, podrá levantarse aproximadamente 2 1/2 pulgadas en los V8, hasta alcanzar el tope del pedal.

5. Monte la protección contra el polvo.

SEIS CILINDROS EN LÍNEA

1. Tire del cable del embrague hacia la parte delantera del coche, hasta que pueda girar la tuerca. Al objeto de poder soltar la tuerca del aislador de caucho, le puede resultar a usted necesario bloquear el desacoplamiento del embrague hacia adelante, de modo que el embrague se desacople parcialmente.

2. Gire la tuerca de ajuste para lograr una altura de pedal de 5,3 pulgadas. Hunda el pedal unas cuantas veces y vuelva a comprobar el ajuste. Cuando el pedal esté correctamente ajustado, se podrá levantar aproximadamente 2 1/4 pulgadas, para alcanzar el tope del pedal.

Embrague/transmisión

DESMONTAJE Y MONTAJE

Pinto y Bobcat

1. Coloque la palanca del cambio de marcha en punto muerto. Eleve el coche y desmonte el interruptor de la luz de marcha atrás del alojamiento prolongado de la transmisión.

2. Afloje la contratuerca de la palanca del cambio de marcha. Desmonte la empuñadura y contratuerca de la palanca del cambio. Desmonte los cuatro tornillos de unión del fuelle de goma y desmonte el fuelle.

3. Comprima el muelle de goma corrugada, y luego desmonte el anillo elástico de retención y deslice el muelle hacia arriba, sobre la palanca.

4. Doble hacia arriba las lengüetas de seguridad de la palanca del cambio, y luego retire la tuerca de la cúpula de plástico del alojamiento prolongado.

5. Levante la palanca de cambio del alojamiento prolongado.

6. Trabajando bajo el capó desmonte los tornillos que unen el alojamiento superior del volante al motor.

7. Eleve el vehículo y haga coincidir, marcando una señal, el árbol de transmisión y la brida del piñón del eje trasero.

8. Desconecte y desmonte el árbol de transmisión. Ponga trapos en la abertura del alojamiento prolongado para evitar pérdidas de lubricante.

9. Desmonte la protección contra el polvo de la palanca de desacoplamiento del embrague.

10. Desconecte el cable del embrague de la palanca de desacople del embrague.

11. Desmonte los tornillos que unen el motor de arranque y aparte el motor a un lado.

12. Desmonte el tornillo de unión del cable del velocímetro a la transmisión y desmonte el cable y piñón de la transmisión. Tapone la abertura de la transmisión evitando que se derrame el lubricante.

13. Soporte la parte trasera del motor con un gato y desmonte los tornillos que unen la traviesa de montaje a la carrocería.

14. Desmonte los tornillos que unen la traviesa de montaje al alojamiento prolongado de la transmisión y desmonte la traviesa de montaje del coche.

15. Baje el motor para ganar espacio de trabajo y desmonte los restantes tornillos que unen el alojamiento del volante al motor.

16. Deslice la transmisión hacia atrás y desmóntela del coche.

17. Si ha de montar el embrague, afloje los seis tornillos de unión de la platina de presión del embrague, uniformemente, para suprimir gradualmente la presión del muelle. Si ha de volver a utilizar la misma platina de presión y tapa, marque la posición relativa de la platina de presión y volante, de modo que pueda volver a montarlos en su posición original.

18. Desmonte los tornillos de unión de la platina de presión y desmonte la platina de presión y el embrague del coche.

19. El montaje se hace siguiendo el orden inverso.

Excepto Pinto y Bobcat

1. Desconecte y desmonte el motor de arranque y el anillo guardapolvo si ha de desmontar el embrague. En los modelos con la palanca del cambio en el piso, desmonte la retención del fuelle y la palanca del cambio de marchas.

2. En los modelos con la transmisión ET, de cuatro velocidades; trabajando bajo el capó, desmonte los tornillos que unen el alojamiento del embrague al motor.

3. Eleve el coche.

4. Haga coincidir el árbol de transmisión con la brida del eje para el montaje. Desconecte el árbol de transmisión de la junta universal trasera y desmonte el árbol de transmisión. Tapone el alojamiento prolongado.

5. Desconecte el cablè del velocímetro del alojamiento prolongado. Desconecte los cables del sensor del cinturón de seguridad. Desmonte el fuelle y cable de la palanca del embrague, en los modelos que vayan equipados de ese modo.

6. Desconecte las varillas del cambio de marcha de las palancas de cambio de la transmisión. Si el coche está equipado con cuatro velocidades, excepto los modelos SROD, desmonte los tornillos que aseguran el soporte del control de la palanca del cambio al alojamiento prolongado. Soporte el motor con un gato.

7. Desmonte el tornillo que sujeta el alojamiento prolongado al soporte trasero, y desmonte el tornillo que une el soporte del tubo de entrada del silencioso al alojamiento.

8. Desmonte las dos tuercas del aislador del soporte trasero de la parte inferior de la traviesa de soporte. Desmonte la traviesa de soporte.

9. Coloque un gato (equipado con una pieza de protección de madera), bajo la parte trasera del cárter de aceite del motor. Eleve o baje ligeramente el motor, según sea necesario, para facilitar espacio a los tornillos.

10. Desmonte los tornillos de unión de la transmisión al alojamiento del volante.

11. Deslice la transmisión hacia atrás y afuera del coche. Puede ser necesario que deslice el soporte del convertidor catalítico hacia adelante para proveer de espacio, en algunos modelos.

12. Para desmontar el embrague, desmonte el muelle de retroceso de la palanca de desacoplamiento. Desconecte el pedal de la barra ecualizadora o el cable del embrague del alojamiento, según sea lo aplicable.

13. Desmonte los tornillos que aseguran la platina trasera del motor a la parte inferior delantera del alojamiento acampanado.

14. Desmonte los tornillos que unen el alojamiento acampanado al bloque de cilindros y desmonte el alojamiento y palanca de desacoplamiento, como un grupo. Desmonte la palanca de desacople del embrague tirando de ella a través de la ventana que hay en el alojamiento, hasta que el muelle de retención se desenganche del pivote.

15. Afloje uniformemente los seis tornillos que unen la tapa-platina de presión, para liberar la presión del muelle. Marque la tapa y el volante para facilitar su posterior montaje en la misma posición.

16. Desmonte los seis tornillos de unión mientras sujeta la tapa-platina de presión. Desmonte la platina de presión y el disco de embrague.

ATENCIÓN

No hunda el pedal del embrague mientras esté efectuando el desmontaje de la transmisión.

17. Antes de montar el embrague, limpie la superficie del volante. Inspeccione el volante y platina de presión sobre posibles desgastes, rayas o señales de quemaduras (color azulado). Las pequeñas rayas y el desgaste pueden requerir una mecanización del volante, o la sustitución de las piezas dañadas.

18. Una el conjunto de disco de embrague y platina de presión al volante. Las tres clavijas de alineación del volante, si las lleva como equipo, deben hallarse correctamente alineadas. Las clavijas dañadas debe sustituirlas. Evite tocar la superficie de la platina de embrague. Apriete los tornillos con la fuerza de los dedos.

19. Alinee el disco de embrague con el casquillo piloto. Apriete los tornillos de la tapa a 12-24 libras-pie, en el motor de cuatro cilindros, y 12-20 libras-pie para todos los demás.

20. Lubrique ligeramente los extremos del punto de apoyo de la palanca de desacoplamiento. Monte la palanca de desacople en el alojamiento del volante, y monte la protección guardapolvo.

21. Aplique muy poco lubricante en la muñequilla de la retención del cojinete de desacople. Llene la ranura que hay en el cubo del cojinete de desacople con grasa. Limpie todo exceso de grasa del interior del orificio del cubo para evitar la posible contaminación del disco de embrague. Una el cojinete de desacople y cubo sobre la palanca de desacople.

22. Asegúrese de que el alojamiento del volante y el bloque motor están limpios. Cualquier taco de alineación perdido o dañado debe ser repuesto. Monte el alojamiento del volante y apriete los tornillos de unión a 38-61 libras-pie en los V8 y en los seis cilindros en línea, de 250, y a 28-38 libras-pie en los de cuatro. Monte la tapa guardapolvo y apriete los tornillos a 17-20 libras-pie.

23. Conecte la varilla o el cable de desacoplamiento y el muelle de retroceso. Conecte la varilla del pedal al ecualizador en la barra ecualizadora.

24. Monte el motor de arranque y el anillo guardapolvo.

25. Después de desplazar la transmisión hacia atrás, justo lo suficiente para que el piloto del eje salga del alojamiento del embrague, desplácelo hacia adelante y adentro de su posición sobre el alojamiento del volante. Puede ser necesario poner la transmisión en una marcha y girar el eje de salida para alinear las estrías del eje de entrada y del embrague.

26. Desplace la transmisión hacia adelante y adentro de su emplazamiento, contra el alojamiento del volante, y monte los tornillos de unión de la transmisión apretando con los dedos.

27. Apriete los tornillos de la transmisión a 37-42 libras-pie en todos los coches.

28. Monte la traviesa de montaje y apriete los tornillos de montaje a 20-30 libras-pie. Baje lentamente el motor sobre la traviesa de montaje.

29. Apriete el montaje trasero a 30-50 libras-pie.

30. Conecte las varillas del cambio de marcha y el cable del velocímetro.

31. Desmonte el tapón del alojamiento prolongado y monte el árbol de transmisión, alineando las marcas hechas previamente.

32. Vuelva a llenar la transmisión hasta el nivel correcto. En los modelos con la palanca del cambio de marcha en el suelo, monte la retención del fuelle y la palanca del cambio.

Reenvío del cambio de marcha

AJUSTE

Palanca del cambio en la columna

NOTA: Con la transmisión en punto muerto, la palanca del cambio debe estar en un plano horizontal paralelo a la línea del panel de instrumentos. Los ajustes correctivos debe hacerlos en las varillas del cambio de marchas.

1. Coloque la palanca del cambio en punto muerto.

2. Afloje las dos tuercas de ajuste de la varilla del cambio.

3. Inserte una clavija de alineación de 3/16 de pulgada de diámetro a través de las palancas de la primera y de la marcha atrás, y de las palancas de la segunda y de la tercera. Alinee las palancas para insertar la clavija.

4. Apriete las tuercas de ajuste de las varillas de cambio y desmonte la clavija.

5. Compruebe el cambio suave de las marchas a través de toda la caja.

CAMBIO DE 3 VELOCIDADES EN EL SUELO Y CAMBIO EN LA CONSOLA

1. Afloje las tres tuercas de ajuste de los reenvíos del cambio.

2. Monte una clavija de alineación de 1/4 de pulgada de diámetro a través del soporte de control y las placas.

3. Apriete las tres tuercas de ajuste de los reenvíos del cambio.

4. Compruebe el cambio suave de las marchas a través de toda la caja.

TRANSMISIÓN AUTOMÁTICA

NOTA: Consulte el ajuste de reenvíos y bandas, y los cambios de fluidos y filtros, en el capítulo Transmisión automática de la sección de Reparación. Las transmisiones pueden ser identificadas por el código que hay en la etiqueta de certificación del vehículo.

CÓDIGOS DE LAS TRANSMISIONES

C. C5 automática
S. JATCO automática
T. AOD (superdirecta automática)
U. C6 automática
V. C3 automática
W. C4 automática
X. FMX automática
Z. C6 policía automática

DESMONTAJE Y MONTAJE

Excepto los de transmisión ZF

1. Desconecte el cable negativo de la batería. Eleve y soporte con seguridad el vehículo.

2. Coloque un recipiente para drenajes bajo el cárter del fluido de la transmisión. Desmonte el tubo de llenado del fluido, si está montado en el cárter, y drene el fluido de la transmisión. En los modelos que no llevan montado un tubo de llenado, afloje los tornillos de unión del cárter y deje que drene el fluido. Comience aflojando los tornillos de la parte trasera del cárter y trabaje hacia la delantera. Finalmente desmonte todos los tornillos de unión del cárter excepto los dos de la parte delantera, para dejar que el fluido se drene más a fondo. Después de que el fluido haya sido drenado, monte los dos tornillos de la parte trasera del cárter para sujetarlo temporalmente en su sitio.

3. Desmonte la tapa de acceso del tapón de drenaje del convertidor del extremo inferior del alojamiento del convertidor.

4. Desmonte las tuercas de unión del convertidor al volante. Coloque una llave sobre el tornillo de unión de la polea del cigüeñal, para girar el motor y ganar acceso a las tuercas. NO GIRE los motores OHC (levas sobre culata) en sentido opuesto a la rotación normal, pues se expone usted a dañar seriamente la correa de sincronización.

5. Con la llave sobre el tornillo de unión de la polea del cigüeñal, gire el motor para ganar acceso al tapón de drenaje del convertidor. Luego, desmonte el tapón. Coloque un recipiente de drenajes bajo el convertidor, para recoger el fluido. Después de que hava sido drenado el fluido del convertidor, vuelva a montar el tapón. Apriételo a 20-25 libras-pie.

6. Desmonte el árbol de transmisión y tapone la parte superior del alojamiento prolongado de la transmisión, para evitar que entre suciedad.

7. Etiquete y desmonte todos los conductos de vacío y cableados de hilos conectados a la transmisión. Desmonte el tubo de llenado de la transmisión, después de desmontar el tornillo de montaje del motor. Desmonte el cable del velocímetro. Desmonte el reenvío del cambio y el cable del retardador-abajo.

8. Desmonte los tornillos o tuercas de unión del soporte de la transmisión a la traviesa de montaje. Desconecte el cable del motor de arranque y desmonte el motor de arranque. Desmonte cualquier pieza del sistema de escape (tubos, convertidores, soportes, etc.), que dificulten el desmontaje de la transmisión.

9. Desconecte las conducciones del refrigerante del aceite de la caja de transmisión.

10. Sitúe un gato adecuado soportando la transmisión, ajuste la transmisión al gato con una cadena de seguridad. Eleve ligeramente la transmisión y desmonte los tornillos de unión de la traviesa de montaje, retire la traviesa.

ATENCIÓN

El motor bajará ligeramente cuando haya desmontado la transmisión. Compruebe el espacio entre la delantera del motor y la protección del radiador. Desmonte la protección y colóquela sobre el ventilador si es necesario. Desmonte el conjunto del filtro de aire. Verifique el manguito superior del radiador y no deje que se estire, pues puede resultar dañada la conexión del radiador.

11. Desmonte los tornillos de unión del alojamiento del convertidor al motor. Tire de la transmisión hacia atrás y afuera del motor, apalancando el convertidor fuera de la platina de mando. Después de separada la transmisión del motor, acople una pequeña abrazadera en C sobre el alojamiento de modo que no deje que el convertidor se caiga fuera del mismo. Baje lentamente la transmisión y desmóntela por la parte inferior del vehículo.

12. Aplique lubricante blanco al cubo del convertidor. Monte la transmisión en el orden inverso al desmontaje. Asegúrese de que los orificios del convertidor se hallan correctamente alineados con la platina de mando, y que el piloto del convertidor está apoyado de plano contra el piloto del cigüeñal. Par de apriete del convertidor a la platina de mando; 25-30 libras-pie. De la transmisión al motor: 23-28 libras-pie en los de 4 y 6 cilindros en línea y en los motores V6 (232) y V8, exceptuando los de transmisión AOD (super-directa automática). Transmisión AOD; 35-40 libras-pie.

13. Si el convertidor ha sido drenado del todo, añada cuatro cuartas del fluido de transmisión adecuado, arranque el motor y desplace el selector a través de todos los piñones. Vuelva a verificar y añadir fluido, si es necesario, hasta alcanzar el nivel correcto.

NOTA: El fluido Dexron® II, se usa en todas las transmisiones, excepto en los modelos FMX, que usan el tipo F, y en los modelos C5, que requieren el tipo H.

Transmisión ZF

1. Desmonte el cable del retardador-abajo (TV) e inserte, desde el lado de la bomba de inyección, la palanca y el soporte del cable dentro del compartimiento del motor.

2. Coloque la palanca del selector de la transmisión en la posición de punto muerto. Eleve el vehículo con un aparato de elevación.

3. Desmonte la palanca manual exterior y la tuerca del eje del selector de la transmisión.

4. Desmonte el sensor de posición del alojamiento del convertidor.

5. Desmonte el tirante del motor del extremo inferior del alojamiento del convertidor.

6. Sitúe un gato para transmisiones bajo la transmisión.

7. Coloque una llave de vaso en el tornillo de unión de la polea del cigüeñal, y gire el convertidor para conseguir acceso a las tuercas de unión del convertidor al volante. Desmonte las tuercas de unión del convertidor al volante.

NOTA: Los espárragos del convertidor están montados en el convertidor con Loctite®. En el desmontaje las tuercas pueden dominar al Loctite® y salir la tuerca y el espárrago juntos, como si fueran un tornillo. Este hecho no importa. Las roscas del espárrago y del convertidor debe limpiarlas, aplicar Loctite® y volver a montar el tornillo y apretarlo según lo especificado.

8. Desconecte el eje de transmisión del eje trasero, y deslice hacia atrás el eje de la transmisión.

NOTA: Para salvaguardar el equilibrado del eje de transmisión, marque la horquilla del eje de transmisión trasero y la brida de acompañamiento del eje trasero, de modo que puedan volver a montarse en su posición original. Monte una herramienta de montaje de retenes de aceite en el alojamiento prolongado de la transmisión para evitar pérdidas de fluido.

9. Desconecte el conector eléctrico del interruptor de arranque en punto muerto.

10. Desmonte el damper del alojamiento prolongado.

11. Desmonte las tuercas que unen el soporte trasero a la traviesa de montaje y los dos tornillos que unen la traviesa de montaje al soporte lateral.

12. Desmonte los dos tornillos de unión del soporte trasero del motor al alojamiento prolongado y desmonte el montaje trasero del sistema de escape.

13. En los modelos Continental, con la palanca del cambio de marcha en la columna de la dirección, desmonte los dos tornillos que aseguran el soporte de la palanca angular al tirante del motor a la transmisión.

14. Desconecte cada una de las conducciones de aceite desde los acoplamientos de la transmisión, utilizando la herramienta de mantenimiento de las conexiones a presión, T82L-9500-AH o equivalente.

15. Desconecte los cableados de conductores del velocímetro desde el alojamiento prolongado.

16. Desconecte los dos tornillos de unión del alojamiento del convertidor al motor de arranque.

17. Asegure la transmisión al gato con una cadena de seguridad y baje ligeramente el gato.

18. Desmonte los cuatro tornillos que unen el alojamiento del convertidor al bloque de cilindros.

19. Desmonte el tubo de llenado y el control del nivel.

20. Desplace con cuidado el conjunto de transmisión y convertidor fuera del motor y, al mismo tiempo, baje el gato para abandonar la parte inferior del vehículo.

21. Monte la transmisión sobre un dispositivo de sujeción.

22. Coloque la transmisión sobre un gato. Asegure la transmisión al gato con una cadena de seguridad.

23. Gire el convertidor hasta que los espárragos estén alineados con los orificios del volante y de la platina flexible.

24. Desplace el conjunto de convertidor y transmisión hacia adelante, dentro de su posición, cuidando de no dañar el volante, platina flexible y piloto del convertidor. La cara del convertidor debe asentar a escuadra contra la platina flexible (esto indica que el piloto del convertidor no se traba en el cigüeñal del motor).

25. Monte el tubo de llenado y el control del nivel de aceite y posicione el soporte sobre los orificios de los tornillos de la parte superior derecha del alojamiento al motor.

26. Monte y apriete los cuatro tornillos de unión del alojamiento del convertidor al motor a 38-48 libras-pie.

27. Desmonte la cadena de seguridad de alrededor de la transmisión.

28. Conecte las conducciones del refrigerante de aceite, presionándolas dentro de sus alojamientos sobre la transmisión (localizados en la platina intermedia).

29. Conecte los cableados de conductores del velocímetro al alojamiento prolongado.

30. Monte el damper del alojamiento prolongado con tres tornillos. Apriete los tornillos a 18-25 libras-pie.

31. Monte el soporte trasero sobre el sistema de escape.

32. Monte la traviesa de montaje sobre los soportes laterales y monte los tornillos y tuercas de unión. Posicione el soporte trasero sobre la traviesa de montaje y apriete las tuercas según lo especificado.

33. Asegure el soporte trasero del motor al alojamiento prolongado y apriete los tornillos según lo especificado.

34. Si los desmontó, monte todos los herrajes del sistema de escape.

35. Baje la transmisión y retire el gato.

36. En los modelos Continental equipados con palanca de cambio en la columna, posicione la palanca angular en el tirante del motor a la transmisión y monte los dos tornillos de unión. Apriete los tornillos a 10-20 libras-pie.

37. Guíe el cable del retardador de abajo (TV) hacia arriba, dentro del compartimiento del motor.

38. Monte la palanca manual exterior sobre el eje del selector de la transmisión. Apriete la tuerca de unión a 10-20 libras-pie.

39. Monte las tuercas (o tornillos) de unión del convertidor al volante y apriételos a 20-34 libras-pie.

40. Monte el tirante del motor sobre el extremo inferior del alojamiento prolongado y el bloque del motor. Apriete los tornillos a 15-18 libras-pie.

41. Conecte los cableados del interruptor del arranque en posición de punto muerto, en la transmisión.

42. Monte el sensor de posición en el alojamiento del convertidor.

43. Conecte el eje de transmisión al eje trasero. Monte el eje de transmisión de modo que las marcas que se hicieron al desmontar queden alineadas correctamente. Lubrique las estrías de la horquilla con C1AZ-19590-B o equivalente.

44. Baje el vehículo y ajuste el cable del retardador de abajo (TV).

45. Llene la transmisión al nivel correcto, con el fluido especificado. Arranque el motor y cambie la palanca selectora en todas las posiciones, comprobando luego el nivel del fluido.

AJUSTE DEL CABLE DEL TV

1. Disponga la palanca de la bomba de inyección en la posición de plena mariposa.

2. Apriete la tuerca de ajuste sobre el barrilete roscado, hasta que exista un espacio de 1,54-1,57 pulgadas entre el borde del junquillo rizado sobre el cable más próximo al barrilete y el extremo roscado del barrilete.

3. Apriete la tuerca de ajuste hacia adelante para bloquear el conjunto del cable en el soporte a 80-106 libras-pulgada.

4. Vuelva a verificar el espacio y reajústelo, si es preciso.

NOTA: El retardador de abajo, en esta transmisión, se halla controlado por los ajustes del varillaje de la bomba de inyección.

EJE DE PROPULSIÓN

Árbol de transmisión y juntas universales (U)

DESMONTAJE Y MONTAJE

NOTA: Las juntas universales están retenidas en la parte posterior por tornillos en U o bien por una brida de acoplamiento que se atornilla a la brida del piñón (diferencial). Varios modelos están equipados con una doble junta universal del tipo Cardan en la parte trasera. El mantenimiento para las juntas U (universales) delanteras, de estos modelos, es el mismo que para los otros.

1. Marque con señales de coincidencia la horquilla del eje de transmisión trasero y la brida de acompañamiento de modo que las piezas puedan volver a montarse de la misma manera, preservando el equilibrado original.

2. Desmonte los tornillos en U y las bandas, o las tuercas y tornillos de la brida de acoplamiento, en la parte trasera del eje de transmisión, y encinte las tapetas de los cojinetes a la araña (cruceta).

3. Deje caer ligeramente la parte trasera del eje de transmisión. Tire del eje de transmisión y deslice la horquilla fuera del alojamiento prolongado de la transmisión.

4. Tapone la transmisión para evitar pérdidas de fluido.

5. Para montarlo, lubrique las estrías de la horquilla y monte la horquilla dentro del alojamiento prolongado de la transmisión alineando las estrías. Tenga cuidado de no llegar al fondo, al deslizar la horquilla, golpeando fuertemente contra el retén de la transmisión.

6. Gire la brida del piñón lo necesario para alinear las marcas trazadas previamente. Monte los tornillos en U y apriételos a 8-15 libras-pie. En los modelos Versailles, apriete los tornillos del acoplamiento a la brida del piñón a 70-90 libras-pie. Varios modelos utilizan unos tornillos especiales de inmersión en cera, para el acoplamiento a la brida del piñón, que no pueden volver a ser utilizados. Debe usted reemplazarlos con unos tornillos nuevos, y apretarlos a un par de 71-96 libras-pie.

Eje trasero, cojinete y retén

NOTA: Se usan los dos tipos de ejes traseros, el portante integral y el desmontable. Los ejes traseros del tipo Traction-Lok (deslizamiento limitado) sólo están disponibles como portante desmontable. El tipo de eje y relación se hallan estampados en una placa unida a un tornillo de la tapa del alojamiento trasero. Los tipos de eje también indican si los palieres se hallan retenidos por anillas de seguridad abiertas en C. Para identificar con propiedad un eje retenido en C, drene el lubricante, desmonte la tapa trasera, y mire de localizar la anilla de retención en C sobre el extremo del palier en el orificio del piñón lateral del diferencial. Si la segunda letra del código del modelo del eje es la F, se trata de un eje Traction-Lok. Consulte el código y la relación de la placa del eje al pasar pedido de las piezas de recambio.

DESMONTAJE Y MONTAJE

Excepto el tipo con retención de seguridad en C

NOTA: Los cojinetes deben introducirse y extraerse a presión con una prensa de husillo. Si no dispone de una, es imprudente el intento de cualquier trabajo de reparación sobre los conjuntos de cojinetes de los palieres.

1. Desmonte la rueda, neumático y tambor de freno. Si tiene frenos de disco desmonte la pinza, tuercas de retención y rotor. Para volver a montarlo necesitará nuevos tornillos de anclaje.

2. Desmonte las tuercas que sujetan la platina de retención a la platina soporte, o los tornillos de retención del palier, del alojamiento. Desconecte la conducción del freno en los frenos de tambor.

3. Desmonte la retención y monte las tuercas apretadas con los dedos para evitar que se desaloje la platina del soporte del freno.

4. Extraiga el palier y conjunto de cojinete utilizando un martillo deslizador. En los modelos con cojinete de rodillos cónicos, en vaso cónico permanece normalmente en el alojamiento del palier al desmontar el eje. El vaso debe desmontarlo del alojamiento cuando ha de montar de nuevo el eje. El vaso puede desmontarlo con un martillo deslizante y un extractor de expansión.

NOTA: Si encuentra un excesivo juego axial, deberá sustituir el cojinete. Ajustar suplementando el cojinete no es recomendable, ya que esto ignora el juego axial propio del cojinete y puede producirse un incorrecto asentamiento del mismo.

5. Utilizando un cincel haga una hendidura en el anillo de retención, en tres o cuatro sitios. El retenedor no lo debe cortar, sino sólo aplastarlo suficientemente para que le permita deslizarlo fuera del palier. Primero taladre un orificio de 1/4 de pulgada de diámetro, no más profundo que 5/16 de pulgada desde la superficie del anillo.

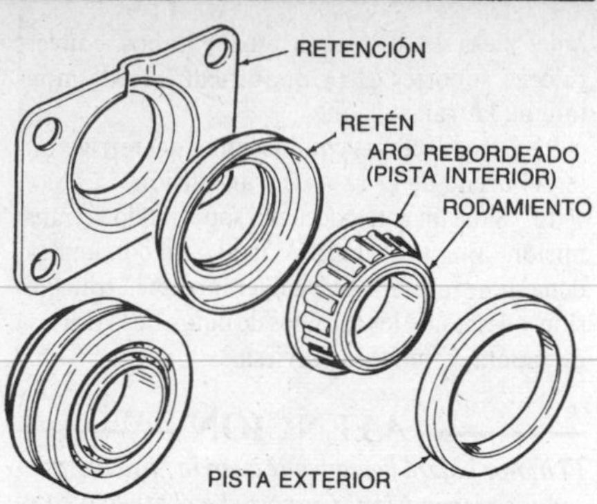

Rodamiento cónico y retención en el eje portante desmontable

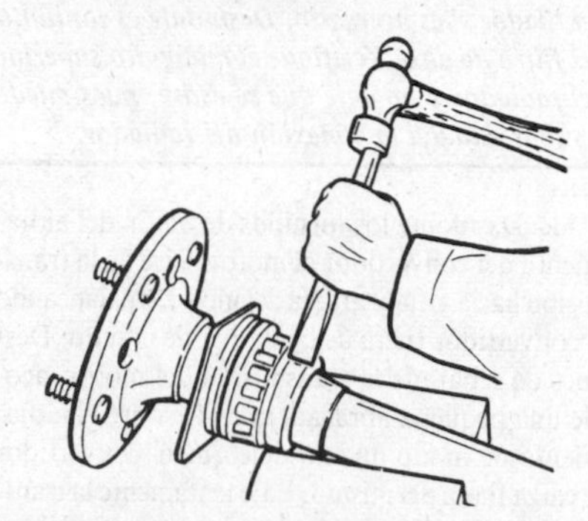

Desmontaje de la retención del rodamiento del palier en el eje portante desmontable

6. Presione el cojinete hacia afuera y monte uno nuevo introduciéndolo a presión en su posición. Con cojinetes cónicos, coloque el retén lubricado y el cojinete sobre el palier (con el anillo del reborde del vaso de cara a la brida). Asegúrese de que el retén es de la longitud correcta. Los bordes de los retenes de los frenos de disco son negros, los de los frenos de tambor son grises. Presione el retén y el cojinete dentro del palier.

7. Introduzca a presión un nuevo anillo de retención.

NOTA: No intente introducir a presión simultáneamente el cojinete y el retén.

8. En los modelos con cojinetes de bolas; para sustituir el retén: desmonte el retén del alojamiento con un extractor del tipo de cono de expansión y un martillo deslizante. El retén debe ser sustituido cada vez que se desmonte el palier. Unte una pequeña cantidad de sellador sobre el borde exterior del retén nuevo antes de su montaje; no ponga sellador en el labio de cierre. Presione el retén dentro del alojamiento con un útil de montaje.

9. Monte el palier y cojinete dentro del alojamiento, asegurándose de que el cojinete se halla correctamente asentado en el alojamiento. En los modelos con rodamientos a bolas, tenga cuidado en no dañar el retén con el palier. Con los rodamientos de rodillos cónicos, monte en primer lugar el vaso cónico sobre el cojinete y lubrique el diámetro exterior del vaso y el retén con lubricante de ejes. Luego monte el conjunto de palier y cojinete dentro del alojamiento.

10. Monte el anillo de retención, tambor o rotor y pinza, rueda y neumático. Sangre los frenos.

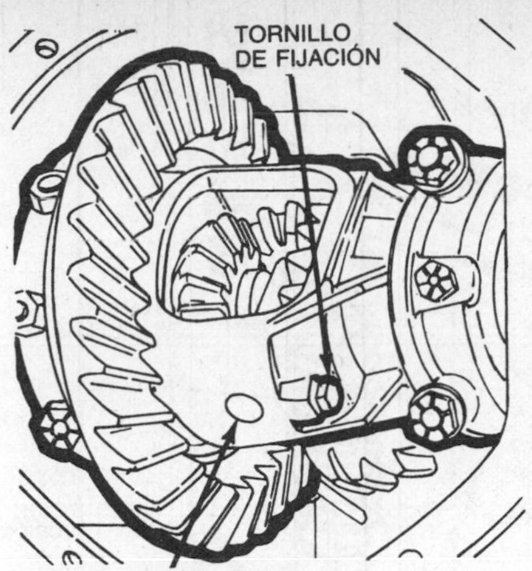

Desmontaje del tornillo de fijación del piñón diferencial

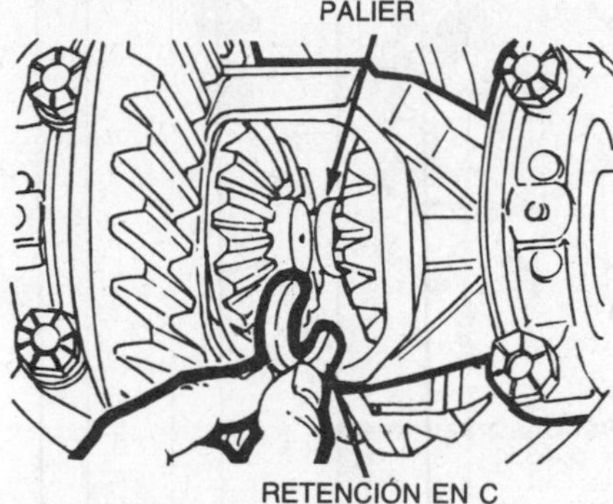

Desmontaje de las retenciones en C de los palieres

Tipo de retención en C

1. Eleve con el gato y soporte la parte trasera del coche.

2. Desmonte las ruedas y neumáticos de los tambores de los frenos.

3. Coloque un recipiente colector de drenajes bajo el alojamiento y drene el lubricante aflojando la tapa del alojamiento.

4. Desmonte las fijaciones que aseguran los tambores de freno a las bridas de los palieres.

5. Desmonte la tapa del alojamiento y junta, si lo usa.

6. Sitúe caballetes de seguridad bajo el refuerzo trasero del bastidor y baje el alojamiento del eje. Esto se hace para facilitar el acceso al interior del diferencial.

7. Trabajando a través de la abertura en el interior de la caja del diferencial, desmonte el tornillo prisionero y el eje del piñón del engranaje lateral.

8. Empuje el palier hacia adentro y desmonte los anillos abiertos de retención en C del extremo interior de los palieres. Momentáneamente vuelva a colocar el palier y el tornillo prisionero para retener los engranajes del diferencial en posición.

9. Desmonte los palieres con un martillo deslizante. Asegúrese de no dañar el retén con las estrías del palier.

10. Desmonte el rodamiento y el retén de aceite del alojamiento. El retén y el rodamiento puede desmontarlos con un martillo deslizante. Se usan dos tipos de rodamientos en algunos palieres. Uno requiere una colocación a presión, otro se coloca floja. Una colocación floja no indica necesariamente un desgaste excesivo.

11. Inspeccione el alojamiento del palier y los palieres sobre rebabas u otras irregularidades. Sustituya cualquier parte o pieza dañada. Un color amarillo claro en la muñequilla del cojinete del palier es normal, y no requiere la sustitución del palier. También son normales ligeras picadas y desgastes.

12. Cubra ligeramente con lubricante de ejes los cojinetes de rodillos de las ruedas. Introduzca los cojinetes en el alojamiento del palier hasta que el cojinete asiente firmemente contra el respaldo.

13. Limpie todo lubricante del orificio de alojamiento del retén de aceite antes de montar el retén.

14. Inspeccione los retenes originales sobre desgaste. Si es necesario éstos pueden ser sustituidos por retenes nuevos, que están pre-rellenados con lubricantes y no requieren empape.

15. Monte el retén de aceite.

ATENCIÓN

El montaje del retén sin el útil adecuado puede provocar la deformación del retén y pérdidas en el cierre. Los retenes pueden estar codificados por colores para su identificación lateral. No intercambie retenes de un lado al otro, si están codificados.

16. Desmonte el tornillo prisionero y el eje del piñón. Deslice con mucho cuidado los palieres dentro de su alojamiento. Tenga cuidado en no dañar los retenes con los extremos estriados de los palieres. Encaje los extremos estriados de los palieres en los engranajes laterales del diferencial.

17. Monte las retenciones en C de los palieres en el extremo exterior de los mismos, y asiente los anillos abiertos de retención en C en los contraorificios de los engranajes laterales del diferencial.

18. Gire los engranajes del piñón diferencial hasta que el eje del piñón diferencial pueda ser montado. Monte el tornillo prisionero del eje del piñón diferencial. Apriételo a 15-22 libras-pie.

19. Monte el tambor del freno sobre la brida del palier.

20. Monte la rueda y neumático sobre el tambor del freno y apriete la tuerca de unión.

21. Limpie de junta la superficie del alojamiento trasero y la tapa del alojamiento. Algunos modelos no utilizan una junta de «papel». En estos modelos, aplique un cordón de sellador de silicona sobre la superficie de junta. El cordón debe ir por la parte interior de los orificios de los tornillos.

22. Eleve el eje trasero de modo que esté en posición de marcha. Añada la cantidad necesaria del lubricante especificado, para llevar el nivel hasta 1/2 pulgada por debajo del orificio de llenado.

ELEVACIÓN POR GATO

NOTA: El suministro eléctrico en los sistemas de suspensión de aire debe ser desconectado antes de proceder a la elevación por grúa, polipasto, gato o remolcado de un vehículo con suspensión de aire. Esto puede llevarlo a cabo desconectando la batería o girando a la posición de desconectado el interruptor de suministro localizado en el maletero, sobre el lado izquierdo. Dejar de hacer esto, puede dar lugar a un inesperado inflado o desinflado de los muelles de aire, que a su vez puede ocasionar un movimiento del vehículo durante estas operaciones. Antes de bajar un vehículo sobre sus ruedas después de una elevación por grúa, polipasto y/o remolcado, es necesario que compruebe los muelles de aire para asegurarse de que no hay crecimiento o decrecimiento, sino que se hallan plegados normalmente y en su lugar.

Cuando se hace necesario elevar el coche para su mantenimiento, debe tomar precauciones adecuadas de seguridad. Dependiendo del año y modelo se suministra gato de parachoques, o un tipo de gato de tornillo. Hay previstas unas ranuras en los parachoques o en los largueros del bastidor para el emplazamiento del gato. No se introduzca nunca bajo el coche si éste se halla soportado solamente por el gato. Si el gato resbala o se vuelca, como a menudo hacen los gatos, quedará usted clavado bajo dos toneladas de coche. Cuando eleve el coche con un gato para cambiar una rueda siga estas precauciones: aplique del todo el freno de estacionamiento, bloquee la rueda opuesta diagonalmente a la que debe elevar, pare el motor, coloque la palanca de cambio en la posición de estacionamiento (automático), y asegúrese de que el gato se halla apoyado firmemente sobre una superficie sólida y horizontal. Si usted ha de trabajar bajo el coche, monte siempre caballetes debajo de una traviesa del bastidor próximo o de la conexión del tirante del brazo inferior delantero.

SUSPENSIÓN DELANTERA

NOTA: Para los modelos equipados con suspensión de aire, consulte la sección Suspensión delantera y trasera. Dependiendo del año y modelo, se usan diferentes diseños de suspensión delantera. El tipo 1: con el muelle helicoidal sobre el brazo oscilante superior; el tipo 2: con el muelle helicoidal sobre el brazo oscilante inferior; el tipo 3: con suspensión de puntal.

Amortiguador/tipo 1: con el muelle helicoidal sobre el brazo superior

DESMONTAJE Y MONTAJE

NOTA: Purgue el aire de un amortiguador nuevo efectuando varias veces la operación de estirarlo a su posición normal y comprimirlo en posición invertida.

1. Eleve el capó y desmonte los tres tornillos que unen el amortiguador a la torre del muelle.

2. Eleve la parte delantera del vehículo y coloque caballetes bajo los brazos oscilantes inferiores.

3. Desmonte las tuercas, arandelas y aisladores de la unión inferior del amortiguador.

4. Levante el amortiguador y el soporte superior de la torre del muelle, y desmonte el soporte del amortiguador. Desmonte los aisladores de los espárragos de la unión inferior.

5. Monte el soporte de montaje superior sobre el amortiguador. Apriete a 22-25 libras-pie. Monte los aisladores sobre los espárragos de la unión inferior.

6. Coloque el amortiguador y el conjunto de soporte superior en la torre del muelle asegurándose de que los espárragos inferiores del amortiguador se hallan en los orificios de la platina de pivotaje.

7. Monte las dos arandelas y tuercas de unión sobre los espárragos inferiores del amortiguador. Apriételos a 8-12 libras-pie.

8. Monte las tuercas de unión de los soportes de montaje superiores de los amortiguadores. Apriételas a 32-48 libras-pie.

9. Desmonte los caballetes y baje el vehículo.

Muelle helicoidal

NOTA: No intente desmontar o montar muelles sin un compresor de muelles. Si un muelle es desmontado sin el uso de un compresor de muelles, puede usted resultar lesionado de importancia.

1. Desmonte el amortiguador y el soporte de montaje.

2. Eleve el vehículo con el gato y monte un caballete bajo el extremo interior del brazo oscilante inferior. Desmonte la rueda. Coloque un bloque de madera entre el brazo oscilante y el bastidor.

3. Desmonte la tapa de engrase, el pasador de seguridad, la contratuerca y el cojinete exterior del cubo.

4. Desmonte la pinza y el rotor del freno de disco.

5. Monte un compresor(es) de muelle sobre el muelle helicoidal y comprima el muelle hasta que desaparezca la tensión del brazo oscilante.

6. Desmonte las dos tuercas de retención del brazo oscilante superior a la torre del muelle y gire los brazos fuera de la torre.

7. Suelte lentamente el compresor de muelle de encima del muelle, desmonte el útil y retire el muelle del vehículo.

8. Para montarlo, encinte el aislador superior del muelle sobre la parte superior del muelle. Coloque el muelle en la torre. Monte el compresor del muelle.

9. Gire el brazo oscilante superior hacia adentro e inserte los tornillos de retención a través de los orificios de los tornillos en la torre del muelle. Monte las tuercas de retención y apriételas a 110-130 libras-pie.

10. Suelte lentamente el compresor del muelle, mientras gira el extremo inferior del muelle dentro del asiento del muelle en el brazo oscilante superior. El extremo del muelle no debe estar a más de 1/2 pulgada de la lengüeta que hay sobre el asiento del muelle.

11. Desmonte el compresor de muelles.

12. Vuelva a montar el rotor y pinza. Monte el cojinete exterior, arandela y tuerca de ajuste sobre la mangueta. Ajuste el cojinete de la rueda. Monte la contratuerca, el pasador de seguridad y la tapa de grasa.

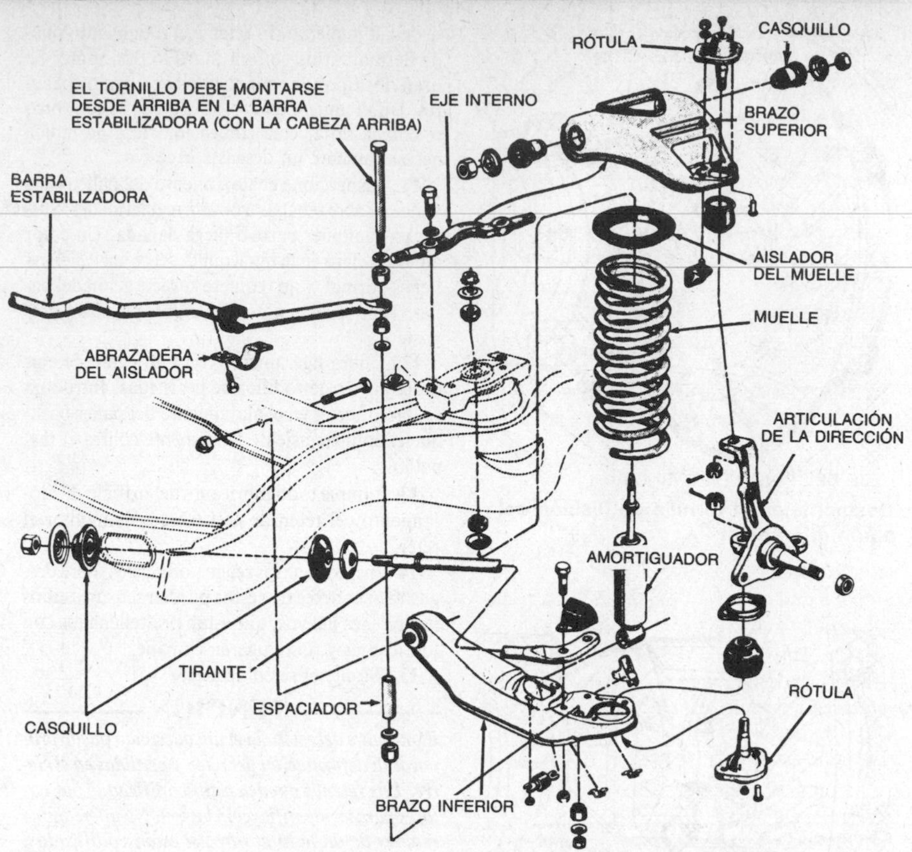

Suspensión delantera. Muelle y brazo inferior

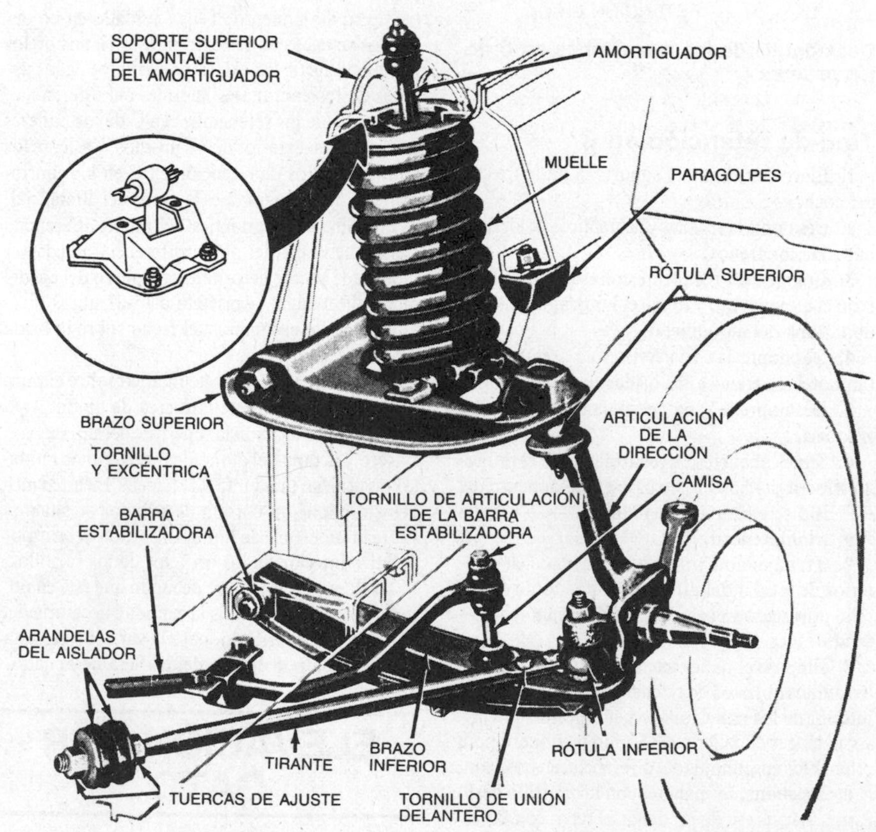

Suspensión delantera. Muelle sobre el brazo superior

13. Monte la rueda, desmonte el caballete y baje el vehículo. Monte el amortiguador y el soporte de montaje superior.

Rótula inferior

NOTA: En los vehículos que tienen los muelles helicoidales montados sobre los brazos oscilantes superiores, la rótula inferior forma parte integral del brazo oscilante inferior. Si la rótula inferior es defectuosa debe usted sustituir el brazo oscilante completo.

1. Eleve el vehículo con un gato de suelo de modo que las ruedas delanteras caigan a su posición más baja.
2. Disponga de un ayudante agarrando la parte inferior de la rueda y desplazándola hacia adentro y afuera.
3. Mientras la rueda está moviéndose, observe el brazo oscilante inferior en el punto donde la mangueta se une a él.
4. Cualquier movimiento que observe entre la parte inferior de la mangueta y el brazo oscilante inferior indica un desgaste de rótula que debe ser eliminado por sustitución.

NOTA: Durante esta verificación la rótula superior estará descargada y puede moverse; ésto es normal y no una indicación de rótula mala. Tampoco debe confundir un cojinete de rueda flojo con una rótula desgastada.

5. Sitúe un soporte entre el brazo superior y el larguero lateral.
6. Eleve el vehículo, coloque caballetes y desmonte la rueda y el neumático.
7. Desmonte la tuerca de unión de la barra estabilizadora al reenvío y desconecte la barra del reenvío.
8. Desmonte el tornillo del reenvío del brazo inferior.
9. Desmonte las tuercas y tornillos de unión de la barra tirante al brazo oscilante inferior.
10. Desmonte el pasador de seguridad de la rótula inferior y afloje la tuerca. Utilizando una herramienta de desmontaje de rótulas, afloje la espiga de la rótula en la mangueta.
11. Desmonte la tuerca de la espiga de la rótula inferior y baje el brazo.
12. Desmonte las piezas de unión del brazo inferior a la leva de los bajos de la carrocería y desmonte el brazo.
13. Para montarlo, sitúe el brazo inferior en los bajos de la carrocería y monte flojas las piezas de unión de la rótula a la leva.
14. Eleve el brazo inferior, monte el espárrago roscado de la rótula dentro de su alojamiento y monte floja la tuerca del espárrago.
15. Monte el estabilizador y el tirante y apriete las tuercas del estabilizador a 6-12 libras-pie. Apriete las tuercas del tirante al brazo a 90-115 libras-pie.
16. Apriete el espárrago de rótula 75 libras-pie, y luego continúe apretando hasta alinear los orificios del pasador de seguridad. Apriete los tornillos del brazo inferior a 85-100 libras-pie.
17. Baje el coche y desmonte el soporte del brazo superior.
18. La alineación del extremo delantero debe ser comprobada de nuevo.

Rótula superior

1. Eleve el vehículo en un elevador o sobre un gato de suelo, de modo que las ruedas delanteras queden suspendidas en su posición más baja.
2. Disponga de un ayudante agarrando la parte superior e inferior de la rueda y aplicando una presión alterna hacia adentro y afuera.
3. Un juego radial de 1/4 de pulgada es aceptable, medido en el lado interior de la rueda adyacente al brazo superior para todos los modelos, excepto el Granada, Monarch y Versailles; en estos modelos cualquier juego detectable indica desgaste de rótulas.

NOTA: La medida de este juego radial se multiplica en la circunferencia exterior del neumático y no debe medirla en ese punto. Mida solamente en el interior de la rueda. El procedimiento de la fábrica para sustituir la rótula es montar un nuevo brazo oscilante superior. La fábrica no recomienda montar una nueva rótula. Sin embargo, en las casas de venta de piezas de recambio hay rótulas disponibles y usted puede montarlas utilizando el procedimiento siguiente.

4. Coloque un soporte entre el brazo superior y el larguero del bastidor.
5. Eleve el vehículo y desmonte la rueda y neumático.
6. Desmonte el pasador de seguridad y afloje la tuerca.
7. Utilizando una herramienta para el desmontaje de rótulas, afloje la rótula de la mangueta.
8. Desmonte los tres remaches de retención de la rótula utilizando un cincel grande.
9. Desmonte la tuerca del espárrago de rótula y desmonte la rótula.
10. Limpie y elimine todas las rebabas del área de montaje de la rótula, y del brazo de control, antes de montar una nueva rótula en el brazo.
11. Monte y apriete la tuerca del espárrago de la rótula y monte el pasador de seguridad.
12. Lubrique la rótula nueva sólo con una pistola de engrase de tipo normal; utilizando una pistola de aire comprimido puede aflojar el retén de grasa de la rótula.
13. Verifique la alineación del extremo delantero.

AHORROS DE TIEMPO DE CHILTON

Cuando los casquillos de los brazos oscilantes inferiores quedan escasos de lubricante se tornan muy ruidosos. Esto a menudo podrá ser corregido con lubricación; no es necesario que sustituya los casquillos. En los modelos antiguos que no disponen de tapones de engrase, es necesario que taladre un orificio y haga una rosca en el casquillo para que admita un rácor de engrase. En los últimos modelos con tapón de engrase, se hace difícil retirar el tapón y engrasar el casquillo con las herramientas convencionales. Ford Motord Co. dispone de un juego de lubricación para el brazo superior A, que facilita enormemente la ejecución de la operación.

Brazo oscilante superior

NOTA: El eje del brazo superior y los casquillos no pueden sustituirse por separado del brazo superior.

1. Desmonte el amortiguador y el soporte de montaje superior del coche, como un conjunto. Monte un bloque de madera como soporte entre el brazo superior y la carrocería.
2. Eleve el vehículo y desmonte la rueda y neumático como un conjunto.
3. Monte el útil compresor del muelle.
4. Coloque un caballete de seguridad bajo el brazo inferior.
5. Desmonte el pasador de seguridad de la rótula superior y afloje la tuerca.
6. Utilizando la herramienta de desmontaje de rótulas, afloje la rótula de la mangueta y luego desmonte la tuerca y retire el espárrago de la mangueta.
7. Desmonte las tuercas de unión del brazo superior del compartimiento del motor y desmonte el brazo superior.
8. Monte el brazo, posiciónelo sobre el soporte de montaje y monte las tuercas de unión en los tornillos de unión del eje inferior. Apriételas a 110-130 libras-pie.
9. Monte el espárrago de la rótula superior en la mangueta y apriete la tuerca de acuerdo con el procedimiento del paso 12 de las instrucciones de la rótula inferior. Monte un nuevo pasador de seguridad.
10. Desmonte el compresor de muelle y posicione el muelle sobre el brazo superior. Monte la rueda y verifique la alineación del extremo delantero.

Amortiguador/tipo 2: con el muelle helicoidal sobre el brazo inferior

DESMONTAJE Y MONTAJE

NOTA: Purgue el aire de un amortiguador nuevo efectuando repetidas veces la operación de estirado en posición normal y comprimido en posición invertida.

1. Desmonte la tuerca, arandelas y casquillo del extremo superior del amortiguador.
2. Eleve el vehículo y monte caballetes bajo los largueros del bastidor.
3. Desmonte los dos tornillos que aseguran el amortiguador al brazo oscilante inferior y desmonte el amortiguador.
4. Monte un nuevo casquillo y arandela sobre la parte superior del amortiguador y posicione el grupo dentro del muelle delantero. Monte los dos tornillos de unión inferior y apriételos a 8-15 libras-pie.
5. Desmonte los caballetes y baje el vehículo.
6. Coloque un nuevo casquillo y arandela sobre el espárrago superior del amortiguador y monte una nueva tuerca de unión. Apriétela a 22-30 libras-pie.

Muelle helicoidal y brazo oscilante inferior

1980 Y POSTERIORES

1. Eleve el coche y sopórtelo con caballetes. Desmonte el neumático y la rueda.

2. Desconecte el reenvío del estabilizador del brazo inferior.

3. Desmonte las tuercas de unión inferior del amortiguador.

4. Desmonte la tuerca superior del amortiguador y desmonte el amortiguador.

5. Desmonte el reenvío central de la dirección desde la biela de la dirección.

6. Monte un útil compresor de muelles. Inserte el pasador de seguridad a través de la tuerca de la rótula superior y la varilla de compresión. Esta clavija sólo puede insertarse en una dirección. Con la tuerca de la rótula superior asegurada, gire la platina de modo que avance hacia arriba por la espiral del muelle y contacte con el asiento superior del muelle. Retroceda la tuerca 1/2 vuelta.

7. Monte la tuerca de la rótula inferior y la arandela de empuje sobre la varilla de compresión y apriete la tuerca de presión hasta que el muelle esté libre en su asiento.

8. Desmonte los dos tornillos-pivote del brazo oscilante inferior.

9. Desacople el brazo del bastidor y desmonte el conjunto del muelle.

10. Si está montando un muelle viejo. Mida también la longitud del muelle y la cantidad de curvatura en orden a simplificar la compresión y el montaje del muelle nuevo.

11. Afloje la tuerca de presión y desmonte el muelle del útil.

12. Arme el útil compresor de muelles sobre el muelle nuevo en la misma posición en que fue desmontado el viejo.

13. Posicione el muelle en el brazo inferior.

14. Para montarlo invierta el proceso de desmontaje.

Rótula inferior

1. Eleve el vehículo colocando un gato bajo el brazo inferior para retirar la precarga de la rótula inferior.

2. Haga que un ayudante agarre la parte superior e inferior de la rueda y aplique alternativamente presión a la parte superior y a la inferior de la rueda.

3. Un juego radial de 1/4 de pulgada es aceptable, medido en el interior de la rueda, adyacente al brazo inferior.

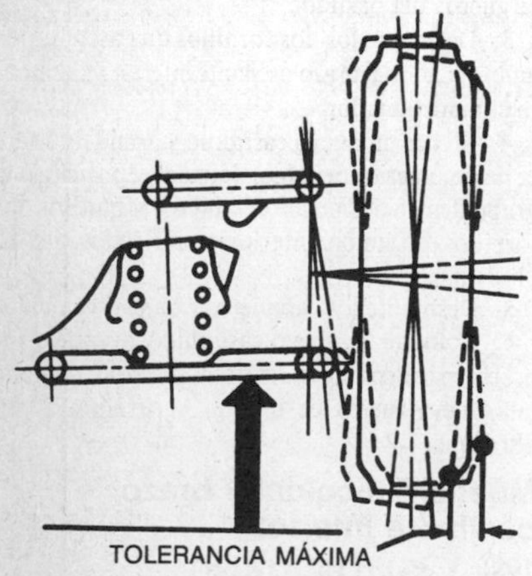

Medición del juego radial de la rótula inferior

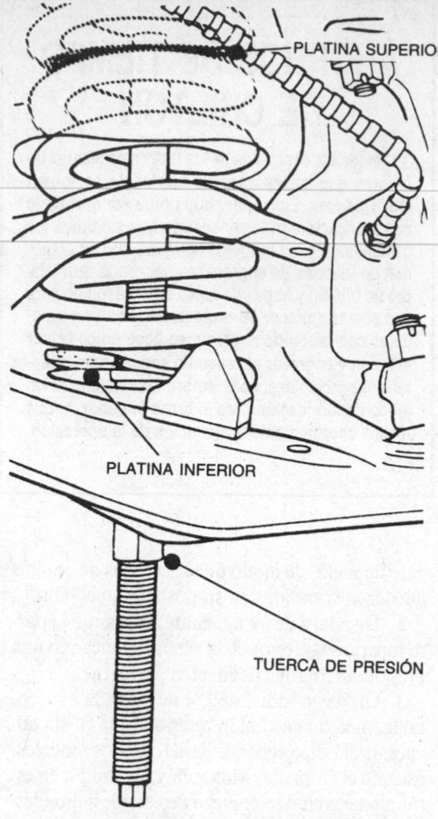

Compresor del muelle montado

4. Para los procedimientos de sustitución vea los pasos 4-11 del apartado Rótula superior.

NOTA: Este juego radial está multiplicado en la circunferencia exterior del neumático y debe medirlo sólo en el interior de la rueda.

Rótula superior

1. Eleve el vehículo colocando un gato bajo el brazo inferior.

2. Haga que un ayudante agarre la parte inferior de la rueda y la desplace adentro y afuera.

3. Mientras es movida la rueda, observe usted el brazo oscilante superior, en el punto en que la mangueta se une a él. Cualquier movimiento entre la parte superior de la mangueta y la rótula superior indica que la rótula es defectuosa y debe ser sustituida.

NOTA: Durante esta verificación, la rótula inferior estará descargada y puede moverse; esto es normal y no indica que sea una rótula mala. Del mismo modo, no debe confundir un cojinete de rueda flojo con una rótula defectuosa. Ford Motor Company recomienda la sustitución del brazo oscilante y rótula como un conjunto. Sin embargo, en los servicios de post-venta de piezas de recambio, hay disponibles rótulas que puede usted montar aplicando el procedimiento siguiente. Este procedimiento lo puede utilizar para ambas rótulas, superior e inferior.

4. Eleve el vehículo y sopórtelo con caballetes bajo puntos del bastidor de modo que las ruedas delanteras caigan hasta su posición más baja.

5. Taladre un orificio de 1/8 de pulgada, pasando a través de cada remache de unión de la rótula.

6. Utilizando un cincel grande corte la cabeza de cada remache y extráigalo del brazo.

7. Coloque un gato bajo el brazo inferior y elévelo para comprimir el muelle helicoidal. No eleve el vehículo de los caballetes.

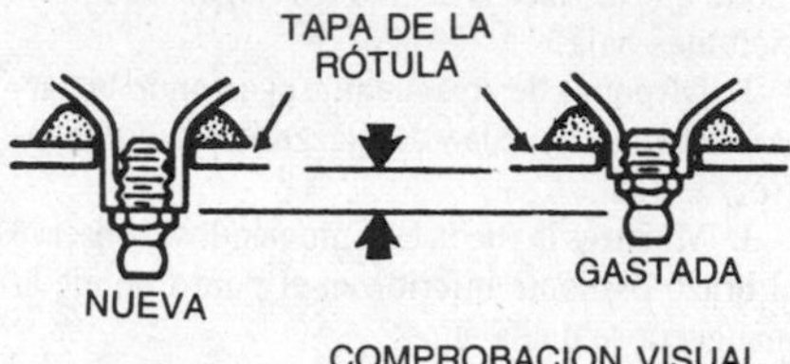

Indicador de desgaste de la rótula

8. Desmonte el pasador de seguridad y la tuerca de unión del espárrago de rótula.

9. Utilizando una herramienta desmontadora de rótulas, afloje el espárrago de rótula de la mangueta y desmonte la rótula del brazo.

10. Limpie todas las rebabas de metal del brazo y monte la rótula nueva utilizando las tuercas y tornillos del juego de mantenimiento, para unir la rótula. No intente volver a remachar la rótula una vez ha sido desmontada.

11. Compruebe la alineación del extremo delantero.

Brazo oscilante superior

1. Eleve el vehículo y soporte el bastidor con caballetes de seguridad colocados bajo el punto de pivotaje trasero del brazo inferior. Desmonte la rueda.

2. Desmonte el pasador de seguridad de la tuerca del espárrago de rótula. Afloje la tuerca algunas vueltas, pero no la desmonte.

3. Monte el útil de desmontaje de rótulas entre los espárragos de las rótulas superior e inferior. Expanda el útil hasta que se coloque el espárrago superior bajo compresión. Golpee la mangueta cerca del espárrago con un martillo para aflojar el espárrago.

4. Desmonte el útil. Eleve el brazo inferior con un gato hasta que se descargue la presión del espárrago superior. Desmonte la tuerca del espárrago superior.

5. Desmonte los tornillos de unión del eje superior y del brazo superior.

6. Para montarlo, posicione el brazo en el bastidor, monte las tuercas de unión y apriételas a 120-140 libras-pie. Conecte el espárrago superior a la mangueta. Monte las tuercas de unión y apriételas a 75 libras-pie, y luego continúe apretando hasta alinear los orificios del pasador de seguridad. Monte un nuevo pasador de seguridad. Monte la rueda, ajuste los cojinetes de la rueda, y baje el coche. El avance, inclinación y convergencia puede ajustarlos después del montaje.

Amortiguador tipo 3: con suspensión de puntal

DESMONTAJE Y MONTAJE

Conjunto de puntal y montante superior

1. Eleve la parte delantera del coche y coloque caballetes bajo las almohadillas para la elevación con el gato, justo detrás de los brazos inferiores.

2. Desmonte la rueda y el neumático. Desmonte la pinza de freno y apártela a un lado, pero no deje que la pinza cuelgue del conducto de freno. Eleve el brazo inferior con un gato para comprimir el muelle.

3. Desmonte las tres tuercas del montaje superior del puntal de la parte superior de la torre del amortiguador (si se sustituye el montaje superior en los modelos Tunderbird/Cougar, afloje la tuerca de 16 mm del vástago del tirante en este momento).

4. Desmonte las dos tuercas inferiores que unen el puntal al soporte de la mangueta. Deje los tornillos en su sitio.

5. Comprima el puntal para separarlo del montaje superior. Con el puntal comprimido, desmonte los tornillos pasantes inferiores del puntal-amortiguador. Empuje el soporte de montaje liberándolo de la mangueta, y desmonte el puntal.

NOTA: En los modelos equipados con puntales de gas a presión, el puntal permanecerá totalmente extendido. Desmonte con cuidado los dos tornillos inferiores de unión del puntal a la mangueta, empuje el soporte para liberarlo de la mangueta y desmonte el puntal.

6. Para el montaje, coloque el montaje superior en posición sobre la torre del amortiguador. Monte flojas todas las tuercas del nuevo montaje superior. Extienda el puntal y colóquelo en el soporte de la mangueta. Monte flojos los dos tornillos y tuercas de montaje inferiores. Apriete las tuercas a 140-170 libras-pie.

7. Eleve el brazo de control con un gato de suelo y apriete las tuercas del montaje superior a 50-70 libras-pie.

8. Monte las restantes piezas en el orden inverso al desmontaje.

Rótula

Sólo se utiliza una rótula en cada lado, localizada en el brazo inferior. Está equipada con un rácor de engrase que sobresale más allá de la tapa de la rótula. Cuando la superficie de control (el saliente redondo dentro del que está roscado el rácor de engrase) está enrasada con la tapa, debe usted sustituir la rótula. La rótula y el brazo inferior debe sustituirlos como un conjunto. Siga las instrucciones para la sustitución del brazo.

Muelle helicoidal

1. Eleve y soporte la parte delantera del vehículo sobre caballetes colocados en las almohadillas, justo detrás de los brazos inferiores. Desmonte la rueda y la pinza de freno. Suspenda la pinza con el manguito conectado atada con un alambre fuera del paso.

2. Desconecte el extremo de la barra de acoplamiento de la mangueta de la dirección.

3. Desconecte la barra estabilizadora del brazo. Desmonte los tornillos del mecanismo de la dirección y baje el mecanismo apartándolo para dejar espacio si es necesario para el desmontaje del tornillo del brazo de la suspensión.

4. Monte un compresor de muelles. Gire la tuerca de apriete sobre el útil de modo que el muelle esté libre en el asiento.

5. Desmonte los dos tornillos de pivotaje del brazo oscilante inferior y desacople el brazo del bastidor. Desmonte el muelle.

6. Inviértalo para el montaje. Asegúrese de que el extremo inferior del muelle está correctamente posicionado entre los orificios de la cavidad del muelle del brazo inferior.

Brazo inferior

1. Eleve y soporte la parte delantera del vehículo sobre caballetes. Sitúe los caballetes en las almohadillas de elevación que se hallan justo detrás de los brazos oscilantes inferiores.

2. Desmonte las ruedas. Desmonte la pinza de freno y el rotor.

3. Desconecte el extremo de la barra de acoplamiento de la mangueta de la dirección. Desmonte los tornillos de montaje del mecanismo de la dirección y colóquela a un lado dejando espacio para desmontar el tornillo de montaje de la suspensión.

4. Desconecte la barra estabilizadora del brazo inferior. Desmonte el pasador de seguridad de la tuerca del espárrago de la rótula, y afloje la tuerca dos vueltas. Dé golpes secos a la mangueta para lograr que se afloje el espárrago en la mangueta.

5. Comprima el muelle helicoidal con un compresor de muelle adecuado. Desmonte la tuerca del espárrago de la rótula y eleve el conjunto completo de espárrago y mangueta. Átelo con alambre y sujételo arriba y fuera del paso.

6. Desmonte los tornillos de montaje del brazo de la suspensión a la traviesa de montaje. Desmonte el brazo oscilante y el muelle helicoidal.

7. Móntelo en el orden inverso al desmontaje. Apriete la tuerca del espárrago a 80 libras-pie, y luego continúe apretándola hasta que se alineen los orificios del pasador de seguridad. Monte un pasador de seguridad nuevo. Apriete la tuerca del extremo de la barra de acoplamiento a 35-47 libras-pie. El par de apriete del tornillo de la barra estabilizadora es de 9-12 libras-pie. El del mecanismo de la dirección a la traviesa de montaje es de 90-100 libras-pie.

8. Compruebe la alineación del extremo delantero.

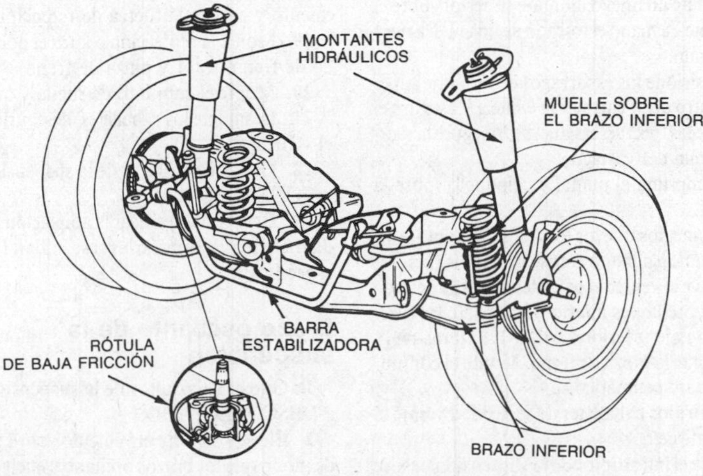

Suspensión típica con montante

Componentes de la suspensión delantera

ATENCIÓN

El suministro de energía al sistema de aire debe interrumpirlo girando a la posición de DESCONECTADO el interruptor de la suspensión de aire (en el maletero), o bien desconectando la batería, siempre que efectúe el mantenimiento de cualquier componente de la suspensión.

DESMONTAJE Y MONTAJE

Aisladores del reenvío de la barra estabilizadora

1. Gire el interruptor de la suspensión de aire a la posición de DESCONECTADO.

2. Eleve el vehículo y sopórtelo sobre caballetes.

3. Desmonte la tuerca, la arandela y el aislador del extremo del tornillo de unión del reenvío de la barra estabilizadora.

4. Desmonte el tornillo y las restantes arandelas, aisladores y el espaciador.

5. Monte los aisladores del reenvío de la barra estabilizadora invirtiendo el procedimiento de desmontaje.

6. Apriete la tuerca de unión.

7. Baje el vehículo. Gire el interruptor del sistema de aire a la posición de CONECTADO.

Barra estabilizadora y/o casquillo

1. Gire el interruptor del sistema de la suspensión de aire a la posición de DESCONECTADO.

2. Eleve el vehículo y sopórtelo sobre caballetes.

3. Desconecte la barra estabilizadora de cada reenvío y las abrazaderas en U de los casquillos.

4. Desmonte los soportes del adaptador y las abrazaderas en U.

5. Corte los casquillos gastados de la barra estabilizadora.

6. Cubra las piezas necesarias de la barra estabilizadora con lubricante de aisladores de suspensiones de goma de Ford, E25Y-19533-A o equivalente, y deslice los casquillos sobre la barra estabilizadora. Vuelva a montar las abrazaderas en U.

7. Vuelva a montar los soportes del adaptador sobre las abrazaderas en U.

8. Utilizando un tornillo y tuerca nuevos, asegure cada extremo de la barra estabilizadora al brazo de suspensión inferior.

9. Utilizando tornillos nuevos, sujete con la abrazadera la barra estabilizadora a los soportes de unión sobre el larguero lateral.

10. Baje el vehículo. Gire el interruptor del sistema de la suspensión de aire a la posición de CONECTADO.

Sustitución del puntal amortiguador

1. Gire el interruptor del sistema de la suspensión de aire a la posición de DESCONECTADO.

2. Gire la llave de encendido a la posición de desbloqueo para dejar libre el movimiento de las ruedas delanteras.

3. Desde el compartimiento del motor afloje, pero no desmonte, la tuerca de 16 mm que une el vástago del puntal al montaje superior. Una herramienta cónica adecuada insertada en la ranura sujetará inmovilizada la barra mientras afloja la tuerca. El vehículo debe estar en posición para ser elevado y no debe ser conducido con la tuerca aflojada o desmontada.

4. Eleve y soporte el vehículo. Coloque caballetes de seguridad bajo los brazos oscilantes inferiores, tan alejados de la parte exterior como sea posible, asegurándose de que el soporte de montaje del sensor inferior está despejado. Descienda el vehículo hasta que su peso se encuentre soportado por los brazos inferiores.

5. Desmonte conjuntamente la rueda y el neumático.

6. Desmonte la pinza de freno y átela con alambre a un lado.

7. Desmonte la tuerca de unión del puntal al montaje superior y luego las dos tuercas y tornillos inferiores que unen el puntal a la mangueta.

NOTA: El puntal debe estar sujeto firmemente durante el desmontaje del último tornillo, ya que la presión de gas causará el estirado total del puntal cuando se desmonte.

8. Levante el puntal hacia arriba desde la mangueta para comprimir la varilla, y desmonte el puntal.

9. Cebe el nuevo puntal extendiéndolo y comprimiéndolo por el vástago cinco veces.

10. Coloque el vástago del puntal a través del montaje superior, e inicie y asegure una tuerca nueva de 16 mm.

11. Comprima el puntal y colóquelo sobre la mangueta.

12. Monte dos nuevos tornillos de montaje inferiores e inicie a mano el roscado de las tuercas.

13. Eleve el vehículo para descargar los brazos oscilantes inferiores y apriete las tuercas de montaje inferiores.

14. Monte la pinza de freno. Monte el conjunto de rueda y neumático.

15. Desmonte los caballetes de seguridad y baje el vehículo al suelo.

16. Gire el interruptor de la suspensión de aire a CONECTADO.

NOTA: La alineación de la rueda delantera debe comprobarla y ajustarla si se halla fuera de lo especificado.

Conjunto de montaje superior

NOTA: Los montajes superiores son grupos de una sola pieza y no pueden desarmarse.

1. Gire el interruptor del sistema de la suspensión de aire a CERRADO.

2. Gire la llave de encendido a la posición de desbloqueo, para permitir el libre movimiento de las ruedas.

3. Desde el compartimiento del motor afloje, pero no desmonte, las tres tuercas de retención de 12 mm del montaje superior. El vehículo debe estar colocado sobre un elevador y no debe ser conducido con las tuercas desmontadas. No desmonte los remaches explosivos que sujetan posicionada la platina de la cámara.

4. Afloje la tuerca del vástago de 16 mm en este momento.

5. Eleve el vehículo y coloque caballetes de seguridad bajo los brazos oscilantes inferiores, tan alejados del borde exterior como sea posible, asegurándose de que el soporte de montaje del sensor inferior está despejado. Baje el vehículo hasta que su peso se halle soportado por los brazos inferiores.

6. Desmonte el conjunto de rueda y neumático.

7. Desmonte la pinza de freno y gírela hacia afuera de su posición, atándola con un alambre fuera del paso.

8. Desmonte las tuercas de retención del montaje superior y las dos tuercas y tornillos inferiores que sujetan el puntal a la mangueta.

NOTA: El puntal debe sujetarlo firmemente durante el desmontaje del último tornillo, ya que la presión del gas hará que el puntal se extienda del todo una vez desmontado.

9. Levante el puntal de la mangueta para comprimir el vástago y luego desmonte el puntal.

10. Desmonte el montaje superior del puntal.

11. Monte un nuevo montaje superior sobre el puntal e inicie a mano el roscado de una nueva tuerca de 16 mm.

12. Posicione los espárragos de montaje superiores dentro de la carrocería e inicie y asegure el roscado de las tres tuercas nuevas. Asegure la tuerca de 16 mm del vástago.

13. Comprima el puntal y colóquelo sobre la mangueta.

14. Monte dos nuevos tornillos de montaje inferiores e inicie a mano el roscado de las tuercas.

15. Eleve el vehículo para descargar el peso de los brazos oscilantes inferiores y apriete las tuercas de montaje inferiores a 126-179 libras-pie.

16. Monte la pinza de freno. Monte el conjunto de rueda y neumático.

17. Retire los caballetes de seguridad y baje el vehículo al suelo.

18. Gire el interruptor de la suspensión de aire a CONECTADO.

19. Debe comprobar la alineación de las ruedas delanteras y ajustarlas si se hallan fuera de lo especificado.

Conjunto de la mangueta

1. Gire el interruptor de la suspensión de aire a DESCONECTADO.

2. Eleve y soporte el vehículo sobre caballetes de seguridad.

3. Desmonte el conjunto de rueda y neumático.

4. Desmonte la pinza de freno, el rotor y la protección contra el polvo.

5. Desmonte el reenvío del estabilizador desde el conjunto del brazo inferior.

6. Desmonte el extremo de la barra de acoplamiento desde la mangueta.

7. Desmonte el pasador de seguridad de la tuerca del espárrago de rótula y afloje la tuerca una o dos vueltas.

ATENCIÓN

NO desmonte la tuerca del espárrago de rótula en este momento.

8. Golpee enérgicamente el saliente de la mangueta para descargar la presión del espárrago.

9. Coloque un gato de suelo bajo el brazo inferior, comprima el muelle de aire y desmonte la tuerca del espárrago.

10. Desmonte los dos tornillos y tuercas que unen la mangueta al puntal amortiguador. Comprima el puntal amortiguador hasta que disponga de suficiente espacio para trabajar.

11. Desmonte el conjunto de la mangueta.

12. Coloque la mangueta en el espárrago de rótula y monte la tuerca nueva del espárrago. NO la apriete aún.

13. Baje el puntal amortiguador hasta que los orificios de unión estén alineados con los que hay en la mangueta. Monte dos nuevos tornillos y tuercas.

14. Apriete la tuerca del espárrago de rótula y monte el pasador de seguridad.

15. Baje el gato de suelo de la parte inferior del brazo de suspensión y desmonte el gato.

16. Apriete las tuercas de montaje del puntal amortiguador a la mangueta.

17. Monte el reenvío de la barra estabilizadora y apriete la tuerca de unión.

18. Acople el extremo de la barra de acoplamiento y apriete la tuerca de retención.

19. Monte la protección contra el polvo del disco de freno, rotor y pinza de freno.

20. Monte el conjunto de rueda y neumático.

21. Desmonte los caballetes de seguridad y baje el vehículo.

22. Gire el interruptor de la suspensión de aire a CONECTADO.

23. Debe usted verificar la alineación de las ruedas delanteras y ajustarlas si se hallan fuera de lo especificado.

Brazo oscilante de la suspensión

1. Gire el interruptor de la suspensión de aire a DESCONECTADO.

2. Eleve y soporte el vehículo sobre caballetes de modo que los brazos oscilantes cuelguen libremente (rebote total).

3. Desmonte el conjunto de rueda y neumático.
4. Desconecte el conjunto de barra de acoplamiento de la mangueta de la dirección.
5. Desmonte los tornillos del mecanismo de dirección, si es necesario, y coloque el mecanismo de modo que pueda usted desmontar el tornillo del brazo de la suspensión.
6. Desconecte el reenvío de la barra estabilizadora del brazo inferior.
7. Desconecte el extremo inferior del sensor de altura del espárrago de montaje del sensor del brazo oscilante inferior. Desmonte el espárrago de montaje del sensor y destorníllelo del brazo inferior anotando la posición del espárrago en el soporte del brazo inferior.
8. Desmonte el pasador de la tuerca del espárrago de rótula y afloje la tuerca una o dos vueltas. NO desmonte la tuerca aún. Golpée enérgicamente el saliente de la mangueta para descargar la presión del espárrago.
9. Descargue el(los) muelle(s) de aire a la presión atmosférica. Luego vuelva a montar el solenoide.
10. Desmonte el clip de sujeción del brazo inferior al muelle de aire.
11. Desmonte la tuerca de la rótula y eleve el conjunto completo de puntal y mangueta (puntal, rotor, pinza y mangueta). Átelo todo con alambre apartándolo del paso para disponer de espacio de trabajo.
12. Desmonte las tuercas y tornillos de unión del brazo de suspensión a la traviesa de montaje y desmonte el brazo de la mangueta.
13. Posicione el brazo dentro de la traviesa de montaje y monte unos tornillos y tuercas de unión nuevos del brazo a la traviesa de montaje. NO los apriete aún.
14. Desmonte el alambre del conjunto de puntal y mangueta y únalo al espárrago de rótula. Monte una nueva tuerca de rótula. NO la apriete aún.
15. Coloque el muelle de aire en el brazo y monte un nuevo sujetador.
16. Acople el espárrago de montaje del sensor y rósquelo al brazo inferior en la misma posición que la original en el brazo. Conecte el extremo inferior del sensor al espárrago de montaje del brazo inferior.
17. Con un gato adecuado, eleve el brazo de suspensión a la altura refrenada.
18. Con el gato aún en su sitio, apriete la tuerca de unión del brazo inferior a la traviesa de montaje a 150-180 libras-pie.
19. Apriete la tuerca del espárrago de rótula a 100-180 libras-pie, y monte un nuevo pasador de seguridad. Desmonte el gato.
20. Monte los tornillos y tuercas (si los desmontó) de unión del mecanismo de la dirección a la traviesa de montaje y apriete las tuercas a 90-100 libras-pie.
21. Posicione el conjunto de la barra de acoplamiento dentro de la mangueta de la dirección y monte la tuerca de retención. Apriete las tuercas a 35 libras-pie, y continúe apretando para alinear las próximas ranuras de las almenas de la tuerca con el orificio del pasador de seguridad en el espárrago. Monte un nuevo pasador de seguridad.
22. Conecte la articulación de la barra estabilizadora al brazo de suspensión inferior y apriete la tuerca de unión a 9-12 libras-pie.
23. Monte el conjunto de rueda y neumático y baje el vehículo, pero NO deje que las ruedas toquen el suelo.
24. Gire el interruptor de la suspensión de aire a CONECTADO.
25. Vuelva a llenar el(los) muelle(s) de aire.
26. Debe comprobar la alineación de las ruedas delanteras y ajustarlas si es necesario.

Cojinete de rueda delantera

AJUSTE

1. Eleve y soporte la parte delantera de vehículo sobre caballetes.
2. Desmonte el tapacubos de la rueda y la tapa de grasa.
3. Desmonte el pasador de seguridad y la contratuerca.
4. Afloje la tuerca de ajuste tres vueltas y haga rodar la rueda varias veces adelante y atrás para liberar las zapatas de freno del rotor.
5. Mientras gira el conjunto de la rueda y cubo, apriete la tuerca de ajuste a 17-25 libras-pie.
6. Retire la tuerca de ajuste 1/2 vuelta y luego reapriétela a 10-15 libras-pie.
7. Monte la contratuerca y un pasador de seguridad nuevo. Verifique la rotación de la rueda. Si es ruidosa o áspera los cojinetes están necesitados de limpieza o carga de grasa, o de un reajuste. Una vez que el ajuste se complete vuelva a poner el tapón de la grasa.

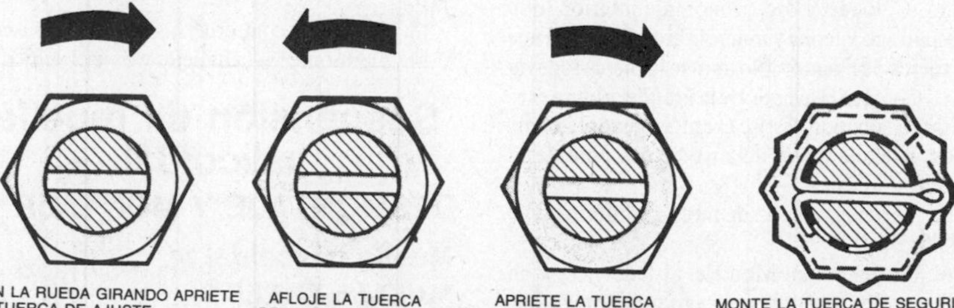
CON LA RUEDA GIRANDO APRIETE LA TUERCA DE AJUSTE A 17-25 LIBRAS-PIE
AFLOJE LA TUERCA DE AJUSTE ½ VUELTA
APRIETE LA TUERCA DE AJUSTE A 10-15 LIBRAS-PIE
MONTE LA TUERCA DE SEGURIDAD Y UN PASADOR NUEVO

Ajuste del cojinete de la rueda delantera

SUSPENSIÓN TRASERA

NOTA: Para los modelos equipados con suspensión de aire consulte, por favor, la sección siguiente a ésta. La suspensión trasera es diferente según el año y el modelo. Los diseños básicos son el muelle de ballestas de hojas y el muelle helicoidal (entre el alojamiento del eje y el bastidor, o el brazo oscilante y el bastidor).

Amortiguadores

DESMONTAJE Y MONTAJE

NOTA: Purgue de aire un amortiguador nuevo efectuando repetidamente la operación de estirarlo en posición normal y comprimirlo mientras está invertido. Los modelos equipados con amortiguadores de vibraciones (dampers) del eje, se revisan sosteniendo la parte trasera del vehículo, desmontando la rueda, y desconectando las tuercas de montaje delantera y trasera, y desmontando el damper.

1. Desmonte el extremo inferior del amortiguador de la platina del muelle ballesta.
2. Desmonte la tuerca de retención del extremo superior del amortiguador al soporte de montaje bajo el coche.
3. Comprima y desmonte el amortiguador. Deseche las tuercas.
4. Transfiera las arandelas y casquillos al nuevo amortiguador. Inserte el espárrago superior a través del soporte de montaje y monte con los dedos una tuerca de unión nueva.
5. Comprima y monte el amortiguador en la platina del muelle. Monte la arandela, el casquillo y las tuercas de unión.
6. Apriete las tuercas de unión superior e inferior.

MUELLE ENTRE EL ALOJAMIENTO DEL EJE Y EL BASTIDOR

1. Eleve el vehículo y monte caballetes.
2. Desmonte la tuerca de unión, la arandela y el aislador exterior del amortiguador del espárrago de la parte más elevada del asiento superior del muelle. Comprima el amortiguador suficientemente para que salga del orificio del asiento del muelle y desmonte el aislador interior y la arandela del espárrago de unión superior.
3. Desmonte la contratuerca y desconecte el espárrago inferior del amortiguador del soporte de montaje sobre el alojamiento del eje. Desmonte el amortiguador.
4. Coloque la arandela y el aislador interior nuevos sobre el asiento superior del muelle. Mientras mantiene el amortiguador en esta posición, monte un aislador exterior, arandela y tuerca nuevos sobre el espárrago del lado más alto del asiento superior del muelle.
5. Estire el amortiguador. Sitúe el espárrago inferior en el orificio del soporte de montaje sobre el alojamiento del eje y monte la contratuerca.

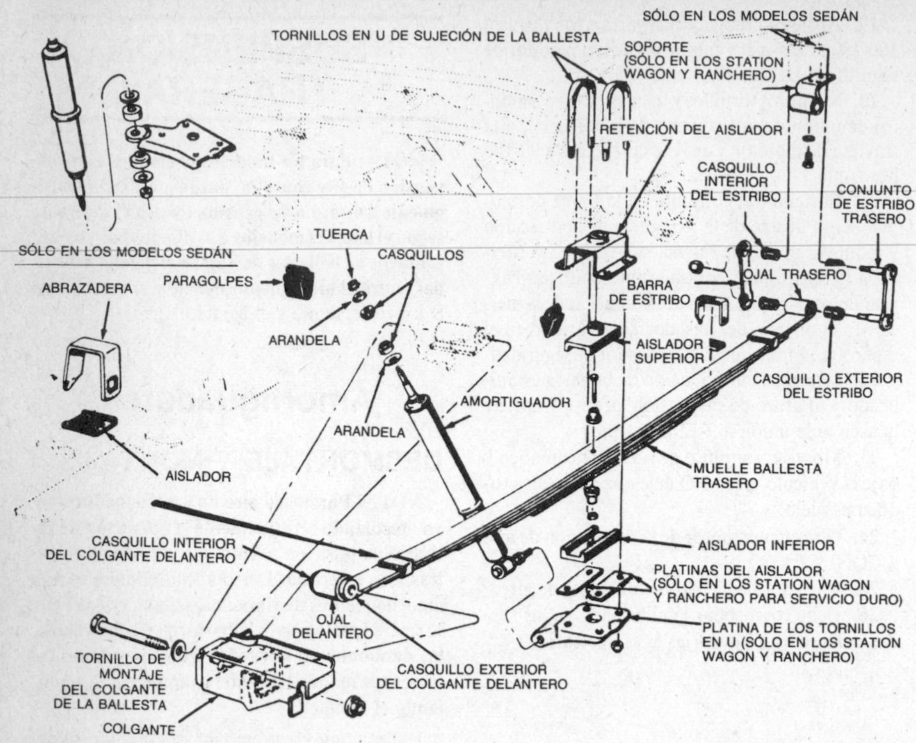

Vista en despiece ordenado de una suspensión trasera con muelle de ballesta de hojas

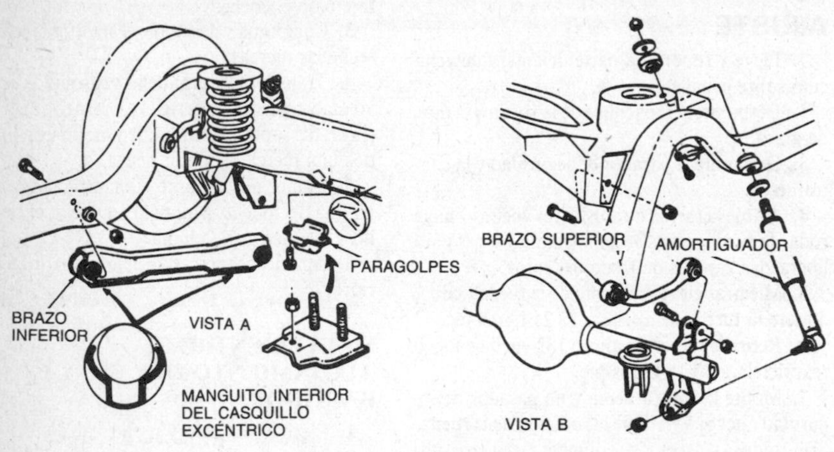

Suspensión trasera con muelle helicoidal

MUELLE ENTRE EL BRAZO OSCILANTE INFERIOR Y EL BASTIDOR

1. Desmonte la tuerca de unión superior, la arandela y el aislador. El acceso se efectúa a través del maletero en los sedanes o por la tapa decorativa del panel lateral en los station wagon y hatchbacks. Los espárragos del sedán tienen tacos de goma.
2. Eleve el coche. Comprima el amortiguador para que salga de la torre superior. Desmonte la tuerca y la arandela inferior; desmonte el amortiguador.
3. Purgue el aire del amortiguador y comprímalo. Coloque el ojo de montaje inferior sobre el espárrago inferior y monte la arandela y una nueva tuerca de bloqueo. No apriete la tuerca todavía.
4. Coloque el aislador y la arandela sobre el espárrago superior. Estire el amortiguador, monte el espárrago a través del orificio del montaje superior.
5. Apriete la tuerca de montaje inferior a 40-55 libras-pie.
6. Baje el coche. Monte el aislador y la arandela exterior sobre el espárrago superior y monte una tuerca nueva. Apriete a 14-26 libras-pie. Monte el panel decorativo en los station wagons y hatchbacks, o el capuchón de goma en los sedanes.

Ballestas

DESMONTAJE Y MONTAJE

Suspensión de ballesta de hojas

1. Eleve el vehículo y coloque soportes entre los bajos de la carrocería y el eje.
2. Desconecte el extremo inferior del amortiguador y colóquelo apartado a un lado. Desmonte los soportes de la parte inferior del eje.
3. Desmonte las tuercas de la platina de la ballesta del tornillo en U y desmonte la platina de la ballesta. Con un gato eleve el eje trasero justo lo suficiente para descargar el peso del alojamiento de la ballesta.
4. Desmonte las dos tuercas de retención del estribo trasero, la barra del estribo y los dos casquillos exteriores.
5. Desmonte el conjunto del estribo trasero y los dos casquillos exteriores.
6. Desmonte la tuerca del tornillo de montaje de la ballesta y golpee el tornillo sacándolo de los casquillos del soporte colgante delantero. Levante y retire el conjunto de la ballesta.

NOTA: Todos los componentes de unión usados (tuercas, tornillos, etc.) debe desecharlos y sustituirlos por nuevos antes del montaje. Los casquillos puede usted lubricarlos con jabón y agua para facilitar el montaje del tornillo; no utilice grasa o aceite.

7. Sitúe la ballesta de hojas bajo el alojamiento del eje e inserte el conjunto del estribo dentro del soporte colgante trasero y del ojo trasero de la ballesta.
8. Monte los casquillos interiores del estribo, platina del estribo y las contratuercas. Apriete a mano las contratuercas.
9. Sitúe el ojo de la ballesta en el colgante delantero deslice la arandela en el tornillo colgante delantero, y desde el lado interior inserte el tornillo a través del colgante y el ojo. Monte la contratuerca sobre el tornillo del colgante con la fuerza de los dedos.
10. Baje el alojamiento del eje trasero de modo que descanse sobre la ballesta. Coloque la platina de la ballesta sobre el tornillo en U y apriete las tuercas.
11. Una el extremo inferior del amortiguador a la platina de la ballesta utilizando una tuerca nueva.
12. Coloque caballetes de seguridad bajo el eje trasero. Baje el vehículo hasta que la ballesta esté aproximadamente en la posición de carga refrenada y apriete la contratuerca del colgante delantero.
13. Apriete las contratuercas del estribo trasero.
14. Desmonte los caballetes y baje el vehículo.

Suspensión de muelle helicoidal

DESMONTAJE Y MONTAJE

Muelle helicoidal

MUELLE ENTRE EL ALOJAMIENTO DEL EJE Y EL BASTIDOR

1. Coloque un gato bajo el alojamiento del eje

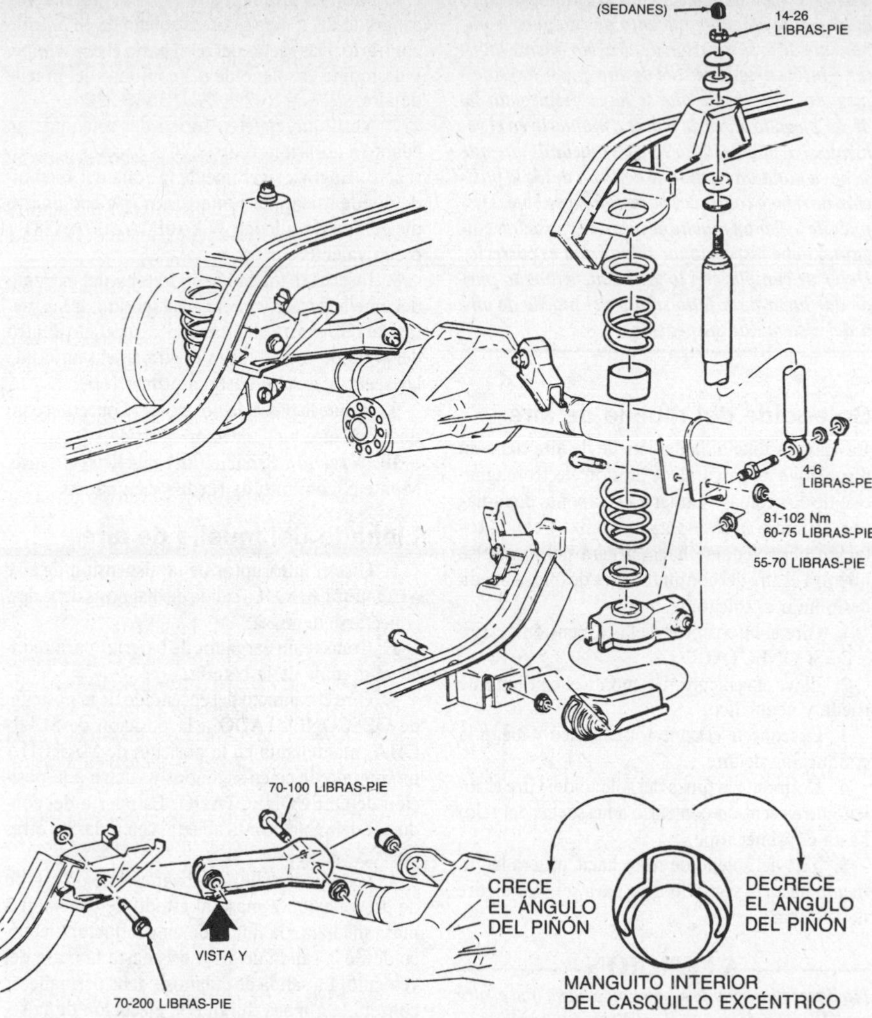

Suspensión de muelle helicoidal con cuatro barras de articulación

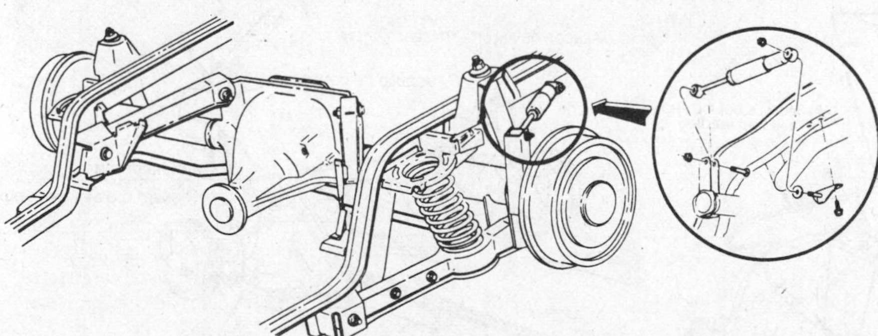

Suspensión trasera Hydra-trac, mostrando los absorbedores de vibraciones

trasero. Eleve el vehículo y coloque caballetes bajo los largueros laterales del bastidor.

2. Desconecte los espárragos inferiores de los amortiguadores de los soportes de montaje del alojamiento del eje.

3. Baje el alojamiento del eje hasta que el muelle esté totalmente libre.

4. Desmonte los muelles y los aisladores del vehículo.

5. Coloque los aisladores en cada asiento superior y posicione los muelles entre los asientos superior e inferior.

6. Con los muelles en posición, eleve el alojamiento del eje hasta que los espárragos inferiores de los amortiguadores traseros alcancen los soportes de montaje sobre el alojamiento del eje. Conecte los espárragos inferiores y monte las tuercas de unión.

7. Desmonte los caballetes y baje el vehículo.

MUELLE ENTRE EL BRAZO OSCILANTE INFERIOR Y EL BASTIDOR

NOTA: Si usted debe sustituir un muelle, también deberá sustituir el otro. Si el coche tiene barra estabilizadora, deberá desmontar previamente la barra.

1. Eleve y soporte el coche por la traviesa de montaje trasera, mientras soporta el eje con un gato.

2. Baje el eje hasta que los amortiguadores estén totalmente alargados.

3. Coloque un gato bajo el tornillo-pivote del brazo oscilante inferior. Desmonte el tornillo-pivote y la tuerca. Con cuidado y lentamente baje el brazo hasta que se libre la carga del muelle.

4. Desmonte el muelle y los aisladores.

5. Para montarlo, encinte el aislador en su posición del bastidor y coloque el aislador inferior en su posición sobre el brazo. Monte el damper interno del muelle.

6. Sitúe el muelle en posición y eleve lentamente el gato bajo el brazo inferior. Monte el tornillo-pivote y la tuerca, con la tuerca dando cara al exterior. No apriete la tuerca.

7. Eleve el eje a la altura refrenada, y apriete el tornillo-pivote inferior a 70-100 libras-pie. Desmonte los caballetes de la traviesa de montaje y baje el coche.

Brazo oscilante trasero

1. Eleve y soporte el vehículo sobre caballetes posicionados en las almohadillas del bastidor.

2. Sitúe un gato de suelo bajo el eje trasero y elévelo ligeramente. Posicione caballetes en ambos extremos del eje para soportar el peso del eje.

3. Coloque un gato bajo el tornillo-pivote del brazo inferior y elévelo para sostenerlo. Desmonte el tornillo-pivote y la tuerca.

4. Baje lentamente el gato y desmonte el muelle helicoidal. Desmonte el brazo oscilante.

5. Monte el brazo oscilante en orden inverso al desmontaje.

SUSPENSIÓN DE AIRE

Componentes

DESMONTAJE Y MONTAJE

ATENCIÓN

NO desmonte un muelle de aire bajo ninguna circunstancia cuando haya presión en él. No desmonte ninguno de los componentes que soportan un muelle de aire sin haber vaciado el aire o dado soporte al muelle.

Fijaciones de la suspensión

Las fijaciones de la suspensión son piezas de unión importantes que puede afectar al trabajo de componentes y sistemas vitales y/o pueden producir un gasto de entretenimiento más elevado. Deben ser reemplazadas por fijaciones del mismo número de pieza o por una pieza equivalente, si la sustitución se hace necesaria. NO utilice una pieza de recambio de menor calidad o de diseño sustitutivo. Los valores de los pares de apriete debe aplicarlos tal como se especifica durante el ensamblado, para asegurar la correcta retención de las piezas. Utilice fijaciones nuevas siempre que las viejas se hayan aflojado o desmontado, y cuando se monten piezas componentes nuevas.

Elevación y soportado del coche

ATENCIÓN

Debe usted interrumpir el suministro eléctrico al sistema de suspensión de aire antes de elevarlo con un aparato de elevación o gato, o al remolcar un vehículo de suspensión de aire. Esto puede realizarlo desconectando la batería o girando a desconectado el interruptor de alimentación del sistema localizado en el lado izquierdo del maletero. Dejar de efectuar esta operación puede tener como consecuencia un repentino inflado o desinflado de los muelles de aire que haga tambalear el vehículo durante la realización de estos trabajos.

Eleve la delantera del vehículo por la traviesa de montaje n.º 2 hasta que los neumáticos se separen del suelo. Sostenga la carrocería del vehículo con caballetes en cada esquina delantera y luego baje el gato de suelo de modo que la suspensión delantera se halle en posición de rebote total. Repita este proceso para la suspensión trasera, excepto la elevación de la carrocería, situando el gato en la parte trasera.

ATENCIÓN

El suministro eléctrico del sistema de aire debe interrumpirlo girando a desconectado el interruptor de la suspensión de aire (que se halla en el maletero), o bien desconectando la batería siempre que efectúe el mantenimiento de cualquier componente de la suspensión de aire. No intente montar o inflar ningún muelle de aire que se haya desplegado. Un muelle que se haya desplegado ha de ser plegado antes de volver a montarlo en el vehículo. No intente inflar ningún muelle de aire que se haya hundido cuando se desinfló desde la posición de rebote colgando, hasta el tope de bote. Después de inflar un muelle de aire en la posición colgante, debe inspeccionar si la forma es correcta. Dejar de cumplir con lo arriba mencionado puede dar lugar a un fallo súbito del muelle de aire o del sistema de suspensión.

Solenoide del muelle de aire

La válvula solenoide del muelle de aire tiene un dispositivo de descarga de presión electromagnético de dos etapas, similar a los tapones de radiador. Primero se desmonta una pinza y con la rotación del solenoide hacia afuera del muelle se liberará el aire del conjunto antes de que se pueda desmontar el solenoide.

1. Gire el interruptor de la suspensión de aire a DESCONECTADO.
2. Eleve el vehículo. Desmonte el conjunto de rueda y neumático.
3. Desconecte el conector eléctrico y luego la conducción de aire.
4. Desmonte la pinza del solenoide. Gire el solenoide en sentido contrario a las saetas del reloj hasta el primer tope.
5. Tire del solenoide recto hacia afuera lentamente hasta el segundo tope para sangrar el aire del sistema.

ATENCIÓN

No libere plenamente el solenoide hasta que el aire esté totalmente sangrado del muelle de aire.

6. Después de que el aire haya sido totalmente sangrado del sistema, gire el solenoide en sentido contrario a las saetas del reloj hasta el tercer tope, y desmonte el solenoide del conjunto del muelle de aire.
7. Verifique el retén tórico del solenoide en cuanto a abrasión o cortes. Si es necesario, sustitúyalo. Engrase ligeramente la zona del solenoide donde asienta la junta tórica con compuesto dieléctrico de silicona WA-10D7AZ-19AA331-1 o equivalente.
8. Inserte el solenoide en la tapa del extremo del muelle de aire y gírelo en el sentido de las saetas del reloj hasta el tercer tope, empújelo dentro del segundo tope y luego lo gira en el sentido de las saetas del reloj hasta el primer tope.
9. Monte la pinza del solenoide. Conecte el conducto de aire y el conector eléctrico.
10. Vuelva a llenar el(los) muelle(s) de aire. Monte el conjunto de rueda y neumático.

Llenado del muelle de aire

1. Gire el interruptor de la suspensión de aire a CONECTADO. La salida de diagnosis debe desconectarse de masa.
2. Conecte un cargador de baterías para reducir el drenaje de la batería.
3. Gire el contacto del encendido de la posición de DESCONECTADO a la posición de MARCHA, manténgalo en la posición de MARCHA un mínimo de cinco segundos y vuelva a la posición de DESCONECTADO. La puerta del conductor del vehículo está abierta, con todas las otras puertas cerradas.
4. Cambie la salida de diagnosis de un estado de desconexión a masa al estado de conexión a masa mediante la unión de un conductor eléctrico desde la salida de diagnosis hasta la masa del vehículo. La salida de diagnosis debe permanecer conectada a masa durante la ejecución de la secuencia de llenado del muelle.

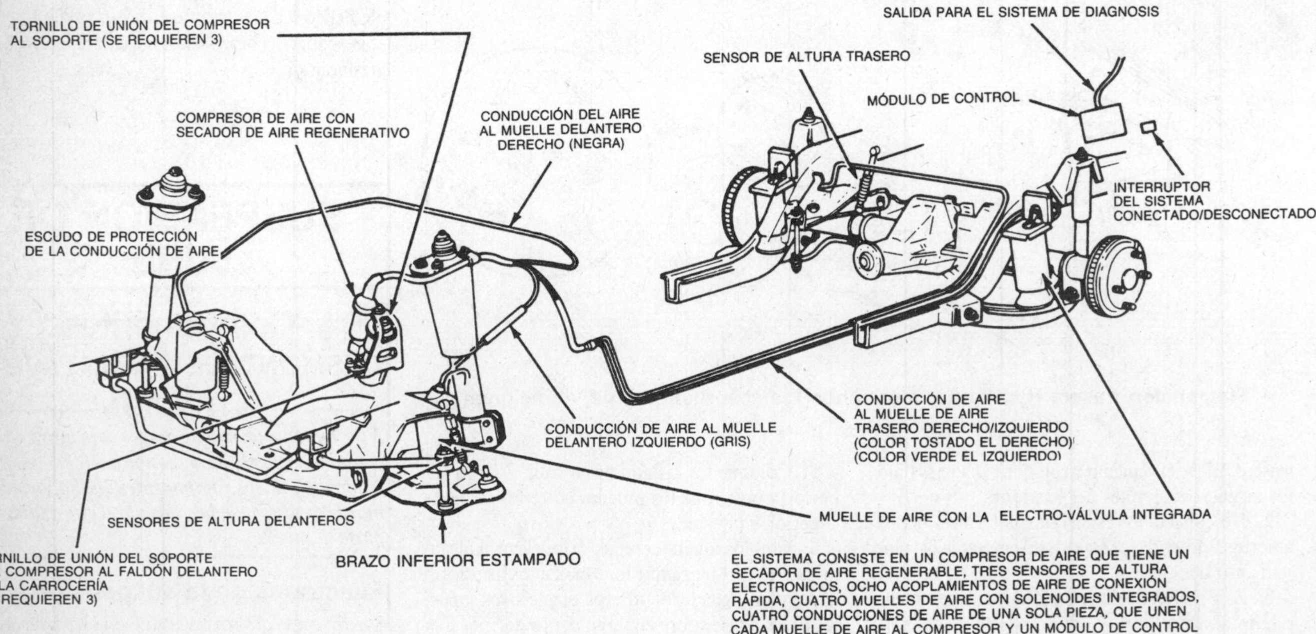

Suspensión por aire

5. Al mismo tiempo que aplica los frenos, gire el interruptor de encendido a la posición de MARCHA. (La puerta debe estar abierta. No arranque el vehículo.) La lámpara de alerta parpadeará continuamente una vez cada dos segundos para indicar que ha sido introducida la secuencia de la bomba del muelle.

6. Para llenar un(unos) muelle(s) trasero(s) cierre y abra la puerta dos veces. Después de una espera de seis segundos, el muelle trasero se llenará en 60 segundos.

7. Para llenar un(unos) muelle(s) delantero(s) cierre y abra la puerta dos veces. Después de una espera de 6 segundos, el muelle delantero se llenará en 60 segundos.

8. Para llenar unos muelles delanteros y traseros, llene primero los muelles traseros (paso 6). Cuando el muelle trasero haya terminado de llenarse, cierre y abra la puerta una vez iniciado el llenado del muelle delantero.

9. Se termina el llenado del muelle de aire girando el interruptor del encendido a DESCONECTADO, accionando el freno, o desconectando de masa la salida de diagnosis. La salida de diagnosis debe desconectarse de masa al final del llenado del muelle.

10. Baje el vehículo y arranque el motor. Deje que el vehículo se nivele con las puertas cerradas.

Muelle de aire (delantero o trasero)

1. Gire el interruptor de la suspensión de aire a DESCONECTADO.

2. Eleve y soporte el vehículo. La suspensión debe estar en el rebote pleno.

3. Desmonte el conjunto de neumático y rueda.

4. Desmonte el solenoide del muelle de aire.

5. Desmonte las fijaciones del muelle al brazo inferior. Desmonte la pinza para el muelle delantero y/o desmonte los tornillos para el muelle trasero.

6. Empuje hacia abajo sobre la pinza del muelle en el collarín del muelle de aire y gire el collarín en sentido contrario a las saetas del reloj para liberar el muelle de su asiento en la carrocería. Desmonte el muelle de aire.

7. Monte el solenoide del muelle de aire. Posicione correctamente el solenoide. Para el montaje de mano izquierda (muelle delantero o trasero) la muesca en el collarín ha de estar alineada con la línea central del solenoide. Para el montaje de mano derecha (delantero o trasero) el plano del collarín ha de estar alineado con la línea central del solenoide.

8. Monte el muelle de aire dentro del asiento del muelle en la carrocería, teniendo cuidado en mantener las conexiones de aire y eléctricas del solenoide limpias y libres de daños. Gire el collarín del muelle hasta que la pinza del muelle chasquee al encajar en su posición. Asegúrese de que el collarín del muelle de aire está retenido por las tres lengüetas con rodillos sobre el asiento del muelle en la carrocería.

9. Una la conducción de aire y el conector eléctrico al conjunto del solenoide.

10. Alinee y asegure el brazo inferior al acoplamiento del muelle con la suspensión en el rebote total y soportada por los amortiguadores.

ATENCIÓN

Los muelles de aire pueden dañarse si permite que el muelle se comprima antes de inflarlo.

11. Reponga el conjunto de neumático y rueda.

12. Baje el vehículo hasta que el conjunto de neumático y rueda se halle a 1-3 pulgadas sobre el suelo. Vuelva a llenar el(los) muelle(s) de aire.

Conjunto de compresión de aire y secador

1. Gire el interruptor de la suspensión de aire a DESCONECTADO.

2. Desconecte el conector eléctrico localizado en el compresor.

3. Desmonte la tapa protectora de la conducción de aire del secador liberando las dos clavijas del pestillo, localizadas en el fondo de la tapa, a 180 grados una de otra.

4. Desconecte las cuatro conducciones de aire del secador.

5. Desmonte los tres tornillos de retención del compresor de aire al soporte de montaje.

6. Posicione el conjunto de compresor de aire y secador al soporte de montaje y monte los tres tornillos de montaje.

7. Conecte las cuatro conducciones de aire al secador.

8. Conecte la conexión eléctrica. Monte la tapa protectora de la conducción de aire sobre el secador.

9. Gire el interruptor de la suspensión de aire a CONECTADO.

Secador, compresor de aire

1. Gire el interruptor de la suspensión de aire a DESCONECTADO.

2. Desmonte la tapa de protección del secador soltando las dos clavijas del pestillo localizadas en el fondo de la tapa, a 180 grados una de otra.

3. Desconecte las cuatro conducciones de aire del secador.

4. Desmonte la pinza y el tornillo de retención del secador.

5. Desmóntelo del conjunto de la cabeza.

6. Verifique para asegurarse de que la arandela tórica vieja no se ha quedado en el conjunto de la cabeza.

7. Compruebe el extremo del secador para asegurarse de que la arandela tórica nueva se halla en posición correcta.

8. Inserte el secador dentro del conjunto de la cabeza y monte la pinza de retención y el tornillo.

9. Conecte las cuatro conducciones de aire en el secador.

10. Monte la tapa protectora de la conducción de aire en el secador.

11. Gire el interruptor de la suspensión de aire a CONECTADO.

Soporte de montaje, compresor de aire

1. Gire el interruptor de la suspensión de aire a DESCONECTADO.

2. Desmonte el conjunto del compresor de aire y secador.

3. Eleve y soporte el vehículo con caballetes.

4. Desmonte el conjunto de neumático y rueda delantero izquierdo.

5. Desmonte la guarnición del guardabarros interior delantero izquierdo.

6. Desmonte los tres tornillos de unión del soporte de montaje a la plancha lateral de la carrocería.

7. Sitúe el soporte de montaje sobre la plancha lateral de la carrocería con las dos lengüetas de posicionado.

8. Asegure los tres tornillos de unión del soporte a la plancha lateral de la carrocería.

9. Monte la guarnición del guardabarros interior delantero izquierdo.

10. Monte el conjunto de neumático y rueda.

11. Baje el vehículo.

12. Monte el conjunto de compresor y secador. Gire el interruptor de la suspensión de aire a CONECTADO.

Sensores de altura-delanteros

1. Gire el interruptor de la suspensión de aire a DESCONECTADO.

2. Desconecte el conector eléctrico del sensor. Los conectores de los sensores se localizan en el compartimiento del motor, detrás de las torres de los amortiguadores.

3. Empuje el conector del sensor delantero a través del orificio de acceso que hay en la parte trasera de la torre del amortiguador.

4. Eleve y soporte el vehículo sobre caballetes. La suspensión debe estar en el rebote pleno.

5. Desconecte el extremo del fondo y luego el extremo superior del sensor de los espárragos de fijación.

6. Desconecte los cableados del sensor de las pinzas de plástico sobre la torre del amortiguador y desmonte el sensor.

7. Conecte el extremo superior y luego el del fondo del sensor a los espárragos de fijación. Dirija el conector eléctrico del sensor como lo requiera para conectarlo al cableado del vehículo.

8. Baje el vehículo. Conecte el conector del sensor. Gire el interruptor de la suspensión de aire a CONECTADO.

Sensor de altura-trasero

1. Gire el interruptor de la suspensión de aire a DESCONECTADO.

2. Desconecte el conector eléctrico del sensor localizado en el maletero, en la delantera del panel decorativo hacia la parte anterior. Tire también de la alfombra del maletero hacia atrás, para acceder a la arandela de cierre del sensor, localizada en el panel del piso.

3. Levante y soporte el vehículo sobre caballetes. La suspensión debe estar en rebote total.

4. Desconecte los extremos del sensor, primero el superior y luego el inferior, de los espárragos de fijación.

5. Empuje hacia arriba en la arandela de cierre para sacarla de su asiento y luego empuje el sensor a través del orificio del panel del suelo hacia el interior del maletero.

6. Baje el vehículo.

7. Conecte el conector del sensor y luego empuje el sensor a través del orificio del panel del suelo asegurándose de asentar la arandela de cierre en su asiento. Reponga la alfombra del maletero.

8. Eleve y soporte el vehículo sobre caballetes.

9. Conecte los extremos del sensor, primero superior y luego el inferior. Baje el vehículo.

10. Gire el interruptor de la suspensión de aire a CONECTADO.

Módulo de control

1. Gire el interruptor de la suspensión de aire a DESCONECTADO. El interruptor de encendido se pone también en DESCONECTADO.

2. Desmonte el panel decorativo del lado izquierdo del maletero.

3. Desconecte los cableados del módulo.

4. Desmonte las tres tuercas de unión.

5. Desmonte el módulo.

6. Posicione el módulo y asegúrelo con las tres tuercas de unión.

7. Conecte el cableado al módulo.

8. Monte el panel decorativo del lado izquierdo del maletero. Gire el interruptor de la suspensión de aire a CONECTADO.

Conducción de aire de nylon

Si se detecta una fuga en una conducción de aire, puede ser reparada cortando cuidadosamente la conducción con un cuchillo afilado para asegurar un corte limpio, bueno y recto. Luego monte un rácor de reparación. Si se requiere más tubo, se puede adquirir en rollos. Las cuatro conducciones de aire son de color codificado para identificar qué muelle conecta, pero no requiere orientación en el secador del compresor de aire. Un tapón protector de plástico y un tubo enroscado protegen las conducciones desde el secador hacia atrás sobre la torre del amortiguador izquierdo, en el compartimiento del motor. Encamine las conducciones, después de salir del tubo protector, como sigue:

Delantero izquierdo/gris: abajo y a través de la pared trasera de la torre del amortiguador izquierdo, al solenoide del muelle de aire.

Delantero derecho/negro: hacia el sobrepanel y a lo largo del mismo, sobre el lado derecho del vehículo, hacia adelante y abajo, a través de la pared trasera de la torre del amortiguador derecho, hacia el solenoide del muelle de aire.

Trasero izquierdo/verde, trasero derecho/tostado: a través de la plancha lateral izquierda dentro de la pared del guardabarros, a través del panel del salpicadero superior izquierdo (arandela de cierre de goma) dentro del habitáculo, bajo el salpicadero hacia el balancín izquierdo, a lo largo del balancín hacia el pasarruedas trasero izquierdo, sobre el pasarruedas dentro del maletero. La conducción de aire izquierda va hacia abajo, a través del panel del piso (arandela de cierre de goma) en la delantera de la torre del amortiguador trasero izquierdo. La conducción de aire derecha va a través del soporte del asiento trasero y luego abajo a través del piso (arandela de cierre de goma) en la delantera de la torre del amortiguador trasero derecho.

Acoplamientos de conexión rápida

Si se detecta cualquier fuga de los ocho acoplamientos de conexión rápida, pueden ser reparados utilizando un juego de reparación que contiene una junta tórica nueva, boquilla, anillo de desacople y herramienta de desmontaje de la junta tórica. El alojamiento exterior del acoplamiento no puede repararse.

Para desmontar la boquilla y la junta tórica, inserte un pequeño trozo de conducción de aire, agarre firmemente la conducción de aire (no utilice alicates) y tire rectamente hacia afuera (NO utilice el botón de desacoplo). Se requiere una fuerza de 30-50 libras para desmontar la boquilla. Después de desmontar la boquilla, utilice la herramienta de desmontaje para extraer el retén tórico viejo.

Para mantenimiento, inserte el retén tórico nuevo y asiéntelo en el fondo del alojamiento del acoplamiento. Luego inserte la nueva boquilla asegurándose de que el extremo con cuatro pitones está insertado. Presione la boquilla introduciéndola en su posición con la fuerza de los dedos. Monte un nuevo botón de desacople.

Retenes tóricos

Las áreas que tienen retenes tóricos que pueden ser reparados por sustitución son: cabeza del compresor de aire al secador: un anillo tórico. Solenoide del muelle de aire a la tapa del extremo: dos anillos tóricos cada solenoide. Acoplamiento de conexión rápida: cuatro anillos tóricos en el secador y uno en cada muelle de aire. Si se detectan fugas de aire en estas áreas, puede usted desmontar los componentes siguiendo los procesos desarrollados en esta sección y montar nuevos anillos tóricos.

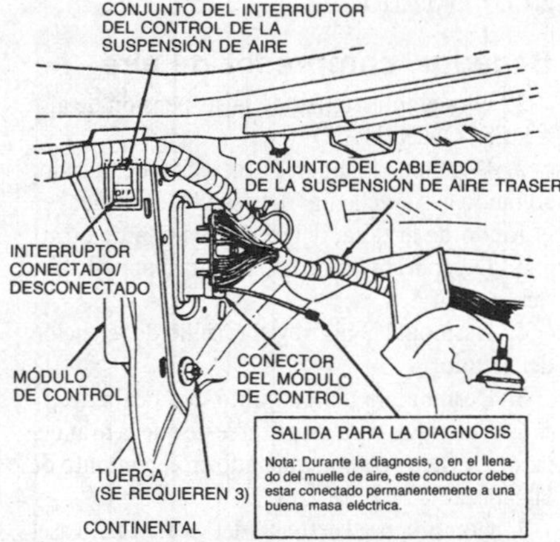

Interruptor de cierre de la suspensión de aire en el Continental

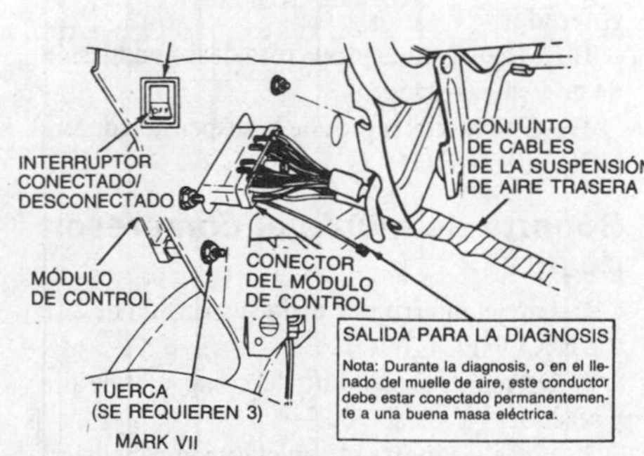

Interruptor de cierre de la suspensión de aire en el Mark VII

Interruptor de la suspensión de aire

1. Desconecte el conector de aire.

2. Desmonte el tornillo que retiene el relé sobre la torre del amortiguador delantero izquierdo y desmonte el relé.

3. Sitúe el relé sobre la torre del amortiguador y monte el tornillo de retención.

4. Conecte el conector eléctrico.

Suspensión trasera Componentes

DESMONTAJE Y MONTAJE

Amortiguador

ATENCIÓN

El suministro eléctrico del sistema de aire debe interrumpirlo girando el interruptor (en el maletero) de la suspensión de aire a DESCONECTADO, o desconectando la batería, siempre que efectúe el mantenimiento de cualquier componente de la suspensión.

1. Gire el interruptor de la suspensión de aire a DESCONECTADO.

2. Abra el maletero y desmonte los paneles decorativos interiores para acceder al espárrago superior.

3. Afloje pero no desmonte la tuerca de retención del vástago del amortiguador

4. Eleve el vehículo y posicione dos caballetes de seguridad bajo el eje trasero. Baje el vehículo hasta que el peso sea soportado por el eje trasero.

5. Desmonte la tuerca, la arandela y el aislador de unión superior y luego monte la cubierta protectora del amortiguador (sólo en el amortiguador derecho) y el tornillo y tuerca del cerrojo de fijación inferior del amortiguador, de los soportes inferiores del amortiguador.

6. Desde la parte inferior del vehículo, comprima el amortiguador para sacarlo de la sujeción en la torre superior del amortiguador.

ATENCIÓN

Los amortiguadores se alargarán sin necesidad de ayuda. No aplique calor o llama al amortiguador durante el desmontaje.

7. Desmonte el amortiguador.

8. Cebe el nuevo amortiguador estirándolo y comprimiéndolo cinco veces.

9. Coloque la arandela interior y el aislador en el espárrago de unión superior. Sitúe el espárrago a través del orificio de montaje de la torre del amortiguador y posicione un aislador y arandela sobre el espárrago desde el maletero. Inicie el roscado a mano de la tuerca y luego asegúrela.

10. Coloque el ojo de montaje inferior del amortiguador entre las orejas del soporte de montaje del amortiguador inferior, comprimiendo el amortiguador lo requerido. Inserte el tornillo (la cabeza del tornillo debe asentar en el lado interior del soporte del amortiguador), a través del soporte del amortiguador y el ojo de montaje del amortiguador. Inicie a mano el roscado de la tuerca de unión original y luego asegúrela.

11. Monte la tapa protectora, en el amortiguador de mano derecha. Esto lo debe hacer insertando la punta del tornillo y tuerca dentro del extremo abierto dentro de la protección, deslizando la tapa sobre el soporte del amortiguador y enganchando el extremo cerrado de la tapa sobre la cabeza del tornillo. Montada correctamente, la tapa ocultará la punta del tornillo, tuerca y cabeza del tornillo. El extremo redondeado o cerrado de la tapa debe apuntar hacia adentro.

12. Eleve el vehículo y desmonte los caballetes de seguridad de la parte inferior del eje y luego baje el vehículo.

13. Vuelva a montar los paneles decorativos interiores.

14. Gire el interruptor de la suspensión de aire a CONECTADO.

Brazo oscilante inferior

NOTA: Si tiene que sustituir un brazo, sustituya también el otro.

1. Gire el interruptor de la suspensión de aire a DESCONECTADO.

2. Eleve y soporte el vehículo de modo que la suspensión se halle en rebote total.

3. Desmonte el conjunto de neumático y rueda.

4. Descargue el(los) muelles(s) de aire a la presión atmosférica. Luego vuelva a montar el solenoide.

5. Desmonte los dos tornillos de unión del muelle de aire al brazo inferior y desmonte el muelle de aire del brazo inferior.

6. Desmonte el tornillo de unión del bastidor al brazo y del eje al brazo y desmonte el brazo del vehículo.

7. Coloque el conjunto del brazo inferior dentro de los soportes del brazo delantero e inserte un nuevo tornillo-pivote y tuerca de unión del brazo al bastidor, con la tuerca de cara al exterior. NO la apriete aún.

8. Sitúe el casquillo trasero en el soporte del eje y monte un nuevo tornillo y tuerca de unión del brazo al eje con la tuerca dando la cara al exterior. NO la apriete aún.

9. Monte dos nuevos tornillos de unión del muelle de aire al brazo. NO los apriete aún.

10. Utilizando un gato adecuado, eleve el eje a la altura refrenada. Apriete el tornillo delantero del brazo inferior, el tornillo del pivote trasero y el muelle de aire al brazo, asegurándose de que el pistón de muelle de aire está aplastado sobre el brazo inferior. Desmonte el gato.

11. Reponga el conjunto de neumático y rueda.

12. Baje el vehículo.

13. Gire el interruptor de la suspensión de aire a CONECTADO.

14. Vuelva a llenar el(los) muelle(s).

Brazo oscilante superior y casquillos del eje

NOTA: Si tiene que sustituir un brazo, sustituya también el otro.

1. Gire el interruptor de la suspensión de aire a DESCONECTADO.

2. Eleve y soporte el vehículo de modo que la suspensión esté en rebote total.

3. Sobre el lado derecho desacople el sensor de altura trasero del lado del brazo. Tome nota de la posición del soporte de ajuste del sensor sobre el brazo superior.

4. Desmonte el tornillo-pivote y tuerca de unión del brazo superior al eje.

5. Desmonte el tornillo-pivote y tuerca de unión del brazo superior al bastidor. Desmonte el brazo superior del vehículo.

6. Coloque el útil de casquillos de eje del brazo superior en posición y desmonte el conjunto del casquillo.

7. Utilizando una herramienta de montaje, monte el conjunto del casquillo dentro de la oreja porta-casquillo del eje trasero.

8. Coloque el brazo superior dentro del soporte del larguero lateral de la carrocería. Inserte un nuevo tornillo-pivote y tuerca de unión (encarada hacia afuera) del brazo superior al bastidor. NO lo apriete aún.

9. Alinee el orificio del pivote del brazo superior al eje con el orificio del casquillo del eje. Si es preciso eleve el eje utilizando un gato adecuado, para alinearlo. Monte un nuevo tornillo-pivote y tuerca (encarada hacia afuera). NO la apriete aún.

10. En el lado derecho, vuelva a acoplar el sensor de altura trasero. Sitúe el soporte de ajuste en la misma posición que ocupaba sobre el brazo colocado y apriete la tuerca.

11. Utilizando un gato adecuado eleve el eje a la altura refrenada y apriete el tornillo del brazo superior delantero y el tornillo del brazo superior trasero.

12. Desmonte los caballetes que soportan el eje.

13. Baje el vehículo.

14. Gire el interruptor de la suspensión de aire a CONECTADO.

Aisladores del reenvío de la barra estabilizadora

1. Gire el interruptor de la suspensión de aire a DESCONECTADO.

2. Eleve y soporte el vehículo sobre caballetes.

3. Desmonte la tuerca, la arandela y el aislador del extremo del tornillo de unión del reenvío de la barra estabilizadora.

4. Desmonte el tornillo y los restantes espaciadores, arandelas y aisladores.

5. Monte los aisladores del reenvío de la barra estabilizadora invirtiendo el procedimiento de desmontaje. Debe utilizar un tornillo y tuerca nuevos.

6. Apriete la tuerca.

7. Baje el vehículo.

8. Gire el interruptor de la suspensión de aire a CONECTADO.

Casquillos de la barra estabilizadora

1. Gire el interruptor de la suspensión de aire a DESCONECTADO.

2. Eleve y soporte el vehículo sobre caballetes.

3. Desconecte la barra estabilizadora de cada reenvío, y las abrazaderas en U, de los casquillos. Desmonte el conjunto de la barra estabilizadora.

4. Desmonte las abrazaderas en U.

5. Corte los casquillos gastados de la barra estabilizadora.

6. Cubra las piezas necesarias de la barra estabilizadora con lubricante para aisladeros, a base de suspensión de caucho, de Ford, E25Y-19553-A o equivalente, y deslice nuevos casquillos sobre la barra estabilizadora. Vuelva a montar las abrazaderas en U.

7. Utilizando nuevos tornillos y tuercas, una la barra estabilizadora al eje. No apriete los tornillos aún.

8. Utilizando nuevos tornillos y tuercas, una el extremo del reenvío de la barra estabilizadora a la carrocería. Apriete la tuerca de unión del reenvío y luego los tornillos de unión del eje.

9. Baje el vehículo.

10. Gire el interruptor de la suspensión de aire a CONECTADO.

FRENOS

Para todos los procedimientos de reparación y mantenimiento del sistema de frenos no detalladas abajo, consulte por favor el capítulo Frenos en la sección de Reparación.

NOTA: Existe un freno de estacionamiento independiente que acciona las zapatas de freno de las ruedas traseras o las almohadillas, mediante un reenvío mecánico por cable. Se utilizan frenos de disco delanteros. Los frenos de disco traseros son normales en el modelo Versailles y disponibles para varios modelos, cuando están equipados con el Sistema Hydro-Boost, de servofreno asistido hidráulicamente. Los procedimientos completos para el mantenimiento se dan en la sección de Reparación.

Cilindro principal

DESMONTAJE Y MONTAJE

Frenos estándar

1. Trabajando bajo el salpicadero, desconecte el vástago de empuje del cilindro principal del pedal del freno. El vástago no se puede desmontar del cilindro maestro.

2. Desconecte los hilos del interruptor de la luz de freno y desmonte el interruptor del pedal de freno cuidando de no dañar el interruptor.

3. Desconecte los conductos de freno del cilindro principal.

4. Desmonte los tornillos de unión del tabique cortafuegos y desmonte el cilindro principal del coche.

5. Vuelva a montarlo en el orden inverso, dejando flojos los rácores de los conductos de freno en el cilindro principal.

6. Llene el cilindro principal y, con las conducciones de freno flojas, sangre lentamente el aire del cilindro principal utilizando el pedal de freno.

Frenos asistidos

1. Desconecte los conductos de freno desde el cilindro principal.

2. Desmonte las tuercas y arandelas de seguridad que unen el cilindro principal con el servofreno.

3. Desmonte el cilindro principal del servó.

4. Para el montaje invierta el proceso.

5. Llene el cilindro principal y sangre el sistema completo.

6. Vuelva a llenar el cilindro principal.

Conjunto de válvula de control del freno (Válvula proporcional, dosificadora y de presión diferencial)

DESMONTAJE Y MONTAJE

1. Desconecte el conector de hilos del interruptor de la lámpara de alerta de frenos, de la lámpara.

2. Desconecte el tubo de entrada del sistema de freno delantero y el tubo de entrada del sistema de freno trasero, desde el conjunto de la válvula de control del freno.

3. Desconecte los tubos de salida de los frenos delanteros izquierdo y derecho desde el conjunto de la válvula de control del freno.

4. Desconecte el tubo de salida del sistema trasero desde el conjunto de la válvula de control del freno.

5. Desmonte el tornillo que retiene el conjunto de la válvula de control del freno sobre el bastidor. Desmonte el conjunto del vehículo.

NOTA: El conjunto de la válvula de control del freno se puede mantener tratada como un conjunto único.

6. Posicione el conjunto de la válvula de freno sobre el bastidor. Monte el tornillo de montaje para fijarla en el bastidor y apriételo a 7-11 libras-pie.

7. Monte los tubos de entrada y salida siguiendo el proceso en el orden inverso al desmontaje, y apriete las tuercas de los tubos a 10-18 libras-pie.

8. Conecte el conector de hilos del interruptor de la lámpara de alerta de freno. Verifique la conexión girando el interruptor de encendido a la posición de CONECTADO; la lámpara debe encenderse. También debe usted confirmar que los dedos de sujeción del conector se hallan asegurados dentro del interruptor.

9. Sangre el sistema de freno y centre la válvula de presión diferencial realizando las siguientes operaciones:

a. Gire el interruptor de encendido a la posición de CONECTADO o a la de ACCESORIOS.

b. Hunda el pedal de freno y el pistón se autocerrará, ocasionando que la lámpara se apague (si estaba encendida).

c. Gire el interruptor de encendido a la posición de DESCONECTADO.

d. Antes de conducir el vehículo, verifique el funcionamiento de los frenos y asegúrese de que se logra un pedal firme.

NOTA: Durante la operación de sangrado del sistema de freno en los vehículos equipados con una válvula dosificadora, la varilla del sangrador de la válvula dosificadora debe ser empujada hacia adentro (presión de sangrado).

Grupo de servofreno de vacío

DESMONTAJE Y MONTAJE

1. Trabajando en el interior del coche, bajo el panel de instrumentos, desconecte la varilla de accionamiento de la válvula del servo del conjunto del pedal de freno. Para llevarlo a cabo desconecte el conector de hilos del interruptor de la luz de freno. Desmonte la retención en forma de horquilla de cabello y la arandela de nylon de la clavija del pedal. Deslice el interruptor hacia afuera lo suficiente para que el brazo salga de la clavija. Desmonte el interruptor. Deslice la varilla de empuje del servo, casquillo y arandela interior de nylon fuera de la clavija del pedal.

2. Desmonte el filtro de aire, si es necesario, para disponer de espacio de trabajo. En el modelo de cuatro cilindros, desconecte el cable del acelerador en el carburador. Desmonte el tornillo del soporte del eje del acelerador y desmonte el cable del soporte. Desmonte los dos tornillos de unión del soporte al múltiple y gire el soporte hacia el motor.

3. Desconecte los conductos de freno de los rácores de salida del cilindro principal.

4. Desconecte el manguito de vacío del múltiple desde el grupo de servo. En los coches equipados con control de velocidad, desmonte la pantalla del cubre-tablero izquierdo en el compartimiento del motor. Desmonte los tres tornillos de retención del servo de control de la velocidad sobre el tabique cortafuegos y desplace el servo a un lado.

5. Desmonte los cuatro tornillos de unión del soporte al tabique cortafuegos.

6. Desmonte el conjunto de servo y soporte del tabique cortafuegos deslizando el vástago de accionamiento de la válvula fuera del lado del motor.

7. El montaje es la inversa del desmontaje. Sangre los frenos después de completar el montaje.

Grupo de servo Hydro-Boost

DESMONTAJE Y MONTAJE

1. Abra el capó y desmonte las dos tuercas de unión del cilindro principal al servofreno.

2. Desmonte el cilindro principal del acumulador Hydro-Boost.

3. Sitúe el cilindro principal a un lado con las conducciones hidráulicas conectadas.

4. Desconecte las conducciones de presión, dirección y retorno desde el acumulador.

5. Tapone las conducciones y las lumbreras.

6. Trabajando bajo el panel de instrumentos, desmonte el vástago de empuje del Hydro-Boost desde el pedal de freno. Para hacerlo desconecte el interruptor de la luz de freno del conector. Desmonte el pasador de retención de cabello. Deslice el interruptor de la luz de freno del pasador del pedal de freno lo suficiente para que salga el interruptor fuera del orificio del pasador. Desmonte el interruptor del pasador.

7. Afloje las tuercas de unión del Hydro-Boost y desmonte el vástago de empuje, las arandelas y los casquillos del pasador del pedal de freno.

8. Desmonte el acumulador.

9. El montaje es la inversa del desmontaje. Deje flojas las tuercas de montaje del Hydro-Boost hasta que el vástago de empuje y el interruptor de la luz de freno estén conectados al pedal de freno. Después del montaje desmonte la conexión eléctrica de la bobina desde el distribuidor. Llene el depósito de reserva del servo de la dirección y mientras con el contacto hace girar el motor, bombee el pedal de freno. No mueva el volante de dirección hasta que todo el aire haya sido bombeado fuera del sistema. Verifique el nivel de fluido de la dirección asistida, monte la alimentación eléctrica de la bobina, arranque el motor y bombee los frenos mientras acciona el volante de dirección de un extremo al otro. Compruebe si hay fugas.

Cilindro de la rueda

DESMONTAJE Y MONTAJE

1. Desmonte la rueda y el tambor de freno.

2. Desmonte los conjuntos de zapatas de freno.

3. Desconecte el tubo de freno del cilindro de freno, en la platina portafreno.

4. Desconecte los tornillos de unión del cilindro de la rueda y desmonte el cilindro.

5. El montaje es en el orden inverso al procedimiento del desmontaje.

6. Apriete los tornillos de unión de la rueda a 10-20 libras-pie. Apriete la tuerca del rácor del tubo de freno a 10-18 libras-pie, utilizando una llave de tubo para tuercas.

7. Monte los enlaces en los extremos del cilindro de la rueda y monte los conjuntos de zapatas y ajustadores.

8. Ajuste los frenos. Monte el tambor de freno y rueda. Sangre los frenos.

Freno de estacionamiento

AJUSTE

NOTA: Si monta un cable nuevo, debe estirarlo previamente mediante la aplicación y liberación del mismo cinco veces, antes de proceder a cualquier ajuste.

Frenos de tambor trasero

NOTA: En la mayoría de los casos, un ajuste de zapatas de freno trasero proveerá una acción satisfactoria del freno de estacionamiento. Sin embargo, si los cables del freno de estacionamiento están excesivamente flojos después de liberar el freno de mano, proceda usted como sigue:

PALANCA OPERADA MANUALMENTE

1. Libere totalmente el freno de estacionamiento.

2. Coloque la transmisión en punto muerto y eleve el eje trasero hasta que las ruedas traseras se separen del suelo.

3. Levante hacia arriba la cubierta de la palanca de mano desde el interior del coche. La parte trasera de la cubierta está sujeta por dos tornillos. Apriete la tuerca de ajuste hasta que los frenos traseros rocen al hacer girar las ruedas traseras.

4. Afloje la tuerca de ajuste hasta que las ruedas traseras puedan ser giradas sin rozamiento de los frenos traseros. Aplique el freno de estacionamiento, suéltelo, y repita los pasos 3 y 4 una vez más.

5. Baje la parte trasera del vehículo y verifique el funcionamiento del freno de mano.

PALANCA OPERADA POR EL PIE

1. Libere totalmente el freno de estacionamiento.

2. Afloje la contratuerca de la varilla del ecualizador, debajo del coche. Luego afloje la tuerca delantera del ecualizador, varias vueltas.

3. Gire la contratuerca hacia adelante, contra el ecualizador, hasta que los cables están tensados lo suficiente para que las ruedas traseras no se puedan girar a mano. Luego afloje el ajuste hasta que las ruedas giren libremente.

4. Cuando los cables estén completamente ajustados, apriete ambas tuercas contra el ecualizador.

5. Aplique y suelte el freno y verifique si las ruedas traseras están libres.

Frenos de disco

1. Suelte totalmente el freno de estacionamiento.

2. Coloque la transmisión en punto muerto. Si fuera necesario levantar el vehículo para tener acceso a la tuerca de ajuste y observar las palancas de freno, utilice un elevador o un gato de suelo posicionado bajo el diferencial. Esto es necesario de modo que el eje trasero permanezca en actitud refrenada, no estirando los cables del freno de estacionamiento.

ATENCIÓN

Si eleva sólo las ruedas traseras del coche, bloquee las delanteras.

3. Localice la tuerca de ajuste bajo el coche en el lado del conductor. Mientras observa el accionamiento de las palancas del freno de estacionamiento sobre las pinzas traseras, apriete la tuerca de ajuste hasta que las palancas de ajuste inicien el movimiento. Luego afloje la tuerca lo suficiente para que las palancas retornen totalmente a su posición de tope. Las palancas se hallan en su posición de tope cuando puede ser insertada una clavija de 1/4 de pulgada pasando por el lado de la palanca, dentro de los orificios en el alojamiento de hierro fundido.

4. Compruebe el funcionamiento del freno de estacionamiento. Asegure el retorno de las palancas de accionamiento hasta la posición de tope, intentando tirar de ellas hacia atrás. Si las palancas se mueven hacia atrás, el apriete del cable es demasiado tenso, lo cual producirá una fricción en el freno trasero y, consecuentemente, un sobrecalentamiento y pérdida de freno.

DIRECCIÓN

Volante de dirección

DESMONTAJE Y MONTAJE

1. Desconecte el cable negativo de la batería.

2. Si el vehículo está equipado con un anillo para la señal acústica, desmóntelo mediante un giro en el sentido de las saetas del reloj. Si esta equipado con una almohadilla contra impactos sobre el volante, desmonte los tornillos de retención de la parte inferior del volante y luego desmonte la almohadilla contra accidentes. Desconecte las conexiones eléctricas de la señal acústica y del control de velocidad (si lo lleva) desde la parte interior del centro del volante de dirección. En los modelos de 1980 y posteriores, desmonte la tapa del cubo del volante de dirección empujando los puestos de retención de la tapa hacia afuera con una varilla a través de los orificios previstos en la parte posterior del cubo.

3. Desmonte y deseche la tuerca del volante de dirección, monte un extractor de volantes de dirección sobre el extremo del eje y desmonte el volante.

ATENCIÓN

El uso de un extractor del tipo de impacto para extraer el volante, y un martillo, pueden dañar el cojinete de la columna de dirección o (en el caso del tipo de volante de dirección plegable) la columna misma.

4. Con las ruedas delanteras posicionadas rectamente hacia adelante, alinee las marcas del volante y de la columna, y monte el volante y una nueva tuerca de seguridad. Apriete la tuerca a 30-40 libras-pie.

5. Conecte los hilos eléctricos de la señal acústica y del control de velocidad, y monte el anillo de la señal acústica y la almohadilla contra accidentes y tornillos de retención. En los modelos de 1980 y posteriores, sitúe las sujeciones de la tapa del cubo en los orificios y empuje la tapa dentro de su emplazamiento.

6. Conecte el cable negativo de la batería.

Interruptor de la señal de giro

DESMONTAJE Y MONTAJE

1. En las columnas de dirección estándar, desmonte la prolongación superior de protección (bajo el volante) desenganchando la protección de las pinzas de retención. En las columnas rebatibles, desmonte la protección decorativa desmontando los cinco tornillos auto-perforantes.

2. Utilice un movimiento de tracción y giro mientras extrae rectamente hacia afuera, para desmontarla, la palanca del interruptor de la señal de giro.

3. Levante y desplace hacia atrás el recubrimiento de goma-espuma de los alrededores del interruptor.

4. Desconecte los dos conectores del interruptor.

5. Desmonte los dos tornillos auto-perforantes que aseguran el interruptor sobre el alojamiento del cilindro de la cerradura y desacople el interruptor de su alojamiento.

6. Para montarlo, alinee los orificios de montaje del interruptor con los orificios correspondientes del alojamiento del cilindro de la cerradura. Monte los tornillos.

7. Vuelva a pegar la espuma de goma en su emplazamiento.

8. Alinee la llave sobre la palanca de la señal de giro con el chavetero en el interruptor, y empuje la palanca dentro de su emplazamiento.

9. Monte los dos conectores eléctricos y las protecciones decorativas.

Interruptor de encendido

DESMONTAJE Y MONTAJE

1. Desconecte el cable negativo de la batería.

2. Desmonte la protección superior bajo el volante de dirección, desacoplando las pinzas de retención. En la columna rebatible será necesario que desmonte los cinco tornillos de unión.

3. Desconecte el conector eléctrico del interruptor de encendido.

4. Taladre extrayendo los tornillos de sujeción del interruptor del cilindro de cerradura, utilizando una broca de 1/4 de pulgada.

5. Desmonte los tornillos con un extractor Easy-Out® para tornillos.

6. Desacople el interruptor de la clavija de accionamiento.

7. Ajuste el nuevo interruptor de encendido deslizando el portante en la posición de Cerrado. Inserte un pequeño trozo de broca a través del alojamiento del interruptor y dentro del portante para dificultar el desplazamiento del portante respecto al alojamiento del interruptor. Se necesita un nuevo ajuste con una clavija de ajuste ya montada.

8. Gire el interruptor de encendido a la posición de CERRADO.

9. Monte el interruptor de encendido sobre la clavija de accionamiento.

10. Monte nuevos tornillos de «cabeza que se corta» y apriételos hasta que se corten las cabezas. Apriete los tornillos uniformemente.

11. Desmonte el trozo de broca o clavija de ajuste.

12. Conecte los conectores eléctricos y el cable negativo de la batería.

13. Arranque el coche y verifique el funcionamiento correcto del interruptor.

14. Monte la columna de protección.

Mecanismo de dirección manual

DESMONTAJE Y MONTAJE

Husillo y recirculación de bolas

1. Posicione el volante de dirección en la posición de ruedas mirando rectamente al frente.

2. Desmonte el(los) tornillo(s) de retención del acoplamiento flexible al eje de dirección. Marque, para referencia, el acoplamiento y el eje de dirección y sepárelos.

NOTA: La separación debe efectuarla cuando la caja del mecanismo de dirección esté abajo, si es necesario.

3. Desmonte la tuerca y arandela de retención de la biela de dirección al eje. Marque los componentes, como referencia. Utilizando un extractor separe la biela de dirección del eje del sector.

4. Puede ser necesario desconectar el varillaje de embrague en los vehículos equipados con transmisión manual. En los modelos V8 puede tener la necesidad de bajar el sistema de escape para dejar espacio en el desmontaje de la caja de dirección.

5. Desmonte los tornillos de retención de la caja de dirección al larguero lateral del bastidor y desmonte la caja de dirección del vehículo.

6. El montaje es la inversa del desmontaje. Asegúrese de alinear las marcas de referencia cuando vuelva a montarlo.

Cremallera y piñón

1. Desconecte el cable negativo de la batería.

2. Desmonte el tornillo de retención del acoplamiento flexible en el eje de dirección.

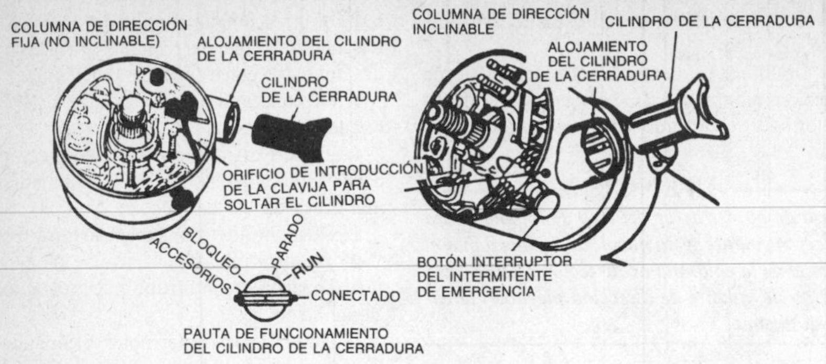

Sustitución del cilindro de la cerradura con columna de bloqueo

3. Coloque el interruptor de encendido en la posición de CONECTADO y eleve y soporte el vehículo con seguridad.

4. Desmonte las tuercas de retención de los extremos izquierdo y derecho de la barra de acoplamiento, y separe los espárragos de los brazos de la mangueta, utilizando una herramienta separadora.

5. Soporte el conjunto de cremallera y piñón, y desmonte las tuercas de retención, tornillos y arandelas aisladoras.

NOTA: En ciertos modelos tales como el Mustang, es necesario desmontar la traviesa de montaje para dejar espacio para el desmontaje de la cremallera de piñón.

6. Desmonte la cremallera y piñón del vehículo.

7. El proceso de montaje es la inversa del desmontaje.

Caja de dirección asistida

DESMONTAJE Y MONTAJE

Conjunto de válvula de control no integrada

1. Eleve el vehículo y sopórtelo con seguridad.

2. Desmonte la abrazadera de retención de las conducciones del fluido del exterior de la válvula de control.

3. Desconecte las conducciones de fluido después de marcar cada una para su posterior montaje. Deje drenar el fluido.

4. Gire las ruedas a izquierda y derecha varias veces para forzar el fluido fuera del sistema.

5. Afloje el tornillo de la abrazadera en el extremo del manguito de la válvula de control.

6. Desmonte el pasador cilíndrico del brazo de la dirección al enlace central, a través de la ranura del manguito de la válvula de control.

7. Desmonte el pasador de seguridad y la tuerca del espárrago de rótula de la válvula de control. Desmonte el espárrago de rótula del brazo del eje del sector (brazo Pitman).

8. Desmonte el conjunto de válvula del enlace central, girando la válvula de control en sentido contrario a las saetas del reloj, hasta que el conjunto de la válvula se separe del enlace central.

9. El montaje debe seguir el procedimiento que a continuación se desarrolla: rosque la válvula de control sobre el enlace central hasta que sean visibles cuatro hilos de rosca sobre el enlace central. Posicione el espárrago de rótula en el brazo del eje del sector, y mida la distancia entre el centro del orificio de conexión de la manguera izquierda en el enlace central y el extremo de la válvula de control. Esta distancia debe ser de 2,55-2,65 pulgadas. Si la distancia no es correcta, desacople el espárrago de rótula del brazo del eje del sector y gire la válvula de control sobre el enlace central para incrementar o disminuir la distancia. Cuando el espárrago de la rótula esté correctamente posicionado, alinee el orificio del brazo de la dirección al enlace central con la ranura próxima al extremo del manguito de la válvula y monte el pasador cilíndrico. Complete el conjunto en el sentido inverso al proceso de desmontaje, llene con fluido y sangre el sistema.

Cilindro del servo

1. Eleve el vehículo y sopórtelo con seguridad.

2. Desconecte las conducciones del fluido del cilindro del servo para dejar que drene.

3. Desmonte la tuerca de seguridad PAL, la arandela y el aislador del extremo del vástago del cilindro de servo.

4. Desmonte el pasador de seguridad y la tuerca que une el cilindro de servo al enlace central.

5. Desconecte el espárrago del cilindro de servo del enlace central utilizando una herramienta de desmontaje del brazo de la dirección.

6. Desmonte la camisa y la arandela aisladora del extremo del vástago del cilindro del servo. Desmonte el capuchón del vástago del cilindro y deseche la abrazadera.

7. El procedimiento de montaje del cilindro del servo es la inversa del desmontaje. Llene de fluido y sangre el sistema.

Conjunto de caja integral

1. Desmonte la protección contra grava, si la lleva como equipo.

2. Etiquete las conducciones de fluidos y desmóntelas de la caja de dirección. Deje que drene.

3. Tapone los conductos y lumbreras para evitar la entrada de suciedad.

4. Desmonte los tornillos que retienen el acoplamiento flexible a la columna de dirección y a la caja.

5. Eleve el vehículo y sopórtelo con seguridad. Desmonte la tuerca y arandela del eje del sector.

6. Desmonte el brazo del eje del sector con un útil especial de extracción para evitar daños al eje.

7. Soporte el conjunto de la caja de dirección y desmonte los tornillos de retención de la caja del larguero lateral o soporte.

8. Desmonte el tornillo abrazadera del acoplamiento flexible y extraiga la caja de dirección del acoplamiento flexible y desmóntela del vehículo.

9. El montaje de la caja de dirección es a la inversa del desmontaje. Llene de fluido y sangre el sistema.

Dirección asistida con cremallera y piñón

1. Desconecte el cable negativo de la batería.

2. Desmonte el tornillo de retención del acoplamiento flexible al eje de entrada de la dirección.

3. Coloque la llave de encendido en la posición de CONECTADO, eleve el vehículo y sopórtelo con seguridad.

4. Desmonte las dos tuercas de retención y los pasadores de seguridad de los extremos de las barras de acoplamiento. Separe el espárrago de la barra de acoplamiento de los brazos de las manguetas mediante un útil separador.

5. Soporte la cremallera y el piñón y desmonte las tuercas de retención, arandelas y tornillos de la cremallera y del piñón a la traviesa de montaje.

6. Baje el conjunto de dirección ligeramente, para ganar acceso a los acoplamientos de los conductos de presión y retorno. Desconecte los acoplamientos y tapone las aberturas para evitar la entrada de suciedad.

7. Desmonte el conjunto de dirección de cremallera y piñón del vehículo.

8. El procedimiento de montaje del conjunto de cremallera y piñón es la inversa del desmontaje. Llene con fluido el sistema y sángrelo.

Bomba del servo de dirección

DESMONTAJE Y MONTAJE

1. Drene el fluido del depósito de reserva de la bomba, desconectando el manguito de retorno del fluido en la bomba. Desconecte el manguito de presión de la bomba.

2. Desmonte la correa de mando. Desmonte los tornillos de montaje del (de los) soporte(s) de montaje y desmonte la bomba. En algunos casos, dependiendo del modelo, es necesario que desmonte la polea (utilizando un extractor especial), antes de que pueda desmontar la bomba de su montaje.

3. Para montar la bomba, posiciónela sobre el montaje y monte flojos los tornillos y tuercas de montaje. Ponga la correa de mando sobre la polea y desplace la bomba hacia afuera, contra la correa, hasta que tenga la tensión correcta. No apalanque contra el cuerpo de la bomba. Mida la tensión de la correa con un medidor de tensiones, para su ajuste correcto. Sólo en el caso de no disponer del medidor de tensión, puede emplear el método de la deflexión de la correa.

4. Apriete los tornillos y tuercas de montaje.

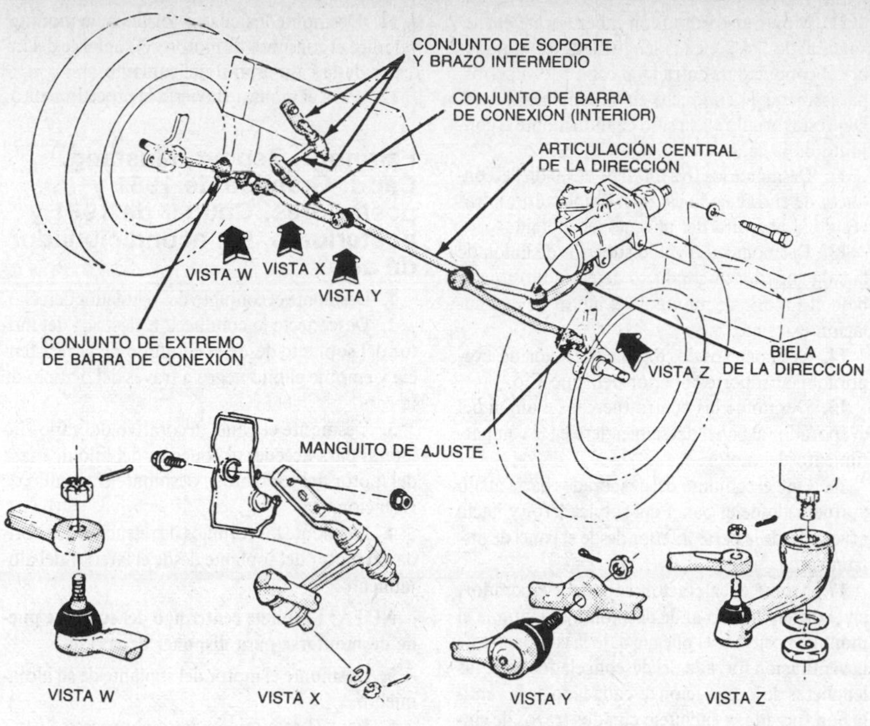

Articulación típica de la dirección

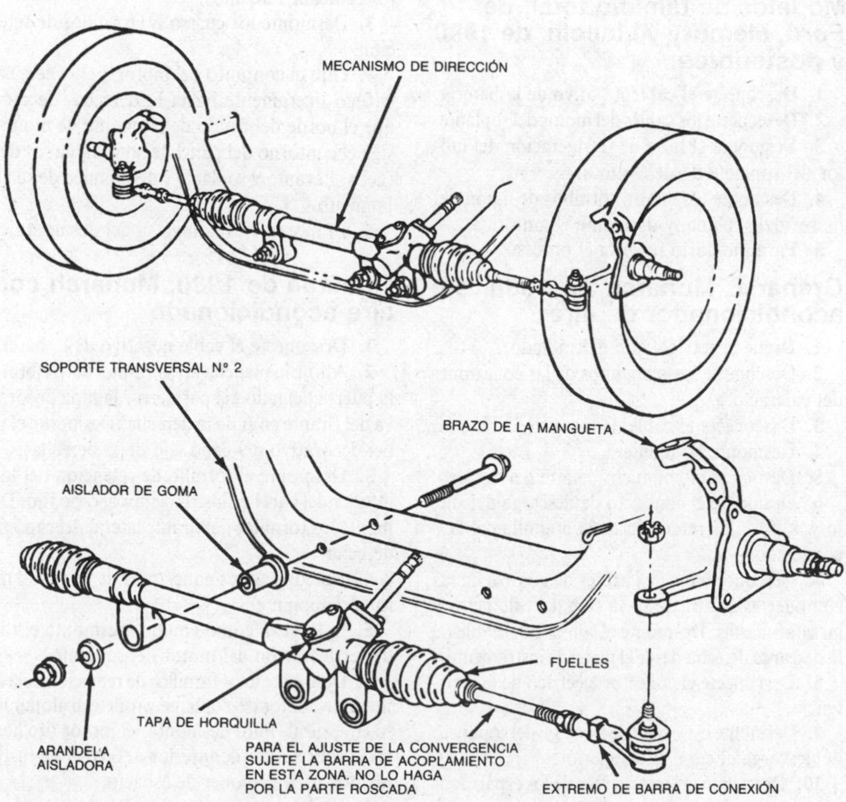

Articulación de la dirección con cremallera y piñón

Extremos de la barra de acoplamiento

DESMONTAJE Y MONTAJE

Excepto los de cremallera y piñón

1. Eleve y soporte el extremo delantero.

2. Desmonte el pasador de seguridad y la tuerca del espárrago de la rótula del extremo de la barra.

3. Afloje los tornillos de la abrazadera de la camisa y desmonte el extremo de la barra del enlace central del brazo de la mangueta, utilizando un desmontador de rótulas de unión.

4. Desmonte el extremo de barra de la camisa, contando el número exacto de vueltas requerido.

5. Monte el nuevo extremo empleando el mismo número de vueltas que necesitó para desmontar el viejo.

6. Monte todas las piezas. Apriete el espárrago a 40-43 libras-pie, y la abrazadera a 20-22 libras-pie.

7. Verifique la convergencia.

Modelos con cremallera y piñón

1. Desmonte el pasador de seguridad y la tuerca de la mangueta. Separe el espárrago del extremo de la barra de acoplamiento con un extractor.

2. Con pintura inscriba unas marcas de referencia para señalar la posición de la contratuerca en la barra de acoplamiento. Desenrosque la contratuerca. Desenrosque el extremo de barra, contando el número de vueltas requerido para desmontarlo.

3. Monte un nuevo extremo con el mismo número de vueltas. Acople el espárrago del extremo de barra de acoplamiento a la mangueta. Monte la tuerca y apriete a 35 libras-pie y luego continúe apretando hasta que los orificios del pasador de seguridad se alineen. Monte un nuevo pasador de seguridad. Compruebe la convergencia y ajústela si es necesario, y luego apriete la contratuerca del extremo de la barra de acoplamiento a 35 libras-pie.

EQUIPO ELÉCTRICO

Conjunto calefactor

DESMONTAJE Y MONTAJE

Pinto y Bobcat, sin aire acondicionado

1. Drene el sistema de refrigeración y desconecte el cable negativo de la batería.

2. Desconecte el hilo de masa (negro) del motor del soplante en el lado del motor del tabique cortafuego.

3. Desconecte los manguitos del calefactor del bloque motor.

4. Desmonte las cuatro tuercas que unen el conjunto del calefactor al tabique cortafuego del lado del motor.

5. Trabajando en el interior del coche, desmonte la guantera.

6. Desconecte los cables de control del calefactor. Desconecte el conductor eléctrico del motor. Desmonte la radio.

7. Desmonte el remache desmontable que une el lado delantero del conducto de aire del descongelador al conjunto calefactor. Desplace el conducto hacia el interior de la boquilla del descongelador y desacóplelo de las lengüetas de la caja del calefactor. Incline el borde delantero del conducto hacia arriba y hacia adelante para desacoplarlo de la boquilla, y desmóntelo desde el lado izquierdo del calefactor.

8. Desmonte el tornillo de unión del conjunto calefactor al soporte de montaje del panel de instrumentos y desmonte el conjunto calefactor. Al mismo tiempo, extraiga los manguitos del calefactor a través del tabique cortafuego. Luego desconecte los manguitos del núcleo del calefactor en la caja.

Pinto y Bobcat con aire acondicionado

ATENCIÓN

Este procedimiento requiere la evacuación del sistema del acondicionador de aire. Esta operación no debe ser intentada por nadie que carezca de conocimientos y experiencia para hacerlo con seguridad, ya que el gas freón puede causar series lesiones por contacto. En caso de duda haga evacuar el sistema por un profesional.

1. Drene el refrigerante del motor, descargue el sistema del acondicionador de aire y desconecte la batería.

2. Desmonte los dos tornillos hexagonales que unen la platina del múltiple del evaporador al cuerpo de la válvula de expansión y el múltiple del alojamiento del STV de la platina del múltiple del evaporador. Utilice nuevos anillos tóricos entre el cuerpo de la válvula y la platina del múltiple al volver a ensamblarlos.

3. Desconecte los dos manguitos del calefactor de los tubos del núcleo en el compartimiento del motor.

4. Desmonte el manguito de drenaje de la condensación del acondicionador de aire en el compartimiento del motor.

5. Desmonte la guantera.

6. Desconecte los manguitos de vacío de la caja del evaporador.

7. Desconecte el cable de control de temperatura del brazo articulado de la compuerta de mezcla.

8. Desmonte el conducto de distribución del calefactor.

9. Para desmontar la ventilación forzada de descongelación del aire acondicionado: corte y desmonte las dos grapas que sujetan el pliegue bajo la compuerta, en posición cerrada, sobre el recinto de la ventilación forzada. Doble el pliegue bajo la compuerta hacia afuera de las lengüetas de posicionado, de cada lado del recinto de la ventilación forzada para permitir el desmontaje del conducto adaptador. Desmonte el conducto adaptador.

10. Desmonte el motor del soplante y el rodete de la turbina del alojamiento en espiral del soplante.

11. Monte un tornillo con cabeza-arandela hexagonal de 1/4-20, en la lengüeta de montaje sobre el conducto de entrada al capó fijo superior, para sujetar el conducto en su emplazamiento. Deje este tornillo en su sitio cuando monte el conjunto de la caja.

12. Desmonte los tres tornillos de unión del conducto de entrada a la caja del evaporador, a través de la abertura del pliegue del soplante.

13. Desmonte el tornillo superior de unión de la caja superior al conducto de entrada, situado bajo el soporte de montaje del motor de recirculación exterior.

14. Desmonte los dos tornillos de unión del evaporador al soporte superior del capó fijo.

15. Desmonte las cuatro tuercas de unión del evaporador al panel del salpicadero en el compartimiento del motor.

16. Gire el conjunto del evaporador hacia abajo y afuera desde el panel del salpicadero, y hacia afuera desde la parte inferior desde el panel de instrumentos.

17. Monte el calefactor/caja del evaporador, en el orden inverso al de desmontaje. Durante el montaje posicione el pliegue bajo la compuerta de la ventilación forzada del descongelador entre las lengüetas de localización de cada lado de la ventilación forzada, y encíntelo con dos trozos de cinta adhesiva de doble cara de 1 pulgada de ancho por cuatro pulgadas de largo.

Soplante

DESMONTAJE Y MONTAJE

Modelos de tamaño total, de Ford, Mercury y Lincoln, de 1980 y posteriores

1. Desconecte el cable negativo de la batería.

2. Desconecte los cables del motor del soplante.

3. Desmonte el tubo de refrigeración del motor del soplante desde el motor.

4. Desmonte los cuatro tornillos de unión del motor del soplante y desmonte el motor.

5. Para montarlo invierta el proceso.

Granada, Monarch de 1980, sin acondicionador de aire

1. Drene el refrigerante del radiador.

2. Desconecte los manguitos de las conexiones del calefactor.

3. Desconecte el cable de masa de la batería.

4. Desmonte la guantera.

5. Desmonte el conducto de aire del registro.

6. Desmonte el conducto de descarga del suelo y la pinza de retención de la boquilla del descongelador.

7. Desconecte los dos cables de control de las compuertas de aire desde la caja del calefactor y las compuertas. Desmonte el soporte del cable de la descarga derecha desde el panel de instrumentos.

8. Desconecte el conector eléctrico de la resistencia.

9. Desmonte el tornillo de montaje del conducto de descarga al capó fijo superior.

10. Desmonte las tres tuercas de los espárragos de montaje de la caja del calefactor al panel del salpicadero y desmonte la caja del calefactor y el conducto de descarga como un conjunto.

11. Desmonte los cuatro tornillos de montaje y deslice el conjunto de motor y el soplante del interior de la caja espiral del soplante.

12. Para el montaje invierta el procedimiento.

Fairmont, Zephyr, Mustang, Capri, Granada de 1981 y posteriores, Cougar de 1981 y posteriores, sin acondicionador de aire

1. Desmonte el conjunto del ventilador derecho.

2. Desconecte la conducción eléctrica del motor del soplante desde el conjunto de la resistencia y empuje el hilo negro a través del orificio de la caja.

3. Desmonte el panel decorativo del capó fijo lateral para acceder al conector del hilo de masa del motor del soplante, y desmonte el tornillo de retención.

4. Desmonte los tornillos de retención de la brida del motor del soplante desde el interior del alojamiento.

NOTA: El rodete centrífugo del soplante puede desmontarse para disponer de acceso.

5. Desmonte el motor del soplante de su alojamiento.

6. Para el montaje invierta el proceso.

Continental con aire acondicionado

1. Desconecte el cable de masa de la batería.

2. Desconecte el conector del conductor eléctrico del motor del soplante desde el conector de los cableados de hilos.

3. Desmonte los cuatro (4) tornillos de retención.

4. Gire el conjunto del motor y el rodete centrífugo ligeramente hacia la derecha, de modo que el borde del fondo de la platina de montaje siga el contorno del panel del guardabarros de la rueda. Levante el soplante y desmóntelo de su alojamiento.

5. El montaje es la inversa del desmontaje.

Granada de 1980, Monarch con aire acondicionado

1. Desconecte el cable negativo de la batería.

2. Afloje la plancha arrastra-pies del umbral de la puerta del lado del pasajero y la tapa decorativa del tirante en A de la derecha. Desmonte el panel decorativo del capó fijo de la derecha.

3. Desmonte el tornillo de retención del lado inferior del panel de instrumentos al capó fijo. Desmonte los tornillos del tirante lateral del capó fijo derecho.

4. Desconecte los conectores de hilos del motor del soplante.

5. Si lo lleva como equipo, desmonte el tubo de refrigeración del motor del soplante.

6. Desmonte los 4 tornillos de retención del conjunto del motor del soplante y rodete al alojamiento en espiral. Para desmontar el motor tire hacia atrás sobre el borde inferior del panel de instrumentos para disponer de espacio.

7. El montaje es la inversa del desmontaje. Si es necesario, adhiera con un cemento adhesivo el tubo del refrigerante al motor del soplante.

Fairmont, Zephyr, Mustang, Capri, Thunderbird, XR-7, Granada de 1981 y posteriores, Cougar de 1981 y posteriores, LTD y Marquis de 1983 y posteriores, con aire acondicionado

1. Desmonte la guantera y desconecte el manguito del motor de vacío del accionamiento de la compuerta de aire exterior—recirculación.

2. Desmonte el tornillo de unión del panel de instrumentos inferior derecho al lado del capó fijo.

3. Desmonte el tornillo de retención del tirante del soporte a la parte superior del conducto de entrada de aire.

4. Desconecte el hilo eléctrico del motor del soplante en el conector.

5. Desmonte la tuerca de retención del soporte inferior del alojamiento del soplante a la caja del evaporador.

6. Desmonte el panel decorativo del capó fijo lateral y desmonte el tornillo del conductor a masa del motor del soplante.

7. Desmonte el tornillo que asegura la parte superior del conducto de entrada de aire a la caja del evaporador.

8. Desmonte el conducto de entrada de aire y el alojamiento del soplante hacia abajo y afuera de la caja del evaporador.

9. Desmonte los cuatro tornillos de la platina de montaje del motor del soplante y desmonte el conjunto del motor y soplante del alojamiento del soplante.

NOTA: NO desmonte la platina de montaje del motor del soplante.

10. Para el montaje invierta el proceso del desmontaje.

Versailles con aire acondicionado

1. Desconecte el cable de masa de la batería.

2. Desmonte la platina de acabado inferior del panel de instrumentos.

3. Desmonte la guantera.

4. Afloje la plancha de arrastra-pies de la puerta derecha y desmonte el panel decorativo del capó fijo del lado derecho.

5. Desmonte el tornillo de unión del panel de instrumentos al capó fijo lateral inferior derecho.

6. Desmonte el tornillo que asegura el tirante al borde inferior del panel de instrumentos bajo la guantera.

7. Desconecte las conexiones del motor del soplante.

8. Desmonte los cuatro tornillos de unión del motor del soplante y desmonte el conjunto del motor y soplante.

NOTA: NO desmonte la platina de montaje del motor y soplante.

Pinto, Bobcat

SIN AIRE ACONDICIONADO

1. Desmonte el conjunto del calefactor.

2. Desconecte la conexión del motor del soplante desde la resistencia.

3. Desmonte las cuatro tuercas que unen la platina de montaje del motor del soplante y desmonte el motor y el rodete del soplante.

4. Móntelo en el orden inverso.

CON AIRE ACONDICIONADO

NOTA: El motor y el rodete de la turbina están integramente localizados en la porción espiralizada del conjunto del evaporador, en el lado derecho de la caja del evaporador. Para desmontar el motor del soplante y el rodete, desmonte la guantera y los cuatro tornillos de retención del motor del soplante y del rodete en el compartimiento espiral del soplante. Puede ser necesario que desmonte el tornillo de unión del panel de instrumentos al lado derecho del capó fijo, para dejar que se pueda tirar hacia atrás el panel, haciendo espacio. Monte el motor del soplante y el rodete en el orden inverso a su montaje.

Núcleo del calefactor sin aire acondicionado

DESMONTAJE Y MONTAJE

Ford y Mercury tamaño total

1. Drene el refrigerante y consérvelo para volver a usarlo.

2. Desconecte el cable negativo de la batería.

3. Desmonte los manguitos del calefactor del núcleo del calefactor.

4. Tapone los tubos del núcleo del calefactor para evitar que el refrigerante se derrame bajo el salpicadero al desmontar el sistema de ventilación forzada.

5. Desmonte el tornillo de unión de la ventilación forzada al salpicadero, localizado bajo el motor del limpiaparabrisas, en el extremo izquierdo de la ventilación forzada.

6. Desmonte la tuerca de la caja del calefactor (lado del motor).

7. Desconecte el manguito de suministro de vacío desde el acoplamiento de vacío y empuje la arandela de cierre de goma y el manguito dentro del compartimiento de pasajeros.

8. Desmonte el conjunto de la guantera.

9. Afloje la plancha arrastra-pies de la puerta derecha y desmonte el panel decorativo del capó fijo del lado derecho.

10. Desmonte el tornillo de unión del panel de instrumentos de la parte inferior derecha al capó fijo lateral.

11. Desmonte la almohadilla del panel de instrumentos.

12. Desmonte el cable de control de temperatura de la parte superior de la ventilación forzada. Luego desconecte el cable de control de temperatura del brazo articulado de la compuerta de mezcla.

13. Desmonte el clip de presión que une el soporte del conducto del registro central a la ventilación forzada y gire el soporte arriba hacia la derecha.

14. Desconecte el cableado del puente eléctrico del vacío en el conector de vacío del múltiple, cerca del conducto de distribución de aire del suelo.

15. Desconecte el manguito blanco de vacío desde el motor de vacío que acciona la compuerta del aire exterior.

16. Desmonte los dos (2) tornillos que unen el conducto de distribución de aire del lado del asiento a la ventilación forzada.

NOTA: Puede ser necesario que desmonte los dos tornillos (2) que unen el motor de vacío de la compuerta del panel inferior al soporte de montaje para ganar acceso al tornillo del conducto de distribución del aire del suelo.

17. Desmonte el sujetador de clavija de presión de plástico del conducto de distribución de aire del suelo y desmonte el conducto.

18. Desmonte las dos tuercas (2) restantes de retención de la ventilación forzada desde la brida inferior de la ventilación forzada.

19. Desplace la ventilación forzada hacia el asiento para permitir que los tubos del núcleo del calefactor salgan de los orificios del panel del salpicadero.

20. Gire la parte superior de la ventilación forzada hacia abajo y afuera bajo el panel de instrumentos.

21. Desmonte los cuatro (4) tornillos de retención de la tapa del núcleo del calefactor y levante la tapa.

22. Desmonte el tornillo de retención del soporte del núcleo del calefactor.

23. Extraiga el núcleo del calefactor y la junta de cierre del conjunto de la ventilación forzada.

24. El montaje es la inversa del desmontaje. Conecte el cable negativo de la batería y vuelva a llenar el sistema de refrigeración. Compruebe el funcionamiento del calefactor.

Granada y Monarch de 1980

1. Drene el refrigerante del radiador.

2. Desconecte los manguitos del calefactor de las conexiones del calefactor.

3. Desmonte la guantera.

4. Desmonte el conducto de aire del registro derecho.

5. Desmonte el conjunto del conducto de descarga de suelo y el clip de sujeción de la boquilla del descongelador al calefactor.

6. Desmonte los cables de control de la compuerta de aire desde la caja del calefactor y las compuertas. Desmonte el soporte del cable de la descarga derecha desde el panel de instrumentos.

7. Desconecte el conector eléctrico del conjunto de la resistencia.

8. Desmonte el tornillo de montaje del conducto de descarga a la parte superior del capó fijo.

9. Desmonte las tres tuercas de los espárragos de montaje de la caja del calefactor al panel del salpicadero, y desmonte la caja del calefactor y el conducto de descarga como un conjunto.

10. Desmonte la tapa del núcleo del calefactor y la almohadilla, deslice el núcleo fuera de la caja.

11. Para el montaje invierta el proceso.

Fairmont, Zephyr, Capri, Mustang, Granada de 1981 y posteriores, Cougar de 1981 y posteriores

1. Drene el refrigerante del radiador.

2. Desconecte los manguitos del calefactor de las conexiones del calefactor.

3. Desmonte la guantera.

4. Desmonte los tornillos de retención del panel de instrumentos al tirante del capó fijo, y el tirante.

5. Desplace la palanca de control de temperatura a la posición de caliente.

6. Desmonte los cuatro tornillos de retención de la tapa del núcleo del calefactor.

7. Desmonte la tapa del núcleo del calefactor a través de la abertura de la guantera.

8. En el compartimiento del motor, afloje las tuercas de los espárragos de montaje del conjunto de la caja del calefactor.

9. Empuje los tubos y cierre del núcleo del calefactor hacia el compartimiento de pasajeros para aflojar el núcleo del calefactor del conjunto de la caja del calefactor.

10. Desmonte el núcleo del calefactor del conjunto de la caja del calefactor a través de la abertura de la guantera.

11. Para el montaje invierta el proceso de desmontaje.

Pinto, Bobcat

1. Desmonte el conjunto del calefactor.

2. Desmonte la junta de compresión de la entrada de aire del capó fijo y desmonte los once clips de la caja. Separe la caja y desmonte el núcleo del calefactor.

Núcleo del calefactor con aire acondicionado incluyendo control automático de temperatura

ATENCIÓN

El desmontaje de los alojamientos del calefactor-acondicionador de aire requiere la evacuación del refrigerante del acondicionador de aire. Esta operación exige el empleo de herramientas especiales y de ciertos conocimientos. La omisión de las precauciones de seguridad apropiadas puede ser la causa de lesiones personales. Se recomienda que la descarga y carga del sistema del acondicionador de aire sea efectuada por un mecánico con experiencia profesional.

DESMONTAJE Y MONTAJE

Ford y Mercury (tamaño total), Lincoln Continental

1. Desconecte el cable negativo de la batería.

2. Desmonte los manguitos del calefactor de los tubos del calefactor y tapone los extremos para evitar pérdidas de refrigerante.

3. Tapone los tubos del calefactor para evitar pérdidas de refrigerante al desmontar la ventilación forzada y el núcleo.

4. Dentro de compartimiento del motor, desmonte el tornillo localizado bajo el motor del limpiaparabrisas. Desmonte la tuerca del ángulo superior izquierdo (lado del motor) de la caja del evaporador.

5. Desconecte los manguitos de suministro de vacío del sistema de control desde la fuente y empuje la arandela de goma y el manguito de suministro de vacío dentro del compartimiento de pasajeros.

6. Desmonte el conjunto de la guantera.

7. Afloje la plancha arrastra-pies de la puerta derecha y desmonte el panel decorativo del lado derecho del capó fijo.

8. Desmonte el tornillo de unión del panel de instrumentos inferior derecho al capó fijo lateral.

9. Desmonte la almohadilla del panel de instrumentos.

10. Vehículos sin control automático de temperatura: Desmonte el soporte del alojamiento del cable de control de la temperatura de la parte superior de la ventilación forzada. Desconecte el cable de control de la temperatura del brazo articulado de la compuerta de mezcla. Desmonte el clip de presión que une el soporte del conducto del registro central a la ventilación forzada y gire el soporte hacia la derecha. Desconecte el cableado del puente de vacío del conector de vacío del múltiple cerca del conducto de distribución de aire del suelo.

11. Vehículos con control automático de temperatura: Desconecte el cable de control de temperatura desde el sensor ATC. Desconecte el conector del cableado del vacío desde el sensor del ATC. Desconecte el tubo del sensor del ATC desde el sensor y del conector de la caja del evaporador. Desconecte también el conector de hilos de la parte superior del relé eléctrico del vacío, localizado sobre el lado derecho de la caja de la ventilación forzada. Desconecte el manguito blanco de vacío desde el motor de vacío de la compuerta de recirculación/exterior.

12. Desmonte los dos tornillos de unión del conducto de distribución de aire del suelo al conducto de distribución de aire del lado del asiento.

13. Desmonte el clip de presión de sujeción de plástico, que mantiene el conducto de distribución de aire a la izquierda de la ventilación forzada, y desmonte el conducto de distribución de aire.

14. Desmonte las dos últimas tuercas de retención de la brida inferior del conjunto de la ventilación forzada.

15. Desplace el conjunto de la ventilación forzada hacia el asiento para dejar que los tubos del núcleo del calefactor salgan de los orificios del panel de instrumentos. Gire el conjunto de la ventilación forzada hacia abajo y afuera desde la parte inferior del panel del salpicadero.

16. El montaje es la inversa del desmontaje. Vuelva a llenar el sistema de refrigeración y verifique el funcionamiento del calefactor.

Granada de 1980, Monarch

NOTA: Los componentes y la carga del sistema refrigerante no deben tocarse cuando desmonte y monte el núcleo del calefactor.

1. Drene el refrigerante y desconecte la batería.

2. Desconecte las dos abrazaderas del manguito del calefactor del panel del salpicadero en el compartimiento del motor. Tapone los tubos del núcleo para evitar la pérdida de refrigerante durante el desmontaje.

3. Desmonte el conducto de distribución del calor del panel de instrumentos.

4. Desmonte el forro de la guantera.

5. Afloje la plancha arrastra-pies de la puerta derecha, la cubierta decorativa de la columna derecha A y desmonte el panel decorativo del lado derecho del capó fijo.

6. Afloje el tornillo de unión del panel de instrumentos al lado derecho del capó fijo y desmonte el tornillo del tirante del panel de instrumentos en la parte inferior del larguero, bajo la guantera. Desmonte el tirante del túnel al capó fijo, en el extremo izquierdo del conjunto de la ventilación forzada, si lo lleva como equipo.

7. Desmonte la almohadilla contra lesiones por accidente del panel de instrumentos.

8. Desmonte el altavoz de la radio o el tirante del capó fijo.

9. Desmonte los 4 tornillos de montaje del soporte de la boquilla del descongelador al capó fijo.

10. Eleve la boquilla del descongelador hacia arriba a través de la abertura de la almohadilla contra accidentes.

NOTA: En los modelos con control automático de temperatura; desmonte la tuerca de retención y desmonte los cableados del vacío desde el relé eléctrico del vacío.

11. Desconecte los manguitos de vacío desde los motores de las compuertas de aire acondicionado/descongelador y calor/descongelador. Desmonte el tornillo del clip de sujeción del cableado del vacío a la ventilación forzada.

12. Desmonte las dos tuercas de montaje de la compuerta calor/descongelador y gire el motor hacia atrás sobre el brazo angular de la compuerta.

13. Desmonte los dos tornillos que unen la ventilación forzada al soporte de montaje izquierdo. Luego desmonte los dos tornillos y los tres clips que aseguran la ventilación forzada a la caja del evaporador.

14. Gire el fondo de la ventilación forzada hacia afuera desde la caja del evaporador para desenganchar el clip en S de la brida delantera de la ventilación forzada. Eleve la ventilación forzada para librar las lengüetas de la parte superior de la caja del evaporador.

15. Desplace la ventilación forzada alejándola todo lo posible (unas 4 pulgadas), tirando hacia atrás del panel de instrumentos para ganar espacio. Tenga cuidado cuando tire hacia atrás del panel de instrumentos para evitar que se rompa el panel de plástico.

NOTA: Hay muy poco espacio entre la ventilación forzada y el conjunto del motor del limpiaparabrisas.

16. Tire el núcleo del calefactor hacia la izquierda utilizando la oreja moldeada dentro del cierre trasero del núcleo del calefactor. Así que la superficie trasera del núcleo del calefactor salga de la caja del evaporador, tire del núcleo hacia atrás y abajo para que salga del panel de instrumentos.

17. Para montarlo, invierta el proceso antes desarrollado.

NOTA: Antes de montar el núcleo, asegúrese de que el cierre del tubo del núcleo del calefactor al panel del salpicadero se halla en su emplazamiento, entre la caja del evaporador y el panel del salpicadero.

Thunderbird, Cougar, XR-7, LTD y Marquis de 1983 y posteriores

1. Desmonte el panel de instrumentos y déjelo sobre el asiento delantero.

2. Drene el refrigerante del sistema de refrigeración. Desconecte los manguitos del calefactor desde los tubos del núcleo y tapone los tubos para evitar derrames.

3. Desde el lado del compartimiento del motor desmonte las dos tuercas que unen la caja del evaporador al panel del salpicadero.

4. Bajo el área del salpicadero, desmonte los tornillos de unión del soporte de la caja del evaporador y el soporte del conducto de entrada de aire al panel de la parte superior del capó fijo.

5. Desmonte la tuerca de retención del soporte del lado izquierdo de la caja del evaporador y la tuerca de unión de la tapa de acceso del núcleo del calefactor a la caja del evaporador.

6. Con cuidado, extraiga el conjunto de la caja del evaporador fuera del panel del salpicadero para ganar acceso a los tornillos de retención de la tapa de acceso del núcleo del calefactor a la caja del evaporador.

7. Desmonte los tornillos de unión de la tapa del núcleo del calefactor y desmonte la tapa.

8. Levante el núcleo del calefactor y el cierre de la caja del evaporador. Desmonte los dos cierres de los tubos del núcleo.

9. El montaje es la inversa del desmontaje. Vuelva a llenar el sistema de refrigeración y compruebe el funcionamiento del calefactor.

NOTA: CONTROL AUTOMÁTICO DE TEMPERATURA: El desmontaje y montaje del núcleo del calefactor es el mismo para los sistemas manual y automático de control de temperatura en los Thunderbird, Cougar y XR-7.

Fairmont, Zephyr, Mustang, Capri, Granada de 1981 y posteriores, Cougar

1. Desmonte el panel de instrumentos.
2. Drene el refrigerante del radiador.
3. Desconecte los manguitos del calefactor de las conexiones del núcleo.
4. Dentro del compartimiento del motor, desmonte las tuercas de retención de la caja del evaporador al panel del salpicadero.
5. Bajo el salpicadero, desmonte los tornillos que aseguran el soporte de la caja del evaporador y el soporte del conducto de entrada de aire al panel superior del capó fijo.
6. Desmonte la tuerca de retención del soporte del extremo izquierdo de la caja del evaporador al panel del salpicadero.
7. Desmonte los cinco tornillos de la tapa de acceso al núcleo del calefactor y la tapa de la caja del calefactor.
8. Desmonte el núcleo del calefactor y los cierres de la caja del evaporador.
9. Para el montaje invierta el proceso.

Versailles

1. Drene el refrigerante del radiador.
2. Desconecte los manguitos del calefactor de las conexiones del núcleo.
3. Desconecte el cable negativo de la batería.
4. Desmonte el panel de acabado inferior del panel de instrumentos y el tornillo del tirante del soporte bajo la guantera.
5. Desmonte la almohadilla del panel de instrumentos.
6. Afloje los tornillos de retención de la plancha arrastra-pies de la puerta derecha, desmonte los tornillos de unión del panel decorativo del capó fijo lateral y desmonte el panel decorativo.
7. En el extremo derecho del panel de instrumentos, desmonte el tornillo de unión inferior del panel de instrumentos.
8. Desmonte los dos tornillos y el conducto de distribución de aire del suelo desde el conjunto de ventilación forzada.
9. Desmonte el altavoz de la radio o el tirante del panel de instrumentos al capó fijo.
10. Desmonte los cuatro tornillos que aseguran la boquilla del descongelador a las lengüetas de montaje del capó fijo. Levante la boquilla del descongelador hacia arriba y afuera desde detrás del panel de instrumentos.
11. Desmonte el tirante del capó fijo al suelo en el lado izquierdo del conjunto de la ventilación forzada.
12. Desconecte el vacío de los motores de vacío de las compuertas del descongelador/aire acondicionado y calor/descongelador.
13. Desmonte la tuerca de retención y el conector del cableado del vacío desde el relé eléctrico del vacío, localizado en el lado derecho de la caja de la ventilación forzada.
14. Desmonte el tornillo que asegura la abrazadera al conjunto de ventilación forzada.
15. Desmonte las dos tuercas de retención del motor de la compuerta de calor/descongelador y gire el motor hacia atrás.
16. Desmonte los dos tornillos que unen la esquina delantera de la ventilación forzada al soporte de montaje de la ventilación forzada al capó fijo.
17. Desmonte los dos tornillos que unen el borde inferior de la ventilación forzada a la caja del evaporador.
18. Desmonte los dos clips que aseguran el borde trasero de la ventilación forzada a la caja del evaporador.
19. Eleve el conjunto de la ventilación forzada hasta que el borde superior de la ventilación forzada se desacople de la caja del evaporador. Luego desplace la ventilación forzada hacia la izquierda todo lo posible.
20. Tire hacia atrás del borde inferior del panel de instrumentos con cuidado, y desmonte el conjunto de la ventilación forzada de la parte posterior del panel de instrumentos.
21. Extraiga con cuidado el núcleo del calefactor del alojamiento del evaporador utilizando el saliente moldeado dentro del cierre del núcleo del calefactor.
22. Desacople los tubos del calefactor del cierre del panel del salpicadero al desmontar el núcleo. En cuanto el núcleo del calefactor se halle fuera de la caja del evaporador, empuje hacia atrás y abajo el núcleo del calefactor para extraerlo del panel de instrumentos.
23. Para el montaje invierta el proceso.

Pinto, Bobcat

1. Desmonte el conjunto de la caja del evaporador del vehículo.
2. Desmonte los tornillos de unión de la parte superior a la inferior de la caja. Desmonte el motor y el rodete del soplante.
3. Desmonte el cierre de goma de los tubos del núcleo del calefactor.
4. Desmonte la mitad superior de la caja del calefactor.
5. Desplace el cierre de goma sobre el núcleo del evaporador para sacarlo del espárrago de montaje de la caja y extraiga el núcleo de la caja inferior.
6. El montaje es la inversa del desmontaje. Asegúrese de que monta una nueva estopada de cierre alrededor de la brida de la caja inferior, antes de montar la mitad superior de la caja. Monte nuevos anillos tóricos en la platina del múltiple. Sumerja los nuevos anillos tóricos en aceite refrigerante antes de montarlos.

Radio

NOTA: Para la mejor recepción de la FM (frecuencia modulada), ajuste la antena, si es ajustable, a una altura de 32 pulgadas. El «fading» o debilitación de la recepción de la AM (onda media), puede corregirlo mediante el ajuste del condensador de compensación ajustable. El condensador de ajuste se halla localizado en la parte posterior derecha, o en el lado derecho de la radio. Vea el manual del propietario para su emplazamiento si tiene dudas. Para ajustar el condensador ajustable:

1. Extienda la antena a su máxima altura.
2. Sintonice la radio con una estación emisora débil de unos 1,600 KC (kilociclos). Ajuste el volumen de modo que el sonido sea apenas audible.
3. Ajuste el condensador ajustable para lograr el volumen máximo de recepción.

DESMONTAJE Y MONTAJE

Lincoln

1. Desconecte el cable negativo de la batería.
2. Desmonte los cuatro tornillos de unión de la platina de la radio al panel. Tire de la radio, con la platina delantera unida, hacia atrás hasta que salga del soporte trasero.
3. Desconecte los hilos del chasis. Si está equipado con sonido de alta fidelidad, desmonte el interruptor y desmonte el zócalo de la lámpara de iluminación del soporte delantero.
4. Desmonte la radio con la platina delantera acoplada. Desmonte los cuatro tornillos y desmonte la platina. El montaje es la inversa del desmontaje.

Ford y Mercury, tamaño total

1. Desconecte el cable de masa de la batería.
2. En las radios totalmente electrónicas, desmonte los tornillos de unión de la radio a la platina de montaje y desmonte la platina de montaje.
3. Desmonte los pomos de la radio, los tornillos que unen el bisel al panel de instrumentos, y desmonte el bisel.
4. Desmonte los tornillos de unión de la platina de montaje de la radio (radio estándar), y desacople la radio tirando desde el soporte inferior trasero.
5. Desconecte todos los hilos de la radio.
6. Desmonte la platina de montaje de la radio y el soporte superior trasero; desmonte la radio del panel de instrumentos.
7. Para el montaje invierta el proceso

Granada, Monarch, Versailles

1. Desconecte el cable negativo de la batería.
2. Desmonte el interruptor de los faros delanteros desde el panel de instrumentos. Desmonte el calefactor, el acondicionador de aire, los boto-

nes del lava-limpiaparabrisas y los botones y discos de la radio.

3. Desmonte los seis tornillos que unen el aplique al panel de instrumentos y desmonte el aplique. Desconecte el cable de entrada de la antena desde la radio.

4. Desmonte los cuatro tornillos que unen el bisel de la radio al panel de instrumentos. Deslice la radio y el bisel fuera del soporte trasero inferior y de la abertura del panel de instrumentos, hacia el interior, lo suficiente para desconectar las conexiones eléctricas y desmontar la radio.

5. Desmonte la tuerca de unión del soporte trasero a la radio y desmonte el soporte. Desmonte las tuercas y arandelas de los ejes de control de la radio y desmonte el bisel.

6. Para montar, una el soporte trasero a la radio. Monte bisel, arandelas y tuercas.

7. Inserte la radio con el soporte trasero y el bisel a través de la abertura del panel de instrumentos lo suficiente para conectar los conductores eléctricos y el cable de entrada de la antena. Monte el soporte superior trasero de la radio dentro del soporte inferior trasero.

8. Centre la radio y el bisel en la abertura y monte los cuatro tornillos de unión.

9. Monte el aplique del panel de instrumentos con los seis tornillos de unión. Monte todos los botones desmontados del panel de instrumentos y de la radio. Monte el interruptor de los faros delanteros. Conecte el cable negativo de la batería.

Fairmont, Zephyr, Mustang, Capri, Granada y Cougar de 1981 y posteriores, Futura

1. Desconecte el cable negativo de la batería.

2. Desconecte los conductores eléctricos del altavoz y de la antena de la radio.

3. Desmonte los botones, discos, tuercas y arandelas del eje de control, de los ejes de la radio.

4. Desmonte el cenicero y soporte.

5. Desmonte la tuerca del soporte trasero de la radio.

6. Desmonte el refuerzo inferior del panel de instrumentos y los conductos del calefactor o del aire acondicionado del suelo.

7. Desmonte la radio del soporte trasero y extraiga la radio hacia abajo y afuera desde la parte posterior del panel de instrumentos.

8. Para montar invierta el proceso.

Thunderbird y Cougar, XR-7, Continental de 1982 y posteriores, LTD de 1983 y posteriores, Marquis

1. Desconecte el cable negativo de la batería.

2. Desmonte los botones de la radio tirando de ellos hacia afuera.

3. Desmonte los tornillos de la platina de montaje de la radio. Tire de la radio hacia el asiento delantero para desacoplarla del soporte inferior.

4. Desconecte las conexiones de la radio y de la antena.

5. Desmonte la radio. Desmonte las tuercas y arandelas (radios convencionales) si es necesario.

6. En las radios electrónicas, monte las platinas de montaje antes de montar las tuercas y arandelas de retención o los tornillos. El resto del montaje es la inversa del desmontaje.

Interruptor de los faros delanteros

DESMONTAJE Y MONTAJE

Ford y Mercury

1. Desconecte el cable negativo de la batería.

2. Por la parte inferior del panel de instrumentos presione el botón de retención del eje, y tire del botón recto hacia afuera.

3. Desatornille el bisel embellecedor y desmonte la contratuerca.

4. Bajo el panel de instrumentos desplace el interruptor hacia la delantera del coche mientras lo inclina hacia abajo.

5. Desconecte los hilos del interruptor y desmonte el interruptor del coche.

6. El montaje es la inversa del desmontaje.

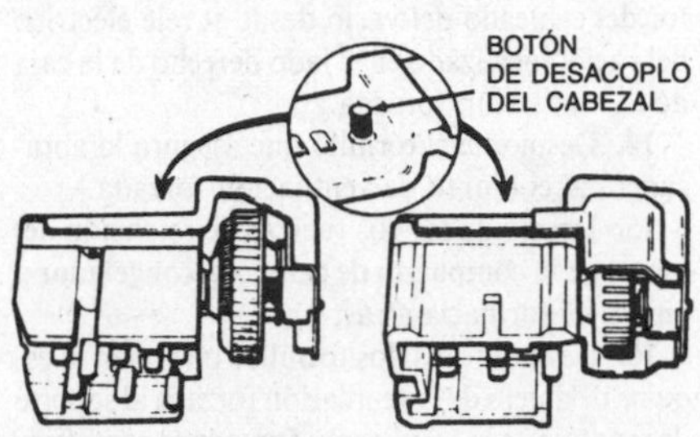

Interruptor de los faros de carretera y localización del botón de desacoplo

Lincoln y Mark VI

1. Desconecte el cable de masa de la batería.

2. Desmonte el botón y el eje del interruptor.

3. Con cuidado, con unas pinzas, extraiga los dos biseles de los controles. Hay un sólo bisel si el coche no tiene control automático de regulación de intensidad de luz. Desatornille el bisel roscado del interruptor de los faros delanteros. En el Lincoln, desmonte el tornillo del ángulo trasero del soporte. En el Mark VI, desmonte el panel de acabado de la abertura del conjunto de instrumentos. En los modelos de 1980 y posteriores, desmonte la protección inferior de la columna de dirección y el bisel embellecedor inferior izquierdo del panel de instrumentos.

4. En el Mark VI, desmonte los cuatro tornillos del soporte delantero del interruptor. En los modelos de 1980 y posteriores, desmonte los cinco tornillos dèl soporte de montaje del interruptor al panel de instrumentos.

5. Desconecte los hilos y desmonte el interruptor. Anote su colocación y desmonte todas las conducciones de vacío. Desmonte el soporte del interruptor en el Mark VI y todos los modelos de 1980 y posteriores.

6. Para el montaje invierta el proceso.

Pinto y Bobcat

1. Desconecte el cable negativo de la batería.

2. Tire hacia afuera, hacia la posición de CONECTADO, del interruptor de los faros delanteros.

3. Alcance bajo el salpicadero y presione el botón de retención del interruptor de los faros delanteros.

4. Desconecte los hilos y desmonte el interruptor.

5. El montaje es a la inversa.

Interruptor del limpiaparabrisas

DESMONTAJE Y MONTAJE

Versailles de 1980, Granada, Monarch

1. Desconecte el cable negativo de la batería.

2. Separe el conector de hilos después de soltar las lengüetas de bloqueo.

3. Desmonte los dos tornillos del panel de instrumentos inferior y desmonte la protección del panel de instrumentos inferior.

4. Desmonte los dos tornillos de la tapa de la columna de dirección y separe las medias tapas de la columna de dirección.

5. Desmonte la protección de los hilos eléctricos.

6. Utilizando un desmontador de mando interno T-20 o su equivalente, desmonte los tornillos de retención y desmonte el conjunto del brazo del lava-limpiaparabrisas-señal de giro.

NOTA: El interruptor del lava/limpia forma parte integral del brazo del interruptor de la señal de giro, y no puede usted repararlo separadamente.

Pinto y Bobcat

1. Desconecte el cable de masa de la batería.

2. Desmonte el conjunto de instrumentos.

3. Desmonte el botón del interruptor del limpia y la tuerca del bisel.

4. Desconecte el conector de los hilos del interruptor y desmonte el interruptor del salpicadero.

5. Para el montaje invierta el proceso de desmontaje.

Ford, Mercury, Fairmont, Zephyr, Mustang, Capri, Lincoln, Mark VI, Thunderbird, XR-7, Cougar

1. Desconecte el cable negativo de la batería.

2. Desmonte los tornillos de retención de la cubierta de la columna de dirección rebatible.

3. Separe las dos mitades y desmonte los tornillos de retención del interruptor del limpia.

4. Desconecte el conector de hilos y desmonte el interruptor del limpiador.

5. El montaje del interruptor del limpiador es a la inversa del proceso de desmontaje.

Motor del limpiador

DESMONTAJE Y MONTAJE

Ford, Mercury, Mark VI, Lincoln, Continental de 1980-81, Lincoln Town Car de 1982 y posteriores

1. Desconecte el cable de masa de la batería.

2. En los modelos de 1982 y posteriores, desmonte el cierre del capó.

3. Desconecte el manguito de la boquilla de lavado de la derecha y desmonte el conjunto de brazo y escobilla del limpiador de la derecha del eje de pivotaje.

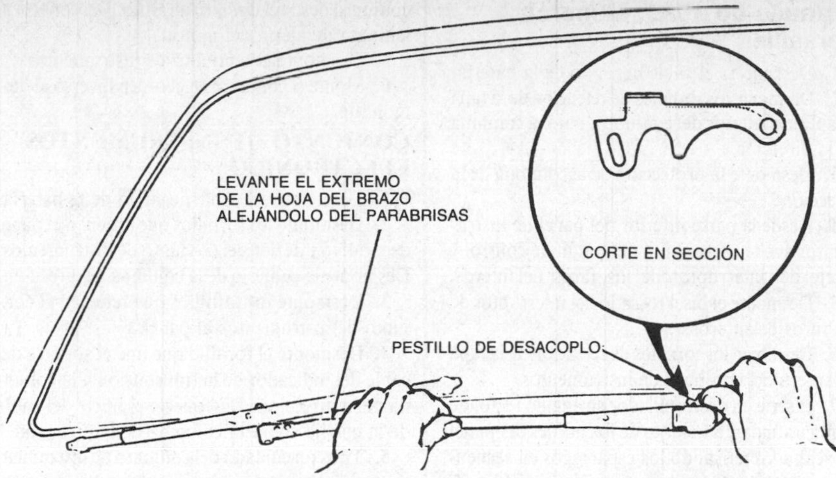

Desmontaje típico del brazo porta-escobilla del limpiaparabrisas

4. Desmonte el motor del limpiaparabrisas y la tapa del reenvío desmontando los dos tornillos de unión.

5. Desconecte el reenvío del brazo de mando de la clavija del brazo de manivela de salida del motor, desmontando el clip de retención.

6. Desconecte los dos conectores a presión de los hilos conductores desde el motor.

7. Desmonte los tres tornillos que retienen el motor a la prolongación del panel del salpicadero y desmonte el motor.

8. Para el montaje, asegúrese de que el brazo de salida se halla en la posición de estacionamiento, e invierta el proceso de desmontaje.

Fairmont, Zephyr, Thunderbird, Cougar, XR-7, Mustang de 1981 y posteriores, Capri, Granada

1. Desconecte el cable de masa de la batería.

2. Desmonte el conjunto de limpiador y escobilla derechos.

NOTA: En los modelos Fairmont, Zephyr, Granada y Cougar, desmonte también el brazo izquierdo de limpiador y escobilla.

3. Desmonte la rejilla de la parte superior del capó fijo.

4. Desconecte el brazo de mando del reenvío de la clavija de la manivela del motor, después de desmontar el clip de retención.

5. Desconecte el conector eléctrico del motor del limpiador y desmonte los tres tornillos de unión del motor. Extraiga el motor de la abertura.

6. Asegúrese de que el brazo manivela del motor se halla en posición de aparcado, e invierta el proceso para el montaje.

Pinto, Bobcat, Mustang de 1980, Capri

1. Afloje las dos tuercas y desconecte el conjunto del eje-pivote y reenvío desde la rótula del brazo de mando del motor, en los modelos Pinto y Bobcat. Desmonte el clip de retención del reenvío en los modelos Mustang y Capri.

2. Desmonte los tres tornillos de unión del motor y baje el motor afuera, desde el lado izquierdo del panel de instrumentos.

3. Desconecte las conexiones eléctricas del motor limpiador y desmonte el motor.

4. Para montarlo, asegúrese de que el motor se halla en la posición de aparcado e invierta el proceso de desmontaje.

Granada de 1980, Monarch, Versailles

1. Desconecte el cable de masa de la batería.

2. Desmonte la almohadilla del panel de instrumentos.

3. Desmonte el soporte de montaje del altavoz y desmonte el altavoz.

4. Desmonte la boquilla del descongelador y el conducto de distribución de aire.

5. Desmonte el módulo de cierre interno del soporte y desconecte el conector múltiple.

6. Desmonte los tornillos de unión del soporte del motor al capó fijo y el clip del brazo de mando.

7. Desmonte el motor del vehículo.

8. Para montarlo invierta el proceso.

Eje de pivotaje del limpiador y reenvío

DESMONTAJE Y MONTAJE

NOTA: Los ejes de pivotaje y reenvío del limpiador se pueden desmontar después de que haya sido desmontado el conjunto de motor y brazo. Los ejes de pivotaje están fijados a la carrocería con tornillos y, en ciertos modelos, pueden desmontarse individualmente. En otros modelos, deben desmontarse como una unidad completa los ejes de pivotaje izquierdo y derecho y los reenvíos.

Escobilla limpiadora

SUSTITUCIÓN

Las escobillas limpiadoras que se utilizan son de las compañías Trico o Anco. El tipo con escobilla de bayoneta, con soporte de la escobilla que se desliza sobre el extremo del brazo y se engrana por un espárrago de bloqueo. El tipo con un soporte lateral interno, en el que una clavija del brazo entra en el lado del soporte de la escobilla y engrana con un muelle de carga (Trico) o con un clip de carga (Anco) en el soporte.

Conjunto de instrumentos

DESMONTAJE Y MONTAJE

ATENCIÓN

Debe extremar las precauciones al desmontar y montar el conjunto de instrumentos y componentes del salpicadero para evitar daños y roturas. Debe emplear palos de madera para separar los componentes del salpicadero si es necesario. Encinte o cubra las zonas que puedan resultar dañadas por el desmontaje y montaje de los componentes del salpicadero.

NOTA: Al llevar a cabo los procedimientos de desmontaje y montaje, pueden ser necesarias ligeras variaciones en el desarrollo general para facilitar el desmontaje y montaje del panel de instrumentos y componentes del conjunto a causa de ligeros cambios habidos en los modelos de un año a otro.

Todos los modelos tamaño total (excepto los que siguen abajo)

1. Desconecte el cable negativo de la batería.

2. Desmonte la cubierta inferior de la columna de la dirección.

3. Desmonte la cubierta decorativa del conjunto de instrumentos y el medio fondo de la protección de la columna de la dirección.

4. Alcance la parte posterior del conjunto y desconecte el enchufe de alimentación eléctrica del conjunto y el cable del velocímetro.

5. Desenganche y desmonte la cubierta de protección de la columna de la dirección si no lo hizo antes. Desconecte el cable indicador de la transmisión de la lengüeta en la protección de la retención.

6. Desmonte el tornillo de unión del soporte del cable del indicador de la transmisión a la columna de la dirección. Desconecte el bucle del cable de la clavija en la columna de la dirección.

7. Desmonte los tornillos de retención y desmonte el conjunto de instrumentos.

8. El procedimiento de montaje es la inversa del desmontaje.

Lincoln Continental de 1980, Mark VI de 1980 y posteriores, Lincoln Town Car de 1980 y posteriores

1. Desconecte el cable de masa de la batería.

2. Desmonte la cubierta inferior de la columna de la dirección.

3. Desmonte la cubierta decorativa del conjunto de instrumentos. Desmonte el medio fondo de la protección de la columna de la dirección.

4. Alcance la parte trasera del conjunto y desconecte el enchufe de alimentación eléctrica del conjunto y el cable del velocímetro.

5. Desenganche y desmonte la cubierta de protección de la columna de la dirección, si no lo hizo antes. Desconecte el cable indicador de la transmisión de la lengüeta en la protección de la retención.

6. Desmonte el tornillo de unión del soporte del cable indicador de la transmisión a la columna de la dirección. Desconecte el bucle del cable de la clavija sobre la columna de la dirección.

7. Desmonte los tornillos de retención del conjunto y desmonte el conjunto de instrumentos.

8. El procedimiento de montaje es la inversa del desmontaje.

CONJUNTO DE INSTRUMENTOS

1. Desmonte el conjunto principal de instrumentos tal como se ha desarrollado.

2. Desmonte el embellecedor del alojamiento del conjunto de instrumentos auxiliares del panel de instrumentos.

3. Desconecte la conexión eléctrica de la parte trasera del conjunto.

4. Desmonte el conjunto de instrumentos auxiliares de la parte trasera, a través de la abertura del desmontado conjunto de instrumentos principal.

5. El procedimiento de montaje es la inversa del desmontaje.

Thunderbird, Cougar, XR-7 y Continental

1. Desconecte el cable negativo de la batería.

2. Desconecte el cable del velocímetro (conjunto estándar).

3. Desmonte la tapa decorativa del panel de instrumentos y la protección inferior de la columna de la dirección.

4. Desmonte los tornillos de retención del conjunto (conjunto electrónico).

5. Desmonte el tornillo de unión del soporte del cable del sector del indicador de la transmisión a la columna de la dirección. Desconecte el bucle del cable desde la clavija en la columna de la dirección.

6. Desmonte los tornillos de retención del conjunto (conjunto estándar).

7. Tire del conjunto hacia fuera del panel de instrumentos y desconecte el cable del velocímetro (conjunto electrónico).

8. Desmonte el conjunto del panel de instrumentos.

9. Para el montaje invierta el proceso de desmontaje.

Fairmont, Zephyr, Granada de 1981 y posteriores, Cougar

NOTA: Ciertos conjuntos de instrumentos ejecutados bajo pedido especial tienen dos circuitos impresos.

1. Desconecte el cable negativo de la batería.

2. Desmonte la protección de la columna de la dirección y la cubierta decorativa del conjunto.

3. Desmonte el tornillo de unión del soporte del cable del control del sector del cambio a la columna de la dirección y desconecte el bucle del cable de la clavija de la palanca del cambio de marcha. Desmonte la abrazadera de plástico de alrededor de la columna.

4. Desmonte los tornillos de retención que sujetan el conjunto al panel de instrumentos.

5. Tire del conjunto hacia fuera del panel de instrumentos y desconecte el cable del velocímetro. Desconecte los conectores eléctricos y desmonte el conjunto del salpicadero.

6. Para montar el conjunto, invierta el proceso de desmontaje.

Granada de 1980, Monarch, Versailles

1. Desconecte el cable negativo de la batería.

2. Desmonte los tornillos de retención de la tapa de aplique inferior del conjunto, bajo la columna de la dirección.

3. Desmonte la protección de la columna de la dirección.

4. Desde la parte inferior del panel de instrumentos suelte el conjunto del botón de control y el eje del interruptor de los faros delanteros.

5. Desmonte el bisel roscado del interruptor de los faros delanteros.

6. Desmonte los tornillos de retención de la tapa delantera del conjunto de instrumentos.

7. Inserte un destornillador en ángulo recto, de punta estándar, a lo largo de los bordes del panel de acabado, retirando los espárragos en secuencia gradual alrededor del borde exterior del panel.

8. Desmonte la tapa delantera del conjunto.

9. Si el vehículo está equipado con transmisión automática, desmonte el tornillo que une el soporte del cable de control del sector del cambio de marchas a la columna de la dirección. Desconecte el bucle del cable de la clavija de la columna de la dirección.

10. Desde la parte inferior del panel de instrumentos desconecte el cable del velocímetro.

11. Desmonte los tornillos de retención y tire hacia afuera del conjunto del panel de instrumentos.

12. Desconecte el conector eléctrico de la parte trasera del conjunto.

13. Desmonte el conjunto del panel de instrumentos.

14. Para montar el conjunto, invierta el proceso de desmontaje.

Mustang, Capri

1. Desconecte el cable de masa de la batería.

2. Desmonte la tapa decorativa de instrumentos.

3. Desde la parte inferior del salpicadero, alcance hacia arriba y desconecte el cable del velocímetro.

4. Desmonte los tornillos de retención del conjunto y tire del mismo hacia afuera del salpicadero. Desconecte el velocímetro y los conectores de hilos. Desmonte el conjunto de instrumentos.

5. El montaje es la inversa del proceso de desmontaje.

LTD de 1983 y posteriores, Marquis

CONJUNTO DE INSTRUMENTOS ESTÁNDAR

1. Desconecte el cable negativo de la batería.

2. Desconecte el cable del velocímetro. Desmonte los tornillos de retención del panel decorativo del conjunto y desmonte el panel.

3. Desmonte la protección del volante de dirección. Desmonte el tornillo de retención del cable de control del indicador del cambio de marcha a la columna de la dirección. Desconecte el bucle del cable de la clavija de la palanca del cambio de marchas. Desmonte la abrazadera de la columna de la dirección.

4. Desmonte los tornillos de retención del conjunto. Desconecte el enchufe de alimentación del conjunto desde el circuito impreso. Desconecte la lámpara de alerta del motor.

5. Desmonte el conjunto de instrumentos.

6. Monte el conjunto en el orden inverso al desmontaje.

CONJUNTO DE INSTRUMENTOS ELECTRÓNICO

1. Desconecte el cable negativo de la batería.

2. Desmonte los tornillos que retienen el panel decorativo inferior del conjunto de instrumentos. Desmonte la cubierta de la columna de dirección.

3. Desmonte los tornillos que retienen el conjunto de instrumentos al panel.

4. Desmonte el tornillo que une el soporte del cable del indicador de la transmisión a la columna de la dirección. Desconecte el bucle del cable de la clavija sobre la columna de la dirección.

5. Tire con cuidado del conjunto de instrumentos fuera del panel y desconecte el cable del velocímetro. Desmonte el enchufe de alimentación del conjunto y el receptáculo de la masa desde la platina trasera del conjunto.

6. Desmonte el conjunto de instrumentos.

7. Monte el conjunto en el orden inverso al desmonaje.

Panel de instrumentos

DESMONTAJE Y MONTAJE

Mustang y Capri de 1983 y posteriores (aire acondicionado manual)

1. Desconecte el cable de masa (negativo) desde la batería.

2. Desmonte la almohadilla del panel de instrumentos.

3. Desmonte los dos tornillos que unen la cubierta inferior de la columna de la dirección al panel de instrumentos y desmonte la cubierta.

4. Desmonte las protecciones decorativas de la columna de la dirección desmontando los tornillos inferiores de la protección.

5. Desmonte las cuatro tuercas de unión de la columna de la dirección al soporte del pedal de freno y, con cuidado, baje la columna de la dirección, sólo lo suficiente, para acceder al conjunto de palanca y cable del selector del cambio de marchas de la transmisión (sólo en los vehículos de transmisión automática).

NOTA: Debe cuidar de que la columna no baje demasiado para evitar daños a la palanca y/o cable del selector.

6. Introduzca la mano entre la columna de la dirección y el panel de instrumentos y, prudentemente, desmonte el cable de la palanca del selector desde la palanca de marchas. Luego desmonte la abrazadera del cable del tubo de la columna de la dirección.

7. Deje descansar la columna de la dirección sobre el asiento delantero.

8. Desmonte el tornillo de unión del panel de instrumentos al soporte del pedal de freno, en la abertura de la columna de dirección.

9. Desmonte un tornillo que une el tirante inferior al borde inferior del panel de instrumentos bajo la radio.

10. Desmonte el tornillo que une el tirante al borde inferior del panel de instrumentos, bajo la guantera.

11. Desconecte el cable de control de la temperatura desde la compuerta de mezcla de temperatura y el soporte de la caja del evaporador.

12. Desconecte el manguito de vacío del conector de 7 lumbreras en la caja del evaporador.

13. Desconecte el conector del cable de la resistencia del soplante desde la resistencia que se halla sobre el alojamiento del evaporador, y el conductor eléctrico de alimentación del motor del soplante, en el conector en serie próximo al conector del cable de la resistencia del soplante.

14. Soporte el panel de instrumentos y, con un destornillador Philips de ángulo, desmonte los tres tornillos que unen la parte superior del panel de instrumentos al capó fijo.

15. Desmonte los tornillos que unen cada extremo del panel de instrumentos a los paneles laterales del capó fijo.

16. Desplace hacia atrás el panel de instrumentos y desconecte el cable del velocímetro desde el velocímetro y cualquier hilo que impida dejar el panel de instrumentos sobre el asiento delantero. Cuide de no rayar el panel de instrumentos o la columna de la dirección.

17. Coloque el panel de instrumentos cerca de su posición de montaje y conecte cualquier hilo o conector que haya sido desconectado en el desmontaje.

18. Conecte el cable del velocímetro.

19. Coloque el panel de instrumentos en su posición y monte un tornillo en cada extremo del panel de instrumentos.

20. Monte tres tornillos a lo largo del borde superior delantero del panel de instrumentos con un destornillador Philips de ángulo.

21. Conecte los dos tirantes de soporte en el borde inferior del panel de instrumentos con un tornillo cada uno.

22. Conecte el cable del control de temperatura en el brazo articulado de la compuerta de mezcla de temperatura y el soporte.

23. Conecte el manguito de vacío en el conector de 7 lumbreras y los hilos del motor del soplante de la resistencia y del conector en línea próximo a la resistencia.

24. Monte el tornillo de unión del panel de instrumentos al soporte del pedal de freno.

25. Coloque la columna de la dirección cerca del soporte del pedal de freno.

26. Conecte el cable de la palanca selectora del cambio de marchas a la palanca selectora. Luego, conecte la abrazadera del cable al tubo de la columna de la dirección.

27. Sitúe la columna de la dirección contra el soporte del pedal de freno y monte las cuatro tuercas de unión.

28. Ajuste el indicador del selector de la transmisión.

29. Monte la protección de la columna de la dirección.

30. Posicione la tapa de la abertura de la columna de la dirección sobre el panel de instrumentos y monte los dos tornillos de unión.

31. Monte la almohadilla del panel de instrumentos y conecte el cable de masa de la batería.

32. Conecte el cable del control de temperatura al brazo articulado de la compuerta de mezcla de temperatura y ajuste lo necesario.

Thunderbird/Cougar de 1983 y posteriores (aire acondicionado manual)

1. Desconecte el cable de masa de la batería.

2. Desmonte los tres tornillos de unión de la tapa de la columna de la dirección al panel de instrumentos. Luego tire del panel hacia atrás para desenganchar los clips y retirar la tapa.

3. Desmonte los tres tornillos de unión del refuerzo al panel de instrumentos bajo la abertura de la columna de la dirección y desmonte el refuerzo.

4. Desmonte las dos tuercas que retienen el soporte de montaje del tirador de apertura del pestillo del capó, al soporte del pedal de freno bajo la columna de la dirección.

5. Desmonte el insonorizador de la parte inferior del lado izquierdo del panel de instrumentos.

6. Desmonte las dos tuercas que retienen la abrazadera de la columna de la dirección al soporte del pedal de freno y deje descansar la columna de la dirección sobre el asiento delantero.

7. Desmonte la almohadilla del panel de instrumentos.

8. Desmonte el cable del velocímetro desde la parte trasera del velocímetro.

9. Desmonte los dos tornillos que unen la bandeja de la consola (con transmisión automática), o la tapa de la consola alrededor de la palanca del cambio de marchas (con transmisión manual) a la consola. Luego, desmonte la bandeja o tapa de la consola.

10. Desmonte los cuatro tornillos que unen la tapa del panel del interruptor de la consola. Desconecte los hilos del interruptor y desmonte el panel del interruptor.

11. Abra la tapa de la caja de la consola y desmonte los dos tornillos del fondo de la caja de la consola y los dos tornillos de la parte superior delantera de la caja.

12. Desmonte los dos tornillos de unión del extremo delantero de la consola al borde inferior del panel de instrumentos.

13. Desmonte los dos tornillos que unen el soporte al extremo delantero de la consola y baje el borde del panel de instrumentos hasta el suelo. Luego eleve la parte trasera de la consola y tire la consola hacia atrás para desengancharla del panel de instrumentos. Sitúe la consola apartada a un lado.

14. Desmonte las dos clavijas de presión de plástico que unen las bandas de la puerta de la guantera a la guantera. Deje que la guantera y su puerta cuelguen de la bisagra.

15. Desmonte el tornillo que une el tirante del panel de instrumentos al panel de instrumentos, en la abertura de la guantera.

16. Desmonte el tornillo que une el borde inferior del panel de instrumentos al soporte del pedal de freno.

17. Desmonte el tornillo que une un segundo tirante del panel de instrumentos al borde inferior del panel de instrumentos justo a la izquierda de la prolongación de la consola.

18. Desmonte el tornillo que une cada extremo del panel de instrumentos al panel lateral del capó fijo.

19. Soporte el panel de instrumentos y desmonte los tres tornillos que unen el borde superior del panel de instrumentos al panel del capó fijo.

20. Cubra la columna de la dirección y el asiento, desconectando equipos de cables y conductos de vacío, según sea necesario. Deje descansar el panel de instrumentos sobre el asiento delantero.

21. Coloque el panel de instrumentos en posición y conecte todos los hilos y equipos de vacío que fueron desconectados durante el desmontaje del panel de instrumentos. Luego monte los tres tornillos de unión del borde superior del panel de instrumentos al panel superior del capó fijo.

22. Monte un tornillo para unir cada extremo del panel de instrumentos al panel lateral del capó fijo.

23. Monte un tornillo en cada tirante derecho e izquierdo del panel de instrumentos para unirlos al borde inferior del panel de instrumentos cerca de la prolongación de la consola.

24. Monte una tuerca para unir el borde inferior del panel de instrumentos al soporte del pedal de freno.

25. Posicione la consola en el vehículo y monte dos tornillos para unir el soporte delantero al piso.

26. Monte dos tornillos para unir la caja de la consola al piso, y dos tornillos para unir la parte superior delantera de la caja al soporte.

27. Posicione el panel del interruptor de la consola en la consola y conecte los hilos eléctricos. Luego monte los cuatro tornillos de unión del cubre-panel.

28. Posicione la bandeja de la consola o tapa alrededor de la palanca del cambio a la consola y monte los dos tornillos de unión.

29. Conecte el cable del velocímetro en el velocímetro.

30. Monte la almohadilla del panel de instrumentos.

31. Posicione la columna de la dirección en el soporte del pedal de freno y monte la abrazadera de retención (dos tuercas).

32. Posicione el refuerzo a través de la abertura de la columna de la dirección del panel de instrumentos y monte los tres tornillos de unión.

33. Posicione la tapa de la abertura de la columna de la dirección en el panel de instrumentos y monte los tres tornillos de unión.

34. Monte el insonorizador bajo el lado izquierdo del panel de instrumentos.

35. Conecte las bandas de soporte de la guantera.

36. Conecte el cable de masa de la batería.

37. Verifique el funcionamiento correcto de todos los instrumentos y controles.

LTD/Marquis de 1983 y posteriores (aire acondicionado manual)

1. Desmonte el panel de acabado superior del panel de instrumentos y los conjuntos de almohadillas.

2. Afloje la columna de la dirección y bájela con cuidado, lo suficiente para acceder al conjunto de palanca selectora del cambio de marchas de la transmisión y cable.

NOTA: Debe preocuparse y asegurarse de que la columna no se baje excesivamente para evitar daños a la palanca del selector y/o al cable.

3. Alcance usted con la mano, entre la columna de dirección y el panel de instrumentos, el cable del selector y cuidadosamente extráigalo fuera de la palanca del selector de marchas. Luego, desmonte la abrazadera del cable, del tubo de la columna de dirección.

4. Deje apoyada la columna de la dirección sobre el asiento delantero.

5. Desmonte el tornillo de unión del panel de instrumentos al soporte del pedal de freno, en la abertura de la columna de la dirección.

6. Desconecte el cable de control de temperatura de la compuerta de mezcla de temperatura y del soporte de la caja del evaporador.

7. Desconecte los conectores de manguitos de vacío de la caja del evaporador.

8. Desconecte el conector eléctrico de la resistencia del soplante desde la resistencia que hay sobre el alojamiento del evaporador, y el conductor de alimentación del motor del soplante del conector en línea próximo al conector eléctrico de la resistencia del soplante.

9. Soporte el panel de instrumentos y desmonte tres tornillos que unen la parte superior del panel de instrumentos al capó fijo.

10. Desmonte el tornillo que une cada extremo del panel de instrumentos a los paneles laterales del capó fijo.

11. Desmonte los dos tornillos que sujetan el panel de instrumentos al suelo.

12. Desplace el panel de instrumentos hacia atrás, y desconecte el cable del velocímetro y cualquier hilo que impida que el panel de instrumentos se apoye en el asiento delantero. Cuide de no rayar el panel o la columna de la dirección.

13. Coloque el panel de instrumentos próximo a su posición de montaje, y conecte todos los hilos o conectores que fueron desconectados en el desmontaje.

14. Conecte el cable del velocímetro al velocímetro.

15. Coloque el panel de instrumentos en posición y monte un tornillo en cada extremo del panel de instrumentos.

16. Monte tres tornillos a lo largo del borde delantero del panel de instrumentos.

17. Monte los dos tornillos de retención del panel de instrumentos en el suelo.

18. Conecte el cable de control de temperatura al brazo articulado de la compuerta de mezcla de temperatura y al soporte.

Thunderbird/Cougar de 1983 y posteriores (aire acondicionado automático)

1. Desconecte el cable de masa de la batería.

2. Desmonte los tres tornillos que unen la tapa de la abertura de la columna de la dirección al panel de instrumentos. Luego, tire del panel bajo la abertura de la columna de la dirección y desmonte el refuerzo.

3. Desmonte los tres tornillos que unen el refuerzo del panel de instrumentos bajo la abertura de la columna de la dirección y desmonte el refuerzo.

4. Desmonte las dos tuercas que retienen el soporte de montaje del tirador de apertura del pestillo del capó al soporte del pedal de freno, bajo la columna de la dirección.

5. Desmonte el insonorizador de la parte inferior del lado izquierdo del panel de instrumentos.

6. Desmonte las dos tuercas de retención de la abrazadera de la columna de dirección al soporte del pedal de freno y deje que la columna se apoye en el asiento delantero.

7. Desmonte la almohadilla del panel de instrumentos.

8. Desconecte el cable del velocímetro del cabezal del velocímetro.

9. Desmonte las dos tuercas que unen la bandeja de la consola (transmisión automática) o la tapa de la consola alrededor de la palanca del cambio de marchas (transmisión estándar) a la consola. Luego, desmonte la bandeja o tapa de la consola.

10. Desmonte los cuatro tornillos que unen la tapa del panel del interruptor de la consola. Desconecte los hilos del interruptor y desmonte el panel del interruptor.

11. Abra la tapa de la caja de la consola y desmonte dos tornillos del fondo de la caja de la consola y dos tornillos de la parte superior delantera de la caja.

12. Desmonte dos tornillos que unen el borde delantero de la consola del borde interior del panel de instrumentos.

13. Desmonte dos tornillos que unen el borde del extremo delantero de la consola y el borde inferior del panel de instrumentos al panel del suelo. Luego, eleve el extremo trasero de la consola y tire de la misma hacia atrás para desengancharla del panel de instrumentos. Coloque la consola apartada a un lado.

14. Desmonte las dos clavijas de presión de plástico que unen las bandas de la puerta de la guantera a la guantera. Deje colgando por la bisagra la guantera y la puerta.

15. Desmonte el tornillo de unión del tirante del panel de instrumentos al panel de instrumentos en la abertura de la guantera.

16. Desmonte la tuerca que une el borde inferior del panel de instrumentos al soporte del pedal de freno.

17. Desmonte el tornillo que une el segundo tirante del panel de instrumentos, al borde inferior del panel de instrumentos, justo a la izquierda de la prolongación de la consola.

18. Desmonte el tornillo que une cada extremo del panel de instrumentos al panel lateral del capó fijo.

19. Soporte el panel de instrumentos y desmonte los tres tornillos que unen el borde superior del panel de instrumentos al panel superior del capó fijo.

20. Cubra protegiendo la columna de la dirección y asientos. Luego, con cuidado, posicione el panel de instrumentos hacia el asiento, desconectando los hilos eléctricos y equipos de vacío que sea necesario. Deje descansar el panel de instrumentos sobre el asiento delantero.

21. Coloque el panel de instrumentos en posición y conecte cualquier hilo y equipo de vacío que fuera desconectado en el desmontaje del panel de instrumentos. Luego, monte los tres tornillos que unen el borde superior al panel superior del capó fijo.

22. Monte un tornillo para unir cada extremo del panel de instrumentos al panel lateral del capó fijo.

23. Monte un tornillo para unir los tirantes izquierdo y derecho del panel de instrumentos al borde inferior del panel de instrumentos cerca de la prolongación de la consola.

24. Monte la tuerca que une el borde inferior del panel de instrumentos al soporte del pedal de freno.

25. Posicione la consola en el vehículo y monte dos tornillos para unir el soporte delantero al suelo.

26. Monte dos tornillos para unir la caja de la consola al suelo y dos tornillos para unir la parte superior delantera de la caja al soporte.

27. Posicione el panel del interruptor de la consola en la consola y conecte los hilos. Luego monte los cuatro tornillos de unión de la tapa del panel.

28. Posicione la bandeja de la consola, o la tapa alrededor de la palanca del cambio de marchas en la consola, y monte los dos tornillos de unión.

29. Conecte el cable del velocímetro en el velocímetro.

30. Monte la almohadilla del panel de instrumentos.

31. Posicione la columna de dirección sobre el soporte del pedal de freno y monte la abrazadera de retención (dos tuercas).

32. Posicione el refuerzo a través de la abertura de la columna de dirección del panel de instrumentos y monte los tres tornillos de unión.

33. Posicione la tapa de abertura de la columna de dirección sobre el panel de instrumentos y monte los tres tornillos de unión.

34. Monte el insonorizador del lado izquierdo del panel de instrumentos.

35. Conecte las bandas de soporte de la guantera.

36. Conecte el cable de masa a la batería.

37. Compruebe el funcionamiento correcto de todos los instrumentos y controles.

LTD/Marquis de 1983 y posteriores (aire acondicionado automático)

1. Desmonte el conjunto de panel de acabado superior del panel de instrumentos y la almohadilla.

2. Afloje la columna de dirección y bájela con cuidado, sólo lo suficiente para acceder al conjunto de palanca y cable del selector del cambio de marchas de la transmisión.

NOTA: Debe tener cuidado y asegurarse de que no baja excesivamente la columna, para evitar daños a la palanca del selector y/o al cable.

3. Alcance con la mano entre la columna de dirección y el panel de instrumentos y extraiga el cable de la palanca del selector, de la palanca del selector de marchas. Luego, desmonte la abrazadera del cable desde el tubo de la columna de dirección.

4. Deje la columna de dirección apoyada en el asiento delantero.

5. Desmonte el tornillo de unión del panel de instrumentos al soporte del pedal de freno en la abertura de la columna de dirección.

6. Desconecte el motor del servo de la compuerta de mezcla de temperatura.

7. Desconecte los conectores de los manguitos de vacío de la caja del evaporador.

8. Desconecte el conector de hilos de la resistencia del soplante desde la resistencia sobre el alojamiento del soplante, y el hilo de alimentación del motor del soplante del conector en línea próximo al conector de los hilos de la resistencia del soplante.

9. Soporte el panel de instrumentos y desmonte los tres tornillos que unen la parte superior del panel de instrumentos al capó fijo.

10. Desmonte un tornillo de unión de cada extremo del panel de instrumentos a los paneles laterales del capó fijo.

11. Desmonte los dos tornillos de sujeción del panel de instrumentos al suelo.

12. Desplace el panel de instrumentos hacia atrás y desconecte el cable del velocímetro desde el velocímetro, y cualquier hilo que no permita apoyar el panel de instrumentos sobre el asiento delantero. Tenga cuidado en no rayar el panel de instrumentos o la columna de dirección.

13. Coloque el panel de instrumentos cerca de su posición de montaje y conecte cualquier hilo o conector que fuera desconectado en el desmontaje.

14. Conecte el motor del servo en el brazo articulado y en el soporte de la compuerta de mezcla de temperatura.

15. Conecte los manguitos de vacío en los conectores de 7 lumbreras, y los hilos eléctricos del motor del soplante en la resistencia y el conector en línea próximo a la resistencia.

16. Conecte el cable del velocímetro al velocímetro.

17. Coloque el panel de instrumentos en posición y monte un tornillo en cada extremo del panel de instrumentos.

18. Monte tres tornillos a lo largo del borde superior delantero del panel de instrumentos.

19. Monte dos tornillos de retención del panel de instrumentos al suelo.

20. Monte el tornillo de unión del panel de instrumentos al soporte del pedal de freno.

21. Posicione la columna de dirección próxima al soporte del pedal de freno.

22. Conecte el cable de la palanca del selector del cambio de marchas a la palanca del cambio. Luego, conecte la abrazadera del cable al tubo de la columna de dirección.

23. Posicione usted la columna de dirección contra el soporte del pedal de freno y monte las cuatro tuercas de unión.

24. Ajuste el indicador del selector de la transmisión como sea necesario.

25. Monte la protección de la columna de dirección.

26. Posicione la tapa de la abertura de la columna de dirección en el panel de instrumentos y monte los dos tornillos de unión.

27. Monte la almohadilla del panel de instrumentos y conecte el cable de masa de la batería.

Cable del velocímetro

DESMONTAJE Y MONTAJE

1. Alcance hacia arriba y detrás el velocímetro y aplaste el plano de la lengüeta de desconexión rápida mientras tira hacia atrás del cable.

2. Si el cable interior está roto, eleve y soporte el coche y desmonte la abrazadera de retención del cable en la transmisión, y tire del cable hacia fuera de la transmisión.

3. Saque el cable de la funda de protección.

4. El montaje es la inversa del desmontaje. Lubrique el cable con lubricante de cables del velocímetro antes de montarlo.

Fusibles, fusibles de enlace y disyuntores

Los fusibles de enlace se usan para proteger el cableado principal de hilos y determinadas derivaciones, evitando que se quemen o fundan debido a corto-circuitos o sobrecargas accidentales.

Los disyuntores se usan en ciertos componentes eléctricos que requieren elevados amperajes, tales como el circuito de los faros delanteros, asientos eléctricos y/o lunetas térmicas, por citar sólo algunos. La ventaja del disyuntor estriba en la posibilidad de abrir y cerrar el circuito eléctrico según las demandas del conductor eléctrico, que debe ser abierto con otro aparato de protección en serie, en lugar de la necesidad de sustitución de una pieza de recambio.

Se utiliza un panel de fusibles para alojar los numerosos fusibles que protegen las diversas derivaciones del sistema eléctrico y, normalmente, es muy accesible. El montaje del panel de fusibles se halla generalmente en el lado izquierdo del compartimiento de pasajeros, bajo el salpicadero, o bien en el lado del panel del retardador, o en el tabique corta-fuegos hacia la izquierda de la columna de dirección. Ciertos modelos tendrán el panel expuesto a la vista mientras que otros lo tendrán cubierto con una tapa decorativa desmontable.

REPARACIÓN DE UNIDADES

CARGA Y ARRANQUE

BATERÍAS

Las baterías modernas consisten en una unidad de ácido-plomo de 12 voltios que tienen una capacidad concreta expresada en amperios-hora; dependen de la carga de trabajo necesaria (es decir, del número de accesorios conectados; radio, aire acondicionado, elevalunas eléctricos, puerta trasera, etc.). Los diferentes tamaños y formas vienen especificados por el fabricante del vehículo y corresponden a las necesidades eléctricas del mismo.

La función principal de la batería es suministrar energía para el arranque del motor; suministra además la energía necesaria para el sistema de encendido. La batería puede suministrar (durante un período de tiempo limitado) la corriente suficiente para satisfacer la demanda eléctrica durante los períodos en que ésta es superior a la potencia de salida del alternador.

SUSTITUCIÓN DE LA BATERÍA

Antes de decidirse por una batería concreta, tenga en cuenta algunas de las cuestiones básicas que pueden hacer que la batería de repuesto entre dentro de una categoría diferente de la original que viene con el vehículo. Cuando se agote la batería original, es probable que se produzca un aumento de la resistencia de los circuitos y que el motor de arranque funcione con menos eficacia, ocurriendo lo mismo con el sistema de encendido. Es también probable que además se hayan añadido accesorios eléctricos.

Por todas estas razones está justificado escoger una batería de mayor capacidad que la suministrada por el fabricante. Debe advertirse, sin embargo, que todos los vehículos que disponen de uno o más computadores incorporados deben utilizar una batería de repuesto idéntica a la de las especificaciones originales del equipo. En estos vehículos nunca deben desconectarse los terminales de la batería con el interruptor de encendido en la posición ON, ya que resultará dañado el computador.

Preparación

Si se escoge como repuesto una batería cargada en seco, coloque la nueva batería en un banco de taller o mesa de trabajo. No active nunca la batería cuando esté montada en el vehículo. Desmonte los tapones de respiración de todas las células, y a continuación rellene cada una de ellas con cuidado, utilizando una disolución de ácido sulfúrico y agua destilada (electrolito) de manera que su peso específico se sitúe entre 1,250 y 1,265 a aproximadamente 3/8'' por encima de la parte superior de los separadores o hasta la señal de nivel existente.

ATENCIÓN

Dado que el electrolito es altamente corrosivo para metales y muchos otros materiales, no lo vierta en fregaderas o desagües. Si se derrama ácido de la batería sobre la misma (durante el llenado o carga), sobre el banco de taller o sobre la ropa, rocíelo con una cantidad abundante de agua y bicarbonato de sosa o agua amoniacal.

Coloque un termómetro para baterías en una de las células centrales y a continuación compruebe el peso específico del electrolito con un hidrómetro para baterías. La temperatura de la batería debe situarse por encima de los 180 °F y el peso específico debe ser superior a 1,250 antes de montar la batería.

Cuando cargue una batería de 12 voltios ajuste la intensidad de carga a 35 amperios hasta que el electrolito haya alcanzado los 80 °F y el peso específico del mismo sea de 1,250 o superior. Pueden utilizarse también intensidades de carga inferiores para obtener una temperatura de 80 °F y un peso específico de 1,250. Cuando esté cargando la batería, no permita que la temperatura del electrolito ascienda por encima de los 125 °F. Normalmente será suficiente con 10-15 minutos de carga; sin embargo, en climas más fríos será necesario un período de tiempo algo más largo. Con la batería desmontada del cargador, rellénela de electrolito (si es necesario) y vuelva a colocar los tapones de respiración.

Muchas baterías de repuesto que no requieren mantenimiento alguno, y han sido llenadas previamente, es posible que haya que cargarlas antes de su montaje. Consulte la tarjeta que acompaña a la batería o la etiqueta pegada en la pared superior de la misma donde se señalan las instrucciones de carga anteriores al montaje. En ningún caso debería utilizarse un cargador de baterías de corriente de salida elevada en los vehículos que disponen de un computador instalado en el mismo vehículo. Cuando proceda al montaje, asegúrese de que ambos extremos de los cables de la batería están bien limpios y bien sujetos, asegurándose de que la polaridad es correcta.

ATENCIÓN

Tenga cuidado de no montar la batería con los cables en posición invertida; si la polariza inversamente, el alternador y/o regulador pueden resultar destruidos en un período de tiempo muy corto.

LOCALIZACIÓN DE FALLOS DE LA BATERÍA

Los problemas de la batería pueden tener una o más de las siguientes causas:

1. La batería es demasiado pequeña para el trabajo necesario (accesorios, etc.).
2. La batería está desgastada.
3. Los conectores de la batería están corroídos.
4. El alternador no carga.
5. La intensidad de carga del alternador es demasiado baja.
6. El regulador está averiado.
7. El regulador está desajustado.
8. El regulador no está bien conectado a masa.
9. El alternador no funciona.
10. La correa de accionamiento del alternador está floja.

11. Existe una fuga constante de corriente debido a un cortocircuito.

Reparación de estas averías

1. Es posible que la demanda a la batería sea superior a su capacidad; la existencia de accesorios adicionales, una utilización demasiado frecuente del motor de arranque o velocidades de funcionamiento muy bajas exigen un suministro eléctrico de mayor potencia. Instale una batería de mayor capacidad.

2. La edad o el abuso suelen ser las causas más comunes de que la batería esté desgastada. Dado que por mucho que se cargue no funcionará correctamente más que durante un período corto de tiempo, instale una nueva batería de la capacidad adecuada si las placas están sulfatadas.

3. La existencia de corrosión en los postes de la batería o pernos de sujeción de los terminales laterales y conexiones es debida a una reacción química entre distintos metales y el electrolito de la batería. Una corrosión excesiva en un poste de la batería (o conexión) suele indicar que el sello entre el poste y la tapa de la batería está estropeado.

ATENCIÓN

Desconecte siempre primero el terminal negativo de la batería y asegúrese de que la llave de encendido está en la posición OFF.

NOTA: Desmonte el cable y selle el espacio entre el poste y tapa de la batería con pasta de caucho o silicona, limpie el poste y la abrazadera del cable. Monte el cable sobre el poste, apriete la abrazadera y aplique una capa fina de grasa no metálica para retardar la corrosión. Existen arandelas de fieltro impregnadas con una sustancia anticorrosiva; éstas se deslizan sobre el poste antes de montar el cable. Si la batería lleva un terminal lateral, limpie el perno, placa del conector de la batería y conector del cable con una broca de alambre y a continuación monte el perno del conector y aplique una capa fina de grasa no metálica al extremo del cable.

4. El hecho de que el alternador no cargue puede ser debido a que éste u otro componente del sistema estén estropeados. Verifique todo el sistema de carga y repárelo.

5. Una intensidad de carga baja puede ser debida a una correa de accionamiento floja, a que las conexiones de los postes de la batería son flojas o malas, a la existencia de una resistencia elevada en el circuito de carga y a la existencia de un regulador fallido o indebidamente ajustado (si es ajustable).

6. Si el regulador está averiado puede ser debido a que los contactos están quemados (si es mecánico), a la existencia de un circuito abierto en el sistema de control, puede estar desajustado (si es ajustable), o a una mala puesta a masa.

7. Si el alternador no funciona puede ser debido a que los diodos están estropeados, las conexiones internas son malas, a la existencia de un circuito de excitación y/o devanados del estator abiertos, puestos a masa o cortocircuitados.

8. La existencia de una correa de accionamiento floja provocará una carga mala o parcial; ajústela.

9. La existencia de una fuga constante de corriente de la batería puede deberse a que el aislante de los cables esté retorcido de manera que existe un cortocircuito. Existe también la posibilidad de que después de desconectar el interruptor de encendido permanezcan conectados una lámpara (en el portamaletas, guantera, bajo el capó, etc.) u otros accesorios eléctricos. Para corregir esta anomalía:

a. Utilizando un amperímetro de precisión, determine si existe una fuga de corriente abriendo el circuito en cualquiera de los postes de la batería y a continuación acople el amperímetro en serie y compruebe si existe fuga de corriente.

b. Si el amperímetro registra una fuga, elimínela volviendo a conectar la batería y a continuación comprobando cada uno de los circuitos (uno por uno) en el bloque de fusibles. Éste es un procedimiento pesado pero inevitable que consiste en desmontar cada fusible y verificar ese circuito con las ondas del amperímetro (en serie). El circuito que active el amperímetro es el que está averiado; localice el punto de la avería por eliminación. Elimínela reparando el cortocircuito, sustituyendo el interruptor o el componente o componentes eléctricos.

Si la verificación del bloque de fusibles no indica la existencia de ninguna avería, compruebe los circuitos que están protegidos con disyuntores (faros delanteros, luces de estacionamiento, elevalunas eléctricos, controles del cinturón de seguridad, etc).

VERIFICACIÓN DEL PESO ESPECÍFICO (HIDRÓMETRO)

Antes de proceder a realizar comprobaciones eléctricas, es importante verificar el estado de la batería. Aunque no es técnicamente exacto, puede obtenerse un parámetro del estado químico de la batería midiendo el peso específico del ácido (electrolito) existente en cada célula. El electrolito en una batería completamente cargada suele ser 1250-1280 veces más pesado que el agua pura a 80 °F. Dado que pueden producirse variaciones en las lecturas de peso específico de una batería completamente cargada, es muy importante que todas las células de la batería arrojen la misma lectura.

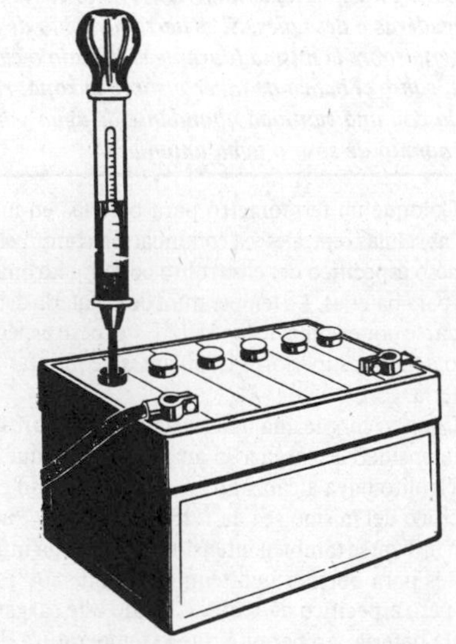

Verificación del peso específico del líquido de la batería

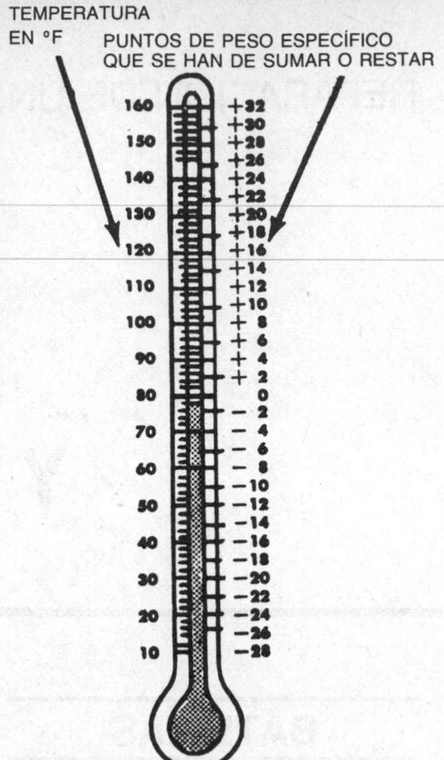

Gráfica de correción por la temperatura del hidrómetro

A medida que se descarga la batería, se produce un cambio químico dentro de cada célula. El sulfato del electrolito reacciona químicamente con las placas de la batería, reduciendo el peso del mismo. Las lecturas del peso específico del electrolito serán inferiores a cuando la batería está completamente cargada.

El hidrómetro es el instrumento utilizado para determinar el peso específico de los líquidos; puede obtenerse de muchas fuentes, incluidas las tiendas de repuesto de automóvil. La tabla siguiente presenta los valores de pesos específicos en relación con el estado de carga de la batería. Si, después de realizar la carga, existe una variación de más de 50 puntos (0.050) entre los pesos específicos de dos células cualesquiera, debería sustituirse la batería.

Lectura del peso específico	Estado de carga de la batería
1,260-1,280	Completamente cargada
1,230-1,250	Cargada, 3/4 del total
1,200-1,220	Medio cargada
1,170-1,190	Cargada 1/4 del total
1,140-1,160	Casi descargada
1,110-1,130	Totalmente descargada

VERIFICACIÓN DE LA POLARIDAD DE LA BATERÍA

La polaridad de la batería es muy importante, ya que si ésta no es correcta resultarán dañados de forma permanente los diodos del alternador. Para determinar la polaridad de la batería, coloque el selector del voltímetro en la escala más alta y conecte los conductores del mismo a los postes de la batería.

NOTA: Si la aguja del voltímetro se mueve en la dirección correcta, el conductor positivo del voltímetro está situado en el poste positivo (+) de la batería; si se mueve en el sentido erróneo, indica que la polaridad está invertida.

VERIFICACIÓN DE LAS BATERÍAS QUE NO REQUIEREN MANTENIMIENTO

Los vehículos que llevan baterías selladas en la parte superior o que no requieren mantenimiento no suelen necesitar inspección. Dado que la batería contiene una mayor cantidad de electrolito y requiere una menor cantidad de agua, no lleva tapones de llenado y está sellada. Existe un pequeño respiradero en uno de los bordes de la parte superior de la misma. Existen dos tipos de baterías selladas; una con un ojal que indica la carga y la otra sin éste. Ambos tipos pueden verificarse de la siguiente forma:

1. Compruebe el estado de la caja de la batería; si está estropeada de forma que pueda producirse una fuga de electrolito, debe sustituirse.

2. Si la batería lleva un ojal con indicador de carga, compruebe lo siguiente:

a. Si el ojal está oscuro, la batería tiene electrolito suficiente. Si está encendido, el nivel de electrolito es demasiado bajo y se ha de sustituir la batería.

b. Si aparece un punto verde en el centro del ojal, la batería está suficiente cargada; continúe en el paso 4. Si no se ve el punto verde, cargue la batería siguiendo el procedimiento del paso 3.

3. Si no es visible el punto verde en el ojal o si no dispone de ojal, cárguela utilizando las intensidades siguientes:

Amperios	Tiempo de carga
75	40 min.
50	1 h.
25	2 h.
10	5 h.

ATENCIÓN

Si no aparece el punto verde o se escapa el electrolito del respiradero, interrumpa el procedimiento de carga y continúe en el paso 4.

4. Desconecte la bobina de alta tensión o el colector de cables del motor (encendido electrónico) y accione el motor de arranque durante 15 segundos para eliminar la carga de superficie.

5. Conecte un voltímetro y una carga de 230 amperios entre los terminales de la batería.

6. Efectúe la lectura del voltímetro una vez que la carga haya permanecido conectada durante 15 segundos y a continuación desconéctela.

7. Consulte la tabla siguiente. Si la tensión de la batería coincide con la especificada (o es superior) para una temperatura ambiente determinada, esto indica que la batería está en buen estado.

Condiciones del indicador de la batería sellado en el delco

Si la tensión cae por debajo de la especificada, entonces quiere decir que la batería está averiada y se debe sustituir.

Temperatura ambiente (°F)	Tensión mínima
70 (o más)	9.6
60	9.5
50	9.4
40	9.3
30	9.1
20	8.9
10	8.7
0	8.5

Equipo de verificación

ÓHMETRO

Un óhmetro es un aparato que se utiliza para medir la resistencia eléctrica de una unidad o circuito. El óhmetro dispone de alimentación propia. Para su utilización, se conecta entre los terminales de (o en paralelo con) la unidad que se va a verificar.

AMPERÍMETRO

Un amperímetro es un aparato que se utiliza para medir la corriente (cantidad de electricidad) que circula a través de una unidad o circuito. Los amperímetros se conectan siempre en línea con el conductor (en serie) con la unidad o circuito que se va a verificar.

VOLTÍMETRO

Un voltímetro se utiliza para medir el voltaje (tensión eléctrica) que impulsa la corriente a través de la unidad o circuito. El voltímetro se conecta a través de los terminales de la unidad que se va a verificar. La lectura del voltímetro será la diferencia de tensión (caída de voltaje) entre los dos extremos de la unidad.

MOTORES DE ARRANQUE

VERIFICACIÓN DEL CIRCUITO DEL MOTOR DE ARRANQUE

El circuito del motor de arranque debería dividirse y verificarse en cuatro fases separadas:

1. Comprobación de la tensión de arranque.
2. Amperaje absorbido.

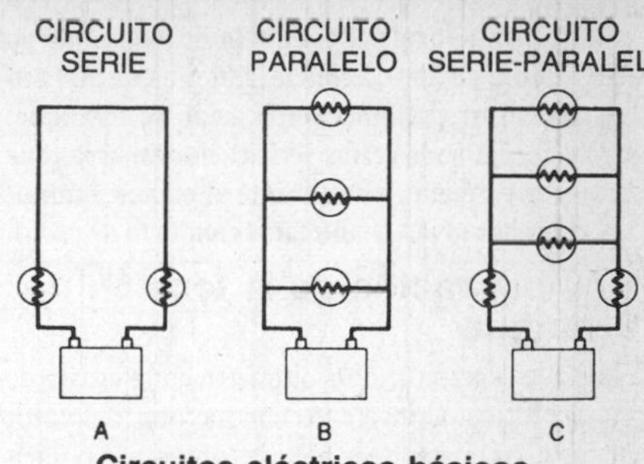

Circuitos eléctricos básicos

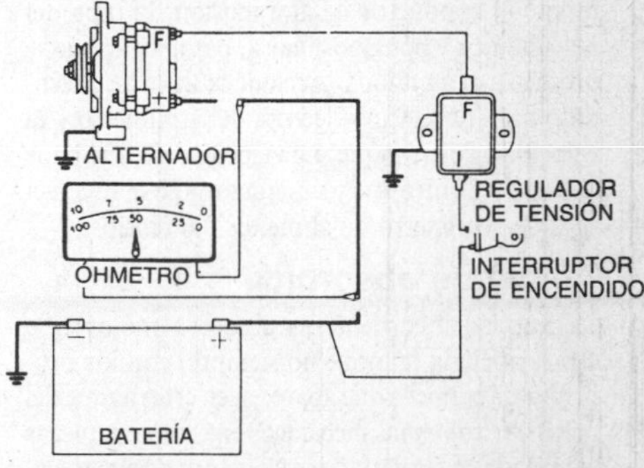

Óhmetro conectado para medir la resistencia del conductor-conexión típica (el óhmetro dispone de alimentación propia)

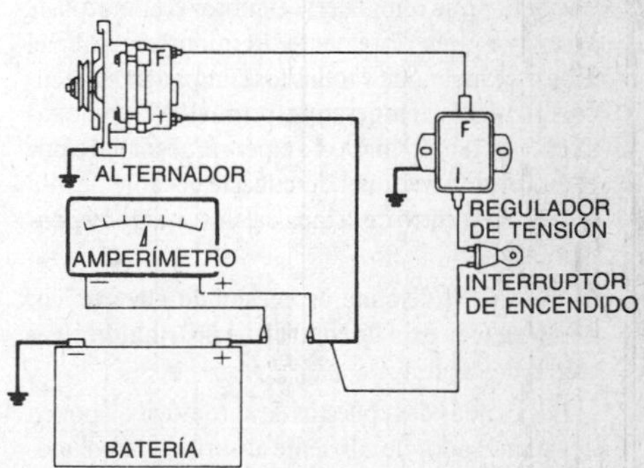

Amperímetro conectado en un circuito en serie

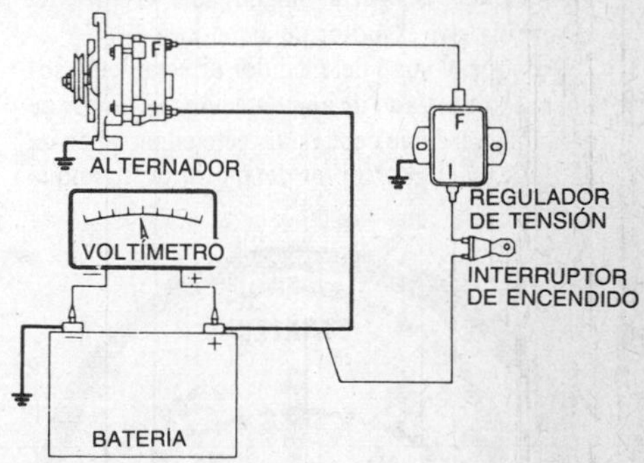

Voltímetro conectado en un circuito en paralelo

3. Caída de tensión, lado de masa.
4. Caída de tensión, lado de la batería.

NOTA: La batería debe estar en buen estado para que esta verificación sea correcta. Para verificar con exactitud el estado de la batería, utilice los aparatos adecuados para medir su capacidad en carga. Siga las instrucciones que vienen con el

equipo. Desconecte el conducto de vacío que va a la válvula de derivación de la bomba de aire antes de realizar cualquier verificación de arranque. Una vez realizadas estas verificaciones, arranque el motor y déjelo girar durante al menos 3 minutos antes de volver a conectar el conducto de vacío.

Comprobación de la tensión de arranque

Coloque el selector del voltímetro en la escala de 16-20 voltios. Conecte los conductores del voltímetro a los postes de la batería (observe la polaridad e invierta la conexión si es necesario). Desmonte el conductor de alta tensión, la tapa del distribuidor y póngalo a masa, para evitar que se produzca el arranque. Accione la llave de encendido para observar la lectura del voltímetro y la velocidad de arranque. La velocidad de arranque debería ser uniforme y satisfactoria, con una lectura de voltímetro de al menos 9,6 voltios.

Amperaje absorbido

La cantidad de corriente que absorbe el motor suele estar asociada (aunque no siempre) con los problemas mecánicos que aparecen en el arranque del motor. (Problemas mecánicos en el motor, piezas congeladas o desgastadas en el motor de arranque, desalineación del motor de arranque o componentes del mismo, etc.) Debido a que el amperaje absorbido está directamente influido por cualquier obstáculo que impida que el motor o el motor de arranque giren libremente, es importante que el motor de arranque y todos los componentes se encuentren a la temperatura normal de funcionamiento. Cuando mida el amperaje absorbido por el motor de arranque, desconecte el cable de alta tensión del centro de la tapa del distribuidor y póngalo a masa.

NOTA: Si dispone de encendido electrónico, desconecte la caja de control del distribuidor (colector de cables).

Las tiendas de repuestos de automóvil disponen de un indicador de corriente absorbida por el motor de arranque muy simple y poco caro. Este indicador consiste en un medidor tipo inductivo y muestra, sin desconectar ningún cable, la corriente absorbida por el motor de arranque.

Coloque el yugo del medidor directamente sobre el cable aislado de alimentación del motor de arranque (el cable debe estar recto en un trozo de 2''). Cierre el interruptor del motor de arranque durante aproximadamente 20 segundos, observe la esfera del medidor y registre la lectura media. Si el indicador se inclina en el sentido erróneo, invierta la conexión del medidor. El amperaje absorbido durante el arranque puede oscilar entre 150-400 amperios dependiendo del tamaño del motor, relación de compresión y diseño del motor de arranque.

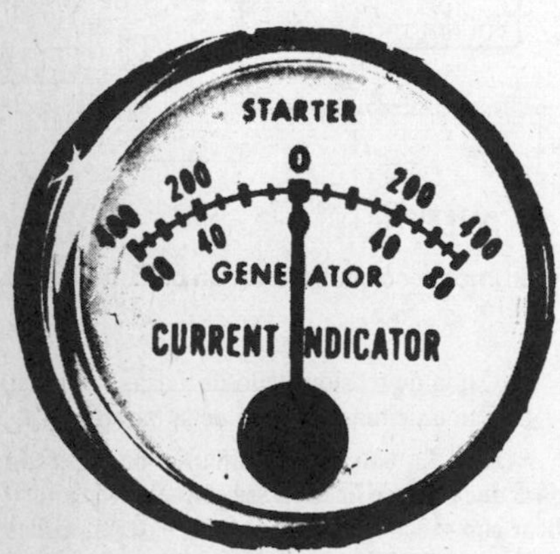

Indicador de corriente

Los fabricantes de vehículos disponen de equipos de mayor precisión aunque más complejos. Estos equipos consisten en un voltímetro, amperímetro y reostato de pila de carbón combinados en una sola unidad. Cuando utilice este equipo, siga los procedimientos y recomendaciones del fabricante del mismo. Un amperaje elevado y un mal funcionamiento del motor indica que el motor está duro, el motor de arranque o el accionamiento del mismo rozan o existe algún conductor de excitación del motor de arranque o la propia armadura que están conectados a masa. Un amperaje normal y un mal rendimiento indica que la resistencia es elevada o posiblemente las conexiones del circuito del motor de arranque son malas. La existencia de un amperaje bajo y un mal funcionamiento o la imposibilidad de arrancar indican que la batería o cables y/o conexiones está en mal estado.

Caída de tensión, lado de masa

Coloque un voltímetro en la escala de 3.0 voltios y conecte el conector negativo al poste de masa de la batería y el conductor positivo a la carcasa del motor de arranque. Cierre el interruptor del motor de arranque y observe la lectura del voltímetro. Si la lectura es la misma que la lectura de la batería esto indica que el circuito a masa está abierto en algún punto entre la batería y el motor de arranque; en muchos casos la lectura será muy pequeña.

NOTA: La lectura mostrada indicará la caída de tensión (pérdida) entre el poste a masa de la batería y la carcasa del motor de arranque; no debería sobrepasar los 0.2 voltios. Si la caída de tensión es superior a la especificada, el siguiente paso consistirá en aislar y eliminar la causa. Puede ser debido a un cable o una conexión en mal estado en el circuito a masa batería-motor de arranque. Una verificación de este tipo debería continuar en los diversos puntos de posibles problemas, entre el poste a masa de la batería y la carcasa del motor de arranque, hasta que haya sido localizado el punto problemático.

Caída de tensión, lado de la batería

Un arranque pobre puede ser debido a la existencia de malas conexiones o componentes averiados de la batería o la fase caliente del circuito. Sin desconectar ningún conector, conecte uno de los cables del voltímetro al poste caliente de la batería y el otro al terminal de excitación del motor de arranque; el medidor debe colocarse en la escala de 16-20 voltios.

NOTA: Antes de cerrar el interruptor de arranque, la lectura del voltímetro debería coincidir con la tensión de la batería.

Conecte un interruptor de motor de arranque de control remoto entre la batería y el terminal del solenoide del relé del motor de arranque. Coloque el voltímetro en la escala de 3.0 voltios y a continuación accione el motor con control remoto y observe la lectura del voltímetro; no debería registrar más 0.5 voltios. Si la lectura es superior a este valor, compruebe la caída de tensión en cada uno de los componentes del circuito para eliminar el problema (resistencia demasiado elevada).

Antes de desmontar la conexión entre el voltímetro y la batería, cambie el conductor libre del voltímetro al terminal del relé (solenoide) que va a la batería y accione el motor. El voltímetro debería mostrar una lectura inferior a 0.1 voltios. Si esta lectura es correcta, mueva el mismo o el conductor del voltímetro al terminal del relé (solenoide) del motor de arranque. Mientras se está accionando el motor, la lectura del voltímetro debería ser inferior a 0.3 voltios; si esto es así, quiere decir que el problema se encuentra en el relé. Si la lectura es correcta, el problema se encuentra en el cable o conexiones entre relé y motor de arranque.

NOTA: Debido al diseño del motor de arranque con engranaje reductor de Chrysler, la verificación queda limitada a la medición de la caída de tensión en la conexión del cable del motor de arranque.

LOCALIZACIÓN DE FALLOS EN EL MOTOR DE ARRANQUE

El motor de arranque no acciona el motor del vehículo

1. La batería está agotada.

2. El circuito del motor de arranque está abierto, debido a:

a. La existencia de cables rotos o flojos en la batería.

b. El solenoide del motor de arranque no funciona.

c. Existe un cable roto o flojo entre el interruptor de encendido y el solenoide.

d. La conexión a masa del solenoide o motor de arranque es mala.

e. El interruptor de encendido está estropeado.

3. El circuito interno del motor de arranque está estropeado, debido a una de las siguientes causas:

a. El conmutador está sucio o quemado.

b. Las escobillas están atascadas, desgastadas o rotas.

c. La armadura está en circuito abierto o cortocircuitada.

d. Los conductores de excitación están en circuito abierto o a masa.

4. Existen averías mecánicas en el motor de arranque, como por ejemplo:

a. Los cojinetes terminales de la armadura están atascados.

b. Los cojinetes están estropeados de manera que la armadura roza con las bobinas de excitación.

c. El eje está curvado.

d. La carcasa del motor de arranque está rota.

e. El mecanismo de accionamiento del motor de arranque está estropeado.

f. El mecanismo de accionamiento del motor de arranque o el engranaje de accionamiento del volante están estropeados.

5. Resulta difícil o imposible accionar el motor, debido a una de las siguientes causas:

a. Bloqueo hidrostático (existencia de agua en la cámara de combustión).

b. El cigüeñal roza en los cojinetes.

c. El pistón o anillos rozan.

d. La biela está doblada o rota.

e. Los cojinetes de la biela rozan.

f. El volante está atascado o roto.

El motor de arranque gira libremente, pero no engrana

1. El mecanismo de accionamiento está atascado o roto.

2. La corona dentada está estropeada.

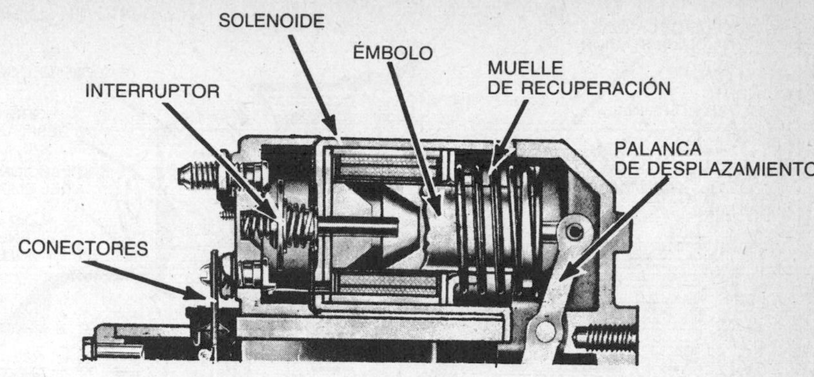

Solenoide de arranque montado en el motor de arranque

Interruptor de seguridad del solenoide y neutral

LOCALIZACIÓN

Solenoides sin relés

Este tipo de solenoide de motor de arranque va siempre montado sobre el mismo, realiza el contacto eléctrico para el motor de arranque y hace que el motor eléctrico arranque y que el embrague de accionamiento engrane con el volante. El motor de arranque con engranaje reductor de Chrysler lleva este solenoide dentro de la carcasa del motor de arranque, aunque sin embargo existe un relé interno que forma parte integral del portaescobillas. El terminal en derivación del encendido suele ir marcado con la letra R o IGN, si existe.

Solenoides con relés separados

El solenoide va siempre montado en el motor de arranque. Además de hacer el contacto para el motor de arranque, tiene la función adicional de engranar el engranaje del embrague de accionamiento del motor de arranque con el volante. Este solenoide lleva un único terminal de control. El relé suele estar montado en el panel interno del guardabarros o en el mamparo contraincendio.

Solenoides con relés incorporados

Estas unidades van montadas en el motor de arranque y van conectadas, a través de una articulación, al embrague del motor de arranque. La parte del relé forma parte integral del conjunto del solenoide.

Interruptores de seguridad de arranque en neutral

La finalidad del interruptor de seguridad de arranque en neutral es impedir que el motor de arranque accione el motor del vehículo excepto si la transmisión se encuentra en las posiciones neutral o park. En algunos vehículos, el interruptor de seguridad de arranque en neutral va situado en la transmisión; sirve para poner a masa el interruptor del solenoide o interruptor magnético, según el vehículo. En otros vehículos, el interruptor de seguridad de arranque en neutral está situado bien en la parte inferior de la columna de la dirección (en donde entra en contacto con el mecanismo de cambio), en la columna de la dirección, debajo del panel de instrumentos o en el varillaje del cambio (consola).

Algunos modelos con transmisión manual llevan un interruptor de seguridad del varillaje del embrague para impedir que funcione el motor de arranque a no ser que se pise el pedal del embrague. En la mayoría de los vehículos, el interruptor de seguridad de arranque en neutral y el interruptor de la lámpara de marcha atrás van combinados en un solo interruptor.

LOCALIZACIÓN DE FALLOS EN LOS INTERRUPTORES DE SEGURIDAD DE ARRANQUE EN NEUTRAL, VERIFICACIÓN RÁPIDA

Si el motor de arranque no funciona y va a proceder a la comprobación del funcionamiento del interruptor de seguridad de arranque en neutral, puede colocar un hilo puente entre los terminales del mismo. Si el motor de arranque funciona entonces, esto indica que el interruptor de seguridad está averiado. En el caso de interruptores de seguridad neutral que lleven un solo cable, éste se ha de poner a masa para realizar la verificación. Si el motor de arranque funciona con el cable puesto a masa, eso indica que el interruptor está estropeado.

INTERRUPTOR DE SEGURIDAD EN NEUTRAL, INTERRUPTOR DE LA LUZ DE MARCHA ATRÁS

Cuando el interruptor de seguridad de arranque en posición neutral esté incorporado en el interruptor de la luz de marcha atrás, la forma más fácil de determinar qué terminales corresponden a las luces de marcha atrás es colocar un hilo puente y cortocircuitar cada par de cables. El par de cables que haga que se enciendan las lámparas de marcha atrás no debería tenerse en cuenta al verificar el interruptor de seguridad en neutral. Una vez hayan sido localizados los cables correspondientes a la luz de marcha atrás, una el otro par de cables para verificar el funcionamiento del interruptor de seguridad en neutral. Si el motor de arranque funciona únicamente cuando se coloca el hilo puente entre estos dos cables, esto quiere decir que el interruptor de seguridad en neutral está estropeado o que es necesario ajustarlo.

Motor de arranque con engranaje reductor

CHRYSLER CORPORATION

NOTA: Consulte las secciones separadas siguientes donde se describen los procedimientos de reparación de los motores de arranque con engranaje reductor de las marcas Nippondenso y Mitsubishi.

Desmontaje

1. Sujete el conjunto en un tornillo de banco que disponga de garras lisas; no lo apriete fuertemente. Tenga cuidado de no estropear o dañar la carcasa de aluminio fundido.

2. Desmonte los pernos pasantes y la tapa terminal.

3. Levante hacia arriba la armadura apalancándola y extráigala de la carcasa del engranaje y a continuación extraiga la carcasa del motor de arranque y el conjunto del devanado de excitación. Desmonte las arandelas de empuje de acero y de fibra.

NOTA: En los motores V8 los motores de arranque llevan el cable de la bobina de excitación en puente, soldado al terminal de la escobilla. Los motores de 6 cilindros disponen de cuatro bobinas en serie y no llevan un cable soldado al terminal de la escobilla. Disponen de un par de escobillas conectadas a este terminal, mientras que el otro par va conectado a las bobinas de excitación en serie mediante un tornillo. Extraiga con cuidado el conjunto del estator y bobinas de excitación lo suficiente como para que quede a la vista el tornillo del terminal y la conexión soldada de la bobina de excitación en derivación del terminal de la escobilla. Coloque dos bloques de madera entre el estator del motor de arranque y la carcasa del engranaje para facilitar el desmontaje del tornillo del terminal y para poder desoldar el cable de la bobina de excitación en derivación del terminal de la escobilla.

4. Sujete el terminal de la escobilla con un dedo por detrás del terminal y desmonte el tornillo.

5. En los motores de arranque del motor V8, quite la soldadura del conductor de la bobina de excitación en derivación del terminal de la escobilla y de la carcasa.

6. El portaescobillas junto con el terminal, el

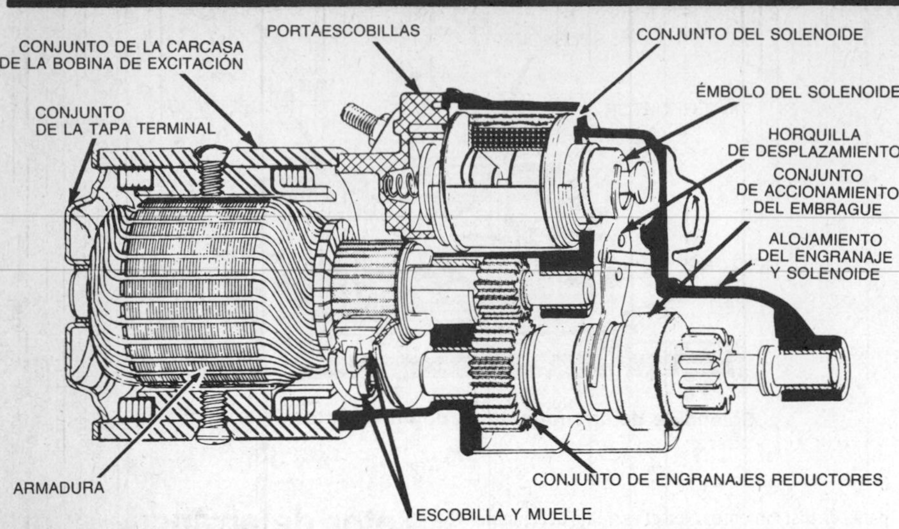

Motor de arranque con engranaje reductor en vehículos con tracción trasera-Chrysler Corp.

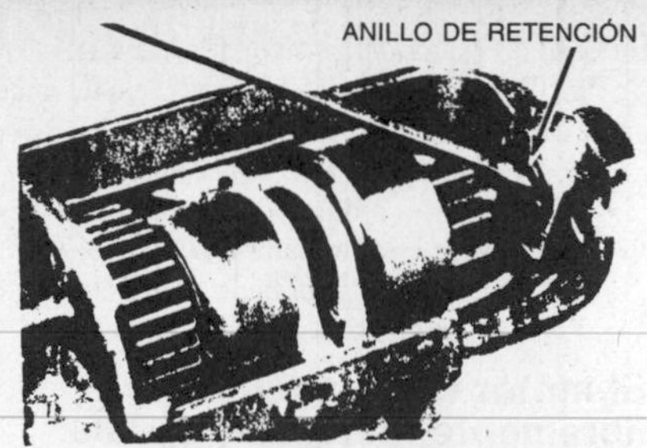

Desmontaje del anillo de retención-motor con engranaje reductor en vehículos con tracción trasera-Chrysler Corp.

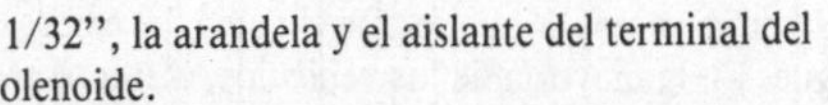

contacto y las escobillas se debe reparar sustituyendo todo el conjunto.

7. Limpie los restos de sellador de alrededor del portaescobillas y de la carcasa y a continuación desmonte el tornillo de sujeción del mismo.

8. En los de tipo derivación, quite la soldadura del devanado del solenoide del terminal de la escobilla y a continuación quite la tuerca de 11/32", la arandela y el aislante del terminal del solenoide.

9. Desmonte el portaescobillas junto con éstas.

10. Quite el tornillo a masa de la carcasa del engranaje y a continuación desmonte el conjunto del solenoide de su alojamiento. Quite la tuerca, la arandela y sello del terminal del motor de arranque (batería) y a continuación el terminal del portaescobillas.

11. Desmonte el terminal del solenoide y el émbolo del mismo y a continuación el manguito de la bobina. Desmonte el muelle de recuperación del solenoide, la arandela de sujeción de la bobina, el retén y la tapa contra el polvo de la carcasa del engranaje.

12. Suelte el anillo de retención que sirve de fijación para el eje del piñón del engranaje conducido y a continuación el anillo de retención frontal. Empuje el eje del piñón hacia atrás y a continuación desmonte el anillo de retención, arandelas de empuje, el embrague y el piñón, y a continuación las dos palancas de accionamiento (de nylon) de la horquilla de desplazamiento.

13. Desmonte el engranaje conducido y la arandela de fricción. Empuje hacia adelante la horquilla de desplazamiento y desmonte el núcleo móvil.

14. Desmonte la clavija de sujeción de la horquilla del conjunto de la horquilla de desplazamiento. Cuando repare la carcasa del engranaje y los manguitos hágalo en conjunto.

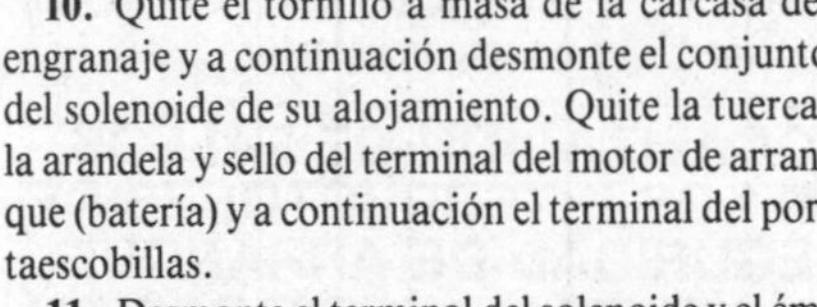

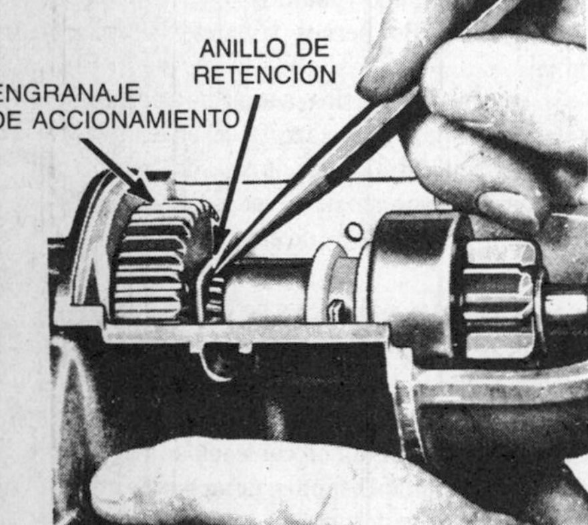

Desmontaje del anillo de retención del engranaje de accionamiento-motor con engranaje reductor en vehículos con tracción trasera-Chrysler Corp

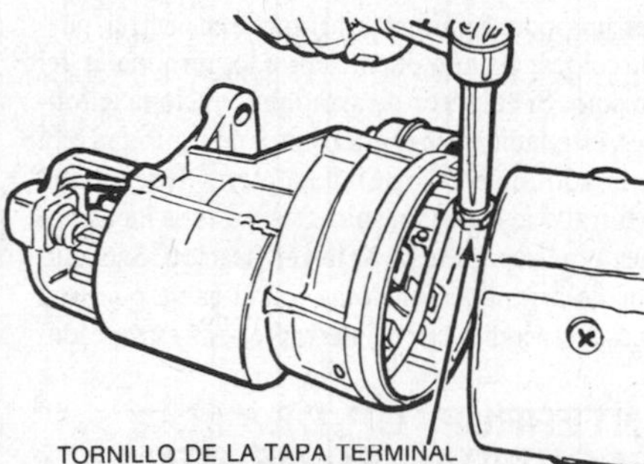

Desmontaje del tornillo de la tapa terminal-motor de arranque con engranaje reductor en vehículos con tracción trasera

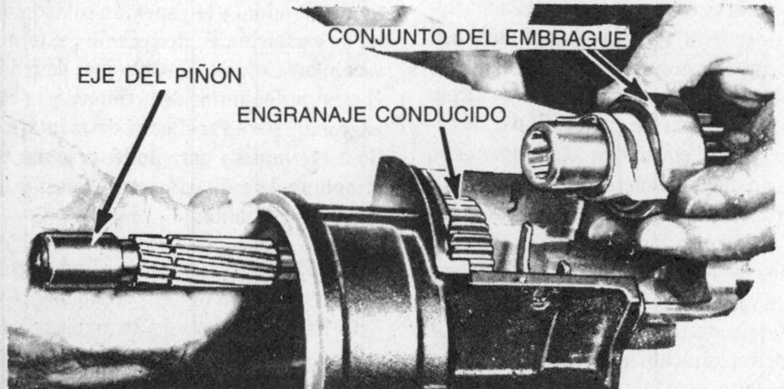

Desmontaje del conjunto del embrague-motor con engranaje reductor en vehículos con tracción trasera-Chrysler Corp.

Sustitución de las escobillas

Cuando las escobillas presenten un desgaste de más de la mitad de la longitud de unas nuevas o estén empapadas en aceite, deberían ser sustituidas. Cuando vuelva a soldar el conductor de excitación en derivación y el conducto del solenoide, haga una conexión sólida de baja resistencia utilizando un soldador de alta temperatura y un fundente con resina.

ATENCIÓN

No utilice un soldador ácido o con núcleo ácido. No rompa las unidades de los conductores de excitación en derivación al montar o desmontar las escobillas.

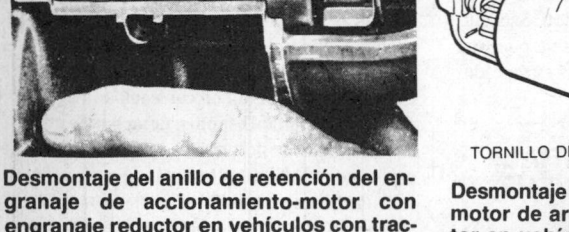

Inspección del embrague del motor de arranque y engranaje del piñón

1. No sumerja el embrague del motor de arranque en disolvente. La limpieza de la parte externa del embrague y piñón se debe hacer con un paño de manera que no se elimine el lubricante de la parte interior del embrague.

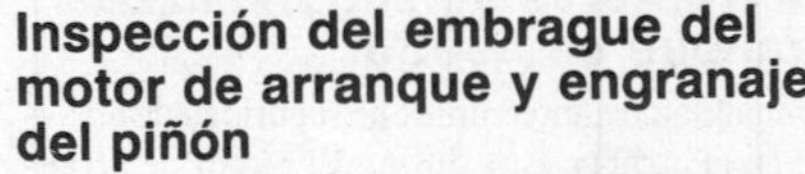

2. Gire el piñón; el engranaje del piñón debería girar sin rozamiento y en un solo sentido. Si el embrague del motor de arranque no funciona correctamente y el piñón está desgastado, desportillado o tiene rebabas, sustituya el embrague del motor de arranque.

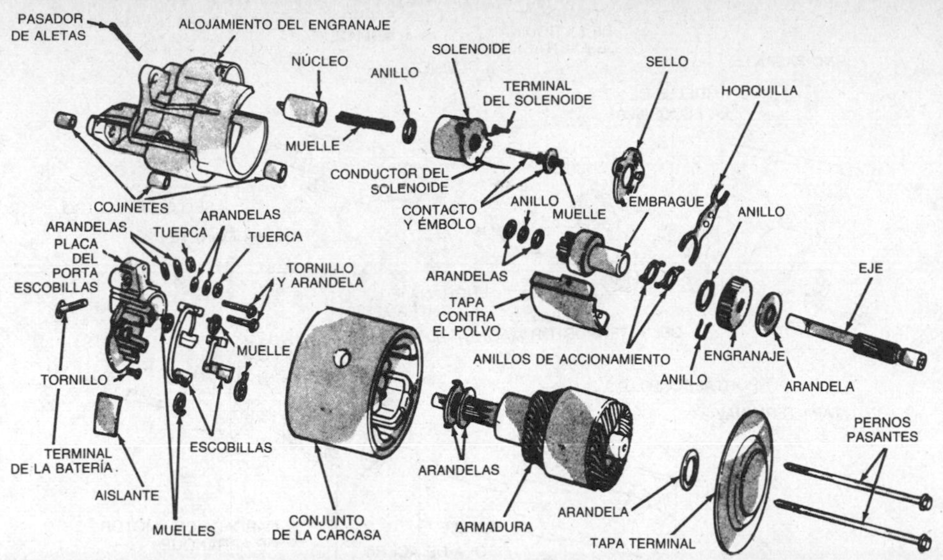

Motor de arranque con engranaje reductor en vehículos con tracción trasera-Chrysler Corp.

Inspección del conmutador

1. Compruebe si el conmutador y las superficies de contacto de las escobillas (con el motor de arranque montado) presentan puntos planos, han perdido su curvatura o están excesivamente desgastados.

2. Rectifique el conmutador (si es necesario), eliminando únicamente la cantidad suficiente de metal para que la superficie quede lisa y uniforme.

3. Limpie las acanaladuras de la cara del conmutador con un útil punteado sin ejercer demasiada fuerza; no arranque metal ni ensanche las acanaladuras.

Montaje

1. La horquilla de desplazamiento está formada por dos placas elásticas de acero que permanecen unidas por dos remaches. Antes de montar el motor de arranque, compruebe si las placas presentan un desplazamiento lateral. Después de lubricar las placas con una cantidad de aceite de motores SAE 10, deberían presentar un movimiento lateral de aproximadamente 1/16'' para que el engranaje del piñón engrane correctamente.

2. Coloque la horquilla de desplazamiento en la carcasa de accionamiento y monte la clavija del retén de la horquilla de desplazamiento.

NOTA: Uno de los extremos de la clavija debería quedar recto y el otro doblado formando un ángulo de 15° alejándose de la carcasa. La horquilla y clavija de sujeción deberían girar libremente una vez doblado el extremo de la misma.

3. Monte el solenoide moviendo el núcleo y haciendo que engrane la horquilla de desplazamiento.

4. Coloque el eje del piñón en la carcasa de accionamiento y a continuación monte la arandela de fricción y el engranaje de accionamiento.

5. Monte el conjunto del embrague/piñón, arandela de empuje y arandela de retención. Haga engranar la horquilla de desplazamiento con las palancas de accionamiento del embrague.

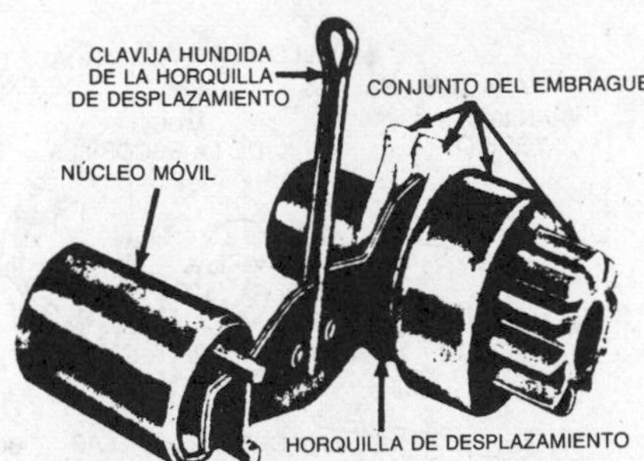

Disposición especial de la horquilla desplazadora y del embrague-motor con engranaje reductor en vehículos con tracción trasera-Chrysler Corp.

ATENCIÓN

La arandela de fricción debe ser colocada en el saliente del eje estriado del piñón antes de colocar el engranaje conducido.

6. Monte el anillo de retención del engranaje conducido y el anillo de retención del eje del piñón.

7. El muelle de recuperación del solenoide del motor de arranque puede introducirse ahora en el núcleo móvil.

8. Monte el conjunto del émbolo de contacto del solenoide en el mismo y doble los conductores dobles alrededor del contacto; esto permitirá poder introducir correctamente el perno del terminal en el portaescobillas.

ATENCIÓN

El contacto no debe tocar los conductores dobles una vez se haya finalizado el montaje.

9. Monte el espárrago terminal de la batería en el portaescobillas y a continuación coloque el sello sobre la placa del mismo.

10. Guíe el conductor del solenoide a través del orificio del portaescobillas y acople el espárrago del solenoide, la arandela aislante, la arandela plana y tuerca. Envuelva fijamente el conductor del solenoide alrededor del poste del terminal de la escobilla y suéldelo.

11. Monte los tornillos de sujeción del portaescobillas al solenoide y a continuación baje suavemente la bobina del solenoide y placa del portaescobillas hacia la carcasa del engranaje. Coloque el conjunto de la placa del portaescobillas en la carcasa del engranaje del motor de arranque y a continuación monte las tuercas y apriételas.

12. Suelde el conductor de la bobina en derivación al terminal de la escobilla del motor de arranque y monte el tornillo del mismo.

13. Coloque el estator en la carcasa del engranaje e introduzca la armadura en la carcasa, haciendo que engranen con cuidado las ranuras en el eje con el engranaje reductor mediante la rotación de la armadura.

14. Monte la arandela de empuje de fibra y la arandela de acero sobre el eje de la armadura. Sustituya la tapa terminal del motor de arranque y pernos pasantes del mismo y a continuación apriételos firmemente.

MOTOR DE ARRANQUE CON ENGRANAJE REDUCTOR NIPPODENSO/MITSUBISHI

Desmontaje

1. Desconecte el terminal del cable del espárrago de la bobina de campo y aparte el protector de goma del extremo del cable. Desmonte los dos pernos pasantes terminales del estator.

2. Quite los dos tornillos de la tapa terminal del estator, el tornillo superior izquierdo del solenoide y el retén del cable.

3. Desmonte la tapa terminal, las dos escobillas del estator y la placa del portaescobillas y a continuación extraiga la armadura del estator y desmóntelo.

4. Desmonte los dos tornillos de la carcasa del engranaje, desmonte la carcasa del engranaje del solenoide, los rodillos del embrague, el retén, el piñón y el embrague.

5. Desmonte la bola de acero del solenoide, el muelle, tornillos de la tapa del solenoide, tapa del solenoide y émbolo del mismo.

Inspección y reparación

1. NO sumerja las piezas en disolvente; si sumerje el estator, conjunto de bobinas de excitación y/o armadura se estropearán los aislantes. Limpie estas piezas utilizando únicamente un paño.

2. NO sumerja la unidad de accionamiento en disolvente.

NOTA: El embrague del accionamiento viene lubricado de fábrica y el disolvente eliminará la lubricación del embrague.

3. Puede limpiarse la unidad de accionamiento con una escobilla humedecida con disolvente y secarla con un paño.

4. Cuando las escobillas estén desgastadas más de la mitad de la longitud de una nueva o estén empapadas de aceite, deberían sustituirse; las escobillas nuevas tienen una longitud de 11/16''.

5. Las escobillas de excitación forman parte del conjunto del estator y devanado de excitación. Las escobillas de masa y muelles forman parte del conjunto de la placa del portaescobillas.

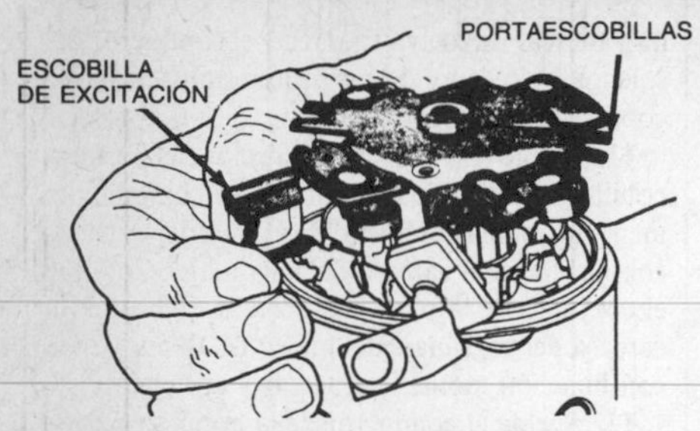

Desmontaje de las escobillas de excitación del motor de arranque Bosch-similar en el modelo Nippondenso

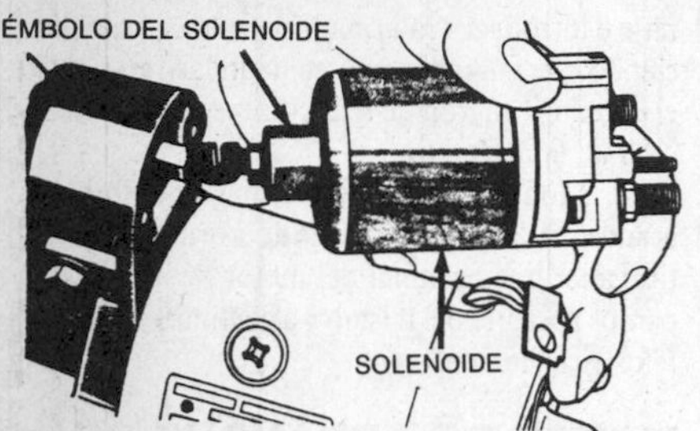

Desmontaje del solenoide Nippondenso-similar en el modelo Bosch

Montaje

Para montar las piezas, siga el procedimiento inverso al de desmontaje.

Motor de arranque Nippondenso con engranaje reductor

NOVA GM DE 1985-87

Desmontaje

1. Desmonte la tuerca y desconecte el cable del motor del terminal del interruptor magnético.
2. Desmonte los dos pernos pasantes y extraiga el estator (con la armadura) del conjunto del interruptor magnético.
3. En el motor de arranque de 1.0 KW, desmonte el sello de fieltro del eje de la armadura; en los de 1,4 KW, desmonte el anillo tórico del conjunto estator-interruptor magnético.
4. Desmonte los pernos de sujeción del conjunto carcasa del motor de arranque-interruptor magnético y separe la carcasa del conjunto.

NOTA: En los del tipo 1.0 KW, desmonte el engranaje intermedio (loco) y conjunto del embrague; en los de 1.4 KW, desmonte el engranaje del piñón, engranaje intermedio (loco) y conjunto del embrague.

5. Utilizando una uña magnética, desmonte el muelle y bola de acero del orificio existente en el eje del conjunto del embrague.
6. Desmonte el estator y tapa del mismo.

NOTA: En los de 1.4 KW, desmonte el anillo tórico grande.

7. Utilizando una pequeña barra de apalancamiento, separe los muelles de las escobillas y a continuación desmonte las escobillas del portaescobillas y extráigalas del estator.
8. Extraiga la armadura del estator.

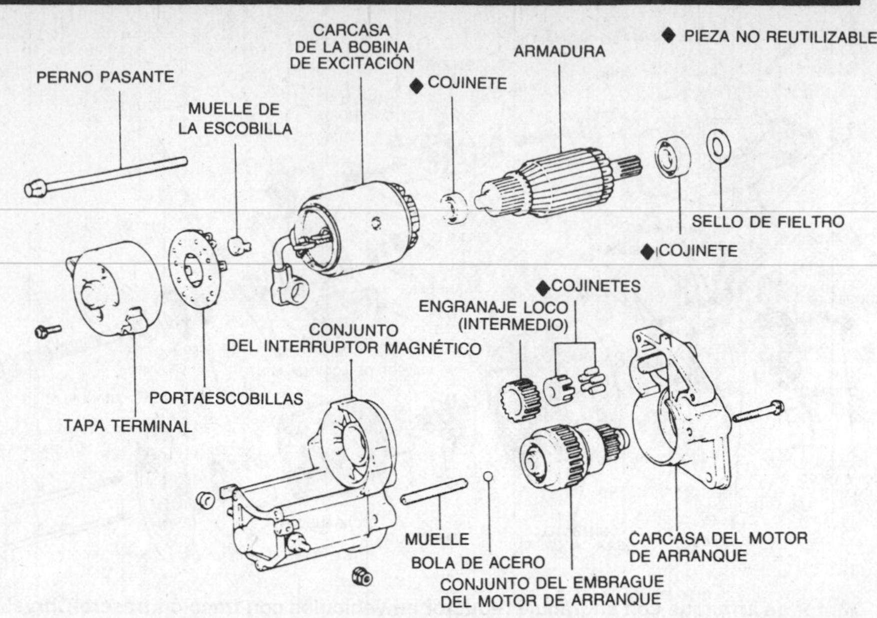

Despiece del motor de arranque del tipo 1.0 KW-Marca GM de tipo reductor

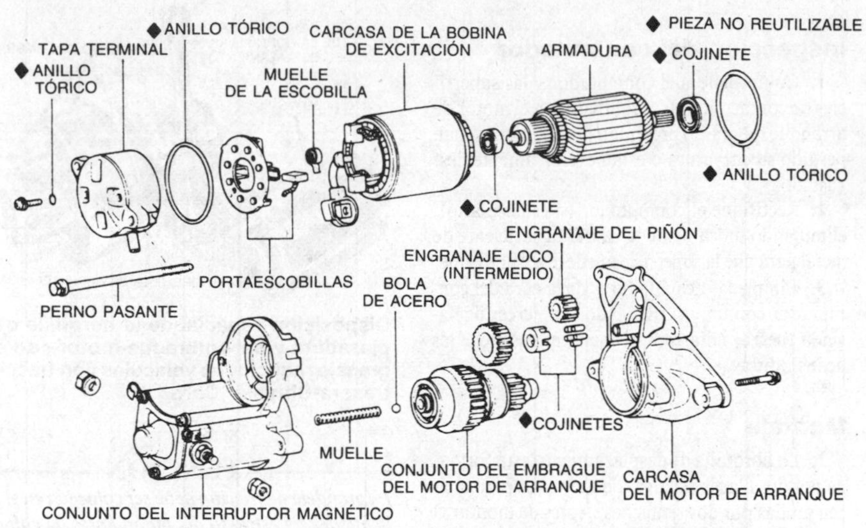

Despiece del motor de arranque de 1.4 KW-marca GM del tipo reductor

Inspección del devanado del rotor

1. Utilizando un óhmetro, asegúrese de que no existe conducción entre conmutador y núcleo del devanado del rotor.

NOTA: Si existe conducción, sustituya el rotor.

2. Utilizando un óhmetro, compruebe si existe conducción entre los segmentos del conmutador.

NOTA: Si no existe conducción entre ninguno de los segmentos sustituya el rotor.

Inspección del conmutador

Si el conmutador está sucio, quemado o si la excentricidad es superior a 0.0020'', utilice un torno para limpiar la superficie; no mecanice el diámetro de manera que se reduzca a menos de 1.14'', asegúrese de que la profundidad de la acanaladura entre segmentos es de 0.020-0.031'', limpie y elimine las partículas extrañas. Si NO ES ASÍ, utilice un rascador (una hoja rota de sierra para cortar metales es ideal) para eliminar el material aislante.

Inspección del devanado de excitación

1. Utilizando un óhmetro, asegúrese de que no existe conducción entre el conductor del óhmetro y el conductor del devanado de excitación que va a la escobilla.

NOTA: Si no existe conducción, cambie el estator.

2. Utilizando un óhmetro, asegúrese de que no existe continuidad entre devanado de excitación y el estator.

NOTA: Si existe continuidad, sustituya el estator.

Inspección de las escobillas

Si la longitud de la escobilla es inferior a 0.335" (1.0 KW) o 0.394" (1.4 KW) sustituya la escobilla y pula la nueva con tela de esmeril.

Inspección del embrague y engranajes

Compruebe si están desgastados o estropeados los dientes de los engranajes y si lo están, sustitúyalos. Gire el piñón del conjunto del embrague en el sentido de las agujas del reloj y asegúrese de que gira libremente; intente girar el piñón en el sentido contrario de las agujas del reloj y asegúrese de que cierra bien. Si el piñón no responde correctamente, sustitúyalo.

Inspección de los cojinetes

A la vez que empuja hacia adentro sobre los cojinetes, gire manualmente cada uno de ellos; si nota alguna resistencia u observa que se atascan, sustitúyalos. Para sustituirlos, utilice el útil n.º 09286-46011 (o equivalente) para extraer el cojinete o cojinetes del eje de la armadura. Utilizando el útil n.º 09285-76010 (o equivalente) y una prensa de árbol, introduzca a presión el nuevo cojinete o cojinetes sobre el eje de la armadura.

Inspección del interruptor magnético

Utilizando un óhmetro, compruebe si existe conducción entre el terminal a tierra y el terminal aislado y a continuación entre el terminal a masa y la carcasa. Si no existe conducción en ninguno de los casos, sustituya el conjunto del interruptor magnético.

Montaje

NOTA: Antes de montar los engranajes de los cojinetes, lubríquelos con grasa resistente a altas temperaturas.

1. Monte la armadura en el estator.
2. Utilizando un alambre de acero, tire de los muelles de las escobillas hacia atrás y móntelas sobre el portaescobillas.

NOTA: Asegúrese de que los conductores de las escobillas positivas no están puestos a masa. En el tipo de 1.4 KW, monte el anillo tórico grande en el estator.

3. Monte la tapa terminal en el estator.
4. Monte la bola de acero y muelle en el orificio del eje del conjunto del embrague.
5. En el tipo de 1.0 KW, monte el conjunto del embrague, engranaje intermedio (loco) y cojinete en la carcasa del motor de arranque. En el tipo 1.4 KW monte el conjunto del embrague, engranaje intermedio (loco), el cojinete y el engranaje del piñón en la carcasa del motor de arranque.
6. Monte la carcasa del motor de arranque en el conjunto del interruptor magnético y a continuación sujételo con los dos tornillos.

NOTA: En los de 1.0 KW, coloque la arandela de fieltro en el eje de la armadura (rotor); en los de 1.4 KW, coloque el anillo tórico en el estator.

7. Monte el estator en el conjunto del interruptor magnético (alineando los salientes de ambas carcasas) y monte los dos pernos pasantes.
8. Vuelva a conectar el conductor terminal del devanado al terminal del conjunto del interruptor magnético.

SPRINT GM (TA) DE 1985-87

Desmontaje

1. Desmonte la tuerca y desconecte el cable del motor del terminal del interruptor magnético.
2. Desmonte los dos pernos pasantes y extraiga el estator (con la armadura) del conjunto del interruptor magnético.
3. Desmonte los dos pernos de sujeción de la carcasa del motor de arranque al conjunto del interruptor magnético y separe la carcasa del conjunto.
4. Desmonte el engranaje del piñón, los cojinetes/retén del piñón y conjunto del embrague.
5. Utilizando una uña magnética, desmonte el muelle y bola de acero del orificio existente en el eje del conjunto del embrague.
6. Desmonte el estator y tapa del mismo.
7. Utilizando una pequeña barra de apalancamiento, separe los muelles de las escobillas y a continuación desmonte las escobillas del portaescobillas y extráigalas del estator.
8. Extraiga la armadura del estator.

Inspección del devanado del rotor (armadura)

1. Utilizando un óhmetro, asegúrese de que no existe conducción entre conmutador y núcleo del devanado del rotor. Si existe conducción sustituya el rotor.
2. Utilizando un óhmetro, compruebe si existe conducción entre los segmentos del conmutador. Si no existe conducción entre ninguno de los segmentos, sustituya el rotor.

Inspección del conmutador

Si el conmutador está sucio, quemado o si la excentricidad es superior a 0.0020", utilice un torno para limpiar la superficie; no mecanice el diámetro de manera que se reduzca a menos de 1.14", asegúrese de que la profundidad de la acanaladura entre segmentos es de 0.018-0.030", limpie y elimine las partículas extrañas. Si NO ES ASÍ, utilice un rascador (una hoja rota de sierra para cortar metales es ideal) para eliminar el material aislante.

Inspección del devanado de excitación

1. Utilizando un óhmetro, asegúrese de que no existe conducción entre conductor del óhmetro y el conductor del devanado de excitación que va a la escobilla. Si no existe conducción, cambie el estator.
2. Utilizando un óhmetro, asegúrese de que no existe continuidad entre el devanado de excitación y el estator. Si existe continuidad, sustituya el estator.

Inspección de las escobillas

Si la longitud de la escobilla es inferior a 0,394", sustituya la escobilla y púlala con tela de esmeril.

Inspección del embrague y engranajes

Compruebe si están desgastados o estropeados los dientes de los engranajes y, si lo están, sustitúyalos. Gire el piñón del conjunto del embrague en el sentido de las agujas del reloj y asegúrese de que gira libremente; intente girar el piñón en el sentido contrario de las agujas del reloj y asegúrese de que cierra bien. Si el piñón no responde correctamente, sustitúyalo.

Inspección de los cojinetes

A la vez que empuja hacia adentro sobre los cojinetes, gire manualmente cada uno de ellos; si nota alguna resistencia u observa que se atascan, sustitúyalos. Para sustituirlos, utilice el útil n.º 09286-46011 (o equivalente) para extraer el cojinete o cojinetes del eje de la armadura. Utilizando el útil n.º 09285-76010 (o equivalente) y una prensa de árbol, introduzca a presión el nuevo cojinete o cojinetes sobre el eje de la armadura.

Inspección del interruptor magnético

Utilizando un óhmetro, compruebe si existe conducción entre el terminal a masa y el terminal aislado y a continuación entre el terminal a masa y la carcasa. Si no existe conducción en ninguno de los casos, sustituya el conjunto del interruptor magnético.

Montaje

NOTA: Antes de montar los engranajes de los cojinetes, lubríquelos con grasa resistente a altas temperaturas.

1. Monte la armadura en el estator.
2. Utilizando un alambre de acero, tire de los muelles de las escobillas hacia atrás y móntelas sobre el portaescobillas.

NOTA: Asegúrese de que los conductores de las escobillas positivas no están puestos a masa.

3. Monte la tapa terminal en el estator.
4. Monte la bola de acero y muelle en el orificio del eje del conjunto del embrague.
5. Monte el conjunto del embrague, el engranaje del piñón y el retén/cojinete del piñón en la carcasa del motor de arranque.
6. Monte la carcasa del motor de arranque en el conjunto del interruptor magnético y a continuación sujételo con los dos tornillos.
7. Monte el estator en el conjunto del interruptor magnético (alineando los salientes de ambas carcasas) y monte los dos pernos pasantes.
8. Vuelva a conectar el conductor terminal del devanado al terminal del conjunto del interruptor magnético.

Motor de arranque Hitachi con engranaje reductor

CHEVETTE DIESEL GM

Desmontaje

1. Desconecte el conductor del solenoide. Desmonte los pernos de sujeción del solenoide al motor de arranque y el solenoide de la palanca de cambios.
2. Desmonte el muelle de torsión del solenoide y a continuación los pernos pasantes del motor de arranque y la tapa posterior.
3. Desmonte las cuatro escobillas del portaescobillas, a continuación el estator, el rotor y por-

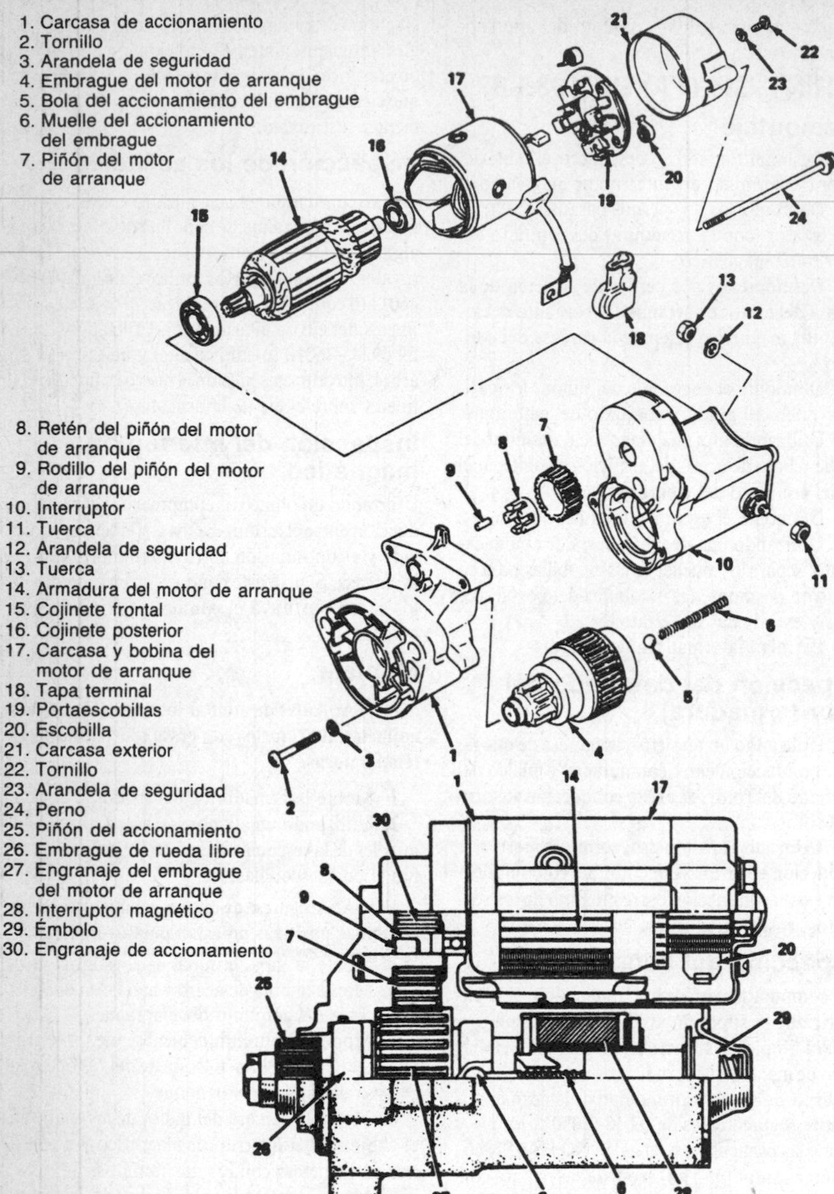

Despiece del motor de arranque del engranaje reductor-modelo Sprint (TA) 1985-87

taescobillas en conjunto, de la caja de engranajes.

4. Desmonte con cuidado las escobillas y el conmutador y no permita que entren en contacto con las piezas contiguas.

5. Desmonte el portaescobillas y extraiga el conjunto de la armadura del estator.

6. Desmonte el retén del cojinete y piñón de la caja de engranajes.

7. Desmonte el clip de sujeción y a continuación desmonte el conjunto del piñón.

Inspección y reparación

Monte los componentes y sustituya aquellos que estén desgastados o estropeados.

Montaje

Para realizar el montaje, aplique lubricante al conjunto del piñón y siga el procedimiento inverso al de desmontaje. Una vez que haya montado la armadura rotor, levante el extremo de los muelles de las escobillas y móntelas. Monte el portaescobillas alineándolo con el estator.

Motores de arranque con accionamiento directo

NIPPONDENSO, BOSCH & MITSUBISHI - CHRYSLER CORPORATION

Desmontaje

1. Desconecte el conductor del devanado de excitación del terminal del solenoide.

2. Desmonte los tornillos de sujeción del solenoide (modelos con transmisión automática con solenoide Bosch) y extraiga el solenoide (modelos con transmisión automática con émbolo Bosch) de la horquilla de desplazamiento

3. En los Nippondenso, desmonte la tapa del cojinete, cierre el eje del rotor o armadura, arandela, muelle y sello.

4. En los Bosch, desmonte los dos tornillos de la tapa terminal de los cojinetes, la tapa y la arandela.

5. Desmonte los dos pernos pasantes de la tapa terminal del estator, la tapa, las dos escobillas y la placa del portaescobillas.

6. Extraiga el estator de la armadura. Desmonte el perno giratorio de la placa de cambios, la junta de goma y la placa metálica.

7. En los motores de arranque Bosch (modelos con transmisión automática) y en todos los Nippondenso, desmonte el conjunto de la armadura y palanca de cambios de la tapa terminal del accionamiento. En los motores de arranque Bosch (modelos con transmisión manual), extraiga el collarín de tope del anillo de retención y a continuación desmonte el anillo de retención, conjunto del embrague y carcasa del extremo del accionamiento, de la armadura.

8. En todos los motores de arranque, excepto en los Bosch (modelos con transmisión manual), extraiga el collar de tope del anillo de retención y a continuación desmonte el anillo de retención, collar de tope y embrague.

Inspección y reparación

1. Las escobillas que estén desgastadas en más de la mitad de la longitud de las nuevas o estén empapadas en aceite, deberían ser sustituidas. La longitud de las escobillas nuevas es de 11/16''.

2. NO sumerja el conjunto del embrague del motor de arranque en disolvente; el disolvente absorberá el lubricante del embrague.

3. Coloque la unidad de accionamiento sobre el eje de la armadura y a continuación, sujetándola, gire el piñón.

NOTA: El piñón de accionamiento debería girar sin rozamiento en un único sentido. El piñón no puede girar fácilmente, pero mientras gire sin rozamiento significa que está en buen estado. Si la unidad del embrague no funciona correctamente o si el piñón está desgastado, desportillado o tiene rebabas, sustituya dicha unidad.

Montaje

1. Lubrique el eje de la armadura y la estrías con aceite SAE 10 o 30 W.

2. En todos los motores de arranque, excepto en los Bosch (transmisión manual), monte el embrague, el collar del tope, el anillo de cierre y la horquilla de desplazamiento sobre la armadura. En el motor de arranque Bosch (modelos con transmisión manual), introduzca la carcasa terminal del accionamiento en la armadura y a continuación monte el embrague, collar de tope y anillo de retención, sobre la armadura.

3. En todos los motores de arranque, excepto en los Bosch (con transmisión manual) monte el conjunto de la armadura y la horquilla de desplazamiento en la carcasa terminal de la transmisión.

4. Monte el perno giratorio de la horquilla de desplazamiento, la junta de goma y la placa de metal. Introduzca el estator en su posición y monte el portaescobillas y las escobillas.

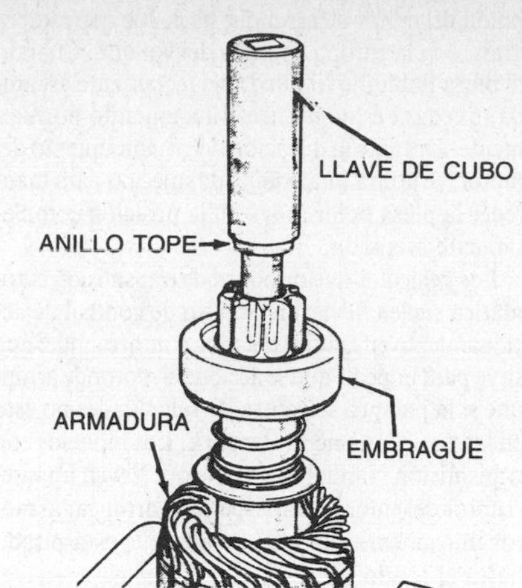

Extracción del anillo tope del anillo de retención utilizando una llave de cubo-Chrysler Corp.

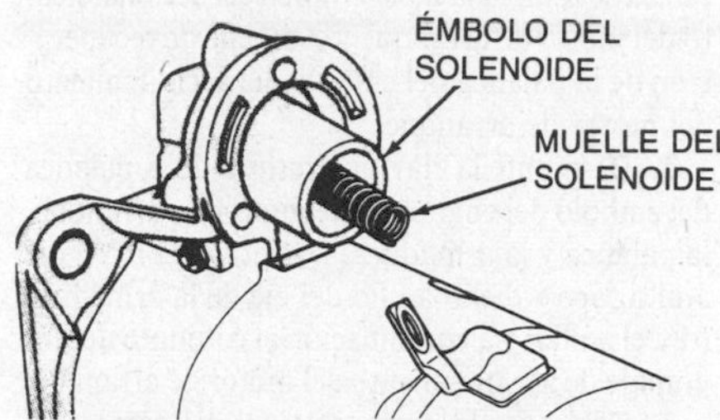

Desmontaje del émbolo muelle del solenoide en el motor de arranque Bosch-con transmisión automática Chrysler

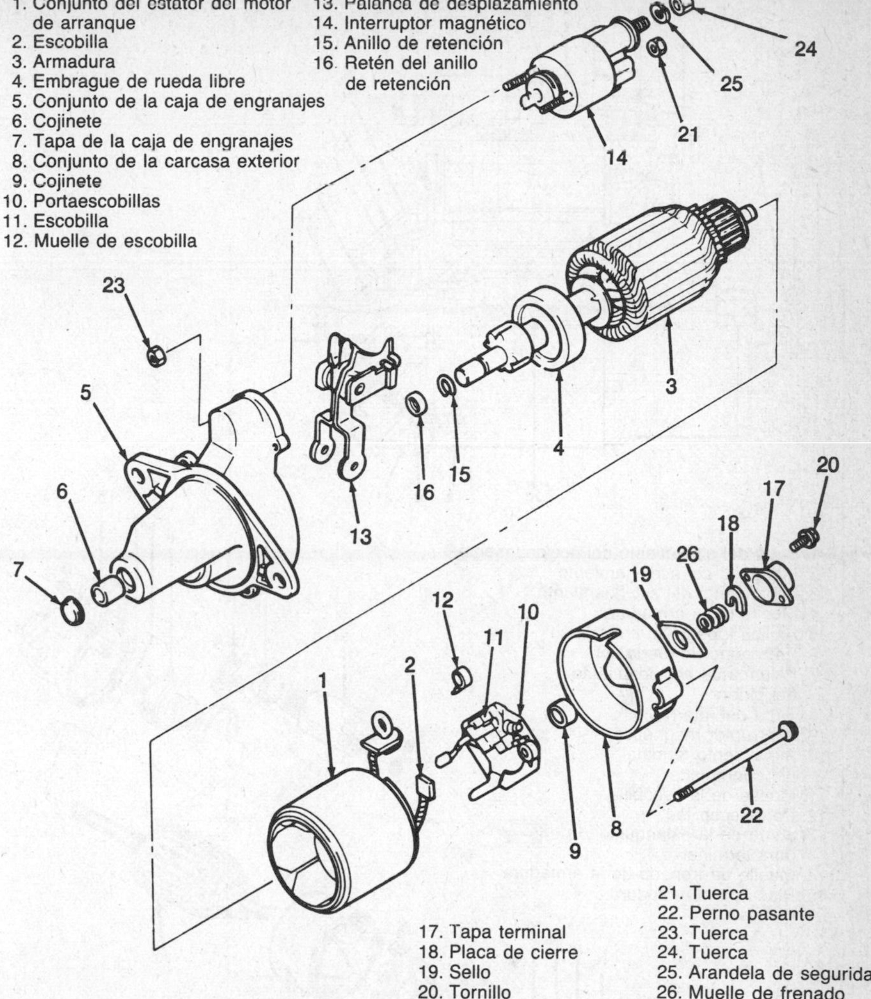

Despiece del motor de arranque con engranaje reductor-modelo Spectrum de 1985-87

5. Coloque la tapa terminal del estator y los pernos pasantes.

6. En los motores de arranque Nippondenso, monte el sello, muelle arandela, cierre del eje de la armadura y tapa del cojinete.

7. En los motores de arranque Bosch, monte la arandela de relleno y cierre del eje de la armadura. Compruebe el juego axial (0,002-0,012''), y a continuación monte la tapa del cojinete.

8. Monte el solenoide (o émbolo en los modelos con transmisión automática Bosch) en la horquilla de desplazamiento y a continuación monte el solenoide con sus pernos de sujeción. Conecte el conductor de excitación al solenoide.

NIPPONDENSO - MODELOS SPECTRUM/SPRINT GM DE 1985-87

Desmontaje

1. Desconecte el conductor del devanado de excitación al terminal del solenoide.

2. Desmonte los tornillos de sujeción del solenoide y extraiga el solenoide de la horquilla de desplazamiento.

3. Desmonte la tapa del cojinete, cierre del eje de la armadura, arandela muelle y sello.

4. Desmonte los dos pernos pasantes de la tapa terminal del estator, la tapa, las escobillas y la placa del portaescobillas.

5. Extraiga el estator de la armadura. Desmonte el perno giratorio de la palanca de cambios, la junta de goma y la placa metálica.

6. Desmonte el conjunto de la armadura y la palanca de cambios de la carcasa terminal de la transmisión.

7. Extraiga el collar de tope del anillo de retención y a continuación desmonte dicho anillo, el collar del tope y el conjunto del embrague.

Inspección y reparación

1. Las escobillas que estén desgastadas en más de la mitad de la longitud de las nuevas escobillas o estén empapadas en aceite, deberían ser sustituidas. La longitud de las escobillas nuevas es de 0.63'' de longitud.

2. NO sumerja el conjunto del embrague del motor de arranque en disolvente; el disolvente absorbería el lubricante del embrague.

3. Coloque la unidad de accionamiento sobre el eje de la armadura y a continuación, sujetándola, gire el piñón.

NOTA: El piñón de accionamiento debería girar sin rozamiento en un sentido único. El piñón no puede girar fácilmente pero mientras gire sin rozamiento significa que está en buen estado. Si la unidad del embrague no funciona correctamente o si el piñón está desgastado, desportillado o tiene rebabas, sustituya dicha unidad.

Montaje

1. Lubrique el eje de la armadura y estrías con aceite SAE 10 o 30 W.

2. Monte el embrague, collar de tope, anillo de cierre y horquilla de desplazamiento en la armadura.

3. Monte el conjunto de la armadura y la horquilla de desplazamiento en la carcasa del extremo de la transmisión.

4. Monte el perno giratorio de la horquilla de desplazamiento, la junta de goma y la placa de metal. Introduzca el estator en su posición y monte el portaescobillas y las escobillas.

5. Coloque la tapa terminal del estator y los pernos pasantes.

6. Monte el sello, muelle, arandela, cierre del eje y tapa del cojinete.

7. Monte el solenoide en la horquilla de desplazamiento, y a continuación monte el solenoide con sus pernos de sujeción. Conecte el cable de excitación al solenoide.

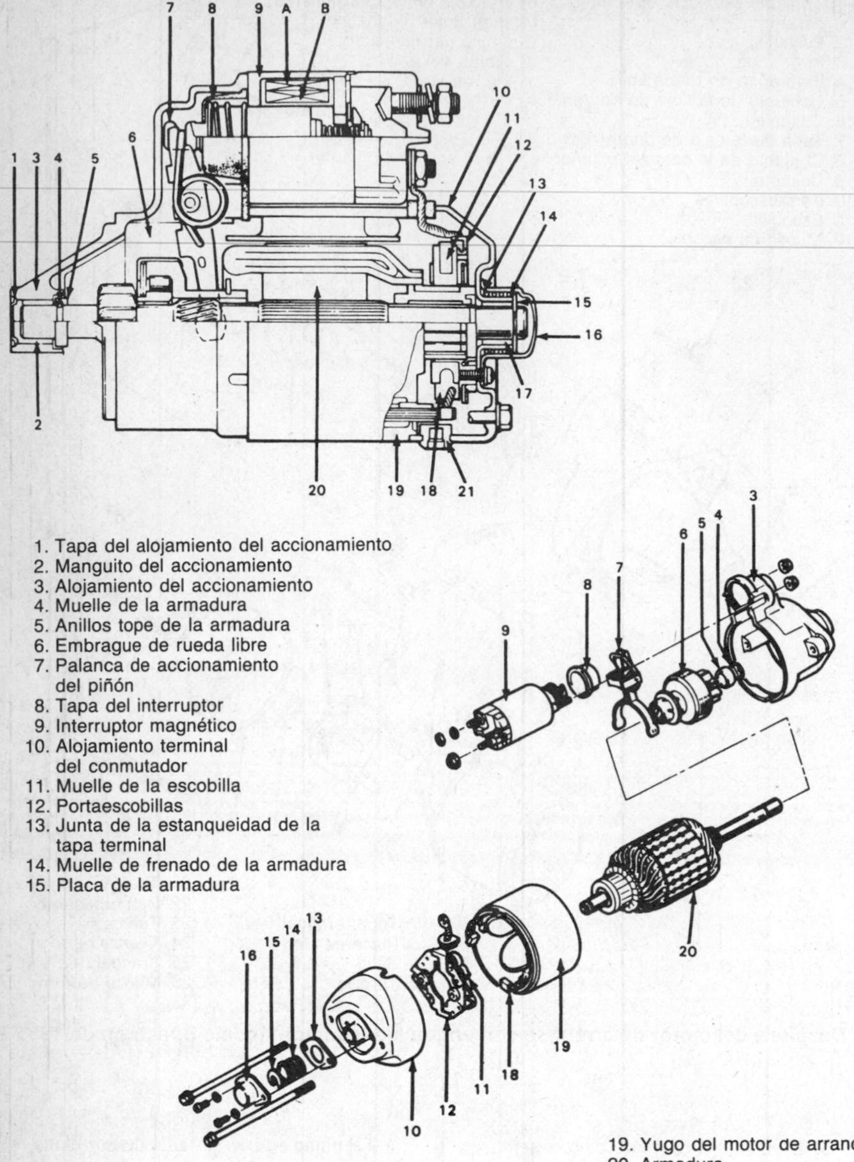

1. Tapa del alojamiento del accionamiento
2. Manguito del accionamiento
3. Alojamiento del accionamiento
4. Muelle de la armadura
5. Anillos tope de la armadura
6. Embrague de rueda libre
7. Palanca de accionamiento del piñón
8. Tapa del interruptor
9. Interruptor magnético
10. Alojamiento terminal del conmutador
11. Muelle de la escobilla
12. Portaescobillas
13. Junta de la estanqueidad de la tapa terminal
14. Muelle de frenado de la armadura
15. Placa de la armadura
16. Tapa terminal del conmutador
17. Manguito terminal del conmutador
18. Escobilla
19. Yugo del motor de arranque
20. Armadura
21. Tapón
A. Bobina de contención
B. Bobina de torque

Despiece el motor de arranque con engranaje reductor-modelo Sprint (GM) 1985-87

Motor de arranque de acoplamiento positivo Autolite/Motorcraft

FORD MOTOR CO. Y AMERICAN MOTORS

El motor de arranque está formado por un devanado serie-paralelo (tiene cuatro polos y cuatro escobillas) y va equipado con un piñón de accionamiento con embrague de rueda libre, el piñón de accionamiento del embrague engrana con la corona dentada del volante mediante una palanca de accionamiento, accionada por una pieza polar móvil. La pieza polar va unida mediante una bisagra al estator y puede introducirse hasta su posición correspondiente a través de una abertura existente en el estator. Los tres devanados de excitación convencionales están situados en las tres piezas polares. La cuarta bobina de excitación sirve como bobina para engranar y para la operación del piñón de accionamiento.

Cuando el interruptor de encendido está colocado en la posición START, se activará el relé del motor de arranque y circulará corriente de la batería al terminal del motor de arranque. Este primer armónico de corriente circula primero a través del devanado de acoplamiento del motor de arranque, creando un campo magnético muy fuerte. Éste hace que la pieza polar móvil se desplace hacia el estator del motor de arranque, lo que hace que la palanca que va unida al mismo mueva el piñón del motor de arranque haciendo que éste engrane con la corona dentada del volante. Cuando la pieza polar móvil quede perfectamente asentada, quedará ésta entonces funcionando normalmente. Durante la duración del accionamiento del motor, se utiliza una bobina de sujeción para mantener la pieza polar móvil en la posición completamente asentada.

Los vehículos que disponen de transmisión automática suelen llevar un circuito de control de accionamiento en neutral del motor de arranque; éste sirve para impedir que se accione el motor de arranque si la palanca selectora de velocidades no está en las posiciones neutral o park. Los modelos con transmisión manual es posible que lleven un interruptor del embrague que permite arrancar al motor únicamente cuando el embrague está pisado hasta el fondo.

Desmontaje

1. Quite el tornillo de la tapa, los pernos pasantes de la tapa, la tapa terminal del accionamiento del motor de arranque y el muelle de recuperación de la palanca del émbolo del accionamiento del motor de arranque.

2. Desmonte la clavija giratoria de la palanca del émbolo del engranaje del motor de arranque, la palanca y la armadura. Desmonte el retén del anillo tope y dicho anillo del eje de la armadura (tire el anillo) y a continuación el conjunto del engranaje de accionamiento del motor de arranque.

3. Desmonte la placa terminal del portaescobillas, el conjunto del aislante y las escobillas del portaescobillas de plástico y a continuación extráigalo. Para montarlo de nuevo, observe la posición del portaescobillas respecto a la placa terminal.

4. Quite los dos tornillos de masa entre la escobilla y el estator.

5. Desdoble hacia arriba los extremos del manguito que están introducidos en el orificio rectangular del estator y a continuación desmonte el manguito retén. Suelte el conductor a masa de la bobina de excitación de la lengüeta de cobre.

6. Desmonte los tres tornillos de sujeción de la bobina. Corte el conector de la bobina de excitación en el conductor del poste del interruptor y a continuación desmonte las piezas polares y devanados del estator.

7. Corte los conductores de las escobillas positivas de los devanados de excitación (en un punto lo más cercano posible al punto de conexión de la excitación).

8. Compruebe si están rotos o existen aislantes quemados, circuitos abiertos o conexiones a masa en la armadura y devanados de la misma.

9. Compruebe si el conmutador presenta excentricidad. Si está áspero, tiene puntos planos o presenta una excentricidad de más de 0.005'', rectifíquelo.

10. Compruebe si el eje de la armadura y los dos cojinetes están rayados o excesivamente desgastados y a continuación sustitúyalos (si es necesario).

11. Inspeccione el accionamiento del motor de arranque, si los dientes de engranaje están picados, rotos o excesivamente desgastados, sustituya el accionamiento del motor de arranque.

NOTA: La longitud de las escobillas de fábrica es de 1/2''; el límite de desgaste es de 1/4''.

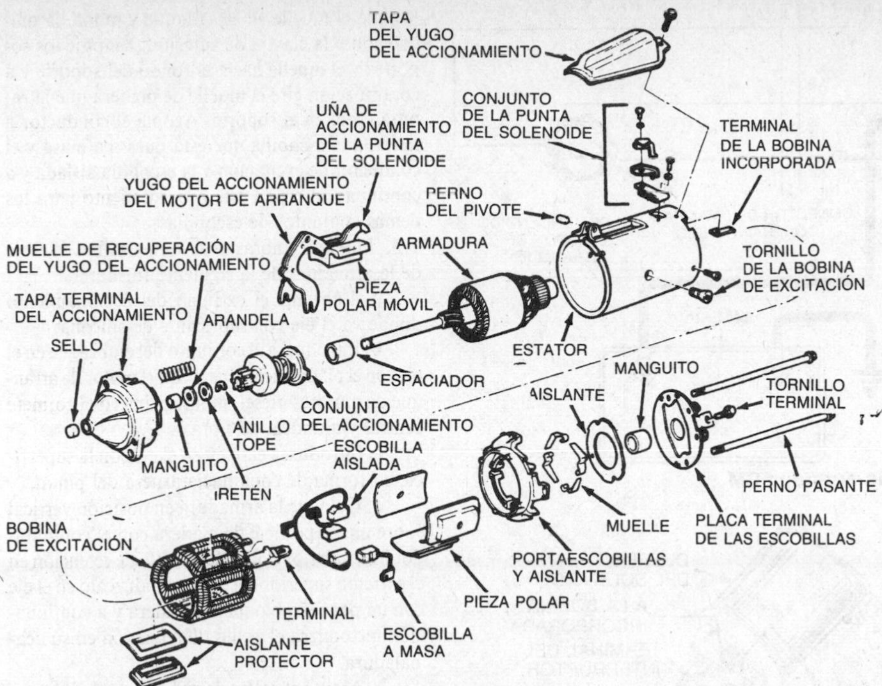

Despiece del motor de arranque Ford de acoplamiento positivo-similar en el modelo AMC

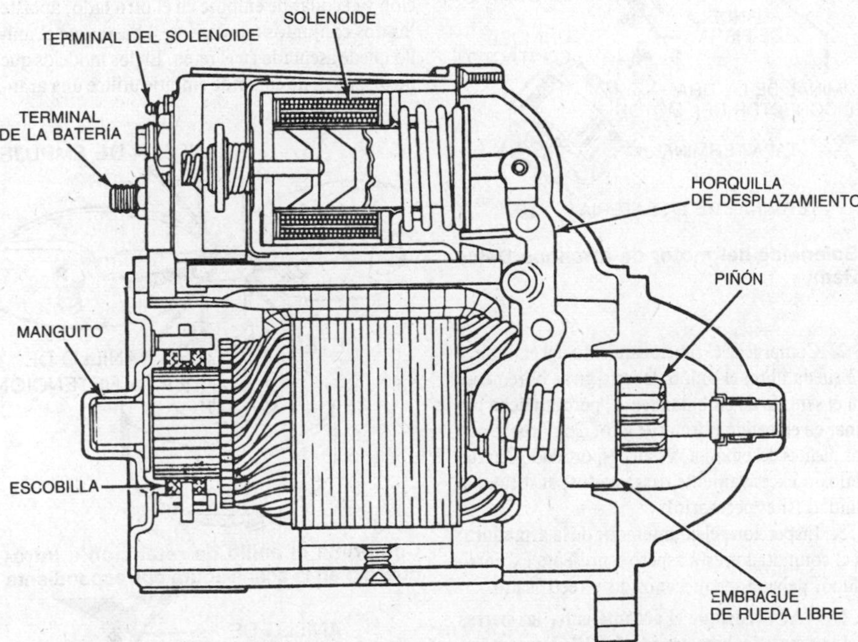

Corte longitudinal del motor de arranque Ford activado por solenoide

Montaje

1. Monte el terminal del motor de arranque, el aislante, las arandelas y tuercas en el estator.

NOTA: Asegúrese de colocar la ranura del tornillo perpendicular a la superficie terminal del estator.

2. Coloque los devanados y piezas polares, con los conductores de los devanados en la ranura del tornillo terminal, y a continuación monte los tornillos. Cuando apriete los tornillos de los polos, golpee el estator dándole varios golpes secos de martillo para alinear las piezas polares y a continuación introduzca los tornillos.

3. Monte el devanado del solenoide y retén y a continuación doble las aletas para sujetar los devanados al estator.

4. Utilizando soldadura de núcleo de resina y un soldador de 300 vatios, suelde los devanados de excitación y el conductor del solenoide al terminal del motor de arranque. Compruebe si existe conducción y compruebe las conexiones a masa de los devanados montados.

5. Coloque el terminal a masa del devanado del solenoide sobre el orificio más próximo de un tornillo a masa y el tornillo de sujeción de las escobillas a masa del estator del motor de arranque y a continuación monte los tornillos.

6. Aplique una capa fina de Lubriplate® a las estrías del eje de la armadura. Monte el conjunto del engranaje de accionamiento del motor de arranque en el eje de la armadura, colocando a continuación un anillo tope y retén nuevos. Monte la armadura (rotor) en el estator.

7. Coloque la palanca del émbolo del engranaje de accionamiento del motor de arranque en el estator y el conjunto de accionamiento del motor de arranque y a continuación monte la clavija giratoria. Añada algo de grasa al orificio de la carcasa terminal; rellénelo aproximadamente hasta 1/4 de su máxima capacidad y a continuación coloque la carcasa terminal del accionamiento en el estator.

8. Monte el portaescobillas y los muelles de las escobillas; los conductores de las escobillas positivas deberán quedar colocados en sus respectivas ranuras en el portaescobillas para evitar problemas de puesta a masa.

9. Monte la placa terminal del portaescobillas, asegúrese de que el aislante de la misma queda colocado en su posición correspondiente en dicha placa. Monte los dos pernos pasantes del estator del motor de arranque y apriételos con un par de 55-75 libras-pulgada.

10. Monte la tapa de la palanca del émbolo del accionamiento del embrague y apriete el tornillo de sujeción.

Motor de arranque Delco Remy

GENERAL MOTORS CORP. Y AMERICAN MOTORS

Desmontaje

1. Desconecte los conectores de los devanados de excitación del terminal del solenoide del motor.

NOTA: Si el solenoide lleva tornillos de sujeción, desmóntelos.

2. Desmonte los pernos pasantes, tapa terminal del conmutador, estator y el conjunto de la armadura de la carcasa del accionamiento.

NOTA: En los vehículos con motor diesel, el motor de arranque lleva un aislante en la tapa terminal y la armadura permanecerá en la tapa terminal del accionamiento. Para desmontarla, quite el perno giratorio de la palanca de cambios y los tornillos del cojinete central.

3. Desmonte el embrague de embalamiento del eje de la armadura de la siguiente forma:

a. Extraiga el collar de empuje de dos piezas del extremo del eje de la armadura.

b. Introduzca un acoplamiento estándar de tubo de 1/2" u otro espaciador en el eje de manera que el extremo del acoplamiento quede empalmado apoyado sobre el borde del retén.

c. Utilizando un martillo, golpee ligeramente el extremo del acoplamiento, guiando el retén hacia el extremo de la armadura donde va el anillo de retención.

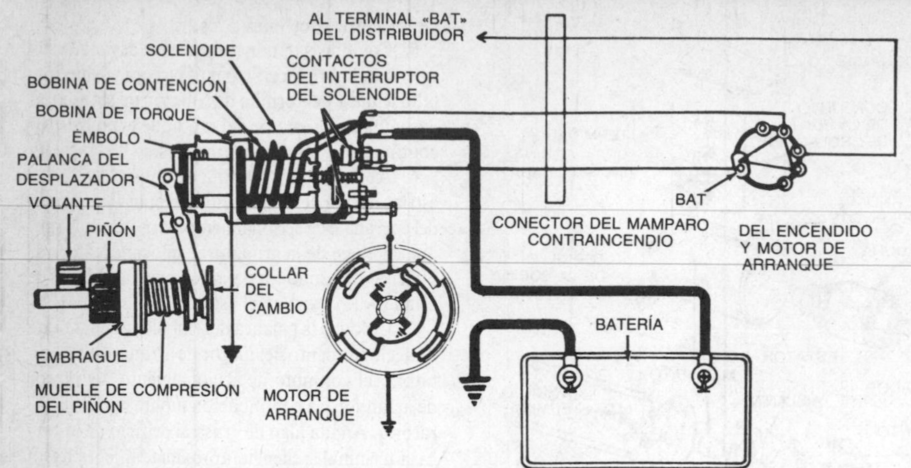

Circuito del motor de arranque GM

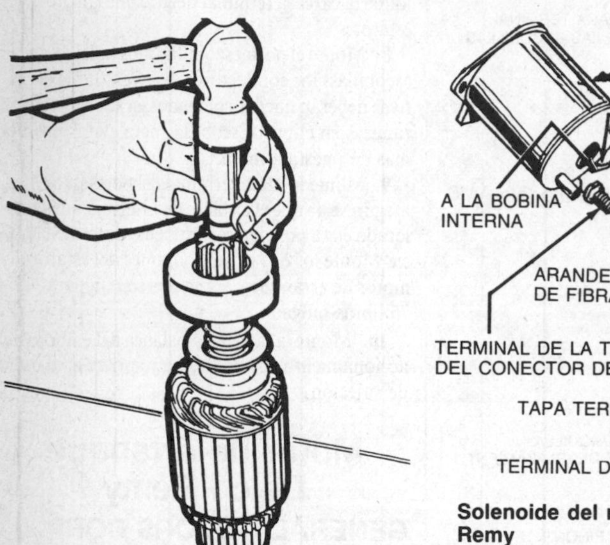

Guíe el retén hacia el anillo de retención-motor de arranque Delco-Remy

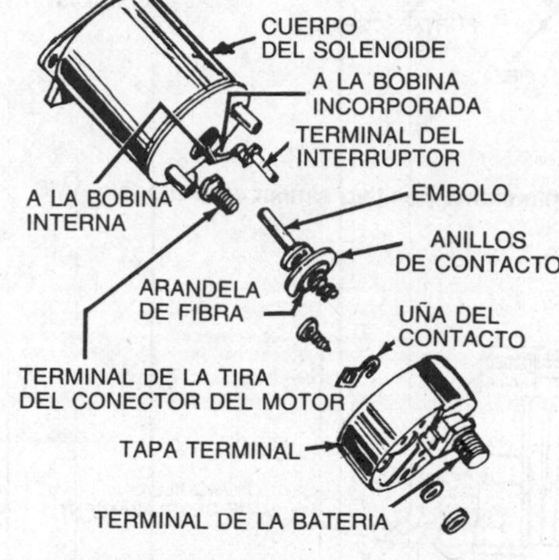

Solenoide del motor de arranque Delco-Remy

d. Utilizando unos alicates para anillos de retención, desmonte el anillo de retención de la acanaladura existente en el eje y a continuación extraiga el eje y el embrague del eje.

4. Desmonte el conjunto de las escobillas del estator liberando la tensión del muelle en V y desmontando la clavija de sujeción. Ahora puede extraer los portaescobillas, las escobillas y los muelles como un conjunto y puede desconectar los conductores.

NOTA: En las unidades con estator integral, desmonte el portaescobillas del soporte y el tornillo de las mismas.

5. Si el solenoide lleva una palanca, sepárelo del alojamiento de la misma.

Limpieza e inspección

1. Limpie las piezas con un paño; NO sumerja las piezas en disolvente.

ATENCIÓN

Si sumerge las piezas en disolvente; éste disolverá la grasa comprimida en el mecanismo del embrague; de esta forma resultará dañada la armadura y el aislamiento del devanado de excitación.

2. Compruebe el funcionamiento del embrague de rueda libre; el piñón debería girar libremente en el sentido de embalamiento, pero no debe patinar en el sentido normal de giro. Compruebe que los dientes del piñón no están desportillados, agrietados o excesivamente desgastados; sustituya la unidad (si es necesario).

3. Inspeccione el conmutador de la armadura; si el conmutador está áspero o presenta excentricidad, debería ser mecanizado y rectificado.

NOTA: Rectifique el aislante entre las barras del conmutador penetrando 1/32". La penetración en forma de relieve debe afectar a toda la anchura del aislante y debe quedar plana en el fondo. Una acanaladura triangular no es satisfactoria. La mayoría de los motores de arranque de modelos recientes utilizan un diseño de conmutador moldeado; no debería intentar hacer una acanaladura en el aislante, ya que el conmutador podría resultar seriamente dañado.

Montaje

1. Monte las escobillas en los portaescobillas y a continuación monte el solenoide (si dispone del mismo).

2. Monte el portaescobillas aislado y el que está puesto a masa de manera que queden juntos. Utilizando el muelle en V, coloque y monte la unidad sobre la clavija de sujeción. Empuje los soportes y el muelle hacia el fondo del soporte y a continuación gire el muelle de manera que la ranura entre en el soporte. Acople el conductor a masa, a la escobilla que está puesta a masa y el conductor de excitación a la escobilla aislada y a continuación repita este procedimiento para los demás conjuntos de escobillas.

3. Monte el embrague de la rueda libre en el eje de la armadura de la siguiente forma:

a. Lubrique el extremo del accionamiento donde va el eje con lubricante de silicona.

b. Introduzca el conjunto del embrague en el eje con el piñón hacia afuera. En el motor de arranque de motores diesel, monte primero el cojinete central y arandela de fibra.

c. Introduzca el retén en el eje con la superficie en forma de copa hacia afuera del piñón.

d. Coloque la armadura en posición vertical sobre una superficie de madera con el conmutador hacia abajo. Coloque el anillo de retención en el extremo superior del eje e introdúzcalo en el eje con un pequeño bloque de madera y a continuación introduzca el anillo de retención en su acanaladura.

e. Monte el collar de empuje en el eje con el saliente junto al anillo de retención.

f. Con el retén en un lado del anillo de retención y el collar de empuje en el otro lado, aplaste los dos conjuntos (con alicates) hasta que el anillo quede asentado en el retén. En los modelos que no disponen de collar de empuje utilice una aran-

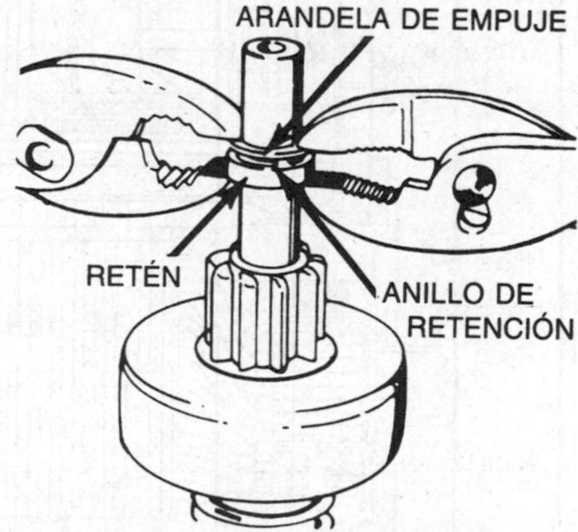

Comprima el anillo de retención e introdúzcalo en la acanaladura correspondiente

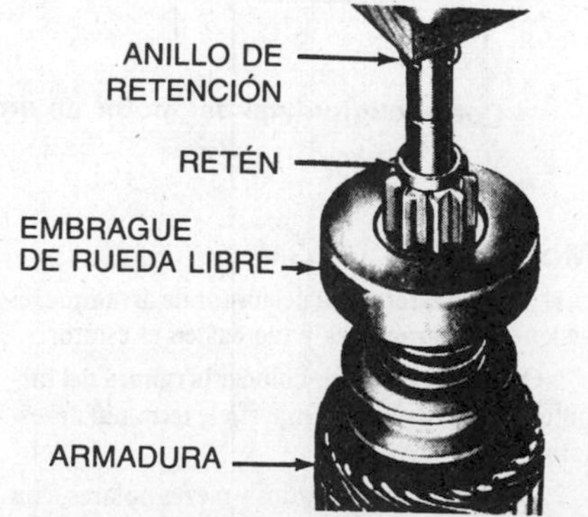

Introducción a presión del anillo de retención sobre el eje de la armadura-motor Delco-Remy

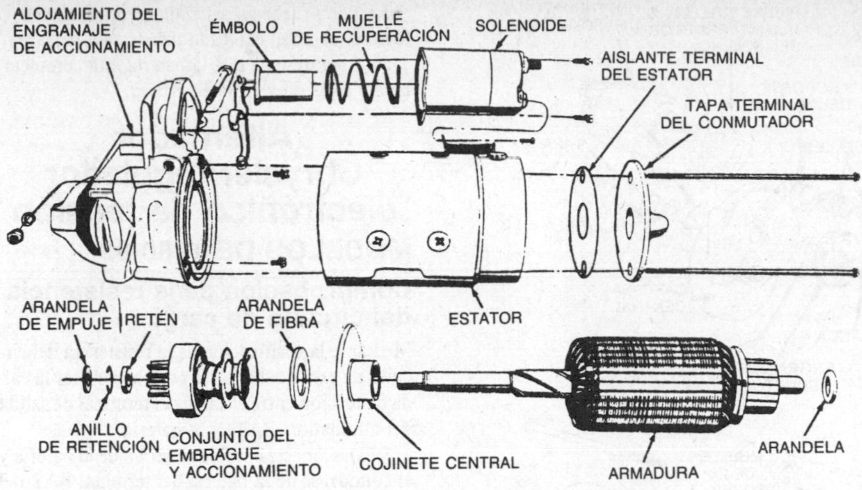

Despiece del motor de arranque GM 27 MT

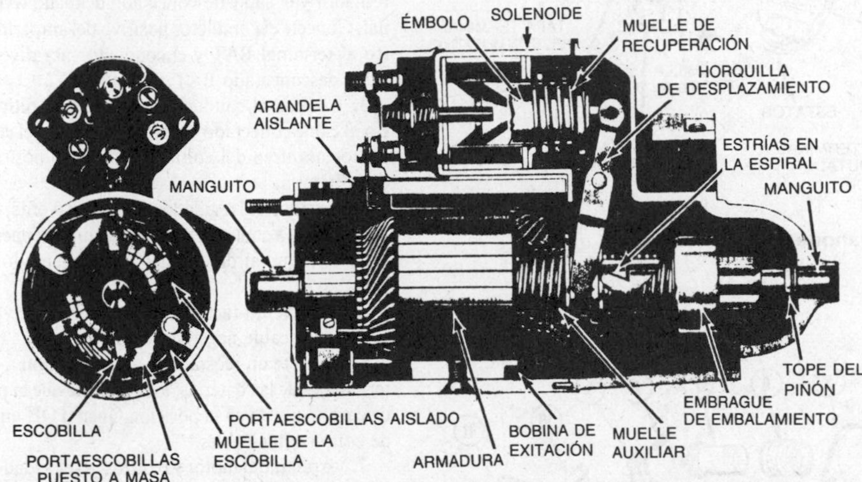

Motor de arranque típico Delco-Remy de Chevrolet, utilizando un muelle auxiliar de régimen ligero

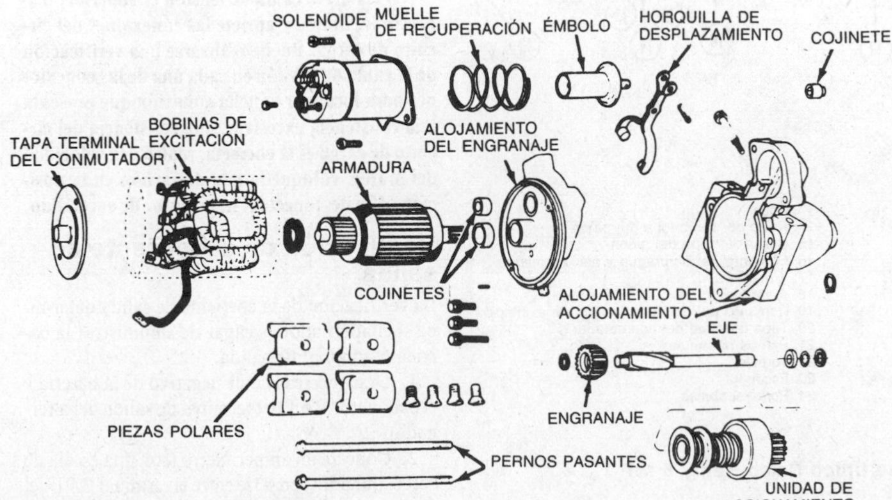

Despiece del motor de arranque GM 15 MT/GR

dela; no olvide quitar esta arandela antes de continuar.

4. Lubrique el manguito del extremo del accionamiento con lubricante de silicona y a continuación introduzca la armadura y conjunto del embrague en su posición a la vez que engrana la palanca de cambios con el embrague.

NOTA: En los motores de arranque no integrales, puede montar en primer lugar la palanca de cambios en la caja del engranaje de accionamiento. En los motores de arranque de motores diesel, monte los tornillos del cojinete central y el perno giratorio de la palanca de cambio.

5. Coloque el estator sobre la armadura y aplique sellador (silicona) entre el estator y la caja del solenoide. Coloque el estator contra la caja del accionamiento, asegurándose de que no se estropean las escobillas.

6. Lubrique el manguito del extremo del conductor con lubricante de silicona, coloque una arandela en el eje de la armadura e introduzca la tapa terminal del conmutador en el eje. Monte los pernos pasantes y apriételos.

NOTA: En los motores de arranque de motores diesel, monte el aislante y la tapa terminal.

7. Vuelva a conectar los conectores de los devanados de excitación al terminal del motor del solenoide. Monte los tornillos de sujeción del solenoide (si existen).

8. Compruebe la tolerancia del piñón; debería ser de 0,010-0.140'' con el piñón en la posición de accionamiento en todos los modelos.

ALTERNADORES

INSPECCIÓN PRELIMINAR DEL SISTEMA DE CARGA

NOTA: Antes de realizar ninguna verificación del sistema de carga, deberían tomarse las siguientes precauciones para asegurarse de que las verificaciones de esta sección se hacen con exactitud.

1. Compruebe el estado de la correa del alternador y apriétela si es necesario.

2. Limpie las conexiones de los cables de la batería en sus puntos de contacto con ésta; asegúrese de que son buenas las conexiones entre los cables de la batería y abrazaderas de la misma. Vuelva a conectar únicamente el terminal negativo y continúe con el paso siguiente.

3. Con la llave de encendido en la posición OFF, desconecte la abrazadera del terminal positivo de la batería y a continuación introduzca una lámpara de pruebas entre el terminal positivo de la batería y la abrazadera desconectada de dicho terminal. Si la lámpara de pruebas se enciende, quiere decir que existe un cortocircuito en el sistema eléctrico; debe repararlo antes de continuar. Si la lámpara no se enciende, vuelva a conectar la abrazadera y continúe en el paso siguiente.

NOTA: Algunos alternadores absorben una pequeña corriente incluso cuando la llave está en la posición OFF. Para comprobar correctamente si existe un cortocircuito en dichos sistemas se debe desconectar el regulador. Además, si dispone de un reloj eléctrico, desconecte el cable del mismo.

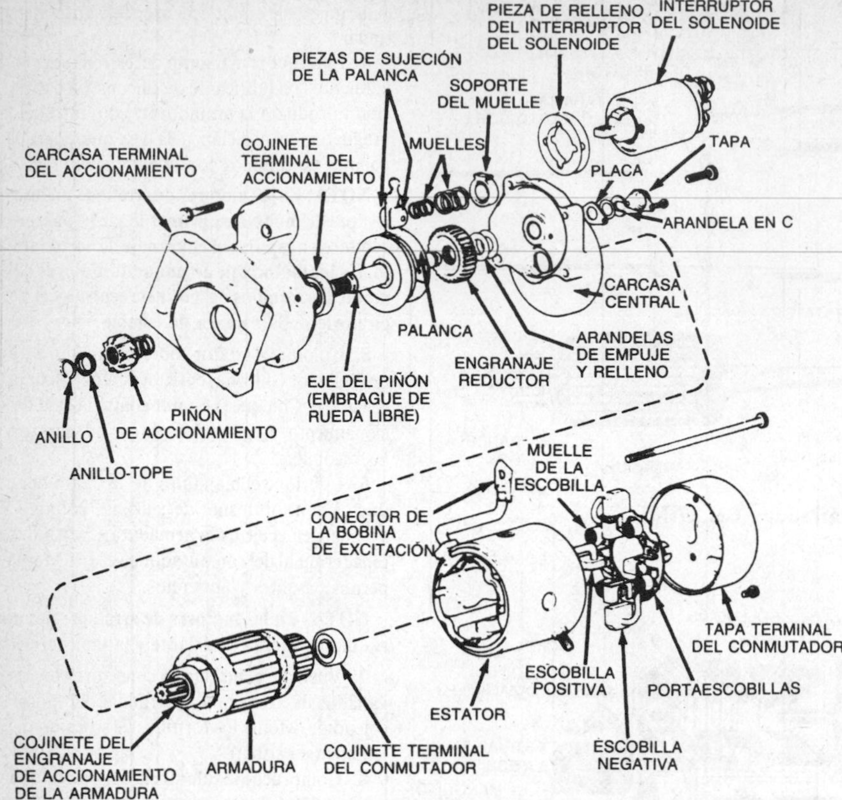

Despiece del motor de arranque diesel GM ALU/GR

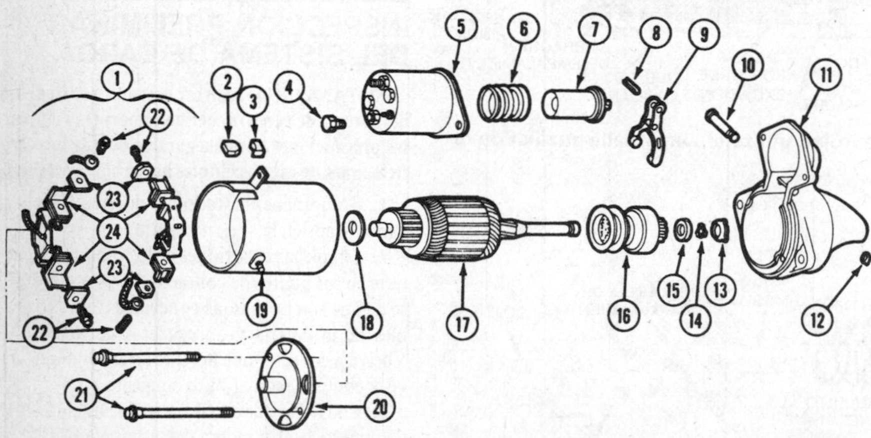

1. Conjunto de escobillas y portaescobillas
2. Arandela aislante
3. Arandela aislante
4. Tornillo
5. Solenoide
6. Muelle de recuperación del émbolo
7. Émbolo
8. Pasador del émbolo
9. Horquilla de desplazamiento
10. Eje de la horquilla de desplazamiento
11. Carcasa terminal del accionamiento
12. Anillo de retención del eje de la horquilla de desplazamiento
13. Collar de empuje
14. Anillo del retén-tope del piñón
15. Collar del tope del piñón
16. Conjunto del embrague y accionamiento
17. Armadura
18. Arandela
19. Conjunto del estator y bobina de excitación
20. Tapa terminal del conmutador
21. Pernos pasantes
22. Tornillo
23. Escobilla
24. Portaescobillas

Despiece de un motor de arranque típico Delco-Remy 5 MT

4. Compruebe si existen interrupciones o cortocircuitos en el cableado del sistema de carga.

5. Asegúrese de que la batería está completamente cargada y en buen estado.

Alternador Chrysler/regulador electrónico de tensión

MODELOS DE 1980-83

Comprobación de la resistencia del circuito de carga

Mediante la verificación de la resistencia del circuito de carga debería ser posible conocer la caída de tensión entre el cable del terminal de salida del alternador, BAT, y la batería.

1. Desconecte el cable negativo de la batería y el conductor de la batería del terminal BAT del alternador.

2. Conecte un amperímetro de corriente continua (c.c.), colóquelo en la escala 0-100 amperios, y conéctelo en serie entre el terminal BAT del alternador y el cable desconectado de dicho terminal. Conecte el conductor positivo del amperímetro al terminal BAT y el conductor negativo al cable desconectado BAT.

3. Conecte el conductor positivo del voltímetro al cable conectado del terminal BAT y el conductor negativo del voltímetro al poste positivo de la batería.

4. Desmonte el regulador de tensión (verde) del alternador y a continuación conecte un hilo puente entre el terminal de excitación del alternador y masa.

5. Conecte un tacómetro al motor y vuelva a conectar el cable negativo de la batería.

6. Conecte un reostato de pila de carbón a los terminales de las baterías; asegúrese de que la pila de carbón queda en la posición Open u Off antes de conectar los cables.

7. Arranque el motor y reduzca la velocidad del mismo a la de ralentí. Ajuste la velocidad del motor y la pila de carbón de manera que circule una corriente constante de 20 amperios por el circuito. Observe la lectura dei voltímetro; no debería ser superior a 0,7 voltios.

NOTA: Si la caída de tensión es superior, inspeccione, limpie y apriete las conexiones del circuito de carga. Puede realizarse una verificación de la caída de tensión en cada una de las conexiones para localizar aquella conexión que presenta una resistencia excesiva. Si la resistencia del circuito de carga es la correcta, reduzca la velocidad del motor, coloque la pila de carbón en la posición off y desconecte el interruptor de encendido.

Verificación de la corriente de salida

La verificación de la corriente de salida determina si el alternador es capaz de suministrar la corriente nominal de salida.

1. Desconecte el cable negativo de la batería y el conductor BAT del terminal de salida del alternador.

2. Conecte un amperímetro (con una escala de 0-100 amperios) en serie entre el terminal BAT del alternador y el cable desconectado BAT; conecte el conductor positivo al cable desconectado BAT.

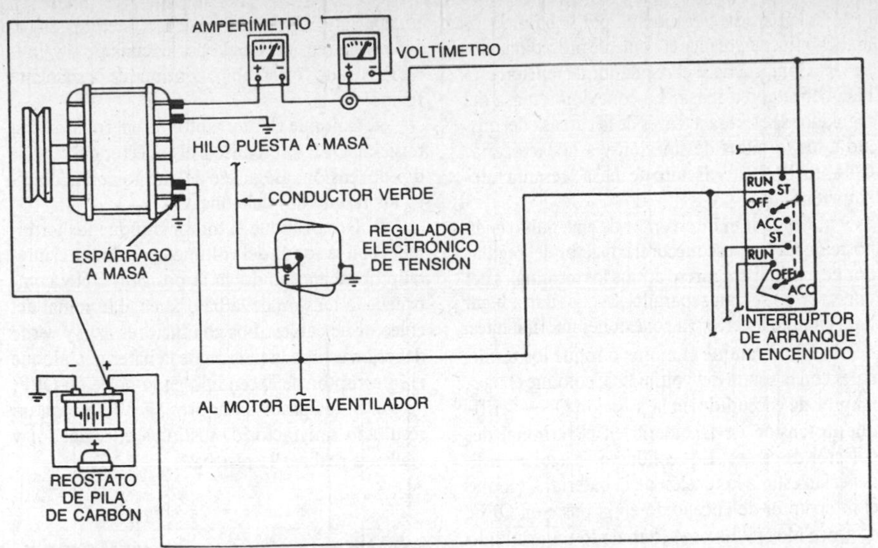

Circuito de verificación de la resistencia del circuito de carga-modelos Chrysler 1980-83

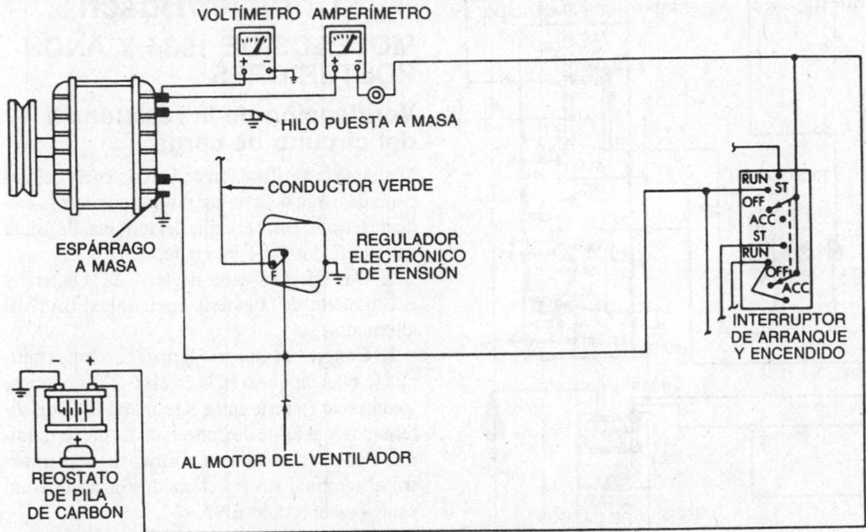

Circuito de verificación de la corriente de salida-modelos Chrysler 1980-83

3. Conecte el conductor positivo del voltímetro (escala de 0-15 voltios) al terminal BAT del alternador y el conductor negativo del mismo a una buena masa.

4. Desconecte el cable verde (del regulador de tensión) del alternador. Conecte un hilo puente entre el alternador (terminal de excitación) y una buena masa.

5. Conecte un tacómetro al motor y vuelva a conectar el cable negativo de la batería. Conecte un reostato variable de pila de carbón entre los terminales de la batería; asegúrese de que la pila de carbón queda en la posición Open u Off antes de conectar los conductores.

6. Arranque el motor y reduzca la velocidad del mismo a la de ralentí. Ajuste la pila de carbón y la velocidad del motor (por incrementos) hasta 1.250 rpm (excepto en los alternadores de 100 amperios de 1980-81 o en los de 114 amperios de 1982) o a 900 rpm (en los alternadores de 100 amperios de 1980-81 o en los de 114 amperios de 1982); la lectura del voltímetro debería ser de 15 voltios (excepto en los alternadores de 100 amperios de 1980-81 o en los de 114 amperios de 1982) o de 13 voltios (en los alternadores de 100 amperios de los modelos de 1980-81 o en los de 114 amperios de 1982).

ATENCIÓN

NO permita que el voltímetro presente una lectura superior a los 16 voltios

7. Si la lectura es inferior a la especificada, debería desmontar el alternador del vehículo y comprobar su funcionamiento en un banco.

8. Después de realizar la verificación de la corriente de salida, reduzca la velocidad del motor, coloque la pila de carbón en la posición Off y desconecte el interruptor de encendido.

9. Desconecte el cable negativo de la batería, a continuación desmonte el amperímetro, el voltímetro, el tacómetro y la pila de carbón.

10. Desmonte el hilo puente entre el conector del regulador de tensión y masa. Conecte el cable (verde) del regulador de tensión al alternador.

11. Conecte el conductor BAT al poste BAT del alternador y el cable negativo de la batería a ésta.

Verificación del regulador de tensión

1. Limpie los terminales de la batería y compruebe el peso específico de la misma; debería ser de 1,220 para poder realizar una buena comprobación de la tensión del regulador.

NOTA: Si el peso específico es inferior a 1,220, cargue o utilice otra batería pero NO mantenga la batería descargada en el circuito.

2. Conecte el conductor positivo del voltímetro al poste positivo de la batería y el conductor negativo de la batería a una buena masa.

3. Conecte un tacómetro al motor, a continuación arranque y accione el motor a 1,250 rpm con todas las luces y accesorios desconectados. Observe el voltímetro. El regulador estará funcionando debidamente si las lecturas del voltímetro coinciden con las de la tabla de tensiones.

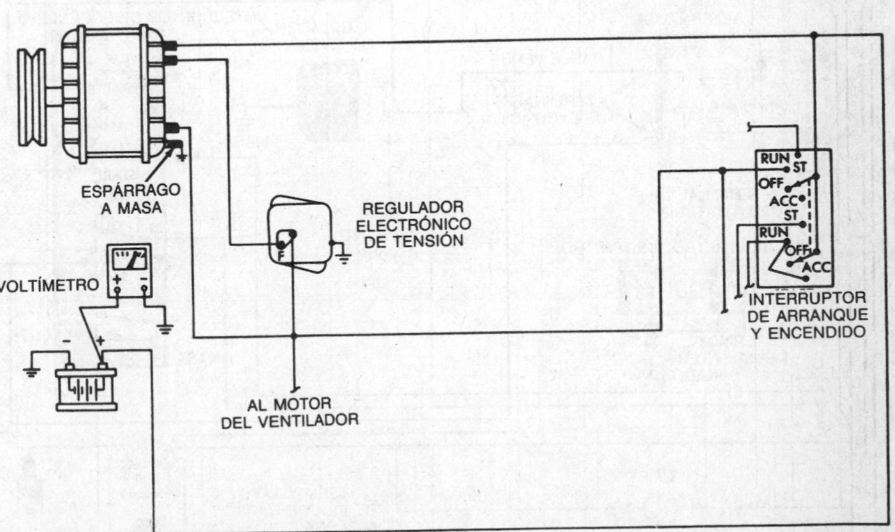

Circuito de comprobación del regulador de tensión-modelos Chrysler de 1980-83

TABLA DE TENSIONES

Temperatura ambiente cerca del regulador de tensión		Intervalo de tensiones
— 30 °C	— 20 °F	14.39-15.9
27 °C	80 °F	13.9 -14.6
60 °C	140 °C	13.3 -13.9
Por encima de 60 °C	Por encima de 140 °C	Menos de 13,60

NOTA: Es normal que el amperímetro del vehículo muestre una carga inmediata y que a continuación regrese gradualmente a la posición normal. El período de tiempo que permanece la aguja del amperímetro hacia la derecha dependerá de la longitud del tiempo de accionamiento del motor.

4. Si la tensión está situada por debajo de los límites o fluctúa, realice el siguiente procedimiento:

a. Compruebe si el regulador de tensión está bien conectado a masa. La conexión a masa del regulador se efectúa a través de la carcasa del mismo a los tornillos de sujeción y a la carrocería. Compruebe si este circuito de masa presenta interrupciones.

b. Coloque el interruptor de encendido en la posición OFF y desconecte el conector del regulador de tensión; asegúrese de que los terminales del conector no se han separado, lo cual daría lugar a un circuito abierto o a conexiones intermitentes.

c. NO arranque el motor o toque los terminales con la sonda del voltímetro; coloque el interruptor de encendido en la posición ON y verifique la tensión de la batería en el terminal del colector de cables. Los conductores azul y verde deberían estar a la tensión de la batería. Coloque el interruptor de encendido en la posición OFF.

d. Si los pasos 4a-4c han dado un resultado satisfactorio, sustituya el regulador y repita la prueba.

5. Si la tensión queda por encima de los límites mostrados en la tabla, continúe de la siguiente forma:

a. Coloque el interruptor de encendido en la posición OFF y desconecte el conector del regulador de tensión; asegúrese de que no se han abierto los terminales del conector.

b. No arranque el motor o toque los terminales con la sonda del voltímetro; coloque el interruptor de encendido en la posición ON y compruebe la tensión de la batería en el terminal del colector de cables. Los conductores azul y verde deberían estar a la tensión de la batería. Coloque el interruptor de encendido en la posición OFF.

c. Si los pasos anteriores 5a y 5b dieron un resultado satisfactorio, sustituya el regulador y vuelva a realizar la prueba.

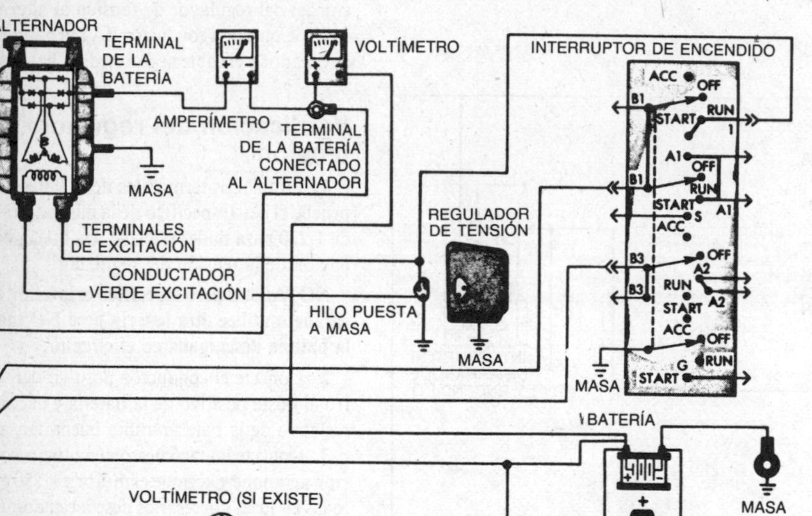

Circuito de comprobación de la resistencia del circuito de carga-alternador Chrysler de 60/78 amperios

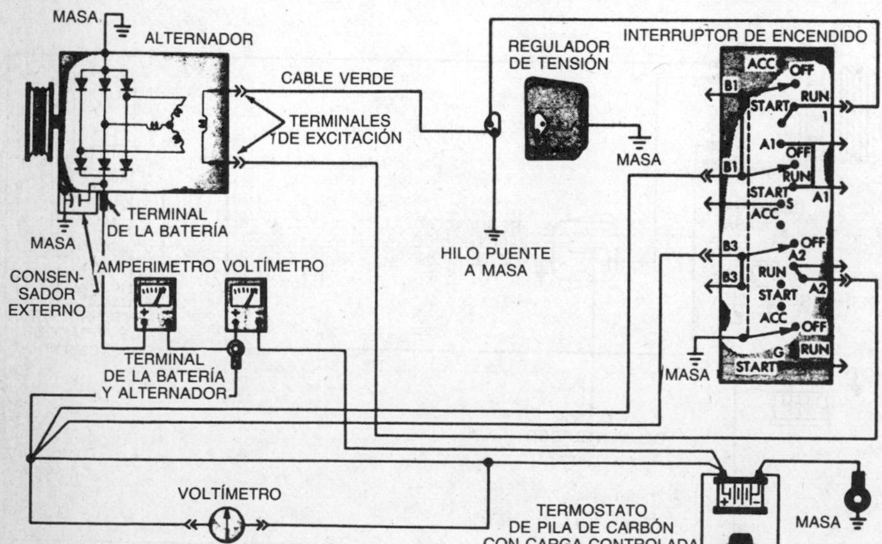

Circuito de comprobación de la resistencia del circuito de carga-alternador Bosch

Alternador y regulador electrónico de voltaje Chrysler/Bosch

MODELOS DE 1984 Y AÑOS POSTERIORES

Verificación de la resistencia del circuito de carga

Mediante la verificación de la resistencia del circuito de carga debería ser posible conocer la caída de tensión entre el cable del terminal de salida del alternador BAT y la batería.

1. Desconecte el cable negativo de la batería y el conductor de la batería del terminal BAT del alternador.

2. Conecte un amperímetro de corriente continua (c.c.), colóquelo en la escala 0-100 amperios, y conéctelo en serie entre el terminal BAT del alternador y el cable desconectado de dicho terminal. Conecte el conductor positivo del amperímetro al terminal BAT y el conductor negativo al cable desconectado BAT.

3. Conecte el conductor positivo del voltímetro al cable conectado del terminal BAT y el conductor negativo del voltímetro al poste positivo de la batería.

4. Desmonte el conector de cables del regulador de tensión y a continuación conecte un hilo entre el conector eléctrico (cable verde) y una buena masa.

ATENCIÓN

NO conecte el conector azul (J2) del conector de cables a masa.

5. Conecte un tacómetro al motor y vuelva a conectar el cable negativo de la batería.

6. Conecte un reostato de pila de carbón a los terminales de las baterías; asegúrese de que la pila de carbón queda en la posición Open u Off antes de conectar los cables.

7. Arranque el motor y reduzca la velocidad del mismo a la de ralentí. Ajuste la velocidad del motor y la pila de carbón de manera que circule una corriente constante de 20 amperios por el circuito. Observe la lectura del voltímetro; no debería ser superior a 0.7 voltios.

NOTA: Si la caída de tensión es superior, inspeccione, limpie y apriete las conexiones del circuito de carga. Puede realizarse una verificación de la caída de tensión en cada una de las conexiones para localizar aquella conexión que presenta una resistencia excesiva. Si la resistencia del circuito de carga es la correcta, reduzca la velocidad del motor, coloque la pila de carbón en la posición Off y desconecte el interruptor de encendido.

Verificación de la corriente de salida

La verificación de la corriente de salida determina si el alternador es capaz de suministrar la corriente nominal de salida.

1. Desconecte el cable negativo de la batería y el conductor BAT del terminal de salida del alternador.

2. Conecte un amperímetro (con una escala de 0-100 amperios) en serie entre el terminal BAT del alternador y el cable desconectado BAT; conecte el conductor positivo al cable desconectado BAT.

3. Conecte el conductor positivo del voltímetro (intervalo 0-18 voltios) al terminal BAT del alternador y el conductor negativo del mismo a una buena masa.

4. Desconecte el conector eléctrico del regulador de tensión. Conecte un hilo puente entre el conector (cable verde) y una buena masa.

ATENCIÓN

NO conecte el cable azul (J2) del conector eléctrico a masa.

5. Conecte un tacómetro al motor y vuelva a conectar el cable negativo de la batería. Conecte un reostato de pila de carbón entre los terminales de la batería; asegúrese de que la pila de carbón queda en la posición Open u Off antes de conectar los conductores.

6. Arranque el motor y reduzca la velocidad del mismo a la de ralentí. Ajuste la pila de carbón y la velocidad del motor (por incrementos) a 1,250 rpm; la lectura del voltímetro debería ser de 15 voltios.

ATENCIÓN

NO permita que el voltímetro presente una lectura superior a 16 voltios.

7. Si la lectura es inferior a la especificada, debería desmontar el alternador del vehículo y comprobar su funcionamiento en un banco.

8. Después de realizar la verificación de la corriente de salida, reduzca la velocidad del motor, coloque la pila de carbón en la posición OFF y desconecte el interruptor de encendido.

9. Desconecte el cable negativo de la batería, a continuación desmonte el amperímetro, el voltímetro, el tacómetro y la pila de carbón.

10. Desmonte el hilo puente entre el conector del regulador de tensión y masa. Conecte el cable (verde) del regulador de tensión al alternador.

11. Conecte el conductor BAT al poste BAT del alternador y el cable negativo de la batería a ésta.

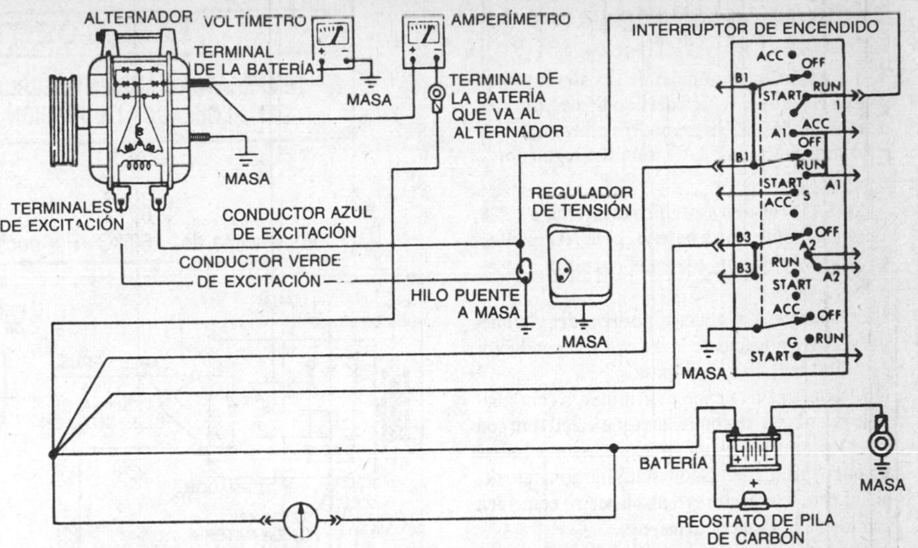

Circuito de comprobación de la corriente de salida-Chrysler Corp.

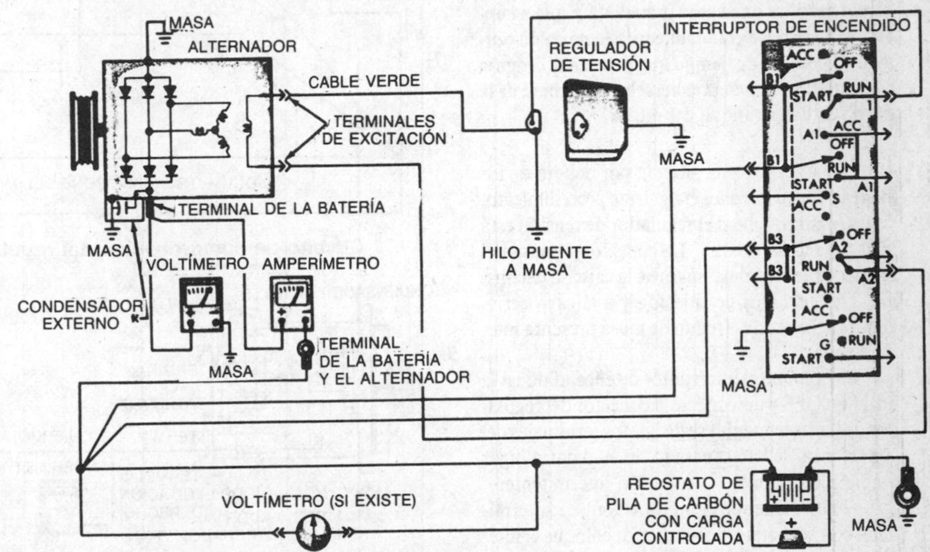

Circuito de comprobación de la corriente de salida-alternador Bosch

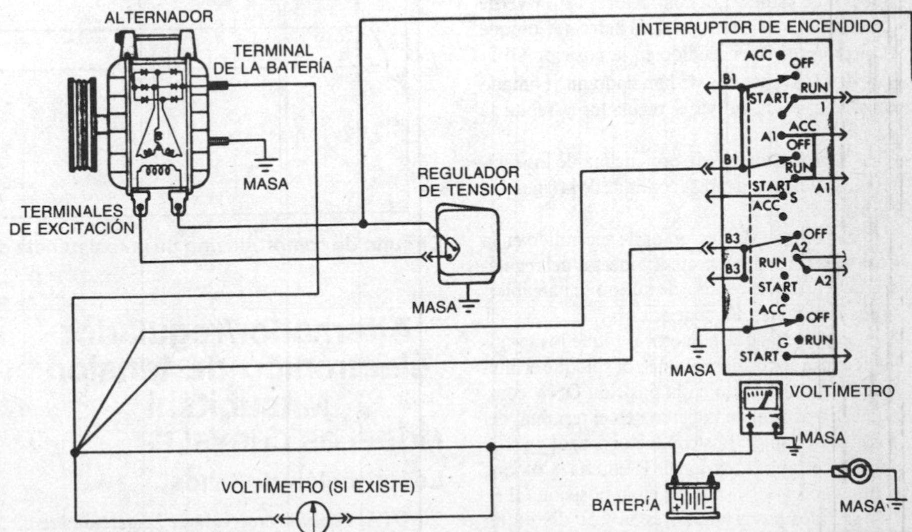

Circuito de comprobación del regulador de tensión-alternador Chrysler de 60/78 amperios

Verificación del regulador de tensión

1. Limpie los terminales de la batería y compruebe el peso específico del líquido de la misma; debería ser de 1,220 para poder realizar una buena comprobación de la tensión del regulador.

NOTA: Si el peso específico es inferior a 1,220, cárguela o utilice otra batería, pero NO mantenga la batería descargada en el circuito.

2. Conecte el conductor positivo del voltímetro al poste positivo de la batería y el conductor negativo de la batería a masa.

3. Conecte un tacómetro al motor, a continuación arranque y accione el motor a 1,250 rpm con todas las luces y accesorios desconectados. Observe el voltímetro. El regulador estará funcionando debidamente si las lecturas del voltímetro coinciden con las de la tabla de tensiones.

NOTA: Es normal que el amperímetro del vehículo muestre una carga inmediata y que a continuación regrese gradualmente a la posición normal. El período de tiempo que permance la aguja del amperímetro hacia la derecha dependerá de la duración del arranque del motor.

4. Si la tensión está situada por debajo de los límites o fluctúa, realice el siguiente procedimiento:

a. Compruebe si el regulador de tensión está bien conectado a masa. La conexión a masa del regulador se efectúa a través de la carcasa del mismo a los tornillos de sujeción y a la carrocería. Compruebe si este circuito de masa presenta interrupciones.

b. Coloque el interruptor de encendido en la posición OFF y desconecte el conector del regulador de tensión; asegúrese de que los terminales del conector no se han separado, lo cual daría lugar a un circuito abierto o conexión intermitente.

c. NO arranque el motor o toque los terminales con la sonda del voltímetro: coloque el interruptor de encendido en la posición ON y verifique la tensión de la batería en el terminal del colector de cables. Los conductores azul y verde deberían estar a la tensión de la batería. Coloque el interruptor de encendido en la posición OFF.

d. Si los pasos 4a-4c han dado un resultado satisfactorio, sustituya el regulador y repita la prueba.

5. Si la tensión queda por encima de los límites mostrados en la tabla, continúe de la siguiente forma:

a. Coloque el interruptor de encendido en la posición OFF y desconecte el conector del regulador de tensión; asegúrese de que no se han abierto los terminales del conector.

b. No arranque el motor o toque los terminales con la sonda del voltímetro; coloque el interruptor de encendido en la posición ON y compruebe la tensión de la batería en el terminal del colector de cables. Los conductores azul y verde deberían estar a la tensión de la batería. Coloque el interruptor de encendido en la posición OFF.

c. Si los pasos anteriores 5a y 5b dieron un resultado satisfactorio, sustituya el regulador y vuelva a realizar la prueba.

TABLA DE TENSIONES

TEMPERATURA AMBIENTE CERCA DEL REGULADOR DE TENSIÓN		INTERVALO DE TENSIONES
—30 °C	—20 °F	14.9 a 15.8
27 °C	80 °F	13.9 a 14.4
60 °C	140 °F	13.0 a 13.7
Por encima de 60 °C	Por encima de 140 °F	Menos de 13.60

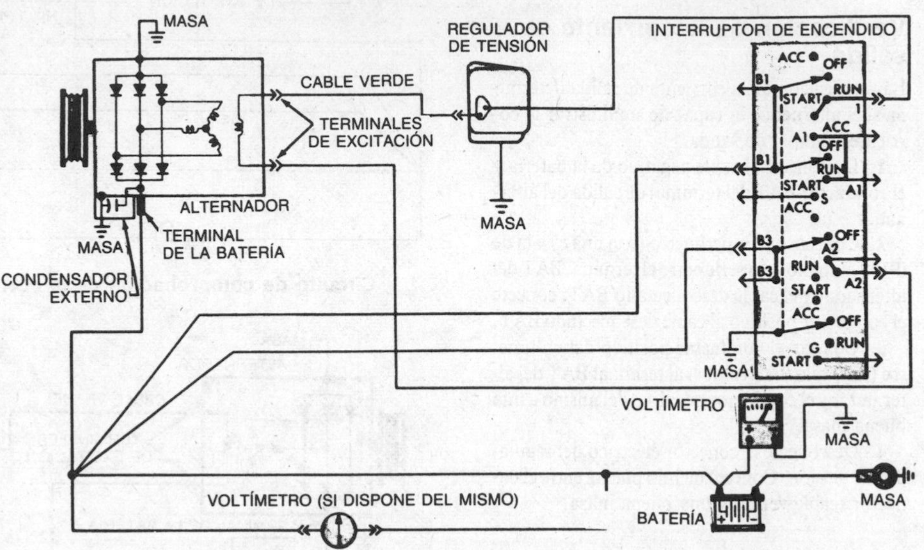

Circuito de comprobación del regulador de tensión-alternador Bosch

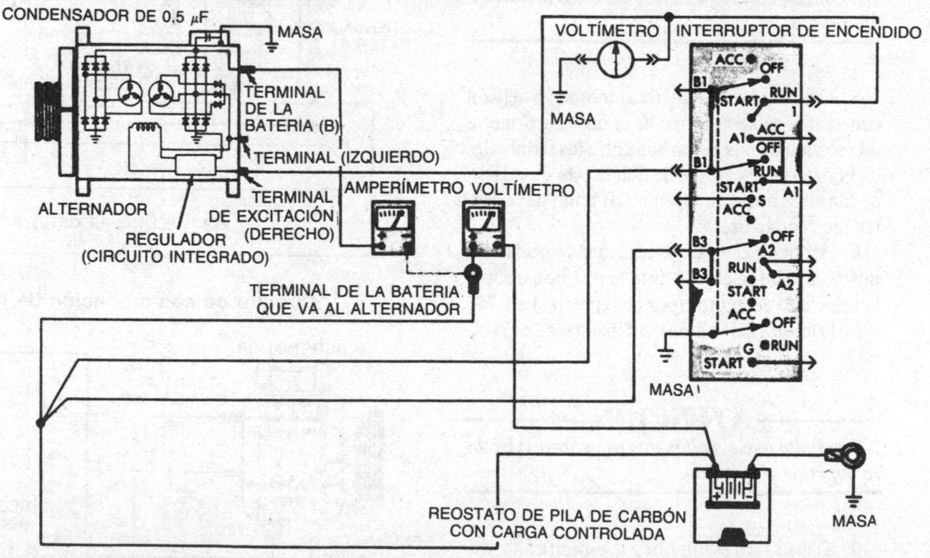

Circuito de comprobación de la resistencia del circuito de carga-alternador Mitsubishi

Alternador/regulador electrónico de tensión Mitsubitshi

MODELOS CHRYSLER

Localización de fallos

NOTA: Consulte la sección de Inspección preliminar del sistema de carga antes de continuar. Asegúrese de que está desconectado el ventilador de funcionamiento permanente (si cuenta con él). El ventilador funcionará cuando la llave de encendido esté en la posición ON o cuando el control del ventilador esté en OFF a no ser que se desconecte.

Verificación de la resistencia del circuito de carga

La verificación de la resistencia del circuito de carga permitirá conocer la caída de tensión entre el cable del terminal de salida del alternador BAT y la batería.

1. Coloque el interruptor de encendido en la posición OFF y desconecte el terminal negativo de la batería.

2. Desconecte el cable BAT del terminal de salida del alternador.

3. Utilizando un amperímetro (de 0-100 amperios) conecte el conductor positivo al terminal BAT y el conductor negativo al cable BAT.

4. Utilizando un voltímetro (de 0-18 voltios), conecte el conductor positivo al cable desconectado del terminal BAT del alternador y el conductor negativo al cable positivo de la batería.

5. Conecte un reostato variable de pila de carbón entre los terminales de la batería; asegúrese de que el interruptor de control queda en posición Open u Off. Arranque el motor y déjelo que gire a la velocidad de ralentí.

6. Ajuste la pila de carbón y la velocidad del motor de manera que circule constantemente una corriente de 20 amperios por el circuito. La lectura del voltímetro no debería ser superior a 0.5 voltios.

NOTA: Si el voltímetro indica una caída de tensión superior, limpie y apriete las conexiones del circuito de carga. Puede realizarse una verificación de la caída de tensión en cada conexión.

Verificación del regulador de tensión

1. Con el interruptor de encendido en la posición OFF, desconecte el cable positivo de la batería y conecte un amperímetro entre el cable y el terminal positivo de la batería.

2. Conecte un voltímetro entre el terminal L del alternador y una masa. La lectura del voltímetro debería ser 0; si existe tensión, es posible que el alternador esté averiado.

3. Coloque el interruptor de encendido en la posición ON, pero NO arranque el motor, la lectura del voltímetro debería ser considerablemente inferior a la tensión de la batería; si es cercana a la tensión de la batería, es posible que el alternador esté averiado.

4. Utilizando un hilo puente, conéctelo a los terminales del amperímetro (cortocircuite el amperímetro) y a continuación arranque el motor; asegúrese de que cuando arranque el motor, no se aplica corriente al amperímetro.

5. Desmonte el hilo puente (cortocircuito) de entre los terminales del amperímetro y aumente inmediatamente la velocidad del motor a 2,000-3,000 rpm y a continuación registre la lectura del amperímetro.

6. Si la lectura del amperímetro es de 5.0 amperios (modelos de 1983), 10.0 amperios (modelos de 1984-87) o inferior, registre la lectura del voltímetro sin variar la velocidad del motor (2,000-3,000 rpm). La lectura corresponderá a la tensión de carga (14.1-14.7 voltios a 68 °F).

NOTA: Dado que el regulador de tensión es de los del tipo de compensación por temperatura, la tensión de carga varía con la misma. Se debe volver a medir la temperatura alrededor del soporte posterior y se debe ajustar la tensión de carga para esa temperatura. El gradiente de compensación por temperatura es de (-) 0.7-0.13 voltios a 50 °F.

7. Si la lectura del amperímetro es de más de 5.0 amperios (modelos de 1983) o de 10.0 amperios (modelos de 1984-87), cargue la batería hasta que la lectura se sitúe por debajo de 5.0 amperios (modelos de 1983) o de 10.0 amperios (modelos de 1984-87) o sustituya la batería por una completamente cargada.

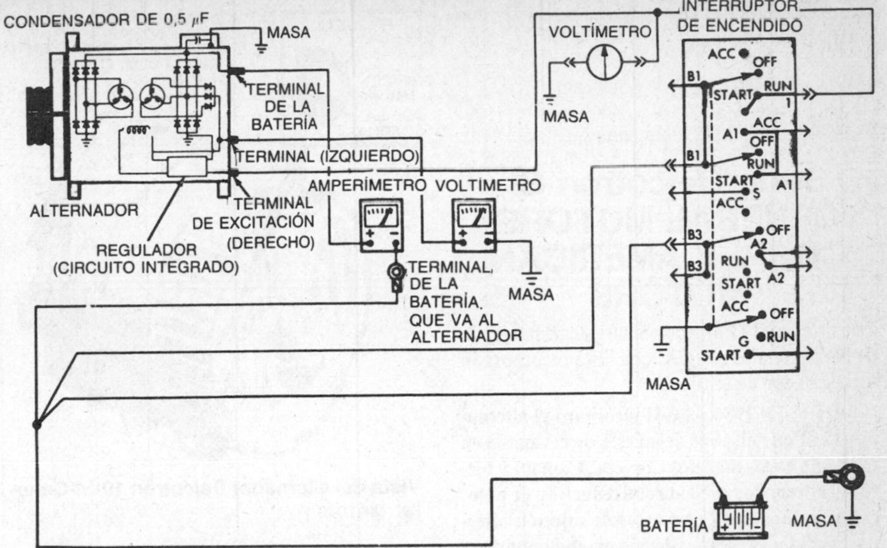

Circuito de comprobación del regulador de tensión-alternador Mitsubishi.

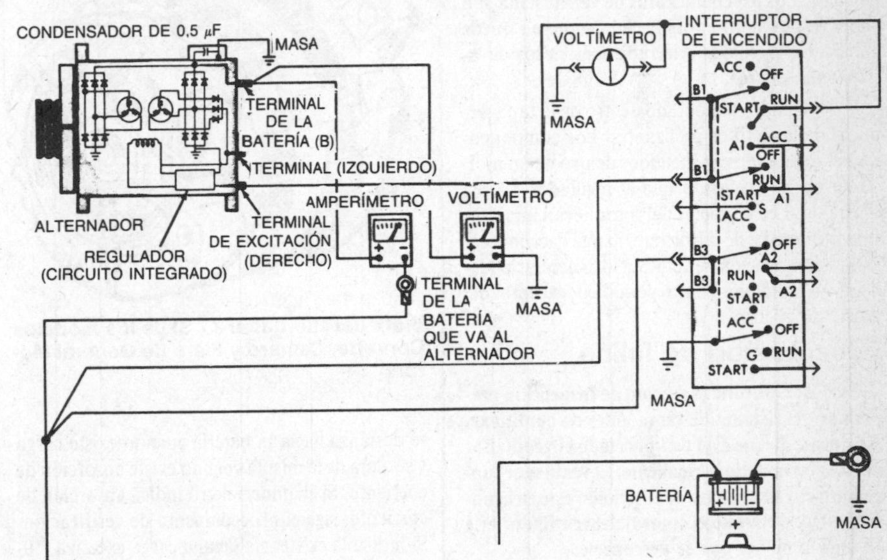

Circuito de comprobación de la corriente de salida-alternador Mitsubishi

Verificación de la corriente de salida

La verificación de la corriente de salida determina si el alternador es capaz o no de suministrar la corriente nominal de salida.

1. Coloque el interruptor de encendido en la posición OFF y desconecte el cable negativo de la batería.

2. Desconecte el conductor BAT (batería) del terminal posterior del alternador. Conecte un amperímetro (de 0-100 amperios) entre el terminal BAT del alternador y el cable desconectado del mismo.

3. Conecte el conductor positivo de un voltímetro (de 0-18 voltios) al terminal BAT del alternador y el conductor negativo a una buena masa.

4. Conecte un tacómetro al motor y vuelva a conectar el cable negativo de la batería.

5. Conecte un reostato variable de pila de carbón entre los terminales de la batería; asegúrese de que el interruptor de control queda en la posición Open u Off. Arranque el motor y déjelo que gire a la velocidad de ralentí.

6. Ajuste la pila de carbón y gire el motor a la velocidad listada en la tabla que se acompaña. La corriente de salida debería acercarse a las especificaciones.

ATENCIÓN

NO permita que el voltímetro presente una lectura superior a 16 voltios.

7. Si las lecturas están por debajo de las especificaciones, esto indica que existen problemas in-

ternos, desmonte el alternador para realizar una verificación adicional.

17-25 A a 13,5 V y 500 rpm
63-70 A a 13.5 V y 1,000 rpm
74 A a 13.5 V y 2,000 rpm

Serie Delcotron SI GENERAL MOTORS CORP. Y AMERICAN MOTORS

Este sistema está formado por un sistema integrado de corriente alterna (CA) que lleva incorporado un regulador de tensión.

NOTA: En 1986, la GM incorporó el alternador 17 SI que dispone de un estator devanado en triángulo en los modelos Corvette, Camaro y Fiero. El alternador presenta una reducción de peso, tamaño, tornillos y elementos de sujeción internos y ruido; presenta además un aumento de la corriente de salida (amperaje) y una mayor longevidad. Los procedimientos de verificación son similares, excepto por el hecho de que no puede verificarse si existen interrupciones en los devanados del estator.

El regulador va montado dentro de la tapa terminal de los anillos deslizantes. Los componentes del regulador van incluidos dentro de un molde de epoxi, haciendo que el regulador no sea ajustable. Los cojinetes del rotor llevan una cantidad suficiente de lubricante, lo que hace innecesaria su lubricación periódica. No es necesario realizar un mantenimiento periódico excepto del ajuste de la correa.

Localización de fallos

NOTA: Consulte la sección de Inspección preliminar del sistema de carga antes de continuar. Asegúrese de que está desconectado el ventilador de funcionamiento permanente. El ventilador funcionará cuando la llave de encendido esté en la posición ON o cuando el control del ventilador esté en OFF a no ser que se desconecte.

Enlaces fusibles

Todos los vehículos de la GM disponen de enlaces fusibles. Los enlaces fusibles están fabricados con un trozo de alambre de un calibre varias veces más pequeño que el conductor de alimentación al que están conectados. Su función es similar a la de un fusible, esto es, consiste en proteger el cableado en el caso de que se produzca una sobrecarga o un cortocircuito. Normalmente se funden antes de que resulte dañado el cableado del circuito.

Se deben inspeccionar estos enlaces antes de continuar con los procedimientos de localización de fallos.

Funcionamiento del sistema de carga

1. Con el motor girando y los accesorios desconectados, coloque un amperímetro sobre el cable positivo de la batería.

2. Si se registra una carga de aproximadamente 5.0 amperios, esto indica que el sistema de carga funciona correctamente; si se registra una intensidad de aproximadamente 5.0 amperios, eso indica que el sistema no funciona bien. La aguja

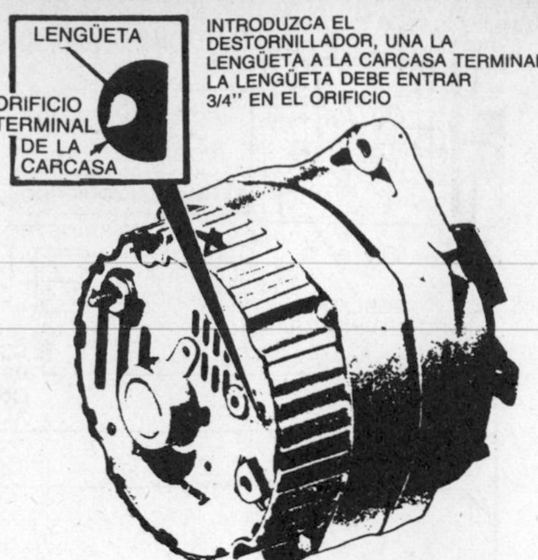

Vista del alternador Delcotrón 10-SI-General Motors

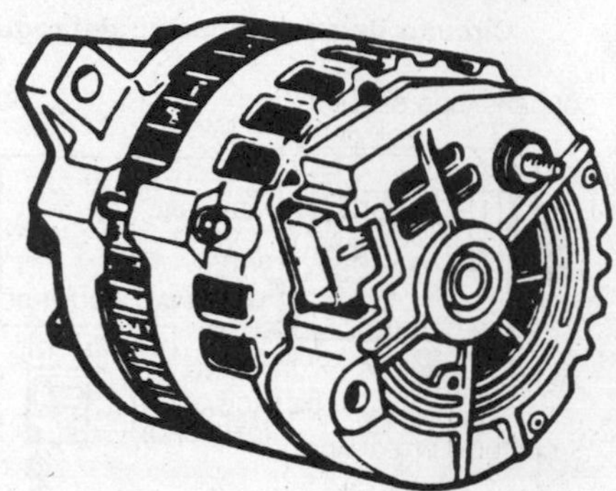

Vista del alternador 17 SI de los modelos Corvette, Camaro y Fiero de General Motors

se desplaza hacia la batería cuando existe carga y se aleja de la misma cuando existe absorción de corriente. Si el amperímetro indica absorción de corriente, siga el procedimiento de verificación. Si indica la existencia de una carga excesiva (10-15 amperios) compruebe si existe una sobrecarga provocada por una avería del regulador.

Comprobación del circuito de la lámpara del indicador

Compruebe si la lámpara del indicador funciona con normalidad:

Si la lámpara del alternador funciona correctamente, continúe en la siguiente sección. Si se produce una de las situaciones siguientes, continúe como se indica:

Posición del interruptor de encendido	Estado de la lámpara	Estado del motor
Off	Apagada	Parado
On	Encendida	Parado
On	Apagada	En funcionamiento

1. El interruptor de encendido está en la posición Off, la lámpara permanece encendida; desconecte los conductores de los terminales números 1 y 2. Si la lámpara permanece encendida, esto indica que existe un cortocircuito entre estos dos conductores. Si la lámpara se apaga, sustituya el puente rectificador.

2. El interruptor está en la posición On, la lámpara encendida y el motor en funcionamiento; las causas de esta situación se estudian en el apartado Verificación del sistema de carga.

3. El interruptor de encendido está en la posición On, la lámpara está apagada y el motor no funciona; esta situación puede ser debida a los efectos que se enumeran en el paso **a**, por inversión de los cables números 1 y 2, o puede ser debida a la existencia de un circuito abierto. Si el circuito está abierto, proceda de la siguiente forma:

a. Conecte un voltímetro entre el terminal n.º 2 del alternador y masa. Si se registra una lectura, continúe en el paso siguiente. Si se registra una lectura nula, repare el circuito entre el terminal n.º 2 y la batería. Si la lámpara se enciende, no es necesario realizar verificaciones adicionales.

b. Con el interruptor de encendido en la posición ON y con los terminales números 1 y 2 desconectados del alternador, ponga a masa momentáneamente el conductor del terminal n.º 1.

ATENCIÓN

NO ponga a masa el conductor n.º 2.

c. Si la lámpara no se enciende todavía, compruebe si existe algún fusible o enlace fusible fundido, una lámpara fundida o un portalámparas estropeado o si existe un circuito abierto en el conductor n.º 1 entre el generador y el interruptor de encendido.

d. Si la lámpara se enciende, desmonte la conexión a masa del terminal n.º 1 y a continuación los terminales números 1 y 2 conectados al alternador, introduzca un destornillador en el orificio de verificación de la parte posterior del mismo para poner a masa el devanado.

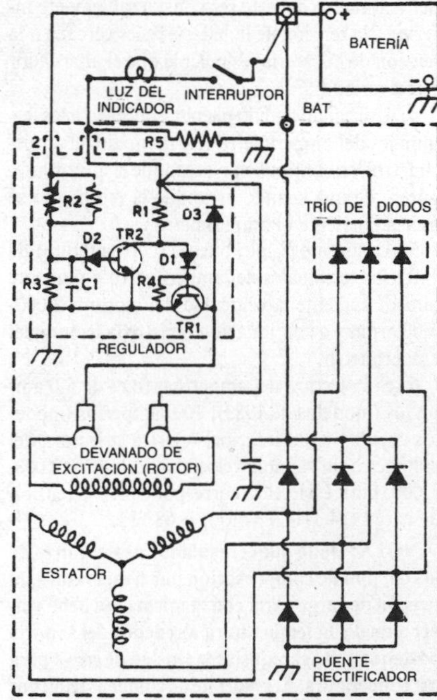

Esquema típico del sistema de carga en un alternador 10-SI

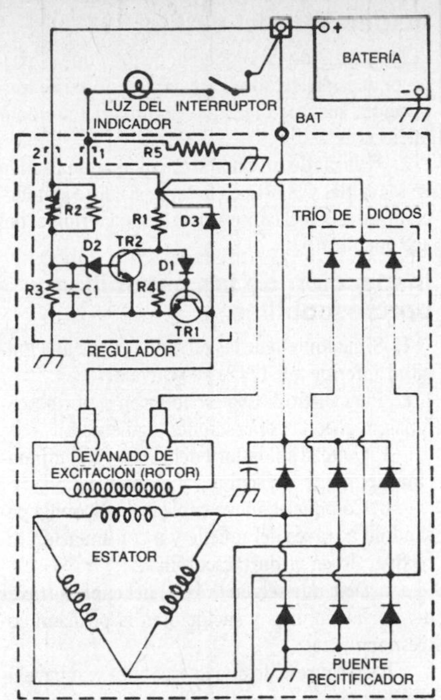

Esquema del alternador 17 SI. Observe los bobinados en triángulo del estator

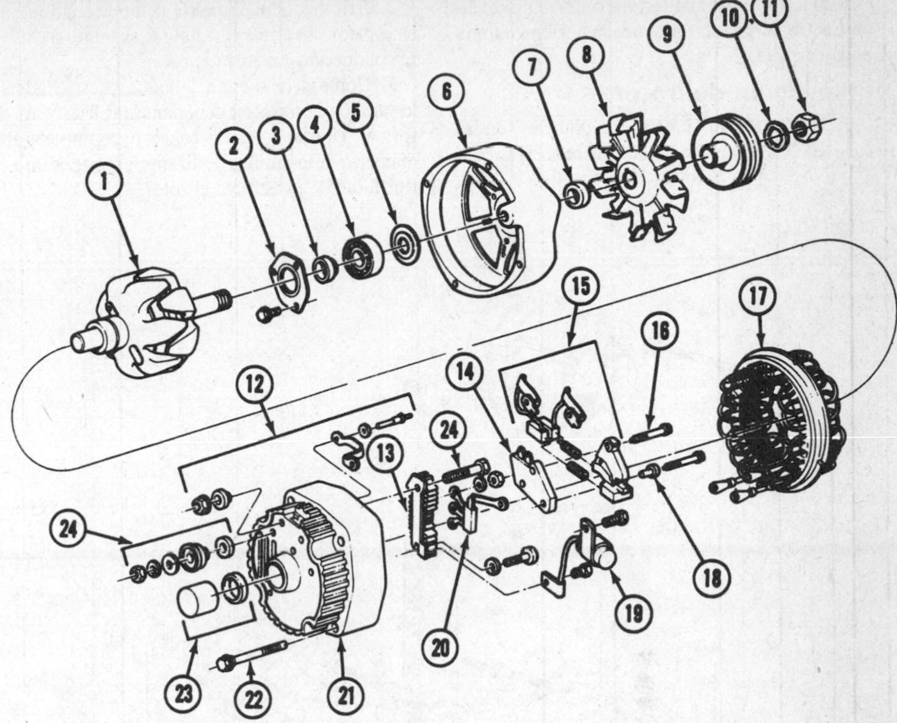

1. Rotor
2. Retén del cojinete frontal
3. Collar interno
4. Cojinete
5. Arandela
6. Carcasa frontal
7. Collar externo
8. Ventilador
9. Polea
10. Arandela de seguridad
11. Tuerca de la polea
12. Conjunto terminal
13. Puente rectificador
14. Regulador
15. Conjunto de escobillas
16. Tornillo
17. Estator
18. Arandela aislante
19. Condensador
20. Trío de diodos
21. Carcasa posterior.
22. Perno pasante
23. Conjunto de cojinete y sello
24. Conjunto terminal.

Despiece del alternador Delcotrón 10-SI

e. Si la lámpara no se enciende, compruebe la conexión entre el colector de cables y el terminal nº 1 del alternador. Si la conexión está en buen estado, desmóntela del alternador y compruebe el estado de las escobillas, anillos deslizantes y devanado de excitación.

f. Si ahora se enciende una lámpara y se obtuvo una lectura en el paso 1, compruebe la resistencia en línea (placa del circuito), y si la resistencia está en buen estado, sustituya el regulador.

Verificación del sistema de carga

Una vez que haya comprobado el estado de la batería, la tensión de la correa de accionamiento, el estado de los terminales del cableado y las conexiones, cargue la batería a la máxima capacidad y realice la siguiente verificación:

1. Conecte un voltímetro entre el terminal BAT del alternador y una buena masa y a continuación coloque el interruptor de encendido en la posición On. Conecte alternativamente el voltímetro en los terminales números 1 y 2 del alternador y el otro conductor del voltímetro a masa. Una lectura nula indica que existe un circuito abierto entre la batería y cada una de las conexiones del alternador. Si esta verificación no indica la existencia de fallos en el cableado, continúe en el paso tres.

2. Conecte el conductor del voltímetro al terminal BAT y el otro conductor a una buena masa. Arranque el motor y déjelo girar a 1,500-2,000 rpm con los faros delanteros en la posición de luz larga y todos los accesorios eléctricos conectados. Si el voltímetro presenta una lectura de 12.8 voltios, ponga a masa el devanado de excitación introduciendo un destornillador en el orificio de pruebas en la tapa terminal.

ATENCIÓN

No fuerce la aleta más de 3/4" hacia la tapa terminal

a. Si la tensión aumenta a 13 voltios o más, esto indica que el regulador está averiado.

b. Si la tensión no aumenta de forma significativa, el alternador está averiado.

Alternador/regulador electrónico de tensión Nippondenso

GM NOVA 1985-87, SPECTRUM/SPRINT 1985-87

Verificación del circuito de carga

SIN CARGA

1. Desconecte el terminal B del alternador y conéctelo al cable negativo del amperímetro y a continuación conecte el cable positivo del amperímetro al terminal B del alternador.

2. Conecte el cable positivo del voltímetro al terminal B del alternador y el cable negativo a masa.

3. Lleve el motor de la velocidad de ralentí a 2,000 rpm y compruebe las lecturas del amperímetro.

NOTA: La lectura del amperímetro debería ser inferior a 10 amperios y la lectura de la tensión debería ser de 13.9-15.1 voltios.

4. Si las lecturas no coinciden con las especificaciones, realice la siguiente verificación:

a. Si la lectura del voltímetro es superior a 15.1 voltios, sustituya el regulador de circuitos integrados.

b. Si la lectura del voltímetro es inferior a 13.9 voltios, ponga a masa el terminal F y vuelva a comprobar las lecturas. Si la lectura del voltímetro sigue siendo inferior a 13,9 voltios, inspeccione el alternador; si la lectura del voltímetro es ahora superior a 15.1 voltios, sustituya el regulador de circuitos integrados.

CON CARGA

1. Desconecte el terminal B del alternador y conéctelo al cable negativo del amperímetro y a continuación conecte el cable positivo del amperímetro al terminal B del alternador.

2. Conecte el cable positivo del voltímetro al terminal B del alternador y el cable negativo a masa.

3. Haga girar el motor a 2,000 rpm, coloque las luces en luz larga (carretera) y accione el ventilador de la calefacción (HI) y a continuación compruebe la lectura del amperímetro.

NOTA: La lectura del amperímetro debería ser superior a 30 amperios.

4. Si la lectura del amperímetro es inferior a 30 amperios, vuelva a comprobar y reparar el alternador.

NOTA: A veces una lectura reducida del amperímetro puede estar provocada por una batería poco cargada.

Inspección del rotor

1. Utilizando un óhmetro, coloque las sondas en los anillos deslizantes y compruebe si existe conducción. Si no existe conducción, sustituya el rotor.

2. Utilizando un óhmetro, coloque una sonda en el rotor y la otra en el anillo deslizante, si existe conducción sustituya el rotor.

3. Compruebe si están dañados o desgastados los anillos deslizantes; deberían estar lisos y uniformes. Utilizando un micrómetro, compruebe el diámetro de los anillos deslizantes; si éste es inferior a 0.551'', sustituya el rotor.

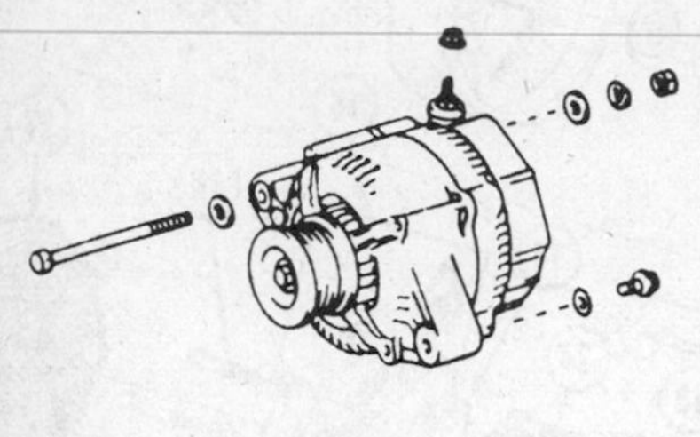

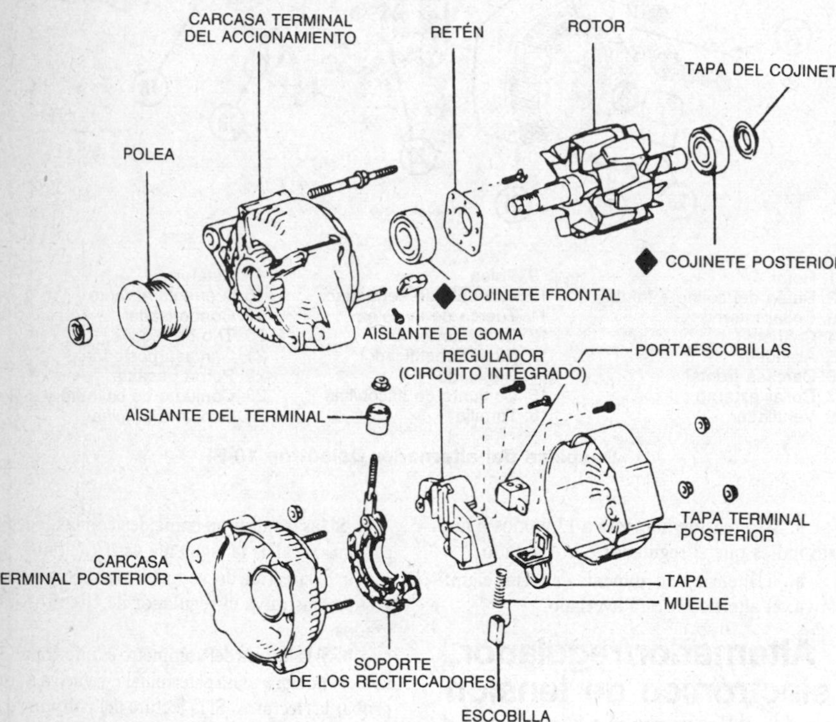

Despiece del alternador Nova-los modelos Sprint y Spectrum son similares

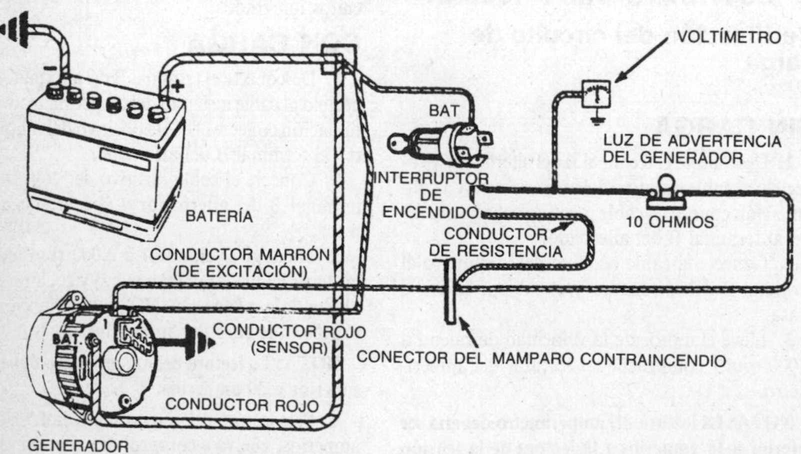

Circuito de carga típico de un alternador 10-SI

Inspección del estator

1. Utilizando un óhmetro, inspeccione si existe conducción en todos los cables; si no existe conducción, sustituya la tapa terminal del accionamiento.

2. Utilizando un óhmetro, coloque una sonda en los cables y la otra en la tapa; si existe conducción, sustituya el conjunto de la tapa terminal del accionamiento.

Inspección de las escobillas y portaescobillas

1. Si cualquiera de las escobillas tiene una longitud inferior a 0.177'', sustitúyala.

2. Para sustituir una escobilla en el portaescobillas, realice las operaciones siguientes:

a. Quite la soldadura del cable y a continuación desmonte la escobilla y el muelle.

b. Coloque el nuevo cable de la escobilla pasándolo a través del muelle y a continuación introdúzcalo en el portaescobillas.

c. Deje que salgan 0.413'' del cable a través del portaescobillas y suéldelo en la posición correspondiente.

d. Asegúrese de que la escobilla se mueve libremente en el portaescobillas y a continuación corte el exceso de longitud.

Inspección de los cojinetes

Asegúrese de que los cojinetes no están ásperos o desgastados.

1. Para desmontar el cojinete frontal, desmonte los cuatro tornillos y el retén del cojinete y a continuación sustitúyalo.

2. Para desmontar el cojinete trasero, realice las siguientes operaciones:

a. Utilizando el útil nº 09820-00021 (o equivalente), extraiga el cojinete, con la tapa del mismo, del eje del rotor.

b. Utilizando el útil nº 09612-10092 (o equivalente) y una prensa de árbol, coloque a presión el nuevo cojinete (con la tapa del mismo) en el eje del rotor.

Alternador/regulador externo de Autolite/Motorcraft

FORD MOTOR CORP. Y AMERICAN MOTORS

Localización de fallos

NOTA: Véase la sección Inspección preliminar del sistema de carga antes de continuar.

Enlaces fusibles

Compruebe el estado del enlace fusible situado entre el relé del motor de arranque y el alternador. Sustitúyalo si está fundido o abierto.

Funcionamiento del sistema de carga

NOTA: Si se quiere que el amperímetro proporcione una lectura exacta, los cables de la batería deben ser del mismo grosor y longitud que los de los equipos originales.

1. Con el motor girando y los accesorios desconectados, coloque un amperímetro sobre el cable positivo de la batería.

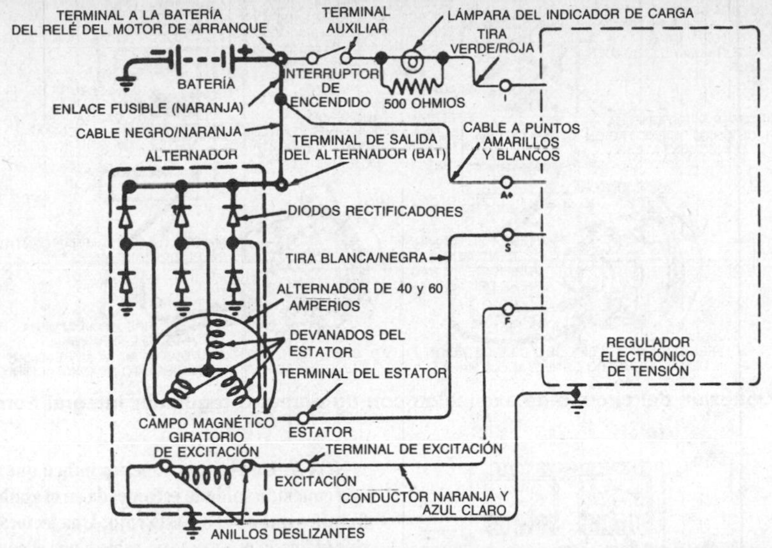

Esquema del sistema de carga con regulador electrónico y luz de carga-Ford Motor Co.

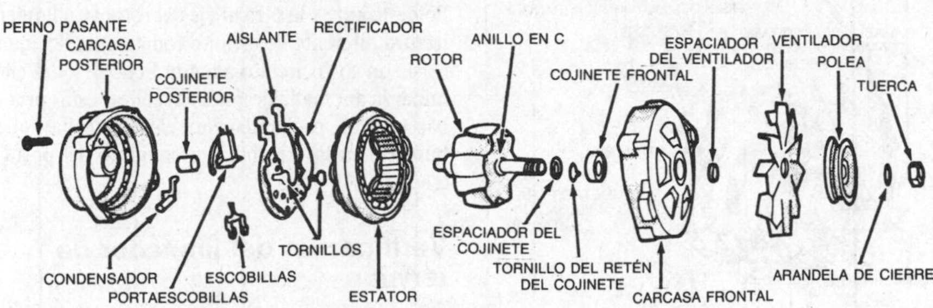

Despiece de alternador Ford con terminal lateral

2. Si se registra una carga de 4.0 amperios o una absorción de corriente de aproximadamente 5,0 amperios, esto indica que el sistema de carga no funciona.

a. La aguja se desplazará hacia la batería cuando exista un estado de carga.

b. Si existe absorción, siga en el siguiente procedimiento.

c. Si se registra una sobrecarga de 10-15 amperios, compruebe si el regulador está averiado o existe una mala puesta a masa en el regulador o alternador.

Verificación del circuito entre el interruptor de encendido y el regulador

1. Desconecte el colector de cables del regulador.

2. Coloque la llave de encendido en la posición ON. Utilizando una lámpara de pruebas o voltímetro, compruebe si existe tensión entre el cable n.º 1 y masa. Compruebe si existe tensión entre el cable A y masa. Si esto es así, el circuito está en buen estado. Si no existe tensión en el cable n.º 1, compruebe si la lámpara del indicador de carga está fundida, si existe una resistencia estropeada, o una interrupción o cortocircuito en el cableado. Si no existe tensión en el cable A, compruebe si existe una mala conexión en el relé del motor de arranque, o una interrupción o cortocircuito en el cable.

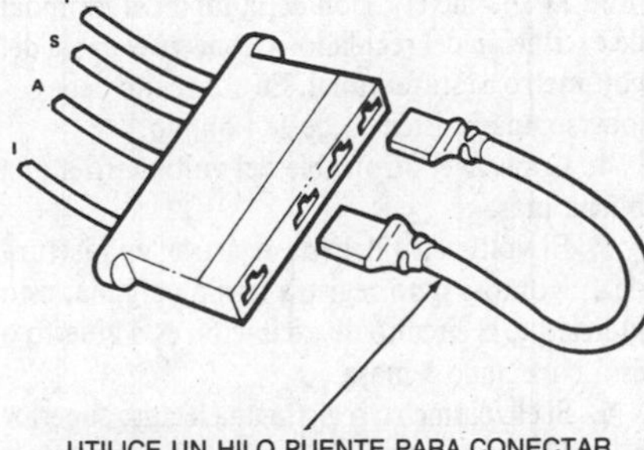

Conexión de un hilo puente entre los terminales A y F del conector del regulador - motor Ford Motor Co.

Prueba de aislamiento

Esta prueba determina si el regulador o alternador están averiados una vez que se haya determinado que el circuito funciona correctamente.

1. Desconecte el conector de cables del regulador.

2. Conecte un hilo puente entre el cable A y el cable F en el tapón del colector de cables.

3. Conecte un voltímetro a la batería; el conductor positivo del voltímetro va al terminal positivo y el negativo al negativo. Registre la lectura del voltímetro.

4. Desconecte todos los accesorios eléctricos y arranque el motor; NO lo acelere excesivamente.

5. Aumente gradualmente la velocidad del motor hasta llegar a 1,500-2,000 rpm. La lectura del voltímetro debería aumentar por encima de la tensión de la batería previamente registrada en al menos 1-2 voltios. Si no existe aumento alguno, esto indica que el alternador no funciona correctamente. Si existe aumento, es necesario sustituir el regulador de tensión.

Alternadores con regulador interno de Ford/Autolite/Motorcraft

Algunos vehículos disponen de un alternador Autolite que lleva incorporado un regulador integral en la tapa terminal posterior. El regulador es una unidad híbrida que lleva incorporados circuitos integrados de estado sólido. Estos circuitos están formados por transistores, diodos y resistencias. La característica poco corriente de este tipo de circuito microelectrónico es que todo el circuito está construido en una pastilla de silicio de aproximadamente 1/8 pulgada. Debido al tamaño tan reducido del circuito, no puede ser reparado ni ajustado y se debe sustituir en su conjunto si se determina que está estropeado. Debería observarse que el tamaño de la carcasa del regulador viene determinado únicamente por el hecho de que son necesarios algunos medios de conexión del regulador al alternador. Los procedimientos de revisión son los mismos que en los demás alternadores Autolite.

Localización de fallos

NOTA: Véase la sección Inspección preliminar del sistema de carga antes de continuar.

Enlaces fusibles

Compruebe el estado del enlace fusible situado entre el relé del motor de arranque y el alternador. Sustitúyalo si está fundido o abierto.

Comprobación de la corriente de salida

1. Coloque la transmisión en la posición Neutral o Park.

2. Desconecte el cable positivo de la batería y monte un interruptor adaptador de la batería en serie.

3. Acople un cable del voltímetro al poste negativo de la batería y el otro cable al lado del circuito donde va el interruptor adaptador.

4. Conecte el cable del amperímetro a cada uno de los lados del interruptor adaptador de manera que la corriente de carga pase a través del amperímetro cuando se abra el interruptor.

5. Conecte un hilo puente entre el estator o carcasa del alternador y el terminal de excitación del regulador (con la tapa desmontada).

6. Cierre el interruptor adaptador y arranque el motor y a continuación ábralo.

7. Deje girar el motor a 2,000 rpm, y observe las lecturas del amperímetro y voltímetro. Para una lectura del voltímetro de 15 voltios el amperímetro debería presentar una lectura de 50-57 amperios; si todavía no circula corriente, probablemente es debido a que el regulador está averiado y se debe

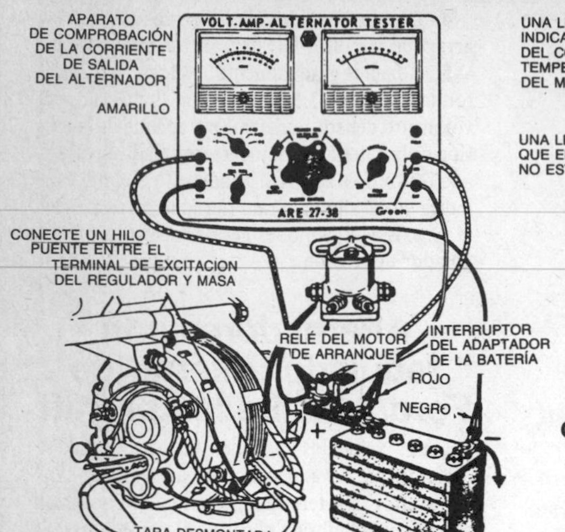

Esquema de conexiones para la comprobación de la corriente de salida-regulador integral Ford

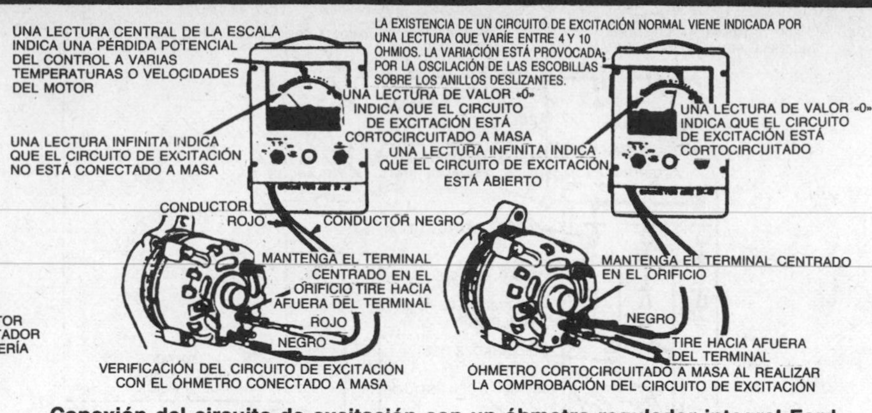

Conexión del circuito de excitación con un óhmetro-regulador integral Ford

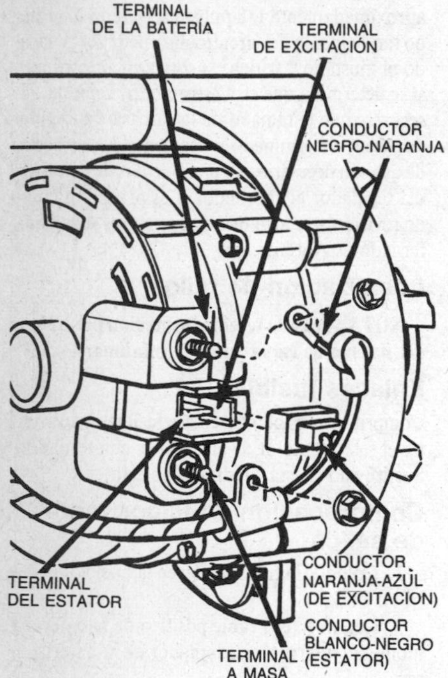

Conexión de los cables-alternador Ford con terminales laterales.

sustituir. Una corriente de salida de 42-48 amperios indica por lo general que existe un circuito abierto en un diodo rectificador, mientras que una corriente de salida de 10-15 amperios por debajo de las especificaciones mínimas indica generalmente que un diodo está cortocircuitado. Un alternador con un diodo cortocircuitado hará algo de ruido a la velocidad de ralentí.

Verificación de la excitación (voltímetro)

1. Coloque el interruptor de encendido en la posición OFF.

2. Desmonte el cable del terminal de alimentación del regulador.

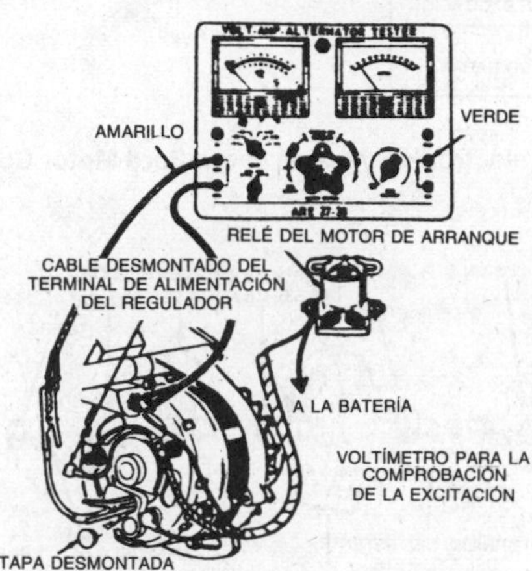

Conexión del voltímetro para la comprobación del circuito de excitación-regulador integral Ford

3. Desmonte el tapón de la tapa del terminal de excitación del regulador y conecte el cable del voltímetro a este terminal. En el circuito debe colocarse una resistencia de 1/4 ohmio.

4. Conecte el otro cable del voltímetro a una buena masa.

5. El voltímetro debería registrar una lectura de 12 voltios; si no registra tensión alguna, esto indica que el circuito de excitación está abierto o está conectado a masa.

6. Si el voltímetro registra una lectura superior a 1 voltio, pero ésta sigue siendo inferior a la tensión de la batería, es posible que exista una conexión a masa parcial en el circuito de excitación del alternador y debería comprobarse el circuito con un ohmímetro.

Verificación de la excitación (óhmetro)

1. Desconecte el cable negativo de la batería y extraiga el alternador del vehículo.

2. Desmonte el regulador del alternador (tápelo después).

3. Realice las pruebas con el óhmetro tal y como se muestra en las figuras. Si cualquiera de estas pruebas indica que existe alguna avería en el circuito de excitación, desmonte el alternador para eliminar dicha anomalía de la siguiente forma:

a. Haga contacto entre cada una de las sondas del óhmetro y uno de los anillos deslizantes. La resistencia debería ser de 4-5 ohmios.

NOTA: Una lectura superior indicó que existe una conexión soldada estropeada en el anillo deslizante o que un cable está roto. Una lectura inferior indicaría que existe un cable o que el conjunto de anillos deslizantes está cortocircuitado.

b. Conecte una sonda del óhmetro a un anillo deslizante y la otra al eje del rotor. Cualquier lectura diferente de infinito (ohmios) indica que existe un cortocircuito a masa. Si no se logra eliminar la anomalía después de realizar estas pruebas (a y b), probablemente el defecto hay que buscarlo en las escobillas o conjunto del portaescobillas.

Verificación del limitador de tensión

1. Compruebe el peso específico del líquido de la batería. Si éste es inferior a 1,230, cárguela o instale una batería cargada para realizar la prueba.

2. Asegúrese de que tanto las luces como los accesorios están desconectados, incluyendo las luces del techo.

3. Realice las conexiones para la prueba tal y como se muestra en la figura.

4. Coloque la transmisión en las posiciones Neutral o Park, cierre el interruptor adaptador de la batería y arranque el motor.

5. Abra el interruptor adaptador de la batería y haga girar el motor a 2,000 rpm durante 5 minutos; la lectura del voltímetro debería ser de 13.3-15.3 voltios.

6. Si la tensión no sube por encima de 12 voltios, verifique la tensión de alimentación del regulador para determinar si éste está conectado a la tensión de la batería.

NOTA: Antes de sustituirlo, compruebe si en el cableado de todo el sistema de carga existen cortocircuitos, circuitos abiertos o conexiones de alta resistencia.

Verificación de la tensión de alimentación del regulador

El regulador se conecta al aplicar la tensión de la batería a través de una resistencia de 10 ohmios. Si el circuito de alimentación está estropeado, el regulador no funcionará y el alternador no proporcionará corriente.

1. Conecte una lámpara de pruebas de 12 voltios o un voltímetro entre el cable de alimentación del regulador y masa.

2. Coloque el interruptor de encendido en la posición ON; la lámpara de pruebas debería encenderse o el voltímetro debería registrar una lectura distinta de 0. Si no es así, debería comprobar el circuito de alimentación, desde el regulador hasta la batería, especialmente la resistencia.

Alternador con regulador integral de Bosch

AMERICAN MOTORS

El sistema de carga Bosch es una unidad convencional de 12 voltios con masa negativa que está formada por alternador, regulador y batería.

El rotor del alternador está sujeto por los cojinetes de bolas (rodamientos) que son del tipo permanentemente lubricados y no requieren mantenimiento periódico. Los devanados del estator están organizados sobre un núcleo laminado que forma parte de la carcasa del alternador. Los 6 diodos se utilizan para convertir la tensión alterna en continua, que se suministra al terminal de salida. La corriente de excitación del alternador se suministra a través de un trío de diodos, que está también conectado a los devanados del estator. La tapa terminal lleva un condensador que se utiliza para proteger al conjunto de la placa de diodos de tensiones elevadas; permite además suprimir las interferencias radiofónicas y no requiere mantenimiento periódico.

El regulador de tensión es una unidad de circuitos integrados de estado sólido que va montada en la placa terminal; dispone de un soporte integral para la sujeción de las escobillas. La unidad va acoplada a la tapa terminal con dos tornillos y puede ser sustituida sin desmontar el alternador. El regulador no es ajustable y se debe sustituir en su conjunto (si está averiado).

Localización de fallos

NOTA: Consulte la sección Inspección preliminar del sistema de carga antes de continuar.

Verificación de la lámpara del indicador

La lámpara del indicador se encenderá únicamente cuando no exista carga en el alternador (también se encenderá durante el arranque como comprobación de si está fundida o no). Para localizar el fallo:

1. Compruebe la tensión de la correa del alternador.

2. Arranque el motor y a continuación mida y registre la tensión de la batería en ésta.

3. Aumente la velocidad del motor pasando a ralentí rápido.

4. Existe un manguito de puesta a masa en el regulador de tensión; consiste en una aleta metálica situada en el extremo superior externo. Utilice un destornillador para poner a masa el manguito en la carcasa del alternador.

NOTA: Compruebe la lectura de la tensión en la batería. Si la tensión es superior a la registrada anteriormente, esto indica que el regulador está averiado y debe ser sustituido. Si la tensión es inferior o permanece constante quiere decir que el alternador está averiado.

Verificación del sistema de carga-carga inferior a la normal

1. Compruebe y ajuste la tensión de la correa de accionamiento del alternador.

2. Asegúrese de que las luces, accesorios, la luz de debajo del capó, etc., están desconectadas. Desconecte el cable negativo de la batería y a continuación conecte una lámpara de pruebas entre el poste negativo y el cable desconectado. Si la lámpara se enciende, vaya al paso 3; si se apaga, vaya al paso 4.

3. Si la lámpara se enciende, esto indica que la batería tiene una fuga a través de un componente eléctrico o cortocircuito. Será necesario efectuar un seguimiento del sistema eléctrico hasta encontrar la fuente de pérdida continua. Repare la avería y vuelva a ejecutar el paso 2. Si la lámpara se enciende, vaya al siguiente paso.

4. Vuelva a conectar el cable negativo de la batería. Conecte un hilo puente entre el terminal negativo de la bobina y masa. Accione el motor y deje que se estabilice la lectura de la tensión. NO accione el motor durante más de 15 segundos cada vez para evitar que resulte dañado el motor de arranque. Si la lectura es superior a 9 voltios, continúe en el paso 6; si es inferior a 9 voltios, vaya al paso siguiente.

5. Compruebe la tensión de la batería a la vez que acciona el motor. Si está situada en un intervalo de 0.5 voltios de la lectura del alternador, verifique la batería utilizando el procedimiento de carga máxima. Si la batería está en buen estado, vaya el paso 6. Si no es así, sustituya la batería y continúe en el paso 6. Si la tensión de la batería no está situada en un intervalo de 0.5 voltios respecto a la tensión del alternador, compruebe y sustituya o repare la resistencia del circuito batería-alternador.

6. Desconecte el hilo puente de la bobina. Conecte un voltímetro a la batería y registre la lectura. Coloque el carburador en el escalón alto de la leva de ralentí rápido, arranque el motor, conecte todos los accesorios (los faros delanteros en posición de luz larga, el A/A en High, la radio y el ventilador en ON) y compruebe la lectura de tensión. Si es inferior, vaya al paso 8; si es superior, continúe en el paso siguiente.

7. Desconecte los accesorios, deje que se caliente el motor (debe observarse una elevación de la temperatura en la manguera o manguito superior del radiador) y deje que se estabilice la lectura del voltímetro. Si es inferior a 12,5 voltios, vaya al siguiente paso. Si es superior a 15,5 voltios, sustituya el regulador. Si queda entre 12.5-15.5 voltios, esto indica que el sistema está en buen estado; la existencia de una carga inferior a la normal puede ser debida al ralentí, a una correa de accionamiento floja o a que ha efectuado un recorrido muy corto.

8. Con el motor girando a la misma velocidad que en el paso 7, ponga a masa el alternador (véase el paso 4 de la Verificación de la lámpara del indicador) y compruebe la lectura del voltímetro. Si es superior a la del paso 6, sustituya el regulador. Si es inferior quiere decir que el alternador está averiado.

Verificación del sistema de carga-sobrecarga

1. Compruebe la batería siguiendo el procedimiento de verificación con carga elevada. Sustituya la batería si es necesario.

2. Conecte un voltímetro a la batería, conecte el carburador en el escalón elevado de la leva de ralentí rápido y arranque el motor. Desconecte todos los accesorios. Con el motor caliente (debe observarse un aumento de temperatura en la manguera superior del radiador) y con la lectura del voltímetro estabilizada, observe dicha lectura. Si ésta es de 12.5-15.0 voltios quiere decir que el sistema de carga está en buen estado; si no es así, sustituya el regulador.

3. Compruebe si existe algún devanado de excitación cortocircuitado en el rotor para determinar si ésta es la causa de la avería del regulador. Si es así, sustituya el rotor.

Comprobación de la existencia de fugas en el alternador

Para esta prueba se necesita una lámpara n.º 158, un portalámparas y cables de conexión.

1. Desconecte el cable negativo de la batería y el conductor de salida del alternador del terminal de unión del solenoide del motor de arranque.

2. Conecte los cables de la lámpara en serie con los cables positivo y negativo de la batería. La lámpara no debería encenderse; si se enciende (incluso si da una luz muy pobre), debe sustituir el conjunto de la placa de diodos.

3. Desconecte la lámpara y el cable negativo de la batería.

4. Quite el tapón del conector que sale del terminal R del alternador.

5. Conecte la lámpara en serie con el terminal R y el cable positivo de la batería y a continuación con el cable negativo de la batería, la lámpara no debería encenderse; si lo hace (incluso si da una luz muy débil), es posible que bien la placa de diodos o el regulador estén averiados. Determine cuál de ellos está averiado y sustitúyalo si es necesario.

Sustitución del regulador

1. Desmonte los tornillos y arandelas de sujeción del regulador/portaescobillas.

2. Golpee ligeramente el conjunto y extráigalo de la carcasa posterior.

3. Para montarlo, siga el procedimiento inverso al de desmontaje.

Carburadores

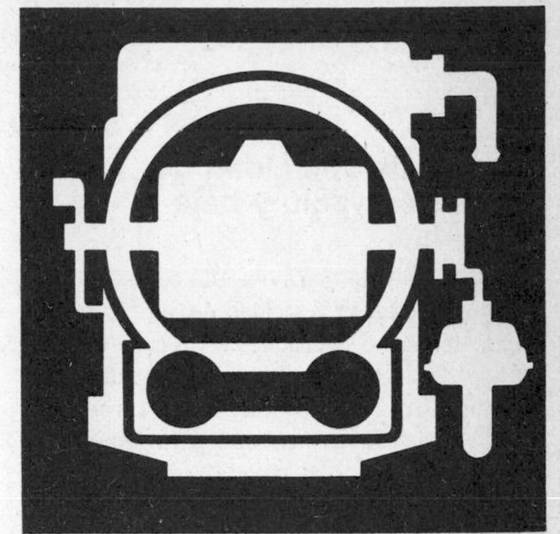

FUNCIONES

La gasolina es el combustible que permite al motor del automóvil suministrar una cierta energía y el carburador es el mecanismo que mezcla automáticamente el combustible líquido con aire en las proporciones correctas para obtener del motor la potencia de salida deseada. El carburador realiza esta función dosificando, atomizando y mezclando el combustible con el aire que circula a través del motor. El carburador regula también el volumen de la mezcla de aire/combustible que entra en el motor. El conductor puede controlar la velocidad del motor gracias a la regulación que realiza el carburador de la cantidad de aire/combustible inyectada al motor.

Dosificación

El motor de combustión interna de automóvil funciona con eficacia dentro de un intervalo relativamente pequeño de relaciones aire/combustible. El carburador tiene la función de dosificar el combustible en proporciones exactas respecto del aire que circula hacia el motor, de manera que se mantenga una relación óptima aire/combustible en cualquier condición de funcionamiento. Las disposiciones que regulan las emisiones de los gases de escape han hecho que la correcta dosificación de combustible realizada por el carburador sea un factor cada vez más importante. Una mezcla demasiado rica dará como resultado un consumo elevado de combustible y un aumento de la cantidad de emisiones, mientras que una mezcla demasiado pobre hará que el motor suministre poca potencia y que el rendimiento sea generalmente malo. Los carburadores se emparejan a la potencia y características de los motores de manera que la dosificación puede llevarse a cabo utilizando surtidores de dosificación minuciosamente calibrados, que permiten suministrar combustible al motor en una cantidad proporcional a la capacidad del mismo para aspirar o absorber aire.

Atomización

El combustible líquido debe ser fraccionado en pequeñas partículas, de manera que puedan mezclarse con mayor facilidad con el aire y vaporizarse. Cuanto más contacto exista entre el combustible y el aire, mejor será la evaporación. La atomización puede llevarse a cabo de dos formas: Puede absorberse aire dentro de una corriente de combustible lo que provocará una turbulencia y romperá la corriente sólida de combustible en pequeñas partículas; o puede colocarse una boquilla en el punto de máxima velocidad del aire en el carburador y desintegrar el combustible en un chorro atomizado cuando entra en la corriente de aire.

Distribución

El carburador es el dispositivo primario que interviene en la distribución de combustible al motor. Cuanto más eficazmente sean combinados el combustible y el aire en el carburador, más uniforme será el flujo de la mezcla vaporizada, a través del múltiple de admisión, hacia cada una de las cámaras de combustión. De aquí, la importancia del carburador en la distribución del combustible.

PRINCIPIOS

Principio del vacío

Todos los carburadores funcionan bajo el principio básico de la diferencia de presiones. (Presión diferencial.) Cualquier presión por debajo de la atmosférica se considera como vacío o un área de baja presión. En el motor, a medida que el pistón se desplaza hacia abajo en la carrera de compresión, con la válvula de admisión abierta, se crea un vacío parcial en el múltiple de admisión. Cuanto más se desplaza hacia abajo el pistón, mayor es el vacío creado en el múltiple. A medida que el vacío aumenta en el múltiple, se produce una diferencia de presión entre el carburador y el cilindro. El carburador se encuentra posicionado de manera que la alta presión que existe encima de él y el vacío o baja presión por debajo del mismo, le hace aspirar aire a su través. El combustible y el aire siempre se desplazan de áreas de presión altas o áreas de presión bajas.

Principio del Venturi

Para obtener la mayor caída de presión en el extremo de la boquilla de combustible, de manera que éste pueda fluir, se utiliza el principio que consiste en aumentar la velocidad del aire para crear un área de baja presión. El dispositivo utilizado para aumentar la velocidad del aire que circula a través del carburador se denomina un venturi. Un venturi consiste en una estrangulación diseñada de forma especial, colocada en el flujo del aire. El aire al pasar a través de esta sección reducida, se acelera, lo que provoca una caída de presión o vacío a medida que lo atraviesa.

CIRCUITOS DEL CARBURADOR

Circuitos de flotación

El circuito de flotación está formado por el flotador, cubeta del flotador y una válvula de aguja y un asiento. Este circuito controla la cantidad de gasolina que se dejará circular hacia el carburador. A medida que aumenta el nivel del combustible, el flotador asciende y empuja la válvula de aguja dentro de su asiento. En el momento en que entran en contacto la válvula y el asiento, se interrumpe el flujo de gasolina del tubo de alimentación de combustible.

Cuando desciende el nivel de combustible, el flotador desciende y suelta la válvula de aguja de su asiento lo que permite la entrada de gasolina. En el funcionamiento real, el combustible se mantiene prácticamente a un nivel constante. El flota-

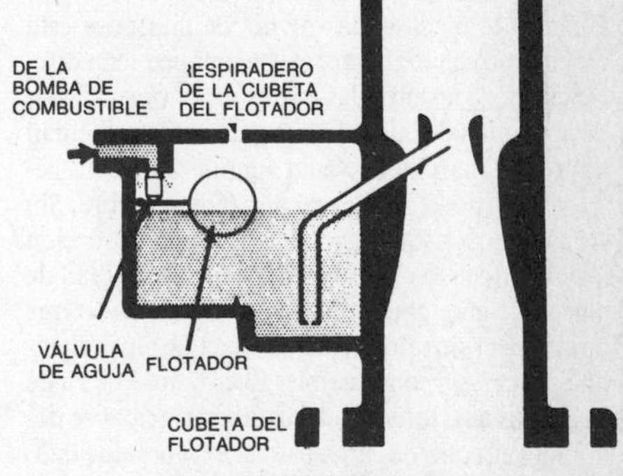

Circuito del flotador

dor tiende a mantener la válvula de aguja parcialmente cerrada de manera que el combustible entrante compensa exactamente el combustible consumido.

Circuito de velocidad de marcha en vacío y baja velocidad

Cuando la válvula mariposa está cerrada o ligeramente abierta, la velocidad del aire es baja y prácticamente no se produce vacío en el venturi. Esto quiere decir que la boquilla de combustible no suministrará combustible. Así, el carburador debe disponer de otro circuito para suministrar combustible cuando la válvula de mariposa esté cerrada o ligeramente abierta. Este circuito se denomina circuito de velocidad de marcha en vacío y velocidad baja. Está formado por varios conductos en los que puede circular aire y gasolina por debajo de la placa de la válvula mariposa. Con la placa de la válvula de mariposa cerrada, existe un vacío elevado que proviene del múltiple de admisión. La presión atmosférica impulsa a la mezcla de aire/combustible a través de los conductos del circuito de marcha en vacío y velocidad baja y a través del punto cónico del tornillo de ajuste de la velocidad en vacío, que regula el volumen de la mezcla de marcha en vacío del motor.

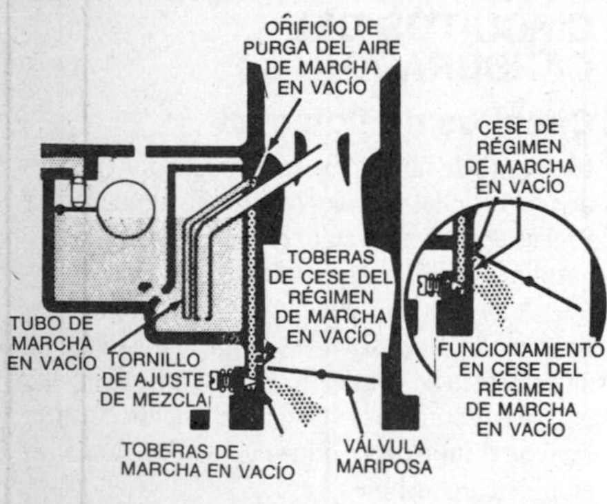

Circuito de marcha en vacío y marcha en vacío mínima.

Circuito de carga parcial en alta velocidad

Cuando la placa de la válvula de mariposa está abierta suficientemente, existe una pequeña diferencia de vacío entre las partes superior e inferior de la trompa del aire. Así, el circuito de velocidad baja y de marcha en vacío suministrará una pequeña cantidad de mezcla aire/combustible. Sin embargo, en esta situación existe una absorción a través de la trompa de aire, de una cantidad de aire suficiente para crear vacío en el venturi que hará que el surtidor principal, o el de alta velocidad descargue combustible. El circuito que va de la cubeta del flotador al surtidor principal se denomina circuito de carga parcial en alta velocidad. Este circuito mantiene una relación aire/combustible prácticamente constante, desde carga parcial hasta mariposa totalmente abierta.

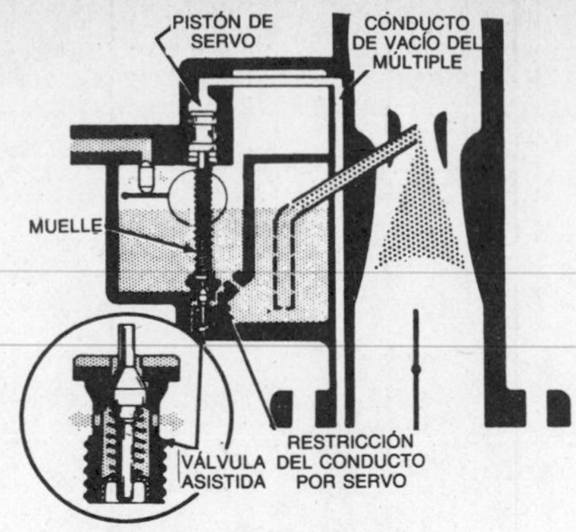

Circuito del servo por vacío

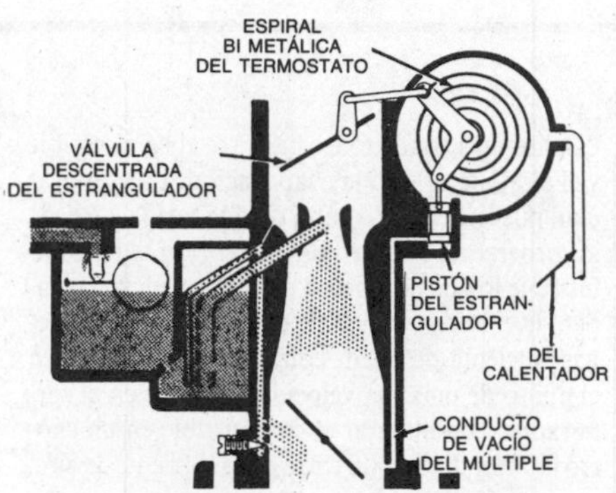

Sistema del estrangulador

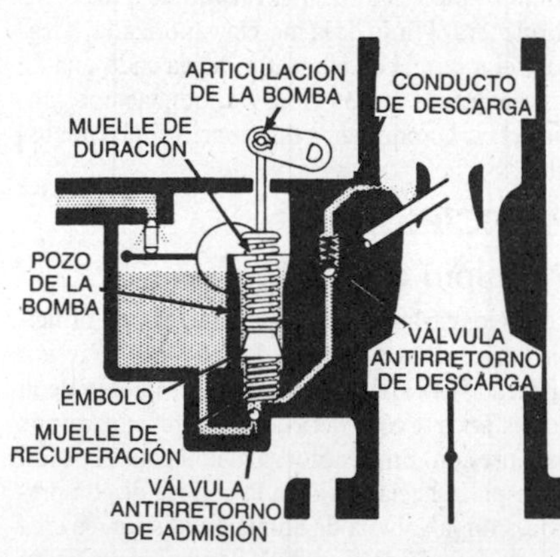

Circuito de la bomba del acelerador

Circuito de potencia total en alta velocidad

Cuando el motor funcione a alta velocidad, a máxima potencia y con la válvula de mariposa totalmente abierta, la mezcla aire/combustible debe ser enriquecida; esto se lleva a cabo bien mecánicamente, o mediante el vacío del múltiple de admisión.

Circuito de máxima potencia (enriquecimiento mecánico)

Este circuito incluye un surtidor con varilla de dosificación y una varilla de dosificación. La varilla tiene dos escalones de diámetros diferentes y va acoplada al varillaje de la válvula mariposa. Cuando la válvula mariposa está en posición completamente abierta, la varilla de dosificación se eleva desplazando el escalón de diámetro más pequeño de la varilla hacia el interior del surtidor. Cuando la válvula mariposa está parcialmente cerrada, el escalón de diámetro mayor de la varilla de dosificación está dentro del surtidor. Esto hace disminuir la cantidad de combustible suministrada al surtidor principal, pero permite suministrar la cantidad adecuada de combustible para el funcionamiento con la válvula mariposa parcialmente abierta.

Circuito de máxima potencia (enriquecimiento por vacío)

Este circuito funciona mediante el vacío del múltiple de admisión. Incluye un diafragma de vacío o pistón articulado a una válvula. Cuando se abre la válvula mariposa, de manera que se reduce el vacío del múltiple, el muelle eleva el diafragma o pistón. Esto permite la entrada de una mayor cantidad de combustible, bien levantando la varilla de dosificación o abriendo una válvula de servo.

Circuito de la bomba del acelerador

En la aceleración, el carburador debe suministrar una cantidad adicional de combustible. Al acelerar rápidamente o pisar el acelerador hasta el fondo se produce una entrada brusca de aire. Cuando se abre la válvula mariposa, la palanca de la bomba empuja el émbolo hacia abajo, y esto impulsa el combustible a través del circuito de la bomba del acelerador y es expulsado a través del surtidor de la bomba. Este combustible entra en el conducto del aire a través del carburador para suministrar el combustible demandado adicionalmente.

Estrangulador

Al arrancar un motor, es necesario aumentar la cantidad de combustible suministrado al múltiple de admisión. Este aumento está controlado por el estrangulador. El estrangulador está formado por una válvula en la parte superior de la trompa del aire, controlada mecánicamente por un dispositivo automático. Cuando se cierra la válvula del estrangulador, sólo puede circular una pequeña cantidad de aire a través del mismo.

Cuando se acciona el motor, se produce un vacío relativamente elevado en la trompa del aire. Este vacío hace que el surtidor principal descargue una fuerte corriente de combustible. La cantidad suministrada es suficiente para producir la mezcla aire/combustible correcta, necesaria para el arranque del motor. El estrangulador se acciona bien manualmente o por el calentamiento del motor.

LOCALIZACIÓN DE AVERÍAS

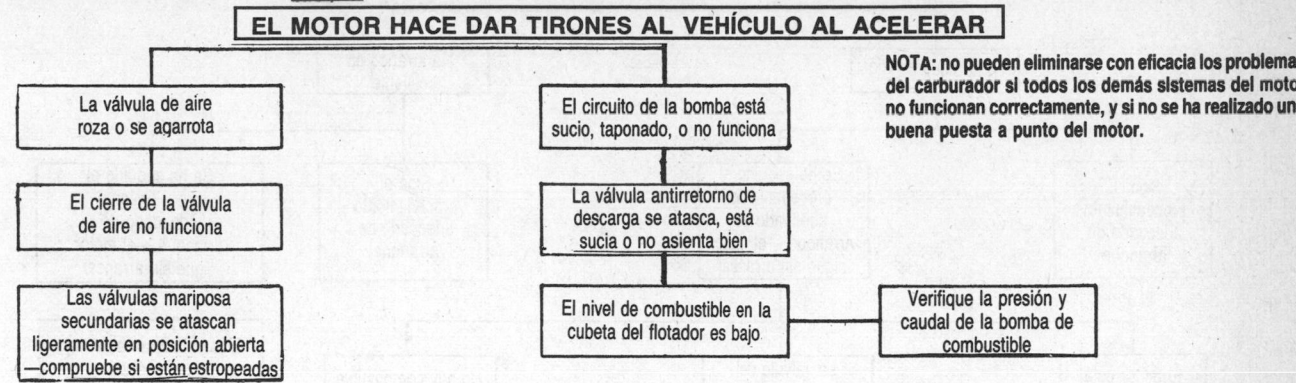

EL MOTOR HACE DAR TIRONES AL VEHÍCULO AL ACELERAR

NOTA: no pueden eliminarse con eficacia los problemas del carburador si todos los demás sistemas del motor no funcionan correctamente, y si no se ha realizado una buena puesta a punto del motor.

- La válvula de aire roza o se agarrota
- El cierre de la válvula de aire no funciona
- Las válvulas mariposa secundarias se atascan ligeramente en posición abierta —compruebe si están estropeadas

- El circuito de la bomba está sucio, taponado, o no funciona
- La válvula antirretorno de descarga se atasca, está sucia o no asienta bien
- El nivel de combustible en la cubeta del flotador es bajo — Verifique la presión y caudal de la bomba de combustible

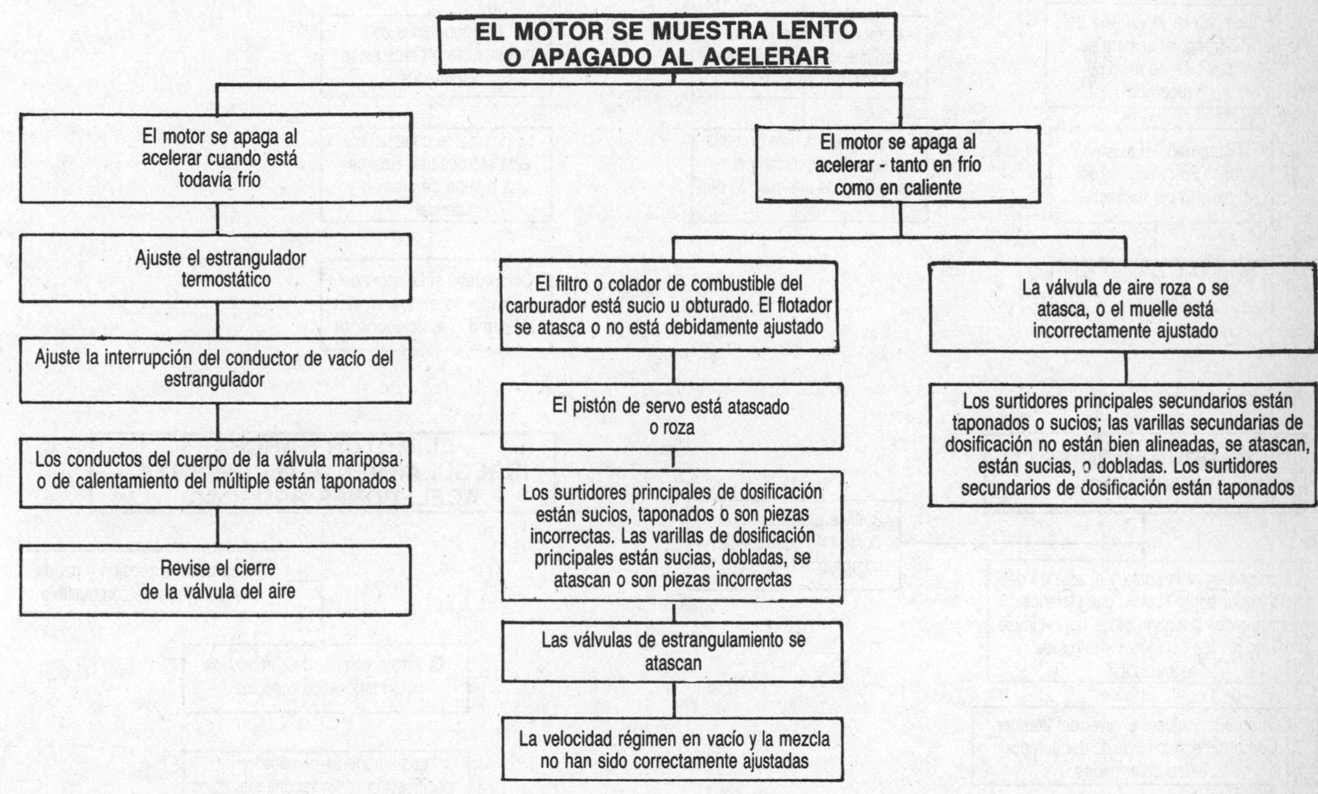

EL MOTOR SE MUESTRA LENTO O APAGADO AL ACELERAR
El motor se apaga al acelerar cuando está todavía frío
Ajuste el estrangulador termostático
Ajuste la interrupción del conductor de vacío del estrangulador
Los conductos del cuerpo de la válvula mariposa o de calentamiento del múltiple están taponados
Revise el cierre de la válvula del aire
El motor se apaga al acelerar - tanto en frío como en caliente
El filtro o colador de combustible del carburador está sucio u obturado. El flotador se atasca o no está debidamente ajustado
El pistón de servo está atascado o roza
Los surtidores principales de dosificación están sucios, taponados o son piezas incorrectas. Las varillas de dosificación principales están sucias, dobladas, se atascan o son piezas incorrectas
Las válvulas de estrangulamiento se atascan
La velocidad régimen en vacío y la mezcla no han sido correctamente ajustadas
La válvula de aire roza o se atasca, o el muelle está incorrectamente ajustado
Los surtidores principales secundarios están taponados o sucios; las varillas secundarias de dosificación no están bien alineadas, se atascan, están sucias, o dobladas. Los surtidores secundarios de dosificación están taponados

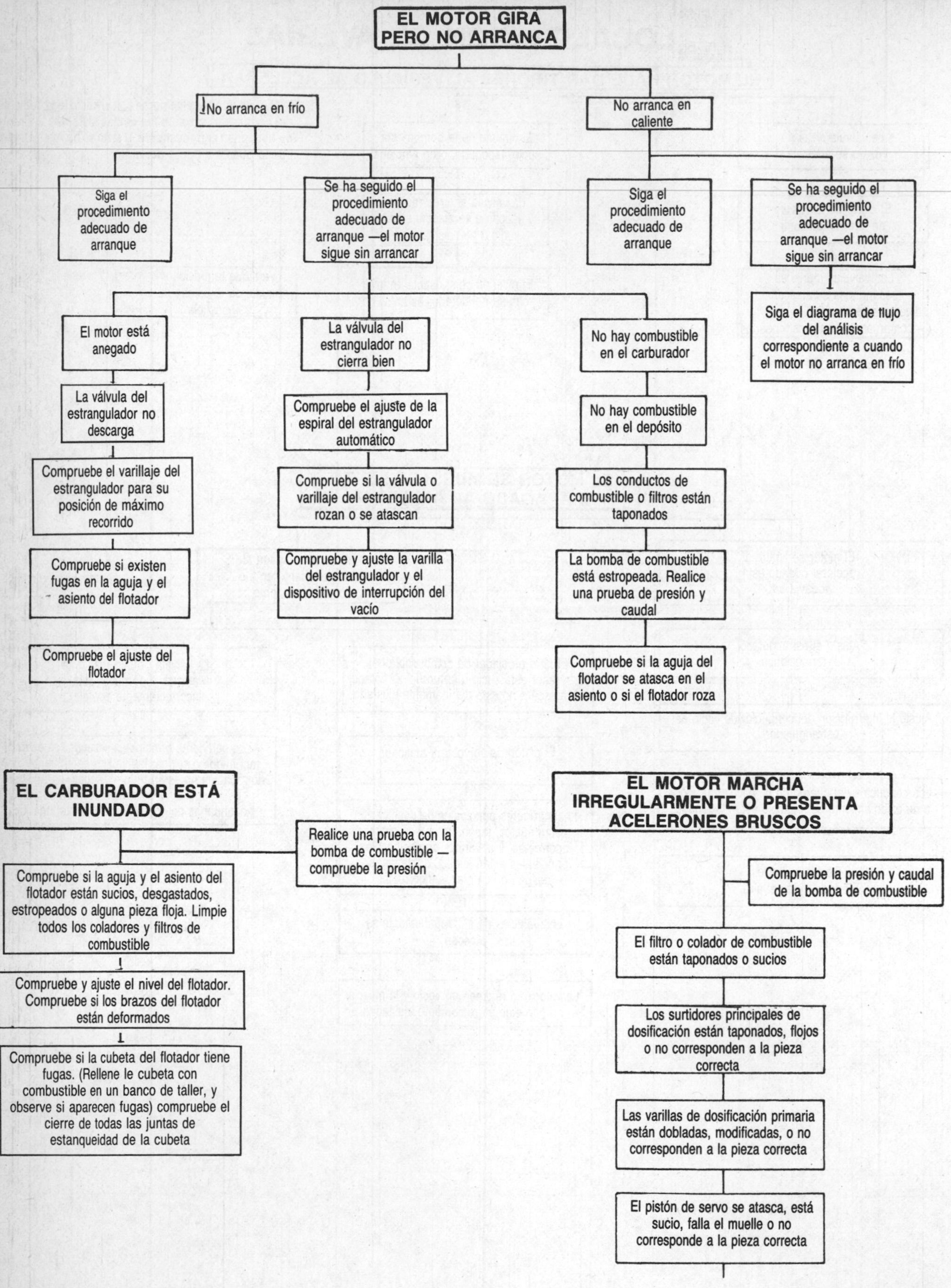
EL MOTOR GIRA PERO NO ARRANCA
No arranca en frío
No arranca en caliente
Siga el procedimiento adecuado de arranque
Se ha seguido el procedimiento adecuado de arranque —el motor sigue sin arrancar
Siga el procedimiento adecuado de arranque
Se ha seguido el procedimiento adecuado de arranque —el motor sigue sin arrancar
El motor está anegado
La válvula del estrangulador no descarga
Compruebe el varillaje del estrangulador para su posición de máximo recorrido
Compruebe si existen fugas en la aguja y el asiento del flotador
Compruebe el ajuste del flotador
La válvula del estrangulador no cierra bien
Compruebe el ajuste de la espiral del estrangulador automático
Compruebe si la válvula o varillaje del estrangulador rozan o se atascan
Compruebe y ajuste la varilla del estrangulador y el dispositivo de interrupción del vacío
No hay combustible en el carburador
No hay combustible en el depósito
Los conductos de combustible o filtros están taponados
La bomba de combustible está estropeada. Realice una prueba de presión y caudal
Compruebe si la aguja del flotador se atasca en el asiento o si el flotador roza
Siga el diagrama de flujo del análisis correspondiente a cuando el motor no arranca en frío
EL CARBURADOR ESTÁ INUNDADO
Realice una prueba con la bomba de combustible —compruebe la presión
Compruebe si la aguja y el asiento del flotador están sucios, desgastados, estropeados o alguna pieza floja. Limpie todos los coladores y filtros de combustible
Compruebe y ajuste el nivel del flotador. Compruebe si los brazos del flotador están deformados
Compruebe si la cubeta del flotador tiene fugas. (Rellene le cubeta con combustible en un banco de taller, y observe si aparecen fugas) compruebe el cierre de todas las juntas de estanqueidad de la cubeta
EL MOTOR MARCHA IRREGULARMENTE O PRESENTA ACELERONES BRUSCOS
Compruebe la presión y caudal de la bomba de combustible
El filtro o colador de combustible están taponados o sucios
Los surtidores principales de dosificación están taponados, flojos o no corresponden a la pieza correcta
Las varillas de dosificación primaria están dobladas, modificadas, o no corresponden a la pieza correcta
El pistón de servo se atasca, está sucio, falla el muelle o no corresponde a la pieza correcta

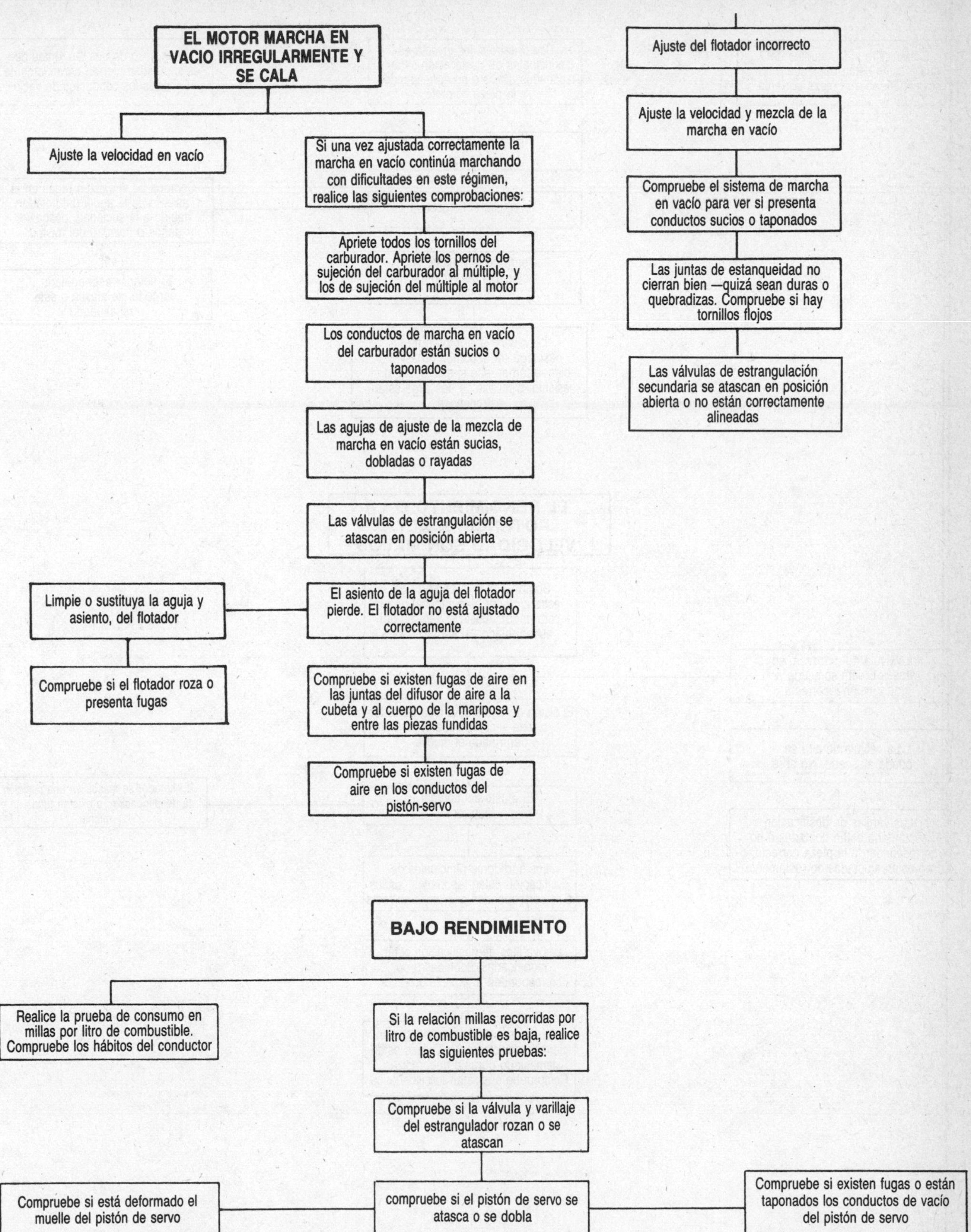
EL MOTOR MARCHA EN VACIO IRREGULARMENTE Y SE CALA
Ajuste la velocidad en vacío
Si una vez ajustada correctamente la marcha en vacío continúa marchando con dificultades en este régimen, realice las siguientes comprobaciones:
Apriete todos los tornillos del carburador. Apriete los pernos de sujeción del carburador al múltiple, y los de sujeción del múltiple al motor
Los conductos de marcha en vacío del carburador están sucios o taponados
Las agujas de ajuste de la mezcla de marcha en vacío están sucias, dobladas o rayadas
Las válvulas de estrangulación se atascan en posición abierta
El asiento de la aguja del flotador pierde. El flotador no está ajustado correctamente
Limpie o sustituya la aguja y asiento, del flotador
Compruebe si el flotador roza o presenta fugas
Compruebe si existen fugas de aire en las juntas del difusor de aire a la cubeta y al cuerpo de la mariposa y entre las piezas fundidas
Compruebe si existen fugas de aire en los conductos del pistón-servo
Ajuste del flotador incorrecto
Ajuste la velocidad y mezcla de la marcha en vacío
Compruebe el sistema de marcha en vacío para ver si presenta conductos sucios o taponados
Las juntas de estanqueidad no cierran bien —quizá sean duras o quebradizas. Compruebe si hay tornillos flojos
Las válvulas de estrangulación secundaria se atascan en posición abierta o no están correctamente alineadas
BAJO RENDIMIENTO
Realice la prueba de consumo en millas por litro de combustible. Compruebe los hábitos del conductor
Si la relación millas recorridas por litro de combustible es baja, realice las siguientes pruebas:
Compruebe si la válvula y varillaje del estrangulador rozan o se atascan
Compruebe si está deformado el muelle del pistón de servo
compruebe si el pistón de servo se atasca o se dobla
Compruebe si existen fugas o están taponados los conductos de vacío del pistón de servo

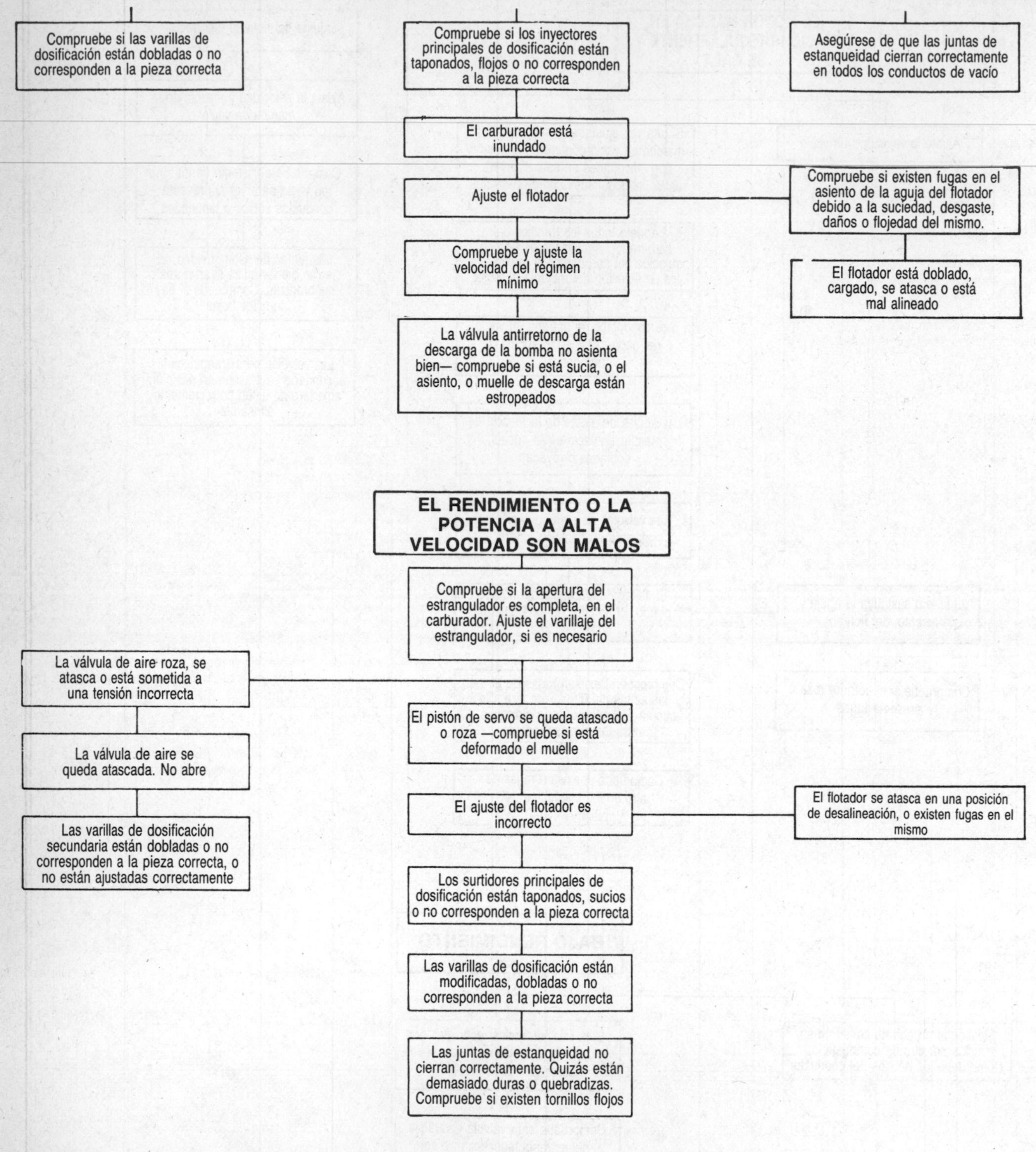

Compruebe si las varillas de dosificación están dobladas o no corresponden a la pieza correcta
Compruebe si los inyectores principales de dosificación están taponados, flojos o no corresponden a la pieza correcta
Asegúrese de que las juntas de estanqueidad cierran correctamente en todos los conductos de vacío
El carburador está inundado
Ajuste el flotador
Compruebe si existen fugas en el asiento de la aguja del flotador debido a la suciedad, desgaste, daños o flojedad del mismo.
Compruebe y ajuste la velocidad del régimen mínimo
El flotador está doblado, cargado, se atasca o está mal alineado
La válvula antirretorno de la descarga de la bomba no asienta bien— compruebe si está sucia, o el asiento, o muelle de descarga están estropeados
EL RENDIMIENTO O LA POTENCIA A ALTA VELOCIDAD SON MALOS
Compruebe si la apertura del estrangulador es completa, en el carburador. Ajuste el varillaje del estrangulador, si es necesario
La válvula de aire roza, se atasca o está sometida a una tensión incorrecta
La válvula de aire se queda atascada. No abre
Las varillas de dosificación secundaria están dobladas o no corresponden a la pieza correcta, o no están ajustadas correctamente
El pistón de servo se queda atascado o roza —compruebe si está deformado el muelle
El ajuste del flotador es incorrecto
El flotador se atasca en una posición de desalineación, o existen fugas en el mismo
Los surtidores principales de dosificación están taponados, sucios o no corresponden a la pieza correcta
Las varillas de dosificación están modificadas, dobladas o no corresponden a la pieza correcta
Las juntas de estanqueidad no cierran correctamente. Quizás están demasiado duras o quebradizas. Compruebe si existen tornillos flojos

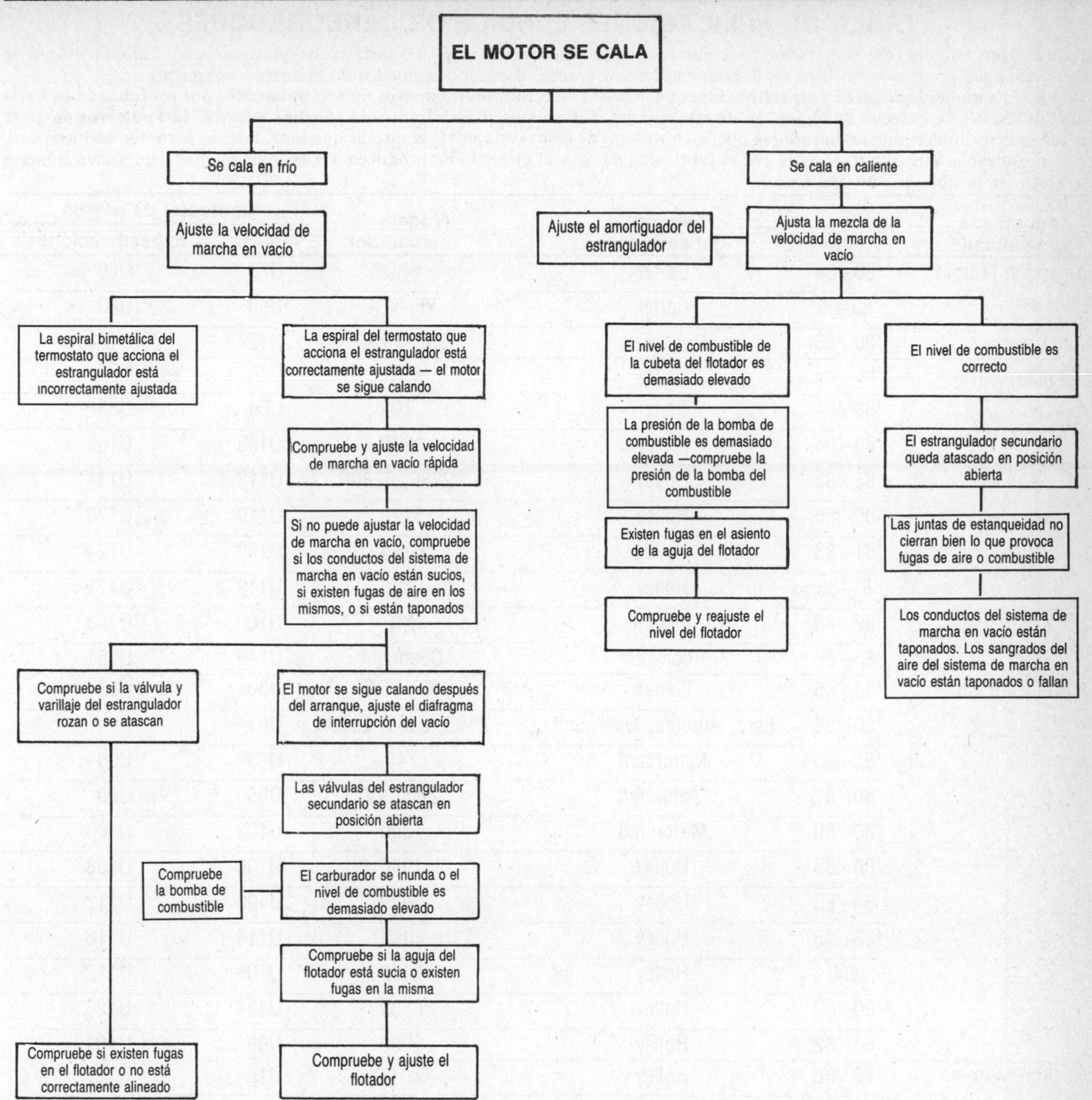
EL MOTOR SE CALA
Se cala en frío
Ajuste la velocidad de marcha en vacío
La espiral bimetálica del termostato que acciona el estrangulador está incorrectamente ajustada
La espiral del termostato que acciona el estrangulador está correctamente ajustada — el motor se sigue calando
Compruebe y ajuste la velocidad de marcha en vacío rápida
Si no puede ajustar la velocidad de marcha en vacío, compruebe si los conductos del sistema de marcha en vacío están sucios, si existen fugas de aire en los mismos, o si están taponados
Compruebe si la válvula y varillaje del estrangulador rozan o se atascan
El motor se sigue calando después del arranque, ajuste el diafragma de interrupción del vacío
Las válvulas del estrangulador secundario se atascan en posición abierta
Compruebe la bomba de combustible
El carburador se inunda o el nivel de combustible es demasiado elevado
Compruebe si la aguja del flotador está sucia o existen fugas en la misma
Compruebe si existen fugas en el flotador o no está correctamente alineado
Compruebe y ajuste el flotador
Se cala en caliente
Ajuste el amortiguador del estrangulador
Ajusta la mezcla de la velocidad de marcha en vacío
El nivel de combustible de la cubeta del flotador es demasiado elevado
La presión de la bomba de combustible es demasiado elevada —compruebe la presión de la bomba del combustible
Existen fugas en el asiento de la aguja del flotador
Compruebe y reajuste el nivel del flotador
El nivel de combustible es correcto
El estrangulador secundario queda atascado en posición abierta
Las juntas de estanqueidad no cierran bien lo que provoca fugas de aire o combustible
Los conductos del sistema de marcha en vacío están taponados. Los sangrados del aire del sistema de marcha en vacío están taponados o fallan

TABLA DE APLICACIONES E ÍNDICE DE CARBURADORES

El fabricante y modelo del carburador, así como los números de identificación del carburador que aparecen listados en esta tabla de especificaciones, aparecen bien en la etiqueta del carburador, o están estampados en el cuerpo del mismo.

NOTA: Los números de pieza y especificaciones de modelos de carburadores nuevos no son publicados por los fabricantes hasta mucho después de la fecha de impresión de este manual. Estos datos se incluirán en la próxima edición. Los números de pieza de los nuevos modelos de carburadores pueden obtenerse de la mayoría de las empresas que los fabrican, pero, los carburadores que son nuevos, han sido diseñados por el fabricante durante el ejercicio de producción y les han asignado un nuevo número de pieza, es posible que no aparezcan.

Fabricante del vehículo	Año	Fabricante del carburador	Modelo de carburador	Número(s) de página	
				Ajustes	Especificaciones
American Motors	'80–'84	Carter	BBD	U76	U80
	'83–86	Carter	YF, YFA	U80	U83
	'80–'86	Rochester	2SE, E2SE	U127	U136
Chrysler Corp.	'80–'83	Carter	BBD	U76	U79
	'80–'84	Carter	TQ	U84	U86
	'80–'84	Holley	1945	U103	U105
	'85–'86	Holley	2280, 6280	U112	U114
	'80–'86	Holley	5220	U119	U120
	'81–'83	Holley	6145	U122	U124
	'81–86	Holley	6520	U119	U121
	'82–'85	Mikuni	NA	U160	U163
	'85–'86	Rochester	Quadrajet	U146	U151
Ford Motor Co.	'80–'86	Carter	YF, YFA	U80	U83
	'80–'86	Ford, Autolite, Motorcraft	2100, 2150, 2150A	U91	U94
	'81–'86	Motorcarft	740	U86	U90
	'80–'81	Motorcraft	2700 VV	U96	U99
	'80–'86	Motorcraft	7200	U102	U103
	'80–'83	Holley	1946	U106	U108
	'84–'85	Holley	1949	U108	U112
	'83–'85	Holley	4180C	U114	U116
	'84	Holley	6149	U108	U112
	'80–'82	Holley	6500	U124	U126
	'80–'82	Holley	5200	U99	U101
General Motors	'80–'86	Holley	6510C	U124	U126
	'80–'86	Holley	5210C	U117	U119
	'80–'86	Rochester	2SE, E2SE	U127	U137
	'80–'86	Rochester	2MC, M2MC, M2ME, E2ME, E2MC	U141	U145
	'80–'86	Rochester	Quadrajet	U146	U151
	'85–'86	Spectrum	2bbl	U165	U165
	'85–'86	Sprint	2bbl	U167	U167
	'85–'86	Nova	2bbl	U169	U169

NA - No disponible

CARBURADORES CÁRTER

Modelos BBD

El carburador BBD es de dos cuerpos. En algunos modelos dispone de amortiguador.

AJUSTE DEL PISTÓN DE INCREMENTOS DE VACÍO

1. Desmonte la tapa contra el polvo.

2. Asegúrese de no variar la posición del tornillo de ajuste situado en la parte superior del pistón. Si lo toca, vuelva a ajustar la separación de la parte superior del pistón a 0.035-0.40''.

3. Afloje el ajuste de régimen mínimo hasta que las válvulas mariposa estén completamente cerradas. Cuente el número de vueltas, de manera que pueda volver a colocar el tornillo en su posición original. A continuación apriete el tornillo de marcha en vacío una vuelta más, únicamente en los productos AMC.

4. Apriete completamente el pistón de incrementos, a la vez que ejerce una fuerza moderada sobre la aleta del levantador de la varilla, y afloje y apriete el tornillo de seguridad del mismo.

5. Suelte el pistón y elevador de la varilla; coloque el tornillo de régimen mínimo en su posición original.

6. Sustituya la tapa contra el polvo, a no ser que deba ajustar la bomba del acelerador.

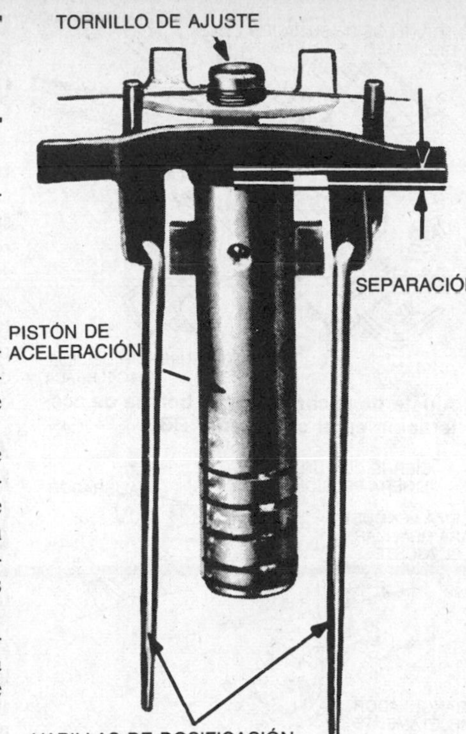

Conjunto de pistón de aceleración por vacío y varillas dosificadoras en los modelos BBD

AJUSTE DE LA CARRERA DE LA BOMBA DEL ACELERADOR

1. Afloje el tornillo de ajuste de marcha en vacío. Abra la válvula del estrangulador de manera que la leva de régimen en vacío rápido permita que se cierren las válvulas mariposa. Asegúrese de que el reenvío «S» de la bomba del acelerador está situado en el orificio externo del brazo de la bomba, si éste dispone de dos orificios.

2. Apriete el tornillo de ajuste de la velocidad en vacío, dos vueltas completas, después de que haga tope.

3. Desmonte la tapa contra el polvo. Con las válvulas mariposa bien cerradas, mida la distancia entre la parte superior de la trompa de aire y la parte superior del eje del émbolo de la bomba. Si la dimensión no coincide con la especificada, afloje el tornillo de ajuste del brazo de la bomba (cerca del eje del émbolo) y gire el manguito para obtener la dimensión correcta.

AJUSTE DE LA POSICIÓN DE LA LEVA DE MARCHA EN VACÍO RÁPIDA

1. Con el tornillo de ajuste de la velocidad en vacío rápido sobre el segundo escalón más elevado de la leva de marcha en vacío rápida, mueva la válvula del estrangulador hacia la posición completamente cerrada, haciendo una ligera fuerza en la palanca del eje del estrangulador. En los mo-

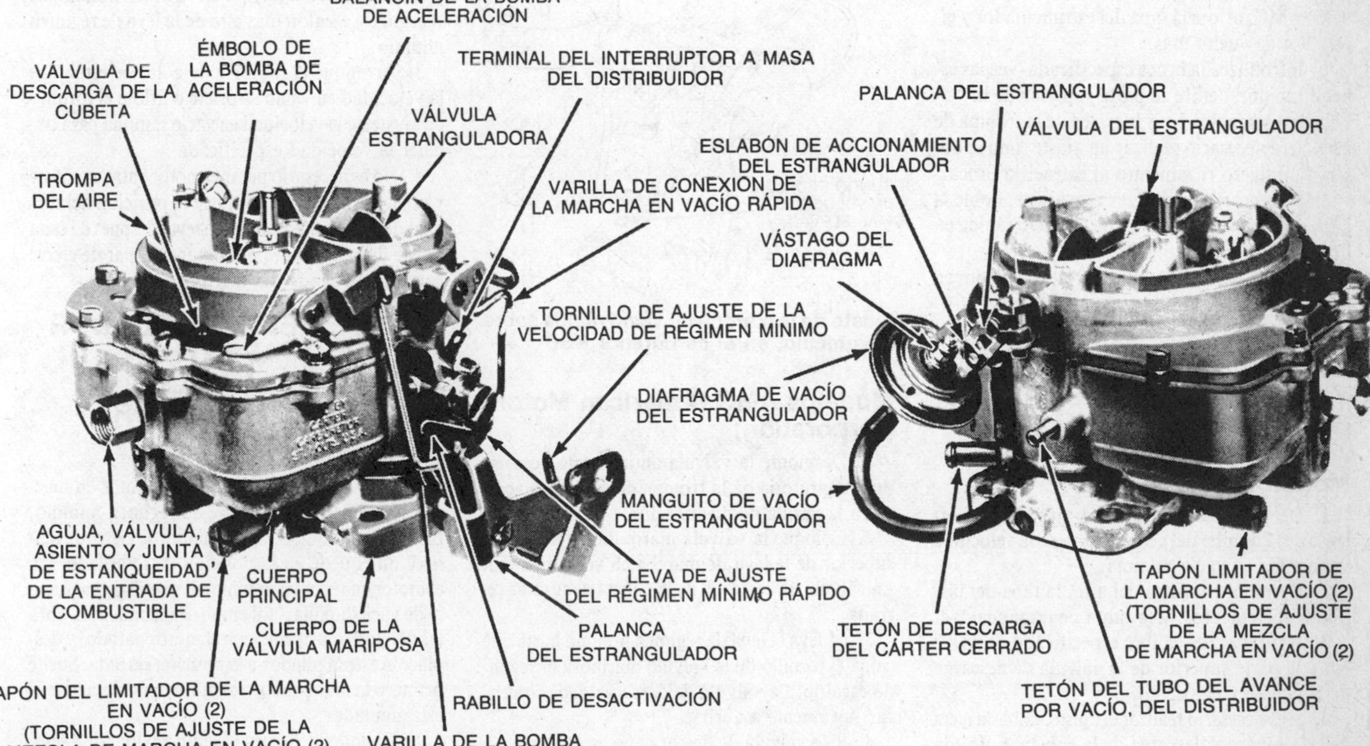

Conjunto típico de carburador BBD

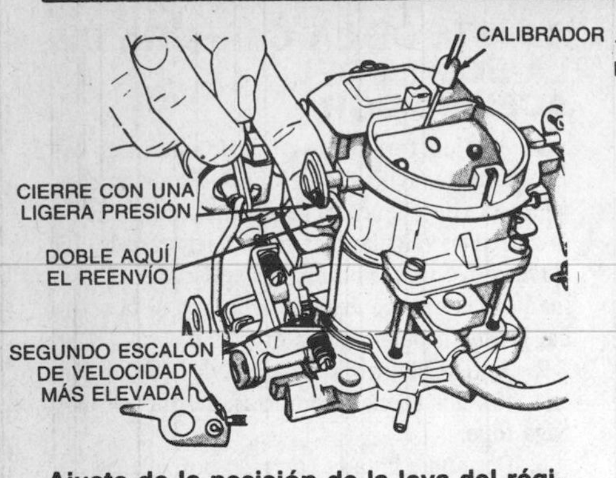

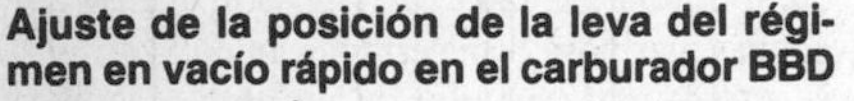

Ajuste de la posición de la leva del régimen en vacío rápido en el carburador BBD

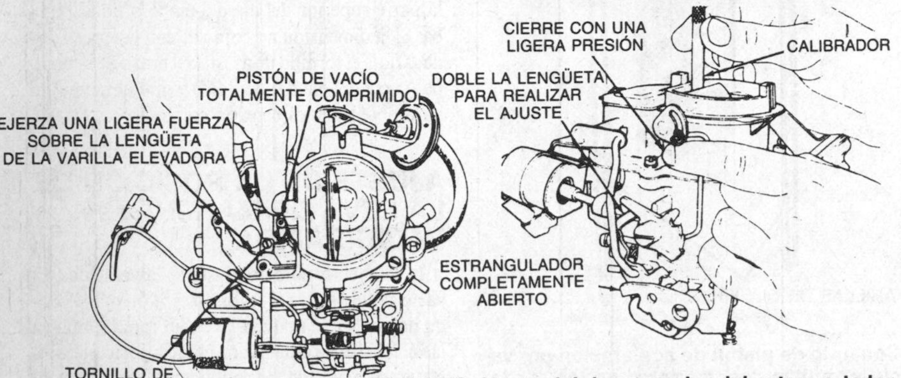

Ajuste del pistón de aceleración por vacío en el carburador BBD

delos AMC, afloje la tapa del estrangulador y gírela 1/4 de vuelta más.

2. Introduzca la broca especificada (vea las especificaciones) entre la parte superior de la válvula del estrangulador y la pared de la trompa de aire. Será necesario realizar un ajuste si no se observa un ligero rozamiento al extraer la broca.

3. Si es necesario realizar este ajuste, doble la varilla del conector de marcha en vacío rápida en la parte que forma ángulo.

4. Vuelva a ajustar la tapa del estrangulador en la posición especificada.

BOMBA DEL ACELERADOR Y VÁLVULA DE DESCARGA DE LA CUBETA

Modelos Chrysler

1. Debe realizar primero los ajustes de la carrera de la bomba del acelerador y de la velocidad de marcha en vacío mínima.

2. Desmonte el filtro del aire, la tapa del pistón de incrementos, y la junta de estanqueidad.

3. Introduzca el calibre especificado (0.080") entre la parte superior de la válvula de descarga de la cubeta y el asiento.

4. Si es necesario realizar el ajuste, doble la aleta de la palanca de descarga de la cubeta. Sujete la palanca de descarga antes de doblar la aleta.

5. Monte la junta de estanqueidad y tapa del pistón de incrementos y monte el filtro del aire.

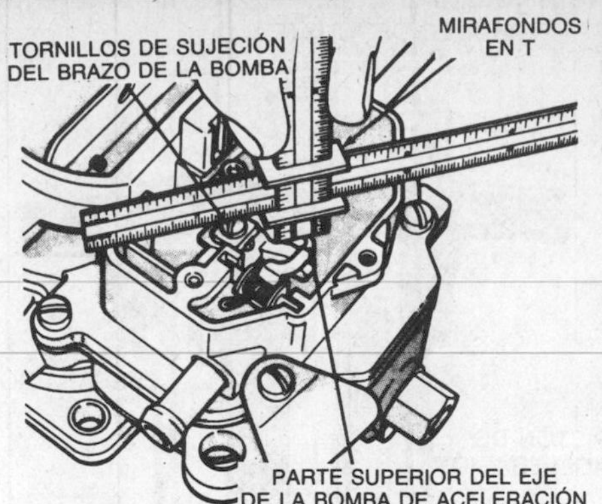

Ajuste de la carrera de la bomba de aceleración en el carburador BBD

Ajuste del descargador del estrangulador (retardador completamente abierto) en el carburador BBD

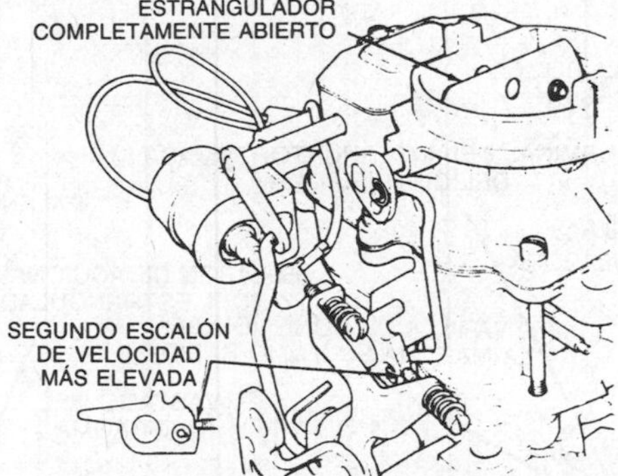

Ajuste de la marcha en vacío rápida sobre el vehículo, en el carburador BBD

Modelos AMC (American Motor Corporation)

1. Desmonte la válvula antirretorno de compuerta giratoria de la trompa del aire para acceder a la varilla de dosificación.

2. Coloque la válvula mariposa en el escalón superior de la leva de marcha en vacío mínima. La válvula de descarga de la cubeta debe estar cerrada.

3. Mueva la leva de régimen mínimo hasta que caiga el tornillo de la válvula mariposa al segundo escalón. La válvula de descarga debe comenzar justamente a abrirse.

4. Si la válvula de descarga no está cerrada en los escalones 3.º y 4.º más elevados de la leva, y comienza a abrirse en el 2.º escalón, doble la aleta hasta que el ajuste sea correcto.

DESCARGADOR DEL ESTRANGULADOR (RETARDADOR COMPLETAMENTE ABIERTO)

1. Mantenga las válvulas mariposa en posición completamente abierta. Introduzca la broca especificada (vea las especificaciones) entre el borde superior de la válvula del estrangulador y la pared interna de la trompa de aire.

2. Con un dedo apretando ligeramente contra la palanca de control, debe sentir una ligera resistencia a medida que retira la broca. Si es necesario realizar un ajuste, doble el rabillo descargador de la palanca de la válvula mariposa hasta que obtenga la abertura correcta.

AJUSTE DE LA VELOCIDAD EN VACÍO RÁPIDA (CARBURADOR MONTADO EN EL VEHÍCULO)

1. En los carburadores Chrysler, desconecte y tapone las conexiones del control de aire caliente, el EGR y la válvula OSAC (control de avance del encendido por un orificio) o el distribuidor. En los carburadores Chrysler de 1980-81, con dispositivo de avance electrónico del encendido (ESA), ponga a masa el interruptor de régimen mínimo. No desconecte la manguera de vacío del transductor de vacío. Desconecte el solenoide de las válvulas EGR y TCS en los vehículos AMC hasta 1980. En los modelos AMC de 1981-84 desconecte el EGR. Con el motor parado y la transmisión en la posición de estacionamiento o punto muerto, abra ligeramente la válvula mariposa.

2. Cierre la válvula del estrangulador hasta que pueda colocarse el tornillo de régimen mínimo en el segundo escalón más alto de la leva de régimen mínimo.

3. Arranque el motor y deje que se estabilice la velocidad en vacío. Apriete o afloje el tornillo de ajuste de la velocidad en vacío mínima para obtener la velocidad especificada.

4. No es necesario parar el motor entre un ajuste y otro. Sin embargo, reajuste la posición del tornillo de régimen mínimo en la leva, después de cada ajuste de velocidad, para obtener el par de cierre correcto de la válvula mariposa.

AJUSTE DEL RETARDADOR DE VACÍO (ABERTURA INICIAL DE LA VÁLVULA DEL ESTRANGULADOR)

Carburadores Chrysler

1. Si el ajuste se realiza con el motor en marcha, desconecte el varillaje de régimen mínimo, para permitir que el estrangulador se cierre de manera que quede en la posición de retardado con el motor en régimen mínimo. Si se utiliza una fuente de vacío auxiliar, tal como se recomienda, abra las válvulas mariposa (con el motor parado) y desplace el estrangulador a la posición cerrada. Suelte primero la mariposa y a continuación desactive el estrangulador.

2. Cuando utilice una fuente auxiliar de vacío, desconecte la manguera de vacío del carburador y conéctela a la manguera que viene de la fuente de vacío con un trozo de tubo como conexión. En

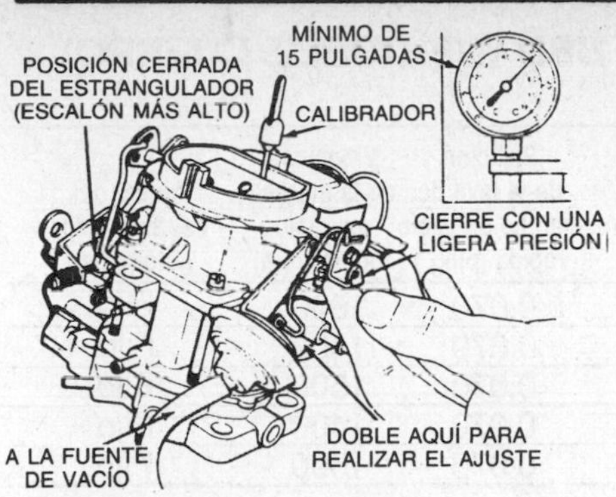

Ajuste del retardador de vacío en el carburador BBD

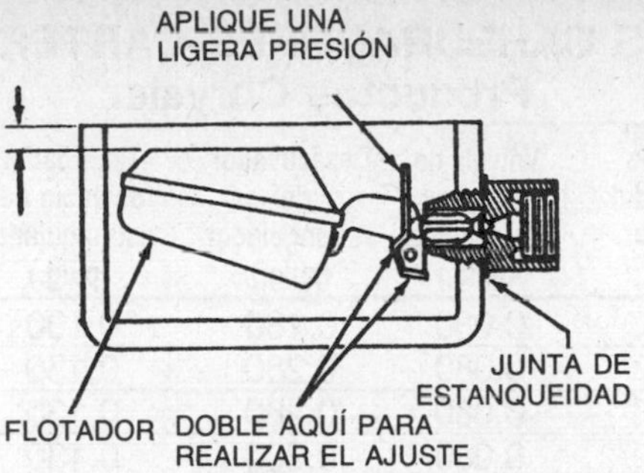

Ajuste del nivel del flotador en el carburador BBD para los productos de la AMC

el desmontaje de la manguera que proviene del diafragma puede ser necesario hacer algo de fuerza lo que podría provocar daños en el sistema. Aplique un vacío de 15 o más pulgadas de columna de mercurio.

3. Introduzca la broca especificada (vea las especificaciones) entre la parte superior de la válvula del estrangulador y la pared de la trompa de aire. Aplique una presión suficiente de cierre sobre la palanca a la que va unida la varilla del estrangulador para obtener una apertura mínima de la válvula del estrangulador sin tocar el reenvío del diafragma. Observe que el vástago cilíndrico del diafragma se desplegará al comprimir el muelle interno. Este muelle debe estar totalmente comprimido para poder realizar una medición correcta del ajuste del retardador de vacío.

4. Será necesario realizar un ajuste si no se siente una ligera resistencia al extraer la broca. Acorte o alargue el reenvío del diafragma, para obtener la abertura correcta del estrangulador. Debe hacer los cambios de longitud con cuidado, doblando (abriendo o cerrando) la curvatura en U existente en el reenvío del diafragma.

ATENCIÓN

No retuerza o doble el diafragma.

5. Vuelva a instalar la manguera de vacío en la boca correspondiente del carburador. Coloque el varillaje de régimen mínimo en su posición original, si se ha tocado, como se sugiere en el paso 1.

6. Haga la siguiente comprobación: Sin aplicar vacío al diafragma, la válvula del estrangulador debe moverse libremente entre las posiciones abierta y cerrada. Si no se mueve libremente, compruebe si el varillaje está desalineado o existen elementos que estorban debido a la operación de curvatura realizada. Repita el ajuste, si es necesario, para obtener el funcionamiento correcto del varillaje.

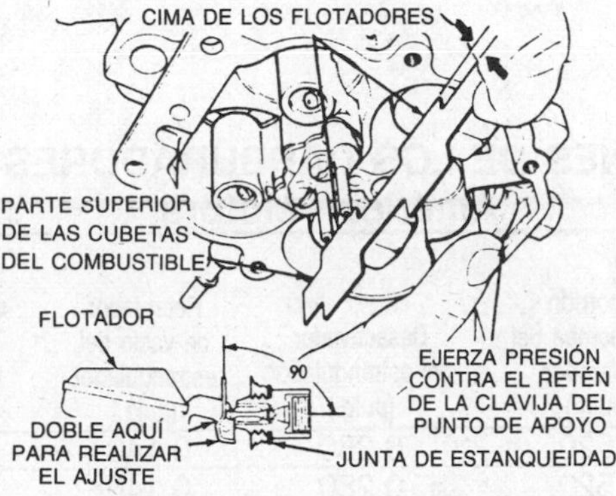

Ajuste del nivel del flotador en el carburador BBD

Modelos AMC

Este ajuste se denomina ajuste de la abertura inicial de la válvula del estrangulador en los modelos AMC.

1. Afloje la tapa del estrangulador, gírela 1/4 de vuelta en el sentido de enriquecimiento, y apriete un tornillo de la tapa.

2. Aplique un vacío de al menos 19 pulgadas (de mercurio) para que el diafragma quede contra el tope.

3. Abra ligeramente la válvula mariposa para colocar el tornillo de marcha en vacío mínima en el escalón más alto de la leva.

4. Mida la abertura entre el extremo superior de la placa del estrangulador y la pared de la trompa de aire.

5. Ajuste la abertura entre el extremo superior del extremo de la placa del estrangulador y la pared de la trompa de aire.

6. Ajuste la abertura doblando el reenvío del conector del diafragma, en el ángulo. Reajuste el estrangulador o restituya la tapa.

NIVEL DEL FLOTADOR

Modelos Chrysler

1. Invierta la posición del carburador de manera que el peso de los flotadores sea la única fuerza sobre la aguja y asiento.

2. Utilice unas reglas en T para comprobar el nivel de flotación. Mida desde la superficie de la cubeta de combustible a la parte superior de cada uno de los flotadores, en el centro.

3. Para realizar el ajuste, sujete los flotadores en la parte inferior de la cubeta y doble el labio del flotador para que dé la dimensión especificada.

Modelos AMC

1. Desmonte la trompa de aire.

2. Sujete el labio del flotador suavemente contra la aguja para elevarlo.

3. Coloque una regla entre los bordes de la cubeta del flotador, para medir el nivel del flotador en la parte superior de éste.

4. Para realizar el ajuste, doble el labio del flotador teniendo cuidado de no hacer demasiada fuerza sobre el extremo de la aguja sintética.

AJUSTE DEL AMORTIGUADOR

Modelos Chrysler

El amortiguador existe únicamente en los modelos con transmisión manual.

1. Asegúrese de que la velocidad de régimen mínimo está correctamente ajustada.

2. Arranque el motor. Coloque la palanca de la válvula mariposa de manera que la aleta de accionamiento entre justamente en contacto con el vástago del émbolo del amortiguador. Deje que

ESPECIFICACIONES DE LOS CARBURADORES CÁRTER BBD (DE DOBLE CUERPO)
Productos Chrysler

Año	Modelo ②	Nivel del flotador (pulg.)	Carrera de la bomba del acelerador (pulg.)	Válvula de descarga de la cubeta (pulg.)	Desactivador del estrangulador (pulg.)	Retardador de vacío del estrangulador (pulg.)	Posición de la leva de marcha en vacío rápida (pulg.)	Velocidad de la marcha en vacío rápida (rpm)	Ajuste del estrangulador automático
'80	8233S	1/4	0.500 ①	0.080	0.280	0.130	0.070	1500	Fijo
	8235S	1/4	0.500 ①	0.080	0.280	0.130	0.070	1700	Fijo
	8237S	1/4	0.500 ①	0.080	0.280	0.110	0.070	1500	Fijo
	8239S	1/4	0.500 ①	0.080	0.280	0.110	0.070	1500	Fijo
	8286S	1/4	0.500 ①	0.080	0.280	0.100	0.070	1400	Fijo
'81–'82	8290S	1/4	0.500 ①	0.080	0.280	0.100	0.070	1600	Fijo
	8291S	1/4	0.500 ①	0.080	0.280	0.130	0.070	1400	Fijo
	8292S	1/4	0.500 ①	0.080	0.280	0.130	0.070	1600 ③	Fijo

ESPECIFICACIONES DE LOS CARBURADORES CÁRTER BBD (DE DOBLE CUERPO) Productos Chrysler

Año	Modelo ②	Nivel del flotador (pulg.)	Carrera de la bomba del acelerador (pulg.)	Válvula de descarga de la cubeta (pulg.)	Desactivador del estrangulador (pulg.)	Retardador de vacío del estrangulador (pulg.)	Posición de la leva de marcha en vacío rápida (pulg.)	Velocidad de la marcha en vacío rápida (rpm)	Ajuste del estrangulador automático
'83	8290S	1/4	0.470 ①	0.080	0.280	0.100	0.070	1600	Fijo
	8291S	1/4	0.470 ①	0.080	0.280	0.130	0.070	1400	Fijo
	8369S	1/4	0.500 ①	0.080	0.280	0.130	0.070	1500	Fijo
'84	8385S	1/4	0.470 ①	0.080	0.280	0.130	0.070	1400	Fijo
	8369S	1/4	0.500	0.080	0.280	0.130	0.070	1500	Fijo

① En régimen mínimo
② Los números de los modelos están situados en la etiqueta o en el cuerpo del carburador
③ 1982: 1,500 rpm

ESPECIFICACIONES DE LOS CARBURADORES CÁRTER BBD American Motors

Año	Modelo ①	Nivel del flotador (pulg.)	Recorrido de la bomba del acelerador (pulg.)	Desactivador del estrangulador (pulg.)	Retardador de vacío del estrangulador (pulg.)	Posición de la leva de marcha en vacío rápida (pulg.)	Velocidad de marcha en vacío (rpm)	Ajuste del estrangulador automático
'80	8216	1/4	0.520	0.280	0.140	0.090	1850	2 Enriquecedores
	8246	1/4	0.520	0.280	0.140	0.095	1850	2 Enriquecedores
	8247	1/4	0.520	0.280	0.150	0.095	1700	1 enriquecedor
	8248	1/4	0.520	0.280	0.150	0.095	1700	1 enriquecedor
	8253	1/4	0.470	0.280	0.128	0.095	1850	2 Enriquecedores
	8256	1/4	0.470	0.280	0.128	0.093	1850	2 Enriquecedores
	8278	1/4	0.542	0.280	0.140	0.093	1850	Indicador
'81	8310	1/4	0.525	0.280	0.140	0.095	1850	Indicador
	8302	1/4	0.500	0.280	0.128	0.095	1850	1 enriquecedor
	8303	1/4	0.500	0.280	0.128	0.090	1700	1 enriquecedor
	8306	1/4	0.500	0.280	0.128	0.090	1700	1 enriquecedor
	8307	1/4	0.500	0.280	0.128	0.095	1850	1 enriquecedor
	8308	1/4	0.500	0.280	0.128	0.095	1850	2 Enriquecedores
	8309	1/4	0.520	0.280	0.128	0.093	1700	2 Enriquecedores
'82	8338	1/4	0.520	0.280	0.140	0.095	1850	1 enriquecedor
	8339	1/4	0.520	0.280	0.140	0.095	1850	1 enriquecedor
'83	8360	1/4	0.520	0.280	0.140	0.095	1850	Fijo
	8364	1/4	0.520	0.280	0.140	0.095	1700	Fijo
	8367	1/4	0.520	0.280	0.140	0.095	1700	Fijo
	8362	1/4	0.520	0.280	0.140	0.095	1850	Fijo
'84–'85	8383	1/4	0.520	0.280	0.140	0.095	1850	1 - ½ enriquecimientos
	8384	1/4	0.520	0.280	0.140	0.095	1700	1 - ½ enriquecimientos

① Los números de modelos están situados en la etiqueta o en el cuerpo del carburador.

se estabilice la velocidad del motor durante 30 segundos.

3. La velocidad debe ser de 2,500 rpm.

4. Ajuste la posición aflojando la tuerca de seguridad y moviendo el amortiguador

Modelos YF, YFA

El carburador YF es un carburador invertido de un solo cuerpo, con una bomba de acelerador del tipo de diafragma y varillas de dosificación accionadas por diafragma.

AJUSTE DEL FLOTADOR

1. Invierta la posición del conjunto de la trompa de aire y compruebe la distancia entre la parte superior del flotador y la superficie de la trompa de aire, con una combinación de reglas en T. La trompa de aire debe mantenerse al nivel de los ojos, al efectuar la medición y el brazo del flotador debe quedar apoyado sobre el pasador de la aguja.

2. No apriete sobre la válvula de aguja al realizar la medición o ajuste del flotador. Doble el brazo del flotador lo que sea necesario para ajustar el nivel del mismo.

ATENCIÓN

No doble la aleta en el extremo del brazo del flotador ya que esto impedirá que éste pueda quedar apoyado en la cubeta de combustible cuando éste esté vacío y mantener la aguja en su posición.

AJUSTE DE LA VARILLA DE DOSIFICACIÓN

1. Desmonte la trompa de aire. Afloje el tornillo de ajuste de la velocidad de régimen mínimo hasta que la placa de la válvula mariposa quede completamente asentada en su orificio.

2. Presione hacia abajo sobre el extremo superior del eje del diafragma hasta que éste llegue al fondo de la cámara de vacío.

3. La varilla de dosificación debe entrar en contacto con la parte inferior del pozo dc la varilla de dosificación. El reenvío del levantador en el extremo externo más próximo a los muelles y el reenvío de sujeción debe quedar en el fondo.

4. En los modelos que no disponen de tornillo de ajuste, realice el ajuste doblando el labio de la unión de la varilla de dosificación.

5. En los modelos que disponen de tornillo de ajuste, apriételo o aflójelo hasta que la varilla de dosificación justo comience a apoyarse en el fondo del cuerpo del carburador. Para realizar el ajuste final, gire el tornillo una vuelta adicional en el sentido de las agujas del reloj.

AJUSTE DE LA LEVA DE MARCHA EN VACÍO RÁPIDA

1. Coloque el tornillo de marcha en vacío rápida en el segundo escalón más alto de la leva de marcha en vacío rápida, contra el saliente del escalón superior.

2. Realice el ajuste doblando la varilla de conexión de la placa del estrangulador, para obtener el espacio suficiente entre el extremo inferior de la placa del estrangulador y la pared de la trompa de aire.

AJUSTE DEL DESCARGADOR DEL ESTRANGULADOR

Con la válvula mariposa sujeta totalmente abierta, y la válvula del estrangulador sujeta en posición cerrada, doble la aleta del descargador, sobre la palanca de la mariposa, para lograr la abertura especificada entre el borde inferior de la válvula del estrangulador y la pared interior del difusor (trompa de aire).

AJUSTE DEL ESTRANGULADOR AUTOMÁTICO

Afloje los tornillos de sujeción de la tapa del estrangulador y a continuación gírela de manera que la marca existente en la tapa quede alineada con la marca especificada en la carcasa del estrangulador.

AJUSTE DEL TIRADOR ABAJO DE LA PLATINA DEL ESTRANGULADOR

Estrangulador del tipo pistón de 1983-84

NOTA: Para realizar este ajuste es necesario haber desmontado la carcasa del muelle termostático y la junta (tapa del estrangulador). Consulte el procedimiento de desmontaje de la Tapa del estrangulador, que se presenta más adelante.

1. Desmonte el conjunto del filtro del aire y a continuación la tapa del estrangulador.

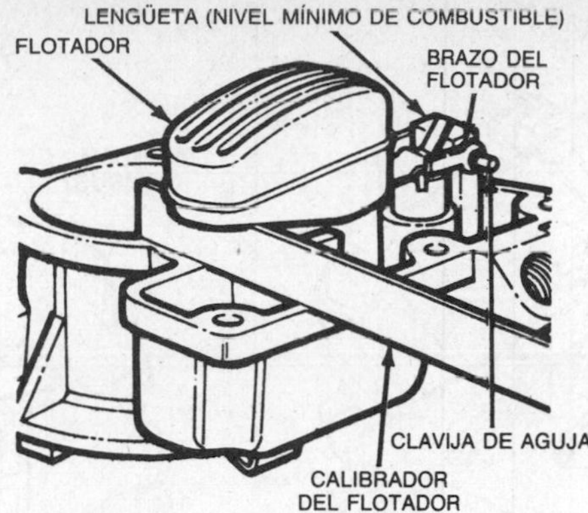

Ajuste del nivel del flotador en el carburador YFA

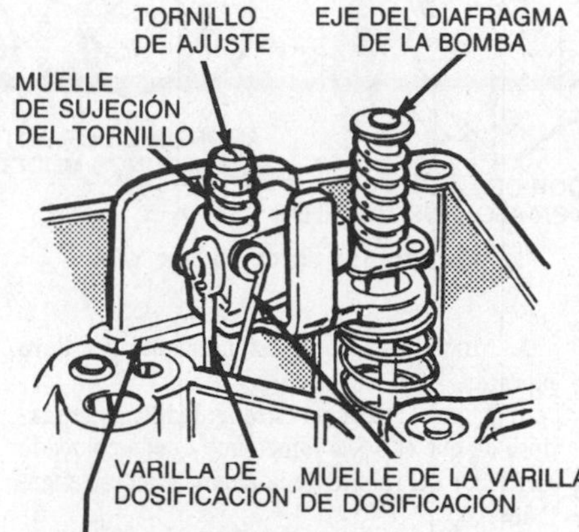

Ajuste de la varilla de dosificación en el carburador YFA

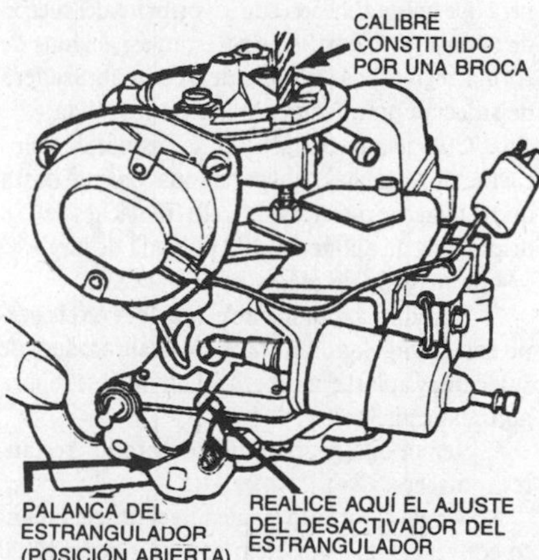

Ajuste del desactivador del estrangulador en el carburador YFA

2. Doble un calibre de alambre de 0.026" de diámetro, en forma de ángulo recto, a aproximadamente 1/8 de pulgada de un extremo. Introduzca el extremo doblado del calibre entre la ranura del pistón del estrangulador y la ranura derecha de la carcasa del mismo. Gire la palanca del pistón del estrangulador en el sentido contrario a las agujas del reloj, hasta que el calibrador quede cerrado en la ranura del pistón.

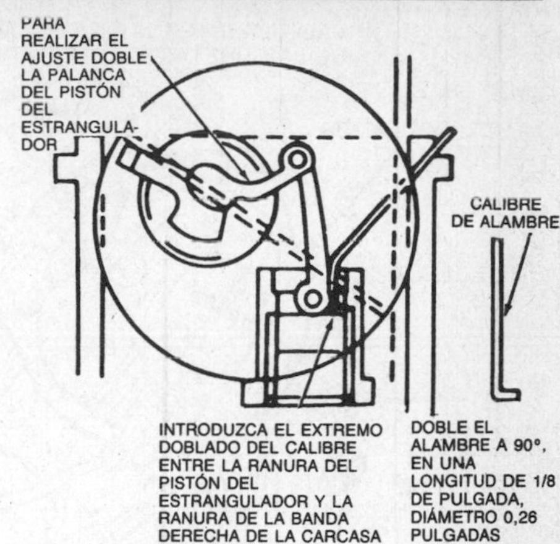

Placa del estrangulador accionada hacia abajo —estrangulador de tipo pistón carburador YFA

3. Ejerza algo de fuerza sobre la palanca del pistón del estrangulador para mantenerlo en su posición, y a continuación, mida la abertura entre el extremo inferior de la placa del estrangulador y el orificio del carburador, utilizando una broca de un diámetro igual a la abertura especificada del tirador abajo.

4. Doble la palanca del pistón del estrangulador para obtener el espacio correcto.

5. Monte la tapa del estrangulador.

Estrangulador de tipo diafragma

1. Accione el motor del tirador abajo, aplicando una fuente externa de vacío.

2. Cierre la placa del estrangulador, todo lo que sea posible, sin forzarla.

3. Utilizando una broca del tamaño especificado, mida el espacio entre el extremo inferior de la placa del estrangulador y la pared de la trompa de aire.

4. Si es necesario realizar un ajuste, doble el reenvío del diafragma del estrangulador lo que sea necesario.

DESMONTAJE DE LA TAPA DEL ESTRANGULADOR

Modelos de 1983-84

NOTA: El estrangulador automático dispone de dos remaches y un tornillo que retienen la tapa del mismo en posición. Existe una placa de cierre y de alineación para evitar una desalineación de la misma.

1. Desmonte el conjunto del filtro del aire del carburador.

2. Examine los remaches de sujeción de la tapa del estrangulador para determinar si el mandril queda bien por debajo de la cabeza del remache. Si el mandril parece estar a la misma altura o algo más abajo de la cabeza del remache, empújelo hacia abajo o extráigalo con un punzón de 1/6 de pulgada de diámetro.

3. Utilice una broca de 1/8 de pulgada de diámetro o una broca n.º 32 (0.128" de diámetro) para perforar las cabezas de los remaches. Taladre la

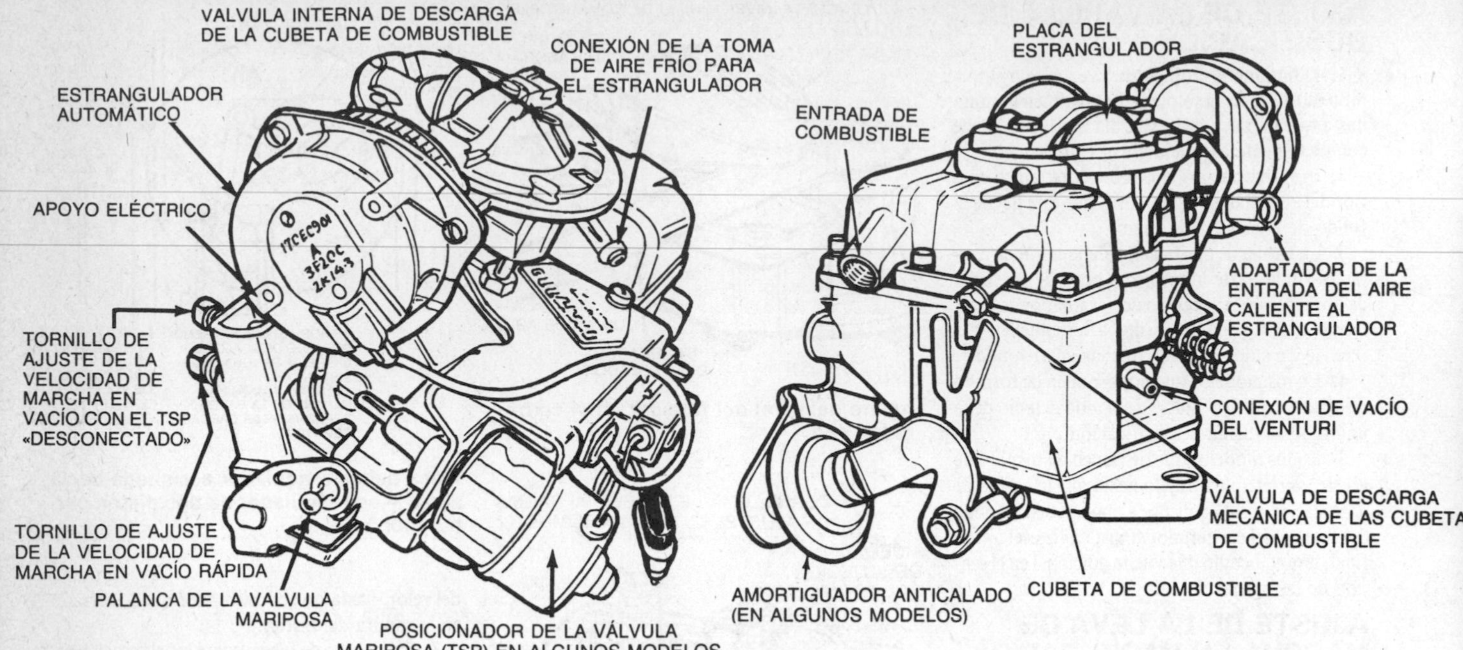

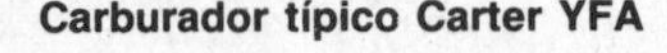

Carburador típico Carter YFA

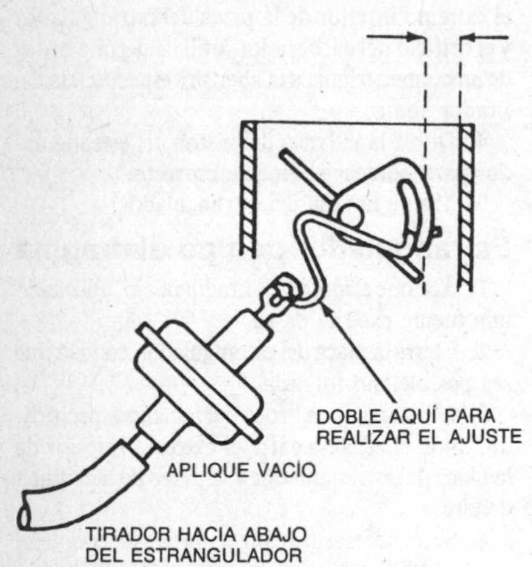

Tirador hacia abajo de la placa del estrangulador —estrangulador de tipo diafragma— YFA

cabeza del remache hasta que ésta se separe del cuerpo del mismo.

4. Una vez haya desmontado la cabeza del remache extraiga el resto del mismo a través del orificio con un punzón de 1/8 de pulgada de diámetro.

NOTA: Ha de seguir este procedimiento si quiere mantener el tamaño del orificio.

5. Repita los pasos 1-4 para los restantes remaches.

6. Desmonte el tornillo siguiendo el procedimiento convencional.

MONTAJE DE LA TAPA DEL ESTRANGULADOR

1. Monte la junta de estanqueidad de la tapa del estrangulador.

2. Monte la placa de cierre y alineación.

3. Monte la junta de estanqueidad que lleva muescas.

4. Monte la tapa del estrangulador, asegurándose de que el bucle bimetálico queda colocado alrededor del rabillo de la palanca del estrangulador.

5. Manteniendo la tapa en su posición correspondiente, accione la placa del estrangulador para asegurarse de que el bucle bimetálico queda correctamente acoplado con el rabillo de la palanca. Coloque la abrazadera de sujeción sobre la tapa del estrangulador, y oriente la abrazadera de manera que quede alineada con los orificios del cuerpo de la misma (los orificios no están espaciados de forma regular). Asegúrese de que la abrazadera de sujeción no queda en posición invertida.

6. Coloque un remache en la pistola de colocación de remaches y dispárela suavemente hasta que el remache quede bien sujeto (remaches de 1/8 de pulgada de diámetro, 1/2 pulgada de largo × 1/4 de pulgada de diámetro de cabeza).

7. Introduzca totalmente el remache en el cuerpo del estrangulador, a través de la abrazadera de sujeción, y aplaste la cabeza (el mandril se separa automáticamente).

8. Repita este procedimiento para los restantes remaches.

9. Monte el tornillo siguiendo el procedimiento convencional. Apriételo con un par de 17-20 libras-pulgada.

AJUSTE DE LA ABERTURA (DESACTIVADOR) DE LA PLACA DEL ESTRANGULADOR

1. Desmonte el conjunto del filtro del aire.

2. Mantenga la placa de la válvula mariposa en la posición totalmente abierta, y cierre la placa del estrangulador todo lo que sea posible, sin forzarla. Utilice una broca del diámetro adecuado, para

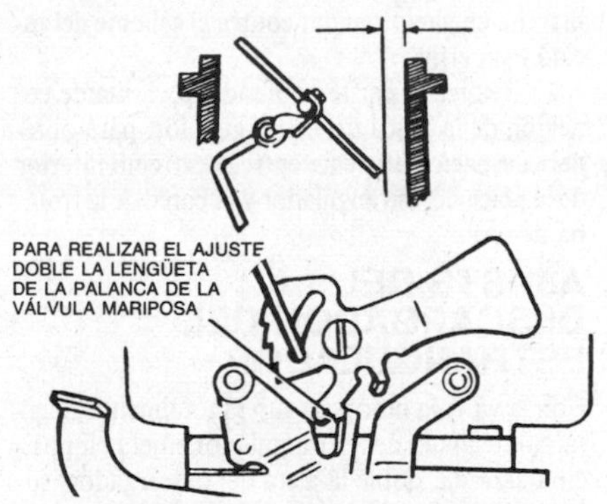

Ajuste del desactivador del estrangulador —modelo YFA

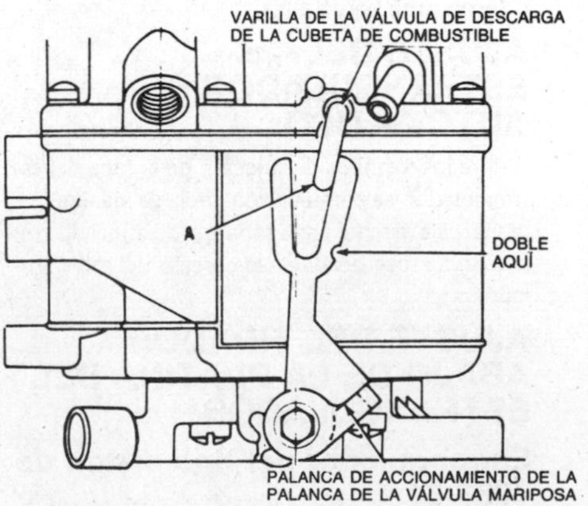

Ajuste de la válvula de descarga de la cubeta de combustible —modelo YFA

comprobar la abertura entre la placa del estrangulador y la trompa de aire.

3. Si la abertura no queda dentro de las especificaciones, ajústela doblando el brazo de la palanca del estrangulador existente en la palanca de la válvula mariposa. Doble el brazo hacia abajo para disminuir la abertura o distancia y dóblelo hacia arriba para aumentarla. Vuelva a comprobar siempre la abertura, después de realizar cualquier ajuste.

AJUSTE DE LA VÁLVULA MECÁNICA DE DESCARGA DE LA CUBETA DEL COMBUSTIBLE

1. Arranque el motor y espere, hasta que haya alcanzado la temperatura normal de funcionamiento, antes de proseguir.

2. Compruebe la velocidad de marcha en vacío del motor y ajústela según las especificaciones.

3. Compruebe el funcionamiento del motor del DC (desactivador) abriendo la válvula mariposa. El motor del desactivador debe desplegarse. Desactive la válvula mariposa y el motor de DC, debe retraerse al entrar en contacto con la palanca de la válvula mariposa.

ESPECIFICACIONES DE LOS CARBURADORES CARTER YF, YFA
American Motors

Año	Modelo ①	Nivel del flotador (pulg.)	Leva de marcha en vacío rápida (pulg.)	Desactivador de la leva (pulg.)	Estrangulador (pulg.)
'83–'85	7700	0.600	0.175	0.370	Fijo
	7701	0.600	0.175	0.370	Fijo
	7702	0.600	0.175	0.370	Fijo
	7703	0.600	0.175	0.370	Fijo

① Los números de modelo están situados en la etiqueta o en el cuerpo del carburador.

ESPECIFICACIONES DE LOS CARBURADORES CÁRTER YF, YFA, YFA-FB (RETROALIMENTADO)
Ford Motor Co.

Año	Modelo ①	Nivel del flotador (pulg.)	Leva de marcha en vacío rápida (pulg.)	Tirador abajo de la placa del estrangulador (pulg.)	Descargador del estrangulador (pulg.)	Desactivador del estrangulador (pulg.)	Estrangulador
'80	DEDE-GA,HA EODE-JA,NA, LA,MA	25/32	0.140	—	0.250	—	2 Enriquecimiento
'83	E3ZE-LA	0.650	0.140	0.260	—	0.220	—
	E3ZE-MA	0.650	0.140	0.260	—	0.220	—
	E3ZE-TB	0.650	0.140	0.240	—	0.220	—
	E3ZE-UA	0.650	0.140	0.240	—	0.220	—
	E3ZE-VA	0.650	0.140	0.260	—	0.220	—
	E3ZE-YA	0.650	0.140	0.260	—	0.220	—
	E3ZE-NB	0.650	0.160	0.260	—	0.220	—
	E3ZE-PB	0.650	0.160	0.260	—	0.220	—
	E3ZE-ASA	0.650	0.160	0.260	—	0.220	—
	E3ZE-APA	0.650	0.140	0.240	—	0.220	—
	E3ZE-ARA	0.650	0.140	0.240	—	0.220	—
	E3ZE-ADA	0.650	0.140	0.260	—	0.220	—
	E3ZE-AEA	0.650	0.140	0.260	—	0.220	—
	E3ZE-ACA	0.650	0.140	0.260	—	0.220	—
	E3ZE-ATA	0.650	0.160	0.260	—	0.220	—
	E3ZE-ABA	0.650	0.140	0.260	—	0.220	—
	E3ZE-UB	0.650	0.140	0.240	—	0.220	—
	E3ZE-TC	0.650	0.140	0.240	—	0.220	—
'84	E4ZE-HC,DB	0.650	0.140	0.260	—	0.270	—
	E4ZE-MA,NA	0.650	0.140	0.240	—	0.270	—
	E4ZE-PA,RA	0.650	0.140	0.260	—	0.270	—
'85	E5ZE-CA	0.650	0.140	0.260	—	0.270	—
	E5ZE-AA	0.650	0.140	0.260	—	0.270	—
'86	E5ZE-AA	0.650	0.140	0.260	—	0.270	—
	E5ZE-AB	0.650	0.140	0.260	—	0.270	—
	E5ZE-CA	0.650	0.140	0.260	—	0.270	—
	E5ZE-CB	0.650	0.140	0.260	—	0.270	—
	E6ZE-EA	0.650	0.140	0.260	—	0.270	—
	E6ZE-DA	0.650	0.140	0.260	—	0.270	—

① El número de modelo está situado en la etiqueta o cuerpo del carburador.

4. Desconecte el motor de la velocidad de marcha en vacío de la posición de marcha en vacío.

5. Pare el motor.

6. Abra la palanca de la válvula mariposa de manera que la palanca de accionamiento de la misma no quede en contacto con la varilla de la válvula de descarga de la cubeta del combustible.

7. Cierre la palanca de la válvula de mariposa de manera que quede en la posición de ajuste de la velocidad de marcha en vacío, y mida el recorrido de la varilla de la válvula de descarga de la cubeta de combustible, en el punto A. La distancia medida representa el recorrido de la varilla de la válvula de descarga de la cubeta, desde donde no existe contacto con la palanca de accionamiento hasta donde ésta desplaza a la válvula de descarga hacia la posición de ajuste de la velocidad de marcha en vacío. El recorrido de la varilla de la válvula de descarga en el punto A debe ser de 0.100-0.150" (2.54-3.81 mm).

8. Si es necesario ajustarla, doble la palanca de accionamiento de la válvula mariposa en la muesca mostrada.

9. Vuelva a conectar el motor de control de la velocidad de marcha en vacío.

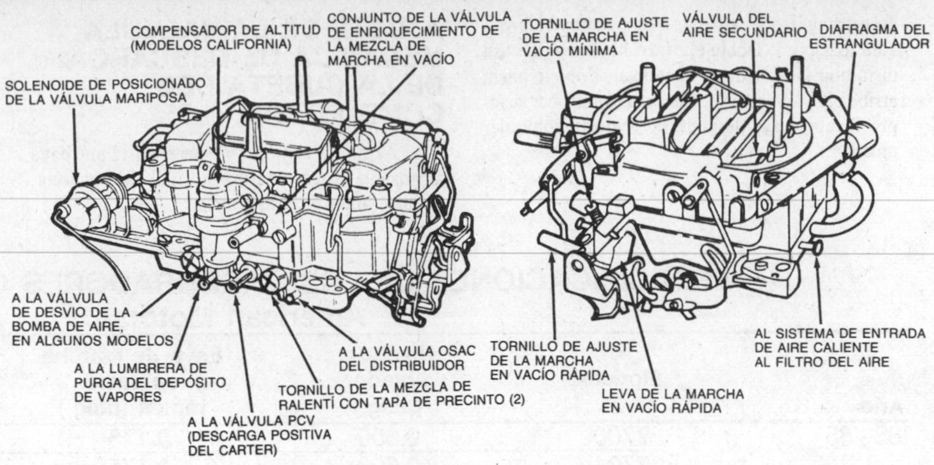

Conjunto típico de carburador TQ

Modelo TQ

El modelo TQ (Thermo-Qaud) dispone de una cubeta de combustible fabricada de resina de fenol. Ésta sirve de aislante refractario. El combustible se mantiene 20° más frío que en los carburadores metálicos. Dispone además de un sistema de dosificación de diseño suspendido, que ayuda a la refrigeración. Todos los puntos de calibración están situados en el cuerpo superior de aluminio o trompa de aire y están efectivamente suspendidos en las cavidades del cuerpo principal.

AJUSTE DEL FLOTADOR

1. Con la tapa de la cubeta en posición invertida, la junta de estanqueidad montada y los flotadores apoyados sobre la aguja asentada, la dimensión de cada flotador desde el lado inferior del flotador a la junta de estanqueidad de la tapa, debe ser la mostrada en la tabla de especificaciones.

2. Para realizar el ajuste, doble la palanca del flotador. No permita que la pestaña de la misma sea presionada contra la aguja durante el ajuste.

VARILLAJE DE LA VÁLVULA DE MARIPOSA SECUNDARIA

1. Bloquee la válvula del estrangulador en posición completamente abierta, e invierta la posición del carburador.

2. Abra lentamente las válvulas de mariposa primarias hasta que las secundarias comiencen a abrirse. Mida la distancia entre el extremo inferior de la válvula primaria y su orificio. Abra la válvula de mariposa en posición completamente abierta. Las palancas primarias y secundarias deben entrar en contacto con los topes al mismo tiempo.

3. Si es necesario realizar algún ajuste, doble la palanca de accionamiento de la válvula mariposa secundaria, en el ángulo inferior, hasta que la dimensión sea la correcta.

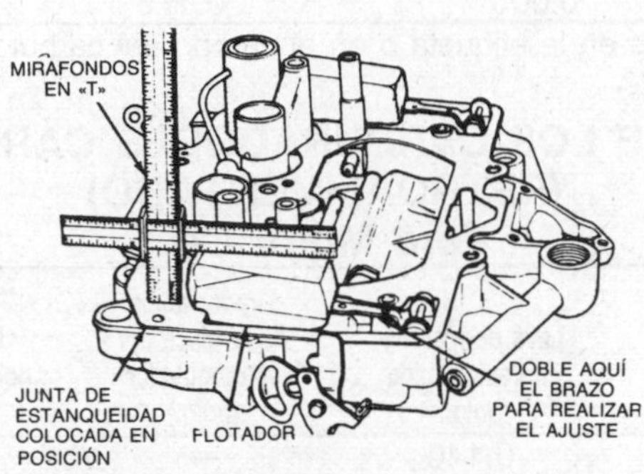

Ajuste del flotador en el modelo TQ

Ajuste de la válvula mariposa secundaria, en el modelo TQ

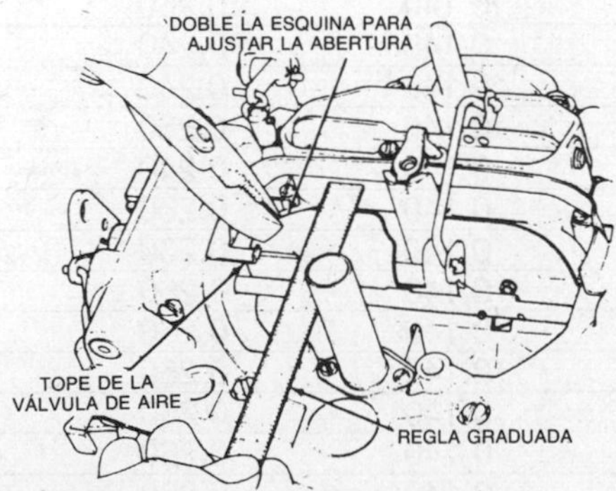

Ajuste de la válvula secundaria de aire en el modelo TQ

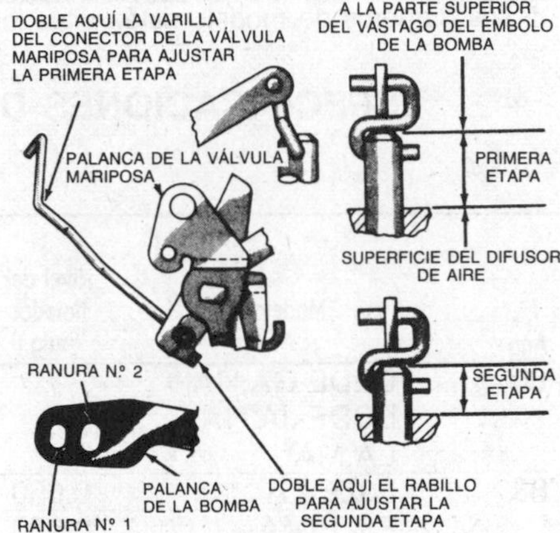

Ajuste de la carrera de la bomba del acelerador en el modelo TQ

APERTURA DE LA VÁLVULA DEL AIRE SECUNDARIA

1. Con la válvula del aire en posición cerrada, la abertura a lo largo de la válvula de aire en su lado largo debe estar en su máximo y en paralela con la superficie de la junta de estanqueidad de la trompa del aire.

2. Con la válvula del aire en posición completamente abierta, la abertura de la válvula de aire en el lado más corto, y la trompa de aire, deben coincidir con las dimensiones de las tablas de especificaciones. La esquina de la válvula de aire está ranurada para realizar los ajustes. Doble el extremo con unos alicates para obtener la abertura correcta.

AJUSTE DE LA CARRERA DE LA BOMBA DEL ACELERADOR

Primera etapa

1. Asegúrese de que la varilla de conexión de la válvula mariposa está situada en la ranura correcta del brazo de la bomba.

2. Mida la altura del émbolo de la bomba del acelerador a régimen mínimo. El interruptor de

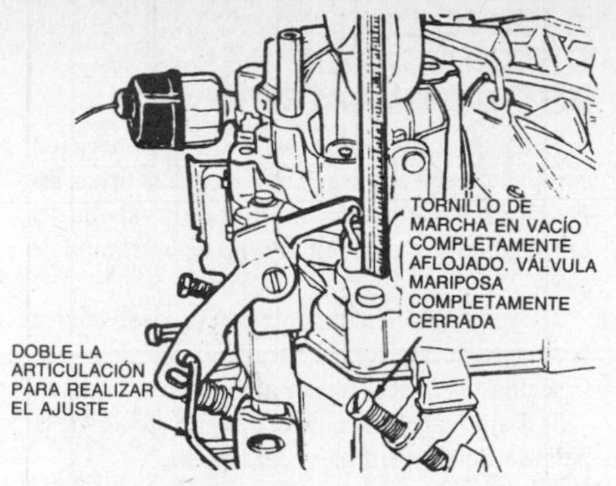

Ajuste de la bomba del acelerador en el modelo TQ

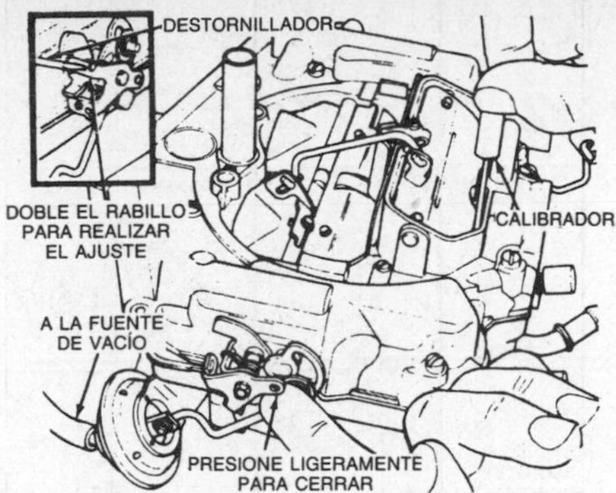

Ajuste del retardador de vacío en el modelo TQ

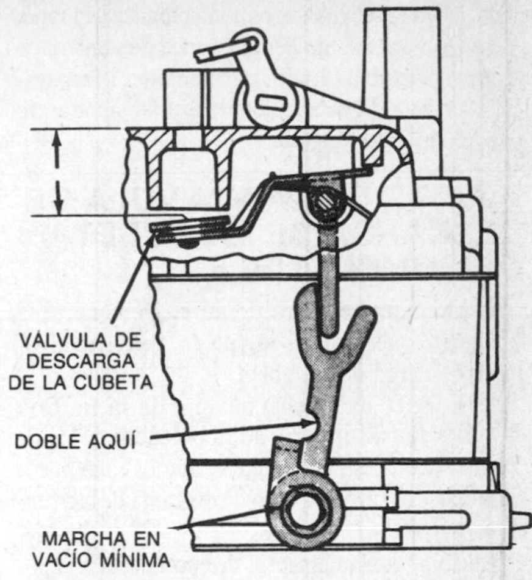

Ajuste de la descarga de la cubeta en el modelo TQ

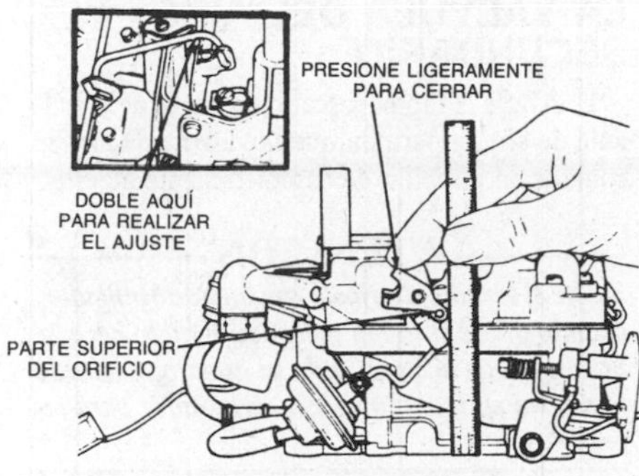

Palanca de control del estrangulador en el modelo TQ

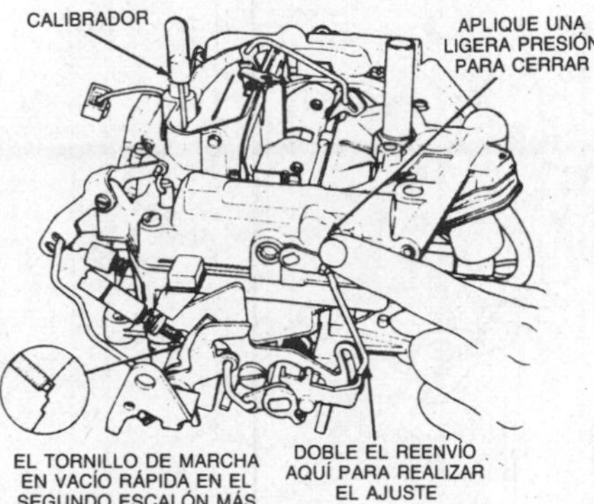

Ajuste del varillaje de la leva de la marcha en vacío rápida en el modelo TQ

encendido debe estar en la posición de conectado, si existe un solenoide de tope de marcha en vacío.

3. Ajuste la altura del émbolo, doblando la varilla de conexión de la válvula mariposa.

NOTA: Los carburadores con sistemas de bombas de varias etapas requieren una segunda medición de la altura de la posición de la válvula mariposa respecto a un cierre de la válvula de mariposa secundaria.

4. Utilice una regla graduada para medir la altura del vástago del émbolo de la bomba del acelerador en el régimen mínimo.

5. Ajuste la altura del émbolo de la bomba doblando la varilla del conector de la válvula mariposa.

Segunda etapa

1. Abra el estrangulador y a continuación abra la válvula de mariposa hasta que el cierre de la válvula mariposa secundaria quede justamente accionado. El recorrido hacia abajo del émbolo finaliza en ese punto.

2. Utilice una regla graduada para medir la altura del émbolo de la bomba del acelerador.

3. Ajuste la curvatura del rabillo.

PALANCA DE CONTROL DEL ESTRANGULADOR

1. Desconecte la varilla del diafragma.

2. Cierre el estrangulador empujando sobre la palanca del mismo, con la válvula de mariposa parcialmente abierta.

3. Mida la distancia vertical desde la parte superior del orificio de la varilla en la palanca de control hasta la base del carburador. La distancia debe ser la señalada en la tabla de especificaciones.

4. Para realizar el ajuste, doble el reenvío que conecta los dos ejes del estrangulador. Si es necesario realizar un ajuste, debe reajustar el retardador de vacío, la leva de régimen en vacío rápido y el descargador del estrangulador.

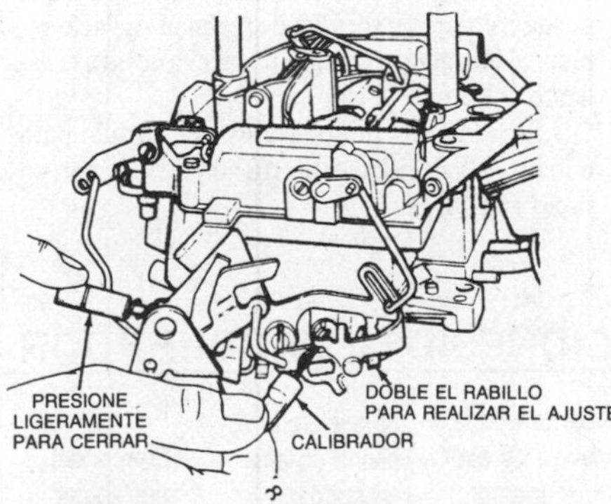

Ajuste del cierre de la válvula mariposa secundaria en el modelo TQ

AJUSTE DEL RETARDADOR DE VACÍO DEL ESTRANGULADOR

NOTA: La prueba puede llevarse a cabo con el carburador montado sobre el vehículo, o desmontado.

1. Si el ajuste se realiza con el motor en marcha, afloje el tornillo de régimen en vacío rápido, hasta que pueda cerrar el estrangulador en la posición de retardo con el motor en régimen en vacío mínimo. Observe el número de vueltas que es necesario aflojar el tornillo, de manera que pueda volver a colocar el régimen en vacío rápido en su ajuste original.

2. Si se pretende utilizar una fuente auxiliar de vacío, abra la válvula mariposa (con el motor parado) y desplace el estrangulador a la posición cerrada. Desactive primero la válvula mariposa y a continuación el estrangulador. Cuando utilice una fuente auxiliar de vacío, desconecte la manguera de vacío del carburador y conéctelo al manguito de la fuente de vacío con un trozo de tubo que sirva de acoplamiento. El desmontaje de la manguera del diafragma puede requerir una fuerza lo suficientemente grande como para que resulte doblado el soporte. Aplique un vacío de 15 o más pulgadas de columna de mercurio.

3. Introduzca la broca especificada entre el borde inferior del lado largo de la válvula del estrangulador y la pared de la trompa de aire (difusor).

4. Ejerza una fuerza suficiente sobre la palanca de control del estrangulador, para que la abertura de la válvula del estrangulador sea mínima. El muelle que conecta la palanca de control a la palanca de ajuste, debe estar completamente desplegado, para obtener un ajuste adecuado.

5. Doble el rabillo para cambiar el contacto con el extremo de la varilla del diafragma. No lo ajuste. Al extraer la broca debe sentir una ligera resistencia.

VARILLAJE DE LA LEVA DE MARCHA EN VACÍO RÁPIDA

1. Con el tornillo de marcha en vacío rápida, situado en el segundo escalón más elevado de la leva, colocado contra el saliente del primer escalón, debe existir una distancia de 0.100 pulgadas entre la pared de la trompa de aire y el borde de la válvula del estrangulador.

2. Para realizar el ajuste, doble la varilla del conector de régimen en vacío rápido, en el ángulo inferior.

CIERRE DE LA VÁLVULA DE MARIPOSA SECUNDARIA

1. Desplace la palanca de control del estrangulador a la posición de estrangulador abierto.

2. Mida la separación entre la palanca y el tope.

3. Doble el rabillo de la palanca de control de régimen en vacío rápido, para obtener la separación correcta. La separación debe estar situada entre 0.060-0.090 pulgada.

AJUSTE DE LA VÁLVULA DE DESCARGA DE LA CUBETA DE COMBUSTIBLE

1. Desmonte el filtro del aire. Desconecte la manguera que va al diafragma de la electroválvula de descarga de la cubeta.

2. Conecte una fuente auxiliar de vacío. Con la aplicación de un vacío de 15 pulgadas de Hg, la válvula debe desplazarse hacia abajo. Esto puede observarse a través del tubo de descarga de la trompa del aire.

3. Coloque el interruptor de encendido en la posición de conectado y desconecte la fuente auxiliar de vacío. La válvula debe permanecer abajo. Con el interruptor encendido desconectado, la válvula debe retroceder hacia arriba.

4. Si la válvula no se mueve hacia abajo al aplicar el vacío, quiere decir que el diafragma tiene fugas y debe ser sustituido. Si la válvula no permanece abajo con el interruptor de encendido conectado y el vacío desconectado, quiere decir que el solenoide (de la electroválvula) o el cableado está estropeado.

LEVA DE RÉGIMEN EN VACÍO RÁPIDO

1. Desconecte y tapone las conexiones del aire caliente del EGR de la válvula OSAC o del distribuidor. Con una mezcla pobre, no desconecte el manguito del computador de control del encendido. Utilice un hilo puente, para poner a masa el interruptor del tope de marcha en vacío del carburador. Con el motor parado y la transmisión en estacionamiento o punto muerto, abra ligeramente la válvula mariposa.

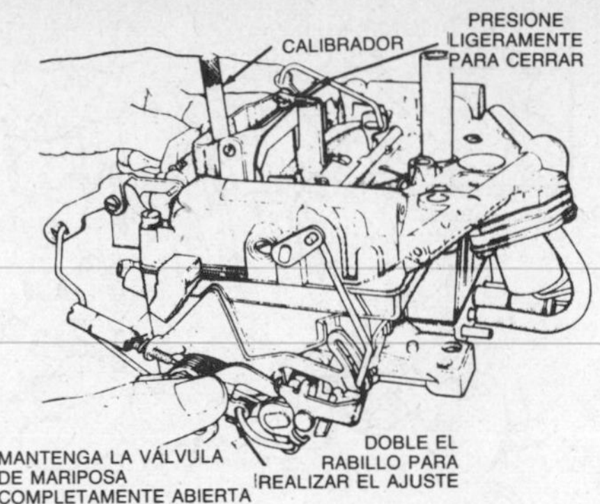

Ajuste del desactivador del estrangulador en el modelo TQ

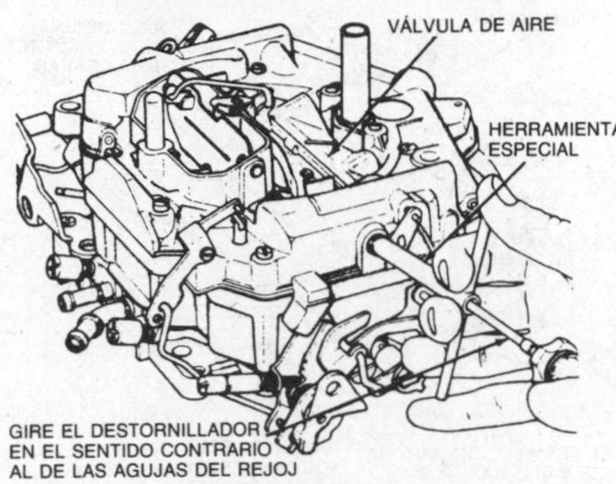

Ajuste de la tensión del muelle de la válvula de aire en el modelo TQ

2. Cierre la válvula del estrangulador hasta que pueda colocarse el tornillo de régimen en vacío rápido en el segundo escalón de la leva contra el saliente del primer escalón.

3. Arranque el motor y ajuste el tornillo para obtener la velocidad especificada de régimen en vacío rápido.

AJUSTE DEL DESCARGADOR DEL ESTRANGULADOR

1. Sujete las válvulas mariposa en la posición completamente abierta, e introduzca la broca especificada entre la pared inferior de la válvula del estrangulador y la pared interna de la trompa de aire.

2. Apretando ligeramente con un dedo contra la palanca de control del estrangulador, debe sentirse una ligera resistencia al extraer la broca.

3. Para realizar el ajuste, doble el rabillo de la palanca de régimen en vacío rápido.

TENSIÓN DEL MUELLE DE LA VÁLVULA DEL AIRE SECUNDARIO

1. Afloje el tapón roscado de cierre de la válvula de aire, y permita que la válvula de aire se coloque en posición de completamente abierta.

ATENCIÓN

Sujete el tornillo de ajuste con un destornillador, cuando afloje el tapón roscado. Si no lo hace, el muelle puede dispararse de su asiento, haciendo necesario el desmontaje del carburador para recuperarlo.

2. Con un destornillador largo que entre en el centro del utillaje C-4152, colocado sobre el tapón roscado de ajuste de la válvula de aire, gírelo en el sentido contrario a las agujas del reloj, hasta que la válvula de aire entre en contacto ligeramente con el tope, y a continuación apriételo con el par especificado.

3. Sujete el tapón roscado de ajuste con el destornillador, y apriételo con la herramienta. Asegúrese de que no se desplaza el ajuste, y de que la válvula de aire se mueve libremente.

ESPECIFICACIONES DEL CARBURADOR CÁRTER TQ

Año	Modelo ①	Posicionado del flotador (pulg.)	Varillaje de la válvula mariposa secundaria (pulg.)	Abertura de la válvula de aire secundaria (pulg.)	Muelle de la válvula de aire secundaria (vueltas)	Bomba del acelerador (pulg.)	Palanca de control del estrangulador (pulg.)	Descargador del estrangulador (pulg.)	Retardador de vacío (pulg.)	Velocidad de marcha en vacío rápida (rpm)
'80	9235S	29/32	②	1/2	3	11/32 ③	3 3/8	0.310	0.100	1600
	9243S	29/32	②	1/2	2 5/8	11/32 ④	3 3/8	0.310	0.100	1600
	9244S	29/32	②	1/2	2 1/2	11/32 ④	3 3/8	0.310	0.100	1600
'81	9372S	29/32	②	13/32	1 3/4	33/64 ④	3 3/8	0.312	0.130	1400
	9373S	29/32	②	13/32	1 3/4	33/64 ④	3 3/8	0.312	0.130	1400
	9364S	29/32	②	13/32	1 7/8	33/64 ③	3 3/8	0.312	0.100	1500
'82	9372S	29/32	②	13/32	1 3/4	33/64 ④	3 3/8	0.310	0.130	1400
'83	9374S	29/32	②	13/32	1 3/4	⑤	3 3/8	0.310	0.130	1400
	9385S	29/32	②	13/32	1 3/4	33/64 ④	3 3/8	0.310	0.130	1400
'84	93895	29/32	②	13/32	1 3/4	⑤	—	0.310	0.130	1400

NOTA: Todos los posicionados del estrangulador son fijos.
① Los números de los modelos están situados en la etiqueta o cuerpo del carburador.
② Ajuste el reenvío de manera que los topes principal y secundario entren en contacto al mismo tiempo.
③ Ranura n.º 1
④ Ranura n.º 2
⑤ Primera etapa - 33/64
Segunda etapa - 25/64

CARBURADORES FORD, AUTOLITE Y MOTORCRAFT

Modelo 740

El modelo 740 dispone de cinco sistemas básicos: sistema del estrangulador, sistema de marcha en vacío, sistema de dosificación principal, sistema de aceleración y sistema de servo-enriquecimiento. El sistema del estrangulador se utiliza para el arranque en frío y está formado por un muelle bimetálico y un calentador eléctrico para arranques rápidos en frío, y una aceleración del calentamiento. El sistema de marcha en vacío consiste en un sistema separado y ajustable, para obtener la mezcla correcta de aire/combustible tanto en marcha en vacío como a baja velocidad.

El sistema principal de dosificación proporciona la mezcla correcta de aire/combustible, para las velocidades normales de crucero. Dispone de un sistema principal de dosificación para el funcionamiento en las etapas primaria y secundaria. El sistema de aceleración es accionado mecánicamente por la articulación principal de la válvula mariposa, y proporciona combustible a la etapa primaria, durante la aceleración. El combustible es suministrado por una bomba del tipo de diafragma. El sistema de servo-enriquecimiento consiste en una válvula de servo accionada por vacío y un sistema elevador de flujo de aire regulado en la etapa secundaria. Este sistema se utiliza junto con el sistema principal de dosificación, para obtener un rendimiento satisfactorio, cuando se acelera moderada o fuertemente. Las lumbreras del distribuidor y de vacío del EGR (recirculación de gases de escape) están situadas en el área del carburador donde está colocado el venturi primario.

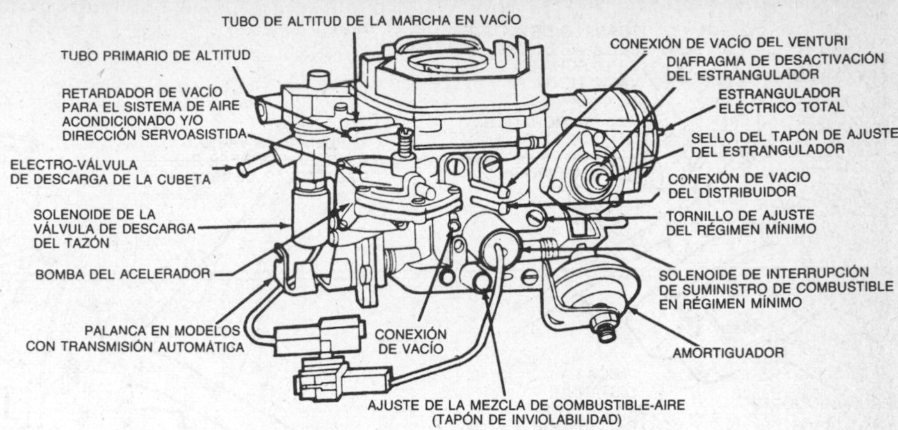

Carburador modelo 740 - Vista trasera total

LEVA DE RÉGIMEN EN VACÍO RÁPIDO

1. Coloque el tornillo de régimen en vacío rápido en el escalón de la leva, contra el saliente del escalón superior.

2. Cierre manualmente la platina del estrangulador primario y mida la distancia entre la cara aguas abajo de la platina del estrangulador y la pared de la trompa de aire.

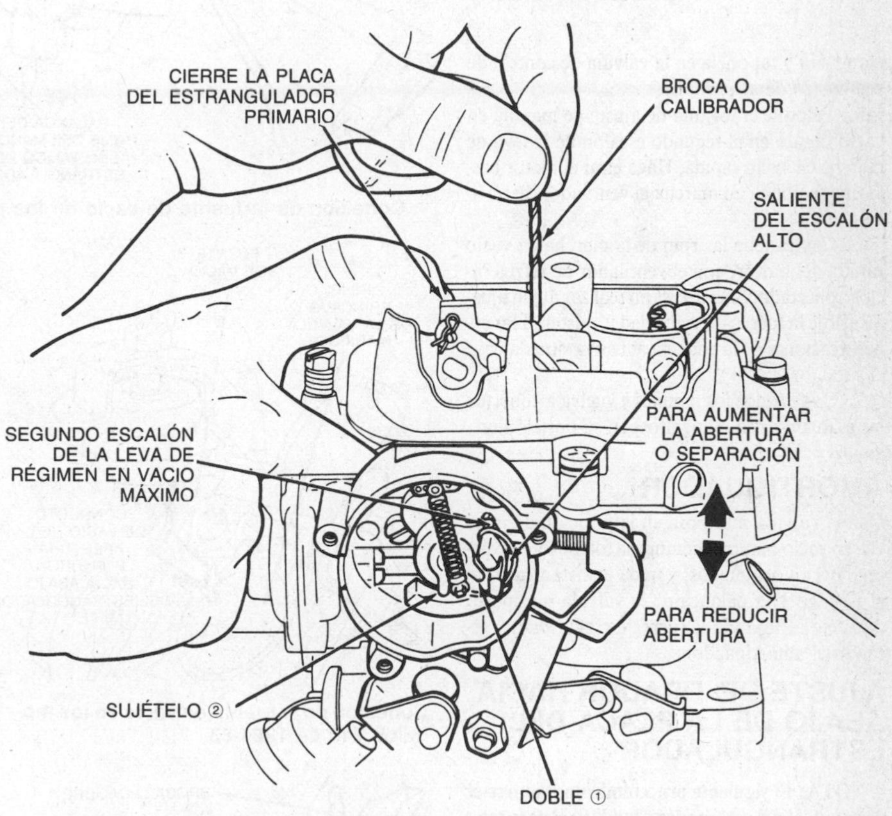

Ajuste de la leva de régimen máximo — modelo 740

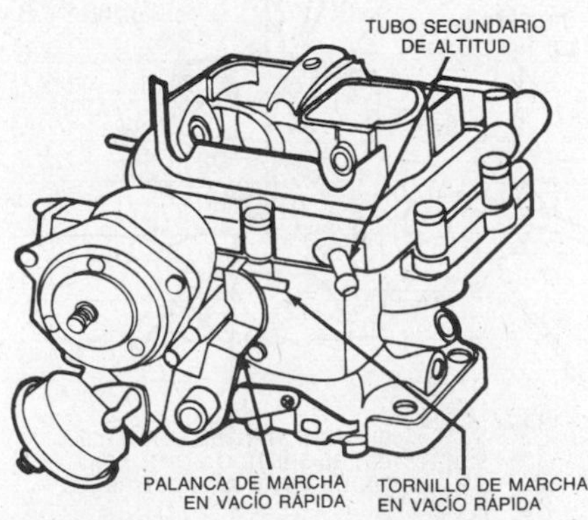

Carburador modelo 740 - vista ¾ delantera

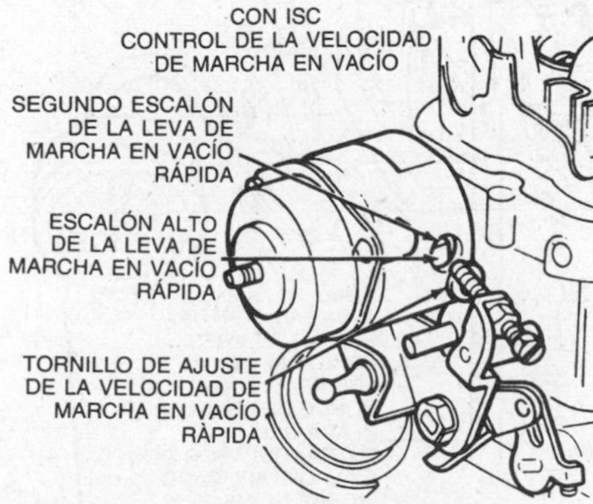

Tornillo de ajuste y leva de régimen máximo - modelo 740

3. Ajuste la horquilla derecha del eje bimetálico del estrangulador, que engraba en la leva de régimen en vacío rápido, doblando la horquilla hacia arriba y hacia abajo, para obtener la distancia especificada.

RÉGIMEN EN VACÍO RÁPIDO

1. Coloque la transmisión en estacionamiento.

2. Lleve el motor a la temperatura normal de funcionamiento.

3. Desconecte y tapone la manguera de vacío de las válvulas EGR y de purga.

4. Ponga una etiqueta a la fuente de vacío que va a la sección en derivación de la válvula de control de suministro. Si existe una manguera de vacío que va conectada al carburador, desconecte la

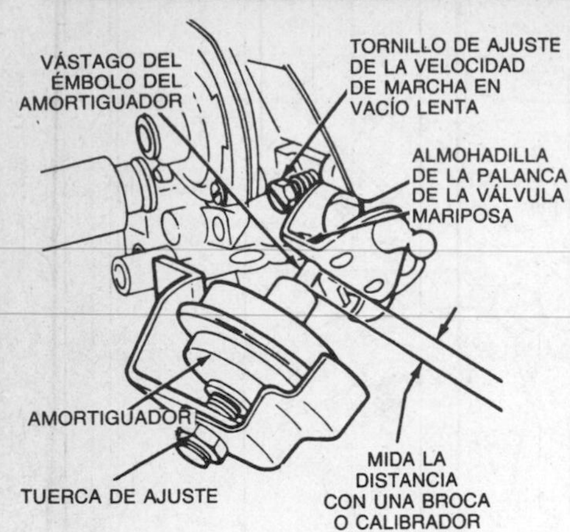

Conjunto del amortiguador - modelo 740

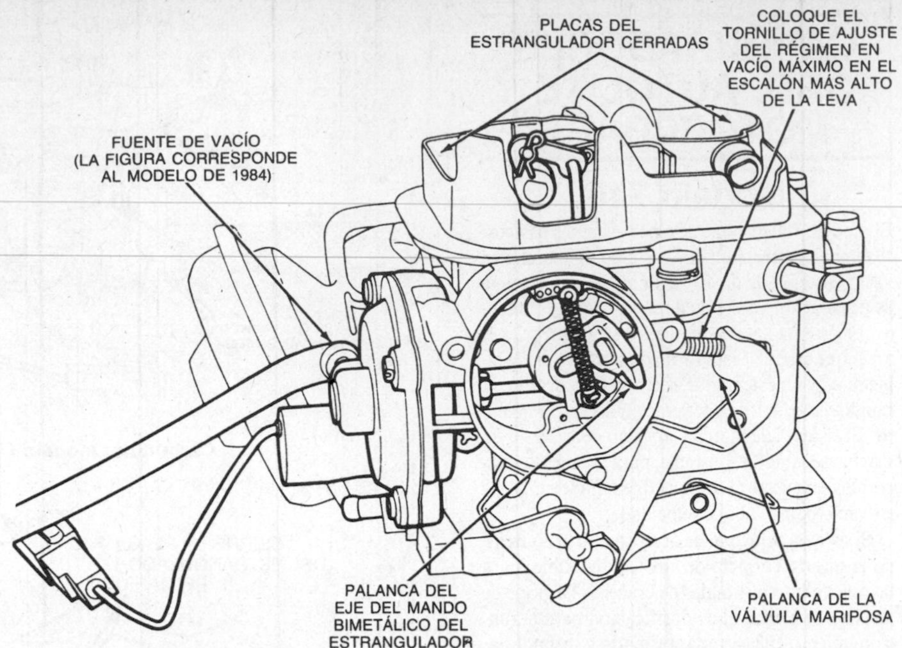

Conexión de la fuente de vacío en los modelos 740 de 1984 y años posteriores

manguera y tapónela en la válvula de control de suministro de aire.

5. Coloque el tornillo de ajuste de marcha en vacío rápido en el segundo escalón de la leva de marcha en vacío rápida. Haga girar el motor hasta que se ponga en marcha el ventilador de refrigeración.

6. Compruebe las rpm de la marcha en vacío rápida del motor, con el ventilador de refrigeración conectado. Si es necesario realizar algún ajuste, afloje la tuerca de seguridad y ajústela a las especificaciones de la etiqueta adhesiva situada bajo el capó.

7. Quite todos los tapones y vuelva a conectar las mangueras (o manguitos) en su posición original.

AMORTIGUADOR

Con la válvula mariposa en la posición de marcha en vacío mínimo, comprima totalmente el vástago del amortiguador, y mida la distancia entre el vástago y la palanca de la válvula mariposa. Ajústelo, aflojando la tuerca de seguridad, y girando el amortiguador.

AJUSTE DE TIRADOR HACIA ABAJO DE LA PLACA DEL ESTRANGULADOR

NOTA: El siguiente procedimiento requiere el desmontaje del carburador y también el de la tapa del estrangulador, que está sujeta por dos remaches.

1. Únicamente en los modelos de 1981-83, desmonte el carburador del motor.

2. Desmonte la tapa del estrangulador de la siguiente forma:

a. Observe los remaches para determinar si el mandril queda por debajo de la cabeza de los mismos. Si el mandril queda en un espacio intermedio entre el grosor de la cabeza del remache, introdúzcalo hacia adentro o extráigalo con un punzón de 1/6 de pulgada de diámetro.

b. Con una broca de 1/8 de pulgada de diámetro, perfore dentro de la cabeza del remache hasta que ésta se suelte del cuerpo del mismo. Apriete ligeramente con la broca ya que de lo contrario el remache girará dentro del orificio.

c. Después de arrancar con la broca la cabeza del remache, extraiga el resto del remache del

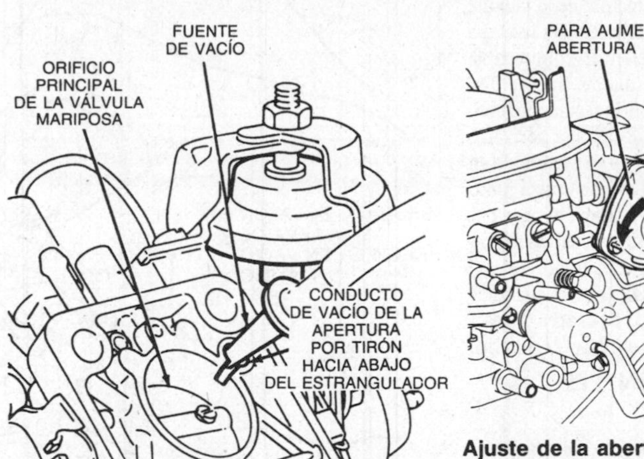

Conexión de la fuente de vacío en los modelos 740 de 1981-83

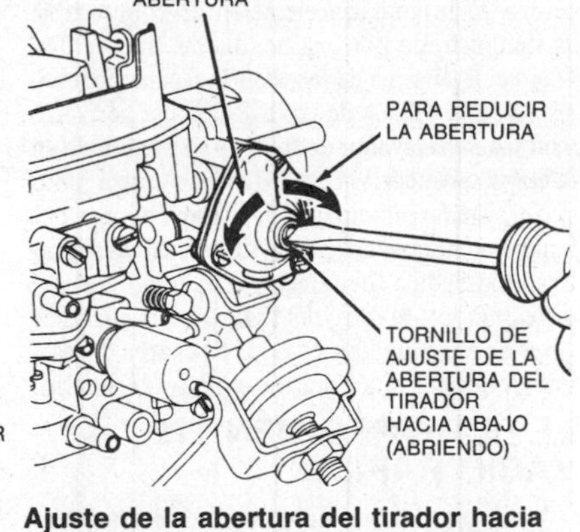

Ajuste de la abertura del tirador hacia abajo de la placa del estrangulador en los modelos 740 de 1981-83

Medición de la tolerancia del tirador hacia abajo de la placa del estrangulador

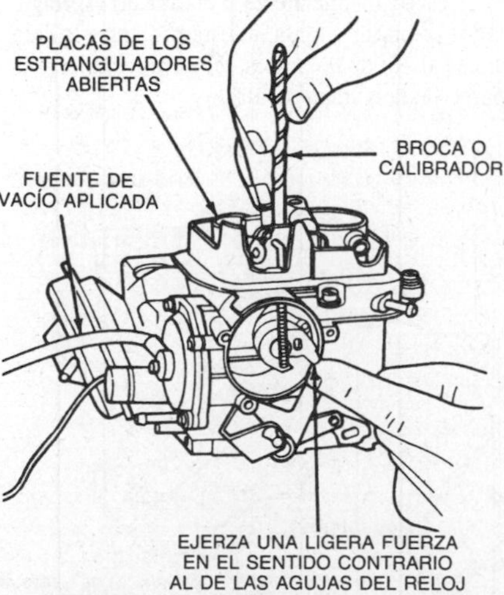

Medición de la abertura del tirador abajo de la placa del estrangulador en los modelos 740 de 1984 y posteriores

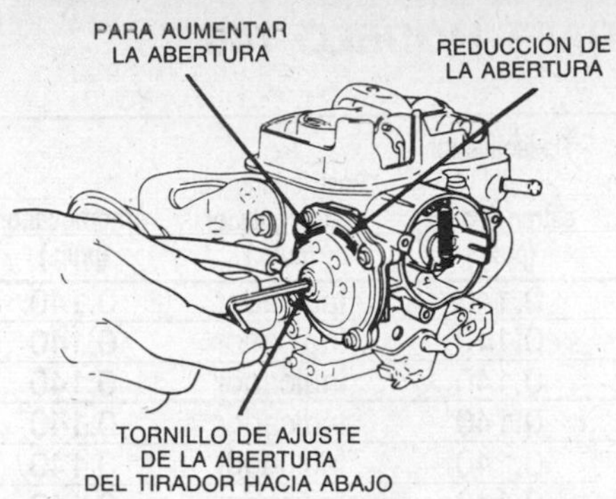

Ajuste de la abertura del tirador abajo de la placa del estrangulador en los modelos 740 de 1984 y posteriores

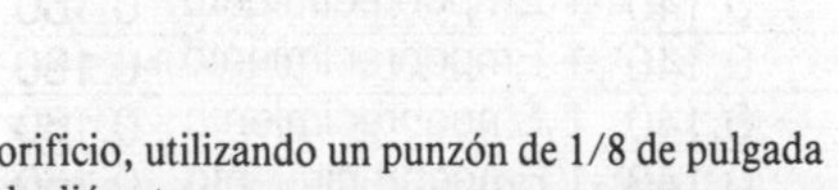

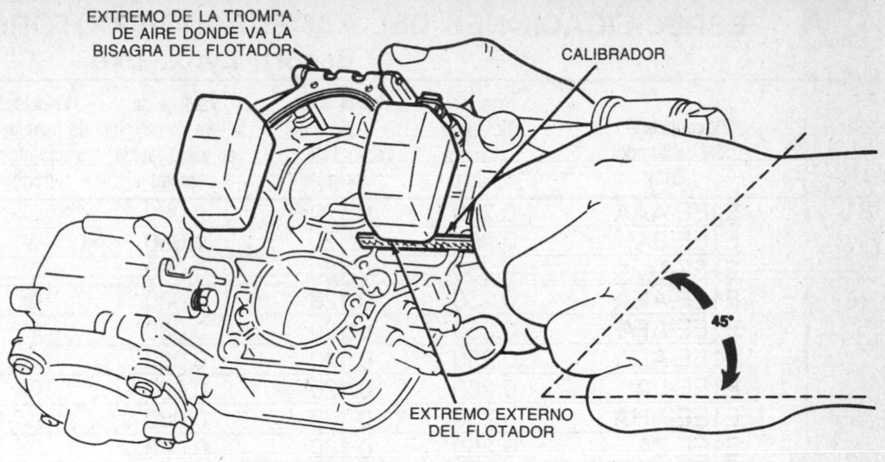

Medición de la separación del flotador - modelo 740

orificio, utilizando un punzón de 1/8 de pulgada de diámetro.

d. Repita los pasos a, b y c para el remache que queda.

3. En los modelos de 1981-83, conecte una fuente de vacío al conducto de vacío adyacente al orificio de la válvula de mariposa (primaria). En los modelos de 1984 y años posteriores, conecte una fuente de vacío al tubo de vacío de la tapa del tirador abajo del estrangulador.

4. Coloque el tornillo de ajuste del régimen en vacío rápido, en el escalón más alto de la leva de régimen en vacío rápido, abriendo temporalmente la palanca de la válvula mariposa, y girando la palanca del eje bimetálico del estrangulador en el sentido contrario de las agujas del reloj, hasta que las placas de los estranguladores queden completamente cerradas.

5. Manteniendo aplicada la fuente de vacío externa, fuerce ligeramente el termostato del estrangulador, accionando la palanca en el sentido contrario al de las agujas del reloj.

6. Utilizando la broca especificada en la tabla de especificaciones del carburador, al final de esta sección, mida la separación entre la cara, aguas abajo, de la placa del estrangulador y la pared de la trompa de aire.

7. Si es necesario realizar un ajuste, gire el tornillo de ajuste del diafragma de vacío según sea necesario.

NOTA: En los modelos de 1984 y años posteriores el tornillo de ajuste del estrangulador está sellado con tapón limitador. Consulte el procedimiento que se ha de seguir para el desmontaje.

Desmontaje del tapón limitador del tirador abajo del estrangulador

Sólo los modelos de 1984 y años posteriores

1. Desmonte la tapa del diafragma del tirador abajo del estrangulador.

2. Utilizando unos alicates, sujete bien la parte trasera del tornillo de ajuste y gire hacia afuera de la tapa.

3. Extraiga los tapones fuera de la tapa, utilizando un punzón y un martillo.

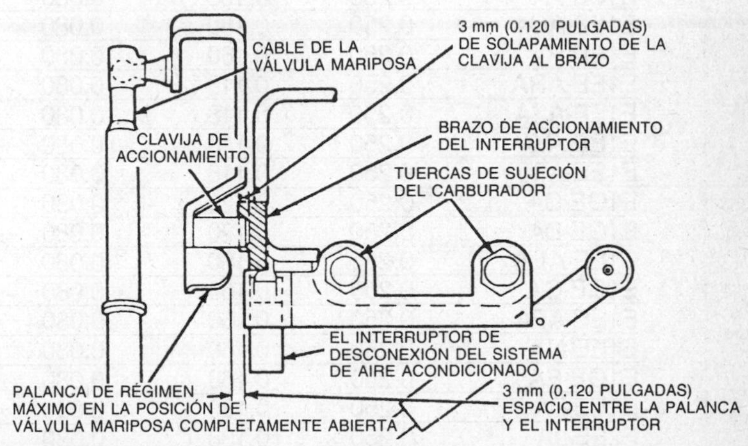

Ajuste del interruptor de desconexión del sistema de aire acondicionado (WOT) (Válvula de mariposa completamente abierta) - modelo 740

ATENCIÓN

Cuando extraiga los tapones, póngase gafas de seguridad para la protección de los ojos.

AJUSTE EN SECO DEL FLOTADOR

1. Coloque el conjunto de la trompa de aire en posición invertida, de manera que forme un ángulo de 45°, con la junta de estanqueidad de la trompa de aire en su sitio. El rabillo de flotación debe quedar ligeramente apoyado sobre la aguja de la válvula de entrada de combustible.

2. Mida la distancia con un calibrador adecuado, en el extremo o en el reborde o pestaña del flotador.

3. Desmonte el flotador y ajústelo según las especificaciones, doblando el rabillo de ajuste del nivel del flotador, hacia arriba o hacia abajo.

NOTA: Tenga cuidado de no rayar o dañar el rabillo del flotador al realizar el ajuste.

AJUSTE DE LA CAÍDA DEL FLOTADOR

1. Suspenda el conjunto de la trompa de aire en la posición normal, con la junta de la trompa de aire en su posición.

2. La distancia de la junta de estanqueidad de la trompa de aire a la parte inferior del flotador debe ser de 1.69 ± 0.31 pulgadas (43 ± 8 mm).

3. Desmonte el flotador y ajústelo según las especificaciones, doblando el rabillo de limitación de la caída del flotador.

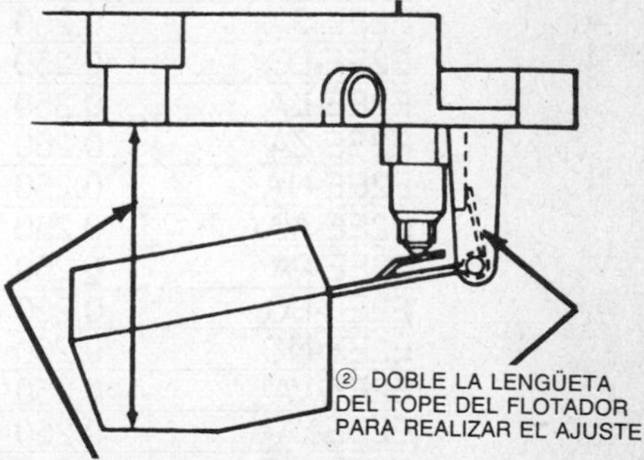

Ajuste de la caída del flotador - modelo 740

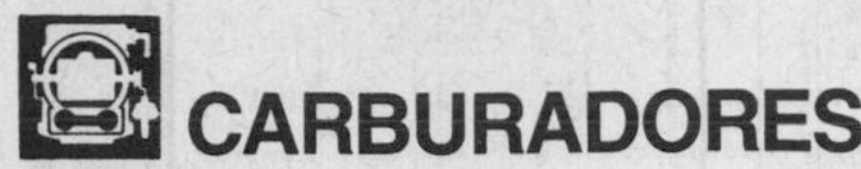

ESPECIFICACIONES DEL CARBURADOR MOTORCRAFT MODELO 740
Escort, Lynx, Exp,

Año	Identificación del carburador (9510)*	Nivel del flotador en seco (pulg.)	Tirador abajo de la placa del estrangulador (pulg.)	Varillaje de la leva de marcha en vacío rápida (pulg.)	Velocidad de marcha en vacío rápida (rpm)	Desactivador del estrangulador (pulg.)	Posicionado del estrangulador (pulg.)	Amortiguador (pulg.)
'81	E1EE-AAA	0.250	0.120	0.080	①	0.140	Indicador	0.140
	E1EE-SA	0.250	0.120	0.080	①	0.140	Indicador	0.140
	E1EE-TA	0.250	0.120	0.080	①	0.140	Indicador	0.140
	E1EE-AEA	0.250	0.120	0.080	①	0.140	Indicador	0.140
	E1EE-AFA	0.250	0.120	0.080	①	0.140	Indicador	0.140
	E1EE-ADA	0.250	0.120	0.080	①	0.140	Indicador	0.140
	E1EE-LA	0.250	0.120	0.080	①	0.140	Indicador	0.140
	E1EE-AHA	0.250	0.100	0.080	①	0.140	Indicador	0.160
	E1EE-ZA	0.250	0.160	0.080	①	0.140	1 Empobrecimiento	0.160
	E1EE-MA	0.250	0.160	0.080	①	0.140	1 Empobrecimiento	0.160
	E1EE-NA	0.250	0.160	0.080	①	0.140	1 Empobrecimiento	0.160
	E1EE-PA	0.250	0.160	0.080	①	0.140	1 Empobrecimiento	0.160
	E1EE-ACA	0.250	0.160	0.080	①	0.140	1 Empobrecimiento	0.160
	E1EE-RA	0.250	0.160	0.080	①	0.140	1 Empobrecimiento	0.160
	E1EE-ARA	0.250	0.118	0.080	①	0.140	Indicador	0.140
	E1EE-ASA	0.250	0.118	0.080	①	0.140	Indicador	0.140
	E1EE-AVA	0.250	0.118	0.080	①	0.140	Indicador	0.140
	E1EE-ATA	0.250	0.118	0.080	①	0.140	Indicador	0.140
'82	E1GE-CA	0.250	0.120	0.080	2400	0.140	Indicador	0.140
	E1GE-DA	0.250	0.120	0.080	2400	0.140	Indicador	0.140
	E1EE-ALA	0.250	0.160	0.080	2400	0.140	1 Empobrecimiento	0.160
	E1GE-GA	0.250	0.160	0.080	2400	0.140	1 Empobrecimiento	0.160
	E1EE-APA	0.250	0.160	0.080	2400	0.140	1 Empobrecimiento	0.160
	E1EE-NA	0.250	0.160	0.080	2400	0.140	1 Empobrecimiento	0.160
	E1GE-EA	0.250	0.160	0.080	2400	0.140	1 Empobrecimiento	0.160
	E1EE-ZA	0.250	0.160	0.080	2400	0.140	1 Empobrecimiento	0.160
	E2EE-JA	0.250	0.138	0.080	2400	0.140	Indicador	0.060
	E2EE-GA	0.250	0.138	0.080	2200	0.140	Indicador	0.060
	E2EE-GC	0.250	0.138	0.080	2200	0.140	Indicador	0.140
	E2EE-EA	0.250	0.138	0.080	2400	0.140	Indicador	0.160
	E2EE-SA	0.250	0.138	0.080	2400	0.140	Indicador	0.060
	E2EE-LC	0.250	0.177	0.080	①	0.140	Indicador	0.160
	E2EE-LA	0.250	0.138	0.080	2400	0.140	Indicador	0.160
	E2EE-ZA	0.250	0.138	0.080	2400	0.140	2 Enriquecimiento	0.160
	E2EE-NA	0.250	0.138	0.080	2400	0.140	Indicador	0.160
	E2EE-AAA	0.250	0.138	0.080	2400	0.140	2 Enriquecimiento	0.160
	E2EE-PA	0.250	0.138	0.080	2400	0.140	Indicador	0.160
	E2EE-PC	0.250	0.177	0.080	2200	0.140	Indicador	0.160
	E2EE-NC	0.250	0.177	0.080	2200	0.140	Indicador	0.160
	E2EE-VA	0.250	0.138	0.080	2400	0.140	1 Empobrecimiento	0.160
	E2EE-YA	0.250	0.138	0.080	2400	0.140	1 Empobrecimiento	0.160
	E2EE-MC	0.250	0.177	0.080	2200	0.140	Indicador	0.160
	E2EE-MA	0.250	0.138	0.080	2400	0.140	Indicador	0.160
'83	E3EE-CA	0.300	0.320	0.080	①	0.140	NA	0.140
	E3EE-EA	0.300	0.320	0.080	①	0.140	NA	0.140
	E3EE-DA	0.300	0.340	0.080	①	0.140	NA	0.140
	E3EE-AA	0.300	0.140	0.080	①	0.140	NA	0.140
	E3EE-JA	0.300	0.140	0.080	①	0.140	NA	0.140
	E3EE-BA	0.300	0.140	0.080	①	0.140	NA	0.140
	E3EE-KA	0.300	0.140	0.080	①	0.140	NA	0.140
	E3EE-GB	0.300	0.312	0.080	①	0.140	NA	0.095
	E3EE-NA	0.300	0.140	0.080	①	0.140	NA	—
	E3EE-PA	0.300	0.140	0.080	①	0.140	NA	0.140
	E3GE-DA	0.300	0.170	0.080	①	0.140	NA	0.140

ESPECIFICACIONES DEL CARBURADOR MOTORCRAFT MODELO 740
Escort, Lynx, Exp,

Año	Identificación del carburador (9510)*	Nivel del flotador en seco (pulg.)	Tirador abajo de la placa del estrangulador (pulg.)	Varillaje de la leva de marcha en vacío rápida (pulg.)	Velocidad de marcha en vacío rápida (rpm)	Desactivador del estrangulador (pulg.)	Posicionado del estrangulador (pulg.)	Amortiguador (pulg.)
'83	E3GE-HA	0.300	0.170	0.080	①	0.140	NA	0.140
	E3GE-FA	0.300	0.170	0.080	①	0.140	NA	0.140
	E3GE-JA	0.300	0.170	0.080	①	0.140	NA	0.160
	E3GE-PA	0.300	0.260	0.080	①	0.140	NA	0.140
	E3GE-SA	0.300	0.260	0.080	①	0.140	NA	0.140
	E3GE-RA	0.300	0.260	0.080	①	0.140	NA	0.140
	E3GE-MA	0.300	0.280	0.093	①	0.140	NA	0.160
	E3GE-UA	0.300	0.280	0.093	①	0.140	NA	0.160
	E3GE-NA	0.300	0.140	0.093	①	0.140	NA	0.160
	E3GE-KB	0.300	0.300	0.080	①	0.140	NA	0.160
	E3GE-KD	0.300	0.300	0.080	①	0.140	NA	0.160
	E3GE-LA	0.300	0.300	0.080	①	0.140	NA	0.160
	E3GE-LC	0.300	0.300	0.080	①	0.140	NA	0.160
	E3GE-DC	0.300	0.170	0.080	①	0.140	NA	—
	E3GE-FC	0.300	0.170	0.080	①	0.140	NA	—
	E3GE-JC	0.300	0.170	0.080	①	0.140	NA	—
'84–'85	E4EE-YA	0.300	0.320	0.110	①	0.140	NA	0.095
	E4EE-ACA	0.300	0.320	0.080	①	0.140	NA	0.080
	E4EE-ADA	0.300	0.260	0.080	①	0.140	NA	0.140
	E4EE-ABA	0.300	0.320	0.110	①	0.140	NA	0.095
	E4EE-AAA	0.300	0.320	0.095	①	0.140	NA	0.095
	E4EE-AFA	0.300	0.218	0.080	①	0.140	NA	—
	E4GE-LA	0.300	0.300	0.080	①	0.140	NA	0.160
	E4GE-KA	0.300	0.300	0.080	①	0.140	NA	0.160
	E4GE-SA	0.300	0.280	0.100	①	0.140	NA	0.160
	E4GE-MA	0.300	0.300	0.180	①	0.140	NA	0.160
	E4GE-UA	0.300	0.325	0.080	①	0.140	NA	—
	E4GE-TA	0.300	0.300	0.125	①	0.140	NA	—
	E4GE-RA	0.300	0.325	0.130	①	0.140	NA	—
	E4GE-ACA	0.300	0.140	0.080	①	0.140	NA	0.080
	E4GE-ZA	0.300	0.250	0.108	①	0.140	NA	—
'86	E5GE-AAA	0.300	0.300	0.110	①	0.140	NA	0.060
	E5GE-ADA	0.300	0.300	0.100	①	0.140	NA	0.020
	E5GE-ACA	0.300	0.300	0.100	①	0.140	NA	0.020
	E5GE-AEC	0.300	0.280	0.080	①	0.140	NA	0.080
	E5GE-AFC	0.300	0.280	0.080	①	0.140	NA	0.060

*Número básico de los Carburadores Ford
NA - No disponible
① Vea la etiqueta adhesiva con el decálogo situada bajo el capó.

INTERRUPTOR DE DESCONEXIÓN DEL ACONDICIONADOR DE AIRE CON LA VÁLVULA DE MARIPOSA TOTALMENTE ABIERTA (WOT)

Es necesario realizar una inspección visual para asegurarse de que existe un solapamiento adecuado entre la clavija y el brazo de accionamiento con el varillaje del carburador en la posición de válvula mariposa totalmente abierta (WOT).

Los ajustes de la posición del interruptor se realizan doblando la brida de soporte del mismo hacia afuera. Es deseable un solapamiento mínimo de 0.120 pulgadas (3 mm). Es necesario tomar precauciones para asegurarse de que existe una distancia suficiente entre el extremo de la leva de marcha en vacío rápida del carburador y el alojamiento del interruptor.

Modelos 2100, 2150

Los carburadores modelos 2100 y 2150, de 2 cuerpos, son básicamente idénticos en construcción. Los ajustes se realizan de la misma forma para ambos carburadores.

NIVEL DEL FLOTADOR (EN SECO)

La medición en seco del nivel del flotador constituye una verificación preliminar, y a continuación debe medirse el nivel del flotador mojado, con el carburador montado en el motor.

1. Con la trompa de aire desmontada, levante ligeramente el flotador para asentar la aguja de la válvula de entrada, aplicando un poco de fuerza con el dedo en la aleta del flotador. Baje el flotador, reduciendo la presión del dedo, hasta que se sienta un escalón pequeño. Mida la distancia

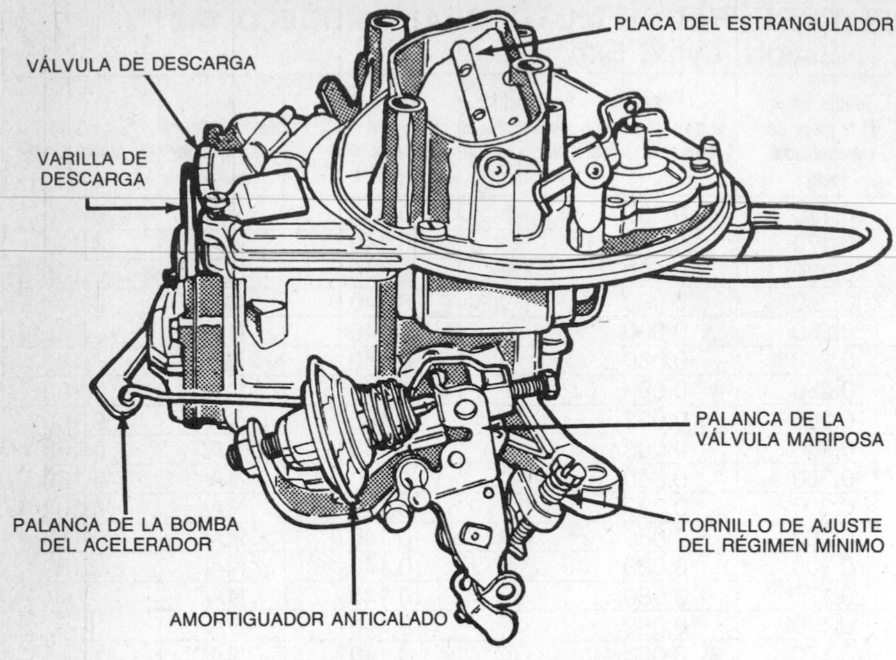

Carburador de dos cuerpos, modelo 2100

entre la superficie de la junta del cuerpo principal (con la junta de estanqueidad desmontada) y la parte superior del flotador. Esta medida debe tomarse cerca del centro del flotador, en un punto situado a 1/8 de pulgada del extremo libre del mismo.

NOTA: Los carburadores de 1983 y años posteriores, disponen de una válvula de entrada de combustible de aguja y bola cargada por un muelle y no debe accionarse la bola cuando se realiza la comprobación del nivel de combustible.

2. Si es necesario, doble la aleta del flotador para obtener el nivel correcto.

NIVEL DEL FLOTADOR (MOJADO)

1. Quite los tornillos de sujeción de la trompa de aire al cuerpo principal y rompa el sello existente entre ambas piezas. Deje la trompa y la junta de estanqueidad flojos en su posición, en la parte superior del cuerpo principal.

2. Arranque el motor y déjelo que gire en vacío durante al menos 3 minutos.

3. Una vez que haya girado el motor en vacío un tiempo suficiente para estabilizar el nivel de combustible, desmonte el conjunto de la trompa del aire.

4. Con el motor girando en vacío, utilice unas reglas cruzadas en T para medir la distancia desde la parte superior de la superficie mecanizada de la cubeta del combustible a la superficie del combustible. La regla debe mantenerse apartada al menos 1/4 de pulgada de cualquier superficie vertical, para asegurar una medición correcta.

5. Si es necesario realizar cualquier ajuste, pare el motor para evitar que se produzca un incendio con el combustible esparcido sobre el motor.

6. Doble la aleta del flotador hacia arriba para elevar el nivel del flotador y hacia abajo para bajarlo.

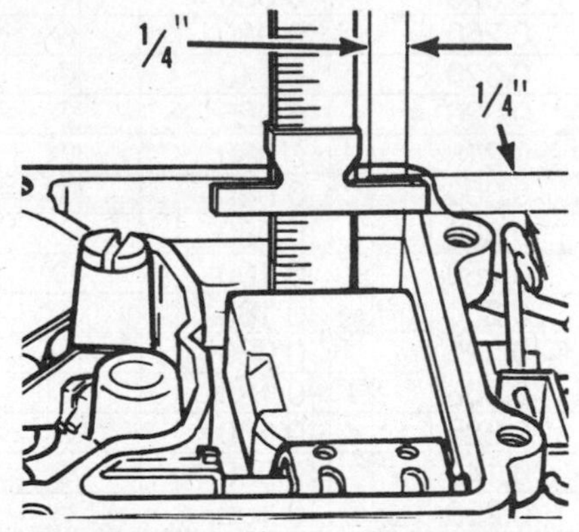

Medición del nivel de combustible (húmeda)

ATENCIÓN

Asegúrese de que la aguja de la válvula de suministro de combustible queda fija, alejada de su asiento cuando doble la aleta del flotador, para que no resulte dañada la boquilla de Viton®.

7. Siempre que modifique el nivel del flotador, debe colocar momentáneamente la trompa del aire y arrancar el motor para estabilizar el nivel de combustible, antes de comprobarlo de nuevo.

AJUSTE DEL TIRADOR ABAJO DE LA PLACA DEL ESTRANGULADOR

Modelo 2100

1. Afloje los tornillos existentes en la tapa del estrangulador y gire la tapa 1/4 de vuelta, en el sentido contrario de las agujas del reloj (de enriquecimiento) y a continuación apriete los tornillos.

2. Accione la válvula mariposa para que pueda cerrarse completamente la placa del estrangulador.

3. Apriete hacia abajo el brazo del modulador del estrangulador, hasta que el diafragma del modulador toque el fondo, y a continuación mida la distancia desde el borde inferior de la placa del estrangulador hasta la pared interna de la trompa del aire.

4. Para realizar el ajuste gire el tornillo de tope del diafragma, situado en la cara inferior de la trompa del aire.

5. Gire el tornillo, en el sentido de las agujas del reloj, para disminuir la distancia, y en el sentido contrario a las agujas del reloj para aumentarla.

NOTA: No reajuste la tapa del estrangulador hasta que haya realizado el ajuste de la leva de régimen en vacío.

Modelo 2150

1. Desmonte el conjunto del filtro del aire.

2. Coloque la válvula mariposa en el escalón superior de la leva de régimen en vacío rápido.

3. Anotando la posición de la tapa de la carcasa del estrangulador, afloje los tornillos de sujeción y gire la tapa 90° en el sentido de enriquecimiento (cierre).

4. Active el motor del tirador abajo forzando con la mano la articulación del diafragma de control del tirador abajo, en la dirección de la fuente de vacío aplicada, o aplicando vacío al tubo externo de vacío.

5. Utilice una broca del diámetro especificado para medir la distancia entra la placa del estrangulador y el centro de la pared de la trompa de aire, más cercana a la cubeta de combustible.

6. Para realizar el ajuste, vuelva a reponer el tope del diafragma en el extremo del mismo.

NOTA: Durante la fabricación se aplicó Loctite® al tornillo de ajuste y será necesario aflojarlo para poder realizar dicho ajuste. Caliente el área alrededor del tornillo con una pistola de soldadura eléctrica, hasta que el Loctite® se ablande lo suficiente como para que el tornillo pueda girar libremente.

7. Después de realizar el ajuste, compruebe y ajuste la leva del régimen en vacío rápido. Compruebe y reajuste la velocidad de régimen en vacío rápido, si es necesario. Monte el filtro de aire.

LEVA DE MARCHA EN VACÍO RÁPIDA

1. La posición del estrangulador debe todavía ser de 90° de enriquecimiento, al igual que en el paso 1 del procedimiento del «tirador abajo». Apriete y suelte la mariposa para ajustar la leva de régimen en vacío rápido.

2. Accione el mecanismo de tirar abajo el estrangulador al igual que en el paso 4 del procedimiento del «tirador abajo».

3. Presione y suelte la mariposa para ajustar la leva de marcha en vacío rápida. Debe caer al escalón del retardador y el tornillo de marcha en vacío rápida debe quedar frente a la muesca V de la leva.

4. Para realizar el ajuste, gire el tornillo de cabeza hexagonal de la palanca de plástico de la leva de marcha en vacío rápida. Después de realizar el ajuste, permita que se cierre la placa del estrangulador, y compruebe que cierra firmemente. Rea-

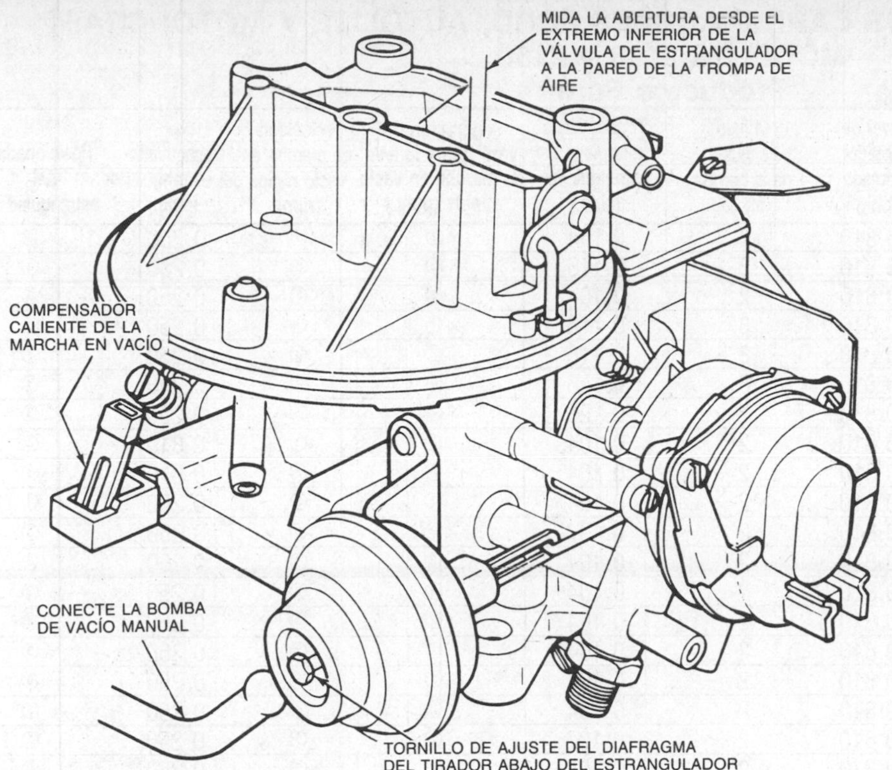

Ajuste del tirador hacia abajo de la placa del estrangulador

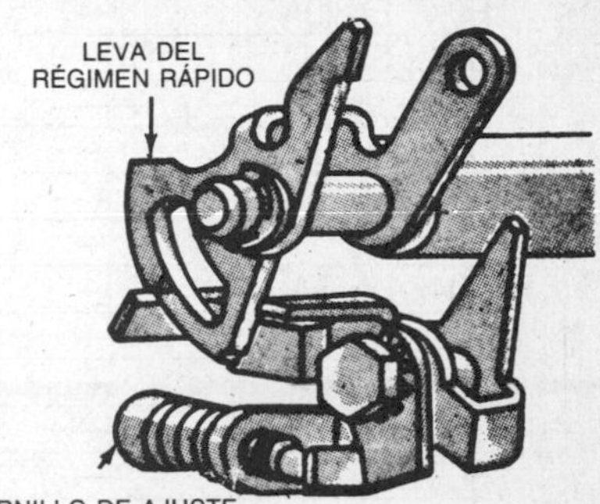

Ajuste del régimen de marcha en vacío

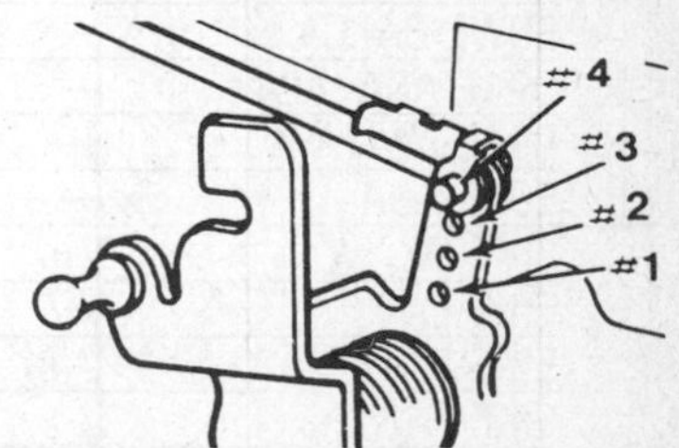

Ajuste de la carrera de la bomba del acelerador

juste la tapa del estrangulador y conecte la manguera de vacío, si la ha desmontado.

DESCARGADOR DEL ESTRANGULADOR (DESACTIVADOR)

1. Con la válvula mariposa fija en posición completamente abierta, mueva la placa del estrangulador a la posición cerrada.

2. Mida la distancia entre el borde inferior de la placa del estrangulador y la pared de la trompa de aire.

3. Realice el ajuste doblando el rabillo de la palanca de la leva de marcha en vacío rápida, que está situada en el eje de la válvula mariposa.

NOTA: Debe realizar un ajuste final del desactivador del estrangulador una vez montado en el vehículo y debe abrir la válvula de mariposa utilizando el pedal del acelerador del vehículo. De esta forma puede asegurar que el funcionamiento total de la mariposa se ha logrado.

BOMBA DEL ACELERADOR

Debe colocarse la varilla de accionamiento de la bomba del acelerador en los orificios correctos de la palanca de la bomba del acelerador y la palanca de recorrido excesivo de la válvula de mariposa, para asegurarse de que el recorrido de la bomba es el correcto. Si es necesario realizar algún ajuste, la palanca de recorrido excesivo de la válvula de mariposa dispone de orificios adicionales a tal efecto.

AJUSTE DEL AMORTIGUADOR

Con la válvula mariposa en la posición de marcha en vacío mínima, apriete completamente el vástago del amortiguador y mida la distancia entre el vástago y palanca de la válvula mariposa. Ajuste el vástago aflojando la tuerca de seguridad y girando el transformador.

RÉGIMEN EN VACÍO RÁPIDO

Ajuste el régimen en vacío rápido con el motor a la temperatura normal de funcionamiento. En los vehículos AMC, tapone la lumbrera de encendido del carburador y desmonte el conducto de vacío de la válvula EGR y tapónelo. En los vehículos Ford, si el motor dispone de una válvula de retardo de encendido, desmóntela y vuelva a guiar el conducto de la señal de vacío de la válvula de mariposa parcial directamente al lado de avance del distribuidor. Si el distribuidor es del tipo de diafragma doble, deje el conducto de vacío del múltiple conectado al lado de retardo del distribuidor, y desmonte y tapone el conducto que va al lado de avance.

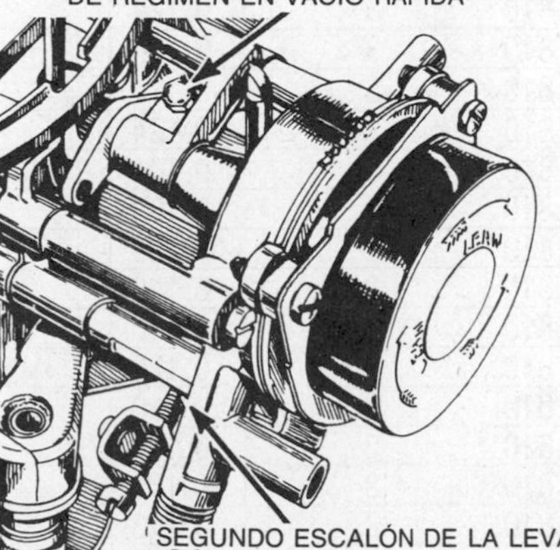

Ajuste del varillaje de la leva de régimen en vacío rápida en los modelos 2100, 2150

Si en el recorrido de la manguera de vacío existe una válvula EGR/PVS (recirculación de gases de escape/sistema de vacío en la lumbrera) o modulador para bajas temperaturas, desconecte y tapone la manguera de la válvula EGR. Si el motor no dispone de un modulador para bajas temperaturas o de una válvula EGR/PVS, deje la manguera EGR acoplada. Efectúe un seguimiento de la manguera de vacío de la válvula de descarga del termactor (bomba de aire) que va desde la válvula de descarga al carburador; desconecte la manguera de vacío de la válvula de descarga más cercana al carburador, tapone la fuente original de vacío y conecte directamente la válvula de descarga a la manguera de vacío del múltiple. El tornillo de marcha en vacío rápida debe quedar apoyado contra el segundo escalón de la leva de marcha en vacío rápida en todos los modelos excepto en los Ford con motor 302, que llevan el tornillo de ajuste en el escalón más alto de la leva. Ajuste la velocidad de marcha en vacío rápida aflojando o apretando el tornillo de marcha en vacío rápida.

ESPECIFICACIONES DE LOS CARBURADORES FORD, AUTOLITE Y MOTORCRAFT MODELOS 2100 y 2150
Productos Ford

Año	Identificación Carburador (9510)*	Nivel del flotador en seco (pulg.)	Nivel del flotador mojado (pulg.)	Orificio de ajuste de la bomba nº ①	Tirador abajo de la placa del estrangulador (pulg.)	Separación del varillaje de la leva de marcha en vacío rápida (pulg.)	Velocidad de marcha en vacío rápida (rpm)	Desactivador del estrangulador (pulg.)	Posicionado del estrangulador
'80	E04E-PA, RA	—	0.810	2	0.104	②	③	0.250	③
	EOBE-AUA	—	0.810	3	0.116	②	③	0.250	③
	EODE-SA, TA	—	0.810	2	0.104	②	③	0.250	③
	EOKE-CA, DA	—	0.810	3	0.116	②	③	0.250	③
	EOKE-GA, HA	—	0.810	3	0.116	②	③	0.250	③
	EOKE-JA, KA	—	0.810	3	0.116	②	③	0.250	③
	D84E-TA, UA	—	0.810	2	0.125	②	③	0.250	③
	E04E-ADA, AEA	—	0.810	2	0.104	②	③	0.810	③
	E04E-CA	—	0.810	2	0.104	②	③	0.810	③
	E04E-EA, FA	—	0.810	2	0.104	②	③	0.250	③
	E04E-JA, KA	—	0.810	2	0.137	②	③	0.250	③
	E04E-SA, TA	—	0.810	2	0.104	②	③	0.250	③
	E04E-VA, YA	—	0.810	2	0.104	②	③	0.250	③
	EODE-TA, VA	—	0.810	2	0.104	②	③	0.250	③
	EOSE-GA, HA	—	0.810	2	0.104	②	③	0.250	③
	EOSE-LA, MA	—	0.810	2	0.104	②	③	0.250	③
	EOSE-NA	—	0.810	2	0.104	②	③	0.250	③
	EOSE-PA	—	0.810	2	0.137	②	③	0.250	③
	EOVE-FA	—	0.810	2	0.104	②	③	0.250	⑨
	EOWE-BA, CA	—	0.810	2	0.137	②	③	0.250	③
	D9AE-ANA, APA	—	0.810	3	0.129	②	③	0.250	③
	D9AE-AVA, AYA	—	0.810	3	0.129	②	③	0.250	③
	EOAE-AGA	—	0.810	3	0.159	②	③	0.250	③
'81	EIKE-CA	7/16	0.810	3	0.124	②	③	0.250	④
	EIKE-EA	7/16	0.810	3	0.124	②	③	0.250	④
	EIKE-DA	7/16	0.810	3	0.124	②	③	0.250	④
	EIKE-FA	7/16	0.810	3	0.124	②	③	0.250	④
	EIKE-GA	7/16	0.810	3	0.124	②	③	0.250	④
	EIKE-SA	7/16	0.810	3	0.124	②	③	0.250	④
	EIKE-RA	7/16	0.810	3	0.120	②	③	0.250	④
	EIKE-HA	7/16	0.810	3	0.120	②	③	0.250	④
	EIWE-FA	7/16	0.810	2	0.120	②	③	0.250	④
	EIWE-EA	7/16	0.810	2	0.120	②	③	0.250	④
	EIWE-CA	7/16	0.810	2	0.120	②	③	0.250	④
	EIWE-DA	7/16	0.810	2	0.120	②	③	0.250	④
	EIAE-AKA	7/16	0.810	3	0.124	②	③	0.250	④
	EIAE-AJA	7/16	0.810	3	0.124	②	③	0.250	④
	EIAE-YA	7/16	0.810	3	0.124	②	③	0.250	④
	EIAE-ZA	7/16	0.810	3	0.124	②	③	0.250	④
	EIAE-ADA	7/16	0.810	3	0.124	②	③	0.250	④
	EIAE-AEA	7/16	0.810	3	0.124	②	③	0.250	④
	EIAE-TA	—	0.810	3	0.104	②	③	0.250	④
	EIAE-UA	—	0.810	2	0.104	②	③	0.250	④
	EIDE-LA	7/16	0.810	2	0.120	②	③	0.250	④
	EIDE-KA	7/16	0.810	2	0.120	②	③	0.250	④
	EIDE-JA	7/16	0.810	2	0.120	②	③	0.250	④
	EIDE-HA	7/16	0.810	2	0.120	②	③	0.250	④
'82	E2BE-UA	7/16	0.810	2	0.110	②	2200	0.250	④
	E2BE-AAA	7/16	0.810	2	0.110	②	2200	0.250	④
	E2BE-VA	7/16	0.810	2	0.113	②	2200	0.250	④
	E2BE-ABA	7/16	0.810	2	0.113	②	2200	0.250	④
	E2BE-AGA	7/16	0.810	2	0.113 ⑤	②	2200	0.250	④
	E2BE-AHA	7/16	0.810	2	0.113	②	2200	0.250	④

ESPECIFICACIONES DE LOS CARBURADORES FORD, AUTOLITE Y MOTORCRAFT MODELOS 2100 y 2150 Productos Ford

Año	Identificación Carburador (9510)*	Nivel del flotador en seco (pulg.)	Nivel del flotador mojado (pulg.)	Orificio de ajuste de la bomba nº ①	Tirador abajo de la placa del estrangulador (pulg.)	Separación del varillaje de la leva de marcha en vacío rápida (pulg.)	Velocidad de marcha en vacío rápida (rpm)	Desactivador del estrangulador (pulg.)	Posicionado del estrangulador
'82	E2VE-CA	7/16	0.810	2	0.113	②	2200	0.250	④
	E24E-CA	7/16	0.810	2	0.110	②	1200	0.250	④
	E24E-DA	7/16	0.810	2	0.110	②	1200	0.250	④
	E24E-AA	7/16	0.810	2	0.110	②	2100	0.250	④
	E24E-BA	7/16	0.810	2	0.110	②	2100	0.250	④
	E24E-EA	7/16	0.810	2	0.110	②	③	0.250	④
	E24E-FA	7/16	0.810	2	0.110	②	③	0.250	④
	E2KE-AA	7/16	0.810	2	0.140	②	1500	0.250	④
	E2KE-BA	7/16	0.810	2	0.140	②	1500	0.250	④
	E2WE-EA	7/16	0.810	2	0.137	②	1500	0.250	④
	E2WE-FA	7/16	0.810	2	0.137	②	1500	0.250	④
	E2DE-JA	7/16	0.810	2	0.137	②	1600	0.250	④
	E2DE-KA	7/16	0.810	2	0.137	②	1600	0.250	④
	E2DE-LA	7/16	0.810	2	0.137	②	1700	0.250	④
	E2DE-MA	7/16	0.810	2	0.137	②	1700	0.250	④
	E25E-DA	7/16	0.810	2	0.144	②	1500	0.250	④
	E2AE-SA	7/16	0.810	2	0.172	②	1550	0.250	④
	E25E-CA	7/16	0.810	2	0.137	②	1700	0.250	④
	E2ZE-BAA	13/32	0.780	2	0.172 ⑤	②	1400	0.250	④
	E2ZE-BBA	13/32	0.780	2	0.172 ⑤	②	1400	0.250	④
	E3CE-LA	7/16	0.810	3	0.103	②	2200	0.250	④
	E3CE-MA	7/16	0.810	3	0.103	②	2200	0.250	④
	E3CE-JA	7/16	0.810	3	0.103	②	2200	0.250	④
	E3CE-KA	7/16	0.810	3	0.103	②	2200	0.250	④
	E3CE-NA	7/16	0.810	3	0.120	②	2100	0.250	④
	E3CE-PA	7/16	0.810	3	0.120	②	2100	0.250	④
'83	E3CE-AA	7/16	0.810	3	0.103	②	2200	0.250	④
	E3CE-BA	7/16	0.810	3	0.103	②	2200	0.250	④
	E3CE-GA	7/16	0.810	3	0.103	②	2200	0.250	④
	E3CE-HA	7/16	0.810	3	0.103	②	2200	0.250	④
	E3CE-EA	7/16	0.810	3	0.113	②	2100	0.250	④
	E3CE-FA	7/16	0.810	3	0.113	②	2100	0.250	④
	E3SE-ATA	7/16	0.810	3	0.113	②	2200	0.250	④
	E3SE-AUA	7/16	0.810	3	0.113	②	2200	0.250	④
	E3SE-ALA	7/16	0.810	3	0.107	②	2200	0.250	④
	E3SE-AMA	7/16	0.810	3	0.107	②	2200	0.250	④
	E3SE-BDA	7/16	0.810	3	0.107	②	2200	0.250	④
	E3SE-BEA	7/16	0.810	3	0.107	②	2200	0.250	④
	E3SE-ANA	7/16	0.810	3	0.101	②	2200	0.250	④
	E3SE-APA	7/16	0.810	3	0.101	②	2200	0.250	④
	E3SE-AJA								
	E3SE-BFA	7/16	0.810	3	0.107	②	2200	0.250	④
	E3SE-BGA	7/16	0.810	3	0.107	②	2200	0.250	④
	E3SE-EA	7/16	0.810	3	0.113	②	2200	0.250	④
	E3SE-FA	7/16	0.810	3	0.113	②	2200	0.250	④
	E3SE-LA	7/16	0.810	3	0.107	②	2200	0.250	④
	E3SE-MA	7/16	0.810	3	0.107	②	2200	0.250	④
	E3SE-JA	7/16	0.810	3	0.101	②	2200	0.250	④
	E3SE-KA	7/16	0.810	3	0.101	②	2200	0.250	④
	E3SE-NA	7/16	0.810	3	0.107	②	2200	0.250	④
	E3SE-PA	7/16	0.810	3	0.107	②	2200	0.250	④
	E3SE-GA	7/16	0.810	3	0.120	②	2100	0.250	④
	E3SE-HA	7/16	0.810	3	0.120	②	2100	0.250	④

ESPECIFICACIONES DE LOS CARBURADORES FORD, AUTOLITE Y MOTORCRAFT MODELOS 2100 y 2150

Productos Ford

Año	Identificación Carburador (9510)*	Nivel del flotador en seco (pulg.)	Nivel del flotador mojado (pulg.)	Orificio de ajuste de la bomba nº ①	Tirador abajo de la placa del estrangulador (pulg.)	Separación del varillaje de la leva de marcha en vacío rápida (pulg.)	Velocidad de marcha en vacío rápida (rpm)	Desactivador del estrangulador (pulg.)	Posicionado del estrangulador
'83	E3AE-TA	7/16	0.810	3	0.103	②	2200	0.250	④
	E3AE-ADA	7/16	0.810	3	0.103	②	2200	0.250	④
	E3AE-UA	7/16	0.810	3	0.103	②	2200	0.250	④
	E3AE-AEA	7/16	0.810	3	0.103	②	2200	0.250	④
	E3AE-TA	7/16	0.810	3	0.103	②	2200	0.250	④
	E3AE-UA	7/16	0.810	3	0.103	②	2200	0.250	④
	E3AE-RA	7/16	0.810	3	0.103	②	2200	0.250	④
	E3AE-SA	7/16	0.810	3	0.103	②	2200	0.250	④
	E3AE-EA	7/16	0.810	2	—	②	1550	0.250	④
'84	E3EA-EA	7/16	0.810	2	—	②	1550	0.250	④
	E4CE-AA	7/16	0.810	3	0.103	②	2200	0.250	2NR
	E4CE-BA	7/16	0.810	3	0.103	②	2200	0.250	2NR
	E4SE-CA	7/16	0.810	3	0.103	②	2200	0.250	④
	E4SE-DA	7/16	0.810	3	0.103	②	2200	0.250	④
'85	E4SE-CA	3/32	0.810	3	0.103	—	③	0.250	4NR
	E4SE-DA	3/32	0.810	3	0.103	—	③	0.250	4NR
	E5SE-CA E3AE-EA(Alt)	7/16	0.810	2	—	④	③	0.250	④

*Número básico del carburador para los productos Ford
① Con el reenvío en el orificio interno de la palanca de la bomba
② Frente a la muesca en «V» (vea el texto)
③ Véase la etiqueta adhesiva situada bajo el capó
④ Muesca en V
⑤ ±0.010"

Modelo 2700 VV

Dado que el diseño del carburador 2700 VV (Venturi variable) difiere considerablemente de los demás carburadores de la serie Ford, se presenta a continuación una explicación teórica y su funcionamiento.

En su aspecto externo, el carburador de venturi variable es similar a los carburadores convencionales y, al igual que éstos, dispone de un sistema normal de flotador y cubeta de combustible. Sin embargo, la similitud finaliza ahí. En lugar de disponer de una placa normal de estrangulador y de venturis de sección fija, el carburador 2700 VV dispone de un par de salientes rectangulares en la parte superior del mismo donde normalmente cabría esperar que estuviese montada la placa del estrangulador. Estos salientes se corren hacia atrás y adelante, a través de la parte superior del carburador en respuesta a la demanda de aire/combustible. Su movimiento está controlado por una válvula de diafragma cargada por un muelle que está regulada por una señal de vacío tomada por debajo de los venturis en los orificios de la válvula mariposa. A medida que se abre la válvula mariposa, aumenta la potencia de la señal de vacío, que hace que los venturis se abran y permitan que entre una mayor cantidad de aire al carburador.

El combustible entra a la sección del venturi a través de varillas de dosificación cónicas que encajan en los surtidores principales. Estas varillas están acopladas a los venturis, y los venturis se abren o cierran en respuesta a la demanda del aire y combustible necesarios para mantener la mezcla correcta, aumentando o disminuyendo a medida que se deslizan las varillas de dosificación dentro de los surtidores. En comparación con un carburador convencional con venturis fijos y un suministro de aire variable, este sistema provee un control mucho más preciso del suministro aire/combustible en todos los modos de funcionamiento. Debido al principio de venturi variable, existen menos sistemas de dosificación de combustible y conductos de combustible. Los únicos sistemas auxiliares de dosificación de combustible necesarios son un ajustador de marcha en vacío, una bomba de acelerador (similar a la existente en un carburador convencional), un dispositivo de enriquecimiento en el arranque y un dispositivo de enriquecimiento para marcha en bajas temperaturas.

NOTA: Al realizar el ajuste, montaje y desmontaje de este carburador, necesita disponer de herramientas especiales para algunas de las operaciones. Estas herramientas pueden obtenerse en diversos lugares. No intente realizar ninguna operación en este carburador sin comprobar primero si dispone de las herramientas especiales necesarias para la operación concreta. Los procedimientos de ajuste y reparación que se presentan aquí indican cuándo es necesario disponer de tales herramientas.

En algunos de los modelos de 1980-81, equipados con el carburador 2700 VV se comprobó que el motor se calaba, daba botes y no tenía potencia. Según el boletín de inspección y reparación de la Ford Motor Company, número 81-9-10 publicado en mayo de 1981, esto puede estar provocado por la existencia de fluidos atrapados en la cavidad del diafragma de la válvula del venturi, que acaban por deteriorar el diafragma, provocando una fuga. Una comprobación rápida para verificar si estamos ante una situación como la descrita anteriormente es, observar visualmente el funcionamiento de la válvula del venturi con el motor en marcha. Al apretar ligeramente el acelerador debe observar que las válvulas de los venturis se mueven. Si no es así, y las válvulas no aguantan, es posible que exista una fuga en el diafragma (es posible que el motor se cale al realizar esta comprobación). Si existen sospechas de que esto es así, se recomienda que el vehículo sea reparado por un representante de Ford o Mercury siguiendo el procedimiento establecido en el boletín de inspección y reparación.

AJUSTE DEL NIVEL DEL FLOTADOR

1. Desmonte e invierta la parte superior del carburador, con la junta de estanqueidad mantenida en su posición.

2. Mida la distancia vertical entre el cuerpo del carburador, por la parte externa de la junta de estanqueidad y la parte inferior del flotador.

3. Para realizar el ajuste, doble la palanca de accionamiento del flotador, que contacta con la válvula de aguja. Asegúrese de que el flotador permanece paralelo a la superficie de la junta de estanqueidad.

AJUSTE DE LA CAÍDA DEL FLOTADOR

1. Desmonte y mantenga en posición vertical la parte superior del carburador.

2. Mida la distancia vertical entre el cuerpo del carburador, por la parte externa de la junta de estanqueidad, y la parte inferior del flotador.

3. Realice el ajuste doblando la aleta tope de la palanca del flotador que entra en contacto con la clavija de la bisagra.

AJUSTE DE LA VELOCIDAD DE RÉGIMEN EN VACÍO RÁPIDA

1. Con el motor calentado y marchando en vacío, coloque la palanca de marcha en vacío rápida en el escalón de la leva de la marcha en vacío rápida, que se especifica en la etiqueta adhesiva del compartimento del motor, o en la tabla de especificaciones. Desconecte y tapone el conducto de vacío de la válvula EGR.

2. Asegúrese de que la palanca de posicionamiento de la leva de marcha en vacío rápida está desconectada.

3. Gire el tornillo de marcha en vacío rápida, para ajustar la velocidad a la especificada.

AJUSTE DE LA LEVA DE MARCHA EN VACÍO

Usted necesitará una herramienta especial para este trabajo; Ford la denomina tapa de stator (herramienta número T77L-9848-A). Encaja sobre la palanca termostática del estrangulador, cuando se desmonta la tapa del mismo.

1. Desmonte la tapa de la bobina termostática del estrangulador. En el modelo California de 1980, y en todos los modelos de 1981 y posteriores la tapa del estrangulador está sujeta a la placa mediante remaches. Será necesario taladrar los remaches superiores para extraerlos; el remache inferior se ha de extraer por la parte posterior. En el montaje se deben colocar remaches nuevos.

2. Coloque la palanca de marcha en vacío rápida en la esquina especificada del escalón especificado de la leva de marcha en vacío rápida (el escalón más elevado es el primero), con la palanca de posicionamiento de la leva de alta velocidad retraída.

3. Si se va a realizar el ajuste con el carburador desmontado, mantenga la válvula mariposa ligeramente cerrada, con una banda de goma.

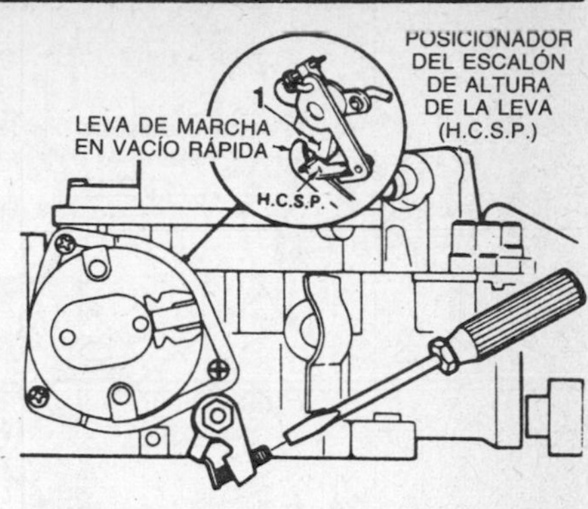

Ajuste de la velocidad de régimen en vacío rápido, en el carburador modelo 2700 VV (venturi variable)

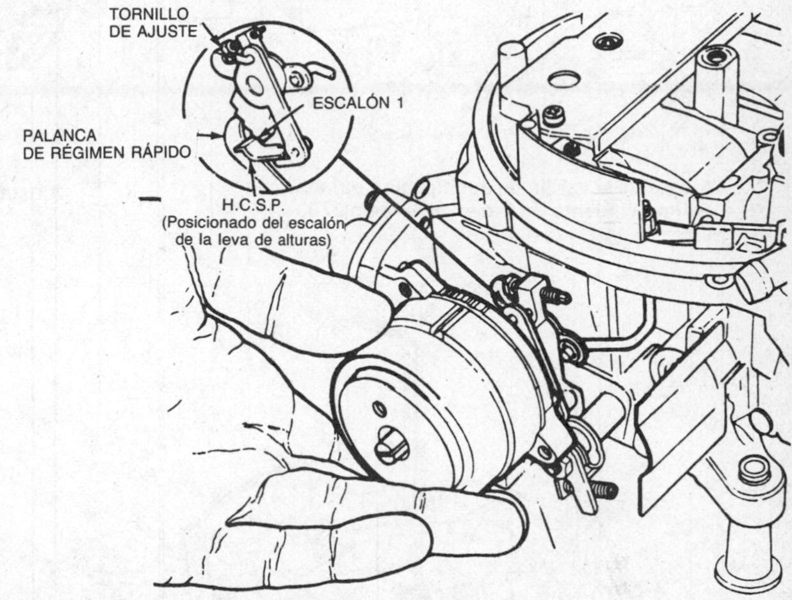

Ajuste de la leva de régimen de marcha en vacío rápido en el carburador 2700 VV (Venturi variable)

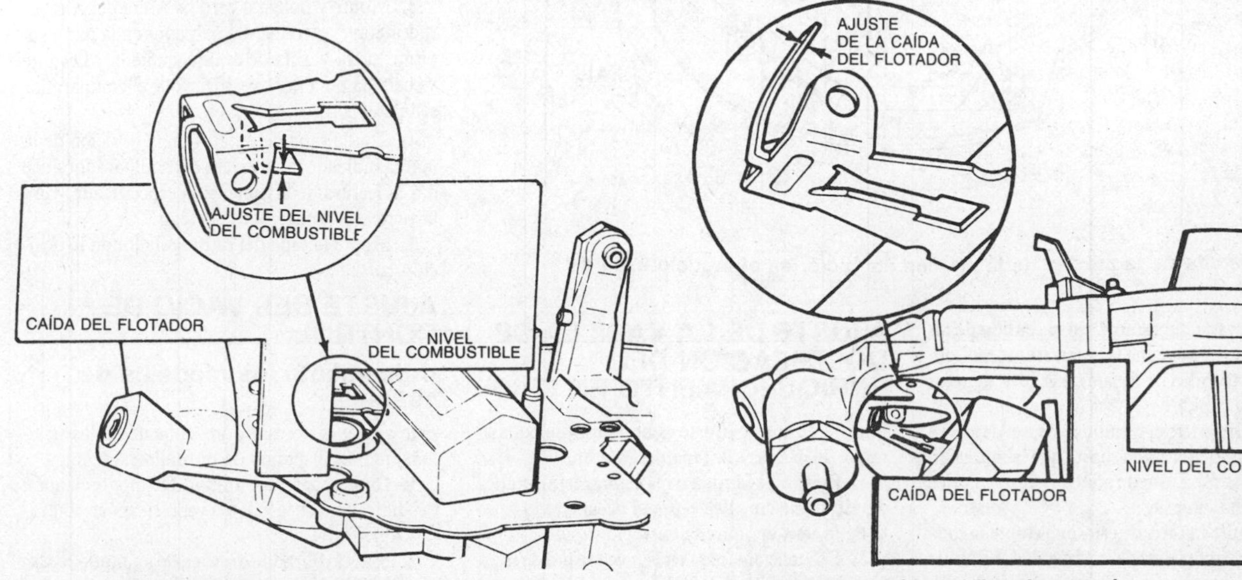

Ajuste del nivel del flotador del carburador modelo 2700 VV

Ajuste de la caída del flotador, en el modelo 2700 VV

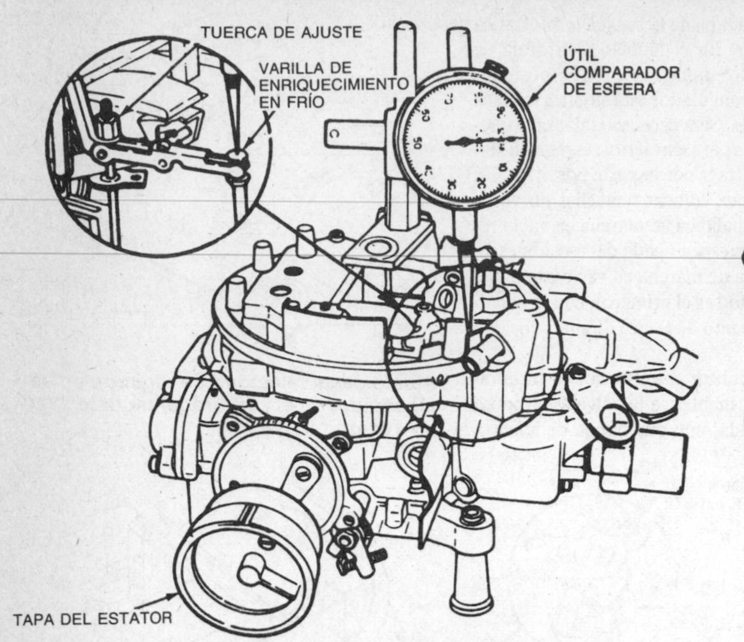

Ajuste de la varilla de dosificación para el enriquecimiento en frío en el modelo 2700 VV

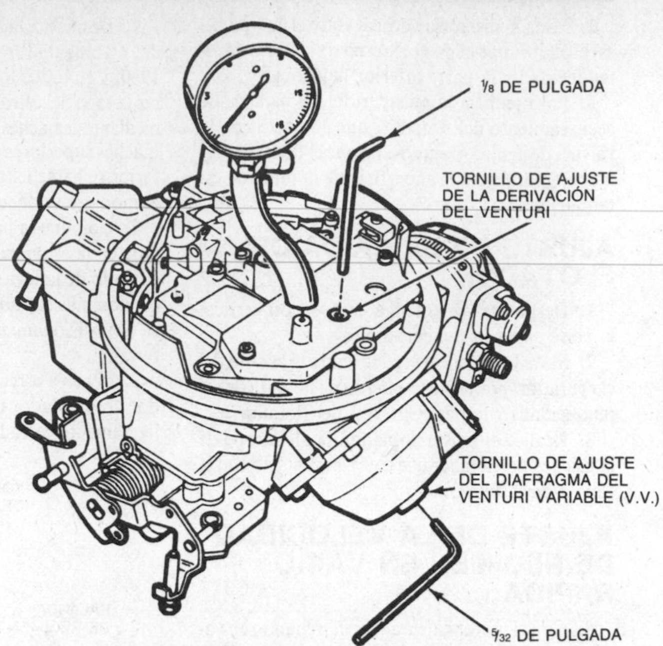

Ajuste del vacío de control, en el modelo 2700 VV

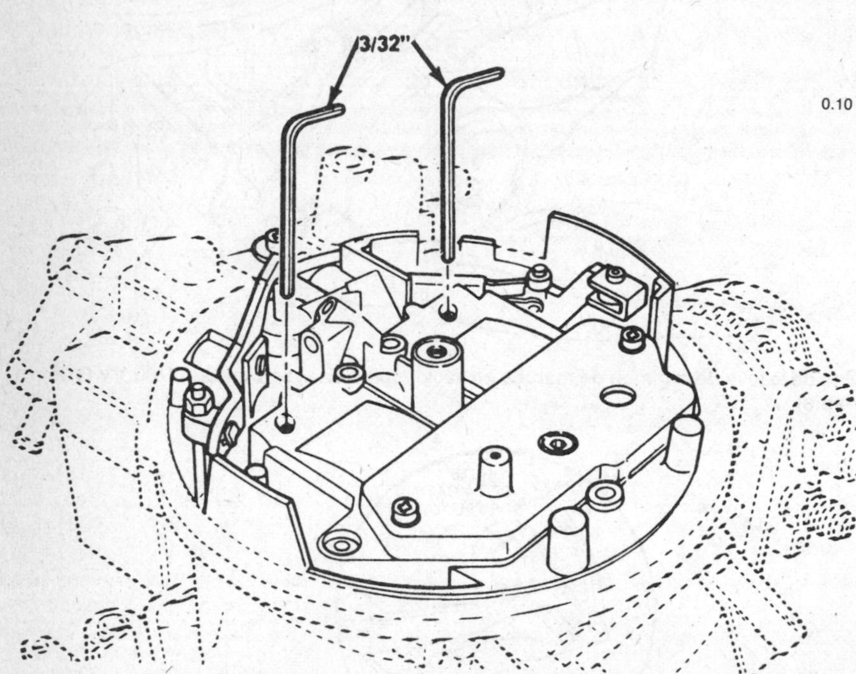

Ajuste de la mezcla de la marcha en vacío, en el modelo 2700 VV

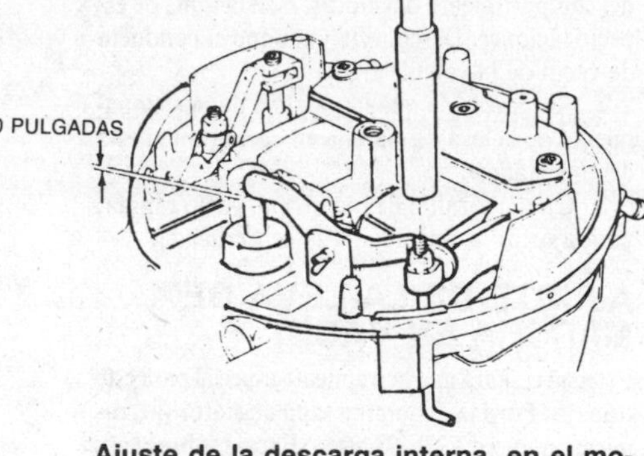

Ajuste de la descarga interna, en el modelo 2700 VV

4. Gire la tapa del estator, en el sentido de las agujas del reloj, hasta que la palanca entre en contacto con el tornillo de ajuste de la leva de marcha en vacío rápida.

5. Afloje o apriete el tornillo de ajuste de la leva de marcha en vacío rápida, hasta que la marca indicadora de la tapa, quede alineada con la marca grabada en la carcasa.

6. Desmonte la tapa de estator. Monte la tapa de la espiral termostática del estrangulador y ajuste su posición teniendo en cuenta la marca especificada de la carcasa.

AJUSTE DE LA VARILLA DE DOSIFICACIÓN DEL ENRIQUECIMIENTO EN FRÍO

Para realizar este ajuste es necesario un comparador de esfera y la tapa del estator.

1. Desmonte la tapa de la espiral termostática del estrangulador. Vea el paso 1 del apartado Ajuste de la leva de marcha en vacío rápida.

2. Coloque una pesa en el mecanismo de la espiral termostática del estrangulador, para asentar la varilla del enriquecimiento en frío.

3. Monte y ponga a cero la esfera del comparador con el extremo del palpador en la parte superior de la varilla de enriquecimiento. Levante y suelte la pesa para verificar que el comparador señala el cero.

4. Con la tapa del estator en la posición de la marca indicadora, la esfera del comparador debe dar la lectura de la dimensión especificada. Gire la tuerca de ajuste para corregir.

5. Monte la tapa del estrangulador en la posición correcta.

AJUSTE DEL VACÍO DE CONTROL

Únicamente los modelos de 1980-82

Este ajuste es necesario únicamente en los sistemas que no disponen de retroalimentación.

1. Desmonte el carburador. Desmonte el tapón del diafragma de la válvula venturi con un contrapunzón.

2. Si el carburador dispone de un tapón roscado de la derivación de la válvula venturi, desmóntelo quitando los dos tornillos de sujeción de la

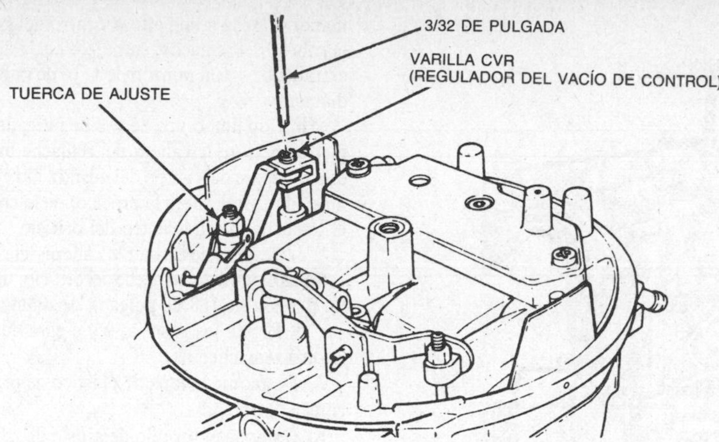

Ajuste del regulador del vacío de control, en el modelo 2700 VV

tapa; invierta y desmonte el tapón roscado de la derivación de la tapa, utilizando un botador. Monte la tapa.

3. Monte el carburador. Arranque el motor y déjelo que alcance la temperatura normal de funcionamiento. Conecte un manómetro en la tapa de la válvula venturi. Ajuste la velocidad de marcha en vacío a 500 rpm, con la transmisión en impulsión.

4. Empuje y cierre la válvula venturi y manténgala en esa posición. Ajuste el tapón roscado de la derivación hasta que obtenga una lectura de 8 pulgadas de H_2O (de columna de agua) en el manómetro de vacío (vacuómetro). Asegúrese de que la velocidad de marcha en vacío permanece constante. Abra y cierre la válvula mariposa y compruebe la velocidad de marcha en vacío.

5. Con el motor girando a la velocidad en vacío, ajuste el tornillo del diafragma de la válvula venturi hasta que obtenga una lectura de 6 pulgadas de (columna de agua) de H_2O. Ajuste la marcha en vacío mínima a las especificaciones. Monte nuevos tapones de la derivación de la válvula venturi y del diafragma.

AJUSTE DEL LIMITADOR DE LA VÁLVULA VENTURI

1. Desmonte el carburador. Quite la tapa de la válvula venturi y los dos rodillos.

2. Utilice un contra-punzón para aflojar el tapón de expansión, situado en la parte posterior del cuerpo principal del carburador, en el lado de la válvula mariposa. Desmóntelo.

3. Utilice una llave Allen para desmontar el tornillo de tope de posición completamente abierta, de la válvula venturi. Mantenga la válvula mariposa en posición completamente abierta.

4. Ejerza una ligera presión sobre la válvula venturi y compruebe el espacio entre la válvula y la pared de la trompa de aire. Para realizar el ajuste, coloque la válvula venturi en posición completamente abierta e introduzca una llave Allen en el orificio del tornillo de tope. Gírela en el sentido de las agujas del reloj para hacer más grande la abertura. Retire la llave y vuelva a comprobar de nuevo la abertura.

5. Vuelva a colocar el tornillo de tope de la posición completamente abierta, y gírelo en el sentido de las agujas del reloj hasta que haga contacto con la válvula.

6. Coloque la válvula venturi en posición completamente abierta, y compruebe la abertura. Afloje o apriete el tornillo del tope para ajustar la separación a la especificaciones.

7. Vuelva a montar el carburador con un nuevo tapón de expansión.

AJUSTE DEL REGULADOR DE VACÍO DEL CONTROL (CVR)

Se debe comprobar y ajustar el ajuste de la varilla de dosificación para el enriquecimiento en frío, antes de realizar este ajuste.

1. Después de ajustar la varilla de dosificación del enriquecimiento en frío, deje el comparador de esfera en su posición, pero desmonte la tapa del estator. No reajuste a 0 la esfera del comparador. Presione la varilla CVR, hasta que quede apoyada en su asiento. Mida este recorrido con el comparador de esfera.

2. Presione hacia abajo la varilla del CVR, hasta que se apoye en su asiento. Mida la dimensión de este recorrido con el comparador de esfera.

3. Si el ajuste es incorrecto, sujete la tuerca de ajuste del regulador de 3/8 de pulgada, con una llave de cubo, para impedir que gire. Utilice una llave Allen de 3/32" para girar la varilla del CVR; si la gira en el sentido de las agujas del reloj, el recorrido aumentará y si lo hace en el sentido contrario a las agujas del reloj, disminuirá.

ESPECIFICACIONES DEL CARBURADOR MOTORCRAFT MODELO 2700 VV (Venturi Variable) Productos Ford

Año	Modelo	Nivel del flotador (pulg.)	Caída del flotador (pulg.)	Posición de la leva de marcha en vacío rápida (muescas)	Varilla de dosificación del enriquecimiento en frío (pulg.)	Vacío de control (pulg. de colum. de agua)	Limitador de la válvula venturi (pulg.)	Posicionado de la tapa del estrangulador (muescas)	Posicionado del regulador de vacío de control (pulg.)
'80	All	1 3/64	1 15/32	1 Enriquec./4.º esc.	.125	①	②	③	.075
'81	EIAE-AAA	1.010–1.070	1.430–1.490	1 Enriquec./4.º esc.	④	①	②	Indicador	—
	D9AE-AZA	1.015–1.065	1.435–1.485	1 Enriquec./4.º esc.	.125	①	②	Indicador	—

① Vea el texto.
② Espacio de apertura: 0.99 - 1.01
Espacio de cierre: 0.94 - 0.98
③ Vea la etiqueta adhesiva situada bajo el capó
④ 0°F - 0.490 (a) posición de arranque
75°F - 0.474 (a) posición de arranque

Modelo 5200

El carburador 5200 es un carburador de dos etapas, y dos venturis en el que el venturi secundario es el más grande. El sistema secundario es accionado mecánicamente.

LEVA DE MARCHA EN VACÍO RÁPIDA

Modelos de 1980-82

1. Coloque el tornillo de marcha en vacío rápida en el segundo escalón de la leva de marcha en vacío rápida, contra el saliente del escalón superior.

2. Apriete ligeramente hacia abajo el rabillo de la palanca del estrangulador, y, utilizando una bro-

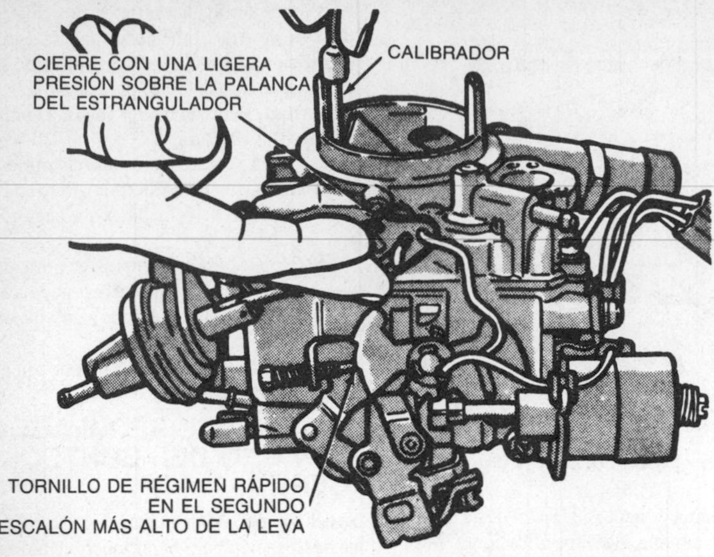

Ajuste de la leva de régimen máximo - Holley 1945

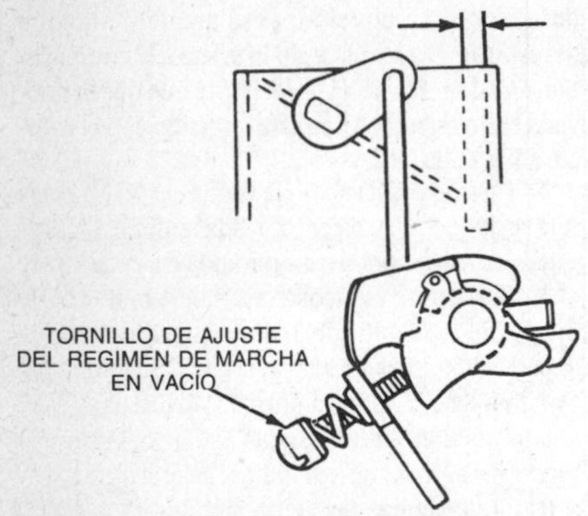

Ajuste de la leva de régimen rápido en los modelos 1980 y años posteriores —mida la separación entre el extremo inferior de la placa del estrangulador y la pared de la trompa de aire

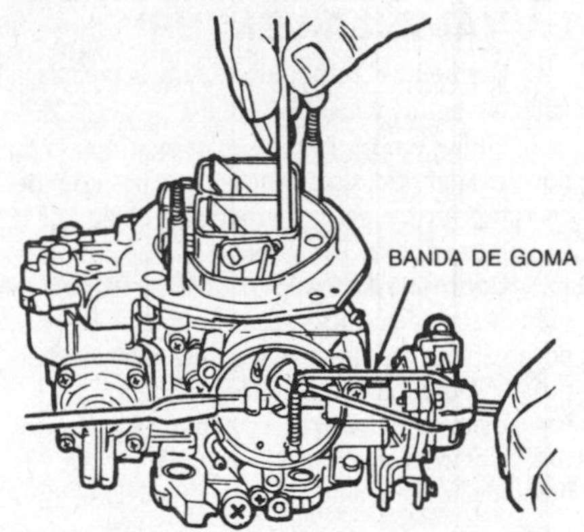

Ajuste del tirador hacia abajo, de la placa del estrangulador

ca del diámetro adecuado, mida la abertura entre el extremo inferior de la placa del estrangulador y la pared de la trompa de aire.

3. Doble el rabillo de la palanca del estrangulador hacia abajo, para aumentar la abertura, y hacia arriba para reducirla.

NOTA: En los modelos de 1982 y posteriores, Ford recomienda que si es necesario realizar un ajuste, debe sustituir la palanca del estrangulador ya que el rabillo de la misma es de material templado: es posible que esto también sea necesario en los modelos de 1980-81.

TIRADOR ABAJO DE LA PLACA DEL ESTRANGULADOR

Modelos de 1980

1. Desmonte la tapa de la espiral termostática del estrangulador.

2. Tire de la tapa del agua y del conjunto de la tapa de la espiral termostática, o del conjunto de accionamiento eléctrico del estrangulador, apartándolos a un lado.

3. Coloque la leva de marcha en vacío rápido en el segundo escalón.

4. Empuje el vástago del diafragma contra el tope del mismo, e introduzca el calibre especificado, entre el borde inferior de la válvula del estrangulador y la pared de la trompa de aire.

5. Aplique presión suficiente al borde superior de la válvula del estrangulador para suprimir cualquier juego del varillaje del estrangulador.

6. Gire el tornillo de ajuste para ajustar la abertura entre la placa del estrangulador y la trompa de aire.

Modelos de 1981-82

NOTA: Para llevar a cabo el procedimiento siguiente es necesario desmontar el carburador y la tapa del estrangulador, que está sujeta por dos remaches.

1. Desmonte el carburador del motor.

2. Desmonte la tapa del estrangulador de la siguiente forma:

a. Observe si el mandril de los remaches está muy por debajo de la cabeza de los mismos. Si el mandril queda a una altura dentro del grosor de la cabeza del remache, empújelo hacia adentro y extráigalo con un punzón de 1/16 de pulgada de diámetro.

b. Con una broca de 1/8 de pulgada de diámetro, perfore la cabeza del remache hasta que ésta se separe del cuerpo del mismo. No ejerza demasiada fuerza sobre la broca o, de lo contrario, el remache girará adentro del orificio.

c. Después de extraer la cabeza del remache, extraiga el resto del remache del orificio, utilizando un punzón de 1/8 de pulgada de diámetro.

d. Repita los pasos a, b y c para desmontar el otro remache.

3. Desmonte la tapa de plástico de protección contra el polvo.

4. Coloque el tornillo de ajuste de marcha en vacío rápido, en el escalón alto de la leva de marcha en vacío rápida.

5. Acople una banda de goma para eliminar los juegos del varillaje del estrangulador. Empuje el vástago del diafragma hacia atrás, contra el tornillo del tope.

6. Utilizando una broca del diámetro especificado, compruebe la distancia entre el borde inferior de la placa del estrangulador y la pared de la trompa de aire.

7. Si es necesario realizar un ajuste, obtenga un juego de repuestos formado por una tapa de diafragma de tirador abajo del estrangulador, tornillo de ajuste y tapón de roscado en forma de vaso, nuevos.

8. Después de montar el tornillo de ajuste en la tapa, ajuste el tirador abajo girando el tornillo en el sentido de las agujas del reloj para disminuir, y en el sentido contrario a las agujas del reloj, para aumentar el ajuste de posicionado.

9. Después de realizar el ajuste, monte un tapón nuevo en la abertura de acceso al ajuste del tirador abajo del estrangulador.

10. Desmonte la banda de goma y vuelva a montar la tapa del estrangulador, utilizando remaches (de 1/8 de pulgada de diámetro × 1/2 pulgada de largo, con una cabeza de 1/4 de pulgada de diámetro).

AJUSTE DEL DESACTIVADOR DEL ESTRANGULADOR (DESCARGADOR)

El ajuste de la abertura del desactivador del estrangulador está controlado por el ajuste de la leva de marcha en vacío rápida. Los valores que aparecen en la tabla de especificaciones se refieren a la abertura de la placa del estrangulador, entre la misma y la pared de la trompa de aire. La abertura se ha de medir de la siguiente forma:

1. Mantenga la válvula de mariposa en posición completamente abierta. Elimine el juego del varillaje del estrangulador ejerciendo fuerza sobre el borde superior de la válvula del mismo.

2. Mida la distancia entre el borde inferior de la placa del estrangulador y la pared de la trompa de aire.

3. Realice el ajuste doblando la aleta de la palanca de marcha en vacío rápida en el punto donde entra en contacto con la leva.

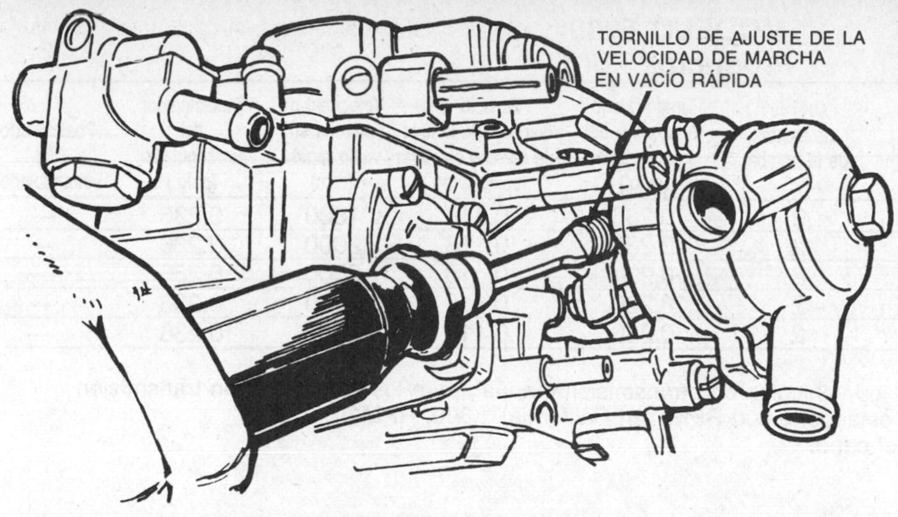

Ajuste del régimen rápido

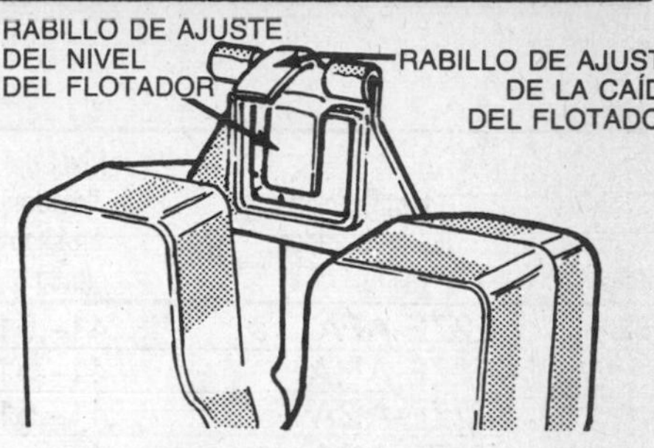

Ajuste del flotador

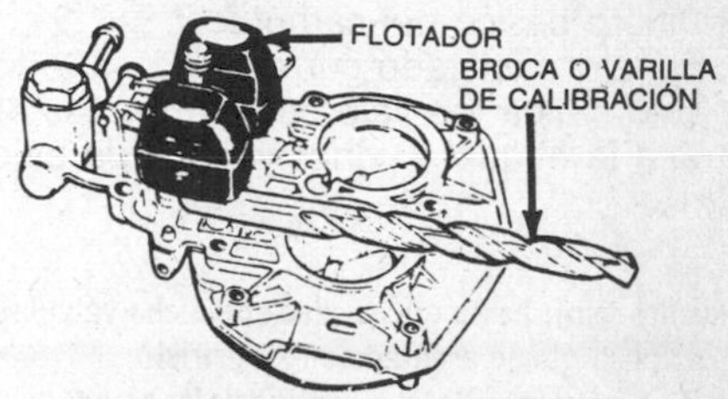

Comprobación del nivel del flotador

VELOCIDAD DE MARCHA EN VACÍO RÁPIDA

Ajuste la velocidad de marcha en vacío rápida con el tornillo de marcha en vacío rápida, colocado en el segundo escalón de la leva del régimen en vacío rápido, y con el motor funcionando a la temperatura normal de funcionamiento. Desmonte el conducto del EGR de la válvula y tapónelo. Si el vehículo dispone de una válvula de retardo de encendido, desmóntela y haga llegar la señal de vacío del avance del distribuidor, directamente al diafragma del mismo. En todos los modelos con transmisión manual, desmonte y tapone el conducto de vacío, que va al distribuidor. Si el distribuidor dispone también de un diafragma de retardo, deje la manguera conectada al mismo, siendo ésta la única conectada. Si el motor dispone de una válvula de desaceleración, desmonte esta manguera del carburador y tapónela. Por último, si el vehículo dispone de aire acondicionado, éste debe estar desconectado, antes de proceder al ajuste del régimen de marcha en vacío rápida.

AJUSTE DEL NIVEL DEL FLOTADOR

Con la tapa de la cubeta del flotador sujeta en posición invertida, y el rabillo del flotador apoyado ligeramente sobre la aguja de la válvula de entrada de combustible accionada por un muelle, mida la distancia entre el borde del flotador y la tapa de la cubeta. Para ajustar el nivel del flotador doble el rabillo del flotador hacia arriba, o hacia abajo, según sea necesario. Ajuste los dos flotadores por igual.

TORNILLO DE TOPE DE LA VÁLVULA MARIPOSA SECUNDARIA

1. Gire el tornillo de tope de la válvula de mariposa secundaria en el sentido contrario de las agu-

MODELO 5200
Productos Ford

Año	Identificación del carburador (9510)* ①	Nivel del flotador en seco (pulg.)	Orificio de ajuste de la bomba Nº	Tirador abajo de la placa del estrangulador (pulg.)	Espacio del varillaje de la leva de marcha en vacío rápida (pulg.)	Velocidad de marcha en vacío rápida (rpm)	Desactivador del estrangulador (pulg.)	Posicionado del estrangulador
'80	D9EE-APA, ANA	0.460	2	0.236	0.118	②	0.236	1 Enriquec.
	EOEE-GA, RA	0.460	2	0.196	0.078	②	0.196	②
	EOEE-JA, TA	0.460	2	0.196	0.078	②	0.196	②
	EOEE-JC, TC	0.460	—	0.196	0.078	②	0.196	②
	EOEE-JD, TD	0.460	2	0.177	0.078	②	0.196	②
	EOEE-AEA, AFA	0.460	2	0.196	0.078	②	0.196	②
	EOZE-ACB	0.460	—	0.275	0.157	②	0.236	②
	EOZE-AZA	0.460	2	0.275	0.157	②	0.393	②
	EOZE-AAA	0.460	3	0.275	0.157	②	0.236	②
	EOZE-ACA	0.460	2	0.275	0.157	②	0.236	②
	EOZE-ATA	0.460	2	0.275	0.118	②	0.236	②
'81	EIZE-YA	.41-.51	2	0.200	.080	②	0.200	②
	EOEE-RB	.41-.51	2	0.200	.080	②	0.200	②
	EIZE-VA	.41-.51	2	0.200	.080	②	0.200	②
	D9EE-ANA	.41-.51	2	0.240	0.720	②	0.200	②
	D9EE-APA	.41-.51	2	0.240	0.120	②	0.200	②
'82	E1ZE-ADB	.41-.51	3	0.275	0.240	1600	0.393	—
	E1ZE-ACA	.41-.51	2	0.200	.080	1800	0.196	—
	E1BE-RA, GA	.41-.51	2	0.200	.080	1800	0.196	—
	E1ZE-YA	.41-.51	2	0.200	.080	2000	0.196	—
	E1ZE-VA	.41-.51	2	0.200	.080	2000	0.196	—

MODELO 5200
Productos Ford

Año	Identificación del carburador (9510)* ①	Nivel del flotador en seco (pulg.)	Orificio de ajuste de la bomba Nº	Tirador abajo de la placa del estrangulador (pulg.)	Espacio del varillaje de la leva de marcha en vacío rápida (pulg.)	Velocidad de marcha en vacío rápida (rpm)	Desactivador del estrangulador (pulg.)	Posicionado del estrangulador
'82	E2ZE-AFA	.41-.51	2	0.236	0.118	1800	0.236	—
	E2ZE-AHA	.41-.51	2	0.236	0.118	2000	0.236	—
	E2ZE-ABA	.41-.51	2	0.236	0.118	2000	0.236	—
	E2ZE-AGA	.41-.51	2	0.236	0.118	2000	0.236	—
	E2ZE-AAA	.41-.51	2	0.236	0.118	2000	0.236	—

*Número básico del carburador

① El valor facilitado corresponde a todos los vehículos con transmisión manual; para los vehículos con transmisión automática los valores son: (en los 49 estados) 2.000 RPM; (en California) 1.800, RPM.

② Vea la etiqueta adhesiva situada bajo el capó.

jas del reloj, hasta que la placa de dicha válvula mariposa quede asentada en su orificio.

2. Gire el tornillo en el sentido de las agujas del reloj, hasta que entre en contacto con la aleta de la palanca de la válvula mariposa secundaria.

3. Añada 1/4 de vuelta más, en el sentido de las agujas del reloj, en los motores de 4 cilindros.

Modelo 7200

El carburador de venturi variable (VV) de Motorcraft, comparte con el modelo 2700 VV la mayoría de sus características de diseño. La diferencia principal entre los dos es que el modelo 7200 está diseñado para trabajar con el sistema de retroalimentación con ECC (control electrónico del motor) de Ford. El sistema de retroalimentación controla con precisión la relación aire/combustible, variando las señales que llegan al monitor de control de la retroalimentación situado en el carburador, que abre o cierra la válvula de dosificación, como respuesta. Esto amplía o reduce la cantidad de vacío de control por encima de la cubeta del combustible, empobreciendo o enriqueciendo la mezcla según corresponda.

Para más información sobre carburadores retroalimentados, vea la Guía de Chilton de inyección de combustible y carburadores retroalimentados.

AJUSTES DEL NIVEL DEL FLOTADOR, CAÍDA DEL FLOTADOR Y VELOCIDAD DE MARCHA EN VACÍO RÁPIDA

Estos ajustes se realizan de la misma forma que en el modelo 2700 VV. Vea esa sección, donde se describen los procedimientos correspondientes.

AJUSTE DE LA LEVA DE MARCHA EN VACÍO RÁPIDA

Este procedimiento coincide con el correspondiente al modelo 2700 VV. Siga dicho procedimiento. El modelo 7200 VV, que llevan los modelos California, tiene una tapa de estrangulador que está sujeta con remaches. Debe desmontar el carburador, para desmontar los remaches. Con el carburador desmontado puede taladrar los dos remaches superiores con una broca de 1/8 de pulgada. Perfore únicamente la cabeza del remache. El remache inferior está situado en un orificio sin salida, y debe extraerlo golpeando ligeramente la parte trasera del anillo de retención con un punzón. Cuando monte la tapa debe utilizar remaches nuevos, pieza Ford número 388575, o equivalente.

AJUSTE DE LA VARILLA DE DOSIFICACIÓN DEL ENRIQUECIMIENTO EN FRÍO

Este ajuste coincide con el correspondiente al modelo 2700 VV. Vea el párrafo Ajuste de la leva de marcha en vacío rápido, en lo que concierne a la tapa de estrangulador sujeta con remaches, en los modelos California.

AJUSTE DE LA VÁLVULA DE DESCARGA INTERNA Y DEL LIMITADOR DE LA VÁLVULA VENTURI

Estos ajustes coinciden con los correspondientes al modelo 2700 VV. Vea dicha sección, para más detalle.

AJUSTE DEL REGULADOR DEL VACÍO DE CONTROL (CVR)

Siga el procedimiento de la sección homónima al 2700 VV. Observe que el vacío de control no puede ser ajustado en ningún carburador modelo 7200, únicamente puede ser ajustado el regulador.

AJUSTES DE LA PALANCA DE POSICIONAMIENTO DE LA LEVA DE ALTA VELOCIDAD Y DE LA MEZCLA DE MARCHA EN VACÍO

Los procedimientos coinciden con los del modelo 2700 VV. Consulte esa sección en donde se indican más detalles. Al igual que los modelos 2700 VV, el ajustador de marcha en vacío en el modelo 7200, viene preajustado de fábrica y no es ajustable.

ESPECIFICACIONES DEL CARBURADOR MOTORCRAFT MODELO 7200 VV (Venturi Variable)

Año	Modelo	Nivel del flotador (pulg.)	Caída del flotador (pulg.)	Posicionado de la leva de marcha en vacío rápida (muescas)	Varilla dosificadora del enriquecimiento en frío (pulg.)	Vacío de control (pulg. de columna de agua)	Limitador de la válvula del venturi (pulg.)	Posicionado de la tapa del estrangulador (muescas)
'80	All	1 3/64	1 15/32	1 Enriquec. / 3er escalón	.125	②	③	④
'81	D9AE-AZA	1.015-1.065	1.435-1.485	1 Enriquec. / 3er escalón	.125	②	⑤	Indicador
	EIAE-LA	1.015-1.065	1.435-1.485	0.360/2º escalón	⑦	②	⑥	1 Enriquec.
	EIAE-SA	1.015-1.065	1.435-1.485	0.360/2º escalón	⑦	②	⑥	1 Enriquec.
	EIAE-KA	1.010-1.070	1.430-1.490	0.360/2º escalón	⑩	②	⑭	Indicador
	EIDE-AA	1.010-1.070	1.430-1.490	0.360/2º escalón	⑩	②	⑭	Indicador
	EIVE-AA	1.015-1.065	1.435-1.485	0.360/2º escalón	⑦	②	③	Indicador

ESPECIFICACIONES DEL CARBURADOR MOTORCRAFT MODELO 7200 VV (Venturi Variable)

Año	Modelo	Nivel del flotador (pulg.)	Caída del flotador (pulg.)	Posicionado de la leva de marcha en vacío rápida (muescas)	Varilla dosificadora del enriquecimiento en frío (pulg.)	Vacío de control (pulg. de columna de agua)	Limitador de la válvula del venturi (pulg.)	Posicionado de la tapa del estrangulador (muescas)
'82	E2AE-LB	1.010–1.070	1.430–1.490	0.360/2.º escalón	⑧	②	⑨	Indicador
	E2DE-NA	1.010–1.070	1.430–1.490	0.360/2.º escalón	⑧	②	⑨	Indicador
	E2AE-LC	1.010–1.070	1.430–1.490	0.360/2.º escalón	⑧	②	⑨	Indicador
	E25E-FA	1.010–1.070	1.430–1.490	0.360/2.º escalón	⑧	②	⑨	Indicador
	E25E-GB	1.010–1.070	1.430–1.490	0.360/2.º escalón	⑧	②	⑨	Indicador
	E2SE-GA	1.010–1.070	1.430–1.490	0.360/2.º escalón	⑧	②	⑨	Indicador
	E2AE-RA	1.010–1.070	1.430–1.490	0.360/2.º escalón	⑩	②	⑨	Indicador
	E1AE-ACA	1.010–1.070	1.430–1.490	0.360/2.º escalón	⑩	②	⑨	Indicador
	E2SE-DB	1.010–1.070	1.430–1.490	0.360/2.º escalón	⑪	②	⑨	Indicador
	E2SE-DA	1.010–1.070	1.430–1.490	0.360/2.º escalón	⑪	②	⑨	Indicador
	E1AE-SA	1.010–1.070	1.430–1.490	0.360/2.º escalón	⑫	②	⑬	1 Enriquec.
	E2AE-MA	1.010–1.070	1.430–1.490	0.360/2.º escalón	⑫	②	⑬	1 Enriquec.
	E2AE-MB	1.010–1.070	1.430–1.490	0.360/2.º escalón	⑫	②	⑬	1 Enriquec.
	E2AE-TA	1.010–1.070	1.430–1.490	0.360/2.º escalón	⑫	②	⑬	Indicador
	E2AE-TB	1.010–1.070	1.430–1.490	0.360/2.º escalón	⑫	②	⑬	Indicador
	E25E-AC	1.010–1.070	1.430–1.490	0.360/2.º escalón	⑪	②	⑨	Indicador
	E1AE-AGA	1.010–1.070	1.430–1.490	0.360/2.º escalón	⑫	②	⑨	Indicador
	E2AE-NA	1.010–1.070	1.430–1.490	0.360/2.º escalón	⑫	②	⑨	Indicador
'83	E2AE-NA	1.010–1.070	1.430–1.490	0.360/2.º escalón	⑫	②	⑨	Indicador
	E2AE-AJA	1.010–1.070	1.430–1.490	0.360/2.º escalón	⑫	②	⑨	Indicador
	E2AE-APA	1.010–1.070	1.430–1.490	0.360/2.º escalón	⑫	②	⑨	Indicador
'84–'86	E2AE-AJA	1.010–1.070	1.430–1.490	0.360/2.º escalón	⑫	②	⑨	Indicador
	E2AE-APA	1.010–1.070	1.430–1.490	0.360/2.º escalón	⑫	②	⑨	Indicador

① No se utiliza
② Vea el texto
③ Separación de abertura: 0.99 - 1.01
Separación de cierre: 0.39 - 0.41
④ Vea etiqueta adhesiva situada bajo el capó
⑤ Abertura máxima: 99/1.01
Válvula mariposa completamente abierta: 0.94/0.98
⑥ Abertura máxima: 0.99/1.01
Válvula mariposa completamente abierta: 0.74/0.76
⑦ 0 °F - 0.490 (en) posición de arranque
75 °F - 0.475 (en) posición de arranque
⑧ 0 °F - 0.525 (en) posición de arranque
75 °F - 0.445 (en) posición de arranque
⑨ Abertura máxima: 0.00/1.01
Válvula mariposa completamente abierta: 0.39/0.41
⑩ 0 °F - 0.490 (en) posición de arranque
75 °F - 0.445 (en) posición de arranque
⑪ 0 °F - 0.525 (en) posición de arranque
75 °F - 0.475 (en) posición de arranque
⑫ 0 °F - 0.490 (en) posición de arranque
75 °F - 0.460 (en) posición de arranque
⑬ Apertura máxima: 0.99/1.01
Válvula mariposa completamente abierta: 0.74/0.76
⑭ Apertura máxima: 0.99/1.01
Válvula mariposa completamente abierta: 0.48/0.52

CARBURADORES HOLLEY

Modelo 1945

El carburador modelo 1945, es un carburador de un solo cuerpo, invertido y concéntrico con una cubeta interna de flotador, que rodea completamente al venturi. Este modelo lleva flotadores dobles, de nitrofil, que permiten el funcionamiento para ángulos extremos. Este carburador va montado en los motores de 6 cilindros de Chrysler Corporation.

AJUSTE DEL FLOTADOR

1. Desmonte la tapa de la cubeta del flotador, e invierta la posición de la cubeta del flotador. Mantenga el muelle de sujeción en su posición.

2. Coloque una regla cruzando la superficie de la cubeta. La junta de estanqueidad debe estar montada. La regla debe estar separada a la medida especificada de los bordes de los flotadores.

3. Si es necesario realizar un ajuste, doble el rabillo del flotador para obtener el ajuste correcto.

AJUSTE DE LA MARCHA EN VACÍO RÁPIDA

1. Desmonte el filtro del aire y desconecte los conductos de vacío que van al control de aire caliente y válvula OSAC (control de avance del encendido mediante un orificio). Si no dispone de válvula OSAC, desconecte la manguera que va al distribuidor y la manguera EGR. Tapone todas las bocas de vacío del carburador.

2. Con el motor parado, la transmisión en punto muerto y el freno de estacionamiento accionado, abra la válvula mariposa y cierre el estrangulador.

3. Cierre la válvula mariposa. Esto hará que el tornillo de velocidad de marcha en vacío rápida quede colocado en el escalón más alto.

4. Desplace la leva de marcha en vacío rápida, hasta que el tornillo caiga al segundo escalón de velocidad más elevada.

5. Arranque el motor y deje que se estabilice la velocidad del mismo. Apriete o afloje el tornillo de la velocidad de marcha en vacío rápida, para obtener la posición de ajuste especificada. Vea la tabla de especificaciones.

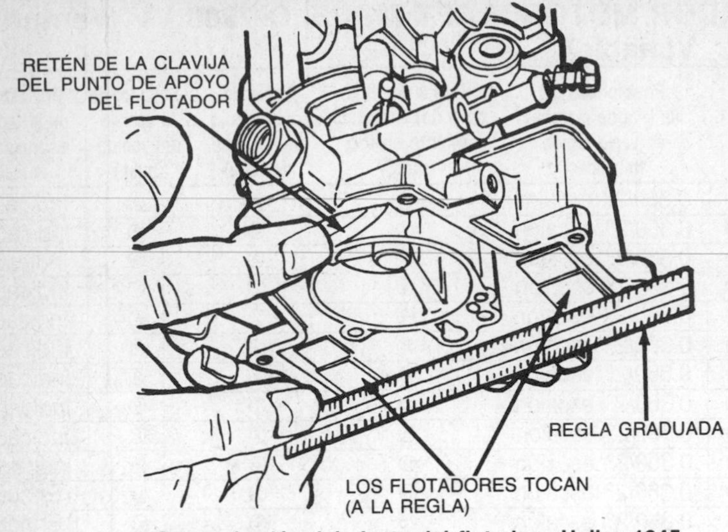

Comprobación del ajuste del flotador - Holley 1945

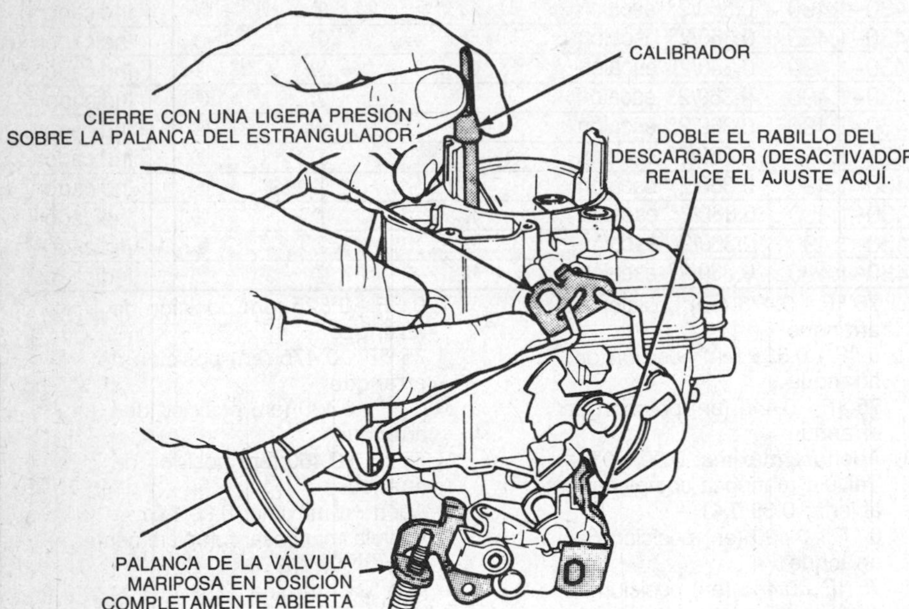

Ajuste del desactivador del estrangulador — Modelo Holley 1945

AJUSTE DE LA LEVA DE MARCHA EN VACÍO RÁPIDA

1. Coloque el tornillo de ajuste de la velocidad de marcha en vacío rápida, en el segundo escalón más alto de la leva de marcha en vacío rápida.

2. Ejerza una ligera presión sobre la palanca del eje del estrangulador, para mover la válvula del mismo hacia la posición de cierre.

3. Introduzca el calibre especificado, entre la parte superior del estrangulador y la pared de la trompa de aire del lado de la palanca de la válvula mariposa.

4. Para realizar el ajuste, doble la varilla del conector de marcha en vacío rápida, en ángulo, hasta que obtenga la abertura correcta de la válvula.

AJUSTE DEL DESCARGADOR DEL ESTRANGULADOR

1. Mantenga las válvulas mariposa en posición completamente abierta, e introduzca el calibre especificado, entre el borde superior de la válvula del estrangulador y la pared interna de la trompa de aire.

2. Ejerza una ligera fuerza sobre la palanca de control e intente extraer el calibrador. Debe sentir una ligera resistencia al extraerlo. Si es necesario realizar algún ajuste, doble el rabillo del descargador situado en la palanca de la válvula mariposa, hasta que se obtenga la abertura correcta.

AJUSTE DEL RETARDADOR DE VACÍO DEL ESTRANGULADOR

1. Con el motor parado, abra la válvula de mariposa y mueva el estrangulador a la posición de cierre. Suelte primero la válvula mariposa, y a continuación el estrangulador.

2. Si dispone de una fuente auxiliar de vacío, desconecte la manguera de vacío del carburador, y conéctela a la manguera del suministro de vacío, con un trozo adicional de tubo. Aplique un vacío de 15 o más pulgadas de Hg.

3. Introduzca el calibrador correcto (vea la tabla de especificaciones), entre el borde superior de la válvula del estrangulador y la pared de la trompa de aire. Cierre y mantenga en dicha posición la palanca de la varilla del estrangulador, ejerciendo una ligera fuerza sobre la misma. El vástago cilíndrico del diafragma se desplegará a medida que se comprima el muelle interno. Este muelle debe estar totalmente comprimido para poder realizar una medición correcta del retardador de vacío.

4. Si es necesario realizar algún ajuste, acorte o alargue el reenvío del diagrama para obtener la abertura correcta, en los modelos hasta 1981 inclusive. En los modelos de 1982 y posteriores, introduzca una llave Allen de 5/64 pulgadas en el diafragma de vacío y gírela hasta que logre el ajuste correcto.

ATENCIÓN

No retuerza o doble el diafragma.

5. Monte la manguera de vacío en la boca correcta del carburador y conecte el varillaje de marcha en vacío rápida.

6. Compruebe el funcionamiento de la siguiente forma. Con vacío aplicado al diafragma, la válvula del estrangulador debe moverse libremente entre las posiciones abierta y cerrada. Si existe rozamiento, examine el varillaje para ver si está mal alineado, o existen elementos que estorban debido a que se han doblado.

AJUSTE DE LA BOMBA DEL ACELERADOR

1. Con la válvula mariposa en la posición de marcha en vacío mínima, mida la distancia entre el pivote del reenvío a la palanca de la válvula mariposa. Los modelos de 1980 llevan dos orificios en la palanca de la válvula mariposa. Asegúrese de que el reenvío se halla en el orificio correcto.

2. Si la medición es incorrecta, el reenvío puede ser doblado en la «U», para realizar el ajuste.

NOTA: Si ajusta el reenvío de la bomba, debe volver a comprobar el ajuste de la válvula de descarga de la culata de combustible, y si es necesario, reajústelo.

AJUSTE DE LA VÁLVULA DE DESCARGA DE LA CUBETA DE COMBUSTIBLE

1. Con la válvula de mariposa ajustada en la posición de velocidad marcha en vacío mínima, mida la distancia desde la parte de abajo de la superficie del soporte de la tapa hasta la superficie plana de la palanca de la válvula de descarga de la cubeta.

2. Si es necesario realizar algún ajuste, gire el tornillo de ajuste de la palanca de la válvula de descarga de la cubeta con un destornillador.

3. Monte el muelle de la válvula de descarga de la cubeta y la placa de tapa.

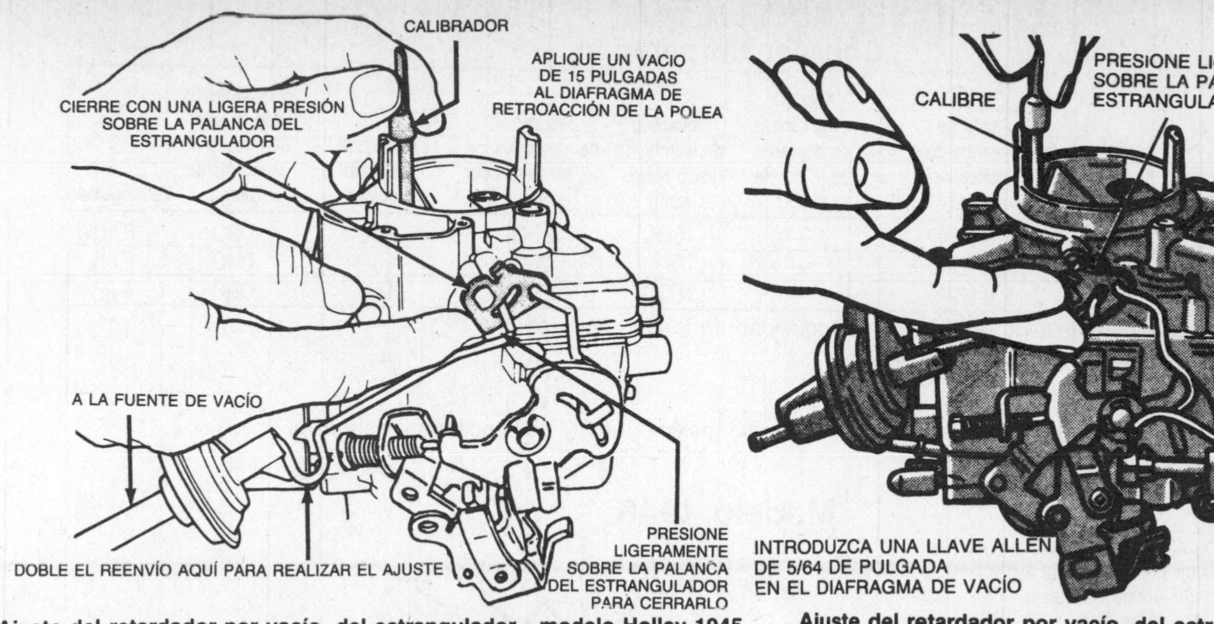

Ajuste del retardador por vacío, del estrangulador - modelo Holley 1945

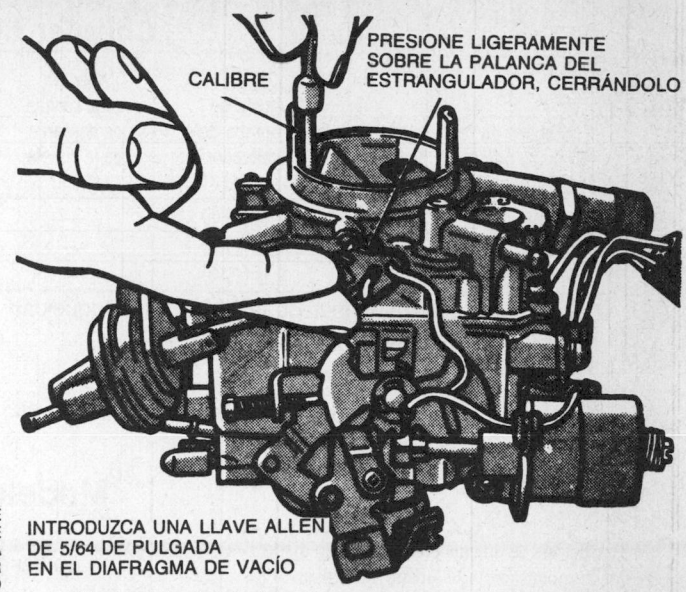

Ajuste del retardador por vacío, del estrangulador, 1982 - Holley 1945

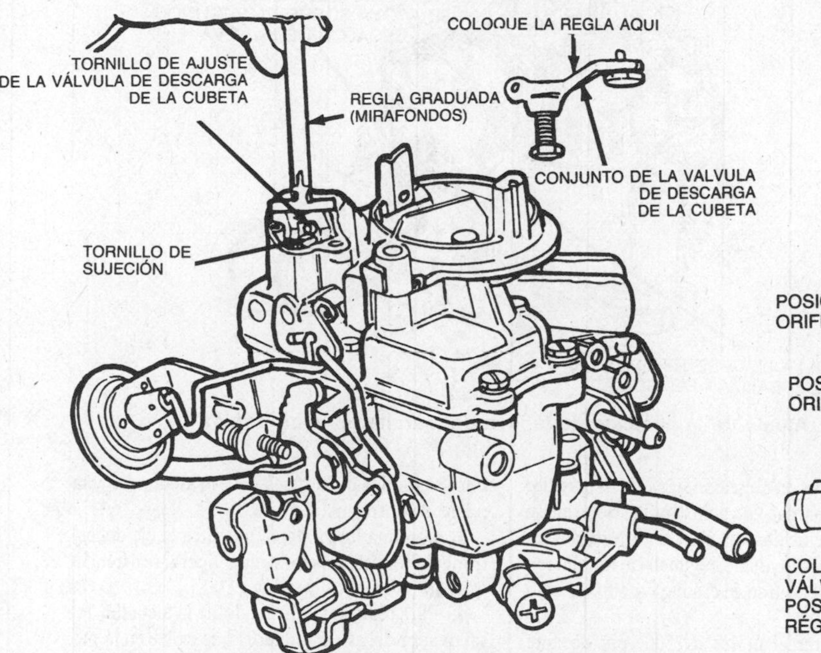

Ajuste de la válvula de descarga de la cubeta

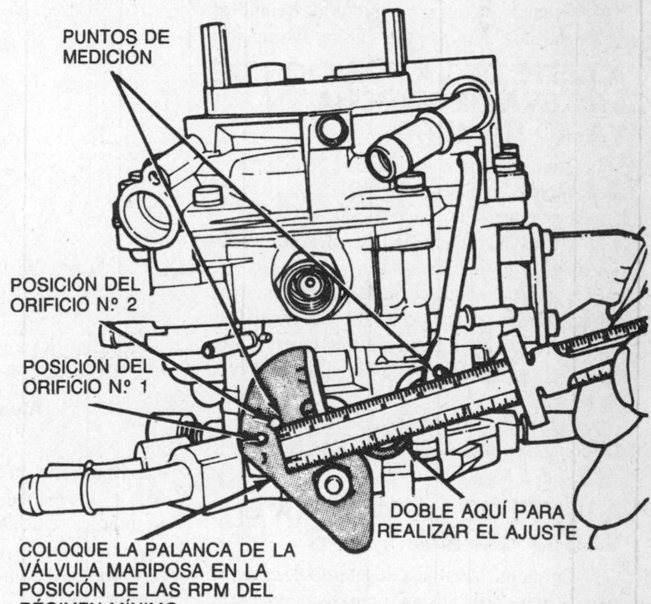

Ajuste de la bomba del acelerador

MODELO 1945
Chrysler Corporation

Año	Número de pieza del carburador ②	Nivel del flotador (pulg.)	Ajuste de la bomba del acelerador (pulg.)	Abertura de la válvula de descarga de la cubeta (pulg.)	Velocidad de marcha en vacío rápida (rpm)	Separación del desactivador del estrangulador (pulg.)	Retardada de vacío (pulg.)	Posicionado de la leva de marcha en vacío rápida (pulg.)	Estrangulador
'80	R-8718-A	①	1.70 ③	1/16	1400	.250	.150	.090	Fijo
	R-8831-A	①	1.615 ④	1/16	1600	.250	.140	.090	Fijo
	R-8832-A	①	1.70 ③	1/16	1400	.250	.110	.090	Fijo
	R-8833-A	①	1.615 ④	1/16	1600	.250	.110	.090	Fijo

MODELO 1945
Chrysler Corporation

Año	Número de pieza del carburador ②	Nivel del flotador (pulg.)	Ajuste de la bomba del acelerador (pulg.)	Abertura de la válvula de descarga de la cubeta (pulg.)	Velocidad de marcha en vacío rápida (rpm)	Separación del desactivador del estrangulador (pulg.)	Retardada de vacío (pulg.)	Posicionado de la leva de marcha en vacío rápida (pulg.)	Estrangulador
'81	R-9253-A	⑤	1.615 ④	—	1600	.250	.150	.090	Fijo
'82	R-9627A	⑤	1.615 ④	—	1600	.250	.150	.090	Fijo
	R-9628A	⑤	1.615 ④	—	1800	.250	.150	.090	Fijo

① A la altura de la parte superior de la junta de estanqueidad de la tapa de la cubeta, ±1/32
② Situado en una etiqueta acoplada al carburador
③ Posición Nº 1
④ Posición Nº 2
⑤ A la altura de la parte superior del cuerpo principal, y como máximo 0.050" por encima de este nivel.

Modelo 1946

Este modelo es de un cuerpo que tiene un dispositivo de compensación de altitud, se utiliza en los vehículos Fairmont, Fairmont Futura, Zephyr, Mustang y Capri de 200 pulg.³ con motor de 6 cilindros y en los vehículos de 1981-82 Thunderdir, XR-7 Granada y Cougar con motor de 6 cilindros de 200 pulgadas cúbicas y transmisión automática.

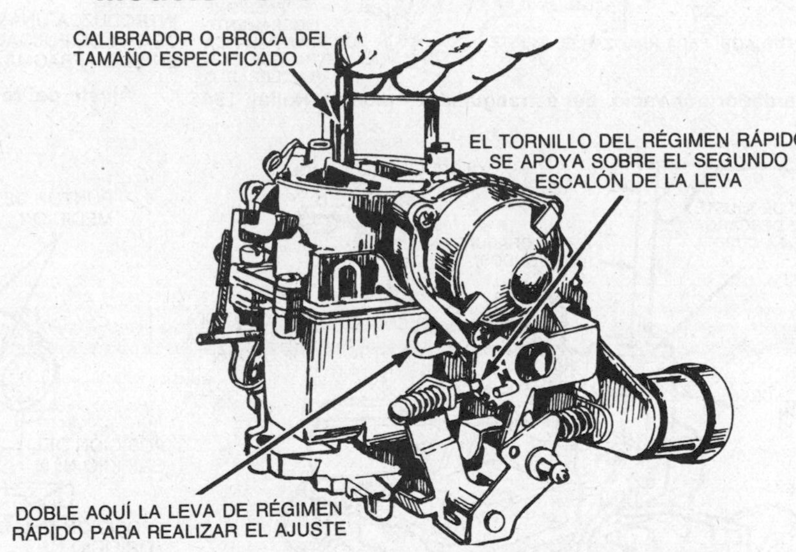

Ajuste de la posición de la leva de marcha en vacío rápida

AJUSTE DE LA POSICIÓN DE LA LEVA DE MARCHA EN VACÍO RÁPIDA

1. Coloque el tornillo de ajuste de marcha en vacío rápida, en el segundo escalón más alto de la leva de marcha en vacío rápida.

2. Mueva ligeramente la placa del estrangulador hacia la posición cerrada.

3. Compruebe la posición de la leva de marcha en vacío rápida colocando el calibre correcto (vea las especificaciones), entre el borde superior de la placa del estrangulador y la pared de la trompa de aire.

4. Si la posición no coincide con la especificada, doble el reenvío de la leva de marcha en vacío rápida.

AJUSTE DE LA MARCHA EN VACÍO RÁPIDA

1. Desmonte la válvula de retardo de encendido, si dispone de la misma, y guíe la manguera de vacío del distribuidor llevándola directamente al lado de avance del distribuidor.

2. Efectúe un seguimiento de la manguera de vacío de la señal del EGR, desde la válvula EGR/PVS (sistema de vacío de lumbrera) hasta el carburador. Si la manguera dispone de una válvula EGR/PVS o el modulador de tiempo frío, desconecte dicha manguera de la válvula EGR y tapónela. Si no dispone de dicha válvula EGR/PSV o un modulador, no desconecte la manguera, excepto en los modelos de 1980; desconecte y tapone la manguera EGR en todos los modelos de 1980. En los modelos de 1981 y posteriores, desconecte y tapone las mangueras de vacío de las válvulas EGR y de purga.

3. Haga funcionar el motor a la temperatura normal de funcionamiento. Con la placa del estrangulador completamente abierta y la transmisión en estacionamiento, coloque el tornillo de marcha en vacío, en el escalón siguiente al más alto de la leva de marcha en vacío rápida. Deje que se estabilice la velocidad del motor, y ajústela a las especificaciones de dicho régimen de marcha en vacío que se encuentran en el adhesivo situado bajo el capó.

4. Haga girar el motor a 2500 rpm durante aproximadamente 15 segundos, y vuelva a comprobar la velocidad de marcha en vacío rápida.

5. Una vez que haya sido correctamente ajustada la velocidad, pare el motor y vuelva a situar los conductos de vacío donde corresponda.

CARRERA DE LA BOMBA DEL ACELERADOR

La carrera de la bomba del acelerador viene preajustada de fábrica y no debe ser ajustada para mejorar la velocidad de respuesta.

AJUSTE DEL DESACTIVADOR DEL ESTRANGULADOR

1. Con el motor parado, mantenga la válvula mariposa en posición completamente abierta.

2. Introduzca el calibre especificado entre el borde superior de la placa del estrangulador y la pared de la trompa de aire.

3. Con una ligera presión contra el eje del estrangulador, debe sentir una ligera resistencia cuando retire el calibrador.

4. Para realizar el ajuste, doble la aleta del desactivador del estrangulador, que existe en la palanca de la válvula de mariposa, hasta que se obtenga la abertura correcta.

TIRADOR ABAJO DEL ESTRANGULADOR. MODELOS DE 1980

NOTA: En los modelos de 1981 y posteriores, este ajuste viene preestablecido desde fábrica, y está protegido por un tapón resistente a alteraciones.

1. Coloque el tornillo de marcha en vacío rápido, en el escalón más alto de la leva de marcha en vacío rápida.

2. Refrigere la carcasa del estrangulador hasta que esté completamente cerrada.

3. Marque la posición del estrangulador para su posterior reajuste.

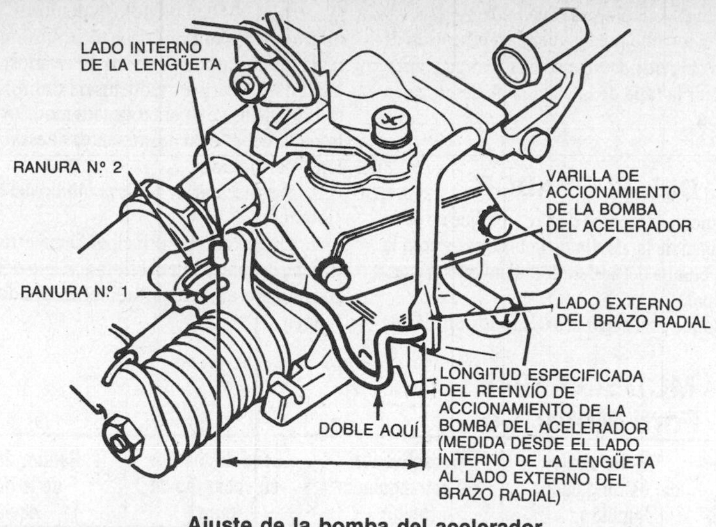

Ajuste de la bomba del acelerador

AJUSTE DE LA VÁLVULA DE DESCARGA DE LA CUBETA DE COMBUSTIBLE EXTERNA

1. Desconecte la manguera de la válvula de descarga del depósito de dicha válvula de descarga de la cubeta de combustible.

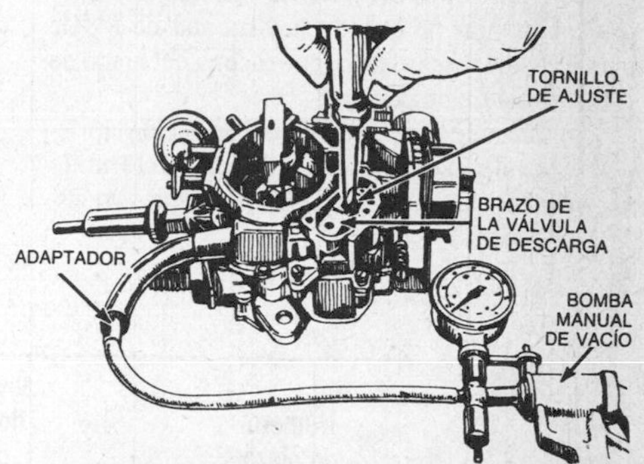

Ajuste externo de la descarga de la cubeta de combustible

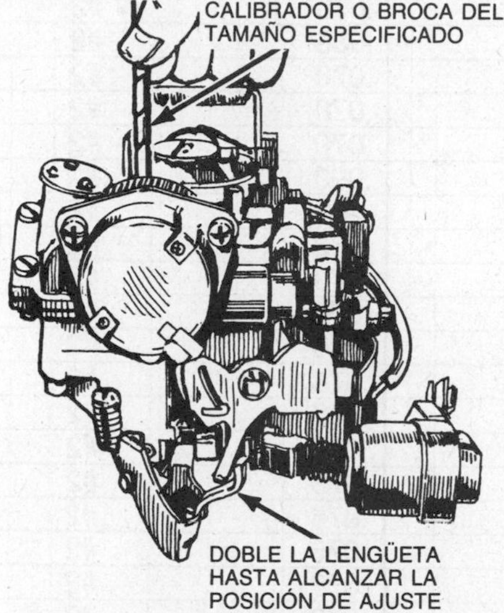

Ajuste del desactivador del estrangulador

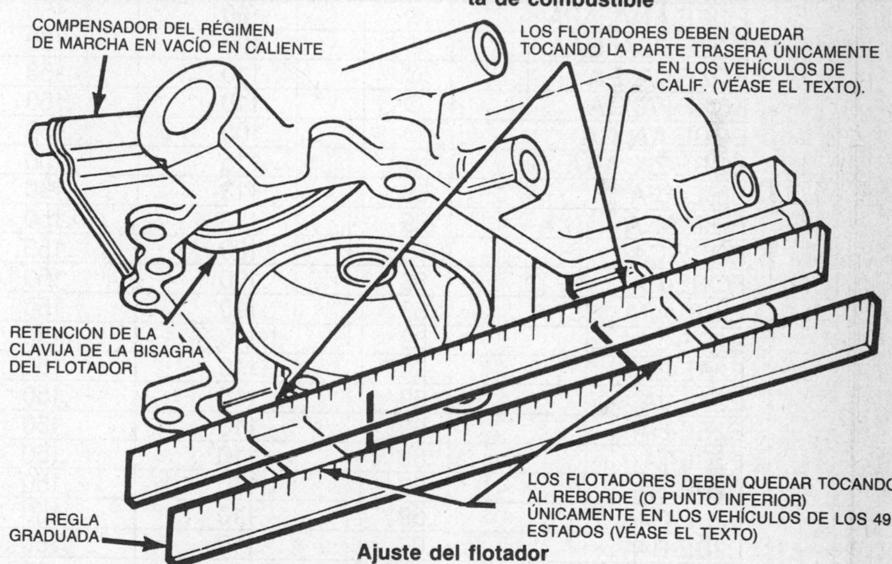

Ajuste del flotador

4. En los modelos California de 1980, desmonte la carcasa del termostato del estrangulador, el anillo de retención y los tornillos. Desmonte temporalmente el espaciador que lleva las marcas indicadoras. Vuelva a instalar la carcasa, retén y tornillos. A continuación, en todos los modelos, afloje los tornillos de la carcasa del estrangulador, y gire la tapa del mismo 90º en el sentido de enriquecimiento (posición de cierre). Apriete los tornillos.

5. Active el diafragma del tirador abajo aplicando vacío al tubo externo.

6. Asegúrese de que el diafragma del tirador abajo está completamente retraído.

7. Si el motor no se retrae totalmente al aplicar el vacío, compruebe si existen fugas. Sustitúyalo, si esto es así.

8. Introduzca el calibre especificado, entre el borde superior de la placa del estrangulador y la pared de la trompa de aire.

9. Para realizar el ajuste, doble el varillaje del tirador hacia abajo según sea necesario.

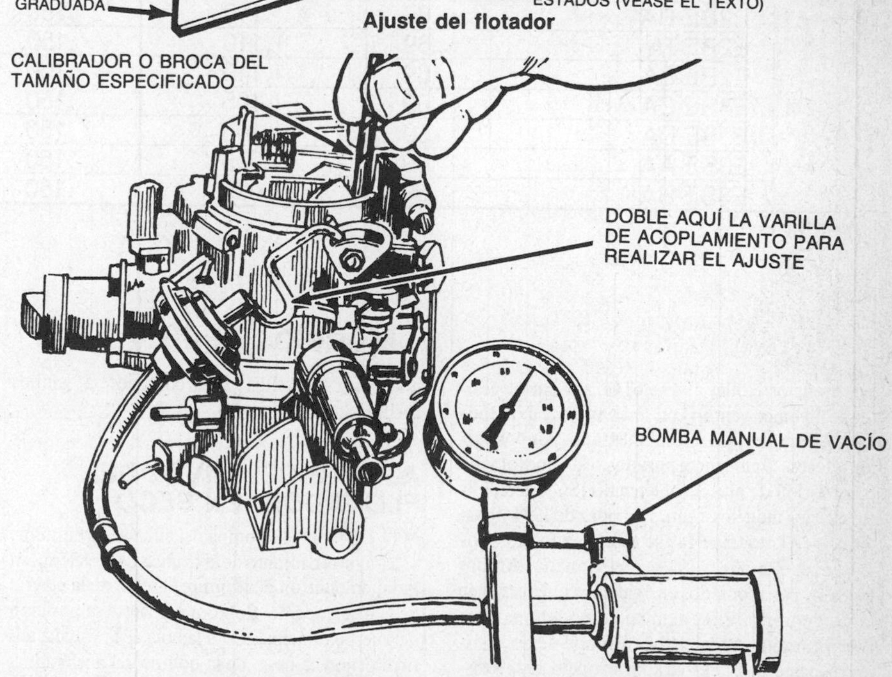

Ajuste del tirador hacia abajo, del estrangulador

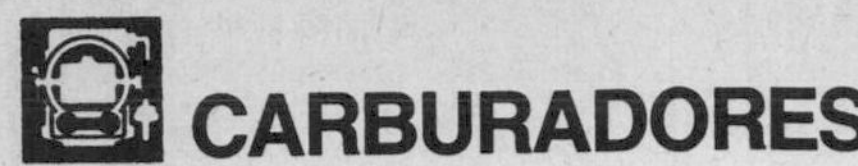

2. Acople una bomba de vacío manual al tubo de la válvula de descarga, utilizando un adaptador de 3/8 de pulgada.

3. Desmonte la tapa de la válvula de descarga, junta de estanqueidad y muelle de dicha válvula.

4. El tornillo de ajuste está situado en el brazo nylon. Gírelo, en el sentido de las agujas del reloj, hasta que no quede a la vista más de 1/8 de pulgada de rosca visible, por encima del brazo de la válvula de descarga.

5. Accione la bomba manual de vacío y apriete el tornillo, 1/8 de vuelta cada vez, en el sentido contrario a las agujas del reloj, hasta que se registre vacío en el vacuómetro. Suelte (rompa) el vacío y gire el tornillo media vuelta en el sentido de las agujas del reloj. Desconecte la bomba y vuelva a restituir la tapa de la válvula de descarga en su posición.

NIVEL DEL FLOTADOR

1. Desmonte la trompa de aire, coloque un dedo sobre el retén de la clavija de la bisagra, y coja la bola de la bomba del acelerador, al invertir el cuerpo principal.

2. Coloque una regla cruzando los bordes de la carcasa, por debajo de los flotadores. El punto inferior de los mismos debe tocar justamente a la regla, en los modelos de los 49 estados, incluso, hasta 1981. Para los modelos de California, hasta 1981 inclusive y para todos los modelos de 1982, la regla debe tocar justamente, al escalón (o talón), del flotador.

3. Si es necesario, doble el rabillo del brazo del flotador.

4. Gire el cuerpo principal hacia atrás y compruebe la alineación del flotador. No debe existir rozamiento alguno en todo el recorrido del flotador.

MODELO 1946
Ford Motor Co.

Año	Número de pieza	Nivel del flotador (pulg.)	Tirador abajo del estrangulador (pulg.)	Desactivador del estrangulador (pulg.)	Leva de marcha en vacío rápida (pulg.)	Ranura de la carrera de la bomba del acelerador
'80	EOBE-ALA, AMA	①	.100	.150	.070	#2
	EOEE-ANA, APA	①	.100	.150	.070	#2
	EOZE-BBA, BAA	①	.120	.150	.086	#2
	EOZE-DA, EA	①	.110	.150	.070	#2
	EOZE-FA, GA	①	.110	.150	.070	#2
	EOBE-AA, CA	①	.100	.150	.070	#2
	EOBE-ZA, AAA	①	.115	.150	.090	#1
'81	EIBE-AFA	.69	.113	.150	.082	#2
	EIBE-AKA	.69	.113	.150	.082	#2
	EOBE-CA	.69	.100	.150	.070	#2
	EOBE-AA	.69	.100	.150	.070	#2
'82	EIBE-AGA	.69	.120	.150	.086	#2
	E2BE-CA	.69	.110	.150	.078	#2
	E2BE-BA	.69	.110	.150	.078	#2
	E2BE-JA	.69	.110	.150	.078	#2
	E2BE-HA	.69	.110	.150	.078	#2
	E2BE-TA	.69	.110	.150	.078	#2
	E2BE-SA	.69	.110	.150	.078	#2
'83	E2BE-CA	.69	.110	.150	.078	#2
	E2BE-BA	.69	.110	.150	.078	#2
	E2BE-TA	.69	.110	.150	.078	#2
	E2BE-SA	.69	.110	.150	.078	#2
	E3SE-CA	.69	.105	.150	.078	#2
	E3SE-DA	.69	.105	.150	.078	#2
	E3SE-AA	.69	.095	.150	.078	#2
	E3SE-BA	.69	.095	.150	.078	#2

① Vea el texto.

Modelos 1949 y 6149

Los modelos Holley 1949 y 6149, son carburadores de un único venturi con servoasistencia. El modelo 6149 es del tipo retroalimentado. Ambos carburadores van incorporados al motor de combustión de alta turbulencia (HSC), de 2,3 litros, en los modelos Tempo y Topaz de 1984 y posteriores. El modelo 6149 se utiliza en los Estados Unidos y el modelo 1949 en el Canadá. Ambos modelos van montados en vehículos que disponen tanto de transmisión manual como automática. El carburador modelo 6149 dispone de doce sistemas básicos. El carburador modelo 19439 dispone de trece sistemas. De entre todos estos sistemas diez de ellos son comunes a ambos carburadores.

AJUSTE DEL NIVEL DEL FLOTADOR, EN SECO

1. Desmonte la trompa del aire del carburador.

2. Con el conjunto de la trompa de aire desmontada, coloque un dedo sobre el retén de la clavija de la bisagrada del flotador e invierta la posición del cuerpo principal. Coja la bola de la válvula antirretorno y la pesa, de la bomba del acelerador.

3. Utilizando una regla, compruebe la posición de los flotadores. La posición correcta del flotador en seco consiste en que el borde externo de ambos flotadores quede nivelado con la superficie del cuerpo principal (sin junta de estanqueidad). Si es necesario realizar algún ajuste, doble las aletas del flotador para elevar o bajar dicho nivel.

4. Una vez que el ajuste sea el correcto, gire el cuerpo principal con el lado derecho hacia arriba, y compruebe la alineación del flotador. El flotador debe moverse libremente a lo largo de todo su recorrido sin entrar en contacto con las paredes de la cubeta del combustible. Si los flotadores pontones están desalineados, enderécelos doblando los brazos de los mismos. Vuelva a comprobar el ajuste del nivel del flotador.

5. Durante el montaje, introduzca primero la bola de la válvula antirretorno y a continuación la pesa.

AJUSTE DEL SURTIDOR PRINCIPAL AUXILIAR/VÁLVULA ELEVADORA

La longitud del tornillo de ajuste del surtidor principal auxiliar/válvula elevadora que sobresale a través del lado posterior (lado opuesto a la cabeza del tornillo de ajuste) de la palanca de aspiración de la mariposa debe ser de 0.345 + 0.010 pulgadas (8.76 mm). Para realizar el ajuste, gire el tornillo, según sea necesario.

AJUSTE MECÁNICO DE LA VÁLVULA DE DESCARGA DE LA CUBETA DE COMBUSTIBLE (SEPARACIÓN DE LA PALANCA)

Ajuste con el carburador desmontado

1. Fije la placa del estrangulador en la posición completamente abierta.

2. Coloque la válvula mariposa en la posición en que el solenoide del TSP (solenoide posicionador de la mariposa) está desconectado.

3. Gire el tornillo de ajuste del ralentí del TSP (solenoide posicionador de la válvula de mariposa) en el sentido contrario a las agujas del reloj, hasta que la placa de la válvula de mariposa cierre en el orificio de la misma.

4. Separación de la válvula de descarga de la cubeta del combustible: la dimensión A debe tener un valor comprendido entre 0.120 + 0.010 pulgadas (3.05 mm).

5. Si no coincide con estas especificaciones, doble la palanca de accionamiento de la válvula de descarga de la cubeta en el punto de ajuste, para obtener la tolerancia correcta.

ATENCIÓN

No doble el brazo de la válvula de descarga de la cubeta de combustible y/o parte adyacente de la palanca de accionamiento.

NOTA: Debe ajustar las rpm con el solenoide del TSP desconectado, después de realizar el montaje.

Ajuste con el carburador montado en el vehículo

NOTA: Este ajuste se debe llevar a cabo después de haber ajustado la velocidad de marcha en vacío mínima a la señalada en las especificaciones.

1. Fije la placa del estrangulador en la posición completamente abierta.

2. Gire la llave de encendido a la posición CONECTADO para activar el solenoide del TSP (con el motor parado). Abra la válvula mariposa de manera que se despliegue el émbolo del TSP.

3. Compruebe que la válvula mariposa queda en la posición de ajuste de marcha en vacío (en contacto con el émbolo del TSP). Mida la separación del brazo de la válvula de descarga de la cubeta de combustible a la palanca de accionamiento de dicha válvula.

4. Separación de la válvula de descarga de la cubeta de combustible: la dimensión A comprendida entre 0.020-0.040 pulgadas.

NOTA: Existe una diferencia entre las especificaciones correspondientes al procedimiento con el carburador montado en el vehículo y las correspondientes al ajuste con el carburador desmontado.

5. Si no coincide con las especificaciones, doble la palanca de accionamiento de la válvula de descarga de la cubeta, en el punto de ajuste, para obtener la tolerancia correcta.

ATENCIÓN

No doble el brazo de la válvula de descarga de la cubeta de combustible y/o la parte adyacente de la palanca de accionamiento.

AJUSTE DE LA CARRERA DE LA BOMBA DEL ACELERADOR

1. Mida la longitud del reenvío de accionamiento de la bomba del acelerador, desde su borde interno, en la varilla de accionamiento de la bomba del acelerador, hasta su borde interno, en el orificio de la palanca de la válvula mariposa. Esta distancia debe ser de 2.15 ± 0.010 pulgadas (54,61 ± 0.25 mm).

2. Ajuste dicha distancia doblando el bucle del reenvío de accionamiento.

AJUSTE DEL TIRADOR ABAJO DE LA PLACA DEL ESTRANGULADOR

NOTA: Este ajuste viene establecido de fábrica y está protegido por un tapón de inviolabilidad.

AJUSTE DEL INDICADOR DE LA LEVA DE MARCHA EN VACÍO RÁPIDA

1. Con el motor en frío, coloque el tornillo de marcha en vacío rápida, en el escalón más alto de la leva de marcha en vacío rápida.

2. Accione el motor del tirador abajo aplicando una fuente externa de vacío de 15-20 pulgadas de columna (de mercurio) de Hg.

3. Presione ligeramente sobre el borde superior de la placa del estrangulador, en el sentido de cierre de la misma, para eliminar la separación entre la horquilla del motor del tirador abajo y el vástago del modulador.

4. Abra ligeramente la válvula mariposa, y deje que caiga la leva de marcha en vacío.

5. Cierre la válvula mariposa y mida la distancia entre el extremo superior del tornillo de ajuste de la velocidad de marcha en vacío rápida y el saliente del escalón más alto de la leva de marcha en vacío rápida. La dimensión A corresponde al indicador de la leva de marcha en vacío rápida, que se muestra en la figura.

6. Deje de presionar sobre el extremo superior de la placa del estrangulador.

7. Abra la válvula de mariposa hasta la posición abierta y retroceda lentamente.

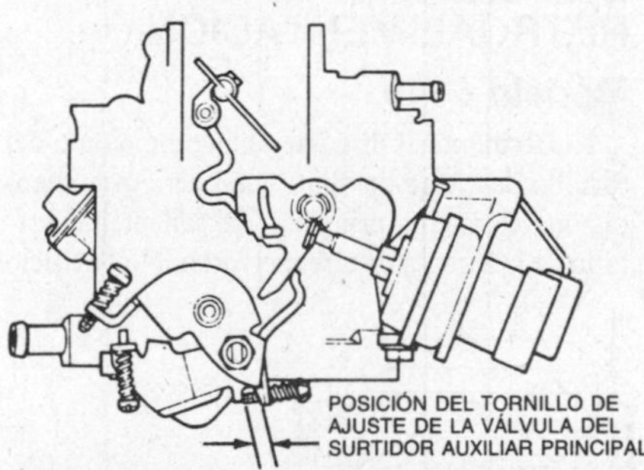

Ajuste de la carrera de la bomba del acelerador — modelos 1949 y 6149

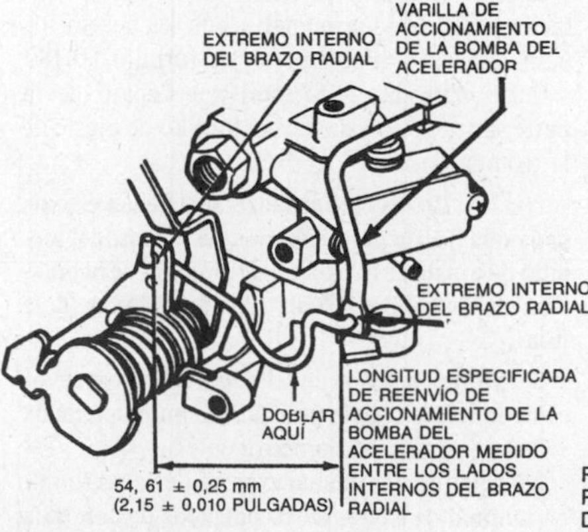

Válvula del surtidor auxiliar principal tirador hacia arriba (ajuste de la sincronización) - modelos 1949 y 6149

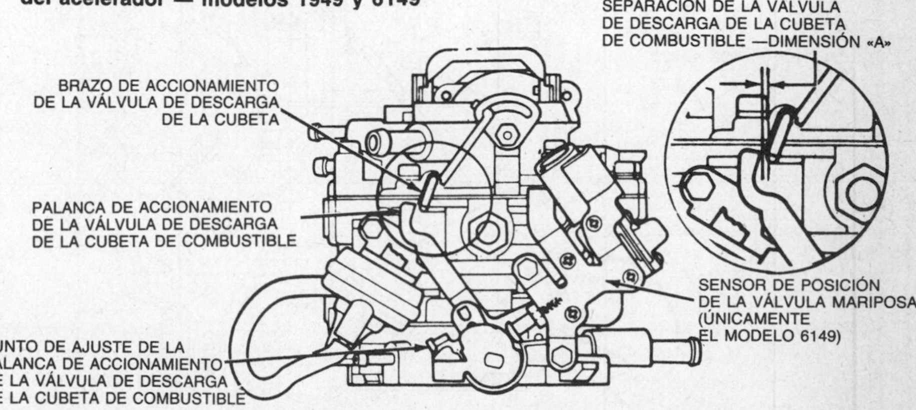

Ajuste mecánico de la válvula de descarga de la cubeta de combustible — modelos 1949 y 6149

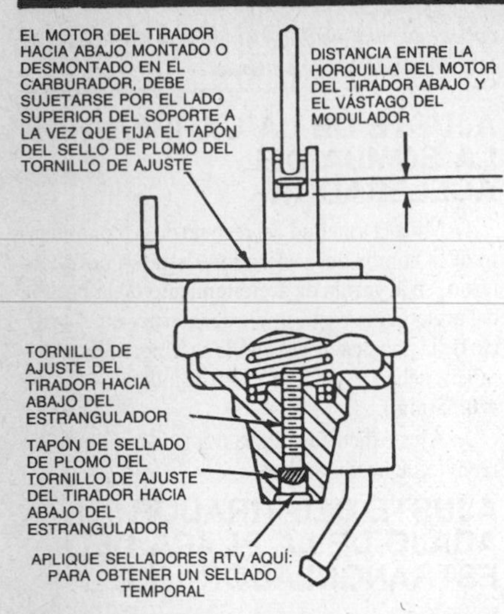

Ajuste del tirador hacia abajo del estrangulador — modelos 1949 y 6149

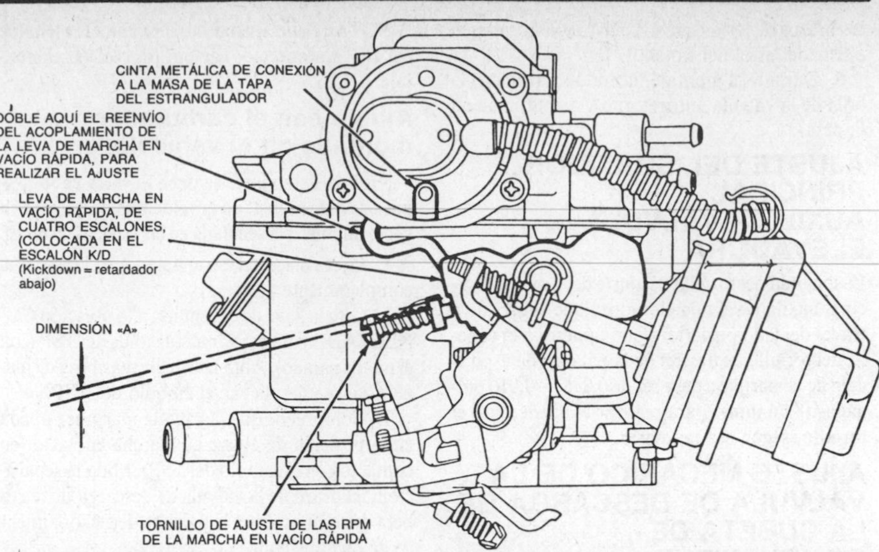

Ajuste del índice posicionador de la leva de marcha en vacío rápida - modelos 1949 y 6149

8. El tornillo de ajuste de marcha en vacío rápida debe entrar en contacto con el extremo inferior del escalón del retardador abajo, de la leva de marcha en vacío rápida en, al menos, la mitad de su diámetro, en carburadores con levas de cuatro escalones, o debe quedar tocando el tercer escalón en, al menos, la mitad de su diámetro, sin entrar en contacto con el segundo o cuarto escalones, en carburadores con levas de cinco escalones.

9. Si los pasos 5 y 8 son correctos, quiere decir que el indicador de la leva de marcha en vacío rápida, coincide con las especificaciones. Si es necesario realizar algún ajuste, doble el reenvío de la leva de marcha en vacío rápida, en el bucle, para obtener la distancia A correcta (vea la tabla de especificaciones).

AJUSTE DEL DESACTIVADOR DEL ESTRANGULADOR

1. Con en el motor parado y frío, mantenga la válvula mariposa en posición completamente abierta.

2. Utilice una broca del diámetro especificado, y mida la distancia entre el extremo superior de la placa del estrangulador y la pared de la trompa de aire.

3. Presione ligeramente sobre el eje del estrangulador. Al extraer la broca-calibre, debe sentir una ligera resistencia.

4. Para realizar el ajuste, doble el rabillo de la palanca de la válvula mariposa, según sea necesario.

AJUSTE DEL DIAFRAGMA DEL SISTEMA DE RETROALIMENTACIÓN

Modelo 6149

1. Desmonte el disco de sellado de plomo del tornillo de ajuste del diafragma de retroalimentación del sistema principal, del saliente del tornillo de la trompa de aire, perforando un orificio de 3.32 pulgadas de diámetro, a través del disco, y a continuación introduzca un pequeño punzón, para extraerlo apalancándolo.

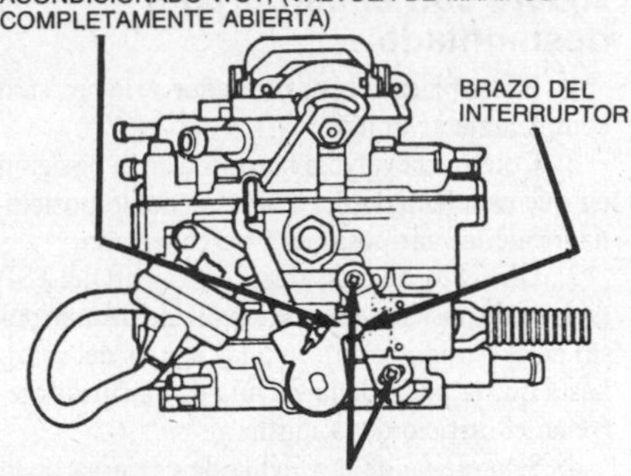

Tornillos de ajuste de la separación, del interruptor de desconexión del sistema de aire acondicionado WOT Válvula mariposa completamente abierta - modelo 1949

2. Gire el tornillo de ajuste de la retroalimentación del sistema principal, según sea necesario, para colocar la parte superior del tornillo a 0.180 ± 0.010 pulgadas (4.57 mm) por debajo de la parte superior del saliente del tornillo de ajuste de la trompa de aire.

NOTA: En los carburadores que llevan estampada una S en la parte superior del saliente del tornillo de ajuste de la trompa de aire, ajuste la posición del tornillo a 0.250 ± 0.010 pulgadas (6.35 mm).

3. Monte un disco de sellado de plomo nuevo, e introdúzcalo con un punzón con punta plana de 1/4 de pulgada de diámetro.

4. Aplique una fuente externa de vacío (bomba manual de vacío, de 10 pulgadas de columna —de mercurio— de Hg como máximo) y compruebe si existen fugas. El diafragma debe mantener el vacío.

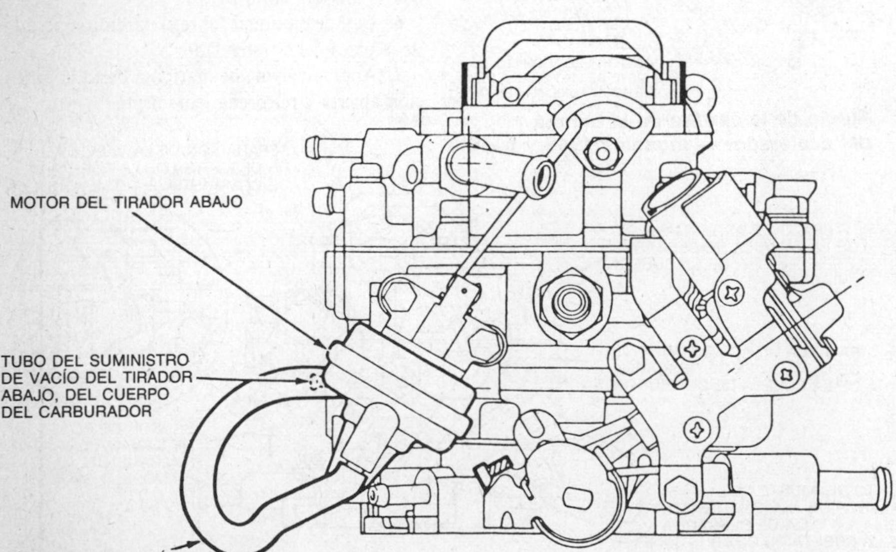

Motor del tirador hacia abajo, de la placa del estrangulador - modelos 1949 y 6149

AJUSTE DEL INTERRUPTOR DE DESCONEXIÓN DEL A/A (ACONDICIONADOR DE AIRE) CON LA WOT (VÁLVULA DE MARIPOSA COMPLETAMENTE ABIERTA)

Modelo 1949

El interruptor de desconexión del A/A con la WOT (válvula de mariposa completamente abierta) es un interruptor normalmente cerrado (que permite la circulación de corriente cuando la válvula mariposa se encuentra en cualquier posición que no sea la de completamente abierta).

1. Desconecte el colector de cables del conector del conmutador.

2. Conecte una fuente de alimentación de 12 voltios de corriente continua (c.c.), y una lámpara de pruebas. Con la válvula mariposa en la marcha en vacío mínima, o el TSP (solenoide posicionador de la válvula mariposa) en una posición que no sea la de marcha en vacío o en marcha en vacío rápida, la lámpara de prueba debe encenderse. Si ésta no se enciende, sustituya el conjunto del conmutador.

3. Gire la válvula mariposa hacia la posición completamente abierta. La lámpara de prueba

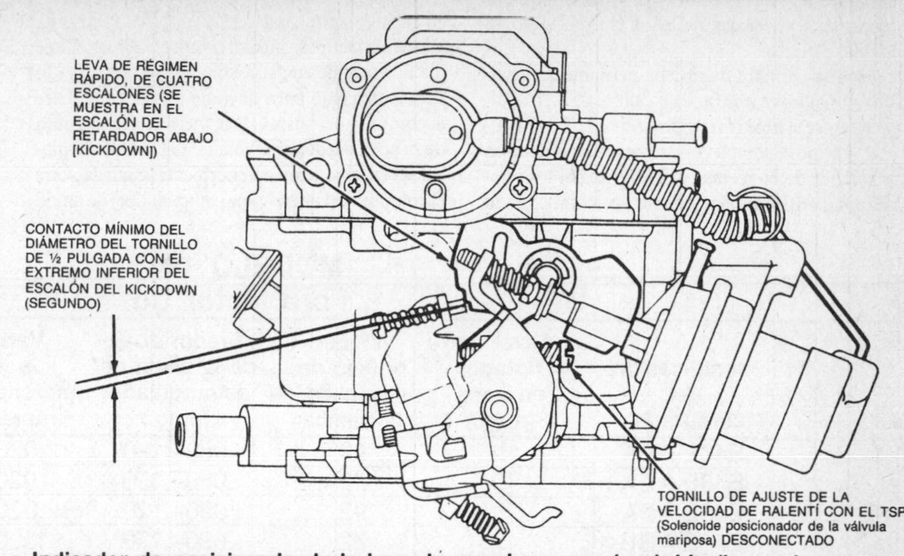

Indicador de posicionado de la leva de marcha en vacío rápida (levas de marcha en vacío rápida de cuatro escalones) - modelos 1949 y 6149

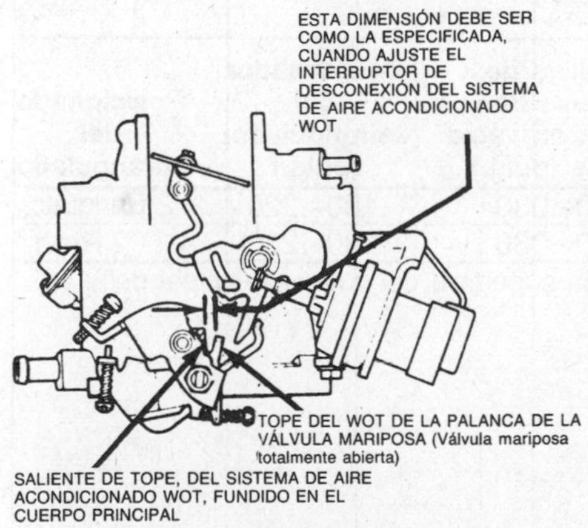

Ajuste (de la separación) del interruptor de desconexión del sistema de aire acondicionado WOT - modelo 1949

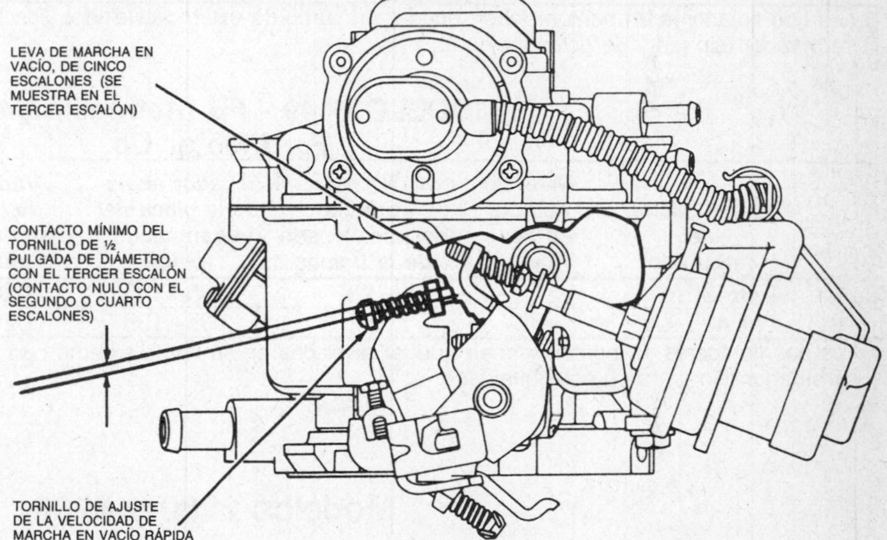

Indicador de la leva de régimen rápido (levas de cinco escalones) - modelos 1949 y 6149

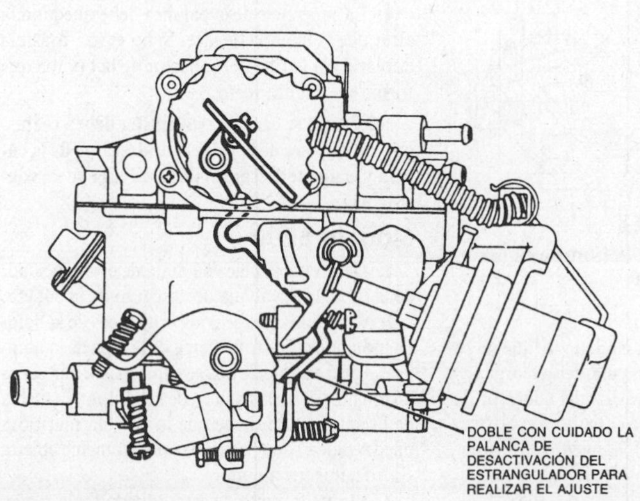

Ajuste del desactivador del estrangulador - modelos 1949 y 6149

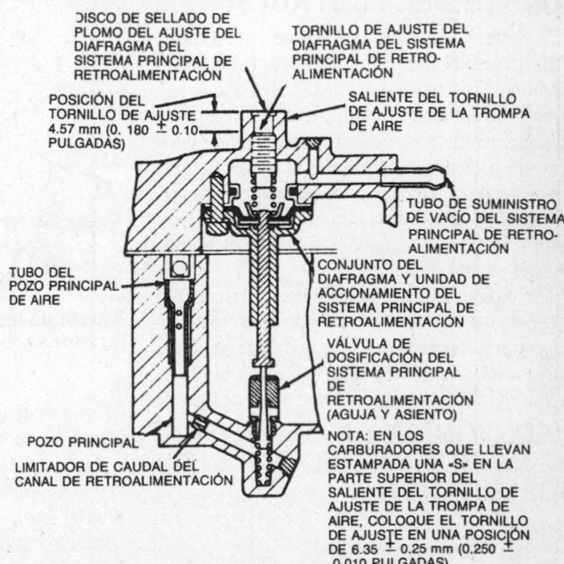

Ajuste del diafragma - modelo 6149

debe apagarse, lo que indica la existencia de un circuito abierto.

4. Si la lámpara de prueba permanece encendida, introduzca una broca o calibre de 0.165 pulgadas entre el tope correspondiente a la WOT (válvula mariposa completamente abierta) situada en la palanca de la misma, y el saliente del tope correspondiente también a dicha posición, situado en el cuerpo principal del carburador. Mantenga la válvula mariposa abierta contra el calibre. Afloje los dos tornillos de sujeción del conmutador, lo suficiente como para que éste pueda girar. Gire el conjunto del mismo de manera que la lámpara de prueba puede ser pivotada con la válvula mariposa en la posición anteriormente señalada. Gire el conjunto del interruptor (conmutador) de modo que la lámpara de prueba se apague justo con la mariposa sujeta en la posición referenciada anteriormente. Si la lámpara no se apaga al girar, lo que permite el ajuste, sustituya el conmutador. Si la lámpara se apaga, apriete los dos tornillos de sujeción del soporte del conmutador al carburador, con un par de 45 libras-pulgada (5 Nm), y extraiga la broca o calibre, y repita el paso 3.

MODELO 1949
Ford Motor Co.

Año	Identificación del carburador	Nivel del flotador en seco (pulg.)	N.º del orificio de posicionado de la bomba	Tirador abajo de la placa del estrangulador (pulg.)	Varillaje de la leva de marcha en vacío rápida (pulg.)	Desactivador del estrangulador (pulg.)	Posición del estrangulador
'84–'85	E43E-ADA	①	#2	.080–.120	.020–.030	.180–.220	2 Enriquec.
	E43E-AEA	①	#2	.080–.120	.020–.030	.180–.220	2 Enriquec.
	E43E-ABA	①	#2	.090–.120	.020–.030	.180–.220	1 Enriquec.
	E43E-ABB	①	#2	.090–.120	.020–.030	.180–.220	1 Enriquec.
	E43E-ACA	①	#2	.090–.130	.020–.030	.180–.220	1 Enriquec.
	E43E-ACB	①	#2	.090–.130	.020–.030	.180–.220	1 Enriquec.

① Los dos flotadores en pontón deben quedar en su borde externo nivelados con la superficie del cuerpo principal del carburador (sin junta de estanqueidad).

MODELO 6149 - FB (Retroalimentado)
Ford Motor Co.

Año	Identificación del carburador	Nivel de flotador en seco (pulg.)	N.º del orificio de posicionado de la bomba	Tirador abajo de la placa del estrangulador (pulg.)	Varillaje de la leva de marcha en vacío rápida (pulg.)	Desactivador del estrangulador (pulg.)	Posicionado del estrangulador
'84	E43E-VA	①	#2	.095–.135	.020–.030	.180–.220	2 Enriquec.
	E43E-ZA	①	#2	.095–.135	.020–.030	.180–.220	2 Rich

① Los dos flotadores en pontón, deben quedar nivelados en su borde externo con la superficie del cuerpo principal del carburador (sin junta de estanqueidad).

Modelos 2280 y 6280

AJUSTE DEL FLOTADOR

1. Desmonte la trompa del aire del carburador.

2. Invierta el cuerpo del carburador, teniendo cuidado de recoger la bola de la válvula antirretorno de la entrada de combustible de la bomba, de manera que el peso de los flotadores quede únicamente haciendo fuerza sobre la aguja, contra el asiento de la misma. Coloque un dedo contra el retén de la clavija de la bisagra, para que el flotador asiente completamente en la base de la clavija del mismo.

3. Coloque una regla cruzando los bordes de la cubeta del flotador. El talón de cada flotador debe estar a una distancia de la regla que coincida con las especificaciones. Si es necesario, doble el rabillo del flotador para ajustar su posición.

MEDICIÓN DE LA CARRERA DE LA BOMBA DEL ACELERADOR

Modelo 2280

1. Desmonte la placa-tapa de la válvula de descarga de la cubeta y el muelle de la palanca de la válvula de descarga. Tenga cuidado de que no se afloje la retención de la válvula de descarga.

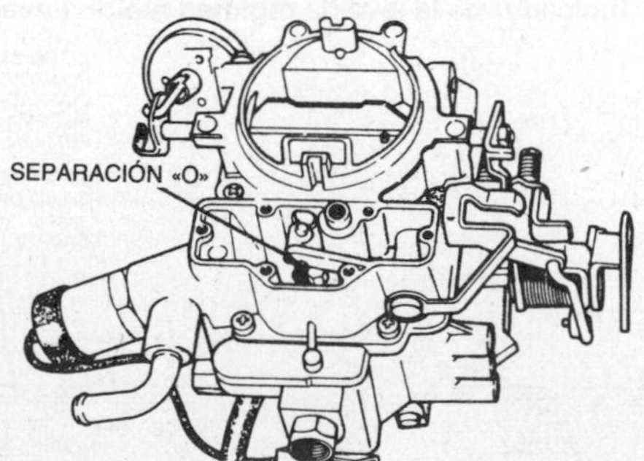

Ajuste de la carrera de la bomba del acelerador - modelos 6280

2. Asegúrese de que la varilla del conector de la bomba del acelerador está situada en el orificio interno de la palanca de accionamiento de la bomba y que la válvula mariposa está en la posición de marcha en vacío mínima.

3. Coloque una regla sobre la superficie de la tapa de la válvula de descarga de la cubeta en la trompa de aire, por encima de la palanca de la bomba del acelerador.

4. La superficie de la palanca debe quedar a la altura de la trompa de aire. Si no es así, ajústela doblando la varilla del conector de la bomba que forma un ángulo recto.

NOTA: Si se cambia este ajuste, deben reajustarse los ajustes de la válvula de descarga de la cubeta y el ajuste mecánico de la válvula de servoasistencia.

Modelo 6280

1. Desmonte la placa de junta de estanqueidad, de la tapa de la válvula de descarga de la cubeta.

2. Con todos los reenvíos y palancas de la bomba montados, ajuste la tuerca de la tapa de la bomba del acelerador, de manera que exista una separación nula entre la palanca de la bomba y la tuerca de la tapa. Compruebe que la válvula mariposa puede colocarse en posición completamente abierta sin rozamiento alguno.

3. Monte la junta de estanqueidad y la placa-tapa de la válvula de descarga de la cubeta.

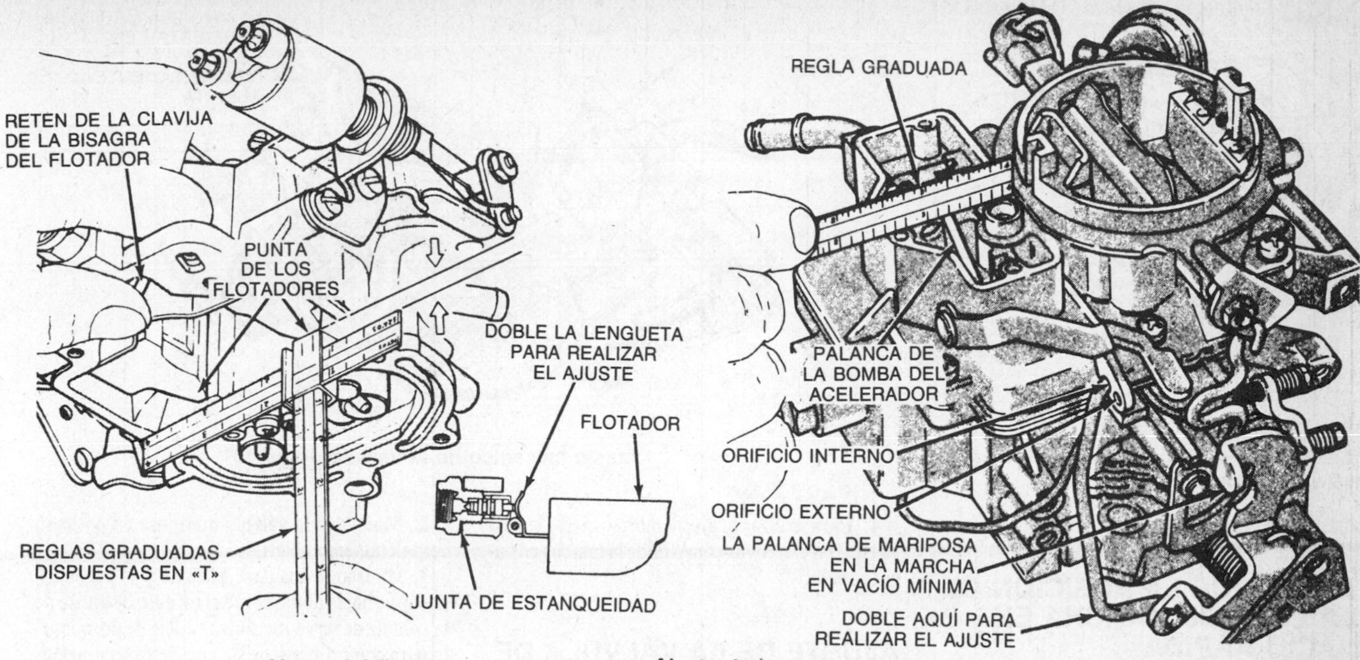

Ajuste del flotador

Ajuste de la carrera de la bomba del acelerador - modelos 2280

AJUSTE DEL DESACTIVADOR DEL ESTRANGULADOR

1. Mantenga las válvulas mariposa completamente abiertas.

2. Presione ligeramente, con el dedo, sobre la palanca de control, para desplazar la válvula del estrangulador, hacia la posición cerrada.

3. Introduzca el calibre especificado entre la parte superior de la válvula del estrangulador y la pared de la trompa de aire.

4. Para realizar el ajuste, si es necesario, doble el rabillo de la palanca de la bomba del acelerador.

AJUSTE DEL RETARDADOR DE VACÍO DEL ESTRANGULADOR

1. Abra la válvula mariposa, cierre el estrangulador y a continuación cierre la válvula mariposa para bloquear la leva de marcha en vacío rápida, en la posición de estrangulador cerrado.

2. Desconecte la manguera de vacío del carburador, y conéctela a una fuente auxiliar de vacío con un trozo de manguera. Aplique un vacío de al menos 15 pulgadas de columna (de mercurio) de Hg.

3. Comprima completamente el muelle de la palanca del estrangulador situado en el vástago del diafragma, sin deformar el varillaje.

4. Introduzca el calibre especificado, entre la parte superior de la válvula del estrangulador y la pared de la trompa de aire.

5. Para realizar el ajuste, doble el reenvío del

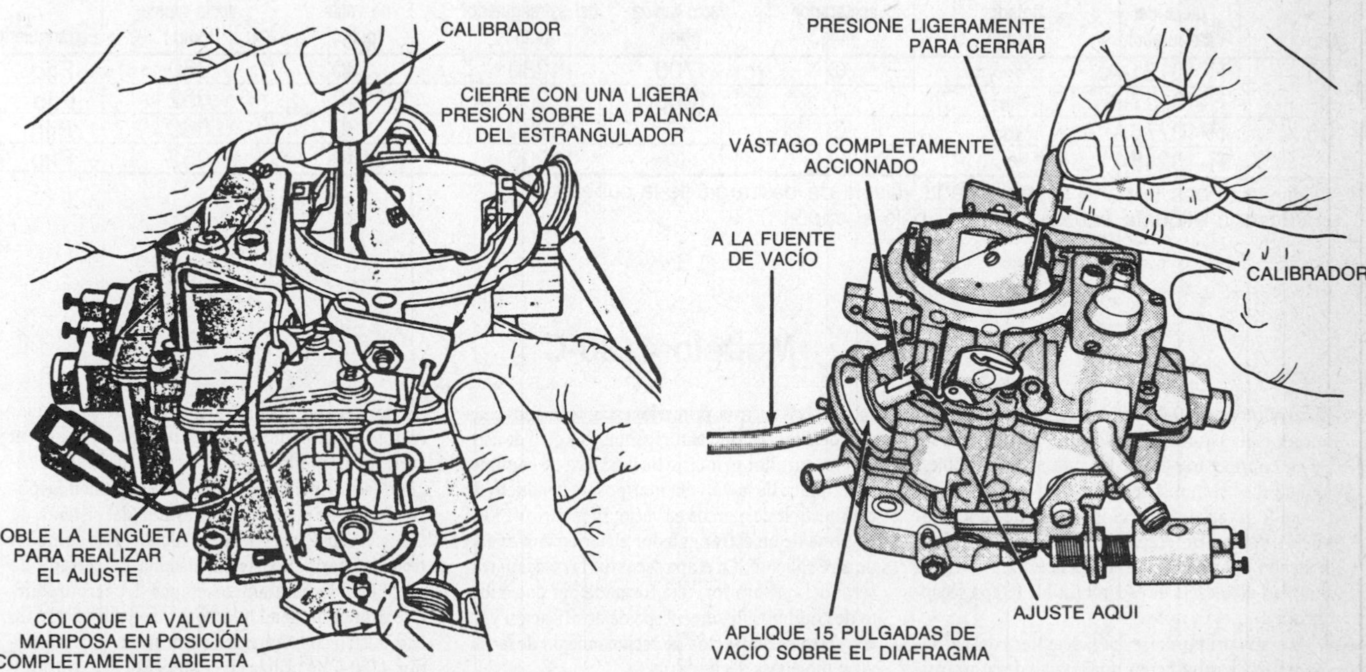

Ajuste del desactivador del estrangulador

Ajuste del retardador por vacío, del estrangulador

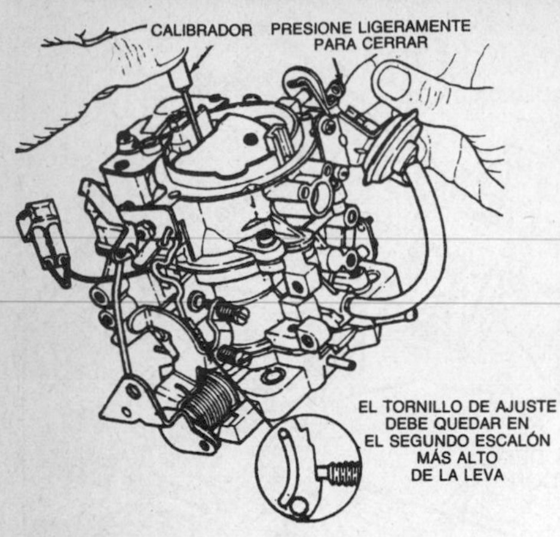

CALIBRADOR
PRESIONE LIGERAMENTE PARA CERRAR
EL TORNILLO DE AJUSTE DEBE QUEDAR EN EL SEGUNDO ESCALÓN MÁS ALTO DE LA LEVA

Ajuste de la posición de la leva de marcha en vacío rápida

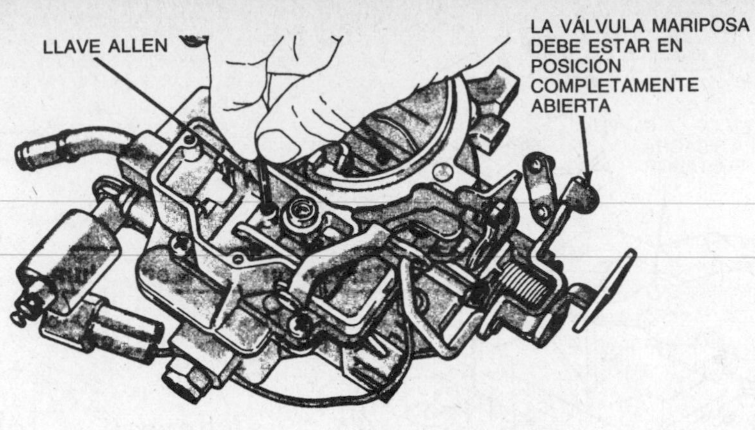

LLAVE ALLEN
LA VÁLVULA MARIPOSA DEBE ESTAR EN POSICIÓN COMPLETAMENTE ABIERTA

Ajuste mecánico de la válvula de servo

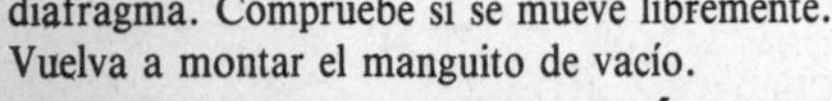

diafragma. Compruebe si se mueve libremente. Vuelva a montar el manguito de vacío.

AJUSTE DE LA POSICIÓN DE LA LEVA DE MARCHA EN VACÍO RÁPIDA

1. Coloque el tornillo de ajuste en el segundo escalón más alto de la leva de marcha en vacío rápida.
2. Mueva el estrangulador hacia la posición cerrada con la ligera presión del dedo.
3. Introduzca el calibre especificado entre la válvula del estrangulador y la pared de la trompa de aire.
4. Para realizar el ajuste, abra o cierre la curva en U en el reenvío-conector de la marcha en vacío rápida.

AJUSTE DE LA VÁLVULA DE SERVO-ASISTENCIA MECÁNICA

Únicamente modelos 2280

1. Desmonte la placa-tapa de la válvula de descarga de la cubeta, palanca de la válvula de descarga, muelle y retención. Desmonte la clavija de pivotaje de la palanca.
2. Mantenga la válvula mariposa en posición completamente abierta.
3. Utilizando una llave Allen de 5/64 pulgadas, presione hacia abajo sobre el tornillo de ajuste de la válvula de servo mecánica, y deje de presionarlo para comprobar si existe una cierta separación. Gire el tornillo en el sentido de las agujas del reloj, hasta que la separación sea nula.
4. Para analizar el ajuste, gire el tornillo una vuelta, en el sentido contrario de las agujas del reloj.
5. Monte todas las piezas.

MODELO 2280/6280
Chrysler Corporation

Año	Número de pieza del carburador	Nivel del flotador (pulg.)	Ajuste de la bomba del acelerador (pulg.)	Velocidad de marcha en vacío rápida (rpm)	Separación del desactivador del estrangulador (pulg.)	Retardador de vacío (pulg.)	Posición de la leva de marcha en vacío rápida (pulg.)	Estrangulador
'85	R-40121-A	9/32	①	1700	.280	.130	.060	Fijo
	R-40157-A	9/32	①	1600	.200	.140	.052	Fijo
'86	R-40276A	9/32	①	②	.280	.130	.060	Fijo
	R-40245A	9/32	①	②	.200	.140	.052	Fijo

① Nivelado con la parte superior de la válvula de descarga de la cubeta
② Véase la etiqueta adhesiva situada bajo el capó.

Modelo 4180-C

El carburador 4180-C de cuatro cuerpos, es un carburador de aspiración invertida, de dos etapas. Puede considerarse como dos carburadores dobles; uno de ellos suministra una mezcla aire/combustible a lo largo de todo el intervalo de funcionamiento del motor (etapa primaria), y el otro, funcionando únicamente cuando es necesaria una gran cantidad de mezcla aire/combustible (etapa secundaria).

La etapa primaria (sección delantera del carburador) está formada por una cubeta de combustible, bloque de dosificación y la bomba de aceleración. Los cuerpos primarios están formados cada uno de ellos por un venturi primario y otro de asistencia, surtidor primario de descarga de combustible, placa de la válvula mariposa y conducto de combustible de marcha en vacío. El modelo 4180-C dispone de un estrangulador eléctrico con ayuda de aire caliente. La etapa secundaria (sección trasera) del carburador, está formada por una cubeta de combustible, un cuerpo de dosificación y un conjunto de diafragma de accionamiento de la válvula mariposa secundaria.

Cada cuerpo de la etapa secundaria está formado por un venturi primario y otro de asistencia, conductos de combustible de marcha en vacío, un surtidor-boquilla de descarga de combustible secundario principal, la placa de la válvula mariposa y un conducto de combustible del sistema de transferencia, que viene de la cubeta de combustible primaria. Existe un sistema de entrada de combustible para ambas etapas del carburador, que proporciona a los sistemas de dosificación un suministro constante de combustible. El carburador 4180-C se utiliza en el modelo Ford Mustang de 1983 con motor 302 V8.

AJUSTE DE LA PALANCA DE LA BOMBA DE ACELERACIÓN

1. Utilizando una galga de espesores, y con las placas de las válvulas mariposa (placas de las válvulas mariposa de las etapas principales) completamente abiertas, debe existir la separación especificada entre la cabeza de tornillos de ajuste de la palanca de accionamiento de la bomba del acelerador, y el brazo de la bomba, cuando éste es accionado manualmente.

2. Si es necesario realizar algún ajuste, afloje y a continuación sostenga el tornillo de seguridad, y apriete la tuerca de ajuste, para aumentar esta separación, y aflójela para reducirla. Media vuelta de la tuerca de ajuste equivale aproximadamente a 0.015 pulgadas (0.381 mm). Cuando haya obtenido el ajuste correcto, fíjelo con una llave y apriete la tuerca.

AJUSTE DEL NIVEL DEL FLOTADOR, EN SECO

El ajuste del flotador en seco es tan sólo un ajuste preliminar del nivel de combustible. El ajuste final (ajuste del flotador mojado) se debe llevar a cabo cuando se haya montado el carburador en el motor. Con las cubetas de combustible y conjuntos de flotadores desmontados, ajústelos de forma que queden paralelos a los tazones de combustible, con la parte superior de los mismos invertida.

AJUSTE DEL FLOTADOR MOJADO

La presión y caudal de la bomba de combustible deben coincidir con las especificaciones, antes de realizar los siguientes ajustes.

1. Ponga en marcha el motor y déjelo girar hasta que alcance la temperatura normal de funcionamiento y coloque el vehículo sobre una superficie plana, en una posición lo más horizontal posible. Desmonte el filtro del aire, si no se ha desmontado anteriormente.

2. Deje girar el motor 1,000 rpm, durante aproximadamente 30 segundos, para que se estabilice el nivel de combustible.

3. Pare el motor y desmonte el tapón visor del nivel situado en la parte lateral de la cubeta primaria del carburador.

4. Compruebe el nivel del combustible. Debe estar a la altura del fondo del orificio del tapón visor del nivel. Si se derrama combustible al desmontar el tapón del nivel, baje el nivel de combustible. Si el nivel de combustible queda por debajo del orificio del tapón visor del nivel, haga que éste aumente.

ATENCIÓN

No afloje el tornillo o tuerca de seguridad, o intente ajustar el nivel de combustible, con el tapón del nivel desmontado, o con el motor en marcha, ya que puede derramarse combustible, creando peligro de incendio.

5. Ajuste el nivel del tazón principal, aflojando el tornillo de seguridad y girando el tornillo de ajuste en el sentido de las agujas del reloj, para bajar el nivel de combustible, o en el sentido contrario a las agujas del reloj, para hacer que éste aumente (1/16 de vuelta de la tuerca de ajuste provocará un cambio del nivel de combustible de, aproximadamente, un 1/32 de pulgada). Apriete el tornillo de seguridad y monte el tapón del nivel utilizando una junta de estanqueidad vieja. Arranque el motor y déjelo girar a 1,000 rpm, durante aproximadamente 30 segundos, para que se estabilice el nivel de combustible.

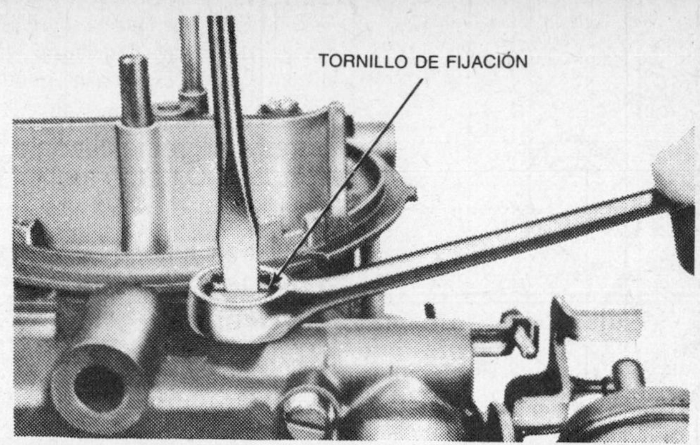
TORNILLO DE FIJACIÓN

Ajuste húmedo (con el carburador, en servicio, con combustible), del nivel de combustible Holley 4180 C

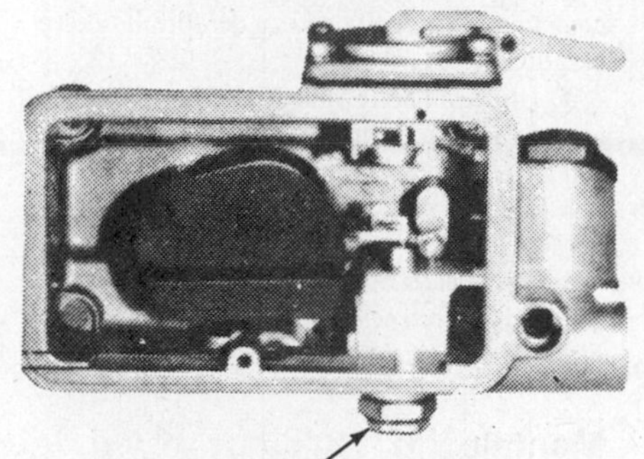
AFLOJE, O APRIETE, LA TUERCA DE AJUSTE, HASTA QUE EL FLOTADOR QUEDE PARALELO CON LA PARTE SUPERIOR DE LA CUBETA (SUJETE LA CUBETA EN POSICIÓN INVERTIDA)

Ajuste en seco del flotador - Holley 4180 C

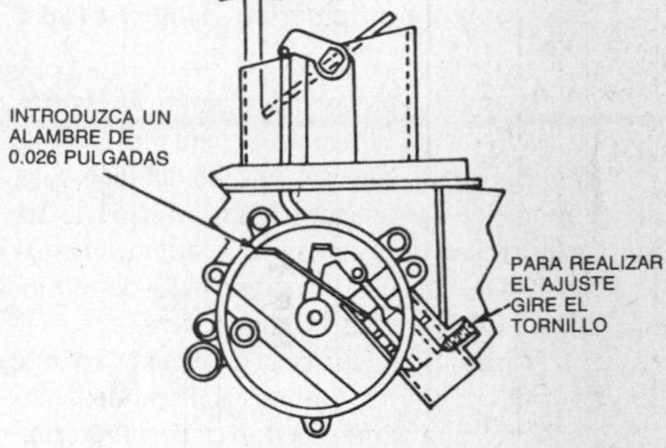
INTRODUZCA UN ALAMBRE DE 0.026 PULGADAS
PARA REALIZAR EL AJUSTE GIRE EL TORNILLO

Ajuste del tirador hacia abajo, del estrangulador - Holley 4180 C

6. Pare el motor, desmonte el tapón visor del nivel y compruebe el nivel de combustible. Repita el paso 5 hasta que el nivel del combustible quede en la parte inferior del orificio del tapón del nivel. Cuando esto sea así, monte dicho tapón colocando una nueva junta de estanqueidad en el mismo.

7. Repita los pasos 3-6 para la cubeta de combustible secundaria.

NOTA: Debe utilizar la válvula mariposa secundaria para estabilizar el nivel de combustible en la cubeta de combustible secundaria.

AJUSTE DE LA PLACA DE LA VÁLVULA MARIPOSA SECUNDARIA

1. Con el carburador desmontado del motor, mantenga cerradas las placas de la válvula mariposa secundaria.

2. Gire (en el sentido contrario a las agujas del reloj) el tornillo de ajuste (tornillo del tope) de la palanca del eje de las válvulas mariposas secundarias, hasta que las placas de dichas válvulas queden asentadas en los orificios de la misma.

3. Apriete el tornillo en el sentido de las agujas del reloj, hasta que entre JUSTAMENTE en contacto con la palanca secundaria, y a continuación apriételo (en el sentido de las agujas del reloj) 1/4 de vuelta más.

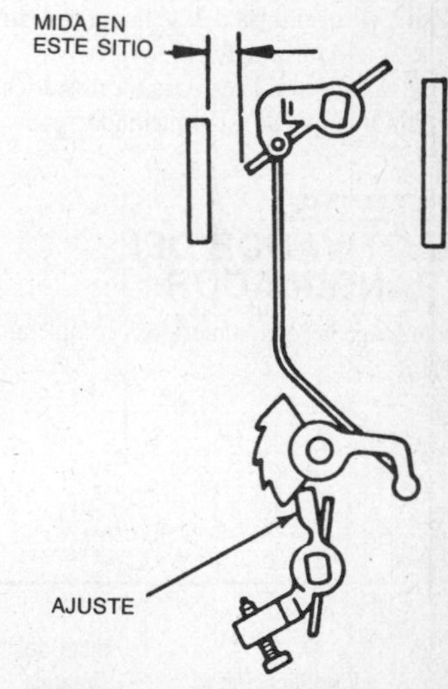
MIDA EN ESTE SITIO
AJUSTE

Ajuste del desactivador del estrangulador - Holley 4180 C

AJUSTE DEL TIRADOR ABAJO DEL ESTRANGULADOR

1. Desmonte la carcasa del termostático del estrangulador, junta de estanqueidad y retención. Vea el procedimiento de desmontaje y montaje de la tapa del estrangulador, que se presenta a continuación.

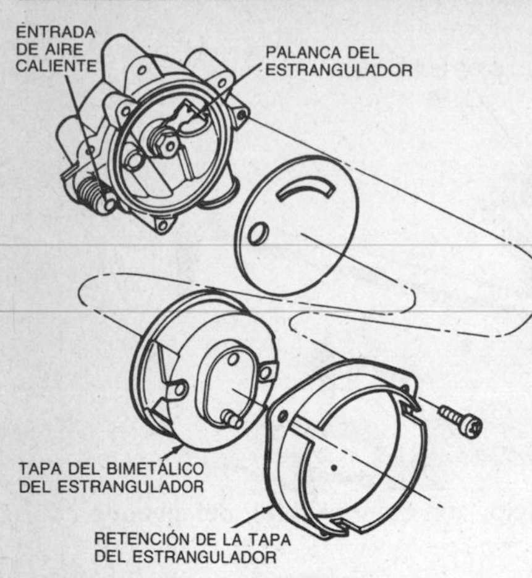

Estrangulador automático - Holley 4180 C

2. Introduzca un trozo de alambre en el orificio del pistón del estrangulador para mover el pistón hacia abajo, contra el tornillo del tope. Siga presionando ligeramente hacia la posición de cierre de la placa del estrangulador, y mida el espacio entre el extremo inferior de la placa del estrangulador y la pared de la trompa de aire.

3. Para ajustar, elimine la masilla que recubre el tornillo de ajuste, y gírelo en el sentido de las agujas del reloj para reducir, o en el sentido contrario de las agujas del reloj, para aumentar dicha distancia. Tenga cuidado de cerrar la placa del estrangulador, durante el ajuste del tornillo. Es posible que el tornillo se desvíe hacia el lado del pistón, lo que podría dañarlo.

4. Vuelva a montar la carcasa termostática del estrangulador, junta de estanqueidad y retención.

AJUSTE DEL DESACTIVADOR DEL ESTRANGULADOR

1. Mantenga la válvula mariposa completamente abierta.

2. Presione ligeramente sobre la placa del estrangulador hacia la posición de cierre, y mida la distancia entre el extremo inferior de dicha placa y la pared de la trompa de aire.

3. Para ajustar, doble el trinquete de la palanca de la leva de marcha en vacío rápida.

CARCASA DEL MUELLE TERMOSTÁTICO DEL ESTRANGULADOR (TAPA DEL ESTRANGULADOR)

Desmontaje

1. Desmonte el carburador del vehículo.

2. Utilizando una sierra para cortar metales, haga una ranura en la cabeza del tornillo descabezado.

3. Utilice un destornillador de hoja plana del tamaño adecuado para desmontar el tornillo descabezado, siguiendo el procedimiento convencional. Repita el paso 2 para el otro tornillo descabezado.

4. Desmonte el otro tornillo estándar. Desmonte el anillo de retención, tapa del estrangulador y junta de estanqueidad.

Montaje

1. Monte la junta de estanqueidad de la tapa del estrangulador. Monte la tapa del estrangulador, haciendo encajar el bucle bimetálico sobre la placa termostática del mismo.

2. Monte el anillo de retención. Monte sin apretar los dos nuevos tornillos descabezados y el tornillo estándar.

3. Alinee la tapa del estrangulador con la marca indicadora correspondiente.

4. Apriete los tornillos descabezados hasta que se rompan y desprendan las cabezas. Apriete el otro tornillo con un par de 16-18 libras-pulgada (1.8-2.0 Nm).

5. Monte el carburador en el vehículo.

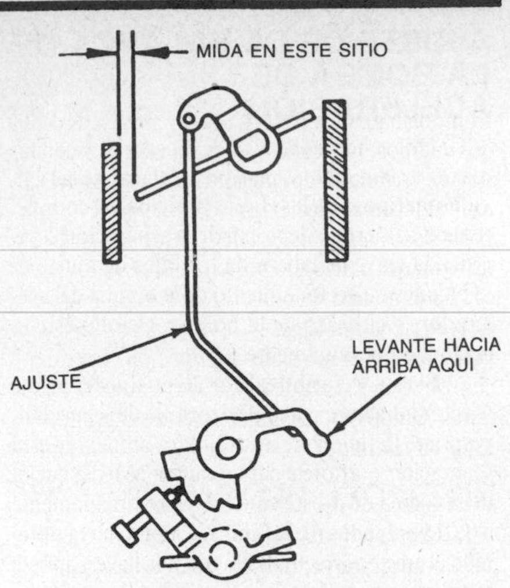

Juego de la leva de marcha en vacío rápida Holley 4180 C

AJUSTE DE LA LEVA DE MARCHA EN VACÍO RÁPIDA

1. Gire la tapa del estrangulador 45°, en el sentido contrario a las agujas del reloj (sentido de enriquecimiento), para cerrar la placa del estrangulador. Apriete a continuación el tornillo de sujeción.

2. Abra y cierre la válvula mariposa, para colocar el tornillo de marcha en vacío rápida, en el escalón superior de la leva.

3. Coloque un calibre del tirador abajo entre el extremo inferior de la placa del estrangulador y la pared de la trompa de aire y a continuación abra y cierre la válvula de mariposa para que caiga la leva de marcha en vacío rápida.

4. Presione hacia arriba sobre la leva de marcha en vacío rápida. Debe existir un movimiento corto, o nulo, lo que indica que el tornillo de marcha en vacío rápida se encuentra en el escalón (segundo) del retardador abajo de la leva, contra el primer escalón.

MODELO 4180 C
Ford Motor Company

Año	Identificación del carburador (9510)*	Nivel del flotador en seco (pulg.)	Nivel del flotador mojado (pulg.)	Nº del orificio de ajuste de la bomba	Tirador abajo de la placa del estrangulador (pulg.)	Separación del varillaje de la leva de marcha en vacío rápida (pulg.)	Velocidad de marcha en vacío rápida (rpm)	Desactivador del estrangulador (pulg.)	Posicionado del estrangulador
'83	E3ZE-AUA	②	①	#1	.195-.215	NA	③	.300	3 Enriquec.
	E3ZE-BGA	②	①	#1	.195-.215	NA	③	.300	3 Enriquec.
'84	E4ZE-SA	②	①	#1	.195-.215	NA	③	.300	1 Empobrec.
'85	E5ZE-GA	—	①	#1	.168-.188	—	③	.300	2 Empobrec.

NA - No disponible
① Parte inferior del tapón del visor de nivelación
② Vea el texto
③ Vea la etiqueta adhesiva situada bajo el capó

Modelo 5210-C

El modelo Holley 5210-C es un carburador con dos cuerpos, progresivo, con un sistema automático de estrangulador, que es accionado por una espiral termostática calentada por agua. La mayoría de los modelos recientes disponen de un estrangulador calentado por una resistencia eléctrica. Este modelo dispone también de un sistema de recirculación de gases de escape, con la válvula alojada en el múltiple de admisión. Puede encontrarse en los modelos Chevettes de 1980 (Estados Unidos) y en los modelos Chevettes de 1980-86 (Canadá).

NIVEL DEL FLOTADOR

1. Con la trompa del aire invertida, y el rabillo del flotador apoyado ligeramente sobre la aguja de la válvula de entrada, introduzca un calibrador del diámetro especificado entre la trompa del aire y el flotador.

2. Doble el rabillo del flotador, si es necesario realizar un ajuste.

AJUSTE DE LA LEVA DE MARCHA EN VACÍO RÁPIDA

1. Coloque el tornillo de marcha en vacío rápida en el segundo escalón de la leva de marcha en vacío rápida, y contra el saliente del escalón superior.

2. Coloque un calibre o broca del diámetro especificado, en el lado inferior de la placa del estrangulador.

3. Para ajustar, doble el rabillo de la palanca del estrangulador.

AJUSTE DELTIRADOR ABAJO DE LA PLATINA (RUPTOR DE VACÍO) DEL ESTRANGULADOR

Modelos de 1980-86

1. Acople una bomba manual de vacío al diafragma de ruptor del vacío; aplique vacío y asiente el diafragma.

2. Empuje hacia abajo la palanca de la leva de marcha en vacío rápida, para cerrar la placa del estrangulador.

3. Elimine la flojedad del varillaje en la posición de estrangulador abierto.

4. Introduzca el calibre especificado, entre el extremo inferior de la placa del estrangulador y la pared de la trompa de aire.

5. Si la distancia es incorrecta, afloje o apriete el tornillo de ajuste del ruptor de vacío, situado en la carcasa del ruptor de vacío, hasta que obtenga la dimensión correcta.

AJUSTE DEL DESCARGADOR DEL ESTRANGULADOR

1. Coloque la palanca de la válvula mariposa en posición completamente abierta.

2. Introduzca un calibre del diámetro especificado en la tabla, entre el extremo inferior de la válvula del estrangulador y la pared de la trompa de aire.

3. Doble el rabillo del cargador para realizar el ajuste.

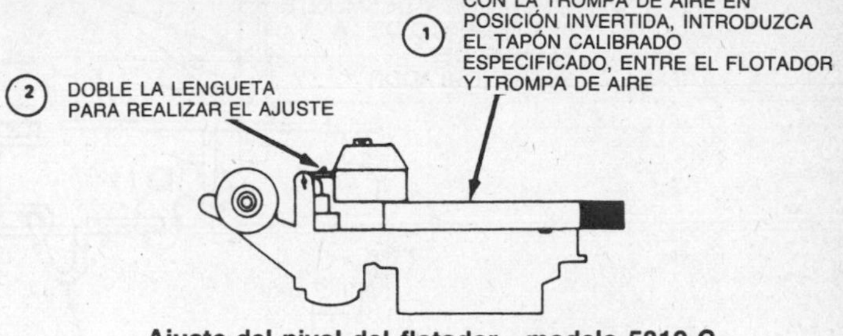
1 CON LA TROMPA DE AIRE EN POSICIÓN INVERTIDA, INTRODUZCA EL TAPÓN CALIBRADO ESPECIFICADO, ENTRE EL FLOTADOR Y TROMPA DE AIRE
2 DOBLE LA LENGUETA PARA REALIZAR EL AJUSTE

Ajuste del nivel del flotador - modelo 5210-C

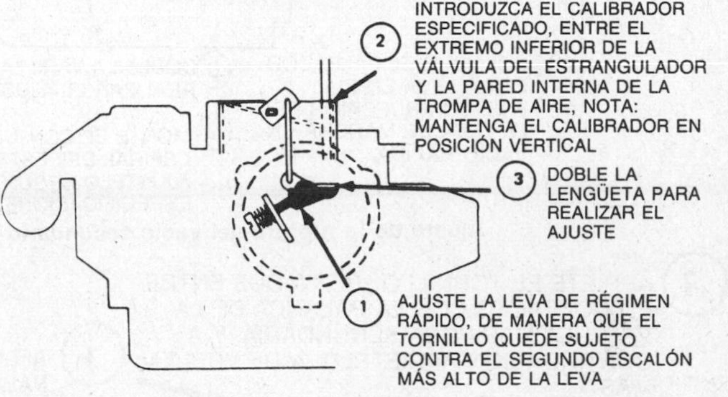
2 INTRODUZCA EL CALIBRADOR ESPECIFICADO, ENTRE EL EXTREMO INFERIOR DE LA VÁLVULA DEL ESTRANGULADOR Y LA PARED INTERNA DE LA TROMPA DE AIRE, NOTA: MANTENGA EL CALIBRADOR EN POSICIÓN VERTICAL
3 DOBLE LA LENGÜETA PARA REALIZAR EL AJUSTE
1 AJUSTE LA LEVA DE RÉGIMEN RÁPIDO, DE MANERA QUE EL TORNILLO QUEDE SUJETO CONTRA EL SEGUNDO ESCALÓN MÁS ALTO DE LA LEVA

Ajuste de la leva de marcha en vacío rápida - modelo 5210-C

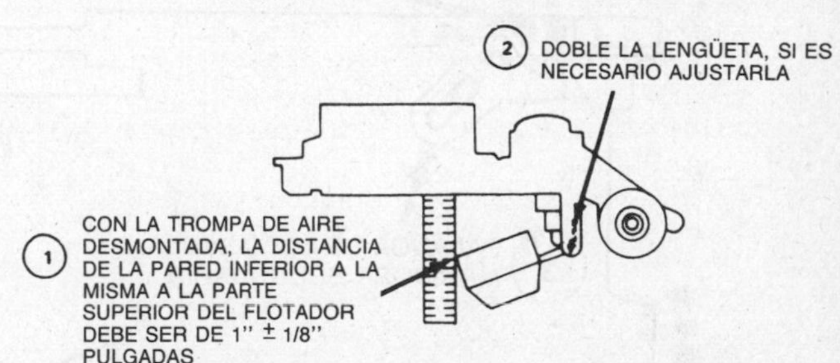
2 DOBLE LA LENGÜETA, SI ES NECESARIO AJUSTARLA
1 CON LA TROMPA DE AIRE DESMONTADA, LA DISTANCIA DE LA PARED INFERIOR A LA MISMA A LA PARTE SUPERIOR DEL FLOTADOR DEBE SER DE 1" ± 1/8" PULGADAS

Ajuste de la caída del flotador en el modelo 5210-C

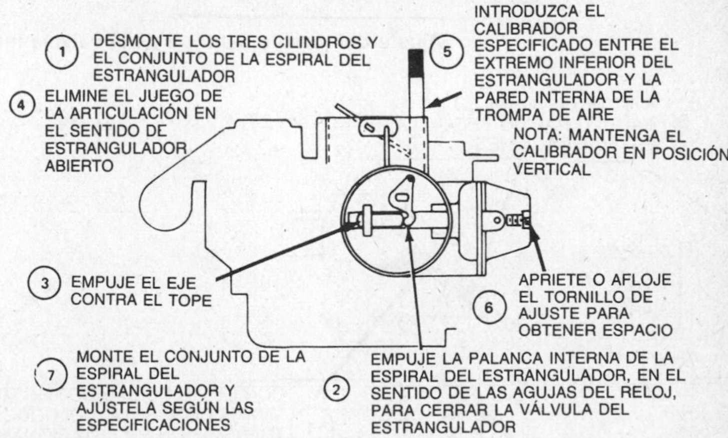
1 DESMONTE LOS TRES CILINDROS Y EL CONJUNTO DE LA ESPIRAL DEL ESTRANGULADOR
5 INTRODUZCA EL CALIBRADOR ESPECIFICADO ENTRE EL EXTREMO INFERIOR DEL ESTRANGULADOR Y LA PARED INTERNA DE LA TROMPA DE AIRE
NOTA: MANTENGA EL CALIBRADOR EN POSICIÓN VERTICAL
4 ELIMINE EL JUEGO DE LA ARTICULACIÓN EN EL SENTIDO DE ESTRANGULADOR ABIERTO
3 EMPUJE EL EJE CONTRA EL TOPE
6 APRIETE O AFLOJE EL TORNILLO DE AJUSTE PARA OBTENER ESPACIO
7 MONTE EL CONJUNTO DE LA ESPIRAL DEL ESTRANGULADOR Y AJÚSTELA SEGÚN LAS ESPECIFICACIONES
2 EMPUJE LA PALANCA INTERNA DE LA ESPIRAL DEL ESTRANGULADOR, EN EL SENTIDO DE LAS AGUJAS DEL RELOJ, PARA CERRAR LA VÁLVULA DEL ESTRANGULADOR

Ajuste de la interrupción de vacío (tirador hacia abajo de la placa del estrangulador) en el modelo 5210-C

AJUSTE DE LA VELOCIDAD DE MARCHA EN VACÍO RÁPIDA

1. El motor debe estar a la temperatura normal de funcionamiento, con el filtro desmontado.

2. Con el motor en marcha, coloque el tornillo de marcha en vacío rápida en el escalón más alto de la leva, en los vehículos de la GM (General Motors), o en el segundo escalón, contra el saliente del escalón superior, en los vehículos AMC (Ame-

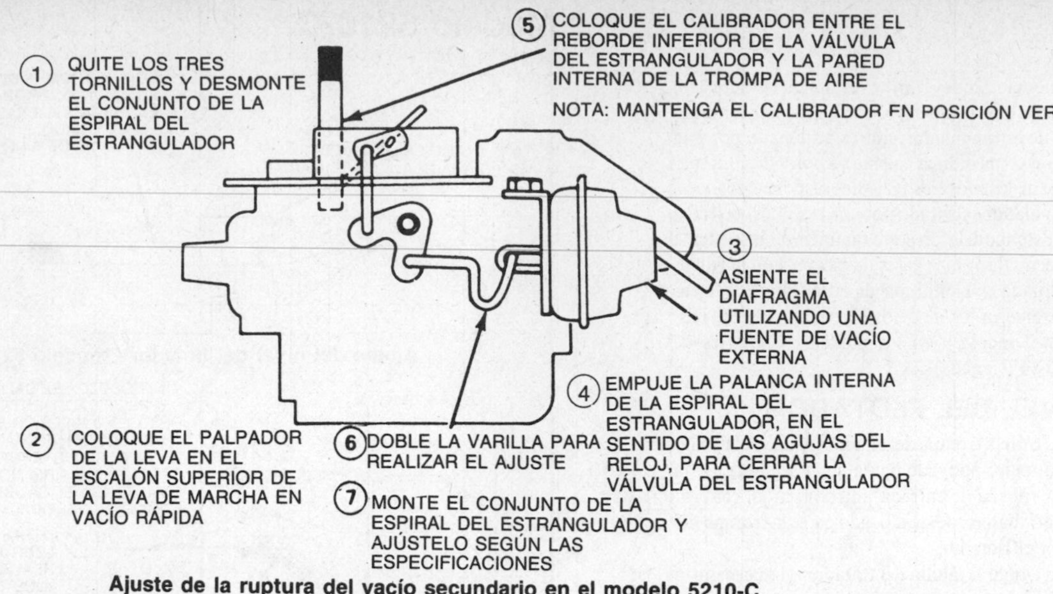
1 QUITE LOS TRES TORNILLOS Y DESMONTE EL CONJUNTO DE LA ESPIRAL DEL ESTRANGULADOR
5 COLOQUE EL CALIBRADOR ENTRE EL REBORDE INFERIOR DE LA VÁLVULA DEL ESTRANGULADOR Y LA PARED INTERNA DE LA TROMPA DE AIRE
NOTA: MANTENGA EL CALIBRADOR EN POSICIÓN VERTICAL
3 ASIENTE EL DIAFRAGMA UTILIZANDO UNA FUENTE DE VACÍO EXTERNA
4 EMPUJE LA PALANCA INTERNA DE LA ESPIRAL DEL ESTRANGULADOR, EN EL SENTIDO DE LAS AGUJAS DEL RELOJ, PARA CERRAR LA VÁLVULA DEL ESTRANGULADOR
2 COLOQUE EL PALPADOR DE LA LEVA EN EL ESCALÓN SUPERIOR DE LA LEVA DE MARCHA EN VACÍO RÁPIDA
6 DOBLE LA VARILLA PARA REALIZAR EL AJUSTE
7 MONTE EL CONJUNTO DE LA ESPIRAL DEL ESTRANGULADOR Y AJÚSTELO SEGÚN LAS ESPECIFICACIONES

Ajuste de la ruptura del vacío secundario en el modelo 5210-C

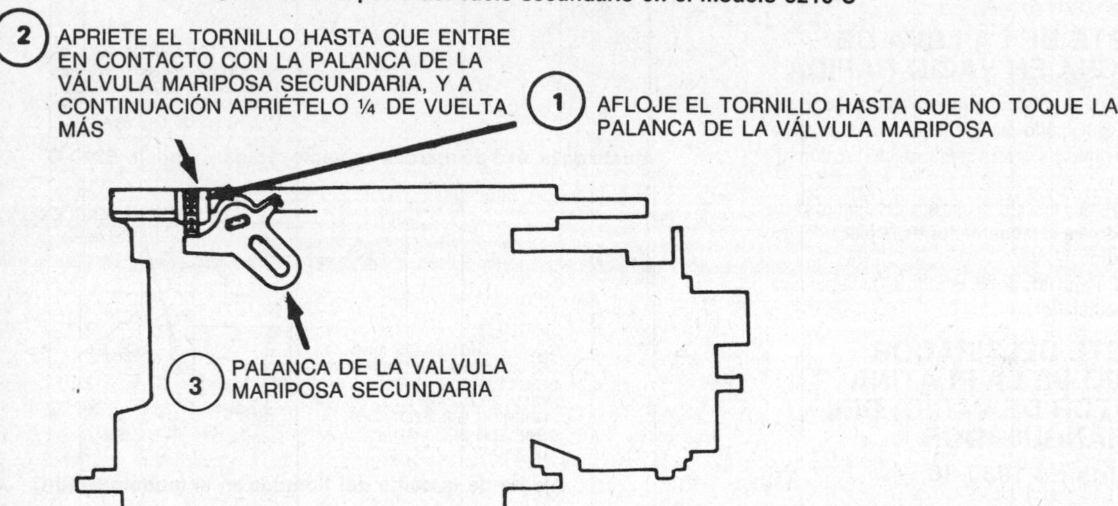
2 APRIETE EL TORNILLO HASTA QUE ENTRE EN CONTACTO CON LA PALANCA DE LA VÁLVULA MARIPOSA SECUNDARIA, Y A CONTINUACIÓN APRIÉTELO ¼ DE VUELTA MÁS
1 AFLOJE EL TORNILLO HASTA QUE NO TOQUE LA PALANCA DE LA VÁLVULA MARIPOSA
3 PALANCA DE LA VALVULA MARIPOSA SECUNDARIA

Ajuste del tornillo del tope de la válvula mariposa secundaria

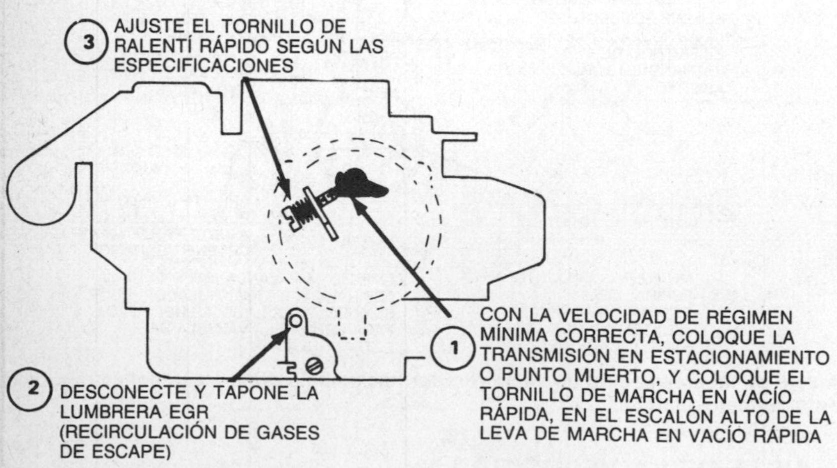
3 AJUSTE EL TORNILLO DE RALENTÍ RÁPIDO SEGÚN LAS ESPECIFICACIONES
1 CON LA VELOCIDAD DE RÉGIMEN MÍNIMA CORRECTA, COLOQUE LA TRANSMISIÓN EN ESTACIONAMIENTO O PUNTO MUERTO, Y COLOQUE EL TORNILLO DE MARCHA EN VACÍO RÁPIDA, EN EL ESCALÓN ALTO DE LA LEVA DE MARCHA EN VACÍO RÁPIDA
2 DESCONECTE Y TAPONE LA LUMBRERA EGR (RECIRCULACIÓN DE GASES DE ESCAPE)

Ajuste de la velocidad de marcha en vacío rápida, en el modelo 5210-C

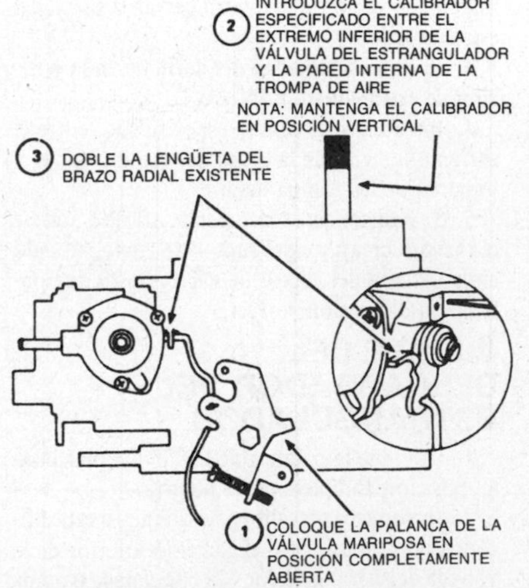
2 INTRODUZCA EL CALIBRADOR ESPECIFICADO ENTRE EL EXTREMO INFERIOR DE LA VÁLVULA DEL ESTRANGULADOR Y LA PARED INTERNA DE LA TROMPA DE AIRE
NOTA: MANTENGA EL CALIBRADOR EN POSICIÓN VERTICAL
3 DOBLE LA LENGÜETA DEL BRAZO RADIAL EXISTENTE
1 COLOQUE LA PALANCA DE LA VÁLVULA MARIPOSA EN POSICIÓN COMPLETAMENTE ABIERTA

Ajuste del desactivador del estrangulador, en el modelo 5210-C

rican Motors Corporation). Tapone la lumbrera de la válvula EGR.

3. Ajuste la velocidad aflojando o apretando el tornillo de marcha en vacío rápida.

MODELO 5210-C
Chevrolet Chevette

Año	Número de pieza del carburador ① ②	Nivel del flotador (en seco) (pulg.)	Leva de marcha en vacío rápida (pulg.)	Ruptor del vacío secundario (pulg.)	Posicionado de marcha vacío rápida (rpm)	Desactivador del estrangulador (pulg.)	Posicionado del estrangulador
'80	Todos	0.50	0.110	0.120	2500	0.350	Fijo
'81	14032301	0.50	0.110	0.120	2500	0.350	Fijo
	14032302	0.50	0.110	0.120	2500	0.275	Fijo
'82	14043392	0.50	0.110	0.120	2500	0.275	Fijo
	14043393	0.50	0.110	0.120	2500	0.350	Fijo
'83 (Canadá)	Todos	0.50	0.090	③	④	0.275	Fijo
'84–'85 (Canadá)	14076317	0.50	0.110	⑤	④	0.350	Fijo
	14076318	0.50	0.110	⑤	④	0.300	Fijo
	14076319	0.50	0.120	⑥	④	0.350	Fijo
'86 (Canadá)	14076393	0.50	0.100	⑤	④	0.325	Fijo
	14076394	0.50	0.090	⑤	④	0.275	Fijo

① Situado en la etiqueta adherida al carburador, o en el cuerpo del mismo o placa del estrangulador
② Se utilizan los números de identificación de GM en lugar de los números Holley
③ En caliente: 0.280
En frío: 0.100
④ Vea la etiqueta adhesiva situada bajo el capó
⑤ En caliente: 0.250
En frío: 0.100
⑥ En caliente: 0.290
En frío: 0.110

Modelos 5220, 6520

Estos dos modelos son carburadores con venturis de dos etapas. El modelo 6520 dispone de un sistema electrónico de retroalimentación. En el modelo 6520 compruebe siempre el estado de las mangueras y cables relacionados con él, antes de realizar ajustes en el carburador.

Para más información sobre carburadores retroalimentados, vea, por favor, la Guía de Chilton de inyección de combustible y carburadores retroalimentados.

AJUSTE DE LA POSICIÓN Y CAÍDA DEL FLOTADOR

1. Desmonte e invierta la trompa del aire.
2. Introduzca un calibre de 0,480 pulgadas entre la trompa del aire y el flotador.
3. Si es necesario, doble el rabillo del brazo del flotador, para realizar el ajuste.
4. Gire el lado derecho de la trompa del aire hacia arriba y deje que el flotador cuelgue libremente. Mida la caída del flotador desde la parte inferior de la trompa del aire a la parte inferior del flotador. Debe ser exactamente 1 7/8 de pulgada. Para ajustar esta distancia, doble el rabillo del flotador.

AJUSTE DEL RETARDADOR DE VACÍO

1. Abra la válvula mariposa, cierre el estrangulador, y a continuación cierre la válvula mariposa, para bloquear el sistema de marcha en vacío rápida, en la posición de estrangulador cerrado.
2. Desconecte la manguera de vacío que va al carburador, y conéctela a una fuente auxiliar de vacío.
3. Aplique un vacío de al menos 15 pulgadas de columna (de mercurio) de Hg al grupo.
4. Presione lo suficiente sobre la válvula del estrangulador para cerrarlo, sin deformar el varillaje.
5. Introduzca un calibre (vea la tabla de especificaciones) entre la parte superior de la placa del estrangulador y la pared de la trompa del aire.
6. Para ajustar gire el tornillo Allen situado en el centro de la carcasa del diafragma.

AJUSTE DE LA VELOCIDAD DE MARCHA EN VACÍO RÁPIDA

1. Desmonte el filtro del aire, desconecte y ta-

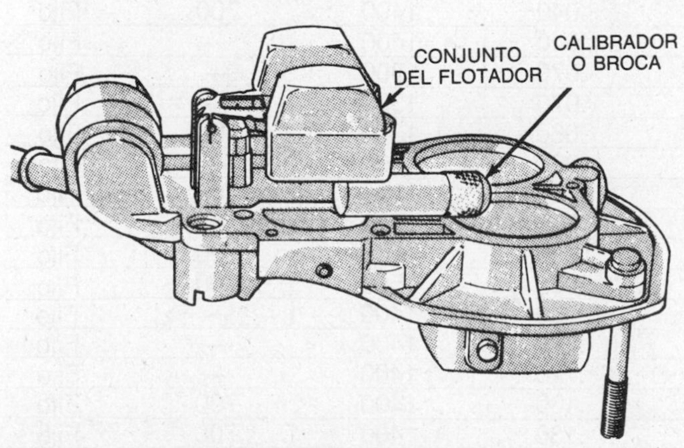

Ajuste de la posición del flotador

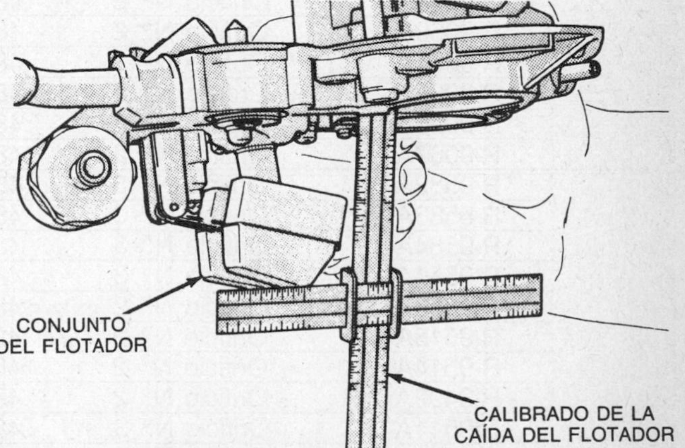

Medición de la caída del flotador

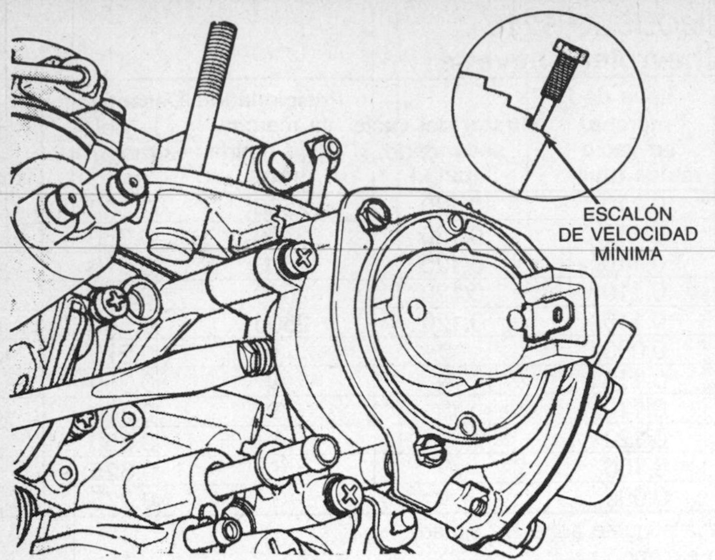

Ajuste de la velocidad de marcha en vacío

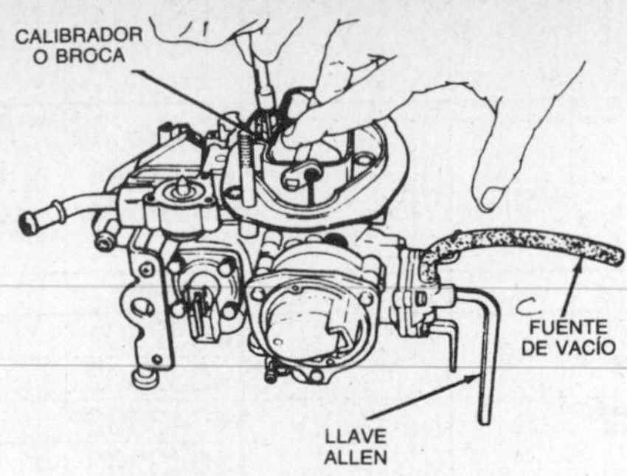

Ajuste del retardador por vacío

pone el conducto del sistema EGR, pero no desconecte el conducto de vacío del computador de control del encendido. Desconecte el sistema de aire acondicionado.

2. Desconecte el conector eléctrico del ventilador del radiador, y utilice un hilo puente para cerrar el circuito del ventilador. No lo cortocircuite a masa ya que el sistema sufriría una avería.

3. Con el freno de estacionamiento accionado y la transmisión en punto muerto (el motor todavía parado), abra la válvula mariposa y coloque el tornillo de marcha en vacío rápida, en el escalón más bajo de la leva.

4. Arranque el motor y compruebe la velocidad de marcha en vacío. Si ésta sigue aumentando lentamente quiere decir que el interruptor del tope de la marcha en vacío no está bien conectado a masa.

5. Ajuste el régimen de marcha en vacío rápida con el tornillo, apartando el tornillo de la leva cada vez que lo ajuste. Deje que el tornillo caiga contra la leva y que se estabilice la velocidad entre cada ajuste.

MODELO 5220
Chrysler Corporation

Año	Número de pieza del carburador	Bomba del acelerador	Nivel del flotador en seco (pulg.)	Retardada de vacío (pulg.)	Velocidad de marcha en vacío rápida (con vent./rpm)	Velocidad con la válvula mariposa a tope (rpm)	Estrangulador
'80	R8838A, 8839A, 9110A, 9111A, 9325A, 9327A	Orificio Nº 2	.480	.040	1700	700	Fijo
	R8726A, 8727A, 8837A, 9108A, 9321A, 9323A	Orificio Nº 2	.480	.070	1400	700	Fijo
	R9109A	Orificio Nº 2	.480	.100	1400	700	Fijo
'81	R-9056A	Orificio Nº 2	.480	.070	1400	700	Fijo
	R-9057A	Orificio Nº 2	.480	.070	1400	—	Fijo
	R-9058A	Orificio Nº 2	.480	.040	1400	700	Fijo
	R-9059A	Orificio Nº 2	.480	.040	1400	—	Fijo
	R-9064A	Orificio Nº 2	.480	.070	1300	—	Fijo
	R-9065A	Orificio Nº 2	.480	.070	1300	—	Fijo
	R-9066A	Orificio Nº 2	.480	.060	1300	700	Fijo
	R-9067A	Orificio Nº 2	.480	.060	1300	—	Fijo
'82	R-9582A	Orificio Nº 3	.480	.060	1200	700	Fijo
	R-8583A	Orificio Nº 3	.480	.060	1200	—	Fijo
	R-9584A	Orificio Nº 3	.480	.060	1500	700	Fijo
	R-9585A	Orificio Nº 3	.480	.060	1500	700	Fijo
	R-9820A	Orificio Nº 2	.480	.080	1400	—	Fijo
	R-9513A	Orificio Nº 2	.480	.120	1400	—	Fijo
	R-9514A	Orificio Nº 2	.480	.120	1400	—	Fijo
	R-9499A	Orificio Nº 2	.480	.130	1400	700	Fijo
	R-9511A	Orificio Nº 3	.480	.130	1400	700	Fijo
	R-9512A	Orificio Nº 2	.480	.130	1400	—	Fijo

MODELO 5220
Chrysler Corporation

Año	Número de pieza del carburador ①	Bomba del acelerador	Nivel del flotador en seco (pulg.)	Retardada de vacío (pulg.)	Velocidad en marcha en vacío rápida (con vent./rpm)	Velocidad con la válvula mariposa a tope (rpm)	Estrangulador
'83	R-40020A	Orificio N.º 3	.480	.055	1500	—	Fijo
	R-40022A	Orificio N.º 3	.480	.055	1500	—	Fijo
	R-40023A	Orificio N.º 2	.480	.070	1400	700	Fijo
	R-40024A	Orificio N.º 2	.480	.070	1400	700	Fijo
	R-40025A	Orificio N.º 2	.480	.070	1400	700	Fijo
	R-40026A	Orificio N.º 7	.480	.070	1400	700	Fijo
'84	R-400601A	Orificio N.º 3	.480	.055	1200	—	Fijo
	R-400851A	Orificio N.º 2	.480	.040	1500	—	Fijo
	R-40170A	Orificio N.º 3	.480	.060	1650	—	Fijo
	R-40171A	Orificio N.º 3	.480	.060	1700	—	Fijo
	R-400671A	Orificio N.º 3	.480	.070	1500	—	Fijo
	R-400681A	Orificio N.º 3	.480	.070	1700	—	Fijo
	R-400581A	Orificio N.º 2	.480	.070	1400	—	Fijo
	R-401071A	Orificio N.º 2	.480	.070	1600	—	Fijo
'85	R-40060-A	Orificio N.º 2	.480	.050	①	—	Fijo
	R-40116-A	Orificio N.º 3	.480	.095	①	—	Fijo
	R-40117-A	Orificio N.º 3	.480	.095	①	—	Fijo
'86	R-40060-2A	—	.480	.055	①	—	Fijo
	R-40116-A	—	.480	.095	①	—	Fijo
	R-40117-A	—	.480	.095	①	—	Fijo

① Vea la etiqueta adhesiva situada bajo el capó

MODELO 6520
Chrysler Corporation

Año	Número de pieza del carburador ①	Bomba del acelerador	Nivel del flotador en seco (pulg.)	Caida del flotador (pulg.)	Retardador de vacío (pulg.)	Velocidad de marcha en vacío (rpm)
'81	R-9052A	Orificio N.º 2	.480	1.875	.070	1400 ②
	R-9053A	Orificio N.º 2	.480	1.875	.070	1400 ②
	R-9054A	Orificio N.º 2	.480	1.875	.040	1400 ②
	R-9055A	Orificio N.º 2	.480	1.875	.040	1400 ②
	R-9060A	Orificio N.º 2	.480	1.875	.030	1100 ②
	R-9061A	Orificio N.º 2	.480	1.875	.030	1100 ②
	R-9602A	Orificio N.º 2	.480	1.875	.035	1500 ②
	R-9603A	Orificio N.º 2	.480	1.875	.035	1500 ②
	R-9125A	Orificio N.º 2	.480	1.875	.030	1200 ②
	R-9126A	Orificio N.º 2	.480	1.875	.030	1200 ②
	R-9604A	Orificio N.º 2	.480	1.875	.035	1600 ②
	R-9605A	Orificio N.º 2	.480	1.875	.035	1600 ②
'82	R-9822A	Orificio N.º 2	.480	1.875	.080	1400
	R-9823A	Orificio N.º 2	.480	1.875	.080	1400
	R-9824A	Orificio N.º 2	.480	1.875	.065	1400
	R-9503A	Orificio N.º 3	.480	1.875	.085	1300
	R-9504A	Orificio N.º 3	.480	1.875	.085	1300
	R-9505A	Orificio N.º 3	.480	1.875	.100	1600
	R-9506A	Orificio N.º 3	.480	1.875	.100	1600
	R-9750A	Orificio N.º 3	.480	1.875	.085	1300
	R-9751A	Orificio N.º 3	.480	1.875	.085	1300
	R-9509A	Orificio N.º 3	.480	1.875	.085	1600
	R-9510A	Orificio N.º 3	.480	1.875	.085	1600

MODELO 6520
Chrysler Corporation

Año	Número de pieza del carburador ①	Bomba del acelerador	Nivel del flotador en seco (pulg.)	Caida del flotador (pulg.)	Retardador de vacío (pulg.)	Velocidad de marcha en vacío (rpm)
'82	R-9752A	Orificio Nº 3	.480	1.875	.100	1600
	R-9753A	Orificio Nº 3	.480	1.875	.100	1600
	R-9507A	Orificio Nº 3	.480	1.875	.085	1300
	R-9508A	Orificio Nº 3	.480	1.875	.085	1300
'83	R-40003A	Orificio Nº 3	.480	1.875	.070	1400
	R-40004A	Orificio Nº 3	.480	1.875	.080	1500
	R-40005A	Orificio Nº 3	.480	1.875	.080	1350
	R-40006A	Orificio Nº 3	.480	1.875	.080	1275
	R-40007A	Orificio Nº 3	.480	1.875	.070	1400
	R-40008A	Orificio Nº 3	.480	1.875	.070	1600
	R-40010A	Orificio Nº 3	.480	1.875	.080	1500
	R-40012A	Orificio Nº 3	.480	1.875	.070	1600
	R-40014A	Orificio Nº 3	.480	1.875	.080	1275
	R-40080A	Orificio Nº 3	.480	1.875	.045	1400
	R-40081A	Orificio Nº 3	.480	1.875	.045	1400
'84	R-400641A	Orificio Nº 3	.480	1.875	.080	1500
	R-400651A	Orificio Nº 3	.480	1.875	.080	1600
	R-400811A	Orificio Nº 3	.480	1.875	.080	1500
	R-400821A	Orificio Nº 3	.480	1.875	.080	1600
	R-40071A	Orificio Nº 3	.480	1.875	.080	1500
	R-40122A	Orificio Nº 3	.480	1.875	.080	1500
'85	R-40058A	Orificio Nº 3	.480	1.875	.070	1400
	R-40134A	Orificio Nº 3	.480	1.875	.075	1700
	R-40135A	Orificio Nº 3	.480	1.875	.075	1850
	R-40138A	Orificio Nº 3	.480	1.875	.075	1700
	R-40139A	Orificio Nº 3	.480	1.875	.075	1850
'86	R-40058-1A	—	.480	1.875	.070	③
	R-40134-A	—	.480	1.875	.075	③
	R-40135-1A	—	.480	1.875	.075	③
	R-40138-1A	—	.480	1.875	.075	③
	R-40139-1A	—	.480	1.875	.075	③

① Situada en la etiqueta fijada en el carburador
② Con el ventilador del radiador en funcionamiento
③ Vea la etiqueta adhesiva situada bajo el capó

Modelo 6145

AJUSTE DEL FLOTADOR

1. Con la junta de estanqueidad en su posición, invierta la cubeta de combustible y coloque una regla cruzando sobre la superficie de la junta de estanqueidad. La parte de los flotadores, que queda más alejada de la entrada del combustible, debe tocar justamente el borde de la regla.

2. Si es necesario realizar algún ajuste, doble el rabillo del flotador.

AJUSTE DEL RETARDADOR DE VACÍO DEL ESTRANGULADOR

1. Abra la válvula mariposa, cierre el estrangulador, y a continuación cierre la válvula mariposa, de manera que la leva de marcha en vacío rápida, quede en posición cerrada.

2. Desconecte la manguera de vacío del carburador y conéctela a una manguera de una fuente auxiliar de vacío, con un trozo adicional de tubo. Aplique un vacío de 15, o más, pulgadas de Hg.

3. Presione ligeramente sobre la palanca del estrangulador, para cerrarlo, y mida la distancia entre la válvula del estrangulador y la pared de la trompa de aire, en la parte lateral de la palanca de la válvula de mariposa, con el calibre especificado.

4. En los modelos de 1981, doble el reenvío del diafragma, en el doblado en U, para realizar el ajuste. En los modelos de 1982-83, introduzca una llave Allen de 5/64 de pulgada en el diafragma del estrangulador, y gírela para ajustar el retardador de vacío del estrangulador.

5. Vuelva a conectar la manguera de vacío, después de realizar el ajuste.

AJUSTE DE LA LEVA DE MARCHA EN VACÍO RÁPIDA

1. Coloque el tornillo de ajuste de la velocidad de marcha en vacío rápida en el segundo escalón de la leva.

2. Presione ligeramente sobre la palanca del eje del estrangulador para cerrarlo.

3. Introduzca el calibre especificado entre la parte superior de la válvula del estrangulador y la pared de la trompa de aire, en el lado de la palanca de la válvula de mariposa.

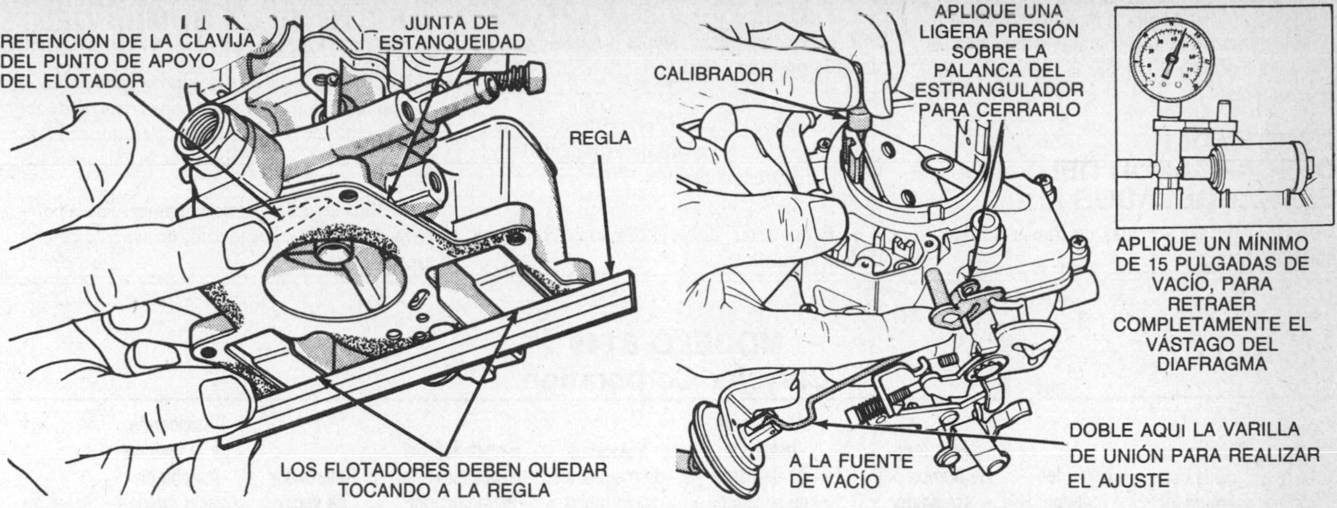
RETENCIÓN DE LA CLAVIJA DEL PUNTO DE APOYO DEL FLOTADOR
JUNTA DE ESTANQUEIDAD
REGLA
LOS FLOTADORES DEBEN QUEDAR TOCANDO A LA REGLA
CALIBRADOR
APLIQUE UNA LIGERA PRESIÓN SOBRE LA PALANCA DEL ESTRANGULADOR PARA CERRARLO
APLIQUE UN MÍNIMO DE 15 PULGADAS DE VACÍO, PARA RETRAER COMPLETAMENTE EL VÁSTAGO DEL DIAFRAGMA
DOBLE AQUI LA VARILLA DE UNIÓN PARA REALIZAR EL AJUSTE
A LA FUENTE DE VACÍO

Ajuste del nivel del flotador - Holley 6145

Ajuste del retardador por vacío, del estrangulador, Holley 6145 de 1981

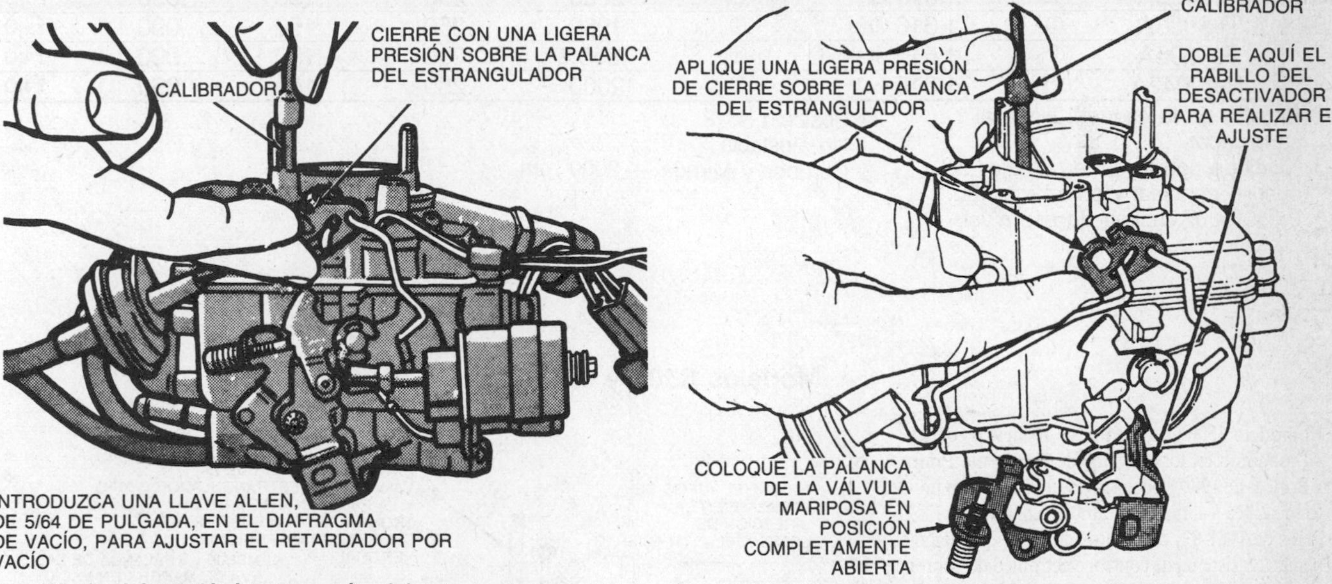
CALIBRADOR
CIERRE CON UNA LIGERA PRESIÓN SOBRE LA PALANCA DEL ESTRANGULADOR
INTRODUZCA UNA LLAVE ALLEN, DE 5/64 DE PULGADA, EN EL DIAFRAGMA DE VACÍO, PARA AJUSTAR EL RETARDADOR POR VACÍO
CALIBRADOR
APLIQUE UNA LIGERA PRESIÓN DE CIERRE SOBRE LA PALANCA DEL ESTRANGULADOR
DOBLE AQUÍ EL RABILLO DEL DESACTIVADOR PARA REALIZAR EL AJUSTE
COLOQUE LA PALANCA DE LA VÁLVULA MARIPOSA EN POSICIÓN COMPLETAMENTE ABIERTA

Ajuste del retardador por vacío, del estrangulador, modelo Holley 6145 de 1982-83

Ajuste típico del desactivador del estrangulador - Holley 6145

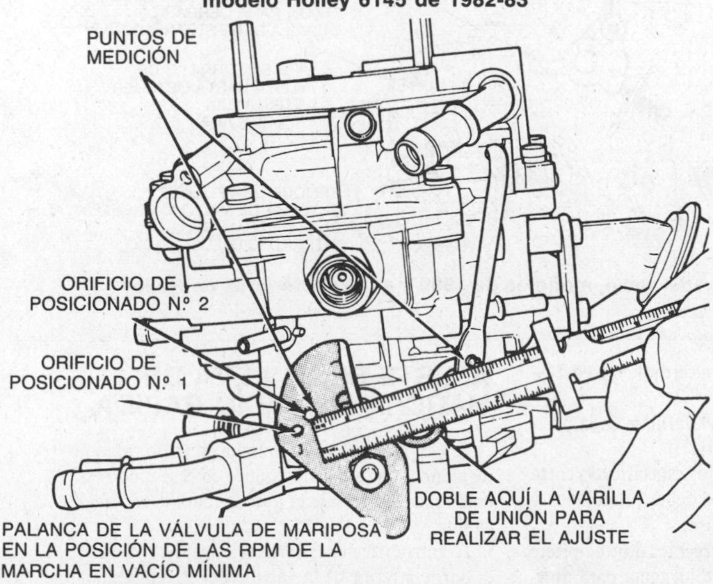
PUNTOS DE MEDICIÓN
ORIFICIO DE POSICIONADO Nº 2
ORIFICIO DE POSICIONADO Nº 1
PALANCA DE LA VÁLVULA DE MARIPOSA EN LA POSICIÓN DE LAS RPM DE LA MARCHA EN VACÍO MÍNIMA
DOBLE AQUÍ LA VARILLA DE UNIÓN PARA REALIZAR EL AJUSTE

Ajuste típico de la bomba del acelerador - Holley 6145

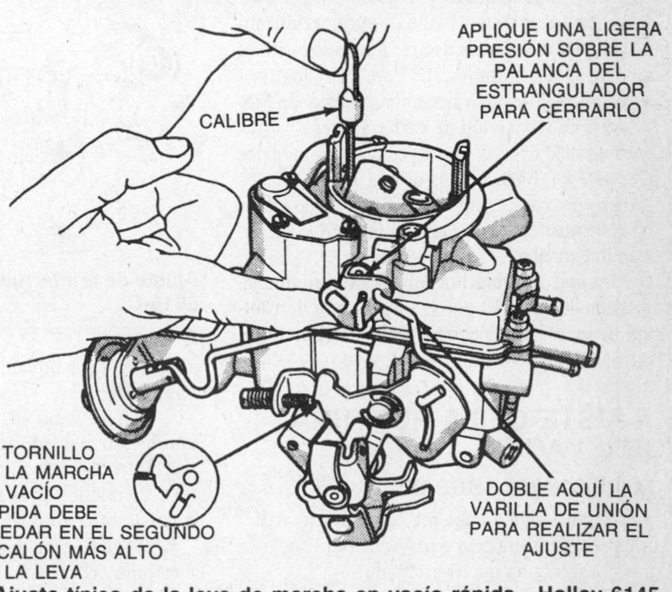
APLIQUE UNA LIGERA PRESIÓN SOBRE LA PALANCA DEL ESTRANGULADOR PARA CERRARLO
CALIBRE
EL TORNILLO DE LA MARCHA EN VACÍO RÁPIDA DEBE QUEDAR EN EL SEGUNDO ESCALÓN MÁS ALTO DE LA LEVA
DOBLE AQUÍ LA VARILLA DE UNIÓN PARA REALIZAR EL AJUSTE

Ajuste típico de la leva de marcha en vacío rápida - Holley 6145

4. Si es necesario realizar un ajuste, doble la varilla de conexión de marcha en vacío rápida, en el ángulo, hasta que se obtenga la abertura correcta de la válvula.

AJUSTE DEL DESCARGADOR DEL ESTRANGULADOR

1. Sostenga las válvulas mariposa completamente abiertas.

2. Presione ligeramente sobre la palanca de control, para desplazar la válvula del estrangulador hacia la posición cerrada.

3. Introduzca el calibre especificado, entre la parte superior de la válvula del estrangulador y la pared de la trompa de aire.

4. Para ajustar, doble el rabillo de la palanca del estrangulador.

AJUSTE DE LA BOMBA DEL ACELERADOR

1. Coloque la válvula mariposa en la posición de marcha en vacío mínima, con el reenvío de accionamiento de la bomba del acelerador en la ranura adecuada, en la palanca de la válvula mariposa.

2. Mida el reenvío de accionamiento de la bomba, y dóblelo, si es necesario, de acuerdo con las especificaciones.

MODELO 6145
Chrysler Corporation

Año	Numero de pieza del carburador ①	Nivel del flotador (pulg.)	Ajuste de la bomba del acelerador (pulg.)	Abertura de la válvula de descarga de la cubeta (pulg.)	Velocidad de marcha en vacío rápida (rpm)	Separación del desactivador del estrangulador (pulg.)	Retardador de vacío (pulg.)	Posicionado de la leva de marcha en vacío rápida (pulg.)	Estrangulador
'81	R-9129A	②	1.615 ③	④	2000	.250	.150	.090	Fijo
'82	R-9936A	②	1.616 ③	④	1950	.250	.150	.090	Fijo
	R-9695A	②	1.615 ③	④	1950 ⑤	.250	.150	.090	Fijo
'83	R-40042A	②	1.615 ③	④	2000	.250	.150	.090	Fijo

① Situada en la etiqueta fijada al carburador
② Nivelada con la parte superior del cuerpo principal y como máximo, 0.050" por encima de ese nivel.
③ Posición N.º 2
④ No ajustable
⑤ Córdoba y Mirada — 2000 rpm

Modelos 6500 y 6510-C

El modelo 6500 es de la marca Holley-Weber, y va montado en los modelos de California Pinto y Bobcat de 1980 y posteriores, que llevan un motor de 2.3L. Va montado también en todos los modelos de 1981-82, con motor de 2.3L, que disponen de un sistema de control electrónico del motor por retroalimentación. Excepto por el sistema de dosificación de combustible regulable desde el exterior, en lugar de la válvula de enriquecimiento de combustible, puede decirse que es idéntico al modelo 5200 de Motorcraft. Para todos los ajustes, vea la lista de procedimientos en la sección Motorcraft de reparación de carburadores.

El modelo 6510-C va montado en los modelos Chevette y T-1000. Se trata de una unidad con dos etapas y dos cuerpos, que lleva incorporado un sistema de dosificación de aire/combustible por retroalimentación.

Para más información sobre carburadores retroalimentados, vea por favor, la Guía de Chilton de inyección de combustible y carburadores retroalimentados.

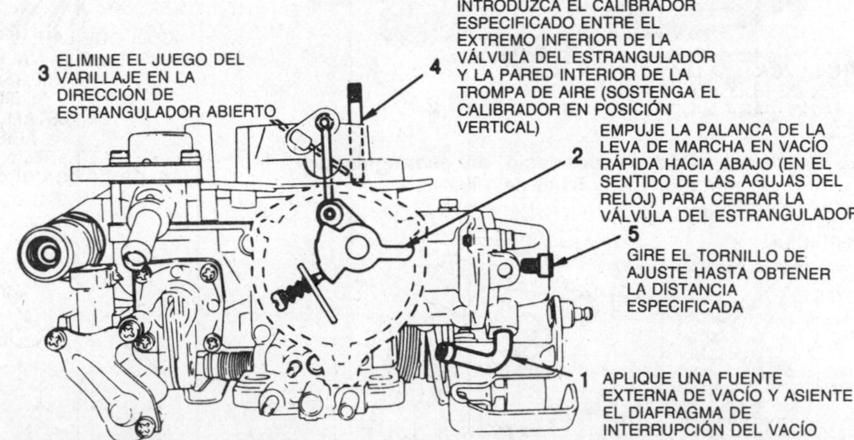

3 ELIMINE EL JUEGO DEL VARILLAJE EN LA DIRECCIÓN DE ESTRANGULADOR ABIERTO
4 INTRODUZCA EL CALIBRADOR ESPECIFICADO ENTRE EL EXTREMO INFERIOR DE LA VÁLVULA DEL ESTRANGULADOR Y LA PARED INTERIOR DE LA TROMPA DE AIRE (SOSTENGA EL CALIBRADOR EN POSICIÓN VERTICAL)
2 EMPUJE LA PALANCA DE LA LEVA DE MARCHA EN VACÍO RÁPIDA HACIA ABAJO (EN EL SENTIDO DE LAS AGUJAS DEL RELOJ) PARA CERRAR LA VÁLVULA DEL ESTRANGULADOR
5 GIRE EL TORNILLO DE AJUSTE HASTA OBTENER LA DISTANCIA ESPECIFICADA
1 APLIQUE UNA FUENTE EXTERNA DE VACÍO Y ASIENTE EL DIAFRAGMA DE INTERRUPCIÓN DEL VACÍO

Ajuste de la interrupción del vacío, modelos de 1980 y años posteriores de Holley 6510-C

AJUSTE DE LA RUPTURA DEL VACÍO

Modelos de 1980-83

1. Acople una bomba manual de vacío al diafragma de ruptura del vacío. Aplique vacío hasta que el diafragma quede asentado.

2. Presione hacia abajo la palanca de la leva de marcha en vacío rápida, para cerrar la tapa del estrangulador.

3. Elimine la flojedad del varillaje en la posición de estrangulador abierto.

4. Introduzca el calibrador especificado entre el borde inferior de la placa del estrangulador y la pared de la trompa de aire.

5. Si la distancia es incorrecta, afloje o apriete el tornillo del extremo del diafragma para ajustarla.

AJUSTE DE LA LEVA DE MARCHA EN VACÍO RÁPIDA

1. Coloque la leva de marcha en vacío rápida, de manera que el tornillo quede en el segundo escalón más elevado de la leva de marcha en vacío rápida.

2. Introduzca el calibrador especificado enure el borde inferior de la válvula del estrangulador y la pared de la trompa de aire.

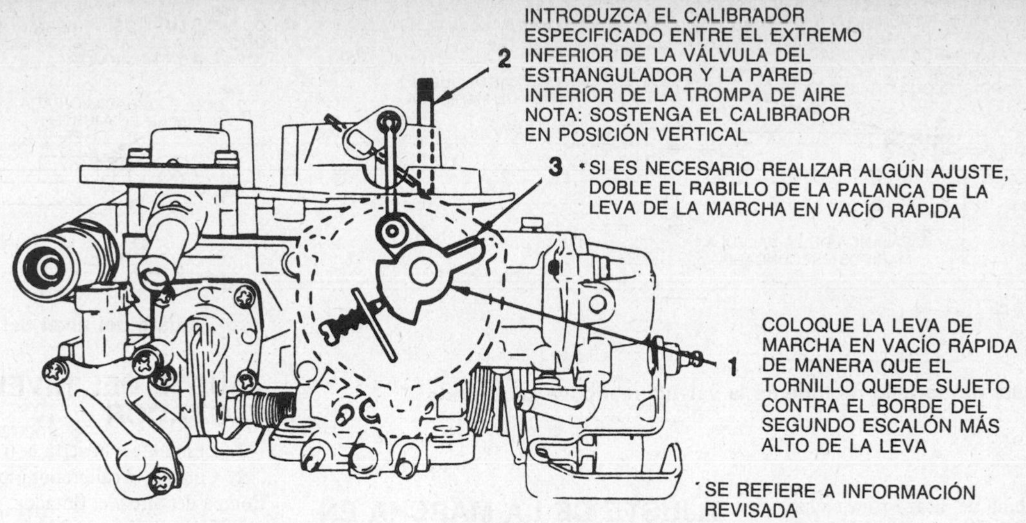
2 INTRODUZCA EL CALIBRADOR ESPECIFICADO ENTRE EL EXTREMO INFERIOR DE LA VÁLVULA DEL ESTRANGULADOR Y LA PARED INTERIOR DE LA TROMPA DE AIRE NOTA: SOSTENGA EL CALIBRADOR EN POSICIÓN VERTICAL
3 •SI ES NECESARIO REALIZAR ALGÚN AJUSTE, DOBLE EL RABILLO DE LA PALANCA DE LA LEVA DE LA MARCHA EN VACÍO RÁPIDA
1 COLOQUE LA LEVA DE MARCHA EN VACÍO RÁPIDA DE MANERA QUE EL TORNILLO QUEDE SUJETO CONTRA EL BORDE DEL SEGUNDO ESCALÓN MÁS ALTO DE LA LEVA
•SE REFIERE A INFORMACIÓN REVISADA

Ajuste de la leva de marcha en vacío rápida Holley 6510C

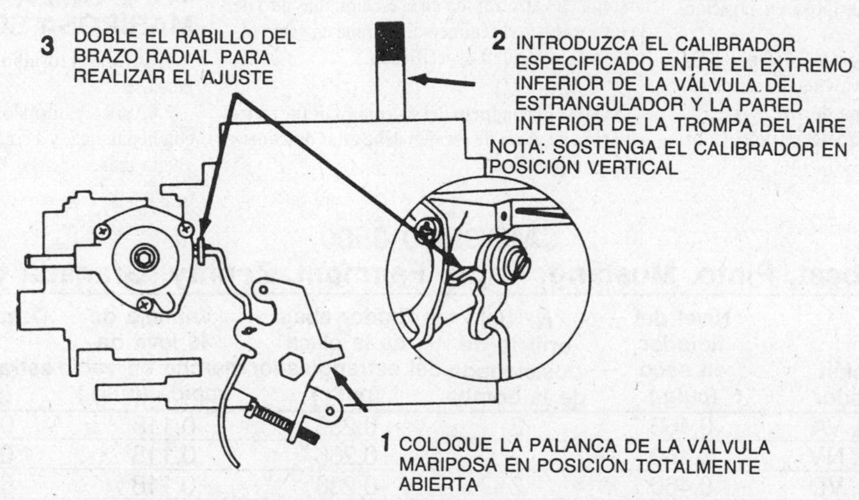
3 DOBLE EL RABILLO DEL BRAZO RADIAL PARA REALIZAR EL AJUSTE
2 INTRODUZCA EL CALIBRADOR ESPECIFICADO ENTRE EL EXTREMO INFERIOR DE LA VÁLVULA DEL ESTRANGULADOR Y LA PARED INTERIOR DE LA TROMPA DEL AIRE
NOTA: SOSTENGA EL CALIBRADOR EN POSICIÓN VERTICAL
1 COLOQUE LA PALANCA DE LA VÁLVULA MARIPOSA EN POSICIÓN TOTALMENTE ABIERTA

Ajuste del desactivador del estrangulador

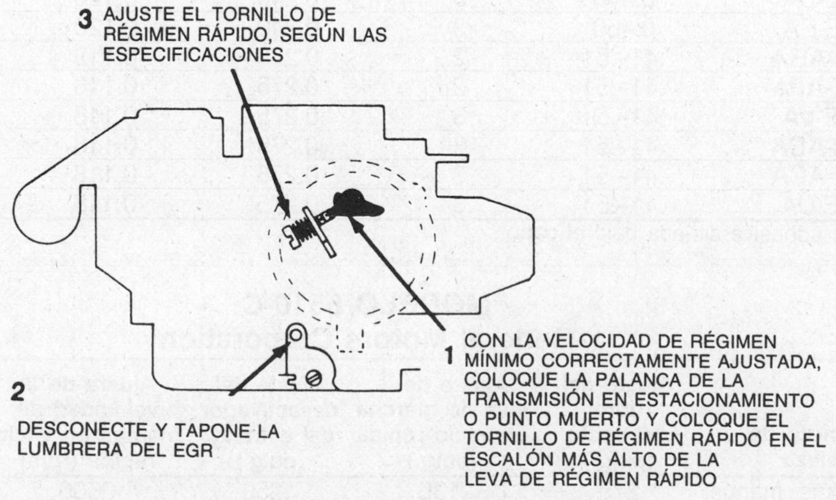
3 AJUSTE EL TORNILLO DE RÉGIMEN RÁPIDO, SEGÚN LAS ESPECIFICACIONES
1 CON LA VELOCIDAD DE RÉGIMEN MÍNIMO CORRECTAMENTE AJUSTADA, COLOQUE LA PALANCA DE LA TRANSMISIÓN EN ESTACIONAMIENTO O PUNTO MUERTO Y COLOQUE EL TORNILLO DE RÉGIMEN RÁPIDO EN EL ESCALÓN MÁS ALTO DE LA LEVA DE RÉGIMEN RÁPIDO
2 DESCONECTE Y TAPONE LA LUMBRERA DEL EGR

Ajuste de la velocidad de marcha en vacío rápida

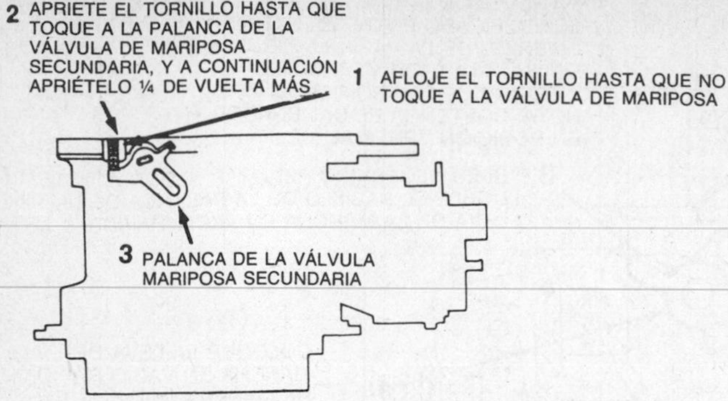
2 APRIETE EL TORNILLO HASTA QUE TOQUE A LA PALANCA DE LA VÁLVULA DE MARIPOSA SECUNDARIA, Y A CONTINUACIÓN APRIÉTELO ¼ DE VUELTA MÁS
1 AFLOJE EL TORNILLO HASTA QUE NO TOQUE A LA VÁLVULA DE MARIPOSA
3 PALANCA DE LA VÁLVULA MARIPOSA SECUNDARIA

Ajuste del tornillo de tope de la válvula mariposa secundaria

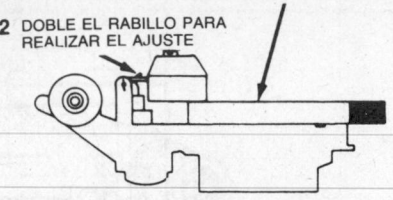

1 CON LA TROMPA DEL AIRE EN POSICIÓN INVERTIDA, INTRODUZCA EL CALIBRADOR ESPECIFICADO ENTRE EL FLOTADOR Y TROMPA DEL AIRE

2 DOBLE EL RABILLO PARA REALIZAR EL AJUSTE

Ajuste del nivel del flotador

3. Doble el rabillo del brazo para realizar el ajuste.

AJUSTE DEL DESCARGADOR

1. Coloque la válvula mariposa en posición completamente abierta.
2. Introduzca un calibrador de 0.350 pulgadas entre el borde inferior de la válvula del estrangulador y la pared de la trompa de aire.
3. Doble el rabillo del brazo del estrangulador para realizar ajuste.

AJUSTE DE LA MARCHA EN VACÍO RÁPIDA

Una vez que haya ajustado correctamente la velocidad en vacío mínima, coloque el tornillo de marcha en vacío rápida en el escalón más alto de la leva y ajuste el régimen de marcha en vacío rápida a la velocidad especificada.

NOTA: El conducto del sistema EGR (de recirculación de gases de escape) debe estar desconectado y taponado.

AJUSTE DEL NIVEL DEL FLOTADOR

1. Desmonte e invierta la trompa del aire.
2. Coloque el calibrador especificado entre la trompa del aire y el flotador.
3. Si es necesario, doble el rabillo del brazo del flotador para realizar el ajuste.

AJUSTE DEL TORNILLO DEL TOPE DE LA VÁLVULA DE MARIPOSA SECUNDARIA

1. Afloje el tornillo hasta que no toque la palanca.
2. Apriete el tornillo hasta que entre en contacto con la palanca, y a continuación apriételo 1/4 de vuelta más.

MODELO 6500
Ford Bobcat, Pinto, Mustang, Capri, Fairmont, Zephry, Granada y Cougar

Año	Identificación de carburador	Nivel del flotador en seco (pulg.)	Nº del orificio de posicionado de la bomba	Tirador abajo de la placa del estrangulador (pulg.)	Varillaje de la leva de marcha en vacío rápida (pulg.)	Desactivador del estrangulador (pulg.)	Posicionado del estrangulador
'80	EOEE-NA, VA	0.460	2	0.236	0.118	0.393	①
	EOEE-NC, NV	0.460	2	0.236	0.118	0.157	①
	EOEE-ND, VD	0.460	2	0.236	0.118	0.393	①
	EOZE-AFA, SA	0.460	2	0.236	0.118	0.393	①
	EOZE-AFC, SC	0.460	—	0.236	0.118	0.393	①
'81	EIZE-RA	0.460	3	0.240	0.120	0.400	—
	EIZE-SA	0.460	3	0.240	0.120	0.400	—
	EIDE-DA	0.460	3	0.240	0.120	0.400	—
	EIDE-EA	0.460	3	0.240	0.120	0.400	—
'82	E2ZE-ARA	.41-.51	2	0.275	0.118	0.393	—
	E2ZE-APA	.41-.51	2	0.275	0.118	0.393	—
	E2ZE-VA	.41-.51	3	0.275	0.118	0.393	—
	E2ZE-ADA	.41-.51	3	0.275	0.118	0.393	—
	E2ZE-ACA	.41-.51	3	0.275	0.118	0.393	—
	E2ZE-UA	.41-.51	3	0.275	0.118	0.393	—

① Véase la etiqueta adhesiva situada bajo el capó.

MODELO 6510-C
General Motors Corporation

Año	Número de pieza	Ajuste del ruptor del vacío (pulg.)	Ajuste de la leva de marcha en vacío rápida (pulg.)	Ajuste del desactivador del estrang. (pulg.)	Ajuste de la velocidad de marcha en vacío rápida (rpm)	Ajuste del nivel del flotador (pulg.)	Posicionado del estrangulador
'80	Vehíc. trans. manual	.275	.130	.350	2600	.500	Fijo
	Vehíc. trans. automát.	.300	.130	.350	2500	.500	Fijo

MODELO 6510-C
General Motors Corporation

Año	Número de pieza	Ajuste del ruptor del vacío (pulg.)	Ajuste de la leva de marcha en vacío rápida (pulg.)	Ajuste del desactivador del estrang. (pulg.)	Ajuste de la velocidad de marcha en vacío rápida (rpm)	Ajuste del nivel del flotador (pulg.)	Posicionado del estrangulador
'81	14004768	.300	.130	.350	①	.500	Fijo
	14004769	.300	.130	.350	①	.500	Fijo
	14004770	.300	.130	.350	①	.500	Fijo
	14004771	.300	.130	.350	①	.500	Fijo
	14004777	.300	.130	.350	①	.500	Fijo
'82	14032364	.270	.080	.350	①	.500	Fijo
	14032365	.270	.080	.350	①	.500	Fijo
	14032366	.270	.080	.350	①	.500	Fijo
	14032367	.270	.080	.350	①	.500	Fijo
	14032368	.270	.080	.350	①	.500	Fijo
	14032369	.270	.080	.350	①	.500	Fijo
	14032370	.270	.080	.350	①	.500	Fijo
	14032371	.270	.080	.350	①	.500	Fijo
	14033392	.270	.080	.350	①	.500	Fijo
	14033393	.270	.080	.350	①	.500	Fijo
	14047072	.270	.080	.350	①	.500	Fijo
'83	14048827	.270	.080	.350	①	.500	Fijo
	14048828	.300	.080	.350	①	.500	Fijo
	14048829	.270	.080	.350	①	.500	Fijo
'84–'86	14068690	.270	.080	.350	①	.500	Fijo
	14068691	.270	.080	.350	①	.500	Fijo
	14068692	.300	.080	.350	①	.500	Fijo
	14076363	.300	.080	.350	①	.500	Fijo

① Véase la etiqueta adhesiva situada bajo el capó

CARBURADORES ROCHESTER

Útil medidor de ángulos

La división de productos Rochester recomienda la utilización de un medidor de ángulos para confirmar los ajustes realizados en la válvula del estrangulador y varillaje del mismo, en los carburadores de modelos más recientes, de 2 y 4 cuerpos, fabricados por la misma, en lugar de utilizar los calibradores de tipo de tampón. Se adjunta tablas de conversión de grados a decimales para los técnicos que tienen acceso a medidores de ángulos, y no disponen de medidores de tipo tampón. Se debe recordar que la relación entre las lecturas decimales y, en grados, no son exactas, debido a las tolerancias de los fabricantes.

Para utilizar el medidor de ángulos, gire el sector con la escala de los grados, hasta que el indicador quede frente al cero (0). Con la válvula del estrangulador completamente cerrada, coloque el soporte magnético del medidor a escuadra sobre la parte superior de la válvula del estrangulador, y gire el nivel de burbuja, hasta que ésta quede centrada. Realice los ajustes necesarios para que la válvula del estrangulador se abra en el ángulo especificado que puede leerse en el medidor.

NOTA: El carburador puede desmontarse del motor, para realizar los ajustes. Asegúrese de que el carburador está sujeto firmemente cuando utiliza el medidor de ángulos.

Identificación del modelo

Los carburadores Rochester de la General Motors vienen identificados por su número de modelo. El primer número indica el número de cuerpos, mientras que una de las últimas letras, indica el tipo del estrangulador de que dispone. La letra V indica la bobina termostática del estrangulador que va montada en el múltiple, la C para la bobina termostática del estrangulador que va montada en el carburador, y la E se refiere al estrangulador eléctrico, que también va montado en el carburador. Los números de los modelos que acaban en A, indican un carburador con sistema de compensación de altitud.

Modelos 2SE y E2SE

Los carburadores Rochester 2SE y E2SE Varajet II, tienen dos cuerpos y dos etapas de aspiración invertida. La mayoría de los componentes del carburador son de aluminio, aunque disponen de una carcasa del estrangulador de zinc, en los motores de 4 cilindros, de los modelos de 1980. El modelo E2SE es el que disponen los modelos convencionales y los que disponen de un sistema de convertidor catalítico controlado por computador. En este tipo de equipos, el E2SE dispone de un solenoide de control de la mezcla accionado eléctricamente, controlado por el módulo de control electrónico. Los modelos 2SE y E2SE van montados también en los motores de 4 cilindros de la AMC, de 1980-83.

Para más información sobre carburadores retroalimentados, vea, por favor, la Guía de Chilton, de inyección de combustible y carburadores retroalimentados.

AJUSTE DEL FLOTADOR

1. Desmonte la trompa del aire del cuerpo de la válvula mariposa. Utilice los dedos para mantener la retención en su posición, y para empujar el flotador hacia abajo, hasta que toque ligeramente la aguja de la válvula de entrada de combustible.

3. Mida la distancia desde el talón del flotador en el punto más alejado de la bisagra hasta la parte superior del carburador (con la junta de estanqueidad desmontada).

4. Para ajustar, desmonte el flotador y doble suavemente el brazo, de acuerdo con las especificaciones. Después de realizar el ajuste, compruebe la alineación del flotador dentro de la cámara.

CONVERSIÓN DE GRADOS EN VALORES DECIMALES LONGITUDINALES
Carburador Modelo 4MV

Grados del ángulo	Valor decimal equiv. Parte sup. de la válvula	Grados del ángulo	Valor decimal equiv. Parte sup. de la válvula
5	.019	33	.158
6	.022	34	.164
7	.026	35	.171
8	.030	36	.178
9	.034	37	.184
10	.038	38	.190
11	.042	39	.197
12	.047	40	.204
13	.051	41	.211
14	.056	42	.217
15	.060	43	.225
16	.065	44	.231
17	.070	45	.239
18	.075	46	.246
19	.080	47	.253
20	.085	48	.260
21	.090	49	.268
22	.095	50	.275
23	.101	51	.283
24	.106	52	.291
25	.112	53	.299
26	.117	54	.306
27	.123	55	.314
28	.128	56	.322
29	.134	57	.329
30	.140	58	.337
31	.146	59	.345
32	.152	60	.353

TAPONADO DE LOS ORIFICIOS DE PURGA DEL AIRE

SELLO DE LA COPA DE LA BOMBA O DEL VASTAGO DE LA VÁLVULA

PROTEJA CON CINTA ADHESIVA EL ORIFICIO DEL TUBO DE ENTRADA

PROTEJA CON CINTA ADHESIVA EL EXTREMO DE LA TAPA

Información sobre la interrupción del vacío - modelo E2SE

NOTA: Algunos modelos disponen de un muelle de estabilización del flotador. Si esto es así, desmóntelo junto con el flotador. Tenga cuidado al desmontarlo.

AJUSTE DE LA BOMBA

1. Con la válvula mariposa cerrada y el tornillo de marcha en vacío rápida alejado de los escalones de la leva de marcha en vacío rápida, mida la distancia desde la carcasa de la trompa de aire a la parte superior del vástago de la bomba.

2. Para ajustar, desmonte el tornillo de sujeción y la arandela y desmonte la palanca de la bomba. Doble el extremo de la palanca para corregir la altura del vástago. No retuerza la palanca, o la doble hacia un lado.

3. Monte la palanca, arandela y tornillo, y compruebe el ajuste. Una vez obtenga el ajuste correcto, abra y cierre la válvula mariposa algunas veces para comprobar el movimiento y alineación del varillaje.

NOTA: No es necesario realizar ningún ajuste en los modelos de 1981 y posteriores.

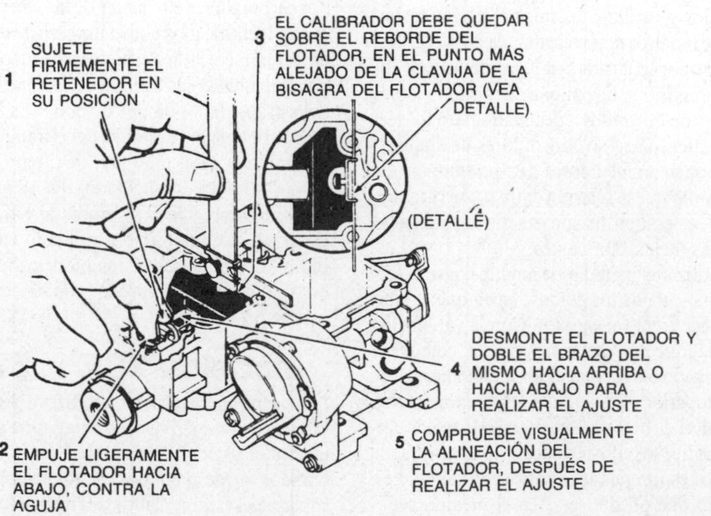
1 SUJETE FIRMEMENTE EL RETENEDOR EN SU POSICIÓN
3 EL CALIBRADOR DEBE QUEDAR SOBRE EL REBORDE DEL FLOTADOR, EN EL PUNTO MÁS ALEJADO DE LA CLAVIJA DE LA BISAGRA DEL FLOTADOR (VEA DETALLE)
(DETALLE)
4 DESMONTE EL FLOTADOR Y DOBLE EL BRAZO DEL MISMO HACIA ARRIBA O HACIA ABAJO PARA REALIZAR EL AJUSTE
5 COMPRUEBE VISUALMENTE LA ALINEACIÓN DEL FLOTADOR, DESPUÉS DE REALIZAR EL AJUSTE
2 EMPUJE LIGERAMENTE EL FLOTADOR HACIA ABAJO, CONTRA LA AGUJA

Ajuste del flotador en los modelos 2SE, E2SE

CONVERSIÓN DE GRADOS EN VALORES DECIMALES LONGITUDINALES
Carburadores modelos M2MC, M2ME y M4MC

Grados del ángulo	Valor decimal equiv. Parte sup. de la válvula	Grados del ángulo	Valor decimal equiv. Parte sup. de la válvula
5	.023	33	.203
6	.028	34	.211
7	.033	35	.220
8	.038	36	.227
9	.043	37	.234
10	.049	38	.243
11	.054	39	.251
12	.060	40	.260
13	.066	41	.269
14	.071	42	.277
15	.077	43	.287
16	.083	44	.295
17	.090	45	.304
18	.096	46	.314
19	.103	47	.322
20	.110	48	.332
21	.117	49	.341
22	.123	50	.350
23	.129	51	.360
24	.136	52	.370
25	.142	53	.379
26	.149	54	.388
27	.157	55	.400
28	.164	56	.408
29	.171	57	.418
30	.179	58	.428
31	.187	59	.439
32	.195	60	.449

1 LAS VÁLVULAS MARIPOSA DEBEN ESTAR COMPLETAMENTE CERRADAS. ASEGÚRESE DE QUE EL TORNILLO DE RÉGIMEN EN VACÍO RÁPIDO QUEDA FUERA DE LOS ESCALONES DE LA LEVA DE RÉGIMEN RÁPIDO EN VACÍO

2 MIDA CON UN CALIBRADOR LA DISTANCIA ENTRE LA SUPERFICIE DE FUNDICIÓN DE LA TROMPA DEL AIRE Y LA PARTE SUPERIOR DEL VÁSTAGO DE LA BOMBA. LA DIMENSIÓN DEBE SER LA ESPECIFICADA

3 SI ES NECESARIO, PARA REALIZAR EL AJUSTE, QUITE EL TORNILLO Y ARANDELA DE SUJECIÓN DE LA PALANCA DE LA BOMBA, Y DESMONTE LA PALANCA DE LA BOMBA, GIRÁNDOLA PARA EXTRAERLA DE LA VARILLA DE LA BOMBA. COLOQUE LA PALANCA EN UN TORNILLO DE BANCO. PROTÉJALA PARA EVITAR QUE RESULTE DAÑADA Y DOBLE EL EXTREMO DE LA PALANCA (SECCIÓN EN FORMA DE CUELLO MÁS PRÓXIMA).

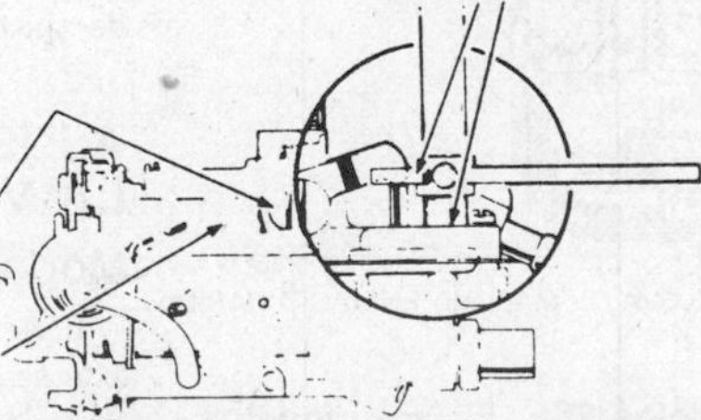

5 ABRA Y CIERRE LA VÁLVULA DE MARIPOSA COMPROBANDO LA LIBERTAD DE MOVIMIENTO LA ALINEACIÓN DE LA PALANCA DE LA BOMBA.

4 VUELVA A MONTAR LA PALANCA DE LA BOMBA, ARANDELA Y TORNILLO DE SUJECIÓN. VUELVA A COMPROBAR LOS AJUSTES DE LA BOMBA NÚMEROS ① y ②. APRIETE BIEN EL TORNILLO DE SUJECIÓN UNA VEZ QUE SEA CORRECTO EL AJUSTE DE LA BOMBA.

NOTA: NO DOBLE LA PALANCA HACIA LOS LADOS O LA RETUERZA

Ajuste de la bomba en los modelos 2SE, E2SE

AJUSTE DE LA MARCHA EN VACÍO RÁPIDA

1. Ajuste la sincronización del encendido y velocidad de marcha en vacío mínima, y desconecte y tapone las mangueras especificadas en la etiqueta adhesiva de control de emisiones.
2. Coloque el tornillo de la marcha en vacío rápida, en el escalón más alto de la leva.
3. Arranque el motor y ajuste la velocidad del mismo a las especificaciones utilizando el tornillo de la marcha en vacío rápida.

NOTA: En los modelos que disponen de un clip para sujetar la varilla de la bomba a la palanca de la misma, no es necesario realizar ningún ajuste en la bomba. En los modelos que disponen de una varilla de la bomba SIN CLIP, no debe cambiarse el ajuste de la varilla de la bomba de la posición original de fábrica, a no ser que al efectuar la medición se observe que no coincide con las especificaciones. La palanca de la bomba está hecha de acero templado de alta tenacidad, lo que hace que sea difícil doblarlo. No desmonte la palanca de la bomba para doblarla, a no ser que sea absolutamente necesario.

AJUSTE DE LA PALANCA DE LA ESPIRAL TERMOSTÁTICA DEL ESTRANGULADOR

1. Desmonte los tres tornillos de sujeción y desmonte la tapa y la espiral termostática del estrangulador. En los modelos que disponen de una tapa de estrangulador remachada, extraiga los tres remaches y desmonte la tapa y espiral del estrangulador.

NOTA: Para montarla de nuevo es necesario disponer de un juego de retenciones de tapa de estátor de estrangulador.

2. Coloque el tornillo de marcha en vacío rápida, en el escalón más alto de la leva.
3. Cierre el estrangulador presionando hacia adentro sobre la palanca intermedia del estrangulador. En los modelos con tracción delantera, la palanca intermedia del estrangulador está situada detrás del diafragma de vacío de estrangulador.
4. Introduzca una broca o calibre, del diámetro especificado, en el orificio de la carcasa del estrangulador. La palanca del estrangulador dentro de la carcasa debe estar hacia arriba, contra la parte lateral del calibre.
5. Si la palanca no toca justamente al calibrador, doble la varilla intermedia del estrangulador para realizar el ajuste.

AJUSTE DE LA LEVA DE MARCHA EN VACÍO RÁPIDA (VARILLA DEL ESTRANGULADOR)

Modelos de 1980-82

NOTA: Debe utilizarse un medidor de ángulos especial.

1. Ajuste primero la palanca de la espiral termostática del estrangulador y la marcha en vacío rápida.
2. Gire el medidor de ángulos hasta que esté a cero.

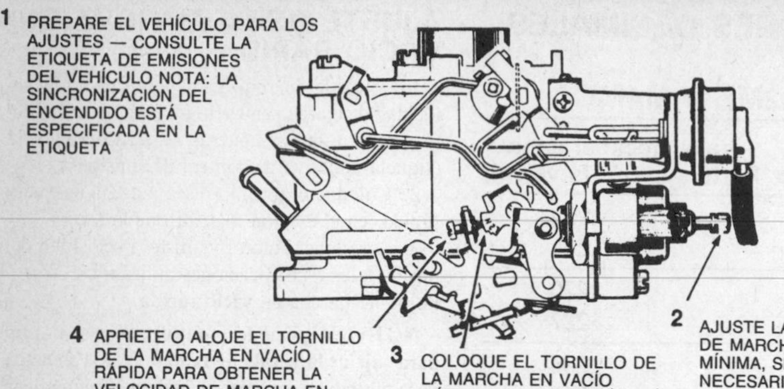
1 PREPARE EL VEHÍCULO PARA LOS AJUSTES — CONSULTE LA ETIQUETA DE EMISIONES DEL VEHÍCULO NOTA: LA SINCRONIZACIÓN DEL ENCENDIDO ESTÁ ESPECIFICADA EN LA ETIQUETA
4 APRIETE O ALOJE EL TORNILLO DE LA MARCHA EN VACÍO RÁPIDA PARA OBTENER LA VELOCIDAD DE MARCHA EN VACÍO RÁPIDA ESPECIFICADA (VEA ETIQUETA)
3 COLOQUE EL TORNILLO DE LA MARCHA EN VACÍO RÁPIDA EN EL ESCALÓN MÁS ALTO DE LA LEVA DE MARCHA EN VACÍO RÁPIDA
2 AJUSTE LA VELOCIDAD DE MARCHA EN VACÍO MÍNIMA, SI ES NECESARIO

Ajuste de la marcha en vacío rápida, en los modelos 2SE, E2S3

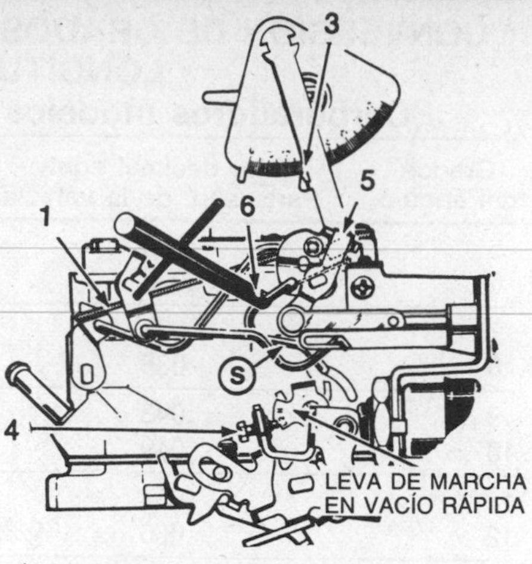
3
5
6
1
S
4
LEVA DE MARCHA EN VACÍO RÁPIDA

1 COLOQUE UNA CINTA DE GOMA EN LA PALANCA INTERMEDIA DEL ESTRANGULADOR

2 ABRA LA VÁLVULA DE MARIPOSA PARA DEJAR QUE SE CIERRE LA VÁLVULA DEL ESTRANGULADOR

3 COLOQUE EL CALIBRADOR DEL ÁNGULO Y AJÚSTELO SEGÚN LAS ESPECIFICACIONES

4 COLOQUE EL TORNILLO DE LA MARCHA EN VACÍO RÁPIDO EN EL SEGUNDO ESCALÓN DE LA LEVA CONTRA EL ESCALÓN MÁS ALTO ASCENDENTE

5 EMPUJE SOBRE LA PALANCA DEL EJE DEL ESTRANGULADOR PARA ABRIR LA VÁLVULA DEL MISMO, DE MANERA QUE QUEDE APOYADA CON EL RABILLO DE CIERRE NEGRO

6 SUJETE LA VARILLA EN EL PUNTO S Y REALICE EL AJUSTE DOBLANDO LA VARILLA DE LA LEVA DE LA MARCHA EN VACÍO RÁPIDA, HASTA QUE LA BURBUJA QUEDE CENTRADA

Ajuste de la leva de marcha en vacío rápida (varilla del estrangulador) en el modelo E2SE de 1983 y posteriores

1 AFLOJE LOS TRES TORNILLOS DE SUJECIÓN Y DESMONTE LA TAPA DEL TERMOSTATO Y CONJUNTO DE LA ESPIRAL DE LA CARCASA DEL ESTRANGULADOR (VEA NOTA)

NOTA: SI EL ESTRANGULADOR ESTÁ PROTEGIDO CONTRA MANIPULACIONES (REMACHADO), QUITE LA TAPA DEL MISMO Y EL CONJUNTO DE LA ESPIRAL BIMETÁLICA SIGUIENDO LAS INSTRUCCIONES EXISTENTES EN EL CONJUNTO DE RETENCIÓN DE LA TAPA DE ESTATOR DEL ESTRANGULADOR

6 DOBLE LA VARILLA INTERMEDIA DEL ESTRANGULADOR EN ESTE PUNTO PARA REALIZAR EL AJUSTE

2 COLOQUE EL TORNILLO DE MARCHA EN VACÍO RÁPIDA, EN EL ESCALÓN MÁS ALTO DE LA LEVA DE MARCHA EN VACÍO RÁPIDA

4 INTRODUZCA EL CALIBRE ESPECIFICADO EN EL ORIFICIO EXISTENTE

5 EL EXTREMO DE LA PALANCA DEBE TOCAR JUSTAMENTE AL LADO DEL TAPÓN CALIBRADOR, COMO SE MUESTRA EN LA FIGURA

3 HAGA PRESIÓN SOBRE LA PALANCA INTERMEDIA DEL ESTRANGULADOR HASTA QUE SE CIERRE LA VÁLVULA DEL MISMO

Ajuste de la palanca de la espiral del estrangulador en los modelos 2SE, E2SE

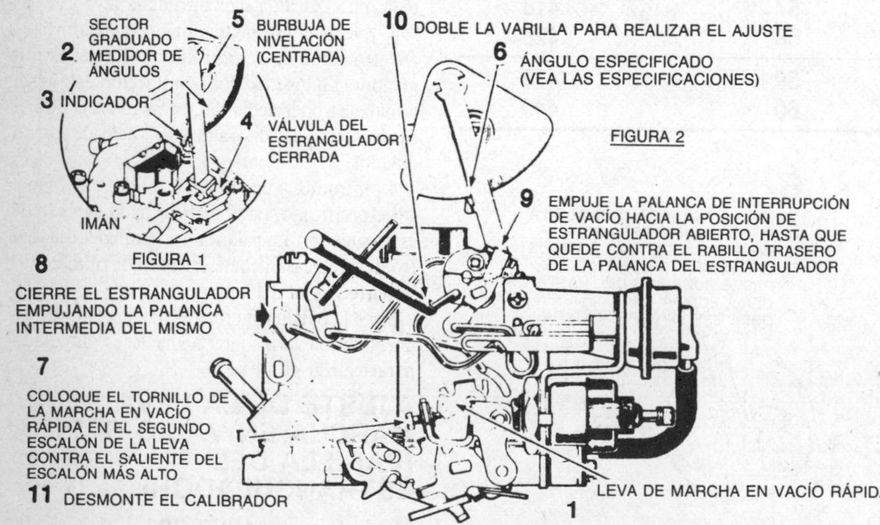
SECTOR GRADUADO
2 MEDIDOR DE ÁNGULOS
3 INDICADOR
5 BURBUJA DE NIVELACIÓN (CENTRADA)
4 VÁLVULA DEL ESTRANGULADOR CERRADA
IMÁN
FIGURA 1
8
CIERRE EL ESTRANGULADOR EMPUJANDO LA PALANCA INTERMEDIA DEL MISMO
7
COLOQUE EL TORNILLO DE LA MARCHA EN VACÍO RÁPIDA EN EL SEGUNDO ESCALÓN DE LA LEVA CONTRA EL SALIENTE DEL ESCALÓN MÁS ALTO
11 DESMONTE EL CALIBRADOR
10 DOBLE LA VARILLA PARA REALIZAR EL AJUSTE
6 ÁNGULO ESPECIFICADO (VEA LAS ESPECIFICACIONES)
FIGURA 2
9 EMPUJE LA PALANCA DE INTERRUPCIÓN DE VACÍO HACIA LA POSICIÓN DE ESTRANGULADOR ABIERTO, HASTA QUE QUEDE CONTRA EL RABILLO TRASERO DE LA PALANCA DEL ESTRANGULADOR
LEVA DE MARCHA EN VACÍO RÁPIDA
1

Ajuste de la leva de la marcha en vacío rápida en los modelos 2SE, E2SE - modelos durante 1982

3. Cierre el estrangulador y monte el medidor de ángulos sobre la placa del estrangulador. Centre la burbuja de nivelación.

4. Gire el medidor de ángulos, de manera que la aguja indicadora quede frente al ángulo especificado.

5. Coloque el tornillo de la marcha en vacío rápida, en el segundo escalón de la leva (contra el escalón más alto). Cierre el estrangulador presionando hacia adentro, sobre la palanca intermedia.

6. Presione sobre la palanca del ruptor de vacío, en el sentido de apertura del estrangulador, hasta que la palanca quede contra el rabillo posterior de la palanca del estrangulador.

7. Doble la varilla de la leva de la marcha en vacío rápida, en la curvatura en U para ajustar el ángulo a las especificaciones.

Modelos 1983-84

Vea la figura donde se describe el procedimiento de ajuste para estos modelos.

AJUSTE DE LA VARILLA DE LA VÁLVULA DEL AIRE

Modelos de 1980

1. Asiente el diafragma de vacío con una fuente externa de vacío. Cubra con cinta adhesiva el orificio de purga, si existe.

2. Cierre la válvula del aire.

3. Introduzca el calibre especificado, entre la varilla y el extremo de la ranura existente en el émbolo, en motores con 4 cilindros, o entre la varilla y el extremo de la ranura de la válvula de aire, en los motores V6.

4. Doble la varilla, para ajustar la separación.

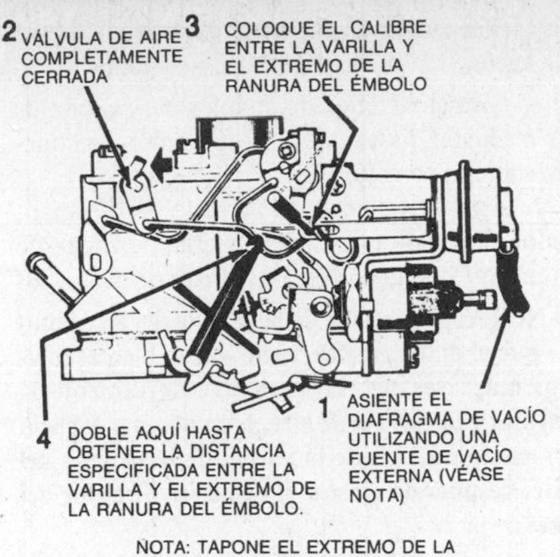
2 VÁLVULA DE AIRE COMPLETAMENTE CERRADA
3 COLOQUE EL CALIBRE ENTRE LA VARILLA Y EL EXTREMO DE LA RANURA DEL ÉMBOLO
1 ASIENTE EL DIAFRAGMA DE VACÍO UTILIZANDO UNA FUENTE DE VACÍO EXTERNA (VÉASE NOTA)
4 DOBLE AQUÍ HASTA OBTENER LA DISTANCIA ESPECIFICADA ENTRE LA VARILLA Y EL EXTREMO DE LA RANURA DEL ÉMBOLO.
NOTA: TAPONE EL EXTREMO DE LA TAPA CON CINTA ADHESIVA, SI TIENE ORIFICIO DE PURGA. QUITE LA CINTA ADHESIVA DESPUÉS DEL AJUSTE

Ajuste de la varilla de la válvula de aire en los modelos 2SE y E2SE, en los modelos de General Motors de 1980, y en los modelos de American Motors de 1980-82

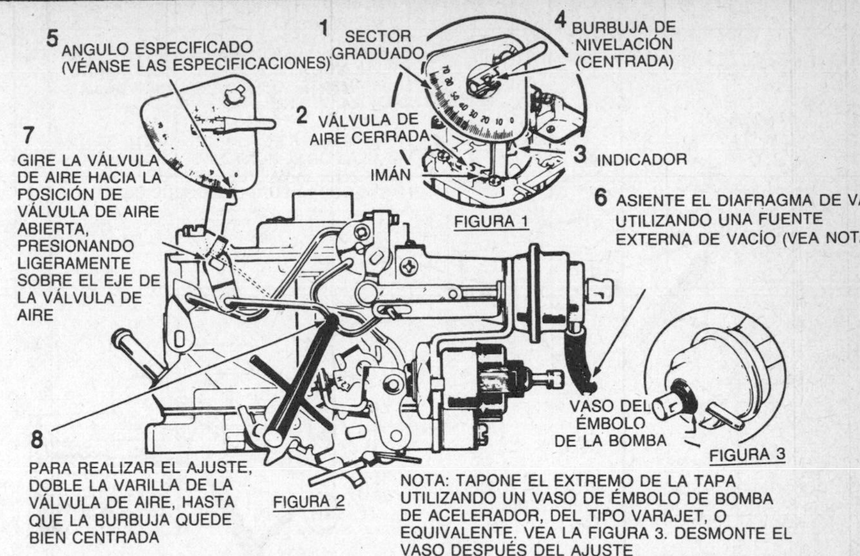
5 ANGULO ESPECIFICADO (VÉANSE LAS ESPECIFICACIONES)
1 SECTOR GRADUADO
4 BURBUJA DE NIVELACIÓN (CENTRADA)
2 VÁLVULA DE AIRE CERRADA
3 INDICADOR
IMÁN
FIGURA 1
7 GIRE LA VÁLVULA DE AIRE HACIA LA POSICIÓN DE VÁLVULA DE AIRE ABIERTA, PRESIONANDO LIGERAMENTE SOBRE EL EJE DE LA VÁLVULA DE AIRE
6 ASIENTE EL DIAFRAGMA DE VACÍO UTILIZANDO UNA FUENTE EXTERNA DE VACÍO (VEA NOTA)
VASO DEL ÉMBOLO DE LA BOMBA
FIGURA 3
8 PARA REALIZAR EL AJUSTE, DOBLE LA VARILLA DE LA VÁLVULA DE AIRE, HASTA QUE LA BURBUJA QUEDE BIEN CENTRADA
FIGURA 2
NOTA: TAPONE EL EXTREMO DE LA TAPA UTILIZANDO UN VASO DE ÉMBOLO DE BOMBA DE ACELERADOR, DEL TIPO VARAJET, O EQUIVALENTE. VEA LA FIGURA 3. DESMONTE EL VASO DESPUÉS DEL AJUSTE

Ajuste de la válvula de aire, en el modelo E2SE, de los motores de 4 cilindros de 1981-82, excepto la serie «J» de General Motors.

Modelos de 1981-82

1. Ajuste a cero el medidor de ángulos.
2. Cierre la válvula de aire y coloque un imán sobre la misma.
3. Gire la burbuja hasta que esté centrada.
4. Gire el medidor de ángulos hasta que la aguja indicadora se alinee sobre el ángulo especificado.
5. Asiente el diafragma de vacío utilizando una fuente externa de vacío.
6. En los modelos con 4 cilindros, tapone el extremo de la tapa. Destapónela después de realizar el ajuste.
7. Presione ligeramente sobre el eje de la válvula del aire, en el sentido de apertura de la misma, hasta que desaparezca toda la flojedad entre el reenvío de la válvula de aire y la ranura del émbolo.
8. Doble el reenvío de la válvula del aire hasta que esté centrada la burbuja.

Modelos de 1983-84

Vea la figura donde se describe el procedimiento de ajuste para estos modelos.

AJUSTE DEL RUPTOR DE VACÍO DEL LADO PRIMARIO

Modelos GM de 1980 y modelos AMC de 1980-83

1. Siga los pasos 1-4 del procedimiento Ajuste de la leva de marcha en vacío rápida.
2. Asiente el diafragma de vacío del estrangulador con una fuente externa de vacío.
3. Presione sobre la palanca intermedia del estrangulador para cerrar la válvula del mismo y manténgala cerrada durante el ajuste.
4. Para ajustar, doble la varilla del ruptor de vacío, hasta que quede centrada la burbuja.

Modelos GM de 1981-82

NOTA: Antes de realizar el ajuste, desmonte el dispositivo ruptor de vacío del carburador. Coloque el soporte en un tornillo de banco y, tomando las debidas precauciones, quite la tapa del tornillo de ajuste con una esmeriladora y a con-

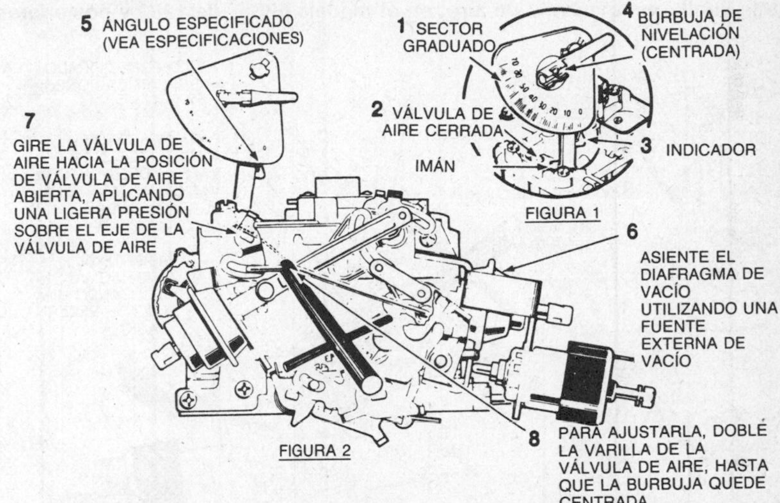
5 ÁNGULO ESPECIFICADO (VEA ESPECIFICACIONES)
1 SECTOR GRADUADO
4 BURBUJA DE NIVELACIÓN (CENTRADA)
2 VÁLVULA DE AIRE CERRADA
3 INDICADOR
IMÁN
FIGURA 1
7 GIRE LA VÁLVULA DE AIRE HACIA LA POSICIÓN DE VÁLVULA DE AIRE ABIERTA, APLICANDO UNA LIGERA PRESIÓN SOBRE EL EJE DE LA VÁLVULA DE AIRE
6 ASIENTE EL DIAFRAGMA DE VACÍO UTILIZANDO UNA FUENTE EXTERNA DE VACÍO
8 PARA AJUSTARLA, DOBLE LA VARILLA DE LA VÁLVULA DE AIRE, HASTA QUE LA BURBUJA QUEDE CENTRADA
FIGURA 2

Ajuste de la válvula de aire en el modelo E2SE, de los motores V6 de 1981-82

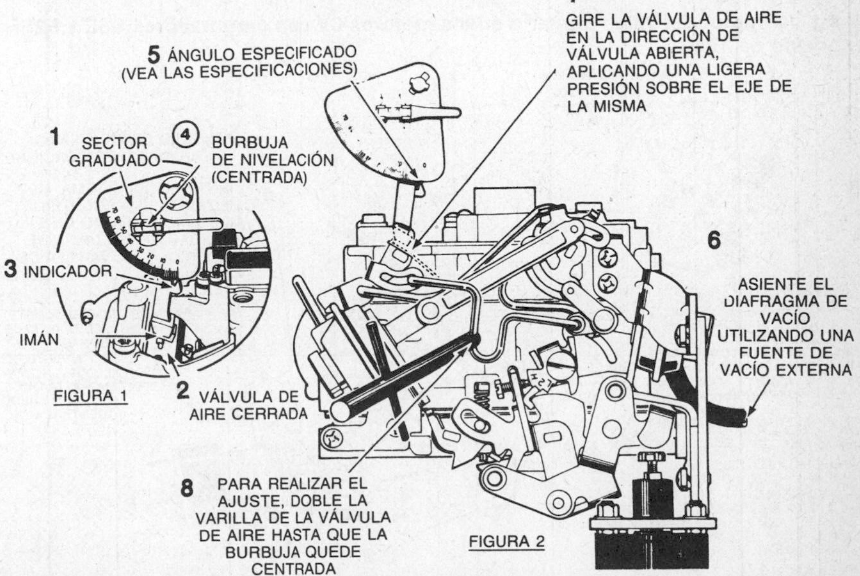
7 GIRE LA VÁLVULA DE AIRE EN LA DIRECCIÓN DE VÁLVULA ABIERTA, APLICANDO UNA LIGERA PRESIÓN SOBRE EL EJE DE LA MISMA
5 ÁNGULO ESPECIFICADO (VEA LAS ESPECIFICACIONES)
1 SECTOR GRADUADO
4 BURBUJA DE NIVELACIÓN (CENTRADA)
3 INDICADOR
IMÁN
FIGURA 1
2 VÁLVULA DE AIRE CERRADA
6 ASIENTE EL DIAFRAGMA DE VACÍO UTILIZANDO UNA FUENTE DE VACÍO EXTERNA
8 PARA REALIZAR EL AJUSTE, DOBLE LA VARILLA DE LA VÁLVULA DE AIRE HASTA QUE LA BURBUJA QUEDE CENTRADA
FIGURA 2

Ajuste de la válvula de aire del carburador E2SE, en las series «J», de General Motors de 1982

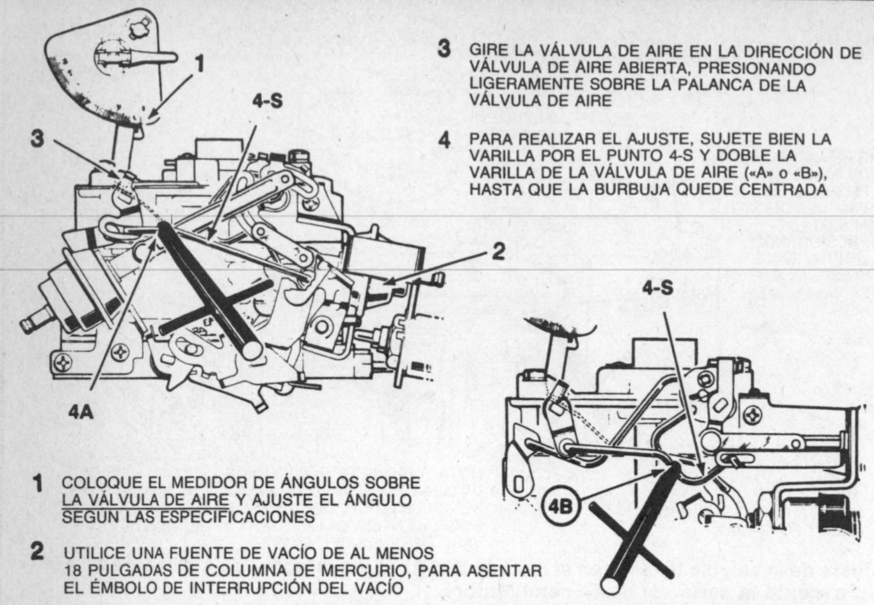
3 GIRE LA VÁLVULA DE AIRE EN LA DIRECCIÓN DE VÁLVULA DE AIRE ABIERTA, PRESIONANDO LIGERAMENTE SOBRE LA PALANCA DE LA VÁLVULA DE AIRE
4 PARA REALIZAR EL AJUSTE, SUJETE BIEN LA VARILLA POR EL PUNTO 4-S Y DOBLE LA VARILLA DE LA VÁLVULA DE AIRE («A» o «B»), HASTA QUE LA BURBUJA QUEDE CENTRADA
1
4-S
3
2
4-S
4A
4B
1 COLOQUE EL MEDIDOR DE ÁNGULOS SOBRE LA VÁLVULA DE AIRE Y AJUSTE EL ÁNGULO SEGÚN LAS ESPECIFICACIONES
2 UTILICE UNA FUENTE DE VACÍO DE AL MENOS 18 PULGADAS DE COLUMNA DE MERCURIO, PARA ASENTAR EL ÉMBOLO DE INTERRUPCIÓN DEL VACÍO

Ajuste de la varilla de la válvula de aire, en el modelo E2SE, de 1983 y posteriores

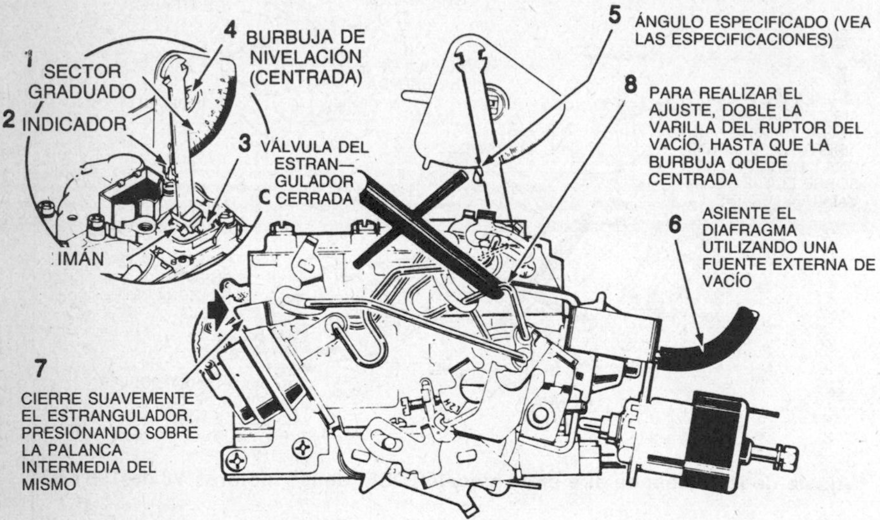
1 SECTOR GRADUADO
2 INDICADOR
4 BURBUJA DE NIVELACIÓN (CENTRADA)
3 VÁLVULA DEL ESTRANGULADOR C CERRADA
IMÁN
5 ÁNGULO ESPECIFICADO (VEA LAS ESPECIFICACIONES)
8 PARA REALIZAR EL AJUSTE, DOBLE LA VARILLA DEL RUPTOR DEL VACÍO, HASTA QUE LA BURBUJA QUEDE CENTRADA
6 ASIENTE EL DIAFRAGMA UTILIZANDO UNA FUENTE EXTERNA DE VACÍO
7 CIERRE SUAVEMENTE EL ESTRANGULADOR, PRESIONANDO SOBRE LA PALANCA INTERMEDIA DEL MISMO

Ajuste del ruptor del vacío primario en los motores 6V con carburadores ESE y E2SE - modelos de 1980

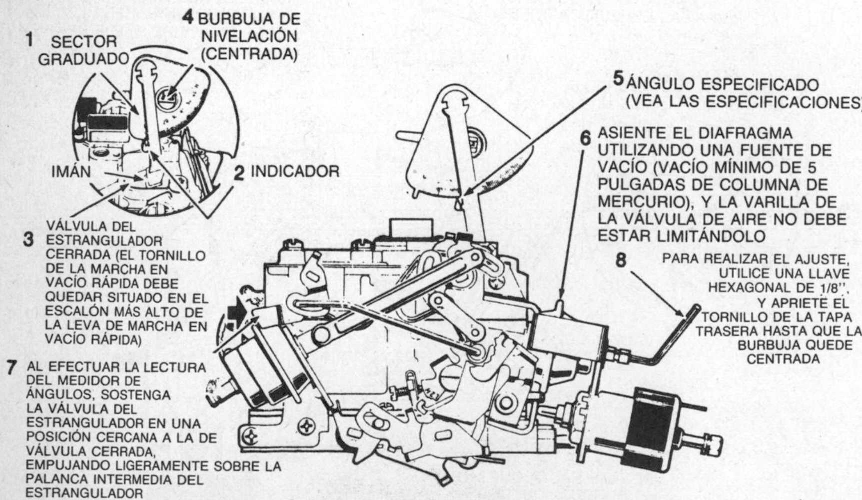
1 SECTOR GRADUADO
4 BURBUJA DE NIVELACIÓN (CENTRADA)
IMÁN
2 INDICADOR
3 VÁLVULA DEL ESTRANGULADOR CERRADA (EL TORNILLO DE LA MARCHA EN VACÍO RÁPIDA DEBE QUEDAR SITUADO EN EL ESCALÓN MÁS ALTO DE LA LEVA DE MARCHA EN VACÍO RÁPIDA)
7 AL EFECTUAR LA LECTURA DEL MEDIDOR DE ÁNGULOS, SOSTENGA LA VÁLVULA DEL ESTRANGULADOR EN UNA POSICIÓN CERCANA A LA DE VÁLVULA CERRADA, EMPUJANDO LIGERAMENTE SOBRE LA PALANCA INTERMEDIA DEL ESTRANGULADOR
5 ÁNGULO ESPECIFICADO (VEA LAS ESPECIFICACIONES)
6 ASIENTE EL DIAFRAGMA UTILIZANDO UNA FUENTE DE VACÍO (VACÍO MÍNIMO DE 5 PULGADAS DE COLUMNA DE MERCURIO), Y LA VARILLA DE LA VÁLVULA DE AIRE NO DEBE ESTAR LIMITÁNDOLO
8 PARA REALIZAR EL AJUSTE, UTILICE UNA LLAVE HEXAGONAL DE 1/8", Y APRIETE EL TORNILLO DE LA TAPA TRASERA HASTA QUE LA BURBUJA QUEDE CENTRADA

Ajuste del ruptor del vacío primario en el modelo E2SE - series «A» y «X» de General Motors de 1981-82 con motor V6

tinuación vuelva a montar el dispositivo ruptor de vacío.

1. Gire el medidor de ángulos del calibrador de medición, hasta que la aguja indicadora quede sobre el cero (0).

2. Asiente el diafragma de vacío del estrangulador aplicando una fuente externa de vacío, de al menos 5 pulgadas de Hg, al ruptor del vacío.

NOTA: Si la varilla de la válvula del aire impide que el diafragma de vacío quede bien asentado, quizá sea necesario doblar ligeramente la varilla de la válvula de aire, para obtener espacio de maniobra. Ajuste la varilla de la válvula del aire, después de ajustar el dispositivo ruptor del vacío.

3. Lea el medidor de ángulos a la vez que presiona ligeramente sobre la palanca intermedia del estrangulador, de manera que la válvula del mismo quede hacia la posición cerrada.

4. Utilice una llave hexagonal de 1/8 de pulgada y apriete el tornillo de la tapa posterior, hasta que la burbuja quede centrada. Coloque sellador de silicona sobre la cabeza del tornillo, para fijar el ajuste.

Modelos GM de 1983-84

Vea la figura donde se describe el procedimiento para estos modelos.

AJUSTE DEL ESTRANGULADOR ELÉCTRICO

Este procedimiento es aplicable únicamente a aquellos carburadores en los que la tapa del estrangulador está sujeta por tornillos. Los carburadores en los que la tapa del estrangulador está remachada, están preajustados y no son ajustables.

1. Afloje los tres tornillos de sujeción.

2. Coloque el tornillo de la marcha en vacío rápida, en el escalón más alto de la leva.

3. Gire la tapa del estrangulador para alinear la marca de la tapa con la marca especificada de la carcasa.

NOTA: El indicador especificado que aparece en la tabla de especificaciones, se refiere a la marca entre «1 notch lean (una muesca más pobre)» y «1 notch rich (una muesca más rica)».

AJUSTE DEL RUPTOR DE VACÍO SECUNDARIO

Modelos de 1980

Este procedimiento es aplicable únicamente a los modelos con motor V6, con tracción delantera.

1. Siga los pasos 1-4, del procedimiento Ajuste de la leva de la marcha en vacío rápida.

2. Asiente el diafragma de vacío del estrangulador con una fuente externa de vacío.

3. Presione hacia adentro, sobre la palanca intermedia del estrangulador, para cerrar la válvula del mismo, y manténgala cerrada durante el ajuste. Asegúrese de que el muelle del émbolo queda comprimido y asentado, si existe.

4. Doble la varilla de interrupción de vacío en la curvatura en U, que está situada junto al diafragma, hasta que la burbuja quede centrada.

NOTA: Antes de realizar el ajuste, desmonte el dispositivo ruptor del vacío, del carburador. Coloque el soporte en un tornillo de banco y, tomando

las debidas precauciones, quite el tapón del tornillo de ajuste, esmerilándolo, y a continuación vuelva a montar el dispositivo ruptor del vacío.

Modelos GM de 1981-82

NOTA: Tapone el extremo de la tapa utilizando una copa de émbolo de bomba de acelerador o equivalente. Desmonte la copa después de realizar el ajuste (únicamente en las series A y X).

1. Gire el medidor de ángulos hasta que la aguja indicadora quede frente al cero (0).

2. Asiente el diafragma de vacío del estrangulador aplicando una fuente externa de vacío de al menos 5 pulgadas Hg (mercurio) al sistema ruptor del vacío.

NOTA: Si la varilla de la válvula del aire impide que se asiente el diafragma de vacío, quizá sea necesario doblar ligeramente la varilla de la válvula del aire para obtener más espacio. Ajuste la

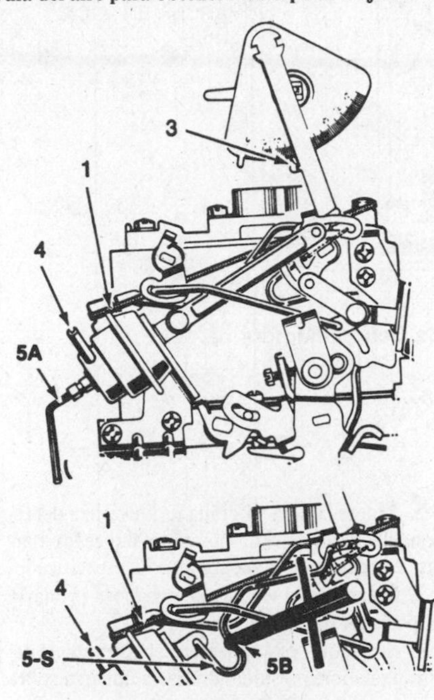

1
3
4
5A
5-S
5B

1 COLOQUE UNA ANILLA DE GOMA RETENIENDO LA PALANCA INTERMEDIA DEL ESTRANGULADOR

2 ABRA LA VÁLVULA DE MARIPOSA PARA PERMITIR QUE LA VÁLVULA DEL ESTRANGULADOR SE CIERRE

3 COLOQUE EL MEDIDOR DE ÁNGULOS Y AJUSTE EL ÁNGULO A LAS ESPECIFICACIONES

4 RETRAIGA EL ÉMBOLO DEL RUPTOR DEL VACÍO UTILIZANDO UNA FUENTE DE VACÍO DE MERCURIO Hg. TAPONE LOS ORIFICIOS DE PURGA DEL AIRE, SI EXISTEN. SI EL ÉMBOLO LLEVA UN MUELLE DE OPOSICIÓN, EL VÁSTAGO DEL ÉMBOLO DEBE QUEDAR COMPLETAMENTE DESPLEGADO PARA COMPRIMIRLO

5 PARA CENTRAR LA BURBUJA, EFECTÚE UNA DE ESTAS DOS OPERACIONES:
A. REALICE EL AJUSTE CON UNA LLAVE HEXAGONAL DE 1/8 DE PULGADA (3,175 mm) (CON LA FUENTE DE VACÍO TODAVÍA ACOPLADA)
B. SUJETE BIEN LA VARILLA EN EL PUNTO «5-S», Y DOBLE LA VARILLA EN FORMA DE ALAMBRE DEL RUPTOR DEL VACÍO (CON EL VACÍO TODAVÍA ACOPLADO)

Ajuste del ruptor del vacío secundario, en el modelo E2SE, de 1983 y posteriores

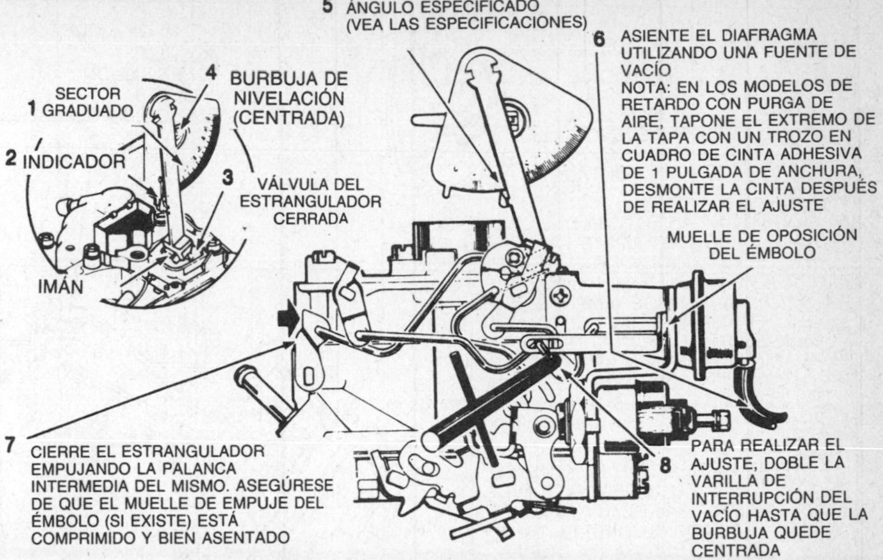

5 ÁNGULO ESPECIFICADO (VEA LAS ESPECIFICACIONES)
4 BURBUJA DE NIVELACIÓN (CENTRADA)
1 SECTOR GRADUADO
2 INDICADOR
3 VÁLVULA DEL ESTRANGULADOR CERRADA
IMÁN
6 ASIENTE EL DIAFRAGMA UTILIZANDO UNA FUENTE DE VACÍO
NOTA: EN LOS MODELOS DE RETARDO CON PURGA DE AIRE, TAPONE EL EXTREMO DE LA TAPA CON UN TROZO EN CUADRO DE CINTA ADHESIVA DE 1 PULGADA DE ANCHURA, DESMONTE LA CINTA DESPUÉS DE REALIZAR EL AJUSTE
MUELLE DE OPOSICIÓN DEL ÉMBOLO
7 CIERRE EL ESTRANGULADOR EMPUJANDO LA PALANCA INTERMEDIA DEL MISMO. ASEGÚRESE DE QUE EL MUELLE DE EMPUJE DEL ÉMBOLO (SI EXISTE) ESTÁ COMPRIMIDO Y BIEN ASENTADO
8 PARA REALIZAR EL AJUSTE, DOBLE LA VARILLA DE INTERRUPCIÓN DEL VACÍO HASTA QUE LA BURBUJA QUEDE CENTRADA

Ajuste del ruptor del vacío primario en los modelos 2SE y E2ES de General Motors de 1980 y de American Motors de 1980-83, con motores de 4 cilindros

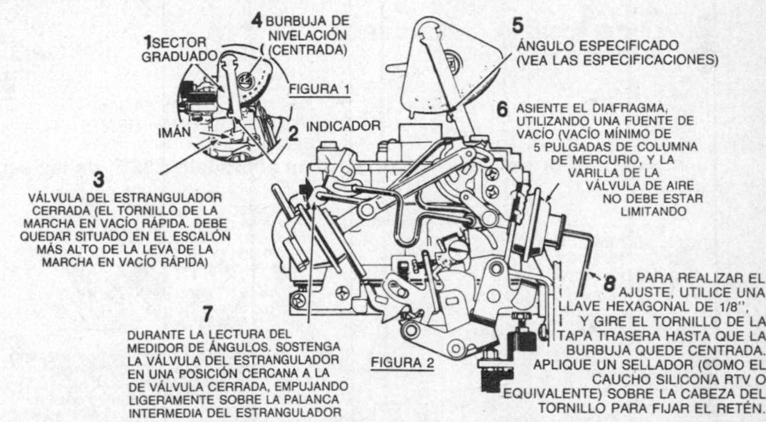

4 BURBUJA DE NIVELACIÓN (CENTRADA)
1 SECTOR GRADUADO
FIGURA 1
IMÁN
2 INDICADOR
5 ÁNGULO ESPECIFICADO (VEA LAS ESPECIFICACIONES)
6 ASIENTE EL DIAFRAGMA, UTILIZANDO UNA FUENTE DE VACÍO (VACÍO MÍNIMO DE 5 PULGADAS DE COLUMNA DE MERCURIO, Y LA VARILLA DE LA VÁLVULA DE AIRE NO DEBE ESTAR LIMITANDO
3 VÁLVULA DEL ESTRANGULADOR CERRADA (EL TORNILLO DE LA MARCHA EN VACÍO RÁPIDA DEBE QUEDAR SITUADO EN EL ESCALÓN MÁS ALTO DE LA LEVA DE LA MARCHA EN VACÍO RÁPIDA)
7 DURANTE LA LECTURA DEL MEDIDOR DE ÁNGULOS, SOSTENGA LA VÁLVULA DEL ESTRANGULADOR EN UNA POSICIÓN CERCANA A LA DE VÁLVULA CERRADA, EMPUJANDO LIGERAMENTE SOBRE LA PALANCA INTERMEDIA DEL ESTRANGULADOR
FIGURA 2
8 PARA REALIZAR EL AJUSTE, UTILICE UNA LLAVE HEXAGONAL DE 1/8", Y GIRE EL TORNILLO DE LA TAPA TRASERA HASTA QUE LA BURBUJA QUEDE CENTRADA. APLIQUE UN SELLADOR (COMO EL CAUCHO SILICONA RTV O EQUIVALENTE) SOBRE LA CABEZA DEL TORNILLO PARA FIJAR EL RETÉN.

Ajuste del ruptor del vacío primario en el modelo E2SE de las series J de General Motors de 1982, con motor de 4 cilindros

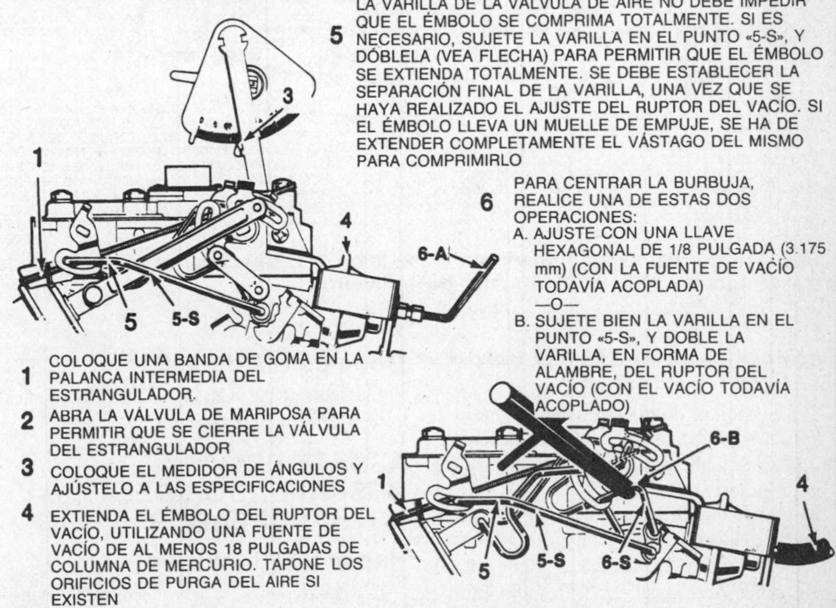

1
3
4
5
5-S
6-A
6-B
6-S

5 LA VARILLA DE LA VÁLVULA DE AIRE NO DEBE IMPEDIR QUE EL ÉMBOLO SE COMPRIMA TOTALMENTE. SI ES NECESARIO, SUJETE LA VARILLA EN EL PUNTO «5-S», Y DÓBLELA (VEA FLECHA) PARA PERMITIR QUE EL ÉMBOLO SE EXTIENDA TOTALMENTE. SE DEBE ESTABLECER LA SEPARACIÓN FINAL DE LA VARILLA, UNA VEZ QUE SE HAYA REALIZADO EL AJUSTE DEL RUPTOR DEL VACÍO. SI EL ÉMBOLO LLEVA UN MUELLE DE EMPUJE, SE HA DE EXTENDER COMPLETAMENTE EL VÁSTAGO DEL MISMO PARA COMPRIMIRLO

6 PARA CENTRAR LA BURBUJA, REALICE UNA DE ESTAS DOS OPERACIONES:
A. AJUSTE CON UNA LLAVE HEXAGONAL DE 1/8 PULGADA (3.175 mm) (CON LA FUENTE DE VACÍO TODAVÍA ACOPLADA)
—O—
B. SUJETE BIEN LA VARILLA EN EL PUNTO «5-S», Y DOBLE LA VARILLA, EN FORMA DE ALAMBRE, DEL RUPTOR DEL VACÍO (CON EL VACÍO TODAVÍA ACOPLADO)

1 COLOQUE UNA BANDA DE GOMA EN LA PALANCA INTERMEDIA DEL ESTRANGULADOR.

2 ABRA LA VÁLVULA DE MARIPOSA PARA PERMITIR QUE SE CIERRE LA VÁLVULA DEL ESTRANGULADOR

3 COLOQUE EL MEDIDOR DE ÁNGULOS Y AJÚSTELO A LAS ESPECIFICACIONES

4 EXTIENDA EL ÉMBOLO DEL RUPTOR DEL VACÍO, UTILIZANDO UNA FUENTE DE VACÍO DE AL MENOS 18 PULGADAS DE COLUMNA DE MERCURIO. TAPONE LOS ORIFICIOS DE PURGA DEL AIRE SI EXISTEN

Ajuste del ruptor del vacío primario en el modelo E2SE de 1983 y posteriores

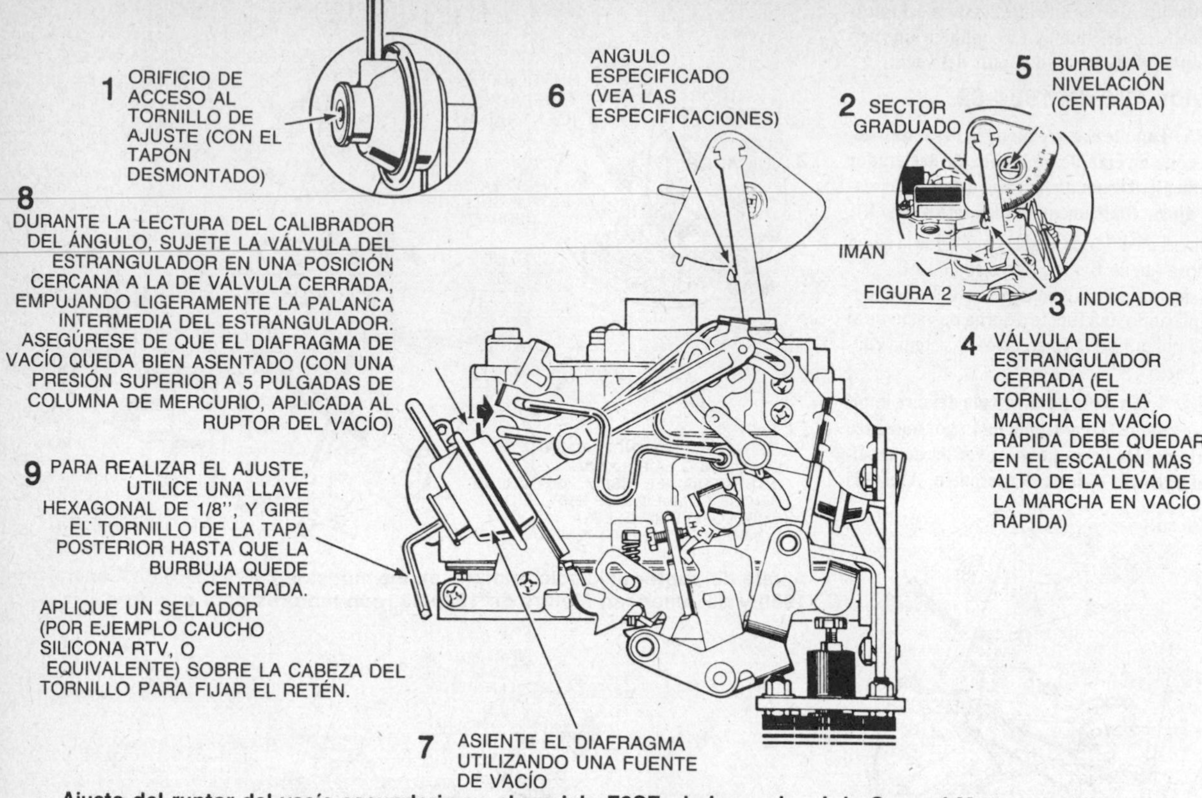
1 ORIFICIO DE ACCESO AL TORNILLO DE AJUSTE (CON EL TAPÓN DESMONTADO)
6 ANGULO ESPECIFICADO (VEA LAS ESPECIFICACIONES)
5 BURBUJA DE NIVELACIÓN (CENTRADA)
2 SECTOR GRADUADO
8 DURANTE LA LECTURA DEL CALIBRADOR DEL ÁNGULO, SUJETE LA VÁLVULA DEL ESTRANGULADOR EN UNA POSICIÓN CERCANA A LA DE VÁLVULA CERRADA, EMPUJANDO LIGERAMENTE LA PALANCA INTERMEDIA DEL ESTRANGULADOR. ASEGÚRESE DE QUE EL DIAFRAGMA DE VACÍO QUEDA BIEN ASENTADO (CON UNA PRESIÓN SUPERIOR A 5 PULGADAS DE COLUMNA DE MERCURIO, APLICADA AL RUPTOR DEL VACÍO)
IMÁN
FIGURA 2
3 INDICADOR
4 VÁLVULA DEL ESTRANGULADOR CERRADA (EL TORNILLO DE LA MARCHA EN VACÍO RÁPIDA DEBE QUEDAR EN EL ESCALÓN MÁS ALTO DE LA LEVA DE LA MARCHA EN VACÍO RÁPIDA)
9 PARA REALIZAR EL AJUSTE, UTILICE UNA LLAVE HEXAGONAL DE 1/8", Y GIRE EL TORNILLO DE LA TAPA POSTERIOR HASTA QUE LA BURBUJA QUEDE CENTRADA. APLIQUE UN SELLADOR (POR EJEMPLO CAUCHO SILICONA RTV, O EQUIVALENTE) SOBRE LA CABEZA DEL TORNILLO PARA FIJAR EL RETÉN.
7 ASIENTE EL DIAFRAGMA UTILIZANDO UNA FUENTE DE VACÍO

Ajuste del ruptor del vacío secundario en el modelo E2SE, de las series J de General Motors de 1982

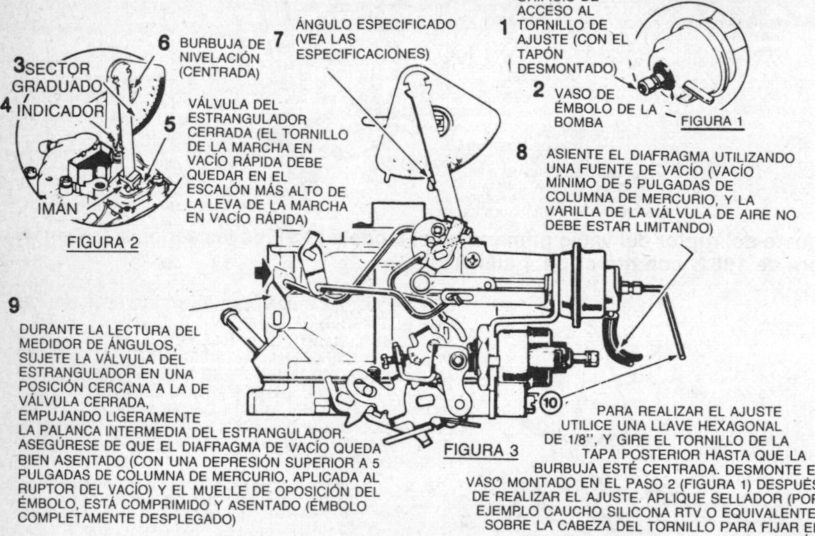
ÁNGULO ESPECIFICADO
7 (VEA LAS ESPECIFICACIONES)
1 ORIFICIO DE ACCESO AL TORNILLO DE AJUSTE (CON EL TAPÓN DESMONTADO)
6 BURBUJA DE NIVELACIÓN (CENTRADA)
3 SECTOR GRADUADO
4 INDICADOR
5 VÁLVULA DEL ESTRANGULADOR CERRADA (EL TORNILLO DE LA MARCHA EN VACÍO RÁPIDA DEBE QUEDAR EN EL ESCALÓN MÁS ALTO DE LA LEVA DE LA MARCHA EN VACÍO RÁPIDA)
2 VASO DE ÉMBOLO DE LA BOMBA
FIGURA 1
IMÁN
FIGURA 2
8 ASIENTE EL DIAFRAGMA UTILIZANDO UNA FUENTE DE VACÍO (VACÍO MÍNIMO DE 5 PULGADAS DE COLUMNA DE MERCURIO, Y LA VARILLA DE LA VÁLVULA DE AIRE NO DEBE ESTAR LIMITANDO)
9 DURANTE LA LECTURA DEL MEDIDOR DE ÁNGULOS, SUJETE LA VÁLVULA DEL ESTRANGULADOR EN UNA POSICIÓN CERCANA A LA DE VÁLVULA CERRADA, EMPUJANDO LIGERAMENTE LA PALANCA INTERMEDIA DEL ESTRANGULADOR. ASEGÚRESE DE QUE EL DIAFRAGMA DE VACÍO QUEDA BIEN ASENTADO (CON UNA DEPRESIÓN SUPERIOR A 5 PULGADAS DE COLUMNA DE MERCURIO, APLICADA AL RUPTOR DEL VACÍO) Y EL MUELLE DE OPOSICIÓN DEL ÉMBOLO, ESTÁ COMPRIMIDO Y ASENTADO (ÉMBOLO COMPLETAMENTE DESPLEGADO)
FIGURA 3
10 PARA REALIZAR EL AJUSTE UTILICE UNA LLAVE HEXAGONAL DE 1/8", Y GIRE EL TORNILLO DE LA TAPA POSTERIOR HASTA QUE LA BURBUJA ESTÉ CENTRADA. DESMONTE EL VASO MONTADO EN EL PASO 2 (FIGURA 1) DESPUÉS DE REALIZAR EL AJUSTE. APLIQUE SELLADOR (POR EJEMPLO CAUCHO SILICONA RTV O EQUIVALENTE) SOBRE LA CABEZA DEL TORNILLO PARA FIJAR EL RETÉN

Ajuste del ruptor del vacío primario en el modelo E2SE de las series «A» y «X» de la General Motors de 1981-82, con motor de 4 cilindros

2. Monte la tapa y bobina termostática del estrangulador, si se ha desmontado, alinee las marcas de la carcasa y tapa, como se ha especificado.

3. Mantenga la válvula de mariposa primaria en posición totalmente abierta.

4. Si el motor está caliente, cierre la válvula del estrangulador, presionando hacia adentro sobre la palanca intermedia del mismo.

5. Doble el rabillo de descarga, hasta que quede centrada la burbuja.

Modelos de 1983-84

Vea la figura donde se describe el procedimiento de ajuste para estos modelos.

varilla de la válvula del aire después de ajustar el dispositivo ruptor del vacío.

3. Lea el medidor de ángulos mientras presiona ligeramente sobre la palanca intermedia del estrangulador, de manera que la válvula del mismo está hacia la posición cerrada.

4. Utilizando una llave hexagonal de 1/8 de pulgada, apriete el tornillo de la tapa posterior, hasta que quede centrada la burbuja. Aplique sellador de silicona sobre la cabeza del tornillo, para fijar el ajuste.

Modelos GM de 1983-84

Vea la figura donde viene indicado el procedimiento de ajuste de estos modelos.

AJUSTE DEL DESCARGADOR DEL ESTRANGULADOR

Hasta 1982 inclusive

1. Siga los pasos 1-4 del procedimiento Ajuste de la leva de marcha en vacío rápida.

AJUSTE DEL DESACTIVADOR SECUNDARIO

1. Tire hacia afuera de la palanca intermedia del estrangulador, para llevarlo a la posición completamente abierta.

2. Abra la válvula mariposa hasta que el extremo de la palanca secundaria de accionamiento quede de frente al talón de la palanca de desactivación.

3. La separación entre la palanca de desactivación y palanca secundaria debe ser la especificada.

4. Para realizar el ajuste, doble la palanca de desactivación en el punto donde entra en contacto con la leva de marcha en vacío rápida.

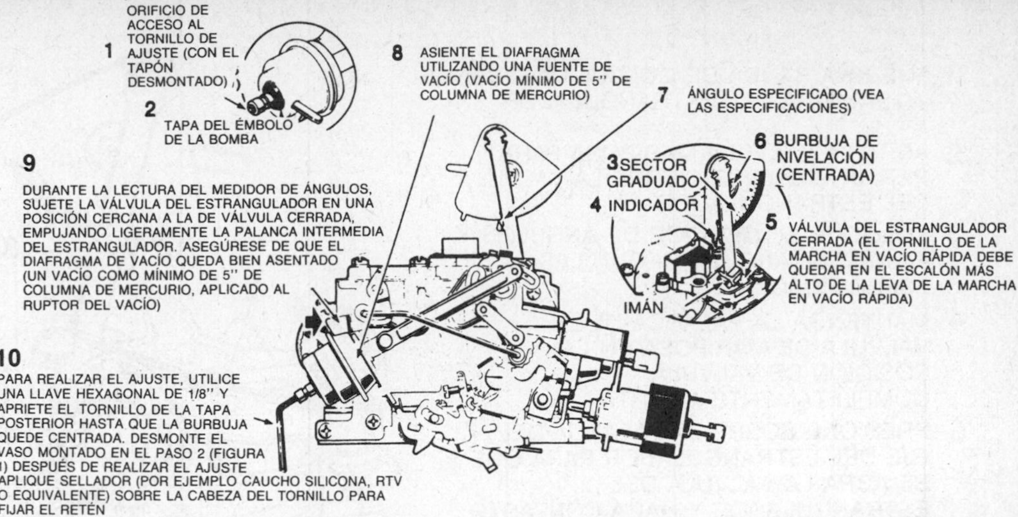
1 ORIFICIO DE ACCESO AL TORNILLO DE AJUSTE (CON EL TAPÓN DESMONTADO)
2 TAPA DEL ÉMBOLO DE LA BOMBA
8 ASIENTE EL DIAFRAGMA UTILIZANDO UNA FUENTE DE VACÍO (VACÍO MÍNIMO DE 5" DE COLUMNA DE MERCURIO)
7 ÁNGULO ESPECIFICADO (VEA LAS ESPECIFICACIONES)
6 BURBUJA DE NIVELACIÓN (CENTRADA)
3 SECTOR GRADUADO
4 INDICADOR
5 VÁLVULA DEL ESTRANGULADOR CERRADA (EL TORNILLO DE LA MARCHA EN VACÍO RÁPIDA DEBE QUEDAR EN EL ESCALÓN MÁS ALTO DE LA LEVA DE LA MARCHA EN VACÍO RÁPIDA)
IMÁN
9 DURANTE LA LECTURA DEL MEDIDOR DE ÁNGULOS, SUJETE LA VÁLVULA DEL ESTRANGULADOR EN UNA POSICIÓN CERCANA A LA DE VÁLVULA CERRADA, EMPUJANDO LIGERAMENTE LA PALANCA INTERMEDIA DEL ESTRANGULADOR. ASEGÚRESE DE QUE EL DIAFRAGMA DE VACÍO QUEDA BIEN ASENTADO (UN VACÍO COMO MÍNIMO DE 5" DE COLUMNA DE MERCURIO, APLICADO AL RUPTOR DEL VACÍO)
10 PARA REALIZAR EL AJUSTE, UTILICE UNA LLAVE HEXAGONAL DE 1/8" Y APRIETE EL TORNILLO DE LA TAPA POSTERIOR HASTA QUE LA BURBUJA QUEDE CENTRADA. DESMONTE EL VASO MONTADO EN EL PASO 2 (FIGURA 1) DESPUÉS DE REALIZAR EL AJUSTE APLIQUE SELLADOR (POR EJEMPLO CAUCHO SILICONA, RTV O EQUIVALENTE) SOBRE LA CABEZA DEL TORNILLO PARA FIJAR EL RETÉN

Ajuste del ruptor del vacío secundario en el modelo E2ES de las series «A» y «X» de General Motors, de 1981 y posteriores

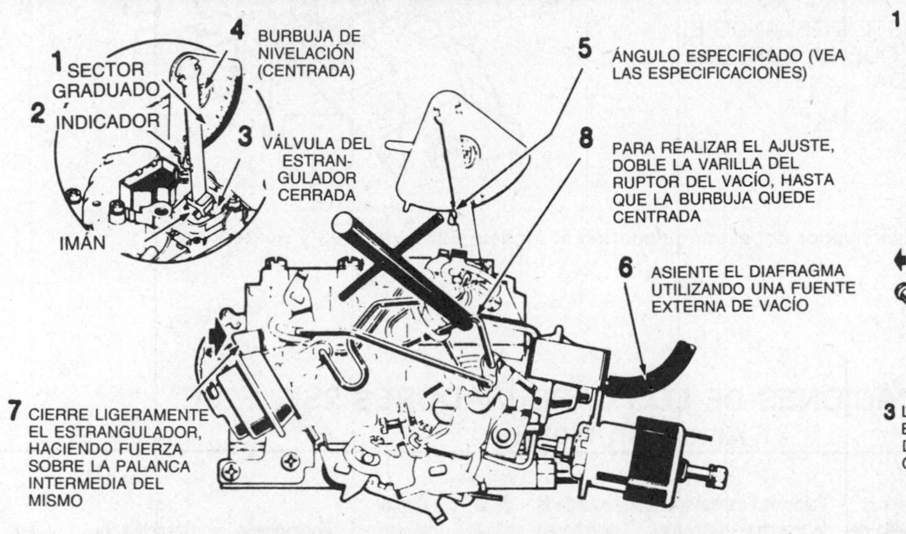
1 SECTOR GRADUADO
2 INDICADOR
4 BURBUJA DE NIVELACIÓN (CENTRADA)
3 VÁLVULA DEL ESTRANGULADOR CERRADA
IMÁN
5 ÁNGULO ESPECIFICADO (VEA LAS ESPECIFICACIONES)
8 PARA REALIZAR EL AJUSTE, DOBLE LA VARILLA DEL RUPTOR DEL VACÍO, HASTA QUE LA BURBUJA QUEDE CENTRADA
6 ASIENTE EL DIAFRAGMA UTILIZANDO UNA FUENTE EXTERNA DE VACÍO
7 CIERRE LIGERAMENTE EL ESTRANGULADOR, HACIENDO FUERZA SOBRE LA PALANCA INTERMEDIA DEL MISMO

Ajuste del ruptor del vacío secundario en el modelo E2ES de 1980

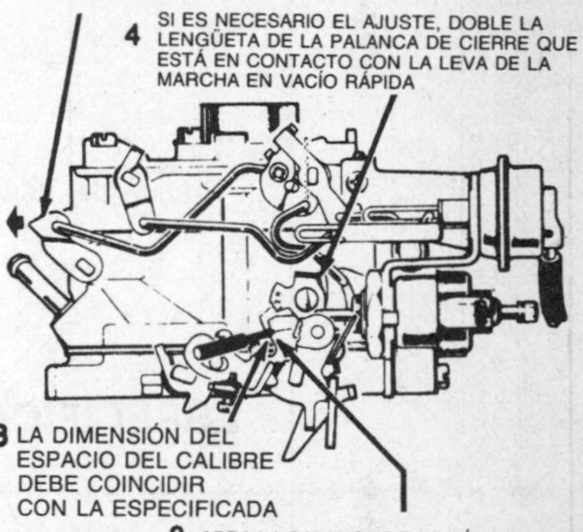
1 MANTENGA LA VÁLVULA DEL ESTRANGULADOR EN LA POSICIÓN TOTALMENTE ABIERTA, EMPUJANDO LA PALANCA INTERMEDIA DEL ESTRANGULADOR EN EL SENTIDO CONTRARIO AL DE LAS AGUJAS DEL RELOJ
4 SI ES NECESARIO EL AJUSTE, DOBLE LA LENGÜETA DE LA PALANCA DE CIERRE QUE ESTÁ EN CONTACTO CON LA LEVA DE LA MARCHA EN VACÍO RÁPIDA
3 LA DIMENSIÓN DEL ESPACIO DEL CALIBRE DEBE COINCIDIR CON LA ESPECIFICADA
2 ABRA LA PALANCA DE LA VÁLVULA DE MARIPOSA HASTA QUE EL EXTREMO DE LA PALANCA SECUNDARIA DE ACCIONAMIENTO QUEDE OPUESTA AL REBORDE DE LA PALANCA DE CIERRE

Ajuste típico del cierre del estrangulador secundario en los modelos 2SE y E2SE

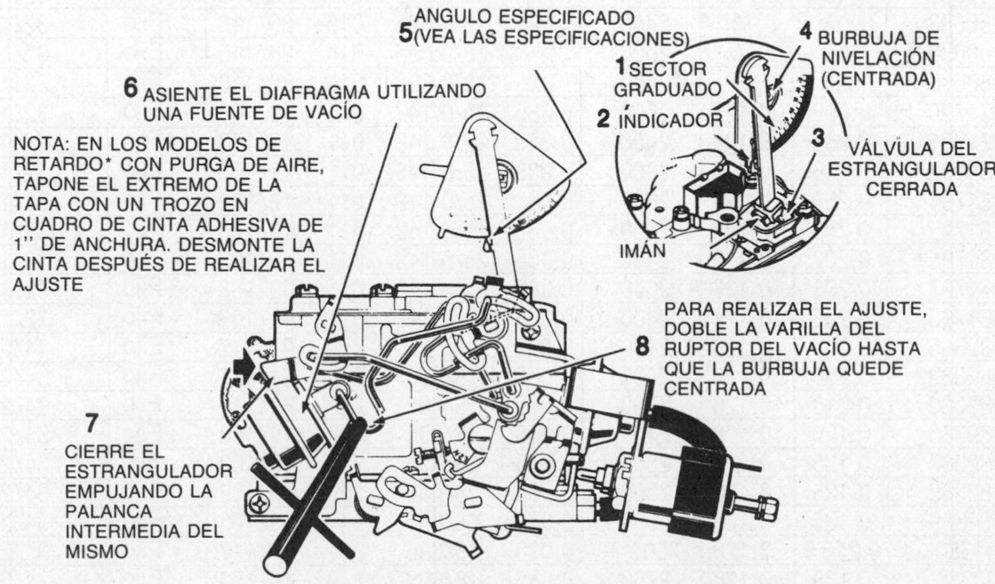
5 ANGULO ESPECIFICADO (VEA LAS ESPECIFICACIONES)
6 ASIENTE EL DIAFRAGMA UTILIZANDO UNA FUENTE DE VACÍO
NOTA: EN LOS MODELOS DE RETARDO* CON PURGA DE AIRE, TAPONE EL EXTREMO DE LA TAPA CON UN TROZO EN CUADRO DE CINTA ADHESIVA DE 1" DE ANCHURA. DESMONTE LA CINTA DESPUÉS DE REALIZAR EL AJUSTE
1 SECTOR GRADUADO
2 INDICADOR
4 BURBUJA DE NIVELACIÓN (CENTRADA)
3 VÁLVULA DEL ESTRANGULADOR CERRADA
IMÁN
8 PARA REALIZAR EL AJUSTE, DOBLE LA VARILLA DEL RUPTOR DEL VACÍO HASTA QUE LA BURBUJA QUEDE CENTRADA
7 CIERRE EL ESTRANGULADOR EMPUJANDO LA PALANCA INTERMEDIA DEL MISMO

Ajuste típico del descargador del estrangulador en el modelo E2SE

1 FIJE UNA BANDA DE GOMA A LA PALANCA INTERMEDIA DEL ESTRANGULADOR

2 ABRA LA VÁLVULA MARIPOSA PARA PERMITIR QUE SE CIERRE LA VÁLVULA DEL ESTRANGULADOR

3 COLOQUE EL MEDIDOR DE ANGULOS Y AJUSTE EL ÁNGULO SEGÚN LAS ESPECIFICACIONES

4 MANTENGA LA PALANCA DE LA VÁLVULA DE MARIPOSA EN LA POSICIÓN DE VÁLVULA COMPLETAMENTE ABIERTA

5 PRESIONE SOBRE LA PALANCA DEL EJE DEL ESTRANGULADOR PARA QUE SE ABRA LA VÁLVULA DEL ESTRANGULADOR Y HAGA CONTACTO CON EL RABILLO NEGRO DE CIERRE

6 REALICE EL AJUSTE DOBLANDO EL RABILLO HASTA QUE LA BURBUJA QUEDE CENTRADA

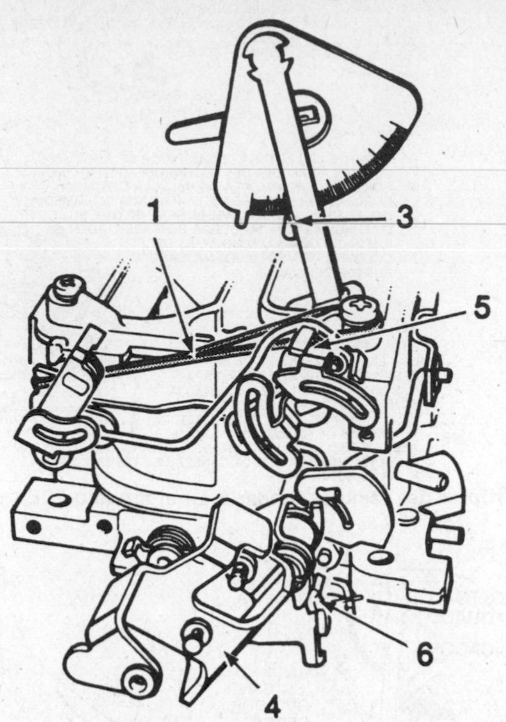

Ajuste del desactivador del estrangulador en el modelo E2SE de 1983 y posteriores

ESPECIFICACIONES DE LOS CARBURADORES 2SE, E2SE
American Motors

Año	Identificación del carburador	Nivel del flotador (pulg.)	Varilla de la bomba (pulg.)	Velocidad de marcha en vacio rápida (rpm)	Palanca de la espiral termostática del estrangulador (pulg.)	Leva de la marcha en vacío rápida (grados/pulg.)	Varilla de la válvula del aire (pulg.)	Ruptor del vacío primario (grados/pulg.)	Posicionado del estrangulado (muescas)	Desactivador del estrangulador (grados/pulg.)	Cierre secundario (pulg.)
'80	17080681	3/16	17/32	2400	.142	18/0.096	.018	20/.110	Fijo	32/.195	N.A.
	17080683	3/16	1/2	2400	.142	18/0.096	.018	20/.110	Fijo	32/.195	N.A.
	17080686	3/16	1/2	2600	.142	18/0.096	.018	20/.110	Fijo	32/.195	N.A.
	17080688	3/16	1/2	2600	.142	18/0.096	.018	20/.110	Fijo	32/.195	N.A.
'81	17081790	0.256	0.128	2600	0.085	25/0.142	.011	19/.103	Fijo	32/.195	0.065
	17081791	0.256	0.128	2400	0.085	25/0.142	.011	19/.103	Fijo	32/.195	0.065
	17081792	0.256	0.128	2400	0.085	25/0.142	.011	19/.103	Fijo	32/.195	0.065
	17081794	0.256	0.128	2600	0.085	25/0.142	.011	19/.103	Fijo	32/.195	0.065
	17081795	0.256	0.128	2600	0.085	25/0.142	.011	19/.103	Fijo	32/.195	0.065
	17081796	0.208	0.128	2400	0.065	25/0.142	.011	19/.103	Fijo	32/.195	0.065
	17081797	0.208	0.128	2600	0.085	25/0.142	.011	19/.103	Fijo	32/.195	0.085
	17081793	0.256	0.128	2400	0.085	25/0.142	.011	19/.103	Fijo	32/.195	0.065
'82	17082385	0.256	0.128	2400	0.085	18/.096	2 ①	21/.117	Fijo	34/.211	0.065
	17082383	0.256	0.128	2400	0.085	18/.096	2 ①	21/.117	Fijo	34/.211	0.065
	17082380	0.216	0.128	2400	0.085	18/.096	2 ①	21/.117	Fijo	34/.211	0.065
	17082386	0.125	0.128	2400	0.065	18/.096	2 ①	19/.103	Fijo	34/.211	0.065
	17082387	0.125	0.128	2600	0.085	18/.096	2 ①	19/.103	Fijo	34/.211	0.065
	17082388	0.125	0.128	2500	0.085	18/.096	2 ①	19/.103	Fijo	34/.211	0.065
	17082389	0.125	0.128	2500	0.085	18/.096	2 ①	19/.103	Fijo	34/.211	0.065
'83–'84	1982380	0.216 ②	0.128	2500 ③	0.085	18/.096	2 ①	21/.117	Fijo	34/.211	0.065
	1983384	0.138	0.128	2700	0.085	18/.096	2 ①	19/.103	Fijo	34/.211	0.065
	1983385	0.138	0.128	2700	0.085	18/.096	②①	19/.103	Fijo	34/.211	0.065

ESPECIFICACIONES DE LOS CARBURADORES 2SE, E2SE
American Motors

Año	Identificación del carburador	Nivel del flotador (pulg.)	Varilla de la bomba (pulg.)	Velocidad de marcha en vacio rápida (rpm)	Palanca de la espiral termostática del estrangulador (pulg.)	Leva de la marcha en vacío rápida (grados/pulg.)	Varilla de la válvula del aire (pulg.)	Ruptor del vacío primario (grados/pulg.)	Posicionado del estrangulado (muescas)	Desactivador del estrangulador (grados/pulg.)	Cierre secundario (pulg.)
'85–'86	17085006	4/32	0.128	④	0.085	22/.123	1 ①	21/.117	Fijo	40/.260	0.025
	17085380	5/32	0.128	④	0.085	22/.123	1 ①	26/.149	Fijo	40/.260	0.025
	17085381	5/32	0.128	④	0.085	22/.123	1 ①	26/.149	Fijo	40/.260	0.025
	17085382	5/32	0.128	④	0.085	22/.123	1 ①	26/.149	Fijo	40/.260	0.025
	17085383	5/32	0.128	④	0.085	22/.123	1 ①	26/.149	Fijo	40/.260	0.025
	17085385	5/32	0.128	④	0.085	22/.123	1 ①	26/.149	Fijo	40/.260	0.025
	17085388	4/32	0.128	④	0.085	22/.123	1 ①	21/.117	Fijo	30/.179	0.025
	17086081	4/32	0.128	④	0.085	22/.123	1 ①	25/.142	Fijo	30/.179	0.025

N.A.: No disponible
① Grados - véase el procedimiento.
② Transmisión automática — 0.138.
③ Transmisión automática — 2700
④ Véase la etiqueta adhesiva situada bajo el capó.

ESPECIFICACIONES DE LOS CARBURADORES MODELOS 2SE, E2SE
General Motors - Estados Unidos de América

Año	Identificación del carburador	Nivel del flotador (pulg.)	Varilla de bomba (pulg.)	Velocidad de marcha en vacío rápida (rpm)	Palanca de la espiral termostática del estrangulador (pulg.)	Leva de marcha en vacío rápida (gr./pulg.)	Varilla de la válvula del aire (pulg.)	Ruptor del vacío primario (grados/pulg.)	Posicionado del estrangulador (muescas)	Ruptor del vacío secundario (grados/pulg.)	Descargador del estrangulador (grados/pulg.)	Cierre secundario (pulg.)
'80	17059614	3/16	1/2	2600	.085	18/.096	.025	17/.090	Fijo	—	36/.227	.120
	17059615	3/16	5/32	2600	.085	18/.096	.025	19/.103	Fijo	—	36/.227	.120
	17059616	3/16	1/2	2600	.085	18/.096	.025	17/.090	Fijo	—	36/.227	.120
	17059617	3/16	5/32	2600	.085	18/.096	.025	19/.103	Fijo	—	36/.227	.120
	17059618	3/16	1/2	2600	.085	18/.096	.025	17/.090	Fijo	—	36/.227	.120
	17059619	3/16	5/32	2600	.085	18/.096	.025	19/.103	Fijo	—	36/.227	.120
	17059620	3/16	1/2	2600	.085	18/.096	.025	17/.090	Fijo	—	36/.227	.120
	17059621	3/16	5/32	2600	.085	18/.096	.025	19/.103	Fijo	—	36/.227	.120
	17059650	3/16	3/32	2600	.085	27/.157	.025	30/.179	Fijo	38/.243	30/.179	.120
	17059651	3/16	3/32	1900	.085	27/.157	.025	22/.123	Fijo	23/.120	30/.179	.120
	17059652	3/16	3/32	2000	.085	27/.157	.025	30/.179	Fijo	38/.243	30/.179	.120
	17059653	3/16	3/32	1900	.085	27/.157	.025	22/.123	Fijo	23/.120	30/.179	.120
	17059714	11/16	5/32	2600	.085	18/.096	.025	23/.129	Fijo	—	32/.195	.120
	17059715	11/16	3/32	2200	.085	18/.096	.025	25/.142	Fijo	—	32/.195	.120
	17059716	11/16	5/32	2600	.085	18/.096	.025	23/.129	Fijo	—	32/.195	.120
	17059717	11/16	3/32	2200	.085	18/.096	.025	25/.142	Fijo	—	32/.195	.120
	17059760	1/8	5/64	2000	.085	17.5/.093	.025	20/.110	Fijo	33/.203	35/.220	.120
	17059762	1/8	5/64	2000	.085	17.5/.093	.025	20/.110	Fijo	33/.203	35/.220	.120
	17059763	1/8	5/64	2000	.085	17.5/.093	.025	20/.110	Fijo	33/.203	35/.220	.120
	17059774	5/32	1/2	①	.085	18/0.096	.018	19/.103	Fijo	—	32/.195	.012
	17059775	5/32	17/32	①	.085	18/0.096	.018	21/.117	Fijo	—	32/.195	.012
	17059776	5/32	1/2	①	.085	18/0.096	.018	19/.103	Fijo	—	32/.195	.012
	17059777	5/32	17/32	①	.085	18/0.096	.018	21/.117	Fijo	—	32/.195	.012
	17080674	3/16	1/2	①	.085	18/0.096	.018	19/.103	Fijo	—	32/.195	.012
	17080675	3/16	1/2	①	.085	18/0.096	.018	21/.117	Fijo	—	32/.195	.012
	17080676	3/16	1/2	①	.085	18/0.096	.018	19/.103	Fijo	—	32/.195	.012
	17080677	3/16	1/2	①	.085	18/0.096	.018	21/.117	Fijo	—	32/.195	.012
'81	17081650	1/4	Fijo	2600	.085	17/.090	1 ②	25/.142	Fijo	34/.211	35/.220	.012
	17081651	1/4	Fijo	2400	.085	17/.090	1 ②	29/.171	Fijo	35/.220	35/.220	.012
	17081652	1/4	Fijo	2600	.085	17/.090	1 ②	25/.142	Fijo	34/.211	35/.220	.012
	17081653	1/4	Fijo	2600	.085	17/.090	1 ②	29/.171	Fijo	35/.220	35/.220	.012
	17081670	5/32	Fijo	2600	.085	18/.096	1 ②	19/.103	Fijo	—	32/.195	.012
	17081671	5/32	Fijo	2600	.085	33.5/.207	1 ②	21/.117	Fijo	—	32/.195	.012

ESPECIFICACIONES DE LOS CARBURADORES MODELOS 2SE, E2SE
General Motors - Estados Unidos de América

Año	Identificación del carburador	Nivel del flotador (pulg.)	Varilla de bomba (pulg.)	Velocidad de marcha en vacío rápida (rpm)	Palanca de la espiral termostática del estrangulador (pulg.)	Leva de marcha en vacío rápida (grados/pulg.)	Varilla de la válvula de aire (pulg.)	Ruptor del vacío primario (grados/pulg.)	Posicionado del estrang. (muescas)	Ruptor del vacío secundario (grados/pulg.)	Descargador del estrangulador (grados/pulg.)	Cierre secundario (pulg.)
'81	17081672	5/32	Fijo	2600	.085	18/.096	1 ②	19/.103	Fijo	—	32/.195	.012
	17081673	5/32	Fijo	2600	.085	33.4/.207	1 ②	21/.117	Fijo	—	32/.195	.012
	17081740	1/4	Fijo	2400	.085	17/.090	1 ②	25/.142	Fijo	35/.220	35/.220	.012
	17081742	1/4	Fijo	2400	.085	17/.090	1 ②	25/.142	Fijo	35/.220	35/.220	.012
'82	17081600	5/16	Fijo	①	③	24/.136	1 ②	20/.110	Fijo	27/.157	35/.220	③
	17081601	5/16	Fijo	①	③	24/1.36	1 ②	20/.110	Fijo	27/.157	35/.220	③
	17081607	5/16	Fijo	①	③	24/.136	1 ②	20/.110	Fijo	27/.157	35/.220	③
	17081700	5/16	Fijo	①	③	24/.136	1 ②	20/.110	Fijo	27/.157	35/.220	③
	17081701	5/16	Fijo	①	③	24/.136	1 ②	20/.110	Fijo	27/.157	35/.220	③
	17082196	5/16	Fijo	①	.085	18/.096	1 ②	21/.117	Fijo	19/.103	27/157	③
	17082316	1/4	Fijo	2600	.085	17/.090	1 ②	30/.179	Fijo	34/.211	45/.304	③
	17082317	1/4	Fijo	2600	.085	17/.090	1 ②	30/.179	Fijo	35/.220	45/.304	③
	17082320	1/4	Fijo	2800	.085	25/.142	1 ②	30/.179	Fijo	35/.220	45/.304	③
	17082321	1/4	Fijo	2600	.085	25/.142	1 ②	30/.179	Fijo	35/.220	45/.304	③
	17082390	13/32	Fijo	2500	.085	17/.090	1 ②	26/.149	Fijo	34/.211	35/.220	.011-.040
	17082391	13/32	Fijo	2600	.085	25/.142	1 ②	29/.171	Fijo	35/.220	35/.220	.011-.040
	17082490	13/32	Fijo	2500	.085	17/.090	1 ②	26/.149	Fijo	34/.211	35/.220	.011-.040
	17082491	13/32	Fijo	2600	.085	25/.142	1 ②	29/.171	Fijo	35/.220	35/.220	.011-.040
	17082640	1/4	Fijo	2600	.085	17/.090	1 ②	30/.179	Fijo	34/.211	45/.304	③
	17082641	1/4	Fijo	2400	.085	17/.090	1 ②	30/.179	Fijo	35/.220	45/.304	③
	17082642	1/4	Fijo	2800	.085	25/.142	1 ②	30/.179	Fijo	35/.220	45/.304	③
'83	17083356	13/32	Fijo	①	.085	22/.123	1 ②	25/.142	Fijo	35/.220	30/.179	.025
	17083357	13/32	Fijo	①	.085	22/.123	1 ②	25/.142	Fijo	35/.220	30/.179	.025
	17083358	13/32	Fijo	①	.085	22/.123	1 ②	25/.142	Fijo	35/.220	30/.179	.025
	17083359	13/32	Fijo	①	.085	22/.123	1 ②	25/.142	Fijo	35/.220	30/.179	.025
	17083368	13/32	Fijo	①	.085	22/.123	1 ②	25/.142	Fijo	35/.220	30/.179	.025
	17083369	13/32	Fijo	①	.085	22/.123	1 ②	25/.142	Fijo	35/.220	30/.179	.025
	17083370	13/32	Fijo	①	.085	22/.123	1 ②	25/.142	Fijo	35/.220	30/.179	.025
	17083391	13/32	Fijo	①	.085	28/.164	1 ②	30/.179	Fijo	35/.220	38/.243	.025
	17083392	13/32	Fijo	①	.085	28/.164	1 ②	30/.179	Fijo	35/.220	38/.243	.025
	17083393	13/32	Fijo	①	.085	28/.164	1 ②	30/.179	Fijo	35/.220	38/.243	.025
	17083394	13/32	Fijo	①	.085	28/.164	1 ②	30/.179	Fijo	35/.220	38/.243	.025
	17083395	13/32	Fijo	①	.085	28/.164	1 ②	30/.179	Fijo	35/.220	38/.243	.025
	17083396	13/32	Fijo	①	.085	28/.164	1 ②	30/.179	Fijo	35/.220	38/.243	.025
	17083397	13/32	Fijo	①	.085	28/.164	1 ②	30/.179	Fijo	35/.220	38/.243	.025
	17083450	1/4	Fijo	①	.085	28/.164	1 ②	27/.157	Fijo	35/.220	45/.304	.025
	17083451	1/4	Fijo	①	.085	28/.164	1 ②	27/.157	Fijo	35/.220	45/.304	.025
	17083452	1/4	Fijo	①	.085	28/.164	1 ②	27/.157	Fijo	35/.220	45/.304	.025
	17083453	1/4	Fijo	①	.085	28/.164	1 ②	27/.157	Fijo	35/.220	45/.304	.025
	17083454	1/4	Fijo	①	.085	28/.164	1 ②	27/.157	Fijo	35/.220	45/.304	.025
	17083455	1/4	Fijo	①	.085	28/.164	1 ②	27/.157	Fijo	35/.220	45/.304	.025
	17083456	1/4	Fijo	①	.085	28/.164	1 ②	27/.157	Fijo	35/.220	45/.304	.025
	17083630	1/4	Fijo	①	.085	28/.164	1 ②	27/.157	Fijo	35/.220	45/.304	.025
	17083631	1/4	Fijo	①	.085	28/.164	1 ②	27/.157	Fijo	35/.220	45/.304	.025
	17083632	1/4	Fijo	①	.085	28/.164	1 ②	27/.157	Fijo	35/.220	45/.304	.025
	17083633	1/4	Fijo	①	.085	28/.164	1 ②	27/.157	Fijo	35/.220	45/.304	.025
	17083634	1/4	Fijo	①	.085	28/.164	1 ②	27/.157	Fijo	35/.220	45/.304	.025
	17083635	1/4	Fijo	①	.085	28/.164	1 ②	27/.157	Fijo	35/.220	45/.304	.025
	17083636	1/4	Fijo	①	.085	28/.164	1 ②	27/.157	Fijo	35/.220	45/.304	.025
'84	17072683	9/32	Fijo	①	.085	28/.164	1 ②	25/.142	Fijo	35/.220	45/.304	.025
	17074812	9/32	Fijo	①	.085	28/.164	1 ②	25/.142	Fijo	35/.220	45/.304	.025
	17084356	9/32	Fijo	①	.085	22/.123	1 ②	25/.142	Fijo	30/.179	30/.179	.025
	17084357	9/32	Fijo	①	.085	22/.123	1 ②	25/.142	Fijo	30/.179	30/.179	.025

ESPECIFICACIONES DE LOS CARBURADORES MODELOS 2SE, E2SE
General Motors - Estados Unidos de América

Año	Identificación del carburador	Nivel del flotador (pulg.)	Varilla de bomba (pulg.)	Velocidad de marcha en vacío rápida (rpm)	Palanca de la espiral termostática del estrangulador (pulg.)	Leva de marcha en vacío rápida (grados/ pulg.)	Varilla de la válvula del aire (pulg.)	Ruptor del vacío primario (grados/pulg.)	Posicionado del estrangulador (muescas)	Ruptor del vacío secundario (grados/ pulg.)	Descargador del estrangulador (grados/pulg.)	Cierre secundario (pulg.)
	17084358	9/32	Fijo	①	.085	22/.123	1 ②	25/.142	Fijo	30/.179	30/.179	.025
'84	17084359	9/32	Fijo	①	.085	22/.123	1 ②	25/.142	Fijo	30/.179	30/.179	.025
	17084368	1/8	Fijo	①	.085	22/.123	1 ②	25/.142	Fijo	30/.179	30/.179	.025
	17084370	1/8	Fijo	①	.085	22/.123	1 ②	25/.142	Fijo	30/.179	30/.179	.025
	17084430	11/32	Fijo	①	.085	15/.077	1 ②	26/.149	Fijo	30/.179	30/.179	.025
	17084431	11/32	Fijo	①	.085	15/.077	1 ②	26/.149	Fijo	38/.243	42/.277	.025
	17084434	11/32	Fijo	①	.085	15/.077	1 ②	26/.149	Fijo	38/.243	42/.277	.025
	17084435	11/32	Fijo	①	.085	15/.077	1 ②	26/.149	Fijo	38/.243	42/.277	.025
	17084452	5/32	Fijo	①	.085	28/.164	1 ②	25/.142	Fijo	38/.243	42/.377	.025
	17084453	5/32	Fijo	①	.085	28/.164	1 ②	25/.142	Fijo	35/.220	45/.304	.025
	17084455	5/32	Fijo	①	.085	28/.164	1 ②	25/.142	Fijo	35/.220	45/.304	.025
	17084456	5/32	Fijo	①	.085	28/.164	1 ②	25/.142	Fijo	35/.220	45/.304	.025
	17084458	5/32	Fijo	①	.085	28/.164	1 ②	25/.142	Fijo	35/.220	45/.304	.025
	17084532	5/32	Fijo	①	.085	28/.164	1 ②	25/.142	Fijo	35/.220	45/.304	.025
	17084534	5/32	Fijo	①	.085	28/.164	1 ②	25/.142	Fijo	35/.220	45/.304	.025
	17084535	5/32	Fijo	①	.085	28/.164	1 ②	25/.142	Fijo	35/.220	45/.304	.025
	17084537	5/32	Fijo	①	.085	28/.164	1 ②	25/.142	Fijo	35/.220	45/.304	.025
	17084538	5/32	Fijo	①	.085	28/.164	1 ②	25/.142	Fijo	35/.220	45/.304	.025
	17084540	5/32	Fijo	①	.085	28/.164	1 ②	25/.142	Fijo	35/.220	45/.304	.025
	17084542	1/8	Fijo	①	.085	28/.164	1 ②	25/.142	Fijo	35/.220	45/.304	.025
	17084632	9/32	Fijo	①	.085	28/.164	1 ②	25/.142	Fijo	35/.220	45/.304	.025
	17084633	9/32	Fijo	①	.085	28/.164	1 ②	25/.142	Fijo	35/.220	45/.304	.025
	17084635	9/32	Fijo	①	.085	28/.164	1 ②	25/.142	Fijo	35/.220	45/.304	.025
	17084636	9/32	Fijo	①	.085	28/.164	1 ②	25/.142	Fijo	35/.220	45/.304	.025
'85	17084534	5/32	Fijo	①	.085	28/.164	1 ②	25/.142	Fijo	35/.220	45/.304	—
	17084535	5/32	Fijo	①	.085	28/.164	1 ②	25/.142	Fijo	35/.220	45/.304	—
	17084540	5/32	Fijo	①	.085	28/.164	1 ②	25/.142	Fijo	35/.220	45/.304	—
	17084542	4/32	Fijo	①	.085	28/.164	1 ②	25/.142	Fijo	35/.220	45/.304	—
	17085356	9/32	Fijo	①	.085	22/.123	1 ②	25/.142	Fijo	30/.179	30/.179	—
	17085357	9/32	Fijo	①	.085	22/.123	1 ②	25/.142	Fijo	30/.179	30/.179	—
	17085358	9/32	Fijo	①	.085	22/.123	1 ②	25/.142	Fijo	30/.179	30/.179	—
	17085359	9/32	Fijo	①	.085	22/.123	1 ②	25/.142	Fijo	30/.179	30/.179	—
	17085368	4/32	Fijo	①	.085	22/.123	1 ②	25/.142	Fijo	30/.179	30/.179	—
	17085369	9/32	Fijo	①	.085	22/.123	1 ②	25/.142	Fijo	30/.179	30/.179	—
	17085370	4/32	Fijo	①	.085	22/.123	1 ②	25/.142	Fijo	30/.179	30/.179	—
	17085371	9/32	Fijo	①	.085	22/.123	1 ②	25/.142	Fijo	30/.179	30/.179	—
	17085452	5/32	Fijo	①	.085	28/.164	1 ②	25/.142	Fijo	35/.220	45/.304	—
	17085453	5/32	Fijo	①	.085	28/.164	1 ②	25/.142	Fijo	35/.220	45/.304	—
	17085458	5/32	Fijo	①	.085	28/.164	1 ②	25/.142	Fijo	35/.220	45/.304	—
'86	17084534	5/32	Fijo	①	.085	28/.164	1 ②	25/.142	Fijo	35/.220	45/.304	—
	17084535	5/32	Fijo	①	.085	28/.164	1 ②	25/.142	Fijo	35/.220	45/.304	—
	17084540	5/32	Fijo	①	.085	28/.164	1 ②	25/.142	Fijo	35/.220	45/.304	—
	17084542	5/32	Fijo	①	.085	28/.164	1 ②	25/.142	Fijo	35/.220	45/.304	—

① Véase la etiqueta adhesiva situada bajo el capó
② Medidas en grados
③ No disponible

ESPECIFICACIONES DE LOS CARBURADORES MODELOS 2SE, E2SE
General Motors - Canadá

Año	Identificación del carburador	Nivel del flotador (pulg.)	Varilla de la bomba (pulg.)	Velocidad de marcha en vacío rápida (rpm)	Palanca de la espiral termostática del estrangulador (pulg.)	Leva de marcha en vacío rápida (grados/pulg.)	Varilla de la válvula del aire (pulg.)	Ruptor del vacío (gr./pulg.)	Posicionado del estrangulador (muescas)	Ruptor del vacío secundario (gr./pulg.)	Descargador del estrangulador (grados/pulg.)	Cierre secundario (pulg.)
'81	17059660	1/4	17/32	①	.085	24/.136	1	30/.179	Fijo	32/.195	30/.179	②
	17059662	1/4	17/32	①	.085	24/.136	1	30/.179	Fijo	37/.195	30/.179	②
	17059651	1/4	17/32	①	.085	24/.136	1	30/.179	Fijo	32/.195	30/.179	②
	17059666	1/4	17/32	①	.085	24/.136	1	26/.149	Fijo	32/.195	30/.179	②
	17059667	1/4	17/32	①	.085	24/.136	1	26/.149	Fijo	32/.195	30/.179	②
	17059622	5/32	17/32	①	.085	18/.096	1	17/.090	Fijo	—	36/.227	②
	17059623	5/32	17/32	①	.085	18/.096	1	19/.103	Fijo	—	36/.227	②
	17059624	5/32	17/32	①	.085	18/.096	1	17/.090	Fijo	—	36/.227	②
'82	17082440	1/4	19/32	①	.085	24/.136	1	30/.179	Fijo	32/.195	45/.304	②
	17082441	1/4	19/32	①	.085	24/.136	1	30/.179	Fijo	32/.195	45/.304	②
	17082443	1/4	19/32	①	.085	24/.136	1	30/.179	Fijo	32/.195	45/.304	②
	17082460	1/4	19/32	①	.085	18/.096	1	21/.117	Fijo	—	36/.227	②
	17082461	1/4	19/32	①	.085	18/.096	1	21/.117	Fijo	—	36/.227	②
	17082462	1/4	19/32	①	.085	18/.096	1	21/.117	Fijo	—	36/.227	②
	17082464	1/8	19/32	①	.085	18/.096	1	21/.117	Fijo	—	36/.227	②
	17082465	1/8	19/32	①	.085	18/.096	1	21/.117	Fijo	—	36/.227	②
	17082466	1/8	19/32	①	.085	18/.096	1	21/.117	Fijo	—	36/.227	②
	17082620	7/16	19/32	①	.085	24/.136	1	30/.179	Fijo	32/.195	45/.304	②
	17082621	7/16	19/32	①	.085	24/.136	1	30/.179	Fijo	32/.195	45/.304	②
	17082622	7/16	19/32	①	.085	24/.136	1	30/.179	Fijo	32/.195	45/.304	②
	17082623	7/16	19/32	①	.085	24/.136	1	30/.179	Fijo	32/.195	45/.304	②
'83	17083311	5/16	Fijo	①	.085	24/.136	1	18/.096	Fijo	20/.110	35/.220	.025
	17083314	5/16	Fijo	①	.085	24/.136	1	16/.083	Fijo	20/.110	35/.220	.025
	17083401	5/16	Fijo	①	.085	24/.136	1	18/.096	Fijo	20/.110	35/.220	.025
	17083440	1/4	19/32	①	.085	24/.136	1	28/.164	Fijo	32/.195	40/.260	.025
	17083441	1/4	19/32	①	.085	24/.136	1	28/.164	Fijo	32/.195	40/.260	.025
	17083442	1/4	19/32	①	.085	24/.136	1	28/.164	Fijo	32/.195	40/.260	.025
	17083443	1/4	19/32	①	.085	24/.136	1	28/.164	Fijo	32/.195	40/.260	.025
	17083444	1/4	19/32	①	.085	24/.136	1	28/.164	Fijo	32/.195	40/.260	.025
	17083445	1/4	19/32	①	.085	24/.136	1	28/.164	Fijo	32/.195	40/.260	.025
	17083460	1/4	19/32	①	.085	18/.096	1	19/.103	Fijo	—	36/.227	.025
	17083461	1/4	19/32	①	.085	18/.096	1	18/.096	Fijo	—	36/.227	.025
	17083462	1/4	19/32	①	.085	18/.096	1	19/.103	Fijo	—	36/.227	.025
	17083464	1/8	19/32	①	.085	18/.096	1	19/.103	Fijo	—	36/.227	.025
	17083465	1/8	19/32	①	.085	18/.096	1	20/.110	Fijo	—	36/.227	.025
	17083466	1/8	19/32	①	.085	18/.096	1	19/.103	Fijo	—	36/.227	.025
	17083620	7/16	19/32	①	.085	24/.136	1	28/.164	Fijo	32/.195	40/.260	.025
	17083621	7/16	19/32	①	.085	24/.136	1	28/.164	Fijo	32/.195	40/.260	.025
	17083622	7/16	19/32	①	.085	24/.136	1	28/.164	Fijo	34/.195	40/.260	.025
	17083623	7/16	19/32	①	.085	24/.136	1	28/.164	Fijo	32/.195	40/.260	.025
'84	17084312	5/16	Fijo	①	.085	24/.136	1	18/.096	Fijo	20/.110	35/.220	.025
	17084314	5/16	Fijo	①	.085	29/.171	1	16/.083	Fijo	20/.110	30/.179	.025
	17084480	1/4	Fijo	①	.085	24/.136	1	28/.164	Fijo	32/.195	45/.304	.025
	17084481	1/4	Fijo	①	.085	24/.136	1	28/.164	Fijo	32/.195	45/.304	.025
	17084482	1/4	Fijo	①	.085	24/.136	1	28/.164	Fijo	32/.195	45/.304	.025
	17084483	1/4	Fijo	①	.085	24/.136	1	28/.164	Fijo	32/.195	45/.304	.025
	17084484	1/4	Fijo	①	.085	24/.136	1	28/.164	Fijo	32/.195	45/.304	.025
	17084485	1/4	Fijo	①	.085	24/.136	1	28/.164	Fijo	32/.195	45/.304	.025
	17084486	1/4	Fijo	①	.085	24/.136	1	28/.164	Fijo	32/.195	45/.304	.025
	17084487	1/4	Fijo	①	.085	24/.136	1	28/.164	Fijo	32/.195	45/.304	.025
	17084620	7/16	Fijo	①	.085	24/.136	1	26/.149	Fijo	32/.195	45/.304	.025
	17084621	7/16	Fijo	①	.085	24/.136	1	26/.149	Fijo	32/.195	45/.304	.025

ESPECIFICACIONES DE LOS CARBURADORES MODELOS 2SE, E2SE General Motors - Canadá

Año	Identificación del carburador	Nivel del flotador (pulg.)	Varilla de la bomba (pulg.)	Velocidad de marcha en vacío rápida (rpm)	Palanca de la espiral termostática del estrangulador (pulg.)	Leva de marcha en vacío rápida (gr./pulg.)	Varilla de la válvula del aire (pulg.)	Ruptor del vacío (gr./pulg.)	Posicionado del estrangulador (muescas)	Ruptor del vacío secundario (gr./pulg.)	Descargador del estrangulador (grados/pulg.)	Cierre secundario (pulg.)
	17084622	7/16	Fijo	①	.085	24/.136	1	26/.149	Fijo	32/.195	45/.304	.025
	17084623	7/16	Fijo	①	.085	24/.136	1	26/.149	Fijo	32/.195	45/.304	.025
'85	17084312	5/16	Fijo	①	.085	—	1	18/.096	Fijo	20/.110	35/.220	—
	17084314	5/16	Fijo	①	.085	—	1	16/.083	Fijo	20/.110	30/.179	—
	17085484	12/32	Fijo	①	.085	—	1	28/.164	Fijo	32/.195	45/.304	—
	17085485	12/32	Fijo	①	.085	—	1	28/.164	Fijo	32/.195	45/.304	—
	17085482	12/32	Fijo	①	.085	—	1	28/.164	Fijo	32/.195	45/.304	—
	17085483	12/32	Fijo	①	.085	—	1	28/.164	Fijo	32/.195	45/.304	—
	17085484	12/32	Fijo	①	.085	—	1	28/.164	Fijo	32/.195	45/.304	—
	17085485	12/32	Fijo	①	.085	—	1	28/.164	Fijo	32/.195	45/.304	—
	17085486	12/32	Fijo	①	.085	—	1	28/.164	Fijo	32/.195	45/.304	—
	17085487	12/32	Fijo	①	.085	—	1	28/.164	Fijo	32/.195	45/.304	—
'86	17086484	12/32	Fijo	①	.085	—	1	28/.164	Fijo	32/.195	45/.304	—
	17086485	12/32	Fijo	①	.085	—	1	28/.164	Fijo	32/.195	45/.304	—
	17086486	4/32	Fijo	①	.085	—	1	28/.164	Fijo	32/.195	45/.304	—
	17086487	4/32	Fijo	①	.085	—	1	28/.164	Fijo	32/.195	45/.304	—

① Vea la etiqueta adhesiva situada bajo el capó
② No disponible

Modelos 2MC, M2MC, M2ME y E2ME

El carburador Rochester modelo 2MC es un carburador de dos cuerpos, de una única etapa, que incorpora las características de diseño del lado primario del carburador de cuatro cuerpos, Quadrajet de Rochester. Este carburador va montado en los motores de 8 cilindros en V de poco desplazamiento. La versión M2MC, con diafragmas ruptores de vacío delantero y trasero fue introducida en el motor 301 V8.

El Dualjet E2ME modelo 210 es una variación del M2ME, modificado para su utilización con el sistema de control electrónico de combustible (denominado también convertidor catalítico controlado por computador, o sistema C-4). La cubeta del flotador lleva un solenoide de control de la mezcla activado eléctricamente. De esta forma la mezcla está controlada por el módulo de control electrónico, en respuesta a las señales del sensor de oxígeno montado en el sistema de escape aguas arriba del convertidor catalítico.

Para más información sobre carburadores retroalimentados, vea, por favor, la Guía de Chilton de inyección de combustible y carburadores retroalimentados.

AJUSTE DEL NIVEL DEL FLOTADOR

Vea la figura correspondiente al Ajuste del nivel del flotador para todos los carburadores. El procedimiento para el E2ME es el mismo, excepto para el ajuste (paso 4 de la figura). Únicamente en el modelo E2ME, si el nivel del flotador es demasiado elevado, sujete firmemente la retención en su posición y empuje hacia abajo en la parte central del flotador, para ajustarlo.

Si el nivel del flotador es demasiado bajo en el

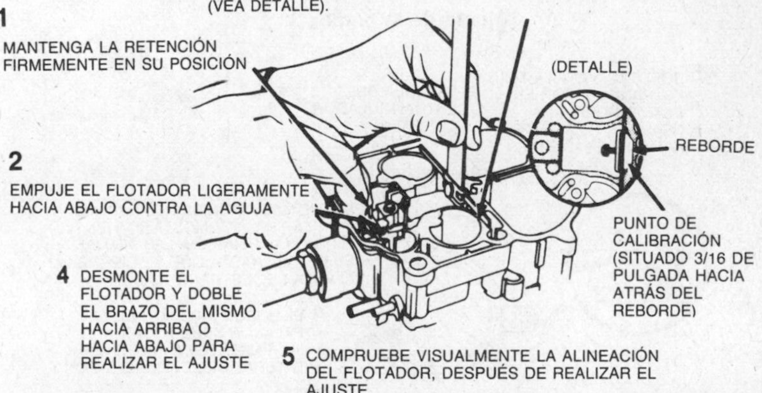
3 GALGUE LA DISTANCIA ENTRE LA PARTE SUPERIOR DE LA PARED DE FUNDICIÓN A LA PARTE SUPERIOR DEL FLOTADOR —EL PUNTO DE CALIBRADO DEBE QUEDAR A UNA DISTANCIA DE 3/16 DE PULGADA HACIA ATRÁS DESDE EL EXTREMO DEL FLOTADOR AL REBORDE (VEA DETALLE).
1 MANTENGA LA RETENCIÓN FIRMEMENTE EN SU POSICIÓN
(DETALLE)
REBORDE
2 EMPUJE EL FLOTADOR LIGERAMENTE HACIA ABAJO CONTRA LA AGUJA
PUNTO DE CALIBRACIÓN (SITUADO 3/16 DE PULGADA HACIA ATRÁS DEL REBORDE)
4 DESMONTE EL FLOTADOR Y DOBLE EL BRAZO DEL MISMO HACIA ARRIBA O HACIA ABAJO PARA REALIZAR EL AJUSTE
5 COMPRUEBE VISUALMENTE LA ALINEACIÓN DEL FLOTADOR, DESPUÉS DE REALIZAR EL AJUSTE

Ajuste típico del nivel del flotador, en los modelos 2MC, M2MC, M2ME y E2ME

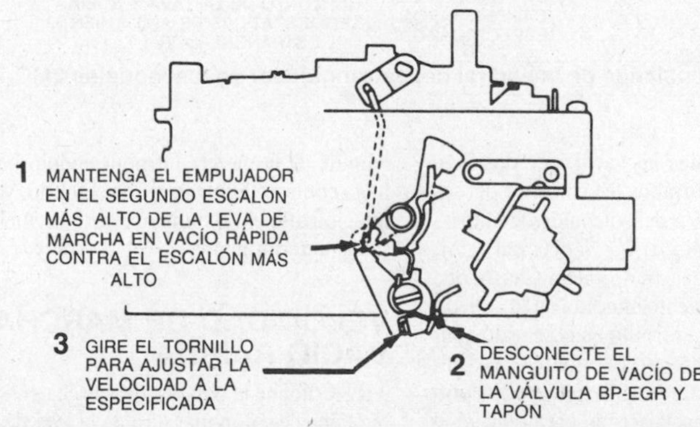
1 MANTENGA EL EMPUJADOR EN EL SEGUNDO ESCALÓN MÁS ALTO DE LA LEVA DE MARCHA EN VACÍO RÁPIDA CONTRA EL ESCALÓN MÁS ALTO
3 GIRE EL TORNILLO PARA AJUSTAR LA VELOCIDAD A LA ESPECIFICADA
2 DESCONECTE EL MANGUITO DE VACÍO DE LA VÁLVULA BP-EGR Y TAPÓN

Ajuste típico de la velocidad de marcha en vacío rápida, en los modelos M2MC y E2ME

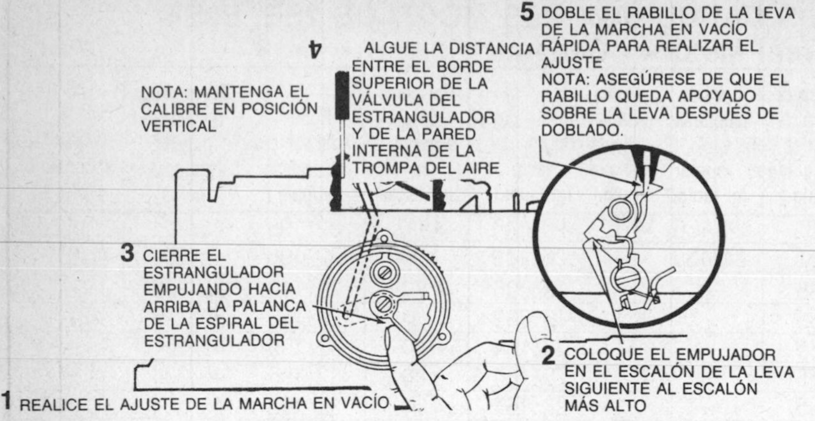
5 DOBLE EL RABILLO DE LA LEVA DE LA MARCHA EN VACÍO RÁPIDA PARA REALIZAR EL AJUSTE
NOTA: ASEGÚRESE DE QUE EL RABILLO QUEDA APOYADO SOBRE LA LEVA DESPUÉS DE DOBLADO.
4 ALGUE LA DISTANCIA ENTRE EL BORDE SUPERIOR DE LA VÁLVULA DEL ESTRANGULADOR Y DE LA PARED INTERNA DE LA TROMPA DEL AIRE
NOTA: MANTENGA EL CALIBRE EN POSICIÓN VERTICAL
3 CIERRE EL ESTRANGULADOR EMPUJANDO HACIA ARRIBA LA PALANCA DE LA ESPIRAL DEL ESTRANGULADOR
2 COLOQUE EL EMPUJADOR EN EL ESCALÓN DE LA LEVA SIGUIENTE AL ESCALÓN MÁS ALTO
1 REALICE EL AJUSTE DE LA MARCHA EN VACÍO

Ajuste típico de la leva de la marcha en vacío rápida, en los modelos 2MC, M2MC, M2ME y E2ME

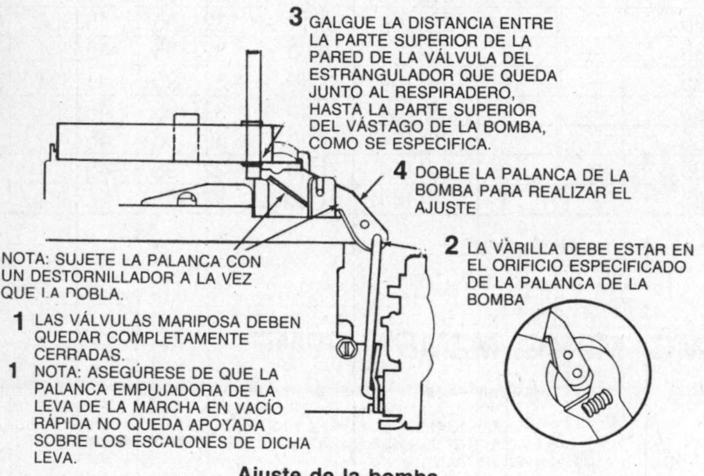
3 GALGUE LA DISTANCIA ENTRE LA PARTE SUPERIOR DE LA PARED DE LA VÁLVULA DEL ESTRANGULADOR QUE QUEDA JUNTO AL RESPIRADERO, HASTA LA PARTE SUPERIOR DEL VÁSTAGO DE LA BOMBA, COMO SE ESPECIFICA.
4 DOBLE LA PALANCA DE LA BOMBA PARA REALIZAR EL AJUSTE
NOTA: SUJETE LA PALANCA CON UN DESTORNILLADOR A LA VEZ QUE LA DOBLA.
2 LA VARILLA DEBE ESTAR EN EL ORIFICIO ESPECIFICADO DE LA PALANCA DE LA BOMBA
1 LAS VÁLVULAS MARIPOSA DEBEN QUEDAR COMPLETAMENTE CERRADAS.
1 NOTA: ASEGÚRESE DE QUE LA PALANCA EMPUJADORA DE LA LEVA DE LA MARCHA EN VACÍO RÁPIDA NO QUEDA APOYADA SOBRE LOS ESCALONES DE DICHA LEVA.

Ajuste de la bomba

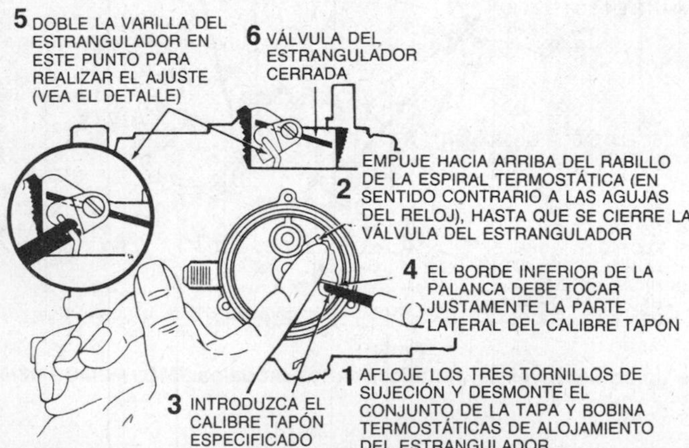
5 DOBLE LA VARILLA DEL ESTRANGULADOR EN ESTE PUNTO PARA REALIZAR EL AJUSTE (VEA EL DETALLE)
6 VÁLVULA DEL ESTRANGULADOR CERRADA
2 EMPUJE HACIA ARRIBA DEL RABILLO DE LA ESPIRAL TERMOSTÁTICA (EN SENTIDO CONTRARIO A LAS AGUJAS DEL RELOJ), HASTA QUE SE CIERRE LA VÁLVULA DEL ESTRANGULADOR
4 EL BORDE INFERIOR DE LA PALANCA DEBE TOCAR JUSTAMENTE LA PARTE LATERAL DEL CALIBRE TAPÓN
3 INTRODUZCA EL CALIBRE TAPÓN ESPECIFICADO
1 AFLOJE LOS TRES TORNILLOS DE SUJECIÓN Y DESMONTE EL CONJUNTO DE LA TAPA Y BOBINA TERMOSTÁTICAS DE ALOJAMIENTO DEL ESTRANGULADOR.

Ajuste típico de la palanca de la espiral del estrangulador en los modelos 2MC, M2MC, M2ME y E2MC.

modelo E2ME, extraiga las varillas de dosificación. Desmonte los tornillos del conector del solenoide. Gire el tornillo del solenoide de la mezcla pobre en el sentido de las agujas del reloj, contando el número exacto de vueltas, hasta que el tornillo esté ligeramente hundido en la cubeta. A continuación gire el tornillo en el sentido contrario a las agujas del reloj y desmóntelo. Extraiga el solenoide y el conector. Desmonte el flotador y doble el brazo hacia arriba, para realizar el ajuste. Monte las piezas, monte el tornillo del solenoide de la mezcla introduciéndolo hasta que haga contacto ligeramente en el fondo, y a continuación aflójelo el número exacto de vueltas contadas anteriormente.

VELOCIDAD DE MARCHA EN VACÍO RÁPIDA

1. Coloque la palanca de marcha en vacío rápida en el escalón más alto de la leva de marcha en vacío rápida.

2. Extraiga el tornillo de marcha en vacío rápida hasta que las válvulas mariposa queden cerradas.

3. Apriete el tornillo hasta que entre en contacto con la palanca y a continuación apriételo el número de vueltas especificado. Compruebe este ajuste preliminar comparándolo con el valor especificado en la etiqueta adhesiva situada bajo el capó.

AJUSTE DE LA LEVA DE MARCHA EN VACÍO RÁPIDA (VARILLA DEL ESTRANGULADOR)

1. Ajuste la velocidad de marcha en vacío.

2. Coloque la palanca del empujador de la leva en el segundo escalón de la leva de marcha en vacío rápida, sujetándolo firmemente contra el lado de ascenso del escalón más alto.

3. Cierre la válvula del estrangulador presionando hacia arriba sobre la palanca de la espiral termostática situada dentro de la carcasa del mismo, empujando hacia arriba del rabillo de la palanca del ruptor del vacío.

4. Mida la distancia entre el borde superior de la válvula del estrangulador y la parte interna de la pared de la trompa del aire.

5. Doble el rabillo de la leva de marcha en vacío rápida, para ajustar.

AJUSTE DE LA BOMBA

Este ajuste no es necesario en los carburadores E2ME que van montados junto con los sistemas controlados por computador.

1. Con el empujador de la leva de marcha en vacío rápida, apartado de los escalones de la leva de marcha en vacío rápida, extraiga el tornillo de la marcha en vacío, hasta que las válvulas mariposa queden completamente cerradas.

2. Coloque la varilla de la bomba en el orificio correspondiente de la palanca.

3. Mida la distancia entre la parte superior de la pared de la válvula del estrangulador, junto al conducto de la válvula de descarga, hasta la parte superior del vástago de la bomba.

4. Doble la palanca de la válvula, para realizar el ajuste.

AJUSTE DE LA PALANCA DE LA ESPIRAL TERMOSTÁTICA DEL ESTRANGULADOR

1. Desmonte la tapa del estrangulador y espiral termostática de la carcasa del mismo. En los modelos en los que la tapa del estrangulador está remachada, extraiga los remaches y desmonte la tapa. Para montarlo de nuevo será necesario disponer de un juego de tapas de estator.

2. Empuje hacia arriba el rabillo de la espiral termostática (en el sentido contrario a las agujas del reloj) hasta que quede cerrada la válvula del estrangulador. La parte superior de la varilla del estrangulador debe estar en el fondo de la ranura existente de la palanca de la válvula del estrangulador. Coloque el empujador de la leva de marcha en vacío rápida en el escalón más alto de la misma.

3. Introduzca un calibre de tipo tampón de 0.120 pulgadas, en el orificio de la carcasa del estrangulador.

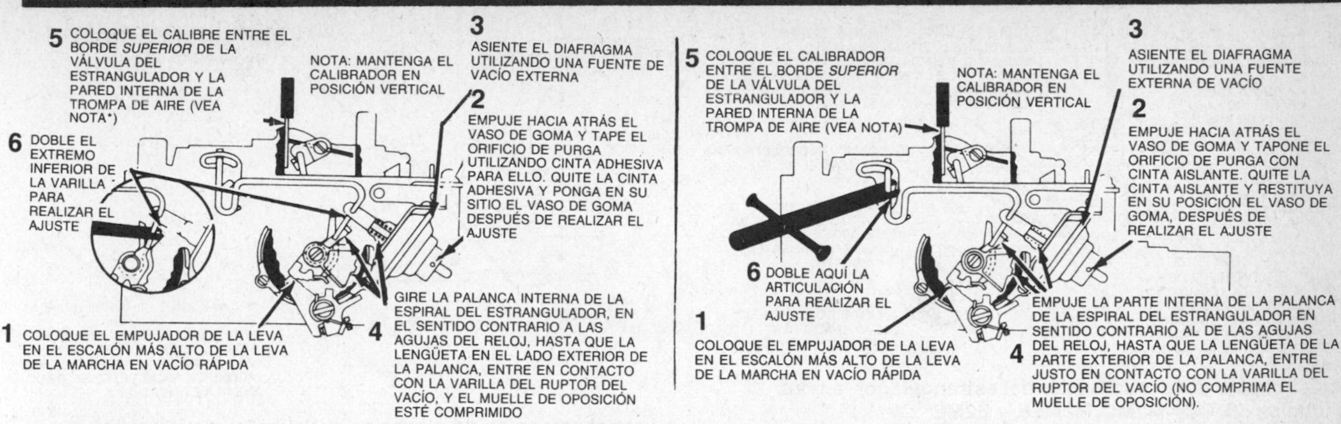

Posicionado del ruptor del vacío *rico* en el modelo 2MC **Ajuste de la posición del ruptor del vacío *pobre* en el modelo 2MC**

4. El borde inferior de la palanca de la bobina termostática del estrangulador debe tocar justamente a la parte lateral del calibre tampón.

5. Doble la varilla del estrangulador, para realizar el ajuste.

AJUSTE DEL RUPTOR DEL VACÍO DE EMPOBRECIMIENTO/ ENRIQUECIMIENTO, EN LOS MODELOS 2MC

1. Coloque el empujador de la leva en el escalón más alto de la leva de marcha en vacío rápida.

2. Asiente el diafragma del ruptor del vacío, utilizando una fuente externa de vacío. Recubra con cinta aislante el orificio de purga, si existe, por debajo de la tapa de goma del diafragma.

3. Desmonte la tapa del estrangulador y la espiral termostática, y tire hacia arriba de la palanca de la espiral, por dentro de la carcasa del estrangulador, hasta que el rabillo de la palanca del ruptor del vacío, entre en contacto con el rabillo del vástago del émbolo del ruptor del vacío. No comprima el muelle de oposición que sirve para el ajuste de empobrecimiento. Comprima el muelle de aparición para realizar el ajuste de enriquecimiento.

4. Con la varilla del estrangulador apoyada en el fondo de la ranura existente en la palanca del mismo, mida la distancia entre el extremo superior de la válvula del estrangulador y la pared interna de la trompa de aire.

5. Doble la varilla del reenvío en el vástago del émbolo del ruptor del vacío, para ajustar el punto de enriquecimiento. Doble la varilla del reenvío en el extremo inferior del diafragma, para ajustar la posición de empobrecimiento.

AJUSTE DEL RUPTOR DEL VACÍO DELANTERO/TRASERO

Modelos M2MC, M2ME y E2ME (1980)

1. Asiente el diafragma delantero utilizando una fuente externa de vacío. Si existe un orificio para la purga del aire en el diafragma, cúbralo con cinta adhesiva.

2. Desmonte la tapa y la espiral termostática del estrangulador. Gire la palanca interna de la bobina termostática en el sentido de las agujas del reloj. En los modelos en los que la tapa del estran-

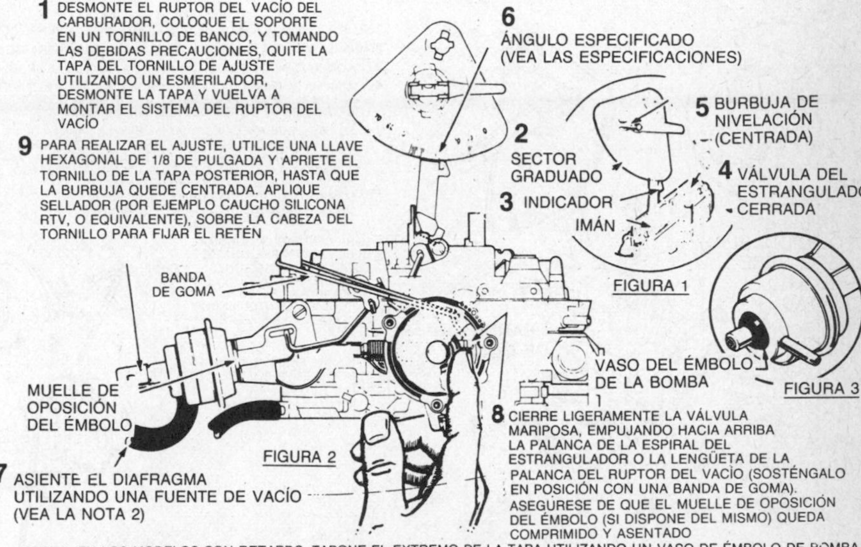

1 DESMONTE EL RUPTOR DEL VACÍO DEL CARBURADOR, COLOQUE EL SOPORTE EN UN TORNILLO DE BANCO, Y TOMANDO LAS DEBIDAS PRECAUCIONES, QUITE LA TAPA DEL TORNILLO DE AJUSTE UTILIZANDO UN ESMERILADOR, DESMONTE LA TAPA Y VUELVA A MONTAR EL SISTEMA DEL RUPTOR DEL VACÍO
9 PARA REALIZAR EL AJUSTE, UTILICE UNA LLAVE HEXAGONAL DE 1/8 DE PULGADA Y APRIETE EL TORNILLO DE LA TAPA POSTERIOR, HASTA QUE LA BURBUJA QUEDE CENTRADA. APLIQUE SELLADOR (POR EJEMPLO CAUCHO SILICONA RTV, O EQUIVALENTE), SOBRE LA CABEZA DEL TORNILLO PARA FIJAR EL RETÉN
6 ÁNGULO ESPECIFICADO (VEA LAS ESPECIFICACIONES)
5 BURBUJA DE NIVELACIÓN (CENTRADA)
2 SECTOR GRADUADO
4 VÁLVULA DEL ESTRANGULADOR CERRADA
3 INDICADOR
IMÁN
FIGURA 1
BANDA DE GOMA
VASO DEL ÉMBOLO DE LA BOMBA
FIGURA 3
MUELLE DE OPOSICIÓN DEL ÉMBOLO
FIGURA 2
8 CIERRE LIGERAMENTE LA VÁLVULA MARIPOSA, EMPUJANDO HACIA ARRIBA LA PALANCA DE LA ESPIRAL DEL ESTRANGULADOR O LA LENGÜETA DE LA PALANCA DEL RUPTOR DEL VACÍO (SOSTÉNGALO EN POSICIÓN CON UNA BANDA DE GOMA). ASEGÚRESE DE QUE EL MUELLE DE OPOSICIÓN DEL ÉMBOLO (SI DISPONE DEL MISMO) QUEDA COMPRIMIDO Y ASENTADO
7 ASIENTE EL DIAFRAGMA UTILIZANDO UNA FUENTE DE VACÍO (VEA LA NOTA 2)
NOTA 2: EN LOS MODELOS CON RETARDO, TAPONE EL EXTREMO DE LA TAPA UTILIZANDO UN VASO DE ÉMBOLO DE BOMBA DE ACELERADOR DEL TIPO 2G (FIGURA 3), O EQUIVALENTE. ASIENTE EL DIAFRAGMA DE VACÍO, ASEGURÁNDOSE DE QUE VACÍO ESTÁ POR ENCIMA DE 5 PULGADAS DE COLUMNA DE MERCURIO (Hg), CUANDO LEA EL CALIBRADOR (PASO 9). DESMONTE EL VASO DESPUÉS DE REALIZAR EL AJUSTE.
NOTA 1: REALICE EL AJUSTE DE LA PALANCA DE LA ESPIRAL DEL ESTRANGULADOR, Y EL AJUSTE DEL RÉGIMEN EN VACÍO. NO DESMONTE LOS REMACHES Y TAPA DEL ESTRANGULADOR. PARA REALIZAR ESTE AJUSTE, COLOQUE UNA BANDA DE GOMA SOBRE LA LENGÜETA DE LA PALANCA DEL RUPTOR DEL VACÍO, PARA MANTENER CERRADA LA VÁLVULA DEL ESTRANGULADOR (PASO 8)

Ajuste del ruptor del vacío trasero, en los modelos E2ME de 1981-82

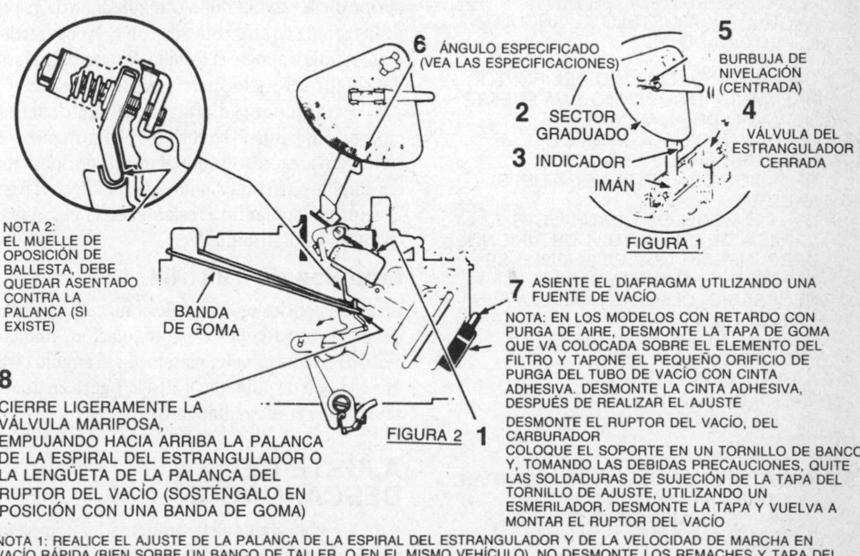

Ajuste del ruptor del vacío delantero, en el modelo E2ME de 1981-82

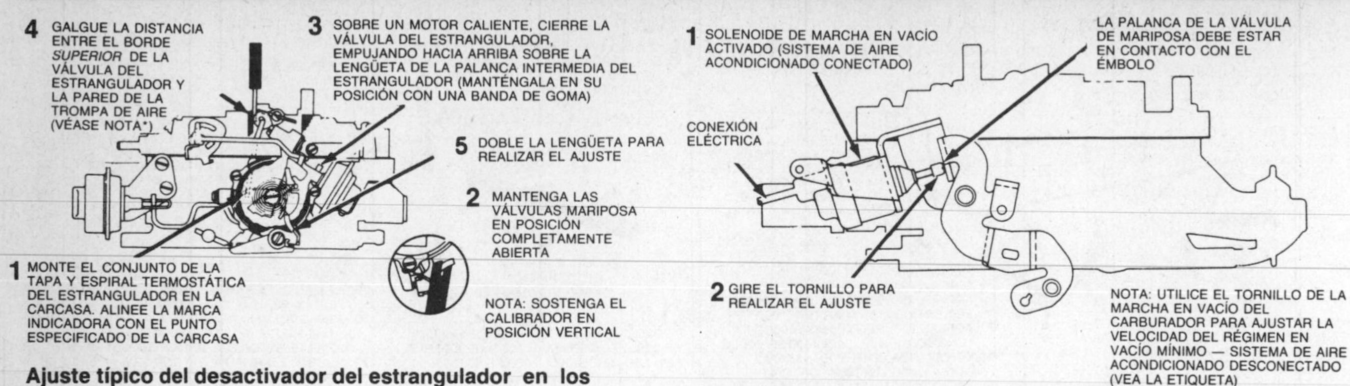
4 GALGUE LA DISTANCIA ENTRE EL BORDE *SUPERIOR* DE LA VÁLVULA DEL ESTRANGULADOR Y LA PARED DE LA TROMPA DE AIRE (VÉASE NOTA*)
3 SOBRE UN MOTOR CALIENTE, CIERRE LA VÁLVULA DEL ESTRANGULADOR, EMPUJANDO HACIA ARRIBA SOBRE LA LENGÜETA DE LA PALANCA INTERMEDIA DEL ESTRANGULADOR (MANTÉNGALA EN SU POSICIÓN CON UNA BANDA DE GOMA)
5 DOBLE LA LENGÜETA PARA REALIZAR EL AJUSTE
2 MANTENGA LAS VÁLVULAS MARIPOSA EN POSICIÓN COMPLETAMENTE ABIERTA
1 MONTE EL CONJUNTO DE LA TAPA Y ESPIRAL TERMOSTÁTICA DEL ESTRANGULADOR EN LA CARCASA. ALINEE LA MARCA INDICADORA CON EL PUNTO ESPECIFICADO DE LA CARCASA
NOTA: SOSTENGA EL CALIBRADOR EN POSICIÓN VERTICAL
1 SOLENOIDE DE MARCHA EN VACÍO ACTIVADO (SISTEMA DE AIRE ACONDICIONADO CONECTADO)
LA PALANCA DE LA VÁLVULA DE MARIPOSA DEBE ESTAR EN CONTACTO CON EL ÉMBOLO
CONEXIÓN ELÉCTRICA
2 GIRE EL TORNILLO PARA REALIZAR EL AJUSTE
NOTA: UTILICE EL TORNILLO DE LA MARCHA EN VACÍO DEL CARBURADOR PARA AJUSTAR LA VELOCIDAD DEL RÉGIMEN EN VACÍO MÍNIMO — SISTEMA DE AIRE ACONDICIONADO DESCONECTADO (VEA LA ETIQUETA)

Ajuste típico del desactivador del estrangulador en los modelos 2MCC, M2MC, M2MEE y E2ME

Ajuste el solenoide de elevación de la marcha en vacío al conectar el acondicionador de aire

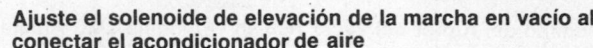

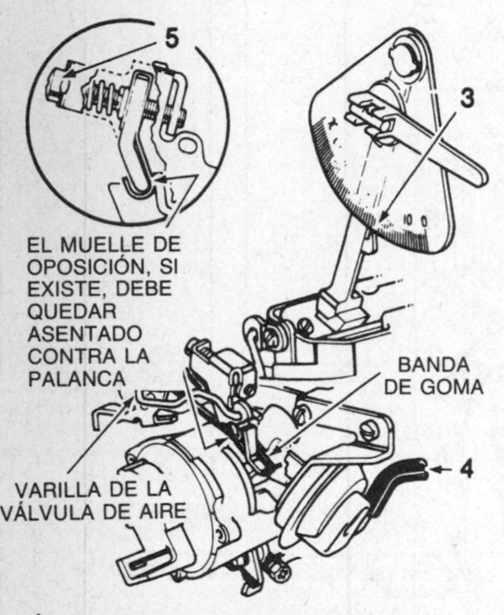
5
3
EL MUELLE DE OPOSICIÓN, SI EXISTE, DEBE QUEDAR ASENTADO CONTRA LA PALANCA
BANDA DE GOMA
VARILLA DE LA VÁLVULA DE AIRE
4

1 SUJETE CON UNA BANDA DE GOMA LA LENGÜETA VERDE DEL EJE INTERMEDIO DEL ESTRANGULADOR

2 ABRA LA VÁLVULA DE MARIPOSA PARA QUE PUEDA CERRARSE LA VÁLVULA DEL ESTRANGULADOR

3 POSICIONE EL MEDIDOR DE ÁNGULOS Y AJÚSTELO AL ÁNGULO ESPECIFICADO

4 COMPRIMA EL ÉMBOLO DEL RUPTOR DEL VACÍO, UTILIZANDO UNA FUENTE DE VACÍO DE AL MENOS 18 PULGADAS DE COLUMNA DE MERCURIO (Hg). TAPONE LOS ORIFICIOS DE PURGA DEL AIRE, SI EXISTEN
EN LOS MODELOS QUADRAJETS, LA VARILLA DE LA VÁLVULA DE AIRE NO DEBE IMPEDIR QUE EL ÉMBOLO SE RETIRE TOTALMENTE. SI ES NECESARIO, DOBLE LA VARILLA (VEA LA FLECHA) PARA QUE EL ÉMBOLO PUEDA LLEGAR AL FINAL DE SU RECORRIDO. UNA VEZ AJUSTADO EL DEL RUPTOR DEL VACÍO, DEBE AJUSTAR LA SEPARACIÓN DEL FINAL DE LA VARILLA

5 AJUSTE EL TORNILLO PARA CENTRAR LA BURBUJA, MANTENIENDO UN VACÍO DE AL MENOS 18 PULGADAS DE COLUMNA DE MERCURIO

Ajuste del ruptor del vacío delantero en el modelo E2ME de 1983 y posteriores

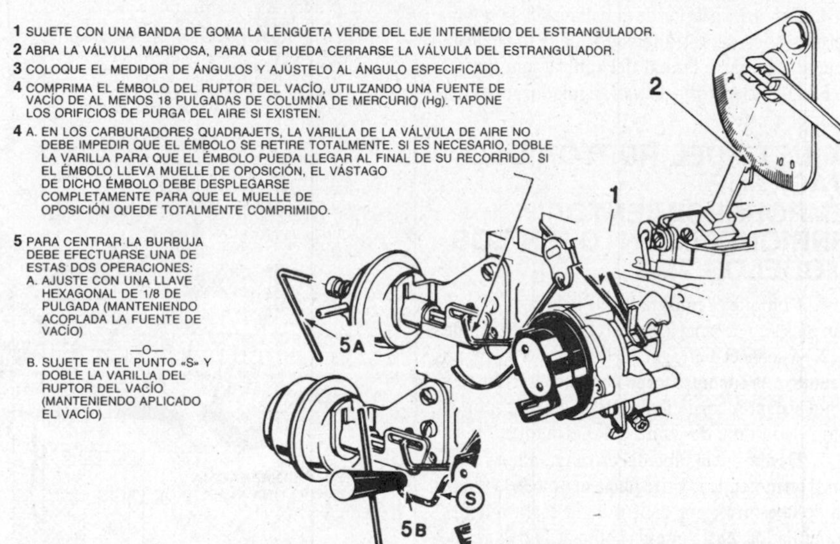
1 SUJETE CON UNA BANDA DE GOMA LA LENGÜETA VERDE DEL EJE INTERMEDIO DEL ESTRANGULADOR.
2 ABRA LA VÁLVULA MARIPOSA, PARA QUE PUEDA CERRARSE LA VÁLVULA DEL ESTRANGULADOR.
3 COLOQUE EL MEDIDOR DE ÁNGULOS Y AJÚSTELO AL ÁNGULO ESPECIFICADO.
4 COMPRIMA EL ÉMBOLO DEL RUPTOR DEL VACÍO, UTILIZANDO UNA FUENTE DE VACÍO DE AL MENOS 18 PULGADAS DE COLUMNA DE MERCURIO (Hg). TAPONE LOS ORIFICIOS DE PURGA DEL AIRE SI EXISTEN.
4 A. EN LOS CARBURADORES QUADRAJETS, LA VARILLA DE LA VÁLVULA DE AIRE NO DEBE IMPEDIR QUE EL ÉMBOLO SE RETIRE TOTALMENTE. SI ES NECESARIO, DOBLE LA VARILLA PARA QUE EL ÉMBOLO PUEDA LLEGAR AL FINAL DE SU RECORRIDO. SI EL ÉMBOLO LLEVA MUELLE DE OPOSICIÓN, EL VÁSTAGO DE DICHO ÉMBOLO DEBE DESPLEGARSE COMPLETAMENTE PARA QUE EL MUELLE DE OPOSICIÓN QUEDE TOTALMENTE COMPRIMIDO.
5 PARA CENTRAR LA BURBUJA DEBE EFECTUARSE UNA DE ESTAS DOS OPERACIONES:
A. AJUSTE CON UNA LLAVE HEXAGONAL DE 1/8 DE PULGADA (MANTENIENDO ACOPLADA LA FUENTE DE VACÍO)
—O—
B. SUJETE EN EL PUNTO «S» Y DOBLE LA VARILLA DEL RUPTOR DEL VACÍO (MANTENIENDO APLICADO EL VACÍO)
2
1
5A
5B
S

Ajuste del ruptor del vacío trasero, en el modelo E2ME de 1982 y posteriores

gulador está remachada, empuje hacia arriba el rabillo de la palanca del ruptor del vacío, y sosténgala en esta posición con una banda de goma.

3. Compruebe que el espacio entre la parte superior de la válvula del estrangulador y la pared de la trompa de aire coincide con el especificado.

4. Afloje o apriete el tornillo delantero de ajuste del ruptor del vacío, para realizar el ajuste.

5. Para ajustar el diafragma del ruptor del vacío, siga los pasos 1-3 aplicados al diafragma trasero, pero asegúrese de que el muelle de oposición del émbolo está comprimido y asentado en el paso 2. Ajústelo doblando el eslabón en la curva más cercana del diafragma.

Modelos de 1981-84

En estos modelos se debe utilizar un calibre de medición de la válvula de estrangulación, número J-26701, o equivalente, para medir el ángulo (grados en lugar de pulgadas). Vea la figura en donde se describe el procedimiento.

AJUSTE DEL DESCARGADOR

1. Con la válvula del estrangulador completamente cerrada, sostenga las válvulas mariposa en posición completamente abierta.

2. Mida la distancia entre el borde superior de la válvula del estrangulador y la pared de la trompa de aire.

3. Doble el rabillo de la palanca de marcha en vacío rápida, para obtener la medida correcta.

AJUSTE DEL SOLENOIDE DE AUMENTO DE LA VELOCIDAD DE MARCHA EN VACÍO CON AIRE ACONDICIONADO

1. Con el motor a la temperatura normal de funcionamiento y el sistema de aire acondicionado conectado y con el conductor del embrague del compresor desconectado, el solenoide debe estar eléctricamente activado (el vástago del émbolo debe estar desplegado). Abra ligeramente la válvula de mariposa para permitir que el émbolo del solenoide se despliegue completamente.

2. Ajuste el tornillo del émbolo para obtener la velocidad de marcha en vacío especificada.

3. Desconecte el acondicionador de aire. El émbolo del solenoide debe alejarse del rabillo de la palanca de la válvula mariposa.

4. Ajuste la velocidad de marcha en vacío mínima con el tornillo de marcha en vacío, si es necesario.

NOTA: No lo ajuste si el carburador está controlado por computador

ESPECIFICACIONES DE LOS CARBURADORES MODELOS 2MC, M2MC, M2ME, E2ME
General Motors - Estados Unidos de América

Año	Identificación del carburador ①	Nivel del flotador (pulg.)	Varilla del estrangulador (pulg.)	Descargador del estrangulador (pulg.)	Ruptor del vacío. De empobrecimiento o delantero (grados/pulg.)	Ruptor del vacío. De enriquecimiento o trasero (grados/pulg.)	Varilla de la bomba (pulg.)	Palanca de la espiral termostática del estrangulador (pulg.)	Estrangulador automático (muescas)
'80	17080108, 110 17080130, 131	3/8	.243	.243	.142	—	5/16 ②	.120	Fijo
	17080132, 133, 147, 148, 149	5/16	.243	.243	.142	—	5/16 ②	.120	Fijo
	17080138, 140	3/8	.243	.243	.142	—	5/16 ②	.120	Fijo
	17080150, 152, 153	3/8	.071	.220	.243	.157	11/32 ③	.120	Fijo
	17080160	5/16	.110	.243	.168	.207	1/4 ②	.120	Fijo
	17080190, 192	9/32	.074	.243	.123	.110	1/4 ②	.120	Fijo
	17080191	11/32	.139	.243	.096	.096	1/4 ②	.120	Fijo
	17080195, 197	9/32	.139	.243	.103	.071	1/4 ②	.120	Fijo
	17080490, 492	5/16	.139	.243	.117	.203	1/4 ②	.120	Fijo
	17080491	5/16	.139	.243	.117	.220	1/4 ②	.120	Fijo
	17080493, 495	5/16	.139	.243	.117	.179	3/8	.120	Fijo
	17080494	5/16	.139	.243	.117	.179	1/4 ②	.120	Fijo
	17080496, 498	5/16	.139	.243	.117	.203	Fijo	.120	Fijo
'81	17080185, 187	9/32	.139	.243	19/.103	14/.071	1/4 ②	.120	Fijo
	17080191	11/32	.139	.243	18/.096	18/.096	1/4 ②	.120	Fijo
	17081130, 131, 132, 133	11/32	.110	.243	25/.142	—	Fijo	.120	Fijo
	17081138, 140	11/32	.110	.260	25/.142	—	Fijo	.120	Fijo
	17081150, 152	13/32	.071	.220	24/.136	36/.227	Fijo	.120	Fijo
	17081160	11/32	.074	.220	24/.136	37/.234	④	.120	Fijo
	17081196	5/16	.139	.243	28/.164	24/.136	④	.120	Fijo
	17081190, 193	5/16	.139	.243	21/.117	31/.187	Fijo	.120	Fijo
	17081191, 194	5/16	.139	.243	28/.164	24/.136	④	.120	Fijo
	17081198	3/8	.139	.243	28/.164	24/.136	④	.120	Fijo
	17081192, 197	5/16	.139	.243	21/.117	30/.179	④	.120	Fijo
	17081199	3/8	.096	.243	18/.096	24/.136	Fijo	.120	Fijo
'82	17082130, 132, 138, 140	3/8	.110	.164	27/.157	—	④	④	Fijo
	17082150	13/32	.071	.220	24/.136	38/.243 ⑤	④	④	Fijo
	17082182, 184	5/16	.096	.195	28/.164	24/.136	④	④	Fijo
	17082192, 194	5/16	.096	.195	28/.164	24/.136	④	④	Fijo
	17082196	5/16	.096	.157	21/.117	19/.103	④	④	Fijo
	17082497	5/16	.113	.195	28/.164	24/.136	④	.120	Fijo
'83	17082130, 132	3/8	.110	.243	27/.157	—	④	.120	Fijo
	17083190, 192	5/16	.096	.195	28/.164	24/.136	④	.120	Fijo
	17083193	5/16	.090	.157	23/.129	28/.164	④	.120	Fijo
	17083194	5/16	.090	.220	27/.157	25/.142	④	.120	Fijo
'84	17082130	3/8	.110	.243	27/.157	None	④	.120	Fijo
	17082132	3/8	.110	.243	27/.157	None	④	.120	Fijo
	17084191	5/16	.096	.195	28/.164	24/.136	④	.120	Fijo
	17084193	5/16	.090	.220	27/.157	25/.142	④	.120	Fijo
	17084194	5/16	.090	.220	27/.157	25/.142	④	.120	Fijo
	17084195	5/16	.090	.220	27/.157	25/.142	④	.120	Fijo
'85	17085190	10/32	.096	.195	28/.164	24/.136	④	.120	Fijo
	17085192	11/32	.090	.220	27/.157	25/.142	④	.120	Fijo
	17085194	11/32	.090	.220	27/.157	25/.142	④	.120	Fijo
'86	17086190	10/32	.096	.195	28/.164	24/.136	④	.120	Fijo

① El número de identificación del carburador va estampado en la cubeta del flotador, junto a la tuerca de la entrada de combustible.
② Orificio interno
③ Orificio externo
④ No ajustable
⑤ Altitud elevada - 0.206

ESPECIFICACIONES DE LOS CARBURADORES MODELOS eMC, M2MC, E2ME, EªME
General Motors - Canadá

Año	Identificación del carburador ①	Nivel del flotador (pulg.)	Varilla del estrangulador (pulg.)	Descargador del estrangulador (pulg.)	Ruptor del vacío. De empobrecimiento o delantero (grados/pulg.)	Ruptor del vacío. De enriquecimiento o trasero (grados/pulg.)	Varilla de la bomba (pulg.)	Palanca de la espiral termostática del estrangulador (pulg.)	Estrangulador automático (muescas)
'81	17080191	11/32	.139	.243	18/.096	18/.096	1/4 ②	.120	Fijo
	17081492	9/32	.139	.243	17/.090	19/.103	1/4 ②	.120	Fijo
	17081493	9/32	.139	.243	17/.090	19/.103	1/4 ②	.120	Fijo
	17081170	13/32	.110	.243	25/.142	—	1/4 ②	.120	Fijo
	17081171	13/32	.110	.243	25/.142	—	1/4 ②	.120	Fijo
	17081174	9/32	.110	.243	25/.142	—	1/4 ②	.120	Fijo
	17081175	9/32	.110	.243	25/.142	—	1/4 ②	.120	Fijo
'82	17082174	9/32	.110	.243	25/.142	—	5/16 ②	.120	Fijo
	17082175	9/32	.110	.243	25/.142	—	5/16 ②	.120	Fijo
	17082492	9/32	.139	.243	17/.090	19/.103	1/4 ②	.120	Fijo
	17082172	9/32	.110	.243	25/.142	—	5/16 ②	.120	Fijo
	17082173	9/32	.110	.243	25/.142	—	5/16 ②	.120	Fijo
'83–'84	17083172	9/32	.139	.243	17/.090	19/.103	1/4 ②	.120	Fijo
'85	17085170	9/32	.139	.243	17/.090	19/.103	9/32 ②	.120	Fijo
'86	17086170	9/32	.139	.243	17/.090	19/.103	9/32 ②	.120	Fijo

① El número de identificación del carburador va estampado en la cubeta del flotador, junto a la tuerca de la entrada de combustible
② Orificio interno

Quadrajet

El carburador Rochester Quadrajet es un carburador de dos etapas y 4 cuerpos, con aspiración invertida. Existen varias versiones que son la 4MC, 4MV, M4MC, M4MCA, M4ME, M4MEA, E4MC y E4ME. Vea el comienzo de la sección Rochester donde se presenta una explicación de todos estos diseños.

El lado primario del carburador está equipado con dos orificios primarios y un venturi triple con boquillas de tubo plano. En régimen diferente al de marcha en vacío y, cuando la válvula mariposa está parcialmente abierta, el combustible se dosifica a través de varillas de dosificación cónicas, que funcionan dentro de surtidores especialmente diseñados, accionados por un pistón que responde al vacío del múltiple.

El lado secundario del carburador contiene dos orificios secundarios. Lleva una válvula de aire que sirve para el control de la dosificación y complementa el orificio primario. La válvula de aire secundaria sirve para accionar las varillas de dosificación cónicas que a su vez regulan el caudal de combustible en proporción constante al aire suministrado.

VELOCIDAD DE MARCHA EN VACÍO RÁPIDA

1. Coloque la palanca de marcha en vacío rápida en el escalón alto de la leva de marcha en vacío rápida.

2. Asegúrese de que estrangulador está totalmente abierto y el motor caliente. Tapone la manguera de vacío del EGR. Desconecte la manguera de vacío que va a la unidad delantera del ruptor del vacío, si existen dos.

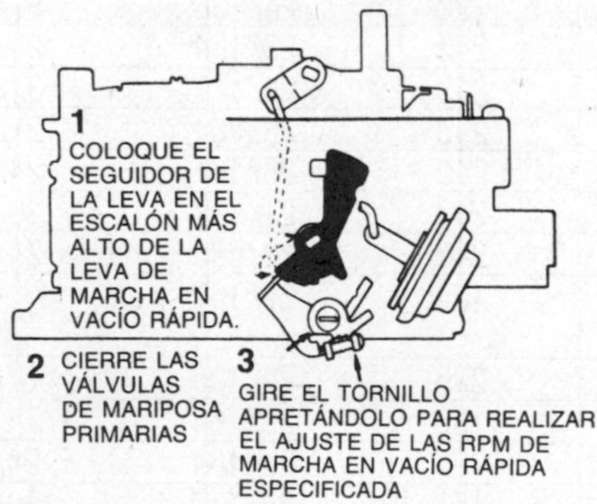
1
COLOQUE EL SEGUIDOR DE LA LEVA EN EL ESCALÓN MÁS ALTO DE LA LEVA DE MARCHA EN VACÍO RÁPIDA.
2
CIERRE LAS VÁLVULAS DE MARIPOSA PRIMARIAS
3
GIRE EL TORNILLO APRETÁNDOLO PARA REALIZAR EL AJUSTE DE LAS RPM DE MARCHA EN VACÍO RÁPIDA ESPECIFICADA

Ajuste de la marcha en vacío rápida en el modelo Quadrajet

3. Realice un ajuste preliminar aflojando el tornillo de marcha en vacío rápida, hasta que se cierren las válvulas mariposa, y a continuación apriételo en el número especificado de vueltas, después de que entre en contacto con la palanca (vea las especificaciones del carburador).

4. Utilice el tornillo de la marcha en vacío rápida, para ajustarlo a la velocidad, y bajo las condiciones especificadas en la etiqueta adhesiva del compartimiento del motor, o en la tabla de especificaciones.

VARILLA DEL ESTRANGULADOR (LEVA DEL RÉGIMEN DE MARCHA EN VACÍO RÁPIDA)

1. Ajuste el régimen en vacío rápido y coloque el empujador de la leva en el segundo escalón de la leva de marcha en vacío rápida, contra el saliente del escalón alto.

2. Cierre la válvula del estrangulador ejerciendo presión sobre la palanca externa del mismo, en el sentido contrario a las agujas del reloj. Desmonte el conjunto de la espiral termostática de la carcasa del estrangulador y presione hacia arriba sobre la palanca de la espiral termostática del estrangulador. En los modelos que disponen de una tapa de estrangulador fija (remachada), empuje hacia arriba sobre el rabillo de la palanca del ruptor del vacío, y manténgala en su posición con una banda de goma.

3. Introduzca un calibre del tamaño correcto, entre el extremo superior de la válvula del estrangulador y la pared interna de la trompa de aire.

4. Para ajustar, doble el rabillo de la leva de marcha en vacío rápida. Asegúrese de que el rabillo queda apoyado contra la leva después de doblarla.

AJUSTE DEL RUPTOR DEL VACÍO PRIMARIO (DELANTERO)

Modelos de 1980-81

1. Asiente el diafragma de vacío delantero, utilizando una fuente externa o de vacío. Si éste dispone de un orificio de purga, cúbralo con cinta adhesiva.

2. Empuje hacia arriba la palanca interna de la espiral del estrangulador, hasta que el rabillo de la palanca del ruptor del vacío, entre en contacto con el rabillo del émbolo del ruptor del vacío. En los modelos en los que la tapa de la espiral termostática del estrangulador está remachada,

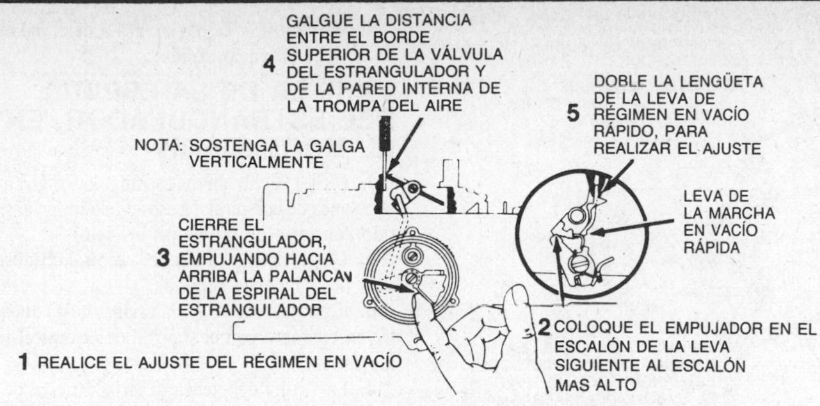
4 GALGUE LA DISTANCIA ENTRE EL BORDE SUPERIOR DE LA VÁLVULA DEL ESTRANGULADOR Y DE LA PARED INTERNA DE LA TROMPA DEL AIRE
NOTA: SOSTENGA LA GALGA VERTICALMENTE
5 DOBLE LA LENGÜETA DE LA LEVA DE RÉGIMEN EN VACÍO RÁPIDO, PARA REALIZAR EL AJUSTE
LEVA DE LA MARCHA EN VACÍO RÁPIDA
3 CIERRE EL ESTRANGULADOR, EMPUJANDO HACIA ARRIBA LA PALANCA DE LA ESPIRAL DEL ESTRANGULADOR
2 COLOQUE EL EMPUJADOR EN EL ESCALÓN DE LA LEVA SIGUIENTE AL ESCALÓN MAS ALTO
1 REALICE EL AJUSTE DEL RÉGIMEN EN VACÍO

Ajuste típico de la varilla del estrangulador (leva del régimen en vacío rápido) del modelo Quadrajet

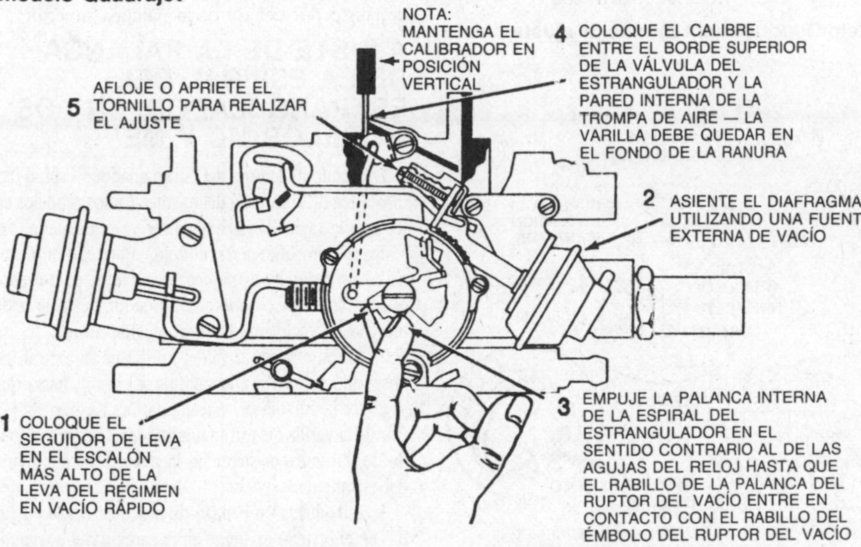
NOTA: MANTENGA EL CALIBRADOR EN POSICIÓN VERTICAL
4 COLOQUE EL CALIBRE ENTRE EL BORDE SUPERIOR DE LA VÁLVULA DEL ESTRANGULADOR Y DE LA PARED INTERNA DE LA TROMPA DE AIRE — LA VARILLA DEBE QUEDAR EN EL FONDO DE LA RANURA
5 AFLOJE O APRIETE EL TORNILLO PARA REALIZAR EL AJUSTE
2 ASIENTE EL DIAFRAGMA UTILIZANDO UNA FUENTE EXTERNA DE VACÍO
1 COLOQUE EL SEGUIDOR DE LEVA EN EL ESCALÓN MÁS ALTO DE LA LEVA DEL RÉGIMEN EN VACÍO RÁPIDO
3 EMPUJE LA PALANCA INTERNA DE LA ESPIRAL DEL ESTRANGULADOR EN EL SENTIDO CONTRARIO AL DE LAS AGUJAS DEL RELOJ HASTA QUE EL RABILLO DE LA PALANCA DEL RUPTOR DEL VACÍO ENTRE EN CONTACTO CON EL RABILLO DEL ÉMBOLO DEL RUPTOR DEL VACÍO

Ajuste típico del ruptor del vacío delantero, en el modelo Quadrajet hasta finales de 1981

1 SUJETE CON UNA BANDA DE GOMA EL RABILLO VERDE DEL EJE INTERMEDIO DEL ESTRANGULADOR

2 ABRA LA VÁLVULA MARIPOSA PARA QUE PUEDA CERRARSE LA VÁLVULA DEL ESTRANGULADOR

3 COLOQUE EL MEDIDOR DE ÁNGULOS Y AJÚSTELO AL ÁNGULO ESPECIFICADO

4 COMPRIMA EL ÉMBOLO DEL RUPTOR DEL VACÍO, UTILIZANDO UNA FUENTE DE VACÍO DE AL MENOS 18 PULGADAS DE Hg. TAPONE LOS ORIFICIOS DE PURGA DEL AIRE, SI EXISTEN
EN LOS MODELOS QUADRAJETS, LA VARILLA DE LA VÁLVULA DE AIRE NO DEBE IMPEDIR QUE EL ÉMBOLO SE COMPRIMA TOTALMENTE. SI ES NECESARIO, DOBLE LA VARILLA (VÉASE LA FLECHA) PARA QUE EL ÉMBOLO PUEDA LLEGAR AL FINAL DE SU RECORRIDO. UNA VEZ AJUSTADO EL RUPTOR DEL VACÍO SE DEBE AJUSTAR LA SEPARACION DEL FINAL DE LA VARILLA

5 AJUSTE EL TORNILLO DE CENTRADO DE LA BURBUJA, MANTENIENDO UN VACÍO DE AL MENOS 18 PULGADAS DE Hg

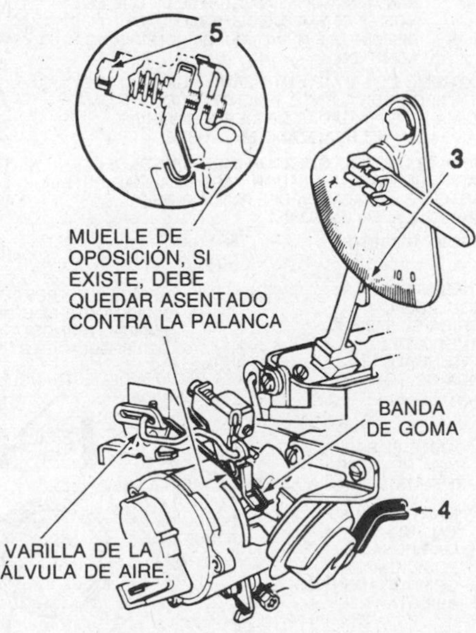
5
3
MUELLE DE OPOSICIÓN, SI EXISTE, DEBE QUEDAR ASENTADO CONTRA LA PALANCA
BANDA DE GOMA
4
VARILLA DE LA VÁLVULA DE AIRE

Ajuste del ruptor del vacío delantero, en el modelo Quadrajet de 1982 y posteriores

empuje hacia arriba del rabillo de la palanca del ruptor del vacío.

3. Coloque el calibre del tamaño adecuado, entre el extremo superior de la válvula del estrangulador y la pared interna de la trompa del aire.

4. Para ajustar, afloje o apriete el tornillo de ajuste de la palanca del émbolo del ruptor del vacío.

5. Monte la manguera de vacío en la unidad del ruptor del vacío.

Modelos de 1982-84

En estos modelos se utiliza un calibre de medición de válvulas de estrangulador, herramienta J-26701, o equivalente, para medir el ángulo (grados en lugar de pulgadas). Vea la figura donde se describe el procedimiento.

AJUSTE DEL RUPTOR DEL VACÍO SECUNDARIO (TRASERO)

Modelos de 1980

1. Cubra con cinta adhesiva el orificio de purga del diafragma del ruptor del vacío trasero, y asiéntelo, utilizando una fuente externa de vacío. Asegúrese de que el muelle de oposición del émbolo del diafragma, si existe, está totalmente comprimido. En los modelos que llevan dispositivo de retardo (de 1980), tapone el extremo de la tapa con un vaso de émbolo de bomba, o equivalente, y desmóntelo después de realizar el ajuste.

2. Cierre el estrangulador empujando hacia arriba la palanca de la espiral termostática del mismo, situada dentro de la carcasa del estrangulador. En los modelos en los que la tapa de la espiral termostática del estrangulador va remachada, empuje hacia arriba del rabillo de la palanca del ruptor del vacío, y utilice una banda de goma para mantenerla en su posición.

3. Con la varilla del estrangulador apoyada en el fondo de la ranura existente en la palanca del mismo, mida la distancia entre el extremo superior de la válvula del estrangulador y la pared de la trompa de aire con un calibre de tipo de alambre.

4. Para ajustar, doble la varilla del ruptor del vacío, en la primera curvatura cercana al diafragma, excepto en los modelos de 1980, que disponen de un tornillo en la parte trasera del diafragma; en estos modelos, apriete o afloje el tornillo para ajustar.

5. Desmonte la tapa que cubre el orificio de purga del diafragma, y conecte la manguera de vacío.

Modelos de 1981-84

En estos modelos, debe utilizar el calibre de medición de la válvula del estrangulador, herramienta número J-26701, o equivalente, para medir el ángulo (grados en lugar de pulgadas). Vea la figura donde se describe el procedimiento.

DESCARGADOR DEL ESTRANGULADOR

1. Empuje hacia arriba la palanca del ruptor del vacío, para cerrar la válvula del estrangulador, y abrir completamente las válvulas mariposa.

2. Mida la distancia entre el borde superior de la válvula del estrangulador y la pared de la trompa de aire.

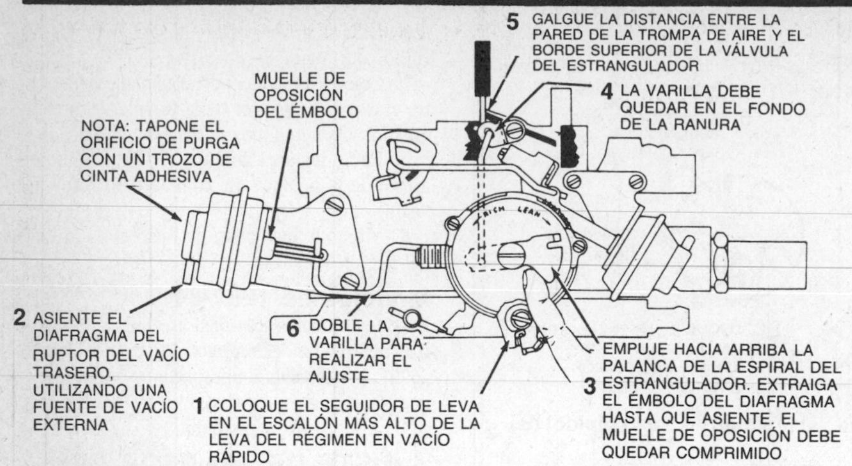
5 GALGUE LA DISTANCIA ENTRE LA PARED DE LA TROMPA DE AIRE Y EL BORDE SUPERIOR DE LA VÁLVULA DEL ESTRANGULADOR
MUELLE DE OPOSICIÓN DEL ÉMBOLO
4 LA VARILLA DEBE QUEDAR EN EL FONDO DE LA RANURA
NOTA: TAPONE EL ORIFICIO DE PURGA CON UN TROZO DE CINTA ADHESIVA
RICH
LEAN
2 ASIENTE EL DIAFRAGMA DEL RUPTOR DEL VACÍO TRASERO, UTILIZANDO UNA FUENTE DE VACÍO EXTERNA
6 DOBLE LA VARILLA PARA REALIZAR EL AJUSTE
EMPUJE HACIA ARRIBA LA PALANCA DE LA ESPIRAL DEL
3 ESTRANGULADOR. EXTRAIGA EL ÉMBOLO DEL DIAFRAGMA HASTA QUE ASIENTE. EL MUELLE DE OPOSICIÓN DEBE QUEDAR COMPRIMIDO
1 COLOQUE EL SEGUIDOR DE LEVA EN EL ESCALÓN MÁS ALTO DE LA LEVA DEL RÉGIMEN EN VACÍO RÁPIDO

Ajuste del ruptor del vacío trasero, en el modelo Quadrajet (sin tornillo de ajuste) hasta finales de 1980

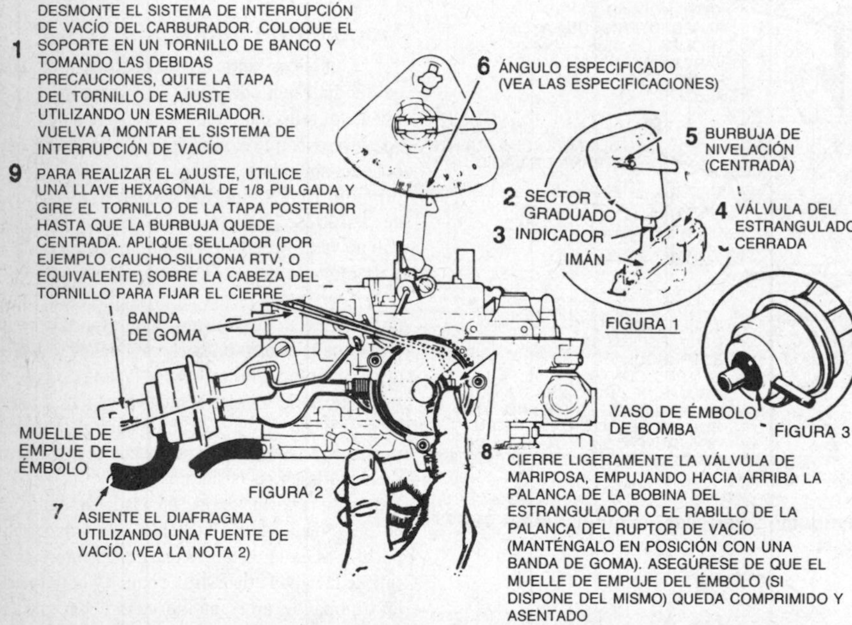
1 DESMONTE EL SISTEMA DE INTERRUPCIÓN DE VACÍO DEL CARBURADOR. COLOQUE EL SOPORTE EN UN TORNILLO DE BANCO Y TOMANDO LAS DEBIDAS PRECAUCIONES, QUITE LA TAPA DEL TORNILLO DE AJUSTE UTILIZANDO UN ESMERILADOR. VUELVA A MONTAR EL SISTEMA DE INTERRUPCIÓN DE VACÍO
9 PARA REALIZAR EL AJUSTE, UTILICE UNA LLAVE HEXAGONAL DE 1/8 PULGADA Y GIRE EL TORNILLO DE LA TAPA POSTERIOR HASTA QUE LA BURBUJA QUEDE CENTRADA. APLIQUE SELLADOR (POR EJEMPLO CAUCHO-SILICONA RTV, O EQUIVALENTE) SOBRE LA CABEZA DEL TORNILLO PARA FIJAR EL CIERRE
6 ÁNGULO ESPECIFICADO (VEA LAS ESPECIFICACIONES)
5 BURBUJA DE NIVELACIÓN (CENTRADA)
2 SECTOR GRADUADO
3 INDICADOR
IMÁN
4 VÁLVULA DEL ESTRANGULADOR CERRADA
FIGURA 1
BANDA DE GOMA
MUELLE DE EMPUJE DEL ÉMBOLO
VASO DE ÉMBOLO DE BOMBA
FIGURA 3
8 CIERRE LIGERAMENTE LA VÁLVULA DE MARIPOSA, EMPUJANDO HACIA ARRIBA LA PALANCA DE LA BOBINA DEL ESTRANGULADOR O EL RABILLO DE LA PALANCA DEL RUPTOR DE VACÍO (MANTÉNGALO EN POSICIÓN CON UNA BANDA DE GOMA). ASEGÚRESE DE QUE EL MUELLE DE EMPUJE DEL ÉMBOLO (SI DISPONE DEL MISMO) QUEDA COMPRIMIDO Y ASENTADO
FIGURA 2
7 ASIENTE EL DIAFRAGMA UTILIZANDO UNA FUENTE DE VACÍO. (VEA LA NOTA 2)

NOTA 2: EN LOS MODELOS CON RETARDO, TAPONE EL EXTREMO DE LA TAPA UTILIZANDO UN VASO DE ÉMBOLO DE BOMBA DE ACELERADOR DEL TIPO 2G (FIGURA 3) O EQUIVALENTE. ASIENTE EL DIAFRAGMA DE VACÍO ASEGURÁNDOSE DE QUE VACÍO ESTÁ POR ENCIMA DE 5 PULGADAS DE MERCURIO (Hg). CUANDO LEA EL CALIBRADOR (PASO 9). DESMONTE EL VASO UNA VEZ REALIZADO EL AJUSTE

NOTA 1: REALICE EL AJUSTE DE LA PALANCA DE LA ESPIRAL DEL ESTRANGULADOR Y EL AJUSTE DEL RÉGIMEN EN VACÍO. NO DESMONTE LOS REMACHES Y TAPA DEL ESTRANGULADOR PARA REALIZAR ESTE AJUSTE. COLOQUE UNA BANDA DE GOMA SOBRE EL RABILLO DE LA PALANCA DEL RUPTOR DEL VACÍO, PARA MANTENER CERRADA LA VÁLVULA DEL ESTRANGULADOR (PASO 8)

Ajuste del ruptor del vacío trasero

3. Para ajustar, doble la varilla de la palanca de marcha en vacío rápida.

VARILLA DE LA ESPIRAL DEL ESTRANGULADOR, EN EL MODELO 4MV

1. Cierre la válvula del estrangulador girando la palanca de la espiral del estrangulador en el sentido contrario de las agujas del reloj.

2. Desconecte la varilla de la espiral termostática, de la palanca superior.

3. Empuje hacia abajo la varilla, hasta que entre en contacto con el soporte de la espiral termostática.

4. La varilla debe encajar en la muesca de la palanca superior.

5. Si esto no es así, dóblela en la parte curvada, justo por debajo de la palanca superior.

AJUSTE DE LA PALANCA DE LA ESPIRAL DEL ESTRANGULADOR, EN LOS MODELOS MC Y ME

1. Desmonte la tapa del estrangulador y espiral termostática de la carcasa del mismo. En los modelos en los que la tapa del estrangulador va remachada, extraiga los remaches perforándolos. Para el montaje es necesario disponer de un juego de tapas de estator para estrangulador. Coloque el empujador de la leva de marcha en vacío rápida en el escalón alto.

2. Empuje hacia arriba el rabillo de la espiral (en el sentido contrario a las agujas del reloj), hasta que se cierre la válvula del estrangulador. La parte superior de la varilla del estrangulador debe estar en el fondo de la ranura existente en la palanca de la válvula del estrangulador.

3. Introduzca un pedazo de broca de 0.120 pulgadas en el orificio existente en la carcasa del estrangulador.

4. El borde inferior de la palanca de la espiral del estrangulador debe tocar justamente a la parte lateral del calibre tampón.

5. Doble la varilla del estrangulador en el ángulo superior, para ajustar.

AJUSTE DEL CIERRE SECUNDARIO

Este ajuste permite asegurar el cierre correcto de las placas secundarias de la válvula mariposa.

1. Ajuste el régimen en vacío mínimo siguiendo las instrucciones de la sección del vehículo co-

4 MIDA LA DISTANCIA ENTRE EL BORDE *SUPERIOR* DE LA VÁLVULA DEL ESTRANGULADOR Y LA PARED DE LA TROMPA DE AIRE (VEA LA NOTA*).

3 CON EL MOTOR CALIENTE, CIERRE LA VÁLVULA DEL ESTRANGULADOR, EMPUJANDO HACIA ARRIBA EL RABILLO DE LA PALANCA INTERMEDIA DEL ESTRANGULADOR (MANTÉNGALO EN POSICIÓN CON LA BANDA DE GOMA)

5 DOBLE EL RABILLO PARA REALIZAR EL AJUSTE

2 MANTENGA LAS VÁLVULAS MARIPOSA EN POSICIÓN COMPLETAMENTE ABIERTA

1 MONTE EL CONJUNTO DE LA TAPA Y ESPIRAL TERMOSTÁTICA DEL ESTRANGULADOR EN LA CARCASA. ALINEE LA MARCA INDICADORA CON EL PUNTO ESPECIFICADO DE LA CARCASA

*NOTA: Mantenga la galga en posición vertical

Ajuste típico del desactivador del estrangulador en el modelo Quadrajet

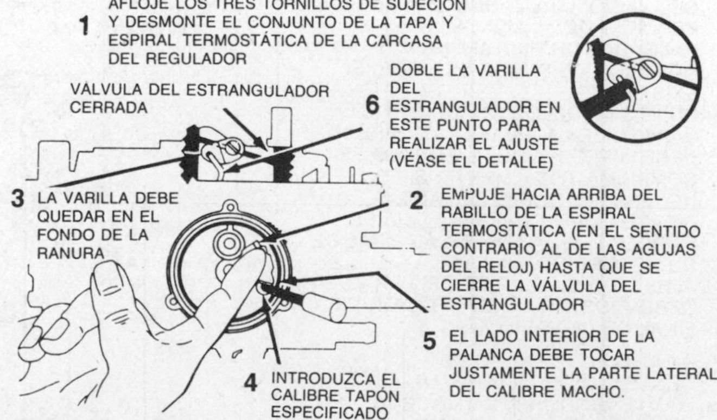
1 AFLOJE LOS TRES TORNILLOS DE SUJECIÓN Y DESMONTE EL CONJUNTO DE LA TAPA Y ESPIRAL TERMOSTÁTICA DE LA CARCASA DEL REGULADOR
VÁLVULA DEL ESTRANGULADOR CERRADA
6 DOBLE LA VARILLA DEL ESTRANGULADOR EN ESTE PUNTO PARA REALIZAR EL AJUSTE (VÉASE EL DETALLE)
3 LA VARILLA DEBE QUEDAR EN EL FONDO DE LA RANURA
2 EMPUJE HACIA ARRIBA DEL RABILLO DE LA ESPIRAL TERMOSTÁTICA (EN EL SENTIDO CONTRARIO AL DE LAS AGUJAS DEL RELOJ) HASTA QUE SE CIERRE LA VÁLVULA DEL ESTRANGULADOR
5 EL LADO INTERIOR DE LA PALANCA DEBE TOCAR JUSTAMENTE LA PARTE LATERAL DEL CALIBRE MACHO.
4 INTRODUZCA EL CALIBRE TAPÓN ESPECIFICADO

Ajuste típico de la palanca de la espiral del estrangulador, en el modelo Quadrajet

1 SUJETE CON UNA BANDA DE GOMA EL RABILLO VERDE DEL EJE INTERMEDIO DEL ESTRANGULADOR
2 ABRA LA VÁLVULA MARIPOSA PARA QUE PUEDA CERRARSE LA VÁLVULA DEL ESTRANGULADOR
3 COLOQUE EL MEDIDOR DE ÁNGULOS Y AJÚSTELO AL ÁNGULO ESPECIFICADO
4 COMPRIMA EL ÉMBOLO DEL SISTEMA DE INTERRUPCIÓN DE VACÍO, UTILIZANDO UNA FUENTE DE VACÍO DE AL MENOS 18 PULGADAS DE COLUMNA (DE MERCURIO) DE Hg., TAPONE LOS ORIFICIOS DE PURGA DEL AIRE, SI EXISTEN
4A EN LOS QUADRAJETS, LA VARILLA DE LA VÁLVULA DE AIRE NO DEBE IMPEDIR QUE EL ÉMBOLO SE RETRAIGA TOTALMENTE. SI ES NECESARIO, DOBLE LA VARILLA PARA QUE EL ÉMBOLO PUEDA LLEGAR AL FINAL DE SU RECORRIDO. SI EL ÉMBOLO LLEVA MUELLE DE EMPUJE, EL VÁSTAGO DE DICHO ÉMBOLO DEBE EXTENDERSE COMPLETAMENTE PARA QUE EL MUELLE DE EMPUJE QUEDE TOTALMENTE COMPRIMIDO
5 PARA ASENTAR LA BURBUJA: REALICE UNA DE LAS SIGUIENTES OPERACIONES:
A. AJUSTE CON UNA LLAVE HEXAGONAL DE 1/8" (MANTENIENDO ACOPLADA LA FUENTE DE VACÍO)
—O—
B. SUJETE EN EL PUNTO «S», Y DOBLE LA VARILLA DEL RUPTOR (MANTENIENDO APLICADO EL VACÍO)
5A
5B
S

Ajuste típico del ruptor trasero del vacío, en el modelo Quadrajet de 1983 y años posteriores

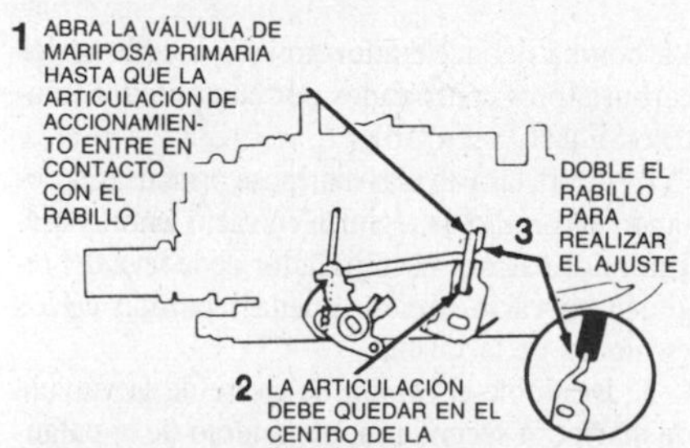
1 ABRA LA VÁLVULA DE MARIPOSA PRIMARIA HASTA QUE LA ARTICULACIÓN DE ACCIONAMIENTO ENTRE EN CONTACTO CON EL RABILLO
3 DOBLE EL RABILLO PARA REALIZAR EL AJUSTE
2 LA ARTICULACIÓN DEBE QUEDAR EN EL CENTRO DE LA RANURA

Ajuste de la abertura secundaria en el Quadrajet, con articulación en 2 puntos

rrespondiente. Asegúrese de que el empujador de la leva de régimen en vacío rápido no queda apoyado sobre dicha leva, y de que la válvula del estrangulador está completamente abierta. Debe existir una distancia de 0.020 pulgadas entre la varilla de accionamiento de la válvula de mariposa secundaria, y la parte delantera de la ranura existente en la palanca de la válvula mariposa secundaria, con el rabillo del cierre existente en la palanca de la válvula mariposa apoyado contra la palanca de accionamiento.

3. Doble el rabillo del cierre secundario de la varilla o palanca de accionamiento de la válvula mariposa primaria, para ajustar.

AJUSTE DE APERTURA SECUNDARIO

1. Abra las válvulas mariposa hasta que el reenvío de accionamiento entre en contacto con el rabillo superior de la palanca secundaria.

2. Con una articulación de dos puntos, la parte inferior del reenvío debe quedar en el centro de la ranura de la palanca secundaria.

3. En el caso de articulaciones de tres puntos, debe existir una distancia de 0.070 pulgadas entre el reenvío y el rabillo intermedio.

4. Doble el rabillo superior de la palanca secundaria, para ajustar, si es necesario.

3 LA PALANCA DEBE QUEDAR CONTRA EL RABILLO
1 AJUSTE EL TORNILLO DE AJUSTE DE LA VELOCIDAD DE MARCHA EN VACÍO DEL MOTOR A LAS RPM DE MARCHA EN VACÍO ESPECIFICADAS
2 LA VÁLVULA DEL ESTRANGULADOR DEBE QUEDAR EN POSICIÓN COMPLETAMENTE ABIERTA. EL TAQUÉ DE LA LEVA NO DEBE ESTAR EN CONTACTO CON LOS ESCALONES DE LA LEVA DE MARCHA EN VACÍO RÁPIDA
5 DOBLE EL RABILLO PARA REALIZAR EL AJUSTE
4 ABERTURA ESPECIFICADA

Ajuste del cierre secundario en el modelo Quadrajet

NIVEL DEL FLOTADOR

Con el conjunto de la trompa del aire desmontado, mida la distancia entre la superficie de la junta de estanqueidad de la trompa de aire (junta de estanqueidad desmontada) y la parte superior del flotador en el talón del mismo (a una distancia de 3/16 pulgadas hacia atrás del talón).

NOTA: Asegúrese de que la clavija de reten-

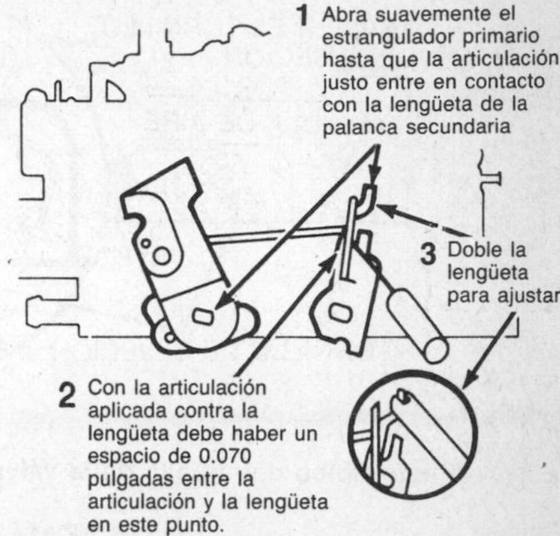
1 Abra suavemente el estrangulador primario hasta que la articulación justo entre en contacto con la lengüeta de la palanca secundaria
3 Doble la lengüeta para ajustar
2 Con la articulación aplicada contra la lengüeta debe haber un espacio de 0.070 pulgadas entre la articulación y la lengüeta en este punto.

Ajuste de la abertura secundaria, con articulación en tres puntos

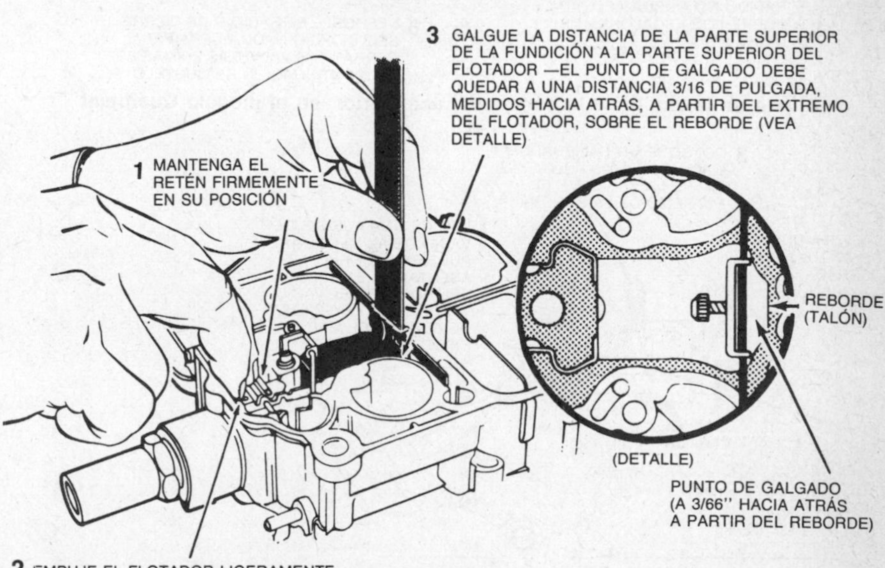
3 GALGUE LA DISTANCIA DE LA PARTE SUPERIOR DE LA FUNDICIÓN A LA PARTE SUPERIOR DEL FLOTADOR —EL PUNTO DE GALGADO DEBE QUEDAR A UNA DISTANCIA 3/16 DE PULGADA, MEDIDOS HACIA ATRÁS, A PARTIR DEL EXTREMO DEL FLOTADOR, SOBRE EL REBORDE (VEA DETALLE)
1 MANTENGA EL RETÉN FIRMEMENTE EN SU POSICIÓN
REBORDE (TALÓN)
(DETALLE)
PUNTO DE GALGADO (A 3/66" HACIA ATRÁS A PARTIR DEL REBORDE)
2 EMPUJE EL FLOTADOR LIGERAMENTE HACIA ABAJO, CONTRA LA AGUJA

Ajuste típico del nivel del flotador en el modelo Quadrajet.

ción está fijamente sujeta en su posición, y de que el rabillo del flotador está ligeramente sujeto contra el conjunto de la aguja y el asiento.

Desmonte el flotador y doble el brazo del mismo para ajustarlo, excepto en los carburadores que disponen de sistemas controlados por computador (4E4MC y E4ME). Para estos carburadores, si el nivel del flotador es demasiado elevado, sujete el retenedor firmemente en su posición y empuje hacia abajo la parte central del flotador, para ajustarlo. Si el nivel del flotador es demasiado bajo, en los modelos que disponen de sistema controlado por computador, extraiga las varillas de dosificación. Desmonte el tornillo del conector del solenoide. Apriete el tornillo del solenoide de mezcla pobre, en el sentido de las agujas del reloj, contando y registrando el número exacto de vueltas necesarias para que el tornillo quede ligeramente apoyado en el fondo del tapón. A continuación afloje el tornillo en el sentido de las agujas del reloj y extráigalo. Extraiga el solenoide y el conector. Desmonte el flotador y doble el brazo del mismo hacia arriba para ajustarlo. Monte las piezas, apriete el tornillo del solenoide de la mezcla, hasta que se apoye ligeramente en el fondo y, a continuación, desatorníllelo el número exacto de vueltas contadas anteriormente.

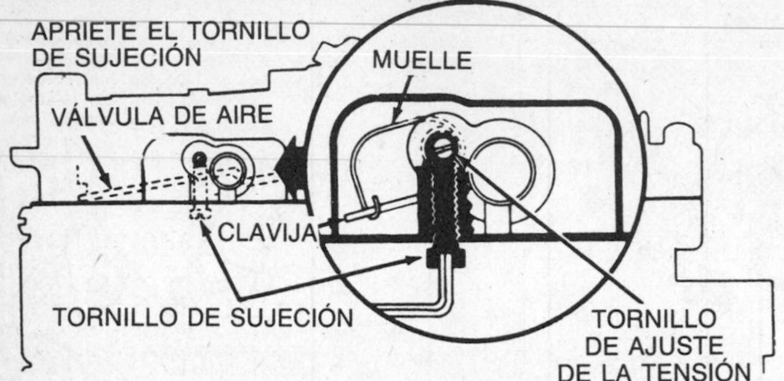
CON EL TORNILLO DE SUJECIÓN AFLOJADO Y CON LA VÁLVULA DE AIRE CERRADA, APRIETE MEDIA VUELTA EL TORNILLO DE AJUSTE, UNA VEZ QUE EL MUELLE HAYA ENTRADO EN CONTACTO CON LA CLAVIJA
APRIETE EL TORNILLO DE SUJECIÓN
MUELLE
VÁLVULA DE AIRE
CLAVIJA
TORNILLO DE SUJECIÓN
TORNILLO DE AJUSTE DE LA TENSIÓN

Ajuste típico del muelle de la válvula de aire, en el modelo Quadrajet

3 MIDA LA DISTANCIA DESDE LA PARTE SUPERIOR DE LA PARED DE LA VÁLVULA DEL ESTRANGULADOR QUE QUEDA JUNTO AL RESPIRADERO, HASTA LA PARTE SUPERIOR DEL VÁSTAGO DE LA BOMBA, COMO SE ESPECIFICA

5 DOBLE LA PALANCA DE LA BOMBA, PARA REALIZAR EL AJUSTE

2 LA VARILLA DEBE QUEDAR EN EL ORIFICIO ESPECIFICADO DE LA PALANCA DE LA BOMBA

4 SUJETE LA PALANCA CON UN DESTORNILLADOR A LA VEZ QUE LA DOBLA

1 LAS VÁLVULAS MARIPOSA DEBEN ESTAR COMPLETAMENTE CERRADAS. NOTA: ASEGÚRESE DE QUE LA PALANCA DEL TAQUÉ DE LA LEVA DEL RÉGIMEN RÁPIDO NO QUEDA APOYADA SOBRE LOS ESCALONES DE DICHA LEVA

6 DESDOBLE EL RABILLO DE CIERRE SECUNDARIO HACIA FUERA PARA CERRAR LAS VÁLVULAS PRIMARIAS, Y A CONTINUACIÓN REAJÚSTELO

Ajuste de la varilla de la bomba del acelerador, en el modelo Quadrajet

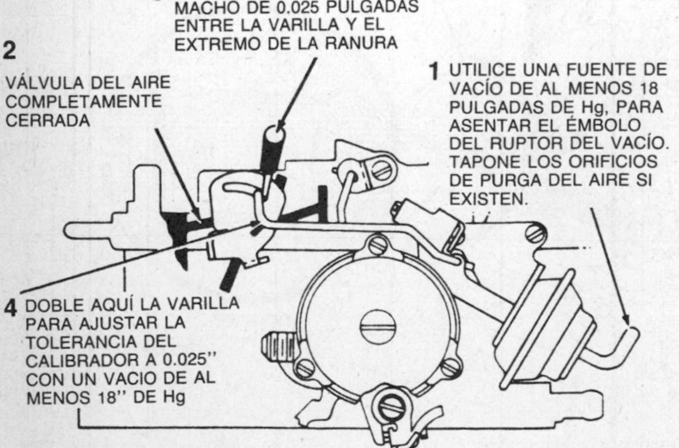
3 COLOQUE UN CALIBRADOR MACHO DE 0.025 PULGADAS ENTRE LA VARILLA Y EL EXTREMO DE LA RANURA
2 VÁLVULA DEL AIRE COMPLETAMENTE CERRADA
1 UTILICE UNA FUENTE DE VACÍO DE AL MENOS 18 PULGADAS DE Hg, PARA ASENTAR EL ÉMBOLO DEL RUPTOR DEL VACÍO. TAPONE LOS ORIFICIOS DE PURGA DEL AIRE SI EXISTEN.
4 DOBLE AQUÍ LA VARILLA PARA AJUSTAR LA TOLERANCIA DEL CALIBRADOR A 0.025" CON UN VACIO DE AL MENOS 18" DE Hg

Ajuste de la varilla de la válvula de aire, vista delantera, modelos E4ME, E4MC

BOMBA DEL ACELERADOR

La bomba del acelerador no es ajustable en los carburadores controlados por computador (modelos E4MC y E4ME).

1. Cierre las válvulas mariposa primarias, aflojando el tornillo de régimen en vacío lento, y asegurándose de que el empujador de la leva del régimen en vacío rápido, queda separado de los escalones de la misma.

2. Desdoble el rabillo de cierre de la válvula de mariposa secundaria, alejándolo de la palanca de la válvula de mariposa primaria, si es necesario, para asegurarse de que las válvulas mariposa primarias están completamente cerradas.

3. Con la bomba en el orificio correspondiente de la palanca de la misma, mida la distancia desde la parte superior de la pared de la válvula del estrangulador a la parte superior del vástago de la válvula.

4. Para ajustar, doble la palanca de la bomba.

5. Después de realizar el ajuste, reajuste el rabillo de la válvula mariposa secundaria y el tornillo de régimen en vacío lento.

AJUSTE DEL MUELLE DE LA VÁLVULA DEL AIRE

Para ajustar el muelle en espiral de la válvula del aire, afloje el tornillo de seguridad de cabeza Allen y gire el tornillo de ajuste en el sentido contrario de las agujas del reloj hasta que desaparezca toda la tensión del muelle. Con la válvula del aire cerrada, gire el tornillo de ajuste en el sentido de las agujas del reloj, el número de vueltas especificado, después de que el muelle de torsión entre en contacto con la clavija del eje. Sujete el tornillo de ajuste en esta posición, y apriete el tornillo de seguridad.

ESPECIFICACIONES DEL CARBURADOR QUADRAJET
Productos Chrysler

Año	Identificación del carburador ①	Nivel del flotador (pulg.)	Muelle de la válvula del aire (número de vueltas)	Varilla de la bomba (pulg.)	Ruptor del vacío primario (gr./pulg.)	Ruptor del vacío secundario (gr./pulg.)	Abertura secundaria (pulg.)	Varilla del estrangulador (pulg.)	Descargador del estrangulador (pulg.)	Velocidad de marcha en vacío rápida ④ (rpm)
'85	17085407	14/32	7/8	—	.193/25°	—	—	—	.250	1450
'86	17085433	14/32	7/8	—	.140/25	—	—	.120	.179	①

① Vea la etiqueta adhesiva situada bajo el capó

ESPECIFICACIONES DEL CARBURADOR QUADRAJET
Cadillac

Año	Identificación del carburador ①	Nivel del flotador (pulg.)	Muelle de la válvula del aire (número de vueltas)	Varilla de la bomba (pulg.)	Ruptor del vacío primario (gr./pulg.)	Ruptor del vacío secundario (gr./pulg.)	Abertura secundaria (pulg.)	Varilla del estrangulador (pulg.)	Descargador del estrangulador (pulg.)	Velocidad de marcha en vacío rápida ④ (rpm)
'80	17080230	7/16	1/2	9/32 ②	0.149	0.136	③	0.083	0.220	1450
	17080530	17/32	1/2	Fijo	0.142	0.400	③	0.083	0.260	1350
'81	17081248	3/8	5/8	Fijo	0.164	0.136	③	0.139	0.243	④
	17081289	13/32	5/8	Fijo	0.164	0.136	③	0.139	0.243	④
'82	17082246	3/8	5/8	Fijo	0.149/26	0.149/26	③	0.139	0.195	④
	17082247	13/32	5/8	Fijo	0.164/28	0.136/24	③	0.139	0.243	④
'83	17082266	3/8	5/8	Fijo	0.149/26	0.149/26	③	0.071	0.195	④
	17082267	3/8	5/8	Fijo	0.149/26	0.149/26	③	0.071	0.195	④

① El número de identificación del carburador va estampado en la cubeta del flotador, junto a la palanca de la válvula mariposa secundaria
② Orificio interno
③ No es necesario realizar ninguna medición en el varillaje de dos puntos; vea el texto
④ Vea la etiqueta adhesiva situada bajo el capó

ESPECIFICACIONES DEL CARBURADOR QUADRAJET
Buick

Año	Identificación del carburador ①	Nivel del flotador (pulg.)	Muelle de la válvula del aire (número de vueltas)	Varilla de la bomba (pulg.)	Ruptor del vacío primario (gr./pulg.)	Ruptor del vacío secundario (gr./pulg.)	Abertura secundaria (pulg.)	Varilla del estrangulador (pulg.)	Descargador del estrangulador (pulg./grados)	Velocidad de marcha en vacío rápida ④ (rpm)
'80	17080240	3/16	9/16	9/32 ③	0.083	0.083	②	0.074	0.179	⑥
	17080241	7/16	3/4	9/32 ③	0.129	0.114	②	0.096	0.243	⑥
	17080242	13/32	9/16	9/32 ③	0.077	0.096	②	0.074	0.220	⑥
	17080243	3/16	9/16	9/32 ③	0.083	0.083	②	0.074	0.179	⑥
	17080244	5/16	5/8	9/32 ③	0.096	0.071	②	0.139	0.243	⑥
	17080249	7/16	3/4	9/32 ③	0.129	0.114	②	0.096	0.243	⑥
	17080253	13/32	1/2	9/32 ③	0.149	0.211	②	0.090	0.220	⑥
	17080259	13/32	1/2	9/32 ③	0.149	0.211	②	0.090	0.220	⑥
	17080270	15/32	5/8	3/8 ⑦	0.149	0.211	②	0.074	0.220	⑥
	17080271	15/32	5/8	3/8 ⑦	0.142	0.211	②	0.110	0.203	⑥
	17080272	15/32	5/8	3/8 ⑦	0.129	0.175	②	0.074	0.203	⑥
	17080502	1/2	7/8	Fijo	0.136	0.179	②	0.110	0.243	⑥
	17080504	1/2	7/8	Fijo	0.136	0.179	②	0.110	0.243	⑥
	17080540	3/8	9/16	Fijo	0.103	0.129	②	0.074	0.243	⑥
	17080542	3/8	9/16	Fijo	0.103	0.066	②	0.074	0.243	⑥
	17080543	3/8	9/16	Fijo	0.103	0.129	②	0.074	0.243	⑥
	17080553	15/32	1/2	Fijo	0.142	0.220	②	0.090	0.220	⑥
	17080554	15/32	1/2	Fijo	0.142	0.211	②	0.090	0.220	⑥
'81	17081202 204	11/32	7/8	Fijo	0.157 ⑧	—	②	0.110	0.243	⑩

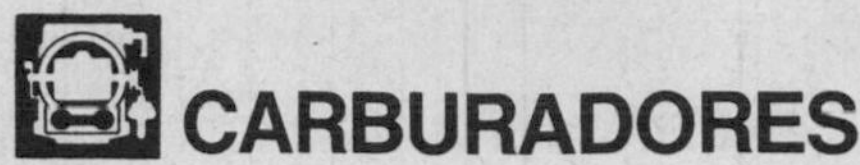

ESPECIFICACIONES DEL CARBURADOR QUADRAJET
Buick

Año	Identificación del carburador ①	Nivel del flotador (pulg.)	Muelle de la válvula del aire (número de vueltas)	Varilla de la bomba (pulg.)	Ruptor del vacío primario (gr./pulg.)	Ruptor del vacío secundario (gr./pulg.)	Abertura secundaria (pulg.)	Varilla del estrangulador (pulg.)	Descargador del estrangulador (pulg./grados)	Velocidad de marcha en vacío rápida ④ (rpm)
'81	17081203 207	11/32	7/8	Fijo	0.157 ⑧	—	②	0.110	0.243	⑩
	17081216 218	11/32	7/8	Fijo	0.157 ⑧	—	②	0.110	0.243	⑩
	17081242	3/8	9/16	Fijo	0.090 ⑧	0.077 ⑨	②	0.139	0.243	⑩
	17081243	5/16	9/16	Fijo	0.103 ⑧	0.090 ⑨	②	0.139	0.243	⑩
	17081245	3/8	5/8	Fijo	0.164 ⑧	0.136 ⑨	②	0.139	0.243	⑩
	17081247	3/8	5/8	Fijo	0.164 ⑧	0.136 ⑨	②	0.139	0.243	⑩
	17081248 249	3/8	5/8	Fijo	0.164 ⑧	0.136 ⑨	②	0.139	0.243	⑩
	17081253 254	15/32	1/2	Fijo	0.142 ⑧	0.227 ⑨	②	0.071	0.220	⑩
	17081270	7/16	5/8	Fijo	0.136 ⑧	0.211 ⑨	②	0.074	0.220	⑩
	17081272	5/8	5/8	Fijo	0.136 ⑧	0.260 ⑨	②	0.074	0.220	⑩
	17081274	5/8	5/8	Fijo	0.136 ⑧	0.220 ⑨	②	0.083	0.220	⑩
	17081289	5/8	5/8	Fijo	0.164 ⑧	0.136 ⑨	②	0.139	0.243	⑩
'82	17082202	11/32	7/8	Fijo	0.110/20	—	②	0.110	0.243	⑤
	17082204	11/32	3/8	Fijo	0.110/20	—	②	0.110	0.243	⑤
	17082244	7/16	9/16	Fijo	0.117/21	0.083/16	②	0.139	0.195	⑤
	17082245	3/8	5/8	Fijo	0.149/26	0.149/26	②	0.139	0.195	⑤
	17082246	3/8	5/8	Fijo	0.149/26	0.149/26	②	0.139	0.195	⑤
	17082247	13/32	5/8	Fijo	0.164/28	0.136/24	②	0.139	0.243	⑤
	17082248	13/32	5/8	Fijo	0.164/28	0.136/24	②	0.139	0.243	⑤
	17082251	15/32	1/2	Fijo	0.142/25	0.304/45	②	0.071	0.220	⑤
	17082253	15/32	1/2	Fijo	0.142/25	0.227/36	②	0.071	0.220	⑤
	17082264	7/16	9/16	Fijo	0.117/20	0.083/16	②	0.139	0.195	⑤
	17082265	3/8	5/8	Fijo	0.149/26	0.149/26	②	0.139	0.195	⑤
	17082266	3/8	5/8	Fijo	0.149/26	0.149/26	②	0.139	0.195	⑤
	17082267	3/8	5/8	Fijo	0.164/28	0.136/24	②	0.139	0.243	⑤
	17082268	13/32	5/8	Fijo	0.164/28	0.136/24	②	0.139	0.243	⑤
'83	17082265	3/8	5/8	Fijo	0.149/26	0.149/26	②	0.139	0.195	⑪
	17082266	3/8	5/8	Fijo	0.149/26	0.149/26	②	0.139	0.195	⑪
	17082267	3/8	5/8	Fijo	0.149/26	0.149/26	②	0.096	0.195	⑪
	17082268	3/8	5/8	Fijo	0.149/26	0.149/26	②	0.096	0.195	⑪
	17083242	9/32	9/16	Fijo	0.110/20	—	②	0.139	0.243	⑪
	17083244	1/4	9/16	Fijo	0.117/21	0.083/16	②	0.139	0.195	⑪
	17083248	3/8	5/8	Fijo	0.149/26	0.149/26	②	0.139	0.195	⑪
	17083250	7/16	1/2	Fijo	0.157/27	0.271/42	②	0.071	0.220	⑪
	17083253	7/16	1/2	Fijo	0.157/27	0.269/41	②	0.071	0.220	⑪
	17083553	7/16	1/2	Fijo	0.157/27	0.269/41	②	0.071	0.220	⑪
'84	17084201	11/32	7/8	Fijo	0.157/27	—	②	0.110	0.243	⑪
	17084205	11/32	7/8	Fijo	0.157/27	—	②	0.243	0.243	⑪
	17084208	11/32	7/8	Fijo	0.157/27	—	②	0.110	0.243	⑪
	17084209	11/32	7/8	Fijo	0.157/27	—	②	0.243	0.243	⑪
	17084210	11/32	7/8	Fijo	0.157/27	—	②	0.110	0.243	⑪
	17084240	5/16	1	Fijo	0.136/24	—	②	—	0.195	⑪
	17084244	5/16	1	Fijo	0.136/24	—	②	—	0.195	⑪
	17084246	5/16	1	Fijo	0.123/22	0.136/24	②	—	0.195	⑪
	17084248	5/16	1	Fijo	0.136/24	—	②	—	0.195	⑪
	17084252	7/16	1/2	Fijo	0.157/27	0.269/41	②	—	0.220	⑪
	17084254	7/16	1/2	Fijo	0.157/27	0.269/41	②	—	0.220	⑪

ESPECIFICACIONES DEL CARBURADOR QUADRAJET
Buick

Año	Identificación del carburador ①	Nivel del flotador (pulg.)	Muelle de la válvula del aire (número de vueltas)	Varilla de la bomba (pulg.)	Ruptor del vacío primario (gr./pulg.)	Ruptor del vacío secundario (gr./pulg.)	Abertura secundaria (pulg.)	Varilla del estrangulador (pulg.)	Descargador del estrangulador (pulg./grados)	Velocidad de marcha en vacío rápida ④ (rpm)
'85	17085202	11/32	7/8	Fijo	0.157/27	—	②	—	38°	⑪
	17085203	11/32	7/8	Fijo	0.157/27	—	②	—	38°	⑪
	17085204	11/32	7/8	Fijo	0.157/27	—	②	—	38°	⑪
	17085208	11/32	7/8	Fijo	0.157/27	—	②	—	38°	⑪
	17085218	11/32	7/8	Fijo	0.157/27	—	②	—	38°	⑪
	17085282	11/32	1/2	Fijo	0.142/25	0.273/43	②	—	35°	⑪
	17085502	14/32	7/8	Fijo	0.149/26	0.227/36	②	—	39°	⑪
	17085503	14/32	7/8	Fijo	0.149/26	0.227/36	②	—	39°	⑪
	17085506	14/32	1	Fijo	0.157/27	0.227/36	②	—	36°	⑪
	17085508	14/32	1	Fijo	0.157/27	0.227/36	②	—	36°	⑪
	17085524	14/32	1	Fijo	0.142/25	0.227/36	②	—	36°	⑪
	17085526	14/32	1	Fijo	0.142/25	0.227/36	②	—	36°	⑪
	17085554	14/32	1/2	Fijo	0.157/27	0.269/41	②	—	35°	⑪

① El número de identificación del carburador va estampado en la cubeta del flotador, junto a la palanca de la válvula mariposa secundaria
② No es necesario realizar ninguna medición en la articulación de dos puntos; vea el texto
③ Orificio interno
④ En el escalón alto de la leva, en vehículos de transmisión automática, coloque la palanca en estacionamiento
⑤ 3 vueltas después de que la palanca entre en contacto para el posicionado preliminar
⑥ 2 vueltas después de que la palanca entre en contacto para el posicionado preliminar
⑦ Orificio externo
⑧ Delantera
⑨ Trasera
⑩ 4 ½ vueltas después de que la palanca entre en contacto para su posicionado preliminar
⑪ Vea la etiqueta adhesiva situada bajo el capó

ESPECIFICACIONES DEL CARBURADOR QUADRAJET
Chevrolet

Año	Identificación del carburador ①	Nivel del flotador (pulg.)	Muelle de la válvula del aire (número de vueltas)	Varilla de la bomba (pulg.)	Ruptor del vacío primario (gr./pulg.)	Ruptor del vacío secundario (gr./pulg.)	Abertura secundaria (pulg.)	Varilla del estrangulador (pulg.)	Descargador del estrangulador (pulg.)	Velocidad de marcha en vacío rápida ④ (rpm)
'80	17080202	7/16	7/8	1/4 ⑧	0.157	—	⑤	0.110	0.243	⑩
	17080204	7/16	7/8	1/4 ⑧	0.157	—	⑤	0.110	0.243	⑩
	17080207	7/16	7/8	1/4 ⑧	0.157	—	⑤	0.110	0.243	⑩
	17080228	7/16	7/8	9/32 ⑧	0.179	—	⑤	0.110	0.243	⑩
	17080243	3/16	9/16	9/32 ⑧	0.016	0.083	⑤	0.074	0.179	⑩
	17080274	15/32	5/8	5/16 ⑨	0.110	0.164	⑤	0.083	0.203	⑩
	17080282	7/16	7/8	11/32 ⑨	0.142	—	⑤	0.110	0.243	⑩
	17080284	7/16	7/8	11/32 ⑨	0.142	—	⑤	0.110	0.243	⑩
	17080502	1/2	7/8	Fijo	0.136	0.179	⑤	0.110	0.243	⑩
	17080504	1/2	7/8	Fijo	0.136	0.179	⑤	0.110	0.243	⑩
	17080542	3/8	9/16	Fijo	0.103	0.066	⑤	0.074	0.243	⑩
	17080543	3/8	9/16	Fijo	0.103	0.129	⑤	0.074	0.243	⑩
'81	17081202	11/32	7/8	Fijo	0.149	—	⑤	0.110	0.243	⑪
	17081203	11/32	7/8	Fijo	0.149	—	⑤	0.110	0.243	⑪
	17081204	11/32	7/8	Fijo	0.149	—	⑤	0.110	0.243	⑪
	17081207	11/32	7/8	Fijo	0.149	—	⑤	0.110	0.243	⑪
	17081216	11/32	7/8	Fijo	0.149	—	⑤	0.110	0.243	⑪
	17081217	11/32	7/8	Fijo	0.149	—	⑤	0.110	0.243	⑪
	17081218	11/32	7/8	Fijo	0.149	—	⑤	0.110	0.243	⑪
	17081242	5/16	9/16	Fijo	0.090	0.077	⑤	0.139	0.243	⑪
	17081243	1/4	9/16	Fijo	0.103	0.090	⑤	0.139	0.243	⑪
'82	17082202	11/32	7/8	Fijo	0.157	—	⑤	0.110	0.243	⑫
	17082204	11/32	7/8	Fijo	0.157	—	⑤	0.110	0.243	⑫
	17082203	11/32	7/8	Fijo	0.157	—	⑤	0.243	0.243	⑫
	17082207	11/32	7/8	Fijo	0.157	—	⑤	0.243	0.243	⑫

ESPECIFICACIONES DEL CARBURADOR QUADRAJET
Chevrolet

Año	Identificación del carburador ①	Nivel del flotador (pulg.)	Muelle de la válvula del aire (número de vueltas)	Varilla de la bomba (pulg.)	Ruptor del vacío primario (gr./pulg.)	Ruptor del vacío secundario (gr./pulg.)	Abertura secundaria (pulg.)	Varilla del estrangulador (pulg.)	Descargador del estrangulador (pulg.)	Velocidad de marcha en vacío rápida ④ (rpm)
'83	17083202	11/32	7/8	Fijo	—	27/.157	⑤	0.110	0.243	⑬
	17083203	11/32	7/8	Fijo	—	27/.157	⑤	0.243	0.243	⑬
	17083204	11/32	7/8	Fijo	—	27/.157	⑤	0.110	0.243	⑬
	17083207	11/32	7/8	Fijo	—	27/.157	⑤	0.243	0.243	⑬
	17083216	11/32	7/8	Fijo	—	27/.157	⑤	0.110	0.243	⑬
	17083218	11/32	7/8	Fijo	—	27/.157	⑤	0.110	0.243	⑬
	17083236	11/32	7/8	Fijo	—	27/.157	⑤	0.110	0.243	⑬
	17083506	7/16	7/8	Fijo	27/.157	36/.227	⑤	0.110	0.227	⑬
	17083508	7/16	7/8	Fijo	27/.157	36/.227	⑤	0.110	0.227	⑬
	17083524	7/16	7/8	Fijo	25/.142	36/.227	⑤	0.110	0.227	⑬
	17083526	7/16	7/8	Fijo	25/.142	36/.227	⑤	0.110	0.227	⑬
'84	17084201	11/32	7/8	Fijo	.157/27	—	⑤	0.110	0.243	⑬
	17084205	11/32	7/8	Fijo	.157/27	—	⑤	0.243	0.243	⑬
	17084208	11/32	7/8	Fijo	.157/27	—	⑤	0.110	0.243	⑬
	17084209	11/32	7/8	Fijo	.157/27	—	⑤	0.243	0.243	⑬
	17084210	11/32	7/8	Fijo	.157/27	—	⑤	0.110	0.243	⑬
	17084507	7/16	1	Fijo	.157/27	.227/36	⑤	0.110	0.227	⑬
	17084509	7/16	1	Fijo	.157/27	.227/36	⑤	0.110	0.227	⑬
	17084525	7/16	1	Fijo	.142/25	.227/36	⑤	0.110	0.227	⑬
	17084527	7/16	1	Fijo	.142/25	.227/36	⑤	0.110	0.227	⑬
'85	17085202	11/32	7/8	Fijo	0.157/27	—	②	0.110	0.243/38°	⑪
	17085203	11/32	7/8	Fijo	0.157/27	—	②	⑭	0.243/38°	⑪
	17085204	11/32	7/8	Fijo	0.157/27	—	②	0.110	0.243/38°	⑪
	17085207	11/32	7/8	Fijo	0.157/27	—	②	0.243	0.243/38°	⑪
	17085218	11/32	7/8	Fijo	0.157/27	—	②	0.110	0.243/38°	⑪
	17085282	11/32	1/2	Fijo	0.142/25	0.273/43	②	0.110	0.220/35°	⑪
	17085502	14/32	7/8	Fijo	0.149/26	0.227/36	②	0.110	0.251/39°	⑪
	17085503	14/32	7/8	Fijo	0.149/26	0.227/36	②	0.110	0.251/39°	⑪
	17085506	14/32	1	Fijo	0.157/27	0.227/36	②	0.110	0.227/36°	⑪
	17085508	14/32	1	Fijo	0.157/27	0.227/36	②	0.110	0.227/36°	⑪
	17085524	14/32	1	Fijo	0.142/25	0.227/36	②	0.110	0.227/36°	⑪
	17085526	14/32	1	Fijo	0.142/25	0.227/36	②	0.110	0.227/36°	⑪
	17085554	14/32	1/2	Fijo	0.157/27	0.269/41	②	0.071	0.220/35°	⑪
'86	17086003	11/32	7/8	Fijo	0.157/27	—	②	—	0.243/38°	⑪
	17086004	11/32	7/8	Fijo	0.157/27	—	②	—	0.243/38°	⑪
	17086005	11/32	7/8	Fijo	0.157/27	—	②	—	0.243/38°	⑪
	17086006	11/32	7/8	Fijo	0.157/27	—	②	—	0.243/38°	⑪

① El número de identificación del carburador va estampado en la cubeta del flotador, junto a la palanca de la válvula de mariposa secundaria
② Sin avance por vacío
③ Con transmisión automática; con avance por vacío conectado y el EGR desconectado, y la válvula mariposa colocada en el escalón más alto de la leva
④ Con transmisión automática, con el avance por vacío desconectado y la válvula de mariposa posicionada en el escalón más alto de la leva
⑤ No es necesario realizar ninguna medida en la articulación de dos puntos; vea el texto
⑥ 3 vueltas después de que la leva entre en contacto para su posicionado preliminar
⑦ 2 vueltas después de que la palanca entre en contacto para su posicionado preliminar
⑧ Orificio interno
⑨ Orificio externo
⑩ 4 vueltas después de que la palanca entre en contacto para su posicionado preliminar
⑪ 4 ¼ vueltas después de que la palanca entre en contacto para su posicionado preliminar
⑫ 3 ⅛ después de que la palanca entre en contacto para su posicionado preliminar
⑬ Vea la etiqueta adhesiva situada bajo el capó
⑭ Leva de 3 escalones: 0.110; leva de 2 escalones: 0.243

ESPECIFICACIONES DEL CARBURADOR QUADRAJET
Oldsmobile

Año	Identificación del carburador ①	Nivel del flotador (pulg.)	Muelle de la válvula del aire (número de vueltas)	Varilla de la bomba (pulg.)	Ruptor del vacío primario (gr./pulg.)	Ruptor del vacío secundario (gr./pulg.)	Abertura secundaria (pulg.)	Varilla del estrangulador (pulg.)	Descargador del estrangulador (pulg.)	Velocidad de marcha en vacío rápida ④ (rpm)
'80	17080202	7/16	7/8	1/4 ⑦	0.157	—	④	0.110	0.243	⑤
	17080204	7/16	7/8	1/4 ⑦	0.157	—	④	0.110	0.243	⑤
	17080250	13/32	1/2	9/32 ⑦	0.149	0.211	④	0.090	0.220	⑤
	17080251	13/32	1/2	9/32 ⑦	0.149	0.211	④	0.090	0.220	⑤
	17080252	13/32	1/2	9/32 ⑦	0.149	0.211	④	0.090	0.220	⑤
	17080253	13/32	1/2	9/32 ⑦	0.149	0.211	④	0.090	0.220	⑤
	17080259	13/32	1/2	9/32 ⑦	0.149	0.211	④	0.090	0.220	⑤
	17080260	13/32	1/2	9/32 ⑦	0.149	0.211	④	0.090	0.220	⑤
	17080504	1/2	7/8	⑧	0.136	0.179	④	0.110	0.243	⑤
	17080553	15/32	1/2	⑧	0.142	0.220	④	0.090	0.220	⑤
	17080554	15/32	1/2	⑧	0.142	0.211	④	0.090	0.220	⑤
'81	17081250	13/32	1/2	9/32 ⑦	0.149 ⑨	0.211 ⑩	④	0.090	0.220	⑤
	17081253	15/32	1/2	⑧	0.142 ⑨	0.227 ⑩	④	0.071	0.220	⑤
	17081254	15/32	1/2	⑧	0.142 ⑨	0.227 ⑩	④	0.071	0.220	⑤
	17081248	3/8	—	⑧	0.164 ⑨	0.136 ⑩	④	0.139	0.243	⑤
	17081289	13/32	—	⑧	0.164 ⑨	0.136 ⑩	④	0.139	0.243	⑤
'82	17082202	11/32	7/8	Fijo	0.110/20	—	④	0.110	0.243	⑤
	17082204	11/32	3/8	Fijo	0.110/20	—	④	0.110	0.243	⑤
	17082244	7/16	9/16	Fijo	0.117/21	0.083/16	④	0.139	0.195	⑤
	17082245	3/8	5/8	Fijo	0.149/26	0.149/26	④	0.139	0.195	⑤
	17082246	3/8	5/8	Fijo	0.149/26	0.149/26	④	0.139	0.195	⑤
	17082247	13/32	5/8	Fijo	0.164/28	0.136/24	④	0.139	0.243	⑤
	17082248	13/32	5/8	Fijo	0.164/28	0.136/24	④	0.139	0.243	⑤
	17082251	15/32	1/2	Fijo	0.142/25	0.304/45	④	0.071	0.220	⑤
	17082253	15/32	1/2	Fijo	0.142/25	0.227/36	④	0.071	0.220	⑤
	17082264	7/16	9/16	Fijo	0.117/20	0.083/16	④	0.139	0.195	⑤
	17082265	3/8	5/8	Fijo	0.149/26	0.149/26	④	0.139	0.195	⑤
	17082266	3/8	5/8	Fijo	0.149/26	0.149/26	④	0.139	0.195	⑤
	17082267	3/8	5/8	Fijo	0.164/28	0.136/24	④	0.139	0.243	⑤
	17082268	13/32	5/8	Fijo	0.164/28	0.136/24	④	0.139	0.243	⑤
'83	17082265	3/8	5/8	Fijo	0.149/26	0.149/26	②	0.139	0.195	⑪
	17082266	3/8	5/8	Fijo	0.149/26	0.149/26	②	0.139	0.195	⑪
	17082267	3/8	5/8	Fijo	0.149/26	0.149/26	②	0.096	0.195	⑪
	17082268	3/8	5/8	Fijo	0.149/26	0.149/26	②	0.096	0.195	⑪
	17083242	9/32	9/16	Fijo	0.110/20	—	②	0.139	0.243	⑪
	17083244	1/4	9/16	Fijo	0.117/21	0.083/16	②	0.139	0.195	⑪
	17083248	3/8	5/8	Fijo	0.149/26	0.149/26	②	0.139	0.195	⑪
	17083250	7/16	1/2	Fijo	0.157/27	0.271/42	②	0.071	0.220	⑪
	17083253	7/16	1/2	Fijo	0.157/27	0.269/41	②	0.071	0.220	⑪
	17083553	7/16	1/2	Fijo	0.157/27	0.269/41	②	0.071	0.220	⑪
'84	17084201	11/32	7/8	Fijo	0.157/27	—	②	0.110	0.243	⑪
	17084205	11/32	7/8	Fijo	0.157/27	—	②	0.243	0.243	⑪
	17084208	11/32	7/8	Fijo	0.157/27	—	②	0.110	0.243	⑪
	17084209	11/32	7/8	Fijo	0.157/27	—	②	0.243	0.243	⑪
	17084210	11/32	7/8	Fijo	0.157/27	—	②	0.110	0.243	⑪
	17084240	5/16	1	Fijo	0.136/24	—	②	—	0.195	⑪
	17084244	5/16	1	Fijo	0.136/24	—	②	—	0.195	⑪
	17084246	5/16	1	Fijo	0.123/22	0.136/24	②	—	0.195	⑪
	17084248	5/16	1	Fijo	0.136/24	—	②	—	0.195	⑪
	17084252	7/16	1/2	Fijo	0.157/27	0.269/41	②	—	0.220	⑪
	17084254	7/16	1/2	Fijo	0.157/27	0.269/41	②	—	0.220	⑪

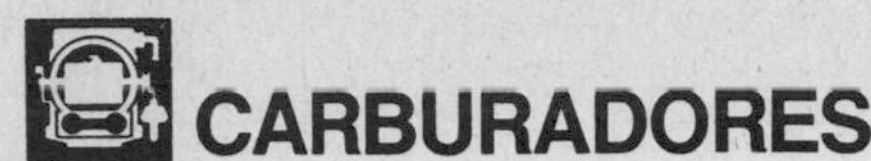

ESPECIFICACIONES DEL CARBURADOR QUADRAJET
Oldsmobile

Año	Identificación del carburador ①	Nivel del flotador (pulg.)	Muelle de la válvula del aire (número de vueltas)	Varilla de la bomba (pulg.)	Ruptor del vacío primario (gr./pulg.)	Ruptor del vacío secundario (gr./pulg.)	Abertura secundaria (pulg.)	Varilla del estrangulador (pulg.)	Descargador del estrangulador (pulg.)	Velocidad de marcha en vacío rápida ④ (rpm)
'85	17084282	11/32	1/2	9/32	0.142/25	0.278/43	④	0.110	0.220	⑤
	17085554	14/32	1/2	9/32	0.157/27	0.269/41	④	0.110	0.220	⑤
'86	17086008	11/32	1/2	Fijo	0.142/25	0.287/43	④	0.171	0.220	⑤
	17086009	14/32	1/2	Fijo	0.142/25	0.287/43	④	0.171	0.220	⑤

① El número de identificación va estampado en la cubeta del flotaor, junto a la palanca de la válvula de mariposa secundaria
② 1800 rpm en los modelos Omega y motores de 400 pulgadas cúbicas, con el empujador de la leva en el escalón más alto de la leva de marcha en vacío rápida; 900 rpm en todos los demás modelos en los que el equipador de la leva de marcha en vacío rápida está apoyada en el escalón más bajo de la misma
④ No es necesario realizar ninguna medición en la articulación de dos puntos; véase el texto
⑤ 3 vueltas después de que la palanca entre en contacto para su posicionado preliminar
⑥ 2 vueltas después de que la palanca entre en contacto para su posicionado preliminar
⑦ Orificio interno
⑧ Orificio externo
⑨ Delantera
⑩ Trasera
⑪ Vea la etiqueta adhesiva situada bajo el capó

ESPECIFICACIONES DEL CARBURADOR QUADRAJET
Pontiac

Año	Identificación del carburador ①	Nivel del flotador (pulg.)	Muelle de la válvula del aire (número de vueltas)	Varilla de la bomba (pulg.)	Ruptor del vacío primario (gr./pulg.)	Ruptor del vacío secundario (gr./pulg.)	Abertura secundaria (pulg.)	Varilla del estrangulador (pulg.)	Descargador del estrangulador (pulg./grados)	Velocidad de marcha en vacío rápida ④ (rpm)
'80	17080249	7/16	3/4	9/32 ⑥	0.129	0.114	④	0.096	0.243	③
	17080270	15/32	5/8	3/8 ⑦	0.149	0.211	④	0.074	0.220	③
	17080272	15/32	5/8	3/8 ⑦	0.129	0.175	④	0.074	0.203	③
	17080274	15/32	5/8	5/16 ⑥	0.110	0.164	④	0.083	0.203	③
	17080502	1/2	7/8	⑧	0.136	0.179	④	0.110	0.243	③
	17080504	1/2	7/8	⑧	0.136	0.179	④	0.110	0.243	③
	17080553	15/32	1/2	⑧	0.142	0.220	④	0.090	0.220	③
'81	17081202,204	11/32	7/8	⑧	0.157 ⑩	—	④	0.110	0.243	⑨
	17081203,207	11/32	7/8	⑧	0.157 ⑩	—	④	0.110	0.243	⑨
	17081216, 217,218	11/32	7/8	⑧	0.157 ⑩	—	④	0.110	0.243	⑨
	17081242	3/8	9/16	⑧	0.090 ⑩	0.077	④	0.139	0.243	⑨
	17081243	5/16	9/16	⑧	0.103 ⑩	0.090	④	0.139	0.243	⑨
	17081245	3/8	5/8	⑧	0.164 ⑩	0.136	④	0.139	0.243	⑨
	17081247	3/8	5/8	⑧	0.164 ⑩	0.136	④	0.139	0.243	⑨
	17081248,249	3/8	5/8	⑧	0.164 ⑩	0.136	④	0.139	0.243	⑨
	17081253,254	15/32	1/2	⑧	0.142 ⑩	0.227	④	0.071	0.220	⑨
	17081270	7/16	5/8	⑧	0.136 ⑩	0.211	④	0.074	0.220	⑨
	17081272	7/16	5/8	⑧	0.136 ⑩	0.260	④	0.074	0.220	⑨
	17081274	7/16	5/8	⑧	0.136 ⑩	0.220	④	0.083	0.220	⑨
	17081289	13/36	5/8	⑧	0.164 ⑩	0.136	④	0.139	0.243	⑨
'82	17082202	11/32	7/8	Fijo	0.110/20 ⑭	—	④	0.110	0.243	⑫⑮
	17082204	11/32	3/8 ⑬	Fijo	0.110/20 ⑭	—	④	0.110	0.243	⑫⑮
	17082203	11/32	7/8	Fijo	0.157/27	—	④	0.243	0.243	⑮
	17082207	11/32	7/8	Fijo	0.157/27	—	④	0.243	0.243	⑮
	17082244	7/16	9/16	Fijo	0.117/21	0.083/16	④	0.139	0.195	⑫
	17082245	3/8	5/8	Fijo	0.149/26	0.149/26	④	0.139	0.195	⑫
	17082246	3/8	5/8	Fijo	0.149/26	0.149/26	④	0.139	0.195	⑫
	17082247	13/32	5/8	Fijo	0.164/28	0.136/24	④	0.139	0.243	⑫
	17082248	13/32	5/8	Fijo	0.164/28	0.136/24	④	0.139	0.243	⑫
	17082251	15/32	1/2	Fijo	0.142/25	0.304/45	④	0.071	0.220	⑫
	17082253	15/32	1/2	Fijo	0.142/25	0.227/36	④	0.071	0.220	⑫

ESPECIFICACIONES DEL CARBURADOR QUADRAJET
Pontiac

Año	Identificación del carburador ①	Nivel del flotador (pulg.)	Muelle de la válvula del aire (número de vueltas)	Varilla de la bomba (pulg.)	Ruptor del vacío primario (gr./pulg.)	Ruptor del vacío secundario (gr./pulg.)	Abertura secundaria (pulg.)	Varilla del estrangulador (pulg.)	Descargador del estrangulador (pulg./grados)	Velocidad de marcha en vacío rápida ④ (rpm)
'82	17082264	7/16	9/16	Fijo	0.117/20	0.083/16	④	0.139	0.195	⑫
	17082265	3/8	5/8	Fijo	0.149/26	0.149/26	④	0.139	0.195	⑫
	17082266	3/8	5/8	Fijo	0.149/26	0.149/26	④	0.139	0.195	⑫
	17082267	3/8	5/8	Fijo	0.164/28	0.136/24	④	0.139	0.243	⑫
	17082268	13/32	5/8	Fijo	0.164/28	0.136/24	④	0.139	0.243	⑫
'83	17082265	3/8	5/8	Fijo	0.149/26	0.149/26	②	0.139	0.195	⑯
	17082266	3/8	5/8	Fijo	0.149/26	0.149/26	②	0.139	0.195	⑯
	17082267	3/8	5/8	Fijo	0.149/26	0.149/26	②	0.096	0.195	⑯
	17082268	3/8	5/8	Fijo	0.149/26	0.149/26	②	0.096	0.195	⑯
	17083242	9/32	9/16	Fijo	0.110/20	—	②	0.139	0.243	⑯
	17083244	1/4	9/16	Fijo	0.117/21	0.083/16	②	0.139	0.195	⑯
	17083248	3/8	5/8	Fijo	0.149/26	0.149/26	②	0.139	0.195	⑯
	17083250	7/16	1/2	Fijo	0.157/27	0.271/42	②	0.071	0.220	⑯
	17083253	7/16	1/2	Fijo	0.157/27	0.269/41	②	0.071	0.220	⑯
	17083553	7/16	1/2	Fijo	0.157/27	0.269/41	②	0.071	0.220	⑯
'84	17084201	11/32	7/8	Fijo	0.157/27	—	②	0.110	0.243	⑯
	17084205	11/32	7/8	Fijo	0.157/27	—	②	0.243	0.243	⑯
	17084208	11/32	7/8	Fijo	0.157/27	—	②	0.110	0.243	⑯
	17084209	11/32	7/8	Fijo	0.157/27	—	②	0.243	0.243	⑯
	17084210	11/32	7/8	Fijo	0.157/27	—	②	0.110	0.243	⑯
	17084240	5/16	1	Fijo	0.136/24	—	②	—	0.195	⑯
	17084244	5/16	1	Fijo	0.136/24	—	②	—	0.195	⑯
	17084246	5/16	1	Fijo	0.123/22	0.136/24	②	—	0.195	⑯
	17084248	5/16	1	Fijo	0.136/24	—	②	—	0.195	⑯
	17084252	7/16	1/2	Fijo	0.157/27	0.269/41	②	—	0.220	⑯
	17084254	7/16	1/2	Fijo	0.157/27	0.269/41	②	—	0.220	⑯
'85	17085202	11/32	7/8	Fijo	0.157/27	—	②	0.110	0.243/38	⑯
	17085203	11/32	7/8	Fijo	0.157/27	—	②	⑰	0.243/38	⑯
	17085204	11/32	7/8	Fijo	0.157/27	—	②	0.110	0.243/38	⑯
	17085207	11/32	7/8	Fijo	0.157/27	—	②	0.243	0.243/38	⑯
	17085218	11/32	7/8	Fijo	0.157/27	—	②	0.110	0.243/38	⑯
	17085282	11/32	1/2	Fijo	0.142/25	0.273/43	②	0.110	0.220/35	⑯
	17085502	14/32	7/8	Fijo	0.149/26	0.227/36	②	0.110	0.251/39	⑯
	17085503	14/32	7/8	Fijo	0.149/26	0.227/36	②	0.110	0.251/39	⑯
	17085506	14/32	1	Fijo	0.157/27	0.227/36	②	0.110	0.227/36	⑯
	17085508	14/32	1	Fijo	0.157/27	0.227/36	②	0.110	0.227/36	⑯
	17085524	14/32	1	Fijo	0.142/25	0.227/36	②	0.110	0.227/36	⑯
	17085526	14/32	1	Fijo	0.142/25	0.227/36	②	0.110	0.227/36	⑯
	17085554	14/32	1/2	Fijo	0.157/27	0.269/41	②	0.071	0.220/35	⑯
'86	17086003	11/32	7/8	Fijo	0.157/27	—	②	0.110	0.243/38	⑯
	17086004	11/32	7/8	Fijo	0.157/27	—	②	0.110	0.243/38	⑯
	17086005	11/32	7/8	Fijo	0.157/27	—	②	0.243	0.243/38	⑯
	17086006	11/32	7/8	Fijo	0.157/27	—	②	0.110	0.243/38	⑯
	17086007	11/32	1/2	Fijo	0.142/25	0.287/43	②	0.071	0.220/35	⑯
	17086008	11/32	1/2	Fijo	0.142/25	0.287/43	②	0.071	0.220/35	⑯
	17086040	11/32	7/8	Fijo	0.157/27	—	②	0.110	0.243/38	⑯

① El número de identificación del carburador va estampado en la cubeta del flotador, junto a la palanca de la válvula mariposa secundaria
② En el escalón más alto
③ 1 1/2 vueltas después de que la palanca entre en contacto para su posicionado preliminar
④ No es necesario realizar ninguna medición en la articulación de dos puntos; vea texto
⑤ 2 vueltas después de que la palanca entre en contacto
⑥ Orificio interno
⑦ Orificio externo
⑧ No ajustable
⑨ 4 1/2 vueltas después de que la palanca entre en contacto
⑩ Delantero
⑪ Trasero
⑫ 3 vueltas después de que la palanca entre en contacto
⑬ Firebird - 7/8
⑭ Firebird - 0.157 pulg. /27° (grados)
⑮ Firebird - 3 1/8 vueltas después de que la palanca entre en contacto para su posicionado preliminar
⑯ Vea la etiqueta adhesiva situada bajo el capó
⑰ Leva de 3 escalones: 0.110; leva de 2 escalones: 0.243

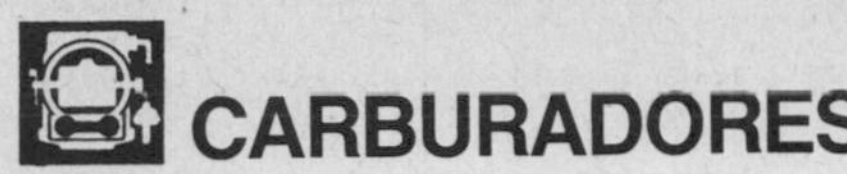

ESPECIFICACIONES DEL CARBURADOR QUADRAJET
Todos los modelos Canadienses

Año	Identificación del carburador ①	Nivel del flotador (pulg.)	Muelle de la válvula del aire (número de vueltas)	Varilla de la bomba (pulg.)	Ruptor del vacío primario (gr./pulg.)	Ruptor del vacío secundario (gr./pulg.)	Abertura secundaria (pulg.)	Varilla del estrangulador (pulg.)	Descargador del estrangulador (gr./pulg.)	Velocidad de marcha en vacío rápida ④ (rpm)
'81	17080201	15/32	7/8	9/32 ②	—	23/0.129	④	0.314	0.277	⑤
	17080205	15/32	7/8	9/32 ②	—	23/0.129	④	0.314	0.277	⑤
	17080206	15/32	7/8	9/32 ②	—	23/0.129	④	0.314	0.277	⑤
	17080290	15/32	7/8	9/32 ②	—	26/0.149	④	0.314	0.277	⑤
	17080291	15/32	7/8	9/32 ②	—	26/0.149	④	0.314	0.277	⑤
	17080292	15/32	7/8	9/32 ②	—	26/0.149	④	0.314	0.277	⑤
	17080213	3/8	1	9/32 ②	23/0.129	30/0.179	④	0.234	0.260	⑤
	17080215	3/8	1	9/32 ②	23/0.129	30/0.179	④	0.234	0.260	⑤
	17080298	3/8	1	9/32 ②	23/0.129	30/0.179	④	0.234	0.260	⑤
	17080507	3/8	1	9/32 ②	23/0.129	30/0.179	④	0.234	0.260	⑤
	17080513	3/8	1	9/32 ②	23/0.129	30/0.179	④	0.234	0.260	⑤
	17081250	13/32	1/2	9/32 ②	26/0.149	34/0.211	④	0.090	0.220	⑤
	17080260	13/32	1/2	9/32 ②	26/0.149	34/0.211	④	0.090	0.220	⑤
	17081276	15/32	5/8	5/16 ②	20/0.110	28/0.164	④	0.083	0.203	⑤
	17081286	13/32	1/2	9/32 ②	18/0.096	34/0.211	④	0.077	0.220	⑤
	17081287	13/32	1/2	9/32 ②	18/0.096	34/0.211	④	0.077	0.220	⑤
	17081282	3/8	5/8	9/32 ②	20/0.110	—	④	0.110	0.243	⑤
	17081283	3/8	7/8	9/32 ②	20/0.110	—	④	0.110	0.243	⑤
	17081284	1/2	7/8	9/32 ②	20/0.110	—	④	0.110	0.243	⑤
	17081285	1/2	7/8	9/32 ②	20/0.110	—	④	0.110	0.243	⑤
	17080243	3/16	9/16	9/32 ②	14.5/0.075	16/0.083	④	0.075	0.179	⑤
	17081295	13/32	9/16	9/32 ②	14.5/0.075	13/0.066	④	0.075	0.220	⑤
	17081294	5/16	5/8	9/32 ②	24.5/0.139	14/0.071	④	0.139	0.243	⑤
	17081290	13/32	7/8	9/32 ②	46/0.314	24/0.136	④	0.314	0.277	⑤
	17081291	13/32	7/8	9/32 ②	46/0.314	24/0.136	④	0.314	0.277	⑤
	17081292	13/32	7/8	9/32 ②	46/0.314	24/0.136	④	0.314	0.277	⑤
	17081506	13/32	7/8	9/32 ②	46/0.314	36/0.227	④	0.314	0.277	⑤
	17081508	13/32	7/8	9/32 ②	46/0.314	36/0.227	④	0.314	0.277	⑤
	17080202	7/16	7/8	1/4 ②	20/0.110	—	④	0.110	0.243	⑤
	17080204	7/16	7/8	1/4 ②	20/0.110	—	④	0.110	0.243	⑤
	17080207	7/16	7/8	1/4 ②	20/0.110	—	④	0.110	0.243	⑤
'82	17082280	3/8	7/8	9/32 ②	25/0.142	—	④	0.110	0.243	⑤
	17082281	3/8	7/8	9/32 ②	25/0.142	—	④	0.110	0.243	⑤
	17082282	3/8	7/8	9/32 ②	25/0.142	—	④	0.110	0.243	⑤
	17082283	3/8	7/8	9/32 ②	25/0.142	—	④	0.110	0.243	⑤
	17082286	13/32	1/2	9/32 ②	22/0.123	34/0.211	④	0.077	0.243	⑤
	17082287	13/32	1/2	9/32 ②	22/0.123	34/0.211	④	0.077	0.243	⑤
	17082288	3/8	7/8	9/32 ②	25/0.142	—	④	0.110	0.243	⑤
	17082289	3/8	7/8	9/32 ②	25/0.142	—	④	0.110	0.243	⑤
	17082296	1/2	7/8	9/32 ②	25/0.142	—	④	0.110	0.243	⑤
	17082297	1/2	7/8	9/32 ②	25/0.142	—	④	0.110	0.243	⑤
'83	17080213	3/8	1	9/32	23/.129	30/.179	④	0.234	0.260	⑤
	17082213	9/32	1	9/32	23/.129	30/.179	④	0.234	0.260	⑤
	17082282	3/8	7/8	9/32	25/.142	—	④	0.110	0.243	⑤
	17082283	3/8	7/8	9/32	25/.142	—	④	0.110	0.243	⑤
	17082286	13/32	1/2	9/32	23/.129	34/.211	④	0.107	0.220	⑤
	17082287	13/32	1/2	9/32	23/.129	34/.211	④	0.107	0.220	⑤
	17082296	1/2	7/8	9/32	25/.142	—	④	0.110	0.243	⑤
	17082297	1/2	7/8	9/32	25/.142	—	④	0.110	0.243	⑤
	17083280	3/8	7/8	9/32	25/.142	—	④	0.110	0.243	⑤
	17083281	3/8	7/8	9/32	25/.142	—	④	0.110	0.243	⑤
	17083282	3/8	7/8	9/32	25/.142	—	④	0.110	0.243	⑤
	17083283	3/8	7/8	9/32	25/.142	—	④	0.110	0.243	⑤
	17083290	13/32	7/8	9/32	—	24/.136	④	0.314	0.251	⑤

ESPECIFICACIONES DEL CARBURADOR QUADRAJET
Todos los modelos Canadienses

Año	Identificación del carburador ①	Nivel del flotador (pulg.)	Muelle de la válvula del aire (número de vueltas)	Varilla de la bomba (pulg.)	Ruptor del vacío primario (gr./pulg.)	Ruptor del vacío secundario (gr./pulg.)	Abertura secundaria (pulg.)	Varilla del estrangulador (pulg.)	Descargador del estrangulador (gr./pulg.)	Velocidad de marcha en vacío rápida ④ (rpm)
'83	17083292	13/32	7/8	9/32	—	24/.136	④	0.314	0.251	⑤
	17083298	3/8	1	9/32	23/.129	30/.179	④	0.234	0.260	⑤
'84	17084280	3/8	7/8	9/32 ②	23/.129	—	④	0.110	0.243	⑤
	17084281	3/8	7/8	9/32 ②	23/.129	—	④	0.110	0.243	⑤
	17084282	3/8	7/8	9/32 ②	23/.129	—	④	0.110	0.243	⑤
	17084283	3/8	7/8	9/32 ②	23/.129	—	④	0.110	0.243	⑤
	17084284	3/8	7/8	9/32 ②	23/.129	—	④	0.110	0.243	⑤
	17084285	3/8	7/8	9/32 ②	23/.129	—	④	0.110	0.243	⑤
	17084286	13/32	1/2	9/32 ②	23/.129	34/.211	④	0.107	0.220	⑤
	17084287	13/32	1/2	9/32 ②	23/.129	34/.211	④	0.107	0.220	⑤
	17084288	3/8	7/8	9/32 ②	23/.129	—	④	0.110	0.243	⑤
	17084289	3/8	7/8	9/32 ②	23/.129	—	④	0.110	0.243	⑤
	17084296	1/2	7/8	9/32 ②	23/.129	—	④	0.110	0.243	⑤
	17084297	1/2	7/8	9/32 ②	23/.129	—	④	0.110	0.243	⑤
'85	17080213	3/8	1	9/32 ②	23/.129	30/0.179	④	0.234	40/0.260	⑤
	17080298	3/8	1	9/32 ②	23/.129	30/0.179	④	0.234	40/0.260	⑤
	17082213	3/8	1	9/32 ②	23/.129	30/0.179	④	0.234	40/0.260	⑤
	17083298	3/8	1	9/32 ②	23/.129	30/0.179	④	0.234	40/0.260	⑤
	17085247	13/32	7/8	9/32 ②	20/0.110	—	④	0.096	30/0.179	⑤
	17085246	13/32	7/8	9/32 ②	20/0.110	—	④	0.096	30/0.179	⑤
	17085249	13/32	7/8	9/32 ②	20/0.110	—	④	0.096	30/0.179	⑤
	17085248	13/32	7/8	9/32 ②	20/0.110	—	④	0.096	30/0.179	⑤
	17085580	3/8	7/8	9/32 ②	21/0.117	—	④	0.077	30/0.179	⑤
	17085582	3/8	7/8	9/32 ②	21/0.117	—	④	0.077	30/0.179	⑤
	17085581	3/8	7/8	9/32 ②	21/0.117	—	④	0.077	30/0.179	⑤
	17085583	3/8	7/8	9/32 ②	21/0.117	—	④	0.077	30/0.179	⑤
	17085584	3/8	7/8	9/32 ②	21/0.117	—	④	0.077	30/0.179	⑤
	17085586	3/8	7/8	9/32 ②	21/0.117	—	④	0.077	30/0.179	⑤
	17085592	13/32	1/2	9/32 ②	21/0.117	34/.211	④	0.077	35/0.220	⑤
	17085594	13/32	1/2	9/32 ②	21/0.117	34/.211	④	0.077	28/0.164	⑤
	17085588	3/8	7/8	9/32 ②	21/0.117	—	④	0.077	30/0.179	⑤
	17085590	3/8	7/8	9/32 ②	21/0.117	—	④	0.077	30/0.179	⑤
	17085596	1/2	7/8	9/32 ②	23/0.129	—	④	0.077	38/0.243	⑤
	17085598	1/2	7/8	9/32 ②	23/0.129	—	④	0.077	38/0.243	⑤
'86	17086246	13/32	7/8	9/32 ②	20/0.110	—	④	0.096	30/0.179	⑤
	17086247	13/32	7/8	9/32 ②	20/0.110	—	④	0.096	30/0.179	⑤
	17086248	13/32	7/8	9/32 ②	20/0.110	—	④	0.096	30/0.179	⑤
	17086249	13/32	7/8	9/32 ②	20/0.110	—	④	0.096	30/0.179	⑤
	17086580	12/32	7/8	9/32 ②	21/0.117	—	④	0.077	30/0.179	⑤
	17086581	12/32	7/8	9/32 ②	21/0.117	—	④	0.077	30/0.179	⑤
	17086582	12/32	7/8	9/32 ②	21/0.117	—	④	0.077	30/0.179	⑤
	17086583	12/32	7/8	9/32 ②	21/0.117	—	④	0.077	30/0.179	⑤
	17086584	12/32	7/8	9/32 ②	21/0.117	—	④	0.077	30/0.179	⑤
	17086586	12/32	7/8	9/32 ②	21/0.117	—	④	0.077	30/0.179	⑤
	17086588	12/32	7/8	9/32 ②	21/0.117	—	④	0.077	30/0.179	⑤
	17086590	12/32	7/8	9/32 ②	21/0.117	—	④	0.077	30/0.179	⑤
	17086596	16/32	7/8	9/32 ②	21/0.117	—	④	0.077	30/0.179	⑤
	17086598	16/32	7/8	9/32 ②	21/0.117	—	④	0.077	30/0.179	⑤

① El número de identificación del carburador va estampado en la cubeta del flotador, junto a la palanca secundaria de la válvula de mariposa
② Orificio interno
③ Orificio externo
④ No es necesario realizar ninguna medición en la articulación de dos puntos; vea el texto
⑤ Vea la etiqueta adhesiva situada bajo el capó

CARBURADORES MIKUNI

Carburador retroalimentado en motores de 2.6L

Todos los motores Federales y de California Mitsubishi de 2.6L disponen de un carburador de dos cuerpos, con aspiración invertida, diseñados para el control electrónico de combustible, y funcionamiento en bucle cerrado. Con el sistema en bucle cerrado de control de la mezcla, este carburador presenta la característica especial de proporcionar un control óptimo de la relación aire/combustible en toda la gama de situaciones de funcionamiento del motor. La dosificación del combustible se realiza mediante tres válvulas solenoide que reducen o añaden combustible al motor.

Existen otros sistemas básicos en el carburador retroalimentado: la entrada de combustible, la dosificación primaria, la dosificación secundaria, la bomba del acelerador, el estrangulador, la mezcla del surtidor, el enriquecimiento y el sistema de corte del suministro de combustible. Los primeros cinco sistemas son básicamente los mismos entre carburadores estándar y retroalimentados. Los tres restantes tienen carácter singular en los carburadores retroalimentados. El sistema de enriquecimiento está formado por un solenoide de enriquecimiento y un surtidor de dosificación. Este sistema proporciona la cantidad de combustible adicional al sistema principal de dosificación. El accionamiento de la válvula de enriquecimiento está controlado por la longitud del tiempo que se suministra corriente a la válvula solenoide. El sistema de mezcla del surtidor suministra combustible al motor a través del surtidor y conductos de la mezcla. Este sistema está calibrado por la válvula solenoide de mezcla del surtidor, que responde a la señal que proviene de la ECU (Unidad de control electrónico).

El sistema de bucle cerrado permite realizar el control del combustible en bucle cerrado en respuesta a señales de sensores varios. El sensor de la posición de la válvula de mariposa (TPS) proporciona información sobre el ángulo a la ECU. El TPS va montado en el carburador. El interruptor de la posición de marcha en vacío va montado en el carburador y está en posición de conectado cuando la placa de la válvula de mariposa está cerrada, o en la posición de marcha en vacío. Facilita información a la ECU (unidad de control electrónico) y sirve para ajustar la velocidad de marcha en vacío.

Carburador estándar

Todos los modelos con tracción delantera (de los E.U.A., y del Canadá), con motor Mitsubishi de 2.6L (156 pulgadas cúbicas), disponen de un carburador convencional del tipo compuesto con dos cuerpos y aspiración invertida. El estrangulador automático es del tipo de «cera térmica», y está controlado por la temperatura del refrigerante del motor. Este carburador tiene además una bomba de acelerador de tipo diafragma, válvula de descarga de la cubeta de combustible, solenoide de corte del suministro de combustible, válvula de conmutación del aire (ASV), válvula secundaria EGR (de recirculación de gases de escape), válvula del aire cuando el motor funciona en punto muerto (CAV), válvula de control del aire del surtidor (JACV) y sistema de compensación de altitudes elevadas (HAC), únicamente en los modelos de California. El sistema de la válvula de

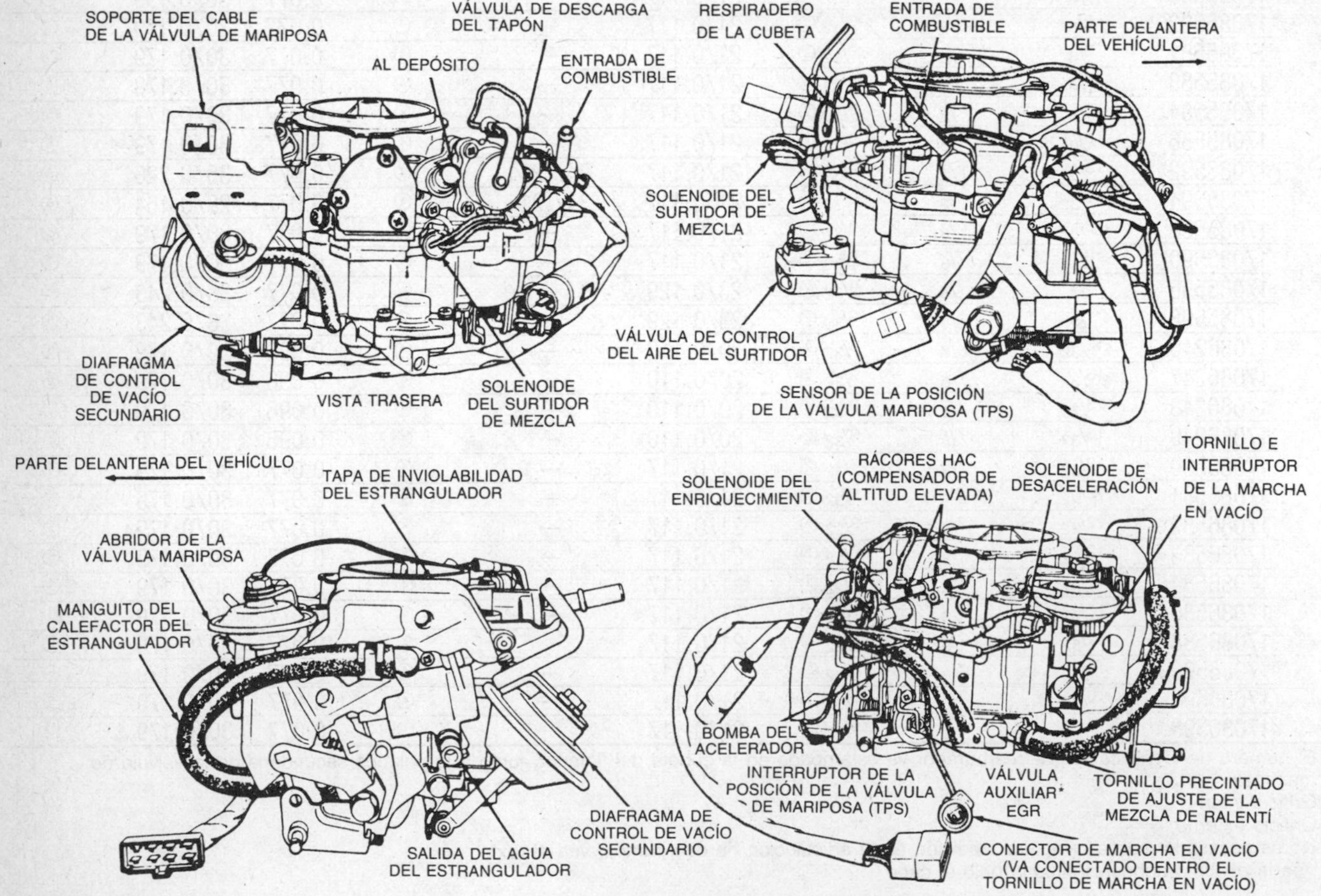

Conjunto del carburador retroalimentado Mikuni

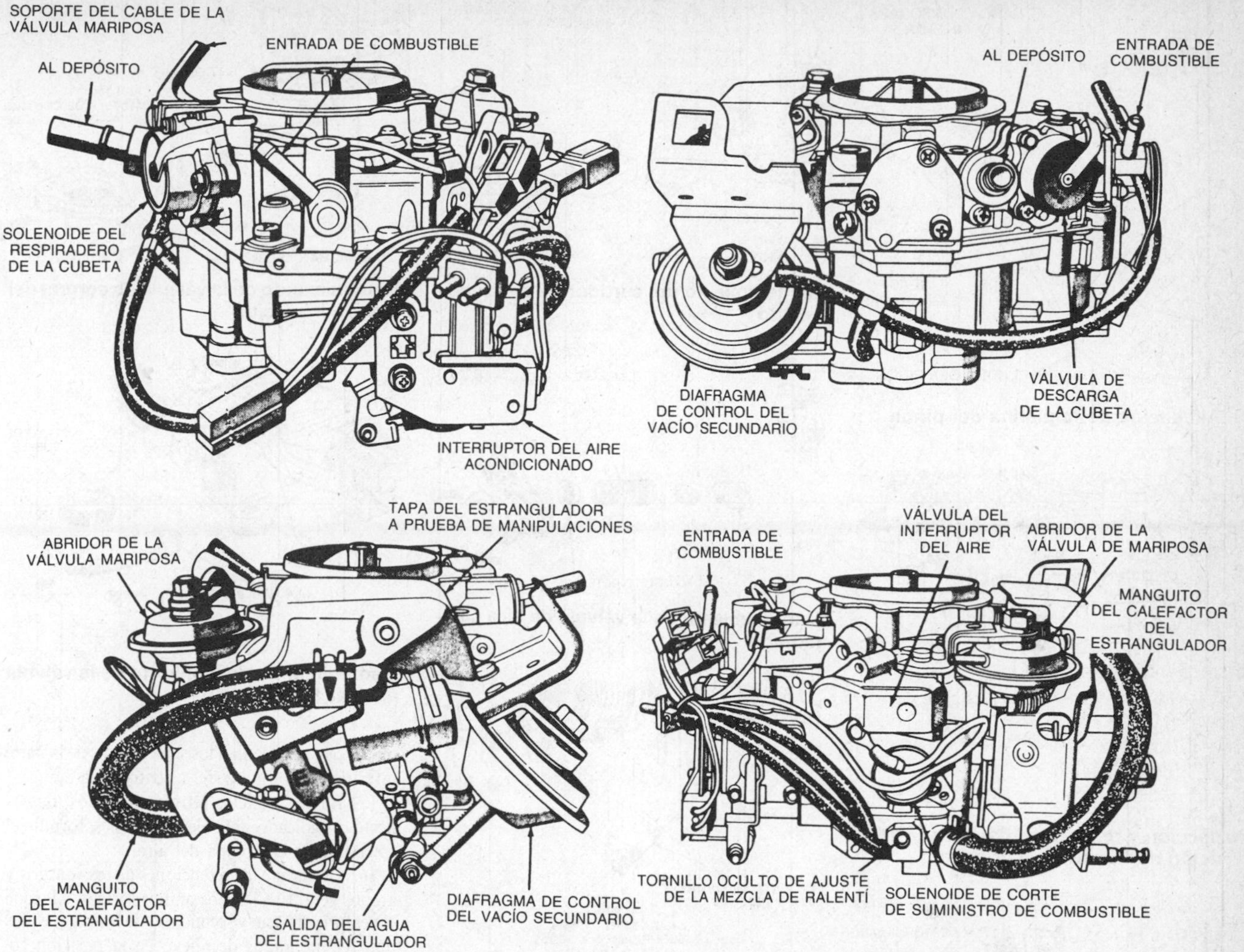

SOPORTE DEL CABLE DE LA VÁLVULA MARIPOSA
ENTRADA DE COMBUSTIBLE
AL DEPÓSITO
SOLENOIDE DEL RESPIRADERO DE LA CUBETA
INTERRUPTOR DEL AIRE ACONDICIONADO
AL DEPÓSITO
ENTRADA DE COMBUSTIBLE
DIAFRAGMA DE CONTROL DEL VACÍO SECUNDARIO
VÁLVULA DE DESCARGA DE LA CUBETA
TAPA DEL ESTRANGULADOR A PRUEBA DE MANIPULACIONES
ABRIDOR DE LA VÁLVULA MARIPOSA
MANGUITO DEL CALEFACTOR DEL ESTRANGULADOR
SALIDA DEL AGUA DEL ESTRANGULADOR
DIAFRAGMA DE CONTROL DEL VACÍO SECUNDARIO
ENTRADA DE COMBUSTIBLE
VÁLVULA DEL INTERRUPTOR DEL AIRE
ABRIDOR DE LA VÁLVULA DE MARIPOSA
MANGUITO DEL CALEFACTOR DEL ESTRANGULADOR
TORNILLO OCULTO DE AJUSTE DE LA MEZCLA DE RALENTÍ
SOLENOIDE DE CORTE DE SUMINISTRO DE COMBUSTIBLE

Conjunto de carburador retroalimentado, de modelos diferentes de Mikuni

conmutación del aire está activado por las tomas de vacío del carburador y suministra aire adicional al conducto de baja velocidad interrumpiendo el suministro de combustible y desviándolo hacia los orificios en derivación y salida guiada.

DESMONTAJE

1. Comprima las abrazaderas y desmonte la manguera (o manguito) de agua del conjunto del estrangulador.
2. Extraiga taladrando las partes incrustadas de los tornillos incrustados cubiertos.
3. Utilizando un pequeño martillo y un contrapunzón, golpee ligeramente sobre el borde del otro tornillo en el sentido contrario de las agujas del reloj hasta que se afloje. Desmonte la tapa del estrangulador.
4. Observe la posición relativa entre la marca punzonada y la línea trazada en la placa del piñón del estrangulador. Cuando lo vuelva a montar, la línea y la marca punzonada deben quedar alineadas en esta posición.
5. Desmonte el clip en E del reenvío del dispositivo de apertura de la válvula mariposa. Desmonte los tornillos del dispositivo de apertura de la válvula mariposa y colóquelo a un lado.
6. Desmonte el cable a masa del solenoide de corte del suministro de combustible (si dispone del mismo), y a continuación desmonte el tornillo de sujeción y coloque el solenoide a un lado.
7. Desmonte el muelle de recuperación de la válvula mariposa y el muelle del amortiguador.
8. Desmonte los clips en E y el reenvío de carga del estrangulador del carburador.
9. Desconecte la manguera de vacío y el reenvío de la cámara de vacío, desmonte los tornillos de sujeción y aparte la cámara a un lado.

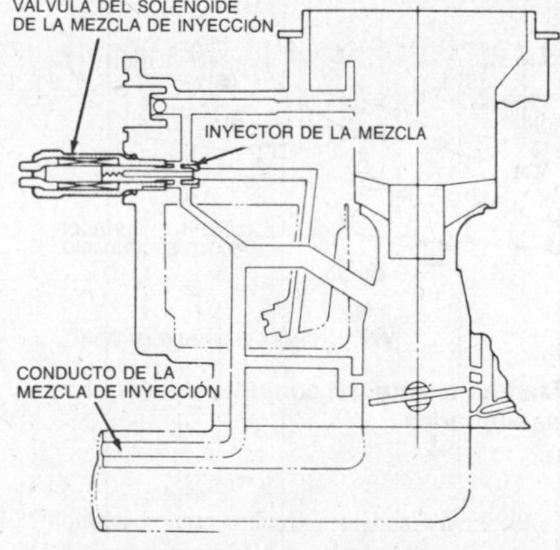

Sistema de la mezcla de inyección

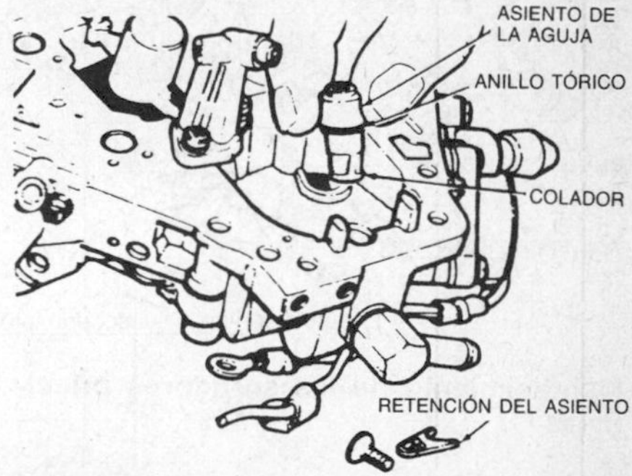

Despiece del conjunto del asiento de la aguja

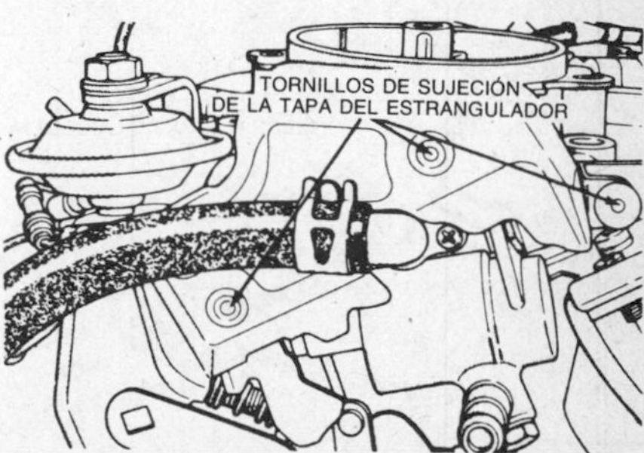

Tornillos de la tapa del estrangulador, en el modelo retroalimentado

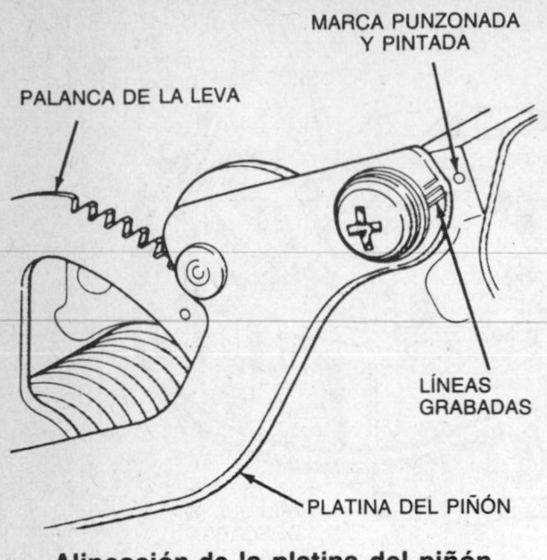

Alineación de la platina del piñón

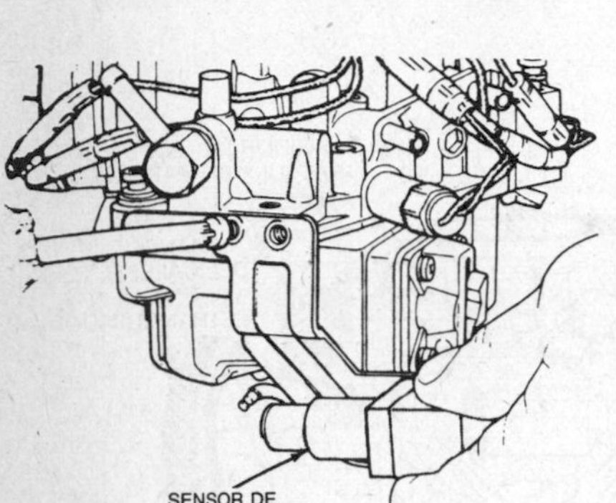

Inspección y reparación del sensor de la posición de la válvula mariposa

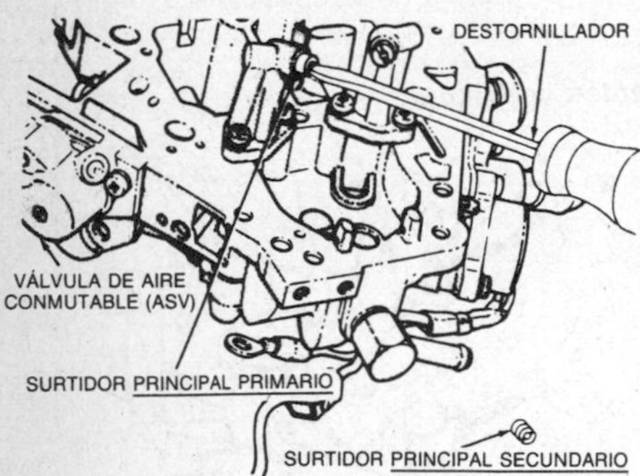

Mantenimiento de los surtidores principales

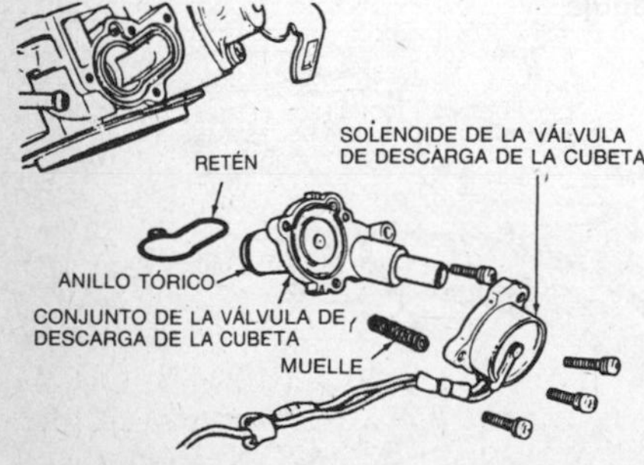

Mantenimiento de la válvula de descarga de la cubeta

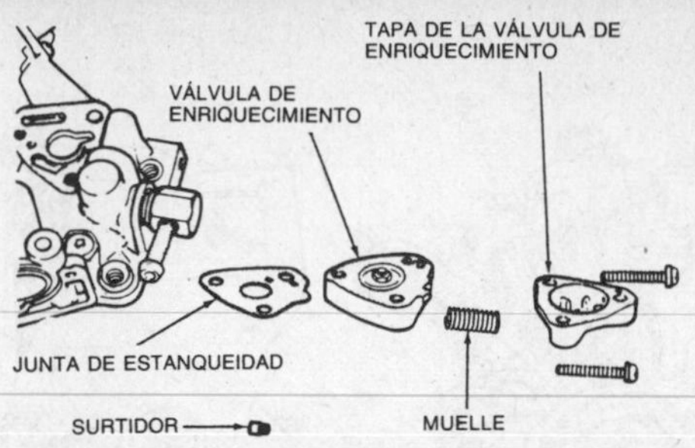

Mantenimiento del surtidor de enriquecimiento

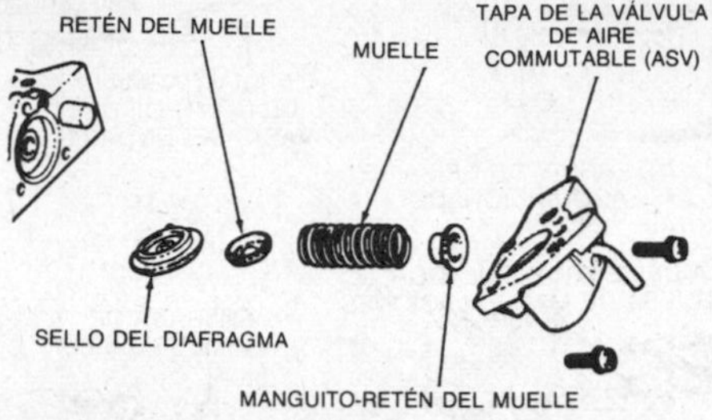

Mantenimiento de la válvula de aire commutable

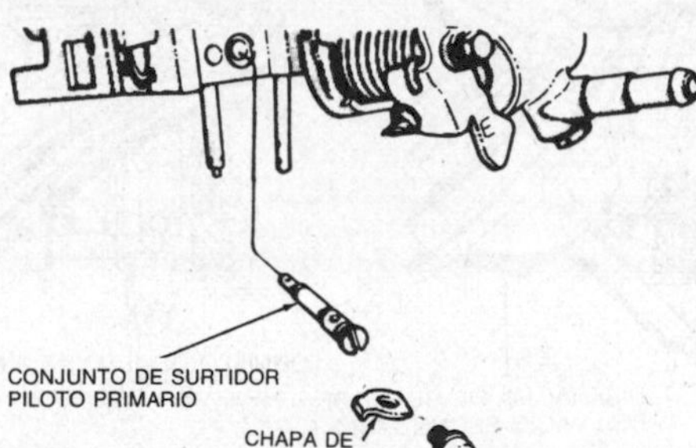

Mantenimiento del conjunto de surtidores principales.

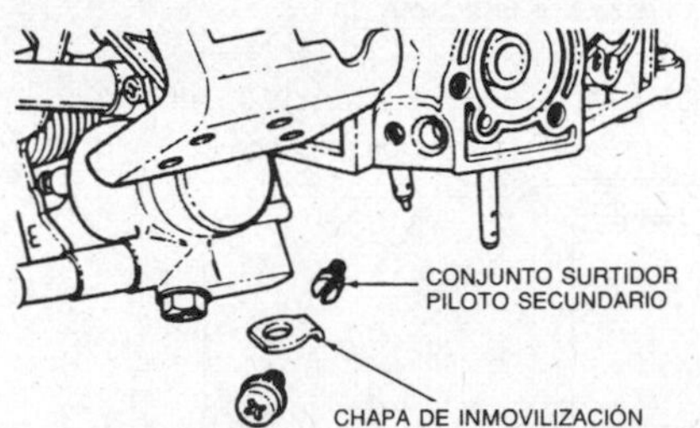

Mantenimiento del conjunto de inyectores secundarios

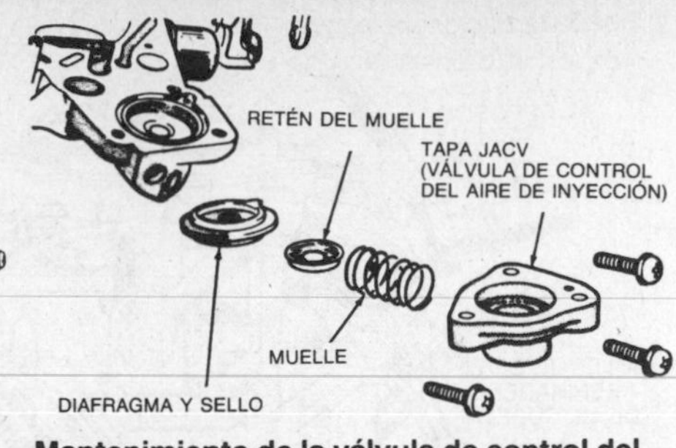

Mantenimiento de la válvula de control del aire de inyección

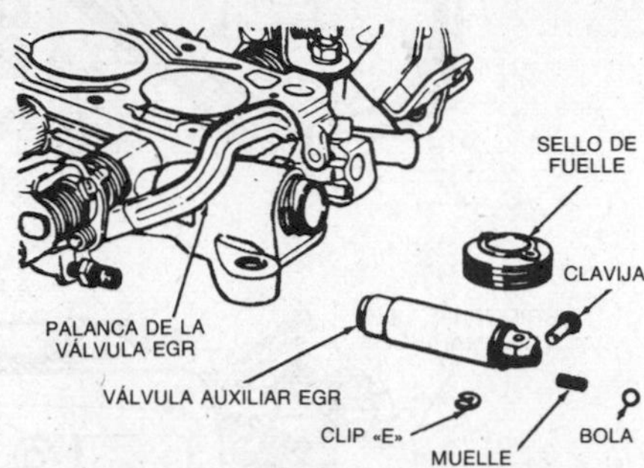

Mantenimiento del conjunto de la válvula auxiliar EGR

10. En los modelos retroalimentados, desmonte los tornillos de sujeción del sensor de posición de la mariposa y apártelo a un lado. Desmonte las mangueras del conector de vacío del carburador en todos los modelos.

11. Desconecte el varillaje del acelerador.

12. Desmonte los seis tornillos de sujeción de la trompa del aire y sepárela del cuerpo del carburador.

13. Extraiga la clavija de pivotaje del flotador y desmonte el conjunto del mismo.

14. Desatornille la retención y desmonte el conjunto del asiento de la aguja y el colador. No deje que se caigan y pierdan los suplementos de la parte inferior del conjunto del asiento de la aguja.

15. En los modelos retroalimentados, desconecte el cableado del solenoide y desatornille el solenoide de la trompa del aire.

16. Desmonte las retenciones de los venturis y ambos venturis. Tire los anillos tóricos. Marque el venturi primario y secundario de forma que puedan ser montados de nuevo en la posición correcta.

17. Desmonte los surtidores de las etapas primaria y secundaria de sus pedestales. Observe los números de los surtidores para su posterior montaje en la posición correcta.

18. Desmonte los pedestales y tire las juntas de estanqueidad.

19. Desmonte los tornillos de sujeción del solenoide de la válvula de descarga de la cubeta, separe la válvula de descarga de la cubeta de la trompa de aire, y tire el anillo tórico y sello.

20. Desmonte los tornillos de la válvula de enriquecimiento y separe la válvula de la trompa de aire. Desmonte el surtidor.

21. En los modelos no retroalimentados, desmonte los tornillos de la válvula de conmutación de aire y separe la válvula de la trompa de aire.

22. Desmonte el tornillo, bloqueo y conjunto de surtidores primarios.

23. Desmonte el tornillo, bloqueo y conjunto de surtidores secundarios.

24. Desmonte los surtidores de sangrado de aire primario y secundario, de la parte superior de la trompa de aire. Tome nota de los tamaños, para su posterior montaje, en la posición correcta.

25. Invierta la trompa de aire, con cuidado, y deje caer la pesa de la bomba, bola de la válvula antirretorno, y tuerca hexagonal.

26. Desmonte los tornillos de la bomba del acelerador y separe la bomba de la trompa de aire.

27. Desmonte los tornillos de la válvula de control del aire de los surtidores y separe la válvula del cuerpo de la válvula mariposa.

28. Desmonte el clip en E de la palanca de la válvula sub-EGR. Extraiga con cuidado la clavija de la palanca y válvula sub-EGR. La palanca está sometida a la tensión de un muelle causada por la bola de acero y el muelle de la válvula sub-EGR y la palanca. Tenga cuidado de no perder la bola y el muelle al desmontar la palanca. Desmonte la válvula del cuerpo de la válvula mariposa. Siga el procedimiento inverso para montar el carburador.

ATENCIÓN

No cebe el carburador vertiendo gasolina en la trompa de aire, ya que es peligroso. Se recomienda accionar el motor, y a continuación pisar el acelerador varias veces, para cebar el carburador.

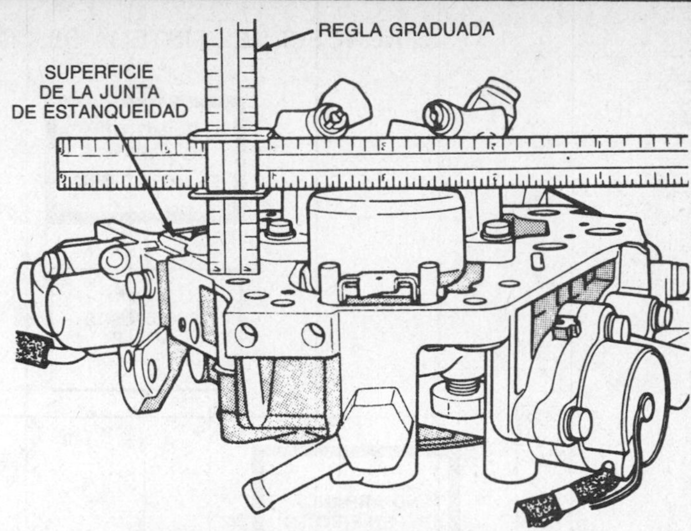

Comprobación del nivel del flotador en seco

AJUSTE DEL NIVEL DEL FLOTADOR

1. Invierta el conjunto de la trompa del aire sin la junta de estanqueidad.

2. Con un calibre, mida la distancia desde el fondo del flotador hasta la superficie de la trompa del aire. La distancia debe ser de 0.0787-0.779 pulgadas (17.8-20.8 mm).

3. Si la lectura no está dentro de este intervalo, debe usted cambiar la arandela de relleno situada bajo el asiento de aguja. Existen juegos de arandelas de relleno en el mercado que están formadas por tres arandelas de este tipo: de 0.0118 pulgadas (0.3 mm), de 0.0157 pulgadas (0.4 mm) y de 0.0196 pulgadas (0.5 mm). La añadidura o eliminación de una arandela de relleno provocará un cambio del nivel del flotador tres veces superior al grosor de la misma.

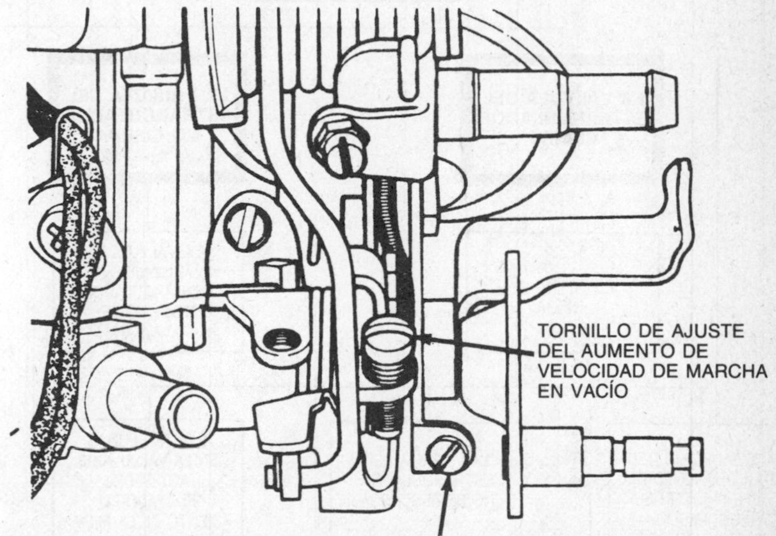

Ajuste del aumento de velocidad de marcha en vacío

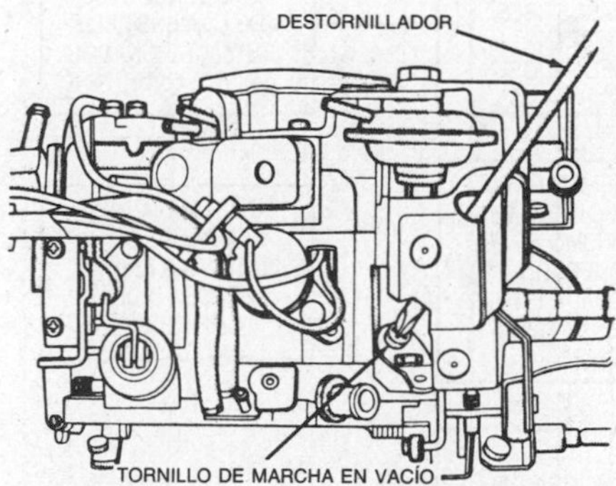

Ajuste de la velocidad en vacío

ALINEACIÓN DE LA PALANCA DE LA LEVA

Véase la figura donde se describe dicho procedimiento.

AJUSTE DE LA VELOCIDAD DE MARCHA EN VACÍO

Antes de ajustar la velocidad de marcha en vacío, compruebe la sincronización del encendido, y ajústelo, si es necesario.

1. Accione el freno de estacionamiento (de mano) y coloque el vehículo en la posición de punto muerto. Desconecte todas las luces y accesorios.

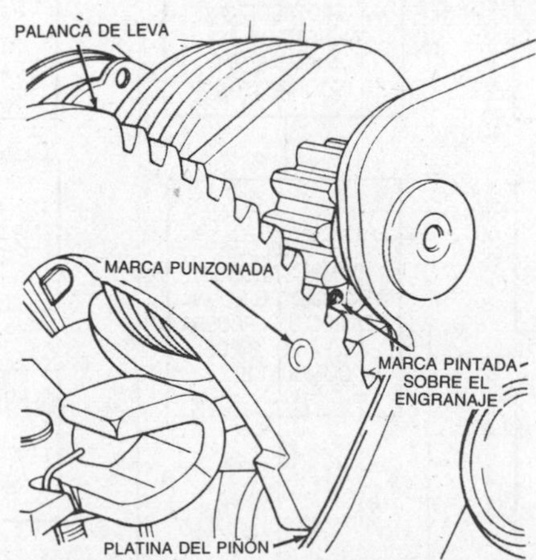

Alineación de la palanca de leva

Desconecte el ventilador del radiador. Conecte el tacómetro al motor.

2. Arranque el motor y déjelo girar, hasta que alcance la temperatura normal de funcionamiento.

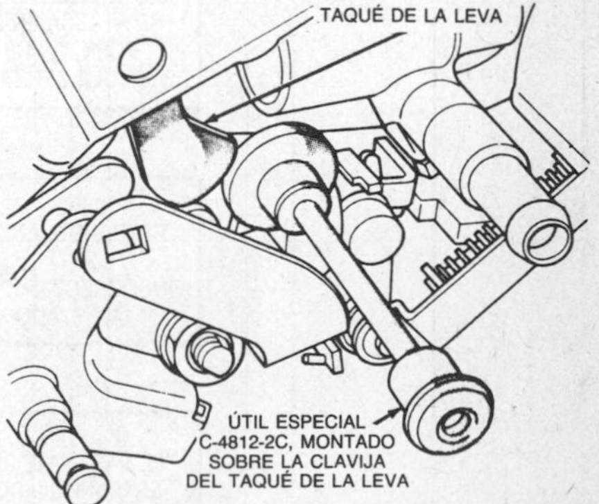

Utillaje C-4812-2C, montado en los modelos retroalimentados

3. Abra la válvula mariposa y eleve la velocidad del motor a 2,500 rpm durante 10 segundos, y a continuación vuelva al régimen de marcha en vacío.

4. Espere dos minutos y observe la lectura del

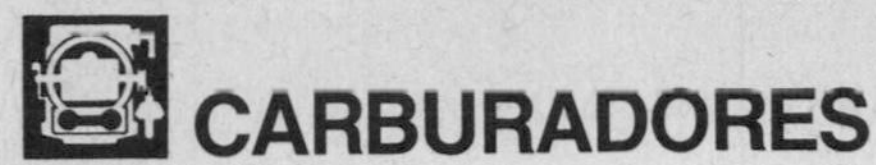

DIAGNOSIS DEL SISTEMA DE COMBUSTIBLE

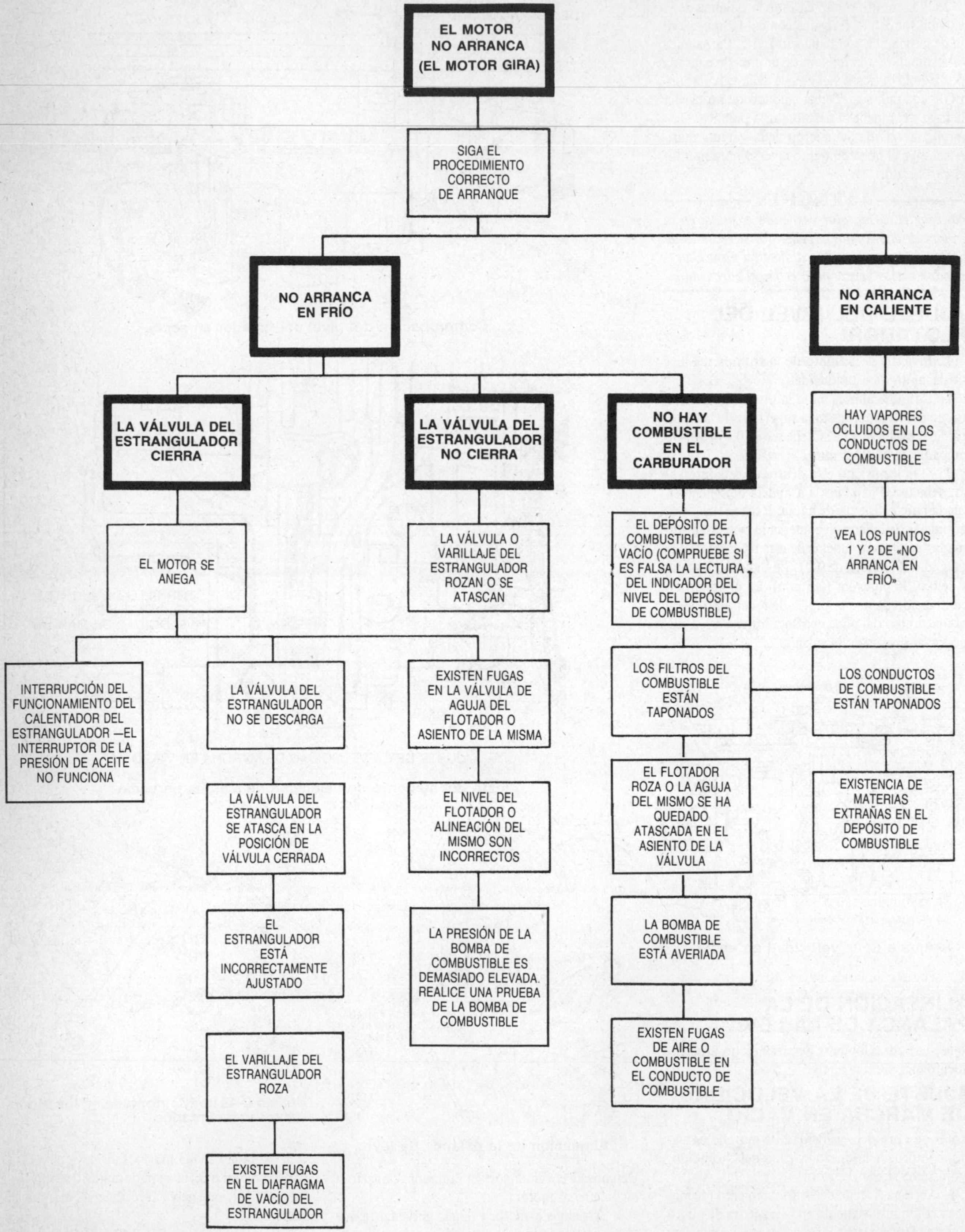

- **EL MOTOR NO ARRANCA (EL MOTOR GIRA)**
  - SIGA EL PROCEDIMIENTO CORRECTO DE ARRANQUE
    - **NO ARRANCA EN FRÍO**
      - **LA VÁLVULA DEL ESTRANGULADOR CIERRA**
        - EL MOTOR SE ANEGA
          - INTERRUPCIÓN DEL FUNCIONAMIENTO DEL CALENTADOR DEL ESTRANGULADOR —EL INTERRUPTOR DE LA PRESIÓN DE ACEITE NO FUNCIONA
          - LA VÁLVULA DEL ESTRANGULADOR NO SE DESCARGA
            - LA VÁLVULA DEL ESTRANGULADOR SE ATASCA EN LA POSICIÓN DE VÁLVULA CERRADA
            - EL ESTRANGULADOR ESTÁ INCORRECTAMENTE AJUSTADO
            - EL VARILLAJE DEL ESTRANGULADOR ROZA
            - EXISTEN FUGAS EN EL DIAFRAGMA DE VACÍO DEL ESTRANGULADOR
          - EXISTEN FUGAS EN LA VÁLVULA DE AGUJA DEL FLOTADOR O ASIENTO DE LA MISMA
            - EL NIVEL DEL FLOTADOR O ALINEACIÓN DEL MISMO SON INCORRECTOS
            - LA PRESIÓN DE LA BOMBA DE COMBUSTIBLE ES DEMASIADO ELEVADA. REALICE UNA PRUEBA DE LA BOMBA DE COMBUSTIBLE
      - **LA VÁLVULA DEL ESTRANGULADOR NO CIERRA**
        - LA VÁLVULA O VARILLAJE DEL ESTRANGULADOR ROZAN O SE ATASCAN
      - **NO HAY COMBUSTIBLE EN EL CARBURADOR**
        - EL DEPÓSITO DE COMBUSTIBLE ESTÁ VACÍO (COMPRUEBE SI ES FALSA LA LECTURA DEL INDICADOR DEL NIVEL DEL DEPÓSITO DE COMBUSTIBLE)
        - LOS FILTROS DEL COMBUSTIBLE ESTÁN TAPONADOS
        - EL FLOTADOR ROZA O LA AGUJA DEL MISMO SE HA QUEDADO ATASCADA EN EL ASIENTO DE LA VÁLVULA
        - LA BOMBA DE COMBUSTIBLE ESTÁ AVERIADA
        - EXISTEN FUGAS DE AIRE O COMBUSTIBLE EN EL CONDUCTO DE COMBUSTIBLE
    - **NO ARRANCA EN CALIENTE**
      - HAY VAPORES OCLUIDOS EN LOS CONDUCTOS DE COMBUSTIBLE
      - VEA LOS PUNTOS 1 Y 2 DE «NO ARRANCA EN FRÍO»
      - LOS CONDUCTOS DE COMBUSTIBLE ESTÁN TAPONADOS
      - EXISTENCIA DE MATERIAS EXTRAÑAS EN EL DEPÓSITO DE COMBUSTIBLE

tacómetro. Si el número de rpm es diferente del especificado en la etiqueta adhesiva situada bajo el capó, afloje o apriete el tornillo de ajuste hasta que obtenga las rpm correctas. En los modelos retroalimentados, debe desmontar el conector del interruptor de marcha en vacío antes de hacer este ajuste. En los modelos con aire acondicionado, coloque la palanca de control de temperatura en la posición más fría y conecte el sistema de aire acondicionado. Con el compresor de aire en marcha, ajuste la velocidad del motor a 900 rpm, con el tornillo de aumento de la velocidad de marcha en vacío.

5. Pare el motor, vuelva a conectar el ventilador, desconecte el tacómetro y vuelva a conectar el conector del interruptor de marcha en vacío.

AJUSTE DE LA VELOCIDAD DE MARCHA EN VACÍO RÁPIDA

1. Accione el freno de estacionamiento (de mano) y coloque el vehículo en punto muerto. Desconecte todas las luces y accesorios. Desconecte el ventilador del radiador. Conecte el tacómetro al motor.

2. Arranque el motor y déjelo girar hasta que alcance la temperatura normal de funcionamiento.

3. Desconecte y tapone la manguera de avance por vacío del distribuidor. Desconecte el distribuidor del radiador.

4. Abra ligeramente la válvula mariposa y monte la herramienta C-4812-2C en la clavija del empujador de la leva del estrangulador.

5. Suelte la leva de la válvula mariposa y ajuste la velocidad de marcha en vacío rápida a las especificaciones de la etiqueta adhesiva situada bajo el capó.

6. Desmonte la herramienta, pare el motor, vuelva a conectar el ventilador, quite el tapón de la manguera de avance por vacío y vuelva a conectarla, y desmonte el tacómetro.

ABERTURA (ABERTURA COMPLETA) DE LA VÁLVULA DE MARIPOSA PRIMARIA

1. Compruebe el ángulo de abertura de la válvula mariposa primaria cuando ésta haya sido completamente abierta. El ángulo de la misma debe ser de 90° con respecto al plano horizontal.

2. Si es necesario ajustarla, doble el brazo de ajuste de la misma.

ABERTURA DE LA VÁLVULA MARIPOSA SECUNDARIA

1. Abra la palanca de la válvula de mariposa, abra totalmente la válvula de mariposa secundaria y compruebe el ángulo de abertura. El ángulo de la válvula debe ser de 87° con respecto al plano horizontal.

2. Si es necesario, doble la palanca del eje de la válvula mariposa secundaria para ajustarla.

AJUSTE DE LA VÁLVULA DEL ESTRANGULADOR (TERCER ESCALÓN)

1. Compruebe la válvula del estrangulador en el tercer escalón de la leva de marcha en vacío rápida.

a. Coloque la válvula del estrangulador en posición totalmente abierta.

b. Abra lentamente la palanca de la válvula mariposa, a la vez que presiona ligeramente sobre la misma, en el sentido de cierre, con los dedos, y coloque la válvula del estrangulador en el tercer escalón de la leva de marcha en vacío rápida.

c. La distancia de la válvula del estrangulador debe ser de 0.093 pulgadas.

d. Si es necesario realizar algún ajuste, extraiga el remache del estrangulador automático, y ajuste, doblando la palanca del mismo, situada en la carcasa. Vuelva a montar la palanca del estrangulador, remachándola.

Carburador Spectrum de dos cuerpos

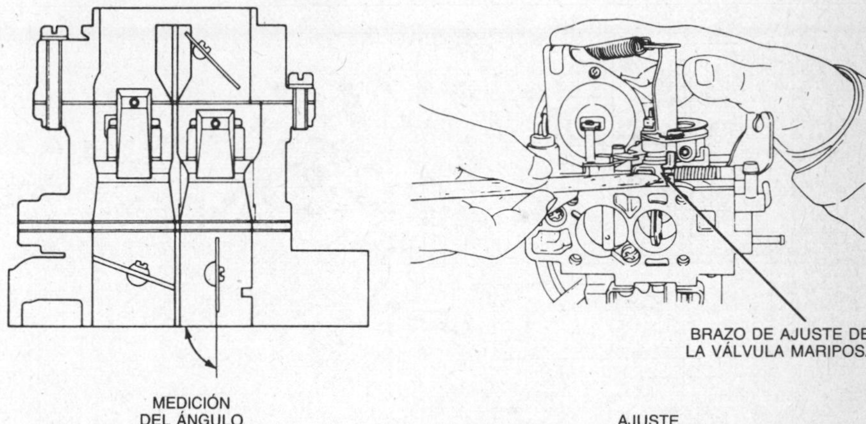

Ángulo de la válvula mariposa primaria (completamente abierta) en el carburador Spectrum

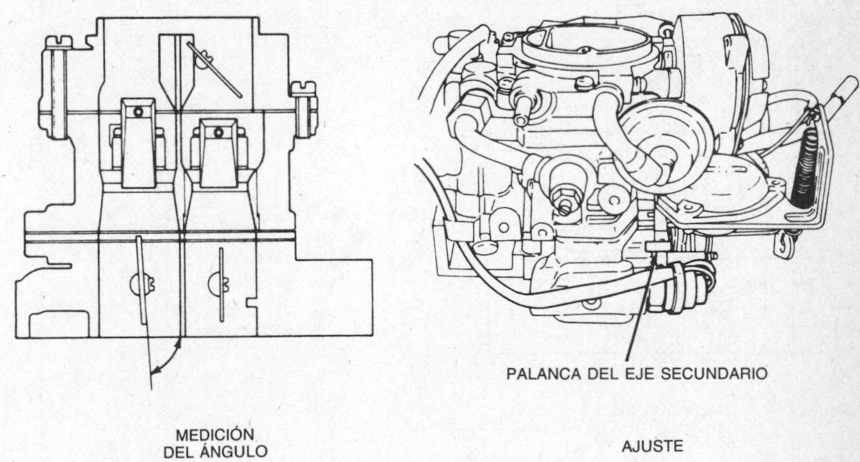

Apertura de la válvula mariposa secundaria en el modelo Spectrum

ABERTURA DE LA VÁLVULA DE MARIPOSA PRIMARIA (SEGUNDO ESCALÓN)

1. Compruebe la separación de la válvula mariposa primaria en el segundo escalón de la leva de marcha en vacío rápida.

a. Coloque la válvula del estrangulador en posición completamente abierta.

b. Abra lentamente la válvula del estrangulador a la vez que empuja la válvula del estrangulador ligeramente en la dirección de cierre, con los dedos, y coloque la válvula del estrangulador en el segundo escalón de la leva de marcha en vacío.

c. La separación de la válvula de mariposa principal debe ser de: vehículos con transmisión automática 0.692 pulgadas; vehículo con transmisión manual 0.543 pulgadas.

d. El ajuste se ha de realizar con el tornillo de marcha en vacío rápida.

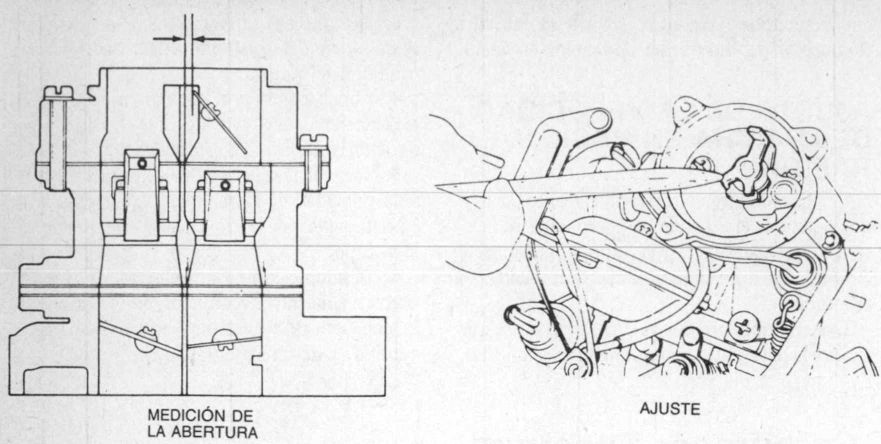

Ajuste de la válvula del estrangulador (tercera etapa) - Spectrum

Ajuste del sensor de la posición de la válvula mariposa — Spectrum

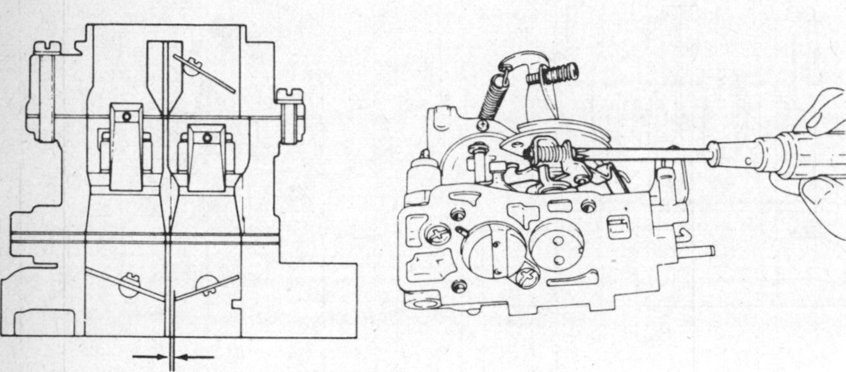

Apertura de la válvula de mariposa primaria (segunda etapa) Spectrum

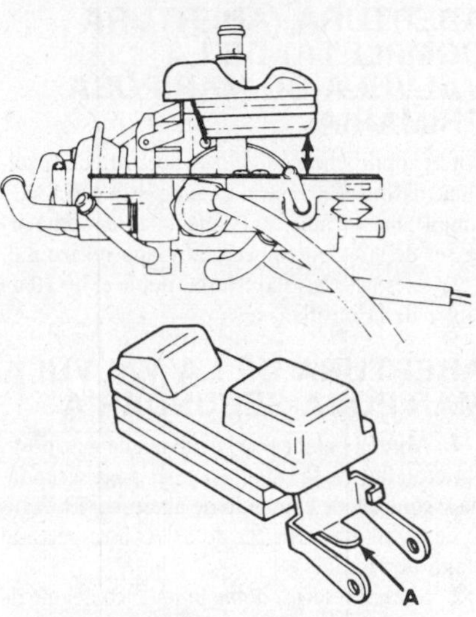

Doble la lengüeta (A) para ajustar el nivel superior del flotador — Spectrum

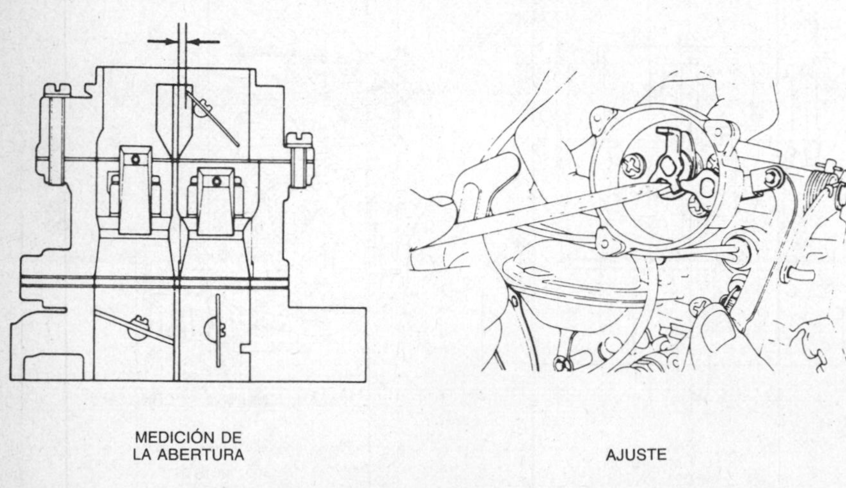

Ajuste del desactivador del estrangulador - Spectrum

AJUSTE DEL DESCARGADOR DEL ESTRANGULADOR

1. Compruebe la separación de la válvula del estrangulador, cuando la válvula de mariposa primaria haya sido completamente abierta. La distancia debe ser de 0.071 pulgadas.

2. Si es necesario ajustarla, extraiga el remache del estrangulador automático y ajústela doblando la palanca del estrangulador, situada en la carcasa del mismo. Vuelva a montar la palanca del estrangulador remachándola.

AJUSTE DEL RUPTOR DE VACÍO DEL ESTRANGULADOR

1. Aplique una fuente de vacío de aproximadamente 400 mm de Hg (mercurio) al diafragma del ruptor del vacío del estrangulador.

2. Empuje ligeramente la válvula del estrangulador hacia el lado de cierre. La separación debe ser, en los modelos de 1985 de 0.053 pulgadas y en los de 1986 de 0.057 pulgadas.

3. Para ajustarla, doble la palanca del estrangulador.

COMPROBACIÓN Y AJUSTE DEL SENSOR DE POSICIÓN DE LA VÁLVULA MARIPOSA (TPS)

NOTA: Una vez haya conectado el ohmiómetro al TPS, esta verificación se ha de realizar en el período de tiempo más corto posible.

1. Compruebe que los tornillos del soporte del TPS están bien apretados.

2. Compruebe que no existe juego en el brazo del TPS y brazo de la válvula mariposa primaria.

3. Conecte un ohmiómetro a los conductores verde y negro del TPS.

4. Abra la palanca de la válvula mariposa aproximadamente 1/3 (no existe continuidad en este

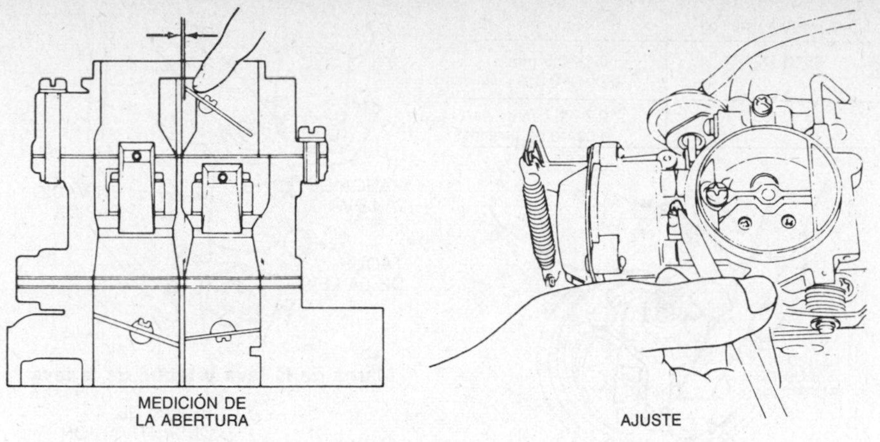

Ajuste del desactivador del estrangulador — Spectrum

caso), y a continuación, cierre gradualmente la palanca, y compruebe que existe continuidad cuando la ranura de la válvula primaria alcance la separación especificada de 0.015 pulgadas TA (transmisión automática) o 0.011 TM (transmisión manual).

5. Ajuste el TPS aflojando los tornillos del mismo. Después de realizar el ajuste compruebe que la separación coincide con la especificada en el paso 4.

ÁNGULO DE CONTACTO DE LA VÁLVULA MARIPOSA SECUNDARIA

1. Mida la abertura de la válvula de mariposa primaria a la vez que la válvula mariposa secundaria comienza a abrirse.

2. La distancia debe ser de 0.023 pulgadas. Ajústela, doblando el brazo de ajuste de la válvula mariposa.

AJUSTE DEL NIVEL DEL FLOTADOR

1. Mida la separación entre la parte superior del flotador y la junta de estanqueidad, cuando el flotador está en la posición elevada. La separación debe ser de 0.059 pulgadas.

2. Doble la aleta (A) para realizar el ajuste.

NOTA: Tenga cuidado de no dañar la válvula de aguja, cuando ajuste el nivel del flotador.

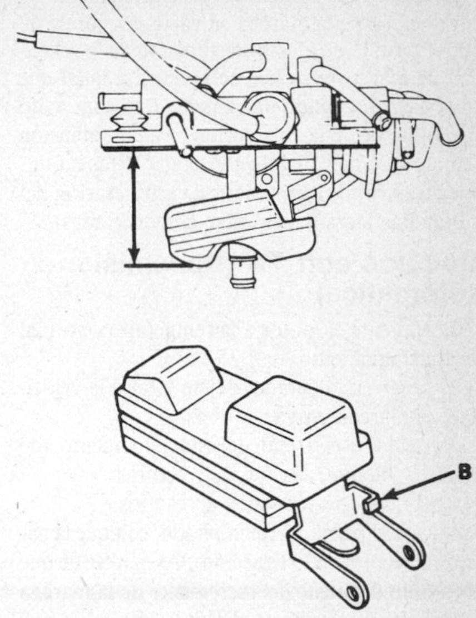

Doble la lengüeta (B) para ajustar el nivel inferior del flotador — Spectrum

3. Mida la distancia entre el fondo del flotador y la junta de estanqueidad cuando el flotador está apoyado en el fondo. La distancia debe ser de 1.7 pulgadas. Ajústela, doblando la aleta (B) que aparece en la figura.

Carburador Sprint de dos cuerpos (MRO8)

AJUSTE DEL NIVEL DEL FLOTADOR

El nivel del combustible en la cámara del flotador, debe quedar, aproximadamente, a la altura de la marca redonda de la parte central del medidor de nivel. Si esto no es así, compruebe y ajuste el nivel del flotador de la siguiente forma:

1. Desmonte e invierta la trompa del aire.

2. Mida la distancia entre el flotador y superficie donde va la junta de estanqueidad de la cámara del estrangulador. La distancia medida es el nivel del flotador y debe estar comprendido entre 0.21-0.24 pulgadas. La medición debe realizarse sin la junta de estanqueidad en la trompa del aire.

3. El ajuste se realiza doblando la lengüeta hacia arriba y hacia abajo.

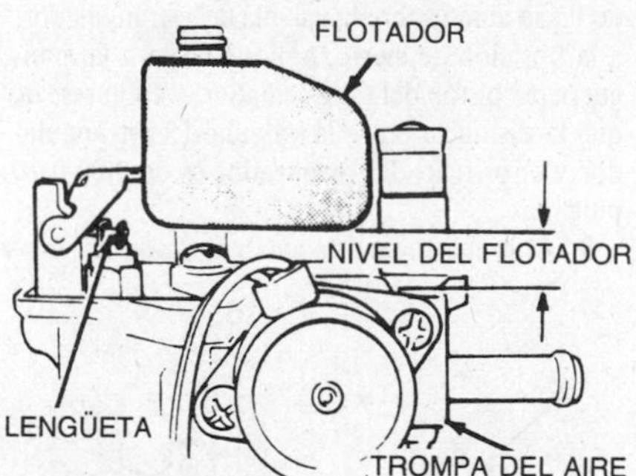

Ajuste del nivel del flotador, en el modelo Sprint

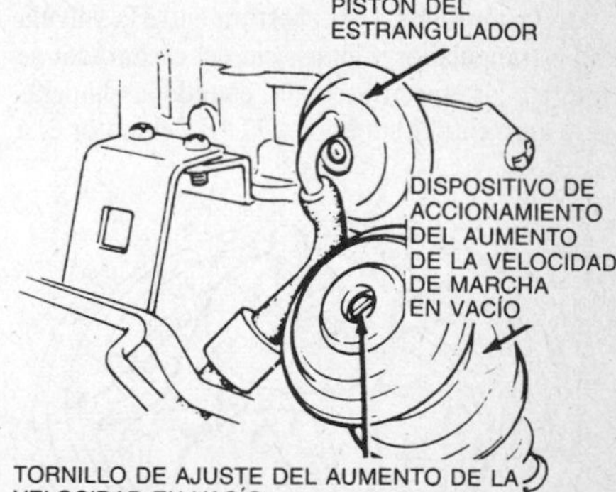

Tornillo de ajuste del aumento de la velocidad de marcha en vacío, Sprint.

AJUSTE DEL AUMENTO DE LA VELOCIDAD DE RÉGIMEN EN VACÍO

El accionador del aumento de la velocidad de marcha en vacío funciona incluso cuando el ventilador de refrigeración está marchando. Por lo tanto se debe realizar el ajuste del aumento de velocidad de la marcha en vacío cuando el ventilador de refrigeración no está en marcha.

Modelos con TM (transmisión manual)

1. Caliente el motor a la temperatura normal de funcionamiento.

2. Después de calentarlo, déjelo girar a la velocidad de la marcha en vacío.

3. Asegúrese de que el tornillo de ajuste del aumento de la velocidad en vacío se mueve hacia abajo (lo que indica que el dispositivo de aumento de la velocidad en vacío está funcionando) al conectar las luces del vehículo.

4. Con las luces conectadas, compruebe la velocidad del motor (velocidad de aumento de marcha en vacío). Asegúrese de que están desconectados el ventilador de calefacción, la luneta térmica trasera (si dispone de la misma), ventilador de refrigeración del motor y el acondicionador de aire (si dispone del mismo). La velocidad del aumento de la marcha en vacío debe ser de 750-850 rpm. Ajústela girando el tornillo al efecto.

5. Después de realizar el ajuste del aumento de la velocidad de la marcha en vacío, asegúrese de que el tornillo de ajuste del aumento de la velocidad de marcha en vacío se mueve, al igual que en el paso 3, cuando únicamente está conectado el ventilador de la calefacción, y a continuación cuando está únicamente conectada la luneta térmica trasera, o el ventilador de refrigeración del motor (las luces deben estar desconectadas).

Modelos con TA (transmisión automática)

1. Caliente el motor a la temperatura normal de funcionamiento.
2. Una vez calentado, déjelo girar a la velocidad de marcha en vacío.
3. Accione el freno de estacionamiento (de mano) y bloquee las ruedas tractoras.
4. Desconecte todos los accesorios.
5. Con el pedal del freno pisado, coloque la palanca selectora en D (tracción). Asegúrese de que el tornillo de ajuste del incremento de la marcha en vacío se mueve hacia abajo (lo que indica que el dispositivo está funcionando).
6. Compruebe la velocidad del aumento de la marcha en vacío (no pise el pedal del acelerador). La velocidad de aumento de la marcha en vacío debe situarse entre 700-800 rpm. El ajuste se realiza apretando o aflojando el tornillo de ajuste.

AJUSTE DEL ESTRANGULADOR

Realice las comprobaciones y ajustes siguientes con la parte superior del filtro desmontada y el motor frío.

Válvula del estrangulador

1. Compruebe si la válvula del estrangulador se mueve suavemente empujándola con el dedo.
2. Asegúrese de que la válvula del estrangulador está casi completamente cerrada, cuando la temperatura ambiente se sitúa por debajo de los 77 °F, y el motor está frío.
3. Compruebe, si la abertura entre la válvula del estrangulador y el orificio del carburador se ajusta a las especificaciones, cuando la temperatura ambiente es superior a 77 °F y el motor está «fresco».

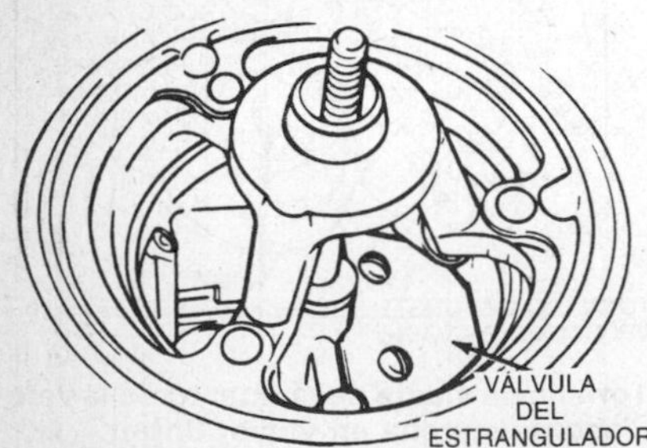

Válvula del estrangulador — Sprint

4. Si se observa que la separación es excesivamente grande o pequeña, en la anterior comprobación, desmonte la caja del filtro del aire y compruebe el muelle del estrangulador, pistón del estrangulador y cada uno de los reenvíos del sistema de estrangulación, para ver si funcionan sin rozamiento. Lubrique el eje de la válvula del estrangulador y cada uno de los reenvíos con lubricante atomizado, si es necesario. No desmonte la guía remachada de la palanca del estrangulador.

Temperatura ambiente	Abertura
25 °C (77 °F)	0.1—0.5 mm 0.004—0.019 pulgadas
35 °C (95 °F)	0.7—1.7 mm 0.03—0.06 pulgadas

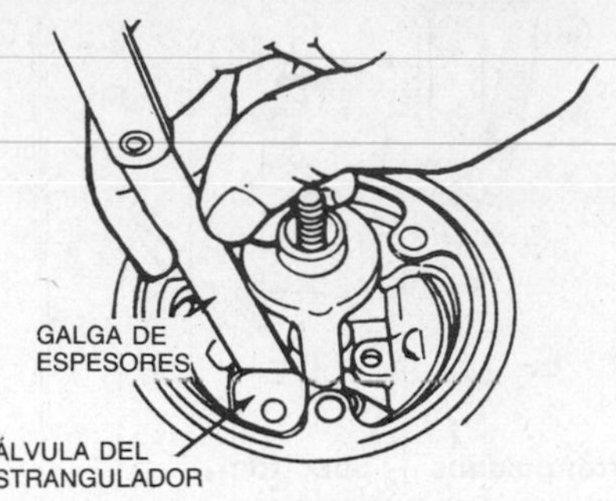

Abertura entre la válvula del estrangulador y la pared interior Sprint

5. Si, después de la lubricación, la separación sigue sin coincidir con la especificada, desmonte el carburador del múltiple de admisión y desmonte el dispositivo de accionamiento del aumento de la marcha en vacío, del carburador. Gire la leva de la marcha en vacío, en el sentido contrario a las agujas del reloj, e introduzca una clavija, dentro de los orificios de la leva y el soporte, para bloquearla. En este estado, doble la palanca del estrangulador hacia arriba o hacia abajo, con unos alicates. Al doblarla hacia arriba, observará que la válvula del estrangulador se cierra, y viceversa.

Pistón del estrangulador

1. Desconecte la manguera del pistón del estrangulador de la cámara de la válvula mariposa.
2. A la vez que presiona ligeramente con el dedo hacia abajo sobre la válvula del estrangulador, a la posición de cierre, aplique vacío a la manguera del pistón del estrangulador, y asegúrese de que la distancia entre la válvula del estrangulador y el orificio del carburador es de 0.09-0.10 pulgadas.
3. Con una fuente de vacío aplicada del mismo modo que en el paso 2, desplace la varilla del pistón del estrangulador, con una pequeña herramienta, y asegúrese de que la distancia entre la válvula del estrangulador y el orificio del carburador está comprendida entre 0.16-0.18 pulgadas.

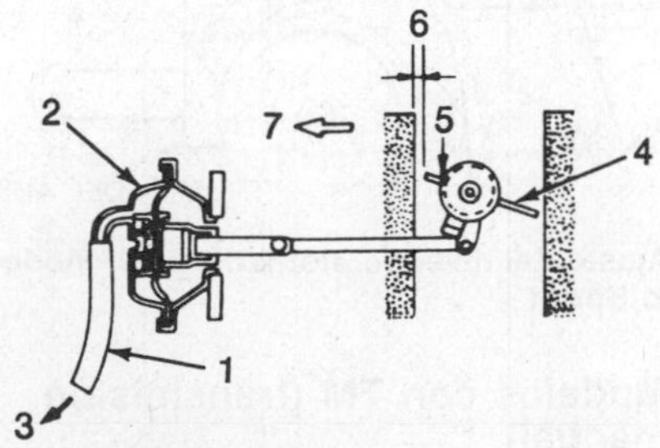

1. Manguito del pistón del estrangulador
2. Pistón del estrangulador
3. A la fuente de vacío
4. Válvula del estrangulador
5. Empuje suavemente en este punto
6. Abertura entre la válvula del estrangulador y la pared interior
7. Hacia adelante

Comprobación del pistón del estrangulador — Sprint

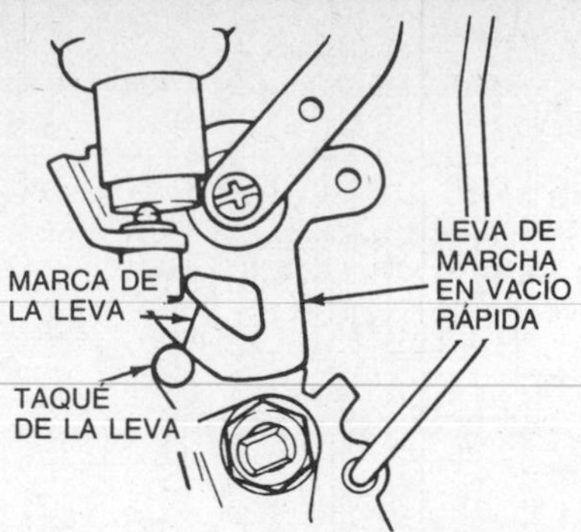

Marca de la leva y taqué de la leva

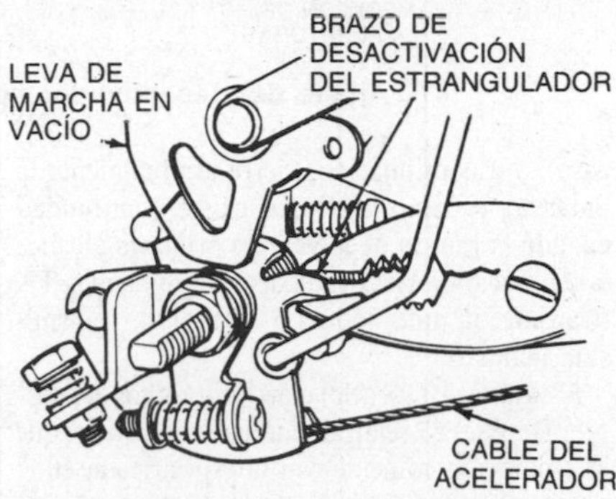

Brazo de equilibrado del desactivador del estrangulador — Sprint

Carrera de la bomba — Sprint

AJUSTE DE LA LEVA DE RÉGIMEN DE VACÍO RÁPIDO

NOTA: La temperatura ambiente debe estar comprendida entre 72 y 82 °F antes de proceder a la realización de esta comprobacion.

1. Vacíe el sistema de refrigeración cuando el motor esté frío, y desmonte el carburador del múltiple de admisión.
2. Deje el carburador en un lugar en donde la temperatura ambiente esté comprendida entre 72 y 82 °F, durante una hora.
3. Después de una hora, asegúrese de que la marca de la leva y la parte central del empujador de la misma están alineados.

AJUSTE DEL DESCARGADOR DEL ESTRANGULADOR

NOTA: Realice esta comprobación y ajuste cuando el motor esté frío.

1. Desmonte la tapa del filtro de aire. Asegúrese de que la válvula del estrangulador está cerrada.

2. Abra completamente la válvula del estrangulador y asegúrese de que la distancia entre la válvula del estrangulador y el orificio del carburador está comprendida entre 0.10 y 0.12 pulgadas.

3. Si la distancia no coincide con las especificaciones, ajústela doblando el brazo del cargador.

AJUSTE DE LA CARRERA DE LA BOMBA

1. Caliente el motor a la temperatura normal de funcionamiento.

2. Pare el motor y desmonte el filtro del aire.

3. Pise el pedal del acelerador, pasando de la posición de marcha en vacío a la posición de válvula mariposa completamente abierta, y mida la carrera de la bomba. La carrera de la bomba debe ser de 0.16 a 0.18 pulgadas. Si no es así, compruebe si la palanca de la bomba y la varilla de la misma se desplazan suavemente sin rozamientos.

Carburador Nova de dos cuerpos

AJUSTE DEL FLOTADOR

1. Deje que el flotador cuelgue por su propio peso. Compruebe la distancia entre el extremo del flotador y la trompa de aire. El nivel del flotador debe ser de 0.075 pulgadas.

NOTA: Esta medición debe realizarla sin la junta de estanqueidad montada sobre la trompa del aire.

2. Ajuste la distancia doblando una parte de la pestaña del flotador.

3. Levante el flotador y compruebe la distancia entre el émbolo de la válvula de aguja y la pestaña del flotador. El nivel del flotador, una vez bajado, debe ser de 0.0657-0.0783 pulgadas.

4. Ajuste esta distancia doblando una parte de la pestaña del flotador.

ABERTURA DE LA VÁLVULA MARIPOSA

1. Compruebe el ángulo de abertura total de la válvula mariposa primaria, rectagraduada con un montador en T. El ángulo estándar debe ser de 90° respecto del plano horizontal.

2. Ajuste doblando el primer tope de la palanca de la válvula mariposa.

3. Compruebe la distancia de abertura total entre la válvula mariposa secundaria y el cuerpo del carburador. La distancia estándar debe ser de 0.500 pulgadas.

4. Para ajustar esta distancia, doble el tope de la palanca de la válvula mariposa.

AJUSTE DEL RETARDADOR ARRIBA

1. Con la válvula de mariposa primaria completamente abierta, compruebe la distancia entre la válvula mariposa secundaria y el cuerpo del carburador. La distancia debe ser de 0.006 pulgadas.

2. Ajústela, doblando la palanca de mariposa secundaria.

AJUSTE EL CONTACTO DE LA VÁLVULA MARIPOSA SECUNDARIA

1. Compruebe la separación de la abertura de la válvula mariposa primaria, a la vez que la palanca del primer retardador entra en contacto justamente con la palanca del segundo retardador. La separación debe ser, para los modelos de 1985 de 0.170 pulgadas, y para los de 1986 de 0.230 pulgadas.

2. Ajústela, doblando la palanca del primer retardador.

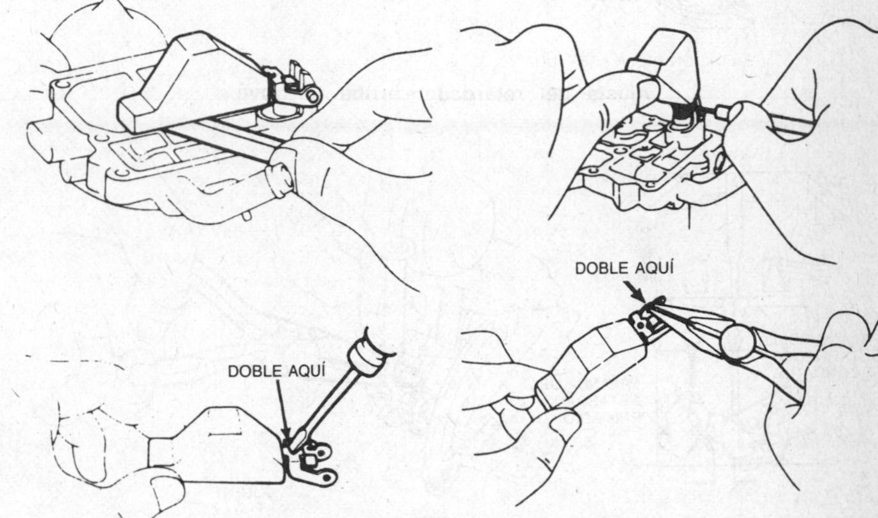

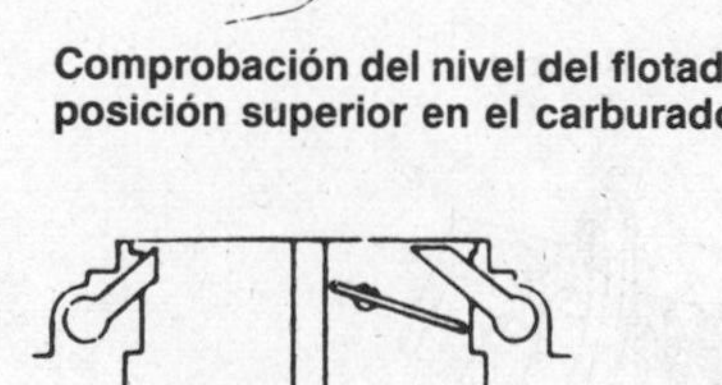

Comprobación del nivel del flotador en la posición superior en el carburador Nova

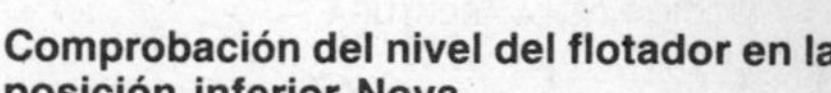

Comprobación del nivel del flotador en la posición inferior Nova

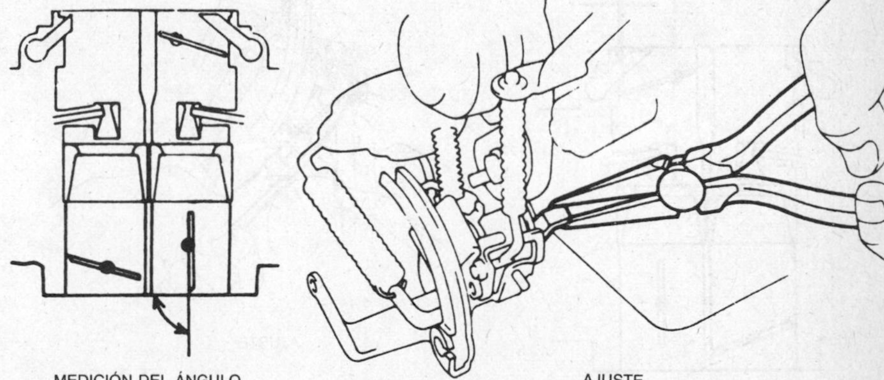

Ajuste de la válvula de mariposa primaria — Nova

AJUSTE DEL DESCARGADOR DEL ESTRANGULADOR

1. Con la válvula mariposa primaria completamente abierta, asegúrese de que la distancia de la válvula del estrangulador es de 0.120 pulgadas.

2. Ajuste la distancia doblando la palanca de la marcha en vacío rápida.

AJUSTE DEL DISPOSITIVO DEL RUPTOR DEL VACÍO DEL ESTRANGULADOR

1. Posicione la leva de la marcha en vacío. A la vez que mantiene la válvula mariposa ligeramente abierta, cierre la válvula del estrangulador y manténgala cerrada, a la vez que suelta la válvula mariposa.

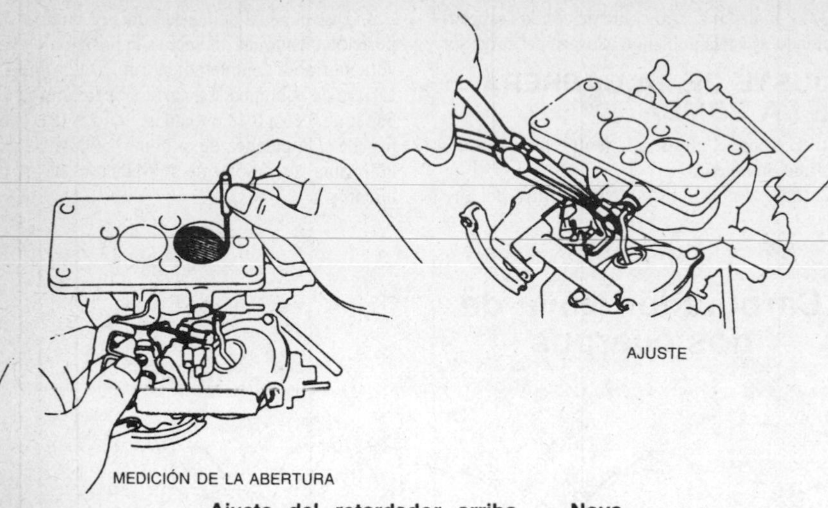

Ajuste del retardador arriba — Nova

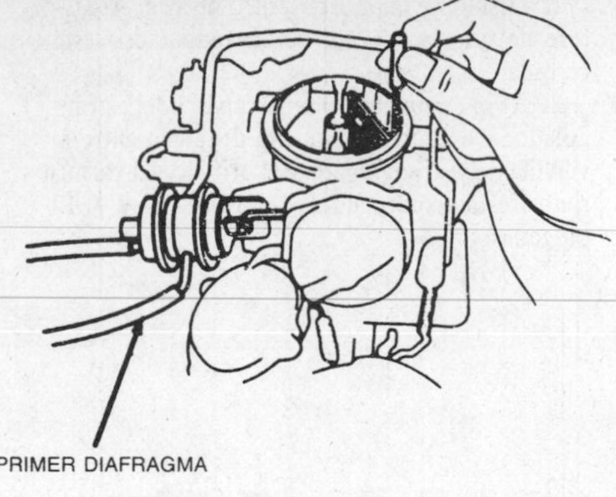

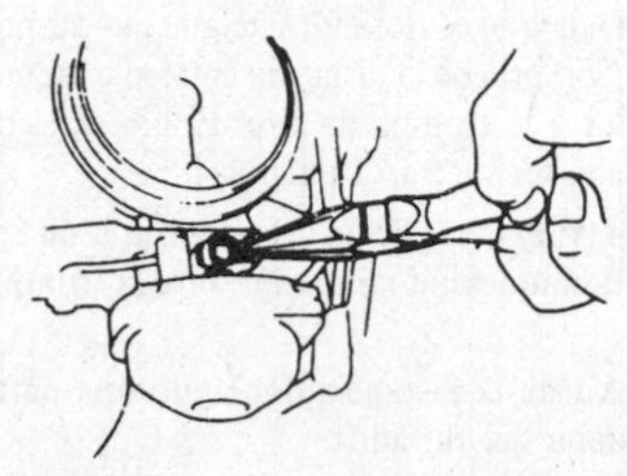

Ajuste del primer diafragma del desactivador del estrangulador — Nova

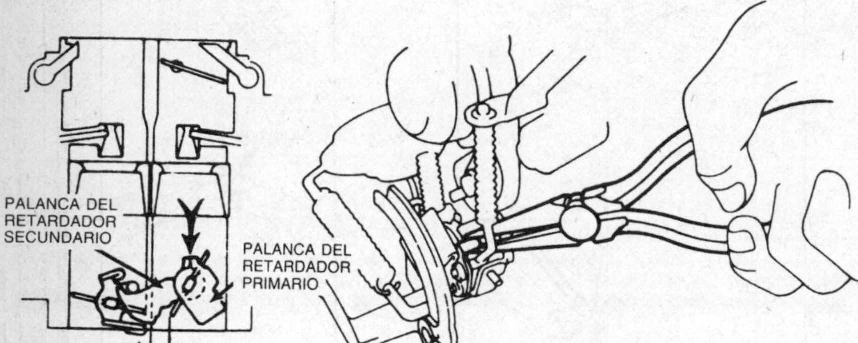

Ajuste del toque secundario* — Nova

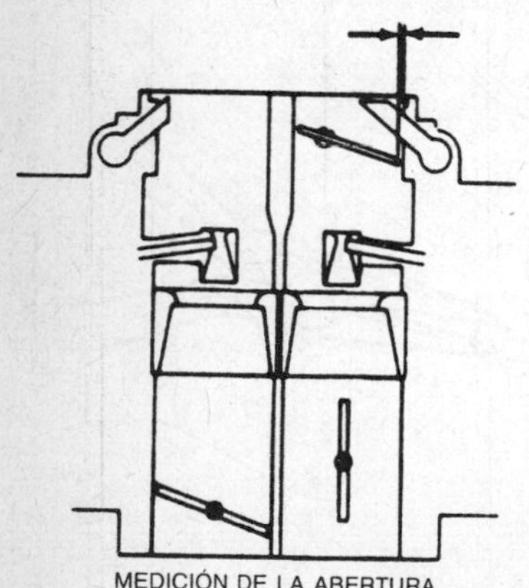

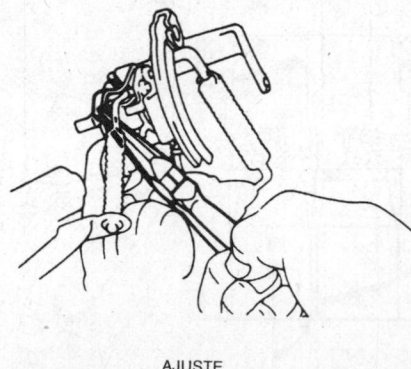

AJUSTE

Ajuste del desactivador del estrangulador — Nova

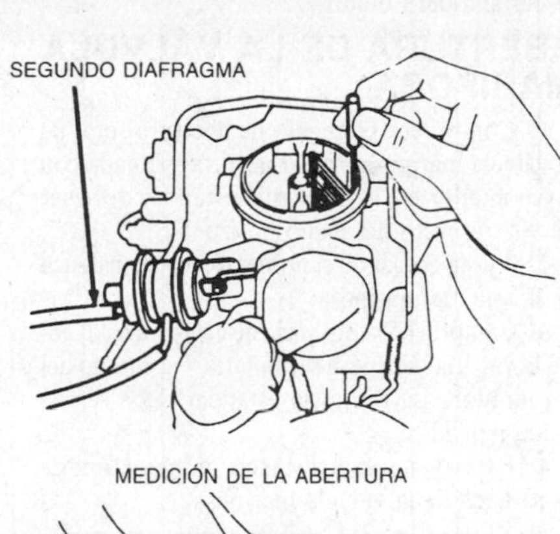

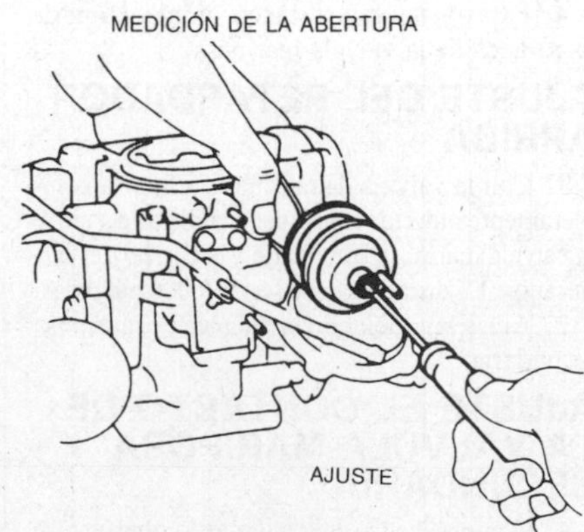

Ajuste de los diafragmas 1.º y 2.º del desactivador del estrangulador — Nova

2. Aplique vacío al diafragma número 1 del dispositivo del ruptor del vacío del estrangulador.

3. Compruebe la abertura de la válvula del estrangulador. Debe ser de 0.095 pulgadas.

4. Ajústela doblando la palanca de descarga.

5. Aplique vacío a los diafragmas primario y secundario del estrangulador.

6. Compruebe la abertura de la válvula del estrangulador. Debe ser de 0.245 pulgadas.

7. Ajústela, aflojando o apretando el tornillo de ajuste del diafragma.

AJUSTE DE LA CARRERA DE LA BOMBA

1. Con el estrangulador completamente abierto, mida la longitud de la carrera. En los modelos de 1985 debe ser de 0.157 pulgadas, y en los de 1986, de 0.039 pulgadas.

2. Ajuste la carrera de la bomba doblando el reenvío de conexión.

Reconstrucción del motor

La sección está dividida en dos partes. La primera, Reacondicionamiento de la cabeza de cilindros, parte del supuesto de que la cabeza de cilindros se ha desmontado del motor, todos los múltiples están desmontados y que la cabeza de cilindros está colocada sobre un banco de taller. En los motores con árbol de levas en cabeza se debería desmontar el árbol de levas de la cabeza de cilindros. La segunda sección, Reacondicionamiento del bloque de cilindros, se ocupa del bloque de cilindros, pistones, bielas y cigüeñal. Se parte del supuesto de que el motor está montado en un banco de trabajo y de que se han desmontado la cabeza de cilindros y todos los accesorios.

Los procedimientos se codifican de la siguiente forma:

Sin marca — procedimientos básicos que se han de llevar a cabo para realizar satisfactoriamente el proceso de reconstrucción.

Un asterisco (*) — procedimientos que se han de llevar a cabo para asegurar la máxima potencia y vida del motor.

Dos asteriscos (**) — procedimientos que pueden llevarse a cabo para aumentar la potencia y fiabilidad del motor.

Los métodos se codifican de la misma forma que los procedimientos. La elección de un método de procedimiento queda a la discreción del usuario.

Las herramientas necesarias para el procedimiento básico de reconstrucción deberían ser, con excepciones de poca importancia, las que vienen en un juego de herramientas de un mecánico. Debería disponer de una llave de apriete precisa y de un reloj indicador (con lecturas en miles) montado sobre una base universal. Cuando sea necesario disponer de herramientas especiales, éstas pueden obtenerse fácilmente de los proveedores principales de herramientas. También debe poder disponer con facilidad de los servicios de un taller de máquinas de rectificado de motores.

Cuando monte el motor, debe lubricar aquellas piezas que están sometidas a rozamiento dentro del motor, para su protección en el arranque inicial. Puede utilizarse cualquier producto específicamente formulado para este fin.

NOTA: ***No utilice aceite de motores.*** **Cuando se desee el montaje semipermanente (fijo pero desmontable) de pernos o tuercas, las roscas se deben limpiar y recubrir con Loctite® o producto similar (que no se endurezca).**

Se deben tomar las siguientes precauciones cuando trabaje con piezas de aluminio del motor:

— No almacene nunca piezas de aluminio en un lugar demasiado caliente.

— Desmonte todas las piezas de aluminio (etiquetas de identificación, etc.) de las piezas del motor antes de sumergirlas en un tanque caliente (en caso contrario éstas se desmontarán por sí solas durante el proceso).

— Recubra siempre las roscas con una capa fina de aceite de motores o compuestos antibloqueo antes de montarlas, para evitar que se queden bloqueadas.

— No apriete nunca excesivamente los pernos o bujías de encendido en roscas de aluminio. Si se estropean las roscas, éstas pueden volver a repararse utilizando cualquiera de las terrajas disponibles (véase la siguiente sección).

Magnaflux y Zyglo son dos técnicas de inspección que sirven para la localización de irregularidades en los materiales, como por ejemplo grietas por fatiga. Mediante la técnica Magnaflux se recubre la pieza con partículas magnéticas finas y se somete a un campo magnético. Las grietas provocan interrupciones en el campo magnético, cuya forma es indicada por las partículas. Puesto que el Magnaflux es un proceso magnético, puede aplicarse únicamente a materiales férreos. En la técnica o proceso Zyglo, se recubre el material con un colorante penetrante fluorescente y a continuación se inspecciona en una habitación oscura, en donde las grietas relucen fuertemente. Mediante esta técnica pueden inspeccionarse todo tipo de materiales. Aunque las técnicas Magnaflux y Zyglo resultan excelentes para la localización de defectos ocultos, pueden realizarse comprobaciones específicas de grietas que se sospeche que existen con muy poco costo y con mayor facilidad si se utiliza un tinte de comprobación local. El área en donde se sospecha que existe una grieta o irregularidad se rocía con este tinte, se limpia y a continuación se vierte sobre este área una pequeña cantidad de líquido de revelado. Las grietas comenzarán a brillar entonces con intensidad. Los tintes de inspección local permitirán conocer únicamente las grietas en la superficie; por lo tanto, las grietas estructurales por debajo de la superficie quizá permanezcan sin ser detectadas. Cuando existan dudas, se debería inspeccionar la pieza siguiendo la técnica Magnaflux o Zyglo.

REPARACIÓN DE LAS ROSCAS ESTROPEADAS

Existen varios métodos para la reparación de las roscas estropeadas. Entre los que se utilizan con mayor frecuencia se encuentran el Heli-Coil® (que se muestra aquí), Keenserts® y Microdot®. Todos parten básicamente del mismo principio —perforación de las roscas estropeadas, roscado del orificio e introducción de una guía prerroscada— haciendo que sea innecesario soldar, taponar y colocar tornillos sobredimensionados.

Existen dos tipos de guías roscadas que pueden obtenerse normalmente como repuesto: un tipo estándar para la mayoría de los tamaños de rosca en pulgadas bruta, en pulgadas fina, métrica bruta y métrica fina y un tipo para bujías de encendido que encaja en la mayoría de los tamaños de orificio de bujía de encendido.

Antes de proceder a la reparación de un orificio roscado, extraiga los pernos o espárragos atrapados, rotos o estropeados. Puede utilizarse aceite penetrante para aflojar las roscas agarrotadas; el elemento estropeado en cuestión puede extraerse utilizando unos alicates de cierre o con un extractor de tornillos o espárragos. Una vez que esté libre el orificio, puede repararse la rosca de la siguiente forma.

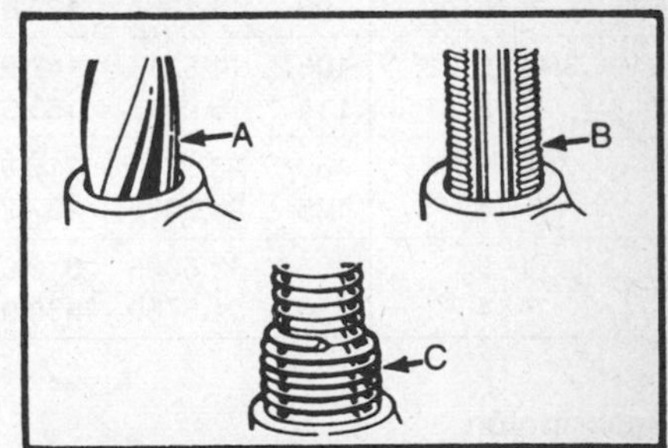

A. Extraiga las roscas estropeadas con una broca del tamaño especificado. Perfore completamente el orificio o llegue hasta el fondo en un orificio sin salida.

B. Con la terraja suministrada rosque el orificio de manera que pueda introducirse la guía roscada. Mantenga la terraja bien engrasada y extráigala con frecuencia para evitar que se taponen las roscas.

C. Atornille la guía roscada en el útil de montaje hasta que el rabillo entre en la ranura. Atornille la guía en el orificio roscado hasta que quede 1/4-1/2 de vuelta por debajo de la superficie superior. Después del montaje, rompa el rabillo con un martillo y un punzón.

ESPECIFICACIONES DE PAR DE APRIETE ESTÁNDAR Y MARCAS EN LAS CABEZAS DE LOS TORNILLOS

El Newton Metro se ha adoptado como unidad estándar en el sistema internacional para la medición del par de apriete y gradualmente irá sustituyendo a la unidad estándar de medición libras-pie y al kilogramos-metro. Los útiles de apriete se siguen fabricando con escalas en libras-pie y kilogramos-metro junto con la nueva unidad estándar Newton-metro. En las tablas siguientes se presentan los valores de estas tres unidades y debería escogerse la que corresponda según los útiles de que se disponga

PERNOS DE LOS ESTADOS UNIDOS DE AMÉRICA

SAE Núm. de calidad	1 ó 2			5			6 ó 7			8		
Dibujos de las cabezas de los tornillos Las marcas del fabricante pueden variar. Las marcas de 3 líneas en las cabezas que se indican a continuación equivalen a número de calidad 5 (SAE)	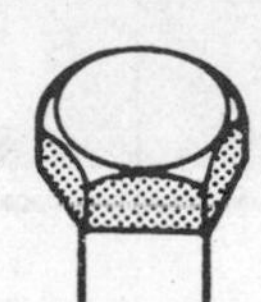											
Utilización	Utilizada frecuentemente			Utilizada frecuentemente			Utilizada a veces			Utilizada a veces		
Calidad del material	Indeterminada			Mínima comercial			Media comercial			Óptima comercial		
Capacidad Tamaño del cuerpo	**Par de apriete**			**Par de apriete**			**Par de apriete**			**Par de apriete**		
(pulgadas)-(rosca)	Lib.-pie	Kgm	Nm	Lib.-pie	Kgm	Nm	Lib.-pie	Kgm	Nm	Lib.-pie	Kgm	Nm
1/4-20	5	0.6915	6.7791	8	1.1064	10.8465	10	1.3630	13.5582	12	1.6596	16.2698
-28	6	0.8298	8.1349	10	1.3830	13.5582				14	1.9362	18.9815
5/16-18	11	1.5213	14.9140	17	2.3511	23.0489	19	2.6277	25.7605	24	3.3192	32.5396
-24	13	1.7979	17.6256	19	2.6277	25.7605				27	3.7341	36.6071
3/8-16	18	2.4894	24.4047	31	4.2873	42.0304	34	4.7022	46.0978	44	6.0852	59.6560
-24	20	2.7660	27.1164	35	4.8405	47.4536				49	6.7767	66.4351
7/16-14	28	3.8132	37.9629	49	6.7767	66.4351	55	7.6065	74.5700	70	9.6810	94.9073
-20	30	4.1490	40.6745	55	7.6065	74.5700				78	10.7874	105.7538
1/2-13	39	5.3937	52.8769	75	10.3725	101.6863	85	11.7555	115.2445	105	14.5215	142.3609
-20	41	5.6703	55.5885	85	11.7555	115.2445				120	16.5860	162.6960
9/16-12	51	7.0533	69.1467	110	15.2130	149.1380	120	16.5960	162.6960	155	21.4365	210.1490
-18	55	7.6065	74.5700	120	16.5960	162.6960				170	23.5110	230.4860
5/8-11	83	11.4789	112.5329	150	20.7450	203.3700	167	23.0961	226.4186	210	29.0430	284.7180
-18	95	13.1385	128.8027	170	23.5110	230.4860				240	33.1920	325.3920
3/4-10	105	14.5215	142.3609	270	37.3410	366.0660	280	38.7240	379.6240	375	51.8625	508.4250
-16	115	15.9045	155.9170	295	40.7985	399.9610				420	58.0860	568.4360
7/8-9	160	22.1280	216.9280	395	54.6285	535.5410	440	60.8520	596.5520	605	83.6715	820.2590
-14	175	24.2025	237.2650	435	60.1605	589.7730				675	93.3525	915.1650
1-8	236	32.5005	318.6130	590	81.5970	799.9220	660	91.2780	894.8280	910	125.8530	1233.7780
-14	250	34.5750	338.9500	660	91.2780	849.8280				990	136.9170	1342.2420

PERNOS MÉTRICOS

Descripción	**Par de apriete en libras-pie (Nm)**			
Rosca para uso general (tamaño × paso) (mm)	**Marca 4 en la cabeza**		**Marca 7 en la cabeza**	
6 x 1.0	2.2 a 2.9	(3.0 a 3.9)	3.6 a 5.8	(4.9 a 7.8)
8 x 1.25	5.8 a 8.7	(7.9 a 12)	9.4 a 14	(13 a 19)
10 x 1.25	12 a 17	(16 a 23)	20 a 29	(27 a 39)
12 x 1.25	21 a 32	(29 a 43)	35 a 53	(47 a 72)
14 x 1.5	35 a 52	(48 a 70)	57 a 85	(77 a 110)
16 x 1.5	51 a 77	(67 a 100)	90 a 120	(130 a 160)
18 x 1.5	74 a 110	(100 a 150)	130 a 170	(180 a 230)
20 x 1.5	110 a 140	(150 a 190)	190 a 240	(160 a 320)
22 x 1.5	150 a 190	(200 a 260)	250 a 320	(340 a 430)
24 x 1.5	190 a 24	(260 a 320)	310 a 410	(420 a 550)

ATENCIÓN: El par de apriete de los pernos roscados en aluminio es muy inferior

NOTA. Esta sección de Reconstrucción del motor consiste en una guía de los procedimientos de reconstrucción generalmente aceptados. En la misma se muestran ejemplos típicos de procedimientos estándar de reconstrucción del motor.

REACONDICIONAMIENTO DE LA CABEZA DE CILINDROS

Procedimiento	Método
Identifique las válvulas:	Invierta la cabeza de cilindros y numere las caras de las válvulas desde la parte frontal a la parte posterior utilizando un rotulador de punta de fieltro permanente.
Desmonte los balancines (únicamente en los motores de válvulas en cabeza):	Desmonte los balancines con el eje o ejes o rótulas y tuercas. Una los conjuntos de balancines, rótulas y tuercas con un trozo de alambre y póngales etiquetas de identificación para saber a qué válvula corresponden.
Desmonte el árbol de levas (únicamente en los motores con árbol de levas en cabeza):	Véanse los procedimientos de inspección y reparación que se han presentado anteriormente en este libro donde pueden verse los detalles correspondientes a cada motor concreto.
Desmonte los muelles de las válvulas:	Utilizando un útil de compresión de muelles de válvulas adecuado (dependiendo de la configuración de la cabeza de cilindros), comprima los muelles de las válvulas. Extraiga los retenes con alicates de nariz afilada, suelte el útil de compresión y desmonte la válvula, el muelle y el retén del muelle.
Desmonte las bujías de luminiscencia y los inyectores de combustible (únicamente en los motores Diesel):	Ponga etiquetas y desmonte todos los inyectores de combustible y bujías de incandescencia de la cabeza. Desatornille las bujías de incandescencia. Véase la sección del vehículo correspondiente para el desmontaje de los inyectores. Compruebe si las bujías de incandescencia presentan protuberancias, grietas o señales de estar fundidas. Limpie los extremos de los inyectores con una brocha de acero y a continuación compruebe si existen señales de fusión.
**Desmonte las precámaras de combustión (únicamente en los motores Diesel):	**Desmonte las precámaras de combustión utilizando un martillo y un punzón de bronce fino no afilado, introducido a través del orificio del inyector (u orificio de la bujía de incandescencia, el que mejor convenga). Si se pretende volver a utilizar la precámara, elimine toda la carbonilla de la misma. **NOTA: Desmonte la precámara únicamente si pretende sustituirla, si el extremo de una bujía de incandescencia se ha roto y debe desmontarse o si la precámara está claramente dañada o floja.**

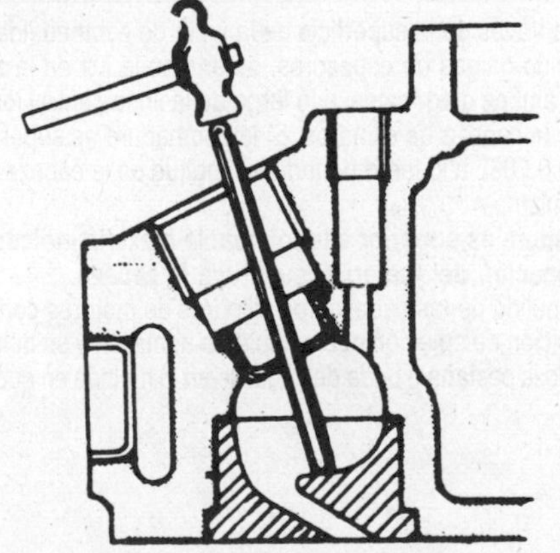

Desmontaje de la cámara de precombustión con un punzón (© G.M. Corp.)

Procedimiento	Método
Compruebe la tolerancia entre el vástago de la válvula y su guía:	Limpie el vástago con un diluyente de laca o disolvente similar para eliminar toda goma y barniz. Limpie las guías de las válvulas utilizando disolvente y un limpiador de guías de válvulas de tipo alambre. Monte un reloj indicador de manera que el vástago del reloj quede a 90° del vástago de la válvula, lo más cerca posible de la guía de la misma. Extraiga la válvula de su asiento y mida la tolerancia entre la guía de la válvula y el vástago girando el vástago hacia atrás y hacia adelante para activar el reloj indicador. Mida los vástagos de las válvulas utilizando un micrómetro y compare las medidas con las especificaciones, para determinar si la existencia de una tolerancia excesiva es debida a un desgaste de la válvula o de la guía.

RELOJ INDICADOR

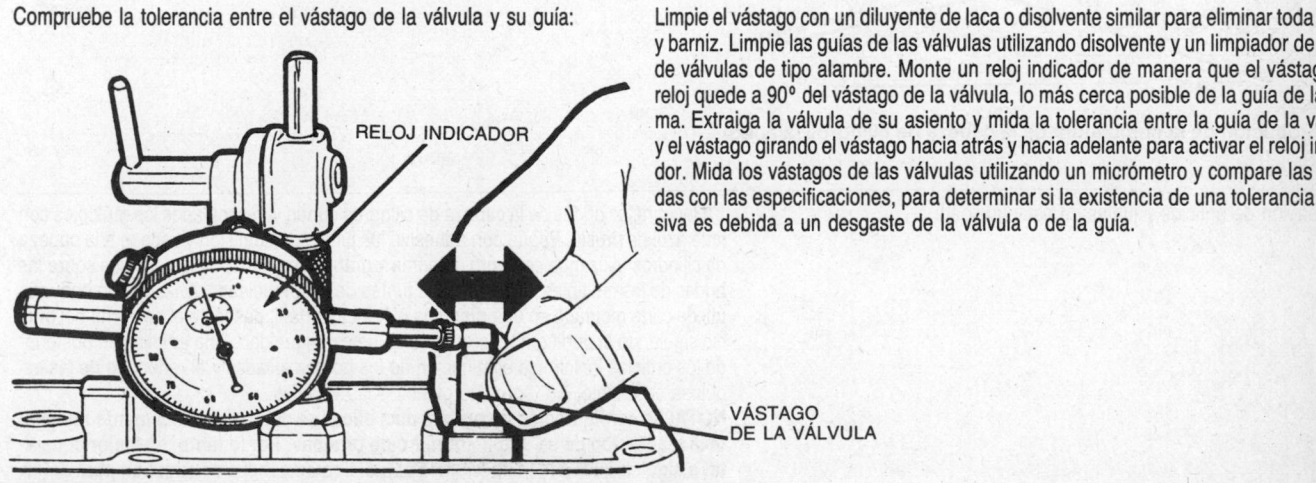

VÁSTAGO DE LA VÁLVULA

Comprobación de la tolerancia entre el vástago y la guía de la válvula

REACONDICIONAMIENTO DE LA CABEZA DE CILINDROS

Procedimiento — **Método**

Elimine la carbonilla de la cabeza de cilindros y válvulas:

Rasque la carbonilla de las cabezas de las válvulas, cámaras de combustión y compuertas utilizando un «cortafríos» hecho de madera dura. Elimine los residuos restantes con un cepillo de alambre duro.
NOTA: Asegúrese de que los depósitos son realmente eliminados y que no se trata simplemente de una «pasada de cepillo».

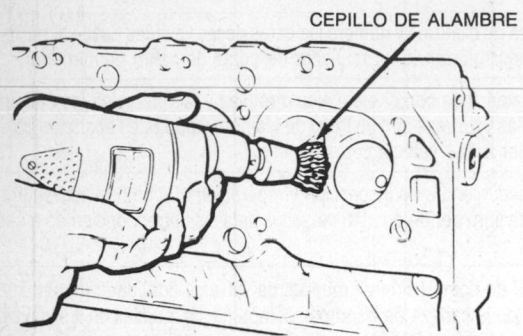

CEPILLO DE ALAMBRE

Eliminación de la carbonilla de la cabeza de cilindros

Sumerja en un baño caliente la cabeza de cilindros (únicamente en cabezas de fundición de hierro):
ATENCIÓN: No someta las piezas de aluminio a este baño.

Hunda en un baño caliente la cabeza de cilindros para eliminar la grasa, corrosión y escamación de los conductos del agua.
NOTA: En el caso de cabezas de cilindros de motores de árbol de levas en cabeza, consulte al operador para determinar si resultarán dañados los cojinetes del árbol de levas por la solución cáustica.

Elimine la grasa de las restantes piezas de la cabeza de cilindros:

Utilizando disolvente (por ej. Gunk), limpie los balancines, eje(s) de balancines (si son varios) rótulas y tuercas, muelles, retenes de los muelles y tapones de cierre. No elimine la capa protectora de los muelles.

Compruebe si la cabeza de cilindros está combada (alabeo):

Coloque una regla a través de la superficie de la junta de estanqueidad de la cabeza de cilindros. Utilizando galgas de espesores, determine la luz en la zona central de la regla. Mida entre ambas diagonales, a lo largo de la línea central longitudinal y entre varios puntos de la cabeza de cilindros. Si la combadura es superior a 0.003" en un tramo de 6" o de 0.006" a lo largo de toda la longitud de la cabeza, debe rectificar la superficie de la misma.
NOTA: Si la combadura es superior a la tolerancia máxima indicada por el fabricante para la eliminación del material, sustituya la cabeza.
Cuando proceda al pulido de las cabezas de cilindros de motores con cilindros en V, se modificará la posición de sujeción del múltiple de admisión y se debe eliminar esta irregularidad puliendo la pestaña o brida del múltiple en la medida en que sea necesario.

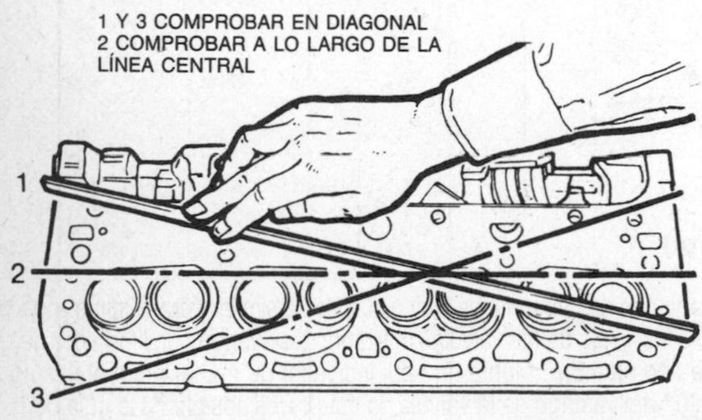

Comprobación de la combadura de la cabeza de cilindros (alabeo)

**Alineación de orificios y juntas de estanqueidad:

**Recubra las bridas de la cabeza de cilindros donde van acoplados los múltiples con tinte azul de prusia. Pegue con adhesivo las juntas de admisión y escape a la cabeza de cilindros utilizando cemento de goma y grabe el contorno de los orificios sobre las bridas de los múltiples. Desmonte las juntas de estanqueidad. Utilizando un pequeño útil de corte montado en una máquina eléctrica portátil, desbaste el contorno del orificio siguiendo el perfil grabado en la junta de estanqueidad. Una ampliación posterior de los orificios incluiría la eliminación de los bordes afilados y el redondeo de las esquinas en ángulo. No toque las guías de las válvulas.
NOTA: La configuración de orificio más eficaz se determina únicamente mediante la realización de un amplio número de pruebas. Por lo tanto, es mejor consultar a alguien que tenga experiencia con el tipo de cabeza en cuestión para determinar las modificaciones óptimas que se han de introducir.

REACONDICIONAMIENTO DE LA CABEZA DE CILINDROS

Procedimiento | **Método**

*Moleteado de las guías de las válvulas:

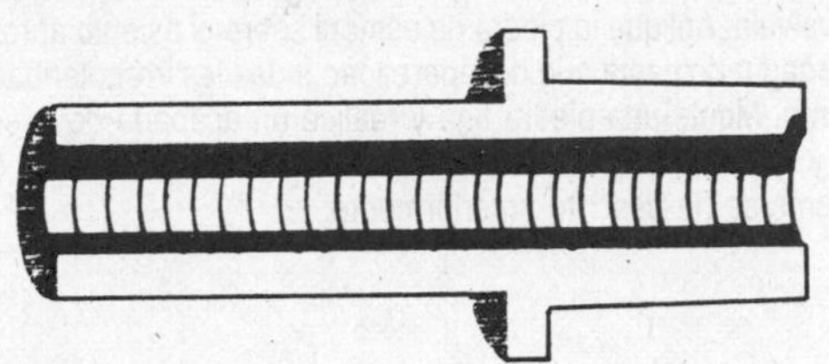

Sección transversal de una guía de válvula moleteada

*En algunos casos pueden moletearse las guías de las válvulas que no estén excesivamente desgastadas o estropeadas en lugar de sustituirlas. El moleteado es un proceso en el que se arranca material y se levanta en lugar de sustituirlo, reduciendo de esta forma la tolerancia. El moleteado constituye además un excelente medio de control del aceite. La posibilidad de realizar un moleteado en lugar de sustituir las guías de las válvulas debería discutirse con un ajustador.

Sustitución de las guías de las válvulas:
NOTA: Deberían sustituirse las guías de las válvulas únicamente si están estropeadas o si no se dispone de un vástago de válvulas sobredimensionado.

B
A
A. DIÁMETRO INTERNO DE LA GUÍA DE LA VÁLVULA
B. MÁS GRANDE QUE EL DIÁMETRO EXTERNO DE LA GUÍA DE LA VÁLVULA

Desmontador de guías de válvula

ARANDELAS
B A
A. DIÁMETRO INTERNO DE LA GUÍA DE LA VÁLVULA
B. MÁS GRANDE QUE EL DIÁMETRO EXTERNO DE LA GUÍA DE LA VÁLVULA

Instalador de guías de válvulas (con las arandelas utilizadas para el montaje)

Dependiendo del tipo de cabeza de cilindros, las guías pueden introducirse a presión, golpeándolas con un martillo o calentándolas o enfriándolas. Cuando las guías vayan montadas en caliente sobre la cabeza, su sustitución debería dejarse a un taller que disponga de las máquinas necesarias. En los demás casos, las guías se sustituyen de la siguiente forma: extraiga las guías de las válvulas de la cabeza utilizando un punzón de dos espesores (véase figura). Determine la altura por encima del saliente que debe sobresalir la guía y obtenga una pila de arandelas, cuyo diámetro interno sea aproximadamente del mismo tamaño que el diámetro externo de la guía y que apiladas alcancen una altura igual. Coloque la pila de arandelas sobre la guía e introdúzcala en el saliente.

NOTA: Las guías de las válvulas suelen estar biseladas o presentan un extremo cónico para su montaje.

Utilizando el instalador de dos espesores (véase figura), coloque las guías en su posición introduciéndolas a presión o golpeándolas ligeramente. Haga un escariado de las guías dependiendo del tamaño del vástago de la válvula.

Sustitución de los asientos de las válvulas:

La sustitución de los asientos de las válvulas que estén tan desgastados que no sea posible rectificar la superficie de los mismos o que estén rotos, si es factible, tendría que dejarse en manos de un taller que disponga de las máquinas necesarias.

Rectificación de la superficie de los asientos de las válvulas utilizando fresas cónicas:

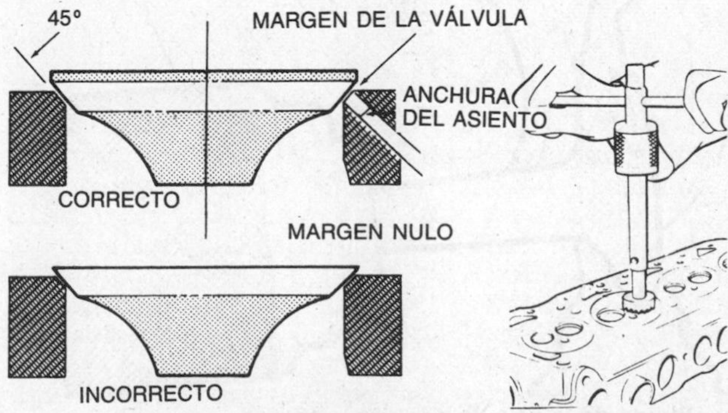

Anchura y centrado del asiento de la válvula | **Escariado del asiento de la válvula**

Seleccione una fresa del ángulo de asiento correcto, ligeramente más grande que el diámetro del asiento de la válvula, y móntelo con un vástago de centrado del tamaño adecuado. Monte el vástago en la guía de la válvula y, presionando con fuerza constante, gire el escariador en el sentido de las agujas del reloj.

ATENCIÓN: No gire el escariador en el sentido contrario a las agujas del reloj.

Desbaste únicamente la cantidad de material que sea necesario para limpiar el asiento. Verifique la circunferencia del asiento (véase más adelante). Si no se utiliza el método del tinte recubra la cara de la válvula con azul de prusia y montela y gírela sobre el asiento. Utilizando el área marcada con tinte como guía de centrado, centre y reduzca la anchura del asiento de la válvula a las especificaciones utilizando fresas de corrección.

NOTA: Cuando no disponga de especificaciones, la anchura mínima del asiento de las válvulas de escape debería ser de 5/64" y la de las válvulas de admisión de 1/16".

Después de hacer los cortes de corrección, compruebe la posición del asiento de la válvula en la cara de la misma utilizando azul de prusia.

NOTA: No corte los asientos endurecidos por inducción; deben ser esmerilados.

REACONDICIONAMIENTO DE LA CABEZA DE CILINDROS

Procedimiento	Método
*Rectificación de las superficies de los asientos de las válvulas utilizando un esmerilador:	*Escoja un vástago de centrado del tamaño adecuado y una piedra de grano grueso con el ángulo de asiento correcto. Lubrique el vástago si es necesario y monte el útil de la guía de la válvula. Aplique la piedra de esmeril sobre el asiento aproximadamente dos veces por segundo hasta que desaparezcan todas las irregularidades de la superficie del asiento. Monte una piedra fina y realice un acabado de la superficie del asiento. Centre y reduzca la anchura del asiento utilizando piedras de esmeril para su corrección como se ha descrito anteriormente.

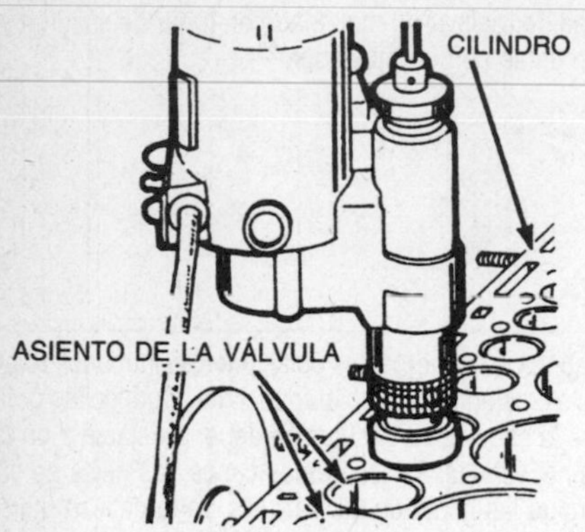

Pulido del asiento de la válvula

Procedimiento	Método
Rectificado (esmerilado) de la cara de la válvula:	Utilizando un esmerilador de válvulas, rectifique la superficie de las válvulas según las especificaciones. ***ATENCION: El ángulo de cara de la válvula no siempre coincide con el ángulo de asiento de la misma.*** Debería permanecer un margen mínimo de 1/32" después del esmerilado de la válvula. Se debería rectificar la superficie de la parte superior del vástago de la válvula de manera que quede horizontal, colocando el vástago en el bloque en V del esmerilador y girándolo a la vez que lo empuja ligeramente contra la rueda de esmeril. **NOTA: No esmerile las válvulas de escape llenas de sodio con una máquina. Éstas se deben esmerilar a mano.**

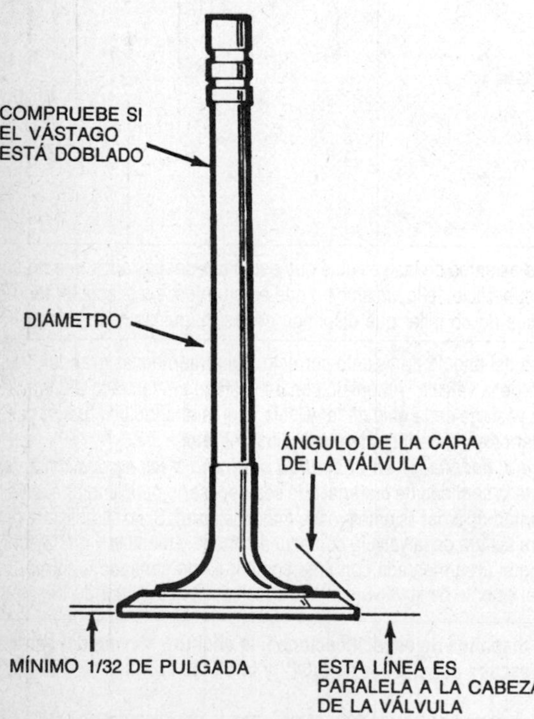

Dimensiones críticas de la válvula

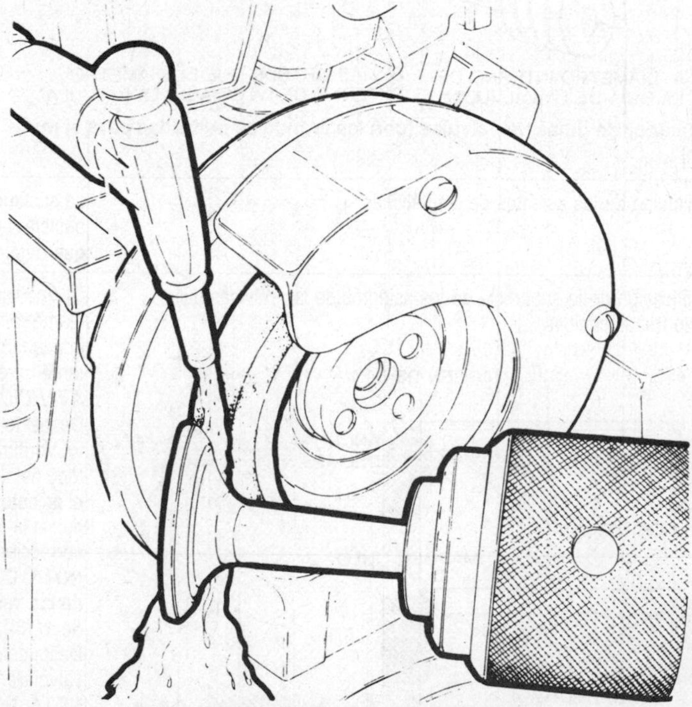

Pulido de la válvula con una máquina

REACONDICIONAMIENTO DE LA CABEZA DE CILINDROS

Procedimiento	Método
Comprobación de la concentricidad del asiento de las válvulas:	Recubra la cara de las válvulas con tinte azul de prusia, monte la válvula y gírela en el asiento de la misma. Si todo el asiento se cubre con este tinte, y se sabe que la válvula es concéntrica, el asiento es concéntrico. *Monte el vástago del reloj indicador en la guía de la válvula y deje que el brazo del mismo se apoye sobre el asiento de la válvula. Ponga a cero (0) el reloj indicador y gire el brazo alrededor del asiento. La excentricidad no debería ser superior a 0.002''.

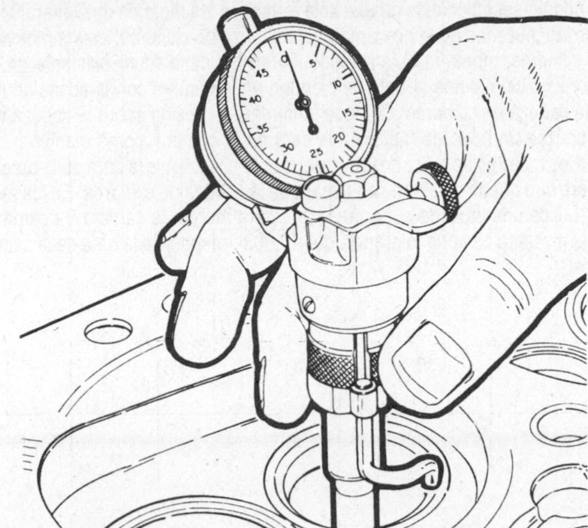

Comprobación de la concentricidad del asiento de la válvula utilizando un reloj indicador

Procedimiento	Método
*Esmerilado manual de las válvulas: **NOTA: El esmerilado de las válvulas se realiza para asegurar un sellado eficaz de las válvulas en los asientos cuya superficie se ha rectificado.**	*Invierta la cabeza de cilindros, lubrique con una capa fina los vástagos de las válvulas y monte las válvulas en la cabeza por orden numérico. Recubra los asientos de las válvulas con un compuesto fino de esmerilado y acople la ventosa del útil de esmerilado a la cabeza de la válvula. **NOTA: Humedezca la ventosa.** Gire el útil entre las palmas de la mano, cambiando la posición y levantando el útil frecuentemente para evitar que aparezca una acanaladura. Esmerile la válvula hasta que el asiento esté bien liso y pulido. Desmonte la válvula y el útil de esmerilado y elimine todas las virutas con agua; **Fije una ventosa a un trozo de broca y monte dicho trozo en un taladro de mano. Siga el procedimiento anterior, utilizando el taladro de mano como útil de esmerilado. ***ATENCIÓN: Debido a las velocidades tan elevadas que alcanza el taladro de mano, tenga cuidado para evitar que aparezca una acanaladura en el asiento. Levante el útil y cambie frecuentemente el sentido de giro.***

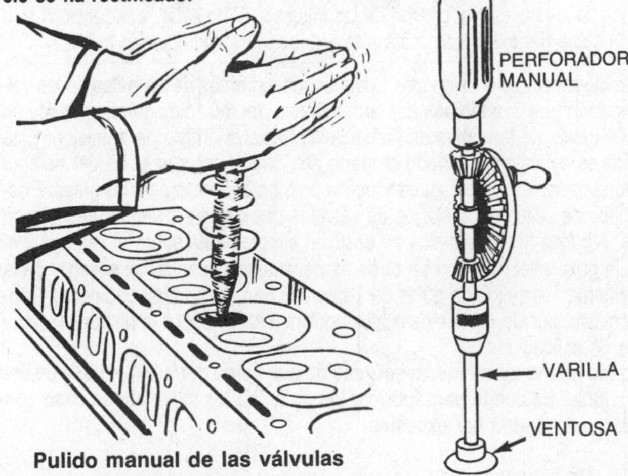

Pulido manual de las válvulas

Herramienta de pulido mecánico casero de válvulas

Procedimiento	Método
Comprobación de los muelles de las válvulas:	Coloque el muelle en una superficie plana junto a una escuadra. Mida la altura del muelle y gírelo contra el extremo de la escuadra para medir la desviación. Si la altura del muelle varía (por comparación) en más de 1/16'' o la desviación es superior a esta cantidad, sustituya el muelle. **Además de evaluar el estado del muelle como se ha explicado en el párrafo anterior, compruebe la tensión del muelle cuando está montado y comprimido (altura instalada menos alzada de la válvula) utilizando un comprobador de muelles de válvulas. Los muelles que llevan los motores de poca cilindrada (hasta 3 litros) deberían tener una tensión con una tolerancia de ±1 libra respecto de los demás muelles en cualquier posición. En los motores más grandes se permite una tolerancia de hasta ±5 libras.

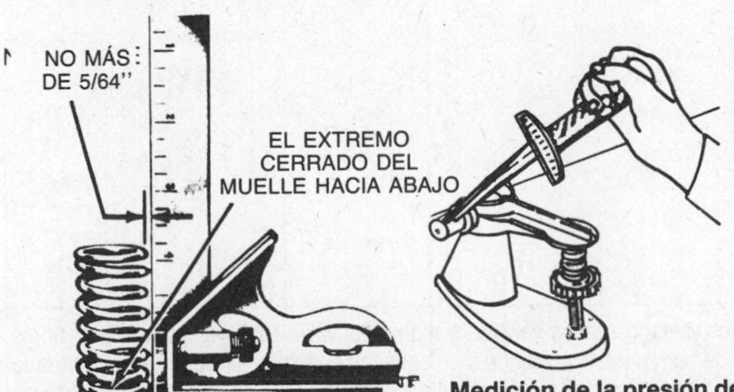

Comprobación del recorrido libre del muelle y horizontalidad de las espiras del muelle

Medición de la presión de prueba del muelle de la válvula

REACONDICIONAMIENTO DE LA CABEZA DE CILINDROS

Procedimiento	Método
Monte las cámaras de precombustión (únicamente en los motores Diesel):	Las cámaras de precombustión van encajadas a presión en la cabeza de cilindros. Las cámaras podrán ser colocadas de una sola forma: en los motores de General Motors V8, alinee las muescas de la precámara y la cabeza de cilindros; en los motores de 1.8L de 4 cilindros, monte la bola de bloqueo en la acanaladura existente en la cámara y a continuación alinee la bola de bloqueo en la cámara con la acanaladura existente en la cabeza de cilindros. Coloque la cámara a presión sobre la cabeza de cilindros. Introduzca un trozo de metal en la cara de la cámara, como elemento de protección. En los motores de 1.8L, después del montaje, esmerile la cara de la precámara de manera que quede nivelada con la cara de la cabeza de cilindros. En los motores GM V8, utilice una llave de cubo de 1 1/4" para montar la cámara (la cámara debería quedar nivelada con una tolerancia de ±0.003" respecto a la cara de la cabeza de cilindros).

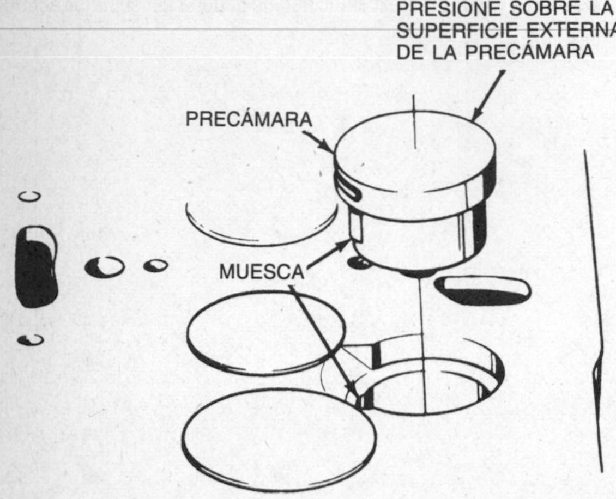

Alineación de las muescas para montar la precámara de combustión (© G.M. Corp.)

Procedimiento	Método
Monte los inyectores de combustible y bujías de incandescencia (motores Diesel):	Antes de montar las bujías de incandescencia, compruebe si existe conducción entre los terminales de las bujías y el cuerpo de las mismas. Si no existe conducción, esto indica que el cable del calentador está roto y deberían sustituirse las bujías.
*Monte los sellos de los vástagos de las válvulas:	*Debido a la diferencia de presión que existe en los extremos de las guías de las válvulas de admisión (presión atmosférica arriba, vacío del múltiple abajo), el aceite es succionado a través de las guías de las válvulas hacia el orificio de admisión. Este inconveniente se ha visto subsanado en parte debido a la incorporación del sistema de ventilación positiva del carter, que reduce la presión por encima de las guías. Existen varios tipos de sellos de vástagos de válvulas que permiten reducir el soplo de las válvulas. Algunos tipos de sellos se deslizan simplemente sobre el vástago y el saliente de la guía, mientras que en otros es necesario mecanizar el saliente de la guía. Actualmente, los sellos de guías de Teflon, se han hecho muy populares. Consulte un suministrador de repuestos o ajustador mecánico sobre la disponibilidad y sugerencias de aplicaciones. **NOTA: Cuando monte los sellos, asegúrese de que éstos permiten el paso de una pequeña cantidad de aceite para lubricar las guías de las válvulas; en caso contrario, el desgaste podría ser excesivo.**

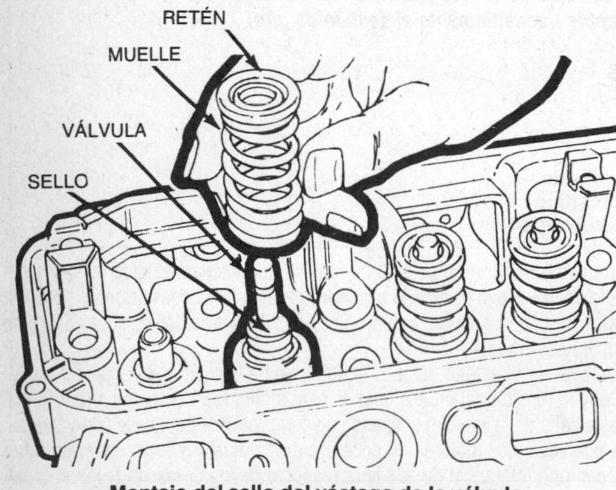

Montaje del sello del vástago de la válvula

Procedimiento	Método
Monte las válvulas:	Lubrique los vástagos de las válvulas y monte las válvulas en la cabeza de cilindros por orden de numeración. Lubrique y coloque los sellos (si existen), vea el apartado anterior y los muelles de las válvulas. Monte los retenes de los muelles, comprima los muelles, introduzca las cuñas utilizando alicates de punta o un útil especial para este fin. **NOTA: Sujete las cuñas con grasa de cojinete de ruedas durante su montaje.**

REACONDICIONAMIENTO DE LA CABEZA DE CILINDROS

Procedimiento	Método
Compruebe la altura del muelle de la válvula montado:	Mida la distancia entre el tope del muelle y el extremo inferior del retén del muelle y compárela con la especificada. Si la altura del muelle montado es incorrecta, añada láminas de calza entre el tope del muelle y éste. ***ATENCIÓN: Utilice únicamente las láminas diseñadas a este efecto.***

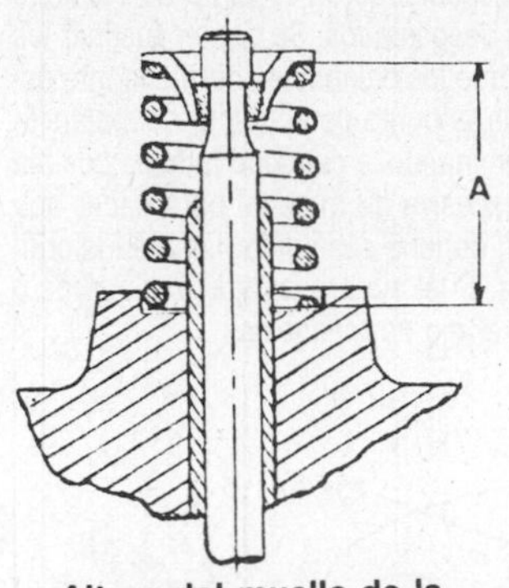
A

Altura del muelle de la válvula montado

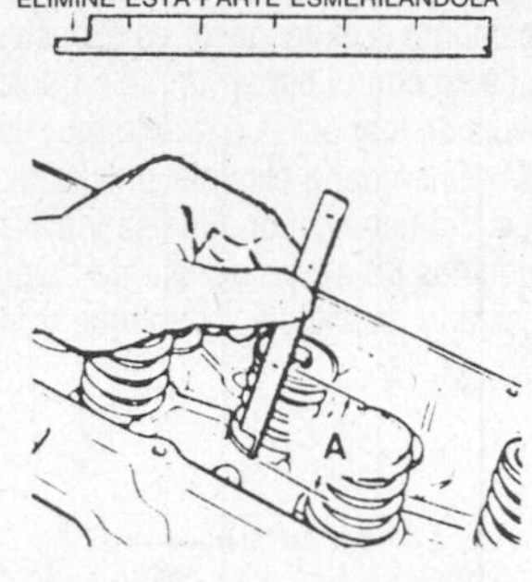
ELIMINE ESTA PARTE ESMERILÁNDOLA
A

Medición de la altura del muelle de la válvula montado

Procedimiento	Método
Monte el árbol de levas (únicamente en los motores con árbol de levas en cabeza) y compruebe el juego axial:	Véanse los procedimientos de inspección y reparación de motores que se han descrito anteriormente en este libro y que contienen los detalles referentes a cada motor concreto.
Inspeccione los balancines, rótulas, espárragos y tuercas (únicamente en los motores de válvulas en cabeza):	Compruebe si los balancines, rótulas, espárragos y tuercas presentan grietas, rozaduras, quemaduras, rayas profundas o desgaste. Si todas las piezas están intactas, lubrique abundantemente los balancines y rótulas y móntelos sobre la cabeza del cilindro. Si el balancín no presenta señales de desgaste en el punto de contacto con la válvula, esmerílelo de forma que quede liso y horizontal eliminando la mínima cantidad de material posible. Sustituya el balancín si está excesivamente desgastado. Si el espárrago del balancín muestra señales de desgaste, debe ser sustituido. (Véase a continuación). Si una de las tuercas del balancín muestra grietas de fatiga, sustitúyala. Si una de las rótulas de una válvula de escape presenta señales de rozadura o quemaduras, sustituya la rótula de la válvula de admisión del mismo cilindro (si está intacta) y monte una nueva rótula en la válvula de admisión. **NOTA: Procure no utilizar rótulas nuevas en las válvulas de escape.**

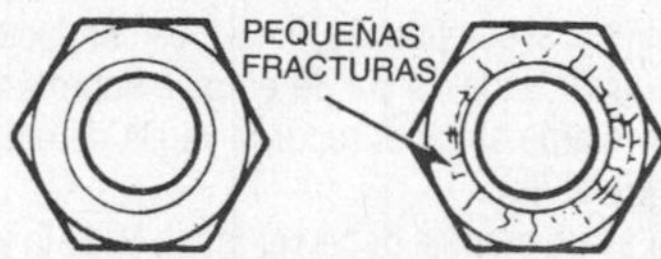
PEQUEÑAS FRACTURAS

Grietas de fatiga en las tuercas de los balancines

Procedimiento	Método
Sustitución de los espárragos de los balancines (únicamente en los motores de válvulas en cabeza):	Para extraer un espárrago roscado, rosque las tuercas sobre el mismo y desatorníllelo utilizando la tuerca inferior. Recubra la roscas inferiores del nuevo espárrago con Loctite® y móntelo. Existen dos métodos alternativos para la sustitución de los espárragos montados a presión. Desmonte el espárrago estropeado utilizando una pila de arandelas y una tuerca (véase figura). En el primero de ellos, se hace un escariado del saliente de madera que quede sobredimensionado en 0.005-0.006" y se introduce a presión un espárrago sobredimensionado. Controle la longitud que el espárrago sobresale del saliente utilizando arandelas, de la misma manera que en las guías de las válvulas. Antes de montar el espárrago, recúbralo con blanco de plomo y grasa. Para sujetar el espárrago con mayor seguridad, perfore un orificio a través del espárrago y el saliente y monte una clavija giratoria. En el segundo método, el saliente está atenazado y se monta un espárrago roscado. Sujete el espárrago utilizando Loctite® para la montura de espárragos y cojinetes.

A MEDIDA QUE EL RABILLO COMIENZA A MOVERSE HACIA ARRIBA, SERÁ NECESARIO DESMONTAR LA TUERCA Y AÑADIR MÁS ARANDELAS

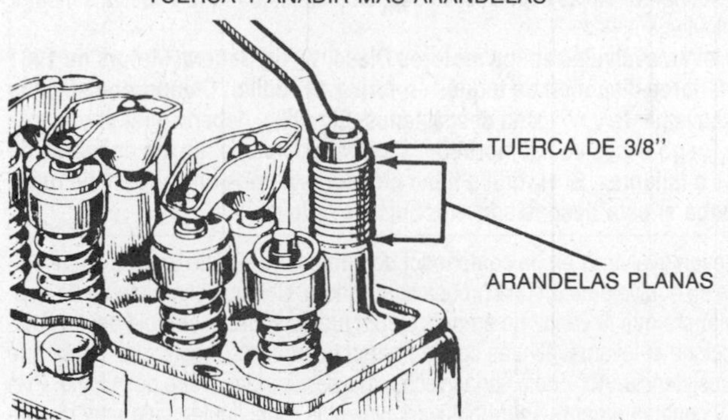
TUERCA DE 3/8"
ARANDELAS PLANAS

Desmontaje de un espárrago de balancín montado a presión

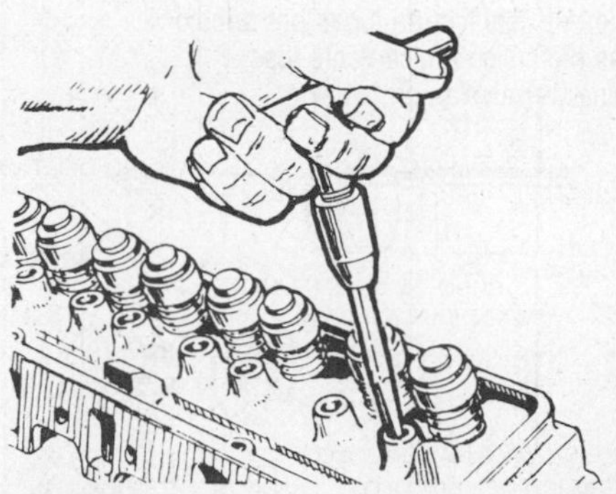

Escariado del orificio del espárrago en el caso de espárragos de balancín sobredimensionados

REACONDICIONAMIENTO DE LA CABEZA DE CILINDROS

Procedimiento	Método
Inspeccione el eje o ejes de balancines (únicamente en los motores de válvulas en cabeza):	Desmonte los balancines, muelles y arandelas del eje de balancines. **NOTA: Guarde las piezas por orden de desmontaje.** Compruebe si los balancines están picados o desgastados en el punto de contacto con la válvula o si los bujes están excesivamente desgastados. Se deben sustituir los bujes únicamente si el desgaste es excesivo, ya que los balancines normalmente están en contacto con el eje en un solo punto. Pula el punto de contacto del balancín con la válvula de manera que quede muy liso, eliminando la cantidad mínima posible del material. Si se debe eliminar una cantidad excesiva de material para hacer que la superficie del balancín quede lisa y horizontal, debería sustituirlo. Limpie los orificios y conductos de aceite del eje de balancines. Si el eje presenta acanaladuras o está desgastado, sustitúyalo. Lubrique y monte el eje de balancines.

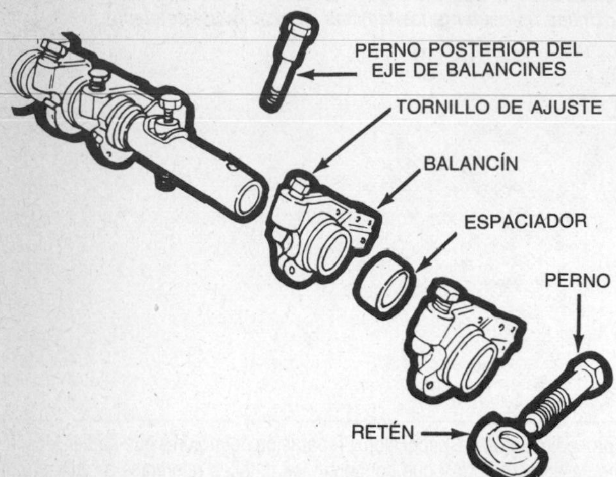

Desmonte el eje de balancines para su inspección

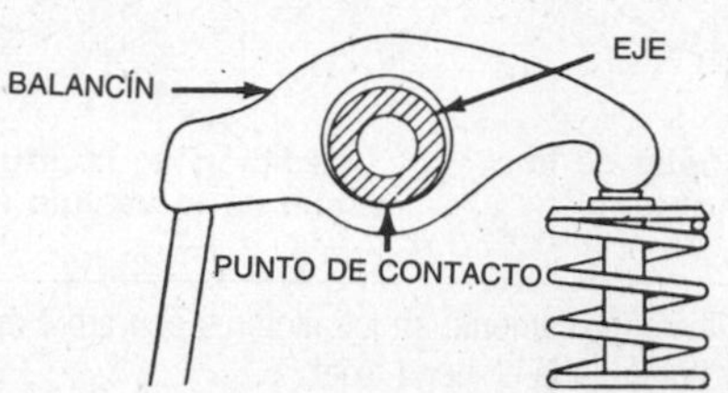

Area de contacto entre el balancín y el eje de balancines

Procedimiento	Método
Inspeccione los bujes del árbol de levas y el árbol de levas (motores de árbol de levas en cabeza):	Vea sección siguiente.
Inspeccione las varillas de empuje (únicamente en los motores de válvulas en cabeza):	Desmonte las varillas de empuje y, si son huecas, limpie los conductos de aceite utilizando un alambre fino. Haga girar cada varilla de empuje sobre un trozo de cristal limpio. Si se oyen unos «clics» claros al hacer rodar la varilla de empuje, esto indica que está doblada y se debe sustituir. *La longitud de todas las varillas de empuje debe ser igual. Mida la longitud de todas las varillas de empuje, compárelas con la especificada y sustitúyalas si es necesario.
Inspeccione los levantaválvulas (únicamente en los motores de válvulas en cabeza):	Desmonte los levantaválvulas de sus orificios y elimine la goma y barniz, utilizando disolvente. Limpie las paredes de los orificios del levantaválvulas. Compruebe si los levantaválvulas presentan superficies cóncavas como se muestra en la figura. Si la cara presenta cierta concavidad, sustituya el levantaválvulas e inspeccione con cuidado el árbol de levas. Lubrique ligeramente el levantaválvulas e introdúzcalo en su orificio. Si el juego es excesivo, debería montar un levantaválvulas sobredimensionado (cuando esto sea posible). Consulte a un mecánico ajustador sobre esta posibilidad. Si el juego está dentro de las especificaciones, desmonte, lubrique y vuelva a montar el levantaválvulas. **NOTA: Los levantaválvulas en los motores Diesel V8 de General Motors de 1981 y años posteriores disponen de taqués en forma de rodillo. Compruebe si éstos funcionan suavemente y no están desgastados. El rodillo, debería girar libremente pero sin un juego excesivo. Compruebe si estos rodillos tienen los cojinetes de agujas rotos o faltantes. Si el rodillo tiene picaduras o tiene una superficie rugosa, compruebe si está desgastado el lóbulo de la leva.**

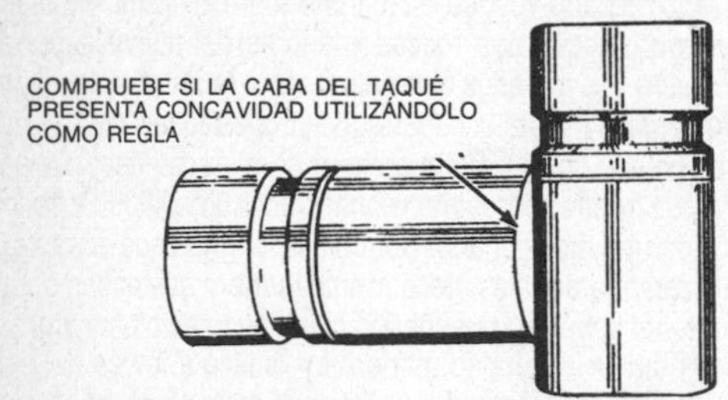

Comprobación de la cara del levantaválvulas

Procedimiento	Método
*Comprobación de la existencia de fugas por debajo del levantaválvulas hidráulico (únicamente los motores de gasolina de válvulas en cabeza).	Sumerja el levantaválvulas en un contenedor de queroseno. Sujete una varilla de empuje usada o su equivalente en una prensa taladradora. Coloque el recipiente de queroseno de manera que la varilla de empuje ejerza fuerza sobre el émbolo del levantaválvulas. Accione el levantaválvulas con la prensa taladradora, hasta que sienta que aumenta la resistencia. Acciónelo varias veces más para purgar el aire del mismo. Presione firme y constantemente sobre el levantaválvulas. Si el líquido sale muy rápidamente (en menos de 15 segundos se queda vacío) quiere decir que el levantaválvulas está en mal estado. Si tarda 60 segundos en vaciarse, esto indica que el levantaválvulas se está pegando. En cualquier caso reacondiciónelo o sustitúyalo. Si el levantaválvulas funciona correctamente (el tiempo de fuga de 15-60 segundos), lubríquelo y móntelo.

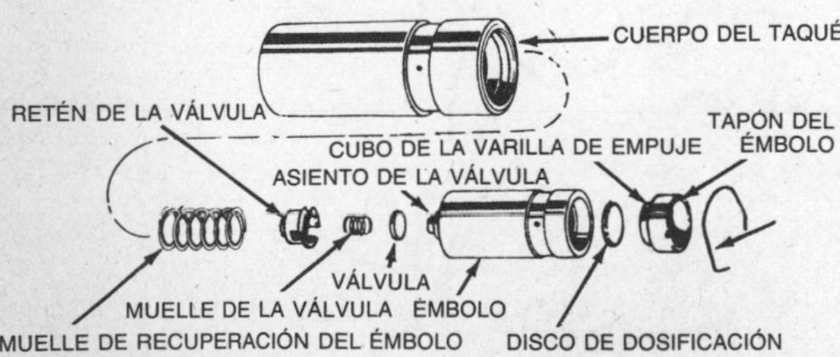

Despiece típico de un levantaválvulas hidráulico

REACONDICIONAMIENTO DE LA CABEZA DE CILINDROS

Procedimiento	Método
Purgue los levantaválvulas hidráulicos (únicamente en los motores Diesel):	Una vez haya montado las cabezas de cilindros en los motores Diesel V8 de General Motors, debe purgar los levantaválvulas antes de girar el cigüeñal. Si no lo hace así, el tren de válvulas resultará dañado. Véase el procedimiento de sustitución de los balancines en motores Diesel en la sección de vehículos Oldsmobile 88, 98, etc. donde se describen los procedimientos. **NOTA: Cuando monte levantaválvulas nuevos, cébelos accionando el émbolo de los mismos a la vez que los mantiene sumergidos en queroseno o combustible diesel limpio.**

REACONDICIONAMIENTO DEL BLOQUE DE CILINDROS

Procedimiento | **Método**

Comprobación de la tolerancia de los cojinetes principales:

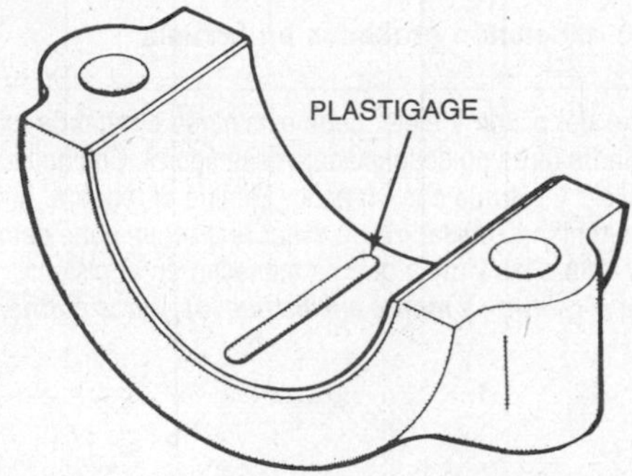

Plastigage® montado en el cojinete del sombrerete

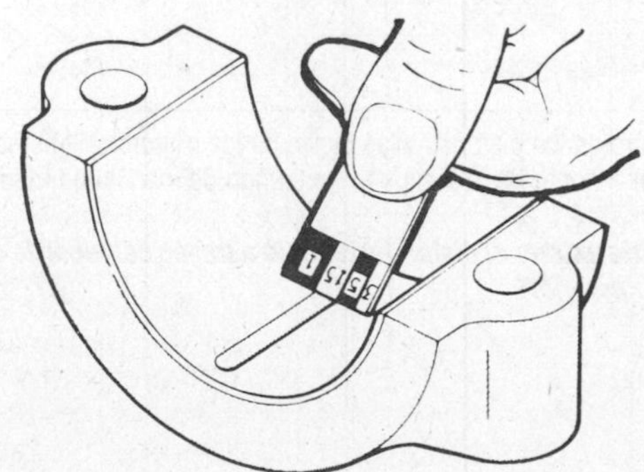

Medición del Plastigage® para determinar la holgura del cojinete

Invierta el motor y desmonte la tapa del cojinete que va a verificar. Utilizando un paño limpio y seco limpie completamente todo el aceite del muñón del cigüeñal y del cojinete.
NOTA: El Plastigage es soluble en aceite; por lo tanto, la presencia de aceite en el muñón o cojinete podría dar lugar a lecturas erróneas.
Coloque un trozo de Plastigage a lo largo de toda la longitud del muñón, vuelva a montar la tapa del cojinete y apriétela según las especificaciones. Desmonte la tapa del cojinete y determine la tolerancia del cojinete comparando la anchura del Platigage con la escala existente en el sobre de Plastigage. La conicidad del muñón se determina comparando la anchura de la tira de Plastigage cercana a sus extremos. Gire el cigüeñal 90° y vuelva a comprobar la excentricidad del muñón.
NOTA: No gire el cigüeñal con el Plastigage montado.
Si el cojinete y el muñón parecen intactos y se ajustan a las tolerancias, no es necesaria ninguna inspección ni reparación adicional de los cojinetes principales. Si los cojinetes o muñones parecen estar estropeados, debería determinarse la causa de la avería antes de proceder a su sustitución.
*Desmonte el cigüeñal del bloque (véase a continuación). Mida los muñones de los cojinetes principales en cada extremo dos veces (en puntos distanciados 90°) utilizando un micrómetro, para determinar el diámetro, conicidad del muñón y excentricidad. Si los muñones se ajustan a las tolerancias, vuelva a instalar las tapas de los cojinetes apretándolas según las especificaciones. Utilizando un calibrador telescópico y un micrómetro, mida el diámetro interno del cojinete en posición paralela al eje del pistón y a 30° de cada uno de los lados del eje del pistón. Deduzca el diámetro externo del muñón del diámetro interno del cojinete para determinar la tolerancia del aceite. Si los muñones del cigüeñal parecen estar estropeados, o no cumplen las tolerancias, no es necesario medir los cojinetes; dado que será necesario esmerilar o pulir el cigüeñal y/o serán necesarios cojinetes subdimensionados. Si el cojinete parece estar estropeado, debería determinar la causa del fallo antes de proceder a su sustitución.

Procedimiento	Método
Comprobación de la tolerancia de los cojinetes de las bielas:	La tolerancia de los cojinetes de las bielas se comprueba de la misma forma que la tolerancia de los cojinetes principales, utilizando Plastigage. Antes de desmontar el cigüeñal, debería medir y registrar también la tolerancia lateral de la biela. *La comprobación de la tolerancia del cojinete de la biela utilizando un micrómetro, es idéntica a la comprobación de la tolerancia del cojinete principal. Si no es necesario realizar ninguna otra inspección o reparación, no es necesario desmontar los conjuntos de pistones y bielas.

REACONDICIONAMIENTO DEL BLOQUE DE CILINDROS

Procedimiento	Método
Desmontaje del cigüeñal:	Utilizando un punzón, marque las tapas y sombreretes de los cojinetes principales por parejas según su posición (esto es, la que lleva un 1 perforado en la tapa y sombrerete principal frontal, la que lleva un 2 sobre el segundo, la que lleva un 3 sobre el tercero, etc.). Utlizando los números grabados, identifique las bielas y sombreretes que forman pareja, según el cilindro (si no existen números). Desmonte las tapas de los cojinetes principales y de las bielas y coloque manguitos de plástico sobre los pernos de las bielas para proteger los muñones al desmontar el cigüeñal. Extraiga el cigüeñal del bloque de cilindros.

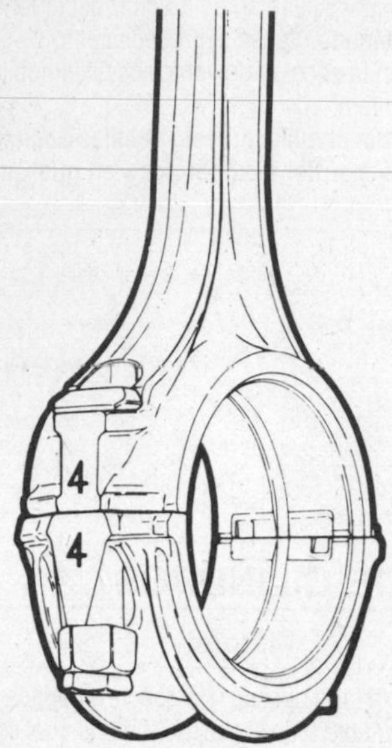

Alineación de la biela y cilindro mediante los números grabados en la primera

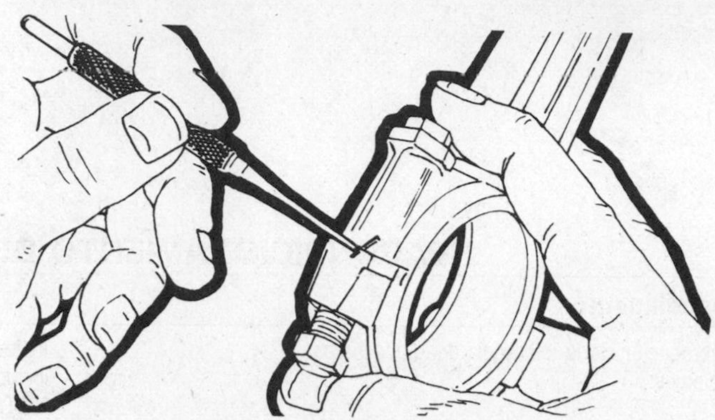

Marcas de alineación grabadas en la biela

Procedimiento	Método
Elimine el reborde de la parte superior del cilindro:	Para facilitar el desmontaje del pistón y biela, debe eliminarse el reborde existente en la parte superior del cilindro (área no desgastada; véase figura). Coloque el pistón en la parte inferior del orificio y cúbralo con un paño. Elimine el reborde, utilizando un escariador de rebordes, teniendo cuidado para evitar realizar un corte demasiado profundo. Quite el paño y limpie las virutas que permanecen en el pistón. ***ATENCIÓN: Si no elimina el reborde y monta anillos nuevos, éstos podrían resultar dañados.***

REBORDE ORIGINADO POR DESGASTE DEL CILINDRO

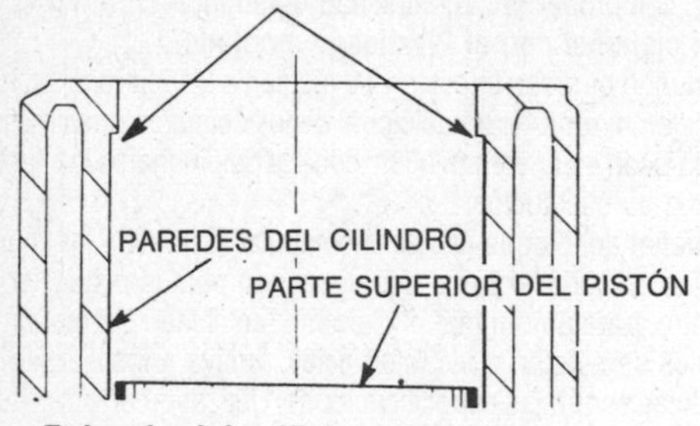

Reborde del orificio del cilindro

Procedimiento	Método
Desmontaje del pistón y biela:	Invierta el motor y extraiga los pistones y las bielas de los cilindros. Si es necesario, golpee ligeramente el saliente de la biela con un mango de martillo de madera para extraer el pistón. ***ATENCIÓN: No intente extraer el pistón forzándolo a través del reborde del cilindro (véase apartado anterior).***

Desmontaje del pistón

REACONDICIONAMIENTO DEL BLOQUE DE CILINDROS

Procedimiento	Método
Inspección y reparación del cigueñal:	Asegúrese de que todos los orificios y conductos de aceite del cigüeñal están abiertos y no tienen restos de grasa sucia. Si es necesario, esmerile el cigüeñal al diámetro subdimensionado máximo. **Aplique la técnica Magnaflux al cigüeñal para localizar las grietas de fatiga. Consulte a un mecánico ajustador sobre los procedimientos adicionales de inspección y reparación, tales como el endurecimiento de la superficie por la nitruración, u otros, para mejorar las características de desgaste, la perforación transversal y el biselado de los orificios del aceite para mejorar la lubricación y el equilibrado.
Desmontaje de los tapones de congelación:	Perfore un pequeño orificio en el punto medio de los tapones de congelación. Rosque un tornillo de acero laminado grande en el orificio y extraiga el tapón con un martillo corredizo.
Desmonte los tapones de la galería del aceite:	Los tapones roscados deberían desmontarse utilizando una llave adecuada (generalmente cuadrada). Para extraer los tapones suaves montados a presión, perfore un orificio en el tapón y rosque un tornillo de metal laminado. Extraiga el tapón tirando del tornillo con unos alicates.
Caliente el bloque en un tanque con la solución adecuada: **NOTA: No caliente las piezas de aluminio.**	Sumerja el bloque de cilindros en la solución, para eliminar la grasa, la corrosión y la escamación de las camisas de agua. **NOTA: Consulte al operador para determinar si resultarán dañados los cojinetes del árbol de levas durante el proceso de baño.**
Compruebe si está agrietado el bloque:	Inspeccione visualmente si existen grietas o virutas en el bloque. Los puntos donde esto suele ocurrir con más frecuencia son: Junto a los tapones del anticongelante. Entre los cilindros y camisas de agua. Junto a los sombreretes de los cojines principales. En el extremo inferior de los cilindros. Compruebe únicamente los puntos donde sospeche que existen grietas utilizando un tinte de comprobación local (véase introducción). Si localiza una grieta, consulte a un ajustador sobre la posibilidad de repararla.
Monte los tapones de la galería del aceite y tapones de congelación:	Recubra los tapones de congelación con compuesto de sellado y golpéelos ligeramente hasta que queden en su posición utilizando un trozo de tubo, de un diámetro ligeramente inferior al del tapón, como útil de montaje. Para asegurar su sujeción, fije los bordes de los tapones. Recubra los tapones roscados de la galería de aceite con sellador y móntelos. Introduzca tapones de repuesto suaves en el bloque de cilindros utilizando un punzón grande como útil de montaje. *En lugar de volver a montar los tapones de plomo, perfore y rosque los orificios y monte tapones roscados.
*Compruebe la altura de la cubierta:	La altura de la cubierta es la distancia desde la línea central del cigüeñal a la cubierta del bloque. Para medirla, invierta el motor y monte el cigüeñal sujetándolo con la tapa del cojinete central principal. Mida la distancia desde el muñón del cigüeñal a la cubierta del bloque paralela a la línea central del cilindro. Mida el diámetro de los muñones terminales principales (anterior y posterior), paralelo a la línea central de los cilindros, divida el diámetro entre dos y dedúzcalo de la medida anterior. Los resultados de las medidas anterior y posterior deberían ser idénticas. Si la diferencia es superior a 0.005", debería corregir la altura de la cubierta. **NOTA: La altura de la cubierta y el alabeo del bloque de cilindros deberían ser rectificados a la vez.**
Compruebe si la cubierta del bloque de cilindros está combada:	Utilizando una regla y galgas de espesores, compruebe si la cubierta del bloque de cilindros está combada de la misma manera que se comprueba la cabeza de cilindros. (Véase el apartado Reacondicionamiento de la cabeza de cilindros.) Si la combadura es superior al límite de las especificaciones, rectifique la superficie de la cubierta. **NOTA: En algunos casos se facilita una especificación límite de la cantidad de material total que puede eliminarse (de la cabeza de cilindros y cubierta del bloque). No se exceda de este valor especificado.**

REACONDICIONAMIENTO DEL BLOQUE DE CILINDROS

Procedimiento	Método
Compruebe el diámetro y superficie del orificio:	Compruebe visualmente si los orificios de los cilindros están rugosos, rayados o presentan arañazos. Si es así, deberá rectificar el orificio del cilindro sobredimensionándolo para eliminar las imperfecciones y utilizar el pistón sobredimensionado mínimo posible. Los nuevos pistones deberían ser entregados al ajustador mecánico junto con el bloque, de manera que los cilindros puedan ser rectificados exactamente al tamaño del pistón (más una tolerancia). Si no existen irregularidades, mida el diámetro, o el reloj indicador, paralelo y perpendicular a la línea central del motor, en la parte superior (por debajo del reborde) y en el fondo del orificio. Deduzca las mediciones inferiores de la parte superior para determinar la conicidad y las mediciones paralelas a la línea central de las medidas perpendiculares para determinar la excentricidad. Si las medidas no coinciden con las especificaciones, debe rectificar el diámetro del cilindro y montar un pistón sobredimensionado. Si las medidas están dentro de las especificaciones el cilindro puede utilizarse como de hecho se hace, haciendo solamente un rectificado de acabado (véase a continuación). **NOTA: Antes de rectificar el orificio, compruebe: si la cubierta del bloque de cilindros está combada, y la altura y alineación del cojinete.** ***ATENCIÓN: Las paredes de los cilindros de los motores 140 de 4 cilindros de General Motors están impregnadas de silicona. La rectificación del diámetro puede hacerse en un taller que disponga de los equipos precisos.***

Medición del orificio del cilindro con un reloj indicador

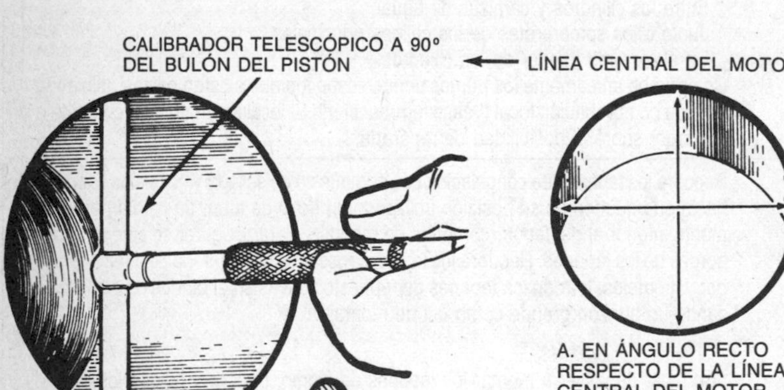

Medición del orificio del cilindro con un calibrador telescópico

Puntos de medición del orificio del cilindro

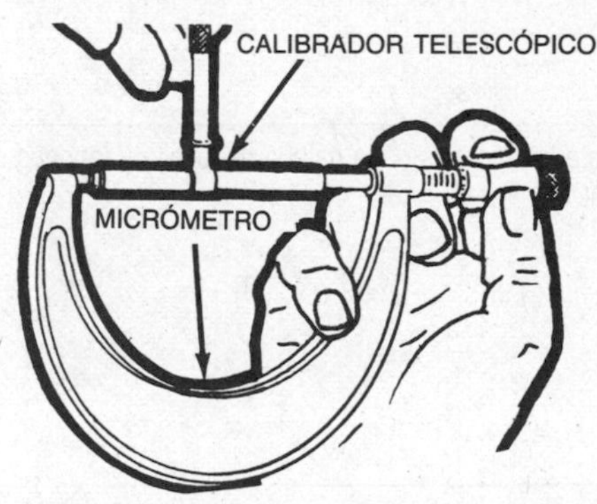

Determinación del diámetro del orificio del cilindro midiendo el calibrador telescópico con un micrómetro

Procedimiento	Método
Compruebe la alineación de los cojinetes del bloque de cilindros:	Desmonte los insertos superiores de los cojinetes. Coloque una regla en los asientos de los cojinetes a lo largo de la línea central del cigüeñal. Si existe holgura o un cierto espacio entre la regla y el asiento central, debe tornear el bloque para que exista alineación.

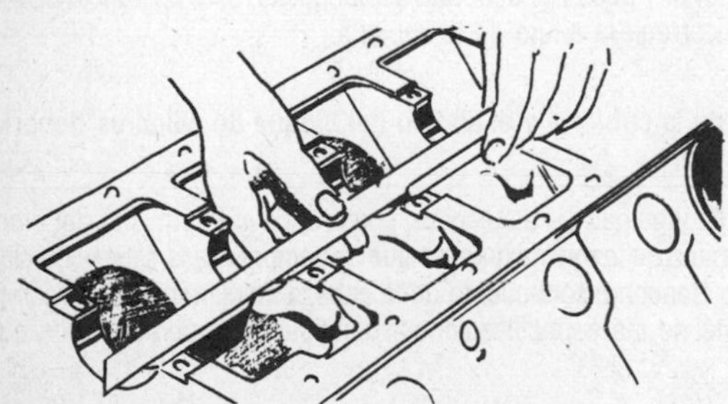

Comprobación de la alineación de los asientos de los cojinetes principales

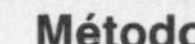

REACONDICIONAMIENTO DEL BLOQUE DE CILINDROS

Procedimiento	Método
Limpie e inspeccione los pistones y bielas:	Utilizando un expansor de anillos, desmonte los anillos del pistón. Desmonte los anillos de retención (si existen) y desmonte el bulón del pistón. **NOTA: Si se debe extraer a presión el bulón del pistón, determine el método correcto y utilice los útiles adecuados; en caso contrario el pistón resultara dañado.** Limpie las acanaladuras para los anillos utilizando el útil adecuado, teniendo cuidado de evitar hacer cortes demasiado profundos. Limpie completamente toda la carbonilla y barniz del pistón con disolvente. ***ATENCIÓN: No utilice un cepillo de alambre o disolvente cáustico sobre los pistones.*** Compruebe si los pistones presentan arañazos, rayas profundas, grietas, picaduras o un desgaste excesivo en las acanaladuras de los anillos. Si existe desgaste, debe sustituir el pistón. Compruebe la longitud de la biela midiéndola desde la cara interna del extremo más grande a la cara interna del extremo pequeño utilizando un calibre (véase la figura). Todas las bielas deberían tener la misma longitud. Sustituya cualquier biela que tenga una longitud diferente de las demás en el motor. *Haga que un mecánico ajustador compruebe la alineación de la biela en un aparato de comprobación de la alineación. Sustituya las bielas que estén retorcidas o curvadas. *Aplique la técnica Magnaflux a las bielas para localizar las grietas de fatiga. Si existen estas grietas, sustituya la biela.

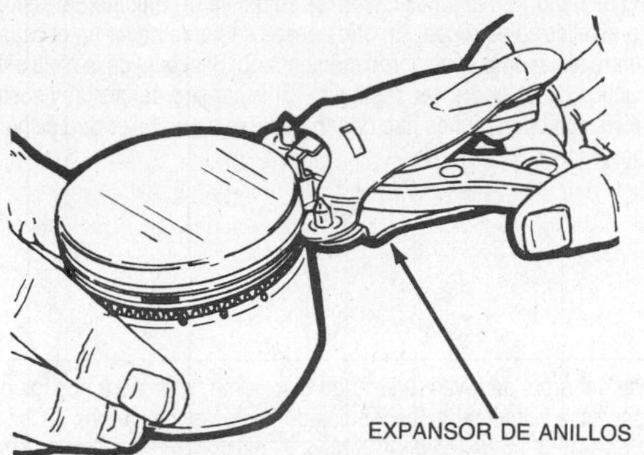

Desmontaje de los anillos del pistón

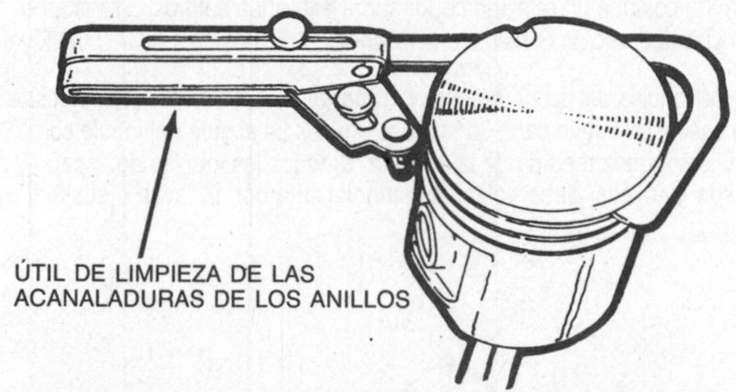

Limpieza de las acanaladuras de los anillos del pistón

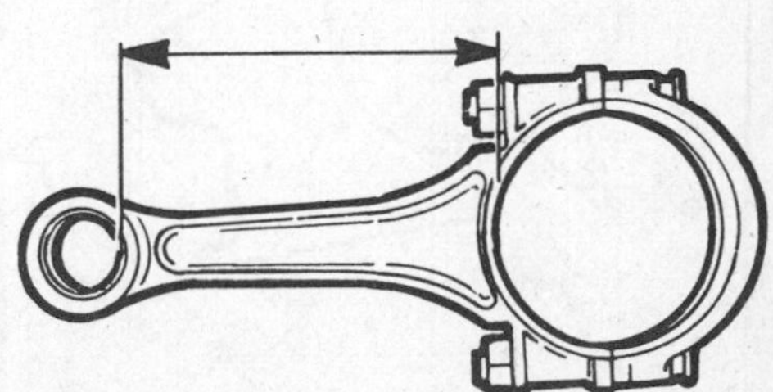

Comprobación de la longitud de la biela (flecha)

Procedimiento	Método
Encaje de los pistones en los cilindros:	Utilizando un calibrador telescópico y un micrómetro o reloj indicador, mida el diámetro del orificio de cilindro perpendicular al bulón del pistón, 2 1/2° por debajo de la cubierta. Mida el pistón en dirección perpendicular al bulón, a lo largo de la camisa. La diferencia entre las dos medidas representa la tolerancia del pistón. Si esta tolerancia se ajusta a las especificaciones o queda ligeramente por debajo del valor especificado (después de rectificar el orificio), todo lo que hará falta es hacer una rectificación de acabado. Si la tolerancia es excesiva, intente obtener un pistón ligeramente más grueso para que la tolerancia se ajuste a las especificaciones. Cuando esto no sea posible, obtenga el pistón sobredimensionado del diámetro mínimo posible y rectifique (o si es necario tornee) el cilindro de manera que el diámetro de éste coincida con el pistón.

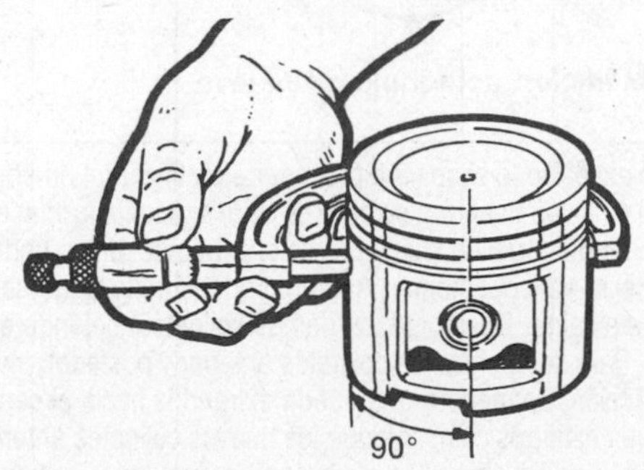

Medición del pistón antes de su montaje

Procedimiento	Método
Monte los pistones y bielas:	Compruebe el bulón del pistón, el buje terminal pequeño de la biela y el orificio del pistón por si presentan rozaduras, rayas profundas o desgaste excesivo. Si esto es así, sustituya la pieza o piezas dañadas. Mida el diámetro interno del saliente del pistón y del extremo pequeño de la biela y el diámetro externo del bulón del pistón. Si queda dentro de las especificaciones, monte el bulón del pistón y la biela. ***ATENCIÓN: Si el bulón del pistón se debe colocar a presión, determine el método adecuado que ha de seguir y utilice las herramientas adecuadas; en caso contrario el pistón resultará dañado.***

REACONDICIONAMIENTO DEL BLOQUE DE CILINDROS

Procedimiento

Método

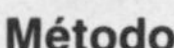

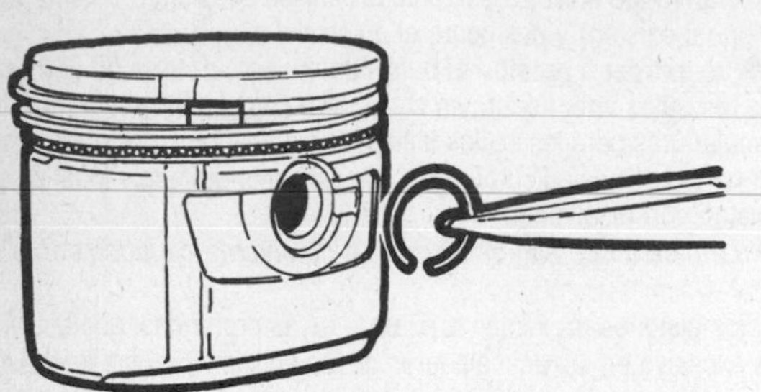

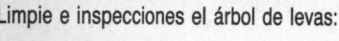

Montaje de los anillos de retención del bulón del pistón

Monte los anillos de seguridad; asegúrese de que asientan correctamente. Si las piezas no se ajustan a las especificaciones, determine el método de inspección y reparación para el tipo de motor. En algunos casos, se sustituye el conjunto del pistón y bulón cuando uno de ellos se estropea. En otros casos se ha de hacer un escariado del pistón y bielas para alojar un bulón sobredimensionado. Si el buje de la biela está desgastado, en muchos casos podrá ser sustituido. El escariado del pistón y sustitución del buje de la biela son operaciones que deben hacerse en un taller que disponga de las máquinas necesarias.

Limpie e inspecciones el árbol de levas:

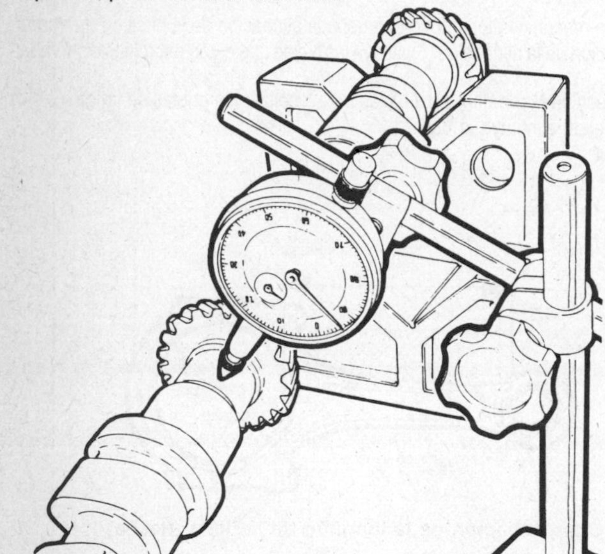

Comprobación de que el árbol de levas está bien recto

Elimine la grasa del árbol de levas, utilizando disolvente, y limpie todos los orificios de aceite. Inspeccione visualmente los lóbulos de las levas y muñones de los cojinetes para ver si presentan un desgaste excesivo. Si existen dudas sobre el estado de un lóbulo, examine todos los lóbulos como se describe a continuación. Si un muñón o lóbulo está desgastado, debe volver a esmerilar el árbol de levas o sustituirlo.
NOTA: Si un muñón está desgastado, existe una gran probabilidad de que los bujes estén desgastados.
Si los lóbulos y muñones parecen intactos, coloque los muñones delantero y trasero en bloques en V y coloque un reloj indicador sobre el muñón central. Gire el árbol de levas para ver si está derecho. Si existe una desviación de más de 0.001°, sustitúyalo.

*Compruebe los lóbulos del árbol de levas con un micrómetro midiéndolos desde la nariz hasta la base y de nuevo cada 90° (véase figura). La alzada del lóbulo se determina restando la segunda medida de la primera. Si todos los lóbulos de escape y de admisión no son idénticos, debe volver a esmerilar el árbol de levas o sustituirlo.

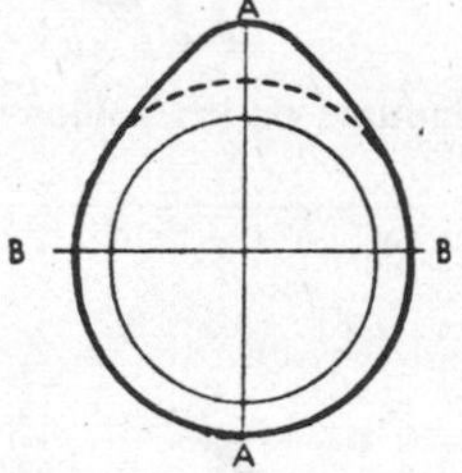

Medición del lóbulo de la leva

Sustituya los cojinetes del árbol de levas (únicamente en los motores de válvulas en cabeza):

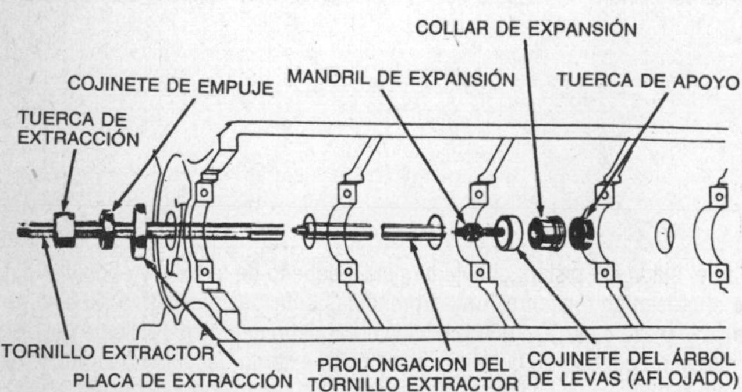

Util de desmontaje y montaje del árbol de levas (típico)

Si existe un desgaste excesivo, o si se va a proceder a rectificar totalmente el motor, los cojinetes del árbol de levas deberían sustituirse de la siguiente forma: extraiga del bloque el tapón posterior del árbol de levas. Monte el extractor con su hombro apoyado sobre el cojinete que se va a desmontar. Apriete gradualmente la tuerca del extractor hasta que el cojinete salga. Desmonte los demás cojinetes, dejando el anterior y posterior para el final. Para desmontar los cojinetes anterior y posterior, invierta la posición del útil de extracción, de manera que pueda extraerlos hacia el centro del bloque. Mantenga el útil en esta posición, coloque los nuevos cojinetes anterior y posterior sobre el instalador y colóquelos en su posición en el bloque: coloque el útil en su posición original y coloque los demás cojinetes en su posición en el motor.
NOTA: Asegúrese de que los orificios del aceite quedan alineados cuando monte los cojinetes.
Restituya el tapón posterior del árbol de levas y fíjelo bien calzado en su posición para optimizar la retención.

REACONDICIONAMIENTO DEL BLOQUE DE CILINDROS

Procedimiento	Método
Rectificación y acabado de los cilindros:	Coloque una muela flexible de rectificado en un taladro eléctrico e introdúzcala en el cilindro. Introduzca la muela de rectificado y muévala hacia arriba y hacia abajo del cilindro a una velocidad que produzca, aproximadamente, una superficie con líneas entrecruzadas con una inclinación de 60° (véase figura). **NOTA: No extienda la muela de rectificado más allá del orificio del cilindro.** Después de que la superficie prèsente este aspecto, desmonte la muela de rectificado y vuelva a comprobar el ajuste del pistón. Lave los cilindros con una solución de detergente y agua para eliminar el polvo abrasivo, séquelo y límpielo varias veces con un paño empapado en aceite de motores.
Comprobación del entrehierro en los extremos de los anillos del pistón:	Comprima los anillos del pistón que se han de usar en el cilindro, uno por uno, e introdúzcalos a presión en el cilindro aproximadamente a 1" por debajo de la cubierta con el pistón en posición invertida. Utilizando galgas de espesores, mida el entrehierro de los extremos de los anillos y compare la medida con la especificada. Extraiga el anillo del cilindro y lime los extremos con una lima fina para obtener la distancia correcta. ***ATENCION: Si el entrehierro del extremo de los anillos del pistón no es el correcto, podrán romperse los anillos.***
Anillos del pistón:	Inspeccione las acanaladuras de los anillos del pistón para ver si presentan un desgaste o conicidad excesiva. Si es necesario, recorte la(s) acanaladura(s) para utilizarlas con un anillo sobredimensionado o un anillo y espaciador estándar. Si la acanaladura está uniformemente desgastada, pueden montarse anillos sobredimensionados o anillos o espaciadores estándar sin efectuar ningún recorte. Gire la parte externa del anillo alrededor de la acanaladura para comprobar si existen rebabas o depósitos. Si esto es así, elimínelos con una lima fina. Sujete el anillo en la acanaladura y mida la tolerancia o juego lateral. Si es necesario, rectifíquelo como se ha descrito anteriormente. **NOTA: Monte siempre espaciadores adicionales por encima del anillo del pistón.** La acanaladura del anillo debe ser lo suficientemente profunda para que el anillo pueda asentar por debajo del borde exterior del pistón (véase figura). En muchos casos se suministra un calibre de profundidad «pasa no pasa» junto con los anillos del pistón. La existencia de acanaladuras muy superficiales puede eliminarse recortando, mientras que la existencia de acanaladuras profundas hará necesaria la utilización de un cierto tipo de rellenador o expansor por detrás del pistón. Consulte al proveedor de anillos de pistón en lo referente al método sugerido. Monte los anillos del pistón, con el anillo inferior en primer lugar utilizando un expansor de anillos. **NOTA: Coloque las marcas de los anillos como lo especifica el fabricante (véase la sección de vehículos).**

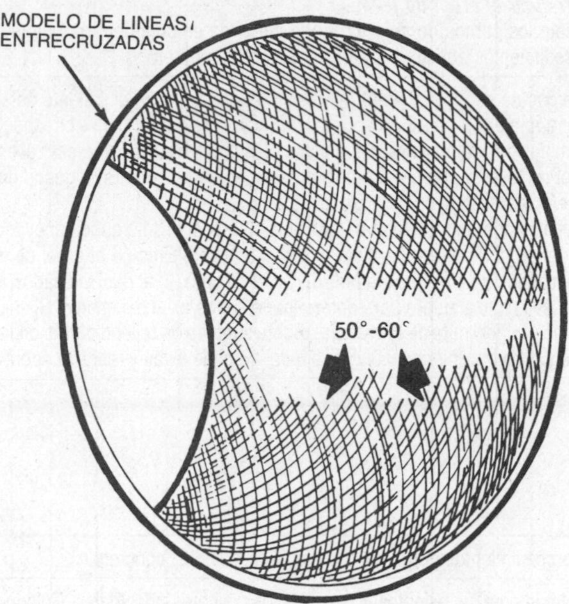

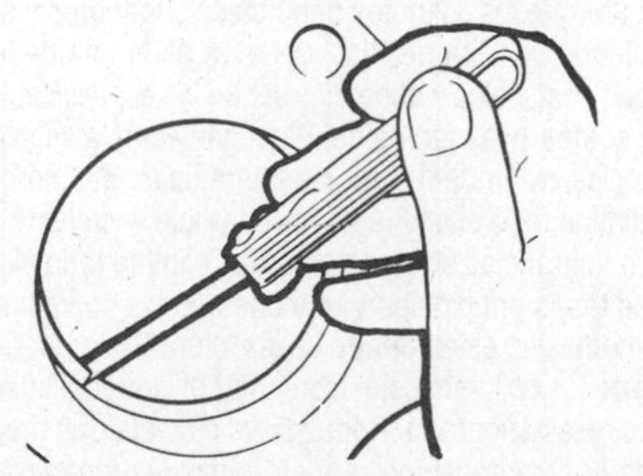

Comprobación del entrehierro en los extremos de los anillos

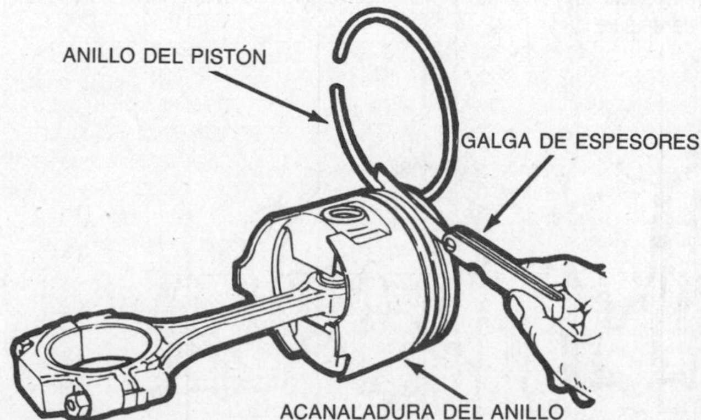

Comprobación de la tolerancia lateral de los anillos

REACONDICIONAMIENTO DEL BLOQUE DE CILINDROS

Procedimiento | **Método**

Monte el árbol de levas (únicamente en los motores con válvulas en cabeza):

Lubrique abundantemente los lóbulos y los muñones del árbol de levas y móntelo.
ATENCIÓN: Tenga un cuidado especial para evitar que resulten dañados los cojinetes al introducir el árbol de levas.
Monte y apriete los pernos de sujeción de la placa de empuje del árbol de levas. Vea los procedimientos adecuados para cada motor concreto.

Compruebe el juego axial del árbol de levas (únicamente en motores con válvulas en cabeza):

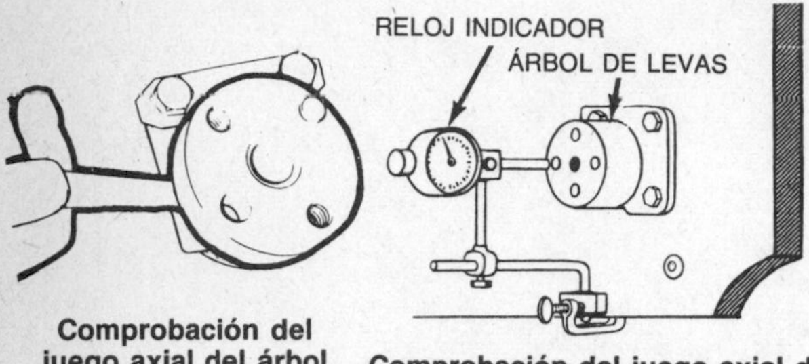

Comprobación del juego axial del árbol de levas con una galga de espesores

Comprobación del juego axial del árbol de levas con un reloj indicador

Utilizando galgas de espesores, determine si la tolerancia entre el saliente del árbol de levas (o engranaje) y la placa de apoyo o refuerzo está dentro del valor especificado. Monte láminas de relleno detrás de la placa de empuje o vuelva a colocar el engranaje del árbol de levas y compruebe nuevamente el juego axial. En algunos casos, el ajuste se efectúa sustituyendo la placa de empuje.
*Monte un reloj comparador de manera que el vástago del mismo quede apoyado sobre la nariz del árbol de levas, paralelo al eje del mismo. Empuje el árbol de levas alejándolo lo máximo posible hacia adentro y ajuste a cero (0) el reloj indicador. Mueva el árbol de levas hacia afuera para determinar el juego axial del mismo. Si el juego axial no está dentro del límite de tolerancia, monte láminas de relleno detrás de la placa de empuje y vuelva a colocar el engranaje del árbol de levas y repita la operación.

Monte el sello principal posterior (si existe):

Véanse los procedimientos correspondientes a cada motor concreto.

Monte el cigüeñal:

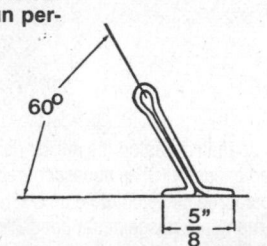

MONTAJE DEL CASQUILLO DEL COJINETE

DESMONTAJE DEL CASQUILLO DEL COJINETE

Desmontaje y montaje del inserto superior del cojinete utilizando un perno curvado

60°

5"/8

Perno curvado de acero para el desmontaje del cojinete

Limpie completamente los asientos y tapas de los cojinetes principales. Coloque las mitades superiores de los cojinetes en los asientos y colóquelos a presión en su posición.
NOTA: Asegúrese de que los orificios del aceite quedan alineados.
Introduzca a presión los asientos de los cojinetes en los sombreretes o tapas de los cojinetes principales. Lubrique los cojinetes principales superiores y coloque el cigüeñal en su posición. Coloque una tira de Plastigage en cada uno de los muñones del cigüeñal, monte las tapas principales y apriételas según las especificaciones. Desmonte las tapas principales y compare la medida del Plastigage con la escala impresa sobre el mismo. Si las distancias están dentro de las tolerancias, desmonte el Plastigage, gire 90° el cigüeñal, elimine todo el aceite de la superficie y vuelva a repetir la operación. Si las distancias o tolerancias son las correctas, elimine todo el Plastigage, lubrique completamente las tapas principales y muñones de los cojinetes y monte dichas tapas. Si las holguras medias no están dentro de las tolerancias, pueden desmontarse los insertos superiores de los cojinetes, sin desmontar el cigüeñal, utilizando un perno de acero para cojinetes (véase figura). Introduzca un cojinete que proporcione la tolerancia correcta y repita la comprobación. Apriete todas las tapas principales, excluyendo la tapa del cojinete de empuje, según las especificaciones. Apriete la tapa del cojinete de empuje con los dedos. Para alinear correctamente el cojinete de empuje, apalanque el cigüeñal en una medida igual a varias veces el recorrido axial del mismo, manteniendo el último movimiento hacia la parte frontal del motor y apriete la tapa del cojinete de empuje según las especificaciones. Determine el juego axial del cigüeñal (véase más adelante) y haga que coincida con la tolerancia especificada utilizando arandelas de empuje.

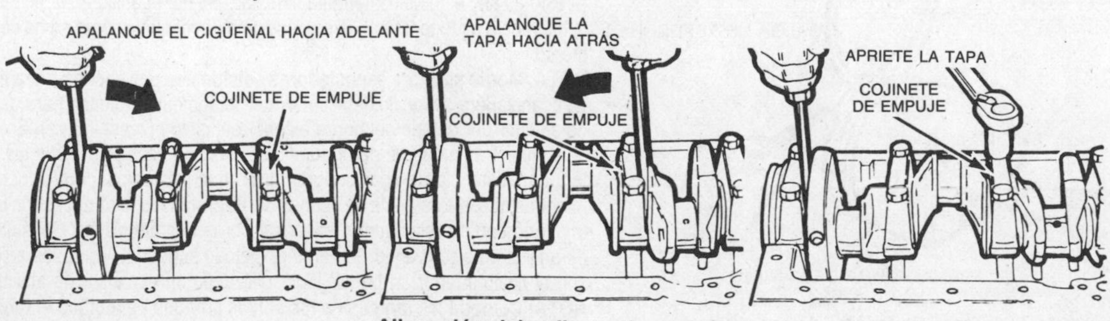

Alineación del cojinete de empuje

REACONDICIONAMIENTO DEL BLOQUE DE CILINDROS

Procedimiento	Método
Mida el juego axial del cigüeñal:	Monte un reloj indicador sobre la parte frontal del bloque, con el vástago del reloj apoyado sobre la nariz del cigüeñal, paralelo al eje del mismo. Apalanque el cigüeñal hacia atrás haciéndole recorrer la máxima distancia posible y ajuste a cero (0) el reloj indicador. Apalanque el cigüeñal hacia adelante y registre el juego axial del mismo. **NOTA: Puede medirse también el juego axial del cigüeñal en el cojinete de empuje utilizando galgas de espesores (véase figura).**

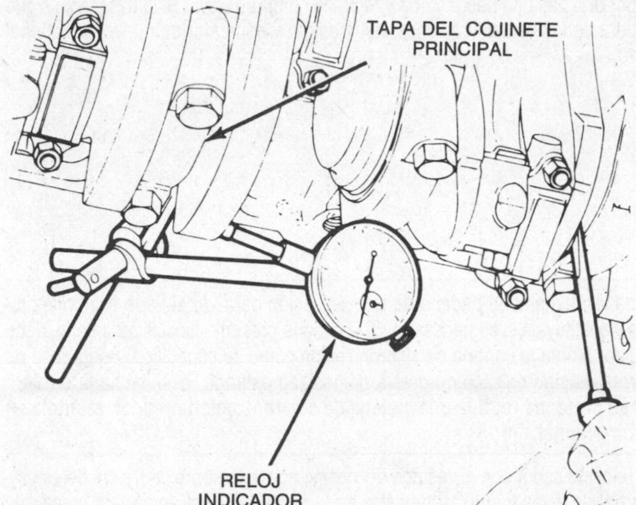

Comprobación del juego axial del árbol de levas con un reloj indicador

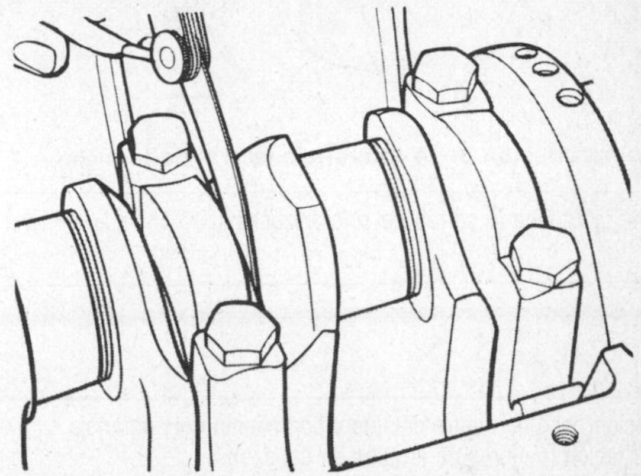

Comprobación del juego axial del cigüeñal con una galga de espesores

Procedimiento	Método
Monte los pistones:	Coloque a presión las mitades superiores de los cojinetes de las bielas en éstas y las inferiores sobre las tapas de las bielas. Distribuya los entrehierros de los anillos de los pistones siguiendo las especificaciones (véase la sección de vehículos) y lubrique los pistones. Monte un compresor de anilllos en un pistón e introduzca dos trozos largos (8'') de tubo de plástico sobre los pernos de las bielas. Utilizando los tubos como guía, introduzca a presión los pistones en los orificios y sobre el cigüeñal con un mango de martillo de madera. Después de asentar la biela sobre el muñón del cigüeñal, desmonte los tubos y monte los sombreretes apretándolos con la mano. Monte los demás pistones de la misma forma. Invierta el motor y compruebe la tolerancia de los cojinetes en dos puntos separados 90º el uno del otro (en cada muñón) con Plastigage. **NOTA: No gire el cigüeñal con el Plastigage montado.** Si la tolerancia está dentro de los valores especificados, elimine *todo* el Plastigage, lubrique completamente los muñones y apriete los sombreretes de las bielas según las especificaciones. Si la tolerancia no coincide con la especificada, monte cojinetes de diferente grosor y repita la comprobación. ***ATENCIÓN: Nunca añada láminas de relleno ni lime las bielas o sombreretes.*** Monte siempre manguitos de tubos de plástico sobre los pernos de las bielas cuando los sombreretes no estén montados para proteger los muñones del cigüeñal.

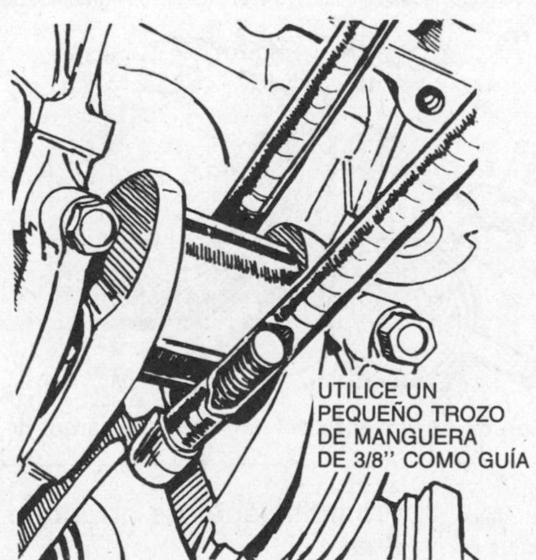

Tubos (mangueras) utilizados para proteger los muñones del cigüeñal y paredes de los cilindros durante el montaje del pistón

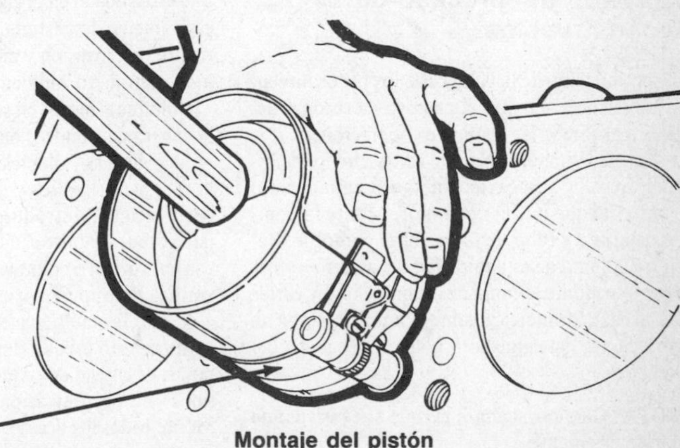

Montaje del pistón

REACONDICIONAMIENTO DEL BLOQUE DE CILINDROS

Procedimiento	Método
Compruebe la tolerancia o juego lateral de las bielas: 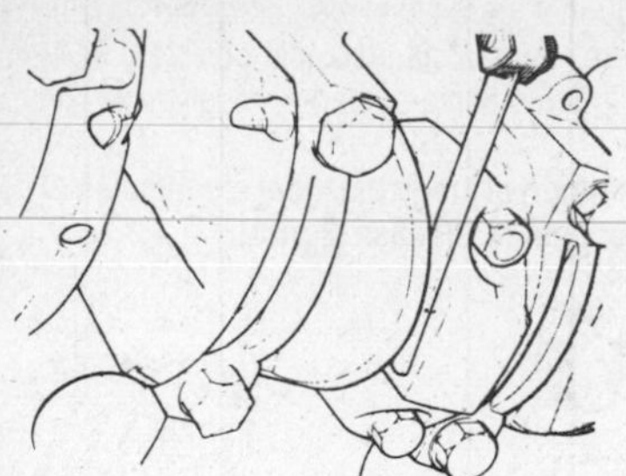 Comprobación de la tolerancia lateral de la biela	Determine la tolerancia o juego lateral de los lados de las bielas y el cigüeñal, utilizando galgas de espesores. Si la tolerancia o juego es inferior a la mínima, puede mecanizarse la biela hasta obtener una tolerancia suficiente. Si la tolerancia es excesiva, sustituya por una biela no desgastada y repita la comprobación. Si la tolerancia sigue estando fuera de las especificaciones, debe soldar y esmerilar de nuevo el cigüeñal o sustituirlo.
Inspeccione la cadena (o correa de sincronización):	Inspeccione visualmente la cadena de sincronización para ver si tiene eslabones rotos o flojos y sustitúyala si es necesario. Si la cadena presenta flexibilidad lateral, debe ser sustituida. Monte la cadena de sincronización como se especifica. Asegúrese de que la correa de sincronización no está demasiado estirada, deshilachada o rota. **NOTA: Si se pretende reutilizar la cadena de sincronización original, móntela en su posición original.**
Comprobación del juego entre dientes y corrimiento del engranaje de sincronización (motores de árboles en cabeza):	Monte un reloj indicador con el vástago del mismo apoyado sobre un diente del engranaje del árbol de levas (como se muestra en la figura). Gire el engranaje hasta que desaparezca el juego y ajuste a cero (0) el reloj indicador. Gire el engranaje en el sentido opuesto hasta que desaparezca el juego y registre el juego entre dientes del engranaje. Monte el reloj indicador con el vástago del mismo apoyado sobre el borde del engranaje del árbol de levas paralelo al eje del mismo. Ajuste a cero (0) el reloj indicador y gire el engranaje del árbol de levas una vuelta completa, registrando el corrimiento. Si uno de los dos, el juego entre dientes o el corrimiento, son superiores a los valores máximos especificados, sustituya el engranaje o engranajes desgastados.

Comprobación del juego entre dientes del engranaje del árbol de levas

Comprobación de corrimiento del engranaje del árbol de levas

Acabado del proceso de reconstrucción

A continuación de llevar a cabo los procedimientos anteriores, finalice el proceso de reconstrucción realizando las siguientes operaciones:

Rellene la bomba de aceite con aceite, para impedir que entre en cavitación (absorción de aire) en el arranque inicial del motor. Monte la bomba de aceite y tubo de toma sobre el motor. Recubra la junta de estanqueidad del cárter si es necesario y monte la junta de estanqueidad y cárter del aceite. Monte el volante y amortiguador de vibraciones del cigüeñal o polea sobre el eje del cigüeñal.

NOTA: Coloque siempre pernos nuevos cuando monte el volante.

Inspeccione el buje guía del eje del embrague que está situado en el cigüeñal. Si el buje está excesivamente desgastado, desmóntelo con un extractor de expansión y un martillo deslizante y coloque un nuevo buje en su posición.

Coloque el motor en su posición con el lado de la cabeza de cilindros hacia arriba. Lubrique los levantaválvulas y móntelos en sus orificios. Monte la cabeza de cilindros y apriétela siguiendo las especificaciones. Introduzca las varillas de empuje (si existen) y monte el eje o ejes de balancines (si existen varios) o coloque los balancines sobre las varillas de empuje. Ajuste las válvulas.

Monte los múltiples de admisión y escape, el carburador o carburadores, el distribuidor y las bujías de encendido. Ajuste la distancia entre platinos y la sincronización estática del encendido. Monte todos los accesorios y monte el motor en el vehículo. Rellene el radiador con refrigerante y el cárter con aceite de motores de alta calidad.

Procedimiento de arranque final

Arranque el motor y déjelo que gire a baja velocidad durante unos pocos minutos a la vez que comprueba si existen fugas. Pare el motor, compruebe el nivel del aceite y añada aceite si es necesario. Vuelva a arrancar el motor y rellene el sistema de refrigeración hasta el nivel máximo. Compruebe el ángulo de demora de cierre de los platinos y ajuste la sincronización del encendido y las válvulas. Deje girar el motor a una velocidad entre baja y media (800-2,500 rpm) durante aproximadamente media hora y vuelva a apretar los pernos de la cabeza de cilindros. Haga una prueba de rodaje del vehículo y vuelva a comprobar si existen fugas.

Siga el procedimiento de arranque inicial del motor recomendado por el fabricante y la tabla de mantenimiento en el caso de motores nuevos.

Revisión del puntal

INSPECCIÓN Y REPARACIÓN DEL PUNTAL

Es cada vez mayor el número de vehículos que disponen de puntales MacPherson en las ruedas delanteras (y traseras). El diseño del puntal ocupa menos espacio en el compartimiento del motor, comparándolo con un conjunto convencional de brazo superior e inferior con amortiguador telescópico. La tendencia hacia conjuntos más pequeños, más ligeros y más eficientes impone la utilización de una suspensión por puntales para permitir más espacio para la incorporación de accesorios al motor y componentes en vehículos con tracción delantera.

Diseño de la suspensión con puntal

En una suspensión delantera convencional, la rueda va acoplada a un eje que va, a su vez, conectado a los brazos de control superior e inferior mediante la rótula superior o inferior. Un muelle helicoidal que va entre los brazos de control (algunas veces en la parte superior del brazo superior) soporta el peso del vehículo y un amortiguador telescópico controla los rebotes y amortigua las oscilaciones.

En la suspensión del tipo puntal, éste desempeña la función de amortiguación de las oscilaciones, al igual que un amortiguador telescópico, pero con una diferencia que radica en el hecho de que el puntal forma parte de la estructura de la suspensión del vehículo.

El conjunto del puntal suele estar formado por un asiento que sirve para sujetar el muelle helicoidal que soporta el peso del vehículo. El amortiguador telescópico va incorporado al cuerpo de

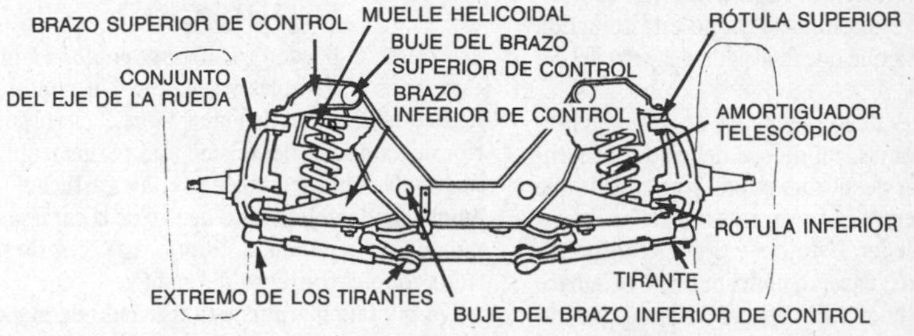

Suspensión convencional formada por un brazo superior y otro inferior

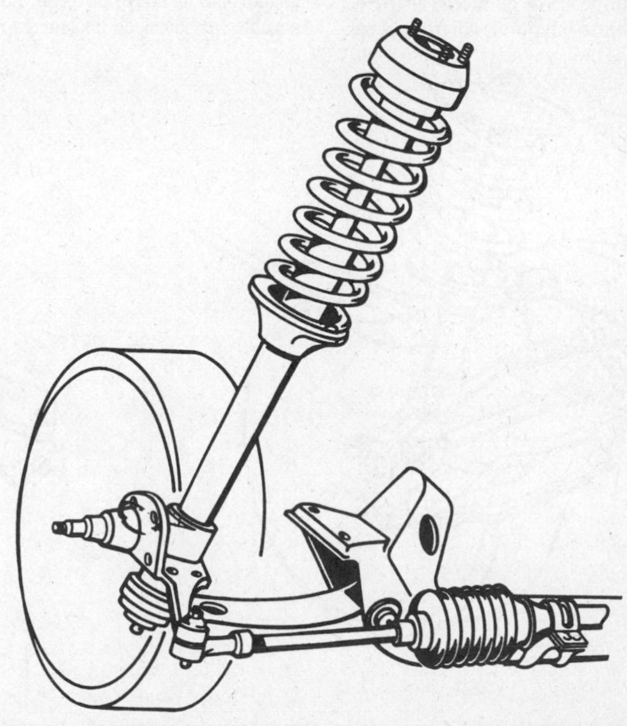
Puntal con muelle helicoidal concéntrico (tracción trasera)

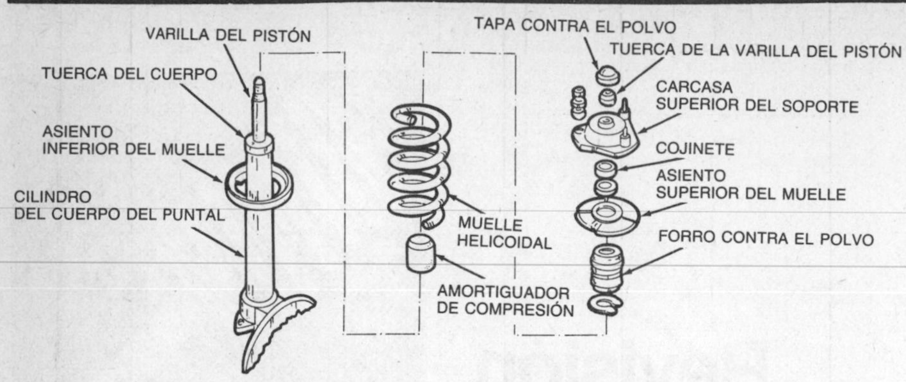

Despiece de un puntal típico

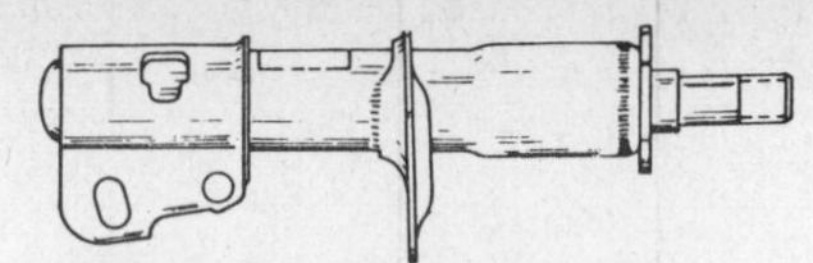

Un puntal sellado no tiene tuerca en el cuerpo y debe sustituirse cuando haya que repararlo

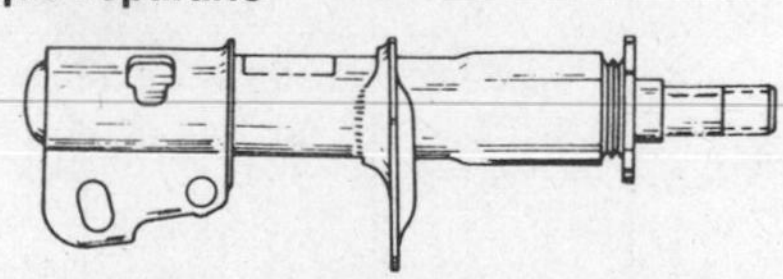

Los puntales que puedan repararse disponen de una tuerca desmontable en el cuerpo de los mismos para poder sustituir el cartucho del puntal

la carcasa del puntal. El puntal va normalmente acoplado al extremo del brazo inferior de control y a la carrocería del vehículo. La montura superior suele llevar un cojinete que permite que el muelle helicoidal gire a medida que giran las ruedas para que el control de la dirección sea más suave. Este conjunto hace innecesarios el brazo superior de control, rótula superior y muchos de los casquillos existentes en suspensiones convencionales. La rótula inferior ya no está sometida a una carga, ya que queda aislada del peso del vehículo.

Los puntales de los vehículos estadounidenses tienen dos formas, un muelle helicoidal concéntrico alrededor del mismo puntal y un muelle que está situado entre el brazo inferior de control y el bastidor. General Motors y Chrysler disponen en sus modelos, excepto en los modelos Camaro y Firebird, de un muelle helicoidal concéntrico tradicional alrededor del puntal. Los modelos Ford, excepto el Escort y el Lynx y los Camaros y Firebirds de 1982, disponen de un muelle aparte del puntal entre el brazo inferior de control y el bastidor. La posición del muelle sobre el brazo inferior de control en lugar de alrededor del puntal, permite que las vibraciones poco importantes de carreteras sean absorbidas por el chasis en lugar de transmitirse por retroalimentación al conductor a través del sistema de la dirección.

Inspección y reparación

Los puntales pueden clasificarse en dos amplias categorías: reparables y sellados. Un puntal sellado está diseñado de manera que el cierre superior del conjunto del mismo está permanente sellado. No puede accederse al cartucho del amortiguador telescópico dentro de la carcasa del puntal y no es posible sustituirlo. Es necesario sustituir todo el conjunto del puntal.

Un puntal reparable está diseñado de manera que pueda sustituirse el cartucho que existe dentro de la carcasa, que es el que actúa de amortiguador, por un nuevo cartucho. Los puntales reparables disponen de una tuerca roscada en el cuerpo del mismo en lugar de una tapa sellada para sujetar el cartucho.

El amortiguador telescópico que va dentro del puntal reparable suele estar «húmedo». Esto quiere decir que el amortiguador telescópico contiene aceite que entra en contacto y lubrica la pared interna del cuerpo del puntal. El aceite está sellado dentro del puntal por la tuerca del cuerpo, un anillo tórico y el sello de la varilla del pistón.

La inspección y reparación de un puntal «húmedo» con componentes equivalentes requiere la limpieza completa de la parte interior del cuerpo del puntal, una pulcritud absoluta y mucho cuidado al efectuar su montaje posterior.

Los cartuchos fueron creados para simplificar la reparación de los puntales «húmedos». El cartucho es un repuesto, sellado en fábrica, del amortiguador telescópico del puntal. El cartucho de repuesto se sustituye simplemente por el cartucho original del amortiguador telescópico y se sujeta con la tuerca del cuerpo del puntal, haciendo innecesario operaciones casi de laboratorio para reparar un puntal con repuestos «húmedos».

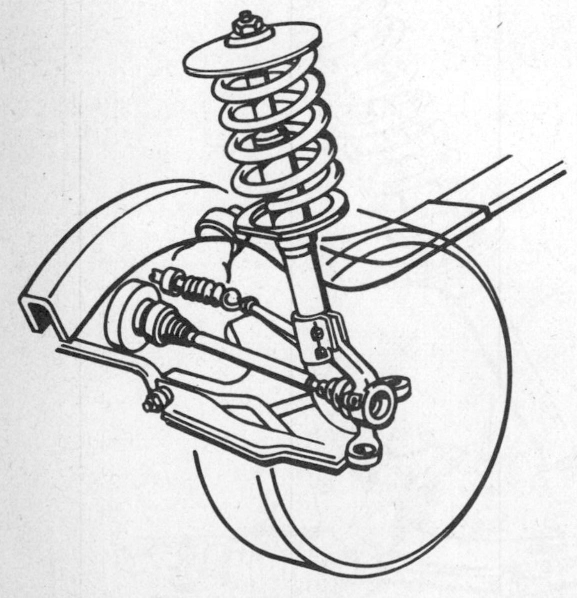

Puntal con muelle helicoidal concéntrico (modelos con tracción delantera)

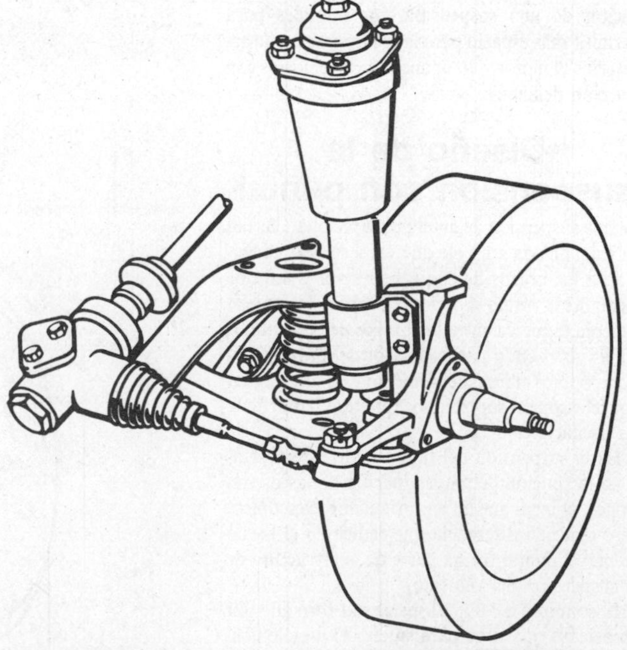

Puntal MacPherson modificado con muelle helicoidal en el brazo inferior

La mayoría de los puntales estadounidenses OEM se inspeccionan y reparan sustituyendo todo el conjunto. No existe ningún cartucho que pueda ser sustituido. Las excepciones a esta regla general son los puntales utilizados en los vehículos de las series J y A de General Motors con tracción delantera, que presentan una carcasa roscada internamente, a la que se accede desmontando la tapa del puntal OEM de la carcasa del mismo. Una vez desmontado el cartucho antiguo, puede roscarse un nuevo cartucho en la carcasa.

Los puntales sellados OEM pueden repararse también sustituyéndolos por una unidad de repuesto, que permitirá reparaciones futuras mediante cartuchos de repuesto.

ALINEACIÓN DE LAS RUEDAS

No siempre es necesario volver a alinear las ruedas después de reparar los puntales. Si se tiene cuidado al marcar los componentes afectados y al volver a montarlos, puede que no sea necesario volver a alinearlas. Sin embargo, si las ruedas no estaban bien alineadas antes de su reparación, o si se ha sustituido todo el conjunto del puntal, debería hacerse una comprobación de la alineación de las ruedas. Generalmente, puede ajustarse únicamente el avance y de todos modos únicamente dentro de un intervalo muy reducido.

No intente doblar los componentes para rectificar la alineación de las ruedas.

Dado que la mayoría de los puntales OEM se reparan sustituyendo el cartucho, la mayoría de los fabricantes recomiendan la alineación de las ruedas después de sustituir el puntal.

Herramientas

Si no se dispone de las herramientas adecuadas, la reparación del puntal durará más de lo necesario y puede resultar peligrosa.

Para trabajar con puntales es necesario disponer de un conjunto normal de herramientas tales como llaves de cubo y fijas, alicates, destornilladores y martillos. Las alargaderas y juntas universales permitirán aflojar fijaciones demasiado prietas y con poco espacio de maniobra. Asegúrese de que dispone de llaves graduadas según los sistemas métrico y anglosajón. Dos útiles que permiten ahorrar mucho tiempo son las llaves de cubo de «patas de gallo» y llaves de trinquete de un buen número de tamaños. Los pernos Torx se utilizan cada vez más como elementos de sujeción del chasis.

Además de las herramientas manuales normales, es necesario algún tipo de llave de tuercas para desmontar la tuerca del cuerpo de los puntales reparables. Algunas veces puede utilizarse satisfactoriamente una llave de tubo.

Para la sustitución del puntal y el cartucho del mismo es necesario disponer de un compresor de muelles.

No debe utilizar nunca herramientas provisionales para la compresión de los muelles helicoidales —varillas roscadas, cadenas, alambres u otros instrumentos de este estilo—. El muelle helicoidal está sometido a una compresión enorme y puede dispararse provocando daños personales y en los equipos. Utilice únicamente un compresor de muelles de buena calidad como el que se describe a continuación.

MANTENIMIENTO DE LA ALINEACIÓN DE LAS RUEDAS

La fijación y métodos de ajuste del alineamiento de las ruedas determina qué componentes han de ser marcados con señales de referencia para mantener la alineación de las ruedas. Existen cuatro métodos básicos para ajustarla. Casi todos los vehículos siguen uno de éstos o una ligera variante de los mismos.

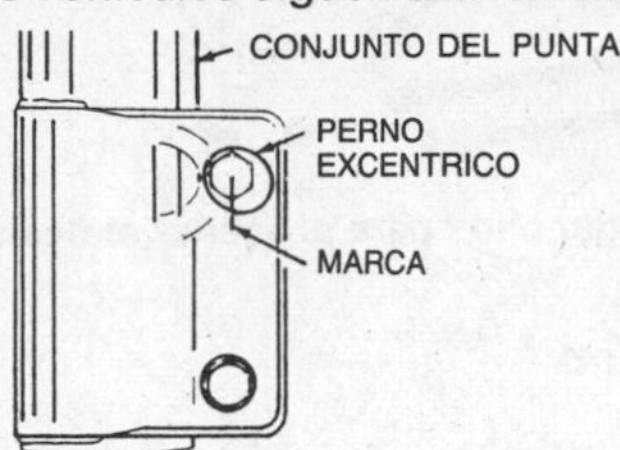

Marque la excéntrica (perno de ajuste de la inclinación de las ruedas delanteras) para conocer su posición relativa respecto del soporte de fijación de la horquilla.

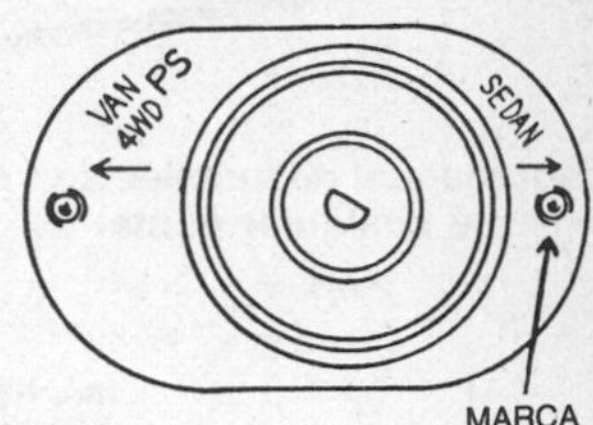

Marque el espárrago de sujeción que queda frente a la parte frontal del vehículo. Este tipo de soporte es reversible para diversas aplicaciones.

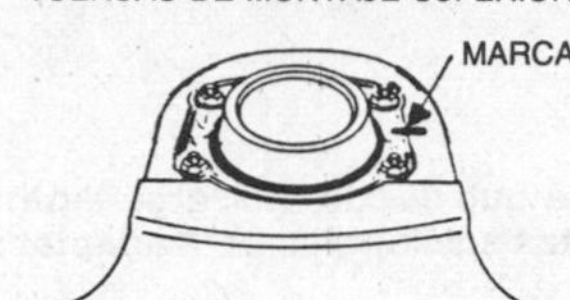

Marque la carcasa superior de sujeción para conocer su posición relativa respecto del guardabarro interno antes de desmontar el puntal de la montura superior.

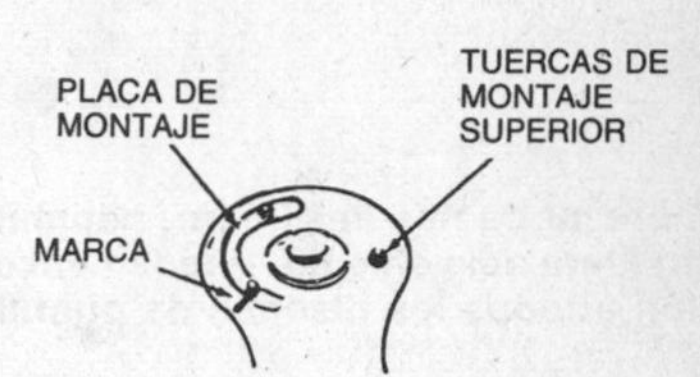

Marque la posición relativa de la placa de fijación respecto del guardabarro y perno.

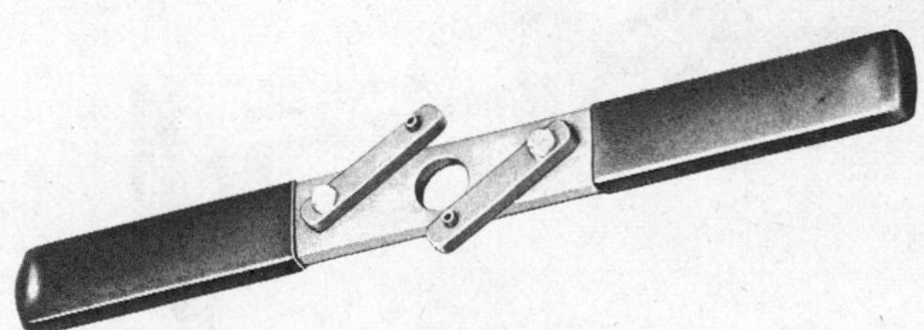

Llave de tuercas diseñada para soltar tuercas de puntales que llevan lengüetas en relieve. Una llave de tubo que puede utilizarse como sustituto

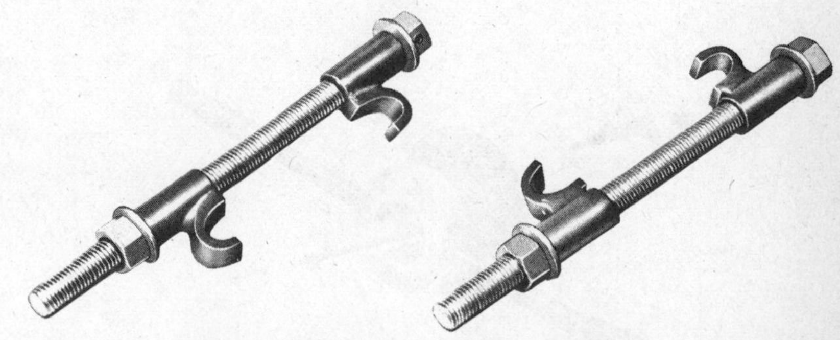

Compresor de muelles manual y económico

Los compresores de muelles económicos o manuales son los más baratos pero son los que más tiempo consumen al ser utilizados. Los ganchos curvados permiten sujetar bien los muelles helicoidales y deben ser comprimidos con una llave. Para aquellos que reparen puntales con poca frecuencia, ésta es probablemente la inversión de compra más prudente.

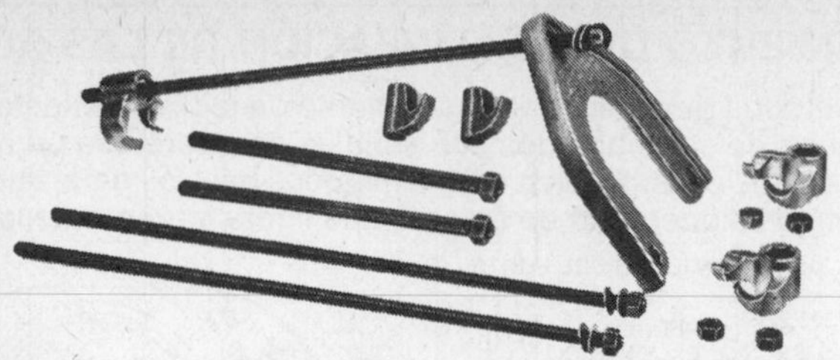

Compresor manual de muelles con placas o ganchos para proceder al desmontaje de prácticamente cualquier puntal

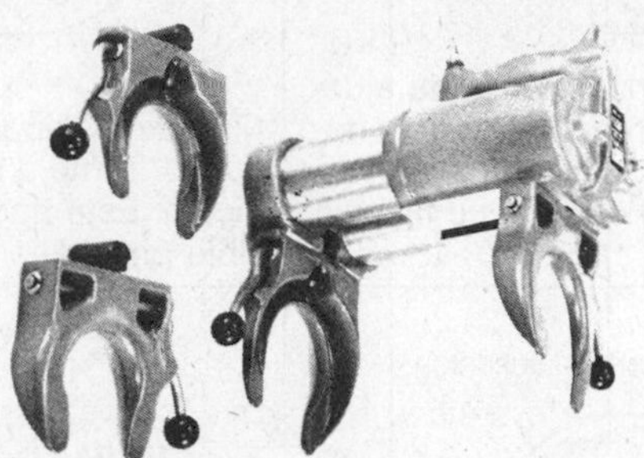

Compresor de muelles ligero, neumático y portable que puede utilizarse tanto dentro como fuera del vehículo. Pueden encontrarse zapatas adicionales para adaptar su aplicación a todos los diseños de puntal

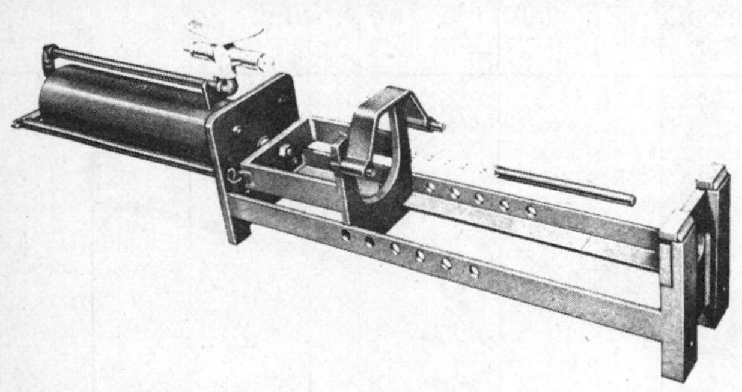

Compresor de muelles estacionario universal neumático

Llave de tuercas con adaptadores para diversas aplicaciones de tuercas de cuerpo de puntal. Este tipo de llave de tuercas puede utilizarse con una llave de apriete para volver a apretar la tuerca del cuerpo

Existen otros compresores manuales de muelles (del tipo de «garras») que son más rápidos de manejar, sujetan con mayor seguridad el muelle y pueden utilizarse tanto en el vehículo como fuera del mismo. Estos tipos probablemente no son tan baratos para el aficionado, pero pueden ser alquilados en tiendas de suministros de repuestos de automóvil para su utilización esporádica.

Cuando tenga que hacer este trabajo con frecuencia, los compresores neumáticos o hidráulicos son los mejores.

Los compresores neumáticos son adecuados para todos los tipos de puntales (aunque requieren la utilización de adaptadores, son ligeros de peso y pueden utilizarse tanto sobre el vehículo como fuera del mismo). Los compresores hidráulicos que van montados sobre el banco de taller son probablemente los más seguros, pero también son los más caros y requieren que el puntal esté desmontado del vehículo, lo que implica la separación de los conductos de los frenos y otras conexiones que pueden llevar mucho tiempo.

Existen también conjuntos universales que encajan en todos los puntales, ya sean del tipo manual o neumático.

Independientemente del tipo de compresor de muelles que utilice, los vehículos de las series A, J y X con tracción delantera de la General Motors, así como los modelos Omni, Horizon y K

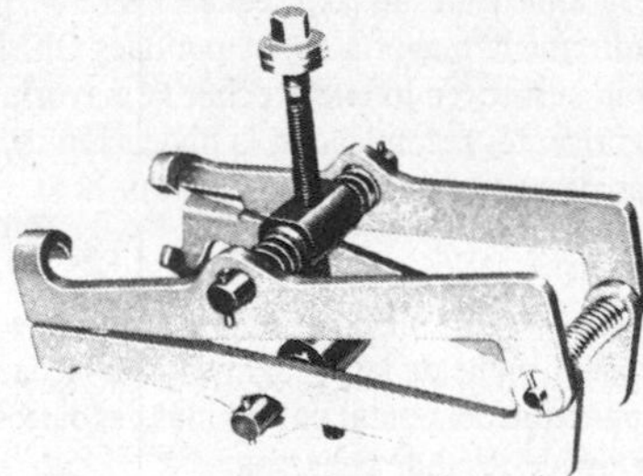

Compresor de muelles de «garras»

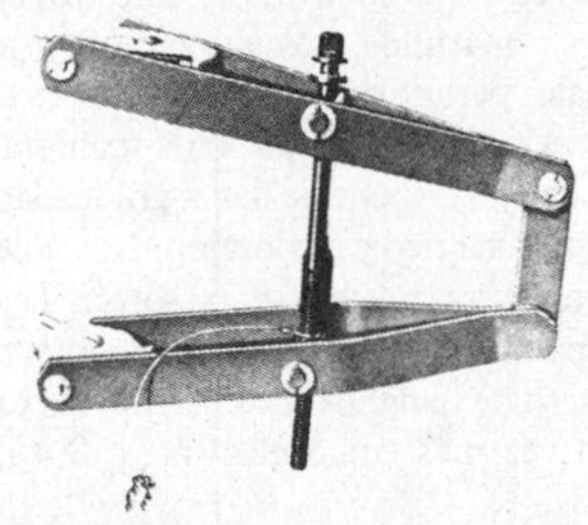

Compresor de muelles para aplicaciones en productos de General Motors y Chrysler

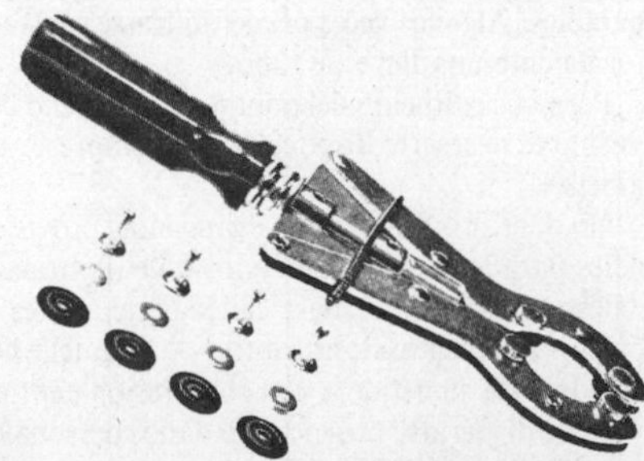

Un cortatubos permite abrir los puntales de los vehículos de la serie J de General Motors para sustituir el cartucho

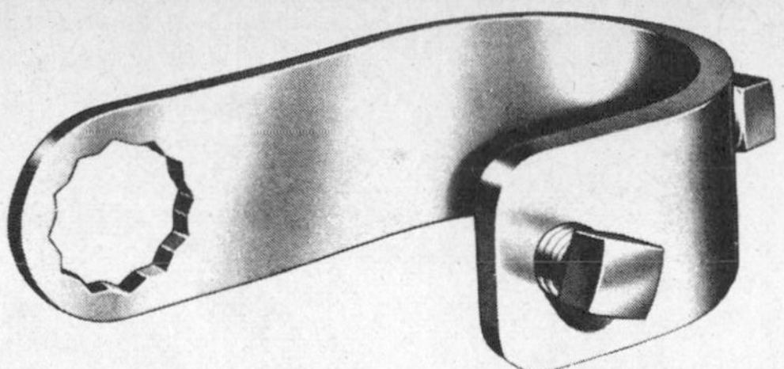

Un útil para el avance hace que la reparación de vehículos GM sea tarea de una sola persona

Marque la posición de las sujeciones que controlan la alineación de las ruedas. Vea el apartado Mantenimiento de la alineación de las ruedas en esta sección

de la Chrysler Corp., requieren la utilización de un compresor de muelles especial con placas de autonivelación para sujetar los asientos de los muelles al comprimirlo. Del mismo modo, los compresores portátiles neumáticos disponen de conjuntos de zapatas amplias adicionales para estos vehículos. Las zapatas están además recubiertas de oxia, para evitar que resulten rayados los muelles revestidos de estos modelos.

Los vehículos de los modelos A, J y X con tracción delantera de General Motors requieren la utilización de una herramienta auxiliar para el ajuste de la inclinación de las ruedas delanteras, lo que hace que este ajuste pueda realizarlo una sola persona.

Es necesario un útil de corte de tubos en los vehículos de la serie J de General Motors para cortar el extremo superior soldado de la carcasa del puntal para sustituir el cartucho.

Consejos de reparación

1. Asegúrese de que dispone de todas las herramientas necesarias. NO IMPROVISE NUNCA UN COMPRESOR DE MUELLES.

2. Normalmente deberían repararse o sustituirse ambos puntales delanteros a la vez.

3. El método más fácil para trabajar con la mayoría de los puntales es demontar el conjunto de los mismos del vehículo, a no ser que disponga de un compresor de muelles neumático. Algunos puntales, sin embargo, pueden, y deberían, ser reparados en el mismo vehículo.

4. Lea las instrucciones que se adjuntan con las piezas de repuesto. En concreto, observe si la tuerca del cuerpo del puntal es nueva o ha sido ya utilizada.

5. Marque la(s) posición(es) de cualquiera de las tuercas de la placa del cojinete o pernos de la leva para asegurar una alineación correcta después de su montaje.

6. No olvide proteger el fuelle de goma del eje propulsor en los vehículos con tracción delantera.

7. Si es necesario desmonte la pinza del freno y no permita que cuelgue de la manguera. Mantenga suspendida la pinza utilizando un gancho de alambre o un trozo de cuerda.

8. Tenga cuidado al fijar un puntal en un tornillo de banco. Existen aparatos especiales para mantener los puntales en un tornillo de banco, pero no son necesarios si se tiene cuidado de que la carcasa no sea magullada o mordida por la morsa. Un bloque de madera suave en cada lado de la carcasa impedirá que ésta resulte dañada.

9. Utilice un compresor de muelles para eliminar la tensión del muelle. No olvide limpiar y lubricar las roscas de los tornillos, especialmente cuando utilice compresores de muelles manuales.

Algunos muelles llevan un revestimiento especial que no debería rozarse.

10. Si sustituye el cartucho del puntal, limpie la parte interior de la carcasa del puntal y las roscas de la tuerca del cuerpo del puntal antes de cambiar el aceite y montar el nuevo cartucho.

11. Asegúrese de que utiliza elementos de fijación de alta calidad OEM siempre que sustituya alguno de éstos.

REVISIÓN DEL PUNTAL (FUERA DEL VEHÍCULO)

A continuación se presenta un procedimiento típico de revisión de un puntal MacPherson reparable, después de haberlo desmontado del vehículo. El vehículo debería estar sujeto firmemente. Si es necesario, separe el conducto de líquido de frenos del puntal para el desmontaje del mismo, tendrá que purgar los frenos después de su posterior montaje. Véase la sección del vehículo correspondiente donde se presentan los procedimientos específicos del desmontaje y montaje del puntal MacPherson.

Fotos por cortesía de Gabriel Division, Maremont Corporation

Paso 1. **Compruebe si el conjunto del puntal está dañado, si el cuerpo del mismo presenta hendiduras, examine el asiento del muelle, y compruebe si existen piezas del montaje del puntal que estén rotas o que falten. En cualquiera de estas situaciones será necesario sustituir todo el conjunto. Compruebe también si los demás componentes de la suspensión están estropeados o dañados**

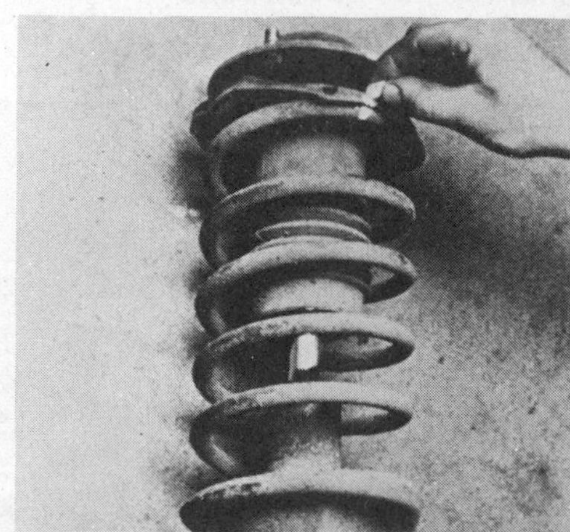

Paso 2. **Haga marcas de alineación en el extremo superior del muelle helicoidal y placa de soporte para evitar confusiones durante su posterior montaje**

Paso 3. Para hacer que la reparación resulte más fácil, fije el puntal en un tornillo de banco para puntales. El tornillo de banco para puntales está diseñado para que éstos queden bien sujetos sin que resulte dañado el cilindro de los mismos. Es muy cómodo para trabajar con el puntal y se puede utilizar con el tornillo de taller o puede montarse en cualquier banco de taller

Paso 4. Antes de utilizar el útil de compresión manual de muelles, lubrique ambos lados de las arandelas de empuje y las roscas con una ligera capa de grasa

Paso 5. Monte los ganchos del útil de compresión en los lados opuestos del muelle helicoidal con los ganchos sujetos a los extremos superior e inferior de dicho muelle. Para evitar un posible resbalamiento de la herramienta, coloque cinta adhesiva o abrazaderas pequeñas de manguera en cualquier lado de los ganchos del compresor.

Paso 6. Apriete alternativamente los pernos, unas pocas vueltas cada vez, hasta que desaparezca toda la tensión del asiento del muelle

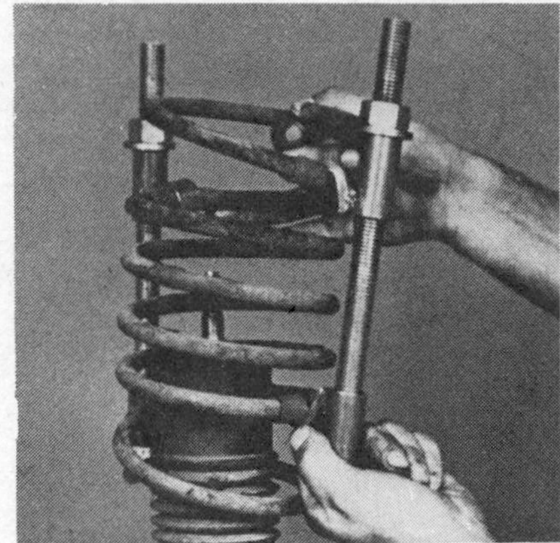

Paso 7. Desmonte la tuerca de la varilla del pistón y desmonte las piezas superiores de sujeción, colocándolas por orden para su posterior montaje. Desmonte el muelle helicoidal. No es necesario desmontar el compresor de dicho muelle

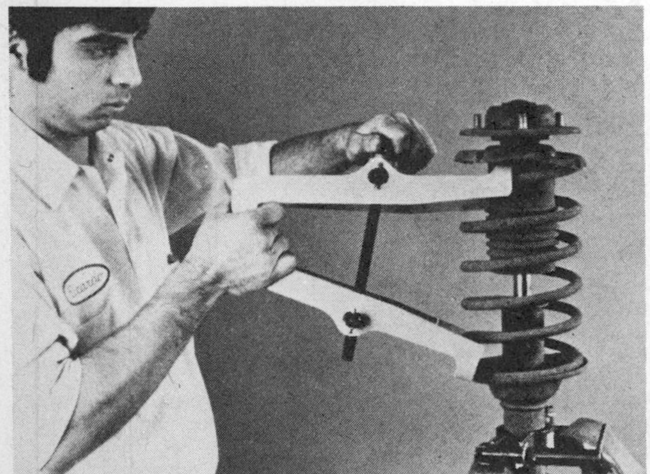

Paso 8. Como alternativa al compresor manual existe el compresor con «garras». Apriete o afloje el tornillo de carga para cerrar o abrir el compresor

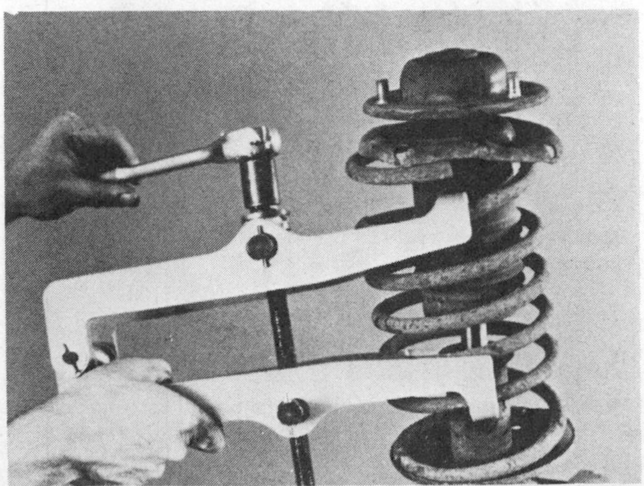

Paso 9. Apriete el tornillo de carga hasta que el muelle helicoidal quede flojo y salga de los asientos del mismo, no es necesario comprimir el muelle adicionalmente

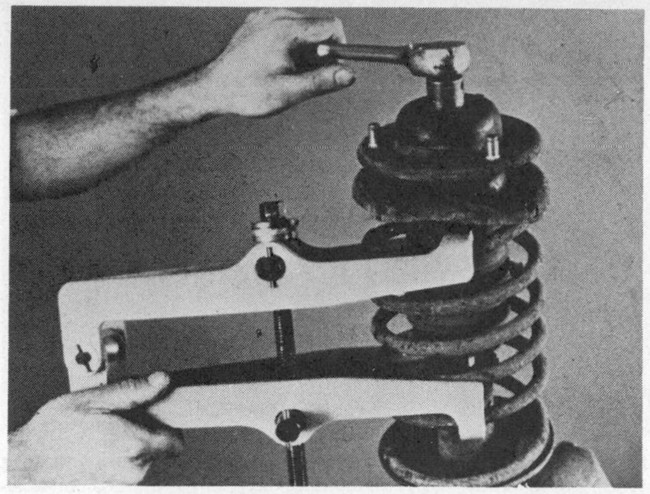

Paso 10. Desmonte la tuerca de la varilla del pistón y desmonte las piezas superiores de sujeción

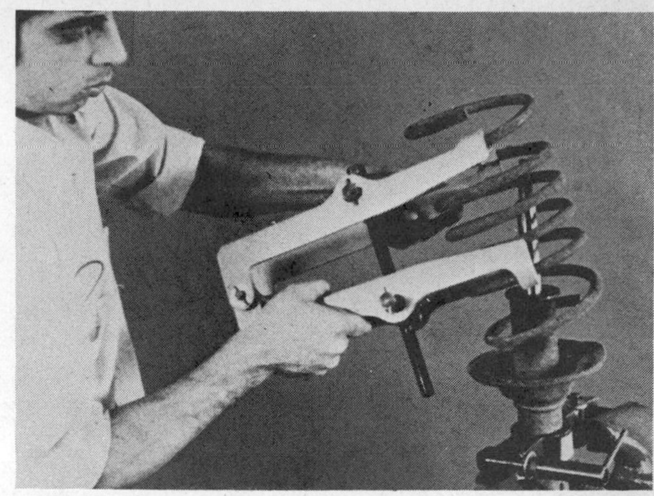

Paso 11. Al igual que con el compresor manual, no es necesario desmontarlo del muelle helicoidal. Desmonte ambos elementos

Paso 12. Guarde las piezas superiores de sujeción por orden de desmontaje. Se deben montar de nuevo en el orden inverso

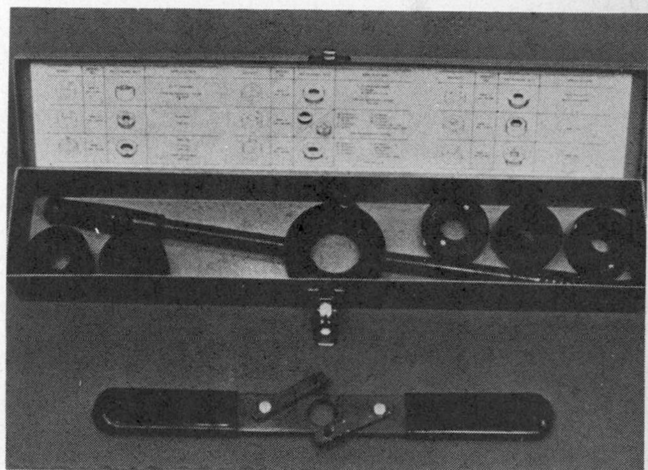

Paso 13. Es necesaria una llave de tuercas para desmontar las tuercas del cuerpo, aunque una llave de tubo será suficiente

Paso 14. Utilice la llave de tuercas o de tubo para aflojar la tuerca del cuerpo

Paso 15. Desmonte la tuerca del cuerpo y tírela si el cartucho de repuesto lleva una nueva. Si no es así, guárdela

Paso 16. Utilice un útil adecuado para desmontar el anillo tórico de la pared superior de la carcasa

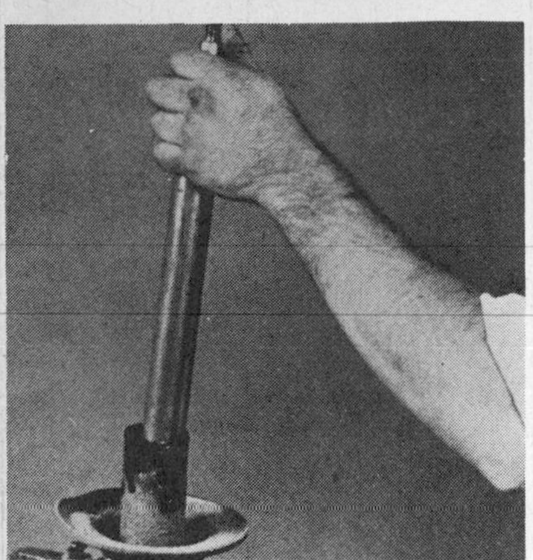

Paso 17. Sujete bien la varilla del pistón y extraiga el cartucho del alojamiento. Extráigalo lentamente para evitar que salpique aceite. Asegúrese de que salen todas las piezas del alojamiento

Paso 18. Vierta todo el líquido del puntal en un recipiente adecuado, limpie la parte interior del cilindro del puntal, compruebe si el cilindro presenta hendiduras y asegúrese de que han sido extraídas todas las piezas sueltas del interior del cuerpo del puntal

Paso 19. Rellene el cilindro con una onza (1 vaso lleno) del aceite original o con aceite nuevo. El aceite ayudará a disipar el calor generado en el cartucho interno durante el funcionamiento y hará que dicho cartucho funcione más refrigerado y dure más. No añada demasiado aceite - o de lo contrario el aceite podría escaparse a través de la tuerca del cuerpo cuando se caliente

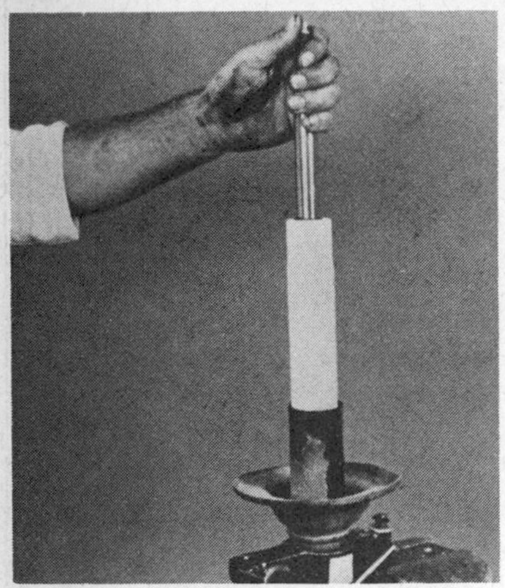

Paso 20. Introduzca el nuevo cartucho de repuesto en el cuerpo del puntal

Paso 21. Introduzca totalmente la varilla del pistón para evitar que resulte dañada si resbala la llave de tuercas y coloque la tuerca del cuerpo a mano. Asegúrese de que no rosca mal

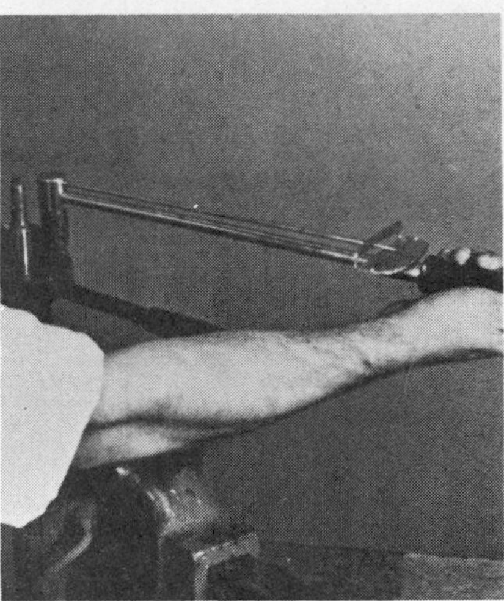

Paso 22. Apriete fuertemente la tuerca del cuerpo

Paso 23. Inspeccione las partes desmontadas antes de proceder a su montaje. Observe la posición de la marca de tiza para que el asiento superior del muelle quede bien colocado

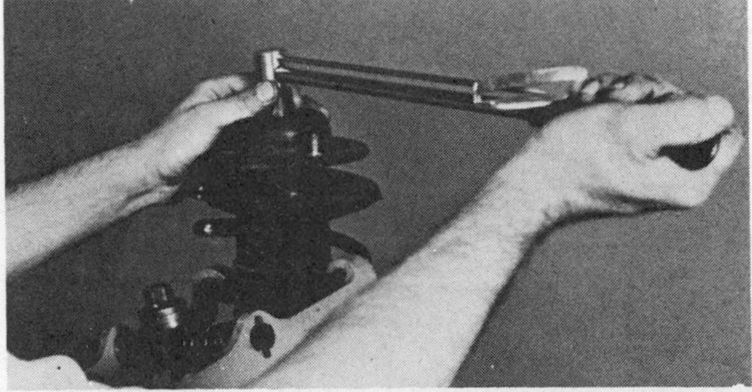

Paso 24. Vuelva a montar el muelle helicoidal y piezas superiores de sujeción en el orden inverso. Apriete la tuerca de la varilla del pistón y desmonte el compresor de muelle. Monte la tapa de protección contra el polvo. Monte el puntal en el vehículo

REVISIÓN DEL PUNTAL

La mayoría de los puntales MacPherson OEM de vehículos estadounidenses van sellados y no son reparables. Existen como excepción los vehículos de las series A y J con tracción delantera de la General Motors que llevan cartuchos sustituibles. Todos los demás vehículos para ser reparables deben utilizar puntales de respuesto. A continuación se presentan los procedimientos que cubren el desmontaje del puntal, montaje de un puntal reparable, nuevo montaje y sustitución del cartucho en los modelos de las series A y J con tracción delantera de GM. Consulte la sección del vehículo correspondiente donde se describen los procedimientos de desmontaje y montaje.

Fotos por cortesía de Gabriel Division, Maremont Corp.

Paso 1. **La mayoría de los vehículos nacionales se reparan inicialmente sustituyendo todo el puntal en lugar de utilizar un cartucho de repuesto. Esto es necesario ya que los puntales que vienen montados en el vehículo nuevo están herméticamente sellados y no puede cambiarse únicamente el cartucho de repuesto. Los puntales del mercado llevan tuercas roscadas en el cuerpo de manera que pueden repararse en el futuro colocando un nuevo cartucho de repuesto, siguiendo los métodos de reparación de cartuchos normales en lugar de sustituir todo el conjunto del puntal**

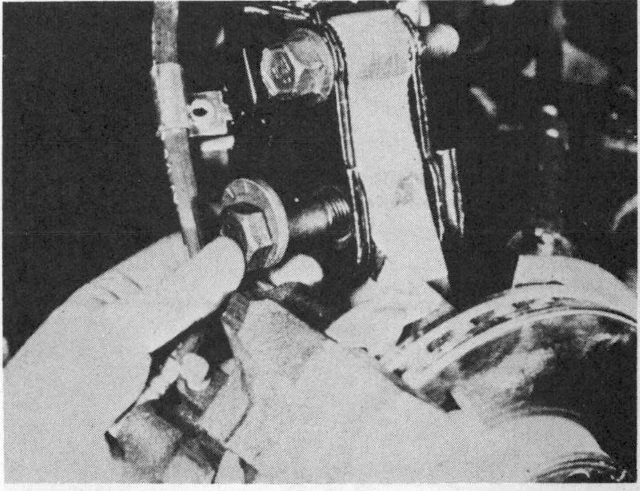

Paso 2. **Se muestra un vehículo X, pero la montura inferior del modelo Citation es típica de muchos otros vehículos. Todos llevan monturas en forma de grillete con dos pernos y la posición del puntal determina el ajuste del avance. Esto quiere decir que si pretende sustituir un puntal hermético, es necesario realizar una alineación del extremo frontal, ya que se elimina la alineación original al cambiar el puntal. Si el vehículo dispone de un puntal que puede repararse, puede retener la alineación marcando la posición del perno de sujeción respecto al puntal. GM ha introducido un cambio sobre la marcha en la montura inferior del vehículo de la serie X. Los modelos anteriores llevaban un perno excéntrico para el ajuste del avance. El avance en los modelos más recientes se ajusta empujando o tirando de la rueda con los pernos ligeramente flojos, pero la excéntrica puede montarse en vehículos de fabricación posterior**

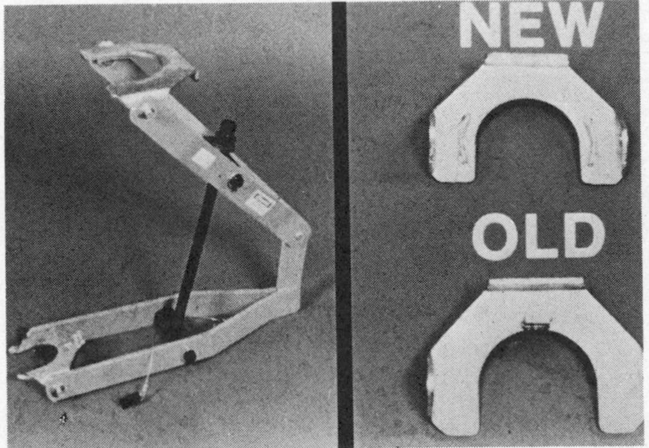

Paso 3. **Es necesario un compresor de muelles especial para los vehículos GM y para los vehículos Chrysler K y L. Debería utilizarse un compresor que no dañe la capa protectora del muelle helicoidal. En los demás modelos o series de vehículos puede utilizarse prácticamente cualquier compresor**

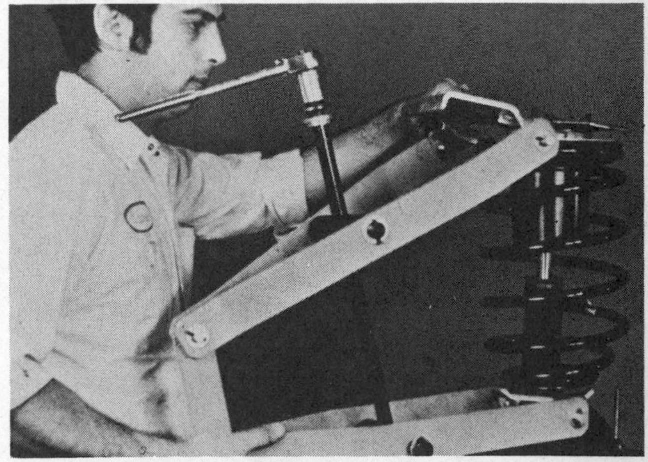

Paso 4. **Fije el puntal en un tornillo de banco para puntales; gire el tornillo en el sentido contrario al de las agujas del reloj hasta que pueda encajarse la placa inferior por debajo del asiento inferior del muelle y la placa superior entre el asiento superior del muelle y la carcasa de sujeción**

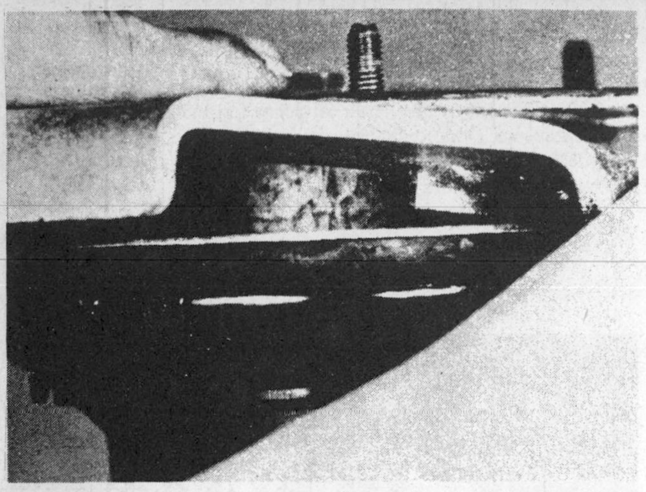

Paso 5. Asegúrese de que las barras en forma de media luna de la placa superior de compresión están situadas dentro del asiento superior del muelle

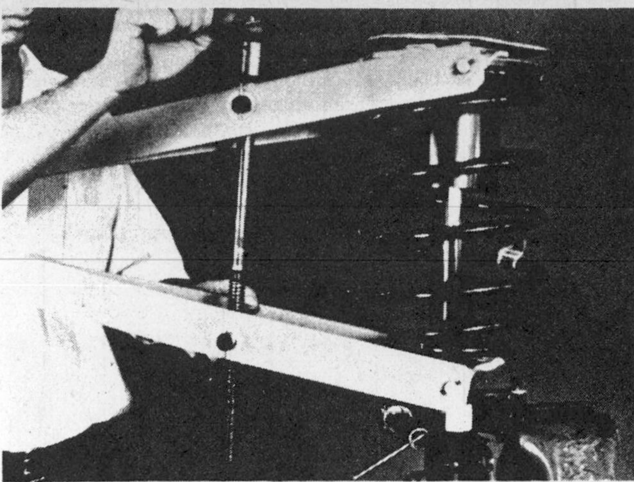

Paso 6. Gire el tornillo de carga en el sentido de las agujas del reloj lo suficiente como para apretar las placas de compresión en los asientos de los muelles. Pare y asegúrese de que el muelle helicoidal no se arquea y que los puntos de giro pivotantes quedan alineados con la línea central del muelle helicoidal

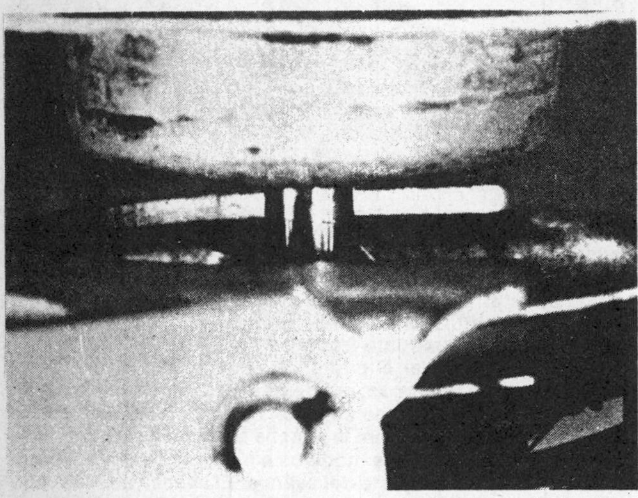

Paso 7. Siga apretando el tornillo de carga hasta que pueda ser levantada la carcasa superior de sujeción dejando expuesta 1/2'' de la varilla del pistón. Esto permitirá asegurar que ha desaparecido la carga del muelle del asiento superior del mismo

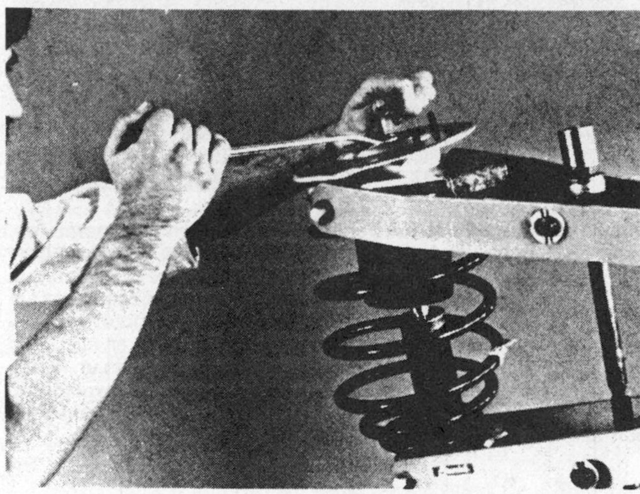

Paso 8. Desmonte la tuerca de la varilla del pistón sirviéndose de una llave para impedir que gire la varilla del pistón y desmonte la carcasa superior de sujeción

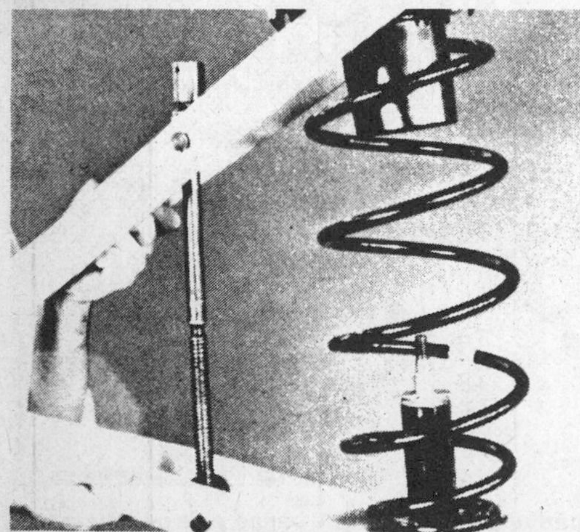

Paso 9. Gire el tornillo de carga en el sentido contrario al de las agujas del reloj hasta que desaparezca completamente la tensión del muelle. Desmonte el compresor, el muelle helicoidal y la carcasa superior de sujeción del puntal

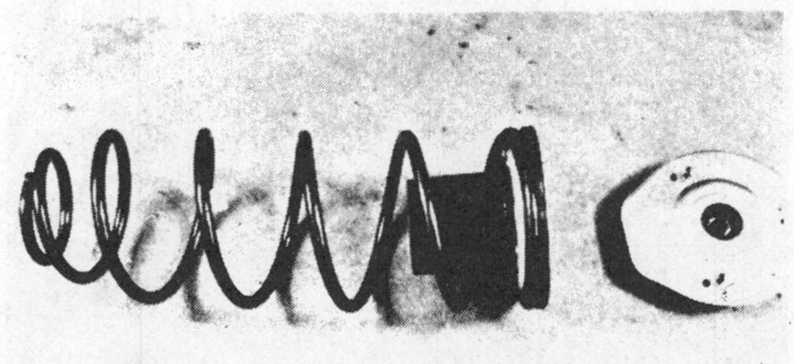

Paso 10. Guarde las piezas superiores de sujeción por orden de desmontaje. El montaje se efectúa en el orden inverso al de desmontaje

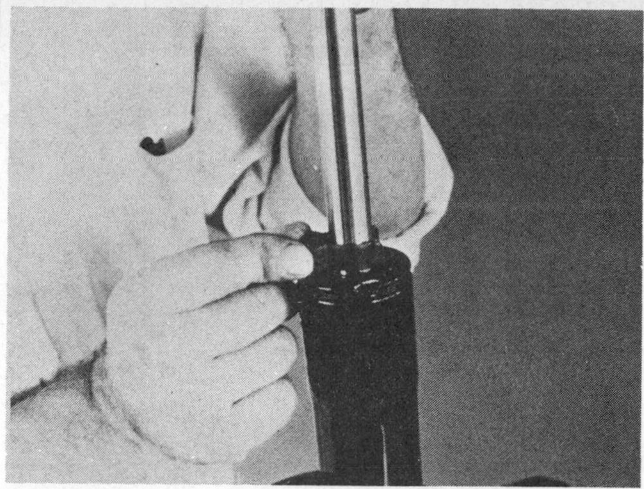

Paso 11. Coloque el nuevo puntal en el torno y despliegue completamente la varilla del pistón y coloque el clip (los pasadores elásticos de ropa serán suficientes) como se muestra en la figura. Esto mantendrá la varilla del pistón desplegada al realizar el montaje del muelle y piezas superiores de sujeción

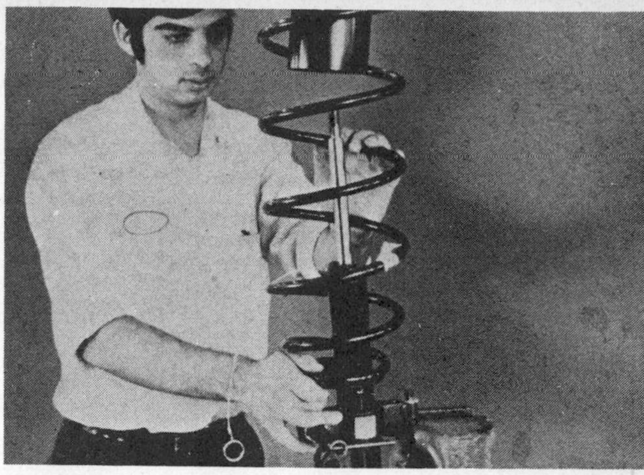

Paso 12. Monte el muelle helicoidal y asiento superior del mismo sobre el nuevo puntal

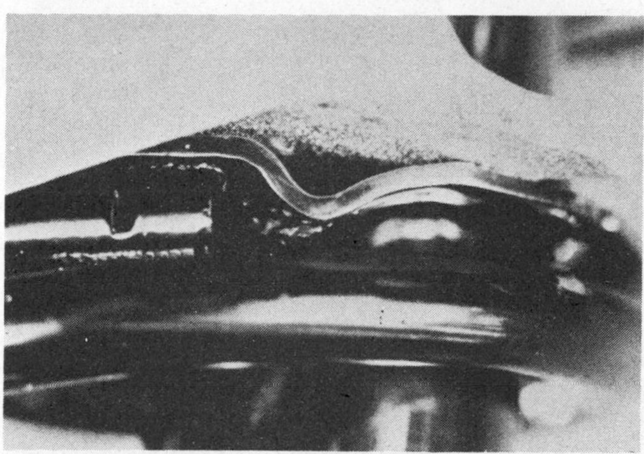

Paso 13. Asegúrese de que la hélice del muelle queda alineada con el asiento inferior del mismo

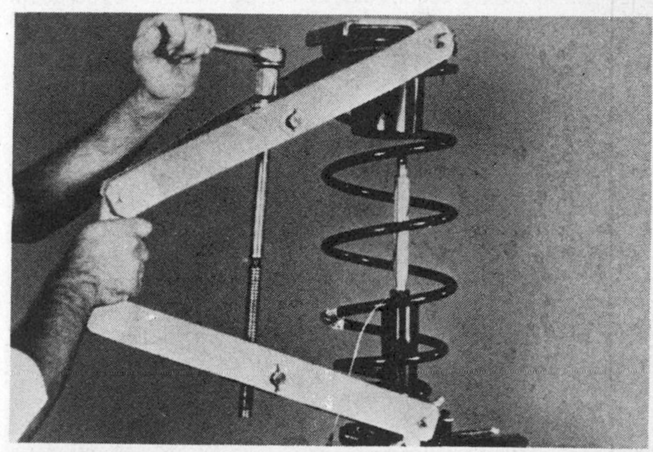

Paso 14. Coloque las placas de compresión superior e inferior sobre el asiento del muelle.

Paso 15. Asegúrese de que las barras en forma de luna situadas sobre la placa superior de compresión quedan colocadas sobre el asiento superior del muelle como se muestra en la figura. Gire el tornillo de carga en el sentido de las agujas del reloj lo suficiente para apretar las placas de compresión en los asientos superior e inferior del muelle. Deje de girar el tornillo. Luego, para asegurarse de que no se arqueará el muelle helicoidal, asegúrese de que los puntos de giro quedan alineados con la línea central del muelle helicoidal. A continuación continúe girando el tornillo de carga hasta que sobresalga 1 1/2'' de la varilla del pistón

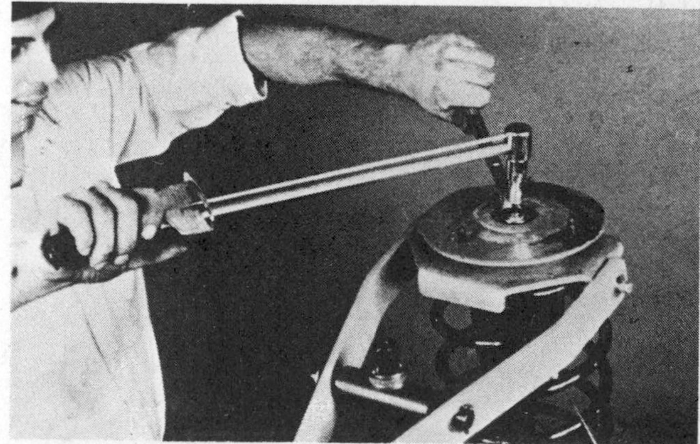

Paso 16. Monte la carcasa superior de sujeción sobre la varilla del pistón. Apriete la tuerca de la varilla del pistón desmonte el compresor del puntal y el puntal del tornillo de banco. Monte el puntal. Consulte la sección del vehículo correspondiente para conocer más detalles sobre la operación

REVISIÓN DEL PUNTAL

SOLAMENTE VEHÍCULOS GM J Y A

Paso 1. Coloque el conjunto del puntal en un tornillo de banco, y comprima el muelle helicodial. Desmonte la varilla del pistón carcasa superior de sujeción, asiento del muelle y muelle helicoidal. Si se utiliza un compresor universal neumático de muelles, debería sujetarse el adaptador que viene con el compresor al puntal por debajo del brazo de la dirección. Las orejas del adaptador deberían quedar alineadas con el brazo de la dirección. El adaptador lleva una superficie cuadrada de asiento para el puntal cuando está siendo comprimido

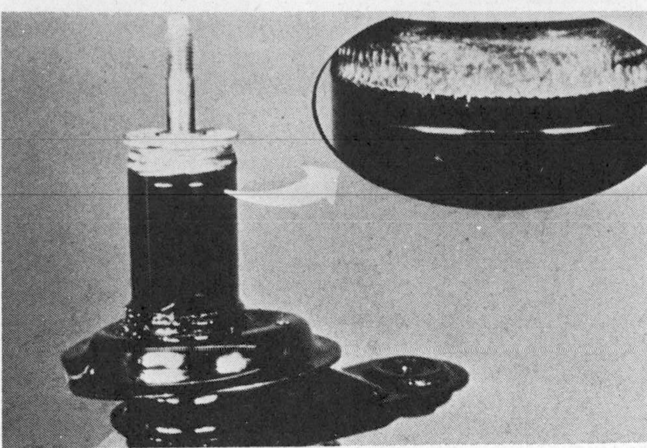

Paso 2. Los puntales de los vehículos de las series J y A llevan un cierre superior soldado, pero el puntal está diseñado de forma que el mecanismo de amortiguación pueda sustituirse mediante un cartucho. Justo debajo de la soldadura puede verse una acanaladura en el cuerpo del puntal

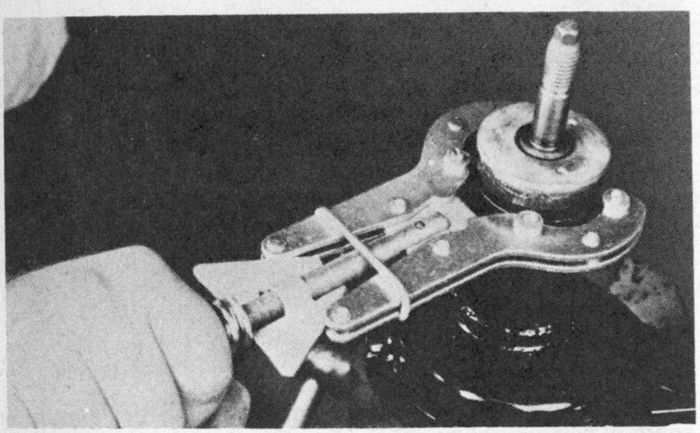

Paso 3. Utilizando un cartatubos, corte el cuerpo por la acanaladura. (Nota: *es importante que el corte se haga en la acanaladura)*

Paso 4. Extraiga el cartucho y el aceite del puntal. Observe las roscas de la pared interna del puntal. Si es necesario elimine las rebabas de la pared superior del cuerpo del puntal

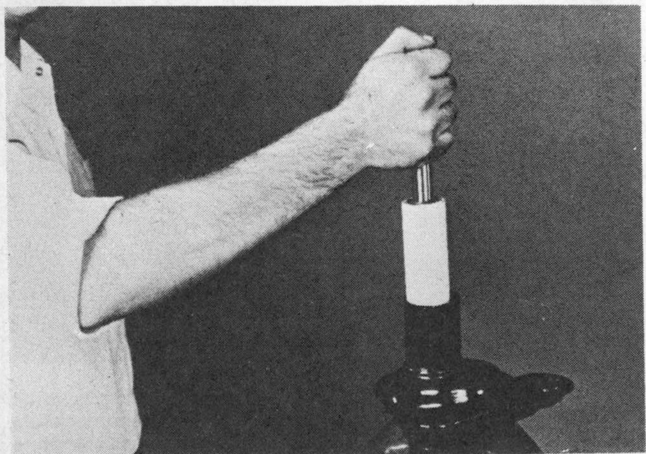

Paso 5. Vierta aproximadamente 1 oz. de aceite en el cuerpo del puntal e introduzca el cartucho de repuesto. Presione la varilla del pistón hacia abajo y coloque a mano la tuerca del cuerpo. Apriétela fuertemente

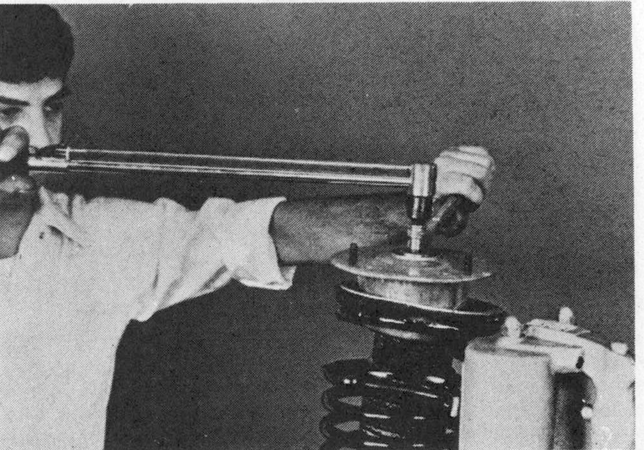

Paso 6. Monte el muelle, asiento superior del muelle y carcasa superior de sujeción sobre el puntal y apriete la nueva tuerca de la varilla del pistón. Ahora está ya preparado el puntal reacondicionado para montarlo en el vehículo

LOCALIZACIÓN DE FALLOS EN LOS PUNTALES MACPHERSON

Los problemas que presentan los puntales MacPherson pueden agruparse generalmente en tres categorías principales: problemas de suspensión, desgaste de las ruedas y problemas de dirección. En general, los síntomas encontrados no difieren significativamente de los que aparecen en suspensiones convencionales.

Suspensión

Flexión

La «flexión» del vehículo es una inclinación visible del vehículo de un lado hacia el otro o de un extremo hacia el otro cuando está aparcado en una superficie horizontal.

Esta anomalía podría ser debida a que los muelles del puntal están débiles o estropeados y deberían repararse inmediatamente.

La flexión hará también que se agraven los problemas en la dirección y que aumente el desgaste de las ruedas y aumentará la inestabilidad del vehículo en carreteras con firme en mal estado. La alineación de las ruedas delanteras no resolverá el problema.

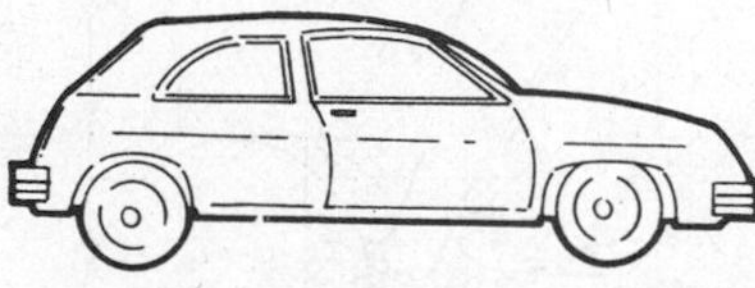

Si los muelles del puntal están débiles aumentará la flexión del vehículo.

Véase el apartado «acopado de las ruedas».

Fugas en el cartucho

La existencia de fugas en el cartucho del puntal (que no sean filtraciones) indica que es necesario sustituir el cartucho o el puntal. Asegúrese de que la fuga proviene del puntal y no de otra pieza del vehículo.

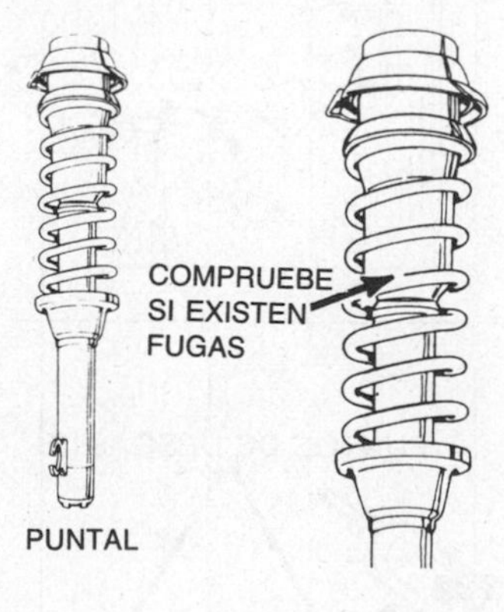

Desgaste anormal del neumático

Desgaste en un lado

La existencia de desgaste en un solo lado del neumático indica que la alineación de las ruedas delanteras es incorrecta. Compruebe las causas en los puntos que se indican en la figura adjunta y asegúrese de que la alineación de las ruedas es correcta.

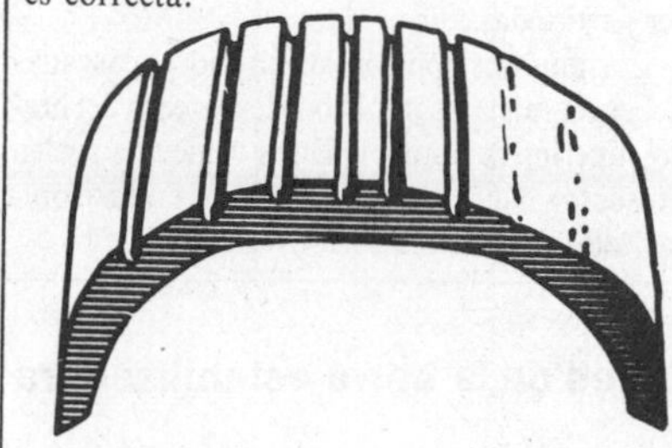

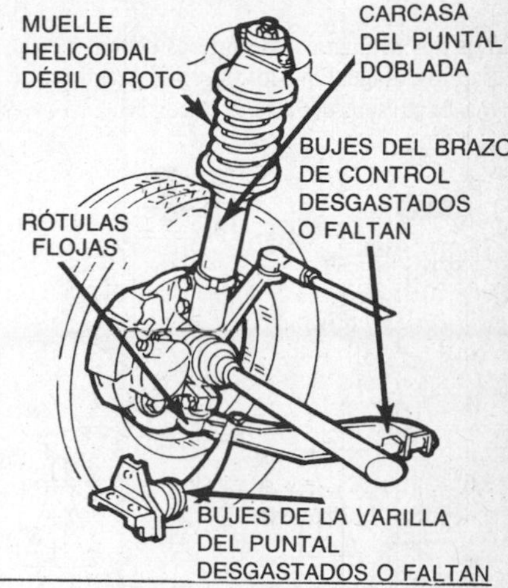

«Copado» del neumático

La existencia de neumáticos «copados» indica que existe alguno o todos los problemas siguientes:

1. El cartucho del puntal está débil lo que puede verificarse haciendo botar cada uno de los extremos del coche enérgicamente y soltándolo. El vehículo no debería rebotar más de una vez, si los cartuchos del amortiguador telescópico están en buen estado.

2. Los muelles del puntal están débiles y permiten que aumente la flexión haciendo una ligera presión hacia abajo. Una inspección visual revelará la existencia de muelles rotos o puntos brillantes.

3. Compruebe si los cojinetes de las ruedas están flojos o desgastados soportando el peso del vehículo de manera que no recaiga sobre la rueda.

4. Compruebe el equilibrado de las ruedas.

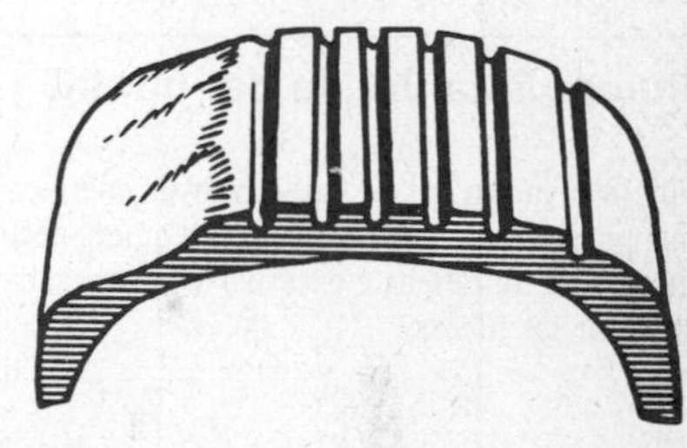

Desgaste de la banda de rodadura

La existencia de desgaste en la banda de rodadura (biselado de los bordes) indica que existe algún problema en la suspensión o sistema de la dirección.

1. Los casquillos de las varillas del puntal están desgastados o han desaparecido.

2. El desgaste del extremo del tirante (barra de acoplamiento) puede determinarse sujetando firmemente dicho extremo y forzándolo hacia arriba, hacia abajo o lateralmente para comprobar si ha perdido movimiento.

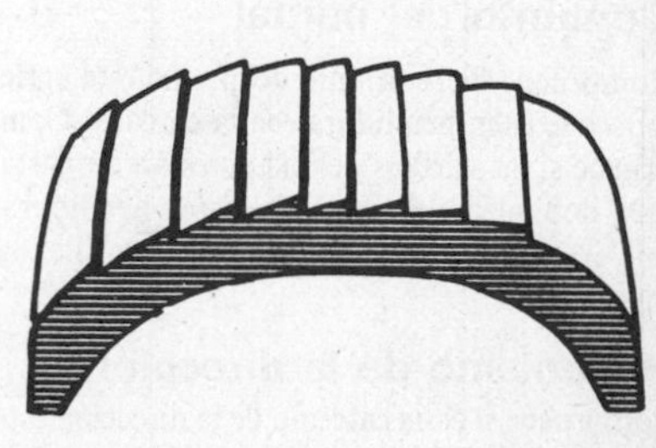

REVISIÓN DEL PUNTAL

LOCALIZACIÓN DE FALLOS EN LOS PUNTALES MACPHERSON

Los problemas con los puntales MacPherson pueden clasificarse en tres categorías principales: suspensión, desgaste de neumáticos y dirección. En general, los síntomas posibles no difieren significativamente de los que aparecen en suspensiones convencionales.

Neumáticos

Los dos neumáticos delanteros deberían estar parejos, al igual que los traseros. Asegúrese de que la presión del aire es la correcta.

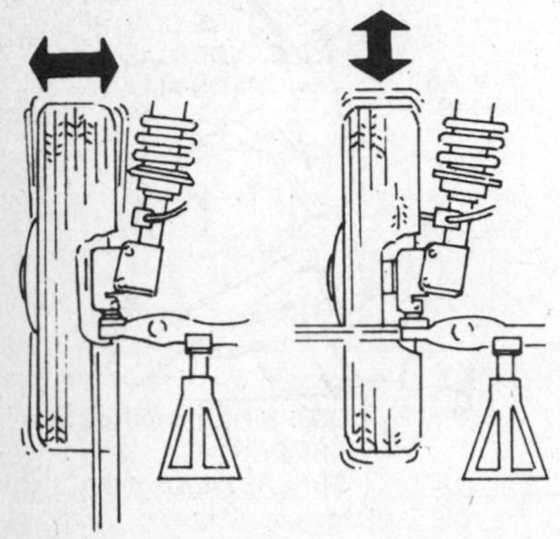

Bujes de la varilla del puntal

Sujete la varilla del puntal y muévala enérgicamente. Si observa que existe juego quiere decir que existe un desgaste excesivo y es necesario sustituir las piezas.

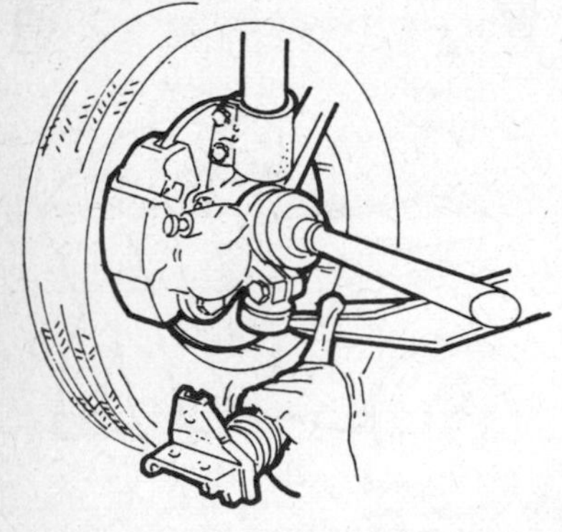

Dirección

Rótulas

Sujete el vehículo por debajo del bastidor o miembro transversal de manera que el gato hidráulico no interfiera con el brazo de control. Gire el neumático hacia adentro y afuera y hacia arriba y abajo. Si existe un movimiento excesivo quiere decir que ambas rótulas deberían ser sustituidas.

Los puntales con rótulas inferiores cargadas deberían sujetarse por el borde extremo del brazo superior de control. Estos vehículos suelen presentar indicadores de desgaste en las rótulas, de fácil comprobación visual.

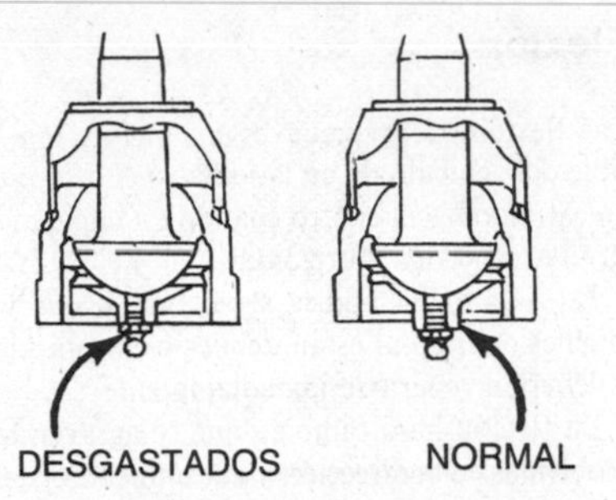

Bujes de la barra estabilizadora

Compruebe si los bujes están desgastados o si existe juego muerto con el vehículo horizontal y el peso uniformemente distribuido sobre las ruedas.

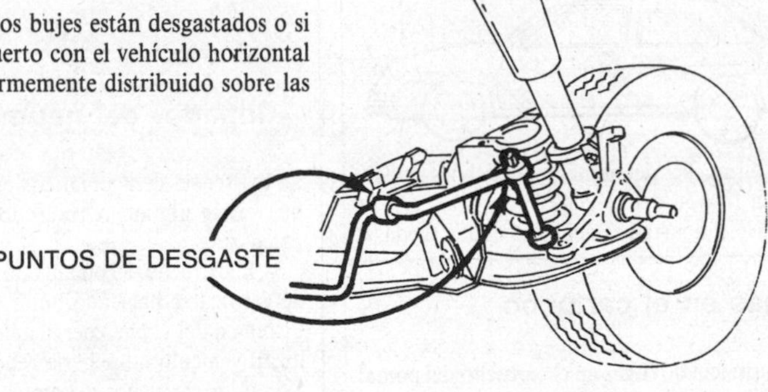

Bujes del brazo de control

Sujete el vehículo por la parte inferior del bastidor o carrocería y elimine el peso de la rueda y brazo de control. Compruebe si existe juego libre en los bujes en el punto de giro utilizando una barra de apalancamiento.

NOTA: Algunos bujes de brazos de control pueden repararse únicamente sustituyendo el conjunto del brazo.

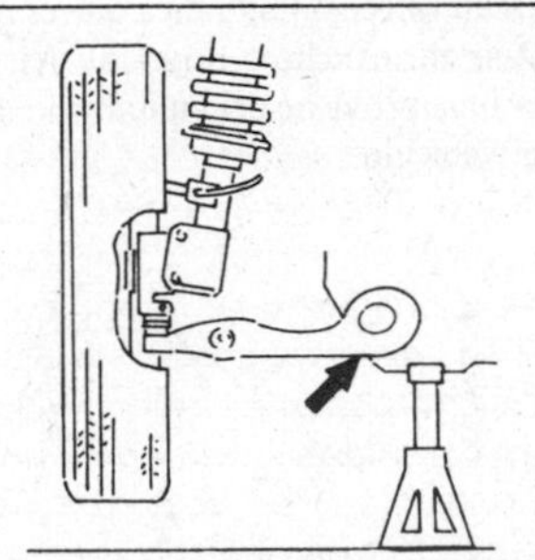

Conjunto del puntal

Compruebe si el conjunto del puntal está agrietado o existen hendiduras en la carcasa. Compruebe si las varillas del pistón están desgastadas, dobladas o flojas o si existen hendiduras que impiden el movimiento de la varilla del pistón.

Mecanismo de la dirección

Compruebe si el mecanismo de la dirección está desgastado o flojo o si los tornillos y bujes de sujeción están desgastados.

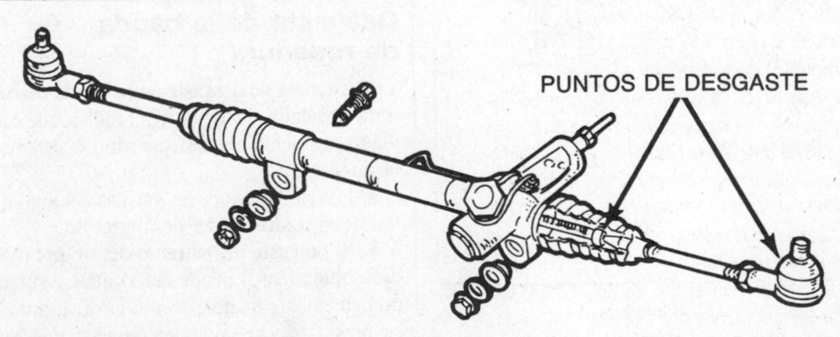

FRENOS

Vehículos americanos

FRENOS

Inspección y reparación de los componentes de los frenos hidráulicos

PRINCIPIOS BÁSICOS DE FUNCIONAMIENTO

El sistema hidráulico de frenos transmite la potencia necesaria para forzar el acoplamiento de las superficies de rozamiento del sistema de freno. El proceso comienza en el pedal del freno y termina en las unidades individuales de frenado existente en cada rueda. Se utiliza un sistema hidráulico por dos razones, primero, el líquido a presión puede ser transportado a todas las partes de un automóvil mediante pequeñas mangueras (algunas de las cuales son flexibles) sin ocupar demasiado espacio o plantear problemas de recorrido de las tuberías, y, en segundo lugar, puede obtenerse una gran ventaja mecánica del extremo del sistema donde va el pedal del freno y reducir la fuerza que debe ejercer el pie para accionar los frenos haciendo que la superficie de contacto de los pistones del cilindro maestro sea más pequeña que la de cualquiera de los pistones de los cilindros de las ruedas o pinzas de los frenos.

El cilindro maestro está formado por un conjunto doble de depósito y pistón así como por otros componentes como muelles, rácores, etc., los cilindros maestros dobles (duales) están diseñados para separar dos ruedas de las demás. El enfoque estándar ha sido el de disponer de circuitos separados para las ruedas delanteras y traseras. Es posible encontrar en los modelos más recientes un sistema diagonalmente separado; esto es, una rueda delantera y la rueda trasera del lado opuesto forman un circuito separado de las otras ruedas delantera y trasera respectivamente.

Los conductos de acero transportan el líquido de frenos a un punto del bastidor de los vehículos cercano a cada una de las ruedas. Normalmente existe una manguera flexible que transporta el líquido a las pinzas de los frenos de disco o cilindros de las ruedas. Este conducto flexible tolera los desplazamientos a que se ve sometido por la suspensión y la dirección.

Los cilindros de las ruedas traseras llevan dos pistones cada uno, uno en cada extremo, que ejercen fuerza hacia afuera en sentidos opuestos. Las pinzas de los frenos suelen estar formadas por un pistón, aunque en algunos casos llevan hasta cuatro.

Todos los pistones llevan algún tipo de sello, normalmente de goma o caucho, para minimizar las fugas de líquido. Existe un guardapolvo de goma que sirve para sellar herméticamente el extremo externo del cilindro, de manera que no puedan entrar ni polvo ni suciedad. El guardapolvo o fuelle encaja alrededor del extremo externo del pistón sobre las pinzas de los frenos de disco y alrededor de la varilla de accionamiento del freno en los cilindros de las ruedas.

El sistema hidráulico funciona de la siguiente forma: cuando el vehículo está en reposo, todo el sistema, desde el pistón o pistones del cilindro maestro a los pistones existentes en los cilindros de las ruedas o pinzas, está lleno de líquido de frenos. Al accionar el pedal del freno, el líquido atrapado en la parte frontal del pistón o pistones del cilindro maestro es impulsado a través de los conductos hacia los cilindros de las ruedas y pinzas de los frenos. Es en estos puntos, donde fuerza a los pistones hacia afuera, en el caso de frenos de tambor, y hacia adentro, esto es, hacia el disco, en el caso de frenos de disco. Existen unos muelles de recuperación que se oponen al movimiento de los pistones, y están montados por fuera de los cilindros en los frenos de tambor y junto a los muelles internos o sellos de los muelles en los frenos de disco.

Al soltar el pedal del freno, los pistones del cilindro maestro vuelven a su posición normal debido a la acción ejercida por un muelle situado dentro de dicho cilindro. Los pistones llevan válvulas de retención y el cilindro maestro dispone de compuertas de compensación perforadas en el mismo.

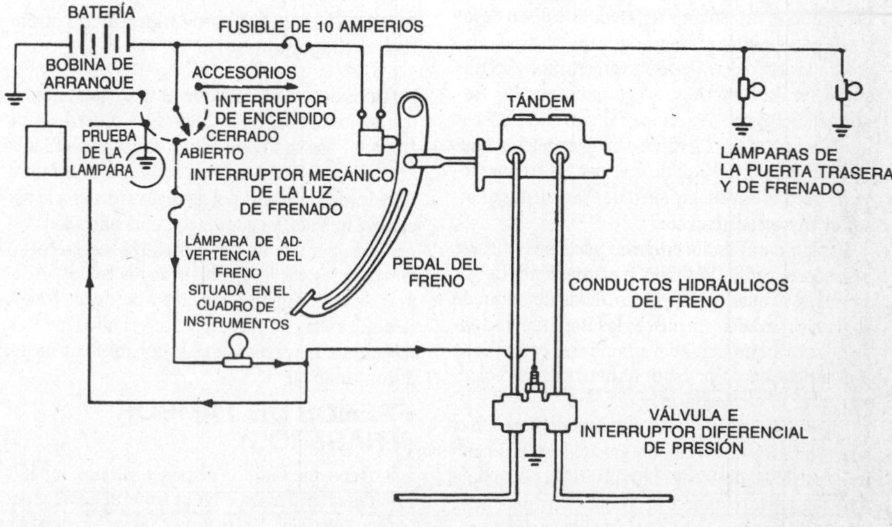

Sistema típico de frenos dual

Éstas quedan a la vista cuando los pistones alcanzan su posición normal. Las válvulas de retención permiten la circulación de líquido hacia los cilindros de las ruedas o pinzas de los frenos a medida que retroceden los pistones. Entonces, en el momento en que el fuelle/sello de goma o muelles de recuperación empujan de las pastillas o zapatas de los frenos hacia la posición de reposo, el exceso de líquido retrocede al depósito a través de las compuertas de compensación.

El cilindro maestro dual lleva dos pistones, situados uno detrás del otro. El pistón primario es accionado directamente por una articulación mecánica desde el pedal del freno. El pistón secundario es accionado por el líquido atrapado entre los dos pistones. Si se produce una fuga en la parte anterior del pistón secundario, éste se mueve hacia adelante hasta que queda apoyado en el fondo de la parte anterior del cilindro maestro. El líquido atrapado entre los pistones accionará uno de los lados del sistema separado. Si se produce una fuga en el otro lado del sistema, el pistón primario se moverá hacia delante hasta que entre en contacto con el pistón secundario y el primero hará que el pistón secundario accione el otro lado del sistema separado. En cualquier caso el pedal del freno caerá hacia abajo y la potencia de frenado disminuirá.

El sistema de frenado utiliza un interruptor para advertir al conductor cuándo puede funcionar únicamente la mitad del sistema. Este interruptor suele estar situado en un cuerpo de válvula que está montada en el mamparo contraincendio o en el bastidor debajo del cilindro maestro. Un pistón hidráulico recibe presión de ambos circuitos, y la presión de cada uno de ellos se aplica a un extremo del pistón. Cuando las presiones están en equilibrio, el pistón permanece estático. Cuando uno de los circuitos presenta una fuga, sobreviene una diferencia de presión entre los circuitos al accionar el freno que desplaza al pistón hacia un lado, cerrando el interruptor y activando la lámpara de advertencia de los frenos.

En los sistemas con frenos de disco, este cuerpo de válvula lleva una válvula de dosificación, y, en algunos casos una válvula o válvulas de distribución. La válvula de dosificación impide que la presión se transmita a los frenos de disco de las ruedas delanteras hasta que las zapatas de los frenos de las ruedas traseras hayan entrado en contacto con los tambores, asegurando que los frenos delanteros no se accionen sin que los traseros también lo hagan. La válvula de distribución controla la presión del líquido que va a los frenos traseros para evitar un bloqueo de esas ruedas al pisar el freno fuertemente.

Las lámparas de advertencias pueden verificarse pisando el pedal del freno y manteniéndolo así. mientras se abre uno de los tornillos de purga de los cilindros de las ruedas. Si la lámpara no se enciende, coloque una nueva lámpara, compruebe si existe conducción, y, por último, sustituya el interruptor si es necesario.

Puede comprobarse la existencia de fugas en el sistema hidráulico pisando gradual y uniformemente el pedal del freno. Si al pisarlo el pedal baja muy lentamente, quiere decir que el sistema tiene una fuga. Esto no debe confundirse con una sensación de tipo elástico o «esponjoso» debido a la compresión del aire existente en los conductos. Si el sistema tiene fugas, se producirá un cambio gradual en la posición del pedal al pisarlo con una fuerza constante.

Compruebe si existen fugas en los conductos y en todos los cilindros de las ruedas o pinzas. Si no se advierten fugas externas, significa que el problema está dentro del cilindro maestro.

FRENOS DE DISCO

Los sistemas de frenos de disco llevan un disco (rotor), y a ambos lados del mismo se encuentran las pastillas de los frenos. El efecto de frenado se logra de forma similar cuando aprieta con los dedos un disco musical que gira en el plato. El disco (rotor) es una pieza de fundición de hierro que puede llevar aletas de refrigeración entre las dos superficies de frenado. Las aletas (si existen) permiten la circulación del aire entre las superficies de frenado, haciendo que sean menos sensibles a la acumulación de calor y más resistente al debilitamiento. La suciedad y el agua no afectan a la acción de frenado, ya que los contaminantes son despedidos por la acción centrífuga del rotor o destrozados por las pastillas de los frenos. Además, la acción de fijación uniforme de los frenos tiende a asegurar unas detenciones uniformes y en línea recta. Los frenos de disco son inherentemente autoajustables.

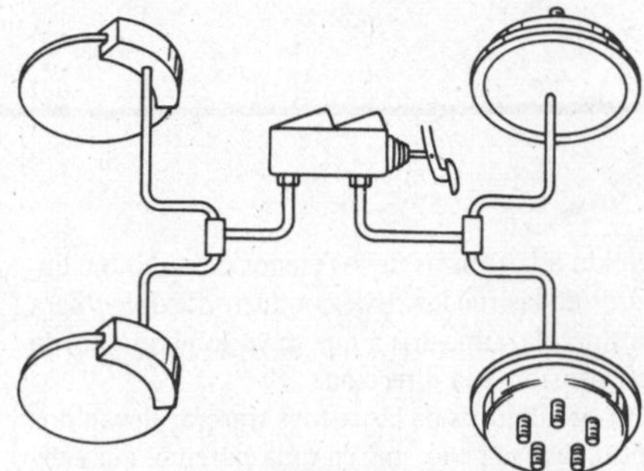

Sistema típico de frenos hidráulicos con separación entre frenos delanteros y traseros

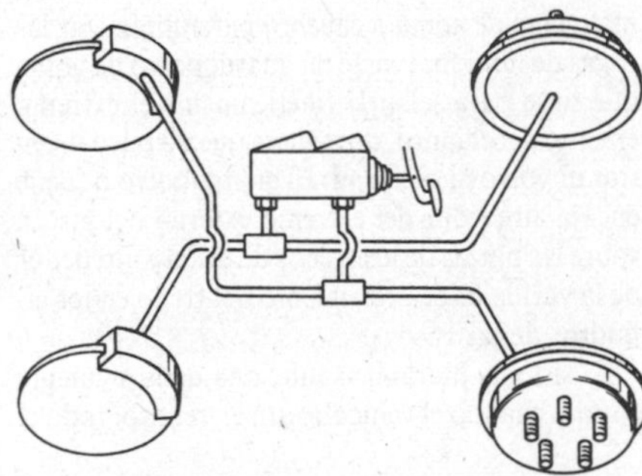

Sistema típico de frenos hidráulicos separados diagonalmente

FRENOS DE TAMBOR (TRASEROS)

Los frenos de tambor disponen de dos zapatas montadas en la placa estática trasera. Estas zapatas van colocadas dentro de un tambor circular que gira con el conjunto de la rueda. Las zapatas están fijadas en su posición mediante muelles, lo que les permite deslizarse hacia los tambores (cuando son accionadas) a la vez que se mantienen alineados los forros y los tambores. Las zapatas son accionadas por un cilindro de rueda que va montado en la parte superior de la placa trasera. Cuando se accionan los frenos, la presión hidráulica fuerza a los eslabones de accionamiento del cilindro de la rueda, hacia afuera. Dado que estos eslabones están directamente apoyados contra el tope de las zapatas de los frenos, estos topes son empujados contra la cara interna del tambor. Esto hace que la parte inferior de las dos zapatas entre en contacto con el tambor del freno girando ligeramente todo el conjunto (fenómeno conocido como servoacción). Cuando se elimine la presión dentro del cilindro de la rueda, los muelles de recuperación se encargan de apartar las zapatas del tambor.

Los frenos de tambor traseros (en la mayoría de los casos) están diseñados de manera tal que se autoajustan al ser accionados. El movimiento hace que las zapatas giren ligeramente junto con el tambor, provocando un movimiento oscilatorio en la palanca de ajuste, y haciendo de esta manera girar al tornillo o palanca de ajuste.

SISTEMA DE SERVOFRENOS

Los servofrenos funcionan igual que los sistemas de frenos estándar excepto en lo que respecta al accionamiento de los pistones del cilindro maestro. Disponen de un diafragma de vacío en la parte frontal del cilindro maestro que ayuda al conductor a accionar los frenos, reduciendo el esfuerzo y recorrido que debe realizar para mover el pedal del freno.

La carcasa del diafragma de vacío va conectada al múltiple de admisión mediante una manguera de vacío. Existe una válvula antirretorno en el punto en que la manguera entra en la carcasa del diafragma de manera que, durante períodos de vacío insuficiente en el múltiple no se pierda el vacío de servofrenado.

Al pisar el pedal del freno se cierra la fuente de vacío y se permite la entrada de la presión atmosférica en uno de los lados del diafragma. Esto hace que los pistones del cilindro maestro se muevan y accionen los frenos. Cuando se suelta el pedal del freno, se aplica vacío a ambos lados del diafragma y los muelles de recuperación hacen que el diafragma y pistones del cilindro maestro vuelvan a la posición de reposo. Si falla el sistema de vacío, la varilla del pedal del freno hará tope contra el extremo de la varilla de accionamiento del cilindro maestro y se accionarán directamente por un sistema mecánico al pisar el pedal.

CILINDROS Y VÁLVULAS HIDRÁULICAS

Cilindros maestros

ATENCIÓN

El cilindro maestro es una unidad altamente calibrada y específicamente diseñada para el vehículo en que está montado. Aunque los cilindros pueden parecer similares, existen muchas diferencias de calibración. Si es necesario sustituirlos, asegúrese de que el repuesto corresponde al anteriormente existente en el vehículo.

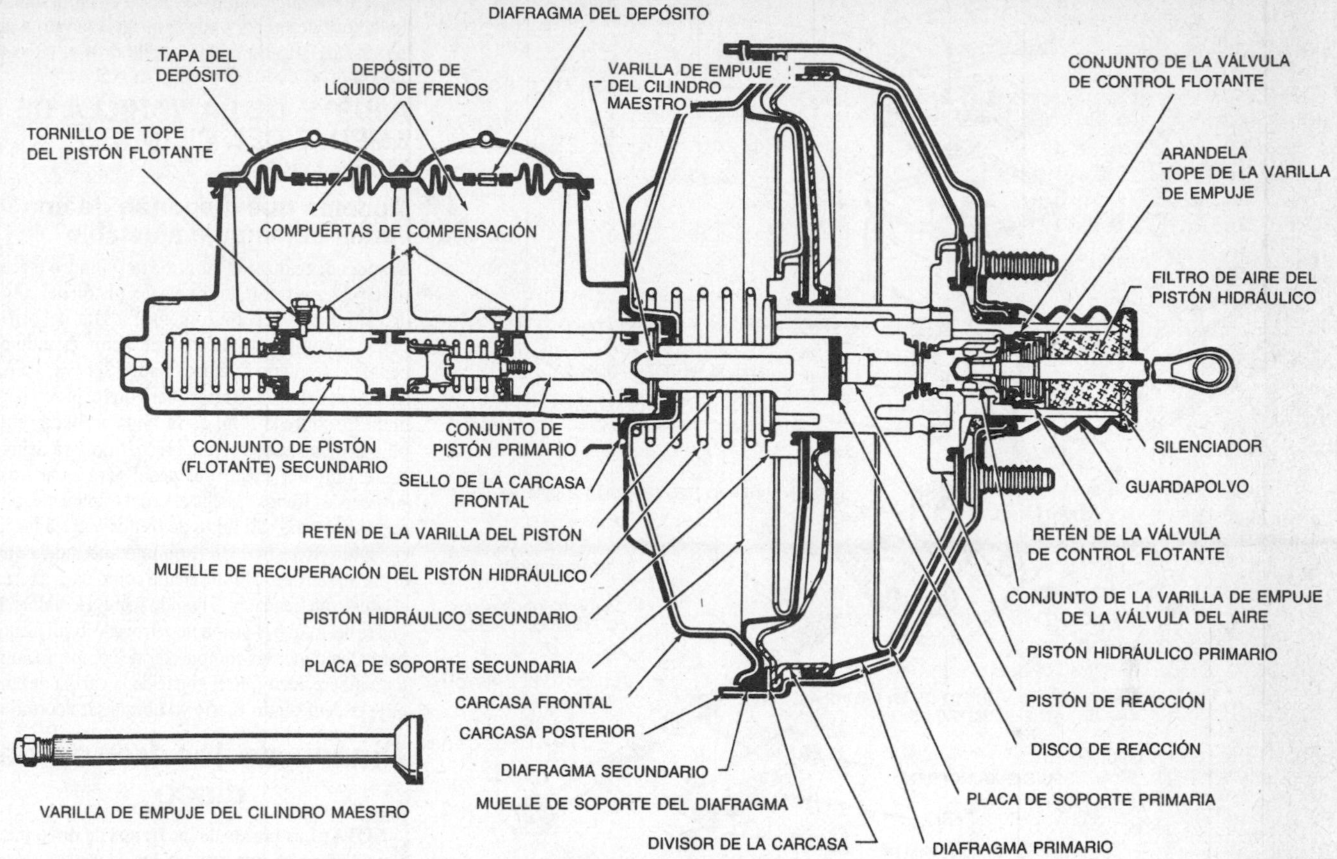

DIAFRAGMA DEL DEPÓSITO
TAPA DEL DEPÓSITO
DEPÓSITO DE LÍQUIDO DE FRENOS
VARILLA DE EMPUJE DEL CILINDRO MAESTRO
CONJUNTO DE LA VÁLVULA DE CONTROL FLOTANTE
TORNILLO DE TOPE DEL PISTÓN FLOTANTE
ARANDELA TOPE DE LA VARILLA DE EMPUJE
COMPUERTAS DE COMPENSACIÓN
FILTRO DE AIRE DEL PISTÓN HIDRÁULICO
CONJUNTO DE PISTÓN (FLOTANTE) SECUNDARIO
CONJUNTO DE PISTÓN PRIMARIO
SILENCIADOR
SELLO DE LA CARCASA FRONTAL
GUARDAPOLVO
RETÉN DE LA VARILLA DEL PISTÓN
RETÉN DE LA VÁLVULA DE CONTROL FLOTANTE
MUELLE DE RECUPERACIÓN DEL PISTÓN HIDRÁULICO
CONJUNTO DE LA VARILLA DE EMPUJE DE LA VÁLVULA DEL AIRE
PISTÓN HIDRÁULICO SECUNDARIO
PISTÓN HIDRÁULICO PRIMARIO
PLACA DE SOPORTE SECUNDARIA
CARCASA FRONTAL
PISTÓN DE REACCIÓN
CARCASA POSTERIOR
DISCO DE REACCIÓN
DIAFRAGMA SECUNDARIO
VARILLA DE EMPUJE DEL CILINDRO MAESTRO
MUELLE DE SOPORTE DEL DIAFRAGMA
PLACA DE SOPORTE PRIMARIA
DIVISOR DE LA CARCASA
DIAFRAGMA PRIMARIO

Cilindro maestro dual típico

NOTA: Algunos vehículos de la General Motors de 1981 y años posteriores, llevan cilindros maestros de «actuación rápida» que suministran un gran caudal de líquido a baja presión a los frenos al accionar inicialmente el pedal. Este gran caudal de líquido es necesario, ya que los pistones de las pinzas de los frenos llevan sellos de autorretracción. Los sellos de los pistones, empujan a éstos hacia las pinzas después de soltar los frenos, impidiendo así que se produzca un rozamiento indeseado entre las pastillas y los rotores.

El cilindro maestro de «actuación rápida» dispone de un interruptor para lámpara de advertencia de frenos accionado hidráulicamente e incorporado en el cuerpo del cilindro maestro. Puede accederse al pistón desmontando el tapón grande del cuerpo del cilindro maestro. Desmonte el tapón únicamente cuando revise el cilindro, ya que de lo contrario se producirá una fuga de líquido.

Los procedimientos de revisión en este tipo de cilindros maestros son básicamente los mismos que para los cilindros maestros convencionales.

INSPECCIÓN Y REPARACIÓN DE LOS CILINDROS MAESTROS

NOTA: Es necesario desmontar los depósitos de plástico únicamente por las siguientes razones: el depósito está estropeado o la ojiva u ojivas de caucho existentes entre el depósito y el orificio presentan fugas. El desmontaje de la clavija tope del cilindro maestro con depósito de plástico de estilo Chrysler, es imperiosa para permitir el desmontaje de los pistones. La clavija está situada debajo del tetón anterior del depósito. Repare la válvula de «actuación rápida» en los cilindros maestros de GM equipados con ese mecanismo. Debería desmontarse el depósito fijando primero la pestaña del cilindro en un tornillo de banco. A continuación desmonte el depósito de los cilindros maestros de estilo Chrysler, sujete bien la base del depósito por uno de sus extremos y extráigalo del cuerpo. Los depósitos General Motors deben desmontarse apalancando con una barra entre el depósito y carcasa de fundición. Pueden reutilizarse las ojivas de goma si están en buen estado. Independientemente de si se desmonta o no el depósito, limpie éste y la tapa o tapones completamente.

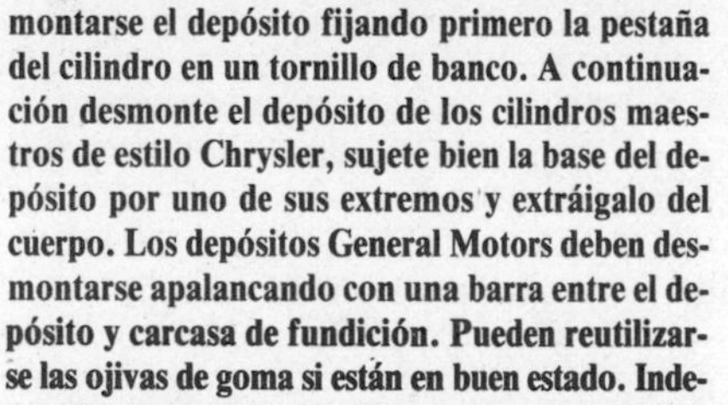

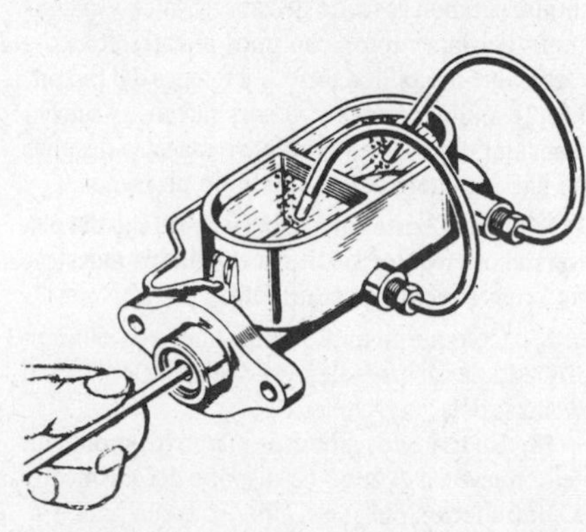

Sangrado previo del cilindro maestro

1. Desmonte el cilindro del vehículo y vacíe el líquido de frenos.

2. Monte el cilindro en un tornillo de banco de manera que las bocas de salida queden hacia arriba y desmonte del cubo el sello del fuelle de goma.

3. Desmonte la clavija tope y el tornillo de la parte inferior del depósito anterior, si existe.

4. Desmonte el anillo de retención de la parte frontal del orificio y el conjunto del pistón primario.

5. Desmonte el conjunto del pistón secundario utilizando aire comprimido o un trozo de alambre.

6. Limpie las piezas metálicas en líquido de frenos y tire las piezas de goma.

7. Compruebe si el orificio está dañado o desgastado y, a continuación, compruebe si los pistones están dañados o si la tolerancia de los mismos en su orificio es la correcta.

ATENCIÓN

Los orificios de los cilindros de aluminio no pueden rectificarse. Se debe sustituir el cilindro si el orificio está picado o rayado.

8. Si el orificio está ligeramente rayado o picado puede ser rectificado. (Véase ATENCIÓN.) Emplee siempre útiles de torno en buen estado y limpie completamente el cilindro con líquido de frenos una vez finalizada la rectificación. Si existe cualquier señal de desgaste o corrosión en los orificios de cilindros maestros de «actuación rápida», sustituya el cilindro maestro; no puede ser rectificado. Si existen muestras de contaminación

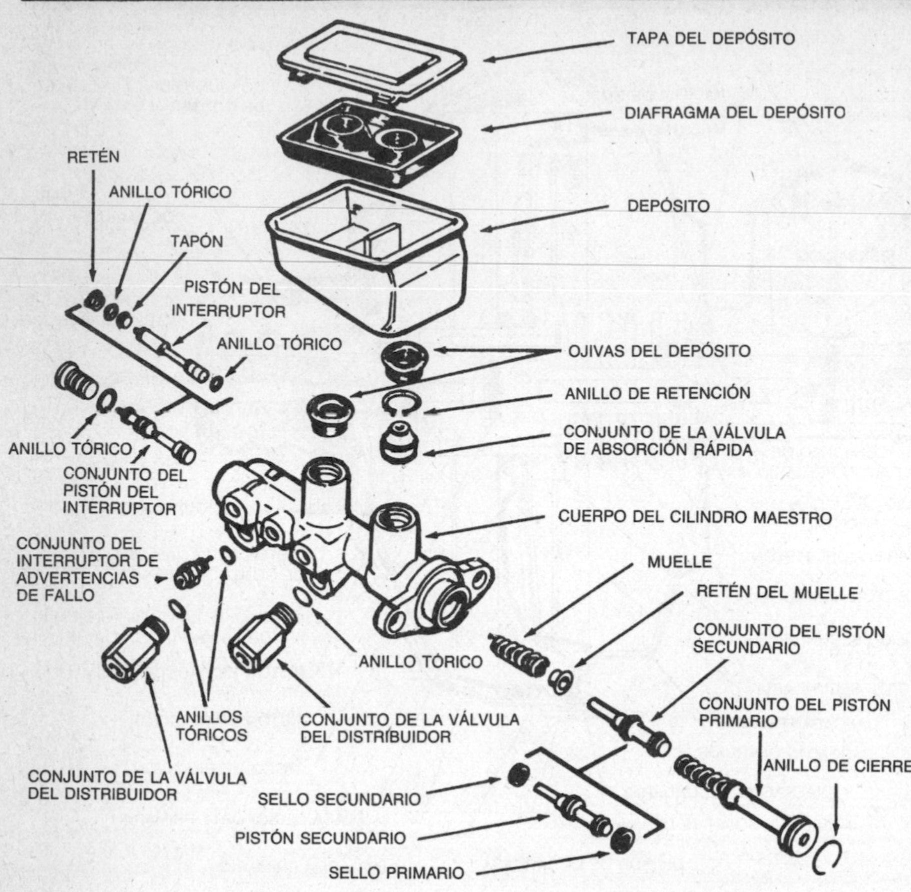

Cilindro maestro de «actuación rápida» de General Motors

en el cilindro maestro, lave todo el sistema hidráulico y rellene dicho sistema con líquido de frenos limpio. Aplique aire comprimido a las canalizaciones o conductos.

NOTA: La mayoría de los juegos de montaje incluyen un conjunto de pistones primario y secundario, si el juego de montaje de que dispone tiene únicamente sellos, véanse los pasos 9-13.

9. Monte sellos secundarios nuevos en las dos acanaladuras del extremo plano del pistón delantero. Las pestañas de los sellos deben quedar en posición opuesta entre ellas.

10. Monte un sello primario nuevo y el sello protector en el extremo opuesto del pistón frontal con las pestañas del sello hacia afuera.

11. Recubra los sellos con líquido de frenos. Monte el muelle en el pistón delantero con el retén del muelle en el sello primario.

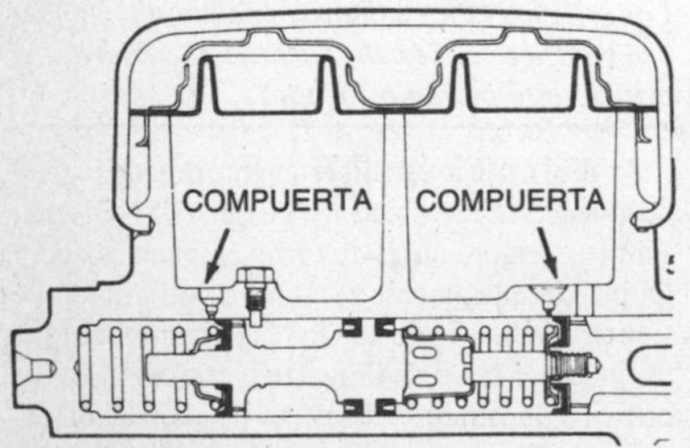

Compuertas de alimentación y de retorno

12. Introduzca el conjunto del pistón, con el extremo del muelle primero, en el orificio y utilice una varilla de madera para asentarlo.

13. Recubra los sellos posteriores del pistón con líquido de frenos y móntelos en las acanaladuras del pistón con las pestañas situadas frente al extremo del muelle.

14. Monte el muelle en el pistón y monte primero el conjunto en el muelle del orificio. Monte el anillo de retención.

15. Mantenga el pistón en la parte inferior del orificio y monte el tornillo del tope.

16. En los modelos de General Motors que dispongan de un interruptor de lámpara de advertencia de frenos accionado hidráulicamente (en el caso de cilindros maestros de «actuación rápida») desmonte el tapón roscado de cabeza Allen y el conjunto del interruptor con unos alicates cónicos. Desmonte los anillos tóricos y retenes del pistón. Monte anillos tóricos y retenes nuevos, y vuelva a encajar el pistón en el cilindro maestro después de haberlo lubricado con líquido de frenos.

NOTA: Si existe corrosión en el orificio del pistón del interruptor sustituya el cilindro maestro: no intente rectificar el orificio.

17. Coloque un anillo tórico nuevo en el tapón roscado de cabeza Allen y a continuación monte dicho tapón y apriételo.

18. En todos los cilindros maestros, monte un sello nuevo en el cubo (si dispone del mismo), y a continuación purgue el cilindro en un banco de taller o sobre el mismo vehículo. Algunos cilindros maestros llevan tornillos de purga en las pestañas de la boca de salida y puede hacerse la purga de los mismos. sin desmontar los cilindros de las ruedas o pinzas de los frenos.

AJUSTE DE LA VARILLA DE EMPUJE DEL CILINDRO MAESTRO

Modelos que disponen de una varilla de empuje ajustable

Después de realizar el montaje del cilindro maestro en el servofreno, la copela del pistón del cilindro hidráulico debería comenzar a salir del orificio de la compuerta de compensación cuando el pedal del freno no está accionado. Si la varilla de empuje es demasiado larga, hará que el pistón permanezca sobre la compuerta. Si la varilla de empuje es demasiado corta, el recorrido será demasiado flojo (el juego del pedal será excesivo). Accione los frenos y suelte el pedal totalmente, observando cómo el líquido de frenos regresa hacia el cilindro maestro. Un flujo máximo indica que el pistón retrocede lo suficiente como para liberar el líquido de frenos. Si el líquido regresa lentamente quiere decir, que el pistón no retrocede lo suficiente para abandonar las compuertas de compensación. Esto quiere decir que el ajuste de la varilla de empuje es demasiado fuerte y debería ser acortada.

Pinzas de los frenos de disco

NOTA: Las pinzas de los frenos de disco pueden dividirse en tres grupos: las de cuatro pistones con pinzas fijas; las de un único pistón con pinzas flotantes y las de un único pistón con pinzas deslizantes. Véase la tabla de especificaciones sobre los frenos donde se describen los diversos modelos.

En los frenos de cuatro pistones (dos en cada lado de la pinza del freno) el efecto de frenado se logra presionando hidráulicamente ambas zapatas contra las caras de los discos.

En el caso de frenos de pistón único con pinzas flotantes, la zapata interna es empujada hidráulicamente hasta hacer contacto con el disco, y la fuerza de reacción así generada sirve para que la zapata externa entre en rozamiento (lo cual es posible haciendo que la pinza se desplace ligeramente a lo largo de la línea central de eje).

En el freno de pistón único y pinzas deslizantes, el conjunto de las pinzas se desliza a lo largo de las superficies mecanizadas de la placa de anclaje. Existe una cuña de acero sujeta entre las superficies mecanizadas de las pinzas de los frenos y superficies mecanizadas de la placa de anclaje, mediante bien un tornillo de sujeción o dos pasadores de aletas. La pinza del freno está sujeta contra la placa de anclaje con uno o dos muelles de sujeción.

INSPECCIÓN Y REPARACIÓN DEL CONJUNTO DE LA PINZA

NOTA: A continuación se presenta un procedimiento general de inspección y reparación de pinzas de frenos. Antes de continuar, compruebe en la sección de frenos de disco individuales si exis-

ten procedimientos de reparación especiales para su vehículo (Delco Moraine, Bendix, etc.).

1. Levante y sujete la parte delantera del vehículo con caballetes y a continuación desmonte las ruedas delanteras.

2. Trabajando un lado por vez, desconecte de la pinza la tubería de freno y tapone el extremo. Desmonte los pernos o clavijas de sujeción de la pinza del freno y las chapas de relleno (si existen), y a continuación extraiga las pinzas del freno del disco.

3. Desmonte las pastillas de la pinza o adaptador de sujeción. Si pretende reutilizar las pastillas usadas, asegúrese de que pueden montarse en sus posiciones originales.

4. Abra el tornillo de purga de la pinza del freno y vacíe el líquido. Limpie la parte externa de la pinza del freno y móntela en un tornillo de banco con garra forradas.

ATENCIÓN

Cuando limpie cualquier componente de los frenos, utilice únicamente líquido de frenos o alcohol desnaturalizado (isopropil). No utilice nunca un disolvente con base mineral, como, por ejemplo, gasolina o adelgazador de pintura, ya que se hinchará y deteriorará rápidamente las piezas de goma.

5. Desmonte los pernos de unión (de tipo fijo) de las mitades de las pinzas, sepárelas y desmonte los dos anillos tóricos de los orificios de transferencia.

6. Extraiga la pestaña de cada guardapolvo de pistón de su acanaladura, y a continuación desmonte los conjuntos de pistones y muelle o muelles del orificio u orificios. Si es necesario, puede aplicar aire a presión para extraer el pistón o pistones del orificio u orificios, teniendo cuidado de que el pistón no se dispare.

7. Desmonte el fuelle o fuelles y sello(s) del pistón o pistones y a continuación límpielo(s) con líquido de frenos. Aplique aire comprimido a los conductos o canalizaciones de las pinzas de los frenos.

8. Compruebe si el orificio u orificios de los cilindros están rayados, picados o corroídos. La corrosión se nota en una superficie cuando presenta picaduras o asperezas y no debe confundirse con una mancha cualquiera. Las manchas ásperas ligeras pueden eliminarse con cañamazo, apretando con los dedos, dentro de los orificios. NO pula las superficies siguiendo un movimiento de dentro hacia afuera y viceversa, ni utilice productos abrasivos.

9. Si el pistón o pistones están picados, rayados o desgastados, deben ser sustituidos. También, debería sustituir las pinzas de los frenos si están corroídas o profundamente rayadas.

10. Compruebe la tolerancia del pistón o pistones en los orificios utilizando una galga de espesores, la tolerancia debería ser de 0.002-0.006 pulgadas. Si la tolerancia es excesiva sustituya la pinza del freno.

11. Sustituya todas las piezas de goma y lubríquelas con líquido de frenos. Monte los sellos (o anillos con bordes rectilíneos) y fuelles en las acanaladuras de cada pistón. El sello debería montarse en la acanaladura más cercana al extremo cerrado del pistón con las pestañas del mismo hacia el extremo cerrado. La pestaña del fuelle debería quedar situada de cara al sello.

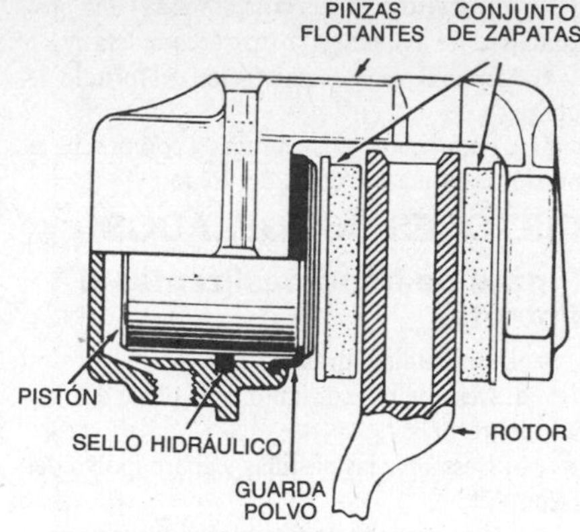

Disco de freno con pinzas flotantes

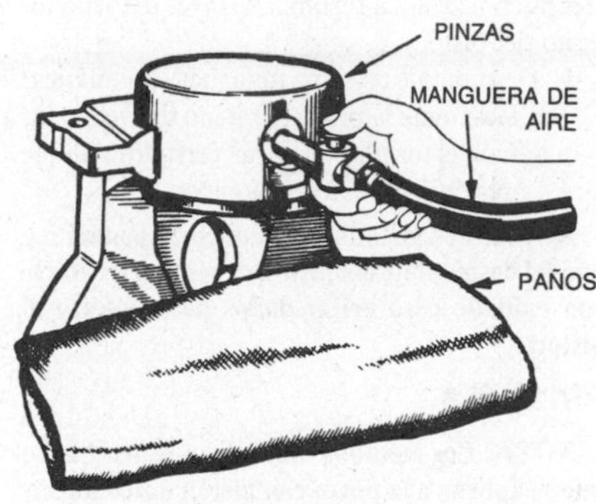

Desmontaje neumático del pistón

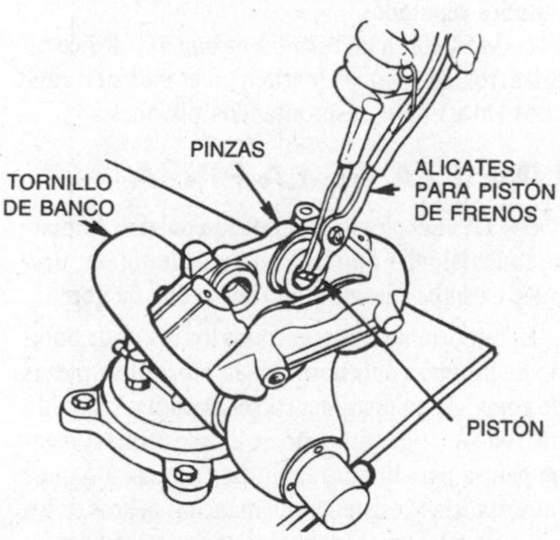

Desmontaje de los pistones

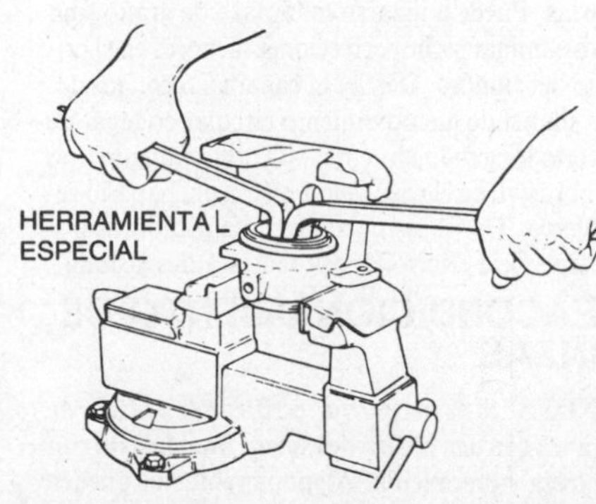

Desmontaje del pistón con extremo hueco

12. Lubrique el pistón y orificio con líquido de frenos. Coloque el muelle de recuperación del pistón (si dispone del mismo), con la bobina grande en primer lugar, en el orificio del pistón.

13. Monte el pistón en el orificio, teniendo cuidado de no dañar la pestaña del sello cuando ésta pasa por el borde del cilindro.

14. Comprima la pestaña del fuelle guardapolvo en la acanaladura de la pinza. Asegúrese de que el fuelle queda completamente asentado en la acanaladura, ya que un mal sellado hará que las partículas contaminantes destrocen el orificio.

15. En las pinzas de freno fijas coloque los anillos tóricos en las cavidades existentes alrededor de los orificios de transferencia de dichas pinzas y junte sus mitades. Monte los pernos de unión de ambas mitades (lubricados con líquido de frenos) y asegúrese de apretarlos al valor especificado.

16. Monte las pastillas de los frenos de disco en las pinzas o el adaptador y vuelva a montar la pinza del freno sobre el cubo (véase el apartado Sustitución de las pastillas de los discos). Conecte el conducto de líquido de frenos a la pinza del freno y purgue los frenos (véase el apartado Purga de los frenos). Vuelva a montar las ruedas. Vuelva a comprobar el nivel del líquido de frenos, compruebe el recorrido del pedal del freno y haga una prueba en rodaje del vehículo.

CONSEJOS DE REVISIÓN

Los informes de mecánicos indican que existen dos factores que determinan si se deben sustituir o volver a montar las pinzas de los frenos: ¿Puede desmontarse el pistón o pistones? ¿se romperá el tornillo de purga al intentar desmontarlo? (quienes reparan frenos no aceptan una pinza con el tornillo de purga roto). Dado que no es posible predecir cómo reaccionará el tornillo de purga, siga este procedimiento para intentar desmontarlo.

1. Introduzca un eje de broca en el orificio del tornillo de purga (ajuste máximo).

2. Golpee ligeramente el tornillo por todos lados.

3. Utilizando una llave de seis lados, presione suavemente a la vez que introduce y extrae la broca ligeramente.

4. Si la broca comienza a rozar, quiere decir que el tornillo está comenzando a romperse y no puede ser desmontado intacto.

5. El calentamiento de la pinza del freno es otra técnica de desmontaje del tornillo de purga que da buen resultado pero lleva mucho tiempo. Desmonte la pinza del freno del vehículo. Caliente la pinza del freno. Contraiga el tornillo de purga aplicando hielo seco al mismo e intente desmontarlo.

SUSTITUCIÓN DEL TORNILLO DE PURGA DEL FRENO DE DISCO

1. Utilizando el orificio existente en el tornillo de purga como guía, perfore un orificio de 1/4 pulgada completamente a través del tornillo de purga existente.

2. Aumente el tamaño del orificio hasta 7/16 pulgada.

3. Rosque el orificio utilizando una terraja de

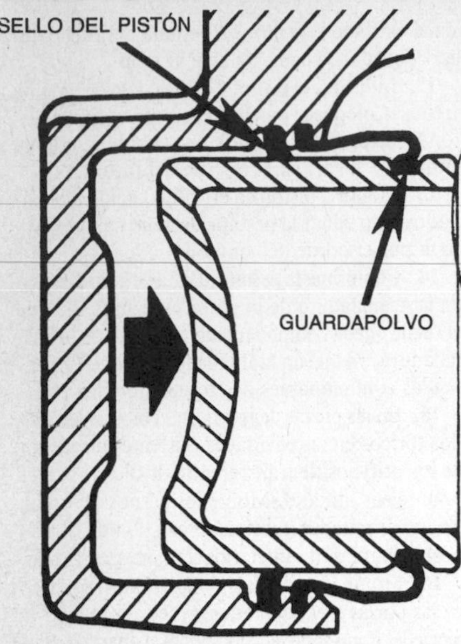

Freno accionado

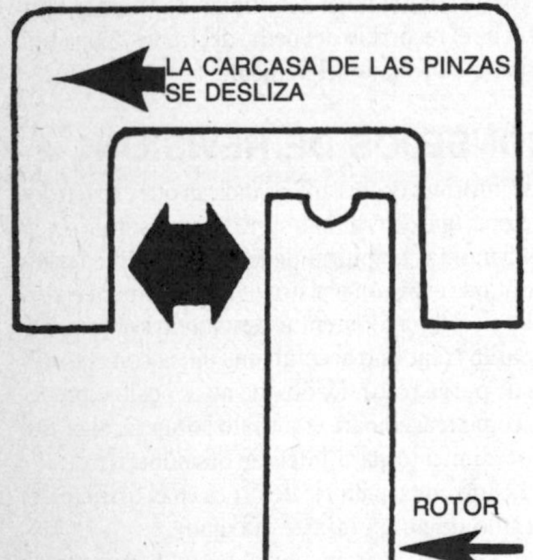

Pinzas del tipo flotante (o deslizante)

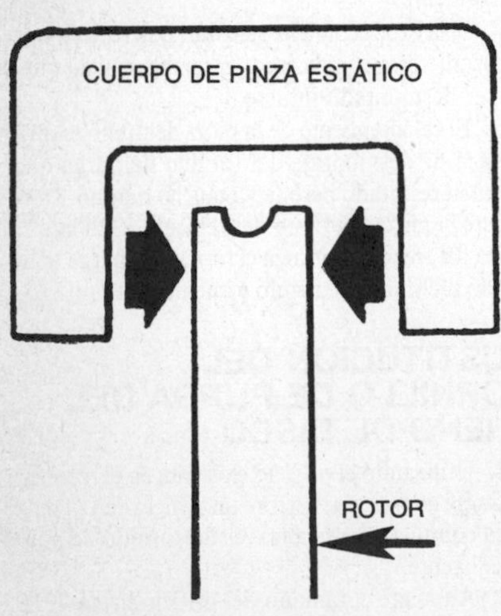

Pinzas de tipo fijo

1/4 pulgada (rosca de tubo nacional 18) una profundidad de 1/2 pulgada (rosca completa).

4. Monte el juego de reparación del tornillo de purga.

5. Compruebe si existen fugas y compruebe la presión máxima del pedal del freno.

PISTONES CONGELADOS

Pinzas de freno deslizantes o flotantes

1. Desmontaje hidráulico:

a. Desmonte el conjunto de la pinza del freno, del rotor.

b. Desmonte las pastillas y guardapolvo del freno.

c. Con el conducto flexible del freno conectado y el tornillo de purga cerrado, aplique una presión suficiente sobre el pedal para extraer el pistón lo máximo posible del orificio (el líquido de frenos comenzará a rezumar a través del sello interno del pistón).

2. Desmontaje con una manguera neumática:

a. Desmonte la pinza del freno del vehículo.

b. Con el tornillo de purga cerrado, aplique aire a presión para extraer el pistón.

NOTA: Los métodos hidráulicos y neumático para el desmontaje del pistón deberían ejecutarse con cuidado para evitar daños personales o al pistón.

Pinza fija

NOTA: Los métodos hidráulicos o neumático que se aplican a la pinza con pistón único no sirven para la pinza de pistón múltiple.

1. Desmonte la pinza del vehículo con las dos mitades separadas.

2. Móntela en un tornillo de banco y utilice un extractor de pistones (existen en el mercado muchos tipos) para desmontar los pistones.

LIMPIEZA DE LA PINZA

NOTA: Las piezas de fundición pueden limpiarse con cualquier tipo de líquido de limpieza, después de haber desmontado los sellos de goma.

Es importante eliminar todos los restos de líquido de limpieza del cuerpo de la pinza. Las piezas de goma son compatibles con el alcohol y/o líquido de frenos. Utilice un paño de limpieza que no tenga pelusa para limpiar la pinza y piezas. No tiene importancia la existencia de manchas negras en los pistones o tabiques, provocadas por los sellos; sin embargo, una pulcritud máxima es esencial. Aplique aire comprimido a las canalizaciones para limpiarlas. Puede utilizarse cañamazo de grado fino para eliminar las imperfecciones menores en el orificio del cilindro. Deslice el cañamazo con los dedos siguiendo un movimiento circular en lugar de hacerlo longitudinalmente. NO utilice ningún tipo de abrasivo en el caso de un pistón enchapado recubierto. Tire el pistón si presenta picaduras o si la superficie electrodepositada está desgastada.

REACONDICIONAMIENTO DE PINZAS

NOTA: Si es necesario rectificar el orificio de la pinza con una piedra de esmeril fina, hágalo con destreza y precaución. Algunos vehículos pueden crear una presión hidráulica de 800 lb/pulg.^{2} si se aplica fuertemente, por eso la piedra de esmeril durante el rectificado nunca debe sobrepasar las 0.003 pulgadas. Además, la acanaladura del sello contra el polvo no debe estar oxidada o presentar muescas de manera que se logre una unión perfecta entre el pistón y el cuerpo del mismo.

Montaje de sellos y fuelles de corrimiento (asistencia al retorno del pistón)

Estire el fuelle y el sello a lo largo del pistón y asiéntelos. La pestaña del sello en los Bendix y Delco queda hacia el lado de presión hidráulica; las pestañas del fuelle quedan hacia la zapata del freno. Fije el muelle de recuperación (si existe) en el cilindro e introduzca cuidadosamente el pistón en el cilindro para evitar que el sello sea picado. Existen útiles de alineación para introducir los sellos de copa con pestaña. Comprima completamente el pistón en su orificio para fijar la pestaña del fuelle en el cuerpo de la pinza. En los sellos del tipo Delco, utilice un punzón de madera o un útil de asentamiento especial para asentar el anillo del fuelle en el orificio correspondiente de la pinza. Debe quedar a la par o por debajo de la superficie mecanizada de la pinza.

Montaje de sellos y fuelles (de anillo rectangular) de posición fija

Introduzca un sello de anillo rectangular en el orificio, y empujando sobre cualquier punto del mismo introdúzcalo en la acanaladura del sello. Desde esta zona, con un dedo, asiente el anillo en su acanaladura. Asegúrese de que el anillo no se retuerce o gire dentro de la misma, cuando la pestaña del fuelle quede retenida dentro del orificio del cilindro, introduzca el fuelle de la misma forma. A continuación coloque la parte interna del fuelle sobre el extremo de presión del pistón, estirando el fuelle con un pequeño útil de plástico y empujando el pistón a través del sello, en línea recta hacia dentro, hasta que quede apoyado en el fondo. La parte inferior del fuelle debería deslizarse sobre el pistón y quedar apoyado en la acanaladura del fuelle. Si la pestaña del fuelle queda retenida en la parte externa del orificio del cilindro, estire primero el fuelle sobre el pistón y asiéntelo en su acanaladura y a continuación empuje el pistón a través del sello. Comprima completamente el pistón con una fuerza de 50-100 libras para sujetar la pestaña del fuelle en su posición correspondiente. En los de tipo Delco-Moraine, utilice un punzón de madera o un útil especial de asentamiento para poner el anillo metálico del fuelle en el orificio correspondiente de la pinza situado bajo la cara de la misma.

Montaje de los pernos de unión de las pinzas fijas

Si las pinzas disponen de conductos transversales internos para el líquido de frenos, asegúrese de montar anillos tóricos nuevos en las juntas. Una las mitades de las pinzas y monte pernos de unión resistentes y dúctiles. No sustituya los pernos de unión por pernos ordinarios.

Cilindros de las ruedas

Los cilindros de las ruedas llevan un par de pistones opuestos que, a su vez, llevan incorporados

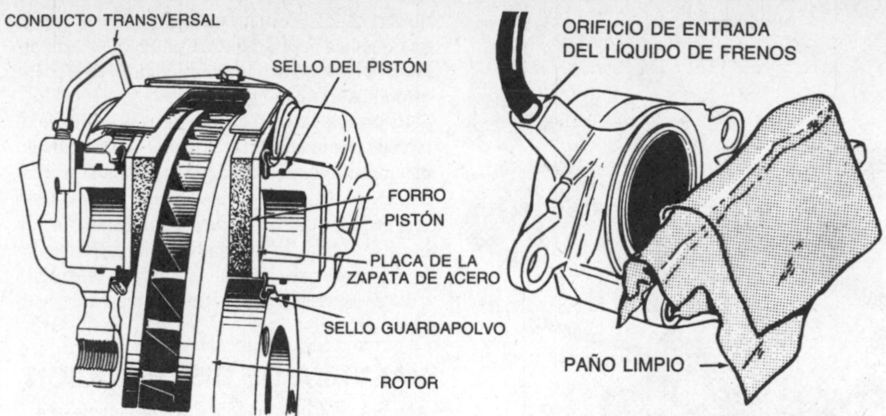

Disco de freno con cuerpo de pinza estático

Desmontaje hidráulico del pistón

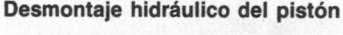

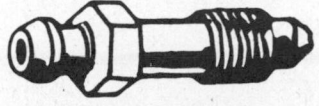

Tornillo de purga

Sustitución del tornillo de purga del freno de disco

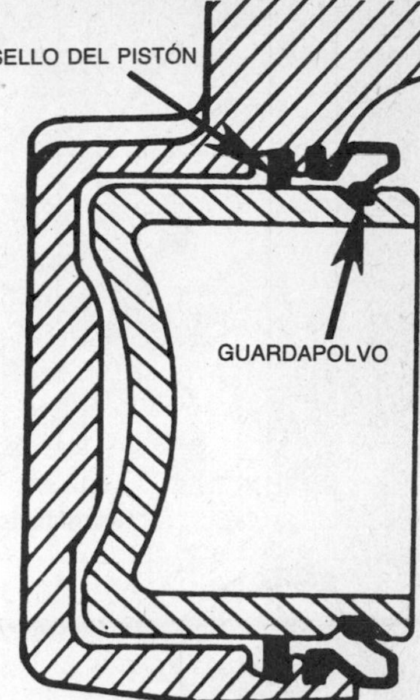

Freno no accionado

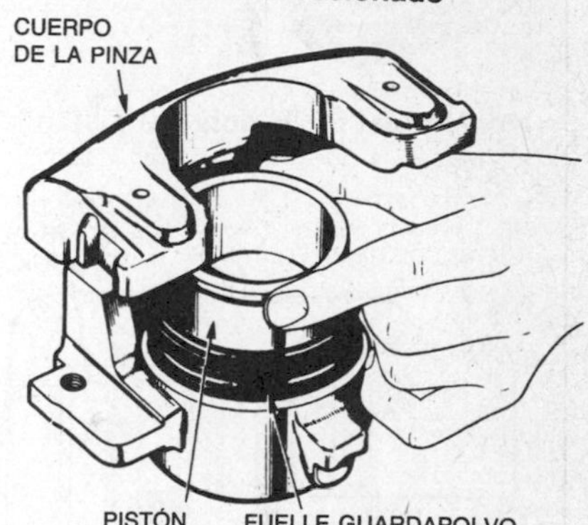

Montaje del pistón

copelas de goma, un muelle de compresión y algunas veces arandelas expansoras para mantener las copelas bien sujetas contra los pistones.

REPARACIÓN

1. Levante y sujete el vehículo con caballetes. Desmonte los conjuntos de rueda y tambor del lado que se va a reparar.

2. Desmonte las zapatas de los frenos y a continuación limpie la placa trasera y cilindro de la rueda. El montaje puede hacerse en el mismo vehículo, dependiendo del diseño de la placa trasera del freno. Si esta placa presenta una concavidad hasta el punto de que es imposible aplicar una piedra de esmeril al cilindro, será necesario desmontar el cilindro.

3. Para desmontar el cilindro; desconecte el conducto de líquido de frenos de la parte posterior del cilindro, desmonte los pernos de sujeción o retenes y los cilindros.

NOTA: En algunos modelos, el cilindro de la rueda lleva alrededor un anillo de retención. Para desmontar los cilindros de las ruedas traseras desmonte el retén del cilindro de la rueda. Introduzca dos punzones o herramientas equivalentes en las ranuras de acceso y doble ambas lengüetas al mismo tiempo soltando así el cilindro. Utilice un retén nuevo cuando vuelva a montar el cilindro de la rueda. El nuevo retén puede ser introducido utilizando una llave de cubo de 1 1/8" con una barra de extensión.

4. Desmonte los fuelles de goma (tapas guardapolvo) de los extremos del cilindro. Desmonte los pistones, las copelas de los pistones (expansores, (si existen) y el muelle de la parte interna del cilindro. Desmonte el tornillo de purga y asegúrese de que no está obturado.

5. Tire todas las piezas que vienen incluidas en el juego de recambios para el montaje.

6. Examine la parte interna del cilindro. Si está excesivamente oxidada, picada o rayada monte un cilindro nuevo o reacondicionado.

7. Si el estado del cilindro permite reacondicionarlo, rectifique el orificio. Una ligera rectificación permitirá obtener una superficie nueva en el interior del cilindro lo que hará que el sellado de la copela sea mejor.

8. Lave el cilindro con líquido de frenos después de rectificarlo. Vuelva a montar el cilindro utilizando las piezas nuevas que vienen en el juego de recambios. Cuando vuelva a montar el cilindro remoje todas las piezas en líquido de frenos.

9. Monte el cilindro en el vehículo. Vuelva a instalar los frenos, tambor/rueda y purgue el sistema de frenos.

Válvulas de control hidráulico

VÁLVULA DIFERENCIAL DE PRESIÓN

La válvula diferencial de presión activa una lámpara de advertencia situada en el panel de instrumentos si se produce una pérdida de presión en el sistema de frenos. Si la pérdida de presión se produce en la mitad del «sistema separado», la presión normal del resto del sistema, hará que el pistón del interruptor comprima un muelle hasta acoplarse con un contacto eléctrico. Éste hará que se encienda la lámpara de advertencia del panel de instrumentos, advirtiendo así al conductor de un posible fallo en los frenos.

En algunos vehículos, el pistón de equilibrado por muelle vuelve a su posición al liberar el pedal del freno, advirtiendo al conductor sólo durante las frenadas. En otros vehículos la lámpara permanece encendida hasta ser apagada manualmente. Las válvulas pueden estar separadas, formar parte de la válvula combinada o estar incorporadas en el cilindro maestro.

Recentrado de válvulas

En algunos vehículos la válvula permanece descentrada, luego de registrarse la avería y hasta que se realicen las reparaciones necesarias. La válvula se autocentrará luego de efectuadas las reparaciones cuando la presión a ambos lados del sistema sea equivalente.

Si la lámpara permaneciese encendida, purgue el sector, del sistema de frenos, opuesto a aquél donde se ha registrado la avería. Si, por ejemplo, han fallado los delanteros, purgue los traseros y de esta forma conseguirá forzar hacia el centro al

Rectificación del orificio del cilindro

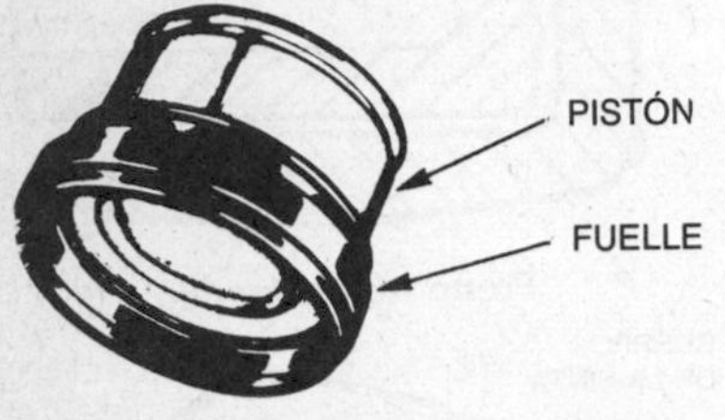

Montaje del fuelle sobre el pistón

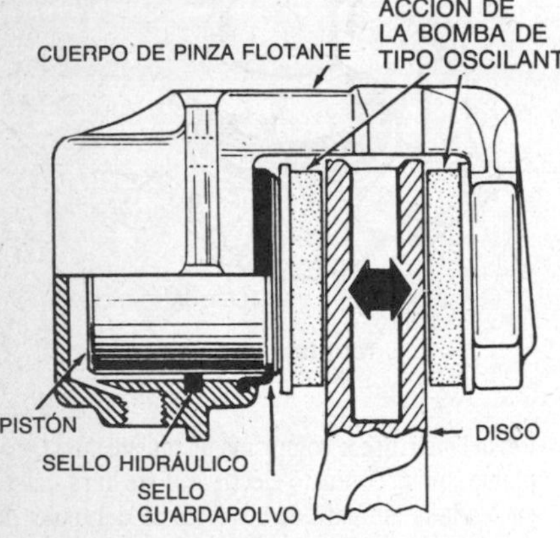

Acción oscilante de tipo bomba

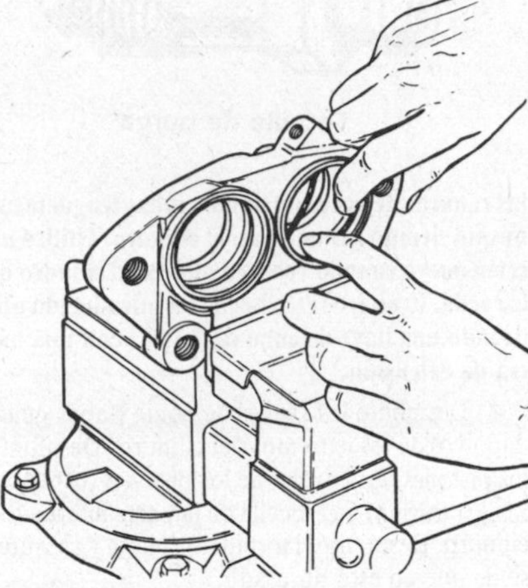

Montaje del sello en forma de anillo rectangular de posición fija (pestaña del sello hacia el lado de presión)

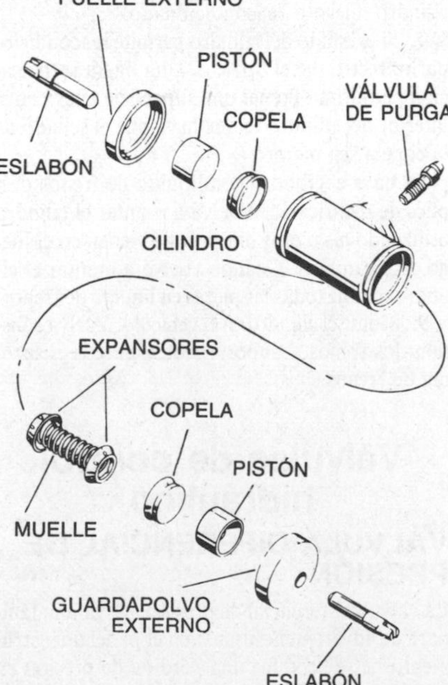

Componentes del cilindro de la rueda

pistón que controla la lámpara de advertencia.

Si ésta falla, desmonte el interruptor terminal. Y si el líquido de frenos ha invadido la zona eléctrica por fallo de los sellos, cambie el conjunto de la válvula.

VÁLVULA DE DOSIFICACIÓN

La función de esta válvula es mejorar el balance de frenado entre los discos delanteros y los tambores traseros, fundamentalmente durante las frenadas suaves.

La válvula de dosificación impide la aplicación de los frenos delanteros hasta que los traseros no superen la presión del resorte recuperador de las zapatas. De esta forma se consigue que las pastillas entren en contacto con los discos al mismo tiempo que las zapatas con los tambores.

Revise la válvula de dosificación cada vez que efectúa el entretenimiento de los frenos. Una pequeña cantidad de humedad dentro del guardapolvo no indica necesariamente un fallo, sin embargo, sí lo indicará una fuga de líquido, y en ese caso es obligatorio cambiar la válvula.

Es posible inspeccionar la válvula de dosificación de una manera muy sencilla: con el vehículo detenido accione el freno con energía, y si al recorrer el pedal aproximadamente una pulgada notó una pequeña diferencia de presión (similar a una ligera sacudida), la válvula funciona perfectamente. Recuerde que estas válvulas no son reparables y deben ser reemplazadas cuando presenten cualquier defecto.

VÁLVULA DE DISTRIBUCIÓN

Algunos vehículos disponen de una válvula de distribución (control de presión), para reducir la presión hidráulica transmitida a las ruedas traseras, a fin de impedir que se produzcan patinazos y para lograr un mejor equilibrado en el frenado. Suelen ir montadas en línea respecto de las ruedas traseras.

Cuando repare los frenos compruebe si existen fugas en la válvula. Un accionamiento prematuro de los frenos traseros al pisar suavemente el pedal, puede ser indicio de una válvula de distribución en mal estado. Para repararla sustitúyala. Asegúrese de que la compuerta de la válvula marcada con una R queda conectada hacia las ruedas traseras.

En los cilindros maestros de «actuación rápida» de General Motors, la(s) válvula(s) va(n) atornillada(s) al mismo. Dado que estos vehículos disponen de un sistema de frenos separados diagonalmente, son necesarias dos válvulas. Existe un conducto de líquido de frenos traseros que va atornillado a cada válvula. Las válvulas de tipo antiguas (vehículos con tracción delantera de General Motors) eran de acero y de color plateado, y puede oírse un ruido «metálico sordo» ocasional en algunos de esos modelos, pero esto no afecta a la eficacia de los frenos. Los repuestos de las válvulas se hacen actualmente de aluminio. No mezcle nunca una válvula de aluminio con una de acero. Monte siempre dos válvulas de aluminio.

VÁLVULA COMBINADA

La válvula combinada puede realizar dos o tres funciones. Éstas son: dosificación, distribución y advertencia de fallo de los frenos.

Las variaciones de la válvula combinada de dos guías son: válvula de distribución y advertencia de fallo o de dosificación y advertencia de fallo.

Las válvulas combinadas de tres vías dirigen el líquido de frenos a la rueda correspondiente, realizan el cierre y apertura necesario y llevan incorporada una unidad de advertencia de fallo de los frenos.

La válvula combinada suele ir montada debajo del capó cerca del cilindro maestro, en donde pueden conectarse y guiarse fácilmente los conductos de los frenos a las ruedas delanteras o traseras.

La válvula combinada no puede ser reparada y si funciona mal debe ser sustituida.

Purga de los frenos

Para que el sistema de frenos hidráulico funcione correctamente, no debe contener burbujas de aire. El aire puede entrar en el sistema al desmontar las

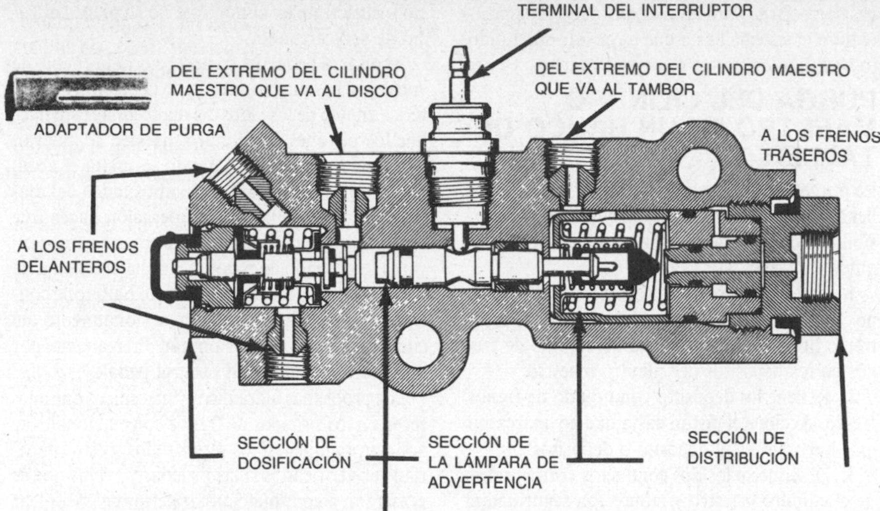

Empuje la válvula hacia dentro cuando la descomprima —no es necesario cuando siga el método de purga mediante el pedal

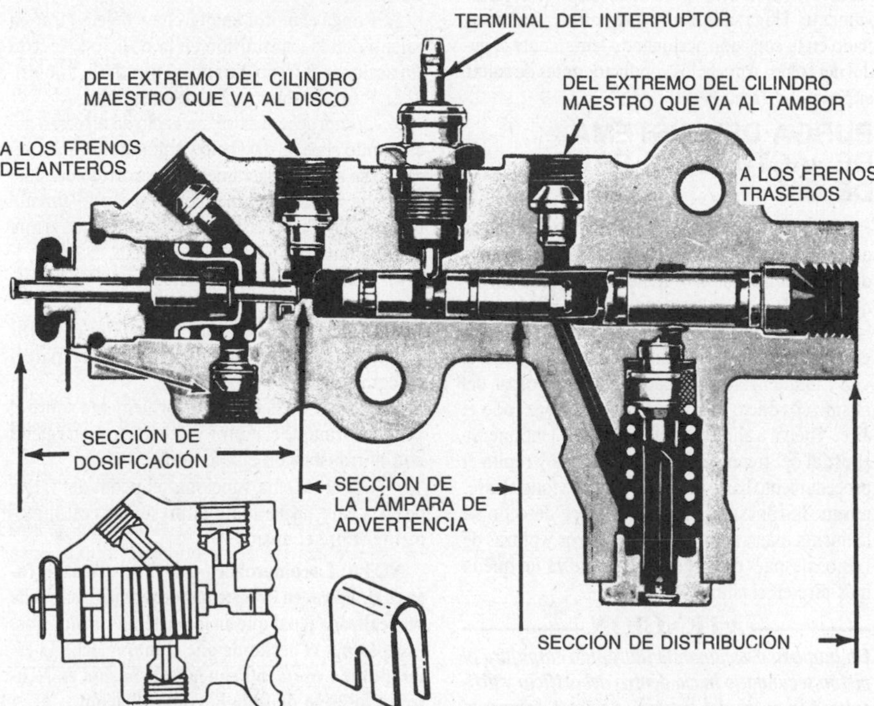

Mantenga la válvula hacia fuera 0.060" únicamente cuando la descomprima —no es necesario cuando siga el método de purga del pedal

piezas hidráulicas para su reparación o sustitución o cuando el nivel de líquido en los depósitos de los cilindros maestros es demasiado bajo. La existencia de aire en el sistema de frenado producirá una sensación de esponjosidad al accionar el pedal del freno.

El método más rápido y fácil para la purga del sistema es el de presión, pero requiere equipos especiales para presurizar externamente el sistema hidráulico. El otro método, que es el que se utiliza con más frecuencia, es el manual.

SECUENCIA DE PURGA

Es posible que la purga del sistema de frenos sea necesaria únicamente en una o dos ruedas o en el cilindro maestro, dependiendo del punto del sistema que quedó expuesto al aire. Si después de purgar la pinza del cilindro que fue reparada o sustituida el pedal sigue produciendo una sensación de esponjosidad al accionarlo, será necesario purgar todo el sistema. Purgue el sistema siguiendo el siguiente procedimiento:

1. Cilindro maestro: si el cilindro no dispone de tornillos de purga, abra el conducto o conductos de los frenos que van a las ruedas, manteniendo ligeramente accionado el pedal del freno. Asegúrese de apretar el conducto antes de soltar el pedal del freno. El procedimiento de purga del cilindro maestro en un banco de taller se presenta en la siguiente sección.

2. Reforzador del servofreno: si esta unidad dispone de tornillos de purga, debería ser purgada después del cilindro maestro. El motor del vehículo debería estar parado y el pedal de freno debe ser accionado varias veces. para eliminar la presión de vacío del reforzador. Si esta unidad dispone de dos tornillos de purga, purgue primero siempre el superior.

3. Válvula combinada: si dispone de un tornillo de purga aflójelo.

4. Sistemas separados delantero y trasero: comience por la rueda más alejada del cilindro maestro, que suele ser la rueda trasera derecha. Purgue la otra rueda trasera y a continuación las dos ruedas delanteras.

NOTA: Si no obtiene un buen resultado al purgar las ruedas delanteras, es posible que sea necesario desactivar la válvula de dosificación. Para lograrlo, empuje hacia adentro o hacia afuera con un botón o vástago sobre la válvula. La válvula puede sujetarse manualmente, con un útil especial o utilice un trozo de cinta adhesiva para sujetarla. Debería permanecer desactivada cuando proceda a la purga de los frenos delanteros.

5. Sistema diagonalmente separado: comience por la rueda trasera derecha y continúe por la rueda delantera izquierda. A continuación haga lo mismo con la rueda trasera izquierda y después con la rueda delantera derecha (véase la sección Cilindro maestro de «actuación rápida» de GM).

6. Frenos de disco traseros: si el vehículo dispone de frenos de disco traseros y las pinzas de los frenos disponen de dos tornillos de purga, purgue primero el interno y a continuación el externo.

ATENCIÓN

NO derrame líquido de frenos sobre las superficies acabadas del vehículo, ya que eliminará la pintura. Lave las superficies con agua.

PURGA MANUAL

1. Limpie el tornillo de purga de cada rueda.

2. Comience por la rueda más alejada del cilindro maestro (rueda trasera derecha).

3. Acople una pequeña manguera de goma al tornillo de purga y coloque el extremo en un contenedor transparente de líquido de frenos.

4. Rellene el cilindro maestro con líquido de frenos (compruebe su funcionamiento frecuentemente durante la purga). Haga que un asistente bombee lentamente el pedal del freno y mantenga la presión.

5. Abra el tornillo de purga aproximadamente 1/4 de vuelta, pise el pedal del freno hasta el fondo, cierre el tornillo de purga y suelte el pedal lentamente. Continúe hasta que al accionar el pedal del freno no salgan más burbujas de aire del cilindro.

6. Repita el procedimiento en los cilindros de las ruedas y pinzas restantes, comenzando por el cilindro/pinza de freno más alejada del cilindro maestro.

NOTA: Los cilindros maestros que disponen del tornillo respectivo, pueden ser purgados independientemente. Cuando purgue el cilindro maestro dual de tipo Bendix es necesario tapar totalmente una parte del depósito cuando purgue la otra, para impedir que se produzca una pérdida de presión a través del respiradero del tapón.

ATENCIÓN

La válvula de purga del cilindro de la rueda debe estar cerrada al final de cada carrera, y antes de soltar el pedal del freno, para asegurarse de que no entrará aire al sistema. Es importante, también, que el pedal del freno regrese a la posición superior máxima, de manera que el pistón del cilindro maestro retroceda lo suficiente como para abandonar las bocas de salida en derivación.

PURGA A PRESIÓN DE LOS FRENOS DE DISCO

En la purga a presión de los frenos de disco se cerrará la válvula de dosificación y los frenos delanteros no podrán ser purgados. Por esta razón es necesario sujetar manualmente la válvula de dosificación en la posición abierta durante la purga a presión. Nunca utilice un bloque o abrazadera para sujetar la válvula en la posición abierta y no fuerce nunca el vástago de la válvula más allá de su posición normal, existen dos tipos diferentes de válvulas. El tipo más corriente requiere mantener el vástago de la válvula comprimido para purgar los frenos, mientras que el segundo tipo requiere mantener extraído el vástago de la válvula (0.060'' de recorrido como mínimo). Determine el tipo de que se trata haciendo una inspección manual.

ATENCIÓN

Son necesarios adaptadores especiales para purgar a presión los cilindros que disponen de depósito de plástico. Los equipos utilizados en la purga a presión deberían ser del tipo diafragma; coloque un diafragma entre el suministro de aire a presión y el líquido de frenos. Esto impedirá la entrada de humedad y otros contaminantes al sistema hidráulico.

NOTA: Los vehículos que disponen de frenos de disco delanteros y de tambor traseros, llevan una válvula de dosificación que elimina la presión de los frenos delanteros en determinadas situaciones. Estos sistemas contienen unos dispositivos de desactivación manuales, que deben ser accionados para purgar a presión los frenos delanteros.

1. Conecte la manguera hidráulica del depósito y el adaptador al cilindro maestro.

2. Cierre la válvula hidráulica del equipo de purga.

3. Aplique una manguera de aire a presión al equipo de purga siguiendo las recomendaciones del fabricante de los equipos, hasta lograr la presión correcta del aire.

4. Abra la válvula para que salga el aire a través de la manguera de presión al cilindro maestro. Nunca purgue este sistema utilizando el tornillo tope del pistón secundario situado en el fondo de muchos cilindros maestros.

5. Abra la válvula hidráulica y purgue cada uno de los cilindros de las ruedas o pinzas de los frenos. Cuando purgue ambos sistemas (el delantero y el trasero) comience primero por el delantero.

LAVADO INTERNO DE LOS SISTEMAS DE FRENOS HIDRÁULICOS

Los sistemas de frenos hidráulicos deben ser lavados completamente si el líquido de frenos está contaminado por agua, suciedad u otros químicos corrosivos. Para lavarlo, purgue simplemente todo el sistema hasta que haya sido sustituido todo el líquido por el de tipo correcto.

PURGA DEL CILINDRO MAESTRO EN UN BANCO DE TALLER

La purga del cilindro maestro en un banco de taller antes de montarlo en el vehículo reduce la posibilidad de entrada de aire a los conductos del líquido de frenos.

1. Conecte dos trozos cortos de conducto de frenos a las bocas de salida, dóblelos hasta que el extremo libre quede por debajo del líquido de frenos en los depósitos del cilindro maestro.

2. Rellene los depósitos con líquido de frenos fresco. Accione el pistón hasta que no aparezcan más burbujas en el depósito o depósitos.

3. Desconecte los dos conductos cortos, rellene el cilindro maestro y monte con seguridad el tapón o tapones de los cilindros.

4. Monte el cilindro maestro en el vehículo. Acople los conductos pero no los apriete definitivamente. Haga salir el aire que podría estar atrapado en la conexión accionando lentamente el pedal del freno. Apriete los conductos antes de soltar el pedal del freno.

PURGA DEL SISTEMA DE «ACTUACIÓN RÁPIDA» DE GM

Purgue el cilindro maestro de la siguiente forma: desconecte el conducto del freno delantero izquierdo del cilindro maestro. Rellene el cilindro con líquido de frenos hasta que éste salga a través de la compuerta abierta. Conecte el conducto y apriete el rácor. Accione lentamente el pedal del freno una vez y manténgalo accionado. Afloje el rácor del mismo conducto de frenos para que salga todo el aire. Vuelva a apretar el rácor y suelte lentamente el pedal del freno. Espere 15 segundos y repita el procedimiento hasta que sea expulsado todo el aire, purgue la conexión o rácor delantero derecho de la misma manera, purgue los cilindros y pinzas de frenos después de asegurarse de que ya no queda más aire en el cilindro maestro.

ATENCIÓN

Un bombeo o accionamiento rápido empujará al pistón secundario hacia dentro del orificio y dificultará la purga del sistema. Accione siempre el pedal lentamente.

Servofrenos

Reforzador accionado por vacío

Los servofrenos funcionan igual que los sistemas de frenos estándar excepto en lo que respecta al accionamiento de los pistones del cilindro maestro. Disponen de un diafragma de vacío en la parte frontal del cilindro maestro que ayuda al conductor a accionar los frenos, reduciendo el esfuerzo y recorrido que debe realizar para mover el pedal del freno.

La carcasa del diafragma de vacío va conectada al múltiple de admisión mediante una manguera de vacío. Existe una válvula antirretorno en el punto en que la manguera entra en la carcasa del diafragma, de manera que durante períodos de vacío insuficiente en el múltiple no se pierda el vacío de servofrenado.

Al pisar el pedal del freno se cierra la fuente de vacío y se permite la entrada de la presión atmosférica en uno de los lados del diafragma. Esto hace que los pistones del cilindro maestro se muevan y accionen los frenos. Cuando se suelta el pedal del freno, se aplica vacío a ambos lados del diafragma y los muelles de recuperación hacen que el diafragma y pistones del cilindro maestro vuelvan a la posición de reposo. Si falla el sistema de vacío, la varilla del pedal del freno hará tope contra el extremo de la varilla de accionamiento del cilindro maestro y se accionarán directamente por un sistema mecánico al pisar el pedal.

Los problemas hidráulicos y mecánicos que aparecen en los sistemas de frenos convencionales se aplican, también, a los servofrenos y éstos deberían ser verificados si las pruebas y tablas que se presentan a continuación no permiten encontrar el problema. Para comprobar si existe una fuga de vacío en el sistema realice las siguientes operaciones:

1. Ponga el motor en marcha y déjelo girar en ralentí con la transmisión en la posición Neutral sin accionar el freno durante al menos un minuto.

2. Pare el motor y espere un minuto.

3. Compruebe si existe un vacío de refuerzo accionando el pedal del freno y soltándolo varias veces. Si se acciona ligeramente el recorrido del mismo debe ser cada vez más corto, si efectivamente existe vacío. Si no existe vacío, significa que el aire se fuga hacia otra parte del sistema.

4. Compruebe el funcionamiento del sistema de la siguiente forma:

a. Accione el pedal del freno (con el motor parado) hasta que el vacío de refuerzo desaparezca completamente.

b. Presione ligera y uniformemente sobre el pedal. Arranque el motor y déjelo girar en ralentí con la transmisión en Neutral.

c. Si el sistema funciona, el pedal del freno debería caer hacia abajo al presionar constantemente sobre el mismo.

NOTA: La comprobación de la existencia de fugas hidráulicas en los sistemas de servofrenos puede ser realizada igual que en los sistemas ordinarios, excepto por el hecho de que el motor debería estar girando en ralentí con la transmisión en Neutral a lo largo de toda la comprobación.

LOCALIZACIÓN DE FALLOS DEL REFORZADOR DEL SERVOFRENO

NOTA: Los siguientes pasos son continuación de la sección ''Localización de los fallos generales''. Compruebe primeramente los elementos mencionados en dicha sección.

Pedal duro

1. Válvula antirretorno de vacío estropeada.

2. Manguera de vacío retorcida, plegada, taponada, presenta fugas o incorrectamente conectada.

3. Fuga interna en el pedal.

4. Cilindro de vacío estropeado.

5. Émbolo de válvula estropeado.

6. Muelles rotos o debilitados.

7. Vástago de émbolo roto.

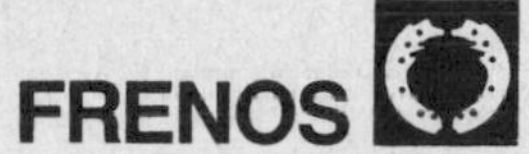

Frenos retenidos

1. Cilindro de vacío estropeado.
2. Válvula antirretorno de vacío estropeada.
3. La manguera de vacío presenta fugas o está incorrectamente conectada.
4. Vástago del émbolo roto.

El pedal cae hasta el suelo del vehículo

Generalmente, cuando se produce este problema, no suele estar ocasionado por el reforzador del servofreno. Rara vez, se trata quizás del vástago del émbolo que está roto.

Revisión

La mayoría de los reforzadores de servofrenos no se reparan sino que se sustituyen. En muchos casos, no se dispone de piezas de reparación. Para volver a montar estas unidades es necesario un gran número de herramientas especiales. Por estas razones, sería muy práctico sustituir un reforzador averiado por uno nuevo o por una unidad reacondicionada.

Hydro-Boost, Hydro-Boost II

La unidad Hydro-Boost difiere de los sistemas de servofrenos convencionales en que es accionada por la presión del líquido de la bomba de la dirección servoasistida en lugar de por el vacío del múltiple de admisión.

La unidad Hydro-Boost contiene una válvula de carrete con un centro abierto que sirve para controlar la presión de la bomba cuando se produce el frenado. Existe una palanca que sirve para controlar la posición de la válvula. Esta unidad dispone de un pistón de refuerzo que ejerce la fuerza necesaria para accionar el cilindro maestro convencional situado en la parte frontal del reforzador.

Dispone, también, de un acumulador que tiene una reserva para accionar al menos dos veces los frenos con refuerzo, y que está accionado por un muelle en los modelos más antiguos y neumáticamente en los más modernos. El acumulador forma parte integral de la unidad Hydro-Boost II. Los frenos pueden accionarse manualmente si el sistema de reserva está agotado.

Todas las comprobaciones, pruebas y procedimientos de localización de fallos del sistema son los mismos para los dos sistemas.

COMPROBACIONES DE LOS SISTEMAS HYDRO-BOOST

1. Una unidad Hydro-Boost averiada no producirá ninguno de los siguientes problemas: ruido en los frenos, debilitamiento del pedal o frenos duros. Si cualquiera de estas situaciones se produce, compruebe en otra parte del sistema de frenos.

2. Compruebe el nivel del líquido de frenos en el cilindro maestro. Debería estar a una distancia de 1/4" de la parte superior; si esto no es así, utilice únicamente líquido de frenos DOT-3 o DOT-4 hasta lograr el nivel correcto.

3. Compruebe el nivel de líquido en la bomba de la dirección servoasistida. El motor debería estar a la temperatura normal de funcionamiento y parado. El nivel debería quedar a la altura de la marca existente en la varilla de medición de la bomba. Añada líquido al sistema de dirección servoasistida hasta que el nivel en el depósito sea el correcto. Si el nivel del depósito es bajo la capacidad de control de la dirección y de frenado será inferior a la normal.

ATENCIÓN

El sistema hidráulico de frenos utiliza únicamente líquido de frenos, mientras que los sistemas de la dirección servoasistida Hydro-Boost utilizan únicamente líquido para dirección servoasistida. No mezcle los dos tipos de líquidos.

4. Compruebe la tensión de la correa de la bomba de la dirección servoasistida y compruebe si están retorcidas o existen fugas en todas las mangueras del sistema de dirección y unidad Hydro-Boost.

5. Compruebe y ajuste la velocidad de ralentí del motor si es necesario.

6. Compruebe si aparecen burbujas en la bomba de la dirección servoasistida. Si aparecen burbujas de aire en el líquido purgue el sistema. Rellene el depósito de la bomba de la dirección servoasistida según las especificaciones con el motor a la temperatura normal de funcionamiento. Con el motor girando, gire el volante de tope a tope, sin mantenerlo en los extremos, 3 ó 4 veces, y a continuación compruebe de nuevo el nivel del líquido.

7. Si el problema persiste, pase a las secciones de comprobación de las unidades Hydro-Boost y a la tabla de localización de fallos.

COMPROBACIÓN DE LA UNIDAD HYDRO-BOOST

Comprobación de funcionamiento

1. Compruebe si existen fugas en el sistema de frenos o si el nivel de líquido es bajo. Rellene el sistema si es necesario.

2. Coloque la transmisión en Neutral y pare el motor. Accione los frenos 4-5 veces para vaciar el acumulador.

3. Mantenga accionado el pedal con una presión moderada (25-40 libras) y arranque el motor.

4. El pedal del freno debería descender ligeramente y a continuación empujar hacia arriba contra su pie. Si no se observa movimiento, quiere decir que el sistema Hydro-Boost no funciona correctamente.

Comprobación de la existencia de fugas en el acumulador

1. Arranque el motor y déjelo girar a la velocidad de vacío normal. Gire el volante hasta que llegue a uno de los topes; manténgalo en esa posición durante no más de 5 segundos. Centre el volante y pare el motor.

2. Siga accionando los frenos hasta que el pedal se ponga «duro». Debería accionarse el servofreno un mínimo de dos veces (una vez en los sistemas Hydro-Boost II) cuando se aplique sobre el pedal una presión de 20-25 libras.

3. Arranque el motor y déjelo girar en ralentí (velocidad de vacío). Gire el volante hasta que llegue a uno de los topes del mismo. Si se escucha un ligero «silbido» quiere decir que el acumulador se está cargando. Centre el volante y pare el motor.

4. Espere una hora y accione los frenos sin arrancar el motor. Al igual que en el paso 2, deberían accionarse los frenos al menos dos veces (uno en el caso del sistema Hydro-Boost II) con el servofreno. Si esto no es así, quiere decir que el acumulador está estropeado y debe ser sustituido.

Purga del sistema Hydro-Boost

NOTA: **El sistema debería purgarse cuando desmonte y monte el reforzador.**

1. Rellene la bomba de la dirección servoasistida hasta que el nivel del líquido de frenos quede en la base del cuello del depósito de la bomba. Desconecte el cable de la batería del distribuidor.

NOTA: **En los motores diesel antes de accionar el motor desmonte el conductor eléctrico que va al terminal del solenoide del combustible en la bomba de inyección.**

2. Levante la parte delantera del vehículo, gire las ruedas totalmente hacia la izquierda y accione el motor durante algunos segundos.

3. Compruebe el nivel del líquido de la bomba de la dirección servoasistida. Si es necesario, rellene con líquido hasta que el nivel alcance la marca Add de la varilla de medición del nivel.

4. Apoye el vehículo sobre el firme, conecte el conductor de la batería y arránquelo, compruebe el nivel del líquido y añada líquido hasta la marca Add, si es necesario. Con el motor en marcha, gire las ruedas de un lado para otro para purgar el aire del sistema. Asegúrese de que el nivel del líquido permanece por encima de la carcasa interna de la bomba.

5. Ahora debería purgar el sistema Hydro-Boost completamente. Si el líquido saca espuma después de realizar la purga, pare el motor, deje que se estabilice el sistema durante una hora y a continuación repita la segunda parte del paso 4.

6. Los procedimientos anteriores deberían ser eficaces para eliminar el exceso de aire del sistema aunque, sin embargo, a veces es posible que permanezca algo de aire atrapado. Cuando esto ocurra es posible que el reforzador, al accionar el freno, haga un ruido parecido a un gorgoteo. Para que este ruido desaparezca accione ligeramente el pedal del freno con el motor en marcha. Una vez que desaparezca este ruido, compruebe el nivel del líquido en la bomba y añada líquido, si es necesario.

LOCALIZACIÓN DE FALLOS EN EL SISTEMA HYDRO-BOOST

Es necesario ejercer demasiada fuerza en el pedal del freno y en el volante (en ralentí)

1. La correa de la bomba de la dirección servoasistida está floja o rota.
2. El nivel del líquido de la bomba de la dirección servoasistida es bajo.
3. Existen fugas en las mangueras o rácores.
4. La velocidad de ralentí es demasiado baja.
5. La manguera está obturada.
6. La bomba de la dirección servoasistida está averiada.

Es necesario ejercer demasiada fuerza sobre el pedal del freno (en ralentí)

1. El pedal o varillaje rozan.
2. El líquido está contaminado.
3. La unidad Hydro-Boost está averiada.

El pedal del freno retorna con deficiencia

1. El varillaje del pedal roza.
2. El conducto de retorno del reforzador está taponado.
3. Existe restricción interna en el sistema de retorno.

El pedal del freno traquetea o golpetea

1. La correa de accionamiento de la bomba de la dirección servoasistida patina.
2. El nivel del líquido del sistema de la dirección servoasistida es demasiado bajo.
3. La bomba de la dirección servoasistida está averiada.
4. La unidad Hydro-Boost está averiada.

Ruido

1. El nivel de líquido de la dirección servoasistida es demasiado bajo.
2. Existe aire en el líquido de la dirección servoasistida.
3. La correa de accionamiento de la bomba de la dirección servoasistida está floja.
4. La manguera está obturada.

REVISIÓN

La Ford Motor Company repara la unidad Hydro-Boost únicamente sustituyéndola por una nueva o por una unidad reacondicionada. No existen especificaciones para la revisión de la unidad. Las unidades Hydro-Boost de la GM pueden ser revisadas por mecánicos cualificados.

ATENCIÓN

NO intente intercambiar las piezas entre las unidades Hydro-Boost de diferentes marcas de vehículos, debido a las diferencias de presión y de tolerancia de las piezas internas, la presión podría superar la presión normal de liberación del acumulador, 1,400 lib/pulg.² y ocasionar daños corporales o a las piezas.

Rotores de frenos de disco

EXCENTRICIDAD (CORRIMIENTO)

Los fabricantes difieren ampliamente sobre la excentricidad permisible, pero a veces cuando es excesiva puede sentirse en forma de pulsación en el pedal del freno. Se produce un efecto de bombeo cuando un rotor no gira centrado y la pastilla entra en contacto con las partes más desviadas expulsando el líquido hacia el cilindro maestro. Esta presión alterna provoca una sensación de pulsación o latido que puede sentirse en el pedal al accionar los frenos.

Para comprobar la excentricidad real del rotor, siga el procedimiento siguiente:

1. Apriete la tuerca del eje de la rueda hasta ajustar fuertemente el cojinete y eliminar el juego axial.
2. Acople un reloj indicador sobre la suspensión en un punto cómodo, de manera que la aguja del reloj indicador entre en contacto con la cara del rotor a aproximadamente 1'' de su borde externo.
3. Ajuste el reloj indicador a cero y compruebe la lectura total del mismo girando el rotor una vuelta completa. Si el rotor presenta un alabeo dentro de los márgenes de la excentricidad especificada, es probable que pueda ser mecanizado con un buen resultado.

«Excentricidad lateral»: es un movimiento oscilante del rotor de lado a lado a medida que éste gira. Una excentricidad lateral excesiva hará que las caras del rotor golpeen las pastillas del disco y puede dar lugar a un traqueteo, o un recorrido excesivo del pedal del freno, o un pedal que bombea registrando vibraciones durante el accionamiento.

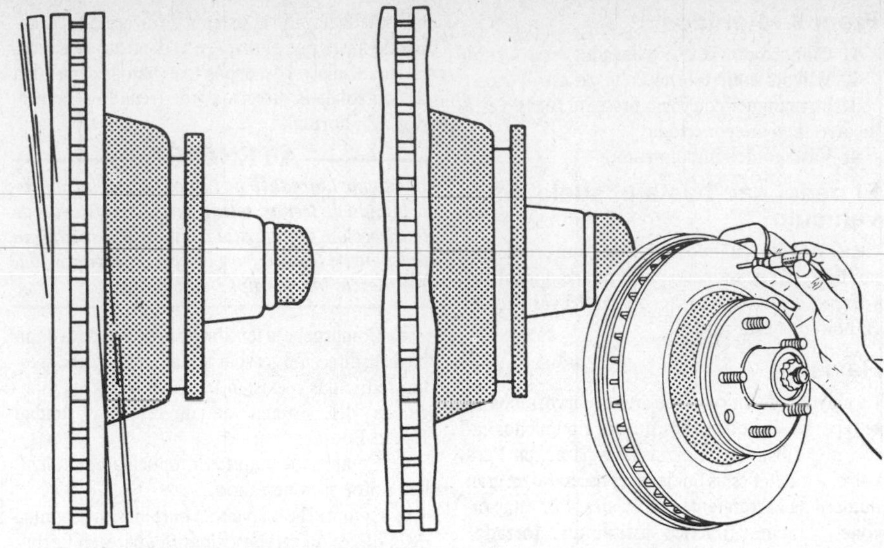
Excentricidad excesiva — Paralelismo

«Paralelismo» (falta de): vea la máxima variación admisible en el grosor del rotor. Una variación excesiva puede provocar vibraciones o resistencia en el freno, vibraciones en el extremo frontal y un posible «atascamiento» durante la acción de frenado; una situación comparable a un «tambor de freno que presenta excentricidad». Compruebe el paralelismo con un micrómetro. «Mida» el grosor en algunos puntos equitativamente espaciados, igualmente distantes del borde externo del rotor, preferiblemente en los puntos medios de la superficie de frenado. Paralelismo es entonces la variación entre las medidas máxima y mínima, del espesor del disco.

«Acabado, horizontalidad, suavidad de la superficie o acabado micro-pulgada»: estos términos, que son diferentes al paralelismo, se refieren al grado de perfección de la superficie plana de cada uno de los lados del rotor; esto es, las «colinas», «valles» y «diminutos remolinos» inherentes a la mecanización de la superficie. En una inspección

Condición ideal de la superficie del rotor

visual, la superficie rectificada debería presentar un pulido fino con, como máximo, un resto mínimo de remolinos no direccionales.

REPARACIÓN DEL ROTOR DEL DISCO

Sustitución del disco

1. Levante y sujete el vehículo con caballetes y a continuación desmonte el conjunto de la rueda y el neumático.

2. Desmonte la pinza del freno. Apártela suspendiéndola con un alambre y NO la deje colgando de la manguera del freno.

3. Desmonte la tuerca del cojinete de la rueda del eje de la misma y el cojinete externo de la rueda del cubo.

4. Desmonte el conjunto del cubo y el disco del eje de la rueda (husillo).

5. Para realizar el montaje siga el procedimiento inverso.

NOTA: El disco puede desmontarse del cubo en los modelos Eldorado, Toronado y Corvette (únicamente en los frenos traseros). Para separar el disco trasero y cubo de un Corvette debe extraer los tres remaches de sujeción del cubo al disco perforándolos. Esto puede hacerlo con el cubo y rotor montados en el vehículo. No es necesario colocar remaches nuevos al montar el vehículo.

SISTEMA DE FRENADO ANTIBLOQUEO (ABS)

FUNCIONAMIENTO

El sistema de frenado antibloqueo (ABS) es básicamente un sistema de frenos mejorado. La finalidad del ABS es aumentar el control del conductor sobre el vehículo al accionar los frenos, especialmente en lo que se refiere al control de la dirección. Cuando un vehículo que dispone de un sistema de frenos convencional debe frenar bruscamente, es posible que una o más ruedas queden bloqueadas de manera que el conductor no dispone de control sobre la dirección para evitar posible riesgos. El sistema ABS está diseñado para impedir que se bloqueen las ruedas frenadas. Las ventajas del sistema son considerables. Por ejemplo, durante una frenada a alta velocidad entrando en una curva, el ABS permitirá al conductor controlar la dirección mientras recorre la curva y va desacelerando. Además, el ABS está diseñado para mejorar la acción de frenado en cada una de las ruedas delanteras independientemente, y en las dos ruedas traseras independientemente de las delanteras. Esto permite un frenado controlado incluso si una o más de las ruedas se encuentran en una superficie resbaladiza. En tal situación, el ABS detectará automáticamente la pérdida inicial de adherencia en cualquier rueda y reducirá o eliminará la presión hidráulica adicional sobre la pinza del freno de esa rueda o de las dos pinzas de las ruedas traseras hasta que se recupere la adherencia al firme.

COMPONENTES

El ABS es básicamente el conocido sistema hidráulico de frenos de disco en las cuatro ruedas con circuito separado en el que se ha encajado o incorporado un sofisticado sistema de prioridad electrónico y mecánico. Los principales componentes

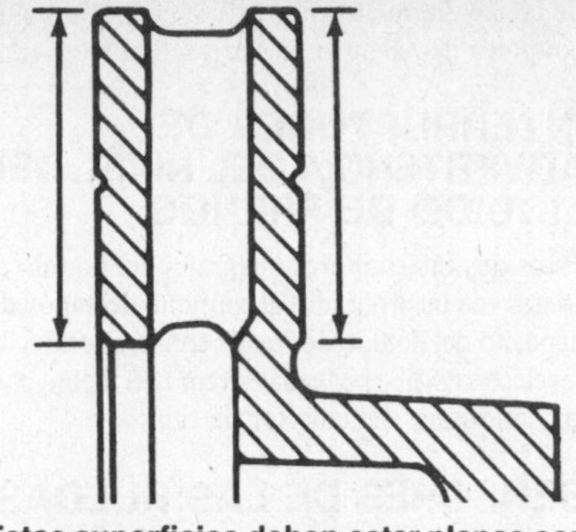

Estas superficies deben estar planas con una tolerancia de horizontalidad de 0.002"

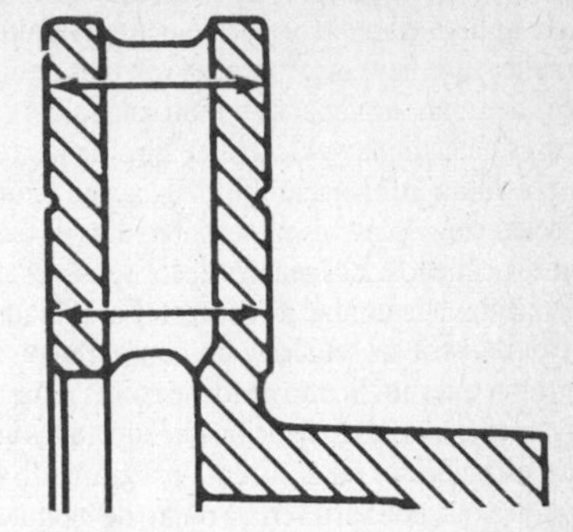

La conicidad no debe superar las 0.003"

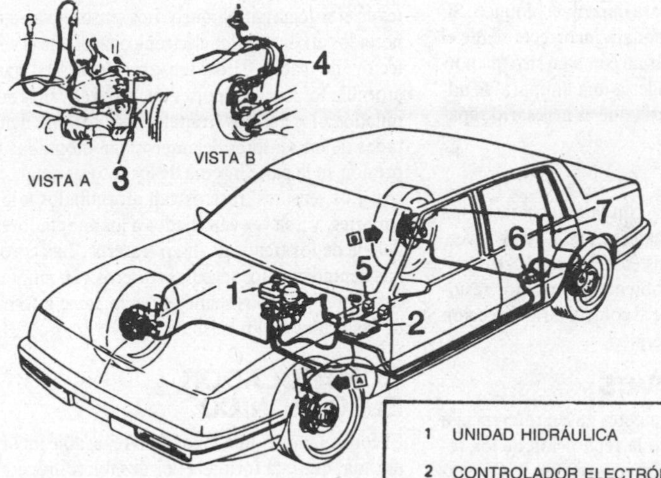

1 UNIDAD HIDRÁULICA

2 CONTROLADOR ELECTRÓNICO

3 RECORRIDO DEL CABLE DEL SENSOR DE VELOCIDAD EN VEHÍCULOS CON TRACCIÓN DELANTERA

4 RECORRIDO DEL CABLE DEL SENSOR DE VELOCIDAD EN VEHÍCULOS CON TRACCIÓN TRASERA

5 RELÉS

6 VÁLVULA DE DISTRIBUCIÓN

7 CONEXIÓN DEL SENSOR AL COLECTOR DE CABLES (ZONA DEL MALETERO)

Sistema típico TEVES ABS

SISTEMA DE FRENADO

SISTEMA DE FRENADO HIDRÁULICO
ABS ELECTRO-HIDRÁULICS
ABS ELECTRÓNICS
SENSORES DE RUEDA, ACELER.

1 SENSORES DE LA VELOCIDAD DE LAS RUEDAS
2 CILINDROS DE FRENADO DE LAS RUEDAS
3 MODULADOR HIDRÁULICO
3a VÁLVULA DEL SOLENOIDE
3b ACUMULADOR HIDRÁULICO
3c BOMBA DE RETORNO
4 CILINDRO MAESTRO DEL FRENO
5 CONTROLADOR ELECTRÓNICO
6 LÁMPARA DE ADVERTENCIA ABS

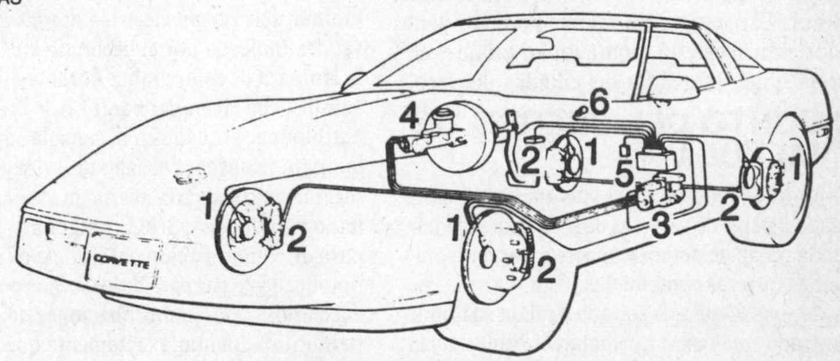

Sistema típico Bosch II ABS.

del sistema son los sensores de velocidad de las ruedas, la unidad de control electrónico y la unidad hidráulica, que lleva incorporadas válvulas de conductos de frenos accionadas por un solenoide. Los sensores detectan la velocidad de giro de las ruedas y facilitan información sobre la aceleración y desaceleración de las mismas en intervalos de tiempo muy pequeños. Las señales de los sensores son transmitidas a la unidad de control. La unidad de control registra las señales y las compara con un programa interno. Si uno de los sensores muestra bruscamente una desaceleración que supera los umbrales establecidos en el sistema programado (lo que indica que una rueda está a punto de bloquearse y patinar) el microprocesador acciona la unidad de control hidráulico para mantener la presión óptima en los frenos de dicha rueda o de ambas ruedas traseras para impedir el bloqueo. Si, por alguna razón, funcionara incorrectamente el ABS los frenos funcionarían como un sistema normal sin ABS y se encendería una lámpara de advertencia, lo que indicaría que es necesario reparar el sistema ABS.

SISTEMAS

Ford y General Motors, con la excepción de los modelos Corvette, utilizan el sistema ABS Teves, Corvette dispone de un sistema Bosch ABS II. Ambos sistemas permiten obtener los mismos resultados en lo que se refiere al control de la dirección durante un frenado enérgico.

Teves

Los procedimientos siguientes hacen referencia a los vehículos Ford, pero la reparación de los vehículos de la General Motors (excepto el Corvette) es similar.

CILINDRO MAESTRO Y REFORZADOR HIDRÁULICO

El cilindro maestro y el reforzador del freno están dispuestos en las posiciones elementales anterior y posterior con el reforzador situado detrás del cilindro maestro. La válvula de control del reforzador está situado en un orificio paralelo situado sobre la línea central del cilindro maestro y es accionada por una palanca de conexión de la varilla de empuje del pedal del freno.

BOMBA ELÉCTRICA Y ACUMULADOR

La bomba eléctrica es del tipo de alta presión que gira a intervalos frecuentes durante un corto período de tiempo para cargar el acumulador hidráulico que alimenta al sistema de frenos. El acumulador está formado por una cámara de presión llena de gas que forma parte del conjunto de la bomba y el motor. El conjunto del motor, bomba y acumulador eléctricos está montado, en bloque, en el conjunto del reforzador del cilindro maestro.

CONJUNTO DEL CUERPO DE LA VÁLVULA

El conjunto del cuerpo de la válvula lleva incorporado tres pares de válvulas de solenoide. Un par para cada rueda delantera y un tercer par para ambas ruedas traseras combinadas. Estas válvulas de solenoide son válvulas de entrada o salida en donde la de entrada suele estar normalmente abierta y la de salida normalmente cerrada. El cuerpo mismo de la válvula va atornillado a la cara interna del conjunto del cilindro maestro-reforzador.

INTERRUPTORES DE ADVERTENCIA DEL NIVEL DEL LÍQUIDO DE FRENOS

Estos dos interruptores integrales del líquido de frenos van incorporados al conjunto del tapón del depósito del líquido de frenos con dos conductores eléctricos, uno por cada extremo del tapón, para las conexiones del colector de cables.

SENSORES DE LAS RUEDAS

Los sensores son cuatro conjuntos de sensores electrónicos de reluctancia variable, cada uno de los cuales dispone de una corona dentada de 104 dientes en el sistema antibloqueo. Los sensores van conectados al controlador electrónico mediante el colector de cables. Los sensores frontales van atornillados a unos soportes que a su vez van atornillados a los husillos frontales. Las coronas dentadas de los sensores delanteros van montadas a presión en la parte interna de los rotores delanteros. Los sensores traseros van atornillados a los soportes, y a su vez van fijados a los adaptadores del eje de los frenos de disco traseros. Las coronas dentadas de los sensores traseros van montadas a presión en los semiejes, en la parte interna de las bridas de los mismos.

CONTROLADOR ELECTRÓNICO

El controlador es una unidad no reparable incorporada, que está formada por dos microprocesadores y los circuitos necesarios para su funcionamiento. La función del controlador es supervisar o controlar las operaciones del sistema durante una conducción normal y durante el frenado antibloqueo. Cualquier anomalía o mal funcionamiento del sistema de frenado antibloqueo hará que el controlador desconecte el sistema de frenado antibloqueo y deje paso al sistema normal. Cuando el sistema de frenado antibloqueo deje paso al sistema normal, seguirá funcionando el sistema de frenado por servofreno.

COMPROBACIÓN DE LA LÁMPARA DE ADVERTENCIA DEL SISTEMA DE FRENADO ANTIBLOQUEO

El sistema de frenado antibloqueo a las cuatro ruedas es autoajustable. Cuando el interruptor de encendido está en la posición RUN, el controlador electrónico realizará una autocomprobación preliminar del sistema eléctrico antibloqueo, lo que vendrá indicado por el hecho de que se encienda la lámpara de color ámbar durante 3-4 segundos. Compruebe la lámpara anti Lock Brakes (frenos antibloqueo) situada en la consola superior. Esta lámpara se apagará al cabo de 3-4 segundos, a no ser que exista alguna avería en el sistema de frenado antibloqueo. Si existe alguna avería, la lámpara de comprobación del sistema de frenado antibloqueo y/o lámpara de los frenos permanecerán encendidas y las comprobaciones de diagnóstico permitirán apuntar exactamente qué componente debe ser reparado.

PURGA DEL SISTEMA DE FRENOS

Puede realizarse la purga de los frenos delanteros siguiendo el método convencional, cambiando o no el acumulador. Cuando purgue los frenos traseros, el acumulador debe estar completamente cargado o el sistema ha de ser descomprimido siguiendo el procedimiento descrito anteriormente en esta sección.

Purga del sistema de freno con el acumulador cargado

NOTA: Tenga cuidado al abrir los tornillos de purga de las pinzas de freno traseras, ya que existe una gran presión en el sistema, concretamente en los tornillos de purga, debido a que el acumulador está completamente cargado.

1. Con el acumulador completamente cargado, haga que alguien mantenga el pedal del freno en una posición en donde los frenos están accionados, coloque el interruptor de encendido en la posición RUN y abra los tornillos de purga de las pinzas de los frenos traseros durante 10 segundos cada vez.
2. Repita este procedimiento hasta que se elimine el aire del líquido de frenos y cierre los tornillos de purga de las pinzas de los frenos.
3. Haga lo mismo con todas las pinzas de frenos después de haber cerrado los tornillos de purga. Accione el pedal del freno un par de veces para finalizar el procedimiento de purga.
4. Ajuste el nivel del líquido de frenos en el depósito hasta llegar al nivel máximo correspondiente al acumulador totalmente cargado.

CILINDRO MAESTRO

Desmontaje y montaje

NOTA: Debe descomprimir el sistema hidráulico de frenos antes de desmontar el cilindro maestro. Para descomprimirlo, coloque la llave de encendido en la posición OFF y accione el pedal del freno al menos 20 veces hasta que sienta un aumento claro de la resistencia del pedal.

1. Desconecte el cable negativo de la batería y conectores eléctricos del tapón del depósito del cilindro maestro, válvula principal, cuerpo de la válvula del solenoide, interruptor de advertencia de la presión, motor de la bomba hidráulica y conector a masa del cilindro maestro.
2. Desconecte los conductos de los frenos del cuerpo de la válvula del solenoide y tapón de las bocas de los conductos existentes en el cuerpo de la válvula para impedir la pérdida de líquido.

NOTA: NO permita que se escape o derrame el líquido de frenos sobre ninguno de los conductores eléctricos.

3. Por el interior del vehículo, desconecte la varilla de empuje del reforzador hidráulico del pedal del freno por este orden: desconecte los conductos del interruptor de la luz de frenado situados en el conector del pedal del freno. Desmonte el clip de tipo pasador de pelo del interruptor de la lámpara de frenado situado en el pedal del freno y aparte el interruptor de la clavija del pedal una distancia suficiente para que el orificio externo del interruptor salga de la clavija. Desmonte el interruptor girándolo, pero tenga cuidado de no da-

ñarlo durante su desmontaje. Desmonte las cuatro tuercas de sujeción del panel de instrumentos y de la parte interna del compartimiento del motor. Desmonte el reforzador del panel de instrumentos.

4. Para montarlo, siga el procedimiento inverso al de desmontaje y a continuación purgue el sistema de frenos como se ha descrito anteriormente en esta sección.

ACUMULADOR HIDRÁULICO

Desmontaje y montaje

1. Descomprima el sistema de frenos y desconecte el conector eléctrico del motor de la bomba hidráulica.

2. Utilizando una llave hexagonal de 8 mm o equivalente, desatornille el acumulador; asegúrese de que no entra suciedad a través de la compuerta abierta.

3. Utilizando la misma llave hexagonal o equivalente, desmonte el perno del bloque del adaptador del acumulador y dicho bloque si es necesario.

4. Para montarlo, siga el procedimiento inverso al de desmontaje y observe lo siguiente:

a. Monte anillos tóricos nuevos en el acumulador y bloque del adaptador.

b. Apriete el perno del bloque del adaptador con un par de 25-34 libras-pie y el acumulador con un par de 30-34 libras-pie.

c. Después de su montaje, coloque el interruptor de encendido en la posición ON y asegúrese de que la lámpara del sistema de frenado antibloqueo se apaga después de como máximo un minuto.

d. Rellene el depósito del cilindro maestro con líquido de frenos hasta la marca Max.

MOTOR DE LA BOMBA HIDRÁULICA

Desmontaje y montaje

1. Descomprima el sistema de frenos y desconecte el cable negativo de la batería.

2. Desconecte las conexiones eléctricas del motor de la bomba hidráulica y el interruptor de advertencia de presión.

3. Desmonte el acumulador como se ha descrito anteriormente.

4. Desmonte el conducto de succión entre el depósito y la bomba, en su punto de conexión al depósito, girando la manguera y tirando de ella ligeramente hacia afuera.

NOTA: Para impedir una pérdida de líquido, puede acoplarse un tetón grande de vacío sobre la boca del depósito a la vez que se desmonta la manguera.

5. Desmonte el perno de sujeción del conducto de alta presión de la bomba que va a la carcasa del reforzador hidráulico, en el punto de conexión con ésta.

NOTA: Asegúrese de conservar los dos anillos tóricos situados a ambos lados del perno de sujeción.

6. Desmonte el perno de cabeza Allen que sujeta el conjunto de la bomba y motor a la prolongación de la carcasa, situada directamente debajo del acumulador. Guarde el espaciador grueso existente entre la prolongación de la carcasa y la montura antichoque.

7. Escurra el conjunto de la bomba deslizándolo hacia adentro para desmontarlo de la clavija retén situada en el lado interno de la prolongación de la carcasa.

8. Para montarlo, siga el procedimiento inverso al de desmontaje. Purgue el sistema de frenos y asegúrese de que la lámpara Chek anti Lock Brake se apaga al cabo de como máximo un minuto.

CONTROLADOR ELECTRÓNICO

Desmontaje y montaje

1. Desconecte el cable negativo de la batería. Desconecte el conector de 35 clavijas del controlador electrónico, que está situado en el portamaletas del vehículo en la parte frontal del panel de adorno delantero.

2. Desmonte los tres tornillos de sujeción del controlador electrónico al tirante posterior del asiento y desmonte el controlador.

3. Para montarlo siga el procedimiento inverso al de desmontaje.

INTERRUPTOR DE PRESIÓN

Desmontaje y montaje

1. Descomprima el sistema de frenos y desconecte el cable negativo de la batería.

2. Desconecte el conector de siete clavijas del cuerpo de la válvula del solenoide y desmonte el interruptor de presión utilizando la herramienta especial número P85P-20215-B o equivalente, un adaptador de 1/2-3/8'' y una llave de carcasa de 3/8''.

3. Para montarlo, siga el procedimiento inverso al de desmontaje y sustituya el anillo tórico del interruptor. Apriete el interruptor con un par de 15-25 libras-pie.

SENSOR DE LAS RUEDAS DELANTERAS

Desmontaje y montaje

1. Desconecte el conector eléctrico del sensor que corresponde a los sensores delanteros derecho o izquierdo, haciéndolo por la parte interior del compartimiento del motor.

2. Levante y sujete el vehículo con seguridad y desacople la ojiva del cable de la torre del amortiguador derecho o izquierdo.

3. Extraiga el conector del cable del sensor a través del orificio y tenga cuidado de no dañarlo.

4. Desmonte el cable del sensor del soporte de la torre del amortiguador y el carril lateral.

5. Afloje el tornillo de ajuste sujetando el sensor contra el poste del soporte del mismo. Desmonte el sensor a través del orificio existente en el salpicadero del freno de disco.

6. Desmonte el soporte del sensor o el poste del soporte del sensor, si ha resultado dañado, desmontando las pinzas de los frenos, conjunto de cubo y rotor (como se ha descrito anteriormente). Desmonte los dos pernos de sujeción del salpicadero del freno que sujetan al soporte del sensor.

7. Monte el soporte del sensor con el poste del mismo, si ha sido desmontado. Apriete el perno de sujeción del poste con un par de 40-60 libras-pulgada y los pernos de sujeción del salpicadero con un par de 10-15 libras-pulgada. Monte el conjunto del cubo y rotor como se ha descrito anteriormente.

NOTA: Si se pretende reutilizar el sensor, limpie toda la suciedad y grasa de la superficie del poste, rasque la superficie del poste con un cuchillo poco afilado o herramienta similar, de manera que el sensor se deslice libremente sobre el poste. Pegue también un nuevo papel espaciador frontal en la cara del poste.

8. Monte el sensor nuevo u original a través del orificio existente en el salpicadero del freno en el poste del soporte del sensor. Asegúrese de que el espaciador de papel no se despega durante el montaje.

9. Empuje el sensor hacia la corona dentada del mismo hasta que el sensor nuevo entre en contacto con la corona. Sujete el sensor contra la corona del mismo y apriete el tornillo de ajuste con un par de 21-26 libras-pulgada.

10. Introduzca el cable en el soporte del puntal del amortiguador soporte del carril y a continuación a través del zócalo del guardabarro interno hasta llegar al compartimiento del motor y finalizar su conexión.

11. Apoye el vehículo sobre el firme y vuelva a conectar la conexión eléctrica del sensor.

12. Compruebe el funcionamiento del sensor haciendo una prueba de rodaje del vehículo y asegurándose de que se desconecta la lámpara Check anti Lock Brake.

SENSOR DE LAS RUEDAS TRASERAS

Desmontaje y montaje

1. Desmonte el conector eléctrico del sensor de la rueda situado detrás del panel de adorno delantero del compartimiento de equipajes situado en el portamaletas.

2. Levante la alfombrilla del portamaletas y extraiga la ojiva del cable del sensor a través del orificio existente en el fondo del portamaletas.

3. Levante y sujete el vehículo con seguridad y desmonte la rueda correspondiente.

4. Desmonte el cableado del sensor de la rueda del alojamiento del eje de la transmisión (trompeta). El colector de cables tiene tres tipos diferentes de retenes que son los siguientes:

a. Un retén interno de tipo clip situado en la parte superior del alojamiento del diferencial. Doble simplemente el clip lo suficiente para desmontar el colector de cables.

b. El segundo clip del retén es un clip en C y está situado en la parte central del alojamiento del eje de la transmisión. Tire hacia atrás del clip para desacoplarlo del alojamiento del eje de la transmisión.

c. El tercer clip va situado en la conexión entre el tubo del freno de la rueda trasera y la manguera flexible. Desmonte el perno de sujeción y abra el clip para desmontar el colector de cables.

NOTA: Tenga cuidado de no doblar el clip C de manera que se abra más allá de la cantidad necesaria para desmontar dicho clip del alojamiento del eje de la transmisión, ya que podría romperse.

5. Desmonte los conjuntos de pinzas y rotores

de las ruedas traseras como se ha descrito anteriormente en esta sección.

6. Desmonte el perno de sujeción del sensor de la rueda, extraiga la ojiva a través del salpicadero del freno trasero y tire del cable del sensor hacia afuera a través del orificio.

7. Si resulta dañado el soporte del sensor, desmonte los tornillos de sujeción del soporte y sustitúyalos.

8. Si fue desmontado monte el soporte del sensor, y apriete los tornillos con un par de 11-15 libras-pie.

9. Si pretende reutilizar el sensor, límpielo de la misma manera que los sensores de las ruedas delanteras.

10. Introduzca el sensor en el orificio grande del soporte del mismo y monte el perno de sujeción en el soporte del sensor y apriete el perno de sujeción con un par de 40-60 libras-pulgada.

11. Empuje el sensor hacia la corona dentada hasta que el nuevo sensor de papel entre en contacto con la corona dentada, sujete el sensor contra la corona dentada y apriete el tornillo de ajuste con un par de 21-26 libras-pulgada.

12. Monte los conjuntos de pinzas y rotores como se ha descrito anteriormente.

13. Empuje el cable y conector a través del orificio del salpicadero y acople la ojiva en el ojal del mismo. Monte el cable del sensor en los retenes existentes a lo largo del alojamiento del eje de la transmisión.

14. Empuje el conector a través del orificio del portamaletas y asiente la ojiva en el fondo del portamaletas.

15. Vuelva a conectar el conector eléctrico del cable y monte la alfombrilla en el portamaletas. Compruebe el funcionamiento del sensor haciendo una prueba de rodaje del vehículo y compruebe si se enciende la lámpara Check anti Lock Brake.

NOTA: Si se observa que el sensor de corona dentada funciona incorrectamente bien en las ruedas delanteras o en las traseras, será necesario desmontar el conjunto del rotor, extraer el sensor de corona dentada e introducir a presión el nuevo.

TABLA DE APLICACIÓN DE LOS FRENOS DE DISCO Y ESPECIFICACIONES

Fabricante	Marca/Modelo	Año	Tipo para ref. en el texto	Tipo de pinza de freno	Fabricante	Perno de anclaje (lib.-pie)	Perno de unión o pernos de chaveta (libras-pie)	Tuercas orejetas de las ruedas (libras-pie)	Grosor mínimo: Estándar normal	Grosor mínimo: Mecan. hasta	Grosor mínimo: Descartar a	Variación de paralelismo del rotor	Excentricidad máxima
American Motors	Eagle	'82–'87	1	Deslizante	Bendix	100	30	75	.880	.815	.810	.0005	.003
	Concord, Spirit	'82–'83	1	Deslizante	Bendix	85	30	75	.880	.815	.810	.0005	.003
	Todos	'80–'81	1	Deslizante	Bendix	80	15	75	.880	.815	.810	.0005	.003
Modelos con tracción delantera de la Chrysler Corporation	Aries, Reliant, LeBaron, Dodge 400 ('83), 600 sin frenos HD	'83–'87	12 o 14	Flotante	ATE	70–100	18–22	80	.935	.912	.882	.0005	.004
	Frenos H.D. (Régimen pesado)	'83–'87	12 o 14	Flotante	K/H	70–100	25–35	80	.935	.912	.882	.0005	.004
	E Class, New Yorker, Town & Country, Daytona, Laser	'83–'87	12 o 14	Flotante	ATE o K/H	70–100	ATE: 18–22 K/H: 25–35	80	.935	.912	.882	.0005	.004
	Omni, Horizon, Charger, Turismo	'83–'87	11	Flotante	K/H	70–100	25–40	80	.500	.461	.431	.0005	.004
	Aries, Reliant, LeBaron, Dodge 400	'81–'82	12	Flotante	ATE	70–100	18–22	85	.935	.912	.882	.0005	.004
	Omni, Horizon	'80–'82	11	Flotante	K/H	70–100	25–40	85	.500	.461	.431	.0005	.004
Modelos de la Chrysler Corporation con tracción trasera	Cordoba ('80–'83), Diplomat, Gran Fury, Mirada ('80–'83), New Yorker, Imperial ('80–'83)	'80–'87	6	Deslizante	Chrysler	95–125	15–20	85	1.010	.955	.940	.0005	.004
Modelos de la Ford Motor Co. con tracción delantera	Escort, Lynx, LN7, EXP, Tempo, Topaz, Sable ('86–'87), Taurus ('86–'87)	'81–'87	10	Deslizante	Ford	—	18–25	80–105	.945	.896	.882	.0005	.003
Modelos de la Ford Motor Company con tracción trasera	Lincoln Continental, Mark VII Delanteros	'82–'87	13	Deslizante	Ford	—	40–60	80–105	1.030	—	.972	.0005	.003
	Traseros	'82–'87	7	Deslizante	K/H	85–115	15–20	80–105	.945	—	.895	.0004	.004
	Lincoln Town Car, Crown Victoria, Grand Marquis	'83–'87	13	Deslizante	Ford	—	40–60	80–105	1.030	—	.972	.0005	.003
	Ford, Mercury, Lincoln	'80–'82	13	Deslizante	Ford	—	40–60	80–105	1.030	—	.972	.0005	.003
	Todos los mod., menos los menc.	'80–'87	13	Deslizante	Ford	—	30–40	80–105	.870	—	.810	.0005	.003
	Granada, Monarch Versailles	'80	1	Deslizante	K/H	105U-65L	12–16	80–105	.870	—	.810	.0005	.003
	Pinto, Bobcat	'80	1	Deslizante	K/H	105U-65L	12–16	80–105	.870	—	.810	.0005	.003
	Frenos de disco traseros	'80–'82	7	Deslizante	K/H	85–115	15–20	80–105	.945	—	.895	.0004	.003
General Motors Buick	Electra Limited, Park Ave (tracción delantera)	'85–'87	2	Flotante	Delco	—	35	70	1.043	.972	.957	.0005	.004
	Electra, Estate Wagon (tracción trasera)	'80–'84	2	Flotante	Delco	—	35	80①	1.037	.980	.965	.0005	.004
	Riviera Delanteros	'80–'87	2	Flotante	Delco	—	35	100	1.037	.980	.965	.0005	.004
	Traseros	'80–'87	9	Flotante	Delco	35	30	100	—	.980	.965	.0005	.004
	Century con frenos HD	'83–'87	2	Flotante	Delco	—	28	100	1.043	.972	.957	.0005	.004
	excepto frenos HD	'82–'87	2	Flotante	Delco	—	28	100	.885	.830	.815	.0005	.004
	Skyhawk con disco con orificios de ventilación	'82–'87	2	Flotante	Delco	—	28	100	.885	.830	.815	.0005	.004

TABLA DE APLICACIÓN DE LOS FRENOS DE DISCO Y ESPECIFICACIONES

Fabricante	Marca/Modelo	Año	Tipo para ref. en el texto	Tipo de pinza de freno	Fabricante	Perno de anclaje (lib.-pie)	Perno de unión o pernos de chaveta (libras-pie)	Tuercas orejetas de las ruedas (libras-pie)	Grosor mínimo: Estándar normal	Grosor mínimo: Mecan. hasta	Grosor mínimo: Descartar a	Variación de paralelismo del rotor	Excentricidad máxima
	Con disco macizo	'82	2	Flotante	Delco	—	28	100	—	.444	.429	.0005	.004
		'80	3	Flotante	Delco	—	—	80	.885	.830	.815	.0005	.005
	Regal, LeSabre	'82–'87	2	Flotante	Delco	—	35	70–80	1.043	.980	.965	.0005	.004
	Skylark	'80–'87	2	Flotante	Delco	—	21–35	102	.885	.830	.815	.0005	.003
	Century, Regal, LeSabre	'80–'81	2	Flotante	Delco	—	35	80	—	.960	.965	.0005	.004
Cadillac	Cimarron	'82–'87	19	Flotante	Delco	—	28	100	.885	.830	.815	.0005	.004
	Fleetwood, De Ville (tracción delantera)	'85–'87	2	Flotante	Delco	—	35	70	1.043	.972	.957	.005	.004
	Fleetwood, De Ville (tracción trasera) Delanteros	'80–'84	2	Flotante	Delco	—	30	100	1.037⑥	.980	.965	.0005	.004
	Traseros	'80–'84	9	Flotante	Delco	35	30	100	1.250	.910	.905	.0005	.003
	CC, Limousine	'80–'87	2	Flotante	Delco	—	30	100	1.250	1.230	1.215	.0005	.004
	Eldorado, Seville Delanteros	'80–'87	2	Flotante	Delco	—	28	100	1.035	.965	.957	.0005	.004
	Traseros	'80–'87	9	Flotante	Delco	35	30	100	1.035	.965	.957	.0005	.004
Chevrolet	Full Size	'80–'87	2	Flotante	Delco	—	35	80②	1.030	.980	.965	.0005	.004
	Malibu, Monte Carlo,	'80–'87	2	Flotante	Delco	—	35	80③	1.030	.960	.965	.0005	.004
	Camaro Delanteros	'80–'87	2	Flotante	Delco	—	21–35	80	1.030	.980	.965	.0005	.004
	Traseros	'80–'87	9	Flotante	Delco	—	30–45	80	1.030	.980	.965	.0005	.004
	Corvette Delanteros	'80–'82	4	Fijos	Delco	70	130	70④	1.285	1.230	1.215	.0005	.004
	Traseros	'80–'82	4	Fijos	Delco	70	60	70④	1.285	1.230	1.215	.0005	.004
	Delanteros	'84–'87	16	Flotante	Girlock	70	24	100	.780	.739	.724	.0005	.006
	Traseros	'84–'87	16	Flotante	Girlock	44	24	100	.780	.739	.724	.0005	.006
	Celebrity, Cavalier	'82–'87	19	Flotante	Delco	—	28	100		Ventilados		.0005	.004
									.885	.830	.815		
										Macizo.			
									.490	.444	.429		
	Citation	'80–'87	19	Flotante	Delco	—	28	102	.885	.830	.815	.0005	.003
	Nova	'85–'87	5	Flotante	—	65	18	76	.531	.507	.472	.0005	.006
	Spectrum	'85–'87	17	Flotante	—	40	36	65	.433	.393	.378	.0005	.006
	Sprint	'85–'87	18	Flotante	—	—	26	50	.394	.330	.315	.0005	.003
	Monza	'80	3	Flotante	Delco	—	—	80③	.885	.830	.815	.0005	.005
	Chevette	'80–'82	8	Flotante	Delco	70	28	70	.440	.390	.374	.0005	.005
		'83–'87	19	Flotante	Delco	—	21–25	70	—	.390	.374	.0005	.005
Oldsmobile	98 Regency, Brougham (tracción delantera)	'85–'87	2	Flotante	Delco	—	35	70	1.0443	.972	.957	.0005	.004
	Full Size	'80–'87	2	Flotante	Delco	—	35	80①	1.040	.960	.965	.0005	.005
	Toronado Delanteros	'80–'87	2	Flotante	Delco	—	35	100	1.040	.980	.965	.0005	.004
	Traseros	'80–'84	9	Flotante	Delco	32	30	100	1.040	.980	.965	.0005	.004
	Cutlass Supreme, Cutlass	'80–'87	2	Flotante	Delco	—	35	80	1.040	.980	.965	.0005	.005
	Ciera, Firenza	'82–'87	2	Flotante	Delco	—	28	100		Ventilados		.0005	.004
									1.043	.972	.957		
										Macizo			
									.490	.444	.429		
	Omega	'80–'84	2	Flotante	Delco	—	28	103	.885	.830	.815	.0005	.003
	Starfire	'80	3	Flotante	Delco	—	—	80	.880	.830	.815	.0005	.003
Pontiac	Full Size	'80–'87	2	Flotante	Delco	—	35	80①	1.040	.980	.965	.0005	.004
	Grand Prix, Grand Am, LeMans	'80–'87	2	Flotante	Delco	—	35	80	1.030	.980	.965	.0005	.004
	Firebird Delanteros	'80–'87	2	Flotante	Delco	—	21–35	80	1.030	.980	.965	.0005	.004
	Traseros	'80–'87	9	Flotante	Delco	—	30–45	80	1.030	.980	.965	.0005	.004

TABLA DE APLICACIÓN DE LOS FRENOS DE DISCO Y ESPECIFICACIONES

Fabricante	Marca/Modelo	Año	Tipo para ref. en el texto	Tipo de pinza de freno	Fabricante	Perno de anclaje (lib.-pie)	Perno de unión o pernos de chaveta (libras-pie)	Tuercas orejetas de las ruedas (libras-pie)	Grosor mínimo: Estándar normal	Grosor mínimo: Mecan. hasta	Grosor mínimo: Descartar a	Variación de paralelismo del rotor	Excentricidad máxima
	6000, J2000	'82–'87	2	Flotante	Delco	—	28	100		Ventilados		.0005	.004
									1.043	.972	.957		
										Macizo			
									.490	.444	.429		
	Phoenix, Ventura	'80–'85	2	Flotante	Delco	—	28	103	.885	.830	.815	.0005	.003
	Sunbird	'80	3	Flotante	Delco	—	—	80	.885	.830	.815	.0005	.005
	T1000	'81–'82	8	Flotante	Delco	70	28	70	.440	.390	.374	.0005	.005
		'83–'87	2	Flotante	Delco	—	21–25	70	.440	.390	.374	.0005	.005
	Fiero Delanteros	'84–'87	2	Flotante	Delco	—	35	81	—	.444	.390	.0005	.004
	Traseros	'84–'87	15	Flotante	Delco	—	35	81	—	.444	.390	.0005	.004

① 100 con ½ en los espárragos
② 100 con ruedas estándard
③ 90 con ruedas de aluminio
④ 80 con ruedas de aluminio

REPARACIÓN DE LOS FRENOS DE DISCO

INSPECCIÓN

Las pastillas de los discos (conjuntos de zapatas y forros) deberían ser sustituidas por ejes (las de ambas ruedas) cuando el forro de cualquier pastilla esté desgastado hasta 1/16'' en cualquier punto. Si se permite que el desgaste del forro supere 1/16'' de grosor mínimo, el disco puede resultar seriamente dañado. Sin embargo, las especificaciones estatales de inspección prevalecen sobre estas recomendaciones generales. Obsérvese que las pastillas de los discos en los frenos de pinza flotante pueden desgastarse en ángulo y la medición debería realizarse en el extremo estrecho de la parte cónica. Los forros con conicidad deberían ser sustituidos si ésta es superior a 1/8 entre extremos (la diferencia entre el punto más grueso y el más fino)

ATENCIÓN

Para evitar daños costosos de pintura, elimine algo de líquido de frenos (no lo reutilice) del depósito y monte la tapa del depósito antes de volver a colocar las pastillas de los discos. Cuando vuelva a colocar las pastillas, el pistón se acciona y el líquido regresa a través de los conductos para salir al depósito del líquido de frenos. Cuando la pinza del freno esté desatornillada del cubo, no permita que cuelgue de la manguera del freno; puede apoyarla sobre el miembro de la suspensión o sujetarla con un alambre al bastidor. Todos los sistemas de frenos de disco son autoajustables y no es posible su ajuste manual.

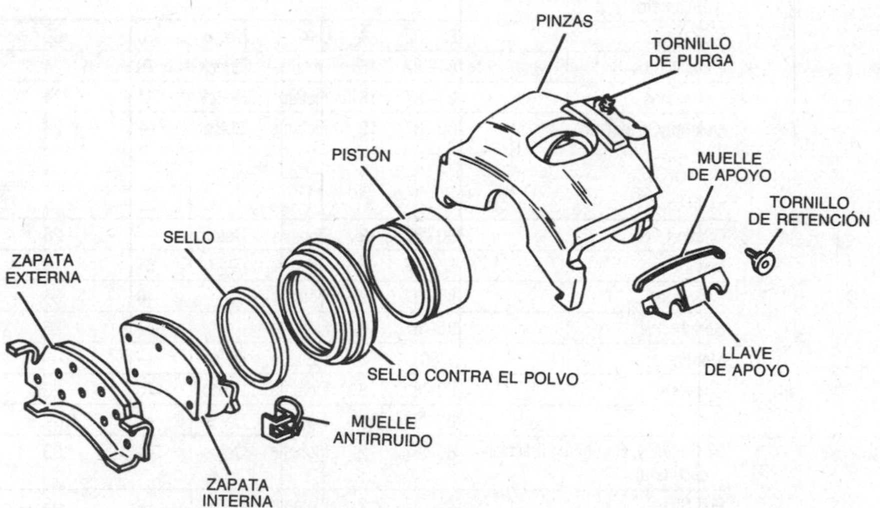

Frenos de disco con pinzas flotantes Bendix del tipo uno (pistón único)

Tipo 1: Kelsey-Hayes o Bendix

Frenos de disco de pinza deslizante (pistón único)

DESMONTAJE DE LAS PASTILLAS

1. Vacíe la mitad del líquido de frenos del cilindro maestro.

2. Desmonte el tornillo de sujeción de la cuña de sujeción de la pinza.

3. Utilizando un martillo y un punzón, extraiga la cuña de sujeción de la pinza del freno y muelle de sujeción de la placa de anclaje.

4. Extraiga la pinza del freno del rotor.

5. Sujete el calibre de manera que no cuelgue de la manguera del freno.

6. Utilizando una abrazadera grande en C, empuje del pistón hacia su orificio, teniendo cuidado de no rayarlo o perforarlo y teniendo cuidado de no cortar o desgastar el fuelle guardapolvo.

7. Desmonte la pastilla interna y muelle antiruido del adaptador de sujeción de la pinza del freno.

8. Desmonte la pastilla externa de la pinza del freno. Compruebe el estado del rotor. Si la excen-

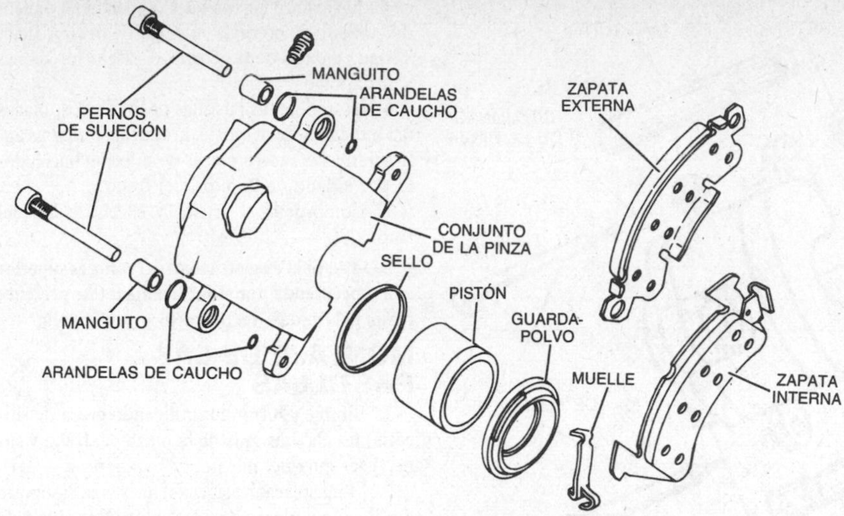

Frenos de disco flotante Delco del tipo dos (pistón único)

tricidad del rotor supera las especificaciones del fabricante o éste presenta rayas profundas, rectifique la superficie del rotor.

9. Limpie todas las superficies deslizantes del adaptador y pinza del freno.

MONTAJE DE LAS PASTILLAS

1. Coloque la pastilla interna del freno y muelle antirruido en el adaptador de sujeción de la pinza del freno.

2. Coloque la pastilla externa del freno en la pinza del freno. Doble las orejetas (si es necesario) para lograr un ajuste de interferencia suave sobre la pinza del freno.

3. Coloque la pinza del freno sobre el rotor. Tenga cuidado de no dañar el fuelle guardapolvo del pistón de la pinza del freno.

4. Coloque el muelle de sujeción de la pinza del freno y chaveta de sujeción en la ranura e introdúzcalos en la abertura existente entre el extremo inferior de la pinza del freno y tope inferior de la placa de anclaje.

5. Monte y apriete el tornillo de sujeción de la chaveta.

6. Rellene el cilindro maestro con líquido de frenos. Purgue el sistema si es necesario.

Tipo 2: pinza de freno flotante Delco (pistón único)

DESMONTAJE DE LAS PASTILLAS

1. Vacíe la mitad del líquido de frenos a través del cilindro maestro.

2. Coloque una abrazadera en C grande sobre la pinza del freno con el extremo del tornillo contra la pastilla externa del freno. Apriete la abrazadera hasta que salga la pinza del freno una distancia suficiente como para apoyar el pistón.

3. Desmonte la abrazadera en C. Desmonte las dos monturas de la clavija guía de la pinza del freno y extraiga la pinza guía del rotor.

4. Sujete la pinza del freno de manera que no quede tirante la manguera del freno.

5. Empuje la pastilla externa hacia adentro, y a continuación extráigala de la pinza del freno.

6. Empuje la pastilla interna hacia afuera y a continuación extráigala de la pinza del freno.

7. Desmonte los cuatro anillos tóricos y manguitos de acero si pretende montar unos nuevos. Compruebe el estado del rotor. Si la excentricidad del rotor supera las especificaciones del fabricante o éste está profundamente rayado, rectifique la superficie del mismo.

MONTAJE DE LAS PASTILLAS

1. Lubrique y monte los cuatro anillos tóricos, monte los casquillos introduciéndolos a través de los anillos tóricos hasta que el extremo del casquillo del lado de la pastilla quede a la misma altura que la orejeta de la pinza del freno. Coloque la pastilla externa de manera que ésta quede en contacto con el pistón y los dos extremos del muelle de sujeción. Observe que las pastillas interna y externa son similares, pero no intercambiables.

2. Apriete hacia abajo sobre las orejetas en la parte superior de la pastilla interna hasta que ésta quede plana y los extremos de los muelles queden justamente dentro del borde inferior de la pastilla.

3. Coloque la pastilla externa con las orejetas hacia los orificios de la clavija de posicionamiento y la aleta del extremo interno de la pastilla apoyada en la ranura existente en el borde de la pinza del freno. Doble las orejetas, si es necesario, para obtener un ligero ajuste de interferencia con la pinza del freno.

4. Comprima fuertemente la pastilla externa hasta asentarla en su posición y utilice un par de alicates para doblar las orejetas de la pastilla externa sobre la mitad externa de la pinza del freno.

5. Coloque la pinza del freno sobre el rotor.

6. Monte los pernos de sujeción de la pinza del freno y apriételos según las especificaciones.

7. Rellene el cilindro maestro con líquido de frenos.

Tipo 3: pinza de freno flotante Delco (tipo manguito)

DESMONTAJE DE LAS PASTILLAS

1. Vacíe la mitad del líquido de frenos del cilindro maestro.

2. Desmonte las dos tuercas grabadas de las clavijas de sujeción y estas clavijas.

3. Extraiga la pinza del freno del rotor.

4. Sujete la pinza del freno de manera que la manguera del mismo no quede tirante.

5. Utilizando una abrazadera en C grande, empuje el pistón hacia su orificio, teniendo cuidado de no cortar o rasgar el fuelle guardapolvo.

6. Deslice las pastillas a través de las aberturas de los manguitos y anillos tóricos.

7. Compruebe el estado del rotor. Si la excentricidad del rotor supera a las especificaciones del fabricante o éste está profundamente rayado, rectifique la superficie del mismo.

MONTAJE DE LAS PASTILLAS

1. Monte los manguitos con los rebordes de los anillos tóricos hacia la parte exterior del vehículo.

2. Monte las pastillas en la pinza del freno con las orejetas sobre los manguitos.

3. Coloque la pinza del freno en el rotor.

4. Monte las clavijas de sujeción.

5. Monte las tuercas grabadas en las clavijas de sujeción utilizando una llave de cubo pequeña para introducirlas lo máximo posible.

6. Rellene el cilindro maestro con líquido de frenos.

Tipo 4: pinza de freno fija Delco (cuatro pistones)

DESMONTAJE Y MONTAJE DE LAS PASTILLAS

1. Vacíe el líquido de frenos a través del cilindro maestro.

2. Desmonte las clavijas de sujeción de las pastillas de los frenos.

3. Empuje los pistones hacia atrás en dirección a sus orificios, teniendo cuidado de hacerlo a la vez sobre ambos pistones de manera que ninguno de ellos se salga de su orificio, y extraiga una pastilla golpeándola ligeramente hacia abajo en la parte posterior y hacia arriba en la parte anterior.

4. Mantenga el pistón trasero introducido y deslice el extremo posterior de la nueva pastilla hacia su posición, teniendo cuidado de no extraer el pistón delantero.

5. Compruebe el estado del rotor. Si la excentricidad del rotor es superior a 0,003'' o éste está profundamente rayado, rectifique la superficie del mismo.

6. Empuje el pistón frontal hacia su orificio y deslice la parte frontal de la nueva pastilla hasta colocarla en su posición.

7. Cambie la otra pastilla de la misma manera.

8. Vuelva a montar la clavija de sujeción a tra-

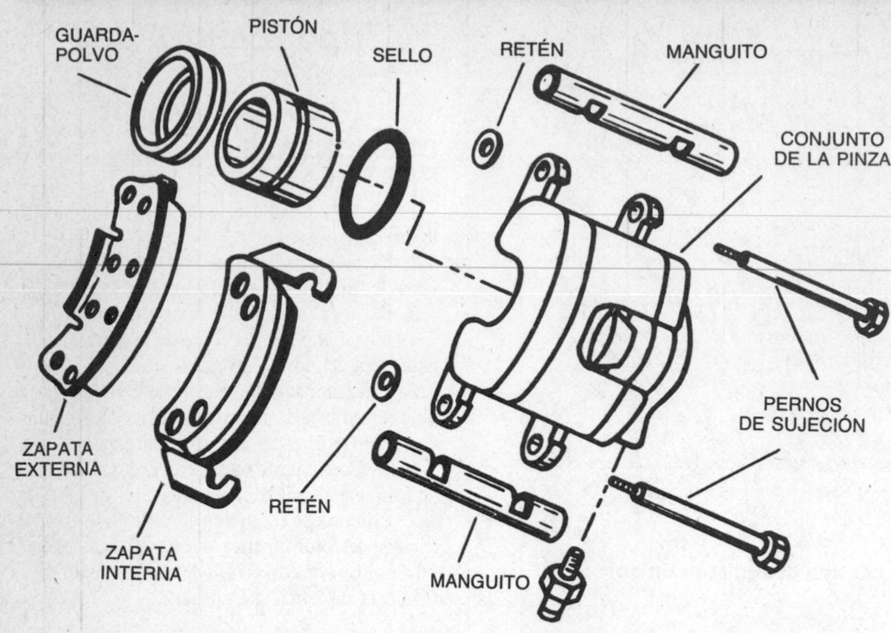

Pinza flotante de disco tipo tres (pistón único)

vés de los orificios de la pinza del freno y a través de los orificios de las pastillas.

9. Rellene el cilindro maestro con líquido de frenos fresco.

Tipo 5: Chevrolet Nova

DESMONTAJE DE LAS PASTILLAS

1. Elimine las dos terceras partes del líquido de frenos del cilindro maestro.

2. Levante y sujete la parte delantera del vehículo con caballetes. Marque la posición relativa de la rueda respecto del cubo del eje de la transmisión. Desmonte la rueda delantera; monte las dos tuercas de orejetas de las ruedas para sujetar el rotor.

3. Desmonte las clavijas de sujeción de la pinza del freno al soporte de fijación.

4. Levante la pinza del freno del soporte de fijación. Utilizando un alambre, sujete la pinza del freno de manera que ésta no tire de la manguera de freno.

5. Utilizando una pequeña barra o abrazadera en C, haga que el pistón vuelva al orificio, teniendo cuidado de no rayar ni el pistón ni el orificio. Tenga cuidado de no cortar o rasgar los fuelles guardapolvo.

6. Desmonte las pastillas de los frenos, placas del indicador de desgaste, arandelas o chapas antirruido y las cuatro placas de sujeción haciéndolo por el lado de la pinza del freno.

7. Compruebe el grosor y excentricidad del rotor.

NOTA: Si la excentricidad del rotor es superior a la especificada por el fabricante o éste presenta rayas profundas, rectifíquelo o sustitúyalo.

MONTAJE DE LAS PASTILLAS

1. Limpie y lubrique (utilizando grasa de silicona) las clavijas guía de la pinza del freno y superficies guía del mismo.

2. Monte placas de sujeción nuevas en el soporte de fijación y placas nuevas en los indicadores de desgaste de cada pastilla.

NOTA: Cuando monte los indicadores de desgaste de las pastillas, asegúrese de que la flecha del indicador queda en el sentido de giro.

3. Monte una arandela o chapa antirruido nueva en la cara posterior de cada pastilla.

4. Coloque las nuevas pastillas en el soporte de fijación.

NOTA: Las pastillas interna y externa son idénticas e intercambiables.

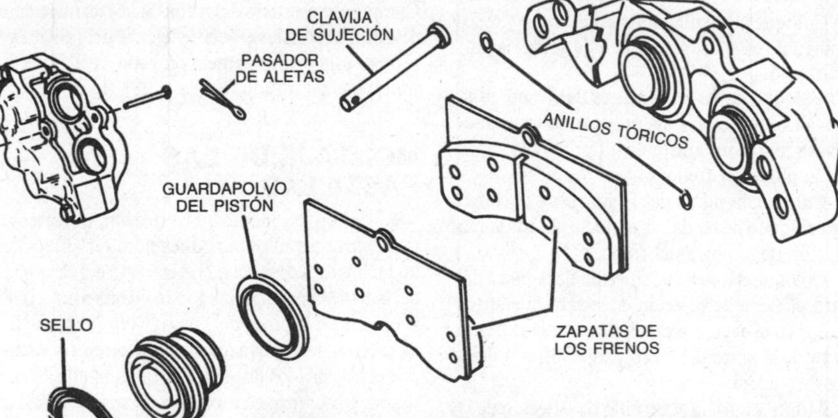

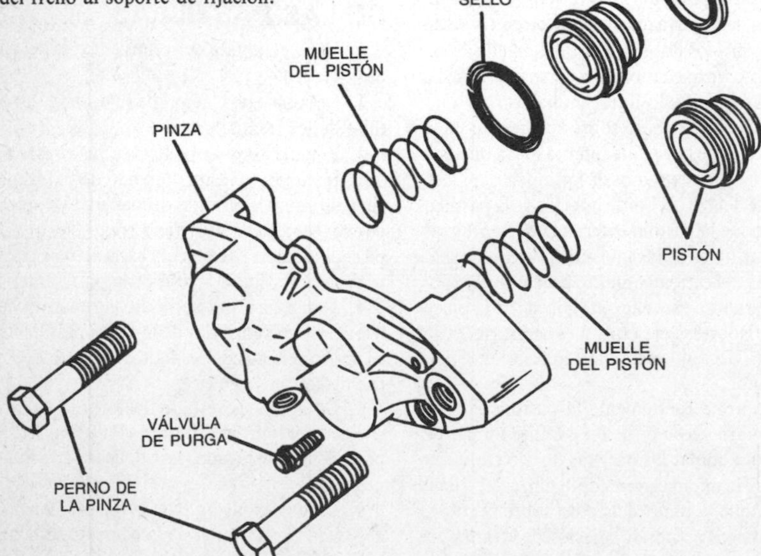

Pinza fija Delco de tipo cuatro

5. Coloque la pinza del freno en el soporte de fijación. Alinee los orificios de las clavijas guía del adaptador y de la pinza del freno. Apriete los pernos de sujeción del soporte de fijación a la mangueta de la dirección con un par de 65 libras-pie y las clavijas con un par de 18 libras-pie.

7. Alinee y monte la rueda en el cubo del eje de la transmisión y a continuación apoye el vehículo sobre el firme.

8. Rellene el cilindro maestro hasta el nivel correcto. Si es necesario, purgue el sistema de frenos.

Tipo 6: pinza de freno deslizante Kelsey Hayes/Chrysler

DESMONTAJE DE LAS PASTILLAS

1. Vacíe la mitad del líquido de frenos del cilindro maestro.

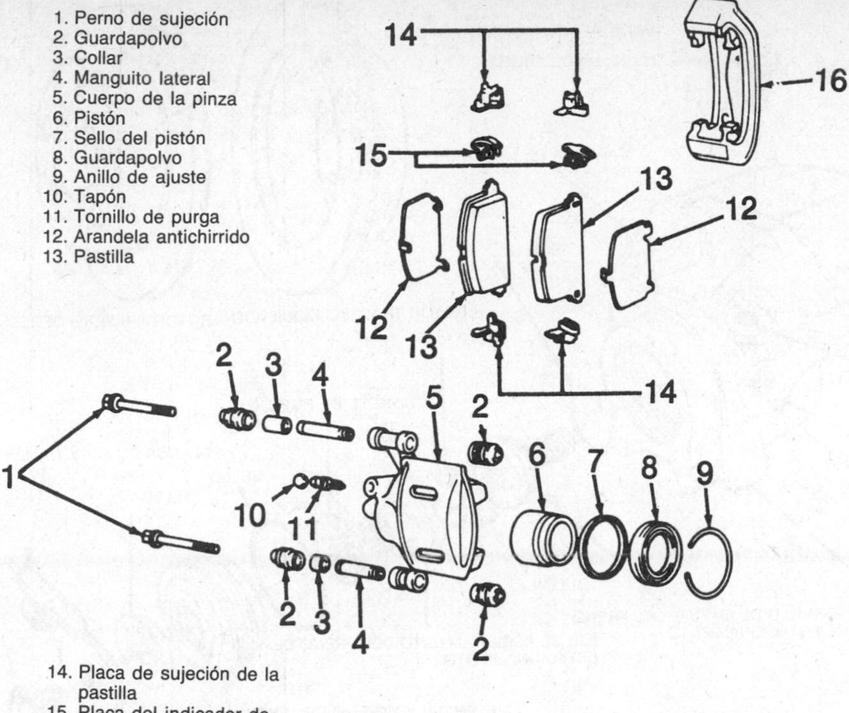

Despiece del conjunto de las pinzas —GM NOVA

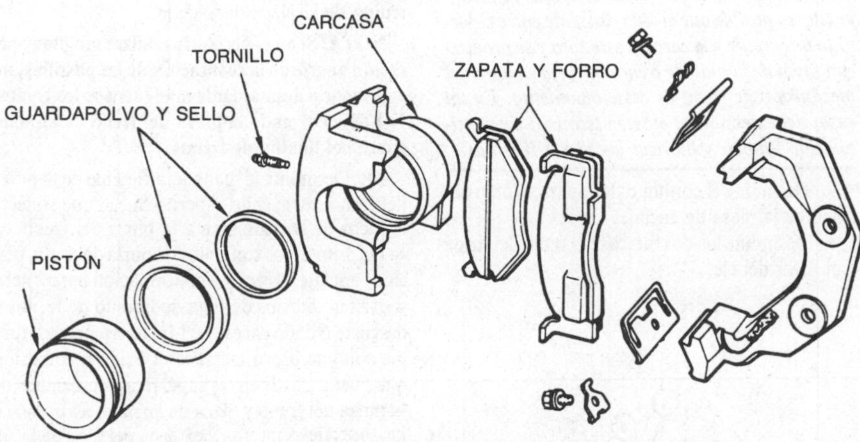

Conjunto de pinza deslizante Kelsey Hayes de tipo seis

2. Desmonte los clips de sujeción de la pinza del freno y los muelles antirruido.

3. Levante la pinza del freno del rotor.

4. Sujete la pinza del freno de manera que ésta no tire de la manguera del freno.

5. Utilice una abrazadera grande en C para hacer volver el pistón a su orificio teniendo cuidado de no rayar el pistón o el orificio y de no cortar o rasgar el fuelle guardapolvo.

6. Apalanque la pastilla externa de la pinza del freno.

7. Desmonte la pastilla interna del adaptador.

8. Compruebe el estado del rotor. Si la excentricidad del rotor es superior a la especificada por el fabricante o éste presenta rayas profundas, rectifíquelo.

MONTAJE DE LAS PASTILLAS

1. Ajuste las orejetas de la pastilla externa para lograr un ajuste fuerte y monte la pastilla en la concavidad de la pinza del freno.

2. Monte la pastilla interna con las pestañas introducidas en las «guías o carriles» del adaptador.

4. Monte los muelles antirruido y los clips de sujeción de la pinza del freno y a continuación apriete los tornillos de sujeción con un par de 130 libras-pulgada (15 libras-pie).

5. Rellene el cilindro maestro con líquido de frenos.

Tipo 7: pinza de freno deslizante trasera Ford

MONTAJE DE LAS PASTILLAS

Excepto en el modelo Mark VII Continental

El procedimiento recomendado para esta operación, requiere el desmontaje del rotor del vehículo y el montaje de la pinza del freno en su posición correspondiente en la placa de anclaje sujeta únicamente por la chaveta. Es necesario una herramienta especial para atornillar el pistón de nuevo en su orificio. Sujetando el eje, gire el mando de la herramienta en el sentido contrario al de las agujas del reloj hasta que la herramienta quede firmemente asentada contra el pistón. Ahora afloje el mando aproximadamente 1/4 de vuelta. A la vez que sujeta el mando, gire el eje de la herramienta en el sentido de las agujas del reloj hasta que el pistón apoye completamente en el fondo del orificio.

Una vez que el pistón haya llegado al fondo, desmonte la pinza del freno de la placa de fijación y la herramienta de la pinza del freno y a continuación vuelva a montar el rotor. Ahora puede montar las nuevas pastillas. Asegúrese de que el clip antirruido de la pastilla del freno está colocado en su posición correspondiente en el soporte interno inferior de la pastilla del freno situado en la placa de anclaje, con el bucle del clip hacia el lado interno de dicha placa. Coloque la pastilla interna sobre la placa de anclaje.

Ahora monte la pastilla de freno externa con los extremos de la pestaña inferior contra los topes en forma de saliente de la pinza del freno y las pestañas superiores de las pastillas sobre los salientes de la pinza del freno.

En los frenos de disco traseros Ford, la palanca del freno de estacionamiento va acoplada al eje de accionamiento por un tornillo con un parche de nilón. Al accionar el freno de estacionamiento, el cable hace girar a la palanca y al eje de accionamiento. Las tres bolas de acero, situadas en las bolsas de las cabezas opuestas del eje de accionamiento y en el tornillo de empuje, giran entre las rampas formadas por estas bolsas de las bolas. Las bolas hacen que el tornillo de empuje se aparte del eje de accionamiento empujando al pistón y a la pastilla contra el rotor y ejerciendo de esta manera la fuerza del freno de estacionamiento.

Mark VII Continental

1. Levante y sujete el vehículo con caballetes y a continuación bloquee las dos ruedas delanteras.

2. Desmonte las ruedas.

3. Desconecte el cable del freno de estacionamiento de la palanca y soporte del mismo. Tenga cuidado para evitar retorcer o cortar el cable o muelle de recuperación.

4. Desmonte las clavijas de fijación de las piezas de los frenos.

5. Levante el conjunto de la pinza del freno y sáquelo de la placa de anclaje tirando de dicha pinza hacia la placa de anclaje y a continuación gire el extremo inferior sacándolo de dicha placa.

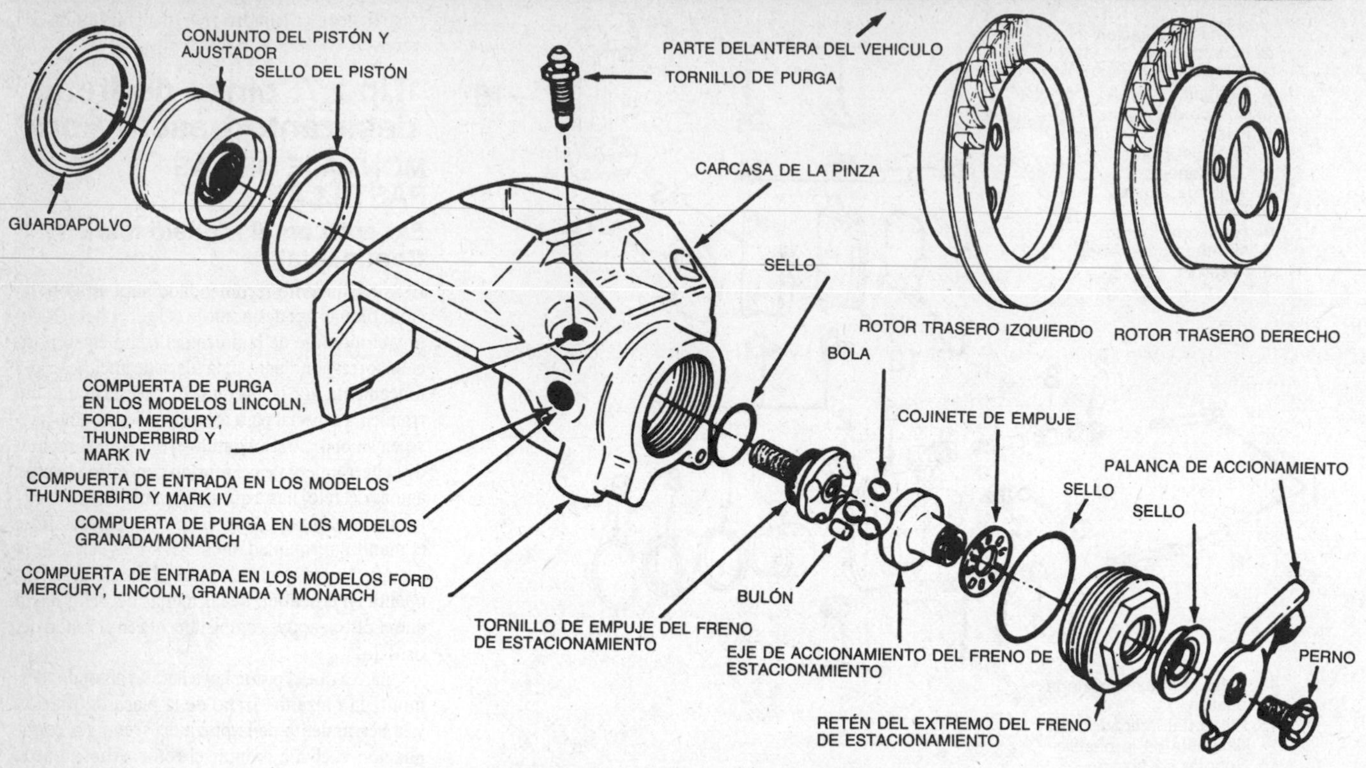

Frenos de disco traseros optativos Ford de tipo siete

6. Si no existe espacio suficiente entre los conjuntos de pinza de freno, zapata y forro de manera que no es posible desmontar dicha pinza, será necesario aflojar media vuelta, como máximo, el tornillo terminal de sujeción de la pinza del freno, para poder hacer retroceder al pistón hacia su orificio. Para aflojar el retén terminal, desmonte la palanca de freno de accionamiento, a continuación marque o grave el retén terminal y alojamiento de la pinza para asegurarse de que el retén terminal no ha sido aflojado en más de media vuelta. Empuje el pistón hacia su orificio y desmonte el calibre.

1. Cuerpo de la pinza
2. Perno se sujeción
3. Soporte
4. Muelle
5. Palanca del freno de estacionamiento
6. Tuerca
7. Guardapolvo y sello
8. Manguito
9. Arandelas de caucho
10. Válvula de purga
11. Rácor
12. Muelle
13. Pastilla de freno
14. Conjunto de accionamiento
15. Tornillo de montaje
16. Muelle

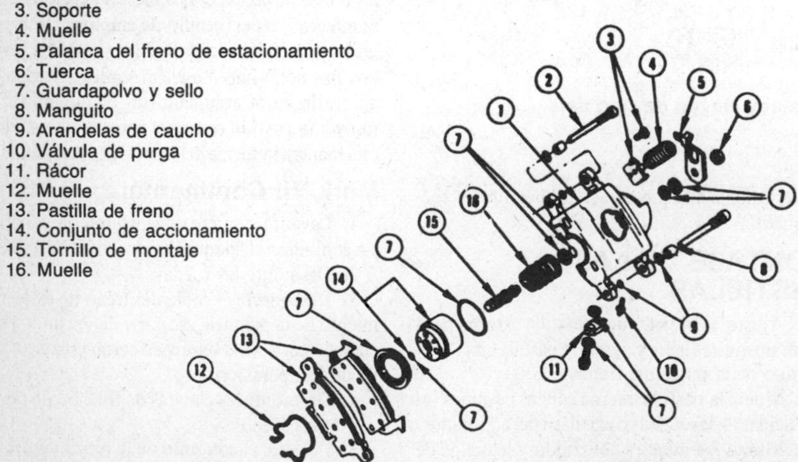

Frenos de disco traseros optativos Ford de tipo siete

ATENCIÓN

Si se hace necesario aflojar el retén más de media vuelta, es posible que el sello existente entre el tornillo de empuje y la carcasa esté roto y se produzcan fugas de líquido de frenos hacia la cámara del mecanismo de freno de estacionamiento. En tal caso, debe desmontar el retén terminal y a continuación limpiar y lubricar las piezas internas.

7. Desmonte el conjunto de zapata y forro externo de la placa de anclaje.

8. Desmonte las dos tuercas del retén del rotor y el rotor del eje.

9. Desmonte el conjunto interno de zapata y forro de la placa de anclaje. Desmonte el clip antirruido de la placa de anclaje.

NOTA: Si no es necesario realizar ninguna operación aparte de la sustitución de las pastillas, no es necesario desmontar la manguera de los frenos. NO deje colgando la pinza del freno de la manguera del líquido de frenos.

10. Desmonte la manguera flexible de la pinza del freno extrayendo el perno hueco que conecta el rácor de la manguera a la pinza del freno.

11. Limpie los conjuntos de pinza de freno, placa de anclaje y rotor y a continuación compruebe si existen indicios de fuga de líquido de frenos y desgaste o daño excesivo. Lije ligeramente o limpie con una broca metálica el óxido o corrosión que pueda existir en las superficies deslizantes de la pinza del freno y placa de anclaje, así como en las superficies interna y externa del tope de la zapata del freno. Compruebe si las zapatas de los frenos están desgastadas. Si cualquiera de los forros está desgastado hasta una profundidad de 1/8 de pulgada respecto de la superficie de la zapata, sustituya tanto las zapatas como el forro siguiendo el procedimiento de desmontaje de zapatas y forros.

12. Si el retén terminal ha sido aflojado únicamente media vuelta, vuelva a montar la pinza del freno en la placa de anclaje sin los conjuntos de zapatas y forros. Apriete el retén terminal con un par de 75-96 libras-pie.

13. Monte la palanca del freno de estacionamiento en el eje estriado con chavetero; el brazo de la palanca debe apuntar hacia abajo y hacia atrás. El cable del freno de estacionamiento podrá entonces desplazarse libremente por debajo del eje. Apriete el tornillo de sujeción con un par de

16-22 libras-pie. La palanca del freno de estacionamiento debe girar libremente después de apretar el tornillo del retén. Desmonte la pinza del freno de la placa de anclaje.

14. Si pretende instalar conjuntos de zapatas y forros nuevos, debe atornillar de nuevo el pistón en el orificio existente en la pinza del freno, utilizando la herramienta número T5P-2588-B o equivalente, para obtener espacio de maniobra. Desmonte el rotor y monte la pinza del freno, sin los conjuntos de zapatas y forros, en la placa de anclaje. Sujetando el mango, gire el eje de la herramienta en el sentido de las agujas del reloj hasta que el pistón quede completamente apoyado en el fondo de su orificio; el pistón seguirá girando incluso una vez que haya llegado al fondo. Cuando el pistón no entre más hacia adentro y el mango de la herramienta gire hasta asentar firmemente, quiere decir que el pistón ha llegado al fondo. Desmonte la herramienta y la pinza del freno de la placa de anclaje.

15. Lubrique las guías deslizantes de la placa de anclaje con grasa D7AE-019590-A o equivalente. Utilice únicamente el tipo de grasa especificado, ya que un tipo de lubricante de temperatura más baja podría fundirse y contaminar las pastillas de los frenos. Tenga cuidado de impedir que caiga o llegue lubricante a la superficie de frenado. Monte el muelle antirruido en la guía o carril inferior de la placa de anclaje.

16. Monte el conjunto interno de zapata y forro en la placa de anclaje con el forro colocado hacia el rotor. Asegúrese de que las zapatas quedan montadas en sus posiciones originales que fueron marcadas antes del desmontaje. Monte el rotor y las dos tuercas del retén.

17. Monte el conjunto de zapata y forro externo de freno del lado correcto en la placa de anclaje con el forro mirando hacia el rotor y el indicador de desgaste mirando hacia la parte superior del freno.

18. Monte la manguera flexible colocando una arandela nueva en cada uno de los lados de la boca de salida e introduzca el perno de sujeción a través de las arandelas y boca o rácor de salida y a continuación apriételo con un par de 20-30 libras-pie.

19. Coloque la lengüeta o aleta superior de la carcasa de la pinza del freno sobre la superficie del tope superior de la placa de anclaje.

20. Gire el alojamiento de la pinza del freno hasta que quede completamente sobre el rotor. Tenga cuidado de manera que no resulte dañado el fuelle guardapolvo del pistón.

21. Ajuste de la posición del pistón: tire de la pinza del freno hacia afuera hasta que el conjunto de zapata y forro internos quede firmemente asentado contra el rotor y a continuación mida el espacio entre la zapata y pinza de freno externas; el espacio o tolerancia debe ser de 1/32 -3/32 pulgadas. Si esto no es así, desmonte la pinza del freno y vuelva a ajustar el pistón para obtener la tolerancia o espacio. Siga el procedimiento descrito en el paso 14 y a continuación gire el eje en el sentido contrario a las agujas del reloj para reducir el espacio o tolerancia y en el sentido de las agujas del reloj para hacerlo más grande (1/4 vuelta del pistón produce un cambio en dicha distancia de aproximadamente 1/16 de pulgada).

ATENCIÓN

Una distancia o espacio superior a 3/32 de pulgada podría hacer que el ajustador se salga del pistón al accionar los frenos del vehículo. Esto hará que no sea posible ajustar el mecanismo del freno de estacionamiento. Entonces es necesario sustituir el conjunto pistón/ajustador.

22. Lubrique las clavijas de fijación y la parte interna del aislante con grasa D7AZ-19A331-A o grasa de silicona equivalente. Añada una gota de Loctite® EOAC-19554-A o equivalente, sobre las roscas de la clavija de sujeción.

23. Monte las clavijas de sujeción a través de los aislantes de la pinza del freno hasta colocarlas en su posición sobre la placa de anclaje, las clavijas se deben introducir a mano. Apriételas con un par de 29-37 libras-pie.

24. Conecte el cable del freno de estacionamiento sobre el soporte y la palanca a la pinza del freno.

25. Purgue el sistema del líquido de frenos. Sustituya el tapón de goma del tornillo de purga después de efectuar la purga del sistema.

26. Rellene el cilindro maestro hasta el nivel correcto, a una altura mínima de 1/8 de pulgada de la parte superior del depósito.

27. Ajuste de la pinza del freno: con el motor en marcha, accione el pedal del freno del vehículo ligeramente ejerciendo aproximadamente una fuerza de 14 libras sobre el pedal, unas cuarenta veces. Cada vez que accione el pedal deje un intervalo de al menos un segundo hasta la próxima. Como alternativa, con el motor parado, accione el pedal del freno ligeramente (ejerciendo aproximadamente una fuerza de 87 libras sobre el mismo) unas treinta veces. Ahora compruebe si el freno de estacionamiento tiene un recorrido excesivo o es necesaria muy poca fuerza para accionarlo. En cualquier caso, vuelva a accionar el pedal del freno o (si es necesario) compruebe si la tensión del cable del freno de accionamiento es la correcta. Las palancas de la pinza del freno deben volver a la posición off al soltar el freno de accionamiento.

28. Monte la rueda y apriete las tuercas de orejetas de las ruedas según las especificaciones. Monte la tapa de la rueda. Desmonte los caballetes y apoye el vehículo sobre el firme.

29. Asegúrese de que al accionar el pedal del freno no se observa flojedad en el mismo y a continuación haga una prueba de rodaje para asegurarse de que el funcionamiento de los frenos es correcto, incluido el freno de estacionamiento.

Tipo 8: freno de disco T1000/Chevette

DESMONTAJE DE LAS PASTILLAS

1. Vacíe la mitad del líquido de frenos del cilindro maestro.

2. Utilizando una abrazadera grande en C, haga que el pistón vuelva a su orificio, teniendo cuidado de no rayar el pistón u orificio y de no cortar o rasgar el fuelle guardapolvo.

3. Desmonte los pernos de sujeción del soporte de fijación de la pinza del freno a la mangueta de la dirección.

4. Sujete la pinza del freno de manera que ésta no tire de la manguera del mismo.

NOTA: NO desmonte el perno del cubo del retén

5. Desmonte los conjuntos viejos de zapatas y forros. Si el muelle de retención no sale con la zapata interna, desmonte el muelle del pistón.

6. Compruebe el estado del rotor. Si la excentricidad del rotor supera a la especificada por el fabricante o éste presenta rayas profundas, rectifíquelo.

MONTAJE DE LAS PASTILLAS

1. Antes de montar la zapata interna, asegúrese de que el muelle de sujeción de las zapatas está correctamente montado. Empuje de la lengüeta o aleta del extremo de patilla única del muelle hacia abajo, esto es, hacia el orificio de la zapata, y a continuación coloque las otras dos pastillas sobre el borde de la muesca de la zapata.

2. Coloque la pinza del freno sobre el rotor, alinee los orificios de fijación del soporte y monte los pernos de sujeción.

3. Fije la zapata externa a la pinza del freno. Después de fijarla, el juego radial y axial de la zapata externa debería ser de 0-0.005 pulgadas (0-0.127 mm).

Tipo 9: freno de disco trasero GM

DESMONTAJE DE LAS PASTILLAS

NOTA: Para sustituir los forros se han de desmontar las pinzas de los frenos.

1. Vacíe las dos terceras partes del líquido de frenos del cilindro maestro.

2. Desmonte la rueda y vuelva a montar una de las tuercas de sujeción de la rueda con el lado plano hacia el rotor para impedir que se caiga al desmontar la pinza del freno.

3. Elimine algo de tensión del cable del freno de estacionamiento en el igualador y desmonte el cable de la palanca del freno de estacionamiento en su punto de unión a la pinza del freno.

4. Desmonte el muelle de recuperación, tuerca de seguridad, palanca, sello de la palanca y arandela antifricción. Mantenga la palanca en su posición mientras desmonta la tuerca.

5. Utilizando una abrazadera en C con el extremo macizo del tope de la palanca y el extremo atornillado de la parte trasera del conjunto del forro externo, apriete la palanca hasta que el pistón llegue al fondo de la pinza del freno.

NOTA: NO coloque la abrazadera en C sobre el tornillo de accionamiento.

6. Antes de desmontar la abrazadera, lubrique la superficie de la carcasa de la pinza del freno (situada bajo el sello de la palanca) con grasa de silicona.

7. Monte una arandela nueva antifricción, un nuevo sello de palanca y dicha palanca. Asegúrese de que monta la palanca sobre el tornillo hexagonal con el brazo apuntando hacia abajo.

8. Gire la palanca hacia la parte delantera del vehículo; manteniéndola en dicha posición monte la tuerca y apriétela con un par de 25 libras-pie. Gire la palanca hacia atrás contra el tope.

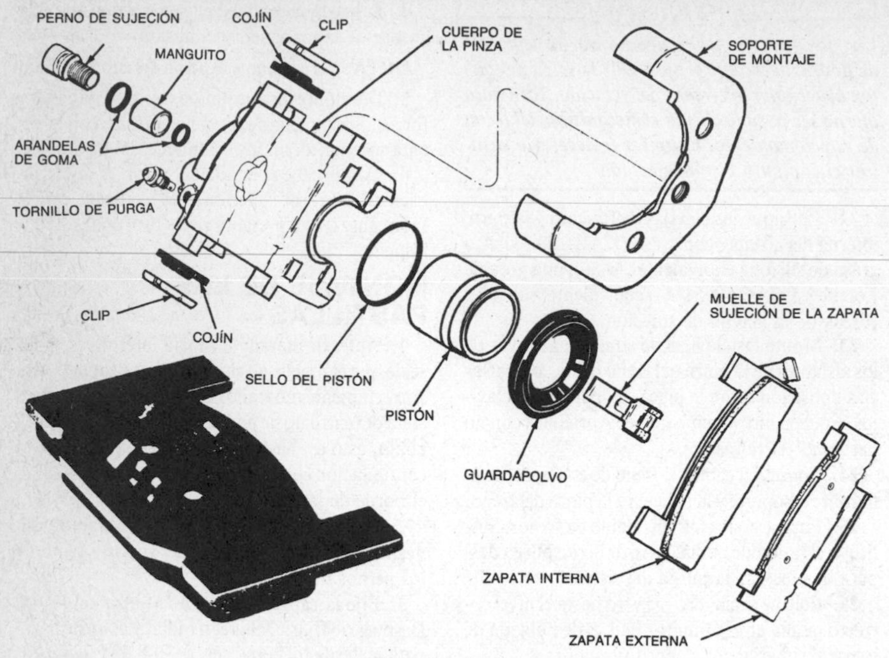

Chevette/T1.000 de tipo ocho

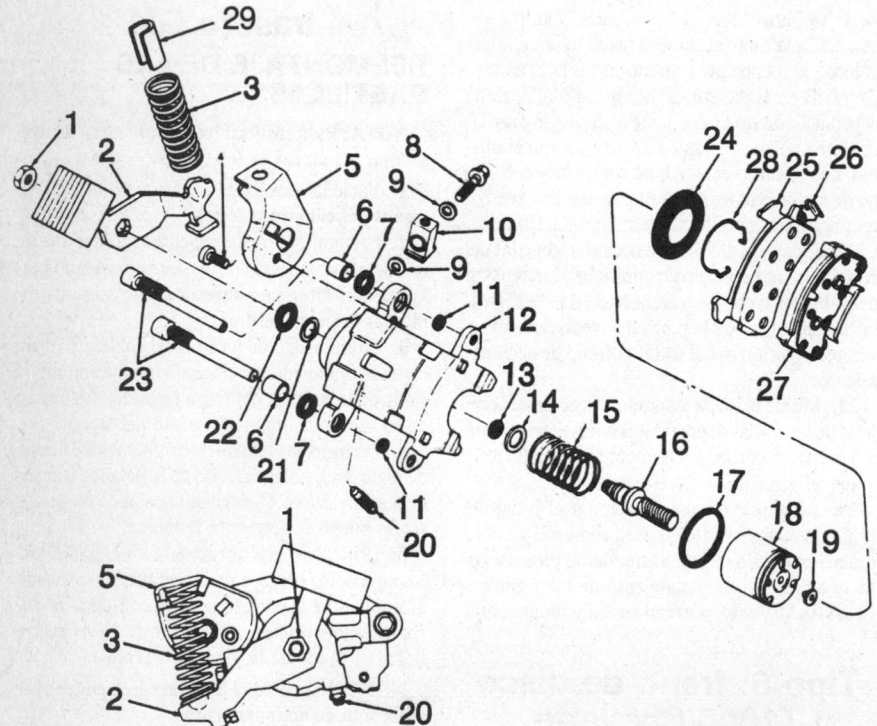

1. Tuerca
2. Palanca
3. Muelle de recuperación
4. Perno
5. Soporte
6. Manguito
7. Arandela de caucho
8. Perno
9. Arandela
10. Rácor
11. Manguito
12. Cuerpo de la pinza
13. Sello del eje
14. Arandela de empuje
15. Muelle de equilibrado
16. Tornillo de accionamiento
17. Sello del pistón
18. Conjunto del pistón
19. Válvula antirretorno de dos vías
20. Tornillo de purga
21. Arandela antifricción
22. Sello de la palanca
23. Perno de sujeción
24. Guardapolvo
25. Zapata y forro internos
26. Sensor de desgaste
27. Zapata y forro externos
28. Muelle de amortiguación de la zapata
29. Amortiguador

Despiece del conjunto de frenos de disco trasero —GM

9. Monte el muelle de recuperación de la palanca y desmonte la abrazadera en C. Los muelles llevan códigos de colores: el color rojo corresponde al lado derecho de la pinza del freno y el negro al lado izquierdo.

10. Desmonte el conjunto del freno de la pinza del mismo y tapone las bocas para impedir que se escape líquido.

NOTA: Si la tuerca del conducto del freno está bloqueada, pueden desmontarse el perno y bloque de bronce de la pinza del freno con el conducto del freno acoplado desmontando el perno y el bloque y las arandelas de cobre después de desmontar los pernos de sujeción de la pinza del freno.

11. Desmonte los pernos de sujeción de la pinza del freno y las zapatas de los frenos.

12. Desmonte los dos manguitos de sujeción de la pinza del freno y los cuatro manguitos y a continuación monte piezas nuevas utilizando un lubricante de silicona (los manguitos se deben montar en los bujes internos).

13. Coloque en el pistón la nueva zapata interna. La aleta en D debe encajar en la hendidura existente en el pistón.

14. Monte la nueva zapata externa.

15. Para volver a montar la pinza del freno, sustituya los pernos de fijación de la pinza del freno que estén corroídos por unos nuevos. No limpie con una brocha o lije la superficie enchapada de los pernos, ya que resultará dañada.

16. Si se desmontaron el perno de bronce y el bloque con un tubo de bronce, quite los tapones de los rácores y a continuación monte el perno y bloque utilizando las dos nuevas juntas de estanqueidad de cobre. Apriételas con un par de 30 libras-pie. Asegúrese de que los manguitos y clavijas están bien lubricados con silicona (el perno de sujeción debería estar situado debajo de las orejetas de la zapata interna).

17. Monte la tuerca tubular del conducto de líquido de frenos en la pinza del freno y accione el pedal del freno para asentar el forro contra el rotor.

18. Fije la orejeta superior de la zapata externa colocando un par de alicantes con una de las garras o mandíbulas sobre la parte alta de la orejeta superior y la otra garra o «mandíbula» en la muesca o parte inferior de la zapata, en el lado opuesto de la orejeta superior. Después de fijar los alicates, no debería existir tolerancia radial entre las orejetas de las zapatas y carcasa de la pinza del freno. Repita el procedimiento de fijación si es necesario.

19. Conecte y ajuste los cables del freno de estacionamiento y purgue el sistema de los frenos traseros.

20. Monte el conjunto de la rueda. Apriete las tuercas de fijación de acero con un par de 130 libras-pie.

Tipo 10: pinza de freno deslizante en vehículos Ford con tracción delantera

DESMONTAJE DE LAS PASTILLAS

1. Desmonte la tapa del cilindro maestro y vuelva a comprobar el líquido de frenos en los depósi-

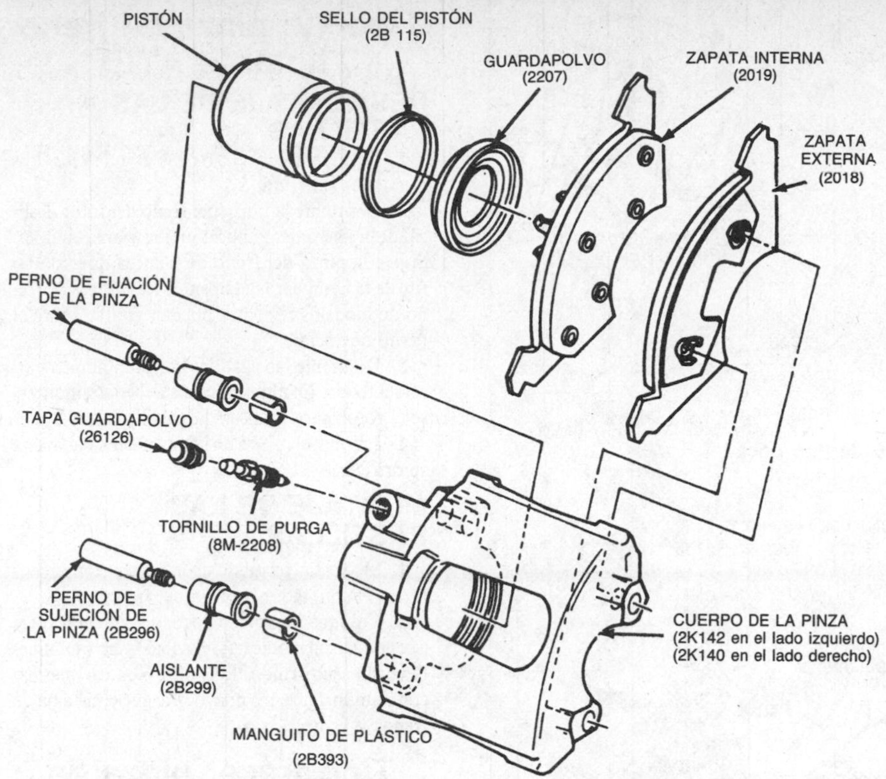

Pinza de los vehículos Ford con tracción delantera del tipo diez

tos. Desmonte el líquido de frenos hasta que cada depósito esté lleno hasta la mitad. Tire el líquido vaciado.

2. Desmonte el conjunto de la rueda de la cara de fijación del rotor. Tenga cuidado para evitar o interferir con el salpicadero de la pinza del freno o el rácor del tornillo de purga.

3. Desmonte el muelle antirruido de la pinza del freno haciendo fuerza hacia arriba sobre la parte central del muelle hasta que las aletas del mismo salgan de los orificios de la pinza del freno.

4. Afloje las clavijas de sujeción de la pinza del freno. NO desmonte las clavijas totalmente a no ser que pretenda montar bujes nuevos. Puede resultar difícil montar de nuevo las clavijas si se han extraído totalmente.

5. Extraiga el conjunto de la pinza del freno de la mangueta integral, placa de anclaje y rotor. Desmonte el conjunto de la zapata y forro externo del conjunto de la pinza del freno.

6. Desmonte el conjunto de zapata y forro interno, y a continuación inspeccione las dos superficies de frenado del rotor. La existencia de rayas de poca profundidad o acumulación de material de forro no hace necesario el rectificado o sustitución del rotor.

7. Suspenda la pinza del freno dentro de la carcasa del guardabarro. Tenga cuidado de no dañar la pinza del freno ni de dejar la manguera muy tirante.

MONTAJE DE LAS PASTILLAS

1. Utilice una abrazadera en C de 4'' y un bloque de madera de 2 3/4 × 1'' (de aproximadamente 3/4 de pulgada de grosor) para asentar el pistón hidráulico de la pinza del freno en su orificio. Esto debe hacerse para obtener espacio de maniobra de manera que el conjunto de la pinza del freno pueda encajar sobre el rotor durante el montaje. Debe tenerse un cuidado excepcional durante dicho procedimiento para evitar que resulte dañado el pistón de aluminio. No debe permitirse que entren en contacto directo con la superficie del pistón, ningún objeto metálico o puntiagudo, ya que de lo contrario resultará dañado.

2. Monte la pastilla interna sobre el pistón de la pinza del freno. NO doble los clips de las zapatas durante el montaje en el pistón o se producirán distorsiones o ruidos.

3. Monte la pastilla externa correcta asegurándose de que los clips quedan debidamente asentados. Sustituya el muelle antirruido de la pinza del freno. Rellene el cilindro maestro al menos 1/4'' de la parte superior en ambos depósitos.

4. Monte el conjunto de la rueda y a continuación apriete las tuercas de las ruedas con un par de 80-105 libras-pie.

5. Accione el pedal del freno antes de mover el vehículo para colocar las pastillas de los frenos.

6. Haga una prueba del rodaje del vehículo.

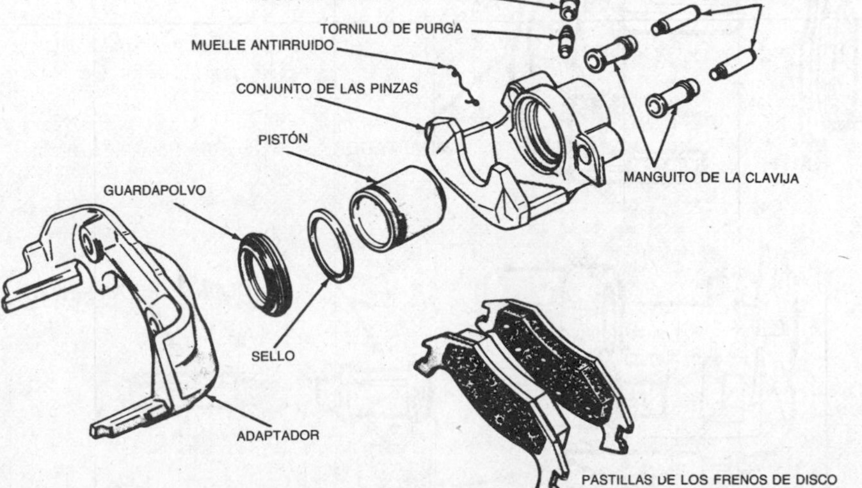

Pinzas flotantes Kelsey Hayes de tipo once

Tipo 11: pinza de freno flotante Kelsey-Hayes

DESMONTAJE DE LAS PASTILLAS

1. Vacíe la mitad del líquido de frenos de cada uno de los depósitos de los cilindros maestros.

2. Desmonte las clavijas guía de las pinzas de los frenos, los posicionadores y el muelle antirruido.

3. Extraiga la pinza del freno del rotor y sujétela para impedir que ésta tire de la manguera del freno.

4. Haga que el pistón de la pinza del freno retroceda hacia su orificio. Utilice una abrazadera en C, si es necesario.

5. Desmonte las pastillas de los frenos del adaptador de la pinza del freno. Desmonte y tire los cuatro bujes, si pretende sustituirlos.

MONTAJE DE LAS PASTILLAS

1. Limpie y lubrique las clavijas guía de las pinzas de los frenos y superficies de fijación de las guías. Monte bujes de guía nuevos.

2. Coloque las nuevas pastillas de los frenos en el adaptador de la pinza del freno.

3. Apoye con cuidado la pinza del freno sobre el adaptador. Monte las clavijas guía y muelle antirruido. El muelle antirruido se monta con el bucle terminal hacia dentro sobre la orejeta de la pinza del freno.

4. Rellene el cilindro maestro con líquido de frenos nuevos. Purgue los frenos si es necesario.

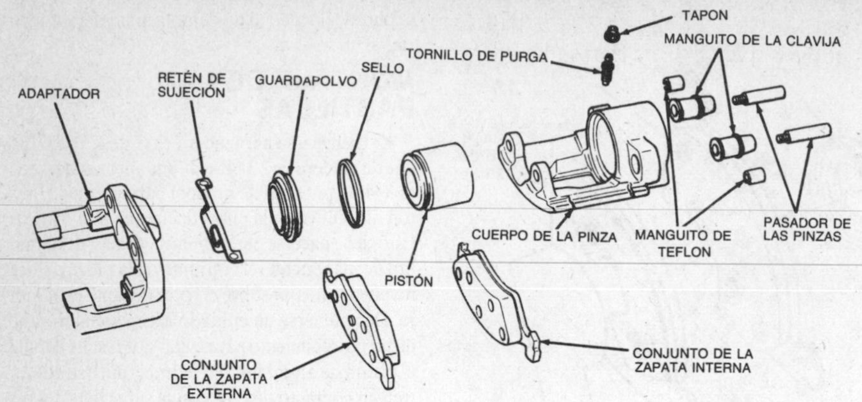

Pinzas flotantes ATE de tipo doce

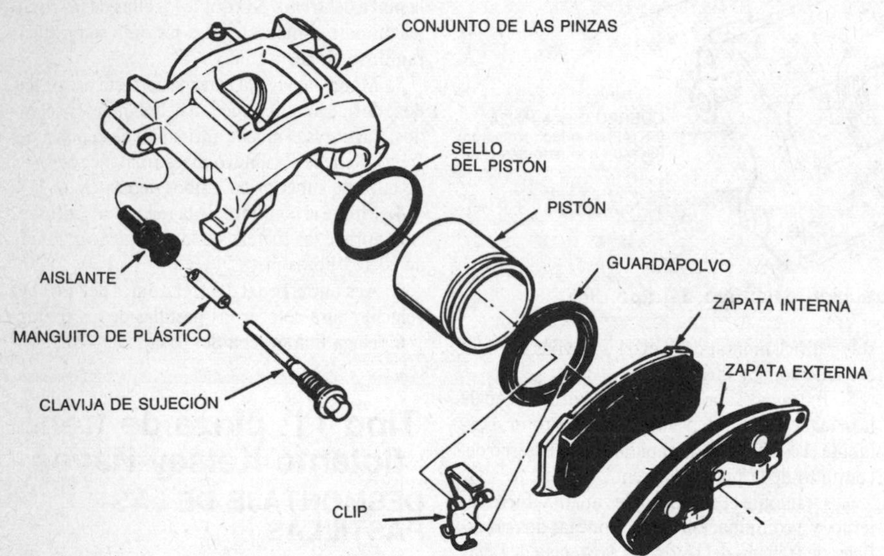

Pinzas deslizantes Ford de tipo trece

Tipo 12: pinza de freno flotante ATE

DESMONTAJE DE LAS PASTILLAS

1. Desmonte la clavija o clavijas guía y los clips o muelles antirruido.

2. Desmonte la pinza del freno del rotor deslizándola ligeramente hacia arriba y apartándola. Sujete la pinza del freno de manera que éste no tire de la manguera del mismo. Las pinzas de freno de modelos recientes pueden girarse sobre el perno de anclaje.

3. Desmonte las pastillas del adaptador o pinza del freno. En algunos casos deben desmontarse el rotor para sustituir la pastilla interna.

4. Empuje el pistón de la pinza del freno hacia su orificio.

MONTAJE DE LAS PASTILLAS

1. Monte las pastillas y los demás componentes en el adaptador o pinza del freno.

2. Coloque la pinza del freno sobre el rotor y a continuación monte la(s) clavija(s) guía y los muelles o clips antirruido. Rellene el cilindro maestro con líquido de frenos nuevo. Purgue el sistema de frenos si es necesario.

Tipo trece: pinza de freno deslizante Ford

DESMONTAJE DE LAS PASTILLAS

1. Vacíe la mitad del líquido de frenos de los depósitos de los cilindros maestros.

2. Desmonte las clavijas guía de las pinzas de los frenos.

3. Levante el conjunto de las pinzas de los frenos del rotor. Sujete la pinza del freno de manera que ésta no tire de la manguera del freno.

4. Desmonte la pastilla externa de la pinza del freno. Desmonte la pastilla interna del pistón.

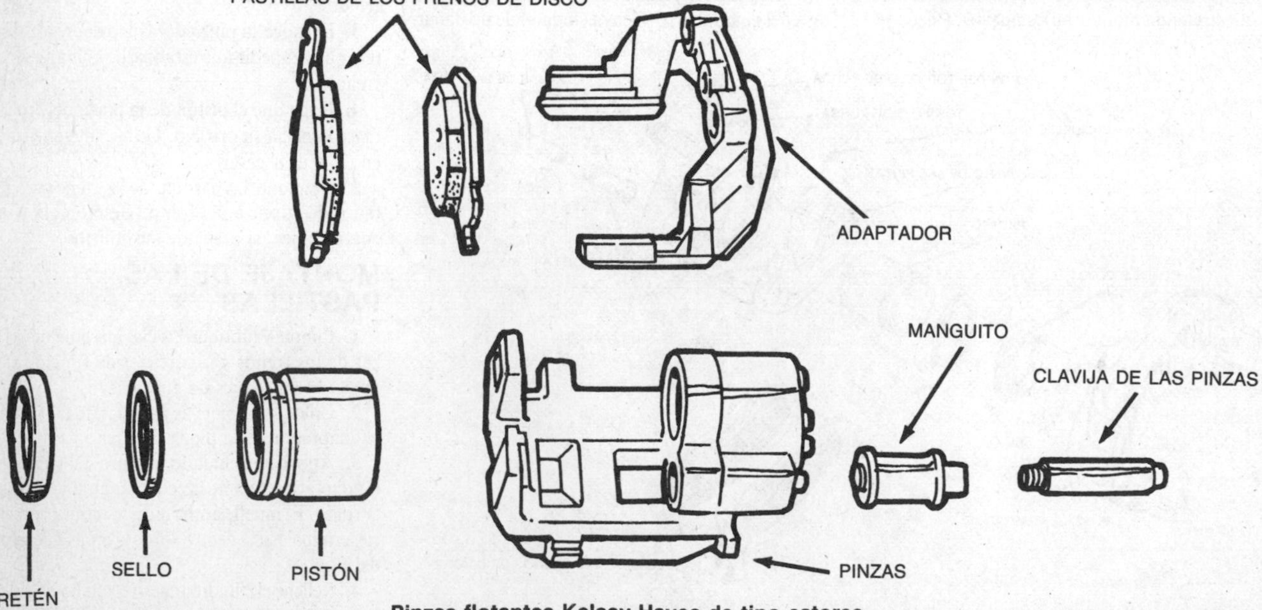

Pinzas flotantes Kelsey-Hayes de tipo catorce

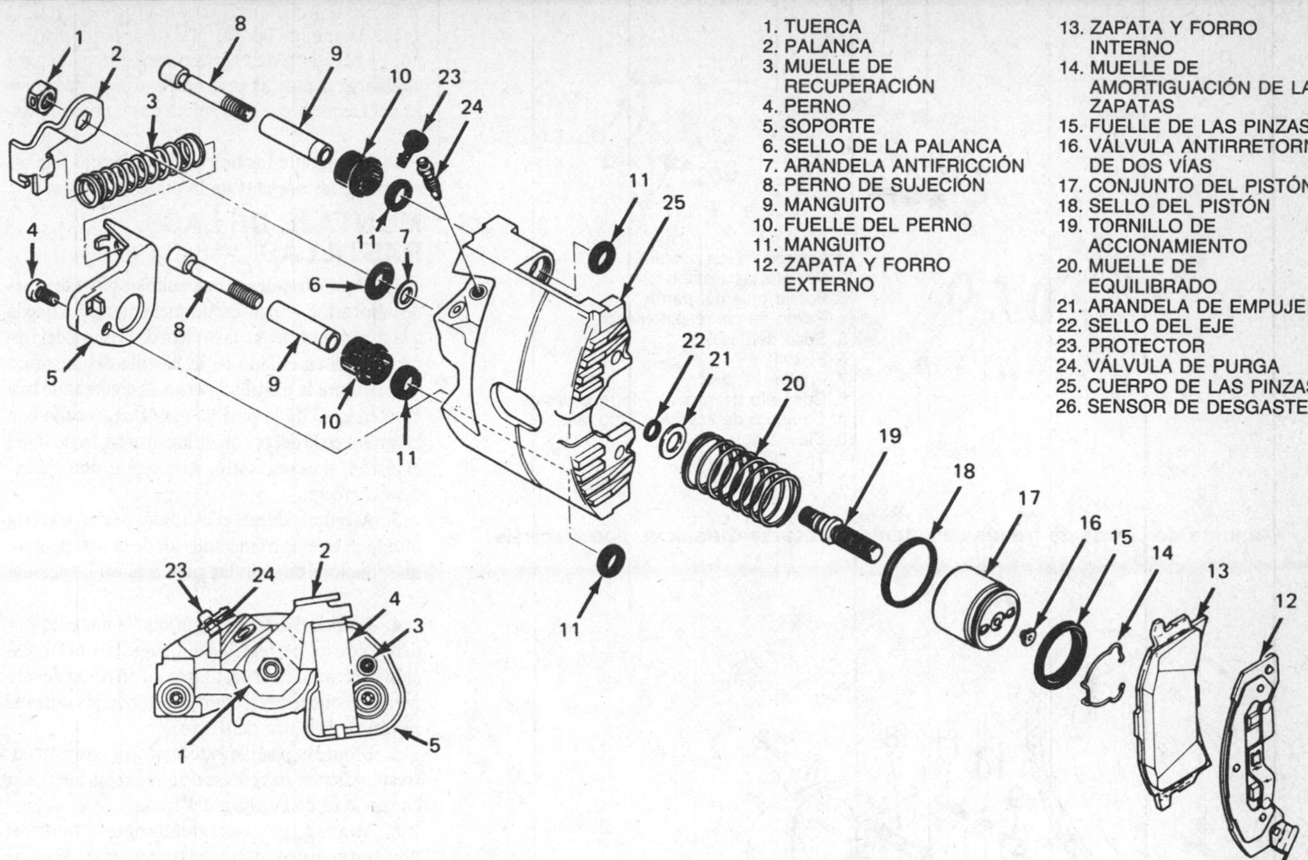

Pinzas flotantes Delco en los frenos traseros de tipo quince

NOTA: El paso seis puede realizarse ahora utilizando una abrazadera en C contra la pastilla interna.

5. Desmonte los aislantes y complementos de los orificios de las clavijas guía si pretende sustituirlos.

6. Empuje el pistón de la pinza del freno hacia su orificio.

MONTAJE DE LAS PASTILLAS

1. Monte los nuevos bujes guía y aislantes, si pretende sustituirlos.

2. Monte la pastilla interna en el pistón. Monte la pastilla externa asegurándose de que los botones queden asentados contra el cuerpo de la pinza del freno. El indicador de desgaste debe quedar hacia la parte frontal del vehículo.

3. Apoye el conjunto de la pinza del freno sobre la placa de anclaje y deslice las clavijas guía a través de los orificios de la pinza del freno. Cuando las clavijas guía alcancen los aislantes de goma, será necesario ejercer más presión. Una vez las clavijas hayan llegado al fondo atorníllelas en el orificio correspondiente.

ATENCIÓN

Tenga cuidado de no estropear las roscas de las clavijas guía.

4. Rellene el cilindro maestro con líquido de frenos nuevo. Purgue el sistema de los frenos si es necesario.

Tipo 14: pinza de freno flotante Kelsey-Hayes

DESMONTAJE DE LAS PASTILLAS

1. Vacíe la mitad del líquido de frenos del depósito del cilindro maestro.

2. Desmonte la clavija guía de la pinza del freno y a continuación deslice la pinza del freno hacia arriba y apártela del rotor. Sujete la pinza del freno con un alambre de manera que no estorbe. No deje que ésta tire de la manguera del freno.

3. Desmonte la pastilla externa del adaptador de la pinza del freno.

NOTA: Este tipo de pinza dispone de tres muelles de sujeción. Uno de los muelles está situado en la parte superior del adaptador externo de la pinza del freno, uno en la parte inferior de la pastilla exterior y el último en la parte superior de la pastilla interior. Fíjese en la forma y posición de estos tres muelles.

4. Desmonte el rotor del freno de disco del cubo, deslizándolo. Desmonte la pastilla del interior.

5. Empuje el pistón de la pinza del freno de nuevo hacia el orificio de la pinza del freno.

MONTAJE DE LAS PASTILLAS

1. Introduzca la pastilla interior hasta colocarla en su posición, deslizándola, con el muelle montado sobre el adaptador.

2. Monte el rotor del freno de disco. Deslice la pastilla exterior y muelles hasta colocarlos en su posición.

3. Baje la pinza del freno hasta colocarla sobre el rotor y adaptador de la pastilla.

4. Monte la clavija guía introduciéndola a presión y girándola para que engrane en las roscas.

5. Rellene el cilindro maestro con líquido de frenos nuevo. Accione el pedal del freno varias veces para que las pastillas se coloquen en su posición. Purgue el sistema si es necesario.

Tipo 15: pinza de freno trasero flotante Delco

DESMONTAJE Y MONTAJE

1. Vacíe 2/3 del líquido de frenos del cilindro maestro.

2. Afloje las orejetas de las ruedas traseras. Levante y sujete la parte trasera del vehículo con caballetes.

3. Marque la rueda y orejeta del eje para volver a montarlas en esta misma posición (para mantener el equilibrado de fábrica) y desmonte los conjuntos de las ruedas.

4. Vuelva a montar las dos tuercas de orejetas para sujetar el rotor del freno.

5. Elimine algo de tensión del cable del freno de estacionamiento aflojando el igualador.

6. Una vez que haya eliminado la tensión del cable del freno de estacionamiento, desmonte el extremo del mismo de la placa de accionamiento en el punto de unión con la pinza del freno.

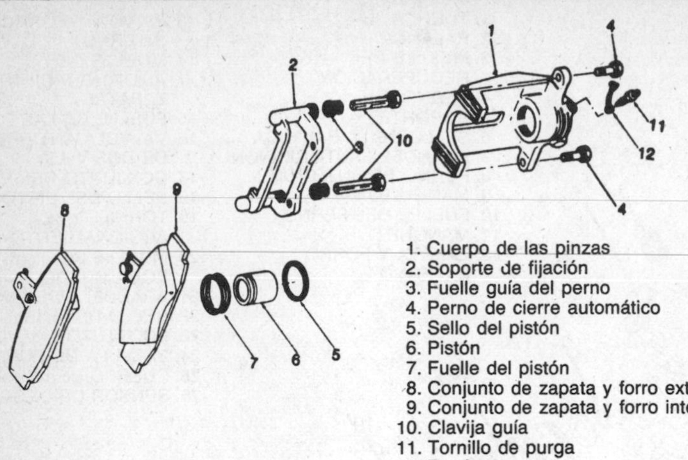

1. Cuerpo de las pinzas
2. Soporte de fijación
3. Fuelle guía del perno
4. Perno de cierre automático
5. Sello del pistón
6. Pistón
7. Fuelle del pistón
8. Conjunto de zapata y forro externos
9. Conjunto de zapata y forro internos
10. Clavija guía
11. Tornillo de purga
12. Tapón

Conjunto de pinzas de frenos delanteras y traseras Girlock de tipo dieciséis

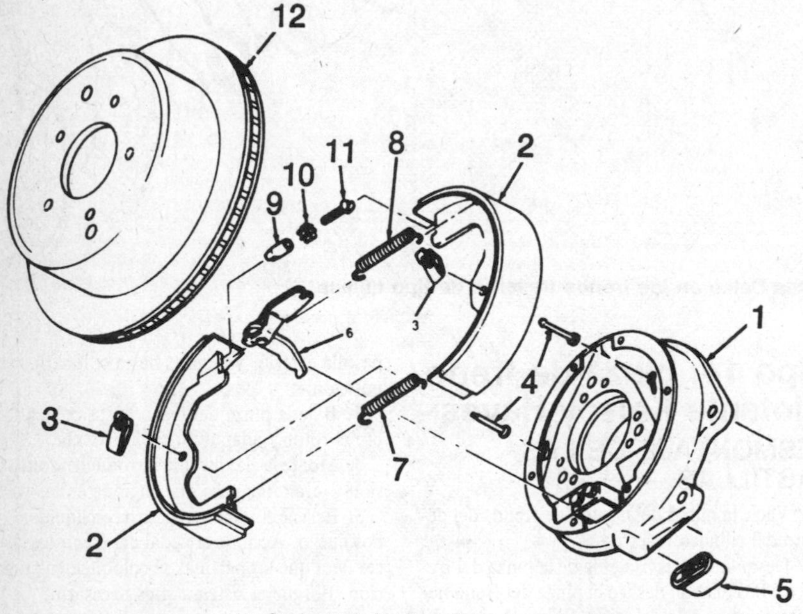

1. Conjunto de la placa de sujeción
2. Zapata y forro
3. Muelle de sujeción
4. Perno de sujeción
5. Fuelle
6. Conjunto de la palanca y puntal
7. Muelle de recuperación de la zapata
8. Muelle de recuperación del ajustador
9. Cubo del ajustador
10. Tuerca del ajustador
11. Tornillo del ajustador
12. Rotor

Despiece del conjunto del freno de estacionamiento —Corvette GM

7. Sujete la palanca de accionamiento en su posición y desmonte la tuerca de sujeción.

8. Desmonte la palanca, sello de la misma y arandela antifricción.

NOTA: Si no se desconectan las palancas del freno de estacionamiento de la pinza del freno durante el desmontaje y montaje de las pastillas, el conjunto del pistón resultará dañado al moverlo hacia atrás a través del orificio de la pinza del freno.

9. Coloque una abrazadera en C sobre la pinza del freno y apriétela hasta que el pistón llegue al fondo del orificio de la pinza del freno. Tenga cuidado de no permitir que la abrazadera en C entre en contacto con el tornillo de accionamiento situado en la pinza del freno. Vuelva a montar la arandela antifricción, el sello y la palanca.

10. Si es necesario reparar la pinza del freno, desconecte el conducto de líquido de frenos. Tapone todas las bocas de salida de líquido.

11. Desmonte los pernos de sujeción de la pinza del freno utilizando una llave de cubo de cabeza Allen de 3/8" o una llave de tuercas.

12. Desmonte la pinza del freno levantándola hacia arriba y extrayéndola del rotor. NO permita que la pinza del freno quede colgando de la manguera del líquido de frenos.

13. Desmonte las pastillas de la pinza del freno. Es necesaria una herramienta adecuada para apalancar la pastilla externa y extraerla de la pinza del freno ya que está sujeta por un botón elástico.

14. Desmonte los bujes de las clavijas y manguitos de las orejetas de la pinza del freno.

MONTAJE DE LAS PASTILLAS

1. Monte los nuevos manguitos y bujes después de lubricarlos. Asegúrese de que el manguito queda a la misma altura que la orejeta de la pinza del freno situada en el lado de la pastilla del mismo.

2. Monte la pastilla interna. Asegúrese de que el retén en D de la pastilla queda engranado con la ranura en D del pistón de la pinza del freno. Gire el pistón, si es necesario, para lograr una alineación correcta.

3. Asegúrese de que el indicador de desgaste está montado en el extremo anterior de la pastilla para que funcione cuando las ruedas giran hacia adelante.

4. Deslice el extremo de la zapata metálica por debajo de los extremos del muelle de amortiguación e introduzca la pastilla en su posición de manera que quede perfectamente apoyada contra el pistón de la pinza del freno.

5. Monte la pastilla externa en su posición correspondiente. Asegúrese de que encaja bien en la concavidad de la pinza del freno.

6. Monte la pinza del freno sobre el rotor del disco en el orden inverso al desmontaje. Accione los frenos varias veces para asentar los forros, después de rellenar el cilindro maestro. Purgue los frenos si es necesario.

Tipo 16: pinzas de freno delanteras y traseras flotantes Girlock

DESMONTAJE DE LAS PASTILLAS

1. Vacíe las 2/3 partes del líquido de frenos del cilindro maestro.

2. Afloje las tuercas de orejetas traseras y a continuación levante y sujete la parte trasera del vehículo con caballetes.

3. Desmonte los conjuntos de las ruedas. Monte dos tuercas de orejetas para sujetar el rotor del disco del freno en su posición correspondiente.

4. Coloque una abrazadera en C sobre la pinza del freno, con un extremo en la pastilla externa, y el otro sobre la cabeza del perno del rácor de entrada.

5. Apriete la abrazadera para presionar sobre el pistón de la pinza del freno hasta que quede apoyado en el orificio.

6. Desmonte y tire del perno superior del autobloqueo de la pinza del freno. Gire la pinza del freno sobre el perno inferior para que queden a la vista las pastillas del freno.

7. Desmonte las pastillas interna y externa de la pinza del freno.

8. Limpie el marco de fijación de las pastillas situado en la pinza del freno. Compruebe si la pinza del freno presenta indicios de fuga de líquido. Desmóntela y repárela si es necesario.

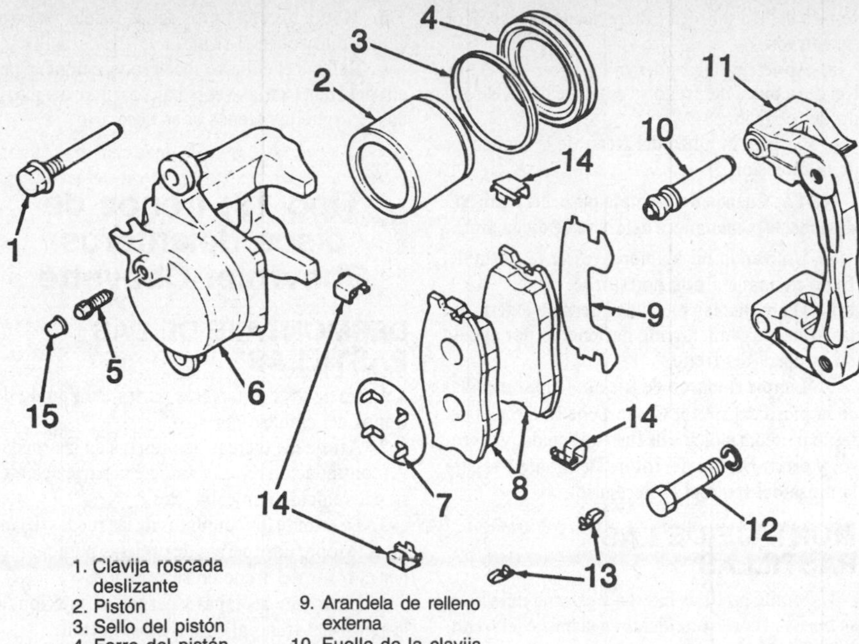

1. Clavija roscada deslizante
2. Pistón
3. Sello del pistón
4. Forro del pistón
5. Tornillo de purga
6. Cuerpo de la pinza del freno
7. Arandela interna
8. Pastillas de freno
9. Arandela de relleno externa
10. Fuelle de la clavija deslizante
11. Soporte
12. Perno
13. Indicador de desgaste
14. Retén
15. Tapón

Despiece del conjunto de las pinzas del freno —Spectrum GM

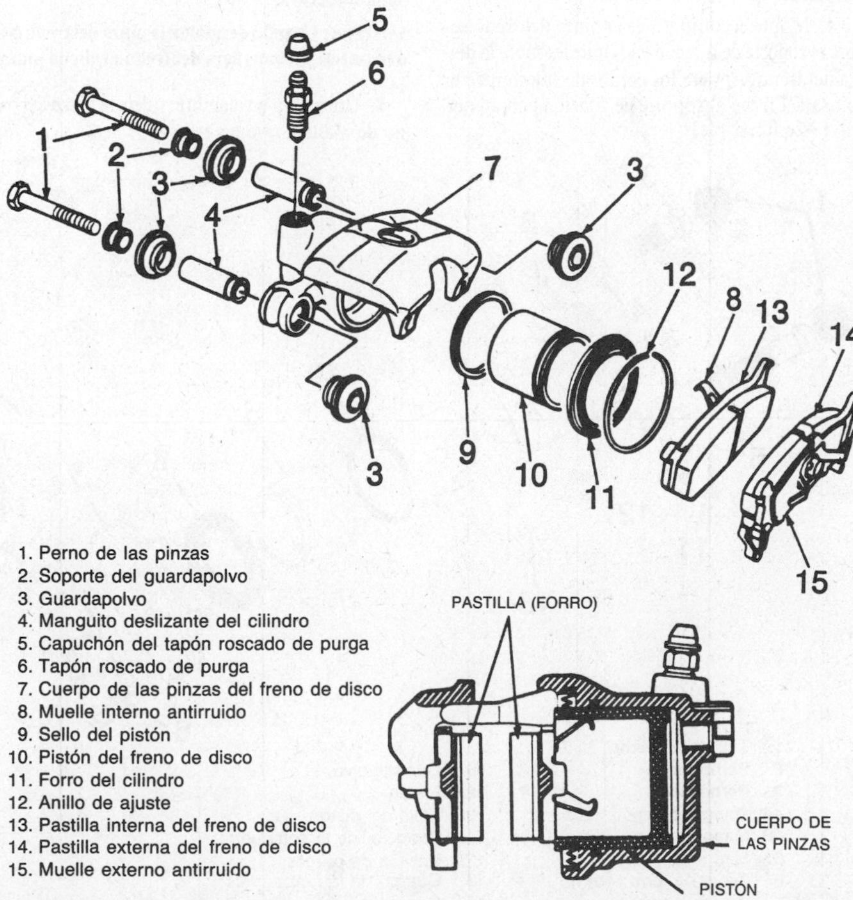

1. Perno de las pinzas
2. Soporte del guardapolvo
3. Guardapolvo
4. Manguito deslizante del cilindro
5. Capuchón del tapón roscado de purga
6. Tapón roscado de purga
7. Cuerpo de las pinzas del freno de disco
8. Muelle interno antirruido
9. Sello del pistón
10. Pistón del freno de disco
11. Forro del cilindro
12. Anillo de ajuste
13. Pastilla interna del freno de disco
14. Pastilla externa del freno de disco
15. Muelle externo antirruido

Despiece del conjunto de las pinzas —GM SPRINT

MONTAJE DE LAS PASTILLAS

1. Monte las nuevas pastillas interna y externa en su posición correspondiente en la pinza del freno.

2. Gire la pinza del freno de nuevo a su posición definitiva sobre el rotor del freno de disco.

3. Monte un nuevo perno de autobloqueo y apriételo con un par de 22-25 libras-pie.

4. Monte los conjuntos de las ruedas y apoye el vehículo.

5. Rellene el cilindro maestro y accione el pedal del freno varias veces para asentar las pastillas. Purgue los frenos si es necesario.

SUSTITUCIÓN DE LAS ZAPATAS DEL FRENO DE ESTACIONAMIENTO

1. Véanse los procedimientos de Desmontaje y Montaje de las pastillas de esta sección y desmonte las pinzas y pastillas de los frenos traseros.

2. Desmonte los pernos de sujeción del soporte de la pinza del freno al cubo del eje de la transmisión y dicho soporte. Desmonte el rotor del cubo del eje.

3. Despliegue las zapatas de los frenos y desmonte el ajustador de la rueda dentada (inspeccione las roscas) y el muelle del ajustador de la rueda dentada.

4. Desmonte los muelles y clavijas de sujeción de las zapatas.

5. Utilizando un par de alicates, desmonte los muelles de recuperación de las zapatas.

6. Desmonte los conjuntos de zapatas primarias y secundarias y forro.

7. Limpie e inspeccione el soporte de desgaste, las arandelas de relleno, los muelles y los fuelles de goma y sustituya estas piezas si es necesario.

8. Utilizando lubricante GM 5450032 o grasa equivalente, lubrique las arandelas o chapas de desgaste y el soporte de desgaste.

9. Para realizar el montaje, coloque zapatas nuevas en los frenos y siga el procedimiento inverso al de desmontaje. Ajuste las zapatas del freno de estacionamiento.

Tipo 17: freno de disco delantero Chevrolet Spectrum

DESMONTAJE DE LAS PASTILLAS

1. Vacíe las dos terceras partes del líquido de freno del cilindro maestro.

2. Afloje las tuercas de orejetas de las ruedas y a continuación levante y sujete la parte delantera de vehículo con caballetes.

3. Desmonte los conjuntos y las ruedas delanteras. Monte dos tuercas de orejetas para mantener el rotor del freno en su posición.

4. Coloque una abrazadera C sobre la pinza del freno, con un extremo sobre la pastilla externa y el otro sobre la cabeza del perno del rácor de entrada.

5. Apriete la abrazadera para hacer que el pistón de la pinza del freno se desplace hacia el fondo del orificio.

6. Desmonte los pernos de sujeción de la pinza del freno al soporte de fijación y extraiga la pinza del freno de la mangueta de la dirección.

NOTA: Cuando desmonte la pinza del freno NO desconecte la manguera del freno de dicha pinza.

7. Utilizando un cable, sujete la pinza del freno de manera que no estorbe.

8. Desmonte las pastillas interna y externa, los indicadores de desgaste de las mismas, las arandelas o chapas antichirrido y los retenes haciéndolo desde el lado de la pinza del freno.

9. Limpie el marco de montaje de la pastilla situado en la pinza del freno. Compruebe si la pinza del freno tiene indicios de fuga de líquido, y a continuación verifique el grosor y excentricidad del rotor.

MONTAJE DE LAS PASTILLAS

1. Introduzca grasa en el buje deslizante de la clavija y coloque las nuevas pastillas interna y externa en su posición correspondiente en la pinza del freno.

2. Monte chapas nuevas en el indicador de desgaste de cada pastilla.

NOTA: Cuando monte las placas del indicador de desgaste de las pastillas, asegúrese de que las flechas del indicador de desgaste de las mismas quedan en el sentido contrario al del giro del rotor.

3. En el dorso o cara posterior de cada pastilla, monte una arandela o chapa nueva antichirrido.

4. Monte las nuevas pastillas en el soporte de fijación.

NOTA: TRABAJE SIEMPRE con un freno por vez, para evitar que el pistón opuesto se salga de la pinza del freno.

5. Monte el conjunto de la pinza del freno. Apriete los pernos de sujeción del soporte de fijación a la mangueta de la dirección con un par de 40 libras-pie y los pernos de sujeción de la pinza del freno al soporte de fijación con un par de 36 libras-pie.

6. Monte los conjuntos de las ruedas y apoye el vehículo sobre el firme.

7. Rellene el cilindro maestro y accione el pedal del freno varias veces para asentar las pastillas. Purgue los frenos si es necesario.

Tipo 18: freno de disco delantero Chevrolet Sprint

DESMONTAJE DE LAS PASTILLAS

1. Vacíe las dos terceras partes del líquido de frenos del cilindro maestro.

2. Afloje las tuercas de orejetas de las ruedas y a continuación levante y sujete la parte delantera del vehículo con caballetes.

3. Desmonte los conjuntos de las ruedas delanteras. Monte dos tuercas de orejetas para mantener el rotor del freno en su posición.

4. Coloque una abrazadera en C sobre la pinza del freno, con un extremo sobre la pastilla externa y el otro sobre la cabeza del perno del rácor de entrada.

5. Apriete la abrazadera para hacer que el pistón de la pinza del freno se desplace hacia el fondo del orificio.

6. Extraiga la pinza del freno de la mangueta de la dirección.

NOTA: Cuando desmonte la pinza del freno NO desconecte la manguera del freno de dicha pinza.

7. Utilizando un alambre, sujete la pinza del freno de manera que no estorbe.

8. Desmonte las pastillas interna y externa en las arandelas antichirrido haciéndolo por el lado de la pinza del freno.

9. Limpie el marco de fijación de las pastillas en la pinza del freno. Compruebe si la pinza del freno presenta indicios de fuga de líquido, y el grosor y excentricidad del rotor. Desmonte y repare la pinza del freno si es necesario.

MONTAJE DE LAS PASTILLAS

1. Monte pastillas interna y externa nuevas en su posición correspondiente en la pinza del freno.

2. En el lado posterior de cada pastilla, monte una arandela antirruidos nueva. Monte la nueva pastilla externa sobre el soporte de fijación.

3. Monte la nueva pastilla interna sobre la pinza del freno.

NOTA: Trabaje SIEMPRE con un freno por vez, para evitar que el pistón opuesto se salga de la pinza.

4. Monte el conjunto de la pinza del freno sobre el soporte de fijación y los muelles sobre la pinza del freno. Apriete los pernos de sujeción de la pinza del freno al soporte de fijación con un par de 17-26 libras-pie.

5. Monte los conjuntos de las ruedas y apoye el vehículo sobre el firme.

6. Rellene el cilindro maestro y accione el pedal del freno varias veces para asentar las pastillas. Purgue los frenos si es necesario.

Tipo 19: frenos de disco delanteros Chevrolet Chevette

DESMONTAJE DE LAS PASTILLAS

1. Vacíe las dos terceras partes del líquido de frenos del cilindro maestro.

2. Afloje las tuercas de orejetas de las ruedas y a continuación levante y sujete la parte delantera del vehículo con caballetes.

3. Desmonte los conjuntos de las ruedas delanteras. Monte dos tuercas de orejetas para mantener el rotor del freno en su posición.

4. Desmonte las tapas y pernos de sujeción de la pinza del freno al soporte de fijación.

5. Coloque una abrazadera en C sobre la pinza del freno, con un extremo sobre la pastilla externa y el otro sobre la cabeza del rácor de entrada.

6. Apriete la abrazadera para hacer que el pistón de la pinza del freno se desplace hacia el fondo del orificio.

7. Extraiga la pinza del freno de la mangueta de la dirección.

NOTA: Cuando desmonte la pinza del freno NO desconecte la manguera del freno de dicha pinza.

8. Utilizando un alambre, sujete la pinza del freno de manera que no estorbe.

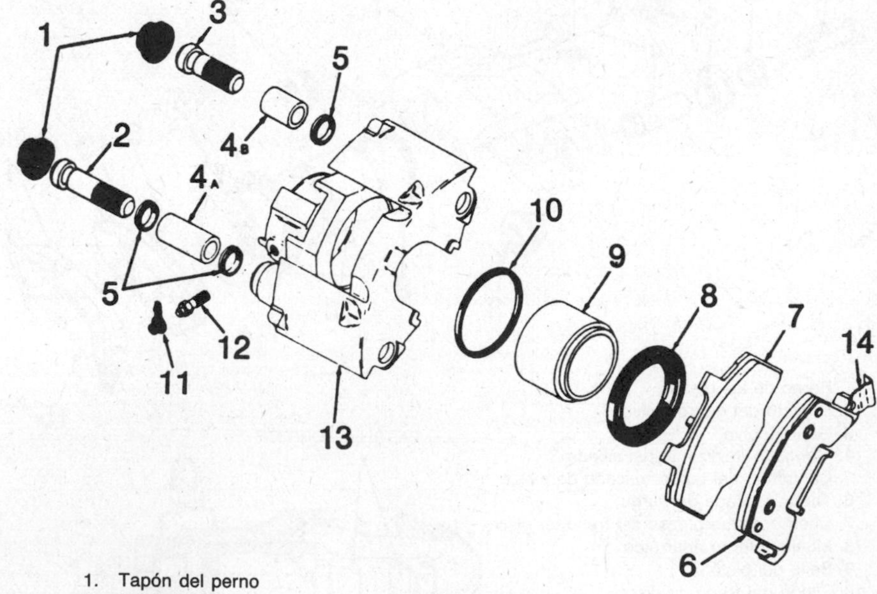

1. Tapón del perno
2. Perno largo
3. Perno Corto
4A. Manguito largo
4B. Manguito corto
5. Manguito
6. Zapata y forro externo
7. Zapata y forro interno
8. Guardapolvo
9. Pistón
10. Sello del pistón
11. Protector de la compuerta
12. Válvula de purga
13. Cuerpo de la pinza
14. Sensor de desgaste

Despiece del conjunto de pinzas del freno —Chevette GM

9. Desmonte las pastillas interna y externa y las arandelas antichirrido haciéndolo por el lado de la pinza del freno.

10. Limpie el marco de fijación de las pastillas situado en la pinza del freno. Compruebe si la pinza del freno presenta indicios de fuga de líquido y compruebe, asimismo, el grosor y excentricidad del rotor. Desmonte y repare la pinza del freno si es necesario.

MONTAJE DE LAS PASTILLAS

1. Utilizando grasa de silicona, rellene las cavidades de los bujes de la carcasa de la pinza del freno y monte los manguitos de los bujes.

2. Monte las pastillas nuevas interna y externa en su posición sobre la pinza del freno.

NOTA: Trabaje SIEMPRE con un freno por vez para evitar que el pistón opuesto se salga de la pinza del freno.

3. Monte el conjunto de la pinza del freno sobre el soporte de fijación. Apriete los pernos de sujeción de la pinza del freno a dicho soporte con un par de 30-45 libras-pie.

4. Monte los conjuntos de las ruedas y apoye el vehículo.

5. Rellene el cilindro maestro y accione el pedal del freno varias veces para asentar las pastillas.

6. Utilice un martillo con boca esférica de 8 onzas y un martillo de bronce de 16 onzas. Coloque el martillo de boca esférica sobre las aletas de la pastilla externa y a continuación golpéelo con el de bronce para doblar las aletas de la pastilla de manera que queden con un ángulo de 45° respecto de la pinza; esto fijará la pastilla externa a la pinza del freno. Purgue el sistema de líquido de frenos, si es necesario.

ESPECIFICACIONES DE LOS FRENOS DE TAMBOR

(Nota: Las disposiciones de inspección locales y estatales prevalecerán sobre las especificaciones mínimas de dimensiones del forro y tambor facilitadas por el fabricante)

Fabricante	Vehículo Año, Marca y Modelo	Grosor mínimo del forro de la zapata del freno	Diámetro del tambor del freno: Tamaño estándar	Diámetro del tambor del freno: Mecanizar a	Par de apriete de las tuercas de orejetas de las ruedas (libras-pie)
American Motors	Modelos de 1981-85. Todos excepto el Concord Wagon de 6 cilindros (de 1981-83) y Eagle.	.030	9.000	9.060	75
	Modelos de 1981-87 de 6 cilindros Concord Wagon (1981-87) y Eagle.	.030	10.000	10.060	75
	Modelo Spirit de 1980 excepto el Concord de 4 cilindros, Pacer de 4 cilindros, Eagle y AMX.	.030	10.000	10.060	75
	Modelo Spirit de 1980 de 4 cilindros	.030	9.000	9.060	75
Chrysler Corp.	Modelos Dodge 600 New Yorker	.030	8.861	8.920	95
	'82–'87 Aries, Reliant, LeBaron Dodge 400 (82–'83) Daytona, Laser, Lancer	.030	7.870	7.900	95
	'82–'87 Cordoba ('80–'83), Diplomat, Gran Fury, Mirada ('82–'83), New Yorker (Fifth Ave.), Imperial ('80–'83)				
	Con frenos traseros de 10"	.030	10.000	10.060	85
	Con frenos traseros de 11"	.030	11.000	11.060	85
	'80–'87 Omni, Horizon, Turismo, Charger	.030	7.870	7.900	85
	'81 Aries, Reliant	.030	7.870	7.900	85
	'80–'81 Aspen, Volare, LeBaron, Diplomat, Cordoba, Gran Fury, Mirada, Newport, New Yorker, Imperial				
	Con frenos traseros de 10"	.030	10.000	10.060	85
	Con frenos traseros de 11"	.030	11.000	11.060	85
	'86–'87 Shadow, Sundance	①	7.835	7.935	95
Ford Motor Co.	'82-'86 Lincoln Continental				
	Delanteros	—	—	—	80–105
	Traseros	—	—	—	80–105
	'81–'86 Thunderbird, Cougar				
	Con frenos traseros de 9"	.030	9.000	9.060	80–105
	Con frenos traseros de 10"	.030	10.000	10.060	80–105
	'81–'83 Granada ('81–'82)				
	Con frenos traseros de 9"	.030	9.000	9.060	80–105
	Con frenos traseros de 10"	.030	10.000	10.060	80–105
	'81–'87 Tracción delantera				
	Con frenos traseros de 7"	.030	7.000	7.060	80–105
	Con frenos traseros de 8"	.030	8.000	8.060	80–105
	'80–'87 Mustang, Capri, Fairmont ('80–'83), Zephyr ('80–'83)				
	Con frenos traseros de 9"	.030	9.000	9.060	80–105
	Con frenos traseros de 10"	.030	10.000	10.060	80–105

ESPECIFICACIONES DE LOS FRENOS DE TAMBOR

(Nota: Las disposiciones de inspección locales y estatales prevalecerán sobre las especificaciones mínimas de dimensiones del forro y tambor facilitadas por el fabricante)

Fabricante	Vehículo Año, Marca y Modelo	Grosor mínimo del forro de la zapata del freno	Diámetro del tambor del freno: Tamaño estándard	Diámetro del tambor del freno: Mecanizar a	Par de apriete de las tuercas de orejetas de las ruedas (libras-pie)
	'80–'87 Lincoln Town Car, Mark VI, Mark VII, LTD, Marquis				
	Con frenos traseros de 10"	.030	10.000	10.060	80–105
	Con frenos traseros de 11"	.030	11.030	11.090	80–105
	'80 Thunderbird, Cougar	.030	9.000	9.060	80–105
	'80 Granada, Monarch, Versailles				
	Sin frenos de disco traseros	.030	10.000	10.060	80–105
	Con frenos de disco traseros	—	—	—	80–105
	'86-'87 Sable, Taurus (tracción delantera)				
	Frenos traseros Sedan	①	8.850	8.909	80–105
	Frenos traseros Wagon	①	9.840	9.899	80–105
General Motors Corp.—Buick	'82–'87 Century, Skyhawk	①	7.880	7.899	100
	'82–'87 Regal, LeSabre	①	9.500	9.560	80③
	'80–'85 Riviera				
	Sin frenos de disco traseros	①	9.500	9.560	100
	Con frenos de disco traseros	—	—	—	100
	'80–'84 Electra, Estate Wagon	①	11.000	11.060	100
	'80–'87 Skylark	①	7.880	7.899	103
	'80–'81 Century, Regal, LeSabre	①	9.500	9.560	80③
	'80 Skyhawk	①	9.500	9.560	80
General Motors Corp.—Cadillac	'82–'87 Cimarron	.030	7.880	7.899	100
	'82–'87 Fleetwood	.030	11.00	11.060	100
	'82–'87 Eldorado, Seville				
	Delanteros	—	—	—	100
	Traseros	—	—	—	100
	'80-'87 Fleetwood Limo, carrocería comercial	①	12.00	12.060	100
	'80–'81 Fleetwood, Brougham, DeVille, Seville, (RWD)				
	Sin frenos de disco traseros	①	11.000	11.060	100
	'80–'81 Eldorado, Seville (FWD)				
	Frenos de disco delanteros	—	—	—	100
	Frenos de disco traseros	—	—	—	100
General Motors Corp.—Chevrolet	'82–'87 Celebrity, Cavalier	①	7.880	7.899	100
	'82–'87 Camaro				
	Con frenos de tambor traseros	①	9.500	9.560	80†
	Con frenos de disco traseros	—	—	—	80†
	'86–'87 Sprint	.110	7.090	29–50	
	'86–'87 Spectrum	.039	7.090	65	
	'85–'87 Nova	.039	7.913	76	
	'82–'87 Malibu, '82–'83 Monte Carlo	①	9.500	9.560	80†
	'80-'85 Citation	①	7.880	7.899	103
	'80–'87 Impala, '80–'85 Caprice				
	Con freno de discos trasero de 9 ½"	①	9.500	9.560	80
	Con frenos traseros de 11"	①	11.000	11.060	100
	'80–'87 Chevette	①	7.874	7.899	70
	'80–'87 Corvette				
	Delanteros	—	—	—	70④
	Traseros	—	—	—	70④
	'80–'81 Malibu, Camaro, Monte Carlo	①	9.500	9.560	80④
	'80 Monza	①	9.500	9.560	80④
General Motors Corp.—Oldsmobile	'82–'87 Ciera, Firenza	①	7.880	7.899	100
	'82–'87 Cutlass Supreme, 88	①	9.500	9.560	100⑤

 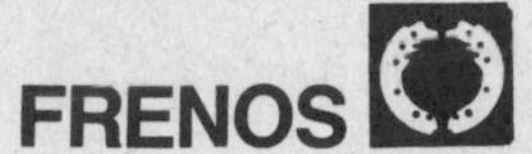

ESPECIFICACIONES DE LOS FRENOS DE TAMBOR

(Nota: Las disposiciones de inspección locales y estatales prevalecerán sobre las especificaciones mínimas de dimensiones del forro y tambor facilitadas por el fabricante)

Fabricante	Vehículo Año, Marca y Modelo	Grosor mínimo del forro de la zapata del freno	Diámetro del tambor del freno: Tamaño estándar	Diámetro del tambor del freno: Mecanizar a	Par de apriete de las tuercas de orejetas de las ruedas (libras-pie)
	'80–'84 Omega	①	7.880	7.899	103
	'80–'87 Toronado				
	Sin frenos de disco traseros	①	9.500	9.560	100
	Con frenos de disco traseros	—	—	—	100
	'80–'87 Custom Cruiser, 88 (w/403), 98				
	Con frenos traseros de 9,5"	①	9.500	9.560	100
	Con frenos traseros de 11"	①	11.000	11.060	100
	'80 Starfire	①	9.500	9.560	80
General Motors	'82–'87 A6000, J2000	①	7.880	7.899	100
Corp.—Pontiac	'82–'87 Firebird				
	Con frenos de tambor traseros	①	9.500	9.560	80④
	Con frenos de disco traseros	—	—	—	80④
	'81–'87 T 1000, 1000	①	7.874	7.899	70
	'80–'84 Phoenix (F.W.D.)	—	7.880	7.899	103
	'80–'84 Bonneville, Catalina ('80–'81) LeMans, Grand Prix, Grand Am				
	Con frenos traseros de 9.5"	①	9.500	9.560	
	Con frenos traseros de 11"	①	11.000	11.060	80②
	'80–'81 Firebird, Ventura, Phoenix, RWD	①	9.500	9.560	80
	Con frenos de disco traseros	—	—	—	80
	'80 Sunbird	①	9.500	9.560	80

① 0.030" sobre la cabeza del remache, si el forro está fuertemente unido, 0.062".
② Con un espárrago de ½", 100 libras-pie.
③ Con ruedas de aluminio, modelo LeSabre 90 libras-pie, Regal 100 libras-pie.
④ Ruedas de aluminio; Corvette 80, Camaro 105, los demás 90.
⑤ Con espárrago de 7 16"; 80 libras-pie

FRENOS DE TAMBOR

ATENCIÓN

El polvo de asbesto expulsado de los forros de los frenos o pastillas de los discos puede ser peligroso para su salud si es inhalado. No utilice nunca aire comprimido o sople sobre el polvo para eliminarlo del conjunto del freno. Utilice un paño húmedo o un aspirador de aire que disponga de un buen filtraje. Tire el paño o bolsa del aspirador teniendo cuidado de que no queden restos.

Frenos de tambor

TIPO DE FRENOS DE TAMBOR

El tambor FULL-CAST tiene un nervio de fundición de acero (posterior) de 3/16-1/4" de grosor (magnitudes correspondientes a vehículos de pasajeros) mientras que el tambor COMPOSITE lleva un nervio de acero de aproximadamente 1/8" de grosor. Estos dos tipos de tambores, con pocas excepciones, no son intercambiables.

PROFUNDIDAD DEL TAMBOR DEL FRENO

Apoye una escuadra a través del diámetro del tambor en el lado abierto. La profundidad real del tambor es entonces la distancia en ángulo recto desde la escuadra a aquella parte del nervio que encaja sobre la pestaña de fijación del cubo.

TAMBORES DE ALUMINIO

Cuando lo sustituya por otros tipos, los tambores de aluminio deben ser sustituidos por pares.

FRENOS METÁLICOS

Los tambores diseñados para su utilización con forros de freno estándar no deberían ser utilizados con frenos metálicos.

DESMONTAJE DE LOS TAMBORES PRIETOS

El hecho de que existan dificultades en el desmontaje de un tambor de freno puede ser debido a que las zapatas se hayan expandido más allá del diámetro interno del tambor o que las zapatas se hayan adentrado y creado un reborde en el tambor. En cualquier caso ajuste el ajustador para obtener espacio o tolerancia suficiente para su desmontaje.

INSPECCIÓN DEL TAMBOR DEL FRENO

El estado de la superficie del tambor del freno es tan importante como la superficie misma para el forro del freno. Todas las superficies de los frenos deberían estar limpias, suaves, libres de puntos duros, manchas de calentamiento, rayas y partículas extrañas incrustadas en la superficie del tambor. No deberían presentar excentricidad, estar acampanados o tener forma de barril. Se rec... mienda comprobar primero todos los tambore... un micrómetro para tambores para ver si est... tro de los límites de sobredimensionami... medidas del tambor están dentro de... seguridad, aun cuando la superf... ve, deberían ser torneados, no... gurarse de que la superficie...

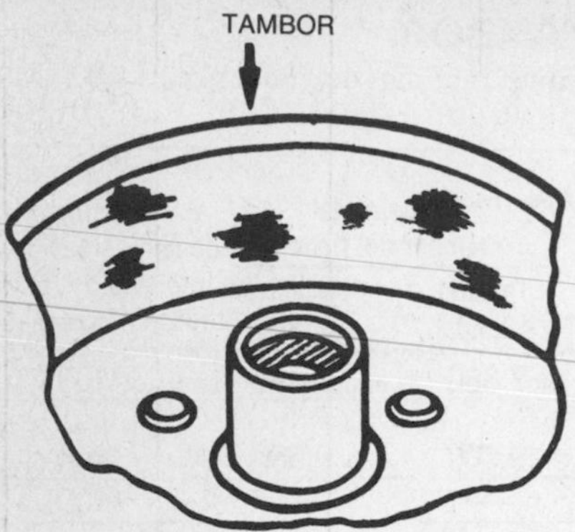

Marcas de aspereza o de enfriamiento

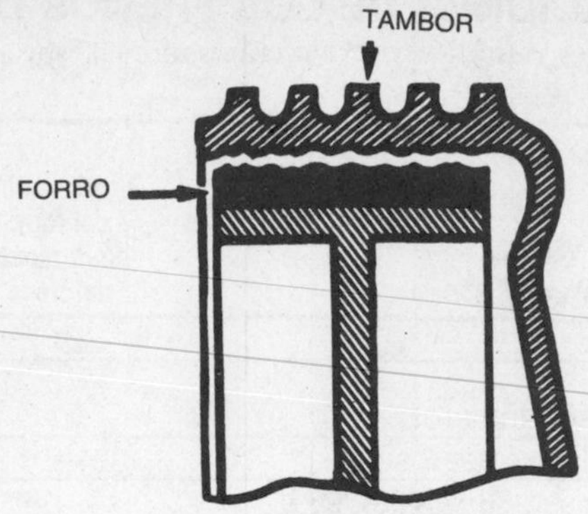

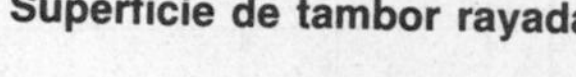
Superficie de tambor rayada

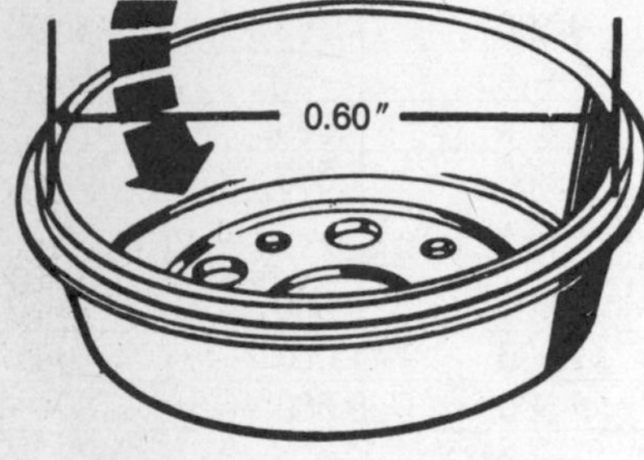

Tambor sobredimensionado

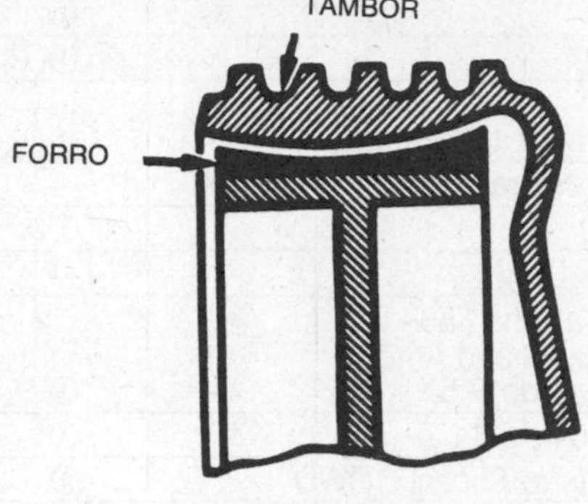

Tambor convexo

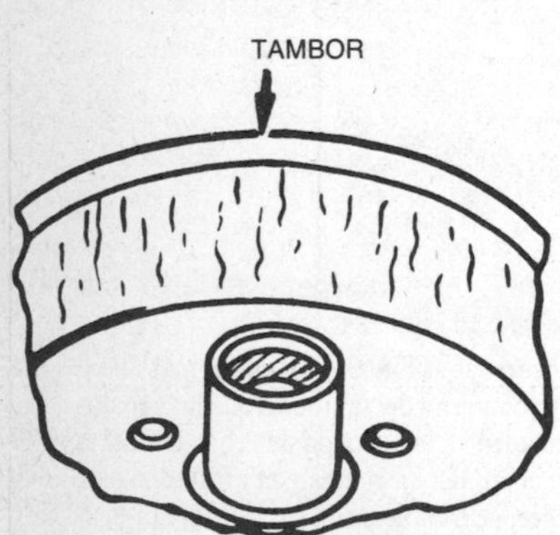

Comprobación de puntos de calentamiento

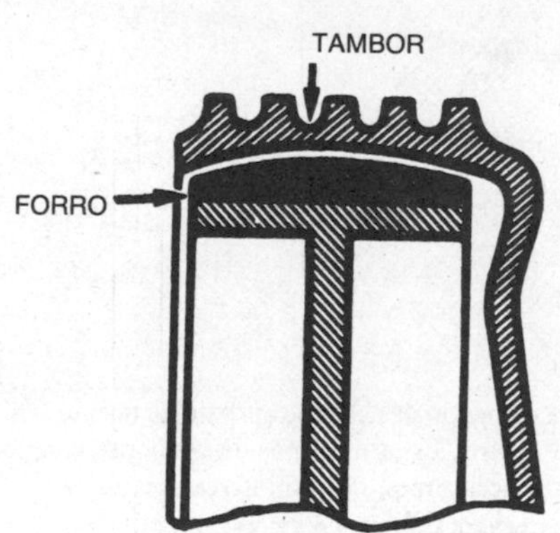

Tambor cóncavo

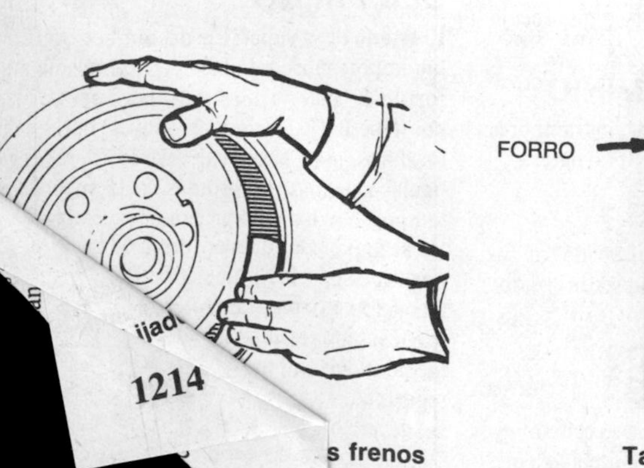

s frenos

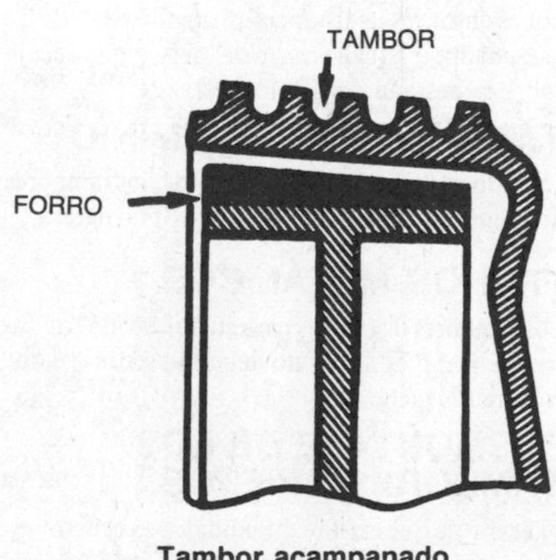

Tambor acampanado

fectamente plana sino también para eliminar cualesquiera partículas que puedan existir en la superficie, que procedan de forros de freno anteriores, polvo de la carretera, etc. Si se elimina una cantidad excesiva de metal del tambor se producirá una situación de inseguridad y podrá dar lugar a:

1. Un debilitamiento del freno debido a que un tambor tan fino es incapaz de absorber el calor generado.

2. Un frenado malo y errático debido a la distorsión de los tambores.

3. Ruidos debidos a la posible vibración provocada por los tambores tan finos.

4. La rotura o agrietamiento de un tambor al accionar los frenos enérgicamente.

NOTA: La excentricidad del tambor del freno no debería ser superior a 0,005''. Los tambores que se sobredimensionen en más de 0,060'' son inseguros y deberían ser sustituidos por tambores nuevos, excepto en el caso de tambores de nervios muy fuertes donde el límite es de 0,080''. Se recomienda que los diámetros de los tambores izquierdo y derecho de cualquier eje coincidan con una tolerancia de 0,010''. Para evitar que el frenado sea errático cuando sustituya los tambores, es siempre práctico sustituir los tambores de ambas ruedas. Si los tambores están en buen estado, suavice las rayas superficiales con tela de esmeril fina. Si presentan rayas o acanaladuras profundas, que no pueden eliminarse por este método, entonces el tambor debe ser torneado.

Freno dúo-servo

Véase la tabla de aplicaciones de los frenos de tambor donde se especifican las aplicaciones del ajustador. En el diseño del freno dúo-servo, la fuerza que el cilindro de la rueda aplica a las zapatas está suplementada por la tendencia de las zapatas a ser absorbidas o girar hacia el tambor durante el frenado. Así se aplican dos fuerzas de frenado en cada tambor cada vez que se accionan los frenos.

AJUSTE

El freno dúo-servo, con autoajustadores del tipo de rueda dentada y tornillo, es el que existe en la mayoría de los modelos recientes de la AMC. Todos los vehículos disponen del mismo modelo básico de unidad de freno. Los vehículos de la General Motors disponen de una palanca accionada por una varilla para hacer girar la rueda dentada, mientras que los demás disponen de una palanca accionada por cable. Ésta es la única diferencia, aparte de la del tamaño de las unidades de freno de que disponen los diferentes modelos. Los tambores de freno que existen en los vehículos de hoy en día, suelen ser ajustables. Requieren únicamente el ajuste manual cuando las zapatas han sido sustituidas o cuando el ajuste formado por rueda dental y tornillo ha sido tocado.

NOTA: Los frenos de tambor en la mayoría de los vehículos pueden ser ajustados inicialmente desmontando el tambor del freno, midiendo su diámetro interno y a continuación ajustando las zapatas a esa medida y montando el tambor. Utilice un pie de rey para medir las distancias. Este método puede aplicarse a todos los modelos y es, quizá, preferible a empujar hacia fuera la cubierta so-

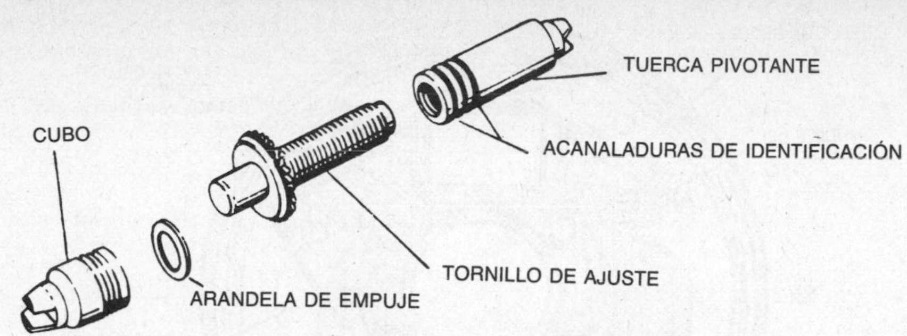

Conjunto del tornillo de ajuste

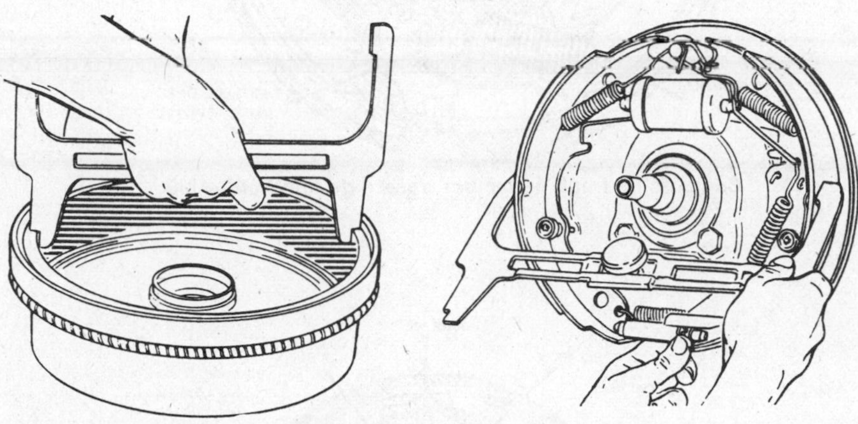

Calibre del tambor del freno

bre el orificio de acceso existente en la placa trasera o extremo del tambor del freno.

1. Desmonte el tapón de la ranura de acceso de la placa trasera o parte frontal del tambor. En algunos vehículos no existe ranura de acceso en la placa trasera o en la placa delantera de los tambores. Algunos han sido incrustados y deben ser extraídos para poder acceder al ajustador. Finalice el ajuste y tape el orificio con un tapón para impedir la entrada de suciedad y agua.

2. Utilizando una cuchara o destornillador de ajuste de frenos, apalanque hacia abajo sobre el extremo de la herramienta (con los dientes de la rueda dentada moviéndose hacia arriba) para apretar los frenos o hacia arriba sobre el extremo de la herramienta (con los dientes de la rueda dentada moviéndose hacia abajo) para aflojarlos.

NOTA: Será necesario utilizar una pequeña varilla o herramienta adecuada para mantener la palanca de ajuste apartada de la rueda dentada. Tenga cuidado de no doblar la palanca de ajuste.

3. Cuando los frenos estén tensados casi hasta el punto de quedar bloqueados, afloje la rueda dentada hasta que la rueda del vehículo pueda girar libremente. La rueda dentada de cada conjunto de frenos (delanteros o traseros) debe ser aflojada el mismo número de vueltas para impedir que un freno frene más que el otro.

4. Después de realizar el ajuste, compruebe el recorrido del pedal del freno y a continuación frene varias veces, a la vez que sujeta el vehículo, para equilibrar los sistemas de ambas ruedas.

VERIFICACIÓN DEL AJUSTE

1. Levante y sujete el vehículo con caballetes. Haga que un asistente accione los frenos.

2. En los modelos que disponen de tapones de acceso en la placa trasera, afloje los frenos manteniendo la palanca del ajustador apartada de la rueda dentada y aflojando la rueda dentada aproximadamente 30 muescas. En los modelos que no disponen de tapones de acceso en la placa trasera, desmonte la rueda del tambor, afloje el ajustador y a continuación vuelva a instalar el tambor y la rueda.

3. Haga girar la rueda y el tambor del freno en el sentido contrario y accione los frenos. El movimiento de la palanca secundaria debería empujar de la palanca del ajustador hacia arriba y al soltar los frenos la palanca debería girar hacia abajo y hacer girar a la rueda dentada.

4. Si el ajustador automático no funciona, debe desmontar el tambor e inspeccionar minuciosamente los componentes del ajustador para ver si están rotos, desgastados o incorrectamente montados.

DESMONTAJE DE LAS ZAPATAS DEL FRENO

NOTA: Si no conoce perfectamente los procedimientos que se han de seguir en la sustitución del freno, desmonte y vuelva a montar uno de los lados cada vez, dejando la otra rueda intacta, como referencia.

1. Desmonte el tambor del freno.

2. Coloque el extremo hueco de un útil de reparación de muelles de freno sobre la clavija de anclaje de la zapata del freno y gírela para desenganchar uno de los muelles de recuperación de la zapata del freno. Repita esta operación para desmontar el otro muelle de recuperación.

ATENCIÓN

Tenga cuidado de que los muelles no se salgan de la herramienta al desmontarlo, ya que si se disparan podrían producir daños personales.

3. Por detrás de la placa trasera del freno, ponga un dedo sobre el extremo de una de las clavijas de sujeción del freno. Utilizando un par de alicates o un útil especial para retenes de clavijas de frenos, sujete la arandela sobre la parte superior del muelle de sujeción que corresponde a la clavija que está sujetando. Empuje hacia abajo sobre los alicates y gírelos 90° para alinear la ranura de arandela con la cabeza de la clavija de fijación del muelle. Desmonte el muelle y arandela y a continuación repita la operación sobre el muelle de sujeción de la otra zapata del freno.

4. El paso cuatro varía según el fabricante: en los vehículos Ford y American Motors, coloque el extremo de la punta de un destornillador sobre la parte superior del tornillo de ajuste del freno y mueva el destornillador hacia arriba para tirar hacia arriba de la palanca de ajuste del freno Cuando exista suficiente flojedad en el cable ajustador automático, desconecte el bucle do en la parte superior del cable, de la pal anclaje. Afloje el tornillo de ajuste a sujeta la palanca de ajuste manteni

TABLA DE APLICACION DE FRENOS DE TAMBOR

Fabricante	Año y Modelo	Tipo de freno	Tipo de autoajustador
American Motors	Todos los modelos de 1980-87	Duo-Servo	Star & Screw
Chrysler Corp.	Todos los modelos de 1980-87	Duo-Servo	Star & Screw
Ford Motor Co.	Todos los modelos de 1980-87 excepto los siguientes	Duo-Servo	Star & Screw
	Modelos Ford de tracción delantera de 1981-87	Non-Servo-	Star & Screw (freno de 8") Strut & Pin (freno de 7")
General Motors Corp.	Todos los modelos de 1980-87	Duo-Servo	Star & Screw

① Los frenos de tambor traseros de los vehículos con tracción delantera Chrysler hasta 1982 no se ajustan automáticamente.

tada del tornillo. Sujete la parte superior de cada zapata del freno y muévala hacia afuera para desacoplarla del cilindro de la rueda y eslabón del freno de estacionamiento. Cuando se hayan desacoplado las zapatas de los frenos, extráigalas de la placa de refuerzo. Gire ligeramente las zapatas y el conjunto del ajustador automático se desmontará por sí solo.

5. En los vehículos de la General Motors, desmonte el eslabón del ajustador automático. Desmonte la palanca del ajustador automático, el pivote y el muelle de control del muelle secundario, extrayéndolos en conjunto. Mueva la parte superior de cada zapata del freno hacia afuera de manera que éstas salgan de las clavijas del cilindro de la rueda y del eslabón del freno de estacionamiento. Extraiga los frenos de la placa trasera y desmonte el tornillo de ajuste.

6. En los vehículos Chrysler (excepto en algunos modelos con tracción delantera), deslice el cable del ajustador automático de la placa de anclaje y desacóplelo de la palanca de ajuste. Desmonte el cable, el muelle de sobrecarga y la guía del cable. Desconecte el muelle de recuperación de la palanca del ajustador automático y a continuación desmonte el muelle y la palanca. Mueva la parte superior de las zapatas de los frenos hacia afuera de manera que éstas salgan de las clavijas del cilindro de la rueda y del eslabón del freno de estacionamiento. Extraiga los frenos de la placa trasera y desmonte el tornillo de ajuste.

7. Sujete el extremo del muelle del cable del freno con un par de alicates, utilizando la palanca del freno como punto de apoyo, extraiga el extremo del muelle de la palanca. Desacople el cable de la palanca del freno.

MONTAJE DE LAS ZAPATAS DE LOS FRENOS

1. El cable de los frenos debe conectarse a la zapata secundaria de los frenos antes de que la zapata sea montada en la placa trasera. Para hacerlo, transfiera la palanca del freno de estacionamiento de la zapata secundaria usada a la nueva. Esto se logra extendiendo la parte inferior del clip en herradura y desacoplando la palanca. Coloque la palanca sobre la nueva zapata secundaria y a continuación monte la arandela elástica y el clip

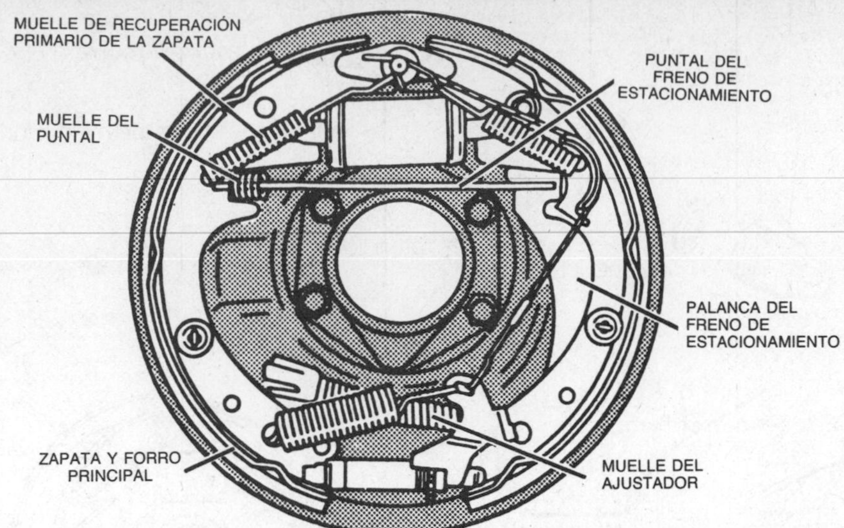

Conjunto de freno de tambor trasero de tipo Ford, AMC

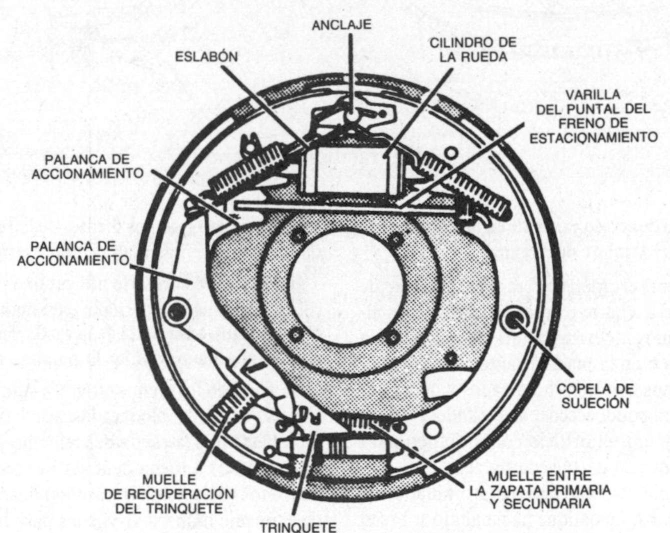

Conjunto de freno de tambor trasero de tipo GM

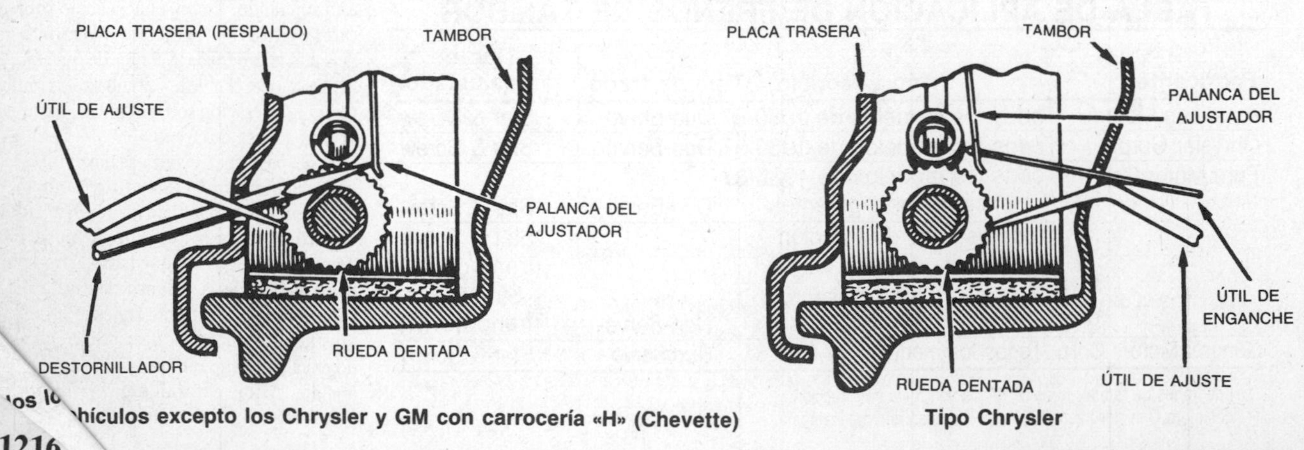

los lo... hículos excepto los Chrysler y GM con carrocería «H» (Chevette)

Tipo Chrysler

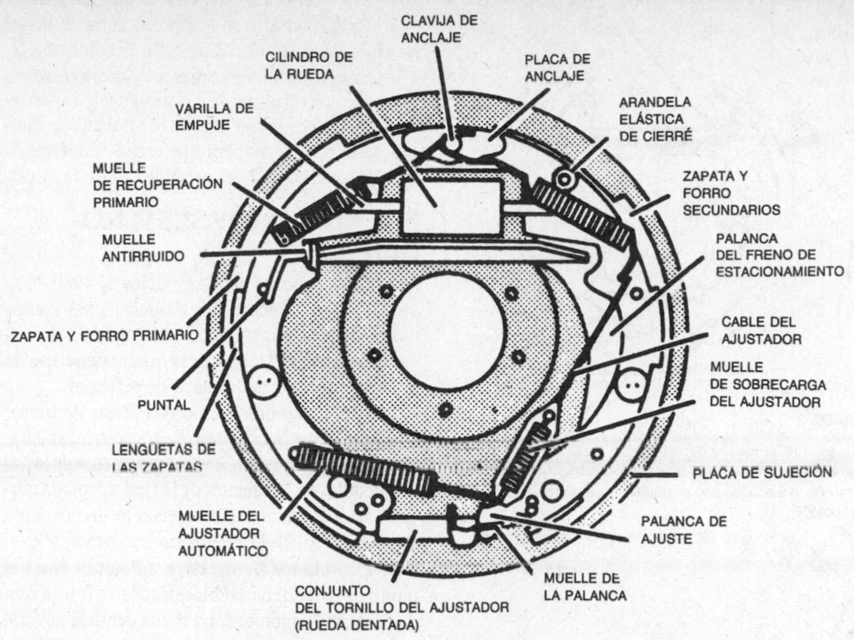

Conjunto de freno de tambor trasero de tipo Chrysler

en herradura. Cierre la parte inferior del clip después de montarlo. Sujete la junta metálica del cable del freno de estacionamiento con un par de alicates. Coloque un par de fresas de disco sobre el extremo del muelle helicoidal del cable y, utilizando los alicates como punto de apoyo, tire del muelle helicoidal hacia atrás con las fresas de disco. Coloque el cable en la palanca del freno de estacionamiento.

2. Aplique una ligera capa de grasa resistente a altas temperaturas a los puntos de contacto de la zapata del freno sobre la placa de refuerzo. Coloque la zapata primaria del freno sobre la parte frontal de la placa trasera y a continuación monte el muelle de sujeción y la arandela sobre la clavija de sujeción. Monte la zapata secundaria sobre la parte posterior de la placa de refuerzo.

3. Si trabaja con los frenos traseros, monte el eslabón del freno de estacionamiento entre la zapata primaria y la zapata secundaria del freno.

4. El paso cuatro varía según el fabricante.

5. En los vehículos Ford y American Motors, monte el extremo en bucle del cable del ajustador automático sobre la clavija de la placa de anclaje. Asegúrese de que el lado estrecho del bucle queda situado frente a la placa de refuerzo.

6. En los vehículos GM, monte la palanca del ajustador automático, el pivote y el muelle de control y a continuación monte los muelles secundarios en conjunto.

7. En los vehículos Chrysler (excepto en algunos modelos de tracción delantera), monte la palanca del ajustador automático y el muelle de recuperación. Monte el muelle de sobrecarga del ajustador y el cable. Un extremo del cable va acoplado a la palanca de ajuste mientras que el otro desliza sobre la clavija de anclaje situada debajo de los muelles de recuperación primario y secundario.

8. Monte el muelle de recuperación en la zapata del freno primario y utilizando el extremo cónico de un útil de reparación de muelles de freno, deslice la parte superior del muelle sobre la clavija de anclaje.

ATENCIÓN

Asegúrese de que el muelle no se resbala de la herramienta durante su montaje, ya que si se dispara podría provocar daños personales.

9. Monte la guía del cable del ajustador automático de la zapata secundaria del freno, asegurándose de que el orificio abocardado en la guía del cable queda en el interior del orificio de la zapata del freno. Encaje el cable en la acanaladura existente en la parte superior de la guía del cable.

10. Monte el muelle de recuperación de la zapata secundaria a través del orificio existente en la guía del cable y monte la zapata del freno. Utilizando el útil para muelles de freno, deslice la parte superior del muelle de manera que quede colocado sobre la clavija de anclaje.

11. Limpie las roscas del tornillo de ajuste y aplique una ligera capa de grasa resistente a altas temperaturas sobre las mismas. Atornille el ajustador completamente y a continuación aflójelo 1/4 de vuelta.

12. Monte el tornillo de ajuste entre las zapatas de los frenos con la rueda dentada en la posición más próxima posible a la zapata secundaria. Asegúrese de que la rueda dentada queda en una posición que es accesible desde la ranura de ajuste en la placa trasera.

13. Monte el extremo corto en forma de gancho y el muelle del ajustador automático en el orificio correspondiente existente en la zapata primaria del freno.

14. Coloque el extremo en forma de gancho del cable del ajustador automático y el extremo libre del muelle del ajustador automático en la ranura existente en la parte superior de la palanca del ajustador automático.

15. Tire de la palanca del ajustador automático hacia abajo (la palanca tirará del cable y muelle) y hacia la izquierda y enganche el gancho pivotante de la palanca en el orificio existente en la zapata secundaria del freno.

16. Compruebe todo el conjunto del freno para asegurarse de que todo está correctamente instalado. Asegúrese de que las zapatas engranan correctamente en el cilindro de la rueda y que quedan niveladas sobre la clavija de anclaje. Asegúrese de que el cable del ajustador automático queda nivelado con la clavija de anclaje y que queda en la ranura existente en el bloque de la guía del cable. Asegúrese de que la palanca de ajuste queda apoyada sobre la rueda dentada del tornillo de ajuste. Tire hacia arriba del cable de ajuste hasta que la palanca de ajuste salga de la rueda dentada y a continuación suelte el cable. La palanca de ajuste debería retroceder hacia su posición normal sobre la rueda dentada del tornillo de ajuste y hacer girar a la rueda un diente.

17. Afloje el tornillo de ajuste del freno hasta que el tambor del mismo encaje justamente sobre la zapata del freno. Monte la rueda y el tambor y ajuste los frenos.

Frenos no-servo

En los sistemas de frenos no-servo, cada zapata del freno está anclada separadamente y su acción no se ve complementada por la otra. La zapata anterior hace la mayor parte del trabajo, efectuando el frenado en el movimiento hacia adelante. La zapata posterior funciona de la misma manera para el desplazamiento hacia atrás. Los frenos sin servofreno pueden o no disponer de ajustadores.

FRENOS FORD NO-SERVO

Los modelos que disponen de tambores de freno de 8'' de diámetro disponen de ajustador de rueda dentada y tornillo mientras que los modelos con tambores de 7'' de diámetro disponen de un ajustador de puntal y clavija. Los ajustes normales de las zapatas son automáticos pero, sin embargo cuando éstas hayan sido sustituidas o el ajustador haya sido tocado, las zapatas deberían ser ajustadas inicialmente a mano.

1. Levante y sujete la parte trasera del vehículo con caballetes y a continuación desmonte las ruedas y tambores. Los tambores se desmontan soltando el freno de estacionamiento, desmontando la tapa guardapolvo, el pasador de aletas, la tuerca de ajuste y el cojinete de la rueda y a continuación extrayendo el tambor.

2. En los tambores de 7'' de diámetro con ajustador formado por un puntal y clavija, gire el cuadrante del ajustador hasta que engrane con la clavija moleteada y se sitúe en la tercera o cuarta muesca del extremo externo del cuadrante. Monte el tambor del freno y la rueda y ajuste los cojinetes de la rueda, apretando la tuerca de ajuste con un par de 17-25 libras-pie a la vez que gira el tambor y a continuación afloje la tuerca de ajuste aproximadamente 100° y monte el retén de la tuerca y pasador de aletas.

3. Los tambores de 8'' de diámetro se ajustan de la misma manera que los tambores con ajustador formado por rueda dentada y tornillo descritos en el apartado de frenos dúo-servo. Véase dicha sección donde se describe el procedimiento.

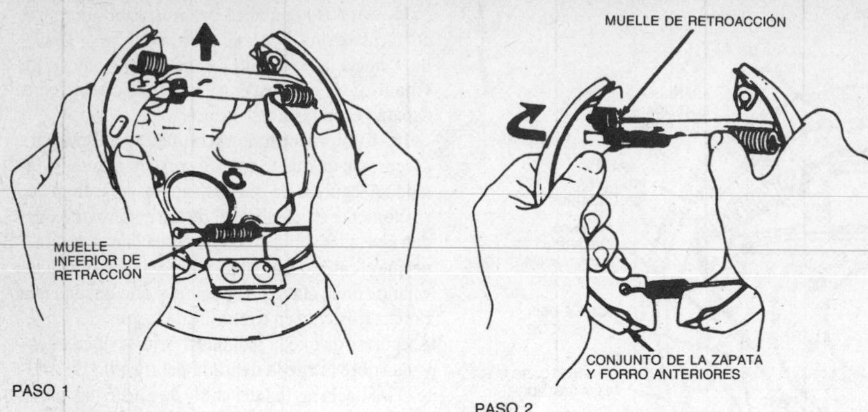

PASO 1

a. Desmonte los muelles y clavijas de sujeción
b. Levante el conjunto de la placa de refuerzo
c. Desenganche el cable del freno de estacionamiento
d. Desmonte el muelle inferior de retracción

PASO 2

Desmonte el muelle de retracción de la zapata anterior girándola como se muestra para eliminar la tensión del muelle. No apalanque el muelle para desmontarlo de la zapata.

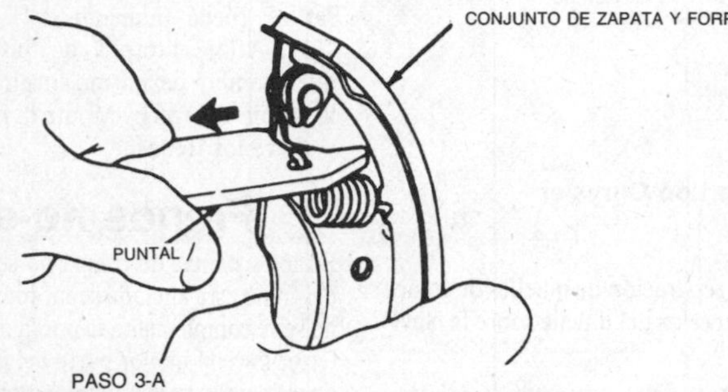

PASO 3-A

Desmonte el puntal de sujeción del conjunto de zapata y forro posteriores extrayendo dicho puntal de la zapata y...

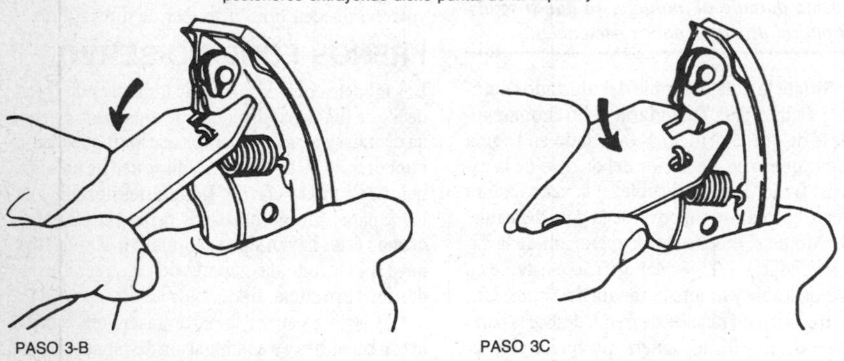

PASO 3-B

... girando el puntal hacia abajo

PASO 3C

... hacia sí mismo hasta que la tensión del muelle desaparezca. Desmonte el muelle de las ranuras

No servo; frenos traseros Ford de 7''

4. Complete el ajuste accionando los frenos varias veces.

DESMONTAJE Y MONTAJE DE LAS ZAPATAS DE LOS FRENOS

1. Desmonte la rueda y el cubo. Los ajustadores pueden aflojarse a través de la parte trasera de la placa de los frenos con un destornillador, si es que el tambor no puede desmontarse fácilmente.

2. Desmonte los muelles y clavijas de sujeción. Extraiga el conjunto de la placa de refuerzo del freno y desacople el cable del freno de estacionamiento.

3. En los tambores de 7'' de diámetro, desmonte el muelle inferior de retracción. En los tambores de 8'' de diámetro, desmonte todos los muelles de retracción y la palanca del ajustador.

4. Los siguientes procedimientos de desmontaje son aplicables únicamente a los tambores de 7'' de diámetro. Desmonte el muelle de retracción de la zapata anterior girándola para eliminar la tensión de dicho muelle. NO apalanque el muelle para extraerlo de la zapata. Desmonte el conjunto de puntal y zapata posterior apartando el puntal de la zapata y girándola hacia abajo hasta que se elimine la tensión del muelle. Desmonte el muelle de las ranuras.

5. Para montarlo siga el procedimiento inverso al de desmontaje. Véase el procedimiento de ajuste anterior, donde se presenta información especial sobre técnicas de ajuste inicial. Los cojinetes de las ruedas en los tambores de 8'' se ajustan de la misma manera que en los tambores de 7''. Véase el paso 2 del procedimiento de ajuste.

FRENOS CHRYSLER NO-SERVO

Los frenos traseros de los modelos de 1980-82 se ajustan manualmente, los modelos 1983 y años posteriores disponen de autoajustador.

1. Desmonte el tapón de la ranura de acceso de la parte superior de la placa de refuerzo.

2. Utilizando una cuchara de ajuste de frenos fina apalanque hacia abajo (lado izquierdo) o hacia arriba (lado derecho) sobre el extremo de la herramienta (con los dientes de la rueda dentada moviéndose hacia arriba) para apretar los frenos. Para aflojarlos realice la operación opuesta.

3. Cuando los frenos estén apretados hasta el punto de que estén casi bloqueados, afloje la rueda dentada 10 muescas. La rueda dentada de cada lado debe ser aflojada el mismo número de vueltas para lograr un frenado uniforme.

DESMONTAJE Y MONTAJE

1. Desmonte el tambor del freno.

2. Desconecte el cable del freno de estacionamiento de la zapata secundaria (posterior).

3. Desmonte el muelle o muelles de retracción que van de la zapata a la placa de anclaje y el muelle superior (si dispone del mismo).

4. Desmonte los muelles de sujeción de la zapata; comprímalos ligeramente y deslícelos extrayéndolos de las clavijas de sujeción o empuje hacia adentro y extráigalos de la clavija de sujeción girándolos.

5. Desmonte el conjunto del tornillo ajustador separando las zapatas. Desconecte el muelle del ajustador de las zapatas posteriores en los modelos con autoajustador. La tuerca del ajustador puede estar completamente aflojada.

6. Levante la palanca del freno de estacionamiento. Aparte la zapata secundaria (posterior) de la placa de refuerzo de manera que se elimine la tensión del muelle de retracción.

7. Desmonte la zapata secundaria (posterior) y desacople el extremo del muelle de la placa de refuerzo.

8. Levante la zapata primaria (anterior) para eliminar la tensión del muelle. Desmonte la zapata y desacople el extremo del muelle de la placa de refuerzo.

9. Inspeccione los frenos (véase los procedimientos en el apartado de Inspección de los frenos de tambor).

10. Lubrique las seis zonas de contacto con las zapatas situadas en la placa de los frenos, y el extremo nervado de la zapata del freno que entra en contacto con la placa de anclaje. Utilice lubricante multiuso o una grasa de frenos resistente a altas temperaturas específica para este uso.

11. La Chrysler recomienda la limpieza y engrasado de los cojinetes de las ruedas traseras cuando se rectifiquen los frenos. Asegúrese de montar un nuevo sello en los cojinetes.

12. Con el muelle de recuperación de la zapata

PROCEDIMIENTO DE MONTAJE

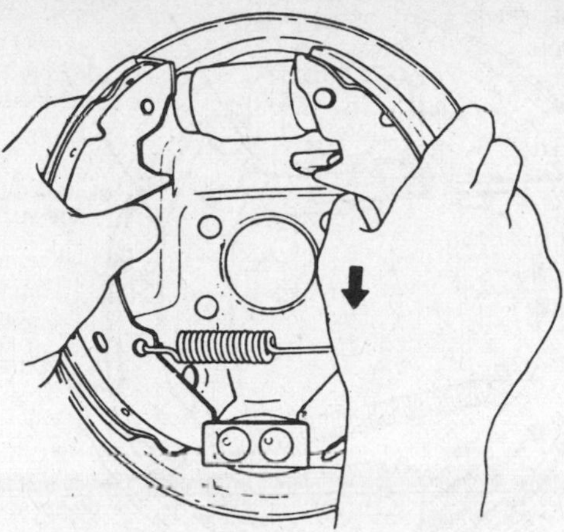

PASO 1

a. Monte el cable del freno de estacionamiento en la zapata posterior y palanca del freno de estacionamiento

b. Monte el muelle inferior de retracción en las zapatas anteriores y posteriores

c. Monte este conjunto en la placa de refuerzo

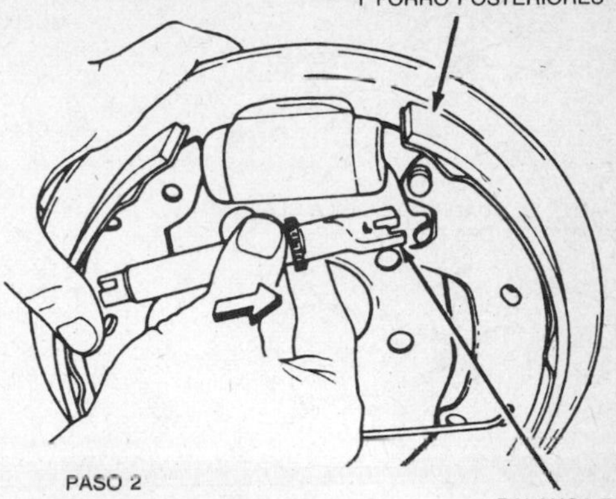

PASO 2

Monte el conjunto del tornillo del ajustador

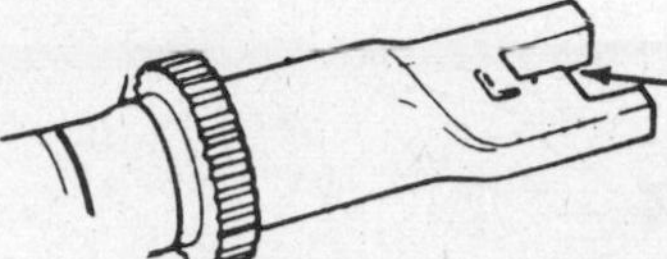

NOTA: La hoja de la llave de cubo va marcada con una R (derecha) y L (izquierda). Coloque la letra en posición vertical para asegurarse de que la ranura engrana correctamente en la palanca del freno de estacionamiento

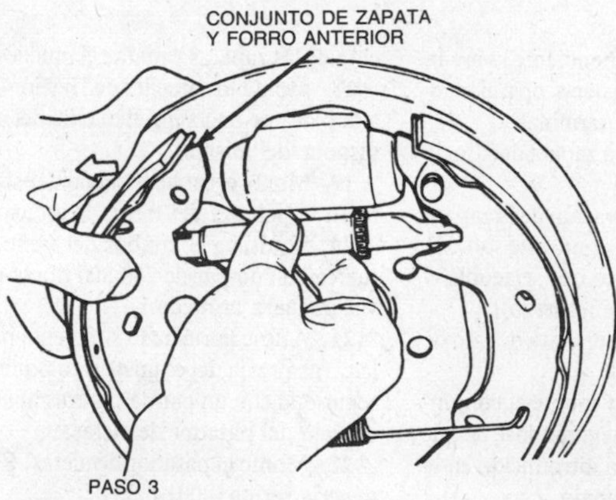

PASO 3

Monte el tornillo del ajustador en el conjunto de zapata y forro anteriores

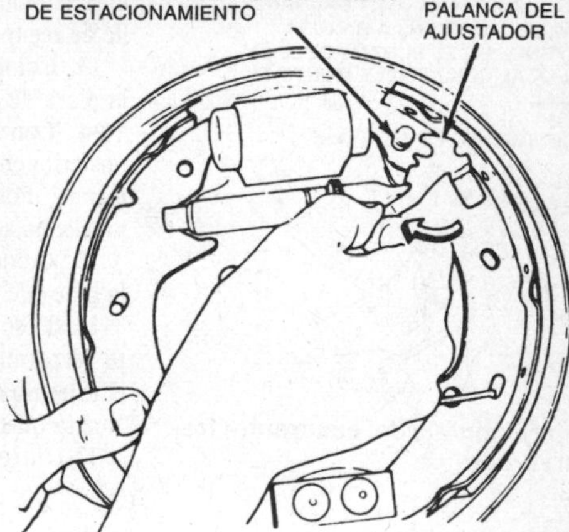

PASO 4

Monte la palanca del ajustador en la acanaladura de la clavija de la palanca del freno de estacionamiento

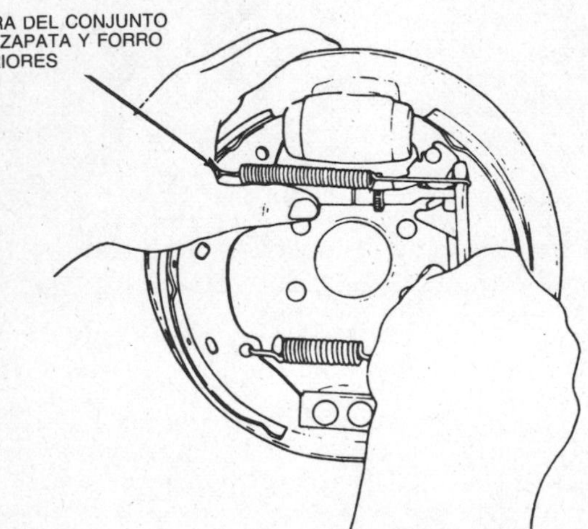

PASO 5

a. Monte los muelles y clavijas de sujeción de la zapata

b. Monte el muelle de retracción superior en la ranura de la zapata anterior —estire el muelle para montar la zapata posterior. Si la palanca del ajustador no entra en contacto con la rueda dentada después de montar el muelle compruebe el montaje del cubo del ajustador

Frenos de tambor traseros

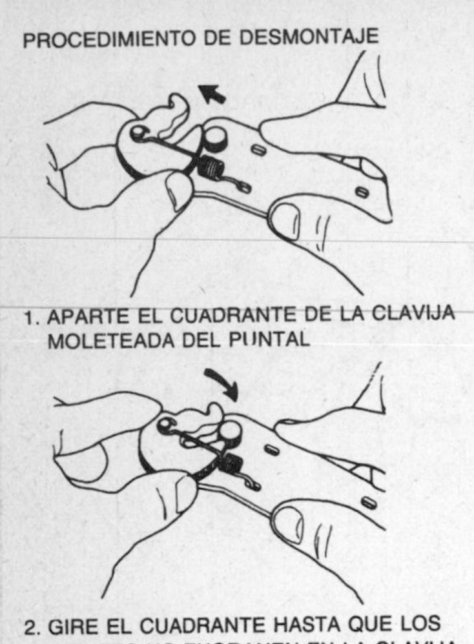

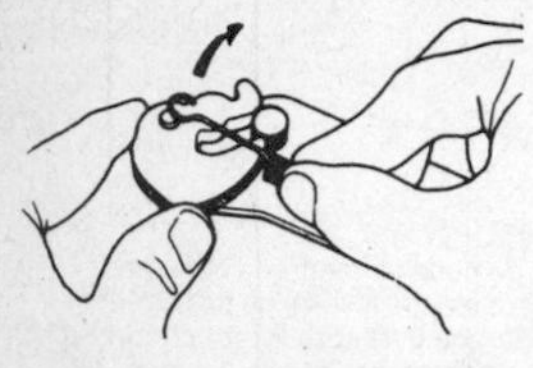

3. DESMONTE EL MUELLE Y EXTRAIGA EL CUADRANTE DEL PUNTAL —TENGA CUIDADO DE NO FORZAR EL MUELLE. MONTE LA CLAVIJA DEL CUADRANTE DEL AJUSTADOR EN LA RANURA EXISTENTE EN EL PUNTAL. DÉLE LA VUELTA AL CONJUNTO Y MONTE EL MUELLE

PROCEDIMIENTO DE MONTAJE

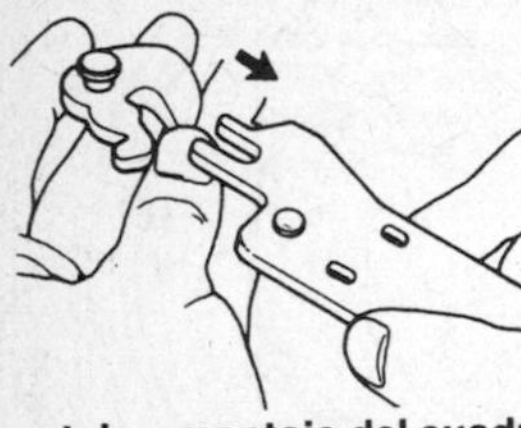

Desmontaje y montaje del cuadrante; frenos no servo Ford de 7''

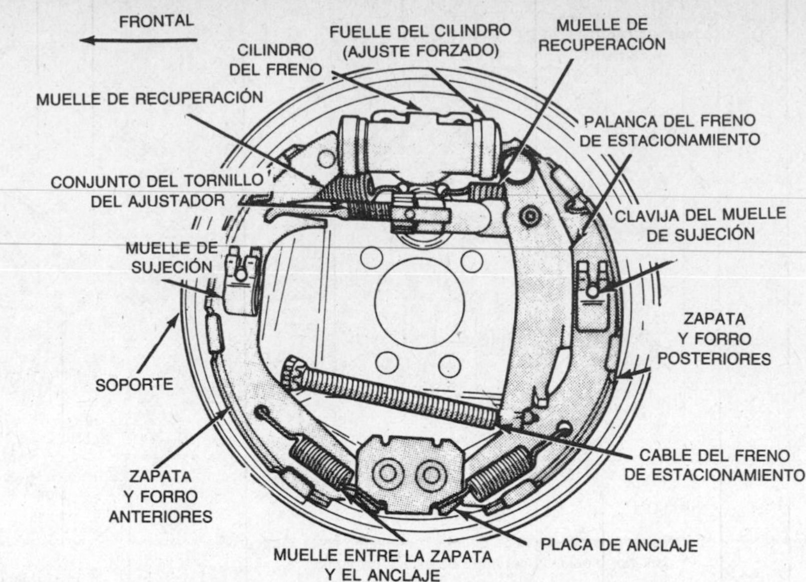

Frenos traseros no servo Chrysler (no autoajustables)

anterior en su posición correspondiente sobre la misma, monte la zapata a la vez que acopla el muelle de recuperación al soporte terminal.

13. Coloque el extremo de la zapata debajo de la placa de anclaje.

14. Con el muelle de recuperación de la zapata posterior en su posición correspondiente sobre la misma, monte la zapata a la vez que se acopla el muelle en su soporte (placa de refuerzo).

15. Coloque el extremo de la zapata debajo de la placa de anclaje.

16. Despliegue las zapatas y monte el conjunto del tornillo del ajustador asegurándose de que el extremo de horquilla que va introducido en la zapata queda curvado hacia abajo.

17. Introduzca las clavijas del muelle de sujeción de las zapatas y monte el muelle de sujeción.

18. Monte los muelles de fijación de la zapata a la placa de anclaje y el muelle del ajustador (si dispone del mismo).

19. Monte el cable del freno de estacionamiento en la palanca del freno de estacionamiento.

20. Sustituya el tambor del freno y apriete la tuerca con un par de 240-300 libras-pulgada a la vez que gira la rueda.

21. Afloje la rueda lo suficiente para eliminar la carga previa del cojinete y coloque la tuerca de seguridad con un par de ranuras alineadas con el orificio del pasador de aletas.

22. Monte el pasador de aletas. El juego axial debería ser de 0,001-0.003''.

23. Monte el tapón de engrase.

Transmisiones automáticas

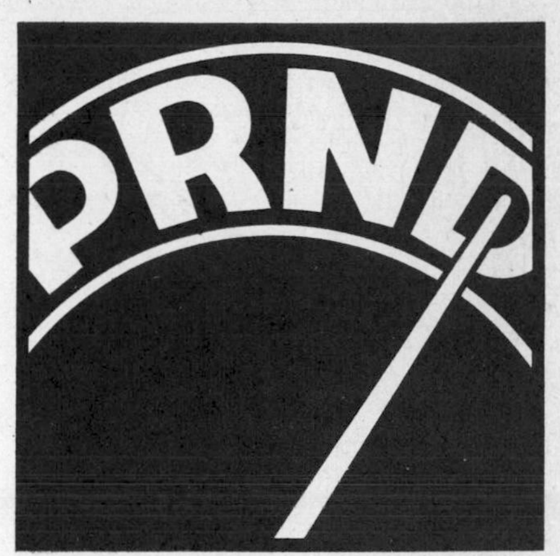

IDENTIFICACIÓN DE LA TRANSMISIÓN POR JUNTA DE CÁRTER

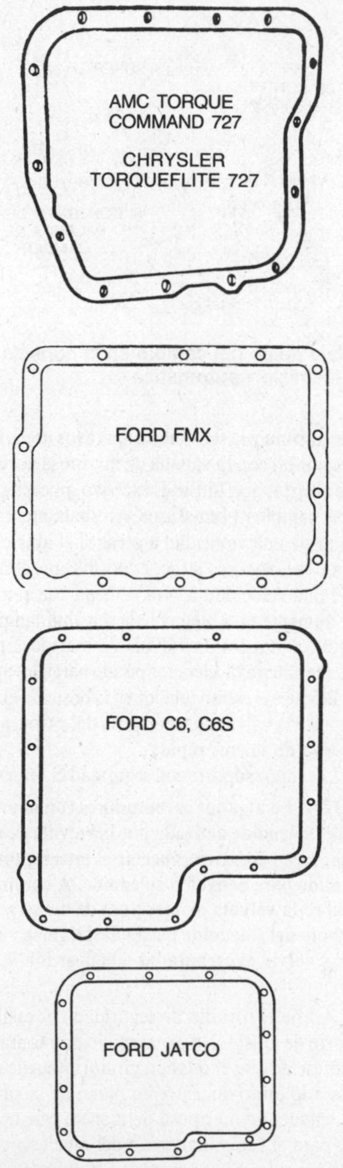

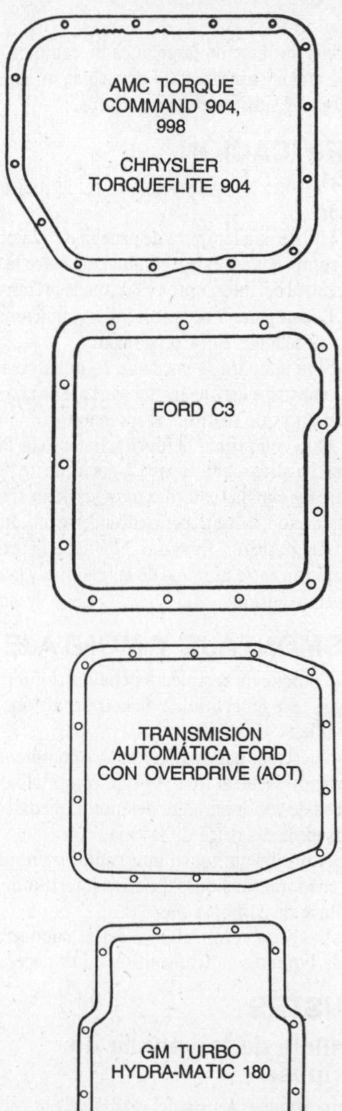

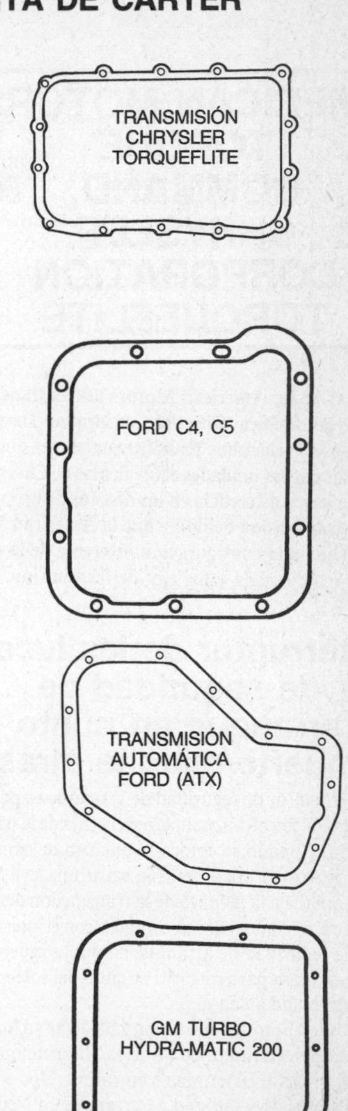

GM TURBO
HYDRA-MATIC 400

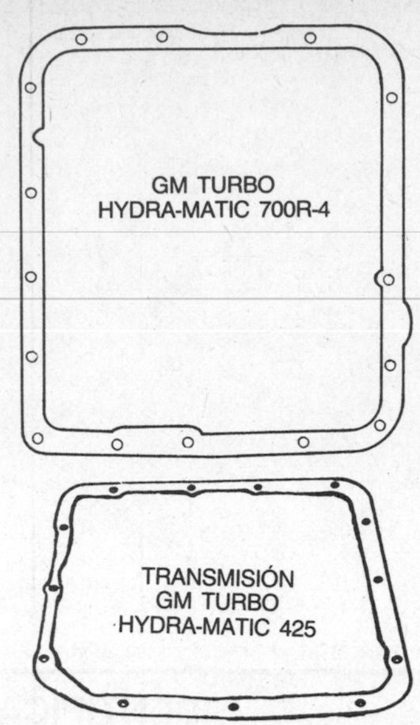

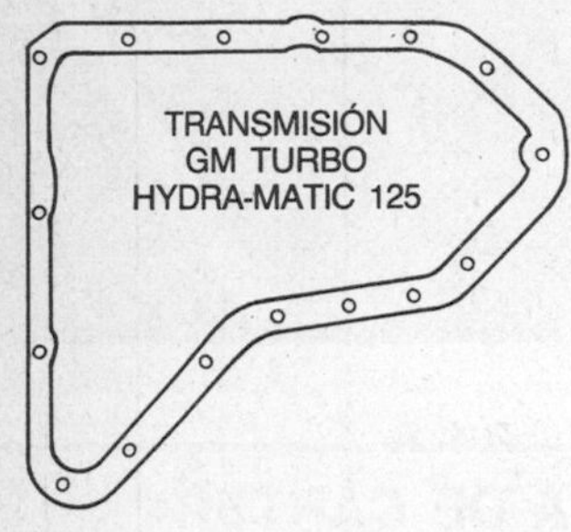

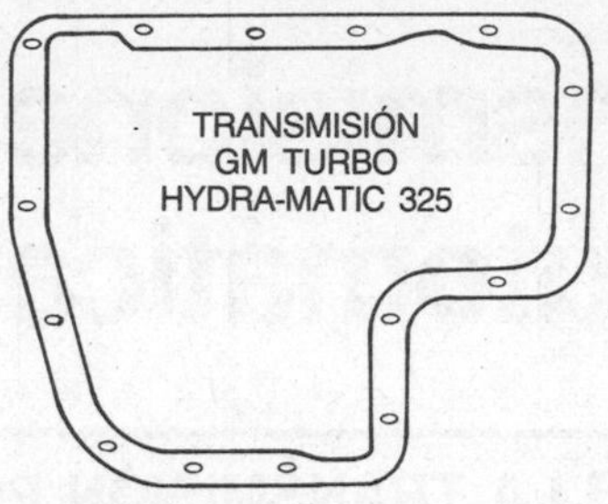

AMERICAN MOTORS TORQUE COMMAND, CHRYSLER CORPORATION TORQUEFLITE

NOTA: La American Motors utiliza transmisiones automáticas Chrysler Corporation Torqueflite en sus vehículos. Estas transmisiones son las mismas que las unidades equivalentes de Chrysler, con la única diferencia en los diseños de las cajas de la transmisión debido a que la American Motors tiene una configuración diferente de la carcasa acampanada y los ejes de transmisión.

Interruptor de las luces de seguridad de arranque en punto muerto/marcha atrás

El interruptor de seguridad de arranque en punto muerto (Neutral) va montado en la caja de la transmisión. Cuando se coloca la palanca de cambio en la posición Park o Neutral, existe una leva, que va acoplada a la palanca de la transmisión dentro de la misma, que entra en contacto con el interruptor de seguridad de arranque en punto muerto y sirve de masa para cerrar el circuito del solenoide del motor de arranque.

El interruptor de luz de marcha atrás va incorporado al interruptor de seguridad de arranque en punto muerto. El terminal central corresponde al interruptor de seguridad de arranque en Neutral y los dos terminales extremos corresponden a las lámparas de marcha atrás. No es posible ajustar el interruptor. Si se produce alguna anomalía en el funcionamiento del mismo, asegúrese primero de que el varillaje de la palanca de cambios está correctamente ajustado. Si persiste la anomalía, desmonte y sustituya el interruptor.

VERIFICACIÓN

1. Desconecte el conector de cables del interruptor.
2. Utilice una lámpara de prueba de 12 voltios para comprobar si existe conducción entre la clavija central del interruptor y la caja de la transmisión. La lámpara debería encenderse únicamente en las posiciones Park o Neutral.
3. Si la lámpara se enciende en otras posiciones, compruebe los ajustes del varillaje de la transmisión antes de sustituir el interruptor.
4. Para comprobar el funcionamiento de la luz de marcha atrás repita el paso 2, haciendo un puente entre las clavijas externas para verificar si existe conducción, la luz debería encenderse únicamente en la posición Reverse. No debería existir conducción entre ninguna de las clavijas y la caja de la transmisión.

DESMONTAJE Y MONTAJE

1. Coloque un recipiente debajo del interruptor para recoger el líquido de la transmisión. Desatorníllelo.
2. Seleccione la posición Park y a continuación la posición Neutral a la vez que comprueba que las uñas de accionamiento del motor quedan centradas en la abertura de la caja.
3. Atornille un nuevo interruptor y un nuevo sello en la transmisión. Apriete el interruptor con una llave de 24 libras-pie.
4. Vuelva a comprobar si existe conducción. Añada líquido a la transmisión, si es necesario.

AJUSTES

Varillaje de la válvula de mariposa

Es importante el ajuste del varillaje de la válvula de mariposa para que este tipo de transmisión funcione correctamente. Este ajuste posiciona una válvula que controla la velocidad de cambio, la calidad del mismo y la sensibilidad para los «rebajes» (reducciones) con la válvula de mariposa parcialmente abierta. Si el ajuste es excesivo, pueden producirse cambios prematuros y resbalamiento al cambiar de una velocidad a otra. Si el ajuste del varillaje es holgado o largo, es posible que el cambio de una velocidad a otra se haga con retraso y que aumente notablemente la sensibilidad para las reducciones con la válvula de mariposa parcialmente abierta (acelerador pisado parcialmente).

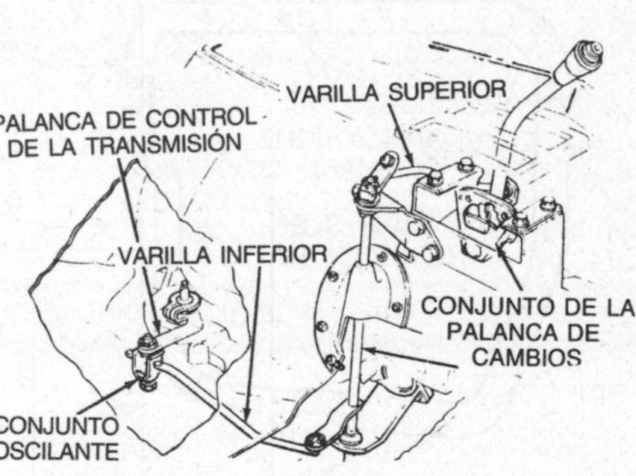

Varillaje típico del cambio en la consola de la transmisión automática

1. Bloquee el estrangulador en la posición abierta y aparte la válvula de mariposa del carburador de la leva de ralentí rápido.
2. Levante y soporte con seguridad el vehículo.

NOTA: En algunos carburadores con una válvula del solenoide activada por la válvula de mariposa, será necesario conectar el interruptor de encendido para activar el solenoide. A continuación abra la válvula de mariposa de manera que el émbolo del solenoide pueda desplegarse y bloquear y volver al carburador a la posición de ralentí.

3. Afloje el tornillo de seguridad del eslabón giratorio de ajuste. No es necesario desmontarlo. Asegúrese de que el eslabón giratorio puede deslizarse a lo largo del extremo plano de la varilla de la válvula de mariposa de manera que no estorbe para el funcionamiento del muelle previamente cargado. Si es necesario, desmonte y lim-

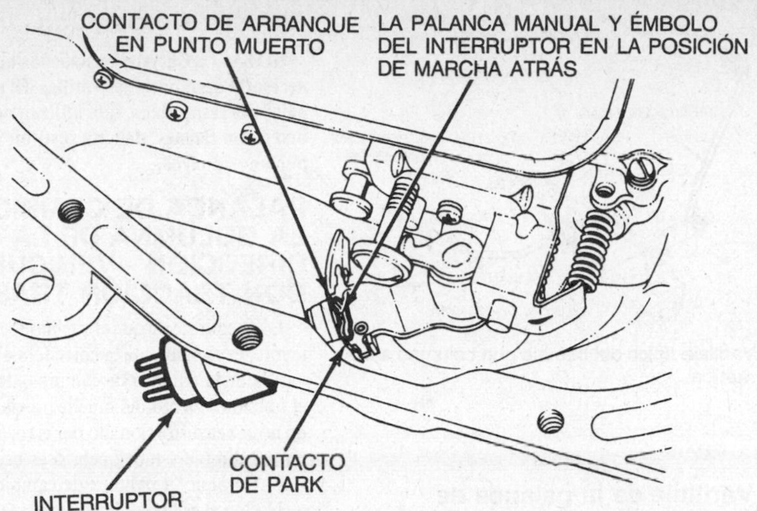

Interruptor de arranque en punto muerto (neutral) y de la luz de marcha atrás en los modelos Torque Command y Torqueflite; el cárter desmontado, y mirando hacia arriba

pie las piezas con disolvente de manera que el movimiento sea más suave.

NOTA: Asegúrese de anotar la secuencia de montaje correcta al desmontar el mecanismo, ya que un montaje incorrecto podría resultar peligroso.

4. Sujete la palanca de la transmisión hacia adelante contra el tope interno y a continuación apriete el tornillo de seguridad. Si es posible, utilice una llave de apriete graduada en libras-pulgada y apriételo con un par de 100 libras-pulgada.

5. Libere el varillaje del estrangulador si ha sido bloqueado. Asegúrese de que el varillaje se desplaza libremente moviendo la varilla de la válvula de mariposa y a continuación soltándola lentamente. Asegúrese de que regresa totalmente hacia adelante.

Cable de la válvula de mariposa

MOTOR DE CUATRO CILINDROS DE 1980-85

1. Desmonte el conjunto del filtro del aire.

2. Desmonte el separador del cable de las bujías de encendido del soporte del cable al acelerador y aparte a un lado el separador y los cables.

3. Levante y sujete con seguridad el vehículo.

4. Desmonte el protector refractario del buje de la varilla del puntal para poder acceder a la palanca de control de la válvula de mariposa de la transmisión.

5. Sujete la palanca de la válvula de mariposa hacia atrás contra el tope de la misma. Utilice el muelle de repuesto para sujetar la palanca. Enganche un extremo del muelle a la palanca y el opuesto a un punto de sujeción adecuado.

6. Baje el vehículo.

7. Bloquee el estrangulador en la posición abierta y aparte totalmente el varillaje del carburador de la válvula de ralentí rápido.

8. En los motores con 4 cilindros sin sistema de aire acondicionado, conecte el interruptor de encendido para activar el solenoide de tope de la válvula de mariposa.

9. Desatornille el cable de control de la válvula de mariposa desmontando la abrazadera en T

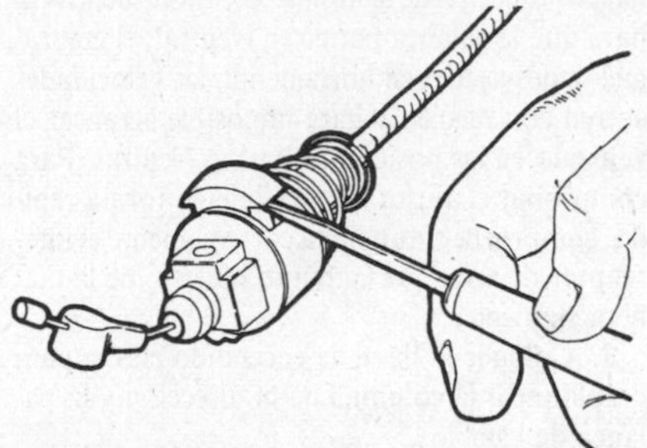

Cable de la válvula de mariposa utilizado en el motor AMC 151. El anillo de retención se muestra en la posición levantada hacia arriba (no cerrado).

del ajustador del cable. Suelte la abrazadera levantándola hacia arriba con un pequeño destornillador.

10. Agarre la vaina o forro externo del cable y tire de él y la vaina o forro hacia adelante para eliminar la carga del cable sobre la palanca acodada de la válvula de mariposa.

NOTA: La palanca acodada forma parte del varillaje de la válvula de mariposa del carburador.

11. Ajuste el cable moviendo cable y vaina hacia atrás hasta que exista un juego nulo entre el extremo del cable de plástico y la bola de la palanca acodada.

12. Cuando exista un juego nulo entre el extremo del cable y la palanca acodada, fije el cable apretando hacia abajo la abrazadera en T del ajustador del cable hasta que asiente en su posición.

13. Desconecte el interruptor de encendido. Monte los cables de las bujías de encendido y el separador, conecte el solenoide del tope de la válvula de mariposa en los vehículos que disponen de sistema de aire acondicionado y monte el filtro del aire.

14. Desmonte el muelle de sujeción de la palanca de control de la transmisión. Monte el protector refractario del buje de la varilla del puntal y baje el vehículo.

15. Haga una prueba de rodaje del vehículo y compruebe el funcionamiento de la transmisión. Vuelva a ajustar el cable de la válvula de mariposa si es necesario.

NOTA: Algunos vehículos V8 disponen de un mecanismo ligeramente diferente, en el que el eslabón de ajuste se empuja hacia adentro en lugar de tirar del mismo para eliminar la flojedad de juego. Sin embargo, el resultado final debería ser el mismo y no debería existir ni flojedad ni juego. Muchos vehículos de la Chrysler Corp. utilizan una palanca acodada inferior en una varilla corta de

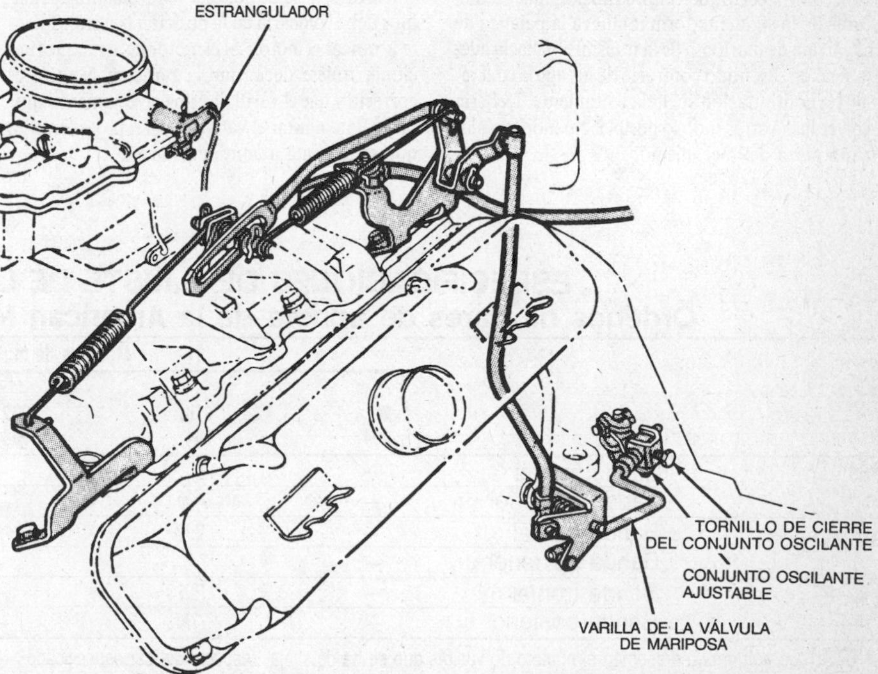

Ajuste de la varilla de la válvula de mariposa en los motores 8V-similar en los de 6 cilindros

la válvula de mariposa y un eslabón giratorio ajustable para engancharlo en la palanca de la válvula de mariposa de la transmisión. En estos casos, asegúrese de que el eslabón giratorio se desliza libremente a lo largo de la varilla de la válvula de mariposa de manera que no estorbe para el funcionamiento del pequeño muelle previamente cargado. Si es necesario, limpie y lubríquelo ligeramente. Aquí también, la válvula de mariposa debe mantenerse firmemente contra el tope interno. En este caso, se ha eliminado la flojedad o golpeteo del varillaje de forma automática por la intervención del pequeño muelle previamente cargado.

MOTOR DE CUATRO CILINDROS DE 1986-87

1. Deje girar el motor hasta que se caliente y asegúrese de que la leva de ralentí rápido no afecta a la velocidad de ralentí y desconecte el mecanismo del estrangulador de manera que la válvula de mariposa quede en la posición de ralentí normal en caliente.

2. Afloje el tornillo de seguridad que sujeta el soporte de montaje del cable en su posición. Coloque el soporte de manera que las dos lengüetas de alineación del mismo toquen la superficie de la caja de cambios. Manténgalo en esta posición y a continuación apriete el tornillo de sujeción con un par de 104 libras-pulgada.

3. Suelte la cruceta de bloqueo de la carcasa del cable tirando de la misma hacia arriba. Asegúrese de que el cable puede deslizarse completamente hacia el motor contra el tope del mismo. A continuación, mueva la palanca de la válvula de mariposa de la transmisión en el sentido de las agujas del reloj hasta que quede contra el tope interno de la misma y a continuación apriete la cruceta de cierre hacia abajo en la posición de bloqueo.

4. Vuelva a conectar el estrangulador, si fue desconectado. Verifique el libre funcionamiento del cable de la siguiente forma: mueva la palanca de la válvula de mariposa de la transmisión hacia adelante o en el sentido contrario de las agujas del reloj y a continuación suéltela lentamente. Debería volver hacia atrás todo lo posible. No lubrique ninguna pieza del mecanismo.

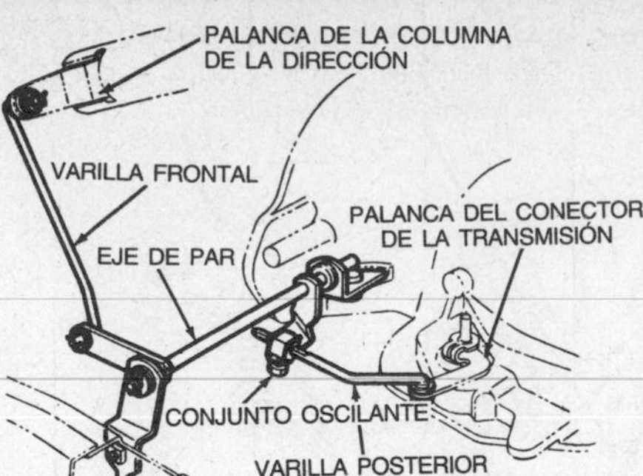

Varillaje típico del cambio con columna automática

Varillaje de la palanca de cambios

El ajuste del varillaje de la palanca de cambios es importante ya que sirve para colocar la válvula manual en el cuerpo de la misma. Un ajuste incorrecto hará que la palanca patine en Neutral, el embrague se desgaste prematuramente, las velocidades entren con retardo y hará imposible arrancar el vehículo en las posiciones Park o Neutral. Para comprobar el ajuste del varillaje de forma rápida, compruebe si funciona correctamente el interruptor de arranque en punto muerto, de la manera siguiente:

1. Coloque la llave de encendido en On para desbloquear la columna de la dirección y la palanca de cambios.

2. Mueva lentamente la palanca de cambios hasta que haga un clic en el tope de Park. Intente arrancar el motor. Si el motor de arranque funciona, la posición Park es correcta.

3. Pare el motor. Repita los pasos anteriores, con la diferencia de que esta vez la palanca de cambios debe colocarla en la posición Neutral. Intente arrancar el motor. Si el motor de arranque funciona, quiere decir que la posición Neutral es correcta y que el varillaje está correctamente ajustado. Para ajustar el varillaje siga el procedimiento que se presenta a continuación.

Chrysler Corporation

NOTA: La Chrysler recomienda que cuando sea necesario desmontar las varillas del mando de sus palancas respectivas, que utilizan ojales de plástico como retenes, debería sustituir dichos ojales por unos nuevos.

PALANCA DE CAMBIOS EN LA COLUMNA DE LA DIRECCIÓN - VEHÍCULOS CON TRACCIÓN TRASERA

1. Asegúrese de que el varillaje se mueve libremente, especialmente la corredera ajustable de la varilla de la palanca de cambios, de manera que el funcionamiento del muelle previamente cargado no se vea distorsionado por el rozamiento. Desmonte, limpie y lubríquela si es necesario.

2. Coloque la palanca de cambios en Park.

3. Con el eslabón giratorio ajustable aflojado, mueva la palanca de cambios hacia la posición posterior máxima del tope, que es la de Park.

4. Apriete el perno de seguridad del eslabón giratorio. Apriételo con un par de 90 libras-pulgada.

5. Asegúrese de que el vehículo arranca únicamente en las posiciones Park o Neutral.

PALANCA DE CAMBIOS EN LA CONSOLA - VEHÍCULOS CON TRACCIÓN TRASERA

1. El ajuste es similar al anterior, pero no disponen de muelle previamente cargado. Asegúrese de que cuando la empuñadura de la palanca de cambios está en Park, la palanca de la transmisión está situada en el tope posterior, que es el de Park.

2. Apriete el perno de seguridad del eslabón giratorio sin ejercer fuerza en ningún sentido sobre el varillaje.

3. Asegúrese de que el vehículo arranca únicamente en las posiciones Park o Neutral.

VEHÍCULOS CON TRACCIÓN DELANTERA

1. Coloque la palanca de cambios en la posición P (Park).

ESPECIFICACIONES DE AJUSTE DE LA BANDA
Órdenes de pares de apriete de la American Motors Corporation

		Modelos de motor y de transmisión				
		2L 904	2.5L 904	232 CID 904	258 CID Std-904	304 CID 998
'80	Banda frontal ①	—	2	—	2	2
	Banda posterior ①	—	7②	—	7②	4
'81	Banda frontal ①	—	2.5	—	2.5	2.5
	Banda posterior ①	—	7②	—	7	4
'82–87	Banda frontal ①	—	2.5	—	2.5	2.5
	Banda posterior ①	—	7②	—	7	4

NOTA: Los números representan el número de vueltas que se ha de aflojar respecto del par especificado
Apriete la tuerca de seguridad con un par de 35 libras-pie una vez realizado el ajuste
① Aflojado a partir de 72 libras-pulgada
② Aflojado a partir de 41 libras-pulgada

ESPECIFICACIONES DE AJUSTE DE LA BANDA
Chrysler Corporation Torqueflite

		Modelos de motor y de transmisión						
		A904	A904-LA					
		225	225	318	360-2 BBL 360-4 BBL	318	360-2 BBL 360-4 BBL	A727 360-HP
'80	Banda frontal ①	2	2③	2.5③	2.5③	2.5	2.5	2.5
	Banda posterior ①	7②	4③	4③	4③	2	2	2
'81–'87	Banda frontal ①	2.5③	—	2.5③	—	2.5	—	—
	Banda posterior ①	7②③	—	4③	—	2	—	—

NOTA: Los números representan el número de vueltas que se ha de aflojar respecto del par especificado. Apriete la tuerca de seguridad con ún par de 35 libras-pie una vez realizado el ajuste

① Aflojado a partir de 72 libras-pulgada
② Aflojado a partir de 41 libras-pulgada
③ Con engranajes con relación de conversión elevada

2. Afloje el perno de la abrazadera situado en el soporte del cable de la palanca de cambios. A continuación, tire de la palanca de cambios hasta que se sitúe en el tope frontal. Apriete el perno de seguridad con un par de 90 libras-pulgada.

3. Compruebe el ajuste asegurándose de que: los topes de las posiciones Neutral y Drive se corresponden con los topes de la garganta de la palanca; y de que el motor de arranque funciona únicamente cuando la palanca de cambios está situada en las posiciones Park y Neutral.

American Motors

1. Por debajo del vehículo, afloje las tuercas de los muñones (eslabones giratorios).

2. Desconecte el muñón y la varilla de la palanca de cambios de la palanca acodada.

3. Coloque la palanca de cambios en Park y bloquee la columna de la dirección.

4. Mueva la palanca de la transmisión al tope posterior, que es el que corresponde a la posición Park.

5. Elimine el golpeteo o juego tirando hacia abajo de la varilla de la palanca de cambios y presionando hacia arriba en la palanca acodada externa.

6. Ajuste el muñon de la varilla de la palanca de cambios de manera que forme una unión móvil con el brazo de la palanca acodada, a continuación apriete las tuercas de seguridad y verifique que la varilla de la palanca de cambios no gire al apretar dichas tuercas.

7. Asegúrese de que el vehículo arranca únicamente en las posiciones Park o Neutral.

Ajustes de la banda

VEHÍCULOS CON TRACCIÓN TRASERA

Banda (frontal) del kickdown

El tornillo de ajuste de la banda de kickdown está situado en el lado izquierdo de la caja de la transmisión por encima de las palancas de la válvula de mariposa y del varillaje de cambio. En los modelos de la American Motors con tracción a las cuatro ruedas, quizá sea necesario desmontar el eje delantero de la transmisión para poder acceder al tornillo de ajuste y tuerca de seguridad.

1. Levante y sujete fijamente la parte delantera del vehículo. Afloje la tuerca de seguridad aproximadamente cinco vueltas. Asegúrese de que el tornillo de ajuste queda libre en la caja.

2. Utilice una llave de torsión y una llave de cubo cuadrada de 5/16'', para apretar el tornillo de ajuste con un par de exactamente 72 libras-pulgada.

3. Afloje el tornillo de ajuste siguiendo exactamente las especificaciones. Sujete el tornillo de ajuste de manera que no gire y apriete la tuerca de seguridad con un par de 35 libras-pie.

Banda posterior

El ajuste de la banda posterior consiste en un ajuste interno de manera que debe desmontarse el cárter.

1. Levante y sujete el vehículo con seguridad.

2. Desmonte el cárter del aceite y vacíelo.

3. Observe atentamente el líquido, filtro y fondo del cárter para ver si existe una excesiva acumulación de materiales o partículas metálicas que puedan obstruir el mismo. Una ligera acumulación puede considerarse normal, pero una concentración excesiva indica que existen piezas estropeadas o desgastadas.

4. Ajuste la banda aflojando la tuerca de seguridad, y a continuación apretando el tornillo de ajuste al par especificado, utilizando una pequeña llave de torsión y una llave de cubo de cabeza hexagonal de 1/4''.

5. Afloje el tornillo de ajuste el número de vueltas especificado (véase la tabla de especificaciones).

6. Monte la tuerca de seguridad, apriétela con un par de 35 libras-pie asegurándose de que el tornillo de ajuste no gira al hacerlo.

NOTA: Monte un nuevo filtro en la transmisión. Apriete los tres tornillos con un par de 35 libras-pulgada.

7. Coloque una junta de estanqueidad nueva en el cárter, móntelo y apriete los pernos del mismo uniformemente con un par de 150 libras-pulgada.

8. Baje el vehículo y rellene la transmisión con la cantidad especificada de líquido del tipo Dexron® II.

VEHÍCULOS CON TRACCIÓN DELANTERA

Banda (frontal) de kickdown

A-404

La banda (frontal) de kickdown lleva un tornillo de ajuste en la parte frontal (izquierda) de la caja de la transmisión. El ajuste se realiza de la siguiente forma:

1. Afloje la tuerca de seguridad y desenrósquela aproximadamente cinco vueltas.

2. Apriete el tornillo de ajuste con un par de 72 libras-pulgada.

3. Desatornille el tornillo de ajuste tres vueltas en los modelos de 1980 y años posteriores, partiendo del par de apriete de 72 libras-pulgada y a continuación manténgalo en esta posición y apriete la tuerca de seguridad con un par de 35 libras-pie.

A-413, A-415 y A-470

La banda de kickdown dispone del tornillo de ajuste en la parte superior frontal izquierda de la caja de la transmisión en la misma posición que la caja de transmisión A-404. El ajuste se realiza de la siguiente forma:

1. Afloje la tuerca de seguridad y desatorníllela aproximadamente cinco vueltas.

2. Apriete el tornillo de ajuste de la banda con un par de 72 libras-pulgada.

3. Desatornille el tornillo de ajuste el número correcto de vueltas como se muestra en la tabla.

4. Mantenga esta posición del tornillo de ajuste y apriete la tuerca de seguridad con un par de 35 libras-pie.

Banda (posterior) de baja y marcha atrás (low-reverse)

A-404

La banda (posterior) de baja y marcha atrás (low-reverse) no es ajustable en este modelo de transmisión. El forro de la banda misma debe ser inspeccionado para determinar si es necesario sustituirlo. Las acanaladuras deben tener una profundidad mínima de 0.008'' (0.2 mm) en cualquier punto para que la banda pueda ser utilizada

ESPECIFICACIONES DE AJUSTE DE LA BANDA
Transmisión de Chrysler Corporation

		Modelos de motor y de transmisión				
		A-404			A-413, A-470	
		1.7L	2.2L	2.6L	2.2L	2.6L
'80	Banda frontal	3②	2.75②	—	—	—
	Banda posterior	①	3.5③	—	—	—
'81–'83	Banda frontal	3②	3.0②	3.0②	2.0②	2.0②
	Banda posterior	①	①	①	3.5③	3.5③
'84–'87	Banda frontal	—	—	—	2.5②④	2.5②④
	Banda posterior	—	—	—	3.5③④	3.5③④

① No ajustable
② Aflojado a partir de 72 libras-pulgada
③ Aflojado a partir de 41 libras-pulgada
④ Motor de 1.6L con transmisión A 415: 3.0
Banda posterior: No ajustable

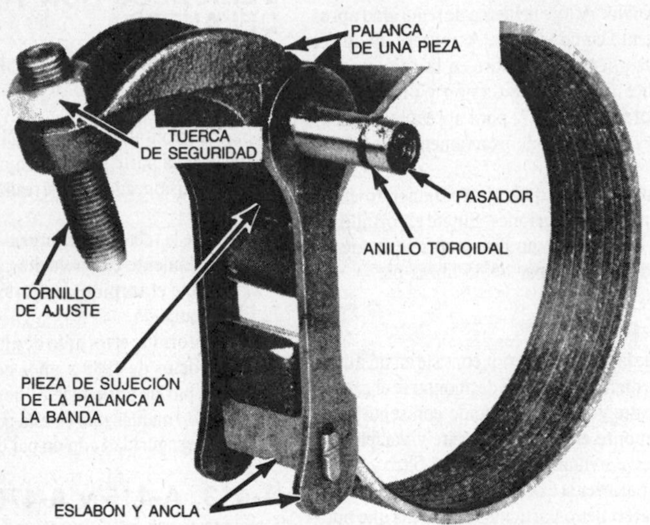

Componentes típicos de la banda de marcha atrás - baja en los modelos A-904 y AMC 998

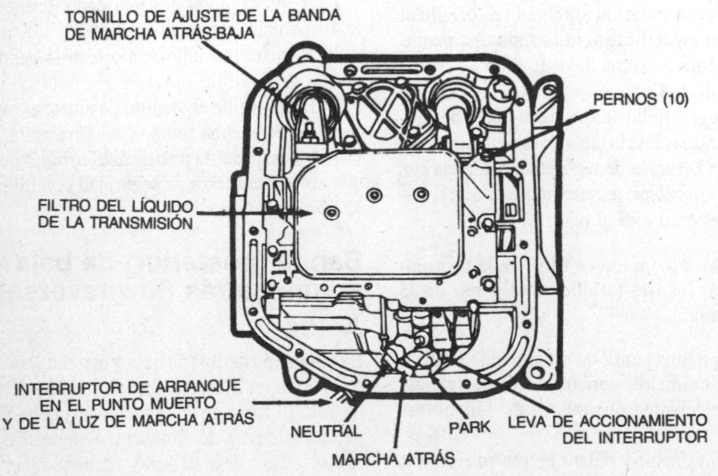

Situación del tornillo de ajuste de la banda de marcha atrás - baja

de nuevo. Aplicando una fuerza de 100 libras a la banda situada alrededor del tambor, el entrehierro de los extremos no debe ser inferior a 0.020" (0.5 mm).

A-413, 415 y A-470

La banda (posterior) de baja y marcha atrás (low-reverse) no es ajustable en el modelo A-415. En los modelos A-413 y A-470 la banda es ajustable aunque se ha de desmontar la parte inferior del cárter del aceite. Antes de proceder al ajuste de la banda, debería comprobar si el entrehierro terminal de la banda de baja y marcha atrás (low-reverse) es el correcto, de la siguiente manera:

1. Desmonte la parte inferior del cárter del aceite y aplique una manguera de aire a presión al servo de baja y marcha atrás con una presión de 30 libras/pulg^2.

2. Mida el entrehierro entre los extremos de la banda. Si es inferior a 0.080", la banda está excesivamente desgastada y debe ser sustituida. Para ajustar la banda de baja y marcha atrás, proceda de la siguiente forma:

3. Afloje y desatornille la tuerca de seguridad aproximadamente cinco vueltas.

4. Apriete el tornillo de ajuste con un par de exactamente 41 libras-pulgada.

5. Desatornille el tornillo de ajuste el número correcto de vueltas especificado en la tabla, manteniendo la posición del tornillo de ajuste y apretando la tuerca de seguridad con un par de 10 libras-pie.

6. Vuelva a montar la parte inferior del cárter y rellénelo con el líquido correcto.

Cárter del aceite

VACIADO, DESMONTAJE Y MONTAJE

No es necesario cambiar el líquido o filtro durante la vida del vehículo si se utiliza para un servicio normal. Si el vehículo se utiliza en forma exhaustiva (arrastre de un trailer, uso comercial, como coche patrulla o como taxi) será necesario cambiar el líquido y el filtro cada 15,000 millas en los vehículos Chrysler o cada 25,000 en los vehículos AMC (véase el manual del propietario). Los ajustes de la banda se deberían realizar a los mismos intervalos en el caso de vehículos así utilizados.

1. Conduzca el vehículo hasta que el líquido de la transmisión esté a la temperatura normal de funcionamiento, levante y sujete el vehículo con caballetes de seguridad.

2. Desatornille el cárter. Tenga preparado un recipiente grande para recoger el líquido.

NOTA: Si el líquido huele a quemado o está descolorido, cabe la sospecha de que la transmisión esté dañada, probablemente debido a un sobrecalentamiento de la misma.

3. Cuando haya vaciado todo el líquido, desmonte el cárter.

4. Desatorníllelo y tire el filtro.

5. Monte un filtro nuevo. El par de apriete del mismo es de 29 libras-pulgada en los modelos de la AMC o de 35 libras-pulgada en los modelos de la Chrysler.

6. Limpie el interior del cárter, teniendo un cuidado especial de no dejar ninguna hiladura de trapo en el interior del mismo.

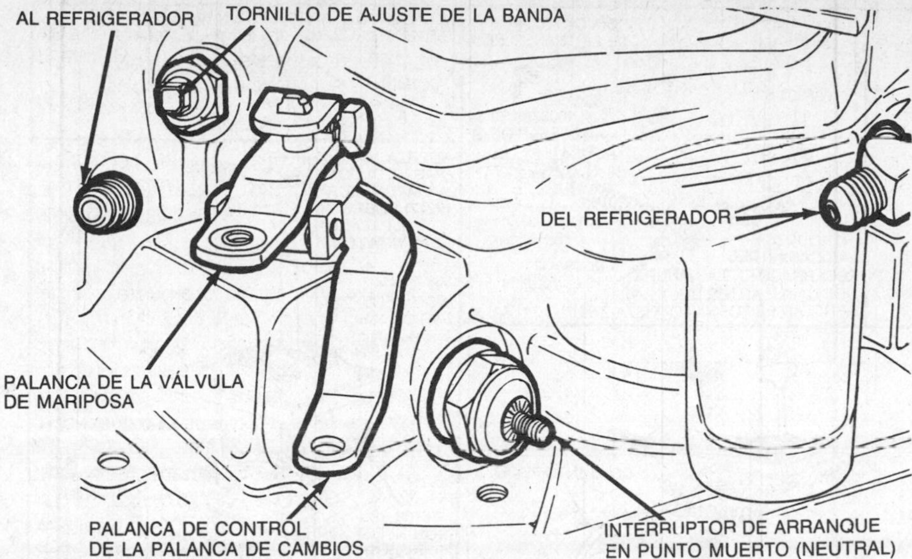

Ajustes y controles externos en los modelos Torque-Command y Torqueflite

7. Sustituya el cárter y coloque una junta de estanqueidad nueva. En la mayoría de modelos con tracción delantera, en lugar de una junta de estanqueidad se utiliza sellador de silicona RTV (vulcanizable a temperatura ambiente). Rasque el sellador antiguo y aplique un cordón de sellador de silicona de 1/8" sobre las pestañas del cárter. Haga que este cordón entre en el interior de los orificios de los pernos. Apriete los pernos del cárter en zigzag con un par de 10-12 libras-pie.

8. Es conveniente medir la cantidad de fluido recogida al vaciar el cárter, ya que es posible que haya quedado líquido en el interior del mismo. Inicialmente, vierta 3 cuartos de líquido de transmisión automática Dexron® II a través del tubo de la varilla de medición del nivel de aceite.

9. Arranque el motor en Neutral y déjelo girar en ralentí durante dos minutos. No acelere bruscamente el motor. Accione el freno de estacionamiento (de mano) y pruebe lentamente todas las velocidades y a continuación deje la palanca de cambios en Park. Añada líquido si es necesario hasta que obtenga el nivel correcto del aceite.

FORD MOTOR COMPANY

Transmisión automática con overdrive (AOD)

AJUSTES

Sistema del varillaje de control de la válvula de mariposa (TV)

El sistema del varillaje de control de la válvula de mariposa (TV) está formado por la palanca de articulación del carburador, el conjunto de la varilla de control de la transmisión y la palanca de control externo de la válvula de mariposa (TV) que está situado en la transmisión.

El varillaje de control de la válvula de mariposa se ajusta a su longitud correcta durante el montaje inicial utilizando el bloque del muñón corredizo de extremo del conjunto de la varilla de control de la válvula de mariposa que está junto a la transmisión. En circunstancias normales no debería ser necesario modificar este ajuste. Para realizar un ajuste normal del varillaje de control de la válvula de mariposa se debe utilizar el tornillo de ajuste situado en la palanca del varillaje, en el carburador. Un ajuste importante del varillaje (que consistiría en el deslizamiento del muñón sobre la varilla) puede ser necesario únicamente después de realizar operaciones de mantenimiento que impliquen el desmontaje y/o sustitución del carburador, el conjunto de la varilla de control de la válvula de mariposa o la transmisión. Un ajuste de poca importancia del varillaje (utilizando el tornillo de ajuste de la palanca del varillaje) puede ser necesario después de realizar ajustes de la velocidad de ralentí superiores a las 50 rpm y para corregir un mal funcionamiento del cambio de la transmisión.

Cuando el varillaje esté correctamente ajustado, la palanca de control de la válvula de mariposa situada en la transmisión estará situada contra el tope interno de ralentí de la misma (la palanca estará situada lo más hacia arriba posible) cuando el carburador está situado en el tope de ralentí en caliente con el motor parado. Existirá una ligera fuerza de contacto entre la palanca del varillaje. Debido a la flexibilidad del sistema del varillaje, habría que desatornillar el tornillo de ajuste de la palanca del varillaje aproximadamente tres vueltas antes de que aparezca un entrehierro entre el tornillo y la palanca de la válvula de mariposa.

Con la válvula de mariposa completamente abierta, la palanca de control de la misma situada en la transmisión es posible que esté o no situada contra el tope correspondiente a la posición de válvula de mariposa completamente abierta. Esta posición no se ha de utilizar como punto de referencia para ajustar el varillaje.

Ajuste del varillaje en el carburador

El varillaje de control de la válvula de mariposa puede ser ajustado en el carburador siguiendo el procedimiento siguiente:

1. Desconecte la leva de ralentí rápido del carburador de manera que la palanca de la válvula de mariposa quede situada contra el tope de ralentí. Coloque la palanca de cambios en Neutral (no en la posición PARK) y accione el freno de estacionamiento. Pare el motor. En los modelos anteriores a 1985 con motor de 3.8 litros, salte al paso 3.

2. En los modelos de 1985 y años posteriores, el motor de 3.8 litros dispone de un dispositivo de control de la velocidad de ralentí que lleva un motor de corriente continua. El émbolo de este dispositivo de control debe estar comprimido antes de ajustar el varillaje de la válvula de mariposa; no puede realizar el ajuste simplemente desconectando el interruptor de encendido. Localice el conector de autocomprobación y el conector de entrada de autocomprobación en el compartimiento del motor, cerca del zócalo del guardabarro derecho. Conecte un hilo puente entre el conector de entrada de autocomprobación y una masa de retorno de señal en el conector de autocomprobación. Coloque el interruptor de encendido en la posición RUN sin arrancar el motor y déjelo en esa posición durante 10 segundos, para dar tiempo al émbolo a que se comprima totalmente. A continuación, desconecte el interruptor de encendido y desmonte el hilo puente.

3. Afloje totalmente el tornillo de ajuste de la palanca del varillaje (el extremo del tornillo debe quedar nivelado con la cara de la palanca).

4. Apriete el tornillo de ajuste hasta que una arandela de relleno fina (de 0.005" de espesor como máximo) o trozo de papel encaje justamente entre el extremo del tornillo y la palanca de la válvula de mariposa. Para eliminar el efecto del rozamiento, empuje la palanca del varillaje hacia adelante (en el sentido de reducción del entrehierro). Suéltela antes de comprobar el juego y distancia entre el extremo del tornillo y palanca de la válvula de mariposa. No ejerza fuerza sobre las palancas con herramientas o con las manos cuando esté comprobando el entrehierro existente.

5. Apriete el tornillo de ajuste tres vueltas más. (Es preferible tres vueltas.) Puede admitirse apretarlo una sola vuelta más si el recorrido del tornillo está limitado.

6. Si no es posible apretar el tornillo de ajuste una vuelta más o si el tornillo de ajuste no da para obtener un entrehierro inicial como el indicado en el paso 2, véase el apartado Ajuste del varillaje en la transmisión.

Ajuste del varillaje en la transmisión

El tornillo de ajuste de la palanca del varillaje tiene una capacidad de ajuste limitada. Si no es posible ajustar el varillaje de la válvula de mariposa utilizando este tornillo, debe reajustar la longitud del conjunto de la varilla de control de la válvula de mariposa siguiendo el procedimiento siguiente. Este mismo procedimiento se ha de seguir siempre que se monte un nuevo conjunto de varilla de control de la válvula de mariposa.

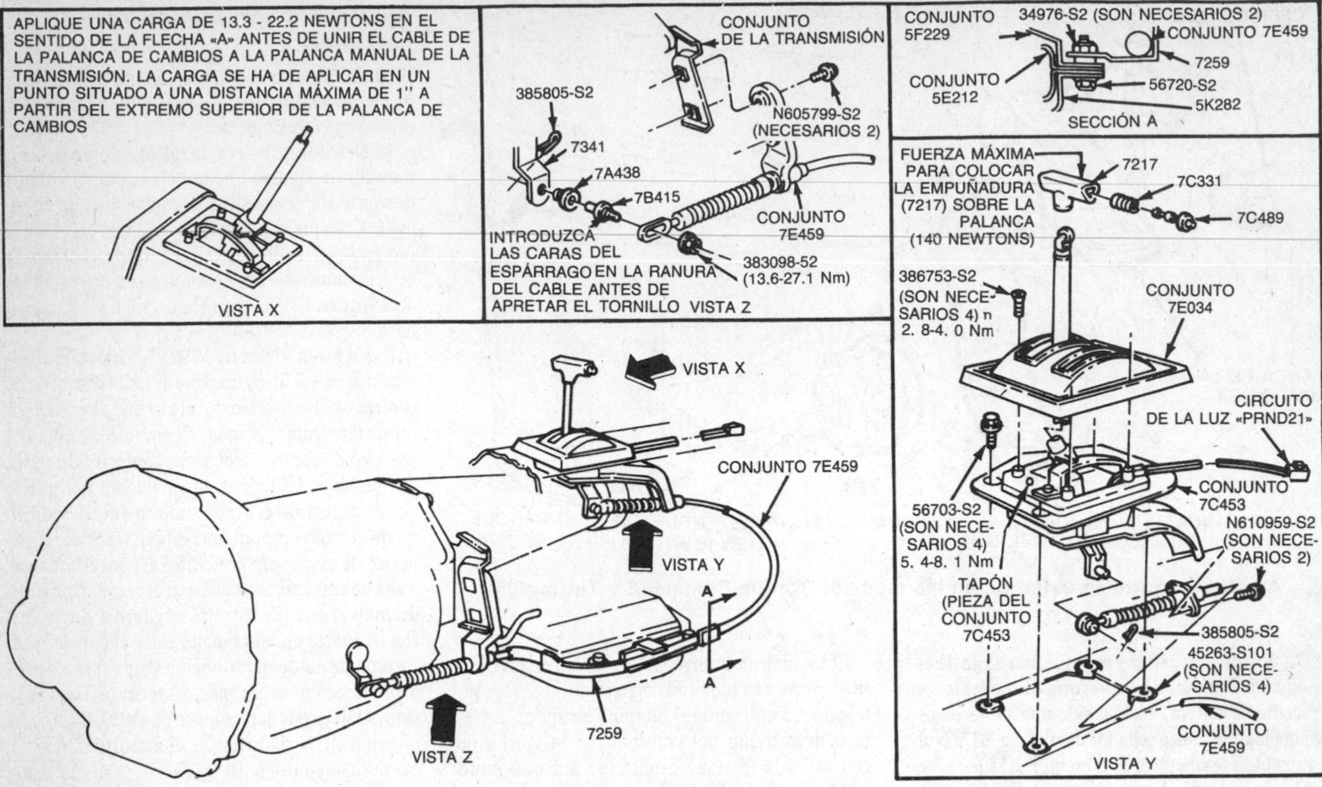

Mecanismo típico de palanca de cambios en el piso

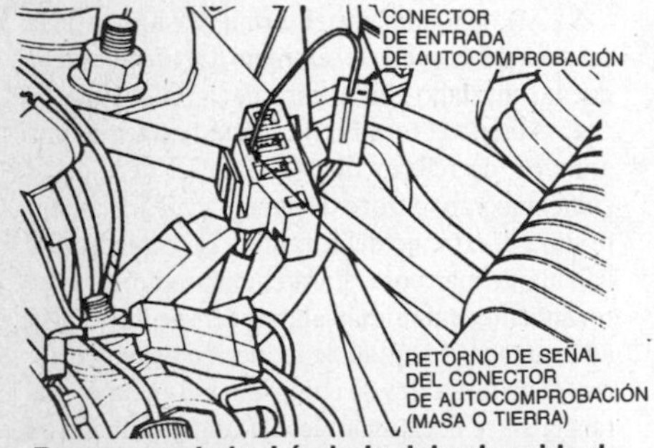

Para comprimir el émbolo del solenoide de control de la velocidad de ralentí, coloque un hilo puente entre el conector de entrada para autocomprobación y la toma a tierra de retorno de señal del conector de autocomprobación

1. Ajuste la velocidad de ralentí mínimo del motor según las especificaciones.

2. Con el motor parado, desacople la leva de ralentí rápido del carburador de manera que la palanca de la válvula de mariposa quede contra el tope del ralentí. Coloque la palanca de cambios en Neutral y accione el freno de estacionamiento.

3. Ajuste el tornillo de ajuste de la palanca del varillaje aproximadamente en la posición intermedia de su recorrido.

4. Si pretende montar un nuevo conjunto de varilla de control de la válvula de mariposa, conecte la varilla a la palanca del varillaje situada en el carburador.

5. Afloje el perno del bloque del muñón corredizo situado en el conjunto de la varilla de control de la válvula de mariposa. Elimine la corrosión que pueda existir en la varilla de control y levante hacia arriba el bloque del muñón de manera que pueda deslizarse libremente sobre la varilla de control.

6. Empuje hacia arriba el extremo inferior de la varilla de control para asegurarse de que la palanca del varillaje situada en el carburador queda firmemente apoyada contra la palanca de la válvula de mariposa. Deje de empujar hacia arriba la varilla. Ésta no debe caer hacia abajo.

7. Empuje la palanca de control de la válvula de mariposa situada en la transmisión hacia arriba contra el tope interno de la misma con una fuerza constante (de aproximadamente 5 libras) y apriete el perno del bloque del muñón. No deje de presionar sobre la palanca hasta que haya apretado el perno.

Ajuste del varillaje aplicando una presión de control de la válvula de mariposa

El procedimiento siguiente puede utilizarse para comprobar y/o ajustar el varillaje de control de la válvula de mariposa aplicando la presión de control de la misma.

1. Coloque la palanca de cambios en la posición Neutral y desconecte el solenoide de ajuste de la velocidad en ralentí. Accione el freno de estacionamiento.

2. Acople un manómetro de 0-100 libras/pulg.^{2} a la compuerta de la válvula de mariposa existente en la transmisión. Lo mejor es utilizar un manómetro que disponga de una manguera de ocho pies para poder efectuar la lectura con el motor en marcha. Es posible que tenga que montar un codo de tubo para que la manguera permanezca alejada del sistema de escape.

3. Ponga el motor en marcha y déjelo girar hasta que alcance la temperatura normal de funcionamiento y la palanca de la válvula de mariposa quede apartada del ralentí rápido. Deje el motor en marcha.

4. Asegúrese de que la palanca de la válvula de mariposa está situada contra el tope de ralentí de la misma. Siga el procedimiento que se describe a continuación, dependiendo del año de fabricación de su vehículo.

Modelos de 1980-81

a. Observe el manómetro y tire hacia atrás lentamente de la varilla de la válvula de mariposa situada en el carburador. Observe cuando la presión aumenta repentinamente aproximadamente 15-30 lb/pulg.^{2} al mover ligeramente la varilla de la válvula de mariposa. Éste es el «punto de ruptura». En teoría, debería alcanzarse cuando el entrehierro es de 3/16-1/4 de pulgada. El valor máximo especificado es de 1/16-5/16 de pulgada. Un método efectivo para medir el entrehierro es introducir brocas de diámetro estándar en el entrehierro entre el tornillo de ajuste de la palanca del varillaje y la palanca de la válvula de mariposa. Si el punto de ruptura se produce con un entrehierro inferior a 1/16", quiere decir que el varillaje de la válvula de mariposa está ajustado en una longitud demasiado grande; si este punto se alcanza con un entrehierro superior a 5/16", quiere decir que el varillaje está ajustado con un entrehierro demasiado corto. Ajuste el varillaje como se describe en el paso 5.

Modelos de 1982-83

a. Siga el procedimiento de los vehículos de 1980-81, pero observe que el intervalo ideal de ajuste es de 5/32-7/32".

Modelos de 1984-87

a. Fabrique un bloque de 0.397 ± 0.007", o utilice una broca letra x o una broca de 10 mm o 25/32". Introduzca el bloque calibrado o la varilla de la broca entre la palanca de la válvula de mariposa y el tornillo de ajuste existente en la palanca del varillaje de la transmisión. A continuación, anote la presión de la transmisión. Debe ser de 30-40 lb/pulg². Continúe en el siguiente paso para realizar el ajuste.

5. Si la longitud ajustada es demasiado larga o la presión es baja afloje el tornillo de ajuste de la palanca del varillaje. Apriete el tornillo de ajuste si la longitud de la varilla es pequeña o si la presión es demasiado alta. Si el tornillo no tiene la capacidad de ajuste suficiente, la longitud de la varilla de control de la válvula de mariposa debe reajustarse siguiendo el procedimiento descrito en el apartado Ajuste del varillaje en la transmisión. En los modelos de 1984 y años posteriores; únicamente desmonte el bloque de calibrado o broca y vuelva a comprobar la presión. Debe ser inferior a 5 lb/pulg². Si es necesario, afloje el tornillo de ajuste hasta que la presión caiga justo por debajo de 5 lb/pulg². Vuelva a montar el bloque calibrado y asegúrese de que la presión sigue siendo de 30-40 lb/pulg².

6. Si no puede obtener los límites especificados, es necesario revisar el sistema de presión de control de la transmisión.

Varillaje del cambio

1. Afloje el tornillo de ajuste del varillaje situado en el compartimiento del motor en los modelos Ford/Mercury de tamaño grande y modelos Lincoln/Mark VI, y debajo del vehículo en los modelos Cougar/Thunderbird.

2. Mueva la palanca de cambios firmemente contra el tope de la garganta o compuerta del overdrive. Suspenda una pesa de la palanca para que ésta quede fija en su posición.

3. Localice el tope o diente de overdrive en la transmisión. Es el tercero comenzando por la parte frontal.

4. Apriete el tornillo de ajuste, vuelva a comprobar el ajuste antes de poner en marcha el vehículo.

Interruptor de seguridad para el arranque en Neutral

El interruptor de seguridad para el arranque en Neutral situado en la transmisión es del tipo conmutador accionado por el mecanismo manual del tope del varillaje dentro de la transmisión. Si el interruptor está estropeado puede ser sustituido pero no ajustado.

Cárter del aceite

VACIADO, DESMONTAJE Y MONTAJE

No es necesario, en condiciones normales de funcionamiento, cambiar periódicamente el líquido de la transmisión. Únicamente cuando el vehículo esté sometido a un régimen intenso (utilizado como coche patrulla o taxi) o en el caso de que se realice una revisión de cierta envergadura se recomienda cambiar el líquido de transmisión.

Cuando la razón para cambiar el líquido de la transmisión sea que existen daños internos en la misma, es necesario hacer un lavado interno con agua a presión del refrigerador de la transmisión y conductos del refrigerador para eliminar los restos de material abrasivo que puedan existir en el sistema.

ATENCIÓN

Cuando haga un lavado con agua a presión de los convertidores de par, utilice únicamente equipos profesionales específicamente diseñados para esta tarea. Si permanecen restos de disolvente en el convertidor la transmisión podría resultar seriamente dañada en el futuro.

1. Levante y sujete el vehículo con seguridad sobre caballetes.

2. Coloque un recipiente debajo de la caja de la transmisión para recoger el líquido.

3. Afloje los pernos de sujeción del cárter a la transmisión para vaciar el líquido que queda por encima del nivel del cárter.

4. Cuando el líquido se haya vaciado hasta el nivel de la pestaña de sujeción del cárter, desmonte los pernos de sujeción comenzando por la parte posterior del cárter. Baje gradualmente el cárter y deje que se vacíe lentamente.

5. Después de vaciar el líquido, desmonte y limpie completamente el cárter de la transmisión. Tire el filtro, la junta de estanqueidad entre el cuerpo de la válvula y el filtro y junta de estanqueidad del cárter de la transmisión.

6. Monte un nuevo filtro y una junta de estanqueidad nueva entre el filtro y el cuerpo de la válvula. No intente limpiar o reutilizar el filtro usado.

7. Coloque una junta de estanqueidad nueva y monte el cárter sobre la transmisión.

8. Añada tres cuartas de galón del líquido especificado Ford CJ o Dexron® II a través del tubo de llenado.

9. Compruebe y ajuste el nivel del líquido si es necesario.

Transmisión FMX

AJUSTES

Diafragma de vacío

Los diafragmas de vacío que vienen montados de fábrica en el vehículo no son ajustables. No obstante, existen unidades ajustables que pueden montarse en la transmisión y que permiten la realización de cambios en las presiones de control.

Dispone de un tornillo de ajuste en el tetón de vacío del diafragma y puede accederse al mismo después de desmontar el conducto de suministro de vacío del diafragma. Para aumentar la presión de control utilice un destornillador pequeño y gire el tornillo en el sentido de las agujas del reloj y para disminuirla gire el tornillo en el sentido contrario al de las agujas del reloj. Una vuelta completa del tornillo de ajuste producirá un cambio en la presión de control de aproximadamente 2-3 lb/pulg².

NOTA: No debería ajustarse el diafragma de manera que se obtengan presiones por debajo de los intervalos especificados para cambiar el tacto de entrada de velocidades en la palanca de cambios ya que el mecanismo del cambio podría patinar y la transmisión podría resultar dañada.

Varillaje de la válvula de mariposa

1. Coloque el carburador en la posición de válvula de mariposa completamente abierta (WOT).

2. Sujete la varilla de kickdown hacia abajo colocando una pesa de 4 1/2 libras contra el tope transversal de fijación.

3. Ajuste el tornillo de ajuste de kickdown hasta que tenga una distancia de 0.010-0.080" entre el tornillo y el brazo de la válvula de mariposa.

4. Haga que el sistema vuelva a la velocidad de ralentí.

AJUSTE DE LA BANDA FRONTAL

1. Levante el vehículo y sujételo con caballetes. Vacíe el líquido de la transmisión.

2. Desmonte el cárter de la transmisión y a continuación desmonte el colador o filtro del líquido y la abrazadera, de la transmisión. Elimine los materiales de la junta de estanqueidad del cárter de la transmisión y de la superficie de montaje del cárter en la caja de la transmisión.

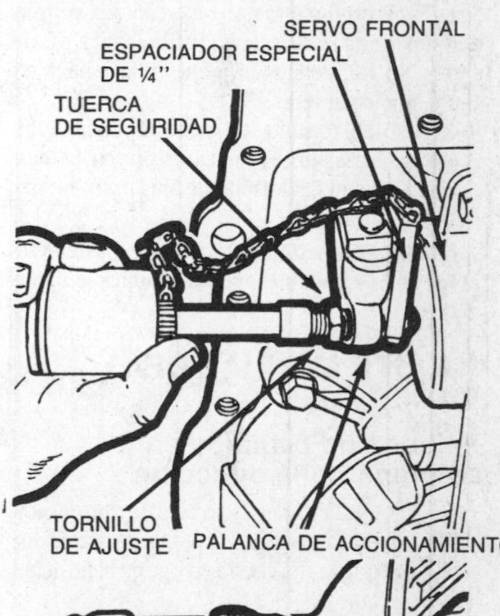

Ajustes de la banda frontal (superior) y banda posterior (inferior) en el modelo FMX

3. Afloje la varilla frontal de ajuste del servo e introduzca un espaciador de 1/4" entre el tornillo de ajuste y el vástago del pistón del servo.

4. Apriete el tornillo de ajuste con un par de 10 libras-pulgada. Desmonte el espaciador y apriete el tornillo de ajuste 3/4 de vuelta más. Sujete fijamente el tornillo de ajuste y apriete la tuerca de seguridad. Apriete la tuerca de seguridad con un par de 20-25 libras-pie.

5. Monte el colador o filtro del líquido de la transmisión y la abrazadera del mismo. Monte una junta de estanqueidad nueva en el cárter de la transmisión. Alinee el cárter de la transmisión y la caja de la transmisión y monte los pernos del cárter.

6. Rellene la transmisión con el líquido correcto para transmisión automática.

7. Baje el vehículo. Arranque el motor y compruebe si existen fugas. Si las hay, elimínelas.

AJUSTE DE LA BANDA POSTERIOR

1. Levante el vehículo y sujételo con caballetes. Elimine toda la suciedad y partículas extrañas de las roscas del tornillo de ajuste. Engráselas con aceite.

2. Afloje la tuerca de seguridad del tornillo de ajuste de la banda de marcha atrás. Utilizando las herràmientas adecuadas, herramientas Ford Motor Co., números T700-7B200-B y T70P-7P200-A o equivalentes, y apriete el tornillo de ajuste hasta que el mango de la herramienta haga un clic. La herramienta es una llave de torsión preajustada que hace un clic y deja de apretar cuando el par de apriete sobre el tornillo de ajuste alcanza las 10 libras-pie.

3. Si el tornillo está apretado con una capacidad superior a la de la llave (10 libras-pie), afloje el tornillo y apriételo hasta que la llave haga un clic y deje de apretar.

4. Afloje el tornillo de ajuste 1/2 vuelta. Sujete el tornillo de ajuste fijamente y apriete la tuerca de seguridad del tornillo de ajuste con un par de 35-40 libras-pie.

NOTA: Si no afloja el tornillo de ajuste exactamente 1 1/2 vueltas pueden producirse daños graves.

AJUSTE MANUAL DEL VARILLAJE

Palanca de cambios en la columna de la dirección

1. Coloque la palanca selectora de transmisión automática en la posición Drive. Asegúrese de que la palanca queda fija contra el tope de la posición Drive.

NOTA: Si es necesario suspenda una pesa de 10-15 libras sobre la palanca de cambios de transmisión automática para asegurarse de que ésta permanece fija contra el tope Drive durante el procedimiento de ajuste.

2. Afloje la tuerca de ajuste de la varilla de la palanca de cambios. En los vehículos que disponen de un cable en la palanca de cambios, desmonte la tuerca y desmonte el cable del espárrago de la palanca manual de la transmisión automática.

3. Coloque la palanca manual de la transmisión automática en la posición Drive.

4. En los vehículos que disponen de un cable en la palanca de cambios, coloque el extremo del cable sobre el espárrago de la palanca manual de la transmisión automática, teniendo cuidado de que las superficies del espárrago queden alineadas con las del cable de la palanca de cambios. Monte la tuerca de ajuste.

5. Asegúrese de que la palanca de la transmisión automática no se ha movido del tope de la posición Drive. Apriete la tuerca de ajuste con un par de 15 libras-pie.

6. Compruebe el funcionamiento de la transmisión en todas las posiciones de la palanca selectora.

Palanca de cambios en el piso

1. Coloque la palanca selectora de la transmisión automática en la posición Drive contra el tope posterior de la posición Drive.

2. Levante el vehículo y afloje la tuerca de sujeción de la varilla de la palanca de cambios manual. Mueva la palanca de cambios manual de la transmisión automática a la posición Drive.

3. Con la palanca selectora de la transmisión automática y la palanca manual en la posición Drive respectiva, apriete la tuerca de sujeción con un par de 15 libras-pie.

4. Compruebe el funcionamiento de la transmisión en cada una de las posiciones de la palanca selectora. Apoye el vehículo sobre el firme.

AJUSTE DEL INTERRUPTOR DE SEGURIDAD DE ARRANQUE EN NEUTRAL

Modelos de 1980

1. Con la palanca manual de la transmisión automática correctamente ajustada, afloje los dos pernos del interruptor de seguridad de arranque en Neutral.

2. Con la palanca manual de la transmisión automática en Neutral, gire el interruptor e introduzca el calibrador cilíndrico (broca n.º 43) en los orificios a tal efecto que existen en el interruptor de seguridad de arranque en Neutral.

NOTA: El calibrador cilíndrico debe introducirse 31/64'' en los tres orificios del interruptor de seguridad de arranque en Neutral.

3. Apriete los pernos del interruptor de seguridad de arranque en Neutral con un par de 55-75 libras-pulgada. Desmonte el calibrador cilíndrico del interruptor de seguridad de arranque en Neutral.

4. Compruebe el funcionamiento del interruptor de seguridad de arranque en Neutral. El motor debería arrancar únicamente cuando la palanca selectora de la transmisión automática está situada en las posiciones Park o Neutral.

Diafragma de vacío

DESMONTAJE Y MONTAJE

1. Levante el vehículo y sujételo con seguridad con caballetes.

2. Desconecte las mangueras del diafragma de vacío. Desmóntelo utilizando la herramienta n.º S8696-A o equivalente.

3. Desmonte la varilla de control del diafragma de vacío de la caja de la transmisión.

4. Coloque la varilla de control de vacío dentro de la caja de la transmisión.

5. Rosque el diafragma de vacío en la caja de la transmisión utilizando la herramienta especial. Utilizando una llave de apriete, apriete el diafragma con un par de 15-23 libras-pie.

6. Vuelva a instalar las mangueras de vacío en su posición correcta. Apoye el vehículo sobre el firme. Haga una prueba de rodaje si es necesario y si persisten las anomalías, elimínelas.

Cárter del aceite

VACIADO, DESMONTAJE Y MONTAJE

1. Levante el.vehículo y sujételo con seguridad sobre caballetes. Coloque un recipiente debajo de la transmisión para recoger el líquido de la misma.

2. Afloje los pernos del cárter de aceite de la transmisión automática y vacíe el líquido de la misma.

3. Cuando se haya vaciado el líquido de la transmisión hasta el nivel de la pestaña del cárter del aceite, desmonte el resto de los pernos del cárter del aceite de la transmisión comenzando por la parte posterior y siguiendo por ambos lados del cárter para que éste pueda ser desmontado tirando hacia abajo y para que el líquido vaya saliendo lentamente.

4. Una vez que deje de salir líquido, desmonte el cárter del aceite. Limpie todo el material de junta de estanqueidad antigua del cárter y de la caja de la transmisión. Limpie completamente el interior del cárter de la transmisión.

5. Monte una junta de estanqueidad nueva en el cárter de la transmisión y colóquelo contra la caja de la transmisión.

6. Monte todos los pernos del cárter del aceite de la transmisión. Apriete los pernos con un par de 12-17 libras-pie.

7. Añada tres cuartas de galón de líquido de transmisión automática tipo F (sin haber vaciado el convertidor de par). Asegúrese de que el líquido utilizado es del tipo correcto. Si no es así, el interior de la transmisión resultará seriamente dañado. Cuando rellene la transmisión y convertidor de par, habiendo sido éstos vaciados completamente, añada 5 cuartas de líquido de transmisión automática del tipo correcto.

8. Arranque el motor y déjelo girar a la velocidad de ralentí durante aproximadamente 2 minutos y a continuación aumente la velocidad del motor a aproximadamente a 1,200 rpm hasta que el conjunto del motor/transmisión alcance la temperatura normal de funcionamiento.

NOTA: No acelere bruscamente el motor durante el calentamiento del mismo.

9. Compruebe el nivel del líquido de la transmisión después de probar toda las velocidades con la palanca de cambios. Si el nivel del líquido no es el correcto, ajústelo.

Transmisión C3

AJUSTES

Diafragma de vacío

Los vehículos vienen de fábrica con diafragmas de vacío montados que no son ajustables. No obstante, existen unidades de tipo ajustable que pueden montarse en la transmisión haciendo posible la introducción de cambios en la presiones de control.

Dispone de un tornillo de ajuste en el tetón de vacío del diafragma y puede accederse al mismo después de desmontar el conducto de suministro de vacío del diafragma. Para aumentar la presión de control utilice un destornillador pequeño y gire el tornillo en el sentido de las agujas del reloj y para disminuirla gire el tornillo en el sentido contrario al de las agujas del reloj. Una vuelta completa del tornillo de ajuste producirá un cambio en la presión de control de aproximadamente 2-3 lib/pulg^2.

ATENCIÓN

No debería ajustarse el diafragma de manera que se obtengan presiones por debajo de los intervalos especificados para cambiar el tacto de entrada de velocidades en la palanca de cambios ya que el mecanismo del cambio podría patinar y la transmisión podría resultar dañada.

Varillaje de la válvula de mariposa

Las transmisiones automáticas C3 no disponen de un varillaje de control de presión de la válvula de mariposa. En lugar de esto, disponen de un conjunto de diafragma accionado por vacío para controlar y modular la presión de la válvula de mariposa en proporción a la velocidad de carretera, abertura de la válvula de mariposa y presiones internas de aceite.

Disponen de una varilla de control de cambio descendente que va conectada al varillaje de control del carburador. Ambos varillajes deben estar correctamente ajustados para accionar el sistema de cambio descendente.

Varillaje del acelerador y del cambio descendente

1. Con el motor parado, pise hasta el fondo el pedal del acelerador y manténgalo en esa posición. Compruebe si las placas de la válvula de mariposa están completamente abiertas y si el varillaje del acelerador se desplaza a lo largo de su recorrido máximo. Ajuste el varillaje si es necesario.

2. Con el acelerador pisado hasta el fondo y ajustado, presione hacia abajo sobre la varilla de control del cambio descendente todo lo posible (la válvula del cambio descendente de la transmisión totalmente comprimida).

3. Debería existir una distancia de 0.10-0.080" entre el extremo del tornillo de ajuste del kickdown y la palanca de la válvula de mariposa. Ajuste el tornillo si es necesario.

4. Suelte el varillaje del acelerador. El varillaje y la varilla de control del cambio descendente deben volver a su posición cerrada por acción de la tensión del muelle de recuperación.

Ajuste de la banda

NOTA: En condiciones normales de funcionamiento es necesario ajustar únicamente la banda intermedia. La banda de marcha atrás se ajusta internamente durante el montaje o cuando se realizan revisiones importantes.

1. Localice el tornillo de ajuste situado en el lado izquierdo de la caja de la transmisión, en la parte frontal de la palanca manual de control.

2. Desmonte la varilla de control del cambio descendente de la palanca de control del mismo para poder acceder al tornillo de ajuste y a la tuerca de seguridad.

3. Elimine la suciedad y las partículas extrañas de alrededor de la tuerca de seguridad. Afloje, desmonte y tire la tuerca de seguridad del tornillo de ajuste.

4. Monte una tuerca de seguridad nueva sobre el tornillo de ajuste.

5. Apriete el tornillo de ajuste con un par de 10 libras-pie.

NOTA: Para apretar el tornillo de ajuste puede utilizarse una llave especial que haga un clic, una señal de torque o sobrepasamiento.

6. Afloje el tornillo de ajuste exactamente 1 1/2 vueltas; 2 vueltas en los modelos de 1984 y años posteriores.

7. Sujete el tornillo de ajuste fijamente y apriete la tuerca de seguridad con un par de 35-45 libras-pie.

8. Monte la varilla de control del cambio descendente sobre la palanca de control del mismo.

Varillaje manual

PALANCA DE CAMBIOS EN LA COLUMNA DE LA DIRECCIÓN

1. Coloque la palanca selectora en la posición D contra el tope D de la garganta de la palanca de cambios.

NOTA: Sujete la palanca selectora manualmente o utilizando una pesa, contra el tope D de la garganta de la palanca de cambios para realizar cualquier ajuste.

2. Afloje la tuerca de ajuste de la varilla de la palanca de cambios.

3. Coloque la palanca manual de la transmisión en el tope D, que es el tercero comenzando por la parte frontal.

NOTA: Es posible que haya que desconectar la varilla de control de la tuerca y perno de ajuste para que la palanca selectora manual quede correctamente situada contra el tope de la transmisión.

4. Vuelva a comprobar la palanca en la posición de la palanca selectora de manera que quede contra el tope D de la garganta de la palanca de cambios. Apriete la tuerca de ajuste de la varilla de la palanca de cambios fuertemente.

NOTA: Introduzca las superficies del espárrago en la ranura de la varilla de control antes de apretar la tuerca, si existe dicha ranura.

5. Pruebe todas las velocidades con la palanca de cambios y compruebe si el indicador de la palanca queda bien alineado con los topes de la palanca de cambios. Reajústela si es necesario.

PALANCA DE CAMBIOS EN LA CONSOLA O EN EL PISO

1. Coloque la palanca selectora en la posición D y contra el tope posterior D de la garganta de la palanca de cambios. Manténgala en esa posición para realizar cualquier ajuste.

2. Afloje la tuerca de ajuste del varillaje de la palanca de cambios manual y mueva la palanca a la posición D de la transmisión (que es la tercera posición comenzando por la parte frontal).

3. Con la palanca selectora y la palanca manual en la posición D correspondiente, apriete la tuerca de ajuste del varillaje de la palanca de cambios con un par de 10-15 libras-pie.

Interruptor de seguridad de arranque en Neutral

NOTA: Las transmisiones automáticas C3 disponen de un interruptor de seguridad de arranque en punto muerto atornillado, situado por encima de la palanca de control manual sobre la caja de la transmisión. El tope interno de la palanca de cambios acciona los contactos del interruptor de manera que éste permite arrancar el motor únicamente en las posiciones Park o Neutral y enciende las luces de marcha atrás cuando la transmisión está en la posición Reverse (marcha atrás).

DESMONTAJE Y MONTAJE

1. Levante el vehículo y sujételo con seguridad. Desconecte el conector de cable del interruptor.

2. Utilice una llave de cubo de paredes finas y desatornille el interruptor de la caja de la transmisión.

ATENCIÓN

Utilice sólo una llave de cubo de paredes finas y no una llave de apriete para evitar aplastar el interruptor durante el desmontaje o montaje.

3. Monte un anillo tórico nuevo en el interruptor y monte dicho interruptor en la caja de la transmisión. Apriete el interruptor con un par de 12-15 libras-pie.

4. Monte el conector del cable en el interruptor.

5. Compruebe el funcionamiento del interruptor en cada uno de los topes de la palanca de cambios. El motor debería arrancar únicamente en las posiciones Neutral y Park y las luces de marcha atrás deberían encenderse únicamente cuando la palanca está en Reverse (marcha atrás).

Cárter del aceite

VACIADO, DESMONTAJE Y MONTAJE

1. Levante el vehículo y sujételo con seguridad.

2. Coloque un recipiente debajo del cárter de la transmisión para recoger el líquido de la misma y, comenzando por la parte posterior, afloje pero no desmonte los pernos del cárter.

3. Afloje el cárter de la caja de transmisión para que el líquido pueda vaciarse gradualmente.

4. Desmonte todos los pernos de cárter excepto los dos situados en la parte frontal del cárter y deje que siga vaciándose el líquido.

5. Desmonte el cárter; limpie el material de junta de estanqueidad usada de la caja del cárter y de la transmisión.

6. Monte una junta de estanqueidad nueva sobre el cárter y móntelo sobre la caja de la transmisión.

7. Monte todos los pernos del cárter y apriételos con un par de 12-17 libras-pie.

8. Añada tres cuartas de galón de líquido de transmisión tipo F en los modelos anteriores a 1981; de líquido de transmisión CJ o Dexron® II en los modelos de 1981 y años posteriores a través del tubo de llenado (no habiendo vaciado el convertidor de par). Cuando rellene una caja de transmisión y convertidor completamente vacíos añada cinco cuartas de líquido a la transmisión.

9. Arranque el motor y déjelo girar a la velocidad de ralentí durante aproximadamente dos minutos. A continuación aumente la velocidad del motor a aproximadamente 1.200 rpm hasta que el conjunto del motor/transmisión alcance la temperatura normal de funcionamiento.

ATENCIÓN

No acelere bruscamente el motor durante el calentamiento.

10. Compruebe el nivel del líquido después de probar la palanca de cambios en todas las posiciones. Ajuste el nivel del líquido si es necesario.

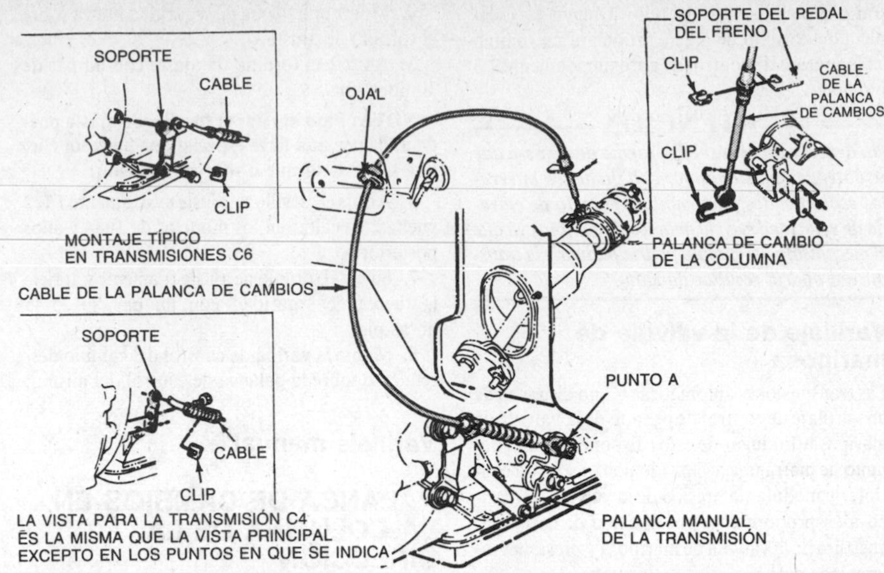

Mecanismo típico de palanca de cambio situada en la columna de la dirección

Diafragma de vacío

DESMONTAJE Y MONTAJE

1. Levante el vehículo y sujételo con seguridad. Desconecte la(s) manguera(s) de vacío del diafragma.

2. Desmonte el soporte de sujeción y el perno de sujeción del diafragma a la caja de la transmisión.

ATENCIÓN

No apalanque o doble el soporte de retención.

3. Tire del diafragma de vacío, la clavija de accionamiento y la válvula de mariposa hacia afuera de la caja de la transmisión. Desmonte el anillo tórico del conjunto.

4. Monte un anillo tórico nuevo en el diafragma.

5. Monte la válvula de mariposa, la clavija de accionamiento y los tubos del diafragma de vacío en la caja de la transmisión.

6. Monte el soporte de retención y el perno y apriételo con un par de 15-23 libras-pulgada.

Transmisión C4

AJUSTES

Diafragma de vacío

Los diafragmas de vacío que vienen montados en el vehículo de fábrica no son ajustables. No obstante, existen unidades ajustables que pueden montarse en la transmisión y que permiten la realización de cambios en las presiones de control.

Dispone de un tornillo de ajuste en el tetón de vacío del diafragma y puede accederse al mismo después de desmontar el conducto de suministro de vacío del diafragma. Para aumentar la presión de control utilice un destornillador pequeño y gire el tornillo en el sentido de las agujas del reloj y para disminuirla gire el tornillo en el sentido contrario al de las agujas del reloj. Una vuelta completa del tornillo de ajuste producirá un cambio en la presión de control de aproximadamente 2-3 lb/pulg².

NOTA: No debería ajustarse el diafragma de manera que se obtengan presiones por debajo de los intervalos especificados para cambiar el tacto de entrada de velocidades en la palanca de cambios ya que el mecanismo del cambio podría patinar y la transmisión podría resultar dañada.

Varillaje de la válvula de mariposa

1. Coloque el carburador en la posición de la válvula de mariposa completamente abierta (WOT).

2. Sujete la varilla del kickdown hacia abajo colocando una pesa de 4 1/2 libras contra el tope transversal de fijación.

3. Ajuste el tornillo de ajuste del kickdown hasta que obtenga una distancia de 0.010-0.080" entre el tornillo y el brazo de la válvula de mariposa.

4. Haga que el sistema vuelva a la velocidad de ralentí.

Ajuste de la banda

BANDA INTERMEDIA

1. Limpie toda la suciedad de alrededor del tornillo de ajuste de la banda. Desmonte y tire la tuerca de seguridad.

2. Monte una tuerca de seguridad nueva sobre el tornillo de ajuste.

3. Apriete el tornillo de ajuste con un par de 10 libras-pie.

4. Desatornille el tornillo de ajuste exactamente 1 3/4 de vuelta.

5. Sujete fijamente el tornillo de ajuste y apriete la tuerca de seguridad con un par de 35-45 libras-pie.

BANDA DE BAJA Y MARCHA ATRÁS (LOW-REVERSE)

1. Limpie toda la suciedad de alrededor del tornillo de ajuste de la banda. Desmonte y tire la tuerca de seguridad.

2. Monte una tuerca de seguridad nueva sobre el tornillo de ajuste.

3. Apriete el tornillo de ajuste con un par de 10 libras-pie.

4. Desatornille el tornillo de ajuste exactamente 3 vueltas completas.

5. Sujete fijamente el tornillo de ajuste de manera que no gire y apriete la tuerca de seguridad con un par de 35-45 libras-pie.

NOTA: Para apretar la tuerca de seguridad en los modelos Pinto, quizá sea necesario utilizar la herramienta especial Ford nº T70P-7B200-B o equivalente.

Varillaje manual

PALANCA DE CAMBIOS EN LA COLUMNA DE LA DIRECCIÓN

1. Coloque la palanca selectora de la transmisión automática en la posición Drive. Asegúrese de que la palanca queda bien sujeta contra el tope Drive.

2. Afloje la tuerca de ajuste de la varilla de la palanca de cambios.

NOTA: En los vehículos en los que la palanca de cambios lleva un cable, desmonte la tuerca y el cable del espárrago de la palanca manual de la transmisión automática.

3. Corra la palanca manual de la transmisión automática a la posición Drive (en la transmisión).

4. En los vehículos en los que la palanca de cambios lleva un cable, coloque el extremo del cable del espárrago de la palanca manual de la transmisión automática teniendo cuidado de alinear el cable de la palanca de cambios. Introduzca la tuerca de ajuste.

5. Asegúrese de que la palanca de la transmisión automática no sea desplazada del tope de la posición Drive. Apriete la tuerca de ajuste con un par de 15 libras-pie.

6. Asegúrese de que la transmisión funciona correctamente en todos los topes de la palanca selectora.

PALANCA DE CAMBIOS EN EL PISO

1. Coloque la palanca de la transmisión automática en la posición Drive contra el tope correspondiente a dicha posición.

2. Levante el vehículo y afloje la tuerca de sujeción de la varilla del cambio de la palanca manual. Mueva la palanca manual de la transmisión automática a la posición Drive.

3. Con la palanca selectora de la transmisión automática y la palanca manual en la posición Drive correspondiente, apriete la tuerca de sujeción con un par de 15 libras-pie.

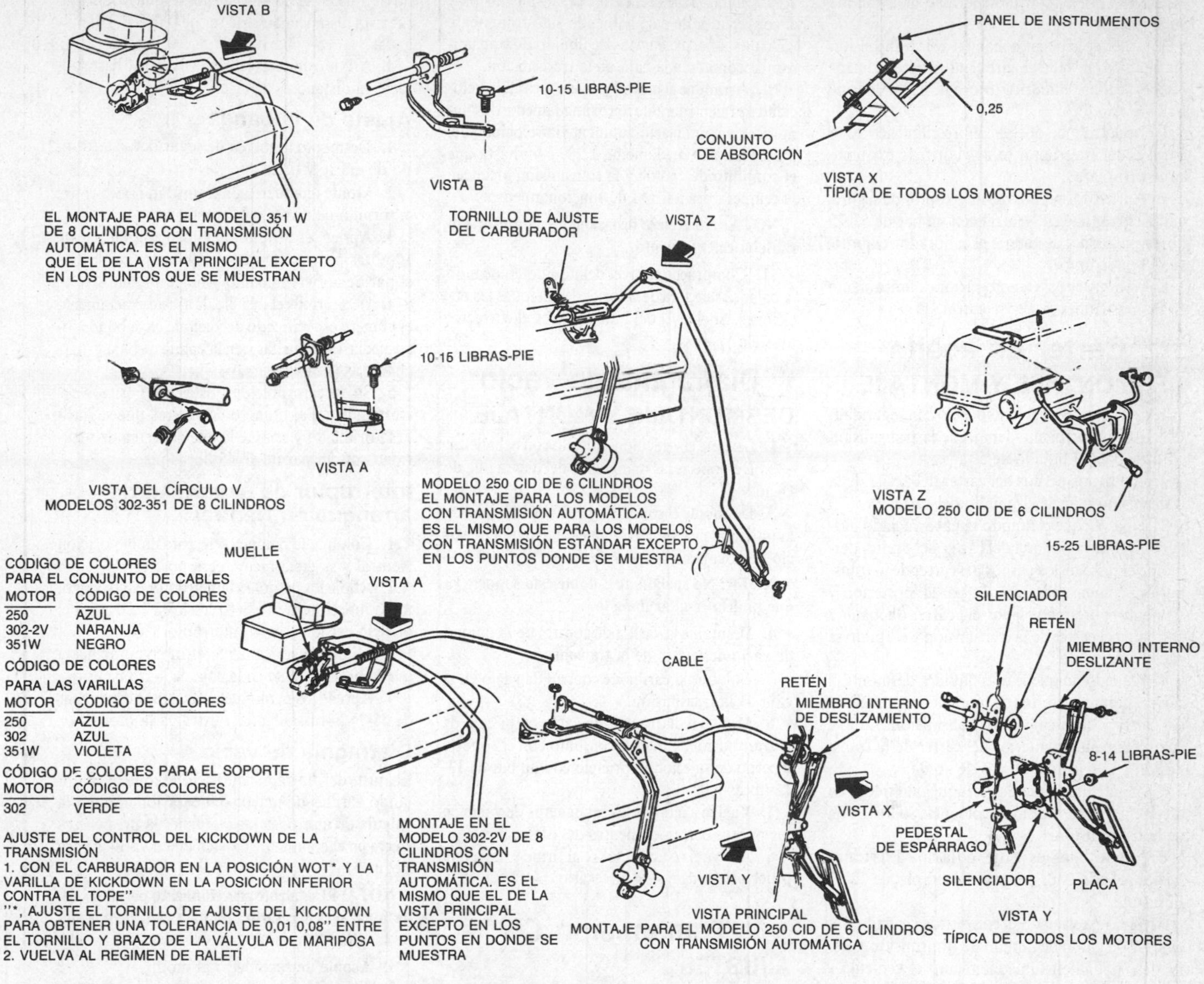

VISTA B

10-15 LIBRAS-PIE

PANEL DE INSTRUMENTOS

0,25

CONJUNTO DE ABSORCIÓN

VISTA X
TÍPICA DE TODOS LOS MOTORES

VISTA B

EL MONTAJE PARA EL MODELO 351 W DE 8 CILINDROS CON TRANSMISIÓN AUTOMÁTICA. ES EL MISMO QUE EL DE LA VISTA PRINCIPAL EXCEPTO EN LOS PUNTOS QUE SE MUESTRAN

TORNILLO DE AJUSTE DEL CARBURADOR

VISTA Z

10-15 LIBRAS-PIE

VISTA A

VISTA DEL CÍRCULO V
MODELOS 302-351 DE 8 CILINDROS

MODELO 250 CID DE 6 CILINDROS
EL MONTAJE PARA LOS MODELOS CON TRANSMISIÓN AUTOMÁTICA. ES EL MISMO QUE PARA LOS MODELOS CON TRANSMISIÓN ESTÁNDAR EXCEPTO EN LOS PUNTOS DONDE SE MUESTRA

VISTA Z
MODELO 250 CID DE 6 CILINDROS

15-25 LIBRAS-PIE

MUELLE

VISTA A

CÓDIGO DE COLORES PARA EL CONJUNTO DE CABLES

MOTOR	CÓDIGO DE COLORES
250	AZUL
302-2V	NARANJA
351W	NEGRO

CÓDIGO DE COLORES PARA LAS VARILLAS

MOTOR	CÓDIGO DE COLORES
250	AZUL
302	AZUL
351W	VIOLETA

CÓDIGO DE COLORES PARA EL SOPORTE

MOTOR	CÓDIGO DE COLORES
302	VERDE

AJUSTE DEL CONTROL DEL KICKDOWN DE LA TRANSMISIÓN
1. CON EL CARBURADOR EN LA POSICIÓN WOT* Y LA VARILLA DE KICKDOWN EN LA POSICIÓN INFERIOR CONTRA EL TOPE''
''*, AJUSTE EL TORNILLO DE AJUSTE DEL KICKDOWN PARA OBTENER UNA TOLERANCIA DE 0,01 0,08'' ENTRE EL TORNILLO Y BRAZO DE LA VÁLVULA DE MARIPOSA
2. VUELVA AL REGIMEN DE RALETÍ

MONTAJE EN EL MODELO 302-2V DE 8 CILINDROS CON TRANSMISIÓN AUTOMÁTICA. ES EL MISMO QUE EL DE LA VISTA PRINCIPAL EXCEPTO EN LOS PUNTOS EN DONDE SE MUESTRA

CABLE

RETÉN

MIEMBRO INTERNO DE DESLIZAMIENTO

VISTA X

VISTA Y

VISTA PRINCIPAL
MONTAJE PARA EL MODELO 250 CID DE 6 CILINDROS CON TRANSMISIÓN AUTOMÁTICA

SILENCIADOR

RETÉN

MIEMBRO INTERNO DESLIZANTE

8-14 LIBRAS-PIE

PEDESTAL DE ESPÁRRAGO

SILENCIADOR

PLACA

VISTA Y
TÍPICA DE TODOS LOS MOTORES

Acanaladura típica de la válvula de mariposa - excepto en el modelo ATX

4. Compruebe el funcionamiento de la transmisión en cada una de las posiciones de la palanca selectora.

Interruptor de seguridad de arranque en Neutral

PALANCA DE CAMBIOS SITUADA EN EL PISO

1. Con el varillaje manual correctamente ajustado y el motor parado, coloque la palanca selectora en la posición Neutral.

2. Desmonte el tornillo de sujeción de la empuñadura de la palanca selectora y desmonte dicha empuñadura.

3. Desmonte los tornillos de sujeción de la carcasa del reloj indicador y desmóntela.

4. Extraiga los dos tornillos de sujeción del protector de apoyo de la aguja indicadora y desmonte dicho protector.

5. Afloje los dos tornillos de sujeción del interruptor de seguridad de arranque en Neutral a la carcasa de la palanca selectora.

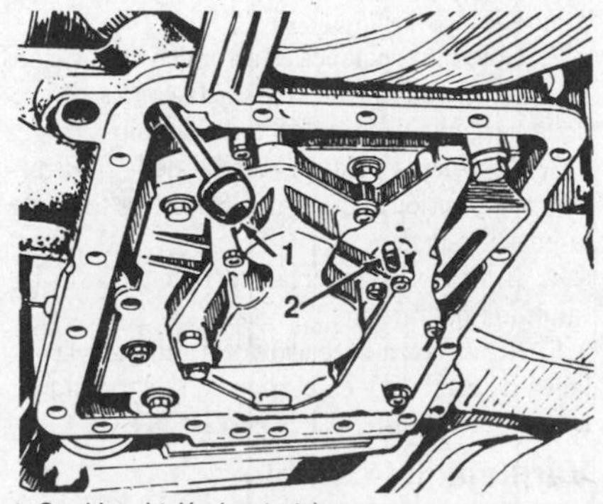

1. Cambiar el talón (ver texto)
2. Válvula limitadora de presión a la mariposa y resorte.

Vista de la C4 con la caja de ajuste de la transmisión desmontada

6. Coloque la palanca selectora en la posición Park; sujétela contra el tope frontal.

7. Mueva el interruptor hacia atrás hasta que llegue al final de su recorrido.

8. Sujete el interruptor en el punto final posterior de su recorrido y apriete los dos tornillos de sujeción.

9. Con la palanca selectora en la posición Park, compruebe el funcionamiento del interruptor. El motor debería arrancar únicamente en la posición Park. Si el motor no arranca sustituya el interruptor.

10. Monte el protector de apoyo de la aguja indicadora, la carcasa del reloj indicador y la empuñadura de la palanca selectora.
puñadura de la palanca selectora.

PALANCA DE CAMBIOS SITUADA EN LA COLUMNA DE LA DIRECCIÓN

NOTA: En los vehículos en los que la palanca de cambios va situada en la columna de la dirección el interruptor está situado en la transmisión debajo de la palanca manual.

1. Con la palanca manual de la transmisión automática correctamente ajustada, afloje los dos pernos del interruptor de seguridad de arranque en Neutral.

2. Coloque la palanca manual de la transmisión automática en Neutral, gire el interruptor e introduzca el calibre cilíndrico (broca nº 43) en los orificios a tal efecto.

3. Asegúrese de que el calibre cilíndrico pasa a través del interruptor hasta el orificio existente en la otra pared.

4. Apriete los pernos del interruptor de seguridad de arranque en Neutral con un par de 55-75 libras-pulgada y desmonte el calibrador cilíndrico del interruptor.

5. Compruebe si el motor arranca únicamente en las posiciones Park y Neutral.

Cárter de aceite

DESMONTAJE Y MONTAJE

1. Levante el vehículo y sujételo con seguridad. Coloque un recipiente debajo de la transmisión para recoger el líquido de ésta.

2. Afloje los pernos del cárter del aceite de la transmisión y vacíe el líquido del cárter.

3. Una vez que el líquido se haya vaciado hasta el nivel de la pestaña del cárter del aceite, desmonte el resto de los pernos del cárter de la transmisión comenzando por la pared posterior y siguiendo por ambos lados del cárter de manera que caiga el cárter de la transmisión y el fluido se vacíe lentamente.

4. Cuando no quede más líquido, desmonte el cárter, limpie los restos de junta de estanqueidad del cárter y de la caja de la transmisión. Limpie completamente el interior del cárter de la transmisión y el colador o filtro de aceite.

5. Monte una junta de estanqueidad nueva en el cárter de la transmisión y colóquelo sobre la caja de la transmisión.

6. Monte todos los pernos de la caja de la transmisión. Apriete los pernos con un par de 12-17 libras-pie.

7. Si no ha vaciado el convertidor, añada tres cuartas de galón de líquido de transmisión automática, ponga en funcionamiento el vehículo y compruebe la transmisión. El líquido que se debe utilizar es del tipo F en los modelos anteriores a 1980 y del tipo CJ o Dexron® II en los modelos de 1980 y años posteriores.

8. Compruebe el nivel a la temperatura normal de funcionamiento y añada líquido si es necesario.

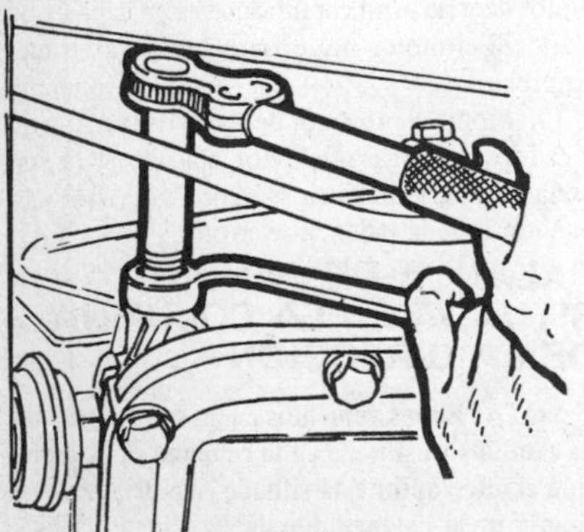

Ajuste de la banda de baja/marcha atrás de los modelos C4 y C5

9. Cuando rellene el cárter de la transmisión y el convertidor de par, habiendo sido totalmente vaciados, añada 5 cuartas de líquido de transmisión apropiado a la caja de la transmisión.

10. Arranque el motor y déjelo girar a la velocidad de ralentí durante aproximadamente dos minutos, y a continuación aumente la velocidad del motor a aproximadamente 1,200 rpm hasta que el conjunto del motor y la transmisión alcancen la temperatura normal de funcionamiento.

NOTA: No acelere bruscamente el motor durante el calentamiento.

11. Compruebe el nivel del líquido colocando la palanca selectora de velocidades en todas las posiciones. Si el nivel del líquido no es el correcto, ajústelo.

Diafragma de vacío

DESMONTAJE Y MONTAJE

1. Levante el vehículo y sujételo con caballetes.

2. Desconecte las mangueras del diafragma de vacío.

3. Desmonte el soporte y perno de sujeción de la unidad de vacío. Extraiga el diafragma de vacío de la caja de la transmisión.

NOTA: No apalanque o doble este soporte ya que podría resultar dañado.

4. Desmonte la varilla de control de la unidad de vacío de la caja de la transmisión.

5. Coloque la varilla de control de vacío en la caja de la transmisión.

6. Monte el diafragma de vacío en la caja de la transmisión. Sujete el conjunto con el soporte y perno de sujeción. Apriételo con un par de 13-16 libras-pie.

7. Vuelva a montar las mangueras de vacío en los puntos correspondientes del diafragma.

8. Apoye el vehículo sobre el firme y haga una prueba de rodaje si es necesario.

Transmisión C5

AJUSTES

Varillaje manual

1. Afloje la tuerca o transmisión de la varilla ranurada del varillaje.

2. Coloque la palanca selectora en la posición D de manera que quede bien sujeta contra el tope de la garganta de la palanca de cambios.

3. Desplace la palanca manual de la transmisión a la posición D que está alejada tres topes de la posición Park.

4. Apriete bien la tuerca o tornillo de la varilla ranurada del varillaje.

5. Repita la comprobación del varillaje en la palanca de cambios y en el tope de la garganta de la misma. Reajústelo si es necesario.

Varillaje del cambio descendente

1. Mantenga la válvula de mariposa en la posición completamente abierta contra el tope de la misma.

2. Empuje la varilla hacia abajo para que la válvula de cambio descendente se desplace hacia el fondo del cuerpo de la válvula.

3. Mida la distancia entre el extremo del tornillo de ajuste y la palanca de la válvula de mariposa. Esta distancia debería ser de 0.050-0.070 pulgadas.

4. Afloje o apriete el tornillo de ajuste hasta obtener la distancia correcta.

Ajuste de la banda

1. Desmonte la tuerca de seguridad del tornillo de ajuste y tírela.

2. Monte una tuerca de seguridad nueva sobre el tornillo de ajuste, sin apretarla.

3. Apriete el tornillo de ajuste con un par de 10 libras-pie o hasta que el útil de ajuste alcance el par de apriete máximo y haga un clic.

4. Desatornille el tornillo de ajuste exactamente el número especificado de vueltas: en la banda intermedia 4 1/4 vueltas y en la banda de baja y marcha atrás (Low-Reverse) 3 vueltas.

5. Sujete el tornillo de ajuste en la posición correspondiente al número de vueltas que se haya desatornillado y apriete la nueva tuerca de seguridad con un par de 35-45 libras-pie.

Interruptor de seguridad de arranque en Neutral

1. Coloque la palanca selectora en la posición Neutral y sujétela bien en esa posición.

2. Afloje los pernos del interruptor e introduzca un calibre cilíndrico o broca de 3/32'' a través del orificio existente en el interruptor.

3. Mueva enérgicamente el interruptor hasta que la broca asiente en la caja de la transmisión.

4. Apriete los pernos del interruptor con un par de 55-75 libras-pulgada y extraiga la broca.

Diafragma de vacío

El ajuste del diafragma de vacío se controla montando varillas de mayor o menor longitud en la válvula de mariposa para obtener la presión correcta en el conducto. Existen cinco varillas para elegir.

NOTA: El siguiente procedimiento permitirá determinar si es necesario cambiar la varilla por una de longitud diferente.

1. Acople un tacómetro al motor.

2. Acople una bomba de vacío manual al diafragma de vacío de la transmisión.

3. Acople un manómetro hidráulico a la boca de salida de presión de control situada en la transmisión.

Longitud	Código de colores
1.5925-1.5875	Verde
1.6075-1.6025	Azul
1.6225-1.6175	Naranja
1.6375-1.6325	Negro
1.6585-1.6535	Rosa y Blanco

4. Accione enérgicamente el freno de estacionamiento. En los vehículos que disponen de servofreno por vacío, accione los frenos de servicio. En caso contrario el freno de estacionamiento quedará desactivado al mover la palanca selectora a la posición Drive.

5. Arranque el motor y déjelo que alcance la temperatura normal de funcionamiento.

6. Ajuste la velocidad de ralentí del motor a la velocidad especificada.

7. Ajuste la velocidad del motor a 1,000 rpm

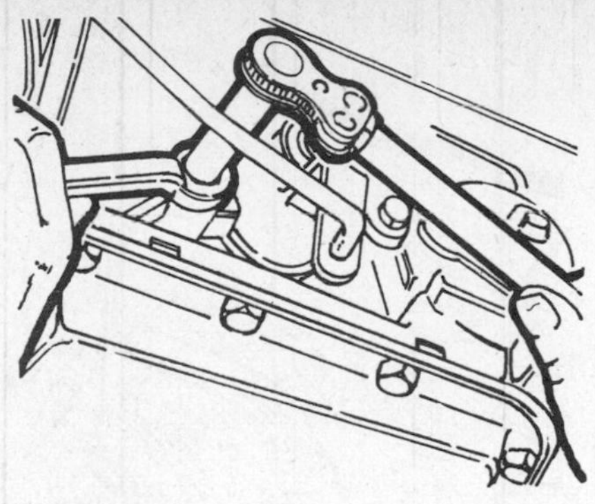

Ajuste de la banda intermedia en los modelos C4, C5 y C6

y aplique un vacío de 10" de Hg al diafragma de vacío. Lea y registre la presión de control en todas las posiciones de la palanca selectora.

8. Compare las lecturas de presión del paso 7 con la presión especificada en la tabla de presión de los conductos y continúe de la siguiente forma: si la presión se ajusta a las especificaciones no es necesario realizar ningún cambio. Si la presión está por debajo del valor especificado cambie la varilla por la primera varilla más larga. Si la presión está por encima de la especificada cambie la varilla por la primera varilla más corta. Si la longitud de la varilla no es conocida, deberá medirla con un micrómetro.

Cárter del aceite

VACIADO, DESMONTAJE Y MONTAJE

1. Levante el vehículo y sujételo con seguridad.

2. Afloje los pernos de sujeción del cárter del aceite, desmontando únicamente el número de pernos suficiente para inclinarlo y vaciar el líquido del mismo.

3. Desmonte con cuidado los pernos restantes y desmóntelo de la transmisión. Vierta el líquido restante en un recipiente.

TABLA DE PRESIÓN DE LOS CONDUCTOS

Modelo de transmisión	Alineación del selector	Fuente de vacío de 10"
PEN-C,G, J,K	D	Nº 90-101
PEM-AL-AM	2.1	123-136
	R	151-168
PEP-E,F,G,H,P,N	D	Nº 87-97
	2,1	119-132
	R	145-162
PEP-B,D	D	Nº 86-99
	2,1	120-132
	R	143-165

NOTA: Véase la etiqueta de la ficha de identificación para precisar el modelo de transmisión

NOTA: Tire el tapón de nylon situado en el fondo del cárter del aceite.

4. Limpie y elimine completamente el material de la junta de estanqueidad del cárter del aceite y de la superficie de montaje del cárter en la caja de la transmisión.

5. Monte una junta de estanqueidad nueva y monte el cárter sobre la caja de la transmisión.

6. Monte los pernos de sujeción del cárter y apriételo con un par de 12-16 libras-pie.

7. Baje el vehículo y rellene la transmisión con líquido. Utilice únicamente el tipo H. Arranque el motor y vuelva a comprobar el nivel del líquido de la transmisión. Si el nivel no es el correcto, ajústelo.

Transmisión C6

AJUSTES

Varillaje de la válvula de mariposa

1. Coloque el carburador con la válvula de mariposa en la posición completamente abierta (WOT).

2. Sujete la varilla del kickdown hacia abajo con una pesa de 4 1/2 libras contra el tope transversal.

3. Ajuste el tornillo de ajuste del kickdown hasta que obtenga una distancia de 0.010-0.080" entre el tornillo y el brazo de la válvula de mariposa.

4. Vuelva al régimen de ralentí.

Ajuste de las bandas

NOTA: El único ajuste necesario en las transmisiones automáticas C6 es el ajuste de la banda intermedia.

1. Levante el vehículo y sujételo con caballetes.

2. Limpie toda la grasa y suciedad de alrededor del tornillo de ajuste de la banda. Desmonte y tire la tuerca de seguridad.

3. Monte una tuerca de seguridad nueva y apriete el tornillo de ajuste con un par de 10 libras-pie. Desatorníllelo 1 1/2 vueltas.

4. Sujete fijamente el tornillo de ajuste de manera que no pueda girar y apriete la tuerca de seguridad con un par de 30 libras-pie.

5. Apoye el vehículo sobre el firme. Haga una prueba de rodaje y reajústela si es necesario.

Varillaje manual

PALANCA DE CAMBIOS SITUADA EN LA COLUMNA DE LA DIRECCIÓN

1. Coloque la palanca selectora de la transmisión en la posición Drive (D). Asegúrese de que la palanca quede bien fija contra el tope Drive (D).

NOTA: Si es necesario cuelgue una pesa de 10-15 libras sobre la palanca de cambios de la transmisión para asegurarse de que ésta permanece fija contra el tope Drive durante el procedimiento de ajuste.

2. Afloje la tuerca de ajuste de la varilla del cambio en los vehículos en los que la palanca de cambios lleva un cable, desmonte la tuerca y desmonte el cable del espárrago de la palanca manual de la transmisión.

3. Coloque la palanca manual de la transmisión en la posición Drive (D).

4. En los vehículos en los que la palanca de cambios lleva un cable, coloque el extremo del cable sobre el espárrago de la palanca manual de la transmisión, teniendo cuidado de que las superficies del espárrago y las del cable de la palanca de cambios queden alineados. Monte la tuerca de ajuste.

5. Asegúrese de que la palanca de la transmisión no se ha movido del tope Drive (D). Apriete la tuerca de ajuste con un par de 15 libras-pie.

6. Compruebe el funcionamiento de la transmisión en todas las posiciones tope de la palanca selectora.

PALANCA DE CAMBIOS EN EL PISO

1. Coloque la palanca selectora de la transmisión en la posición Drive (D) contra el tope posterior Drive (D).

2. Levante el vehículo y afloje la tuerca de sujeción de la varilla del cambio de la palanca manual. Mueva la palanca manual de la transmisión a la posición Drive (D).

3. Con la palanca selectora de la transmisión y la palanca manual en la posición Drive (D), apriete la tuerca de sujeción con un par de 15 libras-pie.

4. Compruebe el funcionamiento de la transmisión en cada una de las posiciones de la palanca selectora. Apoye el vehículo sobre el firme.

Interruptor de seguridad de arranque en Neutral

TODOS LOS MODELOS

1. Con la palanca manual de la transmisión correctamente ajustada, afloje los dos pernos del interruptor de seguridad de arranque en Neutral.

2. Con la palanca manual de la transmisión en Neutral, gire el interruptor e introduzca el calibrador cilíndrico (broca nº 43) en los orificios a tal efecto que existen en el interruptor de seguridad de arranque en Neutral.

NOTA: El calibrador cilíndrico debe ser introducido 31/64" en los tres orificios del interruptor de seguridad de arranque en Neutral.

3. Apriete los pernos de dicho interruptor con un par de 55-75 libras-pie. Desmonte el calibrador cilíndrico del interruptor.

4. Compruebe el funcionamiento de dicho interruptor.

NOTA: El motor debería arrancar únicamente cuando la palanca selectora de la transmisión está en las posiciones Park (P) o Neutral (N).

Diafragma de vacío (modulador)

DIAFRAGMA DE VACÍO AJUSTABLE (MODULADOR)

1. Desmonte la manguera de vacío del tetón de vacío e introduzca un destornillador pequeño en el extremo del tetón y monte el tornillo de ajuste.

2. Ajuste la presión apretando el tornillo de ajuste para aumentar la presión o aflojándolo para disminuirla.

NOTA: Una vuelta completa del tornillo de ajuste debería producir un cambio en la presión de 2-3 lb/pulg², bien un aumento o una reducción, dependiendo del sentido de giro del tornillo.

DIAFRAGMA DE VACÍO NO AJUSTABLE (MODULADOR)

1. Desmonte el conjunto del modulador y mida la longitud de la varilla de empuje.

NOTA: Las varillas de empuje están identificadas por longitud, código de colores o número de pieza.

2. Monte una varilla de empuje más larga para aumentar la presión o una varilla de empuje más corta para disminuirla.

3. El cambio de una varilla de empuje por la siguiente en longitud debería producir un cambio en la presión de 5-6 lb/pulg^2.

Cárter del aceite

VACIADO, DESMONTAJE Y MONTAJE

1. Levante el vehículo y sujételo con caballetes. Coloque un recipiente debajo de la transmisión para recoger el líquido de ésta.

2. Afloje los pernos del cárter del aceite de la transmisión automática y vacíe el líquido de la transmisión automática del conjunto.

3. Cuando el líquido de la transmisión se haya vaciado hasta el nivel de la pestaña del cárter del aceite, desmonte el resto de los pernos del cárter del aceite de la transmisión comenzando por la parte posterior y siguiendo por ambos lados del cárter para permitir que éste caiga y se vacíe el líquido lentamente.

4. Monte una junta de estanqueidad nueva en el cárter de la transmisión y colóquelo contra la caja de la transmisión.

5. Monte todos los pernos del cárter del aceite de la transmisión. Apriete los pernos con un par de 12-17 libras-pie.

6. Añada tres cuartas de galón de líquido de transmisión automática (si no se ha vaciado el convertidor). Asegúrese de que utiliza líquido de transmisión del tipo y calidad correctos; si esto no es así la transmisión podría resultar seriamente dañada. Utilice líquido CJ o Dexron® II.

7. Cuando rellene una transmisión y el convertidor de par que hayan sido completamente vaciados añada 5 cuartas de líquido de transmisión automática del tipo y calidad correctos a la transmisión.

8. Arranque el motor y déjelo funcionar a la velocidad de ralentí durante aproximadamente dos minutos y a continuación aumente la velocidad del motor a aproximadamente 1,200 rpm hasta que el conjunto del motor/transmisión alcance la temperatura normal de funcionamiento.

NOTA: No acelere bruscamente el motor durante el calentamiento.

9. Compruebe el nivel del líquido después de probar la palanca selectora en todas las posiciones. Si el nivel del líquido de la transmisión no es el correcto ajústelo.

Diafragma de vacío

DESMONTAJE Y MONTAJE

1. Levante el vehículo y sujételo con caballetes.

2. Desconecte las mangueras del diafragma de vacío.

3. Desmonte el soporte y el perno de sujeción de la unidad de vacío. Extraiga el diafragma de vacío de la caja de la transmisión.

NOTA: No apalanque o doble este soporte, ya que podría resultar dañado.

4. Desmonte la varilla de control de la unidad de vacío de la caja de la transmisión.

5. Coloque la varilla de control de vacío en la caja de la transmisión.

6. Monte el diafragma de vacío en la caja de la transmisión. Sujete el conjunto con el soporte y perno de sujeción. Apriételo con un par de 12-16 libras-pie.

7. Vuelva a montar las mangueras de vacío en los puntos correspondientes del diafragma.

8. Apoye el vehículo sobre el firme y haga una prueba de rodaje si es necesario.

Transmisión JATCO

AJUSTE

Varillaje manual

NOTA: El ajuste del varillaje de control manual debería realizarse por el orden listado. Antes de proceder al ajuste del varillaje manual debería ajustar correctamente la velocidad de ralentí.

1. Coloque la palanca selectora de la transmisión en la posición N.

2. Levante el vehículo y desconecte la horquilla del extremo inferior del brazo de accionamiento de la palanca selectora.

3. Mueva la palanca manual de la transmisión a la posición neutral, que está situada en el tercer tope a partir del último de la transmisión.

4. Afloje las dos tuercas de sujeción de la horquilla y ajuste la horquilla de manera que entre libremente en el orificio del brazo de accionamiento de la palanca selectora. Apriete las tuercas de sujeción de la palanca selectora para fijar el ajuste.

5. Conecte la horquilla de la palanca selectora y sujétela con la arandela elástica, arandela plana y clip de retención.

6. Apoye el vehículo sobre el firme y compruebe el funcionamiento de la transmisión en cada una de las posiciones de la palanca selectora.

Servo de la banda

1. Levante y sujete con seguridad la parte delantera del vehículo con caballetes.

2. Desmonte los pernos de sujeción de la tapa del servo y extraiga dicha tapa.

3. Afloje la tuerca de seguridad del tornillo de ajuste y apriete dicho tornillo con un par de 9-11 libras-pie.

4. Afloje el tornillo de ajuste 2 vueltas. Sujete fijamente el tornillo de ajuste y apriete la tuerca de seguridad de dicho tornillo con un par de 22 libras-pie.

5. Apoye el vehículo sobre el firme y compruebe el nivel del líquido de la transmisión.

Interruptor de seguridad de arranque en Neutral

1. Con el varillaje manual correctamente ajustado, coloque la palanca manual de la transmisión en la posición N que está situada en el tercer tope a partir del último en la transmisión.

2. Desmonte la tuerca de sujeción de la palanca manual de la transmisión y dicha palanca.

3. Afloje los dos pernos de sujeción del interruptor de seguridad de arranque en Neutral. Desmonte el tornillo del orificio de la clavija de alineación situado en el fondo del interruptor.

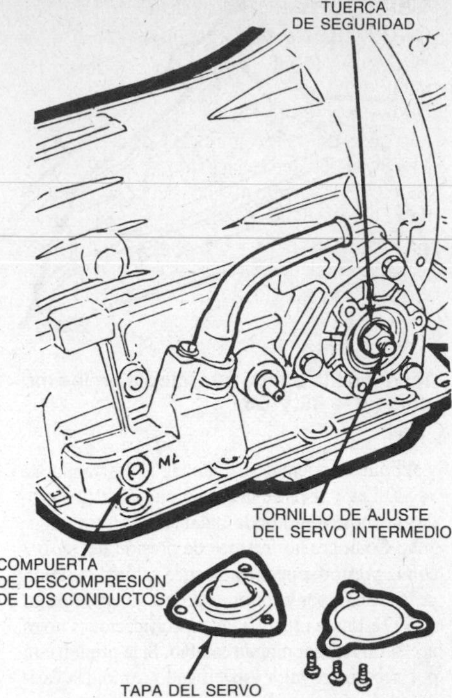

Ajuste de la banda intermedia JATCO

4. Gire el interruptor e introduzca una clavija de alineación de 0.079'' de diámetro a través del orificio de la clavija de alineación hasta llegar al orificio del interruptor interno.

5. Apriete los dos pernos de sujeción y desmonte la clavija de alineación.

6. Vuelva a montar el tornillo del orificio de la clavija de alineación en el cuerpo del interruptor.

7. Coloque la palanca manual de la transmisión sobre el eje de la palanca manual y sujétela con la arandela plana y la tuerca.

8. Compruebe el funcionamiento del interruptor. El motor debería arrancar únicamente con la palanca selectora en la posición Neutral o Park.

Diafragma de vacío

Los diafragmas de vacío con los que salen los vehículos de fábrica no son ajustables. Si el vehículo lleva un diafragma de vacío de tipo ajustable en la transmisión y es necesario ajustarlo siga los procedimientos normales de ajuste.

El diafragma dispone de un tornillo de ajuste en el tetón de vacío y puede accederse al mismo desmontando el conducto de suministro de vacío del diafragma. Utilizando un destornillador pequeño y girando el tornillo en el sentido de las agujas del reloj aumentará la presión de control mientras que girándolo en sentido contrario al de las agujas del reloj disminuirá. Una vuelta completa del tornillo de ajuste producirá un cambio de la presión de aproximadamente 2-3 lb/pulg^2.

ATENCIÓN

No debería ajustarse el diafragma de manera que se obtengan presiones por debajo de los intervalos especificados para intentar corregir el mal funcionamiento de la palanca de cambios, ya que la existencia de puntos de cambio lisos o que patinen podría dañar seriamente a la transmisión.

Cambio descendente (interruptor del kickdown)

1. Mueva el interruptor de encendido a la posición ON.

2. Afloje el interruptor del kickdown de manera que quede conectado cuando el pedal del acelerador esté situado en un punto equivalente a 7/8-15/16'' del recorrido máximo del mismo. El solenoide del cambio descendente hará un clic cuando quede conectado el interruptor.

3. Apriete la tuerca de ajuste y compruebe si el interruptor funciona correctamente.

Cárter del aceite

VACIADO, DESMONTAJE Y MONTAJE

1. Levante el vehículo y sujételo con seguridad.

2. Coloque un recipiente debajo del cárter de la transmisión para recoger el líquido de la misma y, comenzando por la parte posterior, afloje pero no desmonte los pernos del cárter.

3. Afloje el cárter de la caja de la transmisión para que el líquido pueda vaciarse gradualmente.

4. Desmonte todos los pernos del cárter excepto los dos situados en la parte frontal del cárter y deje que siga vaciándose el líquido.

5. Desmonte el cárter; limpie el material de junta de estanqueidad usada de la caja del cárter y de la transmisión.

6. Monte una junta de estanqueidad nueva sobre el cárter y móntelo sobre la caja de la transmisión.

7. Monte todos los pernos de cárter y apriételos con un par de 12-17 libras-pie.

8. Añada tres cuartas de galón de líquido de transmisión tipo F en los modelos anteriores a 1981; de líquido de transmisión CJ o Dexron® II en los modelos de 1981 y años posteriores a través del tubo de llenado (no habiendo vaciado el convertidor de par).

9. Arranque el motor y déjelo girar a la velocidad de ralentí durante aproximadamente dos minutos. A continuación aumente la velocidad del motor a aproximadamente 1,200 rpm hasta que el conjunto del motor/transmisión alcance la temperatura normal de funcionamiento.

ATENCIÓN

No acelere bruscamente el motor durante el calentamiento.

10. Compruebe el nivel del líquido después de probar la palanca de cambios en todas las posiciones. Ajuste el nivel del líquido si es necesario.

Diafragma de vacío

DESMONTAJE Y MONTAJE

1. Levante el vehículo y sujételo con seguridad. Desconecte la(s) manguera(s) de vacío del diafragma.

2. Gire el diafragma roscado para desmontarlo de la caja de la transmisión.

3. Tire de la clavija de accionamiento y de la válvula de mariposa y extráigalas de la caja de la transmisión.

4. Desmonte el anillo tórico del conjunto.

5. Monte un anillo tórico nuevo sobre el diafragma.

6. Monte la válvula de mariposa, clavija de accionamiento y tubos del diafragma de vacío en la caja de la transmisión.

7. Monte y apriete el diafragma de vacío y conecte la(s) manguera(s) de vacío.

Transmisión ZF

AJUSTES

Varillaje de la palanca manual

1. Coloque la palanca selectora en la posición overdrive, sujétela contra el tope y manténgala en dicha posición con una pesa. Si la palanca de cambios está situada en el piso, bloquee la palanca en la posición posterior.

2. Desconecte el varillaje de la palanca manual en su punto de acoplamiento con la transmisión o palanca acodada.

3. Gire la palanca completamente en el sentido contrario a las agujas del reloj, a continuación gírela hacia atrás tres topes (hasta la posición de overdrive). La transmisión ZF dispone de un tope extra que no se utiliza, no se confunda.

4. Conecte el varillaje. Compruebe que la palanca selectora permanece en la posición overdrive y apriete la tuerca fijamente.

Cable del kickdown

1. Coloque la palanca superior de la bomba del inyector en la posición de válvula de mariposa completamente abierta.

2. Afloje la tuerca de ajuste frontal. Apriete la tuerca de ajuste posterior del tambor roscado hasta que exista un entrehierro de 1.54-1.57'' entre el extremo del cordón enroscado del cable más cercano al tambor y el extremo del tambor roscado.

3. Apriete la tuerca frontal de ajuste para fijar el conjunto del cable al soporte y vuelva a comprobar el ajuste del entrehierro.

Cárter y filtro

VACIADO, DESMONTAJE Y MONTAJE

1. Levante y sujete el vehículo con caballetes.

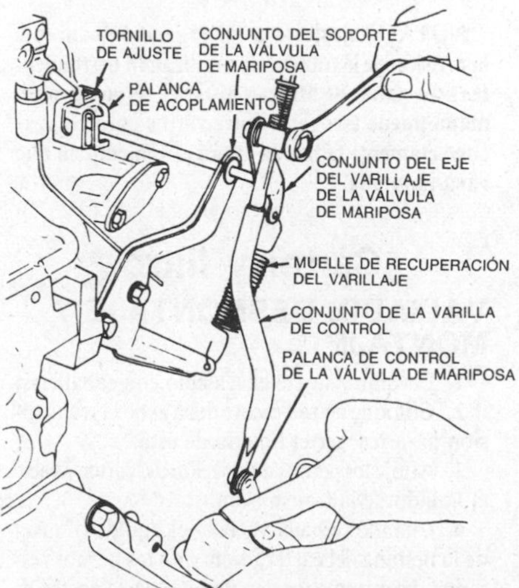

Ajuste del varillaje de la válvula de mariposa —todos los modelos con transmisión ATX

2. Desmonte el tapón de vaciado y recoja el líquido en un recipiente adecuado.

3. Desmonte el perno de sujeción del tubo terminal de llenado a la carcasa del convertidor y desconecte el tubo del cárter del aceite.

4. Desmonte los pernos y abrazaderas de sujeción del cárter a la transmisión.

5. Utilice una broca TORX® nº 27, para desmontar los tres pernos de sujeción del colador o filtro del aceite al cuerpo de la válvula de mariposa.

6. Monte un anillo tórico nuevo sobre el filtro o colador y móntelo.

7. Coloque una junta de estanqueidad nueva en el cárter del aceite limpio y móntelo con las abrazaderas terminales en su posición correspondiente. Conecte el tubo de llenado. Añada tres cuartas de galón de líquido de transmisión Dexron® II, arranque el motor y llene la transmisión hasta alcanzar el nivel correcto.

Transmisión automática (ATX)

AJUSTES

Varillaje manual

NOTA: Éste es un ajuste crítico, asegúrese de que el tope D de la transmisión corresponde exactamente al tope de la consola donde va la palanca de cambios.

1. Levante y sujete el vehículo con seguridad sobre caballetes. Coloque la palanca selectora en la posición Drive contra el tope posterior. Manténgala en su posición mientras realiza el ajuste.

2. Afloje la tuerca de sujeción de la palanca manual al cable de control y mueva la palanca manual de la transmisión a la posición Drive, que corresponde al segundo tope comenzando por la posición posterior máxima.

3. Manteniendo la correspondencia entre el tope de la transmisión y el de la palanca de cambios, apriete la tuerca de sujeción con un par de 10-15 libras-pie.

4. Apoye el vehículo sobre el firme y verifique el ajuste. Asegúrese de que el mecanismo de estacionamiento (PARK) y el interruptor de arranque en punto muerto funcionan correctamente.

Varillaje de la válvula de mariposa

MANUAL

NOTA: El varillaje de control de la válvula de mariposa se ha de ajustar en el bloque del muñón deslizante del conjunto de la varilla de control de la válvula de mariposa siguiendo el procedimiento siguiente:

1. Ajuste la velocidad de ralentí mínimo del motor al valor especificado.

2. Después de verificar la velocidad de ralentí mínimo, pare el motor y asegúrese de que la palanca de la válvula de mariposa del carburador queda contra el tope de ralentí mínimo con el motor en caliente. El estrangulador debe estar cerrado.

NOTA: No podrá lograrse un ajuste correcto del varillaje de la válvula de mariposa si se deja enfriar el estrangulador y se permite que la palanca de la válvula de mariposa se coloque sobre la leva de ralentí rápido del estrangulador.

3. Ajuste el tornillo de ajuste de la palanca del

acoplamiento aproximadamente en su posición intermedia. Asegúrese de que el conjunto del eje del varillaje de la válvula de mariposa está completamente apoyado hacia arriba sobre la palanca del acoplamiento.

4. Afloje el perno en el bloque del muñón deslizante del conjunto de la varilla de control de la válvula de mariposa una vuelta como mínimo.

ATENCIÓN

Los siguientes pasos obligan a trabajar cerca del sistema de recirculación de gases de escape (EGR). Deje que este sistema se enfríe antes de continuar.

5. Desbloquee el bloque del muñón de manera que se deslice libremente sobre la varilla control.

6. Gire la palanca de control de la válvula de mariposa, situada en la transmisión, hacia arriba con un dedo y sin hacer demasiada fuerza (aproximadamente 5 libras) para asegurarse de que dicha palanca queda situada contra el tope interno del ralentí. Sin dejar de apretar sobre dicha palanca, apriete el perno del bloque del muñón con un par de 7-11 libras-pie.

7. Asegúrese de que la palanca de la válvula de mariposa del carburador sigue estando colocada contra el tope de ralentí mínimo del motor en caliente.

AJUSTE POR CONTROL DE LA PRESIÓN DE LOS CONDUCTOS

NOTA: El siguiente procedimiento puede utilizarse para comprobar y/o ajustar el varillaje de control de la válvula de mariposa utilizando un manómetro para medir la presión de los conductos.

1. Coloque la palanca de cambios en la posición Park.

2. Accione el freno de emergencia.

3. Acople un manómetro con una escala de 0-300 lb/pulg² a la compuerta de medición de la presión de los conductos en la transmisión con una manguera lo suficientemente flexible como para poder acceder al manómetro con el motor en marcha.

4. Accione el motor hasta que alcance la temperatura normal de funcionamiento y la palanca de la válvula de mariposa quede situada contra el tope de ralentí mínimo del motor en caliente (con el sistema de aire acondicionado desconectado si dispone del mismo).

5. Asegúrese de que el tornillo de ajuste de la palanca del acoplamiento queda en contacto con el conjunto del eje del varillaje de la válvula de mariposa. Si no es así, entonces se debe reajustar primero el varillaje.

6. Asegúrese de que la palanca de la válvula de mariposa del carburador queda situada contra el tope de ralentí mínimo del motor en caliente. Con el motor en ralentí y la transmisión en la posición Park, la presión de los conductos debe ser de 43-59 lb/pulg². Si la presión del conducto es superior a 59 lb/pulg², quiere decir que el varillaje de control de la válvula de mariposa está ajustado a una longitud muy larga.

7. Coloque una broca de 4 mm (una broca de 5/32" o un calibre cilíndrico de 0.157") entre el tornillo de ajuste de la palanca del acoplamiento y el eje del varillaje de la válvula de mariposa. Con el motor en ralentí en la posición Park, la presión del conducto debe ser de 72-88 lb/pulg². Una lectura reducida indica que la longitud de ajuste del varillaje es demasiado corta. Una lectura demasiado alta indica que la longitud de ajuste del varillaje es demasiado grande.

8. Si la longitud es demasiado grande ajústela aflojando (en el sentido contrario a las agujas del reloj) el tornillo de ajuste de la palanca del acoplamiento. Apriete (en el sentido de las agujas del reloj) el tornillo de ajuste. Cada vuelta de este tornillo de ajuste equivale a un cambio de presión en los conductos de aproximadamente 2 lb-pulg². Si el tornillo tiene una capacidad de ajuste insuficiente, debe reajustar la longitud de la varilla de control de la válvula de mariposa.

PRESIÓN DE LOS CONDUCTOS ①

Alineación del selector	Presión (en ralentí)	Presión (calado en la posición WOT) ③
D-2-1	43-58 lb/pulg.²	105-127 lb/pulg²
R	70-105 lb/pulg.²	230-285 lb/pulg.²
P-N	43-58 lb/pulg.²	

① La presión del regulador es nula con el vehículo parado. La transmisión debe estar a la temperatura normal de funcionamiento

② No disponible.

③ Válvula de mariposa abierta

Interruptor de seguridad de arranque en Neutral

1. Afloje los dos pernos de sujeción del interruptor y coloque la palanca manual en la posición Neutral.

2. Introduzca una broca de 3/32" a través del orificio existente en el interruptor de seguridad de arranque en Neutral.

3. Mueva dicho interruptor hasta que la broca asiente en la caja de la transmisión.

4. Apriete los pernos de sujeción de dicho interruptor con un par de 7-9 libras-pie.

5. Extraiga la broca del interruptor.

Ajuste de la banda

NOTA: El ajuste de la banda se realiza durante la revisión de la transmisión utilizando herramientas especiales. Se utilizan pistones servo cuyo tamaño puede escogerse entre varios para colocar correctamente la banda según el vehículo en que vaya montada.

Cárter y filtro

VACIADO, DESMONTAJE Y MONTAJE

1. Levante y sujete el vehículo con caballetes.

2. Coloque un recipiente debajo de la transmisión para recoger el líquido de ésta.

3. Afloje los pernos de sujeción del cárter y vacíe el líquido de la transmisión.

4. Cuando se haya vaciado el líquido al nivel de la pestaña del cárter, desmonte los pernos restantes del mismo, comience por la parte posterior y siga por ambos lados para que pueda dejarlo caer y vacíelo lentamente.

5. Cuando se haya vaciado todo el líquido de la transmisión, desmonte el cárter y límpielo completamente. Tire la junta de estanqueidad.

6. Desmonte los tres pernos restantes y el filtro. Tire el sello.

7. Monte un filtro de aceite nuevo y un sello. Apriete los pernos con un par de 7-9 libras-pie.

8. Coloque una junta de estanqueidad nueva sobre el cárter del aceite y móntelo sobre la caja de la transmisión. Apriete los pernos de sujeción con un par de 15-19 libras-pie.

9. Rellene la transmisión hasta el nivel correcto con líquido de transmisión automática Dexron® II.

Interruptor de seguridad de arranque en Neutral

DESMONTAJE Y MONTAJE

1. Desconecte el cable negativo de la batería.

2. Desmonte las dos mangueras posteriores de suministro de la válvula de dosificación de aire y todos los conductos de vacío de la válvula de dosificación de aire.

3. Desmonte el tornillo de sujeción de la banda de la manguera de suministro de la válvula de dosificación de aire al soporte intermedio de control del cambio.

4. Desmonte el filtro del aire.

5. Desconecte el conector del interruptor de seguridad de arranque en Neutral.

6. Desmonte los dos pernos de sujeción de dicho interruptor.

7. Desmonte dicho interruptor.

8. Monte dicho interruptor sobre el eje manual.

9. Monte los dos pernos y arandelas de sujeción del interruptor sin apretarlos.

10. Utilizando una broca nº 43 (de 0.089") ajuste el interruptor de arranque en Neutral.

11. Apriete los pernos de sujeción con un par de 7-9 libras-pie.

12. Conecte el conector del interruptor.

13. Monte el tornillo de sujeción de la banda de la manguera de suministro de la válvula de dosificación de aire al soporte intermedio de control del cambio.

14. Conecte las dos mangueras posteriores de suministro de la válvula de dosificación de aire y todas las mangueras de vacío que van conectadas a la válvula de dosificación de aire.

15. Monte el filtro del aire.

16. Conecte la batería.

17. Asegúrese de que el motor arranca únicamente cuando la palanca de cambios está situada en las posiciones Park y Neutral.

GENERAL MOTORS CORPORATION

NOTA: Para identificar el tipo de transmisión montada en su vehículo vea la descripción de los cárter de aceite de la transmisión que se hace al comienzo de esta sección.

REFERENCIA A LOS PROCEDIMIENTOS DE AJUSTE DEL VARILLAJE

PALANCA DEL CAMBIO SITUADA EN LA COLUMNA DE LA DIRECCIÓN	
Modelos con tracción trasera	Procedimiento 1
Modelos con tracción delantera	
Excepto los modelos Eldorado, Riviera, Seville, Toronado	Procedimiento 2
Modelos Eldorado, Riviera, Seville, Toronado	Procedimiento 3
con varillaje en el cambio ①	—
con cable en la palanca de cambios ②	—
PALANCA DE CAMBIOS SITUADA EN EL PISO	
Modelos con tracción trasera	
Excepto modelos Corvette con TH400 y Chevette con T1000	Procedimiento 4
Modelos Corvette con TH400	Procedimiento 6
Modelos Chevette con T1000	Procedimiento 5
Modelos con tracción delantera	
Todos los modelos con TH125, 125C y 440-T4	Procedimiento 2

① Puede seguirse el procedimiento nº 1, pero observe que la posición de la abrazadera de ajuste es diferente de la de los vehículos con tracción trasera
② No ajustable

AJUSTE DEL VARILLAJE/CABLE DE LA PALANCA DE CAMBIOS

NOTA: Véase la tabla adjunta de referencia a los procedimientos de ajuste del varillaje para determinar el procedimiento que ha de seguir en el vehículo con el que está trabajando.

Procedimiento 1

1. Afloje el tornillo de la abrazadera del varillaje del cambio.

2. Coloque la palanca de la transmisión en la posición Neutral girándola en el sentido contrario a las agujas del reloj hasta el tope L1 y a continuación tres topes en el sentido contrario hasta llegar a la posición Neutral.

3. Coloque la palanca selectora de la transmisión (dentro del vehículo) en la posición Neutral, que queda determinada por el tope de la columna de la dirección. No utilice la aguja indicadora como referencia.

4. Apriete el tornillo del varillaje de la palanca de cambios.

5. Asegúrese de que no puede extraer la llave de encendido y de que el volante no está bloqueado cuando la llave está en la posición Run y la transmisión en Reverse. Asegúrese de que puede extraerse la llave y de que el volante y varillaje de la transmisión están bloqueados cuando la llave está en la posición Lock y la transmisión en Park. Asegúrese de que el vehículo puede arrancar sólo en las posiciones Park y Neutral. Si arranca en cualquier velocidad, debe ajustar el interruptor de seguridad de arranque en Neutral. Arranque el motor y compruebe el funcionamiento del mismo en todas las velocidades.

Procedimiento 2

1. Coloque el selector de la palanca de cambios en Neutral.

2. Por debajo del capó, afloje la tuerca de sujeción del extremo del cable de la palanca de cambios a la clavija de la palanca de la transmisión.

3. Coloque la palanca de la transmisión en Neutral girándola en el sentido de las agujas del reloj a partir de la posición Park. La posición Neutral corresponde al segundo tope COMENZANDO POR la posición Park (posición máxima obtenida al girar la palanca en el sentido contrario de las agujas del reloj).

4. Con la palanca de cambios y la palanca de la transmisión en posición Neutral, conecte el cable de la palanca de cambios a la clavija de la palanca de la transmisión y apriételo con un par de 15 libras-pie (el par de apriete es de 20 libras-pie en los modelos de 1986 y años posteriores).

NOTA: Desplace la palanca de la transmisión de la posición Park y sujétela fijamente al apretar la tuerca, ya que de lo contrario el ajuste será incorrecto.

5. Compruebe el funcionamiento correcto del varillaje de la palanca de cambios.

Procedimiento 3

1. Tire la varilla de recolocación totalmente hacia arriba (posición Park) y a continuación empuje la varilla hacia abajo hasta llegar al tercer tope (posición Neutral), la varilla debería quedar centrada en esta posición.

2. Afloje el tornillo de ajuste de la abrazadera de la varilla de la palanca de recolocación.

3. Coloque la palanca de cambios en Neutral.

4. Apriete el tornillo de ajuste de la abrazadera con un par de 20 libras-pie. Véase la nota de Atención que aparece a continuación del paso 4 del Procedimiento anterior.

5. Compruebe si el conjunto funciona correctamente.

Procedimiento 4

NOTA: Todos los modelos de este grupo disponen de un dispositivo de control de la palanca de cambios accionado por un cable. Algunos modelos disponen también de una varilla vertical ajustable que sirve como bloqueo intermedio de la columna de la dirección. En los modelos con una varilla de bloqueo intermedio, comience por el

1. Palanca
2. Tuerca (3/8"-16)
3. Conjunto del eje de equilibrado
4. Muelle anti-vibraciones
5. Arandela plana
6. Buje de giro
7. Soporte entre el eje y el bastidor
8. Tornillo (5/16"-12)
9. Tornillo (5/16"-18 × ½")
10. Arandela
11. Abrazadera oscilante
12. Varilla de control de la palanca de cambios
13. Retén
14. Manguito de la varilla de control
15. Buje

Varillaje típico del cambio en vehículos con tracción trasera. Observe que la posición de la abrazadera oscilante (11) puede ser diferente según el modelo

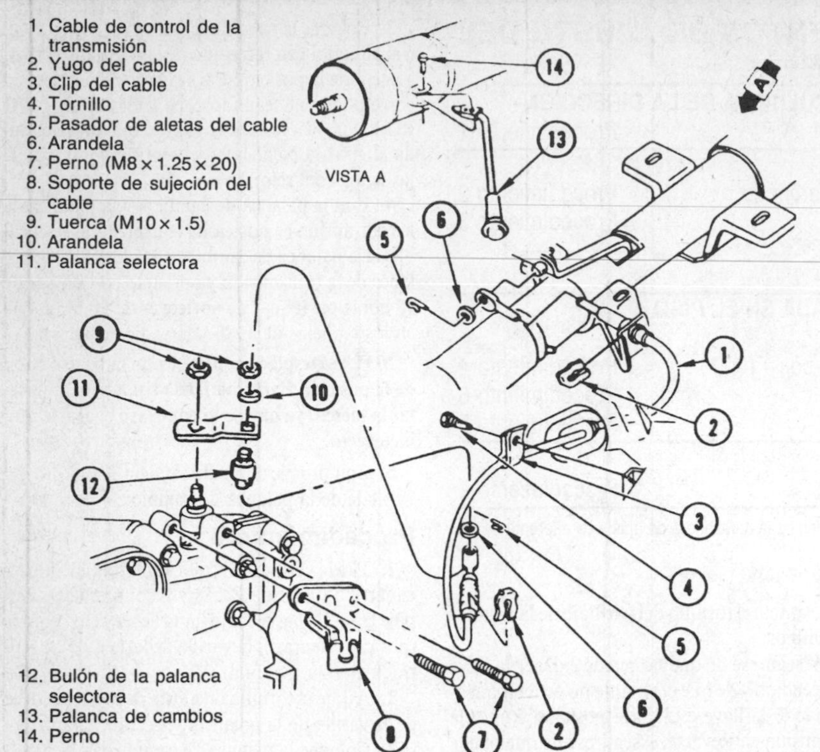

Cable del cambio y componentes asociados típicos en vehículos con tracción delantera —excepto los modelos Eldorado, Riviera, Seville y Toronado. Observe que la fijación del cable a la transmisión es la misma para los modelos con el cambio en el piso

paso 1. En los modelos que no disponen de un bloqueo intermedio, comience por el paso 7.

1. En los modelos que disponen de una varilla de bloqueo intermedio: coloque la palanca de cambios en la posición Park.

2. Afloje la tuerca de la clavija del cable situado en la palanca de la transmisión. La clavija debe poder deslizarse libremente dentro de la ranura de la palanca.

3. Afloje la abrazadera (perno) del eslabón giratorio de la varilla de bloqueo intermedio de la columna de la dirección. La varilla debe poder deslizarse libremente dentro de la abrazadera.

4. Coloque la palanca de la transmisión en el tope de Park y a continuación apriete la tuerca de la clavija del cable.

5. Tire ligeramente de la varilla de bloqueo intermedia hacia abajo contra el tope y a continuación apriete el perno de la abrazadera del eslabón giratorio. Véase la nota de Atención que sigue al paso 4 del Procedimiento 2.

6. Compruebe si el conjunto funciona correctamente.

7. En los modelos que no disponen de varilla de bloqueo intermedio, coloque la palanca de cambios en la posición Neutral.

8. Afloje la tuerca de la clavija del cable situada en la palanca de la transmisión. La clavija debe poder deslizarse libremente dentro de la ranura de la palanca.

9. Asegúrese de que la palanca de la transmisión está en la posición Neutral girando la palanca hasta la posición máxima posible al girarla en el sentido de las agujas del reloj y a continuación gírela en el sentido contrario de las agujas del reloj dos topes hacia atrás.

10. Apriete la tuerca de la clavija del cable y compruebe el funcionamiento del mecanismo de la palanca de cambios.

Procedimiento 5

NOTA: El conjunto de la palanca de cambios y varillaje del cambio son básicamente los mismos en todos los modelos, aunque la cuestión del ajuste es diferente entre la transmisión THM180 y THM200.

1. Coloque la palanca de cambios en Neutral.

2. Desconecte el extremo roscado de la varilla selectora del cambio de la palanca de la transmisión (en las transmisiones THM180) o de la palanca de cambios (en las transmisiones THM200).

3. Gire la palanca de la transmisión en el sentido de las agujas del reloj hasta la posición máxima (Park) y a continuación vuelva hacia atrás dos topes (en el sentido contrario al de las agujas del reloj), hasta la posición Neutral.

4. El eslabón de la varilla selectora del cambio (en las transmisiones THM180) o la horquilla (en las transmisiones THM200) deberían quedar alineadas con sus piezas correspondientes. Si es necesario, gire el eslabón (en las transmisiones THM180) u horquilla (THM200) para alargar o acortar la varilla selectora en la medida en que sea necesario.

5. Conecte la varilla después de obtener un alineamiento correcto.

6. Compruebe el correcto funcionamiento del sistema.

Procedimientos 6

1. Afloje la tuerca de la palanca de la transmisión de manera que la clavija pueda moverse libremente en la ranura. Desmonte la tapa de la consola.

2. Mueva la palanca de la transmisión en el sentido contrario a las agujas del reloj hasta la posición L1 y a continuación en el sentido de giro de las agujas del reloj cinco topes hacia atrás hasta la posición Park.

3. Coloque la palanca de cambios en Park e introduzca un espaciador de 0.40" en la parte frontal del trinquete.

4. Apriete la tuerca de la palanca de la transmisión con un par de 20 libras-pie.

5. Coloque el interruptor de encendido en la posición Lock con la palanca de cambios en Park.

6. Desmonte el pasador de aletas y arandela del cable de marcha atrás de la columna de la dirección. Desconéctelo.

7. Trabajando en el panel de instrumentos, desmonte las dos tuercas de sujeción de la columna de la dirección a la columna del panel de instrumentos del soporte del mismo.

8. Gire la palanca del tubo de bloqueo en el sentido contrario de las agujas del reloj (visto desde la parte frontal de la columna) para eliminar el juego libre de la misma.

9. Mueva el soporte hasta que el ojal del cable pase libremente sobre la clavija de sujeción del soporte.

10. A la vez que sujeta el soporte en su posición, haga que un ayudante apriete las tuercas de sujeción del mismo.

11. Monte el pasador de aletas y arandela para sujetar el cable a la clavija de sujeción de la palanca.

AJUSTE DE LA VÁLVULA DE MARIPOSA (TV) O DEL CABLE DE CONTROL DEL CAMBIO DESCENDENTE (SEGÚN MODELO)

NOTA: En todas las transmisiones, excepto en los modelos THM250, THM350 y THM400/425, existe un cable para el ajuste de la válvula de mariposa que sirve para controlar la presión hidráulica, puntos del cambio, tacto del cambio y reducción de una marcha o velocidad a otra. Los modelos de transmisión THM250 y THM350 utilizan un cable con topes o dientes. Los modelos THM400/425 utilizan un interruptor (de reducción de una marcha a otra) eléctrico con varios topes o dentado. El ajuste de este interruptor se describe por separado después de describir el ajuste del cable.

Aunque el cable dentado o con varios topes tiene un aspecto prácticamente idéntico al cable de control de la válvula de mariposa, el primero sirve para controlar únicamente las funciones de reducción de una marcha a otra en la transmisión. La diferencia de terminología (cable de la válvula de mariposa versus cable dentado) es debida a la función del cable y no al diseño del cable en sí mismo.

Antes de proceder al ajuste, identifique de qué tipo de cable va provisto su vehículo (tipo I o tipo 2). El cable de tipo 1 dispone de un conjunto de cierre mediante anillo de retención que forma parte íntegra del cable. Este anillo de retención está situado junto al soporte de montaje del cable en

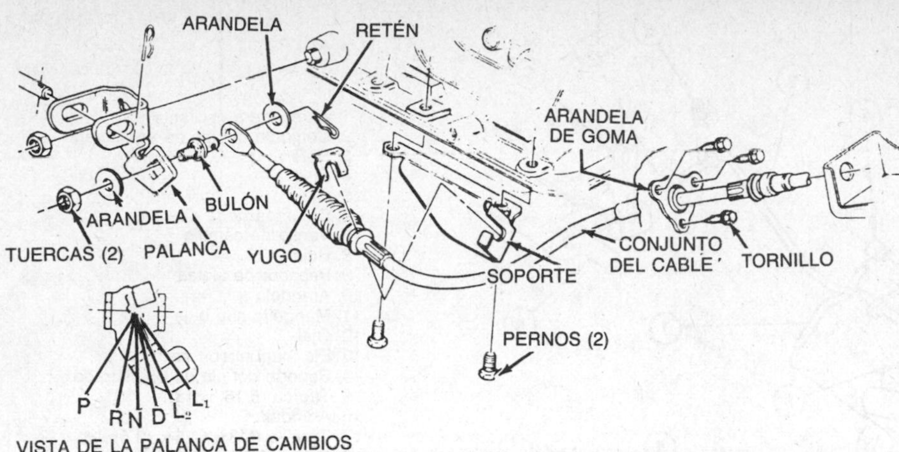

Control típico del cable de la palanca de cambios inferior

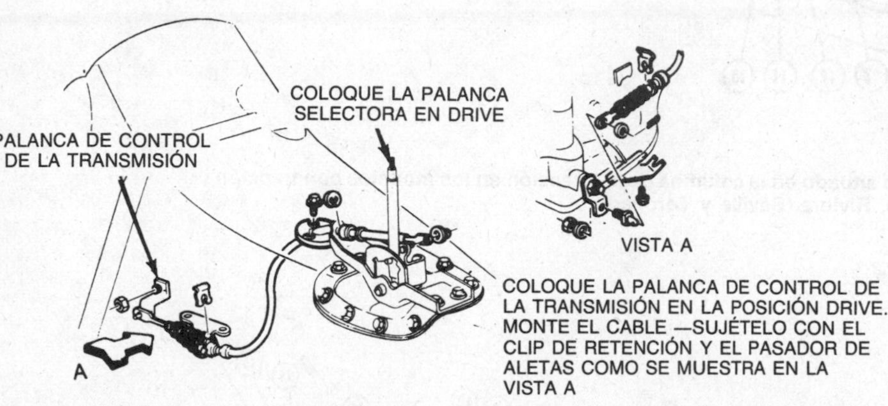

Ajuste típico del cable de la palanca de cambios en el modelo Corvette

el motor. En su posición normal, el anillo de retención está en la posición inferior máxima (bloqueado) de manera que queda nivelado con el conjunto del mismo. El ajuste se realiza con el anillo de retención en la posición alta (desbloqueado) como se describe en el ajuste del tipo 1.

El cable del tipo 2 dispone de un mecanismo de cierre de tipo diferente. A pesar de que está situado en la misma posición que el anillo de retención del tipo 1, la lengüeta de cierre del tipo 2 se cierra cuando se la suelta (hacia arriba) y se ajusta cuando se presiona sobre la misma hacia abajo (desbloqueada). En los modelos de 1981 y años anteriores, puede identificarse fácilmente el cable de tipo 2 por la existencia de un muelle, visible por debajo de la lengüeta de cierre. El muelle no queda a la vista en los conjuntos de cables en los modelos de 1982 y años posteriores. Véase el procedimiento de ajuste del cable de tipo 2 para ajustarlo.

Cable tipo 1

1. Desmonte el conjunto del filtro del aire del motor.

2. Tire hacia arriba de la parte inferior del anillo de retención en el punto de contacto con el soporte del cable. Asegúrese de que el cable puede deslizarse a través del anillo de retención. En los modelos diesel, desconecte la varilla de mariposa de la palanca de la válvula de mariposa.

3. En todas las transmisiones automáticas, excepto en la 125 que vaya en motores de L-4, mueva la palanca del carburador hacia la posición de la válvula de mariposa totalmente abierta y manténgala en dicha posición. En la transmisión automática 125 montada en un motor L-4, gire la palanca intermedia o loca del carburador hasta el tope de recorrido máximo (carburador abierto) y manténgala en esa posición. En los modelos diesel, gire la palanca de la válvula de mariposa hasta el tope de recorrido máximo y manténgala en esa posición.

4. Presione totalmente hacia abajo el anillo de retención y deje que la palanca vuelva a la posición correcta.

5. Si el ajuste no permite eliminar el retardo de entrada de las marchas o no es posible realizar una reducción de marcha con la válvula de mariposa parcialmente abierta, solicite a un mecánico cualificado que realice una comprobación de la presión del líquido de la transmisión.

6. En los modelos diesel, vuelva a conectar la varilla de la válvula de mariposa. Vuelva a instalar el conjunto del filtro del aire.

Cable tipo 2

1. Apriete y sujete la lengüeta de cierre metálica del cable de la válvula de mariposa. En los modelos diesel de 1983 y años anteriores, desconecte la válvula de mariposa de la palanca de dicha válvula. En los modelos posteriores, ajuste la varilla de la bomba como se describe más adelante en esta sección.

2. Mueva la corredera atrás a través del carril alejándose del cuerpo de la válvula de mariposa hasta que la corredera haga tope en el carril.

3. Suelte la lengüeta metálica de cierre.

4. Coloque la palanca de la válvula de mariposa contra el tope de recorrido máximo de la válvula de mariposa. Esto ajustará automáticamente la corredera sobre el cable en la posición correcta.

5. En los modelos diesel, vuelva a conectar la varilla de la válvula de mariposa.

AJUSTE DEL INTERRUPTOR DE DETENCIONES (DE CAMBIO DESCENDENTE)

Turbo Hydra-Matic® 425

Todos los modelos de Generals Motors, excepto el Cadillac, disponen del mismo interruptor de detenciones en los modelos equipados con las transmisiones THM400 y THM425. El interruptor va montado en el soporte del pedal del acelerador y es autoajustable. Si se monta el nuevo interruptor, debería realizarse un ajuste preliminar siguiendo las indicaciones de la figura adjunta.

Los modelos Cadillac disponen de dos tipos de interruptores diferentes; la mayoría de ellos llevan un interruptor montado en el varillaje de la palanca de cambios, junto al cuerpo del carburador o válvula de mariposa (modelos con inyección de combustible); el otro tipo del interruptor suele ir montado en el soporte del pedal del acelerador, pero es diferente del utilizado en todos los demás modelos de la General Motors. Los dos tipos de interruptores que van montados en los modelos Cadillac son ajustables siguiendo el procedimiento siguiente:

1. Desmonte el conjunto del filtro del aire.

2. Asegúrese de que el varillaje de la válvula de mariposa queda en la posición de ralentí mínimo y de que la velocidad de ralentí se ajusta a las especificaciones.

3. Afloje los tornillos de sujeción del interruptor de detenciones e introduzca un cable cilíndrico de 0.094'' en el orificio situado por debajo del terminal inferior del interruptor.

4. En el caso de interruptores montados en el motor, ajuste la posición del interruptor de manera que la palanca del interruptor quede justo en contacto con el brazo del varillaje de la válvula de mariposa. Si el interruptor va montado en el pedal del acelerador, ajuste la posición del interruptor de manera que la palanca del interruptor toque justamente a la varilla del recolocador del acelerador. En cualquier caso, el interruptor de reducción de marcha debería hacer contacto cuando el ángulo de abertura de la válvula de mariposa sea superior a 60°.

5. Apriete los tornillos de sujeción del interruptor y desmonte el calibrador cilíndrico.

6. Vuelva a instalar el conjunto del filtro del aire.

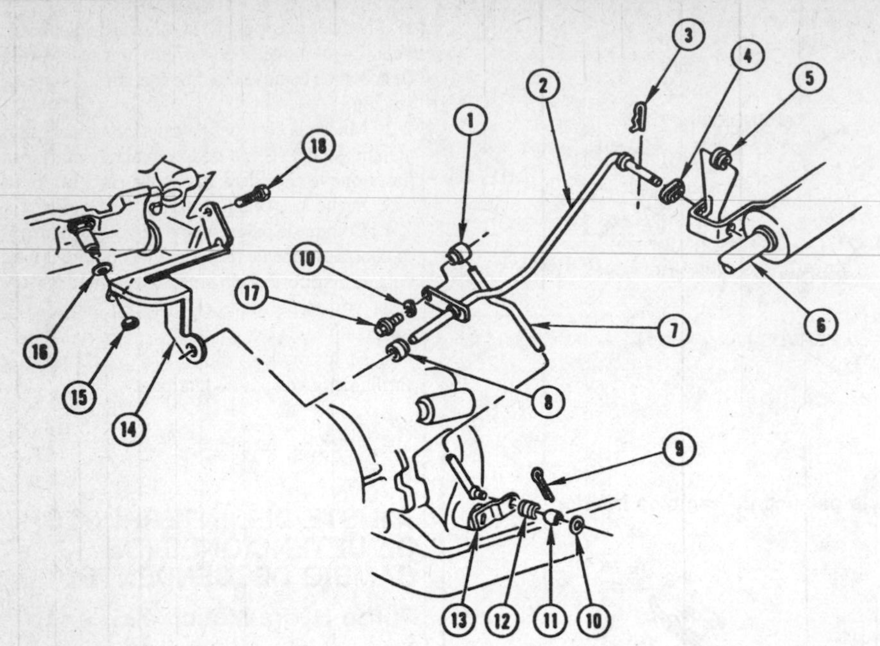

1. Abrazadera oscilante
2. Conjunto del eje de equilibrado
3. Retén
4. Buje
5. Ojal
6. Columna de la dirección
7. Varilla de cambio
8. Buje
9. Pasador de aletas
10. Arandela
11. Manguito con buje
12. Ojal
13. Eje manual con sello
14. Soporte del eje de equilibrado
15. Tuerca (5/16" × 18)
16. Arandela
17. Tornillo (M8 × 1.25 × 13.5)
18. Perno (3/8"—16 × 3/4")

Varillaje del cambio situado en la columna de la dirección en los modelos con tracción delantera Eldorado, Riviera, Seville y Toronado

1. Retén
2. Arandela
3. Palanca
4. Manguito de park
5. Conjunto del cable de detenciones
6. Sello del cable
7. Retén del cable
8. Tornillo (M6.3 × 16 × 9.8)
9. Alojamiento de la lámpara del indicador
10. Tornillo (M4. 2 × 1.41 × 10)
11. Tuerca
12. Indicador
13. Conjunto del desplazador
14. Arandela
15. Buje
16. Tuerca
17. Conjunto del mango
18. Tuerca
19. Interruptor de la lámpara de marcha atrás
20. Conjunto del alojamiento del eje
21. Palanca de cambios
22. Eslabón de ajuste de la varilla
23. Conjunto de la varilla selectora del cambio
24. Tuerca (M10 × 1.5)
25. Clavija de la horquilla de la varilla selectora del cambio
26. Horquilla de la varilla selectora del cambio

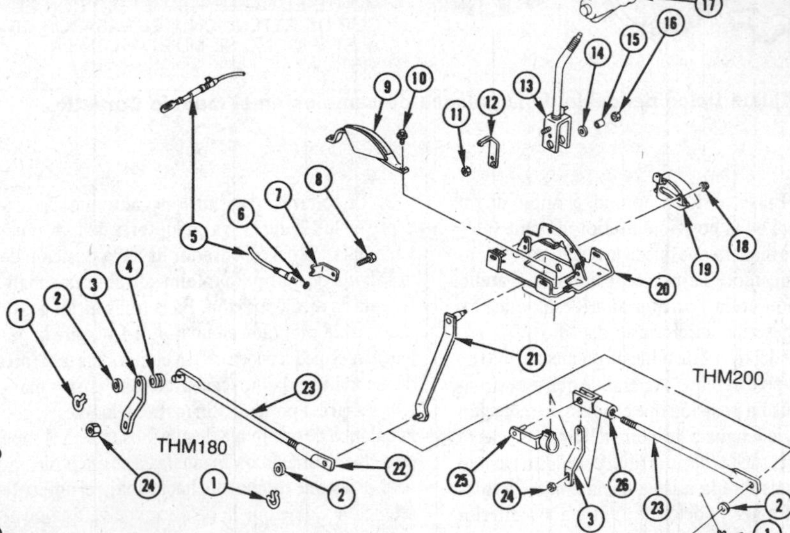

Varillaje del cambio inferior en los modelos Chevette y T1000. Observe la diferencia entre los varillajes de los modelos THM 180 y THM 200

AJUSTE DEL VARILLAJE DE LA TRANSMISIÓN EN MOTORES DIESEL

NOTA: Estos ajustes se aplican a todos los vehículos GM con motores V6 y V8. En el modelo diesel Chevette puede ajustarse únicamente el cable de la válvula de mariposa. Antes de realizar ningún ajuste del varillaje, compruebe la sincronización de la inyección y ajústela si es necesario. Tenga en cuenta además que estos ajustes deberían realizarse en conjunto. Para el ajuste de la válvula de vacío (únicamente en las transmisiones THM350) en los modelos de 1980 y años posteriores es necesario disponer de varias herramientas especiales. Si no dispone de dichas herramientas, encargue el ajuste a un técnico cualificado profesional.

AJUSTE DE LA VARILLA DE LA VÁLVULA DE MARIPOSA

1. Si dispone de un mecanismo de control de velocidad crucero, desmonte el clip de la varilla de control y a continuación desmonte la varilla de la palanca acodada.

2. Desmonte el cable de la válvula de mariposa (transmisiones THM125, 200, 325) o el cable

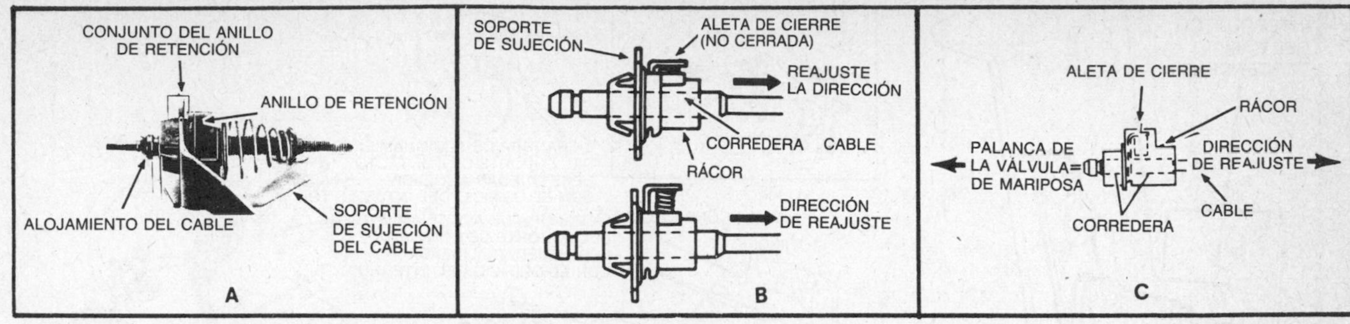

Cables de fijación del tope (detenciones)/válvula de mariposa en las transmisiones GM: A, Tipo uno; B. tipo dos los . (modelos de 1981 y años anteriores); C. Tipo dos (modelos de 1982 y años posteriores)

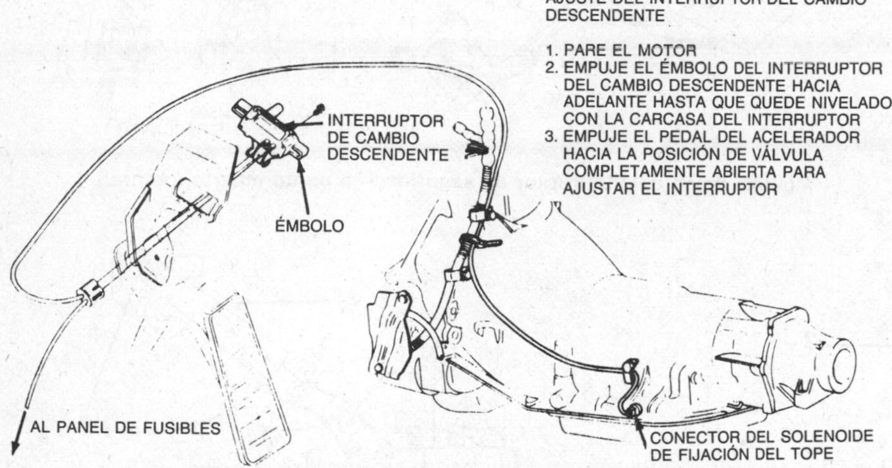

Ajuste del interruptor de fijación de los topes (cambio descendente) excepto para el modelo Cadillac

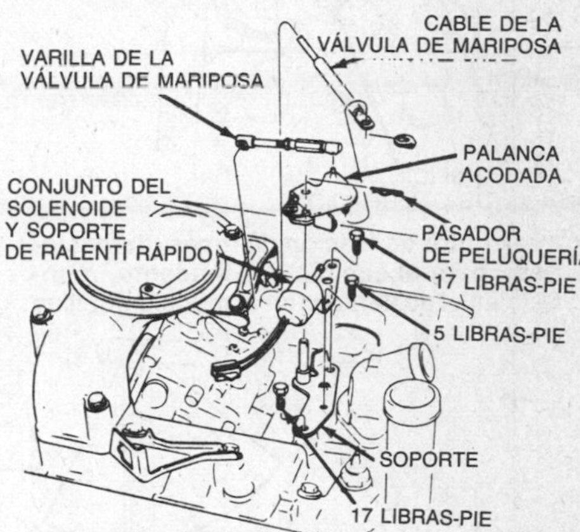

Varillaje típico de la válvula de mariposa en modelos diesel de GM excepto en el modelo Chevette

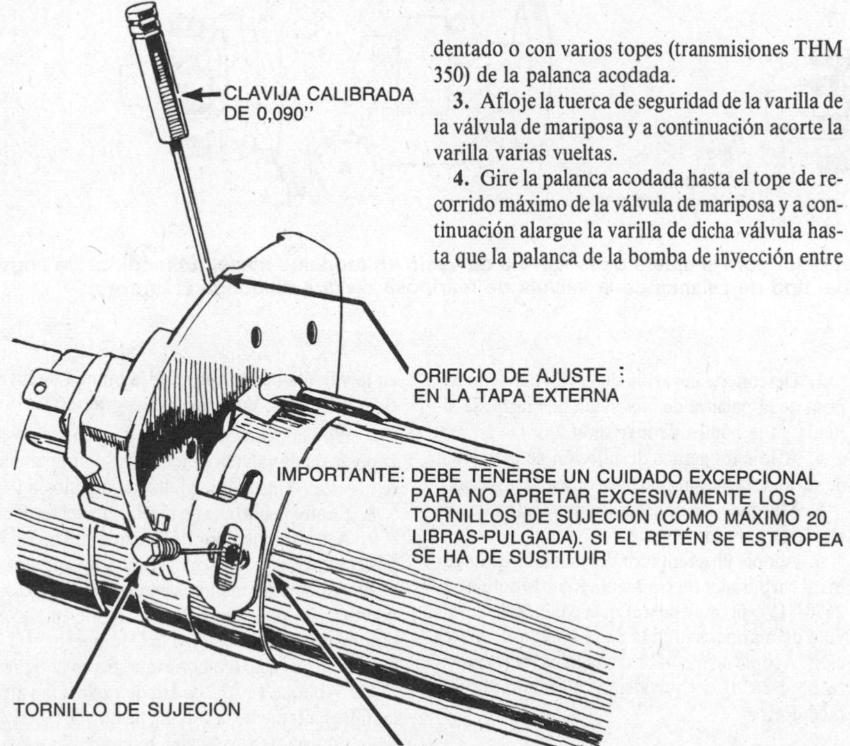

Ajuste del interruptor de seguridad en punto muerto/neutral - palanca de cambios en la columna de la dirección

dentado o con varios topes (transmisiones THM 350) de la palanca acodada.

3. Afloje la tuerca de seguridad de la varilla de la válvula de mariposa y a continuación acorte la varilla varias vueltas.

4. Gire la palanca acodada hasta el tope de recorrido máximo de la válvula de mariposa y a continuación alargue la varilla de dicha válvula hasta que la palanca de la bomba de inyección entre en contacto con el tope de máximo recorrido de la bomba de inyección. Suelte la palanca acodada.

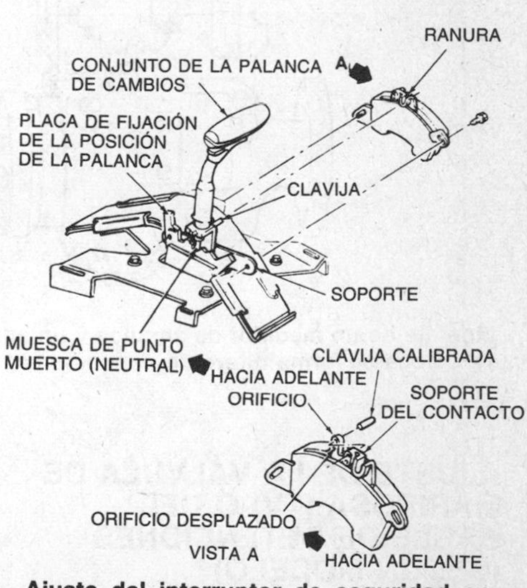

Ajuste del interruptor de seguridad en punto muerto (neutral) —palanca de cambios en el piso

5. Apriete la tuerca de seguridad de la varilla de la válvula de mariposa.

6. Conecte la válvula de mariposa o cable dentado o con varios topes y la varilla de control de la velocidad de crucero a la palanca acodada. Ajústela si es necesario.

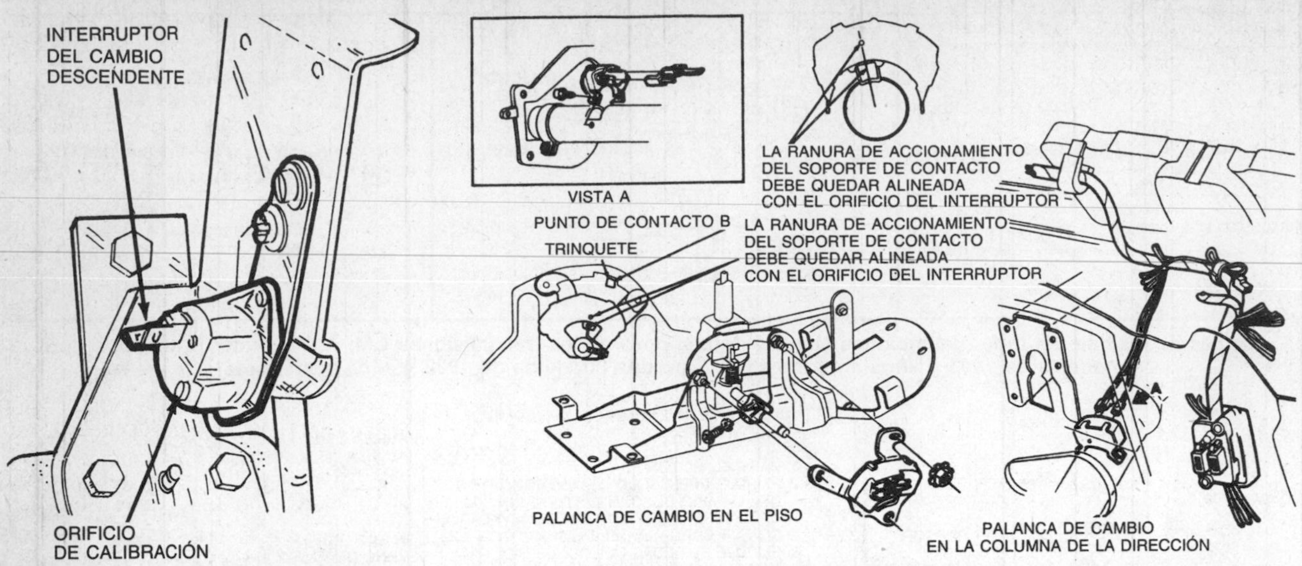

Interruptor de fijación de topes (detenciones), para el cambio descendente, montado en el acelerador en el modelo Cadillac

Montaje típico del interruptor de seguridad en punto muerto (neutral)

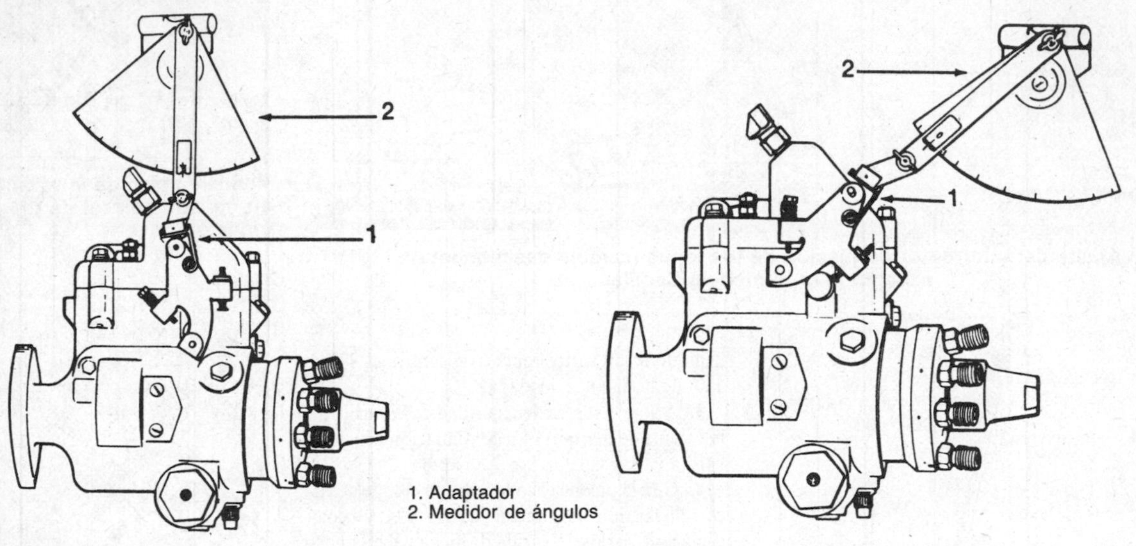

Montaje de un medidor de ángulos y un adaptador para el ajuste de la válvula de vacío en modelos diesel. El medidor de ángulos se coloca de forma diferente dependiendo del tipo de palanca de la válvula de mariposa de que disponga el motor.

AJUSTE DE LA VÁLVULA DE MARIPOSA (TV) O DEL CABLE DE DETENCIONES (SEGÚN MODELO)

NOTA: Véanse los procedimientos de ajuste de estos cables descritos anteriormente para los motores de gasolina. Ajústelos dependiendo del tipo de cable de que disponga el motor.

AJUSTE DE LA VÁLVULA DE VACÍO DE LA TRANSMISIÓN

1. Desmonte el conjunto del filtro del aire.

2. Desmonte el conducto transversal de admisión de aire del múltiple de admisión. Tape los conductos del múltiple de admisión para impedir que entren partículas extrañas al motor.

3. Desconecte la varilla de la válvula de mariposa de la palanca de la válvula de mariposa situada en la bomba de inyección.

4. Afloje los pernos de sujeción de la válvula de vacío de la transmisión a la bomba de inyección.

5. Marque y desconecte los conductos de vacío de la válvula de vacío.

6. Acople un adaptador del medidor de ángulos al carburador (herramienta Kent-Moore n.º J-26701-15 o su equivalente) en la palanca de la válvula de mariposa situada en la bomba de inyección. Acople un medidor de ángulos (herramienta n.º J-26701 o equivalente) al adaptador del medidor.

NOTA: Cuando trabaje con un motor diesel V6, quizá sea necesario limar el adaptador del medidor de ángulos para que el primero pueda encajar en la válvula de mariposa de la bomba de inyección del motor V6, que es más gruesa.

7. Gire la palanca de la válvula de mariposa a la posición de válvula de mariposa completamente abierta. Ajuste el medidor de ángulos a 0°.

8. Centre la burbuja de nivelación del medidor.

9. Ajuste el medidor de ángulos en una de las posiciones de la tabla, según el año y tipo de motor.

10. Acople un manómetro de vacío a la Compuerta n.º 2 y una fuente de vacío (por ejemplo una bomba de vacío manual) a la Compuerta n.º 1 de la válvula de vacío (como se muestra en la figura).

11. Aplique 18-22'' de Hg de vacío a la válvula. Gire lentamente la válvula hasta que la lectura de la presión de vacío caiga a uno de los valores de la tabla.

12. Apriete los pernos de sujeción de la válvula de vacío.

Año	Motor	Posición
1980	V8	49-50°
1981	V8-California	49-50°
1981	V8-49 Estados	58°
1982 y años posteriores	V8	58°

Año	Pulgadas de Hg
1980	7
1981 California	7-8
1981 49 Estados	8 1/2-9
1982 y años posteriores	10 1/2

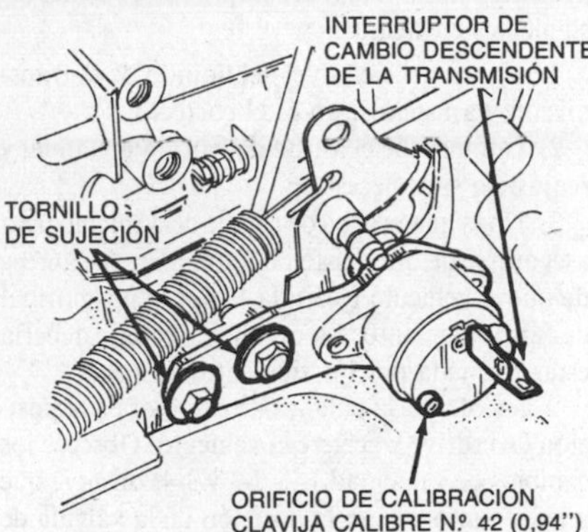

Interruptor de fijación de topes (detenciones) para control del cambio descendente montado en el carburador del modelo Cadillac

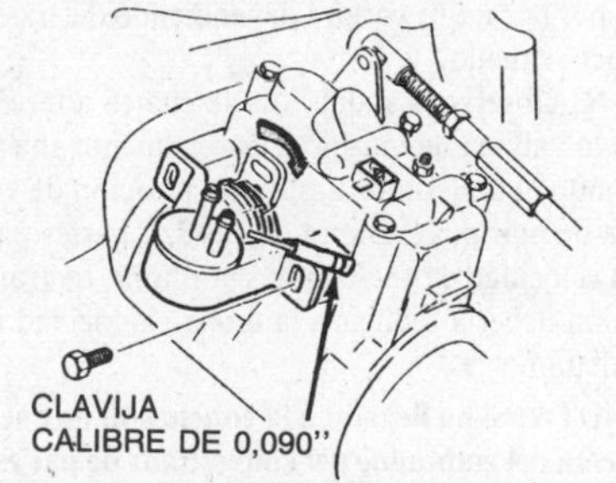

Ajuste de la válvula de vacío de la transmisión —modelos diesel

13. Vuelva a conectar los conductos de vacío originales a la válvula de vacío.

14. Desmonte el medidor de ángulos y el adaptador.

15. Conecte la varilla de la válvula de mariposa a la palanca de dicha válvula.

16. Monte el conducto transversal de admisión del aire colocando juntas de estanqueidad nuevas en el mismo.

17. Monte el conjunto del filtro del aire.

AJUSTE DE LAS BANDAS

NOTA: El modelo de transmisión THM250 es el único que dispone de una banda ajustable externamente. El ajuste de la banda no puede hacerse desde el exterior en ningún otro modelo de transmisión.

Banda intermedia - Turbo Hydramatic® 250

NOTA: Se debe ajustar la banda intermedia siempre que sea necesario cambiar el líquido de la transmisión o cuando patinen las marchas.

1. Coloque la palanca de cambios en Neutral.

2. Afloje la tuerca de seguridad situada en el lado derecho de la transmisión. Apriete el tornillo de ajuste con un par de 30 libras-pulgada.

3. Afloje el tornillo tres vueltas y a continuación apriete la tuerca de seguridad con un par de 15 libras-pie.

Cárter y filtro

VACIADO, DESMONTAJE Y MONTAJE

NOTA: El cambio del líquido de la transmisión se debería hacer con el motor y la transmisión a la temperatura normal de funcionamiento. Si levanta el vehículo del firme, la transmisión debería quedar en posición horizontal. Tenga cuidado al realizar el vaciado del líquido ya que éste suele estar caliente.

1. Levante y sujete con seguridad el vehículo.

2. En algunos modelos, quizá sea necesario desmontar el miembro transversal de sujeción de la transmisión para poder acceder a todos los pernos del cárter. Sujete la transmisión con un gato hidráulico antes de desmontar el miembro transversal.

3. Coloque un recipiente de grandes dimensiones debajo de la transmisión para recoger el líquido. Afloje todos los tornillos del cárter y a continuación tire hacia abajo de uno de los extremos para que se vacíe la mayor parte del líquido. Tenga cuidado ya que éste estará muy caliente. No apalanque entre el cárter y la transmisión con un destornillador o útil similar para desmontar el cárter, ya que las superficies de unión podrán resultar dañadas. Para desmontarlo puede utilizar una maza de goma con el fin de desbloquearlo si está fuertemente adherido en su superficie de unión.

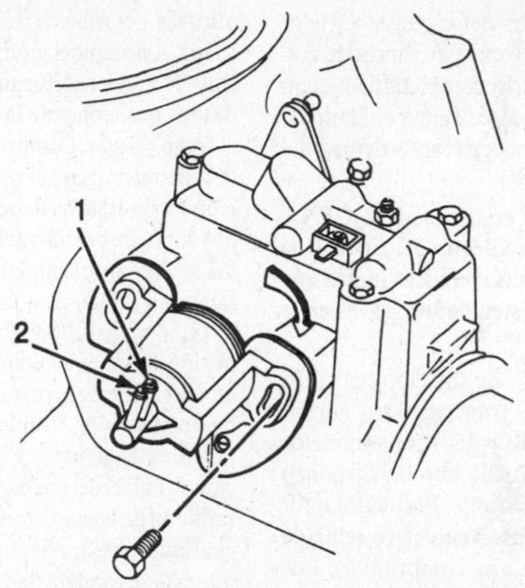

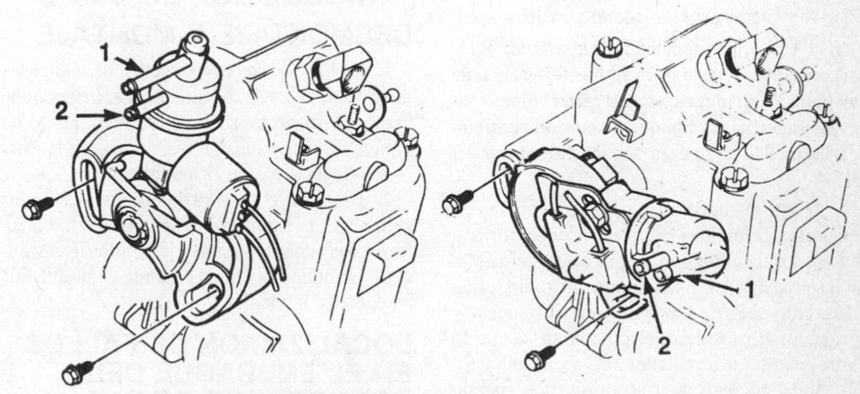

Ajuste de la válvula de vacío de la transmisión —modelos diesel

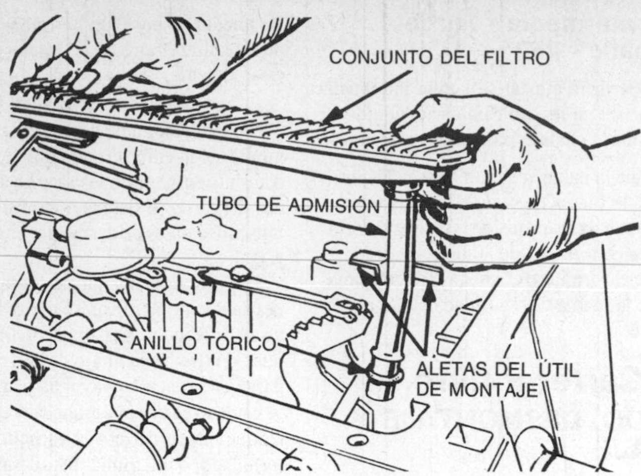

Desmontaje el filtro, tubo de admisión y anillo tórico en la transmisión —Turbo Hydra-Matic 400

4. Desmonte los pernos del cárter y vacíelo. Puede limpiarlo con disolvente pero antes de volver a montarlo debe secarlo completamente con una pistola neumática de aire. Tenga cuidado de no dejar pelusa o hiladuras de trapos dentro del cárter.

NOTA: Es normal que exista una PEQUEÑA cantidad de virutas metálicas dentro del cárter. Una cantidad excesiva de virutas metálicas indica que se ha de comprobar si existen daños graves en la transmisión.

5. Desmonte los pernos de sujeción del filtro o colador (son dos en las transmisiones Turbo-Hydramatic 180, 200, 250 y 350). Los modelos Turbo-Hydramatic 180, 200, 250 y 350 disponen de un colador o filtro reutilizable. El colador o filtro puede limpiarse con disolvente pero se ha de secar completamente con aire comprimido. Los filtros se han de sustituir. En las transmisiones Turbo-Hydramatic 400, 425 y 700R-4, desmonte el perno o pernos de sujeción del filtro, el filtro y el anillo tórico del tubo de admisión (o junta de estanqueidad). Los modelos de transmisión 125, 325 y 44-T4 disponen de coladores y anillos tóricos.

NOTA: Varios modelos llevan sellador RTV (vulcanizable a temperatura ambiente) en lugar de una junta de estanqueidad en el cárter. Limpie todas las superficies y aplique un cordón continuo de sellador a lo largo de la pestaña de montaje del cárter.

6. Monte el nuevo filtro o colador limpio con una junta de estanqueidad nueva (o anillo tórico). Apriete los tornillos con un par de 12 libras-pie. En los modelos 400 y 425, monte un anillo tórico nuevo en el tubo de admisión y un filtro nuevo y apriete los pernos de sujeción con un par de 10 libras-pie. Monte un colador nuevo y un anillo tórico en los modelos de transmisión 125, fijando el colador contra el tope de la varilla de medición.

7. Monte el cárter con una junta de estanqueidad. Apriete los pernos uniformemente en zigzag con un par de 12 libras-pie.

8. Vuelva a colocar el miembro transversal si lo ha desmontado.

9. Baje el vehículo. Añada líquido Dextron® II a través del tubo de la varilla de medición.

10. Arranque el motor y déjelo funcionar al ralentí. No acelere bruscamente el motor. Pruebe todas las posiciones de la palanca de cambios, con el freno pisado. Compruebe el nivel del líquido de la transmisión con el motor en ralentí en la posición Park. El nivel debería estar situado entre los dos hoyuelos de la varilla de medición del nivel del aceite, aproximadamente 1.4'' por debajo de la marca ADD. Añada líquido si es necesario.

11. Compruebe el nivel del líquido de la transmisión después de conducir el vehículo una distancia suficiente para que la transmisión se caliente completamente. El nivel debería estar situado a la altura de la marca FULL de la varilla de medición del nivel del aceite. Si la transmisión tiene una cantidad de líquido excesiva, vacíe el sobrante. Una cantidad excesiva de líquido de transmisión hará que éste se evapore dando lugar a patinajes o resbalamiento y probablemente hará que ésta se estropee.

Modulador de vacío

DESMONTAJE Y MONTAJE

1. En los modelos que disponen de manguera de vacío desmóntela del modulador. Inspeccione la manguera y compruebe si ésta tiene restos de líquido de la transmisión que indicarían la existencia de una fuga en el modulador.

2. Desmonte el soporte de sujeción del modulador. Tire del modulador hacia atrás, en línea recta, extrayéndolo de la caja de la transmisión. Monte un anillo tórico nuevo y monte el modulador en el orden inverso.

LOCALIZACIÓN DE FALLOS EN EL EMBRAGUE DEL CONVERTIDOR DE PAR

NOTA: La mayoría de los vehículos GM fabricados con posterioridad a 1984 disponen de un módulo de control electrónico que sirve para accionar el embrague del convertidor de par (TCC). El módulo de control electrónico (ECM) responde a un gran número de diferentes señales para activarlo. Esto quiere decir que, en muchos casos, la verificación de un sistema que funciona mal resulta extremadamente compleja; en muchos otros casos, es necesario disponer de equipos especiales de prueba para activar el módulo electrónico de control de diversas formas para realizar la prueba. Si la transmisión de su vehículo no se incluye en los procedimientos aquí descritos, es debido a que el procedimiento de verificación queda más allá del alcance de este libro.

GM Turbo Hydramatic de 1980-84

NOTA: Antes de concluir que el sistema del embrague del convertidor de par está averiado en el caso de un funcionamiento áspero de los cambios u otras anomalías, asegúrese de que el motor está puesto a punto. Deberían comprobarse además los siguientes elementos:

1. Compruebe el nivel del líquido de la transmisión y ajústelo si no es el correcto.

2. Compruebe el ajuste del varillaje manual y reajústelo si es necesario.

3. Haga una prueba de rodaje del vehículo para asegurarse de que existe tal anomalía. Asegúrese de que el vehículo está a la temperatura normal de funcionamiento. La prueba de rodaje debería estar formada por los siguientes pasos:

a. Coloque la palanca de cambios en la posición Overdrive y acelere el vehículo. Observe los cambios de velocidad 1-2, 2-3 y 3-4; observe que pueden variar según la posición de la válvula de mariposa; cuanto más abierta esté ésta, más demora habrá en el cambio.

b. Compruebe el acoplamiento del convertidor de par y observe el punto en que se produce. Debería producirse a una velocidad de 25-50 millas por hora, que variará dependiendo del modelo del vehículo.

c. Observe la reducción de cuarta a tercera con la válvula de mariposa parcialmente abierta pisando el acelerador hasta una posición de válvula de mariposa abierta en sus 3/4 partes para una velocidad de 45-70 millas por hora. La transmisión debería reducir a la tercera velocidad inmediatamente.

NOTA: Si ha llegado a la conclusión de que el sistema del embrague del convertidor de par está averiado, el siguiente paso consiste en determinar si el problema es interno o externo. Puede seguirse el siguiente procedimiento:

1. Desconecte el conector eléctrico de la caja de la transmisión.

2. Levante y sujete el vehículo con seguridad.

3. Arranque el motor y ajuste la velocidad a 2,000 rpm, con la palanca de cambios en la posición Neutral.

4. Compruebe si la tensión en el conector es de 12 voltios utilizando un voltímetro-óhmetro o una lámpara de pruebas. Si la tensión es correcta, el problema es de carácter interno. Si la tensión es nula (o inferior a 12 voltios según el voltímetro) quiere decir que el problema es externo.

NOTA: Si el problema es interno (existe una tensión de 12 voltios en el conector) pueden seguirse los pasos siguientes:

1. Con el cable que va a la caja de la transmisión desconectado, tome una lámpara de pruebas

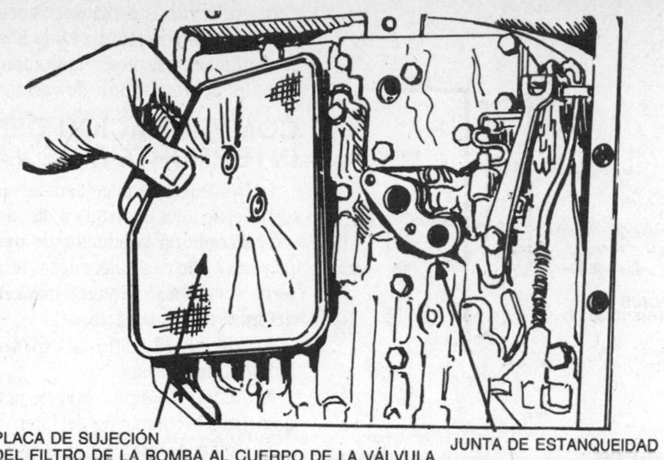

Desmontaje del filtro y junta de estanqueidad en las transmisiones Turbo Hydra-Matic 200, 350 o 375 B

de 12 voltios y conéctela al conector hembra y póngalo a masa conectándolo al conector macho de la transmisión.

2. Arranque el motor y ajuste la velocidad a 2,000 rpm con la palanca de cambios en la posición Park.

3. Si la lámpara de pruebas se enciende, quiere decir que el interruptor del regulador o el cableado interno están cortocircuitados a masa. Será necesario desmontar el cárter del aceite, comprobar el cableado y/o sustituir el regulador.

4. Si ahora se enciende la lámpara de pruebas, será necesario comprobar los controles internos hidráulico/mecánico. Véase la sección de Controles hidráulicos/mecánicos.

5. Si la lámpara de pruebas sigue sin encenderse quiere decir que el interruptor del solenoide o regulador están averiados.

NOTA: Para comprobar si el interruptor del solenoide o del regulador no funcionan correctamente, pueden seguirse los pasos siguientes:

1. Vacíe el líquido de la transmisión y desmonte el cárter del aceite.

2. Utilizando una fuente externa de 12 voltios (lámpara de pruebas autoalimentada o pequeña pila de linterna, etc.) conecte un conductor positivo al conector de la caja de la transmisión. Desmonte el conductor del interruptor de presión del regulador y conéctelo al conductor que va a masa de la fuente externa de 12 voltios.

ATENCIÓN

No invierta la polaridad de los conductores ya que de lo contrario resultará destruido el diodo del solenoide. No utilice una batería de automóvil para esta prueba. Para este tipo de pruebas resulta idóneo utilizar una lámpara de pruebas autoalimentada.

3. Si el solenoide hace un clic, puede considerarse como reparable; sustituya el interruptor del regulador.

4. Si el solenoide no hace clic, compruebe el cableado. Si el cableado parece estar en buen estado, sustituya el solenoide y repita la operación.

TURBO HYDRAMATIC 125C DE 1986-87

NOTA: Antes de concluir que el sistema de embrague-convertidor de par está averiado en el caso de un funcionamiento áspero de los cambios u otras anomalías, asegúrese de que el motor está puesto a punto. Deberían comprobarse además los siguientes elementos:

1. Compruebe el nivel del líquido de la transmisión y ajústelo si no es el correcto.

2. Compruebe el ajuste del varillaje manual y reajústelo si es necesario.

3. Haga una prueba de rodaje del vehículo para asegurarse de que existe tal anomalía. Asegúrese de que el vehículo está a la temperatura normal de funcionamiento. La prueba de rodaje debería estar formada por los siguientes pasos:

a. Coloque la palanca de cambios en la posición Overdrive y acelere el vehículo. Observe los cambios de velocidad 1-2, 2-3 y 3-4; observe que pueden variar según la posición de la válvula de mariposa; cuanto más abierta esté ésta, más demora habrá en el cambio.

b. Compruebe el acoplamiento del embrague-convertidor de par y observe el punto en que se produce. Debería producirse a una velocidad de 25-50 millas por hora, que variará dependiendo del modelo del vehículo.

c. Observe la reducción de cuarta a tercera con la válvula de mariposa parcialmente abierta pisando el acelerador hasta una posición de válvula de mariposa abierta en sus 3/4 partes para una velocidad de 45-70 millas por hora. La transmisión debería reducir a la tercera velocidad inmediatamente.

4. Desconecte el conector ALCL y conecte una lámpara de pruebas entre el terminal F y una buena masa. Levante y sujete con seguridad el vehículo de manera que las ruedas tractoras puedan girar libremente. Arranque el motor y déjelo que gire en ralentí. Coloque la transmisión en Drive.

5. Asegúrese de que la lámpara de pruebas se enciende. Si se enciende quiere decir que el interruptor de accionamiento de la tercera marcha en la transmisión está estropeado. Si no se enciende, haga que alguien pise el acelerador y aumente la velocidad de las ruedas a 25 millas por hora. Ahora debería cerrarse el interruptor de accionamiento de la tercera marcha y debería encenderse la lámpara de pruebas. Si esto no es así, continúe con las verificaciones siguientes de este paso. En caso contrario, continúe en el paso 6.

a. Compruebe si existe algún fusible fundido en el circuito correspondiente y sustituya el fusible si es necesario. Si esto no soluciona el problema, desconecte el conector de la transmisión y conecte una lámpara de pruebas entre los conectores «A y D» del colector de cables. Pare el motor y a continuación vuelva a conectar el interruptor de encendido. Si la lámpara se enciende, continúe con el resto de los subapartados de este paso. Si la lámpara permanece apagada, vaya al subapartado b. Compruebe si existe una fuga a masa en el circuito 422. Si no existe tal fuga, sustituya el módulo de control electrónico (ECM)

b. Conecte una lámpara de pruebas entre el terminal A y masa. Si la lámpara no se enciende, repare el circuito abierto que existe en el interruptor del freno del embrague del convertidor de par o en dicho circuito y ajuste el interruptor. Si la lámpara se enciende, ponga a masa el punto de prueba del embrague del convertidor de par (TCC) y conecte de nuevo la lámpara de pruebas entre los terminales A y D del conector del colector de cables. Si ahora la lámpara no se enciende, repare el circuito abierto que existe entre el conductor que va de la transmisión al punto de pruebas del ALCL, terminal F; si se enciende, repare el conector averiado del embrague del convertidor de par de la transmisión, el solenoide de dicho convertidor (TCC) o el interruptor de accionamiento de la tercera marcha.

6. Pise el pedal del freno, la lámpara de pruebas debería apagarse. Si no es así, sustituya el interruptor del freno que está averiado o ajústelo de manera que funcione correctamente. Si se apaga, continúe en el siguiente paso.

7. Pare el motor y a continuación vuelva a conectar el interruptor de encendido. Conecte la lámpara de pruebas entre una fuente de 12 voltios y el terminal F del ALCL. Ponga a masa el terminal de diagnóstico y a continuación compruebe si la lámpara se enciende o no. Si la lámpara se enciende, continúe en el paso 8. Si no se enciende, finalice el resto de este paso. Compruebe si existe un circuito abierto entre el conector F del ALCL y el terminal del conector del módulo de control electrónico (ECM). Si este circuito está cerrado, quiere decir que el ECM está estropeado. Antes de sustituirlo, haga que un taller de reparaciones compruebe la resistencia de cada relé controlado por el ECM y de la bobina del solenoide.

8. Si la lámpara se encendió en el paso anterior, compruebe:

a. El nivel de refrigerante del sistema de refrigeración.

b. La temperatura de apertura del termostato. Asegúrese de que el motor funciona por encima de 160 °F.

c. Si se cumplen todas estas condiciones, haga que un taller de reparaciones compruebe el estado del sensor de la velocidad del vehículo. Si esto no sirve de solución, deberían comprobar a continuación la memoria PROM (memoria programable) del módulo ECM.

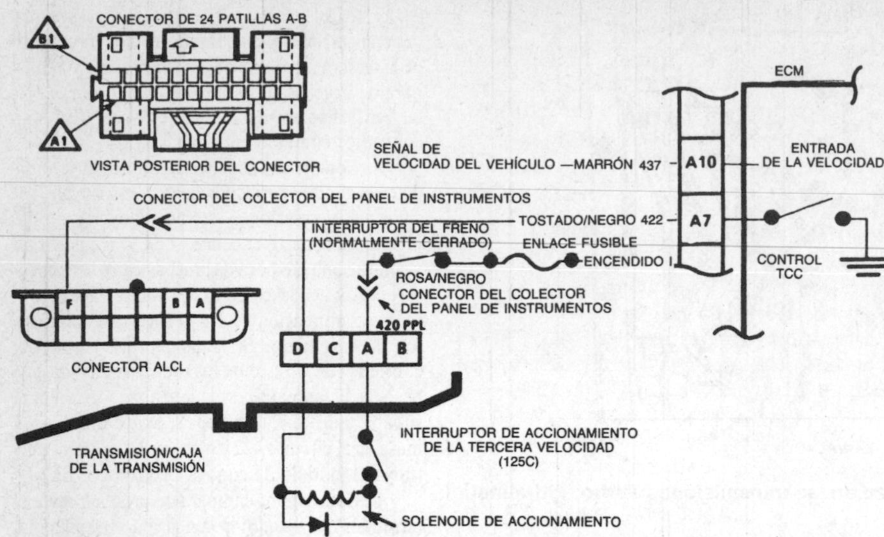

Conexión de la lámpara de pruebas para verificar el sistema TCC en el modelo Turbo Hydro-Matic 125 C de 1986-87. Conecte la lámpara al terminal F del conector ALCL a una buena masa. Las demás conexiones que se han de realizar se describen en el texto

COMPROBACIÓN DE LOS CONTROLES INTERNOS HIDRÁULICO O MECÁNICO

NOTA: Dado que una parte de estas comprobaciones afecta al sistema del regulador, obtenga, si es posible, un regulador de pruebas del mismo tipo que el que lleva la transmisión que se va a inspeccionar y reparar. Corte dos trozos de manguera de goma de vacío a 5/32" de diámetro externo de una longitud de 3/8" coloque uno de estos trozos debajo de cada una de las pesas del regulador. Desmonte del conector eléctrico el interruptor de vacío del motor. El interruptor de vacío debería estar montado en la pared interna de uno de los guardabarros. Utilizando un hilo puente, conecte ambos terminales del conector entre sí. Como comprobación de que se ha hecho una buena conexión, coloque el contacto de encendido en la posición ON, levante el vehículo y compruebe si existen 12 voltios en el conector hembra de la caja de la transmisión. El voltímetro debería indicar 12 voltios. A continuación proceda de la siguiente forma.

1. Desmonte el regulador de la transmisión y sustitúyalo por el regulador de pruebas.
2. Con las ruedas del vehículo levantadas del firme, aplique el freno de estacionamiento. Las ruedas traseras no deben quedar bloqueadas.
3. Arranque el motor, coloque la palanca de cambios en Park y déjelo que funcione en ralentí.
4. Pise el pedal del freno. Éste interrumpirá la circulación de la corriente que va a la transmisión.
5. Coloque la palanca selectora en Drive, la transmisión debería pasar automáticamente a la tercera velocidad, ya que el regulador de pruebas está proporcionando una presión elevada.
6. Suelte los frenos de servicio (el pedal) y el motor debería calarse inmediatamente. Si el motor se cala, quiere decir que el embrague del convertidor y los controles internos hidráulico y mecánico funcionan correctamente.

NOTA: Si el motor no se cala, compruebe los siguientes elementos:

1. Compruebe si existe un anillo tórico que falta o está estropeado en el extremo del eje de la turbina.
2. Compruebe si falta la esfera de comprobación o el anillo tórico del solenoide.
3. Compruebe si los pernos del solenoide están flojos.
4. Compruebe si los conductos de accionamiento del embrague o del convertidor situados en la bomba están bloqueados u obturados.
5. Compruebe si el convertidor está averiado.

NOTA: Después de realizar la verificación desmonte el regulador de pruebas y sustitúyalo por el regulador original. Si se utilizó el regulador original para la prueba, desmonte los bujes de goma que fueron montados y asegúrese de que los muelles de las pesas están en su posición correcta antes de volver a montarlo.

COMPROBACIÓN DE LOS CONTROLES EXTERNOS

1. Coloque el interruptor de encendido en la posición ON.
2. Compruebe si el conector del interruptor de vacío está sometido a una tensión de 12 voltios.
3. Si la tensión en este interruptor es nula, compruebe si existe algún fusible fundido en el bloque de fusibles, compruebe el interruptor del freno y el cableado que va al interruptor de vacío.
4. Si la lectura de la tensión en el interruptor indica 12 voltios, vuelva a conectar el conector eléctrico al interruptor de vacío; utilizando una bomba de vacío manual con un manómetro, aplique 2.5-7" de Hg de vacío al interruptor de vacío.
5. Con el interruptor de encendido en la posición ON, compruebe si existen 12 voltios de tensión en el extremo hembra del conector de la transmisión.
6. Si la tensión en dicho extremo es nula o inferior a 12 voltios según la lectura del voltímetro, compruebe si existe una interrupción en el cable que va del interruptor de vacío a la transmisión. A continuación se presentan comprobaciones adicionales del interruptor de vacío.

COMPROBACIÓN DEL INTERRUPTOR DE VACÍO

1. Desconecte la manguera de vacío y el conector eléctrico del interruptor de vacío.
2. Acople un conductor de una lámpara de pruebas a uno cualquiera de los terminales del interruptor de vacío. Ponga a masa el otro terminal del interruptor de vacío.
3. Aplique 12 voltios al otro conductor de la lámpara de pruebas.
4. Acople la bomba de vacío manual y un manómetro a la compuerta del interruptor de vacío.
5. Coloque el interruptor de encendido en la posición On.
6. La lámpara de pruebas debería estar apagada. Aplique vacío con la bomba manual de vacío hasta que el manómetro indique 2,45-7" de Hg de vacío. La lámpara debería encenderse.
7. Disminuya lentamente la presión de vacío. La lámpara debería permanecer encendida hasta que la presión de vacío caiga a 1.5-2.5" de Hg de vacío.
8. Si el interruptor de vacío no enciende y apaga la lámpara de pruebas en las presiones de vacío especificadas, quiere decir que está estropeado y debe ser sustituido.

NOTA: El límite máximo de vacío, que es el punto para el cual la lámpara se apaga y el límite mínimo de vacío, que es el punto para el cual la lámpara de pruebas vuelva a encenderse, deben tener una diferencia de presión de al menos 4" Hg. Si al realizar las comprobaciones anteriores del interruptor de vacío se llega a la conclusión de que funciona correctamente, quiere decir que el problema está en otra parte, quizás en la válvula térmica de vacío.

COMPROBACIÓN DE LA VÁLVULA TÉRMICA DE VACÍO

1. Desconecte la manguera de vacío del interruptor de vacío y monte un manómetro en la manguera.
2. Arranque el motor y compruebe la lectura de la presión de vacío con la palanca de cambios en la posición Park. Con el motor frío (temperatura del refrigerante por debajo de 130 °F), la presión de vacío en ralentí debería ser nula. Ajuste la velocidad del motor a 200 rpm. La presión de vacío debería continuar siendo nula.
3. Con el motor caliente, después de dejarlo girar durante cinco minutos en ralentí rápido, la temperatura del refrigerante debería situarse por encima de los 130 °F. La presión de vacío en ralentí debería continuar siendo nula mientras que la presión para una velocidad de 2,000 rpm debería ser de 10" de Hg de vacío como mínimo.

COMPROBACIÓN DEL DIODO DEL SOLENOIDE

ATENCIÓN

No utilice una batería de automóvil para la localización de fallos en los solenoides. Los solenoides no deben repararse en un banco de taller con

los conductores de una batería de automóvil conectados. Si los conductores son invertidos respecto a la posición correcta para comprobar el diodo, éste resultará destruido.

NOTA: Recuerde que un diodo permite el paso de la corriente eléctrica en un único sentido e impide o al menos reduce considerablemente la circulación de corriente en el sentido opuesto. Para comprobar el diodo del solenoide, debería utilizarse un óhmetro. Utilice un óhmetro de un solo tipo de lectura, ya que un aparato digital electrónico con capacidad para medir diferentes parámetros con frecuencia dará lugar a una falsa lectura. Utilice la escala X1 del óhmetro y siga el siguiente procedimiento:

1. Asegúrese de que el óhmetro está en la escala X1. Póngalo a 0.

2. Acople el conductor positivo del solenoide (rojo) al conductor positivo del medidor y el conductor negativo del solenoide (negro) al conductor negativo. El medidor debería presentar una lectura de 20-40 ohmios, dependiendo de la temperatura del solenoide. Si se obtiene esta lectura , ni la bobina ni el diodo quedarán cortocircuitados y deben considerarse utilizables. Si el óhmetro registra menos ohmnios quiere decir que existe un cortocircuito. Se debe sustituir el solenoide. La falta de lectura indica que la bobina del solenoide está estropeada y debe ser sustituida.

3. Invierta la posición de los conductores del solenoide. Si el óhmetro presenta ahora una lectura inferior (normalmente la lectura es de 2-15 ohmios), quiere decir que el solenoide está en buen estado. Si la lectura es la misma que antes, esto indica que el diodo está estropeado y será necesario sustituir el solenoide.

NOTA: En las transmisiones Turbo-Hydramatic 250/350, el solenoide va montado en el cuerpo de la válvula y el desmontaje y sustitución implica únicamente el desmontaje y sustitución del cárter del aceite y del solenoide. sin embargo, en las transmisiones Turbo Hydramatic 200, el solenoide va montado en la cara interna de la bomba de aceite. Por lo tanto la sustitución del solenoide para este modelo de transmisión hará necesario el desmontaje de toda la transmisión, del convertidor de par y de la bomba de aceite. Tenga cuidado al diagnosticar el solenoide para no fundir uno que esté en buen estado. Las transmisiones que disponen de sistema TCC (embrague-convertidor de par) van montadas también en vehículos con motor diesel. Debido a las diferentes características de vacío de un motor diesel, disponen de un sistema de control ligeramente diferente. Los vehículos diesel disponen de un interruptor de vacío mínimo y máximo. Éste suele ser montado en el motor, justo por encima de la tapa de válvulas derecha. Estos interruptores pueden comprobarse también con una lámpara de pruebas de 12 voltios y una bomba manual de vacío.

COMPROBACIÓN DEL INTERRUPTOR DE VACÍO MÍNIMO Y MÁXIMO (MODELOS DIESEL)

1. Desconecte la manguera de vacío y el conector eléctrico del interruptor. La comprobación se realiza en ambos interruptores, pero en este procedimiento, comience por el interruptor de vacío mínimo. El interruptor de vacío mínimo debería estar situado en la parte posterior del conjunto mientras que el interruptor de vacío máximo está situado en la parte frontal.

2. Acople un conductor de una lámpara de pruebas a cualquiera de los terminales del interruptor de vacío mínimo y ponga a masa el otro terminal de dicho interruptor.

3. Acople el otro conductor de la lámpara de pruebas al conector vivo (+ 12 voltios) del interruptor de vacío. Acople la bomba manual de vacío y el manómetro a la compuerta de vacío de dicho interruptor.

4. Coloque el interruptor de encendido en la posición ON. Si utiliza una lámpara de pruebas autoalimentada, no es necesario conectar el interruptor de encendido.

5. Con la bomba de vacío, aplique una presión de vacío de 5.5" de Hg. El interruptor de vacío mínimo debería mantener la lámpara de pruebas apagada y ésta debería permanecer en este estado hasta que el manómetro presente una lectura de 5.5" de Hg. Reduzca lentamente parte de la presión de vacío. El interruptor de vacío mínimo debería mantener la lámpara de pruebas encendida hasta que la presión de vacío caiga aproximadamente a 4" de Hg de vacío. Si el interruptor de vacío mínimo no enciende la lámpara de pruebas cuando el manómetro indique 5.5" de Hg y la apaga con una presión de 4" de Hg, quiere decir que el interruptor de vacío mínimo no funciona correctamente.

6. Utilizando la misma toma eléctrica y de vacío vaya al otro interruptor de vacío, que debería ser el frontal, el interruptor de vacío máximo. El interruptor de vacío máximo debería encender la lámpara de pruebas y mantenerla encendida a medida que se comienza a aplicar el vacío con la bomba manual. La lámpara debía permanecer encendida hasta que el manómetro presenta una lectura de aproximadamente 12" de Hg de vacío y a continuación la lámpara debería apagarse. Reduzca lentamente la presión de vacío. La lámpara debería volver a encenderse para una presión de vacío de 12.5" de Hg. Si el interruptor de vacío máximo no se enciende para una presión de 12.5" de Hg y se apaga a medida que aumenta la presión de vacío, quiere decir que el interruptor no funciona correctamente.

AJUSTE DEL INTERRUPTOR DE VACÍO MÁXIMO (MODELOS DIESEL)

NOTA: El interruptor de vacío máximo del motor diesel debe ajustarse en cualquier momento en que se modifiquen las varillas de la válvula de mariposa, válvula de vacío de la transmisión o ajuste de la velocidad de ralentí rápido. Para este ajuste puede seguirse el procedimiento siguiente:

1. Desconecte el conector eléctrico del interruptor de vacío máximo. Éste debería ser, de los dos, el interruptor frontal. Dispone de una compuerta de ajuste frente al conector eléctrico.

2. Utilizando una lámpara de pruebas autoalimentada, conecte uno de los conductores de la misma a cualquiera de los terminales del interruptor de vacío y conecte la sonda de la lámpara de pruebas al otro terminal de dicho interruptor.

3. Arranque el motor y déjelo girar a la veloci-

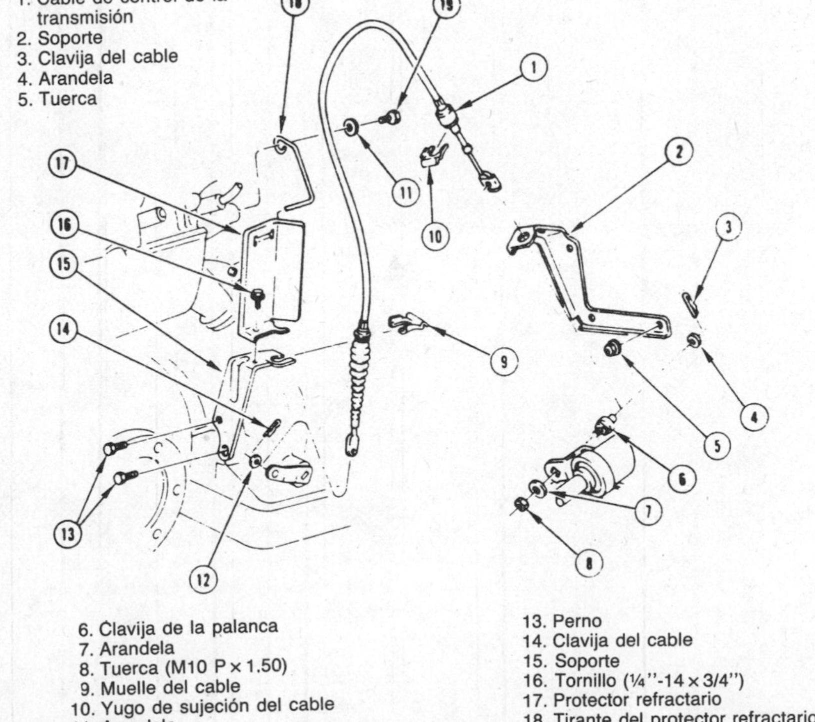

Cable del cambio situado en la columna de la dirección y componentes asociados — modelos con tracción delantera Eldorado, Riviera, Seville y Toronado

dad de ralentí rápido. Para hacerlo, active el solenoide de ralentí rápido. Existe un conector de cable rosa y verde que va al interruptor del refrigerante situado en la parte posterior izquierda del motor sobre el múltiple de admisión y este conector debería ser extraído del interruptor del refrigerante para que el motor gire en régimen de ralentí rápido.

4. Desmonte la pequeña tapa contra el polvo de la parte posterior del interruptor de vacío máximo.

5. Cierre el interruptor de vacío máximo antes de realizar el ajuste. Esto quiere decir que la lámpara de pruebas debería estar encendida. Si la lámpara de pruebas está apagada, indica que los contactos están abiertos. Tome una llave Allen de 5/64'' y gire el tornillo de ajuste en el sentido de las agujas del reloj hasta que se cierren los contactos y la lámpara de pruebas se encienda.

6. Ajuste el interruptor de vacío girando el tornillo de ajuste lentamente en el sentido contrario a las agujas del reloj hasta que los contactos del interruptor comiencen a abrirse y la lámpara de pruebas se apague. Apriete o afloje el tornillo lentamente de manera que no se salga de su capacidad máxima de giro.

7. Vuelva a colocar el tapón de protección contra el polvo, vuelva a conectar el conector eléctrico del interruptor de vacío máximo y vuelva a conectar el conector del interruptor del refrigerante.

COMPROBACIÓN DEL INTERRUPTOR DEL FRENO

1. Desmonte el conector eléctrico de la parte trasera del interruptor del freno. Estos terminales posteriores sirven para el control de la velocidad de crucero y para la desconexión del embrague del convertidor de par. Coloque el interruptor de encendido en la posición ON.

2. Ponga a masa uno de los terminales del interruptor de liberación del freno.

3. Vuelva conectar un conducto de la lámpara de pruebas al otro terminal del interruptor de liberación del freno. Acople el otro terminal de la lámpara de pruebas al cable del conector del freno. La lámpara de pruebas debería encenderse.

4. Accione los frenos. La lámpara de pruebas debería apagarse. Si la lámpara de pruebas se apaga antes de aplicar los frenos o si se enciende al aplicar el freno, quiere decir que el interruptor está en mal estado y debería ser sustituido.

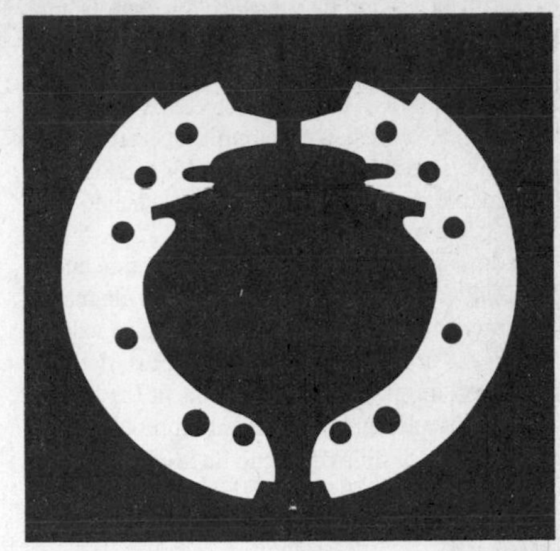

Frenos

Vehículos no americanos

SISTEMAS DE FRENOS

Entender los frenos

SISTEMA HIDRÁULICO

Principios básicos de funcionamiento

Los sistemas hidráulicos se utilizan para accionar los frenos en todos los automóviles modernos. El sistema transporta la fuerza requerida a las superficies de fricción desde el pedal hasta el freno situado en cada una de las ruedas. Un sistema hidráulico se utiliza por dos razones. Primera, el líquido a presión puede ser transportado a todas las partes del automóvil por medio de pequeñas canalizaciones —algunas de ellas son flexibles— sin un aumento de espacio ni problemas de instalación. Segundo, del pedal de freno puede obtenerse una gran ventaja mecánica ya que el esfuerzo del pie, necesario para accionar los frenos puede reducirse, haciendo el área de los pistones del cilindro maestro más pequeña que la de los pistones de los cilindros de rueda o de las pinzas de freno.

El cilindro maestro se compone de un depósito de líquido y de un cilindro de doble cámara en el interior del cual están montados los pistones. El cilindro maestro de doble circuito está diseñado para separar el sistema hidráulico de frenos en grupos de dos ruedas en previsión de fugas. La utilización estandarizada consiste en separar los dos circuitos, utilizando uno de ellos para las ruedas delanteras y el otro para las traseras.

Más recientemente, los nuevos modelos utilizan un sistema de separación diagonal; por ejemplo: un circuito comprende una rueda delantera y la trasera opuesta; mientras que el otro circuito comprende la otra rueda delantera y la trasera opuesta.

Las canalizaciones de acero transportan el líquido de frenos a través del bastidor a puntos cercanos a cada una de las ruedas. Desde estos puntos el líquido es transportado a los cilindros de rueda o pinzas de freno por medio de tubos flexibles de-

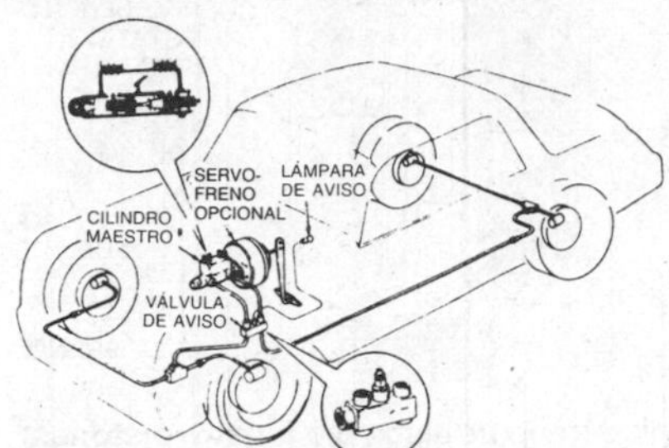

Doble Circuito de Freno. Separación Anterior-Posterior

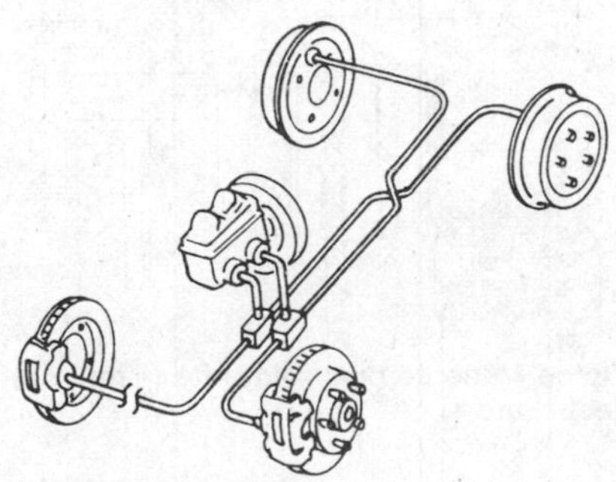

Doble circuito de freno. Separación diagonal

bido a los movimientos de la suspensión y de la dirección.

El sistema hidráulico funciona de la siguiente manera: cuando permanece en estado de reposo, cada uno de los circuitos está lleno de líquido desde el pistón del cilindro maestro a los pistones de los cilindros de rueda o pinzas de freno. Durante la aplicación del pedal de freno, el líquido de la cámara situada en la parte anterior de los pistones es impulsado a través de las canalizaciones hacia los cilindros receptores (cilindros de rueda o pinzas de freno). A partir de este momento, el líquido desplaza hacia el exterior los pistones en el caso de los frenos de tambor y hacia el interior en dirección al disco en el caso de los frenos de disco.

El movimiento de los pistones es opuesto a los muelles de recuperación situados en el exterior de los cilindros de rueda en el caso de los frenos de tambor y a los muelles o juntas de pistón en los frenos de disco.

Durante la liberación del pedal de freno, un muelle situado en el interior del cilindro maestro realiza el retorno inmediato de los pistones a su posición de reposo. Los pistones disponen de una válvula de control y el cilindro maestro tiene unos taladros de compensación en su interior. Estos están en comunicación con los pistones al alcanzar su posición de reposo. La válvula de control del pistón permite al líquido circular en dirección a los cilindros de rueda o pinzas de freno cuando los pistones están en reposo. Entonces, como los muelles de recuperación de las zapatas las desplazan a su posición de reposo, el exceso de líquido retorna al depósito a través de los taladros de compensación. Una vez que el pedal de freno está totalmente liberado, y si el sistema ha perdido cierta cantidad de líquido motivado por una fuga, se efectuará el reemplazo a través de los taladros de compensación.

En el cilindro maestro de doble circuito se utilizan en el mismo cilindro dos pistones situados uno detrás del otro. El pistón primario es accionado directamente por unión mecánica con el pedal de freno. El pistón secundario es accionado mediante el líquido situado entre los dos pistones. Si una fuga de líquido se localiza en la cámara situada delante del pistón secundario, éste se desplaza hasta tener contacto con la pared frontal interior del cilindro maestro, mientras que el líquido situado entre los dos pistones podrá accionar el otro circuito del sistema. Si la fuga se produce en la cámara situada entre los dos pistones, el pistón primario se desplazará hasta contactar con el pistón secundario, forzando a éste a accionar el otro circuito del sistema. En ambos casos el pedal de freno tiene un recorrido mayor cuando los frenos son accionados y se constata una disminución de la fuerza de frenado.

Todos los sistemas de doble circuito utilizan un interruptor que informa al conductor cuando se está utilizando sólo la mitad del sistema de frenos. Este interruptor montado en un cuerpo de válvula está localizado generalmente en el tabique o en el bastidor debajo del cilindro maestro. Un pistón hidráulico recibe la presión de cada uno de los circuitos, la presión de cada circuito es aplicada a los extremos del pistón. Cuando la presión es igual en ambos extremos, el pistón permanece en reposo. Cuando en uno de los circuitos se produce una fuga, la presión del circuito operativo desplaza el pistón hacia uno de los lados cerrando el circuito eléctrico del interruptor y encendiendo una lámpara de aviso.

En los sistemas con frenos de disco, este cuerpo de válvula también contiene una válvula retardadora y en algunos casos una válvula (o válvulas) correctoras. La válvula retardadora detiene la presión durante su recorrido hacia los frenos de disco situados en las ruedas anteriores hasta que las zapatas o pastillas de freno de las ruedas posteriores han realizado contacto con los tambores o discos, asegurando de esta manera que los frenos anteriores nunca se utilizarán en primer lugar. La válvula correctora reduce la presión en los frenos posteriores para evitar el bloqueo de las ruedas durante las frenadas enérgicas.

Estas válvulas pueden ser comprobadas desconectando las canalizaciones del circuito anterior y posterior e instalando una galga especialmente calibrada para probar las presiones del freno. Las presiones anteriores y posteriores están entonces comparadas mientras el pedal está gradualmente aplicado. Las especificaciones varían con el fabricante y también con el diseño del sistema de freno.

Las lámparas de aviso pueden comprobarse mediante un desplazamiento del pedal de freno y manteniéndolo en esta posición mientras se abre uno de los tornillos de purga del cilindro de rueda. Si en esta posición la lámpara no permanece encendida, deberá sustituirse por una nueva, posteriormente realizar nuevas comprobaciones y finalmente sustituir el interruptor si es necesario.

Puede verificarse si el sistema hidráulico tiene fugas mediante la aplicación de un esfuerzo sobre el pedal de forma gradual y firme. Si el pedal se desplaza lentamente hacia el piso, el sistema tiene fugas. Esto no debe confundirse con una elasticidad o esponjosidad debida a la compresión del aire en el interior de las canalizaciones. Si el sistema tiene fugas el pedal cambiará gradualmente de posición mediante la aplicación de un esfuerzo constante.

Verificar las fugas en todas las canalizaciones y en los cilindros de rueda. Si no existen fugas exteriores el problema está en el interior del cilindro maestro.

FRENOS DE DISCO

Principios básicos de funcionamiento

En lugar de los tradicionales frenos de tambor, los cuales al ser expandidos presionan contra un tambor circular, el sistema de freno de disco utiliza un disco de fundición en el cual las pastillas están posicionadas a ambos lados del disco. El efecto de frenado se obtiene de forma similar a la que usted conseguiría al apretar un disco fonográfico con sus dedos. El disco es de una sola pieza de fundición y puede estar diseñado con unas aletas o álabes de refrigeración situados entre las dos superficies de frenado. Las aletas (si dispone de ellas) son capaces de producir una circulación de aire entre las superficies de frenado, haciéndolas menos sensibles al calor y más resistentes al desvanecimiento («fading»). La suciedad y el agua no afectan a la acción del frenado, ya que son expulsadas al exterior por acción centrífuga o por el rozamiento de las pastillas de freno. También la igualdad de esfuerzo de las dos pastillas contribuye a obtener una frenada uniforme y rectilínea. Todos los frenos de disco disponen por su mecanismo de reglaje automático.

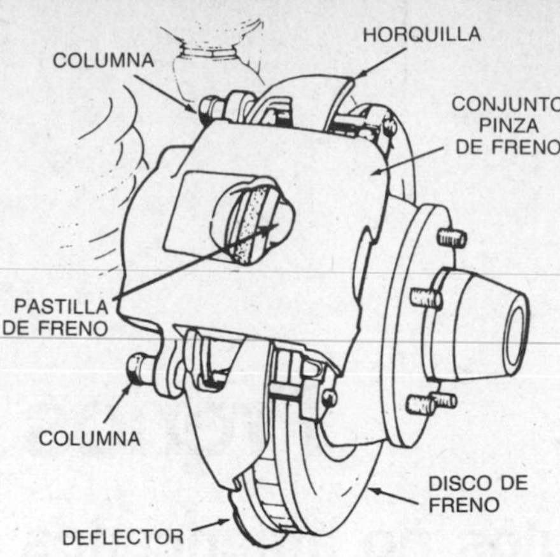

Típico conjunto de freno de disco

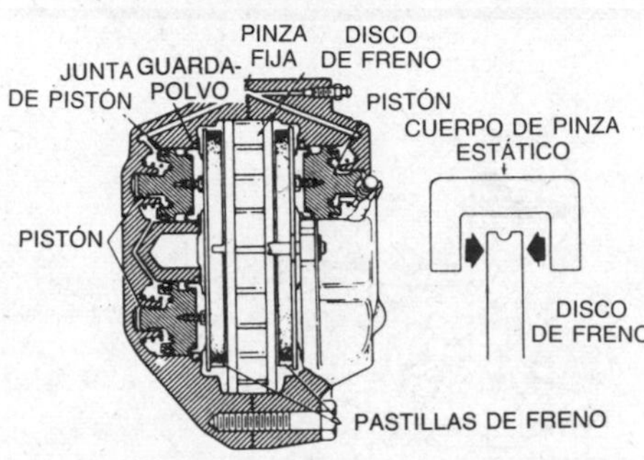

Típico freno de disco fijo (cuatro pistones)

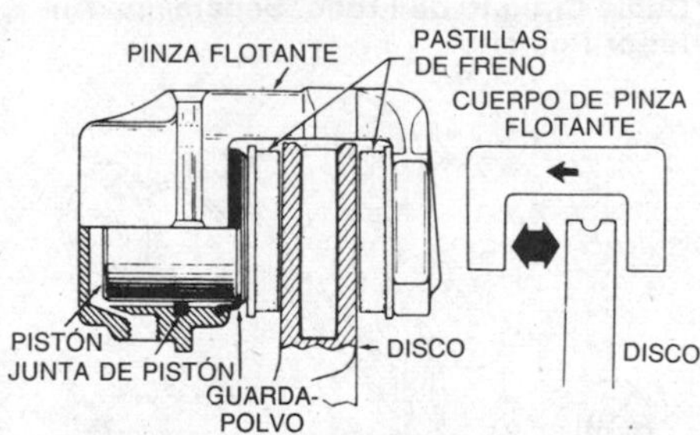

Típico freno de disco flotante (similar al deslizante

Existen en general tres tipos de frenos de disco:

1. De pinza fija con dos o cuatro pistones.

2. De pinza flotante con uno o dos pistones, en el cual los pistones están situados espalda por espalda.

3. De pinza deslizante con uno o dos pistones, en este último los pistones están situados espalda por espalda.

En los diseños de pinza fija se utilizan uno o dos pistones los cuales están situados a ambos lados del disco (en cada lado de la pinza). La pinza permanece montada de forma rígida y no tiene posibilidad de movimiento.

Los diseños de pinzas flotantes y deslizantes son bastante similares. De hecho estos dos tipos son clasificados a menudo como el mismo sistema. En ambos diseños la pastilla situada en el lado interior del disco se desplaza hasta contactar con él por medio de la presión hidráulica. La pinza, al no estar fijada de forma rígida, se mueve deslizándose y llevando a la pastilla exterior a contactar con el disco. Existen varios sistemas para lograr las pinzas flotantes. Algunas pivotan por la parte posterior o superior, otras se deslizan sobre columnas. En cualquier caso el resultado final es el mismo.

FRENOS DE TAMBOR

Principios básicos de funcionamiento

Los frenos de tambor utilizan dos zapatas situadas en un plato de freno. Estas zapatas están posicionadas en el interior de un tambor de fundición (o de aluminio) el cual gira solidariamente con las ruedas. Las zapatas están sujetas en su posición por medio de muelles, éstos permiten deslizar a las zapatas en dirección al tambor de freno (cuando están aplicadas) mientras mantienen el forro y el tambor alineados. Las zapatas de freno están accionadas por un cilindro de rueda, el cual está situado en la parte superior del plato de freno. Cuando los frenos están accionados, la presión hidráulica de los cilindros de rueda desplaza dos empujadores hacia el exterior. Después que estos empujadores contactan directamente con la parte superior de las zapatas éstas son expandidas contra el interior del tambor. La acción de estas fuerzas sobre la parte inferior de las zapatas en contacto con el tambor, produce una ligera rotación del conjunto (conocido como servo-acción). Cuando la presión disminuye en el interior de los cilindros de rueda los muelles de recuperación retornan las zapatas a su posición de reposo.

Los modernos frenos de tambor están diseñados con un sistema que permite que se auto-regulen al aplicar los frenos cuando el vehículo marcha hacia atrás. Este movimiento produce una ligera rotación de las zapatas durante el contacto con el tambor. En este instante es accionada una palanca que, a su vez por medio de una rueda dentada, produce una pequeña rotación del tornillo de reglaje.

SERVOFRENOS

Los servofrenos son utilizados como un componente estándar en los sistemas de freno excepto en el funcionamiento de los pistones del cilindro maestro. Un diafragma de vacío unido al cilindro maestro ayuda al conductor durante la aplicación de los frenos, disminuyendo el esfuerzo y recorrido al poner en movimiento el pedal de freno.

La cámara de vacío está conectada al colector de admisión mediante una tubería de vacío. La válvula de retención está situada entre la tubería y la cámara de vacío de modo que, durante los períodos de baja admisión, evitará la disminución del nivel de vacío en el interior de la cámara.

Al aplicar el pedal de freno se cierra la fuente de vacío y permite a la presión atmosférica entrar por uno de los lados del diafragma. Esto causa que los pistones del cilindro maestro se desplacen y apliquen los frenos. Cuando el pedal de freno es liberado, el vacío vuelve a actuar sobre ambos lados del diafragma y los muelles de recuperación colocan al diafragma y a los pistones del cilindro maestro en su posición de reposo. Si el vacío falla, el empujador del pedal de freno desplaza al empujador del cilindro maestro estableciéndose una unión mecánica en el momento en que el pedal de freno está aplicado.

CILINDROS HIDRÁULICOS Y VÁLVULAS

Cilindros maestros

El cilindro maestro es un tipo de bomba hidráulica que está accionada mediante un empujador situado en el pedal de freno o por un empujador que forma parte del servofreno. El cilindro convierte el esfuerzo mecánico en presión hidráulica.

CILINDRO MAESTRO DOBLE

En este tipo de cilindro maestro se encuentran dos sistemas de presión separados. Uno de los sistemas hidráulicos puede estar conectado a los frenos anteriores y el otro a los frenos posteriores. También puede estar conectado diagonalmente. Si uno de los sistemas falla el otro permanece operativo proporcionando una medida de seguridad adicional. Cada sistema dispone de un depósito de líquido independiente, cada uno de ellos tiene un taladro de ventilación y otro de llenado que comunican con el interior del cilindro maestro. Estos taladros han sido mal llamados de compensación, de entrada o derivación, originando confusiones. Estos términos de «ventilación» y «llenado» están ahora normalizados por el SAE. El depósito dispone de una junta hermética en forma de diafragma que permanece sujeta mediante una tapa metálica. Se utiliza un fiador o tornillo para sujetar la tapa sobre el depósito. La tapa dispone de un agujero de ventilación para comunicar la parte superior del diafragma con la presión atmosférica. El diafragma evita la contaminación del líquido de freno producida por la suciedad y la humedad. En el interior del cilindro maestro se encuentran situados los muelles de recuperación, los pistones y las juntas. El tope de pistón (si lo utiliza) puede estar montado en un taladro roscado situado en la parte inferior del cilindro.

Algunos cilindros maestros tienen el tope de pistón montado en un taladro roscado situado en uno de los lados del cilindro o en el fondo del depósito frontal, otros no tienen instalado el tope de pistón. No debe instalarse un tope de pistón en el interior del depósito del cilindro maestro si éste originalmente no lo lleva. Algunos cilindros maestros tienen un taladro roscado, pero el tope del pistón no fue instalado durante el montaje. Esto se hizo a propósito y no debe considerarse un error.

Un anillo elástico ajustado en una ranura situada en el extremo del cilindro sujeta los pistones en el interior del cuerpo.

Doble circuito - Aplicación

Cuando el pedal de freno es accionado, el empujador desplaza al pistón primario hacia el interior del cilindro. El taladro de ventilación es obturado mediante el labio de la copela primaria. Como resultado se forma una sólida columna de líquido entre los pistones primario y secundario.

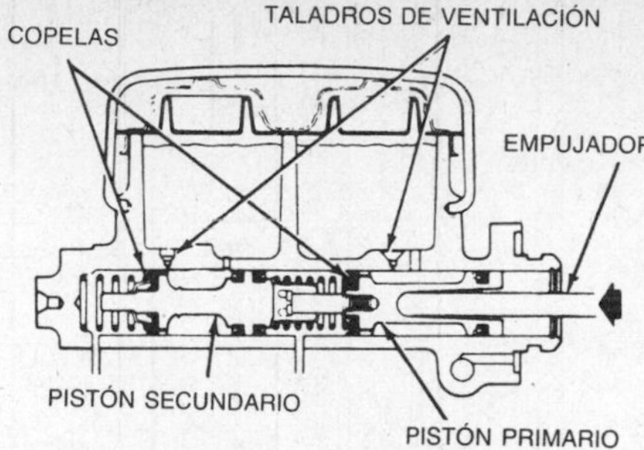

Doble circuito-aplicado

Con la ayuda del muelle de recuperación primario, esta columna de líquido desplaza al pistón secundario hacia el interior del cilindro, obturando el taladro de ventilación secundario. Cuando ambos taladros están obturados, un nuevo desplazamiento del empujador y de los pistones proporcionará un incremento de la presión hidráulica en las cámaras situadas delante de cada uno de los pistones. Esta presión se transmitirá a través de los dos sistemas hacia los frenos situados en cada una de las ruedas.

Doble circuito - Liberación

Cuando el pedal de freno es liberado, los muelles de recuperación desplazan a ambos pistones a su posición de reposo. El pistón puede retroceder tan rápidamente que el líquido retorna de los cilindros de rueda creando una depresión delante del pistón.

Esta depresión se pone de manifiesto con un retroceso rápido del pedal de freno. El líquido se desplaza desde el depósito a través de los taladros de llenado. Seguidamente circula alrededor del pistón y del labio de la copela primaria hacia la cámara situada delante del pistón. En otros diseños la circulación del líquido se realiza mediante unos pequeños taladros situados en el pistón y alrededor del labio de la copela primaria. Esta circulación reduce la depresión en la cámara situada delante del pistón.

Debido a esta acción las cámaras situadas delante de los pistones están permanentemente llenas de líquido de freno. El exceso de líquido vuelve a los depósitos a través de los taladros de ventilación después de que los pistones se sitúen en posición de reposo. Los cilindros maestros de doble circuito instalados en automóviles que tienen cuatro frenos de tambor pueden equipar dos válvulas de presión residual que están situadas en

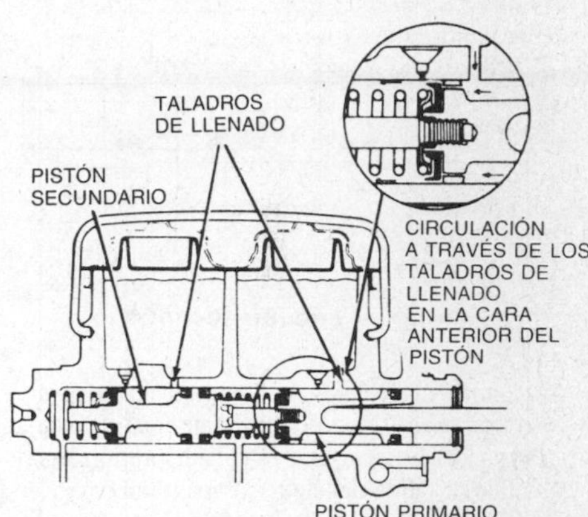

Doble circuito-desaplicación (liberado)

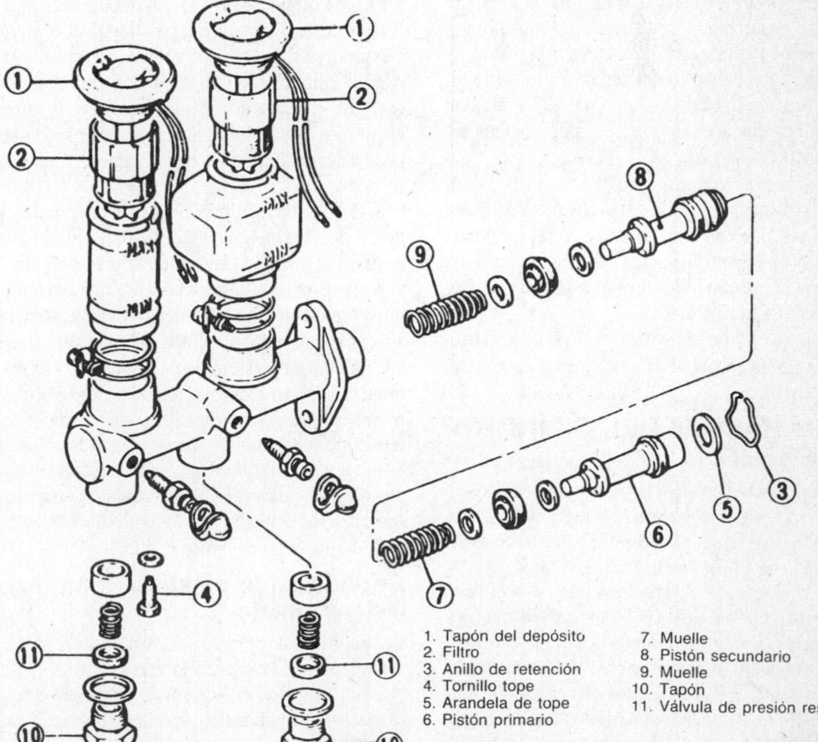

Despiece de un cilindro maestro de doble circuito

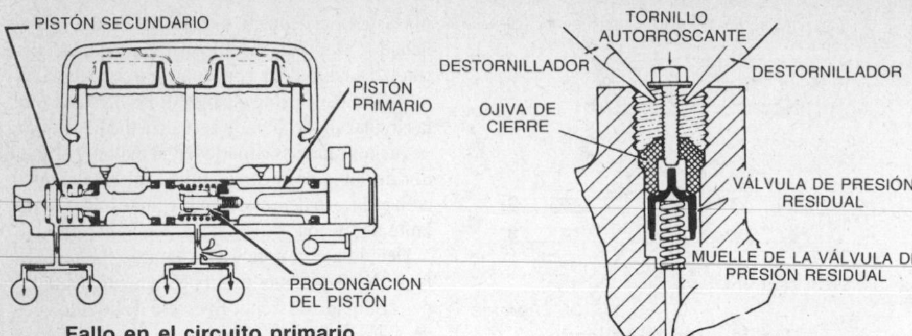

Fallo en el circuito primario

Desmontaje de las ojivas de cierre en los taladros de salida del cilindro maestro

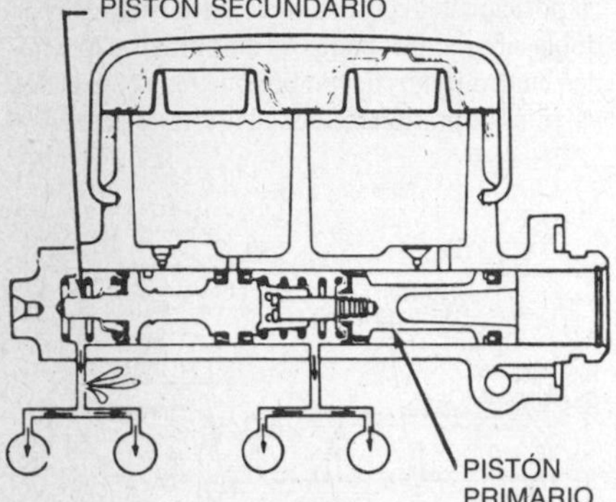

Fallo en el circuito secundario

cada una de las salidas. Los automóviles con freno de disco en el eje anterior y tambor en el posterior pueden equipar una válvula de presión residual en la salida del eje posterior (tambor).

Fallo parcial del sistema

Si tiene lugar un fallo en el sistema servido por el pistón primario, éste se desplaza hacia adelante pero no desarrolla presión alguna. La prolongación del pistón primario contacta con el pistón secundario y el esfuerzo del pedal se transmite directamente sobre este pistón, creando la presión hidráulica que acciona los frenos del sistema secundario.

Si el sistema secundario sufre una fuga o fallo, ambos pistones se desplazan hacia adelante hasta que el pistón secundario contacta con el fondo del cilindro maestro. Entonces el pistón primario desarrolla la presión hidráulica que acciona los frenos del sistema primario.

Cuando el fallo tiene lugar en uno de los sistemas se pierde aproximadamente media carrera del pedal de freno.

REPARACIÓN DEL CILINDRO MAESTRO

A diferencia de las demás piezas de freno, el cilindro maestro requiere reparaciones periódicas. La razón más usual para que un cilindro maestro falle se debe a fallos en la estanqueidad de las copelas. En general, el líquido se fuga por el interior de las copelas, y a veces hasta aparece una fuga exterior. Un síntoma común es una «esponjosidad» del pedal de freno, que se va directamente al piso pese a que los otros componentes del sistema de freno están en buen estado. Las piezas de caucho suelen estar desgastadas por el uso o deterioradas por el tiempo o la contaminación del líquido. La corrosión y depósitos que se forman en el diámetro interior, debidos a la humedad o suciedad del sistema hidráulico, pueden producir desgastes del interior del cilindro o piezas relacionadas. También el nivel de líquido del depósito debe revisarse periódicamente. Siempre que sea necesario debe añadirse líquido de freno limpio para mantener el nivel entre 1/4 y 1/2" (6 a 12 mm) por debajo de la parte superior del depósito.

DESMONTAJE Y DESARMADO

1. Limpie el área alrededor del cilindro maestro para evitar que la grasa y la suciedad contaminen el cilindro maestro y las canalizaciones. Desconéctelas, afloje las tuercas o tornillos que fijan el cilindro maestro al tabique o al servofreno y saque el cilindro maestro del automóvil.

En los automóviles sin servofreno debe desconectar el empujador del pedal de freno antes de desmontar el cilindro maestro del automóvil.

2. Desmonte la tapa del depósito y vacíe el depósito de líquido de freno. Desmonte el tornillo tope si existe. Desmonte el guardapolvo, el anillo elástico y deslice el pistón primario hacia el exterior del cilindro maestro. Seguidamente desmonte el pistón secundario dando unos ligeros golpes al cuerpo, estirándolo hacia el exterior mediante unas pinzas o utilizando cuidadosamente aire comprimido.

3. Fije en un tornillo de banco el cuerpo del cilindro maestro situando los orificios de salida hacia la parte superior. Compruebe la presencia de la válvula de presión residual mediante un alambre introducido en el agujero de la ojiva de cierre de las canalizaciones. Sustituya las ojivas de cierre y la válvula de presión residual solamente si aparecen en el juego de reparación. Si es necesario desmonte la ojiva de cierre mediante un tornillo autorroscante parcialmente roscado en el interior de la ojiva y haciendo palanca con dos destornilladores para expulsarla hacia el exterior. Si están presentes en los orificios de salida, desmonte la válvula de presión residual y el muelle.

Depósitos de plástico. Limpieza y desmontaje

Los depósitos de plástico solamente necesitan desmontarse por las siguientes razones:

a. El depósito está deteriorado o lo está el caucho de los manguitos de acoplamiento situados entre el depósito y su acoplamiento.

b. Por desmontaje del pasador de tope, para permitir desmontar los pistones en el cilindro maestro tipo Chrysler. El pasador está situado en la parte inferior de la conexión del depósito.

El depósito debe desmontarlo fijando primero la brida del cilindro maestro a un tornillo de banco. Seguidamente desmonte el depósito. Tómelo por su base y tire de él para separarlo del cuerpo. Algunos deben desmontarse forzándolos con una palanca que se sitúa entre el depósito y el cuerpo de fundición. Los manguitos de acoplamiento pueden ser reutilizados si están en buenas condiciones. Tanto si el depósito está desmontado como si no, éste y la tapa o tapón deben limpiarse a fondo.

Limpieza e inspección

Limpie completamente con alcohol limpio el cilindro maestro y las otras piezas que puedan ser reutilizadas. NO UTILICE PRODUCTOS DERIVADOS DEL PETRÓLEO PARA LA LIMPIEZA. Si el diámetro interior no está rayado, enmohecido o corroído es posible en algunos casos reparar el cilindro maestro. Un ligero esmerilado está autorizado para limpiar la superficie donde están situadas las copelas.

ATENCIÓN

El interior de los cilindros de aluminio no puede esmerilarse. El cilindro DEBE sustituirse si la pared interior está rayada.

Lubrique todas las nuevas piezas de caucho con líquido de freno o con lubricantes adecuados para el montaje de frenos.

LIMPIEZA DEL CILINDRO. CUERPOS DE FUNDICIÓN

Puede utilizarse tela de esmeril o una piedra de esmerilar apropiada para eliminar ligeramente las superficies interiores picadas, rayadas o corroídas.

ATENCIÓN

Si un cilindro maestro tiene picaduras o arañazos debe ser sustituido.

El líquido de freno puede ser utilizado como lubricante durante el esmerilado ligero. El cilindro maestro debe ser sustituido si no puede limpiarse con facilidad. Después de utilizar la tela de esmeril o piedra de esmerilar, el cilindro maestro debe lavarse completamente, con alcohol o líquido de freno, para eliminar todo el polvo y el esmeril. Si utiliza alcohol, séquelo totalmente antes de proceder de nuevo a su montaje.

ATENCIÓN

No utilice otro tipo de disolventes.

Posteriormente debe comprobar el juego entre el diámetro interior y el pistón (pistón primario de un cilindro maestro de doble circuito). Si es posible introducir una delgada galga de 1/8" (3.2 mm) a 1/4" (64 mm) de ancho y de 0.006" (0.15 mm) de espesor entre el diámetro interior y el nuevo pistón, el juego es excesivo y el cilindro maestro debe ser sustituido. El máximo juego admitido en unidades conteniendo pistones sin taladros de llenado es de 0.009" (0.23 mm).

LIMPIEZA DEL CILINDRO. CUERPOS DE ALUMINIO

Inspeccione la presencia de rayas, picaduras o corrosión en el diámetro interior. Si está rayado, pi-

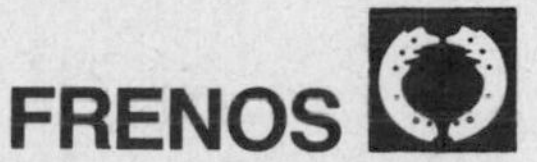

cado o corroído debe sustituirse el conjunto. Bajo ninguna condición debe limpiarse el interior del cilindro con un material abrasivo. Esto eliminaría la superficie anodizada resistente al desgaste y a la corrosión. Limpie el interior con una tela limpia enrollada en una madera y lávelo totalmente con alcohol. No confunda la decoloración con la corrosión.

Armado e instalación

1. Instale cuidadosamente las nuevas copelas en la misma posición y en orden inverso al que fueron desmontadas.

2. Utilice generosamente líquido de freno o lubricantes adecuados para evitar el deterioro de las copelas durante el montaje.

3. Introduzca el extremo menor del muelle en el retenedor del pistón secundario, posteriormente deslice el conjunto hacia el interior del cilindro evitando cortar o rayar alguna de las piezas de caucho.

4. Posicione el retenedor de muelle del pistón primario sobre el saliente del pistón secundario empujando ambos conjuntos hacia el interior del cilindro.

5. Monte y apriete el tornillo y su junta mientras mantiene los pistones asentados en su posición. Al mismo tiempo reinstale los anillos elásticos.

6. Monte la válvula de presión residual y el muelle en la salida del cilindro maestro (o en ambas salidas si originalmente las incorpora). Si las ojivas de cierre para las canalizaciones fueron desmontadas, instale unas nuevas asegurándose de que están bien asentadas.

Purgado y verificación

1. El purgado del sistema hidráulico se describe más adelante en esta misma sección.

NOTA: Asegúrese de que el cilindro maestro nuevo o reparado se ha revisado y purgado en el banco antes de su instalación en el automóvil.

2. Compruebe que el taladro de ventilación no está obturado, mirando que un chorro de líquido de freno aparezca en ambos taladros de ventilación del depósito cuando el pedal esté ligeramente aplicado.

Ajuste del empujador del cilindro maestro

Después que el cilindro maestro esté montado en el servofreno, la copela secundaria del pistón debe justo aparecer por el taladro de llenado cuando el pedal de freno está totalmente liberado. Si el empujador es demasiado largo la copela sobrepasará este taladro.

Con un empujador demasiado corto tendrá también un recorrido también demasiado corto. (Excesivo juego de pedal.)

Aplique los frenos y libere el pedal observando durante todo el recorrido que el líquido de freno circula hacia el interior del cilindro maestro.

Un flujo pleno indica que el pistón retorna totalmente y libera el líquido.

Una lenta respuesta de líquido indica que el pistón durante su retorno no ha despejado totalmente los taladros de llenado. La regulación del empujador es demasiado ajustada y deberá acortarse.

Cilindros de rueda

FRENO DE TAMBOR. CILINDRO DE RUEDA

El cilindro de rueda funciona en respuesta al cilindro maestro. Recibe el líquido de freno desde un flexible a través del taladro de entrada. Como la presión aumenta, las copelas y los pistones son forzados a separarse. Como resultado tenemos que una presión hidráulica se ha convertido en una fuerza mecánica que actúa sobre las zapatas de freno. El cilindro de rueda puede tener distintos tamaños en el eje anterior y en el posterior. La variación del tamaño (diámetro) es uno de los factores que se controlan en la distribución de las fuerzas de frenado en un automóvil.

FUNCIONAMIENTO DEL CILINDRO DE RUEDA

El espacio comprendido entre las dos copelas situadas en el interior del cilindro permanece lleno de líquido de freno permanentemente. Después de

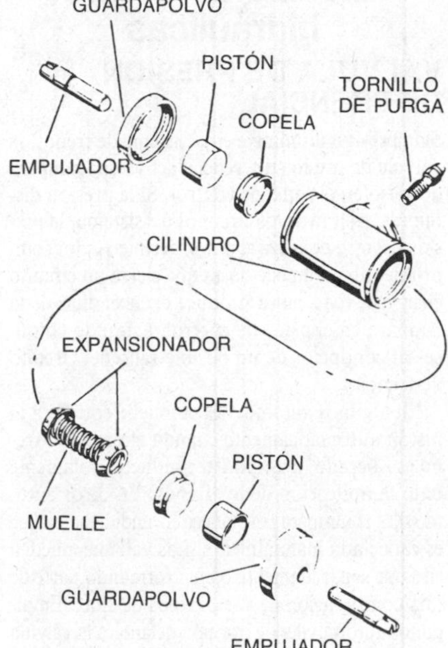

Típicos componentes de un cilindro de rueda

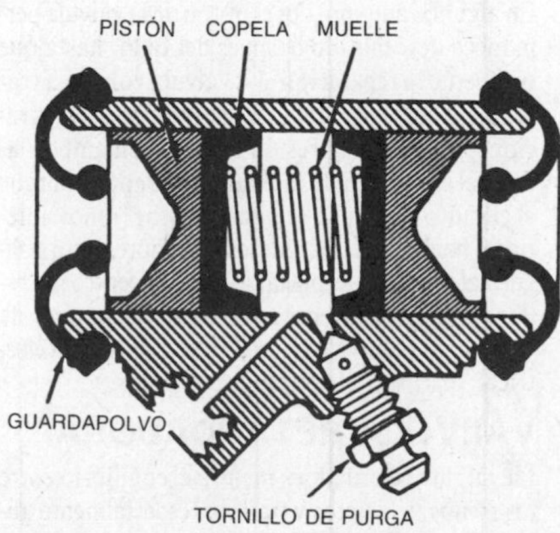

Cilindro de rueda de dos pistones

accionar el pedal de freno, el líquido adicional procedente del cilindro maestro es introducido en el interior del cilindro. Como resultado de esto las copelas y los pistones se desplazan hacia el exterior del cilindro desplazando a los empujadores y a las zapatas de freno, hasta contactar con el tambor y aplicando los frenos.

En algunos diseños el extremo del alma de la zapata contacta directamente contra los pistones, no siendo entonces necesario utilizar los empujadores.

PROCEDIMIENTOS DE REPARACIÓN

Los cilindros de rueda pueden necesitar una reparación o sustitución cuando las zapatas sean reemplazadas o cuando se requiera corregir una fuga. En muchos diseños el cilindro de rueda puede ser reparado sin desmontarlo del plato de freno. En otros diseños sin embargo el cilindro está montado en una muesca situada en el plato de freno o el tope de pistón está soldado en el plato de freno. Para la reparación de este tipo de frenos, el cilindro de rueda debe ser desmontado previamente del plato de freno antes de ser reparado.

Diagnóstico, inspección y limpieza

Las fugas de líquido que cubren el guardapolvo y el cilindro, las que ocasionan un descenso del nivel de líquido en el depósito o el humedecimiento y manchas en los forros, son peligrosas. Semejantes fugas pueden ser causa de que los frenos estén «agarrotados» o fallen, siendo necesario repararlos. Una fuga no visible puede ser detectada de forma inmediata desmontando el guardapolvo del cilindro. Una pequeña filtración de líquido humedeciendo el guardapolvo es normal. Un goteo de líquido no lo es. A menos que otras razones sean la causa de que un freno tire, se agarrote o funcione lentamente, conviene obviamente sospechar del cilindro de rueda y debe realizarse una reparación general.

El agarrotamiento en un cilindro puede ser causado por depósitos enmohecidos, suciedad, hinchamiento de las copelas debido a la contaminación del líquido de freno o por erosión de la copela por el excesivo juego del pistón. Si el juego entre los pistones y el interior del cilindro excede los valores recomendados, puede estar ocurriendo lo que vulgarmente se denomina «talón agarrotado». Ello puede conducir a un rápido desgaste de la copela y también a un retorno lento de los pistones cuando los frenos son liberados. Un típico ejemplo de un rayado, picado o corrosión del cilindro se muestra en la ilustración adjunta.

Algunas veces se observa un anillo de sustancias cristalinas en el interior del cilindro en la zona donde queda situado el pistón cuando los frenos son liberados.

Ligeras rugosidades o depósitos pueden eliminarse mediante tela de esmeril o piedra de esmerilar adecuada. Mientras realiza el ligero esmerilado puede utilizar líquido de freno como lubricante. Si el interior del cilindro no puede limpiarse con facilidad deberá ser sustituido.

NOTA: Los cilindros de rueda de aluminio no deben esmerilarse.

ATENCIÓN

Las piezas del sistema hidráulico no deben entrar en contacto con aceites o grasas, ni deben manipularse con las manos sucias de grasa. Igualmente un ligero contacto con cualquier derivado del petróleo es suficiente para deteriorar las piezas de caucho.

Reparación del cilindro de rueda

Es práctica común que la reparación de un cilindro de rueda se lleve a término sin desmontarlo del plato de freno, sin embargo, algunos frenos están equipados con un tope exterior del pistón que evita su indesmontabilidad a menos que el cilindro completo sea montado previamente. El procedimiento que debe seguirse es el siguiente: desmonte los muelles de las zapatas y extiéndalas hacia ambos lados, desconecte el flexible, desmonte los tornillos de fijación o los clips de retención y desmonte el conjunto del plato de freno. Desmonte

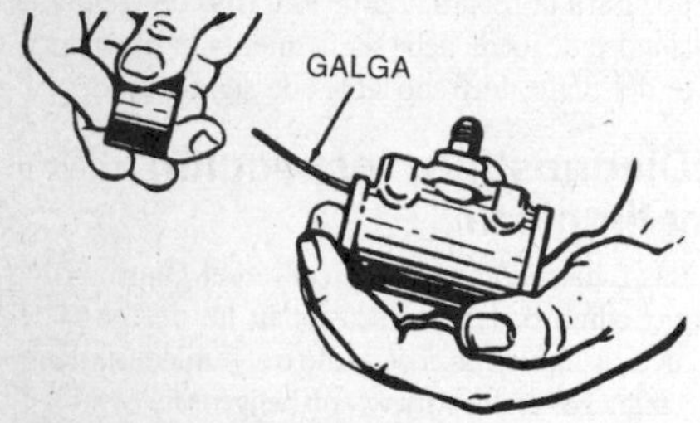

Comprobación del juego del pistón

los guardapolvos del cilindro. Las piezas interiores pueden deslizarse o ser empujadas con facilidad hacia el exterior. Las piezas puede desmontarlas mediante un pasador de madera o aplicando aire comprimido en el taladro de entrada. Las piezas que no puedan desmontarse con facilidad indican que están deterioradas, debiendo repararlas y reemplazar el cilindro.

Limpie el cilindro y las restantes piezas en alcohol y/o líquido de freno (NO utilice gasolina u otros derivados del petróleo). Utilice un paño exento de hilados. Puede utilizarse tela de esmeril para eliminar pequeñas rayas, moho, corrosión o decoloración en el interior del cilindro y en los pistones. Deslice la tela de esmeril por el interior del cilindro con movimientos circulares mejor que longitudinales. También puede utilizar una piedra de esmeril. Después de que el cilindro haya sido esmerilado, verifique el juego con el pistón y elimine las rebabas en las aristas de los taladros de alimentación y de purga.

ATENCIÓN

No repare los cilindros de rueda de aluminio.

Compruebe el juego del pistón introduciendo una galga delgada de 1/4" (6 mm) de ancho situándola longitudinalmente en el interior del cilindro. Si en estas condiciones el pistón puede introducirse en el interior del cilindro indicará que está sobredimensionado y deberá descartarlo para su utilización. Dependiendo del diámetro del cilindro la galga puede variar de espesor de la forma siguiente:

Diámetro del cilindro	Galga
3/4" - 1 3/16" (19 - 30 mm)	.006" .15 mm
1 1/4" - 1 7/16" (32 - 37 mm)	.007" .18 mm
1 1/2" - superior (38 mm)	.008" .20 mm

Monte las piezas en el interior del cilindro de rueda comprobando que sus paredes interiores están impregnadas con líquido de freno. Introduzca las copelas y pistones por cada extremo en los cilindros abiertos sin que se deslicen hacia el interior del cilindro. Los labios de las copelas deben estar posicionados frontalmente en el interior del cilindro.

Válvulas de control hidráulicas

VÁLVULA DE PRESIÓN DIFERENCIAL

Si la presión disminuye en el sistema de frenos, la válvula de presión diferencial activa una lámpara de aviso en el panel de control. Si la presión disminuye en uno de los circuitos del sistema, la presión del otro desplaza al pistón del interruptor comprimiendo un muelle hasta que cierra un circuito eléctrico. Esta causa produce el encendido de la lámpara en el panel de control, avisando entonces al conductor de un posible fallo del circuito de frenos.

En algunos automóviles el muelle equilibra al pistón automáticamente cuando el pedal de freno es liberado, avisando al conductor solamente bajo la aplicación de los frenos. En otros automóviles la lámpara permanece encendida hasta que es cancelada manualmente. Las válvulas pueden situarse separadamente o bien formando parte de una combinación de varios tipos de ellas. En algunos automóviles de tracción delantera la válvula y el interruptor están integrados en el cilindro maestro.

Reasentamiento de las válvulas

En algunos automóviles el pistón de la válvula permanece descentrado después del fallo, hasta que se efectúe la reparación. La válvula volverá a reasentarse automáticamente (después de las reparaciones) cuando la presión sea igual en ambos lados del sistema. Si la lámpara no se apaga purgue el circuito opuesto al del fallo. Si los frenos anteriores han fallado, purgue los posteriores, esto obligará al pistón a desplazarse hacia el centro. Si falla también este procedimiento desmonte la válvula. Si observa líquido de freno en la zona eléctrica, sustituya el conjunto completo.

VÁLVULA RETARDADORA

La válvula retardadora mejora el equilibrio entre los frenos delanteros y traseros, especialmente durante las aplicaciones suaves de los frenos.

La válvula retardadora evita la aplicación de los

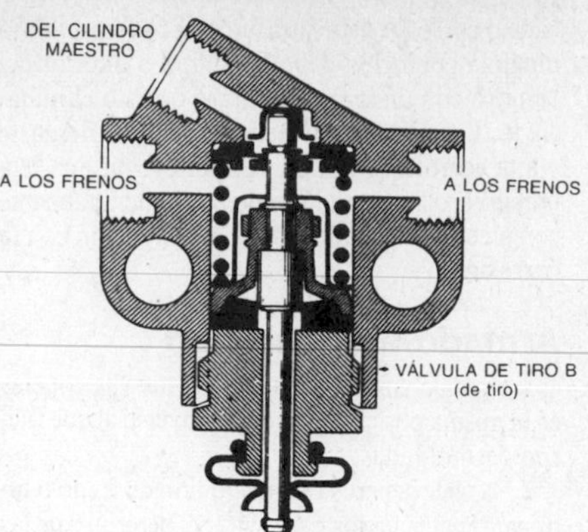

Típica válvula retardadora

frenos de disco anteriores hasta que la presión hidráulica vence a los muelles de recuperación de los frenos posteriores. De este modo cuando las pastillas de freno de disco contactan con el disco, las zapatas posteriores conectarán al mismo tiempo contra el tambor.

Compruebe la válvula retardadora cada vez que se reparen los frenos. Un ligero aumento de humedad en el interior del guardapolvo no indica que la válvula sea defectuosa, no obstante, las fugas de líquido indican un desgaste o avería de la válvula. Si aparecen fugas de líquido la válvula deberá sustituirse.

La comprobación de la válvula retardadora es muy simple. Con el automóvil parado, apriete suavemente los frenos. Al recorrer el pedal aproximadamente una pulgada se detectará un pequeño cambio en el esfuerzo necesario sobre el pedal (parecido a un golpe), si la válvula funciona correctamente. Las válvulas retardadoras no deben repararse y deben sustituirse si son defectuosas.

VÁLVULAS CORRECTORAS

Las válvulas correctoras (control de la presión) se utilizan en algunos automóviles para disminuir la presión hidráulica en las ruedas traseras, para evitar el deslizamiento (bloqueos) durante una aplicación enérgica de los frenos y proporcionar un mejor equilibrio del frenado. Normalmente está montada en línea hacia las ruedas traseras.

Siempre que los frenos sean reparados debe inspeccionar las posibles fugas de la válvula. Una apli-

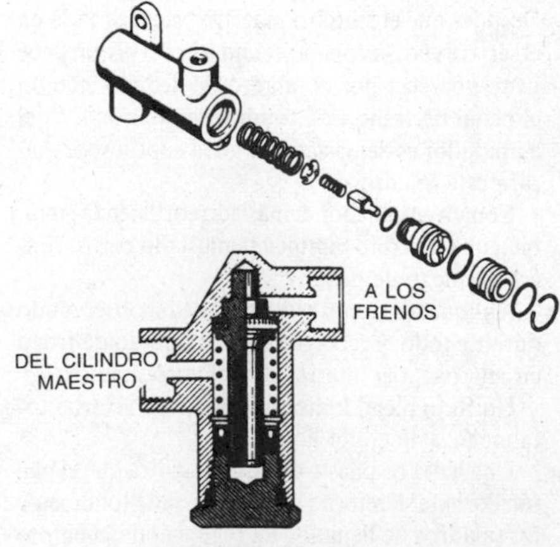

Típica válvula correctora

Válvula de dos funciones (retardadora e inturruptor de aviso)

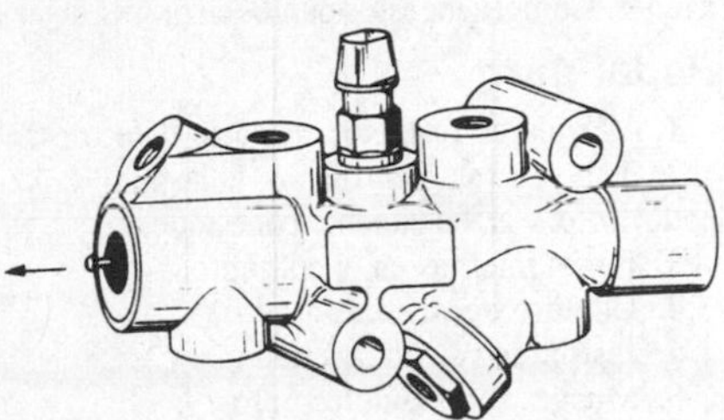

Válvula de tres funciones

cación prematura de los frenos traseros durante una frenada suave podría estropear una válvula correctora. La reparación consiste en la sustitución de la válvula. Compruebe que el taladro de salida marcado con una «R» está conectado en dirección a las ruedas traseras.

En algunos automóviles de tracción delantera, la válvula correctora está situada en el interior del cilindro maestro. Desde que los automóviles utilizan el circuito partido en diagonal, son necesarias dos válvulas. Una canalización en dirección al eje posterior está conectada a cada una de las válvulas. Las primeras válvulas eran de acero y en algunos modelos se detectó un ruido «metálico» ocasional que no afectaba a su efectividad. Actualmente están fabricándose de aluminio. Jamás mezcle una válvula de aluminio con otra de acero, utilice siempre dos válvulas de aluminio.

VÁLVULAS COMBINADAS

Las válvulas combinadas desempeñan dos o tres funciones que son las de: válvula retardadora, válvula correctora y válvula de presión diferencial.

La combinación de dos funciones puede ser: correctora y presión diferencial o bien retardadora y presión diferencial.

Una válvula combinada de tres funciones dirige el líquido de freno a las ruedas apropiadas, ejecutando de forma precisa su función e incluyendo el aviso de fallo del sistema.

La válvula combinada está situada normalmente bajo el capó y próxima al cilindro maestro donde las canalizaciones pueden ser fácilmente conectadas y dirigidas hacia las ruedas anteriores y posteriores.

La válvula combinada no puede repararse y deberá sustituirse si su funcionamiento es incorrecto.

Purgado de los frenos

El sistema de frenos debe estar exento de aire para funcionar correctamente. El aire puede entrar en el sistema cuando alguno de sus componentes es desconectado para repararse, cambiarse o también cuando el nivel de líquido en el depósito del cilindro maestro ha disminuido. El aire en el interior del sistema dará al pedal de freno una sensación esponjosa durante su aplicación.

El sistema de purga por presión es el más rápido y fácil de los dos sistemas conocidos, pero es necesario un sistema especial para presurizar exteriormente el sistema hidráulico. El otro sistema comúnmente utilizado para purgar los frenos es el manual.

SECUENCIA DEL PURGADO

El purgado puede ser necesario en una rueda, en dos o en el cilindro maestro, depende del punto en el cual se ha introducido aire en el circuito. Si después de purgar un cilindro de rueda/pinza de freno el cual ha sido reparado o sustituido, el pedal presenta una sensación de esponjosidad durante su aplicación, será necesario purgar todo el circuito.

Purgue el sistema mediante el siguiente procedimiento:

1. Cilindro maestro: si el cilindro no está equipado con tornillos de purga, abra ligeramente las canalizaciones de los cilindros de rueda mientras mantiene aplicado el pedal de freno. Asegúrese que el rácor de la canalización está apretado antes de liberar el pedal de freno. El procedimiento para el purgado del cilindro maestro en banco se explica en la sección siguiente.

2. Servofreno: si este conjunto incorpora tornillo de purga, deberá purgarlo después del cilindro maestro. El motor del automóvil tiene que estar completamente parado y debe accionar varias veces el pedal de freno para eliminar el vacío del servofreno. Si el conjunto está equipado con dos tornillos de purga realice la purga primero en el tornillo que está posicionado más alto.

3. Válvulas combinadas: si están equipadas con tornillo de purga.

4. Circuitos anterior/posterior: comience con la rueda más alejada del cilindro maestro, normalmente inicie la purga por la rueda posterior derecha, siga con la posterior izquierda, anterior derecha y finalmente anterior izquierda.

NOTA: Si obtiene un purgado infructuoso en las ruedas delanteras, es necesario que desactive la válvula retardadora. Este desactivado podrá efectuarlo empujando o tirando del botón o vástago de la válvula. Debe sujetar manualmente la válvula mediante un útil especial que la mantenga desactivada mientras purga los frenos anteriores.

5. Circuitos en diagonal: comience con la rueda posterior derecha y seguidamente con la anterior izquierda. Siga luego con la posterior izquierda y la anterior derecha.

6. Frenos de disco posteriores: si el automóvil está equipado con frenos de disco en el eje posterior y las pinzas incorporan dos tornillos de purga, realice la purga primero en el tornillo que está posicionado más hacia el interior y luego el exterior.

ATENCIÓN

No permita que el líquido de freno se derrame por la carrocería ya que reblandece la pintura. Si esto ocurre lave la zona afectada con agua.

PURGADO MANUAL

1. Limpie los tornillos de purga de cada una de las ruedas.

2. Comience con la rueda más alejada en relación al cilindro maestro (rueda posterior derecha).

3. Conecte un pequeño tubo de goma o plástico en el tornillo de purga y sitúe el otro extremo en un recipiente limpio.

4. Llene el depósito del cilindro maestro con líquido de freno (observe el nivel a menudo, durante el purgado). Tome un ayudante para desplazar el pedal de freno y obtener presión.

5. Abra un cuarto de vuelta el tornillo de purga y presione el pedal hasta el piso, cierre el tornillo de purga y libere lentamente el pedal de freno. Continúe hasta que el cilindro maestro no desplace más burbujas de aire durante la aplicación del pedal de freno.

6. Repita el procedimiento en los restantes cilindros de rueda y pinzas. Los cilindros maestros con tornillos de purga deben purgarse independientemente. Cuando purgue un cilindro maestro tipo Bendix es necesario cubrir enteramente una de las secciones del depósito mientras purga la otra, para evitar la pérdida de presión a través del taladro de ventilación.

NOTA: Cuando el purgado ha finalizado y el tornillo de purga está cerrado, el disco debe girar libremente asegurando de esta manera que el pistón ha retrocedido durante la desaplicación.

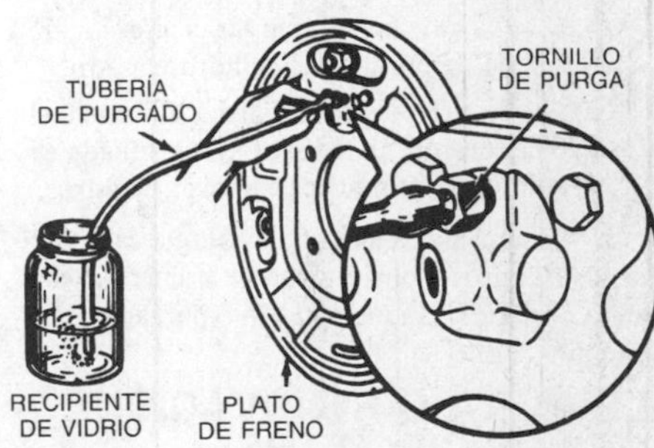

Purgado manual de los frenos de tambor

ATENCIÓN

El tornillo de purga del cilindro de rueda debe cerrarse al final de cada recorrido y antes de liberar el pedal de freno con objeto de evitar la entrada de aire en el interior del sistema. Es también importante que el pedal de freno retorne totalmente a su posición de reposo, para que los pistones del cilindro maestro retrocedan lo suficiente para comunicar las salidas de derivación.

PURGADO POR PRESIÓN EN LOS FRENOS DE DISCO

El purgado a presión de los frenos de disco cerrará la válvula retardadora y los frenos anteriores no se purgarán. Por esta razón es necesario mantener abierta manualmente la válvula retardadora durante el purgado a presión. Jamás utilice un bloque o una brida para mantener la válvula abierta, tampoco fuerce el vástago de la válvula más lejos de su posición normal. Se utilizan dos tipos de válvulas, el más común requiere mantener sujetado el vástago hacia el interior, mientras realiza el purgado de los frenos; el otro tipo requiere estirarlo hacia el exterior (0.060" mínimo desplazamiento). Determine el tipo de válvula mediante una inspección visual.

ATENCIÓN

Para el purgado a presión se necesitan adaptadores especiales en los depósitos de plástico.

El equipo para el purgado a presión deberá ser del tipo diafragma. El diafragma se encuentra situado entre una entrada de aire presurizado y el líquido de freno. Este sistema evita que la humedad y otros contaminantes penetren en el sistema hidráulico.

NOTA: Los automóviles equipados con discos anteriores/tambores posteriores utilizan una válvula retardadora que bajo ciertas condiciones corta la presión destinada a los frenos de disco. Estos sistemas disponen de actuadores de liberación manual que deben ser conectados para purgar a presión los frenos anteriores.

1. Conecte la tubería del depósito hidráulico y el adaptador al cilindro maestro.
2. Cierre la válvula hidráulica del equipo de purgado.
3. Aplique aire comprimido al equipo de purgado.

ATENCIÓN

Para la correcta utilización del aire comprimido siga las recomendaciones del fabricante del equipo.

4. Abra la válvula para purgar el aire situado en la tubería de presión del cilindro maestro.

NOTA: Nunca purgue el sistema utilizando el tornillo de tope del pistón secundario situado en la parte inferior de muchos cilindros maestros.

5. Abra la válvula hidráulica y purgue cada uno de los cilindros y pinzas. Purgue primero el circuito posterior aunque tenga que purgar ambos circuitos.

LIMPIEZA O RENOVACIÓN DE LOS CIRCUITOS HIDRÁULICOS

Los circuitos hidráulicos deben limpiarse o renovarse totalmente si el líquido de freno está contaminado con agua, suciedad u otros agentes químicos corrosivos. La limpieza o renovación se realizará simplemente purgando todo el sistema hasta que todo el líquido contaminado haya sido reemplazado por líquido nuevo.

PURGADO EN BANCO DEL CILINDRO MAESTRO

El purgado del cilindro maestro en banco antes de instalarlo en el automóvil, reduce la posibilidad de retención de aire en el interior de las canalizaciones.

1. Conecte dos trozos de canalización en los taladros de salida, cúrvelos de manera que el extremo libre esté situado en el interior del depósito y por debajo del nivel de líquido.
2. Llene los depósitos con líquido de freno. Desplace el pistón hasta que no aparezcan burbujas de aire en el interior de los depósitos.
3. Desconecte las canalizaciones, rellene de líquido el cilindro maestro y monte el tapón del depósito.
4. Instale el cilindro maestro en el automóvil. Conecte las canalizaciones pero no las apriete totalmente. Desplazando lentamente el pedal de freno fuerce la salida del aire que podría haber quedado atrapado durante la conexión. Apriete las canalizaciones antes de liberar el pedal de freno.

SERVOFRENOS

Servofrenos accionados por vacío

Los servofrenos actúan como un sistema de frenos estándar en todos los aspectos a excepción del funcionamiento de los pistones del cilindro maestro. Un diafragma de vacío unido al cilindro maestro ayuda al conductor durante la aplicación de los frenos disminuyendo el esfuerzo y recorrido al poner en movimiento el pedal de freno.

La cámara de vacío está conectada al colector de admisión mediante una tubería de vacío. La válvula de retención está situada entre la tubería y la cámara de vacío de modo que, durante los períodos de baja admisión, evitará la disminución del nivel de vacío en el interior de la cámara.

Al aplicar el pedal de freno se cierra la fuente de vacío y permite a la presión atmosférica entrar por uno de los lados del diafragma. Esto causa que los pistones del cilindro maestro se desplacen y presionen los frenos. Cuando el pedal de freno es liberado, el vacío vuelve a situarse a ambos lados del diafragma y la acción de los muelles de recuperación coloca al diafragma y a los pistones del cilindro maestro en su posición de reposo. Si el vacío falla, el empujador del pedal de freno desplaza al empujador del cilindro maestro estableciéndose una unión mecánica en el momento en que el pedal de freno está aplicado.

El método aplicado para detectar problemas mecánicos e hidráulicos en sistemas convencionales de freno, también puede aplicarse a los servofrenos. Éstos deben utilizarse si las tablas y pruebas de rutina no revelan el problema.

Las pruebas para detectar las fugas de un sistema de vacío son las siguientes:

1. Ponga el motor en marcha manteniéndolo al ralentí y la transmisión en punto muerto, no toque el pedal de freno por lo menos durante un minuto.
2. Pare el motor y espere un minuto.
3. Compruebe la presencia del vacío accionando y liberando el pedal de freno varias veces. Una ligera aplicación producirá cada vez menos recorrido del pedal si el vacío estaba en su interior. Si no hay vacío, el aire atmosférico está penetrando en el interior del sistema.

La prueba para el funcionamiento del sistema se realiza de la siguiente manera:

1. Accione el pedal de freno (con el motor parado) hasta eliminar totalmente el vacío.
2. Aplique un ligero y firme esfuerzo sobre el pedal.
3. Ponga el motor en marcha manteniéndolo al ralentí (marcha en vacío) y la transmisión en punto muerto. Si el sistema está en buenas condiciones el pedal de freno se desplazará en dirección al piso si el esfuerzo se mantiene constante sobre el pedal.

Las fugas hidráulicas en los sistemas con servofreno pueden comprobarse de la misma manera que en los sistemas ordinarios, excepto en que en los primeros la prueba se realiza con el motor al ralentí y la transmisión en punto muerto.

LISTA DE LOCALIZACIÓN DE AVERÍAS EN LOS SERVOFRENOS

Los siguientes puntos se incluyen además de los que están en la sección general de Localización de averías. Compruebe estos puntos en primer lugar.

Pedal duro

1. Válvula de retención de vacío defectuosa.
2. Tubo de vacío enrollado, aplastado, taponado, roto o erróneamente conectado.
3. Fugas internas en el conjunto.
4. Cilindro de vacío averiado.
5. Pistón de válvula averiado.
6. Muelles rotos o defectuosos.
7. Vástago del pistón roto.

Frenos agarrotados

1. Cilindro de vacío averiado.
2. Válvula de retención de vacío defectuosa.
3. Tubo de vacío roto o erróneamente conectado.
4. Vástago del pistón roto.

El pedal desciende hasta el piso

Generalmente este problema no está ocasionado por el servofreno. En contadas ocasiones puede atribuirse a la rotura del vástago del piston.

Revisión

La mayor parte de los servofrenos no pueden repararse y deben sustituirse totalmente. En muchos casos la reparación de sus componentes no puede realizarse. Un buen número de herramientas especiales se necesitan para reconstruir estos conjuntos. Por estas razones, le resultará más práctico sustituir el servofreno averiado por un conjunto nuevo o reparado.

SISTEMA ANTI-BLOQUEO DE FRENOS (ABS)

FUNCIONAMIENTO

El sistema anti-bloqueo de frenos (ABS) es esencialmente un sistema muy evolucionado. El propósito del ABS consiste en incrementar el control del conductor sobre el vehículo durante la frenada y especialmente aumentar el control sobre la dirección. Cuando un vehículo equipado con sistema convencional de frenos debe frenar con brusquedad, una o más ruedas pueden bloquearse apareciendo entonces un descontrol en la dirección del vehículo que no permite evitar el obstáculo. El sistema ABS está destinado a impedir que las ruedas queden bloqueadas. Por ejemplo, durante una frenada a alta velocidad entrando en una curva,

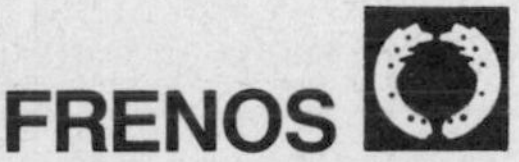

el ABS permite al conductor dirigir el vehículo a través de la curva mientras lo desacelera. Adicionalmente el ABS está destinado a aumentar independientemente la acción del frenado de cada una de las ruedas anteriores y de las dos ruedas posteriores independientemente de las ruedas anteriores. Esto permite controlar la frenada aunque una o más ruedas se encuentren sobre una superficie resbaladiza. En esta situación el ABS sentirá automáticamente la baja adherencia inicial de cualquiera de las ruedas, reduciendo o impidiendo el aumento de presión en los calibres de esas ruedas, o en ambas pinzas del eje posterior hasta que la adherencia sea recuperada.

COMPONENTES

El ABS está esencialmente formado por la familiar partición del circuito sobre los cuatro frenos de disco, en el que un sofisticado sistema electrónico y mecánico ha sido cuidadosamente acoplado. Tres o cuatro sensores de velocidad de la rueda (depende del sistema elegido), una unidad de control electrónico y una unidad de control hidráulico, que incorporan los solenoides que accionan las válvulas en toda la línea de frenos, son los más importantes componentes del sistema. Los sensores controlan la velocidad de rotación de las ruedas, proporcionando información sobre su aceleración y desaceleración en muy cortos espacios de tiempo. Estas señales emitidas por los sensores son transmitidas a la unidad de control. La unidad de control analiza las señales recibidas y las compara con un programa preestablecido. Si uno de los sensores muestra una aceleración repentina que excede de los valores límites programados del sistema (indicando de cada rueda si está bloqueada y desliza), el ordenador activa la unidad de control hidráulico para mantener una óptima presión de frenado en esta rueda o en ambas ruedas posteriores evitando su bloqueo.

REPARACIÓN DE LOS FRENOS DE DISCO

Pinza de freno de disco

Una parte integrante del freno de disco es la llamada pinza de freno en cuyo interior se encuentran los pistones, los cuales son empujados directamente contra las pastillas también situadas en el interior del freno. Como todas las fuerzas de frenado (fuerza aplicada a las pastillas) se aplican a ambos lados del disco sin el energizado automático, el cilindro y el pistón son mayores que en un cilindro de rueda de un freno de tambor.

Tipo fijo

La pinza de tipo fijo se encuentra montada solidariamente a la ménsula del husillo. Los pistones se encuentran situados a ambos lados del disco en el interior de las semipinzas interior y exterior.

El líquido circula entre las semipinzas a través de una canalización exterior o también a través de taladros interiores. Un tornillo de purga está situado en la semi-pinza interior. Un guardapolvo

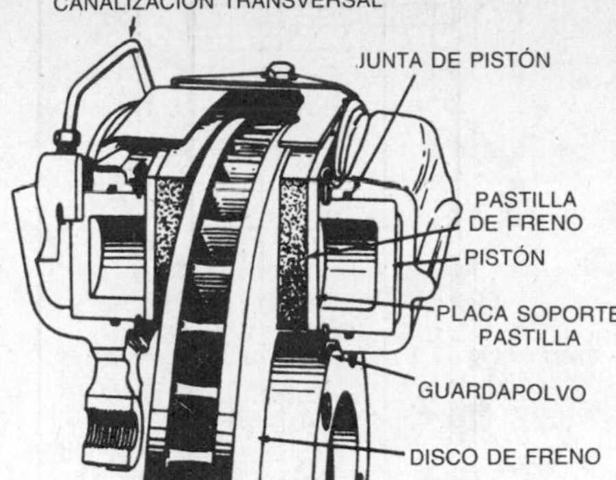

Pinza de freno fija

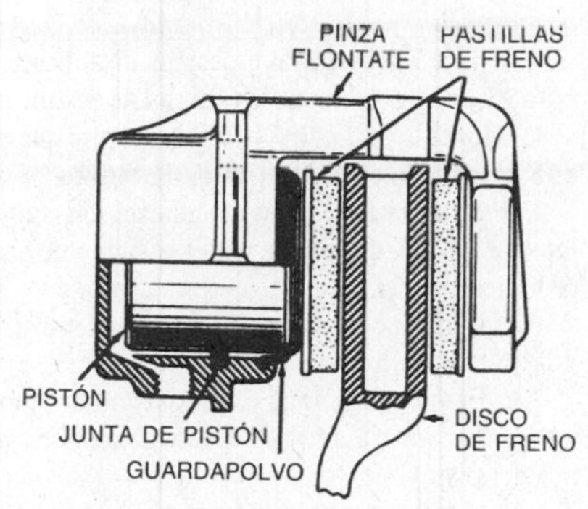

Pinza de freno flotante (similar a la deslizante)

proteje a cada uno de los cilindros y está ajustado a una ranura circular situada en el pistón.

Tipo flotante o deslizante

Las pinzas flotantes o deslizantes se mueven libremente a través de un soporte fijo.

El pistón está situado en el lado interior del cuerpo de pinza que está montada en el disco. El pistón acciona directamente la pastilla interior, simultáneamente, mediante la presión hidráulica, se genera una fuerza que produce un deslizamiento de la pinza hasta que la pastilla exterior contacta con el disco. Durante la aplicación el movimiento es muy pequeño. El conjunto sujeta el disco durante la aplicación y se relaja durante la liberación situando las pastillas a una pequeña distancia del disco. El taladro de alimentación y el tornillo. de purga están situados en el lado interior de la pinza. Un guardapolvo está ajustado a una ranura circular del pistón y a una cavidad situada en el extremo del cuerpo de la pinza. Un pistón rayado, una junta pellizcada, depósitos de impurezas o de barniz, depositados en la zona de estanqueidad producirán una fuga de líquido. Una fuga importante puede producirse si las pinzas de freno no son reparadas cuando se instalen las pastillas nuevas. El polvo y la suciedad gradualmente acumulado por detrás del guardapolvo puede ser depositado en la junta de pistón cuando éste sea introducido hacia el interior durante el montaje de las pastillas nuevas. Las juntas viejas utilizadas hasta ahora podrían haber tomado juego impidiendo su correcto asentamiento en la ranura del cuerpo y el pistón. Por consiguiente cuando repare las pinzas deberá instalar juntas nuevas.

PROCEDIMIENTOS PARA LA REVISIÓN

Antes de iniciar la reparación, aspire 2/3 partes del líquido situado en el depósito del cilindro maestro, sin embargo el nivel de líquido no deberá bajar por debajo del taladro de admisión del cilindro maestro.

1. Para evitar la pérdida de líquido obture el flexible o canalización después de desconectarlo del freno.

2. Para repararlo desmonte el freno del automóvil, escurra el líquido de freno de su interior y desmonte las pastillas.

3. Para fijar la pinza de freno en el banco de trabajo utilice unas modarzas blandas.

4. En los frenos de tipo fijo, desmonte los tornillos que unen las dos semipinzas. Desmonte las juntas de estanqueidad si el conjunto tiene los taladros interiores de comunicación entre ambas semipinzas.

5. Cuando lo requiera, utilice herramientas especiales para desmontar el pistón, guardapolvo y las juntas. Si utiliza aire comprimido para desmontar los pistones con facilidad, aplíquelo suave y gradualmente, deje caer los pistones encima de un paño limpio; no permita que salgan repentinamente. Tome precauciones y evite pellizcarse los dedos y las manos.

6. Mientras desmonta los guardapolvos de tipo flexible, saque el labio del guardapolvo situado en la ranura del cuerpo de pinza. Cuando el guardapolvo quede libre, tire del pistón y proceda a desmontar el guardapolvo.

7. Mientras desmonta los guardapolvos rígidos (anillos rectangulares), tire del pistón a través del guardapolvo. No utilice herramientas de metal ya que podría rayar el pistón. Utilice una pequeña cala de madera o plástico para desmontar el guardapolvo y la junta de pistón de las respectivas ranuras del cuerpo de pinza.

Limpieza, inspección y montaje

Utilice solamente alcohol o líquido de frenos y un paño limpio y libre de hilos para limpiar el cuerpo de pinza y el resto de piezas.

ATENCIÓN

No utilice otros disolventes. Sople los taladros de comunicación con aire comprimido. Protéjase siempre los ojos cuando utilice el aire comprimido para limpiar los cuerpos de pinza.

1. Para eliminar pequeñas imperfecciones en el interior del cilindro puede utilizar tela de esmeril

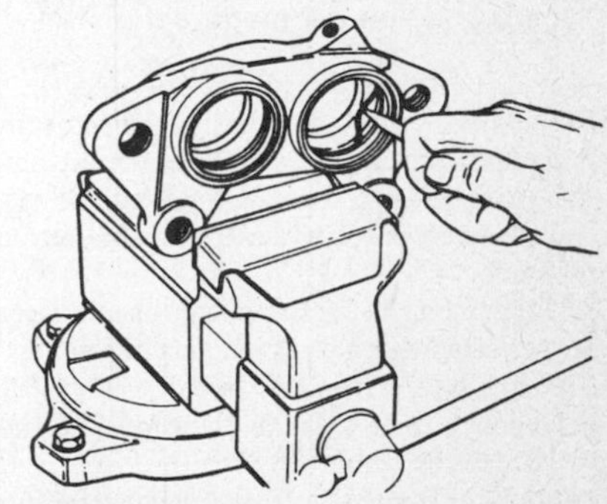

Desmontaje de una junta de pistón

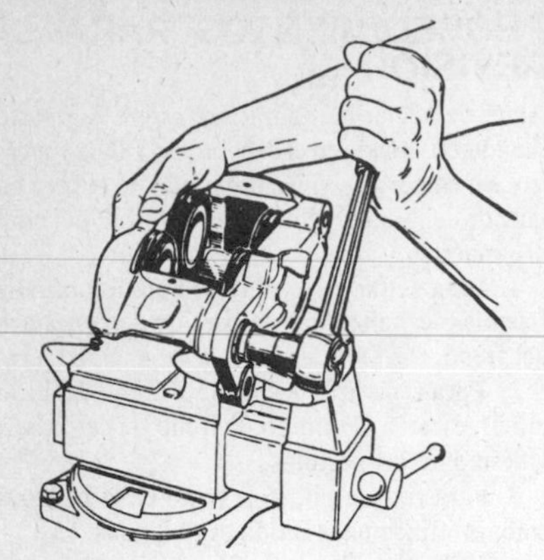
Desmontaje de los tornillos de una pinza de freno fija

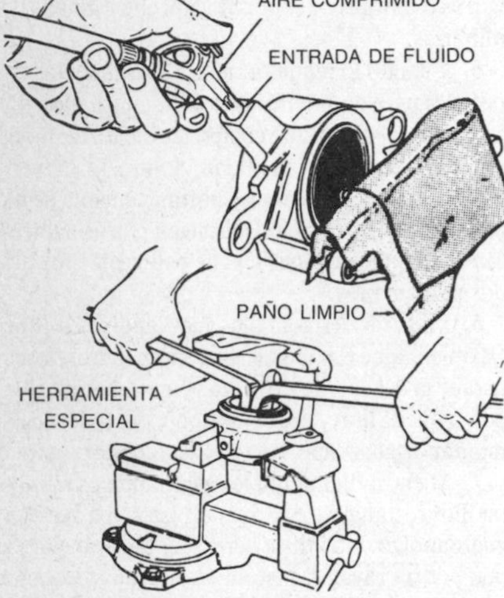

Desmontaje de un pistón hueco con aire comprimido (arriba) o con una herramienta especial (abajo)

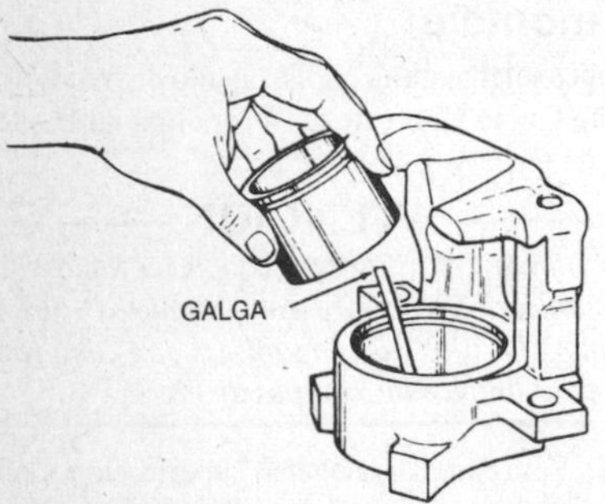

Comprobación del juego del pistón

de grado fino, deslizándola con movimientos circulares mejor que longitudinales. No utilice ningún tipo de abrasivo sobre la protección del pistón. Rechace un pistón picado o con la protección desgastada.

2. Inspeccione la nueva junta de pistón. Debe estar perfectamente plana y redonda. Si tiene una deformación permanente no la utilice. Lubrique con líquido de freno todas las piezas y paredes interiores del cilindro.

3. Durante el montaje del guardapolvo flexible estírelo y adáptelo al pistón.

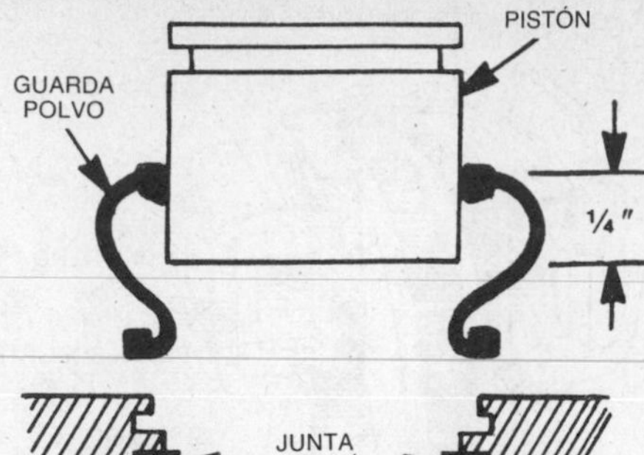

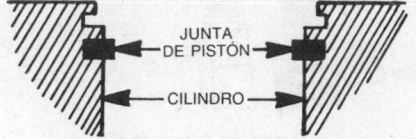

Típica instalación de un guardapolvo

4. Utilice herramientas especiales de alineación para insertar el labio de las juntas de pistón.

5. Monte la junta de pistón y asegúrese que no está enrollada en el interior de la ranura.

6. Para montar el labio del guardapolvo en el interior del cilindro puede seguir el siguiente procedimiento de trabajo:

a. Lubrique la arista del extremo del pistón y la junta con líquido de freno.

b. Estire y posicione el labio del guardapolvo a una distancia de 1/4'' con relación al extremo del pistón.

c. Mantenga suspendido el pistón por encima del cilindro.

d. Introduzca la parte posterior del guardapolvo en la ranura interior del cuerpo de la pinza.

e. Doble todo el guardapolvo excepto el último saliente y sitúelo delante de la ranura.

f. Introduzca el último saliente en la ranura del pistón.

g. Empuje el pistón cuidadosamente hacia el fondo del cilindro. El interior del guardapolvo debe deslizarse por el pistón y sus extremos deben permanecer alojados en las ranuras.

Si el labio del guardapolvo está fijado por el exterior del cilindro, primero móntelo sobre el pistón y asiéntelo en su ranura, luego empuje el pistón a través de la junta.

Baje completamente el pistón. Necesitará entre 50 y 100 libras de esfuerzo para fijar el labio del guardapolvo en su asentamiento. En algunos diseños es necesario utilizar un punzón de madera o una herramienta especial para asentar el refuerzo de metal del guardapolvo en el encaste frontal del cuerpo de pinza.

Montaje de los tornillos en las pinzas fijas

Si el cuerpo de pinza dispone de taladros de comunicación interior, asegúrese de que ha instalado las nuevas juntas en sus alojamientos.

Utilice tornillos de alta resistencia a la tracción para unir las dos semipinzas. No utilice nunca tornillos ordinarios de ferretería; pídalos por su referencia solamente.

Apriete los tornillos utilizando el par de apriete especificado por el constructor.

NOTAS PARA LA REVISIÓN

La experiencia indica que estos dos factores determinan si debe sustituirse o repararse una pinza de freno:

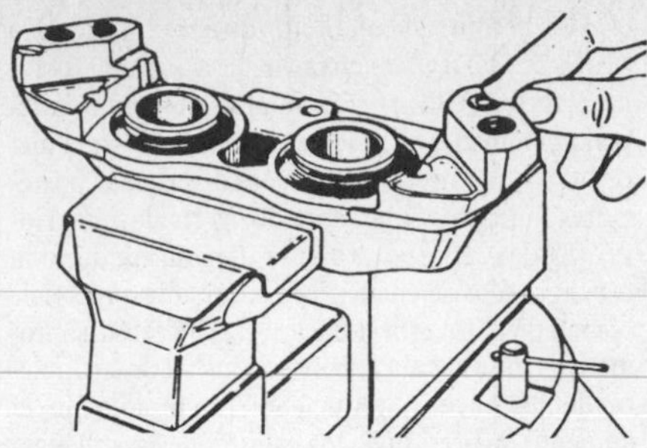
Sustitución de las juntas de comunicación interior

a. ¿Pueden desmontarse los pistones?

b. ¿Se quiebra el tornillo de purga cuando intenta desmontarlo? (Los reparadores no aceptarán un tornillo de purga roto.) Como no es posible predecir cómo reaccionará un tornillo de purga, siga este procedimiento para intentar desmontarlo:

1. Introduzca un mango de broca en el interior del taladro del tornillo de purga (espárrago ajustado).

2. Golpee suavemente todos los lados del tornillo.

3. Con la llave situada en el hexágono del tornillo aplique esfuerzo suavemente, mientras desliza hacia arriba y abajo el vástago levemente.

4. Si el vástago queda ligeramente sujeto en el interior del taladro, el tornillo está empezando a doblarse y no podrá desmontarlo intacto.

Calentar la pinza de freno es otro sistema acertado pero toma mucho tiempo desmontar el tornillo de purga.

1. Desmonte la pinza de freno del automóvil.

2. Caliente la pinza.

3. Aplique hielo seco para contraer el tornillo e intente desmontarlo.

SUSTITUCIÓN DEL TORNILLO DE PURGA

1. Utilizando como guía el taladro interior del tornillo, taladre completamente el tornillo con una broca de 1/4''.

2. Aumente el agujero a 7/16'' de profundidad.

3. Rosque el agujero utilizando un macho de 1/4'' (18 NPT) a una profundidad de rosca útil de 1/2''.

4. Monte el tornillo de purga del juego de reparación.

5. Compruebe las fugas aplicando presión mediante el pedal de freno.

PISTONES AGARROTADOS

Frenos deslizantes o flotantes

1. Desmontaje por presión hidráulica: desmonte el conjunto de pinza separándola del disco.

2. Desmonte las pastillas de freno y el guardapolvo. Con el flexible conectado y el tornillo de purga cerrado aplique varias veces el pedal de freno hasta que el pistón salga totalmente del cilindro. (El líquido de freno empezará a derramarse cuando el pistón sobrepase la junta de pistón.)

1. Desmontaje por presión neumática: desmonte el conjunto de freno del automóvil.

2. Con el tornillo de purga cerrado, aplique presión neumática hasta que el pistón salga totalmente del cilindro.

Sustitución de un tornillo de purga

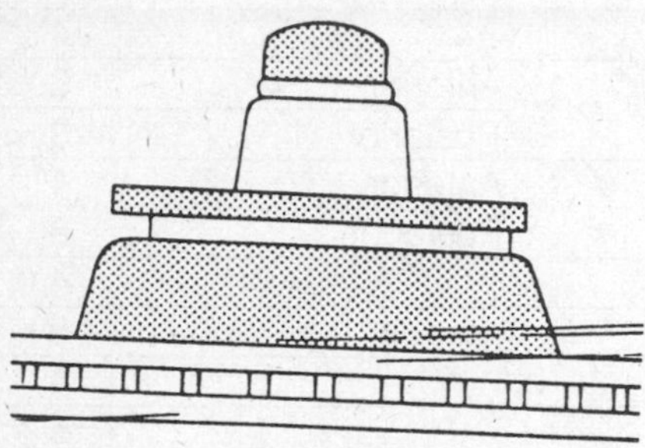

Excesivo alabeo

ATENCIÓN

Los métodos hidráulico y neumático para desmontar los pistones deben ser aplicados cuidadosamente para evitar heridas personales o daños al pistón.

Frenos fijos

NOTA: Los métodos hidráulicos o neumáticos pueden ser aplicados en los frenos con un solo pistón, pero no pueden utilizarse en los frenos que utilizan varios pistones.

1. Desmonte el freno del automóvil con las dos semipinzas separadas.
2. Fije la semipinza en un tornillo de banco y utilice un extractor de pistones (puede utilizar de varios tipos) y desmóntelos.

Disco de freno

ALABEO DEL DISCO (CORRIMIENTO)

Los constructores difieren extensamente sobre el alabeo admitido, pero un alabeo excesivo puede ser detectado a través del pedal de freno. Una oscilación irregular se genera cuando un disco no está perfectamente liso y las pastillas rozan con las partes altas desplazando el líquido de freno hacia el interior del cilindro maestro. Esta presión alternativa produce una sensación pulsante, la cual, puede ser sentida en el pedal cuando los frenos están aplicados. Este excesivo alabeo también produce que los frenos permanezcan desajustados; han sido diseñados de modo que las pastillas rocen siempre con el disco y por consiguiente se compensa automáticamente el desgaste.

Para verificar el alabeo de un disco, primero apriete la tuerca del eje portamangueta para eliminar el juego axial del cojinete. Fije un reloj comparador en la suspensión a una distancia convenientemente, para que el palpador esté situado una pulgada por debajo del diámetro exterior del disco. Ponga el dial del comparador a cero. Compruebe la lectura del dial mientras el disco gira una vuelta completa. Si el disco tiene un alabeo superior al especificado es probable que sea acertado rectificarlo.

Paralelismo

Alabeo lateral: es una oscilación irregular del disco en sentido axial durante su rotación. El excesivo alabeo lateral de las caras del disco provoca un retroceso de las pastillas dando como resultado vibraciones y una excesiva carrera del pedal durante la acción de frenado.

Paralelismo (falta de): se refiere a la variación de espesor en el disco. La excesiva variación puede producir vibraciones en el pedal, vibraciones en el eje anterior y posibles «agarrotamientos» durante la acción de frenado. Esta situación es comparable a la ovalización de los tambores de freno. Para verificar el paralelismo utilice un tornillo micrométrico y compruebe el espesor en ocho o más puntos equidistantes a la misma distancia radial, es preferible que esta distancia corresponda a la zona media de la superficie de frenado. El defecto de paralelismo será la diferencia entre la máxima y mínima medida de los puntos comprobados.

TABLAS DE APLICACIÓN DE LOS FRENOS DE DISCO

Fabricante (Constructor)	Año/Modelo		Tipo nº
Audi	'80–'84 4000 Coupe		4
	'85–'87 4000S Coupe GT		4
	'84 4000S Quattro	Anterior	4
		Posterior	4
	'85–'87 4000S Quattro	Anterior	4
		Posterior	4
	'80 5000 exc Turbo		6
	'81–'87 5000 Turbo	Anterior	4
		Posterior	4
	'83–'87 Quattro Turbo Coupe	Anterior	4
		Posterior	4
BMW	'84–'87 318i		4
	'80–'81 320i		2
	'82–'83 320i	Sistema ATE	2
		Sistema Girling	4
	'84–'87 325e	Anterior	4
		Posterior	4
	'82–'87 528e	Anterior	4
		Posterior	4

TABLAS DE APLICACIÓN DE LOS FRENOS DE DISCO

Fabricante (Constructor)	Año/Modelo		Tipo nº
BMW	'80–'81 528i	Anterior	2
		Posterior	2
	'83–'87 533i, 535i, 633CSi, 635CSi	Anterior	4
		Posterior	4
	'80–'82 633CSi, 733i	Anterior	2
		Posterior	2
	'83–'87 733i, 735i	Anterior	2
		Posterior	4
Chrysler Corp.	'80 Arrow	Anterior	5
		Posterior	9
	'80 Colt exc. Wagon		3
	'80 Colt Wagon	Anterior	5
		Posterior	9
	'80—'84 Colt, Champ (to'82) FWD exc. Turbo		3
	'85—'87 Colt exc. Turbo		4
	'84–'87 Colt Turbo		4
	'80–'83 Challenger, Sapporo	Anterior	5
		Posterior	9
	'84–'87 Conquest	Anterior	4
		Posterior	9
	'84–'87 Vista		4
Honda	'80–'81 Accord		5
	'82–'86 Accord		4
	'80–'83 Civic Wagon		5
	'84–'86 Civic Wagon		4
	'80–'87 Civic		4
	'80–'83 Prelude		4
	'84–'87 Prelude	Anterior	4
		Posterior	4
Hyundai	'86–'87 Excel		4
Isuzu	'81–'87 I-Mark		2
	'83–'87 Impulse	Anterior	4
		Posterior	4
Mazda	'80–'84 GLC		5
	'85–'87 GLC, 323		4
	'80–'87 RX 7		4
	'80–'82 626		4
	'83–'87 626		4
Mercedes-Benz	'80–'87 Exc 190D, 190E, 300SD, 380SE, 380SEC, 380SEL, 500SEC, 500SEL	Anterior	2
		Posterior	2
	'82–'87 190D, 190E, 300SD, 380SE, 380SEC, 380SEL, 500SEC, 500SEL	Anterior	4
		Posterior	2
Merkur	'85–'87 XR4Ti		1
Mitsubishi	'83 Cordia, Tredia		4
	'84–'87 Cordia, Tredia		4
	'85–'87 Galant	Anterior	4
		Posterior	9
	'85–'87 Mirage		4
	'83–'87 Starion	Anterior	4
		Posterior	9

TABLAS DE APLICACIÓN DE LOS FRENOS DE DISCO

Fabricante (Constructor)	Año/Modelo		Tipo nº
Nissan/Datsun	'80–'81 200 SX	Anterior	7
		Posterior	11
	'82–'87 200 SX	Anterior	7
		Posterior	4
	'80–'82 210		7
	'80–'81 280ZX	Anterior	4
		Posterior	11
	'82–'83 280ZX	Anterior	4
		Posterior	4
	'84–'87 300ZX	Anterior	4
		Posterior	4
	'80–'82 310		7
	'80–'81 510		7
	'80 810		7
	'81 810	Anterior	4
		Posterior	4
	'82–'87 Maxima	Anterior	4
		Posterior	4
	'83–'87 Pulsar		4
	'83–'87 Sentra	Gasolina	4
		Diesel	4
	'82–'87 Stanza		4
Porsche	'80–'87 911	Anterior	2
		Posterior	2
	'80–'87 924, 928, 944	Anterior	6
		Posterior	6
Renault	'83–'87 Alliance, Encore		4
	'80–'87 Fuego		8
	'80–'84 LeCar		5
	'80–'83 18i		8
	'84–'87 18i Sportwagon		4
SAAB	'80—'87 Series 900, 9000	Anterior	7
		Posterior	2
Subaru	'80—'87 Todos	Anterior	9
Toyota	'83–'87 Camry		4
	'80–'81 Celica		5
	'82–'87 Celica	Anterior	4
		Posterior	4
	'80–'83 Corolla		3
	'84–'87 Corolla exc. Coupe		4
	'84–'85 Corolla Coupe	Anterior	4
		Posterior	4
	'80–'82 Corona		2
	'80 Cressida		2
	'81–'87 Cressida	Anterior	4
		Posterior	3
		('85) Posterior	4
	'81–'84 Starlet		4
	'80–'81 Supra	Anterior	5
		Posterior	5
	'82–'87 Supra	Anterior	4
		Posterior	4
	'80–'82 Tercel		4

TABLAS DE APLICACIÓN DE LOS FRENOS DE DISCO

Fabricante (Constructor)	Año/Modelo		Tipo nº
Toyota	'83–'87 Tercel		4
	'84–'87 VanWagon		4
VW (FWD)	'85—'87 Todos	Anterior	4
		Posterior	4
	'80—'84 Todos con discos KH		1
	Modelos desde 2/84		4
	'80—'81 Todos con discos Girling		7
VW (RWD)	'80–'87 Vanagon		2
Volvo	'80—'87 Series 240, 260	Anterior	2
		Posterior	2
	'80—'87 Series 740, 760	Anterior	4
		Posterior	2
Yugo	'86–'87 GV		5

Estado de la superficie, planitud, acabado: distintos al paralelismo, estos términos se refieren al grado de acabado de las superficies planas en ambas caras del disco, pueden entenderse como si fueran diminutos valles y montañas inherentes a la superficie mecanizada. En una inspección visual, la superficie mecanizada deberá tener un rectificado fino y como máximo un único y débil trazo de giro no direccional.

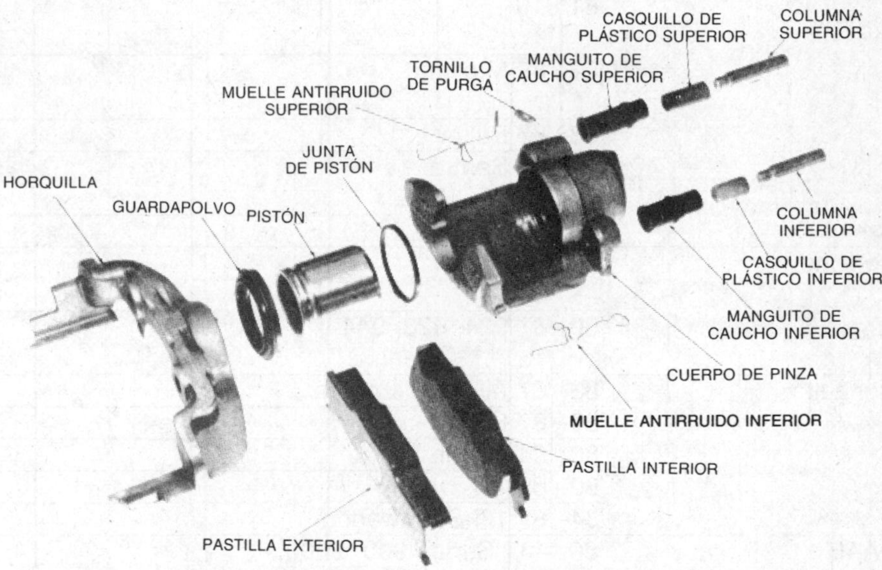

Despiece de un freno de disco flotante Kelsey-Hayes

TIPO 1

Kelsey-Hayes. Pinza flotante

Este conjunto tiene un único pistón y un cuerpo de pinza monobloque la cual se desliza libremente a través de las columnas atornilladas a la horquilla. La horquilla está fijada al portamangueta mediante dos tornillos. Cuando las pastillas de freno se desgastan, la pinza guiada por las columnas se desliza libremente a lo largo de la horquilla, durante el frenado.

CAMBIO DE LAS PASTILLAS

1. Levante el eje anterior del automóvil y apóyelo sobre caballetes. Desmonte la rueda.
2. Aspire del depósito cierta cantidad de líquido de freno para evitar que se derrame cuando introduzca totalmente el pistón en el cilindro.
3. Desconecte el indicador de desgaste de la pastilla si lo incorpora.
4. Desmonte el muelle antirruido.
5. Desmonte las columnas que sujetan el cuerpo de pinza a la horquilla.
6. Levante y saque la pinza de su posición manteniéndola unida al flexible, éste no es necesario desconectarlo.

ATENCIÓN

No permita nunca que la pinza quede suspendida por el flexible.

7. Desmonte la pastilla exterior deslizándola a través de la horquilla. Desmonte el disco dél cubo de rueda y luego la pastilla interior. Verifique el aspecto del disco tal como se detalla en la sección anterior. Verifique las posibles fugas del líquido de freno en las pinzas y roturas del guardapolvo. Si se localiza algún deterioro, la pinza deberá ser reparada o sustituida.

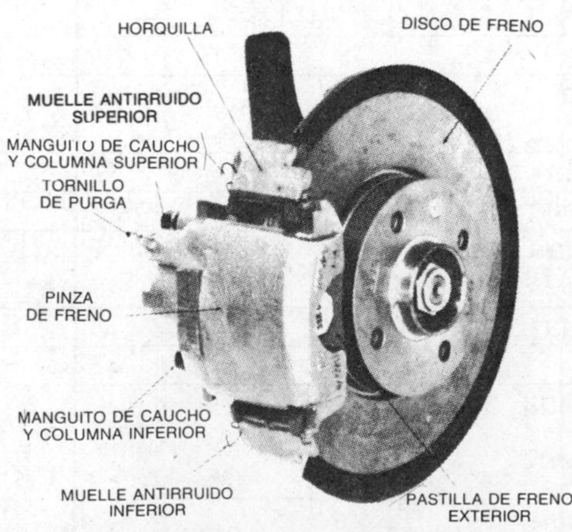

Conjunto de freno de disco flotante Kelsey-Hayes

8. Limpie cuidadosamente la horquilla con un cepillo metálico o con algún otro material abrasivo. Proceda igualmente a montar la nueva pastilla interior, el disco y la pastilla nueva exterior en la horquilla. La pastilla interior normalmente tiene chaflanes en sus aristas.

NOTA: Cuando cambie las pastillas de freno debe cambiarlas en ambos lados del automóvil. Las pastillas mezcladas causarán problemas de frenado.

9. Despacio y cuidadosamente empuje el pistón hacia el interior del cuerpo de pinza, hasta que contacte con el fondo del cilindro, seguidamente sitúe la pinza sobre la horquilla. Monte las columnas, empujándolas cuidadosamente a través del interior de los manguitos, y rósquelas a la horquilla.

NOTA: La columna superior es normalmente más larga que la inferior.

10. Monte el muelle antirruido entre las pastillas y la horquilla. El bucle del muelle debe estar posicionado en el interior.
11. Llene el depósito con líquido de freno y accione el pedal varias veces para situar el pistón en

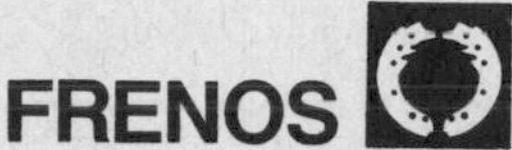

posición. No será necesario que purgue el circuito, no obstante si no puede conseguir un pedal firme, el circuito deberá purgarse (ver Purgado de los frenos en esta sección).

12. Instale la rueda y baje el vehículo.

TIPO 2

ATE, Girling, Sumitomo, Teves, etc. Pinzas fijas

Estos conjuntos tienen dos o cuatro pistones y dos semi-pinzas y están fijados directamente a la mangueta o al husillo.

En estos modelos las pastillas de freno pueden cambiarse sin desmontar la pinza de freno. Pueden tener algunas diferencias en la sujeción o en los muelles antirruido según puede comprobarse en las ilustraciones, pero básicamente todas las versiones son iguales. Antes de desmontar cualquier pieza observe cuidadosamente la posición de los muelles, pasadores de sujeción o pasadores elásticos. Cambie primero las pastillas en una rueda y utilice el procedimiento como referencia para cambiar las otras. En estos modelos todas las pastillas están sujetas en su posición mediante pasadores de sujeción o chapas de retención. Las chapas de retención están atornilladas al semicuerpo de pinza, necesitando solamente ser desatornilladas y giradas hacia el exterior para poder desmontar las pastillas.

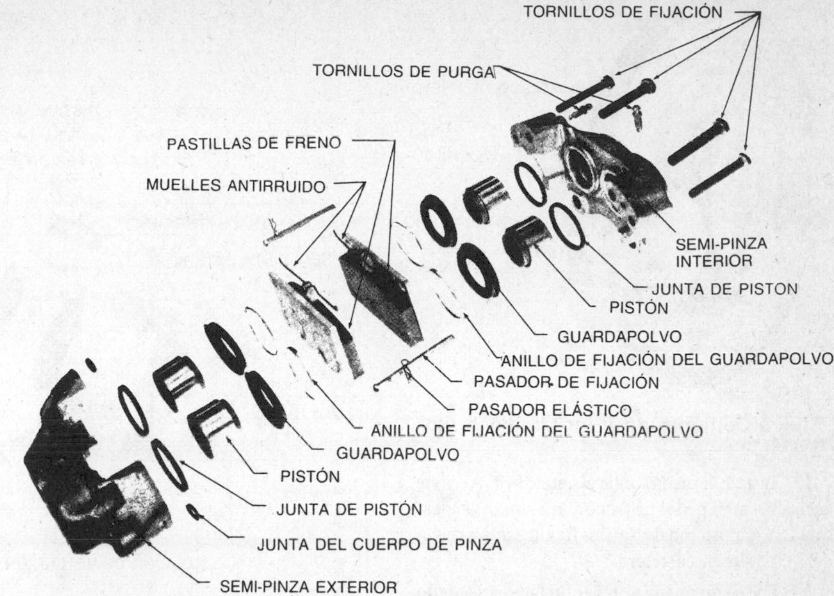

Despiece de un freno de disco fijo con cuatro pistones

CAMBIO DE LAS PASTILLAS

1. Levante el eje anterior del automóvil y apóyelo sobre caballetes.

2. Aspire del depósito la suficiente cantidad de líquido de freno para evitar que se derrame cuando desmonte o instale las pastillas nuevas. Esto es necesario ya que los pistones deben desplazarse hacia el interior del cilindro para obtener la suficiente holgura para desmontar las pastillas.

3. Algunos modelos pueden utilizar una protección de chapa situada sobre el escote de acceso a las pastillas, siendo necesario desmontarla. Desconecte el indicador de desgaste de la pastilla en los modelos que lo utilizan.

4. Cuidadosamente limpie el exterior de las semipinzas con un cepillo metálico y observe la posición de las chapas de amortiguación o de los muelles antirruidos.

5. Desmonte los pasadores de sujeción y los pasadores elásticos montados en ellos. Desmonte los muelles antirruido si los utiliza. Algunas pastillas de freno pueden estar sujetas en su posición mediante una chapa y un tornillo de retención. Si es así, afloje el tornillo, haga oscilar la chapa y retírela. Desmonte el muelle expansionador si lo utiliza.

NOTA: Es una buena idea desmontar uno de los pasadores y después desmontar los muelles antirruido o el muelle expansionador. Desmonte luego el segundo pasador.

6. Separe del disco las pastillas gastadas para facilitar su retirada y desmóntelas de la pinza de freno.

7. Si los utiliza desmonte los muelles antirruido inferiores y las placas de amortiguación utilizando unos alicates.

8. Inspeccione el disco de freno tal como se detalla en la sección anterior.

9. Examine las roturas y deterioros del guardapolvo y empuje los pistones hacia el interior del cuerpo de pinza. Si los pistones están agarrotados o el cuerpo de pinza tiene fugas de líquido de freno deberá proceder a su reparación.

10. Instale los muelles antirruido o las placas de amortiguación e introduzca las pastillas nuevas en la pinza de freno. Si se utilizan las placas de amortiguación asegúrese de que la flecha direccional de una de sus caras está orientada en el sentido de giro hacia adelante.

11. Instale primero uno de los pasadores de sujeción y el pasador elástico. Posicione el muelle antirruido y/o el muelle expansionador y luego instale el otro pasador de sujeción y el elástico.

12. Llene el depósito del cilindro maestro hasta el nivel correcto con líquido de freno adecuado.

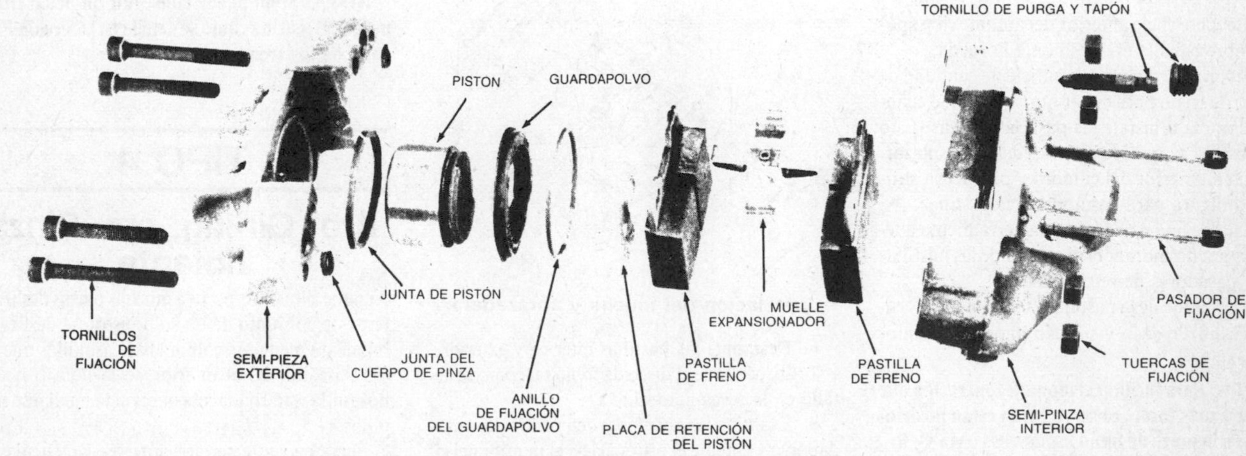

Despiece de un freno de disco fijo con dos pistones

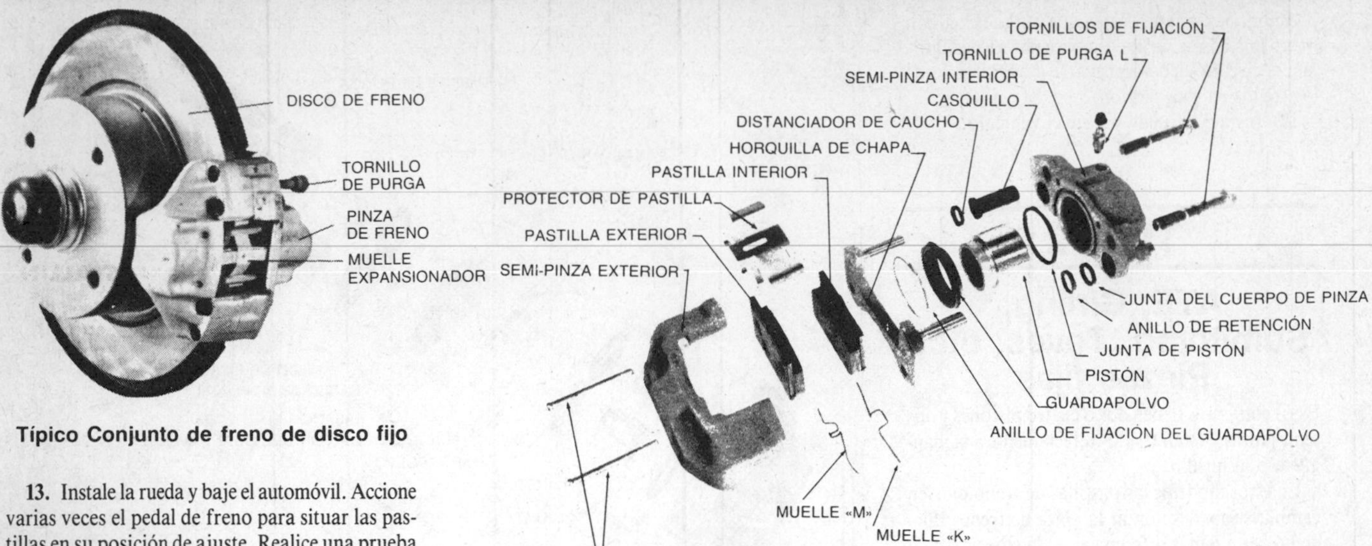

Típico Conjunto de freno de disco fijo

Despiece de un freno de disco flotante Sumitomo

13. Instale la rueda y baje el automóvil. Accione varias veces el pedal de freno para situar las pastillas en su posición de ajuste. Realice una prueba del vehículo en carretera.

NOTA: Si no puede obtener un tacto adecuado en el pedal, purgue el sistema (vea la sección Purgado de frenos).

TIPO 3

Sumitomo. Pinza flotante (placa torque)

Este conjunto de freno tiene un único pistón, el cuerpo de pinza está formado por dos piezas que se deslizan a través de dos columnas fijadas a una placa que absorbe el momento de frenado. La placa está atornillada a la mangueta. La semipinza exterior puede separarse de la interior aunque no necesite separarse o desmontarse para cambiar las pastillas de freno. Varios modelos de automóvil utilizan este sistema y pueden tener diferencias en la geometría de las pastillas, muelles de retención, etc. Cambie primero las pastillas en una rueda y utilice el procedimiento como referencia para cambiar las otras.

CAMBIO DE LAS PASTILLAS

1. Levante el eje anterior del automóvil y apóyelo sobre caballetes. Desmonte la rueda.

2. Aspire del depósito la suficiente cantidad de líquido de freno para evitar que se derrame cuando desmonte o instale las pastillas nuevas. Esto es necesario ya que los pistones deben desplazarse hacia el interior del cilindro y obtener la suficiente holgura para desmontar las pastillas.

3. Utilice una palanca u otra herramienta adecuada para desmontar el protector de las pastillas de los pasadores de retención.

4. Desmonte de la pastilla exterior el bucle central del muelle «M» y sus extremos del pasador de retención.

NOTA: Para facilitar el montaje, operación que realizará más tarde, observe como están posicionados en la pinza de freno los muelles «M» y «K».

5. Estire hacia el exterior el pasador de retención y desmonte el muelle «K» de la pastilla interior.

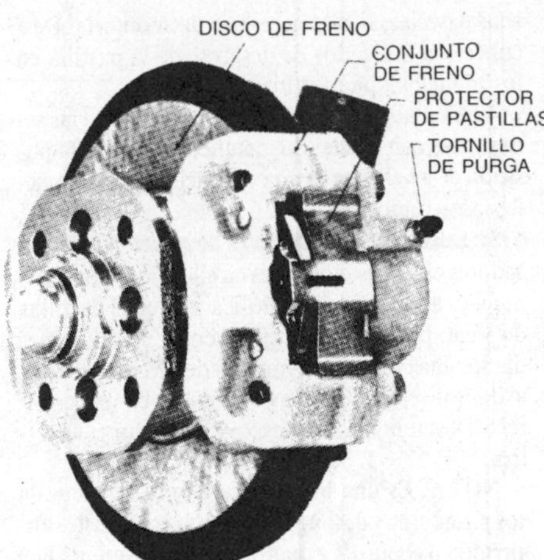

Típico conjunto de freno de disco flotante Sumitomo

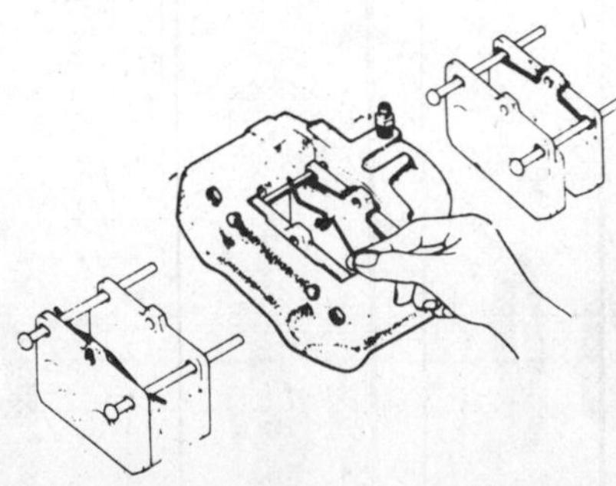

Instalación del muelle y abrazadera

6. Desmonte las pastillas interior y exterior.

7. Inspeccione el disco de freno tal como se detalla en la sección adecuada.

8. Examine las roturas y deterioros del guardapolvo y empuje el pistón hacia el interior del cilindro. Utilice una mordaza en forma de «C» o bien otra herramienta adecuada, para que el pistón apoye contra el fondo del cilindro. Si el pistón está agarrotado o el cuerpo de pinza tiene fugas de líquido de freno, deberá proceder a repararlo o sustituirlo.

9. Instale las nuevas pastillas.

10. Instale uno de los pasadores de retención.

11. Instale en la pastilla interior el muelle «K». Enganche uno de los extremos del muelle «K» por debajo del pasador de retención y la parte central sobre la parte superior de la pastilla interior. Monte el otro pasador de retención a través de la pastilla exterior e interior y sobre el muelle «K».

12. Introduzca los extremos del muelle «M» en los taladros de los pasadores de retención, presione el bucle central e introdúzcalo en el interior del taladro de la pastilla exterior.

13. Instale el protector de las pastillas.

14. Llene el depósito con líquido de freno nuevo.

15. Instale la rueda y baje el vehículo, luego accione varias veces el pedal de freno para situar las pastillas en su posición de ajuste. Realice una prueba del vehículo en carretera.

NOTA: Si no puede conseguir un pedal firme purgue el sistema como se detalla en la sección Purgado de los frenos.

TIPO 4

Ate, Girling, etc. Pinza flotante

Aunque similar respecto a muchas pinzas deslizantes, este conjunto de un solo pistón se desliza libremente mediante columnas y casquillos que están roscados en el interior de la horquilla. La horquilla está fijada a la mangueta mediante tornillos.

Puede encontrarse variaciones en los sistemas de retención y amortiguación de las pastillas, muelles antirruido y de retención, pero los procedimientos de reparación son básicamente los mismos.

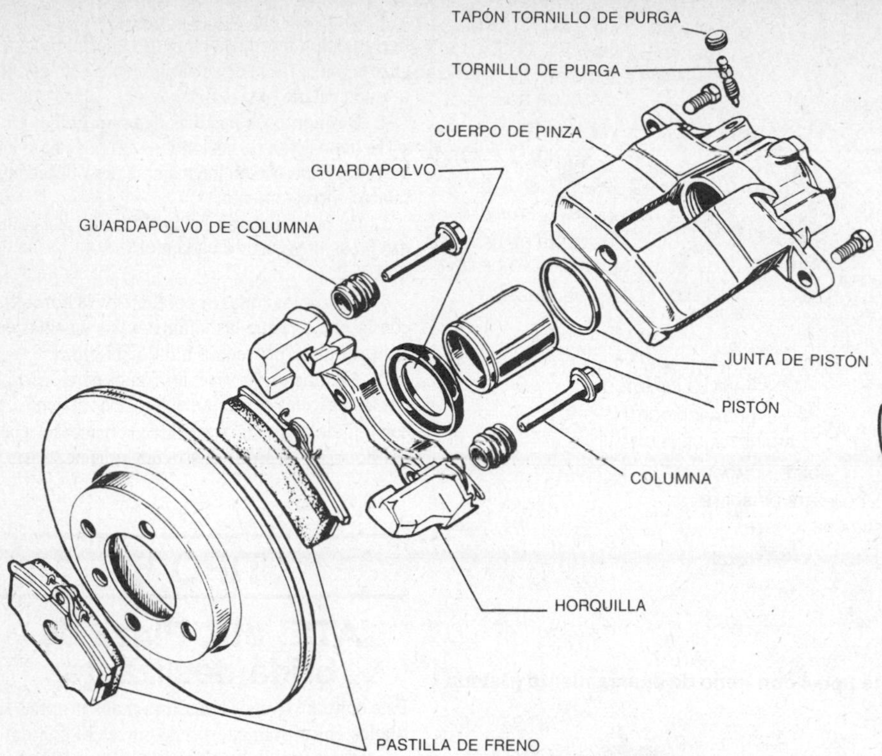

Despiece de un típico freno de disco flotante tipo 4

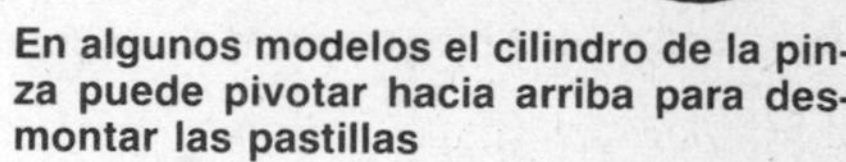

En algunos modelos el cilindro de la pinza puede pivotar hacia arriba para desmontar las pastillas

Cuando cambie las pastillas observe la posición de todos los muelles, pasadores elásticos y las placas de amortiguación. Cambie primero las pastillas en una rueda y utilice el procedimiento como referencia para cambiar las otras.

CAMBIO DE LAS PASTILLAS

1. Levante el eje anterior (o posterior) del automóvil y apóyelo sobre caballetes. Desmonte la rueda.

2. Aspire del depósito la suficiente cantidad de líquido de freno para evitar que se derrame cuando desmonte o instale las pastillas nuevas. Esto es necesario ya que los pistones deben desplazarse hacia el interior del cilindro y obtener la suficiente holgura para desmontar las pastillas.

3. Tome la pinza de freno por la parte posterior y tire de ella en dirección a usted, esto empujará el pistón hacia el interior del cilindro.

4. Desconecte el indicador de desgaste de la pastilla si lo utiliza. Desmonte los muelles antirruido o pasadores elásticos si los utiliza.

NOTA: Según el modelo y el año de la pinza en particular, usted puede evitar tener que desmontarla totalmente para extraer las pastillas. Si la pinza es del tipo «basculante», desmonte el tornillo guía superior o inferior, bascule la pinza sobre el otro tornillo guía convenientemente aflojado, hasta que las pastillas queden a la vista. Si utiliza este método pase directamente al punto 7.

5. Desmonte las columnas.

6. Desmonte la pinza deslizándola lentamente hacia el exterior del disco. Sitúe la pinza fuera de su alojamiento sujetándola por algún medio para evitar que permanezca colgada por el flexible.

7. Desmonte la pastilla exterior deslizándola a través de la horquilla.

8. Desmonte la pastilla interior. Desmonte las placas de amortiguación o protectores situadas en la parte posterior de las pastillas y observe su posición.

9. Instale los componentes antirruido y las pastillas (en su posición correcta).

10. Si la pinza está equipada con freno de aparcamiento utilice una llave adecuada tipo Allen para girar el pistón haciéndolo retroceder hasta el interior del cilindro. Si no está equipado con freno de aparcamiento utilice una mordaza en forma de «C» y empuje el pistón hacia el interior del cilindro.

PROCEDIMIENTO DE DESMONTAJE

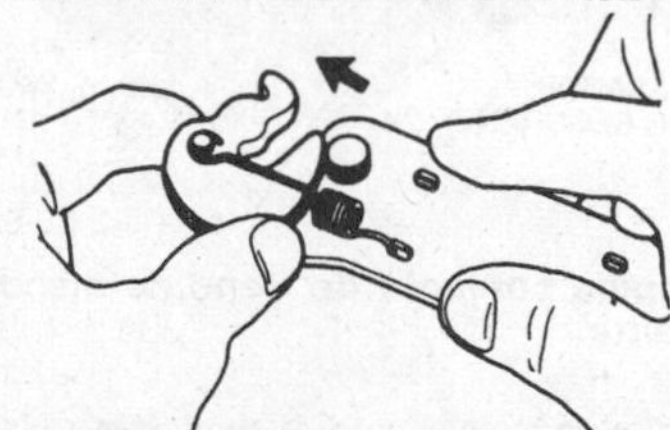

TIRE DEL CUADRANTE SEPARÁNDOLO DEL PASADOR MOLETEADO DE LA BIELETA

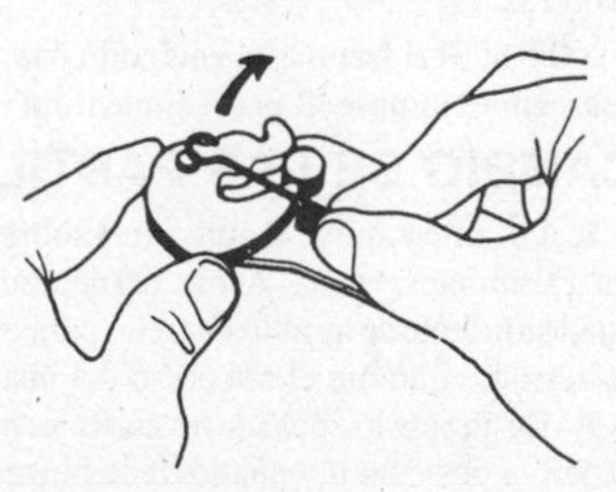

DESMONTE EL MUELLE Y DESLICE EL CUADRANTE FUERA DE LA RANURA SITUADA EN LA BIELETA

11. Instale las placas de amortiguación o protectores de calor.

12. Instale la pinza y las columnas.

NOTA: Si la pinza es del tipo «basculante» sólo necesita hacerla pivotar hacia su posición de montaje y montar la columna inferior. En las pinzas frontales tipo 280ZX inserte una palanca por el interior de la abertura del cuerpo de pinza, como se muestra en la ilustración y empuje el pistón hacia el interior tomando el miembro receptor del par.

13. Llene el depósito con líquido de freno nuevo.

14. Instale la rueda y baje el automóvil, luego accione varias veces el pedal de freno para situar

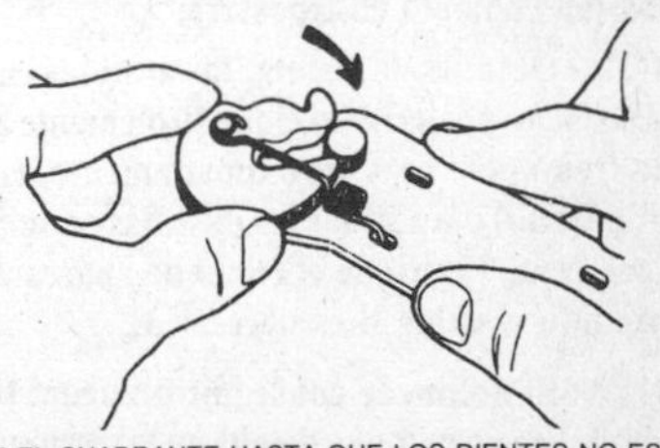

GIRE EL CUADRANTE HASTA QUE LOS DIENTES NO ESTÉN ENGRANADOS CON EL PASADOR

PROCEDIMIENTO DE INSTALACIÓN

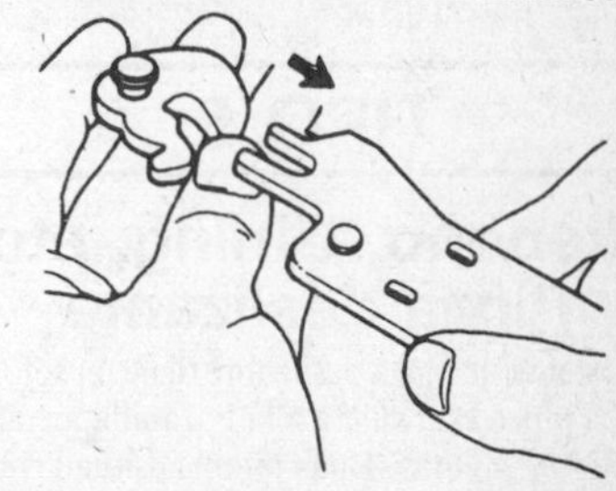

INSTALE EL CUADRANTE CON SU PASADOR EN EL INTERIOR DE LA RANURA DE LA BIELETA Y POSTERIORMENTE INSTALE EL MUELLE

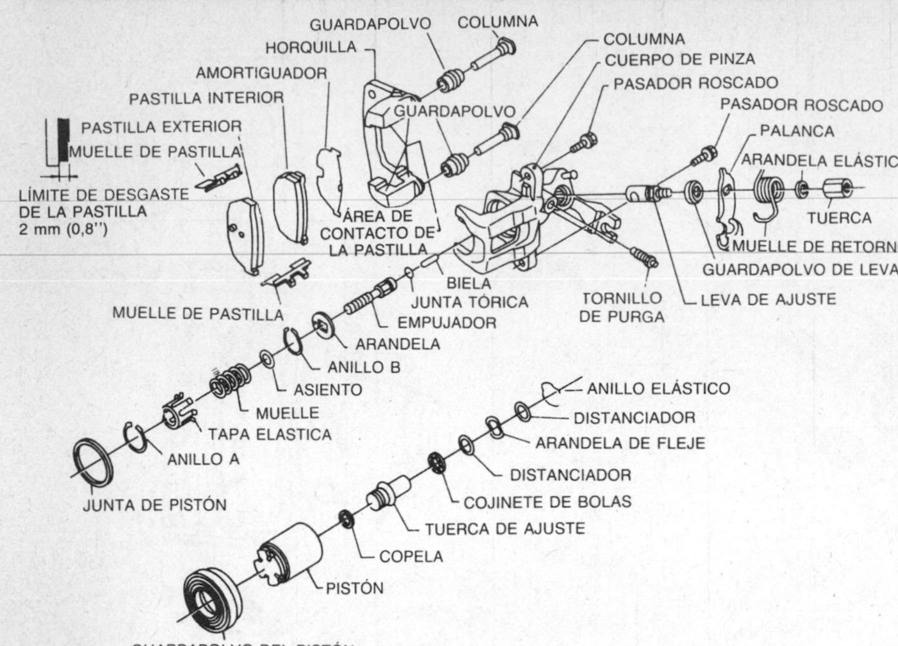

Despiece de un típico freno de disco flotante tipo 4 con freno de aparcamiento (Datsun y otros)

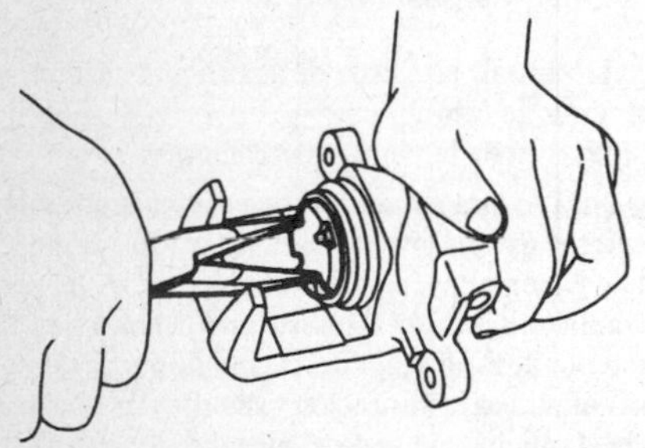

Utilizando unos alicantes gire el pistón antes de introducirlo hacia el interior del cilindro

las pastillas en su posición de ajuste. Realice una prueba del vehículo en carretera.

NOTA: Después de instalar las pastillas en una pinza de freno posterior accione firmemente el pedal de freno (40 veces aproximadamente, con el motor parado) para situar las pastillas en su posición correcta. Verifique el freno de aparcamiento tensando el cable si es necesario.

NOTA: Si no puede conseguir un pedal firme purgue el sistema como se detalla en la sección Purgado de los frenos.

TIPO 5

Akebono, Girling, etc. Pinza deslizante

Este sistema de pinza deslizante tiene un solo pistón. La pinza está sujeta a la horquilla mediante unas cuñas o guías. Unas láminas situadas bajo las pastillas evitan el ruido. Puede encontrarse con variaciones que dependen del modelo, sin embargo, el mantenimiento es similar en todas ellas. Cambie primero las pastillas en una rueda y utilice el procedimiento como referencia para cambiar las otras.

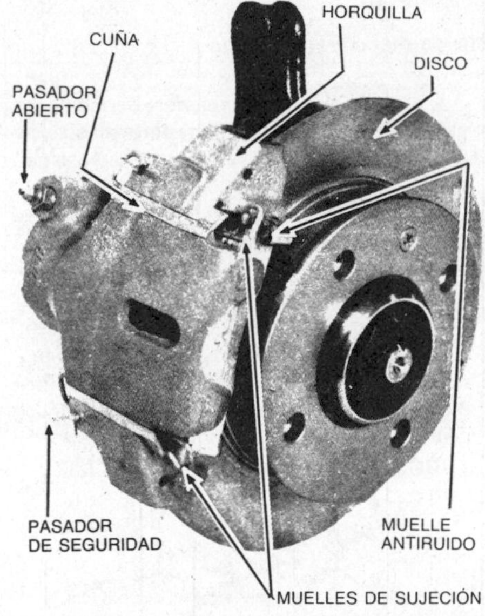

Típico conjunto de freno de disco deslizante

NOTA: Si el freno está equipado con freno de aparcamiento pase al procedimiento nº 7.

CAMBIO DE LAS PASTILLAS

1. Levante y apoye el automóvil sobre caballetes. Desmonte la rueda. Aspire del depósito la cantidad suficiente de líquido de freno para evitar que se derrame durante el retroceso del pistón.

2. Desmonte los pasadores elásticos que mantienen la posición de guiado de la pinza. Golpee ligeramente hacia el exterior las cuñas o guías. Observe su posición para el montaje posterior.

3. Mueva la pinza para desprender las pastillas ligeramente y levante la pinza de la horquilla. Asegure la pinza fuera de su alojamiento y no permita que cuelgue por el flexible.

4. Desmonte las pastillas de la horquilla. Observe la posición de las láminas situadas bajo las pastillas. Éstas no son intercambiables y deben instalarse correctamente.

5. Empuje el pistón hacia el interior del cilindro mediante una adecuada mordaza en forma de «C».

6. Limpie las zonas de contacto de la horquilla con la pinza. Sitúe las láminas y las pastillas en la horquilla y proceda a montar la pinza.

7. Accione varias veces los frenos para posicionar las pastillas correctamente. Llene el depósito con líquido de frenos y verifique la firmeza del pedal de freno. Purgue el sistema si es necesario.

TIPO 6

ATE, etc. Pinza de brida deslizante

Este conjunto puede tener uno o dos pistones situados en un solo cuerpo de pinza. El conjunto se compone de un bastidor fijo el cual está atornillado a la mangueta. Las pastillas están situadas en el bastidor fijo. Un bastidor o brida flotante se desliza a través del bastidor fijo. El cilindro está montando en la brida formando, ambas piezas, el cuerpo de pinza. Las presiones hidráulicas fuerzan al pistón hasta contactar contra la pastilla interior. La reacción produce un movimiento en sentido contrario de la brida que causa la aplicación de la pastilla exterior. La brida no puede ser desmontada para el cambio de las pastillas.

CAMBIO DE LAS PASTILLAS

1. Levante el eje anterior (o el posterior) del automóvil y apóyelo sobre caballetes. Desmonte la rueda.

2. Aspire del depósito la suficiente cantidad de líquido de freno para evitar que se derrame cuando desmonte o instale las pastillas nuevas. Esto es necesario ya que el pistón debe desplazarse hacia el interior del cilindro y obtener la suficiente holgura para desmontar las pastillas.

3. Desconecte el cable del indicador de desgaste de las pastillas.

4. Desmonte los pasadores elásticos situados en el interior de la pinza y luego desmonte los pasadores de retención. No pierda el muelle expansionador de las pastillas que se encuentra situado debajo de los pasadores.

5. Mediante una herramienta adecuada introducida a través de los taladros de los pasadores de retención, expulse la pastilla inferior.

6. La pastilla exterior está asegurada mediante un entalle situado en la parte superior. Tome el conjunto de pinza por el interior y tire de ella en dirección a usted, desmonte la pastilla exterior de la misma manera que la interior y desmonte el indicador de desgaste.

7. Verifique el disco de freno como se detalla en la sección anterior.

8. Inspeccione las roturas, grietas u otros des-

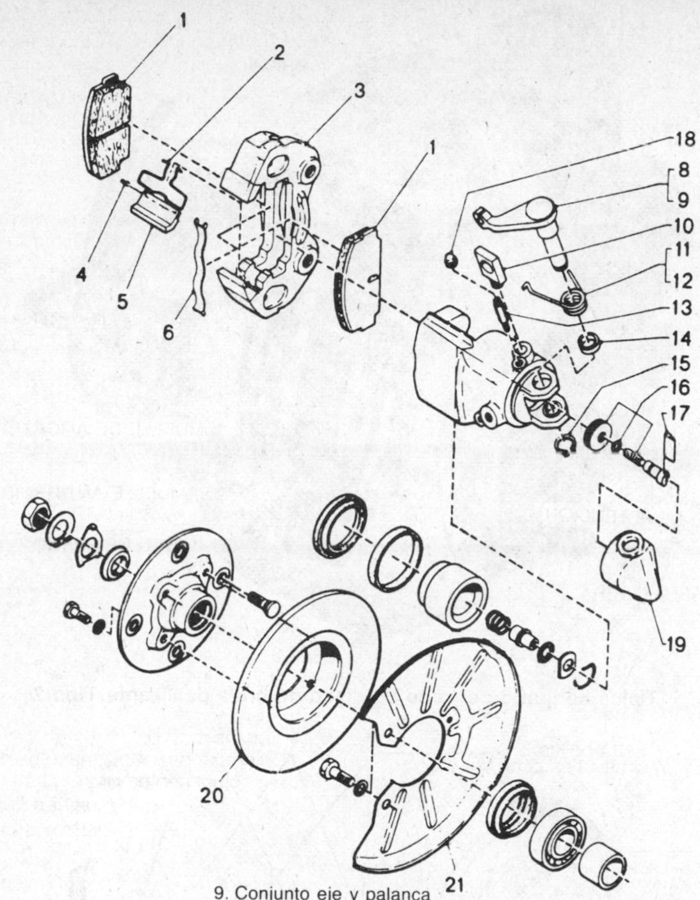

1. Pastilla de freno
2. Muelle (pinza)
3. Horquilla
4. Pasador de aletas
5. Cuña
6. Muelle de pastilla
7. Conjunto pinza de freno
8. Conjunto eje y palanca izquierdo
9. Conjunto eje y palanca derecho
10. Asiento (freno de mano)
11. Muelle (freno de mano, retorno de palanca izquierdo)
12. Muelle (freno de mano, retorno de palanca derecho)
13. Tornillo de purga (cilindro de rueda)
14. Casquillo (freno de mano)
15. Anillo elástico
16. Conjunto empujador
17. Leva
18. Tapón tornillo de purga
19. Guardapolvo
20. Disco de freno
21. Deflector

Despiece de un conjunto de pinza deslizante con freno de aparcamiento Tipo 5 (mostrado Subaru, los otros similares)

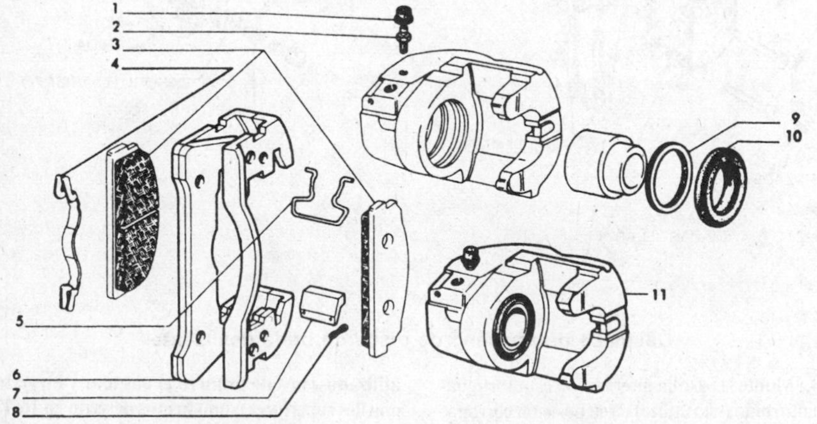

1. Tapón tornillo de purga
2. Tornillo de purga
3. Pastillas de freno
4. Muelle
5. Muelle sujeción pinza
6. Horquilla
7. Cuña
8. Pasador elástico
9. Junta de pistón
10. Guardapolvo
11. Conjunto de pinza

Despiece de un freno de disco deslizante Tipo 5

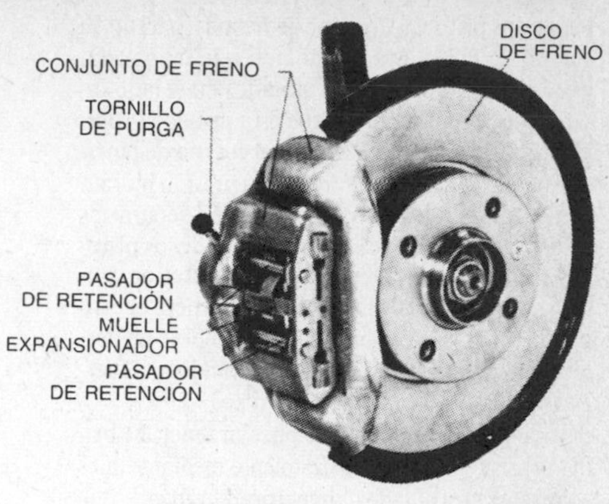

Conjunto típico de freno de disco de brida deslizante ATE

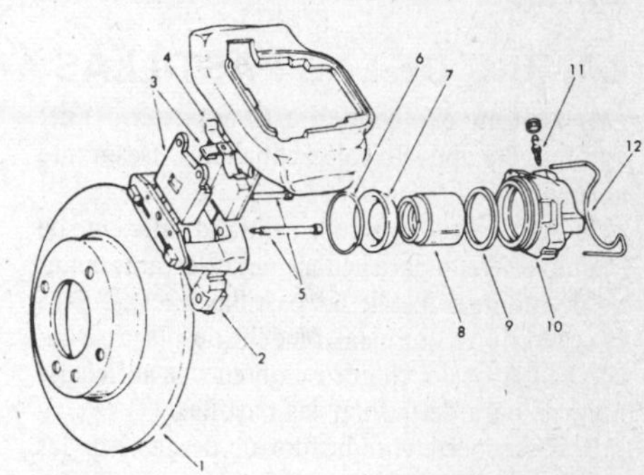

1. Disco
2. Horquilla
3. Pastillas de freno
4. Muelle expansionador
5. Pasadores de retención
6. Anillo de fijación del guardapolvo
7. Guardapolvo
8. Pistón
9. Junta de pistón
10. Cilindro de freno
11. Tornillo de purga
12. Abrazadera

Despiece de un freno de disco de brida deslizante ATE

perfectos en el conjunto de freno y pistón. Repare o sustituya la pinza si es necesario.

9. Utilice una mordaza en forma de «C» y desplace el pistón hacia el interior del cilindro. Si la pinza está equipada con una placa de retención del pistón, deberá girar el pistón convenientemente para asentarlo correctamente.

10. Instale el indicador de desgaste en la pastilla exterior y luego monte ambas pastillas.

11. Monte los restantes componentes en el orden inverso al que han sido desmontados.

12. Llene el depósito con líquido de freno nuevo.

13. Accione varias veces el pedal de freno para situar las pastillas en su posición de ajuste. Realice una prueba rodando el vehículo. Si no puede obtener un pedal firme, purgue el sistema como se detalla en la sección Purgado de los frenos.

TIPO 7

Girling/Annette. Pinza de brida deslizante

Este conjunto tiene un doble pistón y un solo cuerpo de pinza. El cuerpo de pinza contiene en su interior dos pistones situados de forma opuesta. El cuerpo de pinza está atornillado a la mangueta, quedando ambos pistones situados en el lado interior del disco. La brida que está instalada sobre el disco y la pinza deslizan por el cuerpo de pinza.

Cuando se aplican los frenos, la presión hidráulica desplaza a los pistones y tiende a separarlos de la pared interior del cilindro. Uno de los pistones acciona directamente la pastilla interior contra la cara del disco. La fuerza que genera el otro pistón actúa sobre la brida produciéndole un deslizamiento a la pastilla exterior y creando una fuerza friccional en cada lado del disco.

Una de las variantes que pueden tener las bridas consiste en el libre deslizamiento mediante unas columnas atornilladas al cuerpo de pinza.

Las bridas no deben desmontarse durante el cambio de las pastillas.

CAMBIO DE LAS PASTILLAS

1. Levante el eje anterior (o el posterior) del automóvil y apóyelo sobre caballetes. Desmonte la rueda.

2. Aspire del depósito la cantidad suficiente de líquido de freno para evitar que se derrame cuando desmonte o instale las pastillas nuevas. Esto es necesario ya que el pistón debe desplazarse hacia el interior del cilindro y obtener la suficiente holgura para desmontar las pastillas.

3. Desconecte el indicador de desgaste de las pastillas.

4. Desmonte el protector contra el polvo y/o el pasador antirruido si lo utiliza (amortiguador).

5. Levante el pasador elástico que mantiene los pasadores de retención o de guía en su posición.

6. Desmonte el pasador superior y los dos muelles superiores. Cuidadosamente golpee hacia el exterior el pasador inferior.

ATENCIÓN

El pasador inferior tiene normalmente montado un muelle antirruido de forma helicoidal, tome precauciones para no perderlo. Si utiliza un pasador de retención tire de él hacia el exterior y desmonte los dos muelles superiores.

7. Deslice la brida hacia el exterior y desmonte la pastilla exterior y el amortiguador de la pastilla.

8. Deslice la brida hacia el interior y desmonte la pastilla interior y el amortiguador de la pastilla.

9. Verifique el disco de freno como se detalla en la sección adecuada.

10. Inspeccione las roturas, grietas u otros desperfectos en el conjunto de freno y pistón. Repare o sustituya la pinza si es necesario.

11. Empuje hacia el interior del cilindro el pistón próximo al disco hasta enrasarlo con el anillo de retención del guardapolvo.

ATENCIÓN

Si el pistón es empujado más alla, la junta del pistón puede estropearse y será necesario repararla.

12. Haga retroceder el pistón más alejado del disco tirando de la brida hacia el exterior del vehículo.

13. Monte la pastilla exterior. El amortiguador antirruido (si lo utiliza) debe estar situado en el lado del soporte metálico de la pastilla con el punteado triangular hacia la cabeza de la pinza.

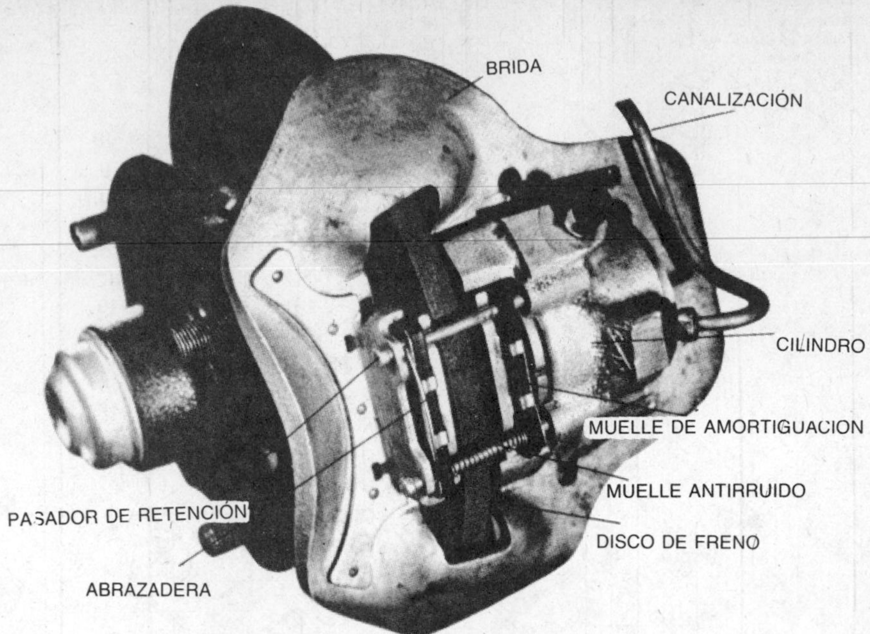

Típico conjunto de freno de disco de brida deslizante Tipo 7

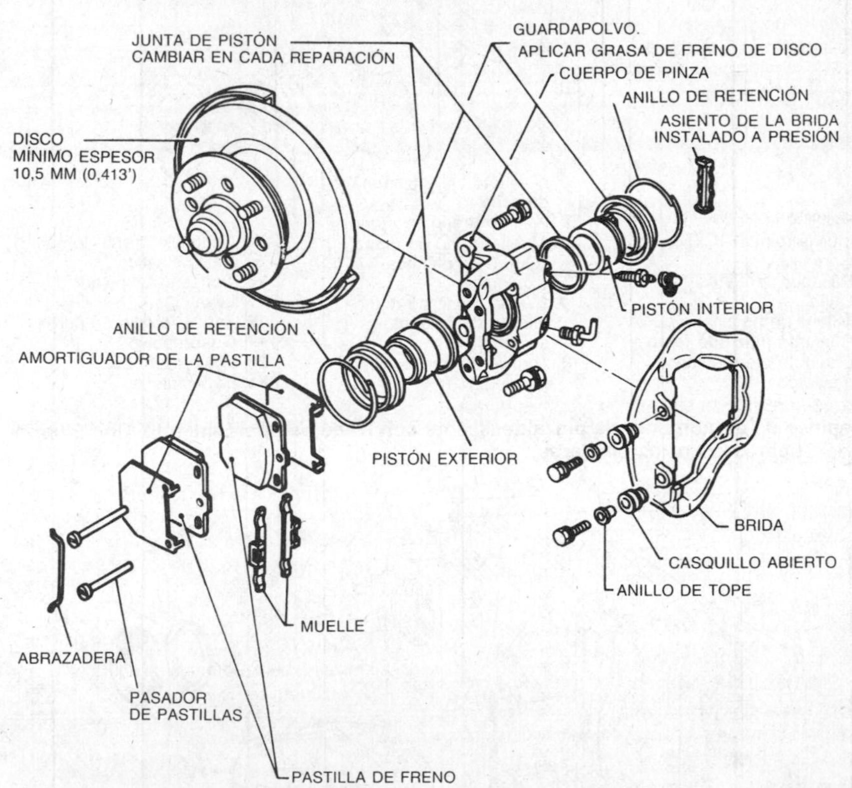

Despiece de un freno de disco de brida deslizante

14. Monte la pastilla interior con el amortiguador antirruido (si lo utiliza) en su posición correcta.

15. Instale el pasador inferior y el muelle helicoidal antirruido.

16. Enganche los muelles superiores por debajo del pasador y por encima de las pastillas.

17. Instale el pasador superior sobre los extremos de los muelles superiores.

NOTA: Si uno o dos pasadores facetados son utilizados, instale primero el pasador y luego los muelles superiores como hemos descrito en 16-17.

18. Monte el pasador elástico en los taladros de los pasadores de retención o de guía.

19. Llene el depósito con líquido de freno nuevo.

20. Instale la rueda. Accione varias veces el pedal de freno para situar las pastillas en su posición de ajuste. Realice una prueba en carretera del

1. Brida
2. Muelle de la brida
3. Abrazadera
4. Pasador de pastillas
5. Muelle antirruido
6. Pastilla de freno
7. Anillo de retención
8. Guardapolvo
9. Pistón exterior
10. Junta
11. Tuerca de ajuste
12. Cojinete
13. Distanciador
14. Arandela de fleje
15. Anillo elástico B
16. Junta de pistón
17. Cuerpo de pinza
18. Abrazadera
19. Anillo elástico A
20. Tapa elástica
21. Muelle
22. Asiento
23. Anillo elástico
24. Arandela
25. Empujador
26. Anillo elástico
27. Biela
28. Pistón interior
29. Leva
30. Palanca
31. Muelle
32. Arandela
33. Tuerca

Despiece de un freno de disco de brida deslizante Tipo 7 con freno de aparcamiento

vehículo. Si no puede obtener un pedal firme, purgue el sistema como se detalla en la sección Purgado de los frenos.

TIPO 8

Bendix. Pinza deslizante

Este conjunto de un solo pistón se desliza libremente sobre unas columnas —protegidas por fuelles— que están situadas en el interior del cuerpo de pinza. El cuerpo de pinza está atornillado a la mangueta. Esta pinza es la única que está montada en la parte anterior del disco, ya que normalmente están situadas en la parte posterior.

CAMBIO DE LAS PASTILLAS

1. Eleve el eje anterior del automóvil y apóyelo sobre caballetes. Desmonte la rueda.

2. Aspire del depósito la suficiente cantidad de líquido de freno como para evitar que se derrame cuando desmonte o instale las pastillas nuevas. Esto es necesario ya que el pistón deberá desplazarse hacia el interior de cilindro y obtener así la suficiente holgura para desmontar las pastillas.

3. Tome el cuerpo de pinza por la parte posterior y tire de ella con cuidado en dirección al exterior del vehículo. Esta operación introducirá el pistón hacia el interior del cilindro.

4. Desconecte el cable del indicador de desgaste de las pastillas. Desmonte los muelles antirruido.

5. Desmonte el pasador elástico situado en la parte superior del freno. Desmonte la cuña de retención.

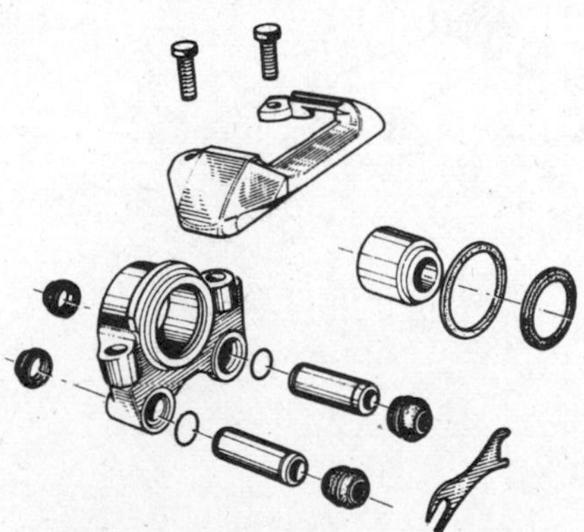

Despiece de una pinza flotante Bendix

6. Desmonte las pastillas.

7. Inspeccione el disco de freno como se detalla en la sección anterior.

8. Inspeccione las roturas, grietas u otros desperfectos en el conjunto de freno y pistón. Repare o sustituya la pinza si es necesario.

9. Empuje totalmente el pistón hacia el interior del cilindro (se necesitará una mordaza en forma de «C» para esta operación).

10. Instale las pastillas de freno en posición correcta.

11. Instale la cuña de retención y el pasador elástico.

12. Instale los muelles antirruido y conecte el indicador de desgaste de pastillas.

13. Llene el depósito de líquido de freno nuevo.

14. Instale la rueda y luego accione varias veces el pedal de freno para situar las pastillas en su posición de ajuste. Realice una prueba del vehículo en carretera.

NOTA: Si no puede obtener un pedal firme purgue el sistema como se detalla en la sección Purgado de los frenos.

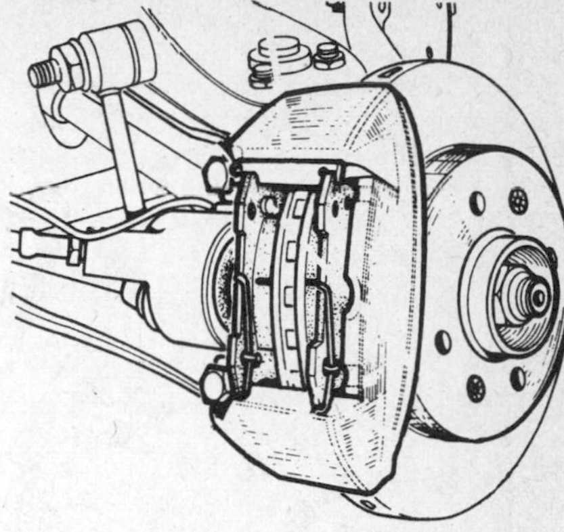

Típico conjunto de freno de disco con pinza flotante Bendix

TIPO 9

Akebono. Pinza flotante con freno de aparcamiento

Este conjunto de un solo pistón se desliza libremente sobre unas columnas roscadas a una horquilla. Esta horquilla está fijada a la mangueta. Este conjunto dispone de un freno de aparcamiento incorporado a la pinza. Cuando el freno de aparcamiento es accionado, la palanca de freno acciona una leva excéntrica contra un trinquete, éste empuja a un cojinete roscado situado en el interior del pistón produciéndole un desplazamiento hacia el exterior que aplica los frenos. Este cojinete roscado también se desplaza durante la aplicación normal de los frenos manteniéndolos en su correcto ajuste.

La pinza de freno no debe desmontarse completamente cuando se realice el cambio de las pastillas de freno.

CAMBIO DE LAS PASTILLAS

1. Levante el eje del automóvil y apóyelo sobre caballetes. Desmonte la rueda.

2. Aspire del depósito la suficiente cantidad de líquido de freno como para evitar que se derrame cuando desmonte o instale las pastillas nuevas. Esto es necesario ya que el pistón deberá desplazarse hacia el interior del cilindro y obtener la holgura suficiente para desmontar las pastillas.

3. Libere el freno de aparcamiento y desconecte el extremo del cable situado en la palanca de freno.

4. Desmonte el tornillo de fijación de 6 mm (situado en la parte frontal inferior). Afloje y desmonte la columna.

5. La pinza podrá ahora pivotar sobre la columna superior, hágala bascular hacia arriba fuera de su posición normal de montaje.

6. Desmonte las pastillas de freno. Observe la posición de los amortiguadores de la pastilla y los muelles antirruido interiores y exteriores.

7. Inspeccione el disco de freno como se detalla en la sección adecuada.

8. Inspeccione las roturas, grietas u otros desperfectos en el conjunto de freno y pistón. Repare o sustituya la pinza si es necesario.

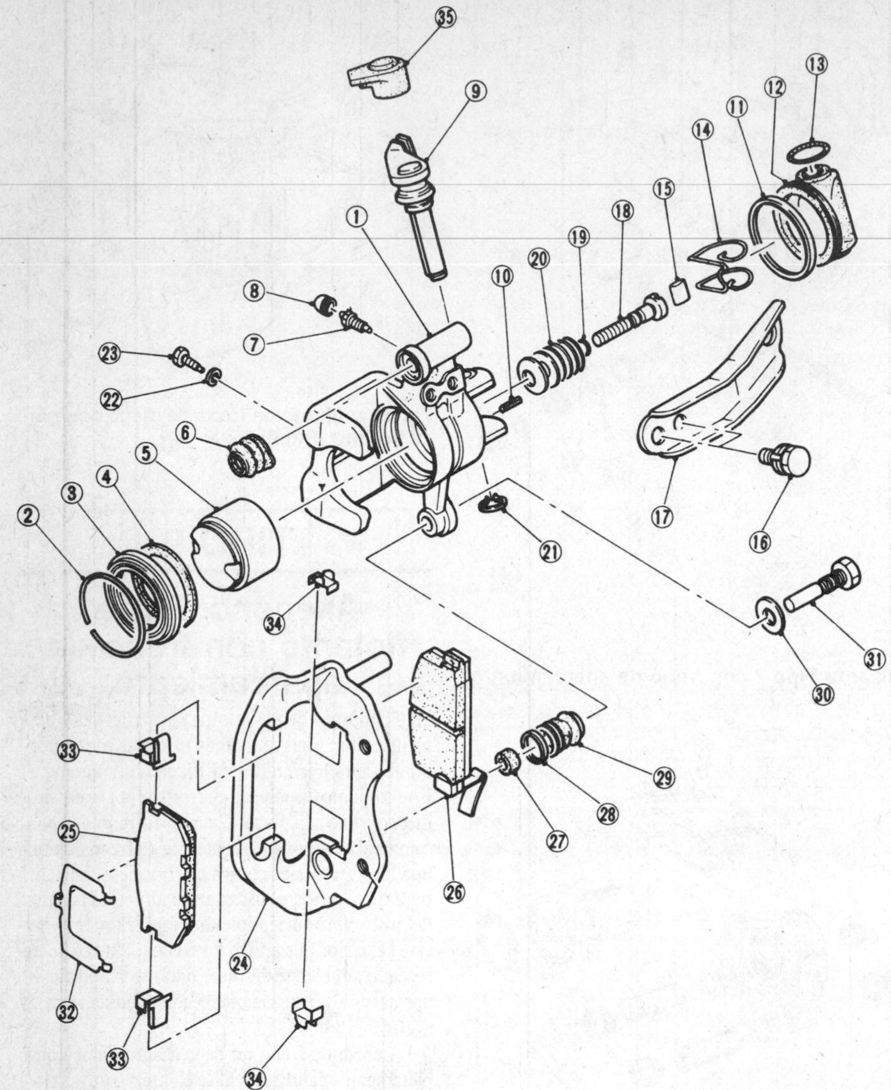

1. Cuerpo de pinza
2. Anillo de retención
3. Guardapolvo
4. Junta de pistón
5. Pistón
6. Guardapolvo de columna
7. Tornillo de purga
8. Tapón del tornillo de purga
9. Conjunto eje-leva
10. Pasador elástico
11. Anillo de retención del guardapolvo
12. Guardapolvo
13. Arandela elástica
14. Muelle de recuperación
15. Biela
16. Conjunto tornillo
17. Palanca
18. Eje de ajuste
19. Junta tórica
20. Arandela de muelle
21. Anillo elástico
22. Arandela elástica
23. Tornillo
24. Horquilla
25. Pastilla exterior
26. Pastilla interior
27. Manguito de caucho
28. Anillo de retención
29. Guardapolvo de columna
30. Muelle cónico
31. Columna
32. Amortiguador
33. Abrazadera exterior
34. Abrazadera interior
35. Guardapolvo de la palanca

Despiece de un freno de disco flotante tipo 9

9. Gire el pistón en sentido horario hacia el interior del cilindro y alinee los entalles. Observe con seguridad que el guardapolvo no esté girado o pellizcado.

NOTA: No fuerce el pistón cuando esté situado en el interior del cilindro. El pistón está montado sobre un eje roscado el cual podría doblarse bajo esta acción.

10. Instale las nuevas pastillas asegurándose que los amortiguadores y los muelles antirruido están en su posición correcta.

11. Bascule la pinza hacia su posición de montaje e instale la columna y el tornillo de 6 mm.

12. Conecte el freno de aparcamiento.

13. Llene el depósito de líquido de freno nuevo.

14. Instale la rueda y luego accione varias veces el pedal de freno para situar las pastillas en su posición de ajuste. Realice una prueba del vehículo en carretera.

NOTA: Si no puede obtener un pedal firme purgue el sistema como se detalla en la sección Purgado de los frenos.

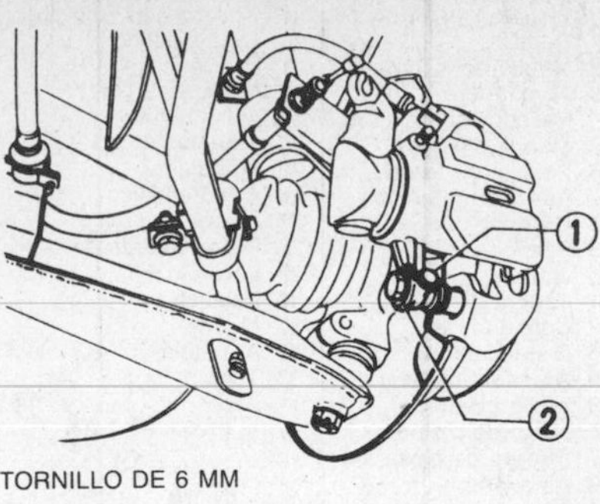

TORNILLO DE 6 MM
COLUMNA

Desmontaje de la columna

TIPO 10

Sumitomo, etc. Pinza de brida deslizante con freno de aparcamiento integral

Posee un único cuerpo de pinza y dos pistones de diseño similar a la pinza de brida deslizante del Girling, incorpora como principal característica un mecanismo de freno de aparcamiento integral. Trabaja un lado por vez realizando la acción de frenado, y utiliza el otro como referencia.

CAMBIO DE LAS PASTILLAS

1. Eleve el eje posterior del automóvil y apóyelo sobre caballetes. Desmonte la rueda.

2. Aspire del depósito la suficiente cantidad de líquido de freno como para tener un nivel adecuado cuando desplace los pistones hacia el interior del cilindro.

3. Libere el freno de aparcamiento y desconecte el extremo del cable situado en la palanca de la pinza.

4. Desatornille y desmonte la pinza de freno. No permita que el freno quede suspendido por el flexible, ya que éste podría deteriorarse.

5. Desmonte las pastillas de freno, observando atentamente la posición de los varios muelles, pasadores elásticos y de retención.

6. Afloje cuidadosamente el tornillo de purga para disminuir la presión de los pistones y gire el pistón exterior en sentido horario. Tome precauciones y no permita que el pistón interior se desplace hacia el exterior del cilindro.

7. Instale las pastillas. Gire el pistón interior hasta que el saliente o protuberancia de la pastilla de freno esté alineado con la ranura del pistón.

8. Instale la pinza de freno. Conecte el cable del freno de aparcamiento. Purgue el sistema llenando el depósito con líquido de freno para mantenerlo a un nivel adecuado.

9. Instale la rueda y baje el vehículo. Verifique el freno de aparcamiento y realice una prueba de rodaje del vehículo.

REPARACIÓN DE LOS FRENOS DE TAMBOR

Un típico freno de tambor se compone de un plato de freno o soporte de chapa, con uno o dos cilindros de rueda fijados a él. En el plato de freno están montados: dos zapatas de freno revestidas de material de fricción, sus muelles de recuperación, las piezas de fijación de las zapatas y los sistemas de ajuste de las zapatas que compensan el desgaste de los forros. Éstas son las piezas que componen un freno de tambor. Los frenos de tambor posteriores normalmente también incluyen las piezas necesarias para el freno de aparcamiento. Todos los frenos de tambor utilizados en los automóviles modernos incluyen estos componentes, pero existe una variedad de configuraciones para cada uno de ellos.

Los frenos de tambor son designados de acción «servo» o «non-servo».

Frenos tipo «servo»

En estos frenos las zapatas están montadas formando un combinado de zapata «primaria» y «secundaria» unidas por un extremo mediante un empujador regulable flotante. El rozamiento producido por una rotación normal del tambor (marcha adelante) provoca la liberación del anclaje de la zapata primaria y que la zapata secundaria pueda anclarse contra el tambor de freno.

Todas las fuerzas de aplicación y anclaje de la zapata primaria son transmitidas, a través del empujador de la zapata, mediante una servo acción; combinadas también con la aplicación de la zapata secundaria producen el efecto de frenado. Cuando el tambor realiza un giro inverso (contrario al de marcha) se invierte la acción combinada de las zapatas. Cuando el freno dispone de un cilindro de rueda abierto (dos pistones opuestos) la efectividad del freno puede ser sustancialmente la misma marcha adelante que marcha atrás. Con el cilindro de un solo pistón el freno está activado en una dirección solamente. En estas circunstancias la zapata secundaria está más solicitada durante el movimiento marcha adelante, mostrando un desgaste más acusado del forro. Un aumento de longitud o de espesor del forro, es a menudo utilizado para corregir este desgaste descompensado.

Frenos tipo «non-servo»

En estos frenos cada zapata está anclada de forma separada y su acción no está combinada. Un solo cilindro de rueda autoactiva la zapata comprimida o primaria durante el usual movimiento de rotación «marcha adelante» mientras que la zapata extendida o secundaria se desactiva. Cuando el tambor gira en sentido contrario, estas acciones se invierten, es decir se autoactiva la zapata extendida o secundaria y se desactiva la comprimida o primaria. El desgaste del forro es descompensado debido a la diferencia de solicitaciones de frenado en uno u otro sentido; el desgaste es por lo tanto más rápido en la zapata comprimida durante la acción de frenado marcha adelante.

Algunos modelos utilizan en los frenos non-servo dos grandes cilindros de rueda abiertos, los cuales permiten a cada uno de los extremos del cilindro accionar o anclar las zapatas contra el tambor. Esta disposición no es direccional en la efectividad. Con dos cilindros de rueda el desgaste del forro es equilibrado en ambas zapatas.

COMPONENTES MECÁNICOS

Asegúrese de montar correctamente los componentes del freno después de la reparación. Observe fielmente la disposición de las piezas de enganche de las zapatas cuando el freno sea desmontado. Esta disposición puede variar en los distintos modelos. Normalmente las zapatas de freno están sujetadas en un ajuste deslizante obtenido mediante tensión de los muelles, apoyan en la palanca de anclaje mediante muelles de recuperación y finalmente apoyan contra el plato de freno mediante muelles o abrazaderas de sujeción. En posición opuesta a la placa de anclaje de las zapatas hay una rueda dentada que empuja el alma de la zapata proporcionando un ajuste micrométrico que permite a las zapatas extenderse o contraerse. Algunos frenos posteriores tienen empujadores ajustables. Las zapatas están sujetas contra el empujador mediante un muelle.

Sujeción de las zapatas

Pueden observarse varios tipos de sujeción de zapatas en las ilustraciones.

Para bloquear o desbloquear el pasador de sujeción presione sobre el platillo y el muelle helicoidal o abrazadera y gire el pasador o el platillo 90°. En algunos tipos de palanca de reglaje, el interior del platillo (fondo) tiene un casquillo el cual alinea la palanca de reglaje.

Anclaje de las zapatas

Como puede verse en las ilustraciones, existen varios tipos de anclajes tales como los fijos no-ajustables, el deslizante auto-centrante de la zapata o algunos antiguos modelos en los cuales el ajuste fijado proporciona a cada zapata una excentricidad o un ajuste mediante coliso.

En los anclajes ajustables, cuando es necesario

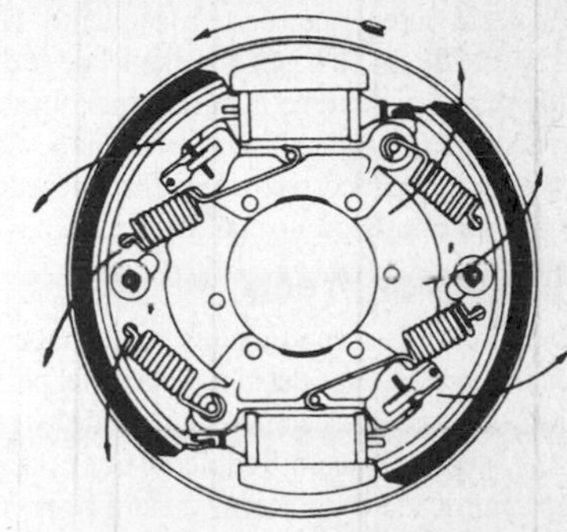

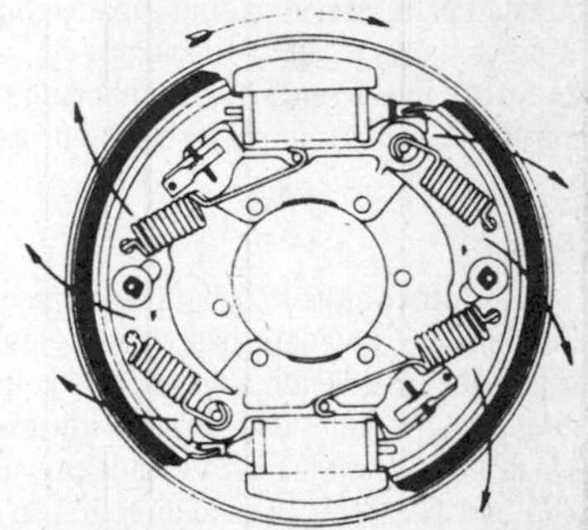

Frenos non-servo con dos cilindros de rueda

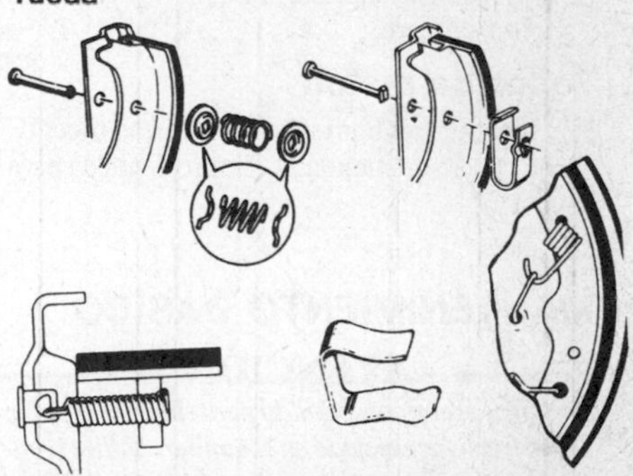

Diferentes tipos de fijación de las zapatas

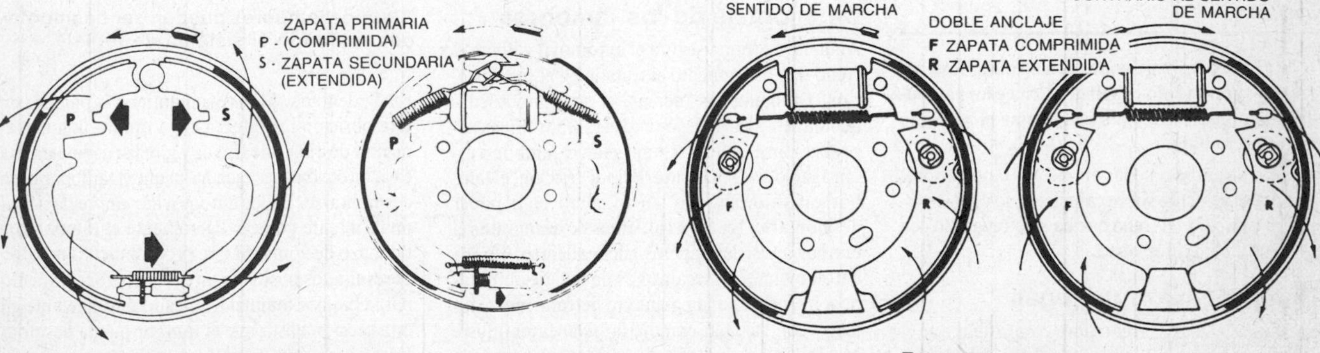

Freno tipo Servo

Freno Non-Servo

centrar las zapatas con el tambor o el calibrado con el tambor, afloje la tuerca lo suficiente para que permita deslizar el anclaje hacia el exterior pero evitando a la vez que pueda bascular.

En los anclajes excéntricos, tensar la rueda dentada hasta obtener un fuerte rozamiento. Gire el anclaje excéntrico en la dirección hacia la cual el rozamiento disminuye. Apriete la tuerca del anclaje. Destense la rueda dentada a una posición normal de ajuste.

En los anclajes por coliso, tensar la rueda dentada hasta obtener un fuerte rozamiento. Golpee el soporte de chapa hasta que el anclaje se deslice y libere el freno. Repetir la secuencia hasta que el rozamiento no pueda ser disminuido. Apriete la tuerca a un par correcto. Destense la rueda dentada a una posición normal de ajuste.

Zapatas de freno

En tamaños de freno iguales, puede haber diferencias en el espesor del alma, corte del perfil exterior del alma y posición de algunos de los refuerzos. Algunos vehículos requieren que las zapatas estén fabricadas con aceros de alta resistencia a la tracción. Estas zapatas normalmente llevan un código estampado en el alma. Las zapatas con taladros adicionales, resaltes, fijaciones, etc., que no produzcan interferencias, generalmente pueden considerarse intercambiables con las otras zapatas.

Topes

Un tope excéntrico situado debajo del alma de la zapata primaria o secundaria bascula sobre los frenos delanteros impidiendo a las zapatas golpear contra el tambor. Antes de realizar el ajuste con la rueda dentada, afloje la tuerca situada en el plato de freno, gire la excéntrica en la dirección en que se produzca un rozamiento con la zapata. Invertir el movimiento hasta disminuir el rozamiento y apretar la tuerca.

Topes de pistón

Si el freno de tambor está equipado con topes de pistón deberá desmontar el cilindro de rueda para repararlo.

MANTENIMIENTO BÁSICO

ATENCIÓN

No utilice el aire comprimido para eliminar el polvo de los frenos acumulado en el tambor. Utilice siempre un paño húmedo para limpiarlo. Los forros contienen amianto, una conocida sustancia que produce el cáncer. Destruya el paño después de utilizarlo.

NOTA: No trabaje nunca con un automóvil soportado por un solo caballete. Utilice un gato hidráulico o caballetes para aguantar el vehículo mientras trabaja.

Levante ambas ruedas anteriores o posteriores y apoye el vehículo sobre caballetes, lo cual le permitirá comparar el freno que ha sido reparado con el freno del lado opuesto.

Comprobación de fugas

Presione el pedal de freno para comprobar que el sistema hidráulico no tiene fugas. Si el pedal no permanece duro y baja hasta el piso, indica una fuga en el cilindro maestro, flexibles, cilindro de rueda o freno de disco. Si el vehículo está equipado con servofreno al realizar esta prueba el motor deberá estar en marcha. Con el servofreno es normal que el pedal baje ligeramente cuando el motor está en marcha. Si el pedal continúa bajando inicie la localización de la fuga.

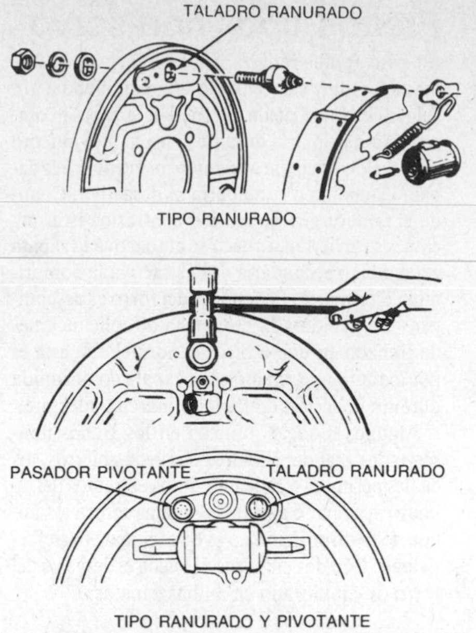

TALADRO RANURADO
TIPO RANURADO
PASADOR PIVOTANTE
TALADRO RANURADO
TIPO RANURADO Y PIVOTANTE

Ajuste del anclaje. Tipo ranurado

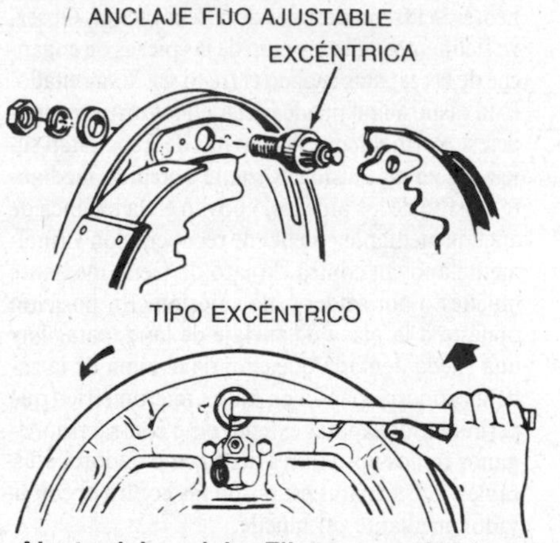

ANCLAJE FIJO AJUSTABLE
EXCÉNTRICA
TIPO EXCÉNTRICO

Ajuste del anclaje. Fijo con excéntrica

Desmontaje de los tambores

Aguante de forma segura el automóvil y libere el freno de aparcamiento si trabaja en el eje posterior. Desmonte las tuercas, el conjunto rueda-neumático y luego desmonte el tambor. Si las zapatas están expandidas y aprietan el tambor o están agarrotadas en la superficie de fricción, el tambor estará demasiado sujeto como para poder desmontarlo. En ese caso, antes de desmontar el tambor ajuste las zapatas hacia adentro. En los automóviles con mecanismos de reglaje automático, introduzca una palanca (o herramienta similar) y con cuidado empuje la palanca de ajuste apartándola un máximo de 1/16'' (1.5 mm) de la rueda dentada. Mientras mantiene la palanca en esta posición introduzca en la ranura una herramienta de ajuste de frenos y gire la rueda dentada en la dirección adecuada hasta que el tambor pueda desmontarse. En los automóviles con reglaje manual, intente golpear ligeramente el tambor con un mazo de goma. Si este procedimiento no ofrece resultados positivos, invierta el procedimiento para el ajuste manual explicado más adelante en esta sección hasta que el tambor pueda desmontarse.

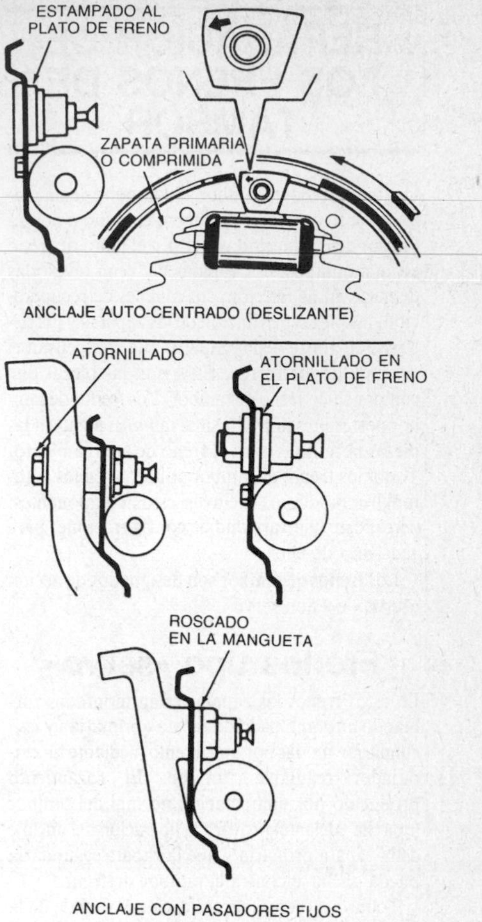

ESTAMPADO AL PLATO DE FRENO
ZAPATA PRIMARIA O COMPRIMIDA
ANCLAJE AUTO-CENTRADO (DESLIZANTE)
ATORNILLADO
ATORNILLADO EN EL PLATO DE FRENO
ROSCADO EN LA MANGUETA
ANCLAJE CON PASADORES FIJOS

Diferentes tipos de anclajes

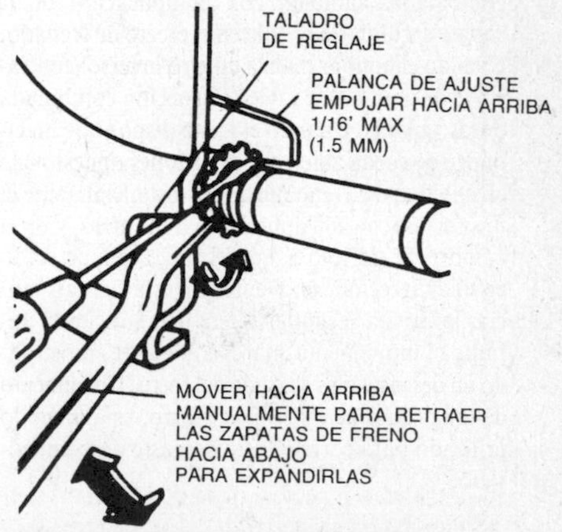

TALADRO DE REGLAJE
PALANCA DE AJUSTE EMPUJAR HACIA ARRIBA 1/16' MAX (1.5 MM)
MOVER HACIA ARRIBA MANUALMENTE PARA RETRAER LAS ZAPATAS DE FRENO HACIA ABAJO PARA EXPANDIRLAS

Algunos tambores pueden ser desmontados retirando el sistema de reglaje

Inspección del tambor

Verifique si el tambor tiene grietas, rayas, ranuras y también «ovalizaciones». Cámbielo si está agrietado. Las rayas ligeras pueden eliminarse con tela de esmeril, pero las rayas extensas deben eliminarse trabajando sobre el tambor montado en un torno.

Si la superficie de fricción del tambor aparece rayada o muy deteriorada debe repararla. Después de mecanizado el diámetro del tambor no deberá exceder de 0.060'' (1.5 mm) por encima del diámetro de fundición original. Observe cuidadosamente si existen signos de grasa o aceite en la parte central del conjunto. Si se detecta alguna fuga, la junta deberá reemplazarse.

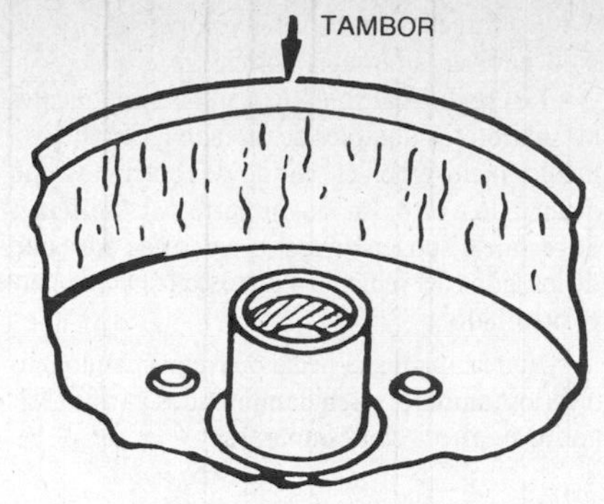

Inspección del calentamiento

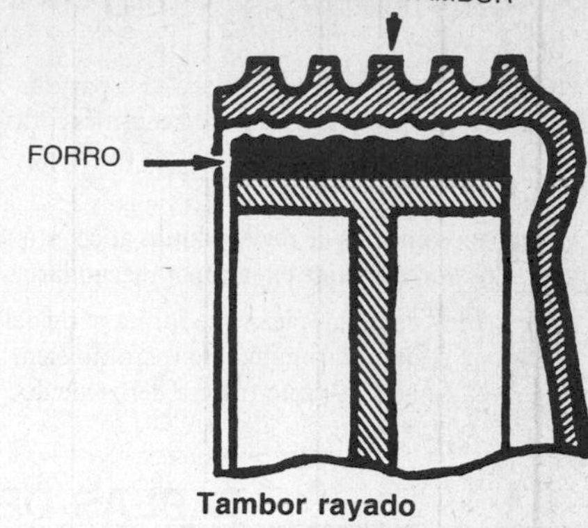

Tambor rayado

Reparación de los cilindros de rueda

Es siempre una buena idea reparar o cambiar los cilindros de rueda, al cambiar los forros. Esto asegurará un buen funcionamiento de los frenos.

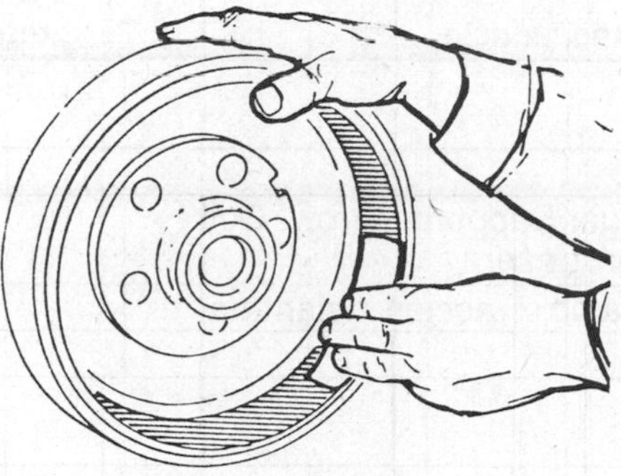
Pulido del tambor

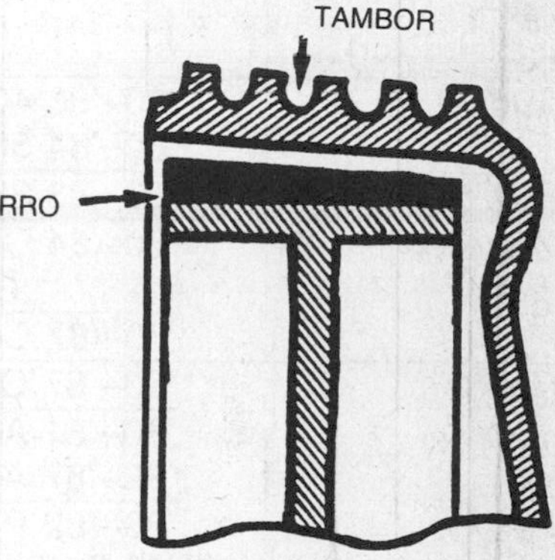

Tambor cónico

Desmontaje de las zapatas de freno

Es recomendable desmontar primero el freno de una rueda y utilizar el procedimiento como referencia al cambiar las otras. Observe cuidadosamente los colores y posiciones de los diferentes muelles, ya que aparentemente son semejantes pero tienen distintas tensiones. Si la zapata tiene algunos taladros que no se utilizan observe en cuales de ellos están situados los muelles, utilice para ello un punzón u otro sistema para identificar en las zapatas nuevas los taladros que deben utilizarse. Cambie los muelles despintados u otras piezas deformadas o corroídas. Utilice herramientas especiales cuando sea necesario. Examine los muelles, especialmente las deformaciones u otros defectos, y reemplácelos si es necesario. Examine el flexible del freno y sustitúyalo si aparece con signos de roturas u otros deterioros.

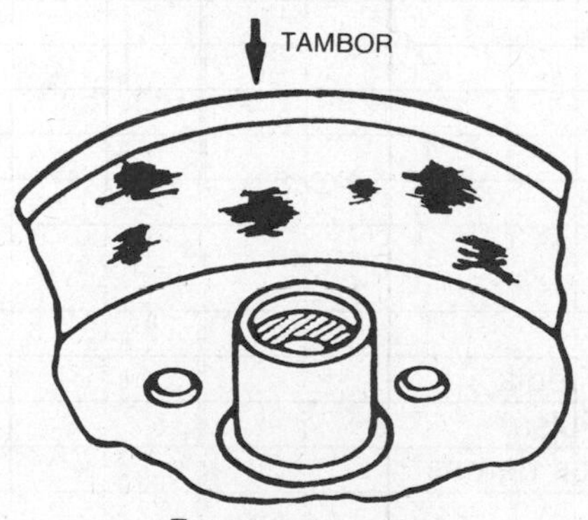

Zonas endurecidas

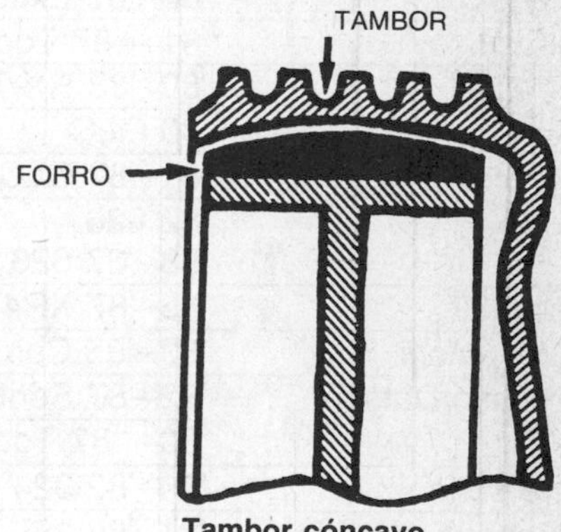

Tambor cóncavo

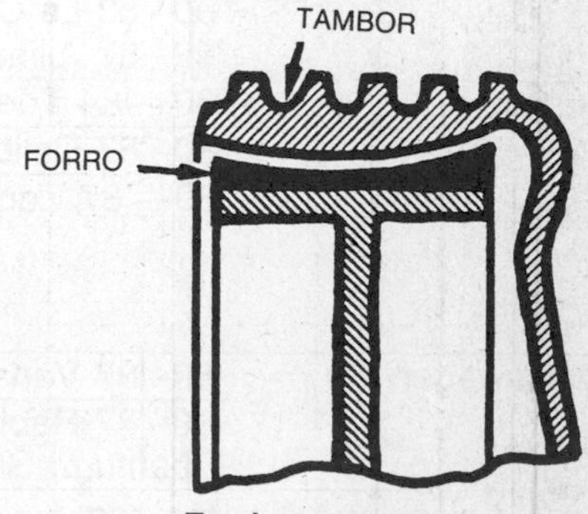

Tambor convexo

Limpieza y engrase de las zapatas de freno

Cuando todas las piezas del freno estén desmontadas, limpie el plato de freno con un paño húmedo con el fin de evitar levantar el polvo del material de fricción (amianto), una vez utilizado, destrúyalo. Limpie las zonas enmohecidas con un cepillo de alambre. Con una lima suavice las aristas o superficies rugosas en las zonas de contacto con el plato de freno lubricándolas después con lubricante adecuado para frenos. Limpie y lubrique totalmente la tuerca y tornillo de reglaje para facilitar su montaje posterior. Lave con disolvente los cojinetes, móntelos y engráselos con grasa limpia. Verifique que los tornillos que fijan el plato de freno están apretados.

Armado e instalación de las zapatas de freno

Instale los frenos en orden inverso al desmontaje. Asegúrese que todas las piezas están situadas correctamente y que las zapatas de freno están posicionadas correctamente en cada uno de los extremos del ajustador. Asegúrese también que ambas zapatas estén correctamente asentadas en los empujadores del cilindro de rueda, en el freno de aparcamiento y finalmente que estén centradas en el plato de freno. Los empujadores y palancas del freno de aparcamiento deben estar bien posicionados en los frenos posteriores. Con todas las piezas montadas verifique el juego entre el tambor y las nuevas zapatas. Si el ajuste es escaso auméntelo girando la rueda dentada hasta obtener un ligero rozamiento cuando gire el tambor. El uso de una galga de frenos (calibrador) le facilitará este trabajo simplificando el ajuste. Luego instale el tambor, cojinetes, tuercas, pasadores, guardapolvos, rueda y finalmente realice los reglajes como se ha especificado. Apriete las tuercas al par especificado.

Purgado y prueba del vehículo

Purgue los frenos para asegurar un pedal alto y duro, finalmente realice una prueba con el vehículo. La mayor parte de los mecanismos de reglaje automático funcionan cuando el vehículo realiza el movimiento contrario al de marcha normal. Así cuando repare el sistema de frenos asegúrese de que la prueba con el vehículo incluye bastantes frenadas en dirección inversa al sentido de marcha para permitir al reglaje automático obtener el ajuste adecuado con el tambor. También debe accionar el freno de aparcamiento varias veces si el sistema acciona el mecanismo de reglaje automático.

SUGERENCIAS DE CHILTON

• La zapata primaria está situada en la parte anterior del freno, el forro es normalmente más corto que el situado en la zapata secundaria (parte posterior).

• Los mecanismos de reglaje automático están montados normalmente en la zapata secundaria.

• La rueda dentada, pieza que forma parte del sistema de reglaje, normalmente (pero no siempre) apunta hacia la parte trasera del vehículo.

• Los muelles de distintos colores deben estar colocados en diferentes posiciones.

• Los reglajes automáticos y sus componentes no son intercambiables de un lado a otro del vehículo, inclusive en el sentido de rotación varían de un lado a otro. La mayor parte de los sistemas de reglaje disponen de roscas a derecha para uno de los lados del vehículo y de rosca izquierda para el otro lado.

• Nunca aplique el pedal de freno cuando uno o varios tambores estén desmontados ya que el cilindro de rueda se desmontará.

TIPO 1

Lockheed non-servo. Reglaje manual

Este freno está formado por zapatas non-servo primaria y secundaria accionadas por un cilindro de rueda de dos pistones. El anclaje de las zapatas se realiza mediante un tornillo de reglaje ranurado, que permite a las zapatas un desplazamiento y una acción de auto-centrado. Estos frenos tie-

TABLAS DE APLICACIÓN DE LOS FRENOS DE TAMBOR

Fabricante (constructor)	Año/Modelo	Número de referencia①	Tipo de reglaje
Audi	'80–'86 4000 '80–'84 5000	12	Automático
BMW	'80–'83 320i	5	Manual (tipo leva)
Chrysler	'80–'84 Challenger/Sapporo, Arrow, Colt Tracción trasera	9	Automático
	'80–'87 Colt/Champ Tracción delantera	14	Automático
Honda	'80–'87 Civic	11	Automático
	'80–'81 Accord	8	Manual (tipo tornillo)
	'82–'87 Accord	3	Semi-automático
	'80–'82 Prelude	11	Automático
	'83 Prelude	3	Semi-automático
Hyundai	'86–'87 Excel	14	Automático
Isuzu	'81—'87 Todos	9	Automático
Mazda	'80–'83 RX-7	13	Automático
	'80 GLC	1	Manual
	'81–'87 GLC, 323	15	Automático
	'82 626	13	Automático
	'83–'87 626	11	Automático
Merkur	'85–'87 XR4Ti	2	Automático
Mitsubishi	'83–'85 Cordia, Tredia	9	Automático
Nissan/Datsun	'82–'87 Sentra, Pulsar	14	Automático
	'80—'87 Todos los demás	15	Automático
Porsche	'80–'82 924	1	Manual
Renault	'81–'85 18i, Fuego, Sportwagon	9	Automático
	'80–'83 Le Car	5	Manual (tipo leva)
	'82–'87 Alliance, Encore	3	Semi-automático
Subaru	'80—'84 Todos	8	Manual (tipo tornillo)
Toyota	'80–'87 Celica/Supra	3	Semi-automático
	'80—'87 Todos los demás	3, 4, 5, 6, 14②	Semi-automático Manual (rueda dentada) Manual (tipo tornillo) Automático
Volkswagen	'80–'87 Vanagon	1	Manual
	'80–'87 Rabbit, Scirocco, Jetta, Dasher, Quantum, Golf	10, 12②	Manual (rueda dentada) Automático
Yugo	'86–'87	5,6②	Manual (tipo leva) Automático

① Debido al gran número de modelos distintos cubiertos en cada sección, puede aparecer ligeras diferencias en los componentes complementarios del freno y/o en su apariencia. Los procedimientos básicos se aplicarán sin embargo a todos los modelos cubiertos

② Cuando esté indicado más de un número de referencia, compare el freno reparado con las ilustraciones de cada sección hasta encontrar el correcto

nen el cilindro de rueda situado en la parte superior y el sistema de reglaje en la parte inferior.

DESMONTAJE Y MONTAJE

1. Levante el eje anterior/posterior del automóvil y apóyelo sobre caballetes. Desmonte el conjunto rueda neumático.

2. Desmonte los tambores (algunos vehículos pueden necesitar extractores especiales).

3. Desmonte ambos muelles de recuperación.

4. Desmonte los muelles de sujeción y saque las zapatas del plato de freno. En los frenos posteriores desenganche el cable de la palanca de freno de mano antes de desmontar las zapatas.

5. Limpie y lubrique el plato de freno tal como se ha detallado anteriormente.

6. Verifique si el cilindro de rueda está agarrotado o tiene fugas. Si se encuentra con alguno de estos problemas, repare o sustituya el cilindro. Desmonte los sistemas de reglaje, límpielos y lubríquelos.

7. Instale la palanca de freno de mano en la nueva zapata secundaria. (Sólo en los frenos traseros.)

8. Sitúe las zapatas nuevas en el plato de freno y fíjelas mediante los muelles de sujeción.

NOTA: Las ranuras del tornillo de reglaje deben estar orientadas con la inclinación hacia el centro del plato.

Los extremos de las zapatas deben situarse en las ranuras de los pistones del cilindro de rueda y en la de los tornillos de reglaje. Si los extremos del tornillo de reglaje tienen una ranura en forma de bisel, asegúrese que el bisel esté alineado con el de la zapata en sentido ascendente.

El extremo de la zapata con una ranura para la bieleta del freno de aparcamiento deberá instalarlo cerca del cilindro de rueda.

9. En los frenos posteriores enganche el cable con la palanca de freno de mano y luego monte la bieleta.

10. Instale el muelle de recuperación más pesado en los extremos de la zapata próximos al cilindro de rueda.

11. Instale el muelle de recuperación más liviano en los extremos de la zapata próximos al talón o anclaje.

12. Instale los tambores de freno, purgue el circuito, regle el conjunto y realice una prueba del vehículo en carretera.

REGLAJE

Introduzca un pequeño destornillador o herramienta similar a través del taladro de acceso situado en el plato de freno y expansione el conjunto de las zapatas haciendo girar la rueda dentada en sentido horario cuando esté frente al extremo del cilindro de rueda. Ajuste la zapata hasta que se detecte un fuerte rozamiento al girar el conjunto rueda-tambor; luego haga retroceder el reglaje hasta que la rueda-tambor gire libremente. Ajuste primero una zapata y repita este procedimiento en las otras.

TIPO 2

Anclaje fijo con reglaje automático

1. Levante y apoye el eje posterior del automóvil sobre caballetes. Desmonte la rueda y el tambor.

2. Desmonte los pasadores y muelles de sujeción empujando y girando los platillos exteriores 90°. Es necesario sujetar la parte posterior del pasador (cara posterior del plato) mientras empuja y gira el platillo.

3. Después de que los pasadores y muelles de sujeción han sido desmontados de las dos zapatas de freno, desmonte ambas zapatas y el conjunto de mecanismo de reglaje levantándolas y alejándolas del anclaje y guía de las zapatas. Tome precauciones para no deteriorar los guardapolvos del cilindro de rueda cuando desmonte las zapatas del lado del cilindro.

4. Desenganche el cable de la palanca de freno de mano para permitir desmontar las zapatas y el conjunto del mecanismo de reglaje.

5. Desmonte el muelle de recuperación inferior mediante rotación de la zapata primaria para liberarla de la tensión del muelle. No fuerce los muelles con palancas para desmontarlos de las zapatas.

6. Desmonte de la zapata secundaria la bieleta de reglaje, tirando de ella para alejarla de la zapata y girándola hacia abajo y hacia usted hasta liberarla de la tensión del muelle. Desmonte el muelle de la ranura.

7. Desmonte la palanca de freno de mano de la zapata, desmontando la abrazadera en forma de herradura, la arandela de muelle y sacándola de la zapata.

8. Si por alguna razón el conjunto de reglaje automático debe ser desmontado, siga el siguiente procedimiento: tire del cuadrante (en forma de U) separándolo del pasador moleteado de la bieleta, gire el cuadrante en cualquier dirección hasta que los dientes no estén engranados con el pasador. Desmonte el muelle y deslice el cuadrante fuera de la ranura situada en el extremo de la bieleta. No tensione demasiado el muelle durante la operación de desmontaje.

9. Limpie el plato de freno con un cepillo metálico o mediante un aspirador.

ATENCIÓN

Jamás aspire el polvo de los forros del freno. El polvo de amianto, cuando se aspira, puede ser perjudicial para su salud. Utilice un aspirador. No utilice aire comprimido para eliminar el polvo.

10. Aplique una película de grasa resistente a altas temperaturas en los puntos del plato de freno sobre los cuales se apoyan las zapatas.

11. Aplique una película de grasa multiuso a la bieleta de reglaje en la zona de contacto del cuadrante y la bieleta.

12. Si el reglaje automático ha sido desmontado; instale el cuadrante con su pasador en el interior de la ranura de la bieleta y posteriormente instale el muelle.

13. Instale la palanca de freno de mano en la zapata secundaria. Monte la arandela de muelle y la abrazadera en forma de herradura; apriete la abrazadera con unos alicates hasta asegurar que la palanca está asentada en la zapata.

14. Instale la bieleta de reglaje, enganchando el muelle en la zapata secundaria. Fije la bieleta asegurando el muelle en la ranura y haciendo pivotar la bieleta a su posición correcta. Esto tensionará el muelle. Asegúrese que el extremo cuyo gancho es paralelo al eje del muelle está enganchado al alma de la zapata. El muelle, una vez montado, debe estar en contacto con el alma de la zapata y paralelo a la bieleta.

15. Instale el muelle de recuperación inferior, enganchando el extremo más largo en la zapata secundaria.

16. Instale la zapata primaria en el muelle de la bieleta, mediante la instalación del muelle sobre ambas piezas y el pivotamiento de la zapata primaria sobre el cuadrante hasta su posición; esto tensará el muelle.

17. Posicione las zapatas y el conjunto de reglaje automático sobre el plato de freno. Extienda las zapatas ligeramente y posiciónelas en las ra-

FRENO ANTERIOR

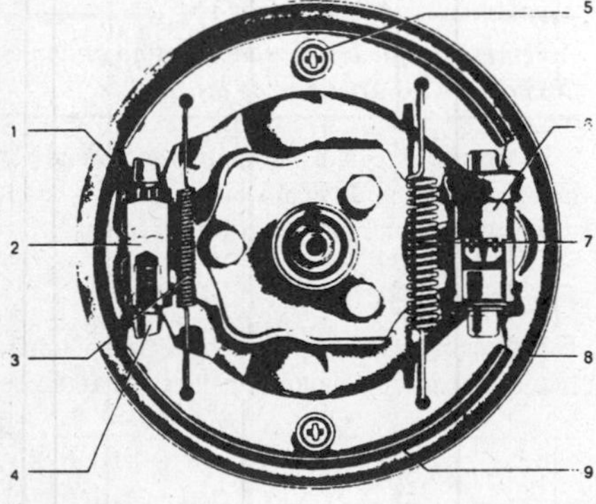

FRENO POSTERIOR

ANTERIOR
1. Tornillo de reglaje
2. Bloque de anclaje
3. Muelle de recuperación
4. Tuerca de reglaje
5. Platillo, muelle y pasador de fijación
6. Cilindro de rueda
7. Muelle de recuperación
8. Plato de freno
9. Zapata de freno con forro

POSTERIOR
1. Cilindro de rueda
2. Zapata de freno con forro
3. Muelle de recuperación superior
4. Platillo, muelle y pasador de fijación
5. Muelle de recuperación inferior
6. Tornillo de ajuste
7. Plato de freno
8. Bieleta
9. Palanca de freno de mano
10. Cable de freno de mano
11. Tuerca de reglaje
12. Bloque de anclaje

Típico conjunto de freno non-servo Lockheed (izquierda-freno anterior; derecha-freno posterior)

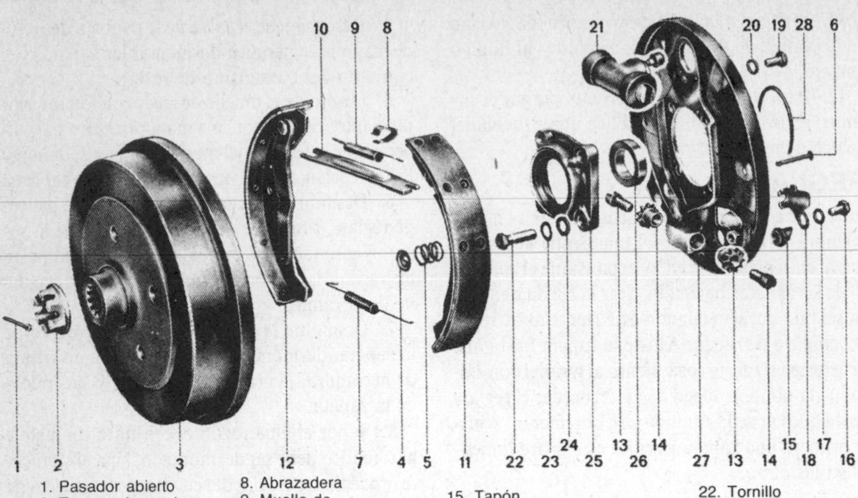

1. Pasador abierto
2. Tuerca almenada
3. Tambor de freno
4. Platillo de fijación
5. Muelle
6. Pasador
7. Muelle de recuperación
8. Abrazadera
9. Muelle de recuperación
10. Bieleta
11. Zapata de freno
12. Palanca de freno
13. Tornillo de reglaje
14. Tuerca de reglaje
15. Tapón
16. Tornillo
17. Arandela de blocaje
18. Placa de sujeción
19. Tornillo
20. Arandela de blocaje
21. Cilindro de rueda
22. Tornillo
23. Arandela
24. Arandela plana
25. Tapa
26. Distanciador
27. Plato de freno
28. Junta

Despiece de un freno de tambor Tipo 1

DELANTE

FRENO IZQUIERDO

Típico freno de tambor Tipo 3

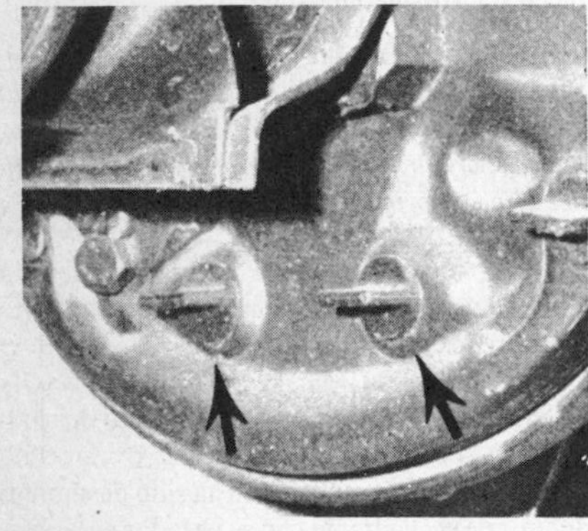

Los sistemas de reglaje de los frenos de tambor están situados detrás de los tapones de goma inferiores del plato de freno. Los dos tapones (si los equipa) deben desmontarse para verificar el desgaste de los forros

nuras de los pistones del cilindro de rueda y del anclaje. Tome precauciones para no deteriorar los guardapolvos del cilindro de rueda.

18. Enganche el cable a la palanca de freno de mano.

19. Instale los pasadores, muelles y platillos de sujeción.

20. Instale los restantes componentes en orden inverso al que fueron desmontados.

REGLAJE

1. Desmonte el tambor de freno.

2. Pivote el cuadrante de reglaje hasta el tercer o cuarto entalle del extremo exterior, engrane con el pasador moleteado de la bieleta de ajuste.

3. Instale el tambor de freno.

TIPO 3

Non-servo. Reglaje semi-automático

Este tipo de freno non-servo está formado por una zapata comprimida y otra extendida accionadas por un cilindro de rueda de dos pistones. Las zapatas de freno se ajustan automáticamente cuando se aplica el freno de aparcamiento.

DESMONTAJE Y MONTAJE

1. Levante el eje posterior del automóvil y apóyelo sobre caballetes. Desmonte el conjunto rueda-neumático.

2. Desmonte el tambor. Golpee ligeramente el tambor con un mazo para poder desmontarlo. Si el tambor no puede desmontarse fácilmente, introduzca un destornillador a través del taladro que tiene el plato de freno y desplace la palanca de reglaje apartándola del tornillo de reglaje. Utilizando otro destornillador, disminuya el rozamiento de la zapata de freno girando el tornillo de reglaje en sentido horario. Si el tambor permanece inmóvil sin desmontar utilice un extractor; pero primero asegúrese que el freno de aparcamiento está liberado.

ATENCIÓN

No aplique el pedal de freno con el tambor desmontado.

3. Desenganche los muelles de recuperación de las zapatas con la ayuda de una herramienta para desmontar muelles.

4. Desmonte los muelles de fijación de las zapatas.

5. Desenganche el cable de la palanca de freno de mano.

6. Retire las zapatas incluida la palanca de freno de mano.

7. Afloje la abrazadera en forma de «C» y desmonte de las zapatas el conjunto de reglaje.

8. Inspeccione los desgastes y rayas de las zapatas.

9. Verifique si el cilindro de rueda está agarrotado o tiene fugas de líquido. Si alguno de estos defectos se localiza, repare o sustituya el cilindro de rueda.

10. Limpie e inspeccione todas las piezas. Lubrique los apoyos del plato de freno y del anclaje de las zapatas.

11. Verifique la tensión de los muelles, observe si están debilitados, deformados o enmohecidos.

12. Inspeccione el dentado de la rueda de reglaje y observe si está despuntado o tiene otro deterioro.

El montaje debe realizarse en el siguiente orden:

NOTA: Engrase las zonas de la zapata que deslizan sobre los apoyos del plato de freno. No engrase los forros.

1. Instale la palanca de freno de mano y la palanca de reglaje automático en la zona extendida.

2. Enganche el cable en la palanca de freno de mano.

3. Instale el mecanismo de reglaje automático y ajuste el muelle en la palanca de reglaje.

4. Instale el muelle de fijación en la zapata extendida y luego instálelo en la zapata comprimida.

ATENCIÓN

Asegúrese de que los guardapolvos no están pellizcados en los extremos de las zapatas.

5. Pruebe el reglaje automático accionando la palanca de freno de mano.

6. Instale el tambor y ajuste los frenos.

REGLAJE

Estos frenos están equipados con reglaje automático accionado mediante la palanca de freno de

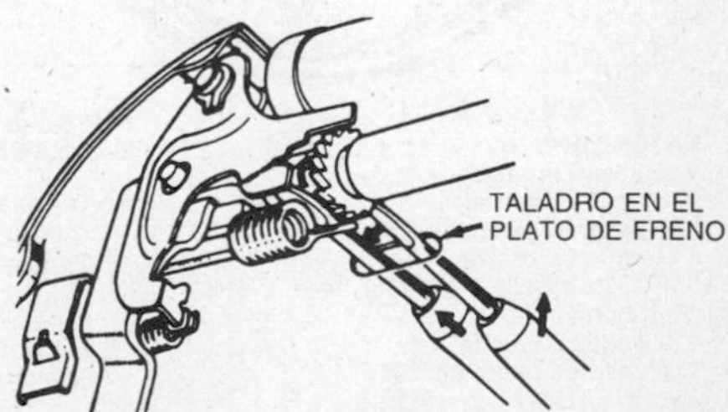

Retroceso de las zapatas de freno para desmontar el tambor de freno

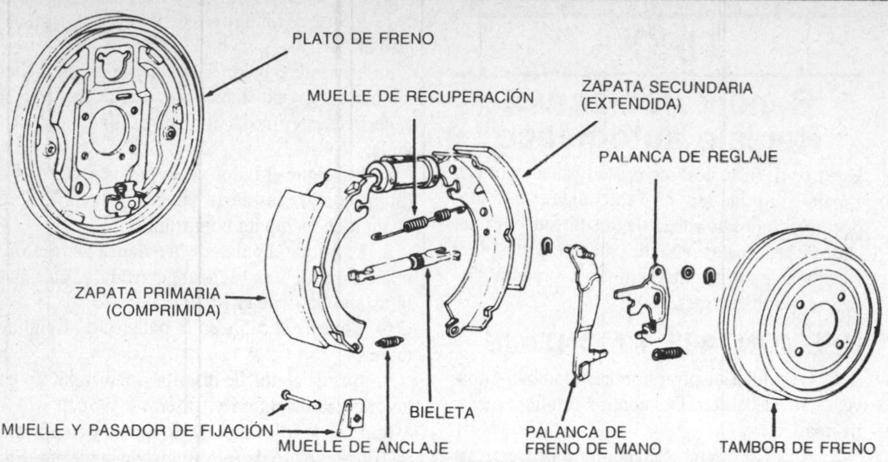

Despiece de un freno de tambor Tipo 3

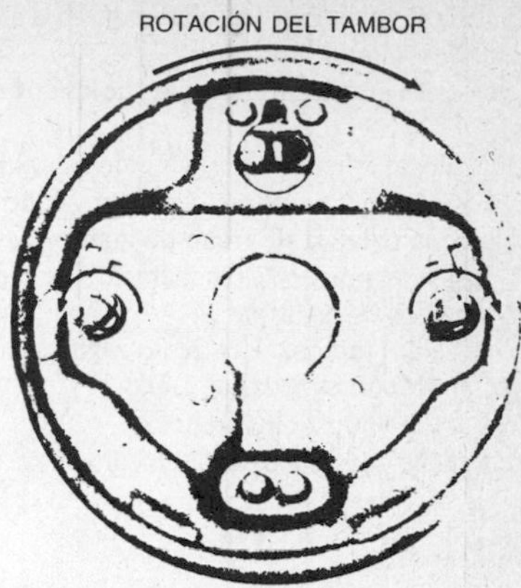

El ajuste de las zapatas en el freno del tipo 5 se realiza mediante excentricas situadas en el plato de freno

mano. No es necesario el reglaje periódico de los frenos de tambor si este mecanismo trabaja correctamente. Si el juego entre la zapata de freno y el tambor es incorrecto y aplicando y liberando cinco veces la palanca de freno de mano no funciona correctamente, las piezas deben desmontarse para su reparación.

TIPO 4

Non-servo. Reglaje manual

Este conjunto de freno non-servo con dos cilindros de rueda de un solo pistón acciona la zapata individualmente.

DESMONTAJE Y MONTAJE

1. Levante el eje posterior del automóvil y apóyelo sobre caballetes. Desmonte el conjunto rueda-neumático.

2. Desmonte el tambor de freno como se ha explicado anteriormente.

3. Desmonte los muelles de recuperación y los de fijación.

4. Levante las zapatas del plato de freno.

5. Verifique si el cilindro de rueda está agarrotado o tiene fugas de líquido de freno. Si localiza alguno de estos defectos, repare o sustituya el cilindro de rueda.

6. Limpie el plato de freno y lubrique los apoyos y extremos de las zapatas nuevas.

7. Instale las zapatas nuevas en las ranuras del cilindro de rueda y del sistema de reglaje. Instale los muelles de fijación.

8. Instale los muelles de recuperación. El azul, más liviano, debe instalarse en el lado de la zapata en contacto con el pistón; el negro, más pesado, debe instalarse en el lado de la zapata en contacto con el reglaje.

9. Las zapatas deben deslizar libremente en las ranuras.

10. Instale el tambor y la rueda; purgue el circuito y ajuste los frenos.

11. Realice una prueba del vehículo en carretera.

REGLAJE

Ajuste cada zapata individualmente mediante la rotación del ajustador ranurado (por el lado posterior del plato) hasta que un fuerte rozamiento se detecta cuando el conjunto rueda-tambor gira en el sentido de marcha. Gire en sentido inverso el ajustador hasta que la rueda tambor gire libremente.

TIPO 5

Bendix non-servo, autocentrante de reglaje manual

Este tipo de freno non-servo está formado por una zapata comprimida y otra extendida accionadas por un cilindro de rueda de dos pistones. Las zapatas de freno están autocentradas mediante un bloque de anclaje y dos excéntricas de reglaje.

DESMONTAJE Y MONTAJE

1. Levante el eje posterior del automóvil y apóyelo sobre caballetes. Desmonte el conjunto rueda-neumático.

2. Desmonte el tambor de freno como se ha explicado anteriormente.

3. Desmonte el muelle de recuperación (y los de fijación si los utiliza), levante las zapatas del plato de freno. En los frenos posteriores desconecte el cable de la palanca de freno de mano.

4. Separe las zapatas desmontando el muelle inferior de unión entre ambas.

5. Verifique si los pistones del cilindro de rueda están agarrotados o tienen fugas de líquido de freno. Si localiza alguno de estos defectos, repare o sustituya el cilindro de rueda.

6. Limpie el plato de freno y lubrique los apoyos de las zapatas y de los muelles de fijación.

Típico conjunto de freno de tambor Tipo 4

7. Instale la palanca de freno de mano en la nueva zapata extendida.

8. Instale el muelle inferior que une las dos zapatas.

9. Instale las zapatas en el plato de freno. En los frenos posteriores instale la bieleta y conecte el cable en la palanca de freno de mano.

10. Instale el muelle de recuperación en el extremo superior de las zapatas.

11. Instale el tambor. Centre las zapatas en el tambor aplicando el pedal de freno.

12. Purgue y ajuste los frenos.

13. Realice una prueba del vehículo en carretera.

REGLAJE

Debido a las características de autocentrado de este freno, solamente se necesita un pequeño reglaje para compensar el desgaste de los forros.

1. Levante el automóvil y apóyelo sobre caballetes.

2. Observe si el freno de aparcamiento está liberado. Verifique que las zapatas extendidas no se han separado de las excéntricas (parcialmente aplicadas) por un inadecuado tensado del cable (o cables) o por un gripado. Si las zapatas no están en contacto con las excéntricas, hágalas retroceder o desconecte el cable del freno de mano.

3. Expansione las zapatas de freno girando las excéntricas. Si las excéntricas tienen unas tuercas de blocaje, aflójelas. Gire el conjunto rueda-tambor mientras ajusta la excéntrica en la dirección adecuada, hasta obtener un fuerte rozamiento; seguidamente hágala retroceder gradualmente en dirección opuesta hasta que el conjunto rueda-tambor gire libremente. Cuando realice el reglaje de la zapata comprimida gire la rueda en la dirección de marcha. Cuando realice el reglaje de la zapata extendida gire la rueda en sentido contrario.

4. Aplique el pedal firmemente unas cuantas veces y verifique que todas las ruedas giran libremente. Si un rozamiento es detectado realice el reglaje de acuerdo con lo descrito en el punto 3.

TIPO 6

Bendix non-servo. Reglaje automático

Este tipo de freno non-servo está formado por una zapata comprimida y otra extendida accionadas por un cilindro de rueda de dos pistones. El anclaje de las zapatas se realiza mediante una placa ranurada de anclaje, que permite a las zapatas deslizarse y autocentrarse.

DESMONTAJE Y MONTAJE

1. Levante el eje posterior del automóvil y apóyelo sobre caballetes. Desmonte el conjunto rueda-neumático.

2. Antes de desmontar el tambor de freno, saque el tapón de caucho que obtura el taladro por el que se libera el mecanismo de reglaje automático y que se encuentra en la parte posterior del plato de freno. Introduzca una pequeña palanca y empuje hacia abajo la palanca de ajuste. Esto permitirá que retrocedan las zapatas y eliminar las posibles interferencias entre las zapatas y el tambor.

3. Desmonte el tambor y desconecte de la bieleta en la zapata extendida el muelle del reglaje automático. Desmonte el muelle antirruido.

4. Desmonte el muelle de recuperación superior.

5. Desmonte la bieleta y desconecte las zapatas de los muelles de fijación que las mantienen apoyadas contra el plato. Verifique las grietas o partes tensionadas de los muelles.

6. Desconecte el muelle de recuperación inferior que une ambas zapatas. Desmonte el muelle y el conjunto de zapata comprimida.

7. Desconecte el cable de la palanca de freno de mano de la zapata extendida.

8. Desmonte la palanca de ajuste y la de reglaje automático de la zapata comprimida. Verifique el desgaste o deterioro del dentado.

Para el montaje:

1. Limpie e inspeccione todas las piezas. Sustitúyalas si es necesario.

2. Lubrique los apoyos de la zapata y las aristas curvadas del anclaje.

3. Lubrique el bulón de la palanca de ajuste (bulón más largo) e instale la palanca de ajuste en la superficie exterior del alma en la zapata comprimida.

4. Lubrique el bulón de la palanca de reglaje (bulón corto) e instale la palanca de reglaje sobre el alma de la zapata comprimida.

5. Lubrique el bulón de la palanca de freno de mano e instálela en la zapata extendida. La zapata extendida tiene el forro más corto.

6. Conecte el cable en la palanca de freno de mano.

7. Instale el muelle inferior «une-zapatas» en las zapatas delantera y trasera.

8. Posicione las zapatas extendida y comprimida sobre el plato de freno e instale la bieleta. Enganche la lengüeta de la bieleta en la ranura de la palanca de reglaje y posicione los extremos superiores de las zapatas contra los pistones del cilindro de rueda.

9. Instale el muelle superior de recuperación de zapatas.

10. Instale el muelle del reglaje automático. El muelle debe mantener la bieleta apretada contra la palanca de freno de mano.

11. Lubrique las superficies interiores de los muelles de fijación y móntelos sobre el alma de las zapatas.

12. Instale el muelle sobre el bulón de la palanca de ajuste. Desplace la palanca de reglaje hasta que contacte con la llanta de la zapata y enganche el muelle sobre la palanca de ajuste.

13. Instale el muelle antirruido entre el anclaje y la zapata extendida.

14. Instale el tambor de freno y la rueda. Purgue el sistema si es necesario y realice una prueba del vehículo en carretera.

REGLAJE

Un ajuste inicial puede realizarse, después de haber desmontado y montado el tambor, mediante la aplicación de la palanca de freno varias veces. Aparte de este reglaje inicial, los frenos se ajustan automáticamente sin que ningún reglaje adicional sea necesario.

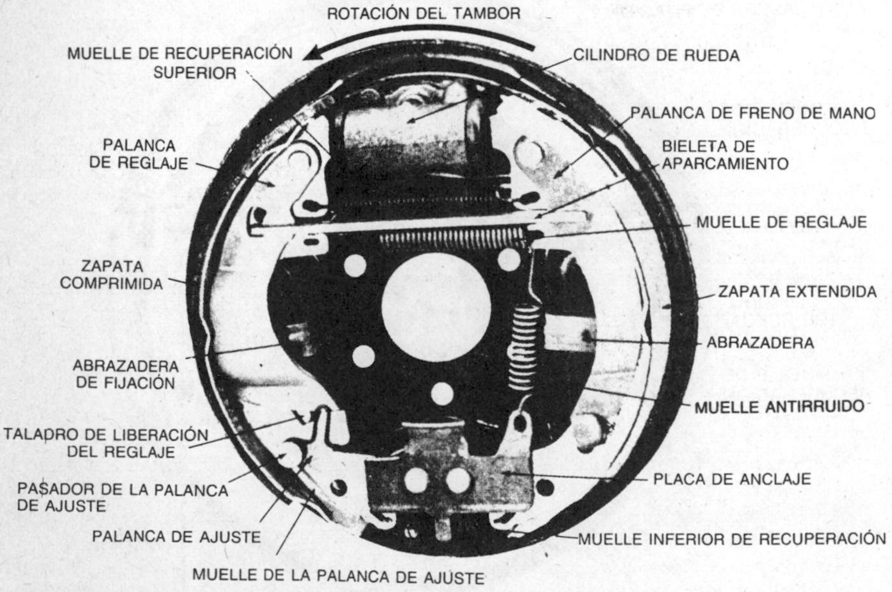

ROTACIÓN DEL TAMBOR
MUELLE DE RECUPERACIÓN SUPERIOR
CILINDRO DE RUEDA
PALANCA DE FRENO DE MANO
PALANCA DE REGLAJE
BIELETA DE APARCAMIENTO
MUELLE DE REGLAJE
ZAPATA COMPRIMIDA
ZAPATA EXTENDIDA
ABRAZADERA
ABRAZADERA DE FIJACIÓN
MUELLE ANTIRRUIDO
TALADRO DE LIBERACIÓN DEL REGLAJE
PLACA DE ANCLAJE
PASADOR DE LA PALANCA DE AJUSTE
PALANCA DE AJUSTE
MUELLE INFERIOR DE RECUPERACIÓN
MUELLE DE LA PALANCA DE AJUSTE

Típico conjunto de freno de tambor Tipo 6

TIPO 7

Non-servo. Reglaje manual

Este tipo de freno non-servo está formado por una zapata comprimida y otra extendida y accionadas por un cilindro de rueda de dos pistones. Las zapatas están posicionadas y sujetas mediante un anclaje regulable manualmente.

DESMONTAJE Y MONTAJE

1. Levante el eje posterior del automóvil y apóyelo sobre caballetes. Desmonte el conjunto rueda-neumático.

2. Desmonte el tambor de freno. Si es necesario retraer las zapatas para desmontar un tambor desgastado, desmonte la tapa protectora contra el polvo y desatornille el tornillo de reglaje, situado en el lado interior del plato de freno.

3. Desmonte los muelles de recuperación superior e inferior.

4. Desmonte los muelles de fijación de las zapatas y levántelas del plato de freno.

5. Verifique si los pistones del cilindro de rueda están agarrotados o tienen fugas de líquido de freno. Si localiza alguno de estos defectos, repare o sustituya el cilindro de rueda.

6. Limpie e inspeccione todas las piezas. Lubrique los apoyos de las zapatas y el conjunto de reglaje.

7. Aplique una fina capa de grasa en el sistema de reglaje.

8. Elimine todo reglaje inicial del tornillo, previsto a tal efecto, que se encuentra situado en la parte posterior del plato de freno.

9. Instale las nuevas zapatas en el plato de freno, instale los muelles de fijación. Asegúrese que las almas de las zapatas estén correctamente montadas en la palanca de freno de mano, conjunto de reglaje y cilindro de rueda.

10. Instale los muelles de recuperación superior e inferior.

NOTA: Los muelles de recuperación superior e inferior no son intercambiables y deben situarse en su correcta posición. Cuando instale estos muelles observe la otra rueda como referencia.

11. Instale el tambor de freno y luego el conjunto rueda-neumático.

NOTA: El tambor puede tener dificultades de montaje si el tornillo de reglaje no ha retrocedido suficientemente o si las zapatas no están centradas correctamente en el plato de freno.

12. Purgue el sistema si es necesario y realice una prueba del vehículo en carretera.

REGLAJE

1. Calce las ruedas anteriores, libere la palanca de freno de mano, levante el eje posterior del automóvil y apóyelo sobre caballetes.

2. Aplique el pedal de freno varias veces y luego libérelo.

3. Localice el mecanismo de reglaje en el lado interior del plato de freno, hágalo girar en sentido horario hasta que la rueda no pueda girar libremente.

4. Haga retroceder el reglaje (en sentido contrario) dos vueltas aproximadamente o bien hasta que la rueda justo comience a girar libremente.

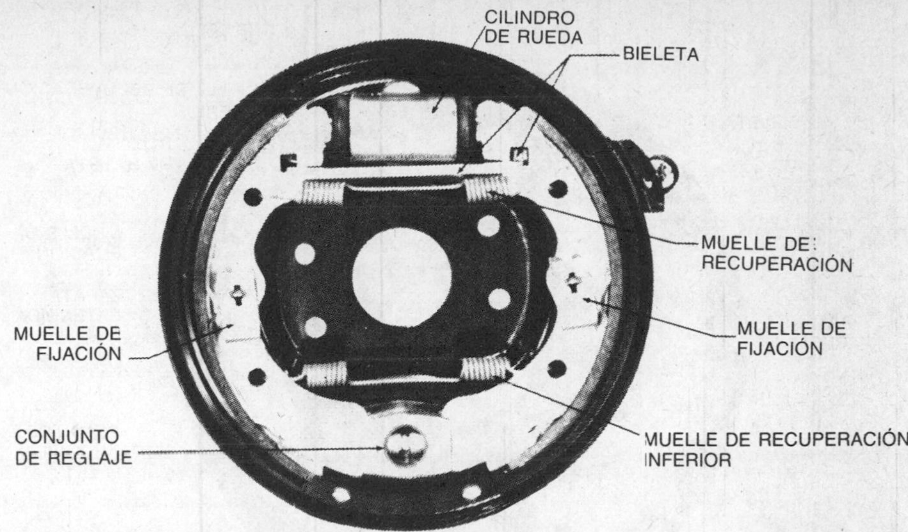

Típico conjunto de freno de tambor Tipo 7

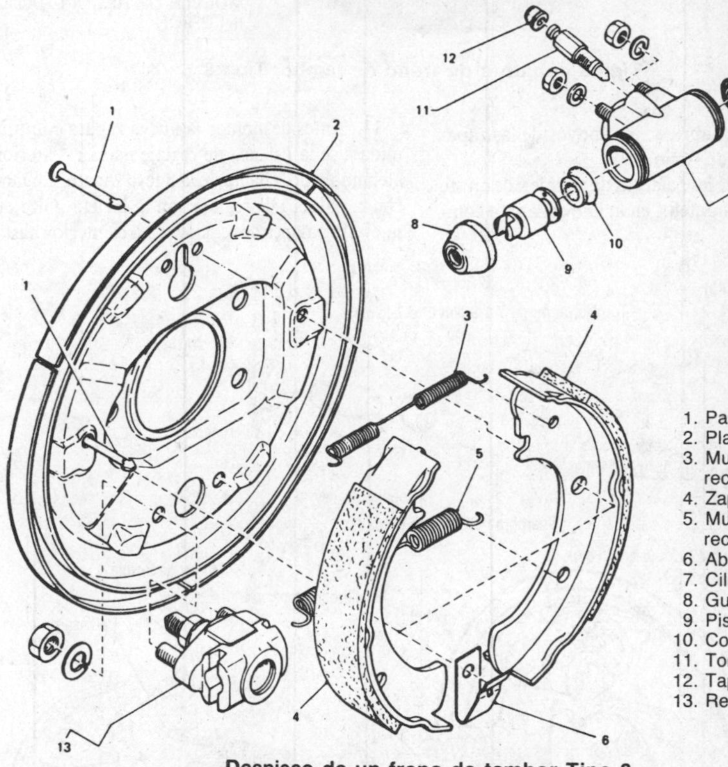

1. Pasador
2. Plato de freno
3. Muelle de recuperación
4. Zapata de freno
5. Muelle de recuperación
6. Abrazadera
7. Cilindro de rueda
8. Guardapolvo
9. Pistón
10. Copela
11. Tornillo de purga
12. Tapón
13. Reglaje

Despiece de un freno de tambor Tipo 8

TIPO 8

Non-servo. Reglaje automático

Este tipo de freno non-servo está formado por una zapata comprimida y otra extendida y accionadas por un cilindro de rueda de dos pistones. Las zapatas están posicionadas mediante una placa de anclaje y su reglaje se realiza automáticamente.

DESMONTAJE Y MONTAJE

1. Levante el eje posterior del automóvil y apóyelo sobre caballetes. Desmonte el conjunto rueda-neumático.

2. Desmonte el tambor. Si es necesario retraer las zapatas para desmontar un tambor desgastado, introduzca una pequeña palanca a través del taladro situado a tal efecto en el plato de freno y empuje la palanca de ajuste hacia abajo.

3. Desmonte los muelles de fijación de las zapatas.

4. Desmonte el muelle de la bieleta y el muelle superior de recuperación de zapatas.

5. Desmonte de la zapata extendida el muelle de recuperación inferior.

6. Sujete la palanca de ajuste de la zapata comprimida haciéndola bascular hacia adelante, desplace la palanca de reglaje en dirección al centro de freno y luego desmonte el conjunto de la zapata comprimida.

7. Verifique si los pistones del cilindro de ru
da están agarrotados o tienen fugas de líquid
freno. Si localiza alguno de estos defectos, r
o sustituya el cilindro de rueda. de-
8. Inspeccione los muelles viejos. Si pla-
teriorados o sobrecalentados deben ses pue-
zados. El sobrecalentamiento de los ntura y
de detectarse por la decoloración
por su deformación. o o sustitú-
9. Inspeccione el tambor y
yalo si es necesario. rioro de las pa-
10. Verifique el desgaststituya las piezas
lancas de reglaje y de aju
deterioradas.

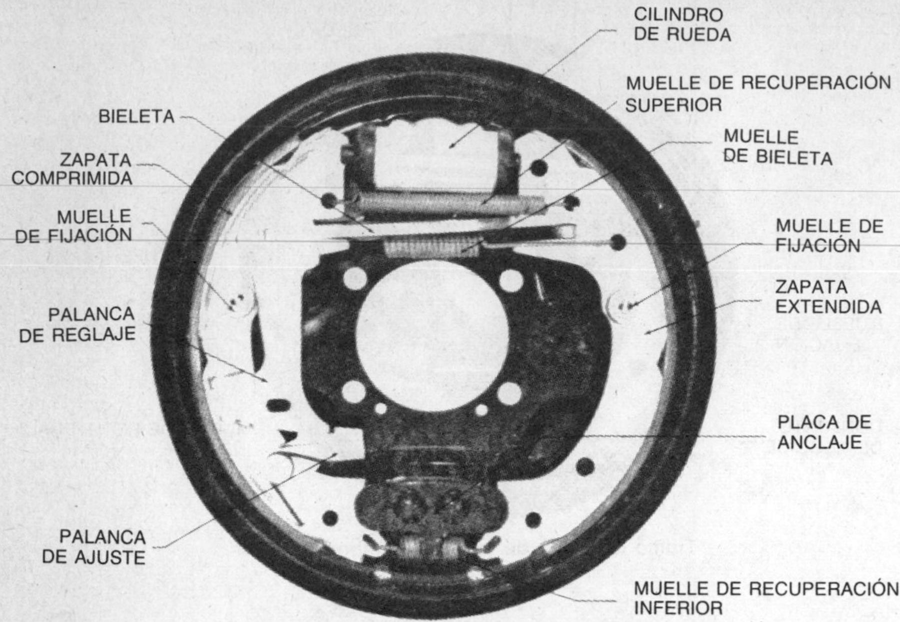

Típico conjunto de freno de tambor Tipo 8

11. Limpie y lubrique los apoyos de las zapatas en el plato de freno.

12. Desmonte las palancas de reglaje y de ajuste de la zapata y móntelos en la nueva zapata comprimida.

13. Antes de montar la nueva zapata comprimida gire la palanca de reglaje hacia el exterior alejándola de la llanta de la nueva zapata. Enganche la palanca de reglaje con la bieleta. Gire de nuevo la palanca de reglaje hacia el interior hasta que contacte con la llanta de la zapata y posicione la zapata en el plato de freno.

14. Instale el muelle de fijación de la zapata comprimida. Asegúrese que el alma de la zapata está posicionada en la ranura situada en el pistón del cilindro de rueda.

15. Enganche un extremo del muelle de recuperación inferior en la zapata comprimida y el otro extremo en la nueva zapata extendida. Posicione la parte inferior de la zapata extendida sobre el anclaje. Utilizando el anclaje inferior como pivote, gire la zapata extendida hacia arriba en dirección al cilindro de rueda y asegúrela en el plato de freno mediante el muelle de fijación.

16. Instale el muelle de recuperación superior y el de la bieleta. Asegúrese de que el alma de las zapatas está correctamente instalada en las ranuras del cilindro de rueda y de la palanca de freno de mano.

17. Instale el tambor y la rueda.

NOTA: El tambor puede tener dificultades de montaje si las zapatas están expandidas parcialmente o si no están correctamente centradas en el plato de freno.

18. Accione varias veces el pedal de freno para situar las zapatas en su posición de ajuste.

19. Purgue el sistema y realice una prueba del vehículo en carretera.

REGLAJE

Este freno se ajusta automáticamente, no siendo necesario ni posible cualquier otro reglaje.

TIPO 9

Non-servo. Reglaje manual

Este tipo de freno non-servo está formado por una zapata comprimida y otra extendida accionadas por un cilindro de rueda de dos pistones. Las zapatas están posicionadas y sujetas mediante una

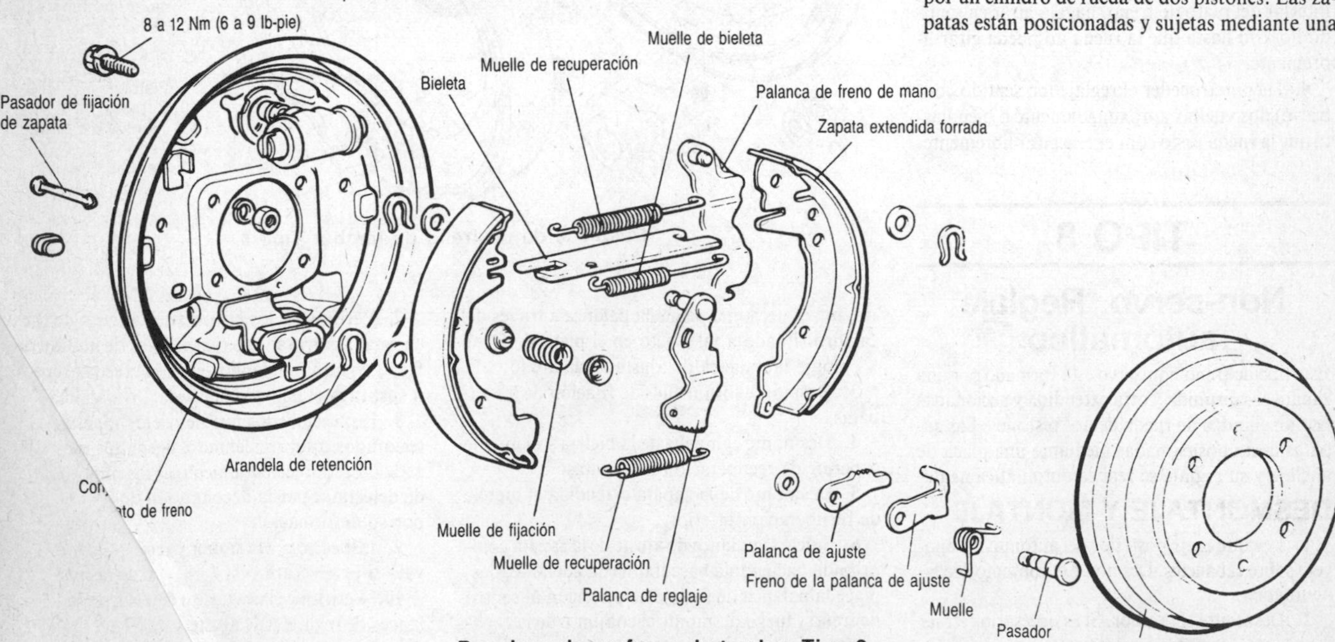

Despiece de un freno de tambor Tipo 8

 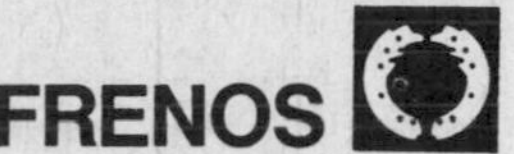

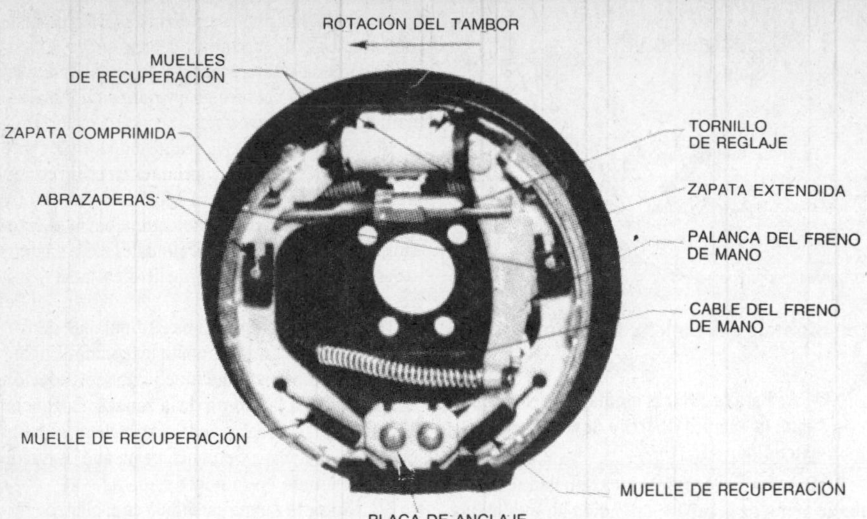

Típico conjunto de freno de tambor Tipo 9

placa de anclaje y el reglaje se realiza manualmente.

DESMONTAJE Y MONTAJE

1. Levante el eje posterior del automóvil y apóyelo sobre caballetes. Desmonte el conjunto rueda-neumático.

2. Desmonte el tapón que obtura el taladro del mecanismo de reglaje. Utilice una pequeña palanca u otra herramienta similar para liberar las zapatas de freno girando el mecanismo de reglaje en sentido ascendente para el freno derecho y en sentido descendente para el freno izquierdo.

3. Desmonte el tambor de freno.

4. Desmonte el cable de la palanca de freno de mano, comprimiendo el muelle de recuperación del cable.

5. Desmonte los muelles de recuperación situados en la parte inferior.

6. Desmonte los pasadores y muelles de fijación.

7. Desmonte el conjunto de tornillos de reglaje que expansiona las zapatas, asegurando que el tornillo de reglaje está totalmente retraído.

8. Desplace la zapata extendida de su anclaje para disminuir la tensión del muelle de recuperación. Desmonte la zapata y el muelle. Para facilitar el montaje observe como está posicionado el muelle superior en la zapata y como están conectados los inferiores en los taladros del anclaje.

9. Desmonte la zapata comprimida de la forma explicada anteriormente.

10. Inspeccione el cilindro de rueda, repárelo o sustitúyalo si es necesario.

11. Limpie e inspeccione el conjunto del tornillo de reglaje. Aplique una fina capa de lubricante en la rosca.

12. Inspeccione los muelles viejos. Si los muelles están deteriorados o sobrecalentados deben ser reemplazados. El sobrecalentamiento de los muelles puede detectarse por la decoloración de la pintura y por la deformación que presentarán.

13. Lubrique los apoyos del anclaje que están en contacto con los extremos inferiores de las zapatas.

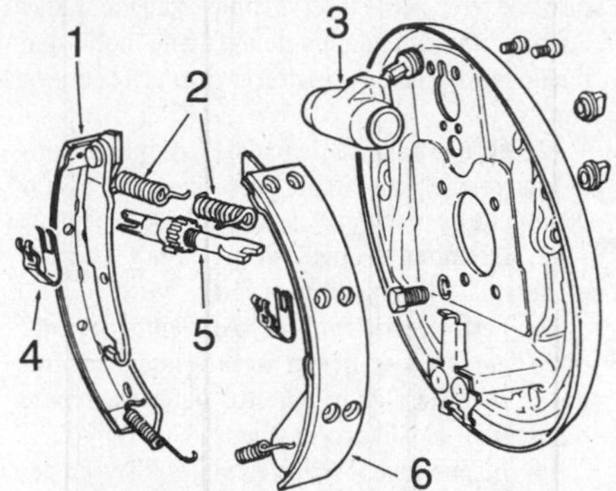

1. Zapata de freno con palanca de freno de mano
2. Muelle de recuperación
3. Cilindro de rueda
4. Muelle de fijación
5. Reglaje
6. Zapata de freno

Despiece de un freno de tambor Tipo 9

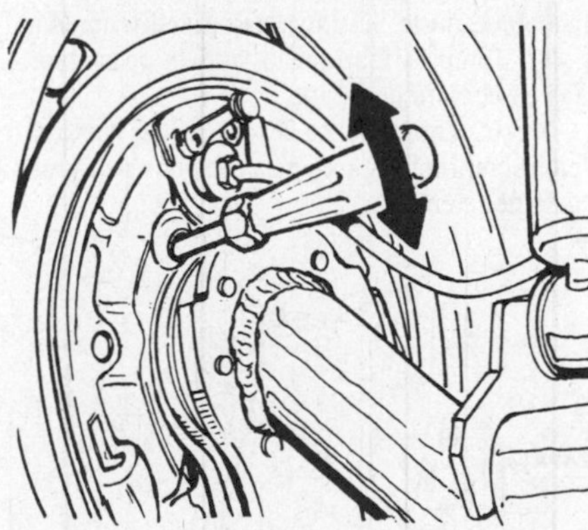

Ajuste de una zapata en un freno Tipo 9

Montaje:

1. Desmonte la palanca de freno de mano e instálela en el alma de la nueva zapata extendida.

2. Instale el muelle superior de recuperación en la zapata comprimida y enganche el otro extremo del muelle en el taladro del plato de freno.

3. Gire la zapata hacia el exterior manteniendo el extremo superior contra el pistón del cilindro de rueda y sitúe la parte inferior de la zapata en el anclaje del plato de freno.

4. Repita el mismo procedimiento para la zapata extendida.

5. Con el tornillo de reglaje totalmente retraído, posicione el extremo del tornillo de reglaje en forma de horquilla recta en la palanca de freno de mano. Asegúrese de que el muelle posicionado en el tornillo de reglaje no interfiere con el taladro que permite accionar el mecanismo de reglaje.

6. Gire la parte inferior de la zapata comprimida separándola del anclaje y monte el extremo curvado del tornillo de reglaje en el alma de la zapata.

NOTA: Asegúrese que el extremo curvado de la horquilla está encarado y que el muelle no interfiere con el taladro del mecanismo de reglaje.

7. Instale los pasadores a través del plato de freno y del alma de las zapatas. Instale los muelles de fijación.

8. Instale los muelles de recuperación inferiores.

9. Comprima el muelle de recuperación del cable y engánchelo en el extremo de la palanca de freno de mano.

10. Instale el tambor de freno.

11. Instale la rueda.

12. Proceda al reglaje de los frenos

13. Purgue el sistema y realice una prueba del vehículo en carretera.

REGLAJE

Ajuste los frenos a través del taladro situado en el plato de freno. El reglaje se realiza manualmente expandiendo el conjunto del tornillo de reglaje que está situado justamente debajo del cilindro de rueda. Introduzca una palanca o herramienta adecuada a través del agujero situado en el plato de freno y gire la rueda dentada en sentido horario hasta que los frenos impidan el giro de la rueda en el sentido de marcha. Repita el procedimiento en la otra rueda.

TIPO 10

Non-servo. Reglaje automático

Estos frenos tienen una zapata comprimida y otra extendida y disponen de un mecanismo de reglaje automático de tipo trinquete. Las zapatas están sujetas contra el anclaje situado en la parte superior mediante un muelle colocado entre ambas. En la parte inferior están sujetas contra los extremos del pistón del cilindro de rueda mediante un muelle de recuperación. El mecanismo de reglaje está formado por una bieleta y por un par de palancas dentadas montadas en la zapata comprimida. La palanca de freno de mano pivota sobre la bieleta. El mecanismo de reglaje automático mantiene el juego adecuado entre los forros y el tambor. el desgaste de los forros el aumento d corrige mediante el aumento de l tiva de la bieleta. Esta bielet uno de ellos en contacto c la zapata extendida, vía p y el otro con la arista in glaje (palanca larga) en la zapata comprimida. Cuando el desgaste de los forros se incrementa, el desplazamiento de las zapatas para contactar con el tambor es mayor que el espacio disponible en el mecanismo de reglaje. La bieleta guiada en el alma de la zapata se desplaza conjuntamente con la zapata extendida para disminuir el espacio del mecanismo de reglaje. Un nuevo desplazamiento obliga a que la palanca de reglaje (palanca grande), situada en la parte posterior de la zapata comprimida, gire hacia el interior venciendo el muelle del pequeño trinquete, y el borde dentado de los salientes mantiene esta nueva posición hasta que un nuevo desgaste de las zapatas realice un nuevo reglaje. Al liberar el pedal de freno, los muelles de recuperación sitúan a las zapatas en contacto con los salientes de la bieleta-palanca de freno de mano, restableciéndose así el juego entre los forros y el tambor proporcionalmente al juego de reglaje.

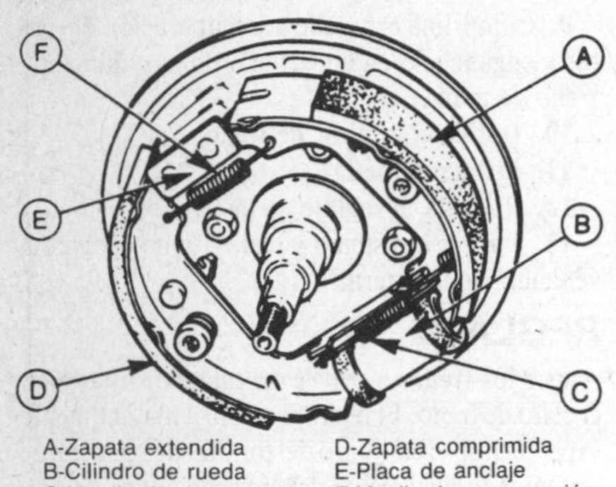

A-Zapata extendida
B-Cilindro de rueda
C-Muelle de recuperación
D-Zapata comprimida
E-Placa de anclaje
F-Muelle de recuperación

Típico conjunto de freno de tambor Tipo 10

DESMONTAJE Y MONTAJE

1. Levante el eje posterior del automóvil y apóyelo sobre caballetes. Desmonte el conjunto rueda-neumático.

2. Desconecte el cable de la palanca de freno de mano en la parte posterior del plato de freno. Desmonte el guardapolvo de la palanca de freno de mano.

3. Desmonte el tambor de freno. Si es necesario retraer las zapatas para desmontar un tambor desgastado, introduzca una pequeña palanca a través del taladro situado a tal efecto en el plato de freno y levante la palanca de ajuste (palanca pequeña) del conjunto de reglaje.

4. Desmonte el muelle de fijación de la zapata comprimida mediante desplazamiento y rotación del platillo. Desmonte platillo, muelle y pasador.

5. Gire la zapata comprimida hacia el exterior y hacia arriba sacándola del plato de freno, tome precauciones para no deteriorar el guardapolvo del cilindro de rueda.

6. Desconecte los muelles de recuperación superior e inferior y desmonte la zapata y los muelles.

7. Desmonte el muelle de fijación de la zapata extendida.

8. Levante la zapata extendida junto con la pa- ...a de freno de mano y la bieleta del plato de ... La palanca de freno de mano debe desli- ... través del taladro del plato de freno.

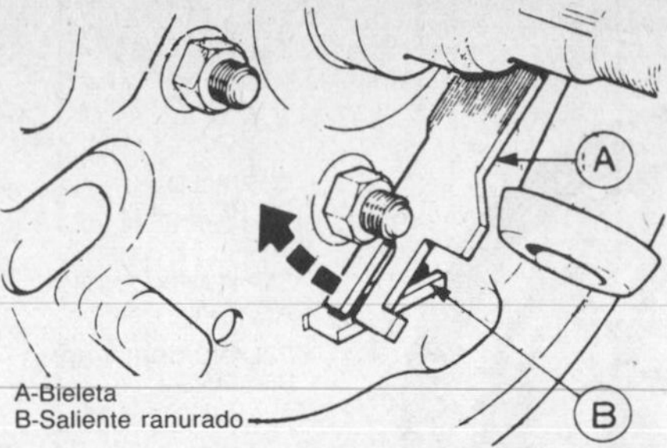

Desmontaje a la bieleta del plato de freno

NOTA: Para facilitar el montaje observe como está fijada la palanca de freno de mano en la zapata extendida.

9. Desmonte el conjunto bieleta-palanca de freno de mano de la zapata extendida girándola hacia el interior para disminuir la tensión del muelle.

10. Desmonte el conjunto de reglaje de la zapata comprimida desmontando primero las arandelas de retención. Observe como están montadas las palancas de reglaje y de ajuste de modo que pueda montarlas en posición correcta en la nueva zapata.

11. Gire la palanca de reglaje (trinquete grande) hacia el exterior para liberarla de la tensión del muelle de precarga y desmóntela de la zapata.

12. Desmonte el muelle de precarga y la palanca de ajuste (trinquete pequeño).

13. Verifique si los pistones del cilindro de rueda están agarrotados o tienen fugas de líquido de freno. Si localiza alguno de estos defectos, repare o sustituya el cilindro de rueda.

14. Inspeccione los muelles viejos. Si están deteriorados o sobrecalentados deben ser reemplazados. Un sobrecalentamiento de los muelles puede ser detectado por la decoloración de la pintura y la deformación.

15. Inspeccione el tambor y repárelo o sustitúyalo si es necesario.

16. Verifique el desgaste de las palancas de reglaje y de ajuste. Sustituya las piezas deterioradas.

17. Limpie y lubrique los apoyos de las zapatas en el plato de freno.

18. Instale la palanca de reglaje en la nueva zapata comprimida y asegúrela con una nueva arandela de retención.

19. Instale la palanca de ajuste y el muelle de precarga en la nueva zapata comprimida y asegúrelos con una nueva arandela de retención. Asegúrese que esta palanca gira y retorna libremente con el muelle de precarga.

20. Tire hacia atrás la palanca de ajuste y gire la palanca de reglaje hacia el interior en dirección al aro de la zapata. Libere la palanca de ajuste y gire despacio la palanca de reglaje hacia el exterior hasta que el taladro del alma de la zapata donde están posicionados los muelles de fijación aparezca totalmente.

21. Instale el conjunto bieleta-palanca de freno de mano en la nueva zapata extendida. Enganche el extremo corto del muelle de recuperación de la bieleta en la ranura de la zapata. Enganche el extremo largo del muelle a la bieleta y gire el conjunto de bieleta y palanca hasta que el muelle quede montado en la nueva zapata.

22. Monte la zapata extendida en el plato de freno introduciendo la palanca de freno de mano a través de la ranura del plato. Introduzca la horquilla de la bieleta en el saliente ranurado del plato. Apoye la parte superior de la zapata contra el anclaje y la parte inferior contra el pistón del cilindro de rueda.

23. Instale el pasador de fijación a través del taladro del plato de freno y del alma de la zapata. Instale el muelle y el platillo.

24. Antes de instalar la zapata comprimida, observe la ranura de la palanca de reglaje. La bieleta debe introducirla en la ranura de la palanca de reglaje cuando instale la zapata en el plato de freno.

25. Enganche el muelle más rígido de recuperación de zapatas en el agujero superior de la zapata extendida ya instalada.

26. Enganche en la zapata comprimida el otro extremo del muelle. Posicione la parte superior de la zapata contra el anclaje y utilícelo para pivotar la parte inferior de la zapata hacia el exterior. Posicione la parte inferior contra el pistón del cilindro de rueda asegurándose que el extremo de la bieleta esté introducido en la ranura de la palanca de ajuste.

27. Instale el pasador de fijación a través del plato de freno y del alma de la zapata. Instale el muelle y el platillo.

28. Instale el muelle inferior de recuperación más flexible utilizando unos alicates o bien otra herramienta adecuada.

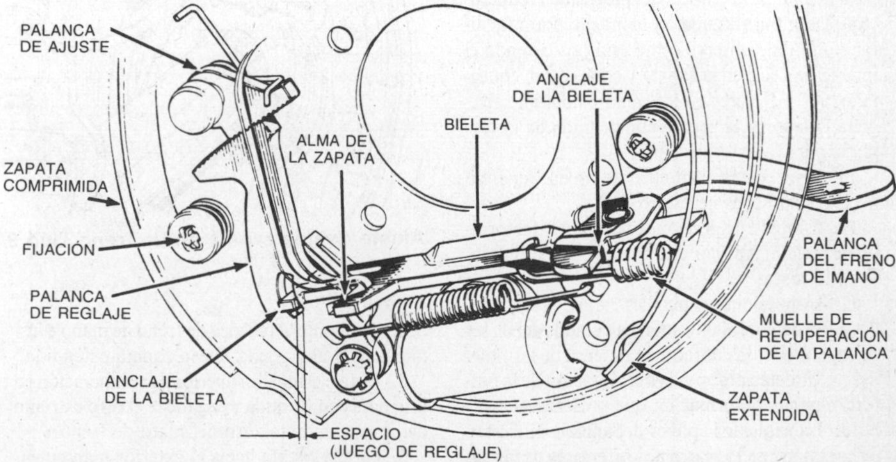

Mecanismo de reglaje automático

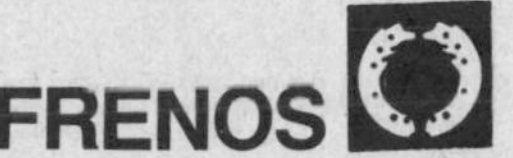

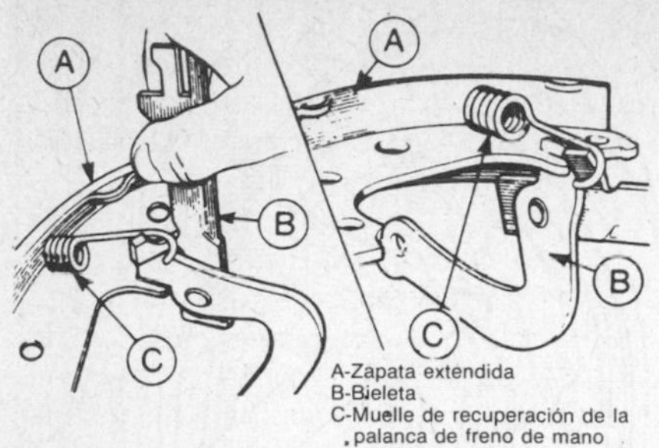

Montaje de los componentes de la zapata extendida

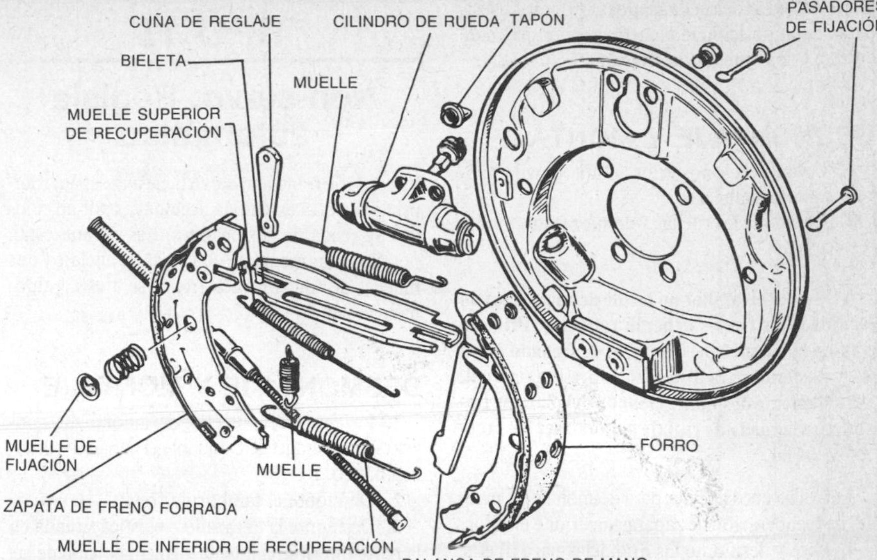

Despiece de un freno de tambor Tipo 11

29. Antes de instalar el tambor de freno, levante la palanca de ajuste (palanca pequeña) hacia arriba y contra el muelle. Esto permitirá a la palanca de reglaje girar hacia el interior en dirección al aro de la zapata y obtener el juego necesario para montar el tambor.

30. Instale el guardapolvo de la palanca de freno de mano.

31. Conecte el cable en la palanca de freno de mano.

32. Instale el tambor y la rueda.

NOTA: El tambor puede tener dificultades de montaje si las zapatas están parcialmente expandidas o no están correctamente centradas en el plato de freno.

33. Accione varias veces el pedal de freno para posicionar las zapatas en su ajuste correcto.

34. Purgue el sistema y realice una prueba rodando el vehículo.

TIPO 11

Non-servo. Reglaje automático

Este tipo de freno non-servo está formado por una zapata comprimida y otra extendida accionadas por un cilindro de rueda de dos pistones. Las zapatas están posicionadas mediante muelles de fijación y una placa de anclaje. El reglaje se obtiene automáticamente.

DESMONTAJE Y MONTAJE

1. Levante el eje posterior del automóvil y apóyelo sobre caballetes. Desmonte el conjunto rueda-neumático.

2. Desmonte el tambor de freno.

NOTA: Si es necesario retraer las zapatas para desmontar un tambor desgastado, introduzca una pequeña palanca a través de uno de los taladros roscados del tambor. Retraiga la cuña de reglaje hacia arriba presionando la palanca hacia abajo.

3. Desmonte el muelle de la cuña de reglaje.

4. Desmonte los muelles de recuperación de las zapatas superior e inferior.

5. Desmonte los muelles de fijación.

6. Desmonte las zapatas del plato de freno y desconecte el cable de la palanca de freno de mano.

7. Desmonte la palanca de freno de mano de la bieleta.

8. Fije en un tornillo de banco la bieleta y desmonte el muelle tensor y la cuña de reglaje.

9. Verifique si los pistones del cilindro de rueda están agarrotados o tienen fugas de líquido de freno. Si localiza alguno de estos defectos repare o sustituya el cilindro de rueda.

10. Inspeccione los muelles viejos. Si están deteriorados o sobrecalentados deben ser reemplazados. Un sobrecalentamiento de los muelles puede detectarlo por la decoloración de la pintura y por la deformación que presentan.

11. Inspeccione el tambor de freno y repárelo o sustitúyalo si es necesario.

12. Limpie y lubrique todos los puntos de contacto del plato de freno.

13. Enganche el muelle tensor y la bieleta a la nueva zapata comprimida.

14. Instale la cuña de reglaje de modo que su asiento punteado esté situado hacia el plato de freno.

15. Desmonte la palanca de freno de mano de la zapata gastada y móntela en la nueva zapata extendida.

16. Instale la bieleta en la palanca de freno de mano y en la zapata extendida.

17. Conecte el cable en la palanca de freno de mano.

18. Instale los muelles de fijación.

19. Instale los muelles de recuperación superior e inferior.

20. Instale el muelle de la cuña de reglaje.

21. Centre las zapatas en el plato de freno asegurando que la cuña de reglaje esté totalmente liberada antes de montar el tambor de freno.

22. Instale el tambor de freno y la rueda, apretando los tornillos al par especificado por el constructor.

23. Aplique varias veces el pedal del freno para situar las zapatas en su posición de ajuste.

24. Purgue el sistema y realice una prueba del vehículo en carretera.

REGLAJE

Este freno se ajusta automáticamente. Además de los ajustes iniciales explicados anteriormente no es necesario ni posible ningún otro tipo de reglaje.

TIPO 12

Non-servo. Reglaje manual

Este tipo de freno non-servo está formado por una zapata comprimida y otra extendida accionadas

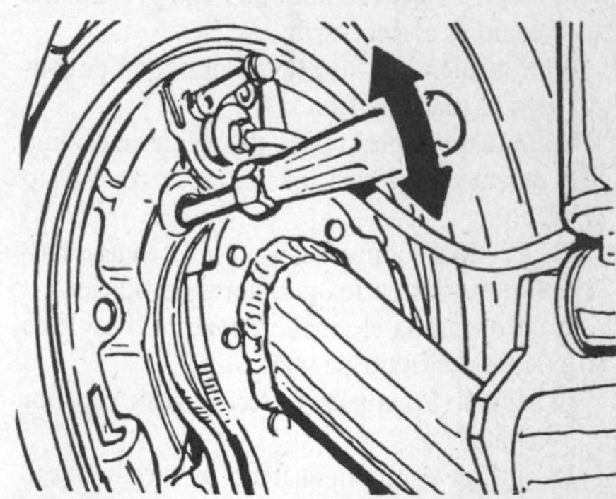

Ajuste de las zapatas en el freno Tipo 12

Presione la palanca de [illegible] **tora en dirección al ej**[illegible]

por un cilindro de rueda de dos pistones. Las zapatas están posicionadas mediante una placa de anclaje y los muelles de fijación.

DESMONTAJE Y MONTAJE

1. Levante el eje posterior del automóvil y apóyelo sobre caballetes.

2. Desmonte las ruedas y desmonte los tambores de freno.

NOTA: Si el tambor no puede desmontarse con facilidad, los frenos deberán retraerse. Primero empuje la palanca del corrector de frenado hacia el eje posterior para disminuir la presión residual. Seguidamente desmonte el tapón del plato de freno y gire la rueda de reglaje para retraer las zapatas de freno.

3. Utilice unos alicates para desmontar los muelles de recuperación de zapatas superior e inferior.

4. Gire y desmonte las arandelas para liberar los muelles fijación.

5. Desconecte el cable de la palanca de freno de mano, comprimiendo el muelle en dirección al eje anterior del vehículo.

6. Desmonte las zapatas de freno. Asegúrese de observar como está ajustado el mecanismo de reglaje en el alma de la zapata.

7. Verifique si los pistones están agarrotados en el cilindro de rueda o existen fugas. Si localiza alguno de estos defectos, repare o sustituya el cilindro de rueda.

8. Inspeccione los muelles viejos. Si están deteriorados o sobrecalentados deben ser reemplazados. El sobrecalentamiento de los muelles puede detectarse por la decoloración de la pintura y por la deformación que presentan.

9. Inspeccione el tambor de freno y repárelo o sustitúyalo si es necesario.

10. Limpie y lubrique todos los puntos de contacto en el plato de freno.

11. Ajuste el mecanismo de reglaje en el alma de la zapata y luego posicione las zapatas en el plato de freno.

12. Presione los muelles y gire las arandelas hasta posicionarlas en los pasadores de fijación.

13. Comprima el muelle y conecte el cable en la palanca de freno de mano.

14. Instale los muelles de recuperación superior e inferior.

15. Instale el tambor de freno, las ruedas y luego baje el automóvil.

16. Purgue (si es necesario) el sistema y ajuste los frenos. Realice una prueba rodando el vehículo.

...EGLAJE

...sione la palanca del corrector de frena...ión al eje posterior del vehículo para ...sión residual.

... tapón de caucho del plato de

... ña palanca a través del ... de reglaje hasta que ... or de freno. ... sentido con...

tal... los... 4. ... trario y ... 1286

TIPO 13

Non-servo. Reglaje automático

Este tipo de freno non-servo tiene una zapata comprimida y otra extendida accionadas por un cilindro de rueda de dos pistones. Las zapatas están posicionadas mediante una placa de anclaje y dos muelles de fijación. Los frenos se ajustan automáticamente.

DESMONTAJE Y MONTAJE

1. Levante el eje posterior del automóvil y apóyelo sobre caballetes. Desmonte el conjunto rueda-neumático.

2. Desmonte el tambor de freno.

3. Desmonte la abrazadera elástica situada en la parte inferior, el muelle de recuperación de las zapatas y los dos muelles de fijación.

4. Desmonte las zapatas y el reglaje conjuntamente. Desconecte el cable de la palanca de freno de mano, desmonte el muelle de recuperación de zapatas y la palanca del freno de mano de la zapata extendida. Desconecte el muelle de retención del reglaje y desmonte el reglaje, gire la rueda dentada hacia el interior del cuerpo después de limpiar y lubrificar la rosca.

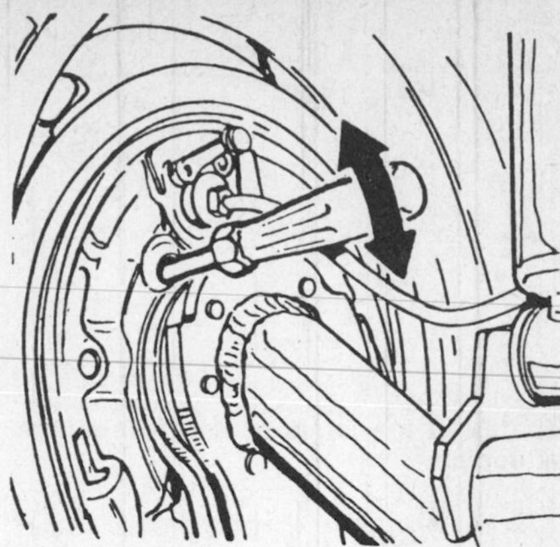

Ajuste de las zapatas de freno-Tipo 13

5. Puede desmontar el cilindro de rueda para repararlo o reemplazarlo si es necesario.

6. Limpie el plato de freno con un cepillo metálico. Instale el cilindro de rueda si tuvo que desmontarlo. Lubrique todos los puntos de contacto del plato de freno, placa de anclaje, cilindro de rueda en contacto con las zapatas de freno, articulaciones y puntos de contacto con la bieleta y palanca de freno de mano. El montaje de las zapatas realícelo desde este punto en orden inverso al que realizó durante el desmontaje después que la palanca de freno de mano fue transferida a la nueva zapata extendida.

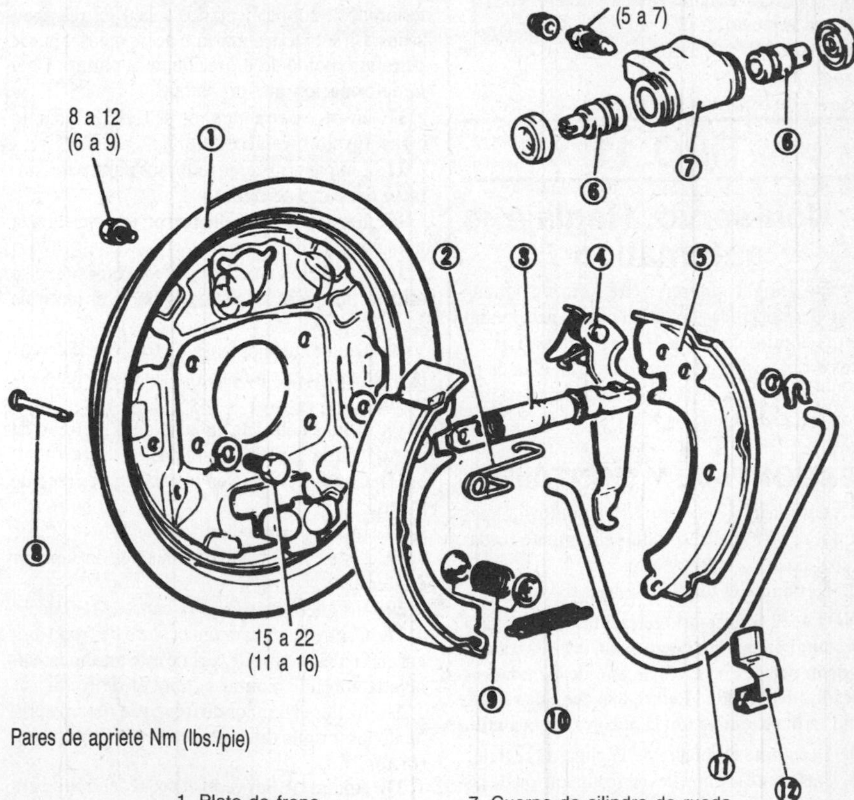

1. Plato de freno
2. Muelle
3. Reglaje
4. Palanca de freno de mano
5. Conjunto de zapata forrada
6. Pistón
7. Cuerpo de cilindro de rueda
8. Pasador de fijación
9. Muelle de fijación
10. Muelle de recuperación
11. Muelle de recuperación
12. Abrazadera elástica

Despiece de un freno de tambor Tipo 14

7. El pre-reglaje de las zapatas de freno puede realizarlo girando la rueda dentada hacia el exterior hasta que el tambor empiece justo a girar sobre las zapatas de freno. Antes de montar el tambor de freno, asegúrese que la palanca de freno de mano no está demasiado tensada, si esto sucede, aflójela o de lo contrario el reglaje de los frenos no será correcto.

8. Si los cilindros de rueda fueron reparados purgue el sistema. Las zapatas de freno se ajustarán accionando el pedal de freno y aplicando y liberando el freno de aparcamiento. Ajuste la carrera del freno de aparcamiento y realice una prueba rodando el vehículo.

REGLAJE

Este freno se ajusta automáticamente. Además de los ajustes iniciales explicados anteriormente en la sección Desmontaje y montaje, no es necesario o posible ningún otro tipo de reglaje.

TIPO 14

Non-servo. Reglaje automático

Este tipo de freno non-servo está formado por una zapata comprimida y otra extendida accionadas por un cilindro de rueda de dos pistones. Las zapatas están posicionadas mediante una placa de anclaje y muelles antirruido. El cilindro de rueda está situado en la parte superior o en la inferior del plato de freno, dependiendo de su aplicación. Estos frenos se ajustan automáticamente.

DESMONTAJE Y MONTAJE

1. Levante el eje posterior del vehículo y apóyelo sobre caballetes. Desmonte el conjunto rueda-neumático.

2. Accione la palanca de freno de mano, desmonte el pasador y luego desmonte la palanca acodada. Libere el freno de mano.

3. Desmonte el tambor de freno.

NOTA: Si el tambor de freno no puede desmontarse fácilmente, monte dos tornillos de 8 mm en los taladros y desmóntelo.

4. Desmonte los muelles de recuperación.

5. Empuje los muelles antirruido y gírelos para que puedan desmontarse los pasadores.

6. Desmonte las zapatas de freno.

7. Limpie el plato de freno y verifique las posibles fugas del cilindro de rueda u otros deterioros, sustitúyalo si es necesario.

8. Conecte los muelles de recuperación en las nuevas zapatas. Los muelles deben estar entre las zapatas y el plato de freno. El muelle de recuperación largo debe estar adyacente al cilindro de rueda. Aplique una fina capa de grasa en los puntos de pivotamiento en los extremos de las zapatas de freno. Aplique también grasa en los apoyos de las zapatas del plato de freno. Evite poner grasa en los forros o en el tambor.

9. Posicione una de las zapatas en el reglaje y en la ranura del pistón del cilindro de rueda; bascule la otra zapata hasta situarla en posición.

10. Presione y gire los muelles antirruidos en los pasadores.

11. Instale los tambores y las ruedas. Ajuste los frenos. Purgue el sistema si las canalizaciones fueron desconectadas.

12. Conecte el freno de mano, asegurándose de que las zapatas no tendrán rozamiento cuando el freno de mano esté liberado.

REGLAJE

Estos frenos se ajustan automáticamente en cada aplicación del pedal de freno o del freno de aparcamiento y no es necesario o posible ningún otro reglaje.

TIPO 15

Non-servo. Reglaje automático

Este tipo de freno non-servo está formado por una zapata comprimida y otra extendida accionadas por un cilindro de dos pistones. Las zapatas están posicionadas mediante una placa de anclaje y muelles antirruido. El cilindro de rueda está situado en la parte superior o en la inferior del plato de freno, dependiendo de su aplicación. Estos frenos se ajustan automáticamente.

DESMONTAJE Y MONTAJE

1. Levante el eje posterior del vehículo y apóyelo sobre caballetes. Desmonte el conjunto rueda-neumático.

2. Accione la palanca de freno de mano, desmonte el pasador y luego desmonte la palanca acodada. Libere el freno de mano.

3. Desmonte el tambor de freno.

NOTA: Si el tambor de freno no puede desmontarse fácilmente, monte dos tornillos de 8 mm en los taladros y desmóntelo.

4. Desmonte los muelles de recuperación.

5. Empuje los muelles antirruido y gírelos para que puedan desmontarse los pasadores.

6. Desmonte las zapatas de freno.

7. Limpie el plato de freno y verifique las posibles fugas del cilindro de rueda u otros deterioros; sustitúyalos si es necesario.

8. Conecte los muelles de recuperación en las nuevas zapatas. Los muelles deben estar entre las zapatas y el plato de freno. El muelle de recuperación largo debe estar adyacente al cilindro de rueda. Aplique una fina capa de grasa en los puntos de pivotamiento en los extremos de las zapatas de freno. Aplique también grasa en los apoyos de las zapatas del plato de freno. Evite poner grasa en los forros o en el tambor.

9. Posicione una de las zapatas en el reglaje y en la ranura del pistón del cilindro de rueda; bascule la otra zapata hasta situarla en posición.

10. Presione y gire los muelles antirruido en los pasadores.

11. Instale los tambores y las ruedas. Ajuste los frenos. Purgue el sistema si las canalizaciones fueron desconectadas.

12. Conecte el freno de mano, asegurándose de que no será causa de que las zapatas tengan rozamiento cuando el freno de mano esté liberado.

REGLAJE

Estos frenos se ajustan automáticamente en cada aplicación del pedal de freno o del freno de aparcamiento y no es necesario ni posible ningún otro reglaje.

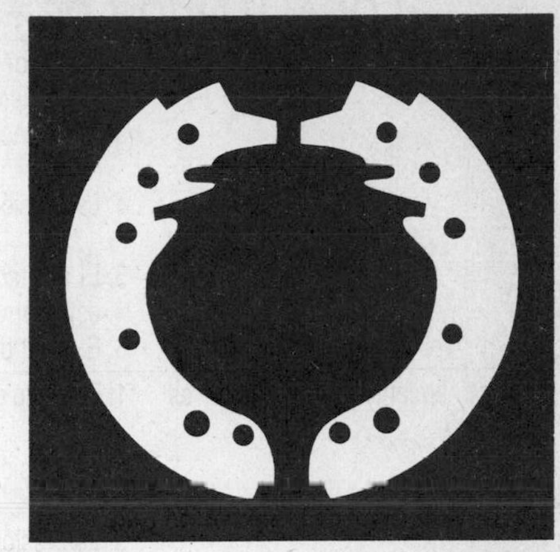

Frenos de camiones

INFORMACIÓN GENERAL

Frenos hidráulicos
Sistema hidráulico básico
Reparación cilindro maestro
Información de reparación
Modelo de acción rápida de la GMC
Bendix Mini-Master
Purga de los frenos
Válvulas de control hidráulico
Válvula diferencial de presión
Válvula de dosificación
Válvula de distribución
Válvula combinada
Cilindros de las ruedas y pinzas de los frenos
Información de reparación

Frenos de disco

Información sobre reparación
Camiones americanos
Pinza de freno flotante
Pinza de freno deslizante — Pistón único
Pinza de freno deslizante — Pistón dual
Ford Ranger — Bronco II
Camiones no americanos
Tipos del 1 al 5

Frenos de tambor

Camiones nacionales
Frenos sin servofreno
Servofrenos
Frenos de estacionamiento
Camiones no americanos
Tipos del 1 al 8

Servofrenos

Tabla de localización de fallos

LOCALIZACIÓN DE FALLOS EN EL SISTEMA DE FRENOS HIDRÁULICOS

Frenado insuficiente	1. Ajuste del freno incorrecto	1. Ajuste los frenos
	2. Forro desgastado	2. Sustituya el forro del freno y ajuste los frenos
	3. Los frenos se atascan	3. Lubrique los pivotes de los frenos y las plataformas de sujeción
	4. La presión de la válvula del freno es baja	4. Compruebe si existen fugas y si los conductos de los frenos están obstruidos
	5. El ajustador de flojedad de la varilla del diafragma no está correctamente ajustado	5. Ajuste el ajustador de flojedad
	6. El nivel del líquido de frenos es bajo	6. Rellene el cilindro maestro y compruebe si existen fugas
El accionamiento de los frenos es muy lento	1. El ajuste de los frenos no es correcto o no está lubricado	1. Ajuste los frenos y lubrique el acoplamiento
	2. La presión del aire es baja	2. Compruebe la tensión de la correa del compresor y la potencia de salida del mismo. Ajústela si es necesario
	3. La presión de descarga de la válvula del freno es baja	3. Compruebe la presión de la válvula y límpiela o sustitúyala si es necesario
	4. La fuga es excesiva al accionar los frenos	4. Inspeccione todos los rácores y conductos para ver si existen fugas y repárelos si es necesario
	5. El conducto o manguera del líquido del freno está obstruido	5. Limpie y sustituya el conducto o manguera del freno
Pedal esponjoso	1. Existe aire en el sistema hidráulico	1. Rellene y purgue el sistema hidráulico
	2. Las piezas de goma están hinchadas debido a que el líquido de frenos está contaminado	2. Limpie el sistema hidráulico y reacondicione los cilindros de las ruedas y el cilindro maestro
	3. El ajuste de las zapatas de los frenos es incorrecto	3. Ajuste los frenos
	4. El líquido de frenos tiene un punto de ebullición bajo	4. Limpie el sistema hidráulico y rellénelo con el líquido de frenos correcto
	5. Los tambores de los frenos están excesivamente pulidos	5. Sustituya los tambores de los frenos
El frenado es errático	1. Los forros están empapados de grasa o líquido de frenos	1. Corrija la fuga y sustituya el forro del freno
	2. Las zapatas primaria y secundaria están montadas en posición errónea	2. Coloque las zapatas primaria y secundaria en su posición correspondiente
Los frenos traquetean	1. El ajuste de las zapatas de los frenos es incorrecto	1. Ajuste los frenos
	2. Los cojinetes de las ruedas delanteras están flojos	2. Limpie, engrase y ajuste los cojinetes de las ruedas
	3. Los tambores de los frenos presentan puntos ásperos o duros	3. Pula o sustituya los tambores de los frenos
	4. Los tambores de los frenos presentan excentricidad	4. Pula o sustituya los tambores de los frenos
	5. El forro del freno tiene grasa o líquido de frenos	5. Elimine la fuga y sustituya el forro del freno
Los frenos chirrían	1. El forro es incorrecto	1. Monte el forro correcto
	2. El tambor del freno está desgastado	2. Pula o sustituya el tambor de freno
	3. La placa de sujeción del freno está doblada	3. Sustituya la placa de sujeción del freno
	4. Las zapatas de sujeción están dobladas	4. Sustituya las zapatas de los frenos
	5. El forro del freno tiene partículas extrañas incrustadas	5. Sustituya las zapatas de los frenos
	6. El tambor del freno tiene polvo o suciedad	6. Elimine el polvo o suciedad de los tambores, placa de sujeción y zapatas con una manguera de aire comprimido
	7. Las zapatas raspan la placa de sujeción	7. Lije las plataformas de la placa de sujeción y lubríquela
	8. Placa de sujeción floja	8. Apriete las tuercas de fijación de la placa de sujeción
	9. Los pernos de anclaje están flojos	9. Apriete los pernos de anclaje
	10. El forro está flojo en las zapatas de los frenos o incorrectamente pulido	10. Sustituya las zapatas de los frenos y pula el forro
Los frenos están debilitados (fading)	1. El ajuste de los frenos es incorrecto	1. Ajuste los frenos correctamente
	2. El forro del freno es incorrecto	2. Sustituya el forro del freno
	3. El tipo del líquido del freno es incorrecto	3. Vacíe, lave y rellene el sistema hidráulico
	4. Los tambores de los frenos están excesivamente pulidos	4. Sustituya los tambores de los frenos
Los frenos se agarran	1. El ajuste de los frenos es incorrecto	1. Corrija el ajuste de los frenos
	2. Las copelas de los cilindros están distorsionadas	2. Reacondicione o sustituya el cilindro
	3. La zapata del freno está atascada en el perno de anclaje	3. Limpie y lubrique el perno de anclaje
	4. El medio de recuperación de la zapata del freno está roto	4. Sustituya el muelle de recuperación de la zapata del freno

LOCALIZACIÓN DE FALLOS EN EL SISTEMA DE FRENOS HIDRÁULICOS

	5. El perno de anclaje está flojo 6. La zapata del freno está estropeada 7. Los cojinetes de las ruedas están flojos 8. Obstrucción en el conducto de líquido de frenos 9. Las copelas del cilindro de la rueda o cilindro maestro están inflamadas	5. Ajuste y apriete el perno de anclaje 6. Sustituya las zapatas de los frenos defectuosos 7. Lubrique y ajuste los cojinetes de las ruedas 8. Limpie o sustituya el conducto del líquido de frenos 9. Reacondicione el cilindro de la rueda o cilindro maestro
El pedal está duro	1. El forro del freno es incorrecto 2. El ajuste del freno es incorrecto 3. El acoplamiento del pedal del freno está congelado 4. El conducto manguera del líquido de frenos está obstruido	1. Monte el forro del freno que corresponda 2. Ajuste los frenos y compruebe el nivel del líquido de frenos 3. Libere y lubrique el acoplamiento del freno 4. Limpie o sustituya la manguera o conducto del líquido de frenos
La rueda se bloquea	1. El forro del freno está flojo o rasgado 2. El ajuste del cojinete de la rueda es incorrecto 3. Las copelas del cilindro de las ruedas se pegan 4. El forro del freno está saturado	1. Sustituya el forro del freno 2. Limpie, engrase y ajuste los cojinetes de las ruedas 3. Reacondicione o sustituya el cilindro de la rueda 4. Ponga nuevos forros en los frenos delanteros, traseros o en los cuatro frenos
Los frenos están debilitados (a alta velocidad)	1. El ajuste de los frenos es incorrecto 2. Los tambores de los frenos están distorsionados o presentan excentricidad 3. Los tambores de los frenos están sobrecalentados 4. El líquido de frenos es incorrecto (temperatura de ebullición demasiado baja) 5. El forro del freno está saturado	1. Ajuste los frenos y compruebe el nivel del líquido de frenos 2. Pula o sustituya los tambores 3. Compruebe si los frenos se agarran 4. Vacíe, rellene y purgue el sistema de frenos hidráulico 5. Coloque nuevos forros en los frenos que lo necesiten

FRENOS HIDRÁULICOS

Sistema hidráulico básico

El sistema hidráulico controla la operación de frenado y está formado por un cilindro maestro, conductos y mangueras hidráulicos, válvulas de control y pinzas de freno y/o los cilindros de las ruedas. Al pisar el pedal del freno, el cilindro maestro impulsa el líquido de frenos hacia las pinzas de los frenos y/o cilindros a través de los conductos y mangueras. Existen sellos de goma deslizantes que contienen el líquido de frenos e impiden su fuga.

Los muelles de recuperación del cilindro maestro ayudan al pedal del freno a volver a su posición original de reposo. Las válvulas de retención (en la mayoría de los casos) regulan el caudal de retorno de líquido de frenos hacia el cilindro maestro. Otras válvulas, tales como la válvula de dosificación, válvula de distribución, o válvula combinada, regulan el caudal de líquido que va hacia la pinza del freno/cilindro de la rueda, para lograr un frenado eficaz.

Sistemas de frenado duales

El sistema dual está compuesto básicamente por dos cilindros maestros (normalmente) formados por la alineación de dos pistones y depósitos de líquido separados en un orificio del cilindro. Los conductos duales de los frenos «separan» las pinzas de los frenos y/o cilindros de las ruedas en dos grupos, cada uno de los cuales es accionado por un pistón de cilindro maestro separado. En caso de avería o fallo de uno de los sistemas duales, el otro debería proporcionar la suficiente fuerza de frenado como para detener el vehículo con seguridad. El sistema dual suele llevar una lámpara roja de advertencia en el panel de instrumentos que es activada por una válvula diferencial de presión. La válvula es sensible a cualquier pérdida de presión hidráulica que pueda producirse por un fallo de frenado en cualquier lado del sistema.

Los camiones ligeros disponen bien de un sistema «separado» entre ruedas delanteras y traseras, o de un sistema «separado» en diagonal. En los sistemas con frenos delanteros y traseros separados, las ruedas delanteras van conectadas a un circuito, mientras que las ruedas traseras van conectadas al otro. Los sistemas separados diagonalmente tienen las ruedas opuestas diagonalmente conectadas a cada circuito. Los camiones de medio y gran tonelaje pueden estar equipados o con el sistema separado entre ruedas delanteras y traseras o, si disponen de dos cilindros de rueda por rueda, cada circuito accionará un cilindro por rueda.

Información de reparación

La reparación de los sistemas de frenos hidráulicos suele consistir fundamentalmente en ajustes, sustitución de piezas desgastadas o estropeadas y en la reparación de los daños provocados por granos de arena, suciedad o líquido de frenos contaminado. Asegúrese siempre de que el sistema de los frenos está limpio y perfectamente sellado cuando realice cualquier reparación y de que utiliza únicamente líquido de frenos especificado de régimen duro.

El líquido de frenos especificado de régimen duro mantiene la solidez o densidad correcta independientemente de los cambios de temperatura, no atacará a las copelas de goma, ayudará a proteger las pieza metálicas del sistema de frenos ante cualquier fallo o avería y asegurará un funcionamiento exento de problemas durante un largo período de tiempo.

No utilice nunca líquido de frenos de un envase que ha contenido previamente cualquier otro líquido. El aceite mineral, alcohol, anticongelante o disolventes de limpieza, incluso en pequeñas cantidades, contaminarán el líquido de frenos. Un líquido de frenos contaminado hará que se inflamen o deterioren las copelas de los pistones y la(s) válvula(s) del cilindro maestro.

Es necesario ajustar los frenos cuando se monten zapatas de frenos nuevas o reforradas. El ajuste también es necesario siempre que sea necesario pisar el pedal del freno demasiado para que pueda percibirse el efecto de frenado.

PEDAL BAJO

El desgaste normal del forro del freno
reserva del pedal. Una reserva del peda
bién puede deberse a la falta de líq
en el cilindro maestro. El estado

ser compensado mediante un ajuste mínimo del freno. Compruebe el nivel de líquido de frenos en el cilindro maestro y rellene si es necesario.

PÉRDIDA DE LÍQUIDO

Si el cilindro maestro hace necesario un rellenado continuo de líquido de frenos, es posible que sea debido a un fuga a través de las copelas del pistón en el cilindro maestro o cilindro de los frenos, o en los conductos hidráulicos. Es posible que las mangueras o conexiones estén flojas o rotas. Debería apretar las conexiones flojas o hacer las reparaciones o cambios de piezas necesarios y purgar el sistema de frenos hidráulico.

CONTAMINACIÓN DEL LÍQUIDO DE FRENOS

Para determinar si el líquido de frenos está contaminado, lo cual estará indicado por la inflamación o deterioro de las copelas, pueden realizarse las siguientes pruebas.

Vacíe una cantidad de líquido de frenos en una pequeña botella de vidrio transparente. Si el líquido de frenos se separa en dos capas claramente diferenciadas quiere decir que contiene aceites minerales. Asegúrese de tirar el líquido de frenos antiguo que obtuvo en el purgado del sistema. El líquido vaciado en la operación de purga puede contener partículas de suciedad u otras partículas contaminantes y no debe ser reutilizado.

AJUSTE DE LOS FRENOS

Los frenos autoajustables hacen innecesario un ajuste manual, pero en el caso de que se deba reforrar los frenos es aconsejable hacer el ajuste inicial manualmente para reducir el tiempo total de ajuste.

COMPROBACIÓN DEL AJUSTADOR AUTOMÁTICO

Levante y sujete el vehículo con seguridad, y haga que un asistente accione los frenos del vehículo. Quite el tapón de la ranura de ajuste para poder observar la rueda dentada del ajustador. A continuación, para eliminar la posibilidad de un ajuste máximo, esto es, que el ajustador se resista a funcionar debido a que se ha alcanzado el ajuste más tenso posible, la rueda dentada debería ser aflojada aproximadamente 30 muescas. Será necesario mantener la palanca del ajustador apartada de la rueda dentada para poder aflojar el ajustador.

Gire la rueda y tambor del freno en el sentido inverso y accione enérgicamente los frenos. Esto proporcionará la inercia necesaria para hacer que la zapata secundaria del freno salga del anclaje. El efecto de arropamiento hará que la zapata secundaria se mueva y un cable o eslabón tirará de la palanca del ajustador, apartándolo de los dientes de la rueda dentada. Al soltar el pedal del fre- [illegible] palanca debería retroceder a su posición de [illegible]ciendo girar la rueda dentada. Así pues, [illegible]rse un giro de la rueda dentada al [illegible]tador automático funciona co- [illegible]do el procedimiento descrito [illegible]o más de los ajustado- [illegible]orrectamente, des- [illegible]eparar el ajus-

REPARACIÓN DE LOS CONDUCTOS HIDRÁULICOS

Los conductos hidráulicos que van del cilindro maestro al conector del tubo del freno delantero y entre el conector del tubo del freno trasero y los cilindros de los frenos traseros, son de acero. Existen mangueras flexibles que conectan el tubo de los frenos a los cilindros de los frenos delanteros o a las pinzas de los frenos y al conector del tubo de los frenos delanteros.

Cuando sustituya tuberías, mangueras o conectores de los frenos hidráulicos, apriete todas las conexiones firmemente. Después de realizar cualquier sustitución, purgue el sistema de frenos en los cilindros de las ruedas o pinzas de los frenos y en el servofreno, si dispone de un tornillo de purga.

TUBO DE LOS FRENOS

Si una sección del tubo de los frenos resulta dañada, debería sustituir toda la sección por tubos del mismo tipo, tamaño, forma y longitud. No deberían colocarse tubos de cobre en el sistema hidráulico. Cuando doble un tubo de los frenos para encajarlo en el bastidor o contornos del eje de la transmisión trasero, tenga cuidado de no enroscar o agrietar el tubo.

Todos los tubos de los frenos deberían ser doblemente abocardados para obtener unas conexiones buenas a prueba de fugas. Limpie siempre la parte interior de un nuevo tubo de frenos con alcohol de isopropil limpio.

MANGUERAS DE LOS FRENOS

Sustituya las mangueras por una manguera de frenos flexible si presenta indicios de ablandamiento, agrietamiento u otro tipo de daños.

Cuando monte una manguera de frenos nueva, coloque la manguera de manera que no entre en contacto con otras piezas del camión.

Válvulas hidráulicas de control

VALVULA DIFERENCIAL DE PRESIÓN

También conocida como válvula de advertencia, válvula de la lámpara del panel de instrumentos o indicador de la eficacia del sistema. La válvula activa una lámpara de advertencia situada en el panel de instrumentos si se produce una avería por pérdida de presión. Si la presión cae demasiado en uno de los sistemas «separados», la presión normal del otro sistema hace que el pistón del interruptor comprima un muelle y se desplace hasta que se cierre un circuito eléctrico y como conse-

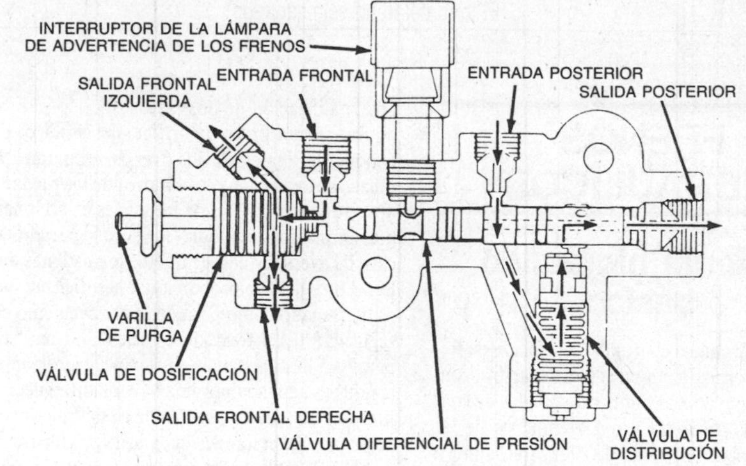

Válvula diferencial de presión típica de régimen liviano.

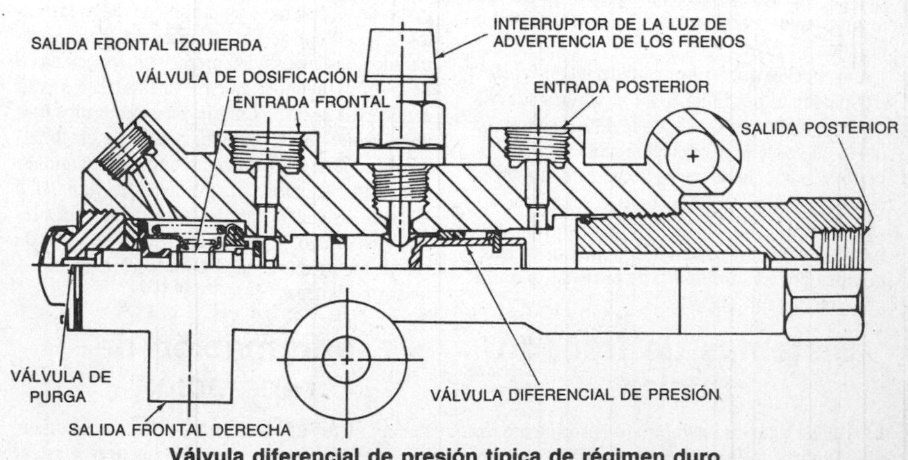

Válvula diferencial de presión típica de régimen duro

cuencia se encienda la lámpara del panel de instrumentos. En algunos vehículos el pistón equilibrado por un muelle se vuelve a centrar automáticamente al soltar el pedal del freno, de manera que la lámpara de advertencia se ilumina únicamente al accionar el freno. En los demás vehículos la lámpara quedará encendida hasta que se elimine la causa de la pérdida de presión.

Las válvulas (diferencial de presión, de dosificación o de distribución) pueden estar separadas, pero suelen formar parte integral de una válvula combinada. En algunos sistemas de frenos, la válvula interruptor forma parte del cilindro maestro.

REACTIVACIÓN DE LAS VÁLVULAS

La válvula diferencial de presión (en muchos vehículos que disponen de una válvula combinada) se volverá a centrar automáticamente al accionar los frenos después de finalizar las reparaciones en el sistema. Asegúrese de que el sistema ha sido debidamente purgado y de que los depósitos del cilindro maestro están completamente llenos del líquido de frenos especificado y limpio y a continuación accione lentamente el pedal del freno con el interruptor de encendido en la posición ON (motor parado). En otros sistemas la reactivación se hace manualmente. Repare el sistema si es necesario, abra el tornillo de purga existente en la mitad del sistema que no se averió (con los depósitos llenos). Conecte el interruptor de encendido para que se encienda la lámpara de advertencia y accione o pise lentamente el pedal del freno hasta que se apague la lámpara. Si pisa el pedal del freno con demasiada fuerza el pistón se desplazará hacia el otro lado y será necesario invertir el procedimiento abriendo el tornillo de purga de la mitad opuesta del sistema.

VÁLVULA DE DOSIFICACIÓN

Esta válvula suelen llevarla los vehículos que disponen de frenos delanteros de disco y traseros de tambor. La válvula de dosificación mejora el equilibrio de frenado al accionar ligeramente los frenos impidiendo que se accionen los frenos de disco delanteros hasta que se forme una determinada presión en el sistema hidráulico. La presión hidráulica acumulada vence la tensión de los muelles de recuperación de las zapatas de los frenos traseros. Así pues, cuando las pastillas de los frenos delanteros entran en contacto con el rotor, las zapatas de los frenos traseros se desplazan hacia afuera haciendo contacto a la vez con el tambor del freno.

La válvula de dosificación debería ser inspeccionada siempre que se reparen los frenos. Una pequeña cantidad de humedad dentro del fuelle no significa que la válvula esté averiada, pero sin embargo una gran cantidad de líquido es un indicio de que la válvula está desgastada y que es necesario sustituirla. Asegúrese de montar los conductos de los frenos en las compuertas correctas cuando monte una válvula nueva. Si los conductos están cruzados los frenos traseros se agarrotarán.

Si utiliza un tornillo de purga a presión para purgar un sistema hidráulico con válvula de dosificación, el vástago de la válvula (situado dentro del fuelle en algunas válvulas) debe ser empujado hacia adentro o extraído, dependiendo del tipo de válvula. Nunca ejerza una presión excesiva que pueda dañar la válvula. No utilice nunca un bloque macizo o abrazadera para abrir la válvula forzándola. Si debe bloquearse la válvula, equipe el vástago con un muelle elástico y tenga cuidado de no ejercer una presión superior a la normal.

Si debe purgar los frenos manualmente utilizando el pedal del freno, la presión desarrollada es suficiente para vencer la válvula de dosificación y no será necesario empujar hacia adentro o extraer el vástago.

VÁLVULA DE DISTRIBUCIÓN

La válvula de distribución suelen llevarla los vehículos que disponen de frenos delanteros de disco y traseros de tambor, va montada en el conducto o conductos que van a los frenos de tambor traseros, en un sistema separado, debajo de la válvula diferencial de presión. Reduciendo la presión aplicada a los frenos de tambor traseros, la válvula ayuda a impedir un bloqueo prematuro al accionar enérgicamente los frenos y proporciona un mejor equilibrio de frenado.

Siempre que repare los frenos, debería inspeccionar la válvula. Para comprobar su funcionamiento, monte manómetros por delante y por detrás de la válvula y asegúrese de que tiene un punto de transición en su accionar por encima del cual se distribuye la presión a los frenos traseros. Si la válvula tiene fugas sustitúyala. Asegúrese de que la compuerta de la válvula marcada con una R va conectada al conducto o conductos de los frenos traseros.

VÁLVULA COMBINADA

Los vehículos pueden disponer de una válvula que combina dos o tres funciones (certificación, distribución y/o advertencia de frenado). La válvula combinada suele ir montada debajo del capó, cerca del cilindro maestro, donde los conductos de los frenos pueden ser distribuidos fácilmente a las ruedas delanteras o traseras. La válvula combinada no puede ser reparada y, si funciona incorrectamente, debe ser sustituida en su conjunto.

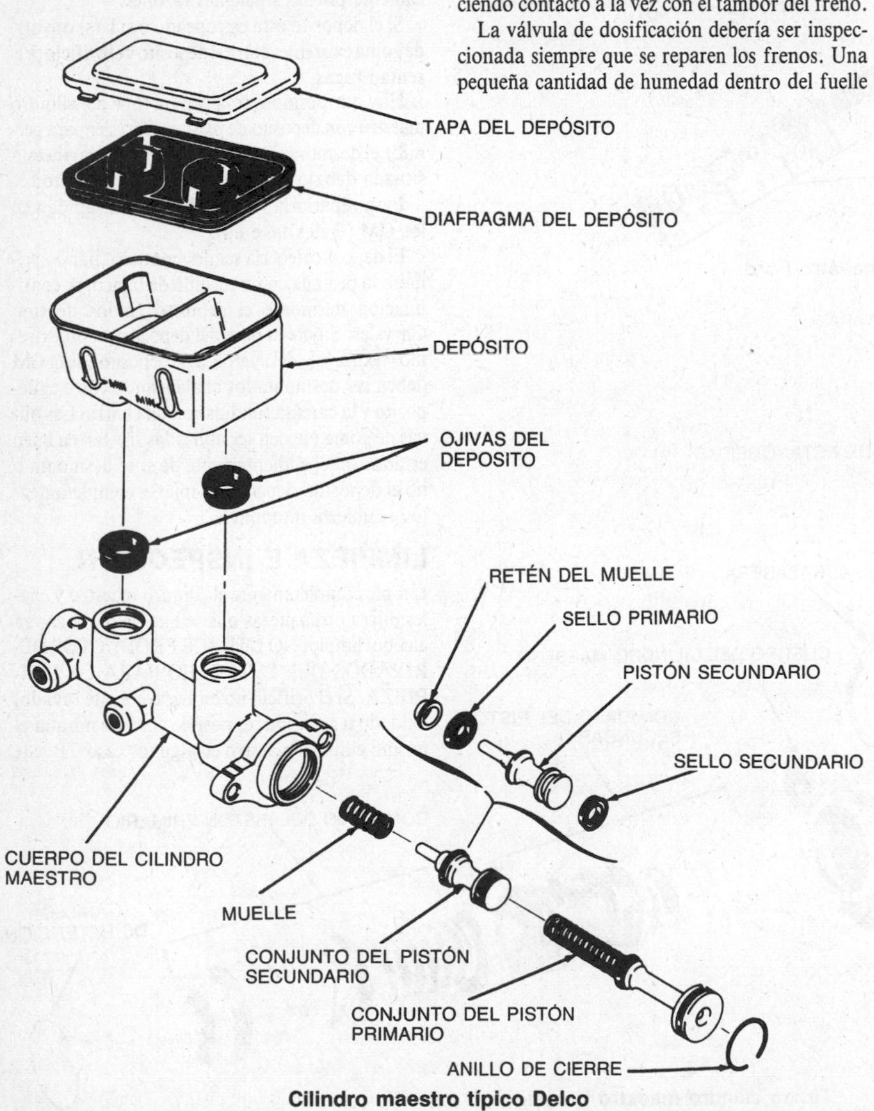

Cilindro maestro típico Delco

Reparación del cilindro maestro

NOTA: Esta sección contiene los procedimientos de reparación comunes a muchos tipos estándar de cilindro maestro. Algunos diseños recientes de cilindros maestros disponen de muchos rasgos especiales; cada uno de éstos requiere unos procedimientos de reparación especiales. Los procedimientos de reparación para estos tipos especiales vienen a continuación, después de esta sección.

EXTRACCIÓN Y DESMONTAJE

Limpie la zona alrededor del cilindro maestro para impedir que la suciedad y la grasa contaminen el cilindro o los conductos hidráulicos. Desconecte los tubos y tapone las bocas de los conductos. Desconecte el acoplamiento del sensor del nivel de líquido hidráulico en aquellos modelos que dispongan del mismo. Si el cilindro maestro dispone de un depósito montado a distancia, quite el clip, desconecte y tapone los conductos. Desmonte las tuercas o pernos que sujetan el cilindro maestro al mamparo contraincendios o servofreno y desmonte el cilindro maestro.

En los vehículos que disponen de frenos manuales, desconecte la varilla de empuje del pedal del freno antes de desmontar el cilindro maestro.

1. Desmonte la tapa del depósito y vacíe el líquido de frenos del mismo. En aquellos modelos que dispongan de un depósito desmontable, es mejor desmontarlo. Gire suavemente el depósito de un lado a otro para liberarlo y desmóntelo. Desmonte las hojillas de sellado, si existen. A continuación desmonte el perno del tope del pistón, si existe, del cilindro maestro. Desmonte el fuelle y el anillo de retención y a continuación extraiga el conjunto del pistón primario del cilindro maestro. A continuación, si el sistema es dual, desmonte el conjunto del pistón secundario golpeando ligeramente el cilindro maestro o utilizando unos alicates de boca de aguja para extraer el cilindro maestro del orificio, o utilizando con cuidado una manguera de aire comprimido. Desmonte el conjunto del pistón secundario, a no ser que en el juego de montaje venga una unidad de repuesto.

2. Fije el cilindro maestro en un tornillo de banco con las compuertas de salida hacia arriba. Compruebe si dispone de una válvula de retención realizando un sondeo con un alambre a través del orificio de los asientos del tubo. Sustituya el asiento o asientos y la válvula de retención del tubo únicamente si en el juego de montaje viene una unidad de repuesto. Desmonte los insertos de los asientos del tubo, si es necesario, roscando parcialmente un tornillo autorroscante en cada asiento del tubo y utilizando dos pequeñas palancas para extraer cada uno de los asientos del cilindro maestro y apalancándolos. Desmonte la restante válvula de retención y el muelle de la(s) boca(s) de salida (si existe).

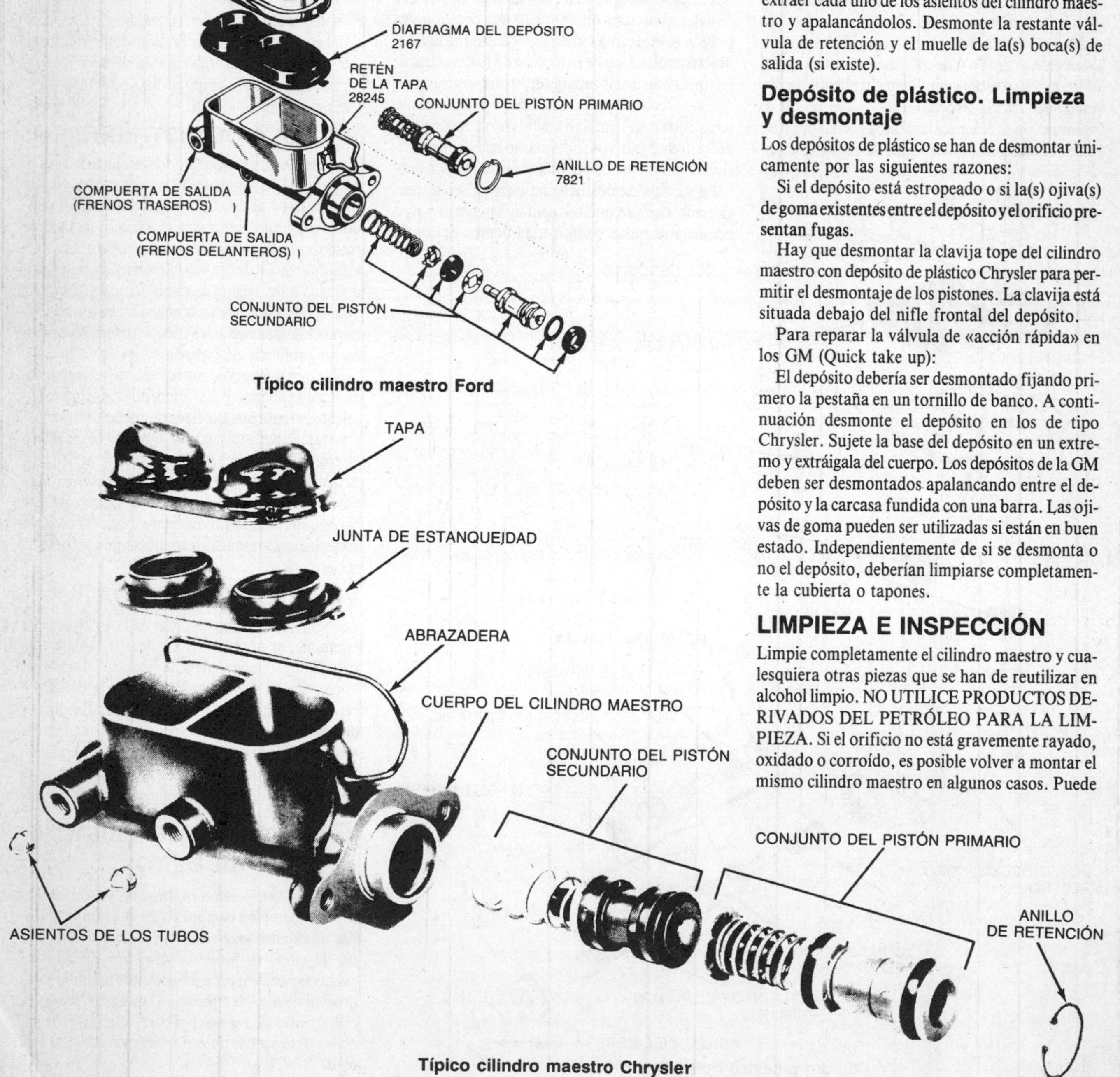

Típico cilindro maestro Ford

Típico cilindro maestro Chrysler

Depósito de plástico. Limpieza y desmontaje

Los depósitos de plástico se han de desmontar únicamente por las siguientes razones:

Si el depósito está estropeado o si la(s) ojiva(s) de goma existentes entre el depósito y el orificio presentan fugas.

Hay que desmontar la clavija tope del cilindro maestro con depósito de plástico Chrysler para permitir el desmontaje de los pistones. La clavija está situada debajo del nifle frontal del depósito.

Para reparar la válvula de «acción rápida» en los GM (Quick take up):

El depósito debería ser desmontado fijando primero la pestaña en un tornillo de banco. A continuación desmonte el depósito en los de tipo Chrysler. Sujete la base del depósito en un extremo y extráigala del cuerpo. Los depósitos de la GM deben ser desmontados apalancando entre el depósito y la carcasa fundida con una barra. Las ojivas de goma pueden ser utilizadas si están en buen estado. Independientemente de si se desmonta o no el depósito, deberían limpiarse completamente la cubierta o tapones.

LIMPIEZA E INSPECCIÓN

Limpie completamente el cilindro maestro y cualesquiera otras piezas que se han de reutilizar en alcohol limpio. NO UTILICE PRODUCTOS DERIVADOS DEL PETRÓLEO PARA LA LIMPIEZA. Si el orificio no está gravemente rayado, oxidado o corroído, es posible volver a montar el mismo cilindro maestro en algunos casos. Puede hacerse un ligero rectificado para limpiar y suavizar el orificio. Debería utilizarse un nuevo juego de montaje de cilindro maestro y líquido de frenos fresco. Si el orificio del cilindro está gravemente picado o corroído, o si ha sido reacondicionado anteriormente, el cilindro maestro debería ser sustituido por uno nuevo.

ATENCIÓN

No rectifique o repare un orificio rayado o picado en un cilindro maestro de aluminio

Sustituya el cilindro maestro. Asegúrese de anotar las posiciones relativas de todas las piezas, prestando una atención especial a la manera en que están situadas las copelas de goma. Lubrique todas las piezas nuevas de goma con líquido de frenos o lubricante de montaje de sistemas de frenos.

Limpieza de los orificios de fundición de hierro

Debería utilizar cañamazo o una piedra de esmerilado de cilindros especificada para eliminar las zonas ligeramente picadas, rayadas o corroídas del orificio.

ATENCIÓN

Si un cilindro maestro de aluminio tiene picaduras o rayas en el orificio, debe ser sustituido.

Al rectificar ligeramente puede utilizarse líquido de frenos como lubricante. El cilindro maestro debería ser sustituido si no puede ser limpiado fácilmente. Después de utilizar el cañamazo o la piedra de esmeril, el cilindro maestro debería ser completamente lavado en alcohol limpio o líquido de frenos para eliminar todo el polvo y arena. Si se utiliza alcohol, seque las piezas completamente antes de su nuevo montaje.

ATENCIÓN

No deberían utilizarse disolventes.

A continuación debería comprobarse la tolerancia o distancia entre la pared del orificio y el pistón (pistón primario de un cilindro maestro de sistema dual). Si puede introducirse una galga de espesores estrecha [1/8" (3.2 mm) - 1/4" (6.4 mm) de anchura] de 0.006" (0.15 mm) entre el tabique y un pistón nuevo, quiere decir que la tolerancia o distancia es excesiva y el cilindro maestro debería ser sustituido. La tolerancia máxima permitida para aquellas unidades que contienen pistones sin orificios de llenado es de 0.009" (0.23 mm).

Limpieza del orificio de aluminio

Compruebe si el orificio está rayado, corroído o picado. Si el orificio está rayado o gravemente picado o corroído debería sustituirse el conjunto. Bajo ninguna condición debería limpiarse el orificio con un material abrasivo. Esto eliminaría la superficie anodizada de existencia de desgaste y corrosión. Limpie el orificio con un trozo limpio de paño enrollado sobre un taco de madera y lávelo completamente con alcohol. No confunda la decoloración o manchado del orificio con la corrosión.

Armado e instalación

1. Monte con cuidado las nuevas copelas o sellos en las mismas posiciones iniciales y en el orden inverso al de desmontaje.

2. Utilice líquido de frenos o líquido de montaje en abundancia para evitar que resulten dañados los sellos.

3. Colocando el extremo pequeño del muelle de presión en el retén del pistón secundario, deslice el conjunto contra el orificio del cilindro, teniendo cuidado de no mellar o estriar ninguna pieza de goma.

4. Coloque el retén del muelle del conjunto del pistón primario sobre el saliente del pistón secundario y empuje ambos conjuntos sobre el orificio.

5. Monte y apriete el tornillo y junta de estanqueidad de sujeción del pistón, manteniendo los pistones en sus posiciones asentadas. Vuelva a montar los anillos de retención del pistón a la vez.

6. Monte la válvula de retención restante y el muelle en la boca de salida correspondiente del cilindro maestro (en ambas bocas de salida, si existen). Si se desmontaron los asientos del tubo, monte asientos nuevos en ambas bocas de salida de líquido asegurándose de que estén perfectamente asentados.

PURGA Y COMPROBACIÓN

NOTA: Los procedimientos de purga se describen en la siguiente sección.

1. Purgue el sistema hidráulico.

NOTA: No olvide purgar, en un banco de taller, un cilindro maestro reacondicionado o nuevo antes de su montaje.

2. Compruebe la tolerancia de la compuerta de descarga del cilindro maestro asegurándose de que rezuma una pequeña cantidad de líquido de frenos en ambos orificios de descarga de los depósitos al pisar ligeramente el pedal del freno, lo que indica una tolerancia correcta de las compuertas.

Tipo «de actuación rápida» - GMC

REPARACIÓN

1. Accione el pistón primario y desmonte el anillo de retención.

2. Desmonte los pistones primario y secundario y los muelles de recuperación del orificio del cilindro.

3. Desmonte el pistón secundario.

4. Inspeccione el orificio del cilindro maestro. Si está corroído, sustituya el cilindro maestro. No utilice nunca abrasivos sobre el orificio.

NOTA: Lubrique siempre las piezas con líquido de frenos limpio y fresco antes de su montaje.

5. Monte sellos nuevos en el pistón secundario.

6. Monte el muelle y pistón secundario en el cilindro.

7. Monte el pistón primario e introduzca a presión y monte el anillo de retención.

Bendix Mini-Master

REPARACIÓN

1. Desmonte la tapa del depósito y diafragma y vacíe el líquido del depósito.

2. Desmonte los cuatro pernos que sujetan el cuerpo al depósito utilizando una llave de cubo especial Chevrolet número J-25085 o equivalente.

NOTA: No desmonte los dos pequeños filtros desde la parte inferior del depósito, a no ser que estén estropeados y sea necesario sustituirlos.

3. Desmonte el anillo tórico pequeño y los dos sellos de las válvulas de compensación de las áreas cóncavas existentes en el lado inferior del depósito.

4. Comprima el pistón primario utilizando una herramienta con un extremo liso y redondo. A continuación desmonte los toletes de la válvula de compensación y los muelles de dicha válvula de las compuertas respectivas situadas en el cuerpo del cilindro maestro.

5. Desmonte el anillo de retención del extremo del orificio del cilindro maestro. A continuación suelte el pistón y desmonte los conjuntos de los pistones primario y secundario del orificio del cilindro. Quizá sea necesario taponar la compuerta frontal de la válvula de compensación para desmontar el conjunto del pistón secundario.

6. Lubrique el conjunto del pistón secundario y el orificio del cilindro maestro con líquido de frenos limpio.

7. Monte el muelle secundario (el más corto de los dos muelles) en el extremo abierto del accionador del pistón secundario y monte el muelle de recuperación del pistón (el muelle más largo) sobre el saliente de la parte posterior del pistón secundario.

8. Introduzca el conjunto del pistón secundario, con el extremo del accionador primero, en el orificio del cilindro maestro e introduzca el conjunto a presión hasta el fondo del orificio.

9. Lubrique el conjunto del pistón primario con líquido de frenos limpio. Introduzca el conjunto del pistón primario, con el extremo del accionador en primer lugar, en el orificio.

10. Coloque el anillo de retención sobre una herramienta con una punta lisa y redonda e introduzca los pistones a presión en el orificio.

11. Monte el anillo de retención en la acanaladura del orificio del cilindro.

12. Monte los asientos de la válvula de compensación y el pequeño anillo tórico en las concavidades del fondo del depósito. Asegúrese de que todos los sellos asientan perfectamente.

13. Manteniendo los pistones comprimidos, monte los muelles de compensación y los toletes de la válvula de compensación en las compuertas de la misma.

14. Manteniendo los pistones comprimidos, coloque el depósito sobre el cuerpo del cilindro maestro y sujételo con los cuatro pernos de sujeción. Apriete los pernos con un par de 12-15 libras-pie (16-20 Nm).

Purga de los frenos

PROCEDIMIENTOS DE PURGA EN UN BANCO DE TALLER

La purga de los cilindros maestros en un banco de taller antes de su montaje permite ahorrar tiempo y reduce la posibilidad de que entre aire en los conductos. Para expulsar *todo* el aire atrapado en el cilindro, los cilindros maestros en tándem deben ser purgados en un banco de taller antes de ser montados en el vehículo. Siga este procedimiento simple para la purga en un banco de taller.

1. Doble dos conductos de frenos acortados de manera que unan la(s) conexión(es) de salid[illegible] el depósito o depósitos de líquido, por[illegible] nivel normal del líquido.

2. Rellene el depósito o depósitos con líquido de frenos fresco y accione el cilindro hasta que no aparezcan más burbujas en el depósito. Si el cilindro no dispone de una válvula de retención en la compuerta de salida, utilice un trozo *limpio* de goma o plástico, o la punta del dedo, para cerrar el extremo del tubo durante la carrera de retroceso. En caso contrario, el líquido se limitará simplemente a desplazarse hacia adelante y hacia atrás dentro del tubo.

3. Cuando se haya purgado todo el aire del cilindro maestro, doble los tubos hacia arriba alejándolos del líquido y desmóntelos. Rellene el cilindro y monte fijamente el tapón del cilindro maestro.

4. Monte el cilindro maestro en el vehículo. Acople los conductos, pero no apriete la conexión del tubo.

5. Extraiga el aire que pueda haber quedado atrapado en la conexión accionando lentamente el pedal varias veces. Apriete la tuerca ligeramente antes de soltar el pedal y afloje antes de pisar cada vez. Recoja el líquido en un paño para evitar que resulte dañada la superficie de acabado del vehículo. NO PERMITA QUE EL PISTÓN TOQUE FONDO. Apriete las conexiones cuando dejen de salir burbujas de aire del líquido de frenos. Asegúrese de que el cilindro maestro está suficientemente lleno de líquido de frenos.

PURGA MANUAL

NOTA: Véase la secuencia de purga del cilindro maestro «de actuación rápida» de la GM.

Purgue el conducto más largo en primer lugar, siguiendo por orden de longitud hasta que haya purgado el conducto más corto. Esto variará según el sistema concreto. La secuencia partiría de la rueda delantera de un circuito, o con la rueda trasera opuesta, que es la correspondiente en el circuito en diagonal. Si dispone de un sistema único, el conducto trasero izquierdo suele ser el más largo. Durante toda la operación de purga, no permita que se seque el depósito. Mantenga los depósitos del cilindro maestro llenos del líquido de frenos especificado. Nunca utilice líquido de frenos que haya sido vaciado del sistema hidráulico.

1. Purgue el cilindro maestro en el lado de la compuerta de salida en el sistema que está siendo reparado.

NOTA: En un cilindro maestro que no lleve tornillos de purga, afloje la tuerca de sujeción del cilindro maestro al conducto hidráulico. Accione lentamente el pedal del freno hasta que el líquido de frenos que sale de la conexión de salida no contenga burbujas, y a continuación apriete la tuerca del tubo según el par especificado. No utilice el tornillo tope del pistón secundario situado en la parte inferior del cilindro maestro para purgar el sistema de frenos. Si lo afloja o desmonta podría resultar dañado el pistón secundario o el tornillo tope, cuando purgue el cilindro maestro dual de tipo Bendix es necesario tapar completamente una sección del depósito mientras que se purga la otra para impedir una pérdida de presión a través del orificio del respiradero del tapón. Accione lentamente el pedal del freno hasta que el líquido de frenos que sale de la conexión de salida no contenga burbujas de aire y a continuación apriete el tornillo de purga.

2. Purgue en segundo lugar la válvula diferencial de presión si lleva un tornillo de purga.

3. Limpie el tornillo de purga y la zona alrededor del mismo para impedir que entre suciedad al sistema. Coloque una llave de tamaño adecuado (normalmente una llave de cubo de 3/8") en el rácor de purga en el cilindro, o calibre para purgarlo. Acople un tubo de vaciado de goma al rácor de purga. El final del tubo debería ajustar firmemente alrededor del rácor de purga.

4. Sumerja el extremo libre del tubo en un contenedor parcialmente lleno de líquido de frenos limpio y afloje el rácor de purga aproximadamente 3/8 de vuelta.

5. Accione el pedal del freno lentamente hasta el máximo de su recorrido. Cierre el tapón de purga y a continuación suelte el pedal hasta que vuelva a la posición de reposo absoluto. Repita esta operación hasta que dejen de aparecer burbujas de aire en el extremo sumergido del tubo de purga.

ATENCIÓN

La válvula de purga del cilindro maestro debe cerrarse al final de cada carrera y antes de soltar el pedal del freno, para asegurar de que no entra aire en el sistema. Es importante también que el pedal del freno vuelva a la posición de reposo, esto es, posición superior, de manera que el cilindro maestro retroceda hacia atrás lo suficiente como para salir de los orificios de salida en derivación.

6. Cuando el líquido deje de sacar burbujas de aire, cierre el rácor de purga y desmonte el tubo de purga.

7. Repita el procedimiento en el cilindro o pinza del freno del otro lado del sistema «separado». Rellene el depósito del cilindro maestro después de purgar cada cilindro o pinza de freno. Al finalizar la purga, el nivel del líquido del cilindro maestro debería quedar como mínimo a 1/4" de la parte superior del depósito.

8. Centre la válvula diferencial de presión como se ha descrito anteriormente.

PURGA A PRESIÓN DE FRENOS DE DISCO

ATENCIÓN

Son necesarios adaptadores especiales cuando purgue a presión los cilindros de depósitos de plástico.

Los equipos de purga a presión deberían ser del tipo diafragma; coloque un difragma entre el suministro de aire a presión y el líquido de frenos. Esto impedirá que entre la humedad y otros contaminantes en el sistema hidráulico.

NOTA: Algunos vehículos que disponen de frenos de disco delanteros y de tambor traseros llevan una válvula de dosificación que desconecta la presión aplicada a los frenos delanteros en determinadas situaciones. Estos sistemas llevan palancas de desconexión manuales, que deben ser acopladas para purgar a presión los frenos delanteros.

1. Conecte la manguera del depósito hidráulico y el adaptador al cilindro maestro.

2. Cierre la válvula hidráulica de los equipos de purga.

3. Aplique una manguera de aire a presión a los equipos de purga.

ATENCIÓN

Siga las recomendaciones del fabricante de los equipos para aplicar la presión correcta.

4. Abra la válvula para purgar el aire de la manguera de presión que va al cilindro maestro.

NOTA: Nunca purgue este sistema utilizando el tornillo tope del pistón secundario situado en la parte inferior de muchos cilindros maestros.

5. Abra la válvula hidráulica y purgue cada uno de los cilindros de las ruedas y pinzas de los frenos. Purgue primero el sistema de los frenos traseros cuando deba purgar los sistemas de frenos delanteros y traseros.

CILINDRO MAESTRO DE ACTUACIÓN RÁPIDA DE GM

La General Motors especifica que estos sistemas duales diagonalmente separados deben ser purgados en una secuencia específica. Purgue primero el cilindro maestro, para hacerlo desconecte primero el conducto de frenos delantero izquierdo del cilindro maestro y rellene el cilindro maestro hasta que salga el líquido por la compuerta.

ATENCIÓN

Recoja el líquido derramado con un trapo y no permita que el líquido o trapo entren en contacto con la superficie de acabado del vehículo.

Conecte el conducto y apriete el rácor.

Accione el pedal del freno una vez, lentamente, y sujételo en esa posición. Afloje el rácor del conducto del mismo freno para purgar el aire del sistema. Vuelva a apretar el rácor y suelte lenta-

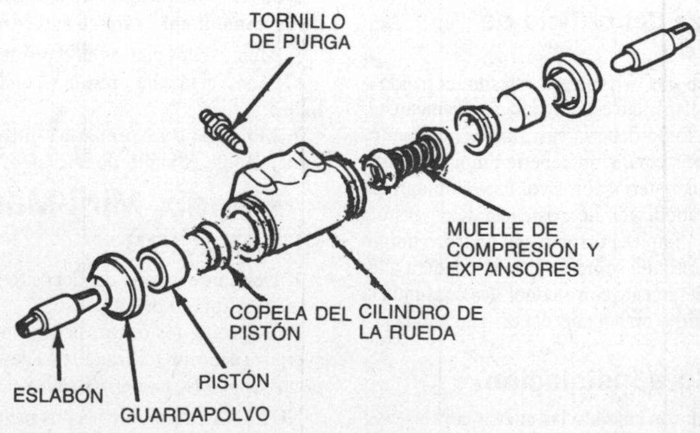

Típico cilindro de rueda

mente el pedal del freno. Espere 15 segundos. A continuación repita la secuencia, incluido el tiempo de espera de 15 segundos, hasta que desaparezca todo el aire.

A continuación purgue la conexión delantera derecha de la misma manera que la delantera izquierda.

Purgue los cilindros de las ruedas y pinzas de los frenos únicamente después de asegurarse de que ha sido eliminado todo el aire del cilindro maestro. Purgue las pinzas de los frenos y cilindros de las ruedas en este orden: parte trasera derecha, delantera izquierda, trasera izquierda, delantera derecha. Siga la secuencia especificada y accione lentamente el pedal del freno una vez antes de abrir el tornillo de purga para que salga el aire. Apriete el tornillo, suelte lentamente el pedal y espere 15 segundos. Repita todos los pasos, incluyendo la espera de 15 segundos, hasta que se haya eliminado todo el aire del sistema.

ATENCIÓN

Un accionamiento rápido de este sistema hará que el pistón del cilindro maestro secundario se desplace hacia abajo en el orificio, de manera que será difícil purgar las partes delantera izquierda y trasera derecha del sistema.

PURGA DE SOBREPRESIÓN

Este método incluye la purga manual y a presión y se crea deliberadamente una turbulencia (presión superior) en los cilindros de las ruedas, de manera que puede extraerse el aire residual en forma de vapor. Es importante eliminar todo el aire posible antes de proceder a la purga de sobrepresión; así pues, este método no se aplica nunca si el método de purga rutinaria manual o a presión resulta eficaz.

Se recomienda el siguiente procedimiento sencillo para la purga de sobrepresión:

1. Purgue los frenos en todas las ruedas siguiendo el procedimiento habitual.

2. En cada uno de los cilindros de las ruedas, secuencialmente, abra los tornillos de purga y accione el pedal del freno enérgicamente varias veces. Cierre el tornillo de purga. Esta acción crea una turbulencia en cada cilindro, lo que provoca la expulsión de prácticamente todo el aire residual.

ATENCIÓN

Después de purgar el sistema de frenos, haga una prueba de rodaje para asegurarse del correcto funcionamiento del sistema de frenado.

PURGA DEL SERVOFRENO

En los vehículos que disponen de servofrenos, debería parar el motor y eliminar el vacío o aire comprimido del sistema de servofreno accionando el pedal del freno varias veces. Después de purgar el cilindro maestro, purgue el servofreno (si dispone de un tornillo de purga).

Los servofrenos con multiplicador de presión suelen llevar tornillos de purga para eliminar el aire atrapado dentro de los mismos. Si dicho servofreno lleva más de un tornillo de purga, purgue primero el situado en el cilindro (principal) de presión; purgue en segundo lugar la válvula de control. Al realizar la purga, cierre manualmente el tornillo de purga antes de que el pedal dé un golpe hacia atrás cada vez que es accionado.

Cilindros de las ruedas y pinzas de los frenos

FUNCIONAMIENTO DEL CILINDRO DE LA RUEDA

El espacio entre las copelas del orificio del cilindro debe permanecer siempre lleno de líquido. Después de accionar el pedal del freno, hay una cantidad de líquido de frenos adicional que es impulsada hacia el orificio del cilindro, como consecuencia de esto, las copelas y pistones se desplazan hacia afuera del orificio del cilindro empujando a los eslabones de las zapatas y a las zapatas de los frenos hacia afuera, de manera que éstas entren en contacto con el tambor produciendo el efecto de frenado. En algunos diseños, el extremo del nervio de la zapata está directamente apoyado contra los pistones y, por lo tanto, las zapatas no llevan eslabones.

PROCEDIMIENTOS DE REPARACIÓN

Es posible que sea necesario reacondicionar o sustituir los cilindros de las ruedas siempre que se sustituyen las zapatas de los frenos, o cuando sea necesario para eliminar una fuga. En muchos diseños, pueden desmontarse los cilindros de las ruedas sin desmontarlos de las placas de refuerzo. En algunos diseños, sin embargo, el cilindro va montado en una hendidura existente en la placa de refuerzo, o existe un tope del pistón en el cilindro que va soldado a la placa del refuerzo. Cuando repare frenos de este tipo, el cilindro debe ser desmontado de la placa de refuerzo antes de desmontarlo.

Inspección de diagnóstico y limpieza

Las fugas que recubren el fuelle y el cilindro del líquido de frenos que dan lugar a una reducción del nivel de líquido del depósito, o humedecen y manchan los forros de los frenos, son peligrosas. Tales fugas pueden hacer que los frenos se agarroten o averíen y deberían ser inmediatamente reparadas. Una fuga que no sea advertida inmediatamente puede ser detectada tirando hacia atrás del fuelle del cilindro. Un ligero rezumamiento de líquido que humedezca el interior del fuelle es normal; el goteo del líquido a través del fuelle no lo es. A no ser que pueda observarse una situación que haga que el freno tire, se agarrote o arrope, debe sospecharse del cilindro de la rueda y debería ser incluido en el reacondicionamiento general.

El rozamiento del cilindro puede estar provocado por la oxidación, depósitos, suciedad o copelas inflamadas debido a la contaminación del líquido de frenos, o por una copela incrustada debido a una tolerancia excesiva del pistón. Si la tolerancia entre los pistones y el tabique del orificio es superior a los valores permisibles, es posible que se trate de una situación de «arrastre de talón». Puede dar lugar a un desgaste rápido de la copela y hacer que los pistones se retraigan muy lentamente al soltar los frenos.

Un anillo de una sustancia dura de tipo cristal puede observarse a veces en el orificio del cilindro, en el punto donde se detiene el pistón después de soltar los frenos.

Algunos cilindros de ruedas delanteras disponen de una membrana situada entre los pistones opuestos. La membrana contiene un pequeño orificio que hace que el cilindro funcione como amortiguador del líquido de frenos, amortiguando las zapatas de los servofrenos al ser activadas. Estos cilindros no pueden ser rectificados y deberían ser sustituidos si el orificio está picado o corroído.

ATENCIÓN

No debería permitirse que las piezas del sistema hidráulico entren en contacto con aceite o grasa, ni deberían ser manejadas con manos impregnadas con grasa. Incluso una pequeña gota de cualquier producto derivado del petróleo es suficiente para dañar las piezas de goma.

REACONDICIONAMIENTO DE LOS CILINDROS DE LAS RUEDAS CON FRENOS DE TAMBOR

Es una práctica común reacondicionar un cilindro de rueda de freno de tambor sin desmontarlo, pero sin embargo algunos frenos llevan topes externos de pistón que impiden su desmontaje, a no ser que se desmonte el cilindro. Para desmontarlo, desmonte los muelles de las zapatas y sepárelas, desconecte el conducto del líquido de frenos, desmonte los pernos de sujeción o clips de retención y extraiga el cilindro.

La mayoría de los cilindros de ruedas van sujetos a la placa de refuerzo con pernos y pueden desmontarse fácilmente para su reparación o sustitución. En los modelos recientes, algunos vehículos de la GM llevan un clip de retención para este fin. Para desmontar los cilindros de este tipo, utilice un útil de reparación especial, o siga este método alternativo; introduzca una lezna o punzón de 1/8" de diámetro o menos en las ranuras existentes entre la guía del cilindro de la rueda y las aletas de bloqueo del retén. Desdoble ambas aletas a la vez hasta que éstas queden sobre el saliente, soltando así el cilindro, TIRE el retén existente.

Para sustituir el cilindro, coloque un nuevo retén y siga el siguiente procedimiento:

1. Sujete el cilindro de la rueda contra la placa de refuerzo introduciendo un bloque entre el cilindro de la rueda y la pestaña del eje de la transmisión.

2. Coloque el clip de retención del cilindro de la rueda de manera que las aletas queden fuera de él y en posición horizontal, respecto de la placa de refuerzo, al montarlo.

3. Coloque el nuevo clip de retención sobre el tope del cilindro de la rueda, desplazándola hacia su posición final, utilizando una llave de cubo de doce lados de 1 1/8''. El retén estará en su posición correspondiente cuando las aletas queden dobladas bajo el tope del retén. Examine minuciosamente las aletas para asegurarse de que ambas están debidamente enganchadas. Algunos vehículos no estadounidenses llevan otro tipo de clip de retención. El retén suele estar formado por dos o tres piezas separadas que cuando se juntan se enganchan y hacen que el cilindro de la rueda se sitúe en su posición correspondiente. Los retenes pueden desmontarse con cuidado sin que resulten dañados lo que permite reutilizarlos. Si resultan dañados o corroídos, sin embargo, deben ser sustituidos.

4. Extraiga los fuelles protectores del guardapolvo del cilindro. Las piezas internas deberían poderse extraer fácilmente. Las piezas pueden extraerse con un taco de madera, o a baja presión con una manguera de aire comprimido aplicada en la compuerta de entrada del líquido de frenos. Las piezas que no pueden desmontarse con facilidad hacen sospechar que están dañadas irreparablemente y el cilindro debería ser sustituido. Limpie el cilindro y las piezas en alcohol y/o líquido de frenos. (NO utilice gasolina u otros productos derivados del petróleo). Utilice únicamente paños de limpieza que no tengan pelusa. Puede utilizarse cañamazo para limpiar las rayas diminutas, pequeñas manchas de oxidación, corrosión o decoloración del orificio del cilindro y pistones. Deslice el cañamazo siguiendo un movimiento circular, en lugar de hacerlo a lo largo. Puede utilizarse una muela de limpieza. Después de rectificar el cilindro, compruebe si la tolerancia del pistón es excesiva y elimine las rebabas que puedan haberse formado en el borde de las compuertas de admisión de entrada de líquido de frenos o en el tornillo de purga.

ATENCIÓN

No reacondicione los cilindros que sean de aluminio. Un cilindro que no pueda limpiarse después de pulirlo 0.002" debería ser tirado a la basura y sustituido por uno nuevo. (Las manchas negras en los tabiques de los cilindros están provocadas por las copelas de los pistones y no son peligrosas).

5. Monte el cilindro con las piezas internas, asegurándose de que el tabique del mismo está humedecido con líquido de frenos. Introduzca las copelas y pistones de cada extremo en un cilindro de dos extremos; no los deslice a través del mismo. Las pestañas de las copelas deberían quedar siempre hacia adentro.

Pinza del freno de disco

Una parte integrante de la pinza del freno, el orificio u orificios de la pinza, contiene el pistón o pistones que dirigen el empuje contra las pastillas de los frenos que están sujetas dentro de dicha pinza. Dado que todas las fuerzas de frenado (fuerzas de accionamiento de las pastillas) se ejercen sobre cada una de las caras del rotor sin una autoactivación, tanto el cilindro como el pistón son grandes en comparación con el cilindro de rueda del freno de tambor.

PINZAS DE TIPO FIJO

Una pinza de freno de tipo fijo va sujeta firmemente al soporte del husillo de la rueda.

Los pistones van situados a ambos lados del rotor, en las mitades interna y externa de la pinza del freno. El líquido pasa entre las mitades de la pinza del freno a través de un tubo transversal externo o canalizaciones internas. La mitad interior de la pinza del freno lleva un tornillo de purga. El pistón lleva una acanaladura circular donde va encajado un fuelle guardapolvo que sirve para la protección de cada uno de los cilindros.

PINZA DE FRENO DE TIPO FLOTANTE (DESLIZANTE)

Las pinzas de freno de tipo flotante o deslizante pueden moverse libremente en un soporte fijo.

El pistón va situado únicamente en el lado interno de la carcasa de la pinza del freno, que es la que está a ambos lados del rotor. El pistón del cilindro acciona directamente la pastilla interna del freno y la presión hidráulica simultánea que se produce desliza la pinza del freno hacia el interior y determina de esta forma la aplicación sobre el rotor de la pastilla externa.

El desplazamiento real de accionamiento es pequeño. La unidad se limita sencillamente a cerrarse durante el accionamiento y desplegarse al desactivarla y las pastillas no se retraen una distancia apreciable del rotor. La compuerta de entrada al líquido de frenos y al tornillo va situada en la cara interna de la pinza del freno. El pistón lleva un fuelle guardapolvo encajado en una acanaladura circular y en una concavidad situada sobre o cerca del extremo externo del orificio del cilindro.

DISPOSICIÓN DEL SELLO HIDRÁULICO

Las disposiciones de los sellos en los pistones de las pinzas de los frenos varían según el fabricante. Tres marcas de frenos con pinza fija, Bendix, Budd y Delco-Moraine, utilizan un sello de tipo anillo tórico que encaja en una acanaladura circular sobre el pistón.

Actualmente se suele utilizar un sello fijo en las pinzas de los frenos. Durante el corto desplazamiento de accionamiento del pistón, la elasticidad del sello fijo permite una cierta deflección en la acanaladura del cilindro. El sello se desvía o aparta al accionar los frenos y retrocede a su posición original al soltarlos, retrayendo al pistón una pequeña distancia. Algunos tipos de frenos GM llevan un sello enrollado que hace retraer al pistón una ligera distancia adicional para reducir el rozamiento de las pastillas.

Un pistón rayado, un sello con muescas o un depósito de barro o barniz que aparte el extremo de sellado del pistón, provocará una fuga de líquido. Podría producirse una fuga seria si las pinzas de los frenos no son reacondicionadas cuando se monten pastillas nuevas. Entonces el polvo y la suciedad de la carretera, que se acumularían gradualmente detrás del fuelle guardapolvo, podrían ser transportados hacia el sello cuando el pistón quede algo retraído por la colocación de pastillas de nuevo espesor. Es posible que los sellos antiguos hayan tomado una «postura fija», impidiendo el correcto asentamiento en la acanaladura del retén y en el pistón. Por lo tanto, cuando reacondicione las pinzas de los frenos, debería montar sellos nuevos.

REPARACIÓN

Antes de reparar, extraiga por el método de sifón, o con una jeringuilla, aproximadamente las dos terceras partes de líquido del depósito del cilindro maestro; sin embargo, no permita que el nivel del líquido de frenos quede por debajo de la compuerta de entrada del cilindro. Para impedir una pérdida del peso específico del líquido, tapone el conducto del líquido de frenos después de desconectarlo de la pinza del freno. Para reacondicionarla, desmonte dicha pinza del vehículo, deje que la unidad se vacíe, y desmonte las pastillas del freno. Para realizar el trabajo sobre el banco de taller, fije la carcasa de la pinza del freno en un tornillo de banco de garras lisas. En los tipos de pinza de freno fija, desmonte los pernos de unión y separe las dos mitades de la pinza del freno. Desmonte los anillos tóricos de sellado de los puntos transversales, si la unidad dispone de canalizaciones internas de líquido a través de las mitades.

Siempre que sea necesario utilice herramientas especiales para desmontar los pistones, fuelles guardapolvo y sellos. Si utiliza una manguera de aire comprimido, aplíquela gradualmente, extraiga suavemente los pistones de los cilindros y envuélvalos en un paño limpio, no permita que salten hacia afuera. Tenga cuidado para evitar pellizcarse las manos o dedos.

Cuando desmonte los sellos y fuelles de desplazamiento, extraiga la pestaña del fuelle de la acanaladura de la pinza del freno. Una vez que el fuelle esté libre, extraiga el pistón y desmonte el sello y fuelle del pistón.

Cuando desmonte sellos y fuelles de posición fija (anillo rectangular), extraiga el pistón a través del fuelle, no utilice un útil metálico, que rayaría el pistón. Utilice un pequeño útil de madera o plástico puntiagudo para extraer los fuelles y sellos de las acanaladuras del orificio del cilindro.

LIMPIEZA, INSPECCIÓN Y MONTAJE

NOTA: Utilice únicamente alcohol y/o líquido de frenos y un paño de limpieza sin pelusa para limpiar la pinza del freno y sus piezas. No deberían utilizarse otros disolventes. Extraiga los conductos con aire comprimido. Lleve siempre protección en los ojos cuando utilice aire comprimido o limpie las pinzas de los frenos.

Para corregir las imperfecciones de menor grado en el orificio del cilindro, púlalo con cañamazo de grado fino, siguiendo un movimiento circular en lugar de hacerlo longitudinalmente. No utilice ningún tipo de abrasivo en un pistón enchapado. Tire un pistón que esté picado o presente indicios de desgaste del enchapado.

Inspeccione el nuevo sello. Debería quedar plano y redondo. Si ha permanecido en una «postura» incorrecta durante su almacenamiento en el estante, no lo utilice. Lubrique el tabique del cilindro y las piezas con líquido de frenos.

Cuando monte sellos y fuelles de desplazamiento, extienda el fuelle y sello sobre el pistón y asiéntelos en su posición correspondiente.

Utilice útiles de alineación especiales para introducir los sellos de copela con pestaña. Asegúrese de que el sello no se retuerce o enrolla.

Cuando la pestaña del fuelle quede retenida dentro del orificio del cilindro puede aplicarse el método siguiente:

1. Lubrique con líquido de frenos el extremo inferior interno del pistón y el sello de la pinza del freno.

2. Coloque el fuelle sobre el extremo inferior del pistón de manera que éste quede apoyado sobre el fondo del mismo con la pestaña aproximadamente a ¼" por encima del extremo inferior.

3. Mantenga el pistón suspendido sobre el orificio.

4. Introduzca la pestaña posterior del fuelle en la acanaladura de la pinza de frenos.

5. A continuación apriete los lados del fuelle sobre la acanaladura y empuje hacia adelante hasta que permanezca con una ligera protuberancia.

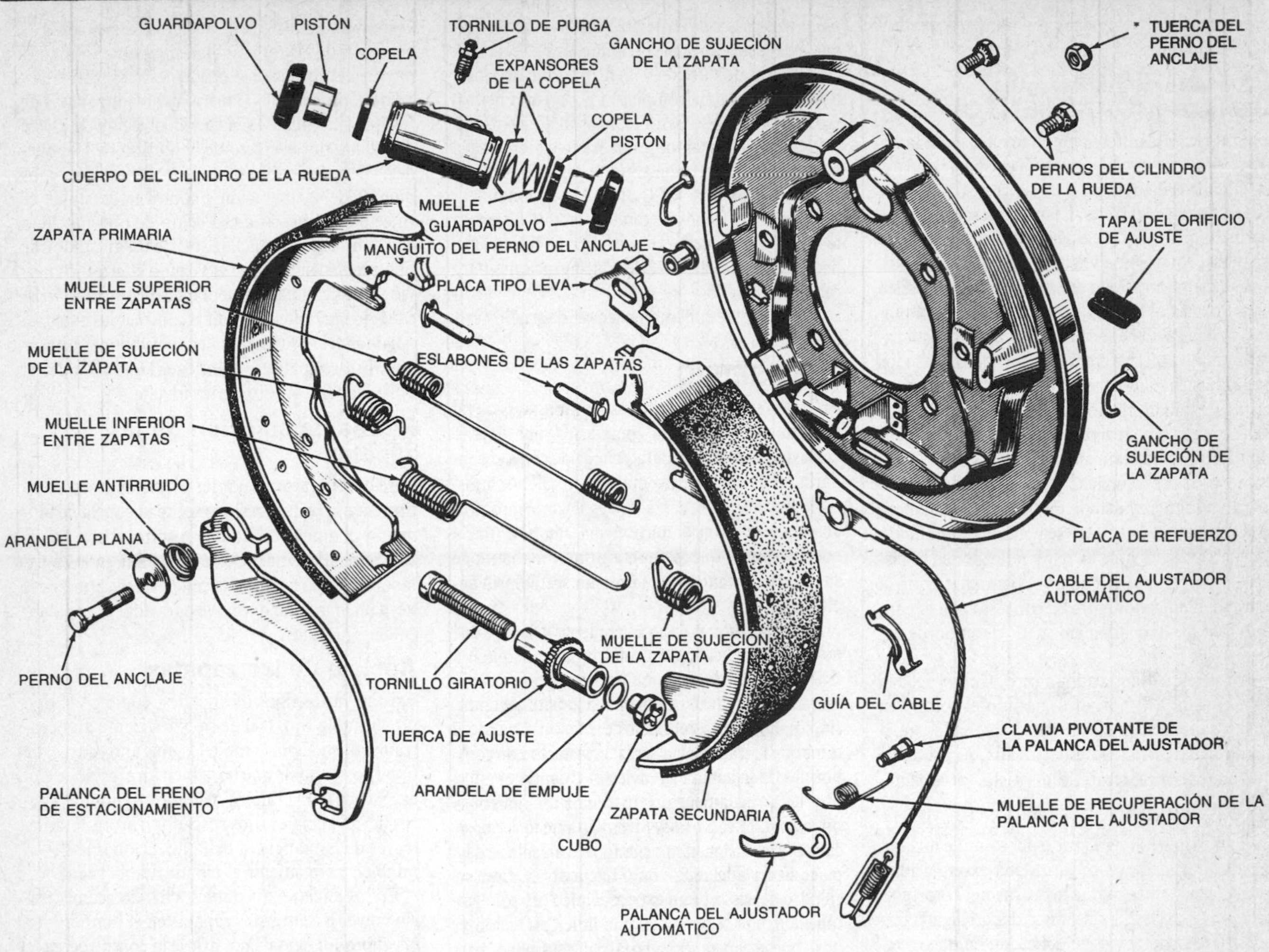

GUARDAPOLVO
PISTÓN
COPELA
TORNILLO DE PURGA
EXPANSORES DE LA COPELA
GANCHO DE SUJECIÓN DE LA ZAPATA
TUERCA DEL PERNO DEL ANCLAJE
COPELA
PISTÓN
PERNOS DEL CILINDRO DE LA RUEDA
CUERPO DEL CILINDRO DE LA RUEDA
MUELLE
GUARDAPOLVO
ZAPATA PRIMARIA
MANGUITO DEL PERNO DEL ANCLAJE
TAPA DEL ORIFICIO DE AJUSTE
PLACA TIPO LEVA
MUELLE SUPERIOR ENTRE ZAPATAS
MUELLE DE SUJECIÓN DE LA ZAPATA
ESLABONES DE LAS ZAPATAS
MUELLE INFERIOR ENTRE ZAPATAS
GANCHO DE SUJECIÓN DE LA ZAPATA
MUELLE ANTIRRUIDO
ARANDELA PLANA
PLACA DE REFUERZO
CABLE DEL AJUSTADOR AUTOMÁTICO
MUELLE DE SUJECIÓN DE LA ZAPATA
PERNO DEL ANCLAJE
TORNILLO GIRATORIO
GUÍA DEL CABLE
TUERCA DE AJUSTE
CLAVIJA PIVOTANTE DE LA PALANCA DEL AJUSTADOR
ARANDELA DE EMPUJE
PALANCA DEL FRENO DE ESTACIONAMIENTO
MUELLE DE RECUPERACIÓN DE LA PALANCA DEL AJUSTADOR
ZAPATA SECUNDARIA
CUBO
PALANCA DEL AJUSTADOR AUTOMÁTICO

Típico freno Duo-Servo Bendix

6. Encaje la protuberancia final en la parte frontal de la acanaladura.

7. A continuación empuje el pistón con cuidado a través del sello y fuelle hasta que llegue al fondo del orificio. La parte interior del orificio debería deslizarse sobre el pistón y quedar apoyada en la acanaladura del fuelle.

Si la pestaña del fuelle queda retenida fuera del orificio del cilindro, extienda primero el fuelle sobre el pistón y asiéntelo en su acanaladura y, a continuación, comprima el pistón a través del sello.

Comprima completamente el pistón, será necesario ejercer una fuerza de 50-100 libras para fijar la pestaña del fuelle en su posición correspondiente. En algunos diseños, es necesario utilizar un punzón de madera o útil especial para asentar el fuelle metálico en el orificio correspondiente de la pinza del freno situado debajo de la cara del mismo.

MONTAJE DE LOS PERNOS DE UNIÓN EN PINZAS DE TIPO FIJO

Si la pinza lleva canalizaciones transversales internas para el líquido de frenos, no olvide montar los nuevos anillos tóricos en las juntas. Monte pernos de unión resistentes de alta duplicidad en las mitades acopladas de la pinza del freno. No susti-

ESLABONES DEL CILINDRO DE LA RUEDA
TORNILLO DEL CILINDRO DE LA RUEDA
ZAPATA Y FORRO SECUNDARIO
PLACA DE REFUERZO
GUÍA DE LAS ZAPATAS
PUNTAL DEL FRENO DE ESTACIONAMIENTO
MUELLE DEL PUNTAL
PALANCA DEL AJUSTADOR
ESLABÓN DE ACCIONAMIENTO
CLAVIJAS DE SUJECIÓN
PALANCA DE FRENO DE ESTACIONAMIENTO
CILINDRO DE LA RUEDA
ZAPATA Y FORRO PRIMARIO
MUELLE Y COPELA DE SUJECIÓN
MUELLE DE SUJECIÓN
MUELLE DEL TORNILLO DE AJUSTE
TORNILLO DE AJUSTE
MUELLE DE RECUPERACIÓN DE LA ZAPATA DEL FRENO
MUELLES DE RECUPERACIÓN DE LA PALANCA

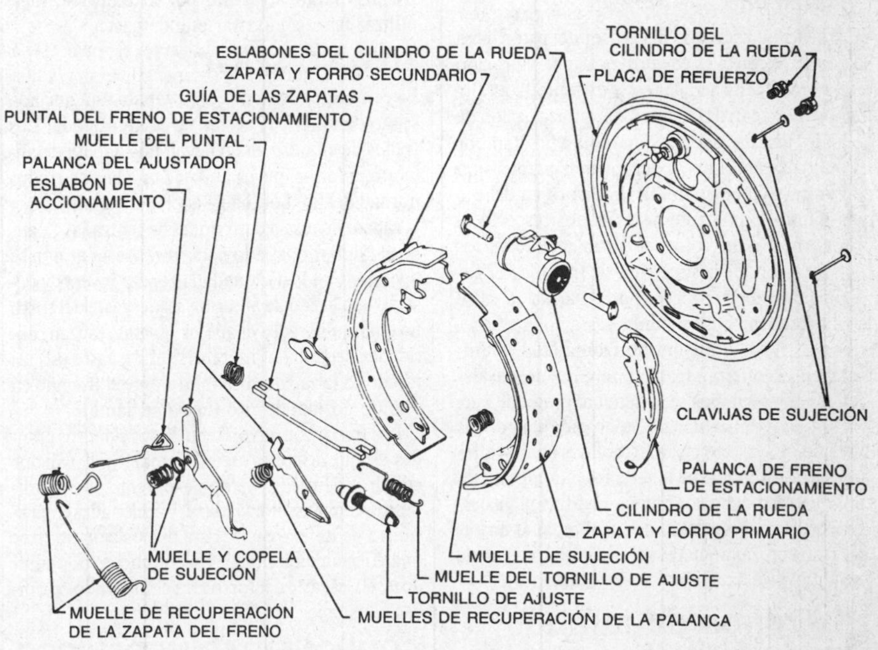

Típico freno no-servo Bendix

tuya nunca los pernos de unión por pernos estándar ordinarios.

EXCENTRICIDAD DEL ROTOR (CORRIMIENTO)

Los fabricantes difieren ampliamente sobre la excentricidad permitida, pero una excentricidad excesiva puede manifestarse a veces como pulsaciones en el pedal del freno. Cuando un rotor no está perfectamente liso y golpea a la pastilla en cada pico, se produce una vibración que llega al cilindro maestro y ocasiona un efecto de bombeo. Esta presión alterna hace que pueda sentirse una pulsación en el pedal al accionar los frenos. Esta excentricidad excesiva hará también que los frenos se desajusten, dado que los de disco son autoajustables y están diseñados de manera que las pastillas se arrastren siempre sobre el rotor compensando automáticamente el desgaste. Para comprobar la excentricidad real del rotor, apriete primero la tuerca del eje de la rueda de manera que el ajuste del cojinete sea fuerte, eliminando el juego axial. Acople un reloj indicador en la suspensión en un punto cómodo, de manera que la aguja del indicador entre en contacto con la cara del rotor aproximadamente a 1'' de su borde externo.

Ajuste el reloj indicador a cero. Compruebe la lectura total del indicador girando el rotor una vuelta completa. Si el rotor está combado, superando la excentricidad especificada, es probable que pueda ser remecanizado satisfactoriamente.

Excentricidad lateral

Es un movimiento oscilatorio del rotor de un lado para otro a medida que gira. Una excentricidad lateral excesiva hará que las caras del rotor golpeen sobre las pastillas del disco dando lugar a traqueteo, recorrido excesivo del pedal, bombeo o resistencia excesiva del pedal y vibración durante la acción de frenado.

Paralelismo

Se refiere a la variación del grosor del rotor. Una variación excesiva puede provocar una vibración o resistencia, vibraciones en el extremo frontal y un posible «agarrotamiento» durante la acción de frenado; una situación comparable a un «tambor de freno descentrado». Compruebe el paralelismo con un micrómetro, «mida el grosor» en ocho o más puntos igualmente distanciados respecto al borde externo del rotor, preferiblemente en los puntos medios de la superficie de frenado. El paralelismo se mide entonces por la variación entre las medidas máxima y mínima.

Superficie de acabado, horizontalidad, mecanización a la micropulgada: diferentes del paralelismo, estos términos se refieren al grado de perfección de la superficie plana de cada una de las caras del rotor, esto es, tanto colinas como valles y remolinos diminutos inherentes a la mecanización de una superficie. En una inspección visual, la superficie remecanizada debería presentar un pulido fino con, como máximo, algún resto tenue de remolinos no direccionales.

Frenos de tambor

El conjunto típico de freno de tambor está formado por una placa de refuerzo o soporte, con uno o dos cilindros de rueda acoplados a la misma. Montadas en la placa de refuerzo o soporte van dos zapatas de freno forradas con muelles de recuperación, piezas de sujeción y un dispositivo de ajuste de las zapatas para compensar el desgaste del forro. Un tambor de freno está formado por todas estas piezas. Los tambores de freno traseros de la mayoría de los vehículos llevan también las piezas necesarias para los frenos de estacionamiento. Todos los frenos de tambor de que disponen los vehículos modernos llevan estos componentes, pero existe una variedad de configuraciones para cada uno de ellos.

Los frenos de tambor pueden ser de acción «servo» o «no-servo».

TIPO SERVO

En estos frenos las zapatas están montadas de tal manera que formen un compuesto, una unidad consistente en una zapata primaria y otra secundaria unidas en un extremo por un eslabón ajustable flotante. La fuerza de desplazamiento provocada por el giro normal del tambor (hacia adelante) hace que la zapata primaria abandone su anclaje y mantenga a la zapata secundaria anclada.

Todas las fuerzas de accionamiento y anclaje que actúan sobre la zapata primaria se transmiten a través del eslabón de unión, en una acción servoasistida, y se aplican también a la zapata secundaria, equilibrando así el efecto de frenado. Cuando el tambor es girado hacia atrás, esta acción de equilibrado de la zapata se invierte. Cuando el cilindro de la rueda tiene dos extremos (dos pistones opuestos), la eficacia del frenado puede ser básicamente la misma, tanto cuando el vehículo se desplace hacia adelante, como hacia atrás. Con un cilindro de rueda de un extremo único (un sólo pistón), el freno se activa en una única dirección y, dado que la zapata secundaria realiza la mayor parte de trabajo en un desplazamiento hacia adelante, muestra un desgaste superior del forro. Un forro más largo o grueso, por lo tanto, se suele utilizar para compensar este desgaste.

TIPO NO-SERVO

En estos tipos de frenos cada zapata está anclada separadamente y su acción no es equilibrada. Los frenos de cilindro único llevan una zapata delantera o anterior que es autoaccionada por el giro normal del tambor (hacia adelante) mientras que la zapata inversa o posterior es desactivada. Cuando el tambor es girado hacia atrás, esta acción se invierte, siendo accionada la zapata inversa y desactivada la zapata anterior. El desgaste del forro no está equilibrado, ya que las zapatas realizan cantidades de trabajo diferentes; el desgaste es más rápido en la zapata anterior durante el frenado en sentido normal de giro (hacia adelante).

Los frenos con servorfreno de dos cilindros grandes, de que disponen algunos modelos, llevan dos cilindros de rueda con doble extremo que permiten a las zapatas ser ancladas y/o accionadas en cualquiera de los extremos. Esta disposición no tiene una eficacia direccional. En el freno de dos cilindros, el desgaste del forro está equilibrado en ambas zapatas.

COMPONENTES MECÁNICOS

Para asegurar el montaje posterior correcto de los componentes del freno una vez reparado, observe minuciosamente la disposición de las piezas de enganche de las zapatas al desmontar el mecanismo. Estas disposiciones pueden variar según el modelo de que se trate. Generalmente las zapatas de los frenos se mantienen en una posición de ajuste deslizante por el efecto de la tensión de los muelles, en reposo sobre su anclaje por acción de los muelles de recuperación y contra las pastillas de sujeción por piezas de sujeción de tipo muelle o clip. Enfrente del anclaje, existe un ajustador de tipo rueda dentada que sirve para enlazar los nervios de las zapatas y dispone de un ajustador roscado que permite expandir o contraer las zapatas. Algunos frenos traseros llevan eslabones ajustables. Estas zapatas se mantienen sujetas contra el ajustador por medio de un muelle.

Piezas de sujeción de las zapatas

Para desbloquear o fijar las piezas de sujeción de tipo clavija recta, presione sobre la copela de bloqueo y el muelle helicoidal, o sobre el clip elástico, y gire la clavija o cierre 90°. En algunos ajustadores de tipo palanca, la copela interna (inferior) lleva un manguito que sirve para alinear la palanca del ajustador.

Anclaje de las zapatas

Existen varios tipos de anclajes, como el de tipo no ajustable fijo, o el de tipo deslizante autocentrable, o, en algunos modelos más antiguos, el de tipo fijo ajustable que lleva bien un ajustador con excéntrica o una ranura. Algunos frenos delanteros llevan anclajes fijos roscados o atornillados a través de la manguera de la dirección que sirven también para sujetar el cilindro de la rueda.

En los anclajes ajustables, cuando sea necesario volver a centrar las zapatas en el tambor o en el calibrador del mismo, afloje la contratuerca lo suficiente como para permitir que el anclaje salga, pero no tanto como para que se incline el mecanismo.

En los anclajes de tipo excéntrico, apriete la rueda dentada para que se produzca un rozamiento importante en los frenos. Rote el anclaje excéntrico en la dirección adecuada para soltar el freno hasta que no se pueda percibir el rozamiento. Apriete la tuerca del anclaje. Vuelva a colocar la rueda dentada en el ajuste manual normal.

En los anclajes de tipo ranurados, apriete la rueda dentada para obtener un rozamiento fuerte. Golpee ligeramente la placa de soporte hasta que el anclaje se deslice y suelte el freno. Repita esta secuencia hasta que no haya rozamiento. Vuelva a colocar la rueda dentada en el ajuste manual normal.

Zapatas del freno

Frenos del mismo tamaño pueden presentar diferencias en el espesor de las nervaduras, forma de los cortes de las mismas y posiciones de cualquier tipo de refuerzos. Algunos vehículos requieren zapatas fabricadas con acero de alta resistencia. Las zapatas de estas características generalmente están codificadas con una letra estampada en la nervadura de la misma. Las zapatas que cuentan con orificios extras en las nervaduras o salientes o lengüetas, que no ocasionen interferencias, son consideradas en general como intercambiables con las otras zapatas.

Topes

Un tope excéntrico debajo de la nervadura de la zapata primaria o secundaria en los frenos delanteros inclinados evita que las zapatas golpeen contra el tambor. Antes de ajustar la rueda dentada, afloje la contratuerca que está en la placa de soporte y rote el tope excéntrico en la dirección «hacia adelante» hasta que haya rozamiento en la zapata. Vuelva a la posición en que no haya rozamiento y apriete la contratuerca.

Topes de los pistones

Si el freno está equipado con topes de pistones, deberá desmontar el cilindro de la rueda para reacondicionarlo.

SERVICIO BÁSICO

ATENCIÓN

No saque el polvo que haya en los tambores de los frenos con aire comprimido o soplándolo; utilice siempre un trapo húmedo para limpiarlos. Los forros de los frenos contienen asbesto, sustancia cancerígena. Despréndase del trapo después de realizar esta operación. Nunca trabaje en el vehículo si éste está apoyado con un sólo gato. Use un levantador hidráulico o caballetes para apoyar el coche mientras esté trabajando.

Levante las ruedas delanteras o las traseras al mismo tiempo y sujételas con caballetes y, además, compare el freno que está reparando con el que está en el lado opuesto.

Comprobación de fugas

Presione el pedal del freno para asegurarse de que no hay pérdidas en el sistema hidráulico. Si el pedal no se mantiene firme y se baja al suelo, es señal de que hay alguna pérdida en el cilindro maestro, en las mangueras o en las pinzas del freno de disco. Cuando lleve a cabo esta comprobación, y en el caso que cuente con frenos servoasistidos, deberá dejar el motor en marcha. Es normal que con este tipo de frenos el pedal caiga ligeramente cuando arranca el motor. Pero si continúa haciéndolo, comience a buscar la existencia de alguna pérdida.

Desmontaje del tambor

Sujete el vehículo y suelte el freno de mano (si está trabajando en el eje posterior). Quité las tuercas de los pernos, el conjunto de la rueda y el neumático, a continuación saque los tambores. Si las zapatas de los frenos se han dilatado y están demasiado apretadas contra el tambor, o presentan cortes en la superficie de fricción con el tambor, puede ocurrir que los tambores estén demasiado ajustados como para poder desmontarlos. En tal caso, ajuste las zapatas hacia adentro antes de sacar el tambor del freno. En los vehículos que cuentan con mecanismos auto-ajustables, acceda a través de la abertura de ajuste, utilizado una barra para hacer palanca (o una herramienta similar) y con cuidado empuje la palanca hacia afuera de la rueda dentada un máximo de 1/16 pulgadas (1.5 mm). Mientras saca la palanca, inserte una herramienta de ajuste para frenos dentro de la abertura y rote la rueda dentada en la dirección adecuada hasta que pueda sacar el tambor de freno.

En los vehículos con mecanismos de ajuste manual, golpee ligeramente el tambor con un mazo de goma. Si esto resulta insuficiente, simplemente invierta los procedimientos de ajuste manual que figuran más adelante en esta misma sección hasta que pueda desmontar el tambor.

Inspección del tambor

Revise los tambores para comprobar que no haya rayaduras, roturas o ranuras, o por si se han ovalado. Cámbielos si presentan roturas. Las rayaduras de poca importancia pueden eliminarse utilizando una tela de esmeril, mientras que las de mayor importancia requerirán tornear el tambor.

Si la superficie del tambor presenta rayaduras o sigue irregular, después de una ligera reparación, requerirá un reacondicionamiento.

Después del respectivo mecanizado el diámetro máximo del tambor no podrá exceder en más de 0.060 pulgadas (1.5 mm) al tamaño original. Consulte tanto las especificaciones del vehículo como la regulación de su respectivo estado y siga la más exigente de ambas. Observe detenidamente si hay signos de aceite o grasa en el centro del conjunto. Si advierte alguna fuga, reemplace el retén.

Reconstrucción de cilindros

Siempre será una buena idea reconstruir o reemplazar los cilindros de la rueda cuando cambie los forros de freno. Esto ayudará a conseguir un funcionamiento óptimo del sistema de frenos.

Desmontaje de las zapatas

Es conveniente desarmar el sistema en una sola rueda de forma tal que la opuesta, que sigue armada, nos sirva de referencia. Observe con detenimiento el color y la posición de las distintas partes y resortes. Esto es imprescindible para distinguir los distintos resortes de similar apariencia que, sin embargo, trabajan a muy distintas tensiones. Si se presentan orificios inusuales cercanos a aquéllos en los cuales están anclados los resortes, válgase de pintura u otra forma de marcaje para identificar los agujeros que ha de utilizar. Reemplace los resortes descoloridos y todas las partes que presenten corrosión o distorsión. Siempre que sea necesario utilice herramientas especiales. Examine los resortes para detectar posibles alargamientos u otros defectos y no dude en reemplazarlos cuando sea necesario. Examine las mangueras flexibles del freno y sustituya las que presenten señas de debilitamiento o cualquier otro daño.

Limpieza y lubricación

Con todas las piezas del freno desmontadas, limpie la placa de refuerzo con un paño húmedo para evitar levantar polvo de asbesto, pues es cancerígeno, y tire el trapo después de utilizarlo. Limpie la oxidación con una brocha metálica. Suavice con una lima los rebordes o extremos ásperos de los puntos de contacto de la placa de refuerzo y lubríquelos con el lubricante de frenos especificado. Limpie y lubrique ligeramente las roscas del ajustador y atornille totalmente el ajustador para facilitar su posterior montaje. Lave los cojinetes de las ruedas con disolvente y vuélvalo a engrasar con la grasa correcta. Asegúrese de que los pernos de la placa de refuerzo o soporte están bien prietos.

Montaje de las zapatas de los frenos

Vuelva a montar las zapatas de los frenos en el orden inverso al de su desmontaje. Asegúrese de que todas las piezas están en sus posiciones correctas y de que ambas zapatas de los frenos están correctamente colocadas en uno de los extremos del ajustador. Además, ambas zapatas deberían estar correctamente acopladas en las varillas de empuje del cilindro de la rueda y eslabones del freno de estacionamiento, y deberían estar centradas sobre la placa de refuerzo o soporte. Los eslabones y palancas del freno de estacionamiento deberían estar colocados en su posición correspondiente sobre los frenos traseros. Con todas las piezas en su posición correspondiente, intente encajar el tambor del freno sobre las nuevas zapatas. Si el ajuste no es fuerte, extráigalo y gire la rueda dentada hasta que sienta una ligera resistencia al deslizar el tambor sobre la misma. La utilización de un calibrador preajustado de frenos facilitará esta tarea. Esto hará que el ajuste final del freno sea más sencillo. A continuación monte el tambor del freno, cojinetes de las ruedas, tuercas del eje de la rueda, pasadores de aletas, tapones guardapolvo y conjuntos de las ruedas y realice los ajustes finales del freno tal y como se especifica. Apriete las tuercas del eje de la rueda y tuercas de cruceta según las especificaciones.

Purga y prueba de rodaje

Purgue los frenos tras asegurarse de que el pedal del freno retrocede completamente a su posición superior y está duro, y haga una prueba de rodaje del vehículo. La mayoría de los mecanismos autoajustables se activan únicamente durante el movimiento hacia atrás del vehículo. Así, siempre que repare frenos autoajustables, asegúrese de que la prueba de rodaje incluye una cantidad suficiente de frenadas marcha atrás para permitir a los autoajustables realizar una adaptación correcta en todas las ruedas. O, accione el freno de estacionamiento varias veces si éste activa al ajustador automático.

CONSEJOS DE CHILTON

- La zapata primaria del freno es la que está situada hacia la parte frontal del vehículo y su forro suele ser más corto que el de la zapata secundaria (posterior).
- Los mecanismos autoajustables suelen ir montados en la zapata secundaria.
- La rueda dentada de un ajustador suele ir (pero no siempre) hacia la parte trasera del vehículo.
- Los muelles de diferentes colores van en posiciones diferentes.
- Los autoajustadores y piezas relacionadas no son intercambiables de un lado para otro, ya que el giro del ajustador varía de un lado al otro.
- Los ajustadores de un un lado suelen tener roscas a derechas y los ajustadores del otro a izquierdas.
- Nunca accione el pedal del freno cuando uno o más tambores de freno estén desmontados, ya que los cilindros de las ruedas correspondientes a los tambores desmontados saltarían de su posición

FRENOS DE DISCO-LOCALIZACIÓN DE FALLOS Y MEDIDAS DE REPARACIÓN

Causa	Medida correctora
1. El servofreno funciona mal	1. Compruebe el funcionamiento del servofreno y repárelo
2. Los forros están sucios por líquido de frenos, aceite o grasa	2. Sustituya las zapatas y los forros
3. Los forros, mangueras o conexiones presentan muescas, están retorcidos, tienen múltiples dobleces, están obturados o desconectados	3. Repare o sustituya las piezas estropeadas
4. Las copelas del cilindro maestro están hinchadas	4. Vacíe el sistema hidráulico, lave el sistema con líquido de frenos y sustituya la válvula combinada y todas las copelas y sellos de todo el sistema de frenos
5. El orificio del cilindro maestro esta corroído o áspero	5. Repare o sustituya el cilindro maestro
6. Los pistones de la pinza del freno están congelados o bloqueados	6. Desmonte la pinza del freno y libere los pistones (sustitúyalos si es necesario)
7. Los orificios del cilindro de la pinza del freno están corroídos o ásperos	7. Desmonte la pinza del freno y elimine la corrosión o aspereza, o sustituya la pinza del freno
8. La varilla de empuje y varillajes del pedal rozan	8. Libérelas y lubrique las piezas
9. La válvula de dosificación no funciona	9. Sustituya la válvula de dosificación

AGARROTAMIENTO O RESISTENCIA EXCESIVA DEL PEDAL (Reacción enérgica al accionamiento del pedal y topes fuera de su sitio)

Causa	Medida correctora
1. Los forros están sucios por líquido de frenos, aceite o grasa	1. Sustituya las zapatas y los forros
2. La pinza está floja	2. Apriete los pernos de fijación de la pinza de frenos según el par especificado
3. Los conductos, mangueras o conexiones presentan muescas, están retorcidos, presentan múltiples dobleces o están obturados	3. Repare o sustituya las piezas estropeadas
4. El orificio del cilindro maestro está corroído o áspero	4. Repare o sustituya el cilindro maestro
5. Los pistones de la pinza del freno están congelados o bloqueados	5. Desmonte el calibre y libérelos (sustitúyalos si es necesario)
6. Los sellos del cilindro de la pinza del freno están muy suaves o inflados	6. Vacíe el sistema hidráulico, lave el sistema con líquido de frenos y sustituya todas las copelas y sellos de todo el sistema de frenos
7. Los orificios del cilindro de la pinza del freno están corroídos o ásperos	7. Desmonte la pinza del freno y elimine la corrosión o aspereza, o sustituya dicha pinza
8. El varillaje del pedal roza (y esta rozadura desaparece repentinamente)	8. Libere y lubrique el varillaje
9. La válvula de dosificación no funciona correctamente	9. Sustituya la válvula combinada

DEBILITAMIENTO DEL PEDAL-FADING (El pedal presenta cada vez menos resistencia al accionarlo con una fuerza constante)

Causa	Medida correctora
1. El líquido de frenos del sistema es de mala calidad (punto de ebullición demasiado bajo)	1. Vacíe el sistema hidráulico y rellénelo con el líquido de frenos especificado
2. Las conexiones están flojas; los conductos o mangueras están rotos (lo cual provoca fugas)	2. Apriete o sustituya las piezas estropeadas
3. La copela del cilindro maestro está desgastada o dañada, (cilindro maestro primario, secundario o ambos)	3. Repare el cilindro maestro
4. El orificio del cilindro maestro está corroído, desgastado o rayado	4. Repare o sustituya el cilindro maestro
5. Los sellos del cilindro de la pinza del freno están desgastados o estropeados	5. Sustituya los sellos
6. Los orificios del cilindro de la pinza del freno están corroídos, desgastados o rayados	6. Desmonte la pinza del freno y elimine la corrosión o rayado, o sustituya dicha pinza
7. Tornillo de purga, abierto	7. Cierre el tornillo de purga y purgue el sistema hidráulico

RUIDO Y TRAQUETEO (Puede estar acompañado por aspereza del freno y bombeo del pedal)

Causa	Medida correctora
1. El disco presenta una excentricidad lateral excesiva	1. Sustituya o mecanice el disco
2. El disco presenta variaciones de grosor excesivas (falta de paralelismo)	2. Sustituya o mecanice el disco
3. El disco tiene imperfecciones en la fundición	3. Sustituya el disco
4. El vehículo se arrastra o desplaza lentamente con los frenos aplicados (puede producir un ruido de crujido o aplastamiento)	4. Aumente o disminuya ligeramente la fuerza aplicada sobre el pedal
5. Chillido, durante el accionamiento del pedal del freno	5. Un ligero chillido agudo es inherente a los frenos de disco y debe ser considerado como normal. Puede eliminarse en parte con los recambios del paquete de reparaciones

ATASCAMIENTO DE LOS FRENOS (Retroceso lento o incompleto de los frenos a su posición normal)

Causa	Medida correctora
1. Los conductos, mangueras o conexiones presentan muescas, están retorcidos, presentan múltiples dobleces o están obturados	1. Repare o sustituya las piezas defectuosas
2. La compuerta de compensación del cilindro maestro está obstruida porque la copela primaria está hinchada	2. Vacíe el sistema hidráulico, lave el sistema con líquido de frenos y sustituya la válvula combinada y todas las copelas y sellos de todo el sistema de frenos
3. Existe una presión residual en la válvula de retención existente en los conductos que van a las ruedas delanteras	3. Desmonte la válvula de retención
4. Los pistones de la pinza del freno están congelados o bloqueados	4. Desmonte la pinza del freno y libere los pistones (sustitúyalos si es necesario)

FRENOS DE DISCO-LOCALIZACIÓN DE FALLOS Y MEDIDAS DE REPARACIÓN

Causa	Medida correctora
1. El nivel del líquido de frenos en el cilindro maestro es demasiado bajo	1. Rellénelo hasta el nivel correcto con el líquido de frenos especificado. (El nivel del líquido de frenos baja a medida que se desgastan los forros de los frenos de disco)
2. El líquido de frenos del sistema es de mala calidad (punto de ebullición demasiado bajo)	2. Vacíe el sistema hidráulico y rellénelo con el líquido de frenos especificado
3. Existe aire en el sistema hidráulico	3. Purgue el sistema hidráulico y rellénelo con el líquido de frenos especificado
4. Las mangueras están demasiado suaves o débiles (se expanden al ser sometidas a demasiada presión)	4. Sustituya las mangueras estropeadas, la válvula combinada y todas las copelas y sellos de todos los frenos
5. Los sellos del cilindro de la pinza del freno están hinchados	5. Vacíe el sistema hidráulico, lave el sistema con líquido de frenos limpio y sustituya la válvula combinada y todas las copelas y sellos de todo el sistema de frenos
6. Los orificios del cilindro de la pinza del freno están corroídos o ásperos	6. Desmonte la pinza del freno y elimine la corrosión o aspereza, o sustituya la pinza del freno
7. La varilla de empuje hidráulica del servofreno está desajustada o rota (haciendo que la copela primaria obstruya la compuerta de compensación del cilindro maestro)	7. Ajústela o libérela y lubríquela

CAMIONES AMERICANOS REPARACIÓN DE FRENOS DE DISCO

Pinza de freno flotante/deslizante (pistón único)

La pinza de freno lleva un pistón único montado en la cara interna. El pistón está hecho de acero o material de zenol (plástico) diseñado para resistir el desgaste y corrosión. El pistón suele llevar un anillo de corte recto que actúa a modo de sello entre el pistón y el tabique del cilindro de la pinza del freno y mantiene el pistón y las pastillas del freno en su posición correspondiente a medida que se desgasta el material del forro. El cilindro lleva una acanaladura donde va encajado un fuelle de goma guardapolvo que impide que entren contaminantes al pistón y al tabique del cilindro.

La pinza del freno suele ir montada en un adaptador que a su vez va montado en la manguera de la dirección.

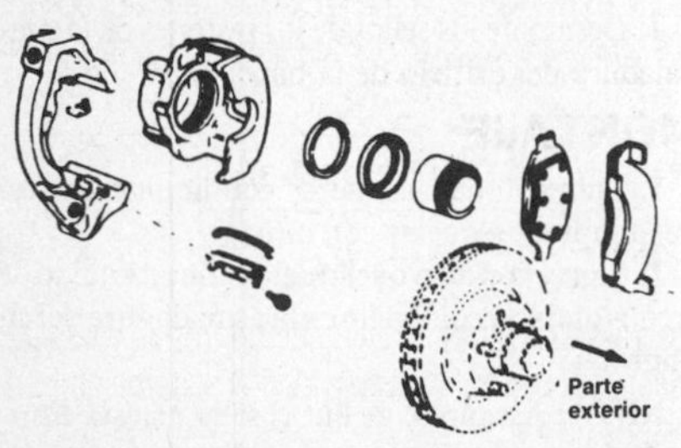

Pinzas deslizantes típicas de los modelos AMC/Jeep, Ford

AJUSTE

No es necesario ningún ajuste en estas unidades, aparte de accionar varias veces el pedal del freno después de haber reparado la unidad. Esto se hace para asentar las pastillas y una vez concluida esta operación la presión hidráulica mantiene la tolerancia correcta entre las pastillas del freno y el rotor.

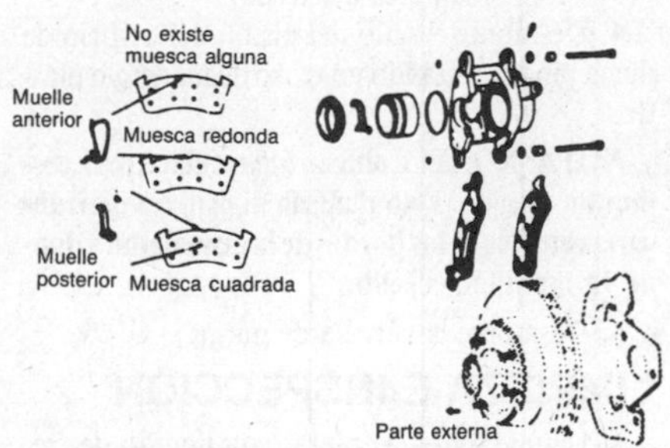

Pinzas flotantes, típicas de los modelos Chevy/GMC

Pinzas deslizantes, típicas de los vehículos de la Chrysler Corp.

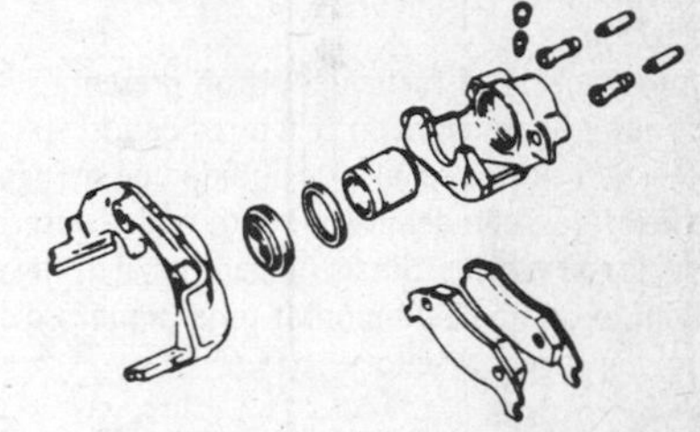

Pinzas flotantes, típicas de los vehículos de la Chrysler Corp.

Pastillas de los frenos

Sustituya las pastillas de los frenos cuando los forros están desgastados en más de 1/16'' de la zapata o remaches.

DESMONTAJE

1. Desmonte la tapa del cilindro maestro y vacíe el líquido necesario de manera que el cilindro esté lleno únicamente en una tercera parte. Esto se hace para evitar un rebosamiento del cilindro cuando el pistón es empujado hacia el orificio de la pinza del freno.

2. Levante y sujete el vehículo sobre caballetes. Desmonte las ruedas delanteras.

3. Comprima el pistón hacia el orificio utilizando una abrazadera grande en C y comprimiendo el conjunto hasta que el pistón llegue al fondo del orificio.

4. Dependiendo del diseño: desmonte los dos pernos de sujeción que sujetan la pinza del freno al soporte. O si la pinza del freno dispone de clips de retención desmonte los clips de retención y muelles antirruido, o si la pinza del freno tiene un retén de tipo chaveta, o retenes, desmonte el tornillo o tornillos de sujeción de la chaveta y, utilizando un martillo y un punzón, extraiga la(s) chaveta(s) de la acanaladura de sujeción. Fíjese de qué manera está montado el muelle de presión situado de trás de la cuña (para su posterior montaje en la misma posición).

5. Extraiga la pinza del freno del disco del rotor deslizándola. Tenga cuidado de no dañar el fuelle guardapolvo del pistón al desmontar la pinza.

NOTA: No deje que la pinza del freno cuelgue de la manguera del mismo de manera que su peso recaiga sobre ésta. Esto provocará daños en la manguera, lo que podría dar lugar a una pérdida de los frenos. Coloque la pinza del freno sobre el brazo o tirante de la suspensión delantera.

6. Desmonte la pastilla externa de la pinza del freno o adaptador. Quizá sea necesario golpear ligeramente la zapata para aflojarla.

Dependiendo del diseño: desmonte la pastilla interna del calibre o conjunto del adaptador del eje, dependiendo de cómo y dónde esté montada la pastilla interior. En algunos modelos será necesario desmontar el conjunto del rotor. Desmonte el muelle o soporte del pistón de la pinza del freno si dispone del mismo.

LIMPIEZA E INSPECCIÓN

Limpie los orificios deslizantes de la pinza del freno y el adaptador de su fijación. Elimine la suciedad que pueda existir en los pernos, clips o chavetas de fijación.

Compruebe si el fuelle del pistón presenta señales de agrietamiento, corte u otros daños. Asegúrese de si existen señales de líquido que se fuga alrededor del sello del pistón. Esto podrá observarse bien en el fuelle. Si existe alguna señal de fuga de líquido, se ha de desmontar toda la pinza del freno y sustituir el sello.

MONTAJE

1. Asegúrese de que el pistón está completamente apoyado en el fondo del orificio del cilindro y monte la pastilla interna sobre el adaptador, o monte las pastillas en la pinza del freno, etc.; dependiendo del diseño. Si la pastilla lleva un clip de fijación/posicionamiento, asegúrese de que está firmemente montada sobre el pistón de la pinza del freno.

NOTA: En las zapatas que lleven muelles antirruido no olvide montar el muelle antes de montar la zapata en la pinza del freno.

2. Dependiendo del diseño: monte el rotor del freno y coloque la pastilla externa sobre la pinza del freno/adaptador e introdúzcala en su posición correspondiente presionando con los dedos.

3. Coloque la pinza del freno sobre el rotor y deslícela con cuidado hacia abajo hasta que llegue a su posición correcta.

4. Dependiendo del diseño: monte los pernos de sujeción de la pinza de frenado y apriételos con un par de 35 libras-pie. En los modelos con clips de sujeción monte los muelles antirruido y los clips de sujeción y apriete los tornillos de sujeción con un par de 200 libras-pulgada. En los modelos que llevan retenes de tipo chaveta introduzca a presión la pinza del freno y monte la chaveta en su chavetero e introdúzcala en su posición final utilizando un tornillo y un punzón. Monte el tornillo de sujeción y apriételo con un par de 12-18 libras-pie.

5. Monte las ruedas y apoye el vehículo sobre el firme. Compruebe el nivel del cilindro maestro y añada el líquido que sea necesario para obtener el nivel correcto.

6. Accione el pedal del freno varias veces hasta que esté firme. Purgue el sistema de frenos si es necesario. Haga una prueba de rodaje del vehículo para comprobar si el funcionamiento es correcto.

Pinza del freno de disco

DESMONTAJE

1. Desmonte la tapa del cilindro maestro y elimine la cantidad necesaria del líquido de frenos para hacer que el nivel se sitúe en un tercio de su máxima capacidad. Este paso es necesario para evitar un rebosamiento del líquido del cilindro maestro cuando el pistón sea comprimido sobre el orificio del cilindro.

2. Levante el vehículo y desmonte la rueda.

3. Comprima el pistón hacia el orificio del cilindro y desmonte la manguera del líquido de frenos de la conexión del conducto de acero y pinza del freno. Cubra con cinta aislante el extremo de la manguera para impedir que entre suciedad en el conducto.

4. Desmonte los pernos, clips o cuñas de sujeción de la pinza del freno y desmonte la pinza del vehículo.

DESARME

1. Limpie la parte externa de la pinza del freno con líquido de frenos limpio y vacíe el líquido necesario de dicha pinza.

2. Desmonte el pistón de la pinza de freno conectando un conducto hidráulico a dicha pinza y presionando suavemente el pedal del freno. Esto hará que el pistón sea expulsado del orificio de la pinza del freno.

3. Con cuidado desmonte el fuelle del orificio del pistón de la pinza del freno.

4. Desmonte el sello del pistón del orificio de dicha pinza utilizando un trozo de madera o plástico.

NOTA: NO utilice ningún útil metálico para desmontar el sello. Esto dañaría al orificio o arrancaría rebabas de los bordes de la acanaladura donde va montado el sello.

5. Desmonte la válvula de purga.

LIMPIEZA E INSPECCIÓN

1. Limpie todas las piezas con líquido de frenos limpio y limpie con aire comprimido las canalizaciones de la pinza del freno.

NOTA: Siempre que desmonte la pinza del freno, tire el fuelle y el sello del pistón. Estas partes no deben ser reutilizadas.

2. Compruebe si la superficie externa del pistón presenta señales de desgaste, corrosión, rayas u otros defectos. Si detecta cualquiera de estos defectos, sustitúyalo.

3. Examine el orificio de la pinza del freno para ver si existe alguno de los defectos señalados en el paso 2. Sin embargo, el orificio puede ser limpiado hasta cierto punto con cañamazo. Si existen señales que no se limpian con cañamazo, sustituya la pinza del freno.

ARMADO Y MONTAJE

1. Lubrique el orificio de la pinza del freno y el pistón con líquido de frenos limpio y coloque el sello del pistón en la acanaladura correspondiente del orificio del cilindro.

2. Monte el fuelle o guardapolvo en la acanaladura del pistón con las caras plegadas hacia el extremo abierto del pistón.

3. Monte el pistón en el orificio teniendo cuidado de no desencajar el sello del pistón del orificio.

4. Con el pistón apoyado en el fondo del cilindro, coloque el fuelle en la acanaladura de la pinza del freno. Asegúrese de que el anillo de retención del sello es introducido hacia abajo uniformemente alrededor del cilindro.

5. Monte el tornillo de purga en la pinza del freno y vuelva a montar la pinza del freno en el vehículo.

6. Conecte las mangueras de los frenos y purgue el aire de las pinzas de los frenos. Cuando realice la purga accione varias veces el pedal del freno hasta que obtenga un pedal de peso firme.

Pinza de freno deslizante (pistón doble) Pastillas y pinza del freno

DESMONTAJE

1. Vacíe aproximadamente dos tercios del total del líquido de frenos del depósito.

2. Levante y sujete la parte delantera del vehículo con caballetes. Desmonte las ruedas delanteras.

3. Desmonte el perno o pernos de sujeción y extraiga la cuña y muelle de la acanaladura de fijación.

4. Extraiga la pinza del freno del cubo y rotor. Si se ha de desmontar la pinza del freno para su reparación, desconecte el conducto hidráulico; si no es así, coloque la pinza del freno sobre la suspensión o sujétela con un trozo de alambre.

5. Desmonte las pastillas de los frenos.

DESMONTAJE

1. Vacíe el líquido de frenos de la pinza del freno y limpie la parte exterior con líquido de frenos limpio.

2. Coloque un pequeño bloque de madera bajo los pistones de la pinza de freno y coloque un colchoncillo de protección sobre el exterior.

Desmonte los pistones aplicando aire comprimido sobre la salida del líquido de la pinza del freno.

3. Desmonte y tire los fuelles de los pistones.

4. Desmonte los sellos de los pistones de la acanaladura del orificio de la pinza del freno.

MONTAJE

1. Limpie todas las piezas con líquido de frenos limpio y séquelas con aire.

2. Sumerja el nuevo sello del pistón en líquido de frenos limpio y colóquelo en la acanaladura del cilindro.

NOTA: Asegúrese de que el sello no está enrollado o retorcido en la acanaladura.

3. Monte el fuelle guardapolvo en la acanaladura del cilindro.

4. Recubra el diámetro externo del pistón con líquido de frenos limpio. Utilice un bloque de plástico o madera e introduzca gradualmente el fuelle guardapolvo alrededor del pistón.

5. Introduzca los pistones en línea recta hacia los orificios de la pinza del freno hasta que apoyen en el fondo. Coloque el fuelle en la acanaladura del pistón.

MONTAJE

1. Monte la pastilla interna y el muelle antirruido en la placa de anclaje.

2. Empuje los pistones hasta el fondo de los orificios. Coloque un pequeño bloque de madera sobre los dos pistones y fuelles. Empuje los pistones hacia el fondo de los orificios con una abrazadera en C.

Pinzas flotantes, típicas de algunos modelos Ranger/Bronco II

Pinzas deslizantes, típicas de los vehículos Ford

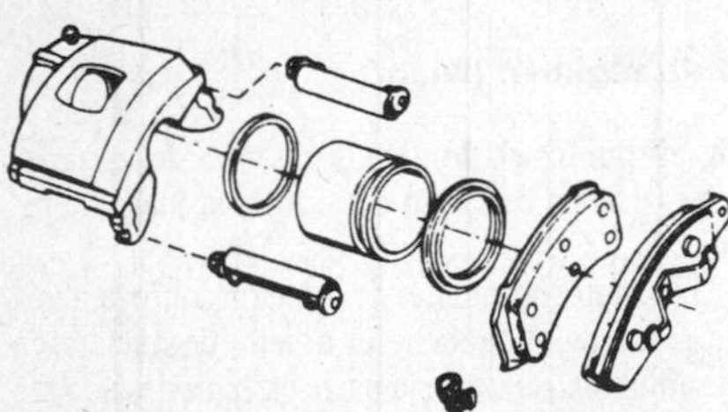

Pinzas flotantes, típicas de algunos modelos Bronco II/Ranger

3. Monte la pastilla externa y el muelle sobre la pinza del freno.

4. Monte el conjunto de la pinza de freno sobre el cubo, el rotor y la zapata interna y colóquelo en las acanaladuras internas de la placa de anclaje.

5. Monte las piezas de sujeción de la pinza del freno y apriételas con un par de 14-22 libras-pie.

6. Añada líquido de frenos de manera que el nivel llegue a como mínimo 1/4'' de la parte superior del depósito.

7. Purgue el sistema y añada líquido si es necesario.

Ford Ranger y Bronco II

INSPECCIÓN

Sustituya las pastillas delanteras cuando el grosor de las mismas alcance el mínimo recomendado por la Ford Motor Co. (1/32''), o el mínimo permitido por el estado o código local de inspección de vehículos motorizados. El grosor de las pastillas puede comprobarse desmontando la rueda y observando a través de la compuerta de inspección existente en el conjunto de la pinza del freno.

Pinza y pastillas de freno

DESMONTAJE Y MONTAJE

NOTA: Sustituya siempre todos los conjuntos de pastillas de discos de un eje. No repare o sustituya sólo una rueda.

1. Para evitar el rebosamiento del líquido al introducir el pistón de la pinza de freno en los orificios del cilindro de dicha pinza, extraiga utilizando un sifón una parte de líquido de frenos del depósito más grande del cilindro maestro (conectado a los frenos de disco delanteros). Tire el líquido extraído.

2. Levante el vehículo y coloque caballetes debajo del mismo. Desmonte una rueda delantera.

3. Coloque una abrazadera en C de 8'' sobre la pinza del freno y apriete dicha abrazadera al fondo del pistón de la pinza del freno que va ubicado en el orificio del cilindro. Desmonte la abrazadera.

NOTA: No utilice un destornillador o útil similar para apartar el pistón del rotor apalancándolo.

4. Existen tres tipos de clavijas de pinza de freno: las de rabillo único, las de rabillo doble y las de coraza separada. El proceso de desmontaje de la clavija depende de cómo esté montada dicha clavija (dirección de la cabeza del perno). Desmonte primero la clavija superior de la pinza del freno.

NOTA: En algunos casos, es posible que la clavija esté sujeta por una tuerca y un perno de cabeza Torx (excepto en las corazas separadas).

Si la cabeza del perno está en la parte externa de la pinza del freno, siga el siguiente procedimiento:

5. Desde la cara interna de la pinza del freno, golpee ligeramente el perno dentro de la clavija de la pinza del freno hasta que la cabeza de la cara externa de dicha pinza muestre la separación entre la cabeza del perno y la clavija de la pinza del freno.

6. Utilizando una sierra corta metales o útil de corte de pernos, arranque la cabeza del perno.

7. Desdoble la aleta del extremo de la cabeza del perno de la clavija superior de la pinza del freno con un destornillador, golpeando a la vez suavemente sobre la clavija con un martillo. Continúe golpeando ligeramente hasta que la aleta sea comprimida por la ranura en V.

8. Coloque un extremo de un punzón (de 1/2'' o más pequeño) contra el extremo de la clavija de la pinza del freno y extraiga la clavija de la pinza del freno fuera de ésta, hacia la parte interior del vehículo. No utilice un destornillador u otro útil punteado para facilitar la extracción de la clavija, ya que las ranuras en V pueden resultar dañadas.

ATENCIÓN

No reutilice nunca las clavijas de la pinza del freno. Monte clavijas nuevas siempre que desmonte una pinza de freno.

Si el extremo del perno donde va la tuerca está en la parte exterior de la pinza del freno, siga el siguiente procedimiento:

9. Desmonte la tuerca del perno.

10. Comprima el rabillo anterior del extremo: de la clavija superior de la pinza de freno con un destornillador golpeando a la vez sobre la clavija con un martillo. Continúe golpeando ligeramente hasta que el rabillo anterior sea comprimido por la ranura en V.

11. Coloque un extremo de un punzón (de 1/2'' o más pequeño) contra el extremo de la clavija de la pinza del freno y extraiga dicha clavija de la pinza hacia el interruptor del vehículo. No utilice un destornillador u otra herramienta afilada para facilitar la extracción de la clavija de la pinza ya que pueden resultar dañadas las acanaladura en V.

12. Repita el procedimiento del paso 4 para la clavija inferior de la pinza del freno.

13. Desmonte la pinza del freno del rotor. Si se ha de desmontar dicha pinza para su reparación, desmonte la manguera del freno de dicha pinza.

14. Desmonte la pastilla externa. Desmonte los clips antirruido y la pastilla interna.

15. Coloque un nuevo clip antirruido sobre el extremo inferior de la pastilla interna. Asegúrese de que las pastillas del clip están correctamente posicionadas y de que el clip también lo esté.

16. Coloque la pastilla interna y el clip antirruido en el tope de la pastilla con la aleta de dicho clip contra dicho tope y el muelle de bucle apartado del rotor. Comprima el muelle antirruido y deslice el extremo superior de la pastilla hasta que llegue a su posición correcta.

17. Monte la pastilla externa, asegurándose de que los mandos de apriete del clip elástico de la pastilla están perfectamente asentados en los orificios de alineación de la pinza del freno.

18. Monte el calibre en el eje de la rueda, asegurándose de que las superficies de fijación no están sucias, y lubrique las acanaladuras de la pinza del freno con grasa de pinzas de freno de disco. Monte clavijas nuevas, asegurándose de que éstas quedan montadas con el rabillo en la posición correcta.

19. La clavija debe ser montada con el rabillo anterior hacia dentro en primer lugar, la cabeza del perno hacia afuera (si lo hay) y la clavija colocada como se muestra. Coloque el rabillo anterior en la superficie de fijación en la ranura en V e introduzca la pinza del freno hasta que el rabillo de montaje quede al mismo nivel del conjunto de la pinza. Monte la tuerca (si la hay) y apriétela con un par de 32-47 libras-pulgada.

ATENCIÓN

Nunca reutilice las clavijas de la pinza del freno. Monte clavijas nuevas siempre que desmonte una pinza de freno.

20. Monte la manguera del freno que va a la pinza si la ha desmontado.

21. Purgue los frenos como se ha descrito anteriormente en este mismo capítulo.

22. Monte la rueda, apriete las tuercas de orejetas con un par de 85-115 libras-pie.

23. Desmonte los caballetes y baje el vehículo. Compruebe el nivel del líquido de frenos y rellénelo si es necesario. Compruebe si los frenos funcionan correctamente.

CAMIONES AMERICANOS REPARACIÓN DE FRENOS DE TAMBOR

Tipo no-servo

Este freno es del tipo de zapata flotante no-servo. Los extremos superiores de las zapatas se extienden a través de los fuelles del cilindro de la rueda y están tocando a las piezas existentes dentro de los pistones del cilindro de la rueda. Los extremos de las zapatas están firmemente sujetos contra los pistones por acción del muelle de recuperación de la zapata. Los extremos inferiores de la zapata están sujetos contra una placa de anclaje fija por el muelle de anclaje. El muelle de sujeción situado en el centro de cada zapata las mantiene alineadas. El ajuste de la tolerancia entre forro y tambor se realiza por medio de espárragos de ajuste que llevan una leva excéntrica.

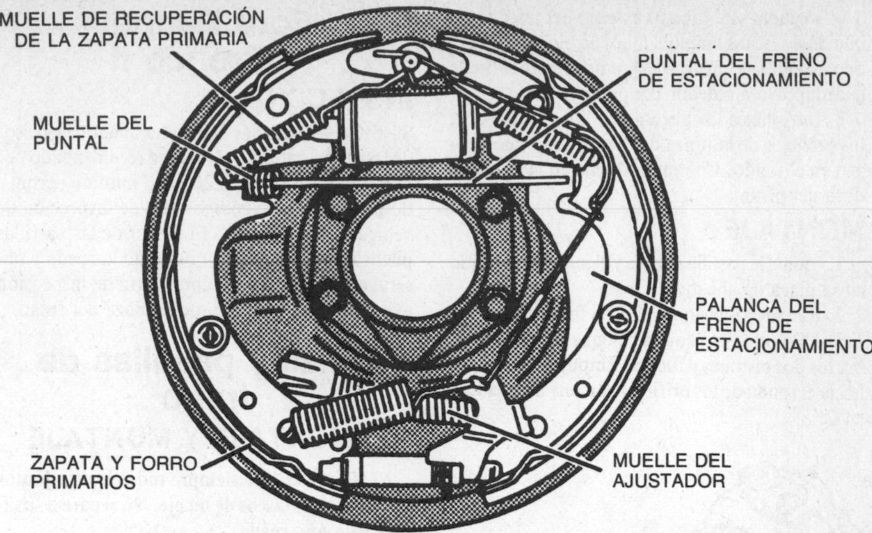

Frenos de tambor, típicos de régimen liviano

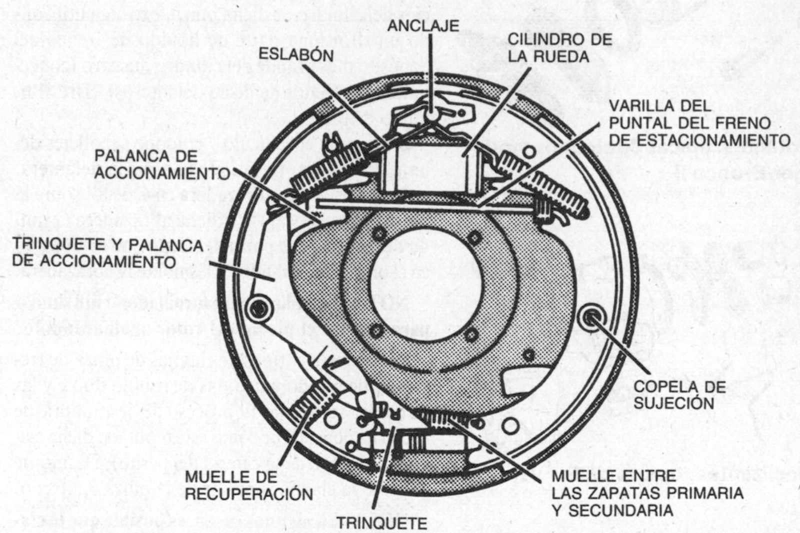

Frenos de tambor típicos de régimen liviano

Zapata del freno

DESMONTAJE

1. Afloje el ajuste de los frenos y, a continuación, desmonte el tambor del freno.

2. Desmonte el muelle de recuperación de las zapatas del freno. Extienda el extremo superior de las zapatas hasta que salgan de los cilindros de las ruedas y muelles de sujeción y a continuación desacople las zapatas de la placa de anclaje en la parte inferior. Desmonte el muelle de anclaje de las zapatas.

3. No accione el pedal del freno mientras las zapatas estén desmontadas.

LIMPIEZA E INSPECCIÓN

1. Elimine toda la suciedad del tambor del freno. Compruebe si el tambor presenta asperezas, rayas o excentricidad, sustituya o reacondicione el tambor si es necesario.

2. Tire con cuidado del extremo inferior de cada fuelle o cilindro de rueda apartándolo de dicho cilindro y observe si el interior está excesivamente humedecido por el líquido de frenos. La presencia de una cantidad excesiva de líquido indica la existencia de una fuga a través de las copelas del pistón, lo que hace necesaria la revisión del cilindro de la rueda.

NOTA: Una ligera cantidad de líquido suele observarse casi siempre y sirve de lubricante para los pistones.

3. Asegúrese de que los pernos de sujeción de la placa de refuerzo o soporte están bien apretados. Limpie todo el óxido y suciedad de los rebordes de la placa de refuerzo en donde los bordes de las zapatas entran en contacto utilizando una tela de esmeril fina.

4. Inspeccione los muelles de recuperación y de anclaje de las zapatas y muelles de sujeción. Si están rotos, agrietados o debilitados por el óxido o corrosión, sustitúyalos.

5. Si los forros de los frenos están desgastados de tal manera que se hace necesaria su sustitución, sustitúyalos.

MONTAJE

1. Inspeccione los conjuntos de forros de las zapatas de los frenos y asegúrese de que no presentan muescas o rebabas en los extremos de las mismas en un punto de contacto con la placa de refuerzo o soporte.

2. Aplique una capa fina de grasa en los siguientes puntos: donde los nervios de las zapatas entran en contacto con los muelles de sujeción; donde los extremos de anclaje de los nervios de las zapatas entran en contacto con la placa de encaje; y en seis puntos en donde los rebordes de lás zapatas entran en contacto con los de la placa de refuerzo.

3. Monte los muelles de sujeción sobre la placa de refuerzo. Enganche el muelle de anclaje en la ranura existente en la parte inferior de cada zapata. Desdoble los extremos superiores de las zapatas y colóquelos en la placa de refuerzo, con los extremos inferiores de los nervios de las zapatas enganchados en la placa de anclaje y con el muelle de anclaje situado detrás de la prolongación de la placa de anclaje.

NOTA: La zapata con el forro más corto debe ir en la parte trasera del vehículo.

4. Deslice hacia arriba las zapatas hasta colocarlas en su posición correcta con el centro de los nervios de las mismas acoplados a los muelles de sujeción y con los extremos superiores introducidos a través de los fuelles del cilindro de la rueda.

5. Monte el muelle de recuperación de la zapata del freno, asegurándose de que el extremo corto queda enganchado en el orificio en forma de

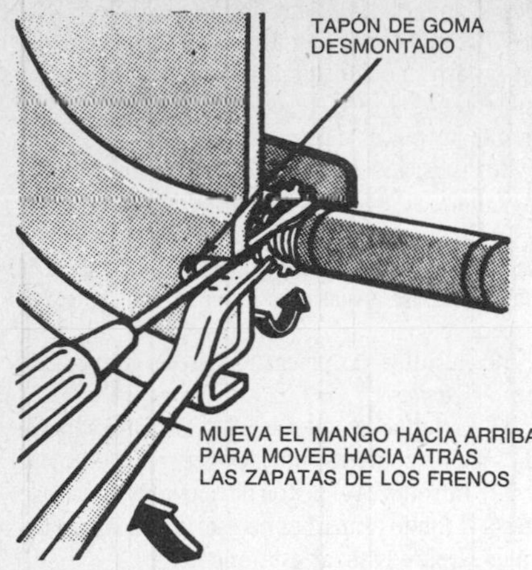

Procedimiento de ajuste típico del freno

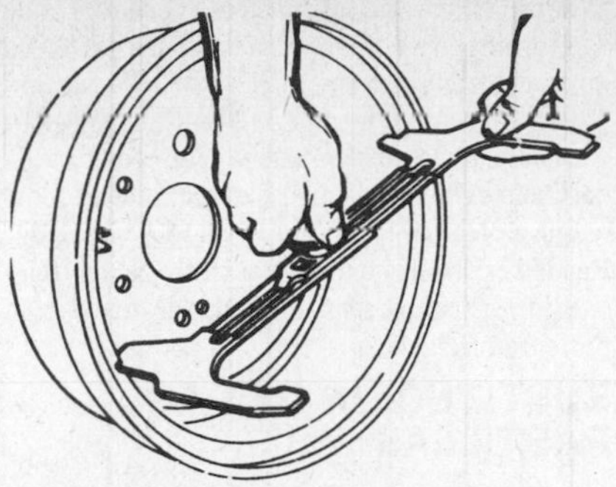

Medición del diámetro del tambor del freno

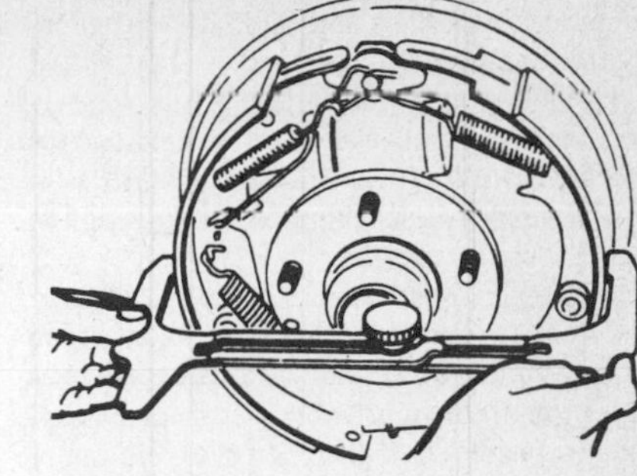

Medición de la anchura de las zapatas montadas

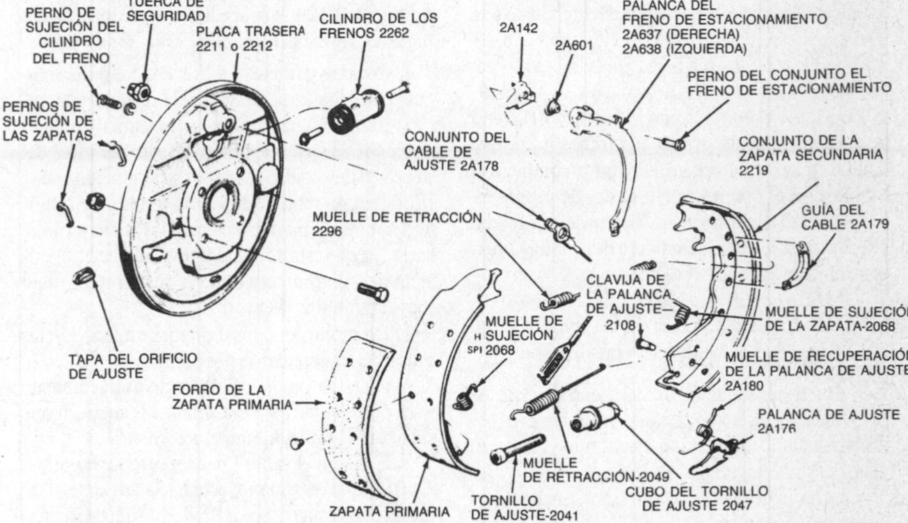

Frenos de tambor típicos de régimen pesado

ranura existente en la zapata trasera y el extremo largo en el orificio redondo de la zapata delantera.

6. Monte el tambor del freno en la rueda. Ajuste los frenos. Para ajustar la tolerancia del forro: en la zapata anterior, gire el tambor y la leva del ajustador hacia adelante hasta que el freno comience a ofrecer resistencia. Afloje hasta que desaparezca esta resistencia. En la zapata posterior, gire el tambor y la leva del ajustador en el sentido opuesto hasta que el freno comience a ofrecer resistencia. Aflójelos hasta que desaparezca esta resistencia.

Tipo duo-servo

DESMONTAJE Y MONTAJE

Frenos de régimen ligero

1. Con el vehículo elevado con una grúa, gato o caballete adecuado, afloje la tuerca de igualación del freno de estacionamiento, desmonte la rueda trasera y los clips de retención del tambor. Afloje el autoajustador si es necesario. Desmonte el tambor.

2. Desmonte los muelles de recuperación de la zapata del freno. En los vehículos GMC, tire hacia arriba del muelle de la zapata secundaria para desacoplarlo del eslabón del ajustador.

3. Desmonte los retenes de sujeción de la zapata del freno, muelles y uñas y, en los vehículos GMC, la palanca del ajustador.

4. Vehículos con ajustador de tipo cable. Afloje el ajustador de rueda dentada, desacople la ojiva del cable del ajustador automático del anclaje y, a continuación, desengánchelo de la palanca. Desmonte el cable, la guía del cable y la placa de anclaje.

5. Desconecte el muelle de la palanca del ajustador de dicha palanca y desengánchelo del nervio de la zapata. Desmonte el muelle y la palanca.

6. Separe las zapatas de los frenos y desmonte el puntal del freno de estacionamiento y el muelle.

7. Desconecte el cable del freno de estacionamiento de la palanca de dicho freno y desmonte el conjunto del mismo.

8. Desmonte los conjuntos de zapatas de freno primarias y secundarias y la rueda dentada de ajuste del soporte. Monte la abrazadera del cilindro de la rueda para mantener los pistones dentro de los cilindros.

9. Compruebe si las plataformas del soporte presentan muescas o rebabas. Aplique una ligera capa de lubricante a las plataformas del soporte.

10. Acople la palanca del freno de estacionamiento a la cara posterior de la zapata secundaria.

11. Coloque las zapatas secundaria y primaria en su posición relativa en un banco de taller.

12. Lubrique las roscas del tornillo de ajuste y móntelo entre las zapatas primaria y secundaria, con la rueda dentada junto a la zapata secundaria. Las ruedas dentadas de ajuste llevan grabadas una «R» (lado derecho) y «L» (lado izquierdo) que señalan su posición en el vehículo.

13. Coloque los extremos de anclaje de las zapatas de freno primaria y secundaria el uno sobre el otro y monte el muelle y palanca de ajuste.

14. Mantenga las zapatas del freno en su posición relativa y acople el cable del freno de estacionamiento en la palanca de dicho freno.

15. Monte el puntal y el muelle del freno de estacionamiento entre la palanca de dicho freno y la zapata primaria.

16. Coloque las zapatas de los frenos sobre el soporte y monte las uñas del retén, muelles y retenes. En los vehículos GMC monte la palanca del ajustador y el muelle inferior de tensado.

17. Monte la placa de la clavija de anclaje.

18. Monte el «ojal» del cable de ajuste sobre la clavija de anclaje y monte el muelle de recuperación entre la zapata primaria y la clavija de anclaje.

19. Monte la guía del cable en la zapata secundaria y, a continuación, monte el muelle de recuperación secundario. (Asegúrese de que el muelle secundario queda solapado sobre el primario.)

20. Coloque el cable de ajuste en la acanaladura de la guía del cable y acople el gancho del mismo con la palanca de ajuste.

21. Monte el tambor del freno y los clips de retención.

22. Ajuste los frenos.

Frenos de régimen pesado

1. Levante el camión hasta que las ruedas queden en el aire.

2. Desmonte el conjunto de la rueda, cubo y tambor, y afloje el ajustador si es necesario.

3. Desmonte la tuerca de retención del conjunto de la palanca del freno de estacionamiento por detrás de la placa de refuerzo y desmonte la palanca.

4. Desmonte el conjunto del cable de ajuste de la clavija de anclaje, la guía de anclaje y la palanca de ajuste.

5. Desmonte los muelles de refracción de la zapata del freno. Desmonte el muelle de sujeción de cada una de las zapatas y desmonte las zapatas y el conjunto del tornillo de ajuste.

6. Desmonte el conjunto del tornillo del ajustador para su limpieza e inspección.

7. Limpie los rebordes de la placa de refuerzo. Limpie el conjunto del ajustador y todos los muelles.

8. Aplique grasa de base de litio a los reb

de la placa de refuerzo o soporte, a los puntos de contacto del muelle y al tornillo del ajustador y al cubo del mismo.

9. Monte el muelle de retracción superior en las dos zapatas y colóquelas en su posición correcta sobre la placa de refuerzo o soporte, sobre las varillas de empuje de los cilindros en su posición correcta sobre las zapatas.

10. Monte los muelles de sujeción de las zapatas. Monte el conjunto del ajustador con la ranura de la cabeza del tornillo de ajuste hacia la zapata primaria, los ajustadores llevan las marcas L (lado izquierdo) y R (lado derecho). No cambie los lados.

11. Monte el muelle inferior de retracción, el muelle de la palanca de ajuste, el conjunto de la palanca de ajuste y conecte el cable de ajuste a la palanca. Coloque el cable en la guía del cable y monte el anclaje del rácor sobre la clavija respectiva.

12. Monte el conjunto de la palanca del freno de estacionamiento. Ajuste los frenos hasta que el tambor ajuste sobre las zapatas y complete el montaje en el orden inverso al del desmontaje.

13. Acabe el ajuste de los frenos, compruebe si el pedal está lo suficientemente duro y haga una prueba de rodaje del vehículo.

Freno de estacionamiento

Antes de proceder al ajuste del freno de estacionamiento asegúrese de que los frenos traseros están perfectamente ajustados, haciendo varios frenazos en marcha atrás.

1. Levante y sujete el árbol trasero. Suelte el freno de estacionamiento.

2. Acccione el pedal o mango del freno entre 1 y 4 topes (clics).

3. Ajuste la tuerca del igualador del cable situado debajo del camión hasta que pueda sentir una resistencia moderada al girar las ruedas traseras hacia adelante.

4. Suelte el freno de estacionamiento y asegúrese de que no existe una pequeña resistencia al girar hacia adelante las ruedas.

NOTA: Si sustituye el cable del freno de estacionamiento, estírelo previamente accionando enérgicamente el freno aproximadamente tres veces antes de proceder al ajuste.

CAMIONES NO AMERICANOS REPARACIÓN DE LOS FRENOS DE DISCO

Tipo 1
AKEBONO, GIRLING, ETC.
Pinza de freno deslizante

Esta unidad está formada por un pistón único y una pinza de freno de una sola pieza que se desliza sobre un soporte de fijación, o bastidor, que va atornillado a la mangueta de la dirección. La pinza del freno está sujeta al soporte de fijación por las guías de la misma (chavetas de sujeción) y los muelles de sujeción. Debajo de cada pastilla del freno existen unas placas estrechas del soporte que sirven para eliminar el ruido o vibración. Pueden existir una o dos guías de pinza del freno —es imperioso que sean montadas de nuevo en su posición original.

SUSTITUCIÓN DE LAS PASTILLAS

NOTA: Este procedimiento se aplica a los camiones Mazda hasta 1984 únicamente. En los modelos de 1985-86, existe el modelo de pinza de freno tipo 4. Véase el procedimiento de sustitución para las pinzas del tipo 4 de estos modelos.

1. Levante y sujete la parte delantera del vehículo con caballetes. Desmonte la rueda delantera.

2. Extraiga una cantidad suficiente de líquido de frenos, mediante el procedimiento del sifón, del depósito de cilindro maestro para impedir que se produzca un rebosamiento del líquido de frenos al demontar o montar las pastillas. Esto es necesario, ya que el pistón será impulsado hacia el orificio del cilindro para obtener suficiente espacio para desmontar las pastillas.

3. Desmonte los clips o clavijas que sujetan las guías del calibre en su posición.

4. Extraiga las guías golpeándolas ligeramente —es posible que no haya solamente una, así que recuerde el posicionamiento correcto.

5. Extraiga el calibre del soporte de montaje. Quizá sea necesario moverlo hacia adelante y hacia atrás con una broca a fin de que quede asentado el pistón y de que éste se separe de la pastilla del freno. Aparte la pinza del freno a un lado y sujétela con un alambre de manera que no quede suspendida de los conductos de los frenos.

6. Desmonte las pastillas del freno del soporte de fijación. *No desmonte los muelles del soporte.*

7. Debajo de cada pastilla de freno hay una placa soporte; no son intercambiables y deben ser montadas de nuevo en su posición correcta. Desmonte las placas del soporte.

8. Inspeccione el disco del freno (rotor) como se detalla en la sección correspondiente.

9. Compruebe si el conjunto de la pinza del freno y pistón presenta roturas, grietas u otro tipo de daños. Revise o sustituya la pinza del freno si es necesario.

10. Sustituya las placas soporte en sus posiciones *originales*.

11. Coloque las nuevas pastillas en el soporte de fijación sobre los muelles del soporte.

12. Introduzca el pistón de nuevo en su orificio hasta el fondo (quizá sea necesario una abrazadera en C para realizar esta operación).

13. Coloque la pinza del freno sobre las pastillas y sobre el soporte de fijación.

14. Monte las guías de la pinza del freno (chavetas de fijación) y a continuación monte las clavijas o clips de retención de las guías.

15. Rellene el cilindro maestro con líquido de frenos nuevo.

16. Monte el conjunto de la rueda y a continuación accione el pedal del freno varias veces para que queden ajustadas las pastillas. Haga una prueba de rodaje del vehículo.

NOTA: Si el pedal del freno no queda suficientemente duro, purgue el sistema como se describe en el apartado Purga de los frenos.

Tipo 2
Pinza de freno con yugo deslizante Girling, Annette

Esta unidad es de doble pistón y la pinza del freno es de una sola pieza. El cuerpo del cilindro con-

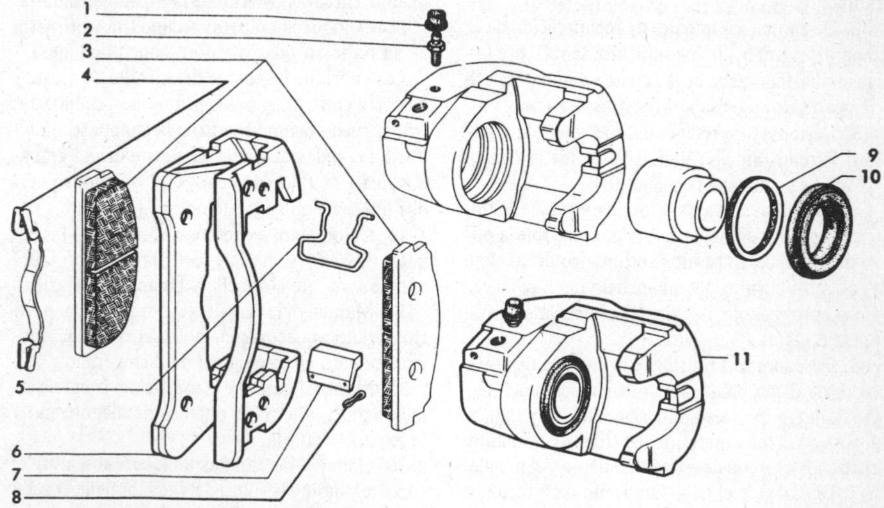

1. Tapón del tornillo de purga
2. Tornillo de purga
3. Pastillas de los frenos
4. Muelle
5. Muelle de sujeción de las pinzas
6. Soporte de sujeción de las pinzas
7. Bloqueador de las pinzas
8. Pasador de aletas
9. Sello del pistón
10. Guardapolvo del pistón
11. Pinzas montadas

Pinzas de tipo 1 (típicas)

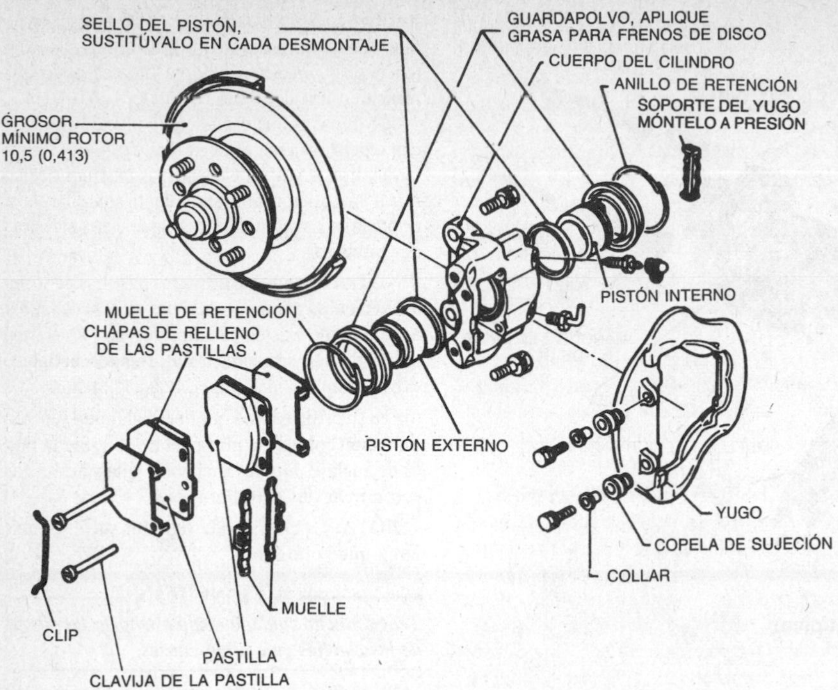

Pinzas de tipo 2 (típicas)

ÍNDICE DE TIPOS DE PINZAS DE FRENOS

Modelo	Tipos
Courier/Mazda	Tipo 1, 4
Datsun	Tipo 2
D50/Arrow Mitsubishi	Tipo 3
LUV/Isuzu	Tipo 1, 4
Toyota	Tipo 1, 4, 5
VW	Tipo 2, 3

tiene dos pistones, colocados en posiciones opuestas, en un orificio pasante. El cuerpo del cilindro va atornillado a la mangueta de la dirección con ambos pistones en el interior del rotor. Sobre el rotor y la pinza del freno puede observarse un yugo que se desliza sobre el cuerpo del cilindro.

Al accionar los frenos, la presión hidráulica impulsa a los pistones hacia ambos extremos del orificio doblemente perforado. El pistón más cercano al rotor ejerce fuerza directamente sobre la pastilla interna. El otro pistón ejerce fuerza sobre el yugo, que transmite la fuerza a la pastilla externa, ejerciendo una fuerza de rozamiento o fricción en cada una de las caras del rotor.

Una variante de este tipo lleva un yugo que flota en las clavijas guía atornilladas en el cuerpo del cilindro. Otros diseños incorporan mecanismos de freno de estacionamiento que son accionados por una palanca y una leva que ejercen su fuerza de accionamiento entre el pistón y el yugo.
No es necesario desmontar los yugos para sustituir las pastillas de freno.

Sustitución de las pastillas

1. Levante y sujete la parte delantera del vehículo con caballetes. Desmonte la rueda.

2. Extraiga una cantidad suficiente de líquido de frenos del depósito del cilindro maestro mediante el procedimiento de sifón para impedir que se produzca un rebosamiento del líquido de frenos de dicho cilindro al desmontar o montar pastillas nuevas. Esto es necesario, ya que el pistón será empujado hacia el interior del orificio del cilindro para obtener espacio suficiente para desmontar las pastillas.

3. Desconecte el indicador de desgaste del forro de las pastillas de los frenos, si lo hubiera.

4. Desmonte la tapa guardapolvo y/o el clip (del amortiguador) antirruido, si lo hay.

5. Extraiga el clip o clips de alambre que sujetan las clavijas guías o clavija de retención en su posición correcta.

6. Desmonte la clavija guía superior y los dos muelles sobrantes. Extraiga con cuidado la clavija guía inferior golpeándola ligeramente.

ATENCIÓN

La clavija guía inferior suele llevar un muelle helicoidal antirruido. Tenga cuidado de no perder este muelle. Si dispone de una clavija de retención, extraiga dicha clavija y desmonte los dos muelles colgantes.

7. Deslice el yugo hacia afuera y desmonte la pastilla del freno externa y la arandela antirruido (si existe).

8. Deslice el yugo hacia adentro y repita el paso 7.

9. Compruebe el rotor como se detalla en la sección correspondiente.

10. Inspeccione el conjunto de pinza de freno y pistón para ver si existen roturas, grietas u otro tipo de daños. Revise o sustituya la pinza del freno si es necesario.

11. Empuje el pistón junto al rotor contra el orificio del cilindro hasta que el extremo del pistón quede nivelado con el anillo de retención del fuelle.

ATENCIÓN

Si el pistón se introduce más adentro de esta posición, el sello resultará dañado y será necesario revisar el conjunto de la pinza del freno.

12. Retraiga el pistón lo máximo posible del rotor tirando del yugo hacia afuera del vehículo.

13. Monte la pastilla externa. Las arandelas antirruido (si existen) deben ir montadas en el lado de la pastilla donde va la placa, con el corte triangular apuntando hacia afuera de la parte superior de la pinza del freno.

14. Monte la pastilla interna con las arandelas (si existen) en la posición correcta.

15. Sustituya la clavija de la guía inferior y el muelle helicoidal antirruido.

16. Enganche los muelles colgantes situados por debajo de la clavija sobre las pastillas de los frenos.

17. Monte la clavija guía superior sobre los extremos de los muelles colgantes.

NOTA: Si dispone de una clavija de retención única en dos caras, monte la clavija y a continuación monte los muelles colgantes como se indica en los pasos 16-17.

18. Introduzca los cierres del tipo clip de alambre en los orificios existentes en las clavijas guía o clavija de retención.

19. Rellene el cilindro maestro con líquido de frenos nuevo.

20. Monte el conjunto de la rueda. Accione el pedal del freno varias veces para ajustar las pastillas. Haga una prueba del rodaje del vehículo. Si el pedal del freno no está lo suficientemente duro, consulte el apartado Purga de los frenos.

Tipo 3
Pinza de freno flotante Kelsey - Hayes

Esta unidad dispone de un único pistón y una pinza de freno de una sola pieza que flota en dos clavijas guía atornilladas al adaptador (placa de anclaje). El adaptador, a su vez, está sujeto a la mangueta de la dirección por dos pernos. A medida que se desgastan las pastillas de los frenos, la pinza del freno flota sobre el adaptador y clavijas guía durante el frenado.

SUSTITUCIÓN DE LAS PASTILLAS

1. Levante la parte delantera del vehículo y sujétela con caballetes. Desmonte la rueda.

2. Extraiga algo de líquido de frenos por el procedimiento de sifón del depósito del cilindro maestro para impedir que se produzca un rebosamiento de líquido al retraer el pistón hacia el orificio del cilindro.

3. Desconecte el indicador de advertencia de las pastillas de los frenos, si dispone del mismo.

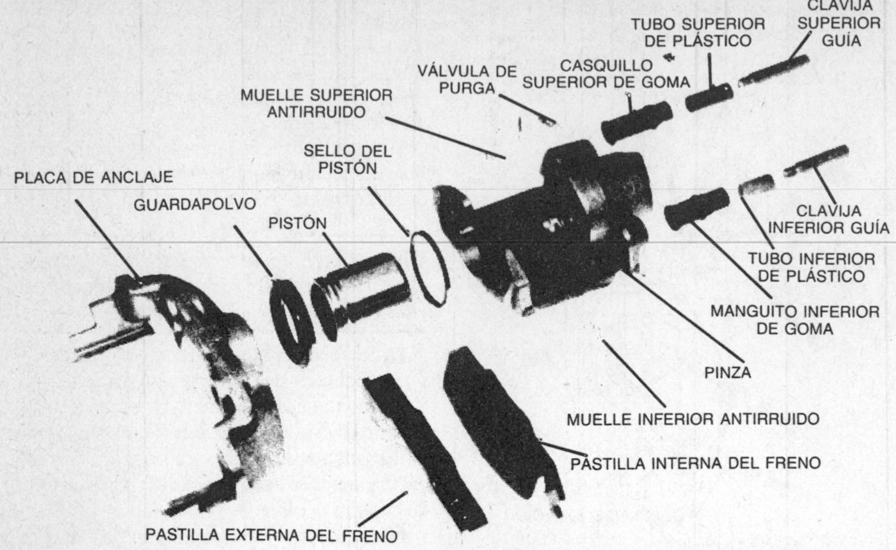

Pinza de tipo 3 (típica)

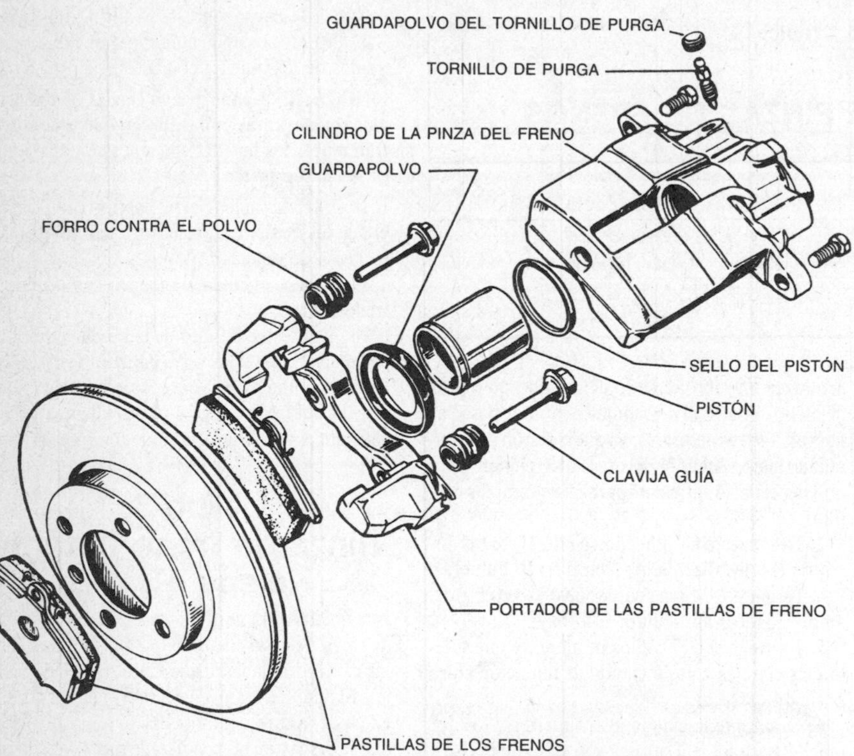

Pinza de tipo 4 (típica)

4. Utilizando un par de alicates con bocas de aguja o similares, desmonte los muelles antirruido.

5. Utilizando una llave Allen, afloje las dos clavijas guía que mantienen sujeta la pinza del freno a la placa de anclaje.

NOTA: Cuando sustituya únicamente las pastillas de los frenos, no es necesario extraer las clavijas guía completamente de los bujes de goma, ya que puede resultar difícil su montaje posterior.

6. Extraiga la pinza del freno y apártela con un alambre —no es necesario desmontar los conductos de los frenos.

ATENCIÓN

Nunca deje colgando la pinza del freno de los conductos del freno correspondientes a la misma.

7. Extraiga la pastilla externa de la placa de anclaje y a continuación desmonte la pastilla interna. Compruebe el estado del rotor como se describe en la sección correspondiente. Compruebe si existen fugas de líquido o si los fuelles están agrietados en la pinza del freno. Si se observa la existencia de algún tipo de daños, será necesario sustituir la pinza del freno.

8. Limpie minuciosamente la placa de anclaje con una brocha metálica o algún otro tipo de material abrasivo. Monte las nuevas pastillas de freno en su posición correspondiente sobre la placa de anclaje. Las pastillas internas suelen tener bordes biselados.

NOTA: Cuando sustituya las pastillas de freno del vehículo, siempre cambielas de ambos lados. Si en un lado existen pastillas nuevas y en el otro las originales, se producirá un frenado desigual.

9. Introduzca lentamente y con cuidado el pistón en su orificio hasta que llegue al fondo y a continuación coloque la pinza del freno sobre la placa de anclaje. Monte las clavijas guía y apriételas con un par de 20-30 libras-pie.

NOTA: La clavija guía superior suele ser más larga que la inferior.

ATENCIÓN

Tenga mucho cuidado de no estropear las roscas de las clavijas guía al apretarlas.

10. Monte los muelles antirruido entre la placa de anclaje y las orejetas de las pastillas del freno. Los bucles de los muelles deberían quedar colocados hacia adentro.

11. Rellene el depósito con líquido de frenos y accione el pedal del freno varias veces para ajustar el pistón. No debería ser necesario purgar el sistema; sin embargo, si el pedal del freno no está lo suficientemente duro, el sistema debe ser purgado.

12. Monte la rueda y poye el vehículo sobre el firme.

Tipo 4 Pinza flotante ATE, Girling, etc.

Aunque este tipo de pinza es similar en muchos aspectos a la deslizante, es una unidad de pistón único que flota sobre las clavijas y bujes guía que van roscados a un soporte de fijación. El soporte de fijación va atornillado a la mangueta de la dirección.

Podrá encontrarse con variantes de retenes de pastillas, arandelas antirruido, muelles antirruido y de retención, pero los procedimientos de reparación son básicamente los mismos excepto en los modelos Mazda de 1985-86. Observe la posición de todos los muelles, clips o arandelas al desmontar las pastillas. Trabaje cada vez en uno de los lados y utilice el otro como referencia.

SUSTITUCIÓN DE LAS PASTILLAS

EXCEPTO EN LOS MAZDA DE 1985-86

1. Levante y sujete la parte delantera del vehículo sobre caballetes. Desmonte la rueda. Extraiga una cantidad suficiente de líquido de frenos, por el procedimiento del sifón, del depósito del cilindro maestro para impedir que se produzca rebosamiento del líquido de frenos de dicho cilin-

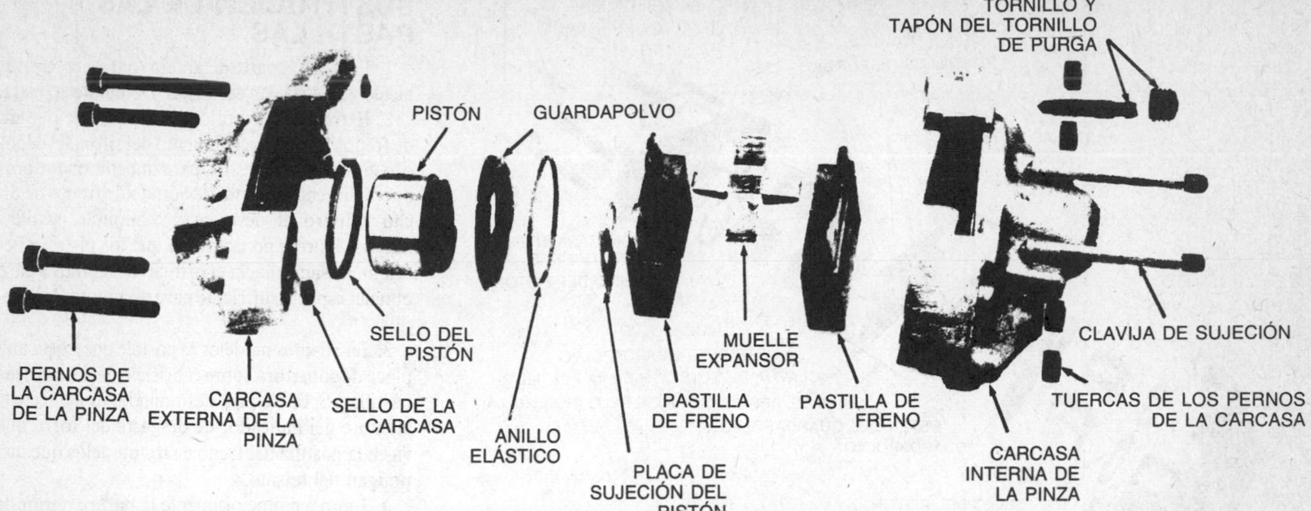

Pinzas de tipo 5 (de dos pistones típicas)

dro al desmontar o montar pastillas nuevas. Esto es necesario ya que el pistón será impulsado hacia el orificio del cilindro para obtener espacio suficiente para desmontar las pastillas.

NOTA: Asegúrese de que realiza el siguiente paso en cada una de las pinzas del freno, con éstas completamente montadas. Si intenta trabajar en ambos lados simultáneamente es posible que un pistón sea expulsado de su pinza de freno al introducirlo en su orificio correspondiente.

2. Sujete la pinza del freno por detrás y tire de la misma hacia usted. Esto hará que el pistón retroceda hacia el orificio del cilindro. Si es demasiado difícil introducir el pistón en su orificio de esta manera, utilice un objeto plano y liso, como por ejemplo un mango de martillo, para introducir el pistón directamente después desmontar las pastillas (paso 8).

3. Desconecte el indicador de desgaste del forro de las pastillas de los frenos si dispone del mismo. Desmonte los muelles o clips antirruido si los hubiera.

NOTA: Dependiendo del modelo y ejercicio de la pinza de freno concreta, es posible que no tenga que desmontarla completamente para acceder a las pastillas del freno. Si la pinza del freno es del tipo «oscilante», dispondrá del suficiente espacio y longitud de manguera de líquido de frenos para poder girarla hacia arriba sobre el tornillo guía superior. En este tipo de pinzas de freno, desmonte el perno guía inferior, gire la pinza sobre el perno superior y deslícela hacia arriba dejando a la vista las pastillas del freno. Si aplica éste método, salte al paso 7.

4. Desmonte las clavijas guía de la pinza del freno.

5. Desmonte la pinza del freno del rotor extrayéndola y apartándola lentamente del mismo. Aparte la pinza del freno a un lado y sujétela con un alambre de manera que no quede suspendida del conducto del freno.

6. En los modelos que disponen de muelles antirruido, desmóntelos. Extraiga la pastilla externa fuera del adaptador.

7. Desmonte la pastilla interna. Desmonte las arandelas o protectores que puedan existir detrás de las pastillas y observe sus posiciones. Desmonte las placas de soporte (clips) si los hubiera. Si el pistón no ha sido introducido de nuevo en el orificio de la pinza del freno en el paso 3, hágalo ahora.

8. Monte las piezas antirruido y a continuación las pastillas (¡en sus posiciones correctas!). En los Toyotas con pinzas de freno de Tipo PD60, monte la arandela antichirrido sobre la superficie del pistón. En los Toyotas con pinzas de freno del tipo FS17, sustituya la única arandela antichirrido externa por una nueva, colocándola hacia la parte trasera de la pastilla externa. Toyota recomienda que las placas de soporte o clips de las pastillas existentes en sus frenos de disco sean sustituidas junto con las pastillas. Observe que las pinzas de frenos tipo FS17, llevan muelles antirruido que deben ser montados en último lugar.

9. Monte las arandelas de relleno o protectores refractarios de las pastillas si los hubiera.

10. Vuelva a colocar la pinza del freno y monte la(s) clavija(s) guía con cuidado para evitar dañar los fuelles de goma. En las pinzas de freno PD60 de Toyota apriete las clavijas guía con un par de 29 libras-pie. En las pinzas de freno de tipo FS17 de Toyota, apriete las clavijas con un par de 65 libras-pie.

NOTA: Si el calibre es del tipo «oscilante», será necesario girarlo de nuevo hacia su posición y montar la clavija guía inferior.

11. Asegúrese de que los fuelles de goma están fijamente asentados en sus acanaladuras. Asegúrese de que no sobresalen hacia afuera debido a la existencia de aire atrapado en los mismos y de que no están pellizcados en ninguna parte. Si es necesario, elimine la presión atmosférica rompiendo el sellado en uno de los extremos y tirando del fuelle ligeramente hacia afuera de su acanaladura. Cuando existan tapones de orificio en las clavijas de fijación de la pinza opuesta, asegúrese también de que están en su posición correcta y de que no retienen aire a presión.

12. Rellene el cilindro maestro con líquido de frenos limpio.

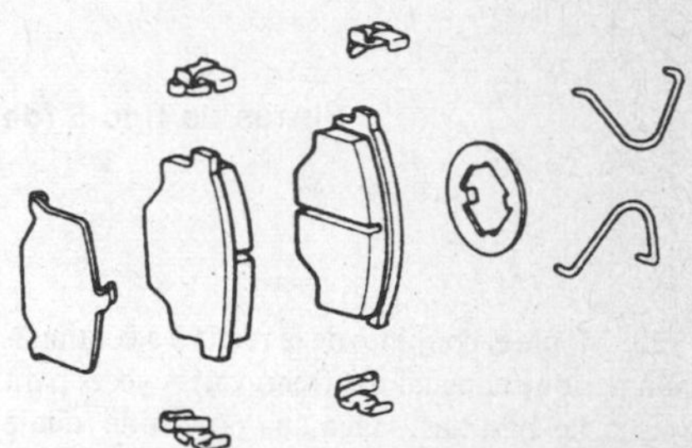

Despiece de los componentes que se han de desmontar para sustituir las pastillas de los frenos-pinzas Toyota PD60, existentes en los pickups más recientes con tracción a dos ruedas

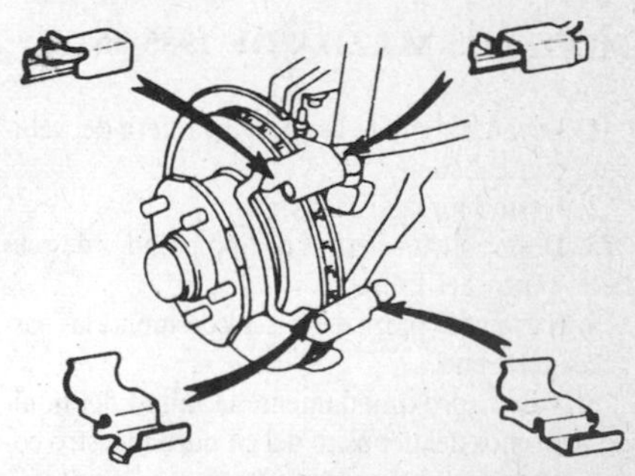

Despiece de los componentes que se han de desmontar/sustituir cuando se sustituyan las pastillas de los frenos en las pinzas de tipo Toyota FS17

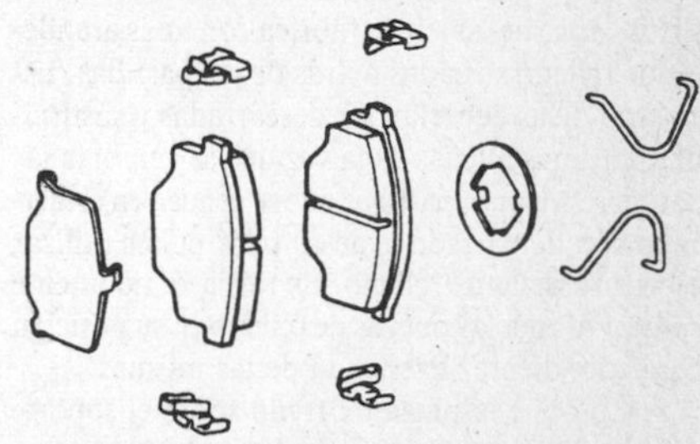

Montaje de las chapas de relleno antirruido en el pistón de las pinzas en los frenos de disco del tipo Toyota PD60

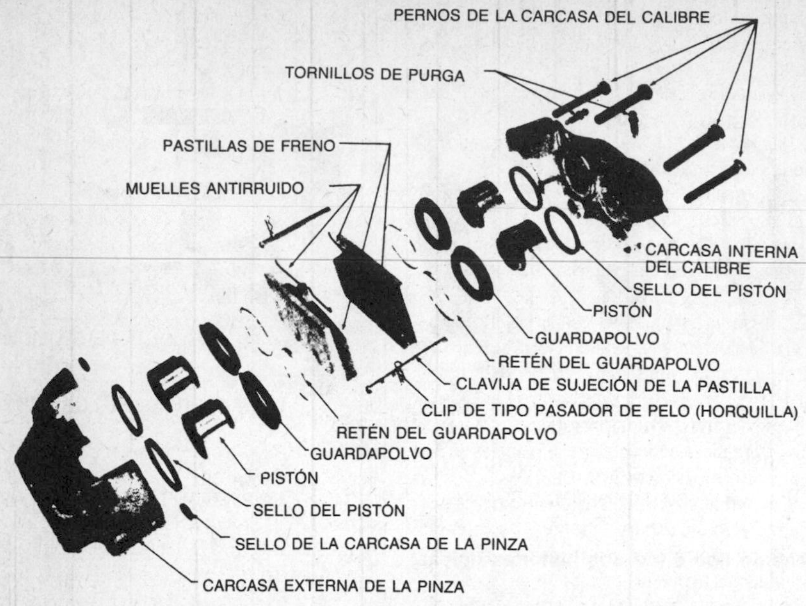

Pinzas de tipo 5 (de cuatro pistones típicas)

13. Monte el conjunto de la rueda y a continuación accione el pedal del freno varias veces para ajustar las pastillas. Haga una prueba de rodaje del vehículo.

NOTA: Si el pedal del freno no está lo suficientemente duro, purgue el sistema.

MODELOS MAZDA DE 1985-86

1. Levante y sujete la parte delantera del vehículo con caballetes.

2. Desmonte las ruedas.

3. Desmonte los pernos de tipo pasador de pelo de la pinza del freno.

4. Extraiga la pinza del freno y desmonte las pastillas del freno.

5. Vacíe aproximadamente la mitad del líquido de frenos del depósito del cilindro maestro correspondiente al freno delantero.

6. Coloque una abrazadera grande en C sobre la pinza del freno e introduzca de nuevo el pistón en su orificio.

7. Monte pastillas nuevas en la pinza del freno. Estos camiones salen de fábrica con unas arandelas de relleno situadas detrás de las pastillas. Estas arandelas deberían ser descartadas y sustituídas por unas nuevas cada vez que se cambian las pastillas. Algunas pastillas que se venden en el mercado son demasiado gruesas para poder utilizar estas arandelas de relleno. En tal caso, no intente colocar arandelas nuevas de relleno en su posición correspondiente. Prescinda de las mismas.

8. Coloque la pinza de freno sobre el soporte de fijación, monte los pasadores de bloqueo y apriételos con un par de 30 libras-pie.

9. Monte las ruedas, apoye el camión sobre el firme y rellene el cilindro maestro. Accione el pedal del freno algunas veces para obtener presión de nuevo.

NOTA: Si el pedal del freno no está lo suficientemente duro, purgue el sistema como se detalla en el apartado Purga de los frenos.

Tipo 5
Pinza del freno fija
ATE, Girling, Sumitomo

Estas unidades son de 2 ó 4 pistones, con pinzas de freno de dos piezas que van directamente fijas a la mangueta de la dirección o al husillo de la rueda.

En todos estos modelos pueden cambiarse las pastillas de los frenos sin desmontar la pinza del freno. Pueden existir algunas diferencias en los retenes o muelles antirruido respecto de las mostradas en las figuras, pero todas las versiones son básicamente las mismas. Antes de desmontar cualquier pieza, observe con cuidado la posición de los muelles, retenes o clips existentes. Cambie las pastillas de una de las ruedas primero y después de la otra, de manera que ésta sirva de referencia.

Todas las pastillas en todos los modelos están sujetas en su posición correspondiente bien por clavijas de retención o por placas de retención. Las placas de retención van atornilladas a la carcasa de la pinza del freno y es necesario aflojarlas y apartarlas girándolas para el desmontaje de las pastillas.

SUSTITUCIÓN DE LAS PASTILLAS

1. Levante la parte delantera (o trasera) del vehículo y sujétela con caballetes. Desmonte la rueda.

2. Extraiga una cantidad suficiente de líquido de frenos por el procedimiento del sifón del depósito del cilindro maestro, para impedir que se produzca un rebosamiento de líquido de frenos de dicho cilindro al desmontar o montar pastillas nuevas. Esto es necesario ya que los pistones serán impulsados hacia el orificio del cilindro para obtener espacio suficiente para desmontar las pastillas.

3. En algunos modelos es posible que exista una placa de cobertura sobre el orificio de acceso a las pastillas. Si esto es así, desmóntela, desconecte el alambre del indicador de desgaste del forro que va en la pastilla del freno en los modelos que dispongan del mismo.

4. Limpie minuciosamente la parte exterior de la pinza del freno con una brocha metálica y observe la posición de las arandelas de amortiguamiento y de los muelles antirruido existentes.

5. Desmonte las clavijas de retención de las pastillas y cualesquiera clips de retención que las sujeten. Desmonte los muelles antirruido y/o clips, si existen. Es posible que algunas pastillas estén sujetas en su posición por una placa con un perno de sujeción. Si esto es así, afloje el perno y gire la placa apartándola. Extraiga el muelle expansor si lo hubiera.

NOTA: Es una buena idea desmontar un muelle o placa de sujeción y a continuación desmontar los muelles antirruido o muelle expansor. Desmonte en último lugar la segunda clavija o placa de sujeción.

6. Extraiga las pastillas viejas del rotor para poder extraerlo fácilmente y desmonte las pastillas de la pinza del freno.

7. Desmonte los muelles antirruido inferiores las arandelas de amortiguación, si los hubiera, utilizando unos alicantes de boca de aguja.

8. Examine el disco del freno (rotor) como se describe en la sección correspondiente.

9. Compruebe si el fuelle guardapolvo presenta grietas o daños y vuelva a montar los pistones en los orificios del cilindro. Si los pistones están congelados o si la pinza del freno tiene una fuga de líquido hidráulico, deben ser revisados.

10. Monte el muelle antirruido o arandelas de amortiguación e introduzca las nuevas pastillas en la pinza del freno. Si existen arandelas de amortiguación, asegúrese de que la flecha direccional de las mismas queda en el sentido de giro hacia adelante del rotor.

11. Monte una clavija de sujeción de las pastillas y del clip de pasador de pelo. Coloque los muelles antirruido y/o el muelle expansor y a continuación monte la otra clavija y clip de sujeción de las pastillas.

12. Rellene el cilindro maestro hasta el nivel correcto con el líquido de frenos correspondiente.

13. Vuelva a montar la rueda y apoye el vehículo sobre el firme. Accione el pedal del freno varias veces para ajustar correctamente las pastillas. Haga una prueba de rodaje del vehículo. Si el pedal del freno no está lo suficientemente duro, será necesario purgar el sistema.

CAMIONES NO AMERICANOS REPARACIÓN DE FRENOS DE TAMBOR

Tipo 1 Cilindros duales-pistores duales- ajustes manuales

En cada conjunto de frenos traseros van montados dos cilindros de rueda de pistones duales. Los pistones duales actúan conjuntamente para expandir las dos zapatas uniformemente contra el tambor del freno al aplicar la presión del líquido hidráulico a través del pedal del freno y del cilindro maestro.

Las zapatas y forros son intercambiables, al igual que los muelles de retracción de las zapatas de los frenos.

DESMONTAJE Y MONTAJE

1. Levante el vehículo. Desmonte el conjunto de la rueda. Desmonte el tambor del freno. Desmonte los tornillos de sujeción del tambor del freno y móntelos en los orificios roscados en el tambor del freno. Apriete estos tornillos uniformemente para extraer el tambor del freno del cubo de la rueda y desmonte dicho tambor. Afloje el tornillo de ajuste, si es necesario, para desmontar el tambor. Desmonte los muelles de retracción de las zapatas de los frenos.

2. Desmonte las clavijas guía de los muelles de retracción de las zapatas y el muelle de retención, sujetando la clavija guía contra la placa de refuerzo del soporte y comprimiendo y girando el muelle de retención 90° para desengancharlo de la clavija guía.

3. Desmonte el eslabón del freno de estacionamiento.

4. Desacople el cable del freno de estacionamiento de la palanca de dicho freno.

5. Lubrique las roscas de los tornillos de ajuste, las superficies de unión de los nervios de las zapatas y los rebordes de la placa de refuerzo o soporte del freno con una pequeña cantidad de Lubriplate.

6. Coloque la palanca del freno de accionamiento sobre la zapata trasera y monte el clip de retención de la misma. Mantenga el conjunto de la zapata del freno trasero cerca de la placa de refuerzo o soporte del freno y monte la ojiva del cable del freno de estacionamiento sobre la palanca de accionamiento de dicho freno.

7. Coloque ambas zapatas del freno sobre la placa de refuerzo del soporte, monte el eslabón del freno de estacionamiento entre las dos zapatas y a continuación acople las zapatas de los frenos con las ranuras en los pistones del cilindro de la rueda y tornillos de ajuste.

8. Monte las clavijas guía del muelle de retención de las zapatas. Coloque los muelles de retención sobre las clavijas guía. Comprima los muelles de retención y gírelos 90° para fijarlos en su posición correspondiente.

9. Monte los muelles de retracción de las zapatas del freno, teniendo cuidado de no doblar los ganchos o estirar los muelles más allá de los puntos de fijación.

10. Monte el tambor del freno.

11. Monte el conjunto de la rueda. Apriete las tuercas de los espárragos de las ruedas con un par de 58-65 libras-pie.

12. Ajuste los frenos.

13. Baje el vehículo y asegúrese de que los frenos funcionan correctamente.

ÍNDICE DE TIPOS DE FRENOS DE TAMBOR

Courier/Mazda	Tipo 1, 2
Datsun	Tipo 3, 4
D50/Arrow/ Mitsubishi	Tipo 5, 6
LUV/Isuzu	Tipo 5, 7
Toyota	Tipo 3, 5, 6
VW	Tipo 6, 8

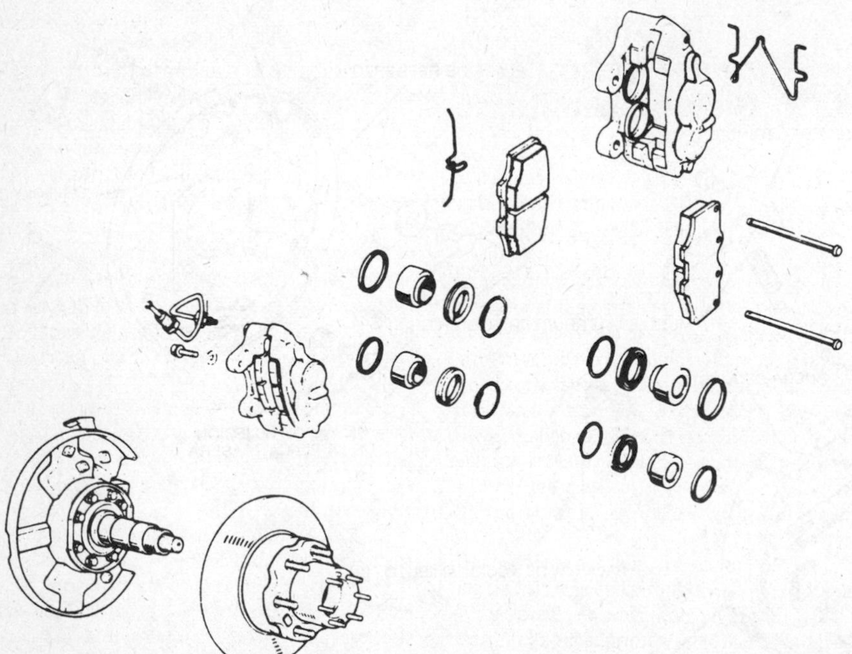

Despiece de las pinzas de frenos de disco del tipo Toyota S12 + 8, existentes en los camiones con tracción a las cuatro ruedas de modelos recientes

AJUSTE

Los tambores de los frenos deberían estar a temperatura ambiente normal cuando se ajustan las zapatas de los frenos. Si se ajustan las zapatas de los frenos cuando los tambores están calientes y dilatados, es posible que cuando se enfríen y contraigan los tambores las zapatas se agarroten.

El ajuste del freno permite restablecer la tolerancia entre el forro del freno y el tambor y sirve de compensación para el desgaste normal del forro.

Las zapatas de frenos de dos cilindros se ajustan girando las ruedas de ajuste a las que se accede a través de las ranuras existentes en la placa trasera.

El ajuste del freno se realiza con el vehículo elevado. Compruebe si el freno se agarrota girando el tambor hacia adelante a medida que se realiza el ajuste. Asegúrese de que el freno de estacionamiento está totalmente desactivado desconectando el pasador de aletas del igualador.

Excepto en modelos Mazda

1. Desmonte las tapas de la ranura de ajuste situadas en la placa de refuerzo.

2. Gire la rueda de ajuste del cilindro de la rueda inferior introduciéndola dentro del orificio para hacer que se despliegue la zapata del freno hasta que quede bloqueada contra el tambor del freno.

3. Afloje el tornillo de ajuste (5 muescas) de manera que el tambor gire libremente sin agarrotarse.

4. Repita el procedimiento anterior en el cilindro de rueda superior.

5. Conecte el pasador de aletas del igualador del freno de estacionamiento y vuelva a comprobar el ajuste de dicho freno.

6. Después de haber ajustado las zapatas de los frenos de cada rueda haga una prueba de rodaje del vehículo para asegurarse de que el frenado es uniforme en ambos lados. Reajústelas si es necesario.

Modelos Mazda

1. Si han sido desmontados los muelles de retención de las zapatas, retraiga primero completamente la varilla de empuje (con el tambor desmontado).

2. Levante y sujete la parte trasera del camión. Las ruedas deben poder girar libremente.

3. Asegúrese de que la zapata del freno de estacionamiento está completamente suelta.

4. Desmonte los dos tapones de los orificios de ajuste de la placa de refuerzo o soporte del freno.

5. Existe una flecha grabada sobre la placa de refuerzo o soporte que indica el sentido en que se ha de girar la rueda dentada del ajustador para desplegar las zapatas. Introduzca una cuchara en el freno a través del orificio del ajustador y gire la rueda dentada hasta que los frenos queden bloqueados.

6. Introduzca un punzón a través del otro orificio del ajustador. Utilice el punzón para mantener la palanca frontal del autoajustador en una posición firme. Afloje la rueda dentada 3 ó 4 muescas; la rueda del vehículo debería girar libremente (sin agarrotarse).

7. Repita el ajuste en la otra rueda. Asegúrese de que el ajuste es exactamente el mismo. Haga una prueba de rodaje para comprobar que el frenado es uniforme en ambos lados y reajuste si es necesario.

Tipo 2 Cilindro único - pistones duales - ajuste automático

Cada uno de los frenos traseros lleva un cilindro de rueda con pistón dual.

Los pistones duales actúan conjuntamente para desplegar ambas zapatas uniformemente contra el tambor del freno cuando se aplica la presión del líquido hidráulico a través del pedal del freno y del cilindro maestro. Las zapatas y forros son intercambiables, al igual que los muelles de retracción de las zapatas traseras.

DESMONTAJE Y MONTAJE

1. Levante el vehículo. Desmonte el conjunto de la rueda. Desmonte los tornillos de fijación del tambor del freno y móntelos en los orificios roscados en el tambor del freno. Apriete estos tornillos uniformemente para expulsar el tambor del freno del cubo de la rueda y desmonte dicho tambor.

2. Desmonte los muelles de retracción de las zapatas del freno.

3. Desmonte las clavijas guía del muelle de sujeción de las zapatas y dicho muelle sujetando la clavija guía contra la placa de refuerzo del soporte y comprimiendo y girando el muelle de retención 90° para desengancharlo de la clavija guía.

4. Desmonte el eslabón del freno de estacionamiento.

5. Desenganche el cable del freno de estacionamiento de la palanca de dicho freno.

6. Lubrique la rosca de los tornillos de ajuste, las superficies de unión de los nervios de las zapatas y los rebordes de la placa de refuerzo o soporte del freno con una pequeña cantidad de Lubriplate® .

7. Coloque la palanca del freno de estacionamiento sobre la zapata trasera y monte el clip de sujeción. Mantenga el conjunto de la zapata trasera de los frenos cerca de la placa de refuerzo o soporte del freno y monte la ojiva del cable del freno de estacionamiento sobre la palanca de accionamiento del mismo.

8. Coloque las dos zapatas del freno contra la placa de refuerzo o soporte, monte el puntal de

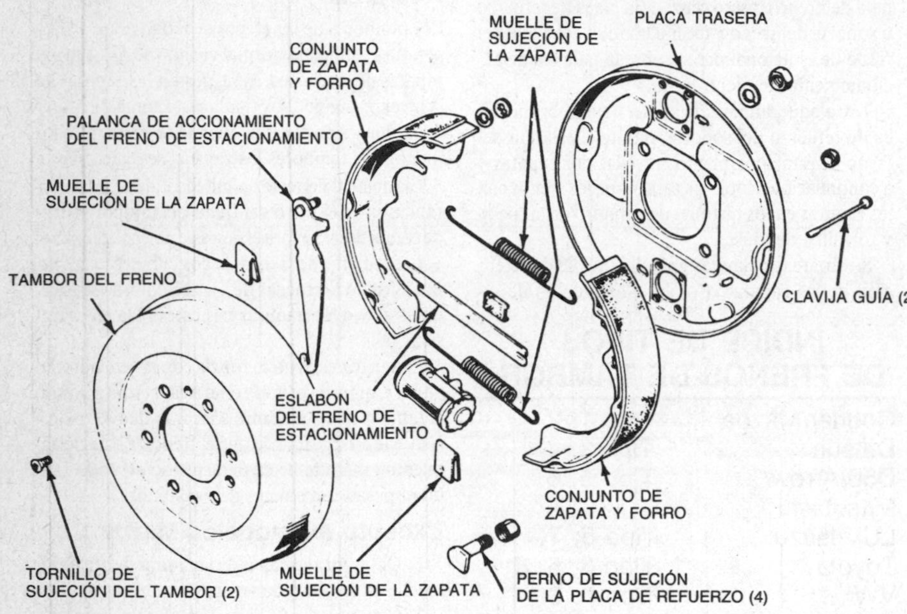

Tipo 1 (típico)

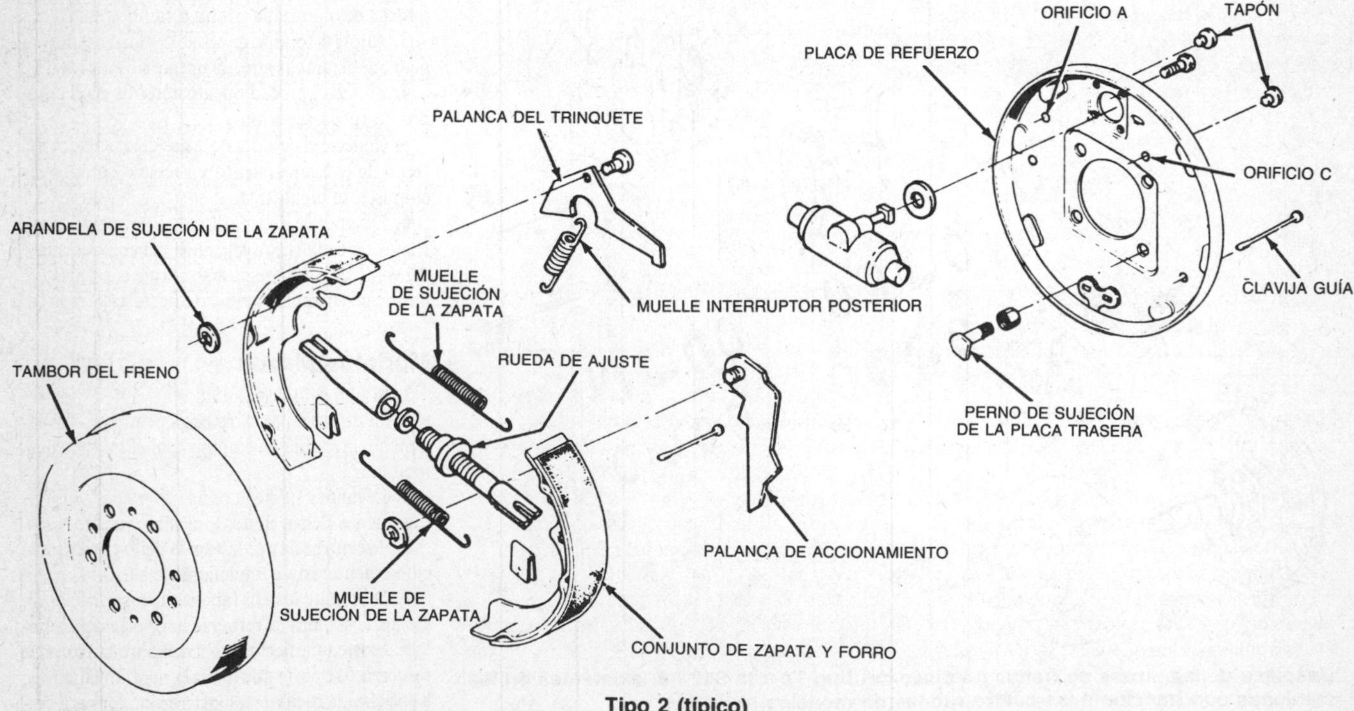

Tipo 2 (típico)

accionamiento entre las mismas y a continuación encájelas sobre las ranuras existentes en los pistones del cilindro de la rueda y tornillos de ajuste.

9. Monte las clavijas guía de los muelles de sujeción de las zapatas. Coloque los muelles de sujeción sobre las clavijas guía. Accione los muelles de sujeción y gírelos 90° para bloquearlos en su posición correspondiente.

10. Monte los muelles de retracción de las zapatas de los frenos teniendo cuidado de no doblar los ganchos y extender los muelles más allá de las juntas de sujeción.

11. Monte el tambor del freno.

12. Ajuste los frenos.

13. Monte la rueda. Apriete las tuercas de los espárragos de las ruedas con un par 58-65 libras pie.

14. Apoye el vehículo sobre el firme y asegúrese de que los frenos funcionan correctamente.

AJUSTE

Los tambores de los frenos deberían estar a la temperatura normal de funcionamiento cuando se ajusten las zapatas de los frenos. Si las zapatas se ajustan cuando los tambores están calientes y dilatados, es posible que cuando se enfríen y contraigan los tambores, las zapatas se agarroten.

Los frenos traseros son autoajustables y requieren un ajuste manual únicamente después de que hayan sido montadas de nuevo las zapatas de los frenos o cuando la longitud de la varilla de ajuste haya sido cambiada, o cada vez que realiza algún otro tipo de operación de reparación. Para ajustar las zapatas de los frenos traseros, proceda de la siguiente forma.

NOTA: Cuando se desmonte o monte el muelle de sujeción de la zapata, retraiga totalmente la varilla de empuje.

1. Levante la parte trasera del vehículo con un gato hidráulico hasta que las ruedas puedan girar libremente. A continuación, sujete el vehículo con caballetes.

2. Asegúrese de que los frenos de estacionamiento están totalmente desactivados.

3. Desmonte los dos tapones de los orificios de ajuste de las zapatas de la parte interior de la placa trasera.

4. Introduzca un destornillador en la rueda dentada del ajustador a través del orificio y gire la rueda dentada en el sentido de giro marcado en la placa trasera hasta que la rueda se bloquee.

5. A través del orificio, sujete la palanca frontal del autoajustador con un punzón adecuado y afloje la rueda de ajuste aproximadamente 3 ó 4 muescas, de manera que el tambor gire libremente sin agarrarse.

6. Repita el ajuste anterior en la otra rueda trasera. Los ajustes deben ser los mismos en ambas ruedas traseras.

7. Una vez que haya ajustado las zapatas de los frenos de cada una de las ruedas, haga una prueba de rodaje del vehículo para asegurarse de que el frenado es uniforme en ambos lados. Reajuste, si es necesario.

Tipo 3
Ajustador no-servo - manual

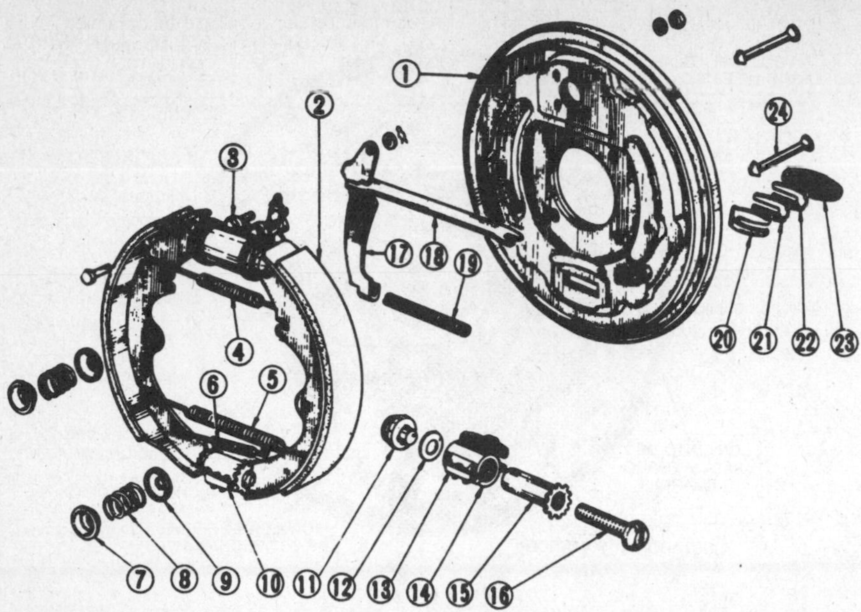

1. Placa de refuerzo del freno
2. Zapata de freno
3. Cilindro de la rueda
4. Muelle superior de recuperación
5. Muelle inferior de recuperación
6. Muelle de recuperación de la zapata posterior
7. Retén
8. Muelle antirruido
9. Asiento del muelle
10. Conjunto del ajustador
11. Cabeza del ajustador
12. Arandela de relleno de la cabeza del ajustador
13. Muelle de bloqueo
14. Carcasa del ajustador
15. Rueda del ajustador
16. Tornillo del ajustador
17. Palanca oscilante
18. Eslabón de prolongación
19. Muelle de recuperación
20. Muelle del ajustador
21. Placa de cierre
22. Arandela de relleno del ajustador
23. Fuelle de goma
24. Clavija antirruido

Tipo 3 (típico)

Este freno está formado por dos zapatas no-servo anterior y posterior, con un cilindro de rueda de doble extremo. Las zapatas quedan ancladas sobre tornillos de ajuste que permiten el autocentrado por deslizamiento. Los frenos van montados con el cilindro y el ajustador horizontalmente o con el cilindro en la parte superior y el ajustador en la parte inferior.

DESMONTAJE Y MONTAJE

1. Levante la parte delantera/trasera del vehículo y sujétala con caballetes. Desmonte la rueda.

2. Desmonte los tambores (en algunos vehículos quizá sea necesario utilizar unos extractores especiales).

3. Desacople los dos muelles de retracción.

4. Desmonte los muelles de sujeción y extraiga las zapatas de los frenos de la placa trasera. En las ruedas traseras desenganche el cable del freno de estacionamiento de la palanca de dicho freno antes de desmontar las zapatas.

5. Limpie y lubrique la placa trasera como se ha descrito anteriormente.

6. Compruebe si el cilindro de la rueda tiene los pistones congelados o presenta fugas de líquido. Si las hay, reacondicione o sustituya el cilindro. Desmonte los ajustadores, límpielos y lubríquelos.

7. Monte la palanca del freno de estacionamiento en una zapata posterior nueva (únicamente en los frenos traseros).

8. Coloque zapatas de refuerzo nuevas en la placa de repuesto o soporte y acople los muelles de sujeción. Las ranuras de los tornillos de ajuste deben quedar inclinadas hacia el centro del conjunto. Los extremos de las zapatas deberían quedar acoplados en las ranuras del pistón del cilindro de la rueda y ranuras del ajustador. Si los extremos del tornillo del ajustador tienen una ranura con un chaflán en uno de los lados, asegúrese de que dicho chaflán queda alineado con el del nervio de la zapata. El extremo de la zapata que lleva una ranura para el puntal del freno de estacionamiento debería ir montado cerca del cilindro de la rueda.

9. Enganche la palanca del freno de estacionamiento sobre el cable de dicho freno y a continuación monte el puntal del freno de estacionamiento.

10. Monte el muelle de retracción más potente entre el talón o extremos de las zapatas del freno que dan al cilindro.

11. Acople el muelle de retracción más débil al talón o extremos de anclaje de las zapatas.

12. Vuelva a montar los tambores, purgue y ajuste el conjunto y haga una prueba de rodaje del vehículo.

AJUSTE

Introduzca una cuchara de ajuste o pequeño destornillador a través del orificio de ajuste existente en la placa trasera y expanda girando la rueda dentada de ajuste en el sentido de las agujas del reloj, situándose frente al extremo de la rueda del cilindro. Ajuste la zapata hasta que pueda sentirse que se agarra fuertemente al girar la rueda del tambor; a continuación, afloje el ajustador hasta que la rueda gire libremente. Ajuste una zapata cada vez y repita este procedimiento con todas las zapatas de los frenos.

Tipo 4 Ajustador servoautomático

DESMONTAJE Y MONTAJE

1. Levante y sujete el vehículo con caballetes. Desmonte el tambor del freno.

2. Coloque el extremo hueco de un útil de reparación de muelles de freno (disponible en todas las tiendas de repuestos de automóvil) sobre la clavija de anclaje de la zapata del freno y gírela para desengancharla de los muelles de retracción del freno. Repita esta operación para desmontar el otro muelle.

ATENCIÓN

Tenga cuidado de que los muelles no se deslicen de la herramienta durante su desmontaje, ya que podrían provocar daños personales.

3. Por detrás de la placa trasera del freno, coloque un dedo sobre el extremo de una de las clavijas de sujeción de los muelles de sujeción del freno. Utilizando un par de alicates, sujete la arandela existente en la parte superior del muelle de sujeción que corresponde a la clavija que está sujetando. Presione hacia abajo sobre los alicates y gírelos 90° para alinear la ranura de la arandela con la cabeza de la clavija de sujeción del muelle. Desmonte el muelle y arandela y repita esta operación con el muelle de sujeción de la otra zapata del freno.

4. Coloque la punta de una palanca sobre la parte superior del tornillo de ajuste del freno y mueva la palanca de ajuste del mismo. Cuando exista flojedad suficiente en el cable del ajustador automático, desconecte el bucle de la parte superior del mismo del anclaje. Sujete la parte superior de cada una de las zapatas del freno y muévala hacia afuera para desacoplarla del cilindro de la rueda (y del eslabón del freno de estacionamiento de las ruedas traseras). Cuando salgan las zapatas del freno, extráigalas de la placa trasera. Retuerza ligeramente las zapatas y el conjunto del ajustador automático se desmontará por sí solo.

5. Si está trabajando con los frenos traseros, sujete el extremo del muelle del cable del freno con un par de alicates y, utilizando la palanca del freno como punto de apoyo, extraiga el extremo del muelle de la palanca. Desacople el cable de la palanca del freno.

6. Traspase la palanca del freno de estacionamiento de la zapata secundaria usada a la nueva. Esto se puede realizar extendiendo la parte superior del clip en herradura y desenganchando la palanca. Coloque la palanca sobre la zapata secundaria nueva y monte la arandela elástica y el clip en herradura. Cierre la parte inferior del clip después de montarlo. Sujete la punta metálica del cable del freno de estacionamiento con un par de alicates. Coloque un par de alicates de corte en el extremo del muelle helicoidal del cable y, utilizando los alicates como punto de apoyo, impulse el muelle helicoidal hacia atrás. Coloque el cable en la palanca del freno de estacionamiento.

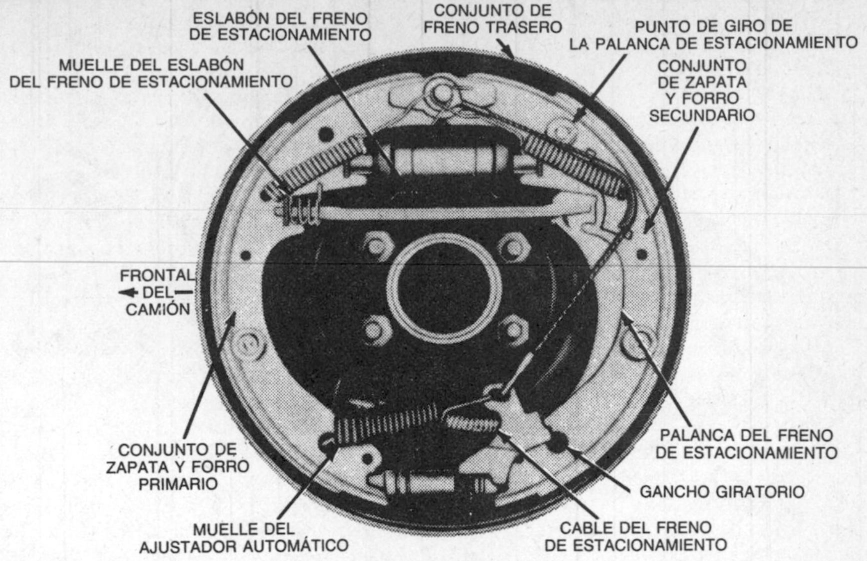

Tipo 4 (típico)

7. Aplique una ligera capa de grasa resistente a altas temperaturas en los puntos de contacto de las zapatas de los frenos con la placa trasera. Coloque la zapata primaria del freno sobre la parte frontal de la placa y monte el muelle de sujeción y la arandela sobre la placa de sujeción. Monte la zapata secundaria sobre la parte trasera de la placa.

8. Monte el eslabón del freno de estacionamiento entre la muesca de la zapata del freno primaria y la muesca de la palanca del freno de estacionamiento.

9. Monte el extremo del bucle del cable del ajustador automático sobre la clavija de anclaje. Asegúrese de que el lado retorcido del bucle queda frente a la placa de refuerzo o soporte.

10. Monte el muelle de recuperación en la zapata primaria del freno y, ajustando el extremo cónico del útil de reparación de muelles de freno, deslice la parte superior del muelle sobre la clavija de anclaje.

ATENCIÓN

Tenga cuidado en asegurarse de que el muelle no se escapa de la herramienta al montarlo, ya que podría provocar daños personales.

11. Monte la guía del cable del ajustador automático en la zapata secundaria del freno, asegurándose de que el orificio abocardado de la guía del cable queda en el interior del orificio de la zapata del freno. Encaje el cable en la acanaladura existente en la parte superior de la guía del cable.

12. Monte el muelle de recuperación de la zapata secundaria a través del orificio existente en la guía del cable y la zapata del freno. Utilizando el útil del muelle del freno, deslice la parte superior del muelle sobre la clavija de anclaje.

13. Limpie las roscas en el tornillo de ajuste y aplique una ligera capa de grasa resistente a las altas temperaturas sobre las mismas. Atornille bien el ajustador y a continuación ábralo media vuelta.

14. Monte el tornillo de ajuste entre las zapatas del freno con la rueda dentada más cercana a la zapata secundaria. Asegúrese de que la rueda dentada está en una posición que es accesible desde la ranura de ajuste de la placa de refuerzo.

15. Monte el extremo corto de gancho del muelle del ajustador automático en el orificio correspondiente de la zapata primaria del freno.

16. Conecte el extremo de gancho del cable del ajustador automático y el extremo libre del muelle del ajustador automático en la ranura existente en la parte superior de la palanca de dicho ajustador.

17. Tire de la palanca del ajustador automático (la palanca tirará del cable y del muelle a la vez) hacia abajo y hacia la izquierda y enganche el gancho giratorio de la palanca en el orificio de la zapata secundaria del freno.

18. Compruebe el conjunto del freno para asegurarse de que todo está correctamente ajustado. Asegúrese de que las zapatas engranan en el cilindro de la rueda correctamente y de que están niveladas respecto a la clavija de anclaje. Asegúrese de que el cable del ajustador automático queda nivelado sobre la clavija de anclaje y que queda introducido en la ranura existente en la parte superior de la guía del cable. Asegúrese de que la palanca de ajuste queda apoyada sobre la rueda dentada del tornillo de ajuste. Tire hacia arriba del cable de ajuste hasta que la palanca de ajuste salga de la rueda dentada y a continuación suelte el cable. La palanca de ajuste debería retroceder hacia su posición sobre la rueda dentada del tornillo de ajuste; gire la rueda dentada 1 diente.

19. Extraiga el tornillo de ajuste del freno hasta que el tambor encaje justamente sobre las zapatas de los frenos.

20. Monte la rueda y tambor y ajuste los frenos.

AJUSTE

1. Levante el vehículo y sujételo con caballetes.

2. Quite el tapón de goma de la ranura de ajuste existente en la placa trasera.

3. Introduzca una cuchara de ajuste de frenos en la ranura y acóplela sobre el diente inferior de la rueda dentada. Mueva el extremo de la cuchara del freno hacia abajo para hacer que la rueda dentada gire hacia arriba y salga el tornillo de ajuste. Repita esta operación hasta que los frenos bloqueen la rueda.

4. Introduzca una pequeña barra o trozo de alambre duro (alambre de percha) en la ranura de ajuste y empuje la palanca del ajustador automático hacia afuera sacándola de la rueda dentada existente en el tornillo de ajuste.

5. Manteniendo la palanca de ajuste apartada a un lado, engrane el diente superior posible de la rueda dentada con una cuchara de ajuste de frenos. Mueva el extremo de la cuchara de ajuste hacia arriba para hacer que la rueda dentada del tornillo de ajuste se mueva hacia abajo y contraiga el tornillo de ajuste. Afloje la rueda dentada del tornillo de ajuste hasta que la rueda del vehículo gire libremente con el mínimo de fricción. Fíjese en el número de vueltas que afloja la rueda dentada. Repita esta operación en el otro lado. Cuando afloje los frenos del otro lado, la palanca de ajuste debe ser aflojada el mismo número de vueltas para impedir que el freno tire más de un lado que del otro.

6. Repita esta operación en el otro conjunto de frenos.

7. Cuando haya ajustado los frenos, haga varios frenados, a la vez que hace funcionar el vehículo en marcha atrás, para igualar todas las ruedas.

8. Haga una prueba de rodaje del vehículo.

Tipo 5 Ajustador servoautomático

DESMONTAJE Y MONTAJE

1. Desmonte la rueda y el tambor del freno. Si no resulta fácil desmontar el tambor, introduzca un destornillador de punta plana a través del orificio existente en la placa trasera y aparte la palanca del ajustador del mismo. A continuación, utilice otro destornillador para girar el lado inferior del perno de ajuste hacia usted y aflojarlo. Utilizando un útil estándar para muelles de recuperación de frenos, desmonte el muelle o muelles de recuperación. En los Toyotas de 1985-86 con tracción en dos ruedas, esto se refiere únicamente a los dos muelles existentes en la parte superior de las zapatas.

2. En los Toyotas de 1985-86 con tracción en dos ruedas, empuje primero hacia arriba sobre la palanca de ajuste y a continuación desmonte el cable, placa guía de la zapata y guía del cable. A continuación, en todos los modelos, desmonte el muelle de ajuste y la palanca de ajuste. Ahora, en los Toyotas de 1985-86 con tracción en dos ruedas, desmonte los muelles de recuperación situados en los extremos inferiores de las zapatas.

3. Muchos modelos utilizan clips para sujetar las zapatas. Gire estos clips 90° y desmóntelos. Desmonte las zapatas de los frenos y, si es necesario, las piezas restantes del conjunto de ajuste. A continuación desmonte el cable de la palanca del freno de estacionamiento.

4. El montaje se efectúa en el orden inverso al de desmontaje, teniendo en cuenta las siguientes observaciones: engrase aquellas zonas de la placa trasera sobre las que rozan las zapatas de los frenos al accionarlos y soltarlos.

5. En la mayoría de los modelos, después de haber montado las zapatas primarias, monte el cable del freno de estacionamiento. En los Toyotas de 1985-86, con tracción en dos ruedas, monte primero el cable del freno y conéctelo a la palanca del freno de accionamiento. A continuación, monte la zapata del freno. Asegúrese de fijar los muelles de sujeción y los clips en los modelos que dispongan de los mismos. Inplante el conjunto del ajustador y a continuación sujete las zapatas secundarias en todos los modelos, excepto en los Toyotas de 1985-86 con traccción en dos ruedas.

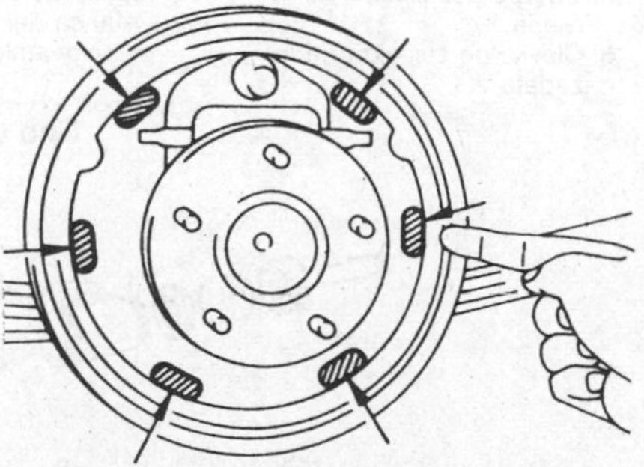

Engrase la placa trasera en los frenos traseros de los Duo-Servo Toyota en los vehículos con tracción a dos ruedas como se muestra en la figura

NOTA: Cuando calibre el ajustador, engrase el área roscada del conjunto del mismo y asegúrese de que gira sin problemas.

6. Excepto en los modelos Toyota de 1985-86 con tracción en dos ruedas, monte los muelles de recuperación de la zapata primaria, el cable de ajuste y los muelles de recuperación de la zapata secundaria en el orden especificado. En los modelos Toyota, monte los dos muelles tensores de ajuste situados en los extremos inferiores de las zapatas (uno de ellos está situado entre las dos zapatas y el otro va de una zapata a la placa trasera).

NOTA: Los muelles de la zapata primaria y secundaria son de diferentes colores. No los mezcle, ya que son útiles diferentes.

7. En otros modelos, salte al paso 9. En los modelos Toyota de 1985-86 con tracción en dos ruedas, engrase las roscas del ajustador y los extremos con grasa resistente a alta temperatura. A continuación, aparte las zapatas con un destornillador y monte el ajustador. Ahora, monte la placa guía de la zapata, guía del cable y cable de ajuste. Por último, monte los muelles de recuperación delanteros y traseros entre las partes superiores de las dos zapatas y el poste existente entre las mismas en su parte superior.

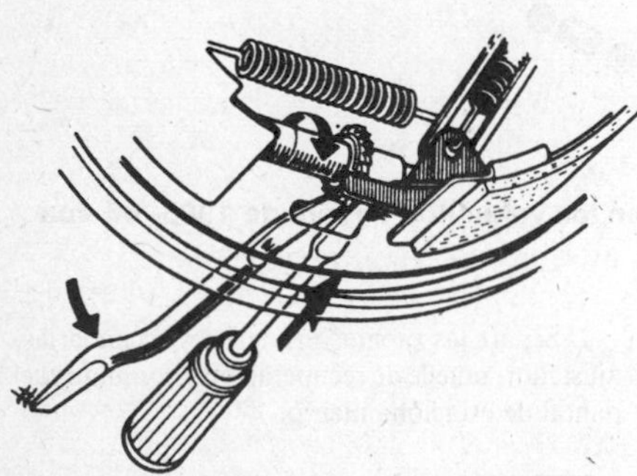

Procedimiento para aflojar el ajustador en los frenos de tambor traseros Duo-Servo Toyota

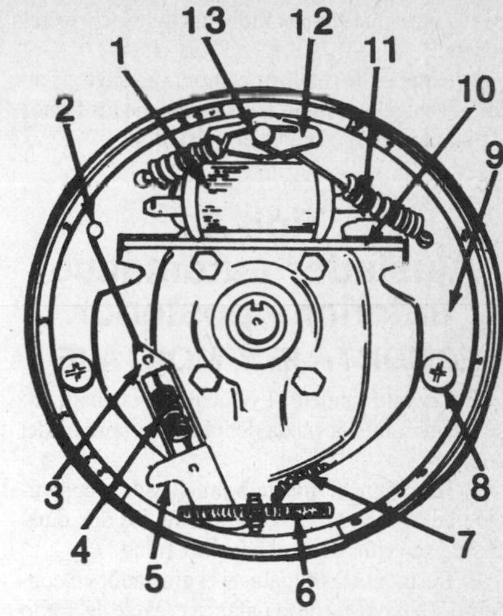

1. Cilindro de la rueda
2. Guía del cable
3. Conjunto del cable
4. Muelle de sujeción de la palanca
5. Palanca del ajustador
6. Autoajustador
7. Muelle de recuperación de la zapata
8. Muelle de sujeción de la zapata
9. Zapata primaria
10. Puntal del freno de estacionamiento
11. Muelle de compresión hacia atrás de la zapata
12. Placa guía
13. Clavija de anclaje

Tipo 5 (típico)

8. Monte el muelle tensado en la zapata trasera. A continuación, enganche la palanca de ajuste al cable y móntela. Enganche el muelle de tensado a la palanca de ajuste.

9. Para comprobar el funcionamiento del conjunto del ajustador: tire del cable del mismo hacia usted para asegurarse de que la palanca del ajustador engrana con el siguiente diente de la rueda del ajustador. Asegúrese de que al soltar el cable, la palanca del ajustador vuelve a su posición original después de que la rueda dentada del mismo ha avanzado un diente hacia adelante. En los modelos Toyota de 1985-86 con tracción en dos ruedas, afloje el ajustador totalmente para poder montar fácilmente el tambor del freno. Monte el tambor y la rueda. A continuación, complete el ajuste del freno conduciendo el vehículo en marcha atrás y accione enérgicamente los frenos varias veces.

10. En todos los modelos, purgue el sistema si es necesario.

AJUSTE

1. Durante el nuevo montaje de las zapatas de los frenos traseros de los restantes modelos, ajuste manualmente el ajustador automático de manera que la tolerancia entre la zapata y el tambor sea inferior a 2.5 mm (0.1"). Una tolerancia excesiva hará que el ajustador funcione incorrectamente.

2. Después de finalizar el montaje, haga circular el vehículo marcha atrás y accione los frenos de manera que se iguale el ajustador.

Tipo 6
Ajustador automático anterior - posterior

DESMONTAJE Y MONTAJE

1. Levante y sujete el vehículo con caballetes.

2. Desmonte la rueda dentada y el tambor del freno.

3. Desmonte el muelle o muelles de recuperación de las dos zapatas. Desmonte los dos muelles de sujeción de la zapata del freno.

4. Desmonte las zapatas y el ajustador en conjunto. Desconecte de la palanca el cable del freno de estacionamiento.

5. El cilindro de la rueda puede ser desmontado para su reparación si es necesario.

6. Traspase la palanca del freno de estacionamiento y la palanca del ajustador a la nueva zapata posterior.

7. Limpie y lubrique el ajustador. Monte las zapatas y el ajustador al igual que en el desmontaje.

8. Lubrique los puntos de contacto de la zapata de la placa de refuerzo o soporte.

9. Conecte el cable del freno de estacionamiento. Monte las zapatas de los frenos y el ajustador contra la placa trasera con las clavijas y muelles de sujeción. Monte el muelle o muelles de recuperación.

10. Gire el ajustador hasta que pueda montarse el tambor del freno y pueda ser girado con un ligero rozamiento. Desmonte el tambor y afloje el ajustador hasta que el tambor pueda ser girado sin roze alguno.

11. Monte la rueda y purgue los frenos si es necesario.

AJUSTE

Los frenos son autoajustables. Haga circular el vehículo en marcha atrás accionando al mismo tiempo los frenos, pare el vehículo y accione el freno de estacionamiento. Repita el procedimiento varias veces hasta que se igualen los ajustadores.

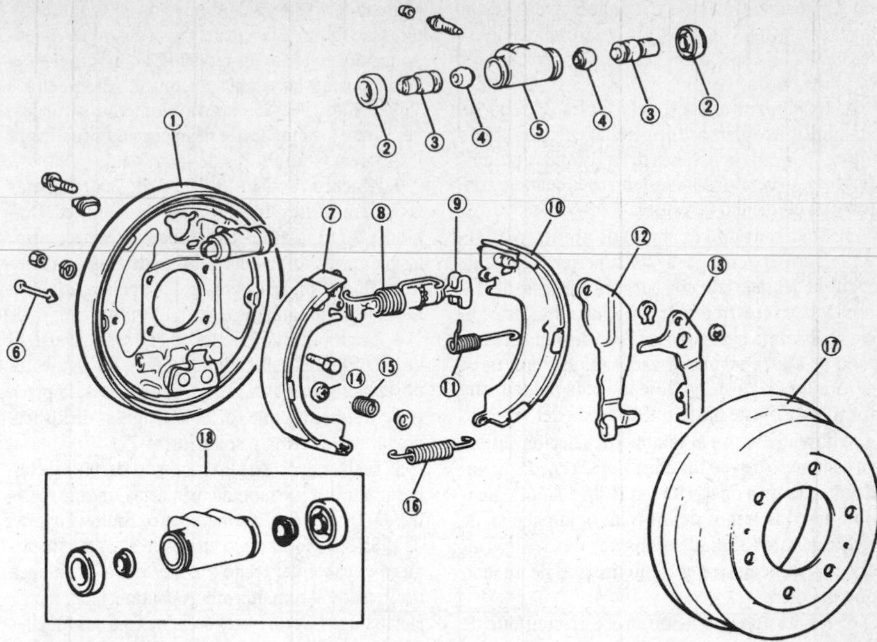

1. Placa de refuerzo
2. Fuelle del cilindro de la rueda
3. Pistón del cilindro de la rueda
4. Copela del pistón del cilindro de la rueda
5. Cuerpo del cilindro de la rueda
6. Clavija de sujeción de la zapata
7. Conjunto de zapata y forro
8. Muelle de recuperación de la zapata
9. Ajustador de la zapata del freno
10. Conjunto de zapata y palanca
11. Muelle de ajuste
12. Palanca del freno de estacionamiento
13. Palanca del autoajustador
14. Copela de sujeción de la zapata
15. Muelle de sujeción de la zapata
16. Muelle de retención de la zapata
17. Tambor del freno
18. Conjunto de reparación del cilindro de la rueda

Tipo 6 (típico)

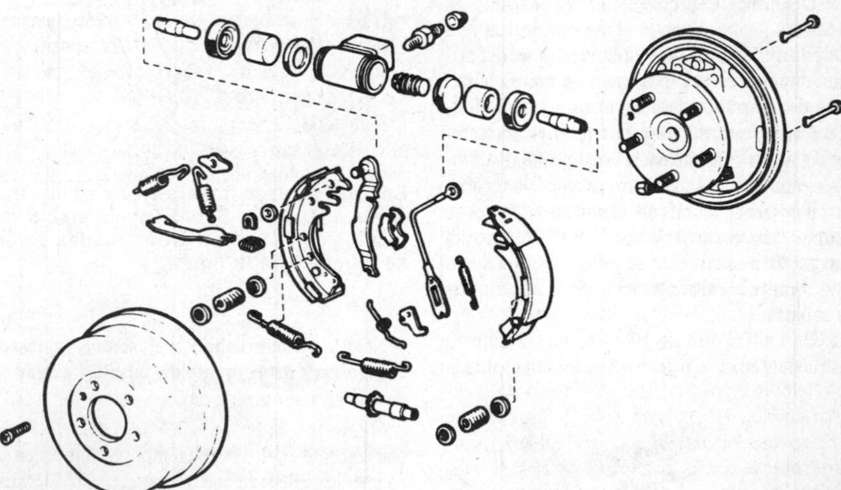

Despiece de un sistema de frenos traseros en los vehículos Toyota de 1985- 86 con tracción a dos ruedas

Tipo 7
Ajustador automático no-servo

DESMONTAJE Y MONTAJE

1. Levante y sujete el vehículo con caballetes. Desmonte los tambores del freno.

2. Desatornille los muelles de recuperación del tambor del freno de la clavija de anclaje utilizando un útil para muelles de freno y desmóntelos.

3. Desmonte los muelles de sujeción de las zapatas de los frenos utilizando alicates. Comprima el retén del muelle a la vez que lo gira 90° para alinear la ranura del retén con el extremo de la clavija que lleva una pestaña.

4. Desmonte el conjunto del cable del autoajustador desconectando el muelle de la palanca del mismo y desmontando el extremo del cable de la clavija de anclaje. Desmonte la placa guía de la clavija de anclaje.

5. Desmonte la palanca del ajustador y el alambre de sujeción de dicha palanca del pivote de la zapata.

6. Separe las zapatas de las varillas de empuje del cilindro de la rueda.

7. Separe las zapatas primarias y secundarias, ajustador, muelle de recuperación y conjuntos del puntal de estacionamiento.

NOTA: Si se deben volver a montar las zapatas de los frenos, asegúrese de identificarlas de manera que puedan ser montadas de nuevo en su posición original.

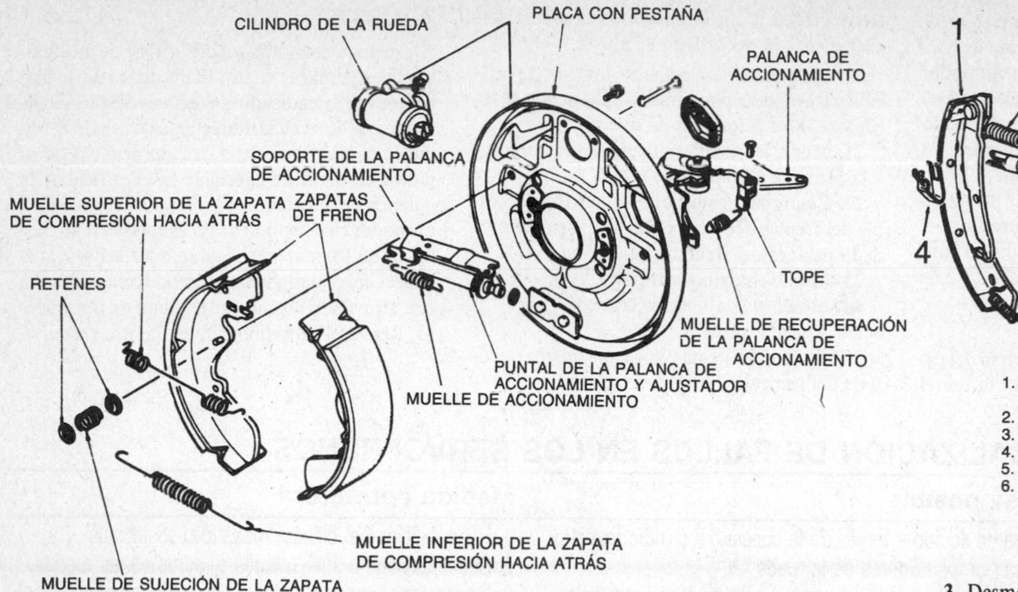

Tipo 7 (típico)

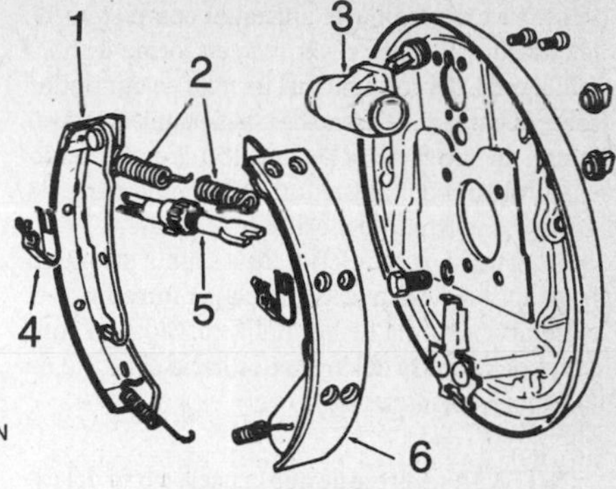

1. Zapata de freno con la palanca del freno de estacionamiento
2. Muelle de recuperación
3. Cilindro de la rueda
4. Muelle de sujeción
5. Ajustador
6. Zapata de freno

Tipo 8 (típico)

8. Separe la palanca del freno de estacionamiento y del cable trasero. Desmonte el clip y la arandela y desmonte la palanca del freno de estacionamiento de la zapata secundaria.

9. Lubrique el cable del freno de estacionamiento con Lubriplate®.

10. Monte la palanca del freno de estacionamiento en la zapata secundaria y a continuación monte el cable del freno de estacionamiento sobre la palanca.

11. Antes del montaje asegúrese de que el tornillo de ajuste está limpio, lubricado y puede ser accionado.

12. Conecte las zapatas del freno junto con el muelle de recuperación inferior y a continuación coloque el tornillo del ajustador en su posición correspondiente. El tornillo del ajustador se monta con la rueda dentada junto a la zapata secundaria.

13. Monte el puntal del freno de estacionamiento con el muelle en el extremo de la zapata primaria y monte las zapatas en las varillas de empuje del cilindro de la rueda.

14. Monte los muelles de sujeción de las zapatas utilizando un par de alicates. Comprima los muelles y gire los retenes 90°.

15. Monte la placa guía sobre la clavija de anclaje. Monte la palanca del autoajustador y el cable de sujeción de la palanca en la clavija pivotante de la zapata secundaria. Coloque el cable del ajustador sobre la clavija de anclaje, pase el cable alrededor del protector de la zapata y a continuación acople el muelle del extremo opuesto a la palanca del ajustador.

16. Monte los muelles de recuperación utilizando una herramienta para muelles de frenos.

17. Extraiga las zapatas de la placa trasera apalancándolas y lubrique las zonas de contacto de las mismas con una ligera capa de Lubriplate®.

18. Compruebe el funcionamiento del freno de estacionamiento. No pise el pedal del freno hidráulico.

19. Utilizando un trozo de lija fina (de grano 400), raspe uniformemente la superficie de los forros de los frenos antes de montar los tambores. Hágalo con los forros de ambas ruedas.

20. Monte el tambor del freno y ajuste las zapatas de los frenos.

AJUSTE

1. Con el tambor del freno desmontado, desmonte la pieza de accionamiento de la rueda dentada de los frenos traseros.

2. Gire la rueda dentada hasta que el tambor del freno se deslice sobre las zapatas del mismo, rozando ligeramente.

3. Gire la rueda dentada de los frenos traseros 1 vuelta y 1/4 más para retraer las zapatas.

4. Monte los tambores de los frenos y las ruedas y apoye el vehículo sobre el firme.

5. Realice el ajuste final haciendo un cierto número de frenados circulando hacia adelante y hacia atrás, accionando los frenos ejerciendo una fuerza constante sobre el pedal hasta que la altura de éste sea satisfactoria y se logre un frenado sin desviaciones del vehículo.

Tipo 8
Ajustador manual no-servo

Este freno está formado por dos zapatas anterior y posterior no-servo con un cilindro de rueda de doble extremo. Las zapatas se mantienen en su posición por medio de una placa de anclaje y se ajustan manualmente.

DESMONTAJE Y MONTAJE

1. Levante la parte trasera del vehículo y sujételo con caballetes. Desmonte la rueda.

2. Desmonte el tapón del orificio de ajuste del freno. Utilizando una pequeña barra u otra herramienta adecuada, suelte las zapatas del freno girando el ajustador de las zapatas hacia abajo en el lado derecho del vehículo y hacia arriba en el lado izquierdo.

3. Desmonte el tambor del freno.

4. Desmonte el cable del freno de estacionamiento de la palanca de dicho cable comprimiendo el muelle de recuperación del cable.

5. Desmonte los muelles existentes entre la zapata y la placa de anclaje situados en la parte inferior.

6. Desmonte los clips y clavijas de sujeción de las zapatas de los frenos.

7. Desmonte el conjunto del tornillo del ajustador separando las zapatas y asegurándose de que el tornillo del ajustador está completamente aflojado.

8. Aparte la zapata posterior de la placa de anclaje para eliminar la tensión del muelle de recuperación superior. Desenganche la zapata y desmonte el muelle. Para facilitar su posterior montaje, observe la posición del muelle de recuperación superior en la zapata y cómo está conectado al orificio existente en la placa de anclaje.

9. Desmonte la zapata anterior de la misma manera que en el paso 8.

10. Inspeccione el cilindro de la rueda y reacondiciónelo o sustitúyalo si es necesario.

11. Limpie e inspeccione el conjunto del tornillo del ajustador. Aplique una capa fina de lubricante a las roscas del ajustador.

12. Inspeccione los muelles usados. Si los muelles usados están estropeados o han sido sobrecalentados deberían ser sustituidos. Los indicios de que los muelles están sobrecalentados son la decoloración de la pintura o su deformación.

13. Lubrique los salientes de la placa de anclaje que hacen contacto con las aletas de las zapatas del freno.

14. Desmonte la palanca del freno de estacionamiento y acóplela al nervio de la nueva zapata posterior.

15. Coloque el muelle de recuperación superior en la zapata anterior y enganche el otro extremo del muelle en el orificio de la placa de refuerzo.

16. Gire la zapata hacia afuera con la parte externa de la misma contra el pistón del cilindro de la rueda e introduzca la parte inferior de la zapata por debajo de la placa de anclaje.

17. Repita el procedimiento anterior para la zapata posterior.

18. Con el tornillo de ajustador completamente retraído, coloque el extremo en forma de horquilla recta del conjunto del tornillo del ajustador sobre la palanca del freno de estacionamiento. Asegúrese de que el cierre del muelle que está situado en el tornillo del ajustador queda en la parte de afuera y apartado del orificio de ajuste.

19. Gire la parte inferior de la zapata delantera apartándola de la placa de anclaje e introduzca el extremo en forma de horquilla curvada del conjunto del tornillo del ajustador hacia el nervio de la zapata delantera.

NOTA: Asegúrese de que la parte curva del extremo en horquilla queda hacia abajo y de que el cierre del muelle queda situado en la parte externa y apartado del orificio de ajuste.

20. Introduzca las clavijas de los clips de sujeción a través de la placa trasera y del nervio de las zapatas. Monte los clips de sujeción.

21. Monte los muelles situados entre la zapata y la placa de anclaje.

22. Comprima el muelle de recuperación del cable del freno y acople el cable a la parte inferior de la palanca del freno de estacionamiento.

23. Monte el tambor del freno.

24. Monte el conjunto de la rueda.

25. Ajuste los frenos.

26. Purgue el sistema y haga una prueba de rodaje del vehículo.

AJUSTE

Ajuste los frenos a través del orificio de ajuste situado en la placa trasera. El ajuste se realiza manualmente extendiendo el conjunto del tornillo de ajuste que está situado directamente debajo del cilindro de la rueda. Introduzca una pequeña barra u otra herramienta adecuada en el orificio de la palanca de refuerzo o soporte y gire la rueda del ajustador en el sentido de las agujas del rejoj hasta que los frenos rocen al girar la rueda hacia adelante. Gire el ajustador en el sentido contrario hasta que atraviesen justamente el punto de rozamiento. Repita el procedimiento en la otra rueda.

LOCALIZACIÓN DE FALLOS EN LOS SERVOFRENOS

Problema	Causa posible	Medida correctora
Pérdida de líquido	1. Fuga de líquido a través de la copela del cilindro maestro 2. Fuga por los cilindros de la rueda 3. Los conectores de las mangueras hidráulicas están flojos 4. El interruptor de la luz de frenado tiene una fuga	1. Reacondicione el cilindro maestro o sustitúyalo 2. Reacondicione o sustituya los cilindros de las ruedas 3. Inspeccione y apriete todas las conexiones hidráulicas 4. Sustituya el interruptor de luz de frenado
Presencia de líquido de frenos en el cilindro del servofreno	1. La copela del pistón o el sello de la varilla de empuje tiene una fuga	1. Reacondicione el cilindro maestro
El pedal sacude hacia atrás al pie cuando se accionan los frenos	1. Pérdida de vacío 2. Existe suciedad debajo de la válvula de control o el asiento está dañado 3. El muelle está débil o roto	1. Inspeccione y elimine la fuga de vacío 2. Limpie y reacondicione el conjunto del reforzador del servofreno 3. Sustituya el muelle
Los frenos retroceden lentamente a su posición de reposo ①	1. El ajuste del varillaje del pedal es incorrecto 2. La compuerta de compensación del cilindro maestro está taponada 3. Las zapatas de los frenos se agarran 4. El muelle de recuperación de la zapata del freno está débil 5. El pistón de la válvula de control del reforzador se agarra 6. El filtro del aire del reforzador del servofreno está obturado 7. Falta el muelle de recuperación del diafragma de la válvula de control 8. La válvula de retención del pistón del cilindro esclavo está estropeada 9. Existe suciedad debajo del disco de la válvula atmosférica	1. Ajuste y lubrique el varillaje del pedal 2. Limpie el cilindro maestro con aire comprimido 3. Libere y lubrique las zapatas de los frenos 4. Sustituya el muelle de recuperación de la zapata del freno 5. Limpie el pistón de la válvula de control del reforzador y lubríquela 6. Limpie el filtro del aire con alcohol mineral 7. Monte un muelle de recuperación nuevo en la válvula de control 8. Reacondicione los pistones del cilindro esclavo 9. Limpie la válvula atmosférica
El motor gira de forma irregular en ralentí sin estar los frenos accionados	1. Fuga de vacío 2. Existe suciedad debajo del disco de la válvula de control o el asiento está estropeado 3. Algún muelle está estropeado	1. Inspeccione y apriete todos los rácores de vacío 2. Limpie la válvula de control o sustitúyala 3. Sustituya el muelle estropeado
El motor gira uniformemente y el pedal está muy duro al accionar los frenos	1. El conjunto del pistón de la válvula de control no asienta sobre el disco de vacío 2. La placa de la válvula de control y el diafragma están estropeados 3. La placa y diafragma de presión están estropeados	1. Limpie o sustituya el conjunto del pistón de la válvula de control 2. Sustituya la placa de válvula de control y el diafragma 3. Sustituya la placa de presión y diafragma
El pedal del freno está duro de vez en cuando	1. La válvula antirretorno del múltiple está estropeada 2. El pistón del cilindro esclavo se agarra debido a la existencia de suciedad o a la mala calidad del líquido de frenos 3. El filtro del aire del reforzador del servofreno está obturado	1. Limpie o sustituya la válvula antirretorno del múltiple 2. Limpie o reacondicione el cilindro esclavo 3. Limpie el filtro del aire en alcohol mineral y séquelo con aire comprimido

① Levante el camión con un gato hidráulico y determine si los frenos rozan o no antes de proceder con el resto de comprobaciones

LOCALIZACIÓN DE FALLOS EN LOS SERVOFRENOS

Problema	Causa posible	Medida correctora
Fuga de vacío (reforzador en la posición desactivada)	1. Existen fugas en las juntas de estanqueidad de la placa terminal, placa central o cuerpo de la válvula de control	1. Reacondicione el reforzador de vacío
	2. La placa terminal está deformada	2. Sustituya la placa terminal
	3. El tolete de la válvula de control está desalineado	3. Desmonte, límpielo y vuelva a montarlo correctamente
	4. Los pernos del cilindro de vacío están flojos	4. Recubra los pernos del cilindro de vacío con un compuesto de sellado adecuado y apriételos con el par especificado
	5. Afloje los tornillos del cuerpo de la válvula de control	5. Apriete los tornillos del cuerpo de la válvula de control según el par especificado
	6. El muelle grande del tolete de la válvula de control no está centrado en su retén	6. Desmonte la unidad y vuelva a montarla correctamente
Fuga de vacío (el reforzador de vacío está accionado)	1. Existe una fuga en el tolete y asiento de la válvula de control	1. Limpie y compruebe si el tolete y el asiento están estropeados y repárelos si es necesario
	2. El forro de cuero del pistón está demasiado seco o estropeado	2. Limpie y lubrique el forro de cuero del pistón o sustitúyalo
	3. El conjunto del diafragma de la válvula de control está estropeado	3. Sustituya las piezas estropeadas
Existen fugas hidráulicas externas	1. La junta de estanqueidad (anillo tórico) tiene una fuga en la junta hidráulica de la placa terminal	1. Desmonte, limpie y sustituya la junta de estanqueidad (anillo tórico) y vuelva a montarla
	2. Existe una fuga de líquido en la junta de estanqueidad de cobre por debajo de la tapa terminal del cilindro hidráulico	2. Desmonte la tapa terminal e inspeccione la junta de estanqueidad de cobre y el asiento. Monte una junta de estanqueidad nueva
Existe una fuga hidráulica interna a baja presión	1. La cópela del pistón hidráulico de la válvula de control se ha estropeado	1. Reacondicione la válvula de control
	2. El sello de la varilla de empuje está estropeado	2. Sustituya el sello de la varilla de empuje
Existen fugas internas a alta presión	1. Existe una fuga de líquido a través de la junta de estanqueidad de cobre situada debajo del rácor hidráulico de la válvula de control	1. Limpie e inspeccione la junta de estanqueidad y el rácor y sustitúyalos si están estropeados
	2. Inspeccione las copelas y sellos del cilindro maestro para ver si existen cortes o rayas	2. Rectifique el cilindro maestro y sustituya las copelas y sellos
	3. Inspeccione las copelas del pistón hidráulico de la válvula de control	3. Sustituya las copelas estropeadas
Aumento de la presión hidráulica (sin entrada adicional)	1. Compruebe la válvula antirretorno del pistón hidráulico para ver si existen partículas extrañas debajo de la válvula	1. Limpie y sustituya la válvula y asientos según sea necesario
Los frenos no vuelven a su posición de reposo	1. El muelle de recuperación del pistón del cilindro de vacío está débil	1. Sustituya el muelle de recuperación del pistón y el cilindro de vacío
	2. El forro de cuero del pistón de vacío está seco	2. Lubrique el forro de cuero del pistón de vacío
	3. Las copelas de goma están hinchadas debido a la mala calidad o contaminación del líquido de frenos	3. Lave el sistema hidráulico y reacondicione o sustituya todos los cilindros
	4. La carcasa del cilindro de vacío está estropeada o presenta hendiduras	4. Sustituya la carcasa del cilindro de vacío
	5. El pistón de la válvula de control está sucio o pegajoso	5. Reacondicione el conjunto de la válvula de control
El reforzador del freno no funciona dentro de las presiones específicas	1. La carcasa del cilindro de vacío está oxidada, sucia o deformada	1. Limpie o sustituya la carcasa del cilindro de vacío
	2. El forro de cuero del cilindro de vacío está seco o desgastado	2. Reacondicione y lubrique el reforzador
	3. Las copelas de goma están hinchadas debido a la mala calidad del líquido de frenos	3. Reacondicione el cilindro maestro. Cambie el líquido de frenos
	4. Las copelas hidráulicas están desgastadas o rayadas	4. Reacondicione el cilindro maestro
	5. Algún componente del sistema está sucio, oxidado o contiene partículas extrañas	5. Reacondicione y lubrique el conjunto reforzador del servofreno